Le DICTIONNAIRE LAROUSSE du COLLÈGE

LAROUSSE

21, rue du Montparnasse 75283 Paris Cedex 06

Pour la présente édition

Direction de la publication
Carine GIRAC-MARINIER

Direction éditoriale
Claude NIMMO

Direction éditoriale adjointe
Stéphanie AUVERGNAT

Édition
Pour l'édition de 2013 : Anne-Françoise ROBINSON (noms communs) et Laurent GIRERD (noms propres)
Michel GIRAUD (mémento encyclopédique)
Pour l'édition de 2006 : Célia AUFFRET, Éva BALADIER, Isabelle CHOTEL, Camille LEDOUX, Myriam MEILLEY, Nelly MORIN, Caroline NOUDELMANN, Léa OKSENHENDLER, Anne FEFFER, Anne-Charlotte SANGAM

Rédaction
Langue française : Anne-Françoise ROBINSON
Encyclopédie : Catherine BRUGUIÈRE, Antoine CARON, Anne CHARRIER, Michel GIRAUD, Laurent GIRERD, Mathilde MAJOREL, Nadine MARTRÈS, Marianne MOUCHOT.
Gilles COSTAZ, René GENTILS, Frédéric LAUPIES, Pascal MOUGIN, Vanina PIALOT, Jean-Luc ROMET, Raphaël TOMAS
Mise à jour des cartes : Nadine MARTRÈS

Pour l'édition de 2006 : Jeanine BORREL, Jacques DEQUIN, Michel DESNEUX, Christian GOUILLART, Françoise MELLUSO, Régine MOLINIER, Thierry NOTREDAME, Dominique OLIVIER, Simon PARLIER, Dominique RABAUD-GOUILLART, Alice RENÉE, Jean-Luc ROMET, Laurent STRAUSS

Lecture-correction
Chantal PAGÈS ; Joëlle NARJOLLET, Sylvie PORTÉ

Direction artistique
Uli MEINDL

Mise en page
Sophie RIVOIRE ; Jérôme FAUCHEUX

Recherche iconographique
Valérie PERRIN

Dessins
Laurent BLONDEL, Pierre BON, François DIMBERTON, Denis HORVÁTH, Pierre de HUGO, Gilbert MACÉ, Claude POPPÉ, Michel SAEMANN, Léonie SCHLOSSER, Danièle SCHULTNESS, Masako TAËRON, Patrick TAËRON, *Archives Larousse*

Informatique éditoriale
Marion PÉPIN. Dalila ABDELKADER, Sharareh MALJAEI, Ivo KULEV ; Serge BOUCHER, Philippe CAZABET, Willemine JASPARS, Marie-Noëlle TILLIETTE

Fabrication
Marlène DELBEKEN

Pour la première édition

Direction de l'ouvrage
Claude KANNAS

Rédaction
Pour la langue française : Patrick BACRY ; Christophe ANDREAU, Hélène HOUSSEMAINE-FLORENT, Patricia MAIRE, Dorine MOREL, Gérard PETIT, Nicole REIN-NIKOLAEV, Magali ROUQUIER, Dominique VAQUIÉ
Pour l'encyclopédie et les noms propres : François DEMAY, Yves GARNIER ; Charles BALADIER, Astrid BONIFACJ, Christian CAMARA, Didier CASALIS, Jean-Noël CHARNIOT, Anne CHARRIER, Pierre CHIESA, Jean COLLET, Marie-Thérèse EUDES, Gilbert GATELLIER, Thierry GUEZ, Yves JUVAIN, Philippe de LA COTARDIÈRE, Fabienne LAURE, Nathalie LECOMTE, Éric MARTIN, Éric MATHIVET, René OIZON, Anne OLLIER, Ghislaine OUVRARD, Patrick PASQUES, Claude POIZOT, Bernard ROUX, Marc VIGNAL, Florence WARIN, Édith YBERT-CHABRIER
Lecture-correction
Annick VALADE ; Pierre ARISTIDE, Monique BAGAÏNI, Claude DHORBAIS, Joëlle GUYON-VERNIER, Françoise MOUSNIER, Bruno VANDENBROUCQUE, Edith ZHA

ISBN : 978-2-03-592606-7 / 978-2-03-592607-4

PANNEAUX DE SIGNALISATION

PANNEAUX D'INTERSECTION ET DE PRIORITÉ

intersection avec priorité à droite · priorité ponctuelle · carrefour à sens giratoire · cédez le passage · priorité à la circulation sens inverse · arrêt obligatoire · route prioritaire · fin de route prioritaire

PANNEAUX DE DANGER

chaussée rétrécie · virage à gauche · succession de virages · cassis ou dos-d'âne · chaussée glissante · danger · passage protégé pour piétons · débouché de cyclistes

PANNEAUX D'INTERDICTION

dépassement interdit · circulation interdite · sens interdit · interdiction de tourner à droite · interdiction de faire demi-tour · interdit aux piétons · arrêt et stationnement interdits · stationnement interdit

PANNEAUX D'OBLIGATION

obligation d'aller tout droit · obligation de contourner l'obstacle · obligation de tourner à droite · obligation de tourner à droite ou à gauche · chaînes à neige obligatoires · voie réservée aux autobus · voie piétonnière · piste cyclable

PANNEAUX DE FIN D'INTERDICTION ET D'OBLIGATION

fin de toutes les interdictions · fin de limitation de vitesse · fin d'interdiction de dépasser · fin d'interdiction de signaux sonores · fin de toutes les obligations · fin de voie réservée aux autobus · fin d'obligation de chaînes à neige · fin de piste cyclable

PANNEAUX D'INDICATION

hôpital · arrêt d'autobus · parc de stationnement payant · chemin sans issue · vitesse conseillée · poste d'appel téléphonique · camping · ralentisseur

AUTRES EXEMPLES DE PANNEAUX DE SIGNALISATION

présignalisation avec indication d'un carrefour à sens giratoire · signalisation de position · itinéraire bis ou de délestage · entrée d'agglomération · sortie d'agglomération · avertissement de bifurcation autoroutière · entrée d'autoroute · fin d'autoroute

PANNEAUX DE SIGNALISATION PROPRES À CERTAINS PAYS

Espagne · Irlande · Italie · Portugal · Royaume-Uni · Québec

zone urbaine · obligation de tourner à gauche · sur route de montagne cédez le passage aux autocars en cas de croisement impossible · intersection avec une route non prioritaire · fin de chaussées séparées · arrêt obligatoire thématique principale de la page dossier

PAGE DOSSIER

Un ouvrage de référence périscolaire

biodiversité

220

Depuis l'apparition de la vie, la biodiversité de notre planète évolue. Mais notre époque connaît une dégradation accélérée et alarmante de nombreuses formes de vie. Quelles en sont les raisons ? Et les conséquences ? Peut-on enrayer le phénomène ?

Quand la biodiversité s'effondre

▶ **L'affaire des dinosaures.** Le processus d'évolution produit en permanence, à l'échelle des temps géologiques, de nouvelles espèces. Parallèlement, d'autres s'éteignent. L'extinction est en effet un phénomène normal de l'histoire des espèces. Mais l'histoire de la Terre est aussi marquée par des vagues d'extinctions massives, dont les causes exactes sont mal élucidées, et qui ont entraîné la disparition de la majorité des espèces d'une époque. Ainsi, il y a 65 millions d'années, les dinosaures se sont éteints, et avec eux 60 à 75 % des espèces animales et végétales de la planète. Cinq grandes extinctions ont été recensées grâce aux fossiles, mais chacune suivie par un nouveau développement de la biodiversité. Les grands reptiles du mésozoïque, par exemple, ont laissé place aux mammifères.

▶ **La sixième extinction a-t-elle commencé ?** Au fil des temps géologiques, le rythme d'extinction naturel est de 1 espèce tous les 4 ans. Mais à l'heure actuelle, il disparaîtrait, selon les estimations, entre 1 et 7 espèces par jour, un rythme environ 1 000 à 10 000 fois supérieur au taux naturel ! C'est la sixième grande extinction de l'histoire de la Terre qui aurait commencé… En 2012, la liste rouge des espèces menacées de l'Union internationale pour la conservation de la nature (U.I.C.N.) recensait quelque 20 000 espèces animales et végétales en danger. Un chiffre énorme, mais très en dessous de la réalité : on ne connaît en effet « que » 1,7 million d'espèces environ, sur un total estimé à 14 millions, et seulement 65 500 ont été étudiées par la liste rouge.

▶ **Les activités destructrices de l'homme.** La destruction des habitats par les activités humaines (agriculture, déforestation, urbanisation, activités industrielles, etc.) est la première cause de disparition des espèces : plus de 80 % des oiseaux et des mammifères en danger le seraient pour cette raison. À cela s'ajoutent l'introduction dans les milieux d'espèces exogènes (étrangères à ce milieu), qui provoquent des déséquilibres écologiques, et les prél… ciée parfois au trafic de viande ou de « matières premières » comm… trielle, la cueillette, et les captures pour le commerce des animaux… pollution, qui affecte les chaînes alimentaires, et le réchauffement… espèces ne pourront pas s'adapter.

▶ **En quoi est-ce grave ?** L'effondrement actuel de la biodiv… dû aux activités d'une espèce, en l'occurrence l'espèce humaine. C… son aspect moral : l'homme, s'il domine la planète, a-t-il pour au… espèces ? On peut également la considérer du point de vue de s… elle-même : les animaux et les plantes fournissent des aliments, … caments, etc. Dans les forêts tropicales, des plantes disparaissent… ferment peut-être des substances médicinales précieuses. En dét… se met lui-même en péril.

▶ **Que faire ?** Il existe plusieurs stratégies pour sauvegarder … vont de la protection intégrale d'un espace à la promotion d'un … l'environnement. Les parcs animaliers, les zoos, les réserves sont … d'espèces, parfois à l'origine de la réintroduction d'individus dan… tional de nombreuses espèces animales et végétales est réglemen… certains cas. Cependant, le braconnage perdure, et dans les pays … plantes ou de l'ivoire peut être un moyen de subsistance – la sa… donc aussi par la lutte contre la pauvreté.

La situation est devenue critique : au rythme actuel d'extincti… planète pourrait avoir disparu en 2050.

Voir aussi : animal ; biologie ; classification ; environnement ; espèce…

renvois vers les articles du dictionnaire

classe(s) concernée(s) par le thème traité

BIODIVERSITÉ ET UNITÉ DU VIVANT 6e → 3e

1 La nécessité de « mettre de l'ordre » : la classification du vivant

Classer le vivant consiste à former des regroupements d'êtres vivants possédant des attributs en commun, pour rendre compte de leurs liens de parenté. En effet, tout ensemble d'êtres vivants possédant des caractères communs les a hérités d'un ancêtre commun. Il existe de nombreux niveaux de regroupements du plus petit (la variété ou la sous-espèce) au plus vaste (l'embranchement).

Historiquement, les classifications se fondaient sur des ressemblances morphologiques, anatomiques et comportementales. Aujourd'hui, elles prennent en compte des données génétiques, qui ont bouleversé bien des visions traditionnelles (par ex., on sait aujourd'hui que les reptiles ne forment pas un groupe homogène descendant d'un même ancêtre).

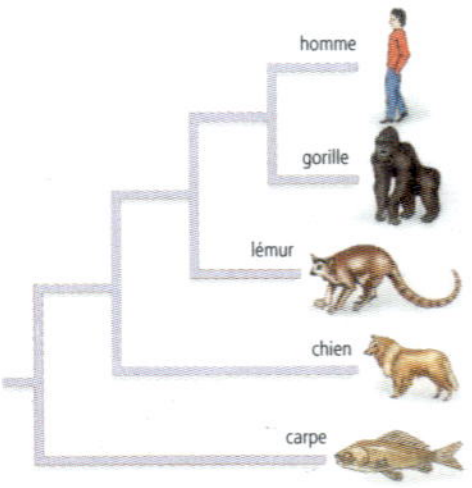

▲ Cladogramme simplifié montrant la répartition en grands groupes (*clades*) des êtres vivants représentés, en fonction des structures anatomiques homologues qu'ils possèdent en commun : colonne vertébrale, glandes mammaires, pouces opposables, queue non visible, 23 paires de chromosomes.

2 La cellule : l'unité de base du vivant

Tous les êtres vivants sont constitués d'éléments microscopiques appelés **cellules***, possédant un noyau (1), un cytoplasme (2), une membrane (3).

Certains êtres vivants ne sont constitués que d'une seule cellule (la cryptophycée, par ex.) : ce sont les organismes unicellulaires.

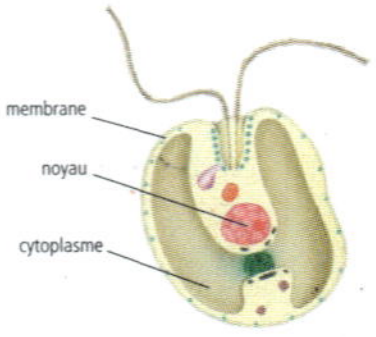

▲ La cryptophycée : une algue unicellulaire.

3 Pour voir l'infiniment petit

Le **microscope** est un instrument d'optique qui permet de grossir les objets observés de 15 à 1 800 fois ; mais ces objets doivent être très minces pour être traversés par la lumière.

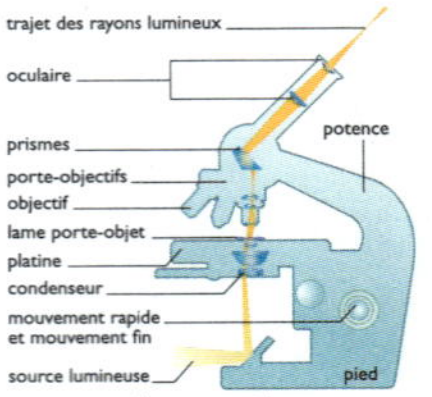

▼ Schéma type de la cellule animale (à gauche) et de la cellule végétale (à droite), avec noyau (1), cytoplasme (2) et membrane (3).

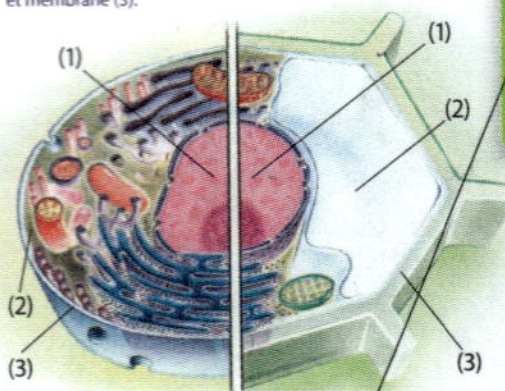

SVT

matière

LE MÉMENTO ENCYCLOPÉDIQUE « SPÉCIAL COLLÈGE »

Conforme aux programmes de l'Éducation nationale

Présentation du dictionnaire

Ce *Dictionnaire* s'adresse à tous ceux qui souhaitent manier la langue française avec précision et affermir leurs connaissances dans tous les domaines du savoir.

Grâce à ses définitions précises, à ses informations détaillées, à ses développements encyclopédiques, à ses dossiers thématiques, ce *Dictionnaire* est à la fois un ouvrage de consultation aisée pour tous et un outil efficace d'aide à la rédaction, à la préparation de dossiers ou d'exposés.

UN DICTIONNAIRE DE LANGUE

Entre les 20 000 mots d'un dictionnaire pour débutants et les 62 500 mots d'un dictionnaire comme le *Petit Larousse,* ce *Dictionnaire* présente, avec plus de 42 000 entrées, la langue courante et la langue spécialisée, la langue soutenue et littéraire, de nombreux mots de la francophonie, autant de registres de vocabulaire nécessaires à l'« honnête homme » d'aujourd'hui. Les termes rares, désuets, marginaux ou trop pointus dans les domaines scientifique et technique ont été exclus, laissant ainsi la place aux approfondissements sur les mots, leur origine, leurs emplois, indispensables lorsque l'on veut compléter sa connaissance de la langue.

Un soin particulier a été apporté à la structure des articles, amenant le lecteur à passer du sens général au sens particulier, du propre au figuré, du mot à la locution, de la locution au syntagme figé.

La prononciation

Elle est systématiquement donnée pour les mots de la langue, dans l'alphabet phonétique international. Très utile pour celui dont le français n'est pas la langue maternelle, indispensable pour les mots présentant des difficultés, l'indication de la prononciation est nécessaire aussi à celui qui souhaite approfondir sa connaissance du français en comparant orthographe et prononciation.

L'étymologie

Elle permet de s'initier à l'histoire de la langue, de comprendre les grands principes de la constitution du lexique français. Évolution, dérivation, composition, emprunt, mot forgé, siglaison, acronyme, etc., tous ces procédés apparaissent dans les notices étymologiques. L'étymologie est indiquée pour chaque mot, sauf s'il est issu d'une dérivation ou d'une composition évidente. L'astérisque devant l'étymon caractérise une forme non attestée (latin populaire, par ex.).

L'orthographe, la conjugaison et la grammaire

• Pour les noms et les adjectifs, les pluriels irréguliers ou difficiles (en particulier ceux des mots composés) sont donnés.

• Pour les verbes, un numéro de conjugaison invite le lecteur à se reporter au tableau des conjugaisons figurant en fin d'ouvrage. Ces numéros sont systématiquement donnés, à l'exception des verbes réguliers du 1er groupe en *-er* (dont le modèle, *chanter,* correspond à celui de la conjugaison n° 3).

• De nombreuses remarques d'emploi explicitent les difficultés orthographiques et grammaticales susceptibles d'être rencontrées.

• Les prépositions demandées par certains verbes (en particulier transitifs indirects) sont systématiquement données. Elles se trouvent soit avant les sens lorsqu'elles valent pour tous les sens, soit après chacun des numéros de sens lorsqu'elles varient selon le sens : ex. **songer** [à], **tenir** [à] et **tenir** [de].

Les variantes

• Lorsque, pour un mot, l'usage varie entre deux ou trois graphies, l'article est traité à l'ordre alphabétique de la graphie standard, la variante graphique étant alors précédée de *ou* : ex. **cañon** ou **canyon** n.m.

• Il arrive aussi que deux mots, morphologiquement distincts, puissent être employés pour désigner le même être ou la même chose. La variante lexicale est alors précédée de *et* : ex. **yaourt** et **yoghourt** n.m.

• Les termes recommandés parus au *Journal officiel,* destinés à se substituer aux anglicismes, sont systématiquement proposés : ex. **baladeur** pour *Walkman.*

Régionalismes et mots de la francophonie

Les termes spécifiques à certaines régions ou à certains pays francophones ont été introduits dans la mesure où ils participaient d'une meilleure communication entre francophones (certains mots du vocabulaire courant, mais aussi dénominations administratives, termes des systèmes d'enseignement : ex. **cégep** au Québec, **athénée** en Belgique, **maturité** en Suisse).

Niveaux de langue et domaines encyclopédiques

Nous avons exclu la marque POP. (populaire), encore présente dans de nombreux dictionnaires, la jugeant inadaptée au français d'aujourd'hui. Cependant, nous avons introduit une gradation dans le registre familier FAM. et T. FAM. (très familier) – qui nous paraît plus pertinente pour guider le lecteur dans son usage de la langue. Inversement, à côté de la langue dite littéraire, nous avons introduit le niveau SOUT. (langue soutenue), qui rend compte d'une langue maîtrisée et choisie, à l'oral ou à l'écrit. La marque ARG. (terme d'argot) reste affectée aux mots des différents argots (scolaires, professionnels, etc.). D'une manière générale, les mots familiers ou argotiques retenus dans cet ouvrage sont ceux qui font partie du vocabulaire courant. Il nous a semblé nécessaire de ne pas les exclure, afin, là encore, d'aider le lecteur à prendre conscience de la langue qu'il emploie ou qu'il entend, et, par là même, à mieux maîtriser son usage.

Les autres marques de niveaux de langue sont traditionnelles et se trouvent dans la liste des abréviations, en début d'ouvrage (p. 29).

Les domaines encyclopédiques sont précisés par des rubriques (MATH., CIN., etc.) dont on trouvera la liste p. 30.

Synonymes, équivalents et contraires

Il y a très peu de vrais synonymes dans la langue, car il n'y a que rarement superposition exacte de mots et de sens (nuances, contextes et domaines d'emploi des mots, registres de la langue, etc., sont autant de critères qui particularisent l'emploi d'un mot). Cependant, d'une manière pragmatique, un synonyme, c'est avant tout un mot que l'on cherche pour l'employer à la place d'un autre dans une phrase, notamment pour éviter une répétition.

C'est pourquoi nous avons le plus souvent choisi de présenter les synonymes, précédés de l'abréviation **syn.**, après le contexte d'emploi d'un mot plutôt que de les regrouper en fin d'article ou de définition.

En général, nous avons pris pour principe que le synonyme donné après un exemple pouvait se substituer au mot employé dans l'exemple. Dans les autres cas, nous avons choisi de proposer un équivalent, précédé du signe =. Ce signe = permet aussi d'introduire des paraphrases explicatives de l'emploi précis d'un mot.

Les antonymes sont indiqués de la même façon après l'exemple et précédés de l'abréviation **contr.**

Les synonymes, les équivalents et les contraires constituent des sortes de renvois à d'autres articles du dictionnaire. Cette organisation permet d'aider efficacement le lecteur à choisir le mot juste.

Locutions, expressions et syntagmes figés

Les locutions et expressions sont définies en fin d'article et classées par ordre alphabétique. Pour faciliter la lecture et le repérage, ces locutions apparaissent en gras et sont précédées du signe ⁄. Elles sont réparties en locutions de langue et locutions spécialisées (avec une rubrique).

Préfixes et suffixes

Les préfixes français productifs (*dé-*, *in-*, etc.) figurent à leur ordre dans la nomenclature, contrairement aux éléments savants de composition (*bio-*, *psycho-*, etc.), qui sont répertoriés au début de l'ouvrage.

Les renvois

Ils sont de plusieurs types :

• Dans la nomenclature, il s'agit le plus souvent de variantes graphiques : une flèche précède le mot d'entrée auquel il faut se reporter.

• Dans le corps d'un article, le même principe, une flèche, indiquera qu'une locution est traitée à un autre mot.

• Dans les étymologies, l'abréviation **v.** invite à se reporter à l'étymologie d'un autre mot pour un complément d'information.

• Dans un développement encyclopédique, l'astérisque derrière un mot propose au lecteur d'approfondir ses connaissances en se reportant à la définition de ce mot.

Les autres renvois sont explicites.

UNE ENCYCLOPÉDIE ALPHABÉTIQUE

Les mots permettent d'exprimer une pensée, une idée, les termes nomment les choses. Le discours encyclopédique explique les phénomènes, rend compte d'évolutions, décrit un savoir. Les noms propres, complément naturel du discours encyclopédique, répertorient les éléments indispensables à la culture générale (histoire, géographie, mythologie, religions, littérature, beaux-arts, cinéma, danse, etc.).

Permettre à l'utilisateur de vérifier ou d'accroître ses connaissances dans tous ces domaines du savoir, tel est l'autre objectif de ce *Dictionnaire*.

Les développements encyclopédiques

Ils sont de deux natures. Simples compléments de définitions, ils sont brefs et présentés, précédés d'un petit triangle (▸), juste après le sens concerné, permettant ainsi de passer du mot à la chose. Plus étoffés, ce sont de longs développements situés à la fin de l'article et introduits par un grand carré plein (■). Tous les thèmes du savoir sont représentés. Ils sont au nombre de 530, auxquels s'ajoutent 360 développements géographiques et historiques consacrés à des pays et des grands ensembles régionaux.

Les noms propres

7 800 articles leur sont consacrés. La plupart d'entre eux sont abondamment développés (pays, civilisations, grands événements). Pour faciliter leur lecture, nous avons choisi de les structurer au moyen de titres, sous-titres, définisseurs de périodes, dates, etc. Pour certains grands auteurs de la littérature, une notice traitant d'une œuvre particulièrement significative est présentée en fin d'article. Elle est signalée par une petite puce noire (•). Le choix des noms propres et des développements encyclopédiques a été fait pour donner au lecteur l'information la plus complète et en même temps la plus claire possible sur les sujets importants.

Cela nous a conduit à préférer le permanent à l'éphémère, le qualitatif au quantitatif, et, plus qu'à accumuler des données brutes sur des sujets mineurs, à expliciter les contenus pour une meilleure compréhension.

UN VÉRITABLE OUVRAGE PÉRISCOLAIRE

Le mémento encyclopédique

Réparti sur 224 pages thématiques, le mémento encyclopédique rassemble les éléments majeurs des programmes du collège dans les disciplines qui y sont enseignées. Français, latin, mathématiques, anglais, histoire, géographie, sciences physiques et chimiques, sciences de la vie et de la Terre y figurent bien entendu, mais la musique, l'éducation civique et les arts plastiques y sont également représentés.

Ces pages ont une fonction évidente d'aide-mémoire, qui permet à l'élève, pendant les quatre années du collège, d'avoir en permanence sous la main le rappel des notions clés et vient pallier d'éventuelles défaillances. Elles confèrent aussi à l'ouvrage une dimension périscolaire certaine dans la mesure où elles mettent en relation et en perspective le contenu des enseignements, dans une formulation et une présentation proches de celles qui sont pratiquées en classe, avec un discours et un ensemble de références encyclopédiques qui viennent donner un prolongement aux bases acquises et aux premières notions abordées dans le cadre des études. La chose apprise en classe s'en trouve valorisée quand la matière encyclopédique y gagne un mode de présentation familier et un ancrage dans la réalité des apprentissages scolaires.

L'atlas et la chronologie

Un atlas de 65 cartes (dont une pour chacun des 27 pays de l'Union européenne) et une chronologie universelle synthétique de quelque 1 000 dates clés complètent l'offre encyclopédique de l'ouvrage.

Les dossiers

Associées à certains articles, 50 pages dossiers proposent des approfondissements de certaines notions clés. En mobilisant les connaissances encyclopédiques offertes par le dictionnaire pour répondre à une question particulière, elles illustrent une autre fonction des ouvrages encyclopédiques : l'ouverture vers des sujets qui font débat et l'exposé raisonné et argumenté des discours et des thèses qui s'y affrontent.

Sommaire

« Pour en savoir plus » : les dossiers du *Collège*

LITTÉRATURE et CULTURE

HISTOIRE et RELIGION

GÉOGRAPHIE et ÉCONOMIE

VIE DE LA TERRE et VIE DE L'HOMME

BEAUX-ARTS

COMMUNICATION

Prononciation du français

Dans cet ouvrage, la prononciation est systématiquement donnée pour les mots de la langue. Afin que nos lecteurs étrangers puissent, aussi bien que les lecteurs français, lire ces prononciations, nous avons suivi le tableau des sons du français de l'Association phonétique internationale, en le simplifiant.

consonnes

[p]	*p*	dans *p*as, dé*p*asser, ca*p*
[t]	*t*	dans *t*u, é*t*aler, lu*tt*e
[k]	*c, k, qu*	dans *c*aste, a*cc*ueillir, *k*épi, *que*
[b]	*b*	dans *b*eau, a*b*îmer, clu*b*
[d]	*d*	dans *d*ur, bro*d*er, ble*d*
[g]	*g*	dans *g*are, va*g*ue, zi*g*za*g*
[f]	*f*	dans *f*ou, a*ff*reux, che*f*
[v]	*v*	dans *v*ite, ou*v*rir
[s]	*s*	dans *s*ouffler, cha*ss*e, héla*s* !
[z]	*z* ou *s*	dans *z*one, ga*z*, rai*s*on
[ʃ]	*ch*	dans *ch*eval, mâ*ch*er, Au*ch*
[ʒ]	*j* ou g	dans *j*ambe, â*g*é, pa*g*e
[l]	*l*	dans *l*arge, mo*ll*esse, ma*l*
[r]	*r*	dans *r*ude, ma*r*i, ouv*r*i*r*
[m]	*m*	dans *m*aison, a*m*ener, blê*m*e
[n]	*n*	dans *n*ourrir, fa*n*al, dolme*n*
[ɲ]	*gn*	dans a*gn*eau, bai*gn*er
[χ]	*j*	espagnol dans *j*ota
[ŋ]	*ng*	planni*ng*, ri*ng*, ginse*ng*

voyelles orales

[i]	*i*	dans *i*l, hab*i*t, d*î*ner, yp*é*rite
[e]	*é*	dans th*é*, d*é*
[ɛ]	*è*	dans *ê*tre, proc*è*s, d*ai*s
[a]	*a*	dans *a*voir, P*a*ris, p*a*tte
[ɑ]	*a*	dans *â*ne, p*â*te, m*â*t
[ɔ]	*o*	dans *o*r, r*o*be
[o]	*o*	dans d*o*s, chev*au*x
[u]	*ou*	dans *ou*vrir, c*ou*vert, l*ou*p
[y]	*u*	dans *u*ser, t*u*, s*û*r
[œ]	*eu*	dans c*œ*ur, p*eu*r, n*eu*f
[ø]	*eu*	dans f*eu*, j*eu*, p*eu*
[ə]	*e*	dans l*e*, pr*e*mier

voyelles nasales

[ɛ̃]	*in*	dans *in*térêt, p*ain*, s*ein*
[œ̃]	*un*	dans al*un*, parf*um*
[ɑ̃]	*an, en*	dans bl*an*c, *en*trer
[ɔ̃]	*on*	dans *on*dée, b*on*, h*on*te

semi-voyelles ou semi-consonnes

[j]	*y*	voyelle dans *y*eux, l*i*eu
[ɥ]	*u*	voyelle dans h*u*ile, l*u*i
[w]	*ou*	voyelle dans *ou*i, L*ou*is

REM. Le *h* initial dit « aspiré » empêche les liaisons. Il est précédé d'un astérisque * dans le dictionnaire.

Notice sur les signes spéciaux

Nombre de pays ont adopté l'alphabet latin. Certains y ont adjoint des lettres supplémentaires affectées de signes spéciaux appelés « signes diacritiques ». Plutôt que d'utiliser des transcriptions fondées sur des à-peu-près phonétiques et manquant de rigueur scientifique, nous avons jugé bon d'indiquer dans la partie noms propres les signes diacritiques pour tous les alphabets latins. Ainsi le lecteur connaîtra-t-il l'orthographe réelle de chaque nom. Pour les langues qui ne se servent pas de l'alphabet latin, nous avons utilisé des systèmes de transcription ou de translittération cohérents, mais qui ne bouleversent pas trop les traditions solidement implantées en France.

PRINCIPAUX SIGNES DIACRITIQUES DES ALPHABETS LATINS

lettre	langue	prononciation approximative
ä	allemand, suédois et finnois	*è* dans p*è*re
ä	slovaque	intermédiaire entre *a* et *ê*
á	hongrois et tchèque	*a* dans p*a*tte (mais long)
ã	portugais	*en* dans *en*core
â	roumain	intermédiaire entre *u* et *i*
å	danois, norvégien, suédois	*ô* dans h*ô*te
ă	roumain	*eu* dans f*eu*
ą	polonais	*on* dans *on*cle
ç	turc et albanais	*tch* dans *tch*èque
ć	serbo-croate	*t* (mouillé) dans *ti*are
ć	polonais	*tch* (mouillé)
č	serbo-croate et tchèque	*tch* dans *tch*èque
ď	tchèque	*d* (mouillé) dans *di*able
ë	albanais	*eu* dans f*eu*
ě	tchèque	*iè* dans b*ie*lle
ẽ	portugais	*é* fermé nasal
ę	polonais	*in* dans f*in*
ğ	turc	*gh* (faible) ou *y* (devant les voyelles *e, i, ö, ü*)
í	tchèque et hongrois	*i* long
ı	turc	entre *i* et *é*
î	roumain	intermédiaire entre *u* et *i*
ł	polonais	*l* vélaire dans l'anglais *well*
ń	polonais	*gn* dans a*gn*eau
ñ	espagnol	*gn* dans a*gn*eau
ň	tchèque	*gn* dans a*gn*eau
ö	allemand, finnois, hongrois, turc	*œu* dans *œu*vre
ö	allemand, suédois	*eu* dans f*eu* ou p*eu*
ő	hongrois	*eu* long et fermé dans j*eu*
ó	hongrois et tchèque	*ô* dans n*ô*tre
ó	polonais	*ou* dans f*ou*
õ	portugais	*on* dans *on*cle
ø	danois et norvégien	*eu* dans f*eu* ou p*eu*t
ř	tchèque	*rj* dans bour*g*eon *rch* dans pe*rch*e
š	serbo-croate et tchèque	*ch* dans *ch*eval
ş	turc et roumain	*ch* dans *ch*eval
ś	polonais	*ch* (mouillé) dans *ch*ien
ť	tchèque	*t* (mouillé) dans *t*ien
ţ	roumain	*ts* dans *ts*ar
ü	allemand, hongrois et turc	*u* dans t*u*
ű	hongrois	*u* dans b*û*che
ú	hongrois et slovaque	*ou* long
ů	tchèque	*ou* long
ý	tchèque	*i* dans v*i*lle (mais long)
ź	polonais	*g* (mouillé) dans *g*îte
ż	polonais	*g* dans *g*êne
ž	serbo-croate et tchèque	*j* dans *j*ambe

Mémento de grammaire

1. L'accord du verbe avec le sujet

❶ Accord au singulier

▶ Avec un sujet au singulier :
Je sors ce soir. Marie a fini son travail. La forêt est sombre.

▶ Avec plusieurs sujets :
– quand les sujets désignent un même être ou une même chose : *C'est un pilier, un poteau qui est tombé. C'est une artiste et une grande dame qui a joué ce soir.*
– quand il y a gradation : *L'irritation, la colère, la rage faisait suffoquer mon père.*
L'accord au pluriel, moins littéraire, est également possible.
– quand les sujets sont **l'un(e) ou l'autre :**
L'un ou l'autre sera élu. L'une ou l'autre finira par l'emporter.
➜ Voir l'un(e) et l'autre, ci-dessous.
– quand le sujet est **ce genre de :**
Ce genre de personnes m'intéresse.
– quand le sujet est **tout, rien, nul, aucun, personne :**
Les fleurs, les chocolats, tout lui faisait plaisir. Voyages, cadeaux, sorties, rien ne pouvait le distraire. Nul ne te connaît mieux que moi. Aucun ne les a reconnus. Je doute qu'aucun d'eux ne comprenne ton discours. Personne ne l'attendait.

REMARQUE **Aucun** ne prend pas d'**s**, sauf avec un nom qui n'a pas de singulier : *Aucuns frais. Aucunes funérailles.*

– quand le sujet est **le plus grand nombre :**
Le plus grand nombre a approuvé le projet.
➜ Voir un grand nombre, ci-dessous.

❷ Accord au pluriel

▶ Avec un sujet au pluriel ou plusieurs sujets au singulier :
Nous sommes arrivés. Les enfants chantent. Sophie et Marc sont voisins. Toi ou ton frère pouvez me suivre. Mon cousin, ma sœur et moi partirons les premiers.

▶ Avec **un de ceux, une de celles :** *Je suis un de ceux qui ont réussi l'examen. Marie est une de celles qui ont été sélectionnées pour le match.*

▶ Avec **la plupart (de), nombre de, bon nombre de, une infinité de, une quantité de :** *La plupart des invités sont arrivés. La plupart étaient célibataires. Nombre de nos concitoyens n'ont pas voté. Bon nombre d'accidents auraient pu être évités. Une infinité d'oiseaux sont perchés sur l'arbre. Une quantité de gens vivent misérablement.*
➜ Voir le plus grand nombre, ci-dessus.

❸ Accord au singulier ou au pluriel

▶ Quand les sujets sont coordonnés par **ou**, le verbe est au singulier si un seul sujet fait ou subit l'action :
Henri ou son frère sera président du club. L'astérie, ou étoile de mer, est un échinoderme.*
Il est au pluriel si l'on peut dire « l'un(e) et l'autre » :
Marion ou Elsa présenteront le projet avec la même conviction.
* Dans cette phrase, les deux noms sont synonymes, et le second est encadré par deux virgules.

▶ Avec **ni… ni**, l'accord est au singulier s'il y a exclusion :
Ni Paul ni Sophie n'est responsable (= aucun des deux n'est responsable).
Il est au pluriel dans le cas contraire :
Ni son séjour en Italie ni son voyage au Maroc ne l'avaient enthousiasmé.

▶ Avec **comme, de même que, mais, aussi bien, ainsi que,** le verbe est au pluriel s'il y a addition des sujets.
Il est au singulier s'il s'agit d'une comparaison :
La mémoire comme l'imagination sont indispensables pour exercer ce métier. Le coton aussi bien que la soie conviendra pour faire cette robe. Le tchèque ainsi que le russe sont des langues slaves ou *Le tchèque, ainsi que le russe, est une langue slave.*

▶ Quand la phrase commence par **vive… ! :**
Vive les vacances ! ou *Vivent les vacances !*

REMARQUE **Vive !** en tant qu'interjection est un mot invariable. Toutefois, le pluriel **vivent** est admis si l'on considère qu'il s'agit du verbe vivre au subjonctif : *(Que) vivent les arts !*

▶ Avec le verbe **égaler :** *Deux fois deux égale quatre* ou *Deux fois deux égalent quatre.*

▶ Avec **on,** le participe passé est au singulier, mais on admet le pluriel lorsque le pronom représente plusieurs personnes : *On n'est jamais si bien servi que par soi-même. On est fatigués.*

▶ Avec **l'un(e) et l'autre :**
L'un et l'autre se disent ou *L'un et l'autre se dit.*

REMARQUE Le verbe est au pluriel s'il y a réciprocité :
Elles s'épient l'une l'autre.
➜ Voir l'un(e) ou l'autre, ci-dessus.

▶ Avec **la moitié des, le tiers des, un grand (petit, certain) nombre de, peu de :** *La moitié des fruits était pourrie* (ou *étaient pourris*). *Le tiers des présents a voté* (ou *ont voté*). *Le tiers des salariés sont en congés. Un grand nombre d'élèves est absent* (ou *sont absents*). *Peu de monde est venu. Peu de personnes sont venues.*
➜ Voir aussi l'accord du participe passé.

▶ Avec **plus d'un, plus de…, plus des… :** *Plus d'une de ces personnes a été convaincue* (ou *ont été convaincues*). *Plus de la moitié des électeurs n'a pas voté. Plus des deux tiers des maisons sont détruites. Plus des trois quarts de la population est hostile à la construction d'un aéroport.*

▶ Avec un **nom collectif** (équipe, foule, groupe, majorité, centaine, multitude, partie, etc.) suivi d'un complément au pluriel, le verbe est au singulier ou au pluriel selon le sens ou selon l'intention de la personne qui parle :
La foule des curieux regarde les pompiers. L'équipe de basketteurs a été battue. La majorité des élèves déjeune à la cantine. Un groupe de touristes visitent le château. Le troupeau de moutons grossissait. Une multitude d'enfants hurlaient dans le jardin. La totalité des documents vous a été remise…

▶ Avec un **pourcentage* :** *Soixante pour cent de la population a voté* ou *Soixante pour cent ont voté. Les dix pour cent de bénéfice ont été réinvestis.*
* Quand un pourcentage pluriel est précédé de l'article **les,** l'accord se fait au pluriel.

▶ Avec **plusieurs infinitifs,** l'accord se fait au pluriel si les actions sont distinctes : *Lire et aller au cinéma sont ses deux grandes distractions.* Il se fait au singulier si les actions représentent deux aspects d'une même chose :
Bien articuler et bien parler n'est pas donné à tout le monde.

❹ Accord du verbe *être*

▶ Quand le sujet est le pronom relatif **qui,** l'accord se fait en nombre et en personne avec l'antécédent :
C'est moi qui suis le plus responsable. Il n'y a que lui et moi qui sommes venus.
Mais, lorsque **qui** est précédé d'un attribut, l'accord se fait avec cet attribut : *Vous êtes la personne qui m'a le plus aidé. Nous sommes ceux qui ont gagné. Êtes-vous quelqu'un qui sait tenir sa langue ?*

▸ Le verbe **être** précédé du pronom **ce** se met généralement au pluriel si l'attribut est au pluriel : *Ce sont de gentils garçons. C'étaient les plus belles filles de la région. Étaient-ce bien tes sœurs ?*
Cependant, on rencontre souvent des exceptions à cette règle :
C'est eux que j'attends. C'est là de beaux résultats.
« Ce n'est pas des visages, c'est des masques » (A. France).
« C'est des montagnes inaccessibles… » (Bossuet).

C'est reste au singulier
– devant **nous** et **vous :** *C'est nous qui avons gagné.*
– devant l'indication de l'heure ou d'une somme : *C'est deux heures qui sonnent. C'est deux mille euros que tu me dois.*
– devant une préposition : *C'est à eux seuls que je rendrai des comptes.*
– dans des interrogations : *Est-ce tes parents qui sont là ?*
➜ Voir l'accord des adjectifs et l'accord du participe passé.

2. La concordance des temps et des modes

La concordance des temps et des modes est l'ensemble des règles de syntaxe suivant lesquelles le temps et le mode du verbe d'une proposition subordonnée dépendent de ceux du verbe de la proposition principale pour exprimer la simultanéité, l'antériorité ou la postériorité d'une part, et la réalité ou l'incertitude d'une action d'autre part.

L'emploi de l'indicatif ou du subjonctif dépend du verbe de la principale. Les verbes **craindre, douter, souhaiter** et tous les verbes qui expriment l'incertitude, le doute, l'éventualité, la crainte, la supposition, l'étonnement se construisent avec le **subjonctif,** ainsi que les verbes **falloir, vouloir, exiger, ordonner :**
*Je **crains** qu'il ne **vienne** pas ; je **doute** qu'il **vienne** ; je m'**étonne** qu'il **soit venu** ; elle **veut** qu'on **vienne**.*

Les verbes **admettre, affirmer, constater, dire, penser, remarquer, savoir, soutenir, voir,** etc., qui présentent une affirmation sans idée de doute ni de crainte, commandent l'**indicatif :**
*Je lui **dis** qu'on **viendra** ; je **pense** qu'il **viendra** ; je **constate** qu'ils **sont venus**.*

▸ Quand la proposition **principale** est au **présent de l'indicatif,** la proposition **subordonnée** peut être à l'**indicatif :**
*Je **sais** qu'il **est** ambitieux* (présent, quand les actions sont simultanées).
*Je **sais** qu'il **était** ambitieux* (imparfait, quand l'action de la subordonnée est antérieure).
*Je **sais** qu'il **fut** ambitieux* (passé simple, quand l'action de la subordonnée est antérieure).
*Je **sais** qu'il **a été** ambitieux* (passé composé, quand l'action de la subordonnée est antérieure).
*Je **sais** qu'il **avait été** ambitieux* (plus-que-parfait, quand l'action de la subordonnée est antérieure).
*Je **sais** qu'il **sera** ambitieux* (futur, quand l'action de la subordonnée est postérieure).

▸ Quand la proposition **principale** est au **présent de l'indicatif,** la proposition **subordonnée** peut être au **subjonctif :**
*Je **doute** qu'il **soit** ambitieux* (subj. présent, quand les actions sont simultanées).
*Je **doute** qu'il **fût** ambitieux* (subj. imparfait, quand l'action de la subordonnée est antérieure).
*Je **doute** qu'il **ait été** ambitieux* (subj. passé, quand l'action de la subordonnée est antérieure).
*Je **doute** qu'il **eût été** ambitieux* (subj. plus-que-parfait, quand l'action de la subordonnée est antérieure).
*Je **doute** qu'il **soit** ambitieux à l'avenir* (subj. présent, quand l'action de la subordonnée est postérieure).

REMARQUE L'emploi de l'imparfait ou du plus-que-parfait du subjonctif est plutôt réservé à la langue écrite ou littéraire. Dans la conversation courante, ces temps sont remplacés par le présent ou par le passé du subjonctif : *Je doute qu'il **ait été** ambitieux* pour *Je doute qu'il **fût** ambitieux ;* ou *Je doute qu'il **eût été** ambitieux.*

▸ Quand la proposition **principale** est à un **temps passé de l'indicatif,** la proposition **subordonnée** peut être à l'**indicatif :**
*Je **savais*** (imparfait) *qu'il **était** ambitieux* (imparfait, quand les actions sont simultanées).
*Je **savais*** (imparfait) *qu'il **avait été** ambitieux* (plus-que-parfait, quand l'action de la subordonnée est antérieure).

▸ Quand la proposition **principale** est à un **temps passé de l'indicatif,** la proposition **subordonnée** peut être au **conditionnel :**
*Je **savais*** (imparfait) *qu'il **serait** ambitieux* (conditionnel présent, quand l'action de la subordonnée est postérieure).

▸ Quand la proposition **principale** est à un **temps passé de l'indicatif,** la proposition **subordonnée** peut être au **subjonctif :**
*Je **doutais*** (imparfait) *qu'il **fût** ambitieux* (subj. imparfait, quand les actions sont simultanées).
*J'**ai douté*** (passé composé) *qu'il **fût** ambitieux* (subj. imparfait, quand les actions sont simultanées).
*J'**avais douté*** (plus-que-parfait) *qu'il **fût** ambitieux* (subj. imparfait, quand les actions sont simultanées).
*Je **doutais*** (imparfait) *qu'il **eût été** ambitieux en la circonstance* (subj. plus-que-parfait, quand l'action de la subordonnée est antérieure).
*J'**ai douté*** (passé composé) *qu'il **eût été** ambitieux en la circonstance* (subj. plus-que-parfait, quand l'action de la subordonnée est antérieure).
*J'**avais douté*** (plus-que-parfait) *qu'il **eût été** ambitieux en la circonstance* (subj. plus-que-parfait, quand l'action de la subordonnée est antérieure).
*Je **doutais*** (imparfait) *qu'il **fût** ambitieux à l'avenir* (subj. imparfait, quand l'action de la subordonnée est postérieure).

REMARQUE Dans la conversation courante, l'imparfait et le plus-que-parfait du subjonctif sont remplacés par le présent et par le passé du subjonctif : *Je **doutais** qu'il **soit** ambitieux* pour *Je **doutais** qu'il **fût** ambitieux ; Je **doutais** qu'il **ait été** ambitieux* pour *Je **doutais** qu'il **eût été** ambitieux.*

▸ Quand la proposition **principale** est au **futur de l'indicatif,** la proposition **subordonnée** peut être à l'**indicatif :**
*Je **saurai** qu'il **est** ambitieux* (présent, quand les actions sont simultanées).
*Je **saurai** qu'il **était** ambitieux* (imparfait, quand l'action de la subordonnée est antérieure).
*Je **saurai** qu'il **fut** ambitieux en la circonstance* (passé simple, quand l'action de la subordonnée est antérieure).
*Je **saurai** qu'il **a été** ambitieux* (passé composé, quand l'action de la subordonnée est antérieure).
*Je **saurai** qu'il **sera** ambitieux* (futur, quand l'action de la subordonnée est postérieure).

▸ Quand la proposition **principale** est au **futur de l'indicatif,** la proposition **subordonnée** peut être au **subjonctif :**
*J'**exigerai** qu'il **soit** à l'heure* (subj. présent, quand l'action de la subordonnée est simultanée ou postérieure).
*Je ne **croirai** jamais qu'il **fût** ambitieux un jour* (subj. imparfait, quand l'action de la subordonnée est antérieure).
*J'**attendrai** que vous **ayez fini*** (subj. passé, quand l'action de la subordonnée est antérieure).

► Quand la proposition **principale** est au **conditionnel,** la proposition **subordonnée** est au **subjonctif :**
*Je **douterais** fort qu'il **fût** ambitieux* (subj. imparfait, quand l'action de la subordonnée est simultanée).
*Je **douterais** fort qu'il **eût été** ambitieux* (subj. plus-que-parfait, quand l'action de la subordonnée est antérieure).
*Je **douterais** fort qu'il **fût** ambitieux à l'avenir* (subj. imparfait, quand l'action de la subordonnée est postérieure).
*J'**aurais souhaité** qu'elle **fût** là* (subj. imparfait, quand l'action de la subordonnée est simultanée).
*J'**aurais souhaité** qu'elle **eût été** là* (subj. plus-que-parfait, quand l'action de la subordonnée est antérieure).
*J'**aurais souhaité** qu'elle **fût** là désormais* (subj. imparfait, quand l'action de la subordonnée est postérieure).

REMARQUES ❶ Dans la conversation courante, l'imparfait et le plus-que-parfait du subjonctif sont remplacés par le présent du subjonctif : *Je **douterais** fort qu'il **soit** ambitieux* pour *Je **douterais** fort qu'il **fût** ambitieux ; J'**aurais souhaité** qu'elle **soit** là* pour *J'**aurais souhaité** qu'elle **eût été** là.*

❷ Attention au piège orthographique : *qu'elle fût* (avec un accent circonflexe à la 3e personne de l'imparfait du subjonctif) ne doit pas être confondu avec *elle fut* (passé simple de l'indicatif).

► Avec les locutions conjonctives **afin que, à moins que, avant que, bien que, de crainte que, encore que,** etc.
Les locutions conjonctives *afin que, à moins que, avant que, bien que, de crainte que, encore que, jusqu'à ce que, pourvu que* se construisent avec le subjonctif : ***afin que** vous **preniez** votre temps ; **à moins que** tu ne **reconnaisses** tes torts ; **avant que** je **parte.***
La locution *avant que* commande le subjonctif, mais *après que* se construit avec l'indicatif : *Elle sortit **après qu'il eut parlé.** « Il faut bonne mémoire **après qu'on a menti** »* [Corneille].
On notera que l'emploi de l'indicatif s'explique dans les deux derniers exemples qui énoncent un fait passé, accompli. Dans l'emploi du subjonctif, il s'agit d'un fait futur, éventuel.
De (telle) manière que et *de sorte que* commandent l'indicatif lorsqu'elles expriment une conséquence de fait : *Il s'y est pris **de telle manière qu'il a cassé** le marteau. Ils sont arrivés trop tard, **de sorte que** le spectacle **était terminé.***
Ces locutions commandent le subjonctif lorsqu'elles expriment un but, une conséquence voulue : *Il a construit son discours **de manière que** les enfants **puissent** comprendre. Parlez plus fort, **de sorte que** tout le monde vous **entende.***

3. L'accord du participe passé

❶ Participe passé employé sans auxiliaire

► Le participe passé employé sans auxiliaire s'accorde comme un adjectif :
*Un bifteck trop **cuit.** Des fleurs **parfumées.***

► Le participe passé **fini** employé dans une phrase exclamative avant le nom s'accorde ou ne s'accorde pas :
***Fini,** les corvées !* ou ***Finies** les corvées !*
➜ Voir aussi ci-inclus, ci-joint, étant donné à leur ordre alphabétique et l'accord des adjectifs.

❷ Participe passé employé avec *être*

► Le participe passé des verbes conjugués avec l'auxiliaire **être** s'accorde en genre et en nombre avec le sujet du verbe, à l'exception de certains verbes pronominaux.
➜ Voir les verbes pronominaux.
*Où est **partie** ta sœur ? Nos amis sont **venus** hier.*

REMARQUE La règle est identique pour les verbes **sembler, paraître, rester, demeurer :** *Les spectateurs semblent **ravis.** La maison restera **fermée** tout l'été.*

► Quand le sujet est **on,** le participe passé se met normalement au masculin singulier :
*On n'est jamais **trahi** que par les siens.*

► Cependant, on peut faire l'accord avec le sujet réel sous-entendu :
*Mes amis et moi, on est très **fatigués.***

❸ Participe passé employé avec *avoir*

► Le participe passé conjugué avec l'auxiliaire **avoir** s'accorde en genre et en nombre avec le complément d'objet direct du verbe, quand ce complément précède le verbe :
*Je me rappelle l'histoire **que** j'ai **lue.** Pierre a ouvert les huîtres. C'est lui qui **les** a **ouvertes.***

REMARQUE L'accord n'est donc possible que si le verbe est transitif, c'est-à-dire s'il peut avoir un complément d'objet direct.

► Le participe reste invariable
– s'il n'a pas de complément d'objet direct :
*Elle a **démissionné.** Ces histoires nous ont **plu.** Ils nous ont **succédé.** Ils ont beaucoup **bu.** Ces livres leur ont beaucoup **servi*.***
* Mais on écrira : *Cette personne les a longtemps **servis,*** car le verbe **servir** est transitif dans ce sens.
– si le complément direct suit le verbe :
*Nous avons **lu** une **histoire.** Elle a **reçu** de bonnes **nouvelles.***
➜ Voir les participes passés toujours invariables.

❹ Participes passés des verbes *courir, coûter, durer, mesurer, peser, valoir, vivre*

► Ces verbes introduisent des compléments de durée, de mesure ou de prix qui ne sont pas des compléments directs mais des compléments circonstanciels. Le participe passé de ces verbes est invariable :
*Les 1 000 mètres qu'elle a **couru.** Les vingt euros que ce cédérom a **coûté.** Les deux heures que ce discours a **duré.***

► En revanche, on fait l'accord lorsque ces verbes sont employés transitivement (avec un complément d'objet direct) ou au sens figuré :
*Les dangers que j'ai **courus.** Les efforts que ce travail m'a **coûtés.** Les sacs que j'ai **pesés.** La gloire que cette action lui a **value.** L'histoire qu'il a **vécue.***

❺ Participe passé suivi d'un infinitif

► Le participe passé suivi d'un infinitif est variable s'il a pour complément d'objet direct le pronom relatif qui précède ; ce pronom est alors le sujet de l'infinitif :
*Les fruits que j'ai **vus** mûrir.* (J'ai vu quoi ? – les fruits. Qu'est-ce qui mûrit ? – les fruits.)
*La soprano que j'ai **entendue** chanter.* (J'ai entendu qui ? – la soprano. Qui est-ce qui chante ? – la soprano.)

► Le participe passé est invariable s'il a pour complément d'objet direct l'infinitif ; le pronom n'est pas le sujet de l'infinitif :
*Les fruits que j'ai **vu** cueillir.* (On cueille quoi ? – les fruits. Qui est-ce qui cueille ? – ce ne sont pas les fruits.)
*Les opéras que j'ai **entendu** chanter.* (On chante quoi ? – les opéras. Qui est-ce qui chante ? – ce ne sont pas les opéras.)

REMARQUE Les participes qui ont pour complément d'objet direct un infinitif sous-entendu ou une proposition sous-entendue sont toujours invariables : *Il n'a pas payé toutes les sommes qu'il aurait **dû*** (sous-entendu « payer »). *Je lui ai rendu tous les services que j'ai **pu*** (sous-entendu « lui rendre »). *Je lui ai chanté tous les morceaux qu'il a **voulu*** (sous-entendu « que je lui chante »).

▸ Le participe passé **fait** suivi d'un infinitif est invariable :
*La maison que j'ai **fait** bâtir. Les amis qu'elle a **fait** venir.*

▸ Le participe passé du verbe **laisser** suivi d'un infinitif reste invariable s'il n'a pas de complément d'objet direct ou si le complément est placé après le verbe :
*Elles ont **laissé** faire. Nous avons **laissé** partir nos filles.*

Il s'accorde avec le complément d'objet qui le précède lorsque celui-ci est aussi sujet de l'infinitif :
*Nous les avons **laissées** partir.*

Dans les autres cas, le participe passé de **laisser** demeure invariable :
*Ses moutons, il les a **laissé** abattre.*

À la forme pronominale, l'accord se fait avec le sujet de **se laisser** si celui-ci est aussi le sujet du verbe à l'infinitif :
*Elle **s'est laissée** mourir de faim.*

Le participe passé reste invariable si le sujet de **se laisser** est aussi le complément du verbe à l'infinitif :
*Elle **s'est laissé** surprendre par la nuit.*

N.B. Certains grammairiens et écrivains considèrent que le participe passé du verbe **laisser** suivi d'un infinitif doit rester invariable.

❻ Le participe passé suivi d'une préposition

▸ Le participe passé est variable si le complément d'objet direct placé avant se rapporte à lui.
*Les vêtements que j'ai **donnés à** nettoyer.* (J'ai donné quoi ? – les vêtements.)
*Les gens qu'on a **empêchés de** partir.*

▸ Le participe passé est invariable si le complément se rapporte à l'infinitif :
*Les humiliations qu'il a **eu à** subir.* (Il a subi quoi ? – des humiliations.)
*Les remerciements qu'il a **oublié d'**envoyer.*

❼ Participe passé suivi d'un adjectif attribut

Le participe passé suivi d'un attribut s'accorde avec le complément d'objet direct quand ce complément le précède :
*Il l'a **crue** morte. Ces travaux qu'il avait **crus** faciles. Cette plage que l'on avait **dite** polluée.*

Cependant, l'absence d'accord est fréquente et tolérée :
*Cette expédition que l'on avait **cru** facile. Ces athlètes que l'on avait **dit** découragés. Ces jeunes filles qu'il a **trouvé** belles.*

❽ Participe passé des verbes impersonnels

Le participe passé des verbes impersonnels est toujours invariable :
*Les inondations qu'il y a **eu**. La patience qu'il a **fallu** ! Les chaleurs qu'il a **fait***.

* Le verbe **faire** est transitif par nature, mais il devient impersonnel quand il est précédé du pronom neutre *il*.

❾ Participe passé des verbes pronominaux

➜ Voir les verbes pronominaux, l'accord des adjectifs et les participes passés toujours invariables.

❿ Avec un nom collectif (*bande de, botte de, caisse de, etc.*)

Lorsque le participe passé a pour complément d'objet direct un nom collectif, il s'accorde soit avec ce nom, soit avec le complément au pluriel, selon que l'on attache plus d'importance à l'un ou à l'autre :
*La bande d'oiseaux que nous avons **vue*** (ou ***vus***)*. *Les caisses de bière qu'on a **livrées**. Les bottes de foin qu'on a **fauché**.*

* Le premier accord au singulier est un accord selon la forme ; le second est un accord selon le sens.

⓫ Avec un *grand nombre de, plus d'un, le peu de, etc.*

Le participe passé s'accorde soit avec l'adverbe (ou le mot collectif) et se met donc au masculin singulier, soit avec le mot complément, selon l'idée qui l'emporte :
*Le **grand nombre de** succès que vous avez **remporté*** (ou ***remportés***). ***Plus d'un** village a été **détruit**. **Plus d'un** de ces hommes **était averti*** (ou ***étaient avertis***). ***Le peu d'**attention que vous avez **apporté*** (ou ***apportée***) *à cette affaire.*

➜ Voir l'accord du verbe avec le sujet.

⓬ Participe passé précédé des pronoms *l'* ou *en*

▸ Le participe passé conjugué avec **avoir** et précédé de **l'**, complément d'objet direct représentant toute une proposition, reste invariable* :
*Il faut rendre justice à ceux qui **l'ont mérité**. La chose est plus sérieuse que nous ne **l'avions pensé**.*

* On fait l'accord lorsque le pronom **l'** représente un nom déterminé : *J'ai retrouvé ma maison telle que je **l'avais laissée**.*

▸ Le participe passé précédé de **en** est invariable :
*Tout le monde m'a offert des services, mais personne ne m'**en** a **rendu**. Des photos, j'**en** ai **fait** des centaines.*

▸ Cependant, le participe s'accorde si le pronom **en** est précédé d'un adverbe de quantité *(autant, combien, plus,* etc.) :
*Autant d'ennemis il a attaqués, **autant** il **en a vaincus**. Il a perdu des lettres. Il ne sait pas **combien** il **en a perdues**.*

▸ Mais le participe passé reste invariable si l'adverbe de quantité suit le pronom **en** :
*Quant aux belles villes, j'**en** ai **tant visité**…*

REMARQUE Ces règles ne sont pas toujours observées dans l'usage ni strictement appliquées par les écrivains eux-mêmes.

4. Les participes passés toujours invariables

Les participes passés des verbes intransitifs, transitifs indirects et impersonnels employés avec l'auxiliaire *avoir* sont toujours invariables. La liste ci-dessous présente les plus courants.

abondé	chancelé	culminé	dormi	frémi	jeûné	obtempéré	persisté	pu
abouti	circulé	daigné	douté	frissonné	joui	opiné	pesté	pué
accédé	clignoté	dégoutté	duré	fructifié	langui	opté	pétillé	pullulé
afflué	coexisté	déjeuné	émigré	geint	larmoyé	oscillé	philosophé	radoté
agi	coïncidé	délibéré	éternué	gémi	lésiné	pâli	pivoté	raffolé
agonisé	commercé	démérité	étincelé	grelotté	lui	parlementé	pleurniché	râlé
appartenu	comparu	déplu	évolué	grimacé	lutté	participé	plu [plaire]	rampé
atterri	compati	dérapé	faibli	grincé	marché	pataugé	plu [pleuvoir]	réagi
bavardé	complu	dérogé	failli	grogné	médit	pâti	pouffé	rebondi
boite	concouru	détoné	fallu	hésité	menti	patienté	préexisté	récriminé
bondi	contribué	dîné	flâné	influé	miaulé	péché	préludé	regimbé
brillé	conversé	discordé	foisonné	insisté	nagé	péri	procédé	régné
bronché	convolé	discouru	fonctionné	intercédé	navigué	périclité	profité	regorgé
bruiné	coopéré	disparu	fourmillé	jailli	neigé	péroré	progressé	rejailli
cessé	correspondu	divagué	fraternisé	jasé	nui	persévéré	prospéré	relui

remédié	ricané	scintillé	souri	sympathisé	topé	trôné	vibré
renâclé	rivalisé	séjourné	subsisté	tablé	tournoyé	trotté	viré
résidé	rôdé	semblé	subvenu	tâché	toussé	trottiné	vivoté
résisté	ronflé	sévi	succédé	tardé	transigé	valsé	vogué
résonné	rougi	siégé	succombé	tâtonné	tremblé	vaqué	voltigé
resplendi	roupillé	sombré	suffi	tempêté	tremblоté	végété	voyagé
ressemblé	ruisselé	sommeillé	surgi	temporisé	trimé	venté	zigzagué
retenti	rusé	soupé	surnagé	tergiversé	trinqué	verbalisé	
ri	sautillé	sourcillé	survécu	tonné	triomphé	verdoyé	

→ Voir l'accord du participe passé et les verbes pronominaux.

5. Les verbes pronominaux

Les verbes pronominaux se conjuguent avec un pronom personnel réfléchi *(me, te, se, nous, vous, se)* de la même personne que le sujet *(je, tu, il [elle, on], nous, vous, ils [elles])*.

❶ Principales règles d'accord

On distingue quatre groupes de verbes pronominaux.

▸ Les verbes **toujours pronominaux** (qui n'existent pas à une autre forme) : *s'absenter, s'abstenir, s'acharner, s'agenouiller, s'efforcer, s'emparer de, se lamenter*, etc. Le participe passé de ces verbes s'accorde toujours avec le sujet :
*Ils s'agenouillent. Ils **se sont agenouillés.***
*Nous **nous** emparons du ballon. Nous **nous sommes emparés** du ballon.*
*Elle **se** lamente. Elle **s'est lamentée.***

▸ Les verbes pronominaux **réfléchis.** Le participe passé de ces verbes s'accorde avec le sujet si le pronom réfléchi est complément d'objet direct. Il reste invariable si le complément d'objet direct le suit :
*Fanny **se** lave.*
*Fanny **s'est lavée*** (c.-à-d. Fanny a lavé Fanny).
*Fanny **s'est lavé** les mains* (c.-à-d. Fanny a lavé ses mains).

▸ Les verbes pronominaux **réciproques.** Le participe passé est invariable si le pronom est complément d'objet indirect :
*Paul et Rémi **se** parlent.*
*Marie et Laura **se sont parlé.***
*Que d'hommes **se sont craints, déplu, nui, haïs** et **succédé !***

▸ Les pronominaux **passifs** ne sont pas de véritables verbes pronominaux, car le pronom « se » n'est pas, dans ce cas, un pronom réfléchi :
*Ce vin **se** boit au dessert* (c.-à-d. ce vin est bu au dessert).
*Ces jupes **se** sont portées amples* (c.-à-d. ces jupes ont été portées amples).
*Cette expression ne **s'**emploie plus aujourd'hui* (c.-à-d. cette expression n'est plus employée).

REMARQUES ❶ Ne sont pas classés dans les pronominaux les verbes dont le pronom « se » signifie « à soi, pour soi » :
Elle s'est préparé un repas froid.

❷ Le participe passé des verbes *se rire, se plaire, se complaire, se déplaire* est invariable : *Ils **se sont ri** de mes efforts. Elles **se sont plu** à me tourmenter.*

❷ Les cas particuliers

▸ Le participe passé suivi d'un **verbe à l'infinitif** s'accorde si le sujet du verbe pronominal est aussi sujet de l'infinitif :
*Elle **s'est sentie** mourir. Elle **s'est laissée** tomber.*
Le participe reste invariable si le sujet du verbe pronominal est aussi complément d'objet de l'infinitif :
*Elle **s'est senti** piquer par un moustique.*
*Elle **s'est laissé** enfermer. Elle **s'est fait*** avoir ;*
*elle **s'est fait** conduire à la gare ; la robe qu'elle **s'est fait** faire.*
* Le participe passé de *faire* ou *se faire* est toujours invariable devant un infinitif.

▸ Le participe suivi d'une **préposition** et d'un infinitif est invariable :
*Elle s'est **promis de** lui parler. Elle s'est **permis d'**entrer.*

▸ Le participe passé des locutions verbales **se faire jour, se mettre à dos, se rendre compte, se faire fort** est invariable, alors que celui des locutions **se croire obligé (autorisé, fondé, tenu, etc.), se trouver court** est variable :
*Des dissensions **se sont fait jour*** (locution invariable).
*Elle **s'est mis à dos** le directeur* (locution invariable).
*Elle **s'en est rendu compte*** (locution invariable).
*Elle **s'est fait fort** de réussir* (locution invariable).
*Elle **s'est crue obligée** de venir.*
*Elles **se sont trouvées court.***

6. L'accord des adjectifs

L'adjectif qualificatif s'accorde en genre et en nombre avec le nom auquel il se rapporte : *le chat noir, la maison blanche, les jardins fleuris, des femmes actives* (adjectifs épithètes) ; *ce parc est grand ; ces poires paraissent mûres* (adjectifs attributs).

❶ Accord d'un adjectif avec plusieurs noms

▸ Si les noms sont de même genre et coordonnés par **et,** l'adjectif prend leur genre et se met au pluriel :
un livre et un film passionnants ; cette plante et cette fleur sont fanées.

▸ Si les noms sont de genres différents et coordonnés par **et,** l'adjectif se met au masculin pluriel :
sa grand-mère et son grand-père paternels ;
ce pull et cette jupe sont usés.

▸ Si les noms sont de genres différents et séparés par une virgule, l'adjectif se met au masculin pluriel :
ils ont acheté une pintade, un canard, un poulet bien dodus.
Dans le cas d'une gradation, l'adjectif s'accorde avec le dernier nom : *elle avait un charme, une grâce, une beauté envoûtante.*

▸ Si les noms sont coordonnés par **ou** ou par **ni,** l'accord se fait selon le sens :
une limonade ou un citron pressé (seul le citron est pressé) ;
une orange ou un citron pressés (l'orange et le citron sont pressés) ;
il n'a ni la compétence ni le diplôme nécessaires (la compétence et le diplôme sont nécessaires).

❷ Accord de deux adjectifs avec un nom au pluriel

▶ Suivant le sens, les adjectifs se mettent au singulier ou au pluriel :
les joueurs allemands et italiens ;
les côtés droit et gauche de la route (= le côté droit et le côté gauche).

❸ Accord d'un adjectif après deux noms unis par *de*

▶ Si l'adjectif se rapporte à un nom suivi d'un complément, il s'accorde suivant le sens soit avec ce nom, soit avec le complément :
les joueurs de l'équipe néerlandaise ; une espèce d'animal visqueux (c'est l'animal qui est visqueux) ;
les importations de vin italien ou *les importations de vin italiennes* (dans la première phrase, il s'agit de vin d'Italie, dans la seconde, d'importations de vin par l'Italie, et l'on pourrait dire *les importations italiennes de vin*).

❹ Accord d'un adjectif composé

▶ Si l'adjectif est composé de deux adjectifs, les deux adjectifs s'accordent :
des paroles douces-amères ;
des enfants sourds-muets.

▶ Si l'adjectif est composé d'un adverbe, d'une préposition ou de tout autre mot invariable et d'un adjectif, seul l'adjectif s'accorde :
*les **avant**-dernières pages ;*
*des chatons **nouveau**-nés* (= nouvellement nés) ;
*des séries télévisées **franco**-italiennes ;*
*des pois **extra**-fins.*

❺ Accord des adjectifs employés comme adverbes

▶ Les adjectifs employés comme adverbes sont invariables, sauf **beau, frais, grand** et **large**, qui s'accordent dans les locutions :
*la bailler **belle**, l'échapper **belle**, des fleurs **fraîches** écloses, une fenêtre **grande** ouverte, des yeux **larges** ouverts.*

▶ Liste des principaux adjectifs employés comme adverbes : **bas, bon, chaud, cher, clair, court, creux, droit, dru, dur, faux, fin, fort, froid, haut, juste, mauvais, menu, raide, ras :**
*sa voiture coûte **cher**, des cheveux coupés **court**, des fines herbes hachées **menu**.*

▶ Accord de **attendu, compris, excepté, passé, supposé, vu :**
Ces mots peuvent être employés comme prépositions ou comme adjectifs. Dans le premier cas, ils précèdent le nom et sont invariables.
Ils s'accordent quand ils suivent le nom :
***Attendu** les événements...*
*Toutes taxes **comprises** / **y compris** la taxe sur les prestations de services. Il a des revenus confortables, **non compris** sa pension d'invalidité / sa pension d'invalidité **non comprise**.*
*Nous sommes tous là, **excepté** ta sœur / ta sœur **exceptée**, nous sommes tous là.*
***Passé** dix heures, les portes sont fermées / il est dix heures **passées**.*
***Vu** les circonstances, nous renonçons.*
➜ Voir ci-inclus, ci-joint, étant donné à leur ordre alphabétique et l'accord du participe passé.

❻ Accord des noms pris adjectivement (appositions)

▶ On accorde ces appositions si les deux noms représentent la même chose :
*des postes clés** (des postes considérés comme des clés, des places fortes)
des films cultes (des films qui font l'objet de cultes)
des cas limites (des cas qui sont des limites)
des arguments massues (des arguments qui sont comme des massues)
des produits phares (des produits qui attirent comme des phares)
des lycées pilotes (des lycées considérés comme des pilotes)
*des appartements témoins*** (des appartements qui servent de témoins)

▶ On ne fait pas l'accord si le deuxième nom est le complément du premier :
des ingénieurs maison (des ingénieurs formés par la maison)
des verres ballon (des verres qui ont la forme d'un ballon)
*des cassettes, des techniques vidéo**** (des cassettes, des techniques pour la vidéo)
des services après-vente (des services assurés après la vente)
des villes frontière (des villes situées à la frontière)

REMARQUE On peut écrire *poste clé, film culte, argument massue, produit phare, lycée pilote, appartement témoin*, etc., avec ou sans trait d'union, mais *cas limite* s'écrit sans trait d'union et, au pluriel, on peut écrire aussi des *cas limite* (des cas qui sont à la limite).

* On écrit *clés* ou *clefs*.
** Attention ! L'expression *prendre à témoin* est invariable : *il a pris les passants à témoin.*
*** Mais on écrit *des vidéos*.

❼ Cas particuliers

▶ Accord des adjectifs **demi, mi** et **nu :**
Si les adjectifs **demi, mi** et **nu*** précèdent le nom, ils restent invariables et sont reliés au nom par un trait d'union : *une demi-livre, deux demi-tons, la mi-temps, nu-tête, nu-pieds.*
Si les adjectifs **demi** et **nu** suivent le nom, *demi* s'accorde en genre avec lui, et *nu* en genre et en nombre : *deux heures et demie* (= deux heures et la demie d'une heure) ; *à mains nues.*
* À l'exception de *nue(s)-propriété(s)* et de *nu(s, es)-propriétaire(s)*, qui s'accordent.

▶ Les adjectifs **beau, fou, mou, nouveau, vieux :**
Les adjectifs **beau, fou, mou, nouveau, vieux** font **bel, fol, mol, nouvel, vieil** devant un nom masculin singulier qui commence par une voyelle ou par un « h » muet :
*un **bel** homme, un **fol** amour, un **mol** oreiller, un **nouvel** appareil, un **vieil** immeuble.*

▶ L'adjectif **feu :**
L'adjectif **feu** ne prend pas un **x** au pluriel mais un **s**.
Il est invariable quand il précède l'article ou le possessif :
***feu** ma tante, **feu** mes oncles.*
Dans le cas contraire, il s'accorde en genre et en nombre avec le nom : *ma **feue** tante, mes **feus** oncles.*

▶ L'adjectif **flambant** dans la locution ***flambant neuf*** est toujours invariable, mais **neuf** peut varier en genre et en nombre ou rester invariable :
*une voiture **flambant** neuf* ou *une voiture **flambant** neuve.*

▶ Les adjectifs suivants ne s'emploient qu'au masculin :
aquilin, avant-coureur, ballot (fam.), **benêt, coulis, coûtant, échéant, grégeois, précurseur, salant, salaud** (très fam.), **saur, vairon.**

▶ Les adjectifs suivants ne s'emploient qu'au féminin :
bée, bissextile, cochère, crasse, dive, enceinte, épinière, faîtière, gammée, grège, infuse, océane (litt.), **palière, patronnesse, peccante** (vx), **philosophale, picrocholine, pie** (au sens de pieuse), **porte, poulinière, régale, tourière, trémière, vaticane, vomique.**

▶ En règle générale, les adjectifs indéfinis **aucun, chaque** et **nul** sont suivis d'un nom au singulier :
***aucun** enfant, **chaque** matin, **nul** espoir, **nulle** envie.*
Cependant, **aucun** et **nul** peuvent se mettre au pluriel si le nom n'a pas de singulier : ***aucunes** funérailles, **nuls** frais.*
➜ Voir aussi même et tout à leur ordre alphabétique.

▶ Les adjectifs cardinaux :
Les adjectifs cardinaux sont invariables en genre (sauf « un » qui prend la marque du féminin) et en nombre (sauf « vingt » et « cent » qui, dans certains cas, peuvent prendre la marque du pluriel) :

***quatre** ans, **cent** euros, **cent trois** euros, **vingt** jours, **mille** nuits ; **quatre-vingt-cinq** euros, **quatre-vingts** euros* (= quatre fois vingt), ***deux cents** euros* (= deux fois cent).

▸ Accord de l'adjectif après **avoir l'air :**
L'adjectif s'accorde avec le nom quand il s'agit de noms de choses :
*cette poire **a l'air bonne.***

S'il s'agit de personnes, l'accord se fait avec le sujet ou, plus rarement, avec le mot *air* :
*cette femme **a l'air** intelligen**te** ou cette femme **a l'air** intelligent ; ils **ont l'air** triste**s** ou ils **ont l'air** triste.*

→ Voir l'accord des adjectifs de couleur, le pluriel des noms et adjectifs d'origine étrangère, les participes passés invariables, l'accord du participe passé, le participe présent, le pluriel des noms et des adjectifs et l'accord du verbe avec le sujet.

7. L'accord des adjectifs de couleur

❶ S'accordent en genre et en nombre

a. Les adjectifs simples désignant une couleur :

alezan	châtain	incarnat	roux
bai	cramoisi	jaune	vermeil
beige	écarlate	mauve	vert
bis	écru	noir	violet
blanc	fauve	pers	
bleu	glauque	pourpre	
blond	grège	rose	
brun	gris	rouge	

Ex. : *Des nattes **brunes,** des joues **cramoisies,** des pommes **vermeilles.***

b. Les adjectifs dérivés d'adjectifs ou de noms de couleur, comme :

ambré	jaunâtre	rosé
basané	mordoré	rougeâtre
blanchâtre	noirâtre	rougeaud
bleuâtre	noiraud	rouquin
brunâtre	olivâtre	rubicond
cuivré	opalescent	verdâtre
doré	orangé	violacé

Ex. : *Des teintes **orangées,** des figures **rougeaudes,** des perruques **rouquines.***

❷ Sont invariables en genre et en nombre

a. Les adjectifs d'origine étrangère et les noms pris adjectivement :

abricot	bistre	céladon	cuivre	indigo	miel	pie	tango
acajou	bitume	cerise	cyclamen	isabelle	moutarde	pistache	tête-de-Maure
acier	bordeaux	chair	ébène	ivoire	nacre	pivoine	tête-de-nègre
amarante	brique	chamois	émeraude	jade	noisette	platine	thé
ambre	bronze	champagne	épinard	jonquille	ocre	prune	tilleul
améthyste	caca d'oie	châtaigne	feuille-morte	kaki	olive	rouille	tomate
anthracite	café	chocolat	filasse	lavande	or	sable	topaze
arc-en-ciel	canari	ciel	framboise	lie-de-vin	orange	safran	turquoise
ardoise	cannelle	citron	fuchsia	lilas	paille	saphir	vanille
argent	capucine	cognac	garance	lin	parme	saumon	vermillon
aubergine	caramel	coquelicot	gorge-de-pigeon	magenta	pastel	sépia	vert-de-gris
auburn	carmin	corail	grenat	marine	pêche	serin	vison...
aurore	carotte	crème	groseille	marron	perle	soufre	
azur	cassis	crevette	havane	mastic	pervenche	tabac	

Ex. : *Des jupes **fuchsia,** des chaussures **havane,** des cheveux **platine.***

REMARQUE **Écarlate, fauve, incarnat, mauve, pourpre** et **rose** sont assimilés à de véritables adjectifs et s'accordent comme indiqué dans le premier tableau.

b. Les adjectifs suivis d'un nom qui précise la nuance, comme :

bleu azur	gris ardoise	rouge tomate
bleu ciel	gris perle	vert amande
bleu horizon	gris souris	vert bouteille
bleu marine	jaune citron	vert olive
bleu nuit	jaune maïs	vert pistache...
bleu roi	jaune paille	
bleu turquoise	jaune serin	
gris acier	noir de jais	

Ex. : *Des marinières **bleu marine,** des écharpes **gris perle,** des fourrures **noir de jais.***

c. Les adjectifs suivis par un autre adjectif qui précise la nuance :
Ex. : *Des blouses **bleu foncé,** des cheveux **châtain clair,** des juments **gris pommelé,** des laques **rouge brique.***

REMARQUE Quand ces adjectifs désignent une couleur résultant de deux couleurs, ils sont reliés par un trait d'union : *des encres **bleu-noir,** des céramiques **bleu-vert.***

d. Les adjectifs simples, mais associés pour décrire un même objet :
Ex. : *Des drapeaux **bleu, blanc, rouge*** (= tricolores) ; *des chemises rayées **bleu et blanc*** (= bicolores).

REMARQUE Si l'accord est fait, cela signifie que plusieurs objets sont désignés : *des drapeaux **bleus, blancs, rouges*** (= des drapeaux qui sont chacun d'une seule couleur).

8. Le genre des noms et les noms à double genre

En français, les noms sont répartis en deux classes grammaticales, correspondant à la notion de genre : le masculin et le féminin. D'autres langues, comme le grec, le latin ou l'allemand, ont trois genres : le masculin, le féminin et le neutre.

Le genre des noms est purement conventionnel et surtout déterminé par l'usage (*arbre* est masculin, bien que dérivé du latin *arbor*, qui est féminin). Une même chose peut être de genre différent d'une langue à une autre : ainsi les mots *soleil* et *lune* sont respectivement masculin et féminin en français, alors qu'en allemand *Sonne* (le soleil) est féminin et *Mond* (la lune) est masculin.

Le genre grammatical (masculin/féminin) est souvent associé au genre naturel (mâle/femelle) : *un chat/une chatte, le boucher/la bouchère, mon frère/ma sœur*. Certains noms qui désignent indifféremment l'un ou l'autre sexe ont un genre commun et sont dits « épicènes » *(artiste, enfant, élève, snob…)*. D'autres n'ont pas d'équivalent féminin dans la langue française parlée en France *(assassin, monstre, prédécesseur, successeur, témoin, vainqueur, voyou…)*, mais en ont parfois un en français de Belgique, du Canada ou de Suisse *(une prédécesseure, une successeure…)*.

Certains noms féminins ne s'appliquent qu'à des hommes : *une estafette, une gouape, une frappe…*, et certains noms masculins ne s'appliquent qu'à des femmes : *un bas-bleu, un succube, un tendron* (très jeune fille)…

Il est fréquent d'hésiter sur le genre d'un nom, notamment lorsque celui-ci se termine par -e ou par -ée. Les deux listes ci-dessous présentent les noms qui sont fréquemment objet d'erreurs.

❶ Les noms suivants sont masculins

un agrume	un caducée	un météore
l'amiante	un camée	un ovule
un antidote	un cerne	un périgée
un antre	un effluve	un planisphère
un apogée	un emblème	un tentacule
un armistice	un équinoxe	un testicule
un aromate	un esclandre	
un astérisque	un haltère	
un astéroïde	un hémisphère	
un astragale	un hyménée (litt.)	
un augure	un hypogée	

❷ Les noms suivants sont féminins

une acné	une échappatoire	une orthographe
une algèbre	une écritoire	la réglisse (plante)
une amnistie	une épithète	une scolopendre
une anagramme	une escarre	une stalactite
une anicroche	des immondices [n.f. pl.]	une stalagmite
une apocalypse	une météorite	
une apostrophe	la nacre	
des arrhes [n.f. pl.]	une oasis	
une azalée	une octave	
une caténaire	une orbite	
une ébène		

❸ Les noms suivants ont le double genre

aigle : un aigle et une aigle [enseigne militaire] : *les aigles romaines.*

amour est masculin au singulier : *un grand amour*, et féminin au pluriel dans la langue littéraire : *les amours enfantines.*

cartouche : une cartouche et un cartouche [inscription ornementale].

couple : un couple [deux êtres] et une couple (litt.) [deux choses].

crêpe : une crêpe et un crêpe [tissu et caoutchouc].

délice est masculin au singulier : *ce gâteau est un délice*, et féminin au pluriel dans la langue littéraire : *les délices infinies du rêve.*

gens est masculin pluriel quand l'adjectif est placé après : *des gens intelligents*, et féminin pluriel quand il est placé avant : *de vieilles gens.*

geste : un geste et la geste [ensemble d'exploits] : *chanson de geste ; les faits et gestes d'une personne.*

gîte : un gîte et la gîte [terme de marine].

greffe : une greffe et un greffe [juridiction].

livre : un livre et une livre [poids et monnaie].

manche : une manche et un manche.

manœuvre : une manœuvre et un manœuvre.

mode : une mode et un mode.

œuvre : une œuvre [travail, réalisation] et un œuvre [sens en construction et ensemble des productions d'un artiste] : *l'œuvre gravé de Picasso.*

orge : une orge [la céréale entière] et un orge [grains d'orge sans leur enveloppe] : *orge mondé, orge perlé.*

orgue est masculin au singulier : *un orgue de tribune*, et féminin au pluriel : *les grandes orgues.*

parallèle : une parallèle [une droite] et un parallèle [cercle parallèle à l'équateur].

pendule : une pendule et un pendule [instrument de radiesthésie].

physique : la physique et le physique.

poste : une poste et un poste.

tour : une tour et un tour.

voile : une voile et un voile.

N.B. Les noms à double genre proprement dits sont ceux qui ont la même étymologie (*un aigle/une aigle, un couple/une couple*, etc.) ; ceux qui sont d'origine différente constituent des mots différents (*un livre/une livre, un manche/une manche*, etc.).

❹ Les noms féminins en *-é* et en *-ée*

Les noms féminins qui désignent une qualité ou un défaut se terminent toujours par **-é** : *l'amitié, la beauté, la bonté, la charité, la méchanceté, la pitié, la sévérité*, etc. Ceux qui désignent une contenance ou une durée ont toujours leur finale en **-ée** : *brassée, cuillerée, pelletée, pincée, journée, matinée*, etc.

❺ Le genre des noms de villes

En l'absence de règle et par souci de simplification, les noms de villes et de localités s'accordent le plus souvent au féminin : *Lille est grande ; San Francisco est connue pour la douceur de son climat.*
Mais les noms de villes comportant un article défini masculin s'accordent au masculin : *Le Caire est situé sur le Nil ; Le Havre a été détruit en 1944.*

→ Voir le pluriel des noms et des adjectifs d'origine étrangère et le pluriel des noms et des adjectifs.

9. Le pluriel des noms et des adjectifs

Le pluriel des noms communs et des adjectifs se forme en ajoutant un *s* au singulier :
un avion, des avions ; une voiture, des voitures.
Il est aimable, ils sont aimables.

❶ Exceptions

▶ Les noms et adjectifs terminés par **s, x** et **z** ne changent pas au pluriel :
un avis, des avis ; un prix, des prix ; un nez, des nez.
Il est mauvais, ils sont mauvais. Il est vieux, ils sont vieux.

▶ Les noms et adjectifs en **-al** ont leur pluriel en **-aux** (*un cheval, des chevaux* [1] *; un journal, des journaux ; un tribunal, des tribunaux*), sauf les noms suivants :
bal, cal, carnaval, cérémonial, chacal, choral, étal, festival, gavial, narval, nopal, pal, récital, régal, rorqual, santal, serval, sisal, qui ont un pluriel régulier en **-s** : *des bals, des cals, des carnavals,* etc.

1. Le pluriel de *fer à cheval* est *fers à cheval.*
Les mots *idéal* et *val* ont deux pluriels : *idéals* et *idéaux, vals* et *vaux.*

▶ Les noms et adjectifs en **-au**, **-eau** et **-eu** ont leur pluriel en **-aux**, **-eaux** et **-eux**, sauf les mots suivants :
grau, landau, sarrau, bleu (et ses composés), *émeu, enfeu, feu* (l'adjectif), *lieu* (le poisson), *pneu* (et ses composés), *richelieu,* qui ont un pluriel régulier en **-s** : *des graus, des landaus,* etc.

▶ Certains noms en **-ou** ont leur pluriel en **-oux** :
un bijou, des bijoux ; un caillou, des cailloux ; un chou, des choux ; un genou, des genoux ; un hibou, des hiboux ; un joujou, des joujoux ; un pou, des poux.
Les autres suivent la règle générale du pluriel :
un clou, des clous ; un verrou, des verrous, etc.

▶ Certains noms en **-ail** ont leur pluriel en **-aux** :
un bail, des baux ; un corail, des coraux ; un soupirail, des soupiraux ; un vantail, des vantaux ; un vitrail, des vitraux.
Les autres suivent la règle générale du pluriel :
un épouvantail, des épouvantails ; un gouvernail, des gouvernails ; un rail, des rails, etc.

REMARQUE *Ail* a deux pluriels : *ails* et *aulx,* mais le second est plus rare et ancien.

❷ Cas particuliers

▶ **Les notes de musique :**
Le nom des notes de musique est invariable :
des do bémol, des fa dièse.

▶ **Les jours de la semaine :**
Au pluriel, le nom des jours de la semaine prend un **s** :
Il va au cinéma tous les lundis.
Mais on écrit :
Il va au cinéma tous les lundis soir (« soir » a la fonction d'un adverbe).

▶ **Les noms toujours pluriels :**
Les noms suivants ne s'emploient qu'au pluriel :
accordailles, affres, aguets, alentours, ambages, annales, appas, appointements, archives, armoiries, arrérages, arrhes, atours, condoléances, confins, décombres, fiançailles, frais, funérailles, honoraires, mœurs, obsèques, ossements, sévices, ténèbres, etc.

▶ **L'accord en nombre des adjectifs :**
• Avec plusieurs noms coordonnés par **et**, par **ou** et par **ni**, avec un nom au pluriel,
➜ Voir l'accord des adjectifs.

• Avec le pronom personnel **on :**
On est un pronom masculin singulier, mais l'accord peut se faire au pluriel quand « on » représente un nom pluriel :
***On** n'est jamais **sûr** de rien* [2]*. **On** est tous **égaux** devant la loi.*
*Marie et moi, **on** est **heureuses*** [3] *de partir en vacances.*

2. Dans cette phrase, « on » signifie « chacun », « tout homme ».
3. Dans la langue soutenue, on dirait :
Marie et moi sommes heureuses de partir en vacances.

• Avec **peu de,** l'accord se fait avec le nom qui suit :
Peu de** monde est **satisfait. Peu d'**hommes sont **satisfaits.
Peu de** femmes sont **satisfaites.

• Avec **plus d'un :**
– Si **plus d'un** est suivi d'un nom au singulier, l'accord se fait avec ce nom : ***Plus d'un** invité était **gai.***
– Si **plus d'un** est suivi d'un nom au pluriel, l'accord se fait soit avec le mot collectif et se met donc au masculin singulier, soit avec le mot complément :
Plus d'un de** ces hommes m'était **inconnu ou ***Plus d'un de** ces hommes m'étaient **inconnus.***

• Avec **la totalité de, le plus grand nombre de,** l'accord se fait au singulier :
***La totalité des** candidats était très émue.*
***Le plus grand nombre** de spectateurs demeurait impassible.*

• Avec **la plupart (de)** l'accord se fait au pluriel :
La plupart des [4] *enfants étaient **contents.***
La plupart [5] *sont déjà **guéris*** (ou ***guéries***).
*Ces avions sont anciens ; **la plupart** ont été **construits** il y a plus de trente ans.*

4. « La plupart de » suivi d'un nom au singulier est rare et vieilli, sauf dans l'expression « la plupart du temps ».
5. Avec « la plupart », l'accord se fait avec le complément sous-entendu :
la plupart (des enfants) ou *la plupart (des personnes).*

➜ Voir l'accord du verbe avec le sujet.
Avec l'expression avoir l'air, avec un nom en apposition,
➜ Voir l'accord des adjectifs.
Avec les adjectifs indéfinis aucun, chaque et nul,
➜ Voir l'accord des adjectifs.

▶ **Les noms déposés :**
Les noms déposés sont légalement des noms propres invariables* et ne peuvent prendre la marque du pluriel qu'avec l'accord de leurs propriétaires : *des **Coton-Tige**, des **Escalator**, des **Peugeot**,* etc.
* L'accord de ces noms est grammaticalement correct : *des **Caddies**, des **Escalators**, des **Cotons-Tiges.***

▶ **Les noms de produits :**
Les noms des produits prennent un **s** au pluriel :
*des **bourgognes,** des **camemberts,** des **champagnes,*** etc.

▶ **Les noms propres :**
Les **noms propres** sont, en principe, **invariables** puisqu'ils désignent une personne ou un lieu uniques :
*les **Goncourt,** les **Durand,** les deux **Marie.***
*Il n'y a pas deux **Prague** mais il existe deux **Vienne.***
Cependant, l'accord du pluriel, qui se faisait en latin, était de règle jusqu'au XVIIIe siècle.
Aujourd'hui, la tendance générale est à l'invariabilité, mais certains noms de familles illustres ou de dynasties prennent la marque du pluriel :
*les **Bourbons,** les **Capets,** les **Césars,** les **Condés,** les **Constantins,** les **Curiaces,** les **Guises,** les **Horaces,** les **Paléologues,** les **Plantagenêts,** les **Stuarts,** les **Tudors.***
Mais on écrit sans **s** : *les **Hohenzollern,** les **Romanov,** les **Habsbourg,** les **Visconti,** les **Borgia,** les **Bonaparte.***
Les **noms propres employés comme noms communs** prennent la marque du pluriel :
*« J'ai vu des **Sophocles,** des **Archimèdes,** des **Platons***… » (P. Valéry).*
* Ces noms sont employés au pluriel par effet de style. On pourrait dire *des hommes comme Sophocle, Archimède et Platon.* En revanche, lorsqu'un nom propre est précédé d'un article pluriel mais désigne une seule personne,

il reste au singulier : « *Ici, les **Joffre**, les **Castelnau**, les **Fayolle**, les **Foch**, les **Pétain*** » (*P. Valéry*).

N.B. Les noms géographiques peuvent prendre la marque du pluriel s'ils s'appliquent à des réalités distinctes : *les **Amériques**, les **Guyanes**, les deux **Corées**.*

Les **noms d'artistes** utilisés pour désigner leurs œuvres sont en principe invariables : *Le musée a acheté des **Rembrandt** et des **Raphaël**.*

N.B. On rencontre parfois l'orthographe avec s, qui n'est pas considérée comme fautive : *Le musée a acheté des **Rembrandts** et des **Raphaëls**.*

Les **noms de personnes** ou **d'êtres** qui désignent des **œuvres d'art** prennent la marque du pluriel : *Il a admiré plusieurs **Dianes** et plusieurs **Apollons**.*

Les **noms de journaux, de revues,** les titres de **romans,** de **pièces de théâtre** sont toujours invariables : *des **Figaro**, des **Officiel des spectacles**, des **Macbeth**.*

→ Voir l'accord des adjectifs, le pluriel des noms composés, l'accord des adjectifs de couleur, le pluriel des noms et des adjectifs d'origine étrangère, le participe présent, l'adjectif verbal et le nom, l'accord du participe passé.

10. Le pluriel des noms et des adjectifs d'origine étrangère

En règle générale, les noms et les adjectifs empruntés aux langues étrangères prennent un *-s* au pluriel : *des agendas, des autodafés, des biftecks, des cocktails, des judokas, des pizzerias, des toreros, des zakouskis.*

Certains noms ont conservé le pluriel d'origine étrangère à côté du pluriel français ; toutefois, ce dernier tend à s'imposer : *des businessmans* (ou *des businessmen*), *des matchs* (ou *des matches*), *des scénarios* (ou *des scenarii*), etc.

Les noms et les adjectifs d'origine étrangère terminés par *-s*, *-x* et *-z* sont invariables, comme ils le sont en français : *des box, des cumulus, des edelweiss, des kibboutz, des gens relax, des danses sioux, des tumulus, des xérès.*

❶ Noms empruntés au latin

des accessits	des intérims	des quorums
des albums	des médiums	des quotas
des aléas	des mémentos	des référendums
des alibis	des mémorandums	des sanatoriums
des alinéas	des péplums	des solariums
des déficits	des quatuors	des spécimens
des forums	des quidams	des ultimatums…

REMARQUES ❶ Certains noms d'origine latine, dont une partie appartient à la langue religieuse, restent invariables : *des Ave, des credo, des ex-voto, des Kyrie, des magnificat, des Pater, des requiem, des Te Deum, des nota bene, des post-scriptum, des vade-mecum, des veto*, etc. D'autres ont conservé la forme latine du pluriel : *un erratum, des errata.*

❷ Un petit nombre de noms acceptent les deux pluriels : *un maximum, des maximums* ou *des maxima ; un minimum, des minimums* ou *des minima ; un optimum, des optimums* ou *des optima ; un stimulus, des stimulus* ou *des stimuli ; un oculus, des oculus* ou *des oculi.*

❷ Noms et adjectifs empruntés à l'italien

des agios	des graffitis**	des piccolos
des altos	des imbroglios	des prima donna*
des andantes	des imprésarios	des raviolis
des arias	des lazzis**	des églises rococo
des cannellonis	des macaronis	des scénarios*
des confettis	des mezzo-sopranos	des solos*
des duos	des opéras(-)bouffes	des sopranos*
des fiascos	des pianoforte	des spaghettis…

* On peut dire aussi *des prime donne, des scenarii, des soli, des soprani,* mais ces pluriels, dits savants, ont souvent un air de pédanterie.

** Le pluriel italien en *-i* se rencontre parfois : *des graffiti, des lazzi*, etc.

❸ Noms et adjectifs empruntés à l'allemand

des blockhaus	des kaisers	des schuss
des ersatz	des vases kitsch	des talwegs
des diktats	des lieds/des lieder	des vasistas…

❹ Noms et adjectifs empruntés à l'anglais ou à l'anglo-américain

Les noms composés avec *man* font leur pluriel en *mans* : *des barmans, des gentlemans, des jazzmans,* mais les formes anglaises coexistent : *des barmen, des gentlemen, des jazzmen.* Ceux qui se terminent par *y* ont leur pluriel en *-ys* : *des dandys, des jurys, des whiskys,* mais on trouve aussi la terminaison anglaise en *-ies* : *des whiskies.*

Enfin, ceux qui ont une terminaison en *-ch* ou en *-sh* ont aussi deux pluriels : le pluriel francisé *-chs* et *-shs* : *des sandwichs, des flashs,* et le pluriel d'origine en *-ches* et *-shes* : *des sandwiches, des flashes.*

Toutefois, comme pour les mots venus des autres langues, le pluriel français tend à se généraliser.

❺ Les adjectifs sont invariables en anglais. En les intégrant dans la langue française, on a conservé cette règle.

des parents **cool**	des plates-formes **offshore**
des whiskys **dry**	ou **off shore**
des joueurs **fair-play**	des billets **open**
des couleurs **flashy**	les balles sont **out**
des lampes **flood**	des chanteurs **pop**
des boxeurs **groggy**	des groupes **punk**
des chansons **jazzy**	des appareils **reflex**
des boxeurs **knock-out**	des concerts **rock**
des concerts **live**	des actrices **sexy**
des lunettes **new-look**	des gens **smart**
des courses **non-stop**	des pneus **tubeless**
des festivals **off**	des montres **waterproof…**

❻ Les adjectifs issus de noms de peuples

En règle générale, ces adjectifs s'accordent en nombre si ces mots peuvent être facilement francisés : des habitations *hottentotes,* des coutumes *inuites,* des villes *khmères,* des villages *kurdes,* des bonnets *mandchous,* des guerriers *maoris,* des villages *peuls,* des coutumes *tamoules.* D'autres sont invariables : des tissages *aymara,* des agriculteurs *haoussa,* des poteries *jivaro,* les peintures de sable *navajo,* les peuples *quechua,* des chansons *yiddish.*

Cependant, l'accord est encore hésitant pour un certain nombre d'entre eux. Souvent invariables dans les textes scientifiques, ils prennent la marque du pluriel dans la langue courante : les traditions *aymara*/les traditions *aymaras* ; des cités *haoussa* / des cités *haoussas…*

→ Voir le pluriel des noms composés et le pluriel des noms et des adjectifs.

11. Le pluriel des noms composés

Un nom composé est constitué de plusieurs mots séparés ou non par des traits d'union : *à-propos, après-demain, chef-lieu, chasse-neige, pomme de terre, chef d'orchestre, self-made-man*. Le pluriel d'un nom composé varie en fonction de la catégorie grammaticale de chacun de ses composants.

Si un nom composé est formé avec un verbe, un adverbe, une préposition ou un préfixe, le verbe, l'adverbe, la préposition et le préfixe sont invariables : *des attrape-nigauds, des arrière-boutiques, des à-côtés, des agro-industries, des mini-ordinateurs*.

S'il est formé avec un nom ou un adjectif, ceux-ci prennent ou non la marque du pluriel selon le sens : *des boutons-pression, des bracelets-montres, des arcs-en-ciel, des chassés-croisés, des petits-suisses, des petits-beurre*.

❶ Les noms composés formés d'un adjectif et d'un nom : tous deux prennent la marque du pluriel.

une basse-cour	des basses-cours
un beau-frère	des beaux-frères
un château fort	des châteaux forts
un court-circuit	des courts-circuits
un haut-relief	des hauts-reliefs
une longue-vue	des longues-vues
un petit déjeuner	des petits déjeuners
une plate-bande	des plates-bandes…

→ Voir l'accord des adjectifs et l'accord des adjectifs de couleur.

❷ Les noms composés formés de deux noms en apposition : tous deux prennent la marque du pluriel.

un chêne-liège	des chênes-lièges
un chef-lieu	des chefs-lieux
un chirurgien-dentiste	des chirurgiens-dentistes
un drap-housse	des draps-housses
une loi-cadre	des lois-cadres
un maître-nageur	des maîtres-nageurs
un mot-clé	des mots-clés…

REMARQUE Le mot *volte-face* est invariable pour des raisons étymologiques : *volte* vient du verbe italien *voltare*, tourner.

❸ Les noms composés formés d'un nom et de son complément : le premier nom seul prend la marque du pluriel.

un abri-sous-roche	des abris-sous-roche
un amour-en-cage	des amours-en-cage
une année-lumière	des années-lumière
une assurance-vie	des assurances-vie
une barbe à papa	des barbes à papa
un chef-d'œuvre	des chefs-d'œuvre
un chèque-service	des chèques-service
un fer à cheval	des fers à cheval
une pomme de terre	des pommes de terre
un timbre-poste	des timbres-poste…

REMARQUE Attention à certains pluriels irréguliers : *des **œils**-de-bœuf, des **ciels** de lits, des **chevaux**-d'arçons* ou *des **cheval**-d'arçons*.

Les mots suivants ne prennent pas d's pour permettre la liaison : *des coq-à-l'âne, des face-à-face, des pot-au-feu, des tête-à-tête*.

❹ Les noms composés formés d'un mot invariable et d'un nom (ou d'un adjectif) : le nom seul prend la marque du pluriel.

un à-coup	des à-coups
un aéro-club	des aéro-clubs
un à-pic	des à-pics
un après-rasage	des après-rasages
un ciné-club	des ciné-clubs
un en-tête	des en-têtes
un haut-parleur	des haut-parleurs
un micro-ordinateur	des micro-ordinateurs
un nouveau-né*	des nouveau-nés…

REMARQUE Quelques noms sont invariables en raison du sens : *des après-midi, des sans-abri, des sans-cœur, des sans-gêne*.

* Dans *nouveau-né* et *mort-né*, *nouveau* et *mort* sont considérés comme des adverbes : *des brebis mort-nées, nouveau-nées*.

❺ Les noms composés formés d'un verbe et de son complément : le verbe est invariable et le nom prend ou ne prend pas la marque du pluriel.[1]

▸ Le nom prend la marque du pluriel s'il peut être compté :

un chauffe-bain	des chauffe-bains
un couvre-lit	des couvre-lits
un essuie-glace	des essuie-glaces
un tire-bouchon	des tire-bouchons
un porte-bébé	des porte-bébé(s)

▸ Le nom reste invariable s'il est unique ou abstrait :

un abat-jour	des abat-jour
un aide-mémoire	des aide-mémoire
un casse-croûte	des casse-croûte
un chasse-neige	des chasse-neige
un gratte-ciel	des gratte-ciel

1. Dans le cadre de la réforme de l'orthographe, le second élément prend toujours la marque du pluriel.

REMARQUES ❶ Certains noms composés admettent les deux orthographes au singulier : *un gobe-mouche(s), des gobe-mouches ; un ouvre-boîte* ou *un ouvre-boîtes, des ouvre-boîtes*. D'autres admettent les deux formes au pluriel : *un amuse-gueule, des amuse-gueule* ou *des amuse-gueules ; un trouble-fête, des trouble-fête* ou *des trouble-fêtes*.

❷ Certains noms composés gardent toujours la marque du pluriel : *un essuie-mains, des essuie-mains ; un pare-chocs, des pare-chocs ; un presse-papiers, des presse-papiers*.

❻ Les noms composés avec le mot *garde*[1] :

▸ si le nom composé désigne une personne, le mot *garde* prend la marque du pluriel ;

▸ si le nom composé désigne une chose, le mot *garde* est invariable.

▸ Le nom qui suit prend ou non la marque du pluriel, en fonction du sens.

une personne

un (une) garde-barrière	des gardes-barrière(s)
un garde-chasse	des gardes-chasse(s)
un (une) garde-malade	des gardes-malade(s)…

une chose

un garde-boue	des garde-boue
un garde-fou	des garde-fous
un garde-manger	des garde-manger…

1. Dans le cadre de la réforme de l'orthographe, le second élément prend toujours la marque du pluriel.

❼ Les noms composés formés d'une expression ou de deux verbes : tous les mots sont invariables.

un garde-à-vous	des garde-à-vous
un je-ne-sais-quoi	des je-ne-sais-quoi
un rendez-vous	des rendez-vous
un va-et-vient	des va-et-vient…

❽ Principaux noms composés d'origine anglo-américaine[1] :

un after-shave	des after-shave
un baby-foot	des baby-foot
un baby-sitter	des baby-sitters
un best-seller	des best-sellers
un camping-car	des camping-cars
un check-up	des check-up
une cover-girl	des cover-girls
un cow-boy	des cow-boys
un disc-jockey	des disc-jockeys
un eye-liner	des eye-liners
un fast-food	des fast-foods
un free-shop	des free-shops
une garden-party	des garden-partys ou des garden-parties
un happy end	des happy ends
un hold-up	des hold-up
un hot dog	des hot dogs
un irish(-)coffee	des irish(-)coffees
un milk-shake	des milk-shakes
un one-man-show	des one-man-show
un pop-corn	des pop-corn
un press-book	des press-books
un pull-over	des pull-overs
un punching-ball	des punching-balls
un self-made-man	des self-made-mans ou des self-made-**men**
un self-service	des self-services
un soap opera	des soap operas
une start-up	des start-up
un steeple-chase	des steeple-chases
un story-board	des story-boards
un sweat-shirt	des sweat-shirts
un talk-show	des talk-shows
un talkie-walkie	des talkies-walkies
un tee-shirt	des tee-shirts
un top(-)model	des top(-)models
un week-end	des week-ends…

1. Dans le cadre de la réforme de l'orthographe, lorsque ces mots sont soudés, ils prennent la marque normale du pluriel.

❾ Les noms déposés

Les noms déposés sont légalement des noms propres invariables : *des Cocotte-Minute, des Coton-Tige…*

REMARQUE L'accord est cependant correct d'un point de vue grammatical : *des Cocottes-Minute, des Cotons-Tiges*.

➜ Voir le pluriel des noms et des adjectifs et le pluriel des noms et des adjectifs d'origine étrangère.

12. Le participe présent, l'adjectif verbal et le nom

► **Le participe présent** se termine par **-ant.**
Il peut être employé comme verbe (participe présent proprement dit) ou comme adjectif (adjectif verbal).
L'adjectif verbal et le nom correspondant peuvent avoir une terminaison en **-ent.**

► **Le participe présent** proprement dit est invariable et souvent suivi d'un complément. Il marque une action ou un état passager :
*Des enfants **obéissant** à leurs parents.*
*J'ai croisé une bande d'enfants **hurlant** dans les rues.*
*Il est soudain devenu grossier, **provoquant** l'indignation générale.*

REMARQUE Le gérondif est une forme verbale invariable, précédée de la préposition **en.** Le sujet sous-jacent est identique au sujet du verbe principal. Il sert à décrire certaines circonstances de l'action : ***En sortant,** j'ai vu qu'il pleuvait. Il est mort **en mangeant** des champignons vénéneux.*

► **L'adjectif verbal** (ou participe présent adjectivé) employé comme adjectif qualificatif s'accorde en genre et en nombre. Il marque une qualité, un état durables :
*Ils ont des enfants **obéissants.***
*Ils ont eu peur de la meute **hurlante.***
*Elle avait une allure **provocante.***

L'adjectif verbal et le nom correspondant ont le plus souvent la terminaison en **-ant** du participe présent :
*Des lumières **clignotant** dans la nuit. Les feux **clignotants** signalent un danger. Il a allumé ses **clignotants.***

► Il y a parfois des différences orthographiques entre ces trois termes. Ces discordances portent particulièrement sur les verbes terminés par **-ger, -quer** et **-guer.**

Participe présent	Adjectif verbal	Nom
adhérant	adhérent, e : *Une branche **adhérente** au tronc.*	un(e) adhérent(e)
affluant	affluent, e : *Une rivière **affluente.***	un affluent
coïncidant	coïncident, e : *Des faits **coïncidents.***	
communiquant	communicant, e : *Des chambres **communicantes.***	
convainquant	convaincant, e : *Un raisonnement **convaincant.***	
convergeant	convergent, e : *Une lentille **convergente.***	
détergeant	détergent, e : *Un produit **détergent.***	un détergent
différant	différent, e : *Des raisons **différentes. Différentes** raisons.*	
divergeant	divergent, e : *Une lentille **divergente.***	
équivalant	équivalent, e : *Des parts **équivalentes.***	un équivalent
excellant	excellent, e : *Un **excellent** roman.*	
extravaguant	extravagant, e : *Une idée **extravagante.***	un(e) extravagant(e)
fabriquant		un(e) fabricant(e)
fatiguant	fatigant, e : *Un voyage **fatigant.***	
influant	influent, e : *Des gens **influents.***	
naviguant	navigant, e : *Le personnel **navigant.***	un(e) navigant(e)
négligeant	négligent, e : *Une employée **négligente.***	
précédant	précédent, e : *Le jour **précédent.***	un précédent
provoquant	provocant, e : *Une attitude **provocante.***	
somnolant	somnolent, e : *Un élève **somnolent.***	
suffoquant	suffocant, e : *Une chaleur **suffocante.***	
vaquant	vacant, e : *Un poste **vacant.***	

REMARQUES ❶ Attention, il n'y a pas de différence orthographique entre le participe présent et l'adjectif verbal de *exiger* : ***Exigeant** beaucoup de lui-même, il se permettait d'exiger également beaucoup des autres. Il est très **exigeant** avec ses employés.*
❷ On peut dire *Partir à trois heures **sonnantes*** (adjectif) ou *Partir à trois heures **sonnant*** (participe présent), mais seuls sont corrects : *à une heure **sonnant,** à midi **sonnant,** à minuit **sonnant.***

Principaux ethnonymes

Abyssinie	abyssin, ine
Acadie	acadien, enne
Afghanistan	afghan, e
Afrique	africain, e
Afrique du Sud	sudafricain, e ou sud-africain, e
Aix-en-Provence	aixois, e
Ajaccio	ajaccien, enne
Albanie	albanais, e
Albi	albigeois, e
Alexandrie	alexandrin, e
Alger	algérois, e
Algérie	algérien, enne
Allemagne	allemand, e
Alsace	alsacien, enne
Amérique	américain, e
Amérique centrale	centraméricain, e
Amérique du Nord	nord-américain, e
Amérique du Sud	sud-américain, e
Amérique latine	latino-américain, e
Andalousie	andalou, se
Andorre	andorran, e
Angleterre	anglais, e
Angola	angolais, e
Antilles	antillais, e
Aquitaine	aquitain, e
arabes (pays)	arabe
Arabie saoudite	saoudien, enne
Aragon	aragonais, e
Ardennes	ardennais, e
Argentine	argentin, e
Arles	arlésien, enne
Arménie	arménien, enne
Asie	asiatique
Athènes	athénien, enne
Australie	australien, enne
Autriche	autrichien, enne
Auvergne	auvergnat, e
Azerbaïdjan	azerbaïdjanais, e ou azéri, e
Baltes (pays)	balte
Bangladesh	bangladais, e ou bangladeshi, e
Barcelone	barcelonais, e
basque (Pays)	basque
Bavière	bavarois, e
Béarn	béarnais, e
Beauce	beauceron, onne
Belgique	belge
Bengale	bengali, e
Bénin	béninois, e
Béotie	béotien, enne
Berlin	berlinois, e
Berne	bernois, e
Berry	berrichon, onne
Béziers	biterrois, e
Bhoutan	bhoutanais, e
Biarritz	biarrot, e
Biélorussie	biélorusse
Birmanie	birman, e
Bohême	bohémien, enne
Bolivie	bolivien, enne
Bordeaux	bordelais, e
Bosnie-Herzégovine	bosnien, enne ou bosniaque
Botswana	botswanais, e
Bourgogne	bourguignon, onne
Brabant	brabançon, onne
Brésil	brésilien, enne
Brest	brestois, e
Bretagne	breton, onne
Brie	briard, e
Bruxelles	bruxellois, e
Bulgarie	bulgare
Burkina	burkinabé, e ou burkinais, e
Caire (Le)	cairote
Calabre	calabrais, e
Californie	californien, enne
Camargue	camarguais, e
Cambodge	cambodgien, enne
Cameroun	camerounais, e
Canada	canadien, enne
Canton	cantonais, e
Cap-Vert (îles du)	cap-verdien, enne ou capverdien, enne
Caraïbe (la)	caraïbe
Caraïbes	caribéen, enne
Castille	castillan, e
Catalogne	catalan, e
Causses	caussenard, e
Caux (pays de)	cauchois, e
Cévennes	cévenol, e
Champagne	champenois, e
Charolais	charolais, e
Chili	chilien, enne
Chine	chinois, e
Chypre	chypriote ou cypriote
Colombie	colombien, enne
Comores	comorien, enne
Congo	congolais, e
Corée du Nord	nord-coréen, enne
Corée du Sud	sud-coréen, enne
Corinthe	corinthien, enne
Costa Rica	costaricain, e
Côte d'Ivoire	ivoirien, enne
Crète	crétois, e
Croatie	croate
Cuba	cubain, e
Dalmatie	dalmate
Danemark	danois, e
Dauphiné	dauphinois, e
Djibouti	djiboutien, enne
Écosse	écossais, e
Égypte	égyptien, enne
Équateur	équatorien, enne
Érythrée	érythréen, enne
Espagne	espagnol, e
Estonie	estonien, enne
États-Unis	américain, e
Éthiopie	éthiopien, enne

Eurasie	eurasien, enne
Europe	européen, enne
Féroé (îles)	féroïen, enne ou féringien, enne
Finlande	finlandais, e
Flandre	flamand, e
Florence	florentin, e
France	français, e
France (Île-de-)	francilien, enne
Franche-Comté	franc-comtois, e
Gabon	gabonais, e
Galice	galicien, enne
Galles (pays de)	gallois, e
Gambie	gambien, enne
Gascogne	gascon, onne
Gênes	génois, e
Genève	genevois, e
Géorgie	géorgien, enne
Ghana	ghanéen, enne
Grande-Bretagne	britannique
Grèce	grec, grecque
Guadeloupe	guadeloupéen, enne
Guatemala	guatémaltèque
Guinée	guinéen, enne
Guyane	guyanais, e
Haïti	haïtien, enne
Havane (La)	havanais, e
Hawaii	hawaiien, enne
Hesse	hessois, e
Hollande	hollandais, e
Honduras	hondurien, enne
Hongkong	hongkongais, e
Hongrie	hongrois, e ; magyar, e
Illyrie	illyrien, enne
Inde	indien, enne
Indochine	indochinois, e
Indonésie	indonésien, enne
Iran	iranien, enne
Iraq ou Irak	irakien, enne ou iraquien, enne
Irlande	irlandais, e
Islande	islandais, e
Israël	israélien, enne
Italie	italien, enne
Jamaïque	jamaïquain, e ou jamaïcain, e
Japon	japonais, e ; nippon, onne
Jordanie	jordanien, enne
Kabylie	kabyle
Kazakhstan	kazakh, e
Kenya	kenyan, e
Kirghizistan	kirghiz, e
Kosovo	kosovar, e
Koweït	koweïtien, enne
Kurdistan	kurde
Languedoc	languedocien, cime
Laos	laotien, enne
Laponie	lapon, onne
Lettonie	letton, onne
Liban	libanais, e
Liberia	libérien, enne
Libye	libyen, enne
Ligurie	ligure ou ligurien, enne
Lille	lillois, e
Limousin	limousin, e
Lisbonne	lisbonnin, e, lisbonnais, e ou lisboète
Lituanie	lituanien, enne
Lombardie	lombard, e
Londres	londonien, enne
Lorraine	lorrain, e
Lusitanie (Portugal)	lusitanien, enne ou lusitain, e
Luxembourg	luxembourgeois, e
Lyon	lyonnais, e
Macao	macanais, e
Macédoine	macédonien, enne
Mâcon	mâconnais, e
Madagascar	malgache
Madrid	madrilène
Maghreb	maghrébin, e
Malaisie	malais, e
Mali	malien, enne
Malte	maltais, e
Mandchourie	mandchou, e
Maroc	marocain, e
Marseille	marseillais, e
Martinique	martiniquais, e
Maurice (île)	mauricien, enne
Mauritanie	mauritanien, enne
Méditerranée	méditerranéen, enne
Mélanésie	mélanésien, enne
Metz	messin, e
Mexique	mexicain, e
Micronésie	micronésien, enne
Milan	milanais, e
Moldavie	moldave
Monaco	monégasque
Mongolie	mongol, e
Monténégro	monténégrin, e
Montréal	montréalais, e
Moravie	morave
Morvan	morvandiau
Moscou	moscovite
Mozambique	mozambicain, e
Munich	munichois, e
Namibie	namibien, enne
Nancy	nancéien, enne
Nantes	nantais, e
Naples	napolitain, e
Nauru (îles)	nauruan, e
Navarre	navarrais, e
Népal	népalais, e
New York	new-yorkais, e
Nicaragua	nicaraguayen, enne
Nice	niçois, e
Niger	nigérien, enne
Nigeria	nigérian, e
Nivernais	nivernais, e
Normandie	normand, e
Norvège	norvégien, enne
Nouvelle-Calédonie	néo-calédonien, enne
Nouvelle-Zélande	néozélandais, e ou néo-zélandais, e
Nubie	nubien, enne

ETHNONYMES

Océanie	océanien, enne
Oman	omanais, e
Ombrie	ombrien, enne
Oran	oranais, e
Orléans	orléanais, e
Ouganda	ougandais, e
Ouzbékistan	ouzbek
Pakistan	pakistanais, e
Palaos	palaosien, enne, paluan, e, ou palauan, e
Palestine	palestinien, enne
Panamá	panaméen, enne
Papouasie-Nouvelle-Guinée	papouan-néo-guinéen, enne
Paraguay	paraguayen, enne
Paris	parisien, enne
Pays-Bas	néerlandais, e
Pékin	pékinois, e
Périgord	périgourdin, e
Pérou	péruvien, enne
Philippines	philippin, e
Picardie	picard, e
Piémont	piémontais, e
Poitou	poitevin, e
Pologne	polonais, e
Polynésie	polynésien, enne
Porto Rico	portoricain, e
Portugal	portugais, e
Prague	pragois, e ou praguois, e
Provence	provençal, e, aux
Prusse	prussien, enne
Qatar	qatarien, enne, qatari, e ou qatariote
Québec	québécois, e
Reims	rémois, e
Rép. centrafricaine	centrafricain, e
Rép. dominicaine	dominicain, e
Rép. tchèque	tchèque
Réunion (La)	réunionnais, e
Rio de Janeiro	carioca
Rome	romain, e
Roumanie	roumain, e
Roussillon	roussillonnais, e
Russie	russe
Rwanda	rwandais, e
Sahara	saharien, enne
Sahara occidental	sahraoui, e
Salvador	salvadorien, enne
Samoa (îles)	samoan, e
São Paulo	pauliste
Sardaigne	sarde
Sarre	sarrois, e
Scandinavie	scandinave
Sénégal	sénégalais, e
Serbie	serbe
Séville	sévillan, e
Seychelles (les)	seychellois, e
Sibérie	sibérien, enne
Sicile	sicilien, enne
Silésie	silésien, enne
Slovaquie	slovaque
Slovénie	slovène
Sologne	solognot, e
Somalie	somalien, enne
Soudan	soudanais, e
Sri Lanka	sri lankais, e
Strasbourg	strasbourgeois, e
Suède	suédois, e
Suisse	suisse
Syrie	syrien, enne
Tadjikistan	tadjik
Tahiti	tahitien, enne
Taïwan	taïwanais, e
Tanzanie	tanzanien, enne
Tchad	tchadien, enne
Terre-Neuve	terre-neuvien, enne
Texas	texan, e
Thaïlande	thaïlandais, e
Thessalie	thessalien, enne
Thrace	thrace
Tibet	tibétain, e
Togo	togolais, e
Tokyo	tokyote ou tokyoïte
Tonkin	tonkinois, e
Toscane	toscan, e
Toulouse	toulousain, e
Transylvanie	transylvanien, enne
Tunis	tunisois, e
Tunisie	tunisien, enne
Turkménistan	turkmène
Turquie	turc, turque
Tyrol	tyrolien, enne
Ukraine	ukrainien, enne
Uruguay	uruguayen, enne
Valais	valaisan, anne
Vanuatu	vanuatuan, e
Varsovie	varsovien, enne
Vaud	vaudois, e
Venezuela	vénézuélien, enne
Venise	vénitien, enne
Vienne	viennois, e
Viêt Nam	vietnamien, enne
Wallonie	wallon, onne
Yémen	yéménite
Yougoslavie	yougoslave
Zaïre	zaïrois, e
Zambie	zambien, enne
Zimbabwe	zimbabwéen, enne
Zurich	zurichois, e

Les principales unités de mesure légales françaises

Les unités de base du système SI sont écrites en **MAJUSCULES GRASSES**. Les unités dérivées du système SI sont écrites en majuscules. Les unités admises internationalement avec le système SI sont écrites en minuscules. Les autres unités légales françaises sont écrites en *italique*.

I. UNITÉS GÉOMÉTRIQUES

longueur

Unité	Symbole	Valeur
MÈTRE	m	
mille		1 852 m

aire ou superficie

Unité	Symbole	Valeur
MÈTRE CARRÉ	m^2	
are	a	100 m^2
hectare	ha	10 000 m^2
barn	b	10^{-28} m^2

volume

Unité	Symbole	Valeur
MÈTRE CUBE	m^3	
litre	l (ou L)	0,001 m^3

angle plan

Unité	Symbole	Valeur
RADIAN	rad	
tour	tr	2π rad
grade (ou *gon*)	gr	$\pi/200$ rad
degré	°	$\pi/180$ rad
minute d'angle	'	$\pi/10\,800$ rad
seconde d'angle	"	$\pi/648\,000$ rad

angle solide

Unité	Symbole	Valeur
STÉRADIAN	sr	

II. UNITÉS DE MASSE

masse

Unité	Symbole	Valeur
KILOGRAMME	kg	
tonne	t	1 000 kg
GRAMME	g	0,001 kg
carat métrique		0,000 2 kg
unité de masse atomique	u	1,660 56 . 10^{-27} kg

masse linéique

Unité	Symbole	Valeur
KILOGRAMME PAR MÈTRE	kg/m	
tex	tex	0,000 001 kg/m

masse surfacique

Unité	Symbole	Valeur
KILOGRAMME PAR MÈTRE CARRÉ	kg/m^2	

masse volumique, concentration

Unité	Symbole	Valeur
KILOGRAMME PAR MÈTRE CUBE	kg/m^3	

volume massique

Unité	Symbole	Valeur
MÈTRE CUBE PAR KILOGRAMME	m^3/kg	

III. UNITÉS DE TEMPS

temps

Unité	Symbole	Valeur
SECONDE	s	
minute	min	60 s
heure	h	3 600 s
jour	d (ou j)	86 400 s

fréquence

Unité	Symbole	Valeur
HERTZ	Hz	

IV. UNITÉS MÉCANIQUES

vitesse linéaire

Unité	Symbole	Valeur
MÈTRE PAR SECONDE	m/s	
nœud		1 852/3 600 m/s
kilomètre par heure	km/h	1/3,6 m/s

vitesse angulaire

Unité	Symbole	Valeur
RADIAN PAR SECONDE	rad/s	
tour par minute	tr/min	$2\pi/60$ rad/s
tour par seconde	tr/s	2π rad/s

accélération linéaire

Unité	Symbole	Valeur
MÈTRE PAR SECONDE CARRÉE	m/s^2	
gal	Gal	0,01 m/s^2

accélération angulaire

Unité	Symbole	Valeur
RADIAN PAR SECONDE CARRÉE	rad/s^2	

force

Unité	Symbole	Valeur
NEWTON	N	

moment d'une force

Unité	Symbole	Valeur
NEWTON-MÈTRE	N - m	

tension capillaire

Unité	Symbole	Valeur
NEWTON PAR MÈTRE	N/m	

énergie, travail, quantité de chaleur

Unité	Symbole	Valeur
JOULE	J	
wattheure	Wh	3 600 J
électronvolt	eV	1,602 19 . 10^{-19} J

puissance

Unité	Symbole	Valeur
WATT	W	

pression, contrainte

Unité	Symbole	Valeur
PASCAL	Pa	
bar	bar	100 000 Pa

V. UNITÉS ÉLECTRIQUES

intensité de courant électrique
AMPÈRE .... A

force électromotrice, différence de potentiel (ou tension)
VOLT V

puissance
WATT .... W

puissance apparente
WATT (ou *voltampère*) .... W (ou VA)

puissance réactive
WATT (ou *var*) .... W (ou *var*)

résistance électrique
OHM .... Ω

conductance électrique
SIEMENS .... S

intensité de champ électrique
VOLT PAR MÈTRE .... V/m

quantité d'électricité, charge électrique
COULOMB C
ampère-heure .... Ah .... 3 600 C

capacité électrique
FARAD .... F

inductance électrique
HENRY .... H

flux d'induction magnétique
WEBER .... Wb

induction magnétique
TESLA .... T

intensité de champ magnétique
AMPÈRE PAR MÈTRE .... A/m

force magnétomotrice
AMPÈRE .... A

VI. UNITÉS THERMIQUES

température
KELVIN .... K

température Celsius
DEGRÉ CELSIUS .... °C

quantité de chaleur
Voir **IV.** Unités mécaniques (énergie)

flux thermique
WATT .... W .... 1 J/s

capacité thermique, entropie
JOULE PAR KELVIN .... J/K

capacité thermique massique,entropie massique
JOULE PAR KILOGRAMME-KELVIN .... J/(kg . K)

conductivité thermique
WATT PAR MÈTRE-KELVIN .... W/(m . K)

VII. UNITÉS OPTIQUES

intensité lumineuse
CANDELA .... cd

intensité énergétique
WATT PAR STÉRADIAN .... W/sr

flux lumineux
LUMEN .... lm

flux énergétique
WATT .... W

éclairement lumineux
LUX lx

éclairement énergétique
WATT PAR MÈTRE CARRÉ .. W/m^2

luminance lumineuse
CANDELA PAR MÈTRE CARRÉ .... cd/m^2

vergence des systèmes optiques
MÈTRE À LA PUISSANCE MOINS UN .... m^{-1}
dioptrie .... δ .... m^{-1}

VIII. UNITÉS DES RAYONNEMENTS IONISANTS

activité
BECQUEREL .... Bq

exposition
COULOMB PAR KILOGRAMME .... C/kg

énergie communiquée massique, dose absorbée, kerma
GRAY .... Gy

équivalent de dose
SIEVERT .... Sv

IX. QUANTITÉ DE MATIÈRE

MOLE .... mol

Les principales unités de mesure anglo-saxonnes

nom anglais	symbole	nom francisé	valeur	observations
LONGUEUR				
inch	in (ou ″)	pouce	25,4 mm	
foot	ft (ou ′)	pied	0,304 8 m	vaut 12 in
yard	yd	yard	0,914 4 m	vaut 3 ft
fathom	fm	brasse	1,828 8 m	vaut 2 yd
statute mile	m (ou mile)	mille terrestre	1 609 m	vaut 1 760 yd
nautical mile		mille marin britannique	1 853,18 m	vaut 6 080 ft
international nautical mile		mille marin international	1 852 m	
MASSE - AVOIRDUPOI(D)S (COMMERCE)				
ounce	oz	once	28,349 g	
pound	lb	livre	453,592 g	vaut 16 oz
CAPACITÉ				
US liquid pint	liq pt	pinte américaine	0,473 l	
pint	UK pt	pinte britannique	0,568 l	
US gallon	US gal	gallon américain	3,785 l	vaut 8 liq pt
imperial gallon	UK gal	gallon britannique	4,546 l	vaut 8 UK pt
US bushel	US bu	boisseau américain	35,239 l	
bushel	bu	boisseau britannique	36,369 l	vaut 8 UK gal
US barrel (petroleum)	US bbl	baril américain	158,987 l	vaut 42 US gal
PUISSANCE				
horsepower	hp	cheval-vapeur britannique	745,7 W	
TEMPÉRATURE				
Fahrenheit degree	°F	degré Fahrenheit	*t* degrés Fahrenheit correspondent à 5/9 (*t* – 32) degrés Celsius	
CHALEUR, ÉNERGIE, TRAVAIL				
British thermal unit	Btu		1 055,06 J	

Préfixes et suffixes

I. Préfixes d'origine grecque ou mots grecs entrant dans la composition de mots français

PRÉFIXES	SENS	EXEMPLES
acro-	élevé, à l'extrémité	acronyme
actino-	rayon	actinide
adéno-	glande	adénoïde
aéro-	air	aéronaute ; aérophagie
agro-	champ	agronome
allo-	autre	allopathie ; allotropie
amphi-	1. autour 2. doublement	amphithéâtre amphibie ; amphibologie
ana-	en arrière, à rebours	anachronisme
andro-	homme	androgyne
anémo-	vent	anémomètre
angéio-, ou angio-	vaisseau ; capsule	angéiologie ; angiosperme
antho-	fleur	anthologie
anthraco-	charbon	anthracite
anthropo-	homme	anthropologie
apo-	loin de ; négation	apogée ; apomixie
archéo-	ancien	archéologie
arithmo-	nombre	arithmétique
artério-	artère	artériosclérose
arthro-	articulation	arthrite ; arthropode
astéro-, ou astro-	astre, étoile	astéroïde astronaute
bactério-	bâton (d'où bactérie)	bactéricide ; bactériologie
baro-	pesant	baromètre
bary-	lourd	barycentre
biblio-	livre	bibliographie ; bibliothèque
bio-	vie	biologie ; biographie
blasto-	germe	blastoderme
brachy-	court	brachycéphale
brady-	lent	bradycardie
broncho-	bronches	broncho-pneumonie
bryo-	mousse	bryologie
caco-, ou cach-	mauvais	cacophonie ; cachexie
calli-	beau	calligraphie
carcino-	cancer	carcinome
cardio-	cœur	cardialgie ; cardiogramme
cata-	de haut en bas	catatonie
céphalo-	tête	céphalalgie ; céphalopode
chalco-	cuivre	chalcographie
cheiro-, ou chiro-	main	cheiroptère ; chiromancie
chloro-	vert	chlorophylle
cholé-	bile	cholémie
chromato- ou chromo-	couleur	chromatique ; chromosome
chrono-	temps	chronomètre
chryso-	or	chrysanthème
cinémato-, ou cinémo-	mouvement	cinématographe ; cinémomètre
copro-	excrément	coprophage
cosmo-	monde	cosmogonie ; cosmopolite
cryo-	froid	cryogène
crypto-	caché	cryptogame
cyclo-	cercle	cyclothymie
cyto-	cellule	cytologie
dactylo-	doigt	dactylographie
démo-	peuple	démographie

PRÉFIXES	SENS	EXEMPLES
dermo-, ou dermato-	peau	dermique ; dermatologie
di-	deux	dièdre
dia-	séparé de, à travers	diacritique ; diapositive
diplo-	double	diploïde
dodéca-	douze	dodécagone
dolicho-	long	dolichocéphale
dynamo-	force	dynamite ; dynamomètre
dys-	difficulté, mauvais état	dyspepsie ; dysfonctionnement
échino-	hérisson	échinoderme
ecto-	en dehors	ectoplasme
électro-	ambre jaune (d'où électricité)	électrochoc
embryo-	fœtus	embryologie
encéphalo-	cerveau	encéphalogramme
endo-	à l'intérieur	endocarde ; endocrine
entéro-	entrailles	entérite
entomo-	insecte	entomologiste
épi-	sur	épiderme ; épitaphe
ergo-	action, travail	ergonomie
ethno-	peuple	ethnologie
étho-	caractère, moeurs	éthologie
eu-	bien	euphémisme ; euphonie
exo-	au-dehors	exotisme
galacto-	lait	galactose
gamo-	mariage, union	gamopétale
gastro-	ventre, estomac	gastropode ; gastrite
géo-	terre	géologie
géronto-	vieillard	gérontocratie
glosso-	langue	glossolalie
gluco-, glycéro-, ou glyco-	doux, sucré	glucose ; glycérine ; glycogène
grapho-	écrire	graphologie
gynéco-	femme	gynécologie
gyro-	cercle	gyroscope
haplo-	simple	haploïde
hélio-	soleil	héliothérapie
hémato-, ou hémo-	sang	hématose hémophile
hémi-	demi, moitié	hémicycle ; hémisphère
hépato-	foie	hépatopancréas
hepta-	sept	heptasyllabe
hétéro-	autre	hétérogène
hexa-	six	hexagone
hiéro-	sacré	hiéroglyphe
hippo-	cheval	hippodrome
histo-	tissu	histologie
holo-	entier	hologramme
homéo-, ou homo-	semblable	homéopathie ; homosexuel
horo-	heure	horodateur
hydro-	eau	hydravion ; hydrologie
hygro-	humide	hygromètre
hypno-	sommeil	hypnose ; hypnotisme
hystéro-	utérus	hystérographie
icono-	image	iconoclaste
idéo-	idée	idéogramme ; idéologie
idio-	particulier	idiolecte
iso-	égal	isomorphe
laryngo-	gorge	laryngotomie

PRÉFIXES	SENS	EXEMPLES
leuco-	blanc	leucocyte
litho-	pierre	lithographie
logo-	discours, science	logomachie
macro-	grand	macrocosme
méga-, ou mégalo-	grand	mégalithe ; mégalomane
mélo-	chant	mélodrame
méso-	milieu	mésosphère
méta-	1. après 2. changement	métaphysique métamorphose
métro-	mesure	métronome
micro-	petit	microbe ; microcosme
miso-	haine	misogyne
mnémo-	mémoire	mnémotechnique
mono-	seul	monogramme ; monolithe
morpho-	forme	morphologie
myo-	muscle	myocarde
myco-	champignon	mycologie
myélo-	moelle	myéline
mytho-	légende	mythomane
nécro-	mort	nécrologie
néo-	nouveau	néologisme ; néophyte
néphro-	rein	néphropathie
neuro-, ou névro-	nerf	neurologie ; névropathe
noso-	maladie	nosographie
octa-, ou octo-	huit	octaèdre ; octogone
odonto-	dent	odontologie
oligo-	peu nombreux	oligoélément
oniro-	songe	oniromancie
ophtalmo-	œil	ophtalmologie
ornitho-	oiseau	ornithologiste
oro-	montagne	orographie
ortho-	droit	orthographe ; orthopédie
ostéo-	os	ostéite ; ostéomyélite
oto-	oreille	oto-rhino-laryngologie ; otite
oxy-	aigu, acide	oxyton ; oxygène
pachy-	épais	pachyderme
paléo-	ancien	paléographie ; paléolithique
pan-, ou panto-	tout	panthéisme ; pantographe
para-	voisin de	paramilitaire
patho-	souffrance	pathogène ; pathologie
pédo-	enfant	pédiatrie ; pédophile
penta-	cinq	pentagone
péri-	autour	périphérie ; périphrase

PRÉFIXES	SENS	EXEMPLES
phago-	manger	phagocyte
pharmaco-	médicament	pharmacopée ; pharmaceutique
pharyngo-	gosier	pharyngite
phéno-	apparaître, briller	phénotype
philo-	aimer	philanthrope
phono-	voix, son	phonographe ; phonologie
photo-	lumière	photographe
phyllo-	feuille	phylloxéra
physio-	nature	physiocrate
phyto-	plante	phytophage
plouto-	richesse	ploutocratie
pneumo-	poumon	pneumonie
podo-	pied	podomètre
poly-	nombreux	polyèdre ; polygone
proto-	premier	prototype
psycho-	âme	psychologue
ptéro-	aile	ptérodactyle
pyro-	feu	pyrotechnie
rhéo-	couler	rhéologie ; rhéostat
rhino-	nez	rhinocéros
rhizo-	racine	rhizopode
rhodo-	rose	rhododendron
sarco-	chair	sarcophage
schizo-	fendre	schizophrénie
séma-	signe	sémaphore
sidéro-	fer	sidérurgie
somato-	corps	somatique
spéléo-	caverne	spéléologie
sphéro-	globe	sphérique
stéréo-	solide	stéréoscope
stomato-	bouche	stomatologie
syn-, sym-	avec, ensemble	synthèse ; sympathie
tachy-	rapide	tachymètre
tauto-	le même	tautologie
taxi-	arrangement	taxidermie ; taxinomie
techno-	art, science	technique ; technologie
télé-	de loin, à distance	télépathie ; téléphone
tétra-	quatre	tétraèdre
thalasso-	mer	thalassothérapie
théo-	dieu	théologie
thermo-	chaleur	thermomètre
topo-	lieu	topographie ; toponymie
typo-	caractère	typographie ; typologie
uro-	urine	urémie ; urologue
xéno-	étranger	xénophobe
xéro-	sec	xérophile
xylo-	bois	xylophone
zoo-	animal	zoologie

II. Préfixes d'origine latine ou mots latins entrant dans la composition de mots français

PRÉFIXES	SENS	EXEMPLES
ab-, abs-	loin de, séparé de	abduction ; abstinence
ad-	vers, ajouté à	adhérence ; adventice
ambi-	1. les deux 2. de part et d'autre	ambidextre ambivalence
bi-, bis-	deux	biplan ; bisannuel
circon-, ou circum-	autour	circonlocution ; circumnavigation
cis-	en deçà de	cisalpin
col-, com-, con-, cor-	avec	collection ; compère ; concitoyen ; corrélatif
dis-	1. séparé de 2. négation	disjoindre dissymétrie
en-, em-	1. dans 2. transformation	emprisonner enlaidir
ex-	hors de	expatrier ; exporter
in-, im-	dans	infiltrer ; immerger
infra-	en dessous	infrastructure

PRÉFIXES	SENS	EXEMPLES
juxta-	auprès de	juxtalinéaire ; juxtaposer
multi-	nombreux	multicolore ; multiforme
omni-	tout	omniscient ; omnivore
para-	protection	parapluie ; parachute
péné-	presque	pénéplaine
pluri-	plusieurs	pluridisciplinaire
quadri-, ou quadru-	quatre	quadriphonie ; quadrumane
radio-	rayon	radiographie
rétro-	en retour en arrière	rétroactif ; rétrograder
simili-	semblable	similigravure
supra-	au-dessus	supranational
sus-	au-dessus	susnommé
tri-	trois	triathlon ; tricéphale
uni-	un	uniforme

III. Suffixes d'origine grecque

SUFFIXES	SENS	EXEMPLES
-algie	douleur	névralgie
-archie	commandement	hiérarchie
-arque	qui commande	monarque
-bare	pression	isobare
-bole	qui lance	discobole
-carpe	fruit	péricarpe
-cène	récent	éocène
-céphale	tête	microcéphale
-coque	graine	gonocoque
-cosme	monde	macrocosme
-crate	qui commande	aristocrate
-cratie	exercice du pouvoir	ploutocratie
-cycle	roue	tricycle
-cyte	cellule	leucocyte
-dactyle	doigt	ptérodactyle
-derme	peau	ectoderme
-doxe	opinion	paradoxe
-drome	course	hippodrome
-ectomie	amputation	vasectomie
-èdre	face, base	dodécaèdre
-émie	sang	urémie
-game	qui engendre	cryptogame
-gamie	union	polygamie
-gène	qui engendre	hydrogène ; pathogène
-gone	angle	polygone
-gramme	lettre, écrit	télégramme
-graphe	qui écrit	dactylographe
-graphie	art d'écrire	sténographie
-gyne	femme	misogyne
-hydre	eau	anhydre
-iatre	qui soigne	pédiatre
-iatrie	soin	gériatrie
-ite	inflammation	gastrite
-lithe	pierre	monolithe
-logie	1. science, étude 2. parole	psychologie scatologie
-logue, ou -logiste	qui étudie spécialiste	astrologue ; biologiste
-mancie	divination	cartomancie
-mane	qui a la passion, la manie de	kleptomane
-manie	passion, obsession	anglomanie
-mètre	qui mesure	anémomètre
-métrie	mesure	audiométrie
-morphe	forme	dimorphe

SUFFIXES	SENS	EXEMPLES
-nome	1. qui règle 2. qui étudie	métronome agronome
-nomie	1. art de mesurer 2. étude	astronomie agronomie
-oïde	qui a la forme, les propriétés	sinusoïde ; corticoïde
-ome	maladie, tumeur	angiome ; fibrome
-onyme	qui porte le nom	patronyme
-ose	maladie non inflammatoire	arthrose
-pathe	malade de	névropathe
-pathie	maladie	myopathie
-pédie	éducation	encyclopédie
-phage	qui mange	anthropophage
-phagie	absorption	aérophagie
-phane	qui brille	diaphane
-phile	qui aime	anglophile
-philie	amour	francophilie
-phobe	qui craint	claustrophobe
-phobie	crainte	agoraphobie
-phone, ou -phonie	voix, son	microphone ; téléphonie
-phore	qui porte	sémaphore
-phyte	plante	saprophyte
-pithèque	singe	cercopithèque
-pode	pied	myriapode
-pole	ville	métropole
-ptère	aile	hélicoptère
-rrhée	écoulement	leucorrhée
-saure	lézard	dinosaure
-scope, ou -scopie	voir, vision	télescope ; radioscopie
-sphère	globe	stratosphère
-taphe	tombeau	cénotaphe
-technie	science, art	pyrotechnie
-thèque	armoire, boîte	bibliothèque
-thérapie	traitement médical	héliothérapie ; radiothérapie
-therme, ou -thermie	chaleur	isotherme ; géothermie
-tomie	action de couper	trachéotomie
-trope, ou -tropie	changement de direction	héliotrope ; isotropie
-type, ou -typie	impression	contretype ; linotypie
-urie	urine	albuminurie

IV. Suffixes d'origine latine

SUFFIXES	SENS	EXEMPLES
-cide	qui tue	infanticide
-cole	1. relatif à la culture, à l'élevage 2. relatif à l'habitat	vinicole ; ostréicole cavernicole
-culteur,	qui cultive, élève	agriculteur ; cuniculiculteur
-culture	culture, élevage	horticulture ; mytiliculture
-fère	qui porte	mammifère

SUFFIXES	SENS	EXEMPLES
-fique	qui produit	frigorifique
-forme	qui a la forme de	cunéiforme ; filiforme
-fuge	qui fuit ou fait fuir	transfuge ; vermifuge
-grade	qui marche	plantigrade
-lingue	langue	bilingue
-pare	qui enfante	ovipare
-pède	pied	bipède ; quadrupède
-vore	qui se nourrit	carnivore ; herbivore

V. Dérivation suffixale en français

Suffixes servant à former des noms

SUFFIXES	SENS	EXEMPLES
-ace, ou -asse	péjoratif	populace ; filasse
-ade	action, collectif	bravade ; citronnade
-age	action, collectif	balayage ; pelage
-aie	plantation de végétaux	pineraie ; roseraie
-ail	instrument	éventail ; soupirail
-aille	péjoratif, collectif	ferraille
-aine	collectif	centaine ; dizaine

SUFFIXES	SENS	EXEMPLES
-aire	agent	commissionnaire ; incendiaire
-aison, -oison, ou -(i)son	action	livraison ; pâmoison ; guérison
-ance	résultat de l'action	appartenance ; espérance
-ard	péjoratif	chauffard ; fuyard
-at	profession, état	professorat ; rectorat

SUFFIXES	SENS	EXEMPLES
-ation	action	palpation
-âtre	péjoratif	bellâtre ; marâtre
-ature, ou -ure	action, instrument	armature ; peinture
-aud	péjoratif	lourdaud
-cule, ou -ule	diminutif	animalcule ; globule
-eau, ou -elle	diminutif	chevreau ; radicelle
-ée	contenu	assiettée ; maisonnée
-ement, ou -ment	action	renouvellement ; stationnement
-er, -ier, ou -ière	agent	boucher ; épicier ; cigarière
-erie	local, qualité collectif, etc.	charcuterie ; pruderie ; buffleterie
-esse	qualité	maladresse ; sagesse
-et, -ette	diminutif	garçonnet ; fillette
-(e)té, -ité	qualité	propreté ; humanité
-eur, ou -ateur	agent	rôdeur ; dessinateur

SUFFIXES	SENS	EXEMPLES
-ie	état	envie ; jalousie
-ien, -en	profession, origine	chirurgien ; lycéen
-ille, ou -illon	diminutif	brindille ; aiguillon
-is	résultat d'une action, état	fouillis ; gâchis hachis ; taillis
-ise	défaut, qualité	gourmandise ; franchise
-isme	doctrine, école	communisme ; existentialisme
-iste	qui exerce un métier, adepte d'une doctrine	bouquiniste ; dentiste ; socialiste
-itude	qualité	exactitude ; négritude
-oir, ou -oire	instrument	perchoir ; baignoire
-ole	diminutif	bestiole ; carriole
-on, ou -eron	diminutif	aiglon ; chaton ; moucheron
-ot	diminutif	chariot ; ilot

Suffixes servant à former des adjectifs

SUFFIXES	SENS	EXEMPLES
-able, -ible, ou -uble	possibilité	aimable ; audible ; soluble
-ain	habitant	lorrain
-ais	habitant	japonais
-al	qualité	glacial ; vital
-an	origine	persan
-ard	péjoratif	richard ; vantard
-asse	péjoratif	blondasse ; fadasse
-âtre	péjoratif	bleuâtre ; douceâtre
-aud	péjoratif	noiraud ; rustaud
-é	état	bosselé ; dentelé
-el	qui provoque	accidentel ; mortel
-esque	qualité	pédantesque ; romanesque

SUFFIXES	SENS	EXEMPLES
-et, ou -elet	diminutif	propret ; aigrelet
-eux	qualité	peureux ; neigeux
-ien, -en	habitant	indien ; guadeloupéen
-ier	qualité	altier ; hospitalier
-if	qualité	maladif
-ile	possibilité	fissile ; rétractile
-in	diminutif péjoratif	ballotin ; libertin
-ique, ou -iste	relatif à	nitrique ; réaliste
-issime	superlatif	illustrissime
-ois	habitant	chinois
-ot	diminutif péjoratif	pâlot ; vieillot
-u	qualité	barbu ; charnu

Suffixes servant à former des verbes

SUFFIXES	SENS	EXEMPLES
-ailler	péjoratif	rimailler
-asser	péjoratif	rapetasser ; rêvasser
-eler	mise en action	écarteler ; renouveler
-er	mise en action	destiner ; exploiter
-eter	diminutif	tacheter ; voleter
-(i)fier	transformation	pétrifier ; cocufier
-iller	diminutif péjoratif	fendiller ; roupiller
-iner	mouvement répété et rapide	piétiner ; trottiner

SUFFIXES	SENS	EXEMPLES
-ir	transformation	grandir ; noircir ; rougir ; verdir
-iser	transformation	angliciser ; ridiculiser
-ocher	souvent péjoratif	effilocher ; rabibocher ; amocher
-onner	diminutif péjoratif	chantonner ; mâchonner
-oter	péjoratif	vivoter
-oyer	transformation	nettoyer ; poudroyer

VI. Quelques préfixes territoriaux et/ou linguistiques

PRÉFIXES	SENS
africano-	africain
américano-	américain
anglo-	anglais
arabo-	arabe
canado-	canadien

PRÉFIXES	SENS
égypto-	égyptien
euro-	européen
franco-	français
germano-	allemand
gréco-	grec

PRÉFIXES	SENS
hispano-	espagnol
indo-	indien
israélo-	israélien
italo-	italien
mexicano-	mexicain

PRÉFIXES	SENS
nippo-	japonais
russo-	russe
sino-	chinois
soviéto-	soviétique

VII. Les préfixes multiplicatifs

PRÉFIXES	SENS
déca-	dix (10^1)
hecto-	cent (10^2)
kilo-	mille (10^3)
méga-	un million (10^6)
giga-	un milliard (10^9)
téra-	10^{12}
péta-	10^{15}
exa-	10^{18}
sesqui-	une fois et demie

PRÉFIXES	SENS
déci-	un dixième (10^{-1})
centi-	un centième (10^{-2})
milli-	un millième (10^{-3})
micro-	un millionième (10^{-6})
nano-	un milliardième (10^{-9})
pico-	10^{-12}
femto-	10^{-15}
atto-	10^{-18}

Abréviations utilisées dans l'ouvrage

abrév.	abréviation
absol.	absolument
Acad.	Académie française
adj.	adjectif ; adjectivement
adv.	adverbe ; adverbial ; adverbialement
affl.	affluent
AFR.	africanisme
all.	allemand
alphab.	alphabétique
alt.	altitude
altér.	altération
amér.	américain
anc., *ANC.*	ancien ; anciennement
anc. fr.	ancien français
angl.	anglais
anglic.	anglicisme
appos.	apposition
apr.	après
apr. J.-C.	après Jésus-Christ
ar.	arabe
ARG.	argot ; argotique
arr.	arrondissement
art.	article
au fig.	au figuré
augment.	augmentatif
auj.	aujourd'hui
autref.	autrefois
auxil.	auxiliaire
av.	avant
av. J.-C.	avant Jésus-Christ
BELG.	belgicisme
B.N.	Bibliothèque nationale
c.-à-d.	c'est-à-dire
can.	canadien
cant.	canton
cap.	capitale
card.	cardinal (adj. num. card.)
cath.	catholique
celt.	celtique
cf.	confer ; voir aussi, se reporter à
chin.	chinois
ch.-l.	chef-lieu
ch.-l. de c.	chef-lieu de canton
chrét.	chrétien, ienne
class.	classique
collab.	collaboration
collect.	collectif
comm.	commune
compl.	complément
cond.	conditionnel
conj.	conjonction ; conjonctif
contemp.	contemporain
contr.	contraire
coord.	coordination (conj. coord.)
cour.	courant ; couramment
CRÉOL.	créolisme
dan.	danois
d'apr.	d'après
déf.	défini
dém.	démonstratif
dép.	département
dér.	dérivé
DIALECT., dialect	dialectal
DIDACT.	didactique (mot employé le plus fréquemment dans des situations de communication impliquant la transmission d'un savoir)
dimin.	diminutif
dir.	direct ; en construction directe

ecclés.	ecclésiastique
écon.	économique
éd.	édition
ellipt.	elliptique ; elliptiquement
empr.	emprunt du ; emprunté à
en partic.	en particulier
env.	environ
esp., *ESP.*	espagnol
étym.	étymologie
ex.	exemple
exclam.	exclamation ; exclamatif
express.	expression
f., fém.	féminin
FAM.	familier ; familièrement
fig., *FIG.*	figuré
fl.	fleuve
fr.	français
frq.	francique
gaul.	gaulois
génér.	général ; généralement
géogr.	géographique
germ.	germanique
gr., *GR.*	grec
h., hab.	homme, habitant
haut.	hauteur
hébr.	hébreu
HELV.	helvétisme
hongr.	hongrois
ill.	illustration
imp.	imparfait (temps)
impér.	impératif (mode)
impers.	impersonnel (verbe)
impropr.	improprement
incert.	incertain
ind.	indicatif (mode)
indéf.	indéfini
indir.	indirect ; en construction indirecte
inf.	infinitif
infl.	influence
interj.	interjection ; interjectif
interr.	interrogation ; interrogatif
intr.	intransitif ; intransitivement
inv.	invariable
irland.	irlandais
iron.	ironique ; ironiquement
island.	islandais
it., ital.	italien
jap.	japonais
lat., *LAT.*	latin
LITT.	littéraire (mot que l'on rencontre surtout dans les textes écrits)
loc.	locution
long.	longueur
m., masc.	masculin
m.	mort
M.A.M.	musée d'Art moderne
marit.	maritime
max.	maximal
médic.	médical
médiév.	médiéval
mil.	militaire ; militairement
M.N.A.M.	musée national d'Art moderne
mod.	moderne
mus.	musée
mythol.	mythologique
n.	nom
n°	numéro
néerl.	néerlandais
norvég.	norvégien
notamm.	notamment

n.pr.	nom propre
num.	numéral
obsc.	obscur
onomat.	onomatopée ; onomatopéique
ord.	ordinal (adj. num. ord.)
orig.	origine
p.	page
par ex.	par exemple
par ext.	par extension
par opp. à	par opposition à
par plais., *PAR PLAIS.*	par plaisanterie
partic.	particulièrement
pass.	passif ; forme passive
p.-ê.	peut-être
péjor., *PÉJOR.*	péjoratif
pers.	personne ; personnel
pl.	pluriel
poét.	poétique
polon.	polonais
pop.	populaire (lat. pop.)
port.	portugais
poss.	possessif
p. passé	participe passé
p. présent	participe présent
précéd.	précédemment
préf.	préfixe ; préfecture
prép.	préposition ; prépositif
princ.	principal ; principalement
priv.	privatif
probabl.	probablement
pron.	pronom ; pronominal
propr.	proprement
prov.	provençal ; province
qqch	quelque chose
qqn	quelqu'un
QUÉBÉC.	québécisme
rac.	racine
rad.	radical
r. dr.	rive droite
recomm. off.	recommandation officielle
RÉGION., région.	régionalisme ; régional
relat.	relatif
rem.	remarque
r. g.	rive gauche
riv.	rivière
roum.	roumain
s.	siècle
S.	San, Sant, Santo, Santa, Sankt
scand.	scandinave
scientif.	scientifique
scol.	scolaire
scolast.	scolastique
seul.	seulement
signif.	signifiant
sing.	singulier
soc.	social
SOUT.	soutenu
spécial.	spécialement
s.-préf.	sous-préfecture
sub.	subordination (conj. sub.)
subj.	subjonctif (mode)
subst.	substantif ; substantivement
suéd.	suédois
suiv.	suivant
symb.	symbole
syn.	synonyme
T. FAM.	très familier
trans.	transitif ; transitivement
v.	verbe ; ville ; vers
V.	voir (se reporter à)
var.	variante
verb.	verbal
v. i.	verbe intransitif
VIEILLI	vieilli (mot qui tend à sortir de l'usage, mais qui reste compris de la plupart des locuteurs natifs.) Voir *VX*.
vol.	volume
v. pr.	verbe pronominal
v. t.	verbe transitif
v. t. ind.	verbe transitif indirect
VULG.	vulgaire
VX	vieux (mot qui n'est généralement plus compris ni employé). Voir *VIEILLI*.
*	se reporter au terme suivi de l'astérisque (dans les textes) ; placé devant un mot, dans l'étymologie, l'astérisque indique une forme non attestée.
→	se reporter à

Rubriques utilisées dans l'ouvrage

ACOUST.	acoustique
ADMIN.	administration
AÉRON.	aéronautique
AGRIC.	agriculture
ALG.	algèbre
ALP.	alpinisme
ANAT.	anatomie
ANTHROP.	anthropologie sociale
ANTHROP. PHYS.	anthropologie physique
ANTIQ.	Antiquité
ANTIQ. GR.	Antiquité grecque
ANTIQ. ROM.	Antiquité romaine
APIC.	apiculture
ARBOR.	arboriculture
ARCHÉOL.	archéologie
ARCHIT.	architecture
ARM.	armement
ART CONTEMP.	art contemporain
ARTS DÉC.	arts décoratifs
ARTS GRAPH.	arts graphiques
ASTROL.	astrologie
ASTRON.	astronomie
ASTRONAUT.	astronautique
AUTOM.	automobile
AVIAT.	aviation
AVIC.	aviculture
BACTÉR.	bactériologie
BANQUE	terme particulier au vocabulaire de la banque
BIOCHIM.	biochimie
BIOL.	biologie
BOT.	botanique
BOUCH.	boucherie
BOURSE	terme-particulier au vocabulaire de la Bourse
BOXE	terme particulier au vocabulaire de la boxe
BROD.	broderie
BX-A.	beaux-arts
CATH.	catholicisme
CHASSE	terme particulier au vocabulaire de la chasse
CH. DE F.	chemin de fer
CHIM.	chimie
CHIM. ORG.	chimie organique
CHIR.	chirurgie
CHORÉGR.	chorégraphie
CIN.	cinéma

COMM.	commerce
COMPTAB.	comptabilité
CONSTR.	terme technique de la construction
COUT.	couture
CUIS.	cuisine, art culinaire
CYBERN.	cybernétique
CYTOL.	cytologie
DÉF.	défense
DÉMOGR.	démographie
DR.	droit
DR. ADM.	droit administratif
DR. ANC.	droit ancien
DR. CAN.	droit canon
DR. CIV.	droit civil
DR. COMM.	droit commercial
DR. CONSTIT.	droit constitutionnel
DR. COUTUM.	droit coutumier
DR. FÉOD.	droit féodal
DR. FISC.	droit fiscal
DR. INTERN.	droit international
DR. MAR.	droit maritime
DR. PÉN.	droit pénal
DR. ROM.	droit romain
ÉCOL.	écologie
ÉCON.	économie
ÉLECTR.	électricité
ÉLECTRON.	électronique
EMBRYOL.	embryologie
ENTOMOL.	entomologie
ÉQUIT.	équitation
ESCR.	escrime
ETHNOGR.	ethnographie
ETHNOL.	ethnologie
ÉTHOL.	éthologie
FAUC.	fauconnerie
FÉOD.	féodalité
FIN.	finances
FORTIF.	fortifications
GÉNÉT.	génétique
GÉOGR.	géographie
GÉOL.	géologie
GÉOM.	géométrie
GÉOMORPH.	géomorphologie
GÉOPHYS.	géophysique
GRAMM.	grammaire
GRAV.	gravure
HÉRALD.	héraldique
HIST.	histoire
HISTOL.	histologie
HORTIC.	horticulture
HYDROGR.	hydrographie
HYDROL.	hydrologie
IMMUNOL.	immunologie
IMPR.	imprimerie
IND.	industrie
INFORM.	informatique
JEUX	terme particulier au vocabulaire des jeux
LING.	linguistique
LITTÉR.	littéraire (terme particulier au vocabulaire technique de la littérature, de la critique littéraire)
LOG.	logique
MAR.	marine
MAR. ANC.	marine ancienne
MATH.	mathématiques
MÉCAN.	mécanique
MÉD.	médecine
MENUIS.	menuiserie
MÉTALL	métallurgie
MÉTÉOR.	météorologie
MÉTR.	métrique
MÉTR. ANC.	métrique ancienne
MÉTROL.	métrologie
MIL.	terme particulier au vocabulaire militaire
MIN.	mines
MINÉR.	minéralogie
MONN.	monnaie
MUS.	musique
MYTH.	mythologie
NEUROL.	neurologie
NUMISM.	numismatique
OCÉANOGR.	océanographie
OPT.	optique
ORFÈV.	orfèvrerie
ORNITH.	ornithologie
PALÉOGR.	paléographie
PALÉONT.	paléontologie
PAPET.	papeterie
PATHOL.	pathologie
PÊCHE	terme particulier au vocabulaire de la pêche
PÉDOL.	pédologie
PEINT.	peinture
PÉTR.	industrie du pétrole
PHARM.	pharmacie
PHILOS.	philosophie
PHON.	phonétique
PHOT.	photographie
PHYS.	physique
PHYS. NUCL.	physique nucléaire
PHYSIOL.	physiologie
POLIT.	politique
PRÉHIST.	préhistoire
PRESSE	terme particulier au vocabulaire de la presse
PROCÉD.	procédure
PSYCHAN.	psychanalyse
PSYCHIATRIE	terme particulier au vocabulaire de la psychiatrie
PSYCHOL.	psychologie
PSYCHOPATH.	psychopathologie
RADIOL.	radiologie
RADIOTECHN.	radiotechnique
REL.	reliure
RELIG.	religion
RELIG. CHRÉT.	religion chrétienne
RHÉT.	rhétorique
SC.	sciences
SCULPT.	sculpture
SERRURERIE	terme particulier au vocabulaire de la serrurerie
SOCIOL.	sociologie
SPÉLÉOL.	spéléologie
SPORTS	terme particulier au vocabulaire sportif
STAT.	statistique
SYLV.	sylviculture
TECHN.	technique
TECHNOL.	technologie
TÉLÉCOMM.	télécommunications
TÉLÉV.	télévision
TEXT.	textile
THÉÂTRE	théâtre
THÉOL.	théologie
TOPOGR.	topographie
TR. PUBL.	travaux publics
TURF	terme particulier au vocabulaire hippique
VÉN.	vénerie
VERR.	verrerie
VÉTÉR.	art vétérinaire
VITIC.	viticulture
ZOOL.	zoologie

Les rectifications de l'orthographe de 1990

En 1990, une série de rectifications orthographiques ont été rédigées par un comité d'experts. Ce texte a été adopté par le Conseil supérieur de la langue française et d'autres institutions de la francophonie et approuvé par l'Académie française.

Cette « réforme » a pour but de réduire certaines anomalies et incohérences orthographiques pour faciliter l'apprentissage du français. Elle concerne quelque 2 000 mots.

L'emploi de la nouvelle orthographe n'est pas imposé, mais il est recommandé.

Ces rectifications orthographiques entrent progressivement dans les ouvrages de référence et les manuels scolaires. Elles n'ont toutefois pas de caractère obligatoire et, en conséquence, **aucune des deux graphies ne peut être tenue pour fautive**.

Dans sa nomenclature, le *Dictionnaire du Collège* ne propose que les graphies que l'usage a validées. Mais pour l'information complète des lecteurs, nous présentons ci-dessous les nouvelles règles qui ont guidé ces propositions de rectifications.

1- Les mots composés

Un certain nombre de mots remplacent le **trait d'union** par la soudure : *porte**m**onnaie* (pour *porte-monnaie*), *chausse**t**rappe* (pour *chausse-trappe*).

Les mots composés du type *pèse-lettre* suivent au **pluriel** la règle des mots simples : *des pèse-lettre**s**, des coupe-papier**s**, des abat-jour**s***.

Au singulier, le 2e mot ne prend pas la marque du pluriel : *un compte-goutte*.

2- Le trait d'union

Les **numéraux composés** sont reliés par des traits d'union : *vingt-et-un euros, trois-millième de seconde*.

3- Le tréma

Un **tréma** est désormais placé sur la voyelle qui doit être prononcée : *ambig**ü**ité* (pour *ambiguïté*), *gage**ü**re* (pour *gageure*), *contig**ü**e* (pour *contiguë*)…

4- La transcription des mots étrangers

Les **mots empruntés** suivent les règles d'accentuation et d'accord des mots français : *allégretto* (pour *allegretto*), *sombréro* (pour *sombrero*) ; *des maximum**s*** (pour *des maxima*), *des médias* (pour *des media*)…

Les **mots composés** d'origine étrangère s'écrivent soudés : *ping**p**ong* (pour *ping-pong*), *week**e**nd* (pour *week-end*)…

5- L'accent

On met un **accent aigu** sur les e qui sont prononcés é : *caméraman, diésel*…

On met un **accent grave** sur les e qui sont prononcés è : *évènement, crèmerie*…

Pour les verbes, on met un **accent grave** sur les formes prononcées è, notamment le futur et le conditionnel des verbes comme *céder* et des verbes en *-eler* et *-eter* (sauf *appeler* et *jeter*) : *il cèdera, elle cèderait ; il amoncèlera, elle amoncèlerait ; il étiquètera, elle étiquèterait*…

L'**accent circonflexe** n'est plus obligatoire sur **i** et **u** : *une boite, aout*. Sauf dans les terminaisons verbales du passé simple *(nous partîmes)*, du subjonctif *(qu'il fît)* et en cas d'ambiguïté : *mûr, sûr*.

6- Le participe passé des verbes pronominaux

Il est **invariable** dans le cas de *laisser* suivi d'un infinitif : *Elle s'est laissé mourir. Elle s'est laissé séduire.*

7- Diverses anomalies

Les séries désaccordées voient leurs graphies mises en conformité avec les règles d'écriture du français : *douçâtre* (au lieu de *douceâtre*) ; *absou**t**, absou**te*** (au lieu de *absous, absoute*)…

Les mots en *-illier* s'écrivent comme *poulailler* : *joailler, serpill**è**re* (au lieu de *joaillier, serpillière*)…

Les mots en *-olle* (sauf *colle, folle, molle*) et les verbes en *-otter* s'écrivent avec une consonne simple : *corole, frisoter*, etc.

La graphie des mots de même famille est harmonisée : *boursouffler* pend deux **f** comme *souffler* ; *charriot* deux **r** comme *charrette*, etc.

On écrit *relai (relayer)* sans **s**, comme *essai*…

On écrit *imbécilité* avec un seul **l** comme *imbécile* ; *nénufar* au lieu de *nénuphar* ; *ognon* au lieu de *oignon*, etc.

A

a [a] **n.m. inv. 1.** Première lettre (voyelle) de l'alphabet. **2.** MUS. A, la note *la*, dans le système de notation en usage dans les pays anglo-saxons et germaniques. **3. Bombe A,** bombe nucléaire de fission. (⟶ nucléaire.) / **De A à Z,** du début à la fin. / **Prouver par a + b,** démontrer rigoureusement : *Elle m'a prouvé par a + b que j'avais tort.*

à [a] **prép.** (lat. *ad*, vers). [Cette prép. se combine avec les art. *le, les* pour donner les art. contractés *au, aux*]. **1.** Indique le lieu : *Être à la maison. Aller au marché.* **2.** Indique le temps : *Arriver à 6 heures. Partir au bon moment.* **3.** Indique la distribution, la répartition : *Faire du cent à l'heure. Être payé au mois.* **4.** Indique l'appartenance, la possession : *C'est un ami à moi. Ce livre est à lui.* **5.** Indique la caractéristique, la destination, etc. : *Un avion à réaction. Une pompe à essence. Une tasse à thé.* **6.** Indique le moyen, la manière, etc. : *Pêcher à la ligne. Marcher au pas.* **7.** Introduit des compléments d'objet indirects : *Obéir à ses parents. Parler à un ami.* **8.** Introduit des compléments d'adjectifs : *Être fidèle à sa parole.* **9.** Introduit certains attributs dans des locutions : *Je vous prends à témoin de ma sincérité.*

a-, préfixe, dit *a* priv., de l'élément gr. *a-*, prenant la forme *an-* devant une voyelle ou un *h* muet et exprimant l'absence, la privation, la négation *(analphabète, aphone, amoral).*

Aalto (Alvar), architecte et designer finlandais (Kuortane 1898 - Helsinki 1976). S'écartant du « style international » dès le début des années 1930, il illustre le courant « organique » par un souci des rapports du bâtiment au site, une recherche de la continuité de l'espace interne et une utilisation sensible des matériaux (bois, pierre, brique) qui traduisent son sens de l'humain et une poétique parfois baroque.

Aar ou **Aare,** riv. de Suisse, affluent du Rhin (r. g.), qui naît dans le *massif de l'Aar-Gothard ;* 295 km. Elle passe à Berne.

Aaron, frère aîné de Moïse et premier grand prêtre des Hébreux. C'est parmi sa descendance que devaient être recrutés les grands prêtres du judaïsme.

Abadan, port de l'Iran, près de l'embouchure du Chatt al-Arab dans le golfe Persique ; 212 744 hab. dans l'agglomération. Raffinerie de pétrole.

abaissant, e [abesɑ̃, -ɑ̃t] **adj.** Qui abaisse moralement.

abaisse [abɛs] **n.f.** (de *abaisser*). Morceau de pâte aminci au rouleau servant à foncer un moule, en pâtisserie, en cuisine.

abaisse-langue [abɛslɑ̃g] **n.m.** (pl. *abaisse-langues* ou inv.). Spatule avec laquelle on appuie sur la langue pour examiner la bouche et la gorge.

abaissement [abɛsmɑ̃] **n.m. 1.** Action d'abaisser : *L'abaissement du pouvoir d'achat* (syn. **baisse, diminution**). **2.** SOUT. Fait de s'abaisser, de s'avilir : *Tant d'abaissement m'indigne.*

abaisser [abese] **v.t.** (de *baisser*). **1.** Faire descendre ; mettre à un niveau plus bas : *Abaisser une manette.* **2.** Diminuer l'importance, la valeur de : *Abaisser ses prix* (syn. **baisser, diminuer**). **3.** Avilir ; rabaisser : *La douleur abaisse plus qu'elle ne grandit l'homme.* **4. Abaisser une perpendiculaire,** mener une perpendiculaire d'un point à une droite ou à un plan. ◆ **s'abaisser v.pr. [à].** Perdre de sa dignité ; se compromettre : *Tu ne vas pas t'abaisser à lui adresser la parole après ce qu'il t'a fait.*

abajoue [abaʒu] **n.f.** (de *ba[lèvre]*, grosse lèvre, et *joue*). Poche de la joue de certains mammifères (notamm. le hamster, certains singes) servant de réserve à aliments.

abandon [abɑ̃dɔ̃] **n.m.** (de l'anc. fr. *[mettre] a bandon,* [réduire] à la merci de, de *bandon,* mot d'orig. germ.). **1.** Action d'abandonner, de quitter, de cesser d'occuper : *Abandon de poste* (= désertion). *Abandon d'un projet* (syn. **renonciation** à). **2.** SPORTS. Fait de renoncer à poursuivre une compétition. **3.** Fait de s'abandonner ; laisser-aller ou absence de réserve : *Attitude pleine d'abandon* (syn. **nonchalance**). **4. À l'abandon,** laissé sans soin, en désordre : *Laisser sa maison à l'abandon.*

abandonner [abɑ̃dɔne] **v.t. 1.** Se retirer définitivement d'un lieu ; cesser d'occuper : *Abandonner sa maison* (syn. **quitter, s'en aller de**). **2.** Renoncer à : *Abandonner ses études* (syn. **arrêter**). *Abandonner la lutte* (= capituler). **3.** Laisser volontairement qqch ou qqn sans plus s'en soucier : *Abandonner femme et enfant* (syn. **quitter**). **4.** Laisser au pouvoir de qqn : *Abandonner aux autres le soin de décider pour soi* (syn. **laisser**). **5.** Faire défaut à qqn ; cesser de soutenir : *Ses forces l'ont abandonné* (syn. **trahir**). *Abandonner un ami dans le besoin* (syn. **délaisser**). ◆ **s'abandonner v.pr. [à].** Se laisser aller à : *S'abandonner au désespoir* (syn. **se livrer**).

abandonnique [abɑ̃dɔnik] **adj.** et **n.** PSYCHOL. Qui vit dans la crainte d'être abandonné : *Enfant abandonnique.*

abaque [abak] **n.m.** (lat. *abacus*, du gr.). **1.** Diagramme, graphique donnant par simple lecture la solution approchée d'un problème numérique. **2.** Table qui servait autrefois à calculer ; boulier compteur. **3.** Tablette plus ou moins saillante qui couronne un chapiteau (syn. **tailloir**).

abasourdir [abazurdir] **v.t.** (de l'anc. v. arg. *basourdir*, tuer) [conj. **32**]. **1.** Jeter dans la stupéfaction ; dérouter : *Sa réponse m'a abasourdi* (syn. **sidérer, stupéfier**). **2.** Étourdir par un grand bruit : *Le bruit des marteaux piqueurs dans la rue m'abasourdit* (syn. **assommer, étourdir**).

abasourdissant, e [abazurdisɑ̃, -ɑ̃t] **adj.** Qui abasourdit : *Un bruit abasourdissant* (syn. **abrutissant**). *Une nouvelle abasourdissante* (syn. **sidérant**).

abâtardir [abatardir] **v.t.** (de *bâtard*) [conj. **32**]. **1.** Faire perdre les qualités de sa race à : *Abâtardir une race d'animaux.* **2.** Faire perdre ses qualités originelles, sa vigueur : *La servitude abâtardit l'homme* (syn. **avilir, rabaisser**). ◆ **s'abâtardir v.pr.** Perdre ses qualités originelles : *Doctrine, principe qui s'abâtardit* (syn. **dégénérer**).

abâtardissement [abatardismɑ̃] **n.m.** État de ce qui est abâtardi : *Abâtardissement d'une race bovine.*

abat-jour [abaʒur] **n.m. inv.** Dispositif fixé autour d'une lampe et destiné à diriger la lumière tout en protégeant les yeux de l'éblouissement.

abats [aba] **n.m. pl.** (de *abattre*). Parties comestibles des animaux de boucherie qui ne consistent pas en chair, en muscles, telles que les rognons, le foie, le mou, etc.

abattage [abataʒ] **n.m. 1.** Action d'abattre : *Abattage des arbres.* **2.** Action de tuer un animal de boucherie. **3.** Action de détacher le charbon, le minerai d'un gisement. **4. Avoir de l'abattage,** avoir de l'allant, de l'entrain.

abattant [abatɑ̃] **n.m.** Partie mobile d'un meuble, qu'on peut lever ou rabattre : *L'abattant d'un secrétaire.*

abattée [abate] **n.f.** (de *abattre*). Mouvement d'un navire qui change de route.

abattement [abatmɑ̃] **n.m. 1.** Fait d'être abattu ; affaiblissement physique ou moral : *Abattement dû à la maladie* (syn. **épuisement**). *La mort de son fils l'a jetée dans un grand abattement* (syn. **accablement, dépression**). **2.** Déduction faite sur une somme à payer.

abattis [abati] **n.m.** Coupe faite dans un bois. ◆ **pl. 1.** Abats de volaille. **2.** FAM. **Numéroter ses abattis,** s'assurer qu'on est indemne après une lutte.

abattoir [abatwar] **n.m.** Établissement où l'on abat et où l'on prépare les animaux de boucherie.

abattre [abatr] **v.t.** (bas lat. **abbattuere*) [conj. **83**]. **1.** Faire tomber : *Abattre un arbre* (syn. **couper**). *Abattre un mur* (syn. **démolir**). **2.** Tuer un animal. **3.** Ôter ses forces physiques ou morales à : *La fièvre l'a abattu* (syn. **épuiser**). *Se laisser abattre par un échec* (syn. **décourager, démoraliser**). **4. Abattre de la besogne, du travail,** exécuter rapidement, efficacement, des tâches nombreuses. / **Abattre qqn,** tuer qqn avec une arme à feu. / **Abattre ses cartes, son jeu,** déposer ses cartes en les montrant, étaler son jeu ; au fig., dévoiler son plan à l'adversaire. ◆ **v.i.** MAR. Exécuter une abattée. ◆ **s'abattre v.pr.** Tomber ; se laisser tomber : *La grêle s'est abattue sur la région. L'aigle s'abat sur sa proie.*

abattu, e [abaty] **adj.** Découragé ; prostré : *Depuis cet accident, il est très abattu* (syn. **déprimé**).

Abbas Ier le Grand (1571 - dans le Mazandaran 1629), chah séfévide de Perse (1587-1629). Il établit l'Iran dans ses frontières actuelles et transféra sa capitale à Ispahan.

Abbassides, dynastie de califes arabes (750-1258), fondée par Abu al-Abbas Abd Allah. Déplaçant le centre de l'Empire musulman en Iraq, elle fit de Bagdad sa capitale. Les lettres et les sciences connurent un essor remarquable, tout particulièrement sous le règne d'Harun al-Rachid. L'empire se morcela à partir du IXe s. et les califes se virent dépossédés de leur pouvoir politique, confisqué au XIe s. par les Turcs Seldjoukides. Ils conservèrent cependant leur rôle de chefs religieux sunnites jusqu'à la prise de Bagdad par les Mongols en 1258.

abbatial, e, aux [abasjal, -o] **adj.** (lat. ecclés. *abbatialis,* de *abbas* ; v. *abbé*). **1.** De l'abbaye. **2.** De l'abbé ou de l'abbesse. ◆ **abbatiale n.f.** Église d'une abbaye.

abbaye [abei] **n.f.** (lat. ecclés. *abbatia, de abbas* ; v. *abbé*). **1.** Couvent, gouverné par un abbé, une abbesse, et comportant au moins douze moines ou moniales. **2.** Ensemble des bâtiments abritant ces moines ou moniales.

abbé [abe] **n.m.** (lat. ecclés. *abbas,* de l'araméen *abba,* père). **1.** Supérieur d'une abbaye. **2.** Prêtre séculier.

abbesse [abɛs] **n.f.** Supérieure d'une abbaye.

Abbeville, ch.-l. d'arr. de la Somme, sur la Somme ; 24 990 hab. *(Abbevillois).* Anc. cap. du Ponthieu. Église de style gothique flamboyant. Musée Boucher-de-Perthes.

abc [abese] **n.m. inv.** Base d'un art, d'une science : *L'abc du métier* (syn. **b.a.-ba, rudiments**).

abcès [apsɛ] **n.m.** (lat. *abcessus,* corruption). **1.** Amas de pus dans une partie du corps. **2. Crever, vider l'abcès,** dénouer avec énergie une situation confuse et malsaine. **3. Abcès de fixation,** ce qui permet de circonscrire un phénomène néfaste ou dangereux, de limiter son extension.

Abd al-Aziz III Ibn Saud, dit **Ibn Séoud** (Riyad v. 1880 - *id.* 1953), roi d'Arabie saoudite (1932-1953). À partir du Nadjd, il conquit les territoires qui forment l'Arabie saoudite, créée en 1932. Il y instaura des institutions modernes.

Abd Allah II ou **Abdallah II** (Amman 1962), roi de Jordanie. Fils aîné de Husayn, il lui a succédé en 1999.

Abd el-Kader, émir arabe (près de Mascara 1808 - Damas 1883). Il dirigea de 1832 à 1847 la résistance à la conquête de l'Algérie par la France, qui reconnut un temps son autorité sur une partie du pays. Après la prise de sa smala (camp de l'émir) par le duc d'Aumale (1843) et la défaite de ses alliés marocains sur l'Isly (1844), il dut se rendre en 1847 au général Lamoricière. Interné en France jusqu'en 1852, il se retira ensuite à Damas.

Abd el-Krim, chef marocain (Ajdir 1882 - Le Caire 1963). En 1921, il souleva le Rif (région du nord du Maroc) contre les Espagnols puis contre les Français, mais dut se rendre en 1926. Interné à La Réunion, il se réfugia au Caire au cours de son transfert en France (1947).

abdication [abdikasjɔ̃] **n.f.** Action d'abdiquer.

abdiquer [abdike] **v.t.** (lat. *abdicare*). Renoncer à une fonction, un pouvoir, en partic. renoncer à l'autorité souveraine : *Abdiquer la couronne.* ◆ **v.i. 1.** Renoncer au pouvoir : *Le roi a abdiqué.* **2.** Renoncer à agir ; abandonner : *Abdiquer devant les difficultés* (syn. **capituler**).

abdomen [abdɔmɛn] **n.m.** (mot lat.). **1.** Région inférieure du tronc de l'homme et des mammifères, séparée du thorax par le diaphragme et limitée en bas par le bassin (syn. usuel **ventre**). **2.** Partie postérieure du corps des arthropodes : *L'abdomen de la guêpe contient le dard.*

■ L'abdomen de l'homme forme la partie inférieure du tronc. Au-dessus, il est séparé du thorax par un muscle plat, le diaphragme. Vers le bas, il est en continuité avec la cavité pelvienne, qui est entourée par les os du petit bassin. La paroi interne de l'abdomen est tapissée par une membrane appelée le *péritoine,* qui délimite la *cavité péritonéale.* Celle-ci renferme le tube digestif (estomac, intestin grêle, gros intestin) et ses annexes (vésicule biliaire, foie, pancréas). En arrière de ces organes se situe une zone dite « rétropéritonéale », qui comprend : les reins, prolongés par les uretères et au sommet desquels se trouvent les glandes surrénales (qui fabriquent des hormones), deux gros vaisseaux sanguins (l'artère aorte et la veine cave inférieure), et des ganglions nerveux qui assurent la commande des contractions des viscères. ■

abdominal, e, aux [abdɔminal, -o] **adj.** De l'abdomen : *Douleurs abdominales.* ◆ **abdominaux n.m. pl. 1.** Muscles constituant les parois antérieures et latérales de l'abdomen. **2.** Exercices de gymnastique destinés à renforcer ces muscles : *Faire des abdominaux.*

abducteur [abdyktœr] **adj.m.** et **n.m.** (du lat. *abducere,* emmener). **1.** ANAT. Qui produit l'abduction, en parlant d'un muscle (par opp. à *adducteur*). **2.** CHIM. **Tube abducteur,** qui recueille les gaz dans une réaction chimique.

abduction [abdyksjɔ̃] **n.f.** (lat. *abductio,* action d'emmener). PHYSIOL. Mouvement qui écarte un membre du plan médian du corps.

Abdülhamid II (Istanbul 1842 - *id.* 1918), sultan ottoman (1876-1909). Il institua un régime parlementaire (Constitution de 1876) puis s'orienta vers une politique autoritaire. Partisan du panislamisme, il fut déposé par les Jeunes-Turcs.

abécédaire [abesedɛr] **n.m.** (bas lat. *abecedarius,* de *ABCD*). Livre illustré qui servait pour l'apprentissage de l'alphabet, de la lecture.

abeille [abɛj] **n.f.** (prov. *abelha,* lat. *apicula,* dimin. de *apis*). Insecte social vivant dans une ruche et produisant le miel et la cire : *Essaim d'abeilles.* ▸ Ordre des hyménoptères.

■ **L'organisation de la société.** L'abeille mellifère *(Apis mellifica)* vit en société dans la *ruche.* Elle y édifie des rayons de cire constitués d'*alvéoles* hexagonales. Celles-ci renferment soit le *couvain* (œuf, larve ou nymphe), soit les provisions de miel. Au sommet de chaque société se trouve la *reine,* seule femelle féconde, qui vit 4 ou 5 ans et pond jusqu'à 2 000 œufs par jour. Les mâles sont peu nombreux ; seuls cinq ou six sont fertiles et donnent leur sperme à la reine. Toutes les autres abeilles de la ruche sont des femelles stériles, les *ouvrières,* qui vivent de 4 à 6 semaines. Au début de leur vie, elles nettoient les alvéoles, puis deviennent des nourrices pour les larves. Leur pharynx sécrète alors de la *gelée royale,* unique nourriture des futures reines (les larves d'ouvrières n'en reçoivent que pendant leurs trois premiers jours). Les ouvrières assurent ensuite le rôle de gardiennes à l'entrée de la ruche et, enfin, celui de *butineuses :* elles récoltent le pollen sur leurs pattes postérieures, et stockent le nectar (liquide sucré sécrété par les fleurs) dans leur jabot. Rentrées à la ruche, elles régurgitent le nectar : il passe de bouche en bouche parmi les ouvrières, avant d'être déposé dans les alvéoles, où il se transforme en miel en quelques jours. Chaque matin, les premières butineuses effectuent une *danse* à l'entrée de la ruche, véritable langage indiquant à leurs compagnes la position et la distance du lieu de récolte.

Essaimage. En été, la population de la ruche ayant doublé, la moitié des abeilles part avec la vieille reine à la recherche d'un nouvel abri : c'est l'*essaimage.* Une fois l'abri trouvé, toutes les ouvrières deviennent des *cirières :* la cire, produite par des glandes de leur abdomen, sert à construire les rayons.

Élevage. L'*apiculture* est l'élevage des abeilles en vue de la production de miel et de cire. Les ruches sont des caisses en bois où s'insèrent des cadres mobiles. Les abeilles construisent leurs rayons de cire à partir d'une feuille de cire gaufrée mise en place par l'apiculteur. Pour recueillir le miel, celui-ci doit ouvrir les alvéoles à l'aide d'un couteau chauffant passé à la surface des cadres. ■

Abel, deuxième fils d'Adam et Ève. Pasteur de troupeaux, il fut tué par son frère aîné, Caïn, qui était agriculteur.

Abel (Niels), mathématicien norvégien (île de Finnøy 1802 - Arendal 1829). Son œuvre concerne l'algèbre et la théorie des fonctions. Il a créé la théorie des fonctions elliptiques et démontré (en 1824) l'impossibilité de résoudre par radicaux l'équation algébrique générale du 5e degré. Un prix de mathématiques portant son nom a été créé en 2002 (décerné pour la première fois en 2003).

Abélard ou **Abailard (Pierre),** philosophe et théologien français (Le Pallet 1079 - prieuré de Saint-Marcel, près de Chalon-sur-Saône, 1142). Brillant professeur, son union avec Héloïse, nièce du chanoine Fulbert, lui vaut d'être émasculé sur l'ordre de ce dernier. Cet épisode dramatique n'interrompt pas sa carrière. Il s'engage dans la querelle des universaux, et soutient la thèse nominaliste. Il affirme que les principes de la raison s'appliquent aux principes de la foi. Il fonde pour Héloïse un monastère au Paraclet (1129) : de là date une admirable correspondance entre les deux époux. Mais il est vivement attaqué pour ses thèses rationalistes par Bernard de Clairvaux et condamné au concile de Sens (1140). Il se soumet et meurt dans la paix de l'Église.

abélien, enne [abeljɛ̃, -ɛn] **adj.** (du n. du mathématicien *Abel*). MATH. **Groupe abélien,** groupe dont la loi de composition est commutative.

aber [abɛr] **n.m.** (mot celt. « estuaire »). En Bretagne, basse vallée d'un cours d'eau envahie par la mer, formant un estuaire profond et découpé (syn. **ria**).

Aberdeen, port d'Écosse, sur la mer du Nord ; 222 793 hab. Pêche. Métallurgie. Cathédrale gothique.

aberrance [aberɑ̃s] **n.f.** STAT. Caractère d'une grandeur qui s'écarte notablement de la valeur moyenne.

aberrant, e [aberɑ̃, -ɑ̃t] **adj.** (du lat. *aberrare,* s'écarter). Qui s'écarte du bon sens, des règles, des normes : *Une idée aberrante* (syn. **absurde, insensé**).

aberration [aberasjɔ̃] **n.f.** (lat. *aberratio,* action de s'écarter). **1.** Erreur de jugement ; idée absurde : *C'est une aberration de prendre la route par ce temps* (syn. **absurdité, folie**). **2.** OPT. Défaut de l'image donnée par un système optique due à la constitution même de ce système. **3.** GÉNÉT. **Aberration chromosomique,** anomalie de nombre ou de structure touchant un ou plusieurs chromosomes, cause de diverses maladies génétiques. ▸ L'aberration chromosomique la plus fréquente est la trisomie 21 (au niveau de la 21e paire, on trouve un chromosome supplémentaire).

abêtir [abetir] **v.t.** [conj. **32**]. Rendre bête, stupide : *Émission télévisée qui finit par abêtir le public* (syn. **abrutir**). ◆ **s'abêtir v.pr.** Devenir stupide.

abêtissant, e [abetisɑ̃, -ɑ̃t] **adj.** Qui abêtit : *Distraction abêtissante* (syn. **abrutissant**).

abêtissement [abetismɑ̃] **n.m.** Action d'abêtir ; fait d'être abêti.

abhorrer [abɔre] **v.t.** (lat. *abhorrere*). *LITT.* Avoir en horreur : *Abhorrer toute forme de violence* (syn. **exécrer**).

Abidjan, v. princ. de la Côte d'Ivoire, sur la lagune Ébrié ; 4 860 000 hab. dans l'agglomération. Université. Port. Aéroport. Elle fut la capitale du pays jusqu'en 1983.

abîme [abim] **n.m.** (lat. ecclés. *abyssus,* altéré en *abismus,* gr. *abussos,* sans fond). **1.** Gouffre très profond. **2.** *SOUT.* Ce qui divise, sépare profondément : *Abîme entre les générations.* **3.** Symbole, image du désastre : *Être au fond de l'abîme après un revers de fortune* (syn. **gouffre**).

abîmé, e [abime] **adj.** Endommagé ; détérioré : *Objets abîmés vendus en solde.*

abîmer [abime] **v.t.** (de *abîme*). Mettre en mauvais état : *L'humidité a abîmé le papier peint* (syn. **détériorer, endommager**). ◆ **s'abîmer v.pr. 1.** Se détériorer, se gâter : *Un tissu fragile qui s'abîme facilement. Ces fruits vont s'abîmer* (syn. **pourrir**). **2.** *LITT.* Se perdre ; sombrer : *Le navire s'abîma dans la mer* (syn. **s'engloutir**). *S'abîmer dans des méditations sans fin* (syn. **se plonger**).

Abitibi-Témiscamingue, région administrative du Québec, dans le sud-ouest de la province ; 66 000 km^2 ; 145 690 hab.

abject, e [abʒɛkt] **adj.** (lat. *abjectus,* rejeté). Qui suscite le mépris par sa bassesse : *Avoir une conduite abjecte* (syn. **ignoble, infâme**). *Un être abject* (syn. **répugnant**).

abjection [abʒɛksjɔ̃] **n.f.** (lat. *abjectio,* rejet). Abaissement moral qui entraîne le mépris de l'autre : *Individu dont l'abjection fait horreur* (syn. **ignominie, infamie**).

abjuration [abʒyrasjɔ̃] **n.f.** Action d'abjurer.

abjurer [abʒyre] **v.t.** (lat. *abjurare,* nier par serment). Renoncer solennellement à une religion, une opinion : *Abjurer sa foi* (syn. **renier**).

ablatif [ablatif] **n.m.** (lat. *ablativus,* de *ablatus,* emporté au loin). GRAMM. Cas exprimant la séparation, l'éloignement, l'origine dans les langues à déclinaison.

ablation [ablasjɔ̃] **n.f.** (bas lat. *ablatio,* enlèvement). CHIR. Action d'enlever totalement ou partiellement un organe, une tumeur (syn. **exérèse**).

ablette [ablɛt] **n.f.** (dimin. de *able,* lat. *albula,* de *albulus,* blanchâtre). Poisson d'eau douce, à dos vert métallique et à ventre argenté, abondant dans les lacs alpins. ▸ Famille des cyprinidés ; long. 15 cm.

ablution [ablysjɔ̃] **n.f.** (lat. *ablutio,* de *abluere,* laver). **1.** Toilette purificatrice rituelle prescrite par de nombreuses religions. **2.** Rite de purification du calice, dans la messe catholique. **3.** *LITT.* ou *PAR PLAIS.* (Génér. au pl.). Action de faire sa toilette : *Ablutions matinales.*

abnégation [abnegasjɔ̃] **n.f.** (lat. ecclés. *abnegatio,* refus, puis « renoncement »). Sacrifice de soi : *Faire preuve d'abnégation* (syn. **renoncement**).

A B C D E F G H I J K L M N O P Q R S T U V W X Y Z

aboi [abwa] **n.m.** (de *aboyer*). VÉN. Cri du chien courant devant l'animal arrêté. ◆ **abois n.m. pl.** VÉN. **Bête aux abois,** bête réduite à faire face aux chiens qui aboient. / **Être aux abois,** être dans une situation désespérée.

aboiement [abwamɑ̃] **n.m.** Cri du chien.

abolir [abɔlir] **v.t.** (lat. *abolere,* détruire) [conj. **32**]. Annuler ; supprimer : *Abolir un décret* (syn. **abroger**).

abolition [abɔlisjɔ̃] **n.f.** Annulation ; abrogation : *Abolition de la peine de mort* (syn. **suppression**).

abolitionnisme [abɔlisjɔnism] **n.m.** Doctrine tendant à l'abolition d'une loi, d'un usage, notamm. de l'esclavage, de la peine d e mort. ◆ **abolitionniste adj.** et **n.** De l'abolitionnisme ; partisan de l'abolition d'une loi, d'un usage : *Campagne abolitionniste.*

abominable [abɔminabl] **adj.** (lat. ecclés. *abominabilis ;* v. *abominer*). **1.** Qui provoque l'aversion, l'horreur : *Un crime abominable* (syn. **atroce, monstrueux**). **2.** Très mauvais : *Quel temps abominable !* (syn. **détestable, exécrable**).

abominablement [abɔminabləmɑ̃] **adv. 1.** De façon abominable : *Chanter abominablement* (= très mal). **2.** Très ; extrêmement : *Coûter abominablement cher.*

abomination [abɔminasjɔ̃] **n.f.** (lat. ecclés. *abominatio ;* v. *abominer*). **1.** Irrésistible dégoût, horreur qu'inspire qqch, qqn : *Avoir qqch en abomination* (= détester). **2.** Ce qui inspire le dégoût, l'horreur : *Ce crime est une abomination !*

abominer [abɔmine] **v.t.** (lat. *abominari,* repousser comme un mauvais présage, de *omen,* présage). *LITT.* Avoir en horreur : *Abominer l'hypocrisie* (syn. **abhorrer**).

abondamment [abɔ̃damɑ̃] **adv.** De manière abondante : *Un buffet abondamment garni* (syn. **copieusement**).

abondance [abɔ̃dɑ̃s] **n.f.** (lat. *abundantia ;* v. *abonder*). **1.** Grande quantité : *Il y a une abondance des légumes sur le marché* (syn. **profusion ;** contr. **pénurie**). **2.** Ressources considérables, supérieures au nécessaire : *Vivre dans l'abondance* (syn. **opulence, richesse**). **3. Corne d'abondance,** corne débordant de fleurs et de fruits, emblème de l'abondance. / **En abondance,** en grande quantité : *Trouver des erreurs en abondance dans une copie.*

abondant, e [abɔ̃dɑ̃, -ɑ̃t] **adj.** Qui abonde ; qui existe en grande quantité : *Pluie, récolte abondante.*

abonder [abɔ̃de] **v.i.** (lat. *abundare,* affluer, de *unda,* flot). **1.** Exister en grande quantité : *Le gibier abonde ici* (syn. **pulluler**). *Les métaphores abondent dans ses écrits* (syn. **foisonner**). **2. Abonder dans le sens de qqn,** approuver pleinement les paroles de qqn. / **Abonder en,** posséder en grande quantité ; regorger de.

abonné, e [abɔne] **adj.** et **n. 1.** Titulaire d'un abonnement : *Une mesure concernant tous les abonnés à Internet.* **2.** *FAM.* Coutumier de qqch : *Conducteur abonné aux contraventions.*

abonnement [abɔnmɑ̃] **n.m.** Convention ou marché, souvent à forfait, pour la fourniture régulière d'un produit ou l'usage habituel d'un service : *Prendre un abonnement à un journal. Carte d'abonnement de train.*

abonner [abɔne] **v.t.** (anc. fr. *aboner,* de *bonne,* borne). Prendre un abonnement pour qqn : *Abonner un ami à une revue.* ◆ **s'abonner v.pr.** Souscrire un abonnement pour soi-même : *S'abonner à une revue.*

abord [abɔr] **n.m.** (de *aborder*). **1.** Manière d'être de qqn vis-à-vis de celui qu'il accueille : *Être d'un abord facile* (syn. **contact**). **2.** Manière dont le contenu d'un ouvrage, d'une œuvre est appréhendé, perçu par celui qui l'aborde : *Roman d'un abord difficile* (syn. **accès**). **3. Au premier abord** ou *LITT.* **de prime abord,** à première vue, sur le coup : *Au premier abord, elle m'a semblé sympathique.* / **D'abord, tout d'abord,** avant tout, pour commencer : *Il s'est d'abord énervé, puis il s'est calmé* (= en premier lieu). ◆ **abords n.m. pl.** Alentours, accès immédiats d'un lieu : *Encombrements aux abords de Paris* (syn. **environs**).

abordable [abɔrdabl] **adj. 1.** Où l'on peut aborder : *Rivage difficilement abordable* (syn. **accessible**). **2.** Qui est d'un abord, d'un accès facile : *Un texte tout à fait abordable.* **3.** Que l'on peut payer ; dont le prix n'est pas trop élevé : *Cette jupe est vendue à un prix abordable* (syn. **raisonnable**). *Les fruits sont abordables en cette saison* (contr. **cher**).

abordage [abɔrdaʒ] **n.m. 1.** Assaut donné à un navire ennemi : *Monter à l'abordage.* **2.** Collision accidentelle entre deux navires : *Les risques d'abordage sont importants par temps de brouillard.* **3.** Action d'atteindre un rivage, d'aborder : *L'abordage est difficile au milieu des rochers.*

aborder [abɔrde] **v.i.** (de *bord*). Arriver au rivage ; atteindre la terre : *Aborder sur la côte bretonne.* ◆ **v.t. 1.** S'approcher de qqn et lui parler : *Un étranger m'a abordé pour me demander son chemin* (syn. **accoster**). **2.** Arriver à un lieu, un passage que l'on doit emprunter : *Les coureurs abordent la ligne droite.* **3.** Commencer à entreprendre, à traiter, à étudier : *Aborder une profession avec enthousiasme.* **4.** Venir bord contre bord avec un autre navire pour l'attaquer ou en le heurtant accidentellement.

aborigène [abɔriʒɛn] **adj.** et **n.** (lat. *aborigenes,* de *origo, -inis,* origine). **1.** Qui habite depuis les origines le pays où il vit : *Les aborigènes de l'Amazonie* (syn. **autochtone, indigène**). **2.** (Avec une majuscule). Se dit des populations autochtones d'Australie. ◆ **adj.** Originaire du pays où il se trouve : *Plante aborigène.*

abortif, ive [abɔrtif, -iv] **adj.** (lat. *abordivus*). **1.** Destiné à provoquer l'avortement : *Manœuvres abortives. Pilule abortive.* **2.** MÉD. Qui s'arrête avant le terme normal de son évolution : *Éruption abortive.* ◆ **abortif n.m.** Substance qui provoque l'avortement.

abouchement [abuʃmɑ̃] **n.m.** Action d'aboucher : *L'abouchement de deux tuyaux, de deux vaisseaux sanguins.*

aboucher [abuʃe] **v.t.** (de *bouche*). **1.** Appliquer l'un contre l'autre des conduits par leurs ouvertures : *Aboucher deux tuyaux* (syn. **abouter**). **2.** Mettre en rapport des personnes : *Aboucher un vendeur à un client, deux collectionneurs* (syn. **rapprocher**). ◆ **s'aboucher v.pr. [avec].** Se mettre en rapport avec (péjor.) : *S'aboucher avec un personnage peu recommandable* (syn. **s'acoquiner**).

Aboukir *(batailles d'),* batailles qui eurent lieu lors de la campagne de Bonaparte en Égypte. Le 1er août 1798, victoire de Nelson sur une escadre française. Le 25 juillet 1799, victoire de Bonaparte sur une armée turque, débarquée par les Anglais.

aboulie [abuli] **n.f.** (gr. *aboulia,* irréflexion). Incapacité pathologique à agir, à prendre une décision.

aboulique [abulik] **adj.** et **n.** Atteint d'aboulie.

Abou-Simbel, site de Haute-Égypte à 280 km au sud d'Assouan. Deux temples creusés dans la falaise sous Ramsès II (XIIIe s. av. J.-C.) ont été découpés et remontés plus haut, adossés à une falaise artificielle, pour éviter la submersion par la retenue d'eau du haut barrage d'Assouan. Ces travaux (1963-1972) constituent le premier des grands programmes de sauvetage patronnés par l'Unesco.

À bout de souffle → Godard.

abouter [abute] **v.t.** (de *bout*). Joindre par les bouts : *Abouter deux tuyaux* (syn. **aboucher**).

abouti, e [abuti] **adj.** Qui a été mené à bien : *Un projet abouti.*

aboutir [abutir] **v.t. ind. [à]** (de *bout*) [conj. **32**]. **1.** Toucher par une extrémité à : *Ce sentier aboutit au village* (syn. **finir à, mener à**). **2.** Avoir pour résultat, pour conséquence : *Sa démarche a abouti à un échec* (syn. **s'achever par, conduire à**). ◆ **v.i.** Avoir une issue favorable : *Les pourparlers ont abouti* (syn. **réussir ;** contr. **échouer**).

aboutissant [abutisɑ̃] **n.m.** (de *aboutir*). **Les tenants et les aboutissants → tenant.**

aboutissement [abutismɑ̃] **n.m.** Fait d'aboutir, de terminer : *Ce travail est l'aboutissement de dix années de recherche* (syn. **résultat**).

aboyer [abwaje] **v.i.** (du rad. onomat. *bai/bau,* exprimant l'aboiement) [conj. **13**]. **1.** Émettre des aboiements, en parlant du chien. **2.** FAM. Crier, hurler, en parlant de qqn : *Inutile d'aboyer comme ça, j'ai compris !* ◆ **v.t. ind. [à, après, contre].** Invectiver : *Aboyer après qqn, qqch.*

abracadabrant, e [abrakadabrɑ̃, -ɑ̃t] **adj.** (de *abracadabra,* mot d'orig. obsc., qui était considéré comme magique). Qui provoque l'étonnement par son étrangeté ou son incohérence : *Une idée abracadabrante* (syn. **bizarre, extravagant**). *Une histoire abracadabrante* (syn. **invraisemblable**).

Abraham, premier patriarche de la Bible (XIXe s. av. J.-C.). Originaire d'Our en Mésopotamie, il entendit l'appel de Dieu, qui lui demanda d'aller s'établir avec son clan dans la terre de Canaan. À travers la descendance de ses deux fils Isaac et Ismaël, il est considéré comme l'ancêtre des peuples juif et arabe. Les fidèles des trois religions monothéistes (judaïsme, christianisme et islam) se proclament en commun « fils d'Abraham ».

abraser [abraze] **v.t.** (du lat. *abradere,* enlever en grattant). TECHN. User par frottement : *Abraser un rail pour rectifier son profil.*

abrasif, ive [abrazif, -iv] **adj.** Se dit d'une substance susceptible d'abraser, de polir par frottement : *Poudre abrasive.* ◆ **abrasif n.m.** Substance minérale capable d'arracher par frottement des particules d'un matériau.

abrasion [abrazjɔ̃] **n.f.** Action, fait d'abraser ; usure par frottement contre un corps dur.

abrégé [abreʒe] **n.m. 1.** Forme réduite d'un texte plus long : *Ces pages ne sont qu'un abrégé de son discours* (syn. **résumé**). **2.** Ouvrage contenant le résumé d'une science, d'une technique, etc. : *Un abrégé d'histoire* (syn. **précis**). **3. En abrégé,** en peu de mots ; en employant des abréviations : *Voilà, en abrégé, ce qui s'est passé* (= brièvement, sommairement). *Écrire en abrégé.*

abrègement [abrɛʒmɑ̃] **n.m.** Action d'abréger ; fait d'être abrégé : *L'abrègement des vacances scolaires* (syn. **raccourcissement** ; contr. **allongement**).

abréger [abreʒe] **v.t.** (bas lat. *abbreviare,* de *brevis,* bref) [conj. **22**]. **1.** Diminuer la durée de : *Le mauvais temps a abrégé notre séjour à la montagne* (syn. **écourter**). **2.** Diminuer la longueur d'un texte, etc. : *Abréger un récit trop long* (syn. **raccourcir** ; contr. **développer**). *Version abrégée d'un film* (contr. **intégral**). **3.** Raccourcir un mot par suppression d'une partie des lettres ou des syllabes.

abreuver [abrøve] **v.t.** (lat. pop. **abbiberare,* du class. *bibere,* boire). **1.** Faire boire un animal domestique. **2.** Mouiller abondamment : *Terre, sols abreuvés d'eau* (syn. **imbiber, imprégner**). **3.** SOUT. **Abreuver de,** donner en très grande quantité : *Ses adversaires l'ont abreuvé d'injures.* ◆ **s'abreuver v.pr. 1.** Boire, en parlant d'un animal. **2.** FAM. Boire, en parlant d'une personne.

abreuvoir [abrøvwar] **n.m.** (de *abreuver*). Lieu, installation (auge, etc.) où boivent les animaux d'élevage.

abréviatif, ive [abrevjatif, -iv] **adj.** Qui sert à noter par abréviation : *Signes abréviatifs.*

abréviation [abrevjasjɔ̃] **n.f.** (bas lat. *abbreviatio*). Réduction graphique d'un mot ou d'une suite de mots ; mot ou suite de lettres qui en résulte : *« Prép. » est l'abréviation de préposition.*

abri [abri] **n.m.** (de l'anc. fr. *abrier,* lat. *apricari,* s'exposer au soleil). **1.** Lieu où l'on peut se mettre à couvert des intempéries, du soleil, du danger, etc. ; installation construite à cet effet : *Gagner un abri en montagne* (syn. **refuge**). *Un abri d'autobus.* **2. À l'abri (de),** à couvert (de) ; protégé d'un risque, d'un danger ; en sûreté : *Rester à l'abri du soleil. Être à l'abri du besoin* (= avoir de quoi vivre). *Personne n'est à l'abri d'une erreur. Mettre ses économies à l'abri* (= en lieu sûr).

Abribus [abribys] **n.m.** (nom déposé). Édicule destiné à servir d'abri aux voyageurs à un point d'arrêt d'autobus, comportant génér. des panneaux publicitaires et, souvent, un téléphone public.

abricot [abriko] **n.m.** (esp. *albaricoque,* ar. *albarquq*). Fruit comestible de l'abricotier, à noyau lisse, à peau et chair jaunes. ◆ **adj. inv.** D'une couleur tirant sur le jaune-orangé.

abricotier [abrikɔtje] **n.m.** Arbre à fleurs blanches ou roses, cultivé pour ses fruits, les abricots. ▸ Famille des rosacées.

abrité, e [abrite] **adj.** Qui est à l'abri du vent : *Une vallée bien abritée* (contr. **exposé**).

abriter [abrite] **v.t.** (de *abri*). **1.** Protéger du soleil, des intempéries, d'un danger : *Abriter un passant de la pluie.* **2.** Recevoir des occupants, en parlant d'un local : *Cet immeuble abrite une dizaine de familles* (syn. **héberger, loger**). ◆ **s'abriter v.pr.** Se mettre à l'abri : *Nous nous sommes abrités de l'averse sous un porche* (syn. **se protéger**).

abrogatif, ive [abrɔgatif, -iv] et **abrogatoire** [abrɔgatwar] **adj.** DR. Qui abroge : *Clause abrogatoire.*

abrogation [abrɔgasjɔ̃] **n.f.** DR. Action d'abroger une loi, un décret : *Voter l'abrogation d'une loi* (syn. **annulation**).

abrogatoire adj. ⟶ abrogatif.

abroger [abrɔʒe] **v.t.** (lat. *abrogare,* supprimer) [conj. **17**]. DR. Annuler une loi, un décret, etc. : *Abroger certaines dispositions d'une loi* (syn. **abolir, supprimer**).

abrupt, e [abrypt] **adj.** (lat. *abruptus,* escarpé). **1.** Dont la pente est raide : *Un sentier abrupt* (syn. **escarpé**). **2.** Rude et entier, en parlant de qqn, de son comportement : *Elle a une manière abrupte de recevoir les gens* (syn. **brusque, brutal**). ◆ **abrupt n.m.** Pente très raide, à-pic.

abruptement [abryptəmɑ̃] **adv.** De façon abrupte : *Quitter quelqu'un abruptement* (syn. **brusquement, subitement**).

abruti, e [abryti] **adj.** et **n.** Qui est complètement stupide (terme d'injure) : *Espèce d'abruti !* (syn. **idiot**).

abrutir [abrytir] **v.t.** (de *brute*) [conj. **32**]. Mettre dans un état de torpeur ou d'accablement : *La chaleur nous a abrutis* (syn. **hébéter**). ◆ **s'abrutir v.pr.** Devenir stupide : *À regarder tout le temps la télévision, tu vas finir par t'abrutir.*

abrutissant, e [abrytisɑ̃, -ɑ̃t] **adj.** Qui abrutit : *Un travail abrutissant.*

abrutissement [abrytismɑ̃] **n.m.** Action d'abrutir ; fait d'être abruti : *Après tant d'heures de travail, il était dans un état d'abrutissement total.*

Abruzzes (les), région montagneuse du centre de l'Italie, dans l'Apennin, culminant au Gran Sasso (2 914 m) et formée des prov. de L'Aquila, Chieti, Pescara et Teramo ; 1 307 199 hab. CAP. *L'Aquila.* Parc national.

ABS [abeɛs] **n.m.** (sigle de l'all. *Antiblockiersystem*). Système qui limite le risque de blocage des roues d'un véhicule en cours de freinage.

abscisse [apsis] **n.f.** (du lat. *abscissa [linea],* [ligne] coupée). **1.** MATH. Nombre associé à la position d'un point, sur une droite graduée et orientée. **2.** Première coordonnée cartésienne d'un point, par opp. à *ordonnée* (la deuxième, dans le plan), à *cote* (la troisième, dans l'espace) : *Axe horizontal des abscisses.*

abscons, e [apskɔ̃, -ɔ̃s] **adj.** (lat. *absconsus,* caché). LITT. Difficile à comprendre : *Langage, raisonnement abscons* (syn. **abstrus, inintelligible** ; contr. **clair**).

absence [apsɑ̃s] **n.f. 1.** Fait de n'être pas présent : *Signaler l'absence d'un élève.* **2.** Inexistence, manque de qqch : *Son absence de goût est totale* (syn. **manque**). **3.** Moment d'inattention ; brève perte de mémoire ou de conscience : *Depuis son accident, elle a souvent des absences.*

absent, e [apsɑ̃, -ɑ̃t] **adj.** et **n.** (lat. *absens, -entis,* qui n'est pas là). **1.** Qui n'est pas présent : *Le directeur est absent pour la* *journée. Elle est absente de Paris.* **2.** Qui fait défaut, qui manque : *L'exactitude est regrettablement absente de cette monographie.* ◆ **adj.** LITT. Distrait : *Avoir l'air absent.*

absentéisme [apsɑ̃teism] **n.m.** (angl. *absenteeism*, de *to absent*, s'absenter). Fait d'être fréquemment absent du lieu de travail, de l'école : *L'absentéisme à l'école le samedi matin* (contr. **assiduité**).

absentéiste [apsɑ̃teist] **adj.** et **n.** Qui est fréquemment absent ; qui pratique l'absentéisme.

s'**absenter** [apsɑ̃te] **v.pr. [de]** (lat. *absentare*, rendre absent). S'éloigner momentanément, sortir d'un lieu : *Il s'est absenté de la réunion* (syn. **quitter**). *Demander la permission de s'absenter* (syn. **sortir**).

abside [apsid] **n.f.** (bas lat. *absidia*). Extrémité, en demi-cercle ou polygonale, du chœur d'une église.

Absil (Jean), compositeur belge (Péruwelz, Hainaut, 1893 - Uccle, Brabant, 1974). Son œuvre, respectueuse des formes traditionnelles, comprend des quatuors à cordes, des symphonies, des opéras dont *Peau d'Âne*.

absinthe [apsɛ̃t] **n.f.** (lat. *absinthium*, du gr.). **1.** Plante aromatique des lieux incultes, contenant une essence amère et toxique. ▸ Famille des composées ; genre *Artemisia ;* haut. 50 cm env. **2.** Liqueur alcoolique aromatisée avec cette plante.

absolu, e [apsɔly] **adj.** (lat. *absolutus*, achevé). **1.** Total ; sans réserves : *J'ai en lui une confiance absolue* (syn. **entier, plein**). **2.** Sans nuances ni concessions : *Ordre absolu* (syn. **formel, impérieux**). *Caractère absolu* (syn. **intransigeant**). **3.** Qui tient de soi-même sa propre justification ; sans limitation : *Pouvoir absolu.* **4.** MATH. **Valeur absolue d'un nombre réel *a*,** valeur positive correspondant à ce nombre, indépendamment de son signe (notée $|a|$, elle s'identifie à a si ce nombre est positif, à son opposé s'il est négatif). ◆ **absolu n.m. 1.** Ce qui existe indépendamment de toute condition (par opp. à *relatif*). **2.** Ce qui atteint un haut degré d'achèvement : *Soif d'absolu* (syn. **perfection**). **3. Dans l'absolu,** sans tenir compte des contingences : *Dans l'absolu tu as raison, mais tu dois tenir compte des circonstances* (= en théorie).

absolument [apsɔlymɑ̃] **adv. 1.** Complètement : *C'est absolument faux* (syn. **entièrement, totalement**). **2.** Sans restriction ni réserve : *Je dois absolument partir* (= à tout prix). **3.** LING. **Verbe transitif employé absolument,** verbe transitif employé sans complément.

absolution [apsɔlysjɔ̃] **n.f.** (lat. *absolutio*, de *absolvere ;* v. *absoudre*). **1.** CATH. Pardon, rémission des péchés, accordés par un prêtre : *Donner l'absolution.* **2.** DR. Action d'absoudre juridiquement l'auteur d'une infraction : *L'absolution n'est pas un acquittement.*

absolutisme [apsɔlytism] **n.m.** Régime politique dans lequel tous les pouvoirs sont sous l'autorité du seul chef de l'État (syn. **autocratie**). ◆ **absolutiste adj.** et **n.** Relatif à l'absolutisme ; qui en est partisan.

absorbant, e [apsɔrbɑ̃, -ɑ̃t] **adj. 1.** Qui absorbe les liquides : *Tissu absorbant.* **2.** Qui occupe l'esprit, le temps disponible : *Travail absorbant* (syn. **prenant**). **3.** MATH. **Élément absorbant,** pour une opération $*$ donnée appliquée à un ensemble donné, élément a de l'ensemble tel que pour tout autre élément x de l'ensemble on ait : $a * x = x * a = a$. ▸ 0 est absorbant pour la multiplication des réels, car, pour tout réel x, on a : $0 \times x = x \times 0 = 0$.

absorber [apsɔrbe] **v.t.** (lat. *absorbere*, avaler). **1.** Faire pénétrer ou laisser pénétrer par imprégnation : *L'éponge absorbe l'eau* (syn. **s'imbiber de**). **2.** Consommer, se nourrir de ; ingérer : *Absorber une grande quantité de chocolat* (syn. **manger**). **3.** Faire disparaître en neutralisant ou en utilisant : *Une entreprise qui en absorbe une autre* (syn. **intégrer**). *L'achat de cet appartement a absorbé toutes leurs économies* (syn. **engloutir**). **4.** Occuper tout le temps de qqn : *La musique l'absorbe complètement* (syn. **accaparer**). ◆ **s'absorber v.pr. [dans].** Être occupé entièrement par : *S'absorber dans la lecture d'un roman.*

absorption [apsɔrpsjɔ̃] **n.f. 1.** Action d'absorber : *L'absorption d'une dose massive de somnifère.* **2.** PHYS. Phénomène par lequel une partie de l'énergie de rayonnements électromagnétiques ou corpusculaires est dissipée dans un milieu matériel. **3.** ÉCON. Disparition d'une société par apport de son actif et de son passif à une autre société. **4. Absorption intestinale,** passage des substances nutritives de l'intestin dans le sang.

absoudre [apsudr] **v.t.** (lat. *absolvere*, acquitter) [conj. **87**]. **1.** DR. Exempter de peine l'auteur d'une infraction : *La prescription permet d'absoudre un coupable.* **2.** RELIG. CHRÉT. Pardonner ses péchés à un pénitent.

absoute [apsut] **n.f.** (de *absoudre*). CATH. Prières dites autour du cercueil, après l'office des morts : *Donner l'absoute.*

s'**abstenir** [apstənir] **v.pr. [de]** (lat. *abstinere*, refait d'apr. *tenir*) [conj. **40**]. **1.** Renoncer à ; s'interdire de : *S'abstenir de parler* (syn. **se garder de**). **2.** Se priver volontairement de : *S'abstenir d'alcool.* **3.** (Absol.). Renoncer à agir : *Dans le doute, abstiens-toi.* **4.** (Absol.). Ne pas prendre part à un vote.

abstention [apstɑ̃sjɔ̃] **n.f.** (lat. *abstentio*, action de retenir). **1.** Action de s'abstenir de faire qqch. **2.** Fait de ne pas participer à un vote : *Taux d'abstention aux régionales.*

abstentionnisme [apstɑ̃sjɔnism] **n.m.** Non-participation délibérée à un vote. ◆ **abstentionniste n.** et **adj.** Partisan de l'abstention à une élection.

abstinence [apstinɑ̃s] **n.f.** (lat. *abstinentia*, action de s'abstenir). Action de s'interdire certains aliments, certains plaisirs, soit pour obéir aux prescriptions de l'Église, soit par un choix personnel.

abstinent, e [apstinɑ̃, -ɑ̃t] **adj.** et **n.** Qui pratique l'abstinence, notamm. en ce qui concerne l'alcool.

abstraction [apstraksjɔ̃] **n.f.** (bas lat. *abstractio*). **1.** Opération intellectuelle qui consiste à isoler par la pensée l'un des caractères d'un objet, et à le considérer indépendamment des autres caractères de cet objet : *À quel âge un enfant est-il capable d'abstraction ?* **2.** Idée découlant de cette opération : *Le concept de bonté est une abstraction.* **3.** Être ou chose imaginaire, sans rapport avec la réalité : *Pour eux, la guerre n'est qu'une abstraction* (= vue de l'esprit). **4.** Art abstrait : *Les divers courants de l'abstraction.* **5. Faire abstraction de qqch,** ne pas en tenir compte : *Faire abstraction de ses préférences personnelles.*

abstraire [apstrɛr] **v.t.** (lat. *abstrahere*, tirer de) [conj. **112**]. Opérer une abstraction ; isoler par la pensée l'un des caractères de qqch : *Abstraire d'une expérience la notion d'injustice.* ◆ **s'abstraire v.pr. 1.** S'isoler mentalement pour réfléchir : *Impossible de s'abstraire dans un tel vacarme.* **2. S'abstraire de qqch,** laisser momentanément de côté qqch de préoccupant : *S'abstraire de ses soucis quotidiens.*

abstrait, e [apstrɛ, -ɛt] **adj. 1.** Qui résulte d'une abstraction ; qui procède de l'abstraction : *La bonté et la haine sont des idées abstraites. Blancheur et politesse sont des noms abstraits* (contr. **concret**). **2.** Privé de références à des éléments matériels ; difficile à comprendre parce que trop éloigné du réel (souvent péjor.) : *Votre raisonnement est vraiment abstrait* (syn. **hermétique**). **3.** Se dit d'un courant artistique qui rejette la représentation de la réalité tangible : *Peinture abstraite* (contr. **figuratif**). ▸ *Dossier page suivante.*

■ **Les pionniers.** L'art abstrait, inauguré en 1910 par une aquarelle de Kandinsky, marque une véritable rupture dans l'histoire de l'art. Les lignes et les couleurs y expriment le monde intérieur de l'artiste et sa vision imaginaire, dans la spontanéité, sans référence explicite à une réalité extérieure. Vers 1914, Mondrian choisit l'abstraction d'une stricte géométrie organisant des aplats de couleurs primaires et gomme ainsi la présence du peintre. En 1918, Malevitch expose à Moscou son fameux *Carré blanc sur fond blanc,* offrant par là un espace sans fin, où tout peut être inventé. Ces trois peintres indiquent les trois directions de l'art abstrait ; les unissent une même spiritualité, une même volonté de faire place à la seule intériorité, réalisant ainsi des recherches amorcées au XIXe s.

→

Comment représenter le monde ?

L'art abstrait est un phénomène majeur dans l'art occidental du XXe siècle. Cette nouvelle forme d'expression, qui apparaît dans les années 1910, se définit généralement en opposition à l'art figuratif. Les artistes abstraits veulent se placer dans un rapport révolutionnaire avec la réalité, radicalement différent de celui de leurs prédécesseurs.

▶ **La simplification du réel.** Au XIXe s., les remises en question de l'art classique induisent de nouvelles réflexions au sujet de la façon de représenter le monde. Chez Cézanne, le traitement de « la nature par le cylindre, la sphère, le cône » oriente sa peinture dans une voie que les cubistes vont suivre les premiers. Cette recherche de simplification du réel pour parvenir à l'essentiel va peu à peu se diriger vers la seule organisation des couleurs et des formes sur la toile : de cette démarche naît l'abstraction.

▶ **Le rejet d'un monde réel.** La rupture radicale avec le passé porte sur l'abandon total de la référence au monde « réel ». Kandinsky relate la « révélation » que lui apporte l'exposition des impressionnistes français à Moscou en 1895 : « Soudain, je me trouvai pour la première fois devant une peinture qui représentait une meule de foin, ainsi que l'indiquait le catalogue, mais que je ne reconnaissais pas. [...] La peinture m'apparut comme douée d'une puissance fabuleuse. Mais, inconsciemment, l'"objet", employé dans l'œuvre en tant qu'élément indispensable, perdit pour moi son importance. » Quelques années plus tard, en 1910, le peintre réalise une première œuvre abstraite, dont le titre – *Sans titre* – souligne son absence de référence au monde sensible. Dans son traité *Du spirituel dans l'art*, il détaille cette nouvelle esthétique dans laquelle la perspective, la lumière, le modelé – procédés « illusionnistes » traditionnellement utilisés pour évoquer la réalité – sont bannis.

▶ **Le reflet du monde intérieur.** Ainsi, suivant ces principes, l'œuvre abstraite ne doit pas chercher à copier le réel, comme l'art figuratif s'y applique, mais bien être une projection pure de l'imagination de l'artiste. Ce dernier doit être libre de concevoir des formes qui n'existent pas dans le monde visible. Cela ne veut pas dire, cependant, que la nature est rejetée en tant que motif d'inspiration ; au contraire, on recherche le dialogue permanent avec elle pour en extraire des impressions et des émotions, puis pour les retranscrire dans un système de signes qui les condense et les schématise – formes irrégulières ou géométriques, lignes rigoureuses ou tracés inachevés, couleurs pures appliquées par zones bien délimitées ou par taches informes. Mais l'expression d'une réalité intérieure devient la seule nécessité, d'où l'intérêt porté par les premiers abstraits aux manifestations de l'inconscient, mises en lumière par les découvertes de la psychanalyse alors naissante.

▶ **Le nouvel essor de la figuration.** L'art abstrait a recouvert, dès son apparition, des courants très divers. Parfois, certains se sont fortement opposés : c'est le cas de l'abstraction géométrique (dans la lignée du constructivisme) et de l'abstraction lyrique (où s'expriment l'émotion et la subjectivité). Cet affrontement a parfois été plus significatif que celui existant entre art abstrait et art figuratif, certains artistes abstraits (dont Kandinsky) n'ayant jamais totalement abandonné la figuration. À partir de la seconde moitié du XXe s., des artistes dits d'« avant-garde », en réaction contre l'abstraction devenue dominante, opèrent un retour revendiqué à l'image, à travers l'objet emprunté à l'environnement urbain et quotidien. Les nouvelles recherches figuratives convergent alors dans une quête d'images significatives du monde contemporain (c'est le cas du pop art et de mouvements plus ou moins proches, parfois marqués par le surréalisme et l'expressionnisme). On assiste aujourd'hui à une atténuation de l'antagonisme abstraction/figuration et à l'apparition de diverses solutions de synthèse où le rejet de l'imitation des objets du monde extérieur n'est plus l'absolue nécessité.

L'art abstrait marque une rupture totale dans la mesure où il se débarrasse radicalement de la figuration réaliste, pour mieux révéler un monde intérieur. Aujourd'hui, l'opposition figuration/abstraction n'est plus revendiquée de façon aussi formelle, les deux expressions bénéficiant d'apports mutuels.

Voir aussi : abstraction ; figuration ; Kandinsky ; Malevitch ; Mondrian.

L'art abstrait est, dès ses débuts, international : y ont contribué les Français Delaunay, Léger, Picabia, les Russes Tatline et Mikhaïl Larionov, le Tchèque Frank Kupka, le Suisse Giacometti, l'Italien Alberto Magnelli, etc. Entre les deux guerres, la tendance géométrique, parfois baptisée « art concret » et souvent liée aux recherches architecturales, domine. Elle est représentée par le *constructivisme* des sculpteurs Pevsner et Gabo ; par le groupe néerlandais *De Stijl*, en partie par le Bauhaus allemand ; par le Suisse Bill, épris de mathématiques ; et, à Paris, de 1930 à 1936, par les groupes *Cercle et Carré* puis *Abstraction-Création* (Arp, Auguste Herbin, Calder).

La percée américaine. L'après-Seconde Guerre mondiale voit surgir les États-Unis, avec, en premier lieu, Pollock, maître de l'*action painting* (peinture gestuelle, marquée par la vitesse d'exécution). À la suite de ce pionnier, deux grandes tendances s'affirment : l'*expressionnisme abstrait* (Willem De Kooning), qui met à profit les leçons de l'automatisme surréaliste, et l'*abstraction chromatique* (Mark Rothko), qui reprend les plages de couleur chères à Matisse. Toutes tendent à renoncer au principe même d'une « composition » de la toile, en recouvrant celle-ci d'un foisonnement de signes ou de couleurs qui semblent flotter dans l'espace. La seconde tendance connaît la plus grande fortune, donnant naissance, au début des années 1960, à une *nouvelle abstraction* qui revient aux contours tranchés de la géométrie (Stella), sous l'influence du minimalisme et de l'art conceptuel.

De multiples courants. En Europe, entre 1945 et 1960, le courant géométrique semble perdre du terrain. Se développe alors le « lyrisme » de *Cobra* (Asger Jorn, Pierre Alechinsky) et du *paysagisme abstrait* (Vieira da Silva, Roger Bissière, Maurice Estève, Jean Bazaine, Alfred Manessier, de Staël, Jean-Paul Riopelle, Jean Messagier). De multiples tendances s'illustrent dans les différents pays occidentaux (Fontana en Italie, Tàpies en Espagne) et au Japon ; certains peintres accordent plus d'importance à la matière (Wols, Fautrier, Dubuffet), d'autres au geste (Hartung, Soulages, Zao Wou-ki, Mathieu). Dans les années 1960, le courant géométrique (qu'avait entre-temps entretenu Vasarely) réapparaît sous la forme d'un art *cinétique* ou art *optique (op art)*.

Des années 1970 aux années 1990, l'abstraction se signale notamment par de fines analyses portant sur la nature même du fait plastique (groupe français *Support/Surface*), les textures, la couleur (le « monochrome », inauguré naguère par Malevitch, recréé en 1950 par Y. Klein). Mais l'opposition entre figuration et non-figuration semble de plus en plus dépassée aujourd'hui : Robert Ryman poursuit son travail sur tout support autour de la couleur blanche, mais insiste sur le « réalisme » de ses matériaux, Cy Twombly, qui prolonge l'expressionnisme abstrait, introduit le motif floral dans ses dernières toiles, Gerhard Richter alterne abstraction et hyperréalisme. ■

abstraitement [apstrɛtmɑ̃] **adv.** De façon abstraite : *Raisonner abstraitement* (contr. **concrètement**).

abstrus, e [apstry, -yz] **adj.** (lat. *abstrusus,* caché). LITT. Difficile à comprendre : *Sonnet abstrus* (syn. **obscur**).

absurde [apsyrd] **adj.** (lat. *absurdus,* discordant, de *surdus,* sourd). **1.** Contraire à la logique, à la raison : *Tenir des raisonnements absurdes* (syn. **aberrant** ; contr. **logique**). *C'est absurde de prendre la route par ce temps* (syn. **déraisonnable**). **2.** PHILOS. Caractérisé par l'absence de sens préétabli, de finalité donnée, chez les existentialistes. ◆ **n.m. 1.** Ce qui est absurde. **2.** PHILOS., LITTÉR. (Précédé de l'art. déf.). Absurdité du monde et de la destinée humaine, qui ne semble justifiée par rien, chez certains auteurs contemporains. ▶ La philosophie de l'absurde est illustrée en France par Sartre et par Camus ; le théâtre de l'absurde, par Beckett, Pinter, Ionesco, etc. **3. Raisonnement par l'absurde,** raisonnement qui valide une proposition en montrant que sa négation conduit à une contradiction, à une impossibilité.

absurdité [apsyrdite] **n.f. 1.** Caractère de ce qui est absurde, contraire au sens commun : *L'absurdité de sa conduite me désespère* (syn. **incohérence, stupidité**). **2.** Action ou parole absurde : *Ce livre est un tissu d'absurdités* (syn. **idiotie, ineptie**).

Abu Bakr (v. 573 - Médine 634), beau-père de Mahomet, à qui il succéda en devenant le premier calife de l'islam.

Abu Dhabi, l'un des Émirats arabes unis, sur le golfe Persique ; 74 000 km^2 ; 1 292 119 hab. V. princ. *Abu Dhabi* (942 193 hab.). Pétrole. Complexe touristique et culturel en cours d'aménagement sur l'île de Saadiyat.

Abuja, cap. du Nigeria depuis 1982 ; 2 301 000 hab. dans l'agglomération.

abus [aby] **n.m.** (lat. *abusus,* de *abuti,* faire dévier de son usage). **1.** Usage injustifié ou excessif de qqch : *L'abus d'alcool est dangereux pour la santé* (syn. **excès**). **2.** Injustice causée par le mauvais usage qui est fait d'un droit, d'un pouvoir : *Ce règlement a donné lieu à de nombreux abus.* **3.** DR. **Abus de confiance,** délit consistant à tromper la confiance d'autrui, et notamm. à détourner des objets ou des valeurs qui ont été confiés. / DR. **Abus de pouvoir, d'autorité,** abus commis par une personnne, en partic. par un fonctionnaire, qui outrepasse les limites assignées à l'exercice de son pouvoir. / FAM. **Il y a de l'abus,** cela est exagéré, passe les bornes.

abuser [abyze] **v.t. ind. [de]** (de *abus*). **1.** Faire un usage mauvais ou excessif de : *Abuser du tabac. Il abuse de la situation pour imposer ses conditions* (syn. **profiter**). **2.** (Absol.). Dépasser la mesure : *Je suis patiente mais il ne faut pas abuser* (syn. **exagérer**). **3. Abuser d'une femme, d'un enfant,** les violer. ◆ **v.t.** LITT. Tromper qqn en profitant de sa crédulité : *Tes mensonges ne l'ont pas abusé longtemps* (syn. **berner, duper**). ◆ **s'abuser v.pr.** LITT. Se tromper soi-même : *Il s'abuse sur ses capacités* (syn. **se leurrer**). *Si je ne m'abuse* (= si je ne fais pas erreur).

abusif, ive [abyzif, -iv] **adj. 1.** Qui constitue un abus : *Privilège abusif.* **2.** Qui, abusant de liens affectifs, maintient qqn dans une relation d'étroite dépendance : *Parents abusifs.* **3. Emploi abusif d'un mot,** emploi d'un mot dans un sens qu'il n'a pas selon la norme.

abusivement [abyzivmɑ̃] **adv.** De façon abusive : *Mot employé abusivement.*

Abydos, site de Haute-Égypte. Lieu présumé du tombeau d'Osiris, ce qui en faisait un important centre de pèlerinage. Nécropoles des premières dynasties pharaoniques. Temples, dont celui de Seti Ier.

en **abyme** [abim] **loc. adj.** et **adv.** (var. de *abîme*). Se dit d'une œuvre citée et emboîtée à l'intérieur d'une autre de même nature, telle qu'un récit à l'intérieur d'un récit, un tableau à l'intérieur d'un tableau, etc. (On trouve aussi, rarement, la graphie *en abîme*.)

Abymes (Les), comm. de la Guadeloupe ; 59 331 hab.

abyssal, e, aux [abisal, -o] **adj. 1.** Des abysses ; propre aux abysses : *Faune abyssale.* **2. Plaine abyssale,** vaste région des grandes profondeurs dont le fond est plat.

abysse [abis] **n.m.** (du gr. *abussos,* sans fond). Fond océanique situé à plus de 2 000 m de profondeur.

Abyssinie, anc. nom de l'Éthiopie.

acabit [akabi] **n.m.** (orig. obsc.). **De cet acabit, du même acabit,** de cette sorte, de même sorte (péjor.) : *Elle refuse de fréquenter des gens de cet acabit.*

acacia [akasja] **n.m.** (lat. *acacia,* du gr.). **1.** BOT. Arbre ou arbrisseau souvent épineux, à feuilles génér. persistantes, dont un grand nombre d'espèces sont cultivées, sous le nom impropre de *mimosa,* pour leurs fleurs jaunes odorantes. **2.** Nom usuel et abusif du *robinier.*

académicien, enne [akademisjɛ̃, -ɛn] **n.** Membre de l'Académie française.

académie [akademi] **n.f.** (lat. *Academia,* n. gr. du jardin d'*Akadêmos,* où enseignait Platon). **1.** Société de gens de lettres, de savants ou d'artistes : *L'Académie des sciences morales et politiques.* **2.** Circonscription administrative de l'enseignement, en

La créativité peut-elle s'exprimer dans des lois ?

L'académisme est une forme conventionnelle de l'art, qui repose sur le respect de règles et de canons hérités du classicisme. Au XIXe siècle, sa radicalisation provoque la révolte de jeunes artistes qui renient un art devenu, à leurs yeux, creux et sans invention.

▶ **Un art officiel.** Le but des premières académies artistiques, fondées dans la seconde moitié du XVIe s. en Italie, était d'opposer à l'apprentissage chez un maître unique un enseignement plus large. La création, en France au XVIIe s., de l'Académie royale de peinture et de sculpture souligne le rôle social de l'art, au service de la religion et du pouvoir (parfois d'individus). Les commanditaires ont une attente précise qui doit être comprise des apprentis artistes et les académies se chargent de leur transmettre la base indispensable d'un savoir et d'un savoir-faire. Cela repose sur un ensemble de principes à respecter dans la composition picturale et sculpturale – des principes élaborés par le classicisme : culte du beau idéal, primauté de l'équilibre et de l'ordre, l'art antique comme modèle absolu. Le carcan de cet art officiel se resserre dans la seconde moitié du XVIIIe s. et domine les institutions au cours du siècle suivant.

▶ **Importance de la technique et conformisme.** Au XIXe s., les enseignants de l'École des beaux-arts (qui a remplacé l'Académie royale), ainsi que les membres du jury des Salons annuels, prônent la recherche du « beau » dessin et la rigueur de la composition. L'harmonie de la ligne, la finesse du modelé, la perfection des détails s'inscrivent au cœur de cette démarche artistique. Les peintres académiques figurent le modèle le plus fidèlement possible. Ils doivent le « représenter » dans le sens le plus strict du mot, c'est-à-dire sans l'interpréter. Mais, trop scrupuleux dans l'application des principes dogmatiques, les artistes ne laissent plus libre cours à leur imagination. Aucune touche personnelle, aucun style particulier ne se dégage de leurs œuvres. De plus, les thèmes sont souvent si répétitifs qu'ils font l'effet de poncifs. C'est à cette période que l'académisme acquiert une connotation vraiment péjorative : le terme finit par être utilisé pour désigner l'absence d'originalité.

▶ **Révoltes artistiques.** Les romantiques, les premiers, secouent le joug de l'académisme par la dimension émotive – expression de sentiments personnels – qu'ils donnent à leurs œuvres. Puis, dans la seconde moitié du XIXe s., d'autres artistes vont mettre à bas le carcan des conventions. En 1855, lors de l'Exposition universelle, Courbet – qui a ouvert un pavillon personnel, le « pavillon du Réalisme », où ses grandes toiles se dressent ostensiblement contre la tradition académique – entraîne dans son sillage une vague de contestation portée par les futurs impressionnistes. Par la suite, c'est au Salon des refusés et dans les expositions organisées par les impressionnistes que va s'exprimer la révolte esthétique contre l'idéal glacé du classicisme.

▶ **Une nouvelle vision.** De nouveaux thèmes apparaissent : à la place du paysage champêtre classique, peuplé de nymphes ou de dieux, les impressionnistes illustrent le monde contemporain, les scènes familières, la ville, les lieux de spectacle. Dans ces hymnes au modernisme sont appliquées leurs recherches sur la forme : touche légère, rapidement fixée sur la toile, pour rendre l'éphémère, la vision fugace ; juxtaposition de couleurs complémentaires créant une harmonie qui, à distance, donne l'illusion d'une vue instantanée. Au mépris des conventions traditionnelles qui veulent que le pinceau du peintre ne laisse aucune trace, ils étalent la pâte en épaisseur, la déposent en « virgules » bien grasses. Enfin, la découverte d'arts non occidentaux renouvelle leurs modèles et la naissance de nouvelles techniques (photographie, par ex.) modifie leur perception de la réalité.

▶ **Vers l'art moderne.** Réalisme et impressionnisme marquent la rupture avec la tradition. À leur suite, d'autres courants et manifestes vont s'inscrire dans ce refus catégorique de l'académisme. Fauvisme, cubisme, abstraction se succèdent en autant d'étapes de l'art moderne un art né, selon André Malraux, « le jour où l'idée d'art et celle de beauté se sont trouvées disjointes ».

Le simple respect de lois formelles finit par étouffer le talent et l'esprit créatif ; le génie n'y trouve plus de champ d'expression. En s'éloignant du terrain de l'œuvre de commande, l'art prend de plus en plus d'autonomie jusqu'à atteindre ce qui le caractérise aujourd'hui : ne plus être ce qu'on attend de lui, mais être précisément là où on ne l'attend pas.

Voir aussi : classicisme ; impressionnisme ; réalisme ; romantisme.

France. **3.** Lieu où l'on s'exerce à la pratique d'un art, d'un jeu, etc. : *Une académie de dessin, de danse.* **4.** BX-A. Figure dessinée, peinte ou sculptée, d'après un modèle vivant et nu. **5.** (Avec une majuscule). L'Académie française : *Être reçu à l'Académie.*

Académie, école philosophique fondée dans les jardins voisins d'Athènes par Platon, et qui dura du IVe au Ier s. av. J.-C. La philosophie académique se divise en deux périodes : l'Ancienne Académie, qui défend des idées morales et des certitudes, et la Nouvelle Académie, qui fit suite à la précédente, et qui, avec Arcésilas, professe le scepticisme à l'égard de toute vérité.

Académie française. Fondée par Richelieu en 1635, l'Académie officialisait un cercle de lettrés qui se réunissait depuis 1629 chez Valentin Conrart. Chargée de surveiller le langage et de juger les livres parus, l'Académie, qui compta 40 membres dès 1639, apparut d'abord comme un instrument du pouvoir royal. Elle intervint ainsi dans la querelle du *Cid*, publia un *Dictionnaire* (1694) et, bien plus tard, une *Grammaire* (1933). Dissoute en 1793, l'Académie fut rétablie en 1803 comme une « classe » de l'Institut de France. Avec l'élection de Julien Green (1971) et de Léopold Sédar Senghor (1983), celle de Marguerite Yourcenar (1980) et d'Assia Djebar (2005), l'Académie s'est ouverte aux étrangers francophones et aux femmes. Elle décerne des prix littéraires et poursuit la publication de son dictionnaire.

académique [akademik] **adj. 1.** Propre à, relatif à une académie : *Danse académique* (= classique). **2.** Conventionnel ; sans originalité : *Un roman d'un style académique.* **3.** *BELG.* et *HELV.* Universitaire : *Année académique.*

académisme [akademism] **n.m.** (de *académie*). **1.** Tendance chez un artiste, en partic. du XVIIe au XIXe s., à observer les enseignements formels des académies, à mouler sa production dans des cadres esthétiques traditionnels ; caractère des œuvres qui en résultent. (⟶ classicisme.) **2.** (Par ext.). Absence d'originalité. ▸ *Dossier page précédente.*

Acadie, anc. région orientale du Canada français (Nouvelle-France), sur l'Atlantique. Elle fut cédée par le traité d'Utrecht à l'Angleterre (1713) et forme aujourd'hui la Nouvelle-Écosse et une partie du Nouveau-Brunswick.

acadien, enne [akadjɛ̃, -ɛn] **adj.** et **n.** D'Acadie. ◆ **acadien n.m.** Variété de français parlée dans l'est du Canada.

acajou [akaʒu] **n.m.** (port. *acaju*, du tupi-guarani). **1.** Arbre des régions tropicales dont il existe plusieurs espèces appartenant à des genres différents, en Afrique *(Khaya)* et en Amérique *(Swietenia)*. ▸ Famille des méliacées. **2.** Bois de cet arbre, d'une teinte rougeâtre, très employé en menuiserie et en ébénisterie.

acanthe [akɑ̃t] **n.f.** (gr. *akantha*, épine). **1.** Plante ornementale à feuilles longues, très découpées, recourbées, d'un beau vert, cultivée dans le midi de la France. ▸ Long. 50 cm env. **2. Feuille d'acanthe,** ornement d'architecture imité de la feuille de cette plante et caractéristique du chapiteau corinthien (on dit aussi *une acanthe*).

a cappella [akapela] **loc. adj. inv.** (loc. it. « à chapelle »). Se dit des œuvres musicales religieuses de style polyphonique, exécutées dans les chapelles n'admettant pas les instruments. ◆ **loc. adv. Chanter a cappella,** chanter sans accompagnement instrumental, en parlant d'un soliste ou d'un chœur.

Acapulco, port du Mexique, sur le Pacifique ; 789 978 hab. Grande station touristique.

acariâtre [akarjɑtr] **adj.** (de *[mal] aquariastre*, mal qui rend fou, p.-ê. de saint Acaire, qui passait au VIIe s. pour guérir les fous). D'une humeur difficile à supporter : *Depuis qu'il est à la retraite, il est devenu acariâtre* (syn. **grincheux**).

acarien [akarjɛ̃] **n.m.** (du lat. *acarus*, gr. *akari*, mite). **Acariens,** ordre d'arachnides représenté par de nombreuses espèces, dont certaines, comme le sarcopte de la gale, l'aoûtat ou la tique sont des parasites. ▸ Long. quelques millimètres au plus.

acaule [akol] **adj.** (gr. *akaulos*). BOT. Se dit d'une plante dont la tige n'est pas apparente.

accablant, e [akablɑ̃, -ɑ̃t] **adj.** Qui accable : *Des preuves accablantes* (syn. **écrasant**). *Chaleur accablante* (syn. **étouffant, oppressant**).

accablement [akabləmɑ̃] **n.m.** État d'une personne très abattue, physiquement ou moralement : *Son accablement depuis la mort de sa femme fait peine à voir* (syn. **abattement**).

accabler [akable] **v.t.** (de l'anc. fr. dialect. *caable*, catapulte, gr. *katabolê*). **1.** Imposer à qqn qqch de pénible, de difficile à supporter : *Accabler qqn de travail* (syn. **surcharger**). *Accabler de reproches* (syn. **abreuver**). **2.** Prouver la culpabilité de : *Ce témoignage l'accable* (syn. **accuser**). **3.** (Absol.). Peser sur qqn : *Chaleur qui accable* (syn. **écraser**). *Cette nouvelle nous accable* (syn. **consterner**).

accalmie [akalmi] **n.f.** (de *calmir*). **1.** Calme momentané du vent ou de la mer : *Après la tempête, les marins virent avec soulagement arriver une accalmie* (syn. **éclaircie, embellie**). **2.** Diminution ou cessation momentanée d'une activité particulièrement intense, d'un état d'agitation : *Période d'accalmie dans le travail* (syn. **répit**).

accaparement [akaparmɑ̃] **n.m.** Action d'accaparer ; fait d'être accaparé : *Commerçant condamné pour accaparement de denrées* (syn. **monopolisation**).

accaparer [akapare] **v.t.** (anc. it. *accaparrare*, de *caparra*, arrhes). **1.** Amasser et stocker un bien de consommation afin d'en provoquer la rareté et de le vendre au plus haut prix (syn. **monopoliser**). **2.** S'emparer de qqch à son seul profit ; se réserver l'usage de : *Accaparer le pouvoir, la conversation* (syn. **monopoliser**). **3. Accaparer qqn,** occuper complètement le temps, la pensée de qqn ; retenir qqn près de soi : *Son travail l'accapare complètement* (syn. **absorber**). *Accaparer un ami pendant une soirée.*

accapareur, euse [akaparœr, -øz] **n.** et **adj.** Personne qui accapare, en partic. qui accapare des denrées.

accastillage [akastijaʒ] **n.m.** Ensemble des superstructures d'un navire.

accastiller [akastije] **v.t.** (esp. *acastillar*, de *castillo*, château). Garnir un navire de son accastillage.

accéder [aksede] **v.t. ind.** **[à]** (lat. *accedere*, s'approcher) [conj. **18**]. **1.** Avoir accès à un lieu : *Voici la porte par laquelle on accède au jardin* (syn. **entrer dans**). **2.** *SOUT.* Permettre de pénétrer dans un lieu : *Ce souterrain accédait aux appartements de la reine* (syn. **déboucher sur**). **3.** Atteindre un état, une situation, etc. : *Accéder à de hautes fonctions* (syn. **parvenir à**). **4.** Répondre favorablement à un désir, une demande, etc. : *Merci d'avoir accédé à ma requête* (syn. **acquiescer, consentir**).

accelerando [akselerɑ̃do] **adv.** (mot it.). MUS. En accélérant progressivement le mouvement.

1. accélérateur, trice [akseleratœr, -tris] **adj.** (de *accélérer*). Qui accélère qqch, en parlant d'une force, d'un dispositif.

2. accélérateur [akseleratœr] **n.m.** (de *1. accélérateur*). **1.** Organe (en génér. pédale ou poignée) commandant l'admission du mélange gazeux dans le moteur d'un véhicule et qui permet de faire varier la vitesse de celui-ci : *Appuyer à fond sur l'accélérateur.* **2.** PHYS. Appareil permettant de communiquer des vitesses très élevées à des particules chargées, destiné à l'étude des structures de la matière : *Accélérateur de particules.*

■ **Principe de fonctionnement.** Un accélérateur de particules utilise des champs électromagnétiques pour augmenter la vitesse de particules chargées (ions, protons, électrons) jusqu'à une vitesse proche de celle de la lumière dans le vide. Il est composé de trois parties : un générateur de particules chargées, un tube dans lequel un vide poussé a été réalisé et où les particules sont maintenues sur leur trajectoire grâce à une série d'électroaimants, et des dispositifs d'accélération des particules.

L'énergie des particules accélérées est considérable et peut atteindre plusieurs milliers de milliards d'électronvolts

(eV), en particulier dans le grand collisionneur de hadrons (LHC) du Cern à Genève, le plus puissant accélérateur de particules au monde.
Types d'accélérateurs. Il existe deux types principaux d'accélérateurs de particules : les accélérateurs linéaires et les accélérateurs circulaires.
Dans les *accélérateurs linéaires,* les particules circulent en ligne droite dans un tube à vide où elles sont accélérées par les alternances favorables d'un champ électrique alternatif.
Dans les *accélérateurs circulaires,* les particules sont déviées par un champ magnétique qui leur impose une trajectoire fermée ; à chaque tour, elles sont accélérées par un champ électrique alternatif réglé en phase avec leur passage. Pour accroître l'énergie maximale, diverses options techniques ont été successivement adoptées : *cyclotrons, synchrotrons, synchrocyclotrons,* etc.
Les *collisionneurs* à anneaux de stockage (tel que le LHC), dans lesquels se croisent des paquets de particules circulant en sens inverse, sont les appareils les plus puissants, les plus volumineux et les plus coûteux utilisés par les physiciens. Ils sont destinés à l'étude des particules élémentaires.
Utilisations. En s'entrechoquant ou en percutant une cible fixe, les particules accélérées génèrent d'autres particules et des rayonnements qui renseignent les physiciens sur les propriétés et la structure la plus intime de la matière. Si les accélérateurs les plus connus sont de gigantesques machines, tel que le LHC du Cern (27 km de tunnel), la plupart des accélérateurs sont de taille beaucoup plus réduite et ont des applications en médecine (traitement de cancers par radiothérapie) ou dans l'industrie (irradiation des aliments, traitement de surfaces, etc.). ■

accélération [akselerasjɔ̃] **n.f. 1.** Accroissement de la vitesse, à un moment donné ou pendant un temps donné, d'un corps en mouvement : *L'accélération de la voiture fut très brutale.* **2.** Rapidité accrue d'exécution : *Accélération des travaux* (contr. **ralentissement**).

accéléré [akselere] **n.m.** CIN. Effet spécial, réalisé le plus souvent à la prise de vues, donnant l'illusion de mouvements plus rapides que dans la réalité.

accélérer [akselere] **v.t.** (lat. *accelerare,* de *celer,* rapide) [conj. **18**]. Accroître la vitesse de : *Le haut débit accélère l'affichage des données* (syn. **hâter, presser**). ◆ **v.i.** Aller plus vite : *Le train accélère* (contr. **ralentir**). ◆ **s'accélérer v.pr.** Devenir plus rapide : *Son pouls s'accélère* (contr. **ralentir**).

accent [aksɑ̃] **n.m.** (lat. *accentus,* intonation). **1.** Prononciation, intonation, rythme propres à l'élocution dans une région, un milieu : *L'accent du Midi.* **2.** PHON. Mise en relief d'une syllabe, d'un mot ou d'un groupe de mots dans la chaîne parlée : *Accent tonique. Accent de hauteur, d'intensité.* **3.** Inflexion, intonation expressives de la voix : *Un accent de sincérité.* **4.** Signe graphique placé sur une voyelle pour noter un fait phonétique ou grammatical : *Accent aigu* (´), *grave* (`), *circonflexe* (ˆ). **5. Mettre l'accent sur,** mettre en relief ; attirer l'attention sur : *Mettre l'accent sur les difficultés d'une entreprise.*

accentuation [aksɑ̃tɥasjɔ̃] **n.f. 1.** Action d'accentuer ; fait de s'accentuer : *Une accentuation alarmante de l'inflation.* **2.** Action d'accentuer une syllabe ou un mot : *L'accentuation de ce mot est fautive.* **3.** Action d'affecter d'accents certaines voyelles.

accentué, e [aksɑ̃tɥe] **adj. 1.** Marqué : *Visage aux traits accentués.* **2.** Qui porte un accent : *Voyelle accentuée.*

accentuel, elle [aksɑ̃tɥɛl] **adj.** PHON. Qui porte l'accent ; relatif à l'accent.

accentuer [aksɑ̃tɥe] **v.t.** [conj. **7**]. **1.** Renforcer ; intensifier : *Accentuer un effort* (syn. **accroître**). *Maquillage qui accentue le regard* (syn. **souligner**). **2.** Prononcer une syllabe, un mot en les marquant d'un accent. **3.** Placer un accent sur une voyelle : *Élève qui n'accentue pas les « é ».* ◆ **s'accentuer v.pr.** Devenir plus intense, plus fort : *Le froid s'est accentué* (syn. **augmenter** ; contr. **s'atténuer**).

acceptabilité [aksɛptabilite] **n.f.** LING. Fait pour un énoncé, pour une phrase, d'être accepté, compris ou naturellement émis par les locuteurs d'une langue.

acceptable [aksɛptabl] **adj.** Qui peut être accepté, toléré : *Offre acceptable* (syn. **satisfaisant, valable**). *Travail acceptable* (syn. **honnête, passable**).

acceptation [aksɛptasjɔ̃] **n.f.** Fait d'accepter qqch, de consentir à : *Donner son acceptation à une proposition* (syn. **consentement**).

accepter [aksɛpte] **v.t.** (lat. *acceptare,* recevoir) [conj. **4**]. **1.** Consentir à prendre, à recevoir, à admettre : *Accepter un cadeau* (contr. **refuser**). *Elle a été acceptée dans la famille de son fiancé* (syn. **adopter**). **2.** DR. **Accepter une lettre de change, une traite,** s'engager à la payer à l'échéance.

acception [aksɛpsjɔ̃] **n.f.** (lat. *acceptio,* fait de recevoir ; v. *accepter*). **1.** Sens particulier dans lequel un mot est employé : *Le mot « cher » a plusieurs acceptions, il signifie « à prix élevé » ou « tendrement aimé »* (syn. **signification**). **2.** LITT. **Sans acception de,** sans faire de faveur ; sans accorder de préférence à : *Rendre la justice sans acception de personne.*

accès [aksɛ] **n.m.** (lat. *accessus,* de *accedere,* s'approcher). **1.** Facilité plus ou moins grande d'atteindre un lieu, d'y pénétrer : *Île d'accès difficile* (syn. **abord**). *L'accès de mon bureau vous est interdit* (syn. **entrée**). **2.** Période de manifestation intense d'un état physique, mental ou affectif : *Accès de fièvre* (syn. **poussée**). *Accès de colère, de jalousie* (syn. **bouffée, crise**). **3.** Facilité plus ou moins grande de comprendre qqch : *Cet essai de philosophie est d'accès facile* (syn. **compréhension**). **4.** INFORM. Possibilité d'accéder à une information dans la mémoire d'un ordinateur, à un site sur Internet. **5. Avoir accès à,** pouvoir obtenir : *Ne pas avoir accès à des informations confidentielles.* / **Donner accès à,** offrir le moyen, le droit de : *Ce diplôme vous donne accès à la carrière d'ingénieur.*

accessibilité [aksesibilite] **n.f.** (de *accessible*). **1.** Caractère de ce qui est accessible. **2.** Pour un bâtiment, un véhicule de transport en commun, etc., fait d'être accessible aux handicapés. **3.** GÉOGR. Ensemble des moyens pour relier deux lieux.

accessible [aksesibl] **adj. 1.** Se dit d'un lieu qu'on peut atteindre : *Sommet accessible même à des débutants.* **2.** Se dit de qqn que l'on peut facilement aborder, rencontrer : *Personne avenante et accessible* (syn. **abordable**). **3.** Se dit de qqch qu'on peut comprendre : *Exposé accessible à tous* (syn. **compréhensible, intelligible**).

accession [aksesjɔ̃] **n.f.** (lat. *accessio,* action d'approcher). Action d'accéder à qqch, d'y parvenir : *Accession à la propriété. L'accession à l'indépendance de jeunes pays.*

accessit [aksesit] **n.m.** (mot lat. « il s'est approché »). Distinction honorifique accordée à ceux qui sont les plus proches des lauréats d'un prix : *Obtenir un accessit de géographie.*

1. accessoire [akseswar] **adj.** (lat. médiév. *accessorius,* de *accedere,* ajouter). Qui suit ou qui accompagne une chose principale : *Supprimer les idées accessoires d'un discours* (syn. **secondaire**). *Prévoir des dépenses accessoires* (syn. **supplémentaire**).

2. accessoire [akseswar] **n.m. 1.** Ce qui est accessoire : *Distinguer l'accessoire de l'essentiel.* **2.** Pièce destinée à compléter un élément principal ou à aider à son fonctionnement : *Le cric et la manivelle sont des accessoires d'automobile.* **3.** Élément qui s'ajoute à la toilette (sac, ceinture, etc.) et avec laquelle il s'harmonise par la couleur, la matière, etc. **4.** Objet, élément du décor, des costumes, dans la mise en scène d'une pièce de théâtre, d'un film.

accessoirement [akseswarmɑ̃] **adv.** De façon accessoire, secondaire (contr. **principalement**).

accessoiriste [akseswarist] **n.** Personne qui s'occupe des accessoires, dans un théâtre, un studio de cinéma ou de télévision.

accident [aksidɑ̃] **n.m.** (du lat. *accidens,* qui survient). **1.** Événement imprévu malheureux ou dommageable : *Cela arrive de casser un verre, ce n'est qu'un petit accident.*

2. Événement imprévu et soudain entraînant des dégâts, des blessures, etc. : *Accident de chemin de fer. Accident du travail* (= qui survient pendant le travail ou à cause du travail). **3.** Événement qui modifie ou interrompt fortuitement le cours de qqch : *Les accidents d'une longue carrière* (syn. **incident, vicissitude**). **4.** MUS. Altération d'une phrase musicale (dièse, bémol, bécarre), non indiquée à la clé. **5.** PHILOS. Attribut non nécessaire, qualité relative et contingente (par opp. à *substance, essence*). **6. Accident de terrain,** inégalité du relief. / **Par accident,** par hasard : *Si, par accident, tu le rencontres, fais-lui mes amitiés* (= d'aventure).

accidenté, e [aksidɑ̃te] **adj.** Qui présente des accidents, des inégalités : *Terrain accidenté* (syn. **inégal**). ◆ **adj.** et **n.** Qui a subi un accident : *Voiture accidentée. Les accidentés du travail.*

accidentel, elle [aksidɑ̃tɛl] **adj. 1.** Dû à un accident : *Mort accidentelle* (contr. **naturel**). **2.** Dû au hasard : *Rencontre accidentelle* (syn. **fortuit**). **3.** PHILOS. De l'accident (par opp. à *substantiel*).

accidentellement [aksidɑ̃tɛlmɑ̃] **adv.** De façon accidentelle : *Je suis tombée sur ce livre accidentellement* (= par hasard) [syn. **fortuitement**].

accidenter [aksidɑ̃te] **v.t. 1.** Causer un accident, un dommage à qqn : *Accidenter un cycliste.* **2.** *LITT.* Rompre dans son uniformité le déroulement de : *Bien des péripéties ont accidenté ce voyage* (syn. **troubler**).

acclamation [aklamasjɔ̃] **n.f. 1.** Cri de joie ou d'enthousiasme collectif : *La chanteuse est sortie sous les acclamations du public* (syn. **bravo**). *Être accueilli par une acclamation* (syn. **ovation**). **2. Par acclamation,** unanimement ou massivement, sans recourir à un scrutin : *Être élu par acclamation.*

acclamer [aklame] **v.t.** (lat. *acclamare,* de *clamare,* appeler). Saluer par des cris d'enthousiasme : *La foule acclame les vainqueurs du match* (syn. **ovationner**).

acclimatable [aklimatabl] **adj.** Qui peut être acclimaté : *Espèce acclimatable.*

acclimatation [aklimatasjɔ̃] **n.f.** Action d'acclimater un être vivant à un nouveau milieu : *Réussir l'acclimatation de plantes tropicales sur le pourtour méditerranéen.*

acclimatement [aklimatmɑ̃] **n.m.** Adaptation d'un être vivant à un nouvel environnement, à un nouveau climat, etc. : *L'acclimatement à l'altitude* (syn. **accoutumance**).

acclimater [aklimate] **v.t.** (de *climat*). **1.** Adapter, habituer un animal, un végétal à un nouveau climat. **2.** Habituer qqn à un nouveau milieu : *Acclimater des nomades à un habitat sédentaire* (syn. **accoutumer**). ◆ **s'acclimater v.pr. [à].** S'adapter à un nouveau milieu : *Ces oiseaux ne se sont pas acclimatés à notre pays. Il a du mal à s'acclimater à la ville* (syn. **s'adapter**).

accointances [akwɛ̃tɑ̃s] **n.f. pl.** (de *s'accointer*). Relations ; fréquentations (péjor.) : *Avoir des accointances avec des individus peu recommandables.*

s'accointer [akwɛ̃te] **v.pr. [avec].** *FAM.* Se lier avec qqn (péjor.) : *S'accointer avec un escroc* (syn. **s'acoquiner**).

accolade [akɔlad] **n.f.** (de *accoler*). **1.** Fait de serrer qqn entre ses bras en signe d'affection, d'amitié ou lors d'une remise de décoration : *Donner, recevoir l'accolade.* **2.** Signe typographique ({) pour réunir des mots, des lignes, etc.

accolement [akɔlmɑ̃] **n.m.** Action d'accoler, de réunir : *L'accolement du nom des deux parents dans le patronyme* (syn. **association**).

accoler [akɔle] **v.t.** (de *col*). **1.** Réunir par un trait, par une accolade : *Accoler deux paragraphes.* **2.** Joindre ; réunir : *Accoler une particule à son nom* (syn. **ajouter**).

accommodant, e [akɔmɔdɑ̃, -ɑ̃t] **adj.** Qui est conciliant : *Il s'est montré très accommodant dans cette affaire* (syn. **arrangeant**).

accommodation [akɔmɔdasjɔ̃] **n.f. 1.** Action d'accommoder qqch à un usage ; fait de s'accommoder : *L'accommodation à une nouvelle technique* (syn. **adaptation**). **2.** BIOL. Ensemble des modifications morphologiques et physiologiques non héréditaires par lesquelles un être vivant s'adapte à un nouveau milieu et peut y survivre. **3.** PHYSIOL. Modification de la courbure du cristallin de l'œil, qui permet la formation d'images nettes sur la rétine.

accommodement [akɔmɔdmɑ̃] **n.m.** Arrangement à l'amiable : *Trouver un accommodement dans une affaire délicate* (syn. **compromis**).

accommoder [akɔmɔde] **v.t.** (lat. *accommodare,* de *commodus,* convenable). **1.** Apprêter un mets : *Accommoder du veau en ragoût* (syn. **cuisiner**). **2.** Adapter : *Accommoder ses paroles aux circonstances* (syn. **ajuster**). ◆ **v.i.** Réaliser l'accommodation, en parlant de l'œil. ◆ **s'accommoder v.pr. [de].** Trouver qqch à sa convenance, accepter qqch : *Elle est facile à vivre, elle s'accommode de tout.*

accompagnateur, trice [akɔ̃paɲatœr, -tris] **n. 1.** MUS. Personne qui accompagne la partie principale avec un instrument ou avec la voix. **2.** Personne qui accompagne et guide qqn : *Dix enfants et une accompagnatrice.*

accompagnement [akɔ̃paɲmɑ̃] **n.m. 1.** Action, fait d'accompagner : *L'accompagnement des enfants est assuré par un moniteur.* **2.** Ce qui accompagne : *Glace avec accompagnement de petits fours.* **3.** MUS. Partie, ensemble des parties vocales ou instrumentales secondaires soutenant la partie principale.

accompagner [akɔ̃paɲe] **v.t.** (de l'anc. fr. *compain,* compagnon). **1.** Aller quelque part avec qqn : *Il l'a accompagnée à la gare* (syn. **conduire, escorter**). **2.** Soutenir par un accompagnement musical : *Accompagner au piano un chanteur, un violoniste.* **3.** Ajouter à ; joindre à : *Accompagner ses paroles d'un geste de menace* (syn. **assortir**). **4.** Aller avec ; être joint à : *Une lettre accompagne le paquet. Choisir un bon vin pour accompagner un repas.*

accompli, e [akɔ̃pli] **adj. 1.** Entièrement achevé : *Dix ans accomplis* (syn. **révolu**). **2.** Parfait dans son genre : *Un diplomate accompli* (syn. **consommé**). **3. Fait accompli,** ce sur quoi il n'est plus possible de revenir : *Mettre qqn devant le fait accompli.* ◆ **adj.** et **n.m.** LING. Syn. de *perfectif.*

accomplir [akɔ̃plir] **v.t.** (lat. *complere, complire,* remplir) [conj. 32]. **1.** Faire ; exécuter : *Accomplir son devoir* (syn. **s'acquitter de**). *Elle a accompli de grandes choses* (syn. **réaliser**). **2.** Réaliser entièrement : *Accomplir son cursus universitaire* (syn. **faire**). ◆ **s'accomplir v.pr. 1.** Se produire : *Une transformation totale s'est accomplie* (= avoir lieu). **2.** Trouver son épanouissement dans qqch : *S'accomplir dans son travail* (syn. **s'épanouir**).

accomplissement [akɔ̃plismɑ̃] **n.m.** Action d'accomplir ; fait d'être accompli : *Œuvrer à l'accomplissement d'un projet* (syn. **exécution, réalisation**).

accord [akɔr] **n.m.** (de *accorder*). **1.** Harmonie entre des personnes proches par leurs idées, leurs sentiments : *L'accord ne règne pas au sein de leur ménage* (syn. **concorde**). **2.** Assentiment ; acceptation : *Demander l'accord de ses supérieurs* (syn. **autorisation**). **3.** Arrangement, convention entre plusieurs parties : *Les syndicats et le patronat ont signé un accord* (syn. **convention**). *Accord entre deux grandes puissances* (syn. **pacte, traité**). **4.** MUS. Ensemble d'au moins trois sons musicaux émis simultanément : *Accord dissonant.* **5.** Action d'accorder un instrument de musique ; son résultat. **6.** GRAMM. Rapport entre des mots, des formes dont l'une régit l'autre ou les autres : *Accord en genre de l'adjectif avec le nom qualifié.* **7.** Correspondance entre plusieurs choses : *Des accords de couleurs inattendus* (syn. **harmonie**). **8. D'accord,** v. à son ordre alphabétique. / **D'un commun accord,** avec le consentement de tous. / MUS. **Accord parfait,** accord superposant, à partir de la tonique, un accord de tierce et un accord de quinte.

accordailles [akɔrdaj] **n.f. pl.** (de *accorder*). *VX.* Conventions préliminaires à un mariage (syn. **fiançailles**).

accordéon [akɔrdeɔ̃] **n.m.** (all. *Akkordion,* de *Akkord,* accord). Instrument de musique portatif, à touches ou à boutons, dont les anches de métal sont mises en vibration par un soufflet.

accordéoniste [akɔrdeɔnist] **n.** Personne qui joue de l'accordéon.

accorder [akɔrde] **v.t.** (lat. pop. *accordare*, du class. *cor, cordis*, cœur). **1.** Consentir à donner ; octroyer à qqn : *Je t'accorde une heure pour terminer.* **2.** Admettre une chose ; reconnaître qqch pour vrai : *Je vous accorde que vous avez raison* (syn. **concéder**). **3.** Régler la justesse d'un instrument de musique ; mettre des instruments au même diapason. **4.** GRAMM. Appliquer à un mot les règles de l'accord. ◆ **s'accorder** **v.pr. 1.** Se mettre d'accord : *S'accorder pour accuser qqn* (syn. **s'unir**). **2.** GRAMM. Être en accord grammatical avec un autre mot : *L'adjectif s'accorde avec le nom.*

accordeur, euse [akɔrdœr, -øz] **n.** Personne qui accorde des instruments de musique : *Accordeur de pianos.*

accort, e [akɔr, -ɔrt] **adj.** (it. *accorto*, avisé). *LITT.* (Surtout au fém.). D'un abord gracieux et aimable : *Une accorte servante* (syn. **avenant**).

accostage [akɔstaʒ] **n.m.** Action d'accoster : *Les manœuvres d'accostage d'un paquebot.*

accoster [akɔste] **v.t.** (de l'anc. fr. *coste*, côté). **1.** S'approcher, se ranger bord à bord avec, en parlant d'un navire : *Accoster le quai, un chalutier en détresse.* **2.** Aller près de qqn pour lui parler : *Accoster un passant dans la rue pour lui demander l'heure* (syn. **aborder**).

accotement [akɔtmɑ̃] **n.m.** (de *accoter*). Partie d'une route comprise entre la chaussée et le fossé : *Il est interdit de stationner sur les accotements* (syn. **bas-côté**).

accoter [akɔte] **v.t.** (bas lat. *accubitare*, du class. *cubitus*, coude, avec infl. de *accoster*). Appuyer d'un côté : *Accoter une échelle contre un arbre.* ◆ **s'accoter** **v.pr.** S'appuyer : *S'accoter à, contre un mur.*

accotoir [akɔtwar] **n.m.** (de *accoter*). Appui pour les bras sur les côtés d'un siège (syn. **accoudoir, bras**).

accouchée [akuʃe] **n.f.** Femme qui vient d'accoucher.

accouchement [akuʃmɑ̃] **n.m. 1.** Action d'accoucher : *Accouchement naturel, dirigé, multiple.* **2. Accouchement sans douleur,** accouchement auquel la parturiente a été préparée par un entraînement destiné à atténuer les sensations pénibles et à permettre une relaxation maximale pendant le travail.

■ L'accouchement se produit normalement au bout de 9 mois de grossesse. Au-dessous de 8 mois et demi, il est dit *prématuré*.

Les phases de l'accouchement. Le début de l'accouchement s'appelle le *travail* : les contractions du muscle de l'utérus deviennent prolongées (plus de 20 secondes), régulières, fréquentes et douloureuses. Le col de l'utérus se dilate (10 cm de diamètre), et la poche des eaux se rompt (le liquide amniotique s'écoule). Le travail dure de 8 à 10 heures chez une femme qui accouche pour la première fois (il est plus court par la suite). Il est suivi par l'*expulsion* de l'enfant, qui ne dure pas plus de trois quarts d'heure. Dans la plupart des cas, le fœtus se présente tête en bas ; après le passage de la tête, le reste du corps sort facilement. Mais parfois, ce sont les fesses du bébé *(présentation du siège)* ou son épaule qui s'engagent en premier. L'accouchement est alors difficile et peut nécessiter une intervention chirurgicale (césarienne). Après l'expulsion du bébé, la dernière phase est la *délivrance*, c'est-à-dire l'expulsion du placenta.

Le suivi médical. Une anesthésie du bas du corps (péridurale) est souvent réalisée. Pendant le travail, les contractions de l'utérus et les battements du cœur du bébé sont génér. suivis par monitorage. Au cours de l'accouchement, le médecin peut être amené à pratiquer une épisiotomie (une incision du périnée, ensuite recousu, pour faciliter le passage de l'enfant). Il utilise parfois des forceps (sortes de grandes pinces dont les branches se terminent en cuillères), qu'il place autour de la tête du bébé pour le tirer vers l'extérieur. La césarienne est une intervention chirurgicale qui consiste à inciser la paroi abdominale et l'utérus pour sortir le bébé. ■

accoucher [akuʃe] **v.t. ind. [de]** (de *coucher*). **1.** Mettre au monde : *Accoucher d'une fille.* **2.** (Absol.). Mettre un enfant au monde : *Elle doit accoucher la semaine prochaine.* **3.** *FAM.* **Accouche !**, parle, explique-toi. ◆ **v.t.** Aider une femme à mettre au monde : *C'est une sage-femme qui l'a accouchée.*

accoucheur, euse [akuʃœr, -øz] **n.** Médecin spécialiste des accouchements.

s'accouder [akude] **v.pr. [à, sur].** Poser les coudes sur qqch dont on se sert comme appui : *S'accouder au parapet d'un pont, sur la table.*

accoudoir [akudwar] **n.m.** Partie latérale d'un siège ou partie mobile d'un siège d'automobile sur laquelle on peut s'accouder (syn. **accotoir**).

accouplement [akupləmɑ̃] **n.m. 1.** Union sexuelle du mâle et de la femelle d'une espèce identique ou de deux espèces voisines, assurant la reproduction. **2.** Action d'accoupler, de réunir des animaux deux par deux : *L'accouplement de chevaux pour tirer une charrette.* **3.** Jonction de deux ou de plusieurs éléments mécaniques ; dispositif assurant cette fonction : *Accouplement de deux wagons.*

accoupler [akuple] **v.t.** (de *couple*). **1.** Joindre, réunir (deux choses) ; rendre solidaire dans le fonctionnement : *Accoupler des roues, des moteurs électriques.* **2.** Réunir des animaux par deux : *Accoupler des bœufs pour tirer une charrue.* **3.** Unir pour la reproduction le mâle et la femelle d'une même espèce ou de deux espèces voisines. ◆ **s'accoupler** **v.pr.** S'unir pour la reproduction.

accourir [akurir] **v.i.** (lat. *accurrere*) [conj. **45** ; auxil. *avoir* ou *être*]. Venir en hâte : *Elles ont accouru, sont accourues au chevet de leur père* (syn. **se précipiter**).

accoutrement [akutrəmɑ̃] **n.m.** Habillement bizarre ou ridicule (syn. **défroque**).

accoutrer [akutre] **v.t.** (lat. pop. **acconsuturare*, du class. *consutura*, couture). Habiller d'une manière bizarre ou ridicule : *Elle a accoutré sa fille d'une jupe ridicule* (syn. **affubler**). ◆ **s'accoutrer** **v.pr.** S'habiller bizarrement.

accoutumance [akutymɑ̃s] **n.f. 1.** Fait de s'accoutumer, de s'habituer progressivement à qqch : *Accoutumance à un climat chaud et humide* (syn. **acclimatement, adaptation**). **2.** Adaptation permettant aux êtres vivants de supporter des doses croissantes de substances actives ou toxiques : *Accoutumance aux stupéfiants.*

accoutumé, e [akutyme] **adj. 1.** Dont on a l'habitude : *Se retrouver à l'heure accoutumée* (syn. **habituel, ordinaire**). **2. À l'accoutumée,** à l'ordinaire, d'habitude : *Elle a été très accueillante, comme à l'accoutumée.*

accoutumer [akutyme] **v.t.** (de *coutume*). Disposer qqn à supporter, à faire qqch : *Accoutumer qqn à un mode de vie, à se lever tôt* (syn. **habituer**). ◆ **s'accoutumer** **v.pr. [à].** Prendre l'habitude de : *S'accoutumer au froid.*

Accra, cap. du Ghana, port sur le golfe de Guinée ; 2 242 000 hab. dans l'agglomération.

accréditation [akreditasjɔ̃] **n.f. 1.** Action d'accréditer ; fait d'être accrédité. **2.** Document qui accrédite : *Montrer son accréditation aux organisateurs du festival.*

accréditer [akredite] **v.t.** (de *crédit*). **1.** Rendre croyable, vraisemblable : *Des incidents de frontière tendent à accréditer les rumeurs de guerre* (contr. **contredire, démentir**). **2.** Donner l'autorité nécessaire en tant que représentant d'un pays à : *Accréditer un ambassadeur.* **3.** Pour une administration, une institution, etc., délivrer une autorisation d'accès, spécial. à un journaliste, un photographe. ◆ **s'accréditer** **v.pr.** Devenir plus crédible : *Le bruit de sa démission s'accrédite peu à peu* (syn. **se confirmer**).

accréditif, ive [akreditif, -iv] **adj.** et **n.m.** Se dit d'un document qui permet d'ouvrir un crédit auprès d'une banque.

Accrobranche [akrobrɑ̃ʃ] **n.m.** (nom déposé). Activité sportive itinérante pratiquée en forêt et combinant le grimper et le déplacement d'arbre en arbre en suivant un parcours sécurisé démontable (cordes, plates-formes, etc.).

accroc [akro] **n.m.** (de *accrocher*). **1.** Déchirure faite dans un tissu par un objet qui accroche : *Faire un accroc à sa jupe* (syn. **trou**). **2.** Incident malheureux : *Un voyage sans accroc* (syn. **anicroche**).

accrochage [akrɔʃaʒ] **n.m. 1.** Action d'accrocher qqch : *L'accrochage d'un tableau.* **2.** Action de heurter qqch, de se disputer avec qqn : *Un accrochage entre un bus et une voiture* (syn. **collision**). *Ils ont parfois de sérieux accrochages* (syn. **querelle**). **3.** MIL. Bref engagement entre détachements adverses de faible effectif (syn. **escarmouche**).

accroche [akrɔʃ] **n.f.** (de *accrocher*). Partie d'un texte publicitaire ou journalistique spécial. conçue pour attirer l'attention : *Trouver une bonne accroche à un article.*

accroche-cœur [akrɔʃkœr] **n.m.** (pl. *accroche-cœurs* ou inv.). Mèche de cheveux aplatie en boucle sur le front ou la tempe (syn. **guiche**).

accrocher [akrɔʃe] **v.t.** (de *croc*). **1.** Suspendre à un crochet, à un clou, etc. : *Accrocher un tableau au mur* (syn. **fixer**). **2.** Faire un accroc à : *Accrocher son collant au bord d'un banc.* **3.** Heurter légèrement, en parlant d'un véhicule ou de son conducteur : *Il a accroché un cycliste.* **4.** *FAM.* Retenir l'attention de : *Accrocher un client.* **5.** Aborder qqn en l'arrêtant dans sa marche : *Il m'a accroché dans le couloir.* ◆ **s'accrocher v.pr. 1.** Se cramponner, se retenir avec force : *S'accrocher à la vie.* **2.** *FAM.* Persévérer ; être tenace : *Il va falloir s'accrocher pour suivre son rythme.* **3.** *FAM.* Se disputer. **4.** MIL. Engager brièvement le combat : *Deux patrouilles se sont accrochées.*

accrocheur, euse [akrɔʃœr, -øz] **adj.** Qui retient l'attention : *Titre accrocheur. Sourire accrocheur* (syn. **aguicheur**). ◆ **adj.** et **n.** *FAM.* Qui montre de la ténacité dans ce qu'il entreprend : *C'est un garçon accrocheur que l'échec ne décourage pas* (syn. **opiniâtre, tenace**).

accroire [akrwar] **v.t.** (lat. *accredere*, de *credere*, croire). [Usité seul. à l'inf., avec les v. *faire* et *laisser*]. *LITT.* **En faire accroire à qqn,** tromper qqn, abuser de sa confiance ou de sa crédulité : *Vous voudriez m'en faire accroire, mais je ne suis pas dupe de vos manigances.*

accroissement [akrwasmɑ̃] **n.m. 1.** Action d'accroître ; fait de s'accroître : *Accroissement des investissements* (syn. **augmentation** ; contr. **diminution**). **2.** DÉMOGR. Accroissement naturel, différence entre les taux de natalité et de mortalité.

accroître [akrwatr] **v.t.** (lat. *accrescere*, de *crescere*, croître) [conj. **94**]. Augmenter l'importance ou l'intensité de : *Accroître la richesse d'un pays* (syn. **développer**). *Cela ne fait qu'accroître son anxiété* (syn. **amplifier, intensifier**). ◆ **s'accroître v.pr.** Devenir plus étendu, plus important : *Sa popularité s'accroît de jour en jour* (syn. **croître, se renforcer**).

s'**accroupir** [akrupir] **v.pr.** (de *croupe*) [conj. **32**]. S'asseoir sur les talons : *S'accroupir pour saisir qqch à terre.*

accru, e [akry] **adj.** (p. passé de *accroître*). Plus grand : *Des responsabilités accrues.*

accu [aky] **n.m.** (abrév.). *FAM.* Accumulateur électrique.

accueil [akœj] **n.m. 1.** Action, manière d'accueillir : *Un accueil très chaleureux.* **2.** Espace, bureau où, dans un lieu public, on accueille les visiteurs (syn. **réception**). **3. Famille d'accueil,** famille habilitée à héberger, de façon permanente et moyennant rémunération, des enfants ou de très jeunes majeurs, dans le cadre de mesures de protection.

accueillant, e [akœjɑ̃, -ɑ̃t] **adj.** Qui fait bon accueil : *Une famille accueillante. Un pays accueillant* (syn. **hospitalier**).

accueillir [akœjir] **v.t.** (lat. pop. **accoligere*, du class. *colligere*, rassembler) [conj. **41**]. **1.** Recevoir qqn d'une certaine manière : *Accueillir qqn à bras ouverts, froidement.* **2.** Donner l'hospitalité à qqn : *Nous vous accueillerons pour la durée des vacances* (syn. **héberger**). **3.** Ménager un accueil, bon ou mauvais à qqch : *Comment a-t-il accueilli la nouvelle ?* (syn. **prendre, recevoir**).

acculée [akyle] **n.f.** (de *acculer*). MAR. Court mouvement en arrière d'un bateau, causé en général par la houle.

acculer [akyle] **v.t.** (de *cul*). **1.** Pousser contre un obstacle qui empêche de reculer ou dans un lieu sans issue : *Ils l'avaient acculé au fond de l'impasse.* **2.** Mettre dans l'impossibilité de se soustraire à une situation fâcheuse : *Ses créanciers l'ont acculé à la faillite* (syn. **réduire**).

acculturation [akyltyrasjɔ̃] **n.f.** (mot anglo-amér., du lat. *ad*, vers, et *cultura*, culture). SOCIOL. Processus par lequel un groupe ou un individu entre en contact avec une culture différente de la sienne et l'assimile totalement ou en partie : *L'acculturation des immigrés.*

acculturer [akyltyre] **v.t.** (de *acculturation*). Adapter à une nouvelle culture un individu, un groupe.

accumulateur [akymylatœr] **n.m. 1.** Dispositif susceptible d'emmagasiner de l'énergie électrique sous forme chimique et de la restituer : *Batterie d'accumulateurs d'une automobile.* **2. Accumulateur électrique,** appareil emmagasinant de l'énergie sous forme chimique pour la restituer sous forme électrique (abrév. fam. *accu*).

accumulation [akymylasjɔ̃] **n.f. 1.** Action d'accumuler ; fait de s'accumuler : *L'accumulation des marchandises dans un entrepôt* (syn. **amoncellement, entassement**). **2. Chauffage à, par accumulation,** dispositif de chauffage électrique utilisant le courant pendant les heures creuses, à tarif réduit, et restituant à la demande, pendant les heures de pointe, la chaleur ainsi accumulée.

accumuler [akymyle] **v.t.** (lat. *accumulare*, de *cumulus*, amas). Mettre ensemble en grande quantité : *Accumuler des notes en vue de la rédaction d'un ouvrage* (syn. **amasser, réunir**). ◆ **s'accumuler v.pr.** S'entasser : *La neige poussée par le vent s'accumule en congères* (syn. **s'amonceler**).

accusateur, trice [akyzatœr, -tris] **adj.** et **n.** Qui accuse.

accusatif [akyzatif] **n.m.** (lat. *accusativus*, de *accusare*, faire apparaître). GRAMM. Cas exprimant la relation entre le verbe et le complément le plus directement affecté par l'action verbale, dans les langues à déclinaison.

accusation [akyzasjɔ̃] **n.f. 1.** Action d'accuser, de signaler comme coupable ; fait d'être accusé : *Être l'objet d'une accusation infamante* (syn. **blâme, imputation**). **2.** DR. Fait de déférer à une juridiction répressive la connaissance d'un crime : *L'arrêt de mise en accusation renvoie l'inculpé devant la cour d'assises.* **3.** (Précédé de l'art. déf.). Le ministère public (par opp. à *la défense*).

accusatoire [akyzatwar] **adj.** DR. **Système accusatoire,** système de procédure pénale dans lequel le rôle assigné au juge est celui d'un arbitre entre l'accusation et la défense (par opp. à *système inquisitoire*).

accusé, e [akyze] **n.** Personne à qui l'on impute une infraction ; personne renvoyée par la chambre d'accusation devant la cour d'assises : *L'accusé a été acquitté* (syn. **inculpé, prévenu**). ◆ **accusé n.m. Accusé de réception,** avis informant l'expéditeur que l'objet qu'il a envoyé a été reçu par le destinataire.

accuser [akyze] **v.t.** (lat. *accusare*, de *causa*, affaire judiciaire). **1.** Présenter qqn comme coupable de qqch : *On l'a accusé de négligence* (syn. **incriminer**). **2.** Déférer en justice pour un délit ou un crime : *Il est accusé d'homicide involontaire* (syn. **inculper**). **3.** Mettre en évidence, en relief : *Un maquillage qui accuse les traits* (syn. **accentuer**). **4.** Laisser apparaître ; montrer : *Son visage accuse la fatigue* (syn. **indiquer**). **5.** *FAM.* **Accuser le coup,** montrer qu'on est affecté, touché. / **Accuser réception,** faire savoir qu'on a reçu un envoi.

ace [es] **n.m.** (mot angl. « as »). Balle de service que l'adversaire ne peut toucher, au tennis.

acéphale [asefal] **adj.** (gr. *akepholos*). Sans tête : *Statue acéphale.* ◆ **acéphales n.m. pl.** Classe de mollusques bivalves.

acéracée [aserase] **n.f.** (du lat. *acer,* érable). **Acéracées,** famille de plantes dicotylédones dont le type est l'*érable*.

acerbe [asɛrb] **adj.** (lat. *acerbus,* aigre). Agressif, mordant : *Des commentaires acerbes* (syn. **incisif**).

acéré, e [asere] **adj.** (de *acer,* forme anc. de *acier*). **1.** Tranchant ; aigu : *Griffes acérées.* **2.** LITT. D'une vivacité blessante : *Critique acérée* (syn. **acerbe, mordant**).

acériculture [aserikyltyr] **n.f.** (du lat. *acer,* érable, et de *culture*). Exploitation industrielle des érablières. ◆ **acériculteur, trice n.** Nom de l'exploitant.

acétabule [asetabyl] **n.f.** (lat. *acetabulum,* vase à vinaigre, de *acetum,* vinaigre). ANAT. Cavité articulaire de l'os iliaque, recevant la tête du fémur.

acétate [asetat] **n.m.** (de *acét[ique]*). **1.** CHIM. Sel ou ester de l'acide acétique. **2. Acétate de cellulose,** constituant de fibres textiles, de matières plastiques, de films, etc.

acétimètre [asetimɛtr] et **acétomètre** [asetɔmɛtr] **n.m.** Appareil pour déterminer la quantité d'acide acétique contenue dans un liquide.

acétique [asetik] **adj.** (du lat. *acetum,* vinaigre). **Acide acétique,** acide auquel le vinaigre doit sa saveur. ▸ Formule : CH_3CO_2H. / **Fermentation acétique,** fermentation qui donne naissance au vinaigre.

acétone [asetɔn] **n.f.** (de *acét[ique]*). Liquide incolore, volatil, inflammable, d'odeur éthérée, utilisé comme solvant. ▸ Formule : CH_3COCH_3.

acétyle [asetil] **n.m.** (de *acét[ique]* et du gr. *hulê,* matière). Radical univalent CH_3CO— dérivant de l'acide acétique.

acétylène [asetilɛn] **n.m.** Hydrocarbure non saturé gazeux, obtenu notamm. en traitant le carbure de calcium par l'eau. ▸ Formule : $HC{\equiv}CH$.

acétylsalicylique [asetilsalisilik] **adj. Acide acétylsalicylique ⟶ aspirine.**

Achaïe, contrée de l'anc. Grèce au nord du Péloponnèse. Après la conquête romaine (146 av. J.-C.), le nom d'Achaïe désigne la Grèce soumise à Rome. Les croisés créèrent, en 1205, la principauté d'Achaïe ou de Morée, qui fut reconquise par les Byzantins en 1432.

achalandé, e [aʃalɑ̃de] **adj.** (de *chaland*). **1.** (Emploi critiqué mais cour.). Fourni en marchandises, approvisionné : *Boutique bien achalandée.* **2.** VX. Qui a de nombreux clients. **3.** QUÉBEC. Très fréquenté, passant : *Un magasin, une autoroute achalandés* ; où il y a affluence : *Une période achalandée.*

acharné, e [aʃarne] **adj. 1.** Qui est fait avec fougue, ardeur : *Une lutte acharnée.* **2.** Qui est obstiné dans ce qu'il entreprend : *Un travailleur acharné* (syn. **tenace**).

acharnement [aʃarnəmɑ̃] **n.m. 1.** Fait de s'acharner : *S'entraîner avec acharnement* (syn. **obstination, ténacité**). **2. Acharnement thérapeutique,** fait de chercher à maintenir en vie, par tous les moyens thérapeutiques possibles, une personne dont l'état est jugé désespéré.

s'**acharner** [aʃarne] **v.pr.** (de l'anc. fr. *charn,* chair ; v. *chair*). **1.** Mettre beaucoup de ténacité, de fougue dans ce qu'on entreprend ou employer toute son énergie pour obtenir qqch : *Il n'a pas encore réussi, mais il s'acharne* (syn. **s'obstiner**). **2. S'acharner sur, contre qqn,** poursuivre qqn, avec violence, hostilité : *S'acharner sur un pauvre garçon* (= le persécuter). *Le sort s'acharne contre cette famille.*

achat [aʃa] **n.m.** (de *achater,* var. anc. de *acheter*). **1.** Action d'acheter : *L'achat d'une sculpture* (syn. **acquisition**). **2.** Ce qui est acheté : *Déballer ses achats* (syn. **emplette**).

Achéenne *(ligue),* confédération de douze villes du Péloponnèse. Créée au ve s. av. J.-C., réorganisée en 281 av. J.-C., elle fut anéantie par les Romains en 146 av. J.-C.

Achéens, la plus ancienne famille ethnique grecque. Venus des régions danubiennes, les Achéens envahirent la péninsule au début du IIe millénaire. Ils fondèrent une civilisation brillante, dite *mycénienne,* qui avait comme centres Mycènes et Tirynthe, et qui fut détruite par les Doriens (v. 1200 av. J.-C.).

Achéménides, dynastie qui, à partir de Cyrus II (v. 550 av. J.-C.), régna sur l'Empire perse. Elle fit progressivement l'unité de l'Orient, du milieu du VIe s. à la fin du IVe s. av. J.-C., et cessa de régner en 330 av. J.-C., à la mort de Darios III, vaincu en 331 près d'Arbèles (Assyrie) par Alexandre le Grand. Persépolis et Suse témoignent de la splendeur de son art voué à la gloire du souverain.

acheminement [aʃminmɑ̃] **n.m.** Action d'acheminer, de s'acheminer : *L'acheminement du courrier.*

acheminer [aʃmine] **v.t.** (de *chemin*). Diriger qqn, qqch vers un lieu : *Acheminer des médicaments par avion* (syn. **transporter**). ◆ **s'acheminer v.pr. 1.** Se diriger vers un lieu : *S'acheminer vers le centre de la ville* (syn. **aller**). **2.** Avancer, tendre vers l'aboutissement de qqch : *Les pourparlers s'acheminent vers un résultat positif* (syn. **progresser**).

Achéron, fleuve des Enfers dans la mythologie grecque. Les âmes des morts traversaient ses eaux noires dans la barque de Charon. Son nom sert souvent à désigner les Enfers eux-mêmes.

acheter [aʃte] **v.t.** (lat. pop. **accaptare,* chercher à prendre, du class. *captare,* saisir) [conj. **28**]. **1.** Obtenir, se procurer en payant : *Acheter du pain. Acheter une voiture* (syn. **acquérir**). **2.** Payer la complicité de qqn : *Acheter un témoin* (syn. **soudoyer**). **3.** Obtenir avec effort, avec peine : *Acheter très cher sa liberté* (syn. **payer**).

acheteur, euse [aʃtœr, -øz] **n. 1.** Personne qui achète qqch pour son compte personnel : *Les acheteurs se bousculaient pour profiter des soldes* (syn. **client**). **2.** Personne chargée de faire les achats de marchandises pour une entreprise (grand magasin, en partic.).

acheuléen, enne [aʃøleɛ̃, -ɛn] **adj.** et **n.m.** (de *Saint-Acheul,* localité de la Somme). Se dit d'un faciès culturel du paléolithique inférieur, caractérisé par des bifaces réguliers. ▸ Il apparaît en Afrique il y a un million d'années et se répand en Europe vers 500 000 av. J.-C.

achevé, e [aʃve] **adj.** Qui est parfait en son genre, en bonne ou mauvaise part : *C'est le type achevé de l'élégante. C'est d'un ridicule achevé* (syn. **complet**).

achèvement [aʃɛvmɑ̃] **n.m.** Action de mener à son terme, de finir : *L'achèvement des travaux* (syn. **réalisation**).

achever [aʃve] **v.t.** (de l'anc. fr. *a chief* [*venir de*], [venir à] bout de ; v. *chef*) [conj. **19**]. **1.** Finir ce qui est commencé : *Achever rapidement son repas* (syn. **terminer**). **2.** Donner le dernier coup qui tue à un animal, à qqn : *Achever un cheval* (syn. **abattre**). **3.** Finir d'accabler : *Ce dernier malheur l'a achevé* (syn. **anéantir**).

Achgabat, anc. **Achkhabad,** cap. du Turkménistan ; 683 260 hab.

Achille, héros grec de la guerre de Troie, personnage central de *l'Iliade*. Fils du roi Pélée et de la déesse Thétis, il est le guerrier le plus redouté des Troyens, mais il se retire sous sa tente lorsque Agamemnon lui enlève Briséis, jeune fille prise en butin. Saisi de nouveau d'une violente colère, il reprend les armes pour venger son ami Patrocle, parti combattre à sa place et qui vient d'être tué par Hector. Ce dernier tombe sous les coups d'Achille, qui mourra à son tour, blessé au talon, seul endroit de son corps qui fût vulnérable, par une flèche lancée par Pâris et guidée par Apollon.

achillée [akile] **n.f.** (gr. *akhilleios,* du n. d'Achille, qui guérit Télèphe avec cette herbe). Plante à feuilles très découpées, dont l'espèce la plus commune est la mille-feuille. ▸ Famille des composées.

achoppement [aʃɔpmɑ̃] **n.m. Pierre d'achoppement,** difficulté ; cause d'échec : *La question des tarifs agricoles est la pierre d'achoppement des négociations* (syn. **obstacle**).

achopper [aʃɔpe] **v.i.** (de *chopper,* buter, d'orig. onomat.). **1.** LITT. Buter du pied contre qqch (syn. **trébucher**). **2.** Être arrêté par une difficulté : *Achopper sur un mot difficile à prononcer* (syn. **buter sur**).

achromatique [akrɔmatik] **adj.** (du gr. *khrôma, -atos,* couleur). Qui laisse passer la lumière blanche sans la décomposer, sans produire d'irisation.

aciculaire [asikylɛr] **adj.** (du lat. *acicula,* petite aiguille). BOT. Qui se termine en pointe.

acide [asid] **adj.** (lat. *acidus*). **1.** Qui a une saveur piquante : *Boisson trop acide* (syn. **aigre**). **2.** Désagréable ; blessant : *Paroles acides* (syn. **caustique, mordant**). **3.** CHIM. Qui a les propriétés d'un acide : *Une solution acide.* **4.** GÉOL. **Roche acide,** roche endogène contenant plus de 65 % de silice. / PÉDOL. **Sol acide,** dont le pH est inférieur à 6,5. ◆ **n.m.** CHIM. Corps hydrogéné dont la solution dans l'eau fournit des ions H_3O^+, qui agit sur les bases et les métaux en formant des sels, et qui fait virer au rouge la teinture bleue de tournesol.

■ Les acides sont caractérisés par un ensemble de propriétés que partagent un grand nombre d'espèces chimiques. À l'acidité correspond une saveur : le vinaigre pique la langue. Les acides minéraux ont une action sur la liqueur de tournesol, qu'ils colorent en rouge, sur d'autres solutions, appelées *indicateurs colorés,* comme l'hélianthine, qui devient rouge-orangé. Ils attaquent de nombreux métaux en formant des sels ; ils neutralisent les bases.

La fonction acide. Elle se caractérise principalement par le fait que, dans une réaction chimique, un acide libère des ions positifs d'hydrogène (H^+). Ces ions H^+ sont les « hydrogènes acides ». Les composés, tel l'acide sulfhydrique (H_2S), où l'hydrogène acide est uni à un non-métal autre que l'oxygène, sont appelés *hydracides ;* ceux qui, tel l'acide sulfurique (H_2SO_4), contiennent de l'oxygène sont des *oxacides.*

Avec du papier-pH ou un pH-mètre, on mesure le « degré » d'acidité que l'on associe à un nombre, le potentiel hydrogène ou pH, lié à la concentration d'hydrogènes acides. Tandis que l'eau pure ne contient qu'un ion H^+ pour 550 millions de molécules, ce qui correspond à un pH neutre (égal à 7), l'addition de jus de citron ou de vinaigre apporte à celle-ci un supplément d'ions H^+, ce qui a pour effet de diminuer le pH de la solution acide ainsi obtenue. Par ailleurs, on distingue les acides forts (acide chlorhydrique, acide nitrique), entièrement dissociés en ions dans l'eau, et les acides faibles (acide acétique, acide carbonique), qui ne le sont que partiellement.

Les acides et la vie. Dans la vie quotidienne, l'acidité est diversement présente. Le lait, les fruits et les légumes sont acides. Il existe des sols naturellement acides, par exemple les terres siliceuses ou marécageuses. En agriculture, la mesure du pH des sols est nécessaire pour déterminer la culture la plus adaptée. La pollution atmosphérique par les activités industrielles ou urbaines offre un exemple de l'effet des acides sur l'environnement. Les cheminées ou les pots d'échappement rejettent dans l'air des oxydes d'azote et de l'anhydride sulfureux qui ne sont autres que des acides déshydratés. Les vents entraînent parfois sur des milliers de kilomètres ces polluants, qui, au contact des micro-gouttelettes nuageuses ou des gouttes de pluie, se transforment pendant leur course en acide sulfurique et en acide nitrique, à l'origine des pluies acides.

Enfin, au niveau le plus élémentaire de la vie, celui de la cellule, les acides sont, au même titre que les bases, des constituants fondamentaux de la matière organique. Ainsi, *toutes* les protéines qui constituent la matière vivante sont formées d'une infinité de combinaisons de seulement 23 *acides aminés* (ou *aminoacides*), et seulement 21 chez l'homme. Par ailleurs, les macromolécules porteuses de l'information nécessaire au développement et au fonctionnement des organismes sont aussi des acides : *acides nucléiques* ADN et ARN. ■

acidifiant, e [asidifjɑ̃, -ɑ̃t] **adj.** et **n.m.** Se dit d'une substance qui a la propriété de transformer en acide, de rendre acide.

acidification [asidifikasjɔ̃] **n.f.** CHIM. Fait de transformer ou d'être transformé en acide.

acidifier [asidifje] **v.t.** [conj. **9**]. **1.** Rendre plus acide : *Acidifier du vin.* **2.** CHIM. Transformer en acide.

acidimètre [asidimɛtr] **n.m.** Appareil pour doser les acides ou déterminer l'acidité du lait et du vin.

acidité [asidite] **n.f. 1.** Saveur acide, aigre : *L'acidité d'un citron.* **2.** Caractère mordant : *L'acidité d'un propos* (syn. **causticité**). **3.** CHIM. Caractère acide d'un corps.

acido-basique [asidɔbazik] **adj.** (pl. *acido-basiques*). **Équilibre acido-basique,** rapport constant entre les acides et les bases présents dans l'organisme, qui se traduit par la stabilité du pH sanguin.

acidose [asidoz] **n.f.** (de *acide*). PATHOL. État du sang qui présente une acidité excessive : *Acidose respiratoire.*

acidulé, e [asidyle] **adj.** De saveur légèrement acide : *Bonbon acidulé.*

acier [asje] **n.m.** (bas lat. *aciarium,* du class. *acies,* pointe). Alliage de fer et de carbone (moins de 1,8 %) susceptible d'acquérir par traitement mécanique et thermique des propriétés très variées : *Structures en acier. Acier inoxydable.* ◆ **adj. inv.** D'un gris mat, métallique.

■ L'acier est essentiellement obtenu par affinage de la fonte, mais aussi par fusion de ferrailles récupérées (élaboration en fours électriques) et, en quantité limitée, par réduction directe du minerai. Dans le haut-fourneau de l'usine de fonte, le minerai aggloméré (oxydes de fer) est réduit en présence de coke à plus de 2 000 °C.

La filière continue de l'acier. La fonte est transformée dans un convertisseur en acier sauvage, sous l'action de l'oxygène et par addition de ferrailles. Composition et température sont ajustées dans la station d'affinage. Un répartiteur alimente les lignes de la *machine à coulée continue.* Il en sort des ébauches (ou *brames*) qui sont refroidies, découpées, marquées puis laminées. Les tôles subissent des traitements thermiques et de surface (étamage, zingage) puis sont mises en bobines, découpées en feuilles ou refendues. L'acier peut aussi être forgé, filé, étiré, tréfilé, embouti, estampé, etc. Il peut enfin être revêtu et/ou subir des traitements chimiques (cémentation, nitruration) qui lui confèrent une dureté élevée en surface.

Aciers ordinaires et aciers alliés. La structure et les propriétés de l'acier dépendent de sa teneur en carbone, de la présence ou non d'éléments d'addition, des traitements thermiques (la trempe) et mécaniques (écrouissage) subis. On distingue deux grands groupes de nuances d'acier : les aciers ordinaires, qui ont une teneur en carbone inférieure à 1 %, et les aciers alliés dans lesquels sont ajoutés un ou plusieurs autres métaux (nickel, manganèse, chrome, silicium, etc.) pour obtenir des propriétés particulières. L'addition de nickel augmente les caractéristiques mécaniques et, à forte teneur, favorise la résistance à la corrosion ; le chrome rend l'acier inoxydable, résistant aux divers milieux agressifs ; le silicium en augmente l'élasticité et la résistance aux chocs ; le manganèse donne une remarquable tenue au choc et à l'usure. Ces aciers alliés, dits *spéciaux,* sont élaborés pour des utilisations précises : fabrication d'outillage, aciers réfractaires, aciers pour la confection d'outils de coupe à grande vitesse, aciers pour aimants, etc.

L'acier et l'architecture. L'acier a remplacé le fer après l'Exposition universelle de Paris (1889), d'abord pour l'ossature des gratte-ciel ou pour armer le béton, ensuite pour la construction des ponts : il est utilisé laminé, au pont Mirabeau (1894), et moulé, au pont Alexandre-III (1898), à Paris. Il devient matériau d'architecture, dès 1937, avec la maison du peuple de Clichy. Le Centre Georges-Pompidou ou l'Institut du monde arabe, ainsi que diverses autres réalisations du courant high-tech sont autant d'exemples de l'actualité de ce matériau. ■

aciérage [asjeraʒ] **n.m.** Opération consistant à donner à un métal la dureté de l'acier.

aciéré, e [asjere] **adj.** Qui contient de l'acier ; recouvert d'acier : *Fonte aciérée.*

aciérie [asjeri] **n.f.** Usine où l'on fabrique de l'acier.

acmé [akme] **n.m.** ou **f.** (gr. *akmê,* pointe). LITT. Point culminant ; apogée : *L'acmé de l'action dans une pièce de théâtre.*

acné [akne] **n.f.** (lat. scientif. *acne,* transcription erronée du gr. *akmê,* pointe). Dermatose caractérisée par des boutons ou pustules, développés aux dépens du follicule pileux, siégeant princ. au visage : *Acné juvénile.*

acolyte [akɔlit] **n.m.** (gr. *akolouthos,* serviteur). **1.** Aide et compagnon de qqn à qui il est subordonné (péjor.) : *Un mafioso et ses acolytes* (syn. **complice**). **2.** CATH. Servant du prêtre à l'autel.

acompte [akɔ̃t] **n.m.** (de *compte*). Paiement partiel à valoir sur le montant d'une somme à payer : *Vous devrez verser un acompte à la commande* (syn. **arrhes, provision**). *Demander un acompte sur son salaire* (syn. **avance**).

Aconcagua, point culminant des Andes et de l'Amérique (Argentine) ; 6 959 m.

aconit [akɔnit] **n.m.** (gr. *akoniton*). Plante vénéneuse des régions montagneuses, souvent cultivée dans les jardins, à feuilles vert sombre, possédant un pétale supérieur en forme de casque. ▸ Famille des renonculacées ; haut. 1 m.

a contrario [akɔ̃trarjo] **loc. adj.** et **loc. adv.** (loc. lat. « par le contraire »). Se dit d'un raisonnement qui considère que, si l'on part d'hypothèses inverses, on aboutit à des conclusions inverses.

s'**acoquiner** [akɔkine] **v.pr.** (de *coquin*). Se lier avec une, des personnes peu recommandables (péjor.) : *Il s'était acoquiné avec un homme d'affaires véreux* (syn. **s'aboucher**).

Açores *(anticyclone des),* masse de hautes pressions centrée sur l'Atlantique, atteignant l'Europe occidentale en été.

Açores (les), archipel portugais de l'Atlantique ; 2 247 km^2 ; 241 763 hab. V. princ. *Ponta Delgada.* Les principales îles, volcaniques et montagneuses, sont São Miguel, Pico et Terceira.

à-côté [akote] **n.m.** (pl. *à-côtés*). **1.** Ce qui ne se rapporte que de loin au sujet principal : *Vous vous perdez dans les à-côtés de la question.* **2.** Ce qu'on gagne en plus de son salaire habituel ; dépenses qui viennent en supplément : *Se faire des petits à-côtés en travaillant le week-end. Les à-côtés imprévus dans un voyage.*

à-coup [aku] **n.m.** (pl. *à-coups*). **1.** Arrêt brusque immédiatement suivi d'une reprise ; rupture dans la continuité d'un mouvement ; saccade : *Le moteur eut quelques à-coups puis s'arrêta* (syn. **raté**). **2. Par à-coups,** de façon intermittente, irrégulière : *Tu ne réussiras pas si tu travailles par à-coups.* / **Sans à-coups,** sans changement de vitesse, de rythme ; sans incident important : *Rétrograder sans à-coups. Le voyage s'est déroulé sans à-coups.*

acouphène [akufɛn] **n.m.** (du gr. *akouein,* entendre, et *phainein,* apparaître). Sensation auditive perçue en l'absence de tout stimulus extérieur : *Les bourdonnements et sifflements d'oreille sont des acouphènes.*

acousticien, enne [akustisjɛ̃, -ɛn] **n.** Spécialiste d'acoustique.

acoustique [akustik] **adj.** (gr. *akoustikos,* de *akouein,* entendre). Relatif à la perception des sons ; qui relève de l'audition : *Un phénomène acoustique.* ◆ **n.f. 1.** Partie de la physique qui étudie les sons. **2.** Qualité d'un lieu du point de vue de la propagation des sons : *L'acoustique du nouveau théâtre est excellente.*

acquéreur [akerœr] **n.m.** Personne qui acquiert un objet représentant un certain investissement financier : *L'État s'est rendu acquéreur du tableau.* **Rem.** Le féminin *acquéreuse* est rare.

acquérir [akerir] **v.t.** (lat. *acquirere*) [conj. **39**]. **1.** Devenir propriétaire d'un bien, d'un droit, par achat, échange, succession : *Acquérir une maison de campagne* (syn. **acheter**). *Acquérir une terre par voie d'héritage.* **2.** Arriver à avoir, obtenir grâce à un effort, à l'expérience, au temps : *Acquérir de l'habileté, de l'assurance.* **3.** Faire avoir, procurer : *Ses services lui ont acquis notre reconnaissance.*

acquêt [akɛ] **n.m.** Bien acquis par l'un des époux à titre onéreux et qui entre dans la masse commune, dans le régime de la communauté légale (par opp. à *bien propre*) : *Ils sont mariés sous le régime de la communauté réduite aux acquêts.*

acquiescement [akjɛsmɑ̃] **n.m.** Action d'acquiescer à une proposition, une idée : *Faire un signe d'acquiescement* (syn. **agrément, assentiment**).

acquiescer [akjese] **v.i.** (lat. *acquiescere,* se reposer) [conj. **21**]. LITT. Se ranger à l'avis de son interlocuteur : *Acquiescer d'un signe de tête* (syn. **accepter, approuver**). ◆ **v.t. ind. [à].** Donner son accord, son approbation à : *Il a acquiescé à toutes nos propositions* (syn. **souscrire à** ; contr. **s'opposer à**).

acquis, e [aki, akiz] **adj.** (p. passé de *acquérir*). **1.** Qui est obtenu par la recherche, le travail, l'habitude : *Les caractères acquis de l'individu* (contr. **héréditaire, inné**). **2.** Qui a été obtenu, reconnu une fois pour toutes et ne peut être contesté : *Fait acquis. Droits, avantages acquis.* **3. Acquis à,** entièrement gagné, dévoué à une idée, à qqn ; partisan de : *Être acquis à une cause. Je vous suis tout acquis.* ◆ **acquis n.m. 1.** Ensemble de privilèges, d'avantages, de droits, obtenus par une action, une lutte syndicale ou politique : *Le droit de grève fut un acquis considérable.* **2.** Savoir obtenu par l'étude ou l'expérience : *Demander la validation de ses acquis* (syn. **bagage, connaissances**).

acquisition [akizisjɔ̃] **n.f. 1.** Action d'acquérir un bien : *Faire l'acquisition d'un domaine* (syn. **achat**). **2.** Action d'acquérir un savoir : *L'acquisition du langage.* **3.** Ce que l'on a acheté ; chose acquise : *Montre-moi ta dernière acquisition* (syn. **achat**).

acquit [aki] **n.m.** (de *acquitter*). **1.** Reconnaissance écrite d'un paiement (syn. **quittance, reçu**). **2. Par acquit de conscience,** pour éviter ensuite un remords : *Je passerai la voir par acquit de conscience.* / **Pour acquit,** formule écrite au verso d'un chèque, au bas d'un billet, pour certifier qu'ils ont été payés.

acquittement [akitmɑ̃] **n.m. 1.** Action de payer ce qui est dû : *Acquittement d'une dette* (syn. **paiement, remboursement**). **2.** Action de déclarer innocent par une décision judiciaire : *L'acquittement d'un accusé* (contr. **condamnation**).

acquitter [akite] **v.t.** (de *quitte*). **1.** Payer ce qu'on doit : *Acquitter ses impôts, une facture* (syn. **payer, régler**). **2.** Déclarer non coupable : *Acquitter un accusé* (syn. **disculper, innocenter**). ◆ **s'acquitter v.pr. [de].** Faire ce qu'on doit, ce à quoi on s'est engagé : *Elle s'est parfaitement acquittée de sa tâche* (syn. **accomplir**). *S'acquitter de ses dettes envers qqn* (syn. **se libérer, rembourser**). *S'acquitter de ses obligations militaires* (= faire son service).

acra [akra] **n.m.** (orig. obsc.). Boulette de morue pilée ou de pulpe de légume mêlée de pâte à beignet, frite à l'huile bouillante. ▸ Cuisine créole.

acre [akr] **n.f.** (mot anglo-normand). Anc. mesure agraire variable d'un pays à l'autre. ▸ Elle valait en France 52 ares env.

Acre, auj. **Akko,** port d'Israël, sur la Méditerranée ; 46 100 hab. Anc. forteresse des croisés *(Saint-Jean-d'Acre),* elle fit partie du royaume latin de Jérusalem.

âcre [ɑkr] **adj.** (lat. *acer*). Dont la saveur ou l'odeur est forte et irritante : *L'odeur âcre de la fumée* (syn. **piquant**). *Ces fruits verts sont âcres* (syn. **amer, âpre**).

âcreté [akrəte] **n.f.** Caractère de ce qui est âcre : *L'âcreté d'un fruit qui n'est pas mûr* (syn. **amertume, âpreté**).

acridien [akridjɛ̃] **n.m.** (du gr. *akris, -idos,* sauterelle). **Acridiens,** famille d'insectes orthoptères comprenant environ 10 000 espèces parmi lesquelles les criquets et les locustes.

acrimonie [akrimɔni] **n.f.** (lat. *acrimonia,* de *acer,* âcre). LITT. Mauvaise humeur qui se manifeste par un ton mordant, des propos acerbes : *Exprimer ses griefs sans acrimonie* (syn. **agressivité, aigreur, hargne**).

acrimonieux, euse [akrimɔnjø, -øz] **adj.** LITT. Qui a, qui manifeste de l'acrimonie : *Ton, propos acrimonieux* (syn. **acerbe, agressif, aigre**).

acrobate [akrɔbat] **n.** (du gr. *akrobatein,* aller sur la pointe des pieds). **1.** Artiste qui exécute des exercices d'agilité, d'adresse ou de force dans un cirque, un music-hall : *Un numéro d'acrobate.* **2.** Personne habile qui recourt à des procédés compliqués, souvent fantaisistes ou périlleux : *Un acrobate de la politique.*

acrobatie [akrɔbasi] **n.f. 1.** Exercice d'acrobate, difficile ou périlleux : *Les acrobaties comiques des clowns.* **2.** Comportement, procédé habile et ingénieux, mais souvent dangereux ou discutable ; virtuosité périlleuse : *Il s'est livré à quelques acrobaties pour rétablir son budget* (= tour de passe-passe). **3. Acrobatie aérienne,** voltige.

acrobatique [akrɔbatik] **adj. 1.** Qui tient de l'acrobatie : *Un saut acrobatique.* **2.** D'une virtuosité périlleuse : *Un redressement financier acrobatique.*

acronyme [akrɔnim] **n.m.** (de *acro-* et *-onyme*). Sigle qui peut être prononcé comme un mot ordinaire : *C. A. P. E. S., qui signifie « Certificat d'aptitude au professorat de l'enseignement du second degré » et que l'on prononce* [kapɛs], *est un acronyme.*

acropole [akrɔpɔl] **n.f.** (gr. *akropolis,* de *akros,* élevé, et *polis,* ville). **1.** Partie la plus élevée des cités grecques, servant de citadelle. **2.** (Avec une majuscule). L'Acropole d'Athènes.

■ Citadelle de l'ancienne Athènes, sur un rocher haut d'une centaine de mètres, lieu consacré à Athéna dès l'âge mycénien, elle fut ravagée par les Perses en 480 av. J.-C., lors des guerres médiques. Au Ve s. av. J.-C., Périclès chargea Phidias de sa rénovation ; de magnifiques monuments *(Parthénon, Érechthéion)* furent construits, auxquels on accédait par les Propylées. Au pied du rocher (versant sud-est), riche musée archéologique. ■

acrostiche [akrɔstiʃ] **n.m.** (gr. *akrostikhos,* de *akros,* extrême, et *stikhos,* vers). Pièce de vers composée de telle sorte qu'en lisant dans le sens vertical la première lettre de chaque vers on trouve le mot pris pour thème, le nom de l'auteur, celui du dédicataire, etc.

acrylique [akrilik] **adj.** et **n.m.** (du lat. *acer,* âcre, acide, et du gr. *hulê,* matière). Se dit d'une fibre textile synthétique, obtenue par polymérisation : *Chandail en fibre acrylique, en acrylique.* ◆ **adj. Peinture acrylique,** peinture obtenue par la dispersion de pigments dans un latex résultant d'une polymérisation.

1. acte [akt] **n.m.** (lat. *actum,* de *agere,* agir). **1.** Manifestation concrète de l'activité de qqn, considérée en tant que fait objectif et accompli : *Il y a loin de la parole aux actes* (syn. **action**). **2.** Action humaine adaptée à une fin, de caractère volontaire ou involontaire : *Acte instinctif. Un acte de vandalisme, de terrorisme.* **3.** DR. Écrit constatant une opération ou une situation juridique : *Les actes de l'état civil sont les actes de naissance, de mariage, de décès. Acte de vente. Le greffier a lu l'acte d'accusation.* **4. Dont acte,** bonne note est prise. / **Faire acte de,** témoigner de, donner la preuve de : *Faire acte de bonne volonté. Elle tenait à faire acte d'autorité.* / **Prendre acte de,** déclarer qu'on se prévaudra par la suite du fait constaté : *Je prends acte que vous acceptez aujourd'hui l'ensemble de nos propositions.* **5.** PSYCHAN. **Acte manqué,** acte par lequel un sujet substitue involontairement, à un projet ou à une intention qu'il vise délibérément, une action ou une conduite totalement imprévues. / PSYCHOL. **Passage à l'acte,** réalisation d'une tendance, d'un désir impulsif jusque-là contenu.

2. acte [akt] **n.m.** (lat. *actus,* représentation scénique). Chacune des grandes divisions d'une pièce de théâtre : *Une tragédie classique en cinq actes.*

Actes des Apôtres, livre du Nouveau Testament, qui constitue, avec les Épîtres de Paul, la source principale de l'histoire de la communauté chrétienne primitive depuis l'ascension de Jésus-Christ jusqu'à l'arrivée de Paul à Rome. Il aurait été rédigé – entre 80 et 90 – par l'évangéliste Luc.

acteur, trice [aktœr, -tris] **n.** (lat. *actor,* de *agere,* agir). **1.** Artiste qui joue dans une pièce de théâtre ou dans un film : *L'acteur le plus célèbre de sa génération* (syn. **comédien**). **2.** Personne qui prend une part déterminante dans une action : *Les acteurs d'un complot* (syn. **protagoniste** ; contr. **spectateur, témoin**). ▶ *Dossier page suivante.*

1. actif, ive [aktif, -iv] **adj.** (du lat. *actum ;* v. *acte*). **1.** Qui agit, qui manifeste de l'activité, de l'énergie ; qui implique de l'activité : *Rester actif malgré l'âge* (syn. **énergique, entreprenant**). *Des recherches actives.* **2.** Qui joue un rôle effectif ; qui est en exercice, en activité : *La population active* (= partie de la population qui exerce une activité professionnelle ou recherche un emploi). *Membre actif d'un club.* **3.** Qui agit efficacement : *Remède actif* (syn. **efficace**). **4. D'active,** se dit d'un membre de *l'armée active,* des forces armées permanentes d'une nation (par opp. à *de réserve*) : *Un officier d'active.* / **Population active,** ensemble des personnes qui exercent une activité professionnelle rémunérée ou recherchent un emploi. / **Vie active,** période de la vie où l'on exerce une activité professionnelle : *Entrer dans la vie active.* / GRAMM. **Voix active,** forme du verbe qui, aux temps simples, n'a pas d'auxiliaire et qui présente l'action comme faite par le sujet (par opp. à *voix passive*). ◆ **n.** Personne ayant un emploi ou en cherchant un.

2. actif [aktif] **n.m.** (de *1. actif*). **1.** COMPTAB. Ce qui, dans un bilan, figure l'ensemble des biens matériels et immatériels détenus par une entreprise : *L'actif de la société se compose d'immeubles et d'actions* (contr. **passif**). **2.** GRAMM. Voix active. **3. Avoir qqch à son actif,** compter au nombre de ses succès, de ses avantages, de ses actions : *Il a à son actif l'élaboration de plusieurs projets de loi.*

actinide [aktinid] **n.m.** (de *actinium,* n. d'un métal radioactif). Nom générique d'un groupe d'éléments chimiques radioactifs, naturels ou artificiels, de numéro atomique compris entre 89 et 103.

actinie [aktini] **n.f.** (du gr. *aktis, -inos,* rayon). ZOOL. Polype solitaire à nombreux tentacules, fixé aux rochers littoraux (nom usuel : *anémone de mer*). ▶ Embranchement des cnidaires ; classe des anthozoaires.

1. action [aksjɔ̃] **n.f.** (lat. *actio,* de *agere,* agir). **1.** Fait, faculté d'agir, de manifester sa volonté en accomplissant qqch : *Être porté à l'action* (syn. **activité** ; contr. **réflexion**). *Homme, femme d'action.* **2.** Ce que l'on fait ; manifestation concrète de la volonté de qqn, d'un groupe : *Le mobile d'une action* (syn. **acte**). *Action d'éclat.* **3.** Effet produit par qqch ou qqn agissant d'une manière déterminée ; manière d'agir : *L'action de l'acide sur le métal* (syn. **effet**). *L'action du gouvernement sur les prix. Un remède à action lente.* **4.** Mouvement collectif organisé en vue d'un effet particulier : *Action revendicative.* **5.** Engagement militaire limité dans sa durée et dans ses objectifs ; coup de main : *Cérémonie à la mémoire des soldats tombés pendant l'action* (syn. **combat**). **6.** Ensemble des événements qui constituent la trame d'un récit, d'un drame ; progression dramatique, péripéties d'une œuvre littéraire : *L'action de la pièce se passe au siècle dernier. Unité d'action. Roman qui manque d'action.* **7.** Exercice d'un droit en justice : *Intenter une action* (= porter plainte). *Introduire une action en justice.* **8. Action directe,** méthode d'activité syndicale ou politique qui s'exprime par le recours à la violence. / **Mettre en action,** réaliser ce qui n'était encore qu'une idée, qu'une intention. / **Verbe d'action,** verbe exprimant une action (par opp. à *verbe d'état*).

2. action [aksjɔ̃] **n.f.** (orig. incert., p.-ê. de *1. action,* avec influence de *2. actif*). FIN. Titre représentant une part d'associé dans certaines sociétés et donnant droit à une part des bénéfices : *Acheter, vendre des actions. Actions et obligations.*

Action française (l'), mouvement nationaliste et royaliste. Née en France au moment de l'affaire Dreyfus, elle se

Comment l'acteur incarne-t-il un personnage ?

La télé-réalité voudrait conforter l'idée que n'importe qui peut devenir acteur dès lors qu'il se trouve en face d'une caméra. Or, dans ce cadre, on n'est amené à jouer que son propre rôle. Le véritable acteur, lui, est capable de jouer des rôles de composition, c'est-à-dire d'incarner des personnages qui ne lui ressemblent pas, selon le choix du metteur en scène ou du réalisateur. Comment l'acteur s'y prend-il pour incarner un rôle ? Quelle part d'observation, de savoir-faire, de technique et de sincérité cela nécessite-t-il ?

▶ Pour que le personnage devienne une personne. Un acteur est d'abord un bon observateur. Selon Denis Diderot, l'acteur commence par observer la réalité (*le Paradoxe sur le comédien*, 1773). Ensuite, il l'imite au moyen de gestes codés. Pour montrer la timidité, par exemple, il baisse les yeux. Ce geste n'est que « pure imitation ». Le bon acteur imite si parfaitement la réalité qu'il donne l'illusion que le *personnage* qu'il incarne est une *personne*. Aux yeux de Diderot, l'acteur « n'est pas le personnage, il le joue, et le joue si bien que vous le prenez pour tel ». Sur la scène, l'acteur, grâce à sa présence physique, donne une évidente réalité à un personnage imaginaire.

▶ Maîtriser l'espace en usant de son corps. Les gestes de l'acteur n'ont de sens pour le spectateur que s'il y a une « mise en scène ». À la lecture d'une pièce de théâtre, on est sensible aux didascalies, ces petites indications sur le jeu des acteurs. Le caractère des personnages, leurs relations se construisent dans l'espace par des gestes et des attitudes. Ainsi, dans la comédie *le Tartuffe* de Molière, Tartuffe tente de séduire Elmire qui refuse ses avances (acte III, scène 3). Cet échange de gestes montre l'empressement de l'un et la gêne de l'autre. De ce jeu d'acteur naît le comique de gestes.

Tartuffe (il lui serre le bout des doigts). – Oui, Madame, sans doute, et ma ferveur est telle...
Elmire. – Ouf ! vous me serrez trop.
Tartuffe. – C'est par excès de zèle.
De vous faire aucun mal je n'eus jamais dessein, Et j'aurais bien plutôt... (Il lui met la main sur le genou.)
Elmire. – Que fait là votre main ?
Tartuffe. – Je tâte votre habit, l'étoffe en est moelleuse.
Elmire. – Ah ! de grâce, laissez, je suis fort chatouilleuse.
(Elle recule sa chaise, et Tartuffe rapproche la sienne.)

Au théâtre, pour que ces gestes du bout des doigts soient perceptibles, il faut souligner les mouvements par des répliques de type explicatif. Alors qu'au cinéma, ce sont les gros plans qui mettent en valeur les détails. Sur scène, pour qu'un geste ait du sens, il faut un savoir-faire : construire un personnage implique que l'acteur lui donne vie en utilisant son propre corps.

▶ Composer avec son esprit. Être un véritable acteur, c'est être capable d'incarner un personnage, de jouer ce que l'on n'est pas. Lorsque le personnage est très différent du comédien, on dit que l'acteur joue un rôle de composition. Ainsi, quand François Morel joue le personnage principal du *Bourgeois gentilhomme* de Molière, c'est-à-dire M. Jourdain (un homme riche et naïf qui voudrait être l'égal des aristocrates), il n'est plus l'amuseur qu'il est généralement à la radio et à la télévision. Il devient la personne du XVIIe siècle qu'a imaginée Molière, en en comprenant la psychologie et en explorant les possibilités offertes par la diction, les attitudes, le maquillage, l'habillement et la relation avec ses partenaires.

Mais, pour être un acteur compétent, il faut aussi savoir utiliser ses propres caractéristiques physiques et ce qui relie sa propre personnalité à celle du personnage. Pour incarner M. Jourdain, François Morel utilise sa fantaisie, alors qu'un autre interprète se servirait de sa bonhomie ou de son étrangeté. Dans cette composition, « ce n'est pas son cœur, c'est sa tête qui fait tout », dirait Diderot. En effet, en quelques minutes, l'acteur doit savoir passer du jeu comique au jeu dramatique (ou inversement), d'une manière réfléchie et non affective, c'est-à-dire contrôler ses émotions pour transmettre au public une vérité humaine.

La difficulté, pour l'acteur, consiste à ne pas s'appuyer sur les facilités d'un jeu conventionnel. Il lui faut donner au spectateur l'illusion de la vérité et maîtriser ses propres émotions, en faisant appel à des techniques mentales et corporelles.

Voir aussi : comédie ; Diderot ; Molière ; théâtre.

développa à partir de 1905 autour de Charles Maurras, partisan d'un nationalisme intégral et de l'établissement d'une monarchie antiparlementaire et décentralisée. Elle s'exprima dans un journal quotidien, *l'Action française*, créé en 1908, qui parut jusqu'en 1944.

actionnaire [aksjɔnɛr] **n.** Personne qui possède des actions dans une société : *Assemblée générale des actionnaires.*

actionnariat [aksjɔnarja] **n.m. 1.** Division en actions du capital des entreprises. **2.** Fait d'être actionnaire : *Actionnariat des salariés.* **3.** Ensemble des actionnaires.

actionner [aksjɔne] **v.t.** Faire fonctionner ; mettre en mouvement : *Actionner un mécanisme.*

Actium *(bataille d')* [31 av. J.-C.], victoire navale d'Octavien et de son lieutenant Agrippa sur Antoine, ancien lieutenant de César. Elle eut lieu à l'entrée du golfe d'Ambracie (auj. d'Árta) en Grèce, au sud de Corfou. Elle assura à Octavien, le futur Auguste, la domination du monde romain.

activation [aktivasjɔ̃] **n.f. 1.** Action d'activer : *Le maire exige l'activation des travaux de rénovation* (syn. **accélération**). **2.** CHIM. Augmentation de la réactivité d'un corps, notamm. par absorption de radiations : *Activation nucléaire.*

activé, e [aktive] **adj.** PHYS., CHIM. Rendu plus apte à agir par un procédé d'activation : *Charbon activé.*

activement [aktivmɑ̃] **adv.** De façon active : *Il s'est occupé activement de nos intérêts* (syn. **énergiquement ;** contr. **mollement**).

activer [aktive] **v.t.** (de *1. actif*). **1.** Rendre plus vif, plus actif : *Le vent violent activait l'incendie.* **2.** Rendre plus rapide : *Il faudrait activer les préparatifs de départ* (syn. **accélérer ;** contr. **ralentir**). **3.** CHIM. Soumettre à l'activation. ◆ **s'activer v.pr.** Travailler avec diligence, avec ardeur : *Les ouvriers s'activent sur le chantier* (syn. **s'affairer ;** contr. **traîner**).

activisme [aktivism] **n.m.** (de *actif*). **1.** Attitude politique qui préconise l'action directe, la propagande active. **2.** Attitude morale qui insiste sur les nécessités de la vie et de l'action, plus que sur les principes théoriques. ◆ **activiste n.** Partisan de l'activisme.

activité [aktivite] **n.f.** (du lat. *actum* ; v. *acte*). **1.** Ensemble des phénomènes par lesquels se manifestent certaines formes de vie, un processus, un fonctionnement : *Activité physique, intellectuelle.* **2.** Vivacité et énergie dans l'action de qqn ; dynamisme : *Elle fait preuve d'une activité débordante* (syn. **énergie ;** contr. **apathie**). **3.** Action d'une personne, d'une entreprise, d'une nation dans un domaine défini ; domaine dans lequel s'exerce cette action : *Avoir de nombreuses activités* (syn. **occupation**). *Reprendre son activité professionnelle après une maladie. Usine qui étend son activité à de nouveaux secteurs.* **4. En activité,** en exercice, en service (par opp. à *en disponibilité, en retraite*) ; en fonctionnement : *Un fonctionnaire en activité au-delà de la limite d'âge. Volcan en activité* (= susceptible d'entrer en éruption). **5. Activité solaire,** ensemble de phénomènes (taches, éruptions, sursauts, etc.) qui affectent certaines régions du Soleil suivant un cycle d'environ onze ans.

Actors Studio, école d'art dramatique fondée en 1947 à New York et dirigée de 1951 à 1982 par Lee Strasberg. Sa méthode, inspirée des leçons de Stanislavski, repose sur la concentration et la recherche intérieure des émotions. De 1995 à 2005, l'école poursuit son activité au sein de la New School University avant de rompre son contrat.

actualisation [aktɥalizasjɔ̃] **n.f. 1.** Action d'actualiser ; fait d'être actualisé : *L'actualisation d'une encyclopédie* (= mise à jour). **2.** PHILOS., LING. Action d'actualiser, de rendre effectif, actuel.

actualiser [aktɥalize] **v.t. 1.** Rendre actuel ; adapter à l'époque présente ; mettre à jour : *Actualiser les programmes scolaires.* **2.** PHILOS. Faire passer de la puissance à l'acte, de la virtualité à la réalité. **3.** LING. Mettre en œuvre les éléments virtuels de la langue dans des énoncés effectifs.

actualisme [aktɥalism] **n.m.** Doctrine selon laquelle les phénomènes du passé s'expliquent de la même manière que ceux qui sont actuellement observables.

actualité [aktɥalite] **n.f. 1.** Caractère de ce qui appartient ou convient au moment présent : *L'actualité d'un roman. Les problèmes agricoles sont un sujet d'actualité.* **2.** Ensemble des événements, des faits actuels, récents : *L'actualité médicale, littéraire.* ◆ **actualités n.f. pl.** Journal filmé d'informations politiques et générales.

actuariel, elle [aktɥarjɛl] **adj.** (du lat. *actuarius*, comptable, de *actum* ; v. *acte*). **Taux actuariel,** taux de rendement produit par un capital dont les intérêts et le remboursement sont assurés par une série de versements échelonnés dans le temps.

actuel, elle [aktɥɛl] **adj.** (bas lat. *actualis*, du class. *actum* ; v. *acte*). **1.** Qui existe dans le moment présent, l'époque présente : *Les circonstances actuelles nous imposent d'économiser l'énergie* (syn. **présent**). **2.** PHILOS. Qui existe en acte, conçu comme réel, effectif (par opp. à *virtuel*).

actuellement [aktɥɛlmɑ̃] **adv.** Dans la période présente ; en ce moment : *Ma voiture est actuellement en réparation* (syn. **présentement**). *Actuellement, le DVD remplace la vidéocassette* (= de nos jours) [syn. **aujourd'hui**].

acuité [akɥite] **n.f.** (bas lat. *acuitas*, du class. *acutus*, aigu). **1.** Caractère de ce qui est aigu, vif : *Acuité d'un son, d'une douleur* (syn. **intensité**). **2.** Pouvoir de discrimination d'un organe des sens ; puissance de pénétration : *Acuité visuelle. Intelligence d'une grande acuité* (syn. **finesse**).

acupuncteur, trice ou **acuponcteur, trice** [akypɔ̃ktœr, -tris] **n.** Médecin spécialiste de l'acupuncture.

acupuncture ou **acuponcture** [akypɔ̃ktyr] **n.f.** Traitement médical d'origine chinoise qui consiste à piquer des aiguilles en certains points du corps, selon des « lignes de force » vitales.

acyle [asil] **n.m.** (de *ac[ide]* et du gr. *hulê*, matière). Radical monovalent constitué d'un groupe hydrocarboné, d'un atome de carbone et d'un atome d'oxygène. ▸ Formule : RCO—.

1. adage [adaʒ] **n.m.** (lat. *adagium*). Maxime ancienne et populaire empruntée au droit coutumier ou écrit : *« Nul n'est censé ignorer la loi » est un adage.*

2. adage [adaʒ] **n.m.** (it. *adagio*). CHORÉGR. **1.** Exercices lents destinés à parfaire l'équilibre des danseurs et la ligne de leurs mouvements. **2.** Première partie d'un pas de deux.

adagio [adadʒjo] **adv.** (mot it.). MUS. Lentement. ◆ **n.m.** Morceau de musique exécuté adagio.

Adam, le premier homme, considéré comme l'unique ancêtre du genre humain. Le récit biblique de la Genèse le décrit vivant avec Ève, sa femme, dans l'Éden, ou paradis terrestre. Ils en furent chassés par Dieu à la suite de leur désobéissance à un interdit qu'il avait posé.

Adam (Robert), architecte et décorateur britannique (Kirkcaldy, Écosse, 1728 - Londres 1792), auteur de demeures aristocratiques rurales d'un style néoclassique pompéien.

adamantin, e [adamɑ̃tɛ̃, -in] **adj.** (gr. *adamantinos*, dur). LITT. Qui a la dureté, l'éclat du diamant.

Adamov (Arthur), auteur dramatique français d'origine russe (Kislovodsk 1908 - Paris 1970). Son théâtre évolua du symbolisme tragique *(la Parodie, le Professeur Taranne)* au réalisme politique *(le Ping-Pong, Printemps 71).*

Adams (Ansel), photographe américain (San Francisco 1902 - Monterey, Californie, 1984). Il est l'un des membres fondateurs du groupe *f. 64* (diaphragme le plus étroit qui permet une grande netteté). Son écriture rigoureuse et sensible a rendu célèbres ses paysages : *Illustrated Guide to Yosemite Valley* (1940).

adaptabilité [adaptabilite] **n.f.** Capacité de s'adapter à de nouvelles situations, à de nouveaux milieux : *Une nouvelle variété de pommier d'une grande adaptabilité.*

adaptable [adaptabl] **adj.** Qui peut être adapté : *Accessoire adaptable sur tous nos modèles.*

1. adaptateur [adaptatœr] **n.m.** Instrument, dispositif permettant d'adapter un objet à une utilisation pour laquelle il n'est pas directement conçu : *Adaptateur pour prises de courant.*

2. adaptateur, trice [adaptatœr, -tris] **n.** Personne qui adapte une œuvre littéraire au cinéma, au théâtre.

adaptation [adaptasjɔ̃] **n.f.** Action d'adapter, de s'adapter ; son résultat : *L'adaptation du plan à la conjoncture économique. L'adaptation d'un roman au cinéma* (syn. **transposition**). *Faciliter l'adaptation d'animaux à un nouveau milieu* (syn. **acclimatation, acclimatement**).

■ **Les divers types d'adaptations.** L'adaptation est un phénomène essentiel chez les êtres vivants, qui leur permet de répondre aux changements de leur environnement ou d'occuper de nouveaux milieux. On appelle *caractères adaptatifs* les traits favorables à la survie et à la reproduction des espèces dans un milieu donné. Si le milieu change, les mêmes traits peuvent devenir désavantageux. Il existe trois grands mécanismes d'adaptation :
– les *adaptations morphologiques* (par ex., chez certaines plantes des régions arides, le développement de tiges charnues qui renferment des tissus de stockage de l'eau) ;
– les *adaptations physiologiques* (rétention d'eau par l'appareil urinaire chez les animaux des déserts chauds, production d'eau par oxydation des graisses de réserve comme celles de la bosse du dromadaire, etc.) ;
– les *adaptations comportementales* (migration des oiseaux vers des régions plus chaudes à l'arrivée de l'hiver, mode de vie nocturne de nombreux animaux dans les déserts chauds, pour éviter la chaleur de la journée...).
Adaptation et évolution. Les conditions du milieu sont le principal facteur à l'origine des adaptations des espèces. Par exemple, les cactées d'Amérique du Nord et les euphorbes d'Afrique, qui vivent dans des conditions désertiques très voisines, présentent des morphologies semblables (c'est le phénomène de *convergence évolutive*). Cependant, les interactions entre les êtres vivants jouent également un rôle important. Par exemple, la compétition écologique entre des espèces vivant dans le même milieu peut les conduire à se spécialiser pour en exploiter les ressources de façon différente, les amenant à occuper des *niches écologiques* différentes. ■

adapter [adapte] **v.t.** (lat. *adaptare*, de *aptus*, apte). **1.** Réaliser la jonction d'une chose avec une autre dans un certain but : *Adapter un robinet à un tuyau* (syn. **ajuster**). **2.** Mettre en accord avec : *Adapter les moyens au but* (syn. **approprier**). **3.** Arranger une œuvre littéraire pour la rendre conforme au goût du jour ou la transposer dans un autre mode d'expression, théâtre, cinéma, télévision : *Plusieurs épisodes de « Harry Potter » ont été adaptés au cinéma* (syn. **transposer**). ◆ **s'adapter** **v.pr. [à].** Se plier, se conformer à : *S'adapter aux circonstances. Elle doit s'adapter à sa nouvelle existence* (syn. **se faire**).

addenda [adɛ̃da] **n.m. inv.** (mot lat. « choses à ajouter »). Ensemble d'articles, de notes que l'on ajoute à un ouvrage pour le compléter (syn. **appendice, supplément**).

addiction [adiksjɔ̃] **n.f.** (mot angl.). Comportement répétitif plus ou moins difficile à réprimer et nuisible à la santé : *L'alcoolisme, le tabagisme sont des addictions.*

Addis-Abeba, cap. de l'Éthiopie depuis 1889, à 2 500 m d'alt. ; 3 168 000 hab. dans l'agglomération. Siège de l'Union africaine. Musées.

additif [aditif] **n.m. 1.** Produit qu'on ajoute à un autre pour en améliorer les caractéristiques, les propriétés : *Les additifs utilisés dans l'industrie alimentaire.* **2.** Addition faite à un texte : *Soumettre au Parlement un additif à une loi.*

addition [adisjɔ̃] **n.f.** (lat. *additio*, de *addere*, ajouter). **1.** Action d'ajouter ; ce qu'on ajoute : *L'addition d'un « s » au pluriel des noms* (syn. **adjonction**). *Faire une addition de quelques lignes à un article* (syn. **ajout**). **2.** MATH. Première des quatre opérations fondamentales de l'arithmétique, symbolisée par le signe + (plus) : *Vérifier le total d'une addition.* **3.** Facture de dépenses au café, au restaurant : *Garçon, l'addition, s'il vous plaît !* (syn. **note**).

additionnel, elle [adisjɔnɛl] **adj.** Qui est ajouté : *Un article additionnel a été voté par l'Assemblée nationale.*

additionner [adisjɔne] **v.t. 1.** Faire l'addition de deux ou plusieurs quantités, de deux ou plusieurs nombres : *Additionner les chiffres d'une colonne* (syn. **totaliser**). **2.** Modifier une substance en y ajoutant un élément d'une autre nature : *Additionner son vin d'un peu d'eau* (syn. **étendre**).

additionneur [adisjɔnœr] **n.m.** INFORM. Organe de calcul analogique ou numérique permettant d'effectuer la somme de deux nombres.

additivé, e [aditive] **adj. Carburant additivé,** carburant contenant des additifs qui accroissent l'indice d'octane.

adducteur [adyktœr] **adj.m.** et **n.m. Canal adducteur,** qui amène les eaux d'une source à un réservoir. / **Muscle adducteur,** qui produit une adduction (par opp. à *abducteur*).

adduction [adyksjɔ̃] **n.f.** (bas lat. *adductio*, du class. *adducere*, amener). **1.** ANAT. Mouvement qui rapproche un membre de l'axe du corps. **2.** Action de dériver et de conduire un fluide à l'endroit où il est utilisé, consommé : *Travaux d'adduction d'eau, de gaz.*

Adélaïde, v. d'Australie, sur l'océan Indien, cap. de l'Australie-Méridionale ; 1 181 206 hab.. Université. Métallurgie

Adélie *(terre)*, terre antarctique française, à 2 500 km au sud de la Tasmanie, découverte par Dumont d'Urville en 1840 ; env. 350 000 km^2. Bases scientifiques.

Aden, port du Yémen, sur le *golfe d'Aden* ; 746 150 hab. La ville a été le centre d'une colonie britannique de 1839 à 1967 et la capitale de la République démocratique et populaire du Yémen de 1970 à 1990.

Aden *(golfe d')*, partie nord-ouest de l'océan Indien, entre le sud de l'Arabie et le nord-est de l'Afrique.

Adenauer (Konrad), homme politique allemand (Cologne 1876 - Rhöndorf 1967). Chancelier de la République fédérale d'Allemagne de 1949 à 1963, président de l'Union chrétienne-démocrate (CDU), il contribua au redressement économique de l'Allemagne. Il fut un des partisans les plus actifs de la création de la Communauté économique européenne et accéléra, en 1962-1963, le rapprochement franco-allemand.

adénite [adenit] **n.f.** (du gr. *adên*, glande). Inflammation des ganglions lymphatiques.

adénoïde [adenɔid] **adj.** (du gr. *adên*, glande, et de *-oïde*). Qui se rapporte au tissu glandulaire.

adénome [adenom] **n.m.** (du gr. *adên*, glande, et de *-ome*). Tumeur bénigne qui se développe dans une glande.

adepte [adɛpt] **n.** (du lat. *adeptus*, qui a obtenu). **1.** Membre d'un mouvement, d'un groupement demandant un engagement personnel : *Les adeptes d'une secte* (syn. **membre**). **2.** Partisan convaincu d'une doctrine ou de son promoteur : *Une théorie qui a de nombreux adeptes* (syn. **défenseur, partisan**). **3.** Personne qui privilégie et pratique telle activité : *Une adepte du ski.*

adéquat, e [adekwa, -at] **adj.** (lat. *adaequatus*, de *aequus*, égal). Qui correspond parfaitement à son objet, à ce qu'on attend : *Trouver l'expression adéquate* (syn. **ad hoc, approprié, idoine**).

adéquatement [adekwatmɑ̃] **adv.** De façon adéquate : *Répondre adéquatement aux besoins des citoyens* (syn. **convenablement, exactement**).

adéquation [adekwasjɔ̃] **n.f.** Conformité de l'idée au but visé, à l'objet : *Mettre ses actes en adéquation avec ses idées* (syn. **accord, concordance**).

Ader (Clément), ingénieur français (Muret 1841 - Toulouse 1925). Précurseur de l'aviation, il construisit plusieurs appareils volants dont l'*Éole*, avec lequel il put décoller et parcourir quelques dizaines de mètres au-dessus du sol en 1890. Il est l'inventeur du mot « avion ».

adhérence [aderɑ̃s] **n.f. 1.** État d'une chose qui tient à une autre, qui est fortement attachée, collée : *Vérifier l'adhérence d'un timbre à une enveloppe. Par temps de pluie, l'adhérence des pneus à la route diminue.* **2.** ANAT., PATHOL. Accolement normal ou pathologique de deux organes ou tissus : *Adhérence des deux feuillets de la plèvre.*

1. adhérent, e [aderɑ̃, -ɑ̃t] **adj. 1.** Fortement attaché : *Branche adhérente au tronc.* **2.** Qui colle fortement : *La poix est une substance adhérente* (syn. **collant**).

2. adhérent, e [aderɑ̃, -ɑ̃t] **n.** et **adj.** Membre d'une association, d'un parti politique, d'une organisation : *Chaque adhérent reçoit une carte* (syn. **affilié, membre**).

adhérer [adere] **v.t. ind. [à]** (lat. *adhaerere*) [conj. **18**]. **1.** Être fortement attaché à : *Papier qui adhère mal au mur* (syn. **coller**). **2.** S'inscrire, être inscrit à un parti, une association : *Il voulait me faire adhérer à son syndicat* (syn. **s'affilier**). **3.** Se ranger à un avis ; partager une opinion : *J'adhère à ce que vous avez dit* (syn. **approuver, souscrire à**).

adhésif, ive [adezif, -iv] **adj.** Se dit d'un papier, d'une toile, d'un ruban dont une des faces est enduite d'une substance qui permet l'adhérence à une surface : *Un pansement adhésif* (syn. **collant**). ◆ **adhésif n.m. 1.** Substance synthétique capable de fixer deux surfaces entre elles. **2.** Ruban, papier adhésif.

adhésion [adezjɔ̃] **n.f.** (lat. *adhaesio*, de *adhaerere*, adhérer). **1.** Action de souscrire à une idée ou à une doctrine, de s'inscrire à un parti, à une association : *Remplir son bulletin d'adhésion* (syn. **inscription**). *Son adhésion date de l'année dernière* (syn. **affiliation**). *Elle a donné son adhésion à notre proposition* (syn. **accord, approbation**). **2.** DR. INTERN. Déclaration par laquelle un État s'engage à respecter les termes d'une convention dont il n'a pas été initialement signataire : *L'adhésion de la France au traité de non-prolifération des armes nucléaires.*

adhésivité [adezivite] **n.f.** Aptitude d'un matériau à adhérer à un autre : *L'adhésivité de la glu.*

ad hoc [adɔk] **loc. adj. inv.** (loc. lat. « pour cela »). Qui convient à la situation, au sujet : *Trouver les arguments ad hoc* (syn. **adéquat, approprié**).

adieu [adjø] **interj.** et **n.m.** (de *à* et *Dieu*). **1.** Formule de salut employée quand on quitte qqn pour un temps assez long ou définitivement : *Tout est fini entre nous, adieu ! Des adieux déchirants.* **2. Dire adieu à qqch,** y renoncer : *Si tu acceptes ce travail, tu peux dire adieu à ta tranquillité !*

Adige, fl. d'Italie ; 410 km. Né dans les Alpes, aux confins de la Suisse et de l'Autriche, il passe à Trente et à Vérone, avant de rejoindre l'Adriatique.

adipeux, euse [adipø, -øz] **adj.** (du lat. *adeps, adipis*, graisse). **1.** Qui a les caractères de la graisse ; qui renferme de la graisse : *Tissu adipeux* (syn. **graisseux**). **2.** Bouffi de graisse : *Homme adipeux* (syn. **empâté, gras** ; contr. **maigre**).

adiposité [adipozite] **n.f.** Accumulation de graisse dans les tissus (syn. **embonpoint** ; contr. **maigreur**).

adjacent, e [adʒasɑ̃, -ɑ̃t] **adj.** (lat. *adjacens*, situé auprès). **1.** Situé auprès de : *Le boulevard et les rues adjacentes* (syn. **attenant, voisin**). **2. Angles adjacents,** angles ayant même sommet, un côté commun, et situés de part et d'autre de ce côté. / **Côté adjacent d'un angle aigu d'un triangle rectangle,** le côté de cet angle qui n'est pas l'hypoténuse.

1. adjectif [adʒɛktif] **n.m.** (du lat. *adjectivum [nomen]*, [nom] qui s'ajoute). **1.** Mot qui qualifie ou détermine le substantif auquel il est joint : *Adjectif qualificatif, démonstratif, possessif.* **2. Adjectif verbal,** adjectif issu du participe présent du verbe. ▸ Il s'accorde en genre et en nombre : *des enfants obéissants*, alors que le participe présent est invariable : *des enfants obéissant à leurs parents.*

2. adjectif, ive [adʒɛktif, -iv] et **adjectival, e, aux** [adʒɛktival, -o] **adj.** Qui a le caractère de l'adjectif : *Locution adjective, adjectivale.*

adjectivé, e [adʒɛktive] **adj.** Transformé en adjectif ; utilisé comme adjectif : *Le nom « monstre » est adjectivé dans la phrase « il a eu un succès monstre ».*

adjectivement [adʒɛktivmɑ̃] **adv.** Avec la valeur d'un adjectif : *Dans « une école pilote », le nom « pilote » est employé adjectivement.*

adjoindre [adʒwɛ̃dr] **v.t.** (lat. *adjungere*) [conj. **82**]. **1.** Associer, joindre une chose à une autre : *Document qu'il faut adjoindre à un dossier.* **2.** Associer une personne à une autre : *On lui a adjoint une secrétaire chargée du courrier.* ◆ **s'adjoindre v.pr. S'adjoindre qqn,** s'en faire aider : *S'adjoindre une collaboratrice* (syn. **engager**).

adjoint, e [adʒwɛ̃, -ɛ̃t] **n.** et **adj.** (p. passé de *adjoindre*). **1.** Personne associée à une autre pour la seconder : *Elle nous a présenté son adjointe* (syn. **assistant, second**). **2. Adjoint au maire,** conseiller municipal qui assiste le maire dans ses fonctions.

adjonction [adʒɔ̃ksjɔ̃] **n.f.** (lat. *adjunctio*, de *adjungere*, adjoindre). Action, fait d'adjoindre : *L'adjonction d'un étage à une maison* (syn. **addition, ajout**).

adjudant, e [adʒydɑ̃, -ɑ̃t] **n.** (esp. *ayudante*). Sous-officier d'un grade immédiatement supérieur à celui de sergent-chef. ◆ **adjudant-chef, adjudante-chef n.** (pl. *adjudants-chefs, adjudantes-chefs*). Sous-officier d'un grade intermédiaire entre ceux d'adjudant et de major.

adjudicataire [adʒydikatɛr] **n.** Bénéficiaire d'une adjudication.

adjudicateur, trice [adʒydikatœr, -tris] **n.** Personne qui met en adjudication un bien ou un marché.

adjudication [adʒydikasjɔ̃] **n.f.** DR. Attribution d'un marché public ou, dans une vente aux enchères, d'un bien, à la personne qui offre le meilleur prix : *La commune met en adjudication la réfection de l'éclairage public.*

adjuger [adʒyʒe] **v.t.** (lat. *adjudicare*) [conj. **17**]. **1.** Concéder par adjudication : *Adjuger un tableau au plus offrant.* **2.** Attribuer une récompense : *Le prix lui a été adjugé à l'unanimité* (syn. **décerner**). ◆ **s'adjuger v.pr. S'adjuger qqch,** s'en emparer de façon arbitraire : *S'adjuger la meilleure part* (syn. **s'approprier**).

adjuration [adʒyrasjɔ̃] **n.f. 1.** Action d'adjurer : *Céder aux adjurations de sa famille* (syn. **prière, supplication**). **2.** CATH. Formule d'exorcisme.

adjurer [adʒyre] **v.t.** (lat. *adjurare*). Prier instamment : *Je vous adjure de dire la vérité* (syn. **conjurer, supplier**).

adjuvant, e [adʒyvɑ̃, -ɑ̃t] **adj.** (du lat. *adjuvare*, aider). **1.** Se dit de ce qui renforce ou complète les effets de la médication principale : *Médicament, traitement adjuvant.* **2.** Se dit d'un produit que l'on ajoute à un autre pour en améliorer les caractéristiques. ◆ **adjuvant n.m. 1.** Produit adjuvant : *Les adjuvants du béton.* **2.** LITTÉR. Dans un récit, personnage ou objet qui aide le héros (le sujet) à accomplir l'action (par opp. à *opposant*).

ad libitum [adlibitɔm] **loc. adv.** (loc. lat.). À volonté ; au choix : *Pour ce qui est de l'ordre des opérations, nous pouvons procéder ad libitum.* (Abrév. *ad lib.*)

A.D.M. [adeɛm] **n.f.** (sigle). Arme* de destruction massive.

admettre [admɛtr] **v.t.** (lat. *admittere*) [conj. **84**]. **1.** Laisser entrer dans un lieu, un groupe : *Ne pas admettre les chiens dans un magasin.* **2.** Considérer comme ayant satisfait aux exigences d'une épreuve d'examen : *Vingt candidats ont été admis à ce concours* (syn. **recevoir** ; contr. **ajourner, éliminer**). *Admettre une élève dans la classe supérieure.* **3.** Laisser la possibilité d'exister à : *Affaire qui n'admet aucun retard* (syn. **souffrir**). *Le règlement n'admet aucune exception* (syn. **permettre**). **4.** Reconnaître pour vrai : *Admettre le bien-fondé d'une remarque* (syn. **accepter**).

administrateur, trice [administratœr, -tris] **n.** **1.** Personne qui gère les biens, les affaires d'un particulier, d'une société, de l'État : *Des qualités d'administrateur* (syn. **gestionnaire**). **2.** Membre d'un conseil d'administration : *Décision soumise à l'approbation des administrateurs.* **3. Administrateur de biens,** mandataire effectuant des opérations d'administration et de gestion et des transactions sur des biens immobiliers.

administratif, ive [administratif, -iv] **adj.** Qui relève de l'administration : *Services administratifs.*

administration [administrasjɔ̃] **n.f. 1.** Action d'administrer : *On a confié l'administration de l'entreprise à une nouvelle directrice* (syn. **gestion**). **2.** Service public : *L'administration des douanes.* **3.** (Avec une majuscule). L'ensemble des services de l'État : *Les rouages de l'Administration.*

administré, e [administre] **n.** Personne dépendant d'une administration : *Le maire a recueilli les doléances de ses administrés.*

administrer [administre] **v.t.** (lat. *administrare,* servir, de *minister,* serviteur). **1.** Gérer les affaires publiques ou privées : *Administrer une grande entreprise* (syn. **gérer**). *Administrer un pays* (syn. **diriger, gouverner**). **2.** Fournir à qqn ce dont il a besoin : *Le médecin lui a administré un calmant* (syn. **donner**). **3.** RELIG. CHRÉT. Conférer un sacrement : *Administrer le baptême.* **4.** *FAM.* Infliger : *Administrer une correction.*

admirable [admirabl] **adj. 1.** Qui suscite l'admiration : *Un courage admirable. Des paysages admirables* (syn. **magnifique, splendide, superbe**). **2.** De très grande qualité : *Un discours, un livre admirable* (syn. **excellent**).

admirablement [admirabləmɑ̃] **adv.** Très bien : *Des fresques admirablement conservées* (syn. **parfaitement**).

admirateur, trice [admiratœr, -tris] **adj.** et **n.** Qui admire : *Il lui lança un regard admirateur. La star signa des autographes à ses admirateurs* (syn. **fan**).

admiratif, ive [admiratif, -iv] **adj.** Qui marque l'admiration : *Un murmure admiratif.*

admiration [admirasjɔ̃] **n.f. 1.** Sentiment éprouvé devant qqch, le beau, le bien : *Avoir de l'admiration pour le courage de qqn* (contr. **mépris**). **2.** Sentiment de ravissement éprouvé devant qqch, qqn : *Être en admiration devant un paysage, devant qqn.* **3.** Objet d'admiration : *Ce chanteur fit l'admiration de plusieurs générations d'adolescents.*

admirativement [admirativmɑ̃] **adv.** Avec admiration : *Contempler qqn admirativement* (= avec ravissement).

admirer [admire] **v.t.** (lat. *admirari,* s'étonner de). **1.** Éprouver un sentiment d'admiration à l'égard de qqn, qqch : *Admirer un écrivain, son œuvre.* **2.** Regarder avec admiration : *Les touristes s'arrêtent pour admirer le portail de la cathédrale.* **3.** Trouver étrange, blâmable (iron.) : *J'admire ses prétentions* (= je les juge excessives). *J'admire que vous restiez impassible devant tant de sottise* (syn. **s'étonner**).

admissibilité [admisibilite] **n.f.** Fait d'être admissible à un examen, un concours.

admissible [admisibl] **adj.** (du lat. *admissus,* de *admittere,* admettre). Considéré comme possible, valable : *Une excuse admissible* (syn. **acceptable, recevable**). ◆ **adj.** et **n.** Qui est admis à se présenter aux épreuves orales d'un examen, d'un concours après en avoir subi les épreuves écrites avec succès : *La liste des admissibles, des étudiants admissibles a été affichée.*

admission [admisjɔ̃] **n.f.** (lat. *admissio,* de *admittere,* admettre). **1.** Action d'admettre ; son résultat : *L'admission à un concours. L'admission d'un nouveau pays à l'O.N.U.* (syn. **entrée**). *Bureau des admissions dans un hôpital.* **2.** Entrée des gaz dans le cylindre ou dans la chambre de combustion d'un moteur : *Soupape d'admission.*

admonestation [admɔnɛstasjɔ̃] **n.f.** *LITT.* Réprimande sévère ; avertissement solennel : *Il ignore totalement les admonestations paternelles* (syn. **réprimande, semonce**).

admonester [admɔnɛste] **v.t.** (du lat. *admonere,* avertir). *LITT.* Faire une sévère remontrance à : *L'entraîneur a admonesté les joueurs* (syn. **morigéner, tancer**).

admonition [admɔnisjɔ̃] **n.f.** (du lat. *admonere,* avertir). *LITT.* Avertissement fait à qqn sur sa conduite : *Les admonitions de sa mère ne l'ont pas assagi* (syn. **observation, remontrance**).

ADN [adeɛn] **n.m.** (sigle de *acide désoxyribonucléique*). Acide nucléique, constituant essentiel des chromosomes du noyau cellulaire et support matériel de l'hérédité.

adolescence [adɔlesɑ̃s] **n.f.** Période de la vie entre l'enfance et l'âge adulte : *Les transformations de l'adolescence.*

■ L'adolescence débute avec la puberté et s'achève vers 18-20 ans : les limites varient selon les sexes et les conditions socio-économiques. Présentée en général comme une période de crise, elle est aussi un moment de vie riche et sensible. L'adolescent peut se trouver désorienté par les transformations de son corps et par certains problèmes physiques (acné, obésité, scoliose) qui peuvent nécessiter un suivi médical.

Les transformations psychologiques. C'est une période de recherche d'identité, nécessaire à l'équilibre ultérieur. Pour amorcer son indépendance, l'adolescent lutte contre ce qui l'attache à l'enfance, générant une agressivité souvent dirigée contre la cellule familiale. Élargissant ses intérêts hors de ce cercle, il lie des amitiés passionnées. Progressivement, l'adolescent explore les multiples possibles qui s'offrent à lui, ce qui lui permet de découvrir les contours de sa personnalité avant de s'engager dans l'âge adulte.

La sexualité. La puberté réalisée, l'adolescent est capable de procréer. Il éprouve ainsi des désirs qui peuvent conduire à la masturbation, activité sexuelle souvent privilégiée. Les rapports aux autres deviennent plus complexes, marqués par l'ambiguïté possible des relations amoureuses. Le flirt, fréquent dans l'adolescence, s'accompagne de nombreuses questions relatives à l'orientation sexuelle, laquelle se met en place pendant cette période. ■

adolescent, e [adɔlesɑ̃, -ɑ̃t] **n.** (lat. *adolescens*). Celui, celle qui est dans l'adolescence : *Un séjour linguistique pour adolescents.* (Abrév. *ado.*)

adonis [adɔnis] **n.m.** (de *Adonis,* célèbre par sa beauté). *LITT.* Jeune homme d'une beauté remarquable.

Adonis, dieu phénicien tué par un sanglier et que son amante Astarté va rechercher aux Enfers. De Byblos son culte gagna la Grèce et Alexandrie, où sa légende évoque le cycle de la végétation : tué à la chasse, Adonis séjourne une partie de l'année auprès de Perséphone, dans le royaume des morts, et à chaque printemps il revient auprès d'Aphrodite, parmi les vivants.

s'adonner [adɔne] **v.pr. [à]** (lat. pop. *addonare, du class. *donare* ; v. *donner*). **1.** Se livrer, s'attacher entièrement à qqch : *Maintenant qu'il est à la retraite il peut s'adonner à son passe-temps favori* (syn. **se consacrer**). **2.** Se laisser aller à un penchant (souvent péjor.) : *Depuis la mort de sa femme, il s'adonne à la boisson* (syn. **s'abandonner**).

adoptant, e [adɔptɑ̃, -ɑ̃t] **adj.** et **n.** Qui adopte : *Les familles adoptantes* (syn. **adoptif**).

adopté, e [adɔpte] **adj.** et **n.** Qui a fait l'objet d'une adoption : *Un enfant adopté.*

adopter [adɔpte] **v.t.** (lat. *adoptare,* choisir). **1.** Prendre légalement pour fils ou pour fille : *Adopter un enfant.* **2.** Faire sien, admettre ou prendre par choix, par décision : *J'ai adopté votre point de vue* (syn. **se rallier à, se ranger à**). *Adopter des mesures exceptionnelles* (syn. **prendre**). **3.** En parlant d'une loi, approuver par un vote : *La motion a été adoptée à main levée* (syn. **voter**).

adoptif, ive [adɔptif, -iv] **adj. 1.** Qui a été adopté : *Fille adoptive.* **2.** Qui adopte : *Père adoptif. Famille adoptive* (syn. **adoptant**).

adoption [adɔpsjɔ̃] **n.f. 1.** Action d'adopter un enfant : *Entamer des démarches en vue d'une adoption.* **2. Adoption simple,** où les liens avec la famille d'origine ne sont pas rompus (par opp. à *adoption plénière*). / **D'adoption,** qu'on a choisi sans en être originaire, en parlant d'un pays, d'un milieu, etc. : *La France est sa patrie d'adoption.*

adorable [adɔrabl] **adj.** Dont le charme, l'agrément est extrême : *Un enfant adorable* (syn. **charmant** ; contr. **insupportable**). *Elle a un nez adorable* (syn. **ravissant** ; contr. **laid**).

adorablement [adɔrabləmɑ̃] **adv.** De façon exquise : *Leur salon est adorablement décoré* (syn. **délicieusement**).

adorateur, trice [adɔratœr, -tris] **n. 1.** Personne qui rend un culte à une divinité, à un objet divinisé : *Les adorateurs du Soleil, du veau d'or.* **2.** Personne qui éprouve une grande affection, une grande admiration pour qqn : *Une star entourée de ses adorateurs* (syn. **soupirant**).

adoration [adɔrasjɔ̃] **n.f.** Action d'adorer ; amour ardent pour qqn : *Ils vouent une sorte d'adoration à leur capitaine* (syn. **attachement, dévotion**). *L'adoration d'une mère pour son enfant* (syn. **adulation, amour, idolâtrie**). *Il est en adoration devant elle* (syn. **extase**).

adorer [adɔre] **v.t.** (lat. *adorare,* prier). **1.** Honorer d'un culte divin : *Adorer le Soleil, Dieu.* **2.** Aimer passionnément : *Elle adore son mari, son enfant* (syn. **chérir, idolâtrer**). **3.** Apprécier beaucoup qqn, qqch : *Adorer le chocolat* (syn. **aimer**).

adossé, e [adose] **adj.** ARCHIT. Qui est solidaire d'un support vertical par un de ses côtés, en parlant d'un élément de construction : *Un appentis adossé au mur sud.*

adosser [adose] **v.t.** Appuyer contre un support en faisant porter le dos ou la face arrière : *Adosser une maison à une colline.* ◆ **s'adosser v.pr. [à, contre].** S'appuyer, être appuyé contre qqch : *Il s'adossa au mur et la regarda approcher.*

adoubement [adubmɑ̃] **n.m.** Cérémonie au cours de laquelle un homme était armé chevalier, au Moyen Âge.

adouber [adube] **v.t.** (probabl. du frq. **dubban,* frapper). Armer chevalier par l'adoubement, au Moyen Âge.

adoucir [adusir] **v.t.** [conj. **32**]. **1.** Rendre plus doux à la vue, au toucher, etc. : *Savon qui adoucit la peau. Mettre du sucre pour adoucir l'amertume d'une tisane* (syn. **atténuer**). **2.** Rendre moins pénible, moins rude : *Adoucir une peine trop sévère* (syn. **diminuer** ; contr. **aggraver**). *J'ai tout fait pour adoucir son chagrin* (syn. **alléger, atténuer**). **3. Adoucir l'eau,** en éliminer les sels de calcium et de magnésium. ◆ **s'adoucir v.pr.** Devenir plus doux : *La température s'adoucit* (syn. **se radoucir**). *Il s'est adouci quand j'ai présenté mes excuses* (contr. **se durcir**).

adoucissant, e [adusisɑ̃, -ɑ̃t] **adj. 1.** Qui calme les irritations de la peau ; qui rend la peau plus douce : *Lait adoucissant.* **2.** Qui adoucit l'eau. **3.** Qui adoucit les textiles. ◆ **adoucissant n.m.** Produit adoucissant.

adoucissement [adusismɑ̃] **n.m.** Action d'adoucir ; fait de s'adoucir : *Adoucissement de la température* (syn. **radoucissement** ; contr. **refroidissement**).

adoucisseur [adusisœr] **n.m.** Appareil servant à adoucir l'eau.

Adour, fl. du sud-ouest de la France ; 335 km. Né près du Tourmalet, il traverse Tarbes, Dax et Bayonne et rejoint l'Atlantique dans le Pays basque.

ad patres [adpatrɛs] **loc. adv.** (mots lat. « vers les ancêtres »). *FAM.* **Envoyer qqn ad patres,** tuer qqn.

adragante [adragɑ̃t] **adj.f.** (du gr. *tragakantha,* de *tragos,* bouc, et *akantha,* épine). **Gomme adragante,** gomme végétale extraite d'un arbrisseau, l'astragale, et qui sert comme colle dans la préparation des étoffes, papiers, cuirs. ▸ On l'emploie aussi en pharmacie et en pâtisserie.

adrénaline [adrenalin] **n.f.** (du lat. *ad,* vers, et *ren,* rein). Hormone sécrétée par la portion médullaire des glandes surrénales, qui accélère le rythme cardiaque, augmente la pression artérielle, dilate les bronches et les pupilles, élève la glycémie.

adressage [adresaʒ] **n.m.** INFORM. Action d'adresser.

1. adresse [adrɛs] **n.f.** (de *adresser*). **1.** Indication précise du domicile de qqn : *Carnet d'adresses.* **2.** Écrit présenté par une assemblée au chef de l'État : *Le maire lut une adresse du conseil municipal au président.* **3.** INFORM. Localisation codée d'une information dans une mémoire électronique. **4. Adresse électronique,** désignation conventionnelle qui permet d'identifier un utilisateur de courrier électronique et d'acheminer les messages qui lui sont destinés. (On emploie aussi les abrév. angl. *e-mail* et fr. *mél.*)

2. adresse [adrɛs] **n.f.** (de *1. adresse,* avec infl. de *adroit*). Habileté physique ou intellectuelle : *Ce jeu exige de l'adresse* (syn. **dextérité**). *L'adresse avec laquelle elle élude les questions embarrassantes* (syn. **finesse, intelligence**).

adresser [adrese] **v.t.** (de *dresser*). **1.** Faire parvenir à qqn : *Adresser une lettre à son fils* (syn. **envoyer, expédier**). **2.** Dire, proférer à l'intention de qqn : *Adresser la parole à qqn* (= lui parler). *Adresser des reproches à qqn.* **3.** Demander à qqn de se rendre quelque part, d'avoir recours à qqn : *C'est mon médecin qui m'a adressé à vous* (syn. **recommander**). **4.** INFORM. Pourvoir une information d'une adresse. ◆ **s'adresser v.pr. [à]. 1.** Adresser la parole à : *« Ceci ne me plaît pas », dit-il en s'adressant à son fils.* **2.** Avoir recours à qqn, qqch : *Adressez-vous au concierge* (syn. **questionner**). *Il faut vous adresser directement au ministère.* **3.** Être destiné à qqn : *Cette remarque ne s'adresse pas à vous* (syn. **concerner**).

adret [adrɛ] **n.m.** (mot du Sud-Est, de *droit*). Versant d'une vallée exposé au soleil dans les pays montagneux (par opp. à *ubac*).

Adriatique ***(mer),*** partie de la Méditerranée, entre l'Italie et la péninsule des Balkans. Le Pô est son principal tributaire.

adroit, e [adrwa, -at] **adj.** (de *droit*). **1.** Qui fait preuve d'adresse, d'habileté : *Un diplomate adroit* (syn. **fin, habile**). **2.** Qui marque de l'intelligence, de l'habileté : *Un adroit stratagème* (syn. **habile, ingénieux**).

adroitement [adrwatmɑ̃] **adv.** Avec adresse, habileté : *Il a adroitement évité le piège* (syn. **habilement**).

ADSL [adeɛsɛl] **n.m.** (sigle de l'angl. *asymmetric digital subscriber line,* ligne asymétrique numérique d'abonné). Réseau large bande sur une ligne de téléphone, dédié à la transmission à très haut débit de données multimédias et audiovisuelles.

adsorber [adsɔrbe] **v.t.** (d'après *absorber,* par changement de préfixe). PHYS. Fixer par adsorption.

adsorption [adsɔrpsjɔ̃] **n.f.** PHYS. Pénétration superficielle d'un gaz ou d'un liquide dans un solide, dans un autre liquide.

adulateur, trice [adylatœr, -tris] **adj.** et **n.** *LITT.* Qui flatte bassement, souvent dans un but intéressé : *Des discours adulateurs* (syn. **flagorneur, flatteur**). *Entourée de ses adulateurs* (syn. **courtisan, thuriféraire**).

adulation [adylasjɔ̃] **n.f.** *LITT.* Flatterie, admiration excessive : *L'adulation des courtisans pour le souverain* (syn. **flagornerie**).

aduler [adyle] **v.t.** (lat. *adulari*). Témoigner une admiration passionnée à : *Une vedette que le public adule* (syn. **chérir, idolâtrer**).

adulte [adylt] **adj.** (lat. *adultus,* qui a grandi). Parvenu au terme de sa croissance, de sa formation : *Animal, plante adulte.* ◆ **n.** Personne parvenue à sa maturité physique, intellectuelle et affective (par opp. à *enfant, adolescent*) : *Film réservé aux adultes* (= grandes personnes).

adultération [adylterasjɔ̃] **n.f.** Action d'adultérer, de falsifier : *L'adultération de denrées alimentaires* (syn. **altération**).

1. adultère [adyltɛr] **n.m.** (lat. *adulterium*). Fait pour un époux d'avoir des relations sexuelles avec une personne autre que son conjoint : *Pris en flagrant délit d'adultère* (syn. **infidélité, trahison**).

2. adultère [adyltɛr] **adj.** (lat. *adulter*). Qui se livre à l'adultère ; qui relève de l'adultère : *Des époux adultères* (syn. **infidèle**). *Des relations adultères.*

adultérer [adyltere] **v.t.** (lat. *adulterare,* falsifier) [conj. **18**]. Introduire dans qqch des éléments qui en faussent la nature, la pureté : *Adultérer du vin* (syn. **altérer, frelater**). *Adultérer un texte* (syn. **dénaturer, fausser**).

adultérin, e [adylterɛ̃, -in] **adj. Enfant adultérin,** enfant né de l'adultère.

advenir [advənir] **v.i.** (lat. *advenire*) [conj. **40 ;** auxil. *être ;* usité seul. aux 3e pers., au p. passé et à l'inf.]. **1.** Arriver par hasard, sans qu'on s'y attende : *Voici ce qu'il advint* (= eut lieu) [syn. **se passer, se produire**]. *Quoi qu'il advienne* (syn. **survenir**). **2. Advienne que pourra,** peu importent les conséquences.

adventice [advɑ̃tis] **adj.** (lat. *adventicius,* supplémentaire). **1.** *DIDACT.* Qui s'ajoute accessoirement, incidemment : *Circonstances adventices* (syn. **accessoire, secondaire**). **2.** BOT. Qui croît sur un terrain cultivé sans avoir été semé : *Le chiendent et l'ivraie sont des plantes adventices.*

adventif, ive [advɑ̃tif, -iv] **adj.** (du lat. *adventicius,* supplémentaire). **1.** BOT. Se dit d'un organe végétal qui se développe là où normalement on n'en trouve aucun de même nature : *Les racines nées sur la tige sont des racines adventives.* **2.** GÉOGR. **Cône adventif,** cône volcanique annexe édifié par une nouvelle éruption.

adventiste [advɑ̃tist] **n.** et **adj.** (anglo-amér. *adventist,* du lat. *adventus,* arrivée). Membre d'un mouvement évangélique qui attend un second avènement du Messie.

adverbe [advɛrb] **n.m.** GRAMM. Mot invariable dont la fonction est de modifier le sens d'un verbe, d'un adjectif ou d'un autre adverbe (ex. : *beaucoup* dans *travailler beaucoup*).

adverbial, e, aux [advɛrbjal, -o] **adj.** Qui a le caractère de l'adverbe : *Locution adverbiale.*

adverbialement [advɛrbjalmɑ̃] **adv.** Avec la valeur d'un adverbe, en fonction d'adverbe (ex. : *haut* dans *parler haut*).

adversaire [advɛrsɛr] **n.** Personne qu'on affronte dans un conflit, un combat, un jeu : *Il a vaincu son adversaire* (syn. **antagoniste, ennemi ;** contr. **allié**). *Devancer ses adversaires dans la conquête d'un marché* (syn. **compétiteur, concurrent ;** contr. **partenaire**).

adverse [advɛrs] **adj.** (lat. *adversus,* qui est en face). **1.** Contraire ; opposé : *Les forces adverses* (syn. **ennemi ;** contr. **allié, ami**). *Pays divisé en deux blocs adverses* (syn. **antagoniste, hostile**). **2.** DR. **Partie adverse,** partie contre laquelle on plaide.

adversité [advɛrsite] **n.f.** *LITT.* Sort contraire ; infortune : *Il m'a soutenue dans l'adversité* (syn. **malheur**).

aède [aɛd] **n.m.** (gr. *aoidos,* chanteur). Poète grec de l'époque primitive, qui chantait ou récitait en s'accompagnant sur la lyre.

A.E.L.E. (Association européenne de libre-échange), organisation économique (créée en 1960) ne regroupant désormais plus que l'Islande, le Liechtenstein, la Norvège, et la Suisse qui est le seul État n'appartenant pas également à l'Espace économique européen (E.E.E.).

aérateur [aeratœr] **n.m.** Appareil, dispositif augmentant l'aération naturelle d'une pièce. ▸ L'un des plus employés est l'*aérateur* à pales, placé à la partie supérieure d'une fenêtre.

aération [aerasjɔ̃] **n.f.** Action d'aérer ; son résultat : *Un conduit d'aération* (= qui amène de l'air depuis l'extérieur).

aéré, e [aere] **adj. 1.** Dont l'air est renouvelé : *Un local bien aéré.* **2. Centre aéré,** organisme qui propose des activités de plein air pour les enfants des classes maternelles et primaires pendant les vacances.

aérer [aere] **v.t.** (du lat. *aer,* air) [conj. **18**]. **1.** Renouveler l'air dans un espace clos : *Il faut aérer ta chambre* (syn. **ventiler**). **2.** Exposer à l'air : *Aérer la literie.* **3.** Rendre moins massif, moins épais, moins lourd : *Aérer un texte en espaçant les paragraphes* (contr. **alourdir**).

aérien, enne [aerjɛ̃, -ɛn] **adj. 1.** Qui se trouve dans l'air, à l'air : *Câble aérien. Métro aérien* (contr. **souterrain**). **2.** De l'air ; constitué d'air : *Courants aériens* (= ceux qui sont dans l'atmosphère). **3.** Qui semble léger, insaisissable comme l'air : *Une grâce aérienne* (syn. **éthéré**). **4.** BOT. Qui se développe normalement dans l'air : *Racines aériennes.* **5.** Relatif aux avions, à l'aviation : *Attaque aérienne* (contr. **maritime, terrestre**). *Ligne aérienne.* **6. Espace aérien d'un pays,** au-dessus de son territoire national : *Plusieurs avions étrangers ont violé notre espace aérien.*

aérobic [aerɔbik] **n.f.** (anglo-amér. *aerobics,* de même formation que le fr. *aérobie*). Gymnastique qui active la respiration et l'oxygénation des tissus par des mouvements rapides exécutés en musique.

aérobie [aerɔbi] **adj.** et **n.m.** (de *aéro-,* et du gr. *bios,* vie). BIOL. Se dit de micro-organismes qui ne peuvent se développer qu'en présence d'air ou d'oxygène (par opp. à *anaérobie*).

aéro-club [aerɔklœb] **n.m.** (pl. *aéro-clubs*). Club dont les membres pratiquent en amateur des activités aéronautiques, et notamm. le vol à moteur et le vol à voile.

aérodrome [aerɔdrom] **n.m.** (de *aéro-* et *-drome*). Terrain pourvu des installations et des équipements nécessaires pour le décollage et l'atterrissage des avions et pour assurer la maintenance de ceux-ci.

aérodynamique [aerɔdinamik] **adj. 1.** Qui est spécialement conçu, dessiné pour offrir peu de résistance à l'air : *Carrosserie aérodynamique.* **2.** Qui a trait à la résistance de l'air. **3.** Relatif à l'aérodynamique, à ses applications. ◆ **n.f.** Science des phénomènes liés au mouvement relatif des solides par rapport à l'air.

aérodynamisme [aerɔdinamism] **n.m.** Caractère aérodynamique d'un véhicule.

aérofrein [aerɔfrɛ̃] **n.m.** Sur un avion, volet augmentant le freinage par la résistance de l'air.

aérogare [aerɔgar] **n.f. 1.** Ensemble des bâtiments d'un aéroport réservés aux voyageurs et aux marchandises. **2.** Lieu de départ et d'arrivée des services d'autocars assurant la liaison avec l'aéroport, dans une ville.

aéroglisseur [aerɔglisœr] **n.m.** Véhicule de transport dont la sustentation est assurée par un coussin d'air de faible hauteur injecté sous lui (syn. **hovercraft**).

aérogramme [aerɔgram] **n.m.** (de *aéro-* et *-gramme*). Papier pour la correspondance vendu affranchi à un tarif forfaitaire permettant de l'envoyer par avion et qui, rabattu sur lui-même, forme un pli ne nécessitant pas d'enveloppe.

aérolithe ou **aérolite** [aerɔlit] **n.m.** (de *aéro-* et *-lithe*). *VIEILLI.* Météorite.

aéromodélisme [aerɔmɔdelism] **n.m.** Technique de la construction et de l'utilisation des modèles réduits d'avions.

aéronaute [aerɔnot] **n.** (de *aéro-,* et du gr. *nautês,* matelot). Membre de l'équipage d'un aérostat.

aéronautique [aerɔnotik] **adj.** Qui a rapport à la navigation aérienne. ◆ **n.f. 1.** Science de la navigation aérienne, de la technique qu'elle met en œuvre. **2. L'aéronautique navale,** les forces aériennes d'une marine militaire.

aéronaval, e, als [aerɔnaval] **adj.** Relatif à la fois à la marine et à l'aviation. ◆ **aéronavale n.f. L'aéronavale,** l'aéronautique navale, en France.

aéronef [aerɔnɛf] **n.m.** (de *aéro-* et *nef,* navire). Tout appareil capable de s'élever ou de circuler dans les airs (en partic. dans le langage administratif).

aérophagie [aerɔfaʒi] **n.f.** (de *aéro-* et *-phagie*). MÉD. Déglutition involontaire d'air qui, en s'accumulant dans l'estomac, en provoque la distension.

aéroplane [aerɔplan] **n.m.** (de *aéro-* et *planer*). *VIEILLI* ou *PAR PLAIS.* Avion.

aéroport [aerɔpɔr] **n.m.** Ensemble des bâtiments et des équipements nécessaires au trafic aérien, desservant généralement une ville ; organisme qui gère un tel ensemble.

aéroporté, e [aerɔpɔrte] **adj.** Transporté par voie aérienne et parachuté sur l'objectif : *Troupes aéroportées.*

aéroportuaire [aeropɔrtɥɛr] **adj.** D'un aéroport ; des aéroports : *Trafic aéroportuaire.*

aéropostal, e, aux [aerɔpɔstal, -o] **adj.** Relatif à la poste aérienne : *La flotte aéropostale.*

aérosol [aerɔsɔl] **n.m.** (de *aéro-* et de *sol,* terme de chimie pour *solution*). **1.** Suspension de particules très fines, solides ou, plus souvent, liquides, dans un gaz : *Les aérosols constituent un mode d'administration de certains médicaments.* **2.** Conditionnement permettant de projeter cette suspension : *Mousse à raser vendue en aérosol* (syn. **bombe**).

aérospatial, e, aux [aerɔspasjal, -o] **adj.** Relatif à la fois à l'aéronautique et à l'astronautique. ◆ **aérospatiale n.f.** L'**aérospatiale,** la construction, les techniques aérospatiales.

aérostat [aerɔsta] **n.m.** (de *aéro-*, et du gr. *statos,* qui se tient). Tout appareil dont la sustentation est assurée par un gaz plus léger que l'air ambiant : *Les ballons et les dirigeables sont des aérostats.*

aérostatique [aerɔstatik] **n.f.** Théorie de l'équilibre des gaz (on dit aussi *statique des gaz*).

aérotransporté, e [aerɔtrɑ̃spɔrte] **adj.** Transporté par voie aérienne et déposé au sol : *Troupes aérotransportées.*

æschne [ɛskn] **n.f.** (orig. obsc.). Grande libellule à abdomen brun ou bleu. ▶ Envergure 7,5 cm.

Aetius, général romain (Durostorum, Mésie, ? - 454). Maître incontesté de l'Empire romain d'Occident de 434 à 454, il défendit la Gaule contre les Francs et les Burgondes, puis contribua à la défaite d'Attila aux champs Catalauniques en 451. Il fut assassiné par l'empereur d'Orient Valentinien III, qui craignait sa puissance.

affabilité [afabilite] **n.f.** Qualité, attitude d'une personne affable : *Il nous a reçus avec affabilité* (syn. **courtoisie, politesse ;** contr. **impolitesse**).

affable [afabl] **adj.** (lat. *affabilis,* d'un abord facile). Qui manifeste de la politesse, de la bienveillance dans son comportement avec autrui : *Elle est toujours affable* (syn. **accueillant, aimable ;** contr. **revêche**).

affablement [afabləmɑ̃] **adv.** *LITT.* Avec affabilité : *Ils sont affablement venus à ma rencontre* (syn. **courtoisement**).

affabulation [afabylasjɔ̃] **n.f. 1.** Arrangement de faits imaginaires ; invention plus ou moins mensongère : *Il ne s'est rien passé de tel, tout ceci n'est qu'affabulation* (syn. **fabulation, invention**). **2.** Trame, organisation du récit dans une œuvre de fiction : *Le travail d'affabulation d'un romancier* (syn. **création, imagination**).

affabuler [afabyle] **v.i.** (du lat. *fabula ;* v. *fable*). Présenter des faits de manière fantaisiste ou même mensongère : *Je n'ai pas dit ça, elle affabule* (syn. **fabuler**).

affadir [afadir] **v.t.** [conj. **32**]. **1.** Rendre fade ; faire perdre sa saveur à : *Affadir une sauce en y ajoutant trop d'eau* (contr. **relever**). **2.** *LITT.* Affaiblir la vigueur de : *Affadir un récit par de longues digressions.*

affadissement [afadismɑ̃] **n.m.** Fait de devenir fade ; perte de saveur.

affaiblir [afeblir] **v.t.** [conj. **32**]. Rendre faible : *La maladie l'a beaucoup affaibli* (syn. **diminuer**). *Affaiblir une monnaie* (contr. **renforcer**). ◆ **s'affaiblir v.pr.** Devenir faible : *Sa vue s'affaiblit* (syn. **baisser, décliner**).

affaiblissement [afeblismɑ̃] **n.m.** Fait de s'affaiblir ; état qui en résulte : *L'affaiblissement d'un malade* (syn. **baisse, déclin**). *L'affaiblissement du pouvoir d'une armée, d'un gouvernement* (contr. **consolidation**).

affaire [afɛr] **n.f.** (de *faire*). **1.** Ce que l'on a à faire : *Vaquer à ses affaires* (syn. **obligation, occupation**). **2.** Entreprise industrielle ou commerciale : *Une affaire de textiles* (syn. **firme, usine**). **3.** Suite d'opérations financières, commerciales : *Traiter une affaire.* **4.** Transaction commerciale ; transaction avantageuse : *Affaire conclue* (syn. **marché**). *Nous avons fait affaire avec lui. À ce prix-là, c'est une affaire.* **5.** Ensemble de faits, souvent à caractère plus ou moins délictueux, qui vient à la connaissance du public : *Une affaire de fausses factures* (syn. **scandale**). *Le tribunal a été saisi de l'affaire. L'affaire Dreyfus.* **6.** Situation périlleuse, embarrassante : *Allons, ce n'est pas une affaire, tout va s'arranger ! Se tirer, être hors d'affaire.* **7.** Chose qui concerne qqn en particulier ; intérêt personnel : *C'est son affaire, pas la mienne* (syn. **problème**). *La mécanique, c'est son affaire* (syn. **spécialité**). **8.** Situation indéfinie impliquant plusieurs personnes : *C'est une affaire délicate* (syn. **histoire, question**). *Racontez-moi votre affaire. Voilà l'affaire.* **9. Avoir affaire à qqn,** l'avoir comme interlocuteur ; être en rapport avec lui : *Avoir affaire à forte partie. Nous avons eu affaire au consul lui-même.* / **C'est l'affaire d'un instant,** cela peut être réglé très vite. / **C'est une affaire de,** cela dépend de : *La peinture c'est une affaire de goût, de mode.* / **Être à son affaire,** se plaire à ce que l'on fait : *Devant son ordinateur, elle est à son affaire.* / **Faire l'affaire,** convenir : *Ce tournevis fera l'affaire.* / **Faire son affaire de qqch,** s'en charger personnellement et y veiller avec une attention particulière : *Son appui à notre proposition, j'en fais mon affaire.* ◆ **affaires n.f. pl. 1.** Ensemble des activités économiques et financières : *Être dans les affaires. Un banquier dur en affaires.* **2.** Gestion des intérêts de l'État et des collectivités publiques : *Les affaires municipales. Les Affaires étrangères* (= les relations extérieures d'un pays). **3.** *FAM.* Situation matérielle ou psychologique de qqn : *Ceci n'arrange pas mes affaires.* **4.** Effets, objets personnels : *Mettez vos affaires dans la penderie.* **5. Homme, femme d'affaires,** qui pratique les affaires ; qui a le sens des affaires. / **Les affaires sont les affaires,** les transactions commerciales ou financières se passent de considérations morales. / **Revenir aux affaires,** à la direction de l'État.

affairé, e [afere] **adj.** Qui a beaucoup d'occupations, d'activités : *La vendeuse était très affairée* (syn. **occupé**).

affairement [afɛrmɑ̃] **n.m.** Fait d'être affairé : *L'affairement des marchands de jouets au moment des fêtes* (syn. **agitation, fièvre**).

s'affairer [afere] **v.pr.** Montrer une grande activité : *Les infirmiers s'affairaient auprès du blessé* (syn. **s'activer**).

affairisme [aferism] **n.m.** Activités, comportement des affairistes (péjor.).

affairiste [aferist] **n.** Personne qui a la passion des affaires, qui subordonne tout à la spéculation, fût-elle malhonnête (péjor.).

affaissement [afɛsmɑ̃] **n.m.** Fait de s'affaisser, d'être affaissé : *Affaissement de terrain* (syn. **éboulement**).

affaisser [afese] **v.t.** (de *faix*). Faire fléchir, baisser sous le poids ; provoquer l'effondrement de : *La pluie a affaissé la route.* ◆ **s'affaisser v.pr. 1.** Plier, s'enfoncer : *Le plancher s'est affaissé* (syn. **s'effondrer**). **2.** Ne plus tenir debout ; tomber sans force sous son propre poids : *Prise d'un malaise, elle s'affaissa sur le trottoir* (syn. **s'écrouler**).

affaler [afale] **v.t.** (néerl. *afhalen*). MAR. Faire descendre : *Affaler une voile.* ◆ **s'affaler v.pr.** Se laisser tomber lourdement : *S'affaler dans un fauteuil* (syn. **s'effondrer**).

affamé, e [afame] **adj.** et **n. 1.** Qui a une très grande faim : *Les enfants affamés se ruèrent sur le goûter.* **2. Affamé de,** avide de : *Être affamé d'honneurs* (syn. **assoiffé**).

affamer [afame] **v.t.** Faire souffrir de la faim ; priver de nourriture : *L'armée tentait d'affamer les assiégés* (contr. **alimenter, nourrir**).

affameur, euse [afamœr, -øz] **n.** Personne qui affame autrui, notamm. en créant une situation de disette (péjor.).

affect [afɛkt] **n.m.** (lat. *affectus,* disposition de l'âme, par l'all.). PSYCHOL. Impression élémentaire d'attraction ou de répulsion qui est à la base de l'affectivité.

1. affectation [afɛktasjɔ̃] **n.f.** (de *1. affecter*). **1.** Destination à un usage déterminé : *Affectation d'une salle à une réunion* (syn. **attribution**). *Affectation d'une somme à la rénovation d'une école* (syn. **imputation**). **2.** Désignation à une fonction, un poste : *Recevoir sa nouvelle affectation* (syn. **nomination**).

2. affectation [afɛktasjɔ̃] **n.f.** (de *2. affecter*). Manque de naturel dans la manière d'agir : *Il y a de l'affectation dans tout ce qu'elle fait* (syn. **pose, recherche ;** contr. **naturel**).

affecté, e [afɛkte] **adj.** Qui n'est pas naturel : *Langage affecté* (syn. **recherché ;** contr. **naturel, simple**).

1. affecter [afɛkte] **v.t.** (anc. fr. *afaitier*, préparer). **1.** Destiner à un usage déterminé : *Affecter des fonds à une dépense* (syn. **consacrer, imputer**). **2.** Attacher qqn à un service, à une formation militaire, etc. : *Affecter un professeur à un poste* (syn. **désigner, nommer**). **3.** Accompagner une variable d'un signe, en partic. pour en modifier le sens, la valeur : *Affecter un nombre du signe moins, du coefficient 5.*

2. affecter [afɛkte] **v.t.** (lat. *affectare*, feindre). **1.** Montrer des sentiments que l'on n'éprouve pas : *Elle affecte une joie qui dissimule mal son dépit* (syn. **afficher, simuler**). *Il affecte d'être désolé* (= il fait semblant). **2.** Avoir, prendre telle ou telle forme : *Cristaux qui affectent la forme de cônes.*

3. affecter [afɛkte] **v.t.** (du lat. *affectus* ; v. *affect*). **1.** Causer une douleur morale, une émotion pénible à : *Cette nouvelle l'a beaucoup affecté* (syn. **affliger, peiner**). **2.** Causer une altération physique à : *Cette maladie affecte surtout les reins* (syn. **atteindre**). ◆ **s'affecter v.pr. [de].** S'affliger de : *S'affecter de la misère qui règne dans le monde.*

affectif, ive [afɛktif, -iv] **adj.** Qui relève des affects, de la sensibilité, des sentiments en général : *Réaction affective* (syn. **émotionnel ;** contr. **rationnel**).

affection [afɛksjɔ̃] **n.f.** (lat. *affectio*, de *afficere*, disposer). **1.** Attachement que l'on éprouve pour qqn : *Donner à qqn des marques d'affection* (syn. **tendresse**). *Gagner l'affection de tous* (syn. **amitié, sympathie**). **2.** MÉD. Altération de la santé : *Une affection nerveuse* (syn. **maladie**).

affectionné, e [afɛksjɔne] **adj.** Qui a de l'affection : *Votre neveu affectionné* (syn. **dévoué**). ***Rem.*** S'emploie suivi de la signature, à la fin d'une lettre.

affectionner [afɛksjɔne] **v.t.** Marquer de l'amitié pour qqn, du goût pour qqch : *Elle affectionne sa marraine* (syn. **aimer, chérir**). *J'affectionne particulièrement les romans policiers* (syn. **aimer, raffoler de ;** contr. **détester**).

affectivité [afɛktivite] **n.f.** PSYCHOL. Ensemble des phénomènes affectifs, comme les émotions, les sentiments, les passions, etc. (syn. **sensibilité**).

affectueusement [afɛktɥøzmɑ̃] **adv.** De façon affectueuse : *Il regardait affectueusement son enfant* (syn. **tendrement ;** contr. **froidement**).

affectueux, euse [afɛktɥø, -øz] **adj.** (du lat. *affectus* ; v. *affect*). Qui éprouve, manifeste de l'affection : *Un enfant affectueux* (syn. **aimant**).

afférent, e [aferɑ̃, -ɑ̃t] **adj.** (lat. *afferens*, qui apporte). **1.** Qui revient à qqn : *La part afférente à un héritier. Les devoirs afférents à sa charge.* **2.** ANAT. Se dit d'un vaisseau sanguin qui se jette dans un autre, qui arrive à un organe.

affermage [afɛrmaʒ] **n.m.** Location à ferme ou à bail.

affermer [afɛrme] **v.t.** Louer à ferme ou à bail.

affermir [afɛrmir] **v.t.** (du lat. *firmus*, ferme) [conj. **32**]. Rendre solide, stable : *Affermir la paix par un accord de désarmement* (syn. **consolider ;** contr. **affaiblir**). *Ces difficultés ont affermi sa résolution* (syn. **renforcer ;** contr. **ébranler**).

affermissement [afɛrmismɑ̃] **n.m.** Action d'affermir ; son résultat : *L'affermissement du pouvoir de l'État* (syn. **consolidation ;** contr. **affaiblissement**).

afféterie [afetri] ou **affèterie** [afɛtri] **n.f.** (du lat. pop. **affectare* ; v. 2. *affecter*). LITT. Affectation, recherche excessive ou prétentieuse dans les manières, le langage : *Avec mille afféteries, elle accepta* (syn. **minauderie, simagrées**).

affichage [afiʃaʒ] **n.m. 1.** Action d'afficher ; son résultat : *L'affichage est interdit sur les bâtiments publics.* **2.** Visualisation de données, de mesures par divers procédés : *Affichage numérique, analogique.*

affiche [afiʃ] **n.f. 1.** Feuille imprimée, souvent illustrée, portant un avis officiel, publicitaire, etc., placardée dans un lieu public : *Des affiches ont été posées à la mairie* (syn. **placard**). **2. Être à l'affiche,** se trouver en période de représentation, en parlant d'un spectacle : *Ce film est actuellement à l'affiche.* / **Être la tête d'affiche,** jouer le rôle principal dans un spectacle. / **Mettre à l'affiche,** annoncer un spectacle par voie d'affiches. / **Quitter l'affiche,** cesser d'être représenté, en parlant d'un spectacle. / **Tenir l'affiche,** être représenté longtemps, en parlant d'un spectacle : *Cette pièce a tenu l'affiche deux ans.*

■ L'affiche publicitaire moderne, de grand format et à grand tirage, naît vers 1860-1870 en France grâce à J. Chéret. Elle est liée à l'expansion de la production industrielle, mais aussi, par des liens réciproques, à l'évolution de l'art. Après le scintillement joyeux de Chéret, elle prend son inspiration dans l'estampe japonaise et Gauguin, et adopte l'arabesque de l'Art nouveau : on en voit l'illustration chez Toulouse-Lautrec, Mucha, l'Américain Will Bradley, l'Italien Leonetto Cappiello, en Grande-Bretagne chez les « Beggarstaff Brothers » ou encore chez l'Allemand Ludwig Hohlwein.
Après 1918, l'influence du constructivisme pousse à la rigueur, tempérée toutefois par le lyrisme de l'Américain E. McKnight Kauffer ou du Français Cassandre. Photomontage (Moholy-Nagy), cinéma, style Art déco, symbolique surréaliste influenceront à leur tour l'affiche. On peut citer les Français Charles Loupot, Colin, Jean Carlu, Savignac, le Suisse Herbert Leupin, les Polonais Henryk Tomaszewski, Jan Lenica ou Roman Cieślewicz. Dans les années 1960, la bande dessinée, l'Art nouveau réinterprété, le néo-dadaïsme influencent le travail du graphiste américain Milton Glaser.
Aujourd'hui se détachent un peu partout des travaux inventifs, d'esthétiques variées, destinés le plus souvent au secteur culturel (théâtre, cinéma, expositions). L'affiche devient un élément dans un ensemble plus vaste déclinant, dans une campagne de communication, un même concept graphique sur supports multiples : plaquette, site Web, jusqu'aux très grands formats rendus possibles par les innovations techniques (impression numérique sur bâche). ■

afficher [afiʃe] **v.t.** (de *ficher*). **1.** Apposer une affiche : *Afficher un avis imprimé* (syn. **placarder, poser**). **2.** Annoncer par voie d'affiches : *Afficher une vente publique.* **3.** Annoncer au moyen d'un panneau d'affichage, d'un écran cathodique, etc. : *Afficher des résultats, un score.* **4.** Montrer avec ostentation un sentiment, une opinion, etc. : *Afficher son mépris* (syn. **étaler, exhiber**). ◆ **s'afficher v.pr.** Se montrer ostensiblement avec : *S'afficher avec un chanteur célèbre* (syn. **parader**).

affichette [afiʃɛt] **n.f.** Petite affiche.

afficheur, euse [afiʃœr, -øz] **n. 1.** Personne qui pose des affiches. **2.** Professionnel qui fait poser des affiches publicitaires ; annonceur qui utilise l'affiche comme support.

affichiste [afiʃist] **n.** Artiste spécialisé dans la création d'affiches.

affidé, e [afide] **n.** et **adj.** (du lat. *affidare*, promettre). LITT. Personne à qui l'on se fie pour commettre une action répréhensible : *Réunir ses affidés* (syn. **acolyte, complice**).

affilage [afilaʒ] **n.m.** Action d'affiler : *L'affilage d'une lame de faux* (syn. **affûtage, aiguisage**).

affilé, e [afile] **adj. 1.** Aiguisé : *Un couteau bien affilé* (syn. **coupant, tranchant**). **2. Avoir la langue bien affilée,** avoir de la repartie ; être bavard et médisant.

d'affilée [afile] **loc. adv.** (de *file*). Sans arrêt ; sans interruption : *Il a parlé deux heures d'affilée.*

affiler [afile] **v.t.** (du lat. *filum*, fil). Donner du fil à un instrument tranchant : *Affiler une lame* (syn. **affûter, aiguiser**).

affiliation [afiljasjɔ̃] **n.f.** Action d'affilier, de s'affilier ; fait d'être affilié : *Son affiliation au club lui donne certains avantages* (syn. **adhésion, inscription**).

affilié, e [afilje] **adj.** et **n.** Qui appartient à une association, à un organisme, etc. : *La liste des personnes affiliées, des affiliés* (syn. **adhérent**).

affilier [afilje] **v.t.** (lat. *affiliare*, de *filius*, fils) [conj. **9**]. Faire entrer dans un parti, un groupement, etc. : *Affilier un syndicat à une confédération européenne.* ◆ **s'affilier v.pr. [à].** S'inscrire en tant que membre dans une organisation : *S'affilier à une mutuelle* (syn. **adhérer, entrer**).

affinage [afinaʒ] **n.m.** Action d'affiner ; opération par laquelle on affine : *L'affinage de l'acier, du fromage.*

affine [afin] **adj.** (du lat. *affinis*, limitrophe, voisin). MATH. **Fonction affine,** fonction réelle de la variable réelle x de la forme $x \to f(x) = ax + b$, a et b étant réels. / **Géométrie affine,** géométrie des propriétés invariantes par des transformations du premier degré. / **Repère affine,** repère formé, sur une droite, par deux points distincts ; dans un plan, par trois points non alignés ; dans l'espace, par quatre points n'appartenant pas à un même plan.

affiner [afine] **v.t.** (de *2. fin*). **1.** Rendre plus pur en éliminant les impuretés, les éléments étrangers : *Affiner des métaux* (syn. **épurer, purifier**). **2.** Rendre plus fin ; faire paraître plus fin : *Coiffure qui affine le visage.* **3.** Rendre plus précis ou plus subtil : *Affiner une méthode de calcul* (syn. **peaufiner**). *Affiner le goût* (syn. **cultiver, éduquer**). **4.** En parlant du fromage, lui faire achever sa maturation. ◆ **s'affiner v.pr. 1.** Devenir plus fin : *Sa taille s'est affinée. Il s'est affiné à leur contact* (= il est devenu plus raffiné). **2.** Achever sa maturation : *Le fromage s'affine.*

affinité [afinite] **n.f.** (lat. *affinitas*, voisinage). **1.** Ressemblance entre plusieurs choses : *Affinité entre deux langues* (syn. **analogie, parenté**). **2.** Conformité naturelle de goûts, de sentiments entre des personnes : *Affinité de caractères* (syn. **accord, harmonie** ; contr. **antagonisme**).

affirmatif, ive [afirmatif, -iv] **adj. 1.** Qui affirme, contient une affirmation : *Un ton affirmatif. Une réponse affirmative* (contr. **négatif**). **2.** Qui affirme, soutient qqch. : *Il s'est montré tout à fait affirmatif* (contr. **évasif**). **3. Phrase affirmative,** qui affirme une réalité, qui exprime ce qui est. ◆ **affirmatif adv.** FAM. Oui : *M'entendez-vous ? Affirmatif !*

affirmation [afirmasjɔ̃] **n.f.** Action d'affirmer ; énoncé par lequel on affirme : *Ses affirmations n'ont convaincu personne* (syn. **assertion**). *Son discours renferme une nouvelle affirmation de son désir de paix* (syn. **proclamation**).

affirmative [afirmativ] **n.f.** Réponse par laquelle on assure que qqch est vrai, est approuvé : *Répondre par l'affirmative* (= en disant oui). *Dans l'affirmative, renvoyez immédiatement votre dossier* (= en cas d'acceptation).

affirmativement [afirmativmɑ̃] **adv.** De façon affirmative : *Répondre affirmativement* (contr. **négativement**).

affirmer [afirme] **v.t.** (lat. *affirmare*, de *firmus*, solide). **1.** Dire très fermement qu'une chose est vraie : *J'affirme que j'ignore tout de l'affaire* (syn. **assurer, soutenir**). *Elle affirme que c'est vrai* (syn. **certifier, garantir**). **2.** Manifester clairement : *Affirmer son autorité* (syn. **montrer, prouver**). ◆ **s'affirmer v.pr.** Devenir plus manifeste, plus fort : *Sa personnalité s'affirme de jour en jour* (syn. **s'affermir**).

affixe [afiks] **n.m.** (lat. *affixus*, attaché). LING. Élément qui se place au début (préfixe), à l'intérieur (infixe) ou à la fin (suffixe) d'un mot, d'un radical pour former un mot, un radical nouveau : *Dans « enterrement », « en- » et « -ment » sont des affixes adjoints au mot « terre ».*

affleurement [aflœrmɑ̃] **n.m. 1.** Action de mettre deux surfaces de niveau ; son résultat : *L'affleurement des lames d'un parquet.* **2.** GÉOL. Point où la roche constituant le sous-sol apparaît à la surface : *L'affleurement des rochers.*

affleurer [aflœre] **v.t.** (de *à fleur [de]*). **1.** Mettre de niveau deux choses contiguës : *Affleurer les battants d'une porte.* **2.** Arriver au niveau de : *La rivière affleure les quais.* ◆ **v.i.** Apparaître à la surface : *Filon qui affleure.*

affliction [afliksjɔ̃] **n.f.** (bas lat. *afflictio*, de *affligere* ; v. *affliger*). Grand chagrin ; douleur profonde : *Sa mort nous a plongés dans l'affliction* (syn. **désespoir, détresse**).

affligeant, e [afliʒɑ̃, -ɑ̃t] **adj. 1.** Qui afflige : *Cette nouvelle est affligeante* (syn. **attristant, désolant**). **2.** Qui inspire le dégoût ou le rejet : *Son dernier film est affligeant* (syn. **consternant, lamentable**).

affliger [afliʒe] **v.t.** (lat. *affligere*, abattre) [conj. **17**]. Causer une profonde douleur morale, un grand chagrin à qqn : *L'échec de son fils l'afflige* (syn. **désoler, peiner**). *Le spectacle de sa déchéance afflige sa famille* (syn. **atterrer, consterner**). ◆ **s'affliger v.pr. [de].** Éprouver un grand chagrin, de l'affliction du fait de qqch : *Je m'afflige de ne pouvoir vous aider* (= cela me désole).

affluence [aflyɑ̃s] **n.f.** Arrivée ou présence de nombreuses personnes en un même lieu : *Il y a eu affluence pour visiter l'exposition* (syn. **foule**). *Prendre le métro aux heures d'affluence* (syn. **pointe**).

affluent, e [aflyɑ̃, -ɑ̃t] **adj.** (du lat. *affluere*, couler vers). Se dit d'un cours d'eau qui se jette dans un autre : *Rivière affluente.* ◆ **affluent n.m.** Cours d'eau affluent : *L'Allier est un affluent de la Loire.*

affluer [aflye] **v.i.** (lat. *affluere*). **1.** Couler abondamment vers : *Le sang afflua à son visage.* **2.** Arriver en grand nombre, en abondance en un lieu : *Les manifestants affluaient sur la place* (syn. **confluer, converger**).

afflux [afly] **n.m.** (du lat. *affluere*, couler vers). **1.** Brusque arrivée d'un liquide organique, en partic. du sang, dans une partie du corps : *Afflux de sang à la tête.* **2.** Arrivée en un même lieu d'un grand nombre de personnes : *Un afflux de touristes* (syn. **déferlement**).

affolant, e [afɔlɑ̃, -ɑ̃t] **adj.** Qui affole, provoque une vive émotion : *L'augmentation des prix devient affolante* (syn. **alarmant, inquiétant**).

affolé, e [afɔle] **adj. 1.** Rendu comme fou par une émotion violente ; qui manifeste un grand trouble : *Les spectateurs affolés cherchaient à sortir de la salle en feu* (syn. **terrifié, terrorisé**). **2.** Qui montre des déviations subites et irrégulières sous l'action des perturbations du champ magnétique, en parlant de l'aiguille aimantée d'une boussole.

affolement [afɔlmɑ̃] **n.m. 1.** Fait de s'affoler ; état d'une personne affolée : *L'affolement gagnait le public* (syn. **panique**). **2.** État d'une aiguille aimantée affolée.

affoler [afɔle] **v.t.** (de *fou, fol*). Faire perdre son sang-froid à qqn, un animal, le rendre comme fou : *Les cris de la foule affolèrent les chevaux* (syn. **effrayer, épouvanter**). *Sa façon de conduire affole sa mère* (syn. **terrifier**). ◆ **s'affoler v.pr.** Être saisi par la peur ; perdre son sang-froid : *Elle s'affola à la vue du sang. Ne vous affolez pas, nous allons retrouver ce document* (syn. **s'inquiéter, se tourmenter**).

affouage [afwaʒ] **n.m.** (de l'anc. fr. *affouer*, chauffer, du lat. *focus*, feu). DR. Droit de prendre du bois de chauffage ou de participer au produit de l'exploitation du bois dans les forêts appartenant à l'État ou aux communes ; la part de bois revenant à chacun.

affouragement [afuraʒmɑ̃] **n.m.** Approvisionnement en fourrage du bétail, d'une exploitation agricole : *L'affouragement est difficile les années de sécheresse.*

affourager [afuraʒe] **v.t.** [conj. **17**]. Approvisionner en fourrage.

affranchi, e [afrɑ̃ʃi] **adj.** et **n. 1.** HIST. Libéré de la servitude : *Esclave affranchi* (syn. **libre**). **2.** Libéré de tout préjugé ; détaché de toute convention intellectuelle, sociale ou morale : *Esprit affranchi* (syn. **émancipé**).

affranchir [afrɑ̃ʃir] **v.t.** (de *2. franc*) [conj. **32**]. **1.** Rendre libre, indépendant : *Affranchir de la domination, de la misère, de la crainte* (syn. **libérer**). **2.** HIST. Donner la liberté à un esclave. **3.** Exempter d'une charge, d'une hypothèque, de taxes : *Les revenus de cet emprunt d'État sont affranchis de toute taxe* (syn.

exonérer). **4.** Payer le port d'une lettre, d'un paquet, etc., afin qu'ils soient acheminés vers leur destinataire : *Affranchir une lettre au tarif en vigueur.* **5.** ARG. Confier une information qui aurait dû rester secrète : *Tu n'as pas l'air au courant, je vais t'affranchir* (syn. **informer, renseigner**). ◆ **s'affranchir v.pr. [de].** Se libérer : *S'affranchir de sa timidité* (syn. **se débarrasser**).

affranchissement [afrɑ̃ʃismɑ̃] **n.m. 1.** Action de rendre libre, indépendant : *L'affranchissement des anciennes colonies* (syn. **libération**). **2.** Action de payer le port d'une lettre, d'un paquet pour qu'ils soient acheminés : *Quel est le tarif d'affranchissement d'une lettre pour le Canada ?*

affres [afr] **n.f. pl.** (probabl. de l'anc. prov. *affre,* effroi, p.-ê. en rapport avec *effarer*). LITT. Très grande angoisse ; tourments physiques, intellectuels, moraux : *Les affres du doute* (syn. **torture, transe**).

affrètement [afrɛtmɑ̃] **n.m.** Louage d'un navire, d'un avion.

affréter [afrete] **v.t.** (de *fret*) [conj. **18**]. Prendre un navire, un avion en louage.

affréteur [afretœr] **n.m.** Celui qui prend en location un navire, un avion (par opp. à *fréteur*).

affreusement [afrøzmɑ̃] **adv. 1.** De façon affreuse : *Elle a été affreusement défigurée* (syn. **atrocement, horriblement**). **2.** Extrêmement : *Je me suis couché affreusement tard* (syn. **très**).

affreux, euse [afrø, -øz] **adj.** (de *affres*). **1.** Qui provoque la peur, la douleur, le dégoût : *Son visage brûlé est affreux à voir* (syn. **hideux, horrible**). *Un affreux accident* (syn. **atroce, effroyable**). *Un affreux personnage* (syn. **répugnant**). **2.** Très laid : *Une robe, une coiffure affreuse.* **3.** Qui cause un vif désagrément : *Quel temps affreux !* (syn. **épouvantable, exécrable**).

affriolant, e [afrijɔlɑ̃, -ɑ̃t] **adj. 1.** Qui tente ; qui attire : *Des promesses affriolantes* (syn. **alléchant**). **2.** Qui excite le désir : *Un décolleté affriolant* (syn. **émoustillant**). *Je la trouve très affriolante* (syn. **désirable**).

affrioler [afrijɔle] **v.t.** (du moyen fr. *frioler,* frire, être avide). Exciter le désir de : *La perspective de gagner une grosse somme l'affriole* (syn. **tenter**).

affriquée [afrike] **n.f.** et **adj.f.** (du lat. *affricare,* frotter contre). PHON. **Consonne affriquée,** consonne occlusive au début de son émission et constrictive à la fin : [ts] *est une consonne affriquée.* (On dit aussi *une affriquée.*)

affront [afrɔ̃] **n.m.** (de *affronter*). Marque publique de mépris : *Infliger, subir un affront* (syn. **camouflet, humiliation**).

affrontement [afrɔ̃tmɑ̃] **n.m.** Action d'affronter ; fait de s'affronter : *L'affrontement de deux idéologies* (syn. **heurt**).

affronter [afrɔ̃te] **v.t.** (de *front*). **1.** Aborder résolument de front ; aller avec courage au-devant de : *Affronter l'ennemi* (syn. **braver, défier**). *Elle a dû affronter un grave problème avec ses enfants* (= faire face à). **2.** Mettre de front, de niveau : *Affronter deux panneaux* (syn. **aligner**). ◆ **s'affronter v.pr.** Lutter l'un contre l'autre : *Les deux armées s'affrontèrent au petit matin* (syn. **se battre**). *Deux thèses s'affrontent au sein du comité* (syn. **s'opposer**).

affubler [afyble] **v.t.** (lat. pop. **affibulare,* vêtir, du class. *fibula,* agrafe). **1.** Vêtir d'une manière ridicule : *Sa mère l'avait affublé d'une culotte courte* (syn. **accoutrer**). **2.** Attribuer qqch de ridicule à qqn : *Ses élèves l'ont affublé d'un sobriquet.* ◆ **s'affubler v.pr. [de].** S'habiller bizarrement : *S'affubler toujours de vêtements voyants* (syn. **s'accoutrer**).

affût [afy] **n.m.** (de *affûter*). **1.** Support du canon d'une bouche à feu, qui sert à la pointer, à la déplacer. **2.** CHASSE. Endroit où l'on se poste pour guetter le gibier : *Choisir un affût pour tirer des faisans.* **3. Être à l'affût de,** guetter le moment favorable pour s'emparer de qqch ; guetter l'apparition de : *Journaliste toujours à l'affût d'une nouvelle sensationnelle.* / **Se mettre à l'affût,** attendre qqn en se dissimulant : *Les policiers se sont mis à l'affût sous un porche.*

affûtage [afytaʒ] **n.m.** Action d'affûter, d'aiguiser ; son résultat (syn. **affilage, aiguisage**).

affûter [afyte] **v.t.** (de *fût,* pièce de bois, en raison du sens premier de « ajuster un canon »). Donner du tranchant à : *Le boucher affûte ses couteaux* (syn. **affiler, aiguiser**).

affûteur [afytœr] **n.m.** Ouvrier qui aiguise les outils, en partic. ceux des machines-outils.

afghan, e [afgɑ̃, -an] **adj.** et **n. 1.** De l'Afghanistan. **2. Lévrier afghan,** lévrier à poil long. ◆ **afghan n.m.** Pachto.

Afghanistan, État d'Asie, entre l'Iran et le Pakistan ; 650 000 km^2 ; 30 552 000 hab. *(Afghans).* CAP. *Kaboul.* LANGUES : *pachto* et *dari.* MONNAIE : *afghani.*

GÉOGRAPHIE

L'Afghanistan est un pays montagneux (plus de 40 % de la superficie au-dessus de 1 800 m), surtout au N.-E., occupé par l'Hindu Kuch. Des plaines descendent vers le N. jusqu'à 250-300 m, tandis qu'au S.-O. la dépression de Sistan est parcourue par le Helmand. Le climat est rude : froid en hiver, parfois torride (au S.-O.) en été, presque toujours aride. La steppe domine. Les précipitations n'arrosent que l'Hindu Kuch et les chaînes du Sud-Est.

Dans la mosaïque de populations, l'ethnie numériquement dominante est celle des Pachtouns, ou Pathans. Les autres ethnies notables sont les Ouzbeks et les Turkmènes au N.-E., les Tadjiks au N., les Baloutches au S.-E., les Hazaras au centre. La population est faiblement urbanisée et gravement affectée par des années de guerre.

L'Afghanistan reste sous-développé. L'agriculture occupe la majorité de la population et le nomadisme pastoral persiste. L'agriculture sédentaire partiellement irriguée est fondée sur le blé, l'orge, les fruits et le coton. La culture du pavot (opium), interdite, est florissante. Si l'artisanat (tapis, soieries, orfèvrerie) reste actif, l'industrie est limitée au textile et à l'agroalimentaire, et à une pétrochimie naissante à partir du gaz naturel.

HISTOIRE

Après la conquête d'Alexandre le Grand (329 av. J.-C.), la région est fortement marquée par la civilisation grecque, surtout en Bactriane. Elle est également influencée par le bouddhisme venu de l'Inde, sans doute dès le IIIe s. av. J.-C. Puis l'Afghanistan est progressivement intégré au monde musulman : la conversion à l'islam, commencée en 651, fait des progrès décisifs aux XIe-XIIe s. La région est ravagée par les Mongols (1221-1222). Elle est dominée aux XVIe-XVIIe s. par l'Inde et l'Iran, qui se la partagent.

1747. Fondation de la première dynastie nationale afghane.
1838-1842. Première guerre anglo-afghane.
1878-1880. Deuxième guerre anglo-afghane.
1921. Traité d'amitié avec la Russie soviétique et reconnaissance de l'indépendance de l'Afghanistan.
1973. Coup d'État qui renverse le roi Zaher Chah. Proclamation de la république.
1978. Coup d'État communiste.
1979-1989. Intervention des troupes soviétiques dans la guerre qui oppose le gouvernement de Kaboul à des résistants qui luttent au nom de l'islam *(moudjahidin).*
1986. Mohammad Nadjibollah dirige le pays.
1992. Il est renversé par les moudjahidin, dirigés par le commandant tadjik Ahmad Chah Masud (Massoud).
1996. Les talibans (« étudiants en religion ») s'emparent du pouvoir, imposant un islamisme radical. Pour les combattre, les forces de l'opposition se rassemblent en 1999 en un Front uni, l'Alliance du Nord, conduit par Masud.
2001. Masud est tué dans un attentat (9 sept.). Après les attentats perpétrés sur leur territoire (11 sept.), les États-Unis, appuyés par la communauté internationale, interviennent militairement en Afghanistan contre le réseau islamiste al-Qaida et contre les talibans, accusés de les soutenir. Le régime des talibans s'effondre. Un gouvernement de transition, multiethnique, est mis en place, présidé par Hamid Karzai.
2004. Une nouvelle Constitution fait de l'Afghanistan une république islamique à régime présidentiel. H. Karzai est élu au suffrage universel.
2009. Il est réélu après un scrutin marqué par des fraudes massives. Le pays, miné par la corruption, reste en proie à l'instabilité et à l'insécurité, avec un retour en force des tali-

bans depuis 2006, et malgré la présence des troupes, en majorité américaines, de l'O.T.A.N. Une étape importante vers leur retrait, programmé pour 2014 parallèlement à la prise en charge de la sécurité par l'armée et la police afghanes, est le départ anticipé des forces françaises en 2012.

aficionado [afisjɔnado] **n.m.** (mot esp., de *afición*, goût, passion). **1.** Amateur de courses de taureaux. **2.** Passionné de : *Les aficionados du football* (syn. **fanatique**).

afin de [afɛ̃də] **loc. prép.**, **afin que** [afɛ̃kə] **loc. conj.** (de *à* et *1. fin*). Indique l'intention qui guide l'action, le but recherché (*afin de* + inf. ; *afin que* + subj.) : *Je vais répéter afin de me faire bien comprendre* (syn. **pour**). *Elle a fait cela afin que tout le monde soit informé* (syn. **pour que**).

a fortiori [afɔrsjɔri] **loc. adv.** (du lat. scolast. *a fortiori* [*causa*], par [une raison] plus forte). À plus forte raison : *Je ne peux m'engager pour la réunion de demain, a fortiori pour celle de la semaine prochaine.*

africain, e [afrikɛ̃, -ɛn] **adj.** et **n.** D'Afrique.

africanisme [afrikanism] **n.m.** Mot, expression, tournure particuliers au français parlé en Afrique noire.

africaniste [africanist] **n.** Spécialiste des langues et des civilisations africaines.

afrikaans [afrikɑ̃s] **n.m.** (mot néerl.). Langue néerlandaise parlée en Afrique du Sud.

Afrikakorps, nom donné aux formations allemandes qui, de 1941 à 1943, sous les ordres de Rommel, luttèrent aux côtés des Italiens contre les Britanniques en Libye, en Égypte et en Tunisie.

afrikaner [afrikanɛr] et **afrikaander** [afrikɑ̃dɛr] **n.** Personne d'origine néerlandaise parlant l'afrikaans, en Afrique du Sud.

Afrique, continent couvrant 30 310 000 km^2 et comptant 1 110 635 000 hab. ▸ *Dossier page suivante.*

GÉOGRAPHIE

Traversée presque en son milieu par l'équateur, mais s'étendant pour plus des deux tiers dans l'hémisphère Nord, l'Afrique est un continent chaud.

La chaleur est naturellement liée à la situation en latitude. Les températures moyennes annuelles entre les tropiques et au-delà dans l'hémisphère Nord avoisinent 20 à 25 °C et l'amplitude saisonnière est faible, augmentant toutefois avec la latitude. Cette chaleur constante s'accompagne ou non de pluies : de part et d'autre des tropiques, zones désertiques (moins de 200 et souvent de 100 mm de pluies) plus (Sahara) ou moins (Kalahari, Namib) vastes ; aux latitudes équatoriales, abondamment et constamment arrosées (plus de 1 500 mm par an), régions de forêt dense (cuvette du Congo essentiellement). Les transitions s'opèrent par l'apparition et l'allongement d'une saison sèche avec développement de la forêt sèche et claire, puis de la savane (de moins en moins arborée) et de la steppe. Seules les extrémités nord-ouest (Maghreb), nord-est (delta du Nil) et australe échappent au monde tropical, avec l'apparition locale (littoral nord-ouest surtout et région du Cap) du climat méditerranéen. La zonalité climatique est favorisée par la massivité du relief. De vastes dépressions, plus ou moins drainées par de grands fleuves (Niger, Tchad, Congo), sont séparées par des dorsales aplanies par une longue érosion, mais sont souvent isolées de l'océan par des bourrelets périphériques, limitant parfois d'étroites plaines côtières. Toutefois, en Afrique orientale, le socle a été affecté de grandes fractures (Rift Valley, jalonnée de lacs), accompagnées d'éruptions volcaniques (le Kilimandjaro, point culminant du continent, est un volcan).

Souvent appelée le « continent noir », l'Afrique n'est noire qu'en partie, puisque l'« Afrique blanche » au N. du Sahara compte (Égypte incluse) plus de 120 millions d'habitants. Le continent est surtout caractérisé par l'héritage de la colonisation. Il en résulte d'abord la mosaïque politique actuelle (plus de 50 États indépendants), ne tenant guère compte des ethnies, et expliquant la juxtaposition de pays de superficies, de poids démographiques et économiques très inégaux. La colonisation a aussi provoqué le développement de l'agriculture commerciale, des plantations (étendues aux dépens de cultures vivrières et, plus globalement, de la conservation des sols), et a été à la base de l'industrialisation, en premier lieu de l'exploitation du sous-sol.

Afrique du Nord, autre appellation du Maghreb.

Afrique du Sud *(république d')*, État de l'Afrique australe constitué par neuf provinces (*Cap-Nord, Cap-Est, Cap-Ouest, Nord-Ouest, Limpopo, Mpumalanga, Gauteng, Kwazulu-Natal* et *État libre*) ; 1 221 000 km^2 ; 52 776 000 hab. *(Sud-Africains).* CAP. *Le Cap* (cap. législative) et *Pretoria* (cap. administrative). LANGUES OFFICIELLES : 11, dont l'*afrikaans* et l'*anglais.* MONNAIE : *rand.*

GÉOGRAPHIE

L'Afrique du Sud est la première puissance économique du continent africain. Sa relative prospérité est encore menacée par les tensions raciales héritées de la longue période d'apartheid, pendant laquelle la minorité blanche (13 % de la population) avait la prépondérance sur les Noirs (75 %), les métis (9 %) et les Asiatiques (3 %). L'abolition de l'apartheid et l'accession des Noirs au pouvoir n'ont pas encore réduit toutes les inégalités.

Par la latitude, l'Afrique du Sud échappe largement à la zone tropicale et l'altitude (haut plateau intérieur entre 1 200 et 1 800 m, bordé de régions basses) modère les températures. Les précipitations sont plus abondantes sur le versant de l'océan Indien, amenées par l'alizé du S.-E. La barrière du Drakensberg provoque la semi-aridité d'une grande partie du bassin de l'Orange. Cette semi-aridité explique la prépondérance de l'élevage, souvent extensif, bovin et surtout ovin, devant les cultures (sucre, blé et surtout maïs, vigne, agrumes). L'agriculture satisfait la majeure partie des besoins nationaux et permet de notables exportations. Le secteur minier, fondement du développement, demeure essentiel et ne se limite pas à l'or (la moitié de la production mondiale). Le pays figure aussi parmi les premiers producteurs mondiaux de platine, de diamants, d'uranium, de chrome, d'amiante, de manganèse. La houille est la base énergétique nationale et alimente une sidérurgie favorisée par l'abondance du minerai de fer. L'énergie et la sidérurgie sont contrôlées par le secteur public, qui participe pour plus d'un tiers à l'ensemble de la production industrielle (agroalimentaire, textile, chimie, constructions mécaniques), provenant essentiellement, en dehors de la grande région urbaine dominée par Johannesburg, des zones portuaires du Cap, de Port Elizabeth et de Durban, les principales villes (avec Pretoria) du pays, fortement urbanisé.

HISTOIRE

Les plus anciens peuples d'Afrique australe, les Bochimans et les Hottentots, ont été refoulés par les Bantous, arrivés au XVe s.

1487. Le Portugais Dias, le premier, contourne les côtes sud-africaines, en doublant le cap de Bonne-Espérance.

1652. Les Hollandais s'installent au Cap.

1685. Immigration de nombreux protestants français.

L'occupation des terres par les colons hollandais (Boers) provoque de nombreux conflits avec les Africains (guerre « cafre » [du nom donné alors aux peuples d'Afrique vivant au S. de l'équateur], 1779-1887).

La domination britannique

1814. La colonie passe sous administration britannique.

Mais les causes de désaccord se multiplient entre Boers et Anglais ; des Boers quittent le sud-est du pays en direction de l'Orange, puis, après une guerre contre les Noirs Zoulous, vers le Natal. Ce mouvement de migration appelé *Grand Trek* se poursuit de 1834 à 1852.

1852. Les Boers fondent la république du Transvaal.

1853. Fondation de la colonie britannique du Cap.

1854. Création par les Boers de la république d'Orange.

1856. Le Natal devient une colonie britannique.

La découverte de mines de diamants en Orange (1867) et d'or au Transvaal (1885) suscite la convoitise des Britanniques, qui déclenchent un premier conflit armé de 1877 à 1884, puis la guerre des Boers (1899-1902).

1910. Les États du Cap, du Natal, d'Orange et du Transvaal se fédèrent, créant ainsi un nouvel État, l'Union sud-africaine, qui demeure sous tutelle britannique, dans le cadre du Commonwealth.

Le continent des possibles

Les fortes croissances économiques et démographiques de l'Afrique recouvrent des situations très diverses et de profonds contrastes entre les pays. Ce continent, extrêmement riche en matières premières et en terres agricoles, attire les investisseurs du monde entier. Les tensions et les conflits, ainsi que la violence des phénomènes naturels, notamment les sécheresses, entraînent des catastrophes humaines.

▶ **La démographie, une dynamique forte.** Avec 1,1 milliard d'habitants, l'Afrique compte 15 % de la population mondiale, alors qu'elle n'en représentait que 7 % en 1950. Ce dynamisme dépend d'abord de l'indice de fécondité, c'est-à-dire du nombre moyen d'enfants par femme. Les disparités sont très grandes de ce point de vue. Dans certains pays le nombre d'enfants par femme est parmi le plus élevé du monde (7 au Niger, par ex.), alors qu'il est d'un peu plus de 2 seulement en Algérie et en Tunisie : dans le premier cas la transition démographique n'a pas encore commencé, alors qu'elle est achevée dans le second cas. Il y a deux autres facteurs d'accroissement de la population : le recul de la mortalité, en particulier de la mortalité infantile, et le recul des grandes maladies, paludisme et sida notamment. La croissance démographique a favorisé l'exode rural soit vers les villes, soit vers l'étranger. La croissance urbaine est très forte partout en Afrique : 40 % de la population vit maintenant en ville, mais pour une large part dans des bidonvilles. La population des bidonvilles africains représente plus de la moitié de la population urbaine de l'Afrique. Ces conditions de vie entraînent d'importants problèmes : santé publique, gouvernance locale et transports. En ce qui concerne les émigrés, leurs envois d'argent constituent un apport économique considérable qui dépasse maintenant le montant de l'aide publique au développement fournie par les pays développés. Il faut noter par ailleurs que les guerres et les aléas climatiques ont entraîné un certain nombre de déplacements de population.

▶ **Des ressources naturelles considérables.** L'Afrique est très riche en ressources énergétiques et minières. Dans le secteur énergétique, elle produit 10 % du pétrole mondial et dispose de 10 % des réserves ; pour le gaz, c'est 6 % de la fourniture et 7 % des réserves. Les ressources minières sont nombreuses : le continent recèlerait environ 30 % des réserves minérales de notre planète. Une quinzaine de minerais sont exploités, dont le fer (le continent détient 20 % des réserves mondiales), le charbon, le cuivre, l'or, le nickel, le platine et le cobalt ; à cela s'ajoutent des richesses minérales comme le diamant. Les forêts d'Afrique constituent un patrimoine à l'échelle mondiale et commencent à être protégées plus efficacement, notamment celles du bassin du Congo. Quant aux terres agricoles, leur disponibilité, leur sous-exploitation par une population agricole appauvrie, attirent des investisseurs étrangers, en raison des perspectives de baisse de la production agricole mondiale. Les produits agricoles exportés sont essentiellement le café, le cacao, le coton, le sucre, le tabac et le thé.

▶ **Les obstacles et les retards.** Le développement de nombreux pays africains est entravé par plusieurs séries de facteurs, politiques, sociaux et économiques. Des guerres et des conflits touchent encore une douzaine d'États. Dans les pays les plus pauvres, les progrès de l'alphabétisation des filles sont lents, alors que celui-ci est la première condition de la baisse de la fécondité. Le sous-emploi dans les zones urbaines surchargées est source d'instabilité et de violences sociales. Et dans ces villes établies sur des sites souvent écologiquement fragiles, zones littorales ou zones humides, l'assainissement est très insuffisant et les pollutions industrielles fréquentes, ce qui entraîne de graves dégâts sur la santé des habitants. Dans les zones rurales, quand les sols ont été appauvris et les voies de communication dégradées, le départ vers la ville ou vers l'étranger semble la seule issue possible. Par ailleurs, dans plusieurs pays, les ressources fournies par les matières premières exportées sont souvent confisquées par une minorité et ne contribuent pas à la progression du niveau de vie de l'ensemble de la population.

L'Afrique recèle d'immenses possibilités en ressources et en matières premières, qui peuvent être valorisées par la croissance économique et démographique. Mais ce continent, notamment dans sa partie centrale, doit faire face à des lacunes : faiblesse des États, manque de formation de la jeunesse, conflits armés, insuffisance des cultures vivrières et des industries de transformation.

Voir aussi : développement ; Maghreb ; mondialisation ; urbanisation.

Les principaux problèmes concernent les rapports entre Britanniques et Boers, d'une part, l'ensemble des Blancs et les peuples de couleur, d'autre part.
1912. Création de l'African National Congress (ANC), mouvement de lutte pour la défense des Noirs.
Privés du pouvoir politique, les Noirs, majoritaires, sont affectés dès 1913 par les premières lois de ségrégation (apartheid), votées par le parti afrikaner au pouvoir.
1920. L'Union sud-africaine reçoit un mandat de la S.D.N. sur le Sud-Ouest africain.
Gouvernée par les nationalistes (1924-1939), qui renforcent la ségrégation entre Noirs et Blancs, puis par leurs éléments les plus extrémistes (1948-1961), l'Union sud-africaine est vivement critiquée par l'O.N.U. et la Grande-Bretagne, à partir de 1945.
La république d'Afrique du Sud
1961. Création de la république d'Afrique du Sud, qui ne conserve aucun lien politique avec le Commonwealth.
À partir des années 1970, le gouvernement accentue la politique de création des bantoustans et appuie les mouvements de guérilla en Angola et au Mozambique.
1976. Graves émeutes à Soweto.
1984. Pieter W. Botha est élu président de la République.
1985. Multiplication des manifestations contre l'apartheid et des affrontements dans les cités noires.
1986. L'instauration de l'état d'urgence entraîne l'adoption, par nombre de pays occidentaux, de sanctions économiques contre l'Afrique du Sud.
1989. Frederik De Klerk succède à Pieter W. Botha.
1990. Libération de Nelson Mandela, chef de l'ANC, légalisation des organisations antiapartheid, abolition de la ségrégation raciale dans les lieux publics et levée de l'état d'urgence. Indépendance de la Namibie.
1991. Les dernières lois régissant l'apartheid sont abrogées.
1994. Les premières élections multiraciales sont remportées par l'ANC. Nelson Mandela est élu à la tête de l'État. L'Afrique du Sud retrouve sa place au sein de la communauté internationale.
1996. Une nouvelle Constitution est adoptée.
1999. Thabo Mbeki devient président de la République, après une nouvelle victoire de l'ANC aux législatives. Il est réélu en 2004.
2008. Désavoué par son propre parti, T. Mbeki démissionne. Kgalema Motlanthe assure l'intérim.
2009. Jacob Zuma (président de l'ANC depuis 2007) est élu à la tête de l'État.

Afrique noire, partie du continent africain habitée essentiellement par des populations noires.

Afrique romaine, ensemble des territoires de l'Afrique du Nord colonisés par les Romains après la chute de Carthage (146 av. J.-C.) et qui restèrent dans l'Empire jusqu'à l'arrivée des Vandales (Ve s.).

afro-américain, e [afrɔamerikɛ̃, -ɛn] **adj.** et **n.** (pl. *afro-américains, es*). Qui est d'origine africaine, aux États-Unis.

afro-asiatique [afrɔazjatik] **adj.** (pl. *afro-asiatiques*). Qui concerne à la fois l'Afrique et l'Asie.

afro-cubain, e [afrɔkybɛ̃, -ɛn] **adj.** et **n.** (pl. *afro-cubains, es*). Qui est d'origine africaine, à Cuba : *Musique afro-cubaine.*

after-shave [aftœrʃɛv] **n.m. inv.** (mots angl., de *after,* après, et *to shave,* raser). Syn. de *après-rasage.*

agaçant, e [agasɑ̃, -ɑ̃t] **adj.** Qui agace, irrite : *Son rire perçant est agaçant* (syn. **énervant**).

agacement [agasmɑ̃] **n.m.** Action d'agacer ; fait d'être agacé : *Plus tu parlais, moins il pouvait cacher son agacement* (syn. **énervement, exaspération**). *Elle ne put retenir un geste d'agacement* (syn. **impatience, irritation**).

agacer [agase] **v.t.** (de l'anc. fr. *aacier,* rendre aigre [du lat. *acidus,* acide], probabl. croisé avec *agace,* n. de la *pie*) [conj. **16**]. **1.** Causer de l'irritation à : *Bruit continuel qui agace* (syn. **énerver, exaspérer**). *Cesse d'agacer ton petit frère* (syn. **taquiner**). **2.** Produire une sensation désagréable sur : *Le citron agace les dents* (syn. **irriter**).

agacerie [agasri] **n.f.** VIEILLI. Mine, parole, regard destinés à provoquer, à aguicher (syn. **coquetterie, minauderie**).

Agadir, port du Maroc méridional, sur l'Atlantique ; 421 844 hab. Station balnéaire. Pêche. En 1911, l'envoi d'une canonnière allemande (la *Panther*) dans ce port fut le point de départ d'un incident franco-allemand, suivi par un accord entre Berlin et Paris. Les Allemands ne s'opposaient plus au protectorat français sur le Maroc ; en échange, ils obtenaient un accès au Congo, à travers les territoires contrôlés par les Français. En 1960, la ville fut détruite par un tremblement de terre.

Agamemnon, roi légendaire de Mycènes et d'Argos qui fut le chef des Grecs dans la guerre de Troie. Fils d'Atrée et frère de Ménélas, il a épousé Clytemnestre, sœur d'Hélène, dont il eut trois enfants : Iphigénie, Électre et Oreste. Pour apaiser l'hostilité d'Artémis à son égard, il accepta de sacrifier sa fille Iphigénie. À son retour de Troie, il fut assassiné par Clytemnestre et son amant Égisthe.

agami [agami] **n.m.** (mot caraïbe). Oiseau d'Amérique du Sud, de la taille d'un coq, à plumage noir aux reflets métalliques bleu et vert, appelé aussi *oiseau-trompette* à cause du cri éclatant du mâle. ▸ Ordre des gruiformes.

agape [agap] **n.f.** (gr. *agapê,* amour). Repas pris en commun par les premiers chrétiens. ◆ **agapes n.f. pl.** Repas copieux et gai entre amis : *Célébrer son anniversaire par de joyeuses agapes* (syn. **banquet, festin**).

agar-agar [agaragar] **n.m.** (mot malais) [pl. *agars-agars*]. Mucilage obtenu à partir d'une algue des mers extrême-orientales, utilisé en bactériologie comme milieu de culture, dans l'industrie comme produit d'encollage, en pharmacie comme laxatif et en cuisine pour la préparation des gelées.

agaric [agarik] **n.m.** (lat. *agaricum,* du gr.). Champignon comestible à chapeau et à lamelles, dont le type est le champignon de couche, ou *psalliote des champs.* ▸ Famille des agaricacées ; classe des basidiomycètes.

Agassiz (Louis), naturaliste américain d'origine suisse (Môtier, canton de Fribourg, 1807 - Cambridge, Massachusetts, 1873). Il a mené des travaux sur les poissons et sur les glaciers, et a postulé, le premier, l'existence d'époques glaciaires passées.

agate [agat] **n.f.** (du gr. *Akhatês,* n. d'une riv. de Sicile). Roche siliceuse, variété de calcédoine, divisée en zones concentriques de colorations diverses.

agave [agav] **n.m.** (mot du lat. scientif., du gr. *agauos,* admirable). Plante originaire d'Amérique centrale, cultivée dans les régions chaudes, restant plusieurs dizaines d'années à l'état végétatif pour fleurir une seule fois en donnant une inflorescence d'env. 10 m de haut, et dont les feuilles fournissent des fibres textiles. ***Rem.*** L'agave est souvent appelé, à tort, *aloès.* ▸ Famille des agavacées.

âge [ɑʒ] **n.m.** (lat. pop. **actaticum,* du class. *aetas, -atis*). **1.** Durée écoulée depuis la naissance : *Cacher son âge. Un homme entre deux âges* (= ni jeune ni vieux). *Une femme sans âge* (= dont on ne peut deviner l'âge). **2.** Période de la vie correspondant à une phase de l'évolution de l'être humain : *Un sport praticable à tout âge.* **3.** Période de l'évolution du monde, de l'humanité : *L'âge de la pierre taillée.* **4.** La vieillesse : *Les effets de l'âge. Elle est vieille avant l'âge.* **5. Âge légal,** âge fixé par la loi pour l'exercice de certains droits civils ou politiques. ⁄ **Âge mental,** niveau de développement intellectuel d'un enfant tel qu'il est mesuré par certains tests ; par ext., niveau de maturité intellectuelle d'une personne, quel que soit son âge. ⁄ **Classe d'âge,** groupe d'individus ayant approximativement le même âge. ⁄ **Quatrième âge,** période suivant le troisième âge, où la plupart des activités deviennent impossibles, et qui correspond à la grande vieillesse. ⁄ **Troisième âge,** période qui suit l'âge adulte et où cessent les activités professionnelles.

âgé, e [ɑʒe] **adj. 1.** D'un âge avancé : *Places réservées aux personnes âgées. Il est très âgé* (syn. **vieux**). **2. Âgé de,** qui a tel âge : *Âgé de vingt ans.* / **Plus, moins âgé (que),** qui compte plus, moins d'années que : *Elle est bien plus âgée que moi.*

Âge d'or *(l')* ⟶ Buñuel.

Agen, ch.-l. du dép. de Lot-et-Garonne, sur la Garonne ; 34 899 hab. *(Agenais).* Évêché. Cour d'appel. Marché (prunes, chasselas). Conserves. Produits pharmaceutiques. Cathédrale romane et gothique ; musée.

agence [aʒɑ̃s] **n.f.** (it. *agenzia,* du lat. *agere,* agir). **1.** Entreprise commerciale proposant en général des services d'intermédiaire entre les professionnels d'une branche d'activité et leurs clients : *Agence de voyages. Agence immobilière.* **2.** Organisme administratif chargé d'une mission d'information et de coordination dans un domaine déterminé : *Agence nationale pour l'emploi* (depuis 2009 : *Pôle emploi*). **3.** Succursale d'une banque : *Ouverture d'une agence dans votre quartier.* **4.** Ensemble des bureaux, des locaux occupés par une agence : *Faire moderniser son agence.* **5. Agence de presse,** agence qui fournit aux médias des informations (dépêches, reportages) ou des photographies.

agencement [aʒɑ̃smɑ̃] **n.m.** Action d'agencer ; état de ce qui est agencé : *L'agencement des pièces d'un appartement* (syn. **disposition, distribution**). *L'agencement des mots dans une phrase* (syn. **ordonnancement**).

agencer [aʒɑ̃se] **v.t.** (de l'anc. fr. *gent,* beau) [conj. **16**]. Disposer selon un ordre ; déterminer les éléments de : *Une phrase mal agencée* (syn. **ordonnancer**). *Leur appartement est bien agencé* (syn. **concevoir**).

agenda [aʒɛ̃da] **n.m.** (mot lat. « ce qui doit être fait »). **1.** Carnet permettant d'inscrire jour par jour ce qu'on a à faire : *Noter un rendez-vous sur son agenda.* **2. Agenda électronique,** ordinateur de poche muni des fonctions d'agenda et de carnet d'adresses (syn. **organiseur**).

agenouillement [aʒnujmɑ̃] **n.m.** Action de s'agenouiller ; fait d'être agenouillé : *L'agenouillement des fidèles durant l'office.*

s'agenouiller [aʒnuje] **v.pr. 1.** Se mettre à genoux : *Elle s'agenouilla pour éponger le liquide renversé. Les fidèles s'agenouillent pour prier.* **2.** Prendre une attitude de soumission devant qqn, qqch : *Le peuple refusa de s'agenouiller devant l'occupant* (syn. **se soumettre**).

agenouilloir [aʒnujwar] **n.m.** Petit escabeau sur lequel on s'agenouille (syn. **prie-Dieu**).

1. agent [aʒɑ̃] **n.m.** (lat. *agens,* de *agere,* agir). **1.** Tout phénomène physique qui a une action déterminante : *Les agents d'érosion. Agents pathogènes.* **2.** GRAMM. Être ou objet qui accomplit l'action exprimée par le verbe (ex. : *vent* dans *le vent a déraciné le vieux pommier*). **3. Complément d'agent,** complément d'un verbe passif, introduit par les prép. *par* ou *de,* et représentant le sujet de la phrase active correspondante (ex. : *chat* dans *la souris a été mangée par le chat*).

2. agent, e [aʒɑ̃, -ɑ̃t] **n. 1.** Personne chargée d'une mission par une société, un gouvernement ; personne qui a la charge d'administrer pour le compte d'autrui : *Une agente d'assurances. Agent d'une compagnie maritime.* **2. Agent économique,** personne ou groupement participant à l'activité économique. **3. Agent de change,** officier ministériel chargé de la négociation des valeurs mobilières. ▸ Les agents de change ont été remplacés en 1988 par les sociétés de Bourse*. / **Agent de maîtrise,** salarié dont le statut se situe entre celui de l'ouvrier et celui du cadre. / **Agent (de police),** fonctionnaire subalterne, génér. en uniforme, chargé de la police de la voie publique : *Une agente nous a indiqué le chemin* (syn. **gardien de la paix**).

Agésilas II, roi de Sparte (399-360 av. J.-C.). Il lutta avec succès contre les Perses et triompha à Coronée (394) de Thèbes, d'Athènes et de leurs alliés.

agglomérat [aglɔmera] **n.m. 1.** Dépôt détritique de substances minérales. **2.** Assemblage de personnes ou de choses, plus ou moins hétéroclites ou disparates : *Un agglomérat d'universitaires de divers horizons* (syn. **agrégat**).

agglomération [aglɔmerasjɔ̃] **n.f. 1.** Action d'agglomérer ; amas ainsi constitué : *Une agglomération de graviers, de sables, de pierres.* **2.** Ensemble urbain formé par une ville et sa banlieue : *L'agglomération lyonnaise.* **3.** Groupe d'habitations : *Le train traverse plusieurs agglomérations avant d'arriver à Bordeaux* (syn. **cité, ville**). [⟶ urbanisation.]

aggloméré [aglɔmere] **n.m. 1.** Bois reconstitué, obtenu par l'agglomération sous forte pression de copeaux, de sciure, etc., mêlés de colle : *Des étagères en aggloméré.* **2.** Matériau de construction moulé résultant de la prise et du durcissement du mélange d'un liant et de matériaux inertes : *Les cloisons du pavillon sont faites avec des panneaux d'aggloméré.*

agglomérer [aglɔmere] **v.t.** (lat. *agglomerare,* de *glomus, -eris,* pelote) [conj. **18**]. Réunir en une seule masse compacte des éléments auparavant distincts : *Agglomérer du sable et du ciment* (syn. **mélanger, mêler**). ◆ **s'agglomérer v.pr.** Se réunir en une masse compacte : *Les enfants s'aggloméraient autour du clown* (syn. **s'agglutiner, se grouper**).

agglutinant, e [aglytinɑ̃, -ɑ̃t] **adj. 1.** Qui agglutine ; qui réunit en collant : *Substances agglutinantes utilisées en pharmacie.* **2.** LING. **Langue agglutinante,** langue qui exprime les rapports syntaxiques par l'agglutination : *Le turc et le finnois sont des langues agglutinantes.*

agglutination [aglytinasjɔ̃] **n.f. 1.** Action d'agglutiner ; fait de s'agglutiner : *Une agglutination de guêpes sur les bords d'un pot de confiture.* **2.** LING. Juxtaposition au radical d'affixes distincts pour exprimer les rapports syntaxiques, caractéristique des langues agglutinantes. **3.** PHON. Formation d'un mot par la réunion de deux ou plusieurs mots distincts à l'origine : *« Au jour d'hui » est devenu « aujourd'hui » par agglutination.*

agglutiner [aglytine] **v.t.** (lat. *agglutinare,* de *gluten, -inis,* colle). Unir, joindre en collant, en formant une masse : *L'humidité a agglutiné les bonbons dans le sachet* (syn. **coller, souder**). ◆ **s'agglutiner v.pr.** Se réunir en une masse compacte : *Les badauds s'agglutinaient autour du camelot* (syn. **s'agglomérer, se grouper**).

aggravant, e [agravɑ̃, -ɑ̃t] **adj. Circonstances aggravantes,** circonstances qui augmentent la gravité d'une faute, notamm. d'un délit (par opp. à *circonstances atténuantes*).

aggravation [agravasjɔ̃] **n.f.** Action d'aggraver ; fait de s'aggraver : *On prévoit une aggravation du chômage* (syn. **accroissement**). *L'aggravation du conflit paraît inéluctable* (syn. **intensification**).

aggraver [agrave] **v.t.** (lat. *aggravare,* de *gravis,* lourd). Rendre plus grave, plus difficile à supporter : *Tes mauvaises excuses ne feraient qu'aggraver sa colère* (syn. **accroître** ; contr. **apaiser**). *La cour d'appel a aggravé la peine qui lui avait été infligée* (syn. **alourdir** ; contr. **alléger**). ◆ **s'aggraver v.pr.** Devenir plus grave : *L'état du malade s'est brusquement aggravé* (syn. **empirer** ; contr. **améliorer**). *La situation s'est aggravée* (syn. **se détériorer**).

agile [aʒil] **adj.** (lat. *agilis,* de *agere,* agir). **1.** Qui a de l'aisance et de la promptitude dans les mouvements du corps : *Marcher d'un pas agile* (syn. **alerte, vif** ; contr. **pesant**). *Je ne suis plus aussi agile qu'à vingt ans* (syn. **leste, souple**). **2.** Qui comprend vite : *Esprit agile* (syn. **alerte, vif** ; contr. **lent**).

agilement [aʒilmɑ̃] **adv.** Avec agilité : *Elle enjamba agilement le muret.*

agilité [aʒilite] **n.f. 1.** Aptitude à se mouvoir avec aisance et promptitude : *L'agilité d'un danseur* (syn. **légèreté, souplesse**). **2.** Vivacité intellectuelle : *Agilité d'esprit* (syn. **rapidité** ; contr. **lenteur, lourdeur**).

agio [aʒjo] **n.m.** (it. *aggio,* probabl. de *agio,* aise). Ensemble des frais qui grèvent une opération bancaire : *Payer des agios après un découvert bancaire* (syn. **intérêts**).

a giorno [adʒjɔrno] **loc. adv.** et **adj. inv.** (loc. it. « par [la lumière] du jour »). **Éclairage, éclairé a giorno,** se dit d'un éclairage comparable à la lumière du jour, d'un lieu ainsi éclairé.

agiotage [aʒjɔtaʒ] **n.m.** (de *agio*). FIN. Spéculation sur les fonds publics, les changes, les valeurs mobilières.

agir [aʒir] **v.i.** (lat. *agere*) [conj. **32**]. **1.** Entrer ou être en action ; faire qqch : *Ne restez pas là à ne rien faire, agissez !* **2.** Produire un effet : *Le médicament n'a pas agi* (syn. **opérer**). **3.** Se manifester de telle ou telle façon par ses actions : *Agir en homme d'honneur* (syn. **se comporter**). *Vous avez mal agi* (syn. **se conduire**). ◆ **s'agir v.pr. impers. Il s'agit de** (+ n.), il est question de : *C'est de vous qu'il s'agit. De quoi s'agit-il ?* / **Il s'agit de** (+ inf.), il convient de, il est nécessaire de : *Il s'agit de se décider : êtes-vous pour ou contre ?* (= il faut).

agissant, e [aʒisɑ̃, -ɑ̃t] **adj.** Qui a une action puissante, une grande activité : *Les minorités agissantes* (syn. **actif, entreprenant**). *Un remède agissant* (syn. **efficace**).

agissements [aʒismɑ̃] **n.m. pl.** Actions coupables ou blâmables : *Nous condamnons les agissements qui ont abouti à son éviction* (syn. **manigance, manœuvre**). *La police surveille ses agissements* (syn. **manège, menées**).

agitateur, trice [aʒitatœr, -tris] **n.** Personne qui provoque ou entretient des troubles sociaux, politiques, qui suscite l'agitation : *Plusieurs agitateurs ont été arrêtés* (syn. **factieux, meneur**).

agitation [aʒitasjɔ̃] **n.f. 1.** État de ce qui est animé de mouvements continuels et irréguliers : *L'agitation de la mer* (syn. **turbulence**). **2.** État de trouble et d'anxiété, se traduisant souvent par des mouvements désordonnés et sans but ; ces mouvements : *Calmer l'agitation d'un malade* (syn. **excitation, fébrilité**). **3.** État de mécontentement d'ordre politique ou social, se traduisant par l'expression de revendications, par des manifestations ou par des troubles publics : *L'agitation s'amplifie dans le nord du pays* (syn. **effervescence, remous**).

agité, e [aʒite] **n.** et **adj.** Personne qui manifeste de l'agitation ; personne qui est en proie à l'agitation : *Cet enfant est très agité* (syn. **excité, remuant, turbulent**). *Malade agité* (syn. **fébrile, tourmenté**). ◆ **adj. 1.** Remué vivement en tous sens : *Une mer agitée.* **2.** Troublé par des mouvements continuels : *Un sommeil agité.*

agiter [aʒite] **v.t.** (lat. *agitare*, pousser). **1.** Remuer vivement en tous sens : *Agitez le flacon avant de verser le liquide* (syn. **secouer**). **2.** Présenter qqch comme un danger imminent : *Il agita la menace de sa démission* (syn. **brandir**). **3.** Causer une vive émotion à : *Une violente colère l'agitait* (syn. **transporter**). *Ses discours agitent la population* (syn. **exciter**). **4. Agiter une question,** l'examiner, en débattre avec d'autres : *On a agité la question de sa candidature* (syn. **soulever**). ◆ **s'agiter v.pr.** Remuer vivement en tous sens : *Cesse de t'agiter sur ta chaise* (syn. **se trémousser**). *Les couches populaires s'agitent* (syn. **se soulever**).

agneau [aɲo] **n.m.** (bas lat. *agnellus*, dimin. du class. *agnus*). **1.** Petit de la brebis : *Agneau femelle* (on dit aussi *agnelle*). **2.** Chair comestible de cet animal : *De l'agneau rôti.* **3.** Fourrure, cuir de cet animal : *Une toque en agneau.* **4. Doux comme un agneau,** d'une douceur extrême. **5. Agneau pascal,** agneau immolé chaque année par les Juifs pour commémorer la sortie d'Égypte. / **L'Agneau de Dieu,** Jésus-Christ.

Agnel (Yannick), nageur français (Nîmes 1992). Il a remporté deux titres olympiques (200 m nage libre et relais 4 x 100 m nage libre) et une médaille d'argent (relais 4 x 200 m nage libre) en 2012.

agnelage [aɲəlaʒ] **n.m.** Mise bas, chez la brebis ; époque de l'année où elle se produit.

agneler [aɲəle] **v.i.** [conj. **24**]. Mettre bas, en parlant de la brebis.

agnelet [aɲəlɛ] **n.m.** Petit agneau.

Agni, une des principales divinités de l'Inde. Personnification du feu sous toutes ses formes (lumière céleste et rayons solaires, cuisson des aliments, chaleur du foyer, etc.) mais surtout identifié au feu sacrificiel, Agni est, dans l'hindouisme, le dieu suprême des rites et des offrandes.

agnosie [agnozi] **n.f.** (gr. *agnôsia*, ignorance). PATHOL. Trouble de la reconnaissance des informations sensorielles, dû à une lésion localisée du cortex cérébral, sans atteinte des perceptions élémentaires.

agnosticisme [agnɔstisism] **n.m.** Doctrine philosophique qui considère que l'absolu est inaccessible à l'esprit humain et qui préconise le refus de toute solution aux problèmes concernant la nature intime, l'origine et la destinée des choses.

agnostique [agnɔstik] **adj.** (angl. *agnostic*, du gr. *agnôstos*, inconnaissable). De l'agnosticisme : *Les théories agnostiques.* ◆ **n.** Personne qui professe l'agnosticisme.

Agnus Dei [aɲusdei] **n.m. inv.** (mots lat. « agneau de Dieu »). CATH. Prière de la messe commençant par ces mots ; musique composée sur cette prière. ◆ **agnus-Dei n.m. inv.** Médaillon de cire blanche portant l'image d'un agneau, bénit par le pape.

agonie [agɔni] **n.f.** (gr. *agônia*, lutte). **1.** Moment de la vie qui précède immédiatement la mort ; état de ralentissement, d'affaiblissement des fonctions vitales qui caractérise ce moment : *Malade à l'agonie.* **2.** Déclin progressif : *L'agonie d'un régime politique.*

agonir [agɔnir] **v.t.** (croisement de l'anc. fr. *ahonnir*, déshonorer, insulter, et de *agonie*, avec infl. de *agoniser*) [conj. **32**]. **Agonir qqn d'injures,** l'accabler, le couvrir d'injures.

agonisant, e [agɔnizɑ̃, -ɑ̃t] **adj.** et **n.** Qui est à l'agonie : *Les râles d'un agonisant* (syn. **moribond, mourant**).

agoniser [agɔnize] **v.i.** (lat. ecclés. *agonizare*, lutter, du gr. *agôn*, lutte). **1.** Être à l'agonie : *Des soldats qui agonisent sur le champ de bataille.* **2.** Être sur son déclin ; être sur le point de disparaître : *Une petite industrie qui agonise* (syn. **décliner**).

agora [agɔra] **n.f. 1.** Place bordée d'édifices publics, centre de la vie politique, religieuse et économique de la cité, dans l'Antiquité grecque. **2.** Espace piétonnier dans une ville nouvelle.

agoraphobie [agɔrafɔbi] **n.f.** (de *agora* et *-phobie*). Crainte pathologique des espaces découverts, des lieux publics.

Agra, v. de l'Inde (Uttar Pradesh), sur la Yamuna ; 1 746 467 hab. dans l'agglomération. Cité impériale de Baber. Prestigieux monuments caractéristiques de l'architecture moghole : fort en grès rouge fondé en 1565 ; Grande Mosquée (1648) et mausolées, dont le Tadj Mahall.

agrafage [agrafaʒ] **n.m.** Action d'agrafer ; son résultat.

agrafe [agraf] **n.f.** (de l'anc. fr. *grafe*, crochet, germ. **krappa*). **1.** Pièce de métal, de matière plastique, etc., permettant d'attacher plusieurs papiers ensemble : *Agrafe de bureau.* **2.** Crochet servant à réunir les bords opposés d'un vêtement ; broche servant à cet usage ou à la parure : *Agrafe de brillants.* **3.** Petite lame de métal à deux pointes servant à suturer les plaies.

agrafer [agrafe] **v.t. 1.** Attacher avec une agrafe ; assembler à l'aide d'agrafes. **2.** *FAM.* Retenir qqn pour lui parler : *Agrafer un voisin au passage.*

agrafeuse [agraføz] **n.f.** Appareil à poser des agrafes.

agraire [agrɛr] **adj.** (lat. *agrarius*, de *ager, agri*, champ). **1.** Relatif aux terres cultivées, à l'agriculture : *Surfaces et mesures agraires. Civilisation agraire.* **2. Réforme agraire,** ensemble de lois visant à modifier la répartition des terres en faveur des non-possédants et des petits propriétaires. / ANTIQ. ROM. **Lois agraires,** lois admettant les plébéiens au partage des terres appartenant à l'État.

agrammatical, e, aux [agramatikal, -o] **adj.** LING. Qui ne répond pas aux critères de la grammaticalité : *Phrase agrammaticale.*

agrandir [agrɑ̃dir] **v.t.** [conj. **32**]. Rendre plus grand ou plus important : *Agrandir une maison. Agrandir le cercle de ses connaissances* (syn. **accroître, étendre** ; contr. **restreindre**).

◆ **s'agrandir** **v.pr.** Devenir plus grand : *Ville qui s'agrandit* (syn. **s'étendre**). *Commerçant qui s'agrandit* (= qui développe son affaire, qui agrandit son magasin).

agrandissement [agrɑ̃dismɑ̃] **n.m. 1.** Action d'agrandir, de s'agrandir : *Les agrandissements successifs de l'Empire romain* (syn. **accroissement**). *Travaux d'agrandissement d'un magasin* (syn. **extension**). **2.** PHOT. Épreuve agrandie d'une photographie : *Tirer un agrandissement.* **3.** MATH. Reproduction d'un objet ou d'une figure à une échelle strictement supérieure à 1.

agrandisseur [agrɑ̃disœr] **n.m.** PHOT. Appareil pour exécuter les agrandissements.

agréable [agreabl] **adj.** (de *agréer*). Qui plaît, qui satisfait, qui charme : *Passer un moment agréable* (syn. **plaisant** ; contr. **ennuyeux**). *Un garçon agréable* (syn. **charmant**).

agréablement [agreabləmɑ̃] **adv.** De façon agréable : *La soirée s'est passée agréablement. Cette nouvelle me surprend agréablement.*

agréer [agree] **v.t.** (de *gré*) [conj. **15**]. Recevoir favorablement, accepter : *Agréer une demande* (syn. **admettre**). *Veuillez agréer mes salutations distinguées* (formule de politesse). ◆ **v.t. ind. [à].** LITT. Convenir à : *Le projet agréait à tous.*

agrégat [agrega] **n.m.** (lat. *aggregatum*, de *aggregare* ; v. *agréger*). Substance, masse formée d'éléments primitivement distincts, unis intimement et solidement entre eux : *Le sol est un agrégat de particules minérales et de ciments colloïdaux.*

agrégatif, ive [agregatif, -iv] **n.** et **adj.** (de *agrégation*). Personne qui prépare le concours de l'agrégation.

agrégation [agregasjɔ̃] **n.f.** (bas lat. *aggregatio*, de *aggregare* ; v. *agréger*). **1.** Assemblage d'éléments distincts formant un tout homogène. **2.** En France, concours de recrutement des professeurs de lycée ou, dans certaines disciplines (droit et sciences économiques, médecine, pharmacie), des professeurs d'université ; grade que confère la réussite à ce concours.

agrégé, e [agreʒe] **n.** et **adj.** Personne reçue à l'agrégation.

agréger [agreʒe] **v.t.** (lat. *aggregare*, rassembler, de *grex, gregis*, troupeau) [conj. **22**]. **1.** Réunir en un tout, une masse : *La chaleur a agrégé les morceaux de métal.* **2.** Admettre qqn dans un groupe constitué : *Agréger quelques éléments jeunes à la direction d'un parti* (syn. **intégrer**). ◆ **s'agréger** **v.pr. [à].** Se joindre, s'associer à : *S'agréger à un groupe.*

agrément [agremɑ̃] **n.m. 1.** Fait d'agréer, de consentir à qqch : *Prendre une décision sans l'agrément de ses supérieurs* (syn. **consentement, accord**). *Agrément d'un projet par un pouvoir officiel* (syn. **acceptation**). **2.** Qualité par laquelle qqn ou qqch plaît, est agréable : *Sa compagnie est pleine d'agrément. Les agréments d'une maison de campagne.* **3. D'agrément,** destiné au seul plaisir, qui n'a pas de destination utilitaire : *Jardin, voyage d'agrément.*

agrémenter [agremɑ̃te] **v.t.** (de *agrément*). Rendre plus attrayant, plus agréable par des éléments ajoutés : *Agrémenter un récit de détails piquants* (syn. **enjoliver**).

agrès [agrɛ] **n.m.** (du scand. *greida*, équiper). Chacun des appareils utilisés en gymnastique sportive (anneaux, barre, poutre, etc.), en éducation physique (corde à grimper), au cirque (trapèze). ◆ **n.m. pl.** LITT. ou VX. Éléments du gréement d'un navire (poulies, voiles, vergues, cordages, etc.).

agresser [agrese] **v.t. 1.** Commettre une agression sur qqn : *Agresser un passant* (syn. **attaquer**). **2.** Provoquer, choquer qqn, notamm. par la parole : *Agresser son interlocuteur.* **3.** Constituer une agression, une nuisance pour : *Pluies acides agressant la couverture forestière.*

agresseur [agresœr] **adj.m.** et **n.m.** Qui commet une agression ; qui attaque sans avoir été provoqué : *Pays agresseur. Il n'a pas identifié ses agresseurs.*

agressif, ive [agresif, -iv] **adj. 1.** Qui cherche à agresser, à attaquer : *Un enfant agressif* (syn. **querelleur**). **2.** Qui a un caractère d'agression : *Un discours agressif* (syn. **violent**). **3.** Qui heurte les sens, l'imagination : *Couleur agressive* (syn. **criard**). *Publicité agressive* (syn. **provocant**).

agression [agresjɔ̃] **n.f.** (lat. *agressio*, attaque). **1.** Attaque non provoquée et brutale : *Être victime d'une agression.* **2.** Atteinte à l'intégrité psychologique ou physiologique des personnes, due à l'environnement visuel, sonore, etc. : *Les agressions de la vie urbaine.*

agressivement [agresivmɑ̃] **adv.** De façon agressive.

agressivité [agresivite] **n.f.** Caractère agressif de qqn, de qqch ; dispositions agressives.

agreste [agrɛst] **adj.** (lat. *agrestis*, de *ager, agri*, champ). LITT. Rustique, champêtre : *Site agreste.*

Agricola (Georg Bauer, dit**),** médecin et savant allemand (Glauchau 1494 - Chemnitz 1555). On lui doit un ouvrage, le *De re metallica* (1546), qui est une description des connaissances géologiques, minières et métallurgiques de son temps.

agricole [agrikɔl] **adj.** (lat. *agricola*, cultivateur, de *ager, agri*, champ, et *colere*, cultiver). Qui relève de l'agriculture ; qui concerne l'agriculture : *Population agricole. Produits agricoles. Enseignement agricole.*

agriculteur, trice [agrikyltœr, -tris] **n.** (lat. *agricultor* ; v. *agricole*). Personne qui cultive la terre ; personne dont l'activité professionnelle a pour objet de mettre en valeur une exploitation agricole.

agriculture [agrikyltyr] **n.f.** (lat. *agricultura* ; v. *agricole*). Activité économique ayant pour objet la transformation et la mise en valeur du milieu naturel afin d'obtenir les produits végétaux et animaux utiles à l'homme, en partic. ceux destinés à son alimentation.

■ L'agriculture fournit la quasi-totalité de l'alimentation de l'humanité. Aussi a-t-elle éliminé plus ou moins complètement, selon les régions, la végétation naturelle.

L'activité agricole demeure fondamentale dans tous les pays et toutes les sociétés. L'agriculture concourt aussi, mais beaucoup moins qu'autrefois, à la production de matières premières nécessaires à la fabrication de textiles (lin, coton, etc.). Les destinations industrielles de ses produits se sont diversifiées : la canne à sucre et le colza, par exemple, sont utilisés dans la fabrication de biocarburants. L'agriculture a beaucoup évolué au cours des dernières décennies, tant du point de vue technique que du point de vue économique.

Les progrès techniques. La production agricole fait l'objet de nombreuses recherches destinées à améliorer, notamm., la productivité. La meilleure connaissance de la physiologie des plantes et des caractéristiques des sols permet d'établir des plans de fertilisation, automatisés par programmes informatiques. Sous serre, on sait cultiver des plantes « hors-sol », sur des substrats artificiels et avec des solutions nutritives dépourvues de germes. Dans la mise au point de nouvelles variétés de plantes et l'amélioration des races animales, les variétés à haut rendement sont privilégiées ; on recherche également des caractéristiques comme la résistance à une maladie ou à un désherbant. Les avancées de la génétique permettent également de créer de nouvelles variétés par insertion de gènes dans le patrimoine génétique d'une espèce (ce sont les *OGM, organismes génétiquement modifiés*). Cependant, les OGM font l'objet de nombreuses controverses, en raison du manque de recul sur leurs effets sur l'environnement, la santé, etc. Les progrès techniques concernent également la fabrication d'aliments pour les animaux d'élevage, l'irrigation, les machines.

Les conséquences sur l'environnement. Les progrès techniques ont conduit à une *agriculture intensive* (par opposition à l'*agriculture extensive*, qui nécessite de vastes superficies). Celle-ci utilise de grandes quantités de produits chimiques (engrais, pesticides), qui ne peuvent être épurés par les sols. Une partie de ces engrais est entraînée par les pluies, sous forme de nitrates, dans les couches profondes du sol puis dans les nappes phréatiques, qui sont ainsi polluées. Dans les grands élevages hors-sol, les animaux vivent très nombreux sur de petites surfaces. Les quantités de déjections produites (en particulier celles du porc, le *lisier*) provoquent la pollution des sols, de l'eau et →

de l'atmosphère (mauvaises odeurs). L'agriculture intensive consomme également de très grandes quantités d'eau douce (2 000 l d'eau sont nécessaires pour produire 1 kg de soja, 1 400 l pour 1 kg de maïs, etc.).

Outre la pollution, l'agriculture peut conduire à d'autres dégradations de l'environnement, comme la désertification. L'irrigation intensive dans les régions sèches, par exemple, provoque une salinisation des sols, qui deviennent stériles ; le surpâturage conduit lui aussi à un appauvrissement des sols. Enfin, la suppression des haies pour regrouper des parcelles et permettre la mécanisation a entraîné la disparition de leurs fonctions : régulation des microclimats, hébergement d'une faune spécifique, etc.

Les écarts de développement. L'agriculture intensive et mécanisée est surtout le fait des pays industrialisés.

Dans beaucoup de régions du monde, les agriculteurs ne disposent dans leur grande majorité que d'outils manuels, et la traction est animale (bœufs) et non mécanique. Les agricultures peu développées emploient peu d'engrais et de pesticides, mais connaissent des récoltes faibles. Les écarts de développement entre les agricultures du monde sont considérables : si la proportion de la population active employée dans l'agriculture est comprise entre 2 et 15 % dans les pays industrialisés, elle représente souvent la moitié, voire plus, de la population au travail dans les pays en développement.

La mondialisation des échanges. Malgré cela, la production agricole de beaucoup de pays en développement demeure insuffisante pour satisfaire les besoins alimentaires des populations. Pour certains (l'Égypte, par exemple), la faible disponibilité en terres cultivables vient aggraver la situation. C'est pourquoi certains de ces pays (notamm. en Afrique noire, au Maghreb, au Moyen-Orient) doivent avoir recours aux importations de produits de base des pays industrialisés exédentaires (États-Unis, Canada, pays de l'Union européenne, Australie, Nouvelle-Zélande). Par ailleurs, la productivité et la spécialisation des agricultures de certaines régions et certains pays (par ex. culture du soja – un produit essentiel pour les élevages – au Brésil et aux États-Unis) génèrent des excédents qui font naître à leur tour des échanges commerciaux. Enfin, les pays du Sud, bien que généralement déficitaires en produits vivriers, sont souvent spécialisés dans la production et l'exportation des produits tropicaux : café, cacao, fruits (Afrique noire, Amérique latine), thé (Asie), manioc (Thaïlande).

L'agriculture biologique. Répondant aux préoccupations des consommateurs sur l'environnement et la santé, l'agriculture biologique ne cesse de se développer. Le « bio » répond à un cahier des charges précis : notamm., il ne doit utiliser aucun produit issu de la chimie de synthèse. Les cultivateurs emploient des engrais et des pesticides d'origine naturelle (comme le cuivre), des méthodes de lutte biologique (comme les coccinelles pour éliminer les pucerons), etc. En ce qui concerne l'élevage des animaux, les traitements médicaux sont limités (interdiction notamm. des antibiotiques). ■

Agrigente, v. d'Italie (Sicile), ch.-l. de prov. ; 58 111 hab. Fondation de Rhodes du VIe s. av. J.-C., c'est au Ve s. av. J.-C. qu'elle connut son apogée dont témoignent d'imposantes ruines, parmi lesquelles les temples de la Concorde et d'Héra, exemplaires de l'équilibre dorique.

Agrippa (Marcus Vipsanius), général romain (63-12 av. J.-C.). Il fut le meilleur collaborateur d'Auguste, qui organisa pour lui une sorte de corégence. Il s'illustra à Actium (31 av. J.-C.) et inaugura à Rome l'œuvre monumentale de l'époque impériale (le Panthéon). Il avait épousé Julie, fille d'Auguste.

agripper [agripe] **v.t.** (de *gripper*, saisir). Prendre, saisir vivement en serrant avec les doigts, en s'accrochant : *Le voleur agrippa le sac de la passante et s'enfuit.* ◆ **s'agripper v.pr. [à].** S'accrocher fermement ; se cramponner : *Elle avait le vertige et s'agrippait à la rambarde.*

Agrippine l'Aînée, princesse romaine (14 av. J.-C. - 33 apr. J.-C.), petite-fille d'Auguste, fille d'Agrippa et de Julie. Elle épousa Germanicus, fils adoptif de l'empereur Tibère, dont elle eut Caligula et Agrippine la Jeune.

Agrippine la Jeune, princesse romaine (v. 15-59 apr. J.-C.), fille de la précédente et de Germanicus. Ambitieuse, elle épousa en troisièmes noces l'empereur Claude, son oncle, et lui fit adopter son fils, Néron. À la mort de Claude, vraisemblablement assassiné, elle plaça Néron sur le trône ; mais celui-ci la fit assassiner.

agroalimentaire [agrɔalimɑ̃tɛr] **adj.** Relatif à l'élaboration, à la transformation et au conditionnement des produits d'origine princ. agricole destinés à la consommation humaine et animale : *Industries agroalimentaires.* ◆ **n.m.** Ensemble des industries agroalimentaires : *Travailler dans l'agroalimentaire.*

■ L'industrie agroalimentaire est constituée d'un ensemble très diversifié d'entreprises réalisant le conditionnement et la transformation des produits de la culture et de l'élevage destinés à l'alimentation. Cet ensemble est très hétérogène du point de vue de la dimension économique des entreprises : il compte aussi bien des PME de quelques employés que d'énormes conglomérats multinationaux.

La transformation des produits de base. Parmi les produits alimentaires, très nombreux et variés, certains ne subissent pas (ou peu) de transformation avant de parvenir au consommateur : fruits et légumes frais, champignons de cueillette, etc. Mais beaucoup sont soumis à diverses opérations avant de servir à l'alimentation. Celles-ci peuvent être soit des actions simples comme le décorticage du riz, l'abattage des animaux et la découpe des carcasses, la pasteurisation du lait, soit des procédés plus ou moins complexes. C'est ainsi que les céréales sont d'abord moulues avant que leurs farines servent à fabriquer pain, galettes et biscuits ; que le lait est traité de diverses façons pour donner crème, beurre, fromages, yaourts, etc. ; que les graines oléagineuses passent par des usines réalisant l'extraction et le raffinage des huiles.

Les filières. L'industrie agroalimentaire est structurée autour de filières alimentaires liées à un produit (lait, viande, fruits et légumes) ou à une gamme de produits, le long d'une chaîne plus ou moins longue et complexe. On parle ainsi de « filière lait », « filière viande », « filière fruits et légumes », etc. Une même firme peut contrôler toute la filière d'un produit, par exemple celle de la viande de volaille (fabrique d'aliments composés pour les animaux, éleveurs sous contrat, abattoirs et installations de découpe et de conditionnement).

L'innovation. L'industrie agroalimentaire se caractérise par de grandes capacités d'innovation dont le résultat est visible sur les rayons des supermarchés où se manifeste une forte concurrence. C'est ainsi qu'apparaissent sans cesse des produits visant à flatter de nouveaux goûts, à créer de nouveaux besoins, à répondre aux inquiétudes sur la santé et la forme physique, à faciliter la préparation des repas. Au-delà du produit lui-même, ce sont des images, des symboles, des « concepts », qui sont proposés à l'acheteur. D'où le succès, par exemple, des produits allégés contenant moins de sucre, d'alcool ou de matières grasses, mis au point pour les personnes des pays développés cherchant à réduire la teneur énergétique de leurs repas.

Traitement et conservation. Les progrès dans les techniques de transformation et de conservation permettent de multiplier les possibilités de traitement des matières premières. Le contrôle rigoureux de la chaîne du froid a considérablement augmenté la gamme des produits surgelés. La lyophilisation, procédé de dessiccation qui permet de conserver les qualités nutritives des produits, est appliquée depuis longtemps au café moulu et sert aussi à conserver des produits coûteux (crevettes, fruits rouges). L'ionisation ou irradiation, qui détruit les bactéries par l'action de rayons X, bêta (faisceau d'électrons) ou gamma, n'est autorisée que pour une liste donnée d'aliments. Après les aliments en conserve et surgelés, une troisième génération de produits connaît le succès : les plats cuisinés sous vide, emballés sous film plastique. Se développent aussi les produits frais préparés, présentés sous vide en emballage plastique. Parmi les nouveaux procédés technologiques figure par exemple la cuisson-extrusion, fondée sur l'application simultanée de hautes températures et de fortes pressions : elle conduit à la fabrication d'une gamme nouvelle de produits à base de céréales pour le petit déjeuner et l'apéritif ou encore à l'obtention de mélanges de produits végétaux et animaux. ■

agrochimie [agrɔʃimi] **n.f.** Ensemble des activités de l'industrie chimique fournissant des produits pour l'agriculture (engrais et pesticides, notamm.).

agro-industrie [agrɔɛ̃dystri] **n.f.** (pl. *agro-industries*). Ensemble des industries dont l'agriculture est le débouché (machines, engrais) ou le fournisseur (agroalimentaire).

agrologie [agrɔlɔʒi] **n.f.** Partie de l'agronomie qui a pour objet l'étude des terres cultivables.

agronome [agrɔnɔm] **n. 1.** Spécialiste de l'agronomie. **2. Ingénieur agronome,** diplômé des écoles nationales supérieures d'agronomie.

agronomie [agrɔnɔmi] **n.f.** Étude scientifique des relations entre les plantes cultivées, le milieu (sol, climat) et les techniques agricoles.

agronomique [agrɔnɔmik] **adj.** Relatif à l'agronomie.

agrume [agrym] **n.m.** (mot it., du lat. médiév. *acrumen*, substance aigre, du class. *acer*, aigre). **Les agrumes,** le citron, l'orange, la mandarine, le cédrat, le pamplemousse, etc. ▸ Genre *Citrus* ; famille des rutacées.

aguerrir [agerir] **v.t.** (de *guerre*) [conj. **32**]. **1.** VX. Habituer aux fatigues, aux périls de la guerre. **2.** Habituer aux choses pénibles : *Ces âpres discussions l'ont aguerri* (syn. **endurcir**). ◆ **s'aguerrir v.pr.** S'endurcir : *Il s'est aguerri à, contre la douleur.*

aguets [agɛ] **n.m. pl.** (de *agaitier*, forme anc. de *guetter*). **Aux aguets,** qui guette, qui est attentif, pour surprendre ou n'être pas surpris : *Chasseur qui reste aux aguets derrière une haie* (syn. **à l'affût**).

aguichant, e [agiʃɑ̃, -ɑt] **adj.** Qui aguiche : *Un sourire aguichant* (syn. **provocant, racoleur**).

aguicher [agiʃe] **v.t.** (de l'anc. fr. *guiche*, courroie). Provoquer, chercher à séduire par la coquetterie, l'artifice : *Elle aguiche ses collègues de bureau* (syn. **émoustiller**).

aguicheur, euse [agiʃœr, -øz] **adj.** et **n.** Qui aguiche : *Attitude aguicheuse. C'est une aguicheuse.*

ah [a] **interj.** (onomat.). Sert à accentuer l'expression d'un sentiment, d'une idée, etc. : *Ah ! que c'est beau ! Ah ! non, tu ne me feras pas croire cela !*

Ahmadabad ou **Ahmedabad,** v. de l'Inde, anc. cap. du Gujerat ; 6 352 254 hab. dans l'agglomération. Centre textile. Nombreux monuments (XVe-XVIe et XVIIe s.) représentatifs de l'architecture islamique du Gujerat (Grande Mosquée, 1423 ; mosquée de Sidi Sayyid, 1515).

Ahriman, dieu qui représente, dans la religion de l'Iran ancien (mazdéisme ou zoroastrisme), l'esprit du Mal et qui s'oppose au principe divin du Bien, Ahura-Mazda. Il porte aussi le nom d'Angra-Mainyu.

Ahura-Mazda ou **Ormuzd,** dieu suprême de l'Iran ancien. Dénommé le « Seigneur sage », il est l'ordonnateur et le souverain unique de la création. Quand la religion mazdéenne évolua dans le sens d'un dualisme, il eut pour adversaire l'esprit du Mal, Angra-Mainyu ou Ahriman.

ahuri, e [ayri] **adj.** et **n.** (de *hure*, tête hérissée). Étonné au point d'en paraître stupide : *Prendre un air ahuri* (syn. **hébété**). *Quel ahuri, celui-là !* (syn. **idiot**).

ahurir [ayrir] **v.t.** [conj. **32**]. LITT. Rendre ahuri : *Une telle réponse a de quoi vous ahurir* (syn. **abasourdir, effarer**).

ahurissant, e [ayrisɑ̃, -ɑt] **adj.** Qui ahurit : *Une histoire ahurissante* (syn. **incroyable, stupéfiant**).

ahurissement [ayrismɑ̃] **n.m.** État d'une personne ahurie : *Elle le regarda avec ahurissement* (syn. **ébahissement, stupéfaction**).

aï [ai] **n.m.** (mot du tupi-guarani). Mammifère arboricole de l'Amérique du Sud, que ses mouvements très lents font également appeler *paresseux* ou *bradype* (propr. « pied lent »). ▸ Ordre des xénarthres ; long. 60 cm env.

1. aide [ɛd] **n.f. 1.** Action d'aider ; assistance, secours apporté par qqn ou par qqch : *Offrir son aide à qqn* (syn. **appui, concours**). *Venir en aide à qqn. L'aide humanitaire. Appeler à l'aide* (= au secours). **2.** Subvention ; secours financier : *Aide à la reconversion des entreprises.* **3. Aide sociale à l'enfance,** service départemental de protection de l'enfance, notamm. de lutte contre la maltraitance. / **À l'aide de,** grâce à, au moyen de : *Marcher à l'aide d'une canne.* ◆ **aides n.f. pl. 1.** ÉQUIT. Moyens dont dispose le cavalier pour guider le cheval. **2.** HIST. Dans la France d'Ancien Régime, impôts indirects.

2. aide [ɛd] **n. 1.** (Souvent précisé par un terme apposé ou joint par un trait d'union). Personne qui aide, qui seconde qqn dans un travail, une fonction : *Entourée de ses aides, elle surveille l'expérience. Une aide anesthésiste. Des aides-comptables. Aide familiale.* **2. Aide de camp,** officier attaché à la personne d'un chef d'État, d'un général, etc.

Aïd-el-Fitr [aidɛlfitr] **n.f. inv.** (de l'ar.). Fête religieuse musulmane marquant la fin du ramadan.

Aïd-el-Kébir [aidɛlkebir] **n.f. inv.** (de l'ar.). Fête religieuse musulmane commémorant le sacrifice d'Abraham.

aide-mémoire [ɛdmemwar] **n.m. inv.** Abrégé de l'essentiel d'une matière, d'un programme d'examen, etc. ; recueil de dates, de formules.

aider [ede] **v.t.** (lat. *adjutare*). Fournir une aide, une assistance à : *Aider ses amis* (syn. **secourir**). *Aider qqn dans son travail* (syn. **épauler, seconder**). *Les entreprises ont dû être aidées par l'État* (syn. **soutenir, subventionner**). ◆ **v.t. ind. [à].** Faciliter, favoriser : *Aider au succès d'une entreprise* (syn. **contribuer**). ◆ **s'aider v.pr. [de].** Se servir, tirer parti de : *Monter sur le toit en s'aidant d'une échelle.*

aide-soignant, e [ɛdswaɲɑ̃, -ɑt] **n.** (pl. *aides-soignants, es*). Personne chargée de donner des soins aux malades mais qui ne possède pas le diplôme d'infirmier ou d'infirmière.

aïe [aj] **interj.** (onomat.). Exprime la douleur, l'inquiétude, etc. : *Aïe ! Ça fait mal !*

aïeul, e [ajœl] **n.** (lat. pop. **aviolus*, dimin. du class. *avus*) [pl. *aïeuls, aïeules*]. LITT. Grand-père, grand-mère.

aïeux [ajø] **n.m. pl.** (de *aïeul*). LITT. Ancêtres.

1. aigle [ɛgl] **n.m.** (anc. prov. *aigla*, lat. *aquila*). **1.** Oiseau rapace diurne de grande taille construisant son aire dans les hautes montagnes. ▸ Ordre des falconiformes ; envergure 2,30 m pour l'aigle royal. L'aigle glatit. **2.** Emblème, décoration figurant un aigle : *L'aigle noir de Prusse.* **3. Ce n'est pas un aigle,** se dit d'un homme d'une intelligence médiocre. / **Yeux, regard d'aigle,** yeux vifs, vue perçante.

2. aigle [ɛgl] **n.f. 1.** Femelle de l'oiseau rapace. **2.** HÉRALD. Figure représentant un aigle. **3.** MIL. Enseigne nationale ou militaire figurant un aigle : *Les aigles napoléoniennes.*

aiglefin n.m. → églefin.

aiglon, onne [ɛglɔ̃, -ɔn] **n. 1.** Petit de l'aigle. **2.** HIST. **L'Aiglon,** Napoléon II.

aigre [ɛgr] **adj.** (bas lat. *acrus*, class. *acer*). **1.** Qui a une acidité piquante ; désagréable au goût : *Des fruits aigres* (syn. **âcre** ; contr. **doux, sucré**). **2.** Criard, aigu : *Une voix aigre.* **3.** Désagréable, blessant : *Une remarque aigre.* ◆ **n.m. Tourner à l'aigre,** devenir aigre ; s'envenimer : *Conversation qui tourne à l'aigre.*

aigre-doux, -douce [ɛgrədu, -dus] **adj.** (pl. *aigres-doux, -douces*). **1.** D'un goût à la fois acide et sucré : *Porc à la sauce aigre-douce. Cerises aigres-douces.* **2.** Désagréable ou blessant en dépit d'une apparente douceur : *Réflexions aigres-douces. Propos aigres-doux.*

aigrefin [ɛgrəfɛ̃] **n.m.** (croisement probable de *aigre* et de *aiglefin,* en raison de l'apparente voracité de ce poisson). Personne qui vit de procédés indélicats ; escroc.

aigrelet, ette [ɛgrəlɛ, -ɛt] **adj.** Légèrement aigre : *Groseilles aigrelettes. Voix aigrelette.*

aigrement [ɛgrəmɑ̃] **adv.** Avec aigreur.

aigrette [ɛgrɛt] **n.f.** (prov. *aigreta,* de *aigron,* forme dialect. de « héron »). **1.** Faisceau de plumes qui surmonte la tête de certains oiseaux. **2.** Bouquet de plumes ornant certaines coiffures : *Aigrette d'un casque.* **3.** Ornement de pierres fines ou précieuses montées en faisceau. **4.** Grand héron blanc et gris perle des pays chauds, portant au moment de la reproduction de longues plumes recherchées pour la parure.

aigreur [ɛgrœr] **n.f. 1.** Fait d'être aigre ; caractère de ce qui est aigre : *L'aigreur des fruits verts* (syn. **acidité**). *L'aigreur d'une réflexion* (syn. **amertume, animosité**). **2.** (Surtout au pl.). Sensations aigres ou amères dans la bouche ou l'estomac.

aigri, e [egri] **adj.** et **n.** Rendu amer et irritable par des déceptions, des échecs, des épreuves.

aigrir [egrir] **v.t.** [conj. **32**]. Rendre amer et irritable : *Les déceptions l'ont aigri.* ◆ **v.i.** Devenir aigre : *Le lait a aigri* (syn. **tourner**). ◆ **s'aigrir v.pr.** Devenir irritable et amer : *Il s'est aigri avec l'âge.*

aigu, uë [egy] **adj.** (lat. *acutus,* avec infl. probable de « aiguiser »). **1.** Terminé en pointe : *Lame aiguë d'un poignard* (syn. **effilé**). **2.** Haut, d'une fréquence élevée, en parlant d'un son, d'une voix, etc. : *Voix aiguë* (contr. **grave**). **3.** D'une grande acuité ; d'une grande lucidité : *Une intelligence aiguë* (syn. **fin, pénétrant**). *Un sens aigu des responsabilités* (syn. **profond**). **4.** Qui s'élève d'un coup à son paroxysme : *Douleur aiguë* (syn. **vif, violent**). *Maladie aiguë* (contr. **chronique**). **5. Accent aigu,** accent incliné de droite à gauche. / **Angle aigu,** angle plus petit que l'angle droit (contr. **obtus**). ◆ **aigu n.m.** Son aigu ; registre aigu : *Chanteur à l'aise dans l'aigu.*

aigue-marine [ɛgmarin] **n.f.** (prov. **aiga marina,* eau de mer) [pl. *aigues-marines*]. Pierre fine, variété de béryl dont la transparence et la couleur bleu clair nuancé de vert évoquent l'eau de mer.

Aigues-Mortes, ch.-l. de c. du Gard, à l'ouest de la Camargue ; 8 646 hab. *(Aigues-Mortais).* Belle enceinte médiévale quadrangulaire, construite dans le dernier quart du XIIIe s. Jadis port de mer, où Saint Louis s'embarqua pour l'Égypte (septième croisade, 1248) et Tunis (huitième croisade, 1270).

aiguière [egjɛr] **n.f.** (prov. *aiguiera,* lat. pop. **aquaria,* du class. *aqua,* eau). Vase à pied, muni d'un bec et d'une anse, destiné à contenir de l'eau.

aiguillage [egɥijaʒ] **n.m. 1.** CH. DE F. Dispositif constitué essentiellement de rails mobiles (aiguilles), permettant de faire passer les véhicules ferroviaires d'une voie sur une autre ; manœuvre d'un tel dispositif : *Poste, centre d'aiguillage.* **2.** Action d'orienter qqn, une action dans une certaine direction : *Être victime d'une erreur d'aiguillage* (= d'une mauvaise orientation).

aiguille [egɥij] **n.f.** (bas lat. *acucula,* du class. *acus*). **1.** Petite tige d'acier trempé et poli, dont une extrémité est pointue et l'autre percée d'un trou pour passer le fil : *Aiguilles à coudre, à broder. Le chas d'une aiguille.* **2.** Tige rigide servant à divers usages : *Des aiguilles à tricoter. Les aiguilles d'une horloge. L'aiguille d'une seringue.* **3.** BOT. Feuille rigide et aiguë des conifères : *Aiguilles de pin.* **4.** GÉOGR. Sommet pointu d'une montagne : *L'aiguille du Midi* (syn. **pic**). **5.** CH. DE F. Portion de rail mobile d'un aiguillage. **6. De fil en aiguille,** en passant progressivement d'une idée, d'une parole, d'un acte à l'autre.

aiguillée [egɥije] **n.f.** Longueur de fil enfilée sur une aiguille.

aiguiller [egɥije] **v.t.** (de *aiguille*). **1.** Diriger un véhicule ferroviaire, un convoi en manœuvrant un aiguillage. **2.** Orienter dans une direction précise : *À la fin de ses études, on l'a aiguillé vers les métiers de la banque* (syn. **diriger**). *Aiguiller ses recherches.*

aiguilleté, e [egɥijte] **adj.** (de *aiguille*). Fabriqué selon une technique consistant à entremêler des fibres textiles à l'aide d'aiguilles crochetées : *Moquette aiguilletée.*

aiguillette [egɥijɛt] **n.f.** (de *aiguille*). **1.** Partie du rumsteck. **2.** Mince tranche de filet d'une volaille, d'une pièce de gibier à plume. ◆ **aiguillettes n.f. pl.** Ornement d'uniforme militaire fait de cordons tressés.

aiguilleur [egɥijœr] **n.m. 1.** Agent du chemin de fer chargé de la manœuvre des aiguillages. **2. Aiguilleur du ciel,** contrôleur de la navigation aérienne.

aiguillon [egɥijɔ̃] **n.m.** (lat. pop. **aculeo,* class. *aculeus*). **1.** Dard de certains insectes (abeilles, guêpes, etc.). **2.** SOUT. Ce qui stimule, incite à l'action : *L'argent est le seul aiguillon de son activité.*

aiguillonner [egɥijɔne] **v.t.** (Souvent au pass.). Inciter à l'action : *Elle est aiguillonnée par la curiosité* (syn. **stimuler**).

aiguisage [egizaʒ] et **aiguisement** [egizmɑ̃] **n.m.** Action d'aiguiser : *L'aiguisage d'un outil.*

aiguiser [egize] **v.t.** (lat. pop. **acutiare,* du class. *acutus,* aigu). **1.** Rendre tranchant : *Aiguiser un couteau, une faux* (syn. **affûter, repasser**). **2.** Exciter ; activer : *La marche a aiguisé son appétit* (syn. **stimuler**).

aiguiseur, euse [egizœr, -øz] **n.** Personne dont le métier est d'aiguiser les instruments tranchants, les outils, etc.

aiguisoir [egizwar] **n.m.** Instrument servant à aiguiser.

aïkido [aikido] **n.m.** (mot jap.). Art martial d'origine japonaise, combat pratiqué essentiellement à mains nues et fondé sur la neutralisation de la force de l'adversaire par des mouvements de rotation et d'esquive, et l'utilisation de clés aux articulations.

ail [aj] **n.m.** (lat. *allium*) [pl. *ails* ou, plus rare, *aulx*]. Plante potagère à bulbe dont les gousses, à l'odeur forte et au goût piquant, sont utilisées en cuisine.

aile [ɛl] **n.f.** (lat. *ala*). **1.** Membre mobile assurant le vol, chez les oiseaux, les chauves-souris, les insectes : *L'aigle déploie ses ailes. Manger une aile de poulet* (= la partie charnue de ce membre). **2.** Chacun des principaux plans de sustentation d'un avion. **3.** Ce qui occupe une position latérale par rapport à une partie centrale : *L'aile droite d'un château. Les ailes du nez. Attaquer une armée sur son aile gauche.* **4.** Partie de la carrosserie d'une automobile qui recouvre partiellement chaque roue. **5.** Chacun des châssis mobiles garnis de toile qui meuvent le mécanisme d'un moulin à vent. **6.** SPORTS. Extrémité de la ligne d'attaque d'une équipe de football, de rugby, etc. **7. Avoir des ailes,** se sentir léger, insouciant ; se mouvoir facilement. / **Battre de l'aile,** être en difficulté ; aller mal. / **D'un coup d'aile,** sans s'arrêter ; rapidement. / **Voler de ses propres ailes,** agir seul, sans l'aide d'autrui. **8. Aile libre,** engin servant au vol libre et constitué essentiellement d'une carcasse légère tendue d'une voilure et d'un harnais auquel on se suspend. / **Aile volante,** avion dont le fuselage est plus ou moins intégré dans l'épaisseur de l'aile.

ailé, e [ele] **adj.** Pourvu d'ailes : *Insecte ailé.*

aileron [ɛlrɔ̃] **n.m.** (de *aile*). **1.** Extrémité de l'aile d'un oiseau. **2.** Nageoire de certains poissons : *Ailerons de requin.* **3.** AÉRON. Volet articulé placé à l'arrière d'une aile d'avion, et dont la manœuvre permet à celui-ci de virer.

ailette [elɛt] **n.f.** Pièce en forme de petite aile : *Bombe à ailettes. Radiateur à ailettes.*

Ailey (Alvin), danseur et chorégraphe américain (Rogers, Texas, 1931 - New York 1989), un des maîtres de la danse noire américaine (*Revelations,* 1960 ; *Cry,* 1971 ; *For Bird with Love,* 1986).

ailier, ère [elje, -ɛr] **n.** (de *aile*). Joueur, joueuse qui se trouve placé(e) aux extrémités de la ligne d'attaque d'une équipe de football, de rugby, etc.

ailler [aje] **v.t.** Garnir ou frotter d'ail : *Ailler un gigot.*

ailleurs [ajœr] **adv.** (du lat. [*in*] *aliore* [*loco*], [dans] un autre [lieu]). **1.** Indique un autre lieu que celui où l'on est, que celui dont il vient d'être question : *Nulle part ailleurs vous ne trouverez des prix aussi bas.* **2.** Indique une autre origine, une autre cause que celle dont il est question : *C'est ailleurs qu'il faut chercher le mobile du crime.* ◆ **d'ailleurs adv.** Sert à ajouter une nouvelle considération à celles qu'on a déjà présentées : *Il avait manifestement tort ; d'ailleurs, il n'a pas osé insister.* ◆ **par ailleurs loc. adv.** Sert à ajouter une information ou un argument nouveaux : *Cet homme austère est par ailleurs un père de famille adorable. Je l'ai trouvé très abattu et par ailleurs très irrité de l'agitation qui l'entourait* (syn. **en outre, de plus**).

ailloli n.m. ⟶ **aïoli.**

aimable [emabl] **adj.** (lat. *amabilis,* de *amare,* aimer). Qui cherche à faire plaisir, à être agréable : *Un homme aimable* (syn. **affable, sociable**). *Des paroles aimables.*

aimablement [emabləmɑ̃] **adv.** Avec amabilité : *Répondre aimablement* (syn. **courtoisement, poliment**).

1. aimant, e [emɑ̃, -ɑ̃t] **adj.** Porté à aimer : *Une nature aimante* (syn. **affectueux, tendre**).

2. aimant [emɑ̃] **n.m.** (lat. *adamas, -antis,* fer, diamant, mot gr.). Minéral, oxyde de fer qui attire naturellement le fer et quelques autres métaux.

aimantation [emɑ̃tasjɔ̃] **n.f.** Action d'aimanter ; fait d'être aimanté.

aimanter [emɑ̃te] **v.t.** Communiquer la propriété de l'aimant à un corps : *L'aiguille aimantée d'une boussole indique le nord.*

aimer [eme] **v.t.** (lat. *amare*). **1.** Éprouver une profonde affection, un attachement très vif pour qqn : *Aimer ses enfants, ses parents* (syn. **chérir** ; contr. **détester, haïr**). **2.** Éprouver une inclination très vive fondée à la fois sur la tendresse et l'attirance physique ; être amoureux de : *Il l'a follement aimée.* **3.** Avoir un penchant, du goût, de l'intérêt pour : *Aimer la danse, la lecture* (syn. **apprécier, goûter**). *Aimer danser, lire. Il aime qu'on le flatte.* **4.** Se développer, croître particulièrement bien dans tel lieu, tel environnement : *La betterave aime les terres grasses. Plante qui aime la lumière, l'humidité* (= elle s'y plaît). **5. Aimer mieux,** préférer : *J'aime mieux la voiture que le train.*

Ain, riv. de France, qui sort du Jura et rejoint le Rhône en amont de Lyon (r. dr.) ; 200 km. Aménagements hydro-électriques.

Ain [01], dép. de la Région Auvergne-Rhône-Alpes ; ch.-l. de dép. *Bourg-en-Bresse* ; ch.-l. d'arr. *Belley, Gex, Nantua* ; 4 arr., 23 cant., 419 comm. ; 5 762 km^2 ; 629 786 hab.

aine [ɛn] **n.f.** (lat. *inguen, -inis*). Partie du corps entre le haut de la cuisse et le bas-ventre : *Pli de l'aine* (= pli de flexion de la cuisse sur l'abdomen).

aîné, e [ene] **n.** et **adj.** (de l'anc. fr. *ainz,* avant [lat. pop. **antius,* comparatif du class. *ante*] et *né*). **1.** Le premier-né (par opp. à *cadet*) : *Fils aîné.* **2.** Personne plus âgée qu'une autre : *Il est mon aîné de trois ans.*

aînesse [enɛs] **n.f.** (de *aîné*). **1.** Priorité d'âge entre frères et sœurs. **2. Droit d'aînesse,** droit qui, avant la Révolution, réservait à l'aîné une part prépondérante dans l'héritage, au détriment des autres enfants.

ainsi [ɛ̃si] **adv.** (de *si,* lat. *sic,* et d'un premier élément obscur). **1.** Fait référence à la façon dont un événement se produit : *Ça s'est passé ainsi. Ne me parle pas ainsi* (= de cette façon). **2.** Introduit un développement : *Elle commença à parler ainsi : « Messieurs, [...] »* (= en ces termes). *Abordons le problème ainsi : tout d'abord les objectifs, puis les méthodes* (= de la manière suivante). **3.** Introduit le second terme d'une comparaison en résumant la première proposition (souvent introduite par *comme*) : *Comme un baume adoucit une blessure, ainsi ces paroles apaisèrent sa douleur* (= de la même façon). **4.** Parfois renforcé par *donc,* introduit une conclusion : *Ainsi, je conclus que... Ainsi donc, tu as changé d'avis ?* **5. Ainsi soit-il,** formule qui termine les prières chrétiennes (= amen). ⁄ **Pour ainsi dire,** presque, à peu près : *Après ce but malheureux, notre équipe s'est pour ainsi dire effondrée.* ⁄ **Puisqu'il en est ainsi,** dans ces conditions. ◆ **ainsi que loc. conj. 1.** En tant que conj. sub., indique la comparaison ou la conformité : *Tout s'est passé ainsi que je l'avais prévu* (syn. **comme**). **2.** En tant que conj. coord., exprime une addition, un ajout : *Il a amené sa femme ainsi que quelques amis* (syn. **et**).

aïoli ou **ailloli** [ajɔli] **n.m.** (mot prov., de *ai,* ail, et *oli,* huile). **1.** Coulis d'ail pilé avec de l'huile d'olive. **2.** Plat de morue et de légumes pochés servi avec cette sauce.

1. air [ɛr] **n.m.** (lat. *aer,* mot gr.). **1.** Mélange de plusieurs gaz (azote et oxygène, princ.) qui forme l'atmosphère ; ce mélange gazeux, en tant que milieu de vie : *Le bon air. Respirer l'air pur des montagnes. Ouvrez la fenêtre, on manque d'air ici.* **2.** Espace qu'occupe l'air : *Avion qui s'élève dans l'air, dans les airs* (syn. **atmosphère**). **3.** Vent léger ; souffle : *Il fait de l'air. Courant d'air.* **4. Air comprimé,** air dont on réduit le volume par compression en vue d'utiliser l'énergie de la détente. ⁄ **Air liquide,** air liquéfié par détentes et compressions successives, et utilisé dans l'industrie, en partic. l'industrie chimique. ⁄ **Donner de l'air,** aérer. ⁄ **En l'air,** en haut, au-dessus de la tête ; sans fondement : *Regarder en l'air* (contr. **par terre**). *Paroles en l'air.* ⁄ **En plein air,** à l'extérieur ; dans la nature : *Les campeurs aiment la vie en plein air.* ⁄ **Être dans l'air,** faire l'objet de nombreuses conversations, de discussions ; être imminent : *Ces idées sont dans l'air. Il y a de l'orage dans l'air.* ⁄ **Être, mettre en l'air,** en désordre. ⁄ FAM. **Ficher, fiche en l'air,** jeter ; détruire. ⁄ **Prendre l'air,** se promener, sortir de chez soi ; s'envoler, en parlant d'un avion, d'un aérostat, etc. **5. L'air,** l'aviation, l'aéronautique, les transports aériens : *Hôtesse de l'air. Armée de l'air. Mal de l'air.* ⁄ **Le grand air,** la nature ; les grands espaces : *Le grand air lui fera du bien. Vivre au grand air.*

■ Les Anciens croyaient que l'air était, avec l'eau, le feu et la terre, l'un des éléments fondamentaux de la nature. En 1774, Joseph Priestley découvre l'existence de l'oxygène et, en 1777, Lavoisier fait la première analyse de l'air. À la fin du XIXe s., sir William Ramsay, frappé par la différence de densité entre l'azote extrait d'un composé azoté et l'azote atmosphérique obtenu par enlèvement de l'oxygène de l'air, met en évidence l'existence des gaz rares.

Les caractéristiques de l'air. Quand il est pur, l'air est un mélange de gaz, d'une composition constante : il contient environ 21 % en volume d'oxygène pour 78 % d'azote. Il renferme en outre de l'argon (environ 1 %) et des traces d'autres gaz rares (néon, krypton, xénon, hélium). Sa pesanteur, découverte par Galilée (un litre d'air pur a une masse de 1,293 g), explique l'existence de la pression atmosphérique, mise en évidence par Torricelli en 1643. Incolore sous une faible épaisseur, l'air apparaît bleu dans le ciel, par suite de la diffusion de la lumière solaire sur ses molécules. L'air atmosphérique est chargé, dans des proportions variables, de vapeur d'eau, dont la mesure est l'objet de l'hygrométrie, et de gaz carbonique (CO_2) ; ce dernier est un paramètre important qui régule la température moyenne de l'atmosphère terrestre. Enfin, l'air tient en suspension une multitude de poussières diverses, minérales et organiques, parmi lesquelles on trouve des germes organisés (microbes).

L'air liquide. Considéré longtemps comme un gaz permanent, l'air a été liquéfié en 1877 par Louis Cailletet et par Raoul Pictet. À l'état liquide, il a une couleur bleuâtre et la densité de l'eau. Il sert à la préparation, par distillation, de l'oxygène, de l'azote et des gaz rares. L'emploi de l'air à l'état liquide permet d'étudier les propriétés de certains corps à basse température, de réaliser la trempe forte de l'acier et de produire du vide par le charbon poreux. ■

2. air [ɛr] **n.m.** (de *1. air*). **1.** Manière d'être, apparence d'une personne : *Un air modeste, hautain.* **2. Avoir un air de famille,** présenter une certaine ressemblance souvent due à la parenté. ⁄ **Avoir l'air,** paraître. ***Rem.*** L'accord de l'adj. attribut se fait avec le sujet quand il s'agit de nom de choses : *cette poire a l'air bonne.* S'il s'agit de personnes, l'accord se fait avec le sujet ou avec le mot *air* : *cette femme a l'air intelligente* ou *intelligent.* ⁄ **N'avoir l'air de rien,** donner l'impression fausse d'être insignifiant, facile ou sans valeur. ◆ **airs n.m.pl. Prendre des airs, de grands airs,** affecter la supériorité.

A B C D E F G H I J K L M N O P Q R S T U V W X Y Z

3. air [ɛr] **n.m.** (it. *aria*). **1.** Mélodie instrumentale : *Un air de flûte.* **2.** Pièce musicale chantée : *Air à boire* (syn. **chanson**). *Air d'opéra.*

Aïr, massif montagneux du Sahara méridional (Niger).

airain [ɛrɛ̃] **n.m.** (lat. pop. **aramen*, du class. *aes, aeris*). **1.** VX ou LITT. Bronze, alliage à base de cuivre. **2.** LITT. **D'airain,** implacable, impitoyable : *Cœur d'airain.*

airbag [ɛrbag] **n.m.** Coussin destiné à protéger les passagers d'un véhicule automobile lors d'un choc, en se gonflant subitement de gaz. (Recomm. off. *coussin gonflable.*)

Airbus, famille d'avions moyen-courriers ou long-courriers européens. Le biréacteur moyen-courrier, commercialisé depuis 1974, existe en diverses versions appartenant à deux types : « A-300 » (250-300 passagers) et « A-310 » (200-240 passagers). Sa masse au décollage varie entre 130 et 165 t ; son envergure est de 44 m ; la longueur du fuselage est comprise entre 46 et 52 m. En 1988 est entré en service l'« A-320 », à capacité plus réduite (140-160 passagers) mais qui bénéficie des technologies de pointe. Le quadriréacteur très long-courrier « A-340 » (260-440 passagers) est entré en service commercial en 1992 et son dérivé, le biréacteur moyen-courrier « A-330 » (335-440 passagers), en 1993. La mise en service, en 2007, du gros-porteur quadrimoteur « A-380 » sera suivie de celle du biréacteur long-courrier « A-350 » (vers 2014).

aire [ɛr] **n.f.** (lat. *area*, emplacement). **1.** Terrain délimité et aménagé pour une activité, une fonction : *Aire de jeu, de stationnement, d'atterrissage, de lancement.* **2.** Zone, secteur où se produit un fait observable : *Aire d'influence, d'activité* (syn. **domaine, sphère**). *Aire culturelle, linguistique.* **3.** Surface sur laquelle les oiseaux de proie construisent leur nid ; ce nid. **4.** MATH. Nombre mesurant une surface ; cette surface : *Aire d'un losange. Aire d'un bassin.* **5. Aire urbaine** ⟶ **urbain.**

airelle [erɛl] **n.f.** (du prov. *aire*, lat. *atra*, noire). Petit arbrisseau montagnard à baies rouges ou noires rafraîchissantes ; son fruit. ▸ Famille des éricacées ; genre *Vaccinium ;* haut. de 20 à 50 cm.

aisance [ezɑ̃s] **n.f.** (lat. *adjacentia*, environs puis « bonnes dispositions »). **1.** Facilité dans les actions, les manières, le langage : *S'exprimer avec aisance.* **2.** Situation de fortune qui permet le bien-être : *Vivre dans l'aisance.* **3.** VIEILLI. **D'aisances,** destiné à la satisfaction des besoins naturels : *Lieux, cabinets d'aisances* (= toilettes).

1. aise [ɛz] **n.f.** (lat. pop. **adjacens*, situé auprès). **À l'aise, à mon (ton, etc.) aise,** sans gêne ni contrainte : *Je suis à l'aise, à mon aise dans ces vieux vêtements. Elle est à l'aise dans tous les milieux* (contr. **emprunté, gauche**). *Mettre qqn à l'aise* (= faire en sorte qu'il perde son embarras, sa timidité). **/ À l'aise,** sans gêne financière : *Cet héritage leur permet de vivre à l'aise* (= dans l'aisance). **/ D'aise,** de joie, de contentement : *Soupirer d'aise.* **/ En prendre à son aise,** agir avec désinvolture. **/ Mal à l'aise, mal à son aise,** avec un sentiment de gêne : *Être, se sentir mal à son aise. Une ambiance qui met mal à l'aise.* ◆ **aises n.f. pl.** Confort ; bien-être : *Aimer ses aises. Prendre ses aises.*

2. aise [ɛz] **adj.** (de *1. aise*). LITT. **Être bien aise de, que,** être content, satisfait de, que.

aisé, e [eze] **adj.** (de l'anc. fr. *aisier*, mettre à l'aise, de *1. aise*). **1.** Que l'on fait sans peine : *La manœuvre de ce bateau est aisée* (syn. **facile ;** contr. **difficile**). **2.** Qui n'a rien de gêné ; qui ne marque aucun embarras : *Elle parle d'un ton aisé* (syn. **naturel**). *Style aisé* (syn. **coulant, simple**). **3.** Qui a une certaine fortune : *Un commerçant aisé.*

aisément [ezemɑ̃] **adv. 1.** De façon aisée : *Cela se comprend aisément* (syn. **facilement**). **2.** Sans difficulté financière : *Cet héritage lui permet de vivre aisément* (syn. **confortablement**).

Aisne, riv. de France, née dans l'Argonne, qui passe à Soissons et se jette dans l'Oise (r. g.) en amont de Compiègne ; 280 km.

Aisne [02], dép. de la Région Nord-Pas-de-Calais-Picardie ; ch.-l. de dép. *Laon ;* ch.-l. d'arr. *Château-Thierry, Saint-Quentin, Soissons, Vervins ;* 5 arr., 21 cant., 816 comm. ; 7 369 km^2 ; 555 400 hab.

aisseau [eso] **n.m.** (de *ais*, planchette, lat. *axis*). Planchette mince utilisée dans la couverture des toits (syn. **bardeau**).

aisselle [esɛl] **n.f.** (lat. *axilla*). Cavité située sous l'épaule, à la jonction du bras avec le thorax : *Soulever un malade par les aisselles.*

Aix-en-Provence, ch.-l. d'arr. des Bouches-du-Rhône ; 144 782 hab. *(Aixois).* Archevêché. Université. Cour d'appel. Festival musical. – Cathédrale St-Sauveur (XIe-XVe s.), avec baptistère remontant au VIe s. et cloître du XIIe s. Musées, dont le musée des beaux-arts « Granet ». – Aix *(Aquae Sextiae)* fut fondée par les Romains en 123 av. J.-C. Aux environs, le général romain Marius vainquit les Teutons (102 av. J.-C.).

Aix-la-Chapelle, en all. **Aachen,** v. d'Allemagne (Rhénanie-du-Nord-Westphalie) ; 236 420 hab. (1 100 000 hab. dans l'agglomération). Station thermale. Belle cathédrale gothique ayant pour noyau la chapelle Palatine, édifice octogonal élevé pour Charlemagne autour de l'an 800. Musées. Ce fut la résidence préférée de Charlemagne. Deux traités y furent signés, en 1668 et en 1748, qui mirent fin aux guerres de Dévolution et de la Succession d'Autriche. En 1818, un congrès consacra la fin de l'occupation des Alliés en France et l'entrée du gouvernement de Louis XVIII dans le système de la Sainte-Alliance.

Aix-les-Bains, ch.-l. de c. de la Savoie, sur la rive est du lac du Bourget ; 29 364 hab. *(Aixois).* Station thermale.

Ajaccio, ch.-l. de la Région Corse et du dép. de la Corse-du-Sud, sur la côte ouest de l'île ; 67 007 hab. *(Ajacciens).* Évêché. Située sur une rade magnifique, la ville est un centre touristique et commercial. Maison de Napoléon. Musée Fesch.

Ajanta *(monts)*, montagnes de l'Inde, dans le nord du Deccan. Sanctuaires et monastères bouddhiques creusés dans la falaise et imitant l'architecture du bois (IIe s. av. J.-C. - début du VIIe s. apr. J.-C.), au décor peint et sculpté.

Ajax, héros grec, fils de Télamon, roi de Salamine. Il prit part à la guerre de Troie, mais, n'ayant pu reprendre à Ulysse les armes d'Achille qu'il convoitait, il devint fou et se donna la mort.

ajonc [aʒɔ̃] **n.m.** (de *ajou*, mot de l'Ouest). Arbrisseau à feuilles épineuses et à fleurs jaunes, croissant sur les sols siliceux. ▸ Famille des papilionacées ; genre *Ulex ;* haut. de 1 à 4 m.

ajourer [aʒure] **v.t.** Orner avec des jours, des ouvertures : *Ajourer un napperon, une balustrade. Des draps ajourés.*

ajournement [aʒurnəmɑ̃] **n.m.** Action d'ajourner ; fait d'être ajourné : *L'ajournement du procès est inattendu* (syn. **renvoi**).

ajourner [aʒurne] **v.t. 1.** Renvoyer à un autre jour : *On a ajourné la décision touchant l'augmentation des salaires* (syn. **différer, retarder**). *Ajourner un rendez-vous* (syn. **remettre, reporter**). **2. Ajourner un candidat,** le renvoyer à une autre session d'examen.

ajout [aʒu] **n.m.** Ce qui est ajouté : *La nouvelle édition comporte quelques ajouts* (syn. **addition ;** contr. **suppression**).

ajouter [aʒute] **v.t.** (de *jouter ;* v. aussi *jouxter*). **1.** Joindre une chose à une autre ; mettre en plus : *Ajouter une rallonge à une table. Ajouter du sel à un ragoût.* **2.** Dire en plus : *Ajouter quelques mots.* **3. Ajouter foi à qqch,** y croire. ◆ **v.t. ind. [à].** Augmenter l'importance, la quantité de : *Le mauvais temps ajoute encore aux difficultés de la circulation* (= il les aggrave). ◆ **s'ajouter v.pr. [à].** Venir en plus de : *Les frais de port s'ajoutent au prix de la marchandise.*

ajustage [aʒystaʒ] **n.m.** Action d'ajuster des pièces mécaniques ; résultat de cette action.

ajusté, e [aʒyste] **adj.** Serré au buste et à la taille par des pinces : *Une veste ajustée* (contr. **ample, vague**).

ajustement [aʒystəmɑ̃] **n.m.** Action d'ajuster ; fait d'être ajusté : *Ajustement des tarifs, d'un vêtement.*

ajuster [aʒyste] **v.t.** (de *juste*). **1.** Adapter parfaitement une chose à une autre ; mettre plusieurs choses en harmonie : *Ajuster un vêtement. Ajuster un couvercle sur une boîte. Ajuster* *une théorie aux faits* (syn. **accorder**). **2.** MÉCAN. Donner à une pièce la dimension exacte qu'elle doit avoir pour s'assembler avec une autre. **3.** Rendre juste, conforme à une norme ; rendre précis : *Ajuster une balance, les prix. Ajuster un tir.* **4.** Arranger avec soin : *Ajuster sa cravate, sa coiffure.* **5.** Prendre pour cible : *Ajuster un lièvre* (= le viser). ◆ **s'ajuster** v.pr. Être adapté, avoir une taille, une forme permettant un assemblage : *Pièces qui s'ajustent mal.*

ajusteur, euse [aʒystœr, -øz] **n.** Ouvrier, ouvrière qui ajuste des pièces mécaniques.

ajutage [aʒytaʒ] **n.m.** (de *ajuster*). TECHN. Orifice percé dans la paroi d'un réservoir ou d'une canalisation pour permettre l'écoulement d'un fluide.

Akbar (Umarkot 1542 - Agra 1605), empereur moghol de l'Inde (1556-1605). Il agrandit son empire et le dota d'une administration régulière et tolérante.

akène [akɛn] **n.m.** (de *a-* priv., et du gr. *khainein,* ouvrir). BOT. Fruit sec, au péricarpe non soudé à la graine (gland, noisette).

Akhenaton ⟶ Aménophis IV.

Akinari ou **Ueda Akinari,** écrivain japonais (Osaka 1734 - Kyoto 1809). Il a donné un style nouveau aux légendes traditionnelles (*Contes de la pluie et de la lune,* 1776).

Akkad, ville, État et dynastie de la basse Mésopotamie (v. 2325-2160 av. J.-C.). Sargon l'Ancien fonda l'empire d'Akkad, qui s'étendit au pays de Sumer, à l'Élam, aux pays situés à l'est du Tigre, à l'Assyrie et s'avança jusqu'en Syrie et en Anatolie. Cet empire devait être détruit par des envahisseurs barbares venus du Zagros. L'art d'Akkad s'écarte de celui de Sumer par la clarté et l'équilibre de la composition (stèle de Naram-Sin, Louvre), qualités que l'on retrouvera en Babylonie.

Aksoum ou **Axoum,** anc. royaume d'Éthiopie, qui paraît avoir existé du Iᵉʳ au Xᵉ s. ; il devait sa prospérité à son commerce. Berceau de la civilisation et de l'Église éthiopiennes, il fut détruit par les Arabes.

Alabama, État du sud des États-Unis ; 134 000 km^2 ; 4 833 722 hab. CAP. *Montgomery.*

alabastrite [alabastrit] **n.f.** (du lat. *alabastrum,* albâtre, du gr.). Albâtre gypseux, très blanc, employé pour faire des vases, des statuettes, etc.

alacrité [alakrite] **n.f.** (lat. *alacritas*). LITT. Vivacité gaie : *Un ton plein d'alacrité* (syn. **enjouement**).

Alagna (Roberto), ténor italien et français (Clichy-sous-Bois 1963). Sa voix fluide et puissante, la qualité de sa diction et l'expressivité de son jeu de scène l'ont rapidement imposé à l'opéra (Verdi, Puccini, Gounod, etc.). Sa flamboyance méditerranéenne convient aussi à merveille à l'opérette ou à la chanson populaire sicilienne.

Alain (Émile Chartier, dit**),** philosophe français (Mortagne-au-Perche 1868 - Le Vésinet 1951). Il est l'auteur d'une philosophie idéaliste, qui a longtemps servi de référence pour l'idéal de l'enseignement français (*Propos d'Alain,* 1908-1920).

Alain-Fournier (Henri Alban Fournier, dit**),** écrivain français (La Chapelle-d'Angillon, Cher, 1886 - mort au combat dans le bois de Saint-Rémy, Hauts de Meuse, 1914). Son roman-rêve, *le Grand Meaulnes* (1913), marque son refus du réalisme et du psychologisme. Ce récit mystérieux de l'aventure d'un adolescent (Augustin Meaulnes), parti à la recherche du bonheur impossible, nous plonge dans un fantastique qui trouve ses racines dans le quotidien et le conte éternel.

Alains, Barbares issus de la Caspienne qui, refoulés par les Huns, envahirent la Gaule en 406. Passés en Espagne (v. 409), ils furent vaincus par les Wisigoths.

alaise ou **alèse** [alɛz] **n.f.** (de *la laize,* par fausse coupe). Pièce de tissu, souvent imperméable, placée sous le drap de dessous pour protéger le matelas.

Alamans, confédération de tribus germaniques établies sur la rive droite du Rhin au IIIᵉ s. Leur progression fut brisée en Alsace par Clovis (496 ou 506).

alambic [alɑ̃bik] **n.m.** (ar. *al'inbīq,* du gr. *ambix,* vase). Appareil pour distiller, en partic. l'alcool : *Alambic de bouilleur de cru.*

alambiqué, e [alɑ̃bike] **adj.** (de *alambic*). Raffiné jusqu'à être obscur, très compliqué : *Phrase alambiquée* (syn. **contourné** ; contr. **simple**).

Alamein *(bataille d'El-)* [23 oct. 1942], victoire décisive de l'armée britannique, commandée par Montgomery, sur les forces germano-italiennes de Rommel, à 100 km d'Alexandrie (Égypte).

Alamo, ancien monastère situé à San Antonio (Texas), site d'une bataille, dite de *Fort Alamo,* au cours de laquelle les Mexicains vainquirent les Texans (6 mars 1836) et où Davy Crockett fut tué.

alanguir [alɑ̃gir] **v.t.** (de *languir*) [conj. **32**]. Abattre l'énergie ; rendre mou : *Cette chaleur nous alanguit* (syn. **amollir**). *Être alangui par la fièvre.*

alanguissement [alɑ̃gismɑ̃] **n.m.** Fait d'être alangui : *La chaleur la plonge dans une sorte d'alanguissement* (syn. **engourdissement, langueur**).

À la recherche du temps perdu ⟶ Proust.

Alaric Iᵉʳ (delta du Danube v. 370 - Cosenza 410), roi des Wisigoths (396-410). Il ravagea les régions balkaniques (Empire romain d'Orient) et envahit l'Italie. Le sac de Rome par ses troupes (410) eut un immense retentissement dans l'Empire romain d'Occident. • **Alaric II,** roi des Wisigoths (484-507). Il fut battu et tué par Clovis à la bataille de Vouillé (507), après laquelle les Wisigoths durent se replier en Espagne. Il promulgua le *Bréviaire d'Alaric* (506), recueil de lois.

alarmant, e [alarmɑ̃, -ɑ̃t] **adj.** Qui alarme, effraie, inquiète : *Nouvelles alarmantes* (contr. **rassurant**).

alarme [alarm] **n.f.** (de l'it. *all'arme !,* aux armes !). **1.** Appareil, dispositif destiné à prévenir d'un danger : *Alarme sonore. Signal d'alarme.* **2.** Émotion, frayeur due à un danger, réel ou supposé : *Une série de cambriolages jeta l'alarme dans la cité* (syn. **effroi, inquiétude**). **3. Donner, sonner l'alarme,** prévenir d'un danger ; alerter.

alarmer [alarme] **v.t.** (de *alarme*). Causer de l'inquiétude, de la peur : *La rupture des négociations alarma l'opinion publique* (syn. **émouvoir, inquiéter**). ◆ **s'alarmer** v.pr. S'inquiéter devant un danger, réel ou supposé : *Je me suis alarmée inutilement de son retard.*

alarmiste [alarmist] **n.** et **adj.** Personne qui répand des propos, des bruits alarmants, souvent imaginaires. ◆ **adj.** De nature à alarmer : *Nouvelles alarmistes.*

Alaska, État des États-Unis (depuis 1959), à l'extrémité nord-ouest de l'Amérique ; 1 530 000 km^2 ; 735 132 hab. CAP. *Juneau.* La région fut cédée en 1867 par la Russie aux États-Unis. D'une superficie presque triple de celle de la France, mais froid, humide, souvent montagneux, l'Alaska est très peu peuplé. La population se concentre sur le littoral méridional, au climat relativement doux. La pêche, la sylviculture, le tourisme et surtout, aujourd'hui, les hydrocarbures sont les principales ressources.

albanais, e [albanɛ, -ɛz] **adj.** et **n.** D'Albanie. ◆ **albanais** **n.m.** Langue indo-européenne parlée en Albanie.

Albanie, en albanais **Shqipëria,** État de la péninsule balkanique ; 29 000 km^2 ; 3 173 000 hab. *(Albanais).* CAP. *Tirana.* LANGUE : *albanais.* MONNAIE : *lek.*

GÉOGRAPHIE

Largement ouvert, à l'ouest, sur la mer Adriatique, ce petit État sort d'un long isolement politique et économique. Les conditions naturelles ne sont pas exceptionnellement favorables. En arrière d'une frange de plaines littorales, l'intérieur est montagneux (aéré toutefois par quelques bassins et vallées). Le climat se durcit avec l'altitude et la sécheresse (surtout estivale) s'accroît vers le S. La population, qui possède le taux de natalité le plus élevé d'Europe, travaille majoritairement dans l'agriculture ; la production nationale satisfait les besoins en céréales, en viande, lait, fruits et légumes, cependant que l'extension des vergers, des oliveraies, des vignobles permet quelques exportations. L'industrie exploite surtout les ressources du sous-sol, assez variées (lignite et pétrole [complétant l'apport hydroélectrique], chrome, cuivre, nickel, fer), mais les branches de transformation sont peu développées. L'émigration demeure importante.

HISTOIRE

D'abord occupé par les Illyriens, le pays est colonisé par les Grecs (VIIe s. av. J.-C.), puis par Rome (IIe s. av. J.-C.). À la fin du VIe s., de nombreux Slaves s'y installent.

1443-1468. Skanderbeg résiste à la domination turque.

1912. L'Albanie devient une principauté indépendante.

1939. Invasion de l'Albanie par les troupes italiennes.

1946. L'Albanie devient une république populaire sous la direction de Enver Hoxha.

1961. L'Albanie rompt avec l'U. R. S. S. et s'appuie sur la Chine.

1978. Rupture idéologique avec la Chine.

1985. Mort de Enver Hoxha. Ramiz Alia lui succède. Sous sa conduite, le pays sort de son isolement économique et politique et se démocratise à partir de 1990.

1992. L'opposition démocratique accède au pouvoir. Sali Berisha devient président de la République.

1997. Un soulèvement populaire déstabilise le pays. Les socialistes remportent les élections. Rexhep Meidani succède à S. Berisha.

1999. L'Albanie fait face à l'afflux de réfugiés du Kosovo.

2002. Alfred Moisiu accède à la tête de l'État.

2005. Retour au pouvoir de l'opposition.

2007. Bamir Topi est élu président de la République.

2009. L'Albanie est intégrée dans l'O.T.A.N.

2010-2011. L'Union européenne refuse à deux reprises d'accorder à l'Albanie le statut de candidat officiel, en raison de l'instabilité politique persistante et de la lenteur des réformes.

albâtre [albɑtr] **n.m.** (lat. *alabastrum,* du gr.). **1.** Gypse très blanc, appelé également *alabastrite* ou *albâtre gypseux.* **2.** Carbonate de calcium translucide, de teinte variable, appelé également *albâtre calcaire.* **3.** Objet, sculpture d'albâtre. **4. D'albâtre,** qui a la blancheur éclatante de l'albâtre gypseux : *Un teint d'albâtre.*

albatros [albatros] **n.m.** (probabl. de *alcatraz,* pélican noir [mot port.], avec infl. du lat. *albus,* blanc). Oiseau palmipède des mers australes, bon voilier, très vorace. ▸ Ordre des procellariiformes ; envergure 3 m env.

Albe (Fernando Álvarez de Tolède, *duc* **d'),** général de Charles Quint et de Philippe II (Piedrahíta 1508 - Lisbonne 1582). Gouverneur des Flandres (1567-1573), il exerça, par l'intermédiaire du sanglant Conseil des troubles, une violente répression contre les protestants qui fut à l'origine de la révolte des Pays-Bas. Rappelé en Espagne, il fut chargé d'écraser le soulèvement du Portugal.

Albe la Longue, ville du Latium, fondée, selon la légende, par Ascagne, fils d'Énée. Sa rivalité avec Rome naissante, illustrée par la légende des Horaces (champions de Rome) et des Curiaces (champions d'Albe), prit fin avec la victoire de Rome (VIIe s. av. J.-C.).

Albee (Edward), auteur dramatique américain (Washington 1928). Ses pièces traitent le thème de l'incommunicabilité des êtres et font une peinture satirique de la vie américaine *(Zoo Story, Qui a peur de Virginia Woolf ?).*

Albéniz (Isaac), compositeur et pianiste espagnol (Camprodón 1860 - Cambo-les-Bains 1909). Il a fondé l'école espagnole en s'inspirant des rythmes et thèmes populaires. Il a écrit notamment *Iberia* pour piano.

Albert ***(lac),*** lac de l'Afrique équatoriale (Ouganda et Rép. dém. du Congo [ex-Zaïre]), traversé par le Nil ; 4 500 km^2.

Albert le Grand ***(saint),*** théologien, philosophe et savant allemand (Lauingen, Bavière, v. 1200 - Cologne 1280). Dominicain, maître en théologie, il enseigna à l'Université de Paris, où il eut comme disciple Thomas d'Aquin, puis à Cologne. Partisan d'Aristote, il fut le premier théologien médiéval à entrer en dialogue avec l'ensemble des philosophies grecque, byzantine, arabe et juive.

Albert Ier (Bruxelles 1875 - Marche-les-Dames 1934), roi des Belges (1909-1934). Son attitude dans la Première Guerre mondiale, où il fit preuve de fermeté vis-à-vis de l'Allemagne et dirigea les troupes belges aux côtés des armées alliées, lui valut le surnom de *Roi-Chevalier.*

Albert II, roi des Belges (Bruxelles 1934). Fils de Léopold III, il devient roi en 1993 à la mort de son frère Baudouin Ier. Il a épousé Paola Ruffo di Calabria en 1959.

Albert II, prince de Monaco (Monaco, 1958). Il monte sur le trône en 2005 après la mort de son père Rainier III.

Alberta, prov. de l'ouest du Canada ; 661 000 km^2 ; 3 645 257 hab. CAP. *Edmonton.* Pétrole et gaz naturel. Culture du blé.

Alberti (Leon Battista), humaniste et architecte florentin (Gênes 1404 - Rome 1472). Ses traités de peinture et d'architecture font de lui le premier grand théoricien des arts de la Renaissance. Il réalisa des plans ou des maquettes pour des édifices de Rimini (temple Malatesta, remodelage d'une église gothique), Florence (palais Rucellai et façade de S. Maria Novella), Mantoue (église S. Andrea).

Albertville, ch.-l. d'arr. de la Savoie, au confluent de l'Isère et de l'Arly ; 20 111 hab. *(Albertvillois).*

Albi, ch.-l. du dép. du Tarn, sur le Tarn ; 51 510 hab. *(Albigeois).* Archevêché. Cathédrale gothique fortifiée, à nef unique (XIIIe-XVe s.) ; anc. palais épiscopal abritant le musée Toulouse-Lautrec.

albigeois ***(croisade des)*** [1209-1244], guerre menée à l'initiative d'Innocent III contre le comte de Toulouse Raimond VI et les albigeois, ou cathares, secte religieuse prêchant un retour à la pureté évangélique. Déclenchée à la suite de l'assassinat (1208) de Pierre de Castelnau, légat du pape, elle fut conduite par les barons du Nord sous le commandement de Simon de Montfort. Marquée d'atrocités de part et d'autre, elle s'acheva par la prise de Montségur. Elle contribua au renforcement de la monarchie capétienne.

albinisme [albinism] **n.m.** (de *albinos*). Anomalie congénitale et héréditaire due au défaut d'un pigment, la mélanine, et caractérisée par une peau très blanche, des cheveux blancs ou blond paille, un iris rosé : *L'albinisme se rencontre chez l'homme et chez certains animaux.*

Albinoni (Tomaso), compositeur italien (Venise 1671 - *id.* 1750). Célèbre représentant de l'école vénitienne, il a laissé de nombreux opéras, des sonates et des concertos. L'*Adagio d'Albinoni* est un pastiche réalisé au XXe s. par Remo Giazotto (1910-1998).

albinos [albinos] **adj.** et **n.** (esp. *albino,* de *albo,* blanc, lat. *albus*). Atteint d'albinisme.

Albion, nom traditionnel de la Grande-Bretagne, depuis Ptolémée.

Albrecht (Berthe, dite **Berty),** résistante française (Marseille 1893 - Fresnes 1943). Pionnière de la lutte pour les droits de la femme dans les années 1930, elle fut une grande figure de la Résistance, fondant avec H. Frenay le mouvement Combat. Arrêtée par la Gestapo en 1943, torturée, elle se suicida à son arrivée en prison.

album [albɔm] **n.m.** (mot lat. « tableau blanc » puis « liste », de *albus,* blanc). **1.** Cahier cartonné destiné à recevoir des photographies, des dessins, etc. : *Album de timbres.* **2.** Grand livre abondamment illustré : *Album consacré aux impressionnistes.* **3.** Production musicale comportant génér. plusieurs morceaux (par opp. à *single,* qui n'en comporte qu'un ou deux), éditée en disque, CD ou cassette : *Chanteur qui vient de sortir un nouvel album.*

albumen [albymɛn] **n.m.** (mot du bas lat.). **1.** Blanc d'un œuf. **2.** BOT. Tissu riche en réserves nutritives, qui entoure l'embryon de la plante chez certaines graines.

albumine [albymin] **n.f.** (du bas lat. *albumen, -inis,* blanc d'œuf). Substance organique azotée, visqueuse, soluble dans l'eau, coagulable par la chaleur, contenue dans le blanc d'œuf, le plasma, le lait.

albuminé, e [albymine] **adj.** BOT. Qui contient un albumen : *Graines albuminées.*

albuminurie [albyminyri] **n.f.** (de *albumine* et *-urie*). Présence d'albumine dans l'urine.

Albuquerque (Afonso de), navigateur et conquérant portugais (Alhandra, près de Lisbonne, 1453 - Goa 1515). Vice-roi des Indes (1509), il prit Goa (1510) et Malacca, fondant la puissance portugaise des Indes.

alcade [alkad] **n.m.** (esp. *alcalde*, ar. *al-qāḍī*, le juge). Maire, en Espagne.

alcali [alkali] **n.m.** (ar. *al-qilyi*, la soude). **1.** CHIM. Nom générique des hydroxydes de métaux alcalins et de l'hydroxyde d'ammonium. **2. Alcali volatil,** ammoniaque.

alcalimétrie [alkalimetri] **n.f.** (de *alcali* et *-métrie*). Détermination du titre d'une solution basique.

alcalin, e [alkalɛ̃, -in] **adj.** (de *alcali*). **1.** CHIM. Relatif aux alcalis ; d'un alcali : *Saveur alcaline.* **2.** Qui contient une base ; qui en a les propriétés basiques : *Solution alcaline.* **3. Métal alcalin,** métal dont l'oxydation produit un alcali : *Le lithium, le sodium, le potassium sont des métaux alcalins.*

alcalinité [alkalinite] **n.f.** Caractère d'une substance alcaline.

alcaloïde [alkalɔid] **n.m.** (de *alcali*). CHIM., PHARM. Nom générique des composés organiques azotés et basiques tirés de végétaux : *La morphine, la quinine, la strychnine sont des alcaloïdes.*

alcazar [alkazar] **n.m.** (mot esp., ar. *al-qasr*, palais). Palais fortifié des souverains maures d'Espagne ou de leurs successeurs chrétiens.

alchimie [alʃimi] **n.f.** (lat. médiév. *alchimia*, ar. *al-kīmiyā*, mot d'orig. gr. ou copte). **1.** Science ésotérique ayant pour objet la découverte d'un remède universel (élixir, panacée, pierre philosophale) capable d'opérer une transmutation de l'être, de la matière et, notamm., la transmutation des métaux en or : *L'alchimie connut un grand développement du XIIe au XVIIIe s.* **2.** Suite complexe de réactions et de transformations : *La mystérieuse alchimie de la vie.*

■ **La science médiévale par excellence.** Pour les praticiens du Moyen Âge, l'alchimie était la science par excellence, contenant les principes de toutes les autres. Elle se donnait pour objet l'étude de la vie, son but étant la découverte et la fixation d'un ferment mystérieux, grâce auquel la désagrégation des corps, et donc la mort, pourrait être presque indéfiniment retardée. Cet agent devait assurer la progression rapide des êtres vers l'état supérieur. Il pouvait être liquide (*élixir de longue vie* ou *panacée,* remède infaillible de toutes les maladies) ou solide (*pierre philosophale,* qui, introduite dans la masse d'un métal en fusion, assurerait sa transmutation vers l'état désiré, or ou argent). L'ensemble des lois et principes alchimiques était consigné dans des textes écrits dans une langue symbolique et à double sens, dont le déchiffrement par le nouvel adepte faisait partie des épreuves d'initiation.

Une « fausse science »... Cet aspect ésotérique montre les limites scientifiques de l'alchimie et en fait ce que les historiens des sciences considèrent comme une « fausse science ». Autrement dit, il s'agit d'un corpus de savoirs, distinct de la religion et de la philosophie (même si cela n'est pas toujours net), car se croyant fondé sur des faits et des déductions, mais sans qu'il soit possible d'y trouver des bases scientifiques au sens moderne. Elle se présente comme un ensemble de concepts très généraux et éloignés des faits, qui inspirent cependant un certain nombre de recettes opératoires, et auquel se ramène, de toute façon, toute interprétation des résultats. Tel est aussi le cas de l'astrologie ; on retrouve chez l'une et l'autre la tentative de mettre en relation le macrocosme (l'univers) et le microcosme (l'homme).

... mais des influences. L'alchimie est présente dans toutes les civilisations. En Occident, elle naît, après celle de la Chine ou de l'Inde, à Alexandrie aux IIe et IIIe siècles. Arabes et Persans la recueillent et la transmettent à l'Europe vers les XIe-XIIe siècles. Elle mêle des considérations d'ordre autant physico-chimique que mythologique, occultiste ou magique. C'est pourquoi elle a pu, par certains aspects techniques, anticiper certaines voies de la chimie moderne, ou même influencer favorablement la pensée de certains savants (Paracelse, le père de la médecine hermétique, et peut-être même Newton, dont on sait qu'il s'y adonna). ■

alchimique [alʃimik] **adj.** Relatif à l'alchimie.

alchimiste [alʃimist] **n.** Personne qui s'occupait d'alchimie.

Alcibiade, général athénien (v. 450 - en Phrygie 404 av. J.-C.). Il fut l'élève de Socrate. Chef du parti démocratique, il entraîna sa patrie dans l'aventureuse expédition contre la Sicile (415). Accusé de sacrilège (mutilation des statues d'Hermès), il s'enfuit et vécut quelque temps à Sparte ; il se réfugia ensuite auprès du satrape Tissapherne (412), puis se réconcilia avec Athènes ; de nouveau exilé, il mourut assassiné.

Alcobaça, localité du Portugal (Estrémadure). Monastère cistercien remontant à la fin du XIIe s. ; imposante église romano-gothique, cloître gothique du XIVe s.

alcool [alkɔl] **n.m.** (lat. des alchimistes *alkohol*, ar. *al-kuhl*, antimoine pulvérisé). **1.** Liquide incolore, qui bout à 78 °C et se solidifie à - 112 °C, obtenu notamm. par la distillation du vin ou de jus sucrés fermentés (on dit aussi *alcool éthylique*) [syn. **éthanol**] : *L'alcool rectifié est vendu en pharmacie comme antiseptique. Alcool absolu* (= chimiquement pur). ▸ Formule : C_2H_5OH. **2.** Toute boisson contenant de l'alcool ; et en part. boisson à fort titre en alcool : *Boire un alcool de prune.* **3.** CHIM. Nom générique des composés organiques oxygénés de formule générale $C_nH_{2n+1}OH$. **4. Alcool à brûler,** forme commerciale de l'éthanol destinée à un usage domestique et rendue impropre à la consommation. / **Alcool à 90°, 70°, 60°,** solution aqueuse d'alcool éthylique dénaturé, contenant en volume 90 %, 70 %, 60 % d'alcool, utilisée comme antiseptique.

■ Par fermentation naturelle, les boissons alcooliques comme le vin peuvent atteindre 16° à 18° d'alcool. Pour obtenir un pourcentage d'alcool plus important, il faut procéder à la distillation.

La distillation. Cette opération consiste à pratiquement isoler l'alcool par chauffage de la solution fermentée dans un alambic. L'alcool, se vaporisant avant l'eau, peut être séparé par capture puis par refroidissement de ses vapeurs. L'alambic, appareil très ancien, est constitué d'une *chaudière* où chauffe lentement le liquide à distiller, d'un *chapiteau* qui reçoit les vapeurs et d'un *condenseur,* serpentin réfrigéré où se condensent les vapeurs. Un dispositif de *rectification* sert à obtenir des produits de très forte teneur en alcool. L'alambic dit à *colonnes* est utilisé par l'industrie pour distiller en continu de grandes quantités de matières premières. ■

alcoolat [alkɔla] **n.m.** Liquide obtenu par distillation de l'alcool sur une substance aromatique : *L'eau de Cologne est un alcoolat.*

alcoolémie [alkɔlemi] **n.f.** (de *alcool* et *-émie*). Présence d'alcool dans le sang : *Le taux d'alcoolémie pour les conducteurs ne doit pas excéder, en France, 0,50 g/l.*

alcoolique [alkɔlik] **adj. 1.** Qui par nature contient de l'alcool : *Boisson, solution alcoolique.* **2.** Relatif à l'alcool, partic. à l'alcool éthylique : *Fermentation alcoolique.* **3.** Qui résulte de l'alcoolisme : *Délire alcoolique.* ◆ **adj.** et **n.** Qui s'adonne à l'alcoolisme.

alcoolisation [alkɔlizasjɔ̃] **n.f. 1.** Action de rendre alcoolisé ; fait d'être alcoolisé. **2.** MÉD. Imprégnation alcoolique due à l'alcoolisme.

alcoolisé, e [alkɔlize] **adj. 1.** Qui contient de l'alcool ; à quoi l'on a ajouté de l'alcool : *Boisson alcoolisée.* **2.** Qui est sous l'emprise de l'alcool : *Un conducteur alcoolisé.*

alcoolisme [alkɔlism] **n.m.** Abus de boissons alcooliques ; dépendance qui en résulte : *Lutte contre l'alcoolisme.*

■ L'alcool ingéré est dégradé par une enzyme du foie (la déshydrogénase), cela jusqu'à une valeur maximale de 0,125 litre par jour.

Au-delà, il y a lésion des cellules hépatiques et nerveuses et altération de leur fonctionnement. L'intoxication aiguë, occasionnelle ou réitérée, engendre l'ivresse avec euphorie, lève les inhibitions et provoque l'excitation pouvant aller jusqu'à la violence, puis l'hébétude et le coma (avec possibilité de traumatisme). Elle peut se manifester lorsque le taux de l'alcool dans le sang dépasse 0,50 g/l. L'alcoolisme chronique commence lorsque le sujet est incapable de s'abstenir durablement d'absorber des boissons alcoolisées. L'accoutumance, le sentiment de manque et la dépendance réalisent une toxicomanie liée à des facteurs psychologiques, sociaux et métaboliques intriqués.

Les effets sur la santé. La consommation régulière pendant plusieurs années de plus de 50 g d'alcool par jour entraîne de sévères complications, principalement nerveuses et hépatiques. Surviennent des troubles de la mémoire, de l'attention, du jugement, des anomalies de l'affectivité, des accès de colère et de violence auxquels se joignent des tremblements et un aspect particulier du visage. Ces signes peuvent être associés à des douleurs, avec faiblesse musculaire des membres, caractéristiques des polynévrites alcooliques. La chute d'acuité visuelle par névrite optique, le *delirium tremens,* des accès de confusion mentale avec amnésie et hébétude révèlent parfois ou compliquent l'alcoolisme et nécessitent un traitement urgent. À terme, les démences alcooliques liées à l'atrophie du cerveau se traduisent par une déchéance physique et psychique. La surcharge graisseuse puis la sclérose du foie, ou *cirrhose,* marquent la sévérité de l'intoxication et se compliquent de jaunisse, d'hémorragie digestive, d'ascite (épanchement d'un liquide séreux dans la cavité péritonéale) et de cachexie (affaiblissement et amaigrissement extrêmes) conduisant à la mort.

L'alcoolisme : phénomène social. Les conséquences sociales de cette intoxication répandue sont graves. On dénombre en France environ 2 millions d'alcooliques avérés et l'alcool est responsable d'environ 30 000 décès par an, par accidents de la voie publique ou du travail, ou par les maladies engendrées. Lorsque l'intoxication est chronique, seul le sevrage (abstinence totale et définitive) est utile à long terme. Les *cures de désintoxication,* difficiles, associent divers moyens : hospitalisation, psychothérapie, drogues luttant contre les carences et la dépendance. Pouvant durer plusieurs années, elles sont soutenues par le contrôle régulier du malade et par le concours d'anciens buveurs au sein d'associations d'aide. La *prévention* de l'alcoolisme s'impose comme une nécessité sociale. L'éducation, dès l'enfance, à l'abstinence ou à la modération, les efforts d'organisation sociale pour alléger les difficultés de vivre dans les sociétés actuelles sont fondamentaux pour la lutte contre l'alcoolisme.

Les jeunes et l'alcool. Les études montrent que 80 % des moins de 17 ans disent avoir consommé de l'alcool dans les 30 derniers jours et 50 % ont pratiqué une ivresse expresse, le *binge-drinking* ou *alcoolisation aiguë intermittente.* Ce phénomène inquiétant, qui gagne peu à peu tous les pays développés, provoque en moyenne chaque jour, chez les 18-24 ans, 1 mort et 4 blessés graves sur la route, mais aussi par noyade ou coma éthylique.

Chez l'adolescent, la consommation régulière d'alcool provoque en quelques semaines la chute des performances scolaires et sportives, une altération des relations sociales et amicales, des troubles psychologiques et comportementaux divers.

Sécurité routière. Conduire une voiture ou un deux-roues en état d'ivresse expose à des sanctions pénales et administratives :

– entre 0,5 et 0,8 g/l d'alcool dans le sang (soit 0,25 à 0,4 g dans l'air expiré), le conducteur risque 135 € d'amende, le retrait de 6 points et une suspension de permis pouvant aller jusqu'à 6 mois ;

– au-dessus de 0,8 g/l dans le sang, il risque 2 ans de prison, 4 500 € d'amende, le retrait de 6 points et la suspension ou l'annulation de son permis (ou l'interdiction de le passer avant un délai de plusieurs années). ■

alcoologie [alkɔlɔʒi] **n.f.** Discipline médicale qui étudie l'alcoolisme et sa prévention. ◆ **alcoologue n.** Nom du spécialiste.

alcoolomanie [alkɔlɔmani] **n.f.** PSYCHIATRIE. Dépendance toxicomaniaque à l'égard des boissons alcooliques.

Alcools → Apollinaire.

alcoomètre [alkɔmɛtr] **n.m.** Aréomètre pour mesurer la teneur en alcool des vins, des liqueurs, etc. (syn. **pèse-alcool**).

alcoométrie [alkɔmetri] **n.f.** Ensemble des procédés employés pour la détermination de la richesse en alcool des vins, des liqueurs, etc.

Alcotest ou **Alcootest** [alkɔtɛst] **n.m.** (nom déposé). Appareil portatif permettant de déceler et d'évaluer l'alcoolémie d'une personne par la mesure de la teneur en alcool de l'air expiré.

alcôve [alkov] **n.f.** (esp. *alcoba,* ar. *al-qubba,* la petite chambre). **1.** Renfoncement ménagé dans une chambre pour recevoir un lit. **2. D'alcôve,** relatif à la vie galante, intime : *Secret d'alcôve.*

alcoyle n.m. **→ alkyle.**

Alcuin, en lat. **Albinus Flaccus,** savant religieux anglo-saxon (York v. 735 - Tours 804). Abbé du monastère bénédictin de Saint-Martin de Tours en 796, il est chargé par Charlemagne de diriger l'école du palais d'Aix-la-Chapelle et celle de Tours. Son influence intellectuelle a été importante au sein de la renaissance carolingienne.

alcyon [alsjɔ̃] **n.m.** (gr. *alkuôn*). **1.** Oiseau fabuleux qui passait pour ne faire son nid que sur une mer calme et dont la rencontre était tenue pour un heureux présage. **2.** Animal marin formant des colonies massives de polypes. ▸ Embranchement des cnidaires ; ordre des alcyonaires.

aldéhyde [aldeid] **n.m.** (du lat. scientif. *al[cool] dehyd[rogenatum],* alcool déshydrogéné [c.-à-d. duquel on a retranché un atome d'hydrogène]). Nom générique des composés organiques contenant un groupe —CH=O.

al dente [aldɛnte] **loc. adj. inv.** et **loc. adv.** (it. « à la dent »). Se dit d'un aliment cuit de façon à rester ferme sous la dent : *Des haricots verts cuits al dente.*

aldostérone [aldɔsterɔn] **n.f.** (de *ald[éhyde]* et *stéro[l]*). Hormone corticosurrénale qui agit au niveau du rein, provoquant la rétention du sodium et favorisant l'élimination du potassium.

Aldrin (Edwin, dit **Buzz),** astronaute et officier américain (Montclair, New Jersey, 1930). Il a été le deuxième homme, après Neil Armstrong, à poser le pied sur la Lune (21 juill. 1969).

aléa [alea] **n.m.** (lat. *alea,* dé, jeu, chance). [Surtout au pl.]. Événement dépendant du hasard ; éventualité presque toujours défavorable : *Cette affaire présente bien des aléas* (syn. **incertitude, risque**).

aléatoire [aleatwar] **adj.** (lat. *aleatorius,* relatif au jeu, de *alea,* dé, jeu). **1.** Qui relève du hasard ; qui dépend d'un événement incertain : *Bénéfices aléatoires* (syn. **hasardeux**). **2. Musique aléatoire,** musique dont la forme ou l'exécution inclut une part d'indétermination laissée aux interprètes. / MATH. **Variable aléatoire,** variable dont la variation dépend d'une loi de probabilité.

alémanique [alemanik] **adj.** et **n.** (bas lat. *alamanicus,* du n. des Alamans). Qui appartient à la Suisse de langue allemande.

Alembert (Jean Le Rond d'), mathématicien et philosophe français (Paris 1717 - *id.* 1783). Il fut, avec Diderot, le principal animateur de l'*Encyclopédie,* dont il rédigea le

Discours préliminaire (1751), dans lequel il énonce les principes directeurs de l'entreprise. Il préconisa le recours à un rationalisme fondé sur l'expérience. Ses recherches de physique mathématique (problème des trois corps, précession des équinoxes, cordes vibrantes) l'amenèrent à étudier les équations différentielles et celles aux dérivées partielles. Il proposa une démonstration du théorème fondamental de l'algèbre. Dans le *Traité de dynamique* (1743), il énonça le principe qui porte son nom.

A.L.E.N.A. (Accord de libre-échange nord-américain), en angl. **NAFTA** (North American Free Trade Agreement), accord économique multilatéral. Signé par le Canada, les États-Unis et le Mexique en 1992 et entré en vigueur en 1994, il a pour objet de créer une zone de libre-échange entre ces trois pays.

Alençon, ch.-l. du dép. de l'Orne, sur la Sarthe, dans la *campagne d'Alençon ;* 27 433 hab. *(Alençonnais).* Appareils ménagers. Dentelles, dites *point d'Alençon.* Église avec porche et vitraux du XVIe s. ; musée.

alêne [alɛn] **n.f.** (germ. **alisna*). Poinçon servant à percer le cuir.

Alentejo, région du Portugal, au sud du Tage.

alentour [alɑ̃tur] **adv.** (de *à l'entour,* dans le voisinage). Dans la région avoisinante : *Un château et les bois alentour. Les rochers d'alentour.*

alentours [alɑ̃tur] **n.m. pl.** (de *alentour*). **1.** Lieux qui environnent un espace, un lieu : *Les alentours d'une ville* (syn. **abords, environs**). **2. Aux alentours (de),** aux environs (de).

Aléoutiennes *(îles),* chapelet d'îles volcaniques, sur la côte nord-ouest de l'Amérique du Nord, prolongeant l'Alaska et appartenant aux États-Unis. Pêche.

Alep, v. du nord-ouest de la Syrie ; 2 181 061 hab. (3 067 966 hab. dans l'agglomération). Grande Mosquée fondée en 715, refaite au XIIe s. sous les Seldjoukides. Citadelle : l'un des plus impressionnants ouvrages militaires du Moyen Âge. Musée. La ville, dont l'existence est attestée depuis le XXe s. av. J.-C., fut un centre arabe prospère aux XIIe-XIIIe s. et une des principales échelles du Levant (XVe-XVIIIe s.).

aleph [alɛf] **n.m. inv.** (mot hébreu). Première lettre de l'alphabet hébreu.

1. alerte [alɛrt] **n.f.** (de l'it. *all'erta !,* sur la hauteur !, cri d'appel des gardes). **1.** Appel, signal qui prévient de la menace d'un danger, invite à prendre les mesures pour y faire face : *Alerte aérienne. Alerte à la bombe, au feu.* **2.** Cette menace même : *Il s'inquiète à la moindre alerte.* **3. En état d'alerte, en alerte,** prêt à intervenir. ◆ **interj. Alerte !,** sert à prévenir de l'imminence d'un danger.

2. alerte [alɛrt] **adj.** (de *1. alerte*). Prompt dans ses mouvements ; agile : *Une démarche alerte. Un vieillard encore alerte* (syn. **vif**).

alertement [alɛrtəmɑ̃] **adv.** De façon alerte.

alerter [alɛrte] **v.t. 1.** Avertir d'un danger : *Alerter la population sur les risques* (ou *des risques*) *de pollution.* **2.** Mettre en éveil ; attirer l'attention de : *Le bruit m'a alerté.*

Alès, ch.-l. d'arr. du Gard, en bordure des Cévennes, sur le *Gardon d'Alès ;* 42 389 hab. *(Alésiens).* En 1629, Richelieu y conclut avec les protestants un traité, ou *Édit de grâce,* qui leur laissait les avantages religieux, civils et judiciaires accordés par l'édit de Nantes, mais supprimait leurs privilèges politiques et militaires (places de sûreté).

alésage [alezaʒ] **n.m. 1.** MÉCAN. Usinage très précis de la surface intérieure d'une pièce de révolution. **2. Alésage d'un cylindre de moteur,** son diamètre intérieur.

alèse n.f. ⟶ **alaise.**

aléser [aleze] **v.t.** (anc. fr. *alaisier,* élargir, du lat. *latus,* large) [conj. **18**]. Effectuer un alésage.

Alésia, oppidum (place forte) gaulois, où César assiégea et prit Vercingétorix (52 av. J.-C.), et dont le site domine Alise-Sainte-Reine (Côte-d'Or). L'existence de l'oppidum à cet endroit a été confirmée, lors des fouilles archéologiques (1861-1865), par la mise au jour d'ossements de combattants et de chevaux, de harnachements, d'armes, de monnaies toutes antérieures à l'an 52 et par l'exhumation de savantes fortifications.

aleurone [alørɔn] **n.f.** (gr. *aleuron,* farine). Substance protéique de réserve qui forme des graines microscopiques dans les cotylédons ou l'albumen de certaines graines.

alevin [alvɛ̃] **n.m.** (lat. pop. **allevamen,* de *allevare,* élever, [en lat. class. « alléger »]). Très jeune poisson servant à repeupler les étangs, les rivières.

alevinage [alvinaʒ] **n.m.** Action de peupler les étangs, les rivières avec des alevins.

aleviner [alvine] **v.t.** Peupler d'alevins.

Alexander (Harold George), *1er comte* **Alexander of Tunis,** maréchal britannique (Londres 1891 - Slough, Buckinghamshire, 1969). Commandant les forces alliées en Italie (1943-1944), puis en Méditerranée (1944-1945), il fut gouverneur du Canada (1946-1952), puis ministre de la Défense (1952-1954).

Alexandre VI (Rodrigo **Borgia**) [Játiva, Espagne, 1431 - Rome 1503], pape de 1492 à 1503. Célèbre pour sa vie dissolue, il prit part aux luttes politiques plus en souverain temporel qu'en pasteur de l'Église. Par sa bulle de 1493, il partagea entre l'Espagne et le Portugal les nouveaux mondes découverts et en confia l'évangélisation aux rois de ces deux pays. En 1497, il excommunia Savonarole qui dénonçait ses scandales.

Alexandre le Grand (Pella, Macédoine, 356 av. J.-C. - Babylone 323), roi de Macédoine (336-323), fils de Philippe II et d'Olympias. Aristote fut son précepteur et il apprit l'art militaire dans des campagnes contre les Thraces et les Illyriens et participa à la bataille de Chéronée. Il succéda en 336 à son père, assassiné, dont il reprit les projets de conquête asiatique. Au début de 334 av. J.-C., il franchit l'Hellespont (les Dardanelles). L'armée de Darios III, très supérieure en nombre, attendait les Macédoniens sur les bords du Granique, petit fleuve côtier de Phrygie. C'est là qu'Alexandre remporta sa première victoire en Asie (printemps de 334), se rendant maître de l'Asie Mineure. Au printemps de 333, ayant franchi les montagnes de Cilicie, il écrasa dans la plaine d'Issos l'armée perse. Alexandre, se refusant à toute négociation, poursuivit son plan d'encerclement méthodique de la Méditerranée orientale. Il soumit le littoral syrien (prise de Tyr et de Gaza en 332) et pénétra en Égypte, pays qui, supportant mal le joug des Perses, l'accueillit en libérateur. Au printemps de 331, il quitta l'Égypte après avoir fondé Alexandrie, traversa le Tigre et l'Euphrate, au-delà duquel Darios III avait concentré toutes ses troupes. La bataille décisive eut lieu entre Gaugamèles et Arbèles, en oct. 331, et marqua la fin du pouvoir et de la dynastie des Achéménides. Il s'empara de Babylone et de Suse, brûla Parsa (Persépolis) et atteignit l'Indus. Mais, son armée étant épuisée, il revint à Suse (324), où il réorganisa son empire en s'efforçant de fondre les civilisations grecque et perse. Cependant, cet empire qu'il avait créé et que seule maintenait sa puissante personnalité, ne lui survécut pas et fut, aussitôt après sa mort (juin 323), partagé entre ses généraux (diadoques), qui donnèrent leur nom aux différentes dynasties qu'ils créèrent (Lagides, Séleucides, etc.).

Alexandre Ier (Saint-Pétersbourg 1777 - Taganrog 1825), empereur de Russie (1801-1825), fils de Paul Ier. Nourri de la philosophie des Lumières, il commença par gouverner de façon libérale. Il adhéra à la 3e coalition contre Napoléon Ier. Vaincu à Austerlitz, il composa avec lui (Tilsit, 1807). Après l'échec de la campagne de Russie (1812), il participa à la libération de l'Europe (campagne de France, 1814) et conclut avec les souverains d'Autriche et de Prusse la Sainte-Alliance (1815). Il acheva son règne en menant une politique réactionnaire. • **Alexandre II** (Moscou 1818 - Saint-Pétersbourg 1881), empereur de Russie (1855-1881), fils de Nicolas Ier. Il accomplit de grandes réformes : abolition du servage (1861), institution d'assemblées locales (1864), justice égale pour tous et service militaire obligatoire (1874). Vainqueur des Ottomans dans la guerre de 1877-78, il dut accepter les dispositions du congrès de Berlin (1878) limitant l'influence russe dans les Balkans. Il fut assassiné par les nihilistes. • **Alexandre III** (Saint-Pétersbourg 1845 - Livadia 1894), empereur de Russie (1881-1894), fils d'Alexandre II. Il pratiqua une politique réactionnaire fondée sur l'autocratie, la supériorité de l'orthodoxie et de la nation russe et conclut avec la France l'alliance franco-russe (1891-1894).

Alexandre Farnèse (Rome 1545 - Arras 1592), duc de Parme (1586-1592), gouverneur général des Pays-Bas (1578). Envoyé par Philippe II d'Espagne au secours des catholiques français, il fut l'adversaire d'Henri IV.

Alexandre Ier Karadjordjević (Cetinje 1888 - Marseille 1934), roi des Serbes, Croates et Slovènes (1921-1929), roi de Yougoslavie (1929-1934), fils de Pierre Ier. Il pratiqua une politique centralisatrice et autoritaire. Il fut assassiné lors d'une visite officielle en France.

Alexandre Nevski (v. 1220 - Gorodets 1263), prince de Novgorod (1236-1252), grand-prince de Vladimir (1252-1263). Il battit les Suédois (1240) sur les bords de la Neva, puis les chevaliers Porte-Glaive (1242), ordre de chevalerie allemand. Il dut cependant reconnaître la suzeraineté mongole. Il fut canonisé par l'Église orthodoxe.

Alexandrie, princ. port d'Égypte, à l'ouest du delta du Nil ; 4 400 104 hab. dans l'agglomération. Centre commercial et financier, intellectuel (université, bibliothèque [*Bibliotheca Alexandrina,* 2002, héritière symbolique de la riche bibliothèque antique]) et industriel (métallurgie, textile). Cette ville, fondée par Alexandre le Grand (332 av. J.-C.), célèbre par un phare de 135 m (→ Pharos), fut, au temps des Ptolémées, le centre artistique et littéraire de l'Orient, et l'un des principaux foyers de la civilisation hellénistique.

alexandrin [alɛksɑ̃drɛ̃] **n.m.** (du *Roman d'Alexandre,* poème du XIIe s.). Vers de douze syllabes *(dodécasyllabe),* dans la poésie française.

alexandrinisme [alɛksɑ̃drinism] **n.m.** (de *alexandrin,* d'Alexandrie). Ensemble des courants artistiques, littéraires et philosophiques qui caractérisent la civilisation grecque d'Alexandrie (IIIe s. av. J.-C. - IIIe s. apr. J.-C.).

alezan, e [alzɑ̃, -an] **adj.** et **n.** (esp. *alazán,* ar. *al-hisān*). Se dit d'un cheval dont la robe et les crins sont jaune rougeâtre : *Jument alezane. Un alezan.*

alfa [alfa] **n.m.** (ar. *halfā'*). Plante herbacée d'Afrique du Nord et d'Espagne, appelée aussi *spart* ou *sparte,* employée à la fabrication des cordages, des espadrilles, des papiers d'imprimerie, etc. ▸ Famille des graminées.

Alfieri (Vittorio), écrivain italien (Asti 1749 - Florence 1803). Auteur de tragédies mettant en scène des caractères énergiques *(Saül, Mérope, Mirra),* il exalte un idéal de justice et de liberté qui deviendra celui des patriotes du *Risorgimento.*

Alfred le Grand (Wantage, Berkshire, 849 ?-899), roi de Wessex (871-878), roi des Anglo-Saxons (878-899). Vainqueur des Danois établis en Angleterre, il restaura l'autorité royale, prépara l'unité du pays et favorisa une renaissance de l'Église et de la culture anglo-saxonne.

algarade [algarad] **n.f.** (esp. *algarada,* ar. *al-ghāra,* attaque à main armée). Altercation vive et inattendue.

Algarve, région constituant l'extrémité méridionale du Portugal.

algèbre [alʒɛbr] **n.f.** (ar. *al-djabr,* réduction). **1.** Théorie des équations et des propriétés générales des opérations. **2.** Étude des structures abstraites telles que les groupes, les anneaux, les corps. **3.** FAM. Chose difficile à comprendre : *C'est de l'algèbre pour moi.* **4. Algèbre de Boole** ou **algèbre de la logique,** structure algébrique appliquée à l'étude des relations logiques, et dans laquelle les opérations de réunion, d'intersection et de complémentation expriment respectivement la disjonction, la conjonction, la négation logiques.

■ **Nature de l'algèbre.** L'algèbre a connu deux tendances successives : l'époque classique, puis celle dite « moderne ». L'algèbre classique trouve son origine dans une généralisation de l'arithmétique. Consacrée à la résolution des équations algébriques, elle s'attache à l'étude des opérations et de leurs propriétés. Grâce à la géométrie, elle continuera à s'abstraire de l'aspect numérique avec l'étude de nouveaux objets mathématiques appelés *vecteurs* (notion d'*espace vectoriel*). L'algèbre moderne se constitue avec la recherche des structures qui permettent de se dégager des cas particuliers et de résoudre les grandes familles de problèmes. Il devient ainsi possible de construire l'algèbre à partir d'un petit nombre de propriétés, transportables à l'intérieur d'une même structure, sans qu'il soit besoin de les redémontrer.

De l'Antiquité aux Arabes. Les Babyloniens, dès le IIe millénaire av. J.-C., résolvent, par application systématique d'un art combinatoire consommé, des problèmes conduisant à des équations du 1er et du 2e degré, à une ou à plusieurs inconnues. À Alexandrie, capitale de la civilisation hellénistique, le mathématicien Diophante s'inspire directement des méthodes babyloniennes pour développer les règles du calcul abstrait. Les Arabes reprennent les travaux des Grecs et des Indiens et les prolongent : les résultats les plus remarquables se rapportent aux équations du 3e degré et, en partie, à celles du 4e degré, résolues à l'aide de transformations géométriques de figures. Le savant arabe al-Kharezmi est l'auteur, au IXe s., du premier traité mentionnant le terme d'algèbre *(al-djabr).* L'opération ainsi désignée consiste dans le transport de termes qui sont à soustraire dans l'un des membres de l'équation sous la forme de termes à additionner dans l'autre membre.

L'algèbre en Europe. L'Occident médiéval reprend à son tour les résultats antérieurs qui lui sont transmis par les Arabes. Au début du XVIe s., les algébristes italiens résolvent « par radicaux » les équations du 3e et du 4e degré, c'est-à-dire avec des solutions numériques ; ils utilisent pour la première fois les racines carrées de nombres négatifs. L'objet de l'algèbre reste, tout au long des XVIIe et XVIIIe s., celui défini par les mathématiciens arabes : c'est la recherche du nombre ou de la quantité inconnue, mise en relation avec d'autres nombres ou quantités connues, sous la forme d'équations. La substitution de lettres aux valeurs numériques, ou symbolisme algébrique, se développe au XVIIe s., grâce aux travaux de François Viète, soucieux de traduire, à l'aide de symboles représentant les grandeurs tant géométriques qu'arithmétiques, le double héritage hellénistique et arabe. Descartes perfectionne le système de notation et crée la géométrie analytique. Au XIXe s. se développe l'étude des structures algébriques, telle la structure de groupe, où des ensembles sont considérés en fonction des lois de composition définies sur eux. Cette recherche se poursuit par l'étude approfondie des structures algébriques et par l'application de ces structures dans d'autres domaines des mathématiques (géométrie, etc.). ■

algébrique [alʒebrik] **adj. 1.** Qui appartient à l'algèbre : *Formule algébrique.* **2. Équation algébrique,** équation de la forme $P(x) = 0$ où P est un polynôme. / **Nombre algébrique,** nombre racine d'une équation algébrique à coefficients entiers.

Alger, cap. de l'Algérie, ch.-l. de wilaya ; 2 559 000 hab. dans l'agglomération *(Algérois).* La position d'Alger, à mi-distance entre les extrémités de l'Afrique du Nord et au débouché d'un riche arrière-pays, a favorisé le développement de la ville et du port. Capitale d'un État algérien sous la domination ottomane depuis le XVIe s., elle fut prise par les Français en 1830. En 1943 y fut constitué le Comité français de libération nationale, dont de Gaulle devint rapidement le seul dirigeant. C'est d'Alger que partirent les événements responsables de la chute de la IVe République (13 mai 1958).

Algérie, État du nord-ouest de l'Afrique, sur la Méditerranée, entre le Maroc à l'ouest et la Tunisie à l'est ; 2 380 000 km^2 ; 39 208 000 hab. *(Algériens).* CAP. *Alger.* LANGUES : officielle *arabe,* nationale *tamazight.* MONNAIE : *dinar algérien.*

GÉOGRAPHIE

Le milieu naturel. La majeure partie du vaste territoire de l'Algérie (plus de quatre fois celui de la France), appartenant au Sahara, est désertique, presque inhabitée en dehors des oasis et des sites d'extraction des hydrocarbures, principale richesse du pays. L'Atlas saharien et ses prolongements limitent le désert et dominent (au N.) l'ensemble des Hautes Plaines (entre 500 et 1 200 m) au climat contrasté (humide et froid en hiver, chaud et sec en été). C'est le domaine de la steppe. Au N., un bourrelet presque continu (d'O. en E. : monts de Tlemcen, Ouarsenis, Kabylie) s'élève à proximité du littoral. Souvent forestiers, ces massifs dominent plaines et bassins intérieurs. La frange littorale possède un climat méditerranéen, des précipitations accrues vers l'E.

La population et l'économie. La densité moyenne, avoisinant 15 hab. au km^2, ne reflète pas l'inégalité spatiale du peuplement, de plus en plus dense vers le N. En dehors de Constantine, les trois principales villes (Alger, Oran et Annaba) sont des ports. La rapide urbanisation est un autre trait caractéristique lié à la pression démographique des campagnes résultant d'une natalité élevée. La population est marquée par le dualisme entre arabophones (largement majoritaires) et berbérophones.

La production agricole est loin de satisfaire les besoins alimentaires. Le blé est la principale céréale. Les agrumes, le vin (en régression) assurent quelques exportations. L'élevage ovin demeure notable sur les Hautes Plaines. L'irrigation permet localement les primeurs et les cultures maraîchères. L'industrie est dominée par l'exploitation du pétrole et du gaz naturel, bases des exportations. Le pays est endetté, le sous-emploi est important, surtout chez les jeunes (dont beaucoup cherchent à émigrer).

HISTOIRE

L'Algérie antique. Peuplée par les Berbères, l'Algérie est dès la haute antiquité influencée par les brillantes civilisations des Phéniciens (à partir de la fin du IIe millénaire av. J.-C.) puis des Carthaginois (VIIe s.-IIIe s. av. J.-C.), qui établissent des comptoirs prospères sur ses côtes. Des Berbères, les Maures et les Numides, organisent des royaumes puissants en Numidie et en Mauritanie, que Rome soumet (victoire de Marius sur Jugurtha en 105 av. J.-C.). Sous la domination romaine (IIe s. av. J.-C. - Ve s. apr. J.-C.), l'Algérie connaît un réel essor : de nombreuses villes, comme Tébessa et Timgad, s'y développent. Le pays est christianisé.

Ve s. Les Vandales dévastent le pays.

VIe-VIIe s. Domination de Byzance.

De la conquête arabe à la domination turque.

681-682. Raids arabes d'Uqba ibn Nafi.

L'Algérie est islamisée et gouvernée de Damas (par les califes omeyyades) puis de Bagdad (par les califes abbassides). Les Berbères résistent à la domination arabe.

Xe-XIe s. Suzeraineté des Fatimides.

XIe-XIIIe s. Deux dynasties berbères, celle des Almoravides et celle des Almohades, dominent le Maghreb et une partie de l'Espagne.

Les villes du littoral s'ouvrent à la civilisation andalouse.

XIVe-XVe s. Le pays est morcelé en de nombreuses principautés (dont une des plus importantes a Tlemcen pour capitale), confédérations tribales ou ports libres.

1518. Le corsaire turc Barberousse place Alger sous la protection du sultan ottoman d'Istanbul.

1587. L'Algérie forme la régence d'Alger. Elle est gouvernée à partir du XVIIe s. par des deys. Elle vit essentiellement de la course des navires corsaires en Méditerranée.

L'Algérie française.

Juill. 1830. Début de la conquête française : le gouvernement de Charles X fait occuper Alger.

1832-1837. Révolte de l'émir Abd el-Kader, qui fait reconnaître son autorité sur le centre et l'ouest de l'Algérie tandis que les Français s'installent dans le Constantinois et l'Oranais.

1840-1847. Le général Bugeaud, gouverneur de l'Algérie, finit par venir à bout de la résistance d'Abd el-Kader.

1852-1870. La conquête est achevée avec l'occupation des oasis du Sud (Laghouat, Ouargla, Touggourt) et des régions montagneuses de Kabylie.

Des colons individuels puis, sous Napoléon III, de puissantes sociétés financières reçoivent des lots de terres, enlevées aux tribus. La population européenne s'accroît rapidement. Sous la IIIe République, une économie moderne se développe dans certains domaines, en particulier la culture de la vigne. Mais la condition des indigènes ne s'améliore guère. Entre les deux guerres mondiales, des mouvements favorables à l'autonomie ou même à l'indépendance apparaissent. Ferhat Abbas demande la citoyenneté française pour les musulmans.

1943. Le « Manifeste du peuple algérien » réclame l'égalité entre les communautés musulmane et européenne.

1945. Le mouvement nationaliste se radicalise : soulèvement du Constantinois, sévèrement réprimé.

1er nov. 1954. Début de la guerre d'Algérie. Ben Bella fonde le « Front de libération nationale » (F.L.N.), qui dirige l'insurrection.

13 mai 1958. Les Européens manifestent à Alger pour le maintien de « l'Algérie française ». Le général de Gaulle met peu à peu en œuvre une politique d'autodétermination pour l'Algérie.

18 mars 1962. Les accords d'Évian mettent fin à la guerre.

L'Algérie indépendante.

1er juill. 1962. L'Algérie choisit l'indépendance lors d'un référendum. La plupart des Européens quittent le pays.

1963. Ben Bella est élu président de la République. Il établit un régime socialiste à parti unique (le F.L.N.).

1965. Le colonel Boumediene renverse Ben Bella.

Le gouvernement nationalise la majeure partie des exploitations de pétrole et de gaz (1967-1971) et lance une réforme agraire. La politique extérieure évolue de l'anti-impérialisme au non-alignement.

1979. Mort de Boumediene ; le colonel Chadli lui succède.

Il tente de promouvoir des réformes en vue d'une plus grande efficacité économique. Mais l'essor démographique, la cherté de la vie et les pénuries créent un grave malaise social. L'islamisme se développe.

Oct. 1988. De graves émeutes éclatent.

1989. Une nouvelle Constitution est adoptée. Le F.L.N. perd le statut du parti unique.

1990. Le Front islamique du salut (F.I.S.) remporte les élections locales.

1992. Après le succès du F.I.S. au premier tour des élections législatives (déc. 1991), Chadli démissionne. Le processus électoral est suspendu. Un Haut Comité d'État est instauré. Il doit faire face au terrorisme islamiste.

1994. Un nouveau régime de transition est mis en place, dirigé par le général Liamine Zeroual (confirmé par une élection présidentielle pluraliste en 1995). La violence se radicalise (massacres collectifs de populations civiles).

1999. L. Zeroual quitte ses fonctions avant la fin de son mandat. Abdelaziz Bouteflika est élu à la présidence. Il engage une politique de réconciliation nationale.

2001. De graves émeutes éclatent en Kabylie.

2002. Le F.L.N. remporte les élections législatives.

2004. Réélection de A. Bouteflika.

2005. Une charte pour « la paix et la réconciliation nationale » est approuvée par référendum.

2007. Le F.L.N. gagne une nouvelle fois les élections. Le pays connaît un regain du terrorisme islamiste.

2009. Après avoir obtenu une révision de la Constitution lui permettant de solliciter un troisième mandat, A. Bouteflika est réélu à la tête de l'État.

2011-2012. Après l'adoption de réformes politiques, les élections (marquées par une forte abstention) confirment la prédominance du F.L.N. devant les partis islamistes.

Algérie *(guerre d')* [1954 - 1962], conflit qui opposa, en Algérie, les nationalistes algériens au pouvoir d'État français. Apparu pendant l'entre-deux-guerres, le nationalisme musulman se radicalise peu à peu jusqu'aux émeutes du Constantinois (mai 1945) et à leur violente répression, qui creusent un fossé irréversible entre les communautés musulmane et française. Le 1er novembre 1954, la rébellion éclate en Grande Kabylie et dans les Aurès. Elle est animée principalement par le Front de libération nationale (F.L.N.), fondé par A. Ben Bella, et par son bras armé, l'Armée de libération nationale (A.L.N.). En 1955, le gouvernement français instaure l'état d'urgence et, en 1956, il envoie 400 000 hommes pour pacifier le territoire algérien. A. Ben Bella est arrêté et, en 1957, les réseaux du F.L.N. sont éliminés à Alger. À la suite de la manifestation favorable à l'« Algérie française » du 13 mai 1958, le général de Gaulle revient au pouvoir et met peu à peu en œuvre une politique d'autodétermination pour l'Algérie (discours du 16 sept. 1959). De son côté, le F.L.N. instaure (1958) le Gouvernement provisoire de la République algérienne (G.P.R.A.). Le 18 mars 1962, les accords d'Évian sont signés, suivis d'un cessez-le-feu (19 mars). Le 1er juillet, l'Algérie choisit, par référendum, l'indépendance.

Algésiras *(conférence d')* [16 janv. - 7 avr. 1906], conférence internationale réunie à Algésiras (Espagne, sur le détroit de Gibraltar). Elle accorda à la France et à l'Espagne une situation privilégiée au Maroc.

algie [alʒi] **n.f.** (du gr. *algos*, douleur). MÉD. Douleur physique, quels qu'en soient la cause, le siège, le caractère.

algoculture [algɔkyltyr] **n.f.** (de *algue* et *culture*). Culture d'algues marines à usage industriel ou alimentaire.

algol [algɔl] **n.m.** (mot angl., de *alg[orithmic] o[riented] l[anguage]*, langage destiné aux algorithmes). INFORM. L'un des premiers langages utilisés pour la programmation des problèmes scientifiques ou techniques.

algonquien, enne [algɔ̃kjɛ̃, -ɛn] **adj.** Se dit d'une famille de langues du Canada et, par ext., des peuples qui les parlent. ◆ **algonquien n.m.** Famille de langues amérindiennes du Canada.

Algonquins, ensemble de peuples indiens d'Amérique du Nord qui parlaient la même langue et qui comprenaient les Ojibwa, les Cheyenne, les Arapaho, etc. Ils vivaient surtout de la chasse aux bisons et pratiquaient la culture du maïs dans le Sud-Est. Ceux de la taïga (Labrador) étaient des chasseurs-pêcheurs (Cri, Naskapi).

algorithme [algɔritm] **n.m.** (lat. médiév. *algorithmus*, de *al-khārezm*, surnom d'un mathématicien arabe). MATH. et INFORM. Suite finie d'opérations élémentaires constituant un schéma de calcul ou de résolution d'un problème.

algorithmique [algɔritmik] **adj.** De la nature de l'algorithme. ◆ **n.f.** Science des algorithmes, utilisée notamm. en informatique.

algue [alg] **n.f.** (lat. *alga*). Végétal généralement aquatique pratiquant la photosynthèse, unicellulaire (diatomée) ou pluricellulaire (fucus, ulve, etc.). ▸ Les algues pluricellulaires n'ont ni racines, ni tiges, ni vaisseaux (ce sont des thallophytes).

■ Les algues vivent surtout en milieu aquatique (eau salée ou eau douce), parfois en milieu terrestre humide. La masse des végétaux que l'on trouve dans les eaux marines est constituée à 90 % d'algues (fixées ou flottantes) – seuls les herbiers côtiers de zostères ou de posidonies, qui sont des plantes à fleurs, font exception. Les algues unicellulaires forment le plancton végétal *(phytoplancton)*, point de départ de la quasi-totalité des chaînes alimentaires en milieu aquatique. Quelle que soit leur couleur, toutes les algues possèdent de la chlorophylle et pratiquent la photosynthèse. On estime qu'il en existe entre 40 000 et 45 000 espèces.

Diversité. En plus de la chlorophylle, les algues peuvent renfermer d'autres pigments capables de capter la lumière (par ex. la phycocyanine ou la phycoérythrine), qui leur donnent des colorations variées. On peut ainsi distinguer trois grands groupes d'algues : les *algues vertes*, qui ne renferment que de la chlorophylle, les *algues brunes*, abondantes, tout comme les précédentes, dans la zone de balancement des marées, et les *algues rouges*, qui vivent jusqu'à 50 m de profondeur. Les algues présentent des formes et des tailles très diverses : certaines sont unicellulaires, comme les *Chlorococcum*, qui vivent sur le tronc des arbres, ou les *Chlamydomonas*, qu'on trouve en eau douce, d'autres sont pluricellulaires et parfois très grandes, comme les laminaires (4 m) et les sargasses, longues de plusieurs dizaines de mètres.

Adaptations particulières. Pour résister à la déshydratation à marée basse, certaines algues sont recouvertes d'une couche imperméable, le mucilage ; de plus, lorsqu'elles sont découvertes par la mer, leurs fonctions de respiration et de photosynthèse s'interrompent. Certaines algues unicellulaires ont conquis des milieux terrestres très peu humides, et même arides, en s'associant à des champignons dans une relation de symbiose pour former des *lichens*.

Reproduction. La reproduction des algues fait appel à des spores et à des gamètes (cellules sexuelles), selon des cycles parfois complexes, qui varient selon les espèces.

Utilisations. En Asie, les algues sont utilisées dans l'alimentation humaine depuis très longtemps. En Europe, elles sont surtout récoltées pour la nourriture du bétail et la fertilisation des sols (algues brunes du varech). Elles servent aussi en thalassothérapie. Certaines algues sont employées dans la fabrication de cosmétiques, comme additifs alimentaires, stabilisants pour colles, etc. ■

Alhambra, palais et forteresse des derniers souverains arabes de Grenade. Ensemble palatial du XIVe s., d'une richesse décorative exubérante, organisé autour des deux cours « des Lions » et « des Myrtes », et augmenté par Charles Quint en 1527. Beaux jardins.

Ali, cousin et gendre du prophète Mahomet, dont il épousa la fille, Fatima. Après la mort de son beau-père, il refusa de reconnaître l'élection d'Abu Bakr comme calife. Il sera lui-même le quatrième calife de l'islam (656-661). Mais il entra en conflit avec la veuve du Prophète, Aïcha, et avec l'Omeyyade Muawiya et ses partisans. Il fut assassiné par l'un d'entre eux devant la mosquée de Kufa en 661. Par la suite, on localisa son tombeau à Nadjaf, devenue un des hauts lieux saints du chiisme.

alias [aljas] **adv.** (mot lat. « dans d'autres circonstances »). Autrement dit ; nommé : *Poquelin, alias Molière.* ◆ **n.m.** Fausse identité ; nom d'emprunt : *« Pirouette » est l'un de ses nombreux alias.*

alibi [alibi] **n.m.** (mot lat. « ailleurs »). **1.** Moyen de défense par lequel un suspect prouve sa présence, au moment d'un crime, d'un délit, en un autre lieu que celui où ceux-ci ont été commis. **2.** Ce qui sert de prétexte, d'excuse : *Un travail à finir est un bon alibi pour échapper à ce dîner.*

Alicante, port d'Espagne, ch.-l. de prov., sur la Méditerranée ; 329 325 hab.

Alice au pays des merveilles → Carroll.

alien [aljɛn] **n.** (mot angl.). **1.** Être venu d'ailleurs, extraterrestre. **2.** FIG. Personne étrangère à un milieu ; espèce animale ou végétale qui apparaît dans un milieu qui n'est pas le sien.

aliénable [aljenabl] **adj.** Qui peut être aliéné : *Une propriété aliénable* (syn. **cessible**).

aliénant, e [aljenɑ̃, -ɑ̃t] **adj.** Qui soumet à des contraintes ; qui rend esclave : *Un travail aliénant.*

aliénation [aljenasjɔ̃] **n.f. 1.** DR. Transmission à autrui d'un bien ou d'un droit : *Aliénation d'une propriété.* **2.** Abandon ou perte d'un droit naturel. **3.** PHILOS. État d'asservissement, de frustration où se trouve un individu lorsqu'il est dépossédé du fruit de son travail et soumis à des conditions de vie qu'il ne peut modifier : *Le travail à la chaîne engendre l'aliénation des ouvriers.* **4.** VX. **Aliénation mentale,** trouble mental entraînant une inaptitude à vivre en société.

aliéné, e [aljene] **n.** VX. Malade mental dont l'état justifie l'internement.

aliéner [aljene] **v.t.** (lat. *alienare*, de *alienus*, étranger) [conj. **18**]. **1.** Transmettre à autrui la propriété d'un bien, d'un droit : *Aliéner une terre.* **2.** Abandonner volontairement, renoncer à : *Aliéner son indépendance.* **3.** Éloigner, détourner de qqn : *Cette manière d'agir lui a aliéné ses collègues.* **4.** PHILOS. Entraîner l'aliénation de. ◆ **s'aliéner** v.pr. S'aliéner **qqn, qqch**, les faire, sans le vouloir, s'éloigner de soi : *Par maladresse, il s'est aliéné toutes les sympathies* (syn. **perdre**).

aliéniste [aljenist] **n.** et **adj.** *VX.* Psychiatre.

Aliénor d'Aquitaine (1122 - Fontevrault 1204), duchesse d'Aquitaine et comtesse de Poitou (1137-1204). Elle épousa, en 1137, le roi de France, Louis VII, qui la répudia en 1152. Elle se remaria à Henri Plantagenêt, futur roi d'Angleterre (Henri II), à qui elle apporta tous les territoires du sud-ouest de la France, puis complota contre lui. Elle favorisa par ailleurs le développement de la poésie courtoise.

alignement [aliɲəmɑ̃] **n.m. 1.** Action d'aligner, de s'aligner ; fait d'être aligné : *L'alignement parfait des allées. À Paris, le Carrousel, l'Obélisque et l'Arc de Triomphe sont dans le même alignement.* **2.** Ensemble de choses alignées, rangées : *Les alignements de Carnac.* **3.** Détermination, par l'autorité administrative, des limites d'une voie publique ; servitude qui en résulte pour les riverains : *Maison frappée d'alignement.*

aligner [aliɲe] **v.t. 1.** Ranger, présenter sur une ligne droite : *Aligner des élèves.* **2.** Présenter en ordre, en liste, faire se succéder : *Aligner des chiffres, des faits, des preuves.* **3.** Faire coïncider une chose avec une autre : *Aligner le cours du rouble sur celui de l'euro.* ◆ **s'aligner** v.pr. **1.** Se ranger, être rangé sur une même ligne. **2.** S'adapter, se conformer : *S'aligner sur la position officielle de l'O.N.U.*

aliment [alimɑ̃] **n.m.** (lat. *alimentum*, de *alere*, nourrir). **1.** Ce qui sert de nourriture à un être vivant : *Digestion des aliments. Les aliments pour bétail.* **2.** Ce qui sert à entretenir, à fortifier qqch : *Voilà qui donnera encore un aliment à sa mauvaise humeur.* ◆ **aliments** n.m.pl. DR. Ce qui est nécessaire à l'entretien d'une personne (logement, nourriture, etc.) : *Les aliments sont fixés en fonction des besoins de celui qui les réclame et des moyens de celui qui les doit.*

alimentaire [alimɑ̃tɛr] **adj. 1.** Propre à servir d'aliment : *Denrées alimentaires.* **2.** Relatif à l'alimentation : *Régime alimentaire.* **3.** Qui est fait dans un but purement lucratif : *Ce peintre exerce un métier alimentaire à côté de son art. Littérature alimentaire.* **4.** DR. **Obligation alimentaire,** obligation légale de fournir les aliments aux proches parents, de subvenir à leurs besoins essentiels. / DR. **Pension alimentaire,** pension versée en exécution d'une obligation alimentaire.

alimentation [alimɑ̃tasjɔ̃] **n.f. 1.** Action d'alimenter : *L'alimentation du bétail. Avoir une alimentation équilibrée* (syn. **nourriture**). **2.** Produits servant à alimenter ; commerce de ces produits : *Les magasins d'alimentation sont ouverts le lundi.* **3.** Approvisionnement ; fourniture : *L'alimentation d'un poêle à charbon. L'alimentation d'une ville en électricité.*

■ L'humanité tire essentiellement son alimentation des produits de l'agriculture mais aussi de la pêche et de l'aquaculture, et même, pour une très faible part, de la chasse et de la cueillette.

Les besoins alimentaires. Les besoins nutritionnels varient en fonction de l'âge (les enfants en phase de croissance ont des besoins énergétiques élevés), du sexe (les hommes dépensent plus de calories que les femmes) et de l'activité physique (un sportif de haut niveau a des besoins très supérieurs à une personne sédentaire). Par exemple, les apports nécessaires à un jeune adulte de 70 kg vont d'env. 2 200 kcal par jour sans activité physique à 3 200 kcal pour une activité physique intense ; chez une femme de 60 kg, ils s'étalent entre 1 800 et 2 400 kcal. Chez les adolescents, les besoins sont très variables en fonction des phases de croissance ; ils peuvent atteindre 2 500 kcal chez la fille et 3 000 kcal chez le garçon.

L'organisme a besoin de trois grands types d'apports :

– les aliments bâtisseurs, qui servent à construire et entretenir les cellules, les tissus et les organes : les protéines *(protides)* et des matières grasses *(lipides)* ;

– les aliments énergétiques, qui fournissent de l'énergie pour le métabolisme de base et les activités quotidiennes (marcher, courir, réfléchir…) : les sucres *(glucides)* et les lipides ;

– les aliments fonctionnels, qui servent à faire fonctionner l'organisme : les vitamines, les minéraux et les fibres. L'eau est également indispensable : env. 2 l par jour (dont l'eau des aliments, le thé, les jus de fruits, etc.).

Les groupes d'aliments. L'alimentation doit renfermer 50 à 60 % de glucides, 30 à 35 % de lipides et 10 à 15 % de protéines, ainsi que des minéraux et des vitamines. Les légumes secs, la viande, le poisson, les œufs, les produits laitiers sont riches en protéines. Les produits laitiers renferment en outre des vitamines A, B et D, du calcium et des glucides (lactose). Les fruits et les légumes frais sont très riches en fibres, eau, en sels minéraux et en vitamines (surtout en vitamine C). Les huiles végétales, les graisses animales et le beurre ne renferment presque que des lipides. Les céréales et leurs dérivés (pain, biscuits, farine, pâtes alimentaires, etc.) sont des sources de glucides, sous la forme de *sucres lents.* Les aliments sucrés (sucre, miel, confiture, chocolat, sirops, etc.) sont des *sucres rapides.*

Carences alimentaires. Quand les apports alimentaires ne sont pas adaptés aux besoins, on parle de malnutrition : on peut être suralimenté (trop manger), sous-alimenté (ne pas manger à sa faim), dénutri (manquer des nutriments indispensables).

Lorsque certains éléments indispensables sont apportés en quantité trop faible, on parle de carence. La carence en protides et en graisses entraîne amaigrissement et fatigue. Chez le nourrisson, une grave maladie, le *kwashiorkor,* est causée par la carence en protéines animales au moment du sevrage. La carence en fer provoque une anémie, la carence en vitamine D, le rachitisme. Les carences en vitamines sont à l'origine de maladies graves (scorbut, pellagre, béribéri…), mais qui guérissent lorsque l'on administre la vitamine manquante.

Troubles du comportement alimentaire. Le comportement alimentaire ne relève pas seulement des besoins physiologiques, mais a d'importantes composantes affectives et sociales. Il peut être affecté par des troubles divers, dans l'excès ou dans la privation, qui ont de graves conséquences pour la santé. La boulimie, notamm., pousse à consommer des aliments en excès, tandis que l'anorexie mentale se manifeste par une réduction volontaire et trop importante des apports alimentaires.

Inégalités alimentaires. Résultat des inégalités de revenu entre pays et entre catégories sociales, de très grandes différences de niveau alimentaire existent dans le monde. Aux habitants des pays riches bénéficiant d'une alimentation dépassant leurs besoins s'opposent les populations insuffisamment ou mal nourries des pays pauvres. Les premiers peuvent se procurer une alimentation diversifiée, à forte teneur en protéines, tandis que les secondes sont soumises à une alimentation très peu variée à base de plantes vivrières (manioc, par exemple) et à forte teneur en glucides.

Différences culturelles. Les différences dans l'alimentation ne sont pas seulement dues aux revenus : la géographie, la religion, la culture interviennent également. C'est ainsi que le riz est l'aliment de base de l'Asie des moussons, tandis que le blé joue un rôle fondamental en Europe ; que la viande de porc est interdite par l'islam et le judaïsme ; que les pâtes alimentaires ont été d'abord caractéristiques de la gastronomie italienne, alors que le couscous, préparé aussi à partir du blé dur, est l'apanage de la gastronomie d'Afrique du Nord. ■

alimenter [alimɑ̃te] **v.t. 1.** Fournir des aliments à : *Alimenter un malade avec du bouillon* (syn. **nourrir**). **2.** Pourvoir de ce qui est nécessaire au fonctionnement de qqch : *Le barrage alimente la ville en électricité* (syn. **fournir**). *Alimenter un feu* (syn. **entretenir**). *Elle cherchait que dire pour alimenter la conversation qui languissait.*

alinéa [alinea] **n.m.** (du lat. médiév. *a linea,* en s'écartant de la ligne). Retrait d'une ligne annonçant un nouveau paragraphe, dans un texte ; passage compris entre deux retraits.

alisier [alizje] **n.m.** (du gaul. **alisa,* aulne). Arbre du groupe des sorbiers à feuilles lobées et à fleurs blanches, dont le bois est utilisé en ébénisterie, produisant un fruit rouge aigrelet, l'*alise.* (On écrit aussi *alizier,* et *alize* pour le fruit.) ▸ Famille des rosacées ; haut. de 10 à 20 m.

alitement [alitmɑ̃] **n.m.** Fait d'être alité.

aliter [alite] **v.t.** Faire garder le lit à : *Aliter un malade. Il est resté alité un mois* (= au lit).

alizé [alize] **adj.m.** et **n.m.** (orig. incert., p.-ê. en rapport avec *lisse*). Se dit de vents réguliers qui soufflent constamment sur près du tiers de la surface du globe, des hautes pressions subtropicales vers les basses pressions équatoriales. ▸ L'alizé de l'hémisphère Nord souffle du N.-E. vers le S.-O., l'alizé de l'hémisphère Sud, du S.-E. vers le N.-O.

alkyle [alkil] et **alcoyle** [alkɔil] **n.m.** (de *alkali* [var. de *alcali*] ou de *alcool,* et du gr. *hulê,* matière). Radical hydrocarboné monovalent. ▸ Formule générale : C_nH_{2n+1}.

Allah, nom arabe désignant le Dieu unique et adopté par les musulmans ainsi que par les chrétiens arabophones. Dieu transcendant de l'islam, Allah est sans faille et éternel, sans pareil et sans égal. Il n'est pas engendré et n'engendre pas. Pourvu de toutes les perfections imaginables, il peut cependant recevoir un grand nombre (99 selon le Coran) d'autres « noms » ou qualificatifs (« très grand », « protecteur », « donateur », etc.), sans que cela porte atteinte au monothéisme radical de l'islam. La prière rituelle des musulmans débute toujours par l'invocation d'Allah avec la formule *Allahu akbar* (« Dieu est le plus grand »).

Allais (Alphonse), écrivain français (Honfleur 1854 - Paris 1905). L'un des fondateurs du cabaret du Chat-Noir, il fait preuve dans ses récits d'un goût marqué pour la mystification (*On n'est pas des bœufs,* 1896 ; *le Captain Cap,* 1902).

Allais (Maurice), économiste français (Paris 1911 - Saint-Cloud 2010). Menant en parallèle des travaux d'économie pure et appliquée, il a contribué au développement de l'économie mathématique et a élaboré une théorie de la monnaie et du crédit. Il propose une nouvelle analyse de l'équilibre général. (Prix Nobel de sciences économiques 1988.)

allaitement [alɛtmɑ̃] **n.m.** Action d'allaiter ; alimentation en lait : *Allaitement artificiel* (= au biberon).

allaiter [alete] **v.t.** Nourrir de lait, de son lait : *Allaiter un agneau au biberon. Allaiter son bébé* (= lui donner le sein).

allant, e [alɑ̃, -ɑ̃t] **adj.** (p. prés. de *aller*). LITT. Qui a de l'entrain. ◆ **allant n.m.** Entrain ; ardeur : *Perdre son allant.*

alléchant, e [aleʃɑ̃, -ɑ̃t] **adj. 1.** Appétissant : *Un dessert alléchant.* **2.** Attirant ; séduisant : *Une proposition alléchante.*

allécher [aleʃe] **v.t.** (lat. pop. **allecticare,* class. *allectare*) [conj. **18**]. **1.** Faire envie en flattant le goût, l'odorat : *« Maître Renard par l'odeur alléché... » (La Fontaine)* [syn. **attirer**]. **2.** Attirer par l'espérance de qqch d'agréable, de profitable : *Allécher qqn par de belles promesses* (syn. **tenter**).

allée [ale] **n.f.** (de *aller*). **1.** Voie bordée d'arbres, de haies, de plates-bandes : *Les allées d'un parc, d'un jardin. Une allée de tilleuls mène à la villa.* **2.** Passage entre des rangées de chaises, de bancs : *S'avancer dans l'allée centrale.* **3. Allées et venues,** déplacements de personnes qui vont et viennent : *J'ai perdu la matinée en allées et venues pour obtenir mon passeport* (syn. **démarches**).

allégation [alegasjɔ̃] **n.f.** (lat. *allegatio ;* v. *alléguer*). Énonciation d'un fait : *Les allégations du prévenu seront vérifiées* (syn. **déclaration, dire**). *Ses allégations se sont révélées fausses* (syn. **affirmation, assertion**).

allégé, e [aleʒe] **adj.** Se dit d'un produit alimentaire débarrassé de tout ou partie de ses graisses ou de ses sucres : *Fromage allégé.*

allégeance [aleʒɑ̃s] **n.f.** (angl. *allegiance,* anc. fr. *lijance, liejance,* état d'un homme ou d'une terre liges). **1.** HIST. Obligation de fidélité et d'obéissance à un souverain, une nation. **2.** Manifestation de soutien, de soumission : *Faire allégeance à un parti politique.*

allégement ou **allègement** [alɛʒmɑ̃] **n.m.** Diminution de poids, de charge.

alléger [aleʒe] **v.t.** (bas lat. *alleviare,* du class. *levis,* léger) [conj. **22**]. Rendre moins lourd, moins pénible : *Alléger les programmes scolaires, les taxes.*

allégorie [alegɔri] **n.f.** (lat. *allegoria,* du gr. *allêgorein,* parler par images). **1.** Représentation, expression d'une idée par une figure dotée d'attributs symboliques (art) ou par une métaphore développée (littérature). **2.** Œuvre littéraire ou plastique utilisant cette forme d'expression.

allégorique [alegɔrik] **adj.** Qui a rapport à l'allégorie, qui y appartient : *Figure allégorique.*

allègre [alɛgr] **adj.** (lat. pop. **alecrus,* class. *alacer,* vif). Plein d'un entrain joyeux : *Marcher d'un pas allègre.*

allègrement [alɛgrəmɑ̃] **adv.** De façon allègre (souvent iron.) : *Il va allègrement sur ses 90 ans !*

allégresse [alegrɛs] **n.f.** Joie très vive qui se manifeste souvent par des démonstrations collectives : *Les retrouvailles ont eu lieu dans l'allégresse générale.*

allegretto [alegrɛto] **adv.** (mot it., dimin. de *allegro*). MUS. Dans un mouvement gai et léger, mais pas trop rapide.

allégretto [alegrɛto] **n.m.** Morceau de musique exécuté allegretto.

allegro [alegro] **adv.** (mot it. « vif, enjoué »). MUS. Vivement et gaiement.

allégro [alegro] **n.m.** Morceau de musique exécuté allegro ; en partic., premier mouvement de la forme sonate.

alléguer [alege] **v.t.** (lat. *allegare*) [conj. **18**]. Mettre en avant pour servir de justification : *Alléguer un témoignage* (syn. **invoquer, se prévaloir de**).

allèle [alɛl] **adj.** et **n.m.** (gr. *allêlôn,* les uns les autres). BIOL. Se dit de chacun des deux gènes situés au même niveau sur deux chromosomes d'une même paire.

alléluia [aleluja] **interj.** (mot hébreu « louez l'Éternel »). Exclamation d'allégresse, dans la liturgie juive et chrétienne. ◆ **n.m. 1.** Chant d'allégresse ; cri de joie. **2.** Plante herbacée de la famille des oxalidées, qui fleurit à Pâques.

Allemagne, en all. **Deutschland,** État d'Europe ; 357 000 km² ; 80 219 695 hab. *(Allemands).* CAP. *Berlin.* LANGUE : *allemand.* MONNAIE : *euro.* Le pays, dont le nom officiel est République fédérale d'Allemagne (R.F.A., en all. *Bundesrepublik Deutschland*), est une fédération constituée de 16 Länder (ou États).

GÉOGRAPHIE

État le plus peuplé d'Europe, l'Allemagne en est surtout la première puissance économique. Elle le doit essentiellement au développement d'une industrie qui explique, par sa capacité d'exportation, le niveau élevé des échanges et l'excédent de la balance commerciale.

Le milieu naturel. Les bases territoriales de cette puissance ne sont pas exceptionnelles. La superficie ne représente pas les deux tiers de celle de la France. Le nord du pays est une région basse, avec un littoral souvent précédé d'îles. Celui-ci est entaillé par les estuaires de la Weser, de l'Elbe, de la Warnow, sites de grands ports : Brême et Bremerhaven, Hambourg, Rostock. Il est parfois bordé de polders. Au S., la bande lœssique des Börden, riche région agricole, forme la transition avec l'Allemagne moyenne (le Mittelgebirge). Du Massif schisteux rhénan à l'Erzgebirge, en passant par le Harz, c'est une succession de petits massifs, encore partiellement boisés, anciens centres d'exploitation minière souvent, séparés ou entaillés par de nombreuses vallées. Au S. du Danube, le plateau bavarois s'élève vers les Alpes, dont le pays ne possède qu'une frange. Au point de vue climatique, l'Allemagne est une zone de transition, partagée entre influences mari-

times (favorisées par la relative proximité de l'océan et l'absence de reliefs limitant la pénétration des perturbations océaniques) et continentales (hautes pressions de Sibérie).
La population. La densité moyenne est de l'ordre de 230 hab. au km^2 (plus du double de la densité française), chiffre élevé, lié à l'ancienneté de l'urbanisation et de l'industrialisation et à l'afflux, après la Seconde Guerre mondiale, de millions de réfugiés ou expulsés. Le taux de natalité (9 ‰) est l'un des plus bas du monde, et la population a commencé à décroître, malgré la plus forte vitalité démographique des immigrés (près de 10 % de la population est étrangère avec, traditionnellement, un fort contingent turc mais, surtout, de nouveaux flux en provenance de l'Europe de l'Est et du Sud). Cette population est urbanisée à plus de 80 %. L'armature urbaine est caractérisée par la multiplicité des grandes villes. Berlin apparaît comme une métropole incontestable, mais Hambourg, Munich et Francfort-sur-le-Main pèsent d'un poids démographique, économique, culturel non négligeable.
L'économie. L'industrie est la base de la puissance allemande. De tradition ancienne, elle a été stimulée au XIXe s. par la présence massive de charbon (Ruhr) et surtout par les initiatives de quelques hommes (Krupp, Siemens, Bosch, Daimler, Thyssen, Mannesmann, Grundig, etc.) qui ont créé de véritables konzerns bénéficiant précocement d'économies d'échelle. La production est très variée, dominée toutefois par la métallurgie de transformation et la chimie (souvent orientée vers l'industrie pharmaceutique) ; celle-ci est contrôlée par trois firmes géantes (BASF, Bayer et Hoechst [groupe Sanofi-Aventis]). La construction automobile (Volkswagen, Porsche, Daimler [Mercedes-Benz], Opel) livre plus de 5 millions de voitures de tourisme. La sidérurgie a reculé, comme le textile, la construction navale et l'extraction de la houille. Celle-ci reste la principale source d'énergie nationale, avec le lignite. Le pétrole et le gaz (dans une moindre mesure) doivent être importés ; à la suite de la catastrophe de Fukushima au Japon (2011), l'énergie nucléaire (23 % de l'électricité env.) est en phase d'abandon.
L'agriculture, pratiquée surtout dans le cadre d'exploitations familiales, parfois à temps partiel, est intensive. La production couvre la majeure partie des besoins alimentaires. Le réseau de transports est d'une grande densité : environ 40 000 km de voies ferrées (dont environ 15 000 électrifiés), 6 000 km de voies navigables (souvent au gabarit européen), plus de 10 000 km d'autoroutes.
L'Allemagne vient au deuxième rang mondial pour le volume du commerce international. Les exportations (produits industriels, métallurgiques et chimiques notamment) représentent environ le quart du P.I.B., effectuées en priorité avec les partenaires de l'Union européenne, mais dirigées aussi vers le tiers-monde, plus que vers l'Est. La réalité de la puissance économique de l'Allemagne unifiée doit être nuancée, compte tenu du retard de la partie orientale, souffrant de la vétusté des équipements de toute nature (usines, habitat), de la médiocre productivité de la main-d'œuvre. Des investissements considérables ont été nécessaires pour combler le fossé entre les deux parties du pays. Mais l'unification économique et sociale n'est pas encore atteinte comme l'illustre notamment le taux de chômage deux fois plus élevé dans les Länder orientaux.

HISTOIRE

Les premiers Germains s'établissent entre le Rhin et l'Elbe et refoulent les Celtes en Gaule ; ils sont à leur tour repoussés vers l'E. par les Romains, qui construisent une frontière fortifiée, le *limes*, entre *Confluentes* (Coblence, sur le Rhin) et *Regina Castra* (Ratisbonne, sur le Danube).
IVe-VIe s. Les Grandes Invasions permettent aux Barbares germaniques de s'installer de part et d'autre du Rhin.
Le royaume franc s'impose aux autres peuplades (Alamans, Thuringiens, Bavarois, Saxons, etc.).
800. Charlemagne fonde l'Empire d'Occident.
843. Traité de Verdun : partage de l'Empire en trois royaumes.
Le régime féodal et les partages familiaux aboutissent à la création de duchés : Bavière, Souabe, Franconie, Lorraine, Saxe.
919-1024. Dynastie saxonne.
Le mot « Allemagne » apparaît.

Le Saint Empire (962-1806)

962. Otton Ier fonde le Saint Empire romain germanique.
1024-1138. La querelle des Investitures affaiblit l'autorité impériale.
1138-1250. La dynastie souabe (Hohenstaufen) est illustrée par Frédéric Ier Barberousse et par Frédéric II. La lutte du Sacerdoce et de l'Empire oppose les « guelfes » (partisans des papes) et les « gibelins » (partisans des empereurs). De 1273 à 1438, la couronne impériale passe aux Habsbourg, puis aux maisons de Bavière et de Luxembourg.
1356. La Bulle d'or donne sa forme constitutionnelle définitive à l'Empire.
À la fin du Moyen Âge, l'Allemagne est un grand foyer de développement économique (Hanse au N. ; Bavière au S. ; Rhénanie à l'O.). Mais la Réforme luthérienne, au XVIe s. brise l'unité religieuse.
1519-1556. Règne de Charles Quint, empereur germanique et roi d'Espagne.
1618-1648. La guerre de Trente Ans dévaste les régions constituant l'Allemagne, qui restent divisées politiquement et religieusement.
1648. Les traités de Westphalie confirment la faiblesse du pouvoir impérial.
Au XVIIIe s., la Prusse s'agrandit et devient une grande puissance sous Frédéric II.
1806. Napoléon écrase la Prusse à Iéna et décide de supprimer le Saint Empire, qui est remplacé par une Confédération du Rhin dont l'Autriche et la Prusse sont exclues.

L'unité allemande

1815. Le congrès de Vienne crée la Confédération germanique (39 États dont la Prusse et l'Autriche).
1834. Union douanière entre les États allemands : le « Zollverein ».
1848-1850. Échec des révolutions libérales et nationales.
Le chancelier prussien Otto von Bismarck réalise l'unité allemande en battant l'Autriche (Sadowa, 1866), puis la France (Sedan, 1870).
1871. Proclamation de l'Empire allemand (le roi de Prusse devient Kaiser).
À la fin du XIXe s. et au début du XXe s., l'Allemagne connaît de grands progrès économiques et politiques (expansion coloniale). Elle se rapproche de l'Autriche-Hongrie et de l'Italie (Triple-Alliance) face à la Triple-Entente anglo-franco-russe.
1914-1918. Première Guerre mondiale.
L'Allemagne, vaincue, doit subir les conséquences du traité de Versailles (1919) et payer des réparations.

De Weimar au IIIe Reich

1919-1933. La république de Weimar connaît des troubles politiques (écrasement des spartakistes, naissance du nazisme) et des crises économiques (1923 et 1929).
1933. Adolf Hitler devient chancelier du Reich.
1934. Il cumule tous les pouvoirs à la mort de Hindenburg : il est le Führer (guide). Il crée le IIIe Reich, troisième empire allemand.
1936. Il intervient aux côtés de Franco dans la guerre d'Espagne et signe une alliance avec Mussolini (l'axe Rome-Berlin).
1938-1939. L'Allemagne annexe successivement l'Autriche (Anschluss) et une partie de la Tchécoslovaquie, puis attaque la Pologne.
1939-1945. Seconde Guerre mondiale.
1945-1949. L'Allemagne, vaincue, est occupée par les troupes alliées. La frontière nouvelle avec la Pologne est refoulée vers l'O. (ligne Oder-Neisse).
1949. Création de la République démocratique allemande ou R.D.A. (*Allemagne de l'Est*) et de la République fédérale d'Allemagne ou R.F.A., à l'O. Chacun des deux États allemands se donne pour but de refaire l'unité allemande à son profit.
La République fédérale d'Allemagne. La R.F.A. naît de la fusion des trois zones d'occupation américaine, anglaise et française. Bénéficiant de l'aide économique européenne (plan Marshall), elle va connaître un redressement rapide.
La vie politique s'organise principalement autour de deux partis : l'Union chrétienne-démocrate (CDU) et le parti social-démocrate allemand (SPD).
1949. Le chrétien-démocrate Konrad Adenauer devient chancelier.

1951. Révision du statut d'occupation (fin du démontage des usines). La R.F.A. entre dans la C.E.C.A.
1955. La R.F.A. entre à l'O.T.A.N.
1956. Création de la Bundeswehr (armée fédérale).
1957. La Sarre redevient allemande à la suite d'un référendum. La R.F.A. signe le traité de Rome, qui donne naissance au Marché commun.
1963. Traité franco-allemand. Adenauer est remplacé par le chrétien-démocrate Ludwig Erhard, père du « miracle économique allemand ».
1966. Le chrétien-démocrate Kurt Georg Kiesinger devient chancelier.
1969. Le social-démocrate Willy Brandt devient chancelier et pratique une politique d'entente avec l'Est.
1970. Reconnaissance de la ligne Oder-Neisse comme frontière germano-polonaise.
1972. Reconnaissance mutuelle des deux Allemagnes.
1974. Le social-démocrate Helmut Schmidt devient chancelier.
1982. Le chrétien-démocrate Helmut Kohl devient chancelier.
1989. La R.F.A. est confrontée aux problèmes posés par un afflux massif de réfugiés est-allemands et par les profonds changements survenus en R.D.A. Ouverture du mur de Berlin et de la frontière avec la R.D.A. (nov.).
1990. Les États (Länder) reconstitués en Allemagne de l'Est adhèrent à la R.F.A. L'unification de l'Allemagne est proclamée le 3 oct.
1998. Le social-démocrate Gerhard Schröder devient chancelier.
2005. La chrétienne-démocrate Angela Merkel devient chancelière et forme un gouvernement de grande coalition avec les sociaux-démocrates. Elle est reconduite dans ses fonctions au terme des élections de 2009, mais gouverne cette fois avec les libéraux qui connaissent de graves défaites électorales en 2011 et en 2012, fragilisant la coalition au pouvoir.

Allemagne de l'Est ou **République démocratique allemande (R.D.A.),** en all. **Deutsche demokratische Republik** (DDR), nom porté par la partie orientale de l'Allemagne de 1949 à 1990. Sa capitale était Berlin-Est. Fondée dans la zone d'occupation soviétique, la R.D.A. était organisée économiquement et politiquement sur le modèle soviétique. Le parti socialiste unifié (SED), communiste, y détenait le pouvoir.

HISTOIRE
1949. Wilhelm Pieck devient président de la République, Otto Grotewohl étant président du Conseil.
1953. Manifestations ouvrières pour protester contre les conditions de vie.
1960. Mort de W. Pieck. Walter Ulbricht devient président du Conseil d'État.
1961. Construction du mur de Berlin.
1964. Willi Stoph devient président du Conseil.
1970. Une politique de détente avec l'Allemagne de l'Ouest est mise en œuvre.
1972. La R.D.A. est reconnue par la R.F.A. puis par les autres États de l'Europe occidentale.
1973. Mort de W. Ulbricht, auquel W. Stoph succède à la tête de l'État.
1976. Erich Honecker succède à W. Stoph à la tête de l'État, celui-ci redevenant chef du gouvernement.
1989. Un exode massif de citoyens est-allemands vers la R. F. A. et d'importantes manifestations réclamant la démocratisation du régime provoquent, à partir d'octobre, de profonds bouleversements : démission des principaux dirigeants (dont Honecker et Stoph), ouverture du mur de Berlin et de la frontière interallemande, abandon de toute référence au rôle dirigeant du SED.
1990. Les États (Länder) reconstitués sont intégrés à la nouvelle Allemagne réunifiée.

allemand, e [almɑ̃, -ɑ̃d] **adj.** et **n.** (du n. des *Alamans*). D'Allemagne. ◆ **allemand n.m.** Langue indo-européenne du groupe germanique, parlée princ. en Allemagne et en Autriche. ▶ Le haut allemand est représenté aujourd'hui par l'allemand classique. Le bas allemand a donné naissance au néerlandais et aux dialectes du nord de l'Allemagne. ◆ **allemande n.f.** MUS. Danse de cour d'origine germanique, de caractère grave et de rythme lent, composant souvent l'un des mouvements d'une suite.

Allen (Allen Stewart Konigsberg, dit **Woody),** cinéaste et acteur américain (New York 1935). Incarnant un certain type d'humour juif new-yorkais, fait de lucidité et d'autodérision, il réalise des comédies burlesques et des œuvres plus graves (*Prends l'oseille et tire-toi,* 1969 ; *Annie Hall,* 1977 ; *Manhattan,* 1979 ; *Zelig,* 1983 ; *Une autre femme,* 1988 ; *Maris et femmes,* 1992 ; *Harry dans tous ses états,* 1997). Avec *Match Point* (2005), il entreprend un cycle de films européens (*Vicky Cristina Barcelona,* 2008).

Allende (Salvador), homme politique chilien (Valparaíso 1908 - Santiago 1973). Membre fondateur du parti socialiste chilien, il est élu président de la République en 1970 et entreprend des réformes sociales aux effets économiques négatifs. Il est renversé par un putsch, dirigé par le général Pinochet, au cours duquel il se suicide.

1. aller [ale] **v.i.** (issu de trois verbes latins de sens voisins : *ambulare, ire* et *vadere*) [conj. **31** ; auxil. *être*]. **1.** Se déplacer d'un lieu à un autre : *Aller à Paris. Aller à pied.* **2.** Conduire, mener d'un lieu à un autre : *Ce chemin va au village.* **3.** Agir ; se comporter : *Aller vite dans son travail.* **4.** Se porter : *Comment allez-vous ?* **5.** Convenir, être adapté à : *Cette robe vous va bien* (= elle vous sied). *Ces couleurs vont bien ensemble* (syn. **s'accorder**). **6.** Marcher ; fonctionner : *Le commerce va mal en ce moment. Tout va bien.* **7.** (+ inf.). Sert à exprimer le futur proche : *Je vais partir. Il allait se fâcher quand je suis intervenue.* **8.** (+ inf.). Sert à renforcer un impératif négatif, un souhait négatif : *N'allez pas croire cela ! Pourvu qu'il n'aille pas imaginer une chose pareille !* **9.** (+ gérondif ou p. présent). Sert à exprimer la progression : *Son travail va en s'améliorant. Le bruit va croissant.* **10. Aller de soi,** être évident. ⁄ **Allons ! Allez ! Va !,** interj. servant à marquer la stimulation, l'incrédulité, l'impatience, etc. : *Allez ! Fais un effort. Allons donc ! Tu plaisantes !* ⁄ **Il en va de** (suivi d'une comparaison), la situation est à ce point de vue comparable : *Il en va de cette affaire comme de l'autre.* ⁄ **Il y va de,** il s'agit de : *Il y va de ton avenir* (= ton avenir est en jeu). ⁄ **Se laisser aller à,** laisser libre cours à : *Se laisser aller à la colère* (syn. **s'abandonner à**). ⁄ **Y aller** (+ adv.), agir, parler d'une certaine manière : *Allez-y doucement, elle est sensible. Il y va fort* (= il exagère). ⁄ FAM. **Y aller de qqch,** engager qqch, le produire comme contribution : *Y aller de sa bourse. Elle y va de sa petite chanson à la fin du repas.* ◆ **s'en aller v.pr. 1.** Quitter un lieu : *Je m'en irai quand j'aurai fini mon travail* (syn. **partir**). **2.** Mourir : *Le malade s'en va doucement.* **3.** (Choses). Disparaître ; s'effacer : *La tache s'en ira au lavage* (syn. **partir**).

2. aller [ale] **n.m. 1.** Trajet d'un endroit à un autre (par opp. à *retour*) : *À l'aller, j'ai pris le bus.* **2.** Billet qui permet de faire ce trajet : *Un aller pour Paris.*

allergène [alɛrʒɛn] **n.m.** (de *allergie* et *-gène*). Substance responsable d'une réaction de type allergique : *Le pollen est un allergène.*

allergie [alɛrʒi] **n.f.** (all. *Allergie,* du gr. *allos,* autre, et *ergon,* action). **1.** Réaction anormale, excessive de l'organisme à un agent, dit *allergène,* auquel il est particulièrement sensible. **2.** Incapacité à supporter qqn ou qqch ; hostilité instinctive : *L'allergie à toute nouveauté* (syn. **aversion**).

■ Certaines substances, présentes dans le milieu environnant, ont la propriété de déclencher une sécrétion d'anticorps dans l'organisme avec lequel elles entrent en contact. Une substance de ce type, appelée « antigène », se combine chimiquement avec l'anticorps qui lui correspond (on dit que la réaction est spécifique), à chaque nouveau contact avec le corps humain. Chez un sujet allergique, ces phénomènes se produisent d'une façon trop intense, et pour des antigènes normalement inoffensifs, alors appelés *allergènes.*

Les allergies respiratoires. Les antigènes en cause, contenus dans l'atmosphère, peuvent venir : des déjections des acariens, minuscules arthropodes qui vivent dans la poussière des maisons, sur les matelas et les oreillers, etc. ; des poils d'animaux, surtout de chat ; des pollens. L'allergie

peut se manifester par des crises d'asthme, au cours desquelles la respiration devient brusquement difficile et sifflante. Le rhume des foins, avec ses crises d'éternuement et d'écoulement nasal, qui se répètent tous les printemps, fait également partie de cette catégorie.
Les allergies alimentaires. Il existe un grand nombre de substances potentiellement dangereuses pour les allergiques dans les céréales, les fruits et les légumes, les œufs, le poisson, les crustacés, etc. Les manifestations sont surtout digestives et cutanées (urticaire, par exemple). Elles sont plus fréquentes et plus graves chez l'enfant.
Les allergies cutanées. La peau peut réagir au cours d'une allergie alimentaire, par exemple. Mais elle peut être elle-même la cible principale de l'allergie, par contact direct avec l'antigène (laine, métal, etc.). On observe principalement de l'urticaire ou de l'eczéma.
Les allergies médicamenteuses. Les antibiotiques et d'autres médicaments peuvent provoquer des troubles cutanés, respiratoires ou sanguins.
Le traitement. L'idéal est de supprimer toute possibilité de contact entre le malade et l'antigène, mais c'est souvent impossible quand celui-ci est trop abondant dans l'environnement. Dans certains cas, on peut tenter une désensibilisation spécifique, qui dure plusieurs années : injections sous-cutanées de l'antigène à doses très faibles. En attendant ou en cas d'échec, il reste possible de diminuer les symptômes avec des médicaments, notamment les antihistaminiques.
Tout allergique sévère doit posséder sur lui une seringue auto-injectable de produit d'urgence capable de contrôler les complications aiguës les plus graves : l'œdème de Quincke qui peut conduire à l'étouffement par gonflement des parois de la gorge et le choc allergique, ou anaphylactique, avec risque d'arrêt cardiaque. Les enfants et adolescents allergiques peuvent bénéficier d'un P.A.I. (plan d'accueil individualisé) qui leur permet de déposer à l'école leur médicament d'urgence et de manger à la cantine des menus adaptés. ■

allergique [alɛrʒik] **adj. 1.** Relatif à l'allergie : *Réaction allergique.* **2. Être allergique (à qqch),** souffrir d'une allergie ou, au fig., mal supporter qqch, y être réfractaire : *Être allergique au pollen. Il est allergique à la musique contemporaine.*

allergisant, e [alɛrʒizɑ̃, -ɑ̃t] **adj.** Susceptible de provoquer une allergie.

allergologie [alɛrgɔlɔʒi] **n.f.** Partie de la médecine qui étudie les mécanismes de l'allergie et les maladies allergiques. ◆ **allergologiste** et **allergologue n.** Nom du spécialiste.

aller-retour [alerətur] **n.m.** (pl. *allers-retours*). Trajet effectué dans les deux sens ; titre de transport correspondant. ***Rem.*** On dit aussi *aller et retour* (pl. *allers et retours*).

alleu [alø] **n.m.** (frq. **al-ôd,* propriété complète) [pl. *alleux*]. FÉOD. Terre libre ne relevant d'aucun seigneur et exempte de toute redevance.

alliacé, e [aljase] **adj.** (du lat. *allium,* ail). Qui tient de l'ail, évoque l'ail.

alliage [aljaʒ] **n.m.** (de *allier*). Produit de caractère métallique résultant de l'incorporation d'un ou de plusieurs éléments, métalliques ou non, à un métal : *Les alliages légers, à base d'aluminium ou de magnésium, entrent dans la fabrication des avions.*

alliance [aljɑ̃s] **n.f.** (de *allier*). **1.** Union contractée entre souverains, entre États : *Traité d'alliance* (syn. **accord, entente**). **2.** Accord entre des personnes, des groupes : *Il a fait alliance avec mes pires ennemis.* **3.** Union par le mariage ; parenté qui en résulte : *Elle est ma tante par alliance.* **4.** Anneau de mariage : *Porter une alliance.* **5.** Combinaison de choses différentes : *Une alliance d'autorité et de douceur.* **6.** RHÉT. **Alliance de mots,** rapprochement de mots en apparence contradictoires (ex. : Ce *silence* est *assourdissant*) [syn. **oxymore**].

Alliance *(Sainte-)* [26 sept. 1815], pacte de fraternité et d'assistance mutuelle conclu, au nom des principes du christianisme, entre les souverains de Russie, d'Autriche et de Prusse. Elle eut un rôle limité, car à l'initiative de l'Angleterre fut créée la **Quadruple-Alliance** en nov. 1815. La Sainte-Alliance combattit les mouvements nationalistes, libéraux ou révolutionnaires afin de préserver l'équilibre européen.

Alliance *(Triple-)* ou **Triplice,** accord défensif conclu en 1882 entre l'Allemagne, l'Autriche-Hongrie et l'Italie. La France, d'abord isolée, lui opposa la Triple-Entente. La Triplice cessa lors de l'entrée en guerre de l'Italie aux côtés des Alliés en 1915.

allié, e [alje] **adj.** et **n. 1.** Uni par traité : *Les pays alliés. L'armée des alliés.* **2.** Uni par mariage : *Parents et alliés.* **3.** Qui aide : *J'ai trouvé en elle une alliée sûre.* **4. Les Alliés,** l'ensemble des pays engagés dans les combats contre l'Allemagne pendant les deux guerres mondiales.

allier [alje] **v.t.** (lat. *alligare,* lier) [conj. **9**]. **1.** Combiner des métaux : *Allier le fer et le cuivre.* **2.** Réunir en un tout ; associer étroitement : *Elle allie la beauté à de grandes qualités de cœur* (syn. **joindre**). *Il sait allier la fermeté à une bienveillance souriante* (syn. **marier, mêler, unir**). ◆ **s'allier v.pr. [à, avec].** S'unir (par le mariage, par un accord) : *Il s'est allié à une des plus anciennes familles de la ville. Ils se sont alliés contre moi.*

Allier, riv. du Massif central ; 410 km. Né dans l'est de la Lozère, l'Allier draine les Limagnes, puis le Bourbonnais, passant à Vichy et à Moulins, avant de rejoindre la Loire (r. g.), près de Nevers, au *bec d'Allier.*

Allier [03], dép. de la Région Auvergne-Rhône-Alpes, formé par le Bourbonnais ; ch.-l. de dép. *Moulins ;* ch.-l. d'arr. *Montluçon, Vichy ;* 3 arr., 19 cant., 320 comm. ; 7 340 km^2 ; 353 246 hab.

alligator [aligatɔr] **n.m.** (mot angl., de l'esp. *el lagarto,* le lézard). Crocodile d'Amérique, qui atteint jusqu'à 5 m de long.

allitération [aliterasjɔ̃] **n.f.** (du lat. *ad,* vers, et *littera,* lettre). Répétition d'une consonne ou d'un groupe de consonnes, dans des mots qui se suivent, produisant un effet d'harmonie imitative ou suggestive (ex. : *« Pour qui sont ces serpents qui sifflent sur vos têtes ? »* [Racine]).

allô [alo] **interj.** (anglo-amér. *hallo, hello,* onomat.). Sert conventionnellement à commencer une conversation téléphonique : *Allô ! Qui est à l'appareil ?*

Allobroges, peuple de la Gaule qui habitait entre le Rhône et l'Isère, et qui avait pour villes principales Vienne, Genève et Grenoble.

allocataire [alɔkatɛr] **n. 1.** Personne qui perçoit une allocation. **2.** Personne à qui est reconnu le droit aux prestations familiales.

allocation [alɔkasjɔ̃] **n.f.** (lat. médiév. *allocatio ;* v. *allouer*). **1.** Action d'allouer qqch à qqn : *L'allocation de devises aux voyageurs.* **2.** Somme, chose allouée : *Verser une allocation aux personnes âgées.* **3. Allocations familiales,** en France, sommes versées aux familles ayant au moins un enfant à charge.

allocutaire [alɔkytɛr] **n.** (du lat. *alloqui ;* v. *allocution*). LING. Personne à qui s'adresse le locuteur.

allocution [alɔkysjɔ̃] **n.f.** (lat. *allocutio,* de *alloqui,* s'adresser à qqn, haranguer). Discours assez court, de caractère officiel : *L'allocution télévisée du chef de l'État.*

allogène [alɔʒɛn] **adj.** et **n.** (de *allo-* et *-gène*). Se dit d'une population récemment arrivée dans un pays (par opp. à *autochtone, indigène*).

allonge [alɔ̃ʒ] **n.f. 1.** Pièce pour allonger : *Mettre une allonge à une corde, à une table* (syn. **rallonge**). **2.** Crochet de boucherie. **3.** SPORTS. Longueur des bras chez un boxeur : *Avoir une bonne allonge.*

allongé, e [alɔ̃ʒe] **adj. 1.** Étiré, étendu en longueur : *Une écriture allongée.* **2. Mine, figure allongée,** qui exprime la déconvenue.

allongement [alɔ̃ʒmɑ̃] **n.m.** Action d'augmenter en longueur ou en durée : *Allongement des vacances.*

allonger [alɔ̃ʒe] **v. t.** [**conj. 17**]. **1.** Rendre plus long : *Allonger une robe* (syn. **rallonger**). *Elle allongeait inutilement l'entrevue*

A B C D E F G H I J K L M N O P Q R S T U V W X Y Z

(syn. **prolonger** ; contr. **écourter**). **2.** Faire paraître plus long : *Un vêtement qui allonge la silhouette.* **3.** Étendre : *Allonger un blessé sur le sol. Allonger ses jambes.* **4.** Rendre plus liquide, moins consistant ; ajouter du liquide à : *Allonger une sauce. Du sirop allongé d'eau.* **5. Allonger le pas,** se hâter en marchant. / FAM. **Allonger un coup,** asséner un coup qui suppose l'extension d'un membre. / FAM. **Allonger une somme,** la verser, la donner : *Allonger un pourboire au serveur.* ◆ **v.i. Les jours, les nuits allongent,** leur durée s'accroît (contr. **raccourcir**). ◆ **s'allonger** **v. pr. 1.** S'étendre : *S'allonger par terre.* **2.** Devenir ou paraître plus long : *La conversation s'allongeait interminablement.*

allopathie [alɔpati] **n.f.** (de *allo-* et *-pathie*). MÉD. Méthode de traitement qui emploie des médicaments produisant des effets contraires à ceux de la maladie à combattre (par opp. à l'*homéopathie*).

allopathique [alɔpatik] **adj.** Relatif à l'allopathie.

allophone [alɔfɔn] **adj.** et **n.** (de *allo-* et *-phone*). Se dit d'une personne dont la langue maternelle n'est pas celle de la communauté dans laquelle elle se trouve.

allotropie [alɔtrɔpi] **n.f.** (de *allo-* et *-tropie*). Propriété de certains corps, comme le carbone, le phosphore, le soufre, de se présenter sous plusieurs formes ayant des propriétés physiques différentes.

allotropique [alɔtrɔpik] **adj.** Relatif à l'allotropie.

allouer [alwe] **v.t.** (bas lat. *allocare*, placer) [conj. 6]. Accorder ; attribuer : *Allouer une indemnité, des crédits, du temps.*

allumage [alymaʒ] **n.m. 1.** Action d'allumer : *L'allumage d'une lampe, du chauffage.* **2.** Inflammation du mélange gazeux dans un moteur à explosion ; dispositif assurant cette inflammation : *Panne d'allumage.*

allume-cigare ou **allume-cigares** [alymsigar] **n.m.** (pl. *allume-cigares*). Dispositif pour allumer les cigarettes, les cigares, notamm. dans une automobile.

allume-feu [alymfø] **n.m.** (pl. *allume-feux* ou inv.). Préparation très inflammable servant à allumer le feu.

allume-gaz [alymgaz] **n.m. inv.** Petit appareil pour allumer le gaz par échauffement d'un filament ou par production d'étincelles.

allumer [alyme] **v.t.** (lat. pop. **alluminare*, class. *luminare*, éclairer). **1.** Mettre le feu à ; produire un feu : *Allumer une allumette. Allumer un incendie.* **2.** Rendre lumineux ; donner, répandre de la lumière : *Allumer une lampe, des phares. Voulez-vous allumer dans l'entrée ? Sa chambre est allumée.* **3.** FAM. Faire fonctionner un appareil en établissant un contact électrique : *Allumer le chauffage, la télévision.* **4.** LITT. Susciter ; exalter : *Allumer un désir, une passion. Allumer l'imagination* (syn. **embraser, enflammer**). **5.** T. FAM. **Allumer qqn,** provoquer son désir, l'aguicher. ◆ **s'allumer** **v. pr. 1.** Prendre feu : *Le bois humide s'allume mal.* **2.** Devenir lumineux : *La lampe s'allume quand on ouvre la porte du réfrigérateur.* **3.** Devenir brillant : *Ses yeux s'allument de convoitise.*

allumette [alymɛt] **n.f.** (de *allumer*). **1.** Petit brin de bois, de carton, ou petite mèche enduite de cire, dont l'une des extrémités est imprégnée d'une composition inflammable par frottement : *Craquer une allumette.* **2.** Gâteau feuilleté long et mince.

allumeur [alymœr] **n.m. 1.** Dispositif qui sert à l'allumage d'un moteur à explosion. **2.** Dispositif qui provoque la déflagration d'une charge explosive. **3.** VIEILLI. **Allumeur de réverbères,** autref., préposé à l'allumage et à l'extinction des appareils d'éclairage public.

allumeuse [alymøz] **n.f.** (de *allumer*). FAM. Femme qui cherche à aguicher les hommes (péjor.).

allure [alyr] **n.f.** (de *aller*). **1.** Façon plus ou moins rapide de se déplacer, de se mouvoir : *Les principales allures d'un cheval sont le pas, le trot, le galop. Il est parti à toute allure* (= très vite). **2.** MAR. Direction que suit un bateau à voiles par rapport au vent. **3.** Manière de marcher, de se conduire, de se présenter ; aspect de qqch : *Une allure digne. Une devanture de belle allure.* **4. Avoir de l'allure,** avoir de la distinction, de l'élégance.

allusif, ive [alyzif, -iv] **adj.** Qui contient une allusion ; qui procède par allusion : *Propos allusif. Style allusif.*

allusion [alyzjɔ̃] **n.f.** (bas lat. *allusio*, de *alludere*, badiner). Mot, phrase qui évoque une personne, une chose sans la nommer : *Il n'a pas saisi votre allusion* (syn. **sous-entendu**). *À quoi fait-il allusion ?*

allusivement [alyzivmɑ̃] **adv.** De façon allusive : *S'exprimer allusivement* (contr. **explicitement**).

alluvial, e, aux [alyvjal, -o] **adj.** Produit, constitué par des alluvions : *Plaine alluviale.*

alluvion [alyvjɔ̃] **n.f.** (lat. *alluvio*, de *alluere*, baigner). [Surtout au pl.]. Dépôts de sédiments (boues, sables, graviers, cailloux) abandonnés par un cours d'eau quand la pente ou le débit sont devenus insuffisants.

alluvionnaire [alyvjɔnɛr] **adj.** Relatif aux alluvions.

Alma *(bataille de l')* [20 sept. 1854], première victoire remportée par les troupes franco-britanniques sur les Russes, à 10 km de l'embouchure de l'Alma, pendant la guerre de Crimée.

almanach [almana] **n.m.** (lat. médiév. *almanachus*, ar. *al-manākh*, probabl. du syriaque *al-manhaï*, l'an prochain). Calendrier, souvent illustré, comportant des indications astronomiques, météorologiques, ainsi que des renseignements divers (médecine, cuisine, astrologie).

Almaty, anc. **Alma-Ata,** v. du Kazakhstan, au sud du lac Balkhach ; 1 365 632 hab. Centre industriel. Elle fut la capitale du pays jusqu'en 1997.

Almohades, dynastie berbère qui détrôna les Almoravides et régna sur le nord de l'Afrique et sur l'Andalousie de 1147 à 1269. Elle fut fondée par le réformateur Muhammad ibn Tumart. Battus en Espagne par les royaumes chrétiens à la bataille de Las Navas de Tolosa (1212), les Almohades furent éliminés de l'Afrique du Nord de 1229 à 1269 par diverses dynasties.

Almoravides, confrérie de moines guerriers et dynastie berbère qui régna sur le Maghreb et l'Andalousie aux XIe et XIIe s. Yusuf ibn Tachfin, fondateur de la dynastie en 1061, installa sa capitale à Marrakech. Les Almoravides refirent l'unité de l'Espagne musulmane menacée par les royaumes chrétiens et recueillirent l'héritage culturel andalou. Ils furent renversés par les Almohades (prise de Marrakech en 1147).

aloès [alɔɛs] **n.m.** (gr. *aloê*). Plante d'Afrique, cultivée aussi en Asie et en Amérique, et dont les feuilles charnues fournissent une résine amère, employée comme purgatif et en teinturerie. ▸ Famille des liliacées.

aloi [alwa] **n.m.** (de l'anc. v. *aloyer*, var. de *allier*). **1.** VX. Titre d'un alliage. **2. De bon, de mauvais aloi,** de bonne ou de mauvaise nature ou qualité : *Une plaisanterie de mauvais aloi. Un succès de bon aloi.*

alopécie [alɔpesi] **n.f.** (gr. *alôpekia*, de *alôpêx*, renard [qui perd ses poils chaque année]). Chute ou absence, partielle ou généralisée, des cheveux ou des poils.

alors [alɔr] **adv.** (de *à* et *lors*). **1.** Indique un moment précis dans le temps : *Elle avait alors vingt ans.* **2.** Introduit l'expression de la conséquence : *Si vous êtes d'accord, alors vous pouvez signer* (= en ce cas). **3.** Après *ou*, souligne une alternative : *Il doit être malade, ou alors il a raté son train.* **4.** FAM. Marque l'étonnement, l'impatience, l'indignation, l'indifférence : *Ça alors ! Alors, ça vient ? Alors là, ça dépasse les bornes. Et alors, ça ne va pas changer la face du monde. Alors quoi, ce n'est pas si grave !* **5.** FAM. S'emploie pour relier très librement des éléments d'un récit : *Alors moi, ça m'a paru bizarre.* ◆ **alors que** **loc. conj. 1.** Marque une opposition : *Ici on grelotte alors que là-bas on étouffe.* **2.** LITT. Suivi de l'imp., marque un rapport de temps : *Alors qu'il était encore enfant, il jouait déjà des saynètes.*

alose [aloz] **n.f.** (bas lat. *alausa,* du gaul.). Poisson voisin de la sardine, appelé aussi *allache,* à chair estimée, se développant dans la mer et venant pondre dans les cours d'eau au printemps. ▸ Famille des clupéidés ; long. max. 80 cm.

alouate [alwat] **n.m.** (mot de Guyane). Autre nom du *hurleur,* ou *singe hurleur.*

alouette [alwɛt] **n.f.** (lat. *alauda,* du gaul.). Oiseau passereau à plumage brunâtre, commun dans les champs, nichant au sol. ▸ Famille des alaudidés ; long. de 17,5 cm à 19,5 cm. L'alouette grisolle.

alourdir [alurdir] **v.t.** [conj. **32**]. Rendre lourd, plus lourd : *Alourdir sa valise d'objets inutiles. Ces nouvelles dépenses vont alourdir les charges de l'État.*

alourdissement [alurdismɑ̃] **n.m.** Fait d'alourdir, d'être alourdi : *L'alourdissement des impôts* (syn. **augmentation**).

aloyau [alwajo] **n.m.** (probabl. de l'anc. fr. *aloel,* alouette) [pl. *aloyaux*]. BOUCH. Morceau de bœuf correspondant à la région du rein et de la croupe et renfermant le filet, le contre-filet et le romsteck.

alpaga [alpaga] **n.m.** (esp. *alpaca,* mot d'une langue indienne du Pérou). **1.** Ruminant voisin du lama, domestiqué en Amérique du Sud pour sa longue fourrure laineuse. **2.** Fibre textile douce et soyeuse faite de la fourrure de cet animal. **3.** Tissu en armure toile composée de fibres naturelles ou artificielles et de fibres d'alpaga.

alpage [alpaʒ] **n.m.** (de *Alpes*). Pâturage d'été, en haute montagne.

alpaguer [alpage] **v.t.** (de l'arg. *alpague,* manteau, de *alpaga*). ARG. Appréhender ; arrêter : *Il s'est fait alpaguer en sortant de chez lui.*

Alpes, le plus grand massif montagneux de l'Europe, s'étendant sur plus de 1 000 km, de la Méditerranée jusqu'à Vienne (Autriche), partagé entre l'Allemagne, l'Autriche, la France, l'Italie, la Suisse et la Slovénie ; 4 810 m au mont Blanc. Malgré leur altitude, les Alpes sont pénétrables grâce à de profondes vallées (Rhône et Rhin, Isère, Inn, Enns, Drave, Adige). La chaîne est franchie, souvent en tunnel, par de nombreuses routes et voies ferrées (Mont-Blanc, Grand-Saint-Bernard, Simplon, Saint-Gothard, Brenner). Les conditions naturelles (relief accidenté, climat rude) n'apparaissent guère favorables à l'homme ; pourtant, le peuplement est ancien et relativement dense. L'économie, initialement fondée sur une polyculture vivrière, l'élevage transhumant, l'exploitation de la forêt et parfois du sous-sol, a été rénovée, au moins localement, par l'hydroélectricité et surtout par le tourisme. L'accroissement des échanges, permis par l'amélioration des communications, a orienté l'économie vers des spécialisations régionales : élevage bovin intensif pour les produits laitiers, électrométallurgie et électrochimie dans les vallées (sites des villes, dont Grenoble et Innsbruck), près des centrales, stations d'été ou de sports d'hiver en altitude ou en bordure des lacs subalpins (Léman, lac Majeur, lac de Constance).

Alpes (Hautes-) [05], dép. de la Région Provence-Alpes-Côte d'Azur ; ch.-l. de dép. *Gap ;* ch.-l. d'arr. *Briançon ;* 2 arr., 15 cant., 172 comm. ; 5 549 km^2 ; 144 950 hab.

Alpes-de-Haute-Provence [04], dép. de la Région Provence-Alpes-Côte d'Azur ; ch.-l. de dép. *Digne-les-Bains ;* ch.-l. d'arr. *Barcelonnette, Castellane, Forcalquier ;* 4 arr., 15 cant., 200 comm. ; 6 925 km^2 ; 166 316 hab.

Alpes-Maritimes [06], dép. de la Région Provence-Alpes-Côte d'Azur ; ch.-l. de dép. *Nice ;* ch.-l. d'arr. *Grasse ;* 2 arr., 27 cant., 163 comm. ; 4 299 km^2 ; 1 098 465 hab.

alpestre [alpɛstr] **adj.** (mot it.). Propre aux Alpes : *La végétation alpestre.*

alpha [alfa] **n.m. inv.** (mot gr.). **1.** Première lettre de l'alphabet grec (Α, α). **2. L'alpha et l'oméga,** le commencement et la fin. **/ Rayon alpha,** rayonnement constitué de noyaux d'hélium émis par des corps radioactifs.

alphabet [alfabɛ] **n.m.** (de *alpha* et *bêta,* noms des deux premières lettres de l'alphabet grec). Liste de toutes les lettres servant à transcrire les sons d'une langue et énumérées selon un ordre conventionnel.

alphabétique [alfabetik] **adj. 1.** Qui utilise un alphabet : *Écritures alphabétiques et écritures idéographiques.* **2.** Qui suit l'ordre des lettres de l'alphabet : *Index alphabétique.*

alphabétiquement [alfabetikmɑ̃] **adv.** Selon l'ordre alphabétique.

alphabétisation [alfabetizasjɔ̃] **n.f. 1.** Action d'alphabétiser ; son résultat. **2. Taux d'alphabétisation,** rapport du nombre de personnes de plus de 15 ans sachant lire et écrire à la population totale d'une région : *Le taux d'alphabétisation du Costa Rica est de 96 %.*

alphabétisé, e [alfabetize] **adj.** et **n.** Se dit de qqn qui a appris à lire et à écrire à l'âge adulte.

alphabétiser [alfabetize] **v.t.** Apprendre à lire et à écrire à un individu, un groupe social.

alphanumérique [alfanymerik] **adj.** (de *alpha[bétique]* et *numérique*). Qui comporte à la fois des chiffres et des caractères alphabétiques : *Clavier alphanumérique.*

Alphonse X le Sage (Tolède 1221 - Séville 1284), roi de Castille et de León (1252-1284) et empereur germanique (1257-1272). Prince éclairé, il fit dresser des tables astronomiques (tables alphonsines) et composa des cantiques à la Vierge.

Alphonse XIII (Madrid 1886 - Rome 1941), roi d'Espagne (1886-1931). Monarque constitutionnel, il dut accepter à partir de 1923 la dictature du général Primo de Rivera. Il quitta son pays après les élections municipales de 1931, à l'issue desquelles fut proclamée la Seconde République.

Alpilles, chaînon calcaire du sud de la France, au N. de la Crau. Parc naturel régional (env. 50 000 ha, dans le département des Bouches-du-Rhône).

alpin, e [alpɛ̃, -in] **adj. 1.** Des Alpes ou de la haute montagne : *Régions alpines. Ski alpin.* **2.** Qui concerne l'alpinisme : *Club alpin.* **3.** Relatif aux mouvements orogéniques du tertiaire et aux formes de relief qu'ils ont engendrées : *Plissement alpin.* **4. Chasseur alpin,** fantassin spécialisé dans le combat de montagne.

alpinisme [alpinism] **n.m.** (de *alpin*). Sport des ascensions en montagne. ◆ **alpiniste n.** Personne qui pratique l'alpinisme.

■ **La conquête des sommets.** L'historique de la conquête des principaux sommets répartis à la surface du globe est éloquent. Il y a déjà plus d'un siècle que tous les grands sommets des Alpes ont été gravis, et les points culminants des continents américain et africain ont été atteints avant le commencement du XXe s., mais ce n'est qu'au début de la seconde moitié de celui-ci que sont enfin successivement vaincus les géants de l'Himalaya, les « plus de 8 000 m », qui ont résisté à tous les assauts (des Britanniques, Allemands, Autrichiens, etc.) entre les deux guerres mondiales. Cette longue résistance a tenu, bien sûr, à l'altitude (raréfiant l'oxygène et rendant encore plus pénible l'escalade) et à l'éloignement des bases de départ, et elle n'a été vaincue que par l'organisation de véritables expéditions de plusieurs mois, bénéficiant des progrès de la technique dans le domaine de l'équipement (allègement de la tenue avec une meilleure protection contre le froid ; emploi « artificiel » de l'oxygène ; etc.).

Les nouvelles pratiques. Aujourd'hui, si tous les grands sommets sont vaincus, il demeure des exploits peut-être moins spectaculaires, mais tout aussi significatifs techniquement : l'escalade de montagnes d'altitude modeste, mais aux grandes difficultés, « premières » réalisées en dehors de la saison estivale, c'est-à-dire dans de difficiles conditions climatiques. Surtout, on est revenu à un alpinisme plus naturel (allègement des équipes, abandon de l'oxygène et des cordes fixes équipant les parois) dont R. Messner a été, après 1970, le grand représentant. L'escalade artificielle recule, avec même parfois la suppression des points d'ancrage artificiels pour progresser, voire s'assurer. L'escalade, véritablement libre, est apparue avec le grimpeur solitaire, chaussons d'escalade aux pieds et les mains enduites de magnésie pour assurer les prises. Une dérive menace toutefois avec l'alpinisme de compétition, de plus en plus médiatisé et sponsorisé, où l'on recherche exclusivement l'exploit spectaculaire, comme les enchaînements (succession d'ascensions) réalisés le plus rapidement possible. ■

al-Qaida ⟶ **Qaida (al-).**

Alsace, Région de l'est de la France et anc. Région administrative, regroupant 2 dép. : Bas-Rhin et Haut-Rhin ; ⟶ Alsace-Champagne-Ardenne-Lorraine.

HISTOIRE

Peuplée dès l'époque celtique, l'Alsace subit la domination romaine, est envahie par les Alamans puis conquise par les Francs. Au traité de Verdun (843), le comté d'Alsace est attribué à la Lotharingie puis il passe au roi de Germanie (870). Région active et prospère dès le Moyen Âge, l'Alsace devient un grand foyer d'humanisme (naissance de l'imprimerie à Strasbourg, 1434). La Réforme y trouve un terrain propice et la province est ravagée pendant la guerre de Trente Ans. Au traité de Westphalie (1648), la France acquiert les droits des Habsbourg sur l'Alsace (sauf Strasbourg) qui demeure dans le Saint Empire. En 1678, l'Alsace devient effectivement française et la France annexe Strasbourg en 1681. Avec la Lorraine du Nord, l'Alsace devient terre d'Empire *(Reichsland)* dans le cadre de l'Empire allemand en 1871 et le demeure jusqu'en 1918. Redevenue française de 1919 à 1940, l'Alsace est de nouveau rattachée à l'Allemagne (1940-1944). Après la libération de Strasbourg par le général Leclerc, elle fait retour à la France.

Alsace-Champagne-Ardenne-Lorraine, Région administrative regroupant, depuis 2016, 10 dép. : Ardennes, Aube, Marne, Haute-Marne, Meurthe-et-Moselle, Meuse, Moselle, Bas-Rhin, Haut-Rhin et Vosges ; 57 433 km^2 ; 5 678 896 hab. Ch.-l. *Strasbourg.* Vaste région, au relief contrasté, elle s'étend à l'ouest sur la Champagne, constituée de larges plaines alluviales et de plateaux qui s'appuient sur le Massif ancien ardennais au nord (frontière belge) pour se prolonger vers le centre en s'élevant vers l'est vosgien. Séparée de cet ensemble par le massif des Vosges et les collines sous-vosgiennes (vignoble de vins blancs réputé), la plaine d'Alsace, parfois boisée, mais aussi formée de terrasses parfois couvertes de lœss, abrite souvent des cultures intensives (blé, betterave à sucre, houblon, tabac, chou à choucroute, maïs). Grande région transfrontalière (limitrophe de la Belgique, du Luxembourg, de l'Allemagne et de la Suisse), elle bénéficie d'une situation de carrefour au cœur de l'Europe de l'ouest valorisée par d'importantes voies de communication, tant autoroutières, et ferroviaires, que aéroportuaires et fluviales. L'ouest de la Région est dominé par le secteur agricole, qui juxtapose céréales, betteraves, fourrage, élevage bovin et vignoble, tandis que le centre, longtemps considéré comme l'un des bastions de l'industrie française, reste marqué par la fin progressive de la sidérurgie, du minerai de fer, du charbon et du textile. Les opérations de reconversion (automobile, plastiques, électronique surtout) n'ont pas compensé ce déclin. Dans la plaine d'Alsace, l'industrie s'appuie sur le pétrole raffiné près de Strasbourg, sur l'électricité d'origine hydraulique et nucléaire du grand canal d'Alsace. La Région reste moyennement peuplée (à l'exception de l'extrême Est), mais possède de grandes villes européennes comme Strasbourg, Metz et Nancy, où domine le secteur tertiaire, ainsi que Mulhouse, liée au secteur automobile, Troyes, au secteur textile, et enfin Reims, au secteur agroalimentaire.

Alsace-Lorraine, partie des anc. prov. françaises d'Alsace et de Lorraine annexées par l'Allemagne de 1871 à 1919, puis de 1940 à 1944-1945. Elle comprenait les départements actuels de la *Moselle,* du *Bas-Rhin* et du *Haut-Rhin.*

alsacien, enne [alzasjɛ̃, -ɛn] **adj.** et **n.** D'Alsace. ◆ **alsacien n.m.** Dialecte germanique parlé en Alsace.

Altaï, massif montagneux de l'Asie centrale russe, chinoise et mongole ; 4 506 m.

altaïque [altaik] **adj. 1.** Des monts Altaï. **2. Langues altaïques,** famille de langues turques et mongoles.

Altamira, station préhistorique d'Espagne, dans la province de Santander. Grottes ornées de peintures pariétales largement cernées de noir datées du magdalénien moyen (XIIIe-XIIe millénaire). Découvertes en 1879, leur authenticité préhistorique ne fut reconnue qu'en 1902.

Altdorfer (Albrecht), peintre et graveur allemand (? v. 1480 - Ratisbonne 1538). Principal maître du « style danubien », s'exprimant surtout dans le petit format, avec minutie, il se distingue par sa fantaisie poétique, son sentiment aigu de la nature et la virtuosité de ses éclairages (*Naissance de la Vierge* et *la Bataille d'Alexandre,* Munich).

altérabilité [alterabilite] **n.f.** Caractère de ce qui peut être altéré : *L'altérabilité des couleurs.*

altérable [alterabl] **adj.** Qui peut être altéré : *Un produit altérable à l'air.*

altération [alterasjɔ̃] **n.f. 1.** Action d'altérer, de changer la nature de qqch : *Le texte a subi des altérations* (syn. **changement, modification**). *L'altération des traits du visage* (syn. **bouleversement**). **2.** GÉOL. Modification chimique superficielle d'une roche, due notamm. aux agents atmosphériques. **3.** MUS. Signe conventionnel qui modifie le son de la note à laquelle il est affecté et qui se place à la clé ou au cours du morceau. ▸ Les altérations sont le *dièse* (#), qui élève la note d'un demi-ton, le *bémol* (♭), qui abaisse la note d'un demi-ton, le *bécarre* (♮), qui annule tout dièse ou bémol précédent.

altercation [altɛrkasjɔ̃] **n.f.** (lat. *altercatio*). Vive discussion ; querelle : *Une altercation s'éleva entre des consommateurs.*

altéré, e [altere] **adj. 1.** Faussé ; dénaturé. **2.** Assoiffé : *Le promeneur altéré s'est assis à la terrasse d'un café.*

alter ego [altɛrego] **n.m. inv.** (mots lat. « un autre moi-même »). Personne envers qui on a des sentiments fraternels, à qui on se fie totalement et que l'on charge éventuellement d'agir à sa place : *Son secrétaire est son alter ego.*

altérer [altere] **v.t.** (bas lat. *alterare,* changer, de *alter,* autre) [conj. **18**]. **1.** Changer, modifier en mal la forme ou la nature de qqch : *L'humidité altère les plâtres du mur* (syn. **abîmer, détériorer**). *Ce témoignage altère gravement la vérité* (syn. **défigurer, dénaturer**). *Rien n'a pu altérer l'amitié que je lui porte* (syn. **affecter**). **2.** Donner soif à : *Cette longue marche au soleil nous a altérés.*

altérité [alterite] **n.f.** (du lat. *alter,* autre). Caractère de ce qui est autre.

altermondialisation [altɛrmɔ̃djalizasjɔ̃] **n.f.** (du lat. *alter,* autre, et *mondialisation*). Ensemble des conceptions des altermondialistes.

altermondialisme [altɛrmɔ̃djalism] **n.m.** Mouvement de la société civile qui conteste le modèle libéral imposé par la mondialisation et revendique un mode de développement plus soucieux de l'homme et de son environnement. ◆ **altermondialiste n.** et **adj.** Partisan de l'altermondialisme ; qui en relève.

alternance [altɛrnɑ̃s] **n.f. 1.** Fait d'alterner, de se succéder, régulièrement ou pas, dans le temps, en parlant de deux ou plusieurs choses ; action d'alterner deux ou plusieurs choses dans le temps ou l'espace : *Alternance des saisons. Alternance de lignes bleues et vertes.* **2.** Succession au pouvoir, dans un cadre démocratique, de partis politiques différents : *Un régime politique qui ne permet pas l'alternance.* **3.** PHYS. Demi-période d'un phénomène alternatif. **4.** LING. Changement subi par une voyelle ou une consonne à l'intérieur d'un système morphologique (ex. : *Je meurs / nous mourons*).

alternant, e [altɛrnɑ̃, -ɑ̃t] **adj. 1.** Qui alterne : *Des équipes alternantes.* **2. Pouls alternant,** pouls caractérisé par des pulsations tantôt normales, tantôt faibles.

alternateur [altɛrnatœr] **n.m.** Générateur de tension et de courant électrique alternatifs.

alternatif, ive [altɛrnatif, -iv] **adj. 1.** Qui se répète à des moments plus ou moins espacés : *Le mouvement alternatif d'un pendule.* **2.** Qui propose une alternative. **3. Courant alternatif,** courant électrique qui change périodiquement de sens (par opp. à *continu*). / **Mouvement alternatif,** mouvement socio-politique qui se propose de mettre en place un mode de production, des circuits de consommation jugés plus adaptés à l'individu que ceux de la société industrielle.

alternative [altɛrnativ] **n.f. 1.** Choix entre deux possibilités : *Se trouver devant une alternative très embarrassante.* **2.** (Calque de l'angl. *alternative* ; emploi critiqué). Solution de remplacement : *L'alternative démocratique.* **3.** Succession de phénomènes ou d'états opposés : *Alternatives de chaud et de froid.*

alternativement [altɛrnativmɑ̃] **adv.** Tour à tour : *La vice-présidence revient alternativement aux divers groupes de l'Assemblée* (= à tour de rôle).

alterne [altɛrn] **adj.** (lat. *alternus,* de *alter,* autre). **1.** BOT. Se dit de feuilles, de fleurs disposées une à une, en spirale, le long de la tige. **2.** MATH. Se dit des angles situés de part et d'autre de la sécante coupant deux droites : *Angles alternes externes* (= situés à l'extérieur des deux droites). *Angles alternes internes* (= situés à l'intérieur des deux droites).

alterné, e [altɛrne] **adj. 1.** Qui s'effectue en alternance : *Circulation alternée des voitures pendant les travaux. Résidence alternée des enfants de divorcés.* **2.** MATH. Se dit d'une application linéaire qui change de signe quand on échange deux variables. **3. Série alternée,** série numérique dont les termes, à partir d'un certain rang, sont alternativement positifs et négatifs.

alterner [altɛrne] **v.t. ind. [avec]** (lat. *alternare,* de *alter,* autre). Se succéder plus ou moins régulièrement, en parlant de deux ou de plusieurs choses qui s'opposent ou forment contraste : *La joie alternait avec le désespoir dans son regard. Pair et impair alternent.* ◆ **v.t.** Faire se succéder régulièrement : *Le spectacle alterne sketchs et chansons.*

altesse [altɛs] **n.f.** (it. *altezza* ou esp. *alteza,* du lat. *altus,* haut). Titre d'honneur donné aux princes, aux princesses.

altier, ère [altje, -ɛr] **adj.** (it. *altiero,* du lat. *altus,* haut). *LITT.* Qui a ou qui manifeste de l'orgueil, de la fierté : *Un port de tête altier.*

altimètre [altimɛtr] **n.m.** (du lat. *altus,* haut, et de *-mètre*). Appareil pour mesurer l'altitude.

Altiplano, haute plaine (à plus de 4 000 m) des Andes de Bolivie.

altiport [altipɔr] **n.m.** (de *alti[tude]* et *[aéro]port*). Terrain d'atterrissage aménagé en haute montagne près de stations de sports d'hiver.

altiste [altist] **n.** Personne qui joue de l'alto.

altitude [altityd] **n.f.** (lat. *altitudo,* de *altus,* haut). **1.** Élévation au-dessus du sol : *Avion qui prend, perd de l'altitude.* **2.** Élévation verticale d'un point, d'une région au-dessus du niveau de la mer : *Un village à 1 500 m d'altitude.* **3. Mal de l'altitude,** malaise causé par la raréfaction de l'oxygène en altitude.

alto [alto] **n.m.** (mot it., du lat. *altus,* haut). **1.** Voix de femme la plus grave. (On dit aussi *contralto.*) **2.** Instrument à quatre cordes accordé à la quinte grave du violon et de facture identique. ◆ **adj.** et **n.m.** Se dit d'un instrument de musique dont l'échelle sonore correspond approximativement à celle de la voix d'alto : *Saxophone alto.* ◆ **n.f.** ou **n.m.** Chanteuse qui possède la voix d'alto.

altocumulus [altɔkymylys] **n.m.** (du lat. *altus,* haut, et de *cumulus*). Nuage d'altitude moyenne (v. 4 000 m), formé de gros flocons aux contours assez nets et disposés en groupes ou en files : *Les altocumulus donnent un ciel pommelé.*

altruisme [altrɥism] **n.m.** (de *autrui,* refait sur le lat. *alter,* pour s'opposer à *égoïsme*). *LITT.* Tendance à s'intéresser aux autres, à se montrer généreux et désintéressé : *Faire preuve d'altruisme* (syn. **générosité** ; contr. **égoïsme**).

altruiste [altrɥist] **adj.** et **n.** *LITT.* Qui manifeste de l'altruisme ; qui se soucie des autres : *Sentiments altruistes* (syn. **généreux** ; contr. **égoïste**).

Altuglas [altyglas] **n.m.** (nom déposé). Matière synthétique très résistante, translucide ou colorée, aux nombreux usages : *Meubles en Altuglas.*

alumine [alymin] **n.f.** (lat. *alumen, -inis,* alun). CHIM. Oxyde d'aluminium qui, diversement coloré, constitue un certain nombre de pierres précieuses (rubis, saphir, etc.) : *La bauxite contient surtout de l'alumine hydratée.* ▸ Formule : Al_2O_3.

aluminisation [alyminizasjɔ̃] **n.f.** Opération de dépôt d'aluminium sur le verre des miroirs. (On dit aussi *aluminiage, aluminure.*)

aluminium [alyminjɔm] **n.m.** (mot angl., du lat *alumen, -inis,* alun). Métal blanc brillant, léger, ductile et malléable, s'altérant peu à l'air et fondant à 660 °C. ▸ Symb. Al ; densité 2,7.

■ **Les propriétés.** L'aluminium est commun dans la nature, principalement sous forme d'oxydes et de silicates. C'est un bon conducteur de la chaleur et de l'électricité. Bien que très oxydable, il ne s'altère pas à l'air ni au contact de l'eau, car sa surface est protégée par une mince couche d'alumine (Al_2O_3). Il est trivalent dans ses composés, comme l'alumine. Sa métallurgie a été mise au point en 1886, simultanément par le Français P. Héroult et l'Américain C. M. Hall (1863-1914).

Les utilisations. Le métal pur est utilisé pour sa grande conductibilité électrique et thermique (condensateurs, réflecteurs) ainsi que pour sa bonne tenue à l'air et à certaines corrosions courantes (feuilles minces pour l'emballage ; articles ménagers ; industries chimique et pharmaceutique ; construction automobile, où son emploi tend à croître). Les alliages d'aluminium ont une faible masse volumique, des résistances mécaniques moyennes et fortes et une bonne tenue à certaines corrosions. L'alliage avec le cuivre et le magnésium (Duralumin) peut subir un traitement de durcissement structural qui le fait utiliser dans l'aviation. Ce secteur se tourne également vers le nouvel alliage aluminium-lithium, qui devrait permettre un allègement de 10 à 15 % des structures. Sous forme de pièces de fonderie, l'alliage aluminium-silicium est utilisé pour la confection de blocs-moteurs et de pistons d'automobile. Enfin, il tend à se répandre dans le bâtiment, aussi bien pour les cadres de fenêtres qu'au sein de grandes réalisations architecturales (Institut du monde arabe, à Paris).

La production. La production mondiale a connu une progression foudroyante pendant la majeure partie du XXe s. : de 7 000 t en 1900 à 18,7 Mt en 1980. Elle stagne depuis, concurrencée notamment par des produits de substitution (comme les plastiques) et le développement du recyclage. Sa localisation est conditionnée par la disponibilité d'électricité et la proximité des marchés de consommation, plus accessoirement par la présence de l'alumine (tirée de la bauxite), qui peut être importée. On s'explique ainsi que les États-Unis et le Canada soient les deux principaux producteurs, alors que la Norvège (où l'hydroélectricité est exceptionnellement abondante) occupe le premier rang en Europe. ■

alun [alœ̃] **n.m.** (lat. *alumen, -inis*). Sulfate double d'aluminium et de potassium, ou composé analogue aux propriétés astringentes : *L'alun aide à fixer les teintures.*

alunir [alynir] **v.i.** [conj. **32**]. Se poser sur la Lune (terme condamné par l'Académie des sciences et par l'Académie française, qui recommandent *atterrir sur la Lune*).

alunissage [alynisaʒ] **n.m.** Action d'alunir. (Recomm. off. *atterrissage sur la Lune.*)

alunite [alynit] **n.f.** (de *alun*). Sulfate naturel d'aluminium et de potassium.

alvéolaire [alveɔlɛr] **adj. 1.** Relatif aux alvéoles ; en forme d'alvéole. **2.** PHON. **Consonne alvéolaire,** consonne articulée avec la pointe de la langue au niveau des alvéoles des dents : *Le s et le z sont des consonnes alvéolaires.* (On dit aussi *une alvéolaire.*)

alvéole [alveɔl] **n.f.** (lat. *alveolus*, de *alveus*, cavité de ruche). **1.** Cavité des rayons d'une ruche. **2.** Cavité creusée dans le tissu du lobule pulmonaire, où s'effectuent les échanges respiratoires. **3.** Cavité des os maxillaires où est enchâssée une dent. **4.** GÉOMORPH. Petite cavité arrondie dans une roche, due à l'érosion chimique ou mécanique. ***Rem.*** Ce mot était autref. masculin.

alvéolé, e [alveɔle] **adj.** Qui présente, qui a des alvéoles.

alvéolite [alveɔlit] **n.f.** Inflammation des alvéoles pulmonaires ou dentaires.

Alzheimer (Aloïs), psychiatre et neurologue allemand (Marktbreit, Bavière, 1864 - Breslau 1915). Il est le premier à avoir décrit les symptômes de la maladie qui porte son nom (maladie d'Alzheimer) et étudié les altérations du cerveau qu'elle provoque (1906).

Alzheimer (maladie d'), maladie du cerveau (décrite par Aloïs Alzheimer), qui provoque une démence se traduisant par une importante dégradation des fonctions intellectuelles puis des forces motrices.

amabilité [amabilite] **n.f. 1.** Caractère d'une personne aimable : *Répondre avec amabilité* (syn. **affabilité, courtoisie**). **2.** (Souvent au pl.). Marque de politesse, de prévenance : *Faire des amabilités à qqn.*

Amado (Jorge), écrivain brésilien (Ferradas, près d'Itabuna, Bahia, 1912 - Salvador de Bahia 2001). Ses romans unissent la critique sociale et l'inspiration folklorique (*Bahia de tous les saints*, 1938 ; *Terre violente*, 1942 ; *la Boutique aux miracles*, 1971 ; *Tereza Batista*, 1973 ; *Tocaia Grande*, 1984).

amadou [amadu] **n.m.** (orig. incert., p.-ê. prov. *amadou*, amoureux [du lat. *amare*, aimer], parce que cette substance s'enflamme facilement). Substance spongieuse provenant d'un champignon du chêne, l'*amadouvier*, et préparée pour prendre feu facilement : *Briquet à amadou.*

amadouer [amadwe] **v.t.** (de *amadou*). Adoucir, apaiser en flattant, en se montrant aimable : *Chercher à amadouer qqn par de bonnes paroles.*

amaigri, e [amegri] **adj.** Devenu maigre, plus maigre : *Visage amaigri.*

amaigrir [amegrir] **v.t.** [conj. **32**]. Rendre maigre : *Sa maladie l'a considérablement amaigri.* ◆ **s'amaigrir v.pr.** Devenir maigre : *Il s'est amaigri en vieillissant.*

amaigrissant, e [amegrisɑ̃, -ɑ̃t] **adj.** Qui fait maigrir : *Régime amaigrissant.*

amaigrissement [amegrismɑ̃] **n.m.** Fait de maigrir.

amalgame [amalgam] **n.m.** (lat. médiév. *amalgama*, métathèse de l'ar. *al-madjma*, fusion). **1.** Alliage du mercure et d'un autre métal : *L'amalgame d'étain sert à étamer les glaces.* **2.** Alliage d'argent et d'étain employé pour les obturations dentaires. **3.** Mélange de choses ou de personnes très différentes : *Un amalgame de couleurs.* **4.** Assimilation abusive à des fins polémiques, notamm. en politique : *Faire un fâcheux amalgame* (syn. **confusion**).

amalgamer [amalgame] **v.t.** Faire un amalgame : *Amalgamer des métaux. L'auteur a amalgamé plusieurs légendes en un seul récit* (syn. **combiner, fondre**). ◆ **s'amalgamer v.pr.** S'unir, se fondre en un tout.

aman [amɑ̃] **n.m.** (ar. *amān*). **1.** En pays musulman, octroi de la vie sauve à un ennemi vaincu. **2.** *VX.* **Demander l'aman,** faire sa soumission.

amande [amɑ̃d] **n.f.** (du bas lat. *amandula*, altér. du class. *amygdala*, du gr.). **1.** Graine comestible de l'amandier, riche en substances grasses et glucidiques : *Huile d'amande douce.* **2.** Graine contenue dans un noyau : *L'amande d'un noyau de pêche.* **3. En amande,** dont la forme oblongue rappelle celle de l'amande : *Yeux en amande.*

amandier [amɑ̃dje] **n.m.** Arbre originaire d'Asie, cultivé pour ses graines, les amandes. ▸ Famille des rosacées ; haut. 7 m env.

amanite [amanit] **n.f.** (gr. *amanitês*). **1.** Champignon à lames, ayant un anneau et une volve, très commun dans les forêts : *Certaines amanites sont comestibles, d'autres, dangereuses ou mortelles.* **2. Amanite des Césars,** oronge vraie. ⁄ **Amanite tue-mouches,** fausse oronge.

amant, e [amɑ̃, -ɑ̃t] **n.** (lat. *amans, -antis*, p. présent de *amare*, aimer). *VX.* Celui, celle qui éprouve un amour partagé pour une personne de l'autre sexe. ◆ **amant n.m.** Homme qui a des relations sexuelles avec une femme qui n'est pas son épouse.

amarante [amarɑ̃t] **n.f.** (lat. *amarantus*, du gr. *amarantos*, qui ne flétrit pas). **1.** Plante ornementale aux fleurs rouges groupées en longues grappes, appelée aussi *queue-de-renard* ou *passe-velours*. ▸ Famille des amarantacées ; haut. 1 m env. **2. Bois d'amarante,** acajou de Cayenne, rouge vineux. ◆ **adj. inv.** D'une couleur rouge bordeaux veloutée : *Des soies amarante.*

amareyeur, euse [amarɛjœr, -øz] **n.** (de *mareyeur*). Personne qui s'occupe de l'entretien des parcs à huîtres.

amarinage [amarinaʒ] **n.m.** Action d'amariner ; fait de s'amariner.

amariner [amarine] **v.t.** (de *marin*). **1.** MAR. Habituer un équipage à la mer, aux manœuvres, au régime de bord : *Amariner des matelots.* **2.** Faire occuper par un équipage un navire pris à l'ennemi. ◆ **s'amariner v.pr.** S'habituer à la mer.

amarrage [amaraʒ] **n.m. 1.** Action d'amarrer ; fait d'être amarré : *L'amarrage de skis sur le toit d'une voiture.* **2.** ASTRONAUT. Opération au cours de laquelle deux véhicules spatiaux établissent entre eux une liaison rigide.

amarre [amar] **n.f.** (de *amarrer*). Câble, cordage pour maintenir en place un navire : *Dans la tempête, le navire a rompu ses amarres.*

amarrer [amare] **v.t.** (néerl. *aenmarren*). **1.** Maintenir, attacher avec des amarres, des cordes, des câbles, etc. : *Amarrer un cargo. Amarrer une malle sur un porte-bagages* (syn. **arrimer, fixer**). **2.** MAR. Fixer une amarre, une manœuvre par un nœud, des tours.

amaryllis [amarilis] **n.f.** (n. d'une bergère, personnage de Virgile). Plante bulbeuse à grandes fleurs d'un rouge éclatant, d'odeur suave, dite *lis Saint-Jacques*.

amas [amɑ] **n.m.** (de *amasser*). **1.** Accumulation de choses réunies de façon désordonnée : *Un amas de ferraille, de paperasses* (syn. **monceau, tas**). **2.** ASTRON. Concentration d'étoiles ou de galaxies appartenant à un même système. **3. Amas globulaire,** amas très concentré de plusieurs centaines de milliers d'étoiles. ⁄ **Amas ouvert,** amas peu serré comprenant seulement quelques centaines d'étoiles.

amasser [amase] **v.t.** (de *masse*). Réunir en une masse importante : *Amasser de l'argent* (syn. **entasser**). *Amasser des connaissances* (syn. **accumuler**).

Amaterasu, déesse du Soleil et de la Fertilité dans le panthéon du shintoïsme ; la dynastie impériale du Japon affirme descendre d'elle ; elle est vénérée à Ise, principal sanctuaire shinto.

amateur, trice [amatœr, -tris] **n.** et **adj.** (lat. *amator*, de *amare*, aimer). **1.** Personne qui pratique un sport, qui s'adonne à un art, etc., pour son agrément, sans en faire profession : *Quelques musiciens amateurs formaient l'orchestre* (contr. **professionnel**). **2.** Personne qui a du goût, une attirance particulière pour qqch : *Elle est amatrice de peinture.* **3.** *FAM.* Personne disposée à acheter qqch : *Si tu n'achètes pas ce tableau, moi je suis amateur* (syn. **acheteur**). ◆ **n.** Personne qui manque de zèle ou de compétence : *Cet étudiant suit les cours en amateur* (syn. **dilettante, fantaisiste**). *Du travail d'amateur* (= du travail mal fait). ***Rem.*** Au Québec, la forme fém. *amateure* prévaut.

amateurisme [amatœrism] **n.m. 1.** Qualité d'une personne qui pratique un sport, un art, etc., en amateur : *L'amateurisme est de règle en athlétisme* (contr. **professionnalisme**). **2.** Défaut d'une personne qui manque de zèle, qui ne s'engage pas vraiment dans ce qu'elle fait : *La direction critique beaucoup son amateurisme* (syn. **dilettantisme**).

amazone [amazon] **n.f.** (de *Amazones*). **1.** Femme qui monte à cheval (syn. **cavalière**). **2.** Longue jupe portée par une femme quand elle monte à cheval. **3. Monter en amazone,** monter un cheval en ayant les deux jambes du même côté.

Amazone, fl. de l'Amérique du Sud. Il prend sa source dans les Andes, draine le Pérou et le Brésil, traverse d'immenses forêts et se jette dans l'Atlantique ; 7 000 km (depuis les sources de l'Apurimac). Par son débit, c'est le premier fleuve du monde.

Amazones, femmes guerrières dont la mythologie grecque situait la tribu sur les bords de la mer Noire et qui ne laissaient s'approcher les hommes qu'une fois l'an, pour assurer la continuité de leur race. Elles tuaient leurs enfants mâles. Combattant à cheval et redoutables au tir à l'arc, elles brûlaient le sein droit de leurs filles pour que celles-ci aient plus de force au moment de tendre cette arme.

Amazonie, vaste région de l'Amérique du Sud, correspondant au bassin moyen et inférieur de l'Amazone. C'est une zone basse, presque déserte, au climat équatorial, où domine la grande forêt toujours verte, entaillée, au Brésil, par les routes Transamazoniennes.

amazonien, enne [amazɔnjɛ̃, -ɛn] **adj.** et **n.** De l'Amazone ou de l'Amazonie.

ambages [ɑ̃baʒ] **n.f. pl.** (lat. *ambages,* détours). **Sans ambages,** d'une manière directe, sans détour : *Parler sans ambages* (= franchement).

ambassade [ɑ̃basad] **n.f.** (it. *ambasciata,* d'un rad. gaul.). **1.** Mission, fonction d'un ambassadeur : *Envoyer qqn en ambassade à Moscou.* **2.** Ensemble du personnel diplomatique, des agents et des services assurant cette mission ; bâtiment qui les abrite : *Il y aura une réception à l'ambassade demain soir.*

ambassadeur, drice [ɑ̃basadœr, -dris] **n. 1.** Représentant(e) permanent(e) d'un État auprès d'un État étranger : *Il a été nommé ambassadeur auprès du Saint-Siège.* **2.** Personne qui, dans un domaine donné, représente son pays à l'étranger de manière non officielle : *L'ambassadrice de la chanson française au Japon.* ◆ **ambassadrice n.f.** Épouse d'un ambassadeur.

ambiance [ɑ̃bjɑ̃s] **n.f.** (de *ambiant*). **1.** Atmosphère qui existe autour de qqn, dans un lieu, dans une réunion : *Une bonne ambiance* (syn. **climat**). **2.** Humeur gaie : *Elle met de l'ambiance partout !* (syn. **entrain, gaieté**).

ambiant, e [ɑ̃bjɑ̃, -ɑ̃t] **adj.** (lat. *ambire,* entourer). **1.** Se dit du milieu physique et matériel dans lequel on vit : *La température ambiante est douce. Ouvrir les fenêtres pour renouveler l'air ambiant.* **2.** Se dit des influences intellectuelles ou morales du milieu dans lequel on vit : *Il est très marqué par les idées ambiantes.*

ambidextre [ɑ̃bidɛkstr] **adj.** et **n.** (bas lat. *ambidexter,* du class. *ambo,* deux, et *dexter,* droit). Qui se sert avec autant d'habileté de chacune de ses deux mains (par opp. à *droitier* et à *gaucher*) : *Un joueur de tennis ambidextre.*

ambigu, uë [ɑ̃bigy] **adj.** (lat. *ambiguus*). Dont le sens n'est pas précis ; qui laisse dans le doute, dans l'incertitude, volontairement ou non : *Elle m'a répondu en termes ambigus* (syn. **énigmatique, sibyllin**). *Dans cette affaire, sa conduite est restée ambiguë* (syn. **équivoque**).

ambiguïté [ɑ̃bigɥite] **n.f.** Caractère de ce qui est ambigu ; ce qui est ambigu : *L'ambiguïté d'une situation* (syn. **équivoque, obscurité** ; contr. **clarté**). *S'exprimer sans ambiguïté* (contr. **netteté**).

ambitieusement [ɑ̃bisjøzmɑ̃] **adv.** De façon ambitieuse : *Il a ambitieusement baptisé son ouvrage « Panorama des connaissances contemporaines ».*

ambitieux, euse [ɑ̃bisjø, -øz] **adj.** et **n.** Qui a, qui témoigne de l'ambition : *Un homme ambitieux* (syn. **arriviste**). *Voilà un souhait bien ambitieux* (syn. **présomptueux, prétentieux**). *Une entreprise ambitieuse* (syn. **audacieux**).

ambition [ɑ̃bisjɔ̃] **n.f.** (lat. *ambitio*). **1.** Désir ardent de réussite, de fortune, de gloire, d'honneurs : *Elle est dévorée d'ambition. Il a de grandes ambitions pour son fils* (syn. **prétention, visées**). **2.** Fait de se fixer, d'afficher un but intellectuel ou moral élevé : *De nobles ambitions.* **3.** Désir profond de qqch : *Sa seule ambition est d'être heureux* (syn. **aspiration, but, vœu**).

ambitionner [ɑ̃bisjɔne] **v.t.** Rechercher vivement qqch que l'on juge avantageux, supérieur : *Il ambitionne le poste de directeur* (syn. **viser**).

ambivalence [ɑ̃bivalɑ̃s] **n.f.** (de *ambi-* et du lat. *valere,* valoir). **1.** Caractère de ce qui a deux aspects radicalement différents ou opposés. **2.** PSYCHOL. Disposition d'un sujet qui éprouve simultanément deux sentiments contradictoires vis-à-vis d'un même objet (amour et haine, etc.).

ambivalent, e [ɑ̃bivalɑ̃, -ɑ̃t] **adj.** Qui présente de l'ambivalence ; qui paraît avoir un sens double.

amble [ɑ̃bl] **n.m.** (du lat. *ambulare,* marcher). Trot d'un cheval qui lève en même temps les deux jambes du même côté : *Aller l'amble.*

amblyope [ɑ̃blijɔp] **adj.** et **n.** Dont l'acuité visuelle est très diminuée.

amblyopie [ɑ̃blijɔpi] **n.f.** (du gr. *amblus,* faible, et *ôps,* vue). Diminution de l'acuité visuelle sans altération organique de l'œil.

ambre [ɑ̃br] **n.m.** (ar. *al-'anbar*). **Ambre jaune,** résine fossile jaune ou rouge, récoltée dans les terrains oligocènes des rivages de la Baltique, mêlée au lignite, l'un et l'autre provenant des vastes forêts de pins de cette période. Il est utilisé en ébénisterie, en bijouterie, etc. / **Ambre gris,** concrétion intestinale fournie par le cachalot et entrant dans la composition de parfums. ◆ **adj. inv.** D'une couleur jaune doré ou rougeâtre.

ambré, e [ɑ̃bre] **adj. 1.** Parfumé à l'ambre gris : *Eau de toilette ambrée.* **2.** De la couleur de l'ambre jaune : *Vin ambré.*

ambrer [ɑ̃bre] **v.t.** Parfumer à l'ambre gris.

Ambroise *(saint),* père et docteur de l'Église latine (Trèves v. 340 - Milan 397). Il était fonctionnaire impérial lorsqu'il fut élu évêque de Milan en 374. Homme d'action et de culture, grand orateur dont l'éloquence séduira Augustin, qui enseigne à Milan vers 386, il s'attacha à christianiser les traditions stoïciennes de la civilisation romaine et à assurer la suprématie de l'Église sur l'empereur dans le domaine religieux. Ses écrits théologiques s'inspirent de la tradition exégétique des auteurs grecs, notamment de Philon d'Alexandrie et d'Origène. Son œuvre en matière de liturgie a valu au diocèse de Milan d'avoir un rite propre, qui est dit « ambrosien », et dont la tradition s'est maintenue au long des siècles en dépit de nombreuses altérations.

ambroisie [ɑ̃brwazi] **n.f.** (gr. *ambrosia,* nourriture des dieux). Nourriture procurant l'immortalité, selon les anciens Grecs : *Les dieux de l'Olympe, buveurs de nectar et mangeurs d'ambroisie.*

ambulance [ɑ̃bylɑ̃s] **n.f.** (de *ambulant*). Véhicule pour le transport des malades ou des blessés.

ambulancier, ère [ɑ̃bylɑ̃sje, -ɛr] **n.** Personne attachée au service d'une ambulance.

ambulant, e [ɑ̃bylɑ̃, -ɑ̃t] **adj.** (du lat. *ambulare,* marcher). Qui se déplace selon les besoins de sa profession ou d'une activité : *Marchand ambulant.*

ambulatoire [ɑ̃bylatwar] **adj.** (lat. *ambulatorius,* de *ambulare,* marcher). **1.** MÉD. Qui n'interrompt pas les activités habituelles d'un malade : *Soin, traitement ambulatoire.* **2.** DR. Qui n'a pas de siège fixe : *Le parlement fut d'abord ambulatoire.*

âme [am] **n.f.** (lat. *anima,* souffle, vie). **1.** Sur le plan religieux, principe de vie et de pensée de l'homme : *Croire en l'immortalité de l'âme.* **2.** SOUT. Individu, considéré du point de vue moral, intellectuel, etc. : *En perdant cet homme nous avons perdu une âme noble et généreuse.* **3.** Personne qui anime, qui dirige : *Cet homme était l'âme du complot* (syn. **agent, animateur, moteur**). **4.** LITT. Habitant : *Une ville de 900 000 âmes.* **5.** MUS. Petite baguette de bois placée dans un instrument à cordes et qui communique les vibrations à toutes ses parties. **6.** BX-A. Noyau porteur du revêtement externe d'une sculpture (dans l'art médiéval, notamm.). **7.** ARM. Évidement intérieur d'une bouche à feu. **8.** Fil, toron ou cordage axial d'un câble. **9. Âme sœur,** personne que ses sentiments, ses inclinations rapprochent d'une autre : *Trouver l'âme sœur.* / **Bonne âme,** personne compatissante et vertueuse (souvent iron.) : *Les bonnes âmes n'ont pas manqué de lui révéler son infortune* (= les personnes malveillantes, faussement sincères). / **En son âme et conscience,** en toute honnêteté, pureté de sentiments ; en se laissant guider par la seule justice : *Les jurés se prononcent en leur âme et conscience.* / **État d'âme,** impression ressentie, sentiment éprouvé ; au plur., disposition d'esprit jugée déplacée (péjor.) : *Nous ne sommes pas là pour écouter vos états d'âme.* / **Rendre l'âme,** mourir.

améliorable [ameljɔrabl] **adj.** Qui peut être amélioré : *Votre style est intéressant mais encore améliorable* (syn. **perfectible**).

amélioration [ameljɔrasjɔ̃] **n.f. 1.** Action d'améliorer ; son résultat : *Les améliorations apportées dans la circulation de l'information* (syn. **perfectionnement, progrès ;** contr. **dégradation**). **2.** Fait de s'améliorer : *L'amélioration notable du temps.*

améliorer [ameljɔre] **v.t.** (du lat. *melior,* meilleur). Rendre meilleur ; changer en mieux : *Améliorer des résultats. Il faudrait améliorer les circuits de distribution* (syn. **perfectionner ;** contr. **dégrader**). ◆ **s'améliorer v.pr.** Devenir meilleur : *Le climat international s'est amélioré après la signature du traité* (contr. **se dégrader**). *Son caractère ne s'améliore guère* (syn. **s'arranger**).

amen [amɛn] **n.m. inv.** (mot hébreu « ainsi soit-il »). **1.** Mot qui sert de terminaison à une prière (= ainsi soit-il). **2.** FAM. **Dire amen,** marquer par son attitude ou ses paroles qu'on approuve entièrement ce qui est dit ou fait : *Elle dit amen à tout ce qu'il propose.*

aménageable [amenaʒabl] **adj.** Qui peut être aménagé : *Les dépendances de la ferme sont aménageables.*

aménagement [amenaʒmɑ̃] **n.m. 1.** Action d'aménager un lieu, qqch. ; résultat de cette action : *L'aménagement de cette petite pièce en salle de bains est possible* (syn. **agencement, transformation**). *Aménagements fiscaux. Aménagements d'une loi.* **2. Aménagement du territoire,** politique de transformation du territoire national par les pouvoirs publics pour en améliorer l'équilibre et l'efficacité économique.

aménager [amenaʒe] **v.t.** (de *ménage*) [conj. **17**]. **1.** Arranger un lieu, un local, le modifier pour le rendre plus pratique, plus agréable : *Ils ont fini d'aménager leur appartement* (syn. **agencer, installer**). **2.** Apporter des modifications en vue d'une meilleure adaptation : *Il faudrait aménager la législation concernant cette question* (syn. **corriger, modifier**). *Aménager les horaires de travail.*

amende [amɑ̃d] **n.f.** (de *amender*). **1.** Sanction ou peine pécuniaire : *Il a été condamné à payer une amende de 90 euros.* **2. Faire amende honorable,** reconnaître publiquement ses torts et s'en excuser. / **Mettre qqn à l'amende,** lui infliger une petite punition pour une légère infraction à des règles librement admises, comme celles d'un jeu.

amendement [amɑ̃dmɑ̃] **n.m.** (de *amender*). **1.** Modification apportée à un projet ou à une proposition de loi par une assemblée législative : *Les amendements proposés ont été rejetés par l'Assemblée.* **2.** Substance incorporée au sol pour le rendre plus fertile : *La marne est un amendement calcaire.*

amender [amɑ̃de] **v.t.** (lat. *emendare,* rectifier). **1.** Modifier un texte par amendement : *Les députés ont amendé le projet de loi.* **2.** Rendre qqn, qqch meilleur : *Amender la terre* (syn. **bonifier, fertiliser**). *La prison ne l'a guère amendé* (syn. **améliorer, corriger**). ◆ **s'amender v.pr.** LITT. Devenir meilleur : *Plusieurs élèves se sont amendés au cours du troisième trimestre* (syn. **s'améliorer, se corriger**).

amène [amɛn] **adj.** (lat. *amœnus,* agréable). LITT. D'une courtoisie aimable (parfois iron.) : *Échanger quelques propos amènes* (= peu gracieux).

amenée [amne] **n.f.** Action d'amener de l'eau : *Canal d'amenée.*

amener [amne] **v.t.** (de *mener*) [conj. **19**]. **1.** Faire venir qqn avec soi : *Puis-je amener un ami à votre soirée ?* **2.** Porter, transporter qqn, qqch vers un lieu : *Le taxi vous amènera directement à l'aéroport* (syn. **conduire**). *Le train amène le charbon jusqu'à l'usine* (syn. **acheminer**). **3.** Pousser, entraîner qqn à faire qqch : *Son métier l'amène à voyager beaucoup.* **4.** Avoir pour conséquences : *La grêle amène bien des dégâts* (syn. **causer, provoquer**). **5.** MAR. Abaisser : *Amener les voiles.* **6. Amener les couleurs,** abaisser le pavillon d'un navire en signe de reddition. / **Bien amené,** se dit d'un thème adroitement introduit dans une conversation, dans un écrit : *Une comparaison bien amenée.* ◆ **s'amener v.pr.** FAM. Venir : *Tu t'amènes ?* (syn. **arriver**).

aménité [amenite] **n.f.** (lat. *amœnitas,* de *amœnus ;* v. *amène*). Comportement affable et doux : *Il traite ses subordonnés sans aménité* (= avec rudesse). ◆ **aménités n.f. pl.** Paroles blessantes (par iron.) : *Se dire des aménités.*

Aménophis, nom de quatre pharaons de la XVIIIe dynastie (1580-1320 av. J.-C.). • **Aménophis IV** ou **Akhenaton** (« Celui qui plaît à Aton »), roi d'Égypte (1372-1354 av. J.-C.). D'un tempérament mystique, il instaura, avec l'appui de la reine Néfertiti, le culte d'Aton, dieu solaire suprême et unique, tandis que le culte d'Amon, le dieu dynastique, était proscrit. Aménophis IV transporta sa capitale de Thèbes (ville du dieu Amon) à Akhetaton (Amarna), mais sa réforme ne lui survécut pas.

aménorrhée [amenɔre] **n.f.** (du gr. *mên,* mois, et de *-rrhée*). MÉD. Absence de menstruation.

amentale [amɑ̃tal] **n.f.** et **amentifère** [amɑ̃tifɛr] **n.m.** (du lat. *amentum,* courroie). **Amentales, amentifères,** super-ordre d'arbres à chatons tels que le saule, le noyer, le hêtre.

amenuisement [amənɥizmɑ̃] **n.m.** Fait de s'amenuiser : *L'amenuisement progressif de nos bénéfices* (syn. **effritement**).

amenuiser [amənɥize] **v.t.** (de *menuisier* au sens anc. de « rendre menu »). Rendre qqch plus petit : *Chaque jour qui passe amenuise nos chances de les sauver* (syn. **diminuer, réduire**). ◆ **s'amenuiser v.pr.** Devenir moins important : *Tes chances de réussir s'amenuisent* (syn. **diminuer**).

1. amer, ère [amɛr] **adj.** (lat. *amarus*). **1.** Qui a une saveur aigre, rude et désagréable : *Le café est amer* (syn. **âpre**). **2.** Qui blesse par sa méchanceté ; qui cause ou dénote de la tristesse : *Reproches amers* (syn. **dur, sarcastique**). *J'ai subi une amère déconvenue* (syn. **cruel, douloureux**). *Elle garde de cette époque d'amers souvenirs* (syn. **pénible, triste**).

2. amer [amɛr] **n.m.** (du néerl. *merk,* limite). MAR. Objet, bâtiment fixe et visible situé sur une côte et servant de point de repère pour la navigation.

amèrement [amɛrmɑ̃] **adv.** Avec amertume, tristesse : *Je regrette amèrement de lui avoir fait confiance.*

américain, e [amerikɛ̃, -ɛn] **adj.** et **n. 1.** Des États-Unis d'Amérique : *New York est la ville américaine la plus peuplée. L'entrée en guerre des Américains.* **2.** D'Amérique : *Le continent américain.* **3.** CIN. **Nuit américaine,** effet spécial permettant de filmer de jour une scène censée se dérouler la nuit. / **Vedette américaine,** artiste qui passe sur une scène de music-hall juste avant la vedette principale.

américanisation [amerikanizasjɔ̃] **n.f.** Fait de s'américaniser : *L'américanisation des grandes villes européennes.*

américaniser [amerikanize] **v.t.** Donner le caractère américain à : *Américaniser une société.* ◆ **s'américaniser v.pr.** Prendre l'aspect, les manières des Américains du Nord, leur mode de vie.

américanisme [amerikanism] **n.m. 1.** Mot, expression, tournure particuliers à l'anglais parlé en Amérique du Nord. **2.** Tendance à s'inspirer de ce qui se fait aux États-Unis.

amérindien, enne [amerɛ̃djɛ̃, -ɛn] **adj.** et **n.** Propre aux Indiens d'Amérique : *Le tupi est une langue amérindienne du Brésil.*

Amérique, continent couvrant 42 millions de km² et peuplé d'environ 972 005 000 hab. On y a distingué trois grands ensembles : l'*Amérique du Nord* et l'*Amérique du Sud,* constituant l'essentiel du continent et séparées par un isthme formant (avec les Antilles, selon certains géographes) l'*Amérique centrale.* Étiré sur plus de 15 000 km du N. au S., le continent juxtapose d'O. en E. trois grands types de paysages. La façade pacifique est dominée par de hautes chaînes (l'Aconcagua culmine à 6 959 m), étirées, les cordillères (Rocheuses au N. et Andes au S. notamment), partiellement volcaniques, enserrant souvent des plateaux d'altitude (Grand Bassin américain ou Altiplano bolivien). La façade atlantique, parfois bordée de plaines littorales, est dominée par de moyennes montagnes (au-dessous de 3 000 m), comme les Appalaches au N., ou de hauts plateaux, comme le plateau brésilien au S. Le centre est occupé par de vastes régions basses, comme la Prairie américaine (débordant au Canada) ou la forêt amazonienne, correspondant souvent aux bassins de gigantesques organismes fluviaux (Mississippi-Missouri au N., Amazone au S.).
La végétation varie avec le relief et la latitude. Une grande partie de l'Amérique du Nord est dans le domaine tempéré. Les hivers sont souvent rudes en altitude et dans l'intérieur. Les précipitations, abondantes dans l'Ouest montagneux, se raréfient vers l'Est plus abrité et se relèvent en bordure de l'Atlantique. On passe de la toundra de l'extrême nord à la forêt et rapidement dans l'intérieur, plus sec, à la steppe. L'Amérique centrale montagneuse, étroite, est abondamment arrosée, comme le sont les îles ou versants au vent des Antilles. La forêt a souvent été défrichée par les plantations commerciales à des latitudes tropicales. Elle domine en revanche dans l'Amazonie équatoriale, abondamment arrosée, toujours chaude. Elle cède la place à une forêt plus clairsemée, puis à la savane et à la steppe sur le plateau brésilien, à la prairie plus au S. (pampa). La steppe réapparaît dans la Patagonie abritée par les Andes. La façade pacifique présente une succession de climats influencés par la latitude (climat méditerranéen de la Californie et du littoral chilien à la hauteur de Santiago), mais aussi par des courants marins (comme le courant de Humboldt) expliquant la bande désertique de l'Atacama.
La densité moyenne de peuplement est faible, environ 18 habitants au km², chiffre sans grande signification sur un espace aussi vaste et aussi diversifié. À des secteurs très peuplés, comme le Nord-Est américain et le pourtour oriental des Grands Lacs, ou le sud-est du Brésil (triangle Sao Paulo-Rio de Janeiro-Belo Horizonte) et certaines îles des Antilles, s'opposent d'immenses régions presque vides, comme le Nord canadien ou l'Amazonie. Le peuplement précolombien s'est souvent maintenu dans les Andes, site de quelques métropoles (Bogota, Quito, La Paz), bien que des migrations se soient produites vers le littoral, jalonné sur l'ensemble du continent de très grandes agglomérations (San Francisco, Los Angeles, mégalopolis de Boston à Washington, Buenos Aires et Montevideo, Rio de Janeiro, Recife) ; Caracas, Lima et Santiago sont proches du littoral. Mais, Amérique du Nord et Amérique latine s'opposent humainement et économiquement, pour des raisons tenant à l'histoire surtout (peuplement portugais et surtout espagnol, pour le sud de l'Amérique, peuplement à dominante britannique des États-Unis et du Canada), plus accessoirement à des considérations physiques, comme le poids du relief et surtout du climat.

Amérique centrale, partie la plus étroite de l'Amérique, entre les isthmes de Tehuantepec (Mexique) et de Panama, à laquelle on rattache parfois les Antilles.

Amérique du Nord, partie nord du continent américain, comprenant le Canada, les États-Unis et la plus grande partie du Mexique (au nord de l'isthme de Tehuantepec).

Amérique du Sud, partie méridionale du continent américain, au sud de l'isthme de Panama.

Amérique latine, partie du continent américain colonisée principalement par les Espagnols et les Portugais (Brésil) ; 20 500 000 km² ; 574 127 000 hab. *(Latino-Américains).*
L'Amérique latine s'étend du Mexique à la Terre de Feu, recouvrant la partie méridionale de l'Amérique du Nord, l'Amérique centrale, l'archipel antillais et l'Amérique du Sud. N'ont échappé à l'influence ibérique que des espaces limités des Antilles et des Guyanes colonisés par la France, l'Angleterre et la Hollande.
L'Amérique latine, en majeure partie tropicale, traduit certes les contraintes du milieu naturel, relief et climat, mais surtout le poids de l'histoire, grande responsable des structures politiques et économiques, qu'il s'agisse du découpage de l'espace ou des choix de sa mise en valeur. L'histoire explique : la présence d'un pays géant (le Brésil, plus du tiers de la superficie et de la population de l'Amérique latine), la multiplicité des petites républiques d'Amérique centrale, des États (ou parfois encore dépendances) insulaires des Antilles ; la composition, généralement mêlée, de la population, où au fonds précolombien se sont ajoutés des Européens (surtout de la péninsule Ibérique) et des Noirs africains ; les structures agraires (extension de la grande propriété) et les inégalités sociales ; le développement de certaines productions à vocation commerciale (café, cacao, canne à sucre), aux dépens de cultures vivrières ; la croissance rapide de la population avec la prolifération des bidonvilles dans les métropoles.

Amérique préhispanique, dite aussi **précolombienne,** l'Amérique avant la colonisation espagnole et portugaise (1492).
Religions. Rapidement détruites par la colonisation, elles ne nous sont connues que très incomplètement. De la civilisation olmèque établie au Mexique de 1500 à 500 av. J.-C., on sait que le culte y était centré autour d'un dieu félin (jaguar). Dans les cultures postérieures, celles de l'Empire maya en Amérique centrale (période classique : 250-950), de l'Empire aztèque en Méso-Amérique (1325-1520), de l'Empire inca dont l'expansion au Pérou date de 1435-1525, la religion rassemble des traditions locales autour d'un thème ordonnateur, comme le culte du Soleil (Inti) chez les Incas. Chez les Aztèques, celui-ci a été détruit à quatre reprises et c'est l'incessant renouvellement du sacrifice qui l'empêche de disparaître de nouveau. Mais cette civilisation possède une multitude de dieux dont chacun est affecté à une tâche précise d'assistance aux humains : Tlaloc est le dieu de la Pluie ; Huitzilopochtli, le « colibri de gauche », assure la victoire aux guerriers ; Xochipilli préside à la beauté, à l'amour, à l'éclat des fleurs ; Quetzalcóatl, le « serpent à plumes », est le dieu des Prêtres, des Arts et de la Pensée religieuse – il est l'une des divinités les plus importantes du panthéon aztèque et venait, à travers la culture toltèque, d'un monde beaucoup plus ancien, où il était le dieu de la Végétation et du Renouveau. Comme les autres populations amérindiennes, les Aztèques considéraient que le cosmos était perpétuellement menacé par l'épuisement de son énergie. C'est par là que se justifiait leur pratique des sacrifices humains, notamment pour la sauvegarde de leur cinquième soleil.
Préhistoire. Après l'évolution d'un paléolithique encore peu connu avec, notamment, une industrie lithique ingénieuse (pointes foliacées à cannelures), des peintures rupestres et des pétroglyphes (Brésil, Argentine, Chili, Équateur et Pérou), s'épanouit une culture de chasseurs-cueilleurs nomades.
À partir de 8000 avant notre ère, ils commencent à maîtriser l'agriculture (maïs, manioc, coton, et certains tubercules). Selon les régions, ce néolithique, avec passage à une économie de production, s'affirme lentement au fil des millénaires. Ainsi, v. - 5000, le maïs est cultivé au Mexique à Tehuacán, les ancêtres des lamas sont en voie de domestication v. - 5400 dans les Andes centrales où le tissage (filets de pêche en coton) se pratique v. - 3500. Autre caractéristique du néolithique, la céramique est fabriquée v. - 3500 en Colombie et aux alentours de - 2500 au Mexique. Certains traits culturels typiques du monde préhispanique (élévation de plates-formes supportant le temple) se rencontrent plus ou moins tôt : v. - 2500 sur la côte centrale du Pérou et v. - 1500 dans les hautes terres du Guatemala.
Les grandes civilisations. On les étudie à partir de leur répartition géographique : on parle d'aire culturelle. Ainsi la Méso-Amérique regroupe le Mexique et l'Amérique centrale au

nord de l'isthme de Panama. Pour l'aire andine, on distingue le Nord, le Sud, le Centre et les bords de côtes (basses terres) des hauts plateaux (hautes terres). Le cadre chronologique se divise en trois longues périodes : le préclassique (200-250 apr. J.-C.) souvent dit aussi, dans le Sud, « formatif » ; le classique (250-950) et le postclassique (950-1500).

Peu à peu, les sociétés villageoises évoluent et, avec le IIe millénaire, se développent de grandes civilisations urbaines fortement hiérarchisées ayant pour principaux traits culturels : des religions et mythologies complexes ; des pratiques funéraires (dignitaires ensevelis sous certaines pyramides) ; de grandes métropoles (plusieurs dizaines de milliers d'habitants) organisées autour d'un centre cérémoniel à l'urbanisme strict (larges allées jalonnées de pyramides tronquées supportant le temple, jeux de balles qui participent à des rituels, quartiers résidentiels – palais de dignitaires et de prêtres – et, à la périphérie, habitat du peuple souvent fait d'adobe) ; un système d'irrigation très élaboré ; associée aux événements historiques, l'élévation de stèles couvertes de glyphes et de représentations qui mentionnent des repères chronologiques (en pays olmèque, l'une des plus anciennes dates retrouvées : 32 av. notre ère) ; des styles artistiques fortement différenciés, à l'iconographie inspirée par le panthéon religieux ; la pratique de la sculpture, de la céramique polychrome, de la peinture pariétale, du tissage textile ; l'ignorance, jusqu'à la conquête du fer, du bronze et de la roue.

Principales civilisations de la Méso-Amérique

– *Olmèques :* probables créateurs, sur le continent américain, du premier système d'écriture, du calendrier. Apogée aux env. de 1200 av. notre ère. Leur influence s'étend jusqu'à Chavín au S.

– *Zapotèques :* épanouissement entre le IIIe et le VIIIe s. avec pour centre cérémoniel Monte Albán.

– *Teotihuacán :* apogée entre le IIIe et le VIIe s., la plus impressionnante des grandes cités dont l'influence se retrouve chez les Mayas.

– *Mayas :* en plein essor entre la fin du VIe et le VIIIe s. avec pour centres principaux Copán, Chichén Itzá, Palenque, Tikal, Uxmal.

– *Toltèques :* florissants aux alentours de l'an 1000, avec Tula pour centre principal.

– *Mixtèques :* à l'apogée entre 900 et 1200, ils réutilisent la Mitla des Zapotèques.

– *Chichimèques :* nomades, ils seront l'un des éléments déstabilisateurs de la région avant d'être très probablement le ferment de la culture aztèque, dite aussi « Mexica ».

– *Aztèques :* leur hégémonie s'étend, à partir de 1325, depuis leur capitale Tenochtitlán (actuelle Mexico), jusqu'à la conquête espagnole, qui renverse leur empereur.

Principales civilisations de l'aire andine

– *Chavín de Huantar :* florissant entre 1300 et 500 av. J.-C. avant de se diffuser très largement dans la région côtière du Pacifique.

– *Moche* ou *Mochica :* dans la région côtière du Pérou ; apogée entre le IIIe et le VIIe s., renommée pour la qualité de sa céramique polychrome.

– *Tiahuanaco :* centre d'une culture florissante entre 600 et 1000 qui connaît une très vaste expansion vers les Andes du Sud, l'Argentine et le Chili.

– *Chimú :* sur la côte nord du Pérou en plein essor au XIVe s. ; la métropole Chanchán (20 km^2), bâtie en adobe, a été conquise par les Incas.

– *Incas :* leur empire, à son apogée au XVe s., établit son hégémonie sur une très vaste partie de la région andine jusqu'à la conquête espagnole et la défaite du dernier souverain, Atahualpa ; Cuzco, la forteresse de Sacsahuamán et Machu Picchu sont les plus importants vestiges incas.

amerrir [amerir] **v.i.** [conj. **32**]. Se poser sur la mer, sur l'eau, en parlant d'un hydravion ou d'un vaisseau spatial : *La capsule spatiale a amerri à l'endroit prévu.*

amerrissage [amerisaʒ] **n.m.** Action d'amerrir : *L'avion a été contraint à un amerrissage forcé non loin de la côte.*

amertume [amɛrtym] **n.f.** (lat. *amaritudo, -inis,* de *amarus,* amer). **1.** Saveur amère : *Le sucre atténuera l'amertume de ce médicament.* **2.** Ressentiment mêlé de tristesse et de déception : *Il constatait avec amertume l'ingratitude de son protégé* (syn. **déception, tristesse**).

améthyste [ametist] **n.f.** (gr. *amethustos,* pierre qui préserve de l'ivresse). Pierre fine, variété violette de quartz.

amétrope [ametrɔp] **adj.** et **n.** Atteint d'amétropie.

amétropie [ametrɔpi] **n.f.** (de *a-* priv., et du gr. *metron,* mesure, et *ôps,* vue). Anomalie de la réfraction oculaire : *La myopie, l'hypermétropie et l'astigmatisme sont des formes d'amétropie.*

ameublement [amœbləmɑ̃] **n.m.** (de *3. meuble*). Ensemble des meubles et des objets qui garnissent et décorent une habitation : *Une chaise et une table complétaient l'ameublement de sa petite chambre. Tissu d'ameublement.*

ameublir [amœblir] **v.t.** (de *1. meuble*) [conj. **32**]. **1.** Rendre une terre plus meuble, plus légère. **2.** DR. Faire d'un immeuble un bien mobilier.

ameuter [amøte] **v.t.** (de *meute*). Rassembler en faisant du bruit, du scandale : *Ses cris finirent par ameuter tout le voisinage.*

amharique [amarik] **n.m.** (de *Amhara,* n. d'une province éthiopienne). Langue sémitique parlée en Éthiopie, où elle a le statut de langue officielle.

ami, e [ami] **n.** et **adj.** (lat. *amicus*). **1.** Personne pour laquelle on a de l'amitié, de l'affection, ou avec laquelle on a des affinités : *Un vieil ami* (syn. **camarade**). *Ils ont peu d'amis.* **2.** Personne qui a du goût pour qqch : *Les amis de la nature.* **3.** INFORM. Membre d'un réseau social auquel un autre membre accorde l'accès à ses données personnelles : *Avoir de nombreux amis sur Facebook.* **4. Faux ami,** terme d'une langue qui présente une forte ressemblance avec un terme d'une autre langue, mais qui n'a pas le même sens (par ex. le mot anglais *library,* qui signifie *bibliothèque*). / **Petit ami, petite amie,** personne qui est liée à une autre par un sentiment tendre, par l'amour ; flirt ou amant, maîtresse : *Elle vit depuis deux ans chez son petit ami* (syn. **compagnon**). ◆ **adj. 1.** Lié par l'affection, la tendresse, les goûts, les intérêts : *Il est très ami avec mon frère. Les peuples amis* (syn. **allié** ; contr. **ennemi**). **2.** Accueillant, favorable : *Elle a été reçue dans une maison amie. Des visages amis.*

amiable [amjabl] **adj.** (du bas lat. *amicabilis,* du class. *amicus,* ami). **1.** Qui concilie des intérêts opposés : *Conclure un accord amiable.* **2. À l'amiable,** en se mettant d'accord de gré à gré, sans intervention de la justice : *Ils n'ont pas fait de constat d'accident et se sont arrangés à l'amiable.*

amiante [amjɑ̃t] **n.m.** (gr. *amiantos,* incorruptible). Silicate naturel hydraté de calcium et de magnésium, à contexture fibreuse, résistant à l'action du feu. ▸ La fabrication et la vente de produits contenant de l'amiante sont interdites, en France, depuis 1997.

amibe [amib] **n.f.** (gr. *amoibê,* transformation). Protozoaire des eaux douces ou salées, des sols humides, se déplaçant par pseudopodes, et dont une espèce parasite l'intestin de l'homme. ▸ Taille entre 30 et 500 micromètres ; embranchement des rhizopodes.

amibiase [amibjaz] **n.f.** Affection intestinale causée par les amibes et s'étendant parfois au foie, aux reins et au cerveau.

amibien, enne [amibjɛ̃, -ɛn] **adj.** Causé par une amibe : *Dysenterie amibienne.* ◆ **amibien n.m. Amibiens,** classe de protozoaires ayant les caractères généraux des amibes.

amical, e, aux [amikal, -o] **adj. 1.** Inspiré par l'amitié : *Un geste très amical* (syn. **cordial** ; contr. **hostile**). **2.** Qui ne comporte pas d'enjeu, en parlant d'une rencontre sportive : *Un match amical.*

amicale [amikal] **n.f.** Association de personnes de la même profession, de la même école, pratiquant le même sport, etc. : *L'amicale des anciens élèves.*

amicalement [amikalmɑ̃] **adv.** De façon amicale : *Il m'a écouté amicalement* (= avec bienveillance).

Amida → **Amitabha.**

amide [amid] **n.m.** (du rad. de *ammoniac*). CHIM. Nom générique de composés organiques dérivés de l'ammoniac par remplacement d'un ou de plusieurs atomes d'hydrogène par un radical acyle.

amidon [amidɔ̃] **n.m.** (lat. *amylum,* du gr. *amulos,* non moulu). **1.** Substance organique de réserve qui s'accumule dans certaines parties des végétaux : *L'amidon abonde dans les tubercules de pomme de terre.* **2.** Solution colloïdale de cette substance dans l'eau, utilisée pour empeser le linge.

amidonnage [amidɔnaʒ] **n.m.** Action d'amidonner ; fait d'être amidonné : *L'amidonnage d'un plastron de chemise* (syn. **empesage**).

amidonner [amidɔne] **v.t.** Enduire, imprégner d'amidon : *Amidonner des napperons* (syn. **empeser**).

Amiel (Henri Frédéric), écrivain suisse d'expression française (Genève 1821 - *id.* 1881). Son *Journal intime* analyse avec minutie son inquiétude et sa timidité fondamentales devant la vie.

Amiens, ch.-l. du dép. de la Somme, sur la Somme, à 132 km au nord de Paris ; 135 843 hab. *(Amiénois)* [162 141 hab. dans l'agglomération]. Évêché. Académie et université. Cour d'appel. Centre administratif, commercial et industriel. Vaste cathédrale gothique du XIIIe s., exemplaire du style rayonnant (célèbres sculptures des portails : *Beau Dieu*). Musée de Picardie. La ville fut un important centre commercial et drapier au Moyen Âge.

Amin (Samir), économiste égyptien (Le Caire 1931). Spécialiste du tiers-monde, il a analysé les problèmes du sous-développement et de la dépendance des pays dits « de la périphérie », vis-à-vis des pays développés (le « centre »). Il a écrit *le Développement inégal* (1973) et *Pour un monde multipolaire* (2005).

amincir [amɛ̃sir] **v.t.** [conj. **32**]. Rendre ou faire paraître plus mince, moins épais : *La maladie a aminci son visage* (syn. **amaigrir**). *Ce pull t'amincit.* ◆ **s'amincir v.pr.** Devenir plus mince : *La tige s'amincit à son extrémité.*

amincissant, e [amɛ̃sisɑ̃, -ɑ̃t] **adj.** Qui amincit.

amincissement [amɛ̃sismɑ̃] **n.m.** Action d'amincir, de s'amincir ; son résultat : *Procéder à l'amincissement d'une lame de métal* (contr. **épaississement**).

amine [amin] **n.f.** (du rad. de *ammoniac*). Nom générique de composés organiques dérivés de l'ammoniac par remplacement d'un ou de plusieurs atomes d'hydrogène par un radical alkyle.

aminé, e [amine] **adj. Acide aminé,** aminoacide.

aminoacide [aminɔasid] **n.m.** Substance organique ayant une fonction amine, constituant fondamental des protéines. (On dit aussi *acide aminé.*)

amiral [amiral] **n.m.** (ar. *amīr al-bahr,* prince de la mer) [pl. *amiraux*]. **1.** Officier général d'une marine militaire. **2. Amiral de France,** dignité équivalente à celle de *maréchal de France.* ▸ *Contre-amiral, vice-amiral, vice-amiral d'escadre, amiral,* échelons successifs de la hiérarchie des amiraux, en France. ◆ **adj.m. Bâtiment amiral,** navire ayant à son bord un amiral commandant une force navale.

amirauté [amirote] **n.f. 1.** Corps des amiraux ; haut commandement de la marine militaire. **2.** Siège du commandement d'un amiral. **3. L'Amirauté,** le ministère de la Marine britannique (jusqu'en 1964).

Amitabha, nom qui signifie « Bouddha de la Lumière infinie » et que prit le moine Dharmakara quand, décidant de devenir bodhisattva, il s'arrêta sur le chemin de l'illumination pour venir en aide à ses semblables. Son culte apparut en Chine au milieu du VIIe s. après J.-C. Au Japon, où il est vénéré sous le nom d'Amida, son influence donna naissance, du XIIe au XIVe s., à deux écoles se réclamant de sa mystique de la « Terre pure » *(Jodo).*

amitié [amitje] **n.f.** (lat. pop. **amicitas,* class. *amicitia*). **1.** Sentiment d'affection, de sympathie qu'une personne éprouve pour une autre ; ce lien, généralement réciproque : *Leur amitié date de l'école* (syn. **camaraderie**). *Se prendre d'amitié pour qqn* (= commencer à éprouver de la sympathie pour lui). **2.** VIEILLI. **Amitié particulière,** liaison homosexuelle, notamm. entre deux adolescents, deux adolescentes. ◆ **amitiés n.f. pl.** Témoignages d'affection : *Fais-leur mes amitiés.*

Amman, cap. de la Jordanie ; 1 178 650 hab. (1 824 177 hab. dans l'agglomération). Elle devint la capitale de la Transjordanie en 1921. Théâtre romain. Musées.

ammoniac [amɔnjak] **n.m.** (lat. *ammoniacum,* du gr.). Composé gazeux d'azote et d'hydrogène, à l'odeur très piquante. ▸ Formule NH_3.

ammoniacal, e, aux [amɔnjakal, -o] **adj.** Qui contient de l'ammoniac ; qui en a les propriétés : *Sels ammoniacaux.*

ammoniaque [amɔnjak] **n.f.** Solution aqueuse de gaz ammoniac. (On dit aussi *alcali volatil.*)

ammonite [amɔnit] **n.f.** (du lat. *Ammonis cornu,* corne d'Amon [dieu égyptien]). Mollusque fossile à coquille cloisonnée et enroulée, caractéristique de l'ère secondaire. ▸ Classe des céphalopodes.

amnésie [amnezi] **n.f.** (gr. *amnêsia*). Diminution ou perte totale de la mémoire due à des causes pathologiques.

amnésique [amnezik] **adj.** et **n.** Atteint d'amnésie partielle ou totale, temporaire ou définitive : *Un choc émotionnel peut parfois rendre la mémoire à un amnésique.*

amniocentèse [amnjɔsɛ̃tɛz] **n.f.** (de *amnios,* et du gr. *kentêsis,* action de piquer). Ponction de la cavité utérine pendant la grossesse pour prélever du liquide amniotique aux fins d'analyse.

amnios [amnjos] **n.m.** (gr. *amnion*). Membrane interne qui enveloppe le fœtus, chez les mammifères, les oiseaux et les reptiles.

amnioscopie [amnjɔskɔpi] **n.f.** (de *amnios*). Examen endoscopique du liquide amniotique.

amniotique [amnjɔtik] **adj.** (de *amnios*). **Liquide amniotique,** liquide qui remplit la poche de l'amnios et dans lequel baigne le fœtus.

amnistiable [amnistjabl] **adj.** Qui peut être amnistié : *Les crimes contre l'humanité ne sont pas amnistiables.*

amnistie [amnisti] **n.f.** (gr. *amnêstia,* de *amnêstos,* oublié). Loi qui fait disparaître le caractère d'infraction d'un fait punissable en effaçant la condamnation ou en empêchant ou arrêtant les poursuites ; effet juridique d'une telle loi : *Voter l'amnistie. Faits couverts par l'amnistie.*

amnistié, e [amnistje] **adj.** et **n.** Qui est, qui a été l'objet d'une amnistie : *Les amnistiés purent rentrer dans leur pays.*

amnistier [amnistje] **v.t.** [conj. **9**]. Accorder une amnistie à : *Le président a amnistié ces infractions. Les communards furent amnistiés neuf ans après les événements.*

amocher [amɔʃe] (de *moche,* écheveau de fil non tordu). FAM. **1.** Détériorer qqch : *J'ai amoché l'avant de ma voiture* (syn. **abîmer, endommager**). **2.** Blesser qqn : *Il l'a amoché pendant la bagarre.*

amodiation [amɔdjasjɔ̃] **n.f.** (lat. médiév. *admodiatio,* du class. *modios,* boisseau). Exploitation d'une terre ou d'une mine moyennant une redevance périodique. ▸ Celui qui prend une terre ou une mine à bail s'appelle l'*amodiataire ;* celui qui les donne à bail s'appelle l'*amodiateur.*

amoindrir [amwɛ̃drir] **v.t.** [conj. **32**]. Diminuer la force ou la valeur de : *Son accident l'a beaucoup amoindri* (syn. **affaiblir, diminuer**). *Ces échecs répétés ont amoindri son autorité* (syn. **réduire ;** contr. **accroître**). ◆ **s'amoindrir v.pr.** Devenir moindre ; perdre de ses forces : *Son énergie s'amoindrit avec l'âge* (syn. **décroître, diminuer**).

amoindrissement [amwɛ̃drismɑ̃] **n.m.** Action d'amoindrir ; fait de s'amoindrir : *Constater un amoindrissement des ressources* (syn. **diminution**). *L'amoindrissement de ses facultés intellectuelles est sensible* (syn. **affaiblissement**).

amollir [amɔlir] **v.t.** [conj. **32**]. Rendre mou : *La chaleur amollit le bitume* (syn. **ramollir**). *L'inactivité a amolli son énergie* (syn. **affaiblir, émousser** ; contr. **fortifier**). ◆ **s'amollir v.pr.** Devenir mou : *Sous le coup de l'émotion, j'ai senti mes jambes s'amollir* (syn. **faiblir, fléchir**).

amollissant, e [amɔlisɑ̃, -ɑ̃t] **adj.** Qui amollit : *Cette chaleur est amollissante* (syn. **débilitant** ; contr. **tonique**).

amollissement [amɔlismɑ̃] **n.m.** Action d'amollir, de s'amollir ; son résultat : *L'amollissement de la neige provoque des avalanches* (syn. **ramollissement** ; contr. **durcissement**).

Amon, dieu égyptien, qui était originellement la divinité locale de Thèbes, maîtresse de l'Air et de la Fécondité. Il fut assimilé, au Moyen Empire, à Rê, le dieu d'Héliopolis, qui est l'incarnation du Soleil. Le culte d'Amon-Rê se développa considérablement, ainsi que le pouvoir de son clergé, avec lequel les pharaons devaient compter. L'étendue et la richesse de son sanctuaire de Karnak témoignent de l'importance historique de ce « roi des dieux ».

amonceler [amɔ̃sle] **v.t.** (de *monceau*) [conj. **24**]. Réunir en monceau, en tas : *Elle amoncelle les journaux sur un coin de son bureau* (syn. **empiler, entasser**). ◆ **s'amonceler v.pr.** Former un tas ; s'accumuler : *Les papiers s'amoncellent sur ma table* (syn. **s'entasser**).

amoncellement [amɔ̃sɛlmɑ̃] **n.m.** Entassement de choses : *Un amoncellement de rochers. Un amoncellement de preuves* (syn. **accumulation**).

amont [amɔ̃] **n.m. sing.** (du lat. *ad*, vers, et *mons*, montagne). **1.** Partie d'un cours d'eau qui est du côté de la source, par rapport à un point considéré (par opp. à *aval*). **2.** Début d'un processus de production : *L'industrie du bois se situe à l'amont de la production du papier.* **3. En amont de,** plus près de la source, par rapport à un point considéré : *Orléans est en amont de Tours sur la Loire.* ◆ **adj. inv.** Qui est du côté de la montagne, en parlant du ski ou du skieur.

amoral, e, aux [amɔral, -o] **adj.** Qui est indifférent aux règles de la morale ou qui les ignore : *Un écrivain amoral. Un enseignement amoral.*

amoralité [amɔralite] **n.f.** Caractère de ce qui est amoral ; conduite amorale : *Il est d'une amoralité choquante.*

amorçage [amɔrsaʒ] **n.m. 1.** Action d'amorcer qqch, de commencer à faire qqch : *Amorçage d'une pompe. L'amorçage d'une négociation.* **2.** Dispositif provoquant l'éclatement d'un obus, d'une charge explosive.

amorce [amɔrs] **n.f.** (de l'anc. fr. *amordre*, mordre). **1.** Phase initiale de qqch : *Ce n'est que l'amorce d'un roman* (syn. **ébauche**). **2.** Petite masse d'explosif dont la détonation enflamme la charge d'une cartouche ou d'une mine. **3.** Produit jeté dans l'eau pour attirer le poisson.

amorcer [amɔrse] **v.t.** (de *amorce*) [conj. **16**]. **1.** Commencer à exécuter, à réaliser qqch : *Il amorça un geste de refus puis s'arrêta* (syn. **ébaucher, esquisser**). *Amorcer un virage.* **2.** Mettre en état de fonctionner : *Amorcer une pompe, un siphon.* **3.** Garnir d'une amorce : *Amorcer un hameçon.* **4.** (Absol.). Chercher à attirer le poisson par de l'amorce : *Amorcer en jetant du pain.*

amorphe [amɔrf] **adj.** (gr. *amorphos*, sans forme). **1.** Qui est ou paraît sans énergie, mou, inactif : *Un gros garçon amorphe* (syn. **apathique, indolent** ; contr. **vif**). **2.** CHIM. Se dit des substances qui n'ont pas de forme cristallisée propre.

amorti [amɔrti] **n.m.** Action de diminuer ou de supprimer le rebond d'une balle, d'un ballon, dans certains sports.

amortir [amɔrtir] **v.t.** (lat. pop. **admortire*, tuer, du class. *mors, mortis*, mort) [conj. **32**]. **1.** Diminuer l'effet, la force de qqch : *Le capitonnage de la porte amortit les bruits* (syn. **affaiblir, atténuer**). **2.** Reconstituer progressivement le capital employé à une acquisition grâce aux bénéfices tirés de celle-ci : *Nous amortirons l'achat de la nouvelle machine sur deux ans.* **3.** DR. Rembourser un emprunt à termes échelonnés. ◆ **s'amortir v.pr.** Perdre de sa force : *Le bruit s'amortit* (syn. **s'affaiblir**).

amortissable [amɔrtisabl] **adj.** DR. Qui peut être amorti : *Obligations amortissables en quinze ans.*

amortissement [amɔrtismɑ̃] **n.m. 1.** Action d'amortir ou de s'amortir : *Amortissement d'un choc* (syn. **atténuation**). **2.** DR. Remboursement d'un emprunt par tranches successives : *L'amortissement de notre appartement durera des années.*

amortisseur [amɔrtisœr] **n.m.** Dispositif qui amortit la violence d'un choc, les vibrations d'une machine, etc. : *Changer les amortisseurs d'une voiture.*

amour [amur] **n.m.** (lat. *amor*). **1.** Sentiment très intense, attachement englobant la tendresse et l'attirance physique, entre deux personnes : *Éprouver de l'amour pour qqn* (syn. **attachement**). *C'est une vraie histoire d'amour. Elle a fait naître en moi un amour fou* (syn. **passion**). **2.** Relation impliquée par ce sentiment, relation amoureuse : *Ils ont vécu un amour idyllique.* **3.** Personne qui est, a été, l'objet de ce sentiment : *Rencontrer un amour de jeunesse.* **4.** Sentiment d'affection qui unit les membres d'une même famille : *Amour maternel, paternel, filial.* **5.** Mouvement de dévotion, de dévouement qui porte vers qqn, une divinité, un idéal : *L'amour de Dieu, de la vérité.* **6.** Goût très marqué, intérêt pour qqch : *L'amour des pierres, des bateaux.* **7.** Représentation symbolique de l'amour, souvent sous la forme d'un enfant armé d'un arc : *De petits amours joufflus ornaient le plafond de la salle.* **8. Faire l'amour,** avoir des relations sexuelles avec qqn. / **Pour l'amour de qqn,** en raison de l'amour qu'on lui porte : *Pour l'amour de vos enfants, n'accomplissez pas ce geste* (= par égard pour eux). / *FAM.* **Un amour de** (+ n.), qqch ou qqn de charmant, d'adorable : *Un amour de petite fille.* **9. Amour blanc,** poisson originaire de Chine, importé en Europe pour nettoyer les voies d'eau dont il mange les plantes. ▸ Famille des cyprinidés. ◆ **amours n.f. pl.** *LITT.* Relation amoureuse : *De belles amours.*

Amour, en chin. **Heilong Jiang,** fl. du nord-est de l'Asie, formé par la réunion de l'Argoun et de la Chilka. Il sépare la Sibérie de la Chine du Nord-Est et se jette dans la mer d'Okhotsk ; 4 440 km.

s'**amouracher** [amuraʃe] **v.pr. [de].** Éprouver pour qqn un amour soudain et passager : *Il s'est amouraché de sa secrétaire* (syn. **s'enticher**).

amourette [amurɛt] **n.f.** Amour passager, sans profondeur (syn. **aventure, flirt, passade**).

amourettes [amurɛt] **n.f. pl.** (anc. prov. *amoretas*, testicules de coq, de *amor*, amour). Morceau de moelle épinière des animaux de boucherie.

amoureusement [amurøzmɑ̃] **adv.** Avec amour : *Elle regardait amoureusement son fiancé.*

amoureux, euse [amurø, -øz] **adj.** et **n.** Qui éprouve de l'amour pour qqn, qui a un goût très vif pour qqch : *Être, tomber amoureux de qqn. Un mari très amoureux* (syn. **épris**). *C'est un amoureux des vieilles pierres.* ◆ **adj.** Qui manifeste de l'amour : *Des regards amoureux* (syn. **passionné**).

amour-propre [amurprɔpr] **n.m.** (pl. *amours-propres*). Sentiment de sa propre valeur, de sa dignité : *Il a été atteint dans son amour-propre* (syn. **fierté**).

amovible [amɔvibl] **adj.** (du lat. *amovere*, déplacer). **1.** Qui peut être enlevé, séparé d'un ensemble : *Un imperméable à doublure amovible* (syn. **détachable**). **2.** Qui peut être destitué ou déplacé, en parlant de certains fonctionnaires.

A.M.P. [aɛmpe] **n.f.** (sigle). Assistance ou aide médicale à la procréation*.

ampélopsis [ɑ̃pelɔpsis] **n.m.** (du gr. *ampelos*, vigne, et *opsis*, apparence). Arbrisseau grimpant souvent ornemental, cour. appelé *vigne vierge.* ▸ Famille des vitacées.

ampérage [ɑ̃peraʒ] **n.m.** (Emploi critiqué). Intensité d'un courant électrique.

ampère [ɑ̃pɛr] **n.m.** (de *Ampère*). **1.** ÉLECTR. Unité de mesure d'intensité de courant électrique, équivalant à l'intensité d'un courant constant qui, maintenu dans deux conducteurs parallèles, rectilignes, de longueur infinie, de section circulaire négligeable et placés à une distance de 1 mètre l'un de l'autre, dans le vide, produirait entre ces conducteurs une force de 2.10^{-7} newton par mètre de longueur : *L'ampère est l'une des sept unités de base du système international d'unités.* ▶ Symb. A. **2. Ampère par mètre,** unité de mesure de champ magnétique, équivalant à l'intensité de champ magnétique produite dans le vide le long d'un cercle de 1 m de circonférence par un courant électrique d'intensité 1 ampère. ▶ Symb. A/m.

Ampère (André Marie), physicien français (Lyon 1775 - Marseille 1836). Il édifia la théorie de l'électromagnétisme et jeta les bases de la théorie électronique de la matière. Il imagina le galvanomètre, inventa le premier télégraphe électrique et, avec Arago, l'électroaimant. Il contribua aussi au développement des mathématiques, de la chimie et de la philosophie.

ampère-heure [ɑ̃pɛrœr] **n.m.** (pl. *ampères-heures*). Unité de mesure de quantité d'électricité, équivalant à la quantité d'électricité transportée en 1 heure par un courant de 1 ampère : *1 ampère-heure vaut 3 600 coulombs.* ▶ Symb. Ah.

ampèremètre [ɑ̃pɛrmɛtr] **n.m.** Appareil étalonné en ampères, destiné à mesurer l'intensité d'un courant électrique.

amphétamine [ɑ̃fetamin] **n.f.** Substance médicamenteuse qui stimule l'activité cérébrale, diminue le sommeil et la faim.

amphi [ɑ̃fi] **n.m.** *FAM.* Abrév. de *amphithéâtre.*

amphibie [ɑ̃fibi] **adj.** et **n.m.** (gr. *amphibios,* de *amphi-,* des deux côtés, et *bios,* vie). **1.** Qui peut vivre à l'air et dans l'eau, en parlant d'un animal ou d'une plante : *La grenouille est un animal amphibie.* **2.** Qui peut se mouvoir sur terre et sur l'eau : *Voiture amphibie.* **3. Opération amphibie,** opération militaire menée conjointement par des forces navales, terrestres et aériennes, notamm. lors d'un débarquement.

amphibien [ɑ̃fibjɛ̃] **n.m. Amphibiens,** classe de vertébrés à larve aquatique munie de branchies, à peau nue et à température variable, et comprenant trois ordres : les urodèles, les anoures et les apodes (syn. anc. **batracien**).

■ Les amphibiens sont caractérisés par la succession de deux formes très différentes dans leur cycle de vie : une larve aquatique *(têtard)* qui respire par des branchies et une forme adulte, souvent terrestre, respirant par des poumons. Ils sont à la charnière entre le milieu aquatique et le milieu terrestre. Leurs plus anciens représentants furent les premiers vertébrés à s'aventurer hors de l'eau, il y a environ 350 millions d'années.
On connaît près de 7 000 espèces actuelles d'amphibiens, réparties en 3 ordres. Les *anoures* (grenouilles, rainettes, crapauds) n'ont pas de queue à l'âge adulte et possèdent des pattes postérieures adaptées au saut. Les *urodèles* (tritons, salamandres) ont une queue à l'âge adulte. Les *apodes,* dépourvus de pattes et dont le corps ressemble à celui des serpents, sont des animaux fouisseurs.
Caractéristiques anatomiques et physiologiques. Les amphibiens respirent de trois façons différentes : par leurs organes respiratoires (branchies ou poumons), par la peau et par les muqueuses de la bouche et du pharynx. Leur peau nue (sans poils ni plumes) est riche en glandes, notamm. des glandes à mucus qui permettent de maintenir son humidité (la plupart des espèces doivent cependant vivre dans des milieux humides pour éviter la déshydratation). Certaines espèces possèdent aussi des glandes à venin.
Reproduction. Chez la majorité des espèces, l'accouplement a lieu dans l'eau ; le nombre d'œufs est variable (de 6 à 5 000). À l'éclosion, les têtards ont une queue et des branchies externes, nagent et sont herbivores. La *métamorphose* les transforme en adultes carnivores, le plus souvent terrestres (salamandres, crapauds, grenouilles, etc.), mais parfois aquatiques (protées, tritons). Quelques espèces sont totalement indépendantes du milieu aquatique ; elles enroulent les œufs autour de leurs pattes ou les incubent dans leur bouche. ■

amphibole [ɑ̃fibɔl] **n.f.** (gr. *amphibolos,* équivoque). Minéral noir, brun ou vert, des roches éruptives et métamorphiques : *Les amphiboles sont des silicates de fer et de magnésium.*

amphibologie [ɑ̃fibɔlɔʒi] **n.f.** (bas lat. *amphibologia,* du gr. *amphibolos,* équivoque). Double sens présenté par une phrase en raison de sa construction ou du choix de certains mots : *La phrase « les magistrats jugent les enfants coupables » recèle une amphibologie* (= on peut comprendre « les enfants qui sont coupables » ou « que les enfants sont coupables ») [syn. **ambiguïté, équivoque**].

amphibologique [ɑ̃fibɔlɔʒik] **adj.** À double sens, ambigu : *Une tournure amphibologique* (syn. **équivoque**).

amphigouri [ɑ̃figuri] **n.m.** (orig. obsc.). *LITT.* Écrit ou discours inintelligible : *Le compliment de Thomas Diafoirus dans « le Malade imaginaire » de Molière est un amphigouri* (syn. **galimatias**).

amphigourique [ɑ̃figurik] **adj.** *LITT.* Qui présente les caractères de l'amphigouri (syn. **confus, nébuleux**).

amphimixie [ɑ̃fimiksi] **n.f.** (du gr. *amphi-,* des deux côtés, et *mixis,* mélange). Fusion des noyaux mâle et femelle, constituant la phase essentielle de la fécondation.

amphiprion [ɑ̃fiprijɔ̃] **n.m.** (du gr. *priôn,* scie). Poisson-clown.

amphithéâtre [ɑ̃fiteatr] **n.m.** (lat. *amphitheatrum,* du gr. *amphi,* autour, et *theatron,* théâtre). **1.** ANTIQ. Vaste édifice à gradins, de plan souvent elliptique, élevé par les Romains pour les combats de gladiateurs, les chasses, etc. **2.** Grande salle de cours à gradins : *Cours magistral en amphithéâtre* (abrév. fam. *amphi*). **3.** Ensemble des places situées au-dessus des balcons et des galeries, dans un théâtre. **4. Amphithéâtre morainique,** rempart de moraines disposé en arc de cercle, situé sur l'emplacement du front d'un ancien glacier.

amphitryon [ɑ̃fitrijɔ̃] **n.m.** (de *Amphitryon,* n. d'un personnage sous l'identité duquel Jupiter lance une invitation à dîner, dans la comédie de Molière du même nom). *LITT.* Personne chez qui l'on mange : *Notre amphitryon nous a reçus somptueusement* (syn. **hôte**).

amphore [ɑ̃fɔr] **n.f.** (lat. *amphora,* du gr.). ANTIQ. Vase à deux anses symétriques, au col rétréci, avec ou sans pied, servant à conserver et à transporter les aliments.

ample [ɑ̃pl] **adj.** (lat. *amplus*). **1.** Long et large dans des proportions qui dépassent l'ordinaire : *Cette veste est un peu trop ample* (syn. **grand, vaste**). **2.** Qui donne une impression d'étendue, de force, de profondeur : *Une voix ample* (syn. **plein, riche**).

amplement [ɑ̃pləmɑ̃] **adv.** D'une manière importante : *Ce sera amplement suffisant* (syn. **grandement, largement**).

ampleur [ɑ̃plœr] **n.f. 1.** Caractère de ce qui est ample, large : *La veste manque d'ampleur aux épaules* (syn. **largeur**). **2.** Caractère de ce qui est important ; portée de qqch : *L'ampleur d'un désastre. Manifestation d'une ampleur exceptionnelle* (syn. **importance**).

ampli [ɑ̃pli] **n.m.** *FAM.* Abrév. de *amplificateur.*

ampliatif, ive [ɑ̃plijatif, -iv] **adj.** DR. Qui ajoute à ce qui a été dit dans un acte précédent.

ampliation [ɑ̃plijasjɔ̃] **n.f.** (du lat. *ampliare,* agrandir). **1.** DR. Double authentique d'un acte administratif (syn. **copie, duplicata**). **2.** Acte ajoutant à ce qui a été dit dans un acte précédent. **3.** MÉD. **Ampliation thoracique,** augmentation du volume de la cage thoracique pendant l'inspiration.

amplifiant, e [ɑ̃plifjɑ̃, -ɑ̃t] **adj.** Qui amplifie : *Une loupe a un pouvoir amplifiant* (syn. **grossissant**).

amplificateur, trice [ɑ̃plifikatœr, -tris] **adj.** et **n.** Qui amplifie qqch ; qui exagère l'effet de qqch : *Plusieurs journaux ont publié des articles amplificateurs sur l'affaire* (= qui lui donnaient plus d'importance qu'elle n'en avait). ◆ **amplificateur n.m. 1.** Dispositif permettant d'accroître l'amplitude d'une grandeur physique (partic. d'un signal électrique) sans introduire de distorsion notable. **2.** Ce dispositif, installé avant les haut-parleurs, sur une chaîne électroacoustique (abrév. fam. *ampli*).

amplification [ɑ̃plifikasjɔ̃] **n.f.** Action d'amplifier ; son résultat : *On a noté cette année-là une amplification des mouvements revendicatifs* (syn. **développement, extension**).

amplifier [ɑ̃plifje] **v.t.** (lat. *amplificare,* de *amplus,* ample) [conj. **9**]. Accroître le volume, l'étendue ou l'importance de : *Amplifier les échanges commerciaux entre deux pays* (syn. **accroître** ; contr. **restreindre**). *Les journaux ont amplifié le scandale* (syn. **grossir** ; contr. **étouffer**). ◆ **s'amplifier v.pr.** Augmenter en quantité, en importance, en force : *La baisse des valeurs boursières s'amplifie* (syn. **s'accentuer**).

amplitude [ɑ̃plityd] **n.f.** (lat. *amplitudo,* de *amplus,* ample). **1.** Valeur de l'écart maximal d'une grandeur qui varie périodiquement : *L'amplitude d'une oscillation. Amplitude moyenne annuelle* (= écart entre la moyenne de température du mois le plus froid et celle du mois le plus chaud). **2.** Différence entre la plus grande et la plus petite valeur d'une distribution statistique. **3.** MATH. **Amplitude d'un intervalle [*a, b*],** valeur de l'extrémité la plus élevée de l'intervalle diminuée de celle de l'extrémité la moins élevée. ▸ Si *a* est inférieur ou égal à *b,* l'amplitude de l'intervalle [*a, b*] est *b–a*.

ampli-tuner [ɑ̃plitynɛr] **n.m.** (pl. *amplis-tuners*). Élément d'une chaîne haute-fidélité regroupant un amplificateur, un préamplificateur et un tuner.

ampoule [ɑ̃pul] **n.f.** (lat. *ampulla,* petit flacon). **1.** Enveloppe de verre d'une lampe électrique ; cette lampe : *L'ampoule est grillée.* **2.** Petite tuméfaction sous l'épiderme, pleine de sérosité et due à des frottements trop prolongés : *Il s'est fait des ampoules aux mains en bêchant le jardin* (syn. **cloque**). **3.** Tube de verre renflé et fermé à la flamme, après introduction d'un médicament liquide ; contenu de ce tube : *Une ampoule de calcium.* **4. La sainte ampoule,** vase qui contenait le saint chrême pour sacrer les rois de France.

ampoulé, e [ɑ̃pule] **adj.** (de *ampoule*). Plein d'emphase, sans profondeur : *Un prédicateur au style ampoulé* (syn. **grandiloquent, pompeux**).

amputation [ɑ̃pytasjɔ̃] **n.f.** Action d'amputer : *L'amputation d'une jambe.*

amputé, e [ɑ̃pyte] **adj.** et **n.** Qui a été amputé : *Un amputé de guerre.*

amputer [ɑ̃pyte] **v.t.** (lat. *amputare,* tailler). **1.** Enlever un membre, une partie d'un membre par une opération chirurgicale : *Amputer une main* (syn. **couper**). *Amputer un blessé.* **2.** Entamer l'intégrité de qqch en en retranchant une partie : *Amputer un texte en supprimant un passage.*

Amritsar, v. de l'Inde (Pendjab) ; 1 183 705 hab. dans l'agglomération. C'est la ville sainte des sikhs. Temple d'or (XVIe s.).

Amsterdam, cap. des Pays-Bas (Hollande-Septentrionale) [mais le siège des pouvoirs publics se trouve à La Haye] ; 799 278 hab. (1 084 000 dans l'agglomération). Ville industrielle (taille des diamants, constructions mécaniques, industries chimiques et alimentaires) et port actif sur le golfe de l'IJ, relié à la mer du Nord et au Rhin par deux canaux. La ville est construite sur de nombreux canaux secondaires. Elle garde de beaux monuments : Rijksmuseum (chefs-d'œuvre de la peinture hollandaise), maison de Rembrandt, Stedelijk Museum (art moderne), musée Van Gogh. Au XIVe s., les comtes de Hollande en firent un instrument de leur politique de monopole économique dans l'Europe du Nord-Est. Ayant rompu, en 1578, avec l'Espagne, Amsterdam connut au XVIIe s. une grande prospérité et joua un rôle important dans le commerce international.

s'amuïr [amɥir] **v.pr.** (lat. pop. **admutire,* du class. *mutus,* muet) [conj. **32**]. PHON. Devenir muet, ne plus être prononcé : *Dans le mot « prompt », les deux consonnes finales se sont amuïes.*

amuïssement [amɥismɑ̃] **n.m.** PHON. Fait de s'amuïr : *L'amuïssement du « s » final en français.*

amulette [amylɛt] **n.f.** (lat. *amuletum*). Objet qu'on porte sur soi et auquel on accorde des vertus de protection : *Un collier d'amulettes* (syn. **gri-gri, porte-bonheur, talisman**).

Amundsen (Roald), explorateur norvégien (Borge 1872 - dans l'Arctique 1928). Il franchit le premier le passage du Nord-Ouest (1906) et atteignit le pôle Sud en 1911. Il disparut lors d'une expédition au pôle Nord.

amure [amyr] **n.f.** (de *amurer,* fixer l'amure d'une voile, esp. *amurar,* probabl. de *muro,* mur). **1. Naviguer bâbord amures, tribord amures,** naviguer en recevant le vent par bâbord, par tribord. **2. Point d'amure,** angle inférieur avant d'une voile trapézoïdale ou triangulaire.

amusant, e [amyzɑ̃, -ɑ̃t] **adj.** Qui amuse, divertit : *Un jeu très amusant* (syn. **distrayant**). *C'est un garçon très amusant* (syn. **gai, spirituel**). *Le plus amusant de tout ça, c'est qu'elle ne s'apercevait de rien* (syn. **comique, drôle**).

amuse-gueule [amyzgœl] **n.m.** (pl. *amuse-gueules* ou inv.). FAM. Petit gâteau salé, canapé, olive, etc., servis avec l'apéritif.

amusement [amyzmɑ̃] **n.m. 1.** Action d'amuser ; fait de s'amuser : *Les chutes du clown faisaient l'amusement des enfants* (syn. **hilarité, joie**). **2.** Divertissement : *Trouver des amusements pour les jours de pluie* (syn. **distraction**).

amuser [amyze] **v.t.** (de *muser*). **1.** Distraire agréablement : *Ce dessin animé m'a bien amusé* (syn. **divertir**). **2.** Retarder ou tromper par des moyens dilatoires, des artifices : *Amuser l'adversaire par une diversion* (syn. **endormir**). ◆ **s'amuser v.pr. 1.** Se distraire ; passer le temps agréablement : *Les enfants s'amusent dans le jardin* (syn. **jouer**). **2. S'amuser à** (+ n. ou inf.), perdre son temps : *S'amuser à des riens, à traîner en chemin.* / **S'amuser de qqch,** y trouver de l'amusement : *Il s'amuse du premier gadget venu.*

amuseur, euse [amyzœr, -øz] **n.** Personne qui amuse : *Ce n'est pas un auteur comique, tout au plus un amuseur* (syn. **bouffon**).

amygdale [amidal] **n.f.** (lat. *amygdala,* amande, du gr.). **1.** Chacun des deux corps glanduleux placés de part et d'autre de la gorge : *Une ablation des amygdales.* **2. Amygdale pharyngée,** située sur la paroi postérieure du rhino-pharynx : *L'hypertrophie de l'amygdale pharyngée constitue les végétations adénoïdes.*

amygdalectomie [amidalɛktɔmi] **n.f.** (de *amygdale* et *-ectomie*). Ablation chirurgicale des amygdales.

amygdalite [amidalit] **n.f.** Inflammation des amygdales.

amylacé, e [amilase] **adj.** (du lat. *amylum,* amidon, du gr.). De la nature de l'amidon.

Amyot (Jacques), humaniste français (Melun 1513 - Auxerre 1593). Il fut précepteur, puis grand aumônier de Charles IX et d'Henri III, et évêque d'Auxerre. Par ses traductions de Plutarque (*Vies parallèles,* 1559), de Longus et d'Héliodore, il fut un des créateurs de la prose classique.

amyotrophie [amjɔtrɔfi] **n.f.** (de *a-* et du gr. *mus,* muscle). Atrophie des muscles, en partic. des muscles striés.

an [ɑ̃] **n.m.** (lat. *annus*). **1.** Durée conventionnelle voisine de la période de révolution de la Terre autour du Soleil (syn. **année**). **2.** (Précédé d'un adj. num. card.). Unité de mesure de l'âge : *Jeune homme de vingt ans.* **3.** Durée de douze mois complets : *Elle devra faire un stage de deux ans.* **4.** Espace de temps légal compris entre le 1er janvier et le 31 décembre, dans le calendrier grégorien : *L'an dernier, l'an prochain* (syn. **année**). **5. Bon an mal an,** compensation faite des bonnes et des mauvaises années. / **Le jour de l'An, le Nouvel An, le premier de l'An,** le premier jour de l'année.

an- ⟶ **a-.**

anabaptisme [anabatism] **n.m.** (du gr. *ana,* de nouveau, et *baptizein,* baptiser). Doctrine issue de la Réforme (XVIe s.), qui déniait toute valeur au baptême des enfants et réclamait un second baptême à l'âge adulte.

anabaptiste [anabatist] **adj.** et **n.** Qui s'inspire de l'anabaptisme ; qui le professe.

anabolisant, e [anabɔlizɑ̃, -ɑ̃t] **adj.** et **n.m.** Se dit d'une substance qui favorise l'anabolisme.

anabolisme [anabɔlism] **n.m.** (du gr. *anabolê,* hauteur, action de monter). PHYSIOL. Ensemble des phénomènes d'assimilation chez les êtres vivants.

anacarde [anakard] **n.m.** (lat. médiév. *anacardus,* du gr. *ana-,* de bas en haut, et *kardia,* cœur). Fruit de l'anacardier, à graine oléagineuse et comestible, cour. appelé *noix de cajou.*

anacardier [anakardje] **n.m.** Arbre de l'Amérique tropicale dont une espèce, appelée *acajou à pommes,* est cultivée pour ses fruits, appelés *anacardes* ou *noix de cajou.* ▸ Famille des anacardiacées.

anachorète [anakɔrɛt] **n.m.** (lat. ecclés. *anachoreta,* du gr. *anakhôrein,* s'éloigner). **1.** Moine, ermite vivant dans la solitude (par opp. à *cénobite*). **2.** LITT. Personne qui mène une vie retirée (syn. **ermite, solitaire**).

anachronique [anakrɔnik] **adj. 1.** Entaché d'anachronisme ; qui confond les époques : *Des expressions anachroniques dans un dialogue de film.* **2.** Vieilli, démodé : *Des idées anachroniques* (syn. **désuet, périmé**).

anachronisme [anakrɔnism] **n.m.** (du gr. *ana-,* de bas en haut, et *khronos,* temps). **1.** Erreur qui consiste à ne pas remettre un événement à sa date ou dans son époque ; confusion entre des époques différentes : *Un téléphone à touches dans un western, quel anachronisme !* **2.** Caractère de ce qui est anachronique : *L'anachronisme de certaines méthodes.* **3.** Habitude, manière d'agir surannée : *Le port du monocle est un anachronisme.*

anacoluthe [anakɔlyt] **n.f.** (gr. *anakolouthon,* sans suite). Rupture dans la construction syntaxique d'une phrase (ex. : *Rentré chez lui, sa femme était malade*).

anaconda [anakɔ̃da] **n.m.** (orig. incert., probabl. du cinghalais). Grand serpent constricteur de l'Amérique du Sud, voisin du boa, se nourrissant d'oiseaux et de mammifères. ▸ Long. 8 m ; ordre des ophidiens.

Anacréon, poète lyrique grec (Téos, Ionie, VIe s. av. J.-C.). Les *Odes* qui lui ont été attribuées célèbrent l'amour, la bonne chère, et inspirèrent la poésie dite *anacréontique* de la Renaissance.

anaérobie [anaerɔbi] **adj.** et **n.m.** BIOL. Qui peut se développer en l'absence d'air et d'oxygène, en parlant d'un micro-organisme (par opp. à *aérobie*).

anaglyphe [anaglif] **n.m.** (bas lat. *anaglyphus,* du gr. *anagluphos,* ciselé). **1.** Ouvrage sculpté ou ciselé en bas relief. **2.** Photographie ou projection stéréoscopique en deux couleurs complémentaires, restituant l'impression du relief.

anaglyptique [anagliptik] **adj.** et **n.f.** (bas lat. *anaglypticus,* ciselé ; v. *anaglyphe*). Se dit d'une écriture ou d'une impression en relief à l'usage des aveugles : *Écriture anaglyptique.*

anagramme [anagram] **n.f.** (du gr. *anagrammatismos*). Mot formé des lettres d'un autre mot disposées dans un ordre différent : *« Gare » est l'anagramme de « rage ».*

anal, e, aux [anal, -o] **adj. 1.** De l'anus ; relatif à l'anus. **2.** PSYCHAN. **Stade anal,** deuxième stade du développement libidinal de l'enfant (entre deux et quatre ans), s'organisant autour de la zone anale (on dit aussi *stade sadique-anal*).

analeptique [analɛptik] **adj.** et **n.m.** (bas lat. *analepticus,* du gr.). Se dit d'une substance qui stimule, redonne des forces.

analgésie [analʒezi] **n.f.** (gr. *analgêsia,* insensibilité à la douleur). Suppression spontanée ou thérapeutique de la sensibilité à la douleur.

analgésique [analʒezik] **adj.** et **n.m.** Se dit d'une substance, d'un médicament qui produit l'analgésie (syn. **antalgique, sédatif**).

anallergique [analɛrʒik] **adj.** Qui ne provoque pas de réaction allergique : *Produits de beauté anallergiques.*

analogie [analɔʒi] **n.f.** (lat. *analogia,* mot gr.). **1.** Rapport de ressemblance que présentent deux ou plusieurs choses ou personnes : *Les deux cambriolages présentent des analogies* (syn. **ressemblance, similitude**). **2. Par analogie,** d'après les rapports de ressemblance constatés entre deux choses : *Les montants d'une table s'appellent des pieds par analogie avec le pied de l'homme.*

analogique [analɔʒik] **adj. 1.** Fondé sur l'analogie : *Raisonnement analogique. Dictionnaire analogique* (= qui regroupe les mots en fonction des relations sémantiques qu'ils entretiennent entre eux). **2.** TECHN. Qui représente, traite ou transmet des données sous la forme de variations continues d'une grandeur physique (par opp. à *numérique*) : *Signal, calculateur analogique.*

analogue [analɔg] **adj.** Qui offre une ressemblance, des rapports de similitude avec autre chose : *Il a des vues analogues aux vôtres* (syn. **comparable, semblable**). *Remplacez les mots soulignés par d'autres de sens analogue* (syn. **proche, voisin** ; contr. **contraire**). ◆ **n.m.** Ce qui se rapproche de, ressemble à : *Son style n'a pas d'analogue dans la littérature contemporaine* (syn. **équivalent**).

analphabète [analfabɛt] **adj.** et **n.** (it. *analfabeto,* illettré, gr. *analphabêtos,* qui ne sait ni A ni B). Qui ne sait ni lire ni écrire.

analphabétisme [analfabetism] **n.m.** État d'une personne, d'une population analphabète.

analysable [analizabl] **adj.** Que l'on peut analyser.

analysant, e [analizɑ̃, -ɑ̃t] **n.** Personne qui se soumet à une cure psychanalytique.

analyse [analiz] **n.f.** (gr. *analusis,* décomposition). **1.** Décomposition d'une substance en ses éléments constitutifs : *Analyse de l'air, de sang.* **2.** Étude faite en vue de discerner les différentes parties d'un tout, de déterminer ou d'expliquer les rapports qu'elles entretiennent les unes avec les autres : *Analyse d'une œuvre littéraire. Faire l'analyse de la situation économique d'un pays.* **3.** INFORM. Ensemble des travaux comprenant l'étude détaillée d'un problème, la conception d'une méthode permettant de le résoudre et la définition précise du traitement correspondant sur ordinateur. **4.** MATH. Partie des mathématiques relative aux structures et aux calculs liés aux notions de limite et de continuité. **5.** PSYCHAN. Cure psychanalytique (syn. **psychanalyse**). **6. En dernière analyse,** après avoir tout bien examiné ; en définitive. **7. Analyse grammaticale,** étude de la nature et de la fonction des mots dans une proposition. / **Analyse logique,** étude de la nature et de la fonction des propositions dans une phrase.

■ MATH. Les diverses branches des mathématiques qui constituent l'analyse moderne (fonctions analytiques, fonctions elliptiques, séries infinies, calcul des variations, équations différentielles et aux dérivées partielles, géométrie différentielle, mesure et intégration, analyse fonctionnelle, topologie) sont toutes issues d'un tronc commun : le calcul infinitésimal, création du XVIIe s.

Les origines de l'analyse. On trouve des traces, dès l'Antiquité, de notions intuitives de continuité et de limite chez les Grecs. Avec Pythagore, on prend conscience de l'existence de grandeurs irrationnelles justifiant les techniques d'approximation. Avec Euclide et surtout Archimède, les géomètres grecs adoptent des méthodes de calcul par approximations de plus en plus précises pour l'étude des volumes (pyramide, sphère) ou des aires (problème de la quadrature du cercle, calcul de l'aire d'une portion de parabole). D'autre part, ils précisent la notion de droite tangente à une courbe. Ainsi apparaissent les premiers exemples de calcul intégral (aires et volumes) et de calcul différentiel (tangentes).

L'analyse au XVIIe s. En 1635, Cavalieri (1598-1647) crée sa géométrie des indivisibles, qui veut systématiser et promouvoir les techniques d'Archimède. Les idées plus classiques de Pierre de Fermat s'imposent et font de lui un précurseur de l'analyse. À la fin du XVIIe s., avec Newton et Leibniz, apparaissent véritablement le calcul différentiel et le calcul intégral, en même temps que se précise la notion de fonction, destinée à jouer un rôle fondamental aux XVIIIe et XIXe s. Des techniques nouvelles apparaissent : calcul des séries entières, fonctions exponentielles, fonctions circulaires directes et inverses, logarithmes.

→

L'analyse moderne. Le problème des cordes vibrantes passionne les esprits de la génération de Lagrange, de Daniel Bernoulli et d'Euler. Au début du XIXe s., il amène Fourier au calcul des séries trigonométriques. Les besoins de rigueur qui se manifestent alors vont conduire les mathématiciens, à la suite de Gauss, et surtout d'Abel et de Cauchy, à admettre qu'une série n'a de sens que si l'on a établi sa convergence. Cauchy, suivi par Weierstrass et par d'autres mathématiciens, étudie les fonctions de la variable complexe. Au XXe s., cette théorie sera généralisée aux fonctions de plusieurs variables. Cauchy précise aussi la notion d'intégrale en s'inspirant des conceptions archimédiennes. Riemann étend à d'autres fonctions de la variable réelle cette notion que généralisera Henri Lebesgue. Enfin, l'étude des équations différentielles, qui débute avec Leibniz, et celle des équations aux dérivées partielles, qui remonte à d'Alembert ainsi qu'à ceux qui étudièrent le problème des cordes vibrantes, fournissent un important sujet de recherches. ■

analysé, e [analize] **n.** Personne ayant entrepris une cure psychanalytique.

analyser [analize] **v.t. 1.** Soumettre à une analyse ; étudier par l'analyse : *Analyser une substance. Analyser les résultats d'un vote* (syn. **étudier, examiner**). **2.** Soumettre à une psychanalyse : *Les personnes que Freud a analysées* (syn. **psychanalyser**).

analyseur [analizœr] **n.m.** Appareil permettant de faire une analyse.

analyste [analist] **n. 1.** Spécialiste de l'analyse (mathématique, informatique, financière, etc.). **2.** Psychanalyste.

analytique [analitik] **adj. 1.** Qui envisage les choses dans leurs éléments constitutifs et non dans leur ensemble : *Un esprit analytique. Une démonstration analytique* (contr. **synthétique**). **2.** Qui comporte une analyse ou qui en résulte : *Compte-rendu analytique.* **3.** Syn. de *psychanalytique.*

anamorphose [anamɔrfoz] **n.f.** (du gr. *anamorphoûn,* transformer). **1.** Image déformée d'un objet donnée par certains systèmes optiques, les miroirs courbes, notamm. **2.** BX-A. Représentation peinte ou dessinée, volontairement déformée d'un objet, dont l'apparence réelle ne peut être distinguée qu'en regardant l'image sous un angle particulier ou dans un miroir courbe. **3. Carte par anamorphose** ⟶ **carte.**

ananas [anana] ou [ananas] **n.m.** (mot du tupi-guarani). Plante originaire de l'Amérique tropicale, cultivée pour son gros fruit composé, à pulpe sucrée et savoureuse ; ce fruit. ▸ Famille des broméliacées.

anapeste [anapɛst] **n.m.** (gr. *anapaistos,* frappé à rebours). MÉTR. ANC. Pied composé de deux syllabes brèves et d'une syllabe longue.

anaphore [anafɔr] **n.f.** (gr. *anaphora,* action d'élever). RHÉT. Reprise d'un mot ou d'un groupe de mots au début de phrases successives, produisant un effet de renforcement, de symétrie.

anaphorique [anafɔrik] **adj.** et **n.m.** LING. Se dit d'un terme qui renvoie à un mot ou à une phrase apparus antérieurement dans le discours : *Les pronoms sont des mots anaphoriques.*

anaphylactique [anafilaktik] **adj.** Propre à l'anaphylaxie : *État, choc anaphylactique.*

anaphylaxie [anafilaksi] **n.f.** (du gr. *ana-,* en arrière, en sens contraire, et *phulaxis,* protection). MÉD. Forme d'allergie aiguë dont les symptômes apparaissent immédiatement après le contact avec l'antigène.

anar [anar] **n.** FAM. Abrév. de *anarchiste.*

anarchie [anarʃi] **n.f.** (gr. *anarkhia,* absence de chef). **1.** Anarchisme. **2.** État de trouble, de désordre dû à l'absence d'autorité politique, à la carence des lois : *Pays en proie à l'anarchie.* **3.** Désordre, confusion dans un domaine quelconque : *L'anarchie qui règne dans les circuits de distribution* (syn. **chaos, confusion**).

anarchique [anarʃik] **adj. 1.** Qui tient de l'anarchie : *Situation anarchique.* **2.** Qui n'obéit à aucune règle : *Le développement anarchique d'un secteur industriel.*

anarchiquement [anarʃikmɑ̃] **adv.** De façon anarchique ; sans obéir à une règle : *Certaines villes nouvelles se sont développées anarchiquement.*

anarchisant, e [anarʃizɑ̃, -ɑ̃t] **adj.** et **n.** Qui tend vers l'anarchisme ; qui a des sympathies pour l'anarchisme : *Une conception anarchisante de l'État.*

anarchisme [anarʃism] **n.m.** Doctrine politique qui préconise la suppression de l'État et de toute contrainte sociale sur l'individu (syn. **anarchie**). ◆ **anarchiste n.** et **adj.** Partisan de l'anarchisme (abrév. fam. *anar*) ; qui en relève.

■ L'anarchisme est un mouvement d'idées né au XIXe s. avec Proudhon et Bakounine. Le principe fondateur est le rejet de toute autorité, ce qui implique la destruction de l'État. « Plus d'autorité ni dans l'Église, ni dans l'État, ni dans la terre, ni dans l'argent », écrit-il en 1851. Mais les anarchistes ne refusent pas tout lien social. L'anarchie sera atteinte par une action révolutionnaire partant des minorités. Ce sont elles qui, impulsant les masses, leur montrent la voie pour organiser la production et la consommation au sein d'unités soudées par un système *fédéral* qu'il appelle des « communes ». Le principe est celui de la spontanéité de la base : « L'organisation du travail ne doit pas partir du pouvoir ; elle doit être *spontanée* », écrit Proudhon en 1848. Les anarchistes sont assez proches des socialistes dans la volonté d'émanciper les travailleurs ; mais le point fondamental qui les oppose est le rôle de l'État.

Bakounine adhère à la Première Internationale. Mais les anarchistes sont battus dès le 3e Congrès de celle-ci. Le mode d'action des anarchistes pour répandre leur doctrine consiste alors en la création d'associations de production et de communication par l'action éducative. Après cet échec, ils ont recours à l'insurrection et à la violence. C'est ainsi qu'en France plusieurs attentats anarchistes sont commis entre 1880 et 1904. Les débuts de la Confédération générale du travail (C.G.T.) sont marqués par l'influence des anarcho-syndicalistes, partisans de la gestion des affaires économiques par les syndicats sous le contrôle des travailleurs.

Le mouvement anarchiste se prolonge à travers l'histoire ouvrière européenne jusque dans l'action de N. I. Makhno dans la Russie de 1917, l'histoire de Kronchtadt en lutte contre les bolcheviks, et celle des anarchistes, tel Durruti, dans l'Espagne de 1936. Dans ce dernier pays, ils organisent des communes libres, des conseils ouvriers, pratiquent la réforme agraire, tentent de nouvelles formes d'enseignement. Cependant, ils sont poursuivis et assassinés par les franquistes en même temps que par leurs prétendus alliés communistes.

Aujourd'hui, le mouvement anarchiste poursuit une existence marginale, dont on peut retrouver certaines résurgences, par exemple en France lors des événements de mai 1968. ■

anastigmatique [anastigmatik] **adj. m.** Se dit d'un système optique corrigé de l'astigmatisme.

anastomose [anastɔmoz] **n.f.** (gr. *anastomôsis,* ouverture). **1.** ANAT. Accolement sur une certaine longueur de deux vaisseaux sanguins, de deux nerfs ou de deux fibres musculaires. **2.** CHIR. Abouchement chirurgical de deux conduits, canaux ou cavités.

anastomoser [anastɔmoze] **v.t.** CHIR. Réunir deux conduits par anastomose. ◆ **s'anastomoser v.pr.** Se joindre en formant une anastomose.

anatexie [anatɛksi] **n.f.** (du gr. *anatêxis,* fonte). GÉOL. Fusion des roches de la croûte continentale terrestre, donnant naissance à un magma.

anathématiser [anatematize] **v.t. 1.** RELIG. Frapper d'anathème. **2.** Jeter l'anathème sur ; blâmer publiquement et solennellement.

anathème [anatɛm] **n.m.** (gr. *anathêma,* malédiction). **1.** RELIG. Excommunication majeure prononcée contre un hérétique. **2.** Condamnation publique, blâme sévère, qui marquent une totale réprobation d'un acte, d'une idée : *Jeter l'anathème sur la pornographie.*

Anatolie (du gr. *anatolê,* le levant), nom souvent donné à l'*Asie Mineure,* désignant aujourd'hui l'ensemble de la Turquie d'Asie.

anatomie [anatɔmi] **n.f.** (bas lat. *anatomia,* du gr. *anatomê,* dissection). **1.** Étude scientifique de la forme, de la disposition et de la structure des organes de l'homme, des animaux et des plantes : *Anatomie humaine, animale, végétale.* **2.** Structure d'un être organisé : *Étudier l'anatomie d'un ver.* **3.** FAM. Forme extérieure du corps humain : *Une belle anatomie.*

anatomique [anatɔmik] **adj. 1.** Qui a rapport à l'anatomie : *Étude anatomique de la grenouille.* **2.** Qui est spécialement adapté à l'anatomie du corps humain : *Un siège anatomique.*

anatomiste [anatɔmist] **n.** Spécialiste d'anatomie.

anatomopathologie [anatɔmɔpatɔlɔʒi] **n.f.** (de *anatomie* et *pathologie*). Étude des modifications de forme ou de structure provoquées par la maladie, et notamm. des altérations tissulaires microscopiques. ◆ **anatomopathologiste n.** Nom du spécialiste.

anatoxine [anatɔksin] **n.f.** (du gr. *ana-,* en arrière, en sens contraire, et de *toxine*). Toxine microbienne ayant perdu son pouvoir toxique, et capable de conférer l'immunité : *La vaccination par les anatoxines diphtérique et tétanique.*

A.N.C. (**African National Congress,** en fr. **Congrès national africain**), organisation politique d'Afrique du Sud, créée en 1912. Fer de lance de la lutte contre l'apartheid, l'A.N.C. a été interdit de 1960 à 1990. Interlocuteur privilégié du gouvernement dans les négociations qui ont abouti à l'instauration d'une démocratie multiraciale en Afrique du Sud, l'A.N.C. a accédé au pouvoir en 1994.

ancestral, e, aux [ɑ̃sɛstral, -o] **adj. 1.** Qui vient des ancêtres ; qui appartient aux ancêtres : *Les vertus ancestrales.* **2.** Qui remonte à un passé très lointain : *Une contrée où survivent des coutumes ancestrales* (syn. **ancien, séculaire ;** contr. **récent**).

ancêtre [ɑ̃sɛtr] **n.** (lat. *antecessor,* prédécesseur). **1.** Personne de qui qqn descend, ascendant, génér. plus éloigné que le grand-père : *Nous avons un ancêtre commun* (syn. **aïeul**). **2.** Initiateur lointain d'une idée, d'une doctrine : *On peut dire que Buffon est l'ancêtre des évolutionnistes.* **3.** Première forme d'un objet qui a subi ensuite de profondes transformations : *L'ancêtre de la bicyclette.* ◆ **ancêtres n.m. pl. 1.** Ensemble de ceux dont on descend : *Mes ancêtres sont originaires de la Picardie* (syn. **aïeux**). **2.** Ceux qui ont vécu avant nous : *Nos ancêtres les Gaulois.*

anche [ɑ̃ʃ] **n.f.** (frq. **ankja,* canal de l'os). Languette dont les vibrations produisent les sons dans certains instruments à vent : *Les clarinettes, hautbois, saxophones et certains tuyaux de l'orgue sont munis d'anches.*

anchois [ɑ̃ʃwa] **n.m.** (anc. prov. *anchoia,* probabl. du gr. *aphuê* par le lat. pop.). Petit poisson, commun en Méditerranée, qui est le plus souvent conservé dans la saumure ou dans l'huile. ▸ Long. 15 à 20 cm ; famille des engraulidés.

Anchorage, v. de l'Alaska ; 301 010 hab. (380 821 hab. dans l'agglomération). Aéroport.

ancien, enne [ɑ̃sjɛ̃, -ɛn] **adj.** (lat. pop. **antianu,* du class. *ante,* avant). **1.** Qui existe depuis longtemps ; qui date de longtemps : *Le château contient beaucoup de meubles anciens.* **2.** Qui a existé autrefois ; qui appartient à une époque révolue : *Les langues anciennes. Dans l'ancien temps.* **3.** Qui n'est plus en fonction : *Un ancien ministre.* **4.** Qui avait un autre usage : *Une ancienne grange transformée en salle de concerts.* **5. Ancien français,** état premier de la langue française, telle qu'elle fut utilisée au Moyen Âge (jusqu'au XIVe s.). ◆ **n.** Personne qui en a précédé d'autres dans une fonction : *Demander conseil à une ancienne.* ◆ **ancien n.m. 1.** Meuble, objet appartenant au style d'une époque révolue : *Se meubler en ancien* (contr. **moderne**). **2.** Immeubles anciens : *Acheter un appartement dans de l'ancien* (contr. **neuf**). **3.** (Avec une majuscule). Personnage ou écrivain de l'Antiquité gréco-romaine : *La vie des Anciens.*

anciennement [ɑ̃sjɛnmɑ̃] **adv.** Dans une époque reculée : *Paris, anciennement Lutèce* (syn. **autrefois, jadis**).

ancienneté [ɑ̃sjɛnte] **n.f. 1.** Caractère de ce qui est ancien : *L'ancienneté d'une coutume.* **2.** Temps passé dans une fonction, un emploi, à partir du jour de la nomination : *Avoir dix ans d'ancienneté dans une entreprise.*

Ancien Régime, régime politique et social de la France depuis le XVIe s. jusqu'à la Révolution de 1789. La société d'Ancien Régime est divisée en trois ordres juridiquement inégaux, les deux premiers (clergé et noblesse) bénéficiant de privilèges (notamment fiscaux) dont est privé le troisième (tiers état). Le régime est, en théorie, une monarchie absolue de droit divin ; dans les faits, l'absolutisme royal se heurte à la résistance des corps intermédiaires (états provinciaux, parlements, municipalités).

ancillaire [ɑ̃silɛr] **adj.** (lat. *ancillaris,* de *ancilla,* servante). LITT. **1.** Qui a rapport au métier de servante : *Un petit tablier blanc, accessoire obligatoire de la tenue ancillaire.* **2.** Qui a pour objet une servante, partic. dans une relation galante : *Amours ancillaires.*

ancolie [ɑ̃kɔli] **n.f.** (bas lat. *aquileia,* p.-ê. du class. *aquilegus,* qui recueille l'eau). Plante vivace dont les fleurs de couleurs variées présentent cinq éperons. ▸ Famille des renonculacées.

ancrage [ɑ̃kraʒ] **n.m. 1.** Action d'ancrer : *L'ancrage d'un bateau.* **2.** Endroit convenable pour mouiller un navire : *Le bateau est resté à l'ancrage.* **3.** Action d'ancrer qqch, en partic. un élément de construction (poutre, câble, etc.), à un point fixe ; dispositif assurant une telle fixation. **4.** Action d'ancrer une opinion, un sentiment, des idées : *L'ancrage d'une association dans la vie du quartier* (syn. **enracinement**). **5. Point d'ancrage,** endroit de l'habitacle d'une voiture où est fixée une ceinture de sécurité ; au fig., point, élément fondamental autour duquel s'organise un ensemble : *Le point d'ancrage d'une politique.*

ancre [ɑ̃kr] **n.f.** (lat. *ancora,* du gr.). **1.** Pièce d'acier ou de fer, génér. à deux pattes formant becs, reliée à une chaîne et servant à immobiliser un navire en s'accrochant au fond de l'eau : *Navire qui jette l'ancre pour s'immobiliser. Navire qui lève l'ancre pour quitter le port.* **2.** Pièce d'horlogerie qui régularise le mouvement du balancier. **3.** FAM. **Lever l'ancre,** partir : *Il est tard, je lève l'ancre.*

ancrer [ɑ̃kre] **v.t. 1.** Immobiliser au moyen d'une ancre : *Ancrer un navire à l'entrée d'une baie.* **2.** Assujettir solidement à un point fixe : *Ancrer un câble.* **3.** Fixer profondément dans l'esprit de qqn : *Qui vous a ancré ces préjugés dans la tête ?* (syn. **inculquer**). ◆ **s'ancrer v.pr.** S'établir fermement et durablement : *Il ne faut pas laisser de telles idées s'ancrer dans la tête des gens* (syn. **s'enraciner**).

Andalousie, en esp. **Andalucía,** communauté autonome du sud de l'Espagne, divisée en 8 prov. : Almería, Cadix, Cordoue, Grenade, Huelva, Jaén, Málaga, Séville ; 87 268 km^2 ; 8 371 270 hab. *(Andalous).* CAP. *Séville.* L'Andalousie comprend, du N. au S. : le rebord méridional de la sierra Morena ; la dépression drainée par le Guadalquivir, où se concentrent les cultures et les villes (Cordoue, Séville, Jerez, Cadix) ; la sierra Nevada, ouverte par des bassins fertiles (Grenade) et dominant le littoral aux petites plaines alluviales (Málaga, Almería). Colonisée par les Phéniciens à partir du VIe s. av. J.-C. puis par les Carthaginois, conquise en 206 av. J.-C. par Rome, qui créa la province de Bétique, la région fut du VIIIe s. aux XIIIe-XVe s. le principal foyer de la culture musulmane en Espagne.

andante [ɑ̃dɑ̃te] ou [ɑ̃dɑ̃t] **adv.** (mot it., de *andare,* aller). MUS. Dans un mouvement modéré. ◆ **n.m.** Morceau exécuté dans ce mouvement (spécial. deuxième mouvement de la forme sonate).

andantino [ɑ̃dɑ̃tino] **adv.** (mot it., dimin. de *andante*). MUS. Dans un mouvement un peu plus vif qu'andante. ◆ **n.m.** Morceau exécuté dans ce mouvement.

A B C D E F G H I J K L M N O P Q R S T U V W X Y Z

Andersen (Hans Christian), écrivain danois (Odense 1805 - Copenhague 1875). Il est l'auteur célèbre de *Contes* (1835-1872), conçus à l'origine pour un public enfantin *(la Petite Sirène, la Petite Fille aux allumettes, le Vilain Petit Canard, l'Inébranlable Soldat de plomb).*

Andersen Nexø (Martin), écrivain danois (Copenhague 1869 - Dresde 1954), le principal représentant du roman prolétarien *(Pelle, le conquérant ; Ditte, enfant des hommes).*

Andes *(cordillère des),* grande chaîne de montagnes, parsemée de volcans actifs, dominant la côte occidentale de l'Amérique du Sud, s'étirant sur près de 8 000 km du Venezuela à la Terre de Feu ; point culminant : 6 959 m à l'*Aconcagua.* La vie humaine s'est réfugiée sur les immenses plateaux intérieurs et dans les bassins intramontagnards, domaines d'une agriculture souvent vivrière, parfois commerciale (café), et d'un élevage fréquemment extensif. L'intérêt économique des Andes réside essentiellement dans leurs richesses minières (cuivre et fer de la montagne, pétrole de l'avant-pays).

andésite [ɑ̃dezit] **n.f.** (de *Andes*). Roche volcanique, noire ou grise.

andin, e [ɑ̃dɛ̃, ɑ̃din] **adj.** et **n.** Des Andes.

Andorre *(principauté d'),* État d'Europe, dans les Pyrénées, placé depuis 1607 sous la souveraineté conjointe du roi (ou du chef d'État) de France et de l'évêque de Seo de Urgel (Espagne) ; 465 km^2 ; 79 000 hab. *(Andorrans).* CAP. *Andorre-la-Vieille (Andorra la Vella)* [23 497 hab.]. LANGUE : *catalan.* MONNAIE : *euro.* Union postale avec l'Espagne et la France.

GÉOGRAPHIE

L'Andorre est un pays montagneux (altitude moyenne de 1 800 m), au climat rude, qui vit de l'élevage, de quelques rares cultures (dont le tabac), et surtout du tourisme, favorisé par la modernisation des communications et par la vente de produits importés en franchise. La principauté accueille annuellement environ 7 millions de visiteurs.

HISTOIRE

Au IXe s., l'Andorre appartient aux comtes d'Urgel (ville d'Espagne), qui la cèdent à l'évêque d'Urgel. En 1278, un jugement met fin à la lutte entre Français et Espagnols pour la domination du territoire : depuis 1607, le pays est défini comme une principauté placée sous la double suzeraineté de l'évêque d'Urgel et du comte de Foix, dont les droits passent au roi de France (1607) puis au président de la République française. En 1993, une Constitution, approuvée par référendum, établit un régime parlementaire. La principauté d'Andorre est admise à l'O.N.U.

andouille [ɑ̃duj] **n.f.** (probabl. bas lat. *inductilia,* du class. *inducere,* faire entrer dans). **1.** Produit de charcuterie cuite, emballé en boyau noir, constitué principalement du tube digestif des animaux de boucherie, en particulier du porc, et qui se mange froid. **2.** *FAM.* Personne sotte et maladroite : *Espèce d'andouille !* (syn. **imbécile**).

andouiller [ɑ̃duje] **n.m.** (lat. pop. **anteoculare* [*cornu*], [bois] qui est devant les yeux). Ramification des bois du cerf et des animaux de la même famille. ▸ Le nombre des andouillers augmente de un chaque année, jusqu'à l'âge de dix ans environ.

andouillette [ɑ̃dujɛt] **n.f.** (dimin. de *andouille*). Charcuterie cuite, emballée en boyau, faite princ. d'intestins de porc, parfois de veau, et qui se mange grillée.

André *(saint),* l'un des douze apôtres. Pêcheur de son état, il faisait partie des disciples de Jean-Baptiste lorsque avec son frère Pierre il décida de suivre Jésus. Selon la tradition, il serait mort à Patras sur une croix en forme d'X (d'où le nom de *croix de Saint-André*).

Andrea del Sarto, peintre italien (Florence 1486 - *id.* 1530). Il marque à la fois l'aboutissement de la Renaissance classique et le point de départ du maniérisme toscan dans ses fresques des couvents de Florence et ses tableaux, faits d'eurythmie et de sereine grandeur.

Andreu (Paul), architecte français (Caudéran, Gironde, 1938). Spécialiste de la construction d'aéroports (Charles-de-Gaulle, à Roissy), il a réalisé d'autres grands travaux, en France (Grande Arche de la Défense, en collab., 1989 ; terminal du tunnel sous la Manche, 1994) et à l'étranger, surtout en Asie (Opéra de Pékin, 2007).

andrinople [ɑ̃drinɔpl] **n.f.** (de *Andrinople*). Étoffe de coton bon marché, le plus souvent rouge.

Andrinople, anc. nom de la ville turque d'**Edirne.** Anciennement appelée Hadrianopolis en l'honneur de l'empereur Hadrien qui la reconstruisit vers 125, elle fut le théâtre de deux batailles décisives : en 324, Constantin y battit Licinius ; en 378, l'empereur Valens y fut vaincu et tué par les Goths. Conquise par les Turcs (1362), elle devint au XVe s. le siège de la cour ottomane.

androgène [ɑ̃drɔʒɛn] **adj.** et **n.m.** (de *andro-* et *-gène*). Se dit d'une substance hormonale qui provoque le développement des caractères sexuels mâles.

androgyne [ɑ̃drɔʒin] **adj.** (gr. *androgunos, de anêr, andros,* homme, et *gunê,* femme). **1.** Se dit d'un individu qui tient des deux sexes (syn. **hermaphrodite**). **2.** Se dit des plantes qui portent à la fois des fleurs mâles et des fleurs femelles, comme le noyer (syn. **monoïque**). ◆ **n.m.** Être androgyne.

androïde [ɑ̃drɔid] **n.m.** (de *andr*[*o*]- et *-oïde*). Automate à figure humaine.

Andromaque, épouse d'Hector, le chef troyen de *l'Iliade.* Après la mort de celui-ci et celle de son fils Astyanax, elle fut remise au fils d'Achille, Néoptolème, à qui elle donna des fils.

Andromaque → Racine.

andropause [ɑ̃drɔpoz] **n.f.** (de *andro-,* sur le modèle de *ménopause*). Diminution de l'activité génitale chez l'homme, à partir d'un certain âge.

androstérone [ɑ̃drɔsterɔn] **n.f.** (de *andro-, stér*[*ol*] et [*horm*] *one*). Hormone sexuelle mâle.

Androuet Du Cerceau → Du Cerceau.

âne [an] **n.m.** (lat. *asinus*). **1.** Mammifère voisin du cheval, à longues oreilles et au pelage génér. gris. ▸ Famille des équidés. L'âne brait. **2.** Personne ignorante, à l'esprit borné (syn. **idiot, imbécile**).

anéantir [aneɑ̃tir] **v.t.** (de *néant*) [conj. **32**]. **1.** Détruire entièrement : *La grêle a anéanti les récoltes.* **2.** Ôter ses forces physiques ou morales à : *Cette marche en plein soleil m'a anéanti* (syn. **épuiser**). *Ces mauvaises nouvelles l'ont anéanti* (syn. **abattre**). ◆ **s'anéantir v.pr.** Être réduit à rien : *Nos espoirs se sont anéantis* (syn. **s'écrouler**).

anéantissement [aneɑ̃tismɑ̃] **n.m. 1.** Fait d'être anéanti ; destruction totale : *Son échec est l'anéantissement de nos espérances* (syn. **écroulement, ruine**). **2.** État de profond désespoir : *La mort de sa mère l'a plongé dans un anéantissement inquiétant* (syn. **abattement, prostration**).

anecdote [anɛkdɔt] **n.f.** (lat. *anecdota,* gr. *anekdota,* choses inédites, titre d'un ouvrage de Procope). Récit succinct d'un fait piquant, curieux ou peu connu : *Un livre de souvenirs émaillé d'anecdotes* (syn. **historiette**).

anecdotique [anɛkdɔtik] **adj. 1.** Qui tient de l'anecdote : *Une chronique anecdotique.* **2.** Qui ne touche pas à l'essentiel : *Détail purement anecdotique.*

anémie [anemi] **n.f.** (gr. *anaimia,* manque de sang). **1.** MÉD. État maladif provoqué par une diminution de la concentration en hémoglobine du sang (au-dessous de 0,13 g/ml chez l'homme et de 0,12 g/ml chez la femme). **2.** Abaissement en quantité ou en qualité : *L'anémie de la production* (syn. **affaiblissement, baisse**).

■ **Les causes.** La carence en fer est une des causes les plus fréquentes d'anémie. Elle se rencontre chez le petit enfant, au cours d'une grossesse, ou à la suite d'un saignement microscopique chronique d'origine gynécologique ou digestive. Hémorragies aiguës, inflammations, maladies héréditaires, alcoolisme, réactions à un médicament sont d'autres causes possibles.

Les signes. Outre la pâleur de la peau, on observe les conséquences de l'insuffisance en oxygène au niveau des tissus : fatigue, vertiges, maux de tête, essoufflement à l'effort.

Le traitement. On supprime la cause de l'anémie par l'arrêt d'une hémorragie ou l'absorption de fer sous forme médicamenteuse quand cela est possible. Les transfusions sont réservées aux anémies sévères. ■

anémié, e [anemje] **adj. 1.** Qui tend vers l'anémie ; atteint d'anémie : *Organisme anémié.* **2.** Affaibli, pâle : *Teint anémié.*

anémier [anemje] **v.t.** [conj. **9**]. Rendre anémique : *Ce régime trop sévère l'a anémiée.*

anémique [anemik] **adj.** et **n.** Relatif à l'anémie ; atteint d'anémie : *État anémique. Enfants anémiques.*

anémomètre [anemɔmɛtr] **n.m.** (de *anémo-* et *-mètre*). Instrument qui sert à mesurer la vitesse d'écoulement d'un fluide gazeux, en partic. la vitesse du vent.

anémone [anemɔn] **n.f.** (lat. *anemona,* gr. *anemônê,* de *anemos,* vent). **1.** Plante herbacée dont plusieurs espèces sont cultivées pour leurs fleurs décoratives. ▸ Famille des renonculacées. **2. Anémone de mer,** nom usuel de l'*actinie.*

ânerie [anri] **n.f.** Parole ou acte stupide : *Dire des âneries* (syn. **bêtise, ineptie**). *Ils ont fait une ânerie en ne l'invitant pas* (syn. **imbécillité, sottise**).

anéroïde [anerɔid] **adj.** (de *an-* priv., et du gr. *aeroeidês,* aérien). **Baromètre anéroïde,** baromètre fonctionnant par déformation élastique d'une capsule ou d'un tube métallique.

ânesse [anɛs] **n.f.** Femelle de l'âne.

anesthésiant, e [anɛstezjɑ̃, -ɑ̃t] **adj.** Qui anesthésie, rend insensible. ◆ **adj.** et **n.m** Anesthésique.

anesthésie [anɛstezi] **n.f.** (gr. *anaisthêsia,* insensibilité). Perte plus ou moins complète de la sensibilité d'une région du corps (anesthésie locale ou régionale) ou du corps tout entier (anesthésie générale), entraînée par une maladie ou produite par un agent anesthésique.

■ **L'anesthésie locale ou régionale.** Elle abolit la sensibilité et, éventuellement, la motricité, dans une région donnée du corps, par injection ou application d'anesthésiques locaux. Le patient reste conscient.

L'anesthésie générale. Utilisée pour les interventions chirurgicales importantes ou prolongées, elle provoque un coma contrôlé. L'anesthésique est administré soit par inhalation, sous forme gazeuse, soit par intraveineuse. ■

anesthésier [anɛstezje] **v.t.** [conj. **9**]. **1.** Pratiquer une anesthésie sur : *Anesthésier un patient* (syn. **endormir**). *Anesthésier la gencive de qqn* (syn. **insensibiliser**). **2.** Rendre insensible, faire perdre toute capacité de réaction : *Anesthésier l'opinion publique.*

anesthésique [anɛstezik] **n.m.** Substance qui produit l'anesthésie par inhalation ou par injection intraveineuse : *Le chloroforme est un anesthésique* (syn. **anesthésiant**). ◆ **adj.** Qui se rapporte à l'anesthésie ; qui la provoque.

anesthésiste [anɛstezist] **n.** Médecin qui pratique l'anesthésie.

aneth [anɛt] **n.m.** (lat. *anethum,* du gr.). Plante aromatique à feuilles vert foncé, communément appelée *faux anis, fenouil bâtard.* ▸ Famille des ombellifères.

Aneto *(pic d')*, point culminant des Pyrénées, en Espagne, dans la Maladeta ; 3 404 m.

anévrysme ou **anévrisme** [anevrism] **n.m.** (gr. *aneurusma,* dilatation). MÉD. Poche qui se forme sur le trajet d'une artère, du fait de la dilatation des parois : *Une rupture d'anévrysme entraîne souvent la mort.*

anfractuosité [ɑ̃fraktɥozite] **n.f.** (du bas lat. *anfractosus,* tortueux). Cavité profonde et irrégulière dans une roche (syn. **crevasse, renfoncement**).

Angara, riv. de Sibérie, qui sort du lac Baïkal, affl. de l'Ienisseï (r. dr.) ; 1 826 km. Aménagements hydroélectriques (dont Bratsk).

ange [ɑ̃ʒ] **n.m.** (lat. *angelus,* gr. *aggelos,* messager). **1.** Être spirituel, intermédiaire entre Dieu et l'homme. **2.** Personne parfaite ou douée de telle éminente qualité : *Tu es un ange ! Un ange de bonté.* **3. Être aux anges,** être au comble de la joie. / **Un ange passe,** se dit lorsqu'une conversation est interrompue par un long silence embarrassé. / **Une patience d'ange,** patience exemplaire. **4. Ange gardien,** ange attaché à la personne de chaque chrétien pour le protéger, dans le catholicisme ; au fig., personne qui exerce sur une autre une surveillance vigilante.

Ange bleu *(l')* → Sternberg.

angéiologie [ɑ̃ʒejɔlɔʒi] et **angiologie** [ɑ̃ʒjɔlɔʒi] **n.f.** (de *angéio-, angio-* et *-logie*). Partie de l'anatomie qui étudie les systèmes circulatoires sanguin et lymphatique. ◆ **angéiologue** et **angiologue n.** Nom du spécialiste.

Angelico (Guidolini di Pietro, dit **Fra),** peintre italien (dans le Mugello [Toscane] v. 1400 - Rome 1455). Dominicain à Fiesole et au couvent S. Marco de Florence, il a travaillé aussi à Orvieto et à Rome (chapelle de Nicolas V). Formé au style gothique courtois, il n'ignore pas la leçon d'un Masaccio, mais choisit l'évocation d'un espace spirituel où prime soit l'intensité lumineuse du coloris (retables), soit un dépouillement propre à la méditation (fresques du couvent S. Marco). Il a été béatifié en 1982.

1. angélique [ɑ̃ʒelik] **adj. 1.** De la nature de l'ange : *La pureté angélique.* **2.** Qui évoque les qualités traditionnellement attachées à l'ange : *Visage, douceur angélique.*

2. angélique [ɑ̃ʒelik] **n.f.** (de *1. angélique,* pour des raisons obsc.). **1.** Plante aromatique cultivée pour ses tiges et ses pétioles que l'on consomme confits. ▸ Famille des ombellifères. **2.** Tige confite de cette plante.

angéliquement [ɑ̃ʒelikmɑ̃] **adv.** De façon angélique : *Une personne angéliquement bonne.*

angélisme [aʒelism] **n.m.** (de *ange*). **1.** Refus des réalités charnelles, matérielles, par désir de pureté extrême. **2.** Refus d'admettre la réalité par excès de candeur ; naïveté.

angelot [ɑ̃ʒlo] **n.m.** Petit ange, surtout dans l'iconographie religieuse.

angélus [ɑ̃ʒelys] **n.m.** (lat. *angelus ;* v. *ange*). **1.** CATH. (Avec une majuscule). Prière en latin, commençant par ce mot, récitée ou chantée le matin, à midi et le soir. **2.** Sonnerie de cloche annonçant cette prière.

Angers, ch.-l. du dép. de Maine-et-Loire, anc. cap. de l'Anjou, sur la Maine, à 296 km au sud-ouest de Paris ; 153 472 hab. *(Angevins)* [218 657 hab. dans l'agglomération]. Évêché. Cour d'appel. Université. Institut national d'horticulture et de paysage (partie d'Agrocampus Ouest). École du génie. Centre commercial et industriel (électronique, informatique). Cathédrale (XIIe-XIIIe s. ; vitraux) et autres édifices gothiques à voûtes « angevines » (bombées). Le château des comtes d'Anjou, reconstruit v. 1230 sur l'ordre de Blanche de Castille, forme une enceinte massive à 17 grosses tours ; il abrite une collection de tapisseries, dont la tenture de l'*Apocalypse,* œuvre la plus spectaculaire de l'art des lissiers médiévaux (fin du XIVe s.). Musée des Beaux-Arts et galerie David-d'Angers ; musée Jean-Lurçat et de la Tapisserie contemporaine. Oppidum gaulois puis riche cité romaine, la ville fut la capitale de l'État féodal des Plantagenêts.

angevin, e [ɑ̃ʒvɛ̃, -in] **adj.** et **n.** D'Angers ou de l'Anjou.

angine [ɑ̃ʒin] **n.f.** (lat. *angina,* de *angere,* serrer). **1.** Inflammation des muqueuses de l'isthme du gosier et du pharynx. **2. Angine de poitrine,** affection qui se traduit par des douleurs dans la région cardiaque et une sensation d'étouffement et d'angoisse.

angineux, euse [ɑ̃ʒinø, -øz] **adj.** et **n. 1.** Accompagné d'angine ; relatif à l'angine ou à l'angine de poitrine. **2.** Qui souffre d'angine, y est sujet.

A B C D E F G H I J K L M N O P Q R S T U V W X Y Z

angiocardiographie [ɑ̃ʒjɔkardjɔgrafi] **n.f.** (de *angio-* et *cardiographie*). Radiographie des cavités du cœur et des gros vaisseaux qui s'y abouchent.

angiographie [ɑ̃ʒjɔgrafi] **n.f.** (de *angio-* et *-graphie*). Radiographie des vaisseaux après injection d'une substance opaque aux rayons X.

angiologie n.f., angiologue n. → **angéiologie, angéiologue.**

angiome [ɑ̃ʒjom] **n.m.** (de *angi[o]-* et *-ome*). Tumeur vasculaire bénigne, le plus souvent congénitale.

angiosperme [ɑ̃ʒjɔspɛrm] **n.f.** (de *angio-*, et du gr. *sperma*, graine). **Angiospermes,** sous-embranchement de plantes phanérogames dont les graines sont enfermées dans un fruit (syn. cour. **plantes à fleurs**). ▸ Les angiospermes se divisent en *monocotylédones* et *dicotylédones*.

■ Chez les angiospermes, les organes reproducteurs sont réunis dans une fleur, tandis que les graines sont contenues dans un fruit. Chez de nombreuses espèces, les fleurs sont hermaphrodites : elles renferment à la fois les organes mâles (les *étamines*, qui produisent le *pollen*) et femelle (le *pistil*). Les angiospermes forment un immense groupe : il renferme probablement entre 250 000 à 300 000 espèces. Il est réuni aux gymnospermes dans celui des plantes à graines (spermaphytes).
Au cours de la pollinisation, le pollen, qui contient les gamètes mâles, se dépose sur le pistil d'autres fleurs. Il est le plus souvent transporté par le vent (pollinisation anémophile) ou par les insectes (pollinisation entomophile). Ce dernier mode de pollinisation est facilité par les couleurs et les odeurs des fleurs qui attirent les insectes. Les fleurs pollinisées par le vent sont souvent de taille réduite et peu visible, comme chez la plupart des arbres. Chaque grain de pollen contient deux spermatozoïdes. Lors de la fécondation, ils sont apportés jusqu'aux noyaux de l'ovule par l'intermédiaire d'un tube *(le tube pollinique)*, élaboré par le grain de pollen. L'un des spermatozoïdes est à l'origine d'un embryon, l'autre produit un tissu nourricier appelé *albumen*. On dit qu'il y a *double fécondation*. L'albumen assure le transit des aliments de la plante mère jusqu'à l'embryon, qui se développe dans une graine, à l'abri dans un fruit.
Lorsque la graine germe *(germination)*, elle produit une petite plante, la *plantule*, dont les premières feuilles sont appelées *cotylédons*. Elles contiennent des réserves pour la petite plante, tant qu'elle ne peut pas réaliser la photosynthèse. Selon les espèces, il y a un seul cotylédon (plantes monocotylédones) ou deux (dicotylédones). Les monocotylédones, qui comprennent les graminées et les liliacées, se caractérisent par des feuilles à nervures parallèles et l'absence de bois.
Les dicotylédones forment un groupe hétérogène rassemblant des familles primitives et des familles évoluées. ■

Angkor, ensemble archéologique le plus important du Cambodge. Plus de 80 sites ont été construits entre 650 et la fin du XIIIe s., soit à l'intérieur de la cité, soit dans le voisinage de son enceinte. Capitale de presque tous les rois khmers, la ville fondée au IXe s. est pillée par les Cham en 1177, et reconstruite fin XIIe s. - début XIIIe s. Depuis le début du XXe s., l'École française d'Extrême-Orient y accomplit un énorme travail d'exploration, de conservation et de restauration. Parmi de nombreux temples, le Phnom Bakheng (fin XIe s.) est un exemple parfait du « temple-montagne » caractéristique du style architectural d'Angkor et dont le symbolisme évoque l'ordre cosmique. Au XIIe s., l'art khmer atteint son apogée avec la construction d'Angkor Vat, vaste quadrilatère (1 500 m sur 1 300) bordé par un large bassin et une enceinte de 5,6 km. Ce temple, dont la destination est probablement funéraire, est dédié à Vishnou et le décor sculptural, illustrant l'épopée indienne, est d'une somptueuse richesse. Le Bayon, monument d'inspiration bouddhique (fin du XIIe s. - début du XIIIe s.) aux tours sculptées représentant le visage du bodhisattva Lokeshvara sous les traits du souverain de l'époque, n'empêchera ni la décadence ni le long oubli de la cité.

anglais, e [ɑ̃glɛ, -ɛz] **adj.** et **n.** (du n. des Angles). D'Angleterre : *Un groupe anglais de rock. Les Anglais ont gagné.* ◆ **anglais n.m.** Langue indo-européenne du groupe germanique, parlée principalement en Grande-Bretagne et aux États-Unis : *Apprendre l'anglais.*

anglaise [ɑ̃glɛz] **n.f.** (de *anglais*). **1.** Écriture cursive, penchée à droite. **2.** Boucle de cheveux longue et roulée en spirale. **3.** FAM. **Filer à l'anglaise,** quitter une soirée, une réunion sans prendre congé. **4.** CUIS. **Pommes à l'anglaise,** pommes de terre cuites à la vapeur.

angle [ɑ̃gl] **n.m.** (lat. *angulus*). **1.** MATH. Portion de plan délimitée par deux demi-droites sécantes, ou *côtés* ; portion d'espace délimitée par deux demi-plans sécants, ou *faces* (dièdre) : *Un angle aigu, droit, obtus, plat.* **2.** Forme analogue constituée par l'intersection de deux lignes ou de deux surfaces : *L'épicerie est à l'angle de la rue* (syn. **coin**). *Il y a des sièges dans les angles de la pièce* (syn. **encoignure**). *Le mur du parc fait un angle* (syn. **coude**). **3. Arrondir les angles,** concilier les gens ; aplanir les difficultés. / **Sous l'angle de,** du point de vue de : *Vue sous l'angle du bénéfice, sous cet angle, l'affaire est intéressante.* **4. Angle mort,** partie de la route dont l'observation dans le rétroviseur est inaccessible au conducteur.

Angles, peuple germanique venu du Schleswig (N. de l'Allemagne), qui envahit la Grande-Bretagne au Ve s. et donna son nom à l'Angleterre.

Angleterre, en angl. **England,** partie sud de la Grande-Bretagne, limitée par l'Écosse au nord et le pays de Galles à l'ouest ; 130 400 km^2 ; 53 012 456 hab. *(Anglais).* CAP. *Londres.*

HISTOIRE

L'Angleterre jusqu'à la conquête normande. Peuplée dès la préhistoire (monuments mégalithiques de Stonehenge), l'Angleterre était appelée *Bretagne* dans l'Antiquité. Elle fut peuplée par les Celtes. La conquête romaine est centrée sur le bassin de Londres.
Ve s. apr. J.-C. Invasion des peuples germaniques (Jutes, Angles et Saxons). Ils fondent plusieurs royaumes et repoussent les populations celtiques à l'E. Christianisée par Rome et par l'Irlande, l'Angleterre exerce une forte influence culturelle sur le continent à l'époque carolingienne.
Début du IXe s. Invasion des Danois.
1016. Le Danois Knud le Grand devient roi de toute l'Angleterre.
1042-1066. Règne d'Édouard le Confesseur, restaurateur de la dynastie anglo-saxonne.

Les dynasties normande et angevine
1066. Harold est battu et tué à la bataille de Hastings par Guillaume le Conquérant, duc de Normandie.
Le nouveau maître du pays organise ce royaume anglo-normand en constituant une noblesse militaire très fortement hiérarchisée et en faisant rédiger le *Domesday Book* (cadastre).
1154. Le duc d'Anjou, arrière-petit-fils de Guillaume le Conquérant, devient roi d'Angleterre sous le nom d'Henri II. Son mariage avec Aliénor lui apporte l'Aquitaine et le met à la tête du puissant Empire angevin. Il est le fondateur de la dynastie angevine des Plantagenêts (1154-1399). Après le règne de Richard Cœur de Lion, Jean sans Terre (1199-1216) perd toutes les possessions françaises (sauf la Guyenne).
1215. La Grande Charte, reconnaissance écrite des libertés traditionnelles, est octroyée par Jean sans Terre.
Au XIVe s., les prétentions des rois d'Angleterre au trône de France, jointes à des rivalités économiques et stratégiques, déclenchent la *guerre de Cent Ans* (1337-1453), au cours de laquelle les Anglais remportent de nombreux succès : Crécy (1346), Azincourt (1415). Mais, finalement, seul le port de Calais reste entre leurs mains.
1450-1485. La guerre des Deux-Roses oppose les deux branches de la dynastie angevine : York et Lancastre. Richard III d'York est battu à Bosworth (1485) par Henri VII Tudor.

Les Tudors. Henri VII rétablit l'ordre et la prospérité dans le royaume.
Le XVIe s. anglais est marqué par la personnalité du roi Henri VIII (1509-1547), qui rompt avec l'Église catholique et se proclame chef de l'Église d'Angleterre (1534). Son fils Édouard VI établit le protestantisme, sa fille Marie Tudor rétablit le catholi-

cisme et épouse Philippe II d'Espagne ; une autre de ses filles, Élisabeth Ire (1558-1603), rétablit l'anglicanisme, abat la résistance des catholiques, fait exécuter sa rivale Marie Stuart, détruit l'Invincible Armada du roi d'Espagne et soumet l'Irlande. Un remarquable essor littéraire marque son règne.

La dynastie des Stuarts et les révolutions anglaises

1603. Mort d'Élisabeth, qui a pour successeur le fils de Marie Stuart, déjà roi d'Écosse, Jacques Ier. Celui-ci réunit les deux Couronnes d'Angleterre et d'Écosse.

Jacques Ier et son successeur Charles Ier ont à lutter contre le Parlement, puis contre une opposition puritaine (protestants hostiles à l'anglicanisme) qui se radicalise. La colonisation de l'Amérique du Nord est amorcée.

1649. Exécution de Charles Ier.

La république est proclamée. Oliver Cromwell en devient le lord-protecteur et établit une véritable dictature des puritains. Il triomphe des Provinces-Unies et de l'Espagne. Son fils Richard, qui lui succède à sa mort (1658), doit se démettre ; le général Monk rétablit la monarchie.

1660-1685. Charles II restaure l'Église anglicane et persécute les puritains.

1679. Le « bill » (loi) de l'habeas corpus protège les citoyens contre les arrestations arbitraires.

Le Parlement anglais est désormais divisé en deux grands partis : les *whigs* (libéraux, adversaires des Stuarts) et les *tories* (conservateurs, anglicans, fidèles au roi).

1685-1688. Jacques II tente de restaurer le catholicisme. Sa politique provoque une seconde révolution.

1688. Le Parlement fait appel au stathouder (gouverneur) de Hollande, Guillaume d'Orange, époux de la reine Marie, qui devient roi d'Angleterre sous le nom de Guillaume III.

La monarchie constitutionnelle remplace l'absolutisme et la puissance économique de l'Angleterre s'affirme. Les nouveaux souverains mènent la lutte contre Louis XIV, prélude à une période d'hostilité coloniale franco-anglaise.

1701. Sous le règne de la reine Anne, l'Acte d'établissement assure une succession protestante au trône d'Angleterre.

1707. L'Acte d'union lie définitivement les royaumes d'Angleterre et d'Écosse.

Angleterre *(bataille d')*, opérations aériennes menées d'août à oct. 1940 par l'aviation allemande (Luftwaffe) contre l'Angleterre pour préparer une invasion de ce pays, visant particulièrement les bases aériennes et l'industrie aéronautique. La résistance de la Royal Air Force (RAF) contraignit Hitler à y renoncer.

anglican, e [ɑ̃glikɑ̃, -an] **adj.** et **n.** (angl. *anglican,* lat. médiév. *anglicanus ;* v. *anglais*). **1.** De l'anglicanisme. **2.** Qui professe cette religion.

anglicanisme [ɑ̃glikanism] **n.m.** Église officielle de l'Angleterre, reconnaissant pour son chef le souverain du royaume, depuis la rupture d'Henri VIII avec Rome (1534) ; sa doctrine, ses institutions.

■ **Les débuts.** L'anglicanisme est le résultat d'une scission, d'un schisme, entre l'Église d'Angleterre et l'Église de Rome. Il est la conséquence non de l'action de tel ou tel prédicateur, mais d'un problème matrimonial du souverain. Henri VIII, n'arrivant pas à faire annuler par le pape Clément VII un premier mariage, brave l'interdiction pontificale et fait bénir son union avec Anne Boleyn par Thomas Cranmer, qu'il vient de nommer pour la circonstance archevêque de Canterbury. Excommunié par le pape, Henri VIII fait voter par le Parlement un *Acte de suprématie* (1534) qui l'institue chef suprême de l'Église d'Angleterre. Tout en poursuivant ceux qui s'opposent à cette entreprise schismatique, il maintient la hiérarchie et la doctrine catholiques (*Bill des six articles,* 1539). L'Église d'Angleterre s'oriente dans le sens du protestantisme sous le règne d'Édouard VI, avec une confession de foi d'inspiration calviniste et l'adoption d'une liturgie en langue anglaise (*Book of Common Prayer,* 1549 et 1552). Marie Tudor, reine de 1553 à 1558, s'efforce de restaurer le catholicisme, mais sa sanglante répression et son mariage avec Philippe II d'Espagne ne font qu'exaspérer la haine du peuple vis-à-vis des « papistes ».

L'institutionnalisation. La véritable instauratrice de l'Église d'Angleterre est Élisabeth Ire, fille d'Henri VIII et d'Anne Boleyn. Avec son *Acte de suprématie* et son *Acte d'uniformité* (1559) et surtout avec les *Trente-Neuf Articles de religion* (1563), elle cherche à stabiliser l'Église anglicane dans une voie moyenne entre le calvinisme extrême et le catholicisme romain. Elle se donne le titre, que reprendront ses successeurs, de modératrice suprême, mais ne s'arroge par là aucun droit sur la doctrine. Dès la fin du XVIe siècle, l'anglicanisme est traversé par deux tendances qui deviendront la Haute Église *(High Church),* soucieuse de garder la liturgie et la hiérarchie catholiques, et la Basse Église *(Low Church),* plus proche du calvinisme. Au XVIIIe siècle s'y ajoute la Large Église *(Broad Church),* qui veut défendre l'unité protestante et met l'accent sur la morale individuelle.

L'anglicanisme dans le monde. À l'Église d'Angleterre, qui comprend 44 diocèses, se rattachent l'Église dite épiscopalienne des États-Unis et les communautés homologues des dominions et des missions. Cette « communion anglicane », dont le primat est l'archevêque de Canterbury, compte quelque 77 millions de membres avec environ 800 évêques. Elle prend une part active au mouvement œcuménique, multipliant les rencontres avec les catholiques et les orthodoxes. ■

angliciser [ɑ̃glisize] **v.t.** Donner un air, un accent anglais à : *Angliciser ses manières, un mot.* ◆ **s'angliciser v.pr.** Prendre le caractère anglais ; spécial., en parlant d'une langue, emprunter de plus en plus de mots à l'anglais : *Le vocabulaire technique s'anglicise depuis plusieurs années.*

anglicisme [ɑ̃glisism] **n.m. 1.** Expression, tournure particulière à la langue anglaise. **2.** Emprunt à l'anglais : *« Football » et « pull-over » sont des anglicismes.*

angliciste [ɑ̃glisist] **n.** Spécialiste de la langue ou de la civilisation anglaises.

anglo-américain, e [ɑ̃gloamerikɛ̃, -ɛn] **adj.** et **n.** (pl. *anglo-américains, es*). **1.** Commun à l'Angleterre et aux États-Unis d'Amérique. **2.** Des Américains de souche anglo-saxonne. ◆ **anglo-américain n.m.** Anglais parlé aux États-Unis.

anglo-arabe [ɑ̃gloarab] **adj.** et **n.m.** (pl. *anglo-arabes*). Se dit d'une race de chevaux qui provient de croisements entre le pur-sang et l'arabe.

anglo-normand, e [ɑ̃glonɔrmɑ̃, -ɑ̃d] **adj.** et **n.** (pl. *anglo-normands, es*). Appartenant à la culture française (normande, angevine) établie en Angleterre après la conquête normande (1066). ◆ **anglo-normand n.m.** Dialecte de langue d'oïl parlé des deux côtés de la Manche entre 1066 et la fin du XIVe s.

Anglo-Normandes *(îles)*, en angl. **Channel Islands,** groupe d'îles de la Manche, près de la côte normande, dépendance de la Couronne britannique : *Jersey, Guernesey, Aurigny (Alderney), Sercq (Sark) ;* 195 km^2 ; 160 535 hab. Centres touristiques importants. Cultures maraîchères, florales et fruitières. Élevage. La couronne d'Angleterre y exerce la souveraineté au titre de descendante des ducs normands.

anglophilie [ɑ̃glɔfili] **n.f.** Sympathie pour l'Angleterre, les Anglais. ◆ **anglophile adj.** et **n.** Qui manifeste ce sentiment.

anglophobie [ɑ̃glɔfɔbi] **n.f.** Aversion pour l'Angleterre, les Anglais. ◆ **anglophobe adj.** et **n.** Qui manifeste ce sentiment.

anglophone [ɑ̃glɔfɔn] **adj.** et **n.** De langue anglaise ; qui parle l'anglais : *L'Afrique anglophone.*

anglo-saxon, onne [ɑ̃glɔsaksɔ̃, -ɔn] **adj.** et **n.** (pl. *anglo-saxons, onnes*). **1.** De civilisation britannique. **2.** Des Anglo-Saxons. ◆ **anglo-saxon n.m.** LING. Anglais ancien.

Anglo-Saxons, peuples germaniques (Angles, Jutes, Saxons) de la Frise et de l'Allemagne du Nord qui envahirent la Grande-Bretagne au Ve s. et organisèrent des royaumes indépendants

angoissant, e [ɑ̃gwasɑ̃, -ɑ̃t] **adj.** Qui cause de l'angoisse : *Une absence angoissante* (syn. **alarmant, inquiétant**).

angoisse [ɑ̃gwas] **n.f.** (lat. *angustia*, resserrement, de *angere*, serrer). Inquiétude profonde née d'un sentiment de menace imminente et accompagnée d'un malaise physique : *Attendre un résultat avec angoisse* (syn. **anxiété** ; contr. **sérénité**). *L'angoisse devant la mort* (syn. **peur**).

angoissé, e [ɑ̃gwase] **adj.** et **n.** Qui éprouve de l'angoisse, qui est sujet à l'angoisse : *C'est une angoissée.* ◆ **adj.** Qui révèle de l'angoisse : *Un cri angoissé.*

angoisser [ɑ̃gwase] **v.t.** Causer de l'angoisse à : *Cette longue attente m'angoisse* (syn. **effrayer, inquiéter**). ◆ **s'angoisser v.pr.** Devenir anxieux, se laisser gagner par l'angoisse, l'inquiétude : *S'angoisser pour un rien.*

Angola, État de l'Afrique australe, sur l'Atlantique ; 1 246 700 km^2 ; 24 383 301 hab. *(Angolais).* CAP. *Luanda.* LANGUE : *portugais.* MONNAIE : *kwanza.*

GÉOGRAPHIE

Pays tropical, juxtaposant une étroite plaine côtière, assez sèche et chaude, et un vaste haut plateau, où l'altitude augmente les précipitations et modère les températures, l'Angola est relativement peu peuplé, sinon ponctuellement (ports de Luanda, Lobito, Benguela, Cabinda). L'économie coloniale associait cultures vivrières (manioc, maïs), plantations (café surtout, sucre, coton, sisal) et extraction minière (pétrole de l'enclave de Cabinda, diamants). À partir de 1975, la guerre civile a ruiné l'économie, au potentiel agricole et minier pourtant notable.

HISTOIRE

Le Portugais Diogo Cão découvre le pays en 1482. Des relations sont établies avec le royaume du Kongo, qui décline au XVIe s. La traite des Noirs se développe.

1889-1901. Des traités fixent les limites de la colonie portugaise.

1961. Plusieurs mouvements nationalistes déclenchent une insurrection en vue d'obtenir l'indépendance du pays.

1975. L'Angola devient indépendant.

1976-1988. Des troupes cubaines soutiennent le gouvernement – présidé par Agostinho Neto puis, à partir de 1979, par José Eduardo Dos Santos – dans sa lutte contre la guérilla (Union nationale pour l'indépendance totale de l'Angola, ou U.N.I.T.A.).

1991. Le gouvernement abandonne le marxisme-léninisme ; un accord politique est signé avec la guérilla.

1992. Le parti gouvernemental remporte les premières élections libres. Mais le refus de l'U.N.I.T.A. de reconnaître sa défaite entraîne une reprise de la guerre civile.

2002. Après la mort au combat de son chef, Jonas Savimbi, l'U.N.I.T.A. conclut un accord de paix avec le gouvernement. Depuis, la croissance économique est portée par l'exploitation pétrolière mais la vie politique reste dominée par J. E. Dos Santos (confirmé à la tête de l'État en 2012) et son parti (M.P.L.A.).

angora [ɑ̃gɔra] **adj.** et **n.** (du n. de la ville d'*Angora*, auj. *Ankara*). **1.** Qui présente des poils longs et soyeux, en parlant de certains animaux : *Un lapin angora. Une chèvre angora. Un chat angora, un angora.* **2.** Fait de poil de chèvre ou de lapin angora : *Laine angora* (syn. **mohair**).

Angoulême, ch.-l. du dép. de la Charente, sur la Charente, à 439 km au sud-ouest de Paris ; 44 704 hab. *(Angoumoisins)* [108 818 hab. dans l'agglomération]. Anc. cap. de l'Angoumois. Évêché. Centre d'une agglomération de plus de 100 000 hab., industrialisée. Cathédrale romane à coupoles, très restaurée (façade richement sculptée aux alentours de 1130). Festival international de la bande dessinée. Cité internationale de la bande dessinée et de l'image. Musées.

angström ou **angstrœm** [ɑ̃gstrœm] **n.m.** (de *Ångström*). Unité de mesure de longueur d'onde et des dimensions atomiques, valant un dix-milliardième de mètre (10^{-10} m). ▸ Symb. Å.

Angström (Anders Jonas), physicien suédois (Lödgö 1814 - Uppsala 1874). Spécialiste de l'analyse spectrale, il est le premier à avoir mesuré des longueurs d'onde et déterminé les limites du spectre visible.

Anguilla, île des Petites Antilles britanniques ; 11 561 hab. Occupée par les Anglais à partir de 1666, elle jouit de l'autonomie depuis 1976.

anguille [ɑ̃gij] **n.f.** (lat. *anguilla*, dimin. de *anguis*, serpent). **1.** Poisson osseux à chair délicate, à corps allongé et à nageoires réduites, à peau glissante, vivant dans les cours d'eau d'Europe, mais dont la ponte a lieu dans la mer des Sargasses. ▸ Les larves traversent l'Atlantique pour gagner les fleuves d'Europe ; famille des anguillidés ; long. 1 m. **2. Il y a anguille sous roche,** il y a qqch qui se prépare et que l'on cherche à dissimuler.

angulaire [ɑ̃gylɛr] **adj. 1.** Qui forme un angle. **2.** Situé à un angle. **3. Distance angulaire de deux points,** angle formé par les rayons visuels qui joignent l'œil de l'observateur à ces deux points. **4. Pierre angulaire,** pierre fondamentale formant l'angle d'un bâtiment ; au fig., base, fondement d'une chose.

anguleux, euse [ɑ̃gylø, -øz] **adj. 1.** Qui présente des angles, des arêtes vives : *Des rochers anguleux.* **2. Visage anguleux,** dont les traits sont fortement prononcés.

anhydre [anidr] **adj.** (gr. *anudros*, sans eau). CHIM. Qui ne contient pas d'eau : *Sel anhydre.*

anhydride [anidrid] **n.m.** (de *anhydre* et [*ac*]*ide*). Corps qui peut donner naissance à un acide en se combinant avec l'eau.

anicroche [anikrɔʃ] **n.f.** (de *croche*, crochet et d'un premier élément d'orig. obsc.). *FAM.* Petit obstacle ou ennui qui gêne ou retarde la réalisation de qqch : *La réunion s'est déroulée sans anicroche* (syn. **incident**).

aniline [anilin] **n.f.** (du port. *anil*, indigo). Amine cyclique dérivée du benzène, base de nombreux colorants synthétiques, obtenue autrefois par distillation de l'indigo et extraite aujourd'hui de la houille. ▸ Formule : $C_6H_5—NH_2$.

1. animal [animal] **n.m.** (lat. *animal*) [pl. *animaux*]. **1.** Être vivant, organisé, doué de mobilité, de sensibilité et se nourrissant de substances organiques (par opp. à *minéral*, *végétal*). **2.** Être animé, dépourvu du langage (par opp. à un *humain*) : *Les animaux domestiques, sauvages.* **3.** Personne stupide, grossière ou brutale : *Cet animal n'a salué personne !*

■ Si les végétaux fabriquent leur propre matière grâce à la lumière solaire (photosynthèse), les animaux doivent se nourrir (ils sont hétérotrophes) : ils consomment des végétaux ou d'autres animaux. Contrairement à celles des végétaux, des champignons et des bactéries, les cellules animales sont dépourvues de paroi externe. Les animaux sont également caractérisés par le mouvement. La grande majorité des espèces animales se déplacent activement par divers moyens de locomotion (marche, course, reptation, vol, nage, etc.). Certaines espèces sont peu mobiles (oursins par exemple), et rares sont celles qui vivent fixées (anémones de mer, coraux). Enfin, les animaux ont toujours plusieurs types d'organes sensoriels (yeux, oreilles, antennes...), un système nerveux central, des organes permettant les mouvements (muscles notamm.).
On connaît actuellement plus de 1,3 million d'espèces animales dont 1 million sont des insectes. Mais de nombreuses autres sont encore inconnues. On découvre ainsi, chaque année, quelques centaines d'espèces de vertébrés et quelques milliers d'espèces d'invertébrés (surtout des insectes). ■

2. animal, e, aux [animal, -o] **adj.** (lat. *animalis*, animé). **1.** Propre aux animaux (par opp. à ce qui est *végétal* ou *minéral*) : *Le règne animal.* **2.** Propre à l'animal, aux animaux (par opp. à ce qui est *humain*) : *La vie animale.* **3.** Qui évoque un animal, le comportement des animaux : *Avoir une confiance animale en qqn.* **4. Chaleur animale,** chaleur dégagée par le corps de l'homme et de certains animaux, comme les mammifères ou les oiseaux.

animalcule [animalkyl] **n.m.** (de *animal* et de *-cule*, suffixe dimin. d'orig. lat.). Animal très petit, visible seul. au microscope.

animalerie [animalri] **n.f. 1.** Lieu où se trouvent, dans un laboratoire, les animaux destinés aux expériences. **2.** Magasin spécialisé dans la vente d'animaux de compagnie.

animalier, ère [animalje, -ɛr] **adj. 1.** Qui se rapporte à la représentation des animaux : *Sculpture animalière. Peintre animalier.* **2. Parc animalier,** parc où les animaux vivent en liberté. ◆ **n. 1.** Artiste qui représente des animaux. **2.** Personne qui soigne les animaux dans un laboratoire, un zoo.

animalité [animalite] **n.f.** Ensemble des caractères propres à l'animal.

animateur, trice [animatœr, -tris] **n. 1.** Personne qui mène, anime une réunion, un spectacle, etc. **2.** Personne chargée d'organiser et d'encadrer des activités dans une collectivité : *Les animateurs sportifs de la cité.*

animation [animasjɔ̃] **n.f. 1.** Action de mettre de la vivacité, de l'entrain : *Mettre de l'animation dans un dîner* (syn. **gaieté**). **2.** Ardeur, passion mise dans une action, un comportement : *Discuter avec animation* (syn. **fougue, vivacité**). **3.** Mouvement, grande activité : *L'animation des rues le samedi après-midi.* **4.** Méthodes et moyens mis en œuvre pour faire participer les membres d'une collectivité à la vie du groupe : *L'animation culturelle d'une cité.* **5.** CIN. Technique consistant à filmer l'une après l'autre une suite d'images fixes (dessinées, photographiées, numérisées, etc.), que leur projection plus ou moins accélérée fera paraître animées : *Film d'animation.*

■ **Les origines.** L'ère du cinéma d'animation s'ouvre avec les inventions du Français Émile Reynaud : le « praxinoscope » en 1876, puis le « théâtre optique » en 1892. Mais c'est l'Américain J. Stuart Blackton qui invente la prise de vues image par image, en 1906, avec son film muet *Humorous Phases of Funny Faces.* Ce procédé marque l'essor du dessin animé.

Le triomphe de Walt Disney. Les premiers personnages vedettes apparaissent : en 1919, *Félix le chat* de P. Sullivan et O. Messmer, puis, en 1926, Mickey Mouse, la souris de Walt Disney. L'alliance du son et du dessin, puis de la couleur, permet au dessin animé de se propager dans le monde entier à partir de 1930. En 1937, Disney triomphe avec le long-métrage *Blanche-Neige et les sept nains,* qui naît de son atelier, véritable multinationale du rêve.

À partir de 1940, de nouveaux talents, tel Tex Avery, entraînent le cartoon vers la loufoquerie. Dès la fin de la Seconde Guerre mondiale, des écoles nationales se développent. En Europe centrale, les marionnettistes tchèques empruntent les chemins de la féerie, les humoristes yougoslaves de l'école de Zagreb inventent un monde farfelu et allégorique. En France, Paul Grimault impose un style au charme funambulesque (*le Roi et l'Oiseau,* 1980).

De la technique expérimentale à la technologie numérique. L'animation ensuite se diversifie et part à la conquête d'un nouveau public à travers des genres, des thèmes et des héros comblant les enfants comme les adultes : les personnages en pâte à modeler Wallace et Gromit du Britannique Nick Park, les mangas du Japonais Miyazaki Hayao, ou le monde onirique et merveilleux du Français Michel Ocelot.

À l'approche du XXIe s., le dessin animé assisté par ordinateur prend une importance considérable : fruit du savoir-faire des studios Disney et Pixar en matière de technologie numérique, *Toy Story* (1995) de John Lasseter est le premier long-métrage réalisé en images de synthèse. Aujourd'hui, en permettant notamment de réaliser certains films en 3D (*Là-haut,* Pete Docter, 2009), la technologie numérique renouvelle le genre de manière spectaculaire. ■

animé, e [anime] **adj. 1.** Plein d'animation : *Une rue animée.* **2. Être animé,** être vivant.

animer [anime] **v.t.** (lat. *animare,* de *anima,* souffle, vie). **1.** Donner du mouvement, de la vie à : *Le moteur anime la turbine d'un mouvement rapide.* **2.** Donner de l'entrain, du dynamisme à : *Animer la conversation, la soirée.* **3.** Pousser à agir : *L'idéal qui l'anime. Il était animé d'une colère terrible.* **4.** Être l'animateur de : *Animer un débat.* ◆ **s'animer v.pr.** Devenir vif, vivant, rempli d'animation : *Les rues s'animent à l'heure du déjeuner.*

animisme [animism] **n.m.** (du lat. *anima,* âme). Religion, croyance qui attribue une âme aux animaux, aux choses et aux phénomènes naturels. ◆ **animiste adj.** et **n.** Qui appartient à l'animisme ; qui en est adepte.

animosité [animozite] **n.f.** (lat. *animositas,* de *animosus,* courageux). Antipathie, désir de nuire qui se manifeste souvent par l'emportement : *Je n'ai aucune animosité à son égard* (syn. **hostilité ;** contr. **bienveillance**). *Répliquer avec animosité* (syn. **virulence**).

anion [anjɔ̃] **n.m.** (de *an*[*ode*] et *ion*). Ion de charge négative (par opp. à *cation*) : *Dans l'électrolyse, l'anion se dirige vers l'anode.*

anis [ani] ou [anis] **n.m.** (lat. *anisum,* du gr.). Nom commun à la badiane *(anis étoilé)* et à plusieurs ombellifères *(pimprenelle, cumin, fenouil)* cultivées pour leurs fruits utilisés dans la préparation de tisanes et pour parfumer diverses boissons alcoolisées.

aniser [anize] **v.t.** Aromatiser avec de l'anis.

anisette [anizɛt] **n.f.** Liqueur composée avec des graines d'anis, de l'alcool, de l'eau et du sucre.

anisotrope [anizɔtrɔp] **adj.** (de *an-* priv. et de *isotrope*). PHYS. Relatif aux corps et aux milieux dont les propriétés diffèrent selon la direction considérée.

anisotropie [anizɔtrɔpi] **n.f.** PHYS. Caractère des corps ou des milieux anisotropes.

Anjou ***(maisons d'),*** nom de trois maisons françaises : la première, issue des vicomtes d'Angers (Xe s.), qui régna à Jérusalem et en Angleterre (dynastie des Plantagenêts) ; la deuxième, issue du frère de Saint Louis, Charles Ier, roi de Sicile ; la troisième, issue du frère de Philippe IV le Bel, Charles de Valois, et qui régna sur le royaume de Naples.

Anjou, prov. de France, correspondant au pays gaulois des Andécaves. Cap. *Angers.* L'Anjou a formé le dép. de Maine-et-Loire et une partie des dép. d'Indre-et-Loire, de la Mayenne et de la Sarthe. (Hab. *Angevins.*)

HISTOIRE

Le comté d'Angers, créé au IXe s., devient l'un des principaux fiefs de France. Uni au Maine, il est, au XIIe s., au cœur de l'Empire angevin du roi d'Angleterre, Henri II Plantagenêt. En 1205, Philippe Auguste, vainqueur de Jean sans Terre, s'empare de l'Anjou. Cédé en apanage à des princes capétiens, érigé en duché pour Louis Ier de France (1360), l'Anjou est rattaché à la Couronne sous Louis XI, à la mort du roi René (1481).

Ankara, anc. **Ancyre,** puis **Angora,** cap. de la Turquie depuis 1923, dans l'Anatolie centrale, à près de 1 000 m d'altitude ; 4 644 000 hab. dans l'agglomération. Musées, dont le principal concerne la civilisation des Hittites.

ankylose [ãkiloz] **n.f.** (gr. *ankulôsis,* courbure). Disparition complète ou partielle de la mobilité d'une articulation : *Cette pommade soulagera l'ankylose de votre genou.*

ankylosé, e [ãkiloze] **adj.** Atteint d'ankylose ; engourdi : *Je suis resté accroupi et j'ai les jambes ankylosées.*

ankyloser [ãkiloze] **v.t.** Causer l'ankylose de : *Le rhumatisme a ankylosé son épaule.* ◆ **s'ankyloser v.pr. 1.** Être atteint d'ankylose : *Mon genou s'ankylose.* **2.** Perdre son dynamisme : *S'ankyloser dans la routine* (syn. **se scléroser**).

Annaba, anc. **Bône,** port de l'Algérie orientale, ch.-l. de wilaya ; 257 359 hab. Université. Métallurgie.

Anna Karenine → Tolstoï.

annal, e, aux [anal, -o] **adj.** (lat. *annalis,* de *annus,* année). DR. Qui dure un an : *Un bail annal.*

annales [anal] **n.f. pl.** (lat. *annales,* pl. de *annalis ;* v. *annal*). **1.** Ouvrage qui rapporte les événements année par année. **2.** *LITT.* Recueil d'événements concernant un domaine particulier : *Les annales du crime.*

annaliste [analist] **n.** Auteur d'annales.

Annapurna, un des sommets de l'Himalaya (8 078 m). Premier « 8 000 m » gravi (en 1950 par l'expédition française de Maurice Herzog).

Anne *(sainte)*, mère de la Vierge Marie et épouse de Joachim, selon d'anciennes traditions chrétiennes. Elle est spécialement vénérée en Bretagne.

Anne Boleyn (v. 1507 - Londres 1536), deuxième femme d'Henri VIII, roi d'Angleterre. Celui-ci l'épousa en 1533 après avoir répudié Catherine d'Aragon et n'eut d'elle qu'une fille, la future Élisabeth. Accusée d'adultère, Anne Boleyn fut décapitée.

Anne d'Autriche, reine de France (Valladolid 1601 - Paris 1666), fille de Philippe III d'Espagne, épouse de Louis XIII (1615). Elle s'opposa à Richelieu et fut régente (1643-1661) pendant la minorité de son fils, Louis XIV. Elle gouverna avec le concours de Mazarin, qu'elle assura de son soutien au moment de la Fronde.

Anne de Bretagne (Nantes 1477 - Blois 1514), duchesse de Bretagne (1488-1514). Fille du duc François II, elle épousa le roi de France Charles VIII (1491), puis, à la mort de ce dernier, son successeur, Louis XII (1499). Elle apporta en dot la Bretagne à la France.

Anne de France, dite **de Beaujeu** (Genappe 1461 - Chantelle 1522), fille aînée de Louis XI. Pendant la minorité de Charles VIII (1483-1491), elle exerça la régence avec son mari, Pierre de Beaujeu, et poursuivit la lutte contre les grands seigneurs (Guerre folle, 1485-1488).

Anne Stuart (Londres 1665 - *id.* 1714), reine d'Angleterre et d'Irlande (1702-1714), fille de Jacques II. Fervente protestante, elle succéda à sa sœur Marie et à Guillaume III. Elle lutta victorieusement contre Louis XIV et réunit l'Écosse et l'Angleterre sous le nom de Grande-Bretagne (Acte d'union, 1707). À sa mort, la Couronne passa de la dynastie des Stuarts à celle de Hanovre.

anneau [ano] **n.m.** (lat. *annellus*). **1.** Cercle de matière, génér. dure, auquel on peut attacher ou suspendre qqch : *Anneaux de rideau.* **2.** Cercle, souvent de métal précieux, bijou sans pierre que l'on porte au doigt : *Anneau nuptial.* **3.** Ce qui évoque la forme d'un cercle : *Anneau routier.* **4.** MATH. Ensemble pourvu de deux lois de composition interne, la première lui conférant la structure de groupe commutatif, la seconde étant associative et distributive par rapport à la première : *L'anneau est commutatif lorsque la seconde loi est commutative.* **5.** ASTRON. Zone circulaire de matière entourant certaines planètes, formée d'une multitude de fragments solides de petites dimensions, se déplaçant chacun avec sa vitesse propre : *Anneaux de Jupiter, de Saturne et d'Uranus.* **6.** ZOOL. Chacune des subdivisions externes d'animaux segmentés, comme les annélides ou les arthropodes. **7. Anneau de stockage,** dispositif comportant un *(anneau de collisions)* ou deux *(anneaux d'intersection)* anneaux destinés à faire se croiser deux faisceaux de particules élémentaires d'énergie élevée, circulant en sens inverse. / **Anneau épiscopal** ou **pastoral,** porté par les prélats chrétiens. ◆ **anneaux n.m. pl.** Agrès mobile de gymnastique, composé essentiellement de deux cercles métalliques fixés aux extrémités de cordes accrochées à un portique.

Annecy, ch.-l. du dép. de la Haute-Savoie, sur le *lac d'Annecy,* à 540 km au sud-est de Paris ; 53 043 hab. *(Anneciens)* [159 761 hab. dans l'agglomération]. Évêché. Industries (constructions mécaniques). Château des XIIIe-XVIe s. (musée régional). Le *lac d'Annecy,* site touristique, couvre 27 km^2 et occupe une partie de la *cluse d'Annecy,* dépression ouverte en partie par le Fier, entre les Bornes et les Bauges.

année [ane] **n.f.** (de *an*). **1.** Période de douze mois, correspondant conventionnellement à la durée de la révolution de la Terre autour du Soleil (syn. **an**). **2.** Période de douze mois : *Nous avons eu trois années de sécheresse. Nos difficultés s'accroissent d'année en année.* **3.** Période de douze mois commençant le 1er janvier et se terminant le 31 décembre : *En quelle année êtes-vous né ? L'année dernière, l'année prochaine* (syn. **an**). *Entrer dans sa vingtième année.* **4.** Temps que met une planète à faire sa révolution autour du Soleil : *Année martienne.* **5. Année civile,** du 1er janvier au 31 décembre. / **Année de lumière,** unité de longueur équivalant à la distance parcourue en un an par la lumière dans le vide, soit 9,461 × 10^{12} km. (On dit aussi *année-lumière.*) ▸ Symb. al. / **Année scolaire,** de la rentrée des classes aux vacances d'été. / **Année sidérale,** intervalle séparant deux passages consécutifs du Soleil par le même point de son orbite apparente. / **Les Années folles,** période allant de 1918 à 1929, caractérisée par l'influence culturelle nord-américaine et par une effervescence artistique dont Paris fut le centre. / **Les années 20, 30, etc.,** la décennie partant de 1920, 1930, etc. / **Souhaiter la bonne année,** adresser ses vœux à l'occasion du 1er janvier.

année-lumière [anelymjɛr] **n.f.** (pl. *années-lumière*). Année* de lumière.

annelé, e [anle] **adj. 1.** BOT., ZOOL. Qui présente une succession d'anneaux : *Des vers annelés.* **2.** ARCHIT. Syn. de *bagué.*

annélide [anelid] **n.f. Annélides,** embranchement de vers annelés, formés d'une suite de segments sans pattes, comme le lombric, la sangsue et de nombreuses formes marines comme la néréide.

annexe [anɛks] **adj.** (lat. *annexus,* attaché à). Qui se rattache, qui est lié à une chose principale : *Un document annexe. Les inscriptions se feront à la mairie annexe.* ◆ **n.f.** Bâtiment, service annexe : *Loger dans l'annexe de l'hôtel.*

annexer [anɛkse] **v.t. 1.** Faire entrer dans un groupe, un ensemble ; joindre à qqch de principal : *Annexer un document à un dossier.* **2.** Faire passer tout ou partie d'un territoire sous la souveraineté d'un autre État. ◆ **s'annexer v.pr.** S'attribuer qqch de façon exclusive : *Il s'est annexé la meilleure chambre.*

annexion [anɛksjɔ̃] **n.f.** Action d'annexer, de rattacher, en partic. un territoire ; le territoire ainsi annexé : *L'annexion de la Savoie à la France eut lieu en 1860.*

annexionnisme [anɛksjɔnism] **n.m.** Politique visant à l'annexion d'un ou de plusieurs pays à un autre.

annexionniste [anɛksjɔnist] **adj.** et **n.** Qui vise à l'annexion d'un pays à un autre ; partisan de l'annexionnisme.

annihilation [aniilasjɔ̃] **n.f. 1.** Action d'annihiler ; son résultat : *L'annihilation de ses espoirs* (syn. **anéantissement, ruine**). **2.** PHYS. Réaction entre une particule et son antiparticule, au cours de laquelle elles disparaissent pour se transformer en un ensemble d'autres particules, génér. plus légères.

annihiler [aniile] **v.t.** (bas lat. *adnihilare,* du class. *nihil,* rien). Réduire à rien ; détruire complètement : *Annihiler la résistance ennemie* (syn. **écraser**). *Sa mauvaise gestion a annihilé tous les efforts que nous avions faits* (syn. **ruiner**).

anniversaire [anivɛrsɛr] **adj.** et **n.m.** (lat. *anniversarius,* qui revient tous les ans, de *annus,* année, et *vertere,* revenir). Qui rappelle un événement arrivé à pareil jour une ou plusieurs années auparavant : *Jour anniversaire de l'armistice.* ◆ **n.m.** Retour annuel d'un jour marqué par un événement, en partic. du jour de la naissance ; la fête, la cérémonie qui accompagne ce jour : *Mon anniversaire tombe un dimanche. Gâteau d'anniversaire.*

annonce [anɔ̃s] **n.f. 1.** Action de faire savoir, de faire connaître : *L'annonce de son départ nous a surpris* (syn. **nouvelle**). *Crise politique déclenchée par l'annonce de la démission du président* (syn. **notification**). **2.** Ce qui laisse prévoir un événement : *Cette matinée radieuse est l'annonce du printemps* (syn. **prélude, présage**). **3.** Message écrit ou verbal par lequel on porte qqch à la connaissance du public : *Mettre une annonce chez les commerçants pour retrouver son chat.* **4.** Déclaration d'intention faite avant le début du jeu, dans une partie de cartes. **5. Petite annonce,** annonce par laquelle un particulier, une société, etc., offre ou demande un emploi, un logement, etc. : *Éplucher les petites annonces.*

annoncer [anɔ̃se] **v.t.** (lat. *adnuntiare,* de *nuntius,* messager) [conj. **16**]. **1.** Faire savoir ; rendre public : *J'ai une bonne, une mauvaise nouvelle à vous annoncer* (syn. **apprendre**). *On annonce la démission du Premier ministre* (syn. **signaler**). **2.** Être le signe certain de : *Silence qui annonce un désaccord* (syn. **indi-**

quer). *De gros nuages qui annoncent la pluie* (syn. **présager**). **3. Annoncer qqn,** faire savoir qu'il est arrivé et demande à être reçu : *Veuillez m'annoncer au directeur.* ◆ **s'annoncer v.pr.** Commencer de telle ou telle façon : *La saison touristique s'annonce bien, mal.*

annonceur, euse [anɔ̃sœr, -øz] **n.** Personne qui présente les programmes à la radio, à la télévision (syn. **speaker, speakerine**). ◆ **annonceur n.m.** Personne, société qui fait passer une annonce publicitaire dans un média.

annonciateur, trice [anɔ̃sjatœr, -tris] **adj.** Qui annonce : *Les signes annonciateurs de l'hiver* (syn. **avant-coureur**).

Annonciation [anɔ̃sjasjɔ̃] **n.f. 1.** RELIG. CHRÉT. Message de l'ange Gabriel à la Vierge Marie lui annonçant qu'elle mettra le Messie au monde ; fête commémorant cet événement. **2.** BX-A. Représentation de cette scène.

annoncier, ère [anɔ̃sje, -ɛr] **n.** Personne chargée de la composition et de la mise en pages des annonces et des petites annonces d'un journal.

annotateur, trice [anɔtatœr, -tris] **n.** Personne qui fait des annotations : *Les annotateurs des textes anciens.*

annotation [anɔtasjɔ̃] **n.f.** Action d'annoter un ouvrage, un devoir d'élève ; le commentaire ainsi porté : *Les annotations portées en marge sont illisibles* (syn. **glose**).

annoter [anɔte] **v.t.** (lat. *adnotare,* noter, de *nota,* signe, note). Faire par écrit des remarques, des commentaires sur un texte, un ouvrage : *Montaigne a beaucoup annoté les Anciens* (syn. **commenter**).

annuaire [anɥɛr] **n.m.** (du lat. *annuus,* annuel). Ouvrage publié chaque année, donnant la liste des membres d'une profession, des abonnés à un service, etc. : *Annuaire du téléphone.*

annualisation [anɥalizasjɔ̃] **n.f.** Action d'annualiser ; son résultat : *L'annualisation d'une cérémonie.*

annualiser [anɥalize] **v.t. 1.** Donner une périodicité annuelle à qqch : *Annualiser un festival de cinéma.* **2.** Établir qqch en prenant l'année pour base : *Annualiser un budget.*

annualité [anɥalite] **n.f.** Caractère de ce qui est annuel : *L'annualité de l'impôt.*

annuel, elle [anɥɛl] **adj.** (bas lat. *annualis*). **1.** Qui dure un an : *Dans certains pays, la charge de magistrat est annuelle.* **2.** Qui revient chaque année : *La fête annuelle de l'école.* **3. Plante annuelle,** plante qui fleurit, fructifie et meurt l'année même où elle germe.

annuellement [anɥɛlmɑ̃] **adv.** Par an ; chaque année : *Annuellement, la France importe des tonnes de fruits.*

annuité [anɥite] **n.f.** (du lat. *annus,* année). **1.** DR. Paiement annuel, au moyen duquel un emprunteur se libère progressivement d'une dette, capital et intérêts : *Ils remboursent leur emprunt par annuités.* **2.** Équivalence d'une année de service pour le calcul des droits à une pension, à la retraite, etc.

annulable [anylabl] **adj.** Qui peut être annulé : *Après une semaine, le contrat n'est plus annulable* (syn. **résiliable**).

1. annulaire [anylɛr] **adj.** (lat. *anularius,* de *anulus,* anneau). **1.** Qui a la forme d'un anneau : *Un atoll annulaire.* **2. Éclipse annulaire de Soleil,** éclipse durant laquelle le Soleil déborde autour du disque de la Lune comme un anneau lumineux.

2. annulaire [anylɛr] **n.m.** (du bas lat. *anularis* [*digitus*], [doigt] qui porte l'anneau). Le quatrième doigt de la main, qui porte ordinairement l'anneau nuptial, l'alliance.

annulation [anylasjɔ̃] **n.f. 1.** Action d'annuler ; son résultat : *L'annulation d'un contrat* (syn. **résiliation**). *L'annulation d'une élection* (syn. **invalidation**). **2.** PSYCHAN. Processus névrotique par lequel le sujet s'efforce de faire croire et de croire que tel ou tel événement désagréable n'est pas intervenu pour lui-même.

annuler [anyle] **v.t.** Rendre, déclarer nul, sans effet : *Annuler une élection* (syn. **invalider**). *Le docteur a dû annuler tous ses rendez-vous* (syn. **décommander**). ◆ **s'annuler v.pr.** Donner un résultat nul : *Deux forces contraires et égales s'annulent.*

anobli, e [anɔbli] **adj.** et **n.** (de *anoblir*). Qui a reçu un titre de noblesse.

anoblir [anɔblir] **v.t.** [conj. **32**]. Accorder, conférer un titre de noblesse à : *Napoléon Ier anoblissait parfois les maréchaux de son armée.*

anoblissement [anɔblismɑ̃] **n.m.** Action d'anoblir ; résultat de cette action.

anode [anɔd] **n.f.** (gr. *anodos,* route vers le haut). Électrode positive, par laquelle le courant arrive dans un électrolyte (par opp. à *cathode*).

anodin, e [anɔdɛ̃, -in] **adj.** (gr. *anôdunos,* sans douleur). **1.** Sans danger ; sans gravité : *Une blessure anodine* (syn. **bénin, léger** ; contr. **grave**). **2.** Qui n'a pas de portée, d'importance : *Une critique anodine* (syn. **insignifiant**). **3.** Sans personnalité ; sans originalité : *C'est un personnage anodin* (syn. **falot**).

anodisation [anɔdizasjɔ̃] **n.f.** (de *anode*). Oxydation superficielle d'une pièce métallique prise comme anode dans une électrolyse, afin d'en améliorer le poli et la résistance à la corrosion.

anomal, e, aux [anɔmal, -o] **adj.** (bas lat. *anomalus,* irrégulier, du gr.). Qui s'écarte de la norme, de la règle générale : *Une conjugaison anomale* (contr. **régulier**).

anomalie [anɔmali] **n.f.** (lat. *anomalia,* irrégularité, du gr.). **1.** Écart par rapport à une norme, à un modèle : *Les animaux en captivité peuvent présenter des anomalies de comportement* (syn. **bizarrerie** ; contr. **normalité**). **2.** BIOL. Déviation du type normal : *Le daltonisme est une anomalie.*

ânon [anɔ̃] **n.m.** Petit de l'âne.

anonacée [anɔnase] **n.f.** (du tupi-guarani). **Anonacées,** famille d'arbres ou d'arbrisseaux des pays chauds dont le type, l'*anone,* donne un fruit comestible, la *pomme cannelle.*

ânonnement [anɔnmɑ̃] **n.m.** Action d'ânonner : *Les ânonnements d'un enfant qui apprend à lire.*

ânonner [anɔne] **v.t.** (de *ânon*). Lire, réciter avec peine et en hésitant : *Ils ont ânonné leur récitation.* ◆ **v.i.** Parler avec peine et sans intonation expressive : *Un acteur qui ânonne.*

anonymat [anɔnima] **n.m. 1.** État de qqn dont le nom n'est pas connu, de qqch dont l'auteur n'est pas connu : *Publier un livre sous l'anonymat. L'anonymat de certains écrits du Moyen Âge.* **2. Garder l'anonymat,** ne pas se déclarer l'auteur d'un acte, d'un écrit (= garder l'incognito). **/ Sortir de l'anonymat,** se déclarer l'auteur d'un acte, d'un écrit ; devenir célèbre.

anonyme [anɔnim] **adj.** et **n.** (gr. *anônumos,* sans nom). **1.** Dont l'auteur est inconnu : *Lettre anonyme.* **2.** Dont le nom est inconnu : *Poètes anonymes de l'Antiquité.* **3.** Sans particularité ; sans originalité : *Un appartement anonyme, dépourvu d'âme.* **4. Société anonyme** ⟶ **société.** ◆ **n.** Personne anonyme : *Don d'un anonyme.*

anonymement [anɔnimmɑ̃] **adv.** En gardant l'anonymat : *Répondre anonymement à un questionnaire.*

anophèle [anɔfɛl] **n.m.** (gr. *anôphelês,* nuisible). Moustique dont la femelle peut transmettre le paludisme. ▸ Famille des culicidés.

anorak [anɔrak] **n.m.** (mot inuit, de *anoré,* vent). Veste de sport, imperméable et chaude, avec ou sans capuchon.

anorexie [anɔrɛksi] **n.f.** (gr. *anorexia*). **1.** MÉD. Perte de l'appétit, organique ou fonctionnelle. **2. Anorexie mentale,** refus de s'alimenter, surtout chez le nourrisson et l'adolescente, qui traduit un conflit psychique.

■ L'*anorexie mentale* apparaît le plus souvent lors de l'adolescence et touche majoritairement les filles (80 % des cas). L'anorexique est souvent brillante et très active et si parfois elle a faim, elle nie en souffrir. Obsédée par son poids, elle peut abuser de médicaments dans l'intention de maigrir et avoir des périodes de boulimie, éventuellement associée à des vomissements provoqués.

⟶

La perte de poids peut aller jusqu'à un amaigrissement extrême, souvent nié par la malade, et l'arrêt des règles est très fréquent.

Les causes. Elles sont multiples : psychologiques, sociales, génétiques. L'anorexie mentale traduit presque toujours des conflits affectifs. En jeûnant obstinément, la patiente s'efforce de contrôler les modifications physiques et psychologiques liées à la féminité et à la vie sexuelle (puberté, règles, lien amoureux).

Les traitements. Le suivi de la patiente associe des psychiatres, des psychologues et des nutritionnistes. La reprise de poids n'est pas une fin en soi. Une fois son poids stabilisé, le sujet anorexique doit poursuivre une psychothérapie. ■

anorexigène [anɔrɛksiʒɛn] **adj.** et **n.m.** (de *anorexie* et de *-gène*). Se dit d'une substance qui provoque une diminution de l'appétit.

anorexique [anɔrɛksik] **adj.** et **n.** Atteint d'anorexie.

anormal, e, aux [anɔrmal, -o] **adj.** (du lat. *norma*, équerre, avec infl. de *anomalus ;* v. *anomal*). **1.** Contraire à l'ordre habituel des choses, à la norme : *Je n'ai rien remarqué d'anormal* (syn. **insolite, surprenant**). *Températures anormales pour la saison* (syn. **exceptionnel, inhabituel**). **2.** Contraire à l'ordre juste des choses : *Il est anormal qu'elle ait été invitée et pas nous* (syn. **injuste**). ◆ **adj.** et **n.** Se dit d'une personne dont le développement intellectuel, mental, physiologique a été perturbé : *Un enfant anormal. Seul un anormal a pu faire ça* (syn. **déséquilibré, fou**).

anormalement [anɔrmalmɑ̃] **adv.** De façon anormale : *Température anormalement basse.*

Anouilh (Jean), auteur dramatique français (Bordeaux 1910 - Lausanne 1987). Son théâtre va de la fantaisie des pièces « roses » *(le Bal des voleurs)* et de l'humour des pièces « brillantes » ou « costumées » *(la Répétition ou l'Amour puni, l'Alouette)* à la satire des pièces « grinçantes » *(Pauvre Bitos ou le Dîner de têtes),* « farceuses » *(le Nombril)* et au pessimisme des pièces « noires » *(Antigone).*

anoure [anur] **n.m.** (de *an-* priv., et du gr. *oura*, queue). **Anoures,** ordre d'amphibiens dépourvus de queue à l'âge adulte : *La grenouille, le crapaud, la rainette sont des anoures.*

anoxie [anɔksi] **n.f.** (de *an-* priv. et de *ox[ygène]*). PATHOL. Diminution ou suppression de l'oxygène dans les tissus anatomiques.

Anschluss, rattachement de l'Autriche à l'Allemagne imposé par Hitler en 1938 et qui cessa en 1945.

anse [ɑ̃s] **n.f.** (lat. *ansa*). **1.** Partie recourbée en arc, en anneau par laquelle on prend un récipient : *L'anse d'une tasse, d'un vase, d'un panier.* **2.** GÉOGR. Petite baie peu profonde.

Anselme ***(saint),*** moine, évêque et théologien (Aoste 1033 - Canterbury 1109). Abbé du monastère bénédictin du Bec (Le Bec-Hellouin, Normandie) en 1078 et archevêque de Canterbury (1093), il fut exilé par le pouvoir royal. Ses œuvres principales sont le *Proslogion* et le *Monologion.* Son influence a été grande dans l'histoire des idées, notamment par sa conception de la philosophie comme explication de la foi *(fides quaerens intellectum)* et par sa célèbre démonstration de l'existence de Dieu, connue sous le nom de « preuve ontologique » et selon laquelle on est nécessairement conduit à poser comme existant l'être parfait du seul fait qu'on a l'idée d'un tel être.

Ansermet (Ernest), chef d'orchestre suisse (Vevey 1883 - Genève 1969). Il dirigea les Ballets russes de 1915 à 1923. À la tête de l'Orchestre de la Suisse romande, il révéla le répertoire russe et français.

antagonique [ɑ̃tagɔnik] **adj.** Qui est en opposition : *Forces antagoniques* (syn. **opposé**).

antagonisme [ɑ̃tagɔnism] **n.m.** Lutte, opposition entre des personnes, des groupes sociaux, des doctrines : *L'antagonisme qui dressait les grandes puissances l'une contre l'autre* (syn. **conflit, lutte**). *L'antagonisme de deux caractères.*

antagoniste [ɑ̃tagɔnist] **n.** (gr. *antagônistes*). Personne en lutte avec une autre, en opposition : *La police est intervenue pour séparer les antagonistes* (syn. **adversaire**). ◆ **adj. 1.** Contraire ; opposé : *Des tendances antagonistes au sein d'un parti* (syn. **rival**). **2.** Qui agit dans un sens opposé : *Muscles antagonistes.*

Antakya, anc. **Antioche,** v. de Turquie, sur l'Oronte inférieur ; 139 046 hab. Musée archéologique (importante collection de mosaïques de pavement). Capitale du royaume séleucide puis de la province romaine de Syrie, la ville fut une des grandes métropoles de l'Orient et joua un rôle primordial dans les débuts du christianisme. Elle déclina après l'invasion perse (540) et la conquête arabe (636). Les croisés en firent la capitale d'un État latin (1098), conquis par les Mamelouks en 1268.

antalgique [ɑ̃talʒik] **adj.** et **n.m.** (de *-algie*). MÉD. Se dit d'une substance propre à calmer la douleur.

d'antan [ɑ̃tɑ̃] **loc. adj.** (du lat. *ante annum*, l'année d'avant). LITT. Du temps passé : *Le Paris d'antan* (= d'autrefois) [contr. **actuel**].

Antananarivo, anc. **Tananarive,** cap. de Madagascar, sur le plateau de l'Imérina, entre 1 200 et 1 500 m d'altitude ; 1 052 835 hab. (2 487 000 hab. dans l'agglomération).

antarctique [ɑ̃tarktik] **adj.** (gr. *antarktikos*, de *anta*, en face, et *arktikos*, arctique). Relatif au pôle Sud et aux régions environnantes : *La faune antarctique* (syn. **austral**).

Antarctique ou, parfois, **Antarctide,** continent compris presque entièrement à l'intérieur du cercle polaire austral ; 13 millions de km^2 env. Recouverte presque totalement par une énorme masse de glace dont l'épaisseur dépasse souvent 2 000 m, cette zone, très froide (la température ne s'élève que rarement au-dessus de - 10 °C), dépourvue de flore et de faune terrestres, est inhabitée hors des stations scientifiques. Parfois, le terme *Antarctique* désigne globalement le continent et la masse océanique qui l'entoure.

Antarctique ou **Austral** ***(océan),*** nom donné à la partie des océans Atlantique, Pacifique et Indien comprise entre le cercle polaire antarctique et le continent polaire.

anté-, préfixe, du lat. *ante*, avant, marquant l'antériorité spatiale *(antéposé)* ou temporelle *(antédiluvien).*

antécédence [ɑ̃tesedɑ̃s] **n.f.** GÉOGR. Situation dans laquelle un cours d'eau maintient son tracé au travers d'un relief en cours de soulèvement.

antécédent, e [ɑ̃tesedɑ̃, -ɑ̃t] **adj.** (lat. *antecedens*). Qui vient avant dans le temps : *Les générations antécédentes* (syn. **antérieur, précédent**). ◆ **antécédent n.m. 1.** Fait antérieur auquel on se réfère : *L'avocat a trouvé un antécédent dans la jurisprudence.* **2.** LING. Mot auquel le pronom relatif se substitue dans la formation d'une proposition relative (ex. : *gâteau* dans *le gâteau que tu as mangé*). ◆ **antécédents n.m. pl.** Circonstances particulières du passé de qqn permettant de comprendre, de juger sa conduite actuelle : *Avoir de bons antécédents.*

antéchrist [ɑ̃tekrist] **n.m.** (lat. médiév. *antechristus*, où *ante* est une déformation de *anti-*, contre, du gr.). Adversaire du Christ qui, d'après saint Jean, doit venir quelque temps avant la fin du monde pour s'opposer à l'établissement du Royaume de Dieu.

antédiluvien, enne [ɑ̃tedilyvjɛ̃, -ɛn] **adj.** (du lat. *diluvium*, déluge). **1.** Qui a précédé le Déluge : *Des fossiles datant de l'époque antédiluvienne.* **2.** Très ancien et démodé : *Un ordinateur antédiluvien* (syn. **antique**).

Antelme (Robert), écrivain français (Sartène 1917 - Paris 1990). Résistant, déporté à Buchenwald et à Dachau (Marguerite Duras, alors sa femme, évoque son retour des camps dans *la Douleur* [1985]), il laisse avec *l'Espèce humaine* (1947) une réflexion essentielle sur l'univers concentrationnaire, l'irréductibilité de l'humain et le caractère sacré de la vie.

antenne [ɑ̃tɛn] **n.f.** (lat. *antemna*). **1.** Organe allongé, mobile et pair, situé sur la tête des insectes et des crustacés, siège de fonctions sensorielles : *Les antennes d'un moustique, d'une langouste.* **2.** Élément du dispositif d'émission ou de réception des ondes radioélectriques : *Toits d'immeubles hérissés d'antennes de télévision.* **3.** Connexion qui permet le passage en direct d'une émission de radio, de télévision : *Vous êtes à l'antenne, parlez ! Garder, rendre l'antenne.* **4.** Lieu, service dépendant d'un organisme, d'un établissement principal : *Une antenne du commissariat, de la mairie.* **5. Antenne chirurgicale,** unité mobile destinée au ramassage des blessés et aux interventions de première urgence. ◆ **antennes n.f. pl.** FAM. Moyen d'information plus ou moins secret : *Il a des antennes au ministère.*

antenne-relais [ɑ̃tɛnrəlɛ] **n.f.** (pl. *antennes-relais*). Émetteur-récepteur d'ondes radio servant à l'acheminement des communications dans un réseau de téléphonie mobile.

antépénultième [ɑ̃tepenyltjɛm] **adj.** Qui vient immédiatement avant l'avant-dernier. ◆ **n.f.** Syllabe qui précède l'avant-dernière syllabe d'un mot (ex. : *po* dans *napolitain*).

antéposé, e [ɑ̃tepoze] **adj.** LING. Se dit d'un mot, d'un morphème placé avant un autre : *Dans « un grand homme », l'adjectif « grand » est antéposé.*

antérieur, e [ɑ̃terjœr] **adj.** (lat. *anterior*). **1.** Qui est placé avant dans le temps : *Ces faits sont antérieurs à mon entrée dans l'entreprise* (contr. **postérieur**). *Il est impossible de revenir à la situation antérieure* (syn. **ancien, précédent**). **2.** Qui est situé à l'avant de : *Salon situé à la partie antérieure du navire* (syn. **avant** ; contr. **arrière**). *Les pattes antérieures d'un chien* (contr. **postérieur**). **3.** PHON. Se dit d'une voyelle ou d'une consonne dont l'articulation se situe dans la partie avant de la cavité buccale. **4.** GRAMM. Se dit des temps des verbes qui indiquent l'antériorité d'une action : *Futur, passé antérieur.*

antérieurement [ɑ̃terjœrmɑ̃] **adv.** À une époque antérieure : *La décision a été prise antérieurement à sa nomination* (syn. **avant** ; contr. **après, ultérieurement**).

antériorité [ɑ̃terjɔrite] **n.f.** Existence d'une chose avant une autre : *L'antériorité du romantisme sur le réalisme.*

anthémis [ɑ̃temis] **n.f.** (lat. *anthemis*, mot gr., de *anthos*, fleur). Plante herbacée aromatique, dont plusieurs espèces sont appelées *camomille.* ▸ Famille des composées.

anthère [ɑ̃tɛr] **n.f.** (gr. *anthêros*, fleuri, de *anthos*, fleur). BOT. Partie supérieure de l'étamine des plantes à fleurs, dans laquelle se forment les grains de pollen et qui s'ouvre à maturité pour laisser échapper ceux-ci.

anthérozoïde [ɑ̃terɔzɔid] **n.m.** (du gr. *antheros* [v. *anthère*], sur le modèle de *spermatozoïde*). BOT. Gamète mâle, chez les végétaux (syn. **spermatozoïde**).

anthologie [ɑ̃tɔlɔʒi] **n.f.** (du gr. *anthos*, fleur, et de *-logie*). **1.** Recueil de morceaux choisis d'œuvres littéraires ou musicales : *Une anthologie des poètes français du XIXe siècle.* **2. Morceau d'anthologie,** action si remarquable qu'elle mérite de passer à la postérité : *La plaidoirie de l'avocat a été un morceau d'anthologie.*

anthracite [ɑ̃trasit] **n.m.** (gr. *anthrax, -akos*, charbon). Charbon de très faible teneur en matières volatiles (moins de 6 à 8 %) qui brûle avec une courte flamme bleu pâle, sans fumée, en dégageant beaucoup de chaleur. ◆ **adj. inv.** Gris foncé : *Des manteaux anthracite.*

anthracose [ɑ̃trakoz] **n.f.** (du gr. *anthrax, -akos*, charbon). Maladie professionnelle due à la présence de poussières de charbon dans les poumons.

anthrax [ɑ̃traks] **n.m.** (gr. *anthrax*, charbon puis « ulcère »). PATHOL. **1.** Accumulation de furoncles accompagnée d'une infection du tissu sous-cutané due à un staphylocoque. **2.** Nom anglais de la maladie du charbon*.

anthropien, enne [ɑ̃trɔpjɛ̃, -ɛn] **n.** et **adj.** (du gr. *anthrôpos*, homme). Hominidé présentant des caractères physiques propres au type humain, fossile et actuel.

anthropocentrique [ɑ̃trɔpɔsɑ̃trik] **adj.** Propre à l'anthropocentrisme.

anthropocentrisme [ɑ̃trɔpɔsɑ̃trism] **n.m.** Conception, attitude qui rapporte toute chose de l'Univers à l'homme.

anthropoïde [ɑ̃trɔpɔid] **n.** et **adj.** Singe ressemblant le plus à l'homme, caractérisé notamm. par l'absence de queue : *L'orang-outan, le chimpanzé sont des anthropoïdes.*

anthropologie [ɑ̃trɔpɔlɔʒi] **n.f.** Étude de l'homme et des groupes humains. ◆ **anthropologue** et **anthropologiste n.** Noms du spécialiste.

■ On distingue plusieurs secteurs de l'anthropologie.
L'anthropologie physique. Elle étudie la variation et la diversité biologiques des êtres humains et des populations à la surface de la Terre et au cours du temps. Elle tente de préciser la part que jouent dans ces différences la diversité génétique et l'influence du milieu sur l'expression des gènes (phénotype). Elle s'attache à déceler les multiples interactions entre le biologique et le culturel, et entre les communautés humaines (sous l'angle biologique) et leur environnement. Elle tente d'expliquer la diversité génétique des individus et des populations sur la base des mécanismes proposés par la génétique des populations.
L'anthropologie culturelle. Elle étudie les cultures (ensemble de modes de pensée, croyances, comportements, etc.) des groupes humains formant les populations et les sociétés, ainsi que leurs variations, leurs différences et leurs similitudes. Domaine de l'anthropologie, l'anthropologie culturelle connaît ses premiers développements à la fin du XIXe s., avec les travaux de Boas. Elle insiste sur l'aspect spécifique du développement de chaque culture. Ce sont surtout les disciples de Boas (Margaret Mead) qui lui ont donné toute sa consistance théorique. Ils ont mis en évidence l'importance décisive de la culture sur la formation de la personnalité. L'anthropologie culturelle a montré que l'appréciation des comportements « normaux » et « pathologiques » varie selon les cultures. Dans une autre perspective, Lévi-Strauss a eu recours à une méthode, dite « structuraliste », mettant en relation les faits culturels entre eux, par exemple les mythes et les comportements alimentaires. ■

anthropologique [ɑ̃trɔpɔlɔʒik] **adj.** Qui relève de l'anthropologie : *Les sciences anthropologiques.*

anthropométrie [ɑ̃trɔpɔmetri] **n.f. 1.** Branche de l'anthropologie physique ayant pour objet tout ce qui, dans l'organisme humain, peut être mesuré (poids des organes, pression artérielle, etc.). **2. Anthropométrie judiciaire,** méthode d'identification des criminels fondée essentiellement, de nos jours, sur l'étude des empreintes digitales et génétiques (ADN).

anthropométrique [ɑ̃trɔpɔmetrik] **adj.** Fondé sur l'anthropométrie : *Les fiches anthropométriques de la police judiciaire.*

anthropomorphe [ɑ̃trɔpɔmɔrf] **adj.** Dont la forme rappelle celle de l'homme.

anthropomorphique [ɑ̃trɔpɔmɔrfik] **adj.** Qui relève de l'anthropomorphisme.

anthropomorphisme [ɑ̃trɔpɔmɔrfism] **n.m.** Tendance à attribuer aux objets naturels, aux animaux et aux créations mythiques des caractères propres à l'homme : *L'anthropomorphisme dans les fables de La Fontaine.*

anthropophage [ɑ̃trɔpɔfaʒ] **adj.** et **n.** Se dit des hommes qui pratiquent l'anthropophagie : *Robinson Crusoé arracha Vendredi aux anthropophages* (syn. **cannibale**).

anthropophagie [ɑ̃trɔpɔfaʒi] **n.f.** Comportement des hommes qui mangent de la chair humaine (syn. **cannibalisme**).

anthurium [ɑ̃tyrjɔm] **n.m.** (mot du lat. scientif., du gr. *anthos*, fleur). Plante ornementale à belles feuilles, originaire d'Amérique tropicale. ▸ Famille des aracées.

anti-, préfixe, du gr. *anti*, contre, exprimant l'hostilité, l'opposition *(antifasciste, antiparlementarisme)* ou la défense contre *(antigel, antirouille).*

antiadhésif, ive [ɑ̃tiadezif, -iv] **adj.** Se dit d'un revêtement qui empêche les adhérences, notamm. sur les récipients destinés à la cuisson. ◆ **antiadhésif n.m.** Revêtement antiadhésif.

antiaérien, enne [ɑ̃tiaerjɛ̃, -ɛn] **adj.** Qui s'oppose à l'action des avions ou des engins aériens ; qui protège de leurs effets : *Abri, missile antiaérien.*

antialcoolique [ɑ̃tialkɔlik] **adj.** Qui combat ou aide à combattre l'alcoolisme : *Une campagne antialcoolique.*

antiamaril, e [ɑ̃tiamaril] **adj.** (de l'esp. [*fiebre*] *amarilla,* [fièvre] jaune). **Vaccination antiamarile,** vaccination contre la fièvre jaune.

antiatomique [ɑ̃tiatɔmik] **adj.** Qui s'oppose aux effets d'une explosion nucléaire, du rayonnement atomique : *Combinaison, abri antiatomique.*

Antibes, ch.-l. de c. des Alpes-Maritimes, sur la Côte d'Azur ; 76 770 hab. *(Antibois).* Station touristique. Cultures florales. Parfumerie. Musée « Picasso » au château Grimaldi (Picasso, N. de Staël et autres artistes modernes).

antibiogramme [ɑ̃tibjɔgram] **n.m.** (de *antibio*[*tique*] et *gramme*). Examen bactériologique permettant d'apprécier la sensibilité d'une bactérie vis-à-vis de divers antibiotiques.

antibiorésistance [ɑ̃tibjɔrezistɑ̃s] **n.f.** Capacité d'une bactérie à résister à l'action d'un antibiotique.

antibiothérapie [ɑ̃tibjɔterapi] **n.f.** (de *antibio*[*tique*] et *-thérapie*). Traitement par les antibiotiques.

antibiotique [ɑ̃tibjɔtik] **n.m.** et **adj.** (du gr. *biôtikos,* qui sert à la vie). Substance naturelle (produite surtout par les champignons inférieurs et par certaines bactéries) ou synthétique, qui empêche la croissance des bactéries ou les détruit : *Un médicament antibiotique. Être sous antibiotiques.*

■ Le premier antibiotique découvert, la pénicilline, l'a été en 1928 par le médecin britannique Alexander Fleming. Les antibiotiques sont prescrits uniquement pour les maladies bactériennes (ils sont sans effet sur les virus) et sur les critères suivants :
– leur spectre d'action (la liste des bactéries sur lesquelles un antibiotique donné est efficace) ;
– les organes et les tissus concernés (selon les cas, la diffusion d'un antibiotique donné est plus ou moins facile) ;
– l'existence d'une éventuelle allergie du patient à une famille d'antibiotiques et le risque de toxicité sur les reins, le fœtus, etc. ;
– la facilité d'administration (certains antibiotiques sont ainsi réservés aux hôpitaux).
La prescription d'antibiotiques est aujourd'hui limitée afin de préserver leur efficacité car leur utilisation massive favorise l'apparition de bactéries résistantes à ces médicaments. ■

antibrouillard [ɑ̃tibrujar] **adj. inv.** et **n.m.** Propre à percer le brouillard : *Phares antibrouillard.*

antibruit [ɑ̃tibrɥi] **adj. inv.** Destiné à protéger du bruit : *Les murs antibruit le long du périphérique.*

anticancéreux, euse [ɑ̃tikɑ̃serø, -øz] **adj.** Qui est employé dans la prévention ou le traitement du cancer : *Les thérapeutiques anticancéreuses.*

anticapitaliste [ɑ̃tikapitalist] **adj.** et **n.** Qui est hostile au système capitaliste.

antichambre [ɑ̃tiʃɑ̃br] **n.f.** (it. *anticamera,* chambre de devant). **1.** Vestibule dans un appartement. **2.** Pièce qui sert de salle d'attente dans un bureau, un édifice public : *Les antichambres ministérielles.* **3. Faire antichambre,** attendre, souvent longtemps, pour être reçu par qqn.

antichar [ɑ̃tiʃar] **adj.** Qui s'oppose à l'action des chars, des blindés : *Des canons antichars.*

antichoc [ɑ̃tiʃɔk] **adj.** Qui permet d'amortir, d'éviter les chocs : *Casque antichoc.*

anticipation [ɑ̃tisipasjɔ̃] **n.f. 1.** Action de faire qqch avant le moment prévu ou fixé : *Une anticipation de paiement.* **2.** Action de prévoir, d'imaginer des situations, des événements futurs : *Gardons-nous de toute anticipation dans ce domaine* (syn. **conjecture**). **3. D'anticipation,** se dit d'une œuvre dont l'action se passe dans l'avenir, dans un monde futur : *Roman, film d'anticipation* (= de science-fiction). / **Par anticipation,** avant terme : *Rembourser une dette par anticipation* (= par avance).

anticipé, e [ɑ̃tisipe] **adj. 1.** Qui se produit avant la date prévue : *Pourquoi ce retour anticipé ? Une retraite anticipée* (syn. **précoce, prématuré**). **2. Remerciements anticipés,** formule de politesse employée dans une lettre pour remercier par avance du service demandé.

anticiper [ɑ̃tisipe] **v.t.** (lat. *anticipare,* devancer). Accomplir, exécuter avant la date prévue ou fixée : *Anticiper un paiement.* ◆ **v.i.** Considérer des événements comme ayant eu lieu avant qu'ils ne se produisent : *Elle sera certainement reçue, mais n'anticipons pas.* ◆ **v.t. ind. 1.** Agir comme si l'on disposait de qqch que l'on n'a pas encore : *Il a anticipé sur l'héritage de son oncle* (= il l'a entamé avant de l'avoir reçu). **2.** Supposer que qqch va arriver et adapter sa conduite à cette supposition : *Il anticipe sur le résultat des élections et se voit déjà ministre.*

anticlérical, e, aux [ɑ̃tiklerikal, -o] **adj.** et **n.** Opposé à l'influence ou à l'ingérence du clergé dans les affaires publiques.

anticléricalisme [ɑ̃tiklerikalism] **n.m.** Attitude, politique anticléricale.

anticlinal, e, aux [ɑ̃tiklinal, -o] **adj.** et **n.m.** (du gr. *antiklinein,* pencher en sens contraire). GÉOL. Se dit d'un pli dont la convexité est tournée vers le haut (par opp. à *synclinal*).

anticoagulant, e [ɑ̃tikɔagylɑ̃, -ɑ̃t] **adj.** MÉD. Se dit de ce qui empêche ou retarde la coagulation du sang. ◆ **anticoagulant n.m.** Substance anticoagulante : *Un surdosage d'anticoagulants peut entraîner une hémorragie.*

anticolonialisme [ɑ̃tikɔlɔnjalism] **n.m.** Attitude politique d'opposition au colonialisme. ◆ **anticolonialiste adj.** et **n.** Qui est opposé au colonialisme : *Un écrivain farouchement anticolonialiste.*

anticommunisme [ɑ̃tikɔmynism] **n.m.** Attitude d'hostilité à l'égard du communisme. ◆ **anticommuniste adj.** et **n.** Qui fait preuve d'anticommunisme.

anticonceptionnel, elle [ɑ̃tikɔ̃sɛpsjɔnɛl] **adj.** Destiné à empêcher la fécondation lors des rapports sexuels : *Les moyens anticonceptionnels modernes* (syn. **contraceptif**).

anticonformisme [ɑ̃tikɔ̃fɔrmism] **n.m.** Opposition aux usages établis, aux traditions.

anticonformiste [ɑ̃tikɔ̃fɔrmist] **adj.** et **n.** Qui ne se conforme pas aux usages établis.

anticonstitutionnel, elle [ɑ̃tikɔ̃stitysjɔnɛl] **adj.** Contraire à la Constitution : *Le projet de loi a été déclaré anticonstitutionnel.*

anticonstitutionnellement [ɑ̃tikɔ̃stitysjɔnɛlmɑ̃] **adv.** Contrairement à la Constitution.

anticorps [ɑ̃tikɔr] **n.m.** Substance (immunoglobuline) synthétisée par les cellulesdu système immunitaire et capable de se fixer spécifiquement sur un antigène.

Anticosti *(île d'),* île du Canada (Québec), à l'entrée du Saint-Laurent ; 8 160 km² ; 240 hab.

anticyclique [ɑ̃tisiklik] **adj.** Se dit d'une politique visant à atténuer les effets des mouvements cycliques de l'économie.

anticyclonal, e, aux [ɑ̃tisiklɔnal, -o] et **anticyclonique** [ɑ̃tisiklɔnik] **adj.** Relatif à un anticyclone.

anticyclone [ɑ̃tisiklon] **n.m.** MÉTÉOR. Centre de hautes pressions atmosphériques (par opp. à *dépression*).

■ Dans un anticyclone, la pression décroît du centre vers l'extérieur. Les vents divergent, à partir des anticyclones, vers la droite dans l'hémisphère Nord, vers la gauche dans

l'hémisphère Sud. Les grandes zones ou centres de hautes pressions s'implantent selon la latitude : hautes pressions polaires, anticyclones saisonniers des latitudes moyennes et hautes pressions subtropicales. On distingue parfois anticyclones maritimes (dont ceux des Hawaii et des Açores aux latitudes subtropicales de l'hémisphère Nord) et anticyclones continentaux (Sibérie).
Les anticyclones imposent des temps caractéristiques : les anticyclones polaires projettent vers les plus basses latitudes des vents froids ou frais. Les anticyclones subtropicaux émettent, pour leur part, d'un côté les alizés, vents secs initialement, vers les hautes latitudes, et d'un autre côté les vents d'ouest, doux et humides au contact des océans, et qui affrontent, aux latitudes moyennes, les coulées polaires (front polaire). Au cœur des anticyclones, le temps est normalement beau. ■

antidater [ɑ̃tidate] **v.t.** (du lat. *anti-*, forme de *ante*, avant, et de *dater*). Apposer sur un document une date antérieure à la date réelle de sa rédaction : *Antidater un contrat.*

antidémocratique [ɑ̃tidemɔkratik] **adj.** Opposé à la démocratie, à ses principes : *Une politique antidémocratique.*

antidépresseur [ɑ̃tidepresœr] **adj.m.** et **n.m.** Se dit d'un médicament employé pour traiter les états dépressifs.

antidérapant, e [ɑ̃tiderapɑ̃, -ɑ̃t] **adj.** Se dit d'un matériau qui empêche de déraper : *Pneu antidérapant.*

antidiphtérique [ɑ̃tidifterik] **adj.** Qui combat ou prévient la diphtérie : *Vaccination antidiphtérique.*

antidopage [ɑ̃tidɔpaʒ] et **antidoping** [ɑ̃tidɔpiŋ] **adj. inv.** Qui s'oppose à la pratique du dopage dans les sports : *Coureur disqualifié après un contrôle antidopage positif.*

antidote [ɑ̃tidɔt] **n.m.** (lat. *antidotum*, du gr. *antidotos*, donné contre). **1.** Substance propre à combattre les effets d'un poison (syn. **contrepoison**). **2.** Remède contre un mal moral, psychologique : *Le cinéma est un bon antidote contre l'ennui* (syn. **dérivatif, exutoire**).

antidouleur [ɑ̃tidulœr] **adj. inv.** Qui vise à atténuer la souffrance physique : *Médicament antidouleur* (= antalgique). *Centre antidouleur.* ◆ **n.m.** Médicament antidouleur.

antiémétique [ɑ̃tiemetik] **adj.** et **n.m.** (de *émétique*). Se dit d'un médicament propre à combattre les vomissements.

antiémeute [ɑ̃tiemøt] **adj. inv.** Se dit d'un dispositif, de forces de sécurité destinés à combattre les émeutes.

antienne [ɑ̃tjɛn] **n.f.** (lat. ecclés. *antiphona*, du gr. *antiphônos*, qui répond). **1.** RELIG. CHRÉT. Refrain chanté avant et après un psaume. **2.** *SOUT.* Discours répété sans cesse, d'une manière lassante : *Ma mère reprenait tous les soirs la même antienne* (syn. **leitmotiv, refrain**).

antiépileptique [ɑ̃tiepilɛptik] **adj.** et **n.m.** Se dit d'un médicament destiné à combattre l'épilepsie.

antiesclavagiste [ɑ̃tiɛsklavaʒist] **adj.** et **n.** Opposé à l'esclavage : *Les États antiesclavagistes du Nord, pendant la guerre de Sécession* (syn. **abolitionniste**).

antifasciste [ɑ̃tifaʃist] **adj.** et **n.** Opposé au fascisme.

antifongique [ɑ̃tifɔ̃ʒik] **adj.** et **n.m.** (de *fongique*). Se dit d'un médicament qui agit contre les affections provoquées par les champignons ou les levures parasites de l'homme ou des animaux (syn. **antimycosique**).

anti-g [ɑ̃tiʒe] **adj. inv.** Qui atténue les effets de la pesanteur : *Combinaison anti-g des pilotes de chasse.*

antigang [ɑ̃tigɑ̃g] **adj.** *ANC.* **Brigade antigang,** unité de police constituée spécialement pour la lutte contre la grande criminalité. (Elle a été remplacée par la *brigade de recherche et d'intervention.*)

antigel [ɑ̃tiʒɛl] **adj.** et **n.m.** Se dit d'un produit qui, ajouté à un liquide, en abaisse le point de congélation.

antigène [ɑ̃tiʒɛn] **n.m.** MÉD. Agent (bactérie, virus, substance chimique ou organique) qui, introduit dans l'organisme, provoque la formation d'un anticorps.

antigivrant, e [ɑ̃tiʒivrɑ̃, -ɑ̃t] **adj.** Propre à empêcher la formation de givre : *Dispositifs antigivrants d'un avion.*

antiglisse [ɑ̃tiglis] **adj. inv.** Se dit d'un vêtement de ski fait dans un tissu qui accroche la neige et empêche de glisser en cas de chute : *Combinaison antiglisse.*

Antigone, héroïne de la légende grecque de Thèbes, fille d'Œdipe et de Jocaste, sœur d'Étéocle et de Polynice. Elle accompagna son père aveugle à Colone. Le roi Créon, nouvel époux de Jocaste, ayant ordonné de laisser le corps de Polynice sans sépulture, Antigone s'employa à ensevelir son frère et, pour cette désobéissance, fut condamnée à être enterrée vivante. Mais elle se pendit.

Antigone, tragédie de Sophocle (v. 442 av. J.-C.). L'héroïne défend les lois « non écrites » du devoir moral contre la fausse justice de la raison d'État et des sociétés humaines. Présente dans les pièces d'Euripide, Antigone a donné son nom à une tragédie d'Alfieri (1783) et à un drame d'Anouilh.

antigouvernemental, e, aux [ɑ̃tiguvɛrnəmɑ̃tal, -o] **adj.** Opposé au gouvernement, à sa politique : *Campagne de presse antigouvernementale.*

Antigua-et-Barbuda, État des Antilles, formé des îles d'Antigua et de Barbuda et de l'îlot inhabité de Redonda, constituant un État associé à la Grande-Bretagne de 1967 à 1981, puis indépendant depuis 1981 ; 442 km^2 ; 90 000 hab. CAP. *Saint John's* (sur Antigua). LANGUE : *anglais.* MONNAIE : *dollar des Caraïbes orientales.* Canne à sucre et coton. Tourisme. Raffinerie de pétrole.

antihéros [ɑ̃tiero] **n.m.** Personnage de fiction ne présentant pas les caractères convenus du héros traditionnel : *Les antihéros de certains films contemporains.*

antihistaminique [ɑ̃tiistaminik] **adj.** et **n.m.** Se dit d'une substance qui s'oppose à l'action de l'histamine.

anti-inflammatoire [ɑ̃tiɛ̃flamatwar] **adj.** et **n.m.** (pl. *anti-inflammatoires*). MÉD. Se dit d'un médicament propre à combattre l'inflammation.

anti-inflationniste [ɑ̃tiɛ̃flasjɔnist] **adj.** (pl. *anti-inflationnistes*). Propre à lutter contre l'inflation.

antillais, e [ɑ̃tijɛ, -ɛz] **adj.** et **n.** Des Antilles : *Les Antillais de Paris. La cuisine antillaise.*

Antilles, archipel de l'Amérique étiré sur 2 500 km, du golfe du Mexique au large du Venezuela, entre le tropique du Cancer et 10° de lat. N., qui sépare la mer des Antilles de l'océan Atlantique. Le Nord est constitué de quatre îles qui forment les Grandes Antilles : Cuba, Jamaïque, Haïti (ou Saint-Domingue), Porto Rico. On y rattache l'archipel des Bahamas et celui des Turks et Caicos, qui s'émiettent en de nombreuses îles entre la Floride et Haïti. À l'E., les Petites Antilles sont disposées en arc de cercle des îles Vierges à la Grenade. Au S., en avant de la côte vénézuélienne, se localisent notamment les Antilles néerlandaises et les deux îles de Trinité et de Tobago. Les Antilles s'étendent sur près de 240 000 km^2 et regroupent environ 35 millions d'hab. Souvent montagneuses et volcaniques, les Antilles ont un climat chaud et assez humide. Les températures varient peu autour de 25 °C. L'air est humide, le ciel souvent nuageux, mais s'opposent une saison pluvieuse (mai-juin à nov.-déc.) et une saison plus sèche, des versants au vent exposés à l'alizé et des versants sous le vent, abrités. Des cyclones affectent la région au moment de la saison des pluies. La chaleur et l'humidité, la fertilité aussi des sols volcaniques expliquent le développement des plantations (caféiers, cacaoyers, bananiers et surtout canne à sucre), ressources essentielles (complétées par les revenus du tourisme, très développé). La composition ethnique de la population présente un fréquent métissage (d'ordre également culturel).

Antilles *(mer des)* ou **mer Caraïbe** ou **mer des Caraïbes,** dépendance de l'Atlantique, entre l'Amérique centrale, l'Amérique du Sud et l'arc des Antilles.

Antilles françaises, la Guadeloupe, la Martinique, Saint-Barthélemy et Saint-Martin (partie française).

Antilles néerlandaises, ensemble des possessions néerlandaises des Antilles, correspondant essentiellement aux deux îles (Curaçao et Bonaire) situées au large du Venezuela ; env. 800 km².

antilope [ɑ̃tilɔp] **n.f.** (lat. médiév. *antolopus,* du gr.). Mammifère ruminant sauvage d'Afrique ou d'Asie. ▶ Famille des bovidés.

antimatière [ɑ̃timatjɛr] **n.f.** Forme de la matière constituée d'antiparticules, par opp. à la matière ordinaire, constituée de particules.

antimilitarisme [ɑ̃timilitarism] **n.m.** Hostilité à l'égard des institutions et de l'esprit militaires.

antimilitariste [ɑ̃timilitarist] **adj.** et **n.** Relatif à l'antimilitarisme ; qui en est partisan.

antimissile [ɑ̃timisil] **adj.** Destiné à neutraliser l'action de missiles assaillants : *Arme, dispositif antimissile.*

antimite [ɑ̃timit] **adj. inv.** et **n.m.** Se dit d'un produit qui protège les lainages, les fourrures, etc., contre les mites : *Des boules antimite. Mettre de l'antimite dans les armoires.*

antimitotique [ɑ̃timitɔtik] **adj.** et **n.m.** (de *mitotique*). Se dit d'une substance capable de s'opposer à la mitose, et employée entre autres dans le traitement du cancer.

antimoine [ɑ̃timwan] **n.m.** (lat. *antimonium,* p.-ê. de l'ar. *ithmid*). Corps simple solide d'un blanc bleuâtre, cassant, fondant vers 630 °C, et qui se rapproche de l'arsenic. ▶ Symb. Sb ; densité 6,7 env.

antimonarchiste [ɑ̃timɔnarʃist] **adj.** et **n.** Qui est hostile à la monarchie.

antimondialisation [ɑ̃timɔ̃djalizasjɔ̃] **n.f.** Courant d'opinion qui manifeste son hostilité aux buts et aux effets de la mondialisation de l'économie.

antimycosique [ɑ̃timikɔzik] **adj.** et **n.m.** (de *mycosique*). Syn. de *antifongique.*

antineutron [ɑ̃tinøtrɔ̃] **n.m.** Antiparticule du neutron.

antinomie [ɑ̃tinɔmi] **n.f.** (lat. *antinomia,* mot gr. ; de *nomos,* loi). Contradiction entre deux idées, deux principes, deux propositions : *Il y a antinomie, une antinomie entre le matérialisme et l'idéalisme* (syn. **opposition** ; contr. **accord**).

antinomique [ɑ̃tinɔmik] **adj.** Caractérisé par une antinomie ; opposé sur le plan logique : *Deux attitudes antinomiques* (syn. **contradictoire** ; contr. **concordant**).

antinucléaire [ɑ̃tinykleɛr] **adj.** et **n.** Hostile à l'emploi de l'énergie nucléaire : *Une manifestation antinucléaire.*

Antioche ⟶ **Antakya.**

Antiochos, nom porté par treize rois séleucides. Les plus importants sont : • **Antiochos III Mégas** (« le Grand »), roi de 223 à 187 av. J.-C. Ses visées expansionnistes, d'abord couronnées de succès en Orient contre les Parthes, le mirent en conflit avec l'Égypte et surtout avec Rome, qui, en 188 av. J.-C. (paix d'Apamée), le contraignit à livrer sa flotte et à renoncer à ses conquêtes d'Asie Mineure ; • **Antiochos IV Épiphane** (« l'Illustre »), roi de 175 à 164 av. J.-C. Profitant de la jeunesse du roi d'Égypte Ptolémée VI, il prit pied à Alexandrie, qu'il dut abandonner sous la pression de Rome. Sa volonté d'imposer la culture grecque provoqua en Judée le soulèvement du peuple juif (révolte des Maccabées, 167 av. J.-C.).

antioxydant, e [ɑ̃tiɔksidɑ̃, -ɑ̃t] **adj.** et **n.m.** Se dit d'un agent qui ralentit la dégradation des aliments due aux effets de l'oxydation.

antipaludéen, enne [ɑ̃tipalydeɛ̃, -ɛn] **adj.** Se dit d'un médicament qui traite ou prévient le paludisme.

antipape [ɑ̃tipap] **n.m.** Pape élu irrégulièrement et non reconnu par l'Église romaine.

antiparasite [ɑ̃tiparazit] **adj.** et **n.m.** Se dit d'un dispositif qui diminue la production ou l'action des perturbations affectant la réception de sons ou d'images.

antiparlementarisme [ɑ̃tiparləmɑ̃tarism] **n.m.** Opposition au régime parlementaire.

antiparticule [ɑ̃tipartikyl] **n.f.** Particule élémentaire (positron, antiproton, antineutron), de masse égale, mais de propriétés électromagnétiques et de charges opposées à celles d'une particule ordinaire.

antipathie [ɑ̃tipati] **n.f.** (lat. *antipathia,* mot gr., de *pathos,* passion). Hostilité instinctive à l'égard de qqn ou de qqch : *Éprouver une profonde antipathie pour qqn* (syn. **aversion, inimitié**).

antipathique [ɑ̃tipatik] **adj.** Qui inspire de l'antipathie : *Trouver qqn antipathique* (syn. **déplaisant** ; contr. **sympathique**).

antipatriotique [ɑ̃tipatrijɔtik] **adj.** Contraire au patriotisme.

antipelliculaire [ɑ̃tipelikylɛr] **adj.** Se dit d'un produit qui agit contre les pellicules du cuir chevelu : *Lotion antipelliculaire.*

antiphonaire [ɑ̃tifɔnɛr] **n.m.** (lat. médiév. *antiphonarius,* du gr. *antiphônos ;* v. *antienne*). RELIG. CHRÉT. Livre liturgique contenant l'ensemble des chants exécutés par le chœur à l'office ou à la messe.

antiphrase [ɑ̃tifraz] **n.f.** (gr. *antiphrasis,* de *phrasis,* élocution, langage). RHÉT. Manière de s'exprimer qui consiste à dire le contraire de ce qu'on pense, par ironie ou par euphémisme. (Ex. : « J'admire ton courage », en parlant à qqn de peureux.)

antipode [ɑ̃tipɔd] **n.m.** (lat. *antipodes,* gr. *antipous,* de *pous, podos,* pied). **1.** Lieu de la Terre diamétralement opposé à un autre lieu : *La Nouvelle-Zélande est à l'antipode, aux antipodes de la France.* **2. Être à l'antipode, aux antipodes de,** être à l'opposé de : *Votre raisonnement est à l'antipode du bon sens.*

antipodiste [ɑ̃tipɔdist] **n.** (de *antipode*). Acrobate qui, couché sur le dos, exécute des tours d'adresse avec les pieds.

antipoison [ɑ̃tipwazɔ̃] **adj. inv. Centre antipoison,** centre médical spécialisé dans la prévention et le traitement des intoxications.

antipoliomyélitique [ɑ̃tipɔljɔmjelitik] **adj.** Qui combat ou prévient la poliomyélite : *Vaccin antipoliomyélitique.*

antipollution [ɑ̃tipɔlysjɔ̃] **adj. inv.** Destiné à éviter ou à diminuer la pollution : *Cheminée d'usine équipée de filtres antipollution.*

antiprotéase [ɑ̃tiprɔteaz] **n.f.** MÉD. Molécule utilisée dans le traitement du sida pour bloquer le développement du virus.

antiproton [ɑ̃tiprɔtɔ̃] **n.m.** Antiparticule du proton, de charge négative.

antiprurigineux, euse [ɑ̃tipryriʒinø, -øz] **adj.** Se dit d'un médicament qui combat le prurit, calme les démangeaisons.

antipsychiatrie [ɑ̃tipsikjatri] **n.f.** Mouvement de remise en question de la psychiatrie traditionnelle et de la notion de maladie mentale sur laquelle celle-ci s'appuie.

antiputride [ɑ̃tipytrid] **adj.** Qui empêche la putréfaction des matières organiques.

antipyrétique [ɑ̃tipiretik] **adj.** et **n.m.** (du gr. *puretikos,* fébrile). Qui combat la fièvre : *Les bains tièdes ont une action antipyrétique* (syn. **fébrifuge**).

antiquaille [ɑ̃tikaj] **n.f.** (it. *anticaglia,* de *antico,* ancien). FAM. Objet ancien de peu de valeur (péjor.) : *Salon encombré d'antiquailles* (syn. **vieillerie**).

antiquaire [ɑ̃tikɛr] **n.** (du lat. *antiquarius,* relatif à l'Antiquité ; v. *antique*). Personne spécialisée dans la vente et l'achat de meubles et d'objets d'art anciens.

antique [ɑ̃tik] **adj.** (lat. *antiquus,* ancien). **1.** Qui appartient à l'Antiquité : *Mettre au jour des vases antiques. La mythologie antique.* **2.** Qui date d'une époque reculée ; qui existe depuis très longtemps : *Une antique croyance* (syn. **séculaire**). **3.** Passé de mode : *Une antique guimbarde* (syn. **démodé, vétuste**). ◆ **n.m.** Ensemble des productions artistiques de l'Antiquité : *Copier l'antique* (= l'art antique).

antiquisant, e [ɑ̃tikizɑ̃, -ɑ̃t] **adj.** Se dit d'un artiste, d'une œuvre qui s'inspire de l'antique.

antiquité [ɑ̃tikite] **n.f. 1.** (Avec une majuscule). Période de l'histoire que l'on situe des origines des temps historiques à la chute de l'Empire romain : *L'Antiquité égyptienne.* **2.** (Avec une majuscule). La civilisation gréco-romaine : *Le XVIIe siècle prit l'Antiquité comme modèle.* **3.** Caractère de ce qui est très ancien : *L'antiquité d'une coutume* (syn. **ancienneté**). *De toute antiquité* (= depuis toujours). ◆ **antiquités n.f. pl. 1.** Œuvres d'art de l'Antiquité : *Musée des antiquités.* **2.** Objets anciens : *Magasin d'antiquités.*

antirabique [ɑ̃tirabik] **adj.** (de *rabique*). Qui combat ou prévient la rage : *Vaccin antirabique.*

antirachitique [ɑ̃tiraʃitik] **adj.** MÉD. Qui combat ou prévient le rachitisme.

antiraciste [ɑ̃tirasist] **adj.** et **n.** Opposé au racisme : *De nouvelles lois antiracistes.*

antiradar [ɑ̃tiradar] **adj.** MIL. Destiné à neutraliser les radars ennemis : *Dispositifs antiradars.*

antireflet [ɑ̃tirəflɛ] **adj. inv.** Qui supprime la lumière réfléchie par la surface des verres d'optique : *Traitement, verres antireflet.*

antiréglementaire [ɑ̃tiregləmɑ̃tɛr] **adj.** Contraire au règlement.

antireligieux, euse [ɑ̃tirəliʒjø, -øz] **adj.** Hostile à la religion : *Pamphlet antireligieux.*

antirépublicain, e [ɑ̃tirepyblikɛ̃, -ɛn] **adj.** et **n.** Hostile au régime républicain.

antirétroviral, e, aux [ɑ̃tiretrɔviral, -o] **adj.** et **n.m.** Se dit d'un médicament ou d'un traitement actif contre un rétrovirus.

antirides [ɑ̃tirid] **adj.** et **n.m.** Se dit d'un cosmétique destiné à prévenir la formation des rides ou à les atténuer.

antiroman [ɑ̃tirɔmɑ̃] **n.m.** Forme de la littérature romanesque apparue en France dans les années 1950, qui prend le contrepied des règles du roman traditionnel (rejet de l'intrigue, effacement du héros, flou temporel, refus de l'analyse psychologique), et qui met en scène un monde absurde que l'homme ne parvient pas à interpréter.

antirouille [ɑ̃tiruj] **adj. inv.** et **n.m.** Se dit d'une substance propre à préserver de la rouille ou à la faire disparaître.

antiroulis [ɑ̃tiruli] **adj.** Se dit d'un dispositif qui s'oppose à l'apparition du roulis d'un véhicule dans un virage ou, sur un bateau, tend à le diminuer.

antiscientifique [ɑ̃tisjɑ̃tifik] **adj.** Contraire à la science, à l'esprit scientifique.

antiscorbutique [ɑ̃tiskɔrbytik] **adj.** Qui combat ou prévient le scorbut.

antisèche [ɑ̃tisɛʃ] **n.f.** (de *sécher,* ne pas pouvoir répondre). *FAM.* Ensemble de notes qu'un élève compte utiliser en fraude à un examen.

antisémite [ɑ̃tisemit] **adj.** et **n.** (de *sémite*). Hostile aux Juifs : *Condamné pour avoir tenu des propos antisémites.*

antisémitisme [ɑ̃tisemitism] **n.m.** Doctrine ou attitude d'hostilité systématique à l'égard des Juifs.

■ **L'antijudaïsme traditionnel.** Dans l'Antiquité païenne, l'hostilité à l'égard des Juifs est suscitée par leur fidélité au Dieu unique, Yahvé, et au message de la Bible. Les premiers chrétiens, encore confondus avec les Juifs, subissent les effets de la même intolérance. Mais, quand le christianisme devient religion officielle de l'Empire romain, les Juifs sont peu à peu considérés comme constituant le peuple « déicide », celui qui porte la responsabilité de la mort de Jésus-Christ. D'où des mesures de plus en plus rigoureuses pour les exclure de la société chrétienne. Cette ségrégation, rendue sensible par la multiplication des ghettos, favorise l'éclosion et le développement de fausses accusations : profanations d'hosties, crimes rituels, empoisonnement des sources...
Bien que l'antijudaïsme n'ait pas fait l'unanimité dans la chrétienté, il faut attendre la diffusion de la philosophie des Lumières au XVIIIe s. pour voir se normaliser quelque peu la condition des Juifs dans les pays européens. Les Juifs français n'obtiennent la citoyenneté pleine et entière qu'en 1791.
L'antisémitisme moderne. La forme moderne de l'antisémitisme, mot créé en 1879 par l'Allemand Wilhelm Marr, résulte des anciens préjugés religieux (les Juifs, peuple déicide) et économiques (les Juifs, banquiers et usuriers) et du racisme nationaliste qui se développe au XIXe s. Dans le contexte du partage du monde entre les puissances coloniales se font jour des théories sur l'inégalité des races humaines et des idéologies nationalistes. La fin du XIXe s. connaît une exacerbation de l'antisémitisme en France (affaire Dreyfus), en Allemagne, en Autriche et dans l'Empire russe (pogroms). Après la défaite des puissances centrales en 1918 et lors de la crise économique des années 1930, les Juifs sont traités en boucs émissaires, responsables des malheurs du temps. Le national-socialisme va jusqu'à organiser à partir de 1941-1942 l'extermination des Juifs d'Europe [v. *génocide*]. Si, après la Seconde Guerre mondiale et la création de l'État d'Israël, l'antisémitisme paraît considérablement s'atténuer, il réapparaît cependant sous diverses formes dans le monde contemporain, notamment sous l'influence de l'islamisme radical. ■

antisepsie [ɑ̃tisɛpsi] **n.f.** (du gr. *sêpsis,* putréfaction). Ensemble des méthodes qui préservent contre les infections en détruisant les bactéries : *L'antisepsie se fait par la chaleur, les radiations ou des agents chimiques.*

antiseptique [ɑ̃tisɛptik] **adj.** et **n.m.** Se dit d'un agent, d'un médicament qui détruit les agents infectieux ou s'oppose à leur prolifération : *Appliquer un antiseptique sur une plaie* (syn. **désinfectant**).

antisismique [ɑ̃tisismik] **adj.** Conçu pour résister aux séismes : *Immeubles antisismiques.*

antisocial, e, aux [ɑ̃tisɔsjal, -o] **adj. 1.** Qui porte atteinte à l'ordre social ; qui est hostile à la société : *Attitude, théorie antisociale.* **2.** Contraire aux intérêts des travailleurs : *Mesure antisociale.*

antispasmodique [ɑ̃tispasmɔdik] **adj.** et **n.m.** Se dit d'un médicament destiné à calmer les spasmes.

antistatique [ɑ̃tistatik] **adj.** et **n.m.** Se dit d'un produit qui empêche ou limite la formation de l'électricité statique : *Shampooing qui contient un antistatique.*

antisymétrique [ɑ̃tisimetrik] **adj.** MATH. **Relation antisymétrique,** relation binaire sur un ensemble telle que, si l'énoncé « *a* est en relation avec *b* » et l'énoncé « *b* est en relation avec *a* » sont vrais pour un couple (*a, b*) d'éléments de l'ensemble, alors *a* est égal à *b* : *La relation numérique « être inférieur à » est antisymétrique.*

antitabac [ɑ̃titaba] **adj. inv.** Qui lutte contre l'usage du tabac : *Campagnes antitabac.*

antiterroriste [ɑ̃titerɔrist] **adj.** Relatif à la lutte contre le terrorisme ; qui combat le terrorisme.

antitétanique [ɑ̃titetanik] **adj.** Qui combat ou prévient le tétanos : *Vaccination antitétanique.*

antithèse [ɑ̃titɛz] **n.f.** (gr. *antithesis,* de *thesis* ; v. *thèse*). **1.** RHÉT. Figure de style faisant voisiner dans une phrase deux mots ou expressions correspondant à des notions opposées afin de souligner une idée par effet de contraste : *Dans la phrase « la nature est grande dans les petites choses », l'antithèse est constituée par le rapprochement de « grand » et de « petit ».* **2.** Idée, proposition qui forme le second terme d'une antinomie ou d'une contradiction de type dialectique : *Thèse, antithèse, synthèse.* **3.** *SOUT.* **Être l'antithèse de,** être l'opposé, l'inverse de : *Elle est vraiment l'antithèse de sa sœur* (syn. **contraire**).

antithétique [ɑ̃titetik] **adj.** Qui constitue une antithèse : *Vos positions respectives sont antithétiques* (syn. **opposé**).

antitoxine [ɑ̃titɔksin] **n.f.** Anticorps élaboré par l'organisme et qui neutralise une toxine.

antituberculeux, euse [ɑ̃titybɛrkylø, -øz] **adj.** Qui combat ou prévient la tuberculose : *Le vaccin antituberculeux est le B.C.G.*

antitussif, ive [ɑ̃titysif, -iv] **adj.** (du lat. *tussis,* toux). Se dit d'un médicament qui calme ou supprime la toux : *Prendre un sirop antitussif.*

antivariolique [ɑ̃tivarjɔlik] **adj.** Qui combat ou prévient la variole : *Vaccin antivariolique.*

antivenimeux, euse [ɑ̃tivənimø, -øz] **adj.** Qui combat l'effet toxique des venins : *Sérum antivenimeux.*

antiviral, e, aux [ɑ̃tiviral, -o] **adj.** Se dit d'une substance active contre les virus.

antivirus [ɑ̃tivirys] **n.m.** INFORM. Logiciel utilitaire qui détecte et détruit les virus s'attaquant à la mémoire d'un ordinateur.

antivol [ɑ̃tivɔl] **adj. inv.** et **n.m.** Se dit d'un dispositif de sécurité destiné à empêcher le vol : *Une chaîne antivol pour moto.*

Antoine de Padoue *(saint),* franciscain portugais (Lisbonne v. 1195 - Padoue 1231). Après un bref séjour au Maroc, il prêcha en Italie et en France, notamment contre les doctrines cathares, et devint provincial de son ordre en Italie. Proclamé docteur de l'Église en 1946, il est un saint très populaire, qu'on invoque en particulier pour retrouver un objet perdu.

Antoine le Grand *(saint),* patriarche du monachisme chrétien (Qeman, Haute-Égypte, 250 - mont Golzim 356). Se retirant vers l'âge de vingt ans dans les déserts de la Thébaïde, où le suivirent un grand nombre de chrétiens, il fonda, sur la rive gauche du Nil, les deux premiers monastères connus de l'histoire du christianisme. Les *tentations* qui, sous formes de visions hallucinantes, l'auraient mis à l'épreuve dans les premières années de sa vie érémitique ont inspiré beaucoup de peintres et d'écrivains. Sa biographie a été rédigée vers 360 par Athanase d'Alexandrie.

Antoine (André), acteur et directeur de théâtre français (Limoges 1858 - Le Pouliguen 1943). Fondateur du *Théâtre-Libre* en 1887, il transposa au théâtre l'esthétique naturaliste de Zola.

Antoine (Marc), en lat. **Marcus Antonius,** général romain (83-30 av. J.-C.). Lieutenant de César en Gaule (52 av. J.-C.), il exerça avec lui le consulat en 44. Après l'assassinat de César, il entra en conflit avec Octavien, le futur Auguste, l'un et l'autre revendiquant la succession. Mais, comprenant qu'un conflit était inutile, il s'associa avec lui et Lépidus pour former un second triumvirat. En 40, la paix de Brindes, qui partageait le monde entre les membres du triumvirat, lui donna l'Orient, où il poursuivit la politique de conquête de Pompée. Antoine épousa la reine d'Égypte Cléopâtre VII, répudiant Octavie, sœur d'Octavien. Il établit sa capitale à Alexandrie, où il prit de plus en plus les allures d'un souverain hellénistique. Sa politique et ses ambitions inquiétant Rome, Octavien lui déclara la guerre. Vaincu à Actium en 31, il se tua.

Antonello da Messina, peintre italien (Messine v. 1430 - *id.* v. 1479). Formé dans le milieu cosmopolite de Naples, il unit le sens méditerranéen des volumes et de la composition ample à l'observation méticuleuse des primitifs flamands (sujets religieux, portraits d'hommes). Son voyage à Venise (1475-1476) fut l'occasion de fructueux échanges d'influence.

Antonin le Pieux, en lat. **Titus Aelius Hadrianus Antoninus Pius** (Lanuvium 86-161), empereur romain (138-161). Membre d'une riche famille sénatoriale, il fut consul en 120 et proconsul d'Asie (133-136) ; ses compétences d'administrateur le firent remarquer par Hadrien, qui l'adopta en 138. Il assura la paix aux provinces de l'Empire romain. Son règne a marqué l'apogée de l'Empire.

Antonins (les), nom donné à sept empereurs romains *(Nerva, Trajan, Hadrien, Antonin, Marc Aurèle, Verus, Commode),* qui régnèrent de 96 à 192 apr. J.-C. Leur règne correspond à l'apogée économique du monde romain.

Antonioni (Michelangelo), cinéaste italien (Ferrare 1912 - Rome 2007). Il tourne ses premiers films de fiction dans les années 1950, au moment où la veine néoréaliste s'épuise (*Chronique d'un amour,* 1950). Après *Femmes entre elles* et *le Cri,* la modernité controversée de *l'Avventura* (1959) lui apporte la consécration internationale. Dans ce film, un homme et une femme découvrent la fragilité des relations amoureuses. Antonioni s'efforcera dans ses œuvres ultérieures d'approfondir certains de ses thèmes de prédilection : la modification des sentiments, l'incommunicabilité, la soumission des individus à l'environnement, le malaise d'une société devant les incertitudes de l'avenir (*la Nuit,* 1961 ; *Blow up,* 1966 ; *Profession : reporter,* 1974 ; *Identification d'une femme,* 1982).

antonomase [ɑ̃tɔnɔmaz] **n.f.** (lat. *antonomasia,* mot gr., de *anti,* à la place de, et *onoma,* nom). RHÉT. Figure de style consistant à désigner une personne ou un type de personnes à l'aide du nom d'un personnage célèbre, qui est considéré comme le modèle : *Par antonomase, on peut dire « c'est un Harpagon » pour « c'est un avare ».*

Antony, ch.-l. d'arr. des Hauts-de-Seine, au sud de Paris ; 62 520 hab. *(Antoniens).* Résidence universitaire.

antonyme [ɑ̃tɔnim] **n.m.** (de *ant[i]-* et *-onyme*). LING. Mot qui a un sens opposé à celui d'un autre de la même classe grammaticale : *« Laideur » et « beauté » sont des antonymes* (syn. **contraire ;** contr. **synonyme**).

antre [ɑ̃tr] **n.m.** (lat. *antrum,* creux). **1.** *LITT.* Excavation, grotte qui peut servir d'abri ou de repaire à une bête sauvage : *L'antre du lion* (syn. **tanière**). **2.** Lieu mystérieux et inquiétant habité par qqn : *L'antre des conspirateurs.*

Anubis, dieu égyptien qui présidait aux rites funéraires. Représenté sous la forme d'un chacal (ou d'un chien) ou comme un homme avec une tête de chacal, c'est pour avoir aidé Isis à embaumer Osiris qu'il devint le dieu des Morts et le conducteur des âmes dans l'au-delà.

anus [anys] **n.m.** (mot lat.). Orifice extérieur du rectum.

Anvers, en néerl. **Antwerpen,** v. de Belgique, ch.-l. de la prov. homonyme ; 507 911 hab. (955 786 pour l'agglomération) [*Anversois*]. Université. Établie au fond de l'estuaire de l'Escaut (r. dr.), unie à Liège par le canal Albert, la ville est l'un des grands ports européens et l'un des principaux centres industriels belges (métallurgie, construction automobile, raffinage du pétrole et pétrochimie, taille des diamants, etc.). Majestueuse cathédrale gothique (XIVe-XVIe s., peintures de Rubens), hôtel de ville Renaissance (1561) et autres monuments. Riches musées, dont celui des Beaux-Arts (école flamande de peinture, du XVe au XXe s.) et le musée Plantin-Moretus. Capitale économique de l'Occident au XVe s., Anvers fut détrônée au XVIIe s. par Amsterdam. Son importance stratégique en fit l'enjeu de nombreuses batailles. Elle connut un nouvel essor après 1833, quand elle devint le principal port du royaume de Belgique. Elle fut occupée par les Allemands en 1914 et en 1940.

Anvers *(province d'),* province de la Belgique septentrionale ; 2 867 km^2 ; 1 793 377 hab. ; ch.-l. *Anvers.*

anxiété [ɑ̃ksjete] **n.f.** Vive inquiétude née de l'incertitude d'une situation, de l'appréhension d'un événement : *Ses mains tremblantes trahissaient son anxiété* (syn. **angoisse**).

anxieusement [ɑ̃ksjøzmɑ̃] **adv.** Avec anxiété : *Rester anxieusement à l'écoute des dernières nouvelles.*

anxieux, euse [ɑ̃ksjø, -øz] **adj.** et **n.** (lat. *anxius,* de *angere,* serrer). Qui éprouve ou manifeste de l'anxiété : *Plus la nuit tombait, plus nous étions anxieux* (syn. **angoissé ;** contr. **confiant**). *C'est un anxieux qu'il faut sans cesse rassurer* (syn. **inquiet**). ◆ **adj. Être anxieux de** (+ inf.), être très impatient de : *Je suis anxieuse de le revoir après cette longue séparation.*

anxiogène [ɑ̃ksjɔʒɛn] **adj.** (de *anxieux* et *-gène*). PSYCHOL. Qui suscite l'anxiété ou l'angoisse.

anxiolytique [ɑ̃ksjɔlitik] **adj.** et **n.m.** (de *anxieux* et du gr. *lutikos*, de *luein*, délier, dissoudre). Se dit d'un médicament qui apaise l'anxiété (syn. **tranquillisant**).

A.O.C. [aɔse] **n.f.** (sigle). Appellation* d'origine contrôlée.

aoriste [aɔrist] **n.m.** (gr. *aoristos*, proprement « indéterminé »). GRAMM. Temps de la conjugaison en grec, en sanskrit, etc., qui exprime une action présente ou passée d'aspect indéfini : *L'aoriste dit « gnomique » exprime une vérité intemporelle.*

aorte [aɔrt] **n.f.** (gr. *aortê*). Artère qui naît à la base du ventricule gauche du cœur et qui est le tronc commun des artères portant le sang oxygéné dans toutes les parties du corps.

aortique [aɔrtik] **adj.** Relatif à l'aorte.

Aoste, v. d'Italie, ch.-l. du Val d'Aoste, sur la Doire Baltée ; 34 171 hab. Monuments romains et médiévaux.

Aoste *(Val d')*, région autonome entre la Suisse (Valais) et la France (Savoie) ; 126 982 hab. *(Valdôtains)* ; ch.-l. *Aoste.* La région est atteinte par les tunnels du Grand-Saint-Bernard et du Mont-Blanc. Une partie de la population parle encore le français. De 1032 à 1945, le Val d'Aoste appartint à la maison de Savoie. En 1948, il reçut le statut de région autonome.

août [u] ou [ut] **n.m.** (lat. *augustus*, mois consacré à Auguste). **1.** Huitième mois de l'année. **2. Le 15 Août,** fête légale de l'Assomption.

août 1789 *(nuit du 4)*, nuit pendant laquelle l'Assemblée constituante abolit les privilèges féodaux. En même temps fut décidée l'égalité devant l'impôt.

août 1792 *(journée du 10)*, insurrection parisienne, qui entraîna la chute de la royauté et la constitution de la Commune insurrectionnelle (gouvernement municipal de Paris).

aoûtat [auta] **n.m.** (de *août*). Larve d'un acarien (le trombidion), dont la piqûre entraîne de vives démangeaisons. ▸ Long. 1 mm env.

aoûtien, enne [ausjɛ̃, -ɛn] **n.** Personne qui prend ses vacances au mois d'août.

Aozou *(bande d')*, extrémité septentrionale du Tchad, revendiquée et occupée par la Libye jusqu'en 1994.

Apaches, ensemble de peuples indiens venus du nord de l'Amérique v. 1000 apr. J.-C., et qui opposèrent, avec leurs chefs Cochise v. 1850, puis Geronimo après 1880, une résistance farouche aux conquérants américains. Ils vivaient surtout de la chasse des bisons.

apaisant, e [apɛzɑ̃, -ɑ̃t] **adj.** Qui apaise : *Des paroles apaisantes.*

apaisement [apɛzmɑ̃] **n.m. 1.** Action d'apaiser ; fait de s'apaiser : *Éprouver un sentiment d'apaisement* (syn. **soulagement**). **2. Donner des apaisements à qqn,** lui promettre qqch pour le rassurer.

apaiser [apɛze] **v.t.** (de *paix*). **1.** Ramener au calme, à des sentiments de paix ; mettre fin à un trouble : *Au plus fort de la dispute, elle chercha à m'apaiser. Apaiser une personne en colère. Apaiser un malade, une douleur* (syn. **calmer**). **2.** Satisfaire un besoin, un sentiment, un désir : *Apaiser sa soif* (syn. **étancher**). ◆ **s'apaiser v.pr.** Revenir au calme : *Peu à peu, elle s'est apaisée* (syn. **se calmer**).

apanage [apanaʒ] **n.m.** (du lat. *apanare*, donner du pain, nourrir). **1.** HIST. Portion du domaine royal dévolue aux frères ou aux fils puînés du roi jusqu'à extinction de sa lignée mâle. **2.** *SOUT.* **Avoir l'apanage de qqch,** avoir l'exclusivité de : *Vous n'avez pas l'apanage de la clairvoyance.* / **Être l'apanage de,** appartenir en propre à : *L'insouciance est l'apanage de la jeunesse.*

aparté [aparte] **n.m.** (du lat. *a parte*, à part). **1.** Ce qu'un acteur dit à part soi, sur la scène, et qui, selon les conventions théâtrales, n'est entendu que des spectateurs. **2.** Paroles échangées à l'écart, au cours d'une réunion : *Ils n'ont cessé de faire des apartés.* **3. En aparté,** en évitant d'être entendu des autres : *Il m'a dit en aparté qu'il désapprouvait cette décision.*

apartheid [apartɛd] **n.m.** (mot afrikaans « séparation »). Ségrégation systématique des populations non blanches, en Afrique du Sud.

■ Progressivement institué à partir du début du XXe s., l'apartheid se renforce avec l'arrivée au pouvoir, en 1948, du parti nationaliste. La législation qui était jusqu'alors principalement constituée par la loi de 1913 sur la terre se durcit : les lois de 1950 instituant l'habitat séparé et classant la population sud-africaine selon des critères raciaux, et celle de 1953 concernant la ségrégation dans les lieux publics systématisent. Par ailleurs, le gouvernement développe une politique de regroupement des populations africaines dans des États (bantoustans) dont l'indépendance politique et économique reste factice. Privés de droits politiques, les Noirs sont alors les principales victimes d'une ségrégation touchant des domaines aussi variés que l'enseignement, le travail, l'Administration et le transport ainsi que le mariage et les relations sexuelles. Assouplie dans les années 1980, en partie sous la pression extérieure, la législation antiapartheid est officiellement abolie par le président De Klerk en 1990-1991. Mais la ségrégation ne disparaîtra dans les faits qu'au terme d'une profonde évolution sociale et avec la participation des Noirs à la vie politique (les premières élections multiraciales ont eu lieu en 1994). ■

apathie [apati] **n.f.** (gr. *apatheia*, insensibilité). État, caractère d'une personne apathique : *Il faut secouer votre apathie* (syn. **mollesse, nonchalance** ; contr. **dynamisme**).

apathique [apatik] **adj.** Qui est particulièrement inactif ou insensible ; qui paraît sans volonté, sans énergie : *Un élève apathique* (syn. **indolent, mou** ; contr. **dynamique**). *Un caractère apathique* (syn. **lymphatique** ; contr. **passionné**).

apatosaure [apatozɔr] **n.m.** (du gr. *apatân*, tromper, et *saura*, lézard). Syn. de *brontosaure.*

apatride [apatrid] **adj.** et **n.** (du gr. *patris, -idos*, patrie). Sans nationalité légale.

Apennin (l') ou **Apennins (les),** massif qui forme la dorsale de la péninsule italienne et qui culmine dans les Abruzzes au Gran Sasso (2 914 m).

apercevoir [apɛrsəvwar] **v.t.** (de *percevoir*) [conj. **52**]. **1.** Voir qqch plus ou moins nettement, après un certain effort : *On apercevait, dans la vallée, les lumières d'un village* (syn. **discerner, distinguer**). **2.** Voir de façon fugitive : *Je l'ai aperçu dans la foule* (syn. **entrevoir**). ◆ **s'apercevoir v.pr. [de].** Prendre conscience de ; se rendre compte de : *Elle s'est aperçue de votre absence, que vous étiez absent* (syn. **découvrir, remarquer**).

aperçu [apɛrsy] **n.m.** (du p. passé de *apercevoir*). Vue d'ensemble, souvent sommaire : *Donner un aperçu d'une question* (syn. **idée, notion**).

apéritif, ive [aperitif, -iv] **adj.** (bas lat. *aperitivus*, du class. *aperire*, ouvrir). *VX.* Qui ouvre, stimule l'appétit : *Boisson apéritive.* ◆ **apéritif n.m. 1.** Boisson, souvent alcoolisée, qu'on prend avant le repas (abrév. fam. *apéro*). **2.** Réception où sont servies des boissons alcoolisées ou non, des mets, etc. : *Ils m'ont invité à un apéritif* (syn. **cocktail**).

aperture [apɛrtyr] **n.f.** (lat. *apertura*, de *aperire*, ouvrir). PHON. Ouverture de la bouche lors de l'articulation d'un phonème.

apesanteur [apəzɑ̃tœr] **n.f.** Disparition des effets de la pesanteur terrestre, notamm. à l'intérieur d'un engin spatial : *Spationautes en état d'apesanteur* (on dit aussi *impesanteur*).

apétale [apetal] **adj.** Qui n'a pas de pétales. ◆ **n.f. Apétales,** sous-classe de plantes dicotylédones dont les fleurs sont dépourvues de corolle : *Le chêne, le gui, le saule, l'ortie, la betterave sont des apétales.*

à-peu-près [apøprɛ] **n.m. inv.** Ce qui est incomplet, superficiel, approximatif : *Il se contente d'à-peu-près et ne va jamais au fond des choses* (syn. **approximation**).

apeuré, e [apœre] **adj.** Saisi d'une peur très vive ; qui manifeste la peur : *Geste, regard apeuré* (syn. **craintif**).

apex [apɛks] **n.m.** (mot lat. « sommet »). DIDACT. Pointe, sommet d'un organe animal (langue en partic.) ou végétal (racine, tige).

aphasie [afazi] **n.f.** (gr. *aphasia,* impuissance à parler). Perte de la parole ou de la compréhension du langage à la suite d'une lésion corticale de l'hémisphère cérébral dominant (gauche chez les droitiers, droit chez les gauchers).

aphasique [afazik] **adj.** et **n.** Atteint d'aphasie ; qui concerne l'aphasie : *Enfant aphasique. Troubles aphasiques.*

aphélie [afeli] **n.m.** (du gr. *apo,* loin, et *hêlios,* soleil). ASTRON. Point de l'orbite d'une planète ou d'une comète le plus éloigné du Soleil (par opp. à *périhélie*).

aphérèse [aferɛz] **n.f.** (gr. *aphairesis,* action d'enlever). PHON. Chute d'un ou de plusieurs phonèmes au début d'un mot (par opp. à *apocope*) : *On dit « bus » pour « autobus » par aphérèse.*

aphone [afɔn] **adj.** (gr. *aphônos,* sans voix). Qui est privé de l'usage de la voix ou dont la voix est affaiblie : *L'angine l'a rendu aphone.*

aphonie [afɔni] **n.f.** (du gr. ; v. *aphone*). Extinction de voix.

aphorisme [afɔrism] **n.m.** (bas lat. *aphorismus,* du gr.). Formule brève exprimant une idée de manière souvent lapidaire : *Certaines pensées de Pascal sont des aphorismes.*

aphrodisiaque [afrɔdizjak] **adj.** et **n.m.** (gr. *aphrodisiakos,* de *Aphroditê* [Aphrodite]). Se dit d'une substance qui est censée créer, stimuler le désir sexuel.

Aphrodite, déesse de l'Amour et de la Séduction dans la mythologie grecque. Née dans un tourbillon marin (d'où son nom d'Aphrodite Anadyomène), là où étaient tombés le sang et les organes génitaux d'Ouranos, elle est l'épouse infidèle d'Héphaïstos, le dieu boiteux, et la mère d'Éros et d'Antéros. C'est par elle, à la suite du jugement de Pâris, où elle triomphe d'Héra et d'Athéna en offrant à celui-ci Hélène, que va se déclencher la guerre de Troie. Elle sera adoptée par les Romains sous le nom de Vénus.

aphte [aft] **n.m.** (gr. *aphthê,* de *haptein,* faire brûler). Ulcération superficielle des muqueuses buccales ou génitales.

aphteux, euse [aftø, -øz] **adj. 1.** Caractérisé par la présence d'aphtes : *Angine aphteuse.* **2. Fièvre aphteuse,** maladie épizootique due à un virus et atteignant le bœuf, le mouton, le porc.

api [api] **n.m.** (du n. de *Appius,* qui, le premier, aurait cultivé des pommes de ce genre). **Pomme d'api,** petite pomme rouge et blanche.

A.P.I. [apei] **n.m.** (sigle). Alphabet phonétique* international.

à-pic [apik] **n.m.** Versant d'une montagne, d'une falaise dont la pente est proche de la verticale.

apical, e, aux [apikal, -o] **adj.** (du lat. *apex, -icis* ; v. *apex*). PHON. **Consonne apicale,** consonne réalisée par une mise en contact de la pointe de la langue *(apex)* avec le palais dur, les alvéoles ou les dents : *Le « r » roulé est une consonne apicale.* (On dit aussi *une apicale.*)

apicole [apikɔl] **adj.** (du lat. *apis,* abeille, et de *-cole*). Qui concerne l'élevage des abeilles.

apiculture [apikyltyr] **n.f.** (du lat. *apis,* abeille). Élevage des abeilles pour leur miel. ◆ **apiculteur, trice n.** Nom du spécialiste.

Apis, taureau divinisé de la mythologie égyptienne. Vénéré très anciennement à Memphis, il fut assimilé successivement à Ptah et à Rê puis rapproché d'Osiris, ce qui lui conférait un caractère funéraire, et de Sérapis. C'est dans le serapeum que le taureau sacré était enseveli, après avoir été momifié. Il devait renaître dans une autre enveloppe mortelle, des prêtres ayant la charge de reconnaître à certains signes le nouvel Apis.

apitoiement [apitwamɑ̃] **n.m.** Fait de s'apitoyer : *Une mendiante qui suscite l'apitoiement des passants* (syn. **pitié, compassion**).

apitoyer [apitwaje] **v.t.** (de *pitié*) [conj. **13**]. Susciter la pitié, la compassion de qqn : *J'ai essayé de l'apitoyer sur le sort de ces malheureux* (syn. **attendrir, émouvoir**). ◆ **s'apitoyer v.pr. [sur].** Être pris d'un sentiment de pitié pour qqn, qqch : *L'opinion s'est apitoyée sur le sort des réfugiés.*

aplanétique [aplanetik] **adj.** (du gr. *aplanêtos,* qui ne dévie pas). OPT. Se dit d'un système optique qui ne présente pas d'aberration géométrique pour un point objet situé à faible distance de l'axe de l'instrument : *Lentille aplanétique.*

aplanir [aplanir] **v.t.** (de *2. plan*) [conj. **32**]. **1.** Rendre plan, uni ce qui est inégal, raboteux : *Aplanir un terrain* (syn. **niveler**). **2.** Faire disparaître ce qui fait obstacle ou crée un désaccord : *La négociation a permis d'aplanir le différend* (syn. **régler**). ◆ **s'aplanir v.pr.** Devenir plus aisé à surmonter : *Après cette discussion, les difficultés se sont aplanies.*

aplanissement [aplanismɑ̃] **n.m.** Action d'aplanir ; fait d'être aplani : *L'aplanissement de toutes les difficultés.*

aplasie [aplazi] **n.f.** (de *a-* priv., et du gr. *plasis,* façonnage). MÉD. Absence de développement d'un tissu, d'un organe : *Aplasie osseuse* (syn. **atrophie**).

aplat ou **à-plat** [apla] **n.m.** (pl. *à-plats*). Surface de couleur uniforme, dans une peinture, une impression.

aplati, e [aplati] **adj.** Dont la courbure est peu accentuée ou nulle : *Un nez aplati.* (V. aussi *aplatir.*)

aplatir [aplatir] **v.t.** [conj. **32**]. **1.** Rendre plat, plus plat ; écraser qqch : *Aplatir une barre de fer à coups de marteau* (syn. **écraser**). **2.** FAM. Réduire qqn par la force : *Les adversaires ont été aplatis* (syn. **vaincre**). ◆ **v.i.** Au rugby, poser ou plaquer le ballon dans l'en-but. ◆ **s'aplatir v.pr. 1.** Prendre une forme aplatie : *La Terre s'aplatit aux pôles.* **2.** Tomber, s'allonger sur le sol : *S'aplatir derrière un muret pour ne pas être vu* (syn. **se plaquer**). **3.** FAM. Prendre une attitude servile devant qqn : *S'aplatir devant ses supérieurs* (syn. **s'abaisser, s'humilier**).

aplatissement [aplatismɑ̃] **n.m.** Action d'aplatir ; fait d'être aplati, de s'aplatir : *L'aplatissement d'une tôle.*

aplomb [aplɔ̃] **n.m.** (de la loc. *à plomb,* à la verticale). **1.** Verticalité donnée par le fil à plomb : *Vérifier l'aplomb d'une cloison.* **2.** Stabilité, équilibre d'un objet placé dans la position verticale : *Cette statue manque d'aplomb.* **3.** Confiance absolue en soi allant parfois jusqu'à l'effronterie : *Avoir de l'aplomb. Ne pas manquer d'aplomb* (syn. **assurance** ; contr. **timidité**). **4. D'aplomb,** vertical et stable : *L'armoire n'est pas d'aplomb.* / **Se sentir, être d'aplomb, remettre qqn d'aplomb,** être en bonne santé, rétablir qqn : *Ce mois à la campagne vous remettra d'aplomb.*

apnée [apne] **n.f.** (gr. *apnoia,* de *pnein,* respirer). Suspension, volontaire ou non, de la respiration : *Plonger en apnée* (= sans bouteille).

apnéiste [apneist] **n.** Personne qui pratique la plongée sous-marine en apnée.

apocalypse [apɔkalips] **n.f.** (gr. *apokalupsis,* fait de dévoiler, révélation). **1.** Catastrophe épouvantable dont l'étendue et la gravité sont comparables à la fin du monde : *Vision, paysage d'apocalypse.* **2.** (Avec une majuscule). Dernier livre du Nouveau Testament.

Apocalypse de Jean, le dernier livre du canon du Nouveau Testament, rédigé, vers 96, par un certain Jean, qui n'est peut-être pas, comme on l'a cru, l'auteur du quatrième Évangile. Conforme au genre littéraire, courant alors, des apocalypses, qui se présentaient comme des révélations sur le sens caché de l'histoire présente et future, l'Apocalypse de Jean rapporte des visions qui, évoquant des événements contemporains, telle la persécution des chrétiens sous l'empereur Domitien, annoncent le triomphe prochain du Christ et le jugement de Dieu contre les puissances du mal.

apocalyptique [apɔkaliptik] **adj.** Qui évoque la fin du monde : *Le spectacle apocalyptique d'une ville dévastée par une bombe atomique* (syn. **épouvantable**).

apocope [apɔkɔp] **n.f.** (gr. *apokopê,* propr. « fait de retrancher »). PHON. Chute d'un ou de plusieurs phonèmes à la fin d'un mot (par opp. à *aphérèse*) : *Les abréviations « ciné », « métro » sont des exemples d'apocope.*

apocryphe [apɔkrif] **adj.** (gr. *apokruphos,* tenu secret). Se dit d'un texte, d'une citation, faussement attribués à un auteur : *Certains dialogues de Platon sont apocryphes* (contr. **authentique**).

apode [apɔd] **adj.** (de *a-* priv., et du gr. *pous, podos,* pied). Qui n'a pas de pieds, de pattes, de nageoires. ◆ **n.m. Apodes,** ordre de poissons téléostéens nageant par ondulation du corps entier (anguille, murène, congre, etc.).

apogée [apɔʒe] **n.m.** (du gr. *apo,* loin de, et *gê,* terre). **1.** ASTRON. Point de l'orbite d'un corps gravitant autour de la Terre où ce corps se trouve à sa plus grande distance de la Terre (par opp. à *périgée*). **2.** Le plus haut degré que qqn, qqch puisse atteindre : *Il était alors à l'apogée de sa gloire* (syn. **faîte, sommet**).

apolitique [apɔlitik] **adj.** et **n.** Qui se place en dehors de la politique : *Un syndicat apolitique.*

Apollinaire (Wilhelm Apollinaris de Kostrowitzky, dit **Guillaume),** écrivain français (Rome 1880 - Paris 1918). Né de la rencontre romanesque d'un noble italien et d'une aristocrate polonaise, vite abandonnée par son amant, il chercha très tôt à se faire un nom par la littérature. Il fut moins un novateur qu'un résonateur de toutes les découvertes et de toutes les avant-gardes artistiques : il admire le Douanier Rousseau, le fauvisme, la sculpture nègre, et le cubisme avec Braque et Picasso (*les Peintres cubistes,* 1913). Son esthétique, ondoyante comme la beauté qu'il poursuit, s'épanouit dans ses recueils poétiques (*le Bestiaire ou Cortège d'Orphée,* 1911 ; *Alcools,* 1913 ; *Calligrammes,* 1918), dans lesquels il cherche à créer une association immédiate entre l'image et son expression verbale. Faisant de la « surprise » le grand ressort de sa vie, et désireux cependant de reconnaissance sociale (d'où son engagement volontaire et sa célébration de la guerre), il a annoncé une sensibilité et une écriture nouvelles (*l'Esprit nouveau et les poètes,* 1917 ; *les Mamelles de Tirésias,* « drame surréaliste », 1917). • **Alcools** (1913), qui étonna surtout par l'absence de toute ponctuation, traite des thèmes traditionnels de l'amour et de la mort à travers une très grande diversité de style : rythme mélodique de la chanson populaire, influences de Verlaine et de Rimbaud, tentative d'appliquer à la poésie le cubisme pictural (« Zone », « le Pont Mirabeau », « la Chanson du mal-aimé », « Rhénanes »).

apollinien, enne [apɔlinjɛ̃, -ɛn] **adj.** Relatif à Apollon.

apollon [apɔlɔ̃] **n.m.** (de *Apollon*). Jeune homme d'une grande beauté (syn. **adonis**).

Apollon, dieu grec de la Beauté, de la Lumière et des Arts. Fils de Zeus et de Léto, frère d'Artémis, il est né à Délos ; après un séjour chez les Hyperboréens, il s'établit à Delphes où il tue le dragon Python. C'est là que sera désormais son sanctuaire et que ses oracles seront proférés par sa prêtresse, la Pythie, juchée sur un trépied. Il cherche à séduire tantôt une des Muses (dont il est le chef de chœur), tantôt une nymphe (telle Daphné, qui, pour lui échapper, se métamorphose en laurier, l'arbre consacré à ce dieu de la Séduction). Avec la Muse Thalie, il engendre les Corybantes ; avec Uranie, les musiciens Linos et Orphée. Dieu de la Musique et de la Poésie, dieu solaire (les Romains l'appelleront Phœbus, ou Phébus, le Brillant), protecteur des troupeaux, ami des fêtes et des chœurs, Apollon est une personnalité multiple, comme si plusieurs divinités fusionnaient en lui.

apologétique [apɔlɔʒetik] **adj.** Qui contient une apologie : *Discours apologétique* (contr. **critique**).

apologie [apɔlɔʒi] **n.f.** (gr. *apologia,* défense). Discours ou écrit visant à défendre, justifier qqn, qqch : *Faire l'apologie d'un homme d'État, d'une politique* (syn. **éloge** ; contr. **critique**).

apologiste [apɔlɔʒist] **n.** Personne qui fait l'apologie de qqn, de qqch : *Se faire l'apologiste d'une cause* (syn. **avocat, défenseur** ; contr. **dénigreur**).

apologue [apɔlɔg] **n.m.** (gr. *apologos,* récit fictif). Court récit comportant un enseignement de caractère souvent moral : *Les fables de La Fontaine sont des apologues.*

apomixie [apɔmiksi] **n.f.** (du gr. *apo,* hors de, et *mixis,* union). BOT. Reproduction sexuée sans fécondation, observable chez certaines plantes supérieures.

aponévrose [apɔnevroz] **n.f.** (gr. *aponeurôsis*). ANAT. Membrane conjonctive qui enveloppe les muscles et dont les prolongements fixent les muscles aux os.

apophtegme [apɔftɛgm] **n.m.** (gr. *apophthegma,* sentence). *LITT.* Parole, sentence mémorable dont on connaît l'auteur : *« Paris vaut bien une messe »* [Henri IV] *est un apophtegme* (syn. **aphorisme, maxime**).

apophyse [apɔfiz] **n.f.** (lat. *apophysis,* mot gr., de *apo,* hors de, et *phusis,* croissance). ANAT. Excroissance naturelle de la surface d'un os.

apoplectique [apɔplɛktik] **adj.** et **n.** Prédisposé à l'apoplexie : *Cet homme rougeaud est un apoplectique.* ◆ **adj.** Relatif à l'apoplexie.

apoplexie [apɔplɛksi] **n.f.** (bas lat. *apoplexia ;* mot gr., de *apoplêssein,* renverser). Perte de connaissance brutale due à un accident circulatoire : *Être frappé d'apoplexie.*

aporie [apɔri] **n.f.** (gr. *aporia,* difficulté). PHILOS. Contradiction insurmontable dans un raisonnement.

apostasie [apɔstazi] **n.f.** (gr. *apostasis,* abandon). **1.** Abandon public et volontaire d'une religion, partic. de la foi chrétienne : *L'apostasie d'un prêtre* (syn. **abjuration**). **2.** *LITT.* Abandon d'un parti, d'une doctrine : *L'apostasie de ses idéaux d'adolescent* (syn. **reniement**).

apostasier [apɔstazje] **v.t.** et **v.i.** [conj. **9**]. Faire acte d'apostasie.

apostat, e [apɔsta, -at] **adj.** et **n.** (du gr. *apostatês,* qui fait défection). Qui fait acte d'apostasie : *Un prêtre apostat.*

a posteriori [apɔsterjɔri] **loc. adv.** (loc. lat. « en partant de ce qui vient après »). En se fondant sur l'expérience, sur les faits constatés (par opp. à *a priori*) : *Nous établirons la méthode a posteriori* (= après coup). ◆ **loc. adj. inv.** Acquis par l'expérience : *Jugement, notions a posteriori.*

apostille [apɔstij] **n.f.** (de l'anc. fr. *postille,* annotation, du lat. *post illa,* après cela). DR. Addition faite en marge d'un acte.

apostolat [apɔstɔla] **n.m.** (lat. *apostolatus,* de *apostolus ;* v. *apôtre*). **1.** Mission d'un ou des apôtres. **2.** Activité de propagation de la foi chrétienne : *Exercer son apostolat en Afrique* (syn. **mission**). **3.** Activité désintéressée à laquelle on s'adonne avec abnégation : *L'enseignement est pour lui un apostolat* (syn. **sacerdoce, vocation**).

apostolique [apɔstɔlik] **adj.** (lat. *apostolicus,* de *apostolus ;* v. *apôtre*). **1.** Qui relève des apôtres ; qui est conforme à leur mission : *La tradition apostolique.* **2.** CATH. Qui émane du Saint-Siège, le représente : *Nonce apostolique.*

1. apostrophe [apɔstrɔf] **n.f.** (gr. *apostrophê,* action de se retourner). **1.** Interpellation brusque et discourtoise : *Orateur interrompu par des apostrophes ironiques.* **2.** Fonction grammaticale du mot qui désigne l'être animé ou la chose personnifiée à qui on s'adresse : *Mot mis en apostrophe. « Toi », dans « Toi, viens ici ! », est une apostrophe.*

2. apostrophe [apɔstrɔf] **n.f.** (lat. *apostropha,* du gr.). Signe (') servant à indiquer une élision.

apostropher [apɔstrɔfe] **v.t.** S'adresser à qqn avec brusquerie et brutalité : *Apostropher les passants.*

apothème [apɔtɛm] **n.m.** (du gr. *apotithenai,* abaisser). GÉOMÉTR. **Apothème d'un polygone régulier,** segment joignant le centre du polygone au pied de la perpendiculaire abaissée du centre sur un côté. / **Apothème d'une pyramide régulière,** segment joignant le sommet de la pyramide au pied de la perpendiculaire abaissée du sommet sur un côté de la base.

apothéose [apɔteoz] **n.f.** (lat. *apotheosis ;* mot gr., de *apo-,* marquant l'achèvement, et *theos,* Dieu). **1.** Dernière partie, la plus brillante, d'une manifestation artistique, sportive, etc. : *Ce concert a été l'apothéose du festival* (syn. **bouquet**). **2.** ANTIQ. Déification d'un héros, d'un souverain après sa mort. **3.** Honneur extraordinaire rendu à qqn : *Son élection à l'Académie française fut l'apothéose de sa carrière* (syn. **consécration, triomphe**).

apothicaire [apɔtikɛr] **n.m.** (bas lat. *apothecarius,* du gr. *apothêkê,* boutique). **1.** VX. Pharmacien. **2. Compte d'apothicaire,** compte compliqué et minutieux, qui est difficilement vérifiable et laisse supposer qu'il a été majoré.

apôtre [apotr] **n.m.** (lat. *apostolus,* gr. *apostolos,* envoyé de Dieu). **1.** Chacun des douze disciples choisis par Jésus-Christ ; nom donné à ceux qui ont porté les premiers l'Évangile dans un pays. **2.** Personne qui se met au service d'une cause, d'une idée : *Se faire l'apôtre du pacifisme* (syn. **défenseur**). **3. Faire le bon apôtre,** jouer la comédie de la bonté et de la probité pour duper qqn.

Appalaches, massif de l'est de l'Amérique du Nord, entre l'Alabama et l'estuaire du Saint-Laurent, précédé à l'ouest par le *plateau appalachien* et à l'est par le *Piedmont* qui domine la plaine côtière ; 2 037 m au mont Mitchell. Importants gisements houillers.

appalachien, enne [apalaʃjɛ̃, -ɛn] **adj. 1.** Des Appalaches. **2.** GÉOMORPH. **Relief appalachien,** relief caractérisé par des lignes de hauteurs parallèles, d'altitudes voisines, séparées par des dépressions allongées, et résultant d'une reprise d'érosion.

apparaître [aparɛtr] **v.i.** (lat. pop. **apparescere,* du class. *apparere*) [conj. **91** ; auxil. *être*]. **1.** Commencer à exister ; se manifester : *La vie est apparue sur la Terre il y a environ 5 milliards d'années* (syn. **naître ;** contr. **disparaître**). *Des difficultés sont apparues* (syn. **surgir**). **2.** Devenir visible : *La première lueur de l'aube apparaît à l'horizon* (syn. **poindre**). *Soudain, elle apparut dans l'encadrement de la porte* (syn. **paraître**). **3.** Se faire jour ; devenir manifeste : *La vérité apparaîtra un jour ou l'autre* (syn. **se manifester, transparaître**). **4.** (Suivi d'un adj.). Se présenter à la vue, à l'esprit de telle manière : *Le projet lui apparaissait impossible* (syn. **paraître, sembler**). **5. Il apparaît que,** on constate que : *Il apparaît que vos soupçons étaient fondés* (= il s'avère que).

apparat [apara] **n.m.** (lat. *apparatus,* préparatif). **1.** Éclat, faste qui accompagne une cérémonie, une manifestation : *Recevoir qqn avec apparat, en grand apparat* (= avec solennité, avec éclat). *Être en tenue d'apparat* (= de cérémonie). **2. Apparat critique,** notes savantes accompagnant l'édition d'un texte.

apparatchik [aparatʃik] **n.m.** (mot russe). Membre de l'appareil d'un parti (partic. d'un parti communiste), d'un syndicat (péjor.).

apparaux [aparo] **n.m. pl.** (pl. ancien de *appareil*). MAR. Matériel d'ancrage, de levage, etc., équipant un navire.

appareil [aparɛj] **n.m.** (lat. pop. *appariculum,* du class. *apparare,* préparer). **1.** Objet, machine, dispositif formé d'un assemblage de pièces et destiné à produire un certain résultat : *Les appareils électroménagers. Appareil photographique.* **2.** Combiné téléphonique : *Qui est à l'appareil ?* **3.** Avion : *Appareil moyen-courrier.* **4.** Prothèse dentaire amovible : *Porter un appareil.* **5.** ANAT. Ensemble des organes qui concourent à une même fonction : *L'appareil respiratoire, circulatoire* (syn. **système**). **6.** ARCHIT. Type de taille et d'agencement des éléments d'une maçonnerie : *Appareil cyclopéen.* **7.** Ensemble des organismes assurant la direction et l'administration d'un parti, d'un syndicat, etc. : *C'est un homme d'appareil.* **8.** FAM. **Dans le plus simple appareil,** entièrement nu.

1. appareillage [aparejaʒ] **n.m.** (de *1. appareiller*). Ensemble d'appareils et d'accessoires : *L'appareillage électrique d'une usine.*

2. appareillage [aparejaʒ] **n.m.** (de *2. appareiller*). MAR. Manœuvre de départ d'un navire ; ce départ.

1. appareiller [apareje] **v.t.** (bas lat. *apparilculare,* du class. *apparare,* préparer). **1.** Tailler des pierres en vue de leur assemblage. **2.** Munir d'un appareil de prothèse : *Appareiller le bras d'un blessé.*

2. appareiller [apareje] **v.i.** (de *1. appareiller,* faire des préparatifs). MAR. Quitter le port, le mouillage.

3. appareiller [apareje] **v.t.** (de *pareil*). Grouper des choses semblables pour former un ensemble : *Appareiller des couverts* (syn. **assortir ;** contr. **désapparier**).

apparemment [aparamɑ̃] **adv.** En s'en tenant aux apparences : *Apparemment, aucun objet n'a été déplacé* (= à première vue).

apparence [aparɑ̃s] **n.f.** (bas lat. *apparentia,* du class. *apparere,* apparaître). **1.** Aspect extérieur d'une chose ou d'une personne : *Une villa de belle apparence* (syn. **extérieur**). *Un enfant d'apparence chétive* (syn. **allure, mine**). **2.** PHILOS. Aspect sensible des choses, des êtres, par opp. à la réalité en soi. **3. Contre toute apparence,** contrairement à ce qui a été vu, pensé. **/ En apparence,** extérieurement, d'après ce qu'on voit : *En apparence, il n'est pas ému* (syn. **apparemment ;** contr. **en fait, en réalité**). **/ Sauver les apparences,** ne pas laisser paraître, dissimuler ce qui pourrait nuire à la réputation ou aller contre les convenances : *Elle a assisté à la cérémonie pour sauver les apparences* (= sauver la face). **/ Selon toute apparence,** d'après ce qu'on voit, ce qu'on sait.

apparent, e [aparɑ̃, -ɑ̃t] **adj. 1.** Qui apparaît clairement aux yeux ou à l'esprit : *Les traces d'effraction sont encore apparentes* (syn. **visible, perceptible**). *La différence est tout à fait apparente* (syn. **manifeste, évident**). **2.** Qui n'a pas de réalité : *Danger plus apparent que réel* (syn. **illusoire**). **3.** Tel qu'on le perçoit par l'observation : *Mouvement apparent du Soleil autour de la Terre.*

apparenté, e [aparɑ̃te] **adj. 1.** Allié par le mariage : *Familles apparentées.* **2.** Qui présente des traits communs avec qqch : *Son style est nettement apparenté à celui de Flaubert.* ◆ **adj.** et **n.** Se dit de personnes, de groupes liés par un accord électoral : *Les députés apparentés au parti ont voté la loi.*

apparentement [aparɑ̃tmɑ̃] **n.m.** (de *s'apparenter*). Dans certains systèmes électoraux, faculté offerte à des listes de candidats de se grouper pour le décompte des votes, afin de remporter des sièges sur des adversaires communs.

s'apparenter [aparɑ̃te] **v.pr. [à]. 1.** S'allier par mariage : *Ils se sont apparentés à une vieille famille italienne.* **2.** Avoir des traits communs avec qqn, qqch : *Cette séparation s'apparente à une rupture* (syn. **ressembler**). **3.** Pratiquer l'apparentement dans une élection.

appariement [aparimɑ̃] **n.m.** Action d'apparier ; fait d'être apparié : *L'appariement de deux candélabres* (syn. **assortiment**).

apparier [aparje] **v.t.** (de l'anc. fr. *pairier,* de *pair*) [conj. **9**]. **1.** Assortir par paires : *Apparier des gants.* **2.** Accoupler le mâle et la femelle pour la reproduction, notamm. en parlant des oiseaux. ◆ **s'apparier** **v.pr.** Se réunir en couples reproducteurs, notamm. en parlant des oiseaux.

appariteur [aparitœr] **n.m.** (lat. *apparitor,* de *apparere,* apparaître). Huissier, dans une université, dans un service administratif.

apparition [aparisjɔ̃] **n.f.** (lat. *apparitio,* de *apparere,* apparaître). **1.** Fait d'apparaître, de commencer à exister, de devenir visible : *Appliquer la pommade dès l'apparition de rougeurs* (syn. **manifestation ;** contr. **disparition**). **2.** Action de se montrer dans un lieu, en parlant de qqn : *Les apparitions de la star étaient saluées par le public* (syn. **arrivée, entrée**). *Ne faire qu'une apparition* (= n'entrer qu'un instant). **3.** Manifestation d'un être surnaturel ; cet être lui-même : *L'apparition de la Vierge. Les apparitions s'évanouirent à leur approche* (syn. **spectre**).

appartement [apartəmɑ̃] **n.m.** (it. *appartamento,* de *appartare,* déparer). **1.** Ensemble de pièces destiné à l'habitation, dans un immeuble : *Appartement à louer* (syn. **logement**). **2.** (Souvent au pl.). Ensemble de pièces habitées par un haut personnage : *Les appartements du ministre.* **3. Appartement témoin,** appartement fini et décoré qu'on fait visiter à d'éventuels acheteurs.

appartenance [apartənɑ̃s] **n.f. 1.** Fait d'être membre d'une collectivité : *On devine aisément son appartenance politique* (syn. **affiliation**). **2.** MATH. Propriété d'être un élément d'un ensemble : *Relation d'appartenance* (notée ∈).

appartenir [apartənir] **v.t. ind. [à]** (lat. *adpertinere,* être attenant) [conj. **40**]. **1.** Être la propriété de qqn : *Ce livre m'appartient* (= il est à moi). **2.** Être à la disposition de qqn : *Le monde appartient aux audacieux.* **3.** Se rattacher à ; faire partie de : *Appartenir au corps des fonctionnaires.* **4. Il appartient (à qqn) de,** il est du devoir, dans les attributions de qqn de : *Il vous appartient de veiller au bon déroulement du débat* (= il vous incombe de). ◆ **s'appartenir v.pr. Ne plus s'appartenir,** ne plus être libre d'agir comme on l'entend : *J'ai trop de travail, je ne m'appartiens plus.*

appas [apɑ] **n.m. pl.** (de *appâter*). *LITT.* Charmes physiques d'une femme (syn. **sex-appeal**).

appât [apɑ] **n.m.** (de *appâter*). **1.** Nourriture placée dans un piège ou fixée à un hameçon : *Pêcher avec des asticots comme appât.* **2. L'appât de qqch,** l'attrait pour qqch, l'attirance qu'exerce qqch : *L'appât du gain les incite à miser de grosses sommes* (syn. **désir**).

appâter [apɑte] **v.t.** (de l'anc. fr. *past,* nourriture, lat. *pastus*). **1.** Attirer avec un appât : *Appâter des poissons* (syn. **amorcer**). **2.** Attirer par qqch d'alléchant : *Ils l'ont appâté par des promesses mirifiques* (syn. **allécher, séduire**).

appauvrir [apovrir] **v.t.** [conj. **32**]. **1.** Rendre pauvre ; priver qqn de l'argent nécessaire pour subvenir à ses besoins : *Toutes ces dépenses l'ont appauvri* (syn. **ruiner** ; contr. **enrichir**). **2.** Diminuer la production, l'énergie, la fertilité de : *Ce mode de culture intensive a appauvri la terre* (syn. **épuiser**). *La guerre a appauvri le pays* (syn. **ruiner**). ◆ **s'appauvrir v.pr.** Devenir pauvre ; perdre de sa richesse : *La région s'est appauvrie depuis la fermeture des usines. Si l'on refuse tout néologisme, la langue s'appauvrit.*

appauvrissement [apovrismɑ̃] **n.m.** Fait de s'appauvrir ; état de ce qui est appauvri : *L'appauvrissement d'un pays, d'une langue. L'appauvrissement des sols dû à l'érosion* (syn. **épuisement**).

appeau [apo] **n.m.** (var. de *appel*). Petit instrument avec lequel on imite le cri des animaux, notamm. des oiseaux, pour les attirer et les capturer ou les tuer à la chasse.

appel [apɛl] **n.m.** (de *appeler*). **1.** Action d'inviter à venir ou à agir : *Le chien répond à l'appel de son maître. Appel au secours* (syn. **cri**). *Appel à l'insurrection* (syn. **exhortation, incitation**). **2.** Action d'attirer qqn vers un lieu, un état : *L'appel de la mer* (syn. **attirance, fascination**). **3.** Action de nommer successivement toutes les personnes d'un groupe pour vérifier leur présence : *Faire l'appel dans une classe. Répondre à l'appel.* **4.** Action de téléphoner à qqn : *Il y a eu trois appels (téléphoniques) pour vous* (= coup de téléphone). **5.** DR. Recours devant une juridiction supérieure ; voie de recours : *Faire appel d'un jugement. Juger sans appel. Cour d'appel.* **6.** MIL. Convocation des jeunes gens d'un contingent à la journée* défense et citoyenneté. **7.** MIL. Batterie ou sonnerie prescrivant le rassemblement des militaires : *Battre, sonner l'appel.* **8.** SPORTS. Appui d'un pied sur le sol, au terme de la course d'élan, et qui amorce le saut en hauteur, en longueur : *Pied, jambe d'appel. Prendre son appel.* **9. Appel d'air,** aspiration d'air qui facilite la combustion dans un foyer. / *FAM.* **Appel du pied,** avance ou invite implicite : *Le discours du Premier ministre est un appel du pied aux centristes.* / **Faire appel à qqn, qqch,** demander l'aide, l'appui, le concours de : *N'hésitez pas à faire appel à notre conseillère* (= solliciter). / **Sans appel,** se dit d'une décision sur laquelle on ne peut revenir : *Son refus est sans appel* (syn. **irrévocable**).

appelé, e [aple] **n.** Jeune soumis à la journée* défense et citoyenneté.

appeler [aple] **v.t.** (lat. *appellare*) [conj. **24**]. **1.** Inviter à venir, à faire qqch : *Appelle ta sœur, on va se mettre à table. Appeler un témoin à comparaître devant le tribunal* (syn. **citer, convoquer**). *Être appelé sous les drapeaux* (= être mobilisé). *Appeler au secours* (syn. **crier**). *Appeler les travailleurs à la grève* (syn. **inciter, exhorter**). **2.** Entrer en communication téléphonique avec qqn : *Appelez-moi vers cinq heures* (syn. **téléphoner**). **3.** Rendre souhaitable, nécessaire : *La situation appelle des mesures d'urgence* (syn. **nécessiter, réclamer**). *La violence appelle la violence* (syn. **entraîner**). **4.** Désigner par un prénom, un nom : *Appeler un enfant Pierre* (syn. **prénommer, nommer**). *J'appelle cela de la franchise* (syn. **qualifier**). *Comment appelle-t-on les myrtilles au Canada ?* (syn. **désigner**). **5.** INFORM. Commander l'exécution d'une séquence d'instructions considérée comme un sous-ensemble autonome d'un programme. **6. Appeler les choses par leur nom,** ne pas chercher à atténuer la réalité. / **Appeler qqn à une fonction, à un poste,** l'y nommer, l'y désigner : *Être appelé à prendre la direction d'une entreprise.* ◆ **v.t. ind. 1. En appeler à,** s'en remettre à : *J'en appelle à votre discrétion. En appeler à l'amitié de qqn* (syn. **invoquer**). **2. Appeler d'un jugement,** refuser de l'admettre comme définitif ; faire appel : *J'en appelle de la condamnation prononcée* (syn. **contester, refuser**). ◆ **s'appeler v.pr. 1.** (Suivi d'un attribut). Avoir pour nom, pour prénom : *Il s'appelle Pierre X* (syn. **se nommer**). *Elle s'appelle Patricia* (syn. **se prénommer**). **2. Voilà qui s'appelle parler,** c'est exactement ce qu'il fallait dire, la façon dont il fallait le dire.

appelette [aplɛt] **n.f.** (angl. *applet*). Appliquette.

appellatif, ive [apelatif, -iv] **n.m.** et **adj.** LING. Terme utilisé pour interpeller l'interlocuteur : *« Monsieur » est un appellatif.*

appellation [apelasjɔ̃] **n.f. 1.** Façon d'appeler, de nommer : *Une appellation injurieuse* (syn. **épithète, qualificatif**). *Choisir une appellation pour un nouveau produit* (syn. **dénomination**). **2. Appellation d'origine contrôlée (A.O.C.),** désignation qui garantit le lieu de récolte d'un vin, le lieu de production d'un fromage.

appendice [apɛ̃dis] **n.m.** (lat. *appendix, -icis,* ce qui pend). **1.** Partie qui complète, prolonge une partie principale : *Le hangar forme un appendice à la ferme.* **2.** Ensemble de notes, de notices, de documents à la fin d'un ouvrage ; complément. **3.** Expansion du corps des insectes, des crustacés (pattes, antennes, pièces buccales). **4.** Diverticule creux, en forme de doigt de gant, abouché au cæcum.

appendicectomie [apɛ̃disɛktɔmi] **n.f.** (de *appendice* et *-ectomie*). CHIR. Ablation de l'appendice (dite cour. et abusivement *opération de l'appendicite*).

appendicite [apɛ̃disit] **n.f.** Inflammation de l'appendice abouché au cæcum : *Une crise d'appendicite.*

> ■ **Les symptômes.** L'appendicite se traduit le plus souvent par une douleur intense survenant brusquement en bas et à droite de l'abdomen, accompagnée de nausées, voire de vomissements, d'une fièvre modérée (38 à 38,5 °C) et d'une constipation. La palpation par le médecin est douloureuse et provoque une contraction des muscles abdominaux.
> **Les complications.** Non traitée, une appendicite peut entraîner une péritonite (inflammation de tout le péritoine [paroi de l'abdomen]), voire une septicémie (infection généralisée à tout l'organisme).
> **Le traitement.** Le seul traitement est chirurgical : il consiste à enlever l'appendice (appendicectomie). ■

appentis [apɑ̃ti] **n.m.** (du lat. *appendere,* suspendre). **1.** Toit à une seule pente, dont le faîte s'appuie à un mur. **2.** Petit bâtiment adossé à un grand.

Appenzell, canton de Suisse, enclavé dans celui de Saint-Gall ; 415 km^2 ; 68 705 hab. Il a été divisé, depuis 1597, pour des raisons religieuses, en deux demi-cantons : *Rhodes-Extérieures* et *Rhodes-Intérieures.*

Appert (Nicolas), industriel français (Châlons-sur-Marne 1749 - Massy 1841). On lui doit le procédé de la conservation des aliments par chauffage en récipient clos, à l'origine de l'industrie de la conserve, *l'appertisation.*

appesantir [apəzɑ̃tir] **v.t.** (de *pesant*) [conj. **32**]. **1.** Rendre plus lourd, moins vif : *L'âge appesantit sa démarche* (syn. **alourdir**). **2.** Rendre plus dur, plus accablant : *Appesantir sa domination* (syn. **accentuer**). ◆ **s'appesantir** **v.pr. 1.** Se faire plus lourd : *Ses paupières s'appesantissent sous l'effet du sommeil* (syn. **s'alourdir**). **2. S'appesantir sur qqch,** insister sur qqch : *Elle s'appesantit trop sur les détails.*

appétence [apetɑ̃s] **n.f.** (lat. *appetentia,* de *appetere,* chercher à atteindre). *LITT.* Désir qui porte vers tout objet propre à satisfaire un besoin physique, et notamm. vers la nourriture.

appétissant, e [apetisɑ̃, -ɑ̃t] **adj. 1.** Qui excite l'appétit, l'envie de manger : *Cette tarte est très appétissante* (syn. **alléchant** ; contr. **dégoûtant**). **2.** Qui suscite le désir : *Une femme appétissante* (syn. **attirant, séduisant**).

appétit [apeti] **n.m.** (lat. *appetitus,* désir). **1.** Désir de manger : *La promenade m'a ouvert l'appétit. Ce spectacle lui a coupé l'appétit. Bon appétit !* **2.** Désir de qqch pour la satisfaction des sens : *Un appétit de richesse* (syn. **convoitise, désir**). **3. Appétit d'oiseau,** petit appétit. / **Mettre en appétit,** donner envie de manger ; susciter l'envie ou la curiosité : *Ce qu'on m'a dit de ce film m'a mise en appétit.*

Appienne ***(voie),*** en lat. **via Appia,** voie romaine qui allait de Rome à Brindisi, commencée par Appius Claudius (312 av. J.-C.). Elle était bordée de tombeaux, dont plusieurs subsistent encore.

applaudir [aplodir] **v.i.** (lat. *applaudere*) [conj. **32**]. Battre des mains en signe d'approbation, de contentement : *Applaudir à tout rompre* (contr. **siffler**). ◆ **v.t. 1.** Louer, approuver qqn, qqch en battant des mains : *L'assemblée a longuement applaudi le ministre* (syn. **acclamer** ; contr. **huer**). **2. Applaudir à qqch, applaudir qqch,** l'approuver entièrement : *La presse a applaudi à cette initiative.* ◆ **s'applaudir** **v.pr. [de].** Se féliciter, se réjouir de qqch.

applaudissement [aplodismɑ̃] **n.m.** (Surtout au pl.). Action d'applaudir ; cri d'approbation : *Un tonnerre d'applaudissements a retenti* (syn. **acclamation, ovation**).

applicable [aplikabl] **adj.** Susceptible d'être appliqué : *La loi est applicable à tous.*

applicateur [aplikatœr] **adj.m.** et **n.m.** Se dit d'un conditionnement qui permet d'appliquer directement un produit : *Un tube de cirage avec bouchon applicateur.*

application [aplikasjɔ̃] **n.f. 1.** Action d'appliquer qqch sur un objet, une surface : *L'application d'un enduit sur un mur* (syn. **pose**). **2.** Mise en œuvre ; mise en pratique : *Application d'une théorie.* **3.** Soin, peine que l'on prend à la réalisation d'une tâche : *Travailler avec application* (syn. **attention, concentration**). **4.** MATH. Opération qui consiste à faire correspondre à tout élément d'un ensemble A un élément d'un ensemble B et un seul. **5.** INFORM. Programme, ou ensemble de programmes, destiné à aider l'utilisateur d'un ordinateur, d'un téléphone, etc., dans le traitement d'une tâche précise ou pour l'obtention d'informations.

applique [aplik] **n.f.** (de *appliquer*). Appareil d'éclairage fixé directement au mur.

appliqué, e [aplike] **adj. 1.** Attentif à son travail : *Un élève appliqué* (syn. **studieux, travailleur** ; contr. **négligent**). **2.** Se dit de tout domaine où les études théoriques débouchent sur des applications pratiques : *Recherche appliquée. Langues étrangères appliquées.* **3. Arts appliqués** ⟶ **arts décoratifs***.

appliquer [aplike] **v.t.** (lat. *applicare*). **1.** Mettre une chose sur une autre de façon qu'elle adhère : *Appliquer des couleurs sur une toile* (syn. **étendre**). **2.** Mettre en œuvre, en pratique : *Appliquer une théorie* (syn. **utiliser**). *Appliquer la loi.* **3.** Faire porter une action sur : *Appliquer une peine sévère à un coupable* (syn. **infliger**). ◆ **s'appliquer** **v.pr. [à]. 1.** Convenir, s'adapter à qqch : *Cette réflexion s'applique bien à la situation* (syn. **correspondre**). **2.** Apporter beaucoup de soin, d'attention à : *S'appliquer à son travail.* **3. S'appliquer à** (+ inf.), s'employer, s'efforcer de faire qqch : *S'appliquer à laisser son bureau en ordre.*

appliquette [aplikɛt] **n.f.** Petite application interactive qu'un internaute charge avec un navigateur, à partir d'une page Web d'un serveur, pour l'exécuter sur son ordinateur (syn. **appelette**).

appoggiature [apɔdʒjatyr] **n.f.** (it. *appoggiatura,* de *appoggiare,* appuyer). MUS. Note d'ornement qui précède la note réelle à un intervalle de seconde et qui est écrite en caractères plus petits. (On a aussi écrit *appogiature.*)

appoint [apwɛ̃] **n.m.** (de *1. appointer*). **1.** Petite monnaie qu'on ajoute à une somme ronde pour atteindre un montant exact ; somme exacte due lors d'un achat : *Avez-vous l'appoint ? Les clients sont priés de faire l'appoint.* **2.** Ce qui s'ajoute à qqch pour le compléter : *Chauffage d'appoint.*

appointements [apwɛ̃tmɑ̃] **n.m. pl.** (de *1. appointer*). Salaire déterminé accordé en échange d'un travail régulier : *Les appointements d'un professeur* (syn. **paie, traitement**).

1. appointer [apwɛ̃te] **v.t.** (sens anc. « mettre au point », de *point*). Verser des appointements à qqn : *Être appointé au mois* (syn. **payer, rémunérer**).

2. appointer [apwɛ̃te] **v.t.** (de *pointe*). Tailler en pointe : *Appointer un crayon.*

appontage [apɔ̃taʒ] **n.m.** Action d'apponter.

appontement [apɔ̃tmɑ̃] **n.m.** (de *pont*). Plate-forme fixe le long de laquelle un navire vient s'amarrer pour le chargement ou le déchargement.

apponter [apɔ̃te] **v.i.** (de *pont*). En parlant d'un avion, entrer en contact avec le pont d'un bâtiment porteur.

apport [apɔr] **n.m. 1.** Action d'apporter : *L'apport d'alluvions par les eaux.* **2.** DR. Biens, capitaux que l'on apporte : *Les apports des investisseurs à une entreprise.* **3.** Ce qui est apporté : *L'apport de la civilisation grecque à l'art* (syn. **contribution**).

apporter [apɔrte] **v.t.** (lat. *apportare*). **1.** Porter à qqn ; porter avec soi en un lieu : *Apportez-moi ce livre. Le mécanicien a apporté sa trousse à outils* (syn. **prendre**). **2.** Mettre à la disposition de qqn, d'un groupe : *Apporter des capitaux dans une affaire. Il n'apporte aucune preuve* (syn. **fournir**). **3.** Produire un effet, un résultat : *Ces cachets ont apporté un soulagement au malade* (syn. **procurer**).

apposer [apoze] **v.t.** (de *poser*). **1.** Mettre une chose sur une autre : *Apposer une affiche* (syn. **coller, poser**). *Apposer sa signature au bas d'une lettre* (syn. **inscrire**). **2.** DR. **Apposer une clause à un acte,** l'y insérer.

apposition [apozisjɔ̃] **n.f. 1.** Action d'apposer : *L'apposition de la signature des témoins est obligatoire.* **2.** GRAMM. Construction qui juxtapose un terme (nom, adj.) ou une proposition à un nom ou un pronom pour qualifier ces derniers ; le mot ou la proposition ainsi juxtaposés : *Dans « Paris, capitale de la France », « capitale de la France » est mis en apposition.*

appréciable [apresjabl] **adj. 1.** Qui peut être apprécié, évalué : *La quantité de nitrates dans les nappes phréatiques est appréciable* (syn. **mesurable**). **2.** Assez important : *Ce nouveau travail présente des avantages appréciables* (syn. **notable, substantiel** ; contr. **insignifiant**).

appréciateur, trice [apresjatœr, -tris] **n.** Personne qui apprécie, estime la valeur de qqch, de qqn : *Un grand appréciateur de vin* (syn. **connaisseur, expert**).

appréciatif, ive [apresjatif, -iv] **adj.** Qui marque une appréciation quantitative : *Faire un état appréciatif d'un stock* (syn. **estimatif**).

appréciation [apresjasjɔ̃] **n.f. 1.** Action de déterminer la valeur de qqch : *Faire l'appréciation des marchandises* (syn. **estimation, évaluation**). **2.** Jugement qui résulte d'un examen critique : *Les appréciations d'un professeur sur le travail d'un élève* (syn. **avis, observation**).

apprécier [apresje] **v.t.** (lat. *appretiare,* de *pretium,* prix) [conj. **9**]. **1.** Estimer, déterminer la valeur, l'importance de qqch : *Apprécier une distance* (syn. **évaluer**). *Apprécier les conséquences d'un acte* (syn. **calculer, mesurer**). **2.** Juger bon, agréable ; faire cas de : *Apprécier l'aide de qqn. Je n'apprécie* *pas ce genre de plaisanterie.* ◆ **s'apprécier** **v.pr.** Prendre de la valeur (par opp. à *se déprécier*) : *L'euro s'est apprécié par rapport au dollar.*

appréhender [apreɑ̃de] **v.t.** (lat. *apprehendere,* saisir). **1.** Procéder à l'arrestation de qqn : *Appréhender un malfaiteur* (syn. **arrêter** ; contr. **relâcher**). **2.** S'inquiéter par avance d'un danger ou d'un malheur possible : *J'appréhende cet entretien* (syn. **redouter**). *J'appréhende de le revoir.* **3.** SOUT. Saisir intellectuellement : *Appréhender un problème dans toute sa complexité* (syn. **comprendre**).

appréhension [apreɑ̃sjɔ̃] **n.f.** Crainte vague d'un possible danger, d'un échec, etc. : *Envisager l'avenir avec appréhension* (syn. **inquiétude**).

apprendre [aprɑ̃dr] **v.t.** (lat. pop. **apprendere,* class. *apprehendere,* saisir) [conj. **79**]. **1.** Acquérir la connaissance, la pratique de qqch : *Apprendre les mathématiques* (syn. **étudier**). *Apprendre à utiliser l'ordinateur* (= s'initier à). **2.** Faire acquérir la connaissance, la pratique de ; communiquer un savoir, une information : *Apprendre le dessin à un enfant* (syn. **enseigner**). *Il m'a appris la nouvelle* (syn. **communiquer**). *Il m'a appris qu'il était marié* (syn. **révéler**).

apprenti, e [aprɑ̃ti] **n.** (lat. pop. **apprenditicius,* de **apprendere* ; v. *apprendre*). **1.** Personne qui apprend un métier, qui est en apprentissage : *Une apprentie coiffeuse.* **2.** Personne encore peu habile, inexpérimentée : *C'est du travail d'apprenti* (syn. **novice, débutant**). **3. Jouer les apprentis sorciers,** déchaîner des forces qu'on ne peut plus contrôler.

apprentissage [aprɑ̃tisaʒ] **n.m. 1.** Action d'apprendre un métier manuel ou intellectuel ; formation professionnelle des apprentis ; état d'apprenti : *L'apprentissage du métier d'architecte. Être en apprentissage. Un apprentissage de deux ans.* **2. Faire l'apprentissage de qqch,** en acquérir la connaissance ; y être confronté : *Faire l'apprentissage du métier de comédien dans une troupe* (= apprendre). *Faire très tôt l'apprentissage du malheur.* / **Taxe d'apprentissage,** taxe imposée aux employeurs, qui permet un financement partiel de l'apprentissage.

apprêt [aprɛ] **n.m.** (de *apprêter*). **1.** TECHN. Traitement qu'on fait subir à certaines matières premières (cuirs, tissus, fils, etc.) avant de les travailler ou de les livrer au commerce ; matière utilisée pour ce traitement. **2.** Préparation, enduit qu'on applique sur une surface avant de la peindre. **3.** LITT. Affectation, recherche : *Style plein d'apprêt* (syn. **afféterie, maniérisme**).

apprêté, e [aprete] **adj.** LITT. Dépourvu de simplicité, de naturel : *Un langage apprêté* (syn. **affecté, maniéré**).

apprêter [aprete] **v.t.** (lat. pop. **apprestare,* du class. *praesto,* à la portée de). **1.** SOUT. Mettre en état d'être utilisé : *Apprêter une chambre* (syn. **préparer**). **2.** TECHN. Donner de l'apprêt : *Apprêter un cuir, une étoffe.* ◆ **s'apprêter** **v.pr. 1.** Faire sa toilette ; s'habiller avec soin : *S'apprêter pour le dîner* (syn. **se parer**). **2. S'apprêter à** (+ inf.), être sur le point de : *S'apprêter à partir* (syn. **se disposer à**).

apprivoisement [aprivwazmɑ̃] **n.m.** Action d'apprivoiser ; fait d'être apprivoisé (syn. **dressage, domestication**).

apprivoiser [aprivwaze] **v.t.** (lat. pop. **apprivitiare,* du class. *privatus,* domestique). **1.** Rendre un animal moins sauvage, moins farouche : *Apprivoiser un lion* (syn. **domestiquer, dresser**). **2.** Rendre qqn plus sociable, plus docile : *Apprivoiser un caractère difficile* (syn. **adoucir, humaniser**). ◆ **s'apprivoiser** **v.pr.** Devenir moins sauvage : *L'ours s'est vite apprivoisé.*

approbateur, trice [aprɔbatœr, -tris] **adj.** et **n.** (lat. *approbator* ; v. *approuver*). Qui approuve : *Un sourire approbateur* (syn. **favorable** ; contr. **réprobateur**).

approbatif, ive [aprɔbatif, -iv] **adj.** Qui marque l'approbation : *Murmures approbatifs.*

approbation [aprɔbasjɔ̃] **n.f.** (lat. *approbatio* ; v. *approuver*). Action d'approuver, de consentir à qqch : *Les mineurs doivent avoir l'approbation de leurs parents pour se marier* (syn. **accord, autorisation, consentement**).

approchable [aprɔʃabl] **adj.** Se dit de qqn qu'on peut aborder aisément (surtout en tournure nég.) : *Aujourd'hui, elle est de mauvaise humeur, elle n'est pas approchable* (syn. **accessible, abordable**).

approchant, e [aprɔʃɑ̃, -ɑ̃t] **adj. Quelque chose d'approchant,** quelque chose d'analogue, de semblable : *1 % d'augmentation ou quelque chose d'approchant* (syn. **équivalent**). / **Rien d'approchant,** rien d'analogue, de semblable.

approche [aprɔʃ] **n.f. 1.** Action d'approcher ; mouvement par lequel on approche de qqch, qqn : *À l'approche du policier, les voleurs s'enfuirent* (syn. **arrivée**). **2.** Proximité d'un événement, d'un moment : *L'approche du danger. À l'approche de la nuit, les clients sont partis* (syn. **venue**). **3.** Manière d'aborder un sujet : *L'approche historique d'un roman.* **4. Travaux d'approche,** ensemble de démarches, de procédés mis en œuvre pour arriver à un but : *Faire des travaux d'approche pour obtenir un poste.* ◆ **approches** **n.f.pl.** SOUT. Abords d'un lieu : *Les approches de la ville sont verdoyantes* (syn. **alentours, environs**).

approché, e [aprɔʃe] **adj.** À peu près exact : *Voici une estimation approchée de ce que cela coûtera* (syn. **approximatif** ; contr. **précis**).

approcher [aprɔʃe] **v.t.** (bas lat. *appropiare,* du class. *propre,* près). **1.** Mettre près ou plus près de qqn, de qqch : *Approcher une chaise* (syn. **rapprocher** ; contr. **éloigner**). **2.** Venir auprès de qqn ; avoir accès à qqn : *Ne l'approche pas, elle est contagieuse. C'est un homme qu'on ne peut approcher* (syn **aborder**). ◆ **v.t. ind. [de].** Être près d'atteindre qqch dans l'espace ou dans le temps : *Nous approchons de Paris. J'approche de la trentaine.* ◆ **v.i. 1.** Être proche dans le temps : *L'hiver approche* (syn. **venir**). **2.** Venir près, plus près de qqn : *Approchez, je voudrais vous parler.* ◆ **s'approcher** **v.pr. [de].** Venir, être près de qqn, de qqch : *Le navire s'approche de la côte* (syn. **se rapprocher**). *Elle s'est approchée pour me saluer* (syn. **s'avancer**).

approfondir [aprɔfɔ̃dir] **v.t.** [conj. **32**]. **1.** Examiner plus avant : *Approfondir une question* (syn. **étudier, fouiller**). **2.** Rendre plus profond : *Approfondir un canal* (syn. **creuser**).

approfondissement [aprɔfɔ̃dismɑ̃] **n.m.** Action d'approfondir, d'examiner plus avant : *Je vous proposerai demain un approfondissement de cette première étude.*

appropriation [aprɔprijasjɔ̃] **n.f.** Action de s'approprier qqch, de se rendre possesseur de qqch : *L'appropriation du sol par les paysans sans terre.*

approprié, e [aprɔprije] **adj.** Qui convient : *Trouver un traitement approprié* (syn. **adéquat, convenable**).

approprier [aprɔprije] **v.t.** (bas lat. *appropriare,* du class. *proprius,* propre) [conj. **10**]. Rendre adéquat à un emploi, à une destination : *Approprier un local à un usage commercial* (syn. **adapter**). *Approprier son discours aux circonstances* (syn. **accorder, conformer**). ◆ **s'approprier** **v.pr.** S'attribuer la propriété de qqch : *Il s'est approprié la meilleure chambre* (syn. **s'adjuger, s'octroyer**).

approuver [apruve] **v.t.** (lat. *approbare,* de *proba,* preuve). **1.** Considérer qqch comme juste, louable, convenable : *J'approuve votre prudence* (contr. **critiquer**). *Il a approuvé notre choix* (syn. **souscrire à**). **2.** Donner raison à qqn ; être du même avis que lui : *Je vous approuve de les avoir aidés* (syn. **féliciter, louer** ; contr. **blâmer**). **3.** Autoriser par décision administrative : *Le Sénat a approuvé le budget* (syn. **voter** ; contr. **repousser**). **4. Lu et approuvé,** formule dont le signataire fait précéder sa signature au bas d'un acte, pour en approuver les termes.

approvisionnement [aprɔvizjɔnmɑ̃] **n.m.** Action d'approvisionner : *La sécheresse compromet l'approvisionnement en eau de la capitale* (syn. **alimentation, ravitaillement**).

approvisionner [aprɔvizjɔne] **v.t. 1.** Munir de provisions, de choses nécessaires à la subsistance, au fonctionnement : *Approvisionner un marché en fruits* (syn. **pourvoir, ravitailler**). *Approvisionner un compte en banque* (= y déposer de l'argent). **2.** Placer une cartouche, un chargeur dans le magasin d'une arme à feu : *Approvisionner une mitrailleuse.* ◆ **s'approvisionner** **v.pr.** Faire des provisions, des achats : *S'approvisionner dans tel magasin* (syn. **se fournir**).

approximatif, ive [aprɔksimatif, -iv] **adj. 1.** Qui résulte d'une approximation : *Voici un devis approximatif* (syn. **approché** ; contr. **exact**). **2.** Qui n'approche que de loin la réalité : *Sa traduction est très approximative* (syn. **imprécis, vague**).

approximation [aprɔksimasjɔ̃] **n.f.** (du lat. *proximus,* très proche). **1.** Évaluation approchée d'un chiffre, d'une grandeur : *Une approximation des dépenses* (syn. **aperçu, estimation**). **2.** Ce qui est vague, peu rigoureux : *Ce raisonnement plein d'approximations n'est pas très convaincant.* **3.** MATH. **Calcul par approximations successives,** algorithme permettant d'obtenir une solution approchée de plus en plus précise d'un problème numérique.

approximativement [aprɔksimativmɑ̃] **adv.** De manière approximative : *La réunion durera approximativement deux heures* (= à peu près) [syn. **environ**].

appui [apɥi] **n.m.** (de *appuyer*). **1.** Ce qui sert à soutenir ou à maintenir la solidité, la stabilité : *Avoir besoin d'un appui pour marcher* (syn. **soutien, support**). *Barre d'appui d'une fenêtre. Construire un mur d'appui* (syn. **soutènement**). **2.** Aide accordée à qqn : *Je compte sur votre appui* (syn. **assistance, concours**). *Il a des appuis solides* (syn. **soutien, protection**). **3.** MIL. Aide fournie par une unité, par une arme à une autre : *Appui aérien, naval.* **4. À l'appui (de),** pour servir de confirmation : *Voici mes conclusions, preuves à l'appui. À l'appui de ses dires, il a présenté des documents très convaincants.*

appui-bras ou **appuie-bras** [apɥibra] **n.m.** (pl. *appuis-bras, appuie-bras*). Dans un véhicule, support, souvent mobile, permettant d'appuyer le bras (syn. **accoudoir, accotoir**).

appui-tête ou **appuie-tête** [apɥitɛt] **n.m.** (pl. *appuis-tête, appuie-tête*). Dispositif adapté au dossier d'un siège et destiné à soutenir la tête, à protéger la nuque en cas de choc (syn. **repose-tête**).

appuyer [apɥije] **v.t.** (lat. médiév. *appodiare,* du class. *podium,* base) [conj. **14**]. **1.** Faire reposer une chose sur une autre qui lui sert de support : *Appuyer une échelle contre un mur* (syn. **adosser**). *Appuie ta tête sur mon épaule* (syn. **poser**). **2.** Aider, soutenir qqn, son action par son influence, son autorité, etc. : *Appuyer un candidat auprès de la direction* (syn. **patronner, recommander**). **3.** MIL. Apporter une aide, un appui à une troupe, une unité : *Les chars appuient l'infanterie.* ◆ **v.t. ind. [sur, contre]. 1.** Peser plus ou moins fortement, exercer une pression sur qqn : *Appuyer sur une pédale.* **2.** Se porter vers : *Appuyer sur la droite, à droite.* **3.** Apporter une importance particulière à qqch : *Il a appuyé sur le mot « indispensable »* (syn. **insister sur**). *N'appuyez pas trop sur les erreurs* (syn. **souligner**). ◆ **s'appuyer** **v. pr. 1. [à, sur, contre].** Prendre appui sur qqch : *S'appuyer à une balustrade.* **2. [sur].** Trouver un soutien moral, intellectuel : *S'appuyer sur des témoignages* (syn. **se fonder sur**). *S'appuyer sur ses parents pour réussir* (syn. **se reposer sur**). **3.** *FAM.* **S'appuyer qqch,** faire qqch contre son gré : *J'ai dû m'appuyer la vaisselle.*

âpre [ɑpr] **adj.** (lat. *asper*). **1.** Désagréable au goût : *Fruit âpre* (syn. **âcre**). **2.** Qui produit une sensation pénible par la rudesse de son contact, de sa sonorité : *Vent âpre* (syn. **perçant**). *Voix âpre* (syn. **aigre**). **3.** Qui manifeste de la violence, de la dureté : *La lutte entre les factions a été âpre* (syn. **brutal, farouche**). **4. Âpre au gain,** avide de faire des bénéfices, des profits ; cupide.

âprement [ɑprəmɑ̃] **adv.** Avec âpreté : *Défendre âprement ses droits* (syn. **farouchement**).

après [aprɛ] **prép.** et **adv.** (bas lat. *ad pressum,* du class. *pressus,* serré). **1.** Indique une relation de postériorité dans le temps : *Je passerai vous voir après les vacances. Je termine avec cette dame, je suis à vous après* (syn. **ensuite**). **2.** Indique une relation de postériorité dans l'espace : *Le cinéma est après la mairie. Vous allez jusqu'à l'église, vous tournerez après sur la droite.* **3.** Indique un degré inférieur dans une hiérarchie, une échelle de valeurs : *Parmi les officiers, le lieutenant vient après le capitaine. L'amusement passe après le travail.* **4.** Après certains verbes, indique l'hostilité ou le désir : *Les chiens aboient après le facteur. Le concierge crie après tout le monde. Il court après les femmes.* **5.** S'emploie en composition pour indiquer la postériorité temporelle : *Après-demain. L'après-guerre. L'après-midi.* **6. Après cela,** ensuite, à la suite de ce qui vient d'être dit ou fait : *Après cela, il nous a fait ses adieux.* / **Après quoi,** ensuite. / **Après tout,** tout bien considéré : *Après tout, vous l'avez bien mérité.* / *FAM.* **Être après qqch,** s'en occuper activement : *Il est après ce dossier depuis plusieurs semaines.* / *FAM.* **Être après qqn,** le harceler : *Il est sans arrêt après moi.* ◆ **après** **prép.,** **après que** **loc. conj.** Marque la postériorité de l'action principale (*après* + inf. ; *après que* + ind.) : *Après avoir tout examiné, ils se retirèrent. Bien des années après qu'ils furent partis, on reconstruisit la maison.* ***Rem.*** Influencée par celle de *avant que,* la construction *après que + subj.,* bien qu'ayant tendance à se répandre, reste considérée comme fautive. ◆ **d'après** **prép. 1.** Selon les propos de ; en se rapportant à : *D'après le témoin, il y aurait eu quatre coups de feu* (syn. **selon**). **2.** En prenant pour modèle, pour référence : *Peindre d'après nature.*

après-demain [aprɛdmɛ̃] **adv.** Au second jour après celui où l'on est : *C'est mardi, je reviendrai après-demain jeudi.*

après-guerre [aprɛgɛr] **n.m.** ou **f.** (pl. *après-guerres*). Époque qui suit la guerre.

après-midi [aprɛmidi] **n.m.** ou **f. inv.** Partie de la journée comprise entre midi et le soir : *Passer ses après-midi au cinéma.*

après-rasage [aprɛrazaʒ] **adj. inv.** et **n.m.** (pl. *après-rasages*). Se dit d'une lotion, d'un baume que les hommes appliquent sur la peau pour calmer le feu du rasoir : *Acheter un après-rasage* (syn. **after-shave**).

après-ski [aprɛski] **n.m.** (pl. *après-skis*). Chaussure fourrée, bottillon que l'on porte par temps de neige, à la montagne, lorsqu'on ne skie pas.

après-soleil [aprɛsɔlɛj] **n.m.** (pl. *après-soleils*). Produit cosmétique hydratant la peau après l'exposition au soleil.

après-vente [aprɛvɑ̃t] **adj. inv. Service après-vente,** dans une entreprise, service qui assure la mise en marche, l'entretien et la réparation des produits vendus.

âpreté [ɑprəte] **n.f. 1.** Caractère de ce qui est âpre : *L'âpreté d'un fruit* (syn. **âcreté**). *L'âpreté de l'hiver* (syn. **rigueur**). **2.** Caractère d'actes ou de paroles rudes ou brutaux : *Se défendre avec âpreté* (syn. **virulence**).

a priori [aprijɔri] **loc. adv.** (loc. lat. « en partant de ce qui précède »). En se fondant sur des données admises avant toute expérience (par opp. à *a posteriori*) : *A priori, je ne vois pas d'objection* (= à première vue). ◆ **loc. adj. inv.** Admis avant toute expérience : *Jugements a priori.* ◆ **n.m. inv.** Préjugé qui ne tient pas compte des réalités : *Avoir des a priori.*

à-propos [apropo] **n.m. inv.** Justesse et rapidité d'une réaction, d'une repartie : *Répondre avec à-propos* (syn. **pertinence**). *Faire preuve d'à-propos* (= présence d'esprit).

APS [apeɛs] **n.m.** (sigle de l'anglo-amér. *advanced photographic system*). Système photographique dans lequel le film photosensible, conditionné en cassette, peut enregistrer des informations comme l'heure, le choix de cadrage, etc.

apte [apt] **adj.** (lat. *aptus*). **1. [à].** Qui a les qualités nécessaires pour : *Il est tout à fait apte à la fonction d'éducateur.* **2. Être déclaré apte,** bon pour le service national.

aptère [aptɛr] **adj.** (gr. *apteros,* de *a-* priv. et de *pteron,* aile). **1.** ZOOL. Sans ailes : *La puce, le pou sont des insectes aptères.* **2.** ANTIQ. **Victoire aptère,** statue allégorique de la victoire, représentée sans ailes (pour qu'elle reste à Athènes). / ARCHIT. **Temple aptère,** temple sans colonnes sur les faces latérales.

aptéryx [apteriks] **n.m.** (de *a-* priv., et du gr. *pterux,* aile). Oiseau de Nouvelle-Zélande dont les ailes sont presque inexistantes et dont les plumes, brunâtres, ressemblent à des crins (nom usuel *kiwi*). ▸ Sous-classe des ratites ; ordre des struthioniformes ; haut. 30 cm environ.

aptitude [aptityd] **n.f.** (bas lat. *aptitudo,* du class. *aptus,* apte). **1.** Disposition naturelle ou acquise permettant à qqn de faire qqch : *Avoir une grande aptitude à s'adapter à n'importe quel milieu* (syn. **capacité**). *Cette élève a des aptitudes pour la science* (syn. **prédisposition**). **2.** Fait d'être apte au service national. **3.** DR. Capacité ; habilitation : *Aptitude à recevoir un legs.*

Apulie, contrée de l'anc. Italie méridionale, colonisée par les Grecs et formant auj. la Pouille.

apurement [apyrmɑ̃] **n.m.** COMPTAB. Opération consistant à vérifier et solder un compte.

apurer [apyre] **v.t.** (de *pur*). COMPTAB. Procéder à l'apurement d'un compte.

Aqaba ou **Akaba** ***(golfe d'),*** golfe de l'extrémité nord-est de la mer Rouge, au fond duquel est situé le port jordanien d'*al-Aqaba.*

aquaculture [akwakyltyr] et **aquiculture** [akɥikyltyr] **n.f.** (du lat. *aqua,* eau, et de *culture*). Élevage des animaux aquatiques ; culture des plantes aquatiques dans un but commercial. ◆ **aquaculteur, trice** et **aquiculteur, trice n.** Noms de l'éleveur.

■ L'aquaculture se pratique en eau douce et en eau salée, en rivière, en étang, en lac comme en mer.

L'élevage des poissons. En eau de mer, l'étape la plus délicate est la reproduction. La ponte est suivie d'une incubation-éclosion, puis de l'élevage des larves qui produiront les alevins. Des « écloseries » spécialisées fournissent ainsi des alevins de truites, de bars, de daurades, de turbots, de soles. La salmoniculture, élevage des truites et des saumons, s'est beaucoup développée. Les saumons sont élevés dans des cages immergées où leur sont distribués des aliments industriels, composés pour permettre une croissance rapide. La Norvège, l'Irlande, les États-Unis, le Canada sont les principaux producteurs. En pisciculture d'eau douce, c'est l'élevage des poissons en étang qui est le plus ancien et le plus répandu. L'espèce qui donne lieu à la plus grande production est, de loin, la carpe. En Afrique, le tilapia est exploité dans des bassins de retenue. La Chine, à elle seule, produit la moitié des tonnages mondiaux de poissons élevés en eau douce.

Coquillages et crustacés. L'élevage des huîtres, ou *ostréiculture,* comporte plusieurs phases. Le *captage,* tout d'abord, consiste dans la récolte et la fixation des larves, qui constituent un *naissain,* sur un support (tuiles par exemple). Après 6 à 10 mois, la jeune huître est séparée du support et placée dans un parc pour la seconde phase de l'élevage, l'engraissement, qui dure de 3 à 5 ans selon l'espèce et les conditions du milieu. Certains lots sont ensuite conduits dans des zones spéciales appelées *claires,* pour être « affinées » pendant quelques mois.

La *mytiliculture* est l'élevage des moules. On recueille les jeunes moules dans les lieux de reproduction naturelle et on les engraisse selon diverses méthodes : soit à plat sur des fonds durs (méthode hollandaise), soit sur des pieux, les bouchots (moules de bouchot), enfoncés verticalement dans les sols marins, soit enfin sur des cordes suspendues à des « tables d'élevage » (étangs méditerranéens français). Parmi les autres mollusques bivalves, on élève la palourde. Chez les crustacés, la crevette donne lieu à un élevage très important.

Algues. La culture des algues, ou *algoculture,* est en plein développement. Elles sont employées dans l'alimentation humaine, comme fourrage pour les animaux ou encore comme engrais. On en tire aussi des substances diverses pour l'industrie (épaississants, gélifiants, tels l'agar-agar), ou le domaine de la santé (iode par ex.). La fabrication de biocarburant avec les algues microscopiques qui forment le phytoplancton est à l'étude. ■

aquafortiste [akwafɔrtist] **n.** (de l'it. *acquaforte,* eau-forte). Graveur à l'eau-forte.

aquaplaning [akwaplaniŋ] et **aquaplanage** [akwaplanaʒ] **n.m.** (du lat. *aqua,* eau, et de *planer*). Perte d'adhérence d'un véhicule automobile, due à la présence d'une mince pellicule d'eau entre la chaussée et les pneus.

aquarelle [akwarɛl] **n.f.** (it. *acquarella,* couleur détrempée, de *acqua,* eau). **1.** Peinture délayée à l'eau, légère, transparente, appliquée le plus souvent sur du papier blanc : *Peindre à l'aquarelle.* **2.** Œuvre exécutée selon ce procédé : *Les aquarelles de Delacroix.*

aquarelliste [akwarelist] **n.** Personne qui peint à l'aquarelle.

aquariophilie [akwarjɔfili] **n.f.** (de *aquarium* et *-philie*). Élevage en aquarium de poissons d'ornement. ◆ **aquariophile n.** Nom du spécialiste.

aquarium [akwarjɔm] **n.m.** (mot lat. « réservoir », de *aqua,* eau). **1.** Réservoir transparent dans lequel on élève des animaux, des plantes aquatiques. **2.** Établissement où sont élevés et exposés des animaux d'aquarium : *L'aquarium de La Rochelle.*

aquatinte [akwatɛ̃t] **n.f.** (it. *acqua tinta,* eau teintée). Gravure à l'eau-forte imitant le lavis.

aquatique [akwatik] **adj.** (lat. *aquaticus,* de *aqua,* eau). **1.** Qui croît, qui vit dans l'eau ou près de l'eau : *Plante, insecte aquatique.* **2.** Où il y a de l'eau : *Paysage aquatique.*

aqueduc [akdyk] **n.m.** (lat. *aquaeductus,* de *aqua,* eau, et *ductus,* conduite). **1.** Canal d'adduction d'eau, aérien ou souterrain. **2.** Pont supportant un canal, une conduite d'adduction d'eau.

aqueux, euse [akø, -øz] **adj.** (lat *acquosus,* de *aqua,* eau). **1.** Qui est de la nature de l'eau ; qui ressemble à de l'eau : *Des vapeurs aqueuses.* **2.** Qui contient de l'eau, trop d'eau : *Fruit aqueux.* **3. Humeur aqueuse,** liquide contenu dans la chambre antérieure de l'œil. / **Solution aqueuse,** solution dont l'eau est le solvant.

aquiculteur, trice n., aquiculture n.f. → **aquaculture.**

aquifère [akɥifɛr] **adj.** (du lat. *aqua,* eau, et de *-fère*). Qui contient de l'eau en grande quantité : *Nappe aquifère.* ◆ **n.m.** GÉOL. Terrain perméable où s'écoule une nappe d'eau souterraine ; cette nappe d'eau.

aquilin [akilɛ̃] **adj.m.** (lat. *aquilinus,* de *aquila,* aigle). **Nez aquilin,** ressemblant à un bec d'aigle.

aquilon [akilɔ̃] **n.m.** (lat. *aquilo, -onis,* en raison de la rapidité d'aigle [*aquila*] de ce vent). *POÉT.* Vent du nord.

aquitain, e [akitɛ̃, -ɛn] **adj.** et **n.** D'Aquitaine.

aquitain *(Bassin)* ou **Aquitaine *(bassin d'),*** bassin sédimentaire de forme triangulaire, compris entre le Massif armoricain, le Massif central, les Pyrénées et l'océan Atlantique. Correspondant en majeure partie au bassin de la Garonne, l'Aquitaine est un pays de plateaux et de collines. Le climat est caractérisé par la chaleur de l'été et une grande instabilité résultant de l'interférence d'influences océaniques, continentales et méditerranéennes. La polyculture (blé, maïs, vigne, tabac, fruits, légumes) est encore fréquemment associée à l'élevage du petit bétail. L'industrie, peu développée, est surtout présente dans les agglomérations de Bordeaux et Toulouse.

Aquitaine, région historique de la France. L'Aquitaine primitive s'étendait de la Loire aux Pyrénées et des Cévennes à l'Atlantique. Constituée en province par les Romains, elle est occupée par les Wisigoths au Ve s. Après la victoire de Clovis à Vouillé (507), elle est intégrée au royaume franc. Elle devient un duché indépendant à la fin du VIIe s. Le mariage d'Aliénor avec Louis VII (1137) fait entrer l'Aquitaine dans le domaine royal. Mais, en 1152, la région passe aux Anglais à la suite du remariage d'Aliénor avec Henri II Plantagenêt. Reconnue possession anglaise au traité de Paris (1258-59), elle prend le nom de Guyenne. Rendu à la France à la fin de la guerre de Cent Ans (1453), le duché de Guyenne revient définitivement à la Couronne en 1472.

Aquitaine, Région du sud-ouest de la France et anc. Région administrative, regroupant cinq dép. : Dordogne, Gironde, Landes, Lot-et-Garonne et Pyrénées-Atlantiques. → Aquitaine-Limousin-Poitou-Charentes.

Aquitaine-Limousin-Poitou-Charentes, Région administrative regroupant, depuis 2016, 12 dép. : Charente,

Charente-Maritime, Corrèze, Creuse, Dordogne, Gironde, Landes, Lot-et-Garonne, Pyrénées-Atlantiques, Deux-Sèvres, Vienne et Haute-Vienne ; 84 060 km^2 ; 5 976 701 hab. Ch.-l. *Bordeaux.* La Région est ouverte sur la moitié du littoral atlantique français, de La Rochelle, au nord, à Hendaye, au sud. D'un relief peu élevé, elle est constituée pour l'essentiel de plaines, de plateaux et de vallées. Elle est cependant bordée, à l'extrême sud-est, par les Pyrénées basques et béarnaises et, à l'est, par le nord-ouest du Massif central avec les plateaux du Limousin. La forêt des Landes, plus grande forêt de France avec ses 10 000 km^2, est recouverte de pins maritimes. De tradition rurale, la Région est fortement marquée par l'activité agricole : vignoble bordelais, aviculture du Périgord et des Landes, fruits et légumes de la vallée de la Garonne, d'Agen à Marmande, ostréiculture en Charente-Maritime, production de cognac, culture de céréales (blé et maïs) dans le haut Poitou, viande bovine dans les Deux-Sèvres et le Limousin. Restée longtemps à l'écart des grands axes autoroutiers et ferroviaires (excepté l'axe Paris-Bordeaux), la Région est encore sous-industrialisée : à l'ouest, les principales industries (agroalimentaire, écotechnologie, aérospatiale) s'opposent à un tissu de petites et moyennes entreprises situées à l'est (porcelaine de Limoges). Le littoral atlantique, favorisé par un semis de villes balnéaires et d'îles prisées, est une destination touristique majeure. Le tourisme fluvial, rural, ainsi que le vignoble bordelais sont en pleine expansion. L'influence de Bordeaux, 6e agglomération française, sur l'ensemble de la Région est incontestable. Bayonne, Limoges, Poitiers, Pau et La Rochelle complètent un tissu urbain relativement modeste.

ara [ara] **n.m.** (mot du tupi-guarani). Grand perroquet d'Amérique latine au plumage vivement coloré.

arabe [arab] **adj.** et **n.** (lat. *arabus,* du gr.). **1.** Relatif aux peuples parlant l'arabe. **2. Chiffres arabes,** ensemble de dix signes (de 0 à 9) utilisés pour représenter les nombres (par opp. à *chiffres romains*). ◆ **n.m.** Langue sémitique parlée principalement dans le nord de l'Afrique et au Moyen-Orient.

arabe *(Ligue),* organisation d'États arabes indépendants, destinée à promouvoir leur coopération, constituée en 1945 par l'Égypte, l'Iraq, la Transjordanie, la Syrie, le Liban, l'Arabie saoudite, le Yémen. 14 États nouveaux et l'O.L.P. y ont adhéré de 1953 à 1993. L'Égypte, suspendue en 1979, y fut réintégrée en 1989.

arabesque [arabɛsk] **n.f.** (it. *arabesco,* arabe). **1.** Ornement peint ou sculpté fondé sur la répétition symétrique de motifs végétaux très stylisés. **2.** Ligne sinueuse, formée de courbes : *La fumée dessine des arabesques dans le ciel.* **3.** Figure d'équilibre de la danse académique.

arabes unis *(Émirats)* ⟶ Émirats arabes unis.

Arabie, vaste péninsule constituant l'extrémité sud-ouest de l'Asie, entre la mer Rouge et le golfe Persique, sur la *mer d'Arabie* (autre nom de la mer d'Oman) ; 3 millions de km^2 ; 73 084 000 hab. Elle couvre l'Arabie saoudite, le Yémen, l'Oman, la fédération des Émirats arabes unis, le Qatar, Bahreïn et le Koweït.

HISTOIRE

Alors que des États organisés se développent en Arabie du Sud (royaume de Saba du VIIIe s. av. J.-C. au Ier s. apr. J.-C.), les Bédouins de l'Arabie du Nord pratiquent une économie précaire. La présence romaine en Orient (IIe s. av. J.-C. - IVe s. apr. J.-C.) favorise le développement des cités-États de Pétra et de Palmyre, centres du commerce caravanier. Vers 610-632, Mahomet fonde une nouvelle religion, l'islam, et organise le premier État musulman. Après le transfert du centre de l'Empire musulman en Syrie puis en Iraq, l'Arabie décline. La région est partiellement sous la suzeraineté turque de 1517 à 1918. Les Britanniques s'établissent au XIXe s. à Aden et sur le golfe Persique. Au XXe s., des États modernes indépendants sont créés, Arabie saoudite, Yémen, Qatar, Bahreïn, Koweït, Oman et Émirats arabes unis.

Arabie saoudite, État occupant la majeure partie de la péninsule d'Arabie ; 2 150 000 km^2 ; 28 829 000 hab. *(Saoudiens).* CAP. *Riyad.* LANGUE : *arabe.* MONNAIE : *riyal saoudien.*

GÉOGRAPHIE

Issu des tribus nomades de l'Arabie centrale, peuplé initialement presque exclusivement d'Arabes islamisés (de confession dominante sunnite wahhabite), l'État saoudien a d'abord rempli le rôle de gardien des lieux saints et d'organisateur du pèlerinage de La Mecque. Il conserve ce rôle, mais l'exploitation pétrolière (à partir des années 1940), dont la production approchait 526 Mt en 2011, ajoutée aux revenus du pétrole (le pays est le premier exportateur mondial) a accéléré la sédentarisation (urbanisation rapidement croissante), l'intensification de l'élevage (ovins) et localement (grâce à l'irrigation) celle des cultures, et permis aussi une amorce d'industrialisation (raffinage et pétrochimie, biens de consommation). Parallèlement, le nombre des immigrés (constituant d'ailleurs la majorité de la population active) s'est considérablement accru. L'organisation sociale et politique a encore peu évolué.

HISTOIRE

L'Arabie saoudite est née des conquêtes de l'émir du Nadjd, Abd al-Aziz ibn Saud, faites à partir de 1902 sur les régions possédées par des Turcs.

1932. Création du royaume d'Arabie saoudite, qu'Abd al-Aziz ibn Saud modernise grâce au pétrole.

1953. Saud ibn Abd al-Aziz succède à son père, Abd al-Aziz.

1964. Faysal dépose son frère Saud, à qui il succède.

1975. Après l'assassinat de Faysal, son frère, Khaled, lui succède.

1982. Début du règne de Fahd, frère de Khaled.

1991. Une force multinationale à prépondérance américaine déployée sur le territoire saoudien intervient contre l'Iraq (guerre du Golfe).

2003. Attentats antiaméricains.

2005. Mort du roi Fahd. Le prince régent Abdallah lui succède.

2011. Le droit de vote (aux élections municipales) est accordé aux femmes.

arabique [arabik] **adj. 1.** De l'Arabie. **2. Gomme arabique ⟶ gomme.**

arabisant, e [arabizɑ̃, -ɑ̃t] **n.** et **adj.** Spécialiste de la langue ou de la civilisation arabe.

arabisation [arabizasjɔ̃] **n.f.** Action d'arabiser ; fait d'être arabisé.

arabiser [arabize] **v.t.** Donner un caractère arabe à : *Arabiser l'enseignement* (= l'assurer en langue arabe).

arable [arabl] **adj.** (lat. *arabilis,* de *arare,* labourer). Se dit d'un sol propre à la culture : *Des terres arables.*

arabophone [arabɔfɔn] **adj.** et **n.** (de *arabe* et *-phone*). De langue arabe ; qui parle l'arabe : *Pays arabophones.*

arachide [araʃid] **n.f.** (lat. *arachidna,* du gr.). Légumineuse annuelle, originaire d'Amérique du Sud, cultivée dans les pays chauds et dont la graine, la cacahuète, fournit de l'huile par pression ou est consommée après torréfaction. ▸ Famille des papilionacées.

arachnéen, enne [arakneɛ̃, -ɛn] **adj.** (du gr. *arakhnê,* araignée). **1.** Propre à l'araignée. **2.** Qui a la légèreté, la finesse de la toile d'araignée : *Dentelle arachnéenne.*

arachnide [araknid] **n.m.** (du gr. *arakhnê,* araignée). **Arachnides,** classe d'arthropodes terrestres, sans antennes ni mandibules, comprenant les araignées, les scorpions, les acariens, les faucheux.

■ **Anatomie et mode de vie.** Le corps des arachnides est formé d'un céphalothorax (tête et thorax réunis) et d'un abdomen sans appendices. Le céphalothorax porte six paires d'appendices articulés : une paire de chélicères (crochets pouvant être venimeux) en avant de la bouche ; une paire de pattes-mâchoires (pédipalpes) encadrant la bouche ; quatre paires de pattes locomotrices terminées par des griffes. Les arachnides forment un groupe très ancien. Des scorpions ont été trouvés dans des dépôts datant de 430 millions d'années (silurien).

Les arachnides sont des carnivores. Chez la plupart des espèces, les proies capturées par les chélicères sont paralysées et tuées grâce à un venin produit par des glandes spécialisées. La digestion commence à l'extérieur du corps :

les aliments sont liquéfiés par des enzymes, régurgités par le tube digestif, puis aspirés par le pharynx. La digestion se termine dans l'intestin. Chez beaucoup d'araignées, les proies sont capturées dans des toiles dont le cadre est tissé en fils de soie résistants tandis que la spirale est en soie collante. Ces soies sont produites par des glandes situées dans l'abdomen. D'autres araignées ne font pas de pièges en toile et chassent à l'affût ou à la course. Les scorpions repèrent leurs proies grâce aux vibrations émises par celles-ci et captées par de fins filaments situés sur les pattes et balayant le sol.

Reproduction. Chez les arachnides, les sexes sont séparés. Des parades nuptiales longues et complexes précèdent souvent l'accouplement chez les scorpions. Le mâle transfère à la femelle une enveloppe rigide contenant les spermatozoïdes (le spermatophore) qui se dissoudra dans les voies génitales de celle-ci. Les scorpions sont vivipares ou ovovivipares. Dans le premier cas, des aliments sont apportés aux embryons par l'intermédiaire de cellules nutritives en relation avec l'intestin. Chez les araignées, le mâle dépose sur une toile de reproduction une goutte de sperme qu'il introduit ensuite dans la femelle à l'aide de ses pattes-mâchoires. Les œufs, après la ponte, sont accrochés à la toile ou portés par la mère. Le développement chez les arachnides se fait sans métamorphose. ■

arachnoïde [araknɔid] **n.f.** (gr. *arachnoeidês,* semblable à une toile d'araignée). ANAT. Une des trois méninges, située entre la pie-mère et la dure-mère.

Arafat (Yasser), homme politique palestinien (Jérusalem 1929 - Clamart 2004). Président, à partir de 1969, de l'Organisation de libération de la Palestine (O.L.P.), il est l'un des artisans de l'accord israélo-palestinien signé, à Washington, en 1993, ce qui lui vaut de recevoir, en 1994, avec S. Peres et Y. Rabin, le prix Nobel de la paix. Leader à partir de 1994 de l'Autorité palestinienne, puis élu président du Conseil de l'autonomie palestinienne en 1996, il assuma ces fonctions jusqu'à sa mort.

Arago (François), physicien et astronome français (Estagel, Pyrénées-Orientales, 1786 - Paris 1853). Il découvrit les polarisations rotatoire et chromatique de la lumière, mesura la densité de divers gaz et découvrit l'aimantation du fer par le courant électrique. Esprit libéral, très populaire, il fut membre du Gouvernement provisoire en 1848 et fit abolir l'esclavage dans les colonies françaises.

Aragon, en esp. **Aragón,** communauté autonome du nord-est de l'Espagne, comprenant les prov. de Huesca, Saragosse et Teruel ; 47 650 km^2 ; 1 344 509 hab. *(Aragonais).* CAP. *Saragosse.* Apparu au IXe s., le comté d'Aragon se constitue en royaume au XIe s. et s'unit en 1137 au comté de Barcelone. Le royaume d'Aragon devient une puissance méditerranéenne de premier plan, conquérant progressivement le royaume de Valence, les Baléares, la Corse, la Sardaigne et la Sicile. Le mariage de Ferdinand, roi d'Aragon, et d'Isabelle de Castille prépare l'union des deux royaumes, réalisée en 1479.

Aragon (Louis), écrivain français (Paris 1897 - *id.* 1982). Un des fondateurs du surréalisme (*le Paysan de Paris,* 1926), il se consacra ensuite à l'illustration des thèmes du communisme (*les Beaux Quartiers,* 1936 ; *la Semaine sainte,* 1958) et de la Résistance (*le Crève-cœur,* 1941), sans rompre avec le lyrisme traditionnel (*les Yeux d'Elsa,* 1942). Directeur de la revue *les Lettres françaises* (1953-1972), il élabora aussi une réflexion sur la création artistique et littéraire (*Henri Matisse, roman,* 1971 ; *Théâtre/Roman,* 1974).

araignée [areɲe] **n.f.** (lat. *aranea*). **1.** Arthropode à quatre paires de pattes et à abdomen non segmenté. ▸ Classe des arachnides ; sous-classe des aranéides. **2.** BOUCH. Morceau de bœuf constitué des muscles de la paroi abdominale. **3.** PÊCHE. Filet ténu à mailles carrées. **4.** TECHNOL. Crochet de fer à plusieurs branches. **5.** *FAM.* **Avoir une araignée au plafond,** avoir l'esprit dérangé. **6. Araignée de mer,** grand crabe comestible aux longues pattes.

araire [arɛr] **n.m.** (lat. *aratrum,* de *arare,* labourer). Instrument de labour qui rejette la terre de part et d'autre du sillon (à la différence de la charrue, qui la retourne).

Aral ***(mer d'),*** grand lac salé d'Asie, partagé entre le Kazakhstan et l'Ouzbékistan ; 39 000 km^2. Il reçoit le Syr-Daria et l'Amou-Daria, dont l'apport ne peut empêcher la diminution de sa superficie, liée à l'intensité des prélèvements pour l'irrigation.

araméen, enne [arameɛ̃, -ɛn] **adj.** Qui appartient aux Araméens. ◆ **araméen n.m.** Langue sémitique parlée princ. pendant l'Antiquité dans tout le Proche-Orient.

Araméens, populations sémitiques qui, d'abord nomades, fondèrent divers États en Syrie. Leur langue fut celle de l'Orient, à partir du VIIIe s. av. J.-C., et ne disparut qu'avec la conquête arabe (VIIe s. apr. J.-C.).

Aranjuez ***(insurrection d')*** [17-18 mars 1808], révolte qui éclata à Aranjuez, ville d'Espagne (province de Madrid), et qui était dirigée contre Charles IV, allié de Napoléon Ier.

Ararat ***(mont),*** massif volcanique de la Turquie orientale (Arménie) où, suivant la Bible, s'arrêta l'arche de Noé ; 5 165 m.

arasement [arazmɑ̃] **n.m.** Action d'araser ; fait d'être arasé.

araser [araze] **v.t.** (du lat. *radere,* raser). **1.** User un relief, une surface jusqu'à disparition des saillies : *Massif arasé par l'érosion* (syn. **aplanir**). **2.** Mettre de niveau : *Araser la dernière assise d'un mur* (syn. **niveler**).

aratoire [aratwar] **adj.** (du lat. *arare,* labourer). Qui concerne le travail de la terre, des champs : *Les instruments aratoires.*

araucaria [arokarja] **n.m.** (de *Arauco,* n. d'une ville du Chili). Arbre d'Amérique du Sud et d'Océanie, souvent cultivé dans les parcs européens. ▸ Famille des araucariacées.

arbalète [arbalɛt] **n.f.** (bas lat. *arcuballista,* du class. *arcus,* arc, et *ballista,* baliste). Arme de trait composée d'un arc d'acier, bandé à la main ou par un mécanisme.

arbalétrier [arbaletrije] **n.m.** Soldat armé d'une arbalète.

Arbèles ***(bataille d')*** [331 av. J.-C.], victoire décisive d'Alexandre le Grand en Assyrie sur le roi de Perse Darios III.

arbitrage [arbitraʒ] **n.m. 1.** Action de régler un litige en tant qu'arbitre ; sentence ainsi rendue : *Avoir recours à l'arbitrage de l'inspecteur du travail* (syn. **médiation**). **2.** Action de contrôler la régularité d'une compétition sportive en tant qu'arbitre : *L'arbitrage d'un match de football.*

arbitraire [arbitrɛr] **adj.** (lat. *arbitrarius,* de *arbiter,* arbitre, maître). **1.** Qui résulte du libre choix et ne répond à aucune nécessité logique : *Donner à « X » une valeur arbitraire* (syn. **conventionnel**). **2.** Qui découle du bon plaisir de qqn, au détriment de la loi ou de la justice : *Arrestation arbitraire* (syn. **injustifié**). ◆ **n.m.** Caractère de ce qui est arbitraire ; pouvoir despotique : *Le règne de l'arbitraire* (syn. **autoritarisme**).

arbitrairement [arbitrɛrmɑ̃] **adv.** De façon arbitraire : *Un symbole choisi arbitrairement.*

1. arbitre [arbitr] **n.** (lat. *arbiter*). **1.** Personne choisie par les parties intéressées pour trancher un différend : *Ils ont choisi le maire comme arbitre* (syn. **médiateur**). **2.** Personne, groupe possédant un poids suffisant pour imposer sa volonté : *Être l'arbitre d'une crise politique* (= l'élément qui peut faire pencher la balance d'un côté ou de l'autre). **3.** Personne chargée de diriger une rencontre sportive ou un jeu dans le respect des règlements.

2. arbitre [arbitr] **n.m.** (lat. *arbitrium,* de *arbiter,* arbitre, maître). **Libre arbitre,** faculté de se déterminer par la seule volonté, hors de toute sollicitation extérieure : *User de son libre arbitre* (= agir hors de toute contrainte).

arbitrer [arbitre] **v.t.** Juger ou contrôler en qualité d'arbitre : *Arbitrer un match, un litige.*

arboré, e [arbɔre] **adj.** Planté d'arbres.

arborer [arbɔre] **v.t.** (it. *arborare,* dresser comme un arbre). **1.** Élever au bout d'une hampe : *Arborer un étendard. Arborer les couleurs* (syn. **hisser**). **2.** Porter avec ostentation : *Arborer* *un insigne à sa boutonnière* (syn. **exhiber**). **3.** Montrer ouvertement pour attirer l'attention : *Arborer un sourire de circonstance* (syn. **afficher**).

arborescence [arbɔresɑ̃s] **n.f. 1.** État d'un végétal arborescent. **2.** Partie arborescente d'un végétal. **3.** Forme arborescente : *Les arborescences du givre.*

arborescent, e [arbɔresɑ̃, -ɑ̃t] **adj.** (lat. *arborescens*, de *arbor*, arbre). Qui a la forme d'un arbre : *Fougères arborescentes.*

arboretum [arbɔretɔm] **n.m.** (mot lat.). Plantation d'arbres de nombreuses espèces sur un même terrain, en vue de leur étude botanique.

arboricole [arbɔrikɔl] **adj. 1.** Qui vit sur les arbres, en parlant d'un animal. **2.** Qui concerne l'arboriculture.

arboriculture [arbɔrikyltyr] **n.f.** (du lat. *arbor*, arbre, et de *culture*). Culture des arbres et, en partic., des arbres fruitiers. ◆ **arboriculteur, trice n.** Nom du spécialiste.

arborisation [arbɔrizasjɔ̃] **n.f.** (du lat. *arbor*, arbre). Dessin naturel évoquant des ramifications : *Les arborisations du givre, de l'agate.*

arbouse [arbuz] **n.f.** (prov. *arbousso*, du lat. *arbutum*). Fruit de l'arbousier, dont on fait une liqueur.

arbousier [arbuzje] **n.m.** Arbrisseau du Midi, à feuilles rappelant celles du laurier, dont le fruit, comestible, est l'arbouse. ▸ Famille des éricacées ; haut. max. 5 m.

arbre [arbr] **n.m.** (lat. *arbor*). **1.** Végétal ligneux vivace dont la tige, ou tronc, fixée au sol par des racines, n'est chargée de branches et de feuilles qu'à partir d'une certaine hauteur : *Arbres fruitiers.* **2.** MÉCAN. Axe qui transmet un mouvement ou le transforme : *Arbre à cames.* **3.** Objet, représentation dont la forme évoque les ramifications d'un arbre : *L'arbre syntaxique d'une phrase.* **4. Arbre de Judée,** arbre dont les fleurs roses apparaissent, au printemps, avant les feuilles. / **Arbre généalogique,** représentation graphique en forme d'arbre dont les ramifications figurent la filiation des membres d'une famille. **5.** ANAT. **Arbre de vie,** arborisation que forme la substance blanche du cervelet en se découpant sur la substance grise.

arbrisseau [arbriso] **n.m.** (lat. pop. **arboriscellus*, du class. *arbor*, arbre). Végétal ligneux à tige ramifiée dès la base, qui ne s'élève qu'à une faible hauteur (1 à 4 m) ; petit arbre très ramifié, souvent en buisson. ▸ Les botanistes établissent une distinction entre l'*arbrisseau* (tige ramifiée dès la base ; haut. de 1 à 4 m) et l'*arbuste* (tronc non ramifié à sa base ; haut. jusqu'à 7 m).

arbuste [arbyst] **n.m.** (lat. *arbustum*). Végétal ligneux dont la tige n'est pas ramifiée dès la base et dont la hauteur ne dépasse pas 7 m ; arbre de petite taille.

arbustif, ive [arbystif, -iv] **adj. 1.** Relatif à l'arbuste ; composé d'arbustes : *Végétation arbustive.* **2.** De la taille d'un arbuste : *Plantes arbustives.*

arc [ark] **n.m.** (lat. *arcus*). **1.** Arme formée d'une tige flexible dont les extrémités sont reliées par une corde que l'on tend fortement pour lancer des flèches : *Tir à l'arc.* **2.** Objet, forme, ligne dont la courbure rappelle celle d'un arc : *L'arc des sourcils.* **3.** Partie, portion courbe de certains organes : *Arc du côlon, de l'aorte.* **4.** ARCHIT. Partie d'un édifice franchissant un espace en dessinant une ou plusieurs courbes : *Arc en plein cintre.* **5. Arc de triomphe,** monument commémoratif formant une grande arcade ornée de bas-reliefs, d'inscriptions, etc. / GÉOM. **Arc de cercle,** ensemble des points d'un cercle situés d'un même côté d'une corde ; au fig., courbe quelconque : *La route décrit un arc de cercle.* / PHYS. **Arc électrique,** conduction gazeuse qui s'établit entre deux conducteurs, accompagnée d'une température et d'une lumière intenses. / PHYSIOL. **Arc réflexe,** trajet parcouru par l'influx nerveux provoquant un réflexe.

1. arcade [arkad] **n.f.** (it. *arcata*, de *arco*, arc). **1.** Ouverture faite d'un arc reposant sur deux piédroits, piliers ou colonnes. **2.** (Au pl.). Galerie à arcades : *Les arcades de la rue de Rivoli, à Paris.* **3.** ANAT. Organe, partie du corps en forme d'arc : *Arcade dentaire. Arcade sourcilière.*

2. arcade [arkad] **n.f.** (angl. *arcade*, galerie marchande). **1.** HELV. Local commercial. **2. Jeu d'arcade,** jeu vidéo payant installé dans un lieu public.

Arcadie, région de la Grèce ancienne, dans la partie centrale du Péloponnèse, dont la tradition poétique a fait un pays idyllique.

arcane [arkan] **n.m.** (lat. *arcanum*, secret). **1.** Dans le langage des alchimistes, opération mystérieuse dont le secret est connu des seuls initiés. **2.** LITT. (Au pl. ; vieilli au sing.). Toute chose mystérieuse, spécial. pour le profane : *Les arcanes de la politique* (syn. **mystère, secret**).

arc-boutant [arkbutɑ̃] **n.m.** (de *arc* et *bouter*, pousser) [pl. *arcs-boutants*]. Maçonnerie en arc élevée à l'extérieur d'un édifice pour soutenir un mur en reportant la poussée des voûtes sur une culée, caractéristique de l'architecture gothique.

arc-bouter [arkbute] **v.t.** Soutenir une construction au moyen d'un arc-boutant : *Arc-bouter une voûte.* ◆ **s'arc-bouter v.pr. [contre, à, sur].** Prendre fortement appui sur une partie du corps pour exercer un effort de résistance : *S'arc-bouter contre une porte pour la maintenir fermée.*

arceau [arso] **n.m.** (lat. pop. **arcellus*, du class. *arcus*, arc). **1.** ARCHIT. Partie cintrée d'une voûte ou d'une ouverture, comprenant au plus un quart de cercle. **2.** Objet en forme de petit arc : *Les arceaux d'un jeu de croquet.*

arc-en-ciel [arkɑ̃sjɛl] **n.m.** (pl. *arcs-en-ciel*). Arc lumineux coloré parfois visible dans le ciel, à l'opposé du soleil, pendant une averse. ◆ **adj. inv.** Qui présente les couleurs de l'arc-en-ciel : *Des foulards arc-en-ciel* (syn. **multicolore**).

archaïque [arkaik] **adj.** (v. *archaïsme*). **1.** Qui appartient à une époque passée ; qui n'est plus en usage : *Tournure archaïque* (syn. **désuet, démodé**). **2.** BX-A. Antérieur aux époques classiques ; primitif : *Style archaïque.*

archaïsant, e [arkaizɑ̃, -ɑ̃t] **adj.** et **n.** Qui a les caractères de l'archaïsme : *Tournure archaïsante.*

archaïsme [arkaism] **n.m.** (gr. *arkhaismos*, de *arkhaios*, ancien). **1.** Caractère de ce qui est très ancien, de ce qui est périmé : *L'archaïsme d'un procédé de fabrication* (contr. **modernité**). **2.** Forme, tournure langagière qui n'est plus en usage : *« S'éjouir », « aucuns » sont deux archaïsmes pour « se réjouir » et « quelques-uns ».*

archange [arkɑ̃ʒ] **n.m.** (gr. *arkhangelos*). Ange d'un ordre supérieur : *Les archanges Gabriel, Michel et Raphaël.*

1. arche [arʃ] **n.f.** (lat. *arcus*). **1.** Partie d'un pont formée de la voûte prenant appui sur les deux piles qui la portent. **2.** Petite voûte en berceau percée dans une construction de peu d'épaisseur. **3.** Four pour recuire le verre.

2. arche [arʃ] **n.f.** (lat. *arca*, coffre). **1.** Vaisseau que, selon la Bible, Noé construisit sur l'ordre de Dieu pour sauver du Déluge sa famille et les espèces animales. **2. Arche d'alliance,** coffre où les Hébreux gardaient les Tables de la Loi ; de nos jours, armoire où est enfermé le rouleau de la Torah.

archéologie [arkeɔlɔʒi] **n.f.** (de *archéo-* et *-logie*). Étude scientifique des civilisations qui se sont succédé depuis l'apparition de l'homme, notamm. par l'analyse des vestiges matériels mis au jour par les fouilles. ◆ **archéologue n.** Nom du spécialiste.

■ Au XVIIIe s., les premiers relevés d'Herculanum (1738) et les fouilles de Pompéi (1748) provoquent un regain d'intérêt pour l'Antiquité, pendant que s'accroît l'influence de J. Winckelmann, qui, en réaction à l'exubérance de l'art baroque, vante le classicisme de la Grèce et prône le « beau idéal », théorie qui engendre le néoclassicisme.
La naissance. Mais c'est avec le XIXe s., époque des premiers déchiffrements (les hiéroglyphes par Champollion en 1822, les bases de la lecture du cunéiforme par le Britannique Henry Rawlinson à Béhistoun), que naît l'archéologie. Déjà Boucher de Crèvecœur de Perthes prévoit la très grande ancienneté de l'homme, confirmée par la paléontologie et la préhistoire.

Le XIXe s., siècle des voyageurs qui ramènent descriptions, dessins puis étonnantes photographies de leurs périples lointains, est aussi celui de la mise au jour de grandes cités de l'Antiquité : Troie par Schliemann, Nimroud par le Britannique Austen H. Layard ou encore la capitale de Sargon II d'Assyrie (actuellement Khursabad) par le Français Paul Émile Botta. Autant de découvertes qui seront à l'origine des grands instituts de recherche européens (École française d'Athènes en 1846, Institut allemand d'archéologie en 1874, etc.), mais aussi des premières mesures de protection des monuments, après leur dégagement, illustrées par Mariette en Égypte.

L'archéologie scientifique. Avec le XXe s., l'archéologie devient une science auxiliaire de l'histoire au même titre que l'épigraphie ou la numismatique, par exemple.

Les principaux stades du travail sont :

– *la détection et la prospection des sites.* Elles s'effectuent en part. par l'observation des anomalies du terrain, la présence de vestiges, la densité végétale ;

– *la fouille.* Il ne s'agit pas seulement de recueillir des objets mais surtout d'observer et de relever leur emplacement ou celui d'éventuelles traces qui peuvent signaler l'empreinte d'un pied humain, celle d'objets disparus, ou celle d'un foyer ;

– *l'étude technique et l'interprétation.* Comprendre un processus de fabrication ou d'utilisation, connaître les activités humaines des sociétés disparues, des plus quotidiennes et banales à celles, plus secrètes, qui relèvent de comportements socio-économiques ou de rituels et de croyances, et établir le cadre chronologique, tels sont les buts de ces études. Les travaux de l'archéologue sont désormais soutenus par de multiples disciplines scientifiques. Ainsi, les sciences physico-chimiques (mesure du taux de carbone radioactif, ou carbone 14 ; mesure du fluor dans des ossements), associées à la dendrochronologie (étude des anneaux de croissance des arbres) ou à la palynologie (étude des pollens), fournissent des datations de plus en plus précises. Le recours à l'informatique permet l'étude de séries, de caractères, etc., qui aboutissent à des analyses et à des typologies très fines. La sauvegarde s'exerce de plusieurs façons : déplacement d'un monument (Abou-Simbel) ; protection d'un gisement (Pincevent) ; conservation d'un ensemble (Lascaux, en France ou l'Acropole à Athènes). Souvent, pour atteindre un niveau inférieur ou bien lors de fouilles préalables à des constructions, ce qui est étudié est destiné à être détruit : les objets recueillis deviennent alors l'unique témoignage d'un moment de l'existence humaine. ■

archéologique [arkeɔlɔʒik] **adj.** Propre à l'archéologie : *Des fouilles archéologiques.*

archéoptéryx [arkeɔpteriks] **n.m.** (de *archéo-*, et du gr. *pterux,* aile). Oiseau fossile du jurassique présentant des caractères reptiliens.

archer [arʃe] **n.m.** Tireur à l'arc.

archerie [arʃəri] **n.f. 1.** Technique du tir à l'arc. **2.** Matériel du tireur à l'arc.

archet [arʃɛ] **n.m.** (de *arc*). Baguette souple tendue de crins, qui sert à faire vibrer, par frottement, les cordes de certains instruments (violon, violoncelle, etc.).

archétypal, e, aux [arketipal, -o] et **archétypique** [arketipik] **adj.** Relatif à un archétype ; qui représente un archétype.

archétype [arketip] **n.m.** (gr. *arkhetupon,* modèle primitif). **1.** Modèle original ou idéal d'après lequel sont bâtis un ouvrage, une œuvre : *« Œdipe roi » est l'archétype des tragédies antiques.* **2.** PSYCHAN. Chez Jung, élément universel issu de l'inconscient collectif et se manifestant spécial. dans la structure des mythes de l'humanité : *Le dragon, archétype du monstre légendaire.* **3.** PHILOS. Idée, forme du monde intelligible à laquelle correspond toute réalité sensible, chez Platon ; idée qui sert de modèle à une autre, pour les empiristes.

archevêché [arʃəveʃe] **n.m.** Étendue de la juridiction d'un archevêque ; sa résidence.

archevêque [arʃəvɛk] **n.m.** (lat. *archiepiscopus ;* v. *évêque*). Évêque d'une province ecclésiastique qui comprend plusieurs diocèses.

archi-, préfixe, de l'élément gr. *archi-,* de *arkhein,* commander, exprimant un superlatif, une intensité extrême *(archi-faux, archi-connu)* ou indiquant un rang hiérarchique supérieur *(archiduc, archiphonème).*

archidiacre [arʃidjakr] **n.m.** Prélat responsable de l'administration d'une partie du diocèse, sous l'autorité de l'évêque.

archiduc [arʃidyk] **n.m.** Prince de la maison d'Autriche.

archiduchesse [arʃidyʃɛs] **n.f. 1.** Princesse de la maison d'Autriche. **2.** Épouse, fille d'un archiduc.

archiépiscopat [arʃiepiskɔpa] **n.m.** (v. *archevêque*). Dignité d'archevêque ; durée de sa fonction.

archimandrite [arʃimɑ̃drit] **n.m.** (lat. *archimandrita,* mot gr., de *mandra,* enclos). Titre porté par les supérieurs de certains monastères importants dans les Églises orientales.

Archimède, mathématicien, physicien et ingénieur grec (Syracuse v. 287 av. J.-C. - *id.* 212). On lui doit, en mathématiques, le calcul de π, les formules d'addition et de soustraction des arcs, le calcul des aires de la sphère et du cylindre, l'étude des solides engendrés par la rotation des coniques autour de leurs axes. En mécanique, on lui attribue les inventions de la vis sans fin, de la poulie mobile, des moufles, des roues dentées. Il établit la théorie du levier, ne demandant, dit-on, qu'« un point d'appui pour soulever le monde ». En physique, il est le créateur de la statique des solides, avec sa théorie du centre de gravité, ainsi que de l'hydrostatique, dont il établit les lois fondamentales. C'est en observant la diminution du poids de ses membres tandis qu'il prenait un bain qu'il découvre le principe qui porte son nom *(Tout corps plongé dans un fluide subit une poussée verticale, dirigée de bas en haut, égale au poids du liquide déplacé).* Dans l'enthousiasme de cette découverte, il aurait crié : « Eurêka ! » (« J'ai trouvé ! »).

Grâce à des machines qu'il avait fait construire pour lancer au loin des traits ou des pierres, Archimède tint pendant trois ans en échec les Romains qui assiégeaient Syracuse ; on prétend qu'il enflammait aussi les vaisseaux ennemis à l'aide de miroirs ardents. Il fut tué lors de la prise de la ville.

archipel [arʃipɛl] **n.m.** (it. *arcipelago,* du gr. *pelagos,* mer). Groupe d'îles : *L'archipel des Cyclades.*

archiphonème [arʃifɔnɛm] **n.m.** LING. Phonème dont les traits pertinents sont communs à deux autres phonèmes qui ne peuvent se distinguer dans une position donnée : */e/ et /œ/ ne peuvent s'opposer à l'initiale de « ergot », où apparaît l'archiphonème /E/.*

architecte [arʃitɛkt] **n.** (gr. *arkhitektôn,* maître constructeur). **1.** Personne qui conçoit le projet et la réalisation d'un édifice, d'un bâtiment, etc., et qui en contrôle l'exécution. **2.** LITT. Personne qui conçoit un ensemble, une organisation complexe et qui participe à sa réalisation : *Homme politique qui a été l'architecte d'une importante réforme* (= le maître d'œuvre). **3. Architecte naval,** ingénieur en construction navale chargé de la conception d'un navire, d'une plate-forme marine, etc.

architectonique [arʃitɛktɔnik] **n.f.** Ensemble des règles techniques propres à l'architecture. ◆ **adj.** Relatif à l'architectonique.

architectural, e, aux [arʃitɛktyral, -o] **adj.** Relatif à l'architecture ; qui évoque une œuvre d'architecture : *La structure architecturale d'un tableau.*

architecture [arʃitɛktyr] **n.f. 1.** Art de concevoir et de construire un bâtiment selon des règles techniques et des canons esthétiques déterminés ; science de l'architecte. **2.** LITT. Structure, organisation : *L'architecture d'un roman.*

■ Reflet d'une époque, d'une culture, d'une société, l'architecture modèle les hommes et agit sur leur mode de vie. L'architecte est le maître d'œuvre d'un art synthétique →

par excellence, qui concerne à la fois le dessin (plans des façades), la sculpture (volumes des bâtiments) et l'organisation d'un espace. Le *type* de l'édifice est conditionné par les *ressources* techniques de chaque civilisation et par le *programme* (c'est-à-dire la destination) qui lui est assigné – lequel inclut non seulement des données rationnelles, mais aussi des valeurs symboliques.

Des liens étroits avec une société et un terroir. De tout temps, l'architecture a permis d'exprimer un pouvoir politique : imposantes pyramides de l'Égypte antique marquant la puissance du pharaon, fastueux château de Versailles qui assoit celle du Roi-Soleil. Les conditions économiques et sociales agissent aussi, inévitablement, sur l'architecture. Ainsi, dans la Florence du XVe s., la montée d'une nouvelle classe de marchands et de banquiers ouvre une période de construction de grands palais ; dans l'Angleterre des XVIIe et XVIIIe s., la florissante aristocratie terrienne fait construire de nombreux manoirs à l'architecture élégante ; aux États-Unis, le gratte-ciel est emblématique, par l'augmentation constante de sa hauteur, de la concurrence effrénée entre les entreprises qu'il abrite. L'architecture entretient également des liens étroits avec la religion : dans de nombreuses civilisations, le temple, l'église, le lieu sacré sont, dès les origines, le monument par excellence de la communauté.

Les matériaux, leur disponibilité dans une région et l'évolution des connaissances techniques ont aussi à l'évidence une influence déterminante. Si le nord de la France construit en brique, faute de pierre, la Scandinavie, riche en forêts, utilise largement le bois. Au XIXe s., l'architecture alterne rejet et promotion de nouvelles techniques. Elles ne seront réellement acceptées et mises en valeur qu'au XXe s., qui verra des audaces plastiques rendues possibles par la mise au point du béton armé.

L'architecte dans l'histoire. Certains architectes ont marqué l'histoire de l'art par leur personnalité, leurs recherches et leurs écrits. On s'est ainsi référé, pendant des siècles, aux principes de l'Antiquité grecque consignés par Vitruve. Le Moyen Age reste largement anonyme, même si quelques pierres de cathédrales ont transmis les noms de grands maîtres d'œuvre. À la Renaissance, les recherches de Brunelleschi et d'Alberti marquent leur temps. À partir du XVIe s., les traités de Palladio et de Vignole, inspirés des principes de l'Antiquité gréco-romaine, guident l'architecture jusqu'à la fin du XIXe s.

Avec, au tournant du XXe s., l'usage de matériaux nouveaux, fer et béton notamment, s'ouvre le champ de l'architecture et l'obstination de quelques novateurs de génie (comme Van de Velde, Gropius, Mies van der Rohe, Le Corbusier, Wright, Niemeyer) réussit à vaincre les usages traditionnels pour donner naissance à l'architecture moderne.

L'architecture aujourd'hui. Avec des influences très diverses, où domine souvent la figure de Le Corbusier (chez Richard Meier ou Niemeyer en part.), le XXe s. se caractérise par le pluralisme des partis pris et des doctrines : valeur esthétique des circulations et des espaces techniques (Piano et Richard Rogers pour le Centre Pompidou), mise en valeur des éléments structurels apparents (Foster), postmodernisme (Rossi), dépouillement formel et attention au contexte naturel ou urbain (Ando Tadao, Álvaro Siza), réminiscence de l'architecture moderne des années 1920 et 1930 (Portzamparc), retour délibéré aux formes du classicisme (Bofill), recours privilégié au verre et au métal (Nouvel) ou à la géométrie des formes et à leur pouvoir symbolique (Pei Ieoh Ming), expressionnisme structurel (Santiago Calatrava). Depuis la fin du XXe s., favorisée par les progrès techniques, l'architecture est redevenue synonyme de prouesse formelle : les architectes peuvent non seulement représenter des projets aux formes courbes très complexes, qu'ils ne savaient jusqu'à présent pas dessiner, mais aussi faire en sorte que ces formes soient constructibles. Pour ce faire, les agences de Frank Gehry, Zaha Hadid, Rem Koolhaas, ou encore Herzog-de Meuron, Coop Himmelbau et Sanaa, font appel à des logiciels de *conception assistée par ordinateur,* souvent issus de l'aéronautique. ■

architecturer [arʃitɛktyre] **v.t.** Construire, agencer une œuvre avec rigueur.

architrave [arʃitrav] **n.f.** (it. *architrave,* du lat. *trabes,* poutre). ARCHIT. Partie inférieure (linteau ou plate-bande) d'un entablement, reposant directement sur les supports.

archivage [arʃivaʒ] **n.m.** Action d'archiver ; fait d'être archivé.

archiver [arʃive] **v.t.** Recueillir et classer des documents dans des archives : *Archiver des contrats.*

archives [arʃiv] **n.f. pl.** (bas lat. *archivum,* gr. *arkheion,* ce qui est ancien). **1.** Ensemble des documents relatifs à l'histoire d'une ville, d'une famille, etc., propres à une entreprise, à une administration, etc. : *Les archives municipales.* **2.** Lieu où sont conservés de tels documents : *Aller aux archives.*

Archives nationales, service qui conserve, classe et communique les documents produits par le gouvernement et par les administrations centrales de l'État, ainsi que les archives privées qui lui sont confiées. Créées en 1794, les Archives nationales sont installées principalement à Paris (hôtels de Soubise et de Rohan), à Fontainebleau et à Pierrefitte-sur-Seine.

archiviste [arʃivist] **n.** Spécialiste de la conservation, du classement, de l'étude des archives.

archivolte [arʃivɔlt] **n.f.** (it. *archivolto,* voûte maîtresse). ARCHIT. Face verticale à moulures d'un arc.

archonte [arkɔ̃t] **n.m.** (gr. *arkhôn, -ontos,* de *arkhein,* commander). Haut magistrat, dans diverses cités grecques anciennes.

Arcole ***(bataille du pont d')*** [15-17 nov. 1796], difficile victoire de Bonaparte pendant la campagne d'Italie sur les Autrichiens, près de Vérone, sur un petit affluent de l'Adige.

arçon [arsɔ̃] **n.m.** (lat. pop. *arcio,* class. *arcus,* arc). **1.** Armature de la selle, formée de deux arcades, du pommeau et de la partie postérieure : *Vider les arçons* (= tomber de cheval). *Rester ferme sur ses arçons* (= se tenir bien en selle). **2.** Sarment de vigne, rameau d'arbre fruitier que l'on courbe en arc pour lui faire produire plus de fruits.

arctique [arktik] **adj.** (gr. *arktikos*). Du pôle Nord et des régions environnantes.

Arctique, ensemble formé par l'océan Arctique et la région continentale et insulaire (terres arctiques) située à l'intérieur du cercle polaire boréal, englobant le nord de l'Amérique, de l'Europe et de la Sibérie, le Groenland et le Svalbard. De climat très froid, les terres arctiques, au moins sur leurs franges méridionales, possèdent, en dehors d'une végétation très pauvre (toundra), une faune terrestre (renne) et marine. Les groupes humains sont très dispersés : Esquimaux, Lapons, Samoyèdes.

Arctique ***(océan),*** ensemble des mers situées dans la partie boréale du globe, limité par les côtes septentrionales de l'Asie, de l'Amérique et de l'Europe, et par le cercle polaire boréal.

Arcy-sur-Cure, comm. de l'Yonne ; 507 hab. Ensemble de grottes occupées du paléolithique (- 35 000) à l'époque gallo-romaine et où A. Leroi-Gourhan, par des fouilles exemplaires, a étudié des sols d'habitats du paléolithique intacts, avec foyers, trous de poteaux, ainsi que nombre d'outils en pierre et en os et surtout des gravures pariétales qui en font l'un des plus importants gisements du nord de la Loire.

Ardèche, riv. de France, née dans les Cévennes, affluent du Rhône (r. dr.) ; 120 km.

Ardèche [07], dép. de la Région Auvergne-Rhône-Alpes ; ch.-l. de dép. *Privas ;* ch.-l. d'arr. *Largentière, Tournon-sur-Rhône ;* 3 arr., 17 cant., 339 comm. ; 5 529 km^2 ; 328 189 hab. *(Ardéchois).*

ardemment [ardamɑ̃] **adv.** Avec ardeur : *Je souhaite ardemment votre retour.*

Ardenne (l') ou **Ardennes (les),** massif de grès et de schistes au relief aplani mais entaillé par des vallées profondes

(Meuse), dont la plus grande partie est située en Belgique, mais qui déborde sur la France et le Luxembourg. C'est une région, entre 400 et 700 m (culminant à 694 m au signal de Botrange), au climat rude, peu peuplée, couverte de bois et de tourbières (fagnes). Théâtre, en août 1914, de combats entre Français et Allemands, en mai 1940, de la percée de la Meuse par la Wehrmacht et, en décembre 1944, de l'ultime contre-offensive des blindés allemands (Bastogne).

Ardennes [08], dép. de la Région Alsace-Champagne-Ardenne-Lorraine ; ch.-l. de dép. *Charleville-Mézières* ; ch.-l. d'arr. *Rethel, Sedan, Vouziers* ; 4 arr., 19 cant., 463 comm. ; 5 229 km^2 ; 291 031 hab. *(Ardennais).*

ardent, e [ardɑ̃, -ɑ̃t] **adj.** (lat. *ardens,* brûlant). **1.** Qui brûle, chauffe fortement : *Soleil ardent* (syn. **brûlant**). **2.** Passionné, impétueux, en parlant d'un sentiment, d'un comportement : *Mener une lutte ardente contre les abus* (syn. **acharné**). *Une discussion ardente* (syn. **vif**). *Une ardente conviction* (syn. **profond**). **3.** Plein de fougue ; empressé : *Tempérament ardent. Il est ardent au travail.* **4.** HIST. **Chambre ardente,** dans la France d'Ancien Régime, tribunal d'exception qui jugeait des criminels d'État. / **Chapelle ardente,** chambre mortuaire éclairée de cierges.

ardeur [ardœr] **n.f.** (lat. *ardor,* de *ardere,* brûler). **1.** Force qui pousse à faire qqch ; force que l'on met à faire qqch : *Montrer de l'ardeur au travail* (syn. **empressement, zèle**). *L'ardeur des combattants* (syn. **impétuosité**). **2.** *LITT.* Chaleur extrême : *L'ardeur du soleil.*

ardillon [ardijɔ̃] **n.m.** (de l'anc. fr. *hart,* corde, du germ.). Pointe métallique d'une boucle de ceinture, de courroie.

ardoise [ardwaz] **n.f.** (orig. incert., p.-ê. celtique *ard,* haut). **1.** Roche schisteuse, gris foncé, se divisant facilement en plaques minces et servant notamm. à couvrir les toits. **2.** Tablette, naguère faite d'ardoise, sur laquelle on peut écrire à la craie ou avec un crayon spécial (dit *crayon d'ardoise*). **3.** *FAM.* Somme due, crédit ouvert chez un commerçant : *Avoir une ardoise chez le boucher.*

ardoisé, e [ardwaze] **adj.** De la couleur grise de l'ardoise.

ardoisier, ère [ardwazje, -ɛr] **adj. 1.** De la nature de l'ardoise. **2.** Relatif à l'ardoise : *Industrie ardoisière.*

ardoisière [ardwazjɛr] **n.f.** Carrière d'ardoise.

ardu, e [ardy] **adj.** (lat. *arduus*). Difficile à mener à bien, à comprendre, à résoudre : *Un travail ardu* (syn. **pénible**). *Une question ardue* (syn. **compliqué**).

are [ar] **n.m.** (lat. *area,* surface). Unité de mesure des surfaces agraires. ▸ Symb. a ; l'are vaut 100 mètres carrés.

arec [arɛk] et **aréquier** [arekje] **n.m.** (port. *areca*). Palmier à tige élancée de l'Asie du Sud-Est, dont le fruit est la *noix d'arec.*

aréique [areik] **adj.** (de *a-* priv., et du gr. *rhein,* couler). GÉOGR. Privé d'écoulement régulier des eaux, en parlant d'une région, d'un sol : *Le Sahara est une région aréique.*

Arendt (Hannah), philosophe américaine d'origine allemande (Hanovre 1906 - New York 1975). Juive, élève de Husserl, Bultmann, Jaspers et Heidegger, elle a fui le nazisme (1934) et s'est installée aux États-Unis (1941). Elle a étudié les systèmes totalitaires (*les Origines du totalitarisme,* 1951), qu'elle aborde en termes politiques plutôt que sociologiques. Elle a écrit *Condition de l'homme moderne* (1958), *la Pensée* (trad. fr. 1981) et *le Vouloir* (trad. fr. 1983). Un ouvrage également important est *le Concept d'amour chez Augustin* (1929 ; trad. fr. 1991).

arène [arɛn] **n.f.** (lat. *arena,* sable). **1.** ANTIQ. ROM. Espace sablé d'un cirque, d'un amphithéâtre où se déroulaient les jeux. **2.** Aire sablée sur laquelle ont lieu les courses de taureaux. **3.** Espace public où s'affrontent des partis, des courants d'idées, etc. : *L'arène politique.* **4.** GÉOL. Sable de texture grossière, résultant de la désagrégation de roches cristallines. ◆ **arènes n.f. pl.** Édifice où se déroulaient les jeux, où ont lieu les courses de taureaux : *Les arènes de Nîmes.*

arénicole [arenikɔl] **adj.** (de *arène* et *-cole*). Qui vit dans le sable, en parlant d'un animal, d'une plante. ◆ **n.f.** Ver vivant dans une galerie en forme de tube en U qu'il creuse dans les sables marins.

aréole [areɔl] **n.f.** (lat. *areola,* dimin. de *area,* aire). **1.** ANAT. Cercle pigmenté qui entoure le mamelon du sein. **2.** PATHOL. Zone rougeâtre qui entoure un point inflammatoire.

aréomètre [areɔmɛtr] **n.m.** (du gr. *araios,* peu dense, et de *-mètre*). Instrument servant à déterminer la densité d'un liquide (on dit aussi *densimètre*).

aréopage [areɔpaʒ] **n.m.** (lat. *areopagus,* du gr. *Areios pagos,* colline d'Arès). **1.** ANTIQ. **L'Aréopage,** tribunal d'Athènes qui siégeait sur la colline consacrée à Arès et qui surveillait les magistrats, interprétait les lois et jugeait les meurtres. **2.** *LITT.* Assemblée de personnes compétentes, savantes : *Un aréopage de critiques littéraires.*

aréquier n.m. → **arec.**

Arès, dieu grec de la Guerre. Originaire de Thrace, il est représenté comme un guerrier en armes. Fils de Zeus et d'Héra, il s'oppose en particulier à Athéna, dont l'intelligence triomphe de sa force guerrière. Les Romains l'assimilèrent à leur dieu Mars.

arête [arɛt] **n.f.** (lat. *arista,* épi). **1.** Os du squelette des poissons. **2.** ANAT. Ligne osseuse saillante : *Arête du nez.* **3.** Angle saillant formé par la rencontre de deux surfaces : *Arête d'un mur.* **4.** Barbe de l'épi de certaines graminées (orge, seigle, etc.). **5.** MATH. Droite commune à deux plans sécants : *Un cube a douze arêtes.* **6.** GÉOGR. Ligne qui sépare les deux versants d'une montagne : *Une arête rocheuse.*

arêtier [aretje] **n.m.** CONSTR. Pièce de charpente formant l'arête saillante d'un toit.

Arezzo, v. d'Italie (Toscane), ch.-l. de prov. ; 98 706 hab. Église romaine de S. Maria. Célèbres fresques de la « Légende de la Croix » (1452-1459) par Piero della Francesca à l'église S. Francesco.

argent [arʒɑ̃] **n.m.** (lat. *argentum*). **1.** Métal précieux blanc, brillant, très ductile. ▸ Symb. Ag. **2.** Monnaie, en pièces ou en billets ; richesse qu'elle représente : *Peux-tu me prêter de l'argent ? Avoir de l'argent sur son compte en banque.* **3. Argent de poche,** somme destinée à de petites dépenses personnelles. / **En avoir, en vouloir pour son argent,** en proportion de ce qu'on a déboursé ; au fig., suivant l'importance de l'effort entrepris. / **Faire de l'argent,** s'enrichir. / **Homme, femme d'argent,** qui aime l'argent, qui sait le faire fructifier.

argentan [arʒɑ̃tɑ̃] et **argenton** [arʒɑ̃tɔ̃] **n.m.** Alliage de nickel, de cuivre et de zinc, dont la couleur blanche rappelle celle de l'argent.

argenté, e [arʒɑ̃te] **adj. 1.** Recouvert d'argent : *Cuillère en métal argenté.* **2.** *LITT.* Qui évoque l'argent, par sa couleur ou son éclat : *Flots argentés.* **3.** *FAM.* Qui a de l'argent : *Il n'est pas très argenté* (syn. **fortuné**).

argenterie [arʒɑ̃tri] **n.f.** Vaisselle et accessoires de table en argent.

Argenteuil, ch.-l. d'arr. du Val-d'Oise, sur la Seine ; 106 580 hab. *(Argenteuillais).* Centre résidentiel et industriel.

argentier [arʒɑ̃tje] **n.m. 1.** HIST. Officier de la maison du roi chargé de l'ameublement et de l'habillement. **2.** *FAM.* **Grand argentier,** ministre des Finances.

argentifère [arʒɑ̃tifɛr] **adj.** Qui renferme de l'argent, en parlant d'un minerai : *Du plomb argentifère.*

argentin, e [arʒɑ̃tɛ̃, -in] **adj.** Dont le son clair évoque celui de l'argent : *Tintement argentin d'un carillon.*

Argentine, en esp. **Argentina,** État fédéral d'Amérique du Sud ; 2 780 000 km^2 ; 41 446 000 hab. *(Argentins).* CAP. *Buenos Aires.* LANGUE : *espagnol.* MONNAIE : *peso argentin.*

GÉOGRAPHIE

L'Argentine est cinq fois plus étendue que la France, mais presque dix fois moins densément peuplée. Buenos Aires

regroupe le tiers de la population du pays, qui comprend de vastes espaces presque vides. Le peuplement est en majeure partie d'origine européenne. Le développement a été relativement précoce, le pays a une vocation largement agricole : les produits du sol (blé, maïs, sorgho, etc.) et de l'élevage (laine et surtout viande) sont prépondérants dans les exportations.
Entre les Andes et l'Atlantique, étirée sur près de 4 000 km du tropique à la Terre de Feu, l'Argentine est formée surtout de plaines et de plateaux : Chaco subtropical au nord, couvert par la savane ou portant des forêts de quebrachos ; Pampa au centre, domaine de la prairie (au climat de type tempéré vers le Río de la Plata) qui cède la place au *monte* (formation forestière médiocre) vers les Andes ; Patagonie, froide et souvent aride, au sud.
L'étendue des surfaces disponibles a été une cause du développement de l'élevage bovin et ovin, de l'importance des récoltes de blé et de vin souvent liées aussi à l'élevage. Elle explique également la prépondérance des grandes exploitations tournées vers l'exportation. Le pays dispose de ressources énergétiques notables (pétrole et gaz naturel, électricité hydraulique, importantes réserves d'uranium), mais insuffisantes (très peu de houille, importations de pétrole nécessaires). En outre, les minerais métalliques sont rares et peu abondants. L'industrie valorise en priorité les produits de l'agriculture et de l'élevage, mais s'est diversifiée (métallurgie de transformation surtout), avec l'apport de capitaux étrangers. Elle est concentrée dans l'agglomération de Buenos Aires (débouché maritime du pays), présente toutefois aussi à Rosario et Córdoba, principales villes, avec les cités du piémont andin (San Miguel de Tucumán, Mendoza [centre du vignoble]) et les ports (Bahía Blanca) ou stations (Mar del Plata) du littoral. L'urbanisation concerne plus de 80 % de la population.

HISTOIRE

1516. L'Espagnol Díaz de Solís aborde dans le Río de la Plata.
1580. Fondation de Buenos Aires.
Les Espagnols s'établissent progressivement à l'intérieur du pays. Ils y introduisent le cheval et les bovins, qui s'y multiplient rapidement. Au XVIIIe s. se créent d'immenses propriétés, ou estancias. Les propriétaires de grands troupeaux tiennent une place prépondérante dans la hiérarchie sociale.
1776. Création de la vice-royauté du Río de la Plata.
1810. Le vice-roi est déposé.
1816. José de San Martín fait proclamer l'indépendance du pays par le congrès de Tucumán.
1853. L'Argentine se donne une Constitution libérale et fédérale. De 1850 à 1929, la croissance économique s'accompagne d'une immigration européenne (notamm. italienne).
1929-1943. Période de crise économique, de tensions sociales et de dictatures militaires.
1946-1955. Gouvernement autoritaire de Perón, qui, assisté de sa femme Eva Duarte, met en œuvre un programme de réformes sociales et économiques fondamentales et s'efforce de rendre l'Argentine économiquement indépendante, en particulier à l'égard des États-Unis. Mais l'opposition de la bourgeoisie, de l'Église et de l'armée provoque le départ de Perón.
1966. L'armée prend le pouvoir.
Des difficultés politiques et économiques l'amènent à organiser des élections qui aboutissent au retour au pouvoir de Perón (1973). Mais Perón meurt en 1974 et sa seconde femme, Isabel, lui succède.
1976. Isabel Perón, incapable de faire face au chaos économique et politique, est renversée par une junte militaire.
1982. Échec d'une tentative de conquête des îles Malouines (ou Falkland), possession britannique.
1983. Retour des civils au pouvoir. Raúl Alfonsín, leader du parti radical, est élu président de la République.
Dans un pays en plein marasme économique, l'équilibre entre le pouvoir civil et l'armée reste cependant fragile.
1989. Le péroniste Carlos Saúl Menem est élu président de la République (réélu en 1995).
1995. Ouverture du Marché commun du Sud (Mercosur) dont fait partie le pays.
1999. Fernando De la Rúa (parti radical) succède à Menem.
2001. Confronté à une grave crise économique et sociale, ce dernier démissionne (déc.).
2003. Le péroniste de gauche Néstor Kirchner est élu à la présidence de la République (il meurt en 2010).
2007. Cristina Fernández de Kirchner, sa femme et étroite collaboratrice, lui succède. Elle est facilement réélue en 2011.

argenton n.m. ⟶ **argentan.**

argenture [arʒɑ̃tyr] **n.f.** Dépôt d'une couche d'argent à la surface d'une pièce.

argile [arʒil] **n.f.** (lat. *argilla*). **1.** Roche sédimentaire meuble, imperméable, grasse au toucher, et qui, imbibée d'eau, peut être façonnée : *Vase en argile.* **2. Argile à silex,** argile brune, avec des rognons durs de silex résultant de la dissolution sur place des calcaires à silex. / **Argile rouge,** dépôt argileux marin des grandes profondeurs.

argileux, euse [arʒilø, -øz] **adj.** Qui contient de l'argile.

Argolide, contrée montagneuse de l'anc. Grèce, dans le nord-est du Péloponnèse. À l'époque achéenne, elle fut le siège, entre 1400 et 1220 av. J.-C., d'une brillante civilisation, dont témoignent les fouilles de Mycènes, d'Argos, de Tirynthe et d'Épidaure.

argon [argɔ̃] **n.m.** (du gr. *argos,* inactif). Gaz inerte, incolore, constituant environ le centième de l'atmosphère terrestre. ▸ Symb. Ar.

argonaute [argɔnot] **n.m.** (gr. *Argonautês,* n. mythol.). Mollusque céphalopode des mers chaudes, à huit tentacules, dont la femelle sécrète une enveloppe calcaire pour protéger sa ponte. ▸ Long. de la femelle : 20 cm (le mâle est dix fois plus petit).

Argonautes, dans la mythologie grecque, héros qui, montés sur le navire *Argo* et commandés par Jason, allèrent conquérir la Toison d'or en Colchide.

Argonne, région de collines boisées, aux confins de la Champagne et de la Lorraine, entre l'Aisne et l'Aire. *(Argonnais).* Difficile à franchir si ce n'est par quelques défilés, l'Argonne reste célèbre par ses combats de 1914-1915 (Vauquois, la Gruerie, etc.) et de 1918 (Montfaucon).

argot [argo] **n.m.** (orig. obsc.). **1.** Langage des malfaiteurs, du milieu. **2.** Vocabulaire particulier à un groupe social, à une profession : *Argot scolaire.*

argotique [argɔtik] **adj.** Qui appartient à l'argot.

argotisme [argɔtism] **n.m.** Mot, expression argotique.

Argovie, en all. **Aargau,** un des cantons de la Suisse, créé en 1803 ; 1 404 km^2 ; 611 466 hab. *(Argoviens).* Ch.-l. *Aarau.*

arguer [argɥe] **v.t.** (lat. *arguere,* prouver) [conj. **8**]. **1.** Tirer comme conséquence : *Que peut-on arguer de ce témoignage ?* (syn. **déduire, conclure**). **2.** Prétexter : *Il a argué qu'il avait oublié l'heure.* ◆ **v.t. ind. [de].** Se servir comme argument, comme prétexte de qqch : *Arguer de son ignorance* (syn. **se prévaloir de**). *Rem.* On peut aussi prononcer [arge].

argument [argymɑ̃] **n.m.** (lat. *argumentum ;* v. *arguer*). **1.** Preuve, raison qui vient à l'appui d'une affirmation, d'une thèse, d'une demande : *Ses arguments ne sont pas très convaincants.* **2.** Résumé du sujet d'une œuvre littéraire : *L'argument d'une pièce de théâtre.* **3.** LOG. Proposition ou ensemble de propositions dont on cherche à tirer une conséquence. **4.** MATH. **Argument d'une fonction,** variable correspondant à un élément de l'ensemble de départ de la fonction.

argumentaire [argymɑ̃tɛr] **n.m. 1.** Ensemble d'arguments à l'appui d'une opinion. **2.** Liste d'arguments de vente à l'usage du vendeur.

argumentatif, ive [argymɑ̃tatif, -iv] **adj.** Se dit d'un écrit, d'un propos qui utilisent une argumentation : *S'entraîner à écrire un texte argumentatif.*

argumentation [argymɑ̃tasjɔ̃] **n.f.** Action d'argumenter ; ensemble d'arguments : *Être sensible à la force d'une argumentation.*

argumenter [argymɑ̃te] **v.i. 1.** Présenter des arguments sur, contre qqn, qqch : *Argumenter avec ses contradicteurs* (syn. **discuter**). **2.** LOG. Tirer des conséquences. ◆ **v.t.** Justifier, appuyer par des arguments un discours, un exposé, etc. : *Argumenter avec soin une démonstration.*

argus [argys] **n.m.** (lat. *Argus,* n. d'un géant aux cent yeux). Publication spécialisée, donnant des informations précises et chiffrées, notamm. sur certaines transactions : *L'argus de l'automobile.*

argutie [argysi] **n.f.** (lat. *argutia,* subtilité). Raisonnement d'une subtilité excessive : *Des arguties juridiques.*

aria [arja] **n.f.** (mot it.). **1.** MUS. Mélodie vocale ou instrumentale, avec accompagnement. **2.** Grand air chanté par un soliste, dans un opéra.

Ariane, fille de Minos et de Pasiphaé, dans la mythologie grecque. Lorsque Thésée eut tué le Minotaure, elle lui donna le fil à l'aide duquel il put sortir du Labyrinthe. Elle fut alors enlevée par le héros athénien, qui néanmoins l'abandonna dans l'île de Naxos.

Ariane, lanceur spatial européen. La fusée Ariane comporte trois étages : les deux premiers utilisent comme ergols de la diméthyl hydrazine dissymétrique (UDMH) et du peroxyde d'azote (N_2O_4), le troisième consomme de l'hydrogène et de l'oxygène liquides, conservés à basse température. Son premier vol d'essai (réussi) a eu lieu le 24 déc. 1979. Dans sa version initiale, *Ariane 1* (47,4 m de hauteur, 208 t au décollage, 11 exemplaires lancés de 1979 à 1986), elle pouvait placer une charge utile de 1 700 kg sur la trajectoire de transfert vers l'orbite des satellites géostationnaires. La capacité de lancement a été portée à 2 200 kg avec la version *Ariane 2* (6 exemplaires lancés, de 1984 à 1988) et à 2 700 kg avec la version *Ariane 3* (11 exemplaires lancés, de 1984 à 1989). Elle a ensuite varié de 2 020 kg à 4 460 kg avec les six versions *Ariane 4* (116 exemplaires lancés, de 1988 à 2003), qui diffèrèrent par le nombre (quatre, deux ou aucun) et par le type (à ergols liquides ou à poudre) des propulseurs d'appoint utilisés au niveau du premier étage. *Ariane 5,* expérimentée de 1996 à 1998 et qui a effectué son premier vol commercial en 1999, a pris la relève – c'est un lanceur lourd, associant deux gros propulseurs d'appoint à propergol solide à un corps central équipé d'un puissant moteur à oxygène et hydrogène liquides. Elle offre une capacité de lancement de 19 à 20 t en orbite basse ou de 5,9 t (lancement double) à 6,8 t (lancement simple) en orbite de transfert géostationnaire.

arianisme [arjanism] **n.m.** (du n. d'*Arius*). Hérésie d'Arius.

aride [arid] **adj.** (lat. *aridus*). **1.** Sec, privé d'humidité : *Terre aride.* **2.** Difficile et dépourvu d'attrait : *Sujet, travail aride* (syn. **ingrat**). **3.** LITT. Insensible, sans générosité ni imagination : *Cœur aride.* **4. Climat aride,** caractérisé par des pluies très faibles et irrégulières dans le temps et dans l'espace.

aridité [aridite] **n.f.** État de ce qui est aride : *L'aridité d'un sol. L'aridité d'un travail* (syn. **austérité**).

Ariège, riv. de France, née dans les Pyrénées près du Carlitte, affl. de la Garonne (r. dr.) ; 170 km. Elle passe à Foix et à Pamiers.

Ariège [09], dép. de la Région Languedoc-Roussillon-Midi-Pyrénées ; ch.-l. de dép. *Foix ;* ch.-l. d'arr. *Pamiers, Saint-Girons ;* 3 arr., 13 cant., 332 comm. ; 4 890 km² ; 158 154 hab. *(Ariégeois).*

arien, enne [arjɛ̃, -ɛn] **adj.** et **n.** De l'arianisme ; adepte de l'arianisme. ***Rem.*** À distinguer de *aryen, enne.*

ariette [arjɛt] **n.f.** (it. *arietta*). MUS. Courte mélodie de caractère gracieux.

Arioste (Ludovico Ariosto, dit l'), poète italien (Reggio nell'Emilia 1474 - Ferrare 1533). Il est l'auteur du poème héroï-comique *Roland furieux,* une des œuvres les plus représentatives de la Renaissance italienne.

ariser ou **arriser** [arize] **v.t.** (de *2. ris*). MAR. Diminuer la surface d'une voile en prenant des ris.

Aristarque de Samos, astronome grec (Samos 310-230 av. J.-C.). Précurseur de Copernic, il eut le premier l'idée de la rotation de la Terre sur elle-même et en même temps autour du Soleil. Il inventa aussi une méthode de calcul des distances relatives de la Terre au Soleil et à la Lune.

Aristide, général et homme d'État athénien, surnommé le Juste (v. 540 - v. 468 av. J.-C.). Il se couvrit de gloire à Marathon, mais fut, à l'instigation de Thémistocle, son rival, frappé d'ostracisme (483 av. J.-C.). Rappelé lors de la seconde invasion perse, il combattit à Salamine (480) et à Platées (479), puis participa à la formation de la Ligue de Délos, dont il géra les finances.

aristocrate [aristɔkrat] **n.** et **adj.** Membre de l'aristocratie.

aristocratie [aristɔkrasi] **n.f.** (du gr. *aristos,* excellent, et de *-cratie*). **1.** Classe des nobles (syn. **noblesse**). **2.** Gouvernement exercé par cette classe. **3.** LITT. Petit nombre de personnes qui se distinguent dans un domaine quelconque ; élite : *L'aristocratie du talent.*

aristocratique [aristɔkratik] **adj. 1.** De l'aristocratie : *Un gouvernement aristocratique.* **2.** Digne d'un aristocrate : *Des manières aristocratiques* (syn. **distingué, raffiné**).

aristoloche [aristɔlɔʃ] **n.f.** (gr. *aristolokhia,* de *aristos,* très propre à, et *lokheia,* accouchement, cette plante étant connue pour faciliter les accouchements). Plante grimpante, à fleurs jaunes en tube.

Aristophane, poète comique grec (Athènes v. 445 - v. 386 av. J.-C.). Ses onze pièces, dont le ton va de la bouffonnerie la plus grossière à la plus délicate poésie, sont pour la plupart inspirées par des questions d'actualité et défendent les traditions contre les idées nouvelles : il raille Socrate dans *les Nuées,* Euripide dans *les Grenouilles,* préconise une politique de paix dans *les Acharniens, la Paix, Lysistrata,* critique la justice athénienne dans *les Guêpes,* les utopies politiques de Platon dans *l'Assemblée des femmes ;* mais il sait aussi, comme dans *les Oiseaux,* faire la part de la féerie.

Aristote, philosophe grec (Stagire 384 - Chalcis 322 av. J.-C.). Il quitte la Macédoine à 17 ans pour Athènes, et rejoint l'Académie où enseigne Platon. Il y reste vingt ans, jusqu'à ce que, outré de ne pas succéder à Platon, il parte pour l'Asie Mineure (Assos). Puis il accepte l'invitation du roi Philippe II de Macédoine de devenir précepteur d'Alexandre, alors âgé de 13 ans. Après l'avènement d'Alexandre, Aristote reprend le chemin d'Athènes. Il y fonde le Lycée, également appelé *école péripatéticienne.* À l'annonce de la disparition brutale d'Alexandre, à 33 ans, Aristote quitte la ville, mais il ne survivra guère à sa retraite forcée.
C'est essentiellement grâce à Aristote que nous connaissons la science positive de son époque. Aristote a laissé la description de plus de 400 espèces animales. Il a été le premier à définir l'espèce et à classer les animaux en vertébrés et invertébrés. Outre l'immense œuvre documentaire, Aristote a laissé une vaste entreprise d'interprétation systématique. Il a été amené à poser des questions de fond : la structure de la matière, l'organisation de la vie, le pouvoir de l'esprit et ses limites, la liberté de l'homme et son sens, la transcendance. En distinguant quatre éléments, d'une part, et quatre propriétés, d'autre part, caractéristiques par couples de chaque élément, et en postulant la quintessence, source inépuisable d'énergie, Aristote parvient à constituer un système du monde qui intègre les transformations dans une organisation qui avantage l'état stable. Plus biologiste que mathématicien, Aristote fonde l'anatomie et la physiologie comparées. Il a créé la logique en tant que système formel. Il est à l'origine de concepts dont vivront des siècles de science et de philosophie : contenu et fonction, acte et puissance, matière et forme. Sous le nom d'*Organon,* la tradition rassemble les ouvrages de logique : les *Catégories, De l'interprétation, Premiers* et *Seconds Analytiques, Topiques, Réfutation des sophismes.* Outre la *Rhétorique* et la *Poétique,* et *Sur l'âme,* l'anthropologie d'Aristote comprend l'*Éthique à Eudème,* l'*Éthique à Nicomaque, Politique, Constitution d'Athènes.* Les ouvrages sur la nature sont nombreux : *De la génération et de la corruption, Du ciel, Des parties des animaux, Sur le mouvement,* etc. En plusieurs livres, *Physique* et *Métaphysique* fondent et couronnent l'ensemble.

aristotélicien, enne [aristɔtelisjɛ̃, -ɛn] **adj.** et **n.** Relatif à l'aristotélisme ; adepte de cette philosophie.

aristotélisme [aristɔtelism] **n.m. 1.** Philosophie d'Aristote. **2.** Courant philosophique médiéval, qui interprétait l'œuvre d'Aristote à partir des théologies chrétienne et musulmane.

1. arithmétique [aritmetik] **adj. 1.** Qui relève de l'arithmétique : *Opération arithmétique.* **2. Moyenne, progression arithmétique ⟶ moyenne, progression.**

2. arithmétique [aritmetik] **n.f.** (gr. *arithmêtikê,* science des nombres). **1.** (Sens class.). Partie des mathématiques qui étudie les propriétés élémentaires des nombres entiers et rationnels. **2.** (Sens mod.). Théorie des nombres mettant en jeu les méthodes de la géométrie algébrique et la théorie des groupes.

Arius, prêtre chrétien d'Alexandrie (v. 256-336). Niant la divinité du Christ, il provoqua une des crises les plus graves de l'Église. Sa doctrine, l'arianisme, fut combattue en particulier par Athanase d'Alexandrie et condamnée comme hérétique par les conciles de Nicée (325) et de Constantinople (381).

Arizona, État du sud-ouest des États-Unis ; 295 000 km^2 ; 6 626 624 hab. CAP. *Phoenix.* Tourisme (Grand Canyon). Extraction du cuivre.

Arkhangelsk, port de Russie, sur la mer Blanche ; 348 716 hab. Industries du bois.

Arlandes (François, *marquis* **d'),** aéronaute français (Anneyron 1742 - ? 1809). Il fit, avec Pilâtre de Rozier, la première ascension en ballon libre (21 nov. 1783).

arlequin [arləkɛ̃] **n.m.** (anc. fr. *Hellequin,* n. d'un diable). **1.** Personnage dont le vêtement bariolé imite celui d'Arlequin. **2.** *LITT.* **Habit d'arlequin,** ensemble composé de parties disparates.

Arlequin, personnage de la commedia dell'arte qui porte un habit composé de petits morceaux de drap triangulaires de diverses couleurs, un masque noir et un sabre de bois. Bouffon balourd, chapardeur et glouton, il devient, notamment chez Marivaux, le type du valet de comédie.

Arles, ch.-l. d'arr. des Bouches-du-Rhône, sur le Rhône ; 53 575 hab. *(Arlésiens).* Englobant la majeure partie de la Camargue, c'est la plus grande commune de France (750 km^2). Centre touristique. Importante cité romaine : magnifiques arènes et théâtre antique. Ancienne cathédrale romane St-Trophime (portail sculpté d'inspiration antique, v. 1190 ; cloître). Musées, dont le Musée départemental Arles antique. Rencontres photographiques annuelles. Évangélisée au IIIe s., elle fut le siège du primat des Gaules et le lieu de plusieurs conciles.

Arletty (Léonie Bathiat, dite), actrice française (Courbevoie 1898 - Paris 1992). Dans un registre populaire, elle s'est imposée avec les films de M. Carné : *Hôtel du Nord* (1938), *Le jour se lève* (1939), *les Visiteurs du soir* (1942), *les Enfants du paradis* (1945).

Arlon, v. de Belgique, ch.-l. de la prov. de Luxembourg, sur la Semois ; 28 520 hab. Musée (archéologie gallo-romaine).

armada [armada] **n.f.** (de l'*Invincible Armada*). *LITT.* Grande quantité de personnes ou de choses : *Une armada de clients* (syn. **foule**). *Une armada de camions.*

Armada *(l'Invincible)*, flotte de 130 vaisseaux envoyée en 1588 par Philippe II, roi d'Espagne, contre l'Angleterre, dans le but de détrôner Élisabeth Ire et de rétablir le catholicisme. Les tempêtes et la supériorité tactique des marins anglais firent échouer l'expédition.

armagnac [armaɲak] **n.m.** Eau-de-vie de vin produite dans l'Armagnac.

Armagnac, région correspondant à la majeure partie du département du Gers. Anc. comté de France constitué en 960, il devint l'une des plus puissantes principautés du sud-ouest de la France et fut réuni à la Couronne par Henri IV en 1607.

Armagnacs *(faction des)*, parti de la maison d'Orléans opposé, durant la guerre de Cent Ans, à celui des Bourguignons. Son chef fut Bernard VII d'Armagnac, beau-père du duc Charles Ier d'Orléans, dont le père Louis Ier avait été assassiné par le duc de Bourgogne, Jean sans Peur, en 1407. La lutte qui opposa les Armagnacs aux Bourguignons, alliés des Anglais, eut lieu sous les règnes de Charles VI et Charles VII et prit fin au traité d'Arras (1435).

armateur [armatœr] **n.m.** Personne qui arme, exploite un navire dont elle est propriétaire ou locataire.

armature [armatyr] **n.f.** (lat. *armatura,* armure). **1.** Assemblage de pièces, génér. métalliques, formant l'ossature, la charpente d'un objet, d'un ouvrage, etc., ou destiné à le renforcer, à le soutenir : *L'armature d'un abat-jour.* **2.** Partie rigide qui sous-tend un bonnet de soutien-gorge. **3.** Base d'un projet, d'une organisation ; ce qui soutient, maintient en place : *L'armature d'un système politique.* **4.** MUS. Ensemble des altérations (dièses, bémols) qui constituent la tonalité d'une pièce musicale, placées après la clé et avant le chiffre de mesure (syn. **armure**).

arme [arm] **n.f.** (lat. *arma,* armes). **1.** Objet, appareil, engin servant à attaquer ou à défendre : *Quelle est l'arme du crime ?* **2.** Moyen quelconque d'attaque : *Avoir pour seule arme son éloquence.* **3.** Élément de l'armée de terre chargé d'une mission particulière au combat (infanterie, artillerie, blindés). **4. Arme à feu,** qui emploie la force explosive de la poudre. / **Arme blanche,** arme de main dont l'action résulte d'une partie en métal (poignard, par ex.). / **Arme de destruction massive (A.D.M.),** arme nucléaire, biologique ou chimique provoquant des pertes matérielles ou humaines très supérieures à celles causées par les armes classiques. (On dit aussi *armes non conventionnelles.*) / *FAM.* **Passer l'arme à gauche,** mourir. ◆ **armes n.f. pl. 1.** (Précédé de l'art. déf.). Carrière militaire. **2.** Pratique de l'épée, du fleuret, du sabre ; pratique de l'escrime : *Salle, maître d'armes.* **3.** HÉRALD. Armoiries : *Les armes de Paris.* **4. Faire ses premières armes,** débuter dans la carrière militaire ; au fig., débuter dans une carrière, une entreprise : *Elle a fait ses premières armes dans la publicité.* / **Fait d'armes,** exploit militaire, acte de bravoure. / **Passer qqn par les armes,** le fusiller. / **Prendre les armes,** se soulever, combattre. / **Prise d'armes,** cérémonie militaire rassemblant les troupes.

armé, e [arme] **adj. 1.** Muni d'une arme : *Des bandes armées.* **2.** Pourvu d'une armature interne de métal ou d'une enveloppe protectrice : *Béton armé.*

armée [arme] **n.f.** (de *armer*). **1.** Ensemble des forces militaires d'un État : *Armée de l'air, de mer.* **2.** HIST. Ensemble des hommes réunis sous un commandement militaire unique en vue d'opérations déterminées : *L'armée d'Italie.* **3.** Grande unité terrestre groupant plusieurs divisions : *Général d'armée.* **4.** Grande quantité de personnes : *Une armée de supporters* (syn. **foule**). **5. Grande Armée,** commandée par Napoléon Ier de 1805 à 1814.

■ Plusieurs types d'armées, qui ont pu exister simultanément, doivent être distingués. L'*armée nationale,* où tout citoyen, soumis à un service militaire actif, est un soldat en puissance. Ce système repose sur une mobilisation rapide des réserves. L'une de ses formes, l'armée de milice, a existé dans les républiques communales du Moyen Âge, et fonctionne de nos jours dans la Confédération helvétique. Les *armées féodales* étaient la réunion temporaire de vassaux sous l'autorité d'un suzerain (nobles à cheval entourés de gens de pied). Les *armées de métier* sont formées de volontaires nationaux ou étrangers. Les *armées mercenaires* sont composées d'étrangers qu'un contrat lie à un État ou à un souverain. ■

Armée du salut, organisation religieuse qui joint le prosélytisme à une importante activité charitable et sociale, notamm. auprès des plus déshérités, et dont le fonctionnement est de type militaire. Elle a été fondée en 1865, dans les quartiers populaires de Londres, par un pasteur méthodiste, Willam Booth (1829-1912).

armement [arməmɑ̃] **n.m. 1.** Action d'armer un soldat, un lieu, etc., de donner les moyens d'attaquer ou de se défendre :

Procéder à l'armement des recrues. **2.** Ensemble des armes dont est équipé qqn, qqch : *Armement d'une compagnie.* **3.** (Souvent au pl.). Ensemble des moyens dont dispose un État pour assurer sa sécurité : *Course aux armements.* **4.** MAR. Action de munir un navire de ce qui est nécessaire à son fonctionnement et à sa sécurité.

■ Le terme d'« armement » recouvre aujourd'hui un ensemble de matériels de plus en plus diversifiés. Sur terre, à côté des armes à feu classiques, des matériels terrestres motorisés (transport, génie) et mécanisés (blindés), se sont développés les sytèmes d'armes autopropulsées (roquettes, missiles). Sur mer, les navires de surface et les sous-marins, avec leur appui aérien (porte-aéronefs), voient se renforcer les matériels aéroportés et amphibies. Enfin, l'arme aérienne (avions et hélicoptères) joue désormais un rôle primordial, comme l'a montré en 1990-1991 la guerre du Golfe. Parallèlement, les moyens de transmission et de détection électroniques se développent (radio, radar, sonar). Depuis 1945, les armes nucléaires stratégiques et tactiques ont une place essentielle dans l'équilibre planétaire, tandis que les moyens d'agression chimiques et biologiques représentent une menace de plus en plus réelle. Née au début du XXe s., la course quantitative aux armements cède le pas aujourd'hui à une compétition scientifique et technique. Ainsi, les missiles actuels (missiles de croisière) sont autopropulsés, guidés par satellite et atteignent leurs cibles situées à plusieurs centaines de kilomètres avec une précision de quelques mètres. Les drones, petits avions télécommandés sans pilote, sont utilisés pour la reconnaissance tactique et peuvent être équipés d'armes sophistiquées. ■

Arménie, État du Caucase ; 29 800 km^2 ; 2 977 000 hab. *(Arméniens).* CAP. *Erevan.* LANGUE : *arménien.* MONNAIE : *dram.* L'Arménie historique était une région de l'Asie occidentale, s'étendant sur un territoire aujourd'hui partagé entre la Turquie, l'Iran et la république d'Arménie.

GÉOGRAPHIE

Dans le Petit Caucase, limitrophe de la Turquie, c'est un pays montagneux (90 % du territoire au-dessus de 1 000 m), coupé de dépressions (dont celle de l'Araxe), où se concentrent hommes et activités (coton, fruits), enclavé, dans un environnement souvent hostile. L'industrie est représentée par les mines, l'agroalimentaire, la chimie et la métallurgie de transformation. Erevan regroupe plus du tiers d'une population augmentant rapidement et constituée d'environ 90 % d'Arméniens de souche.

HISTOIRE

L'Arménie, convertie au christianisme dès la fin du IIIe s., passe sous domination romaine puis parthe avant d'être envahie par les Arabes en 640. Du milieu du XIe s. au début du XVe s., la Grande Arménie est ravagée par les invasions turques et mongoles, tandis que la Petite Arménie, créée en Cilicie sur la Méditerranée par Rouben, soutient les croisés dans leur lutte contre l'islam puis succombe sous les coups des Mamelouks en 1375. Les Ottomans soumettent toute l'Arménie (sauf quelques khanats rattachés à l'Iran) et placent les Arméniens sous l'autorité du patriarche arménien de Constantinople.

1813-1828. Les Russes conquièrent l'Arménie orientale.

1915. Le gouvernement jeune-turc fait perpétrer le génocide de la population arménienne (1 500 000 victimes).

1918. Une république indépendante d'Arménie est proclamée.

1920. Les Alliés se prononcent pour la création d'une Grande Arménie (traité de Sèvres, août), mais les troupes turques kémalistes et l'Armée rouge occupent le pays.

1922-1991. La république d'Arménie fait partie de l'U.R.S.S.

1991. Elle redevient indépendante, sous la conduite de Levon Ter-Petrossian.

1998. Élection de Robert Kotcharian à la présidence.

2008. Serge Sarkissian lui succède.

2009-2012. L'Arménie et la Turquie entament une normalisation de leurs relations.

arménien, enne [armenjɛ̃, -ɛn] **adj.** et **n.** D'Arménie. ◆ **arménien n.m.** Langue indo-européenne de la région caucasienne.

armer [arme] **v.t.** (lat. *armare*). **1.** Pourvoir d'armes qqn, un lieu : *Armer des volontaires. Armer une forteresse.* **2.** Lever et équiper des troupes : *Armer cent mille hommes.* **3.** Donner à qqn les moyens d'affronter une situation : *Ses études l'ont bien armée pour ce métier.* **4.** MAR. Procéder à l'armement d'un navire. **5.** Mettre une arme, un mécanisme, etc., en état de fonctionner (souvent, par tension d'un ressort) : *Armer un appareil photo.* ◆ **s'armer v.pr. [de].** Faire provision de, se munir de : *S'armer de patience.*

Arminius (v. 18 av. J.-C. - 19 apr. J.-C.), chef du peuple germain des Chérusques. Il détruisit les légions de Varus (9 apr. J.-C.) dans la forêt de Teutoburg, mais fut vaincu (16) par Germanicus. Il est resté en Allemagne un héros populaire sous le nom de *Hermann.*

armistice [armistis] **n.m.** (du lat. *arma*, armes, et *sistere*, s'arrêter). Convention par laquelle des chefs militaires suspendent les hostilités sans mettre fin à l'état de guerre.

armoire [armwar] **n.f.** (lat. *armarium*). **1.** Meuble de rangement, à tablettes, fermé par des portes. **2.** *FAM.* **Armoire à glace,** personne de forte carrure.

Armoire de fer (l'), coffre dissimulé dans un mur du palais des Tuileries et qui, découvert en 1792, révéla les correspondances de Louis XVI avec les « ennemis de la nation ».

armoiries [armwari] **n.f. pl.** (de l'anc. fr. *armoyer,* orner d'armes héraldiques). Ensemble des signes, devises et ornements de l'écu d'un État, d'une ville, d'une famille, etc. (syn. **armes**).

armoise [armwaz] **n.f.** (lat. *artemisia,* plante d'Artémis). Plante aromatique représentée par plusieurs espèces dont l'absinthe, le génépi et l'estragon. ▸ Famille des composées.

Armor ou **Arvor** (mot breton signif. le « pays de la mer »), nom celtique de la Bretagne, qui désigne auj. le littoral de cette région.

armorial [armɔrjal] **n.m.** (pl. *armoriaux*). Recueil d'armoiries : *L'armorial de la France.*

armoricain, e [armɔrikɛ̃, -ɛn] **adj.** et **n.** De l'Armorique.

armoricain *(Massif),* région géologique de l'ouest de la France, occupant la totalité de la Bretagne, la Normandie occidentale et la Vendée. C'est un massif hercynien aplani par l'érosion, où les ensembles de plateaux et de hauteurs de la *Bretagne* (384 m dans les monts d'Arrée) se prolongent, au sud-est, dans le *Bocage vendéen* (285 m au mont Mercure) et, à l'est, en *Normandie* (417 m au signal des Avaloirs et dans la forêt d'Écouves).

armorier [armɔrje] **v.t.** [conj. **9**]. Orner d'armoiries : *Armorier de la vaisselle.*

Armorique, partie de la Gaule formant auj. la Bretagne.

Armorique *(parc naturel régional d'),* parc naturel de la Bretagne occidentale, englobant notamm. les monts d'Arrée et Ouessant et couvrant environ 172 000 ha.

Armstrong (Louis), surnommé **Satchmo** ou **Pops,** trompettiste, chanteur et chef d'orchestre de jazz américain (La Nouvelle-Orléans 1901 - New York 1971). Il commence en chantant dans les rues, apprend le cornet au pénitencier, en joue dans les cabarets, puis se joint à quelques-uns des orchestres représentatifs du style « Nouvelle-Orléans ». En 1924, il s'installe à New York, dans l'orchestre de Fletcher Henderson, avant de développer ses propres formations : le Hot Five, puis le Hot Seven. Par sa capacité à improviser à la trompette, par sa voix chaude et rauque, par sa personnalité spontanée et gourmande, il fut le premier musicien noir américain à convaincre le siècle de la valeur universelle du jazz ; pour cela, il reste, sous ses airs bon enfant, le plus grand classique du genre.

Armstrong (Neil Alden), astronaute américain (Wapakoneta, Ohio, 1930 - Cincinnati, Ohio, 2012). Il commanda en 1966 la mission Gemini 8, au cours de laquelle fut réalisé le premier amarrage de deux véhicules spatiaux. Commandant de bord de la mission Apollo 11, il fut le premier homme à marcher sur la Lune (21 juill. 1969).

armure [armyr] **n.f.** (lat. *armatura*). **1.** Ensemble des défenses métalliques qui protégeaient le corps de l'homme d'armes au Moyen Âge. **2.** Mode d'entrecroisement des fils de chaîne et de trame d'un tissu : *Armure toile.* **3.** MUS. Armature.

armurerie [armyrri] **n.f.** Atelier, magasin d'armurier.

armurier [armyrje] **n.m. 1.** Personne qui fabrique, répare ou vend des armes. **2.** MIL. Personne chargée de l'entretien des armes.

ARN [aɛrɛn] **n.m.** (sigle de *acide ribonucléique*). Constituant du cytoplasme et du noyau cellulaire qui joue un grand rôle dans le transport du message génétique et la synthèse des protéines.

arnaque [arnak] **n.f.** *FAM.* Escroquerie, tromperie.

arnaquer [arnake] **v.t.** (var. de *harnacher*). Tromper qqn en s'emparant d'une partie de son dû : *Arnaquer un client* (syn. **escroquer, duper**).

arnaqueur, euse [arnakœr, -øz] **n.** *FAM.* Escroc, filou.

Arnauld, Arnaud ou **Arnaut,** famille française dont plusieurs membres ont marqué l'histoire du jansénisme et de Port-Royal. Les plus connus sont : • **Robert Arnauld d'Andilly** (Paris 1589 - ? 1674), le fils aîné d'une famille de 20 enfants, dont 6 filles, qui entrèrent toutes à Port-Royal ; il a laissé des *Mémoires*, un *Journal* et une traduction des *Confessions* de saint Augustin. • **Jacqueline Marie Angélique,** dite **Mère Angélique** (Paris 1591 - Port-Royal 1661), la sœur de Robert, qui fut abbesse de Port-Royal ; elle y imposa une règle très stricte et y introduisit le jansénisme, faisant de l'abbé de Saint-Cyran le directeur du monastère. • **Jeanne Catherine Agnès,** connue sous le nom de **Mère Agnès** (Paris 1593 - ? 1671), une autre sœur, qui fut elle aussi abbesse de Port-Royal et qui, pour avoir refusé en 1661 de signer le *Formulaire* exigé par le pape, fut enfermée jusqu'en 1665. • **Antoine,** surnommé le **Grand Arnauld,** frère des précédents (Paris 1612 - Bruxelles 1694), théologien, docteur en Sorbonne, il fit paraître en 1643 un traité intitulé *De la fréquente communion*, où il attaquait la morale des Jésuites et vulgarisait les thèses de l'*Augustinus* de Jansénius ; il rédigea aussi, en collaboration avec deux autres jansénistes, la *Grammaire* et la *Logique de Port-Royal.*

arnica [arnika] **n.m.** ou **f.** (gr. *ptarmika,* [plantes] sternutatoires). **1.** Plante vivace des montagnes, à fleurs jaunes. ▸ Famille des composées ; haut. 50 cm. **2.** Teinture extraite de cette plante, utilisée contre les contusions.

Arno, fl. d'Italie qui passe à Florence et à Pise, et se jette dans la Méditerranée ; 241 km.

arobase [arɔbaz] **n.f.** (p.-ê. de l'esp. *arroba,* unité de mesure utilisée en Espagne et en Amérique du Sud). Caractère typographique @, utilisé dans les adresses de courrier électronique. (On l'appelle aussi *a commercial.*)

aromate [arɔmat] **n.m.** (du lat. *aroma, -atis,* mot gr.). Substance végétale odoriférante utilisée en médecine, en parfumerie ou en cuisine.

aromatique [arɔmatik] **adj. 1.** De la nature des aromates ; qui en a le parfum, odoriférant. **2.** CHIM. Se dit d'un composé dont la molécule renferme au moins un noyau benzénique : *Hydrocarbures aromatiques.*

aromatiser [arɔmatize] **v.t.** (Surtout au p. passé). Parfumer avec une substance aromatique : *Chocolat aromatisé.*

arôme [arom] **n.m.** (gr. *arôma,* parfum). Émanation odorante qui s'exhale de certaines substances végétales ou animales : *L'arôme d'un vin* (syn. **bouquet**).

Aron (Raymond), philosophe et sociologue français (Paris 1905 - *id.* 1983). Antimarxiste, il a entrepris une étude comparée des régimes occidentaux et du régime soviétique (*Introduction à la philosophie de l'histoire,* 1938 ; *Dix-Huit Leçons sur la société industrielle,* 1963).

aronde [arɔ̃d] **n.f.** (lat. *hirundo*). **1.** *VX.* Hirondelle. **2. Assemblage à queue d'aronde,** assemblage à mortaise en forme de queue d'hirondelle.

Arp (Hans ou **Jean),** peintre, sculpteur et poète français (Strasbourg 1886 - Bâle 1966). Cofondateur de dada à Zurich et à Cologne, il épousa en 1922 la peintre abstraite suisse Sophie Taeuber (1889-1943), s'installa en 1929 à Meudon (maison-musée, auj. sur la comm. de Clamart) et conjugua désormais surréalisme et abstraction dans ses reliefs polychromes et ses rondes-bosses.

arpège [arpɛʒ] **n.m.** (it. *arpeggio*). MUS. Accord dont on égrène rapidement les notes.

arpéger [arpeʒe] **v.t.** [conj. **22**]. MUS. Exécuter, jouer en arpège : *Arpéger un accord.*

arpent [arpɑ̃] **n.m.** (gaul. *arepennis*). Ancienne mesure agraire pour les bois et les vignes (de 35 à 50 ares).

arpentage [arpɑ̃taʒ] **n.m.** Évaluation de la superficie des terres selon les techniques de l'arpenteur.

arpenter [arpɑ̃te] **v.t. 1.** Mesurer la superficie d'un terrain. **2.** Parcourir à grands pas : *Il arpentait la cour de long en large.*

arpenteur [arpɑ̃tœr] **n.m.** Professionnel spécialiste des levés de terrain et des calculs de surface.

arqué, e [arke] **adj.** Courbé en arc : *Jambes arquées.*

arquebuse [arkəbyz] **n.f.** (néerl. *Hakebusse,* mousquet à crochet). Anc. arme d'épaule (en usage en France de la fin du XVe s. au début du XVII[e s.]), dont la mise à feu se faisait au moyen d'une mèche ou d'un rouet.

arquebusier [arkəbysje] **n.m.** Soldat armé d'une arquebuse.

arquer [arke] **v.t.** (de *arc*). Courber en arc : *Arquer une pièce de bois.*

arrachage [araʃaʒ] **n.m.** Action d'arracher qqch.

arraché [araʃe] **n.m. 1.** SPORTS. Exercice d'haltérophilie consistant à soulever la barre d'un seul mouvement continu au-dessus de la tête au bout d'un ou des deux bras tendus. **2.** *FAM.* **À l'arraché,** grâce à un effort violent, et souvent de justesse : *Victoire remportée à l'arraché.*

arrachement [araʃmɑ̃] **n.m. 1.** Action d'arracher, de détacher par un effort violent : *L'arrachement d'une dent.* **2.** Séparation brutale, moralement douloureuse : *Cette séparation a été un arrachement* (syn. **déchirement**).

d'**arrache-pied** [araʃpje] **loc. adv.** Avec acharnement et persévérance : *Travailler d'arrache-pied.*

arracher [araʃe] **v.t.** (du lat. *eradicare,* déraciner). **1.** Enlever de terre : *Arracher des mauvaises herbes.* **2.** Enlever de force : *Il lui arracha son arme.* **3.** Obtenir avec peine, de force ou par ruse : *Arracher un aveu* (syn. **soutirer**). *Arracher la victoire* (syn. **enlever**). **4.** Détacher, séparer, soustraire par la force ou avec peine : *Arracher une affiche. Arracher une dent* (syn. **extraire**). ◆ **s'arracher v.pr. [de, à]. 1.** S'éloigner ; quitter à regret : *S'arracher d'un lieu.* **2. S'arracher les cheveux,** être désespéré. / **S'arracher qqn,** se disputer sa présence.

arracheur, euse [araʃœr, -øz] **n. 1.** Personne qui arrache qqch. **2.** *FAM.* **Mentir comme un arracheur de dents,** mentir effrontément.

arraisonnement [arezɔnmɑ̃] **n.m.** Action d'arraisonner un navire, un avion.

arraisonner [arezɔne] **v.t.** (du lat. *ratio,* compte). **1.** Arrêter en mer un navire et contrôler son état sanitaire, sa cargaison, l'identité de son équipage, etc. **2.** Contrôler en vol un avion.

arrangeant, e [arɑ̃ʒɑ̃, -ɑ̃t] **adj.** Avec qui on s'arrange facilement : *Il n'est pas très arrangeant* (syn. **conciliant**).

arrangement [arɑ̃ʒmɑ̃] **n.m. 1.** Action d'arranger ; manière dont une chose, des choses sont arrangées, disposées, agencées : *Modifier l'arrangement d'un local* (syn. **agencement**). **2.** Accord amiable conclu entre deux parties : *Trouver un arrangement* (syn. **compromis**). **3.** MUS. Transformation d'une œuvre en vue de son exécution par des voix, des instruments ou des ensembles différents. **4.** MATH. **Arrangement de *p* éléments d'un ensemble de *n* éléments,** tout groupement ordonné de *p* éléments pris parmi les *n* éléments de l'ensemble.

arranger [arɑ̃ʒe] **v.t.** (de *ranger*) [conj. **17**]. **1.** Mettre en ordre, disposer harmonieusement : *Arranger des fleurs en bouquet* (syn. **disposer**). **2.** Mettre ou remettre en ordre, en place, en état : *Arranger une montre* (syn. **réparer**). *Arranger sa coiffure.* **3.** Modifier pour adapter à sa destination : *Arranger un vêtement. Arranger une nouvelle pour la télévision.* **4.** MUS. Procéder à l'arrangement d'une œuvre musicale. **5.** Régler de manière satisfaisante : *Arranger un différend.* **6.** Préparer, organiser : *Arranger un rendez-vous entre deux personnes* (syn. **ménager**). **7.** Convenir à qqn, satisfaire : *Ce changement de date m'arrange bien.* ◆ **s'arranger v.pr. 1.** Se mettre d'accord ; s'entendre : *Ils se sont arrangés à l'amiable.* **2.** Finir bien ; évoluer favorablement : *Tout peut encore s'arranger.* **3. S'arranger de,** se contenter de qqch, malgré les inconvénients : *La pièce est petite, mais on s'en arrangera.* / **S'arranger pour** (+ inf.), prendre ses dispositions pour : *S'arranger pour arriver à l'heure.*

arrangeur, euse [arɑ̃ʒœr, -øz] **n.** Personne qui fait un arrangement musical.

Arras, ch.-l. du dép. du Pas-de-Calais, à 178 km au nord de Paris, sur la Scarpe ; 42 941 hab. *(Arrageois).* Anc. cap. de l'Artois. Évêché. Industries mécaniques, textiles et alimentaires. La fondation, au VIIIe s., de l'abbaye de Saint-Vaast détermina l'essor de la ville, qui devint une cité active au Moyen Âge (draperie, tapisserie). Les guerres du XVe s., et notamment sa dévastation par Louis XI en 1477, marquèrent son déclin. Arras devint définitivement française en 1659 (traité des Pyrénées). De 1914 à 1918, elle fut dévastée par les bombardements ; ses principaux monuments ont été restaurés : Grand-Place et Petite-Place (XVIIe s.) ; hôtel de ville (XVIe s.) ; cathédrale et palais St-Vaast (XVIIIe s., musée). Arras a été aux XIVe et XVe s. la capitale européenne de la tapisserie.

arrérages [areraʒ] **n.m. pl.** (de *arrière*). DR. **1.** Intérêts versés au titulaire d'une rente ou d'une pension. **2.** Ce qui reste dû d'une rente, d'un revenu quelconque.

arrestation [arɛstasjɔ̃] **n.f.** Action d'arrêter qqn par autorité de justice ou de police ; résultat, durée de cette action : *L'arrestation d'un criminel. Être en état d'arrestation.*

arrêt [arɛ] **n.m. 1.** Action d'arrêter, de s'arrêter : *L'arrêt des véhicules au feu rouge. Un arrêt de travail* (= une grève). *L'arrêt des hostilités* (syn. **interruption**). **2.** Endroit où s'arrête un véhicule de transport en commun : *Arrêt d'autobus* (syn. **station**). **3.** Pièce, dispositif destinés à arrêter, à bloquer un élément mobile : *Un couteau à cran d'arrêt.* **4.** Décision rendue par une juridiction supérieure : *Arrêt de la Cour de cassation* (syn. **jugement**). **5. Chien d'arrêt,** chien de chasse qui s'immobilise quand il sent le gibier (par opp. à *chien courant*). / **Coup d'arrêt,** interruption brutale imposée à un mouvement, à un processus : *La guerre a été un coup d'arrêt au développement du pays.* / **Être, tomber en arrêt devant qqch,** rester immobile sous l'effet de la surprise, de l'intérêt, de la convoitise, etc. / **Maison d'arrêt,** prison réservée aux personnes soumises à la détention provisoire et aux condamnés à une courte peine. / **Sans arrêt,** continuellement : *Il parle sans arrêt.* ◆ **arrêts n.m. pl.** Punition infligée à un militaire, l'astreignant à rester en dehors du service en un lieu déterminé : *Être, mettre aux arrêts.*

1. arrêté [arete] **n.m.** Décision exécutoire de certaines autorités administratives : *Un arrêté préfectoral, ministériel.*

2. arrêté, e [arete] **adj.** Définitif ; irrévocable : *Avoir une idée arrêtée sur une question.*

arrêter [arete] **v.t.** (du lat. *restare,* s'arrêter). **1.** Empêcher d'avancer, d'agir ; interrompre le mouvement, la marche, le fonctionnement, le déroulement de : *Arrêter une voiture* (syn. **stopper, immobiliser**). *Arrêter un passant pour lui demander l'heure* (syn. **aborder, retenir**). **2.** Appréhender qqn et le retenir prisonnier : *Arrêter un malfaiteur.* **3.** COUT. Nouer les fils de, maintenir au moyen d'un point ou d'une série de points : *Arrêter une couture, les mailles d'un tricot.* **4.** Déterminer de façon définitive : *Arrêter une date* (syn. **fixer**). **5. Arrêter son regard, sa pensée sur qqn, qqch,** s'y attarder, y prêter attention. **6. Arrêter de** (+ inf.), s'interrompre dans une activité : *Elle a arrêté d'écrire* (syn. **cesser**). / **Ne pas arrêter de** (+ inf.), faire qqch de manière systématique, répétitive : *Il n'arrête pas de parler d'elle.* ◆ **v.i. 1.** Cesser d'avancer, de faire qqch : *Demander au chauffeur d'arrêter* (syn. **stopper**). **2.** CHASSE. Se tenir immobile, en parlant d'un chien qui a senti le gibier. ◆ **s'arrêter v.pr. 1.** Cesser d'avancer, de parler, d'agir, de fonctionner : *S'arrêter au café. Ma montre s'est arrêtée.* **2.** Ne pas aller au-delà d'un certain point, se terminer : *Le chemin s'arrête ici.* **3. S'arrêter à qqch,** s'y maintenir après réflexion ; y prêter attention : *S'arrêter au projet le plus économique. S'arrêter à des détails.*

Arrhenius (Svante), physicien suédois (Wijk, près d'Uppsala, 1859 - Stockholm 1927). Il est l'auteur de la *théorie des ions* (1887), qui permet d'interpréter les lois de l'électrolyse et explique les propriétés chimiques des solutions d'électrolytes. Il émit l'hypothèse de la *panspermie,* selon laquelle la vie pourrait se transmettre d'un astre à un autre par des germes très petits. (Prix Nobel 1903.)

arrhes [ar] **n.f. pl.** (lat. *arrha,* gage). Somme d'argent qu'une partie verse à la conclusion d'un contrat pour en assurer l'exécution : *Demander, verser des arrhes.*

arriération [arjerasjɔ̃] **n.f.** VIEILLI. **Arriération mentale,** grave déficit intellectuel congénital.

1. arrière [arjɛr] **adv.** (lat. pop. **ad retro,* renforcement par la prép. *ad,* du class. *retro,* en arrière). **1.** Dans des locutions (souvent nominalisées), indique la direction opposée à celle de la marche, de la progression : *La marche arrière d'un véhicule* (= qui permet de reculer). *Naviguer vent arrière* (= avec le vent en poupe). *Arrière toute !* (= faites machine arrière [sur un bateau]). **2.** S'emploie en composition avec certains noms pour indiquer l'antériorité spatiale (réelle ou figurée), l'antériorité temporelle, un certain degré d'éloignement dans une relation : *L'arrière-pays. Une arrière-pensée. L'arrière-grand-mère.* **3. Faire machine arrière,** sur un bateau, inverser le sens de la marche de façon à reculer ; au fig., se rétracter après avoir avancé ou proposé qqch. ◆ **interj.** S'emploie pour faire s'écarter qqn de qqch : *Allons, arrière, les badauds !* ◆ **adj. inv.** Situé à l'arrière (par opp. à *avant*) : *Roues arrière d'un véhicule.* ◆ **en arrière loc. adv.** Indique un point de l'espace situé dans la direction opposée à celle de la marche, du regard ; indique un moment du passé : *Plusieurs traînards sont restés en arrière* (syn. **derrière**). *Revenir en arrière* (= se reporter, par la pensée, à une période antérieure).

2. arrière [arjɛr] **n.m. 1.** Partie postérieure (par opp. à *avant*) : *L'arrière d'un véhicule, d'un navire. Les bagages sont à l'arrière.* **2.** Zone en dehors des combats en temps de guerre (par opp. à *front*). ◆ **n.** Joueur, joueuse placé(e) près du but de son équipe et ayant essentiellement un rôle de défenseur, dans les sports collectifs. ◆ **arrières n.m. pl.** MIL. Zone située derrière la ligne de front et par laquelle une armée assure son ravitaillement et ses communications.

arriéré, e [arjere] **adj. 1.** Se dit d'une dette demeurée impayée. **2.** Qui appartient à une époque révolue : *Idées arriérées* (syn. **démodé**). **3.** Qui n'a que fort peu été touché par le progrès : *Pays arriéré.* ◆ **adj.** et **n.** VIEILLI. Qui souffre d'arriération mentale. ◆ **arriéré n.m.** Somme qui n'a pas été payée à la date convenue : *Acquitter un arriéré.*

arrière-ban [arjɛrbɑ̃] **n.m.** (pl. *arrière-bans*). **Convoquer, lever le ban et l'arrière-ban** ⟶ **ban.**

arrière-boutique [arjɛrbutik] **n.f.** (pl. *arrière-boutiques*). Pièce située derrière une boutique.

arrière-cour [arjɛrkur] **n.f.** (pl. *arrière-cours*). Cour située à l'arrière d'un bâtiment et servant de dégagement.

arrière-garde [arjɛrgard] **n.f.** (pl. *arrière-gardes*). **1.** Détachement de sûreté agissant en arrière d'une troupe en marche pour la couvrir et la renseigner. **2. Mener un combat d'arrière-garde,** mener un combat pour retarder des changements inévitables.

arrière-gorge [arjɛrgɔrʒ] **n.f.** (pl. *arrière-gorges*). Partie du pharynx située derrière les amygdales.

arrière-goût [arjɛrgu] **n.m.** (pl. *arrière-goûts*). **1.** Goût que laisse dans la bouche un mets, une boisson, et qui diffère de ce qu'on avait d'abord senti : *Un arrière-goût de brûlé.* **2.** Sentiment qui subsiste après le fait qui l'a provoqué : *Un arrière-goût d'amertume.*

arrière-grand-mère [arjɛrgrɑ̃mɛr] **n.f.** (pl. *arrière-grands-mères*). Mère du grand-père ou de la grand-mère.

arrière-grand-père [arjɛrgrɑ̃pɛr] **n.m.** (pl. *arrière-grands-pères*). Père du grand-père ou de la grand-mère.

arrière-grands-parents [arjɛrgrɑ̃parɑ̃] **n.m. pl.** Le père et la mère des grands-parents.

arrière-pays [arjɛrpei] **n.m. inv.** Région située en arrière des côtes ; l'intérieur (par opp. à *littoral*).

arrière-pensée [arjɛrpɑ̃se] **n.f.** (pl. *arrière-pensées*). Pensée, intention qu'on ne manifeste pas : *Agir sans arrière-pensée* (syn. **calcul**).

arrière-petit-fils [arjɛrpətifis] **n.m., arrière-petite-fille** [arjɛrpətitfij] **n.f.** (pl. *arrière-petits-fils, arrière-petites-filles*). Fils, fille du petit-fils ou de la petite-fille.

arrière-petits-enfants [arjɛrpətizɑ̃fɑ̃] **n.m. pl.** Enfants du petit-fils, de la petite-fille.

arrière-plan [arjɛrplɑ̃] **n.m.** (pl. *arrière-plans*). **1.** Plan du fond, dans une perspective (par opp. à *premier plan*). **2. À l'arrière-plan,** dans une position secondaire : *Reléguer qqn à l'arrière-plan.*

arrière-saison [arjɛrsezɔ̃] **n.f.** (pl. *arrière-saisons*). Période qui termine la belle saison ; fin de l'automne.

arrière-salle [arjɛrsal] **n.f.** (pl. *arrière-salles*). Salle située derrière la salle principale.

arrière-train [arjɛrtrɛ̃] **n.m.** (pl. *arrière-trains*). Partie postérieure du corps d'un quadrupède.

arrimage [arimaʒ] **n.m.** Action d'arrimer : *L'arrimage d'un navire.*

arrimer [arime] **v.t.** (du moyen angl. *rimen*, arranger). Disposer méthodiquement et fixer solidement le chargement d'un navire, d'un véhicule, d'un avion.

arriser v.t. ⟶ **ariser.**

arrivage [arivaʒ] **n.m.** Arrivée de marchandises, de matériel, par un moyen de transport quelconque ; ces marchandises elles-mêmes : *Un arrivage tardif de légumes.*

arrivant, e [arivɑ̃, -ɑ̃t] **n.** Personne qui arrive quelque part : *Accueillir les nombreux arrivants.*

arrivé, e [arive] **adj.** et **n.** Qui est arrivé, parvenu quelque part : *Les premiers arrivés ont eu les meilleures places.* ◆ **adj.** Qui a réussi socialement : *Aujourd'hui, elle considère qu'elle est arrivée.*

arrivée [arive] **n.f. 1.** Action d'arriver ; moment ou lieu précis de cette action : *L'arrivée du train. L'arrivée des voyageurs. Franchir l'arrivée.* **2. Arrivée d'air, d'essence, etc.,** alimentation en air, en essence, etc. ; canalisation, ouverture par laquelle se fait cette alimentation.

arriver [arive] **v.i.** (lat. pop. **arripare*, accoster, du class. *ripa*, rive) [auxil. *être*]. **1.** Parvenir à destination, au terme de sa route : *Le train arrive à 16 heures. Les invités sont arrivés.* **2.** Venir de quelque part ; approcher : *Arriver de l'étranger. L'hiver arrive.* **3.** Parvenir à une situation jugée supérieure sur le plan social : *Vouloir arriver à tout prix* (syn. **réussir**). **4.** Se produire, avoir lieu : *Tout peut arriver* (syn. **advenir, survenir**). ◆ **v.t.ind. [à]. 1.** Atteindre un état ; aborder une étape : *Arriver à un âge avancé. Arriver à la conclusion.* **2.** Atteindre une certaine taille, un certain niveau, etc. : *Il lui arrive à l'épaule.* **3.** Réussir à obtenir qqch : *Arriver à convaincre qqn* (syn. **parvenir**). **4. En arriver à** (+ n.), aborder un nouveau point dans l'examen de qqch : *J'en arrive à la nuit du crime* (syn. **en venir à**). **/ En arriver à** (+ inf.), aboutir à tel comportement : *J'en suis arrivé à me méfier de lui.* ◆ **v. impers. 1.** Se produire, survenir : *Qu'est-il arrivé ici ?* **2.** Se produire parfois, faire partie des éventualités : *Il arrive que je sorte. Il m'arrive de sortir.*

arrivisme [arivism] **n.m.** État d'esprit, comportement de l'arriviste.

arriviste [arivist] **n.** et **adj.** (de *arriver*). Personne qui veut réussir à tout prix : *Un politicien arriviste.*

arrogance [arɔgɑ̃s] **n.f.** Orgueil qui se manifeste par des manières hautaines, méprisantes (syn. **morgue**).

arrogant, e [arɔgɑ̃, -ɑ̃t] **adj.** et **n.** (lat. *arrogans*, qui revendique). Qui témoigne de l'arrogance : *Parler d'un ton arrogant* (syn. **hautain**).

s'arroger [arɔʒe] **v.pr.** (lat. *arrogare*, demander pour soi) [conj. **17**]. S'attribuer indûment : *Ils se sont arrogé des pouvoirs excessifs* (syn. **s'approprier**).

arroi [arwa] **n.m.** (de l'anc. fr. *arroyer*, arranger, du germ. *red*, moyen). LITT. Équipage, appareil entourant un grand personnage : *Arriver en grand arroi.*

Arromanches-les-Bains, comm. du Calvados, sur la Manche ; 555 hab. Station balnéaire. Les Alliés y débarquèrent le 6 juin 1944 et y établirent un port artificiel. Musée du Débarquement.

arrondi, e [arɔ̃di] **adj.** et **n.f.** PHON. Se dit d'une voyelle articulée avec les lèvres projetées en avant. ◆ **arrondi n.m. 1.** Partie, ligne arrondie : *L'arrondi d'une jupe.* **2.** MATH. Valeur approchée obtenue en arrondissant un résultat : *2,5 est un arrondi de 2,47 au dixième près.*

arrondir [arɔ̃dir] **v.t.** [conj. **32**]. **1.** Donner une forme ronde, courbe à : *Arrondir ses lettres en écrivant. Arrondir l'ourlet d'une jupe* (= l'égaliser). **2.** Agrandir, étendre qqch pour constituer un ensemble plus important : *Arrondir sa fortune* (syn. **augmenter**). **3.** Substituer, à une valeur numérique, une valeur approchée, sans décimale ou avec un nombre entier de dizaines, de centaines, etc. : *Arrondir un résultat. Arrondir à l'euro supérieur.* **4. Arrondir les angles** ⟶ **angle.** ◆ **s'arrondir v.pr.** Prendre de l'embonpoint : *Ma taille s'arrondit.*

1. arrondissement [arɔ̃dismɑ̃] **n.m.** (de *arrondir*). Subdivision administrative des départements et de certaines grandes villes : *Paris est divisé en vingt arrondissements.*

2. arrondissement [arɔ̃dismɑ̃] **n.m.** Action d'arrondir une valeur numérique pour obtenir un chiffre rond : *L'arrondissement à l'euro inférieur.*

arrosage [arozaʒ] **n.m.** Action d'arroser : *Tuyau d'arrosage.*

arrosé, e [aroze] **adj. 1.** Qui reçoit de l'eau, des précipitations : *La Normandie est une région très arrosée.* **2.** Irrigué : *Régions arrosées par la Seine.* **3.** FAM. Accompagné de vin, d'alcool : *Repas bien arrosé.*

arroser [aroze] **v.t.** (lat. pop. **arrosare*, du class. *ros*, rosée). **1.** Mouiller en répandant de l'eau ou un liquide ; asperger : *Arroser des plantes. Les enfants s'amusent à nous arroser. Arroser un rôti.* **2.** Couler à travers ; irriguer : *La Loire arrose Tours.* **3.** Répandre abondamment qqch sur ; inonder : *Des projecteurs arrosent le château d'une vive lumière.* **4.** Bombarder longuement et méthodiquement : *Arroser les lignes ennemies.* **5.** Servir avec du vin, de l'alcool : *Arroser copieusement un repas.* **6.** Inviter à boire à l'occasion d'un événement : *Arroser sa promotion* (syn. **fêter**). **7.** FAM. Verser de l'argent à qqn pour obtenir une faveur : *Arroser un personnage influent* (syn. **corrompre**).

arroseur [arozœr] **n.m. 1.** Personne qui arrose. **2.** Appareil, dispositif pour arroser. **3.** FAM. **L'arroseur arrosé,** celui qui est victime de ses propres machinations.

arroseuse **n.f.** Véhicule destiné à l'arrosage des rues.

arrosoir [arozwar] **n.m.** Récipient portatif servant à l'arrosage des plantes.

Arrow (Kenneth J.), économiste américain (New York 1921). Il est connu pour ses contributions à la pensée économique néoclassique. Il a montré les difficultés qu'il y a à concilier la logique des choix collectifs avec celle des choix individuels

Qu'est-ce que l'art ?

Le sens du mot « art », comme la classification des activités qui s'y rattachent, a beaucoup varié au cours du temps.

▶**Arts mécaniques et arts libéraux.** Durant l'Antiquité et au Moyen Âge, seuls le langage et les productions de l'esprit sont jugés dignes de constituer les arts. Les *arts libéraux,* activités intellectuelles dégagées des contraintes liées à la matière, s'opposent ainsi aux *arts mécaniques* où interviennent la main et le matériau. Cependant, certains *métiers*, où la spéculation intellectuelle a sa part, forment à partir du XVIIIe s. le groupe des beaux-arts : l'architecture, la sculpture, la peinture, la gravure, auxquelles sont jointes la musique et la chorégraphie.

▶**De l'artisan à l'artiste.** Les praticiens de ces métiers, selon un processus entamé dès la Renaissance, passent du statut d'ouvriers ou d'artisans, attelés à des tâches souvent collectives, à celui d'artistes. Les *métiers d'art* seront désormais ceux des *arts décoratifs,* ou *arts appliqués*. Ce qui était jusque-là l'exception devient habituel en Occident au XIXe s. et, plus encore, au XXe s. : le « grand » peintre ou sculpteur se voit chargé de s'exprimer dans son art en dehors de toute finalité utilitaire à court terme et de pratiquement toute contrainte socioculturelle. Cette façon nouvelle d'appréhender la mission de l'art (et non plus des arts) résulte de l'exigence de liberté mise de plus en plus en avant par des artistes qui se veulent « créateurs » ou « chercheurs ».

▶**Nature et buts de l'art.** L'art regroupe une multitude de réalités, de sensibilités, et est intimement lié aux contextes historiques, géographiques et culturels au sein desquels il s'épanouit. L'art assume, dès son origine, une fonction symbolique par laquelle la société structure son imaginaire collectif, met en forme sa vision du monde, exprime ses aspirations et ses contradictions. L'œuvre d'art n'est pas une simple imitation du monde extérieur, mais l'organisation d'un système de signes dépendant de l'état des techniques et des mentalités. L'art donne lieu depuis des périodes très anciennes à de nombreux écrits et est inséparable du discours qui l'accompagne. À travers les écrits de peintres, les querelles théoriques, se poursuit l'élaboration d'une réflexion sur l'œuvre d'art, et se mettent en place une histoire de l'art et une critique.

▶**L'art comme marchandise.** Au tournant du XIXe s., l'œuvre d'art voit sa valeur d'usage remplacée par sa valeur d'échange. Le collectionneur, qui succède au prince et au mécène, se double d'un marchand, figure qui prend une importance nouvelle, annonçant le commerce contemporain de la production artistique. Ce transfert s'accompagne d'un changement de statut de l'artiste qui se veut plus que jamais libre et indépendant, mais qui devient tributaire du public et de la critique qui forme l'opinion et influe sur sa production.

▶**Évolution de l'œuvre d'art.** L'autonomie devient, à la fin du XIXe s., le caractère fondamental de l'œuvre d'art. Du fait d'une fonction symbolique atténuée et d'être devenu l'expression d'une individualité, l'art perd le contact à la fois avec ses commanditaires et avec ses destinataires. Ce divorce ne prend fin qu'après la Seconde Guerre mondiale, lorsque la dispersion des artistes, l'internationalisation de l'art et sa diffusion intense, notamment par la multiplication des musées et des galeries, permettent de renouer la relation entre l'art vivant et le public. Les grands courants artistiques du XXe s. ont remis en question les principaux paramètres qui définissaient jusqu'alors l'œuvre d'art : l'art abstrait défait la figure, l'art surréaliste métamorphose le sujet, le pop art démonte les objets, l'art cinétique décompose la lumière… Parallèlement, l'avant-garde contemporaine cherche de nouvelles matières, de nouveaux supports, de nouveaux instruments : concepts, nouvelles technologies, geste, corps même de l'artiste. Les frontières tombent, le jugement du goût est suspendu, nié ou transgressé. Il en résulte de profonds bouleversements pour le sens du mot « art » et la création artistique, considérée un temps comme l'envers de la création naturelle, apparaît souvent aujourd'hui comme l'envers de la culture, comme contre-culture.

Définir la nature de l'art est une tâche difficile. Cette activité humaine que l'on ressent bien comme spécifique possède des contours qui se dérobent, comme se dérobent les frontières entre ses disciplines ou même parfois les frontières avec d'autres domaines.

Voir aussi : abstrait (art) ; cinétique (art) ; cubisme ; dada ; figuration ; minimal (art) ; pauvre (art) ; ready-made ; surréalisme.

et a créé un modèle qui constitue le fondement des modèles contemporains d'équilibre général. (Prix Nobel de sciences économiques 1972.)

arsenal [arsənal] **n.m.** (it. *arsenale*, de l'ar.) [pl. *arsenaux*]. **1.** Centre de construction et d'entretien des navires de guerre : *L'arsenal de Toulon.* **2.** ANC. Fabrique d'armes et de matériel militaire. **3.** Grande quantité d'armes : *La police a découvert un arsenal clandestin.* **4.** Ensemble de moyens d'action, de lutte : *L'arsenal des lois.* **5.** Équipement, matériel compliqué : *L'arsenal d'un photographe.*

arsenic [arsənik] **n.m.** (lat. *arsenicum*, du gr. *arsenikos*, mâle). Corps simple de couleur grise, à l'éclat métallique. ▸ Symb. As. Son oxyde appelé *arsenic blanc* est très toxique.

arsenical, e, aux [arsənikal, -o] et **arsénié, e** [arsenje] **adj.** Qui contient de l'arsenic.

art [ar] **n.m.** (lat. *ars, artis*). **1.** Aptitude, habileté à faire qqch : *Avoir l'art de faire rire.* **2.** Ensemble des moyens, des procédés, des règles intéressant une activité, une profession : *Cette grande cuisinière m'a enseigné les bases de son art. Faire qqch dans les règles de l'art.* **3.** Création d'objets ou de mises en scène, pouvant prendre des formes très variées, destinés à produire un état particulier de sensibilité, plus ou moins lié au plaisir esthétique : *Les grands créateurs d'art.* **4.** Ensemble des œuvres artistiques d'une aire culturelle, d'une époque ; caractère d'un ensemble d'œuvres artistiques : *L'art chinois. L'art roman. L'influence de l'art de Cézanne.* **5.** Chacun des domaines où s'exerce la création esthétique, artistique : *L'enluminure, art du Moyen Âge.* **6.** Manière de faire qui manifeste un goût, une recherche, un sens esthétique : *Composer un bouquet avec art.* **7. Art nouveau, arts décoratifs, arts plastiques ⟶ nouveau, décoratif, plastique.** / **Homme de l'art,** spécialiste d'une discipline ; médecin. / **L'art pour l'art,** doctrine littéraire qui fait de la perfection formelle le but ultime de l'art. / **Septième, huitième, neuvième art ⟶ septième, huitième, neuvième.** ◆ **arts n.m. pl.** Ensemble de disciplines artistiques (littérature, théâtre, cinéma, musique, arts plastiques – peinture, sculpture –, architecture, paysagisme, design, etc.). ▸ *Dossier page suivante.*

Artagnan (Charles de Batz, *comte* **d'),** gentilhomme gascon (Castelmore entre 1610-1620 - Maastricht 1673), capitaine chez les mousquetaires du roi (Louis XIV), puis maréchal de camp, tué au combat. Les romans de A. Dumas l'ont rendu célèbre *(les Trois Mousquetaires).*

Artaud (Antonin), écrivain et acteur français (Marseille 1896 - Ivry-sur-Seine 1948). Poète *(Tric-Trac du ciel, le Pèse-Nerfs),* il a participé au mouvement surréaliste et influencé profondément la littérature moderne, à la fois par son aventure intérieure, qui le conduisit à la folie, et par sa conception du « théâtre de la cruauté », puisée aux sources du théâtre balinais et appelant à un changement radical de l'exercice du théâtre (*le Théâtre et son double,* 1938).

Artaxerxès Ier Longue-Main, roi perse achéménide (465-424 av. J.-C.), fils de Xerxès Ier. Il signa avec les Athéniens la paix de Callias (449), qui mit fin aux guerres médiques. Son règne marqua le début de la déchéance de l'Empire achéménide. • **Artaxerxès II Mnémon,** roi perse achéménide (404-358 av. J.-C.), fils aîné et successeur de Darios II. Dès son avènement, il dut faire face à la révolte de son frère Cyrus le Jeune, qu'il vainquit et tua à Counaxa (401). Xénophon, dans l'*Anabase,* décrit l'odyssée des dix mille mercenaires grecs à la solde de Cyrus. • **Artaxerxès III Okhos,** roi perse achéménide (358-338 av. J.-C.), fils du précédent. Il rétablit l'autorité royale sur les satrapes d'Asie occidentale et reconquit l'Égypte (343).

artefact ou **artéfact** [artefakt] **n.m.** (mot angl., du lat. *artis facta,* effets de l'art). DIDACT. Phénomène d'origine artificielle ou accidentelle, rencontré au cours d'une observation ou d'une expérience.

Artémis, déesse grecque de la Nature et de la Chasse. Fille de Zeus et de Léto, sœur aînée d'Apollon, elle est armée d'un arc et de flèches forgés par Héphaïstos, se fait accompagner des chiens que Pan lui a donnés et habite dans les montagnes ou les bois. « Inviolable et inviolée », elle exprime sa colère contre les vierges qui cèdent à l'amour et favorise celles qui s'y refusent en faisant d'elles ses prêtresses. Les Romains l'ont adoptée sous le nom de Diane.

artère [artɛr] **n.f.** (lat. *arteria,* mot gr.). **1.** Vaisseau qui porte le sang du cœur aux organes : *Artère pulmonaire.* **2.** Voie de communication urbaine : *Ces deux avenues sont les principales artères de la ville.*

artériel, elle [arterjɛl] **adj.** ANAT. Des artères : *Pression artérielle.*

artériographie [arterjɔgrafi] **n.f.** Radiographie des artères et de leurs branches après injection directe d'un produit opaque aux rayons X.

artériole [arterjɔl] **n.f.** ANAT. Petite artère.

artériosclérose [arterjɔskleroz] **n.f.** (de *artère* et *sclérose*). Maladie dégénérative de la paroi des artères, aboutissant à leur épaississement et à leur durcissement.

artérite [arterit] **n.f.** MÉD. Inflammation d'une artère.

artésien, enne [artezjɛ̃, -ɛn] **adj.** et **n. 1.** De l'Artois. **2. Puits artésien,** puits foré dans une nappe aquifère sous pression d'où l'eau sort en jaillissant.

arthrite [artrit] **n.f.** (du gr. *arthron,* articulation). MÉD. Inflammation d'une articulation.

arthritique [artritik] **adj.** et **n.** De l'arthrite ; atteint d'arthrite.

arthropode [artrɔpɔd] **n.m.** (de *arthro-* et *-pode*). **Arthropodes,** embranchement d'animaux invertébrés, à squelette externe constitué de chitine, dont le corps est annelé et les membres ou appendices composés d'articles, et comprenant plus de la moitié des espèces du règne animal (crustacés, myriapodes, insectes, arachnides).

arthrose [artroz] **n.f.** (du gr. *arthron,* articulation). MÉD. Affection non inflammatoire des articulations.

Arthur ou **Artus,** roi légendaire du pays de Galles, qui passe pour avoir animé la résistance des Celtes à la conquête anglo-saxonne (fin du Ve s. - début du VIe s.) et dont les aventures ont donné naissance aux romans courtois du *cycle d'Arthur,* appelé aussi *cycle breton* ou *cycle de la Table ronde.*

artichaut [artiʃo] **n.m.** (ital. dialect. *articiocco,* de l'ar.). **1.** Plante potagère cultivée pour ses *têtes.* ▸ Famille des composées ; genre *Cynara.* **2. Cœur d'artichaut,** partie centrale de l'artichaut constituée par ses feuilles les plus tendres dont on mange le réceptacle (appelé aussi *fond*) et la base des bractées (ou *feuilles*). **3. Avoir un cœur d'artichaut,** être inconstant en amour, volage.

article [artikl] **n.m.** (lat. *articulus,* articulation). **1.** Division, génér. numérotée, d'un traité, d'une loi, d'un contrat, d'un compte, d'un chapitre budgétaire, etc. : *Les articles du budget. Reprendre article par article les points d'un exposé.* **2.** Écrit formant un tout distinct dans un journal, une publication : *L'article de fond d'un quotidien* (= l'éditorial). *Écrire les articles politiques d'un hebdomadaire* (syn. **chronique**). **3.** Sujet traité ; point : *Ne pas transiger sur un article.* **4.** Objet proposé à la vente : *Article de sport.* **5.** LING. Déterminant du nom, placé avant celui-ci, marquant sa valeur définie ou indéfinie, le nombre et souvent le genre de celui-ci : *Articles définis, indéfinis, partitifs.* **6.** ZOOL. Partie d'un membre, d'un appendice qui s'articule à une autre, chez les arthropodes. **7. À l'article de la mort,** sur le point de mourir. / **Article de foi,** vérité fondamentale de la foi, contenue dans les symboles ou les définitions des conciles ; au fig., opinion, croyance inébranlable. / **Faire l'article,** faire valoir une marchandise.

articulaire [artikylɛr] **adj.** Relatif aux articulations des membres : *Rhumatisme articulaire.*

articulation [artikylasjɔ̃] **n.f. 1.** Liaison, jonction de deux os, deux pièces anatomiques dures leur assurant une mobilité relative ; partie anatomique où se fait cette liaison : *L'articulation du genou.* **2.** ZOOL. Région du tégument des arthropodes où la chitine s'amincit, permettant les mouvements des segments. **3.** Lien non rigide entre deux pièces mécaniques, autorisant des mouvements de rotation de l'une par rapport à l'autre. **4.** Liaison entre les parties d'un discours, d'un livre, etc. : *L'articulation d'un raisonnement* (syn. **enchaînement**). **5.** DR. Énumération point par point de faits devant être introduits en justice. **6.** Action, manière d'articuler les sons d'une langue : *Avoir une mauvaise articulation.*

articulatoire [artikylatwar] **adj.** LING. Qui concerne l'articulation des sons du langage : *Phonétique articulatoire.*

articulé, e [artikyle] **adj. 1.** Qui comporte une, des articulations : *Un automate articulé.* **2.** Énoncé, exprimé nettement ; audible : *Mot bien, mal articulé.* ◆ **articulé n.m.** Syn. anc. de *arthropode.*

articuler [artikyle] **v.t.** (lat. *articulare*, de *articulus*, articulation). **1.** Émettre les sons du langage : *Il ne peut articuler une seule parole* (syn. **prononcer**). **2.** Prononcer un, des mots distinctement, de façon audible : *Je ne comprends rien de ce que tu me dis, articule !* **3.** Faire l'articulation d'un discours, d'un livre, etc. : *Articuler les différentes parties d'un exposé.* **4.** MÉCAN. Réaliser l'articulation de pièces mécaniques. ◆ **s'articuler v.pr. 1.** Former une articulation anatomique : *Le tibia s'articule sur le fémur.* **2.** Former un ensemble organisé, cohérent : *Une démonstration dont les parties s'articulent bien.*

artifice [artifis] **n.m.** (lat. *artificium*, art, métier, ruse, de *ars, artis*, habileté, art, et *facere*, faire). **1.** *LITT.* Procédé ingénieux, habile pour tromper ou corriger la réalité : *User d'artifices pour cacher la vérité* (syn. **ruse**). *Les artifices d'une mise en scène.* **2.** TECHN., MIL. Composition fulminante pouvant déclencher une action explosive. **3. Feu d'artifice,** tir détonant à effet lumineux, pour une fête en plein air, etc. ; au fig., succession rapide de traits d'esprit, de répliques brillantes.

artificiel, elle [artifisjɛl] **adj. 1.** Produit par une technique humaine, et non par la nature ; qui se substitue à un élément naturel : *Fleurs artificielles. Lac artificiel* (contr. **naturel**). **2.** Qui ne paraît pas naturel : *Enjouement artificiel* (syn. **affecté, factice**).

artificiellement [artifisjɛlmɑ̃] **adv.** De façon artificielle.

artificier [artifisje] **n.m. 1.** Personne qui tire des feux d'artifice. **2.** Militaire chargé des artifices.

artificieux, euse [artifisjø, -øz] **adj.** *LITT.* Qui use d'artifices ; rusé : *Des paroles artificieuses* (syn. **hypocrite**).

artillerie [artijri] **n.f.** (de l'anc. fr. *artillier*, munir d'armes, du germ.). **1.** Ensemble des armes à feu non portatives, de leurs munitions et de leur matériel de transport : *Pièce d'artillerie.* (Voir développement encyclopédique.) **2.** Partie de l'armée affectée à leur service : *Artillerie navale, nucléaire.* **3. Grosse artillerie, artillerie lourde,** moyens militaires puissants ; au fig., arguments percutants, dénués de finesse : *Sortir l'artillerie lourde pour le lancement d'un film.*

■ Les premières bouches à feu du XIVe s. tiraient sans précision et à faible portée (50 à 100 m) des boulets en pierre ; elles se perfectionnent au XVe s. avec l'adoption de l'affût et l'apparition de boulets de métal. Au XVIIIe s., l'artillerie est modernisée par Gribeauval ; elle participe activement aux batailles livrées par Napoléon. Le XIXe s. est marqué par le canon rayé (1858), le chargement par la culasse (1870) et l'augmentation de la puissance des obus. Durant la Première Guerre mondiale, après le succès du canon de 75, l'artillerie de tranchée (mortiers) connaît un développement rapide, ainsi que l'artillerie antiaérienne. La Seconde Guerre mondiale est marquée par le canon automoteur, la généralisation des calibres de 105 et de 155 mm et l'apparition du radar, qui permet, dès 1941, les tirs de nuit. Depuis 1960, la précision accrue des missiles guidés condamne l'artillerie de gros calibre (400 mm et plus), tandis que, grâce aux développements de l'électronique et de l'informatique, l'artilleur dispose pour la conduite du tir d'instruments perfectionnés. ■

artilleur [artijœr] **n.m.** Militaire qui sert dans l'artillerie.

artimon [artimɔ̃] **n.m.** (it. *artimone*, lat. *artemo, -onis*, du gr.). MAR. Mât arrière d'un voilier qui en comporte deux ou davantage ; voile que porte ce mât.

artiodactyle [artjɔdaktil] **n.m.** (du gr. *artios*, pair, et *-dactyle*). ZOOL. **Artiodactyles,** sous-ordre d'ongulés ayant un nombre pair de doigts à chaque patte, comprenant notamm. les ruminants, les porcins, les camélidés.

artisan, e [artizɑ̃, -an] **n.** (it. *artigiano*, de *arte*, art). **1.** Travailleur qui exerce à son compte un métier manuel, souvent à caractère traditionnel, seul ou avec l'aide de quelques personnes (compagnons, apprentis, etc.). **2. Être l'artisan de,** l'auteur, le responsable de qqch : *Il a été l'artisan d'un changement de politique important.*

artisanal, e, aux [artizanal, -o] **adj. 1.** Propre à l'artisan, à l'artisanat (par opp. à *industriel*) : *Un travail artisanal. Une poterie artisanale.* **2.** Qui est fait manuellement ou avec des moyens rudimentaires : *Une réparation artisanale.*

artisanalement [artizanalmɑ̃] **adv.** De manière artisanale.

artisanat [artizana] **n.m.** Métier, activité, technique de l'artisan ; ensemble des artisans : *Artisanat local.*

artiste [artist] **n.** (lat. médiév. *artista*, du class. *ars, artis*, art). **1.** Personne qui pratique un des beaux-arts, en partic. un art plastique : *Un artiste peintre.* **2.** Interprète d'une œuvre théâtrale, musicale, cinématographique, etc. : *Artiste dramatique* (= acteur, comédien). **3.** Personne qui, pratiquant ou non un art, aime la vie de bohème, le non-conformisme : *C'est un artiste, il n'a pas d'heure.* **4. Travail d'artiste,** travail très habile. ◆ **adj.** *LITT.* Qui a le goût des arts : *Il vit dans un milieu artiste.*

artistement [artistəmɑ̃] **adv.** *LITT.* Avec art, avec un goût artistique certain : *Un salon artistement décoré.*

artistique [artistik] **adj. 1.** Relatif aux arts, en partic. aux beaux-arts : *Les richesses artistiques d'un pays.* **2.** Fait, présenté avec art : *Disposition artistique.*

artistiquement [artistikmɑ̃] **adv.** De façon artistique.

Artois, anc. province du nord de la France. L'Artois, qui faisait partie de la Flandre, est incorporé au domaine royal en 1223, à l'avènement de Louis VIII. Devenu possession des ducs de Bourgogne (1384), l'Artois passe à la maison d'Autriche (1477) à la mort de Charles le Téméraire. En 1529, l'Artois passe des Habsbourg d'Autriche aux Habsbourg d'Espagne. Les traités des Pyrénées (1659) et de Nimègue (1678) le rendent définitivement à la France.

arum [arɔm] **n.m.** (gr. *aron*). Plante herbacée monocotylédone dont les fleurs sont entourées d'un cornet de couleur blanche ou verte. ▸ Famille des aracées.

aruspice n.m. ⟶ **haruspice.**

Arvernes, peuple de la Gaule qui occupait l'Auvergne actuelle. Dirigés par Vercingétorix, ils prirent, en 52 av. J.-C., la direction de la révolte gauloise contre Rome.

aryen, enne [arjɛ̃, -ɛn] **adj.** et **n.** (du sanskr. *ārya*, noble). **1.** Relatif aux Aryens. **2.** Relatif à la « race » blanche « pure » dans les doctrines racistes d'inspiration nazie. ***Rem.*** À distinguer de *arien, enne.*

Aryens, populations d'origine indo-européenne qui, à partir du XVIIIe s. av. J.-C., se répandirent, d'une part en Iran, d'autre part dans le nord de l'Inde. Leur langue est l'ancêtre commun des langues indiennes (sanskrit, pali) et iraniennes (avestique, vieux perse).

arythmie [aritmi] **n.f.** Irrégularité et inégalité des contractions cardiaques.

as [as] **n.m.** (lat. *as*, n. d'une unité de monnaie). **1.** Face du dé, moitié du domino ou carte à jouer (génér. la plus forte) marquée d'un seul point. **2.** Le numéro un, au tiercé, au loto, etc. **3.** Personne qui excelle dans une activité : *As du volant.* **4.** HIST. Unité de poids, de monnaie, de mesure, chez les anciens Romains. **5.** *FAM.* **Être plein aux as,** avoir beaucoup d'argent. / *FAM.* **Passer à l'as,** être oublié, escamoté : *Ce point du débat est passé à l'as.*

Asad (Hafiz al-) ou **Assad (Hafez el-),** général et homme d'État syrien (Qardaha, près de Lattaquié, 1930 - Damas 2000).

Il prit le pouvoir en 1970 et fut, de 1971 à sa mort, président de la République syrienne. Son fils, **Bachar,** homme d'État syrien (Damas 1965), lui a succédé à la tête de l'État en 2000.

ascaris [askaris] et **ascaride** [askarid] **n.m.** (gr. *askaris*). Ver parasite de l'intestin grêle de l'homme, du cheval, du porc, etc. ▸ Classe des nématodes ; long. 15 à 25 cm.

ascendance [asɑ̃dɑ̃s] **n.f. 1.** Ensemble des ascendants, des générations dont est issue une personne : *Une ascendance paysanne* (syn. **origine**). **2.** MÉTÉOR. Courant aérien dirigé de bas en haut.

ascendant, e [asɑ̃dɑ̃, -ɑ̃t] **adj.** (du lat. *ascendere,* monter). Qui va en montant : *Des vents ascendants. Un mouvement ascendant* (syn. **ascensionnel ;** contr. **descendant**). ◆ **ascendant n.m. 1.** Attrait intellectuel, autorité morale qu'une personne exerce sur qqn, sur un groupe : *Avoir, prendre de l'ascendant sur qqn* (syn. **influence**). **2.** ASTROL. Point de l'écliptique qui se lève à l'horizon au moment de la naissance d'un individu. **3.** (Surtout au pl.). Parent dont qqn est issu.

ascenseur [asɑ̃sœr] **n.m.** (du lat. *ascendere,* monter). **1.** Installation, appareil permettant de transporter des personnes dans une cabine qui se déplace verticalement : *Monter par l'ascenseur.* **2.** FAM. **Renvoyer l'ascenseur,** répondre à une complaisance, un service par une action comparable.

ascension [asɑ̃sjɔ̃] **n.f.** (lat. *ascensio,* de *ascendere,* monter). **1.** Fait de s'élever, d'aller vers le haut : *L'ascension d'un ballon dans les airs.* **2.** Action de monter, de gravir : *Faire l'ascension d'une montagne.* **3.** Fait de s'élever socialement : *Ascension professionnelle.* **4.** RELIG. CHRÉT. (Avec une majuscule). Montée au ciel du Christ, quarante jours après Pâques ; fête commémorant cet événement. **5.** BX-A. (Avec une majuscule). Représentation de cette scène religieuse.

ascensionnel, elle [asɑ̃sjɔnɛl] **adj. 1.** Qui tend à monter ou à faire monter : *Le mouvement ascensionnel de l'air chaud* (syn. **ascendant**). **2. Parachutisme ascensionnel,** sport consistant à se faire tirer en parachute par un véhicule ou un bateau à moteur.

ascèse [asɛz] **n.f.** (gr. *askêsis,* méditation, de *askein,* s'exercer). Effort visant à la perfection spirituelle par une discipline constante de vie : *L'ascèse des moines.*

ascète [asɛt] **n. 1.** Personne qui pratique l'ascèse. **2.** Personne qui soumet sa vie à une discipline stricte, austère : *Mener une vie d'ascète.*

ascétique [asetik] **adj.** D'ascète ; propre à l'ascèse : *Une discipline ascétique.*

ascétisme [asetism] **n.m. 1.** Caractère de ce qui est conforme à l'ascèse : *L'ascétisme d'une vie d'ermite* (syn. **austérité**). **2.** Pratique de l'ascèse.

ascidie [asidi] **n.f.** (gr. *askidion,* petite outre). **1.** BOT. Organe en forme d'urne de certaines plantes carnivores. **2.** ZOOL. **Ascidies,** classe d'animaux marins vivant fixés aux rochers. ▸ Embranchement des tuniciers ; haut. 15 cm env.

ASCII [aski] **(code)** [sigle de l'angl. *American Standard Code for Information Interchange*], code informatique standardisé de représentation utilisant des mots de 7 bits, et qui permet de codifier 128 caractères différents.

ascite [asit] **n.f.** (lat. *ascitus,* du gr. *askos,* outre). PATHOL. Épanchement d'un liquide séreux dans la cavité du péritoine, provoquant une distension de l'abdomen.

Asclépios, dieu grec de la Santé et de la Médecine. La tradition la plus courante fait de lui un fils d'Apollon. Chez Homère, il n'est qu'un héros initié à l'art de guérir par le centaure Chiron. Plus tard, il fut vénéré comme un dieu, particulièrement dans le grand sanctuaire d'Épidaure, où il guérissait les malades. Il avait pour attributs le serpent, le bâton, le coq, la coupe. C'est au IIIᵉ s. av. J.-C., à la suite d'une épidémie de peste, qu'il fut adopté par les Romains comme le dieu de la Guérison sous le nom d'Esculape.

ascomycète [askɔmisɛt] **n.m.** (du gr. *askos,* outre, et *mukês, -êtos,* champignon). **Ascomycètes,** classe de champignons supérieurs, comprenant notamm. le pénicillium, la morille, la truffe.

ascorbique [askɔrbik] **adj.** (de *a-* priv., et *scorbut*). **Acide ascorbique,** vitamine C (antiscorbutique).

ASEAN (Association of Southeast Asian Nations), en fr. **A.N.A.S.E.** (Association des Nations de l'Asie du Sud-Est), organisation de coopération politique et économique, créée en 1967, regroupant 10 pays d'Asie du Sud-Est.

asémantique [asemɑ̃tik] **adj.** LING. **Phrase asémantique,** phrase qui n'a pas de sens tout en pouvant être grammaticalement correcte : *« La lampe pense à son frère » est une phrase asémantique.*

asepsie [asɛpsi] **n.f.** (de *a-* priv., et du gr. *sêpsis,* infection). **1.** Méthode, technique visant à protéger l'organisme de toute contamination microbienne, en partic. dans les salles d'opération. **2.** Absence de tout germe infectieux.

aseptique [asɛptik] **adj. 1.** Exempt de tout germe (par opp. à *septique*) : *Un pansement aseptique.* **2.** Relatif à l'asepsie.

aseptisé, e [asɛptize] **adj. 1.** Stérilisé : *Une salle aseptisée.* **2.** Privé d'originalité ; impersonnel : *Un film aseptisé.*

aseptiser [asɛptize] **v.t.** Réaliser l'asepsie de : *Aseptiser une plaie. Aseptiser des instruments chirurgicaux* (syn. **stériliser**).

Ases, un des deux groupes de dieux de la mythologie scandinave, l'autre étant celui des Vanes. Les Ases (Odin, Thor...) détiennent les pouvoirs de justice et de guerre.

asexué, e [asɛksɥe] **adj. 1.** Qui n'a pas de sexe. **2.** BOT. **Multiplication asexuée,** multiplication qui s'effectue sans l'intermédiaire de cellules reproductrices (par bouture, drageon, etc.). [On dit aussi *multiplication végétative.*]

ashkénaze [aʃkenaz] **n.** et **adj.** (mot hébr.). Juif originaire des pays germaniques et slaves (par opp. à *séfarade*).

Ashoka ou **Açoka,** souverain de l'Inde (v. 269-232 av. J.-C.) de la dynastie maurya. Il régna sur la quasi-totalité de l'Inde, à l'exception du sud du Deccan, et sur une partie de l'Afghanistan. Il joua un rôle décisif dans l'organisation et le développement du bouddhisme, dont l'esprit inspira sa politique (principe de non-violence).

ashram [aʃram] **n.m.** (mot sanskr.). Lieu de retraite où un gourou dispense un enseignement spirituel à ses adeptes, en Inde.

Ashtart ou **Astarté,** nom donné dans la Syrie euphratéenne à Ishtar, la Grande Déesse du panthéon assyro-babylonien. Dans le monde hellénistique, l'Ashtart phénicienne devient une déesse de l'Amour, en laquelle s'unissent le désir de séduction et le désordre érotique.

asiatique [azjatik] **adj.** et **n.** D'Asie.

Asie, le plus vaste des continents (44 millions de km^2, 30 % des terres émergées) et surtout le plus peuplé (4 298 723 000 hab., environ 60 % de la population mondiale). ▸ *Dossier page suivante.*

Conditions naturelles. Les limites sont nettes au N. (océan Arctique), à l'E. (océan Pacifique) et au S. (océan Indien). Par convention, on considère que l'Oural sépare l'Asie de l'Europe à l'O., et que l'isthme de Suez la sépare de l'Afrique au S.-O. Toute la partie continentale est dans l'hémisphère Nord (entre 1° et 77° de latitude) ; seules des îles d'Indonésie sont situées au S. de l'équateur. De l'O. à l'E., le continent s'étire sur 164° de longitude. L'altitude moyenne (env. 950 m) est la plus élevée pour un continent. Le centre est en effet occupé par le plus important ensemble montagneux de la planète, étiré du Taurus à l'archipel de la Sonde et englobant notamment l'Himalaya (8 848 m à l'Everest). Parfois volcaniques (surtout à l'E. et dans le S.-E. insulaire), les montagnes enserrent des plaines ou plateaux : Anatolie, plateau iranien, Tibet, Ordos, plaine de Mandchourie. Les grands fleuves de l'Asie des moussons y ont trouvé les matériaux des plaines alluviales et deltaïques (plaine indo-gangétique, delta du Mékong, grandes plaines de Chine). Au N. et au S., de vastes régions

Le nouveau centre du monde

Au cours des trois dernières décennies du XXe siècle et du début du XXIe siècle, l'Asie, le plus vaste des continents, a pris une place majeure dans le système mondial, tant par sa population que par son poids économique. Dans la partie orientale de l'Asie, la Chine et le Japon sont les deuxième et troisième puissances économiques mondiales. Les autres pays progressent également : l'Inde en premier lieu et plusieurs autres États, passés du statut de pays en développement à celui de pays développés, s'efforcent de mettre en place des formes de solidarité leur permettant de se renforcer dans le cadre de la mondialisation. La partie asiatique de la Russie et les anciennes républiques soviétiques d'Asie centrale suivent une autre voie, de même que le Moyen-Orient.

▶**La démographie.** 60 % de la population mondiale vit en Asie. À l'intérieur du continent, à eux seuls les habitants de l'Asie du Sud et de l'Est (sous-continent indien, grandes péninsules de l'océan Indien et du Pacifique, archipels indonésiens, philippins et japonais, Chine) comptent plus de la moitié du total mondial. Mais la place relative des deux « poids lourds » démographiques, la Chine et l'Inde, va s'inverser : en Chine, les conséquences de la politique de l'enfant unique vont être considérables, la part très importante de population âgée pèsera bientôt sur des actifs moins nombreux. En Inde, la réduction de la fécondité ayant été nettement moins forte qu'en Chine, le taux de croissance est trois fois plus élevé, si bien que la population indienne dépassera la population chinoise vers 2025.

▶**Le poids économique de l'Asie.** Deux des trois premières économies mondiales sont asiatiques : la Chine occupe la deuxième place devant le Japon depuis 2010, les États-Unis occupant toujours le premier rang. Le troisième grand pays asiatique, l'Inde, vient à la dixième place. La Chine est devenue une très grande puissance économique : l'essor des industries lourdes puis de celles des biens de consommation pour les marchés extérieurs en a d'abord fait l'atelier du monde ; depuis quelques années, elle s'est approprié les savoirs et les techniques occidentales les plus pointus, dont témoigne, par exemple, la construction de barrages et de lignes à grande vitesse. L'objectif est de faire entrer le pays dans une nouvelle phase économique, dans laquelle les masses rurales diminueraient, et, mieux instruites, contribueraient à créer une classe moyenne engagée dans la production et la consommation de type occidental. Déjà le nombre d'étudiants dans l'enseignement supérieur est considérable et les centres de recherche de haut niveau se multiplient.

▶**Les grandes régions de l'Asie.** Dans la partie méridionale et orientale de l'Asie, la Chine domine. Les échanges avec elle sont d'une importance capitale pour les autres grandes économies asiatiques (elle est le premier partenaire commercial du Japon et de l'Inde) et pour les pays d'importance moyenne, en premier lieu les pays nouvellement industrialisés, les « dragons » qui ont connu un développement spectaculaire dans les années 1960-1970 : la Corée du Sud, Hongkong, Singapour et Taïwan. L'Indonésie, la Malaisie, la Thaïlande et les Philippines se sont regroupées en vue de créer une zone de libre-échange. Les trois quarts de la Fédération de Russie sont situés en Asie. Cet immense territoire (1,3 fois la Chine), qui a une longue frontière avec la Chine, est très peu peuplé, très froid, avec des ressources énergétiques importantes. Le pouvoir central russe cherche à développer les ressources de l'Extrême-Est, et particulièrement le pétrole avec l'aide de la Chine, principal acheteur.

Si l'économie indienne s'est incontestablement développée, c'est surtout la Chine qui s'affirme peu à peu face aux États-Unis comme une superpuissance, sur les plans tant militaire qu'économique : sa croissance économique spectaculaire l'a porté au deuxième rang mondial, derrière les États-Unis.

Voir aussi : Asie du Sud-Est ; Chine ; Corée du Sud ; Inde ; industrialisé (nouveaux pays industrialisés) ; Japon.

de plaines et de plateaux correspondent à la présence de boucliers cristallins précambriens (Arabie, Deccan, Sibérie orientale), parfois recouverts d'épais sédiments (Sibérie occidentale).
L'extension en latitude explique la diversité des climats. Le Nord est le domaine du climat sibérien, très rude en hiver. Le sol, constamment gelé en profondeur, porte une maigre végétation, la toundra (à laquelle succède, vers le S., la taïga). Au sud, de l'Arabie et de la Caspienne au Gobi, c'est un climat désertique ou du moins aride (avec une maigre steppe). Tout le Sud-Est, plus chaud, est surtout affecté par la mousson, qui apporte des pluies d'été, essentielles pour l'agriculture. La forêt dense recouvre partiellement l'Insulinde, constamment et abondamment arrosée.
Population et économie. La Chine et l'Inde sont les deux pays les plus peuplés de la planète. L'Indonésie vient au quatrième rang, le Japon au septième. De plus, la croissance démographique demeure globalement élevée. La population est encore essentiellement rurale. Si la densité moyenne dépasse 60 hab. au km^2, de très vastes régions sont sous-peuplées : la Sibérie et certains pays du Moyen-Orient. Par contre, les densités sont fortes en Asie des moussons (Inde, Japon, Bangladesh, Chine orientale).
Le poids démographique global et la prépondérance de la population rurale expliquent la prédominance des cultures vivrières et souvent leur caractère intensif (notamment dans les deltas). Le riz est la céréale de l'Asie des moussons, le blé tient une place essentielle dans les régions moins chaudes et moins arrosées (Asie occidentale et surtout ouest de la plaine indo-gangétique et moitié septentrionale de la Chine). L'Asie possède toutefois quelques grandes cultures de plantations, fournissant l'essentiel des productions mondiales de thé, de caoutchouc naturel. Les ressources énergétiques sont localement importantes (hydrocarbures au Moyen-Orient, en Sibérie occidentale, en Indonésie ; houille en Sibérie méridionale, en Chine et en Inde), mais sont absentes au Japon.

Asie centrale, partie de l'Asie, de la Caspienne à la Chine, s'étendant sur le sud du Kazakhstan, l'Ouzbékistan, le Turkménistan, le Kirghizistan, le Tadjikistan et l'ouest du Xinjiang chinois.

Asie du Sud-Est, ensemble continental (Viêt Nam, Laos, Cambodge, Thaïlande, Birmanie, Malaisie occidentale et Singapour) et insulaire (Indonésie, Malaisie orientale, Brunei et Philippines), correspondant à l'Indochine et à l'Insulinde traditionnelles.

Asie méridionale, partie de l'Asie englobant l'Inde, le Bangladesh, Sri Lanka et, parfois, l'Asie du Sud-Est.

Asie Mineure, nom que donnaient les Anciens à la partie occidentale de l'Asie au sud de la mer Noire. Elle correspondait approximativement au territoire de la Turquie actuelle.

asilaire [azilɛr] **adj.** Relatif à l'asile psychiatrique (souvent péjor.).

asile [azil] **n.m.** (lat. *asylum,* gr. *asulon,* lieu inviolable). **1.** Lieu où l'on peut trouver un abri, une protection : *Trouver asile à l'étranger* (syn. **refuge**). *Donner asile à qqn.* **2.** Endroit où l'on peut se reposer, trouver le calme : *Cette maison est un asile de paix* (syn. litt. **havre**). **3.** VIEILLI. Établissement psychiatrique. **4. Droit d'asile,** protection accordée par un État à des réfugiés politiques.

Asimov (Isaac), biochimiste et écrivain américain d'origine russe (Petrovitchi 1920 - New York 1992). Il est l'auteur d'un classique de la science-fiction : *Fondation* (1942-1982).

Asmara, cap. de l'Érythrée, à 2 400 m d'alt. ; 775 000 hab. dans l'agglomération.

Asnières-sur-Seine [anjɛr-], ch.-l. de c. des Hauts-de-Seine, sur la Seine ; 84 600 hab. *(Asniérois).* Industrie automobile.

asocial, e, aux [asɔsjal, -o] **adj.** et **n.** Qui montre ou marque une incapacité à s'adapter à la vie sociale : *Un comportement asocial.*

asparagus [asparagys] **n.m.** (mot lat.). Plante voisine de l'asperge, utilisée par les fleuristes pour ses feuilles délicates. ▶ Famille des liliacées.

aspartame ou **aspartam** [aspartam] **n.m.** (de *asparagine,* n. d'un composé chimique). Succédané hypocalorique du sucre utilisé dans l'industrie agroalimentaire.

aspect [aspɛ] **n.m.** (lat. *aspectus,* de *aspicere,* regarder). **1.** Manière dont qqn ou qqch se présente à la vue, à l'esprit : *Un homme jeune d'aspect* (syn. **allure**). *Son projet prend un aspect plus réaliste* (syn. **tournure**). **2.** Chacune des faces sous lesquelles peut être examinée une question : *Étudier un problème sous tous ses aspects* (= point de vue) [syn. **angle**]. **3.** LING. Expression de l'action verbale dans sa durée, son déroulement, son achèvement, etc. ; ensemble des procédés grammaticaux que cette expression met en œuvre : *Aspect perfectif, imperfectif.*

asperge [aspɛrʒ] **n.f.** (lat. *asparagus,* du gr.). Plante potagère dont on mange les pousses, appelées *turions.* ▶ Famille des liliacées.

asperger [aspɛrʒe] **v.t.** (lat. *aspergere,* arroser) [conj. **17**]. Mouiller qqn, qqch en projetant de l'eau, un liquide : *La voiture m'a aspergé en roulant dans une flaque d'eau* (syn. **arroser**). *Asperger les couloirs d'un produit désinfectant.*

aspérité [asperite] **n.f.** (lat. *asperitas,* de *asper,* rugueux). (Souvent au pl.). Saillie, inégalité d'une surface : *Les aspérités d'un sol.*

aspersion [aspɛrsjɔ̃] **n.f. 1.** Action d'asperger. **2.** CATH. Action de projeter de l'eau bénite.

asphalte [asfalt] **n.m.** (bas lat. *asphaltus,* bitume, du gr.). **1.** Calcaire imprégné de bitume qui sert au revêtement des trottoirs, des chaussées, etc. **2.** Bitume naturel.

asphalter [asfalte] **v.t.** Couvrir d'asphalte : *Asphalter un trottoir.*

asphodèle [asfɔdɛl] **n.m.** (lat *asphodelus,* du gr.). Plante bulbeuse à fleurs blanches dont une espèce est ornementale. ▶ Famille des liliacées.

asphyxiant, e [asfiksjɑ̃, -ɑ̃t] **adj.** Qui asphyxie : *Un gaz asphyxiant. Une atmosphère asphyxiante* (syn. **étouffant**).

asphyxie [asfiksi] **n.f.** (gr. *asphuxia,* arrêt du pouls). **1.** Trouble grave d'un organisme qui manque d'oxygène, d'une personne qui ne peut plus respirer. **2.** Blocage, arrêt d'une activité, d'une fonction essentielle : *La crise économique a provoqué l'asphyxie du pays* (syn. **paralysie**).

asphyxier [asfiksje] **v.t.** [conj. **9**]. Causer l'asphyxie de : *Il a été asphyxié par le gaz.* ◆ **s'asphyxier v.pr.** Souffrir d'asphyxie ; mourir d'asphyxie.

1. aspic [aspik] **n.m.** (lat. *aspis,* mot gr.). Vipère des lieux secs et pierreux, au museau retroussé, l'une des deux espèces vivant en France.

2. aspic [aspik] **n.m.** (orig. obsc.). CUIS. Préparation enrobée de gelée : *Aspic de volaille, de poisson.*

1. aspirant, e [aspirɑ̃, -ɑ̃t] **adj.** Qui aspire : *Hotte aspirante* (= qui aspire les fumées).

2. aspirant [aspirɑ̃] **n.m.** (de *aspirant*). **1.** MIL. Grade précédant celui de sous-lieutenant. **2.** MAR. Enseigne de vaisseau de deuxième classe.

aspirateur [aspiratœr] **n.m. 1.** Appareil qui aspire des fluides, des matières pulvérulentes, etc. : *Aspirateur de sciure d'une machine à bois.* **2.** Appareil ménager servant à aspirer les poussières, les menus déchets.

aspiration [aspirasjɔ̃] **n.f. 1.** Action d'aspirer ; inspiration d'air. **2.** TECHN. Opération consistant à aspirer des matières en suspension, des fluides, etc. **3.** PHON. Souffle perceptible combiné à un son : *L'aspiration dans la prononciation de « hop » en français.* **4.** Mouvement, élan vers un idéal, un but : *L'aspiration d'un peuple à la liberté.*

aspiré, e [aspire] **adj. Consonne aspirée,** consonne qui s'accompagne d'une aspiration (on dit aussi *une aspirée*). / **H aspiré,** marquant l'interdiction d'une liaison, en français.

aspirer [aspire] **v.t.** (lat. *aspirare,* souffler vers). **1.** Faire entrer l'air dans ses poumons : *Aspirez ! soufflez !* (syn. **inspirer**). *Ouvrir la fenêtre pour aspirer un peu d'air frais* (syn. **respirer**). **2.** Attirer un liquide, un fluide, des poussières, etc., en créant un vide partiel : *Les pompes aspirent l'eau des cales du navire* (syn. **pomper**). ◆ **v.t. ind. [à].** Porter son désir vers ; prétendre à : *Aspirer à de hautes fonctions.*

aspirine [aspirin] **n.f.** (all. *Aspirin ;* nom déposé dans certains pays). Médicament analgésique et antipyrétique, constitué d'acide acétylsalicylique.

Asquith (Herbert Henry), *comte* **d'Oxford et Asquith,** homme politique britannique (Morley 1852 - Londres 1928). Chef du parti libéral, Premier ministre de 1908 à 1916, il fit adopter le Home Rule accordant à l'Irlande un statut d'autonomie et fit entrer la Grande-Bretagne dans la Première Guerre mondiale (1914).

Assad → Asad.

assagir [asaʒir] **v.t.** [conj. **32**]. Rendre sage ; calmer : *Ses échecs l'ont assagi* (syn. **modérer**). ◆ **s'assagir v.pr.** Devenir sage : *Il s'est assagi avec l'âge* (syn. **se ranger**).

assagissement [asaʒismɑ̃] **n.m.** Fait de s'assagir.

assaillant, e [asajɑ̃, -ɑ̃t] **adj.** et **n.** Qui assaille : *Les forces assaillantes. Repousser les assaillants.*

assaillir [asajir] **v.t.** (lat. pop **assalire,* de *salire,* sauter) [conj. **47**]. **1.** Se jeter sur qqn ; attaquer : *Elle a été assaillie dans une rue déserte.* **2.** Importuner ; tourmenter : *On l'a assailli de questions* (syn. **harceler**).

assainir [asenir] **v.t.** [conj. **32**]. **1.** Rendre sain : *Assainir un marais. Assainir l'eau* (syn. **purifier**). **2.** Ramener à la normale : *Assainir une situation, un budget.*

assainissement [asenismɑ̃] **n.m. 1.** Action d'assainir ; fait d'être assaini : *L'assainissement du marché financier.* **2.** Ensemble de techniques d'évacuation et de traitement des eaux usées et résidus boueux.

assaisonnement [asezɔnmɑ̃] **n.m. 1.** Mélange d'ingrédients (sel, épices, aromates, etc.) utilisé pour relever le goût d'un mets. **2.** Action d'assaisonner ; manière dont les mets sont assaisonnés : *Faire l'assaisonnement d'une salade.*

assaisonner [asezɔne] **v.t.** (de *saison*). **1.** Incorporer un assaisonnement à un mets : *Assaisonner des poireaux à la vinaigrette* (syn. **accommoder**). **2.** Rehausser un style, un propos, d'éléments vigoureux, crus : *Assaisonner un discours de quelques traits d'esprit* (syn. **relever**). **3.** *FAM.* Réprimander, maltraiter qqn : *Il s'est fait assaisonner par la critique.*

Assam, État de l'Inde entre le Bangladesh et la Birmanie ; 78 400 km^2 ; 31 169 272 hab. CAP. *Dispur.* Drainée par le Brahmapoutre, cette région, très humide, possède des plantations de théiers.

Assas (Nicolas Louis, *chevalier* **d'),** officier français (Le Vigan 1733 - Clostercamp 1760). Capitaine au régiment d'Auvergne, il se serait sacrifié, pendant la guerre de Sept Ans, en donnant l'alarme (« À moi, Auvergne »), sauvant ainsi l'armée.

1. assassin [asasɛ̃] **n.m.** (it. *assassino,* ar. *hachchāchī,* fumeur de haschisch). Personne qui commet un meurtre avec préméditation : *La police recherche l'assassin* (syn. **meurtrier, criminel**).

2. assassin, e [asasɛ̃, -in] **adj.** *LITT.* **1.** Qui a commis un assassinat ; qui a servi à le perpétrer : *Main assassine.* **2.** Se dit d'une attitude qui est capable d'inspirer une grande passion : *Œillade assassine.* **3.** Qui manifeste l'hostilité, la malveillance : *Insinuation assassine.*

assassinat [asasina] **n.m.** Meurtre commis avec préméditation.

assassiner [asasine] **v.t.** Tuer avec préméditation : *Un commerçant a été assassiné* (syn. **abattre**).

assaut [aso] **n.m.** (lat. pop. **assaltus,* du class. *saltus,* saut). **1.** Attaque vive et violente, à plusieurs : *Donner l'assaut à une forteresse* (= l'attaquer). **2.** Attaque verbale, critique exprimée avec vigueur : *Subir l'assaut des journalistes.* **3.** Combat ou exercice d'escrime. **4. Faire assaut de** (+ n.), rivaliser de : *Ils ont fait assaut de générosité.* / **Prendre d'assaut,** s'emparer par la force de ; se précipiter dans un lieu en grand nombre : *La foule a pris d'assaut les guichets du stade.*

assèchement [asɛʃmɑ̃] **n.m.** Action d'assécher ; fait d'être asséché : *L'assèchement d'un marais.*

assécher [aseʃe] **v.t.** (du lat. *siccare,* sécher) [conj. **18**]. Ôter l'eau de ; mettre à sec : *Assécher un étang.*

assemblage [asɑ̃blaʒ] **n.m. 1.** Action d'assembler des éléments formant un tout ; ensemble qui en résulte : *Procéder à l'assemblage d'une charpente.* **2.** Réunion d'éléments divers ou hétéroclites : *Un assemblage de mots* (syn. **combinaison**). **3.** BX-A. Œuvre à trois dimensions tirant effet de la réunion d'objets divers, dans l'art moderne. **4.** INFORM. **Langage d'assemblage,** syn. de *assembleur.*

■ **Art moderne et contemporain.** L'opération d'assemblage de matériaux et d'objets, de rebut ou neufs, donne son nom, dans l'art du XXe s., aux œuvres d'une extrême variété qui en résultent. L'assemblage est proche du collage lorsqu'il réalise une métaphore visuelle inhabituelle, chargée de significations imprévues. Ce n'est pas le cas des assemblages de matériaux dans le constructivisme et la sculpture abstraite.

À l'origine de l'assemblage se trouvent les œuvres en matériaux divers construites par Boccioni ou par Picasso dès 1912, ainsi que l'intrusion de l'objet dans l'art, depuis le premier « ready-made » de M. Duchamp en 1913. Après dada et le surréalisme (*objets surréalistes ;* environnement de l'Exposition de 1938), l'art de l'assemblage se généralise autour de 1960 avec le pop art américain (Rauschenberg), le Nouveau Réalisme français (Daniel Spoerri), plus tard avec l'art pauvre italien (Giuseppe Penone), débouchant sur des *installations* (Kienholz) et *environnements* pouvant intégrer, en plus des matériaux et des objets, vidéo, lumière et son, et conditionnant une expérience inédite – voire une participation – du spectateur. ■

assemblée [asɑ̃ble] **n.f. 1.** Réunion de personnes dans un même lieu : *Elle a parlé en présence d'une nombreuse assemblée* (syn. **public, assistance, auditoire**). **2.** Ensemble institutionnel ou statutaire de personnes formant un corps constitué, une société ; lieu, séance qui les réunit : *L'assemblée des actionnaires. Les couloirs de l'Assemblée* **3. L'Assemblée,** l'Assemblée nationale, en France / **La Haute Assemblée,** le Sénat, en France.

Assemblée constituante de 1848, assemblée élue au lendemain de la révolution de février 1848. Elle siégea du 4 mai 1848 au 27 mai 1849. Première assemblée élue au suffrage universel, elle élabora la Constitution de la IIe République (promulguée le 12 nov. 1848).

Assemblée européenne, ancien nom du Parlement européen.

Assemblée législative → législative *(Assemblée).*

Assemblée législative (1849-1851), assemblée qui succéda à la Constituante le 28 mai 1849 et qui fut dissoute par le coup d'État du 2 déc. 1851.

Assemblée nationale, assemblée élue le 8 févr. 1871, pendant la guerre franco-allemande, et qui siégea jusqu'au 30 déc. 1875.

Assemblée nationale, dénomination donnée depuis 1946 à l'assemblée législative (anc. chambre des députés) qui avec le Sénat constitue le Parlement français. Ses membres, les députés (577 depuis 1986), sont élus pour 5 ans au suffrage universel direct selon un scrutin majoritaire. L'Assemblée partage avec le Sénat le pouvoir législatif : elle a l'initiative des lois et dispose du droit d'amendement. Les députés, par le biais de la motion de censure, peuvent, en cas de désaccord avec le gouvernement, le renverser. L'Assemblée peut être dissoute par le président de la République, après consultation du Premier ministre et des présidents du Sénat et de l'Assemblée.

Assemblée nationale constituante → **Constituante.**

assembler [asɑ̃ble] **v.t.** (lat. pop. **assimulare,* mettre ensemble, du class. *simul,* ensemble). **1.** Mettre des choses ensemble pour former un tout cohérent : *Assembler les pièces d'un puzzle* (syn. **réunir** ; contr. **disperser**). **2.** INFORM. Réunir des éléments, en parlant d'un assembleur. ◆ **s'assembler v.pr.** Se réunir ; tenir une séance : *La foule s'est assemblée devant la mairie.*

assembleur [asɑ̃blœr] **n.m.** INFORM. **1.** Langage de programmation utilisant des formes symboliques et non numériques pour représenter les instructions directement exécutables par un ordinateur (syn. **langage d'assemblage**). **2.** Programme traduisant en langage machine un programme écrit en langage d'assemblage.

asséner ou **assener** [asene] **v.t.** (de l'anc. fr. *sen,* direction, du frq.) [conj. **19** ou **18**]. **1. Asséner un coup,** le porter avec violence. **2.** FIG. Exprimer avec force : *Asséner des arguments, des critiques.*

assentiment [asɑ̃timɑ̃] **n.m.** (du lat. *assentire,* donner son accord). Consentement ; approbation ; accord : *Donner son assentiment à un projet.*

asseoir [aswar] **v.t.** (lat. *assidere*) [conj. **65**]. **1.** Installer qqn sur un siège, etc. : *Asseoir un malade sur son lit.* **2.** Poser sur qqch de solide : *Asseoir une statue sur son socle.* **3.** Établir de manière stable : *Asseoir un gouvernement, sa réputation.* **4. Asseoir l'impôt,** en établir l'assiette, fixer les bases de l'imposition. / *FAM.* **En rester assis,** être stupéfait, déconcerté. ◆ **s'asseoir v.pr.** Se mettre sur un siège, sur son séant : *S'asseoir à table* (= s'attabler).

assermenté, e [asɛrmɑ̃te] **adj.** et **n. 1.** Qui a prêté serment devant un tribunal ou pour l'exercice d'une fonction, d'une profession : *Un gardien assermenté.* **2.** HIST. **Prêtre, curé, évêque assermenté,** qui, en 1790, avait prêté serment à la Constitution civile du clergé (par opp. à *réfractaire*).

assertion [asɛrsjɔ̃] **n.f.** (lat. *assertio*). **1.** Proposition donnée comme vraie : *Cette assertion est sans fondement* (syn. **affirmation**). **2.** LOG. Opération qui consiste à poser la vérité d'une proposition, génér. symbolisée par le signe ⊢ devant la proposition.

asservir [asɛrvir] **v.t.** (de *serf*) [conj. **32**]. **1.** Réduire à un état de dépendance absolue : *Asservir la presse. Asservir un peuple* (syn. **assujettir, soumettre** ; contr. **affranchir**). **2.** TECHN. Relier deux grandeurs physiques de manière que l'une obéisse aux variations de l'autre.

asservissement [asɛrvismɑ̃] **n.m. 1.** Action d'asservir ; état de celui, de ce qui est asservi : *L'asservissement à un travail* (syn. **assujettissement**). **2.** TECHN. Action d'asservir une grandeur physique à une autre ; système automatique dont le fonctionnement tend à annuler l'écart entre une grandeur commandée et une grandeur de commande.

assesseur [asesœr] **n.m.** (lat. *assessor,* qui s'assoit à côté, de *assidere,* être assis). Personne qui siège à côté d'une autre pour l'assister dans ses fonctions.

assez [ase] **adv.** (lat. pop. **adsatis,* renforcement par la prép. *ad* du class. *satis,* suffisamment). **1.** Indique une quantité, une intensité suffisante : *J'ai assez mangé* (syn. **suffisamment**). *Il ne parle pas assez fort pour qu'on l'entende.* **2.** Marque une intensité modérée ou élevée : *Elle est assez jolie* (syn. **relativement**). *J'aime assez ce fromage* (syn. **bien**). **3. Assez de,** une quantité, un nombre suffisant de : *Il a assez d'argent pour bien vivre. Nous avons assez d'élèves dans cette classe.* / **En avoir assez de qqn, de qqch** (+ inf.), ne plus pouvoir supporter qqn, qqch : *Elle en a assez de travailler avec toi. J'en ai assez de vous et de votre vacarme.*

assidu, e [asidy] **adj.** (lat. *assiduus,* de *assidere,* être assis auprès). **1.** Qui est continuellement auprès de qqn : *Il est très assidu auprès de cette fille* (syn. **empressé**). **2.** Qui manifeste de la constance, de l'application ; qui s'adonne sans discontinuité à une occupation : *C'est un élève assidu* (syn. **appliqué, zélé**). *Présence assidue aux cours* (syn. **constant**). *Fournir un travail assidu* (syn. **régulier**).

assiduité [asidɥite] **n.f.** Exactitude à se trouver là où l'on doit être : *Contrôle d'assiduité* (syn. **ponctualité, régularité**). ◆ **assiduités n.f. pl.** Empressement auprès d'une femme : *Il poursuivait de ses assiduités sa voisine de table.*

assidûment [asidymɑ̃] **adv.** Avec assiduité : *Ils fréquentent assidûment le même cybercafé.*

assiégé, e [asjeʒe] **adj.** Dont on fait le siège : *Ville assiégée.* ◆ **adj.** et **n.** Qui se trouve dans la place au moment d'un siège : *Les assiégés ont tenté une sortie. La population assiégée.*

assiégeant, e [asjeʒɑ̃, -ɑ̃t] **adj.** et **n.** Qui assiège.

assiéger [asjeʒe] **v.t.** (de *siège*) [conj. **22**]. **1.** Faire le siège d'un lieu : *Assiéger une forteresse.* **2.** Harceler qqn de sollicitations, de demandes inopportunes : *Être assiégé de questions par les journalistes* (syn. **assaillir**).

assiette [asjɛt] **n.f.** (lat. pop. **assedita,* manière d'être assis). **1.** Pièce de vaisselle à fond plat et à bord incliné ; son contenu : *Une assiette creuse, plate. Une assiette de soupe.* **2.** Manière d'être assis à cheval. **3.** Stabilité d'une chose posée sur une autre : *L'assiette d'un bateau. L'assiette d'une statue.* **4.** DR. Base de calcul d'une cotisation, d'un impôt. **5.** *FAM.* **Ne pas être dans son assiette,** être mal à son aise. **6. Assiette anglaise,** assortiment de viandes froides.

assiettée [asjete] **n.f.** Contenu d'une assiette : *Une assiettée de potage.*

assignat [asiɲa] **n.m.** (de *assigner*). Papier-monnaie créé sous la Révolution française, et dont la valeur était remboursable sur la vente des biens du clergé.

assignation [asiɲasjɔ̃] **n.f. 1.** Action d'assigner qqch à qqn : *L'assignation d'une mission à un collaborateur.* **2.** DR. Citation à comparaître en justice. **3.** DR. **Assignation à résidence,** obligation faite à qqn de résider en un lieu précis.

assigner [asiɲe] **v.t.** (lat. *assignare*). **1.** Attribuer, prescrire qqch à qqn : *Assigner un objectif de production* (syn. **déterminer**). **2.** DR. Citer qqn en justice. **3.** DR. **Assigner qqn à résidence,** l'astreindre à résider en un lieu déterminé.

assimilable [asimilabl] **adj.** Qui peut être assimilé : *Un aliment assimilable.*

assimilation [asimilasjɔ̃] **n.f. 1.** Action d'assimiler, de considérer comme semblable : *Mener une politique d'assimilation des immigrés à la population locale* (syn. **intégration**). **2.** PHON. Modification apportée à l'articulation d'un phonème par les phonèmes environnants : *Le mot « absurde » se prononce* [apsyrd] *par assimilation.* **3.** PHYSIOL. Processus par lequel les êtres vivants reconstituent leur propre substance à partir d'éléments puisés dans le milieu environnant et transformés par la digestion. **4. Assimilation chlorophyllienne,** syn. de *photosynthèse.*

assimilé, e [asimile] **n.** DR. Personne qui a le statut d'une catégorie donnée sans en avoir le titre : *Fonctionnaires et assimilés.*

assimiler [asimile] **v.t.** (lat. *assimilare,* de *similis,* semblable). **1.** Rendre semblable ; considérer comme semblable : *Assimiler un cas à un autre* (syn. **comparer, rapprocher de**). **2.** Intégrer des personnes à un groupe social : *Assimiler des immigrants.* **3.** PHYSIOL. Transformer, convertir en sa propre substance : *Assimiler des aliments.* **4. Assimiler des connaissances, des idées, etc.,** les comprendre, les intégrer. ◆ **s'assimiler v.pr. 1.** Se transformer : *Aliments qui s'assimilent facilement.* **2.** S'intégrer : *Des étrangers qui se sont vite assimilés.*

assis, e [asi, -iz] **adj.** (p. passé de *asseoir*). **1.** Installé sur un siège ; appuyé sur son séant : *Rester assis.* **2.** Solidement fondé, établi sur : *Régime assis sur des bases solides.* **3. Magistrature assise,** ensemble des magistrats qui siègent au tribunal *(magistrats du siège),* par opp. aux magistrats du parquet *(magistrature debout).* / **Place assise,** où l'on peut s'asseoir.

assise [asiz] **n.f.** (de *asseoir*). **1.** Base qui donne de la stabilité, de la solidité : *Les assises d'un pont. Établir un pouvoir sur des assises solides* (syn. **fondement**). **2.** Rang d'éléments accolés (pierres, briques), de même hauteur, dans une construction.

Assise, v. d'Italie, en Ombrie (prov. de Pérouse) ; 27 456 hab. Patrie de saint François d'Assise (qui y institua l'ordre des Frères mineurs) et de sainte Claire. Basilique S. Francesco, formée de deux églises superposées (XIIIe s.) ; ensemble de fresques de Cimabue, Giotto, P. Lorenzetti, S. Martini.

assises [asiz] **n.f. pl.** (de *asseoir*). **1.** Congrès d'un mouvement, d'un parti politique, d'un syndicat, etc. **2. Cour d'assises,** juridiction chargée de juger les crimes : *Procès jugé en cour d'assises.* (On dit aussi par abrév. *les assises.*)

assistance [asistɑ̃s] **n.f. 1.** Action d'assister, d'être présent à une réunion, une cérémonie, etc. : *Assistance irrégulière aux cours* (syn. **présence, fréquentation**). **2.** Ensemble des personnes présentes à une réunion, une cérémonie, etc. : *L'assistance applaudit* (syn. **assemblée, auditoire, public**). **3.** Action d'assister qqn, de lui venir en aide : *Prêter assistance à qqn. Elle m'a promis son assistance* (syn. **soutien, aide, appui**). **4. Assistance publique,** autref., administration chargée de venir en aide aux personnes les plus défavorisées. ▶ On dit aujourd'hui *aide sociale,* mais l'*Assistance publique* subsiste sous cette dénomination à Paris et à Marseille, où elle est chargée de la gestion des hôpitaux.

assistant, e [asistɑ̃, -ɑ̃t] **n. 1.** Personne qui assiste qqn, le seconde : *L'assistante d'un directeur.* **2. Assistant social,** personne chargée de remplir un rôle d'assistance (morale, médicale ou matérielle) auprès des individus ou des familles. ◆ **assistants n.m. pl.** Personnes présentes en un lieu, qui assistent à qqch ; assistance.

assisté, e [asiste] **n.** et **adj.** Personne qui bénéficie d'une assistance, notamm. financière. ◆ **adj. 1.** TECHN. Pourvu d'un dispositif sur lequel l'effort exercé par l'utilisateur est amplifié grâce à un apport extérieur d'énergie : *Automobile à direction assistée.* **2. Assisté par ordinateur,** se dit d'une activité dans laquelle l'ordinateur apporte une aide : *Conception*, publication* assistée par ordinateur.*

assister [asiste] **v.t.** (lat. *assistere,* se tenir auprès). Seconder qqn, lui porter aide ou secours : *Elle s'est fait assister par une secrétaire* (syn. **aider**). *Sa fille l'assista dans ses derniers moments.* ◆ **v.t. ind. [à].** Être présent à ; participer à : *Assister à un spectacle.*

associatif, ive [asɔsjatif, -iv] **adj. 1.** Relatif à une association de personnes : *Vie associative.* **2.** MATH. Relatif à l'associativité ; qui présente cette propriété : *L'addition des entiers est associative, pas la soustraction.* **3. Mouvement associatif,** réunissant des personnes à des fins culturelles, sociales, etc., ou pour défendre des intérêts communs.

association [asɔsjasjɔ̃] **n.f. 1.** Action d'associer, de s'associer : *Travailler en association avec un ami.* **2.** Groupement de personnes réunies dans un dessein commun, non lucratif : *Association professionnelle.* **3.** Action d'associer qqn à qqch, des choses diverses entre elles : *Association de couleurs* (syn. **combinaison**). **4. Association d'idées,** processus psychologique par lequel une idée ou une image en évoque une autre. / PSYCHAN. **Association libre,** méthode par laquelle le sujet est invité à exprimer tout ce qui lui vient à l'esprit.

■ **Définition de l'association.** En France, la loi du 1er juillet 1901 demeure encore de nos jours le cadre juridique de la création et du fonctionnement des associations. Elle définit l'association comme la « convention par laquelle deux ou plusieurs personnes mettent en commun, d'une façon permanente, leurs connaissances ou leur activité dans un but autre que de partager des bénéfices » ; elle est donc nécessairement à but non lucratif. Si elle vient à faire des bénéfices, elle doit impérativement les affecter au but commun, et non les répartir entre les associés (comme c'est le cas pour une société commerciale, par exemple). Les associations se créent et se gèrent librement ; l'adhésion à une association et le retrait de celle-ci sont libres. L'association vit matériellement grâce à la cotisation de ses membres et à l'octroi de subventions.

Historique. La liberté d'association n'a été que tardivement reconnue en France. La Révolution n'accorde que la liberté de réunion, c'est-à-dire du rassemblement provisoire et paisible d'individus confrontant leurs opinions et leurs intérêts. Or une association perdure jusqu'à sa dissolution, que ses membres se réunissent ou non. Tout au long du XIXe s., la plus grande rigueur est observée vis-à-vis des associations. La IIIe République, à ses débuts très sévère, interdisant les clubs, puis les ligues, finit par consacrer le principe de la liberté d'association, par la loi du 1er juillet 1901. Sous la Ve République, le Conseil constitutionnel érige le principe en règle à valeur constitutionnelle, par sa décision du 16 juillet 1971.

Liberté d'association et démocratie. En France aujourd'hui, plus d'un million d'associations œuvrent à la promotion d'intérêts collectifs très divers : les sports, la culture et les loisirs, la défense de grandes causes, l'action sociale et la santé, etc. ; elles peuvent également jouer un rôle dans la préservation des droits de certaines catégories (locataires, consommateurs) et constituer une force d'alerte et d'interpellation des pouvoirs publics.
Les associations sont-elles un signe de bonne santé d'une démocratie ? Complétant l'action de l'État, l'association est sans doute aussi une forme de contre-pouvoir, ce qui explique la méfiance de l'État à son égard. Mais, en tant qu'institution elle-même régie par des principes démocratiques, et orientée vers la préservation d'intérêts collectifs, elle constitue aussi une condition nécessaire à la démocratie : elle contribue à transformer les libertés formelles en libertés réelles. ■

associativité [asɔsjativite] **n.f.** MATH. Propriété d'une loi de composition interne dans laquelle on peut remplacer la succession de certains éléments par le résultat de l'opération effectuée sur eux sans affecter le résultat global.

associé, e [asɔsje] **n.** Personne liée à d'autres par des intérêts communs : *Les associés d'une entreprise.*

associer [asɔsje] **v.t.** (bas lat. *associare,* du class. *socius,* compagnon) [conj. **9**]. **1.** Mettre ensemble, réunir : *Associer des idées. Associer des partis* (syn. **grouper, unir**). **2.** Faire participer qqn à une chose : *Il nous a associés à son succès.* ◆ **s'associer v.pr. 1.** Participer à qqch : *S'associer à un projet.* **2.** Former un ensemble harmonieux avec : *Chez elle, l'élégance s'associe à la beauté.* **3. S'associer à qqn, avec qqn,** s'entendre avec lui en vue d'une entreprise commune.

assoiffé, e [aswafe] **adj. 1.** Qui a soif : *Bétail assoiffé.* **2. Assoiffé de,** avide de : *Être assoiffé de richesses.*

assoiffer [aswafe] **v.t.** Donner soif à qqn : *Cette chaleur m'a assoiffé.*

assolement [asɔlmɑ̃] **n.m.** (de *assoler*). Alternance des cultures entre les parcelles, ou *soles,* d'une exploitation : *Assolement biennal, triennal.*

assoler [asɔle] **v.t.** (de *sole,* parcelle de terre). Réaliser l'assolement de : *Assoler une propriété.*

assombrir [asɔ̃brir] **v.t. 1.** Rendre obscur : *Ce store assombrit la pièce* (syn. **obscurcir** ; contr. **éclaircir**). **2.** Rendre triste : *La mort de son fils a assombri ses dernières années.* ◆ **s'assombrir v.pr.** Devenir sombre ; devenir menaçant : *Le temps s'assombrit. La situation internationale s'assombrit.*

assommant, e [asɔmɑ̃, -ɑ̃t] **adj.** *FAM.* Fatigant, ennuyeux à l'excès : *Un travail assommant.*

assommer [asɔme] **v.t.** (en anc. fr. « endormir », de *somme*). **1.** Frapper d'un coup qui renverse, étourdit, tue : *Il l'a assommé avec un gourdin.* **2.** *FAM.* Ennuyer fortement : *Il m'assomme toute la journée avec ses questions.*

assommoir [asɔmwar] **n.m.** *VX.* Débit de boissons de dernière catégorie.

Assommoir ***(l')*** **→ Zola.**

A B C D E F G H I J K L M N O P Q R S T U V W X Y Z

Assomption [asɔ̃psjɔ̃] **n.f.** (lat. *assumptio,* de *assumere,* élever). RELIG. CHRÉT. Élévation miraculeuse et présence corporelle de la Vierge au ciel après sa mort ; fête commémorant cet événement (15 août). ▸ Le dogme de l'Assomption a été défini par Pie XII le 1er novembre 1950.

assonance [asɔnɑ̃s] **n.f.** (du lat. *assonare,* faire écho, de *sonus,* son). **1.** Répétition d'un même son vocalique dans une phrase. **2.** Rime réduite à l'identité de la dernière voyelle accentuée, dans la versification (ex. : *sombre, tondre ; peintre, feindre ; âme, âge,* etc.).

assonancé, e [asɔnɑ̃se] **adj.** Caractérisé par l'assonance : *Vers assonancés.*

assorti, e [asɔrti] **adj. 1.** Qui est en accord, en harmonie : *Époux bien assortis. Cravate assortie à la veste.* **2. Magasin, rayon bien assorti,** pourvu d'un grand choix d'articles.

assortiment [asɔrtimɑ̃] **n.m. 1.** Série de choses formant un ensemble : *Un assortiment de couleurs* (syn. **alliance, mélange, variété**). **2.** Collection de marchandises de même genre, chez un commerçant. **3.** CUIS. Présentation d'aliments variés mais appartenant à une même catégorie : *Un assortiment de charcuterie, de crudités.*

assortir [asɔrtir] **v.t.** (de *sorte*) [conj. **32**]. **1.** Réunir des personnes, des choses qui conviennent, s'harmonisent : *Assortir des convives, des étoffes, des fleurs* (syn. **accorder**). **2.** Accompagner qqch d'un complément, d'un élément accessoire : *Assortir un contrat d'une clause particulière* (syn. **accompagner**). **3.** Approvisionner en marchandises : *Assortir un magasin.* ◆ **s'assortir v.pr. 1.** Être en accord, en harmonie avec qqch : *Le manteau s'assortit à la robe.* **2. S'assortir de,** s'accompagner de, être complété par : *Traité qui s'assortit d'un préambule.*

Assouan, v. de l'Égypte méridionale, sur le Nil, près de la première cataracte ; 266 013 hab. Barrage-réservoir, l'un des plus grands du monde, créant la retenue du lac Nasser.

assoupi, e [asupi] **adj. 1.** À demi endormi. **2.** *LITT.* Atténué, affaibli : *Une rancune assoupie.*

assoupir [asupir] **v.t.** (réfection de *assouvir* d'après le lat. *sopire,* endormir) [conj. **32**]. **1.** Endormir à demi : *La chaleur m'a assoupi.* **2.** *LITT.* Atténuer, calmer : *Médicament qui assoupit la douleur.* ◆ **s'assoupir v.pr.** S'endormir doucement, à demi.

assoupissement [asupismɑ̃] **n.m.** Fait de s'assoupir ; engourdissement, demi-sommeil.

assouplir [asuplir] **v.t.** [conj. **32**]. **1.** Rendre plus souple : *Assouplir une étoffe* (contr. **raidir**). **2.** Rendre moins rigoureux : *Assouplir des règlements* (syn. **atténuer** ; contr. **durcir**). ◆ **s'assouplir v.pr.** Devenir plus souple.

assouplissement [asuplismɑ̃] **n.m.** Action d'assouplir ; fait de s'assouplir : *L'assouplissement du règlement* (syn. **adoucissement**).

Assour, cité de Mésopotamie, sur la rive droite du Tigre. Elle fut le berceau et l'une des capitales de l'Empire assyrien (XIVe-XIIe s. av. J.-C.). On connaît le tracé de la cité, fondée au XXIIIe s. av. notre ère, où palais, vestiges de sanctuaires et de ziggourats ont livré de nombreux objets.

Assour, dieu principal de la cité mésopotamienne du même nom. Il acquiert des traits guerriers lors de la fondation du premier Empire assyrien (XIVe s. av. J.-C.). Reprenant les fonctions d'Enlil, puis de Mardouk, il apparaît comme un dieu créateur et universel.

Assourbanipal, dernier grand roi d'Assyrie (669 - v. 627 av. J.-C.). Par la conquête totale de l'Égypte, la soumission de Babylone et la destruction de l'Empire élamite, il porta à son apogée la puissance assyrienne.

assourdir [asurdir] **v.t.** (de *sourd*) [conj. **32**]. **1.** Rendre comme sourd par l'excès de bruit : *Le sifflement des réacteurs nous assourdissait.* **2.** Rendre moins sonore : *La neige assourdit les bruits.*

assourdissant, e [asurdisɑ̃, -ɑ̃t] **adj.** Qui assourdit : *Un vacarme assourdissant.*

assourdissement [asurdismɑ̃] **n.m.** Action d'assourdir ; fait d'être assourdi.

assouvir [asuvir] **v.t.** (lat. pop. **assopire,* calmer, du class. *sopire,* endormir) [conj. **32**]. *LITT.* Satisfaire, apaiser un besoin, une envie, un sentiment : *Assouvir sa faim.*

assouvissement [asuvismɑ̃] **n.m.** Action d'assouvir : *L'assouvissement d'un désir* (syn. **satisfaction**).

assuétude [asɥetyd] **n.f.** (lat. *assuetudo,* habitude). MÉD. Dépendance envers une drogue ; toxicomanie.

assujetti, e [asyʒeti] **n.** et **adj.** Personne tenue par la loi de verser un impôt, ou de s'affilier à un organisme.

assujettir [asyʒetir] **v.t.** (de *sujet*) [conj. **32**]. **1.** Placer sous sa domination un peuple, une nation : *Un conquérant qui a assujetti tous les pays voisins* (syn. **asservir**). **2.** Soumettre qqn à une obligation stricte : *Assujettir les citoyens à l'impôt.* **3.** Fixer une chose de manière qu'elle soit stable : *Assujettir les volets avec une barre de fer.*

assujettissement [asyʒetismɑ̃] **n.m.** Action d'assujettir ; fait d'être assujetti : *Assujettissement à l'impôt.*

assumer [asyme] **v.t.** (lat. *assumere,* prendre sur soi, de *sumere,* prendre). Prendre en charge une fonction ; accepter les conséquences de : *Assumer de hautes fonctions. J'assumerai mes responsabilités.* ◆ **s'assumer v.pr.** Se prendre en charge ; s'accepter tel qu'on est.

assurance [asyrɑ̃s] **n.f. 1.** Certitude, garantie formelle : *Donner des assurances de sa bonne foi* (syn. **preuve**). **2.** Confiance en soi : *Parler avec beaucoup d'assurance* (syn. **aisance, aplomb**). **3.** Garantie accordée par un assureur à un assuré de l'indemniser d'éventuels dommages, moyennant une prime ou une cotisation ; le document attestant cette garantie : *Une police d'assurance. Compagnie d'assurance.*

1. assuré, e [asyre] **adj. 1.** Se dit d'un comportement plein de fermeté : *Regard assuré* (syn. **ferme, décidé**). **2.** Certain : *Avec de pareils acteurs, c'est le succès assuré.*

2. assuré, e [asyre] **n. 1.** Personne garantie par un contrat d'assurance. **2. Assuré social,** en France, personne affiliée au régime de la Sécurité sociale.

assurément [asyremɑ̃] **adv.** Certainement ; sûrement : *L'avion est assurément le moyen de transport le plus rapide* (syn. **indiscutablement, incontestablement**).

assurer [asyre] **v.t.** (lat. pop. **assecurare,* rendre sûr, de *securus,* sûr). **1.** Donner comme sûr : *Il m'assure qu'il a dit la vérité. Il nous a assurés de sa sincérité* (syn. **garantir, certifier**). **2.** Rendre plus stable, plus durable, plus solide : *Assurer la paix* (syn. **garantir**). *Assurer ses arrières* (syn. **préserver, protéger**). **3.** Rendre sûr dans son fonctionnement, sa régularité, garantir la réalisation de qqch : *Assurer le ravitaillement* (syn. **pourvoir à**). *Assurer son service.* **4.** ALP., SPÉLÉOL. Garantir d'une chute par un dispositif approprié (corde, pitons, etc.). **5.** Garantir, faire garantir par un contrat d'assurance : *Assurer une récolte.* ◆ **v.i.** *FAM.* Se montrer à la hauteur de sa responsabilité, de sa tâche : *Ce gars-là, il assure vraiment.* ◆ **s'assurer v. pr. 1.** Rechercher la confirmation de qqch : *Il s'est assuré qu'il n'y avait pas de danger.* **2.** Se garantir le concours de qqn, l'usage de qqch : *S'assurer des collaborateurs compétents. S'assurer des revenus réguliers.* **3.** Se protéger contre qqch ; passer un contrat d'assurance : *S'assurer contre l'incendie.*

assureur [asyrœr] **n.m.** Professionnel qui s'engage à couvrir un risque moyennant le paiement d'une somme déterminée par contrat.

Assyrie, empire mésopotamien qui, aux XIVe-XIIIe s. et aux IXe-VIIe s. av. J.-C., domina épisodiquement l'Orient ancien. Du IIIe à la seconde moitié du IIe millénaire, la cité-État d'Assour fonda un empire en butte à la rivalité des Akkadiens, de Babylone et du Mitanni. Du XIVe au XIe s. av. J.-C., avec le *premier Empire assyrien,* l'Assyrie devint un État puissant de l'Asie occidentale, notamment sous le règne de Salmanasar Ier (1275-1245). Mais cet empire fut submergé par les invasions araméennes. Du IXe au VIIe s., avec le *second Empire assyrien,* l'Assyrie retrouve sa puissance, dont l'apogée se situa sous le règne d'Assourbanipal (669-627 env.). En 612 av. J.-C., la chute de Ninive, succombant aux coups portés par les Mèdes aux Babyloniens, mit définitivement fin à la puissance assyrienne. Une architecture de proportions colossales et un décor (briques émaillées ou grandes stèles ornées de reliefs) inspiré par les récits mythologiques et les exploits du souverain sont les traits distinctifs de l'art assyrien, qui s'épanouit entre le XIIIe et le VIIe s. av. J.-C. De très nombreuses tablettes en terre constituant la bibliothèque du roi Assourbanipal ont été retrouvées à Ninive.

assyrien, enne [asirjɛ̃, -ɛn] **adj.** et **n.** (de *Assyrie*). De l'Assyrie ; de ses habitants : *L'art assyrien.*

Astaire (Frederick E. Austerlitz, dit Fred), danseur, chanteur et acteur américain (Omaha, Nebraska, 1899 - Los Angeles 1987). Virtuose des claquettes, il parut dans de nombreux films et forma avec Ginger Rogers le couple symbole de la comédie musicale dans les années 1930.

Astarté ⟶ Ashtart.

aster [astɛr] **n.m.** (lat. *aster,* étoilé, mot gr.). Plante souvent cultivée pour ses fleurs décoratives aux coloris variés. ▸ Famille des composées.

astérie [asteri] **n.f.** (du lat. *aster ;* v. *aster*). ZOOL. Étoile de mer. ▸ Classe des astérides.

astérisque [asterisk] **n.m.** (lat. *astericus,* petite étoile, gr. *asteriskos*). Signe typographique en forme d'étoile (*), indiquant génér. un renvoi.

astéroïde [asterɔid] **n.m.** (de *astér*[o]- et *-oïde*). Petit corps rocheux ou métallique, de forme génér. irrégulière, qui gravite autour du Soleil.

asthénie [asteni] **n.f.** (du gr. *sthenos,* force). MÉD. État de fatigue et d'épuisement.

asthénique [astenik] **adj.** et **n.** Relatif à l'asthénie ; qui souffre d'asthénie.

asthénosphère [astenɔsfɛr] **n.f.** (du gr. *asthneia,* faiblesse, et *sphère*). Couche non rigide du manteau supérieur du globe terrestre sur laquelle repose la lithosphère.

asthmatique [asmatik] **adj.** et **n.** Atteint d'asthme.

asthme [asm] **n.m.** (gr. *asthma,* respiration difficile). Affection caractérisée par des accès de gêne respiratoire, surtout nocturnes.

asticot [astiko] **n.m.** (orig. obsc.). Larve de la mouche à viande, utilisée pour la pêche à la ligne.

asticoter [astikɔte] **v.t.** *FAM.* Contrarier qqn pour des bagatelles : *Arrête de m'asticoter !* (syn. **taquiner, agacer**).

astigmate [astigmat] **adj.** et **n.** Atteint d'astigmatisme : *Des lunettes pour astigmate.*

astigmatisme [astigmatism] **n.m.** (du gr. *stigma,* point). **1.** Anomalie de la vision, due à des inégalités de courbure de la cornée ou à un manque d'homogénéité dans la réfringence des milieux transparents de l'œil. **2.** Défaut d'un instrument d'optique ne donnant pas d'un point une image ponctuelle.

astiquer [astike] **v.t.** (frq. *stikjan,* ficher). Faire briller en frottant : *Astiquer des chaussures.*

astragale [astragal] **n.m.** (gr. *astragalos,* osselet). **1.** ANAT. Os du tarse qui s'articule avec le tibia et le péroné. **2.** ARCHIT. Moulure située à la jonction du fût et du chapiteau d'une colonne. **3.** BOT. Plante dont une espèce du Moyen-Orient fournit la gomme adragante. ▸ Famille des légumineuses.

astrakan [astrakɑ̃] **n.m.** (de *Astrakhan*). Fourrure de jeune agneau d'Asie, à poil frisé : *Un manteau en astrakan.*

Astrakhan ou **Astrakan,** port de Russie, près de l'embouchure de la Volga dans la Caspienne ; 520 662 hab. Conserves de poissons.

astral, e, aux [astral, -o] **adj.** Relatif aux astres : *Faire faire son thème astral par un astrologue.*

astre [astr] **n.m.** (lat. *astrum,* du gr.). **1.** Corps céleste naturel. **2.** Corps céleste en tant qu'il est supposé exercer une influence sur la vie des hommes.

Astrée *(l')* ⟶ Urfé (Honoré **d'**).

astreignant, e [astrɛɲɑ̃, -ɑ̃t] **adj.** Qui astreint, tient sans cesse occupé : *Un travail, un horaire astreignant* (syn. **contraignant**).

astreindre [astrɛ̃dr] **v.t.** (lat. *astringere,* serrer) [conj. **81**]. Soumettre qqn à une obligation stricte : *Le médecin l'a astreint à un régime sévère* (syn. **contraindre**). ◆ **s'astreindre v.pr.** [**à**]. S'obliger à : *Il s'est astreint à une discipline de fer.*

astreinte [astrɛ̃t] **n.f.** (de *astreindre*). **1.** DR. Obligation faite à un débiteur de payer une certaine somme par jour de retard : *Payer cent euros d'astreinte par jour.* **2.** *LITT.* Contrainte : *La ponctualité est pour lui une véritable astreinte.*

Astrid, reine des Belges (Stockholm 1905 - près de Lucerne 1935). Elle épousa en 1926 le futur Léopold III, roi des Belges en 1934.

astringent, e [astrɛ̃ʒɑ̃, -ɑ̃t] **adj.** et **n.m.** (lat. *astringens, -entis,* serrant). MÉD. Se dit d'une substance qui resserre les tissus ou diminue la sécrétion : *Une pommade astringente.*

astrolabe [astrɔlab] **n.m.** (gr. *astrolabos,* de *astron,* astre et rad. de *lambanein,* prendre). **1.** *ANC.* Instrument permettant d'obtenir, pour une latitude donnée, une représentation plane simplifiée du ciel à une date quelconque. **2.** Instrument servant à observer l'instant où une étoile atteint une hauteur déterminée.

astrologie [astrɔlɔʒi] **n.f.** (lat. *astrologia,* mot gr.). Art divinatoire fondé sur l'observation des astres, qui cherche à déterminer leur influence présumée sur les événements terrestres, sur la destinée humaine. ◆ **astrologue n.** Personne qui pratique l'astrologie.

astrologique [astrɔlɔʒik] **adj.** De l'astrologie.

astrométrie [astrɔmetri] **n.f.** (de *astro-* et *-métrie*). Partie de l'astronomie ayant pour objet la mesure de la position des astres et la détermination de leurs mouvements.

astronaute [astronot] **n.** (de *astronautique*). Pilote ou passager d'un engin spatial, dans la terminologie anglo-américaine. ***Rem.*** Voir aussi *cosmonaute, spationaute, taïkonaute.*

astronautique [astrɔnotik] **n.f.** (de *astro-,* et du gr. *nautikê,* navigation). Science et technique de la navigation dans l'espace.

■ Les premières recherches sur les fusées ont été entreprises dès les années 1920 en Allemagne, aux États-Unis et en U.R.S.S. À partir de 1935, ces études se sont développées en Allemagne avec le soutien des militaires, et elles ont abouti en 1942 à la mise au point du V2, la première véritable fusée moderne. Après la fin de la Seconde Guerre mondiale, l'U.R.S.S. puis les États-Unis, héritiers des techniques allemandes, ont entrepris la construction de missiles à longue portée, qui ont été la base des premiers lanceurs spatiaux.

L'ère spatiale s'est ouverte le 4 oct. 1957 avec la mise en orbite, par l'U.R.S.S., du premier satellite artificiel, Spoutnik 1. Dans les années suivantes, l'U.R.S.S. a inscrit à son actif une impressionnante série de « premières » spatiales, la plus spectaculaire étant, le 12 avril 1961, la satellisation du premier homme dans l'espace, Iouri Gagarine. Les années 1960 ont été dominées par le développement des vols spatiaux pilotés et par la concurrence entre l'U.R.S.S. et les États-Unis pour la conquête de la Lune, marquée finalement par la victoire des États-Unis avec leur programme Apollo (12 astronautes sur la Lune, de juill. 1969 à déc. 1972).

Dans les années 1970, les États-Unis se sont engagés dans la construction, puis l'exploitation de 1981 à 2011, d'un nouveau moyen de transport spatial, partiellement réutilisable, la navette, et l'U.R.S.S. dans la mise en place de stations orbitales permanentes. Parallèlement, l'accent est mis sur les satellites d'applications : télécommunications, météorologie, observation de la Terre. Enfin, on assiste à

⟶

l'internationalisation de l'astronautique avec l'émergence de nouvelles puissances spatiales, principalement le Japon, la Chine et l'Europe occidentale, et la multiplication des pays développant et utilisant des satellites d'applications. Depuis le début des années 1990, ces tendances se renforcent. La concurrence pour le lancement des satellites commerciaux devient plus rude, amplifiée par la remise à l'honneur des fusées classiques aux États-Unis et l'entrée en scène de la Russie. Le démantèlement de l'U.R.S.S. a profondément modifié la donne de l'astronautique mondiale, qui n'est plus désormais stimulée par la compétition américano-soviétique. Par ailleurs, les restrictions budgétaires pèsent fortement sur les programmes spatiaux. Le projet de Station spatiale internationale, lancé par les États-Unis et auquel participent la Russie, le Canada, le Japon et l'Europe, est entré en phase de réalisation à la fin de 1998 (lancement et assemblage en orbite des premiers modules) ; son achèvement est prévu en 2012.

Depuis les années 1960, de nombreuses sondes spatiales, non habitées, ont été lancées afin d'explorer les différents astres du Système solaire. Équipées de nombreux instruments scientifiques, ces sondes peuvent survoler une planète, se placer sur son orbite, pénétrer son atmosphère ou y déposer différents engins, voire des véhicules téléguidés depuis la Terre pour en explorer la surface (sur Mars, *Sojourner* en 1997 et *Curiosity* en 2012). ■

astronef [astrɔnɛf] **n.m.** (de *astro-* et *nef*). Véhicule spatial.

astronomie [astrɔnɔmi] **n.f.** (lat. *astronomia,* mot gr.). Science qui étudie la position, les mouvements, la structure et l'évolution des corps célestes. ◆ **astronome n.** Nom du spécialiste.

■ L'astronomie étudie principalement le *Système solaire* (le *Soleil,* les *planètes* et leurs *satellites,* les *astéroïdes* et les *comètes,* les poussières interplanétaires, le vent solaire) ; la *Galaxie,* à laquelle appartient le Système solaire, avec ses *étoiles* et sa *matière interstellaire* (nébuleuses) ; les autres *galaxies* et l'Univers dans son ensemble.

Principales branches. En fonction du type de recherche effectué, on distingue l'*astronomie fondamentale,* qui comprend elle-même l'*astrométrie* (ou *astronomie de position*) et la *mécanique céleste,* et l'*astrophysique.* L'astrométrie a pour objet la détermination des positions et des mouvements des astres, l'établissement des catalogues d'étoiles, la mesure des distances stellaires. La mécanique céleste traite des lois régissant les mouvements des astres. Elle permet les calculs d'orbites et l'établissement des éphémérides astronomiques. Beaucoup plus récente, puisqu'elle n'a pris son essor que dans la seconde moitié du XIXe s., avec l'application à l'astronomie de la photographie, de la spectroscopie et de la photométrie, l'astrophysique consiste en l'étude physique des astres. L'astrophysique théorique joint les données de l'observation aux principes de la physique pour élaborer des modèles susceptibles de rendre compte de la structure et de l'évolution des objets célestes. À l'astrophysique se rattache la *cosmologie,* qui cherche à expliquer la structure et l'évolution de l'Univers considéré dans son ensemble. Enfin, l'*exobiologie* étudie du point de vue astronomique les possibilités d'existence de vie extraterrestre (étude de l'évolution des planètes, recherche de planètes extrasolaires, recherche de molécules d'intérêt biologique dans le cosmos, tentatives de détection de signaux radioélectriques extraterrestres artificiels). ■

astronomique [astrɔnɔmik] **adj. 1.** Relatif à l'astronomie : *Observation astronomique.* **2.** *FAM.* Très élevé, excessif : *Prix astronomiques.*

astrophotographie [astrɔfɔtɔgrafi] **n.f.** Photographie des astres.

astrophysique [astrɔfizik] **n.f.** Partie de l'astronomie qui étudie la constitution, les propriétés physiques et l'évolution des astres. ◆ **astrophysicien, enne n.** Nom du spécialiste.

astuce [astys] **n.f.** (lat. *astutia,* ruse). **1.** Manière d'agir, de parler, qui dénote de l'habileté, de la finesse : *Faire preuve d'astuce* (syn. **ingéniosité**). **2.** Plaisanterie ; jeu de mots : *Lancer une astuce dans une conversation.*

astucieusement [astysjøzmɑ̃] **adv.** De façon astucieuse.

astucieux, euse [astysjø, -øz] **adj. 1.** Qui a de l'astuce ; habile, ingénieux. **2.** Qui dénote du savoir-faire, de l'adresse ou de la ruse : *Projet astucieux.*

Asturias (Miguel Ángel), écrivain guatémaltèque (Guatemala 1899 - Madrid 1974). Il est l'auteur de poèmes et de romans consacrés à l'histoire et aux problèmes sociaux de son pays *(Légendes du Guatemala, Monsieur le Président, Hommes de maïs).* [Prix Nobel 1967.]

Asturies, communauté autonome du nord de l'Espagne (correspondant à la prov. d'Oviedo) ; 10 565 km^2 ; 1 075 183 hab. Houille. Sidérurgie. Les Asturies, occupées par les Romains au Ier s. av. J.-C., sont peu marquées par la civilisation romaine. Après l'invasion arabe (711), les derniers partisans de la monarchie wisigothique s'y réfugient. Oviedo devient la capitale d'un royaume chrétien qui connaît son apogée sous Alphonse III et comprend la Galice, les Asturies et le León. Ce dernier donne, vers 920, son nom au royaume.

Asunción, cap. du Paraguay, fondée en 1537 sur le río Paraguay ; 2 307 000 hab. dans l'agglomération.

asymétrie [asimetri] **n.f.** Défaut, absence de symétrie.

asymétrique [asimetrik] **adj.** Sans symétrie.

asymptote [asɛ̃ptɔt] **n.f.** (gr. *asumptôtos,* de *a-* priv. et de *sumptôsis,* rencontre). MATH. Droite telle que la distance d'un point d'une courbe à cette droite tend vers zéro quand le point s'éloigne à l'infini de la courbe.

asynchrone [asɛ̃krɔn] **adj. 1.** Qui n'est pas synchrone, simultané. **2. Machine asynchrone,** moteur ou générateur électrique à courant alternatif dont la fréquence des forces électromotrices induites n'est pas dans un rapport constant avec la vitesse.

asyndète [asɛ̃dɛt] **n.f.** (gr. *asundeton,* absence de liaison). LING. Suppression des mots de liaison (conjonctions, adverbes) dans une phrase ou entre deux phrases, afin de produire un effet stylistique.

Atacama, région désertique du nord du Chili. Cuivre.

Atahualpa (v. 1500 - Cajamarca 1533), souverain inca depuis 1525. Prisonnier de Pizarro (1532), il fut étranglé sur son ordre. L'Empire inca s'écroula alors.

ataraxie [ataraksi] **n.f.** (gr. *ataraxia,* absence de trouble). PHILOS. Quiétude absolue de l'âme (principe du bonheur selon l'épicurisme et le stoïcisme).

Atatürk (Mustafa Kemal), homme politique turc (Salonique 1881 - Istanbul 1938). Promu général en 1917, il prend la tête du mouvement nationaliste opposé aux exigences des vainqueurs de la Première Guerre mondiale. En 1920, il est élu président du comité exécutif de la Grande Assemblée nationale réunie à Ankara. À la suite des victoires sur les Arméniens, les Kurdes et les Grecs (1920-1922), il donne à la Turquie des frontières reconnues par les Alliés au traité de Lausanne. Détenteur de tous les pouvoirs, il s'efforce de créer un État de type occidental. Dans ce but, il laïcise les institutions (abolition du califat, 1924) et impose l'alphabet latin (1928).

atavisme [atavism] **n.m.** (du lat. *atavus,* ancêtre). **1.** Réapparition, chez un sujet, de certains caractères ancestraux disparus depuis une ou plusieurs générations. **2.** Instincts héréditaires, habitudes ancestrales : *Conserver un vieil atavisme paysan.*

atèle [atɛl] **n.m.** (du gr. *atelês,* incomplet). Singe de l'Amérique du Sud, dit *singe-araignée* à cause de la très grande longueur de ses membres.

atelier [atəlje] **n.m.** (de l'anc. fr. *astelle,* éclat de bois, lat. *astula*). **1.** Lieu, local où travaillent des artisans, des ouvriers ; ensemble des personnes qui travaillent dans ce lieu : *Un atelier de couture. Chef d'atelier.* **2.** Lieu où travaille un artiste peintre, un sculpteur, etc. **3.** Groupe de travail : *Atelier d'informatique,* *de vidéo.* **4.** BX-A. Ensemble des élèves ou des collaborateurs d'un même maître. **5.** Loge des francs-maçons ; local où ils se réunissent. **6.** TÉLÉV. **Atelier de production**, subdivision d'une unité de programme chargée de la gestion d'un certain nombre d'émissions.

a tempo [atεmpo] **loc. adv.** (mots it. « au temps »). MUS. En reprenant la vitesse d'exécution initiale du morceau.

atemporel, elle [atɑ̃pɔrεl] **adj.** Qui ne dépend pas du temps ; qui est hors du temps : *Une architecture atemporelle.*

atermoiement [atεrmwamɑ̃] **n.m.** DR. Délai accordé à un débiteur pour l'exécution de ses engagements. ◆ **atermoiements n.m. pl.** Action de différer, de remettre à plus tard un choix, une décision ; délais, faux-fuyants : *Après cinq ans d'atermoiements, le procès va commencer.*

atermoyer [atεrmwaje] **v.i.** (de l'anc. fr. *termoyer,* vendre à terme) [conj. **13**]. Remettre à plus tard, chercher à gagner du temps : *Un gouvernement qui ne cesse d'atermoyer* (syn. **tergiverser**).

Atget (Eugène), photographe français (Libourne 1856 - Paris 1927). Il pratiqua avec un appareil de grand format une technique très simple et n'utilisa presque jamais d'instantané. Sa principale source d'inspiration : un Paris, souvent désert, étrange, dont il capta l'atmosphère magique, presque irréelle.

Athabasca ou **Athabaska,** riv. du Canada occidental, qui finit dans le *lac d'Athabasca,* constituant ainsi la section supérieure du Mackenzie ; 1 200 km. Importants gisements de sables bitumineux.

Athalie, reine de Juda (841-835 av. J.-C.). Fille d'Achab, roi d'Israël, et de Jézabel. Elle épousa Joram, roi de Juda. Pour garder le pouvoir, elle fit exterminer tous les princes. Seul son petit-fils Joas échappa au massacre. Elle fut renversée et mise à mort dans un complot fomenté par le grand prêtre Joad, qui mit Joas sur le trône.

Athanase *(saint),* patriarche chrétien d'Alexandrie (Alexandrie v. 295 - *id.* 373). Il succéda en 328 au patriarche Alexandre, qu'il avait accompagné en 325 au concile de Nicée. Toute sa vie, il continuera de lutter contre les doctrines d'Arius avec une intransigeance qui lui valut le titre de champion de l'orthodoxie, mais aussi beaucoup de persécutions et le bannissement. Dans la littérature grecque, il fait partie des grands écrivains que comptèrent les Pères de l'Église.

athée [ate] **adj.** et **n.** (gr. *atheos,* de *theos,* dieu). Qui nie l'existence de Dieu, de toute divinité (syn. **incroyant**).

athéisme [ateism] **n.m.** Attitude, doctrine d'une personne qui nie l'existence de Dieu, de la divinité.

Athéna, déesse grecque de la Sagesse, des Sciences et des Arts. Fille de Zeus, sortie tout armée du cerveau de celui-ci, elle personnifie la vivacité de l'intelligence créatrice. Avec la chouette comme oiseau emblématique, elle préside à toutes les manifestations du génie humain. Déesse guerrière, elle est représentée debout, casquée, portant une cuirasse, l'égide, et armée d'une lance. Déesse éternellement jeune, elle est la Vierge *(Parthenos)* en l'honneur de laquelle fut érigé le Parthénon d'Athènes. Cette cité lui est particulièrement chère et, sous le nom d'*Athéna Pallas,* elle en protège les habitants, à l'ombre de sa statue, ou *Palladion.* À Rome, Minerve, déesse d'origine étrusque, sera assimilée à l'Athéna grecque.

athénée [atene] **n.m.** (gr. *athênaion,* temple d'Athéna). En Belgique, établissement d'enseignement secondaire.

Athènes, cap. de la Grèce ; 664 046 hab. *(Athéniens)* [3 060 000 dans l'agglomération]. L'agglomération est un centre administratif, commercial (port du Pirée), industriel (la moitié du potentiel industriel de la Grèce) et culturel. Elle est un des grands centres touristiques du monde. Athènes était la capitale de l'Attique et la ville la plus importante de la Grèce ancienne.

HISTOIRE

Établie à l'époque achéenne (XXe-XIIe s. av. J.-C.) sur le rocher de l'Acropole, la ville s'étendit peu à peu au pied de l'ancienne forteresse, réunissant toutes les petites tribus des environs.

683 av. J.-C. La noblesse terrienne des Eupatrides évince la monarchie et dirige la ville.

594. av. J.-C. Solon réduit les pouvoirs de l'aristocratie par une série de réformes, et met en place les organismes politiques : la « boulê » (sénat), l'« ecclésia » (assemblée générale des citoyens) et le tribunal de l'« héliée ».

V. 560-527 av. J.-C. À l'époque de Pisistrate, la cité devient une puissance politique et un centre de rayonnement intellectuel.

507 av. J.-C. Les réformes de Clisthène achèvent de faire d'Athènes une démocratie.

490-479 av. J.-C. Les guerres médiques, qui se terminent par la victoire d'Athènes, en font la première ville de la Grèce. La période qui suit est la plus brillante de l'histoire d'Athènes : maîtresse des mers, elle dirige la Confédération de Délos et connaît, au temps de Périclès (461-429), un éclat incomparable. Le « siècle de Périclès » voit l'Acropole se couvrir de splendides monuments (Parthénon) ; les œuvres de Phidias, les tragédies d'Eschyle et de Sophocle lui donnent une renommée universelle.

431-404 av. J.-C. La guerre du Péloponnèse fait perdre à Athènes sa puissance politique et maritime au profit de Sparte, tout en lui laissant sa suprématie intellectuelle.

338. av. J.-C. Vaincus à Chéronée par Philippe II de Macédoine, les Athéniens subissent la tutelle macédonienne.

Tentant en vain d'organiser la résistance contre les successeurs d'Alexandre, Athènes tombe, avec toute la Grèce, sous la domination romaine (146). Mais elle reste l'un des centres de la culture hellénistique : de tout l'Empire romain, on y vient étudier la philosophie et la rhétorique. Après des occupations successives, elle passe sous la domination des Turcs en 1456. Athènes devient la capitale du royaume de Grèce (1834) puis de la République grecque (1924).

BEAUX-ARTS

En dehors de l'Acropole avec le Parthénon, le temple d'Héphaïstos dit *le Théséion,* élevé sous Périclès, est l'un des très beaux exemples de la sobriété du style dorique. L'agora témoigne des proportions colossales de l'art de l'époque hellénistique, alors qu'avec les empereurs romains la cité reste un centre intellectuel doté d'un nouvel Odéon et qu'Hadrien restaure le théâtre de Dionysos. Le musée de l'Acropole et le Musée national restent les plus riches du monde en antiquités grecques.

athermique [atεrmik] **adj.** PHYS. Qui ne dégage ni n'absorbe de chaleur : *Réaction athermique.*

athérome [aterom] **n.m.** (gr. *athérôma,* amas graisseux). Dépôt de plaques de cholestérol sur la paroi interne des artères, provoquant l'athérosclérose.

athérosclérose [aterɔskleroz] **n.f.** (de *athérome* et *sclérose*). PATHOL. Sclérose d'une paroi artérielle présentant des dépôts de cholestérol et de sels de calcium.

■ L'athérosclérose est un dépôt de graisses (lipides), appelé *plaque d'athérome,* sur la paroi des artères, qui durcit. Elle provoque un rétrécissement des artères, ce qui diminue le débit sanguin. Il se produit parfois un arrêt total de la circulation dans certaines régions du corps, provoquant la mort (nécrose) des tissus concernés. Il existe plusieurs facteurs de risques : notamment l'âge (vieillissement des artères), un excès de cholestérol, un diabète, le tabagisme et l'obésité.

Symptômes. Ils dépendent de la localisation de la plaque. On peut observer une atteinte des artères du cœur (angine de poitrine, puis infarctus du myocarde), des jambes (douleurs dans les membres, gangrènes), etc. ■

Athis-Mons [atismɔ̃s], ch.-l. de c. de l'Essonne, au sud d'Orly ; 29 954 hab. *(Athégiens).* Centre de contrôle de la navigation aérienne.

athlète [atlεt] **n.** (gr. *athlêtês*). **1.** Sportif pratiquant l'athlétisme : *Les athlètes françaises ont gagné deux médailles.* **2.** Personne ayant une musculature très développée : *Déménageur à la carrure d'athlète.*

athlétique [atletik] **adj.** D'athlète ; relatif à l'athlétisme.

A B C D E F G H I J K L M N O P Q R S T U V W X Y Z

athlétisme [atletism] **n.m.** Ensemble des sports individuels comprenant des courses de plat et d'obstacles ainsi que des concours de saut et de lancer.

■ L'athlétisme est un sport dont l'extension résulte de son caractère naturel et de la simplicité de ses règlements, fondés sur les seules mesures du temps ou de la distance. Il demeure la base des jeux Olympiques.

Pour les hommes, il existe douze courses principales (disputées aux jeux Olympiques et dans les autres grandes compétitions internationales). Le 100 m et le 200 m sont les épreuves de sprint pur, le 400 m est une course de vitesse prolongée, comme tend à le devenir le 800 m. Le 1 500 m, le 5 000 m et le 10 000 m constituent les épreuves de demi-fond et de fond. À ces courses plates individuelles s'ajoutent deux courses de relais, le 4 x 100 m et le 4 x 400 m, et trois courses individuelles d'obstacles : le 110 m haies, le 400 m haies et le 3 000 m steeple (course comportant 28 franchissements de barrière et 7, d'une petite rivière).

Les *concours* comprennent quatre sauts et quatre lancers : il s'agit, d'une part, du saut en hauteur, du saut en longueur, du triple saut et du saut à la perche et, d'autre part, des lancers du poids (sphère en métal lourd pesant 7,257 kg), du disque (engin presque plat, de forme circulaire, pesant 2 kg), du marteau (boulet de 7,257 kg, accroché à un câble en fil d'acier) et du javelot (long de 2,60 m et pesant 800 g).

Les femmes courent aujourd'hui sur les mêmes distances (toutefois, le 100 m haies remplace le 110 m haies, et les haies sont moins hautes) et pratiquent les mêmes concours (avec toutefois, pour les lancers, des engins d'un poids inférieur à ceux des hommes).

Il existe d'autres épreuves, plus ou moins régulièrement disputées et dont les plus célèbres sont le décathlon (et son équivalent féminin, l'heptathlon), le marathon, le cross-country et la marche (disputée sur 20 km, par les hommes et les femmes, et sur 50 km, uniquement par les hommes). Le record de l'heure récompense la plus grande distance parcourue dans ce temps. En hiver, l'athlétisme se pratique en salle avec des disciplines spécifiques adaptées à ce cadre. ■

Athos, montagne de la Grèce (Macédoine), dans le sud de la péninsule la plus orientale de la Chalcidique. Dès la fin du VIIe s., des ermites s'établirent sur l'Athos, qui compta à son apogée (XVe s.) trente couvents de mille moines chacun. Cœur de l'orthodoxie, il constitue une république confédérale autonome sous la juridiction canonique du patriarchat de Constantinople et le protectorat politique de la Grèce. Ses couvents (XIIIe-XIXe s., avec des vestiges du IXe s.) sont ornés de fresques, parmi lesquelles de remarquables ensembles du XVIe s., et renferment de riches collections de manuscrits.

Atlanta, v. des États-Unis, cap. de la Géorgie ; 456 002 hab. (4 874 502 pour l'agglomération). Aéroport. Université.

atlante [atlɑ̃t] **n.m.** (mot it., du n. du géant mythol. *Atlas*). Statue d'homme soutenant un entablement.

Atlantide, île hypothétique de l'Atlantique, jadis engloutie, et qui a inspiré depuis Platon de nombreux récits légendaires.

atlantique [atlɑ̃tik] **adj.** (lat. *atlanticus*, gr. *atlantikos*, de *Atlas* n. géogr.). De l'océan Atlantique ou des pays qui le bordent.

Atlantique *(bataille de l')*, ensemble des combats menés dans l'océan Atlantique et les mers adjacentes par les Allemands et les Alliés durant toute la Seconde Guerre mondiale, pour le contrôle des voies de communication. Occupant toute la façade maritime de l'Europe, les Allemands firent peser jusqu'en 1945 une menace sur la maîtrise de l'Atlantique (notamment par l'action de leurs sous-marins), absolument indispensable au soutien de l'U.R.S.S. et des forces alliées engagées en Europe.

Atlantique *(mur de l')*, ligne de fortifications construite par les Allemands de 1942 à 1944 sur les côtes de la mer du Nord, de la Manche et de l'Atlantique.

Atlantique *(océan)*, océan qui sépare l'Europe et l'Afrique de l'Amérique ; 106 millions de km^2 (avec ses dépendances). L'océan Atlantique est constitué par une série de grandes cuvettes en contrebas de la plate-forme continentale, développée surtout dans l'hémisphère Nord, où se localisent les mers bordières (dont la Méditerranée, la mer du Nord et la Baltique, la mer des Antilles). Ces cuvettes, ou bassins océaniques, sont séparées, dans la partie médiane de l'Océan, par une longue dorsale sous-marine méridienne, dont les sommets constituent des îles (Açores, Ascension, Sainte-Hélène, Tristan da Cunha).

atlas [atlas] **n.m.** (n. du géant mythol.). **1.** Recueil, ensemble de cartes géographiques, historiques, etc. **2.** Première vertèbre du cou.

Atlas, ensemble montagneux de l'Afrique du Nord, formé de plusieurs chaînes. Au Maroc, le *Haut Atlas* ou *Grand Atlas,* partie la plus élevée du système (4 165 m au djebel Toubkal), est séparé du *Moyen Atlas,* au nord, par la Moulouya et de l'*Anti-Atlas,* au sud, par l'oued Sous. En Algérie, l'*Atlas tellien* et l'*Atlas saharien* ou *présaharien* enserrent les Hautes Plaines.

Atlas, géant de la mythologie grecque. Fils de Japet, l'un des Titans, il avait pris parti pour ces derniers dans leur lutte contre les dieux ; pour cette raison, Zeus le condamna à soutenir le ciel sur ses épaules.

atmosphère [atmɔsfɛr] **n.f.** (du gr. *atmos,* vapeur, et *sphaira,* sphère). **1.** Enveloppe gazeuse entourant une planète. **2.** Partie de la couche gazeuse qui enveloppe la Terre, dans laquelle se déroulent les phénomènes météorologiques. **3.** Air que l'on respire en un lieu : *Atmosphère surchauffée, malsaine.* **4.** Milieu environnant, ambiance particulière à un lieu et dont on subit l'influence : *Une atmosphère tendue.*

■ L'atmosphère ne se limite pas au domaine dans lequel flottent les nuages et se déroulent les phénomènes météorologiques. Si la moitié de sa masse totale (évaluée au millionième de celle de la Terre) se situe au-dessous de 5 km et 99 % au-dessous de 30 km d'altitude, il reste encore à 100 km de l'air soumis à l'attraction terrestre.

L'atmosphère protège la vie contre les agressions extérieures. Les dangereuses particules énergétiques éjectées par le Soleil sont piégées dans les ceintures de la magnétosphère ; leur présence se manifeste par la luminescence des aurores polaires. Les fragments de roches extraterrestres sont freinés dans la haute atmosphère ; ils se consument en engendrant des étoiles filantes ou des météores. Les rayonnements ultraviolets nocifs sont absorbés lors de réactions photochimiques ; la fragile couche d'ozone stratosphérique joue un rôle essentiel pour la vie sur la Terre.

Histoire. La composition de l'atmosphère s'est profondément modifiée au cours des temps. Il y a près de 4,7 milliards d'années, elle était essentiellement constituée d'hydrogène et d'hélium. Une forte proportion de ces gaz légers s'est rapidement échappée. Avec l'échauffement de l'intérieur du globe, des éruptions volcaniques ont produit une atmosphère secondaire, surtout constituée de vapeur d'eau, de gaz carbonique et d'azote. La température a progressivement décru, l'eau s'est condensée en pluies et le gaz carbonique a formé des carbonates dans les océans nouvellement apparus. Il y a 3,5 milliards d'années, des formes aquatiques de vie primitive s'y développaient et la production biologique de l'oxygène débutait avec la photosynthèse. Peu à peu se construisait l'atmosphère nécessaire aux formes de vie actuelles.

Structure. Il est d'usage de stratifier l'atmosphère en zones, désignées par le suffixe *-sphère,* dans lesquelles un paramètre (température, etc.) reste constant ou varie de façon monotone (comme dans la troposphère, par exemple) ; ces zones sont séparées par des surfaces désignées par le suffixe *-pause* (tropopause entre troposphère et stratosphère). Cela permet de différencier une succession de strates en fonction de critères thermiques, chimiques ou électromagnétiques. On distingue ainsi, selon l'altitude : la troposphère (0 à 12 km environ), la stratosphère (de 12 à 50 km), la mésosphère (de 50 à 85 km), la thermosphère (de 85 à 500 km) et l'exosphère (au-delà de 500 km).

Ces couches, qui ont une certaine masse, reposent les unes sur les autres ; ainsi, la pression croît lorsque l'altitude décroît. Au sol, la pression atmosphérique standard est de 1 013 hectopascals (hPa), avec des décroissances ou croissances sensibles dans les dépressions ou les anticyclones. À 3 km, elle est voisine de 700 hPa et, à 8 km, elle n'est plus que de 360 hPa. Elle est de 1 hPa à 50 km et de 0,000 4 hPa à 100 km d'altitude… ce qui correspond à 400 000 milliards de molécules par centimètre cube.

Circulation atmosphérique générale. L'atmosphère terrestre est divisée en vastes cellules approximativement homogènes dans le sens horizontal, appelées *masses d'air.* On en distingue quatre grandes par hémisphère (arctique, polaire, tropicale, équatoriale), séparées par des fronts (arctique, polaire, convergence intertropicale), qui se déplacent dans le cadre général de la circulation atmosphérique. Celle-ci est imposée par des facteurs cosmiques (radiations solaires), planétaires (états de l'atmosphère, rotation de la Terre), géographiques (répartition des continents, zones forestières, zones couvertes de glace). Elle se traduit par des mouvements en longitude, en latitude, ascendants et descendants. En altitude, de forts courants d'ouest *(jetstreams)* séparent, dans chaque hémisphère, la circulation dépressionnaire circumpolaire et la circulation anticyclonique subtropicale. En surface, les anticyclones subtropicaux émettent les alizés du nord-est (hémisphère Nord) et du sud-est (hémisphère Sud) et les vents d'ouest des latitudes moyennes ; dans les régions polaires, des hautes pressions se substituent aux basses pressions d'altitude et dirigent les coulées polaires vers de plus basses latitudes. ■

atmosphérique [atmɔsferik] **adj. 1.** Relatif à l'atmosphère : *Conditions atmosphériques.* **2. Moteur atmosphérique,** moteur dont les cylindres sont alimentés en air à la pression atmosphérique, sans surpression ni alimentation forcée.

atoca [atɔka] **n.m.** (mot amérindien). Au Québec, arbuste à baies rouges comestibles, appelé aussi *airelle canneberge.*

atocatière [atɔkatjɛr] **n.f.** Au Québec, terrain où pousse l'atoca.

atoll [atɔl] **n.m.** (mot des îles Maldives). Île des mers tropicales, formée de récifs coralliens qui entourent une lagune centrale, dite *lagon.*

atome [atom] (lat. *atomus,* gr. *atomos,* insécable). **1.** Constituant élémentaire de la matière ; assemblage de particules fondamentales : *Un corps constitué d'atomes identiques est un corps simple.* **2.** Parcelle, très petite quantité de qqch : *Il n'y a pas un atome de bon sens dans cette idée.* **3.** FAM. **Atomes crochus,** sympathie, entente entre des personnes.

■ L'atome comporte un noyau central massif environné d'un nuage de particules de charge négative, les électrons. Le noyau est lui-même composé de deux types de particules : les neutrons, sans charge électrique, et les protons, chargés positivement. Dans un atome électriquement neutre, le nombre de protons est identique à celui des électrons. Ce nombre, différent pour chaque élément chimique, désigne le numéro atomique de chacun des 92 éléments existant dans la nature (90 éléments stables et 2 instables, le technétium [43] et le prométhéum [61]). Par exemple, l'atome d'hydrogène a le numéro 1, celui d'uranium le numéro 92, etc. Par ailleurs, il peut y avoir, pour un élément donné, des noyaux d'atome plus lourds ou plus légers, les isotopes, composés d'un plus grand ou d'un plus petit nombre de particules neutres (les neutrons). Ainsi, le carbone à 16 isotopes, dont le célèbre carbone 14.

Propriétés de l'atome. Selon une conception due à N. Bohr, le nuage électronique qui entoure le noyau est réparti en couches, un niveau d'énergie correspondant à chaque couche. La couche externe, la plus éloignée du noyau, peut comporter plus ou moins d'électrons : ce sont eux dont les interactions avec les électrons d'autres atomes sont responsables des liaisons chimiques donnant les molécules des corps composés. Les atomes peuvent aussi gagner ou perdre un ou plusieurs électrons, formant alors des « ions » (*anions* chargés négativement, *cations* chargés positivement). Les propriétés chimiques des corps dépendent donc essentiellement du nombre d'électrons présents sur cette couche externe, dite *couche de valence.* Par exemple, le sodium et le potassium ont des propriétés chimiques analogues qui s'expliquent par la présence sur cette couche d'un électron unique.

Les noyaux des atomes les plus lourds sont radioactifs : ils se transforment, par désintégration, en un autre élément tout en émettant des rayonnements. Certains (uranium, plutonium) peuvent, sous l'action de neutrons, se fissionner en noyaux plus légers en éjectant des neutrons et en libérant une grande quantité d'énergie (réacteur nucléaire, bombe A). Les noyaux des atomes les plus légers peuvent, au contraire, fusionner en libérant aussi une intense énergie (étoiles, bombe H). ■

atomicité [atɔmisite] **n.f.** CHIM. Nombre d'atomes contenus dans une molécule.

atomique [atɔmik] **adj. 1.** Relatif aux atomes. **2. Arme atomique,** arme utilisant les réactions de fission du plutonium ou de l'uranium, employée pour la première fois en 1945. / **Énergie atomique,** énergie libérée par des réactions nucléaires. / **Masse atomique,** rapport de la masse de l'atome d'un élément chimique au douzième de la masse du carbone 12. / **Numéro, nombre atomique,** numéro d'ordre d'un élément dans la classification périodique, égal au nombre de ses électrons et à celui de ses protons.

atomisation [atɔmizasjɔ̃] **n.f.** Action d'atomiser ; fait d'être atomisé.

atomisé, e [atɔmize] **adj.** et **n.** Qui a subi les effets des radiations nucléaires.

atomiser [atɔmize] **v.t.** (de *atome*). **1.** Désagréger, diviser un groupe, un ensemble cohérent, etc. **2.** Détruire avec des armes atomiques. **3.** Réduire un corps en fines particules, à partir de son état liquide.

atomiseur [atɔmizœr] **n.m.** Appareil servant à disperser finement des liquides, solutions ou suspensions.

atomiste [atɔmist] **n.** et **adj.** Spécialiste de physique atomique.

Aton, dieu égyptien conçu comme unique et représenté sous la forme du disque solaire donnant vie par ses rayons à l'humanité entière. Sous la XVIIIe dynastie, le pharaon Aménophis IV, qui prit pour cela le nom d'Akhenaton, se fit le prophète de ce dieu et l'imposa à la vénération du peuple durant les quatorze années de son règne. Mais, après cette brève période monothéiste, le clergé d'Amon rétablit le culte et les croyances traditionnels.

atonal, e, als ou **aux** [atɔnal, -o] **adj.** MUS. Écrit suivant les principes de l'atonalité.

atonalité [atɔnalite] **n.f.** Écriture musicale contemporaine caractérisée en partic. par l'abandon des règles classiques de la tonalité et utilisant les douze degrés de la gamme chromatique.

atone [atɔn] **adj.** (gr. *atonos,* relâché). **1.** Qui est ou paraît sans vitalité, sans vigueur ; qui manque de dynamisme : *Un regard atone* (syn. **morne**). **2.** Qui ne porte pas d'accent tonique, en parlant d'une voyelle ou d'une syllabe.

atonie [atɔni] **n.f.** (lat. *atonia,* mot gr. « relâchement »). Caractère de ce qui est atone, d'une personne qui manque de force, de vitalité.

atours [atur] **n.m. pl.** (de l'anc. fr. *atourner,* préparer, orner). LITT. Ensemble des vêtements, de la parure d'une femme : *Être dans ses plus beaux atours.*

atout [atu] **n.m.** (de *à* et *tout*). **1.** Couleur choisie ou prise au hasard et qui l'emporte sur les autres, aux jeux de cartes. **2.** Avantage : *Votre connaissance parfaite de l'anglais est un sérieux atout pour votre travail.*

A.T.P. [atepe] **n.m.** (sigle de *adénosine triphosphate*). Molécule organique formée d'une base azotée *(adénine),* d'un sucre et de phosphates, et dont l'hydrolyse libère de l'énergie.

atrabilaire [atrabilɛr] **adj.** et **n.** (de *atrabile,* bile noire, du lat. *ater,* noir, et *bilis,* bile). *LITT.* Facilement irritable ; sombre : *Un caractère atrabilaire* (syn. **désagréable, aigre**).

âtre [ɑtr] **n.m.** (lat. pop. **astrakus,* carrelage). *LITT.* Partie de la cheminée où l'on fait le feu ; la cheminée elle-même.

Atrides, descendants d'Atrée, lequel, dans la mythologie grecque, était fils de Pélops, comme Thyeste, et devint roi de Mycènes. Les deux frères se livrèrent, notamment l'un contre l'autre ou contre leur progéniture, à une série de meurtres, parmi d'autres forfaits dans lesquels les Grecs voyaient un destin de malédiction. Ce destin se prolongea dans la vie d'Agamemnon, lui-même fils d'Atrée.

atrium [atrijɔm] **n.m.** (mot lat.). **1.** Pièce principale qui commandait la distribution de la maison romaine, avec une ouverture carrée au centre du toit pour recueillir les eaux de pluie. **2.** Cour bordée de portiques, devant la façade de certaines églises primitives.

atroce [atrɔs] **adj.** (lat. *atrox, -ocis*). **1.** Qui provoque de la répulsion, qui est horrible, insoutenable à cause de sa cruauté, de sa dureté ou de sa laideur : *Un crime atroce* (syn. **abominable, révoltant**). **2.** Insupportable, très pénible à endurer : *Des souffrances atroces.*

atrocement [atrɔsmɑ̃] **adv.** De manière atroce.

atrocité [atrɔsite] **n.f. 1.** Caractère de ce qui est atroce : *L'atrocité de la guerre* (syn. **horreur**). **2.** Action cruelle, crime : *Ils ont commis des atrocités* (syn. **monstruosité**).

atrophie [atrɔfi] **n.f.** (gr. *atrophia,* privation de nourriture). MÉD. Diminution de volume et mauvais fonctionnement d'un tissu, d'un organe, d'un organisme : *L'atrophie d'un muscle.*

s'atrophier [atrɔfje] **v.pr.** (de *atrophie*) [conj. **9**]. **1.** MÉD. Diminuer de volume, en parlant d'un membre ou d'un organe : *Muscle atrophié.* **2.** Perdre de sa vigueur ; se dégrader : *Ses facultés mentales se sont atrophiées* (syn. **s'affaiblir**).

atropine [atrɔpin] **n.f.** (du lat. *atropa,* belladone). Alcaloïde extrait de la belladone, utilisé pour dilater la pupille et combattre les spasmes.

s'attabler [atable] **v.pr.** S'asseoir à table pour manger.

attachant, e [ataʃɑ̃, -ɑ̃t] **adj.** Qui émeut, qui touche ; qui suscite de l'intérêt : *C'est un personnage attachant.*

attache [ataʃ] **n.f. 1.** Ce qui sert à attacher (syn. **lien, courroie**). **2.** Partie du corps où est fixé un muscle, un ligament : *Elle a des attaches très fines* (= les poignets, les chevilles). **3.** Relations, rapports amicaux ou familiaux : *J'ai toutes mes attaches dans cette ville.* **4. Port d'attache,** port où un navire est immatriculé ; au fig., lieu où l'on revient habituellement après une série de déplacements.

attaché, e [ataʃe] **n. 1.** Membre d'une ambassade, d'un cabinet ministériel, etc. : *Attaché culturel.* **2. Attaché(e) de presse,** personne chargée d'assurer les relations avec les médias, dans une entreprise publique ou privée.

attaché-case [ataʃekɛz] **n.m.** (loc. angl., de *attaché,* mot fr., et de *case,* valise, boîte) [pl. *attachés-cases*]. Mallette plate et rigide servant de porte-documents.

attachement [ataʃmɑ̃] **n.m. 1.** Sentiment d'affection ou de sympathie éprouvé pour qqn ou un animal : *Avoir de l'attachement pour son chien.* **2.** Relevé journalier des travaux et des dépenses d'un entrepreneur.

attacher [ataʃe] **v.t.** (anc. fr. *estachier,* fixer, de *estache,* poteau, du frq.). **1.** Fixer une personne, un animal, une chose à qqch : *Les ravisseurs ont attaché leur victime sur une chaise* (syn. **ligoter**). *Attacher une plante à un tuteur* (syn. **lier**). **2.** Réunir par un lien, un ensemble de choses : *Attacher des cheveux avec un ruban, des photocopies avec une agrafe* (syn. **lier, assembler**). **3.** Fermer un vêtement ; nouer des lacets de chaussures : *Attacher sa veste* (syn. **boutonner**). *Attacher ses chaussures* (syn. **lacer**). **4.** Unir durablement : *Attacher son nom à une invention.* **5.** Donner, attribuer (dans certaines expressions) : *Attacher de l'importance à des détails.* ◆ **v.i. 1.** Coller au fond d'un récipient pendant la cuisson, en parlant des aliments : *Les pâtes ont attaché.* **2.** En parlant d'un ustensile de cuisson, provoquer l'adhérence des aliments : *Cette poêle attache.* ◆ **s'attacher v.pr. 1.** Se fixer, se fermer par tel moyen : *Cette robe s'attache sur le devant.* **2. S'attacher à,** aller de pair avec : *Les avantages qui s'attachent à ce titre sont nombreux.* **3. S'attacher à qqn, à qqch,** devenir proche de qqn, l'apprécier ; s'intéresser à qqch.

attaquable [atakabl] **adj.** Qui peut être attaqué.

attaquant, e [atakɑ̃, -ɑ̃t] **adj.** et **n.** Qui attaque.

attaque **n.f. 1.** Action d'attaquer : *Attaque à main armée* (syn. **agression**). **2.** Critique violente, accusation : *Il ne réagit même plus à ses attaques.* **3.** Action militaire pour conquérir un objectif ou pour détruire des forces ennemies (syn. **offensive, assaut**). **4.** SPORTS. Action offensive ; ensemble des joueurs participant à cette action, dans les sports d'équipe. **5.** Accès subit d'une maladie ; en partic. crise nerveuse ou hémorragie cérébrale. **6.** *FAM.* **Être d'attaque,** être en forme.

attaquer [atake] **v.t.** (it. *attaccare,* attacher, puis « commencer [la bataille] »). **1.** Agresser physiquement ; assaillir : *Attaquer qqn, un pays.* **2.** Incriminer, critiquer avec une certaine violence, verbalement ou par écrit : *Attaquer les institutions.* **3.** Entamer ; corroder : *La rouille attaque le fer* (syn. **ronger**). **4.** Commencer qqch ; commencer à manger : *Attaquer un roman* (syn. **entreprendre**). *On attaque le gâteau ?* **5. Attaquer qqn, un organisme en justice,** intenter une action judiciaire contre eux. ◆ **s'attaquer v.pr. [à].** Affronter qqn, qqch sans hésiter ; entreprendre qqch de périlleux : *S'attaquer à un projet gigantesque.*

attardé, e [atarde] **adj.** et **n. 1.** Dont l'intelligence s'est peu développée : *Un attardé mental* (syn. **arriéré**). **2.** En retard sur son époque, périmé : *Des conceptions attardées* (syn. **désuet**).

s'attarder [atarde] **v.pr.** (de *tard*). **1.** Rester trop longtemps quelque part ; se mettre en retard : *S'attarder à bavarder chez des amis.* **2.** Passer trop de temps à faire qqch : *S'attarder à des détails.*

atteindre [atɛ̃dr] **v.t.** (lat. pop. **attangere,* du class. *attingere,* de *tangere,* toucher) [conj. **81**]. **1.** Parvenir à : *Atteindre son but. Nous avons atteint le chalet en fin de soirée.* **2.** Réussir à joindre, à rencontrer : *Il est difficile à atteindre.* **3.** Toucher en blessant, avec un projectile : *Une balle perdue l'avait atteint au genou.* **4.** Troubler profondément : *Vos paroles l'ont atteint* (syn. **toucher, bouleverser**). ◆ **v.t. ind. [à]** *SOUT.* Parvenir à : *Atteindre à la perfection.*

atteinte [atɛ̃t] **n.f.** *SOUT.* **1.** Action, fait d'atteindre : *L'atteinte d'un objectif* (syn. **réalisation**). **2.** Dommage, préjudice : *Atteinte à la liberté.* **3.** Douleur physique (surtout au pl.) : *Résister aux atteintes du froid.* **4. Atteinte à la sûreté de l'État,** infraction contre les intérêts du pays, la défense nationale, etc. / **Hors d'atteinte,** qui ne peut être touché : *Il est hors d'atteinte des projectiles* (syn. **à l'abri de**). *Sa réputation est hors d'atteinte* (= inattaquable).

attelage [atlaʒ] **n.m. 1.** Action ou manière d'atteler un ou plusieurs animaux ; ensemble des animaux attelés : *L'attelage avance.* **2.** Dispositif d'accrochage de plusieurs véhicules entre eux : *Vérifier l'attelage d'un wagon.*

atteler [atle] **v.t.** (lat. pop. **attelare,* du class [*pro*]*telum,* attelage de bœufs) [conj. **24**]. **1.** Attacher des animaux à une voiture ou à une machine agricole. **2.** Relier un véhicule, une machine agricole à un autre véhicule pour le tracter. **3.** CH. DE F. Accrocher ensemble des voitures, des wagons. **4.** *FAM.* Faire entreprendre à qqn une tâche pénible et génér. de longue haleine : *Je l'ai attelé au dépouillement de ces documents.* ◆ **s'atteler v.pr. [à].** Entreprendre un travail long et difficile : *S'atteler à une thèse de 300 pages.*

attelle [atɛl] **n.f.** (lat. pop. **astella,* class. *astula,* de *assis,* planche). Petite pièce de bois ou de métal pour maintenir des os fracturés (syn. **éclisse**).

attenant, e [atnɑ̃, -ɑ̃t] **adj.** (de l'anc. v. *attenir,* tenir à). Qui est contigu à un lieu, qui le touche : *Un bois attenant à la propriété.*

attendre [atɑ̃dr] **v.t.** et **v.i.** (lat. *attendere,* être attentif) [conj. **73**]. **1.** Demeurer, rester quelque part jusqu'à ce que qqn arrive ou que qqch arrive ou soit prêt ; (sans compl.) patienter : *Je t'attends depuis une heure. Attendre un taxi. Elle n'aime pas attendre.* **2.** Rester dans le même état, en parlant d'une chose : *Ce travail peut attendre* (= n'est pas urgent). **3.** Être prêt pour qqn, en parlant d'une chose : *Le dîner nous attend.* **4.** Compter sur, prévoir, espérer : *Attendre une lettre, une réponse. J'attends beaucoup de sa visite.* **5. En attendant,** pendant ce temps : *En attendant, tu peux habiter chez moi* (syn. **provisoirement**) ; quoi qu'il en soit : *Il a peut-être raison, en attendant il aurait mieux fait de se tenir tranquille* (toujours est-il que...). ◆ **v.t. ind. [après].** Compter sur qqn, qqch avec impatience, en avoir besoin : *Il attend après cette somme.* ◆ **s'attendre v.pr. [à].** Prévoir, imaginer : *Elle ne s'attend pas à cette surprise.*

attendrir [atɑ̃drir] **v.t.** (de *1. tendre*) [conj. **32**]. **1.** Émouvoir, fléchir qqn : *Ses larmes l'avaient attendri* (syn. **toucher**). **2.** Rendre moins dur : *Attendrir de la viande.* ◆ **s'attendrir v.pr.** Être ému.

attendrissant, e [atɑ̃drisɑ̃, -ɑ̃t] **adj.** Qui attendrit, qui émeut.

attendrissement [atɑ̃drismɑ̃] **n.m.** Fait de s'attendrir sur qqn ou qqch, d'être attendri.

attendrisseur [atɑ̃drisœr] **n.m.** Appareil de boucherie pour attendrir la viande.

1. attendu [atɑ̃dy] **prép.** (de *attendre*). *SOUT.* Vu, en raison de : *Attendu les événements* (= étant donné). ◆ **attendu que loc. conj.** Vu que, puisque : *Ne te fie pas à ces résultats, attendu que les calculs sont faux* (= étant donné que).

2. attendu [atɑ̃dy] **n.m.** (de *attendre*). DR. (Surtout au pl.). Alinéa qui énonce les arguments sur lesquels sont fondés une requête, un jugement, etc.

attentat [atɑ̃ta] **n.m.** (lat. *attentatum ;* v. *attenter*). **1.** Attaque criminelle ou illégale contre les personnes, les droits, les biens, etc. **2.** DR. *VIEILLI.* **Attentat à la pudeur,** agression sexuelle.

attentatoire [atɑ̃tatwar] **adj.** (de *attenter*). Qui porte atteinte à qqch : *Mesure attentatoire à la liberté.*

attente [atɑ̃t] **n.f. 1.** Action d'attendre qqn ou qqch ; temps pendant lequel on attend : *Salle d'attente.* **2.** Espérance, souhait : *Répondre à l'attente de ses admirateurs* (syn. **désir**). **3. Contre toute attente,** contrairement à ce qu'on attendait : *Contre toute attente, il ne s'est pas fâché.*

attenter [atɑ̃te] **v.t. ind. [à]** (lat. *attentare,* porter la main sur). **1.** Commettre un attentat contre : *Attenter à la liberté d'un peuple. Attenter à la vie de qqn.* **2. Attenter à ses jours, à sa vie,** se suicider ; tenter de se suicider.

attentif, ive [atɑ̃tif, -iv] **adj.** (lat. *attentivus,* de *attendere,* être attentif). **1.** Qui prête, porte attention à qqn, à qqch : *Un auditoire attentif* (contr. **distrait**). **2.** Plein d'attentions, vigilant : *Des soins attentifs.* **3. Attentif à,** soucieux de : *Être attentif à ne blesser personne.*

attention [atɑ̃sjɔ̃] **n.f.** (lat. *attentio,* de *attendere,* être attentif). **1.** Action de se concentrer sur qqch ou sur qqn, de s'appliquer ; vigilance : *Regarder qqch avec attention* (syn. **intérêt ;** contr. **distraction, indifférence**). **2.** Marque d'affection, d'intérêt ; égard : *Une délicate attention de sa part* (syn. **prévenance**). **3. Attirer l'attention de qqn,** lui faire remarquer qqch, qqn ; se faire remarquer de lui. / **Faire attention à qqn, qqch,** remarquer qqn, qqch ; se méfier de qqn, qqch. / **Prêter attention à qqn, qqch,** remarquer qqn, qqch, en tenir compte. / **Retenir l'attention de qqn,** être spécial. remarqué par qqn. ◆ **interj. Attention !,** sert à mettre qqn en garde : *Attention ! vous allez vous faire mal* (= prenez garde !).

attentionné, e [atɑ̃sjɔne] **adj.** Plein d'attentions, de gentillesse.

attentisme [atɑ̃tism] **n.m.** Attitude consistant à attendre pour décider et agir en fonction des événements ; opportunisme. ◆ **attentiste adj.** et **n.** Qui pratique l'attentisme.

attentivement [atɑ̃tivmɑ̃] **adv.** D'une façon attentive.

atténuant, e [atenɥɑ̃, -ɑ̃t] **adj. Circonstances atténuantes,** faits particuliers qui accompagnent une infraction et dont les juges tiennent compte pour diminuer la peine prévue par la loi (par opp. à *circonstances aggravantes*).

atténuation [atenɥasjɔ̃] **n.f.** Action d'atténuer ; fait de s'atténuer ; adoucissement : *Atténuation de la souffrance à l'aide d'un calmant* (syn. **diminution**).

atténuer [atenɥe] **v.t.** (lat. *attenuare,* amoindrir, de *tenuis,* mince) [conj. **7**]. Rendre moins intense, moins grave : *Atténuer un son.* ◆ **s'atténuer v.pr.** Devenir moindre : *Sa douleur s'atténue peu à peu* (syn. **diminuer**).

atterrant, e [aterɑ̃, -ɑ̃t] **adj.** (de *atterrer*). Consternant, accablant : *Une nouvelle atterrante.*

atterrer [atere] **v.t.** (de *terre*). Jeter dans la stupéfaction ; consterner, accabler.

atterrir [aterir] **v.i.** (de *terre*) [conj. **32**]. **1.** Prendre contact avec le sol, en parlant d'un avion, d'un engin spatial, etc. **2.** Toucher terre, en parlant d'un navire. **3.** *FAM.* Arriver, se trouver quelque part inopinément : *Comment ce livre a-t-il atterri sur ma table ?*

atterrissage [aterisaʒ] **n.m.** Action d'atterrir ; son résultat.

attestation [atɛstasjɔ̃] **n.f.** (lat. *attestatio ;* v. *attester*). Déclaration verbale ou écrite qui témoigne de la véracité d'un fait, certifie : *Attestation de domicile.*

attesté, e [atɛste] **adj.** Connu par un emploi daté, en parlant d'un mot, d'une forme de la langue.

attester [atɛste] **v.t.** (lat. *attestari,* de *testis,* témoin). **1.** Certifier la vérité ou l'authenticité de : *J'atteste que cet homme est innocent.* **2.** Prouver, témoigner : *Cette lettre atteste sa bonne foi.* **3.** *LITT.* Prendre à témoin : *Attester le ciel.*

attiédir [atjedir] **v.t.** [conj. **32**]. *LITT.* Rendre tiède.

attifer [atife] **v.t.** (de l'anc. fr. *tifer,* parer, du germ.). *FAM.* Habiller, parer avec mauvais goût ou d'une manière un peu ridicule : *Elle attife son fils d'une manière invraisemblable.* ◆ **s'attifer v.pr.** *FAM.* S'habiller d'une manière bizarre (péjor.).

Attila, roi des Huns (434-453). Il ravagea l'Empire d'Orient (441-443) puis envahit la Gaule, mais fut défait aux champs Catalauniques, non loin de Troyes (451), par les armées du Romain Aetius et du Wisigoth Alaric. En 452, il pilla l'Italie mais épargna Rome à la prière du pape Léon Ier. Son empire s'effondra après lui.

attique [atik] **adj.** Relatif à l'Attique, à Athènes et à leurs habitants : *L'art attique.* ◆ **n.m.** Dialecte ionien qui était la langue de l'Athènes antique.

Attique, péninsule de la Grèce où se trouve Athènes.

attirail [atiraj] **n.m.** (de l'anc. fr. *atirer,* disposer, de *tirer*). Ensemble d'objets divers, génér. encombrants, destiné à un usage bien précis : *Attirail de pêcheur à la ligne.*

attirance [atirɑ̃s] **n.f.** Action d'attirer ou fait d'être attiré ; séduction excercée par qqn ou qqch.

attirant, e [atirɑ̃, -ɑ̃t] **adj.** Qui attire, séduit.

attirer [atire] **v.t.** (de *tirer*). **1.** Tirer, amener à soi : *L'aimant attire le fer.* **2.** Faire venir en exerçant un attrait, en éveillant l'intérêt : *Cet homme l'attire beaucoup* (syn. **plaire**). **3.** Appeler vers soi un événement heureux ou malheureux : *Son attitude va lui attirer des ennuis* (syn. **occasionner**).

attiser [atize] **v.t.** (lat. pop. **attitiare,* du class. *titio,* tison). **1.** Aviver, ranimer des flammes : *Attiser un feu.* **2.** *LITT.* Exciter, entretenir : *Attiser la haine* (syn. **aviver**).

attitré, e [atitre] **adj. 1.** Qui est chargé en titre d'un emploi, d'un rôle : *L'humoriste attitré d'un journal.* **2.** Que l'on se réserve exclusivement ; dont on a l'habitude, que l'on préfère : *Avoir sa place attitrée.*

attitude [atityd] **n.f.** (it. *attitudine,* posture, lat. *aptitudo,* aptitude). **1.** Manière de tenir son corps : *Une mauvaise attitude* (syn. **posture**). **2.** Manière dont on se comporte avec les autres : *Son attitude a été odieuse* (syn. **comportement**). **3.** CHORÉGR. Pose de la danse classique dans laquelle les bras et l'une des jambes sont levés.

Attlee (Clement, *comte***),** homme politique britannique (Londres 1883 - *id.* 1967). Chef du parti travailliste, il détint de 1945 à 1951 le poste de Premier ministre. Il mit alors en place les structures d'un État providence, donnant au gouvernement les moyens d'intervenir activement dans les domaines économique et social.

attorney [atɔrnɛ] **n.m.** (mot angl., de l'anc. fr. *atorné,* préposé à, de *2. tour*). Homme de loi, dans les pays anglo-saxons.

attouchement [atuʃmɑ̃] **n.m.** Action de toucher légèrement, en partic. avec la main.

attractif, ive [atraktif, -iv] **adj.** (bas lat. *attractivus ;* v. *attraction*). **1.** Qui a la propriété d'attirer : *La force attractive d'un aimant.* **2.** (Emploi critiqué). Attrayant : *Des prix particulièrement attractifs* (syn. **intéressant**).

attraction [atraksjɔ̃] **n.f.** (lat. *attractio,* de *attrahere,* tirer à soi). **1.** Force en vertu de laquelle un corps est attiré par un autre : *L'attraction terrestre.* **2.** Ce qui attire, séduit : *Une secrète attraction le portait vers elle* (syn. **attirance**). **3.** Distraction mise à la disposition du public dans certains lieux ou à l'occasion de manifestations, de réjouissances collectives : *Parc d'attractions.* **4.** Numéro de cirque, de variétés qui passe en intermède d'un spectacle plus important. **5. Loi de l'attraction universelle,** loi, énoncée par Newton, selon laquelle deux masses s'attirent mutuellement en raison directe de leurs masses, en raison inverse du carré de leurs distances et selon la droite qui les joint.

attrait [atrɛ] **n.m.** (du lat. *attrahere,* tirer à soi). Qualité par laquelle une personne ou une chose attire, plaît.

attrape [atrap] **n.f.** (de *attraper*). **1.** Objet destiné à tromper par jeu, par plaisanterie : *Magasin de farces et attrapes.* **2.** Tromperie faite pour plaisanter : *Les attrapes du 1er avril* (syn. **farce**).

attrape-nigaud [atrapnigo] **n.m.** (pl. *attrape-nigauds*). Ruse grossière.

attraper [atrape] **v.t.** (de *trappe,* piège). **1.** Saisir, prendre, atteindre qqn ou qqch : *Attraper un ballon, un bus.* **2.** Prendre au piège : *Attraper une souris.* **3.** *FAM.* Contracter une maladie : *Attraper un rhume.* **4.** *FAM.* Faire des reproches à ; réprimander : *Attraper un enfant* (syn. **gronder**). **5. Se laisser attraper,** se laisser tromper, abuser : *Se laisser attraper par des flatteries.*

attrayant, e [atrɛjɑ̃, -ɑ̃t] **adj.** (du lat. *attrahere,* tirer à soi). Attirant, séduisant.

attribuer [atribɥe] **v.t.** (lat. *attribuere,* de *tribuere,* accorder en partage) [conj. 7]. **1.** Accorder comme avantage, donner : *Attribuer des fonds à un organisme.* **2.** Considérer qqn comme auteur, qqch comme cause : *Attribuer un échec à la fatigue* (syn. **imputer**). ◆ **s'attribuer v.pr. S'attribuer qqch,** se l'approprier, le faire sien : *S'attribuer un titre.*

attribut [atriby] **n.m.** (lat. médiév. *attributum,* chose attribuée). **1.** Ce qui appartient, ce qui est inhérent à qqn ou à qqch : *La parole est un attribut de l'homme.* **2.** Symbole attaché à une fonction : *La balance est l'attribut de la justice.* **3.** GRAMM. Terme (adjectif, nom, etc.) qualifiant le sujet ou le complément d'objet direct par l'intermédiaire d'un verbe (*être, devenir, paraître,* etc., pour l'attribut du sujet ; *rendre, nommer,* etc., pour l'attribut du complément d'objet) : *Dans « ce gâteau est bon », « bon » est l'attribut du sujet « gâteau ». Dans « je l'estime innocente », « innocente » est l'attribut du complément d'objet « l ».*

attribution [atribysjɔ̃] **n.f. 1.** Action d'attribuer : *Attribution d'un prix.* **2.** GRAMM. **Complément d'attribution,** nom ou pronom qui désigne la personne ou la chose à laquelle s'adresse un don, un ordre, un discours, etc., ou à laquelle appartient un être ou une chose (ex. : *amie* dans *donner un livre à une amie*). ◆ **attributions n.f. pl.** Pouvoirs attribués, fonction impartie à qqn : *Cela n'entre pas dans mes attributions.*

attristant, e [atristɑ̃, -ɑ̃t] **adj.** Qui rend triste, déçoit.

attrister [atriste] **v.t.** Rendre triste : *Cette mort subite l'a beaucoup attristée.* ◆ **s'attrister v.pr.** Devenir triste.

attroupement [atrupmɑ̃] **n.m.** Rassemblement plus ou moins tumultueux de personnes sur la voie publique.

attrouper [atrupe] **v.t.** (de *troupe*). Rassembler des personnes, grouper. ◆ **s'attrouper v.pr.** Se réunir en foule : *Des badauds commençaient à s'attrouper.*

atypique [atipik] **adj.** (de *typique*). Qui diffère du type habituel ; que l'on peut difficilement classer.

au, aux art. ⟶ **le.**

aubade [obad] **n.f.** (prov. *aubada*). *LITT.* Concert donné à l'aube, le matin, sous les fenêtres de qqn.

Aubagne, ch.-l. de c. des Bouches-du-Rhône, sur l'Huveaune ; 45 740 hab. *(Aubagnais).* Siège depuis 1962 du commandement de la Légion étrangère.

aubaine [obɛn] **n.f.** (de l'anc. adj. *aubain,* étranger, du lat. *alibi,* ailleurs). **1.** Terme désignant autref. un étranger non naturalisé dont la succession, par le droit de l'*aubaine,* pouvait revenir au souverain. **2.** Avantage, profit inespéré : *Profite de l'aubaine !* (syn. **occasion**).

1. aube [ob] **n.f.** (lat. *alba,* de *albus,* blanc). **1.** *LITT.* Première lueur du jour. **2. À l'aube de,** au commencement de : *Nous sommes à l'aube d'un monde nouveau.*

2. aube [ob] **n.f.** (du lat. *albus,* blanc). CATH. Longue robe de tissu blanc portée par les prêtres et les enfants de chœur pendant les offices ainsi que par les premiers communiants.

3. aube [ob] **n.f.** (lat. *alapa,* soufflet). **1.** TECHN. Partie d'une roue hydraulique sur laquelle s'exerce l'action du fluide moteur. **2.** Partie d'une turbomachine servant à canaliser un fluide.

Aube, affl. de la Seine (r. dr.), qui naît sur le plateau de Langres et traverse la Champagne ; 248 km. Barrage-réservoir.

Aube [10], dép. de la Région Alsace-Champagne-Ardenne-Lorraine ; ch.-l. de dép. *Troyes ;* ch.-l. d'arr. *Bar-sur-Aube, Nogent-sur-Seine ;* 3 arr., 17 cant., 433 comm. ; 6 004 km^2 ; 313 892 hab. *(Aubois).*

aubépine [obepin] **n.f.** (lat. pop. **albispina,* du class. *alba spina,* épine blanche). Arbre ou arbrisseau épineux à fleurs blanches ou roses, à baies rouges. ▸ Famille des rosacées ; genre *Cratægus.*

auberge [obɛrʒ] **n.f.** (prov. *aubergo,* anc. fr. *herberge*). **1.** Autref., établissement simple et sans luxe situé à la campagne et offrant le gîte et le couvert pour une somme modique. **2.** Restaurant ou hôtel-restaurant au cadre intime et chaleureux, génér. situé à la campagne. **3. Auberge espagnole,** lieu où l'on ne trouve que ce qu'on apporte. / *FAM.* **On n'est pas sortis de l'auberge,** on est loin d'en avoir fini avec les difficultés.

aubergine [obɛrʒin] **n.f.** (catalan *alberginia,* de l'ar.). Fruit comestible, génér. violet, produit par une solanacée annuelle originaire de l'Inde. ◆ **adj. inv.** De la couleur violet sombre de l'aubergine.

aubergiste [obɛrʒist] **n.** Personne qui tient une auberge.

Aubervilliers, ch.-l. de c. de la Seine-Saint-Denis, banlieue nord de Paris ; 77 725 hab. *(Albertivilliariens).* Métallurgie. Chimie.

aubier [obje] **n.m.** (lat. *alburnum,* de *albus,* blanc). Partie jeune du tronc et des branches d'un arbre, située à la périphérie, sous l'écorce, constituée par les dernières couches annuelles et de teinte plus claire que le cœur.

Aubignac (*abbé* **François d'**), critique dramatique français (Paris 1604 - Nemours 1676). Dans sa *Pratique du théâtre* (1657), il fixa la règle classique des *trois unités.*

Aubigné (Agrippa d'), écrivain français (près de Pons 1552 - Genève 1630). Calviniste ardent, compagnon d'armes d'Henri IV, il mit son talent au service de ses convictions en écrivant une épopée mystique (*les Tragiques,* 1616), une *Histoire universelle,* un roman satirique *(les Aventures du baron de Faeneste).* Ses poèmes d'amour *(le Printemps)* sont une des premières manifestations du baroque littéraire. Il fut le grand-père de Mme de Maintenon.

Aubrac, haut plateau de l'Auvergne méridionale, entre les vallées du Lot et de la Truyère ; 1 469 m au Mailhebiau. Élevage bovin.

Aubrac (Lucie et **Raymond),** résistants français (Lucie **Bernard,** épouse de Raymond Samuel puis Aubrac, Paris 1912 - Issy-les-Moulineaux 2007, et Raymond **Samuel** puis **Aubrac,** Vesoul 1914 - Paris 2012). Mariés en 1939, ils entrent en Résistance dès 1940 et participent à la fondation du mouvement Libération-Sud (1941). Raymond ayant été arrêté par la Gestapo en juin 1943, en même temps que Jean Moulin, Lucie organise son évasion (oct.). Après la guerre (1951), Raymond prend pour patronyme officiel le nom d'Aubrac, un de ses pseudonymes dans la clandestinité. Les deux époux poursuivent ensuite une vie d'engagement en faveur de la paix et des droits de l'homme.

auburn [obœrn] **adj. inv.** (mot angl., de l'anc. fr. *auborne,* blond, du lat. *albus*). D'un brun tirant légèrement sur le roux, en parlant des cheveux.

Auch [oʃ], ch.-l. du dép. du Gers, sur le Gers, à 680 km au sud-ouest de Paris ; 23 226 hab. *(Auscitains).* Archevêché. Marché. Cathédrale de style gothique flamboyant, à façade classique (vitraux [renaissants] et stalles [gothiques] du premier tiers du XVIe s.). Musée dans l'ancien couvent des Jacobins.

Auckland, principale ville, port et centre industriel de la Nouvelle-Zélande, dans l'île du Nord ; 419 418 hab. (1 415 550 hab. dans l'agglomération).

aucuba [okyba] **n.m.** (jap. *aokiba*). Arbrisseau venant du Japon, à feuilles coriaces vertes et jaunes, souvent cultivé dans les jardins. ▸ Famille des cornacées ; haut. 2 m env.

aucun, e [okɛ̃, -yn] **adj.** et **pron. indéf.** (lat. pop. **aliquunus,* du class. *aliquis,* quelqu'un, et *unus,* un seul). **1.** (En corrélation avec *ne* ou précédé de *sans*). Indique l'absence totale : *Vous n'avez aucune raison d'abandonner ce projet* (= pas une seule). *Il a agi sans aucun scrupule. Aucun n'a été capable de répondre* (syn. sout. **nul**). *Rem.* L'adj. indéf. ne s'emploie au pl. que devant un nom sans sing. : *Aucuns frais supplémentaires ne sont à prévoir.* **2.** LITT. **D'aucuns,** quelques-uns : *D'aucuns pensent que son dernier discours était très mauvais* (syn. **certains**).

aucunement [okynmɑ̃] **adv.** (de *aucun*). Pas du tout.

audace [odas] **n.f.** (lat. *audacia,* de *audere,* oser). **1.** Courage, hardiesse : *Manquer d'audace.* **2.** Insolence, effronterie : *Quelle audace !* (syn. **impertinence**).

audacieusement [odasjøzmɑ̃] **adv.** Avec audace.

audacieux, euse [odasjø, -øz] **adj.** et **n.** Qui a de l'audace ; décidé, téméraire.

Aude, fl. de France, né dans le massif du Carlitte, qui passe à Quillan, Limoux et Carcassonne, avant de rejoindre la Méditerranée ; 220 km.

Aude [11], dép. de la Région Languedoc-Roussillon-Midi-Pyrénées ; ch.-l. de dép. *Carcassonne ;* ch.-l. d'arr. *Limoux, Narbonne ;* 3 arr., 19 cant., 438 comm. ; 6 139 km² ; 372 259 hab. *(Audois).*

au-dedans (de) [odədɑ̃] **adv.** ou **loc. prép.** À l'intérieur (de) : *Il paraît calme, mais au-dedans il est bouleversé.*

au-dehors (de) [odəɔr] **adv.** ou **loc. prép.** À l'extérieur (de) : *Ici il fait bon, mais au-dehors il gèle.*

au-delà (de) [odəla] **adv.** ou **loc. prép.** Plus loin (que) : *N'allez pas au-delà.* ◆ **au-delà n.m. inv. L'au-delà,** ce qui vient après la vie terrestre : *L'angoisse de l'au-delà.*

au-dessous (de) [odəsu] **adv.** ou **loc. prép.** À un point inférieur : *Remplissez ce papier et signez au-dessous* (= plus bas).

au-dessus (de) [odəsy] **adv.** ou **loc. prép.** À un point supérieur : *Il neige au-dessus de 900 m* (= plus haut que).

au-devant [odəvɑ̃] **adv.** En avant : *Restez ici, je vais aller au-devant.* ◆ **au-devant de loc. prép.** À la rencontre de ; en direction de : *Aller au-devant des problèmes.*

audible [odibl] **adj.** (lat. *audibilis,* de *audire,* entendre). **1.** Perceptible à l'oreille : *Son message sur le répondeur était à peine audible.* **2.** Qui peut être entendu sans déplaisir : *Ce disque est trop usé, il n'est pas audible.*

audience [odjɑ̃s] **n.f.** (lat. *audientia,* attention accordée à des paroles). **1.** Entretien accordé par un supérieur, une personnalité : *Solliciter une audience.* **2.** Attention, intérêt plus ou moins grand que qqn ou qqch suscite auprès du public : *Ce projet a rencontré une audience favorable.* **3.** DR. Séance au cours de laquelle le tribunal interroge les parties, entend les plaidoiries et rend sa décision.

Audimat [odimat] **n.m.** (nom déposé). Audimètre très répandu en France.

audimètre [odimɛtr] **n.m.** (du lat. *audire,* entendre, et de *-mètre*). Dispositif adapté à un récepteur de radio ou de télévision, utilisé en audimétrie.

audimétrie [odimetri] **n.f.** (de *audimètre*). Mesure de l'audience d'une émission de télévision ou de radio.

audio [odjo] **adj. inv.** (du lat. *audire,* entendre). Qui concerne l'enregistrement ou la transmission des sons (par opp. à *vidéo*) : *Des cassettes audio.*

audiogramme [odjɔgram] **n.m.** (du lat. *audire,* entendre, et de *-gramme*). **1.** Courbe caractéristique de la sensibilité de l'oreille aux sons. **2.** Disque ou cassette audio (par opp. à *vidéogramme*).

audiomètre [odjɔmɛtr] **n.m.** (du lat. *audire,* entendre, et de *-mètre*). Appareil permettant de mesurer l'acuité auditive.

audionumérique [odjɔnymerik] **adj.** (du lat. *audire,* entendre, et de *numérique*). **Disque audionumérique,** sur lequel les sons sont enregistrés sous forme de signaux numériques et lus par un système à laser (on dit communément *Compact Disc, disque compact,* ou, par abrév., *CD*).

audiovisuel, elle [odjɔvizɥɛl] **adj.** et **n. m.** (du lat. *audire,* entendre, et de *visuel*). Qui appartient aux méthodes d'information, de communication ou d'enseignement associant l'image et le son.

audit [odit] **n.m.** (mot angl., de *Internal Auditor,* contrôleur financier). **1.** Procédure de contrôle de la comptabilité et de la gestion d'une entreprise. **2.** Personne chargée de cette mission (syn. **auditeur**).

auditeur, trice [oditœr, -tris] **n.** (lat. *auditor,* de *audire,* entendre). **1.** Personne qui écoute un cours, un concert, une émission radiophonique, etc. **2.** Personne chargée d'un audit. **3.** DR. Fonctionnaire qui débute au Conseil d'État ou à la Cour des comptes.

auditif, ive [oditif, -iv] **adj.** (du lat. *auditus,* de *audire,* entendre). Qui concerne l'ouïe ou l'oreille en tant qu'organe de l'ouïe : *Troubles auditifs. Nerf auditif.*

audition [odisjɔ̃] **n.f.** (du lat. *auditio,* de *audire,* entendre). **1.** Fonction du sens de l'ouïe : *Trouble de l'audition.* **2.** Action d'entendre, d'écouter : *L'audition des témoins.* **3.** Présentation par un artiste de son répertoire ou d'un extrait de son répertoire en vue d'obtenir un engagement : *Passer une audition.*

■ Le stimulus de l'organe de l'audition est l'onde sonore. Elle est constituée par une alternance de compressions et de décompressions des particules du fluide ou du solide dans lequel elle se propage. Elle est caractérisée par sa vitesse de propagation (332 m/s dans l'air aux conditions normales de température et de pression), par l'amplitude des oscillations de pression (liée à l'intensité du son) et par la fréquence propre à chaque son (basse fréquence pour les sons graves, haute fréquence pour les sons aigus). L'oreille

→

humaine perçoit des sons dont les fréquences sont comprises entre 16 et 20 000 hertz. La gamme des sons de la parole s'étend de 250 à 4 000 hertz.
Chez les mammifères, l'organe de la réception sonore, l'oreille, est constitué de trois parties. L'*oreille externe* avec son pavillon capte les ondes sonores, qui empruntent le canal auditif (conduction aérienne) puis viennent heurter et mettre en vibration une fine membrane, le tympan. Une chaîne de trois osselets de l'*oreille moyenne* (marteau, enclume et étrier) transmet, ensuite, cette vibration (conduction osseuse). Enfin, dans l'*oreille interne,* un liquide conduit l'onde jusqu'aux cellules sensorielles de la *cochlée,* où se situe l'organe récepteur de l'audition, appelé *organe de Corti* (conduction en milieu liquide). Agissant sur les cils qui garnissent la membrane de ces cellules, le son est traduit en message nerveux (potentiel d'action). De chaque cellule sensorielle part une fibre nerveuse. Ces fibres se réunissent en un nerf auditif le long duquel chemine le signal jusqu'au cerveau, dont la partie temporale reconnaît et analyse le message auditif. ■

auditionner [odisjɔne] **v.t.** Écouter un acteur, un chanteur présenter son répertoire, son tour de chant, lui faire passer une audition : *Le jury a auditionné cinq candidats.* ◆ **v.i.** En parlant d'un acteur, d'un chanteur, présenter son répertoire en vue d'obtenir un engagement : *Elle auditionne demain pour obtenir un rôle dans la nouvelle revue.*

auditoire [oditwar] **n.m.** (lat. *auditorium,* lieu ou l'on s'assemble pour écouter). Ensemble des personnes qui écoutent un discours, une émission radiophonique, assistent à un cours, etc. : *Un auditoire très attentif* (syn. **public**).

auditorium [oditɔrjɔm] **n.m.** (mot lat.). Salle aménagée pour l'audition des œuvres musicales ou théâtrales, pour les émissions de radio ou de télévision et pour les enregistrements sonores.

Auerstedt *(bataille d')* [14 oct. 1806], victoire des troupes françaises commandées par le maréchal Davout sur les Prussiens, à 20 km au N. d'Iéna, lors de la 4e coalition.

auge [oʒ] **n.f.** (lat. *alveus,* cavité, de *alvus,* ventre). **1.** Récipient dans lequel boivent et mangent les animaux domestiques. **2.** Récipient dans lequel les ouvriers du bâtiment délaient le plâtre, le mortier, etc. **3.** Rigole qui conduit l'eau à un réservoir ou à la roue d'un moulin. **4.** Vide entre les branches du maxillaire inférieur du cheval. **5.** GÉOGR. Vallée à fond plat et à versants raides, génér. d'origine glaciaire.

Augereau (Pierre), *duc* **de Castiglione,** maréchal et pair de France (Paris 1757 - La Houssaye, Seine-et-Marne, 1816). Il se distingua pendant la campagne d'Italie (1796-1797), exécuta en 1797 le coup d'État du 18-Fructidor (4 sept.) et participa à toutes les campagnes de l'Empire. Il fut l'un des premiers à se rallier à Louis XVIII.

Augias, roi d'Élide, selon la mythologie grecque. Il fit nettoyer ses immenses écuries par Héraclès, en lui promettant le dixième du troupeau. Le héros y fit alors passer les eaux de l'Alphée et du Pénée ; mais, ensuite, le roi ne tenant pas sa promesse, Héraclès le tua.

augment [ɔgmɑ̃] **n.m.** (lat. *augmentum*). LING. Affixe préposé à la racine verbale dans la conjugaison de certaines formes du passé (en grec, par ex.).

augmentatif, ive [ɔgmɑ̃tatif, -iv] **adj.** et **n.m.** LING. Se dit d'un préfixe (ex. : *archi-, super-,* etc.) ou d'un suffixe (ex. : *-issime*) servant à renforcer le sens d'un mot.

augmentation [ɔgmɑ̃tasjɔ̃] **n.f. 1.** Accroissement en quantité, en nombre, en valeur, etc. : *Augmentation des prix, du nombre des chômeurs.* **2.** Quantité, somme qui vient s'ajouter à une autre : *Donner une augmentation à un ouvrier.* **3.** Ajout d'une ou de plusieurs mailles sur un rang de tricot. **4. Augmentation de capital,** accroissement du capital d'une société par apport d'argent ou par incorporation des réserves figurant au bilan.

augmenter [ɔgmɑ̃te] **v.t.** (lat. *augmentare,* du class. *augere,* croître). **1.** Rendre plus grand, plus important : *Augmenter sa fortune* (syn. **accroître ;** contr. **diminuer**). **2.** Accroître le prix de : *Augmenter l'essence.* **3.** Faire bénéficier d'une rémunération plus élevée : *Augmenter qqn de dix pour cent.* ◆ **v.i. 1.** Devenir plus grand, croître en quantité, en intensité, etc : *Les prix augmentent. Sa peur augmente* (contr. **diminuer**). **2.** Hausser de prix, devenir plus cher : *Les légumes augmentent en hiver* (contr. **baisser**).

Augsbourg, en all. **Augsburg,** v. d'Allemagne (Bavière), sur le Lech ; 237 095 hab. Industries mécaniques et textiles. Monuments anciens, dont la cathédrale, des XIe-XVe s. (précieux vitraux du XIIe s.) ; souvenirs de la famille des banquiers Fugger (XVe-XVIe s.).

Augsbourg *(Confession d'),* formulaire rédigé par Philip Melanchthon et présenté à la diète réunie par Charles Quint en 1530 à Augsbourg. Composée de 28 articles et écrite en allemand et en latin, elle constitue la principale profession de foi des luthériens.

1. augure [ogyr] **n.m.** (lat. *augur ;* v. *augurer*). ANTIQ. ROM. Prêtre chargé d'interpréter les présages tirés du vol, du chant des oiseaux, etc.

2. augure [ogyr] **n.m.** (lat. *augurium ;* v. *augurer*). **1.** ANTIQ. ROM. Présage tiré d'un signe céleste. **2.** Présage, signe qui semble annoncer l'avenir. **3. Être de bon, de mauvais augure,** présager une issue heureuse, malheureuse.

augurer [ogyre] **v.t.** (lat. *augurare,* tirer un présage du vol des oiseaux). **1.** LITT. Tirer un présage, un pressentiment, une conjecture de. **2. Augurer bien, mal de qqch,** prévoir que l'issue en sera favorable ou non.

auguste [ogyst] **adj.** (lat. *augustus*). LITT. Qui inspire le respect, la vénération : *Il jeta un auguste regard.* ◆ **n.m.** HIST. (Avec une majuscule). Titre des empereurs romains.

Auguste, en lat. **Caius Julius Caesar Octavianus Augustus,** empereur romain (Rome 63 av. J.-C. - Nola 14 apr. J.-C.). Par sa mère petit-neveu de César, il porta d'abord le nom d'Octave ; il deviendra Octavien quand son adoption par César (45) sera officiellement reconnue, en 43. À la mort de César (44), il revendiqua l'héritage de son père adoptif et se posa en rival d'Antoine, ancien lieutenant de César et le maître de Rome. En 43, il forma avec Antoine et Lépide un triumvirat, solution de compromis qui partagea le monde romain entre les trois hommes : l'Occident revint à Octavien, l'Orient à Antoine et l'Afrique à Lépide, qui fut dépouillé de ses pouvoirs en 36. En 42, Octavien vengea la mort de César à la bataille de Philippes, où il défit l'armée républicaine de Brutus et de Cassius. Seul maître du pouvoir après sa victoire d'Actium (31) sur Antoine et Cléopâtre VII, reine d'Égypte, il reçut du sénat, avec les titres d'Auguste et de Princeps (27), les pouvoirs répartis jusqu'alors entre les diverses magistratures. Un nouveau régime était fondé, le principat, qui était en fait une monarchie organisée derrière une façade républicaine. De nouvelles institutions consolidèrent le nouvel État. Auguste s'entoura d'un conseil impérial et le sénat réformé fut dépouillé de la majeure partie de ses pouvoirs politiques ; il organisa une société fondée sur le retour aux traditions antiques et administrée par un corps de fonctionnaires recrutés dans les classes supérieures (ordre sénatorial et ordre équestre), divisa Rome en 14 régions pour en faciliter l'administration et la police. Il réorganisa les provinces, partagées en provinces sénatoriales et provinces impériales, celles-ci nécessitant la présence de troupes, et où l'empereur envoyait ses légats. Élu grand pontife à la mort de Lépide, en 12 av. J.-C., il rétablit les formes traditionnelles de la religion. En politique extérieure, Auguste préféra aux conquêtes la sécurité des frontières. Il acheva cependant la conquête de l'Espagne et porta la frontière de l'Empire sur le Rhin, qu'il fortifia. Mais, en Germanie, son lieutenant Varus subit un désastre (9 apr. J.-C.). Auguste n'ayant pas d'héritier direct, il adopta son beau-fils Tibère, qui lui succédera. Fondateur du régime impérial, il a laissé derrière lui une œuvre durable et fut, à sa mort, honoré comme un dieu. Le principat d'Auguste apparaît comme l'une des époques les plus brillantes de l'histoire de Rome (le *siècle d'Auguste*).

Augustin *(saint),* théologien, Père de l'Église latine (Tagaste, auj. Souq-Ahras, 354 - Hippone 430). Né d'un père païen, Patricius, et d'une mère chrétienne, Monique, il enseigne l'éloquence à Tagaste, Carthage, Rome et Milan. Adepte du manichéisme, il se rapproche peu à peu du christianisme et s'y convertit, influencé notamment par la prédication d'Ambroise, l'évêque de Milan, de qui il reçoit le baptême en 387. Rentré en Afrique, il est ordonné prêtre à Hippone en 391, et devient évêque de cette cité en 396. Jusqu'à sa mort, il s'y consacre à l'administration du diocèse, à la prédication, à la lutte contre les hérésies (manichéisme, donatisme, pélagianisme), à la rédaction de très nombreux ouvrages de théologie et de philosophie, dont les plus connus sont les *Confessions* et *la Cité de Dieu*. Son œuvre, centrée sur l'exégèse biblique et marquée par la pensée néoplatonicienne, sera de la plus grande importance pour la réflexion chrétienne ultérieure, par exemple sur la conception du péché et du libre arbitre ou sur la théologie de l'histoire.

aujourd'hui [oʒurdɥi] **adv.** (de *au, jour,* et de l'anc. adv. *hui,* aujourd'hui [lat. *hodie*]). **1.** Au jour où l'on est ; ce jour : *Il arrive aujourd'hui.* **2.** Au temps où nous vivons ; maintenant : *La France d'aujourd'hui.*

aulnaie ou **aunaie** [onɛ] **n.f.** Lieu planté d'aulnes.

Aulnay-sous-Bois, ch.-l. de c. de la Seine-Saint-Denis, banlieue nord-est de Paris ; 82 572 hab. *(Aulnaisiens).* Construction automobile. Chimie.

aulne ou **aune** [on] **n.m.** (lat. *alnus*). BOT. Arbre du bord des eaux, voisin du bouleau.

aulx n.m. pl. ⟶ **ail.**

Aumale (Henri d'Orléans, *duc* **d'),** général et historien français (Paris 1822 - Zucco, Sicile, 1897), quatrième fils de Louis-Philippe. Il se distingua en Algérie, où il prit, en 1843, la smala d'Abd el-Kader. Lieutenant général, il devint gouverneur des possessions françaises d'Afrique (1847). Exilé en Grande-Bretagne en 1848, il fut élu député à l'Assemblée nationale en 1871.

aumône [omon] **n.f.** (lat. pop. **alemosina,* gr. *eleêmosunê,* compassion). **1.** Don fait aux pauvres : *Demander, faire l'aumône.* **2.** Faveur, grâce : *Faire, accorder à qqn l'aumône d'un sourire.*

aumônerie [omonri] **n.f. 1.** Charge d'aumônier. **2.** Lieu où un aumônier reçoit, a ses bureaux.

aumônier [omonje] **n.m.** (de *aumône*). **1.** Ecclésiastique attaché à un corps ou à un établissement. **2.** HIST. **Grand aumônier de France,** titre du premier aumônier de la cour.

aunaie n.f., **aune** n.m. ⟶ **aulnaie, aulne.**

aune [on] **n.f.** (frq. **alina,* avant-bras). **1.** Ancienne mesure de longueur, utilisée surtout pour les étoffes et valant env. 1,20 m. **2.** LITT. **Juger, mesurer à l'aune de,** estimer qqn, qqch en le comparant à qqn, qqch d'autre.

Aung San Suu Kyi (Rangoun 1945), femme politique birmane. Fille du général Aung San (1915 - 1947), héros de l'indépendance birmane, et leader de l'opposition démocratique, elle a été très longtemps soumise à l'étroit contrôle des militaires au pouvoir (en résidence surveillée : 1989 - 1995, 2000 - 2002 et 2003 - 2010). Depuis 2011, elle est autorisée à revenir progressivement dans le jeu politique (élue députée en 2012). [Prix Nobel de la paix 1991.]

Aunis [onis], anc. prov. de France. Intégré au royaume franc par Clovis (507), il appartient successivement aux ducs d'Aquitaine et aux Plantagenêts avant d'être réuni au domaine royal. L'Aunis revient momentanément à l'Angleterre (1360-1373) durant la guerre de Cent Ans. Pendant les guerres de Religion, la province devient un des foyers du protestantisme, jusqu'à la prise de La Rochelle par Richelieu (1628).

auparavant [oparavɑ̃] **adv.** (de *au, par* et *avant*). Avant dans le temps ; d'abord.

auprès de [oprɛdə] **loc. prép.** (de *au* et *près*). **1.** Tout près de, à côté : *Venez auprès de moi.* **2.** En s'adressant à : *Faire une demande auprès du ministre.* **3.** En comparaison de : *Mon mal n'est rien auprès du sien.* **4.** SOUT. Dans l'opinion de : *Il passe pour un goujat auprès d'elle.* ◆ **auprès adv.** LITT. Dans le voisinage : *Les maisons bâties auprès.*

auquel pron. relat. et interr. ⟶ **lequel.**

aura [ɔra] **n.f.** (mot lat. « souffle »). **1.** LITT. Atmosphère spirituelle qui enveloppe un être ou une chose : *Une aura de mystère.* **2.** Auréole, halo visible aux seuls initiés, dans les sciences occultes.

Aurangzeb (? 1618 - Aurangabad 1707), empereur moghol de l'Inde (1658-1707). Par ses conquêtes, il porta l'Empire à son apogée, mais il aggrava la fiscalité et pratiqua une politique musulmane intransigeante à l'égard des hindous, ce qui amorça la décadence de l'Empire.

Aurélien, en lat. **Lucius Domitius Aurelianus** (v. 214-275), empereur romain (270-275). Il fit édifier autour de Rome une enceinte fortifiée (mur d'Aurélien). Il battit les Goths sur le Danube en 271, triompha de Zénobie, reine de Palmyre (273), et obtint enfin, la même année, l'abdication de Tetricus, maître de l'empire des Gaules. Ses réformes administratives et religieuses marquèrent un renforcement de l'autorité impériale et furent à l'origine du redressement de l'Empire.

auréole [ɔreɔl] **n.f.** (du lat. *[corona] aureola,* [couronne] d'or, de *aurum,* or). **1.** Cercle dont les peintres, les sculpteurs entourent la tête des saints (syn. **nimbe**). **2.** Gloire, prestige : *L'auréole du martyre.* **3.** Cercle lumineux autour d'un astre, d'un objet ; halo. **4.** Tache en anneau laissée par un liquide, un corps gras sur du papier, du tissu, etc.

auréoler [ɔreɔle] **v.t. 1.** LITT. Entourer qqn, qqch d'une auréole : *Sa chevelure auréolait son visage.* **2. Être auréolé de,** être paré de : *Être auréolé de prestige, de gloire.*

Aurès, massif de l'Algérie orientale (2 328 m), peuplé surtout de Berbères.

auriculaire [ɔrikylɛr] **adj.** (lat. *auricularius,* du lat. *auricula,* dimin. de *auris,* oreille). **1.** De l'oreille. **2.** Des oreillettes du cœur : *Artères auriculaires.* **3. Témoin auriculaire,** témoin qui a entendu de ses propres oreilles ce qu'il rapporte. ◆ **n. m.** Cinquième doigt de la main, petit doigt.

aurifère [ɔrifɛr] **adj.** (du lat. *aurum,* or, et de *-fère*). Qui contient de l'or : *Sable aurifère.*

aurifier [ɔrifje] **v.t.** (du lat. *aurum,* or, et de *-fier*) [conj. **9**]. Obturer ou reconstituer une dent avec de l'or.

Aurignac, commune de la Haute-Garonne ; 1 249 hab. *(Aurignaciens).* Station préhistorique qui a donné son nom à l'aurignacien. C'est grâce aux fouilles qui y furent réalisées qu'on admit en 1860-1861 que l'homme fut contemporain d'espèces animales disparues.

aurignacien, enne [ɔriɲasjɛ̃, -ɛn] **adj.** et **n.m.** (de *Aurignac,* localité de la Haute-Garonne). Se dit d'un faciès du paléolithique supérieur caractérisé par un outillage lithique (lames, notamm.) ou osseux, et qui est marqué par l'apparition de l'art figuratif. ▸ Vers 33 000-26 000 avant notre ère.

Aurillac, ch.-l. du dép. du Cantal, sur la Jordanne, à 631 m d'alt., à 547 km au sud de Paris ; 28 850 hab. *(Aurillacois).* Centre commercial. Mobilier. Produits laitiers et pharmaceutiques. Musées et « maison des Volcans », centre d'initiation au volcanisme.

Auriol (Vincent), homme d'État français (Revel 1884 - Paris 1966). Socialiste, ministre des Finances du Front populaire (1936-37), il fut le premier président de la IVe République (1947-1954).

aurochs [ɔrɔk] **n.m.** (all. *Auerochs*). Bœuf sauvage noir de grande taille, dont l'espèce est éteinte.

Aurore *(l')* ⟶ **Murnau.**

aurore [ɔrɔr] **n.f.** (lat. *aurora*). **1.** Lueur qui précède le lever du soleil ; moment où le soleil va se lever : *Partir à l'aurore* (syn. **aube**). **2.** Commencement d'une époque : *L'aurore d'une ère nouvelle.* **3. Aurore polaire, boréale** ou **australe,** phénomène lumineux fréquent dans le ciel des régions polaires, luminescence de la haute atmosphère sous l'action de particules électrisées issues du Soleil.

Auschwitz, v. de Pologne, près de Katowice ; 40 342 hab. À proximité, les Allemands créèrent le plus grand des camps d'extermination. De 1940 à 1945, entre 1,1 et 1,5 million de détenus y périrent, dont plus de 1 million de Juifs. Musée de la Déportation.

auscultation [ɔskyltasjɔ̃] **n.f.** Technique médicale consistant à écouter les bruits produits par les organes pour faire un diagnostic.

ausculter [ɔskylte] **v.t.** (lat. *auscultare,* écouter). Pratiquer l'auscultation de : *Ausculter un malade. Ausculter le thorax.*

auspice [ospis] **n.m.** (lat. *auspicium,* de *avis,* oiseau, et *spicere,* examiner). [Surtout au pl.]. **1.** ANTIQ. Présage tiré du vol, du chant, du comportement des oiseaux : *Prendre les auspices.* **2.** *LITT.* Signe, augure : *Sous d'heureux, de funestes auspices.* **3.** *LITT.* **Sous les auspices de qqn,** sous la protection, avec l'appui de qqn.

aussi [osi] **adv.** (du lat. pop. **ale,* class. *aliud,* autre chose, et de *si*). **1.** Exprime une équivalence, une identité : *Toi aussi* (syn. **de même** ; contr. **non plus**). *Je le crois aussi* (syn. **également**). **2.** Introduit un ajout : *Beaucoup d'enfants étaient là, et aussi quelques parents. Il y avait aussi des journalistes étrangers* (= en outre). **3.** Marque une intensité relative : *Nous ne le savions pas aussi riche* (syn. **si**). **4.** En corrélation avec *que,* exprime le comparatif d'égalité : *Il est aussi bavard que son frère.* **5.** En corrélation avec *que,* ou avec inversion du sujet, exprime un rapport de concession (suivi du subj.) : *Aussi surprenant que cela paraisse* (syn. **si... que**). **6.** *LITT.* **Aussi bien,** introduit une raison accessoire ou supplémentaire : *Tous les efforts sont restés inutiles : aussi bien était-il trop tard.* ◆ **conj. 1.** Exprime la conséquence : *J'étais pressé, aussi ai-je immédiatement fait appel à ses services.* **2.** Parfois précédé de *mais,* introduit une explication, une objection ou une justification : *Personne n'a songé à l'inviter, (mais) aussi il aurait dû téléphoner. Mais aussi, pourquoi vous êtes-vous tues ?*

aussière [osjɛr] **n.f.** (lat. pop. **helciaria,* du class. *helcium,* collier de trait). Gros cordage employé pour l'amarrage, le touage des navires et pour les manœuvres de force (on trouve parfois la graphie *haussière*).

aussitôt [osito] **adv.** (de *aussi* et *tôt*). **1.** Indique la postériorité temporelle immédiate : *Je l'ai appelé et il est aussitôt accouru* (syn. **immédiatement**). **2. Aussitôt dit, aussitôt fait,** exprime le fait qu'on est passé directement d'une idée à son exécution. ◆ **aussitôt que loc. conj.** Marque la postériorité immédiate : *Nous partirons aussitôt que tu seras prêt* (syn. **dès que**).

Austen (Jane), romancière britannique (Steventon 1775 - Winchester 1817). Ses romans peignent la petite bourgeoisie provinciale anglaise (*Raison et sentiments,* 1811 ; *Orgueil et préjugés,* 1813).

austère [ostɛr] **adj.** (lat. *austerus,* âpre au goût). **1.** Sévère, rigide dans ses principes, son comportement : *Une vie austère* (syn. **strict**). *Un air austère* (syn. **glacial**). **2.** Dépouillé de tout ornement : *Une bâtisse austère.*

austérité [osterite] **n.f.** (lat. *austeritas ;* v. *austère*). **1.** Sévérité, rigorisme de mœurs, de comportement : *L'austérité d'une vie tout entière adonnée au travail.* **2.** Absence de tout ornement, de toute fantaisie : *L'austérité d'un style* (syn. **dépouillement**). **3.** ÉCON. **Politique d'austérité,** politique consistant à diminuer les dépenses publiques et à augmenter les ressources fiscales, dans le but de réduire l'inflation.

Austerlitz *(bataille d')* [2 déc. 1805], une des plus belles victoires de Napoléon, remportée sur les empereurs d'Autriche et de Russie (bataille dite « des Trois Empereurs »), à Austerlitz, auj. Slavkov (Moravie). Elle mit fin à la troisième coalition (1805).

austral, e, als ou **aux** [ostral, -o] **adj.** (lat. *australis,* de *auster,* vent du midi). De la moitié sud du globe terrestre, ou de la sphère céleste, d'un astre (par opp. à *boréal*).

Austral *(océan),* nom parfois donné à l'*océan Antarctique.*

Australes *(îles),* archipel de la Polynésie française, au sud de Tahiti ; 164 km² ; 6 839 hab.

Australes et Antarctiques françaises *(terres),* collectivité française groupant l'archipel des Kerguelen, la terre Adélie, les îles Saint-Paul et Nouvelle-Amsterdam, l'archipel Crozet.

Australie, en angl. **Australia,** État de l'Océanie, formé de six États (Australie-Méridionale, Australie-Occidentale, Nouvelle-Galles du Sud, Queensland, Tasmanie, Victoria) et de deux territoires (Territoire du Nord et Territoire de la Capitale) ; 7 700 000 km² ; 23 343 000 hab. *(Australiens).* CAP. *Canberra.* V. princ. *Sydney* et *Melbourne.* LANGUE : *anglais.* MONNAIE : *dollar australien.*

GÉOGRAPHIE

Le milieu naturel. L'Australie est un pays de plaines et de plateaux, si l'on excepte sa bordure orientale montagneuse (Cordillère australienne), traversé en son milieu par le tropique du Capricorne. Le climat est à dominante aride dans l'intérieur (70 % du territoire reçoivent moins de 500 mm d'eau par an et 40 % moins de 250 mm), tropical au N.-E. (Queensland, chaud, mais humide en été austral), tempéré au S.-E. (dans le Victoria et la Tasmanie, aux températures modérées et aux précipitations tombant en toutes saisons), méditerranéen, enfin, au S.-O. (vers Perth) et au S. (Adélaïde). Le désert occupe de vastes espaces au centre. Par les formations steppiques et la savane, on passe (au moins à la périphérie orientale, arrosée) à la véritable forêt (tropicale au N., à boisements d'eucalyptus au S.). L'aridité fréquente explique la faiblesse des écoulements et l'existence d'un seul réseau hydrographique notable, celui du Murray.

La population. Avec 3 hab. en moyenne au km², le pays apparaît sous-peuplé. Il juxtapose en fait de vastes régions pratiquement inhabitées (sinon par des Aborigènes, au nombre de 250 000 [1 à 2 % de la population totale environ], ou par des mineurs) et des bandes littorales (notamment de Brisbane à Adélaïde) plus ou moins larges, fortement urbanisées : 85 % des Australiens vivent en ville, plus de 40 % même dans les deux seules métropoles de Sydney et Melbourne. D'origine européenne, la population s'est accrue surtout par immigration. Celle-ci a toutefois diminué, et, comme le taux de natalité a fortement baissé depuis 1970 (de l'ordre de 15 ‰ aujourd'hui), la croissance démographique s'est ralentie.

L'économie. L'agriculture n'occupe plus guère que 5 % de la population active et contribue pour une part équivalente à la formation du produit intérieur brut (P.I.B.). Pourtant, en raison des surfaces disponibles, de la modernisation des techniques et des matériels, la production est notable. Le blé est de loin la culture dominante ; localement apparaissent le vignoble (en zone « méditerranéenne ») et la canne à sucre (en zone tropicale). Mais l'élevage domine largement. Le troupeau ovin est le premier du monde, assurant notamment le quart de la production mondiale de laine brute. L'Australie dispose de richesses minières exceptionnelles, souvent récemment découvertes. Elle est devenue le deuxième producteur (et premier exportateur) de minerai de fer, le premier producteur de bauxite et d'alumine, et figure parmi les 5 premiers producteurs mondiaux de cobalt, manganèse, plomb, zinc, argent. Ses ressources énergétiques ne sont pas négligeables : une extraction houillère en progression, complétée par un apport de lignite ; des ressources en hydrocarbures, encore incomplètement prospectées (mais déjà près de 25 Mt de pétrole et plus de 10 milliards de m³ de gaz naturel), et d'abondants gisements d'uranium (près de 20 % des réserves mondiales). L'industrie a naturellement profité de ces bases agricoles et minières. L'agroalimentaire et la métallurgie (sidérurgie, construction mécanique, automobile) se sont développées, puis la chimie. L'ensemble de l'industrie assure près de 40 % du P.I.B., dont la majeure partie provient du secteur des services qui occupe environ 73 % de la population active (à peine le tiers dans l'industrie). L'industrie (extractive ou de transformation) est en grande partie sous contrôle étranger (essentiellement américain), notamment pour l'exploitation de la bauxite, le montage automobile, le raffinage du pétrole et la chimie. L'avion est le mode de transport privilégié pour les personnes, tandis que les marchandises sont transportées par route plutôt que par voie ferrée. Le cabotage est également utilisé pour les pondéreux. L'équilibre de la balance commerciale dépend des variations des cours de matières premières puisque 60 % des exportations sont des produits agricoles ou miniers, alors que les produits manufacturés constituent encore la majeure partie des importations du pays, dont les États-Unis sont le premier fournisseur. À ce point de vue, l'Australie demeure un pays neuf, ce qui n'empêche pas un niveau de vie élevé, à l'avenir prometteur du fait d'un potentiel naturel exceptionnel.

HISTOIRE

Occupée partiellement par des populations dites « australoïdes » (Aborigènes), l'Australie fut atteinte par les Hollandais au XVIIe s.

1770. James Cook aborde le continent.

1788. Début de la colonisation anglaise, qui va s'étendre progressivement sur tout le continent au cours du XIXe s. L'Australie est tout d'abord une terre de bagne pour les condamnés britanniques. En 1851, la découverte de mines d'or près de Melbourne attire une abondante immigration, en grande majorité britannique. Celle des Noirs et des Asiatiques est limitée par la loi. Cultivateurs et éleveurs de moutons rivalisent pour l'occupation du sol. De nouvelles colonies sont progressivement créées.

1901. Les colonies australiennes forment le Commonwealth australien. Membres du Commonwealth britannique, elles accentuent leur politique protectionniste.

L'Australie participe activement aux deux guerres mondiales aux côtés des Alliés. À partir de 1945, l'économie progresse rapidement. L'immigration demeure importante. L'île est un partenaire privilégié des États-Unis dans le Sud-Est asiatique et développe ses relations économiques avec le Japon, la Corée du Sud, la Chine et les pays de l'ASEAN. Elle est une des grandes puissances du Pacifique.

1986. L'*Australia Act* abolit les derniers pouvoirs d'intervention directe de la Grande-Bretagne dans les affaires australiennes. (En 1999, les Australiens ont toutefois rejeté, par référendum, un projet de transformation du statut constitutionnel de leur pays en république.)

La vie politique est marquée par l'alternance au pouvoir des libéraux (dont Robert Gordon Menzies, à la tête du gouvernement de 1939 à 1941 et de 1949 à 1966 ; Malcolm Fraser, 1975-1983 ; John Howard, 1996-2007) et des travaillistes (Bob Hawke, 1983-1991 ; Paul Keating, 1991-1996 ; Kevin Rudd, 2007-2010 ; Julia Gillard, Premier ministre depuis 2010).

Australie-Méridionale, État de l'Australie ; 984 000 km^2 ; 1 596 572 hab. CAP. *Adélaïde.*

Australie-Occidentale, État de l'Australie ; 2 530 000 km^2 ; 2 239 170 hab. CAP. *Perth.*

australopithèque [ostralɔpitɛk] **n.m.** (de *austral* et de *-pithèque*). Hominidé fossile d'Afrique ayant vécu entre - 4,2 et - 2,5 millions d'années, dont certaines espèces sont probablement les ancêtres directs de l'homme.

Austrasie, royaume mérovingien (561-751) qui comprenait les territoires du N.-E. de la Gaule et dont Metz fut la capitale. Elle fut la rivale de la Neustrie (située au N.-O.), qu'elle supplanta à la fin du VIIe s. Elle fut le berceau des derniers maires du palais (véritables maîtres du royaume), fondateurs de la dynastie carolingienne.

austronésien, enne [ostronezjɛ̃, -ɛn] **adj.** et **n.m.** (de *austral* et du gr. *nêsos,* île, sur le modèle de *polynésien*). Qui appartient à une famille de langues parlées dans les îles de l'océan Indien et du Pacifique et comprenant notamment l'indonésien et le polynésien (syn. **malayo-polynésien**).

austro-prussienne *(guerre),* conflit qui opposa en 1866 la Prusse, soutenue par l'Italie, à l'Autriche, appuyée par les principaux États allemands. Voulue par Bismarck, cette guerre eut pour but d'évincer l'Autriche au profit de la Prusse dans sa position de puissance dominante en Allemagne. La victoire prussienne fut facilement acquise, notamment après la victoire décisive de la Prusse à Sadowa. L'Autriche fut exclue de l'Allemagne (traité de Prague, 23 août 1866), tandis que se constituait la Confédération de l'Allemagne du Nord, présidée par le roi de Prusse. L'Autriche dut céder la Vénétie à l'Italie.

autan [otɑ̃] **n.m.** (mot prov., lat. *altanus,* vent de la haute mer, de *altus,* haut). Vent violent, chaud et sec, soufflant du sud-est sur l'Aquitaine (on dit aussi *vent d'autan*).

autant [otɑ̃] **adv.** (lat. pop.*ale, du class. *aliud,* autre chose, et de *tant*). **1.** Marque une intensité relative : *Travaille-t-elle toujours autant ?* **2.** Suivi de l'inf., indique une équivalence, une conduite à suivre : *Autant nous résigner* (= cela équivaut à nous résigner). *Autant dire qu'il est perdu. Autant lui annoncer à présent la vérité* (= il vaudrait mieux...). **3.** En corrélation avec *que,* exprime un comparatif d'égalité : *Il mange autant que vous.* **4. Autant... autant,** marque une opposition : *Autant l'histoire le passionne, autant la géographie l'ennuie.* / **Autant de,** un aussi grand nombre, une aussi grande quantité de : *J'ignorais qu'il y avait autant de monde ici* (syn. **tant de**). *Elle a autant d'atouts que lui.* / **Autant que possible,** sert à nuancer un ordre, une attente : *J'aimerais autant que possible que cela soit terminé demain* (= dans la mesure du possible). / **D'autant plus, moins, mieux... que** (+ ind.), ou, ABSOL., **d'autant,** dans une relation causale, indique une proportion équivalente : *Il est d'autant plus content qu'il n'attendait plus sa venue. Si tu prépares ce plat maintenant, tu seras libéré d'autant ce soir.* / **D'autant que,** dans une relation causale, introduit une considération supplémentaire : *Je ne comprends pas que cet accident ait eu lieu, d'autant que la machine était neuve* (syn. **dans la mesure où**). / **Pour autant,** indique un contraste, une opposition : *Il a beaucoup travaillé mais il n'a pas réussi pour autant* (syn. **cependant**). / **Pour autant que** (+ subj.), exprime la proportion ou la restriction : *Elle semble ne rien savoir, pour autant que son étonnement soit sincère. Pour autant que je sache, le dossier a été transmis.*

autarcie [otarsi] **n.f.** (gr. *autarkeia,* qui se suffit à soi-même). **1.** Régime économique d'un pays qui tend à se suffire à lui-même. **2.** Doctrine préconisant ce régime.

autarcique [otarsik] **adj.** Fondé sur l'autarcie.

autel [otɛl] **n.m.** (lat. *altare,* de *altus,* haut). **1.** Table, construction destinée à la réception des offrandes, à la célébration des sacrifices à la divinité. **2.** RELIG. CHRÉT. Table où l'on célèbre l'eucharistie.

auteur, e [otœr] **n.** (lat. *auctor,* celui qui augmente la confiance, garant, de *augere,* augmenter). **1.** Personne qui est à l'origine d'une chose, responsable d'un acte : *L'auteur d'une découverte, d'un accident.* **2.** Créateur d'une œuvre littéraire, artistique, etc. : *Une auteure à succès. L'auteur d'un film.*

authenticité [otɑ̃tisite] **n.f.** Caractère de ce qui est authentique, vrai.

authentification [otɑ̃tifikasjɔ̃] **n.f.** Action d'authentifier ; fait d'être authentifié.

authentifier [otɑ̃tifje] **v.t.** (de *authentique,* et de *-fier*). **1.** Certifier la vérité, l'exactitude de qqch. **2.** Rendre authentique, légaliser : *Authentifier une signature.*

authentique [otɑ̃tik] **adj.** (lat. *authenticus,* gr. *authentikos,* qui agit de sa propre autorité). **1.** Dont l'exactitude, l'origine est incontestable : *Un manuscrit authentique.* **2.** D'une sincérité totale : *Une émotion authentique* (syn. **naturel, sincère**). **3.** DR. Revêtu des formes légales.

authentiquement [otɑ̃tikmɑ̃] **adv.** De façon authentique.

autisme [otism] **n.m.** (all. *Autismus,* du gr. *autos,* soi-même). PSYCHIATRIE. Repli pathologique sur soi accompagné de la perte du contact avec le monde extérieur.

autiste [otist] **adj.** et **n.** Atteint d'autisme.

auto **n.f.** ⟶ **2. automobile.**

auto-, préfixe, du gr. *autos,* signifiant « soi-même, lui-même » *(autobiographie, autocensure, autodidacte).*

autoadhésif, ive [otɔadezif, -iv] **adj.** Autocollant : *Une vignette autoadhésive.*

autoallumage [otɔalymaʒ] **n.m.** Allumage spontané et accidentel du mélange détonant dans un moteur à explosion.

autobiographie [otɔbjɔgrafi] **n.f.** Récit dans lequel l'auteur raconte sa propre vie, sa biographie. ▶ *Dossier page suivante.*

L'autobiographie peut-elle être sincère ?

Alors que l'auteur d'un journal intime écrit avant tout pour lui seul, celui d'une autobiographie écrit sa propre vie avec le projet d'être publié. Avec le recul qu'il porte sur son passé, l'« autobiographe » peut-il être l'historien de sa propre vie ? Peut-il être objectif en ce qui le concerne ?

▶ Autobiographie ou roman autobiographique ? Comme un historien ou un biographe, l'autobiographe s'engage à être exact. En admettant qu'il soit sincère, on ne peut s'assurer qu'il dise toute la vérité : il se ment plus ou moins consciemment à lui-même et arrange son passé. Dans ces conditions, ne serait-il pas plus juste de parler de « roman autobiographique » ? Le romancier n'est pas tenu de dire la vérité, mais simplement d'être cohérent. Le roman, même autobiographique, reste une fiction. On ne peut donc accuser un romancier d'inexactitudes. L'autobiographe, quant à lui, engage sa responsabilité juridique ; il peut être poursuivi pour diffamation ou atteinte à la vie privée d'autrui. En réalité, le choix entre autobiographie et roman autobiographique dépasse la question de la vérité.

▶ Plus qu'une simple confidence. À la manière de saint Augustin, Jean-Jacques Rousseau intitule son autobiographie *Confessions*. Ce choix relève de la confidence, d'un désir de reconnaissance, avec une dimension religieuse : « Que la trompette du jugement dernier sonne quand elle voudra ; je viendrai, ce livre à la main, me présenter devant le souverain juge. Je dirai hautement : voilà ce que j'ai fait, ce que j'ai pensé, ce que je fus ; j'ai dit le bien et le mal avec la même franchise. » Rousseau tient à avouer publiquement ses fautes pour en être pardonné.

▶ Quand « je » devient « il ». Dans ses *Souvenirs d'enfance*, Marcel Pagnol, même s'il emploie la première personne, ne s'y retrouve pas tout à fait : l'enfant qu'il a été semble très éloigné de l'homme qui prend la plume. Dans l'avant-propos du premier tome (*la Gloire de mon père*, 1957), l'auteur formule cette distance : « Ce n'est pas de moi que je parle, mais de l'enfant que je ne suis plus. » Le petit garçon d'alors devient à part entière un personnage du début du XXᵉ siècle.

L'auteur peut même parfois reconstruire son histoire en créant un monde féerique, comme Alain-Fournier dans *le Grand Meaulnes*, roman autobiographique sur les drames de l'adolescence.

Il est souvent difficile de choisir entre le « je » et le « il ». Dans son récit *Tanguy* (1957), Michel del Castillo opte finalement pour le « il ». Il n'y est « ni question de vérité ni de mensonge » : il s'agit de « trouver le ton le plus juste », écrit-il dans la préface.

Le roman autobiographique permet à l'auteur d'éviter l'écueil signalé par Roald Dahl : « Une autobiographie, c'est un livre qu'on écrit pour raconter sa propre vie et qui déborde, en général, de toutes sortes de détails fastidieux » (préface de *Moi, Boy*, 1987).

▶ Entre oubli et entorse à la vérité. Contrairement au journal intime, écrit au jour le jour, l'autobiographie est un récit écrit « après coup ». Il y a ce que l'auteur a été et ce qu'il est devenu. Le regard qu'il porte sur son passé le conduit à diverses interprétations et ne le prémunit pas contre certains oublis. Rousseau cherche à justifier ses fautes, à laisser un témoignage, puis il cède au plaisir de se raconter. Le contexte explique les entorses à la vérité historique des faits. Lorsque Rousseau commence ses Mémoires, le parlement de Paris vient de condamner son roman pédagogique *Émile* à être brûlé. L'autobiographie peut naître d'une démarche spirituelle. Avec ses *Confessions*, saint Augustin, au IVᵉ siècle après J.-C., écrit en Père de l'Église qui, dans le contexte de la civilisation africaine, retrace le parcours exemplaire d'un homme de l'époque. Tenté par les différentes doctrines de son temps, il trouve sa vérité dans la religion chrétienne, qu'il contribue à diffuser.

Le souci de sincérité qui préside à toute autobiographie ne saurait être un gage de vérité. Néanmoins, le lecteur peut être séduit par l'image – même déformée – que l'auteur donne de lui-même.

Voir aussi : Alain-Fournier ; Augustin (saint) ; Pagnol ; roman ; Rousseau.

autobiographique [otɔbjɔgrafik] **adj.** Qui concerne la vie même d'un auteur : *Un roman autobiographique.*

autobronzant, e [otɔbrɔ̃zɑ̃, -ɑ̃t] **adj.** et **n.m.** Se dit d'un produit cosmétique permettant de bronzer sans soleil.

autobus [otɔbys] **n.m.** (de *1. auto[mobile]* et *[omni]bus*). Grand véhicule automobile de transport en commun urbain et suburbain.

autocar [otɔkar] **n.m.** (mot angl., de *car,* voiture). Grand véhicule automobile de transport en commun, routier ou touristique.

autocaravane [otɔkaravan] **n.f.** Recomm. off. pour *camping-car.*

autocassable [otɔkasabl] **adj.** Qui peut se casser sans lime, en parlant d'une ampoule de verre contenant un médicament, un produit cosmétique, etc.

autocensure [otɔsɑ̃syr] **n.f.** Censure effectuée par qqn sur ses propres écrits, ses propres paroles.

s'autocensurer [otɔsɑ̃syre] **v.pr.** Pratiquer une autocensure sur ses œuvres, ses propos.

autochtone [otɔktɔn] **adj.** et **n.** (gr. *autokhthôn,* de *khthôn,* terre). Originaire, par voie ancestrale, du pays qu'il habite (syn. **indigène**). ◆ **adj.** GÉOL. Se dit d'un terrain qui n'a pas subi de déplacement latéral et sur lequel se sont avancées les nappes de charriage.

autoclave [otɔklav] **adj.** et **n.m.** (de *auto-* et du lat. *clavis,* clef). Se dit d'un récipient à parois épaisses et à fermeture hermétique servant à réaliser sous pression soit une réaction industrielle, soit la cuisson ou la stérilisation à la vapeur.

autocollant, e [otɔkɔlɑ̃, -ɑ̃t] **adj.** Qui adhère à une surface sans être humecté (syn. **autoadhésif**). ◆ **autocollant n.m.** Image, vignette autocollante.

autocouchette, autocouchettes ou **autos-couchettes** [otɔkuʃɛt] **adj. inv.** (de *2. auto[mobile]* et *couchette*). Qui permet le transport simultané de voyageurs en couchettes et de leur voiture : *Train autocouchettes.*

autocrate [otɔkrat] **n.m.** (gr. *autokratês,* qui gouverne lui-même). Monarque, chef absolu.

autocratie [otɔkrasi] **n.f.** (gr. *autokrateia ;* v. *autocrate*). Système politique dominé par un monarque absolu.

autocratique [otɔkratik] **adj.** Qui relève de l'autocratie.

autocritique [otɔkritik] **n.f.** Critique de sa propre conduite, notamm. dans le domaine politique.

autocuiseur [otɔkɥizœr] **n.m.** (de *cuiseur,* récipient pour faire cuire). Récipient métallique à fermeture hermétique, destiné à la cuisson des aliments à la vapeur sous pression.

autodafé [otɔdafe] **n.m.** (du port. *auto da fe,* acte de foi). **1.** HIST. Proclamation solennelle d'un jugement de l'Inquisition, en Espagne et dans l'Empire espagnol ; exécution du coupable (surtout par le feu). **2.** Destruction par le feu : *Un autodafé de livres.*

autodéfense [otɔdefɑ̃s] **n.f. 1.** Action de se défendre soi-même par ses seuls moyens. **2.** MÉD. Réaction d'un organisme contre un agent pathogène.

autodétermination [otɔdeterminasjɔ̃] **n.f. 1.** Libre choix du statut politique d'un pays par ses habitants. **2.** Action de se déterminer par soi-même.

autodictée [otɔdikte] **n.f.** Exercice scolaire consistant à retranscrire, de mémoire, un texte de quelques lignes.

autodidacte [otɔdidakt] **adj.** et **n.** (du gr. *didaskein,* enseigner). Qui s'est instruit par lui-même, sans professeur.

autodiscipline [otɔdisiplin] **n.f.** Discipline que s'impose volontairement un individu ou un groupe.

auto-école [otɔekɔl] **n.f.** (de *2. auto[mobile]* et *école*) [pl. *auto-écoles*]. École où l'on enseigne la conduite automobile.

autoélévateur, trice [otɔelevatœr, -tris] **adj. 1.** Se dit d'un engin, d'un dispositif susceptible de modifier une de ses dimensions verticales par coulissement, déplacement de certains de ses éléments. **2. Plate-forme autoélévatrice,** support de travail en mer reposant sur des piles qu'on peut hisser pour le déplacer par flottaison.

autoentrepreneur, euse [otɔɑ̃trəprənœr, -øz] **n.** (de *auto-* et *entrepreneur*). Personne qui crée son entreprise, grâce à un régime juridique simplifié, pour exercer une activité professionnelle indépendante, à titre principal ou complémentaire.

autofécondation [otɔfekɔ̃dasjɔ̃] **n.f.** BIOL. Union de deux éléments de sexe différent (gamètes) produits par le même individu (animal) ou par la même fleur.

autofiction [otɔfiksjɔ̃] **n.f.** (de *autobiographie* et *fiction*). LITTÉR. Autobiographie empruntant les formes narratives de la fiction romanesque.

autofinancement [otɔfinɑ̃smɑ̃] **n.m.** Financement des investissements d'une entreprise au moyen d'un prélèvement sur les bénéfices réalisés.

autofocus [otɔfɔkys] **adj.** (mot angl., de *to focus,* mettre au point). Se dit d'un système de mise au point automatique équipant un appareil photo, une caméra, un projecteur, etc. ◆ **n.m.** Appareil équipé de ce système.

autogène [otɔʒɛn] **adj.** (de *auto-* et *-gène*). **Soudage autogène,** soudage de deux pièces d'un même métal sans utilisation d'un métal d'apport.

autogéré, e [otɔʒere] **adj.** Soumis à l'autogestion.

autogestion [otɔʒɛstjɔ̃] **n.f. 1.** Gestion d'une entreprise par les travailleurs eux-mêmes. **2.** Système de gestion collective en économie socialiste.

autogoal [otogol] **n.m.** (faux anglic.). **1.** *BELG.* et *HELV.* But marqué contre son camp, au football. **2.** *FIG.* Action que l'on accomplit contre ses propres intérêts : *Refuser une telle proposition, c'est s'infliger un autogoal.*

autographe [otɔgraf] **adj.** (gr. *autographos,* de *graphein,* écrire). Écrit de la main même de l'auteur : *Lettre autographe de Napoléon.* ◆ **n.m.** Écrit ou signature autographe d'un personnage célèbre : *Chasseur d'autographes.*

autogreffe [otɔgrɛf] **n.f.** MÉD. Greffe à partir d'un greffon prélevé sur le sujet lui-même.

autoguidé, e [otɔgide] **adj.** Se dit d'un missile, d'un aéronef muni d'un système lui permettant de diriger lui-même son mouvement vers le but assigné.

auto-immun, e [otɔimœ̃, -yn] **adj.** (pl. *auto-immuns, es*). Dû à l'auto-immunité, en parlant d'un processus, d'une maladie.

auto-immunitaire [otɔimynitɛr] **adj.** (pl. *auto-immunitaires*). Propre à l'auto-immunité.

auto-immunité [otɔimynite] et **auto-immunisation** [otɔimynizasjɔ̃] **n.f.** (pl. *auto-immunités, -immunisations*). Production par un organisme d'anticorps dirigés contre ses propres constituants.

autolyse [otɔliz] **n.f.** (du gr. *lusis,* dissolution). **1.** BIOL. Destruction d'un tissu animal ou végétal par ses propres enzymes : *Le blettissement des fruits est une autolyse.* **2.** PSYCHIATRIE. Suicide : *Tentative d'autolyse.*

automate [otɔmat] **n.m.** (du gr. *automatos,* qui se meut par lui-même). **1.** Jouet, objet figurant un personnage, un animal, etc., dont il simule les mouvements grâce à un mécanisme ; personne qui agit comme une machine : *Les automates de Vaucanson. Agir, obéir en automate.* **2.** Dispositif assurant un enchaînement automatique et continu d'opérations arithmétiques et logiques. **3.** Machine, mécanisme automatiques ; robot industriel. **4.** *HELV.* Distributeur automatique.

automatique [otɔmatik] **adj.** (de *automate*). **1.** Qui opère, fonctionne sans intervention humaine : *Fermeture automatique des portes.* **2.** Fait sans que la pensée consciente intervienne : *Geste, mouvement automatique* (syn. **machinal**). **3.** Qui se produit régulièrement ou en vertu de règles préétablies : *Reconduction automatique d'un contrat.* **4. Arme automa-**

tique, arme à feu pouvant tirer plusieurs coups sans être rechargée. / LITTÉR. **Écriture automatique,** technique d'écriture spontanée, sans sujet préconçu et sans contrôle rationnel, qui est à la base du surréalisme.

automatiquement [otɔmatikmɑ̃] **adv.** De façon automatique.

automatisation [otɔmatizasjɔ̃] **n.f. 1.** Fait d'automatiser l'exécution d'une tâche, d'une suite d'opérations. **2.** Exécution totale ou partielle de tâches techniques par des machines fonctionnant sans intervention humaine.

automatiser [otɔmatize] **v.t.** Rendre automatique un processus, un fonctionnement, une installation.

automatisme [otɔmatism] **n.m. 1.** Caractère de ce qui est automatique ; mécanisme, système automatique. **2.** Acte, geste accompli sans réfléchir, par habitude ou après apprentissage.

automédication [otɔmedikasjɔ̃] **n.f.** Choix et prise de médicaments sans avis médical.

automitrailleuse [otɔmitrajøz] **n.f.** Véhicule blindé, rapide, à roues, armé d'un canon ou de mitrailleuses.

automnal, e, aux [otɔnal, -o] **adj.** De l'automne.

automne [otɔn] **n.m.** (lat. *autumnus*). **1.** Saison qui succède à l'été et précède l'hiver et qui, dans l'hémisphère boréal, commence le 22 ou le 23 septembre et finit le 21 ou le 22 décembre. **2.** *LITT.* **À l'automne de la vie,** à l'approche de la vieillesse.

1. automobile [otɔmɔbil] **adj.** (du lat. *mobilis,* qui se meut). **1.** Relatif à l'automobile : *Industrie automobile.* **2.** Qui possède son propre moteur de propulsion : *Canot automobile.*

2. automobile [otɔmɔbil] et **auto** [oto] **n.f.** Véhicule routier léger, à moteur, génér. à quatre roues, pour le transport des personnes : *Monter en auto* (syn. **voiture**).

■ **Description.** Une voiture automobile de tourisme comprend : un *moteur,* qui fournit l'énergie mécanique nécessaire à la propulsion du véhicule ; des organes mécaniques assurant la *transmission* de cette énergie aux roues motrices ; une *suspension,* qui absorbe les chocs dus aux inégalités de la route ; un système de *freinage ;* une *direction ;* une *carrosserie ;* le tout reposant sur ou intégré à un *châssis,* qui prend lui-même appui sur les roues.

La disposition des organes moteurs et de la transmission existe sous quatre formes : *a)* moteur à l'avant et transmission aux roues arrière, longtemps la plus répandue ; *b)* rassemblement des organes à l'avant, dont les roues correspondantes deviennent tractrices et directrices, solution qui se généralise à partir de 1960 ; *c)* disposition inverse de la précédente, où tous ces organes sont reportés à l'arrière ; *d)* moteur à l'avant et transmission aux roues avant et arrière (4 x 4). La *suspension* est assurée par l'élasticité du pneumatique, les ressorts des sièges et les ressorts disposés entre la structure et les roues (lames d'acier, barres de torsion, ressorts hélicoïdaux). Les oscillations sont absorbées par des *amortisseurs.* Le *freinage* s'opère par le serrage sur un disque d'acier, ou sur un tambour, de garnitures à haut coefficient de frottement. Le *moteur,* monté de manière élastique sur le châssis, utilise l'énergie fournie, généralement, par la combustion d'un mélange carburé pour transmettre un mouvement de rotation aux roues du véhicule. La transmission s'effectue par l'intermédiaire d'une *boîte de vitesses* qui, en faisant varier la démultiplication grâce à une combinaison d'engrenages, rend possible l'utilisation du moteur dans la zone de régime la plus appropriée. Un organe spécial, appelé *embrayage,* permet de désolidariser le moteur du reste de la transmission. Embrayage et boîte de vitesses sont fréquemment à fonctionnement semi-automatique ou automatique. L'électronique vise à aider le conducteur (systèmes de navigation...), prendre en charge certaines régulations (allumage, carburation, etc.) et la sécurité.

Environnement et économies. La pollution est due au monoxyde de carbone, aux hydrocarbures incomplètement brûlés, aux oxydes de l'azote et au plomb (provenant du plomb, dit *tétraéthyle,* ajouté à l'essence pour augmenter son indice d'octane) présents dans les gaz d'échappement. On y remédie par un meilleur réglage de la carburation et par une postcombustion des gaz d'échappement dans un réacteur catalytique placé sur le conduit d'échappement ; cette dernière méthode nécessite une essence sans plomb.

Les économies d'énergie sont obtenues par une meilleure aérodynamique, une diminution des frottements des pneumatiques sur la chaussée, un meilleur rendement du moteur. Enfin, les progrès réalisés dans le domaine des automobiles électriques et des véhicules hybrides (qui combinent moteur à essence et moteur électrique) ont ouvert de nouvelles perspectives, en partic. pour la circulation urbaine.

Le sport automobile. Il a connu un grand développement après 1945. Le Championnat du monde des conducteurs de formule 1 a été créé en 1950. Il se dispute chaque année sur une vingtaine de grands prix, courus dans autant de pays. Le classement s'effectue par addition des points obtenus en fonction de places acquises dans ces grands prix. Figurent à son palmarès les plus grands noms de ce sport : J. M. Fangio, J. Clark, J. Stewart, N. Lauda, A. Prost, A. Senna, M. Schumacher. Les rallyes (dont celui de Monte-Carlo, créé en 1911, demeure fameux) se sont également multipliés. S. Loeb a dominé cette discipline. Les Rallyes-Raid traversent parfois des continents (comme le célèbre [Paris-]Dakar, créé en 1978). ■

automobiliste [otɔmɔbilist] **n.** Personne qui conduit une automobile.

automoteur, trice [otɔmɔtœr, -tris] **adj.** Capable de se déplacer par ses propres moyens sans être tracté ou poussé, en parlant d'un véhicule, d'un bateau, d'une pièce d'artillerie, etc. ◆ **automotrice n.f.** Véhicule à propulsion électrique se déplaçant sur rails par ses propres moyens.

autonettoyant, e [otɔnetwajɑ̃, -ɑ̃t] **adj.** Qui assure son nettoyage par son propre fonctionnement : *Four autonettoyant, par catalyse ou pyrolyse.*

autonome [otɔnɔm] **adj.** (gr. *autonomos,* qui se gouverne par ses propres lois, de *nomos,* loi). **1.** Qui jouit de l'autonomie : *Région autonome.* **2. Gestion autonome,** organisation d'une entreprise telle que chaque service, chaque atelier est indépendant des autres. ◆ **adj.** et **n.** Se dit de certains contestataires, génér. de la mouvance d'extrême gauche, qui rejettent toute organisation politique.

autonomie [otɔnɔmi] **n.f.** (gr. *autonomia ;* v. *autonome*). **1.** Possibilité, pour un organisme, un individu, de décider sans en référer à un pouvoir central, à une hiérarchie, à une autorité : *L'autonomie des universités.* **2.** Capacité d'un individu à vivre en ne dépendant pas d'autrui : *Cette enfant a gagné en autonomie.* **3.** Distance que peut parcourir un véhicule à moteur sans nouvel apport de carburant ; temps pendant lequel un appareil peut fonctionner sans nouvel apport de carburant ou d'énergie : *Cette voiture a une autonomie de 300 km.*

autonomiser [otɔnɔmize] **v.t.** (de *autonome*). Rendre autonome : *Autonomiser les universités.* ◆ **s'autonomiser v.pr.** Devenir autonome : *Adolescent qui s'autonomise.*

autonomiste [otɔnɔmist] **n.** et **adj.** Partisan de l'autonomie politique d'un territoire : *Les autonomistes basques.*

autoportrait [otɔpɔrtrɛ] **n.m.** Portrait d'un artiste par lui-même.

autopropulsé, e [otɔprɔpylse] **adj. 1.** Qui assure sa propre propulsion. **2. Projectile autopropulsé,** dont la poussée est obtenue par la détente des gaz résultant de la combustion (= missile).

autopsie [otɔpsi] **n.f.** (gr. *autopsia,* action de voir de ses propres yeux). Dissection et examen d'un cadavre, en vue de déterminer les causes de la mort.

autopsier [otɔpsje] **v.t.** [conj. **9**]. Pratiquer une autopsie.

autoradio [otɔradjo] **n.m.** (de *2. auto[mobile]* et *radio*). Appareil récepteur de radiodiffusion destiné à fonctionner dans une automobile.

autorail [otɔraj] **n.m.** (de *1. auto[mobile]* et *rail*). Voiture automotrice, à moteur thermique, sur rails, pour le transport des voyageurs.

autoreverse [otɔrivɛrs] **adj.** et **n.m.** (mot angl.). Se dit de tout lecteur de bande magnétique muni d'un dispositif permettant le retournement automatique de la bande en fin de course.

autorisation [otɔrizasjɔ̃] **n.f. 1.** Action d'autoriser ; fait d'être autorisé : *Nous avons obtenu l'autorisation de camper dans ce pré* (syn. **permission**). **2.** Document qui autorise : *Montrer son autorisation de sortie du territoire.*

autorisé, e [otɔrize] **adj. 1.** Qui est permis. **2.** Qui fait autorité : *Avis autorisé.* **3. Personne autorisée,** personne qui a l'autorité pour déclarer, faire qqch.

autoriser [otɔrize] **v.t.** (lat. médiév. *auctorizare*, du class. *auctor*, garant). **1.** Donner à qqn la permission, le pouvoir ou le droit de faire qqch : *Il m'a autorisé à m'absenter* (syn. **permettre de**). **2.** Rendre qqch possible : *La situation autorise une hausse des prix.* ◆ **s'autoriser v.pr. [de].** LITT. S'appuyer sur : *Il s'autorise de sa confiance* (syn. **se prévaloir de, se recommander de**).

autoritaire [otɔritɛr] **adj.** Qui impose, fait sentir son autorité d'une manière absolue, sans tolérer la contradiction : *Régime autoritaire* (syn. **dictatorial, totalitaire**). *Ton autoritaire* (syn. **impérieux**).

autoritairement [otɔritɛrmɑ̃] **adv.** Avec autorité.

autoritarisme [otɔritarism] **n.m.** Caractère autoritaire de qqn, de qqch.

autorité [otɔrite] **n.f.** (lat. *auctoritas*, de *auctor*, garant). **1.** Droit, pouvoir de commander, de prendre des décisions, de se faire obéir : *En vertu de l'autorité du chef de l'État. L'autorité d'un directeur d'école* (syn. **pouvoir**). **2.** Personne, organisme qui exerce cette autorité : *Décision de l'autorité compétente.* **3.** Qualité, ascendant par lesquels qqn se fait obéir : *Avoir de l'autorité. Imposer, perdre son autorité.* **4.** Personne, ouvrage, etc., auquel on se réfère, qu'on peut invoquer pour justifier qqch : *C'est une autorité en la matière* (syn. **référence**). **5.** DR. **Autorité de la chose jugée,** effet attribué par la loi aux décisions de justice et qui interdit de remettre en discussion ce qui a fait l'objet d'un jugement définitif. / **Autorité parentale,** autorité exercée en commun par les père et mère, ou à défaut par l'un des deux, jusqu'à la majorité ou l'émancipation d'un mineur. / **D'autorité, de sa propre autorité,** sans consulter quiconque ; de manière impérative. ◆ **autorités n.f. pl.** Représentants de la puissance publique, hauts fonctionnaires : *Les autorités militaires.*

autoroute [otɔrut] **n.f.** (de *2. auto[mobile]* et *route*). Route à deux chaussées séparées, conçue pour une circulation automobile rapide et sûre, aux accès spécial. aménagés et sans croisement à niveau.

autoroutier, ère [otɔrutje, -ɛr] **adj.** Relatif à une autoroute, aux autoroutes.

autosatisfaction [otɔsatisfaksjɔ̃] **n.f.** Contentement de soi.

autos-couchettes adj. inv. ⟶ **autocouchette.**

auto-stop [otɔstɔp] **n.m. sing.** (de *2. auto[mobile]*, et de l'angl. *to stop*, arrêter). Pratique consistant, pour un piéton, à faire signe à un automobiliste de s'arrêter et à lui demander de le transporter gratuitement (syn. fam. **stop**).

auto-stoppeur, euse [otɔstɔpœr, -øz] **n.** (pl. *auto-stoppeurs, euses*). Personne qui pratique l'auto-stop (syn. fam. **stoppeur**).

autosuffisance [otɔsyfizɑ̃s] **n.f.** Fait, pour un groupe ou un pays, de posséder des ressources suffisantes pour subvenir à ses besoins sans aide extérieure.

autosuffisant, e [otɔsyfizɑ̃, -ɑ̃t] **adj.** Dont les ressources suffisent à satisfaire les besoins.

autosuggestion [otɔsygʒɛstjɔ̃] **n.f.** Fait, pour un sujet, de se persuader lui-même de qqch.

autotracté, e [otɔtrakte] **adj.** Se dit d'un engin à traction autonome.

autotransfusion [otɔtrɑ̃sfyzjɔ̃] **n.f.** Injection à un sujet de son propre sang préalablement prélevé.

autotrophe [otɔtrɔf] **adj.** (du gr. *trophê*, nourriture). BIOL. Se dit d'organismes (les végétaux verts, certaines bactéries) capables d'élaborer leur nourriture à partir d'éléments minéraux, indépendamment des autres êtres vivants (par opp. à *hétérotrophe*).

autotrophie [otɔtrɔfi] **n.f.** Caractère d'un organisme autotrophe.

1. autour [otur] **n.m.** (lat. *accipiter*, épervier, devenu *acceptor*, puis confondu avec *auceptor*, oiseleur). Oiseau de proie diurne, se nourrissant d'oiseaux, notamm. de corvidés, et de petits mammifères, très apprécié en fauconnerie. ▸ Envergure 1,10 m ; famille des accipitridés.

2. autour [otur] **adv.** (de *au* et *tour*). Parfois renforcé par *tout*, indique ce qui entoure, l'espace environnant : *Mettez un ruban autour. Il y avait des forêts tout autour.* ◆ **autour de loc. prép.** Introduit : **1.** Ce qu'on entoure ; ce dont on fait le tour : *Elle mit un foulard autour de son cou. La Terre tourne autour du Soleil.* **2.** Ce qui est inclus dans un milieu environnant : *Autour du château, il y a des jardins à la française. Je ne connais personne autour de moi qui puisse vous aider.* **3.** Ce qui constitue un centre d'attention : *Organiser un débat autour d'un livre.* **4.** Une grandeur, une quantité approximative : *Le sac pesait autour de dix kilos.*

autovaccin [otovaksɛ̃] **n.m.** Vaccin obtenu à partir de germes prélevés sur le malade lui-même.

autre [otr] **adj.** et **pron. indéf.** (lat. *alter*). **1.** Différent, distinct : *C'est un tout autre problème. Sa première œuvre était très sombre, celle-ci est tout autre.* **2.** Supplémentaire : *Il a réalisé depuis lors un autre film. Délicieux ces biscuits, j'en prendrais bien un autre. Si vous ne vous débarrassez pas de cette souris, d'autres viendront. Il a tué un lièvre et en a raté deux autres.* **3.** Précédé de l'art. déf. ou de l'adj. poss., indique ce qui complète un premier élément ou une série pour constituer un tout : *Les premiers sont là, les autres ont prévenu qu'ils seraient en retard. J'aime bien son aînée mais son autre fille est trop turbulente.* **4.** S'emploie sans aucun déterminant dans quelques expressions : *D'autre part* (= en outre). *De part et d'autre* (= des deux côtés). *De temps à autre* (= de temps en temps). *C'est (tout) autre chose* (= c'est différent, mieux, meilleur). **5.** S'emploie en combinaison ou en corrélation avec *l'un, les uns* : *L'un et l'autre. Ni l'un ni l'autre. L'un ou l'autre. L'un... l'autre... Les uns les autres.* (⟶ 2. un.) **6.** FAM. **À d'autres !,** exprime l'incrédulité : *Vous voulez me faire croire ça ? À d'autres !* (= racontez-le à d'autres). / **Entre autres,** sert à présenter ce qu'on veut distinguer d'un ensemble, sert à introduire des exemples : *Ce magasin vend entre autres des articles de sport.* / **L'autre fois, l'autre jour,** dans un passé relativement proche ; il y a quelques jours : *L'autre jour, elle m'a paru en forme.* **7. Autre chose,** qqch d'autre : *Désirez-vous autre chose ?* / **Autre part,** ailleurs : *Je ne le trouve pas, cherchons autre part.*

autrefois [otrəfwa] **adv.** (de *autre*, et *fois*). Dans un passé lointain : *Les légendes d'autrefois. Il a été autrefois très beau.*

autrement [otrəmɑ̃] **adv. 1.** Dans le cas contraire ; sinon, sans quoi : *Partez vite, autrement vous serez en retard.* **2.** De façon différente : *Il parle autrement qu'il ne pense.* **3. Autrement dit,** en d'autres termes.

Autriche, en all. **Österreich,** État de l'Europe centrale, formé de neuf provinces ou Länder (Basse-Autriche, Haute-Autriche, Burgenland, Carinthie, Salzbourg, Styrie, Tyrol, Vienne et Vorarlberg) ; 84 000 km^2 ; 8 495 000 hab. *(Autrichiens).* CAP. *Vienne.* LANGUE : *allemand.* MONNAIE : *euro.*

GÉOGRAPHIE

Dans une situation historique de carrefour, l'Autriche, plus que la Suisse, est le véritable pays alpin. La chaîne (massifs de l'Ötztal, des Tauern, etc.) occupe plus des deux tiers du ter-

ritoire, touchant au bassin pannonien à son extrémité orientale, à l'Europe centrale, hercynienne, au N., parcourue ici par la vallée unificatrice du Danube. La montagne est humide, portant au-dessous de 2 200-2 500 m des forêts et des pâturages, mais aussi souvent ensoleillée. La continentalité du climat (forts écarts thermiques) augmente vers l'E., où apparaît une relative sécheresse dans une situation climatique d'abri. La densité est élevée (100 hab. au km^2) pour un pays montagneux. L'existence de villes notables non alpines (Vienne, Graz, Linz) explique en partie seulement cette moyenne, la montagne (Vorarlberg plus que Tyrol) demeurant peuplée. La population ne s'accroît plus guère, en raison de la chute du taux de natalité (10 ‰).
L'agriculture n'emploie plus que 6 % de la population active et assure un pourcentage encore moindre du P.I.B. Les cultures (céréales, betterave à sucre, localement vigne) sont localisées dans les plaines ou collines de l'Autriche danubienne. L'élevage (bovins et porcins) est la ressource presque exclusive de la montagne avec le tourisme estival et hivernal, dont les revenus aident à combler le traditionnel déficit de la balance commerciale.
L'industrie emploie près de 40 % de la population active, dominée par les constructions mécaniques et électriques, devant la chimie et des branches plus traditionnelles (agroalimentaire, textile, travail du bois, verrerie, etc.). Elle est souvent tributaire des importations imposées par la pauvreté minérale (un peu de fer) et énergétique (peu de pétrole et de gaz) du sous-sol, que ne pallie pas le développement de l'hydroélectricité.

HISTOIRE

Les origines. Très anciennement peuplés, les territoires qui ont constitué l'Autriche ont été occupés par Rome avant l'ère chrétienne, puis envahis par les Barbares.
803. Charlemagne forme la marche de l'Est.
Au Xe s., le pays est attribué à la famille des Babenberg. Le nom d'Österreich (Autriche) apparaît en 996.

L'Autriche des Habsbourg

1156. La marche est constituée en duché héréditaire.
Au XIIIe s., le duché devient possession de Rodolphe Ier de Habsbourg, à la tête du Saint Empire depuis 1273. Le sort de l'Autriche est désormais lié à celui de la maison de Habsbourg, qui va agrandir ses territoires (acquisition de la Carinthie et du Tyrol au XIVe s.). Héritier de tous les territoires des Habsbourg et de la couronne du Saint Empire (restée dans la famille depuis 1438), Maximilien Ier (1493-1519) y ajoute la Franche-Comté et les Pays-Bas et jette les bases du futur empire de Charles Quint.
1521-1522. Charles Quint abandonne le domaine autrichien à son frère Ferdinand, qui reçoit l'héritage des royaumes de Bohême et de Hongrie en 1526.
1529. Les Turcs assiègent Vienne.
1618-1648. Guerre de Trente Ans.
Les Habsbourg perdent tout espoir de refaire l'unité religieuse de l'Empire mais combattent efficacement le protestantisme dans leurs États (Contre-Réforme).
1683. Les Turcs assiègent de nouveau Vienne.
Le XVIIIe s. voit l'apogée de la maison d'Autriche et le début du recul des Ottomans.
1714. Au traité de Rastatt, la maison d'Autriche obtient les Pays-Bas, le Milanais et Naples, après sa victoire contre Louis XIV.
De 1740 à 1790, Marie-Thérèse, puis son fils Joseph II réorganisent le pays et pratiquent une politique de centralisation et de germanisation, en appliquant les principes du despotisme éclairé.
1742. L'Autriche cède la Silésie à la Prusse.
1772. Le premier partage de la Pologne attribue à l'Autriche la Galicie.
À partir de 1791 (déclaration de Pillnitz), l'Autriche lutte contre la France révolutionnaire puis impériale.
1804. François II prend le titre d'empereur.
1806. Napoléon Ier supprime le Saint Empire.
Au congrès de Vienne (1815), l'Autriche recouvre finalement les territoires perdus au cours de ses défaites successives et obtient une situation prépondérante en Italie et dans la Confédération germanique. Puis, jusqu'en 1848, l'Autriche est dirigée en fait par le chancelier Metternich : elle est l'arbitre de l'Europe et la championne de la réaction antilibérale.
1866. La défaite de Sadowa devant les Prussiens consacre l'effacement des Habsbourg en Allemagne.
1867-1918. L'Autriche forme avec la Hongrie la double monarchie (⟶ Autriche-Hongrie), avec un seul souverain, François-Joseph (qui meurt en 1916), et doit compter avec l'agitation de nombreuses nationalités qui la composent.
En 1918, à l'issue de la Première Guerre mondiale, l'empire des Habsbourg, démantelé, disparaît.

La République autrichienne

1920. La République autrichienne est proclamée.
1938. L'Autriche est absorbée par l'Allemagne de Hitler *(Anschluss)* et fait partie du Reich jusqu'en 1945.
1955. Après dix ans d'occupation par les puissances alliées, l'Autriche devient un État neutre. Elle est dirigée par deux grands partis, le parti populaire (ou chrétien-démocrate, ÖVP) et le parti socialiste (puis social-démocrate, SPÖ), qui fournissent les chanceliers (dont Bruno Kreisky, de 1970 à 1983, et Franz Vranitzky, de 1986 à 1997) et les présidents de la République (dont Kurt Waldheim, de 1986 à 1992, et Thomas Klestil, de 1992 à 2004).
1995. L'Autriche entre dans l'Union européenne.
2000. Au terme des élections de 1999, marquées par une percée du parti libéral (FPÖ, d'extrême droite, dirigé par Jörg Haider), Wolfgang Schüssel, leader de l'ÖVP, devient chancelier et forme un gouvernement de coalition avec ce parti, suscitant de vives réactions de l'Union européenne. Cette alliance est reconduite en 2003 (malgré un effondrement de l'extrême droite aux élections de 2002).
2004. Élection de Heinz Fisher (SPÖ) à la présidence.
2007. Après la victoire du SPÖ aux élections (2006), le nouveau chancelier, Alfred Gusenbauer, dirige une « grande coalition » SPÖ-ÖVP.
2008. Au terme de nouvelles élections (où se manifeste, à nouveau, une poussée de l'extrême droite), il est remplacé par Werner Faymann (SPÖ), qui maintient cette coalition.

Autriche-Hongrie, nom donné, de 1867 à 1918, à la monarchie double comprenant l'empire d'Autriche, ou Cisleithanie (cap. Vienne), et le royaume de Hongrie, ou Transleithanie (cap. Budapest), mais gardant la dynastie commune des Habsbourg. L'Autriche-Hongrie était peuplée d'Autrichiens, de Hongrois, de Tchèques, de Slovaques, de Croates, de Serbes, de Slovènes, de Polonais, etc. Après la défaite des empires centraux (1918), le traité de Saint-Germain-en-Laye (1919) fit disparaître l'empire que remplacèrent des États indépendants.

autruche [otryʃ] **n.f.** (lat. pop. **avis struthio,* du class. *avis,* oiseau, et du gr. *strouthos,* autruche). **1.** Oiseau de grande taille vivant en bandes, aux ailes impropres au vol, pouvant courir très vite. ▸ Sous-classe des ratites ; haut. 2,60 m env. ; poids 100 kg env. ; longévité 50 ans env. **2.** *FAM.* **Estomac d'autruche,** estomac qui digère tout. / **Politique de l'autruche,** refus de prendre un danger, une menace en considération.

autrui [otrɥi] **pron. indéf.** (forme de *autre* en anc. fr.). *LITT.* L'autre, le prochain par rapport à soi ; les autres en général : *Ne convoite pas le bien d'autrui.*

Autun, ch.-l. d'arr. de Saône-et-Loire, sur l'Arroux ; 15 496 hab. *(Autunois).* Évêché. Textile. Parapluies. Monuments romains (théâtre, portes, temple « de Janus »). Cathédrale romane St-Lazare (v. 1120-1140), avec son tympan du *Jugement dernier* signé Gislebertus ; l'*Ève,* sans doute du même sculpteur, est au musée Rolin.

auvent [ovɑ̃] **n.m.** (lat. pop. **antevannum,* p.-ê. d'orig. gaul.). Petit toit génér. en appentis couvrant un espace à l'air libre devant une baie, une façade, un mur.

auvergnat, e [ovɛrɲa, -at] **adj.** et **n.** D'Auvergne.

Auvergne, région historique du centre de la France correspondant aujourd'hui aux départements du Puy-de-Dôme et du Cantal et à l'arrondissement de Brioude (Haute-Loire). Peuplée depuis le VIe s. par les Arvernes (Celtes), auxquels elle doit son nom, l'Auvergne est conquise par César en 52 av. J.-C. (défaite de Vercingétorix à Alésia). Rattachée à la province romaine d'Aquitaine, elle est ensuite intégrée par les Francs au royaume d'Aquitaine (781). Elle forme à partir de 980 un comté indépendant. Au XIIIe s., l'Auvergne est divisée en 4 grands fiefs, dont une partie (le duché et le Dauphiné) devient possession de la maison de Bourbon au XVe s. Le duché et le Dauphiné d'Auvergne sont réunis à la Couronne en 1531, le comté épiscopal de Clermont en 1610.

Auvergne, Région du centre de la France et anc. Région administrative, regroupant 4 dép. : Allier, Cantal, Haute-Loire et Puy-de-Dôme. ⟶ Auvergne-Rhône-Alpes.

Auvergne-Rhône-Alpes, Région administrative regroupant, depuis 2016, 12 dép. : Ain, Allier, Ardèche, Cantal, Drôme, Isère, Loire, Haute-Loire, Puy-de-Dôme, Rhône, Savoie et Haute-Savoie ; 69 711 km^2 ; 7 895 819 hab. Ch.-l. *Lyon.* La Région juxtapose ensembles montagneux (Alpes, Massif central — monts Dore, monts Dôme et du Cantal —, Jura méridional et, surtout, Préalpes et Grandes Alpes) entrecoupés de larges vallées (Lyon, Valence, Grenoble, Saint- Étienne, Roanne, Chambéry), plateaux et basses terres (plaines de la Saône et du Rhône, bas Dauphiné). Les montagnes du Massif central sont le domaine de l'élevage bovin et de la production de fromage, tandis que dans les plaines (Limagnes) et les vallées, les cultures céréalières, la polyculture, l'élevage de volailles (poulets de Bresse) et les vergers sont privilégiés. La viticulture donne un vignoble de qualité avec le Beaujolais et le Mâconnais. Malgré tout, ce sont le secteur industriel et, surtout, le secteur tertiaire qui dominent l'économie de la Région. L'industrie est moderne et diversifiée : aéronautique, pétrochimie, automobile, chimie, pharmacie, biotechnologie, environnement, plasturgie, production d'électricité (centrales nucléaires de Bugey, Saint-Alban, Cruas et Tricastin). La Région se classe au 2e rang des régions touristiques françaises grâce à la diversité de son offre (tourisme vert, sports d'hiver et stations thermales), mais aussi grâce aux excellentes structures autoroutières et ferroviaires dont elle bénéficie. La vallée du Rhône constitue un axe unificateur, site de la métropole régionale, Lyon, qui s'appuie sur trois agglomérations importantes (Grenoble, Saint-Étienne et Clermont-Ferrand) et un réseau de villes moyennes (Chambéry, Annecy, Valence, Roanne, Vichy, Montluçon, Le Puy-en-Velay, Aurillac).

aux art. ⟶ **le.**

Auxerre [osɛr], ch.-l. du dép. de l'Yonne, sur l'Yonne, à 162 km au sud-est de Paris ; 37 158 hab. *(Auxerrois).* Constructions mécaniques et électriques. Cathédrale gothique avec vitraux du XIIIe s. Musée d'Art et d'Histoire dans l'ancienne abbaye St-Germain (dont une crypte conserve des fresques carolingiennes [milieu du IXe s.]).

1. auxiliaire [ɔksiljɛr] **adj.** (lat. *auxiliaris,* de *auxilium,* secours). Qui aide, temporairement ou accessoirement : *Maître auxiliaire. Moteur auxiliaire.*

2. auxiliaire [ɔksiljɛr] **n. 1.** Personne qui fournit une aide, momentanée ou accessoire. **2.** Personne recrutée pour un emploi à titre provisoire. **3.** Fonctionnaire non titulaire de l'Administration dont le statut, comme celui des contractuels et des vacataires, offre une moindre garantie de l'emploi. **4. Auxiliaire de justice,** homme de loi qui concourt à l'administration de la justice (avocat, expert, huissier, etc.). / **Auxiliaire de vie,** personne dont le métier consiste à aider une personne en situation de dépendance dans les actes de la vie quotidienne afin de favoriser son maintien à domicile. / **Auxiliaire médical,** qui traite les malades par délégation du médecin (infirmier, kinésithérapeute, orthophoniste, etc.). ◆ **n.m.** GRAMM. Verbe auxiliaire, qui, perdant sa signification propre, sert à former les temps composés ou le passif des autres verbes (*j'*ai *aimé, je* suis *parti, j'*ai été *bousculé*) ; verbe (dit plus précisément *semi-auxiliaire*) qui sert à exprimer certains aspects, certaines modalités de l'action verbale (*il* va *partir, il* vient de *partir, il* doit *partir*).

auxquels, auxquelles **pron. relat.** et **interr.** ⟶ **lequel.**

s'avachir [avaʃir] **v.pr.** (orig. incert., p.-ê. du frq. **waikjan,* rendre mou) [conj. **32**]. **1.** Perdre sa forme, sa fermeté : *Costume qui s'avachit.* **2.** Perdre son énergie, se laisser aller.

avachissement [avaʃismɑ̃] **n.m.** Action de s'avachir ; fait d'être avachi.

1. aval [aval] **n.m. sing.** (de *à* et *val*). **1.** Partie d'un cours d'eau comprise entre un point quelconque et l'embouchure ou le confluent (par opp. à *amont*). **2.** Ce qui, dans un processus quelconque, est plus près du point d'aboutissement : *L'aciérie est à l'aval du haut-fourneau.* **3. En aval,** plus près de l'embouchure : *Nantes est en aval de Tours sur la Loire.* ◆ **adj. inv.** Qui est du côté de la vallée, en parlant du ski ou du skieur.

2. aval [aval] **n.m.** (it. *avallo,* de l'ar. *al-walā,* mandat) [pl. *avals*]. **1.** Garantie donnée sur un effet de commerce, ou lors de l'octroi d'un prêt, par un tiers qui s'engage à en payer le montant si celui-ci n'est pas acquitté par le signataire ou le bénéficiaire. **2. Donner son aval,** garantir, cautionner.

avalanche [avalɑ̃ʃ] **n.f.** (croisement de *1. aval* et du terme alpin *lavanche,* du lat. *labina,* éboulement, de *labi,* glisser). **1.** Importante masse de neige qui dévale les flancs d'une montagne à grande vitesse, souvent en entraînant des boues, des pierres, etc. **2.** Masse, grande quantité de choses : *Une avalanche de dossiers. Une avalanche d'ennuis.*

avaler [avale] **v.t.** (de *1. aval*). **1.** Absorber, faire descendre par le gosier : *Avaler sa salive.* **2.** FAM. Admettre, supporter : *C'est dur à avaler.* **3.** FAM. **Faire avaler qqch à qqn,** lui faire croire qqch en abusant de sa crédulité.

avaleur, euse [avalœr, -øz] **n. 1.** FAM. Personne, animal qui avale gloutonnement. **2. Avaleur de sabres,** saltimbanque qui fait pénétrer un sabre par le gosier jusque dans l'estomac.

avaliser [avalize] **v.t.** (de *2. aval*). **1.** DR. Revêtir un effet de commerce d'un aval. **2.** Appuyer en donnant sa caution : *Avaliser une décision.*

à-valoir [avalwar] **n.m. inv.** Somme à imputer sur une créance.

avance [avɑ̃s] **n.f. 1.** Action d'avancer, de progresser ; gain, notamm. de temps ou de distance, acquis par cette action : *Prendre de l'avance dans un travail* (contr. **retard**). **2.** Paiement anticipé de tout ou partie d'une somme due ; prêt consenti dans des conditions déterminées : *Demander une avance sur salaire* (syn. **acompte**). *La banque fit l'avance de fonds nécessaire.* **3.** MÉCAN. Déplacement relatif d'un outil et de la pièce usinée dans le sens de l'effort de coupe. **4. À l'avance, d'avance, par avance,** par anticipation, avant l'événement, avant le temps fixé ou prévu : *Prévenir à l'avance. Chambre payable d'avance. Je vous remercie par avance.* / **En avance,** avant l'heure, la date ; avant le moment considéré comme normal dans une évolution, en partic. dans un cursus scolaire : *Elle est arrivée en avance. Cet élève est en avance d'un an.* ◆ **avances n.f. pl.** Tentatives, premières démarches faites en vue de nouer ou de renouer des relations et, en partic., tentatives pour séduire qqn : *Faire des avances à qqn.*

avancé, e [avɑ̃se] **adj. 1.** Loin du début, qui a commencé depuis longtemps : *Stade avancé d'une maladie. Âge avancé* (= vieillesse). **2.** En avance sur son âge, son temps : *Un enfant avancé pour son âge. Une civilisation avancée.* **3.** Qui est situé en avant d'autre chose : *Position, place forte avancée.* **4.** Progressiste ; d'avant-garde : *Des idées avancées.* **5.** Près de se gâter, en parlant de certaines denrées : *Viande avancée.* **6. Heure avancée,** heure tardive.

avancée [avɑ̃se] **n.f. 1.** Progression, marche en avant : *Les avancées de la biotechnologie.* **2.** Partie qui avance, fait saillie : *L'avancée d'un toit.*

avancement [avɑ̃smɑ̃] **n.m. 1.** Action d'avancer, de progresser : *L'avancement des travaux.* **2.** Promotion dans une carrière : *Obtenir de l'avancement.*

avancer [avɑ̃se] **v.t.** (lat. pop. **abantiare,* du bas lat. *abante ;* v. *avant*) [conj. **16**]. **1.** Porter, pousser en avant dans l'espace : *Avancer le bras. Avancez-lui une chaise.* **2.** Faire en sorte qu'un événement ait lieu avant le moment, la date prévus : *Avancer* son départ (contr. **retarder**). **3.** FAM. Faire progresser qqch : *J'ai bien avancé mes devoirs pour demain.* **4.** FAM. Faire gagner du temps à qqn : *Je suis allé lui chercher des documents pour l'avancer.* **5.** Prêter de l'argent ; payer à l'avance : *Il lui a avancé une forte somme.* **6. Avancer une idée, une hypothèse,** mettre en avant, proposer une idée, une hypothèse. ◆ **v.i. 1.** Aller vers l'avant : *Avance, tu gênes la circulation.* **2.** Faire des progrès, approcher du terme : *Avancer dans ses études.* **3.** Indiquer une heure plus tardive que l'heure réelle : *Montre qui avance.* **4.** Faire saillie. ◆ **s'avancer v.pr. 1.** Se porter en avant, progresser : *Il s'avançait à pas de loup.* **2.** Émettre une hypothèse hardie, sortir de sa réserve ; se hasarder à dire, à faire : *Je ne me suis pas avancé en prévoyant qu'il accepterait.* **3.** Prendre de l'avance dans la réalisation d'une tâche : *Avance-toi dans ton travail.*

avanie [avani] **n.f.** (it. *avania,* vexation, du gr. médiév. *abania,* imputation calomnieuse, de l'ar. *hawān,* traître). LITT. Affront public ; humiliation : *Essuyer une avanie.*

1. avant [avɑ̃] **prép.** et **adv.** (bas lat. *abante,* renforcement, par la prép. *ab,* en venant de, du class. *ante*). **1.** Indique une relation d'antériorité dans le temps : *Avant son opération, il était extrêmement vigoureux. Je passerai vous voir avant.* **2.** Indique une relation d'antériorité dans l'espace : *Vous vous arrêterez avant le pont. N'allez surtout pas jusqu'à la place, vous garerez votre voiture avant.* **3.** Indique un degré supérieur dans une hiérarchie, sur une échelle de valeurs : *Faire passer ses problèmes personnels avant ceux de la collectivité.* **4.** S'emploie en composition pour indiquer l'antériorité spatiale ou temporelle : *L'avant-bras. L'avant-garde. Avant-hier.* **5. Avant peu,** dans peu de temps. / **Avant tout, avant toute chose,** principalement, d'abord : *Considérons avant tout les conséquences de cette décision. Avant toute chose, portons un toast.* / **En avant !,** commandement ou exhortation invitant à avancer. / **Mettre qqn, qqch en avant,** attirer l'attention sur qqn, qqch. ◆ **adj. inv.** Situé à l'avant ou dirigé vers l'avant : *Les pneus avant.* ◆ **en avant loc. adv.** Vers l'avant : *Se pencher en avant.* ◆ **avant de loc. prép., avant que loc. conj.** Marque l'antériorité de l'action principale (*avant de* est suivi de l'inf. ; *avant que* est suivi du subj. et parfois d'un *ne* explétif) : *Réfléchis avant de te décider. Intervenez avant qu'il ne soit trop tard.*

2. avant [avɑ̃] **n.m. 1.** Partie antérieure : *L'avant d'un véhicule.* **2.** SPORTS. Joueur, joueuse de la ligne d'attaque, dans les sports collectifs. **3.** Zone de combats ; front. **4. Aller de l'avant,** progresser rapidement, avec fougue. / **D'avant,** antérieur, précédent : *L'année d'avant.*

avantage [avɑ̃taʒ] **n.m.** (de *1. avant*). **1.** Profit, gain : *Les horaires souples sont un avantage.* **2.** DR. Gain résultant d'un acte juridique ou d'une disposition légale. **3.** SPORTS. Au tennis, point marqué par un des joueurs lorsque ceux-ci se trouvent en avoir chacun 40. **4. Profiter de son avantage,** de sa supériorité actuelle. / **Tirer avantage de,** tirer profit de. ◆ **avantages n.m. pl. Avantages en nature,** éléments de rémunération fournis par l'employeur à un salarié et qui ne sont pas versés en argent (logement, nourriture, etc.).

avantager [avɑ̃taʒe] **v.t.** [conj. **17**]. **1.** Donner un, des avantages à qqn : *Testament qui avantage un enfant* (syn. **favoriser**). **2.** Mettre en valeur : *Cette tenue l'avantage.*

avantageusement [avɑ̃taʒøzmɑ̃] **adv.** De façon avantageuse, favorablement.

avantageux, euse [avɑ̃taʒø, -øz] **adj. 1.** Qui procure un avantage, un profit : *Marché avantageux.* **2.** Économique, intéressant : *Un article avantageux.* **3.** Sûr de soi, suffisant : *Air, ton avantageux.*

avant-bras [avɑ̃bra] **n.m. inv. 1.** Partie du membre supérieur comprise entre le coude et le poignet. **2.** ZOOL. Région du membre antérieur comprise entre le coude et le genou, chez les quadrupèdes.

avant-centre [avɑ̃sɑ̃tr] **n.** (pl. *avants-centres*). Au football, joueur, joueuse placé(e) au centre de la ligne d'attaque.

avant-corps [avɑ̃kɔr] **n.m. inv.** CONSTR. Partie d'un bâtiment en avancée sur l'alignement de la façade, correspondant ou non à un corps de bâtiment distinct.

avant-coureur [avɑ̃kurœr] **adj.m.** (pl. *avant-coureurs*). Qui annonce un événement prochain : *Signes avant-coureurs* (syn. **précurseur, annonciateur**).

avant-dernier, ère [avɑ̃dɛrnje, -ɛr] **adj.** et **n.** (pl. *avant-derniers, ères*). Situé immédiatement avant le dernier.

avant-garde [avɑ̃gard] **n.f.** (pl. *avant-gardes*). **1.** MIL. Détachement de sûreté rapprochée précédant une force terrestre ou navale. **2.** Groupe, mouvement artistique novateur, souvent en rupture avec ce qui l'a précédé : *Les avant-gardes littéraires.* **3. D'avant-garde,** en avance sur son temps par son audace. / **Être à l'avant-garde,** être à la pointe de qqch.

avant-gardiste [avɑ̃gardist] **adj.** et **n.** (pl. *avant-gardistes*). Qui concerne l'avant-garde ; qui prend des positions d'avant-garde.

avant-goût [avɑ̃gu] **n.m.** (pl. *avant-goûts*). Première impression, agréable ou désagréable, que procure l'idée d'un bien, d'un mal futur.

avant-guerre [avɑ̃gɛr] **n.m.** ou **n.f.** (pl. *avant-guerres*). Période ayant précédé chacune des deux guerres mondiales : *Les romans d'avant-guerre.*

avant-hier [avɑ̃tjɛr] **adv.** Avant-veille du jour où l'on est.

avant-midi [avɑ̃midi] **n.m.** ou **n.f. inv.** BELG., QUÉBEC. Matinée.

avant-port [avɑ̃pɔr] **n.m.** (pl. *avant-ports*). **1.** Partie d'un port entre la passe d'entrée et les bassins. **2.** Port situé en aval d'un port primitif, génér. sur un estuaire.

avant-poste [avɑ̃pɔst] **n.m.** (pl. *avant-postes*). Détachement de sûreté disposé en avant d'une troupe en station.

avant-première [avɑ̃prəmjɛr] **n.f.** (pl. *avant-premières*). Présentation d'un spectacle, d'un film à des journalistes avant la première représentation, la première projection publique.

avant-projet [avɑ̃prɔʒɛ] **n.m.** (pl. *avant-projets*). Étude préparatoire d'un projet.

avant-propos [avɑ̃prɔpo] **n.m. inv.** Préface, introduction destinée notamm. à présenter le livre qui suit.

avant-scène [avɑ̃sɛn] **n.f.** (pl. *avant-scènes*). **1.** Partie de la scène en avant du rideau (syn. **proscenium**). **2.** Loge placée sur le côté de la scène.

avant-veille [avɑ̃vɛj] **n.f.** (pl. *avant-veilles*). Jour qui précède la veille.

avare [avar] **adj.** et **n.** (lat. *avarus,* de *avere,* désirer vivement). **1.** Qui aime à amasser des richesses, de l'argent et craint de dépenser. **2. Avare de,** qui ne prodigue pas telle chose, économe de : *Avare de paroles, de son temps.*

Avare *(l')* → Molière.

avarice [avaris] **n.f.** (lat. *avaritia ;* v. *avare*). Attachement excessif aux richesses et désir de les accumuler (syn. **parcimonie**).

avaricieux, euse [avarisjø, -øz] **adj.** et **n.** LITT. Qui montre de l'avarice dans les plus petites choses.

avarie [avari] **n.f.** (it. *avaria,* ar. *awāriyā,* biens avariés). Dommage survenu à un navire, à un véhicule ou à leur cargaison.

avarié, e [avarje] **adj.** (de *avarie*). Endommagé, gâté : *Des fruits avariés.*

Avars, peuple originaire de l'Asie centrale, qui occupa la plaine hongroise au VIIᵉ s. Charlemagne les vainquit en 796 et les intégra à l'Empire.

avatar [avatar] **n.m.** (sanskrit *avatāra,* descente sur la terre d'une divinité). **1.** Chacune des incarnations de Vishnou, dans la religion hindoue. **2.** Transformation, changement dans le sort de qqn, de qqch : *Le projet de Constitution est passé par bien des avatars avant de venir en discussion.* **3.** (Abusif).

Événement fâcheux, accident. **4.** INFORM. Personnage virtuel que l'utilisateur d'un ordinateur choisit pour le représenter graphiquement, dans un jeu électronique ou dans un lieu de rencontre virtuel.

avec [avɛk] **prép.** (lat. pop. **apud hoc,* du class. *apud,* auprès de, et *hoc,* ceci). Introduit des compl. marquant : **1.** L'accompagnement : *Elle est venue avec son mari.* **2.** Le fait d'être muni de qqch : *Il est arrivé avec une énorme valise. Un appartement avec balcon.* **3.** Le moyen, l'instrument : *Enfoncer un clou avec un marteau.* **4.** La manière : *Avancer avec peine.* **5.** La relation à, la réunion : *Il est d'accord avec les déclarations faites à la presse. Elle est aimable avec tout le monde. Il s'est marié avec Élisabeth.* **6.** La simultanéité : *Il se lève avec le jour* (= en même temps que). **7.** FAM. La cause : *Avec cette grève des transports, j'ai mis deux heures pour arriver ici.* ◆ **adv.** FAM. Indique le moyen ; l'accompagnement : *Elle a pris son vélo et est partie avec.* ◆ **d'avec loc. prép.** Exprime la séparation, la distinction : *Distinguer l'ami d'avec le flatteur. Divorcer d'avec sa femme.*

aveline [avlin] **n.f.** (du lat. [*nux*] *abellana,* noisette d'Abella [ville de Campanie]). Grosse noisette, fruit d'un noisetier appelé *avelinier.*

Ave Maria [avemarja] et **Ave** [ave] **n.m. inv.** (mots lat., « salut, Marie »). CATH. Prière catholique à la Vierge.

Avempace ou **Ibn Badjdja,** philosophe arabe (Saragosse fin du XIe s. - Fès 1138). Il a étudié les différentes constitutions possibles pour le fonctionnement de la Cité et analysé les qualités nécessaires que chaque homme doit avoir pour chacune d'elles, de façon qu'elles puissent fonctionner au mieux *(le Régime du solitaire).*

aven [avɛn] **n.m.** (mot du Rouergue, d'orig. probabl. celtique). Puits naturel qui se forme en région calcaire, soit par dissolution, soit par effondrement de la voûte de cavités karstiques.

1. avenant [avnɑ̃] **n.m.** (de l'anc. fr. *avenir,* convenir, lat. *advenire,* arriver). DR. Acte écrit qui modifie les clauses primitives d'un contrat.

2. avenant, e [avnɑ̃, -ɑ̃t] **adj.** (v. *1. avenant*). Qui plaît par son air, sa bonne grâce : *Des manières avenantes* (syn. **plaisant, agréable**). ◆ **n.m. À l'avenant,** en accord, en harmonie avec ce qui précède ; pareillement : *De jolis yeux, et un teint à l'avenant.*

avènement [avɛnmɑ̃] **n.m.** (de l'anc. fr. *avenir,* arriver, lat. *advenire*). **1.** Accession, élévation à une dignité suprême : *Avènement d'un roi. Avènement à la papauté.* **2.** Arrivée, établissement de qqch d'important : *Avènement d'une ère de prospérité.* **3.** RELIG. **L'avènement du Christ,** sa venue sur terre.

avenir [avnir] **n.m.** (du lat. *advenire,* arriver). **1.** Temps futur ; ce qui adviendra dans les temps futurs : *Se tourner vers l'avenir. Prévoir l'avenir* (syn. **futur**). **2.** Situation, sort futur de qqn, de qqch ; réussite future : *Compromettre, assurer son avenir.* **3.** La postérité, les générations futures : *L'avenir lui rendra justice.* **4. À l'avenir,** à partir de maintenant : *À l'avenir, préviens-moi de ton arrivée* (syn. **désormais, dorénavant**). / **D'avenir,** qui doit se développer, s'imposer dans le futur : *Métiers, techniques d'avenir.*

avent [avɑ̃] **n.m.** (lat. *adventus,* arrivée). RELIG. CHRÉT. Période de quatre semaines de l'année liturgique qui précède et prépare la fête de Noël : *Calendrier de l'avent.*

Aventin *(mont),* l'une des sept collines de Rome, sur laquelle la plèbe romaine révoltée contre le patriciat se retira jusqu'à ce qu'elle obtînt reconnaissance de ses droits (494 av. J.-C.).

aventure [avɑ̃tyr] **n.f.** (lat. *adventura,* choses qui doivent arriver). **1.** Événement imprévu, surprenant : *Un roman plein d'aventures étranges.* **2.** Entreprise hasardeuse : *Entraîner qqn dans une aventure.* **3.** Intrigue amoureuse passagère et sans profondeur : *Avoir une aventure avec qqn* (syn. **liaison**). **4. À l'aventure,** sans dessein, sans but fixé : *Partir à l'aventure.* / LITT. **D'aventure, par aventure,** par hasard. / **Dire la bonne aventure,** prédire l'avenir.

aventurer [avɑ̃tyre] **v.t. 1.** Exposer à des risques, hasarder : *Aventurer sa vie, sa réputation* (syn. **risquer**). **2.** Émettre une opinion, un avis hasardeux ; formuler sans grande conviction : *Aventurer une hypothèse.* ◆ **s'aventurer v.pr.** Courir un risque ; se hasarder : *S'aventurer dans des ruelles obscures* (syn. **se risquer**).

aventureux, euse [avɑ̃tyrø, -øz] **adj. 1.** Qui aime l'aventure, qui hasarde : *Esprit aventureux* (syn. **audacieux, hardi**). **2.** Plein d'aventures, de risques : *Existence aventureuse* (syn. **périlleux, dangereux**).

aventurier, ère [avɑ̃tyrje, -ɛr] **n. 1.** Personne qui recherche l'aventure, les aventures. **2.** Personne sans scrupule ; intrigant.

aventurisme [avɑ̃tyrism] **n.m.** Tendance à prendre des décisions hâtives et irréfléchies. ◆ **aventuriste adj.** et **n.** Qui fait preuve d'aventurisme.

avenu, e [avny] **adj.** (de l'anc. fr. *avenir,* arriver, lat. *advenire*). **Nul et non avenu,** considéré comme sans effet et n'ayant jamais existé.

avenue [avny] **n.f.** (de l'anc. fr. *avenir,* arriver, lat. *advenire*). **1.** Grande voie urbaine, souvent bordée d'arbres. **2.** SOUT. Ce qui conduit à un but : *Les avenues du pouvoir.*

avéré, e [avere] **adj.** Reconnu vrai : *Fait avéré* (syn. **véridique, authentique, incontestable**).

s'**avérer** [avere] **v.pr.** (anc. fr. *avoirer,* de *voir,* vrai, lat. *verus*) [conj. **18**]. Se révéler, apparaître : *L'entreprise s'avéra difficile.*

Averroès ou **Ibn Ruchd,** philosophe arabe (Cordoue 1126 - Marrakech 1198). Il a montré que la vérité est susceptible d'être interprétée à trois niveaux possibles : la philosophie, la théologie et la foi *(l'Incohérence de l'incohérence).*

avers [avɛr] **n.m.** (du lat. *adversus,* qui est en face). Côté face d'une monnaie, d'une médaille, qui contient l'élément principal (par opp. à *revers*).

averse [avɛrs] **n.f.** (de l'express. *pleuvoir à verse*). Pluie subite et abondante, de courte durée.

aversion [avɛrsjɔ̃] **n.f.** (lat. *aversio,* action de se détourner, de *vertere,* se tourner). Répugnance extrême ; répulsion : *Avoir de l'aversion pour qqn, qqch.*

averti, e [avɛrti] **adj. 1.** Instruit, prévenu : *Un homme averti en vaut deux* (syn. **avisé, informé**). **2.** Expert, connaisseur : *Un critique averti* (syn. **compétent**).

avertir [avɛrtir] **v.t.** (lat. pop. **advertire,* class. *advertere,* faire attention) [conj. **32**]. Informer, attirer l'attention de : *Avertir qqn d'un danger* (syn. **prévenir**).

avertissement [avɛrtismɑ̃] **n.m. 1.** Action d'avertir, de faire savoir : *Il est parti sans le moindre avertissement.* **2.** Appel à l'attention ou à la prudence : *Un avertissement salutaire* (syn. **mise en garde**). **3.** Réprimande, remontrance : *Recevoir un avertissement* (syn. **blâme, admonestation**). **4.** Courte préface en tête d'un livre. **5.** Avis au contribuable pour le paiement de l'impôt.

avertisseur [avɛrtisœr] **n.m.** (de *avertir*). Dispositif destiné à donner un signal : *Avertisseur sonore.*

Avery (Tex), dessinateur et cinéaste d'animation américain (Dallas 1907 - Burbank 1980). Doté d'un humour féroce et exubérant, ce maître du dessin animé paroxystique a su s'imposer comme l'anti-Disney. Il a marqué un style de récit, que beaucoup ont copié, à base de répétitions folles, d'obsession de vacarme ou d'insomnie, etc. Il a contribué à l'invention du lièvre Bugs Bunny et a créé le chien Droopy, le canard Daffy Duck.

Avesnois, région bocagère de l'est du dép. du Nord, autour d'*Avesnes-sur-Helpe.* Élevage bovin laitier. Parc naturel régional (env. 130 000 ha).

aveu [avø] **n.m.** (de *avouer*). **1.** Déclaration par laquelle on avoue, révèle ou reconnaît qqch : *Faire l'aveu de ses fautes, de son amour.* **2.** FÉOD. Acte par lequel un seigneur reconnaissait qqn pour son vassal et réciproquement. **3. De l'aveu de,** au témoignage de. / **Passer aux aveux,** avouer sa culpabilité.

aveuglant, e [avœglɑ̃, -ɑ̃t] **adj.** Qui aveugle, éblouit : *Une lumière aveuglante. Une preuve aveuglante* (syn. **éclatant**).

aveugle [avœgl] **adj.** (du lat. médic. **ab oculis,* calqué sur le gr. *ap'ommatôn,* privé d'yeux). **1.** Privé de la vue : *Il est devenu aveugle après son accident.* **2.** Privé de clairvoyance, de lucidité sous l'influence d'une passion ; qui suit sa propre impulsion : *La colère rend aveugle. Haine aveugle.* **3.** Qui ne connaît pas de limites : *Confiance aveugle* (syn. **absolu**). **4.** LITT. Qui frappe au hasard, sans discernement : *Destin aveugle.* **5.** Qui ne reçoit pas la lumière du jour : *Pièce aveugle.* **6. Fenêtre, arcade aveugle,** simulée, obstruée. / ANAT. **Point aveugle,** zone de la rétine dépourvue de cellules visuelles, en face du nerf optique. ◆ **n.** Personne privée de la vue (syn. **non-voyant**).

aveuglement [avœgləmɑ̃] **n.m.** Manque de discernement par passion, obstination.

aveuglément [avœglemɑ̃] **adv.** Sans discernement, sans réflexion : *Obéir aveuglément.*

aveugler [avœgle] **v.t.** [conj. **5**]. **1.** Éblouir : *Les phares m'ont aveuglé.* **2.** Priver de discernement, de lucidité : *La colère l'aveugle.* **3.** Boucher, colmater : *Aveugler une fenêtre, une voie d'eau.* ◆ **s'aveugler v.pr. [sur].** Manquer de discernement, se tromper.

à l'**aveuglette** [avœglɛt] **loc. adv. 1.** À tâtons, sans y voir : *Marcher à l'aveuglette.* **2.** Au hasard : *Agir à l'aveuglette.*

Aveyron [averɔ̃], riv. de France, qui naît près de Sévérac-le-Château, passe à Rodez, Villefranche-de-Rouergue, et rejoint le Tarn (r. dr.), au nord-ouest de Montauban ; 250 km.

Aveyron [12], dép. de la Région Languedoc-Roussillon-Midi-Pyrénées, correspondant approximativement au Rouergue historique ; ch.-l. de dép. *Rodez ;* ch.-l. d'arr. *Millau, Villefranche-de-Rouergue ;* 3 arr., 23 cant., 304 comm. ; 8 735 km^2 ; 287 806 hab. *(Aveyronnais).*

aviateur, trice [avjatœr, -tris] **n.** (du rad. de *avion*). Personne qui pilote un avion.

aviation [avjasjɔ̃] **n.f.** (du rad. de *avion*). **1.** Navigation aérienne au moyen d'avions ; ensemble des avions et des installations servant à la navigation aérienne. **2.** Technique de la construction des avions. **3.** AFR. Aéroport ou aérodrome. **4. Aviation commerciale,** assurant le transport des passagers et des marchandises. / **Aviation militaire,** conçue et employée à des fins militaires ; armée de l'air.

■ **Les débuts.** Les principes de fonctionnement et toutes les composantes essentielles de l'avion ont été envisagés dès le début du XIXe s. par l'ingénieur britannique George Cayley. Il a fallu attendre cependant les expériences d'Ader, à partir de 1890, pour qu'un homme parvienne à quitter le sol à bord d'un appareil à moteur, et ce n'est que le 17 déc. 1903 que les frères Wright réussirent les premiers vols propulsés et soutenus d'un appareil plus lourd que l'air. Ensuite, les progrès furent rapides. Le 25 juill. 1909, Louis Blériot réussit la première traversée maritime aérienne de Calais à Douvres. En 1910, Hubert Latham monta à 1 000 m. Léon Morane fut le premier à dépasser 100 km/h. Henri Fabre fit voler le premier hydravion. Roland Garros traversa la Méditerranée en 1913. La Première Guerre mondiale fournit une première illustration des immenses possibilités de l'avion dans le domaine militaire.

Développement militaire et progrès techniques. La période de l'entre-deux-guerres se caractérisa par l'établissement et le développement des lignes aériennes (première liaison aérienne internationale : Paris-Londres, 1919) et par la multiplication des raids et des compétitions mettant en relief les progrès croissants de la technique (vol New York-Paris de C. Lindbergh en 1927 et vol Paris-New York de Costes et Bellonte en 1930).

La Seconde Guerre mondiale provoqua de nouveaux progrès : moteurs plus puissants, autonomie accrue, construction d'avions destinés aux troupes aéroportées et d'hélicoptères, mise au point du radar et du turboréacteur. Le Heinkel 178 expérimental allemand fut le premier avion à réaction à voler, le 27 août 1939, avant le Gloster-Whittle E28 britannique, le 15 mai 1941.

Parmi les grandes nouveautés techniques de l'après-guerre figurent l'aile delta (en forme de triangle isocèle), la propulsion mixte (turboréacteur plus moteur-fusée), le décollage court, l'aile à flèche variable, le décollage vertical, le ravitaillement en vol, le système d'atterrissage automatique tous temps, etc. Le 14 oct. 1947, C. Yeager sur Bell X-1 fut le premier à passer la vitesse du son.

L'aviation commerciale. Elle s'est développée à partir des années 1950 avec la mise en service des premiers avions de transport propulsés par réaction. Après 1970, l'apparition des avions gros-porteurs a entraîné une nouvelle révolution en améliorant le confort et en abaissant les coûts d'exploitation par passager transporté. Si les impératifs militaires ont été pendant longtemps à l'origine de la spécialisation croissante des avions, aujourd'hui, l'évolution vient principalement de cette activité aérienne essentielle qu'est le transport civil de passagers : en 2011, 2,7 milliards de passagers ont été transportés dans le monde (services aériens réguliers), essentiellement par les quelque 230 compagnies membres de l'Association internationale du transport aérien (connue sous son sigle anglais : IATA). Les lignes intérieures transportent environ 60 % du total des passagers. La nécessité de répondre à un trafic toujours croissant et aux problèmes économiques et environnementaux (prix du pétrole) a conduit au développement d'avions très gros-porteurs (l'Airbus « A-380 » qui peut transporter jusqu'à plus de 800 passagers) ou d'avions en matériaux composites qui réduisent la consommation de carburant et le rejet de CO_2 (Boeing 787 « Dreamliner »). Les appareils se répartissent en plusieurs catégories : les long-courriers, équipés de trois ou quatre propulseurs, le plus souvent à réaction, leur donnant le droit de s'éloigner de plus de 90 minutes de vol de l'aéroport le plus proche, donc de traverser les mers ; les moyen- et les court-courriers, équipés de deux propulseurs, réacteurs ou turbopropulseurs. Il faut y ajouter les petits appareils de l'aviation de troisième niveau (ou *commuters*), principalement destinés aux liaisons régionales.

Mentionnons enfin le développement récent des U.L.M. (ultra-légers motorisés). En dehors de leur utilisation sportive, ils trouvent désormais des applications, par exemple pour l'épandage de produits de traitement des végétaux et la reconnaissance aérienne à basse altitude. ■

Avicébron ou **Ibn Gabirol,** philosophe juif espagnol (Málaga 1020 - Valence 1058). Il affirme que les êtres sont hiérarchisés suivant leur plus ou moins grande unité : en haut de l'échelle ontologique, ils sont unis dans une forme universelle ; au fur et à mesure que l'on descend l'échelle, ils se séparent *(la Source de vie).*

Avicenne ou **Ibn Sina,** médecin et philosophe iranien de l'Islam (Afchana, près de Boukhara, 980 - Hamadhan 1037). Il a cherché à fonder une cosmologie qui repose sur les êtres possibles et sur les êtres nécessaires : ces derniers n'arriveraient à l'existence qu'en vertu d'une cause et la seule cause possible est Dieu. Son *Canon de la médecine,* traduit en latin, a eu une influence considérable sur l'enseignement et les pratiques médicales en Occident et en Iran.

avicole [avikɔl] **adj.** (du lat. *avis,* oiseau, et de *-cole*). De l'aviculture.

aviculture [avikyltyr] **n.f.** (du lat. *avis,* oiseau, et de *-culture*). Élevage des oiseaux, des volailles. ◆ **aviculteur, trice n.** Nom de l'éleveur.

avide [avid] **adj.** (lat. *avidus,* de *avere ;* v. *avare*). **1.** Qui exprime l'avidité : *Des yeux avides* (syn. **ardent**). **2.** Qui désire qqch avec force, violence, passion : *Avide d'apprendre* (syn. **impatient**). *Avide d'argent.*

avidement [avidmɑ̃] **adv.** Avec avidité.

avidité [avidite] **n.f.** (lat. *aviditas ;* v. *avide*). Désir ardent et immodéré de qqch.

Avignon, ch.-l. du dép. de Vaucluse, sur le Rhône, à 683 km au sud-sud-est de Paris ; 91 250 hab. *(Avignonnais).* [445 501 hab. dans l'agglomération]. Archevêché. Centre commercial et touristique. Industries (produits réfractaires, poudrerie, papeterie, alimentation). Sur le rocher des Doms, cathédrale romane et palais-forteresse des papes du XIVe s. : austère Palais-Vieux de Benoît XII, complété par le Palais-Neuf de Clément VI (ensemble de fresques par Matteo Giovannetti, de Viterbe) ; musée du Petit-Palais (primitifs italiens et de l'école d'Avignon) ; musée Calvet, installé dans un hôtel du XVIIIe s. (préhistoire, archéologie, arts décoratifs, riche collection de peintures du XVIIe au XXe s.). Résidence des papes dits « d'Avignon », la ville, demeurée une possession de la papauté jusqu'en 1791, fut alors réunie à la France en même temps que le Comtat Venaissin.

Avignon *(papes d')*, les neuf papes qui, de 1309 à 1403, à cause de l'insécurité politique qui régnait alors en Italie puis des troubles du Grand Schisme, décidèrent de faire d'Avignon la capitale provisoire de la chrétienté. Ce sont : Clément V, Jean XXII, Benoît XII, Clément VI, Innocent VI, Urbain V, Grégoire XI, Clément VII, Benoît XIII.

Ávila, v. d'Espagne, en Castille, ch.-l. de prov. ; 59 482 hab. Enceinte médiévale aux 88 tours de granite. Cathédrale gothique (XIIe-XIVe s.), églises romanes. Patrie de sainte Thérèse.

avilir [avilir] **v.t.** (de *vil*) [conj. **32**]. Abaisser jusqu'à rendre méprisable ; dégrader, déshonorer. ◆ **s'avilir v.pr.** S'abaisser, se déshonorer, se dégrader.

avilissant, e [avilisɑ̃, -ɑ̃t] **adj.** Qui avilit, déshonore.

avilissement [avilismɑ̃] **n.m.** Action d'avilir, de s'avilir ; dégradation.

aviné, e [avine] **adj.** Ivre de vin ; qui dénote l'ivresse : *Brutes avinées. Voix, haleine avinée.*

avion [avjɔ̃] **n.m.** (n. de l'appareil inventé par Clément Ader, du lat. *avis,* oiseau). **1.** Appareil de navigation aérienne plus lourd que l'air, se déplaçant dans l'atmosphère à l'aide de moteurs à hélice ou à réaction et dont la sustentation est assurée par des ailes. **2. Avion spatial,** petit véhicule spatial piloté, placé en orbite basse autour de la Terre par une fusée et qui revient au sol en vol plané hypersonique.

avionnerie [avjɔnri] **n.f.** *QUÉBÉC.* **1.** Usine de construction aéronautique. **2.** Industrie aéronautique.

aviron [avirɔ̃] **n.m.** (de l'anc. fr. *viron,* tour, de *virer*). **1.** MAR. Rame. **2.** Canotage pratiqué comme sport, à bord d'embarcations spécial. construites, souvent sur des plans d'eau aménagés.

avis [avi] **n.m.** (de l'anc. loc. *ce m'est à vis,* calque du lat. pop. **mihi est visum,* du class. *videri,* sembler, propr. « il me semble »). **1.** Ce que l'on pense d'un sujet, que l'on exprime dans une discussion ou à la demande de qqn : *Donner son avis* (syn. **opinion, point de vue, sentiment**). **2.** Information, nouvelle diffusée auprès du public, notamm. par voie d'affiche : *Avis à la population.* **3.** Point de vue exprimé officiellement par un organisme, une assemblée, après délibération, et n'ayant pas force de décision : *Avis du Conseil d'État.* **4. Avis au lecteur,** courte préface en tête d'un livre. **/ Être d'avis de, que,** penser, estimer que.

avisé, e [avize] **adj.** (de *avis*). Qui a un jugement réfléchi et agit en conséquence, avec prudence et sagacité : *Un conseiller avisé* (syn. **sage, sensé**).

1. aviser [avize] **v.t.** (de *viser*). *LITT.* Apercevoir : *Aviser qqn dans la foule.* ◆ **v.i.** *LITT.* Réfléchir pour décider de ce que l'on doit faire : *Je préfère ne pas vous répondre tout de suite, j'aviserai.* ◆ **s'aviser v.pr. [de]. 1.** S'apercevoir, prendre conscience : *Il s'est avisé de ma présence* (syn. **se rendre compte de**). **2.** Se mettre en tête l'idée de ; oser témérairement : *Ne t'avise pas de le déranger !* (syn. **tenter de**).

2. aviser [avize] **v.t.** (de *avis*). Avertir, informer : *Aviser qqn de son départ.*

aviso [avizo] **n.m.** (de l'esp. *barca de aviso,* barque pour porter des avis). **1.** Petit bâtiment rapide qui portait le courrier. **2.** Bâtiment léger conçu pour les missions lointaines, l'escorte, la protection des côtes et la lutte anti-sous-marine.

avitaminose [avitaminoz] **n.f.** (de *a-* priv., et *vitamine*). MÉD. Phénomène pathologique produit par un manque de vitamines.

aviver [avive] **v.t.** (lat. pop. **advivare,* du class. *vivus,* ardent). **1.** Donner de l'éclat, de la vivacité à : *Aviver une couleur, le teint.* **2.** Rendre plus vif, augmenter : *Aviver des regrets.* **3.** CHIR. Mettre à nu les parties saines d'une plaie en faisant disparaître les parties nécrosées : *Aviver les bords d'une escarre.* **4.** TECHN. Couper à vive arête : *Aviver une poutre.* **5.** Décaper et polir ; donner du brillant à : *Aviver une pièce métallique, un marbre.*

1. avocat, e [avɔka, -at] **n.** (lat. *advocatus ;* v. *avoué*). **1.** Auxiliaire de justice qui conseille et représente les parties, pour lesquelles il plaide. **2.** Celui qui intercède pour un autre : *Se faire l'avocat d'une cause, d'un projet* (syn. **défenseur, champion**). **3. Avocat du diable,** ecclésiastique qui intervient contradictoirement dans un procès de canonisation ; au fig., celui qui présente des arguments en faveur d'une cause peu défendable. **4. Avocat général,** membre du ministère public assistant le procureur général, notamm. auprès de la Cour de cassation et des cours d'appel.

2. avocat [avɔka] **n.m.** (esp. *avocado,* du caraïbe). Fruit comestible de l'avocatier, en forme de poire.

avocatier [avɔkatje] **n.m.** Arbre originaire d'Amérique, cultivé pour ses fruits, les avocats. ▸ Famille des lauracées.

Avogadro (Amedeo di Quaregna, *comte***),** chimiste et physicien italien (Turin 1776 - *id.* 1856). En 1811, il énonça l'hypothèse selon laquelle il y a toujours le même nombre de molécules dans des volumes égaux de gaz différents, pris à la même température et à la même pression. On appelle *nombre d'Avogadro* le nombre de molécules contenues dans une mole.

Avogadro [avɔgadro] **(nombre d'),** nombre d'entités élémentaires (atomes, ions ou molécules) contenues dans une mole de matière, dont la valeur actuellement admise est de $6{,}022\ 1367.10^{23}$ mol^{-1} (= par mole).

avoine [avwan] **n.f.** (lat. *avena*). **1.** Céréale dont les grains, portés par des grappes lâches, servent surtout à l'alimentation des chevaux. ▸ Famille des graminées. **2. Folle avoine,** avoine sauvage commune dans les champs, les lieux incultes.

1. avoir [avwar] **v.t.** (lat. *habere*) [conj. **1**]. **1.** Posséder, disposer de : *Il a une maison.* **2.** Être en relation avec des personnes : *Il a de nombreux amis. Elle a des collègues charmants.* **3.** Ressentir une impression, être touché par un sentiment : *Avoir faim, avoir peur, avoir confiance.* **4.** Présenter une caractéristique quelconque : *Cet appartement a deux pièces* (syn. **comporter**). *On a tous les trois la grippe* (= on est atteints de). *Il a vingt ans* (= il est âgé de). *Cette table a 1,50 m de long* (syn. **mesurer**). *Elle a beaucoup d'esprit* (= elle est spirituelle). *Il a de la patience* (= il est patient). **5.** *FAM.* Duper qqn, lui jouer un tour : *Elle m'a bien eu. Je ne me ferai pas avoir deux fois.* **6.** Suivi d'un p. passé, forme les temps composés des verbes transitifs, de la plupart des verbes impersonnels et de certains transitifs : *J'ai fait un gâteau. Il a fallu revenir. J'ai couru.* **7. Avoir à** (+ inf.), devoir : *J'ai à régler quelques détails.* ◆ **il y a loc. verb. impers.** Indique la présence ou l'existence : *Il y a quelqu'un à la porte. Il y a des mammifères qui pondent des œufs* (= il existe). [V. aussi à son ordre alphab.]

2. avoir [avwar] **n.m.** (de *1. avoir*). **1.** Ensemble des biens qu'on possède : *Voilà tout mon avoir* (syn. **bien**). **2.** Partie d'un compte où l'on porte les sommes dues à qqn ; crédit dont un client dispose chez un commerçant. **3. Avoir fiscal,** dégrèvement fiscal dont bénéficient les actionnaires ayant touché des dividendes au cours de l'année.

avoisinant, e [avwazinɑ̃, -ɑ̃t] **adj.** Qui avoisine : *L'inondation a gagné les rues avoisinantes* (syn. **voisin, proche**).

avoisiner [avwazine] **v.t.** Être voisin, proche de : *La propriété avoisine la rivière* (syn. litt. **jouxter**). *Les dégâts avoisinent le million* (syn. **approcher de**).

avorté, e [avɔrte] **adj.** Qui a échoué avant d'atteindre son plein développement : *Une tentative avortée.*

A B C D E F G H I J K L M N O P Q R S T U V W X Y Z

avortement [avɔrtəmɑ̃] **n.m. 1.** Interruption naturelle ou provoquée d'une grossesse. **2.** Échec : *L'avortement d'un projet* (syn. **insuccès, faillite**).

avorter [avɔrte] **v.i.** (lat. *abortare*). **1.** Expulser un embryon ou un fœtus avant le moment où il devient viable. **2.** Ne pas aboutir : *La conspiration a avorté* (syn. **échouer**). ◆ **v.t.** Provoquer l'avortement chez une femme.

avorton [avɔrtɔ̃] **n.m.** (de *avorter*). **1.** Être chétif et mal fait. **2.** Plante ou animal qui n'a pas atteint un développement normal.

avouable [avwabl] **adj.** Qui peut être avoué sans honte : *Motif avouable* (syn. **honorable, honnête**).

avoué [avwe] **n.m.** (lat. *advocatus*, appelé auprès, défenseur). Officier ministériel seul compétent pour représenter les parties devant les cours d'appel.

avouer [avwe] **v.t.** (lat. *advocare*, appeler auprès, recourir à) [conj. **6**]. **1.** Reconnaître qu'on est l'auteur, le responsable de qqch de blâmable : *Avouer ses fautes, un crime.* **2.** (Absol.). Reconnaître sa culpabilité : *Il a avoué devant le juge d'instruction.* **3.** Reconnaître comme vrai, réel : *Avouer son ignorance* (syn. **confesser**). *Avouez qu'il a raison* (syn. **admettre**). *Avouer son amour* (syn. **déclarer**). ◆ **s'avouer v.pr.** Se reconnaître comme : *S'avouer vaincu.*

avril [avril] **n.m.** (lat. *aprilis*). **1.** Le quatrième mois de l'année. **2. Poisson d'avril,** attrape, plaisanterie traditionnelle du 1er avril.

avunculat [avɔ̃kyla] **n.m.** (du lat. *avunculus*, oncle maternel). ANTHROP. Système d'organisation sociale propre aux sociétés matrilinéaires et dans lequel l'éducation de l'enfant est assumée par l'oncle maternel.

Avventura *(l')* ⟶ Antonioni.

AWACS [awaks] **n.m.** (sigle de l'angl. *airborne warning and control system*). Système de surveillance électronique utilisant des radars embarqués à bord d'avions spécialisés ; avion ainsi équipé.

awalé [awale] et **walé** [wale] **n.m.** (mot baoulé). Jeu africain consistant à accumuler des pions (graines, cailloux) en les prenant dans les cases évidées d'un parcours où celles-ci se font face six à six.

axe [aks] **n.m.** (lat. *axis*, essieu). **1.** TECHN. Pièce autour de laquelle tournent un ou plusieurs éléments : *Axe de rotation. Axe d'une poulie* (syn. **pivot**). **2.** Ligne réelle ou fictive qui divise qqch en deux parties en principe symétriques : *Axe de symétrie. Axe du corps.* **3.** Droite autour de laquelle s'effectue une rotation : *Axe de la Terre. On appelle axe du monde celui qui joint les pôles de la sphère céleste.* **4.** MATH. Droite orientée munie d'une origine et d'une unité : *Les deux axes (dits de référence) d'un repère cartésien.* **5.** Grande voie de communication : *Les axes routiers, ferroviaires d'un pays.* **6.** Direction générale : *Les grands axes de la politique gouvernementale* (syn. **orientation**). **7.** ANAT. **Axe cérébro-spinal,** formé par la moelle épinière et l'encéphale. / MATH. **Axe de révolution,** droite fixe autour de laquelle tourne une courbe donnée engendrant une surface de révolution. / MATH. **Axe de symétrie d'une figure,** axe d'une symétrie dans laquelle la figure est globalement invariante. / MATH. **Axe d'une rotation,** droite de l'espace dont les points restent invariants dans une rotation. / MATH. **Axe d'une symétrie,** droite du plan dont les points restent invariants dans une symétrie axiale.

Axe (l'), alliance formée en 1936 par l'Allemagne et l'Italie *(Axe Rome-Berlin)*. On donne le nom de « puissances de l'Axe » à l'ensemble constitué par l'Allemagne, l'Italie et leurs alliés pendant la Seconde Guerre mondiale : Japon, Hongrie, Bulgarie, Roumanie.

axel [aksɛl] **n.m.** (du n. du patineur norvégien *Axel Paulsen*). En patinage artistique, saut consistant en une rotation d'un tour et demi avec appel sur la jambe avant et changement de jambe : *Triple axel.*

axer [akse] **v.t. 1.** Orienter suivant un axe. **2.** Organiser autour d'un thème, d'une idée essentiels : *Axer un roman sur des problèmes sociaux* (syn. **centrer**).

axial, e, aux [aksjal, -o] **adj. 1.** Disposé suivant un axe ; relatif à un axe : *Éclairage axial.* **2.** GÉOMÉTR. **Symétrie axiale,** transformation ponctuelle du plan telle que le segment joignant un point quelconque et son image ait pour médiatrice une droite donnée, l'axe de symétrie (on dit aussi *symétrie orthogonale*).

axiomatique [aksjɔmatik] **adj.** Qui concerne les axiomes ; qui se fonde sur des axiomes. ◆ **n.f.** Ensemble de notions premières *(axiomes)* admises sans démonstration et formant la base d'une branche des mathématiques, le contenu de cette branche se déduisant de l'ensemble par le raisonnement.

axiomatisation [aksjɔmatizasjɔ̃] **n.f.** Procédé qui consiste à poser en principes indémontrables les primitives dont sont déduits les théorèmes d'une théorie déductive.

axiome [aksjom] **n.m.** (gr. *axiôma*, estime, puis « principe évident »). **1.** Vérité, proposition admise comme évidente par tous : *Les axiomes de la vie en société.* **2.** Principe essentiel sur lequel on fonde ses opinions, son attitude : *Toute sa vie s'inspire d'un seul axiome.* **3.** MATH., LOG. Proposition première, vérité admise sans démonstration et sur laquelle se fonde une science ; principe posé de manière hypothétique à la base d'une théorie déductive.

axis [aksis] **n.m.** (mot lat. « axe »). ANAT. Deuxième vertèbre cervicale.

axolotl [aksɔlɔtl] **n.m.** (mot mexicain). Vertébré amphibien urodèle des lacs mexicains, capable de se reproduire à l'état larvaire (phénomène de *néoténie*) et qui prend rarement la forme adulte.

axone [aksɔn] **n.m.** (gr. *axôn*, axe). Long prolongement du neurone parcouru par l'influx nerveux.

ayant droit [ɛjɑ̃drwa] **n.m.** (pl. *ayants droit*). DR. Personne qui a des droits à qqch.

ayatollah [ajatɔla] **n.m.** (ar. *āyāt allāh*, signes d'Allāh). Titre des principaux chefs religieux de l'islam chiite.

aye-aye [ajaj] **n.m.** (mot malgache) [pl. *ayes-ayes*]. Lémurien des forêts du nord de Madagascar, arboricole et nocturne, doté de grands yeux et de grandes oreilles, se nourrissant de larves d'insectes. ▸ Ordre des lémuriformes ; long. 40 cm env. sans la queue. L'aye-aye est l'un des mammifères les plus menacés au monde.

Ayers Rock, montagne sacrée des Aborigènes, dans le centre de l'Australie ; 867 m. Tourisme.

aymara [ajmara] **n.m.** Famille de langues indiennes de l'Amérique du Sud.

Aymara, Indiens de Bolivie et du Pérou. Ils ont créé une des plus anciennes civilisations d'Amérique du Sud. Pêcheurs, agriculteurs, ils pratiquent également le tissage et le travail des métaux. Leurs croyances mêlent le culte des saints catholiques à celui des forces naturelles.

Aymé (Marcel), écrivain français (Joigny 1902 - Paris 1967). Il est l'auteur de nouvelles *(le Passe-Muraille)* et romans où la fantaisie et la satire se mêlent au fantastique *(la Jument verte)*, de pièces de théâtre *(Clérambard)* et de contes *(Contes du chat perché)*.

Ayrault (Jean-Marc), homme politique français (Maulévrier, Maine-et-Loire, 1950). Député de Loire-Atlantique (1986-2012 ; président, à partir de 1997, du groupe socialiste à l'Assemblée nationale), maire de Nantes (1989-2012), il a été Premier ministre de 2012 à 2014.

Ayuthia, v. de la Thaïlande, cap. de l'ancien royaume du Siam entre 1350 et 1767 ; 75 898 hab. Elle fut détruite par les

Birmans. Nombreux témoignages de son bel urbanisme et de l'architecture sacrée de Thaïlande caractérisée par de hautes tours reliquaires et des stupas des XIVe-XVe s.

azalée [azale] **n.f.** (du gr. *azaleos*, sec). Arbuste originaire des montagnes d'Asie, dont on cultive diverses variétés pour la beauté de leurs fleurs. ▸ Famille des éricacées.

azéotrope [azeɔtrɔp] **n.m.** (de *a-* priv., du gr. *zein*, bouillir, et de *-trope*). PHYS. Mélange de deux liquides qui bout à température constante.

Azerbaïdjan, État d'Asie, sur la mer Caspienne ; 87 000 km^2 ; 9 413 000 hab. (*Azerbaïdjanais* ou *Azéris*). CAP. *Bakou.* LANGUE : *azerbaïdjanais (azéri).* MONNAIE : *manat.*

GÉOGRAPHIE

Occupant l'est de la Transcaucasie, correspondant à la vaste plaine de la Koura et à son encadrement montagneux (Grand Caucase au N., Petit Caucase aux confins de l'Arménie au S.), l'Azerbaïdjan connaît une rapide croissance démographique. L'aménagement de la plaine a permis l'extension des cultures (coton surtout, fruits et légumes, vigne, riz, tabac). L'industrie (pétrochimie) est liée à l'exploitation du pétrole de la mer Caspienne qui, avec le gaz, représente une très large part du PIB et l'essentiel des exportations. Mais les réserves restant limitées, une diversification est recherchée.

HISTOIRE

1828. L'Iran cède l'Azerbaïdjan septentrional à la Russie.
1918. Une république indépendante est proclamée.
1920. Elle est occupée par l'Armée rouge.
1991. La république d'Azerbaïdjan, qui faisait partie de l'U.R.S.S., devient indépendante.
Le Karabakh, enclave à majorité arménienne, fait sécession, avec le soutien de l'Arménie.
1993. Les communistes reprennent le pouvoir. Gueïdar Aliev est élu président. L'Arménie occupe le sud-ouest du pays.
2003. Ilham Aliev succède à son père à la présidence.
2005. Inauguration de l'oléoduc Bakou-Tbilissi-Ceyhan.
2008. Ilham Aliev est réélu à l'issue d'un scrutin boycotté par une opposition affaiblie par les atteintes aux libertés.

azilien, enne [aziljɛ̃, -ɛn] **adj.** et **n.m.** (du *Mas-d'Azil*, comm. de l'Ariège). Se dit d'un faciès épipaléolithique (période située entre le paléolithique et le néolithique) caractérisé par des grattoirs courts et des canifs en segment de cercle. ▸ Ce faciès succède au magdalénien vers le VIIIe millénaire.

azimut [azimyt] **n.m.** (ar. *al-samt*, le droit chemin). **1.** Angle que fait le plan vertical passant par un point donné avec le plan méridien du lieu considéré. **2.** *FAM.* **Tous azimuts,** dans toutes les directions : *Publicité tous azimuts.*

Azincourt *(bataille d')* [25 oct. 1415], une des principales défaites françaises de la guerre de Cent Ans, subie à Azincourt (Pas-de-Calais), devant le roi d'Angleterre Henri V.

Aznar López (José María), homme politique espagnol (Madrid 1953). Président du Parti populaire (1990-2004), il a été président du gouvernement de 1996 à 2004.

azoïque [azɔik] **adj.** (de *a-* priv., et du gr. *zôon*, animal). BIOL. **Milieu, couche azoïque,** milieu, couche où il n'y a pas de trace de vie animale.

azote [azɔt] **n.m.** (de *a-* priv., et du gr. *zôê*, vie). **1.** CHIM. Nom courant de la molécule de diazote (N_2). **2.** CHIM. Élément chimique de symbole N, de numéro 7 et de masse atomique 14,01.

azoté, e [azɔte] **adj.** CHIM. Qui contient de l'azote.

azoteux, euse [azɔtø, -øz] **adj.** Se dit de l'acide HNO_2.

Azov *(mer d')*, golfe formé par la mer Noire ; 38 000 km^2. Il s'enfonce entre l'Ukraine et la Russie méridionale, et reçoit le Don.

aztèque [aztɛk] **adj.** Relatif aux Aztèques, à leur civilisation : *L'art aztèque.*

Aztèques, anc. peuple du Mexique, qui, v. 1325, a fondé Tenochtitlán, près de l'actuelle Mexico, et qui domina le pays jusqu'à la conquête espagnole, dirigée par Cortés (1521). Formant une société militaire et conquérante, fortement hiérarchisée et dominée par la religion, ils assimilèrent l'apport culturel (écriture idéographique, arts mineurs, etc.) des peuples qu'ils soumirent. Ils laissent, hors une puissante architecture militaire, peu de vestiges si ce n'est le noyau culturel de leur capitale Tenochtitlán avec les temples jumelés de Huitzilopochtli et Tlaloc. Leur vocation religieuse s'exprime aussi par la sculpture, où réalisme et sévérité sont associés à une accumulation de symboles et à un indéniable sens de la matière (monolithe de Coatlicue, musée de Mexico ; calendrier aztèque ; statue de Quetzalcóatl, musée de l'Homme, Paris).

azur [azyr] **n.m.** (ar. *lâzaward*, persan *lâdjourd*, lapis-lazuli). **1.** *SOUT.* Bleu clair et intense, notamm. celui du ciel. **2.** *LITT.* Le ciel lui-même : *L'oiseau disparut dans l'azur.* **3.** Verre ou émail coloré en bleu par l'oxyde de cobalt. **4.** HÉRALD. La couleur bleue.

azurant [azyrɑ̃] **n.m.** Colorant bleu ou violet, utilisé au cours du blanchiment d'un tissu, d'un papier, d'un linge pour en aviver l'éclat.

azuré, e [azyre] **adj.** *LITT.* De couleur azur.

azyme [azim] **adj.** et **n.m.** (gr. *azumos*, de *zumê*, levain). **1.** Qui est cuit sans levain, en parlant du pain. **2. Pain azyme,** pain non levé, se présentant sous la forme d'une galette, utilisé pour la Pâque juive *(fête des Azymes)* ; pain à hostie.

B

b [be] **n.m. inv. 1.** Deuxième lettre (consonne) de l'alphabet. **2.** MUS. **B,** la note *si* bémol, dans le système de notation germanique ; la note *si* dans le système anglo-saxon. / B2I ⟶ **brevet.** / FAM. **Plan B,** solution de remplacement.

B.A. [bea] **n.f.** (sigle de *bonne action*). Action charitable, généreuse (parfois iron.) : *Faire sa B.A.*

Bâ (Amadou Hampaté), écrivain malien d'expression française (Bandiagara 1901 - Abidjan 1991). Défenseur de la tradition africaine, il a contribué à préserver les trésors de la mémoire populaire en recueillant des récits initiatiques peuls.

Baal, terme signif. « Seigneur » dans les langues ouest-sémitiques. Dans les mythes ougaritiques, il désigne le dieu de l'Orage, de la Pluie, de la Montagne, de la Fécondité. Chez les Phéniciens, le nom de Baal s'applique à des divinités diverses et, dans la Bible, il désigne tous les faux dieux.

Baalbek ou **Balbek,** v. du Liban. Anc. cité syrienne prospère à l'époque romaine, elle conserve d'impressionnants vestiges des IIe et IIIe s. (temples de Jupiter et de Bacchus).

b.a.-ba [beaba] **n.m. inv.** Connaissance élémentaire, premiers rudiments : *Apprendre le b.a.-ba de l'informatique.*

baba [baba] **n.m.** (mot polon.). Gâteau fait avec une pâte levée mélangée de raisins secs, et imbibé, après cuisson, de rhum ou de kirsch.

Bab al-Mandab ou **Bab el-Mandeb** (« porte des pleurs »), détroit entre l'Arabie et l'Afrique, qui unit la mer Rouge au golfe d'Aden.

Babel ***(tour de),*** construction que, selon le livre biblique de la Genèse, les descendants de Noé tentèrent d'élever pour escalader le ciel. Mais la multiplicité des langues que parlaient ces peuples d'origines si diverses les empêcha de s'entendre et fit échouer cette téméraire entreprise.

Babenberg, famille de Franconie qui a régné sur la marche puis le duché (1156) d'Autriche jusqu'à son extinction (1246).

Baber ou **Babur,** fondateur de l'Empire moghol de l'Inde (Andijan 1483 - Agra 1530). Descendant de Tamerlan, il partit de Kaboul pour conquérir l'Inde (1526-1530).

Babeuf (François Noël, dit **Gracchus),** révolutionnaire français (Saint-Quentin 1760 - Vendôme 1797). Il conspira contre le Directoire (« conjuration des Égaux ») et fut exécuté. Sa doctrine *(babouvisme),* qui préconise la collectivisation des terres, est proche du communisme.

babeurre [babœr] **n.m.** (de *bas* et *beurre*). Résidu liquide de la fabrication du beurre, de goût aigre.

babil [babil] **n.m.** (de *babiller*). **1.** Bavardage continuel, enfantin ou futile. **2.** Vocalisations spontanées émises par les nourrissons (syn. **lallation**).

babillage [babijaʒ] **n.m. 1.** Action de babiller : *Un babillage incessant* (syn. **bavardage, jacassement**). **2.** Émissions vocales spontanées des nourrissons (syn. **lallation, babil**).

babiller [babije] **v.i.** (d'une onomat. *bab,* indiquant le mouvement des lèvres). Parler beaucoup et à propos de rien : *Babiller gaiement* (syn. **bavarder, caqueter**).

babine [babin] **n.f.** (d'une onomat. *bab* ; v. *babiller*). **1.** (Surtout au pl.). Lèvre pendante de certains mammifères (chameau, singe, par ex.). **2.** FAM. (Surtout au pl.). Lèvres : *S'essuyer les babines.* **3. Se lécher, se pourlécher les babines,** se délecter à l'avance de qqch.

babiole [babjɔl] **n.f.** (it. *babbola*). Objet sans valeur ; chose sans importance : *Acheter des babioles* (syn. **bricole**). *Se disputer pour des babioles* (syn. **vétille, broutille**).

babiroussa [babirusa] **n.m.** (du malais *babi,* porc, et *rusa,* cerf). Porc sauvage de Célèbes, à canines supérieures très recourbées. ▸ Famille des suidés ; haut. au garrot 50 cm env.

bâbord [babɔr] **n.m.** (néerl. *bakboord,* bord du dos, parce que le pilote manœuvrait en tournant le dos au côté gauche). Côté gauche d'un navire, en regardant vers l'avant (par opp. à *tribord*).

babouche [babuʃ] **n.f.** (ar. *bābūch,* du persan). Chaussure, pantoufle de cuir sans quartier ni talon.

babouin [babwɛ̃] **n.m.** (de *babine*). Singe d'Afrique, du genre cynocéphale, vivant en troupes nombreuses.

baby-boom [bɛbibum] **n.m.** (de l'angl. *baby,* bébé, et *boom,* explosion) [pl. *baby-booms*]. Augmentation brutale de la natalité : *Le baby-boom de l'après-guerre.*

baby-foot [babifut] **n.m. inv.** (de l'angl. *baby,* bébé, et de *foot[ball]*). Football de table comportant des figurines que l'on actionne à l'aide de tiges mobiles.

Babylone, v. de basse Mésopotamie, dont les imposantes ruines, au bord de l'Euphrate, sont à 160 km au sud-est de Bagdad. Sa fondation doit être attribuée aux Akkadiens (2325-2160 av. J.-C.). La Ire dynastie amorrite s'y établit (v. 1894-1881 av. J.-C.). Hammourabi, 6e roi de cette dynastie, en fit sa capitale. Souvent soumise par l'Assyrie, Babylone resta le principal centre intellectuel et religieux de la Mésopotamie. À la fin du VIIe s., une dynastie indépendante, dite *chaldéenne,* s'y établit. Son fondateur, Nabopolassar, prit part avec les Mèdes à la ruine de l'Assyrie. Son fils, Nabuchodonosor II, conquit Jérusalem (587 av. J.-C.) et déporta une grande partie de ses habitants. De son règne datent les principaux monuments de Babylone. La ville fut prise par Cyrus II (539), qui fit de la Babylonie une province de l'Empire perse. Xerxès démantela Babylone après sa révolte. Alexandre la choisit comme capitale de l'Asie et y mourut en 323 av. J.-C. Babylone déclina après la fondation de Séleucie sur le Tigre.
De plan rectangulaire, la cité du Ier millénaire était entourée de fortifications colossales. Ouvrant la voie processionnelle, la porte d'Ishtar (reconstituée à Berlin) était la plus importante. Un revêtement de briques émaillées en formait le décor.

baby-sitter [bɛbisitœr] ou [babi-] **n.** (mot angl., de *baby,* bébé, et *to sit,* surveiller) [pl. *baby-sitters*]. Personne payée pour garder un, des enfants en l'absence de leurs parents.

baby-sitting [bɛbisitiŋ] ou [babi-] **n.m.** (pl. *baby-sittings*). Activité d'un, d'une baby-sitter.

bac [bak] **n.m.** (lat. pop. **baccus,* récipient). **1.** Bateau large et plat assurant la traversée d'un cours d'eau, d'un lac, pour les voyageurs, les véhicules, etc. **2.** Récipient, souvent de forme rectangulaire, servant à divers usages : *Laver son linge dans un bac* (syn. **cuve, bassin**). *Bac à légumes d'un réfrigérateur. Bac de teinture.* **3. Bac à glace,** dans un réfrigérateur, récipient cloisonné utilisé pour permettre la formation de cubes de glace.

baccalauréat [bakalɔrea] **n.m.** (lat. médiév. *baccalaureatus,* de *baccalarius,* bachelier, refait d'après *bacca lauri,* baie de laurier). Examen sanctionné par un diplôme qui marque le terme des études secondaires (abrév. *bac ;* fam. et vieilli *bachot*).

baccara [bakara] **n.m.** (orig. obsc.). Jeu de cartes qui se joue entre un banquier et des joueurs appelés *pontes.*

baccarat [bakara] **n.m.** Cristal de la manufacture de Baccarat, en France : *Des verres en baccarat.*

bacchanale [bakanal] **n.f.** (lat. *Bacchanalia,* du gr. *Bakkhos,* Bacchus). VIEILLI, LITT. Fête tournant à la débauche, à l'orgie. ◆ **bacchanales n.f. pl.** ANTIQ. Fêtes en l'honneur de Bacchus ; mystères dionysiaques.

bacchante [bakɑ̃t] **n.f.** (lat. *bacchans, -antes*). Prêtresse du culte de Bacchus.

Bacchus, nom donné tardivement à Dionysos, dieu grec du Vin, et utilisé préférentiellement par les Romains. À partir du IVe s. av. J.-C., les mystères dionysiaques pénétrèrent à Rome sous la forme des bacchanales.

Bach, nom d'une famille de musiciens allemands. Le plus illustre, **Johann Sebastian** ou **Jean-Sébastien** (Eisenach 1685 - Leipzig 1750), est sans doute le plus grand génie de la musique occidentale. Il a laissé une œuvre immense, à la fois puissamment originale et synthèse de la musique de son temps, mais aussi aboutissement de plus de trois siècles d'histoire musicale en Occident, en même temps que source de références pour bien des maîtres des XIXe et XXe s. (Beethoven, Liszt, Schönberg, Stravinski). Bach fit de brillantes études générales et ses études musicales avec son frère. En 1703, il est nommé organiste à St-Boniface d'Arnstadt, où il compose ses premières œuvres religieuses et des pages pour clavier. Il s'essaie aussi à la toccata, au prélude et à la fugue. De 1708 à 1717, il est musicien de chambre et organiste à la cour de Weimar, où il compose ses premières grandes œuvres pour orgue et plusieurs cantates. En 1717, il va à Köthene où, jusqu'en 1723, il dirigera l'orchestre du prince Leopold d'Anhalt. Il y compose beaucoup de musique instrumentale (suites, sonates, etc.). En 1723, il accepte le poste de cantor de l'église St-Thomas de Leipzig, où il restera jusqu'à sa mort. Là, outre des fonctions d'enseignement, il est chargé de la musique de l'église mais aussi de celle de la ville.
De ses deux mariages, il eut 20 enfants, dont quatre devinrent également compositeurs : Wilhelm Friedemann (1710-1784), Carl Philipp Emanuel (1714-1788), Johann Christoph Friedrich (1732-1795) et Johann Christian ou Jean-Chrétien (1735-1782). J.-S. Bach a touché à tous les genres, sauf à l'opéra. Toute sa musique est fonctionnelle et de commande ; elle correspond aux trois aspects de sa carrière : le musicien d'église, l'homme de cour, le professeur.
Musique sacrée. D'inspiration luthérienne, elle comporte :
– des *œuvres vocales :* chorals harmonisés, oratorios, Passions (saint Jean, 1723 ; saint Matthieu, 1729), motets ; environ 200 cantates d'église et des cantates profanes ; deux œuvres qui relèvent du culte catholique : un *Magnificat* (1723) et une *Messe en « si » mineur* (1724-1747) ;
– des *œuvres instrumentales :* il privilégie notamment l'orgue, pour lequel il écrit la célèbre *Toccata et fugue en « ré » mineur* (1708), mais aussi 145 chorals *(Orgelbüchlein),* 50 préludes ou toccatas, ou fantaisies et fugues, partitas et variations.
Musique profane. Elle concerne surtout le clavier (clavecin) : inventions et symphonies, suites françaises, suites anglaises, partitas, 2 vol. du *Clavier bien tempéré* (I : 1722 ; II : 1744), *Variations Goldberg* (1742), *Concert dans le goût italien* (1735), *Fantaisie chromatique et fugue ;* des concertos originaux ou transcrits. On trouve également plusieurs recueils de musique de chambre et de musique pour orchestre (*6 Concertos brandebourgeois* [1721] ; 4 suites).
Le théoricien a donné toute la mesure de sa science de l'écriture avec les *Variations canoniques, l'Offrande musicale* (1747), *l'Art de la fugue* (1748-1750).

bâche [bɑʃ] **n.f.** (anc. fr. *baschoe,* du lat. *bascauda,* baquet). **1.** Toile épaisse et imperméabilisée ; pièce formée de cette toile servant à protéger des intempéries : *Mettre une bâche sur sa voiture en hiver.* **2.** Caisse à châssis vitrés, abritant de jeunes plantes.

Bachelard (Gaston), philosophe français (Bar-sur-Aube 1884 - Paris 1962). Il est l'auteur d'une épistémologie historique et d'une psychanalyse de la connaissance scientifique (*la Formation de l'esprit scientifique,* 1938). Il a analysé certains concepts préscientifiques pour fonder la notion de scientificité, qui repose sur un substrat souvent affectif, mais néanmoins fort. On doit également à Bachelard des analyses de l'imaginaire poétique, pour lequel il a établi une classification des symboles poétiques (*l'Eau et les Rêves,* 1942 ; *la Poétique de l'espace,* 1957).

bachelier, ère [baʃəlje, -ɛr] **n.** (lat. médiév. *baccalarius*). Personne qui a obtenu le baccalauréat.

bâcher [bɑʃe] **v.t.** Couvrir d'une bâche.

bachique [baʃik] **adj. 1.** Relatif à Bacchus, à son culte : *Fête bachique.* **2.** LITT. Qui évoque une bacchanale ; qui célèbre le vin, l'ivresse : *Poème bachique.*

Bachkortostan ou **Bachkirie,** république autonome de la Fédération de Russie, dans l'Oural méridional ; 4 072 102 hab. *(Bachkirs).* CAP. *Oufa.* Pétrole.

bachotage [baʃɔtaʒ] **n.m.** FAM. Action de bachoter.

bachoter [baʃɔte] **v.i.** (de *bachot,* abrév. fam. de *baccalauréat*). FAM. Préparer le programme d'un examen (baccalauréat, notamm.) ou d'un concours intensivement, dans le seul souci d'être reçu, sans viser à une formation de fond.

bacillaire [basilɛr] **adj.** Relatif aux bacilles, spécial. à leur morphologie. ◆ **adj.** et **n.** Se dit d'un malade atteint de tuberculose pulmonaire, pendant la phase contagieuse de la maladie.

bacille [basil] **n.m.** (lat. *bacillus,* bâtonnet). Bactérie, le plus souvent pathogène, ayant la forme d'un bâtonnet (simple ou articulé) : *Le bacille de Koch.*

bâcler [bɑkle] **v.t.** (lat. pop. **bacculare,* du class. *baculum,* bâton). Faire à la hâte et sans précaution : *Bâcler un travail* (syn. **expédier ;** contr. **soigner**).

bacon [bekɔn] **n.m.** (mot angl., « lard », de l'anc. fr.). **1.** Pièce de carcasse de porc désossée, salée et fumée, débitée en tranches minces, en Grande-Bretagne. **2.** Filet (noix) de porc salé et fumé, découpé en tranches minces, en France.

Bacon (Francis), *baron* **Verulam,** chancelier d'Angleterre sous Jacques Ier et philosophe (Londres 1561 - *id.* 1626). Son ouvrage *la Grande Reconstitution* (1623) développe une théorie empiriste de la connaissance et son *Novum Organum* (1620) propose une classification des sciences. Son système réside essentiellement dans la substitution d'une nouvelle logique, expérimentale et inductive, à l'ancienne, qui reposait sur les notions a priori et sur la déduction. Il propose, à l'inverse de l'ancienne méthode, de partir des sensations et des petits faits, pour arriver aux lois les plus générales. Il écrit qu'il faut partir de l'expérimentation pour comprendre la nature. Or, et c'est là l'apport le plus original de Bacon, il affirme qu'on doit fixer préalablement les règles de l'expérimentation pour arriver à la vraie science, la « science des causes ». La loi générale est ainsi l'induction dite « amplifiante », celle qui permet valablement de dépasser les seuls faits immédiats pour accéder aux causes.

Bacon (Francis), peintre britannique (Dublin 1909 - Madrid 1992). Exprimant l'inadaptation des êtres par des déformations violentes et par l'acidité de la couleur, il a beaucoup influencé, notamment, la nouvelle figuration internationale des années 1960.

Bacon (Roger), philosophe anglais, surnommé **le Docteur admirable** (Ilchester, Somerset, ou Bisley, Gloucester, v. 1220 - Oxford 1292). Il est l'un des plus grands savants du Moyen Âge. Le premier, il s'aperçut que le calendrier julien était erroné. Il signala les points vulnérables du système de

Ptolémée et préconisa la science expérimentale. Il a décrit plusieurs inventions mécaniques : bateaux, voitures, machines volantes. Il pense que la science est en progrès constant : tout en restant attentif à la pensée aristotélicienne, il s'efforce de la dépasser, notamment par le recours à la méthode expérimentale.

bactérie [bakteri] **n.f.** (gr. *baktêria,* bâton). Micro-organisme dont la cellule ne comporte pas de noyau et dont il existe de nombreuses formes (bacilles, vibrions, spirilles, etc.).

■ Les bactéries mesurent général. entre 0,5 et 100 micromètres. Elles peuvent être de forme allongée (bacilles), sphérique (cocci), spiralée (spirilles). Elles sont toutes constituées d'une cellule unique dépourvue de noyau et de tout autre organite : ce sont des cellules *procaryotes,* ce qui les distingue de tous les autres êtres vivants, *eucaryotes*. Cette cellule est entourée par une membrane lipidique doublée par une paroi plus ou moins épaisse constituée de glucides. Le matériel génétique est composé d'une seule molécule d'ADN, refermée sur elle-même en cercle, qui flotte dans le cytoplasme.
Habitat. On trouve des bactéries dans tous les milieux, y compris ceux où règnent des conditions extrêmes, telles les sources chaudes (plus de 100 °C). Elles sont nombreuses dans les sols, où elles jouent un rôle essentiel de recyclage des débris végétaux et animaux, et dans les eaux douces. Beaucoup vivent aussi en symbiose avec des organismes hôtes (plantes, champignons, animaux), comme par exemple *Escherichia coli* dans l'intestin humain, mais d'autres sont des parasites qui provoquent des maladies.
Nutrition. Certaines bactéries captent l'énergie lumineuse (bactéries *phototrophes*), d'autres (les bactéries *chimiotrophes*) celle contenue dans des substances minérales ou des molécules organiques issues d'êtres vivants (y compris les déchets rejetés par ceux-ci et les cadavres). Certaines trouvent leur nourriture carbonée directement dans le gaz carbonique de l'air, d'autres dans des glucides et des lipides élaborés par d'autres êtres vivants. De même, tandis que certaines bactéries utilisent l'azote gazeux atmosphérique, d'autres exploitent les déchets azotés issus des êtres vivants (urée, par exemple), les protéines végétales ou animales, ou tirent l'azote de l'ammoniaque ou des nitrates du sol. Grâce à leurs modes de nutrition variés, les bactéries jouent dans la nature un rôle capital en assurant un brassage continuel de la matière (passage du minerai à l'organique et inversement), entre le sol, l'atmosphère et les autres êtres vivants.
Reproduction. Les bactéries se reproduisent par simple division en deux de leur cellule *(scissiparité).* Elles peuvent également échanger du matériel génétique *(conjugaison)* pour brasser leurs gènes. Les bactéries ont un pouvoir de multiplication considérable : dans des conditions idéales, elles peuvent se diviser toutes les 20 minutes. ■

bactérien, enne [bakterjɛ̃, -ɛn] **adj.** Relatif aux bactéries ; dû aux bactéries : *Contamination bactérienne.*

bactériologie [bakterjɔlɔʒi] **n.f.** Partie de la microbiologie qui étudie les bactéries. ◆ **bactériologiste n.** Nom du spécialiste.

bactériologique [bakterjɔlɔʒik] **adj. 1.** Relatif à la bactériologie : *Analyse bactériologique.* **2. Arme, guerre bactériologique,** arme, guerre qui utilise les bactéries vectrices de maladies contagieuses.

Bactriane, anc. région de l'Asie centrale, dans le N. de l'Afghanistan, qui avait Bactres (auj. Balkh) pour capitale. Satrapie de l'Empire perse puis séleucide, siège d'un royaume grec (IIIe-IIe s. av. J.-C.), le pays a joué un rôle commercial important sur la route de la soie reliant l'Occident à la Chine.

badaud, e [bado, -od] **n.** et **adj.** (prov. *badau,* de *badar,* regarder bouche bée). Passant, promeneur dont la curiosité est facilement séduite par un spectacle improvisé, un événement plus ou moins important de la rue.

Bade, en all. **Baden,** anc. État de l'Allemagne rhénane, auj. partie du Bade-Wurtemberg. Margraviat en 1112, grand-duché en 1806, république en 1919.

Baden-Powell (Robert, *baron***),** général britannique (Londres 1857 - Nyeri, Kenya, 1941), fondateur du scoutisme (1907).

baderne [badɛrn] **n.f.** (orig. obsc.). FAM. **Baderne, vieille baderne,** homme (spécial., militaire) borné et rétrograde.

Bade-Wurtemberg, Land du sud-ouest de l'Allemagne ; 35 751 km^2 ; 10 486 660 hab. CAP. *Stuttgart.*

badge [badʒ] **n.m.** (mot angl. « insigne »). **1.** Insigne distinctif muni d'une inscription ou d'un dessin et porté en broche. **2.** INFORM. Document d'identité codé, lisible par des appareils spéciaux appelés *lecteurs de badge.*

badiane [badjan] **n.f.** (persan *bâdyân,* anis). Arbuste originaire du Viêt Nam, dont le fruit, appelé *anis étoilé,* contient une essence odorante utilisée pour la fabrication de boissons anisées. ▸ Famille des magnoliacées.

badigeon [badiʒɔ̃] **n.m.** (orig. obsc.). Enduit à base de lait de chaux, souvent coloré, pour le revêtement des murs, des façades, etc.

badigeonner [badiʒɔne] **v.t. 1.** Peindre avec du badigeon : *Badigeonner un mur.* **2.** Enduire d'une préparation pharmaceutique : *Badigeonner la gorge d'un patient.*

badin, e [badɛ̃, -in] **adj.** (mot prov. « sot », de *badar,* regarder bouche bée). LITT. Qui aime à rire, à plaisanter ; d'une gaieté légère : *Un ton badin* (syn. **léger**).

badinage [badinaʒ] **n.m.** LITT. Action de badiner ; propos badin, attitude badine : *Un badinage galant* (= marivaudage).

badine [badin] **n.f.** (orig. obsc.). Baguette mince et flexible qu'on tient à la main.

badiner [badine] **v.i.** (de *badin*). Prendre les choses légèrement ; plaisanter : *Il aime badiner* (syn. **blaguer**). ◆ **v.t. ind. [avec, sur].** (Surtout en tournure nég.). Plaisanter à propos de qqch ; prendre qqch à la légère : *« On ne badine pas avec l'amour », pièce d'Alfred de Musset.*

Badinter (Robert), avocat français (Paris 1928). Garde des Sceaux, ministre de la Justice (1981 - 1986), il a fait voter l'abolition de la peine de mort (9 oct. 1981). Il a été président du Conseil constitutionnel de 1986 à 1995 et sénateur des Hauts-de-Seine de 1995 à 2011.

badminton [badmintɔn] **n.m.** (mot angl.). Jeu de volant pratiqué sur un court, apparenté au tennis.

baffe [baf] **n.f.** (d'un rad. onomat. *baf* exprimant l'idée de *boursouflure*). FAM. Gifle.

Baffin *(île de),* grande île de l'archipel Arctique canadien (env. 470 000 km^2), séparée du Groenland par la *mer de Baffin.*

baffle [bafl] **n.m.** (mot angl. « écran »). **1.** TECHN. Écran rigide, monté sur un haut-parleur, limitant les effets d'interférence sonore entre les deux faces de la membrane. **2.** Enceinte acoustique.

bafouer [bafwe] **v.t.** (de l'onomat. *baf ;* v. *baffe*) [conj. **6**]. Se moquer avec une intention outrageante : *Il m'a bafoué devant tous* (syn. **outrager**). *Bafouer l'autorité publique.*

bafouillage [bafujaʒ] **n.m.** FAM. Action de bafouiller ; élocution embrouillée : *Le bafouillage d'un orateur.*

bafouiller [bafuje] **v.i.** et **v.t.** (orig. incert., p.-ê. de l'onomat. *baf ;* v. *baffe*). FAM. Parler d'une manière inintelligible, embarrassée : *Bafouiller des excuses* (syn. **balbutier, bredouiller**). *Un timide qui bafouille.*

bâfrer v.i., se **bâfrer** [bafre] **v.pr.** (de l'onomat. *baf ;* v. *baffe*). FAM. Manger avidement et avec excès (syn. **se gaver, s'empiffrer**).

bâfreur, euse [bɑfrœr, -øz] **n.** FAM. Personne qui aime bâfrer ; glouton.

bagage [bagaʒ] **n.m.** (de l'angl. *bag,* sac ou du scand. *baggi,* paquets). **1.** Sac, valise contenant les affaires que l'on emporte avec soi en voyage : *Bagage à main.* **2.** (Surtout au pl.). Ensemble des affaires, des objets que l'on emporte avec soi en voyage : *Préparer, faire ses bagages.* **3.** Ensemble des connaissances acquises dans un domaine : *Bagage littéraire.* **4. Partir avec armes et bagages,** partir en emportant tout. / FAM. **Plier bagage,** partir rapidement.

bagagiste [bagaʒist] **n.** Employé dans un hôtel, une gare, un aéroport, chargé de porter les bagages. ◆ **n.m.** Industriel fabriquant des bagages.

bagarre [bagar] **n.f.** (prov. *bagarro,* tumulte). **1.** Querelle violente accompagnée de coups, entre plusieurs personnes : *Un ivrogne a provoqué une bagarre au café* (syn. **altercation, rixe**). **2.** Vive compétition, lutte : *Bagarre politique* (syn. **combat, bataille**). **3. Chercher la bagarre,** aller au-devant des coups ; chercher querelle.

bagarrer [bagare] **v.i.** FAM. Lutter pour atteindre un but : *Elle a beaucoup bagarré pour obtenir ce rôle* (syn. **se battre**). ◆ **se bagarrer v.pr. 1.** Prendre une part active dans une bagarre ; se battre : *Mon fils s'est encore bagarré à la récréation.* **2.** Déployer de l'énergie, lutter pour qqch : *Elle s'est bagarrée pour avoir gain de cause.*

bagarreur, euse [bagarœr, -øz] **adj.** et **n.** FAM. Qui aime la bagarre ; combatif : *Il est bagarreur* (syn. **batailleur**).

bagatelle [bagatɛl] **n.f.** (it. *bagatella,* tour de bateleur). **1.** Chose, objet de peu de valeur : *Acheter des bagatelles* (syn. **babiole**). *Puni pour une bagatelle* (syn. **broutille, vétille**). **2.** FAM. **La bagatelle,** l'amour physique : *Être porté sur la bagatelle.* **3. La bagatelle de,** la somme de (souvent iron., en parlant d'une somme importante).

Bagdad, cap. de l'Iraq, sur le Tigre ; 6 483 000 hab. dans l'agglomération. Monuments des XIIIe-XIVe s. Iraq Museum, comprenant le plus riche ensemble d'œuvres se rattachant à la Mésopotamie. La ville connut sa plus grande prospérité comme capitale des Abbassides (VIIIe- XIIIe s.) et fut détruite par les Mongols en 1258. Depuis les années 1980, son rôle et ses activités sont gravement affectés par une succession de conflits (1980-1988, 1991, et depuis 2003).

baggy [bagi] **n.m.** et **adj. inv.** (mot anglo-amér.). (pl. *baggys* ou *baggies*). Pantalon taillé ample, qui se porte bas sur les hanches : *Des jeans baggy.*

bagnard [baɲar] **n.m.** Personne purgeant une peine de bagne (syn. **forçat**).

bagne [baɲ] **n.m.** (it. *bagno,* bain, d'après un établissement de bains où l'on détenait, à Constantinople, les chrétiens destinés aux galères). **1.** Établissement, lieu où était subie la peine des travaux forcés ou de la relégation ; la peine elle-même : *Bagne de Toulon. Vingt ans de bagne.* ▸ Les bagnes coloniaux ont été définitivement supprimés en 1942 et les travaux forcés remplacés par la réclusion. **2.** Lieu où l'on est astreint à un travail, à une activité très pénible : *Cette usine, c'est le bagne !*

bagnole [baɲɔl] **n.f.** (de *banne,* tombereau, avec influence de *carriole*). FAM. Automobile.

bagout [bagu] **n.m.** (de *bagouler,* parler inconsidérément). FAM. Grande facilité de parole : *Avoir du bagout.*

baguage [bagaʒ] **n.m.** Opération consistant à baguer un oiseau, un arbre, un axe de machine.

bague [bag] **n.f.** (néerl. *bagge,* anneau). **1.** Anneau, orné ou non d'une pierre, que l'on porte au doigt : *Une bague de fiançailles.* **2.** Objet en forme d'anneau : *Bague de cigare.* **3.** MÉCAN. Pièce annulaire assurant la fixation, le serrage, etc., génér. autour d'un axe : *Bague de roulement.* **4.** ORNITH. Anneau fixé sur la patte d'un oiseau, notamm. pour étudier ses déplacements. **5.** FAM. **Avoir la bague au doigt,** être marié. / MÉD. **Bague tuberculinique,** bague munie de fines pointes servant à pratiquer une cuti-réaction.

bagué, e [bage] **adj. 1.** Garni d'une bague, d'un anneau : *Doigts bagués d'or.* **2.** ARCHIT. **Colonne baguée,** dont le fût est orné de bandes circulaires en saillie (syn. **annelé**).

baguenauder [bagnode] **v.i.** (du prov. *baganaudo,* niaiserie). FAM. Se promener en perdant son temps : *Passer sa vie à baguenauder* (syn. **flâner**). ◆ **se baguenauder v.pr.** FAM. Se promener sans but : *Elle est partie se baguenauder.*

baguer [bage] **v.t. 1.** Garnir d'une bague : *Un cigare bagué d'or.* **2.** Identifier, marquer un oiseau au moyen d'une bague fixée à l'une des pattes. **3.** HORTIC. Faire une incision annulaire à une plante pour arrêter la descente de la sève.

baguette [bagɛt] **n.f.** (it. *bacchetta,* dimin. de *bacchio,* bâton, lat. *baculum*). **1.** Petit bâton mince, plus ou moins long et flexible : *Baguette de chef d'orchestre. Frapper un animal avec une baguette* (syn. **badine**). *Baguettes de tambour* (syn. **mailloche**). **2.** Pain long d'environ 250 g. **3.** Bâton, souvent de coudrier, avec lequel les sourciers, les radiesthésistes prétendent découvrir des sources, des objets perdus ou cachés. **4.** ARCHIT., MENUIS. Petite moulure, souvent arrondie, servant à décorer, masquer un joint, etc. **5.** FAM. **Cheveux en baguettes de tambour,** cheveux raides. / **D'un coup de baguette magique,** comme par enchantement : *Le travail ne se fera pas d'un coup de baguette magique.* / **Marcher à la baguette,** obéir sans discussion. / **Mener, faire marcher qqn à la baguette,** diriger qqn avec une autorité intraitable.

bah [ba] **interj.** (onomat.). Exprime l'étonnement, le doute, l'indifférence : *Bah ! ne pleure pas, ce n'est rien !*

Bahamas, anc. **Lucayes,** État insulaire de l'Atlantique, au sud-est de la Floride ; 13 900 km² ; 377 000 hab. CAP. *Nassau.* LANGUE : *anglais.* MONNAIE : *dollar des Bahamas.*

GÉOGRAPHIE

L'archipel, formé de calcaires coralliens, comprend environ 700 îles ou îlots et 2 000 rochers qui émergent d'un plateau n'atteignant pas 100 m de profondeur. Les îles principales sont : Grand Bahama et New Providence. L'archipel vit essentiellement du tourisme, qui a provoqué le déclin de l'agriculture. L'industrialisation est récente. Le rôle de place financière (pour les banques américaines) s'est développé avec l'exonération de taxes.

HISTOIRE

1492. Christophe Colomb arrive dans le Nouveau Monde à l'île « San Salvador », l'une des Lucayes.

1973. Occupé par les Anglais depuis le début du XVIIe s., l'archipel accède à l'indépendance.

Bahia, État du nord-est du Brésil ; 567 000 km² ; 13 633 969 hab. CAP. *Salvador.*

Bahreïn ou **Bahrayn** ***(îles),*** archipel et État du golfe Persique, près de la côte d'Arabie (relié à l'Arabie saoudite par un pont depuis 1986) ; 660 km² ; 1 332 000 hab. CAP. *Manama.* LANGUE : *arabe.* MONNAIE : *dinar de Bahreïn.* Les deux îles principales sont celle de Bahreïn proprement dite, où se trouve la capitale, Manama, et la petite île voisine de Muharraq, qui lui est reliée par une jetée. Partagée entre chiites (majoritaires) et sunnites (dominant politiquement), cette oasis possède un peu de pétrole et du gaz naturel. Les hydrocarbures ont favorisé l'industrialisation et l'accession au rang de place bancaire internationale. Protectorat britannique en 1914, il acquiert son indépendance en 1971. En 2002, l'émirat devient une monarchie constitutionnelle, et les premières élections depuis 1973 sont organisées. À partir de 2011, l'opposition chiite tente avec peine de contester le pouvoir qui réagit par la répression avec le soutien de l'Arabie saoudite.

bahut [bay] **n.m.** (orig. obsc.). **1.** Buffet rustique long et bas. **2.** Coffre de voyage, au Moyen Âge. **3.** *ARG. SCOL.* Lycée, collège.

bai, baie [bɛ] **adj.** (lat. *badius,* brun). Dont la robe est brun roussâtre et dont les crins et l'extrémité des membres sont noirs, en parlant d'un cheval. ◆ **n.m.** Cheval bai.

1. baie [bɛ] **n.f.** (de *bayer*). Échancrure du littoral plus ou moins ouverte ; grand golfe : *Baie d'Hudson, au Canada.*

2. baie [bɛ] **n.f.** (lat. *baca*). Fruit charnu sans noyau, à graines ou à pépins : *Les raisins, les groseilles sont des baies.*

3. baie [bɛ] **n.f.** (de *bayer*). Ouverture, fermée ou non, d'une façade (arcade, fenêtre, porte) : *Baie vitrée.*

baignade [beɲad] **n.f. 1.** Action de se baigner : *Baignade interdite.* **2.** Endroit d'une rivière où l'on peut se baigner : *Aménager une baignade.*

baigner [beɲe] **v.t.** (bas lat. *balneare,* du class. *balneum,* bain). **1.** Plonger et tenir totalement ou partiellement dans l'eau, un liquide, notamm. pour laver, soigner : *Baigner un enfant. Baigner son doigt dans l'eau salée* (syn. **tremper**). **2.** Humecter, mouiller : *Baigner ses tempes d'eau fraîche.* **3.** Border de ses eaux : *La Méditerranée baigne la Provence.* **4.** *LITT.* Envelopper, imprégner : *Lumière qui baigne un paysage.* ◆ **v.i. 1.** Être immergé dans, être mouillé par un liquide : *Un rôti baignant dans son jus.* **2.** Être enveloppé par, imprégné de : *Depuis ce succès, elle baigne dans la joie* (syn. **nager**). **3. Baigner dans son sang,** être couvert du sang de ses blessures. / *FAM.* **Ça baigne, tout baigne,** ça va, ça marche bien. ◆ **se baigner v.pr.** Prendre un bain.

baigneur, euse [beɲœr, -øz] **n.** Personne qui se baigne. ◆ **baigneur n.m.** Jouet d'enfant figurant un bébé (syn. **poupon**).

baignoire [beɲwar] **n.f. 1.** Appareil sanitaire dans lequel on prend des bains. **2.** Loge de rez-de-chaussée, dans un théâtre. **3.** MAR. Partie supérieure d'un kiosque de sous-marin, qui sert de passerelle.

Baïkal, lac de Russie, en Sibérie, qui se déverse dans l'Ienisseï par l'Angara ; 31 500 km^2 ; longueur 640 km ; profondeur maximale 1 620 m. Il est gelé 6 mois par an.

Baïkonour *(cosmodrome de),* base de lancement d'engins spatiaux et de missiles intercontinentaux, située près de la ville de Tiouratam, dans le Kazakhstan, à 400 km au S.-O. de Baïkonour.

bail [baj] **n.m.** (de *bailler*) [pl. *baux*]. **1.** Convention par laquelle un bailleur donne la jouissance d'un bien meuble ou immeuble à qqn pour un prix et un temps déterminés ; contrat qui constate le bail : *Signer un bail.* **2. Bail commercial,** bail d'un local à usage artisanal, commercial ou industriel. / *FAM.* **Ça fait, il y a un bail,** il y a longtemps.

bâillement [bɑjmɑ̃] **n.m. 1.** Action de bâiller : *Réprimer un bâillement.* **2.** Fait de bâiller, d'être entrouvert ; ouverture d'une chose qui bâille : *Bâillement d'un col de chemise.*

bailler [baje] **v.t.** (lat. *bajulare,* porter sur le dos, donner). **1.** *VX.* Donner. **2. La bailler bonne, la bailler belle à qqn,** lui en faire accroire.

bâiller [bɑje] **v.i.** (lat. pop. **bataculare,* de **batare* ; v. *béer*). **1.** Ouvrir largement et involontairement la bouche, de sommeil, de faim, d'ennui ou de fatigue. **2.** Présenter une ouverture ; être mal fermé, mal ajusté : *Porte qui bâille.*

bailleur, eresse [bajœr, bajrɛs] **n. 1.** DR. Personne qui donne à bail (par opp. à *preneur*). **2. Bailleur de fonds,** celui qui fournit de l'argent pour une entreprise.

bâilleur, euse [bɑjœr, -øz] **n.** Personne qui bâille.

bailli [baji] **n.m.** (anc. fr. *baillir,* administrer). HIST. Agent du roi qui était chargé de fonctions administratives et judiciaires. ▸ À partir du XIVe s., les pouvoirs des baillis s'amenuisèrent.

bailliage [bajaʒ] **n.m.** HIST. **1.** Circonscription administrative et judiciaire d'un bailli. **2.** Tribunal du bailli.

bâillon [bɑjɔ̃] **n.m.** (de *bâiller*). Bandeau, tissu, objet qu'on met sur ou dans la bouche de qqn pour l'empêcher de crier.

bâillonnement [bɑjɔnmɑ̃] **n.m.** Action de bâillonner.

bâillonner [bɑjɔne] **v.t. 1.** Mettre un bâillon à : *Bâillonner un prisonnier.* **2.** Mettre dans l'impossibilité de s'exprimer : *Bâillonner la presse* (syn. **museler**).

Bailly (Jean Sylvain), astronome et homme politique français (Paris 1736 - *id.* 1793). Doyen du tiers état, il lit le serment du Jeu de paume (20 juin 1789). Maire de Paris (1789-1791), il fit tirer sur les manifestants assemblés au Champ-de-Mars pour demander l'abdication du roi (juill. 1791). Arrêté en 1793, il fut exécuté.

bain [bɛ̃] **n.m.** (lat. pop. **baneum,* class. *balneum*). **1.** Action de se baigner, de baigner qqn, qqch : *Prendre un bain. Produits pour le bain.* **2.** Eau, liquide dans lesquels on se baigne, on baigne qqn, qqch, une partie du corps, etc. : *Faire couler un bain. Bain tiède.* **3.** Solution, préparation dans laquelle on immerge qqch pour le soumettre à une opération quelconque ; récipient contenant cette solution : *Bain colorant. Bain de fixage en photographie.* **4.** Exposition, immersion dans un milieu quelconque : *Bain de soleil. Bain de boue.* **5.** Partie d'une piscine désignée selon la profondeur : *Petit bain. Grand bain* (syn. **bassin**). **6. Bain de bouche,** solution antiseptique pour les soins de la bouche. / **Bain de foule,** contact direct avec un grand nombre de personnes. / **Être, mettre qqn dans le bain,** être initié, initier qqn à un travail, à une affaire ; être compromis, compromettre qqn. / **Se remettre dans le bain,** reprendre contact avec qqch, un milieu, etc. ◆ **bains n.m. pl.** Établissement public où l'on prend des bains, des douches.

bain-marie [bɛ̃mari] **n.m.** (terme d'alchimie, de *Marie,* sœur de Moïse, considérée comme une alchimiste) [pl. *bains-marie*]. **1.** Eau bouillante dans laquelle on plonge un récipient contenant un aliment, une préparation à chauffer doucement, sans contact direct avec le feu : *Cuisson au bain-marie.* **2.** Récipient à deux compartiments concentriques pour la cuisson au bain-marie.

baïonnette [bajɔnɛt] **n.f.** (de *Bayonne,* où cette arme fut mise au point). **1.** Lame effilée qui s'adapte au bout d'un fusil. **2.** Dispositif de fixation qui évoque celui d'une baïonnette : *Douille à baïonnette d'une lampe.*

baisemain [bɛzmɛ̃] **n.m.** Geste de respect ou de civilité consistant à effleurer d'un baiser la main d'une femme ou d'un souverain.

baisement [bɛzmɑ̃] **n.m.** RELIG. Baiser rituel à un objet sacré.

1. baiser [beze] **v.t.** (lat. *basiare*). **1.** Donner un baiser, poser ses lèvres sur : *Baiser le front de qqn* (syn. **embrasser**). **2.** *T. FAM.* Avoir des relations sexuelles avec qqn. **3.** *T. FAM.* Duper, tromper ou surprendre : *Il s'est fait baiser* (syn. **avoir, rouler**).

2. baiser [beze] **n.m. 1.** Action de poser ses lèvres sur qqn, qqch en signe d'amour, d'affection, de respect, etc. ; mouvement des lèvres résultant de cette action ou l'imitant : *Couvrir qqn de baisers. Envoyer des baisers.* **2. Baiser de Judas,** démonstration d'affection hypocrite.

baisse [bɛs] **n.f.** Action, fait de baisser, de descendre : *Baisse des prix* (syn. **diminution** ; contr. **augmentation, hausse**). *Baisse du pouvoir d'achat* (syn. **abaissement**).

baisser [bese] **v.t.** (lat. pop. **bassiare,* de *bassus,* bas). **1.** Mettre, faire descendre plus bas : *Baisser un store.* **2.** Diriger vers le bas une partie du corps : *Baisser la tête* (syn. **incliner**). *Baisser les yeux.* **3.** Diminuer la force, l'intensité, la hauteur, la valeur de qqch : *Baisser la voix.* ◆ **v.i. 1.** Venir à un point inférieur : *Le niveau de la rivière baisse en été* (syn. **décroître**). **2.** Diminuer de valeur, de prix, d'intensité : *Les actions baissent* (contr. **monter**). *Les prix baissent* (contr. **augmenter**). **3.** S'affaiblir : *Ses facultés intellectuelles baissent* (syn. **décliner, faiblir**). ◆ **se baisser v.pr.** S'incliner, se courber : *Se baisser pour ramasser qqch* (syn. **se pencher**).

baissier, ère [besje, -ɛr] **n.** Personne qui, à la Bourse, spécule sur la baisse (par opp. à *haussier*). ◆ **adj.** Relatif à la baisse des cours : *Tendance baissière.*

Bajazet, nom français de Bayezid (1612 - Istanbul 1635), fils du sultan ottoman Ahmed Ier. Sa vie a inspiré à Racine sa tragédie de *Bajazet* (1672).

Ba Jin ou **Pa Kin,** écrivain chinois (Chengdu 1904 - Shanghai 2005). Il décrit les transformations sociales de la Chine *(Famille).*

bajoue [baʒu] **n.f.** (de *bas* et *joue*). **1.** Partie latérale de la tête de certains animaux (veau, cochon), qui s'étend de l'œil à la mâchoire. **2.** *FAM.* Joue humaine flasque et pendante.

bakchich [bakʃiʃ] **n.m.** (mot persan « don »). *FAM.* Pourboire, pot-de-vin.

Bakélite [bakelit] **n.f.** (nom déposé). Résine synthétique obtenue par condensation d'un phénol avec l'aldéhyde formique et employée comme succédané de l'ambre, de l'écaille, etc.

Baker (Joséphine), artiste de music-hall américaine et française (Saint-Louis 1906 - Paris 1975). Révélée à Paris en 1925 dans *la Revue nègre,* elle connut la célébrité comme chanteuse, danseuse, animatrice de revues et actrice de cinéma.

Bakou, cap. de l'Azerbaïdjan depuis 1920, sur la Caspienne, dans la péninsule d'Apchéron ; 2 317 000 hab. dans l'agglomération. Centre pétrolier.

Bakounine (Mikhaïl Aleksandrovitch), révolutionnaire russe (Priamoukhino 1814 - Berne 1876). Il participa aux révolutions de 1848 à Paris et à Prague. Théoricien de l'anarchisme, il s'opposa à Marx, notamment dans le cadre de la Ire Internationale, dont il fut membre de 1868 à 1872. Ses idées eurent une grande influence sur le mouvement ouvrier (anarcho-syndicalisme).

bal [bal] **n.m.** (de *baller,* danser, du bas lat. *ballare*) [pl. *bals*]. **1.** Réunion où l'on danse ; lieu où se tient cette réunion : *Donner un bal. Aller au bal.* **2. Bal de têtes,** bal où les danseurs sont grimés ou masqués.

balade [balad] **n.f.** (de *se balader*). FAM. Promenade : *Faire une balade en forêt. Être en balade.*

balader [balade] **v.t.** (de *ballade*). FAM. Promener ; traîner avec soi : *Balader des enfants. Elle balade sa valise partout avec elle.* ◆ **v.i. Envoyer balader qqn, qqch,** éconduire vivement qqn ; rejeter qqn, qqch : *Envoyer balader un importun.* ◆ **se balader v. pr.** FAM. Se promener.

1. baladeur, euse [baladœr, -øz] **adj. 1.** FAM. Qui aime à se balader, à se promener. **2. (Micro) baladeur,** micro muni d'un long fil qui permet de le déplacer.

2. baladeur [baladœr] **n.m. 1.** Appareil électronique miniaturisé de reproduction du son et/ou de l'image, muni d'écouteurs, destiné à un usage individuel : *Baladeur MP3.* **2.** Lecteur portatif de disques compacts ou de cassettes, muni d'écouteurs (recomm. off. pour l'angl. *Walkman*).

baladeuse [baladøz] **n.f.** Lampe électrique munie d'un long fil qui permet de la déplacer.

baladin [baladɛ̃] **n.m.** (p.-ê. mot prov., de *ballar,* danser ; v. *bal*). VIEILLI et LITT. Saltimbanque, bateleur qui se produit dans des spectacles de rues.

balafon [balafɔ̃] **n.m.** (mot mandingue). Instrument à percussion de l'Afrique noire comparable au xylophone.

balafre [balafr] **n.f.** (probabl. de *balèvre,* grosse lèvre, croisé avec l'anc. fr. *leffre,* lèvre). Longue entaille faite par une arme ou un instrument tranchant, partic. au visage ; cicatrice qu'elle laisse.

balafré, e [balafre] **adj.** et **n.** Qui présente une ou plusieurs balafres : *Joue balafrée.*

balafrer [balafre] **v.t.** Faire une balafre à.

balai [balɛ] **n.m.** (orig. incert., p.-ê. gaulois **balatno,* genêt). **1.** Ustensile employé pour le nettoyage des sols et composé essentiellement d'un long manche auquel sont fixés une brosse ou un faisceau de branchettes, de fibres animales ou végétales, etc. : *Donner un coup de balai* (= enlever rapidement la poussière). **2.** Queue des oiseaux de proie. **3.** Pièce conductrice destinée à assurer, par contact glissant, la liaison électrique d'un organe mobile avec un contact fixe. **4.** ARG. Année d'âge : *Avoir trente balais.* **5. Balai d'essuie-glace,** raclette qui se déplace sur le pare-brise d'un véhicule pour le nettoyer. / **Balai mécanique,** à brosses roulantes montées sur un petit chariot. / FAM. **Du balai,** dehors, à la porte. / **Manche à balai,** levier actionnant les organes de commande longitudinale et latérale d'un avion.

balai-brosse [balɛbrɔs] **n.m.** (pl. *balais-brosses*). Brosse très dure montée sur un manche à balai.

Balakirev (Mili Alekseïevitch), compositeur russe (Nijni Novgorod 1837 - Saint-Pétersbourg 1910). Sa profonde admiration pour Glinka le poussa à former le « groupe des Cinq ». Il a laissé des pages symphoniques et de musique de chambre, ainsi qu'une célèbre fantaisie orientale pour piano, *Islamey.*

balalaïka [balalaika] **n.f.** (mot russe). Instrument de la famille du luth, à caisse triangulaire, à trois cordes, en usage en Russie.

balance [balɑ̃s] **n.f.** (lat. pop. **bilancia,* à deux plateaux, du class. *bis,* deux fois, et *lanx,* plateau). **1.** Instrument servant à peser, à comparer des masses, et qui possède, dans sa forme ordinaire, deux plateaux fixés aux extrémités d'un fléau reposant sur un couteau : *Balance automatique. Balance romaine* (= sur laquelle on déplace un poids sur le bras du fléau). **2.** Symbole de la justice, figuré par deux plateaux suspendus à un fléau. **3.** Équilibre ; état d'équilibre : *La balance des forces.* **4.** COMPTAB. Montant représentant la différence, positive ou négative, entre le crédit et le débit d'un compte. **5.** Filet dont la forme évoque un plateau de balance et qu'on utilise pour la pêche de la crevette et de l'écrevisse. **6.** Dispositif de réglage de l'équilibre sonore entre les deux voies d'une chaîne stéréophonique. **7. Faire pencher la balance en faveur, du côté de qqn, qqch,** avantager qqn, faire prévaloir qqch. / **Jeter qqch dans la balance,** faire ou dire qqch de décisif. / **Mettre en balance,** peser le pour et le contre : *Elle a mis en balance les avantages et les inconvénients de l'opération* (syn. **comparer**). / **Peser dans la balance,** être d'une grande importance : *Ses arguments n'ont pas pesé lourd dans la balance.* / **Tenir la balance égale (entre deux personnes, entre deux choses),** ne privilégier aucune des personnes ou des choses comparées. **8.** ÉCON. **Balance commerciale,** solde des importations et des exportations d'un pays. / ÉCON. **Balance des paiements,** document comptable retraçant l'ensemble des règlements entre un pays et un autre ou plusieurs autres pays. ◆ **Balance n. inv.** et **adj. inv.** Personne née sous le signe de la Balance : *Elles sont Balance.* ◆ **balances n.f. pl.** Avoirs étrangers en une monnaie donnée : *Balances dollars.*

Balance (la), constellation zodiacale. – Septième signe du zodiaque, dans lequel le Soleil entre à l'équinoxe d'automne.

balancé, e [balɑ̃se] **adj. 1.** Équilibré, harmonieux : *Une phrase bien balancée.* **2.** FAM. **Bien balancé,** bien bâti, en parlant d'une personne, de son corps.

balancelle [balɑ̃sɛl] **n.f.** Siège de jardin, à plusieurs places, suspendu à une structure fixe et permettant de se balancer.

balancement [balɑ̃smɑ̃] **n.m. 1.** Mouvement par lequel un corps, un objet penche alternativement d'un côté puis de l'autre de son centre d'équilibre : *Balancement d'une barque.* **2.** État de ce qui paraît harmonieux, en équilibre : *Le balancement d'une phrase* (syn. **équilibre**).

balancer [balɑ̃se] **v.t.** (de *balance*) [conj. **16**]. **1.** Mouvoir alternativement d'un côté puis de l'autre : *Balancer les bras.* **2.** FAM. Jeter au loin, se débarrasser de qqch, de qqn : *Balancer des papiers.* **3.** FAM. Asséner, appliquer ; dire sans ménagement : *Balancer une gifle.* ◆ **v.i 1.** Osciller : *Lampe qui balance.* **2.** LITT. Être indécis : *Balancer entre deux décisions* (syn. **hésiter**). ◆ **se balancer v.pr. 1.** Se mouvoir d'un côté et d'un autre d'un point fixe. **2.** Faire de la balançoire. **3.** FAM. **S'en balancer,** s'en moquer.

Balanchine (Gueorgui Melitonovitch Balanchivadze, dit George), danseur et chorégraphe russe naturalisé américain (Saint-Pétersbourg 1904 - New York 1983). Formé à l'École impériale de danse de Saint-Pétersbourg, collaborateur de Diaghilev, il est appelé à diriger l'American School of Ballet à sa création, en 1934. À la tête de plusieurs compagnies américaines, il devient finalement l'animateur du New York City Ballet (1948-1983) et peut être considéré comme le véritable fondateur du ballet classique aux États-Unis. Fidèle au vocabulaire académique qu'il enrichit de façon personnelle, il a créé surtout des œuvres non narratives, profondément musicales et dépouillées de tout artifice.

balancier [balɑ̃sje] **n.m.** (de *balancer*). **1.** Pièce, organe mobile autour d'un axe et qui sert à régulariser ou à stabiliser un mouvement ; pièce animée d'un mouvement d'oscillation, qui règle la marche d'une machine : *Le balancier d'une* *horloge.* **2.** Autref., machine servant à frapper les monnaies. **3.** ZOOL. Organe stabilisateur des diptères, qui remplace chez ces insectes les ailes postérieures. **4.** Longue perche avec laquelle les funambules, les acrobates assurent leur équilibre.

balançoire [balɑ̃swar] **n.f. 1.** Siège suspendu par deux cordes à un portique ou tout autre support et sur lequel on se balance. **2.** Longue pièce de bois, de métal, etc., mise en équilibre sur un point d'appui et sur laquelle basculent alternativement deux personnes assises chacune à un bout (syn. **bascule**).

Balaton, lac de Hongrie, au pied des monts Bakony, à l'ouest du Danube ; 596 km^2. Tourisme.

balayage [balejaʒ] **n.m. 1.** Action de balayer. **2.** ÉLECTRON. Exploration point par point d'un objet ou d'une image par un faisceau lumineux ou électronique de faible ouverture : *Microscope, radiomètre à balayage.*

balayer [baleje] **v.t.** [conj. **11**]. **1.** Nettoyer avec un balai : *Balayer une chambre.* **2.** Pousser, écarter au moyen d'un balai : *Balayer de la neige, des épluchures.* **3.** Chasser, disperser ; faire disparaître : *Le vent balaie les nuages. Balayer l'ennemi* (syn. **repousser**). *Contretemps qui balaie nos projets* (syn. **ruiner, anéantir**). **4.** Parcourir un espace, une surface : *Balayer une zone au radar* (syn. **explorer**).

balayette [balejɛt] **n.f.** Petit balai ; petite brosse.

balayeur, euse [balejœr, -øz] **n.** Personne préposée au balayage des rues.

balayeuse [balejøz] **n.f.** Machine à balayer.

balayures [balejyr] **n.f. pl.** Ordures ramassées avec le balai.

Balboa (Vasco Núñez de), conquistador espagnol (Jerez 1475 - Acla, Panama, 1517). Il découvrit l'océan Pacifique en 1513, après avoir traversé l'isthme de Panamá.

balbutiant, e [balbysjɑ̃, -ɑ̃t] **adj.** Qui balbutie.

balbutiement [balbysimɑ̃] **n.m. 1.** Action de balbutier ; paroles indistinctes : *Le balbutiement d'un enfant* (syn. **bredouillement**). **2.** (Surtout au pl.). Débuts incertains, premiers essais : *Les balbutiements du clonage.*

balbutier [balbysje] **v.i.** (lat. *balbutire,* de *balbus,* bègue) [conj. **9**]. **1.** Articuler avec hésitation : *L'émotion fait balbutier* (syn. **bredouiller**). **2.** En être seulement à ses débuts : *Vers 1900, le cinéma balbutiait.* ◆ **v.t.** Prononcer en bredouillant : *Balbutier un compliment.*

balbuzard [balbyzar] **n.m.** (angl. *baldbuzzard,* de *bald,* chauve, et *buzzard,* rapace). Oiseau de proie piscivore qu'on rencontre sur les côtes et les étangs. ▸ Ordre des falconiformes ; envergure 160 cm env.

balcon [balkɔ̃] **n.m.** (it. *balcone,* du germ. **balko,* poutre). **1.** Plate-forme de faible largeur munie de garde-corps, en saillie sur une façade, devant une ou plusieurs baies vitrées. **2.** Chacune des galeries au-dessus de l'orchestre, dans les salles de spectacle. ***Rem.*** Le balcon inférieur est, le cas échéant, dit *corbeille* ou *mezzanine.*

baldaquin [baldakɛ̃] **n.m.** (it. *baldacchino,* étoffe de *Baldacco* [Bagdad]). **1.** Ouvrage de tapisserie, tenture dressée au-dessus d'un lit, d'un trône, etc. **2.** ARCHIT. Dais à colonnes au-dessus d'un autel, d'un trône, etc.

Baldung Grien (Hans Baldung, dit**),** peintre et graveur allemand (Gmünd, Souabe, 1484/1485 - Strasbourg 1545). Il entra dans l'atelier de Dürer, à Nuremberg, en 1503, puis se fixa à Strasbourg en 1509. Son œuvre associe souvent fantastique macabre et sensualité.

Bâle, en all. **Basel,** v. de Suisse, ch.-l. du demi-canton de *Bâle-Ville,* sur le Rhin ; 167 386 hab. *(Bâlois)* [503 851 hab. avec les banlieues]. Important port fluvial. Industries mécaniques et surtout chimiques. Belle cathédrale romane et gothique en grès rouge. Hôtel de ville du XVIe s. Riches musées. Ancienne cité romaine, siège d'un évêché au VIIe s.

Bâle *(canton de)*, canton de Suisse ; 555 km^2 ; 459 354 hab. Bâle entra dans la Confédération suisse en 1501 et adopta la Réforme en 1529. En 1833, à l'issue d'une guerre civile, le canton a été divisé en deux demi-cantons : • **Bâle-Campagne,** 518 km^2 ; 274 404 hab. ; ch.-l. *Liestal.* • **Bâle-Ville,** 37 km^2 ; 184 950 hab. ; ch.-l. *Bâle.*

Bâle *(traité de)* [22 juill. 1795], traité conclu par la France avec l'Espagne, aux termes duquel l'Espagne concédait à la France la partie espagnole de Saint-Domingue en échange des territoires conquis au-delà des Pyrénées.

Baléares, archipel espagnol de la Méditerranée occidentale, correspondant à une communauté autonome et formé de quatre îles notables : Majorque, Minorque, Ibiza et Formentera ; 5 014 km^2 ; 1 100 503 hab. *(Baléares).* Ch.-l. *Palma de Majorque.* Les Baléares, au relief accidenté et au littoral découpé, vivent principalement du tourisme. Occupées très anciennement (env. 4000 av. J.-C.), elles furent conquises par Jacques Ier le Conquérant, roi d'Aragon. Constituées en royaume de Majorque (1276), elles furent, en 1343, réunies à la Couronne d'Aragon.

baleine [balɛn] **n.f.** (lat. *balaena*). **1.** Mammifère marin, génér. de très grande taille, qui possède des fanons au lieu de dents. ▸ Ordre des cétacés. **2.** Lame ou tige flexible en métal, en matière plastique, etc., pour tendre un tissu, renforcer une armature, etc. : *Baleine de parapluie.* **3.** *FAM.* **Rire, rigoler comme une baleine,** rire en ouvrant grand la bouche ; rire sans retenue.

baleineau [baleno] **n.m.** Petit de la baleine.

baleinier [balenje] **n.m. 1.** Navire équipé pour la chasse à la baleine. **2.** Marin travaillant sur un tel navire.

baleinière [balenjɛr] **n.f. 1.** Embarcation légère et pointue aux deux extrémités, servant autref. à la chasse à la baleine. **2.** Canot de forme analogue dont sont génér. équipés les bateaux de gros tonnage.

balénoptère ou **baleinoptère** [balenɔptɛr] **n.m.** (de *baleine* et *-ptère*). Mammifère marin, à face ventrale striée et possédant une nageoire dorsale, appelé aussi *rorqual.* ▸ Genre *Balaenoptera ;* la plus grande espèce, le rorqual bleu, atteint 33 m de longueur.

Balfour (Arthur James, *comte***),** homme politique britannique (Whittingehame, Écosse, 1848 - Woking 1930). Premier ministre conservateur (1902-1906) à la tête d'un gouvernement unioniste (hostile à l'autonomie de l'Irlande), puis secrétaire d'État aux Affaires étrangères (1916-1922), il préconisa, en 1917, la constitution en Palestine d'un foyer national pour le peuple juif *(déclaration Balfour).*

Bali, île d'Indonésie, séparée de Java par le *détroit de Bali ;* 5 561 km^2 ; 3 891 428 hab. *(Balinais).* Tourisme.

balisage [balizaʒ] **n.m. 1.** Action de disposer des balises : *Le balisage d'une passe.* **2.** Ensemble des balises et autres signaux disposés pour signaler des dangers à éviter, indiquer la route à suivre : *Balisage d'un aérodrome.*

balise [baliz] **n.f.** (orig. obsc.). **1.** Marque, objet indiquant le tracé d'une voie (canal, chemin de fer, etc.). **2.** Dispositif destiné à signaler un danger ou à délimiter une voie de circulation maritime ou aérienne. **3.** INFORM. Marque destinée à identifier un élément d'un texte, d'un fichier.

baliser [balize] **v.t.** Munir de balises : *Baliser un chenal.* ◆ **v.i.** *FAM.* Avoir peur.

balisier [balizje] **n.m.** (orig. obsc.). Plante monocotylédone originaire de l'Inde et cultivée dans les régions chaudes pour son rhizome, riche en féculents. (On dit aussi *canna.*) ▸ Famille des cannacées. Certaines espèces ont des fleurs décoratives.

baliste [balist] **n.f.** (lat. *ballista,* du gr. *ballein,* lancer). ANTIQ. ROM. Machine de guerre servant à lancer des projectiles.

balistique [balistik] **adj.** (de *baliste*). De la balistique ; qui relève de la balistique : *Missile, engin balistique.* ◆ **n.f.** Science qui étudie les mouvements des corps lancés dans l'espace et plus spécial. des projectiles.

balivage [balivaʒ] **n.m.** Choix et marquage des baliveaux.

baliveau [balivo] **n.m.** (de l'anc. fr. *baïf,* qui regarde attentivement, le baliveau servant au bûcheron de point de repère dans son travail). Arbre réservé dans la coupe d'un bois taillis pour qu'il puisse croître en futaie.

baliverne [balivɛrn] **n.f.** (orig. obsc.). [Souvent au pl.]. Propos futile, souvent sans fondement ou erroné : *Dire des balivernes* (syn. **sornette, fadaise**).

balkanique [balkanik] **adj.** Des Balkans.

balkanisation [balkanizasjɔ̃] **n.f.** (de *Balkans*). Processus qui aboutit à la fragmentation en de nombreux États de ce qui constituait auparavant une entité territoriale et politique.

Balkans *(péninsule des)* ou **péninsule balkanique,** péninsule de l'Europe méridionale, limitée approximativement au nord par la Save et le Danube, s'étendant sur l'*Albanie,* la *Bosnie-Herzégovine,* la *Bulgarie,* la *Croatie,* la *Grèce,* le *Kosovo,* la *Macédoine,* le *Monténégro,* la *Serbie* et la *Turquie d'Europe.* C'est une région essentiellement montagneuse (chaînes Dinariques, mont Balkan, Rhodope, Pinde), au climat continental à l'intérieur, méditerranéen sur le littoral. Les vallées (Morava, Vardar, Marica) concentrent, avec les bassins intérieurs (Sofia), la majorité de la population. Creuset où se mêlèrent divers peuples, la péninsule balkanique fut soumise aux Turcs à partir de la fin du XIVe s. L'Europe chrétienne (et particulièrement la maison d'Autriche et la Russie) amorça sa reconquête au XVIIIe s. La lutte des peuples balkaniques contre la domination ottomane, les dissensions qui les opposèrent entre eux et la rivalité des grandes puissances donnèrent lieu à de nombreux conflits dans les Balkans : guerres russo-turque (1877-1878) et gréco-turque (1897), guerres balkaniques (1912-1913), campagnes des Dardanelles, de Serbie et de Macédoine pendant la Première Guerre mondiale, campagne des Balkans (1940-1941). Les problèmes des minorités nationales et des frontières étatiques ont ressurgi lors de l'éclatement de la Yougoslavie en 1991-1992 et sont à l'origine de la guerre en Croatie (1991-1992) et en Bosnie-Herzégovine (1992-1995), ainsi que du conflit du Kosovo (1999).

Balkhach, lac du Kazakhstan ; 17 300 km^2.

ballade [balad] **n.f.** (anc. prov. *ballada,* danse, de *bal[l]ar,* danser ; v. *bal*). **1.** LITTÉR. Poème à forme fixe (constituée au XIVe s.), composé génér. de trois strophes suivies d'un envoi d'une demi-strophe. **2.** (Fin du XVIIIe s.). Poème narratif en strophes inspiré d'une légende ou d'une tradition historique. **3.** MUS. Autref., chanson de danse. **4.** Pièce vocale ou instrumentale inspirée par une ballade littéraire ou qui en reflète l'atmosphère.

Balladur (Édouard), homme politique français (Izmir 1929). Membre du R.P.R. (Rassemblement pour la République) puis de l'U.M.P. (Union pour un mouvement populaire), ministre de l'Économie, des Finances et de la Privatisation (1986-1988), il a été Premier ministre, dans un contexte de cohabitation, de 1993 à 1995.

ballant, e [balɑ̃, -ɑ̃t] **adj.** (de *baller ;* v. *bal*). Qui se balance, qui pend, en parlant d'une partie du corps : *Aller les bras ballants.* ◆ **ballant n.m.** Mouvement d'oscillation, balancement d'un objet : *La flèche de la grue a du ballant.*

ballast [balast] **n.m.** (angl. *ballast,* lest pour navires). **1.** Couche de pierres concassées qui maintiennent les traverses d'une voie ferrée et les assujettissent ; matériau que constituent ces pierres concassées. **2.** MAR. Compartiment étanche servant au transport de l'eau douce ; compartiment servant au lestage et à l'équilibrage d'un navire. **3.** Compartiment de remplissage d'un sous-marin.

1. balle [bal] **n.f.** (it. *palla*). **1.** Objet sphérique pouvant rebondir, servant à divers jeux ou sports : *Balle de tennis, de golf.* **2.** Projectile des armes à feu portatives. **3.** *FAM., VIEILLI.* Franc : *T'as pas cent balles ?* **4. La balle est dans mon, ton, son, etc., camp,** c'est à moi, à toi, à lui, etc., de faire des propositions, de prendre des initiatives. / **Prendre, saisir la balle au bond,** saisir immédiatement l'occasion. / **Renvoyer la balle,** répliquer, riposter vivement. / **Se renvoyer la balle,** se rejeter mutuellement une responsabilité. **5. Enfant de la balle,** personne qui continue le métier d'artiste de ses parents.

2. balle [bal] **n.f.** (orig. incert., p.-ê. gaulois **balu*). Enveloppe du grain des céréales (on trouve parfois la graphie *bale*).

3. balle [bal] **n.f.** (frq. **balla,* ballot). Gros paquet de marchandises.

ballerine [balrin] **n.f.** (it. *ballerina,* de *ballare,* danser ; v. *bal*). **1.** Danseuse de ballet. **2.** Chaussure de femme, légère et plate, qui rappelle un chausson de danse.

ballet [balɛ] **n.m.** (it. *balletto,* dimin. de *ballo,* bal). **1.** Spectacle chorégraphique interprété par un ou par plusieurs danseurs. **2.** Troupe donnant des spectacles chorégraphiques, surtout classiques (on dit aussi *compagnie de ballet*). **3.** Suite musicale accompagnant un ballet. **4.** Allées et venues, mouvements, en partic. de diplomates, d'hommes politiques, lors de négociations : *Ballet diplomatique.* **5. Ballet blanc** ou **ballet romantique,** ballet d'inspiration romantique dansé en tutu blanc. / **Ballet de cour,** ballet dansé par les rois et leurs courtisans (fin du XVIe - XVIIe s.). / **Corps de ballet,** ensemble des danseurs d'un théâtre qui ne sont ni solistes ni étoiles. / **Maître de ballet,** technicien qui fait répéter les danseurs et assume la réalisation des œuvres dansées par un corps de ballet.

■ **Des origines au ballet romantique.** Le ballet, en Europe occidentale, trouve ses origines dans les fêtes de cour de la Renaissance. Né des divertissements royaux (ballets de cour) et inféodé au chant durant une grande partie du XVIIIe s. (opéra-ballet), il finit par devenir un genre à part entière. C'est au XVIIIe s. que le besoin de « danse en action » se fait sentir. Weaver, Marie Sallé, Hilverding, Angiolini, Novere, Dauberval et Vigano réussissent à imposer leur conception du spectacle chorégraphique : la danse n'est plus considérée comme un simple ornement gratuit, mais, art imitateur, elle traduit le jeu des passions et c'est sur elle que repose la progression dramatique (ballet pantomime). Sujets exotiques, héroïques, tragiques ou rustiques font recette. Au XIXe s., les thèmes chers aux romantiques suscitent de nombreuses créations, et les Taglioni, Perrot, Mazilier, Saint-Léon renouvellent le répertoire. À partir de 1870, excepté au Danemark (grâce à Bournonville) et en Russie, le ballet romantique sombre dans la décadence.

Le ballet classique. Cependant, à Saint-Pétersbourg, le ballet classique s'épanouit sous la férule de M. Petipa : ouvrage à grand spectacle où alternent séquences dramatiques et danse pure, il consacre l'utilisation judicieuse des mouvements d'ensemble, entrées brillantes, pas de deux et soli. Ce sont les chorégraphes découverts par Diaghilev (Fokine, Nijinski, Massine, Nijinska et Balanchine) qui ouvrent la voie au ballet classique contemporain en réalisant des œuvres marquantes et en essaimant dans le monde entier. Dans les années 1930, alors que Lifar développe le ballet à thèse, qui cherche à faire réfléchir, Balanchine s'oriente vers le ballet sans thème sublimant la musique. Depuis 1950, ces deux genres prévalent, sauf en Grande-Bretagne et en U.R.S.S., où les chorégraphes restent fidèles au ballet narratif (Ashton, MacMillan, Grigorovitch). Ouvertes à tous les sujets, les œuvres moins divertissantes et moins décoratives sont ancrées dans les préoccupations du temps. Petit, Béjart, Kylian, Neumeier et Forsythe font du ballet classique un art vivant et en perpétuelle évolution.

Le ballet moderne. Mais, depuis le début du XXe s., le spectacle de ballet n'est plus obligatoirement synonyme de danse académique. S'ils proposent d'autres vocabulaires gestuels, les chorégraphes expressionnistes allemands comme ceux de la modern dance américaine ne remettent pas en cause la notion de spectacle chorégraphique. Ceux de la première génération préfèrent le ballet à thèse, réalisant de violents réquisitoires politiques et sociaux (M. Wigman, K. Jooss) comme des œuvres aux dimensions psychologiques et psychanalytiques (M. Graham, D. Humphrey, H. Holm). A. Nikolais, P. Taylor et M. Cunningham reviennent quant à eux au geste qui provoque l'émotion par lui-même au lieu d'en être l'il- →

lustration. Aux États-Unis, dans les années 1960, suivant le chemin tracé par Cunningham, les chorégraphes du courant postmoderniste refusent toute trame dramatique pour s'attacher à la recherche du geste qui traduit à la fois l'harmonie et la rupture : revendiquant parfois le concept de « performance » (T. Brown, L. Childs) ou bien de « théâtre dansé », ils décomposent le mouvement comme l'art pictural moderne a disloqué le principe de figuration. Les écoles allemande (P. Bausch), belge (J. Fabre, A. T. De Keersmaeker, A. Platel, S. L. Cherkaoui) et française (R. Chopinot, M. Marin) incarnent les principaux courants d'une révolution iconoclaste, renouvelée au début du XXIe s. par l'émergence du hip-hop, face à laquelle de grandes institutions, comme le Ballet de l'Opéra national de Paris, maintiennent une politique de répertoire et de fidélité au classicisme le plus exigeant. ■

1. ballon [balɔ̃] **n.m.** (it. dialect. *ballone*, de l'it. *pallone*, grosse balle). **1.** Grosse balle à jouer, ronde ou ovale, génér. formée d'une poche de caoutchouc gonflée d'air et recouverte de cuir : *Ballon de football, de basket.* **2.** Poche de caoutchouc léger, souvent colorée, gonflée d'air ou de gaz et qui peut s'envoler : *Le ballon a crevé.* **3.** Aérostat de taille variable, utilisé à des fins scientifiques, sportives ou militaires : *Ascension en ballon.* **4.** CHIM. Récipient de verre sphérique. **5.** Verre à boire de forme sphérique ; son contenu : *Un ballon de rouge.* **6. Ballon d'eau chaude,** appareil électrique de production d'eau chaude à réservoir (on dit aussi *ballon réchauffeur*). / **Ballon dirigeable** ⟶ **dirigeable.** / **Ballon d'oxygène,** réservoir contenant de l'oxygène, pour les malades ; au fig., ce qui a un effet tonique, bienfaisant : *Cette subvention a été un véritable ballon d'oxygène.* **7. Ballon d'essai,** expérience faite dans le but de sonder le terrain, l'opinion.

2. ballon [balɔ̃] **n.m.** (calque de l'all. *Belchen*, confondu avec *Bällchen*, petite balle). Sommet arrondi, dans les Vosges.

ballonné, e [balɔne] **adj.** Gonflé, distendu : *Ventre ballonné.*

ballonnement [balɔnmɑ̃] **n.m.** Distension, gonflement du ventre par des gaz (syn. **flatulence**).

ballonner [balɔne] **v.t.** (de *1. ballon*). **Ballonner le ventre, l'estomac,** enfler, distendre le ventre, l'estomac par l'accumulation de gaz.

ballonnet [balɔnɛ] **n.m.** Petit ballon.

Ballons des Vosges, parc naturel régional couvrant la partie méridionale, la plus élevée, du massif des Vosges.

ballon-sonde [balɔ̃sɔ̃d] **n.m.** (pl. *ballons-sondes*). Ballon muni d'appareils enregistreurs destinés à l'exploration météorologique de la haute atmosphère.

ballot [balo] **n.m.** (de *3. balle*). **1.** Paquet de marchandises. **2.** FAM. Personne maladroite, sotte : *Quel ballot !*

ballotin [balɔtɛ̃] **n.m.** (de *ballot*). Emballage en carton pour les confiseries.

ballottage [balɔtaʒ] **n.m.** (de *ballotter*). **1.** Situation dans laquelle aucun des candidats n'a atteint au premier tour la majorité requise, dans un scrutin majoritaire à deux tours : *Candidats en ballottage.* **2. Scrutin de ballottage,** second tour, pour lequel la majorité relative suffit.

ballottement [balɔtmɑ̃] **n.m.** Mouvement de ce qui ballotte, est ballotté : *Le ballottement d'un navire* (syn. **cahotement**).

ballotter [balɔte] **v.t.** (de l'anc. fr. *ballotte*, petite balle). **1.** Balancer dans divers sens : *La tempête ballotte les navires* (syn. **agiter, secouer**). **2.** Faire passer qqn d'un sentiment à un autre (surtout au passif) : *Être ballotté entre la peur et la curiosité* (syn. **tirailler**). ◆ **v.i.** Remuer ou être secoué en tous sens : *Violon qui ballotte dans son étui.*

ballottine [balɔtin] **n.f.** (de l'anc. fr. *ballotte*, petite balle). Petite galantine roulée, composée de volaille et de farce.

ball-trap [baltrap] **n.m.** (angl. *ball trap*, de *ball*, balle, et *trap*, ressort) [pl. *ball-traps*]. Appareil à ressort lançant en l'air des disques d'argile servant de cibles pour le tir au fusil ; tir pratiqué avec cet appareil.

balluchon ou **baluchon** [balyʃɔ̃] **n.m.** (de *3. balle*). **1.** FAM. Paquet de vêtements, de linge ; petit ballot. **2. Faire son balluchon,** se préparer à partir ; partir.

balnéaire [balneɛr] **adj.** (lat. *balnearius*, de *balneum*, bain). **Établissement, station balnéaire,** lieu de séjour situé au bord de la mer et aménagé pour l'accueil des vacanciers.

balourd, e [balur, -urd] **adj.** et **n.** (it. *balordo*). Dépourvu de finesse, de tact : *C'est un gros balourd* (syn. **lourdaud**).

balourdise [balurdiz] **n.f.** Caractère d'une personne balourde ; parole, action sans esprit et mal à propos : *Commettre une balourdise* (syn. **maladresse, gaffe**).

Baloutchistan ou **Baluchistan** ou **Béloutchistan,** région montagneuse partagée entre l'Iran et le Pakistan.

balsa [balza] **n.m.** (mot esp.). Bois très léger provenant de l'Amérique centrale, et utilisé notamm. dans la construction des modèles réduits.

balsamine [balzamin] **n.f.** (du lat. *balsamum*, baume). Plante des bois montagneux, à fleurs jaunes, appelée aussi *impatiente*, et dont le fruit, à maturité, éclate au moindre contact en projetant des graines.

balsamique [balzamik] **adj.** (du lat. *balsamum*, baume). LITT. Qui a les propriétés, l'odeur d'un baume.

balte [balt] **adj.** et **n.** Se dit des pays Baltes et de leurs habitants. ◆ **n.m.** Groupe de langues indo-européennes comprenant le *lituanien* et le *lette* (ou *letton*).

Baltes *(pays)*, nom donné à l'ensemble formé par les républiques d'Estonie, de Lettonie et de Lituanie, situées sur la Baltique.

Balthazar, nom qu'une tradition postérieure donna à l'un des trois mages venus, selon l'Évangile de Matthieu, adorer Jésus enfant à Bethléem.

Balthus (Balthasar Klossowski de Rola, dit**),** peintre français (Paris 1908 - Rossinière, canton de Vaud, 2001). Très construits, mais baignés d'une lumière pâle qui souvent mange la couleur, ses paysages, ses intérieurs avec leurs figures troublantes de fillettes sont d'une grande originalité.

Baltimore, port des États-Unis (Maryland), sur la baie de Chesapeake ; 622 793 hab. (2 414 711 pour l'agglomération). Université Johns Hopkins. Centre industriel. Musées.

baltique [baltik] **adj.** De la mer Baltique ou des pays qui la bordent.

Baltique *(mer)*, dépendance de l'Atlantique, bordant la Finlande, la Russie, les pays Baltes, la Pologne, l'Allemagne, le Danemark et la Suède ; 385 000 km². Généralement peu profonde, peu salée, sans marées notables, sujette à geler, elle communique avec la mer du Nord par les détroits danois et forme entre la Suède et la Finlande le golfe de Botnie.

baluchon n.m. ⟶ **balluchon.**

balustrade [balystrad] **n.f.** (it. *balaustrata*). ARCHIT. **1.** Rangée de colonnettes ou de courts piliers renflés et moulurés, couronnée d'une tablette. **2.** Garde-corps diversement ajouré : *S'accouder à la balustrade* (syn. **garde-fou**).

Balzac (Honoré de), écrivain français (Tours 1799 - Paris 1850). Après des études dans un collège de Vendôme et quelques essais dans le droit et le notariat, il proclame à vingt ans sa vocation littéraire. Marqué par le renouveau scientifique et universitaire du début de son siècle, il entreprend d'écrire une œuvre de nature théorique et philosophique. Cependant, il publie, de 1822 à 1825, sous des pseudonymes, des romans alimentaires et se fourvoie dans des affaires (édition, imprimerie, fonderie) qui le laisseront, en 1828, sous le coup d'un énorme endettement. En 1829, encouragé par Mme de Berny, il publie, sous sa signature, *le Dernier Chouan*, qui deviendra *les Chouans*. Désormais célèbre, il mène de front une existence de forçat de l'écriture et une intense vie personnelle, dominée par sa longue liaison avec Mme Hanska, qu'il épousera en 1850, peu avant sa mort.
Tout en se livrant dans ses romans à une étude assidue des comportements humains, d'après un modèle scientifique, il dénonce, dans de nombreux textes d'inspiration

« fantastique » comme *la Peau de chagrin* (1831), le dilemme de la vie sociale : l'obéissance au désir, conforme aux exigences profondes de la modernité, conduit à la mort (physique, par l'usure, ou morale, par la compromission avec l'ordre de l'argent) [*Illusions perdues,* 1837-1843] ; mais aussi le non-désir, l'abstention, la fuite, la retraite sont d'autres formes de la mort, de la non-vie à laquelle on tente d'échapper par l'utopie (*le Médecin de campagne,* 1833 ; *le Curé de village,* 1838-1839). Dans le même temps, s'opposant au romantisme flamboyant des années 1830, Balzac recherche l'exactitude dans ses descriptions et ses narrations qui naturalisent des sujets jusqu'alors interdits ou suspects : l'argent, la famille, la constitution des vrais pouvoirs dans la France libérale bourgeoise (*Eugénie Grandet,* 1833 ; *le Père Goriot,* 1834-1835). Dès 1833, Balzac imagine le procédé du retour des personnages d'une œuvre à l'autre, et, en 1836, le roman-feuilleton offre à Balzac de nouvelles possibilités et contribue à réorienter sa production : disparition des sujets « philosophiques », relative puis massive priorité donnée aux sujets « parisiens » (*César Birotteau,* 1837 ; *Splendeurs et misères des courtisanes,* 1838-1847). En 1842, il systématise son œuvre en publiant le premier volume de *la Comédie humaine,* précédé d'un *Avant-propos,* qui est la première grande charte théorique du roman comme genre majeur.
La Comédie humaine devait former une vaste fresque, restée incomplète, de la société française – représentée par plus de 2 000 personnages –, de la Révolution à la fin de la monarchie de Juillet. Balzac y répartit ses œuvres en trois grandes catégories : Études de mœurs, Études philosophiques (*la Peau de chagrin,* 1831 ; *la Recherche de l'absolu,* 1834) et Études analytiques (*Physiologie du mariage,* 1829). Les Études de mœurs comprennent : les Scènes de la vie privée : *la Femme de trente ans* (1831-1834), *le Père Goriot* (1834-1835) ; les Scènes de la vie de province : *Eugénie Grandet* (1833), *le Lys dans la vallée* (1835), *Illusions perdues* (1837-1843) ; les Scènes de la vie parisienne : *César Birotteau* (1837), *la Maison Nucingen* (1838), *Splendeurs et misères des courtisanes* (1838-1847), *la Cousine Bette* (1846), *le Cousin Pons* (1847) ; les Scènes de la vie militaire : *les Chouans* (1829) ; les Scènes de la vie de campagne : *le Médecin de campagne* (1833), *les Paysans* (1844).

Balzac (Jean-Louis Guez [ge], **dit de),** écrivain français (Angoulême 1595 - *id.* 1654). Il est l'auteur de *Lettres,* d'essais politiques (*le Prince,* 1631) et critiques *(le Socrate chrétien)* qui contribuèrent à la formation de la prose classique.

balzacien, enne [balzasjɛ̃, -ɛn] **adj. 1.** Relatif à Balzac, à son œuvre. **2.** Qui évoque le style, l'atmosphère des romans de Balzac : *Une intrigue balzacienne.*

balzan, e [balzɑ̃, -an] **adj.** (it. *balzano*). Qui a des taches de poils blancs aux pieds, en parlant d'un cheval.

Bamako, cap. du Mali, sur le Niger ; 2 386 000 hab. dans l'agglomération. Aéroport.

Bambara, peuple du groupe mandé, présent au Sénégal et au Mali. Les Bambara constituèrent des royaumes qui furent détruits au XIXe s. par les Toucouleur.

bambin [bɑ̃bɛ̃] **n.m.** (it. *bambino,* petit enfant). *FAM.* Petit enfant.

bambou [bɑ̃bu] **n.m.** (port. *bambu,* mot malais). **1.** Plante des pays chauds, à tige cylindrique ligneuse aux nœuds proéminents, dont il existe environ vingt-cinq genres. ▸ Famille des graminées. **2.** Canne faite d'une tige de bambou. **3.** *FAM.* **Coup de bambou,** fatigue extrême et soudaine.

bamboula [bɑ̃bula] **n.f.** (mot bantou « tambour »). *FAM.* **Faire la bamboula,** faire la noce, la fête.

ban [bɑ̃] **n.m.** (frq. **ban,* proclamation d'un ordre). **1.** *VX.* Proclamation officielle, publique de qqch. **2.** Sonnerie de clairon ou roulement de tambour commençant ou clôturant une cérémonie militaire. **3.** Applaudissements rythmés en l'honneur de qqn : *Un ban pour l'orateur !* **4.** FÉOD. Pouvoir de commandement du seigneur sur ses vassaux. **5.** HIST. Condamnation à l'exil, au bannissement. **6. Convoquer, lever le ban et l'arrière-ban,** convoquer, lever les vassaux directs et indirects ; au fig., convoquer tous les membres d'une famille, d'une communauté ou toutes les ressources possibles en hommes. ⁄ **Être en rupture de ban,** vivre en état de rupture avec la société, la famille. ⁄ **Mettre qqn au ban de la société,** déclarer qqn indigne, le condamner devant l'opinion publique. ◆ **bans n.m. pl.** Annonce de mariage affichée à la mairie ou à l'église : *Publier les bans.*

1. banal, e, aux [banal, -o] **adj.** (de *ban*). HIST. Qui bénéficiait du droit de banalité : *Fours, moulins banaux.*

2. banal, e, als [banal] **adj.** (de *ban*). Commun ; dépourvu d'originalité : *Des faits banals* (syn. **courant, ordinaire**). *Mener une vie banale* (syn. **insipide, insignifiant**).

banalement [banalmɑ̃] **adv.** De façon banale.

banalisation [banalizasjɔ̃] **n.f.** Action, fait de banaliser ; son résultat.

banaliser [banalize] **v.t. 1.** Rendre banal, ordinaire, commun. **2.** Placer des locaux, des bâtiments, etc., sous le droit commun. **3.** Supprimer les signes distinctifs d'un véhicule particulier : *Voiture de police banalisée.*

banalité [banalite] **n.f. 1.** Caractère de ce qui est banal : *La banalité d'un récit* (syn. **platitude, pauvreté**). *Dire des banalités.* **2.** HIST. Dans la France du Moyen Âge et de l'Ancien Régime, servitude consistant dans l'usage obligatoire et public d'un bien appartenant au seigneur : *Banalité des moulins.*

banane [banan] **n.f.** (port. *banana,* mot bantou). **1.** Fruit comestible du bananier, oblong, à peau jaune, à pulpe riche en amidon. **2.** *FAM.* Mèche frontale gonflée à la brosse en un mouvement souple d'avant en arrière, dans une coiffure masculine. **3.** AÉRON. Grand hélicoptère à deux rotors. **4.** ÉLECTR. **Fiche banane,** fiche mâle à lames cintrées.

bananeraie [bananrɛ] **n.f.** Plantation de bananiers.

bananier [bananje] **n.m. 1.** Plante à feuilles longues cultivée dans les régions chaudes pour ses fruits, les bananes, groupés en régimes. ▸ Famille des musacées. **2.** Cargo aménagé pour le transport des bananes.

banc [bɑ̃] **n.m.** (germ. **banki*). **1.** Siège avec ou sans dossier, étroit et long, où peuvent s'asseoir plusieurs personnes ; ce siège, réservé à certaines personnes dans une assemblée, un tribunal, etc. : *Banc d'écolier. Être assis au banc des accusés.* **2.** Bâti en bois ou en métal, installation réservée à un usage déterminé (artisanal, technique, etc.) ; établi : *Banc de tourneur, de menuisier.* **3.** Élévation du fond de la mer ou d'un cours d'eau. **4.** *QUÉBÉC.* **Banc de neige,** amas de neige entassée par le vent. ⁄ **Banc de poissons,** réunion en nombre de poissons d'une même espèce. ⁄ **Banc de sable, d'argile, etc.,** amas de sable, d'argile, etc., formant un dépôt, une couche ou constituant un obstacle : *Un banc de brume masque l'horizon.* **5. Banc d'essai,** installation permettant de déterminer les caractéristiques d'un moteur, d'une machine ; au fig., ce qui permet d'éprouver les capacités de qqn, de qqch et, par ext., première production d'un artiste, d'un écrivain.

bancaire [bɑ̃kɛr] **adj.** Relatif à la banque.

bancal, e, als [bɑ̃kal] **adj.** (de *banc*). **1.** *FAM.* Qui a les jambes torses, qui boite fortement (syn. **boiteux**). **2.** Qui ne repose pas sur des bases solides : *Raisonnement bancal* (syn. **aberrant, incorrect**). **3.** Se dit d'un meuble qui a des pieds de hauteur inégale : *Table, chaise bancale.*

1. banco [bɑ̃ko] **n.m.** (mot it. « comptoir de banque »). **Faire banco,** tenir seul l'enjeu contre le banquier, à certains jeux. ◆ *FAM.* **Banco !** D'accord, allons-y !

2. banco [bɑ̃ko] **n.m.** (d'une langue d'Afrique). *AFR.* Matériau de construction traditionnel, sorte de pisé.

banc-titre [bɑ̃titr] **n.m.** (pl. *bancs-titres*). CIN., TÉLÉV. Dispositif constitué par une caméra fonctionnant image par image, et les documents plans à filmer (génériques, sous-titres, etc.) ; procédé consistant en l'utilisation de ce dispositif.

bandage [bɑ̃daʒ] **n.m. 1.** Action de bander une partie du corps ; la ou les bandes ainsi placées : *Resserrer un bandage.* **2.** Cercle métallique ou bande de caoutchouc entourant la jante d'une roue.

1. bande [bɑ̃d] **n.f.** (frq. **binda,* lien). **1.** Morceau d'étoffe, de papier, etc., long et étroit, servant à lier, serrer, couvrir, protéger, orner qqch : *Mettre une bande autour du genou d'un blessé* (syn. **bandage**). *Une bande de velours vert.* **2.** Objet, élément étroit destiné à des usages spécifiques et servant génér. de support : *Enregistrer sur bande. Une bande magnétique.* **3.** Ce qui s'étend en longueur et entoure, borde qqch, le délimite : *Bande de terre, de terrain.* **4.** Rebord élastique qui entoure le tapis d'un billard. **5.** Dispositif d'assemblage de cartouches pour alimenter les armes automatiques. **6.** ÉLECTRON., TÉLÉCOMM. Ensemble des fréquences comprises entre deux limites. **7.** MATH. Région d'un plan limitée par deux droites parallèles. **8. Bande originale,** édition en disque ou en cassette de la musique originale d'un film (abrév. *B.O.*). / **Bande de roulement,** partie d'un pneumatique en contact avec le sol. / TÉLÉCOMM. **Bande passante,** intervalle de fréquences transmises par un filtre sans distorsion notable. / *ANC.* **Bande perforée,** bande de papier ou de plastique où sont enregistrés des chiffres et des lettres sous forme de perforations. / **Bande sonore,** partie de la pellicule cinématographique où est enregistré le son (syn. **bande-son**). **9.** *FAM.* **Par la bande,** indirectement : *Apprendre quelque chose par la bande.* **10. Bande dessinée,** succession de vignettes organisées en séquences, qui mêlent dessins et texte pour raconter une histoire. (abrév. fam. *B.D.* ou *bédé*). ▸ *Dossier page suivante.*

■ **Les origines.** Le récit en images apparaît en Europe dans la première moitié du XIXe s. Parmi les pionniers figurent le Suisse Rodolphe Töpffer (*Histoire de M. Jabot,* 1833), l'Allemand Wilhelm Busch (*Max und Moritz,* 1865) et le Français Christophe (*la Famille Fenouillard,* 1889). Essentiellement humoristique, la bande dessinée conquiert ses lettres de noblesse aux États-Unis avec *The Yellow Kid* (1896), de Richard Felton Outcault, et *The Katzenjammer Kids* (1897) [en français, *Pim, Pam, Poum*], de Rudolph Dirks, puis s'oriente vers le fantastique avec *Little Nemo in Slumberland* (1905), de Winsor McCay. En Europe naissent *Bécassine* (1905) et *les Pieds Nickelés* (1908).

Les comics et l'école belge. En 1925, le Français Alain Saint-Ogan emploie de manière systématique les bulles (ou phylactères) dans sa série *Zig et Puce,* contribuant ainsi à la modernité du genre. Son œuvre inspire le Belge Hergé, créateur, en 1929, des célèbres personnages de Tintin et Milou. Au cours des années 1930, la prédominance de la bande dessinée américaine s'exprime à travers le succès des comics où triomphent les premiers super-héros (*Superman,* 1938 ; *Batman,* 1939), ou à travers le rayonnement de périodiques comme *le Journal de Mickey* (1934). Après la Seconde Guerre mondiale, vers 1950, la bande dessinée européenne prend son essor avec l'école dite « belge » sous l'égide d'Hergé et de Franquin : *Blake et Mortimer, Alix, Spirou et Fantasio, Achille Talon, Gaston Lagaffe, Lucky Luke, les Schtroumpfs.* Une presse spécialisée (*Vaillant,* fondé en 1945, *Pilote* en 1959) fait découvrir Uderzo et Goscinny (créateurs d'Astérix, 1959), Cabu *(le Grand Duduche),* Jean Giraud *(Blueberry),* Fred *(Philémon).*

Vers un art pour adultes. Vers 1970, la bande dessinée devient plus contestataire et adulte avec des supports tels que *Charlie-Hebdo, Métal hurlant, (À suivre).* Elle touche un public intellectuel, se diversifie avec des auteurs de différentes nationalités, tel l'Italien Hugo Pratt *(Corto Maltese)* ou les Américains Robert Crumb *(Fritz the Cat)* et Art Spiegelman *(Maus).*

Les années suivantes sont marquées par l'établissement de cette bande dessinée pour adultes (Jacques Tardi, Enki Bilal, François Schuiten), ainsi que par l'entrée en force sur le marché mondial du manga, genre en provenance du Japon. À l'aube du XXIe s., une génération d'auteurs français explore des territoires littéraires tout en renouvelant l'art de la narration : Lewis Trondheim, Marjane Satrapi, Manu Larcenet et Joann Sfar. Le Suisse Zep, avec son personnage Titeuf, maintient quant à lui avec humour le lien avec le monde adolescent. ■

2. bande [bɑ̃d] **n.f.** (anc. prov. *banda,* troupe, du germ.). **1.** Groupe de personnes réunies par affinités ou pour faire qqch ensemble : *Une bande d'amis* (syn. **groupe**). *Faire partie d'une bande* (syn. **troupe, équipe**). **2.** *FAM.* **Faire bande à part,** se tenir à l'écart, ne pas vouloir se mélanger à un groupe.

3. bande [bɑ̃d] **n.f.** (anc. prov. *banda,* côté, du germ.). MAR. Inclinaison que prend un navire sur un bord sous l'effet du vent ou du poids d'une cargaison mal répartie : *Bateau qui donne de la bande.*

bande-annonce [bɑ̃danɔ̃s] **n.f.** (pl. *bandes-annonces*). Montage d'extraits d'un film de long métrage, projeté à des fins publicitaires avant la sortie de celui-ci.

bandeau [bɑ̃do] **n.m. 1.** Bande longue et étroite (de tissu, etc.) pour entourer la tête, serrer le front, tenir les cheveux, mettre devant les yeux, etc. **2.** Petite frise (texte ou illustration) en tête d'un chapitre ou d'un article. **3.** PRESSE. Titre placé au-dessus de la manchette d'un journal. **4.** ARCHIT. Large moulure plate ou bombée. **5. Avoir un bandeau sur les yeux,** ne pas voir la réalité telle qu'elle est, s'aveugler volontairement.

bandelette [bɑ̃dlɛt] **n.f. 1.** Petite bande. **2.** Petite moulure plate (syn. **listel**).

bander [bɑ̃de] **v.t. 1.** Entourer et serrer avec une bande : *Bander une blessure.* **2.** Couvrir d'un bandeau : *Bander les yeux de qqn.* **3.** Raidir en tendant : *Bander un arc.* ◆ **v.i.** *FAM.* Avoir une érection.

banderille [bɑ̃drij] **n.f.** (esp. *banderilla,* dimin. de *bandera,* bannière). Petit javelot orné de rubans que le torero plante par paires sur le garrot des taureaux.

banderole [bɑ̃drɔl] **n.f.** (it. *banderuola,* dimin. de *bandiera,* bannière). Bande d'étoffe longue et étroite, attachée à un mât ou à une hampe et qui porte souvent des dessins ou des inscriptions : *Les manifestants déploient une banderole.*

bande-son [bɑ̃dsɔ̃] **n.f.** (pl. *bandes-son*). Bande sonore.

Bandiagara, localité du Mali, sur le *plateau de Bandiagara,* limité par de hautes falaises, au pied desquelles habitent les Dogon.

bandit [bɑ̃di] **n.m.** (it. *bandito,* banni). **1.** Personne qui pratique le vol, l'attaque à main armée. **2.** *FAM.* Personne sans scrupule, malhonnête : *Ce commerçant est un bandit* (syn. **fripouille, voleur**).

banditisme [bɑ̃ditism] **n.m.** Ensemble des actions criminelles commises : *Lutter contre le banditisme* (syn. **criminalité**).

bandonéon [bɑ̃dɔneɔ̃] **n.m.** (de *Heinrich Band,* n. de l'inventeur, croisé avec [*accord*]*éon*). Petit accordéon hexagonal, utilisé notamm. dans les orchestres de tango.

bandoulière [bɑ̃duljɛr] **n.f.** (esp. *bandolera,* de *banda,* écharpe). **1.** Bande de cuir, d'étoffe portée en diagonale sur la poitrine pour soutenir une arme, un objet quelconque (sac, etc.). **2. En bandoulière,** porté en écharpe de l'épaule à la hanche opposée : *Porter son fusil en bandoulière.*

Bandung ou **Bandoeng,** v. d'Indonésie (Java) ; 865 000 hab. (2 417 584 hab. dans l'agglomération). La conférence afro-asiatique qui s'y tint en av. 1955 condamna le racisme et le colonialisme, et se rallia au principe du neutralisme.

Bandung *(conférence afro-asiatique de)* [18 - 24 avr. 1955], conférence réunissant les représentants de 29 pays d'Afrique et d'Asie. Ils condamnèrent l'impérialisme et le colonialisme, et affirmèrent leur volonté d'émancipation à l'égard des « Grands » (neutralisme). Cette conférence marqua l'émergence internationale du tiers-monde et préluda au non-alignement.

Banff *(parc national de),* situé au Canada (Alberta).

Bangalore, v. de l'Inde, cap. du Karnataka ; 8 499 399 hab.

Bangkok, cap. de la Thaïlande depuis 1782, près de l'embouchure de la Chao Phraya ; 9 098 000 hab. dans l'agglomération. Aéroport. Monuments du XVIIIe s. caractérisés par la richesse et le raffinement de leur décoration.

Le 9e art en question

La bande dessinée a longtemps été considérée comme une « littérature facile » et s'en est trouvée dévalorisée. Pourtant, être le fruit des deux modes d'expression incontestés que sont l'art graphique et la littérature n'aurait-il pas dû la situer d'emblée en bonne place dans la hiérarchie de la création artistique et culturelle ?

▶ **Un genre mineur ?** La bande dessinée n'est, traditionnellement, pas considérée comme un objet d'érudition à part entière. Sa lecture a pour réputation d'être oisive, d'être destinée aux enfants et aux adolescents, avec pour but essentiel la détente, le divertissement. Ainsi, ce genre a rencontré des difficultés avant d'obtenir une reconnaissance officielle. Il ne trouve d'ailleurs pas encore pleinement sa place aux côtés des illustres œuvres littéraires ou picturales. La B.D. allie généralement deux supports de message : le texte et l'image. Et il semblerait parfois que cette association soit ressentie comme dévalorisante pour l'un comme pour l'autre de ces supports. D'un point de vue strictement littéraire, la bande dessinée est ainsi parfois perçue comme un art mineur dans la mesure où l'image tend à l'emporter sur le texte. Les dessins juxtaposés n'en seraient pas une illustration, mais auraient un rôle de supplétifs d'une écriture jugée inefficace. Mais cette critique ne résiste pas vraiment à l'analyse. Outre que certaines œuvres littéraires authentiques ont parfois pu faire l'objet d'adaptation en B.D., l'analyse du texte révèle aussi une écriture qui excelle notamment dans la concision et l'efficacité. L'essor du « roman graphique », généralement destiné à un public adulte et où l'art de la narration se complexifie, en est la démonstration la plus probante. Du point de vue pictural, le reproche fait à la B.D. est que le dessin y soit réduit à un mode d'expression dont on fait usage faute de mieux. Néanmoins, depuis plusieurs décennies, des approches graphiques originales sont explorées (peinture, collage, photographie, réflexion autour du découpage visuel des histoires, etc.), et cette critique tend à disparaître face à une discipline devenant de plus en plus un terrain d'expérimentations graphiques diverses.

▶ **Une histoire et des codes.** Depuis 1974, par le Festival international de la bande dessinée que lui consacre la ville d'Angoulême, la B.D. semble avoir acquis définitivement des lettres de noblesse. Ce « 9e art » encore jeune a déjà une histoire. Le Suisse Rodolphe Töpffer est considéré comme un père fondateur avec son *Histoire de M. Jabot*, réunissant des « histoires en estampes », publiée en albums à partir de 1833. Tout comme le fera plus tard le Français Christophe (alias Gérard Colomb, l'auteur des *Facéties du sapeur Camember*), Rodolphe Töpffer place le texte sous l'image. Premier théoricien du genre, il voit une interdépendance entre texte et image : « Les dessins, sans texte, n'auraient qu'une signification obscure ; le texte, sans les dessins, ne signifierait rien. » Dès les années 1920, certains dessinateurs américains de cartoons placent les paroles de leurs personnages dans des « bulles » (appelées aussi « ballons » ou « phylactères », ce dernier mot en référence aux banderoles qu'utilisaient les peintres du Moyen Âge pour inscrire les paroles des personnages de leur tableau). Les dialogues deviennent alors plus abondants que le texte narratif (appelé parfois aussi « récitatif » et qui se réduit à des courtes mentions placées dans des cartouches). Ce n'est qu'à partir du succès de *Zig et Puce* (1925) d'Alain Saint-Ogan, et du *Journal de Mickey* (1934) que les séries à bulles s'imposent en France. Comme tout art, la bande dessinée répond donc à des codes et possède notamment un vocabulaire spécifique : la « case », ou la « vignette », désigne le rectangle qui encadre l'image ; le « strip », ou la « bande », est un alignement de plusieurs cases ; la « planche » désigne la page entière. Le caractère parfois très technique que requiert la composition d'une bande dessinée exige un travail coordonné de deux artistes spécialisés : le dessinateur et le scénariste du texte (à l'instar d'Albert Uderzo et René Goscinny, créateurs de la série des *Astérix*).

Partie prenante d'une culture de l'image propre à notre époque, la B.D., héritière d'arts plus anciens, mérite assurément un statut d'art au même titre que le cinéma, que l'on peut d'ailleurs lui-même considérer comme issu de la fusion de formes artistiques antérieures. Pour poursuivre cette généalogie des arts, ne devrait-on pas voir dans le dessin animé un héritier du cinéma et de la B.D. ?

Voir aussi : Hergé ; Pratt ; Spiegelman ; Zep.

Bangladesh, État d'Asie, sur le golfe du Bengale ; 143 000 km^2 ; 156 595 000 hab. (*Bangladais* ou *Bangladeshis*). CAP. *Dacca*. LANGUE : *bengali*. MONNAIE : *taka*.

GÉOGRAPHIE

Avec une superficie égale au quart de celle de la France, le Bangladesh est deux fois plus peuplé. La densité moyenne dépasse 1 000 hab. au km^2, chiffre énorme pour un pays presque exclusivement rural (hors l'agglomération de Dacca, seules Chittagong et Khulna dépassent 200 000 hab.), où l'agriculture (dominée par des grands propriétaires exploitant une masse de paysans sans terre) occupe environ les trois quarts de la population active.

Les conditions naturelles ne sont pas très favorables. La majeure partie du pays occupe la moitié orientale du delta du Gange et du Brahmapoutre, en grande partie inondée pendant l'été (saison de la mousson, très pluvieuse ici), et est périodiquement ravagée par des cyclones. Le riz couvre l'essentiel des terres cultivées et constitue la base de l'alimentation. Le jute est la principale culture commerciale, aux débouchés stagnants aujourd'hui. La canne à sucre est cultivée dans le Nord, le thé est récolté sur les hauteurs de l'Est (« monts » de Chittagong). Le troupeau bovin a un faible rendement ; la pêche est un complément alimentaire notable. L'industrie, pénalisée par le manque de capitaux, de techniciens et aussi par la pauvreté du sous-sol, si l'on excepte le modeste gisement de gaz naturel de la région de Sylhet, n'occupe guère que le dixième de la population active. Le pays, tributaire de l'aide extérieure, est l'un des plus pauvres du monde. La population, constituée de Bengalis musulmans, continue à s'accroître à un taux annuel voisin de 2 %.

HISTOIRE

Le Bangladesh correspond au Bengale-Oriental, région issue du partage du Bengale entre l'Inde et le Pakistan en 1947. Il constitue alors le Pakistan oriental.

1971. Indépendance du Pakistan oriental, qui devient le Bangladesh (ou Bengale libre).

1975. À la tête du pays depuis 1971, Mujibur Rahman meurt lors d'un coup d'État militaire.

1975-1981. Zia ur-Rahman dirige le pays. Il est assassiné lors d'une tentative (manquée) de coup d'État.

1982-1990. Gouvernement autoritaire du général Ershad.

1991. Rétablissement du système parlementaire.

Le Parti national du Bangladesh (BNP), dirigé par la veuve de Zia ur-Rahman, Khaleda Zia (Premier ministre de 1991 à 1996 puis de 2001 à 2006), et la Ligue Awami, conduite par Hasina Wajed (Premier ministre de 1996 à 2001 et depuis 2009) alternent au pouvoir.

Bangui, cap. de la République centrafricaine, sur l'Oubangui ; 531 763 hab. (781 000 hab. dans l'agglomération).

banjo [bɑ̃ʒo] ou [bɑ̃dʒo] **n.m.** (mot anglo-amér., esp. *bandurria*). Instrument de la famille du luth, à caisse ronde, dont la table d'harmonie est formée d'une membrane.

Banjul, anc. **Bathurst,** cap. de la Gambie, sur l'estuaire du fleuve Gambie ; 489 000 hab. dans l'agglomération.

banlieue [bɑ̃ljø] **n.f.** (de *ban* et *lieue,* le mot désignant d'abord un territoire d'une lieue autour d'une ville où s'exerçait le droit de ban). Ensemble des localités qui entourent une grande ville et qui, tout en étant administrativement autonomes, sont en relation étroite avec elle.

banlieusard, e [bɑ̃ljøzar, -ard] **n.** Personne qui habite la banlieue d'une grande ville, notamm. de Paris.

banne [ban] **n.f.** (lat. *benna,* du gaulois). **1.** Bâche, toile protégeant des intempéries, au-dessus de la devanture d'un magasin. **2.** Panier d'osier.

banni, e [bani] **adj.** et **n.** Proscrit, exilé de sa patrie.

bannière [banjɛr] **n.f.** (probabl. de *ban*). **1.** Étendard d'une confrérie, d'une corporation, etc. **2.** HIST. Pièce d'étoffe attachée à la hampe d'une lance et portée devant le chevalier qui conduit ses hommes au combat. **3.** *FAM.* **C'est la croix et la bannière,** c'est difficile, compliqué, ennuyeux. / **Combattre, se ranger sous la bannière de qqn,** marcher aux côtés de qqn dans la lutte qu'il a entreprise, prendre son parti.

bannir [banir] **v.t.** (frq. **bannjan,* donner un signal, proclamer) [conj. **32**]. **1.** *SOUT.* Exclure, écarter définitivement : *Bannir un mot de son vocabulaire* (syn. **ôter, rayer**). **2.** Condamner au bannissement.

bannissement [banismɑ̃] **n.m.** Peine interdisant à un citoyen de séjourner dans son pays (syn. **exil**). ▸ Le bannissement, temporaire en France (de 5 à 10 ans), est tombé en désuétude.

banque [bɑ̃k] **n.f.** (it. *banca,* banc, table de changeur). **1.** Établissement privé ou public qui facilite les paiements des particuliers et des entreprises, avance et reçoit des fonds, et gère des moyens de paiement ; siège local de cette entreprise : *Succursale d'une banque. Ouvrir un compte dans une banque.* **2.** Branche de l'activité économique constituée par les banques et les établissements de même nature : *Travailler dans la banque.* **3.** Fonds d'argent remis à celui qui tient le jeu et destiné à payer ceux qui gagnent, à certains jeux : *Tenir la banque. Faire sauter la banque* (= gagner tout l'argent que la banque a mis en jeu). **4. Banque centrale,** banque d'émission qui a en charge la politique monétaire d'un État ou d'une zone monétaire (comme la zone euro) et qui, en qualité de banque dite « de premier rang », encadre les activités des autres banques, dites « de second rang ». / INFORM. **Banque de données,** ensemble de données relatives à un domaine, organisées par traitement informatique, accessibles en ligne et à distance. / **Banque du sang, des yeux, des organes, du sperme,** service public ou privé qui recueille, conserve et distribue du sang, etc.

Banque de France, organisme bancaire créé en 1800 et nationalisé en 1945. La Banque est administrée par un Conseil général et dirigée par un gouverneur. Le traité de Maastricht amène une profonde évolution de ses statuts : en 1993, elle devient indépendante du gouvernement pour la mise en œuvre de la politique monétaire nationale et, en 1998, à la veille de l'instauration de l'euro, elle voit une large part de ses pouvoirs transférée à la Banque centrale européenne.

banqueroute [bɑ̃krut] **n.f.** (it. *banca rotta,* banc rompu du changeur insolvable). **1.** Délit commis par un commerçant qui, à la suite d'agissements irréguliers ou frauduleux, est en état de cessation de paiements : *Faire banqueroute.* **2.** Échec total : *La banqueroute d'un parti aux élections* (syn. **déconfiture, faillite**).

banqueroutier, ère [bɑ̃krutje, -ɛr] **n.** Personne qui fait banqueroute.

banquet [bɑ̃kɛ] **n.m.** (it. *banchetto,* petit banc, en raison des bancs disposés autour des tables). Grand repas, festin organisé pour fêter un événement important : *Banquet de noces.*

banqueter [bɑ̃kte] **v.i.** [conj. **27**]. **1.** Prendre part à un banquet. **2.** Faire bonne chère : *Nous avons bien banqueté pendant les fêtes* (syn. **festoyer**).

banquette [bɑ̃kɛt] **n.f.** (languedocien *banqueta,* petit banc). **1.** Banc rembourré ou canné. **2.** Siège d'un seul tenant, prenant toute la largeur d'une automobile : *Banquette arrière.* **3.** Siège à dossier en forme de banc, dans le métro, le train, etc. **4.** ARCHIT. Banc de pierre dans l'embrasure d'une fenêtre. **5.** Chemin pratiqué sur le talus d'une voie ferrée, d'un canal ; épaulement conservé dans les talus des remblais pour leur donner plus de stabilité.

banquier, ère [bɑ̃kje, -ɛr] **n. 1.** Personne qui dirige ou gère une banque, un établissement de crédit. **2.** Personne qui tient la banque, dans un jeu.

banquise [bɑ̃kiz] **n.f.** (scand. *pakis,* de *pakke,* paquet, et de *is,* glace, influencé par *banc* [*de glace*]). Couche de glace formée par la congélation de l'eau de mer dans les régions polaires.

Banting (*sir* **Frederick Grant),** médecin canadien (Alliston 1891 - Musgrave Harbor, Terre-Neuve, 1941). Il participa à la découverte de l'insuline. (Prix Nobel de médecine, avec Macleod, en 1923.)

bantou, e [bɑ̃tu] **adj.** Des Bantous, des peuples de ce groupe. ◆ **bantou n.m.** Groupe de langues africaines parlées dans toute la moitié sud du continent africain.

Bantous, ensemble de peuples de l'Afrique, au sud de l'équateur, parlant des langues de la même famille. Le terme de « bantou » désigne en fait tous les peuples de cette région à l'exception des Bochiman et des Hottentots.

bantoustan [bɑ̃tustɑ̃] **n.m.** En Afrique du Sud, au temps de l'apartheid, territoire attribué aux différentes ethnies noires. ▸ Les bantoustans ont été supprimés en 1994.

Banville (Théodore de), poète français (Moulins 1823 - Paris 1891). Auteur des *Odes funambulesques* (1857), il fut membre de l'école du Parnasse.

baobab [baɔbab] **n.m.** (ar. *bū ḥibab*). Arbre des régions tropicales (Afrique, Australie) dont le tronc peut atteindre 20 m de circonférence. ▸ Famille des bombacacées.

baptême [batɛm] **n.m.** (lat. chrét. *baptisma,* du gr. *baptizein,* immerger). **1.** Sacrement de la religion chrétienne, qui marque l'insertion dans l'Église ; cette cérémonie. **2. Baptême de l'air,** premier vol en avion. / **Baptême du feu,** premier combat d'un soldat. / **Baptême d'une cloche, d'un navire, etc.,** bénédiction solennelle d'une cloche, etc. / **Nom de baptême,** prénom que l'on reçoit au moment du baptême.

baptiser [batize] **v.t.** (lat. chrét. *baptizare,* du gr. *baptizein,* immerger). **1.** Administrer le sacrement du baptême à qqn : *Baptiser un enfant.* **2.** Donner un nom de baptême à qqn, à qqch : *Baptiser une rue du nom d'un homme politique.* **3.** FAM. Salir pour la première fois qqch de neuf avec un liquide : *Il a baptisé la nappe avec du vin.* **4.** FAM. **Baptiser du vin, du lait,** ajouter de l'eau à du vin, à du lait.

baptismal, e, aux [batismal, -o] **adj.** (lat. chrét. *baptisma ;* v. *baptême*). Qui se rapporte au baptême : *Fonts baptismaux.*

baptisme [batism] **n.m.** (lat. chrét. *baptisma,* baptême). Doctrine religieuse protestante (XVIIe s.) selon laquelle le baptême ne doit être administré qu'à des adultes professant foi et repentir. ◆ **baptiste adj.** et **n.** Relatif au baptisme ; qui le professe.

baptistère [batistɛr] **n.m.** (lat. chrét. *baptisterium,* du gr. ; v. *baptême*). Bâtiment annexe ou chapelle d'une église destinés à l'administration du baptême.

baquet [bakɛ] **n.m.** (de *bac*). **1.** Petite cuve de bois. **2.** Siège bas d'une voiture de sport.

1. bar [bar] **n.m.** (néerl. *baers*). Poisson marin à chair estimée, voisin de la perche, appelé aussi *loup.* ▸ Famille des serranidés ; long. de 0,50 à 1 m.

2. bar [bar] **n.m.** (angl. *bar,* barre du comptoir puis « bar »). **1.** Débit de boissons, dont une partie est aménagée pour consommer debout ou assis sur des tabourets hauts devant un comptoir. **2.** Comptoir où l'on peut consommer.

3. bar [bar] **n.m.** (gr. *baros,* pesanteur). Unité de mesure de pression valant 10^5 pascals, utilisée pour mesurer la pression atmosphérique. ▸ Symb. bar.

Bar *(comté,* puis *duché de),* territoire qui se situait à l'est du Bassin parisien, au sud de l'Argonne. Il fut réuni à la Lorraine en 1480.

Barabbas ou **Barrabas,** agitateur dont la foule de Jérusalem, lors du procès de Jésus, demanda qu'il fût libéré à la place de celui-ci.

Barabudur, grand temple bouddhique du centre de Java, dont la construction s'est achevée vers le IXe s. Le décor de bas-reliefs de cet immense sanctuaire à étagement pyramidal, tout en illustrant la vie du Bouddha, fourmille d'informations sur la vie quotidienne de l'époque, tandis que l'ensemble de l'édifice recèle un symbolisme cosmique très complexe. Dans les années 1980, un programme exemplaire de sauvetage a été réalisé sous l'égide de l'Unesco.

baragouin [baragwɛ̃] **n.m.** (du breton *bara,* pain, et *gwin,* vin, ou *gwen,* blanc). FAM. Langage incompréhensible : *Je ne comprends rien à ce baragouin* (syn. **charabia**).

baragouinage [baragwinaʒ] **n.m.** FAM. Manière de parler embrouillée, difficile à comprendre.

baragouiner [baragwine] **v.t.** et **v.i. 1.** FAM. Parler mal une langue : *Baragouiner l'anglais.* **2.** Dire qqch d'une manière incompréhensible : *Qu'est-ce que tu baragouines ?*

baraka [baraka] **n.f.** (mot ar. « bénédiction »). FAM. Chance.

baraque [barak] **n.f.** (it. *baracca,* esp. *barraca,* hutte). **1.** Construction légère en planches. **2.** FAM. Maison au confort rudimentaire ou mal tenue.

baraqué, e [barake] **adj.** (de *baraque*). FAM. De forte carrure.

baraquement [barakmɑ̃] **n.m.** Construction, ensemble de constructions rudimentaires destinés à l'accueil ou au logement provisoire de personnes.

baratin [baratɛ̃] **n.m.** (anc. fr. *barater,* tromper). FAM. Bavardage destiné à séduire ou à tromper : *Arrête ton baratin* (syn. **boniment**).

baratiner [baratine] **v.i.** et **v.t.** Faire du baratin.

baratineur, euse [baratinœr, -øz] **adj.** et **n.** Qui sait baratiner.

barattage [barataʒ] **n.m.** Brassage de la crème du lait pour obtenir le beurre.

baratte [barat] **n.f.** (anc. fr. *barate,* agitation, du scand. *barâtta,* combat). Appareil pour faire le barattage.

baratter [barate] **v.t.** (de *baratte*). Faire le barattage de.

barbacane [barbakan] **n.f.** (de l'ar.). HIST. Au Moyen Âge, ouvrage fortifié génér. circulaire couvrant une porte de place.

Barbade (la), en angl. **Barbados,** une des Petites Antilles, formant un État indépendant depuis 1966 ; 431 km^2 ; 285 000 hab. CAP. *Bridgetown.* LANGUE : *anglais.* MONNAIE : *dollar de la Barbade.* Tourisme.

barbant, e [barbɑ̃, -ɑ̃t] **adj.** (de *barber*). FAM. Ennuyeux : *Ce qu'il est barbant avec ses histoires !* (syn. **assommant**).

barbare [barbar] **adj.** et **n.** (lat. *barbarus,* gr. *barbaros,* non-Grec, étranger). **1.** Inhumain, d'une grande cruauté : *Répression barbare* (syn. **cruel, impitoyable**). **2.** ANTIQ. Étranger, pour les Grecs et les Romains : *Les grandes invasions barbares. **Rem.*** Le nom prend une majuscule. ◆ **adj. 1.** Contraire à l'usage ou au bon goût : *Musique barbare* (syn. **grossier**). **2.** Contraire aux normes de la langue, aux habitudes de ses usagers : *Terme barbare* (syn. **incorrect**).

Barbares, nom donné par les Grecs à tous les peuples, y compris les Romains, restés en dehors de leur civilisation, puis par les Romains à tous ceux qui ne participaient pas à la civilisation gréco-romaine.

Les peuples barbares. Ce sont essentiellement des Germains : sur les rives de la mer du Nord vivent les Jutes, les Angles, les Saxons, les Frisons ; plus au sud, les Francs et les Alamans ; derrière eux, les Burgondes et les Vandales (sur le Danube moyen), voisins des Suèves, localisés sur l'Oder, où ils jouxtent les Lombards ; les Goths sont divisés en deux groupes politico-militaires : les Wisigoths et les Ostrogoths.

Rome face aux Barbares. Prenant conscience du danger germain, Rome organise solidement ses frontières naturelles (Rhin-Danube), qu'elle couvre d'une ligne fortifiée, le limes. Les Romains réussissent difficilement à refouler la série d'invasions du IIIe s. La lutte fait apparaître l'insuffisance de l'armée romaine. Le recrutement national étant faible, les empereurs font alors appel à des mercenaires barbares et en viennent même à confier la défense des frontières à des peuples barbares : liés à Rome par un traité, ceux-ci occupent des terres romaines et fournissent des contingents de soldats (fédérés). Mais cette politique ouvre la voie aux grandes invasions qui vont ravager l'Empire romain d'Occident du IIIe s. au Ve s. Au début du VIe s., ce dernier a disparu. Un monde mérovingien, gothique, lombard a pris la succession de la Gaule, de l'Espagne et de l'Italie romaines.

barbarie [barbari] **n.f. 1.** Cruauté, férocité : *Commettre un acte de barbarie* (syn. **sauvagerie**). **2.** Manque de civilisation ; déshumanisation : *Retomber dans la barbarie.*

barbarisme [barbarism] **n.m.** (lat. *barbarismus,* du gr. ; v. *barbare*). Faute consistant à employer un mot inexistant ou déformé ; mot ainsi employé : *Le passé simple « cousut » au lieu de « cousit » est un barbarisme.*

Barbarossa ou **Barberousse** ***(plan),*** plan d'attaque de l'U.R.S.S. conçu par Hitler en déc. 1940 et déclenché le 22 juin 1941. L'offensive allemande brisait le pacte germano-soviétique (1939).

1. barbe [barb] **n.f.** (lat. *barba*). **1.** Poil qui pousse sur le menton, les joues de l'homme. **2.** Touffe de poils sous la mâchoire de certains animaux : *Barbe de singe, de bouc.* **3.** Chacun des filaments finement ramifiés implantés dans le tuyau d'une plume d'oiseau. **4.** Pointe des épis de céréales : *Des barbes de seigle.* **5.** FAM. Ennui : *Quelle barbe ce type !* **6. À la barbe de qqn,** sous ses yeux, malgré lui. / **Barbe à papa,** confiserie faite de filaments de sucre enroulés sur un bâtonnet. / **Parler dans sa barbe,** parler bas, trop bas, de façon inintelligible. / **Rire dans sa barbe,** rire pour soi-même. ◆ **interj.** FAM. Marquant l'impatience, l'agacement : *Ah, la barbe !* (= ça suffit).

2. barbe [barb] **n.m.** et **adj.** (it. *barbero,* de *Barberia,* Barbarie). Cheval de selle originaire d'Afrique du Nord très répandu au Maroc.

barbeau [barbo] **n.m.** (lat. pop. **barbellus,* du class. *barba,* barbe, en raison des barbillons qu'il porte). **1.** Poisson d'eau douce à chair estimée mais dont les œufs peuvent être toxiques. ▸ Famille des cyprinidés. **2.** FAM. Souteneur. ◆ **adj. inv. Bleu barbeau,** bleu clair.

barbecue [barbəkju] **n.m.** (mot anglo-amér., de l'esp. *barbacoa,* d'orig. haïtienne). Dispositif de cuisson à l'air libre, fonctionnant au charbon de bois, servant à griller la viande ou le poisson.

barbe-de-capucin [barbdəkapysɛ̃] **n.f.** (pl. *barbes-de-capucin*). Chicorée sauvage amère qu'on mange en salade (syn. **frisée**).

barbelé, e [barbəle] **adj.** (anc. fr. *barbel,* pointe, du lat. *barbellum,* dimin. de *barba,* barbe). **1.** Garni de dents et de pointes : *Flèche barbelée.* **2. Fil de fer barbelé,** fil de fer muni de pointes, servant de clôture ou de moyen de défense (on dit aussi *du barbelé*).

barber [barbe] **v.t.** (de *[raser la] barbe*). FAM. Ennuyer. ◆ **se barber v.pr.** FAM. S'ennuyer.

Barberousse ⟶ Frédéric Ier, empereur germanique.

Barberousse (Khayr al-Din, dit**),** corsaire turc (m. à Istanbul en 1546). Maître d'Alger, qu'il plaça sous la suzeraineté ottomane (1518), puis grand-amiral de la flotte ottomane (1533), il combattit Charles Quint.

Barbès (Armand), homme politique français (Pointe-à-Pitre 1809 - La Haye 1870). Républicain, il conspira contre la monarchie de Juillet puis fut élu député d'extrême gauche sous la IIe République. Il tenta de constituer un gouvernement insurrectionnel (mai 1848), fut emprisonné jusqu'en 1854 et mourut en exil.

Barbey d'Aurevilly (Jules), écrivain français (Saint-Sauveur-le-Vicomte 1808 - Paris 1889). Par son élégance de dandy, ses articles féroces, ses duels, il se composa un personnage de « connétable des lettres », avant de professer un catholicisme intransigeant. Ses romans (*le Chevalier Des Touches,* 1864 ; *Un prêtre marié,* 1865) et ses nouvelles (*les Diaboliques,* 1874) dessinent un univers mélodramatique où la fascination de Satan paraît le meilleur chemin de la découverte de Dieu.

barbiche [barbiʃ] **n.f.** Touffe de barbe au menton.

barbichette [barbiʃɛt] **n.f.** FAM. Petite barbiche.

barbichu, e [barbiʃy] **adj.** et **n.** FAM. Qui porte une petite barbe, une barbiche.

barbier [barbje] **n.m.** Celui dont le métier, autref., était de faire la barbe, de raser le visage.

barbillon [barbijɔ̃] **n.m.** (de *barbe*). **1.** Filament olfactif ou gustatif placé des deux côtés de la bouche, chez certains poissons. **2.** Repli de la peau situé sous la langue du bœuf ou du cheval.

barbiturique [barbityrik] **adj.** (de l'all. *Barbitursäure,* acide barbiturique, et de *urique*). Se dit d'un radical chimique qui est à la base de nombreux hypnotiques et sédatifs du système nerveux. ◆ **n.m.** Médicament comportant ce radical, utilisé dans le traitement de l'épilepsie et, naguère, de l'insomnie.

Barbizon *(école de),* expression servant à désigner toute une génération de peintres paysagistes qui travaillèrent dans le 2e tiers du XIXe s. en forêt de Fontainebleau et à Barbizon (commune au N.-O. du massif forestier) : ainsi Théodore Rousseau (1812-1867), Corot, Millet, Constant Troyon (1810-1865), Narcisse Diaz de la Peña (1807-1876), assez différents les uns des autres, mais tous épris – contre la doctrine académique – d'une peinture de plein air, admirateurs des Hollandais du XVIIe s. et d'Anglais comme Constable, généralement de tendance réaliste et animés d'aspirations sociales.

barbon [barbɔ̃] **n.m.** (it. *barbone,* grande barbe). LITT. Homme d'un âge avancé (péjor.).

barboter [barbɔte] **v.i.** (p.-ê de l'anc. fr. *barbeter,* var. de *bourbeter,* de *bourbe*). **1.** S'agiter dans l'eau ou la boue : *Les canards barbotent dans la mare.* **2.** CHIM. Traverser un liquide, en parlant d'un gaz. ◆ **v.t.** FAM. Dérober : *Il a encore barboté un livre* (syn. **chiper, faucher, voler**).

barboteuse [barbɔtøz] **n.f.** (de *barboter*). Vêtement d'enfant d'une seule pièce formant une culotte courte légèrement bouffante.

barbouillage [barbujaʒ] et **barbouillis** [barbuji] **n.m.** Action de barbouiller ; résultat de cette action : *Mur couvert de barbouillages* (syn. **gribouillage, gribouillis**).

barbouiller [barbuje] **v.t.** (probabl. de *barboter* croisé avec *brouiller*). **1.** Salir, tacher : *Visage barbouillé de crème.* **2.** Peindre grossièrement : *Barbouiller une toile* (syn. **peinturlurer**). **3. Avoir l'estomac barbouillé,** avoir la nausée. / FAM. **Barbouiller du papier,** rédiger, écrire sans talent.

barbouilleur, euse [barbujœr, -øz] **n.** Personne qui barbouille.

barbouze [barbuz] **n.m.** ou **n.f.** (de *1. barbe,* à cause de la fausse barbe servant de déguisement). FAM. Agent d'un service secret de police ou de renseignements.

barbu, e [barby] **adj.** et **n.** Qui a de la barbe.

barbue [barby] **n.f.** (de *barbu,* en raison des barbillons qu'elle porte). Poisson marin à chair estimée, voisin du turbot. ▸ Long. 60 cm env.

Barbusse (Henri), écrivain français (Asnières 1873 - Moscou 1935), auteur du *Feu* (1916), première peinture non conventionnelle de la vie des combattants de la « Grande Guerre ».

barcarolle [barkarɔl] **n.f.** (it. *barcarolo,* gondolier). **1.** Chanson des gondoliers vénitiens. **2.** Pièce vocale ou instrumentale au rythme ternaire, dans le style de ces chansons.

Barceló (Miquel), peintre, sculpteur et céramiste espagnol (Felanitx, Majorque, 1957). Maniant avec la plus grande liberté les couleurs et les matières (notamm. organiques), il nourrit son art de la confrontation avec d'autres cultures, surtout africaines (Dogon du Mali).

Barcelone, en esp. **Barcelona,** port d'Espagne, cap. de la Catalogne et ch.-l. de prov., près de l'embouchure du Llobregat ; 1 611 013 hab. *(Barcelonais)* [5 487 878 hab. pour l'agglomération, principal foyer industriel du pays]. Nombreux édifices gothiques, surtout du XIVe s., dont la cathédrale. Œuvres de A. Gaudí. Musées, dont celui de l'Art de Catalogne (peinture romane, retables gothiques). Très prospère sous la domination aragonaise (XIIe-XVe s.), Barcelone ne retrouva son importance qu'au milieu du XIXe s. Centre de la résistance des républicains pendant la guerre civile (1936-1939).

barda [barda] **n.m.** (ar. *barda'a,* bât d'âne). *FAM.* Bagage, équipement encombrant qu'on emporte avec soi : *Tu pars avec tout ce barda !* (syn. **chargement**).

1. barde [bard] **n.m.** (lat. *bardus,* du gaul.). **1.** Poète et chanteur celte. **2.** Poète lyrique.

2. barde [bard] **n.f.** (esp. *barde,* de l'ar. *barda'a ;* v. *barda*). **1.** CUIS. Tranche de lard dont on enveloppe un morceau de viande ou une volaille. **2.** Armure du cheval de guerre (XIIIe-XVIe s.).

bardeau [bardo] **n.m.** (orig. incert., p.-ê. de *2. barde*). CONSTR. **1.** Planchette en forme de tuile, servant à couvrir une toiture ou une façade, notamm. en montagne (syn. **aisseau**). **2.** Planchette fixée sur les solives d'un plancher et formant une aire pour recevoir un carrelage ou un parquet.

1. barder [barde] **v.t.** (de *2. barde*). **1.** CUIS. Envelopper d'une barde un morceau de viande ou une volaille. **2.** Couvrir d'une armure : *Barder de fer un chevalier.* **3. Être bardé de,** être couvert, abondamment pourvu de : *Être bardé de décorations, de diplômes.*

2. barder [barde] **v. impers.** (orig. incert., p.-ê. de *bard,* civière pour transporter des fardeaux). *FAM.* Être ou devenir violent, dangereux : *Ça va barder !* (syn. **chauffer**).

bardot [bardo] **n.m.** (it. *bardotto,* bête qui porte le bât). Hybride produit par l'accouplement d'un cheval et d'une ânesse (on trouve parfois la graphie *bardeau*).

bare-foot [bɛrfut] **n.m.** (mot angl. « pied nu »). Sport comparable au ski nautique mais dans lequel la surface porteuse est constituée par la plante des pieds nus.

barème [barɛm] **n.m.** (de *Fr. Barrême,* mathématicien du XVIIe s.). **1.** Table ou répertoire des tarifs : *Barème des salaires.* **2.** Livre de comptes tout faits : *Barème des intérêts.*

Barents ou **Barentsz (Willem),** navigateur néerlandais (île de Terschelling v. 1550 - région de la Nouvelle-Zemble 1597). Il découvrit la Nouvelle-Zemble (1594) et le Spitzberg (1596). Il a donné son nom à la mer située dans l'océan Arctique entre le Svalbard et la Nouvelle-Zemble.

baréter [barete] **v.i.** (de *barrir*) [conj. **18**]. Pousser son cri, en parlant de l'éléphant (syn. **barrir**).

barge [barʒ] **n.f.** (bas lat. *barca*). **1.** Grande péniche largement ouverte à la partie supérieure pour les transports de vrac. **2.** Bateau à fond plat, gréé d'une voile carrée. **3.** Meule de foin rectangulaire.

barguigner [bargiɲe] **v.i.** (orig. incert., p.-ê. frq. **borganjan*). *VIEILLI* ou *LITT.* **Sans barguigner,** sans hésiter, sans rechigner : *Accepter sans barguigner.*

Bari, port d'Italie, cap. de la Pouille et ch.-l. de prov. sur l'Adriatique ; 316 692 hab. Archevêché. Université. Centre industriel. La ville fut un port important au Moyen Âge, point de départ pour la Terre sainte. Importante basilique romane S. Nicola (fin du XIe - XIIe s.).

baril [baril] **n.m.** (orig. incert., p.-ê. lat. pop. **barriculus*). **1.** Petit tonneau ; son contenu : *Baril de poudre.* **2.** Mesure de capacité valant env. 159 litres, utilisée pour les produits pétroliers. ▸ Symb. bbl.

barillet [barijɛ] **n.m.** (de *baril*). **1.** Petit baril. **2.** Magasin cylindrique et mobile d'un revolver, destiné à recevoir les cartouches. **3.** Partie cylindrique d'un bloc de sûreté, dans une serrure. **4.** Boîte cylindrique contenant le ressort d'entraînement d'une montre, d'une pendule.

bariolage [barjɔlaʒ] **n.m.** Assemblage disparate de couleurs : *Un bariolage de teintes vives* (syn. **bigarrure**).

bariolé, e [barjɔle] **adj.** (croisement de l'anc. fr. *barré* et *riolé* [du lat. *regula,* règle], tous deux de même sens, « rayé, bigarré »). Recouvert, marqué de taches ou de bandes de couleurs vives et, souvent, s'harmonisant mal entre elles : *Une robe bariolée* (syn. **bigarré**).

barioler [barjɔle] **v.t.** (de *bariolé*). Peindre de couleurs vives et mal harmonisées : *Barioler un mur* (syn. **peinturlurer**).

Bar-Kokhba ou **Bar Kochba,** surnom à signification messianique (« Fils de l'étoile ») donné à Simon Bar Koziba, le chef de la deuxième révolte des Juifs (132-135). Après avoir pris Jérusalem, il fut vaincu et enfermé dans la forteresse de Béthar, où il mourut.

Bar-le-Duc, ch.-l. du dép. de la Meuse, dans le sud du Barrois, sur l'Ornain, à 231 km à l'est de Paris ; 16 638 hab. *(Barisiens).* Textile. Dans l'église St-Étienne (XIVe s.), célèbre sculpture funéraire de L. Richier.

barmaid [barmɛd] **n.f.** (mot angl., de *bar,* bar, et *maid,* servante). Serveuse de bar.

barman [barman] **n.m.** (mot angl., de *bar,* bar, et *man,* homme) [pl. *barmans* ou *barmen*]. Serveur de bar qui ne sert qu'au comptoir les boissons qu'il prépare.

bar-mitsva [barmitsva] **n.m. inv.** (mot hébreu « fils des commandements »). Garçon juif de treize ans qui fête sa majorité religieuse. ◆ **n.f.** Cérémonie au cours de laquelle le bar-mitsva accède à sa majorité religieuse.

Barnard (Christiaan), médecin et chirurgien sud-africain naturalisé grec (Beaufort West, prov. du Cap, 1922 - Paphos, Chypre, 2001). Il réalisa, en 1967, la première greffe d'un cœur humain.

Barnave (Antoine), homme politique français (Grenoble 1761 - Paris 1793). Député du Dauphiné en 1789, il exerça une influence prépondérante aux États généraux. Partisan d'une monarchie constitutionnelle, il fut décapité sous la Terreur.

baromètre [barɔmɛtr] **n.m.** (de *baro-* et *-mètre*). **1.** Instrument qui sert à mesurer la pression atmosphérique : *Baromètre anéroïde.* **2.** Ce qui est sensible à certaines variations, les exprime : *Les sondages, baromètres politiques.*

barométrique [barɔmetrik] **adj.** Qui se rapporte au baromètre, indiqué par le baromètre : *Pression barométrique.*

baron [barɔ̃] **n.m.** (frq. **baro,* homme libre). **1.** En France, titre de noblesse situé entre ceux de chevalier et de vicomte. **2.** Personnage qui occupe une position importante dans un domaine quelconque, notamm. économique : *Un baron de la finance* (syn. **magnat**).

baronet ou **baronnet** [barɔnɛ] **n.m.** En Angleterre, titre nobiliaire situé entre ceux de baron et de chevalier.

baronne [barɔn] **n.f. 1.** Épouse d'un baron. **2.** Femme possédant une baronnie.

baronnie [barɔni] **n.f. 1.** HIST. Seigneurie, terres auxquelles le titre de baron était attaché. **2.** Titre de baron.

1. baroque [barɔk] **n.m.** (port. *barroco,* perle irrégulière). Style artistique et littéraire né en Italie à la faveur de la Contre-Réforme et qui a régné sur une grande partie de l'Europe et de l'Amérique latine aux XVIIe et XVIIIe s.

■ Si le mot *baroque* est aujourd'hui un terme vague que l'on applique aussi bien à une idée bizarre qu'à la peinture de Rubens ou au théâtre de Claudel, il a une origine technique et précise : en joaillerie, *baroque* désignait une perle irrégulière ou une pierre mal taillée. Le baroque s'est donc d'abord défini négativement : il était l'anormal, l'exubérant, le décadent, le contraire du classique.
Au début du XXe s., les historiens de l'art ont fait du baroque un concept d'esthétique générale pour caractériser le style de la période qui sépare la Renaissance du classicisme : l'art baroque, pictural et ouvert, s'oppose à l'art classique, linéaire et fermé. Cette vision plastique s'étendit à la musique et à la littérature.
Le baroque est lié à l'idéologie de la Contre-Réforme : il domine, de la fin du XVIe s. au milieu du XVIIe, en Italie d'abord et dans les classes extérieures à la bourgeoisie : le clergé et l'aristocratie. ■

■ LITTÉRATURE. Le baroque littéraire, théorisé en Espagne par Baltasar Gracián et illustré par la poésie labyrinthique de Góngora, anime en Italie les subtilités de Marino, en Allemagne le pathétique d'Andreas Gryphius et l'humour picaresque de Grimmelshausen, en Angleterre les délicatesses précieuses du mouvement dit *euphuiste.* En France, il inspire l'hermétisme de Maurice Scève (*Délie,* 1544), les →

A B C D E F G H I J K L M N O P Q R S T U V W X Y Z

violences visionnaires d'Agrippa d'Aubigné (*les Tragiques,* 1616) et la mythologie sensuelle de Théophile de Viau (*Pyrame et Thisbé,* 1621).

Art du reflet et de l'apparence, à travers les thèmes favoris de l'eau, du miroir et du masque, le baroque est en réalité un style fortement structuré qui se fonde sur un système d'antithèses et de symétries. Les métaphores et les périphrases y jouent le même rôle que les volutes et les spirales dans l'organisation des volumes architecturaux, tout en assurant la présence constante de l'imagination et de la surprise. Phénomène d'ostentation généralisée, prônant la validité morale et artistique de l'artifice contre le naturel, le baroque ne connaît que des êtres de métamorphose qui, acteurs ou héros, sont en perpétuelle représentation. ■

■ BEAUX-ARTS. En matière d'architecture et d'arts plastiques, le baroque, arme de propagande des autorités catholiques, tend à rendre l'église plus attirante, à toucher les sens des fidèles par un renouvellement des thèmes et des formes de l'art religieux ; mais c'est aussi un art de cour, qui exprime l'absolutisme des princes. À l'esthétique équilibrée et mesurée de la Renaissance, l'art baroque, avant tout théâtral et somptueux, oppose la recherche du mouvement (draperies), l'utilisation des courbes (colonnes torses, volutes, contre-courbes), des perspectives en trompe-l'œil, des contrastes lumineux, tout cela unifié dans une sorte de spectacle dont le dynamisme scintillant traduit l'exaltation.

Cet art trouve sa première expression à Rome, chez les architectes chargés de terminer l'œuvre de Michel-Ange, Carlo Maderno et Bernin, suivis de Borromini, Pierre de Cortone, etc. Turin, Naples, Gênes, Venise, la Sicile sont touchées, en même temps que le baroque se propage hors d'Italie en prenant, au XVIIIe s., des formes nouvelles. En Europe centrale, ses capitales sont Vienne (avec Fischer von Erlach, Hildebrandt), Prague (la famille des Dientzenhofer), Munich (les frères Asam, peintres, sculpteurs, décorateurs et architectes), Würzburg (J. B. Neumann), mais de nombreux châteaux, églises de pèlerinage (Wies par ex.) et abbayes témoignent de l'allégresse du *rococo* germanique, qui atteint les terres protestantes de Saxe (Dresde) et de Prusse. En Espagne, le baroque s'incarne dans les pathétiques statues polychromes des processions, dans la profusion ornementale des retables ainsi que dans le style, inspiré par Churriguera, d'un architecte et sculpteur comme Pedro de Ribera ; l'Amérique coloniale à son tour adopte l'art baroque en l'enrichissant de particularités régionales. Terres d'élection pour les jésuites, la Belgique construit au XVIIe s. des églises qui rappellent la structure et l'élan vertical du gothique ; Rubens, le peintre baroque par excellence, y installe ses grands tableaux d'autel. Mis à part l'art éphémère de fêtes de cour et certains éléments fastueux de décor, la France, elle, n'adopte le baroque que vers les années 1630-1660 (Vouet, Le Vau) et au XVIIIe s. à travers le style décoratif *rocaille.* Dans presque tous les pays, la réaction néoclassique met fin à l'âge baroque vers la fin du XVIIIe s. ■

■ MUSIQUE. Dans le domaine musical, la période baroque, que l'on peut situer entre 1600 et 1750 environ, correspond à la création de genres nouveaux (opéra, oratorio, cantate, sonate, concerto) et à l'utilisation d'une écriture fondée sur le dialogue (style concertant avec basse continue) et l'ornementation (lignes décoratives et tumultueuses), ainsi qu'au goût pour l'improvisation et la préciosité. Les *Vêpres de la Vierge* de Monteverdi, les ballets de cour français, l'œuvre de Purcell, de Händel, de Lully, les concertos de Vivaldi et l'œuvre de J. S. Bach représentent typiquement cette période. ■

2. baroque [barɔk] **adj. 1.** Qui appartient au baroque : *Une église baroque.* **2.** Qui est inattendu, étrange : *Une idée baroque* (syn. **bizarre, saugrenu**). *Un personnage baroque* (syn. **excentrique, fantasque**).

baroud [barud] **n.m.** (mot ar. du Maroc). **1.** *ARG. MIL.* Combat. **2. Baroud d'honneur,** combat désespéré livré seulement pour l'honneur.

baroudeur, euse [barudœr, -øz] **n.** (de *baroud*). *FAM.* **1.** Personne qui a beaucoup combattu ou qui aime à se battre. **2.** Personne dynamique, qui aime le risque ; aventurier.

barque [bark] **n.f.** (it. *barca,* mot du bas lat.). **1.** Petit bateau doté de voiles, de rames ou d'un moteur : *Des barques de pêcheurs* (syn. **embarcation, esquif**). **2. Bien, mal mener sa barque,** bien, mal conduire ses affaires : *Elle mène bien sa barque et sera bientôt à la tête de l'entreprise.*

barquette [barkɛt] **n.f. 1.** Petite barque. **2.** Petite pâtisserie en forme de barque. **3.** Récipient léger et rigide utilisé dans le commerce et l'industrie pour le conditionnement des denrées alimentaires, des plats cuisinés ; son contenu : *Viande en barquette.*

barracuda [barakuda] **n.m.** (mot angl., probabl. de l'esp.). Grand poisson marin, carnassier. ▶ Famille des sphyrénidés ; long. 2 m env.

barrage [baraʒ] **n.m.** (de *barrer*). **1.** Action de barrer le passage, de faire obstacle ; l'obstacle lui-même : *Le barrage d'une rue. Un barrage de police.* **2.** TR. PUBL. Ouvrage artificiel coupant le lit d'un cours d'eau et servant soit à en assurer la régulation, soit à pourvoir à l'alimentation en eau des villes ou à l'irrigation des cultures, ou bien à produire de l'énergie. **3. Tir de barrage,** tir d'artillerie destiné à briser une offensive ennemie ; au fig., opposition systématique et nourrie de multiples arguments à une idée, un projet, etc. : *Opposer un tir de barrage à une proposition.* **4.** SPORTS. **Match de barrage,** match destiné à départager des équipes ou des concurrents à égalité.

■ **Les barrages à niveau constant.** Établis en travers du lit d'un cours d'eau, génér. pour le rendre navigable, ils comportent une partie fixe en maçonnerie et des bouchures mobiles permettant de maintenir constant le niveau d'eau amont. Les bouchures sont soit des petits éléments juxtaposés (hausses par ex.), soit un seul grand élément (vannes).

Les barrages-réservoirs. Établis généralement au travers d'une vallée pour accumuler un certain volume d'eau, ils sont utilisés pour l'irrigation ou l'amélioration des étiages, la protection contre les crues et la production de force motrice. Les matériaux utilisés sont la terre, la pierre, le béton et le béton armé.

Les *barrages en maçonnerie* ou *en béton* comprennent : le *barrage-poids,* à profil triangulaire ; le *barrage-voûte,* à courbure convexe tournée vers l'amont ; le *barrage mixte,* tenant à la fois du barrage-poids et du barrage-voûte ; et le *barrage à contreforts,* formé d'un système de contreforts de profil approprié, soutenant un mur amont, ou rideau étanche, constitué par des dalles planes ou des voûtes.

Les *barrages en remblai,* de plus en plus employés, sont bâtis avec des matériaux trouvés à leur proximité et présentent une forme et une composition très différentes selon les qualités de ceux-ci ; citons : le *barrage en enrochements,* composé d'un massif trapézoïdal – construit soit par enrochements arrimés, soit par enrochements en vrac – et d'un organe d'étanchéité souple, en béton ou en matériaux imperméables, placé soit sur le parement amont, soit à l'intérieur du massif ; le *barrage en terre homogène,* constitué par de la terre compactée imperméable ; le *barrage en terre hétérogène,* formé d'un noyau central imperméable compris entre des massifs d'appui (à l'aval) ou de protection (à l'amont) faits de matériaux très divers ; le *barrage mixte en enrochements et en terre,* dérivant des barrages précédents.

Les barrages comportent des organes de sécurité : déversoirs de crues, assurant le passage des débits naturels exceptionnels, et vidanges, permettant de vider le réservoir en cas d'accident.

Selon les estimations, il existe 800 000 barrages dans le monde. 45 000 (22 000 en Chine dont celui, grandiose, des Trois-Gorges) sont considérés comme des grands barrages (plus de 15 mètres de haut). La moitié des grands barrages est exclusivement ou principalement destinée à l'irrigation. Les deux tiers environ se trouvent dans les pays en développement. Mais les cinquante dernières années ont également mis en lumière leurs impacts sociaux et environnementaux. Les grands barrages ont en effet fragmenté et transformé les rivières, et l'on estime que 40 à 80 millions de personnes ont été déplacées par la création des réservoirs. ■

barragiste [baraʒist] **n.** SPORTS. Équipe, concurrent disputant un match de barrage.

Barranquilla, port de Colombie, sur la mer des Caraïbes, à l'embouchure du Magdalena ; 1 212 943 hab. (1 867 337 hab. dans l'agglomération). Chimie.

Barras (Paul, *vicomte* **de),** homme politique français (Fox-Amphoux, Var, 1755 - Paris 1829). Élu député à la Convention en 1792, il contribua à la chute de Robespierre (1794). Il fut un membre influent du Directoire (1795-1799) et favorisa l'ascension de Bonaparte.

Barrault (Jean-Louis), acteur de théâtre et de cinéma et metteur en scène français (Le Vésinet 1910 - Paris 1994). À la Comédie-Française, comme dans la compagnie qu'il fonda (1946) avec Madeleine Renaud, son épouse, il a monté et interprété des œuvres aussi bien modernes (Claudel, Beckett, Genet) que classiques (Molière, Tchekhov), recherchant un langage dramatique de plus en plus « corporel », dans la lignée d'Artaud. Au cinéma, il s'est imposé dans *Drôle de drame* (1937) et *les Enfants du paradis* (1945).

barre [bar] **n.f.** (lat. pop. **barra,* rapproché du gaul. **barro,* extrémité, sommet). **1.** Longue et étroite pièce de bois, de métal ou de toute autre matière rigide et droite : *Barre de fer. Barre de chocolat.* **2.** Lingot : *Barre d'or, de platine.* **3.** Barrière d'un tribunal devant laquelle les témoins prêtent serment et où plaident les avocats : *Appeler un témoin à la barre.* **4.** Trait graphique droit : *Barre de soustraction. La barre de mesure est la ligne verticale qui sépare les mesures sur une partition.* **5.** CHORÉGR. Tringle de bois horizontale, fixée au mur, servant notamm. aux exercices des danseurs ; ces exercices eux-mêmes : *Faire de la barre pour s'échauffer. La barre à terre* (= exercices d'assouplissement pratiqués au sol). **6.** SPORTS. Traverse horizontale fixant le niveau à franchir aux sauts en hauteur et à la perche. **7.** Crête rocheuse aiguë. **8.** Haut-fond formé à l'embouchure d'un fleuve par le contact des eaux fluviales et marines ; déferlement violent des vagues sur ces hauts-fonds : *Les barres entravent la navigation.* **9.** MAR. Organe de commande du gouvernail : *Le timonier tient la barre.* **10. Avoir barre(s) sur qqn,** le dominer, avoir prise sur lui : *Il ira dans notre sens puisque nous avons barre sur lui.* / **C'est de l'or en barre,** c'est une valeur sûre, qqn ou qqch de précieux : *Un placement qui est de l'or en barre.* / *FAM.* **Coup de barre,** fatigue soudaine ; prix excessif demandé : *Avoir un coup de barre. Dans ce restaurant, c'est le coup de barre* (= c'est très cher). / **Placer haut la barre,** fixer, se fixer des objectifs ambitieux : *Il a échoué car il avait placé trop haut la barre.* / **Prendre, tenir la barre,** prendre, avoir la direction de qqch : *Depuis qu'elle a pris la barre, les affaires repartent.* **11.** MUS. **Barre d'harmonie,** petite tige de bois collée sous la table des instruments à cordes pour en soutenir la pression. / SPORTS. **Barres asymétriques,** agrès composé de deux barres fixes parallèles reposant chacune sur des montants de hauteurs différentes. / SPORTS. **Barre fixe,** agrès formé d'une traverse horizontale soutenue par deux montants verticaux. / SPORTS. **Barres parallèles,** agrès composé de deux barres fixées parallèlement et à la même hauteur sur des montants verticaux. ◆ **barres n.f. pl.** Espace entre les incisives et les molaires chez le cheval (où on place le mors), le bœuf, le lapin.

Barre (Raymond), économiste et homme politique français (Saint-Denis, La Réunion, 1924 - Paris 2007), Premier ministre (1976-1981) et ministre de l'Économie et des Finances (1976-1978).

1. barré, e [bare] **adj. 1.** Fermé à la circulation : *Route barrée.* **2.** SPORTS. En aviron, se dit d'une embarcation, d'un équipage dont la cadence de nage est rythmée par le barreur. **3.** *FIG.* Un peu fou ; délirant : *Ce type est vraiment barré.* **4. Chèque barré,** chèque rayé en diagonale par un double trait de telle sorte que son bénéficiaire ne peut le toucher que par l'intermédiaire de l'établissement où il est titulaire d'un compte. / CHIR. **Dent barrée,** dent dont la racine déviée rend l'extraction malaisée. (Autres sens : v. *barrer.*)

2. barré [bare] **n.m.** (de *barre*). MUS. Appui simultané d'un doigt, plus rarement de deux, sur plusieurs cordes, à la guitare, au luth, au banjo, etc.

barreau [baro] **n.m. 1.** Petite barre de bois, de métal, etc., qui sert de soutien, de fermeture : *Les barreaux d'une fenêtre.* **2.** Place réservée aux avocats dans un prétoire et qui était autref. délimitée par une barre de bois ou de fer. **3.** Ensemble des avocats établis auprès d'un même tribunal de grande instance : *Le barreau de Paris.* **4.** *FAM.* **Être derrière les barreaux,** en prison.

barrer [bare] **v.t.** (de *barre*). **1.** Fermer un passage au moyen d'une barrière, d'un obstacle : *Des éboulements barrent le chemin* (syn. **obstruer**). *Elle lui barre le passage* (syn. **boucher**). **2.** Fermer une voie à la circulation : *La gendarmerie a barré la route.* **3.** Marquer d'une ou de plusieurs barres : *Vous barrez mal vos « t ».* **4.** Rayer un texte écrit pour le supprimer : *Barrer un paragraphe* (syn. **raturer, biffer**). **5.** MAR. (Souvent absol.). Tenir la barre d'une embarcation pour gouverner : *C'est à ton tour de barrer.* **6.** *QUÉBÉC.* Fermer à clef ; verrouiller : *Barrer un portail.* **7. Barrer la route à qqn,** empêcher qqn d'arriver à ses fins : *Barrer la route à un intrigant.* ◆ **se barrer v.pr.** *FAM.* S'en aller.

Barrès (Maurice), écrivain français (Charmes, Vosges, 1862 - Neuilly-sur-Seine 1923). Guide intellectuel du mouvement nationaliste, il chercha à concilier l'élan romantique avec les déterminations provinciales et héréditaires (*Du sang, de la volupté et de la mort,* 1893-1909 ; *les Déracinés,* 1897 ; *la Colline inspirée,* 1913), passant du culte du moi au besoin de tradition et de discipline pour aboutir à un constat de désenchantement *(Un jardin sur l'Oronte, Mes cahiers).*

Barré-Sinoussi (Françoise), biologiste française (Paris 1947). Elle a découvert en 1983, au sein de l'équipe de l'Institut Pasteur dirigée par L. Montagnier, le virus responsable du sida (V.I.H.), puis s'est consacrée à la lutte contre cette maladie. (Prix Nobel de médecine 2008.)

1. barrette [barɛt] **n.f.** (it. *barretta,* du bas lat. *birrum,* capote à capuche). **1.** Bonnet plat et carré : *Barrette à cornes des ecclésiastiques.* **2. Recevoir la barrette,** être nommé cardinal.

2. barrette [barɛt] **n.f.** (dimin. de *barre*). **1.** Petite barre. **2.** Pince à fermoir pour les cheveux : *Elle utilise des barrettes pour attacher ses cheveux.* **3.** Bijou allongé et étroit : *Barrette de saphirs* (syn. **agrafe, broche**). **4.** Ruban de décoration monté sur un support : *La barrette du Mérite national.*

barreur, euse [barœr, -øz] **n. 1.** Personne qui manœuvre la barre d'une embarcation. **2.** Personne qui rythme la cadence des avirons.

barricade [barikad] **n.f.** (de *barrique,* en raison de l'usage qu'on en faisait pour édifier les barricades). **1.** Obstacle fait de matériaux divers entassés en travers d'une rue pour se protéger lors de combats : *Dresser des barricades.* **2. Être, passer de l'autre côté de la barricade,** être, devenir du parti adverse.

barricader [barikade] **v.t. 1.** Fermer par des barricades : *Les insurgés barricadent la rue avec des voitures.* **2.** Fermer solidement : *Barricader portes et fenêtres.* ◆ **se barricader v.pr. 1.** S'abriter derrière une barricade. **2.** S'enfermer avec soin dans un lieu : *Le forcené s'est barricadé chez lui.*

Barricades *(journées des),* nom donné à deux insurrections parisiennes : la première, le 12 mai 1588, fut une manifestation des Ligueurs contre Henri III ; la seconde, le 26 août 1648, marqua le début de la Fronde.

barrière [barjɛr] **n.f.** (de *barre*). **1.** Assemblage de pièces de bois, de métal, etc., qui ferme un passage et forme clôture : *Ouvrir, fermer les barrières d'un passage à niveau.* **2.** Obstacle naturel : *Barrière de corail.* **3.** Obstacle qui sépare deux personnes, deux groupes, qui empêche la réalisation de qqch : *Barrières sociales, culturelles. Les barrières douanières* (= les droits de douane). **4. Barrière de dégel,** interdiction signalée aux véhicules lourds de circuler sur une voie donnée pendant le dégel. / PHYS. NUCL. **Barrière de confinement,** enceinte destinée à empêcher la dissémination des produits radioactifs dans l'environnement d'une installation nucléaire.

Barrière (Grande), édifice corallien bordant la côte nord-est de l'Australie.

barrique [barik] **n.f.** (prov. *barrica,* du même rad. que *baril*). Tonneau d'une capacité d'env. 200 litres ; son contenu.

barrir [barir] **v.i.** (lat. *barrire*) [conj. **32**]. Émettre un barrissement, en parlant de l'éléphant ou du rhinocéros (syn. **baréter**).

barrissement [barismɑ̃] **n.m.** Cri de l'éléphant ou du rhinocéros.

Barrot (Odilon), homme politique français (Villefort, Lozère, 1791 - Bougival 1873). Partisan d'une réforme de la monarchie constitutionnelle, il contribua à la chute de Louis-Philippe par sa participation à la campagne des banquets (1847-1848). Il fut ministre de la Justice de Louis Napoléon en 1849, puis retourna dans l'opposition.

Barry (Jeanne Bécu, *comtesse* **Du),** favorite de Louis XV (Vaucouleurs 1743 - Paris 1793). Favorite en titre (1769-1774), elle fut guillotinée sous la Terreur.

Bart (Jean), marin français (Dunkerque 1650 - *id.* 1702). Il servit dans la flotte de l'amiral hollandais Ruyter, devint corsaire (1674) puis officier de la marine royale française, et remporta de nombreuses victoires contre les Anglais et les Hollandais (dont celle de 1696).

bartavelle [bartavɛl] **n.f.** (prov. *bartavèlo,* loquet [en raison du cri de cet oiseau], lat. pop. **vertabella,* de *vertere,* tourner). Perdrix des montagnes qui a trois bandes noires sur le corps et une gorge blanche.

Barth (Karl), théologien calviniste suisse (Bâle 1886 - *id.* 1968). Centrant sa réflexion sur la transcendance d'un Dieu tout autre (par rapport à la culture, à la morale, à l'histoire), il a eu une influence considérable, et bien au-delà du monde protestant. Auteur d'un ouvrage monumental, intitulé *Dogmatique,* il définit la théologie comme une activité de la foi travaillant « sous le toit de l'Église » à se comprendre elle-même, dans l'esprit d'Anselme de Canterbury.

Barthélemy *(saint),* l'un des douze apôtres de Jésus-Christ. Certains l'identifient avec le Nathanaël de l'Évangile de Jean et, selon la légende, il aurait apporté la foi chrétienne dans les pays d'Orient, où il mourut martyr.

Barthes (Roland), écrivain français (Cherbourg 1915 - Paris 1980). Son œuvre critique s'inspire des travaux de la linguistique, de la psychanalyse et de l'anthropologie modernes (*le Degré zéro de l'écriture,* 1953 ; *Système de la mode,* 1967 ; *l'Empire des signes,* 1970 ; *le Plaisir du texte,* 1973 ; *la Chambre claire,* 1980).

Bartholdi (Auguste), statuaire français (Colmar 1834 - Paris 1904), auteur de *la Liberté éclairant le monde* de New York (1874 - 1886) et du *Lion de Belfort.*

Bartók (Béla), compositeur et pianiste virtuose hongrois (Nagyszentmiklós, auj. en Roumanie, 1881 - New York 1945). Il est l'un des plus éminents représentants de la musique du XXe s. Sa première période créatrice est marquée notamment par 14 *Bagatelles* pour piano (1908), un opéra, *le Château de Barbe-Bleue,* une pantomime, *le Mandarin merveilleux,* et des pages pour piano, dont l'*Allegro barbaro* de 1911, que marque une technique nouvelle fondée sur le dynamisme rythmique. Inaugurée vers 1926, sa période dite « européenne » s'épanouit avec la *Musique pour instruments à cordes, percussion et célesta* (1936), la *Sonate pour deux pianos et percussion,* les 6 recueils du *Mikrokosmos* (1926-1937). De sa « période américaine » datent essentiellement le *Concerto pour orchestre* (1943) ainsi que ses 6 quatuors à cordes (1908-1939) et ses 3 concertos pour piano (1926-1945). Influencé au départ par Liszt, R. Strauss, puis par Debussy, il se passionna pour le folklore, dont l'impact sur son esthétique fut déterminant.

Baruch, disciple et secrétaire du prophète Jérémie. Son nom a été donné à un livre écrit tardivement (Ier s. av. J.-C. - Ier s. apr. J.-C.) et adopté comme canonique par les catholiques, mais non par la Bible hébraïque ni par les protestants.

barycentre [barisɑ̃tr] **n.m.** (de *bary-* et *centre*). Centre de gravité.

Barychnikov ou **Baryshnikov (Mikhaïl Nikolaïevitch),** danseur et chorégraphe américain d'origine soviétique (Riga 1948). Brillant soliste du Kirov de Leningrad, il passe à l'Ouest en 1974 et cherche à assimiler d'autres styles (Balanchine, Tharp, Graham...). Il a dirigé l'American Ballet Theatre de 1980 à 1989 et joué dans plusieurs films (*Soleil de nuit,* 1985).

Barye (Antoine Louis), sculpteur et aquarelliste français (Paris 1796 - *id.* 1875). Unissant romantisme et réalisme, il a excellé en particulier dans l'art du bronze animalier.

baryte [barit] **n.f.** MINÉR. Hydroxyde de baryum. ▸ Symb. $Ba(OH)_2$.

baryton [baritɔ̃] **n.m.** (gr. *barutonos,* qui a un son grave). **1.** Voix d'homme intermédiaire entre le ténor et la basse ; chanteur qui possède cette voix : *Un baryton hors pair.* **2.** Tout instrument baryton. ◆ **adj.** Se dit d'un instrument de musique, et notamm. d'un instrument à vent, dont l'échelle sonore correspond approximativement à celle de la voix de baryton : *Saxophone baryton.*

baryum [barjɔm] **n.m.** (du gr. *barus,* lourd). Métal analogue au calcium, blanc argenté, qui décompose l'eau à froid. ▸ Symb. Ba.

barzoï [barzɔj] **n.m.** (mot russe). Lévrier russe à poil long.

1. bas, basse [ba, bas] **adj.** (bas lat. *bassus,* obèse). **1.** Qui est peu élevé, qui a une faible hauteur : *Table basse. Appartement bas de plafond* (contr. **haut**). **2.** Dont le niveau, l'altitude est faible : *Marée basse* (contr. **haut**). *Les nuages sont bas.* **3.** Qui est incliné vers le bas : *Marcher la tête basse* (contr. **haut, droit**). **4.** Se dit d'un son grave : *Note basse* (contr. **aigu**). **5.** Qui est faible en valeur : *Les bas salaires* (contr. **haut**). *Vendre à bas prix* (syn. **vil, modéré ;** contr. **élevé, excessif**). **6.** Qui occupe une position inférieure dans une hiérarchie : *Les basses classes.* **7.** Qui est dépourvu d'élévation morale : *L'envie est un sentiment bas* (syn. **abject, vil ;** contr. **noble**). *Basse besogne* (syn. **avilissant, dégradant**). **8.** Qui vient après dans le temps : *Le bas Moyen Âge* (= celui qui est le plus près de nous) [contr. **haut**] **9. Avoir la vue basse,** avoir une mauvaise vue. / **À voix basse,** sans élever la voix, doucement : *Parler à voix basse.* / **Bas âge,** petite enfance : *Un enfant en bas âge.* / **Bas morceaux,** en boucherie, les parties de troisième catégorie, celles qui sont les moins chères. / **Basses eaux,** niveau d'un cours d'eau à l'époque de l'année où le débit est le plus faible. / **Ciel bas,** ciel couvert de nuages situés à peu de hauteur. / **En ce bas monde,** sur la terre (par opp. à *au ciel*) : *En ce bas monde rien ne dure* (= ici-bas). ◆ **bas adv. 1.** À faible, moindre hauteur : *L'avion vole bas* (= à faible altitude). *Sa maison se trouve une rue plus bas.* **2.** D'une voix retenue : *Parler tout bas* (syn. **doucement**). **3.** FAM. **Bas les mains, bas les pattes !,** ne me touchez pas, lâchez-moi. / **Être, tomber bien, très, etc., bas,** être dans un mauvais état physique ou moral : *Depuis cet échec, il est tombé bien bas.* / **Mettre bas,** mettre au monde des petits, en parlant d'une femelle.

2. bas [ba] **n.m. 1.** Partie inférieure : *Le bas du visage.* **2. Des hauts et des bas,** des périodes heureuses et malheureuses, des périodes fastes et néfastes : *J'ai eu des hauts et des bas cette année.* **3. À bas !,** cri d'hostilité à l'égard de qqn ou de qqch dont on souhaite la disparition : *À bas les despotes !* / **En bas,** vers le bas ; au-dessous : *Regarder en bas. J'habite en bas* (= à un étage inférieur). / **En bas de,** dans la partie inférieure de : *Sa maison est en bas de la rue.*

3. bas [ba] **n.m.** (de *bas*[*-de-chausses*], partie inférieure des chausses). **1.** Pièce de vêtement féminin destinée à couvrir le pied et la jambe jusqu'au haut de la cuisse : *Porter des bas en Nylon, en soie.* **2.** FAM. **Bas de laine,** cachette où la tradition veut que les gens simples mettent leurs économies ; sommes économisées : *Mettre ses étrennes dans son bas de laine* (= les mettre de côté).

basal, e, aux [bazal, -o] **adj.** Qui constitue la base de qqch ; fondamental : *Métabolisme basal* ou *de base.*

basalte [bazalt] **n.m.** (lat. *basanites,* écrit fautivement *basaltes,* du gr. *basanos,* pierre de touche). Roche volcanique basique, de couleur sombre, formant des coulées étendues, dotée souvent d'une structure prismatique (orgues).

■ Avec les roches de type granitique, que l'on rencontre dans la majorité des massifs plutoniques, les roches de type basaltique constituent l'essentiel de la croûte terrestre. Les basaltes, issus de magmas très fluides, sont les roches volcaniques les plus répandues : ceux dits « tholéiitiques » (riches en silice) forment la plus grande partie des fonds océaniques et sont également présents dans les continents (plateaux du Deccan, en Inde). Les basaltes alcalins constituent la plus grande masse des îles océaniques (arcs insulaires) et, surtout, des édifices volcaniques qui jalonnent les rifts continentaux. ■

basaltique [bazaltik] **adj.** Formé de basalte.

basane [bazan] **n.f.** (prov. *bazana,* ar. *bitana,* doublure de vêtement). **1.** Peau de mouton tannée dont on se sert en sellerie, maroquinerie, chaussure et reliure. **2.** Peau souple qui garnit en partie les pantalons des cavaliers.

basané, e [bazane] **adj.** (de *basane*). Bronzé par le soleil, le grand air : *Un teint basané.*

bas-bleu [bablø] **n.m.** (calque de l'angl. *bluestocking*) [pl. *bas-bleus*]. VIEILLI. Femme pédante à prétentions littéraires.

bas-côté [bakote] **n.m.** (pl. *bas-côtés*). **1.** Nef latérale d'une église. **2.** Partie de l'accotement d'une route accessible aux piétons.

bascule [baskyl] **n.f.** (réfection, d'après *bas,* de l'anc. fr. *baculer,* frapper le derrière contre terre, de *bas* et *cul*). **1.** Fait de basculer, de tomber ; alternance de mouvements en sens opposés : *Faire la bascule. Donner un mouvement de bascule à sa chaise.* **2.** Appareil de pesage à l'aide duquel on mesure la masse de lourds fardeaux tels qu'une voiture, un wagon, des bagages, etc. **3.** Balançoire dont l'une des extrémités s'abaisse quand l'autre s'élève. **4.** ÉLECTRON. Dispositif à deux positions d'équilibre, capable de basculer alternativement de l'une à l'autre sous l'action d'excitations successives. **5. À bascule,** qui bascule, qui permet de basculer : *Cheval, fauteuil à bascule.*

basculement [baskylmɑ̃] **n.m.** Action, fait de basculer : *Le basculement d'un député de la majorité dans l'opposition.*

basculer [baskyle] **v.i.** (de *bascule*). **1.** Perdre sa position d'équilibre : *Voiture qui bascule dans le ravin* (syn. **tomber,** fam. **dégringoler**). **2.** Changer brutalement de position, d'orientation : *Basculer dans le camp adverse* (syn. **passer**). *La discussion a soudain basculé* (syn. **dégénérer**). ◆ **v.t. 1.** Faire tomber qqch : *Basculer un wagonnet* (syn. **renverser, culbuter**). **2.** Faire changer de direction, de destination : *Basculer un appel téléphonique d'un poste sur l'autre.*

base [baz] **n.f.** (lat *basis,* mot gr. « action de marcher » puis « point d'appui »). **1.** Partie inférieure d'un objet sur laquelle il repose : *Base d'un édifice* (syn. **fondation, assise**). *La base d'une colonne* (syn. **pied**). *La statue oscille sur sa base* (syn. **socle, soubassement**). **2.** Partie inférieure : *La base d'une montagne* (contr. **cime, sommet**). *Base du nez.* **3.** GÉOM. Côté d'un triangle ou face d'un polyèdre, d'un cône ; chacun des côtés parallèles d'un trapèze. **4.** En géodésie, distance mesurée sur le terrain et sur laquelle reposent les opérations de triangulation et d'arpentage. **5.** Ensemble des militants d'un parti, d'un syndicat, par rapport aux dirigeants : *Consulter la base.* **6.** Ce qui est à l'origine de qqch, principe fondamental sur lequel repose un raisonnement, un système, etc. : *Être à la base d'une réalisation* (syn. **source**). *Établir les bases d'un accord* (syn. **condition**). *Les bases d'une théorie* (syn. **fondement, assise**). *Raisonnement qui pêche par la base* (= qui repose sur de faux principes). *Les négociations ont été reprises sur la base de nouvelles propositions* (= en prenant comme point de départ). **7.** Principal composant d'un produit : *Médicament à base de pénicilline.* **8.** LING. Radical nu d'un mot, sans aucune désinence : *Le verbe « parler » a pour base « parl »* (syn. **racine**). **9.** MATH. Nombre d'unités numériques d'un certain ordre pour former une unité de l'ordre immédiatement supérieur : *Calcul en base 3.* **10.** MATH. Famille de vecteurs telle que tout vecteur de l'espace peut être écrit, d'une manière unique, comme combinaison des vecteurs de la famille. **11.** MIL. Lieu de rassemblement des troupes et des moyens nécessaires à la conduite d'opérations militaires : *Les avions rentrent à la base.* **12.** CHIM. Corps capable de neutraliser les acides en se combinant à eux. **13.** ÉLECTRON. Électrode de commande d'un transistor. **14. Base de défense,** en France, principale entité administrative de la Défense à l'échelle locale. ▸ Créées à partir de 2009, les bases de défense assurent la gestion et la mise à disposition des ressources (humaines, financières et matérielles), mutualisées, destinées au soutien et à l'administration des forces armées. / INFORM. **Base de données,** ensemble de données évolutives, organisé pour être utilisé par des programmes multiples, eux-mêmes évolutifs. / ASTRONAUT. **Base de lancement,** lieu où sont réunies les installations nécessaires à la préparation, au lancement et au contrôle en vol des engins spatiaux.

■ CHIMIE. Les bases possèdent un ensemble de propriétés caractéristiques : saveur de lessive ; action sur les réactifs colorés (une base colore en rouge la phtaléine, en jaune l'hélianthine, en bleu le tournesol) ; action sur un acide pour donner un sel avec élimination d'eau et dégagement de chaleur.

La fonction base. Selon la théorie d'Arrhenius, une base est un corps capable de fournir des ions OH^- lorsqu'il se trouve dissous dans un solvant ionisant. Selon Brønsted, c'est un corps capable de fixer des ions H^+, ou protons.

Dans la pratique, en solution aqueuse, les bases sont des électrolytes dont l'ionisation fournit des ions OH^- : si l'ionisation est pratiquement totale, on les nomme « bases fortes » (soude, potasse, baryte), et, si elle n'est que partielle, « bases faibles » (ammoniaque). Selon qu'elles renferment un ou plusieurs groupements OH^-, on distingue les *monobases* (soude : NaOH ; ammoniaque : NH_4OH), et les *polybases* [baryte : $Ba(OH)_2$]. À une base correspond un *oxyde basique,* sur lequel l'action de l'eau peut donner la base. La notion d'hydroxyde métallique généralise celle de base.

Les bases et la vie. Dans la vie quotidienne, les bases sont diversement présentes. Elles servent à l'élaboration des lessives (soude). En agriculture, elles permettent de compenser l'acidité de certains sols (épandage de chaux) ou constituent des engrais par les éléments minéraux essentiels qu'elles apportent aux plantes (potasse).

Enfin, et surtout, au niveau le plus élémentaire, celui de la cellule, les bases sont des constituants fondamentaux de la matière vivante. On peut ainsi citer les amines organiques ou les quatre bases (adénine, guanine, cytosine, thymine) qui forment le code génétique porté par la double hélice d'ADN. ■

base-ball [bɛzbol] **n.m.** (mot anglo-amér. « balle au point de départ ») [pl. *base-balls*]. Sport dérivé du cricket, très populaire aux États-Unis.

Bas-Empire ou **Empire romain tardif,** période de l'histoire romaine s'étendant de la mort de Sévère Alexandre (235) à la fin de l'Empire d'Occident (476). Après une longue période d'anarchie militaire (235-284), la grandeur romaine est rétablie à partir du règne de Dioclétien (284-305). Cette période est caractérisée par l'établissement d'un pouvoir impérial absolu, la victoire progressive du christianisme et l'éclatement de l'Empire entre l'Orient et l'Occident.

baser [baze] **v.t.** (de *base*). **1.** Établir, faire reposer : *Baser son raisonnement sur une hypothèse* (syn. **appuyer, asseoir, fonder**). **2.** Établir sous la forme d'une base militaire : *Unité de chars basée dans une ville frontière.* ◆ **se baser v.pr. [sur].** Fonder son opinion sur qqch : *Sur quoi vous basez-vous pour affirmer cela ?* (syn. **s'appuyer, se fonder**).

A B C D E F G H I J K L M N O P Q R S T U V W X Y Z

bas-fond [bafɔ̃] **n.m.** (pl. *bas-fonds*). **1.** Endroit de la mer ou d'une rivière où l'eau est peu profonde. **2.** Terrain en contrebas des terrains voisins. ◆ **bas-fonds n.m. pl.** Quartiers misérables ou malfamés d'une ville ; la population qui y vit : *Les bas-fonds de la société* (syn. litt. **lie** ; contr. **élite**).

BASIC [bazik] **n.m.** (sigle de l'angl. *Beginner's All purpose Symbolic Instruction Code*). INFORM. Langage de programmation conçu pour l'utilisation interactive de terminaux ou de micro-ordinateurs.

basicité [bazisite] **n.f.** (de *1. basique*). **1.** CHIM. Propriété qu'a un corps de jouer le rôle de base. **2.** Qualité d'un milieu dont le pH est supérieur à 7.

basidiomycète [bazidjɔmisɛt] **n.m.** (de *baside* [v. ci-dessous] et du gr. *mukês, -êtos,* champignon). **Basidiomycètes,** classe de champignons dont les spores mûrissent à l'extérieur de l'expansion microscopique *(baside)* qui les a produits et dans laquelle on range les champignons à lames (amanite, agaric, russule, lactaire, etc.), à spores (bolet) et certaines formes parasites de végétaux (charbon des céréales).

Basie (William, dit **Count),** pianiste, organiste, compositeur et chef d'orchestre de jazz américain (Red Bank, New Jersey, 1904 - Hollywood, Floride, 1984). Représentatif du style de Kansas City, il fonda en 1935 un orchestre qui s'imposa très rapidement. Par sa manière de ponctuer au piano les développements de l'orchestre, par le soin apporté à la rythmique et à la mise en place de l'ensemble, Count Basie a largement contribué au rayonnement du jazz, au cours de nombreuses tournées mondiales.

Basile *(saint),* surnommé **le Grand,** Père de l'Église grecque, évêque de Césarée en Cappadoce (Césarée 329 - *id.* 379). Après avoir étudié la rhétorique à Constantinople, puis à Athènes, il rentre en 356 à Césarée et adopte bientôt la vie monastique. Il rédige alors des recueils d'instructions, ou *Règles,* dont s'inspireront les deux législateurs du monachisme d'Occident, Cassien et saint Benoît. Élu évêque de Césarée en 370, il se trouve confronté à la secousse provoquée par l'arianisme et travaille à restaurer l'unité de la foi, aux côtés de son frère Grégoire de Nysse et de son ami Grégoire de Nazianze.

Basile II le Bulgaroctone (957-1025), empereur byzantin (963-1025) de la dynastie macédonienne. Après avoir soumis l'aristocratie et vaincu en Syrie les Fatimides (dynastie musulmane d'Égypte), il lutta victorieusement contre les Bulgares (1001-1018), se rendant ainsi maître de toute la péninsule balkanique.

basileus [bazilɶs] **n.m.** (gr. *basileus,* roi). HIST. Titre officiel de l'empereur byzantin après 630.

basilic [bazilik] **n.m.** (bas lat. *basilicum,* gr. *basilikon,* plante royale, de *basileus,* roi). Plante originaire de l'Inde, employée comme aromate et comme condiment.

Basilicate, région de l'Italie méridionale, formée des prov. de Matera et de Potenza ; 579 251 hab. CAP. *Potenza.*

basilique [bazilik] **n.f.** (lat. *basilica,* du gr. *basilikê [stoa],* [portique] royal, de *basileus,* roi). **1.** ANTIQ. ROM. Édifice rectangulaire, génér. divisé en nefs et terminé par une abside, qui abritait diverses activités publiques. **2.** ARCHIT. Église chrétienne bâtie sur le plan des basiliques romaines. **3.** RELIG. CATH. Église dotée par le pape d'une dignité particulière : *Basilique Saint-Pierre de Rome.*

1. basique [bazik] **adj.** CHIM. Qui a les propriétés d'une base.

2. basique [bazik] **adj.** Fondamental, de base : *Vocabulaire basique d'une langue.*

basket [baskɛt] **n. f.** (de *basket*[*-ball*]). Chaussure de sport à tige haute, en toile renforcée et à semelle antidérapante.

basket-ball [baskɛtbol] ou **basket** [baskɛt] **n.m.** (mot anglo-amér. « balle au panier ») [pl. *basket-balls, baskets*]. Sport qui oppose deux équipes de cinq joueurs qui doivent lancer un ballon dans le panier suspendu de l'équipe adverse.

■ Le jeu se déroule en salle ou en plein air. La partie se joue en 4 quarts-temps de 10 minutes réelles chacun [car la durée des temps morts (un par quart-temps pour chaque équipe) est décomptée]. Chaque équipe peut disposer de 10 (ou 12 au plan international) joueurs, qui se remplacent aussi fréquemment que le désire l'entraîneur, pourvu qu'ils ne soient jamais plus de 5 sur le terrain. C'est par un jeu de passes à la main et de combinaisons variées que les joueurs attaquants tentent de s'approcher du panneau défendu par l'adversaire pour envoyer le ballon (poids 600 à 650 g, circonférence 75 à 80 cm) dans le panier. Le porteur du ballon n'a pas le droit de marcher, sauf en exécutant des dribbles à la main, la charge est sévèrement réglementée et sanctionnée par des lancers francs. Certaines irrégularités sont appelées *fautes personnelles,* et l'auteur de 5 fautes personnelles est exclu. Les paniers marqués en cours de jeu comptent pour 2 points (3 points si le tir a été tenté à plus de 6,25 m du panier) ; ceux qui sont marqués sur lancer franc, pour 1 point. Le vainqueur est celui qui totalise le plus grand nombre de points. Au fil du temps, outre le « panier à 3 points », des règles ont été modifiées ou ajoutées : la règle des 3 secondes, qui interdit aux attaquants de stationner dans la « raquette » ; celle des 30 secondes, qui oblige les attaquants à tenter un panier avant ce délai ; celle du retour en zone, qui interdit aux attaquants de revenir dans leur camp lorsqu'ils ont franchi la ligne médiane. ■

basketteur, euse [baskɛtœr, -øz] **n.** Joueur, joueuse de basket-ball.

basophile [bazofil] **adj.** (de *base-* et de *-phile*) HISTOL. Se dit d'un composant cellulaire ou tissulaire qui fixe les colorants basiques.

1. basque [bask] **n.f.** (altér., sous l'infl. de *basquine,* jupe basque, de *baste,* prov. *basta,* pli faufilé). **1.** Chacun des deux pans ouverts d'une redingote, d'une jaquette. **2.** FAM. **Être pendu aux basques de qqn,** suivre qqn partout et par là même l'importuner.

2. basque [bask] **adj.** et **n.** (lat. *Vasco*). Du Pays basque : *Fromage basque.* ◆ **n.m. 1.** Langue non indo-européenne parlée au Pays basque. **2. Tambour de basque,** petit tambour plat garni d'une seule peau et muni de disques métalliques rendant un son de grelots ; tambourin.

basque *(Pays),* en esp. **País Vasco,** communauté autonome d'Espagne, formée des provinces de Biscaye, Guipúzcoa et Álava ; 2 185 393 hab. CAP. *Vitoria.* V. princ. *Bilbao.* Ces provinces constituent, avec la Navarre, le Pays basque espagnol.

HISTOIRE

Rattachées à la Castille du XIIIe au XIVe s., les trois provinces basques espagnoles n'ont jamais connu l'indépendance politique, mais elles ont bénéficié jusqu'au XIXe s. d'une large autonomie. Confrontées par la suite au centralisme des Bourbons, de Primo de Rivera, puis du franquisme, elles furent le siège de mouvements nationalistes revendiquant l'autonomie ou même l'indépendance. L'E.T.A., aile extrémiste du mouvement nationaliste basque, est créé en 1959. Le Pays basque espagnol est doté d'un statut d'autonomie en 1980. La fraction indépendantiste poursuit cependant la lutte, notamment par le terrorisme et par le biais de Herri Batasuna, parti déclaré illégal en 2003. En oct. 2011, très affaiblie, l'E.T.A. déclare abandonner la lutte armée.

basque *(Pays),* région groupant en France la Soule, le Labourd (réunis à la France en 1451) et la Basse-Navarre (réunie en 1620 par Louis XIII). Il s'étend sur l'extrémité occidentale des Pyrénées et sur la basse vallée de l'Adour. L'intérieur, voué à l'élevage et à la polyculture, est moins peuplé que la côte, animée par l'industrie et le commerce (Bayonne), par la pêche (Saint-Jean-de-Luz) et par le tourisme (Biarritz).

Basquiat (Jean-Michel), peintre américain (New York 1960 - *id.* 1988). Proche du pop art, il mêle dans ses toiles, jalonnées de mots-concepts et de poèmes, des figures d'écorchés, flammes, totems vaudous (références à ses origines haïtienne et portoricaine) et des symboles de la société de consommation américaine.

bas-relief [barəljɛf] **n.m.** (calque de l'it. *basso rilievo*) [pl. *bas-reliefs*]. Sculpture adhérant à un fond, sur lequel elle se détache avec une faible saillie (par opp. à *haut-relief*) : *Les bas-reliefs des frontons des temples grecs.*

Bas-Saint-Laurent, région administrative du Québec ; 21 392 km^2, 199 977 hab.

basse [bas] **n.f.** (it. *basso,* bas). **1.** Partie la plus grave d'une composition instrumentale ou vocale. **2.** Voix masculine la plus grave ; chanteur qui a cette voix : *Un rôle qui doit être chanté par une basse.* **3.** Celui des instruments d'une famille instrumentale dont l'échelle sonore correspond approximativement à l'échelle sonore de la voix de basse (parfois en appos.) : *La basse de viole est aujourd'hui remplacée par le violoncelle. Basse d'orchestre de jazz* (= contrebasse). *La basse d'un groupe de rock n'a que quatre cordes* (= guitare basse). *Trombone basse.* **4.** ACOUST. Son grave : *Des enceintes qui rendent bien les basses.*

basse-cour [baskur] **n.f.** (pl. *basses-cours*). Cour, bâtiment d'une ferme où l'on élève la volaille et les lapins ; l'ensemble des animaux qui y vivent.

basse-fosse [basfos] **n.f.** (pl. *basses-fosses*). Cachot profond, humide et obscur.

Bassein, v. de Birmanie ; 144 096 hab.

bassement [basmɑ̃] **adv.** De façon basse, vile : *Il est bassement intéressé* (syn. **indignement ;** contr. **noblement**).

bassesse [basɛs] **n.f. 1.** Manque d'élévation morale : *Faire preuve de bassesse* (syn. **indignité, servilité ;** contr. **noblesse**). **2.** Action vile, déshonorante : *Commettre une bassesse en dénonçant qqn* (syn. **ignominie, infamie**).

basset [basɛ] **n.m.** (de *1. bas*). Chien courant, aux pattes courtes et parfois torses.

Basse-Terre, ch.-l. du dép. de la Guadeloupe, sur la côte sud-ouest de l'*île de Basse-Terre,* partie occidentale de la Guadeloupe ; 11 772 hab. *(Basse-Terriens).* Port. Centre commercial. Évêché.

bassin [basɛ̃] **n.m.** (lat. pop. **baccinus,* de **baccus,* récipient, du gaul.). **1.** Récipient portatif large et peu profond ; spécial. vase plat destiné à recevoir les déjections d'un malade alité. **2.** Pièce d'eau servant d'ornement ou de réservoir ; réceptacle des eaux d'une fontaine : *Les bassins du château de Versailles.* **3.** Piscine et, spécial., chacune des parties d'une piscine de profondeur variable : *Petit, grand bassin.* **4.** Plan d'eau aménagé pour différents usages : *Bassin de pisciculture.* **5.** MAR. Partie d'un port limitée par des quais et des digues : *Les bassins permettent aux navires d'embarquer leurs cargaisons à l'abri de la houle. Bassin à flot* (= qui communique librement avec la mer). **6.** GÉOGR. Région drainée par un fleuve et ses affluents : *Bassin hydrographique. Le bassin de la Garonne.* **7.** GÉOL. Vaste dépression naturelle qui, au cours d'une certaine période géologique, s'est remplie de sédiments : *Le Bassin parisien.* **8.** MIN. Vaste gisement sédimentaire formant une unité géographique et géologique : *Bassin houiller, minier.* **9.** ANAT. Ceinture osseuse circonscrite à la base du tronc par le sacrum, le coccyx et les deux os iliaques (os du bassin). **10. Bassin océanique,** dépression étalée du fond océanique.

bassine [basin] **n.f.** (de *bassin*). Bassin large et profond à usages domestiques ou industriels ; son contenu : *Faire de la confiture dans une bassine en cuivre.*

bassiner [basine] **v.t.** (de *bassin*). **1.** Humecter légèrement une partie du corps : *Bassiner les tempes avec de l'eau fraîche.* **2.** Chauffer un lit avec une bassinoire. **3.** *FAM.* Ennuyer qqn par ses propos : *Il me bassine avec ses histoires de famille* (syn. **fatiguer, assommer**).

bassinet [basinɛ] **n.m. 1.** Petit bassin, cuvette. **2.** ANAT. Organe en forme d'entonnoir, qui s'ouvre dans la concavité du rein, dont il collecte l'urine, et se continue par l'uretère. **3.** Casque en usage aux XIIIe et XIVe s. **4.** *FAM.* **Cracher au bassinet,** donner de l'argent de mauvais gré.

bassinoire [basinwar] **n.f.** (de *bassiner*). Bassin à long manche et couvercle ajouré qui, rempli de braises, servait à chauffer les lits.

bassiste [basist] **n.** Dans un orchestre de jazz, contrebassiste ; dans un groupe de rock, joueur, joueuse de guitare basse.

basson [basɔ̃] **n.m.** (it. *bassone,* grosse basse). Instrument de musique en bois, à vent et à anche double, constituant dans l'orchestre la basse de la famille des hautbois.

bassoniste [basɔnist] **n.** Joueur, joueuse de basson (on dit aussi *un basson*).

Bassora, port de l'Iraq, sur le Chatt al-Arab ; 923 237 hab. Grande palmeraie. Industries chimiques et alimentaires.

basta [basta] **interj.** (de l'it. *bastare,* suffire). *FAM.* Interjection qui marque l'impatience ou la lassitude (on dit aussi *baste*) : *Basta ! n'en parlons plus* (= assez ! ça suffit !).

Bastia, ch.-l. du dép. de la Haute-Corse ; 44 121 hab. *(Bastiais).* Cour d'appel. Port. Aéroport. Centre commercial. Étape touristique. Églises et chapelles des XVIIe-XVIIIe s.

Bastiat (Frédéric), économiste français (Bayonne 1801 - Rome 1850). Adversaire du socialisme et du protectionnisme, opposé à l'intervention de l'État dans le domaine économique, il croit à l'existence de lois économiques, non pas naturelles – comme la plupart des libéraux –, mais providentielles.

bastide [bastid] **n.f.** (prov. *bastido,* de *bastir,* bâtir). **1.** Au Moyen Âge, ouvrage de fortification provisoire ; ville neuve fortifiée, dans le sud-ouest de la France. **2.** Maison de campagne, en Provence : *Une bastide plus large que haute* (syn. **mas**).

Bastié (Maryse), aviatrice française (Limoges 1898 - Saint-Priest 1952). Elle traversa seule l'Atlantique sud en 1936 et fut détentrice de dix records internationaux de distance et de durée.

bastille [bastij] **n.f.** (altér. de *bastide*). **1.** FORTIF. Ouvrage de défense qui était situé à l'entrée d'une ville ; château fort. **2.** (Avec une majuscule). Forteresse parisienne et qui a longtemps servi de prison d'État.

■ **Une prison d'État.** Construite dans l'est de Paris (1370-1382), la Bastille fut d'abord utilisée à des fins militaires. Elle fut transformée sous Louis XIII en prison d'État. Elle pouvait recevoir 42 prisonniers, logés séparément et fort bien traités : y séjournèrent notamment Fouquet, le Masque de fer, Voltaire et le marquis de Sade. Les détenus y étaient envoyés sur lettre de cachet du roi, ceci afin de protéger leur honneur ; mais, de ce fait, la Bastille devint le symbole de l'arbitraire royal.

La prise de la Bastille. Deux mois après l'ouverture des États généraux à Versailles (5 mai 1789), la prise de la Bastille a pour cause la concentration des troupes royales autour de Paris et de Versailles et, surtout, le renvoi par Louis XVI (11 juillet) du très populaire contrôleur général des Finances Jacques Necker. Le 14 juillet, après avoir pris des fusils aux Invalides, les Parisiens – en quête de poudre – en réclament au gouverneur de la Bastille. Celui-ci refuse et commet l'erreur de faire tirer sur la foule. Un premier assaut coûte une centaine de morts aux émeutiers. La situation bascule à leur avantage, lorsque deux détachements de gardes-françaises, prenant le parti de la foule, pointent leurs canons sur le pont-levis.

D'un symbole à l'autre. La chute de la prison d'État (détruite en 1790) devint par la suite le symbole de la victoire du peuple sur l'arbitraire royal. Le premier anniversaire de l'événement donnera lieu à la Fête de la Fédération*, une grande réconciliation nationale. En 1880, la IIIe République fait du 14 juillet la fête nationale de la France. ■

bastingage [bastɛ̃gaʒ] **n.m.** (du prov. *bastengo,* toile matelassée, de *bastir,* apprêter). MAR. Parapet destiné à empêcher de tomber d'un pont : *Passagers accoudés au bastingage* (syn. **garde-corps, garde-fou**).

bastion [bastjɔ̃] **n.m.** (var. de *bastillon,* dimin. de *bastille*). **1.** FORTIF. Ouvrage dessinant un angle saillant, destiné à renforcer une enceinte fortifiée : *Château fort pourvu de nombreux bastions.* **2.** Ce qui constitue le centre de résistance inébranlable d'une doctrine, d'un courant de pensée, etc. ; ce qui les soutient efficacement : *La Vendée, bastion de la monarchie pendant la Révolution* (syn. **rempart**). *Région qui est le bastion d'un parti politique* (syn. **fief**).

Bastogne, v. de Belgique, ch.-l. d'arr. de la prov. de Luxembourg, dans l'Ardenne ; 15 230 hab. Station estivale. Centre de la résistance américaine à l'offensive allemande des Ardennes (1944).

bastonnade [bastɔnad] **n.f.** (it. *bastonata*, de *bastone*, bâton). Volée de coups de bâton.

bastringue [bastrɛ̃g] **n.m.** (orig. obsc.). FAM. **1.** VIEILLI. Bal populaire ; orchestre médiocre et bruyant. **2.** Vacarme : *Faire un bastringue de tous les diables* (syn. **tapage, tintamarre**). **3.** Ensemble d'objets hétéroclites : *Ranger tout son bastringue* (syn. **bazar**).

bas-ventre [bavɑ̃tr] **n.m.** (pl. *bas-ventres*). Partie inférieure du ventre : *Frapper qqn au bas-ventre.*

bât [bɑ] **n.m.** (lat. pop. **bastum*, de **bastare*, porter). **1.** Selle en bois placée sur le dos des bêtes de somme pour le transport des fardeaux. **2. C'est là que le bât blesse,** c'est là qu'un problème surgit ; c'est là que qqn est vulnérable : *Ce voyage l'intéresse, mais il n'a pas d'argent, c'est là que le bât blesse. Elle est très susceptible, c'est là que le bât blesse* (= c'est son point faible).

bataclan [bataklɑ̃] **n.m.** (onomat.). FAM. **1.** Attirail embarrassant. **2. Et tout le bataclan,** et tout le reste : *Il me faut un marteau, des clous et tout le bataclan.*

bataille [bataj] **n.f.** (bas lat. *battualia*, escrime, du class. *battuere*, battre). **1.** Combat de quelque importance entre deux groupes armés : *La bataille d'Austerlitz. Les troupes ont livré bataille* (= ont combattu). **2.** Lutte, combat entre deux ou plusieurs personnes : *Bataille de polochons, de boules de neige. La police est intervenue pour mettre fin à une bataille* (syn. **bagarre, rixe**). **3.** Lutte qui oppose des partis, des doctrines ; combat livré contre des obstacles, des difficultés : *Bataille électorale. Mener une bataille contre le racisme.* **4.** Jeu de cartes qui consiste à prendre une carte avec une carte plus forte : *Jouer à la bataille.* **5. Bataille navale,** jeu dans lequel chacun des deux joueurs doit repérer et couler la flotte adverse, dessinée en secret sur les cases d'un papier quadrillé. / **Cheval de bataille,** cheval dressé pour la guerre ; au fig., sujet, argument favori : *S'il enfourche son cheval de bataille, il sera intarissable.* / **En bataille,** de travers, en désordre : *Il est arrivé les cheveux en bataille.*

Bataille (Georges), écrivain français (Billom 1897 - Paris 1962). Un moment surréaliste et marxiste, mais marqué surtout par la lecture de Nietzsche, il place l'idée de *dépense* (improductive) au cœur de son interprétation des sociétés. L'expérience érotique et la transgression des limites (*l'Érotisme*, 1957), le sacrifice, la mort et l'extase (*l'Expérience intérieure*, 1944) sont parmi les thèmes majeurs d'une œuvre fragmentaire, inclassable, au carrefour de la littérature (*Madame Edwarda*, 1941 ; *l'Abbé C*, 1950 ; *le Bleu du ciel*, 1957...), de la philosophie et de l'anthropologie (*la Part maudite*, 1949).

batailler [bataje] **v.i.** (de *bataille*). **1.** En venir aux mains ; se battre. **2.** FIG. Lutter sans relâche ; discuter avec ardeur, se quereller : *Batailler pour vivre, pour une cause. Batailler contre les tenants de la thèse adverse* (syn. **polémiquer, argumenter**).

batailleur, euse [batajœr, -øz] **adj.** et **n.** Qui est porté à batailler, à contester : *Tempérament batailleur qu'aucun obstacle n'arrête* (syn. **combatif**). *Un naturel batailleur qui se plaît à polémiquer* (syn. **belliqueux, querelleur**).

bataillon [batajɔ̃] **n.m.** (it. *battaglione*, de *battaglia*, corps de troupe). **1.** MIL. Unité militaire composée de plusieurs compagnies. **2.** Groupe nombreux : *Un bataillon de touristes* (syn. **troupe, multitude** ; litt. **essaim**).

Batalha, v. du Portugal (Estrémadure) ; 15 805 hab. Remarquable monastère élevé à la suite d'un vœu fait par le roi Jean Ier en remerciement d'une victoire décisive remportée sur l'armée espagnole en 1385. Chef-d'œuvre de l'architecture gothique de tendance flamboyante puis manuéline, dont la construction s'est étalée de la fin du XIVe au début du XVIe s.

bâtard, e [bɑtar, -ard] **n.** et **adj.** (orig. incert., p.-ê. de [*fils de*] *bast*, fils engendré sur un bât, ou du germ. **bansti*, grange). **1.** Né hors du mariage : *Un enfant bâtard* (syn. **adultérin, naturel, illégitime** ; contr. **légitime**). **2.** Qui n'est pas de race pure, en parlant d'un animal : *Un bâtard de cocker et d'épagneul* (syn. **corniaud**). ◆ **adj. 1.** Qui tient de deux espèces différentes ; qui n'est pas nettement défini : *Une solution bâtarde* (syn. **hybride**). **2.** CONSTR. **Mortier bâtard,** mortier fait d'eau, de sable et d'un mélange de chaux grasse et de ciment. ◆ **bâtard n.m.** Pain d'une demi-livre, plus court que la baguette. ◆ **bâtarde n.f.** Écriture qui tient de la ronde et de l'anglaise.

bâtardise [bɑtardiz] **n.f.** État d'une personne, d'un animal bâtard ; caractère de ce qui est hybride : *Bâtardise du style d'un écrivain.*

batave *(République)*, nom que prirent les Provinces-Unies de 1795 à 1806, après la victoire de l'armée du Directoire sur les troupes néerlandaises.

Bataves, peuple germanique fixé primitivement à l'embouchure du Rhin (la Hollande méridionale actuelle).

batavia [batavja] **n.f.** (du lat. *Batavi*, Hollandais). Laitue à feuilles dentées et croquantes.

Batavia, anc. capitale des Indes néerlandaises fondée en 1619. Elle reprit son ancien nom de *Jakarta* lors de l'indépendance de l'Indonésie.

bâté, e [bɑte] **adj.** (de *bât*). **Âne bâté,** personne sotte ou ignorante.

bateau [bato] (de l'anc. angl. *bât* [mod. *boat*], bateau). **1.** Terme générique désignant toutes sortes d'embarcations : *Bateau de pêche. Bateau à voiles* (= voilier). *Bateau de guerre* (syn. **bâtiment, navire**). *Bateau pneumatique* (syn. **canot**). ▸ Le *bateau-citerne* sert au transport des liquides. Le *bateau-pompe* est utilisé dans la lutte contre les incendies en zone portuaire. **2.** Dénivellation d'un trottoir devant une porte cochère, un garage : *Il est interdit de se garer le long d'un bateau.* **3.** (En appos.). En forme de bateau : *Col bateau. Lit bateau.* **4.** FAM. **Monter un bateau à qqn** ou **mener qqn en bateau,** forger une histoire de toutes pièces pour tromper qqn : *Je lui ai monté un bateau et il a marché.* ◆ **adj. inv.** FAM. Qui ne sort pas de l'ordinaire : *Examinateur qui pose des questions bateau* (syn. **banal** ; contr. **inattendu, déroutant**). *Roman qui a un sujet bateau* (syn. **rebattu, éculé** ; contr. **inédit, surprenant**).

Bateau-Mouche [batomuʃ] **n.m.** (nom déposé). [pl. *Bateaux-Mouches*]. Bateau qui assure un service de promenade d'agrément sur la Seine, à Paris : *Faire un tour en Bateau-Mouche.*

bateleur, euse [batlœr, -øz] **n.** (de l'anc. fr. *baastel*, tour d'escamoteur, d'orig. obsc.). VIEILLI. Personne qui fait des tours d'acrobatie, de force, d'adresse sur les places publiques (syn. **baladin, saltimbanque**).

batelier, ère [batəlje, -ɛr] **n.** (de l'anc. fr. *batel*, forme de *bateau*). Personne dont le métier est de conduire un bateau sur les cours d'eau, les canaux : *Les péniches sont conduites par des bateliers* (syn. **marinier**).

batellerie [batɛlri] **n.f.** (v. *batelier*). **1.** Industrie du transport fluvial. **2.** Ensemble des bateaux de navigation intérieure.

bâter [bɑte] **v.t.** Mettre un bât sur une bête de somme.

bat-flanc [baflɑ̃] **n.m. inv.** (de *battre* et *flanc*). **1.** Pièce de bois qui sépare deux chevaux dans une écurie. **2.** Cloison en bois entre deux lits dans un dortoir, une chambrée. **3.** Planche rabattable qui peut servir de lit dans les prisons, les casernes, etc. : *Coucher sur un bat-flanc.*

Bath, v. de Grande-Bretagne, sur l'Avon ; 90 144 hab. Station thermale, qui fut très fréquentée par la société londonienne du XVIIIe s. Un urbanisme remarquable fut développé au long du siècle par les architectes John Wood l'Aîné et John Wood le

Jeune, qui élevèrent des ensembles (*Queen Square*, le *Circus*, le *Royal Crescent*) caractérisés par leur élégante architecture palladienne et leur habile liaison avec le cadre naturel.

bathymétrie [batimetri] **n.f.** (du gr. *bathus,* profond, et de *-métrie*). Mesure, par sondage, des profondeurs marines.

bathymétrique [batimetrik] **adj.** Relatif à la bathymétrie.

bathyscaphe [batiskaf] **n.m.** (du gr. *bathus,* profond, et *skaphê,* barque). Engin de plongée à grande profondeur, autonome et habitable.

1. bâti, e [bɑti] **adj. 1. Propriété, terrain bâtis,** propriété, terrain qui comportent une construction. **2. Bien, mal bâti,** dont le corps est bien, mal proportionné : *Une femme grande et mince, bien bâtie* (= bien faite).

2. bâti [bɑti] **n.m. 1.** Assemblage de pièces de menuiserie ou de charpente. **2.** Ouvrage dormant qui reçoit les vantaux d'une porte ou d'une fenêtre : *Bâti dormant.* **3.** Support qui maintient ensemble les diverses pièces d'une machine : *Bâti d'un véhicule* (syn. **châssis**). **4.** Couture provisoire à grands points : *Faire un ourlet en suivant le bâti* (syn. **faufil**).

batifoler [batifɔle] **v.i.** (orig. incert., p.-ê. de l'anc. prov. *batifol,* moulin à battre les draps, l'écorce). *FAM.* S'amuser à des choses futiles ; rechercher les aventures galantes : *Des oisifs qui ne songent qu'à batifoler* (syn. **folâtrer**). *Un mari fidèle qui ne songerait jamais à batifoler.*

batik [batik] **n.m.** (mot malais). Tissu teint en masquant certaines parties à l'aide d'un enduit de cire ; ce procédé, d'origine extrême-orientale.

bâtiment [bɑtimɑ̃] **n.m.** (de *bâtir*). **1.** Construction d'une certaine importance destinée à servir d'abri : *L'usine comporte plusieurs bâtiments* (syn. **bâtisse**). *Le ravalement des bâtiments publics* (syn. **édifice**). *Transformer en logements des bâtiments désaffectés* (syn. **immeuble**). **2.** Ensemble des métiers et industries qui concernent la construction : *Travailler dans le bâtiment.* **3.** Terme générique désignant les bateaux de toutes sortes, et en partic. les bateaux de fort tonnage : *Bâtiment de guerre* (syn. **navire, vaisseau**).

bâtir [bɑtir] **v.t.** (frq. **bastjan,* de *basta,* fil de chanvre) [conj. **32**]. **1.** Élever une construction sur le sol avec des pierres, du ciment, des matériaux divers : *Bâtir un pont sur une rivière* (syn. **construire**). *Bâtir de nouveaux lycées* (syn. **édifier** ; contr. **démolir**). *Faire bâtir sa maison.* **2.** Établir, fonder : *Bâtir une théorie sur des faits contestables* (syn. **échafauder, édifier**). **3.** Combiner les éléments d'un ensemble : *Bâtir une coiffure. Bâtir correctement une phrase* (syn. **agencer**). **4.** Coudre à grands points et provisoirement des pièces de tissu : *Bâtir un vêtement avant essayage.*

bâtisse [bɑtis] **n.f.** (de *bâtir*). **1.** Partie en maçonnerie d'une construction. **2.** Bâtiment de grandes dimensions, souvent dépourvu de caractère : *Une grande bâtisse sans âme* (syn. **édifice, maison**).

bâtisseur, euse [bɑtisœr, -øz] **n. 1.** Personne qui bâtit ou fait bâtir de nombreux édifices : *Le Corbusier est un bâtisseur de villes nouvelles* (syn. **architecte**). **2.** Personne qui fonde qqch : *Alexandre, Napoléon sont des bâtisseurs d'empire* (syn. **fondateur**).

batiste [batist] **n.f.** (du nom du premier fabricant, *Baptiste de Cambrai*). Toile de lin très fine et très serrée utilisée en lingerie : *Mouchoir de batiste.*

bâton [bɑtɔ̃] **n.m.** (bas lat. *bastum,* de **bastare,* porter). **1.** Branche d'arbre, tige d'arbuste taillée que l'on tient à la main et que l'on peut utiliser comme outil, comme arme, comme appui, etc. : *Marcher en s'appuyant sur un bâton* (syn. **canne**). *Se servir d'un bâton pour faire tomber les fruits d'un arbre* (syn. **perche**). *Recevoir une volée de coups de bâton* (= une bastonnade). **2.** Tige d'acier sur laquelle le skieur s'appuie : *Bâton de ski.* **3.** Objet en forme de petit bâton et constitué d'une matière consistante : *Bâton de craie. Bâton de rouge à lèvres* (syn. **stick**). **4.** *FAM., VIEILLI.* Un million de centimes : *Gagner trois bâtons au Loto.* **5. Bâton de maréchal,** insigne de commandement du maréchal ; au fig., situation la plus haute à laquelle qqn ambitionne de parvenir : *Obtenir son bâton de maréchal.* **/ Bâton de vieillesse,** celui, celle qui est le soutien matériel et moral d'une personne âgée : *Sa fille est son bâton de vieillesse.* **/ Mettre des bâtons dans les roues à qqn,** susciter des difficultés, des obstacles à qqn : *Par vengeance, il lui a mis des bâtons dans les roues.* **/ Parler à bâtons rompus,** parler de manière peu suivie, discontinue. **/ Parquet à bâtons rompus,** parquet composé de lames d'égales dimensions disposées perpendiculairement l'une à l'autre et formant un dessin évoquant les arêtes d'un poisson.

bâtonnet [bɑtɔnɛ] **n.m. 1.** Petit bâton : *Bâtonnet d'encens.* **2.** Élément en forme de petit bâton caractéristique de certaines cellules de la rétine et qui joue un rôle important dans la vision nocturne : *Les bâtonnets et les cônes.*

bâtonnier, ère [bɑtɔnje, -ɛr] **n.** (de *bâton*). En France, président, élu par ses confrères, du conseil de l'ordre des avocats d'un barreau : *Le bâtonnier est élu pour une année.*

batracien [batrasjɛ̃] **n.m.** (du gr. *batrakhos,* grenouille). **Batraciens,** ancien nom de la classe des amphibiens : *Les grenouilles et les crapauds sont des batraciens.*

battage [bataʒ] **n.m. 1.** Action de battre certains objets, certains produits pour les nettoyer : *Le battage des tapis.* **2.** AGRIC. Action de battre les légumineuses, les céréales, etc., pour séparer leurs grains de leurs épis, de leurs gousses : *Le battage du blé est assuré par des moissonneuses-batteuses.* **3.** *FAM.* Publicité tapageuse : *Faire un battage monstre autour d'un film.* **4.** TR. PUBL. Action d'enfoncer un pieu, un pilotis, etc., en frappant sur sa tête : *Battage de pilotis.* **5.** MÉTALL. Martelage d'un métal : *Battage de l'or.*

1. battant, e [batɑ̃, -ɑ̃t] **adj.** (de *battre*). **Le cœur battant,** le cœur palpitant sous l'effet d'une émotion : *Attendre le cœur battant les résultats.* **/ Pluie battante,** pluie qui tombe avec violence : *Partir sous une pluie battante* (= sous une pluie torrentielle). **/ Porte battante,** porte dont le ou les battants sont libres, qui peut s'ouvrir dans les deux sens et qui se ferme automatiquement : *Porte battante des cuisines d'un restaurant.* ◆ **n.** Personne combative et énergique : *Elle a un tempérament de battante* (syn. **gagneur**).

2. battant [batɑ̃] **n.m.** (de *battre*). **1.** Pièce métallique suspendue à l'intérieur d'une cloche dont elle vient frapper la paroi. **2.** Partie d'une porte, d'une fenêtre, d'un meuble, mobile autour de gonds : *Armoire, fenêtre à deux battants* (syn. **vantail**).

batte [bat] **n.f.** (de *battre*). **1.** Outil servant à battre, à tasser, à écraser, etc., de forme variable en fonction de sa destination : *Batte pour le beurre. Batte de maçon.* **2.** Au cricket et au base-ball, bâton renflé à une extrémité servant à frapper la balle.

battement [batmɑ̃] **n.m.** (de *battre*). **1.** Choc dont la répétition, rythmée ou non, entraîne un bruit correspondant : *Le battement d'un volet contre un mur* (syn. **heurt**). *Battements de mains* (= applaudissements). **2.** PHYSIOL. Pulsation rythmique du cœur et du système circulatoire : *Battement du cœur, du pouls.* **3.** Mouvement alternatif rapide : *Battement d'ailes, de cils.* **4.** CHORÉGR. Passage d'une jambe d'une position à une autre avec retour à la première position, le reste du corps demeurant immobile. **5.** Intervalle de temps disponible : *Disposer d'un battement de cinq minutes entre les cours* (syn. **interclasse**). **6.** PHYS. Variation périodique de l'amplitude d'une oscillation résultant de la superposition de deux vibrations de fréquences voisines.

batterie [batri] **n.f.** (de *battre*). **1.** Réunion d'éléments de même nature destinés à fonctionner ensemble, ou d'éléments qui se complètent : *Batterie de projecteurs. Batterie de cuisine* (= ensemble des ustensiles nécessaires à la préparation et à la cuisson des aliments). *Batterie de tests* (= série de tests psychologiques). **2.** ÉLECTR. Groupement d'appareils de même type, générateurs de courant électrique : *Batterie d'accumulateurs, de piles.* **3.** MIL. Réunion de pièces d'artillerie et du matériel nécessaire à leur fonctionnement ; lieu, ouvrage fortifié où ces pièces sont disposées : *Avoir recours aux batteries de la défense aérienne. Batteries de côte.* **4.** MIL. Unité élémentaire d'un régiment d'artillerie. **5.** MUS. Ensemble des instruments à percussion d'un orchestre. **6.** Instrument composé de plusieurs percussions dont joue un seul musicien : *Une batterie de jazz comporte généralement des cymbales, une caisse claire, une grosse caisse.* **7.** CHORÉGR. Croisement rapide ou choc des jambes au cours d'un pas ou d'un saut ; ensemble des sauts ou des pas battus à fin de virtuosité. ◆ **batteries n.f. pl.** Plan d'action, moyens que l'on se donne pour réussir une entreprise : *Dévoiler ses batteries* (= ses intentions).

1. batteur, euse [batœr, -øz] **n. 1.** Personne qui effectue le battage des céréales, des métaux, etc. **2.** MUS. Joueur, joueuse de batterie. **3.** Au cricket, au base-ball, joueur qui renvoie la balle avec une batte.

2. batteur [batœr] **n.m. 1.** Appareil ménager servant à battre, à mélanger des substances pour en faire des préparations culinaires : *Monter des blancs en neige avec un batteur.* **2.** TEXT. Machine de filature qui élimine certaines impuretés, notamm. du coton.

battoir [batwar] **n.m.** (de *battre*). Palette de bois autref. utilisée pour essorer le linge : *Les battoirs des lavandières.*

battre [batr] **v.t.** (lat. *battere*, var. pop. de *battuere*) [conj. **83**]. **1.** Donner des coups à une personne, à un animal : *Ne bats pas ton petit frère* (syn. **frapper, taper**). *Il bat régulièrement son chien* (syn. **rosser**). *Battre qqn comme plâtre* (= le frapper violemment). **2.** Remporter la victoire sur des ennemis, un adversaire : *Les Alliés ont battu l'Allemagne nazie* (syn. **vaincre, triompher de**). *L'Espagne a battu l'Angleterre par trois à zéro* (= l'a emporté sur). *Battre à plate couture son adversaire aux échecs* (= lui infliger une défaite totale, l'écraser). **3.** Frapper qqch dans un but précis : *Battre un tapis pour le dépoussiérer. Battre le blé pour en séparer les grains.* **4.** Agiter pour mélanger : *Battre des œufs avec un fouet.* **5.** Heurter fréquemment et violemment contre qqch : *La pluie bat les fenêtres* (syn. **fouetter, cingler**). **6.** Parcourir en tous sens une étendue de terrain : *Battre la région pour retrouver un enfant.* **7. Battre la campagne,** la parcourir en tous sens à la recherche de qqn ou de qqch ; au fig., déraisonner, divaguer : *Ne l'écoute pas, le malheureux bat la campagne.* / **Battre le fer pendant qu'il est chaud,** profiter sans tarder d'une occasion favorable. / **Battre le pavé,** errer sans but. / **Battre les cartes,** les mêler. ◆ **v.i. 1.** Frapper à coups répétés contre qqch : *Une branche bat contre la vitre* (syn. **frapper, cogner**). **2.** Produire des mouvements rapides et répétés : *Son cœur bat fort* (= palpite). *Battre des mains* (= applaudir). **3. Battre en retraite,** se retirer d'un combat, fuir ; au fig., cesser de soutenir une opinion : *Battre en retraite devant les troupes ennemies. C'est un argument qui l'obligera à battre en retraite.* ◆ **se battre v. pr. [contre, avec]. 1.** Combattre contre qqn : *Il s'est battu en duel avec lui. Elle se bat comme une forcenée contre ses agresseurs* (syn. **se débattre, lutter**). **2.** Combattre mutuellement ; se disputer : *Des enfants qui se battent comme des chiffonniers. Elles se sont battues les unes contre* (ou *avec*) *les autres* (syn. **se bagarrer**). *Ne vous battez pas, il y en aura pour tout le monde* (syn. **se quereller**, fam. **se chamailler**). **3. Se battre contre, pour qqch, qqn,** lutter énergiquement contre, en faveur de qqch, de qqn : *Se battre contre les tyrans, pour la liberté* (syn. **militer**). *Il s'est battu pour toi.*

battu, e [baty] **adj.** (p. passé de *battre*). **1.** Qui a reçu de nombreux coups : *Enfants battus.* **2. Avoir, prendre l'air d'un chien battu,** avoir un air humble et craintif. / **Sentiers battus,** usages établis, idées sans originalité : *Suivre les sentiers battus. Sortir des sentiers battus.* / **Terre, sol battus,** terre, sol durcis par une pression répétée : *Court de tennis en terre battue.* / **Yeux battus,** yeux cernés ou gonflés par suite de fatigue, de chagrin : *Avoir les yeux battus.* / CHORÉGR. **Pas, saut battu,** pas, saut qui s'accompagne d'un ou de plusieurs croisements rapides des jambes.

battue [baty] **n.f.** Action de battre les bois, les taillis, les champs pour en faire sortir le gibier, pour retrouver qqn : *Organiser une battue pour capturer un prisonnier évadé.*

batture [batyr] **n.f.** (de *battre*). *QUÉBÉC.* Partie du rivage découverte à marée basse.

batucada [batukada] **n.f.** (mot port. du Brésil « battement »). Musique inspirée de la samba et exécutée par un ensemble d'instruments à percussion.

Baty (Gaston), metteur en scène de théâtre français (Pélussin 1885 - *id.* 1952), l'un des animateurs du « Cartel ». Contestant la primauté du texte et celle de l'acteur, il a donné aux décors et aux éclairages un rôle de plus en plus important.

baud [bo] **n.m.** (du n. de *Émile Baudot*, ingénieur français). En télégraphie, en informatique, unité de rapidité de modulation valant une impulsion par seconde.

Baudelaire (Charles), poète français (Paris 1821 - *id.* 1867). Si sa vie le rattache au romantisme le plus traditionnel (révolte précoce contre le remariage rapide de sa mère avec le général Aupick, vie de dandy dissipateur, voyage dans l'océan Indien qui éveille en lui le goût de l'exotisme, syphilis qui le conduira à la paralysie totale, tentative de suicide, conseil judiciaire, condamnation en correctionnelle des *Fleurs du mal*), sa réflexion invente le symbolisme et, par-delà, la « modernité » : grand critique d'art (*Curiosités esthétiques ; l'Art romantique,* 1868), il préfère le symbole à la chose, la nature imagée à la nature réelle, le tableau au modèle. Le système de « correspondances » qu'il découvre dans la nature (« Les parfums, les couleurs et les sons se répondent ») aboutit, à travers une étude précise de « mouvements » et de rythmes en littérature (Hoffmann, De Quincey, surtout Edgar Poe, qu'on lit toujours dans sa traduction) comme en peinture (Delacroix, Catlin, Constantin Guys) et en musique (Wagner), à une conception statique de la beauté (le « rêve de pierre »), qu'il n'atteint vraiment que dans les « tableaux » du *Spleen de Paris* (1864) et des *Petits Poèmes en prose* (1869), tentative pour réaliser l'adéquation absolue entre la sensation et son expression temporelle et spatiale. • **Les Fleurs du mal.** Les 126 poèmes de ce recueil, divisé en six parties *(Spleen et Idéal, Tableaux parisiens, le Vin, Fleurs du mal, Révolte, la Mort),* sont groupés selon un plan fondé sur la constatation de la misère de l'homme et de ses efforts pour sortir de cet état. Paru en 1857, le livre fut condamné en 1858 pour immoralité, et certaines pièces « lesbiennes » durent être retranchées.

baudelairien, enne [bodlɛrjɛ̃, -ɛn] **adj.** Relatif à Baudelaire, à son œuvre : *Le spleen baudelairien.*

Baudelocque (Jean-Louis), médecin français (Heilly, Somme, 1745 - Paris 1810). Auteur de *l'Art des accouchements* (1781), il fut un célèbre obstétricien.

baudet [bodɛ] **n.m.** (de l'anc. fr. *bald, baud,* hardi, du frq.). **1.** Âne reproducteur. **2.** *FAM.* Âne.

Baudouin Ier (Valenciennes 1171-1205), comte de Flandre et de Hainaut, empereur latin de Constantinople (1204-1205). Un des chefs de la 4e croisade, il est élu empereur après la prise de Constantinople par les croisés.

Baudouin Ier, roi des Belges (Bruxelles 1930 - Motril, Espagne, 1993). Il devint roi en 1951, à la suite de l'abdication de son père, Léopold III. Il avait épousé Fabiola de Mora y Aragón en 1960.

Baudoin Ier de Boulogne, roi de Jérusalem (1100-1118). Frère de Godefroi de Bouillon, il fut le fondateur du royaume de Jérusalem, qu'il agrandit et dota d'institutions solides.

Baudricourt (Robert de), capitaine de Vaucouleurs (XVe s.). Il fit conduire Jeanne d'Arc auprès de Charles VII à Chinon (1429).

baudrier [bodrije] **n.m.** (anc. fr. *baldrei,* p.-ê. de la racine germ. **balt,* lat. *balteus,* bande). Bande de cuir ou d'étoffe portée en écharpe et qui soutient une arme, un tambour, un ceinturon : *Ceindre son baudrier et y attacher son épée.*

baudroie [bodrwa] **n.f.** (prov. *baudroi,* d'orig. obsc.). Poisson comestible des fonds marins, à tête énorme, couverte d'appendices et d'épines (nom usuel *lotte de mer*). ▸ Famille des lophiidés ; long. max. 1,50 m.

baudruche [bodryʃ] **n.f.** (orig. obsc.). **1.** Pellicule fabriquée avec le gros intestin du bœuf ou du mouton et dont on faisait autrefois les ballons. **2.** Pellicule de caoutchouc dont on fait des ballons très légers ; ballon de cette sorte : *Un marchand de baudruches.* **3.** Personne insignifiante ; idée inconsistante.

bauge [boʒ] **n.f.** (gaul. **balcos,* le fort). **1.** Gîte boueux du sanglier. **2.** Nid de l'écureuil. **3.** Lieu très sale : *Vivre dans une bauge* (syn. **bouge, taudis**).

Bauges, massif des Préalpes françaises. Parc naturel régional (Savoie et Haute-Savoie ; env. 85 000 ha).

Bauhaus, école allemande d'architecture et d'arts appliqués, fondée en 1919, à Weimar, par W. Gropius et transférée de 1925 à 1932 à Dessau. Tendant à une union de tous les arts, elle a influencé l'architecture, les arts plastiques et le design pendant près d'un demi-siècle. Y furent maîtres le peintre suisse Johannes Itten, les peintres Klee, Oskar Schlemmer, Kandinsky, Moholy-Nagy, l'architecte suisse Hannes Meyer, Mies van der Rohe ; « apprentis », puis maîtres : l'architecte d'origine hongroise Marcel Breuer, le peintre Josef Albers, le graphiste autrichien Herbert Bayer.

Baule-Escoublac (La), ch.-l. de c. de la Loire-Atlantique ; 16 200 hab. *(Baulois).* Grande station balnéaire.

baume [bom] **n.m.** (lat. *balsamum,* du gr.). **1.** Substance résineuse et odorante sécrétée par certaines plantes, d'usage souvent pharmaceutique ou industriel : *Le baume du Pérou est utilisé en dermatologie. Le baume du Canada sert à coller les lentilles optiques.* **2.** Onguent analgésique et cicatrisant. **3. Verser, mettre du baume au cœur,** procurer un allègement à la peine de qqn : *Ta sollicitude m'a mis du baume au cœur* (= m'a réconforté).

Bausch (Philippine, dite **Pina),** danseuse et chorégraphe allemande (Solingen 1940 - Wuppertal 2009). Directrice à partir de 1973 du Tanztheater Wuppertal, elle s'est imposée dans un genre personnel (le théâtre dansé) et un style percutant. Ses œuvres fortes et bouleversantes ont pu choquer par leur dureté, leur crudité et leur violence (*Barbe-Bleue,* 1977 ; *Café Müller,* 1978 ; *Nelken,* 1982 ; *Palermo, Palermo,* 1989 ; *Danzón,* 1995 ; *le Laveur de vitres,* 1997 ; *Àgua,* 2001 ; *Ten Chi,* 2005).

baux n.m. pl. ⟶ **bail.**

Baux-de-Provence [bo-] **(Les),** comm. des Bouches-du-Rhône, sur un éperon des Alpilles ; 471 hab. Elle a donné son nom à la *bauxite.* Ruines d'une importante cité du Moyen Âge. Demeures du XVIe s.

bauxite [boksit] **n.f.** (du n. des *Baux-de-Provence*). Roche sédimentaire de couleur rougeâtre, composée surtout d'alumine, à laquelle s'adjoignent de l'oxyde de fer et de la silice, et qui est exploitée comme minerai d'aluminium.

bavard, e [bavar, -ard] **adj.** et **n.** (de *bave,* babil). **1.** Qui parle beaucoup, souvent inutilement : *Un bavard impénitent* (syn. **discoureur**). *Un conférencier bavard et prétentieux* (syn. **prolixe, verbeux**). *Elle est bavarde comme une pie* (= très bavarde). *Elle n'est pas très bavarde* (syn. **loquace, volubile** ; contr. **silencieux, taciturne**). **2.** Incapable de garder un secret : *Méfie-toi, il est bavard* (contr. **discret**).

bavardage [bavardaʒ] **n.m. 1.** Action de bavarder : *Son bavardage incessant m'exaspère* (syn. **babillage**). **2.** (Surtout au pl.). Propos futiles, médisants ou indiscrets : *Perdre son temps en bavardages* (syn. **jacasserie**). *N'en crois rien, ce ne sont que bavardages* (syn. **commérage, racontar**).

bavarder [bavarde] **v.i.** (de *bavard*). **1.** Parler beaucoup et futilement : *Perdre son temps à bavarder* (syn. **jacasser**). **2.** S'entretenir familièrement et à loisir avec qqn : *Viens me voir et nous bavarderons* (syn. **converser, discuter, causer**). **3.** Révéler ce qui aurait dû rester secret : *Qui a pu bavarder ?* (syn. **parler, jaser** ; contr. **se taire**).

bave [bav] **n.f.** (lat. pop. **baba,* onomat. désignant le babil des enfants). **1.** Salive qui s'écoule de la bouche d'une personne ou de la gueule d'un animal : *La bave d'un chien enragé.* **2.** Liquide visqueux sécrété par certains mollusques : *La traînée de bave d'un escargot.* **3.** LITT. Propos ou écrits malveillants : *La bave des diffamateurs* (syn. **venin**).

baver [bave] **v.i. 1.** Laisser couler de la bave. **2.** En parlant d'un liquide, s'étaler en produisant des souillures : *Encre qui bave.* **3. Baver de,** manifester sans pouvoir s'en empêcher le très vif sentiment que l'on éprouve : *Baver d'admiration. Son succès fait baver d'envie* ou *baver ses rivaux* (= les fait enrager). / FAM. **Baver sur qqn, sur qqch,** dire du mal de qqn, de qqch : *Baver sur un homme politique* (syn. **calomnier, dénigrer** ; contr. **vanter**). / FAM. **En baver,** souffrir ; se donner beaucoup de mal : *Un enfant qui en fait baver à ses parents. J'en ai bavé pour terminer à temps.*

bavette [bavɛt] **n.f.** (de *bave*). **1.** Pièce de tissu ou de plastique qui s'attache au cou de qqn : *Mettre une bavette à un bébé* (syn. **bavoir**). **2.** Partie d'un tablier qui couvre la poitrine : *Tablier à bavette.* **3.** BOUCH. Morceau du bœuf situé dans la région abdominale. **4.** FAM. **Tailler une bavette avec qqn,** bavarder, causer avec lui.

baveux, euse [bavø, -øz] **adj. 1.** Qui bave : *Chien baveux. Bouche baveuse.* **2. Omelette baveuse,** omelette peu cuite, dont l'intérieur est resté liquide.

Bavière, Land d'Allemagne, qui comprend la *Bavière* proprement dite (avant-pays alpin au sud du Danube) et la partie septentrionale du *bassin de Souabe et de Franconie ;* 70 553 km² ; 12 397 614 hab. *(Bavarois).* CAP. *Munich.*

GÉOGRAPHIE

De la vallée du Main aux Alpes, le Land de Bavière est le plus vaste du pays. L'agriculture, intensive, demeure importante, notamment sur les plateaux et dans les vallées de la Franconie, au N.-O., sur les placages de lœss du plateau bavarois (au S. du Danube), également parsemé de lacs. L'élevage est présent sur la frange alpestre. L'industrie est représentée notamment par les constructions mécaniques et électriques. Les villes (Nuremberg, Augsbourg, Ratisbonne et surtout Munich, métropole de l'Allemagne du Sud) sont souvent des cités historiques et commerciales.

HISTOIRE

Au Xe s., la Bavière est l'un des plus importants duchés de l'Empire germanique. Elle est gouvernée par la famille des Welfs (Guelfes) de Souabe, de 1070 à 1180, puis par celle des Wittelsbach, qui règnent jusqu'en 1918. Le duc de Bavière, qui se range dans le camp catholique pendant la guerre de Trente Ans, obtient le titre d'Électeur en 1623. Alliée de Napoléon Ier, la Bavière devient un royaume dont les rois Louis Ier (1825-1848) et Louis II (1864-1886) seront de grands bâtisseurs. Elle s'allie à l'Autriche et est battue par la Prusse en 1866. Elle est incorporée dans l'Empire allemand en 1871. Depuis 1949, l'État libre de Bavière forme un Land de la R.F.A.

bavoir [bavwar] **n.m.** (de *bave*). Pièce de tissu ou de plastique qui protège la poitrine des bébés (syn. **bavette**).

bavure [bavyr] **n.f.** (de *baver*). **1.** Trace de métal laissée par les joints d'un moule. **2.** Trace d'encre qui empâte les lettres d'un texte, une épreuve d'imprimerie. **3.** Erreur regrettable, faute grave commise dans l'accomplissement d'une action ; conséquence fâcheuse qui en découle : *Bavure policière.* **4.** FAM. **Sans bavure(s),** d'une manière irréprochable, impeccable : *Un travail net et sans bavure* (= parfait).

bayadère [bajadɛr] **n.f.** (port. *bailadeira,* danseuse, de *bailar,* danser). Danseuse sacrée de l'Inde.

Bayard (Hippolyte), photographe et inventeur français (Breteuil, Oise, 1801 - Nemours 1887). En améliorant le procédé de W. H. F. Talbot, il obtint les premiers positifs directs sur papier (1839).

Bayard (Pierre Terrail, *seigneur* **de),** homme de guerre français (Pontcharra 1476 - Romagnano Sesia 1524). Célèbre pour sa bravoure lors des guerres d'Italie (défense du pont du Garigliano, 1503), il fut surnommé *le Chevalier sans peur et sans reproche.* François Ier voulut être armé chevalier de sa main sur le champ de bataille de Marignan.

bayer [baje] **v.i.** (var. de *béer*). **Bayer aux corneilles,** regarder niaisement en l'air, bouche bée ; rêvasser : *Plutôt que de bayer aux corneilles, prends un livre.*

Bayeux, ch.-l. d'arr. du Calvados, dans le Bessin, sur l'Aure ; 14 128 hab. *(Bayeusains* ou *Bajocasses).* Évêché. Centre bancaire. Remarquable cathédrale des XIIe-XVe s. Le Centre Guillaume-le-Conquérant abrite la « tapisserie de la reine Mathilde », broderie sur toile (70 m de long) qui représente en 58 scènes la conquête de l'Angleterre par les Normands (œuvre de l'époque). Première ville française libérée par les Alliés, le 7 juin 1944. De Gaulle y prononça, le 16 juin 1946, un important discours, exposé des idées qui inspirèrent la Constitution de 1958.

Bayezid → Bajazet.

Bayonne, ch.-l. d'arr. des Pyrénées-Atlantiques, sur l'Adour ; 47 269 hab. *(Bayonnais)* [230 850 hab. dans l'agglomération]. Évêché. Port (exportation de soufre) et centre industriel (métallurgie, chimie). Cathédrale gothique des XIIIe-XVIe s. Musée Bonnat et Musée basque. Au cours de l'*entrevue de Bayonne* (1808), les souverains espagnols (Charles IV et Ferdinand VII) abdiquèrent en faveur de Napoléon Ier.

bayou [baju] **n.m.** (de *bayouk,* terme du dialecte des Choctaws, Indiens du Mississippi) [pl. *bayous*]. Bras secondaire du Mississippi, ou méandre abandonné.

Bayreuth, v. d'Allemagne (Bavière), sur le Main ; 70 808 hab. Château Neuf et Opéra du XVIIIe s. Théâtre construit par le roi de Bavière, Louis II, pour la représentation des œuvres de Richard Wagner (1876) ; un festival d'opéras wagnériens s'y tient tous les ans depuis cette date.

Bazaine (Achille), maréchal de France (Versailles 1811 - Madrid 1888). Général, il participa à la guerre de Crimée (1855) et à la guerre d'Italie (1859). Commandant en chef lors de l'intervention française au Mexique (1863-1867), il fut fait maréchal de France en 1869. Mis à la tête de l'armée de Lorraine (1870), il se replia sur Metz, où il resta inactif, et dut capituler (oct.). Condamné à mort par un conseil de guerre (1873), il vit sa peine aussitôt commuée en détention. Il s'évada en 1874 et se réfugia à Madrid.

bazar [bazar] **n.m.** (persan *bāzār*). **1.** Marché public en Orient et en Afrique du Nord. **2.** Magasin où l'on vend toutes sortes d'articles : *Trouver tout ce dont on a besoin au bazar.* **3.** *FAM.* Lieu où règne le désordre ; ensemble d'objets hétéroclites en désordre : *Quel bazar, ici !* (syn. **capharnaüm**). *Il a un bazar invraisemblable dans son cartable* (syn. **bric-à-brac**).

bazarder [bazarde] **v.t.** (de *bazar*). Se débarrasser de qqch : *Bazarder ses vieilles frusques* (contr. **conserver**).

bazooka [bazuka] **n.m.** (mot anglo-amér., d'abord surnom donné à un instrument de musique en forme de tuyau de poêle). Lance-roquettes portable, utilisé notamm. contre les chars.

B.C.B.G. [besebeʒe] **adj.** (sigle de *bon chic bon genre*). *FAM.* Conforme à la tradition bourgeoise ; classique, de bon ton : *Une fille, une tenue très B.C.B.G.*

B.C.D. [besede] **n.f.** (sigle de *bibliothèque centre de documentation*). Bibliothèque des écoles maternelle et primaire, destinée à familiariser les enfants avec les livres et la recherche documentaire.

B.C.G. [beseʒe] **n.m.** (nom déposé ; sigle de [*bacille*] *bilié* [obtenu dans un milieu contenant de la bile] *de Calmette et Guérin*). Vaccin contre la tuberculose.

B.D. [bede] **n.f.** (abrév.). *FAM.* Bande* dessinée.

Beagle *(canal)*, détroit reliant l'Atlantique au Pacifique, au S. de l'île principale de la Terre de Feu.

béance [beɑ̃s] **n.f.** *LITT.* ou *DIDACT.* État de ce qui est béant : *Béance d'un ravin. Béance du col de l'utérus.*

béant, e [beɑ̃, -ɑ̃t] **adj.** (de *béer*). Largement ouvert : *Plaie béante.*

Beardsley (Aubrey), dessinateur britannique (Brighton 1872 - Menton 1898). Esthète enfiévré, il s'est acquis la célébrité par ses illustrations, proches de l'Art nouveau (*Salomé,* de Wilde, 1894 ; *Mademoiselle de Maupin,* de Gautier, 1898).

Béarn (le), région correspondant à la partie orientale du dép. des Pyrénées-Atlantiques. C'est une ancienne province française qui, au XIe s., s'est constituée en une vicomté dépendant du duché de Gascogne. Uni au comté de Foix (1290), le Béarn passe avec celui-ci dans la maison de Navarre, au XVe s. La Réforme y pénètre au XVIe s. Le futur Henri IV, devenu roi de Navarre en 1572, est le dernier comte de Béarn. Louis XIII réunit le Béarn à la Couronne en 1620.

béarnais, e [bearnɛ, -ɛz] **adj.** et **n. 1.** Du Béarn. **2. Sauce béarnaise,** sauce à base d'échalotes, d'estragon, de beurre et de jaune d'œuf (on dit aussi *une béarnaise*). ▸ Cette sauce accompagne les viandes et les poissons grillés.

béat, e [bea, -at] **adj.** (lat. *beatus,* heureux). **1.** Bienheureux et paisible : *Une vie sans heurt, béate* (syn. **calme, serein ;** contr. **agité**). **2.** Qui manifeste un contentement un peu niais, une absence d'esprit critique : *Un sourire béat* (syn. **idiot, imbécile**). *Témoigner d'une admiration béate à l'égard de qqn* (syn. **excessif, inconsidéré**).

béatement [beatmɑ̃] **adv.** D'un air, de façon béate : *Contempler béatement ses enfants.*

Beat generation, mouvement littéraire et culturel qui se développa aux États-Unis dans les années 1950-1960. Il proclama son refus de la société industrielle et son désir de retrouver les racines américaines dans le voyage (*Sur la route,* 1957, de J. Kerouac), la méditation (influencée par le bouddhisme zen), les expériences extatiques (la drogue).

béatification [beatifikasjɔ̃] **n.f.** CATH. Acte solennel par lequel le pape met une personne défunte au rang des bienheureux : *La béatification autorise qu'un culte soit rendu à celui qui en est l'objet.*

béatifier [beatifje] **v.t.** (lat. ecclés. *beatificare,* du class. *beatus,* heureux) [conj. **9**]. CATH. Mettre au rang des bienheureux par l'acte de la béatification : *Être béatifié.*

béatifique [beatifik] **adj.** (lat. ecclés. *beatificus,* du class. *beatus,* heureux). RELIG. CHRÉT. Qui procure la béatitude : *Après leur mort, les élus jouiront de la vision béatifique de Dieu.*

béatitude [beatityd] **n.f.** (lat. ecclés. *beatitudo,* du class. *beatus,* heureux). **1.** RELIG. CHRÉT. Félicité céleste des élus. **2.** Bonheur parfait : *Jouir d'une béatitude sans égale* (syn. **félicité ;** contr. **malheur**).

Beatles (The), groupe vocal britannique de pop music, composé de Paul McCartney (Liverpool 1942, auj. *sir*) à la guitare basse, John Lennon (Liverpool 1940 - New York 1980) à la guitare, George Harrison (Liverpool 1943 - Los Angeles 2001) à la guitare et Ringo Starr, pseudonyme de Richard Starkey (Liverpool 1940), à la batterie. Dès 1962, ils bouleversèrent la jeunesse du monde entier par leurs mélodies simples et convaincantes *(Twist and Shout, P.S. I Love You),* qui renouvelaient le rock and roll américain et ouvraient la voie à la pop music. Le groupe apparut comme un symbole des aspirations et de la révolte des générations d'après-guerre. Ils jouèrent dans plusieurs films, avant de se séparer en 1971. Lennon, McCartney et, dans une moindre mesure, Harrison poursuivirent ensuite une carrière indépendante.

beatnik [bitnik] **n.** et **adj.** (de l'anglo-amér. *Beat generation,* de *beat,* foutu). Adepte d'un mouvement social et littéraire américain né dans les années 1950 en réaction contre les valeurs, le mode de vie des États-Unis et la société industrielle moderne : *Les beatniks et les hippies s'érigeaient contre la société de consommation.*

1. beau, bel (devant une voyelle ou un *h* muet), **belle** [bo, bɛl] **adj.** (lat. *bellus,* joli, gracieux). **1.** Qui procure un plaisir esthétique : *Un bel homme* (syn. **superbe, séduisant ;** contr. **disgracieux, laid, repoussant**). *Un très beau tableau* (syn. **admirable, sublime ;** contr. **affreux, hideux**). *Une belle vue* (syn. **splendide, magnifique**). **2.** Qui est agréable : *Nous avons eu beau temps* (syn. **radieux ;** contr. **épouvantable**). *Faire un beau voyage* (syn. **merveilleux ;** contr. **décevant**). **3.** Qui suscite l'admiration par sa supériorité intellectuelle ou morale : *Un beau talent* (syn. **réel, grand ;** contr. **médiocre**). *C'est un beau geste qu'elle a accompli en venant en aide à sa rivale* (syn. **admirable, sublime**). *La clémence est un beau sentiment* (syn. **élevé, noble ;** contr. **bas, vil**). *Ce n'est pas beau de mentir* (= ce n'est pas bien) [syn.

moral ; contr. **blâmable**]. **4.** Qui est satisfaisant, qui convient : *Avoir un beau jeu* (= avoir les cartes qui permettent de gagner). *Une belle santé* (syn. **excellent, bon** ; contr. **mauvais**). **5.** Qui est remarquable par son importance : *Amasser une belle fortune* (syn. **considérable, gros** ; contr. **modeste, petit**). *Tu nous as fait une belle peur* (syn. **fameux, immense**). **6.** Par ironie, qualifie qqch, qqn que l'on juge hypocrite, mauvais au plus haut point : *Il nous berce de belles paroles* (syn. **trompeur** ; contr. **sincère**). *Un beau menteur* (syn. **parfait**). **7.** En composition avec des noms auxquels il est relié par un trait d'union, indique une relation de parenté indirecte : *Belle-sœur, belle-famille.* **8. De plus belle,** plus fort qu'avant : *La pluie recommence à tomber de plus belle.* / **Le bel âge,** la jeunesse : *Vingt ans, c'est le bel âge, on peut tout entreprendre.* / **Le plus beau,** ce qu'il y a de plus étonnant : *Le plus beau de l'histoire, c'est que tout le monde était au courant sauf lui.* / **Un beau jour, un beau matin,** inopinément : *Et puis un beau jour il est parti* (= sans que l'on s'y attende). ◆ **beau, bel adv. Avoir beau** (+ inf.), s'efforcer en vain de : *Vous aurez beau faire, il ne changera pas d'avis* (= quoi que vous fassiez). / **Bel et bien,** réellement, effectivement : *Elle s'est bel et bien trompée* (= incontestablement). / **Il fait beau,** il fait beau temps, le ciel est dégagé, le soleil brille. / SOUT. **Il ferait beau voir,** il serait scandaleux de voir cela, la riposte ne se ferait pas attendre : *Il ferait beau voir qu'ils ne respectent pas le règlement.* / **Tout beau !,** doucement, du calme : *Tout beau ! je plaisante.*

2. beau [bo] **n.m. 1.** Ce qui suscite un plaisir esthétique, de l'admiration : *Le goût du beau* (syn. **beauté**). **2. C'est du beau !,** il n'y a pas de quoi être fier : *C'est du beau de frapper un plus petit que soi* (= c'est honteux). / **Faire le beau,** en parlant d'un chien, se tenir dressé en levant ses pattes de devant ; en parlant de qqn, se pavaner. / **Vieux beau,** homme âgé qui cherche encore à plaire : *Un vieux beau qui se teint les cheveux.*

Beauce, plaine limoneuse du Bassin parisien, entre Chartres et la forêt d'Orléans, domaine de la grande culture mécanisée (blé surtout).

Beauchamp (Pierre), danseur et chorégraphe français (Paris 1631 - *id.* 1705). Maître à danser de Louis XIV, c'est l'un des plus brillants danseurs de son temps. Collaborateur de Molière et de Lully, il devient le premier maître de ballet à l'Opéra de Paris (1672-1687). Il est aussi appelé en 1680 à diriger l'Académie royale de danse et participe ainsi au travail de réflexion, de normalisation et de codification de cet art.

beaucoup [boku] **adv.** (de *beau* et *coup*). **1.** Employé avec un verbe, exprime la quantité, l'intensité, la fréquence : *Boire, manger beaucoup. J'aime beaucoup ce livre* (syn. **énormément**). *Il sort beaucoup en ce moment* (syn. **souvent**). **2.** Suivi d'un comparatif ou de *trop,* sert à renforcer : *Il est beaucoup plus grand que toi. Tu conduis beaucoup trop vite.* **3.** En fonction de pronom indéfini sujet, suivi d'un verbe au pl., désigne un grand nombre de personnes, de choses : *Beaucoup ont réussi à survivre.* **4. Beaucoup de,** un grand nombre de, une grande quantité de : *Il a beaucoup de frères et sœurs* (= de nombreux). *Beaucoup de monde.* / SOUT. **De beaucoup,** sert à renforcer un superlatif relatif : *C'est de beaucoup le plus âgé* (= de loin).

Beau de Rochas (Alphonse), ingénieur français (Digne 1815 - Vincennes 1893). En 1862, il fit breveter le cycle (qui porte son nom) de transformation en énergie mécanique de l'énergie thermique provenant de la combustion en vase clos d'un mélange carburé air-essence.

beau-fils [bofis] **n.m.** (pl. *beaux-fils*). **1.** Fils que la personne que l'on épouse a eu d'un précédent mariage. **2.** Gendre.

Beaufort (échelle de), échelle utilisée pour mesurer la force du vent, cotée de 0 à 12 degrés.

Beaufort ***(mer de),*** partie de l'océan Arctique au N. de l'Alaska et du Canada.

beau-frère [bofrɛr] **n.m.** (pl. *beaux-frères*). **1.** Mari de la sœur ou de la belle-sœur. **2.** Frère du conjoint.

Beauharnais (Alexandre, ***vicomte*** **de),** général français (Fort-Royal de la Martinique 1760 - Paris 1794), époux de Joséphine (1779), future impératrice des Français. Général en chef de l'armée du Rhin en 1793, il ne réussit pas à sauver Mayence. Il fut exécuté durant la Terreur.

Beauharnais (Eugène de), fils du précédent et de Joséphine (Paris 1781 - Munich 1824). Beau-fils de Napoléon Ier, il fut vice-roi d'Italie (1805-1814).

Beauharnais (Hortense de) → Hortense de Beauharnais.

Beauharnais (Joséphine de) → Joséphine.

beaujolais [boʒɔlɛ] **n.m.** Vin produit dans la région du Beaujolais : *Boire le beaujolais nouveau en novembre.*

Beaujolais, région de la bordure orientale du Massif central, entre la Loire et la Saône. Les *monts du Beaujolais,* pays de polyculture, d'élevage bovin et d'industries textiles, dominent la *côte beaujolaise,* grand secteur viticole.

Beaumarchais (Pierre Augustin Caron de), écrivain français (Paris 1732 - *id.* 1799). À travers une existence aventureuse : fils d'horloger, professeur de harpe des filles de Louis XV, trafiquant en Espagne, dénonciateur des abus judiciaires (*Mémoires,* 1773-74), éditeur de Voltaire, fondateur de la Société des auteurs dramatiques (1777), il voua une passion constante au théâtre. Si Diderot inspira ses premiers drames, sensibles et bourgeois (*Eugénie,* 1767 ; *les Deux Amis,* 1770), Beaumarchais sut aussi tirer de situations comiques éprouvées et du tempo allègre des parades du théâtre de la Foire une comédie à rebondissements et à surprises comme *le Barbier de Séville* (1775), à l'image d'une époque dont il sut prendre le vent. Il se fit le critique violent d'une société qui applaudissait sa propre dénonciation (*le Mariage de Figaro,* 1784) et le chantre larmoyant de la nouvelle morale révolutionnaire (*la Mère coupable,* 1792).

Beaune, ch.-l. d'arr. de la Côte-d'Or ; 22 527 hab. *(Beaunois).* Vins de la côte de Beaune. Remarquable hôtel-Dieu, édifice gothique du milieu du XVe s. (*Jugement dernier* de Van der Weyden) ; église romane Notre-Dame ; musée du Vin dans l'hôtel des ducs de Bourgogne (XIVe-XVIe s.).

beau-père [bopɛr] **n.m.** (pl. *beaux-pères*). **1.** Père du conjoint. **2.** Second mari de la mère, par rapport aux enfants issus d'un premier mariage.

beaupré [bopre] **n.m.** (néerl. *boegspriet,* mât de proue). Mât placé plus ou moins obliquement à l'avant d'un voilier. (On dit aussi *mât de beaupré.*)

beauté [bote] **n.f.** (lat. pop. **bellitas,* du class. *bellus,* joli). **1.** Caractère de qqch, de qqn qui est beau, conforme à un idéal esthétique : *La beauté d'une statue, d'un poème, d'un paysage* (syn. **splendeur** ; contr. **laideur**). *La beauté d'un visage* (syn. **harmonie, grâce, charme**). *Un homme d'une grande beauté* (= qui est très séduisant). **2.** Caractère de ce qui est intellectuellement ou moralement digne d'admiration : *La beauté d'un geste désintéressé* (syn. **noblesse** ; contr. **bassesse**). **3. En beauté,** d'une façon brillante, très réussie : *Terminer un discours en beauté* (= très bien) [syn. **magnifiquement** ; contr. **mal**]. / **Être en beauté,** paraître plus beau, plus belle que d'habitude : *Elle est très en beauté avec cette robe* (= elle est très à son avantage). / FAM. **Se faire, se refaire une beauté,** s'apprêter, rectifier son maquillage, sa coiffure : *Se refaire une beauté avant de sortir.* / **Soins de beauté,** ensemble des soins qui entretiennent et embellissent le visage et le corps : *Soins de beauté donnés par une esthéticienne.* / **Une beauté,** une personne, et notamm. une femme, très belle, séduisante : *Ce n'est pas une beauté, mais elle est charmante.* ◆ **beautés n.f. pl.** Les choses belles : *Les beautés de la Grèce* (= les trésors).

Beauté ***(île de),*** nom parfois donné à la Corse.

Beauvais, ch.-l. du dép. de l'Oise, sur le Thérain, à 76 km au nord de Paris ; 55 739 hab. *(Beauvaisiens).* Évêché. Industries mécaniques, alimentaires, textiles et chimiques. Église St-Étienne (en partie romane) et audacieuse cathédrale inachevée (XIIIe-XVIe s.), aux beaux vitraux surtout de la Renaissance. Riche musée départemental de l'Oise et Galerie nationale de la tapisserie. Patrie de Jeanne Hachette, qui, en 1472, défendit la ville contre Charles le Téméraire.

Beauvaisis, petit pays de l'ancienne France ; cap. *Beauvais.*

Beauvoir (Simone de), femme de lettres française (Paris 1908 - *id.* 1986). Disciple et compagne de Sartre, ardente féministe, elle est l'auteure d'essais (*le Deuxième Sexe,* 1949), de romans (*les Mandarins,* 1954), de pièces de théâtre et de Mémoires.

beaux-arts [bozar] **n.m. pl.** Nom donné à l'architecture et aux arts plastiques et graphiques (sculpture, peinture, gravure), parfois à la musique et à la danse : *Étudier les arts plastiques à l'École des beaux-arts de Paris.*

■ Le terme *beaux-arts* est né au XVIIIe siècle, par opposition à *arts appliqués*. Son utilisation est auj. parfois remise en question, à cause de l'existence de nouvelles disciplines (photographie, cinéma), mais aussi de pratiques artistiques qui bousculent la relation jusque là évidente entre l'art et la notion de « beau ». ■

beaux-parents [boparɑ̃] **n.m. pl.** Père et mère du conjoint.

bébé [bebe] **n.m.** (du rad. onomat. *bab.* [v. *babiller*], avec infl. probable de l'angl. *baby*). **1.** Enfant en bas âge : *Les soins à apporter aux bébés* (syn. **nourrisson, nouveau-né**). *Attendre un bébé* (syn. **enfant**). **2.** FAM. Enfant ou adulte dont la conduite est puérile, qui manque de maturité : *C'est un vrai bébé qui fuit ses responsabilités.* **3.** Animal très jeune : *Bébé phoque.* **4.** FAM. Tâche délicate, problème épineux : *Refiler le bébé à qqn. Hériter du bébé.*

be-bop **n.m.** ⟶ **bop.**

bec [bɛk] **n.m.** (lat. *beccus,* d'orig. gaul.). **1.** Organe corné à bords tranchants, qui constitue une partie de la tête des oiseaux et recouvre leurs mâchoires : *La forme du bec de chaque espèce d'oiseau est adaptée à son régime alimentaire.* **2.** FAM. Bouche : *Avoir sans cesse la cigarette au bec. Clouer le bec à qqn* (= le réduire au silence). **3.** Extrémité effilée ou en pointe d'un objet, d'un récipient : *Le bec d'une plume, d'une cruche.* **4.** Extrémité effilée et en biseau de certains instruments de musique à vent, qu'on tient entre les lèvres : *Le bec d'une clarinette. Une flûte à bec.* **5.** Pointe de terre au confluent de deux cours d'eau. **6.** HELV., QUÉBÉC., FAM. Baiser : *Donne-moi un bec.* **7.** FAM. **Avoir une prise de bec avec qqn,** se disputer avec lui : *On a eu une prise de bec à propos du permis de conduire* (= une altercation). / **Bec de gaz,** lampadaire alimenté au gaz qui servait autrefois à l'éclairage public. / FAM. **Rester le bec dans l'eau,** être frustré dans ses espérances ; ne pas trouver d'issue à la situation dans laquelle on est : *Il n'a pas tenu ses promesses et je suis resté le bec dans l'eau.* / **Se défendre bec et ongles,** se défendre avec acharnement. / FAM. VIEILLI. **Tomber sur un bec,** rencontrer une difficulté, un obstacle imprévus.

bécane [bekan] **n.f.** (orig. incert., p.-ê. de l'argot *bécant* ou *bécan,* oiseau, en raison des grincements produits). **1.** FAM. Bicyclette, cyclomoteur ou moto : *Réparer sa bécane.* **2.** FAM. Toute machine sur laquelle qqn travaille (machine-outil, micro-ordinateur, etc.) : *Une bécane performante.*

bécarre [bekar] **n.m.** (it. *bequadro,* b carré [où *b* représente la note *si*]). MUS. Signe d'altération (♮) qui ramène à sa hauteur première une note précédemment modifiée par un dièse ou un bémol. ◆ **adj.** Affecté d'un bécarre : Fa *bécarre.*

bécasse [bekas] **n.f.** (de *bec*). **1.** Oiseau échassier migrateur à bec long, mince et flexible. ▸ Famille des scolopacidés. Taille max. 50 cm. La bécasse croule. **2.** FAM. Femme, fille sotte : *Quelle bécasse je suis !* (syn. **idiote, imbécile**).

bécassine [bekasin] **n.f.** Oiseau échassier voisin de la bécasse, mais plus petit. ▸ Long. max. 30 cm.

Beccaria (Cesare Bonesana, *marquis* **de),** philosophe et économiste italien (Milan 1738 - *id.* 1794). Son ouvrage *Des délits et des peines* (1764), qui dénonçait l'archaïsme du droit pénal de l'Ancien Régime, a inspiré la pensée juridique moderne qui a fait des droits de l'homme des droits fondamentaux.

bec-de-cane [bekdəkan] **n.m.** (de *bec* et *cane,* par anal. de forme) [pl. *becs-de-cane*]. **1.** Serrure fonctionnant sans clé, au moyen d'un bouton ou d'une poignée. **2.** Cette poignée elle-même, dont la forme évoque un bec de cane : *Appuyer sur le bec-de-cane pour ouvrir la porte* (syn. **béquille**).

bec-de-lièvre [bekdəljɛvr] **n.m.** (de *bec* et *lièvre,* par anal. de forme avec la lèvre supérieure du lièvre) [pl. *becs-de-lièvre*]. Malformation congénitale consistant en une fente plus ou moins étendue de la lèvre supérieure : *Aujourd'hui, la chirurgie plastique peut supprimer un bec-de-lièvre.*

bêchage [bɛʃaʒ] **n.m.** Action de bêcher : *Le bêchage d'un carré de terrain.*

béchamel [beʃamɛl] **n.f.** (du n. de *Louis de Béchamel,* qui aurait créé cette sauce). Sauce blanche composée à partir d'un roux additionné de lait : *Faire une béchamel.*

bêche [bɛʃ] **n.f.** (orig. incert., p.-ê. lat. pop. **bissa* ou **bessica,* houe à double pointe). Outil composé d'une large lame de métal, plate et tranchante, adaptée à un long manche, qui permet de retourner la terre.

1. bêcher [beʃe] **v.t.** Retourner la terre avec une bêche : *Bêcher son jardin avant de semer.*

2. bêcher [beʃe] **v.i.** et **v.t.** (orig. incert., p.-ê. de *1. bêcher,* ou d'orig. dialect., *bêcher, béguer* signif. « frapper du bec » en Poitou, en Normandie). FAM. Se montrer hautain et quelque peu méprisant envers qqn : *Depuis qu'il a ses entrées dans le monde, il nous bêche* (syn. **snober**).

Bechet (Sidney), clarinettiste, saxophoniste, compositeur et chef d'orchestre de jazz américain (La Nouvelle-Orléans 1897 - Garches 1959). Il fut l'un des plus grands représentants du style « Nouvelle-Orléans », et une des figures marquantes du jazz. À la clarinette, comme au saxophone soprano, il s'est exprimé par un son chaleureux, marqué d'un large vibrato, et par un lyrisme généreux. Parmi ses compositions, *les Oignons* et *Petite Fleur* sont universellement connus.

bêcheur, euse [beʃœr, -øz] **n.** (de *2. bêcher*). FAM. Personne prétentieuse, méprisante : *Quel bêcheur !* (syn. **snob**).

Becker (Jacques), cinéaste français (Paris 1906 - *id.* 1960). Ses films sont des chroniques sociales et psychologiques : *Goupi Mains rouges* (1943), *Rendez-vous de juillet* (1949), *Casque d'or* (1952).

Becket ⟶ **Thomas Becket.**

Beckett (Samuel), écrivain irlandais (Foxrock, près de Dublin, 1906 - Paris 1989). Fixé en France, il entreprend, dans des nouvelles et des romans en anglais, une méditation sur l'absurdité de la condition humaine, puis poursuit en français sa peinture d'êtres moribonds qui, en de longs soliloques, mêlent passé et présent, désirs et réalités. La parole, seule façon de se sentir exister, devient une course contre la mort gagnante et le silence menaçant. Il est l'auteur de récits en prose (*Murphy* [en anglais], 1938 ; *Molloy,* 1951 ; *l'Innommable,* 1953) et de pièces de théâtre (*En attendant Godot,* 1953 ; *Fin de partie,* 1957 ; *Oh les beaux jours,* 1961). [Prix Nobel 1969.]

bécot [beko] **n.m.** (de *bec*). FAM. Petit baiser.

bécoter [bekɔte] **v.t.** FAM. Donner de petits baisers : *Il la bécote tant et plus.* ◆ **se bécoter** **v.pr.** Se donner des bécots : *Amoureux qui se bécotent* (syn. **s'embrasser**).

becquée ou **béquée** [beke] **n.f.** Quantité de nourriture qu'un oiseau prend dans son bec pour la donner à ses petits : *Donner la becquée à ses oisillons.*

becquerel [bɛkrɛl] **n.m.** (du n. de *Henri Becquerel*). Unité de mesure d'activité d'une source radioactive. ▸ Symb. Bq.

Becquerel (Antoine), physicien français (Châtillon-sur-Loing, auj. Châtillon-Coligny, 1788 - Paris 1878). Il découvrit en 1819 la piézoélectricité et en 1839 la pile photovoltaïque. • Son deuxième fils, **Alexandre Edmond** (Paris 1820 - *id.* 1891), physicien français, utilisa la plaque photographique pour étudier le spectre ultraviolet et fit, en 1866, les premières mesures de température à l'aide de la pile thermoélectrique. • **Henri** (Paris 1852 - Le Croisic 1908), physicien français, fils du précédent, découvrit en 1896, sur les sels d'uranium, le phénomène de radioactivité ; il montra qu'il s'agit d'une propriété de l'atome d'uranium et que le rayonnement émis provoque l'ionisation des gaz. (Prix Nobel 1903.)

becqueter ou **béqueter** [bɛkte] **v.t.** [conj. **27** ou **28**]. Piquer, attraper avec le bec, en parlant d'un oiseau : *Pigeon qui becquette* (ou *béquète*) *des morceaux de pain.*

bedaine [bədɛn] **n.f.** (altér. de l'anc. fr. *boudine,* nombril, de même rad. que *boudin*). *FAM.* Gros ventre : *Il a pris de la bedaine* (= du ventre).

bédane [bedan] **n.m.** (de l'anc. fr. *bec d'âne,* bec de canard). Ciseau en acier trempé, étroit et plus épais que large : *Le bédane d'un serrurier.*

Bède le Vénérable ***(saint),*** moine, théologien et historien anglais (Wearmouth v. 672 - Jarrow 735). Premier homme de lettres de son pays, il a laissé plusieurs ouvrages de valeur, dont une *Histoire ecclésiastique de la nation anglaise,* en latin, qui porte sur la période allant de l'invasion de César à 731.

bédé [bede] **n.f.** (de *B.D.*). *FAM.* Bande* dessinée.

bedeau [bədo] **n.m.** (frq. **bidal*). Employé laïque d'une église, chargé de veiller au bon déroulement des offices, des cérémonies : *Le bedeau fait sonner les cloches.*

bédéphile [bedefil] **n.** (de *bédé*). Amateur de bandes dessinées.

bedon [bədɔ̃] **n.m.** (altér. de l'anc. fr. *boudine,* nombril ; v. *bedaine*). *FAM.* Ventre rebondi : *Avoir un bon petit bedon.*

bedonnant, e [bədɔnɑ̃, -ɑ̃t] **adj.** *FAM.* Qui a du ventre : *Un homme d'affaires bedonnant* (syn. **ventripotent, ventru**).

bedonner [bədɔne] **v.i.** (de *bedon*). *FAM.* Avoir du ventre.

bédouin, e [bedwɛ̃, -in] **adj.** (ar. *badwi*). Relatif aux Bédouins : *Campement bédouin.*

Bédouins, Arabes nomades de l'Arabie, de la Syrie, de l'Iraq, de la Jordanie et du Sahara, notamment, musulmans sunnites en majorité, dont une partie est en voie de sédentarisation.

bée [be] **adj. f.** (de *béer*). **Être, rester bouche bée,** être, rester frappé d'admiration, d'étonnement : *Quand il l'a vue, il est resté bouche bée* (= il est resté stupéfait).

Beecher-Stowe (Harriet Beecher, *Mrs.* **Stowe,** dite **Harriet),** romancière américaine (Litchfield, Connecticut, 1811 - Hartford 1896). Elle est l'auteure de *la Case de l'oncle Tom* (1852), qui popularisa le mouvement anti-esclavagiste.

béer [bee] **v.i.** (lat. pop. **batare,* p.-ê. onomat. d'après le bruit que fait la bouche en s'ouvrant) [conj. **15**]. *LITT.* Être grand ouvert : *La porte bée.*

Beethoven (Ludwig van), compositeur allemand (Bonn 1770 - Vienne 1827). La destinée de ce musicien se situe à la jonction entre un classicisme viennois dont il représente l'aboutissement et un romantisme germanique dont il favorise l'éveil. Après avoir vécu ses premières années à Bonn, il se fixe à Vienne en 1792 pour étudier avec J. Haydn et A. Salieri. Attiré par les idées républicaines, il défend les idéaux de liberté et de justice véhiculés par la Révolution française et les exprime dans sa musique. Dès 1802, il est frappé de surdité, mais il se manifeste comme chantre de la joie, en dépit d'une existence recluse et de déceptions sentimentales. Ses dernières années seront assombries par les soucis causés par son neveu Karl, dont il est le tuteur, ainsi que par sa surdité devenue totale.
On peut diviser son œuvre en trois périodes. La première (jusque vers 1804) relève approximativement de Haydn, Mozart et Clementi ; la deuxième révèle une pensée plus ample et plus subjective ; la troisième, à partir de 1819, fait état d'une forme libre et d'un langage plus hardi.
Dans le domaine vocal, Beethoven a laissé trois ouvrages majeurs : le cycle de lieder *À la bien-aimée lointaine* (1816), l'opéra *Fidelio* (1805-1814) et ses 4 ouvertures *(Leonore),* et la grandiose *Missa solemnis* (1823).
De son œuvre instrumentale se détachent les 32 sonates pour piano (1795-1822), dont l'*Appassionata,* la *Hammerklavier,* les *33 Variations sur une valse de Diabelli* (1823), les 10 sonates pour piano et violon, les 5 sonates pour piano et violoncelle, les 9 symphonies (1800-1824), notamment la 3e dite *Héroïque,* la 6e dite *Pastorale* et la 9e avec solistes et chœurs.
Si Beethoven reste très attaché aux structures traditionnelles (sonate, symphonie, lied, opéra, etc.), il les agrandit jusqu'à leur donner une dimension exceptionnelle. Cette nouvelle conception musicale, il l'atteint par l'intensité de son langage, l'expressivité de sa mélodie, la vigueur de son rythme, la couleur de son orchestre.

beffroi [befrwa] **n.m.** (haut all. *bergfrid,* ce qui garde la paix). **1.** Tour d'une ville, souvent munie d'une horloge : *Les beffrois du nord de la France.* **2.** Tour de guet, dans une ville, servant autref. à sonner l'alarme pour rassembler les hommes d'armes de la commune. **3.** *HIST.* Tour en bois montée sur roues, utilisée dans les attaques de remparts.

bégaiement [begɛmɑ̃] **n.m.** Trouble de la parole caractérisé par le fait de répéter involontairement certaines syllabes ou de ne pas pouvoir les prononcer.

bégayer [begeje] **v.i.** (de *bègue*) [conj. **11**]. Être affecté d'un bégaiement : *Les bègues ne bégaient pas en chantant.* ◆ **v.t.** Exprimer avec embarras : *Bégayer des excuses* (syn. **bredouiller, balbutier**).

Begin (Menahem), homme politique israélien (Brest-Litovsk 1913 - Tel-Aviv-Jaffa 1992). Chef de l'Irgoun (organisation militaire) [1942], puis leader du Likoud (coalition de partis du centre et de la droite), il fut Premier ministre (1977-1983) et signa un traité de paix avec l'Égypte en 1979. (Prix Nobel de la paix 1978.)

bégonia [begɔnja] **n.m.** (du n. de *Bégon,* intendant général de Saint-Domingue). Plante originaire de l'Amérique du Sud, cultivée pour son feuillage décoratif et ses fleurs vivement colorées. ▸ Famille des bégoniacées.

bègue [bɛg] **adj.** et **n.** (anc. fr. *béguer,* d'orig. obsc.). Atteint de bégaiement : *Il est bègue. Un bègue.*

bégueter [begte] **v.i.** (de *bègue*) [conj. **28**]. Pousser son cri, en parlant de la chèvre (syn. **bêler**).

bégueule [begœl] **adj.** et **n.** (de *bée gueule*). *FAM.* Qui témoigne d'une pudibonderie excessive ou affectée : *Il n'est pas bégueule du tout* (syn. **prude** ; contr. **dévergondé, libertin**). *Une bégueule* (syn. **sainte-nitouche**).

béguin [begɛ̃] **n.m.** (de *béguine*). **1.** Coiffe à capuchon portée par les béguines. **2.** Bonnet d'enfant noué sous le menton. **3.** *FAM.* Penchant amoureux passager, passion sans lendemain ; personne qui en est l'objet : *Avoir le béguin pour qqn* (= être entiché de qqn). *Son dernier béguin l'a plaqué* (syn. **amoureux, flirt**).

béguinage [beginaʒ] **n.m.** Communauté de béguines ; ensemble des bâtiments abritant une telle communauté.

béguine [begin] **n.f.** (probabl. du néerl. *beggaert,* moine mendiant). Femme qui appartient à une communauté religieuse où l'on entre sans prononcer de vœux perpétuels, notamm. aux Pays-Bas et en Belgique.

bégum [begɔm] **n.f.** (du hindi *beg,* seigneur). Titre donné aux mères, sœurs ou veuves des princes indiens.

Béhanzin (1844 - Alger 1906), dernier roi du Dahomey (1889-1894). Il fut déporté en Algérie après la conquête de son royaume par les Français (effectuée à l'issue des deux campagnes de 1890 et 1892-1893).

béhaviorisme [beavjɔrism] **n.m.** (de l'anglo-amér. *behavior,* comportement). Courant de la psychologie scientifique qui s'assigne le comportement comme objet d'étude et l'observation comme méthode, et qui exclut de son champ, comme invérifiables par nature, les données de l'introspection (on dit aussi *comportementalisme*). ◆ **béhavioriste adj.** et **n.** Relatif au béhaviorisme ; adepte de ce courant.

Béhistoun, site archéologique du Kurdistan iranien, près de Kermanchah. Darios Ier, en 516 av. J.-C., fit sculpter un relief accompagné d'un texte en cunéiforme rédigé en trois langues. Le déchiffrement, par H. Rawlinson en 1837, de l'une d'entre elles (vieux perse) servit de base à l'étude du cunéiforme.

Behrens (Peter), architecte et designer allemand (Hambourg 1868 - Berlin 1940). Rationaliste, il travailla notamment pour la firme électrotechnique AEG. Dans son atelier passèrent Gropius, Mies van der Rohe, Le Corbusier.

beige [bɛʒ] **n.m.** et **adj.** (orig. obsc.). Brun clair proche du jaune : *Des vestes beiges.*

1. beigne [bɛɲ] **n.f.** (probabl. du celt., d'abord « bosse »). FAM. Gifle : *Flanquer une beigne* (syn. **claque**).

2. beigne [bɛɲ] **n.m.** (de *1. beigne*). QUÉBÉC. Anneau de pâte sucrée frite : *Manger des beignes* (syn. **beignet**).

beignet [bɛɲɛ] **n.m.** (de *1. beigne*). Préparation composée d'une pâte plus épaisse que la pâte à crêpe, qui enrobe souvent un fruit, un morceau de viande, de poisson, etc., et que l'on fait frire à grande friture : *Des beignets aux pommes. Des beignets de fruits de mer.*

Beijing → Pékin.

Beira, port du Mozambique, sur l'océan Indien ; 436 240 hab.

Béjart, famille de comédiens à laquelle appartenaient **Madeleine** (Paris 1618 - *id.*1672) et **Armande** (1642 ? - Paris 1700), qui épousa Molière en 1662.

Béjart (Maurice Berger, dit **Maurice),** danseur et chorégraphe français et suisse (Marseille 1927 - Lausanne 2007). Il débuta comme danseur en 1945 et s'imposa comme chorégraphe novateur avec *Symphonie pour un homme seul,* en 1955. Animateur à Bruxelles du Ballet du XXe siècle (1960-1987), il s'installa en Suisse où sa compagnie devint le Béjart Ballet Lausanne (1987), auquel fut adjointe en 1992 l'école-atelier Rudra. Son esthétique et ses conceptions scéniques sont à l'origine d'une nouvelle vision de la danse, dont il a fait un art de masse (*le Sacre du printemps,* 1959 ; *Boléro,* 1961 ; *Messe pour le temps présent,* 1967 ; *King Lear-Prospero,* 1994 ; *Zarathoustra, le chant de la danse,* 2005).

Bekaa → Beqaa.

béké [beke] **n.** (mot du créole antillais, d'orig. obsc.). CRÉOL. Créole martiniquais ou guadeloupéen descendant d'immigrés blancs.

bel adj. **→ beau.**

Belau → Palaos.

bel canto [bɛlkɑ̃to] **n. m. inv.** (mots it. « beau chant »). Style de chant fondé sur la beauté du son et la recherche de la virtuosité : *Cantatrice qui pratique le bel canto.*

Belém, anc. **Pará,** v. du Brésil, cap. de l'État de Pará, port à l'embouchure de l'Amazone ; 1 351 618 hab. (2 038 227 hab. dans l'agglomération).

bêlement [bɛlmɑ̃] **n.m.** (de *bêler*). **1.** Cri des ovins et des chèvres. **2.** Voix chevrotante ; cri plaintif, lamentation : *Les bêlements d'un chanteur* (syn. **chevrotement**).

bélemnite [belɛmnit] **n.f.** (gr. *belemnitês,* pierre en forme de flèche). Céphalopode fossile, caractéristique de l'ère secondaire, voisin des calamars actuels.

bêler [bele] **v.i.** (lat. *belare* ou *balare,* d'orig. onomat.). **1.** Émettre un bêlement, en parlant des ovins, de la chèvre : *Des chèvres qui bêlent* (syn. **bégueter**). **2.** Parler, chanter d'une voix tremblotante et geignarde : *Cesse de bêler* (syn. **geindre**). *Chanteur qui bêle* (syn. **chevroter**).

belette [bəlɛt] **n.f.** (dimin. de *belle*). Petit mammifère carnivore au pelage fauve sur le dos et au ventre blanc. ▸ Famille des mustélidés ; long. 17 cm env.

Belfast, cap. et port de l'Irlande du Nord ; 280 962 hab.

Belfort, ch.-l. du dép. du Territoire de Belfort, à 423 km à l'est de Paris ; 51 298 hab. *(Belfortains).* Constructions mécaniques et électriques. Place forte illustrée par la belle défense de Denfert-Rochereau (1870-1871). *Lion de Belfort,* haut-relief monumental en grès rouge par Bartholdi. Musée d'Art et d'Histoire dans la citadelle.

Belfort *(Territoire de)* [90], dép. de la Région Bourgogne-Franche-Comté, correspondant à la partie du Haut-Rhin (anc. arr. de Belfort) restée française après 1871 ; 609 km^2 ; 147 528 hab. (répartis en 1 arr. [*Belfort,* le ch.-l.], 9 cant. et 102 comm.).

belge [bɛlʒ] **adj.** et **n.** (lat. *Belgae*). De Belgique.

belgicisme [bɛlʒisism] **n.m.** Mot, expression, tournure particuliers au français parlé en Belgique.

Belgique, en néerl. **België,** État fédéral de l'Europe occidentale, sur la mer du Nord, limité par les Pays-Bas au nord, l'Allemagne et le Luxembourg à l'est, la France au sud ; 30 500 km^2 ; 11 104 000 hab. *(Belges).* CAP. *Bruxelles.* V. princ. *Anvers, Gand, Charleroi, Liège.* La Belgique comprend trois Communautés culturelles *(flamande, française, germanophone)* et trois Régions *(Flandre, Wallonie, Bruxelles-Capitale),* et compte dix provinces *(Anvers, Brabant flamand, Brabant wallon, Flandre-Occidentale, Flandre-Orientale, Hainaut, Liège, Limbourg, Luxembourg, Namur).* LANGUES : *néerlandais, français* et *allemand.* MONNAIE : *euro.*

GÉOGRAPHIE

Disposant d'une façade maritime sur la mer du Nord, la Belgique est un pays de plaines et de bas plateaux s'élevant au S.-E., vers le massif ardennais. Le climat océanique, tempéré, aux amplitudes thermiques réduites, aux précipitations régulières et bien réparties sur l'année, domine ; il se durcit toutefois dans l'Ardenne, souvent boisée, parfois humide (fagnes).

Population. État très densément peuplé (près de 360 hab./km^2, chiffre stable compte tenu de la baisse du taux de natalité), très ouvert aux échanges internationaux (exportant plus de la moitié de son P.I.B.), la Belgique connaît deux problèmes majeurs, partiellement liés, l'impact de la crise économique mondiale, la permanence de la tension entre les Flamands, néerlandophones, et les Wallons, francophones. En réalité, il existe 4 régions linguistiques si on leur ajoute quelques communes de l'extrémité orientale, de langue allemande (moins de 1 % de la population), et surtout l'agglomération de Bruxelles, officiellement bilingue, en réalité à large majorité francophone. Mais les Flamands sont auj. les plus nombreux et contribuent pour une part plus grande au P.I.B.

Économie. Dans celui-ci, le poids de l'industrie, tôt développée, a diminué. L'extraction houillère a cessé, la sidérurgie a reculé, mais mieux résisté. Le nucléaire fournit plus de la moitié de l'électricité. La métallurgie des non-ferreux, héritage de la période coloniale, demeure plus active (cuivre, plomb, zinc). Dans la métallurgie de transformation, le montage d'automobiles et la construction navale stagnent. Le textile se maintient difficilement. La chimie (à base de pétrole importé) est la branche la plus dynamique. L'évolution industrielle récente est à la base de la prépondérance flamande, aux dépens de la Wallonie.

L'agriculture n'emploie guère que 2 % des actifs. Les produits de l'élevage satisfont les besoins nationaux, mais des importations de céréales, de pommes de terre et de fruits sont indispensables. Les services occupent plus des deux tiers de la population active et fournissent aussi la majeure partie du P.I.B. Leur importance est liée à l'ancienneté de l'urbanisation (caractérisée par un tissu serré de villes petites ou moyennes dominées par les agglomérations de Bruxelles, Anvers, Liège et Gand), du commerce (Anvers demeure l'un des grands ports européens). Le réseau de transports est particulièrement dense.

Le commerce extérieur s'effectue principalement avec les partenaires de l'Union européenne.

HISTOIRE

Peuplé par des Celtes, le territoire de la Belgique est conquis par César au Ier s. av. J.-C. Envahi à partir du IVe s. par les Francs, il fait ensuite partie de l'Empire d'Occident fondé par Charlemagne.

843. Au traité de Verdun, le pays est partagé entre la France et la Lotharingie, l'Escaut servant de frontière.

Les principautés et les villes. Dès le XIIe s., les villes flamandes (Bruges, Gand, Anvers) se développent et s'enrichissent grâce à l'industrie textile.

À partir du XIVe s., le territoire passe progressivement sous le contrôle des ducs de Bourgogne et devient une des composantes des Pays-Bas.
1477. Les différents fiefs de la région (Flandre, Brabant, Hainaut) passent après la mort de Charles le Téméraire à la maison de Habsbourg.
Le règne de Charles Quint est marqué par un grand essor économique. Devenu possession des Habsbourg d'Espagne sous Philippe II, le territoire est un des principaux foyers de la Réforme. L'absolutisme espagnol, incarné par le duc d'Albe, provoque l'insurrection des provinces du Nord (actuels Pays-Bas).
1579. Proclamation de l'indépendance de la république des Provinces-Unies.
Les provinces du Sud (l'actuelle Belgique), de religion catholique, restent sous la domination espagnole. Le cadre territorial de la future Belgique se précise au XVIIe s. avec la cession de territoires aux Provinces-Unies et à la France (notamment le Brabant septentrional, l'Artois et une partie de la Flandre et du Hainaut).
1713. Le territoire belge passe à l'Autriche.
Le « despote éclairé » Joseph II veut réorganiser la Belgique ; une révolution brabançonne chasse les Autrichiens.
1790. Proclamation de l'indépendance des États belgiques unis.
1795. La France annexe la Belgique à la suite des guerres révolutionnaires contre l'Autriche. Les provinces belges deviennent françaises.
1815. Le congrès de Vienne décide la réunion de la Belgique et de la Hollande en un royaume des Pays-Bas.
L'union, artificielle, provoque une opposition culturelle, religieuse et linguistique de la part des Belges.

Le royaume de Belgique

1830. Une insurrection bruxelloise amène la proclamation de l'indépendance de la Belgique.
La neutralité du nouvel État est garantie par les grandes puissances.
1831-1865. Règne de Léopold Ier.
1865-1909. Règne de Léopold II, qui acquiert à titre personnel l'État du Congo (l'actuelle République démocratique du Congo), puis le cède à la Belgique (1908).
Au XIXe s., la lutte entre libéraux et cléricaux domine la vie politique ; le parti ouvrier belge est fondé en 1885 à Bruxelles.
1909-1934. Règne d'Albert Ier.
Pendant la Première Guerre mondiale (1914-1918), la Belgique reste presque tout entière sous occupation allemande. La paix revenue, elle se voit confier par la Société des Nations un mandat sur le territoire africain du Rwanda-Urundi, anc. possession allemande.
28 mai 1940. La Belgique capitule : les Allemands occupent le pays jusqu'en sept. 1944.
1951. Léopold III, accusé d'une attitude équivoque à l'égard des Allemands, abdique. Son fils Baudouin Ier lui succède. La vie politique belge contemporaine est marquée par l'alternance au pouvoir des socialistes et des sociaux-chrétiens, parfois regroupés dans un gouvernement de coalition.
1958. Le pacte scolaire apporte une solution au problème qui oppose l'Église aux libéraux et aux socialistes depuis le XIXe s.
La Belgique a réalisé avec le Luxembourg et les Pays-Bas une union douanière et économique : le Benelux (1948). Elle est membre fondateur de la Communauté économique européenne (1958), dont Bruxelles est la capitale. La décolonisation a fait perdre à la Belgique le Congo belge. Sur le plan économique, le déclin du charbon a provoqué une grave crise dans les houillères wallonnes. Le « problème linguistique », enfin, oppose Flamands et Wallons.
1977. Sous le gouvernement de Léo Tindemans, le pacte d'Egmont découpe la Belgique en trois Régions : Flandre, Wallonie, Bruxelles. Cette régionalisation est adoptée pour la Flandre et la Wallonie en 1980 ; la question du statut de Bruxelles est définitivement réglée en 1989.
1979-1992. Wilfried Martens dirige le gouvernement. Il engage un processus de décentralisation donnant davantage de pouvoirs aux Régions et aux Communautés.
1992. Jean-Luc Dehaene devient Premier ministre.
1993. La révision constitutionnelle transforme la Belgique en un État fédéral aux pouvoirs décentralisés. À la mort de Baudouin Ier, son frère Albert II lui succède.
1999. Guy Verhofstadt devient Premier ministre.
2007. Les chrétiens-démocrates flamands remportent les élections mais les divergences entre Flamands et Wallons sur le fédéralisme provoquent une grave crise politique.
2008. Yves Leterme devient Premier ministre (mars), sans qu'un accord ait été conclu sur l'avenir de l'État fédéral. Herman Van Rompuy le remplace en décembre.
2009. Y. Leterme redevient Premier ministre.
2011. Après une très longue crise politique (plus de 500 jours), un nouveau gouvernement de coalition comprenant six partis est formé par le socialiste Elio Di Rupo.

Belgrade, en serbe **Beograd,** cap. de la Serbie, au confluent du Danube et de la Save ; 1 181 000 hab. dans l'agglomération. Centre commercial et industriel. Musées.

Belgrand (Eugène), ingénieur et géologue français (Ervy, Aube, 1810 - Paris 1878). Il installa le système d'égouts de la Ville de Paris.

bélier [belje] **n.m.** (de l'anc. fr. *belin,* du néerl. *belhamel*). **1.** Mouton mâle. ▶ Le bélier blatère. **2.** HIST. Dans l'Antiquité et au Moyen Âge, machine de guerre faite d'une forte poutre terminée par une masse métallique souvent façonnée en tête de bélier, qui servait à défoncer les murs, les portes d'un lieu assiégé. **3. Coup de bélier,** choc violent qui ébranle ; coup porté à une autorité, à un ordre établi pour en saper les fondements : *Coups de bélier des soixante-huitards contre les mœurs de l'époque* (= l'offensive qu'ils menaient contre elles). / TECHN. **Coup de bélier,** onde de pression provoquée dans une conduite d'eau par la manœuvre brutale d'une vanne. ◆ **Bélier n. inv.** et **adj. inv.** Personne née sous le signe du Bélier : *Elles sont Bélier.*

Bélier (le), constellation zodiacale. – Premier signe du zodiaque, dans lequel le Soleil entre à l'équinoxe de printemps.

Bélisaire, général byzantin (en Thrace v. 500 - Constantinople 565). Sous le règne de l'empereur Justinien, il fut l'artisan de la reconquête de l'Occident grâce à ses victoires en Afrique sur les Vandales, en Sicile et en Italie (où il combattit les Ostrogoths).

bélître [belitr] **n.m.** (orig. incert., p.-ê. du haut all. *betelaere*). *VX.* Terme d'injure désignant un homme de rien ; faquin.

Belize, anc. **Honduras britannique,** État de l'Amérique centrale, sur la mer des Antilles ; 23 000 km^2 ; 332 000 hab. CAP. *Belmopan.* V. princ. *Belize* (78 000 hab.). LANGUE : *anglais.* MONNAIE : *dollar du Belize.*

GÉOGRAPHIE

Montagneux au S., bas et souvent marécageux au N., chaud et humide, recouvert à plus de 40 % de forêts, le Belize, peu peuplé, comprend des Noirs (d'origine antillaise) et des mulâtres, majoritaires, des Amérindiens (Mayas) et des métis d'Amérindiens et d'Espagnols.
L'exploitation de la forêt a reculé devant l'extension des cultures et de l'élevage (bovins). Le sucre constitue la base d'exportations, très inférieures aux importations.

HISTOIRE

1973. Le Honduras britannique devient le Belize.
1981. Le Belize accède à l'indépendance.
1991. Le Guatemala reconnaît le nouvel État.
1993. Signature d'un traité de non-agression par le Guatemala.

Bell (Alexander Graham), inventeur américain d'origine britannique (Édimbourg 1847 - Baddeck, Canada, 1922). Chargé de l'enseignement aux sourds-muets, il construisit une oreille artificielle qui enregistrait les sons sur une plaque de verre enduite de noir de fumée (1874), puis inventa le téléphone (1876). Mais il s'est vu contester la priorité de cette invention que l'on attribue aujourd'hui à A. Meucci. Il préconisa aussi l'usage de la cire pour les disques de phonographe.

belladone [beladɔn] **n.f.** (it. *belladonna,* belle dame). Plante herbacée des taillis et décombres, à baies noires de la taille d'une cerise, très vénéneuse, dont un alcaloïde, l'*atropine*, est employé médicalement à très faible dose. ▸ Famille des solanacées.

bellâtre [bɛlatr] **n.m.** et **adj.** (de *bel*). Homme d'une beauté fade, imbu de sa personne : *Un bellâtre sans intérêt.*

Bellay (Joachim Du) ⟶ Du Bellay (Joachim).

1. belle adj. ⟶ beau.

2. belle [bɛl] **n.f.** (de *1. belle*). **1.** Partie qui départage deux joueurs, deux équipes qui sont à égalité : *Faire, jouer la belle.* **2.** FAM. **Se faire la belle,** s'évader de prison.

belle-de-jour [bɛldəʒur] **n.f.** (pl. *belles-de-jour*). Liseron dont les fleurs ne s'épanouissent que le jour.

belle-de-nuit [bɛldənɥi] **n.f.** (pl. *belles-de-nuit*). Mirabilis dont les fleurs ne s'ouvrent qu'à la tombée de la nuit.

belle-famille [bɛlfamij] **n.f.** (pl. *belles-familles*). Famille du conjoint.

belle-fille [bɛlfij] **n.f.** (pl. *belles-filles*). **1.** Fille que la personne que l'on épouse a eue d'un précédent mariage. **2.** Épouse du fils (syn. **bru**).

belle-mère [bɛlmɛr] **n.f.** (pl. *belles-mères*). **1.** Mère du conjoint. **2.** Seconde femme du père par rapport aux enfants issus d'un premier mariage.

belles-lettres [bɛlɛtr] **n.f. pl.** Arts littéraires et poétiques : *Une femme cultivée, qui a le goût des belles-lettres.*

belle-sœur [bɛlsœr] **n.f.** (pl. *belles-sœurs*). **1.** Épouse du frère ou du beau-frère. **2.** Sœur du conjoint.

bellicisme [belisism] **n.m.** (du lat. *bellicus,* belliqueux, de *bellum,* guerre). Tendance à préconiser l'emploi de la force pour régler les différends internationaux : *Bellicisme qui conduit immanquablement à la guerre* (contr. **pacifisme, neutralité**). ◆ **belliciste adj.** et **n.** Relatif au bellicisme ; qui en est partisan : *Les discours bellicistes d'un dictateur* (contr. **pacifiste**).

belligérance [beliʒerɑ̃s] **n.f.** Situation d'un pays, d'un peuple, etc., en état de guerre (par opp. à *neutralité* ou *paix*).

belligérant, e [beliʒerɑ̃, -ɑ̃t] **adj.** et **n.** (du lat. *belligerare,* faire la guerre, de *bellum,* guerre, et *gerere,* faire). **1.** Se dit d'un pays qui participe à une guerre : *Les puissances belligérantes* (contr. **neutre, non-belligérant**). **2.** Se dit d'un combattant qui appartient aux forces armées d'un pays en état de guerre : *Les droits des belligérants sont reconnus par des conventions internationales.*

Bellini (Giovanni), dit **Giambellino,** peintre italien (Venise v. 1430 - *id.* 1516). Le plus insigne d'une famille de peintres, il donna une orientation décisive à l'école vénitienne par son sens de l'organisation spatiale (en partie empruntée à Mantegna), de la lumière, de la couleur. Ses œuvres tardives accordent harmonieusement figures (Vierges à l'Enfant, par ex.) et paysage.

Bellini (Vincenzo), compositeur italien (Catane 1801 - Puteaux 1835). Il occupa une position déterminante entre le retrait de Rossini et l'avènement de Verdi. Disciple de Zingarelli au conservatoire de Naples, doué d'une grande spontanéité mélodique, il a voué sa brève carrière à l'opéra : *Norma* (1831), *la Somnambule* (1831) et *les Puritains* (1835).

belliqueux, euse [belikø, -øz] **adj.** (lat. *bellicosus,* de *bellum,* guerre). **1.** Qui aime la guerre, qui excite au combat : *Politicien belliqueux* (syn. **belliciste, guerrier** ; contr. **pacifiste**). *Tenir des discours belliqueux.* **2.** Qui aime les querelles : *Tempérament belliqueux* (syn. **batailleur, querelleur** ; contr. **pacifique, paisible**).

Bellow (Saul), écrivain américain (Lachine, Québec, 1915 - Brookline, Massachusetts, 2005). Ses romans font des vicissitudes de la communauté juive nord-américaine un modèle des angoisses et de la destinée humaines (*les Aventures d'Augie March,* 1953 ; *Herzog,* 1964 ; *le Don de Humboldt,* 1975). [Prix Nobel 1976.]

belluaire [belɥɛr] **n.m.** (du lat. *bellua,* bête fauve). HIST. ROM. Gladiateur qui combattait les bêtes féroces : *Dans l'arène d'un cirque un belluaire tua un lion* (syn. **bestiaire**).

Belmopan, cap. du Belize ; 14 472 hab.

Belo Horizonte, v. du Brésil, cap. du Minas Gerais ; 2 258 096 hab. (5 406 833 dans l'agglomération). Centre industriel.

belon [bəlɔ̃] **n.f.** (de *Belon,* fl. côtier de Bretagne). Huître d'une variété plate et ronde, à chair brune.

belote [bəlɔt] **n.f.** (du n. de *F. Belot,* Français qui perfectionna ce jeu d'orig. hollandaise). Jeu qui se joue avec 32 cartes entre 2, 3 ou 4 joueurs : *Belote sans atout ou tout atout.*

béluga [belyga] **n.m.** (russe *bieluha*). **1.** Cétacé des mers arctiques, proche du narval, de couleur blanche. ▸ Long. 3 à 4 m env. **2.** En Bretagne, dauphin ou gros poisson.

belvédère [bɛlvedɛr] **n.m.** (it. *belvedere,* de *bello,* beau, et *vedere,* voir). Pavillon ou terrasse situés au sommet d'un édifice ou sur un tertre d'où la vue est bonne.

Belzébuth ou **Belzébul,** nom donné à une divinité cananéenne dont les démonologies juive et chrétienne ont fait le prince des puissances du Mal.

bémol [bemɔl] **n.m.** (it. *b molle,* b mou [où *b* représente la note *si*]). **1.** MUS. Signe d'altération (♭) qui baisse d'un demi-ton la note qu'il précède : *Le double bémol baisse la note d'un ton entier.* **2.** FAM. **Mettre un bémol,** baisser le ton ; atténuer la violence de ses propos, de ses demandes : *Mettre un bémol à ses exigences* (= les modérer). ◆ **adj.** Affecté d'un bémol : Mi *bémol.*

bénard, e [benar, -ard] **adj.** et **n.f.** (de l'anc. fr. *bernard,* niais [du n. de l'âne du *Roman de Renart*], ce type de serrure étant jugé de mauvaise qualité). Se dit d'une serrure, d'un verrou s'actionnant des deux côtés par une clé à tige pleine dite *clé bénarde.*

Bénarès ou **Varanasi,** v. de l'Inde (Uttar Pradesh), sur le Gange ; 1 435 113 hab. dans l'agglomération. Ville sainte de l'hindouisme.

Ben Bella (Ahmed), homme politique algérien (Maghnia 1916 - Alger 2012). L'un des dirigeants de l'insurrection de 1954 contre la France, interné par les autorités françaises de 1956 à 1962, il fut le premier président de la République algérienne (1963-1965). Renversé par Boumediene, il fut emprisonné jusqu'en 1980 puis exilé. Il était rentré en Algérie en 1990 mais s'était retiré de la vie politique.

bénédicité [benedisite] **n.m.** (du lat. *benedicite,* bénissez) [pl. *bénédicités*]. RELIG. CATH. Prière qui se récite avant le repas et dont le premier mot, en latin, est *benedicite* : *Dire le bénédicité.*

bénédictin, e [benediktɛ̃, -in] **n.** (du lat. *Benedictus* [Benoît]). **1.** Religieux de l'ordre fondé, v. 529, par saint Benoît de Nursie et dont le monastère du Mont-Cassin, en Italie, fut le berceau. **2. Travail de bénédictin,** travail long et minutieux, qui exige de patientes recherches : *Se livrer à un travail de bénédictin* (= à un travail de fourmi).

bénédiction [benediksjɔ̃] **n.f.** (lat. ecclés. *benedictio* ; v. *bénir*). **1.** Prière, cérémonie par laquelle un religieux bénit qqn, qqch : *Donner, recevoir la bénédiction. Bénédiction « urbi et orbi »* (= que le pape donne à la ville de Rome et au monde). **2.** Vœu de réussite que l'on fait pour qqn, approbation pleine et entière : *C'est une bonne idée, je vous donne ma bénédiction. Faire qqch avec la bénédiction de qqn* (syn. **assentiment, accord** ; contr. **désapprobation**). **3. C'est une bénédiction,** c'est un bienfait, qqch qui arrive au bon moment : *C'est une bénédiction que tu sois venu.*

bénéfice [benefis] **n.m.** (lat. *beneficium,* bienfait). **1.** Profit financier que l'on retire d'une opération commerciale et qui est constitué par la différence entre le prix de vente d'un produit et son prix de revient : *Société qui intéresse ses employés aux bénéfices qu'elle réalise* (syn. **gain, excédent** ; contr. **perte, déficit**). **2.** Avantage, bienfait tiré de qqch : *Perdre le bénéfice de ses efforts* (syn. **fruit, profit**). **3.** PSYCHAN. Avantage inconscient qu'un sujet tire des symptômes causés par un conflit psychique et qui consiste en une réduction des tensions que celui-ci génère : *Bénéfice secondaire.* **4.** Dignité ou charge ecclésiastique dotée d'un revenu. **5. Au bénéfice de,** grâce à ; au profit de : *Obtenir l'acquittement au bénéfice du doute. Spectacle organisé au bénéfice d'une association humanitaire.* / **Sous bénéfice d'inventaire,** sous réserve de vérification : *Accorder foi aux propos de qqn sous bénéfice d'inventaire.* / DR. **Bénéfice d'inventaire,** prérogative accordée par la loi permettant à l'héritier qui choisit de faire dresser l'inventaire d'une succession de n'en payer les dettes qu'à concurrence de l'actif qu'il recueille.

bénéficiaire [benefisjɛr] **adj.** et **n.** Qui profite d'un bénéfice, d'un avantage, etc. : *Les bénéficiaires d'une mesure gouvernementale.* ◆ **adj.** Qui concerne le bénéfice ; qui produit un bénéfice : *Marge bénéficiaire. Opération commerciale bénéficiaire* (syn. **rentable, lucratif** ; contr. **déficitaire**).

bénéficier [benefisje] **v.t. ind.** **[de]** [conj. **9**]. **1.** Tirer un profit, un avantage de : *Bénéficier de la bonne réputation de sa famille* (syn. **profiter** ; contr. **pâtir, souffrir**). **2.** Obtenir le bénéfice de qqch ; jouir de qqch : *Elle a bénéficié des circonstances atténuantes. Bénéficier du droit d'asile.*

bénéfique [benefik] **adj.** (lat. *beneficus,* bienfaisant). Qui est favorable, bienfaisant : *Mesure qui a un effet bénéfique sur l'économie* (syn. **salutaire** ; contr. **désastreux, fâcheux**). *Son séjour à la campagne lui a été très bénéfique* (syn. **profitable** ; contr. **néfaste**).

Benelux (Be*lgique,* Ne*derland,* Lux*embourg*), ensemble économique formé par la Belgique, les Pays-Bas et le Luxembourg. Les accords instaurant cette union monétaire et douanière ont été signés à Londres en 1943 et 1944.

Beneš (Edvard), homme politique tchécoslovaque (Kožlany 1884 - Sezimovo-Ústi 1948). Ministre des Affaires étrangères (1918-1935), il fut président de la République de 1935 à 1938 puis de 1945 à 1948, année de la prise du pouvoir par les communistes.

benêt [bənɛ] **adj.** et **n.m.** (de *benoît,* béni). Niais, sot : *Un grand benêt* (syn. **dadais**).

bénévolat [benevɔla] **n.m.** Service assuré par une personne bénévole : *Encourager le bénévolat* (contr. **salariat**).

bénévole [benevɔl] **adj.** et **n.** (lat. *bene,* bien, et *volo,* je veux). Qui fait qqch sans être rémunéré, sans y être tenu : *Animateur bénévole* (contr. **payé, rétribué**). ◆ **adj.** Fait sans obligation ni rétribution : *Aide bénévole* (syn. **gracieux, désintéressé**).

bénévolement [benevɔlmɑ̃] **adv.** De façon bénévole.

Bengale, région de l'est de la péninsule indienne, partagée auj. entre la République indienne et le Bangladesh. Ces territoires, surpeuplés, produisent du riz et du jute. En 1947, le Bengale-Occidental (Calcutta) fut rattaché à l'Union indienne, et le Bengale-Oriental (Dacca) devint le Pakistan oriental, auj. Bangladesh.

Bengale ***(golfe du),*** golfe de l'océan Indien entre l'Inde, le Bangladesh et la Birmanie.

Bengale-Occidental, état du nord-est de l'Inde ; 88 700 km^2 ; 91 347 736 hab. ; CAP. *Calcutta.*

1. bengali, e [bɛ̃gali] **adj.** et **n.** (mot hindi). Du Bengale : *Littérature bengalie.* ◆ **n.m.** Langue indo-aryenne parlée au Bengale.

2. bengali [bɛ̃gali] **n.m.** (de *1. bengali*). Petit passereau à plumage brun taché de couleurs vives, originaire de l'Afrique tropicale, souvent élevé en volière. ▸ Famille des plocéidés.

Benghazi, v. de Libye, en Cyrénaïque ; 1 180 000 hab. dans l'agglomération.

Ben Gourion (David), homme politique israélien (Płońsk, Pologne, 1886 - Tel-Aviv 1973), un des fondateurs de l'État d'Israël, chef du gouvernement de 1948 à 1953 et de 1955 à 1963.

Benguela ***(courant de),*** courant marin froid de l'Atlantique méridional, qui remonte vers l'équateur le long de la côte d'Afrique.

bénignité [beniɲite] **n.f.** (lat. *benignitas,* bienveillance). Caractère de ce qui est bénin : *Bénignité d'une maladie.*

bénin, igne [benɛ̃, -iɲ] **adj.** (lat. *benignus,* bienveillant). Sans conséquences fâcheuses, sans gravité : *Rhume bénin* (syn. **inoffensif** ; contr. **dangereux**). *Tumeur bénigne* (contr. **malin**). *Erreur bénigne* (syn. **léger** ; contr. **lourd**).

Bénin, anc. royaume de la côte du golfe de Guinée, situé à l'ouest du delta du Niger. Fondé entre le XIe et le XVIe s., il connut la prospérité jusqu'au XIXe s. ; les Britanniques le détruisirent entre 1892 et 1897.

Bénin, anc. **Dahomey,** État de l'Afrique occidentale ; 112 622 km^2 ; 10 323 000 hab. *(Béninois).* CAP. *Porto-Novo.* LANGUE : *français.* MONNAIE : *franc C.F.A.*

GÉOGRAPHIE
Étroite bande de terre, étirée sur près de 700 km du golfe de Guinée au fleuve Niger, c'est un pays de plaines et de plateaux, au climat équatorial au sud, aussi chaud, mais plus sec vers le nord. Ici, l'élevage domine, les cultures (palmier à huile, cacaoyer, manioc et maïs) ont remplacé la forêt dans le Sud. La population (environ 60 ethnies), en accroissement rapide, vit de l'agriculture (l'agroalimentaire est la seule branche industrielle notable). Les deux principales villes sont la capitale et surtout Cotonou, le port.

HISTOIRE
Le pays a été divisé en trois royaumes, dont celui du Dahomey fondé v. 1625. À partir de la seconde moitié du XIXe s., la France s'installe progressivement au Dahomey.
1893-1894. La France élimine le roi Béhanzin et occupe le pays. Elle organise la colonie du Dahomey au sein de l'Afrique-Occidentale française.
1960. Le Dahomey devient une république indépendante.
1972. Dirigé par Mathieu Kérékou (jusqu'en 1991, avec un régime marxiste-léniniste), le pays reprend en 1975 le vieux nom africain de Bénin.
1990. Début de la démocratisation du régime.
1991. Nicéphore Soglo est élu président.
1996. M. Kérékou revient à la tête de l'État.
2006. Thomas Boni Yayi lui succède. Il est réélu en 2011.

Bénin ***(golfe du),*** partie du golfe de Guinée, à l'ouest du delta du Niger.

bénir [benir] **v.t.** (lat. *benedicere,* dire du bien, glorifier) [conj. **32**]. **1.** Appeler la protection de Dieu sur qqn, qqch : *Le pape bénit les fidèles. Prêtre qui bénit un bateau.* **2.** Louer qqn ; se féliciter de qqch : *Je la bénis de m'avoir tiré d'embarras* (contr. **maudire**). ***Rem.*** Le participe passé de *bénir* a deux formes : *béni, e* et *bénit, e.*

bénit, e [beni, -it] **adj.** (p. passé de *bénir*). **1.** Qui a fait l'objet d'une bénédiction : *Eau bénite. Pain bénit.* **2.** FAM. **C'est pain bénit,** c'est une aubaine.

bénitier [benitje] **n.m.** (de l'anc. fr. *eaubenoitier,* de *eau bénite*). **1.** Vase, bassin à eau bénite qui se trouve près de l'entrée de l'église. **2.** Mollusque, parfois de très grande taille et dont une des valves peut être utilisée comme bénitier. **3.** FAM. **Grenouille de bénitier,** personne d'une dévotion excessive ; bigot.

benjamin, e [bɛ̃ʒamɛ̃, -in] **n.** (de *Benjamin,* le plus jeune fils de Jacob). **1.** Le plus jeune enfant d'une famille, d'un groupe (contr. **aîné, doyen**). **2.** Jeune sportif entre 11 et 13 ans : *Appartenir à la catégorie des benjamins.*

Benjamin, le dernier, d'après le livre biblique de la Genèse, des douze fils que Jacob eut avec Rachel ; la tribu dont il est l'ancêtre éponyme s'installa dans le sud de la Palestine.

Benjamin (Walter), écrivain et philosophe allemand (Berlin 1892 - près de Port-Bou 1940). Il est l'auteur d'essais historiques et critiques dans la ligne de l'école philosophique et sociologique de Francfort fondée en 1932.

Ben Jelloun (Tahar), écrivain marocain d'expression française (Fès 1944). Son œuvre traite des blessures qu'infligent à l'homme le déracinement, le racisme, les oppressions de toute nature (*l'Enfant de sable,* 1985 ; *la Nuit sacrée,* 1987 ; *Partir,* 2006 ; *Au pays,* 2009).

benjoin [bɛ̃ʒwɛ̃] **n.m.** (catalan *benjuí*, ar. *lubandjaäwa*, encens de Java). Résine aromatique tirée du tronc d'un styrax, arbre de l'Asie méridionale, et utilisée en médecine comme antiseptique.

Ben Laden (Oussama), djihadiste d'origine saoudienne (Riyad 1957 - Abbottabad, au nord d'Islamabad, 2011). Issu d'une famille d'entrepreneurs fortunée, il soutient les moudjahidin afghans contre l'occupant soviétique et, en 1988, crée al-Qaida*, réseau terroriste destiné à internationaliser la guerre sainte. Traqué par les États-Unis après les attentats du 11 septembre* 2001, il est, dix ans plus tard, tué par des forces spéciales américaines au Pakistan, où il vivait caché.

benne [bɛn] **n.f.** (var. de *banne*). **1.** Caisson, intégré ou non à un camion, à un chariot, utilisé pour le transport : *Les bennes à ordures. Camion à benne basculante.* **2.** Appareil génér. dépendant d'une grue et qui sert à déplacer des matériaux : *La benne preneuse est une sorte de grappin à l'extrémité d'un bras de grue.* **3.** Cabine de certains transporteurs aériens sur câbles : *Benne d'un téléphérique.*

benoît, e [bənwa, -wat] **adj.** (anc. p. passé de *bénir*, éliminé au XVIIe s. par *bénit*). *LITT.* **1.** Doux, bienveillant. **2.** Qui affecte un air bienveillant : *Un personnage benoît et doucereux.*

Benoît de Nursie *(saint)*, père et législateur du monachisme chrétien d'Occident (Nursie v. 480 - Mont-Cassin v. 547). Élevé dans une famille de la noblesse romaine, il devint ermite à Subiaco, puis s'établit au mont Cassin, où il fonda le monastère berceau de l'ordre des Bénédictins. Il y rédigea la règle monastique qui porte son nom.

Benoît XV (Giacomo **Della Chiesa**) [Gênes 1854 - Rome 1922], pape de 1914 à 1922. Durant la Première Guerre mondiale, en 1917, il fit sans succès des propositions de paix. Il développa les missions et assura la publication du Code de droit canonique de 1917.

Benoît XVI (Joseph **Ratzinger**) [Marktl am Inn, Bavière, 1927], pape de 2005 à 2013. Archevêque de Munich et cardinal (1977), préfet de la Congrégation romaine pour la doctrine de la foi (1981 - 2005), il impose le strict respect de la tradition. Proche collaborateur de Jean-Paul II, il lui succède en 2005 avant de renoncer à son pontificat en 2013.

Bénoué (la), riv. du Cameroun et du Nigeria, affl. du Niger (r. g.) ; 1 400 km.

Benz (Carl), ingénieur allemand (Karlsruhe 1844 - Ladenburg 1929). Il mit au point un moteur à gaz à deux temps (1878) et fit breveter en 1886 sa première voiture, un tricycle mû par un moteur à essence.

benzène [bɛ̃zɛn] **n.m.** (du lat. scientif. *benzoe*, latinisation de *benjoin*). Liquide incolore, volatil, combustible, obtenu à partir du pétrole ou de la houille. ▸ Formule C_6H_6.

benzénique [bɛ̃zenik] **adj.** Du benzène ; apparenté au benzène.

benzine [bɛ̃zin] **n.f.** (du rad. de *benzène*). Mélange d'hydrocarbures provenant de la rectification du benzol, utilisé comme solvant et détachant.

benzol [bɛ̃zɔl] **n.m.** (du rad. de *benzène*). Mélange de benzène et de toluène, extrait des goudrons de houille.

Béotie, contrée de l'anc. Grèce, au N.-E. du golfe de Corinthe, dont le centre principal était Thèbes. Au IVe s. av. J.-C., la Béotie, avec Épaminondas, imposa son hégémonie sur la Grèce (ligue Béotienne).

béotien, enne [beɔsjɛ̃, -ɛn] **adj.** et **n. 1.** De Béotie. **2.** Qui manque de culture, de goût ; qui est profane en une matière : *Un individu des plus béotiens* (syn. **inculte, fruste** ; contr. **cultivé, fin**). *Quel béotien tout de même !* (syn. **ignorant, rustre**). *Je suis béotien en ce domaine* (contr. **expert, spécialiste**).

B.E.P. [beəpe] **n.m.** (sigle de *brevet d'études professionnelles*). Diplôme français sanctionnant une formation d'ouvrier ou d'employé qualifié.

Beqaa ou **Bekaa,** haute plaine aride (mais partiellement irriguée) du Liban entre le mont Liban et l'Anti-Liban.

béquée n.f., **béqueter** v.t. ⟶ **becquée, becqueter.**

béquille [bekij] **n.f.** (de *bec*, p.-ê. sous l'infl. de l'anc. fr. *anille*, béquille, lat. pop. **anaticula*, petit canard). **1.** Canne surmontée d'une petite traverse, sur laquelle s'appuient les personnes infirmes ou blessées : *Marcher avec des béquilles.* **2.** Support pour maintenir à l'arrêt un véhicule à deux roues : *Mettre un scooter sur sa béquille.* **3.** *FIG.* Ce qui sert de soutien ou pallie un manque, une faiblesse. **4.** MAR. Étai, pièce de bois, de métal, etc., qui permet de maintenir droit un navire échoué. **5.** ARM. Dispositif d'appui de certaines armes : *Béquille d'un fusil-mitrailleur.* **6.** Organe de manœuvre d'une serrure ; bec-de-cane.

ber [bɛr] **n.m.** (lat. pop. **bertium* ou *bercium*, probabl. gaul.). Charpente, épousant la forme de la coque, sur laquelle repose un navire de faible tonnage en construction, en réparation, etc. (syn. **berceau**).

berbère [bɛrbɛr] **adj.** et **n.** (ar. *barbar, berber*, p.-ê. du lat. *barbarus* [v. *barbare*]). Relatif aux Berbères, peuple d'Afrique du Nord. ◆ **n.m.** Langue de la famille afro-asiatique parlée par les Berbères. ▸ Le berbère est la plus ancienne langue connue en Afrique du Nord.

Berbères, ensemble de peuples, parlant le berbère, habitant l'Afrique du Nord (Rif, Kabylie, Aurès principalement). Leur histoire est marquée depuis le VIIe s. par la résistance aux Arabes. Ils sont divisés en une trentaine de sous-groupes, dont les Touareg et les Kabyles. Islamisés très tôt, ils ont échappé en partie à l'arabisation, conservant leur langue (*tamazight*), reconnue respectivement depuis 2002 et 2011 par les gouvernements algérien et marocain.

bercail [bɛrkaj] **n.m.** (lat. pop. **berbicale*, du class. *vervex* ou *berbex*, brebis). *FAM.* Foyer familial ; pays natal : *Rentrer au bercail* (= rentrer chez soi).

berçante [bɛrsɑ̃t] et **berceuse** [bɛrsøz] **n.f.** (de *bercer*). *QUÉBÉC.* Fauteuil à bascule.

berce [bɛrs] **n.f.** (de *berceau*). *BELG.* Berceau.

berceau [bɛrso] **n.m.** (de *ber*). **1.** Lit d'un tout jeune enfant, souvent conçu de façon à pouvoir l'y bercer : *Un bébé qui dort dans un berceau.* **2.** Lieu de naissance, d'origine : *La Grèce, berceau de la civilisation occidentale.* **3.** Outil de graveur qui permet d'obtenir un pointillé. **4.** MAR. Syn. de *ber*. **5.** MÉCAN. Support d'un moteur. **6. Au berceau, dès le berceau,** dès la prime enfance ; très jeune : *Au berceau déjà, il était enclin à contester.* / ARCHIT. **Voûte en berceau,** voûte en arc de cercle qui repose sur deux murs parallèles. (On dit aussi *un berceau.*)

bercement [bɛrsəmɑ̃] **n.m.** Action de bercer ; fait d'être bercé : *Le bercement du bateau* (syn. **tangage, balancement**).

bercer [bɛrse] **v.t.** (de *ber*) [conj. **16**]. **1.** Balancer d'un mouvement doux et régulier : *Bercer un bébé dans ses bras. Se laisser bercer par les flots.* **2.** Procurer un sentiment de bien-être, de calme en détournant de la réalité : *La musique berce les esprits accablés* (syn. **apaiser, consoler**). *Son enfance a été bercée de récits féeriques* (syn. **imprégner, nourrir**). **3.** Pousser à de vains espoirs par des paroles trompeuses : *Un homme politique qui berce l'opinion de promesses fallacieuses* (syn. **berner, endormir** ; contr. **détromper**). ◆ **se bercer v.pr. [de].** Se tromper soi-même en nourrissant des espérances sans fondement : *Se bercer d'illusions.*

berceuse [bɛrsøz] **n.f.** (de *bercer*). **1.** Chanson au rythme lent destinée à endormir les enfants ; pièce musicale dans le même style. **2.** *QUÉBÉC.* Berçante.

Berchtesgaden, v. d'Allemagne (Bavière), dans les Alpes bavaroises ; 7 577 hab. Maisons anciennes. Résidence de Hitler (le « nid d'aigle »).

Bercy, quartier de l'est de Paris, sur la rive droite de la Seine. Anciens entrepôts pour les vins. Le quartier a fait l'objet de grands travaux d'urbanisme (Palais omnisports, ministère de l'Économie et des Finances, etc.).

Bérégovoy (Pierre), homme politique français (Déville-lès-Rouen 1925 - Pithiviers, au cours de son transfert entre

Nevers et Paris 1993). Ministre de l'Économie, des Finances et du Budget (1984-1986 et 1988-1992), il fut ensuite Premier ministre (1992-1993). Il se suicida.

Bérénice, princesse juive. Elle fut emmenée à Rome par l'empereur Titus après la prise de Jérusalem (70), mais celui-ci renonça à l'épouser pour ne pas déplaire au peuple romain. Racine en fit l'héroïne d'une de ses tragédies (*Bérénice,* 1670), après que Corneille eut lui-même écrit Tite et Bérénice.

béret [berɛ] **n.m.** (béarnais *berret,* du lat. *birrum,* capote à capuchon, p.-ê. d'orig. gaul.). Coiffure souple, sans visière ni bords, dont la calotte ronde et plate est resserrée autour de la tête sur une lisière intérieure : *Béret basque.*

Berezina, riv. de Biélorussie, affl. du Dniepr (r. dr.) ; 613 km. À la fin de la campagne de Russie, en nov. 1812, les rescapés de la Grande Armée, cernés par trois armées russes, traversèrent la Berezina, dégelée, grâce à deux ponts de chevalets ; pendant vingt-quatre heures, nuit et jour (25-26 nov.), les pontonniers du général Éblé durent travailler dans l'eau glacée, permettant à la plupart des soldats français de passer (27-29 nov.).

Berg (Alban), compositeur autrichien (Vienne 1885 - *id.* 1935). Il forme avec son maître Schönberg et avec Webern l'école de Vienne*. Dès 1906, il se consacre à la musique et écrit plusieurs œuvres instrumentales et des lieder. Il se lie d'amitié avec G. Mahler, qui l'influencera. Après la Première Guerre mondiale, il enseigne et compose, notamment la *Suite lyrique* (1926) à laquelle il applique la technique sérielle. Mais c'est surtout son opéra *Wozzeck* (1925) qui l'imposera comme chef de file de plusieurs générations. En 1933, dans un climat politique et artistique qui se dégrade, Berg se sent de plus en plus étranger dans son pays. Il travaille désormais à la composition de son second opéra, *Lulu,* qu'il n'achèvera pas, et mène à bien le concerto pour violon *À la mémoire d'un ange* (1935). Conservant une expression romantique dans une musique rigoureuse, il sera pour le public le plus accessible des dodécaphonistes.

bergamote [bɛrgamɔt] **n.f.** (it. *bergamotta,* du turc *begarmadé,* poire du seigneur). Fruit d'un arbre voisin de l'oranger, le *bergamotier,* et dont on extrait une essence odoriférante : *Thé à la bergamote.*

1. berge [bɛrʒ] **n.f.** (p.-ê. lat. pop. **barica,* d'orig. celt.). **1.** Bord d'un cours d'eau : *Se promener sur la berge d'une rivière* (syn. **rive**). **2. Voie sur berge,** voie à grande circulation, aménagée le long d'un cours d'eau et distincte du quai : *Emprunter les voies sur berge.*

2. berge [bɛrʒ] **n.f.** (mot tsigane). FAM. Année, dans l'expression de l'âge : *Il a quarante berges* (syn. **an**).

Bergen, port de Norvège, sur l'Atlantique ; 263 400 hab. Église romane Ste-Marie ; musées. Université. Ancienne ville hanséatique, elle fut le siège de la royauté au XVIIe s.

Bergen-Belsen, camp de concentration créé par les Allemands en 1943, à 65 km de Hanovre.

1. berger, ère [bɛrʒe, -ɛr] **n.** (lat. pop. **berbicarius,* du class. *vervex* ou *berbex*). **1.** Personne qui garde un troupeau de moutons. **2.** LITT. Conducteur d'hommes, guide : *Bon, mauvais berger du peuple* (syn. **chef, pasteur**). **3. Étoile du berger,** la planète Vénus.

2. berger [bɛrʒe] **n.m.** Chien de berger : *Berger allemand, berger belge, berger des Pyrénées.*

Bergerac, ch.-l. d'arr. de la Dordogne, sur la Dordogne ; 29 002 hab. *(Bergeracois).* Poudrerie. Musée du tabac.

bergère [bɛrʒɛr] **n.f.** (de *berger,* probabl. en raison des scènes qui décoraient ce type de siège). Large fauteuil à dossier rembourré, avec joues pleines et coussin sur le siège.

bergerie [bɛrʒəri] **n.f.** (de *berger*). **1.** Bâtiment où l'on loge et soigne les moutons : *Traire les brebis dans la bergerie.* **2.** Poème souvent galant, qui évoque des amours pastorales (syn. **églogue**). **3. Enfermer le loup dans la bergerie,** introduire sans méfiance qqn dans un lieu où il peut nuire.

bergeronnette [bɛrʒərɔnɛt] **n.f.** (de *bergère,* cet oiseau fréquentant les bergeries). Oiseau passereau habitant au bord des eaux, insectivore, qui marche en remuant sa longue queue (on dit aussi *hochequeue, lavandière*). ▸ Famille des motacillidés ; long. 15 à 20 cm.

Bergman (Ingmar), cinéaste et metteur en scène de théâtre et d'opéra suédois (Uppsala 1918 - Île de Faro [Gotland] 2007). Il est devenu l'un des artistes les plus réputés de son temps. Dans un grand nombre de ses films, d'inspiration philosophique et métaphysique, il analyse l'angoisse d'un monde qui s'interroge sur Dieu, le Bien et le Mal, le sens de la vie. Mais il s'abandonne aussi parfois à un ton plus caustique en brodant de subtiles variations sur la solitude dans les couples. Son style, d'abord réaliste, puis allégorique, s'est progressivement dépouillé pour cerner l'essentiel. Ses films principaux sont : *la Nuit des forains* (1953), *Sourires d'une nuit d'été* (1955), *le Septième Sceau* (1957), *les Fraises sauvages* (1957), *À travers le miroir* (1961), *le Silence* (1963), *Persona* (1966), *Cris et Chuchotements* (1972), *Scènes de la vie conjugale* (1973), *la Flûte enchantée* (1975), *Sonate d'automne* (1978), *Fanny et Alexandre* (1982), *Saraband* (2003).

Bergman (Ingrid), actrice suédoise (Stockholm 1915 - Londres 1982). Vedette d'Hollywood dans les années 1940 *(Casablanca, Hantise, les Enchaînés),* elle poursuivit ensuite une carrière internationale : *Stromboli,* de R. Rossellini, *Sonate d'automne,* de I. Bergman.

Bergounioux (Pierre), écrivain français (Brive-la-Gaillarde 1949). Puisant dans le passé corrézien, la mémoire familiale et son itinéraire personnel, il s'attache, à travers une écriture dense et ciselée, à restituer l'existence soumise aux mutations du temps (*la Maison rose,* 1987 ; *l'Orphelin,* 1992 ; *Miette,* 1994 ; *la Mort de Brune,* 1996 ; *Une chambre en Hollande,* 2009).

Bergson [bɛrksɔn] **(Henri),** philosophe français (Paris 1859 - *id.* 1941). Docteur ès lettres en 1889, avec *l'Essai sur les données immédiates de la conscience,* il a suivi une carrière universitaire. Avec ce premier texte commence une œuvre qui pose les problèmes de la liberté, de l'insertion de l'esprit dans la matière (*Matière et mémoire,* 1896), de la signification du comique (*le Rire,* 1900), de la nature de la vie (*l'Évolution créatrice,* 1907), de l'origine de la morale et de la religion (*les Deux Sources de la morale et de la religion,* 1932). Dans *la Pensée et le Mouvant* (1934), il rassembla des textes qui explicitaient sa métaphysique. La doctrine de Bergson écarte l'empirisme, le rationalisme, le relativisme, qui n'ont retenu, selon lui, de la réalité que les solides, de la pensée que les concepts, de la conscience que la forme ; elle est à la fois une critique de l'intelligence et une méthode pour ressaisir intuitivement le commencement de l'expérience humaine.

béribéri [beriberi] **n.m.** (du malais). Maladie due à une carence en vitamine B1, caractérisée par des œdèmes et des troubles cardiaques et nerveux : *Le béribéri sévit en Extrême-Orient, où il frappe les mangeurs de riz décortiqué.*

Béring *(détroit de),* détroit entre l'Asie et l'Amérique, unissant l'océan Pacifique à l'océan Arctique. Il doit son nom au navigateur danois Vitus *Bering* (1681-1741).

Béring *(mer de),* partie nord du Pacifique, entre l'Asie et l'Amérique.

Berio (Luciano), compositeur italien (Oneglia 1925 - Rome 2003). Adepte du sérialisme (*Nones,* 1954), il s'est livré ensuite à des recherches sur les sonorités d'instruments et de la voix (*Sequenzas,* 1958-1988). Pionnier de la musique électroacoustique en Italie, il a associé sons électroniques et sons traditionnels (*Laborintus 2,* 1965). Il a composé des opéras (*la Vera Storia,* 1982 ; *Cronaca del luogo,* 1999).

berk [bɛrk] et **beurk** [bœrk] **interj.** (onomat). FAM. Exprime le dégoût, l'écœurement : *Beurk ! C'est infect* (syn. **pouah**).

Berkeley, v. des États-Unis (Californie), près de San Francisco ; 118 853 hab. Université.

Berkeley (George), évêque et philosophe irlandais (près de Kilkenny 1685 - Oxford 1753). Son système affirme que la connaissance repose sur la sensation. Dans sa lutte contre l'incroyance et le matérialisme, il a produit une théorie selon laquelle le monde n'existerait qu'en pensée et il n'existerait que des esprits *(immatérialisme)*. Ce qu'il résume dans l'adage : « L'être des corps réside dans le fait qu'on les perçoit ou qu'ils sont perçus. » Dieu est la cause ultime des modifications que nous percevons, et la nature est le *langage* qu'Il nous parle. Son ouvrage principal est *Dialogues entre Hylas et Philonous* (1713).

Berlin, cap. et Land de l'Allemagne, sur la Spree ; 883 km^2 ; 3 437 916 hab. *(Berlinois)*. Centre administratif, industriel et commercial. Monuments des XVIIIe - XXe s. Importants musées, dont ceux de l'île de la Spree (Ancien Musée, Nouveau Musée, musée de Pergame, etc.), ceux du Kulturforum, non loin de la Potsdamerplatz (Galerie de peinture, Nouvelle Galerie nationale), et ceux du complexe de Dahlem. Festival international du film.

HISTOIRE

La fortune de Berlin date de son choix comme capitale du Brandebourg (1415). Capitale du royaume de Prusse, elle devint celle de l'Empire allemand (1871) puis des IIe et IIIe Reich. Conquise par les troupes soviétiques en 1945, elle est divisée en quatre secteurs d'occupation administrés par les Alliés (États-Unis, France, Grande-Bretagne, U.R.S.S. ; statut quadripartite). Les trois secteurs d'occupation occidentaux sont unifiés en 1948, et l'U.R.S.S. riposte en entreprenant le blocus de Berlin (jusqu'en 1949). Tandis que le secteur d'occupation soviétique, Berlin-Est, est proclamé capitale de la R.D.A. en 1949, Berlin-Ouest devient une dépendance de fait de la R.F.A. Pour enrayer l'exode de ses citoyens, la R.D.A. construit en 1961 un mur séparant Berlin-Est de Berlin-Ouest. La libre circulation entre les deux parties de la ville est rétablie en 1989 (ouverture le 9 nov. par la R.D.A. de la frontière interallemande). En 1990, Berlin redevient la capitale de l'Allemagne, et en 1994 les dernières troupes alliées quittent la ville. Le Parlement et le gouvernement s'y réinstallent en 1999.

Berlin *(conférence de)* [15 nov. 1884 - 26 févr. 1885], conférence internationale qui se réunit à Berlin, à l'initiative de Bismarck, et qui préluda au partage de l'Afrique par les Européens.

berline [bɛrlin] **n.f.** (de *Berlin*, ville où cette voiture fut mise à la mode). **1.** Voiture à cheval, suspendue, à quatre roues, recouverte d'une capote. **2.** Automobile dont la carrosserie comporte quatre portes et quatre glaces latérales : *Rouler en berline.* **3.** Benne, wagonnet de mine.

berlingot [bɛrlɛ̃go] **n.m.** (it. *berlingozzo*, bonbon fait sur une table, de *berlengo*, table). **1.** Bonbon aromatisé à quatre faces triangulaires, aux minces filets colorés : *Sucer des berlingots aux fruits.* **2.** Emballage commercial utilisé pour les liquides et qui a généralement la forme d'un tétraèdre ; son contenu : *Lessive en berlingot.*

Berlioz [-oz] **(Hector),** compositeur français (La Côte-Saint-André, Isère, 1803 - Paris 1869). Ce grand compositeur français du XIXe s. incarne le romantisme. Son œuvre, qui a exercé une notable influence jusqu'au XXe s. et dont la modernité demeure, se caractérise surtout par la puissance du sentiment dramatique et la somptuosité de l'écriture orchestrale. Entré au Conservatoire de Paris en 1826, il reçoit le prix de Rome en 1830. La même année, sa passion pour l'actrice Harriet Smithson lui inspire la *Symphonie fantastique*. Devenu critique musical dans différentes revues, il compose parallèlement la *Grande Messe des morts* (1837) et l'opéra *Benvenuto Cellini* (1838). Endetté, peu apprécié en France, il fait de nombreux voyages à l'étranger, en Allemagne et en Russie notamment, où il est accueilli triomphalement. De retour à Paris, il publie son *Grand Traité d'instrumentation et d'orchestration modernes* (1844). Puis il reprend ses tournées en Europe en qualité de chef d'orchestre. En 1868, il rentre définitivement en France et publie ses *Mémoires* et des recueils de ses articles. On peut encore citer : les opéras *la Damnation de Faust* et *les Troyens*, ainsi que les symphonies *Harold en Italie*, *Roméo et Juliette*, *la Symphonie funèbre et triomphale*.

berlue [bɛrly] **n.f.** (p.-ê. de l'anc. fr. *belluer*, éblouir). *FAM.* **Avoir la berlue,** avoir une mauvaise vue, une vue trouble ; au fig., être le jouet d'une illusion, d'une erreur de jugement : *J'ai la berlue ou c'est Michel ?* (= je me trompe).

Berlusconi (Silvio), homme politique italien (Milan 1936). S'appuyant sur un puissant groupe financier et de communication (Fininvest), fondateur et président de mouvements politiques qui incarnent la droite ultralibérale : Forza Italia [« Allez, l'Italie »] (1994), puis il Popolo della Libertà [« le Peuple de la liberté »] (2008), il a été président du Conseil d'avr. 1994 à janv. 1995 et, à nouveau, de 2001 à 2006 et de 2008 à 2011.

bermuda [bɛrmyda] **n.m.** (mot anglo-amér., des îles *Bermudes*). Short long s'arrêtant un peu au-dessus du genou : *Elle porte un bermuda rayé.*

Bermudes, archipel britannique de l'Atlantique, au nord-est des Antilles ; 53 km^2 ; 64 237 hab. Ch.-l. *Hamilton*. Tourisme. Découvert v. 1515 par les Espagnols, devenu anglais en 1612, cet archipel bénéficie depuis 1968 d'un régime d'autonomie interne.

Bernadette Soubirous *(sainte)*, religieuse française (Lourdes 1844 - Nevers 1879). Les visions qu'elle déclara avoir eues de la Vierge Marie en 1858 sont à l'origine du célèbre pèlerinage de Lourdes. Elle entra, en 1866, chez les sœurs de la Charité de Nevers et fut canonisée en 1933.

Bernadotte (Jean-Baptiste) → Charles XIV, roi de Suède.

Bernanos (Georges), écrivain français (Paris 1888 - Neuilly-sur-Seine 1948). Catholique déchiré entre le mysticisme et la révolte, il dénonce dans ses romans et ses « écrits de combat » les deux péchés majeurs, la médiocrité et l'indifférence (*le Journal d'un curé de campagne*, 1936 ; *les Grands Cimetières sous la lune*, 1938 ; *Dialogue des carmélites*, 1949). C'est dans les faibles qu'il place l'avenir du monde (*les Enfants humiliés*, 1949).

Bernard de Clairvaux *(saint)*, moine, théologien et docteur de l'Église (Fontaine-lès-Dijon 1090 - Clairvaux 1153). Entré en 1112 avec d'autres jeunes nobles au monastère de Cîteaux, où prenait naissance une réforme – dite *cistercienne* – de l'ordre bénédictin, il fonde en 1115 l'abbaye de Clairvaux, dont il fait le centre d'un prodigieux développement du monachisme cistercien. Il prend parti dans les querelles théologiques (notamment contre Pierre Abélard) et conseille les rois et les papes ; il prêche la deuxième croisade à Vézelay et à Spire (1146). Ses traités, sermons et poésies font de lui un théoricien de l'amour surnaturel et un maître de la vie contemplative.

Bernard, *duc* **de Saxe-Weimar,** général allemand (Weimar 1604 - Neuenburg 1639). Pendant la guerre de Trente Ans, il succéda à Gustave-Adolphe à la tête de l'armée suédoise ; vaincu à Nördlingen dans le sud de l'Allemagne (1634), il passa au service de la France et enleva Brisach (1638) aux impériaux.

Bernard (Claude), médecin et physiologiste français (Saint-Julien, Rhône, 1813 - Paris 1878). Fondateur de la physiologie animale, il aborda par l'expérimentation les grands domaines de cette science. Il démontra notamment le rôle du pancréas dans la digestion des corps gras. Il découvrit que le foie, outre sa fonction digestive (sécrétion de la bile), produit également du glucose à partir du glycogène, montrant qu'un même organe pouvait avoir plusieurs fonctions. Il étudia aussi le système nerveux, en particulier son action sur le calibre des vaisseaux sanguins et sur les sécrétions, ainsi que les effets des poisons et des anesthésiques. Dans son *Introduction à l'étude de la médecine expérimentale* (1865), il définit les principes fondamentaux de la recherche scientifique.

Bernard (Jean), médecin hématologiste français (Paris 1907 - Paris 2006). Son œuvre est consacrée à l'étude et au traitement des leucémies et des maladies sanguines non cancéreuses. Il a écrit, notamment, *Grandeur et tentations de la médecine* (1973), *le Sang et l'histoire* (1983), *C'est de l'homme qu'il s'agit* (1988).

bernardin, e [bɛrnardɛ̃, -in] **n.** Religieux, religieuse de l'ordre cistercien.

Bernardin de Saint-Pierre (Henri), écrivain français (Le Havre 1737 - Éragny-sur-Oise 1814). Simplificateur larmoyant et naïf des idées de Rousseau dans les *Études de la nature* (1784), il est surtout célèbre pour son idylle colorée de *Paul et Virginie* (1788), qui vulgarisa les thèmes culturels et poétiques (correspondances, exotisme, émotions religieuses) à la source du romantisme.

bernard-l'ermite ou **bernard-l'hermite** [bɛrnarlɛrmit] **n.m. inv.** (mot d'orig. languedocienne, de *Bernard,* n. pr. à valeur péjor. [v. *bénarde*], et de *ermite,* ce crustacé se logeant dans une coquille vide). Nom usuel du *pagure.*

berne [bɛrn] **n.f.** (orig. incert., p.-ê. du néerl. *berm,* repli). **Drapeau, pavillon en berne,** drapeau roulé autour de la hampe, pavillon hissé à la moitié de la drisse en signe de deuil : *Navire de guerre qui met son pavillon en berne.*

Berne, en all. **Bern,** cap. fédérale de la Suisse, ch.-l. du *canton de Berne,* sur l'Aar ; 128 848 hab. *(Bernois)* [360 127 dans l'agglomération]. Université. Siège de bureaux internationaux (notamment l'Union postale universelle). Monuments anciens et musées. Ville impériale en 1218, elle entra, ainsi que son canton, dans la Confédération suisse en 1353. Elle devint la capitale fédérale en 1848.

Berne *(canton de)*, canton de Suisse ; 5 961 km^2 ; 979 802 hab. *(Bernois).* Ch.-l. *Berne.*

berner [bɛrne] **v.t.** (orig. incert., p.-ê. de l'anc. fr. *bren,* son, *berner* signif. sans doute d'abord « vanner le blé »). Tromper qqn en lui mentant, jouer un mauvais tour à qqn : *Il s'est laissé berner* (syn. **duper**, litt. **abuser**).

Bernhard (Thomas), écrivain autrichien (Heerlen, Pays-Bas, 1931 - Gmunden, Autriche, 1989). Son œuvre poétique, romanesque (*la Plâtrière,* 1970 ; *Oui,* 1978 ; *Extinction,* 1986) et dramatique (*le Faiseur de théâtre,* 1984 ; *Place des héros,* 1988) compose une longue méditation sur le désespoir et l'autodestruction.

Bernhardt [-nar] **(Rosine Bernard, dite Sarah),** actrice française (Paris 1844 - *id.* 1923). Sa « voix d'or » et sa sensibilité dramatique firent d'elle l'idéal de l'actrice des années 1870-1900.

Bernin (Gian Lorenzo Bernini, dit, en France, **le Cavalier),** sculpteur et architecte italien (Naples 1598 - Rome 1680). Maître du baroque monumental et décoratif, il réalisa, à Rome, de nombreux travaux pour les églises (baldaquin de Saint-Pierre, 1624 ; *l'Extase de sainte Thérèse,* à S. Maria della Vittoria, 1645-1652), des fontaines (du Triton, des Quatre-Fleuves...), la double colonnade devant la basilique Saint-Pierre, etc. Son style de sculpteur (statues mythologiques, bustes, tombeaux) se caractérise par un mouvement intense, le frémissement des draperies, une expression souvent théâtrale.

1. bernique [bɛrnik] et **bernicle** [bɛrnikl] **n.f.** (breton *bernic*). Nom usuel de la *patelle.*

2. bernique [bɛrnik] **interj.** (terme dialect. normand ou picard, probabl. de *bren,* excrément). *VX.* Marque la déception ou appuie un refus : *Il n'a rien eu, bernique !*

Bernoulli (les), famille suisse de savants, originaire d'Anvers, réfugiée à Bâle à partir de la fin du XVIe s. • **Jacques Ier** (Bâle 1654 - *id.* 1705) perfectionna le calcul différentiel et le calcul intégral, dont les bases venaient d'être posées par Leibniz. Il réalisa la première intégration d'une équation différentielle et fut à l'origine du calcul des variations. Il posa aussi les fondements du calcul des probabilités. • Son frère **Jean Ier** (Bâle 1667 - *id.* 1748), correspondant et ami de Leibniz, développa et systématisa, lui aussi, le calcul différentiel et intégral. • **Daniel Ier** (Groningue 1700 - Bâle 1782), fils de Jean Ier, effectua des recherches fondamentales en théorie de l'élasticité et en hydrodynamique, donna les premiers principes de la théorie cinétique des gaz et trouva la solution du problème des cordes vibrantes sous forme d'un développement trigonométrique.

Bernstein (Leonard), compositeur et chef d'orchestre américain (Lawrence, Massachusetts, 1918 - New York 1990). Pianiste de talent, compositeur populaire, il a notamment écrit la célèbre comédie musicale *West Side Story* (1957).

Béroul, trouvère anglo-normand du XIIe s., auteur d'un roman de Tristan*.

berrichon, onne [bɛriʃɔ̃, -ɔn] **adj.** et **n. 1.** Du Berry, province française constituée des départements du Cher et de l'Indre. **2.** Dialecte de langue d'oïl parlé dans le Berry.

Berry, pays des Bituriges à l'époque gauloise, le territoire et sa capitale, Avaricum (Bourges), sont conquis par les Romains au Ier s. av. J.-C. Comté indépendant sous les Carolingiens, il perd son unité au Xe s. Passé à la Couronne au XIIIe s., il est érigé en duché (1360) par Jean II le Bon, qui le donne en apanage à son fils Jean. Pendant la guerre de Cent Ans, Charles VII, dit « le roi de Bourges », se réfugie dans le Berry, d'où il amorce la reconquête du royaume. Le duché est définitivement réuni à la Couronne en 1584. Le titre de « duc de Berry » sera encore porté par plusieurs princes, dont le second fils de Charles X.

Berry, ou anc. **Berri,** région du sud du Bassin parisien (dép. du Cher et de l'Indre), entre la Sologne et le Massif central, formée par la Champagne berrichonne, le Boischaut, la Brenne et le Sancerrois. *(Berrichons).*

Berry (Charles Ferdinand de Bourbon, *duc* **de),** prince français (Versailles 1778 - Paris 1820). Second fils de Charles X et héritier du trône, il fut assassiné par un fanatique, Louvel. • Sa femme, **Marie-Caroline de Bourbon-Sicile,** *duchesse* **de Berry** (Palerme 1798 - Brünnsee, Autriche, 1870), fille de François Ier, roi des Deux-Siciles, fut la mère du futur comte de Chambord ; elle suivit Charles X dans son exil (1830) et essaya en vain de soulever la Vendée contre Louis-Philippe (1832).

Berry (Jean de France, *duc* **de),** prince capétien (Vincennes 1340 - Paris 1416), troisième fils de Jean II le Bon. Il fut associé au gouvernement pendant la minorité de son neveu Charles VI et lorsque celui-ci fut atteint de folie. La célèbre « librairie » (bibliothèque) de ce prince fastueux contenait quelques-uns des plus beaux manuscrits du siècle, notamment les *Très Riches Heures* dues aux frères de Limbourg.

Bertha (de *Bertha* Krupp, fille d'un industriel allemand), surnom donné aux canons lourds allemands qui, à plus de 100 km, tirèrent sur Paris en 1918, par allusion au mortier de 420 mm *(Grosse Bertha)* employé par les Allemands contre Anvers en 1914.

Berthe ou **Bertrade,** dite **Berthe au grand pied,** morte à Choisy-au-Bac en 783, reine des Francs, épouse de Pépin le Bref, mère de Charlemagne et de Carloman.

Berthelot (Marcelin ou **Marcellin),** chimiste français (Paris 1827 - *id.* 1907). Professeur au Collège de France (1865), sénateur (1881), ministre de l'Instruction publique (1886) puis des Affaires étrangères (1895), Berthelot a consacré ses activités de recherche à la chimie organique (estérification des alcools, synthèse d'espèces chimiques existant dans les êtres vivants : alcool éthylique, acide formique, méthane, acétylène). Il a aussi étudié les quantités de chaleur mises en jeu dans les réactions (thermochimie). Il s'est opposé à l'emploi de la notation atomique.

Berthier (Louis Alexandre), prince **de Neuchâtel** et **de Wagram,** maréchal de France (Versailles 1753 - Bamberg 1815). Attaché à Bonaparte à partir de la campagne d'Italie (1896), il fut ministre de la Guerre (1800-1807). Major général de la Grande Armée de 1805 à 1814, il fut un fidèle collaborateur de Napoléon, qui le nomma maréchal en 1804. Il se rallia néanmoins à Louis XVIII, qui le nomma pair de France.

Berthollet (Claude, *comte***),** chimiste français (Talloires 1748 - Arcueil 1822). Il découvrit les hypochlorites, qu'il utilisa pour le blanchiment des toiles et des fils (1789), et prépara les explosifs chloratés. Il montra que tous les acides ne contiennent pas de l'oxygène et énonça les règles régissant les doubles décompositions entre sels, acides et bases. Il suivit Bonaparte en Italie, puis en Égypte, et fonda avec Laplace la Société d'Arcueil, qui réunit de nombreux savants.

Bertillon (Alphonse), criminologue français (Paris 1853 - *id.* 1914), auteur d'une méthode d'identification des criminels connue sous le nom d'*anthropométrie* ou de *bertillonnage.*

Bertrand (Louis, dit **Aloysius),** écrivain français (Ceva, Piémont, 1807 - Paris 1841). La conception de ses poèmes en prose, mêlant le rêve et l'inconscient (*Gaspard de la nuit,* 1842), enthousiasma Baudelaire, Rimbaud et les surréalistes.

Bérulle (Pierre de), théologien français (château de Sérilly, Champagne, 1575 - Paris 1629). Ordonné prêtre en 1599 et créé cardinal en 1627, il introduisit le Carmel en France (1604) et fonda en 1611 une association de prêtres séculiers, la congrégation de l'Oratoire, en vue de restaurer la dignité de l'état sacerdotal. Sa doctrine, d'une grande élévation théologique et mystique, est considérée comme la pièce maîtresse de l'école française de spiritualité.

béryl [beril] **n.m.** (lat. *beryllus,* du gr.). Gemme constituée de silicate naturel d'aluminium et de béryllium. ▸ La variété rose du béryl s'appelle la *morganite,* la jaune, l'*héliodore,* la verte, l'*émeraude,* et le béryl bleu-vert porte le nom d'*aigue-marine.*

béryllium [beriljɔm] **n.m.** (de *béryl*). Métal léger, gris, utilisé dans les réacteurs nucléaires et l'industrie aérospatiale. ▸ Symb. Be.

Berzelius (Jöns Jacob, *baron***),** chimiste suédois (Väversunda, Sörgård, 1779 - Stockholm 1848). Il institua la notation chimique par symboles, prenant pour base l'oxygène, et détermina les équivalents d'un grand nombre d'éléments (1847). Il proposa une théorie électrique de l'affinité chimique, introduisit les concepts d'isomérie, de polymérie et d'allotropie, et étudia la catalyse. Il isola un grand nombre de corps simples (sélénium, calcium, baryum, strontium, thorium).

besace [bəzas] **n.f.** (bas lat. *bisaccium,* du class. *bis,* deux fois, et *saccus,* sac). Long sac s'ouvrant en son milieu et dont les extrémités forment des poches : *La besace se porte sur l'épaule, une poche devant, une poche derrière.*

Besançon, ch.-l. du dép. du Doubs, sur le Doubs, en bordure du Jura, à 393 km au sud-est de Paris ; 120 271 hab. *(Bisontins)* [134 585 hab. dans l'agglomération]. Archevêché, académie et université, cour d'appel. Centre de l'industrie horlogère. Textile. Cathédrale romane et gothique. Édifices de la Renaissance (palais Granvelle : Musée historique et musée du Temps) et des XVIIe-XVIIIe s. Citadelle de Vauban (Musée populaire comtois). Riche musée des Beaux-Arts et d'Archéologie.

bésicles [bezikl] ou **besicles** [bəzikl] **n.f. pl.** (anc. fr. *béricles,* de *béryl,* pierre fine dont on faisait des loupes). **1.** *VX.* Lunettes rondes. **2. Chausser ses bésicles,** mettre ses lunettes (par plais.).

besogne [bəzɔɲ] **n.f.** (forme fém. de *besoin*). **1.** Tâche imposée à qqn dans le cadre de sa profession ou par les circonstances : *Achever sa besogne quotidienne* (syn. **travail**). *Abattre de la besogne* (= travailler beaucoup et rapidement). **2. Aller vite en besogne,** travailler vite ; aller trop vite, brûler les étapes : *C'est aller peut-être un peu vite en besogne que d'affirmer cela aussi péremptoirement.*

besogner [bəzɔɲe] **v.i.** (de *besogne*). *SOUT.* Faire un travail difficile, pénible ; travailler avec peine pour un piètre résultat : *Besogner pour faire vivre sa famille* (syn. **peiner**).

besogneux, euse [bəzɔɲø, -øz] **adj.** et **n.** (de *besogne*). Qui fait un travail pénible ou mal rétribué ; qui manque d'aisance : *Un journaliste besogneux. Une famille besogneuse* (syn. **démuni, nécessiteux ;** contr. **riche**).

besoin [bəzwɛ̃] **n.m.** (frq. **bisunnia,* représentant le rad. de *soin* et le préf. germ. *bi-,* auprès). **1.** Sentiment que fait défaut qqn ou qqch que l'on juge indispensable ; état d'insatisfaction qui pousse à accomplir des actes capables d'y remédier : *Le besoin vital de boire et de manger. Éprouver le besoin de lire* (syn. **envie, désir**). **2.** Ce qui est nécessaire ou indispensable pour vivre, satisfaire un désir personnel, pour répondre à une nécessité sociale : *Subvenir aux besoins de qqn* (= l'entretenir). *Les séjours à la mer sont pour elle un besoin* (syn. **nécessité**). *Les besoins en main-d'œuvre qualifiée se sont accrus. C'est le besoin d'argent qui le conduit à accepter ce travail* (syn. **manque**). **3. Au besoin, si besoin est,** si nécessaire : *Au besoin, nous dormirons sur place* (= le cas échéant). *Si besoin est, je lui en parlerai* (= s'il le faut). ⁄ **Avoir besoin de** (+ inf.), **que** (+ subj.), être dans la nécessité de, que : *J'ai besoin de savoir* (= il faut que je sache). *Elle a besoin que vous lui donniez vite votre réponse.* ⁄ **Avoir besoin de qqn, de qqch,** éprouver la nécessité de qqn, de qqch : *Je n'ai pas besoin de toi pour vivre.* ⁄ **Être dans le besoin,** manquer d'argent : *Venir en aide à qqn qui est dans le besoin.* ◆ **besoins n.m. pl. 1.** Excréments, déjections naturelles : *Faire ses besoins* (= uriner, déféquer). **2. Pour les besoins de la cause,** dans le seul but de démontrer ce que l'on dit ; pour se justifier : *Forger une excuse pour les besoins de la cause* (= pour la circonstance).

Bessarabie, région d'Ukraine et de Moldavie, entre le Prout et le Dniestr ; annexée par la Russie (1812), elle fut réunie à la Roumanie de 1918 à 1940.

bessemer [bɛsmɛr] **n.m.** (du n. de l'inventeur, sir *Henry Bessemer*). Convertisseur pour transformer la fonte en acier par insufflation d'air sous pression.

Bessemer (*sir* **Henry),** industriel et métallurgiste britannique (Charlton, Hertfordshire, 1813 - Londres 1898). Il est l'inventeur d'un procédé de transformation de la fonte en acier (1855) par insufflation d'air sous pression dans un appareil à revêtement intérieur spécial.

1. bestiaire [bɛstjɛr] **n.m.** (lat. *bestiarius,* de *bestia,* bête). Gladiateur qui combattait les bêtes féroces, à Rome (syn. **belluaire**).

2. bestiaire [bɛstjɛr] **n.m.** (lat. *bestiarium,* de *bestia,* bête). **1.** Traité ou recueil d'images concernant des animaux réels ou imaginaires, au Moyen Âge : *Un bestiaire illustré.* **2.** Recueil de poèmes ou de fables sur les animaux.

bestial, e, aux [bɛstjal, -o] **adj.** (lat. *bestialis,* de *bestia,* bête). Qui tient de la bête ; qui fait ressembler l'homme à la bête : *Comportement bestial* (syn. **brutal, grossier ;** contr. **délicat, raffiné**).

bestialement [bɛstjalmɑ̃] **adv.** De façon bestiale : *Se jeter bestialement sur la nourriture* (syn. **sauvagement**).

bestialité [bɛstjalite] **n.f.** Caractère de qqn, de qqch qui est bestial : *La bestialité de ce crime nous a horrifiés* (syn. **sauvagerie, barbarie, cruauté**).

bestiau [bɛstjo] **n.m.** (anc. fr. *bestial,* lat. *bestia*). *FAM.* Animal quelconque : *Il y a un bestiau dans la salade* (syn. **bête, bestiole**). ◆ **bestiaux n.m. pl.** Animaux domestiques élevés en troupeaux : *Marchand de bestiaux* (syn. **bétail**).

bestiole [bɛstjɔl] **n.f.** (lat. *bestiola,* dimin. de *bestia,* bête). Petite bête ; spécial. insecte : *Un rosier plein de bestioles.*

best-seller [bɛstsɛlœr] **n.m.** (mot angl., de *the best,* le meilleur, et *to sell,* vendre) [pl. *best-sellers*]. Livre qui se vend très bien : *Ce roman ne fera peut-être pas un best-seller, mais il est de qualité* (= un succès de librairie).

1. bêta [bɛta] **n.m. inv. 1.** Deuxième lettre de l'alphabet grec (β). **2. Rayons bêta,** flux d'électrons ou de positrons émis par certains éléments radioactifs.

2. bêta, asse [bɛta, -as] **adj.** et **n.** (de *bête*). **1.** *FAM.* Qui est d'une naïveté ridicule : *Il est un peu bêta mais gentil* (syn. **benêt, nigaud ;** contr. **futé, malin**). **2. Gros bêta,** terme affectueux : *Mais non, gros bêta, je ne partirai pas !*

bêtabloquant, e [bɛtablɔkɑ̃, -ɑ̃t] **adj.** et **n.m.** (de *1. bêta,* n. donné à certains récepteurs biochimiques, et *bloquer*). MÉD., PHARM. Se dit d'une substance qui inhibe certains récepteurs du système nerveux sympathique.

bétail [betaj] **n.m. sing.** (de *bête*). **1.** Ensemble des animaux d'élevage d'une ferme, à l'exception des volailles : *Foire au bétail* (syn. **bestiaux**). **2. Gros bétail,** chevaux, ânes, mulets et bovins. / **Petit bétail,** moutons, chèvres et porcs. / **Traiter qqn comme du bétail,** traiter qqn sans aucun égard, sans ménagement : *Ce rustre nous a traités comme du bétail.*

bétaillère [betajɛr] **n.f.** Véhicule à claire-voie, remorque qui sert au transport du bétail.

1. bête [bɛt] **n.f.** (lat. pop. **besta,* class. *bestia*). **1.** Tout être animé autre que l'homme : *Le lion, le tigre sont des bêtes fauves* (= des fauves). *Les ânes, les mulets sont des bêtes de somme* (= animaux auxquels on fait porter des fardeaux). *Les bêtes à cornes* (= bœufs, vaches, chèvres). **2.** Animalité de l'homme : *Dompter la bête en soi* (= ses mauvais instincts). **3. Bête à bon Dieu,** coccinelle. / FAM. **Bête à concours,** personne qui réussit brillamment dans ses études en raison, notamm., d'une grande capacité de travail : *Une bête à concours qui collectionne titres et diplômes.* / FAM. **Bête de scène,** artiste qui a une très grande présence sur scène, qui y déploie toute son énergie : *Une bête de scène qui électrise son public.* / FAM. **Brave bête,** personne gentille mais un peu sotte : *C'est une brave bête, qui ne ferait pas de mal à une mouche.* / **Chercher la petite bête,** s'évertuer à découvrir un défaut sans importance qui permettra de déprécier qqn ou qqch : *Un critique qui pinaille, cherche la petite bête* (= qui ergote). / **La bête noire de qqn,** personne, chose qui inspire un tracas continuel, une profonde aversion : *La correction des copies, c'est sa bête noire. Être la bête noire de qqn.* / FAM. **Malade comme une bête,** très malade : *Elle a été malade comme une bête la nuit dernière.* / **Regarder qqn comme une bête curieuse,** regarder qqn avec étonnement et insistance. / FAM. **Sale bête,** personne malveillante, méprisable : *Ah la sale bête ! Il a encore été dire du mal de moi !* ◆ **bêtes n.f. pl. 1.** Le bétail : *Mener les bêtes au pré* (syn. **bestiaux**). **2.** Vermine, vers, insectes, etc.

2. bête [bɛt] **adj.** (de *1. bête*). **1.** Dépourvu d'intelligence, sot : *Il est trop bête pour saisir la nuance* (syn. **stupide** ; contr. **intelligent, fin, subtil**). *Prendre un air bête* (syn. **idiot** ; contr. **entendu**). *Faire une critique on ne peut plus bête* (syn. **inepte** ; contr. **pertinent**). **2.** Distrait, irréfléchi : *Mais que je suis bête ! J'ai encore oublié ma clef !* (syn. **écervelé, étourdi**). **3.** Malencontreux : *C'est bête que tu ne viennes pas* (syn. **malheureux, regrettable** ; contr. **heureux**). *C'est vraiment bête à pleurer ce qui vous est arrivé* (= désolant). **4.** FAM. **Bête comme chou,** facile à comprendre ou à faire : *Un exercice bête comme chou* (= enfantin). / FAM. **Bête comme ses pieds, bête à manger du foin,** se dit d'une personne totalement stupide. / **En rester tout bête,** être déconcerté, surpris au point d'en rester interdit : *Quand je lui ai dit ton âge, elle en est restée toute bête.*

bétel [betɛl] **n.m.** (port. *betel,* mot dravidien). **1.** Poivrier grimpant originaire de Malaisie. ▸ Famille des pipéracées. **2.** Mélange masticatoire d'Inde et d'Extrême-Orient comprenant de la noix d'arec saupoudrée de chaux et enveloppée d'une feuille de bétel : *Mâcher du bétel.*

bêtement [bɛtmɑ̃] **adv. 1.** De manière bête : *Agir bêtement* (syn. **sottement, stupidement** ; contr. **intelligemment**). **2. Tout bêtement,** tout simplement : *J'ai tout bêtement trouvé votre adresse dans l'annuaire.*

Bethléem, v. de Cisjordanie, en Palestine, à 6 km au S. de Jérusalem (25 266 hab., principalement des Arabes, dont de nombreux chrétiens). Mentionnée en tant que ville royale par les documents découverts dans le site égyptien de Tell al-Amarna (XIVe s. av. J.-C.), elle était la patrie de David, qui y fut sacré par Samuel. Selon les Évangiles de Matthieu et de Luc, Bethléem (« Maison du pain », en hébreu) fut le lieu de naissance de Jésus.

bêtifiant, e [betifjɑ̃, -ɑ̃t] **adj.** Qui bêtifie ; stupide : *Un ton bêtifiant.*

bêtifier [betifje] **v.i.** (de *bête* et *-fier*) [conj. **9**]. FAM. Affecter la niaiserie, s'exprimer d'une façon puérile : *Il bêtifie avec son enfant.*

Bétique, province romaine de la péninsule Ibérique, avec Cordoue pour capitale.

bêtise [betiz] **n.f. 1.** Caractère de qqn, de qqch de bête : *Sa bêtise risque de tout compromettre* (syn. **imbécillité, balourdise** ; contr. **finesse, intelligence**). *Une remarque d'une bêtise innommable* (syn. **idiotie** ; contr. **subtilité, pertinence**). *J'ai eu la bêtise de lui faire part de mes doutes* (= j'ai fait l'erreur) [syn. **imprudence**]. **2.** Parole, action dénuée d'intelligence : *J'ai fait une bêtise* (syn. **ânerie, bourde**). *Dire des bêtises* (syn. **sottise, balourdise**). *Elle a commis une grosse bêtise qui a failli la mener en prison* (= un acte répréhensible). **3.** Chose sans importance : *Se disputer pour une bêtise* (syn. **broutille, vétille**). *Acheter des bêtises* (syn. **babiole**). **4. Bêtise de Cambrai,** bonbon à la menthe, spécialité de la ville de Cambrai.

bêtisier [betizje] **n.m.** Recueil plaisant de bêtises dites ou écrites involontairement : *Un bêtisier qui rapporte les imbécillités dites par les hommes politiques* (syn. **sottisier**).

béton [betɔ̃] **n.m.** (lat. *bitumien,* bitume). **1.** Matériau de construction fait de cailloux, de graviers, de sable, de ciment et d'eau : *Un immeuble en béton.* **2. Béton armé,** coulé sur une armature métallique permettant de réaliser des constructions très solides : *Un pont en béton armé.* / **Béton précontraint,** béton armé dans lequel sont tendus des fils d'acier qui, mettant en compression le matériau, lui confèrent une grande résistance. / FAM. **En béton,** très solide, inattaquable : *Argument en béton.* / **Faire, jouer le béton,** regrouper un maximum de joueurs en défense, au football.

bétonnage [betɔnaʒ] **n.m.** Action de bétonner ; maçonnerie faite avec du béton : *Un bétonnage résistant.*

bétonner [betɔne] **v.t. 1.** Construire avec du béton ; recouvrir de béton : *Bétonner le sol d'une cave.* **2.** FAM. Rendre impossible à contester : *L'avocate bétonne sa plaidoirie.* ◆ **v.i.** Jouer le béton, au football.

bétonnière [betɔnjɛr] **n.f.** Machine employée pour le malaxage du béton, dont la partie essentielle est une cuve tournante recevant les matériaux et l'eau (on dit parfois et impropr. *bétonneuse*).

bette [bɛt] et **blette** [blɛt] **n.f.** (lat. *beta* et *blitum*). Légume cultivé pour ses feuilles et ses pétioles aplatis, appelés *côtes* ou *cardes.* ▸ Famille des chénopodiacées ; sous-espèce de la betterave.

Bettelheim (Bruno), psychanalyste américain d'origine autrichienne (Vienne 1903 - Silver Spring, Maryland, 1990). Son expérience des camps nazis lui a fait découvrir l'extraordinaire capacité de résistance des hommes face aux situations extrêmes. Il s'est consacré au traitement des psychoses infantiles (*la Forteresse vide,* 1967) et intéressé aux problèmes de l'enfance (*Psychanalyse des contes de fées,* 1976).

betterave [bɛtrav] **n.f.** (de *bette* et *rave*). **1.** BOT. Plante à racine charnue dont il existe de nombreuses espèces sauvages et quatre sous-espèces cultivées (bette, betterave potagère, betterave fourragère, betterave sucrière). ▸ Famille des chénopodiacées. La *betterave fourragère* sert à l'alimentation du bétail ; de la racine de la *betterave sucrière,* on extrait du sucre. **2.** Variété potagère de cette plante, appelée aussi *betterave rouge.*

betteravier, ère [bɛtravje, -ɛr] **adj.** Qui se rapporte à la production ou à l'utilisation de la betterave : *L'industrie betteravière du nord de la France.* ◆ **betteravier n. m.** Producteur de betteraves.

beuglement [bøgləmɑ̃] **n.m. 1.** Cri des bovins : *Le beuglement d'une vache, d'un bœuf* (syn. **meuglement**). **2.** Son assourdissant, désagréable : *Les beuglements d'une sirène* (syn. **mugissement, hurlement**).

beugler [bøgle] **v.i.** (de l'anc. fr. *bugle,* bœuf, lat. *buculus,* jeune bœuf). **1.** Pousser des beuglements : *Taureau qui beugle* (syn. **meugler, mugir**). **2.** FAM. Pousser de grands cris ; émettre un son violent et désagréable : *Ivrogne qui beugle* (syn. **brailler**). *La radio des voisins beugle* (syn. **hurler**). ◆ **v.t.** FAM. Hurler qqch, crier à tue-tête : *Beugler des insultes* (syn. **vociférer**).

beur [bœr] **n.** (altération du verlan *rebeu,* arabe). FAM. Jeune personne d'origine maghrébine née en France de parents immigrés. ◆ **adj. inv. en genre.** FAM. Relatif aux beurs : *La culture beur.*

beurette [bœrɛt] **n.f.** FAM. Jeune fille beur.

A B C D E F G H I J K L M N O P Q R S T U V W X Y Z

beurk interj. → **berk.**

beurre [bœr] **n.m.** (lat. *butyrum*, gr. *bouturon*, de *bous*, bœuf, et *buros*, fromage). **1.** Matière grasse alimentaire fabriquée à partir de la crème de lait de vache : *Étaler du beurre sur sa tartine.* **2.** Matière grasse alimentaire extraite d'un végétal : *Beurre de cacao, de cacahouète.* **3.** Purée d'aliments écrasés dans du beurre : *Beurre d'anchois, d'écrevisse.* **4. Beurre blanc,** sauce obtenue à partir d'une réduction de vinaigre et d'échalotes additionnée de beurre cru : *Truite au beurre blanc.* / **Beurre frais,** jaune très pâle : *Un costume beurre frais.* / **Beurre noir,** cuit jusqu'à ce qu'il devienne brun et auquel on ajoute alors vinaigre et persil : *Raie au beurre noir.* / *FAM.* **Compter pour du beurre,** être considéré comme une quantité négligeable : *Et moi alors, je compte pour du beurre ?* / *FAM.* **Faire son beurre,** gagner beaucoup d'argent en usant de procédés contestables : *Faire son beurre en boursicotant.* / *FAM.* **Œil au beurre noir,** œil meurtri par un coup.

beurrée [bœre] **n.f.** *RÉGION.* Tartine de beurre.

beurrer [bœre] **v.t.** Recouvrir d'une couche de beurre : *Beurrer un moule à tarte. Beurrer des toasts.*

beurrier [bœrje] **n.m.** Récipient dans lequel on conserve, on sert du beurre.

beuverie [bœvri] **n.f.** (du rad. *buv-*, de *boire*). Réunion où l'on boit beaucoup, jusqu'à l'ivresse : *Une beuverie entre amis* (syn. **soûlerie**).

Beuys (Joseph), artiste allemand (Clèves 1921 - Düsseldorf 1986). Plus préoccupé, après avoir fait la guerre, du destin de l'humanité que d'esthétique, il s'est exprimé par des actions et installations, rituels symboliques où intervenaient des matériaux tels que feutre, graisse, batteries électriques, miel, animaux... Son influence sur l'art allemand et international a été très forte.

bévue [bevy] **n.f.** (de *bé-*, préf. péjor., et *vue*). Méprise, grossière erreur due à l'ignorance ou à la maladresse : *Commettre une bévue* (syn. **balourdise, impair,** fam. **bourde**).

bey [bɛ] **n.m.** (mot turc « seigneur »). **1.** HIST. Souverain vassal du sultan : *Le bey de Tunis.* **2.** HIST. Haut fonctionnaire, officier supérieur, dans l'Empire ottoman.

Beyle (Henri) → **Stendhal.**

Beyrouth, cap. du Liban, sur la Méditerranée ; 2 179 000 hab. dans l'agglomération. Important musée archéologique. La ville a été ravagée, de 1975 à 1990, par les divers conflits affectant le Liban.

Bèze (Théodore de), théologien protestant, lieutenant de Calvin (Vézelay 1519 - Genève 1605). Abjurant le catholicisme en 1548, il devient en 1558 professeur de théologie et pasteur à Genève. Il participe à différentes missions diplomatiques et disputes doctrinales, notamment au colloque de Poissy (1561). À la mort de Calvin (1564), il le remplace à la tête du protestantisme genevois. Son œuvre écrite est aussi celle d'un promoteur de la Renaissance littéraire.

Béziers [-zje], ch.-l. d'arr. de l'Hérault, sur l'Orb et le canal du Midi ; 74 495 hab. *(Biterrois).* Marché viticole. Anc. cathédrale fortifiée (XIIe-XIVe s.). Pendant la croisade des albigeois, la ville fut saccagée par les troupes de Simon de Montfort (1209).

Bézout (Étienne), mathématicien français (Nemours 1730 - Les Basses-Loges, près de Fontainebleau, 1783). Auteur d'une théorie générale des équations algébriques, il a montré que deux courbes algébriques de degrés *m* et *n* ont *mn* points communs.

Bhopal, v. de l'Inde, cap. du Madhya Pradesh ; 1 883 381 hab. dans l'agglomération. Une fuite de gaz toxique y a provoqué la mort de milliers de personnes en 1984.

Bhoutan, État d'Asie, en bordure de l'Himalaya ; 47 000 km^2 ; 754 000 hab. *(Bhoutanais).* CAP. *Thimbu.* LANGUE : *tibétain.* MONNAIES : *ngultrum* et *roupie* (indienne). Il est en majeure partie couvert par la forêt. Élevage. Riz et maïs.

HISTOIRE

Occupé au XVIIe s. par des Tibétains, le Bhoutan devient vassal de l'Inde à partir de 1865.

1910-1949. Le pays est contrôlé par les Britanniques.

1949. Il est soumis à un semi-protectorat indien.

1971. Le Bhoutan devient indépendant.

Bhubaneswar, v. de l'Inde, cap. de l'Orissa, à proximité du golfe du Bengale ; 881 988 hab. dans l'agglomération. Important centre dédié à la vénération de Shiva, depuis le VIIIe s., dont les très nombreux temples, édifiés entre le VIIe et le XIIIe s., présentent l'évolution complète de l'architecture caractéristique de l'Orissa.

bi-, préfixe, du lat. *bis*, deux fois, prenant la forme *bis-* devant voyelle ou *h* muet et indiquant le redoublement *(bisannuel)* ou la présence de deux éléments *(biréacteur).*

Biafra *(république du)*, nom que prit la région sud-est du Nigeria, peuplée majoritairement par l'ethnie des Ibo, lorsqu'elle fit sécession (1967-1970).

1. biais [bjɛ] **n.m. 1.** Ligne, direction oblique : *Le biais d'un mur* (syn. **obliquité**). **2.** Moyen détourné, habile de résoudre une difficulté, d'atteindre un but : *Trouver un biais pour échapper à une corvée* (syn. **subterfuge, ruse**). **3.** Côté d'un caractère ; manière de considérer une chose : *Ne pas savoir par quel biais prendre qqn* (= par quel bout prendre qqn). **4.** COUT. Diagonale d'un tissu par rapport à sa chaîne et à sa trame : *Vêtement taillé dans le biais.* **5. De biais, en biais,** obliquement, de travers : *Marcher de biais. Tailler une haie en biais* (= en diagonale). / **Par le biais de,** par le moyen indirect, l'intermédiaire de : *J'ai eu de ses nouvelles par le biais de sa sœur* (= par l'entremise). / **Regarder de biais,** regarder obliquement, à la dérobée.

2. biais, e [bjɛ, bjɛz] **adj.** Qui est oblique par rapport à un autre objet : *Pont biais* (= qui n'est pas tout à fait perpendiculaire aux rives).

biaiser [bjeze] **v.i. 1.** Être de biais, aller en biais : *Porte qui biaise un peu.* **2.** User de moyens détournés, de détours : *Inutile de biaiser avec lui* (syn. **louvoyer, tergiverser**).

Biarritz [-rits], ch.-l. de c. des Pyrénées-Atlantiques, sur le golfe de Gascogne ; 26 089 hab. *(Biarrots).* Station balnéaire et climatique.

biathlon [biatlɔ̃] **n.m.** (du gr. *athlon*, combat). Épreuve de ski nordique comportant une course de fond et une épreuve de tir au fusil. ▸ Le biathlon est une discipline olympique pour les hommes depuis 1960 et pour les femmes depuis 1992.

bibelot [biblo] **n.m.** (d'un rad. onomat. désignant de menus objets). Petit objet décoratif : *Une table basse encombrée de bibelots de toutes sortes* (syn. **babiole**).

biberon [bibrɔ̃] **n.m.** (du lat. *bibere*, boire). Petite bouteille munie d'une tétine et servant à l'allaitement artificiel des nouveau-nés ; son contenu : *Élever un enfant au biberon. Donner le biberon. Elle a bu tout son biberon.*

1. bibi [bibi] **n.m.** (probabl. formé sur le même rad. onomat. que *bibelot*). *FAM., VIEILLI.* Petit chapeau de femme : *Porter un bibi orné d'une voilette.*

2. bibi [bibi] **pron.** (orig. incert., p.-ê. du même rad. onomat. que *bibelot*). *FAM.* Désigne la personne qui parle : *C'est toujours bibi qui trinque.*

bibine [bibin] **n.f.** (du rad. de *biberon*). *FAM.* Boisson alcoolisée, partic. bière, de mauvaise qualité : *N'achète plus ce vin, c'est de la vraie bibine.*

bible [bibl] **n.f.** (lat. *biblia*, livres sacrés, du gr.). **1.** (Avec une majuscule). Ensemble des textes saints retenus comme canoniques par le judaïsme et par les diverses branches du christianisme. Pour ce dernier, elle comprend deux parties, l'Ancien et le Nouveau Testament. **2.** Livre de référence, ouvrage fondamental souvent consulté.

■ **Genres littéraires et composition.** Les livres dont la collection forme la Bible relèvent de genres littéraires très différents, et présentent souvent des ressemblances avec d'autres textes ou témoignages culturels du Proche-

Orient de la même époque. Le lien essentiel de ces textes est le cheminement du peuple hébreu dans son alliance avec son Dieu (Yahvé) – puis, pour les chrétiens, le renouvellement de cette alliance en Jésus-Christ. La Bible a été rédigée par des auteurs multiples sur une longue période, depuis le XIIIe s. av. J.-C. avec Moïse, auquel la tradition attribuait la composition du Pentateuque (Genèse, Exode, Lévitique, Nombres, Deutéronome), jusqu'au IIe s. av. J.-C. pour l'Ancien Testament, et la fin du Ier s. apr. J.-C. pour les Évangiles. Pendant des siècles, la transmission orale a joué un grand rôle dans l'élaboration de cette littérature fort variée. Outre les cinq livres du Pentateuque, que les juifs appellent la Loi ou Torah, on distingue, dans la Bible hébraïque ou Ancien Testament des chrétiens, des livres historiques, des livres prophétiques et des livres poétiques ou sapientiaux.

Les canons juif, catholique et protestant. Chacune des traditions religieuses issues d'Israël définit le contenu de la Bible d'après un canon qui lui est propre. Ainsi, à la Bible des juifs (39 livres) les chrétiens ajoutent 27 autres livres qui constituent le Nouveau Testament (Jésus-Christ scellant une « nouvelle alliance » avec l'humanité). Cependant, pour l'Ancien Testament, les catholiques (à la différence des protestants) ajoutent aux livres de la Bible hébraïque plusieurs textes écrits en grec et antérieurs à Jésus-Christ (Maccabées, Baruch, Sagesse, Ecclésiastique ou Siracide, Tobie, Judith).

Pour les juifs et les chrétiens, la Bible, écrite initialement dans trois langues (l'hébreu, l'araméen et le grec), puis traduite universellement, est la parole de Dieu adressée aux hommes. Mais ceux-ci explicitent cette conviction commune selon des règles d'interprétation qui varient. ■

bibliobus [biblijɔbys] **n.m.** (de *biblio[thèque]* et *[auto]bus*). Bibliothèque itinérante installée dans un véhicule automobile : *Un bibliobus qui sillonne les campagnes.*

bibliographe [biblijɔgraf] **n. 1.** Personne versée dans la science des livres et des éditions : *Faire expertiser sa bibliothèque par un bibliographe.* **2.** Auteur de bibliographie(s).

bibliographie [biblijɔgrafi] **n.f.** (de *biblio-* et *-graphie*). Liste des ouvrages cités dans un livre ; répertoire des écrits (livres, articles) traitant d'une question, concernant un auteur : *Essayiste qui établit sa bibliographie.*

bibliographique [biblijɔgrafik] **adj.** Relatif à la bibliographie : *La notice bibliographique d'une thèse.*

bibliophilie [biblijɔfili] **n.f.** (de *biblio-* et *-philie*). Amour, recherche des livres, en partic. des livres rares et précieux. ◆ **bibliophile n.** Nom de l'amateur.

bibliothécaire [biblijɔtekɛr] **n.** Personne préposée à la direction ou à la gestion d'une bibliothèque.

bibliothèque [biblijɔtɛk] **n.f.** (gr. *bibliothêkê*, de *biblion*, livre, et *thêkê*, armoire). **1.** Lieu, bâtiment où est conservée une collection de documents écrits (livres, périodiques, manuscrits, etc.) qui peuvent être consultés sur place et parfois empruntés : *Bibliothèque d'entreprise. Travailler en bibliothèque.* **2.** Meuble à rayonnages dans lequel on peut ranger des livres : *Avoir une grande bibliothèque dans son salon.* **3.** Collection de livres répertoriés et classés appartenant à un particulier, à une collectivité, à un organisme public : *Une bibliothèque de livres du XVIIe siècle.*

Bibliothèque nationale de France (B.N.F.), établissement public né en 1994 de la fusion administrative des établissements de la Bibliothèque nationale (B.N., rue de Richelieu, IIe arr., Paris) et de la Bibliothèque de France (B.D.F., créée en 1989, quartier de Tolbiac, XIIIe arr.). La B.N.F. « Richelieu » (anc. B.N.), créée en 1926 et dont les origines remontent à Charles V, abrite de riches collections d'estampes, cartes, médailles, manuscrits, etc. La B.N.F. « Tolbiac » (Bibliothèque François-Mitterrand) comprend, dans un nouvel édifice dû à D. Perrault, des espaces accessibles au public (ouverts en 1996) et des espaces réservés aux chercheurs (ouverts en 1998, après le transfert des imprimés – livres et périodiques – conservés auparavant à « Richelieu »). La B.N.F. a notamment en France la gestion du dépôt légal.

biblique [biblik] **adj.** Relatif à la Bible : *Études bibliques.*

Bibracte, v. de Gaule, capitale et oppidum des Éduens, sur le mont Beuvray (Morvan). Musée.

bicaméral, e, aux [bikameral, -o] **adj.** (du lat. *camera*, chambre). **Parlement bicaméral,** assemblée législative composée de deux chambres distinctes (la *chambre* haute* et la *chambre* basse*).

bicamérisme [bikamerism] et **bicaméralisme** [bikameralism] **n.m.** (du lat. *camera*, chambre). Système politique comportant deux assemblées délibérantes : *Le système français repose sur le bicamérisme.*

bicarbonate [bikarbɔnat] **n.m.** (de *carbonate*). **1.** CHIM. Carbonate acide. **2. Bicarbonate de soude,** sel de sodium, utilisé pour le traitement de l'acidité gastrique. ▶ Formule $NaHCO_3$.

bicarbonaté, e [bikarbɔnate] **adj.** Qui contient un bicarbonate, partic. du bicarbonate de soude.

bicentenaire [bisɑ̃tnɛr] **adj.** Qui a atteint deux cents ans : *Un arbre bicentenaire.* ◆ **n.m.** Anniversaire d'un événement qui a eu lieu deux cents ans auparavant : *En 1991, on a célébré le bicentenaire de la mort de Mozart.*

bicéphale [bisefal] **adj.** (du gr. *kephalê*, tête). **1.** Qui a deux têtes : *Avoir pour emblème un aigle bicéphale.* **2.** Qui est partagé entre deux chefs : *Direction bicéphale.*

biceps [bisɛps] **n.m.** et **adj.** (mot lat. « qui a deux têtes »). **1.** Muscle dont une extrémité est fixée par deux tendons d'insertion : *Biceps brachial, crural.* **2.** Nom donné cour. au biceps brachial, qui fléchit l'avant-bras sur le bras. **3. Avoir des biceps,** avoir une grande force physique.

Bichat (Marie François Xavier), anatomiste français (Thoirette, Jura, 1771 - Paris 1802). Il fut le fondateur de l'anatomie générale, qui étudie les organes par le biais des tissus qui entrent dans leur structure. Il a contribué au développement de l'embryologie. Il est l'auteur d'une doctrine des propriétés vitales.

biche [biʃ] **n.f.** (lat. *bestia*, bête). **1.** Femelle du cerf. **2.** Femelle des cervidés. **3.** En Afrique, nom donné à la gazelle et à l'antilope.

bicher [biʃe] **v.i.** (forme région. de *bécher*, piquer du *bec* et, fam., « mordre à l'hameçon »). FAM. Se réjouir : *J'ai une nouvelle qui va te faire bicher.*

Bichkek, anc. **Frounze,** cap. du Kirghizistan ; 838 606 hab.

bichon, onne [biʃɔ̃, -ɔn] **n.** (de *barbichon*, petit barbet [chien d'arrêt], de *barbe*). Petit chien à poil long.

bichonner [biʃɔne] **v.t.** (de *bichon*). FAM. Parer qqn avec soin et recherche ou l'entourer de soins attentifs : *Bichonner un enfant* (syn. **choyer**). ◆ **se bichonner v.pr.** FAM. Se préparer avec recherche et coquetterie (syn. **se pomponner**).

bicolore [bikɔlɔr] **adj.** Qui a deux couleurs : *Drapeau bicolore.*

biconcave [bikɔ̃kav] **adj.** Qui présente deux faces concaves opposées : *Une lentille de verre biconcave est divergente.*

biconvexe [bikɔ̃vɛks] **adj.** Qui présente deux faces convexes opposées : *Une lentille de verre biconvexe est convergente.*

bicoque [bikɔk] **n.f.** (it. *bicocca*, petit fort). **1.** Maison de médiocre apparence. **2.** FAM. Toute maison.

bicorne [bikɔrn] **n.m.** (lat. *bicornis*, à deux cornes). Chapeau d'uniforme à deux pointes : *Le bicorne des académiciens et des polytechniciens français.*

bicross [bikrɔs] **n.m.** (de *bi[cyclette]* et *cross*). **1.** Vélo proche du V.T.T., aux roues plus petites et sans changement de vitesses. **2.** Sport pratiqué avec ce vélo sur un parcours accidenté.

bicycle [bisikl] **n.m.** (de *cycle*). QUÉBÉC., FAM. Bicyclette ; motocyclette.

bicyclette [bisiklɛt] **n.f.** (dimin. de *bicycle*). Véhicule à deux roues d'égal diamètre, dont la roue arrière est actionnée par un système de pédales agissant sur une chaîne : *Faire de la bicyclette* (syn. **vélo**).

bidasse [bidas] **n.m.** (de *Bidasse*, n. d'un personnage de chanson). FAM. Simple soldat.

Bidault (Georges), homme politique français (Moulins 1899 - Cambo-les-Bains 1983). Président du Conseil national de la Résistance et l'un des fondateurs du Mouvement républicain populaire (M.R.P.), il fut président du Conseil (1949-1950) et ministre des Affaires étrangères sous la IVe République. Opposé à la politique algérienne du général de Gaulle, il s'exila de 1962 à 1968.

bide [bid] **n.m.** (de *bidon*). FAM. **1.** Ventre : *Avoir, prendre du bide* (syn. **bedaine**). **2.** Échec, insuccès : *Son intervention fut un bide* (syn. **fiasco**).

bidet [bidɛ] **n.m.** (de l'anc. fr. *bider*, trotter, d'orig. obsc.). **1.** Petit cheval de selle ou de trait léger. **2.** Appareil sanitaire bas, à cuvette oblongue pour la toilette intime.

1. bidon [bidɔ̃] **n.m.** (orig. incert., p.-ê. de l'anc. nordique *bida*, vase). **1.** Récipient portatif destiné à contenir un liquide : *Bidon d'huile.* **2.** FAM. Ventre : *Avoir du bidon.*

2. bidon [bidɔ̃] **adj. inv.** (de *1. bidon*, ce mot ayant désigné une pièce de drap pliée de manière à gonfler et à tromper l'acheteur). FAM. **1.** Faux ; maquillé : *Des élections bidon* (syn. **truqué**). **2.** Peu sérieux ; factice : *Monter une entreprise bidon.* ◆ **n.m.** FAM. **C'est du bidon,** c'est un mensonge, une invention : *Ne l'écoute pas, son histoire, c'est du bidon.*

se **bidonner** [bidɔne] **v.pr.** (de *1. bidon*). FAM. Rire : *Arrête de te bidonner.*

bidonville [bidɔ̃vil] **n.m.** (de *1. bidon* et *ville*). Agglomération d'abris de fortune, de constructions sommaires réalisés à partir de matériaux de récupération (bidons, tôles, etc.) et située à la périphérie des grandes villes.

bidouillage [bidujaʒ] **n.m.** FAM. Action de bidouiller ; état de ce qui est bidouillé.

bidouiller [biduje] **v.t.** (probabl. de *bidule*, avec suff. de *magouiller*). FAM. Bricoler, notamm. en électronique et en informatique : *Bidouiller un programme.*

bidule [bidyl] **n.m.** (orig. obsc.). FAM. Objet quelconque ; personne dont on ne précise pas le nom : *À quoi ça sert, ce bidule ? J'ai rencontré bidule l'autre jour* (syn. **machin**).

bief [bjɛf] **n.m.** (gaul. **bedu*, canal). **1.** Section de canal ou de cours d'eau comprise entre deux écluses ou entre deux chutes, deux rapides. **2.** Canal de dérivation amenant l'eau à une machine hydraulique.

bielle [bjɛl] **n.f.** (orig. obsc.). **1.** Barre, élément dont les extrémités sont articulées à deux pièces mobiles et qui assure la transmission, la transformation d'un mouvement. **2.** CH. DE F. **Bielle d'accouplement,** sur une locomotive, bielle répartissant l'effort entre deux essieux moteurs accouplés.

biélorusse [bjelɔrys] **adj.** et **n.** De la Biélorussie. ◆ **n.m.** Langue slave parlée en Biélorussie.

Biélorussie, en biélorusse **Belarus** (« Russie blanche »), État d'Europe orientale ; 208 000 km^2 ; 9 357 000 hab. *(Biélorusses).* CAP. *Minsk.* LANGUES : *biélorusse* et *russe.* MONNAIE : *rouble biélorusse.*

GÉOGRAPHIE

Entité historique, peuplée à près de 80 % de Biélorusses de souche, aux confins de la Pologne et des Républiques baltes, la Biélorussie est un pays peu accidenté, humide et frais, en partie boisé, parsemé de marécages et de lacs. L'agriculture est dominée par les cultures du lin et de la pomme de terre, l'élevage bovin et porcin. Le sous-sol recèle de la potasse. L'importation d'hydrocarbures a stimulé l'industrie (chimie, constructions mécaniques et électriques), implantée notamment à Minsk, Grodno, Gomel, Moguilev et Vitebsk, les principales villes.

HISTOIRE

La région, peuplée de Slaves orientaux, fait partie de la Russie kiévienne du IXe au XIIe s. Elle est intégrée au XIIIe s. dans le grand-duché de Lituanie, uni à la Pologne à partir de 1385. La différenciation entre les trois branches de Slaves orientaux, Biélorusses, Russes et Ukrainiens, se précise entre le XIVe et le XVIIe s.

1772-1793. Les deux premiers partages de la Pologne donnent la Biélorussie à l'Empire russe.

1919. Une République socialiste soviétique (R.S.S.) de Biélorussie, indépendante, est proclamée. Elle fait partie de l'U.R.S.S. de 1922 à 1991. Elle s'agrandit en 1939 de la Biélorussie occidentale, enlevée à la Pologne.

1991. L'indépendance est proclamée (août). La Biélorussie adhère à la Communauté d'États indépendants (déc.).

Depuis 1994. Aleksandr Loukachenko gouverne de manière autoritaire malgré l'isolement diplomatique et économique du pays.

1. bien [bjɛ̃] **adv.** (lat. *bene*). **1.** Conformément à une loi morale, à l'idée qu'on se fait de ce qui est juste : *Elle a bien agi* (syn. **convenablement**). **2.** De manière satisfaisante ; de façon avantageuse : *Il a bien parlé. Elle a bien vendu son appartement* (syn. **avantageusement**). *Aller bien* (= être en bonne santé). *Vous arrivez bien* (= au moment opportun). *Cette robe lui va bien* (= lui sied). *Pour bien faire, il faudrait prendre une personne de plus* (= pour que la situation soit bonne). **3.** Beaucoup ; très ; tout à fait : *Merci bien. Je suis bien content de vous voir* (syn. **extrêmement**). *Je vous approuve ; bien plus, je vous soutiens.* **4.** En composition, forme des adjectifs ou des noms : *Bien-pensant, bien-être.* **5.** Assurément, réellement (parfois en corrélation avec *mais* pour souligner une opposition) : *Il habite bien ici. Nous sommes bien le 15 ? Je sais bien que vos chances sont faibles* (= je suis persuadé). *J'ai bien téléphoné mais vous étiez absent.* **6.** Au moins ; approximativement : *Elle a bien cinquante ans. Vous en aurez bien pour cent euros* (= au bas mot). **7.** Marque l'approbation ; entérine ce qui vient d'être dit ou fait : *Vous avez compris ? Très bien. Bien, maintenant passons à l'étape suivante.* **8.** Marque une articulation logique, de cause liée à une comparaison : *Tu y es bien arrivée, toi ; pourquoi pas moi ? Il y en a bien qui décident de tout laisser.* **9. Bien de, bien des,** beaucoup de : *Je me suis fait bien du souci. Bien des gens pensent comme vous.* / **C'est bien fait,** c'est mérité. / **Faire bien,** faire bon effet, être de bon ton. / **Faire bien de** (+ inf.), avoir raison de : *Tu fais bien de me prévenir.* ◆ **bien que loc.conj.** Suivi du subj. ou du part. présent, marque la concession : *Bien que je n'approuve pas entièrement sa démarche, je le soutiendrai* (syn. **quoique, encore que**). *Bien qu'étant fatigué* (ou *bien que fatigué*), *j'accepte de t'accompagner.* ◆ **si bien que loc. conj.** Suivi de l'ind., marque la conséquence : *Il n'a pas suffisamment réfléchi, si bien que son projet n'a pas abouti* (syn. **de sorte que**). ◆ **eh bien interj.** Marque l'étonnement, la surprise, une hésitation dans la réponse : *Eh bien ! Il est parti !*

2. bien [bjɛ̃] **adj. inv.** **1.** Conforme à l'idée qu'on se fait du bien, de la justice, de la morale : *Il a été très bien* (= il s'est comporté comme il le fallait). *Un garçon bien* (syn. **droit, honnête**). **2.** Satisfaisant ; correct : *18 sur 20, c'est bien, très bien.* **3.** Beau ; agréable : *Elle est bien de sa personne.* **4.** Distingué ; chic : *Une femme bien.* **5. Être bien,** se trouver dans un état de confort physique ou psychologique. / **Être bien avec qqn,** être en bons termes avec lui. / **N'être pas bien, ne pas se sentir bien,** être dans un état de malaise physique ; être malade. / **Nous voilà bien,** nous sommes dans une situation difficile, embarrassante.

3. bien [bjɛ̃] **n.m.** **1.** Ce qui est conforme à un idéal, à la morale, à la justice : *Un homme de bien. Discerner le bien du mal.* **2.** Ce qui est utile, avantageux ; ce qui procure un plaisir, un profit : *C'est pour ton bien que je te dis cela* (= c'est dans ton intérêt). *Ce médicament me fait du bien* (= soulage ma douleur). *Dire du bien, parler en bien de qqn* (= en parler favorablement.). *Le bien public* (= l'intérêt général). **3.** (Souvent au pl.). Ce dont on dispose en toute propriété ; ce qui vous appartient : *Dilapider son bien* (syn. **capital, richesse, fortune**). *Avoir du bien, des biens. Bien mal acquis ne profite jamais* (proverbe). **4.** ÉCON. Ce qui est créé par le travail, correspond à un besoin et est disponible à cet effet : *Les biens de production (usine, outillage, etc.) et les biens de consommation (nourriture, vêtements). Les biens et les services.* **5. En tout bien tout honneur,** avec des intentions louables et honnêtes : *Il l'a invitée à dîner en tout bien tout honneur.* / **Grand bien lui (te) fasse !,** se dit quand qqn s'intéresse à une chose que soi-même on dédaigne (iron.). / HIST. **Biens nationaux,** ensemble des biens confisqués par l'État pendant la Révolution et revendus à de nouveaux propriétaires. ► La vente des biens nationaux aboutit à un transfert massif des propriétés de la noblesse vers la bourgeoisie.

bien-aimé, e [bjɛ̃neme] **adj.** et **n.** (pl. *bien-aimés, es*). *VIEILLI.* **1.** Qui est aimé d'une tendre affection : *Mon fils bien-aimé* (syn. **chéri**). **2.** Aimé d'amour : *Il est avec sa bien-aimée.*

bien-être [bjɛ̃nɛtr] **n.m. inv. 1.** Fait d'être bien, satisfait dans ses besoins, ou exempt de besoins, d'inquiétudes ; sentiment agréable qui en résulte : *Éprouver une sensation de bien-être* (syn. **quiétude** ; contr. **malaise**). **2.** Aisance matérielle ou financière : *La recherche individuelle du bien-être a marqué les années 1980* (syn. **confort**).

bienfaisance [bjɛ̃fəzɑ̃s] **n.f. De bienfaisance,** dont l'objet est de faire du bien, notamm. d'un point de vue social : *Gala de bienfaisance.*

bienfaisant, e [bjɛ̃fəzɑ̃, -ɑ̃t] **adj.** (de *bien* et *faire*). Qui a un effet positif, salutaire : *Les effets bienfaisants d'un massage* (syn. **bénéfique**).

bienfait [bjɛ̃fɛ] **n.m.** (du p. passé de l'anc. fr. *bienfaire*, de *bien* et *faire*). **1.** Acte de générosité ; faveur : *Un bienfait n'est jamais perdu* (proverbe). *Combler qqn de bienfaits.* **2.** (Surtout au pl.). Conséquences salutaires, bénéfiques de qqch : *Les bienfaits d'un séjour à la campagne.*

bienfaiteur, trice [bjɛ̃fetœr, -tris] **n. 1.** Personne qui accomplit, a accompli un, des bienfaits : *Les savants sont les bienfaiteurs de l'humanité.* **2. Membre bienfaiteur,** membre d'une association lui apportant un soutien financier non négligeable.

bien-fondé [bjɛ̃fɔ̃de] **n.m.** (pl. *bien-fondés*). **Le bien-fondé de qqch,** son caractère légitime, conforme au droit : *S'interroger sur le bien-fondé d'une demande.*

bien-fonds [bjɛ̃fɔ̃] **n.m.** (pl. *biens-fonds*). DR. Immeuble, terre ou maison.

bienheureux, euse [bjɛ̃nørø, -øz] **adj.** *LITT.* Qui est rempli de bonheur ; qui rend heureux : *Bienheureux celui qui ignore l'envie. Un hasard bienheureux.* ◆ **n.** CATH. Personne dont l'Église catholique a reconnu les mérites et les vertus par la béatification.

biennal, e, aux [bjenal, -o] **adj.** (bas lat. *biennalis*, de deux ans). **1.** Qui dure deux ans : *Charge biennale.* **2.** Qui revient tous les deux ans : *Rencontres biennales* (syn. **bisannuel**).

biennale [bjenal] **n.f.** (de *biennal*). Exposition, festival organisés tous les deux ans : *La Biennale de Venise.*

bien-pensant, e [bjɛ̃pɑ̃sɑ̃, -ɑ̃t] **adj.** et **n.** (pl. *bien-pensants, es*). Dont les convictions sont jugées traditionnelles et conservatrices (souvent péjor.) : *Trouver des électeurs dans les milieux bien-pensants.*

bienséance [bjɛ̃seɑ̃s] **n.f.** *SOUT.* Ce qu'il convient de dire ou de faire : *Ne pas connaître les règles de la bienséance* (syn. **savoir-vivre**).

bienséant, e [bjɛ̃seɑ̃, -ɑ̃t] **adj.** (de *bien* et *seoir*). *SOUT.* **Il est bienséant de** (+ inf.), il est conforme aux usages de faire, de dire telle chose : *Il n'est pas bienséant d'interrompre ainsi une personne qui parle* (syn. **correct, poli, convenable**).

bientôt [bjɛ̃to] **adv.** (de *bien*, et *tôt*). **1.** Dans un avenir proche, dans peu de temps : *Je reviens bientôt.* **2.** *LITT.* Rapidement : *Cela fut bientôt fait.* **3. À bientôt !, à très bientôt !,** formules pour prendre congé de qqn qu'on espère revoir prochainement.

bienveillance [bjɛ̃vejɑ̃s] **n.f.** Disposition favorable envers qqn : *Témoigner de la bienveillance à l'égard de ses collègues* (syn. **gentillesse** ; contr. **hostilité**). *Je vous suis reconnaissant de votre bienveillance* (syn. **obligeance**).

bienveillant, e [bjɛ̃vejɑ̃, -ɑ̃t] **adj.** (de *bien* et de l'anc. fr. *veuillant*, voulant). **1.** Qui montre de la bienveillance : *Elle est bienveillante envers ses subordonnés* (syn. **bon**). **2.** Qui exprime la bienveillance : *Sourire bienveillant* (syn. **aimable**).

bienvenu, e [bjɛ̃vny] **adj.** (de l'anc. fr. *bienvenir*, accueillir favorablement). **1.** Accueilli avec plaisir : *Une invitation bienvenue.* **2.** (En fonction d'attribut). Qui arrive à point nommé, à propos : *Une augmentation serait bienvenue.* ◆ **n. Le bienvenu, la bienvenue,** personne, chose accueillie avec faveur : *Soyez les bienvenus.*

bienvenue [bjɛ̃vny] **n.f.** (de *bienvenu*). **1.** Formule de courtoisie pour accueillir qqn : *Bienvenue à bord.* **2. De bienvenue,** pour marquer spécialement la venue de qqn : *Cadeau, discours de bienvenue.* / **Souhaiter la bienvenue à qqn,** l'accueillir par cette formule.

1. bière [bjɛr] **n.f.** (néerl. *bier*). **1.** Boisson fermentée légèrement alcoolisée, préparée à partir de céréales germées, principalement de l'orge, et parfumée avec du houblon : *Bière blonde, brune.* **2.** *FAM.* **Ce n'est pas de la petite bière,** ce n'est pas rien : *Reprendre des études à son âge, ce n'est pas de la petite bière.*

2. bière [bjɛr] **n.f.** (frq. **bera*, civière). Cercueil : *Mise en bière.*

biface [bifas] **n.m.** PRÉHIST. Outil de pierre taillé sur les deux faces.

biffer [bife] **v.t.** (de l'anc. fr. *biffe*, étoffe rayée). Rayer ce qui est écrit : *Biffer un nom* (syn. **barrer**).

biffure [bifyr] **n.f.** Trait par lequel on biffe un mot, des lettres.

bifide [bifid] **adj.** (lat. *bifidus*, de *findere*, fendre). BIOL. Fendu en deux parties : *Langue bifide des serpents.*

bifidus [bifidys] **n.m.** (mot lat. « partagé en deux » [v. *bifide*], cette bactérie ayant deux flagelles). Bactérie utilisée comme additif alimentaire dans certains produits laitiers : *Yaourt au bifidus.*

bifocal, e, aux [bifɔkal, -o] **adj.** (de *focal*). OPT. Qui a deux foyers, en parlant d'une lentille, d'une optique : *Verres bifocaux* (= à double foyer).

bifteck [biftɛk] **n.m.** (de l'angl. *beef*, bœuf, et *steak*, tranche). **1.** Tranche de bœuf à griller (syn. **steak**). **2. Défendre son bifteck,** défendre ses intérêts, son emploi. / *FAM.* **Gagner son bifteck,** gagner sa vie.

bifurcation [bifyrkasjɔ̃] **n.f.** Division en deux branches, en deux voies : *La bifurcation d'une artère* (syn. **fourche**).

bifurquer [bifyrke] **v.i.** (du lat. *bifurcus*, fourchu). **1.** (Sujet qqch). Se diviser en deux : *La voie ferrée bifurque à cet endroit.* **2.** (Sujet qqn, qqch). Prendre une autre direction : *Bifurquer sur une voie de garage, vers la gauche.* **3.** (Sujet qqn). Prendre une autre orientation : *Elle a bifurqué vers la politique* (syn. **s'orienter**).

bigame [bigam] **adj.** et **n.** (lat. ecclés. *bigamus*, veuf remarié, du gr. *gamos*, mariage). Qui est marié à deux personnes en même temps.

bigamie [bigami] **n.f.** État d'une personne bigame.

bigarade [bigarad] **n.f.** (prov. *bigarrado*, bigarré). Orange amère utilisée en confiserie et dans la fabrication du curaçao.

bigaradier [bigaradje] **n.m.** Oranger produisant la bigarade et dont les fleurs, par distillation, fournissent une essence parfumée et l'eau de fleur d'oranger.

bigarré, e [bigare] **adj.** (de l'anc. fr. *garre*, bigarré, d'orig. obsc.). **1.** Aux couleurs variées : *Une étoffe bigarrée* (syn. **bariolé**). **2.** *LITT.* Composé d'éléments divers et disparates : *Une foule bigarrée.*

bigarreau [bigaro] **n.m.** (de *bigarré*). Cerise rouge et blanc, à chair très ferme et sucrée.

A B C D E F G H I J K L M N O P Q R S T U V W X Y Z

bigarrure [bigaryr] **n.f.** (de *bigarré*). **1.** Assemblage de couleurs, de dessins très variés : *Les bigarrures d'un dessin d'enfant* (syn. **bariolage**). **2.** *LITT.* Réunion d'éléments disparates : *Les bigarrures d'un style* (syn. **variété**).

big band [bigbɑ̃d] **n.m.** (mots angl.) [pl. *big bands*]. Grand orchestre de jazz : *Le big band de Count Basie.*

big-bang ou **big bang** [bigbɑ̃g] **n.m. sing.** (mot anglo-amér., de *big*, grand, et *bang*, onomat.). Explosion, survenue il y a près de 15 milliards d'années, qui aurait marqué le commencement de l'expansion de l'Univers.

bigler [bigle] **v.i.** (lat. pop. **bisoculare*, loucher, du class. *oculus*, œil). Loucher ; avoir les yeux de travers. ◆ **v.t.** et **v.t. ind.** [**sur**]. *FAM.* Jeter sur qqn, sur qqch un regard d'envie : *Bigle un peu la moto !* (syn. **regarder**). *Il est toujours en train de bigler sur sa voisine.*

bigleux, euse [biglø, -øz] **adj.** et **n.** *FAM.* Qui a la vue basse ; qui louche.

bigorneau [bigɔrno] **n.m.** (de *bigorne*, objet à deux pointes, var. de *bicorne*). Petit mollusque marin comestible appelé aussi *vigneau, escargot de mer.* ▸ Classe des gastéropodes ; long. 1 à 3 cm.

bigot, e [bigo, -ɔt] **adj.** et **n.** (orig. incert., p.-ê. du vieil angl. *bi god*, par Dieu). Qui fait preuve de bigoterie : *Une femme bigote. Un bigot.*

bigoterie [bigɔtri] **n.f.** et **bigotisme** [bigɔtism] **n.m.** Pratique étroite et bornée de la dévotion ; caractère du bigot : *Sa bigoterie confine à la superstition.*

bigouden [bigudɛ̃], au fém. [bigudɛn] **adj.** et **n.** (mot breton « pointe de la coiffe »). De la région de Pont-l'Abbé (Finistère). *Rem.* On trouve parfois le féminin *bigoudène.*

bigoudi [bigudi] **n.m.** (orig. obsc.). Petit rouleau sur lequel on enroule les mèches de cheveux pour les boucler.

bigre [bigr] **interj.** (de *bougre*). *FAM.* Exprime l'étonnement, la surprise : *Bigre ! L'affaire est d'importance.*

bigrement [bigrəmɑ̃] **adv.** (de *bigre*). *FAM.* Beaucoup ; très : *Il a bigrement changé. Il fait bigrement froid.*

bigue [big] **n.f.** (prov. *biga*, poutre). TECHN. Appareil de levage d'inclinaison variable.

biguine [bigin] **n.f.** (mot du créole antillais). Danse des Antilles opposant le balancement des hanches à l'immobilité des épaules.

Bihar, État de l'Inde, dans le nord-est du Deccan et dans l'est de la plaine du Gange ; 94 150 km^2 ; 103 804 637 hab. CAP. *Patna.*

bihebdomadaire [biɛbdɔmadɛr] **adj.** Qui a lieu, qui paraît deux fois par semaine : *Réunions bihebdomadaires.*

bijectif, ive [biʒɛktif, -iv] **adj.** (de *bijection*). MATH. **Application bijective,** application d'un ensemble A dans un ensemble B telle que tout élément de A ait une image et une seule dans B (l'application est alors dite *surjective*) et que tout élément de B ait un antécédent et un seul dans A (l'application est alors dite *injective*).

bijection [biʒɛksjɔ̃] **n.f.** (de *[in]jection*). MATH. Application bijective.

bijou [biʒu] **n.m.** (breton *bizou*, anneau) [pl. *bijoux*]. **1.** Objet de parure, d'une matière ou d'un travail précieux. **2.** Ce qui est petit et joli et d'une facture, d'une finition particulièrement soignée : *Ce studio est un bijou.*

bijouterie [biʒutri] **n.f. 1.** Fabrication et commerce des bijoux. **2.** Magasin, boutique où l'on vend des bijoux. **3.** Ensemble des objets fabriqués par le bijoutier.

bijoutier, ère [biʒutje, -ɛr] **n.** Personne qui fabrique ou vend des bijoux.

Bikini [bikini] **n.m.** (nom déposé). Maillot de bain formé d'un slip et d'un soutien-gorge de dimensions très réduites.

Bikini, îlot du Pacifique (îles Marshall), où eurent lieu, à partir de 1946, des expérimentations nucléaires américaines.

bilabial, e, aux [bilabjal, -o] **adj.** (de *labial*). PHON. **Consonne bilabiale,** consonne réalisée avec la participation des deux lèvres : *[p], [b], [m] sont des consonnes bilabiales.* (On dit aussi *une bilabiale.*)

bilame [bilam] **n.m.** (de *lame*). TECHN. Bande métallique double, formée de deux lames minces et étroites de métaux inégalement dilatables, soudés par laminage, et qui s'incurve sous l'effet d'une variation de température : *Bilame d'un thermostat, d'un disjoncteur.*

bilan [bilɑ̃] **n.m.** (it. *bilancio*, de *bilanciare*, peser). **1.** Tableau représentant l'actif et le passif d'un commerce, d'une entreprise à une date donnée : *Établir un bilan.* **2.** Résultat positif ou négatif d'une opération quelconque : *Faire le bilan d'une campagne de publicité.* **3. Bilan de santé,** examen médical complet d'une personne (syn. **check-up**). / **Bilan social,** document qui récapitule en chiffres la politique sociale et salariale d'une entreprise.

bilatéral, e, aux [bilateral, -o] **adj. 1.** Qui a deux côtés, se rapporte aux deux côtés, aux deux faces d'une chose, d'un organisme : *Stationnement bilatéral* (= des deux côtés d'une rue). **2.** Qui engage les deux parties contractantes : *Convention bilatérale* (syn. **réciproque**).

Bilbao, v. d'Espagne, principale ville du Pays basque, ch.-l. de la Biscaye, port sur le Nervión canalisé ; 351 356 hab. Centre industriel. Musées, dont le musée des Beaux-Arts et le musée Guggenheim (bâtiment de Frank Gehry).

bilboquet [bilbɔkɛ] **n.m.** (de l'anc. fr. *biller*, jouer à la bille, et *bouquet*, petit bouc). Jouet formé d'une boule percée d'un trou et reliée par une cordelette à un petit bâton pointu, sur lequel il faut enfiler cette boule.

bile [bil] **n.f.** (lat. *bilis*). **1.** Liquide jaunâtre et âcre sécrété par le foie et accumulé dans la vésicule biliaire, d'où il est déversé dans le duodénum au moment de la digestion. **2.** *VIEILLI.* **Échauffer la bile de qqn,** le mettre en colère. / *FAM.* **Se faire de la bile,** se faire du souci.

bileux, euse [bilø, -øz] **adj.** *FAM.* Qui se fait de la bile, s'inquiète facilement (syn. **inquiet**).

bilharzie [bilarzi] **n.f.** (du n. de *T. Bilharz*). Ver parasite du système circulatoire de l'homme, responsable de la bilharziose. ▸ Classe des trématodes ; long. 2 cm env.

bilharziose [bilarzioz] **n.f.** Maladie parasitaire provoquée par les bilharzies (syn. **schistosomiase**).

biliaire [biljɛr] **adj. 1.** Relatif à la bile : *Voies biliaires. Calcul biliaire.* **2. Vésicule biliaire,** réservoir où la bile s'accumule entre les digestions (jusqu'à 50 cm^3).

bilieux, euse [biljø, -øz] **adj.** Qui résulte d'un excès de bile : *Teint bilieux.* ◆ **adj.** et **n.** Enclin à la colère, à la mauvaise humeur : *C'est un tempérament bilieux.*

bilingue [bilɛ̃g] **adj.** (du lat. *lingua*, langue). **1.** Qui est en deux langues : *Inscription bilingue. Dictionnaire bilingue.* **2.** Où l'on parle deux langues : *Pays bilingue.* ◆ **adj.** et **n.** Qui parle, connaît deux langues : *Secrétaire bilingue.*

bilinguisme [bilɛ̃gɥism] **n.m.** Situation d'une personne parlant cour. deux langues ou d'une communauté, d'un pays où se pratiquent concurremment deux langues.

bilirubine [bilirybin] **n.f.** (de *bile*, et du lat. *rubens*, rouge). Pigment de la bile.

Bill (Max), architecte, designer, peintre, sculpteur et théoricien suisse (Winterthur 1908 - Berlin 1994), pionnier d'une abstraction rationnelle *(art concret)* et de la synthèse des arts.

billard [bijar] **n.m.** (de *2. bille*, pièce de bois). **1.** Jeu qui se pratique avec des boules, appelées *billes*, qu'on pousse avec un bâton droit appelé *queue* sur une table spéciale : *Billard français, américain.* **2.** Table rectangulaire, à rebords (ou *bandes*) élastiques, recouverte d'un tapis vert, servant à jouer au billard. **3.** Lieu, salle où l'on joue au billard : *Aller au billard.* **4.** *FAM.* Table d'opération chirurgicale : *Passer sur le billard.* **5. Billard électrique,** flipper. / *FAM.* **C'est du billard,** c'est très facile, ça va tout seul.

Billaud-Varenne (Jean Nicolas), révolutionnaire français (La Rochelle 1756 - Port-au-Prince 1819). Membre du Comité de salut public (1793), il fut d'abord partisan de Robespierre, mais se retourna contre lui au 9 thermidor an II. Adversaire de la réaction qui suivit, il fut déporté à Cayenne (1795).

1. bille [bij] **n.f.** (frq. **bikkil,* dé). **1.** Petite boule en pierre, en verre, etc., utilisée dans des jeux d'enfants : *Jouer aux billes.* **2.** Boule avec laquelle on joue au billard. **3.** TECHN. Sphère d'acier très dur utilisée dans les organes de liaison (glissières, roulements, etc.). **4.** *FAM.* Visage : *Quelle bille de clown !* **5.** *FAM.* **Bille en tête,** en allant droit au but : *Il m'a annoncé, bille en tête, qu'il allait divorcer.* / *FAM.* **Reprendre, retirer ses billes,** se retirer d'une affaire, d'une entreprise. / **Stylo à bille** ⟶ **stylo.**

2. bille [bij] **n.f.** (lat. pop. **bilia,* mot gaul.). SYLV. Tronçon de bois découpé dans une grume.

billet [bijɛ] **n.m.** (de *billesse,* altér. de l'anc. fr. *bullesse,* de *1. bulle*). **1.** *VIEILLI.* Bref écrit qu'on adresse à qqn : *Billet d'invitation.* **2.** Imprimé ou écrit constatant un droit ou une convention : *Billet de spectacle, de chemin de fer, de loterie.* **3.** Petit article de journal souvent polémique ou satirique. **4.** *VIEILLI.* **Billet doux,** lettre d'amour. / *FAM.* **Je te (vous) fiche mon billet que,** je te (vous) garantis que : *Je te fiche mon billet qu'il le regrettera.* / DR. COMM. **Billet à ordre,** billet que le souscripteur s'engage à payer à une date donnée au bénéficiaire ou à la personne désignée par lui. **5. Billet de banque,** monnaie en papier.

billetterie [bijɛtri] **n.f. 1.** Ensemble des opérations ayant trait à l'émission et à la délivrance de billets (transports, spectacles, etc.) ; lieu où les billets sont délivrés. **2.** Distributeur automatique de billets de banque fonctionnant avec une carte de crédit.

billevesée [bilvəze] **n.f.** (orig. incert., probabl. de l'anc. fr. *vesé,* ventru). *LITT.* (Surtout au pl.). Propos vide de sens : *Dire, écrire des billevesées* (syn. **baliverne, sornette**).

billion [biljɔ̃] **n.m.** (de *million*). Un million de millions (10^{12}).

billot [bijo] **n.m.** (de *2. bille*). **1.** Tronc de bois gros et court sur lequel on coupe la viande, le bois, etc. **2.** Pièce de bois sur laquelle on décapitait les condamnés.

bimbeloterie [bɛ̃blɔtri] **n.f.** (de *bimbelot,* var. de *bibelot*). Fabrication ou commerce de bibelots ; ces objets.

bimensuel, elle [bimɑ̃sɥɛl] **adj.** Qui se produit, paraît deux fois par mois : *Revue bimensuelle.* ◆ **bimensuel n.m.** Périodique bimensuel.

bimestre [bimɛstr] **n.m.** (lat. *bimestris*). Durée de deux mois : *Le bimestre sert de base à certaines facturations.*

bimestriel, elle [bimɛstrijɛl] **adj.** (lat. *bimenstris*). Qui se produit, paraît tous les deux mois. ◆ **bimestriel n.m.** Périodique bimestriel.

bimétallique [bimetalik] **adj.** Composé de deux métaux.

bimétallisme [bimetalism] **n.m.** ÉCON. Système monétaire établi sur un double étalon (or et argent).

bimoteur [bimɔtœr] **adj.m.** et **n.m.** Se dit d'un avion muni de deux moteurs.

binage [binaʒ] **n.m.** Action de biner.

binaire [binɛr] **adj.** (lat. *binarius,* de *bini,* deux par deux). **1.** Qui met en jeu deux éléments : *Division binaire. Rythme binaire.* **2.** MATH. **Numération binaire,** système de numération qui a pour base 2 et qui fait appel aux seuls chiffres 0 et 1 pour écrire tous les nombres. **3.** MUS. **Mesure binaire,** mesure dont chaque temps, contrairement à ceux d'une mesure *ternaire,* est divisible par deux (on dit aussi *mesure simple*) : *La mesure à 3/4, qui comporte trois temps dont chacun correspond à deux croches, est binaire.*

biner [bine] **v.t.** (prov. *binar,* lat. *binare,* de *bini,* deux par deux). AGRIC. Donner une seconde façon à la terre ; ameublir le sol, sarcler avec la binette.

Binet (Alfred), psychologue français (Nice 1857 - Paris 1911). Il a créé la méthode des tests de niveau intellectuel *(échelle de Binet-Simon).*

1. binette [binɛt] **n.f.** (de *biner*). Outil de jardinier servant au binage ou au sarclage.

2. binette [binɛt] **n.f.** (orig. incert., p.-ê. de *trombine*). *FAM.* Visage : *Il a une drôle de binette* (syn. **tête**).

biniou [binju] **n.m.** (mot breton). Cornemuse bretonne.

binocle [binɔkl] **n.m.** (du lat. *bini,* deux par deux, et *oculus,* œil). Lunettes sans branches se fixant sur le nez. ◆ **binocles n.m. pl.** *FAM.* Lunettes.

binoculaire [binɔkylɛr] **adj.** (du lat. *bini,* deux par deux, et de *oculaire*). **1.** Relatif aux deux yeux : *Vision binoculaire.* **2.** Se dit d'un appareil d'optique à deux oculaires : *Télescope, microscope binoculaire.*

binôme [binom] **n.m.** (lat. médiév. *binomium,* du class. *bis,* deux fois, et *nomen,* nom, terme). **1.** MATH. Somme algébrique à deux termes où figurent une ou plusieurs variables (ex. : $b^2 + 4\,ac$). **2.** Ensemble de deux éléments considérés en bloc : *Le binôme droite-gauche de l'échiquier politique.*

binomial, e, aux [binɔmjal, -o] **adj.** MATH. Relatif au binôme.

bio [bjo] **adj. inv.** (abrév. de *biologique*). *FAM.* Cultivé sans engrais ni pesticides chimiques : *Des courgettes bio.*

biocarburant [bjɔkarbyrɑ̃] **n.m.** Carburant obtenu à partir de végétaux, comme le blé, la betterave, etc.

biocénose [bjɔsenoz] **n.f.** (de *bio-* et du gr. *koinos,* commun). ÉCOL. Ensemble des êtres vivants présents dans un même milieu ou *biotope.*

biochimie [bjɔʃimi] **n.f.** Étude des constituants de la matière vivante et de leurs réactions chimiques. ◆ **biochimiste n.** Nom du spécialiste.

biochimique [bjɔʃimik] **adj.** Relatif à la biochimie.

biocombustible [bjɔkɔ̃bystibl] **n.m.** Tout combustible, solide, liquide ou gazeux obtenu à partir de la biomasse, animale ou végétale (par oppos. aux *combustibles fossiles**).

biodégradable [bjɔdegradabl] **adj.** Qui peut être détruit par les bactéries ou d'autres agents biologiques : *Emballage, lessive biodégradables.*

biodégradation [bjɔdegradasjɔ̃] **n.f.** Décomposition d'un produit biodégradable.

biodiversité [bjɔdiversite] **n.f.** Diversité des espèces vivantes ; diversité au sein des espèces. ▸ *Dossier page suivante.*

bioénergie [bjɔenɛrʒi] **n.f. 1.** Énergie renouvelable obtenue par la transformation chimique de la biomasse. **2.** PSYCHOL. Pratique inspirée des théories de W. Reich et visant à restaurer l'équilibre psychosomatique par la libération des flux énergétiques (libido, etc.).

bioéthique [bjɔetik] **n.f.** Ensemble des problèmes engageant la responsabilité morale des médecins et des biologistes dans leurs recherches, dans les applications de celles-ci. (On dit aussi *éthique médicale.*)

biogaz [bjɔgaz] **n.m.** Gaz combustible produit par la fermentation des déchets organiques.

biogenèse [bjɔʒənɛz] **n.f. 1.** Première étape de l'évolution du vivant, jusqu'à l'apparition de la cellule dite *eucaryote,* où noyau et cytoplasme sont nettement séparés. **2.** Apparition de la vie sur la Terre.

biogéographie [bjɔʒeɔgrafi] **n.f.** Étude de la répartition des espèces vivantes (végétales et animales) et des causes de cette répartition.

biographie [bjɔgrafi] **n.f.** (de *bio-* et *graphie*). Histoire écrite de la vie d'une personnalité : *Écrire la biographie d'un homme politique.* ◆ **biographe n.** Auteur de biographies.

biographique [bjɔgrafik] **adj.** Relatif à la biographie : *Faire une recherche biographique.*

Quand la biodiversité s'effondre

Depuis l'apparition de la vie, la biodiversité de notre planète évolue. Mais notre époque connaît une dégradation accélérée et alarmante de nombreuses formes de vie. Quelles en sont les raisons ? Et les conséquences ? Peut-on enrayer le phénomène ?

▶ **L'affaire des dinosaures.** Le processus d'évolution produit en permanence, à l'échelle des temps géologiques, de nouvelles espèces. Parallèlement, d'autres s'éteignent. L'extinction est en effet un phénomène normal de l'histoire des espèces. Mais l'histoire de la Terre est aussi marquée par des vagues d'extinctions massives, dont les causes exactes sont mal élucidées, et qui ont entraîné la disparition de la majorité des espèces d'une époque. Ainsi, il y a 65 millions d'années, les dinosaures se sont éteints, et avec eux 60 à 75 % des espèces animales et végétales de la planète. Cinq grandes extinctions ont été recensées grâce aux fossiles, mais chacune suivie par un nouveau développement de la biodiversité. Les grands reptiles du mésozoïque, par exemple, ont laissé place aux mammifères.

▶ **La sixième extinction a-t-elle commencé ?** Au fil des temps géologiques, le rythme d'extinction naturel est de 1 espèce tous les 4 ans. Mais à l'heure actuelle, il disparaîtrait, selon les estimations, entre 1 et 7 espèces par jour, un rythme environ 1 000 à 10 000 fois supérieur au taux naturel ! C'est la sixième grande extinction de l'histoire de la Terre qui aurait commencé… En 2012, la liste rouge des espèces menacées de l'Union internationale pour la conservation de la nature (U.I.C.N.) recensait quelque 20 000 espèces animales et végétales en danger. Un chiffre énorme, mais très en dessous de la réalité : on ne connaît en effet « que » 1,7 million d'espèces environ, sur un total estimé à 14 millions, et seulement 65 500 ont été étudiées par la liste rouge.

▶ **Les activités destructrices de l'homme.** La destruction des habitats par les activités humaines (agriculture, déforestation, urbanisation, activités industrielles, etc.) est la première cause de disparition des espèces : plus de 80 % des oiseaux et des mammifères en danger le seraient pour cette raison. À cela s'ajoutent l'introduction dans les milieux d'espèces exogènes (étrangères à ce milieu), qui provoquent des déséquilibres écologiques, et les prélèvements directs : la chasse (associée parfois au trafic de viande ou de « matières premières » comme l'ivoire), la pêche devenue industrielle, la cueillette, et les captures pour le commerce des animaux de compagnie. Il faut aussi citer la pollution, qui affecte les chaînes alimentaires, et le réchauffement climatique, auquel de nombreuses espèces ne pourront pas s'adapter.

▶ **En quoi est-ce grave ?** L'effondrement actuel de la biodiversité a ceci de particulier qu'il est dû aux activités d'une espèce, en l'occurrence l'espèce humaine. On peut envisager la question sous son aspect moral : l'homme, s'il domine la planète, a-t-il pour autant le droit de détruire les autres espèces ? On peut également la considérer du point de vue de ses conséquences pour l'humanité elle-même : les animaux et les plantes fournissent des aliments, des matières premières, des médicaments, etc. Dans les forêts tropicales, des plantes disparaissent tous les jours, dont certaines renferment peut-être des substances médicinales précieuses. En détruisant le monde vivant, l'homme se met lui-même en péril.

▶ **Que faire ?** Il existe plusieurs stratégies pour sauvegarder des portions de notre planète, qui vont de la protection intégrale d'un espace à la promotion d'un tourisme « vert », respectueux de l'environnement. Les parcs animaliers, les zoos, les réserves sont devenus des lieux de conservation d'espèces, parfois à l'origine de la réintroduction d'individus dans la nature. Le commerce international de nombreuses espèces animales et végétales est réglementé, voire totalement interdit dans certains cas. Cependant, le braconnage perdure, et dans les pays pauvres, vendre des animaux, des plantes ou de l'ivoire peut être un moyen de subsistance – la sauvegarde du monde vivant passe donc aussi par la lutte contre la pauvreté.

La situation est devenue critique : au rythme actuel d'extinction, la moitié des espèces de la planète pourrait avoir disparu en 2050.

Voir aussi : animal ; biologie ; classification ; environnement ; espèce ; évolution ; végétal.

Bioko ou **Bioco,** anc. **Fernando Poo,** île de la Guinée équatoriale ; 2 017 km². V. princ. *Malabo.*

biologie [bjɔlɔʒi] **n.f.** (de *bio-* et *logie*). **1.** Science de la vie et, plus spécial., étude du cycle reproductif des espèces vivantes : *Biologie animale, végétale.* **2. Biologie moléculaire,** étude des molécules et macromolécules constitutives des organites cellulaires (chromosome, ribosome, etc.). ◆ **biologiste n.** Nom du spécialiste.

■ La biologie s'intéresse à l'unité et à la diversité des manifestations du vivant (micro-organismes, animaux et végétaux). C'est une science dont les interactions sont nombreuses avec les domaines de la santé (médecine), de la production animale (élevage, aquaculture) et végétale (agriculture), de l'alimentation des hommes (agroalimentaire), de l'environnement (écologie), de l'économie (biotechnologie) et de l'éthique (manipulation du vivant).
Les méthodes et les objets de cette discipline ont évolué au cours de l'histoire. Jusqu'au XVIIIe s., le biologiste s'appelait naturaliste et se contentait le plus souvent de décrire les êtres vivants (les exceptions les plus notoires sont Réaumur et Spallanzani [travaux sur la digestion], Harvey [découverte de la circulation du sang]). C'est au XIXe s. que les progrès deviennent spectaculaires grâce à l'amélioration des techniques d'observation et d'analyse et à la généralisation de la démarche expérimentale : Pasteur démontre l'inexistence de la génération spontanée, Claude Bernard étudie les grandes fonctions de l'organisme, Darwin établit la théorie de l'évolution des espèces et M. J. Schleiden et T. Schwann la théorie cellulaire (la cellule est l'unité élémentaire de la vie).
La biologie a connu une révolution, en 1953, avec les travaux de Watson et Crick mettant en évidence la composition et la structure en double hélice de l'ADN, molécule porteuse de l'information génétique chez pratiquement tous les êtres vivants. Cette découverte a ouvert la porte à la compréhension de nombreux mécanismes fondamentaux du vivant. À la fin des années 1970, les biologistes apprennent à isoler les gènes et s'attachent à comprendre le fonctionnement de ceux-ci. Des progrès considérables ont été faits dans ce domaine, et l'on sait maintenant orienter le fonctionnement du gène et le transplanter chez un individu à qui il n'appartient pas (animaux ou plantes transgéniques). Ces progrès posent des problèmes éthiques. L'inquiétude se manifeste aussi à propos de la dégradation de l'environnement et de la disparition des espèces vivantes. ■

biologique [bjɔlɔʒik] **adj. 1.** Relatif à la biologie : *Rythme biologique.* **2.** Qui est produit sans engrais ni pesticides : *Pain biologique.* (abrév. fam. *bio*). **3. Arme biologique,** arme utilisant des organismes vivants ou des toxines.

bioluminescence [bjɔlyminesɑ̃s] **n.f.** Émission de signaux lumineux par certaines espèces animales, utile à la capture des proies ou à la rencontre des sexes : *On observe le phénomène de la bioluminescence chez le lampyre.*

biomasse [bjɔmas] **n.f. 1.** Masse totale des êtres vivants subsistant en équilibre sur une surface donnée du sol ou dans un volume donné d'eau océanique ou douce. ▸ La biomasse d'une forêt comprend aussi bien les arbres, leurs oiseaux et leurs insectes que le sous-bois et la faune microscopique du sol. **2.** Partie biodégradable des déchets et résidus agricoles, industriels et ménagers, utilisable comme énergie.

biome [bjom] **n.m.** ÉCOL. Chacun des grands milieux de vie de la planète : *L'océan, la forêt, les eaux fluviales, le désert sont des biomes.*

biométrie [bjɔmetri] **n.f. 1.** Étude statistique des dimensions et de la croissance des êtres vivants. **2.** Technique servant à l'identification des personnes par reconnaissance automatique de certaines de leurs caractéristiques physiques (empreintes, visage, voix) préalablement numérisées et stockées.

biométrique [bjɔmetrik] **adj.** Relatif à la biométrie ; qui utilise la biométrie : *Passeport biométrique.*

bionique [bjɔnik] **n.f.** (anglo-amér. *bionics,* de *bio[logy]* et *[electro]nics*). Science qui étudie les phénomènes et les processus biologiques afin d'en tirer des applications industrielles. ◆ **adj.** Relatif à la bionique.

biophysique [bjɔfizik] **n.f.** Étude des phénomènes biologiques par les méthodes de la physique : *La production de chaleur, de lumière, de sons constitue une partie de la biophysique.* ◆ **biophysicien, enne n.** Nom du spécialiste.

biopsie [bjɔpsi] **n.f.** (de *bio-* et du gr. *opsis,* vue). Prélèvement d'un fragment de tissu sur un être vivant pour son examen histologique.

biorythme [bjɔritm] **n.m.** Variation périodique régulière d'un phénomène physiologique : *Biorythme respiratoire.*

biosciences [bjɔsjɑ̃s] **n.f. pl.** Ensemble des sciences de la vie.

biosphère [bjɔsfɛr] **n.f.** Ensemble des écosystèmes de la planète, comprenant tous les êtres vivants et leurs milieux.

Biot (Jean-Baptiste), physicien français (Paris 1774 - *id.* 1862). Il a reconnu l'origine céleste des météorites et effectué la première ascension scientifique en ballon, pour étudier le magnétisme terrestre. Il a découvert, en 1815, le pouvoir rotatoire de certains liquides, mesuré la vitesse du son dans les solides et déterminé avec Savart, en 1820, la valeur du champ magnétique engendré par un courant rectiligne.

biotechnologie [bjɔtɛknɔlɔʒi] et **biotechnique** [bjɔtɛknik] **n.f.** (souvent au pl.). Technique produisant par manipulations génétiques des molécules biologiques ou des organismes transgéniques, en vue d'applications industrielles (agroalimentaire, pharmacie, etc.).

■ Le terme *biotechnologie* est récent, mais l'homme modifie le vivant depuis longtemps, par exemple en contrôlant la reproduction des animaux d'élevage et des plantes cultivées, puis en effectuant des croisements au sein des espèces domestiques pour en améliorer certains caractères. De plus, il a tiré parti de certains micro-organismes pour l'élaboration du pain, des produits laitiers et des boissons alcoolisées. À la fin du XIXe s., le rôle des bactéries est mis en évidence, ainsi que la possibilité de les cultiver. La découverte de la structure de l'ADN en 1953 a ouvert la voie à l'étude de l'expression des gènes, portés par l'ADN. Elle a conduit au *génie génétique,* qui permet notamm. d'insérer de nouveaux gènes dans le matériel génétique de bactéries, champignons, animaux, végétaux. Ainsi modifiés, ces organismes peuvent fabriquer des protéines utiles (hormones, facteurs de coagulation sanguine, etc.), ou exprimer des caractères nouveaux (ce sont les *OGM, organismes génétiquement modifiés*).
Principales applications. La maîtrise de techniques comme le clonage et le transfert de gènes *(transgenèse)* permet d'isoler, d'étudier, de reproduire et de transférer les gènes présentant un intérêt spécifique ; grâce à elle, les applications des biotechnologies couvrent aujourd'hui un large éventail de domaines : agriculture, industrie agroalimentaire, industrie pharmaceutique, médecine, etc.
Agriculture et agroalimentaire. En agriculture, les biotechnologies végétales ont pour principal objectif d'optimiser la production en améliorant les rendements et la lutte contre les agents pathogènes. Dans l'agroalimentaire, les industries traditionnelles de fermentation utilisant des levures ont été les premières a bénéficier des avancées biotechnologiques : vinification, brasserie, industrie laitière. Depuis, de nouvelles voies de production industrielle par les micro-organismes se sont ouvertes : synthèse d'arômes, d'acides aminés, de vitamines, etc. Par ailleurs, la richesse de certaines levures en protéines et en vitamines a conduit à les fabriquer industriellement, pour l'alimentation animale ou humaine.
Industrie pharmaceutique et médecine. Dans l'industrie pharmaceutique, l'utilisation des biotechnologies a débuté avec la production industrielle de pénicilline, en 1941. Depuis l'avènement du génie génétique, la production en masse s'est étendue à d'autres molécules (vitamines, vaccins, hormones, anticorps et enzymes). Les →

plantes comme les animaux sont également employés pour produire des substances telles que les facteurs de coagulation sanguine, les lipases (des enzymes) utilisées pour soigner la mucoviscidose, l'albumine humaine (synthétisée par les pommes de terre), etc.
En médecine, la thérapie génique cherche à introduire dans des organismes malades des gènes susceptibles de soigner, voire de guérir. Encore au stade expérimental, cette technique, même si elle est prometteuse, soulève de nombreuses questions d'ordre technique et éthique. ■

bioterrorisme [bjɔterɔrism] **n.m.** Forme de terrorisme ayant recours à des agents biologiques pathogènes (ceux de la variole, de la maladie du charbon, de la peste, du botulisme, etc.), dispersés dans l'atmosphère ou acheminés par voie postale.

biotite [bjɔtit] **n.f.** (du n. de *J.-B. Biot,* physicien fr.). MINÉR. Mica noir, parfois abondant dans certaines roches magmatiques et métamorphiques.

biotope [bjɔtɔp] **n.m.** (de *bio-* et du gr. *topos,* lieu). ÉCOL. Aire géographique de dimensions variables, souvent très petites, offrant des conditions constantes ou cycliques aux espèces animales et végétales qui la peuplent de manière équilibrée.

■ Un biotope constitue un milieu occupé par un ensemble d'êtres vivants (la *biocénose*) ; la réunion d'un biotope et d'une biocénose forme un écosystème. Le biotope est défini par ses propriétés physico-chimiques ainsi que par un ensemble de facteurs, tels la nature du sol, la température, l'humidité, l'importance du rayonnement solaire (on parle de facteurs *abiotiques,* c'est-à-dire non vivants). ■

biovigilance [bjɔviʒilɑ̃s] **n.f.** Surveillance des applications agricoles et industrielles des biotechnologies, notamm. en ce qui concerne les cultures d'OGM.

bip [bip] **n.m.** (angl. *beep,* onomat.). **1.** Signal acoustique bref et répété émis par un appareil. **2.** Appareil émettant ce signal.

bipale [bipal] **adj.** Qui a deux pales.

biparti, e [biparti] et (aux deux genres) **bipartite** [bipartit] **adj.** (de l'anc. fr. *partir,* partager). **1.** Divisé en deux sur plus de la moitié de sa longueur : *Feuille bipartite.* **2.** Constitué par l'association de deux partis politiques : *Gouvernement biparti* ou *bipartite.*

bipartisme [bipartism] **n.m.** (de *biparti*). Organisation de la vie politique d'un État en fonction de deux partis ou de deux coalitions de partis qui alternent au pouvoir.

bipartition [bipartisjɔ̃] **n.f.** (de *partition*). **1.** Division en deux parties. **2.** BIOL. Partage d'une cellule vivante en deux cellules filles identiques.

bipasse [bipas] **n.m.** et **by-pass** [bajpas] **n.m. inv.** (angl. *by-pass,* de *by,* à côté, et *to pass,* passer). Circuit de dérivation réalisé sur le trajet d'un fluide et servant à éviter ou à isoler un appareil.

bipède [bipɛd] **n.** et **adj.** (lat. *bipes,* de *pes, pedis,* pied). Animal qui marche sur deux pieds : *Les oiseaux sont des bipèdes.*

bipenne [bipɛn] ou **bipenné, e** [bipene] **adj.** (du lat. *penna,* plume). ZOOL. Qui a deux ailes.

biphasé, e [bifaze] **adj.** (de *phase*). ÉLECTR. Se dit d'un système polyphasé sinusoïdal dont les deux phases fournissent des tensions égales et de signe contraire.

biplace [biplas] **adj.** et **n.m.** Se dit d'un véhicule et partic. d'un avion à deux places.

biplan [biplɑ̃] **n.m.** Avion comprenant deux plans de sustentation placés l'un au-dessus de l'autre.

bipoint [bipwɛ̃] **n.m.** MATH. Couple de points.

bipolaire [bipɔlɛr] **adj. 1.** Qui a deux pôles : *Aimant bipolaire.* **2. Coordonnées bipolaires,** système de coordonnées dans lequel un point est déterminé par ses distances à deux points fixes.

bipolarisation [bipɔlarizasjɔ̃] **n.f.** Situation dans laquelle la vie politique s'articule en fonction de deux partis ou de deux coalitions de partis.

bique [bik] **n.f.** (orig. incert., p.-ê. de *biche,* par croisement avec *bouc*). FAM. Chèvre : *Berger vêtu d'une peau de bique.*

biquet, ette [bikɛ, -ɛt] **n. 1.** FAM. Petit de la chèvre, de la bique (syn. **chevreau, chevrette**). **2.** Terme d'affection : *Mon biquet, ma biquette.*

biquotidien, enne [bikɔtidjɛ̃, -ɛn] **adj.** Qui a lieu deux fois par jour : *Distribution biquotidienne du courrier.*

biréacteur [bireaktœr] **n.m.** Avion à deux turboréacteurs.

biréfringent, e [birefrɛ̃ʒɑ̃, -ɑ̃t] **adj.** OPT. Qui produit une double réfraction : *Certains cristaux sont biréfringents.*

Bir Hakeim *(bataille de),* bataille de la campagne de Libye, pendant la Seconde Guerre mondiale (1942), qui eut lieu à 60 km au S.-O. de Tobrouk. Un détachement des Forces françaises libres, commandé par Kœnig, y résista aux Allemands et aux Italiens, sous le commandement de Rommel, puis réussit à rejoindre les lignes britanniques.

Birkenau, localité de Pologne, près d'Auschwitz. Camp d'extermination allemand (1941-1945).

Birkhoff (George David), mathématicien américain (Overisel, Michigan, 1884 - Cambridge, Massachusetts, 1944). Il a contribué à la théorie des équations différentielles et démontré le dernier théorème de géométrie de Poincaré, en relation avec le problème des trois corps.

birman, e [birmɑ̃, -an] **adj.** et **n.** De la Birmanie. ◆ **birman** **n.m.** Langue officielle de la Birmanie, du même groupe que le tibétain.

Birmanie, officiellement **Myanmar,** en birman **Myanma,** État de l'Indochine occidentale, groupant en une fédération l'anc. colonie anglaise de Birmanie et sept États « périphériques » peuplés de minorités ethniques (20 % au total de la population) ; 678 000 km^2 ; 53 259 000 hab. *(Birmans).* CAP. *Nay Pyi Taw.* LANGUE : *birman.* MONNAIE : *kyat.*

GÉOGRAPHIE

Le cœur de ce pays, coupé par le tropique et situé dans le domaine de la mousson (pluies d'été), est une longue dépression drainée par l'Irrawaddy, plus humide au S. (dans la basse Birmanie, correspondant approximativement au delta du fleuve) qu'au N. (haute Birmanie, autour de Mandalay). Le pourtour est montagneux (chaîne de l'Arakan à l'O., monts des Kachins au N., plateau Chan et Tenasserim à l'E.), souvent très arrosé et boisé, difficilement pénétrable. C'est ici que vivent essentiellement les minorités, parfois remuantes, des États « périphériques ». La majeure partie de la population, en accroissement assez rapide, se groupe dans la dépression centrale.
Le delta est une grande région rizicole, alors que le riz est juxtaposé au millet, au coton, à l'arachide, au tabac dans la haute Birmanie. L'exploitation de la forêt (teck) est la ressource essentielle de la montagne. La Birmanie produit un peu de pétrole et de gaz naturel, recèle quelques minerais métalliques (plomb, étain, tungstène), mais l'industrie est très peu développée (excepté l'agroalimentaire), guère stimulée d'ailleurs (comme le tourisme) par la socialisation de l'économie. L'accroissement de population a pratiquement supprimé les exportations de riz et contribué au déficit de la balance commerciale.

HISTOIRE

Au cours de l'histoire, la Birmanie a été occupée par des peuples d'origines variées. Les Birmans sont arrivés au début du IXe s.
XIe s. Constitution d'un État birman.
1287-1299. Cet État est détruit par des Mongols de Chine et des Chan (ethnie de langue thaïe).
Au cours du XIXe s., les Anglais conquièrent le pays, qui est englobé dans l'empire des Indes.
1942-1945. Occupation japonaise au cours de la Seconde Guerre mondiale.

1948. Indépendance de la Birmanie. U Nu, Premier ministre (1948-1956, 1957-1958, 1960-1962), est confronté à la guerre civile déclenchée par les communistes et à la rébellion de minorités ethniques.
1962. Le général Ne Win, Premier ministre de 1958 à 1960, revient au pouvoir à la faveur d'un coup d'État.
1981. Ne Win est remplacé par le général San Yu, mais il conserve la réalité du pouvoir.
1988. Ne Win et San Yu quittent leurs fonctions. Les gouvernements militaires se succèdent.
1990. L'opposition, dirigée par Aung San Suu Kyi, remporte les élections, mais les militaires (avec à leur tête, à partir de 1992, le général Than Shwe) gardent le pouvoir.
1995. Aung San Suu Kyi, qui était en résidence surveillée depuis 1989, est libérée. Mais elle est à nouveau assignée à résidence de 2000 à 2002 et à partir de 2003.
1997. Le pays est admis au sein de l'ASEAN.
2007. Nées d'une protestation contre la vie chère, de grandes manifestations d'opposition au régime militaire, conduites par des moines bouddhistes, sont sévèrement réprimées.
2008. Alors que le passage du cyclone Nargis provoque un désastre humanitaire, la junte fait approuver par référendum une Constitution qui pérennise son pouvoir.
2010-2012. Après la libération d'Aung San Suu Kyi (2010) qui est élue députée (2012), le régime prend des mesures de libéralisation en vue d'obtenir la fin des sanctions internationales.

Birmingham, v. de Grande-Bretagne, dans les Midlands ; 977 091 hab. (2 273 095 dans l'agglomération). Centre métallurgique. Située au cœur du *Pays Noir,* la ville fut, aux XVIIIe et XIXe s., l'un des principaux centres autour desquels se développa l'industrie britannique. Riche musée (peintres préraphaélites notamm.).

1. bis, e [bi, biz] **adj.** (orig. obsc.). **1.** Gris foncé ou gris-brun : *Toile bise.* **2. Pain bis,** pain qui contient du son.

2. bis [bis] **adv.** (mot lat. « deux fois »). Désigne un numéro répété une seconde fois : *Numéro 20 bis.* ◆ **interj.** et **n.m.** Cri que l'on adresse à un artiste pour qu'il redonne le passage qu'il vient d'interpréter.

bisaïeul, e [bizajœl] **n.** (pl. *bisaïeuls, bisaïeules*). LITT. Père, mère d'un aïeul.

bisannuel, elle [bizanɥɛl] **adj. 1.** Qui revient tous les deux ans : *Conférence bisannuelle* (syn. **biennal**). **2.** BOT. **Plante bisannuelle,** plante dont le cycle vital est de deux ans : *La carotte et la betterave sont des plantes bisannuelles.*

bisbille [bisbij] **n.f.** (it. *bisbiglio,* murmure, d'orig. onomat.). *FAM.* Querelle de peu d'importance : *Être en bisbille avec qqn* (= avoir un différend) [syn. **désaccord**].

Biscaye [-kaj], en esp. **Vizcaya,** l'une des prov. basques d'Espagne ; 1 156 190 hab. Ch.-l. *Bilbao.*

biscornu, e [biskɔrny] **adj.** (réfection d'un anc. *biscornu,* de *cornu,* d'après le lat. *bis,* deux fois). **1.** De forme irrégulière : *Construction biscornue.* **2.** *FAM.* Bizarre ; extravagant : *Avoir des idées biscornues* (syn. **farfelu**).

biscotte [biskɔt] **n.f.** (it. *biscotto,* cuit deux fois, puis, propr., « biscuit »). Tranche de pain de mie séchée et grillée au four.

biscuit [biskɥi] **n.m.** (de *bis-,* var. de *bi-,* et *cuit*). **1.** Pâtisserie faite de farine, d'œufs et de sucre ; gâteau sec. **2.** Pâte céramique, notamm. porcelaine cuite deux fois et non émaillée, imitant le marbre. **3.** Objet (figurine, statuette, etc.) fait en cette matière. **4. Biscuit de marin, de soldat,** galette très dure constituant autref. un aliment de réserve pour les troupes.

biscuiterie [biskɥitri] **n.f. 1.** Fabrication et commerce des biscuits. **2.** Fabrique de biscuits.

1. bise [biz] **n.f.** (frq. **bisa*). Vent froid soufflant du nord ou du nord-est.

2. bise [biz] **n.f.** (de *biser,* embrasser, var. de *baiser*). *FAM.* Baiser : *Faire la bise à qqn* (= l'embrasser).

biseau [bizo] **n.m.** (orig. incert., probabl. de *biais*). **1.** Bord taillé obliquement au lieu de former une arête à angle droit. **2. En biseau,** taillé obliquement : *Miroir taillé en biseau.*

biseauter [bizote] **v.t. 1.** Tailler en biseau. **2.** Marquer des cartes à jouer sur la tranche pour pouvoir les reconnaître et tricher.

biset [bizɛ] **n.m.** (de *1. bis*). Pigeon sauvage, gris bleuté.

bisexualité [bisɛksɥalite] **n.f. 1.** Caractère des plantes et des animaux bisexués. **2.** PSYCHAN. Coexistence, dans le psychisme, de deux potentialités sexuelles, l'une féminine et l'autre masculine. **3.** Pratique sexuelle indifféremment homosexuelle ou hétérosexuelle.

bisexué, e [bisɛksɥe] **adj.** Se dit d'un être vivant qui possède les organes reproducteurs des deux sexes (syn. **hermaphrodite**).

bisexuel, elle [bisɛksɥɛl] **adj.** et **n.** Qui pratique la bisexualité.

Bismarck ***(archipel),*** ensemble d'îles de la Mélanésie, au nord-est de la Nouvelle-Guinée. L'île principale est la Nouvelle-Bretagne. Anc. colonie allemande (1884-1914), auj. partie de la Papouasie-Nouvelle-Guinée.

Bismarck (Otto, *prince* **von),** ou, plus précisément, **von Bismarck-Schönhausen,** homme d'État allemand (Schönhausen 1815 - Friedrichsruh 1898). Hobereau luthérien, député au Landtag (assemblée) de Prusse (1847), il s'oppose à la révolution de 1848. Appelé, en 1862, à la présidence du Conseil par Guillaume Ier, qui ne peut obtenir du Landtag les crédits militaires exigés par la réforme de Moltke, il fait voter ces crédits – qui dotent la Prusse d'une armée modèle – et instaure en Prusse un régime autoritaire.
De 1864 à 1871, Bismarck réalise l'unité allemande, au profit de la Prusse, en plusieurs temps : ayant battu l'Autriche à Sadowa (1866), il l'élimine de la nouvelle confédération germanique (la Confédération de l'Allemagne du Nord) ; remportant une victoire complète dans la guerre franco-allemande, il annexe l'Alsace-Lorraine et fait proclamer à Versailles, le 18 janv. 1871, l'Empire allemand. Chancelier de cet empire et président du Conseil de Prusse, il renforce l'autorité impériale à l'égard des États allemands et impose une unité monétaire, le mark (1873).
Bismarck domine durant vingt ans la scène diplomatique, imposant à l'Europe un système d'alliances fondé sur l'isolement de la France. Pour cela, il s'allie avec les puissances continentales et conservatrices, l'Autriche-Hongrie et la Russie. En Allemagne, son autoritarisme doit compter avec les catholiques, qu'il affronte d'abord brutalement *(Kulturkampf),* avec les Alsaciens-Lorrains, qui acceptent difficilement d'être sujets allemands ; avec la social-démocratie, qu'il s'efforce de neutraliser par la répression et par l'application d'une législation sociale avancée. Ne pouvant supporter le jeune empereur Guillaume II (1888), Bismarck quitte le pouvoir en 1890.

bismuth [bismyt] **n.m.** (all. *Wismut*). Métal d'un blanc gris rougeâtre, fondant à 270 °C en diminuant de volume, cassant et facile à réduire en poudre, et dont certains composés sont utilisés comme médicaments. ▸ Symb. Bi ; densité 9,8.

bison [bizɔ̃] **n.m.** (lat. *bison, -ontis*). Grand bovidé sauvage, caractérisé par son cou bossu et son grand collier de fourrure laineuse. ▸ Le bison, d'Amérique ou d'Europe, ne subsiste plus que dans des réserves ou en captivité. Haut. au garrot 1,80 m env.

bisou ou **bizou** [bizu] **n.m.** (de *2. bise*). *FAM.* Baiser.

bisphénol [bisfenɔl] **n.m.** (de *2. bis* et *phénol*). **Bisphénol A,** composé chimique utilisé dans la fabrication de plastiques rigides. ▸ La production et la vente de biberons contenant du *bisphénol A* est interdite dans plusieurs pays, notamm. en France et au Canada, en raison de soupçons sur sa toxicité pour l'être humain.

bisque [bisk] **n.f.** (orig. incert., probabl. du n. de la province espagnole de *Biscaye*). Potage fait d'un coulis de crustacés : *Bisque d'écrevisses, de homard.*

bisquer [biske] **v.i.** *FAM.* **Faire bisquer qqn,** lui faire éprouver du dépit, l'agacer.

Bissau, cap. de la Guinée-Bissau ; 473 000 hab. dans l'agglomération. Aéroport.

bissecteur, trice [bisɛktœr, -tris] **adj.** (de *secteur*). MATH. **1.** Qui divise en deux parties égales. **2. Plan bissecteur,** demi-plan mené par l'arête d'un angle dièdre et divisant cet angle en deux angles dièdres égaux. ◆ **bissectrice n.f.** Demi-droite issue du sommet d'un angle et le divisant en deux angles égaux.

bisser [bise] **v.t.** (de *2. bis*). **1.** Répéter ou faire répéter une fois par des applaudissements : *Bisser un refrain, un acteur.* **2.** *BELG.* Redoubler une année universitaire.

bissextile [bisɛkstil] **adj. f.** (bas lat. *bissextilis,* qui a deux fois le sixième jour). **Année bissextile,** année qui comporte un jour de plus en février, soit 366 jours, et qui revient tous les quatre ans. ▶ Pour être bissextile, une année doit avoir son millésime divisible par 4. Toutefois, les années séculaires ne sont bissextiles que si leurs deux premiers chiffres sont divisibles par 4, comme 1600, 2000, 2400, 2800, etc.

bistouri [bisturi] **n.m.** (it. *bistorino,* altér. de *pistorino,* poignard de Pistoria [v. d'Italie]). **1.** Instrument chirurgical à lame courte et tranchante servant à faire des incisions dans les chairs. **2. Bistouri électrique,** bistouri à pointe utilisant les courants de haute fréquence et servant à la section ou à la coagulation des tissus.

bistre [bistr] **n.m.** (orig. incert., probabl. de *1. bis*). Préparation de couleur brun noirâtre obtenue à partir de la suie et utilisée jadis pour le lavis. ◆ **adj. inv.** Gris jaunâtre : *Un teint bistre.*

bistré, e [bistre] **adj.** Qui a la couleur du bistre.

bistrot ou **bistro** [bistro] **n.m.** (orig. obsc.). **1.** *FAM.* Débit de boissons, café. **2.** Petit restaurant d'habitués. **3. Style bistrot,** style de meubles, d'objets des bistrots du début du XXe s., remis à la mode vers 1960.

bit [bit] **n.m.** (mot anglo-amér., de *bi[nary][digi]t,* chiffre binaire). INFORM. Unité élémentaire d'information ne pouvant prendre que deux valeurs distinctes (notées 1 et 0).

bitension [bitɑ̃sjɔ̃] **n.f.** Caractère d'un appareil électrique pouvant être utilisé sous deux tensions différentes.

Bithynie, région et royaume du nord-ouest de l'Asie Mineure, en bordure de la mer Noire et de la mer de Marmara. Indépendante au IIIe s., elle fut léguée aux Romains par son dernier souverain, Nicomède IV (74 av. J.-C.).

bitoniau [bitɔnjo] **n.m.** (probabl. de *bitton,* petite bitte). *FAM.* Petit objet et, en partic., petite partie d'un dispositif mécanique (bouton, vis, etc.) : *Des bitoniaux.*

bitord [bitɔr] **n.m.** (de *tordre*). MAR. Cordage composé de fils de caret tortillés ensemble.

bitte [bit] **n.f.** (anc. nordique *biti,* poutre). Pièce de bois ou d'acier, cylindrique, fixée verticalement sur le pont d'un navire pour enrouler les amarres.

bitumage [bitymaʒ] **n.m.** Action de bitumer ; état de ce qui est bitumé.

bitume [bitym] **n.m.** (lat. *bitumen*). Matière organique naturelle ou provenant de la distillation du pétrole, à base d'hydrocarbures, foncée, très visqueuse ou solide, utilisée dans le bâtiment et les travaux publics, notamm. pour le revêtement des routes (syn. usuels **asphalte, goudron**).

bitumer [bityme] **v.t.** Enduire, recouvrir de bitume.

bitumeux, euse [bitymø, -øz] **adj.** Fait avec du bitume : *Revêtement bitumeux.*

bitumineux, euse [bityminø, -øz] **adj.** Qui contient du bitume ou du goudron, ou qui en produit à la distillation : *Schiste bitumineux.*

biunivoque [biynivɔk] **adj.** MATH. **Correspondance biunivoque,** correspondance entre deux ensembles telle qu'à chaque élément de l'un corresponde un élément et un seul de l'autre.

bivalent, e [bivalɑ̃, -ɑ̃t] **adj.** (de *valence*). **1.** Qui a deux significations ; qui remplit deux fonctions : *Directeur bivalent.* **2.** CHIM. Qui possède la valence 2, en parlant d'un corps. **3. Logique bivalente,** logique qui ne considère que deux valeurs de vérité, le vrai et le faux.

bivalve [bivalv] **adj.** Qui a deux valves : *Une coquille bivalve.* ◆ **n.m. Bivalves,** mollusques aquatiques munis d'une coquille à deux valves et respirant par des branchies en lamelles (syn. **lamellibranche**). ▶ Les bivalves forment une classe.

bivouac [bivwak] **n.m.** (suisse all. *Biwacht,* service de garde supplémentaire). **1.** Campement léger et provisoire en plein air. **2.** Lieu de ce campement.

bivouaquer [bivwake] **v.i.** Camper en plein air ; installer un bivouac.

bizarre [bizar] **adj.** (it. *bizzarro,* coléreux). Qui s'écarte de l'usage commun, de ce qui est considéré comme normal : *Elle est vraiment bizarre !* (syn. **étrange**). *Avoir des idées bizarres* (syn. **extravagant**). *Elle était affublée d'un vêtement bizarre* (syn. **cocasse**).

bizarrement [bizarmɑ̃] **adv.** De façon bizarre : *Et, bizarrement, tout le monde se mit à rire.*

bizarrerie [bizarri] **n.f. 1.** Caractère de ce qui est bizarre, étrange : *Singulière bizarrerie de l'orthographe !* **2.** Chose ou action bizarre, surprenante : *Encore une de ses bizarreries !* (syn. **extravagance, excentricité**).

bizarroïde [bizarɔid] **adj.** *FAM.* Bizarre, insolite, en parlant de qqch : *Qu'est-ce que c'est, cet objet bizarroïde ?*

Bizerte, v. de Tunisie, sur le détroit de Sicile ; 113 637 hab. Base navale sur la Méditerranée au débouché du *lac de Bizerte,* utilisée par la France de 1882 à 1963.

Bizet (Georges), compositeur français (Paris 1838 - Bougival 1875). Sa musique est claire, élégante et d'un langage harmonique très personnel. Prix de Rome en 1857, il se consacre à l'art lyrique, mais n'est reconnu qu'avec *Carmen* en 1875. Après sa mort, ses principaux ouvrages remportent un vif succès *(les Pêcheurs de perles ; la Jolie Fille de Perth ; l'Arlésienne),* révélant un musicien original, brillant orchestrateur et fin dramaturge.

bizut ou **bizuth** [bizy] **n.m.** (orig. obsc.). **1.** *ARG. SCOL.* Élève de première année, notamm. dans une grande école et dans les classes des lycées qui y préparent. **2.** *FAM.* Novice ; débutant.

bizutage [bizytaʒ] **n.m.** *ARG. SCOL.* Action de bizuter.

bizuter [bizyte] **v.t.** *ARG. SCOL.* Faire subir des brimades à un bizut à titre d'initiation.

Bjørnson (Bjørnstjerne), écrivain norvégien (Kvikne 1832 - Paris 1910). Comme Ibsen, il évolua du romantisme vers une inspiration réaliste et sociale. À travers le théâtre (*Une faillite,* 1875 ; *Au-delà des forces,* 1883-1895), la presse et la politique, il mena un combat destiné à réveiller la conscience nationale. (Prix Nobel 1903.)

bla-bla [blabla] et **bla-bla-bla** [blablabla] **n.m. inv.** (onomat.). *FAM.* Discours vide, sans intérêt ; verbiage.

blackbouler [blakbule] **v.t.** (angl. *to blackball,* rejeter avec une boule noire). **1.** *FAM.* Évincer qqn, lui infliger un échec. **2.** Repousser par un vote : *Il a été blackboulé aux dernières élections* (syn. **battre**).

black-out [blakaut] **n.m. inv.** (de l'angl. *black,* noir, et *out,* dehors). **1.** Mesure de défense antiaérienne, qui consiste à plonger une ville dans l'obscurité totale. **2. Faire le black-out,** faire le silence complet sur une information.

black-rot [blakrɔt] **n.m.** (mot angl. « pourriture noire ») [pl. *black-rots*]. Maladie de la vigne due à un champignon microscopique, formant des taches noires sur les feuilles.

blafard, e [blafar, -ard] **adj.** (moyen haut all. *bleichvar*). Pâle ; d'un blanc terne : *Teint blafard* (syn. **blême**). *Lumière blafarde.*

blaff [blaf] **n.m.** (mot du créole antillais). Poisson cuit dans un court-bouillon à la tomate. ▶ Cuisine antillaise.

1. blague [blag] **n.f.** (orig. incert., p.-ê. du néerl. *blagen,* se boursoufler). Petit sac à tabac.

2. blague [blag] **n.f.** (de *1. blague*, en raison du sens de « gonflé », donc « mensonger »). FAM. **1.** Histoire imaginée pour faire rire ou pour tromper : *Ne raconte pas de blagues, dis la vérité.* **2.** Faute commise par légèreté, par distraction : *Il a fait des blagues dans sa jeunesse* (syn. **erreur**).

blaguer [blage] **v.i.** FAM. Dire des blagues. ◆ **v.t.** FAM. Railler sans méchanceté : *On l'a un peu blaguée sur son nouveau chapeau* (syn. **taquiner**).

blagueur, euse [blagœr, -øz] **adj.** et **n.** FAM. Qui dit des blagues ; qui aime blaguer : *Ton fils est un sacré blagueur* (syn. **plaisantin**).

Blair (Anthony, dit **Tony),** homme politique britannique (Édimbourg 1953). Leader du parti travailliste (1994-2007), il a été Premier ministre de Grande-Bretagne de 1997 à 2007.

blaireau [blero] **n.m.** (de l'anc. fr. *bler*, tacheté, d'orig. gaul.). **1.** Mammifère carnassier, plantigrade, omnivore, commun dans les bois d'Europe occidentale, où il creuse des terriers. ▸ Famille des mustélidés ; long. 70 cm ; poids 20 kg. **2.** Gros pinceau, à l'origine en poils de blaireau, pour savonner la barbe.

blairer [blere] (de *blair*, arg. pour « nez », de *blaireau*). FAM. (Surtout en tournure nég.). Supporter, accepter : *Ne pas pouvoir blairer qqn* (= le détester).

Blais (Jean-Charles), artiste français (Nantes 1956). Proche à ses débuts de la figuration libre, il multiplie les variations autour de la figure humaine, traitée en silhouette, sur des supports allant des matériaux de récupération – affiches en partic. – au numérique (série *De la tête aux pieds,* 1994 ; *Double Vue,* 2002).

Blais (Marie-Claire), femme de lettres canadienne d'expression française (Québec 1939). Elle livre dans ses romans (*Une saison dans la vie d'Emmanuel,* 1965 ; *Soifs,* 1995 ; *Naissance de Rebecca à l'ère des tourments,* 2008) sa critique amère et désabusée d'un monde livré aux conformismes sociaux et esthétiques.

Blake (William), poète et peintre britannique (Londres 1757 - *id.* 1827). Il est l'auteur de poèmes lyriques et épiques (*Chants d'innocence,* 1789 ; *Chants d'expérience,* 1794), qu'il illustra lui-même. Son œuvre est l'incarnation de la révolte et de la prophétie romantiques.

blâmable [blɑmabl] **adj.** Qui mérite le blâme : *Une conduite, un acte blâmables* (syn. **condamnable ;** contr. **louable**).

blâme [blɑm] **n.m.** (de *blâmer*). **1.** Sanction disciplinaire consistant en une réprimande officielle : *Infliger un blâme à un employé.* **2.** Jugement condamnant la conduite ou les paroles de qqn : *Ce silence du public constitue pour lui un blâme sévère* (syn. **désapprobation**).

blâmer [blɑme] **v.t.** (lat. pop. **blastemare*, class. *blasphemare ;* v. *blasphémer*). **1.** Désapprouver, réprouver : *Blâmer la conduite de qqn* (syn. **critiquer ;** contr. **louer**). *Il faut le plaindre et non le blâmer* (syn. **réprimander ;** contr. **complimenter**). **2.** Infliger un blâme à qqn : *Blâmer un élève.*

1. blanc, blanche [blɑ̃, blɑ̃ʃ] **adj.** (germ. **blank*). **1.** De la couleur de la neige, du lait, etc. : *Des fleurs blanches. Avoir quelques cheveux blancs. Être blanc de peur* (= pâle, blême). **2.** De couleur claire : *Pain blanc. Avoir la peau blanche.* **3.** Parfaitement propre : *Ce rideau n'est plus très blanc.* **4.** Innocent ; pur : *Il n'est pas complètement blanc dans cette affaire* (contr. **coupable**). **5.** Qui ne porte aucun signe écrit : *Page blanche* (syn. **vierge**). *Papier blanc.* **6.** Qui n'est marqué par aucun profit ni aucune perte notables, par aucun succès ou reconnu comme tel : *Opération blanche. Partie blanche.* **7. Blanc comme neige,** innocent. / **Bois blanc,** bois léger (sapin, peuplier, hêtre) utilisé pour faire des meubles à bon marché : *Une table en bois blanc.* / **Bulletin blanc,** bulletin de vote qui ne porte aucune inscription, aucun nom. / **Examen blanc,** examen que l'on passe avant l'épreuve officielle, à titre de préparation, et dans les mêmes conditions que l'examen définitif. / **Lumière blanche,** lumière dont la composition spectrale donne une sensation voisine de celle de la lumière solaire. / **Mariage blanc,** mariage non consommé charnellement. / **Métal blanc** ⟶ **métal.** / **Nuit blanche,** nuit passée sans dormir. / **Sauce blanche,** sauce préparée avec du beurre et de la farine. / **Vin blanc,** vin peu coloré, d'une teinte allant du jaune très pâle au jaune ambré (par opp. à *vin rouge*, à *vin rosé*). / **Voix blanche,** voix sans timbre. / ANAT. **Substance blanche,** ensemble des fibres nerveuses entourées de myéline. / LITTÉR. **Vers blancs** ⟶ **vers.**

2. blanc, blanche [blɑ̃, blɑ̃ʃ] **n. 1.** (Avec une majuscule). Personne dont la peau est peu pigmentée, pauvre en mélanine. **2.** HIST. **Les Blancs,** les partisans du tsar de Russie, pendant la guerre civile, de 1917 à 1922 (par opp. aux *Rouges*) ; les partisans de la monarchie, pendant la Révolution française. ◆ **adj. 1.** Relatif aux Blancs : *Un saxophoniste blanc. La colonisation blanche.* **2.** Relatif aux Blancs, en Russie ou pendant la Révolution française : *Les Russes blancs. La Terreur blanche.*

3. blanc [blɑ̃] **n.m. 1.** Couleur blanche résultant de la combinaison de toutes les couleurs du spectre solaire : *Il a les dents d'un blanc éclatant. Un blanc mat.* **2.** Matière colorante blanche : *Un tube de blanc.* **3.** Partie blanche de qqch : *Blanc de poulet. Blanc d'œuf. Blanc de l'œil.* **4.** Vin blanc : *Acheter deux bouteilles de blanc.* **5.** Vêtement de couleur blanche ; linge de maison : *Elle s'est mariée en blanc. Exposition de blanc.* **6.** Partie d'une page où rien n'est écrit ni imprimé : *Laisser un blanc entre deux paragraphes.* **7.** Silence dans un débat, une conversation ; lacune dans un récit : *Il y a des blancs dans votre histoire.* **8. Blanc de baleine,** substance huileuse contenue dans la tête du cachalot et utilisée en cosmétique (syn. **spermaceti**). / **Blanc de champignon,** mycélium du champignon de couche servant à sa multiplication dans les champignonnières. / **Chauffer un métal à blanc,** le chauffer au point de le rendre blanc. / **Regarder qqn dans le blanc des yeux,** le regarder en face et avec fermeté. / **Signer en blanc,** apposer sa signature sur un papier en laissant la place pour écrire qqch dont on assume par avance la responsabilité : *Signer un chèque en blanc.* / **Tir à blanc, tirer à blanc,** tir d'exercice avec une cartouche dite *à blanc,* sans projectile ; tirer avec une telle cartouche.

Blanc *(mont)*, sommet le plus élevé des Alpes, en France (Haute-Savoie), près de la frontière italienne, dans le *massif du Mont-Blanc ;* 4 810 m (niveau du sommet variable selon les conditions climatiques). Il fut gravi pour la première fois en 1786 par le Dr Paccard et le guide Balmat. Tunnel routier entre Chamonix et Courmayeur (long. 11,6 km).

Blanc (Louis), historien et homme politique français (Madrid 1811 - Cannes 1882). Gagné aux idées socialistes, il contribua par ses écrits à grossir l'opposition contre la monarchie de Juillet. Membre du Gouvernement provisoire en févr. 1848, il vit son projet d'ateliers sociaux échouer et dut s'exiler après les journées de Juin.

blanchaille [blɑ̃ʃaj] **n.f.** PÊCHE. Menus poissons blancs (ablette, gardon, etc.) que l'on pêche à la ligne ou qui servent d'appât.

blanchâtre [blɑ̃ʃatr] **adj.** D'une couleur qui tire sur le blanc : *Des nuages blanchâtres.*

blanche [blɑ̃ʃ] **n.f.** MUS. Note valant la moitié d'une ronde.

Blanche *(mer)*, mer formée par l'océan Arctique, au nord-ouest de la Russie.

Blanche de Castille, reine de France (Palencia 1188 - Paris 1252), femme de Louis VIII et mère de Saint Louis. Elle exerça la régence durant la minorité de son fils (1226-1234) et pendant la septième croisade, entreprise par ce dernier (1248-1252).

blancheur [blɑ̃ʃœr] **n.f.** Caractère de ce qui est blanc ; fait d'être blanc : *Teint d'une blancheur maladive.*

blanchiment [blɑ̃ʃimɑ̃] **n.m. 1.** Action de blanchir ; fait d'être blanchi : *Le blanchiment d'une façade.* **2.** TECHN. Action de décolorer certaines matières (pâte à papier, fibres textiles, etc.) en utilisant des solutions chimiques. **3.** Action de blanchir de l'argent.

blanchir [blɑ̃ʃir] **v.t.** [conj. **32**]. **1.** Rendre blanc ; recouvrir d'une matière blanche : *Blanchir un mur à la chaux.* **2.** Laver ; rendre propre : *Blanchir du linge.* **3.** Déclarer qqn innocent : *Le tribunal l'a complètement blanchi* (syn. **innocenter, discul-**

A B C D E F G H I J K L M N O P Q R S T U V W X Y Z

per). **4. Blanchir des légumes,** les passer à l'eau bouillante avant de les cuisiner. / **Blanchir de l'argent, des capitaux,** faire disparaître toute preuve de leur origine irrégulière ou frauduleuse : *Blanchir l'argent de la drogue.* ◆ **v.i. 1.** Devenir blanc : *Ses cheveux blanchissent.* **2.** LITT. **Blanchi sous le harnois** ⟶ **harnois.**

blanchissage [blɑ̃ʃisaʒ] **n.m. 1.** Action de blanchir le linge. **2.** Action de raffiner le sucre.

blanchissant, e [blɑ̃ʃisɑ̃, -ɑ̃t] **adj. 1.** Qui rend blanc : *Produit blanchissant.* **2.** Qui commence à blanchir : *Chevelure blanchissante.*

blanchissement [blɑ̃ʃismɑ̃] **n.m.** Fait de blanchir, de devenir blanc : *Le blanchissement des coraux est inquiétant.*

blanchisserie [blɑ̃ʃisri] **n.f. 1.** Entreprise ou magasin qui se charge du lavage et du repassage du linge. **2.** Métier de blanchisseur : *Travailler dans la blanchisserie.*

blanchisseur, euse [blɑ̃ʃisœr, -øz] **n.** Personne dont le métier est de laver et de repasser le linge.

blanchon [blɑ̃ʃɔ̃] **n.m.** QUÉBÉC. Petit du phoque du Groenland, à fourrure blanche.

blanc-seing [blɑ̃sɛ̃] **n.m.** (pl. *blancs-seings*). **1.** Feuille blanche au bas de laquelle on appose sa signature et que l'on confie à qqn pour qu'il la remplisse à son gré. **2.** Liberté d'action : *Donner un blanc-seing à un subordonné.*

blanquette [blɑ̃kɛt] **n.f.** (de *blanc*). Ragoût de viande blanche (veau, agneau, volaille, etc.).

Blanqui (Louis Auguste), théoricien socialiste et homme politique français (Puget-Théniers 1805 - Paris 1881). Affilié au carbonarisme (mouvement nationaliste et républicain italien), chef de l'opposition républicaine puis socialiste après 1830, il fut un des dirigeants des manifestations ouvrières de févr. à mai 1848. Plusieurs fois incarcéré, il passa 36 années de sa vie en prison. Il élabora une stratégie de la prise du pouvoir et de l'établissement d'une dictature ouvrière. Sa doctrine, le *blanquisme,* influença la Commune et inspira le syndicalisme révolutionnaire de la fin du XIXe s.

Blasco Ibáñez (Vicente), écrivain espagnol (Valence 1867 - Menton 1928). Il est l'auteur de romans d'action et de mœurs *(les Quatre Cavaliers de l'Apocalypse).*

blasé, e [blaze] **adj.** et **n.** Qui ne s'intéresse plus à rien, ne s'enthousiasme plus pour rien (syn. **désenchanté**).

blaser [blaze] **v.t.** (orig. incert., probabl. du néerl. *blasen,* gonfler). Rendre qqn indifférent, incapable d'émotions : *Ses nombreux voyages l'ont blasé* (syn. **lasser**).

blason [blazɔ̃] **n.m.** (orig. incert., probabl. du frq. **blasjan,* enflammer). **1.** Ensemble des armoiries qui composent un écu : *Les fleurs de lis du blason de la maison de France.* **2.** Court poème en vogue au XVIe s., décrivant qqn ou qqch sous forme d'éloge ou de satire.

blasphémateur, trice [blasfematœr, -tris] **n.** et **adj.** Personne qui blasphème : *Un écrivain blasphémateur.*

blasphématoire [blasfematwar] **adj.** Qui contient ou qui constitue un blasphème : *Une attaque blasphématoire* (syn. **sacrilège, impie**).

blasphème [blasfɛm] **n.m.** (lat. *blasphemia,* mot gr. « parole impie »). Parole, discours qui insulte violemment la divinité, la religion ou ce qui est considéré comme sacré et respectable : *Proférer des blasphèmes* (syn. **juron**).

blasphémer [blasfeme] **v.t.** et **v.i.** (lat. *blasphemare,* du gr. *blasphêmein,* outrager) [conj. **18**]. Proférer des blasphèmes contre qqn, qqch : *Blasphémer le nom de Dieu. Blasphémer contre la religion.*

blastoderme [blastɔdɛrm] **n.m.** (du gr. *blastos,* bourgeon, et *derma,* peau). BIOL. Ensemble de cellules de l'œuf qui formeront l'embryon animal.

blatérer [blatere] **v.i.** (lat. *blaterare*) [conj. **18**]. Émettre un cri, en parlant du chameau, du bélier.

blatte [blat] **n.f.** (lat. *blatta*). Insecte aplati, de mœurs nocturnes, appelé aussi *cafard* ou *cancrelat,* et que l'on trouve surtout dans les lieux obscurs et chauds. ▸ Ordre des blattoptères.

Blaue Reiter (Der), en fr. **le Cavalier bleu,** mouvement artistique constitué à Munich (1911-1914) par Kandinsky, les peintres allemands Gabriele Münter (1877-1962), Franz Marc (1880-1916) et August Macke (1887-1914), le peintre russe Alexei von Jawlensky (1864-1941), etc. Son registre esthétique se situait au confluent du fauvisme, de l'expressionnisme, d'une spontanéité lyrique et « primitiviste » et de l'abstraction.

blazer [blazœr] ou [blazɛr] **n.m.** (mot angl., de *to blaze,* flamboyer). Veste croisée ou droite, le plus souvent en flanelle grise ou bleu marine.

blé [ble] **n.m.** (frq. **blad,* produit de la terre). **1.** Plante herbacée annuelle qui produit le grain (caryopse) dont on tire la farine pour faire notamm. le pain et les pâtes alimentaires. ▸ Famille des graminées. **2. Blé noir,** sarrasin. / **Manger son blé en herbe,** dépenser d'avance son revenu.

bled [blɛd] **n.m.** (mot ar. « pays, région »). **1.** Intérieur des terres, en Afrique du Nord. **2.** FAM. Village, localité isolés.

blême [blɛm] **adj.** (de *blêmir*). **1.** Très pâle, en parlant du visage, du teint de qqn : *En apprenant la nouvelle, il devint blême* (syn. **livide**). *Être blême de rage* (syn. **blanc**). **2.** D'un blanc mat et terne : *Petit matin blême* (syn. **blafard**).

blêmir [blemir] **v.i.** (frq. **blesmjan,* de **blasmi,* couleur pâle) [conj. **32**]. Devenir blême : *Blêmir de froid.*

blêmissement [blemismɑ̃] **n.m.** Fait de blêmir.

blende [blɛ̃d] **n.f.** (mot all.). Sulfure naturel de zinc, principal minerai de ce métal. ▸ Symb. ZnS.

blennorragie [blenɔraʒi] **n.f.** (du gr. *blenna,* mucus, et *rhagê,* éruption). Infection des organes génito-urinaires, due au gonocoque (syn. **gonococcie, gonorrhée**). ▸ La blennorragie est une maladie sexuellement transmissible qu'on traite par des antibiotiques.

Blériot (Louis), aviateur et constructeur d'avions français (Cambrai 1872 - Paris 1936). Il effectua la première traversée aérienne de la Manche, de Calais à Douvres, le 25 juill. 1909, et fut l'un des premiers industriels de l'aviation en France.

blessant, e [blesɑ̃, -ɑ̃t] **adj.** Qui blesse moralement : *Paroles, critiques blessantes* (syn. **offensant, vexant**). *Elle s'est montrée blessante* (syn. **cassant, arrogant**).

blessé, e [blese] **adj.** et **n. 1.** Qui a reçu une, des blessures ; mutilé : *Blessés légers. Blessés graves ou grands blessés. Un blessé de guerre.* **2.** Qui a été offensé : *Profondément blessé dans son amour-propre, il garda le silence.*

blesser [blese] **v.t.** (anc. fr. *blecier,* frq. **blettjan,* meurtrir). **1.** Frapper ou percuter en faisant une plaie, une contusion, une fracture, etc. : *Blesser qqn avec un couteau.* **2.** Causer une douleur plus ou moins vive à qqn : *Ces chaussures neuves me blessent.* **3.** Causer une sensation désagréable, insupportable sur un organe des sens : *Sons aigus qui blessent l'oreille* (syn. **écorcher**). **4.** Faire souffrir, atteindre qqn moralement : *Il l'a blessé sans le vouloir* (syn. **offenser, froisser**). **5.** LITT. Porter préjudice à qqn : *Cette clause blesse vos intérêts* (syn. **léser**). ◆ **se blesser v.pr. 1.** Se faire une blessure : *Il s'est blessé avec un tournevis.* **2.** Ressentir une douleur morale à la suite d'une offense : *Tu te blesses pour peu de chose* (syn. **se vexer, se formaliser**).

blessure [blesyr] **n.f.** (de *blesser*). **1.** Lésion de l'organisme produite par un choc, un coup, un objet piquant ou tranchant, une arme à feu, etc. : *Ses blessures sont superficielles. Être condamné pour coups et blessures.* **2.** Souffrance morale ou psychologique : *Blessure d'amour-propre. Cette visite a ravivé d'anciennes blessures.*

blet, blette [blɛ, blɛt] **adj.** (de l'anc. fr. *blecier* ; v. *blesser*). Trop mûr et altéré, en parlant d'un fruit : *Poire blette.*

blette n.f. ⟶ **bette.**

blettir [bletir] **v.i.** [conj. **32**]. Devenir blet.

blettissement [bletismɑ̃] **n.m.** Excès de maturité qui ramollit un fruit.

1. bleu, e [blø] **adj.** (frq. **blao*) [pl. *bleus, bleues*]. **1.** De la couleur du ciel sans nuages, de l'azur : *De beaux yeux bleus. Un ruban bleu ciel. Une jupe bleu marine.* **2.** Se dit de la peau, d'une partie du corps qui présente une couleur bleuâtre sous l'effet du froid, d'une contusion ou d'une émotion : *Elle avait les pieds bleus de froid.* **3.** Se dit d'une viande grillée très peu cuite, très saignante : *Manger un steak bleu.* **4. Colère bleue, peur bleue,** colère très violente, peur très intense : *Il a une peur bleue des interventions chirurgicales.* / **Maladie bleue,** malformation du cœur entraînant une coloration bleue de la peau par insuffisance d'oxygénation du sang : *On appelle « enfant bleu » un enfant atteint de maladie bleue.* / **Sang bleu,** sang noble : *Avoir du sang bleu dans les veines.*

2. bleu [blø] **n.m.** (pl. *bleus*). **1.** Couleur bleue : *Bleu ciel. Bleu lavande. Bleu nuit. Bleu électrique* (= bleu vif et très lumineux). *Bleu pétrole* (= bleu soutenu qui tire sur le vert). *Bleu de Prusse* (= bleu foncé mêlé de vert). *Bleu roi* (= bleu soutenu ; couleur du drapeau français). **2.** Matière colorante bleue : *Passer une couche de bleu sur un mur.* **3.** Ecchymose : *Se faire un bleu au genou.* **4.** Vêtement de travail en grosse toile bleue : *Bleu de travail, de chauffe.* **5.** Fromage à moisissures bleues : *Bleu d'Auvergne, de Bresse.* **6.** *FAM.* Jeune soldat ; nouveau venu : *Il est nouveau dans le métier, c'est encore un bleu.* **7. Au bleu,** se dit d'un mode de cuisson de certains poissons qui sont jetés vivants dans un court-bouillon additionné de vinaigre.

3. Bleu, e [blø] **n.** Sportif, sportive sélectionnés en équipe de France, notamm. dans les jeux de ballon. ◆ **Bleus n.m. pl.** HIST. **Les Bleus,** nom donné aux soldats de la République, vêtus d'un uniforme bleu, par les vendéens, pendant la période révolutionnaire.

bleuâtre [bløɑtr] **adj.** D'une couleur qui tire sur le bleu : *Une lueur bleuâtre.*

bleuet [blœ] **n.m. 1.** Plante à fleurs bleues, très commune dans les blés. ▸ Famille des composées ; genre *Centaurea.* **2.** *QUÉBÉC.* Petite baie bleue, comestible, proche de la myrtille.

bleuir [bløir] **v.t.** [conj. **32**]. Rendre bleu ; faire paraître bleu : *Le froid bleuissait ses mains.* ◆ **v.i.** Devenir bleu : *Le sommet des montagnes bleuit.*

bleuissement [bløismɑ̃] **n.m.** Fait de devenir bleu ; état de ce qui bleuit : *Le bleuissement des lèvres.*

bleuté, e [bløte] **adj.** Légèrement bleu : *Des paupières bleutées.*

blindage [blɛ̃daʒ] **n.m. 1.** Action de blinder : *Procéder au blindage d'une porte.* **2.** Revêtement métallique de protection contre les effets des projectiles. **3.** Plaque de métal installée derrière une porte pour la renforcer, empêcher l'effraction. **4.** Dispositif de protection contre les rayonnements électromagnétiques et nucléaires.

1. blindé, e [blɛ̃de] **adj. 1.** Recouvert d'un blindage : *Porte blindée.* **2.** Protégé contre les phénomènes magnétiques extérieurs, en parlant d'un appareil électrique. **3. Division blindée,** grande unité militaire composée surtout de blindés (abrév. *D.B.*).

2. blindé [blɛ̃de] **n.m.** Véhicule de combat pourvu d'un blindage d'acier (automitrailleuse, char).

■ Le début du XXe s. voit la naissance du premier engin blindé, qui associe une arme et une automobile sur laquelle elle est montée, l'une et l'autre étant protégées par un léger blindage. Pendant la Première Guerre mondiale apparaissent dans les armées britannique et française les premiers chars d'assaut, ou tanks. Au début de la Seconde Guerre mondiale, le couple char-avion sera l'outil décisif de la tactique allemande (guerre éclair). La supériorité dans le domaine des blindés passera après 1942 aux armées alliées. Au lendemain de la guerre, les matériels blindés se perfectionnent, permettant aux unités d'autres armes d'accompagner le char au combat : transports de troupes blindés, artillerie automotrice, véhicules de génie, chars amphibies, engins blindés de reconnaissance montés sur roues, etc. Bon nombre de ces blindés sont amphibies, voire transportables par voie aérienne. Dans le même temps, les moyens antichars se multiplient. Les blindés se heurtent aux armes antichars légères utilisées par l'infanterie et les hélicoptères (roquettes et missiles téléguidés), à l'emploi général des projectiles à charge creuse, tirés également par de nombreux canons de chars. Mais, malgré ces menaces, le rôle de l'arme blindée reste encore considérable, comme l'a montré la guerre du Golfe (1990-1991). ■

blinder [blɛ̃de] **v.t.** (all. *blenden,* aveugler). **1.** Protéger par un blindage : *Blinder un navire, une porte.* **2.** Rendre moins vulnérable : *Les épreuves l'ont blindé* (syn. **endurcir**).

blini [blini] **n.m.** (russe *blin*). Petite crêpe chaude épaisse servie avec certains hors-d'œuvre. ▸ Cuisine russe.

blister [blistɛr] **n.m.** (mot angl. « cloque, boursouflure »). Emballage constitué d'une coque de plastique transparent collée sur du carton, pour présenter des marchandises de petite taille : *Tubes de colle, vis vendus sous blister.*

blitz [blits] **n.m.** (mot angl., de l'all. *Blitzkrieg,* guerre éclair). (Avec une majuscule). HIST. Période de bombardement de la Grande-Bretagne par l'aviation allemande, en 1940.

Blixen (Karen), femme de lettres danoise (Rungsted 1885 - *id.* 1962). Elle a publié des récits à caractère fantastique (*Sept Contes gothiques,* 1934) et a décrit sa vie au Kenya (*Ma ferme africaine,* 1937).

blizzard [blizar] **n.m.** (orig. obsc.). Vent du nord glacial, accompagné de tempêtes de neige, qui souffle sur le Canada et le nord des États-Unis en hiver et au printemps.

bloc [blɔk] **n.m.** (mot néerl. « tronc d'arbre abattu »). **1.** Masse compacte et pesante : *Un bloc de granite.* **2.** Ensemble solide, compact : *Bloc d'immeubles. Ces propositions forment un bloc qu'on ne peut dissocier* (= un tout). **3.** Ensemble de feuilles collées les unes aux autres et facilement détachables ; bloc-notes : *Bloc de papier à lettres.* **4.** Union, groupement de partis, d'États, dont les intérêts ou les idéaux sont communs : *Bloc occidental. Le Bloc des gauches* (= coalition des socialistes et des radicaux français, de 1899 à 1904). **5.** *ARG.* Prison civile ou militaire : *Aller au bloc.* **6. À bloc,** à fond : *Serrer un écrou à bloc.* / **En bloc,** en totalité, sans faire le détail : *Il a tout acheté en bloc. Rejeter une théorie en bloc.* / **Faire bloc,** s'unir de manière étroite avec qqn, un groupe, pour résister, lutter ou s'imposer. / **Bloc (opératoire),** ensemble des installations servant aux opérations chirurgicales.

blocage [blɔkaʒ] **n.m. 1.** Action de bloquer ; fait d'être bloqué : *Blocage des freins. Blocage des prix, des salaires.* **2.** Impossibilité d'agir ou de réagir intellectuellement dans une situation donnée : *Avoir, faire un blocage en mathématiques.* **3.** Maçonnerie formée de matériaux divers, irréguliers, jetés dans un mortier.

bloc-cylindres [blɔksilɛ̃dr] **n.m.** (pl. *blocs-cylindres*). Ensemble des cylindres d'un moteur fabriqués en fonderie en un seul bloc.

bloc-évier [blɔkevje] **n.m.** (pl. *blocs-éviers*). Élément de cuisine préfabriqué comprenant une ou plusieurs cuves et une ou plusieurs paillasses.

Bloch (Marc), historien français (Lyon 1886 - Saint-Didier-de-Formans, Ain, 1944). Il exerça une influence décisive sur le renouvellement de la science historique, en l'ouvrant aux méthodes des autres sciences sociales. Auteur des *Rois thaumaturges* (1924) et de *la Société féodale* (1939), il fonda, avec Lucien Febvre, la revue des *Annales d'histoire économique et sociale* (1929). Il fut fusillé par les Allemands.

blockhaus [blɔkos] **n.m.** (mot all., de *Block,* bloc, et *Haus,* maison). **1.** Ouvrage fortifié ou blindé, pour la défense. **2.** Poste de commandement blindé des grands navires militaires modernes.

bloc-moteur [blɔkmɔtœr] **n.m.** (pl. *blocs-moteurs*). Ensemble constitué par le moteur, l'embrayage et la boîte de vitesses d'une automobile ou d'un camion.

bloc-notes [blɔknɔt] **n.m.** (pl. *blocs-notes*). Ensemble de feuilles de papier détachables sur lesquelles on prend des notes ; bloc.

blocus [blɔkys] **n.m.** (néerl. *blochuus*, fortin). **1.** Encerclement d'une ville, d'un port, d'un pays tout entier pour l'empêcher de communiquer avec l'extérieur et de se ravitailler. **2. Blocus économique,** ensemble des mesures prises contre un pays pour le priver de toute relation commerciale.

Blocus continental, ensemble des mesures prises entre 1806 et 1808 par Napoléon Ier pour fermer au commerce de la Grande-Bretagne les ports du continent et ruiner la marine de ce pays. Leur application contribua à faire naître un sentiment antifrançais et à liguer l'Europe contre Napoléon.

Bloemfontein, v. de l'Afrique du Sud, ch.-l. de la province de l'État libre ; 111 699 hab. (496 000 hab. dans l'agglomération).

blog [blɔg] **n.m.** (mot angl.). Site Web sur lequel un internaute tient une chronique personnelle ou consacrée à un sujet particulier ; carnet ou journal en ligne.

blogueur, euse [blɔgœr, -øz] **n.** Auteur d'un blog.

Blois, ch.-l. du dép. de Loir-et-Cher, sur la Loire, à 177 km au sud-ouest de Paris ; 47 867 hab. *(Blésois)*. Évêché. Constructions mécaniques. Industries alimentaires. Imprimerie. Château construit ou remanié du XIIIe au XVIIe s. (remarquables ailes François Ier et Gaston d'Orléans, celle-ci œuvre de Mansart ; musées). Cathédrale (Xe-XVIIe s.), église St-Nicolas (XIIe-XIIIe s.), hôtels de la Renaissance. Au XVIe s., Blois fut la résidence favorite des rois de France qui y réunirent les états généraux (lors de ceux de 1588, Henri III fit assassiner le duc de Guise).

blond, e [blɔ̃, -ɔ̃d] **adj.** (germ. **blund*). **1.** D'une couleur intermédiaire entre le châtain clair et le doré : *Barbe blonde.* **2. Bière blonde,** bière fabriquée à partir de malts de couleur claire : *Boire une bière blonde* (on dit aussi *une blonde*). / **Tabac blond,** tabac dont la fermentation a été arrêtée au stade du jaunissement de la feuille (par opp. à *tabac brun*). ◆ **adj.** et **n.** Qui a des cheveux blonds. ◆ **blond n.m.** Couleur blonde : *Blond platiné. Blond vénitien.*

blondasse [blɔ̃das] **adj.** D'un blond fade.

blonde [blɔ̃d] **n.f. 1.** Cigarette de tabac blond : *Fumer des blondes.* **2.** *QUÉBÉC., FAM.* Petite amie ; épouse : *Je te présente ma blonde.* **3.** Dentelle aux fuseaux, faite tout d'abord en soie écrue.

blondeur [blɔ̃dœr] **n.f.** Qualité de ce qui est blond : *Sa robe noire faisait ressortir la blondeur de ses cheveux.*

blondinet, ette [blɔ̃dinɛ, -ɛt] **adj.** et **n.** Qui a les cheveux blonds, en parlant d'un enfant, d'une personne très jeune.

blondir [blɔ̃dir] **v.i.** [conj. **32**]. Devenir blond : *Ses cheveux blondissent au soleil.* ◆ **v.t.** Rendre blond ou plus blond : *Un produit qui blondit les cheveux.*

Bloomfield (Leonard), linguiste américain (Chicago 1887 - New Haven, Connecticut, 1949). Influencé par le behaviorisme, il a écrit un livre, *le Langage* (1933), qui est à la base de l'école structuraliste américaine en linguistique. Il est notamment à l'origine de l'analyse phonologique et de l'analyse en constituants immédiats.

bloquer [blɔke] **v.t.** (de *bloc*). **1.** Empêcher qqch de bouger, de se déplacer : *Bloquer une porte. Bloquer une roue avec une cale* (syn. **immobiliser**). **2.** Retenir qqn en un lieu : *Être bloqué chez soi à cause d'un rendez-vous* (syn. **coincer**). **3.** Serrer au maximum : *Bloquer des freins, un écrou.* **4.** Rendre un accès, une voie impraticables : *La voie ferrée est bloquée par des éboulements* (syn. **obstruer**). **5.** Interdire tout mouvement à qqn, à un véhicule : *Un accident nous a bloqués sur le périphérique.* **6.** Consacrer une certaine période de temps à qqch ; rassembler des choses à faire dans cette période : *Bloquer une journée pour des examens médicaux. Bloquer tous ses rendez-vous en début de semaine.* **7.** Suspendre la libre disposition de biens ; empêcher tout mouvement d'augmentation : *Bloquer 6 000 € sur son compte. Bloquer les crédits, les salaires* (syn. **geler**). **8.** Empêcher qqn de poursuivre son action : *Le manque de documents me bloque dans ma rédaction.* **9.** Provoquer un blocage psychologique chez qqn : *La hantise de l'échec la bloque.* **10. Bloquer un ballon,** l'arrêter net dans sa course.

se blottir [blɔtir] **v.pr.** (probabl. du bas all. *blotten*, écraser) [conj. **32**]. Se recroqueviller, se replier sur soi-même ; se réfugier contre qqch : *Se blottir dans un coin. Se blottir contre l'épaule de sa mère* (syn. **se pelotonner**).

blousant, e [bluzɑ̃, -ɑ̃t] **adj.** Qui blouse, en parlant d'un vêtement ; bouffant : *Chemisier blousant.*

blouse [bluz] **n.f.** (orig. obsc.). **1.** Vêtement de travail porté pour se protéger, pour protéger ses vêtements : *Blouse d'infirmière.* **2.** Corsage de femme de forme ample.

1. blouser [bluze] **v.t.** (de *blouse*, trou aux coins d'un billard, d'orig. obsc.). *FAM.* Induire qqn en erreur : *Il a voulu nous blouser* (syn. **tromper, abuser**).

2. blouser [bluze] **v.i.** (de *blouse*). Avoir de l'ampleur donnée par des fronces, en parlant d'un vêtement.

blouson [bluzɔ̃] **n.m.** (de *blouse*). **1.** Veste d'allure sportive, courte et ample, serrée à la taille par une bande qui la fait blouser : *Un blouson en daim.* **2.** *VIEILLI.* **Blouson noir,** jeune voyou vêtu d'un blouson de cuir noir dans la décennie 1955-1965 ; jeune délinquant.

Bloy [blwa] **(Léon),** écrivain français (Périgueux 1846 - Bourg-la-Reine 1917). D'inspiration chrétienne, il est l'auteur de pamphlets, de romans (*le Désespéré,* 1886 ; *la Femme pauvre,* 1897) et d'un *Journal* (1892-1917).

Blücher (Gebhard Leberecht), *prince* **Blücher von Wahlstatt,** maréchal prussien (Rostock 1742 - Krieblowitz 1819). Combattant en 1813 en Silésie, il contribua à la victoire des coalisés à Leipzig. Il se distingua pendant la campagne de France (1814), fut battu par Napoléon à Ligny (1815), mais intervint de façon décisive à Waterloo.

blue-jean [bludʒin] ou **blue-jeans** [bludʒins] **n.m.** (mot anglo-amér. « treillis bleu ») [pl. *blue-jeans*]. Syn. de *jean.*

blues [bluz] **n.m.** (mot anglo-amér., de la loc. *blue devils*, idées noires). **1.** Complainte du folklore noir américain, caractérisée par une formule harmonique constante et un rythme à quatre temps, dont le style a influencé le jazz dans son ensemble. **2.** *FAM.* **Avoir le blues,** être triste, mélancolique.

bluette [blyɛt] **n.f.** (p.-ê. de l'anc. fr. *belluer* ; v. *berlue*). Historiette sentimentale sans prétention.

bluff [blœf] **n.m.** (mot anglo-amér.). **1.** Procédé pratiqué surtout au poker et qui consiste à miser gros sans avoir un bon jeu, pour que l'adversaire renonce à jouer. **2.** Attitude, action destinée à faire illusion, à donner le change : *Ne t'engage pas dans cette affaire, c'est du bluff.*

bluffant, e [blœfɑ̃, -ɑ̃t] **adj.** *FAM.* Qui stupéfie, impressionne : *Le film qui vient de sortir est bluffant.*

bluffer [blœfe] **v.t.** et **v.i. 1.** Faire un bluff, au poker. **2.** Donner le change en essayant de cacher sa situation réelle ou ses intentions : *Il bluffe pour faire reculer son adversaire.* ◆ **v.t.** *FAM.* Provoquer chez qqn une surprise mêlée d'admiration.

bluffeur, euse [blœfœr, -øz] **n.** et **adj.** Personne qui bluffe, qui a l'habitude de bluffer.

Blum (Léon), homme politique français (Paris 1872 - Jouy-en-Josas 1950). Membre du parti socialiste français à partir de 1902, il fit partie, en 1920, au congrès de Tours, de la minorité qui refusa d'adhérer à l'Internationale communiste. Chef du parti socialiste (S.F.I.O.), il constitua un gouvernement dit « de Front populaire » (1936-1937) qui réalisa d'importantes réformes sociales et revint au pouvoir en 1938. Arrêté en 1940, accusé au procès de Riom (1942), il fut déporté en Allemagne (1943), puis redevint chef du gouvernement de déc. 1946 à janv. 1947.

blutage [blytaʒ] **n.m.** Action de bluter.

bluter [blyte] **v.t.** (néerl. *biutelen*). Faire passer la farine à travers un tamis pour la séparer du son.

blutoir [blytwar] **n.m.** Grand tamis pour bluter la farine.

BMX [beemiks] **n.m.** (nom déposé). Bicross de la marque de ce nom.

B.O. [beo] **n.f.** (abrév.). Bande* originale.

boa [bɔa] **n.m.** (mot lat. « serpent d'eau »). **1.** Serpent d'Amérique tropicale, non venimeux, se nourrissant d'animaux qu'il étouffe. ▸ Famille des boïdés ; long. max. 6 m. **2.** Rouleau de plumes ou de fourrure, évoquant un serpent par sa forme, que les femmes portaient autour du cou vers 1900.

Boas (Franz), anthropologue américain d'origine allemande (Minden, Westphalie, 1858 - New York 1942). Il a étudié sur le terrain de nombreux peuples indiens d'Amérique du Nord. Principal représentant du diffusionnisme, il a souligné le caractère irréductible de chaque culture. Il s'est également intéressé à l'anthropologie physique et a démontré l'indépendance absolue entre les caractéristique physiques de l'homme et les traits culturels des sociétés. Enfin, il a étudié de nombreuse langues indiennes. Il a notamment écrit *Handbook of American Indian Languages* (1911), *The Mind of Primitive Man* (1911) et *General Anthropology* (1938).

boat people [botpipəl] **n. inv.** (mots angl. « gens des bateaux »). Réfugié fuyant son pays sur une embarcation de fortune.

1. bob [bɔb] **n.m.** (de l'anglo-amér. *Bob* [dimin. de *Robert*], qui désignait les soldats américains porteurs de tels chapeaux). Chapeau d'été en toile, en forme de cloche et dont on peut relever les bords.

2. bob [bɔb] **n.m.** (abrév.). Bobsleigh.

bobard [bɔbar] **n.m.** (probabl. d'un rad. onomat. *bob*, exprimant le mouvement des lèvres, la moue). *FAM.* Fausse nouvelle (syn. **mensonge**).

bobèche [bɔbɛʃ] **n.f.** (probabl. du même rad. onomat. que *bobine*). Disque de verre ou de métal adapté à un bougeoir pour arrêter les coulures de bougie fondue.

Bobigny, ch.-l. du dép. de la Seine-Saint-Denis, au nord-est de Paris ; 48 892 hab. *(Balbyniens)*. Industrie automobile.

bobinage [bɔbinaʒ] **n.m. 1.** Action de bobiner ; état de ce qui est bobiné. **2.** ÉLECTR. Enroulement de conducteurs formant, sur une machine ou un appareil, un même circuit électrique.

bobine [bɔbin] **n.f.** (probabl. d'un rad. onomat. *bob*, exprimant le mouvement des lèvres, d'où le gonflement). **1.** Petit cylindre en bois, en métal ou en plastique, autour duquel on enroule du fil, de la ficelle, des rubans, des pellicules photographiques, etc. **2.** Le cylindre et la matière enroulée : *Une bobine de fil bleu.* **3.** ÉLECTR. Ensemble de spires conductrices, généralement coaxiales, connectées en série. **4.** *FAM.* Visage ; expression du visage : *Tu fais une de ces bobines, aujourd'hui !* (= tu as l'air de mauvaise humeur). **5. Bobine d'allumage,** petite bobine parcourue par un courant périodiquement interrompu, servant à allumer le mélange d'un moteur à explosion.

bobineau n.m. → **bobinot.**

bobiner [bɔbine] **v.t.** Enrouler du fil, de la ficelle, une pellicule, etc., sur une bobine.

bobinot ou **bobineau** [bɔbino] **n.m. 1.** Support autour duquel on bobine les fibres textiles. **2.** Film ou bande vidéo en rouleau utilisés dans les studios de télévision.

bobo [bobo] **n.m.** (onomat.). Douleur ou blessure légère (surtout dans le langage enfantin).

Bobo-Dioulasso, v. du sud-ouest du Burkina ; 435 543 hab.

bobsleigh [bɔbslɛg] **n.m.** (mot angl., de *to bob*, être ballotté, et *sleigh*, traîneau). Traîneau sur lequel peuvent prendre place plusieurs personnes pour effectuer des glissades sur des pistes de glace ; sport pratiqué avec cet engin. (Abrév. *bob.*) ▸ Le bobsleigh est une discipline olympique depuis 1924.

bocage [bɔkaʒ] **n.m.** (mot normand, de l'anc. fr. *bosc.*, var. de *bois*). Région où les champs et les prés sont enclos par des levées de terre portant des haies ou des rangées d'arbres et où l'habitat est dispersé en fermes et en hameaux.

bocager, ère [bɔkaʒe, -ɛr] **adj.** Du bocage : *Région bocagère.*

bocal [bɔkal] **n.m.** (it. *boccale*, bas lat. *baucalis*, vase à rafraîchir, du gr.) [pl. *bocaux*]. Récipient en verre à large ouverture et à col très court.

Boccace (Giovanni Boccaccio, dit**),** écrivain italien (Florence ou Certaldo 1313 - Certaldo 1375). Auteur d'idylles mythologiques, allégoriques *(le Nymphée de Fiesole)* ou psychologiques *(Fiammetta)*, il fut le premier grand prosateur italien. Son chef-d'œuvre est le *Décaméron* (1349-1351), recueil de nouvelles qui dépeignent les mœurs au XIVe s.

Boccherini (Luigi), compositeur et violoncelliste italien (Lucques 1743 - Madrid 1805). Sa production est abondante et diverse (oratorios, cantates), mais il fut surtout l'un des maîtres de la musique de chambre du XVIIIe s. (quatuors et quintettes à cordes). On lui doit aussi des symphonies.

Boccioni (Umberto), peintre, sculpteur et théoricien italien (Reggio di Calabria 1882 - Vérone 1916). Figure majeure du futurisme, il a emprunté au divisionnisme, à l'arabesque de l'Art nouveau et au cubisme les moyens d'exprimer le mouvement.

Bochimans, en angl. **Bushmen,** peuples nomades vivant de chasse et de cueillette dans le désert du Kalahari, parlant une langue du groupe khoisan. Ils habitaient autrefois une vaste zone de l'Afrique australe, mais ils ont été refoulés dans le Kalahari par les Bantous et les Boers.

Bochum, v. d'Allemagne, dans la Ruhr ; 362 286 hab. Université. Métallurgie (automobile). Chimie.

bock [bɔk] **n.m.** (de l'all. *Bockbier*, n. d'une bière). **1.** Verre à bière d'une contenance d'un quart de litre. **2.** Récipient muni d'un tube souple auquel est adaptée une canule pour les lavements.

Bodh-Gaya, localité de l'Inde (Bihar), l'un des plus vénérés parmi les lieux saints du bouddhisme, où Shakyamuni parvint à l'état de Bouddha, après l'Illumination *(Bodhi)*. Sanctuaires d'Ashoka remplacés par le temple Mahabodhi (XIIe, XIIIe et XIXe s.).

Bodin (Jean), philosophe et magistrat français (Angers 1530 - Laon 1596). Il a étudié l'inflation, qu'il considère comme source d'enrichissement. Dans son traité, *la République* (1576), il développe les principes d'une monarchie tempérée par les états généraux et par le parlement, qui accepte ou refuse les impôts. Les corporations et les collèges constituent également des « pouvoirs intermédiaires » dont la mission est de tempérer l'arbitraire royal.

body [bɔdi] **n.m.** (angl. *body*, corps). Vêtement moulant, porté à même la peau, qui combine un haut et un slip ouvert à l'entrejambe.

body-building [bɔdibildiŋ] **n.m.** (mots angl., de *body*, corps, et *to build*, construire) [pl. *body-buildings*]. Syn. de *culturisme*.

Boers [bur] (mot néerl. signif. « paysans »), colons de l'Afrique australe, d'origine néerlandaise. Après avoir quitté la région du Cap, sous la pression des Britanniques, ils fondèrent, plus au nord, les républiques d'Orange et du Transvaal. La *guerre des Boers* (1899-1902) les opposa de nouveau aux Britanniques, qui, victorieux, annexèrent leurs États.

boette ou **boëte** [bwat] **n.f.** (breton *boet*, nourriture). Appât que l'on met à l'hameçon pour la pêche en mer.

bœuf [bœf], au pl. [bø] **n.m.** (lat. *bos, bovis*). **1.** Mâle de la famille des bovidés (bison, yack, buffle, zébu). **2.** Mâle châtré adulte de l'espèce bovine. ▸ Le bœuf beugle, mugit ou meugle. **3.** Viande de cet animal. **4.** MUS. Réunion de musiciens de jazz jouant pour leur seul plaisir : *Faire un bœuf.* **5. Être fort comme un bœuf,** être très robuste, très vigoureux. / *FAM.* **Souffler comme un bœuf,** être très essoufflé ; souffler bruyamment. ◆ **adj. inv.** *FAM.* Très étonnant, inattendu : *Faire un effet bœuf.*

bof [bɔf] **interj.** (onomat.). Exprime un doute moqueur, l'ironie ou l'indifférence : *Bof ! Ça ne m'étonne pas d'elle.*

Bofill (Ricardo), architecte espagnol (Barcelone 1939). Il fonde en 1964 le « Taller de Arquitectura », atelier pluridisciplinaire qui donne son chef-d'œuvre avec l'ensemble *Walden 7,* près de Barcelone (1973), d'une modernité complexe. En France, il réalise, en préfabrication lourde, des ensembles classico-baroques solennels (*Antigone,* à Montpellier, années 1980).

Bogart (Humphrey), acteur de cinéma américain (New York 1899 - Hollywood 1957). Incarnation du détective privé ou de l'aventurier, il a imposé un nouveau style de héros, caustique et désabusé, mais vulnérable à l'amour. Il a tourné notamment avec J. Huston (*le Faucon maltais,* 1941 ; *African Queen,* 1952), M. Curtiz (*Casablanca,* 1943), H. Hawks (*le Grand Sommeil,* 1946), J. Mankiewicz (*la Comtesse aux pieds nus,* 1954).

bogie ou **boggie** [bɔʒi] **n.m.** (angl. *bogie*). Châssis à deux, parfois trois essieux portant l'extrémité d'un véhicule ferroviaire et relié au châssis principal par une articulation à pivot.

Bogota ou **Santa Fe de Bogota,** cap. de la Colombie, dans la Cordillère orientale, à 2 600 m d'altitude ; 7 776 845 hab. (9 558 000 hab. dans l'agglomération). Fondée en 1538, elle fut la capitale de la vice-royauté espagnole de Nouvelle-Grenade (1739), puis celle de la république de Grande-Colombie jusqu'en 1831 et de la Colombie (depuis 1886). Monuments coloniaux. Musée de l'Or (bijoux préhispaniques).

1. bogue [bɔg] **n.f.** (breton *bolc'h*). Enveloppe du marron, de la châtaigne, recouverte de piquants.

2. bogue [bɔg] **n.m.** (angl. *bug,* bestiole puis « défaut »). INFORM. Défaut de conception ou de réalisation d'un programme, se manifestant par des anomalies de fonctionnement.

Bohai ***(golfe du),*** golfe de Chine, sur la mer Jaune.

bohème [bɔɛm] **adj.** et **n.** (de *Bohême*). *VIEILLI.* Non conformiste ; dont les habitudes de vie sont irrégulières : *Il est très bohème. Allure bohème* (syn. **fantaisiste, artiste**). ◆ **n.f.** *VIEILLI.* **La bohème,** le milieu des artistes, des écrivains, etc., qui mènent une vie au jour le jour, en marge du conformisme social et de la respectabilité ; ce genre de vie.

Bohême, partie occidentale de la République tchèque, formée de massifs hercyniens encadrant un plateau et la plaine (Polabí) drainée par l'Elbe. CAP. *Prague.*

HISTOIRE

Occupée successivement par des Celtes *Boïens,* auxquels elle doit son nom, puis par des Germains, les Marcomans, et des Slaves, la Bohême fait partie, au IXe s., de l'État slave de Grande-Moravie. De 900 à 1306, la dynastie slave des Přemyslides règne sur le pays. Vassaux du Saint Empire, ils obtiennent le titre de roi en 1212. Fondée en 1310, la dynastie de Luxembourg dirige jusqu'en 1437 le royaume, qui atteint son apogée sous Charles IV (1346-1378). Celui-ci fait de Prague la capitale du Saint Empire et la dote d'une université. En 1415, le réformateur religieux Jan Hus est exécuté. En 1526, Ferdinand d'Autriche est proclamé roi de Bohême et de Hongrie. Renouvelée à chaque élection royale, l'union avec l'Autriche est renforcée par la Constitution de 1627, qui donne à titre héréditaire la couronne de Bohême aux Habsbourg. En 1618, la « défenestration de Prague » ouvre la guerre de Trente Ans : les protestants sont écrasés à la bataille de la Montagne-Blanche (1620). En 1848, les Tchèques participent à la révolution. Lorsque l'Empire austro-hongrois s'effondre (1918), ils proclament leur indépendance. La Bohême devient alors une partie de la Tchécoslovaquie. En 1993, lors de la partition de cette dernière, elle forme avec la Moravie la République tchèque.

bohémien, enne [bɔemjɛ̃, -ɛn] **n.** (de *Bohême*). **1.** *VIEILLI.* Tsigane : *Campement de bohémiens.* **2.** Nomade, vagabond (péjor.). ◆ **adj.** Relatif aux bohémiens, aux Tsiganes.

Böhm (Karl), chef d'orchestre autrichien (Graz 1894 - Salzbourg 1981). Directeur de l'Opéra de Vienne, interprète de la *Tétralogie* de Wagner à Bayreuth, il fut aussi un spécialiste de Mozart.

Böhm-Bawerk (Eugen von), économiste autrichien (Brünn, auj. Brno, 1851 - Vienne 1914), l'un des chefs de l'école marginaliste autrichienne. On lui doit d'importantes contributions sur la théorie du capital et de l'intérêt. Il estime notamment que la valeur d'un bien dépend de l'utilité (dite utilité marginale) de la dernière unité des biens disponibles et donc du degré d'importance ou de préférence qui lui est attribuée.

Böhme ou **Boehme (Jakob),** mystique allemand (Altseidenberg 1575 - Görlitz 1624). Auteur de plusieurs ouvrages, dont *Aurora* et *Mysterium magnum,* où il fait état de ses révélations sur Dieu, l'homme et la nature, il considère que la condition première de toute connaissance est une illumination divine. Il eut une grande influence sur la philosophie allemande, comme sur tout le courant romantique.

Bohr (Niels), physicien danois (Copenhague 1885 - *id.* 1962). Il a élaboré en 1913 une théorie de la structure de l'atome intégrant à la fois le modèle planétaire de Rutherford et le quantum d'action de Planck. Cette théorie rend compte de la stabilité de l'atome ainsi que de ses propriétés d'émission et d'absorption. Il a établi le « principe de complémentarité » selon lequel un objet quantique ne peut à la fois être décrit en termes d'ondes et de particules. Réfugié aux États-Unis pendant la Seconde Guerre mondiale, il participa à la conception des premières bombes nucléaires avant de retourner au Danemark, en 1945. (Prix Nobel 1922.)

Boiardo (Matteo Maria), poète italien (Scandiano 1441 - Reggio nell'Emilia 1494). Il est l'auteur d'un roman de chevalerie inachevé, le *Roland amoureux* (1495), qui combine les thèmes de la geste carolingienne et du cycle breton.

Boieldieu [bɔjɛldjø] **(François Adrien),** compositeur français (Rouen 1775 - Jarcy 1834). Il écrivit des opéras-comiques qui eurent un grand succès : *le Calife de Bagdad* (1800), *la Dame blanche* (1825).

Boileau (Nicolas), dit **Boileau-Despréaux,** écrivain français (Paris 1636 - *id.* 1711). Imitateur d'Horace dans des poèmes satiriques (*Satires,* 1666-1668) ou moraux (*Épîtres,* 1669-1695), chef du groupe favorable aux Anciens dans la querelle des Anciens et des Modernes, il contribua à fixer l'idéal littéraire du « classicisme » (*Art poétique,* 1674 ; *le Lutrin,* 1674-1683).

1. boire [bwar] **v.t.** (lat. *bibere*) [conj. **108**]. **1.** Avaler un liquide ; se désaltérer, se rafraîchir : *Boire du thé. Boire un verre d'eau.* **2.** Absorber un liquide, en parlant de qqch : *Papier qui boit l'encre.* **3. Boire les paroles de qqn,** l'écouter très attentivement, avec admiration. / **Il y a à boire et à manger,** il y a dans cette affaire des avantages et des inconvénients, du vrai et du faux. ◆ **v.i.** Absorber de l'alcool avec excès : *Son mari boit* (= c'est un alcoolique).

2. boire [bwar] **n.m.** Fait de boire : *En perdre le boire et le manger* (= être si absorbé par qqch qu'on en oublie les nécessités de la vie).

bois [bwa] **n.m.** (lat. médiév. *boscus,* frq. **bosk,* buisson). **1.** Lieu, terrain couvert ou planté d'arbres : *Un bois de châtaigniers. Le bois de Boulogne.* **2.** Matière compacte, plus ou moins dure et recouverte d'écorce, constituant l'essentiel du tronc, des racines et des branches des arbres : *Bois de menuiserie, de charpente. Bois blanc* (= hêtre, sapin, peuplier). **3.** Objet ou partie d'un objet en bois : *Le bois d'une hache.* **4.** *FAM.* **Avoir la gueule de bois,** avoir mal à la tête et la langue pâteuse après des excès d'alcool. / **Faire feu** ou **faire flèche de tout bois,** utiliser toutes les ressources possibles pour atteindre un but. / **N'être pas de bois,** être vulnérable aux tentations d'ordre érotique. / **Toucher du bois,** conjurer le mauvais sort en touchant un objet en bois. ◆ **n.m. pl. 1.** Famille des instruments à vent, en bois (hautbois, clarinette, cor anglais, basson) ou dont le timbre est comparable à celui des instruments en bois (flûte, saxophone). **2.** Cornes caduques des cervidés.

■ **Origine et constitution.** Le bois est un tissu végétal résistant. Il assure un port dressé aux végétaux de grande taille et leur permet ainsi d'atteindre la lumière. Il est constitué d'un tissu végétal appelé *xylème secondaire,* produit par une assise cellulaire (le *cambium*) assurant la croissance en épaisseur des tiges et des racines. Les parois de ses cellules sont imprégnées d'une substance organique rigide et imperméable, la *lignine.* Le bois présente des cellules conductrices assurant la circulation de la sève brute (eau et sels minéraux, acides aminés) des racines vers les parties aériennes. Il contient également des éléments de soutien, les fibres, constituées de cellules à paroi fortement lignifiée, et du parenchyme jouant éventuellement un rôle de réserve. Dans les régions tempérées, l'activité du cambium est périodique et cesse pendant l'hiver. Sur une coupe transversale, on peut distinguer des couches concentriques, ou *cernes,* correspondant chacune à la production du bois d'une année.

Usages. Matériau naturel traditionnel, le bois possède une excellente rigidité, une bonne résistance aux agents chimiques, de bonnes qualités d'isolant thermique et une capacité d'absorber les efforts brusques. Ses usages sont multiples : il fournit de l'énergie (chauffage, cuisson des aliments), sert à la construction (charpente, menuiserie), à l'ébénisterie, à la tonnellerie, à l'emballage. On l'a beaucoup employé et on l'emploie encore pour fabriquer des traverses de chemin de fer ou des poteaux. Par des traitements chimiques, il est à la base de la fabrication du papier et du carton.

On classe le bois débité en trois catégories : bois d'œuvre, bois d'industrie, bois-énergie (ou bois de feu). Le bois d'œuvre, d'un diamètre supérieur à 25 cm, est tiré de la partie de l'arbre de meilleure qualité ; il est apte au sciage, au tranchage, au déroulage. Pour s'affranchir des limites physiques du bois massif, on a développé les techniques de reconstitution (aboutage, panneautage, lamellation, techniques associées pour la fabrication du lamellé-collé). Le bois d'industrie, issu d'arbres plus jeunes, plus petits ou de moins bonne qualité, est principalement utilisé comme simple matière première cellulosique, destinée à la trituration pour l'obtention de pâte à papier ou de panneaux de particules ; on l'utilise aussi comme bois de mine ou pour faire des piquets. Le bois-énergie, sous forme de bûches et de petit bois, provient des taillis et de bois impropres aux usages précédents ; on utilise également la sciure et les chutes des métiers du bois (scierie, menuiserie, ébénisterie), sous forme compactée (granulés). Dans les pays en voie de développement, il sert comme combustible pour la préparation des aliments. Le bois fait partie des énergies renouvelables.

Propriétés des bois. Chaque essence produit un bois particulier, adapté à certains usages : le châtaignier ne pourrit pas, d'où son utilisation dans les charpentes ; le teck, qui ne rouille pas les clous de fer qu'on y enfonce, est employé dans la construction de bateaux ; le buis est connu pour sa dureté. Les résineux et l'eucalyptus à croissance rapide sont recherchés par l'industrie de la pâte à papier ; les bois tropicaux sont utilisés en menuiserie et ébénisterie. ■

boisage [bwazaʒ] **n.m.** MENUIS. Action de boiser ; ensemble des éléments de soutènement (en bois ou en métal) des chantiers d'exploitation et des galeries d'une mine.

boisé, e [bwaze] **adj.** Couvert d'arbres : *Pays boisé.*

boisement [bwazmɑ̃] **n.m.** Plantation d'arbres forestiers.

boiser [bwaze] **v.t. 1.** Planter un lieu d'arbres : *Boiser une montagne.* **2.** MENUIS. Renforcer, étayer, soutenir par un boisage.

boiserie [bwazri] **n.f.** Ouvrage de menuiserie dont on revêt les murs intérieurs d'une habitation ; lambris.

boisseau [bwaso] **n.m.** (lat. pop. **buxitellum,* du class. *buxida,* boîte). **1.** Ancienne mesure de capacité pour les grains et les matières analogues, restée en usage dans les pays anglo-saxons pour les céréales ; récipient, instrument de mesure de cette capacité. ▶ Le boisseau de Paris contenait environ 12,5 l. **2. Mettre, garder, cacher qqch sous le boisseau,** mentir, dissimuler qqch.

boisson [bwasɔ̃] **n.f.** (bas lat. *bibitio,* du class. *bibere,* boire). **1.** Liquide qu'on boit : *Prendre une boisson glacée.* **2.** Liquide alcoolisé destiné à la consommation : *Impôt sur les boissons.* **3. La boisson,** l'alcoolisme : *S'adonner à la boisson.* / **Être pris de boisson,** être en état d'ivresse.

boîte [bwat] **n.f.** (lat. *buxis, -idis,* gr. *puxis*). **1.** Contenant en matière rigide (bois, métal, carton, plastique, etc.), avec ou sans couvercle : *Boîte à outils. Boîte d'allumettes.* **2.** Contenu d'une boîte : *Manger une boîte de chocolats.* **3.** FAM. Lieu de travail : *Tu travailles toujours dans la même boîte ?* (syn. **entreprise**). **4. Boîte à gants,** aménagement souvent muni d'une porte, situé à l'avant d'une automobile et utilisé pour le rangement d'objets divers. / **Boîte à idées,** boîte placée dans un lieu public, une entreprise pour recueillir les suggestions des usagers, du personnel, etc. / FAM. **Mettre qqn en boîte,** plaisanter qqn, se moquer de lui. **5. Boîte aux lettres** ou **boîte à lettres,** réceptacle muni d'une fente dans lequel sont déposées les lettres à expédier. / **Boîte crânienne,** partie du crâne contenant l'encéphale. / **Boîte de nuit,** établissement où l'on peut écouter de la musique, danser et boire. / **Boîte de vitesses,** organe renfermant les trains d'engrenages du changement de vitesses. / **Boîte noire,** appareil enregistreur placé à bord d'un avion, d'un camion, etc., qui permet de connaître les conditions de déroulement d'un trajet, les circonstances d'un accident.

boitement [bwatmɑ̃] **n.m.** Action de boiter.

boiter [bwate] **v.i.** (p.-ê. de [*pied*] *bot*). **1.** Marcher en inclinant le corps d'un côté plus que de l'autre (à cause d'une infirmité, d'une blessure, d'une gêne momentanée) : *Depuis son accident, elle boite légèrement* (syn. litt. **claudiquer**). **2.** Manquer d'aplomb, d'équilibre : *Chaise qui boite.* **3.** Manquer de cohérence : *Cette phrase boite.*

boiteux, euse [bwatø, -øz] **adj.** et **n.** Se dit de qqn qui boite : *Talleyrand était surnommé « le Diable boiteux ». Un boiteux mendiait devant l'église.* ◆ **adj.** Se dit de qqch qui manque d'équilibre : *Chaise boiteuse* (syn. **bancal, branlant**). *Raisonnement boiteux* (syn. **bancal**).

boîtier [bwatje] **n.m. 1.** Boîte, coffre à compartiments : *Fournitures de dessin rangées dans un boîtier.* **2.** Boîte renfermant un mécanisme, une pile, etc. : *Boîtier de lampe de poche, de montre.* **3.** Corps d'un appareil photographique, sur lequel s'adapte l'objectif.

boitillement [bwatijmɑ̃] **n.m.** Boitement léger.

boitiller [bwatije] **v.i.** Boiter légèrement.

Boito (Arrigo), compositeur, poète et librettiste italien (Padoue 1842 - Milan 1918). Journaliste et homme de théâtre, il a écrit pour Verdi les livrets d'*Otello* et de *Falstaff,* non sans s'être essayé lui-même à écrire des opéras *(Mefistofele).*

boit-sans-soif [bwasɑ̃swaf] **n. inv.** FAM. Personne qui boit de l'alcool avec excès ; ivrogne.

1. bol [bɔl] **n.m.** (angl. *bowl,* jatte). **1.** Récipient hémisphérique, sans anse, qui sert à contenir certaines boissons ; son contenu. : *Un bol de lait. Boire un bol de chocolat.* **2.** FAM. Chance : *Avoir du bol. Manquer de bol.*

2. bol [bɔl] **n.m.** (gr. *bôlos,* motte). **Bol alimentaire,** masse d'aliments correspondant à une déglutition.

bolchevique ou **bolchevik** [bɔlʃevik] ou [bɔlʃəvik] **adj.** et **n.** (mot russe « de la majorité », de *bolche,* plus grand). HIST. De la fraction du parti ouvrier social-démocrate russe qui suivit Lénine après la scission avec les *mencheviks* (1903) ; du parti communiste de Russie, puis d'U.R.S.S.

bolchevisme [bɔlʃevism] ou [bɔlʃəvism] **n.m.** Courant politique issu de l'Internationale socialiste et dominé par la personnalité et les théories de Lénine.

bolduc [bɔldyk] **n.m.** (de *Bois-le-Duc,* n. d'une ville des Pays-Bas). Ruban plat pour ficeler, décorer les paquets.

bolée [bɔle] **n.f.** Contenu d'un bol : *Une bolée de cidre.*

boléro [bɔlero] **n.m.** (esp. *bolero,* danseur, de *bola,* boule en raison du chapeau rond du danseur). **1.** Danse d'origine andalouse, à trois temps, au rythme accentué ; air sur lequel elle se danse. **2.** Veste droite de femme, non boutonnée, s'arrêtant à la taille.

bolet [bɔlɛ] **n.m.** (lat. *boletus*). Champignon charnu, à spores contenues dans des tubes, dont certaines espèces sont comestibles. ▶ Classe des basidiomycètes ; plusieurs espèces sont dénommées *cèpes.*

bolide [bɔlid] **n.m.** (lat. *bolis, -idis,* trait, du gr.). **1.** Véhicule très rapide : *Les bolides de formule 1.* **2. Comme un bolide,** très vite : *Elle est passée comme un bolide.*

Bolívar (Simón), général et homme d'État sud-américain (Caracas 1783 - Santa Marta 1830). Issu d'une riche famille, gagné aux idées de la Révolution française, il participe à l'insurrection anti-espagnole et fait proclamer l'indépendance du Venezuela en 1811. La réaction espagnole l'oblige à l'exil. Il remporte la victoire de Taguanes (1813) et entre à Caracas, où il reçoit le titre de *Libertador,* puis de dictateur (1814). De nouveau contraint à l'exil, il rédige la charte de la Jamaïque, programme pour une Amérique indépendante, avec des régimes républicains et une alliance entre les peuples américains.
De retour au Venezuela (déc. 1816), il établit un gouvernement à Angostura, où il convoque en 1819 un congrès constituant qui l'élit président de la république du Venezuela. Après les victoires de Boyacá et de Carabobo sur les Espagnols, il fédère sous le nom de Grande-Colombie les régions libérées : Nouvelle-Grenade, Venezuela puis Équateur (où son lieutenant Sucre remporte la victoire en 1822). Puis il entre à Lima, est proclamé dictateur du Pérou (1823) et y assoit son autorité par les victoires de Junín et d'Ayacucho (1824). Dans le Haut-Pérou, qu'il libère, est créé l'État de Bolivie, d'après le nom de Bolívar, qui, président de trois républiques (six États aujourd'hui), est au zénith de sa gloire. Ambitieux, il rêve de constituer une vaste confédération, ou république, des États-Unis du Sud, régie par des institutions stables. Mais les tendances centrifuges et l'anarchie des nouveaux États font échouer son projet. Il démissionne en 1830, peu avant sa mort.

Bolivie, en esp. **Bolivia,** État de l'Amérique du Sud, qui doit son nom à *Bolívar ;* 1 100 000 km² ; 10 671 000 hab. *(Boliviens).* CAP. *Sucre* (cap. constitutionnelle) et *La Paz* (siège du gouvernement). LANGUES : *espagnol* et 36 langues indigènes (dont l'*aymara* et le *quechua*). MONNAIE : *boliviano.*

GÉOGRAPHIE
État continental, tropical, avec un climat où la pluviosité décroît vers le S., la Bolivie juxtapose deux régions s'opposant par le milieu naturel et l'occupation humaine : les Andes et l'Oriente (70 % du pays, mais 20 % seulement de la population). Dans les Andes, des hautes chaînes, couronnées de volcans, dominent une étendue plus plate, l'Altiplano, partiellement occupé par des lacs (Titicaca, Poopó) et des salines (salar de Uyuni). Ici, entre 3 000 et 4 000 m, à côté d'un élevage dominant (ovins, lamas), viennent la pomme de terre, l'orge. Dans les vallées, sur des terres plus basses, sont cultivés le blé, le maïs ; plus bas encore, le caféier, la canne à sucre, le coca. La population, en majorité d'origine indienne, est encore largement rurale. En dehors de La Paz, Cochabamba et Santa Cruz, les villes sont d'importance moyenne ou faible. L'industrie minière (traditionnellement organisée autour de l'étain, de l'argent et du tungstène) est auj. en crise (sauf pour le lithium, très prometteur) ; elle est relayée par l'exploitation des gisements de gaz naturel (surtout) et de pétrole. Mais le revenu moyen par habitant reste très bas.

HISTOIRE
Siège d'importantes cultures depuis l'époque préhistorique, le territoire bolivien est incorporé au XVe s. à l'Empire inca fondé à Cuzco (Pérou). Au XVIe s., le territoire est conquis par les Espagnols, qui y fondent La Paz (1548). Les mines d'argent découvertes à Potosí font de la région la province la plus riche de l'Empire espagnol.
1825. L'indépendance de la Bolivie est proclamée, après la victoire de Bolívar et de son lieutenant Sucre.
1879-1884. Guerre du Pacifique à l'issue de laquelle la Bolivie abandonne au Chili sa façade océanique.
1932-1935. Guerre avec le Paraguay pour la possession du désert du Chaco, qui échappe finalement à la Bolivie.
À partir de 1936, les militaires gouvernent.
1952-1964. Le président Víctor Paz Estenssoro nationalise les mines et amorce une réforme agraire. À partir de 1964, les militaires reviennent au pouvoir tandis que se développe une guérilla dont Che Guevara est l'un des chefs.
1971-1978. Présidence autoritaire de Hugo Banzer Suárez. Des putschs militaires se succèdent jusqu'en 1982.
1982. Élection de Hernán Siles Zuazo à la présidence ; il tente d'établir un régime démocratique de gauche.
1985. Retour au pouvoir de Paz Estenssoro.
1989. Jaime Paz Zamora est élu à la présidence.
1993. Gonzalo Sánchez de Lozada lui succède.
1997. H. Banzer Suárez, élu à la présidence de la République, revient à la tête de l'État par la voie démocratique.
2001. Il démissionne pour raisons de santé.
2002. G. Sánchez de Lozada redevient président, mais il démissionne dès 2003.
2006. Après une période d'agitation sociale et d'instabilité politique, Evo Morales est le premier Amérindien à accéder à la tête de l'État. Il décrète la nationalisation des hydrocarbures et le lancement d'une réforme agraire. Mais, très vite, les revendications autonomistes de certaines régions et des différends au sujet du projet de nouvelle Constitution (finalement approuvée par référendum en janv. 2009) exacerbent les tensions dans le pays. E. Morales est toutefois largement réélu en déc. 2009.

Böll (Heinrich), écrivain allemand (Cologne 1917 - Langenbroich 1985). Marqué par ses convictions catholiques, il a peint l'Allemagne de l'après-guerre, dans l'effondrement de la défaite (*Le train était à l'heure,* 1949) et dans sa renaissance fondée sur les jouissances matérielles (*Portrait de groupe avec dame,* 1971 ; *l'Honneur perdu de Katharina Blum,* 1974). [Prix Nobel 1972.]

Bologne, v. d'Italie, cap. de l'Émilie et ch.-l. de prov. ; 375 935 hab. *(Bolognais).* Monuments du Moyen Âge et de la Renaissance. Siège d'une importante école de droit aux XIIe et XIIIe s. et de l'école de peinture des Carrache. Musées.

Bologne (Jean) → Giambologna.

Bolt (Usain), athlète jamaïquain (Sherwood Content, Trelawny, 1986). Il obtient trois titres olympiques (100 m, 200 m et relais 4 x 100 m) à Pékin en 2008, en battant à chaque fois le record du monde, et renouvelle cet exploit à Londres en 2012 (avec un record du monde pour le relais). Il réalise le même triplé aux championnats du monde de 2009, en pulvérisant ses records du monde sur 100 m et 200 m, et un doublé à ceux de 2011 (200 m et relais 4 x 100 m [record du monde battu], un faux départ l'ayant privé du 100 m).

Boltanski (Christian), artiste français (Paris 1944). Avec vieilles photos, documents et objets banals du quotidien pour matériaux, il se livre à une recherche incessante de l'identité des êtres et de la vie, minée par la répétition, le dérisoire, l'oubli.

Boltzmann (Ludwig), physicien autrichien (Vienne 1844 - Duino, près de Trieste, 1906). Principal créateur de la théorie cinétique des gaz, il l'élargit ensuite en une mécanique statistique. Il introduisit le concept de probabilité des états macroscopiques d'un gaz, reliant ainsi la notion d'entropie à celle de probabilité.

bombance [bɔ̃bɑ̃s] **n.f.** (anc. fr. *bobance,* d'un rad. onomat. *bob ;* v. *bobine*). *FAM., VIEILLI.* **1.** Repas copieux, festin, banquet. **2. Faire bombance,** manger beaucoup.

bombarde [bɔ̃bard] **n.f.** (lat. médiév. *bombarda,* instrument à vent, du class. *bombus,* bruit sourd). **1.** Instrument à vent en bois à anche double, de tonalité grave. **2.** Bouche à feu primitive tirant des boulets de pierre (XIVe-XVIe s.).

bombardement [bɔ̃bardəmɑ̃] **n.m. 1.** Action de bombarder ; attaque d'un objectif avec des bombes, des projectiles explosifs : *Bombardement stratégique et bombardement tac-*

tique. **2.** PHYS. Projection sur une cible de particules émises par une substance radioactive ou accélérées par des appareils spéciaux (cyclotron, etc.).

bombarder [bɔ̃barde] **v.t.** (de *bombarde*). **1.** Attaquer un objectif avec des bombes, des projectiles explosifs : *Bombarder une usine.* **2.** Lancer en grand nombre des projectiles sur qqn : *On les a bombardés de confettis.* **3.** Accabler ; harceler : *Bombarder qqn de questions.* **4.** FAM. Nommer soudainement qqn à un poste de responsabilité : *On l'a bombardé préfet.* **5.** PHYS. Projeter des particules, animées de très grandes vitesses, sur une cible.

bombardier [bɔ̃bardje] **n.m. 1.** Avion de bombardement. **2.** Membre de l'équipage d'un bombardier, chargé du largage des bombes.

Bombay ou **Mumbai,** port de l'Inde, cap. de l'État de Maharashtra, sur l'océan Indien ; 19 743 613 hab. dans l'agglomération. Musée. Industries textiles, mécaniques et chimiques. La ville fut aménagée par la Compagnie des Indes orientales à partir de 1661.

1. bombe [bɔ̃b] **n.f.** (it. *bomba,* lat. *bombus,* bruit sourd). **1.** Projectile creux chargé de matière explosive ou incendiaire ; tout dispositif explosif : *Bombe à retardement. Bombe incendiaire. Attentat à la bombe.* **2.** Récipient métallique contenant un liquide sous pression destiné à être vaporisé ; aérosol : *Bombe de laque, de peinture.* **3.** Coiffure hémisphérique rigide, à visière, que portent les cavaliers. **4. Bombe nucléaire,** dont la puissance explosive utilise l'énergie nucléaire. ▸ On distingue les *bombes de fission,* dites *atomiques* (ou *A*), et les *bombes de fusion,* dites *thermonucléaires* (ou *H*). [⟶ nucléaire.] / **Bombe volcanique,** morceau de lave projetée par un volcan et qui se solidifie dans l'air. / FAM. **Faire l'effet d'une bombe,** provoquer la stupéfaction, le scandale : *Sa nomination a fait l'effet d'une bombe.* **5. Bombe glacée,** entremets de glace en forme de demi-sphère ou de cône.

2. bombe [bɔ̃b] **n.f.** (de *bombance*). FAM. **Faire la bombe,** festoyer : *On a fait la bombe toute la nuit* (= on a fait la fête).

bombé, e [bɔ̃be] **adj.** De forme convexe : *Avoir le front bombé* (syn. **arrondi, renflé**).

bombement [bɔ̃bmɑ̃] **n.m.** Fait d'être bombé : *Le bombement d'une chaussée* (syn. **convexité, renflement**).

1. bomber [bɔ̃be] **v.t.** (de *1. bombe*). **1.** Rendre convexe une partie du corps : *Bomber la poitrine* (syn. **gonfler**). **2.** Cintrer, donner une forme convexe à qqch : *Bomber du verre.* **3. Bomber le torse,** se rengorger. ◆ **v.i. 1.** Présenter une convexité : *Mur qui bombe.* **2.** FAM. Aller très vite : *Pour arriver à temps, il a fallu bomber.*

2. bomber [bɔ̃be] **v.t.** (de *1. bombe*). Tracer, dessiner avec de la peinture en bombe : *Bomber un slogan.*

bombyx [bɔ̃biks] **n.m.** (gr. *bombux,* ver à soie). Genre de papillon dont l'espèce la plus connue, le *bombyx du mûrier,* a pour chenille le ver à soie.

bôme [bom] **n.f.** (néerl. *boom,* arbre, mât). MAR. Espar horizontal sur lequel est fixée la partie basse d'une voile aurique ou triangulaire.

1. bon, bonne [bɔ̃, bɔn] **adj.** (lat. *bonus*). **1.** Qui est de qualité ; qui ne présente pas de défaut : *Une bonne terre* (contr. **mauvais**). *Il parle un bon français* (syn. **correct**). *Il a une bonne mémoire.* **2.** Qui convient, qui est approprié au but poursuivi : *Donner une bonne réponse* (syn. **exact**). *Donne-moi une bonne raison de te croire* (syn. **convaincant**). *Arriver au bon moment* (syn. **favorable, opportun**). *Donner de bons conseils* (syn. **avisé, judicieux**). *La balle est bonne* (= elle est tombée dans les limites du terrain). *Médicament bon pour le foie* (syn. **efficace**). **3.** Qui possède les qualités requises : *Un bon acteur* (syn. **talentueux**). *Un bon avocat* (syn. **compétent**). *Elle est bonne en math* (syn. **doué, fort**). **4.** Dont les conséquences, les résultats sont satisfaisants : *Bonne récolte* (syn. **abondant**). *Faire une bonne affaire* (syn. **avantageux**). **5.** Qui procure de l'agrément, du plaisir ; qui suscite l'approbation : *Un bon spectacle* (syn. **agréable**). *Ce gâteau est très bon* (syn. **délicieux**). *La journée a été bonne.* **6.** Dont l'effet est bénéfique : *Prendre une bonne douche, une bonne tisane* (syn. **réconfortant**). *Recevoir une bonne leçon* (syn. **salutaire**). **7.** Qui fait le bien, qui fait preuve de qualités morales ; qui manifeste de la bonté : *C'est quelqu'un de foncièrement bon* (syn. **bienveillant, charitable**). *Vous êtes bien bon de l'héberger* (syn. **gentil**). *Un bon fils* (syn. **dévoué, obligeant**). *Il a de bonnes intentions.* **8.** En accord avec la morale, la justice : *Bonne conduite.* **9.** Qui marque un degré important, une intensité élevée : *Avoir une bonne grippe* (syn. **fort**). *Il a fait deux bons kilomètres avant de trouver une station-service.* **10.** S'emploie dans des formules de souhait : *Bonne route ! Bonne chance ! Bonne année !* **11. À quoi bon ?,** à quoi cela servirait-il ? : *À quoi bon discuter ?* (= c'est inutile). / **Avoir qqn à la bonne,** l'estimer, le considérer avec sympathie : *Tu peux lui demander ce que tu veux, il t'a à la bonne.* / **Bon à** (+ inf.), dans les conditions voulues pour : *Ces fruits sont bons à jeter.* / **Bon pour,** formule dont on fait précéder sa signature sur un acte unilatéral que l'on n'a pas écrit en entier de sa main : *Bon pour accord.* / **C'est bon,** c'est suffisant ; d'accord : *C'est bon ! N'en parlons plus* (= cela suffit). *C'est bon, viens, je t'emmène.* / **Elle est bien bonne !,** se dit d'une histoire qu'on trouve drôle ou d'une nouvelle inattendue, incroyable. / **En dire, en avoir une, des (bien) bonne(s),** raconter, avoir à raconter une (des) histoire(s) drôle(s). / **Tu en as (il en a, etc.) de bonnes,** se dit à qqn ou de qqn qui considère comme aisé qqch qu'on trouve soi-même difficile : *Partir tout de suite, vous en avez de bonnes !* (= c'est impossible). ◆ **bon n.m. 1.** (Surtout au masc. pl.). Personne juste, vertueuse, qui jouit de l'estime générale : *Les bons et les méchants* (syn. **gentil**). **2.** Ce qui est bon, agréable : *En toutes choses il y a du bon et du mauvais* (= du plaisir, des avantages). **3. Pour de bon,** réellement, sérieusement : *Il s'est mis en colère pour de bon.* / LITT. **Tout de bon,** effectivement. ◆ **bon adv. Il fait bon,** le temps est doux, agréable. / **Sentir bon,** avoir une odeur agréable. / **Tenir bon,** ne pas lâcher prise ; résister. ◆ **bon interj. 1.** Marque une approbation, une conclusion, une constatation : *Bon ! Passons à autre chose* (syn. **bien**). **2. Ah bon,** exprime le soulagement, l'étonnement : *Ah bon ! Tu me rassures. Ah bon ? Tu es sûre de l'avoir vu ?*

2. bon [bɔ̃] **n.m.** (de l'express. *bon* [*pour*]). Document qui autorise à recevoir qqch, à toucher de l'argent, à obtenir une prestation : *Bon d'alimentation. Bon du Trésor* (= titre émis par l'État représentant un emprunt à court terme).

bonace [bɔnas] **n.f.** (lat. pop. **bonacia,* d'après le class. *malacia,* calme de la mer [du gr. *malakos,* mou] sous l'infl. de *bonus,* bon). VIEILLI. Calme plat, en mer.

Bonald [-ald] **(Louis,** *vicomte* **de),** écrivain politique français (près de Millau 1754 - *id.* 1840). Pour lui, la France doit redevenir une monarchie afin de rétablir l'harmonie entre le religieux et le social que la Révolution de 1789 a brisée. Ses idées ont exercé une profonde influence sur la pensée monarchiste française au XIXe s. Il a notamment écrit *Théorie du pouvoir politique et religieux* (1796).

Bonaparte, famille française d'origine italienne dont une branche s'établit en Corse au XVIe s. Du mariage de **Charles Marie** (Ajaccio 1746 - Montpellier 1785) avec **Maria Letizia Ramolino** (Ajaccio 1750 - Rome 1836), en 1764, sont issus huit enfants. • **Joseph** (Corte 1768 - Florence 1844), roi de Naples (1806-1808), puis roi d'Espagne (1808-1813). • **Napoléon** ⟶ **Napoléon Ier**, père de **Napoléon François Charles Joseph** ⟶ **Napoléon II.** • **Lucien** (Ajaccio 1775 - Viterbe 1840), prince de Canino. Il joua un rôle décisif lors du coup d'État de Napoléon. • **Maria-Anna,** dite **Élisa** (Ajaccio 1777 - près de Trieste 1820), princesse de Lucques et Piombino, puis grande-duchesse de Toscane (1809-1814). • **Louis** (Ajaccio 1778 - Livourne 1846), roi de Hollande à partir de 1806, qui dut abdiquer sous la pression de Napoléon en 1810. De son mariage avec Hortense de Beauharnais en 1802 est issu **Charles Louis Napoléon** ⟶ **Napoléon III.** Le fils de Napoléon III, **Eugène Louis Napoléon** (Paris 1856 - Ulundi, Kwazulu, 1879), prince impérial, candidat bonapartiste à la mort de son père, fut tué par les Zoulous en Afrique australe. • **Marie-Paulette,** dite **Pauline** (Ajaccio 1780 - Florence 1825), épouse du général Leclerc puis, par remariage, princesse Borghèse. • **Marie-Annonciade,** dite **Caroline** (Ajaccio 1782 - Florence 1839), épouse de Joachim Murat, grande-duchesse de Clèves et de Berg, puis reine de Naples (1808-1814). • **Jérôme** (Ajaccio 1784 - Villegénis [Massy] 1860), roi de Westphalie (1807-1813), maréchal de France en 1850. Il fut le père de **Mathilde** (Trieste 1820 - Paris 1904), qui tint à Paris un salon célèbre, et de **Napoléon,** dit le prince **Jérôme** (Trieste 1822 - Rome 1891). Ce dernier eut pour fils **Victor** (Meudon 1862 - Bruxelles 1926), prétendant au trône impérial à partir de 1879 et père de **Louis** (Bruxelles 1914 - Prangins, Suisse, 1997), prétendant à partir de 1926.

bonapartisme [bɔnapartism] **n.m. 1.** Attachement à la dynastie de Napoléon Bonaparte. **2.** Forme de gouvernement autoritaire et plébiscitaire, ratifiée par le suffrage universel. ◆ **bonapartiste adj.** et **n.** Relatif au bonapartisme ; partisan du bonapartisme.

bonasse [bɔnas] **adj.** (de *bonace*). Qui fait preuve d'une bonté excessive, par faiblesse ou naïveté.

Bonaventure *(saint)* [Giovanni **Fidenza**], théologien italien (Bagnorea, auj. Bagnoregio, Toscane, 1221 - Lyon 1274). Entré en 1243 dans l'ordre des Frères mineurs fondé par François d'Assise, il étudie à Paris sous la direction d'Alexandre de Halès et y enseigne à son tour la théologie et la philosophie. Élu supérieur général des Frères mineurs en 1257, il défend les ordres mendiants contre l'offensive des séculiers orchestrée par Guillaume de Saint-Amour et travaille à réduire les tensions qui agitent la famille franciscaine. Nommé par Grégoire X en 1273 évêque d'Albano puis cardinal, il se rend à titre de légat au concile de Lyon, où il meurt. Celui qu'on a appelé le « Docteur séraphique » développe une théologie qui est d'inspiration augustinienne et qui l'amène à discuter parfois les thèses de son contemporain Thomas d'Aquin.

bonbon [bɔ̃bɔ̃] **n.m.** (redoublement de *1. bon*). Confiserie, friandise, sucrée et aromatisée. ◆ **bonbon adv.** *FAM.* À un prix élevé ; cher : *Tout ça va nous coûter bonbon.*

bonbonne ou **bombonne** [bɔ̃bɔn] **n.f.** (prov. *boumbouno,* du fr. *bombe*). Bouteille de contenance variable, souvent de forme renflée.

bonbonnière [bɔ̃bɔnjɛr] **n.f.** (de *bonbon*). **1.** Boîte à bonbons. **2.** Petit appartement ravissant.

bond [bɔ̃] **n.m.** (de *bondir*). **1.** Mouvement brusque de détente des membres inférieurs ou arrière par lequel une personne ou un animal s'élance vers l'avant ou vers le haut : *Il a fait un bond de deux mètres* (syn. **saut**). **2.** Rebondissement : *Bonds et rebonds d'une balle élastique.* **3.** Progrès brusque et important : *Bond en avant de l'industrie.* **4. Faire faux bond à qqn,** manquer à un engagement qu'on a pris envers lui.

bonde [bɔ̃d] **n.f.** (gaul. **bunda*). **1.** Ouverture à la partie basse d'un évier, d'une baignoire, d'un étang servant à les vider ; élément servant à obturer cet orifice : *Mettre, enlever la bonde.* **2.** Trou rond dans une des douves d'un tonneau, qui sert à le remplir ; bouchon qui ferme ce trou.

bondé, e [bɔ̃de] **adj.** (de *bonde*). Rempli de personnes autant qu'il est possible : *Train bondé* (syn. **comble**).

bondieuserie [bɔ̃djøzri] **n.f.** (de *bon Dieu*). **1.** *FAM.* et *PÉJOR.* Dévotion démonstrative et superficielle. **2.** Objet de piété de mauvais goût.

bondir [bɔ̃dir] **v.i.** (lat. pop. **bombitire,* du class. *bombire,* faire du bruit) [conj. **32**]. **1.** Faire un ou plusieurs bonds ; sauter : *Le tigre bondit sur sa proie* (syn. **s'élancer**). *Il a bondi de sa chaise.* **2.** Sursauter sous le coup d'une émotion violente : *L'injustice la fait bondir* (= la révolte).

Bône ⟶ **Annaba.**

bon enfant [bɔnɑ̃fɑ̃] **adj. inv.** D'une gentillesse pleine de bienveillance : *Elle est assez bon enfant. Un air bon enfant* (syn. **bonhomme, débonnaire**).

bonheur [bɔnœr] **n.m.** (de *1. bon* et *heur*). **1.** État de complète satisfaction, de plénitude : *Cet incident est venu troubler leur bonheur* (syn. litt. **félicité**). **2.** Chance ; circonstance favorable : *Quel bonheur de vous voir en bonne santé !* (syn. **joie, plaisir**). **3. Au petit bonheur (la chance),** au hasard, n'importe comment : *Il répond à vos questions au petit bonheur.* / **Par bonheur,** par un heureux concours de circonstances : *Par bonheur, il ne m'a pas vue.*

bonhomie [bɔnɔmi] **n.f.** Caractère d'une personne bonhomme, de ses manières.

1. bonhomme [bɔnɔm] **n.m., bonne femme** [bɔnfam] **n.f.** (pl. *bonshommes* [bɔ̃zɔm], *bonnes femmes*). **1.** *FAM.* Personne, individu (jugés sympathiques ou, au contraire, inspirant la réserve ou la méfiance) : *Ce bonhomme me fait peur* (syn. **homme**). *C'est une sacrée bonne femme* (= elle est hors du commun). **2.** (Au masc.). Représentation humaine grossièrement dessinée ou façonnée : *Dessiner des bonshommes. Faire un bonhomme de neige.* **3. Aller son petit bonhomme de chemin,** poursuivre une action sans hâte excessive. / **Un grand bonhomme,** qqn qu'on admire, qu'on respecte.

2. bonhomme [bɔnɔm] **adj.** Qui exprime la bonté, la simplicité : *Un air bonhomme* (syn. **débonnaire**).

boni [bɔni] **n.m.** (du lat. *[aliquid] boni,* [quelque chose] de bon) [pl. *bonis*]. Excédent d'une somme affectée à une dépense sur les sommes réellement dépensées ; bénéfice, excédent : *Avoir deux cents euros de boni.*

Boniface VIII (Benedetto **Caetani**) [Anagni v. 1235 - Rome 1303], pape de 1294 à 1303. Successeur de Célestin V, le seul pape de l'histoire à avoir démissionné, il s'oppose d'emblée à Philippe le Bel, qui veut imposer les clercs. Après une accalmie, pendant laquelle il procède à la canonisation de Louis IX (1297), il entre de nouveau en conflit avec Philippe, qu'il s'apprête à excommunier (1303) en proclamant la supériorité du pape sur tous les princes. Conseillé par Nogaret, le roi de France en appelle au concile et organise l'expédition d'Anagni pour s'emparer de Boniface. Libéré de justesse, celui-ci rentre à Rome pour y mourir.

bonification [bɔnifikasjɔ̃] **n.f. 1.** Action de bonifier, de rendre meilleur un produit et, en partic., action d'améliorer le rendement d'une terre. **2.** Avantage, points supplémentaires accordés à un concurrent dans une épreuve sportive.

bonifié, e [bɔnifje] **adj.** BANQUE. **Taux bonifié,** taux inférieur à ceux qui sont pratiqués sur le marché.

bonifier [bɔnifje] **v.t.** (it. *bonificare,* mot du lat. médiév., du class. *bonus,* bon) [conj. **9**]. *LITT.* Améliorer la qualité de ; rendre meilleur : *Bonifier des terres.* ◆ **se bonifier v.pr.** Devenir meilleur : *Le vin se bonifie en vieillissant.*

boniment [bɔnimɑ̃] **n.m.** (de l'arg. *bon[n]ir,* en dire de bonnes). Discours habile et trompeur pour flatter, séduire ou convaincre (péjor.) : *Allons, ne raconte pas de boniments, tu n'es jamais allé en Afrique* (syn. **sornettes**).

bonimenteur, euse [bɔnimɑ̃tœr, -øz] **n.** Personne qui fait du boniment, raconte des boniments.

bonite [bɔnit] **n.f.** (esp. *bonito*). Thon de la Méditerranée. ▶ Long. 0,60 à 1 m.

bonjour [bɔ̃ʒur] **n.m. 1.** Terme de salutation utilisé lorsqu'on rencontre qqn dans la journée : *Bonjour, comment allez-vous ? Dire bonjour* (= saluer). **2. Donner le bonjour à qqn,** transmettre une salutation à qqn.

bon marché [bɔ̃marʃe] **adj. inv.** Que l'on peut acquérir pour peu d'argent : *Des denrées bon marché* (contr. **cher**).

Bonn, v. d'Allemagne (Rhénanie-du-Nord-Westphalie), sur le Rhin ; 305 765 hab. Université. Monuments anciens. Musées. Elle a été la capitale de la République fédérale d'Allemagne de 1949 à 1990.

Bonnaire (Sandrine), actrice française (Gannat 1967). Rayonnante sous une apparente fragilité, elle émeut par le naturel de son jeu (*À nos amours,* M. Pialat, 1983 ; *Sans toit ni loi,* A. Varda, 1985 ; *Jeanne la Pucelle,* J. Rivette, 1994 ; *la Cérémonie,* C. Chabrol, 1995 ; *Confidences trop intimes,* P. Leconte, 2004). Elle a aussi réalisé *Elle s'appelle Sabine* (documentaire sur sa sœur autiste, 2007) et *J'enrage de son absence* (2012).

Bonnard (Pierre), peintre et lithographe français (Fontenay-aux-Roses 1867 - Le Cannet 1947). Il fit partie du groupe des nabis, fut influencé par l'estampe japonaise et devint le coloriste postimpressionniste le plus subtil et le plus lyrique (*La Partie de croquet,* musée d'Orsay ; *Place Clichy,* Besançon ; *Intérieur blanc,* Grenoble ; *Nu dans le bain,* Petit Palais, Paris ; *l'Atelier au mimosa,* M.N.A.M.).

bonne [bɔn] **n.f. 1.** Employée de maison chargée des travaux de ménage. **2. Bonne à tout faire,** domestique qui fait le ménage, la cuisine, les courses ; au fig., larbin (péjor.) : *Il la prend vraiment pour sa bonne à tout faire.* (V. aussi *1. bon.*)

Bonne-Espérance ***(cap de),*** autref. **cap des Tempêtes,** cap du sud de l'Afrique, découvert par le Portugais Bartolomeu Dias en 1488 et doublé par son compatriote Vasco de Gama en 1497, pour gagner les Indes.

bonnement [bɔnmɑ̃] **adv. Tout bonnement,** tout simplement ; réellement ; vraiment : *Il est tout bonnement insupportable.*

bonnet [bɔnɛ] **n.m.** (du lat. médiév. *abonnis,* p.-ê. d'orig. germ.). **1.** Coiffure, masculine ou féminine, souple et sans bords, qui emboîte la tête : *Bonnet de ski.* **2.** Chacune des poches d'un soutien-gorge. **3.** ZOOL. Seconde poche de l'estomac des ruminants. **4.** *FAM.* **Avoir la tête près du bonnet,** se mettre facilement en colère. / **Bonnet à poil,** coiffure militaire, portée notamm. par la Garde napoléonnienne. / **Bonnet de nuit,** bonnet porté autref. pour dormir ; au fig., personne triste et ennuyeuse. / **C'est bonnet blanc et blanc bonnet,** c'est la même chose ; le résultat est le même. / **Deux têtes sous un même bonnet,** deux personnes liées par l'amitié ou l'intérêt, toujours du même avis. **5.** *FAM.* **Gros bonnet,** personnage important ou influent.

Bonnet (Charles), philosophe et naturaliste suisse (Genève 1720 - Genthod, près de Genève, 1793). Il étudia la régénération des vers d'eau douce et découvrit, en 1740, la parthénogenèse chez le puceron. Il consigna ses observations dans son *Traité d'insectologie* (1745) ; un autre ouvrage, *De l'usage des feuilles* (1754), contient les résultats de ses recherches en botanique.

bonneteau [bɔnto] **n.m.** (de *bonnet*). Jeu d'argent dans lequel le parieur doit repérer une carte parmi trois présentées, retournées puis interverties par un manipulateur.

bonneterie [bɔnɛtri] ou [bɔntri] **n.f.** (de *bonnet*). **1.** Industrie, commerce des articles d'habillement en étoffe à mailles. **2.** Ces articles eux-mêmes : *Les bas, chaussettes, slips et maillots sont des articles de bonneterie.*

bonnetier, ère [bɔntje, -ɛr] **n.** Fabricant, marchand de bonneterie, d'articles en tricot et de lingerie.

bonnetière [bɔntjɛr] **n.f.** (de *bonnetier*). Étroite et haute armoire à coiffes, auj. à linge.

bonnette [bɔnɛt] **n.f.** (de *bonnet*). **1.** PHOT. Lentille dont on coiffe un objectif pour en modifier la distance focale. **2.** MAR. Petite voile carrée supplémentaire, en toile légère, installée au vent arrière de part et d'autre des voiles principales pour augmenter la surface de la voilure.

Bonnot ***(la bande à),*** groupe d'anarchistes conduit par Jules Joseph *Bonnot* (Pont-de-Roide 1876 - Choisy-le-Roi 1912), célèbre par ses attaques de banques accompagnées de meurtres. Ses chefs furent abattus au moment de leur arrestation (1912).

bonobo [bɔnɔbo] **n.m.** (mot d'une langue du Congo). Chimpanzé vivant dans les forêts de la rive gauche du fleuve Congo, appelé aussi *chimpanzé pygmée* (ou *chimpanzé nain*). ▸ Genre *Pan.* Le bonobo a un comportement social plus pacifique que le chimpanzé commun.

bonsaï [bɔ̃zaj] **n.m.** (mot jap. « arbre en pot »). Arbre nain obtenu par la taille des racines et des rameaux et la ligature des tiges.

bonsoir [bɔ̃swar] **n.m.** Terme de salutation utilisé lorsqu'on rencontre ou que l'on quitte qqn en fin d'après-midi ou le soir : *Dire bonsoir avant d'aller au lit.*

bonté [bɔ̃te] **n.f.** (lat. *bonitas*). Caractère d'une personne bonne : *Traiter qqn avec bonté* (syn. **générosité, bienveillance**). *Ayez la bonté de me poster cette lettre* (syn. **gentillesse, obligeance**). ◆ **bontés n.f. pl.** Manifestations de bienveillance : *Vos bontés me touchent.*

bonus [bɔnys] **n.m.** (mot lat. « bon »). **1.** Réduction de la prime d'assurance automobile accordée par l'assureur aux assurés qui ne déclarent pas de sinistre (par opp. à *malus*). **2.** Ce qui vient en plus ou en mieux dans un montant, un résultat : *Toucher un bonus* (syn. **prime**).

bonze, bonzesse [bɔ̃z, -ɛs] **n.** (port. *bonzo,* du jap. *bozu,* prêtre). Religieux, religieuse bouddhiste. ◆ **bonze n.m.** *FAM.* Personne qui aime à donner des leçons (péjor.).

boogie-woogie [bugiwugi] **n.m.** (mot anglo-amér., d'orig. obsc.) [pl. *boogie-woogies*]. Style de jazz, né vers 1930 aux États-Unis, d'abord au piano puis à l'orchestre, qui donna naissance à une danse très rythmée, sur des airs de ce style.

bookmaker [bukmekœr] **n.m.** (mot angl., de *book,* livre, et *to make,* faire). Professionnel recevant les paris sur les champs de courses. ▸ Cette activité est interdite aux particuliers en France, où elle est le monopole du P.M.U.

Boole (George), mathématicien et logicien britannique (Lincoln 1815 - Ballintemple, près de Cork, 1864). Il est connu pour ses deux ouvrages fondamentaux : *Analyse mathématique de la logique* (1847) et *Recherches sur les lois de la pensée* (1854). Il s'y efforce de rapprocher la logique des mathématiques, tout en considérant qu'il n'est pas dans la nature des mathématiques de s'occuper des notions de nombre et de quantité. Cette application de l'algèbre à la logique des classes a donné naissance à l'*algèbre de Boole.*

booléen, enne [buleɛ̃, -ɛn] **adj. 1.** Relatif à l'algèbre de Boole : *Une expression booléenne.* **2.** INFORM. **Variable booléenne,** variable susceptible de prendre deux valeurs s'excluant mutuellement, par ex. 0 et 1 (on dit aussi *un booléen*).

boom [bum] **n.m.** (mot anglo-amér. « détonation »). Hausse soudaine, développement rapide, partic. des valeurs en Bourse : *Un boom économique* (syn. **expansion**).

boomer [bumœr] **n.m.** (mot angl.). Haut-parleur de graves. (Anglic. déconseillé.)

boomerang [bumrɑ̃g] **n.m.** (mot angl., d'une langue indigène d'Australie). **1.** Arme de jet des Aborigènes d'Australie, faite d'une lame étroite de bois coudée, capable en tournant sur elle-même de revenir à son point de départ. **2.** Engin pour le jeu et le sport analogue à cette arme. **3. Faire boomerang,** en parlant d'une action hostile, se retourner contre son auteur.

booster [bustœr] **n.m.** (mot anglo-amér. « accélérateur »). **1.** ASTRONAUT. Propulseur auxiliaire destiné à accroître la poussée d'une fusée, notamm. au décollage. (Recomm. off. *propulseur auxiliaire, pousseur.*) **2.** Amplificateur additionnel destiné à accroître la puissance d'un autoradio. (Recomm. off. *suramplificateur.*)

Booth (William), prédicateur et réformateur britannique (Nottingham 1829 - Londres 1912). Issu d'une famille méthodiste, il fonde en 1865 la Mission chrétienne, qui deviendra en 1878 l'Armée du salut.

boots [buts] **n.m. pl.** (mot angl. « bottes »). Bottes courtes s'arrêtant au-dessus des chevilles, génér. portées avec un pantalon.

bop [bɔp] et **be-bop** [bibɔp] **n.m.** (mot anglo-amér., onomat.). Style de jazz, né à New York vers 1944, caractérisé par le développement de la section rythmique et l'apparition d'harmonies dissonantes et chromatiques.

Bophuthatswana, ancien bantoustan du nord de l'Afrique du Sud.

Bopp (Franz), linguiste allemand (Mayence 1791 - Berlin 1867). Sa *Grammaire comparée des langues indo-européennes* (1833-1852) est aux origines de la linguistique comparatiste, en particulier grâce à l'attention qu'il porte aux formes et aux flexions des langues. Il a notamment montré l'origine commune du sanskrit et du latin, du grec, du persan, du germanique, de l'arménien, du celte.

boqueteau [bɔkto] **n.m.** (de *boquet,* var. région. de l'anc. fr. *boscet,* de *bosc,* bois). Petit bois, bouquet d'arbres isolé.

borate [bɔrat] **n.m.** (de *borax*). Sel de l'acide borique.

borax [bɔraks] **n.m.** (mot du lat. médiév., ar. *bawraq,* d'orig. persane). Borate hydraté de sodium. ▸ Formule : $Na_2B_4O_7,10H_2O$.

borborygme [bɔrbɔrigm] **n.m.** (gr. *borborugmos*). **1.** Bruit causé par le déplacement des gaz et des liquides dans le tube digestif (syn. **gargouillis**). **2.** (Surtout au pl.) Parole incompréhensible ; son que l'on ne peut identifier : *Émettre quelques borborygmes en guise d'excuses.*

bord [bɔr] **n.m.** (frq. **bord,* bord de vaisseau). **1.** Partie qui borde, forme le pourtour, la limite d'une surface, d'un objet : *Assiettes à bords dorés* (syn. **bordure**). *Ne le pose pas au bord de la table* (syn. **rebord**). *Nettoyer les bords d'une plaie* (syn. **lèvre**). *Les bords de la Seine* (syn. **berge, rive**). *Voiture arrêtée sur le bord de la route* (= sur le bas-côté). **2.** Côté d'un bateau considéré par rapport au vent : *Prendre de la gîte sur un bord puis sur l'autre.* **3.** Le bateau lui-même : *Les hommes du bord.* **4. À bord (de),** dans (un véhicule maritime, terrestre ou aérien) : *Les passagers sont invités à monter à bord. Rester à bord d'un avion pendant une escale.* ∕ **Bord à bord,** se dit de deux objets placés de manière à se toucher sans se chevaucher. ∕ **Être au bord de,** sur le point de, proche de : *Être au bord de la crise de nerfs.* ∕ **Être du bord de qqn, du même bord que qqn,** de son avis. ∕ *FAM.* **Sur les bords,** légèrement ou, iron., beaucoup : *Il est un peu ivre sur les bords* (= il est complètement ivre). ∕ **Virer de bord,** changer d'amure ; au fig., changer d'opinion, de parti.

bordage [bɔrdaʒ] **n.m.** (de *bord*). MAR. Chacune des planches ou des tôles longitudinales recouvrant la charpente d'un navire et qui forme, avec d'autres, le *bordé.*

bordeaux [bɔrdo] **n.m.** Vin produit dans le Bordelais. ◆ **adj. inv.** et **n.m.** D'une couleur rouge foncé.

Bordeaux, ch.-l. de la Région Aquitaine-Limousin-Poitou-Charentes et du dép. de la Gironde, sur la Garonne, à 557 km au sud-ouest de Paris ; 245 223 hab. *(Bordelais)* [863 391 hab. dans l'agglomération]. Siège de la zone de défense Sud-Ouest. Archevêché. Cour d'appel. Académie et université. Port actif (traditionnelles importations de produits tropicaux). Commerce des vins du Bordelais. Industries mécaniques, alimentaires et chimiques. Monuments médiévaux, dont l'église St-Seurin (XIe-XIIIe s.) et la cathédrale (XIIe-XIVe s.). Beaux ensembles classiques, surtout du XVIIIe s. (place de la Bourse par les Gabriel, Grand-Théâtre par V. Louis, hôtels, etc.). Importants musées, de la préhistoire et de l'époque romaine à l'art contemporain. Capitale du duché d'Aquitaine (1032) puis port anglais (1154-1453), Bordeaux tira sa prospérité du commerce des Îles au XVIIIe s. (sucre et traite des Noirs). Le gouvernement s'y transporta en 1870, 1914 et 1940.

bordée [bɔrde] **n.f.** (de *bord*). **1.** MAR. Distance parcourue entre deux virements de bord par un navire qui louvoie : *Courir, tirer une bordée* (syn. **bord**). **2.** Chacune des deux parties d'un équipage. **3.** Décharge simultanée des canons d'une même batterie. **4.** *QUÉBEC.* **Bordée de neige,** chute de neige très abondante. ∕ *FAM.* **Tirer une bordée,** descendre à terre pour boire et s'amuser, en parlant des marins. ∕ *FAM.* **Une bordée d'injures, d'insultes,** des injures, des insultes nombreuses et violentes.

bordel [bɔrdɛl] **n.m.** (frq. **borda,* cabane). **1.** *FAM.* Maison de prostitution. **2.** *T. FAM.* Grand désordre.

Bordelais, grande région viticole, autour de Bordeaux (englobant notamm. le Médoc, les Graves, le Sauternais et le Saint-Émilionnais).

border [bɔrde] **v.t. 1.** Garnir le bord de ; faire une bordure à : *Border de dentelle le col d'une robe. Border de tulipes une pelouse.* **2.** Occuper le bord de, se tenir sur le bord de : *La route est bordée de maisons. Le sentier borde la rivière* (syn. **longer**). **3. Border un lit, qqn dans son lit,** replier le bord des draps et des couvertures sous le matelas. ∕ MAR. **Border une voile,** raidir l'écoute ou les écoutes d'une voile.

bordereau [bɔrdəro] **n.m.** (de *bord*). Document d'enregistrement, état récapitulatif d'opérations financières, commerciales, etc. : *Un bordereau de commande.*

bordier, ère [bɔrdje, -ɛr] **adj.** (de *bord*). **Mer bordière,** mer située en bordure d'un continent.

Borduas (Paul-Émile), peintre canadien (Saint-Hilaire, Québec, 1905 - Paris 1960). Chef de file des « automatistes » de Montréal (groupe qui se manifesta à partir de 1946, avec Fernand Leduc, Jean-Paul Riopelle, etc.), il fut un maître de l'abstraction lyrique.

bordure [bɔrdyr] **n.f.** (de *bord*). **1.** Partie la plus excentrique d'une surface : *La bordure d'un bois* (syn. **lisière**). **2.** Ce qui garnit le bord de qqch ; ce qui marque le bord, la limite de qqch : *Bordure de fleurs. La bordure d'un trottoir.* **3.** MAR. Lisière inférieure d'une voile. **4. En bordure de,** situé immédiatement à l'extérieur, sur le bord d'un lieu : *Maison en bordure de route, de mer.*

bore [bɔr] **n.m.** (de *borax*). Corps solide, dur et noirâtre qui s'apparente au carbone ou au silicium. ▸ Symb. B ; densité 2,4.

boréal, e, als ou **aux** [bɔreal, -o] **adj.** (bas lat. *borealis ;* v. *borée*). De l'Arctique, du nord ; qui se situe au nord de l'équateur : *Hémisphère boréal* (par opp. à *austral*).

borée [bɔre] **n.m.** (lat. *boreas,* du gr. *Boreas,* n.pr. du vent du nord). *LITT.* Vent du nord.

Borges (Jorge Luis), écrivain argentin (Buenos Aires 1899 - Genève 1986). Délibérément en marge de toute préoccupation sociale, il voit dans le labyrinthe l'image de la condition humaine et dans l'irréalité le fondement de l'art. Il est l'auteur de poèmes, de nouvelles fantastiques (*Fictions,* 1944 ; *le Livre de sable,* 1975) et d'essais (*Histoire de l'éternité,* 1936).

Borghèse, famille italienne originaire de Sienne et établie à Rome. Sa fortune commença lorsqu'un de ses membres devint pape, en 1605, sous le nom de Paul V. • **Camillo** (Rome 1775 - Florence 1832) épousa la sœur de Napoléon, Pauline Bonaparte.

Borgia, famille italienne d'origine espagnole, dont les membres les plus connus sont : • le pape **Alexandre VI ;** • son fils **César** (Rome v. 1475 - Pampelune 1507), duc de Valentinois (région de Valence en France), chercha à se constituer une principauté héréditaire en Italie centrale. Homme d'État habile et sans scrupules, il a servi de modèle au *Prince* de Machiavel ; • **Lucrèce** (Rome 1480 - Ferrare 1519), sœur du précédent, célèbre par sa beauté, protectrice des arts et des lettres, fut l'instrument de la politique de sa famille plutôt qu'une criminelle, comme le veut la tradition.

borgne [bɔrɲ] **adj.** et **n.** (orig. obsc.). Qui ne voit que d'un œil. ◆ **adj. 1.** Bouché, obstrué : *Fenêtre borgne.* **2. Hôtel borgne,** hôtel mal famé, sordide.

borie [bɔri] **n.f.** (mot prov.). En Provence, construction traditionnelle en pierres sèches.

borique [bɔrik] **adj. Acide borique,** acide oxygéné dérivé du bore. ▸ Formule : H_3BO_3.

Boris Godounov (v. 1552 - Moscou 1605), tsar de Russie (1598-1605). Son règne fut marqué par des troubles liés à la famine de 1601-1603.

borne [bɔrn] **n.f.** (lat. médiév. *bodina,* probabl. d'orig. gaul.). **1.** Pierre, maçonnerie destinée à matérialiser la limite d'un terrain, à barrer un passage, etc. : *Déplacer les bornes d'un champ. Chaîne tendue entre deux bornes.* **2.** *FAM.* Kilomètre : *Faire cinq bornes à pied.* **3.** Dispositif évoquant par sa forme une borne : *Borne d'incendie.* **4.** ÉLECTR. Point ou composant d'un circuit destiné à établir une connexion. **5. Borne kilométrique,** pierre indiquant sur les routes les distances entre les localités. ∕ MATH. **Borne supérieure (inférieure) d'un ensemble ordonné A,** le plus petit (le plus grand), s'il existe, des majorants (des minorants) de A. ◆ **bornes n.f. pl.**

1. Limite : *Les bornes de la connaissance.* **2. Dépasser, franchir les bornes,** aller au-delà de ce qui est juste, permis, convenable. / **Sans bornes,** illimité : *Une ambition sans bornes* (syn. **démesuré**). *Une patience sans bornes* (syn. **infini**).

borné, e [bɔrne] **adj.** (p. passé de *borner*). **1.** De peu d'étendue ; qui a des limites : *Leur avenir est borné* (syn. **limité**). **2.** Limité intellectuellement : *Un esprit borné* (syn. **étroit, obtus** ; contr. **ouvert**). **3.** MATH. Se dit d'un ensemble ayant une borne inférieure et une borne supérieure. (V. aussi *borner.*)

borne-fontaine [bɔrnfɔ̃tɛn] **n.f.** (pl. *bornes-fontaines*). Petite fontaine en forme de borne, sur la voie publique.

Bornéo, la troisième île du monde, la plus grande et la plus massive de l'Insulinde ; 750 000 km^2 ; 19 707 787 hab. La majeure partie (540 000 km^2), au sud (Kalimantan), appartient à la République d'Indonésie (13 772 543 hab.) ; depuis 1963, le nord de l'île forme deux territoires membres de la Malaisie (*Sabah* [anc. *Bornéo-Septentrional*] et *Sarawak*) et un sultanat indépendant *(Brunei).* C'est un pays de plateaux, dominés au nord par des chaînes montagneuses et limités au sud par de vastes plaines marécageuses. Traversé par l'équateur, Bornéo est recouvert par la forêt dense. Gisements de pétrole et de gaz.

borner [bɔrne] **v.t. 1.** Délimiter à l'aide de bornes ; marquer la limite de : *Borner un champ. Un sentier borne le jardin au sud* (syn. **limiter**). **2.** Restreindre, enfermer dans des limites : *Borner ses recherches à l'essentiel* (syn. **limiter** ; contr. **étendre**). *Borner une enquête aux familiers de la victime* (syn. **circonscrire** ; contr. **élargir**). ◆ **se borner v.pr. [à].** S'en tenir à ; se limiter à : *Je me borne à vous rappeler vos engagements* (syn. **se contenter de**).

Borodine (Aleksandr), compositeur russe (Saint-Pétersbourg 1833 - *id.* 1887). Admis en 1863 dans le groupe des « cinq », il a composé *le Prince Igor,* son unique opéra, resté inachevé, des sonates, des quatuors, et le poème symphonique *Dans les steppes de l'Asie centrale.*

Borromini (Francesco), architecte tessinois (Bissone 1599 - Rome 1667). L'un des maîtres du baroque italien, alliant une technique audacieuse et sûre à une spiritualité tourmentée, il a notamment construit, à Rome, l'église S. Carlo alle Quattro Fontane (à partir de 1634) et la chapelle S. Ivo alla Sapienza (1642), étonnantes de mouvement et de complexité.

bortsch [bɔrtʃ] **n.m.** (mot russe). Potage russe à base de chou, de betterave et de crème aigre. ***Rem.*** Nombreuses variantes graphiques, dont *borchtch.*

Bosch (Jheronimus Van Aken, dit Jérôme), peintre brabançon (Bois-le-Duc v. 1450 - *id.* 1516). Il a traité des sujets religieux ou populaires avec un symbolisme étrange et une imagination hors de pair, que sert une haute qualité picturale : *la Nef des fous* (Louvre) ; *la Tentation de saint Antoine* (Lisbonne) ; le triptyque du *Jardin des délices* (titre qui lui a été donné au XIXe s. [Prado]). Cette dernière œuvre est la plus célèbre et l'une des plus énigmatiques, avec ses visions fabuleuses, son foisonnement d'êtres hybrides, de scènes où l'invention débridée côtoie le fantasme, où la satire bascule soudain dans le démoniaque ; à la limite de la science-fiction et de l'érotisme, son panneau central décrit les « Délices terrestres ».

bosco [bɔsko] **n.m.** (altér. arg. de l'angl. *bosseman,* néerl. *boosman,* de *boot,* bateau, et *man,* homme). MAR. Maître de manœuvre.

Bosco (Henri), écrivain français (Avignon 1888 - Nice 1976), auteur de romans de terroir *(l'Âne Culotte, le Mas Théotime).*

Bosnie-Herzégovine, État d'Europe entre l'Adriatique et la Save ; 51 100 km^2 ; 3 829 000 hab. (*Bosniens* ou *Bosniaques*). CAP. *Sarajevo.* LANGUES : *bosniaque, croate* et *serbe.* MONNAIE : *mark convertible.*

GÉOGRAPHIE

C'est, en dehors de plaines bordant (au S.) la Save, une région accidentée, montagneuse, associant forêts (industries du bois) et pâturages, exploitations minières et quelques cultures. L'industrie, malgré la présence du fer et du charbon, a été insuffisamment développée. La structure composite de la population – mêlant des « Musulmans » (Bosniaques), qui forment une nationalité, des Serbes et des Croates – explique, en partie, la guerre civile (1992-1995). Celle-ci a débouché sur une partition de fait sur des bases ethnico-religieuses, menace pour la viabilité du nouvel État.

HISTOIRE

1463-1878. La région fait partie de l'Empire ottoman.

1878-1918. Administrée par l'Empire austro-hongrois, la région est annexée à celui-ci en 1908.

1918. La Bosnie-Herzégovine est intégrée au royaume des Serbes, Croates et Slovènes.

1945-1946. Elle devient une république fédérée de la Yougoslavie.

1992. Proclamation de l'indépendance ; début d'une guerre meurtrière entre Musulmans, Croates et Serbes.

1995. La guerre qui a déchiré le pays pendant plusieurs années, malgré l'interposition de l'O.N.U., prend fin avec l'accord de paix conclu à Dayton (États-Unis) et signé à Paris entre les présidents serbe, croate et bosniaque, et qui prévoit le maintien d'un État unique composé de deux parties : la Fédération croato-musulmane et la République serbe de Bosnie. Un haut représentant de la communauté internationale est chargé des questions civiles. Une force multinationale, placée successivement sous la conduite de l'O.T.A.N. (IFOR, puis SFOR), puis de l'Union européenne (EUFOR), assure la consolidation de la paix.

1996. Les élections voient la victoire des partis nationalistes (confirmée aux élections générales suivantes).

2010-2012. Malgré le succès électoral des partis modérés, le régime politique et les institutions restent très affaiblis par les divisions entre communautés.

boson n.m. (de S. *Bose,* n.pr.). **1.** PHYS. Toute particule qui, obéissant à la statistique de Bose-Einstein (tels les photons), a un spin entier. **2. Boson de Higgs,** particule dont la découverte, faite en 2012 et considérée comme quasi certaine, permettrait de valider le modèle standard des particules élémentaires.

Bosphore (« Passage du Bœuf »), anc. **détroit de Constantinople,** détroit de Turquie entre l'Europe et l'Asie, reliant la mer de Marmara et la mer Noire. Depuis 1973, il est franchi par un pont routier. Sur la rive ouest est établie Istanbul.

bosquet [bɔskɛ] **n.m.** (mot prov., de *bosc,* bois ; v. *bois*). Groupe d'arbres ou d'arbustes ; petit bois.

boss [bɔs] **n.m.** (mot anglo-amér.). *FAM.* Patron : *Les boss sont partis en vacances.*

bossage [bɔsaʒ] **n.m.** (de *bosse*). ARCHIT. Saillie en pierre laissée à dessein sur le nu d'un mur pour recevoir des sculptures ou servir d'ornement.

bossa-nova [bɔsanɔva] **n.f.** (mot port.) [pl. *bossas-novas*]. Musique de danse brésilienne proche de la samba ; cette danse.

bosse [bɔs] **n.f.** (orig. obsc.). **1.** Enflure qui apparaît à la suite d'un coup : *Se faire une bosse au front.* **2.** Grosseur anormale au dos ou à la poitrine, due à une déformation vertébrale. **3.** Protubérance naturelle sur le dos de certains animaux : *La bosse du dromadaire.* **4.** Relief naturel du crâne humain. **5.** Élévation, saillie arrondie : *Les creux et les bosses d'un terrain.* **6.** MAR. Cordage, filin court dont une extrémité tient à un point fixe du bateau et servant à divers usages : *Bosse d'amarrage, de remorque.* **7. Avoir la bosse de qqch,** avoir une disposition innée, des aptitudes pour cela (syn. **don, génie**). / **Rouler sa bosse,** mener une vie aventureuse, voyager beaucoup.

Bosse (Abraham), graveur et théoricien de l'art français (Tours 1602 - Paris 1676). Son œuvre d'aquafortiste (1 500 planches) constitue un tableau fidèle de la société française (surtout urbaine) à l'époque de Louis XIII.

bosselé, e [bɔsle] **adj.** Déformé par des bosses.

bosselure [bɔslyr] **n.f.** Ensemble des bosses d'une surface : *Les bosselures d'une marmite en cuivre.*

bosser [bɔse] **v.i.** (p.-ê. de *bosser [du dos]*, se courber sur un travail). FAM. Travailler.

bosseur, euse [bɔsœr, -øz] **adj.** et **n.** (de *bosser*). FAM. Qui travaille beaucoup : *Un gros bosseur* (syn. **travailleur**).

bossoir [bɔswar] **n.m.** (de *bosse*). Appareil de levage servant à hisser ou à mettre à l'eau une embarcation, ou à la manœuvre des ancres.

bossu, e [bɔsy] **adj.** et **n. 1.** Qui a une bosse, par suite d'une déformation de la colonne vertébrale ou du sternum. **2.** FAM. **Rire comme un bossu,** rire beaucoup, à gorge déployée.

Bossuet (Jacques Bénigne), prélat, prédicateur et écrivain français (Dijon 1627 - Paris 1704). Célèbre dès 1659 pour ses prédications, évêque de Condom (1669), il fut choisi comme précepteur du Dauphin, pour qui il écrivit le *Discours sur l'histoire universelle.* Évêque de Meaux en 1681, il soutint la politique religieuse de Louis XIV en combattant les protestants. Il créa, dans ses *Sermons* et ses *Oraisons funèbres,* un style dont la musicalité et la richesse des images tranchent sur la clarté géométrique prisée alors dans ces deux genres.

Boston, port des États-Unis, cap. du Massachusetts ; 655 884 hab. *(Bostoniens)* [4 772 358 hab. dans l'agglomération]. Centre industriel, culturel, commercial et financier. Prestigieux musées d'art.

bot, e [bo, bɔt] **adj.** (germ. **butta,* émoussé). **Pied bot, main bote,** pied, main affectés d'une déformation congénitale due à la rétraction de certains muscles et à des malformations osseuses.

botanique [bɔtanik] **n.f.** (gr. *botanikos,* de *botanê,* herbe, plante). Science qui étudie les végétaux. ◆ **adj.** Relatif à l'étude des végétaux : *Jardin botanique.*

botaniste [bɔtanist] **n.** Spécialiste de botanique.

Botnie *(golfe de),* extrémité septentrionale de la Baltique, entre la Suède et la Finlande.

Botswana, anc. **Bechuanaland,** État de l'Afrique australe ; 570 000 km^2 ; 2 021 000 hab. *(Botswanais).* CAP. *Gaborone.* LANGUE : *anglais.* MONNAIE : *pula.* Plus vaste que la France, enclavé, il possède un climat semi-aride ou aride (désert du Kalahari) ; la sécheresse menace en permanence l'activité dominante, l'élevage bovin. L'économie reste largement dépendante de l'Afrique du Sud, d'ailleurs associée à l'exploitation des mines de diamants. Protectorat britannique à partir de 1885, il obtint son indépendance en 1966. C'est l'un des pays les plus démocratiques d'Afrique.

1. botte [bɔt] **n.f.** (néerl. *bote,* poignée de lin). Assemblage de végétaux de même nature liés ensemble : *Botte de paille. Botte de radis.*

2. botte [bɔt] **n.f.** (it. *botta,* coup, du fr. *bouter*). Coup de pointe donné avec le fleuret ou l'épée : *Botte secrète* (= coup dont l'adversaire ignore la parade).

3. botte [bɔt] **n.f.** (orig. incert., p.-ê. de *bot*). **1.** Chaussure à tige montante qui enferme le pied et la jambe génér. jusqu'au genou : *Bottes de caoutchouc.* **2. Bruit de bottes,** menace de guerre. / **Être à la botte de qqn,** lui être entièrement dévoué ou soumis. / **Sous la botte,** opprimé militairement : *Pays sous la botte de l'occupant.*

botteler [bɔtle] **v.t.** [conj. **24**]. Lier en bottes : *Machine à botteler le foin.*

botter [bɔte] **v.t. 1.** Chausser de bottes. **2.** FAM. Donner un coup de pied à : *Je vais lui botter les fesses.* **3.** Au rugby, donner un coup de pied dans le ballon : *Botter en touche.* **4.** FAM. Convenir, plaire : *Cela me botte.*

botteur [bɔtœr] **n.m.** (de *botter*). Joueur chargé de transformer les essais, de tirer les pénalités, au rugby.

Botticelli (Sandro Filipepi, dit), peintre italien (Florence 1445 - *id.* 1510). Il est l'auteur de nombreuses madones, de tableaux d'inspiration religieuse ou mythologique (l'énigmatique *Printemps* [v. 1478], *la Naissance de Vénus* [v. 1484], tous deux à la galerie des Offices), qu'idéalisent leurs arabesques gracieuses et leur coloris limpide. Une crise spirituelle marque la fin de sa carrière (*Pietà,* Munich ; *Nativité mystique,* Londres).

bottier, ère [bɔtje, -ɛr] **n.** Spécialiste de la confection de chaussures et de bottes sur mesure.

bottillon [bɔtijɔ̃] **n.m.** (de *3. botte*). Chaussure à tige montante génér. fourrée.

Bottin [bɔtɛ̃] **n.m.** (nom déposé, du n. de *S. Bottin,* qui publia le premier annuaire en France). Annuaire téléphonique.

bottine [bɔtin] **n.f.** (de *3. botte*). Chaussure montante très ajustée sur le pied : *Bottines à boutons, à lacets.*

botulisme [bɔtylism] **n.m.** (du lat. *botulus,* boudin). Intoxication grave causée par des conserves mal stérilisées ou des viandes avariées.

boubou [bubu] **n.m.** (mot malinké [langue de Guinée], « singe » puis « vêtement en peau de singe »). Longue tunique flottante portée en Afrique noire.

bouc [buk] **n.m.** (gaul. **bucco,* confondu postérieurement avec **buk,* mot germ. de même sens). **1.** Mâle de la chèvre. **2.** Barbiche : *Porter le bouc.* **3. Bouc émissaire,** personne rendue responsable de toutes les fautes, par allusion à la coutume biblique qui consistait à charger un bouc de tous les péchés d'Israël et à le chasser dans le désert.

boucan [bukɑ̃] **n.m.** (de *boucaner,* fréquenter les mauvais lieux, de *bouc,* homme lubrique). FAM. Bruit, vacarme : *Quel boucan vous faites en jouant !* (syn. **tapage**).

boucanage [bukanaʒ] **n.m.** Action de boucaner.

boucaner [bukane] **v.t.** (de *boucan,* tupi-guarani *mukem,* viande fumée). Fumer de la viande, du poisson pour les conserver.

boucanier [bukanje] **n.m.** (de *boucaner*). **1.** Aventurier qui chassait le bœuf sauvage aux Antilles pour boucaner la viande ou faire le commerce des peaux. **2.** Pirate ; aventurier.

bouchage [buʃaʒ] **n.m.** Action de boucher.

Bouchardon (Edme), sculpteur et dessinateur français (Chaumont 1698 - Paris 1762). Artiste officiel de goût classique et réaliste, il s'oppose à la rocaille (fontaine de la rue de Grenelle à Paris, 1739-1745 ; statue équestre de Louis XV [détruite]).

bouche [buʃ] **n.f.** (lat. *bucca*). **1.** Cavité constituant le début du tube digestif de l'homme et de certains animaux, permettant l'ingestion des aliments et assurant notamm. des fonctions respiratoires et de phonation : *Porter un aliment à la bouche.* **2.** Les lèvres : *Bouche fine, charnue.* **3.** Personne à alimenter : *Elle a cinq bouches à nourrir.* **4.** Orifice, ouverture d'une cavité, d'un conduit : *Bouche de métro, d'aération, d'égout.* **5.** ARM. Partie du canon d'une arme à feu par où sort le projectile. **6. De bouche à oreille,** de vive voix et directement : *La nouvelle circule de bouche à oreille.* / **Faire la fine bouche,** faire le difficile, le dégoûté. / **Faire venir, mettre l'eau à la bouche,** exciter l'appétit ; au fig., allécher. / **Fermer la bouche à qqn,** faire taire qqn. / **Fine bouche,** gourmet. / **La bouche en cœur,** avec une naïveté ou une préciosité ridicules. / **Pour la bonne bouche,** pour la fin : *Garder une nouvelle pour la bonne bouche.* **7. Bouche à feu,** arme à feu non portative. / **Bouche d'incendie,** prise d'eau à l'usage des pompiers. ◆ **bouches n.f. pl. 1.** Embouchure d'un fleuve : *Les bouches du Rhône.* **2.** Entrée d'un golfe, d'un détroit : *Les bouches de Bonifacio.*

bouché, e [buʃe] **adj. 1.** Où l'écoulement ne se fait plus : *Tuyau, lavabo bouché* (syn. **obstrué**). **2.** FAM. Qui comprend lentement, obtus : *Il est bouché* (syn. **borné**). **3. Ciel, temps bouché,** ciel, temps couvert, sans visibilité. / **Vin, cidre bouché,** vin, cidre conservé en bouteilles fermées d'un bouchon de liège. (V. aussi *boucher.*)

bouche-à-bouche [buʃabuʃ] **n.m. inv.** Méthode de respiration artificielle, dans laquelle le sauveteur souffle dans la bouche de la victime.

bouche-à-oreille [buʃaɔrɛj] **n.m. inv.** Propagation d'une nouvelle de vive voix d'une personne à une autre.

bouchée [buʃe] **n.f.** (de *bouche*). **1.** Quantité d'aliments portée à la bouche en une fois. **2.** Croûte en pâte feuilletée garnie de compositions diverses : *Bouchée à la reine.* **3.** Gros bonbon de chocolat fourré. **4. Mettre les bouchées doubles,** se hâter dans l'exécution d'un travail. / **Ne faire qu'une bouchée de qqch,** l'avaler gloutonnement. / **Ne faire qu'une bouchée de qqn,** prendre facilement le dessus sur lui. / **Pour une bouchée de pain,** pour un prix insignifiant.

1. boucher [buʃe] **v.t.** (de l'anc. fr. *bousche,* touffe de paille, lat. pop. **bosca,* frq. **bosk,* buisson). **1.** Fermer une ouverture : *Boucher une fente avec du mastic* (syn. **obturer**). *Boucher une bouteille.* **2.** Barrer une voie, s'opposer au passage de : *La foule bouchait la rue. Cheveux qui bouchent un tuyau d'écoulement* (syn. **engorger**). **3. Boucher la vue,** faire écran. / FAM. **Ça m'en bouche un coin,** ça m'épate.

2. boucher, ère [buʃe, -ɛr] **n.** (de *bouc,* en raison de l'abattage des boucs, dont le boucher était chargé). Personne qui prépare ou vend au détail la viande de bœuf, de veau, de mouton et de cheval. ◆ **boucher n.m.** Homme cruel, sanguinaire.

Boucher (François), peintre, dessinateur et graveur français (Paris 1703 - *id.* 1770). Protégé par Mme de Pompadour, il a peint en virtuose des scènes pastorales ou mythologiques d'une sensualité heureuse (au Louvre : *Vénus demande à Vulcain des armes pour Énée, le Nid, Renaud et Armide, le Déjeuner, Diane au bain, l'Odalisque brune*...). Décorateur, il a notamment donné de nombreux cartons de tapisseries.

Boucher de Crèvecœur de Perthes (Jacques), préhistorien français (Rethel 1788 - Abbeville 1868). Fondateur de la science préhistorique, il a découvert, dans une couche d'alluvions de la Somme, un outillage lithique, associé à des ossements de grands mammifères disparus, qu'il a attribué à l'homme qu'il nomme « antédiluvien ». Il a été aussi le premier à établir la distinction entre le paléolithique (antédiluvien) et le néolithique, qu'il nomme « celtique ».

boucherie [buʃri] **n.f.** (de *2. boucher*). **1.** Commerce de la viande. **2.** Boutique où l'on vend de la viande. **3.** FIG. Massacre, tuerie : *Cette bataille a été une véritable boucherie* (syn. **carnage**).

Bouches-du-Rhône [13], dép. de la Région Provence-Alpes-Côte d'Azur ; ch.-l. de dép. *Marseille ;* ch.-l. d'arr. *Aix-en-Provence, Arles, Istres ;* 4 arr., 29 cant., 119 comm. ; 5 087 km^2 ; 2 014 702 hab.

bouche-trou [buʃtru] **n.m.** (pl. *bouche-trous*). Personne ou objet qui ne sert qu'à combler une place vide, à figurer, à faire nombre : *Faire le bouche-trou dans une soirée.*

bouchon [buʃɔ̃] **n.m.** (de l'anc. fr. *bousche ;* v. *1. boucher*). **1.** Ce qui sert à boucher, à obturer un orifice ; pièce de liège ou d'une autre matière qui se loge dans le goulot d'une bouteille, d'un flacon : *Bouchon de réservoir d'essence. Bouchon de carafe.* **2.** Ce qui obstrue, engorge un conduit ou une voie de circulation : *Bouchon de cérumen. Automobilistes retardés par un bouchon* (syn. **encombrement, embouteillage**). **3.** Jeu consistant à renverser avec un palet un bouchon supportant des pièces de monnaie. **4.** Flotteur d'une ligne de pêche. **5.** Poignée de paille tortillée servant à bouchonner un animal.

bouchonné, e [buʃɔne] **adj. Vin bouchonné,** vin qui a un goût de bouchon.

bouchonner [buʃɔne] **v.t.** Frotter un animal avec un bouchon de paille ou une brosse pour enlever la sueur ou la saleté. ◆ **v.i. Ça bouchonne,** il y a un embouteillage.

bouchot [buʃo] **n.m.** (mot poitevin, lat. médiév. *buccaudum,* du class. *bucca,* bouche). Ensemble de pieux enfoncés dans la vase et souvent réunis par des claies, sur lesquels se fait l'élevage des moules.

bouclage [buklaʒ] **n.m. 1.** Action de boucler ; fait d'être bouclé : *Le bouclage d'un quartier par la police* (syn. **encerclement**). **2.** Action de rassembler tous les articles d'un journal et d'en finir la mise en page : *L'heure de bouclage d'un quotidien.*

boucle [bukl] **n.f.** (lat. *buccula,* dimin. de *bucca,* bouche, joue). **1.** Système de fermeture constitué d'un anneau muni d'une traverse avec un ou plusieurs ardillons, servant à assujettir les deux extrémités d'une courroie, d'une ceinture, etc. ; objet d'ornement en forme d'anneau : *Boucle de ceinturon. Boucles de chaussures.* **2.** Ce qui s'enroule en forme d'anneau ; ligne courbe qui se recoupe : *Faire une boucle avec une corde.* **3.** Méandre accentué d'un cours d'eau : *Les boucles de la Seine.* **4.** Itinéraire qui ramène au point de départ : *La Grande Boucle* (= le Tour de France cycliste). **5.** INFORM. Ensemble d'instructions d'un programme dont l'exécution est répétée jusqu'à la vérification d'un critère donné ou l'obtention d'un certain résultat. **6.** CYBERN. Suite d'effets telle que le dernier de ces effets réagit sur le premier. **Boucle (de cheveux),** mèche de cheveux enroulée sur elle-même. / SPORTS. **Saut de boucle,** en patinage artistique, saut dans la préparation duquel le patin du pied d'appel dessine une boucle sur la glace (on dit aussi, par abrév., *un boucle*). **7. Boucles d'oreilles,** bijoux que l'on porte aux oreilles.

bouclé, e [bukle] **adj.** Qui a des boucles : *Cheveux bouclés. Enfant bouclé.* (V. aussi *boucler.*)

boucler [bukle] **v.t. 1.** Serrer, assujettir avec une boucle : *Boucler sa ceinture.* **2.** FAM. Fermer : *Boucler sa porte.* **3.** FAM. Enfermer de façon contraignante : *Boucler qqn* (= le mettre en prison). **4.** En parlant de forces militaires ou policières, encercler une zone pour la contrôler : *La police boucle le quartier.* **5.** Donner la forme d'une boucle : *Boucler ses cheveux.* **6.** Accomplir un parcours, une tâche : *Boucler un travail* (syn. **terminer, achever**). **7.** VÉTÉR. Passer un anneau dans le nez d'un animal : *Boucler un taureau.* **8. Boucler la boucle,** revenir à son point de départ. / **Boucler sa valise, ses bagages,** fermer sa valise, ses bagages en vue du départ. / **Boucler son budget,** équilibrer les recettes et les dépenses. / **Boucler un journal, une édition,** terminer la composition ; insérer le dernier élément pour en assurer la fabrication. / FAM. **La boucler,** se taire. ◆ **v.i. 1.** Former des boucles : *Ses cheveux bouclent naturellement* (syn. **friser**). **2.** INFORM. Entrer dans un processus de calcul sans fin, génér. par suite d'une erreur de programmation.

Boucles de la Seine normande *(parc naturel régional des),* parc naturel couvrant environ 80 000 ha sur les départements de l'Eure et de la Seine-Maritime.

bouclette [buklɛt] **n.f.** Petite boucle (syn. **frisette**).

bouclier [buklije] **n.m.** (de *[écu] bouclé,* [écu] garni d'une boucle). **1.** Arme défensive portée au bras pour parer les coups de l'adversaire. **2.** Moyen de protection, défense : *Le bouclier atomique.* **3.** GÉOL. Vaste surface constituée de terrains très anciens nivelés par l'érosion : *Le bouclier canadien.* **4. Bouclier fiscal,** dispositif limitant le montant des impôts directs dus par un contribuable. / **Bouclier humain,** otage placé sur un site stratégique pour entraver une action militaire adverse ; par ext., otage placé devant soi pour dissuader un attaquant. / **Bouclier thermique,** blindage des cabines spatiales ou des ogives de missiles balistiques, qui les protège contre l'échauffement lors de la rentrée dans l'atmosphère. / **Levée de boucliers,** protestation générale contre un projet, une mesure.

bouddha [buda] **n.m.** (sanskrit *buddha,* illuminé, éveillé). **1.** Dans le bouddhisme, celui qui s'éveille à la connaissance parfaite de la vérité. **2.** Statue, statuette religieuse représentant le Bouddha.

Bouddha, nom que prit, quand il fut parvenu à son « éveil » *(bodhi),* Siddharta Gautama, qui allait alors se mettre à prêcher sa doctrine, le bouddhisme.

bouddhique [budik] **adj.** Relatif au bouddhisme.

bouddhisme [budism] **n.m.** Doctrine religieuse et philosophie orientale fondées par le Bouddha. ◆ **bouddhiste adj.** et **n.** Qui s'inspire du bouddhisme ; qui le professe.

■ Doctrine enseignée par un sage de l'Inde antique, connu sous le nom de Bouddha, le bouddhisme consiste moins en une religion qu'en une sagesse.

→

A B C D E F G H I J K L M N O P Q R S T U V W X Y Z

Bouddha. Né vers le milieu du VIe s. av. J.-C. au nord de Bénarès, dans la tribu des Shakya (ce qui lui a valu d'être appelé plus tard Shakyamuni, ou « ascète des Shakya »), le fondateur de cette doctrine, qu'on appelait alors Gautama, du nom de sa lignée, était devenu à l'âge adulte un ascète errant, s'interrogeant pendant plusieurs années sur le mystère de la souffrance et de la mort. Il connut alors une expérience spirituelle qu'il considéra comme son « éveil » *(bodhi)*, d'où le nom de Bouddha (l'« éveillé ») qu'il porta désormais. Peu après, dans un bois proche de Bénarès, il prononça son premier sermon devant cinq disciples. Il fit de ceux-ci l'embryon de sa communauté de moines *(sangha)*, qu'il passa le reste de sa vie à organiser, en même temps qu'il parcourait le bassin moyen du Gange en prêchant sa doctrine et en faisant beaucoup d'adeptes. Il mourut très âgé, entrant ainsi dans la paix de l'« extinction complète » *(parinirvana)*.

La doctrine. La doctrine du Bouddha se résume dans l'enseignement de la « voie de la délivrance », c'est-à-dire d'une méthode pour découvrir la réalité cachée derrière les apparences et pour se libérer des illusions, des passions et de la douleur. Partant de la croyance hindoue selon laquelle toute mort est suivie d'une renaissance, le Bouddha prêche en revanche la nécessité de briser cette chaîne sans fin des existences successives, une telle délivrance permettant seule de goûter la béatitude du *nirvana* (ou « extinction »). Quatre « saintes vérités » sont à la base de la doctrine primitive du bouddhisme : l'existence humaine est souffrance universellement et en permanence ; cette souffrance a son origine dans la soif du désir, lequel se fonde sur une ignorance de la vacuité et de l'évanescence de la réalité ; la souffrance peut être surmontée par la suppression du désir dans l'accès au nirvana ; la voie qui le permet et qui procurera l'« éveil », c'est-à-dire la saisie de la « réalité » voilée jusque-là par l'illusion, est une ascèse comportant huit étapes, dont la parole correcte, l'attention correcte et la contemplation.

Le développement et la diffusion. Après la mort du Bouddha, la communauté de ses disciples, n'ayant pas d'autorité suprême, se divisa en groupes, écoles ou sectes. Au début de l'ère chrétienne apparut même une forme nouvelle de bouddhisme, qui prit le nom de grand véhicule (mahayana) et qui, méprisant la doctrine primitive, désignée comme étant le petit véhicule (hinayana), adopta une allure plus religieuse et dévotionnelle. Elle engageait notamm. l'adepte à devenir dès cette vie un *bodhisattva*, c'est-à-dire un sage renonçant à entrer dans le nirvana pour mieux exercer sa compassion envers tous les êtres. Au VIIe s. se développa l'école du vajrayana (véhicule de diamant), qu'on appelle encore *tantrisme*.

Né en Inde, le bouddhisme en a disparu presque complètement, mais il s'est très largement répandu de l'Asie centrale à l'Indonésie, du Sri Lanka (Ceylan) au Japon (où est apparu le zen), de la Chine et du Viêt Nam au Tibet (où il a pris la forme du lamaïsme). ■

bouder [bude] **v.i.** (d'un rad. onomat. *bod* exprimant le gonflement [ici, de la lèvre du boudeur]). Marquer du dépit, de la mauvaise humeur par une attitude renfrognée : *Bouder dans son coin* (= faire la tête). ◆ **v.t.** Montrer son mécontentement, son indifférence à l'égard de qqn, de qqch, en l'évitant : *Bouder un spectacle.*

bouderie [budri] **n.f.** Action de bouder : *Sa bouderie n'a pas duré.*

boudeur, euse [budœr, -øz] **adj.** et **n.** Qui boude : *Un enfant boudeur* (syn. **maussade, grognon**).

boudin [budɛ̃] **n.m.** (d'un rad. onomat. *bod* exprimant le gonflement). **1.** Préparation de charcuterie cuite, à base de sang et de gras de porc, mise dans un boyau de porc. **2.** Tout objet long et cylindrique : *Un boudin de toile arrête le courant d'air sous la porte.* **3. Boudin blanc,** fait avec une farce à base de viande blanche maigre, princ. de volaille. **4.** *FAM.* **S'en aller, tourner en eau de boudin,** finir par un échec. / **Ressort à boudin,** constitué d'un fil métallique tourné en hélice.

Boudin (Eugène), peintre français (Honfleur 1824 - Deauville 1898). Il est l'auteur de marines et de paysages qui le font considérer comme un précurseur de l'impressionnisme (musées du Havre, de Honfleur).

boudiné, e [budine] **adj. 1.** Qui forme des bourrelets de graisse : *Des doigts boudinés* (syn. **grassouillet**). **2.** Serré dans des vêtements étriqués (syn. **engoncé**).

boudoir [budwar] **n.m.** (de *bouder*). **1.** Petit salon élégant où une maîtresse de maison recevait ses intimes. **2.** Biscuit allongé saupoudré de sucre.

boue [bu] **n.f.** (gaul. **bawa*). **1.** Terre ou poussière détrempée d'eau : *La boue des chemins après la pluie* (syn. **gadoue**). **2.** GÉOL. Dépôt des grands fonds océaniques. **3.** *LITT.* État d'abjection ou de profonde misère : *Se vautrer dans la boue* (syn. litt. **fange**). **4. Traîner qqn dans la boue,** accabler qqn de propos infamants.

bouée [bwe] **n.f.** (germ. **baukn*, signal). **1.** Corps flottant constitué le plus souvent d'un anneau gonflable en matière souple (caoutchouc, plastique, etc.), qui sert à maintenir une personne à la surface de l'eau : *Les enfants mettent leur bouée avant d'entrer dans l'eau.* **2.** Corps flottant disposé en mer pour repérer un point, marquer un danger, supporter certains appareils de signalisation, etc. : *Bouée lumineuse.* **3. Bouée de sauvetage,** appareil flottant destiné à être jeté à une personne tombée à l'eau ; au fig., ce qui peut tirer qqn d'une situation désespérée : *Ce chèque a été ma bouée de sauvetage.*

boueux, euse [buø, -øz] **adj.** Couvert ou taché de boue, plein de boue : *Chemin boueux* (syn. **bourbeux**).

bouffant, e [bufɑ̃, -ɑ̃t] **adj. 1.** Qui bouffe, qui est comme gonflé : *Cheveux bouffants. Manche bouffante.* **2. Papier bouffant,** papier sans apprêt, à l'aspect granuleux, utilisé dans l'édition.

bouffarde [bufard] **n.f.** (de *bouffée*). *FAM.* Grosse pipe.

1. bouffe [buf] **adj.** (de l'it. *opera buffa*, opéra comique). **Opéra bouffe ⟶ opéra.**

2. bouffe [buf] **n.f.** (de *bouffer*). *FAM.* Nourriture ; repas : *À la bouffe !* (= à table).

bouffée [bufe] **n.f.** (de *bouffer*). **1.** Exhalaison ou inspiration par la bouche ou par le nez : *Aspirer, souffler une bouffée de fumée.* **2.** Mouvement passager de l'air : *Bouffée d'air frais. Odeur qui arrive par bouffées* (syn. **à-coup**). **3.** Accès brusque et passager d'un état pathologique, d'un sentiment : *Bouffée de fièvre* (syn. **poussée**). *Bouffée de colère.* **4. Bouffée de chaleur,** sensation d'échauffement du visage.

bouffer [bufe] **v.i.** (orig. onomat.). Se gonfler, prendre un certain volume : *Faire bouffer ses cheveux. Robe qui bouffe.* ◆ **v.t.** *FAM.* **1.** Manger : *Il bouffe des frites à la cantine.* **2.** Consommer : *Une voiture qui bouffe beaucoup d'essence.* **3.** Absorber : *Son travail la bouffe.* ◆ **se bouffer v.pr.** *FAM.* **Se bouffer le nez,** se disputer.

bouffi, e [bufi] **adj.** (p. passé de *bouffir*). **1.** Qui a augmenté de volume : *Visage bouffi de graisse. Des yeux bouffis* (syn. **boursouflé**). **2. Bouffi d'orgueil,** d'une grande vanité.

bouffir [bufir] **v.t.** et **v.i.** (var. de *bouffer*) [conj. **32**]. Enfler, devenir enflé : *Le sommeil bouffissait ses yeux* (syn. **boursoufler**). *Visage qui bouffit* (syn. **gonfler**).

bouffissure [bufisyr] **n.f.** (de *bouffir*). Enflure : *Avoir des bouffissures sous les yeux* (syn. **boursouflure, poche**).

1. bouffon [bufɔ̃] **n.m.** (it. *buffone*, de *buffo*, comique). **1.** Personne dont les plaisanteries font rire : *Être le bouffon de la soirée* (syn. **pitre**). **2.** Individu que sa conduite ridicule discrédite : *Sa vanité le fait passer pour un bouffon* (syn. **niais, pantin**). **3.** Personnage grotesque que les rois entretenaient auprès d'eux pour les divertir.

2. bouffon, onne [bufɔ̃, -ɔn] **adj.** (de *1. bouffon*). Facétieux ; qui prête à rire : *Une scène bouffonne.*

bouffonnerie [bufɔnri] **n.f.** Action ou parole bouffonne ; caractère de ce qui est bouffon : *Ses bouffonneries sont des enfantillages* (syn. **farce, pitrerie**).

Bougainville *(île)*, la plus grande île de l'archipel des Salomon (appartenant, depuis 1975, à la Papouasie-Nouvelle-Guinée) ; 9 000 km^2. Cuivre. L'île a été découverte par Bougainville en 1768.

Bougainville (Louis Antoine de), navigateur français (Paris 1729 - *id.* 1811). Il a écrit le récit du célèbre *Voyage autour du monde* qu'il fit de 1766 à 1769 à bord de la *Boudeuse.*

bougainvillée [bugɛ̃vile] **n.f.** et **bougainvillier** [bugɛ̃vilje] **n.m.** (de *L. A. de Bougainville*). Plante grimpante originaire d'Amérique, cultivée comme plante ornementale pour ses larges bractées d'un rouge violacé. ▸ Famille des nyctaginacées.

bouge [buʒ] **n.m.** (lat. *bulga,* sac, bourse, probabl. d'orig. gaul.). **1.** Logement malpropre, misérable (syn. **taudis**). **2.** Café, bar misérable et mal fréquenté.

bougé [buʒe] **n.m.** (de *bouger*). PHOT. Mouvement de l'appareil photo au moment du déclenchement, qui produit une image floue.

bougeoir [buʒwar] **n.m.** (de *bougie*). Petit chandelier sans pied, muni d'un anneau ou d'un manche.

bougeotte [buʒɔt] **n.f.** (de *bouger*). *FAM.* **Avoir la bougeotte,** avoir la manie de bouger sans cesse ; avoir la manie ou l'envie de se déplacer, de voyager.

bouger [buʒe] **v.i.** (lat. pop. **bullicare,* du class. *bullire,* bouillir) [conj. **17**]. **1.** Faire un mouvement ; remuer : *Il bouge sans cesse* (syn. **s'agiter**). *Que personne ne bouge !* **2.** Sortir de chez soi, d'un lieu ; changer de place : *Je n'ai pas bougé de la journée* (syn. **sortir**). **3.** Se modifier ; s'altérer : *Les prix ne bougent pas. Tissu qui ne bouge pas au lavage.* **4.** Agir, passer à l'action, notamm. pour protester : *Il est autoritaire et personne ne bouge devant lui* (syn. **broncher**). *Les syndicats bougent* (syn. **s'agiter**). ◆ **v.t.** *FAM.* **1.** Transporter dans un autre endroit : *Bouger les meubles d'une pièce* (syn. **déplacer**). **2.** Mouvoir une partie du corps : *Bouge ton bras* (syn. **remuer**). ◆ **se bouger v.pr.** *FAM.* Se remuer, agir : *Bouge-toi un peu et viens m'aider.*

bougie [buʒi] **n.f.** (de *Bougie,* auj. Béjaïa, v. d'Algérie d'où venait la cire). **1.** Bâtonnet cylindrique de cire, de paraffine, etc., entourant une mèche qui, allumée, fournit une flamme qui éclaire. **2.** Pièce d'allumage électrique d'un moteur à explosion.

bougnat [buɲa] **n.m.** (de *charbougna,* appellation plaisante construite sur le mot *charbon* et parodiant le parler auvergnat). *FAM., VIEILLI.* Débitant de boissons et marchand de charbon, souvent d'origine auvergnate.

bougon, onne [bugɔ̃, -ɔn] **adj.** et **n.** (de *bougonner*). *FAM.* De mauvaise humeur ; renfrogné : *Quel bougon, jamais un sourire. Répondre sur un ton bougon* (syn. **revêche**).

bougonnement [bugɔnmɑ̃] **n.m.** Action de bougonner ; propos de qqn qui bougonne.

bougonner [bugɔne] **v.t.** et **v.i.** (orig. obsc.). Prononcer entre ses dents des paroles de protestation : *Il bougonne contre les gens bruyants* (syn. **grommeler, marmonner**).

bougre, esse [bugr, -ɛs] **n.** (bas lat. *Bulgarus,* Bulgare, et péjor., « hérétique, personne pratiquant la sodomie »). *FAM.* **1.** *VIEILLI.* Gaillard ; individu : *Ah ! C'est un pauvre bougre* (= un homme malheureux). **2. Bougre de,** espèce de : *Bougre d'idiot.* ∕ **Ce n'est pas un mauvais bougre,** c'est un brave homme. ◆ **bougre interj.** *VIEILLI.* Sert à exprimer la surprise, l'admiration : *Bougre ! Quelle belle femme !*

bougrement [bugrəmɑ̃] **adv.** (de *bougre*). *FAM.* Extrêmement : *C'est bougrement bon* (syn. **très**). *Il a bougrement changé* (syn. **énormément**).

Bouguer (Pierre), géophysicien français (Le Croisic 1698 - Paris 1758). Il participa à une mission au Pérou chargée de mesurer un arc de méridien au niveau de l'équateur et fit à cette occasion des observations d'ordre gravimétrique. Il a fondé la photométrie et inventé l'héliomètre.

boui-boui [bwibwi] **n.m.** (orig. incert., p.-ê. en relation avec le mot bressan *boui,* local pour les oies, les canards) [pl. *bouis-bouis*]. *FAM.* Petit café ; restaurant de quartier (péjor.) : *Manger dans un boui-boui* (syn. **gargote**).

bouillabaisse [bujabɛs] **n.f.** (prov. *bouiabaisso,* de *bouie,* bouillir, et *abaissa,* abaisser). Plat provençal préparé à partir de divers poissons cuits dans de l'eau ou du vin blanc et relevé d'ail, de safran, d'huile d'olive, etc.

bouillant, e [bujɑ̃, -ɑ̃t] **adj. 1.** Qui bout : *De l'eau bouillante.* **2.** Très chaud : *Boire un thé bouillant.* **3.** Emporté, ardent : *Caractère bouillant* (syn. **fougueux**).

bouille [buj] **n.f.** (p.-ê. lat. pop. **buttula,* de *buttis,* tonneau). *FAM.* Visage ; expression du visage : *Une bouille ronde* (syn. **tête**).

bouilleur [bujœr] **n.m.** (de *bouillir*). **1.** Distillateur d'eau-de-vie. **2. Bouilleur de cru,** propriétaire qui a le droit de distiller son propre marc, ses propres fruits.

bouilli [buji] **n.m.** Viande bouillie : *Bouilli de bœuf.*

bouillie [buji] **n.f.** (de *bouillir*). **1.** Aliment plus ou moins pâteux composé de farine, de lait ou d'eau bouillis ensemble, notamm. pour les enfants en bas âge. **2.** Pâte très fluide : *Le pain est resté sous la pluie, ce n'est plus qu'une bouillie.* **3.** *FAM.* **C'est de la bouillie pour les chats,** c'est un récit, un texte confus, inintelligible. ∕ **En bouillie,** écrasé : *J'ai retrouvé les gâteaux en bouillie dans mon sac.*

bouillir [bujir] **v.i.** (lat. *bullire,* faire des bulles) [conj. **48**]. **1.** En parlant d'un liquide, être agité sous l'effet de la chaleur, en dégageant des bulles de vapeur qui crèvent en surface : *L'eau pure bout à 100 °C à la pression atmosphérique normale.* **2.** Être chauffé, cuit dans un liquide qui bout : *Les légumes bouillent.* **3. Faire bouillir qqch,** le faire cuire dans un liquide en ébullition : *Faire bouillir du lait.* **4. Avoir le sang qui bout dans les veines,** être plein d'énergie, de fougue. ∕ **Bouillir de colère, d'impatience,** être animé d'une violente colère, d'une grande impatience. ∕ *FAM.* **Faire bouillir la marmite,** assurer la subsistance de la maisonnée, de la famille. ∕ *FAM.* **Faire bouillir qqn,** provoquer son irritation (= exaspérer).

bouilloire [bujwar] **n.f.** Récipient en métal pour faire bouillir de l'eau.

bouillon [bujɔ̃] **n.m.** (de *bouillir*). **1.** Aliment liquide obtenu en faisant bouillir de la viande et des légumes dans de l'eau. **2.** (Surtout au pl.). Bulle qui s'élève à la surface d'un liquide bouillant : *Cuire à gros bouillons.* **3.** Flot d'un liquide, d'un courant qui s'écoule vivement : *Bouillons de l'eau provoqués par l'hélice d'un bateau.* **4.** Ensemble des exemplaires invendus d'un journal ou d'une revue. **5.** COUT. Pli bouffant d'une étoffe. **6.** *FAM.* **Boire un bouillon,** avaler de l'eau en nageant ; au fig., essuyer un échec, un revers, souvent financier. **7. Bouillon de culture,** liquide préparé comme milieu de culture bactériologique ; au fig., milieu favorable à qqch. ∕ *FAM.* **Bouillon d'onze heures,** breuvage empoisonné.

bouillon-blanc [bujɔ̃blɑ̃] **n.m.** (bas lat. *bugillo,* d'orig. gaul.) [pl. *bouillons-blancs*]. Plante couverte d'un duvet blanc, à fleurs jaunes, poussant dans les lieux incultes. ▸ Famille des verbascacées ; haut. jusqu'à 2 m.

bouillonnant, e [bujɔnɑ̃, -ɑ̃t] **adj.** Qui bouillonne : *L'eau bouillonnante de la fontaine. Pensées bouillonnantes* (syn. **fébrile, tumultueux**).

bouillonnement [bujɔnmɑ̃] **n.m.** État de ce qui bouillonne : *Le bouillonnement du vin qui fermente. Le bouillonnement des esprits* (syn. **effervescence, tumulte**).

bouillonner [bujɔne] **v.i.** (de *bouillon*). **1.** Produire des bouillons, être en effervescence : *Le torrent bouillonne.* **2.** S'agiter : *Mille pensées bouillonnent en lui. Bouillonner de colère* (syn. **bouillir**). **3.** En parlant d'un journal, avoir beaucoup d'invendus.

bouillotte [bujɔt] **n.f.** (de *bouillir*). Récipient de grès ou de caoutchouc que l'on remplit d'eau bouillante et dont on se sert pour chauffer un lit ou se réchauffer.

Boukhara, v. d'Ouzbékistan, en Asie centrale ; 237 361 hab. Tourisme. Monuments des IXe-XVIe s., dont le mausolée (v. 907) d'Ismaïl, de la dynastie iranienne des Samanides, prototype de nombreux monuments funéraires islamiques du domaine iranien.

Boukharine (Nikolaï Ivanovitch), économiste et homme politique soviétique (Moscou 1888 - *id.* 1938). Théoricien du parti, partisan d'une politique économique modérée, il fut éliminé par Staline de la présidence de l'Internationale communiste (1928), puis condamné et exécuté (1938). Il a été réhabilité en 1988.

boulange [bulɑ̃ʒ] **n.f.** FAM. Métier ou commerce de boulanger.

1. boulanger [bulɑ̃ʒe] **v.i.** et **v.t.** (de *2. boulanger*) [conj. **17**]. Faire du pain.

2. boulanger, ère [bulɑ̃ʒe, -ɛr] **n.** (du picard *boulenc,* faiseur de pain en boule). Personne qui fait ou vend du pain. ◆ **adj. 1.** Relatif à la boulangerie. **2. Pommes boulangères,** pommes de terre en tranches fines cuites au beurre, souvent avec des oignons.

Boulanger (Georges), général et homme politique français (Rennes 1837 - Ixelles, Belgique, 1891). Ministre de la Guerre (1886-1887) très populaire, il regroupa autour de lui les patriotes « revanchards » et tous les mécontents réclamant une révision de la Constitution. Mis d'office à la retraite par le gouvernement, il fut triomphalement élu dans plusieurs départements et à Paris. Renonçant au coup d'État projeté (1889), il s'enfuit en Belgique, où il se suicida sur la tombe de sa maîtresse.

boulangerie [bulɑ̃ʒri] **n.f. 1.** Boutique du boulanger. **2.** Fabrication et commerce du pain : *Boulangerie industrielle.* **3.** L'ensemble de ceux qui font le métier de boulanger : *Vif mécontentement dans la boulangerie parisienne.*

boule [bul] **n.f.** (lat. *bulla*). **1.** Objet solide que sa forme sphérique destine à rouler : *Boules de croquet.* **2.** Objet façonné en forme de sphère : *Une boule à thé. Boules de cuivre aux quatre coins d'un lit.* **3.** Objet façonné affectant grossièrement la forme sphérique : *Boules de neige. Boule de pain* (= miche de pain ronde). **4.** FAM. Tête : *Avoir la boule à zéro* (= le crâne rasé). **5. Avoir une boule dans la gorge,** avoir la gorge serrée par l'angoisse. / **Boule de loto,** jeton, sphère utilisés au jeu de loto. / **Des yeux en boules de loto,** ronds et proéminents. / **En boule,** en forme de sphère : *Tailler un arbre en boule.* / FAM. **Être, se mettre en boule,** être, se mettre en colère. / **Faire boule de neige,** grossir, prendre de l'ampleur : *La rumeur a fait boule de neige.* / FAM. **Perdre la boule,** s'affoler ; devenir fou. / **Se rouler en boule,** se ramasser sur soi-même : *Le chat s'est roulé en boule sur le lit.* **6.** MATH. **Boule de centre O et de rayon *r*,** ensemble des points de l'espace situés à une distance de O inférieure ou égale à *r*. ▸ L'enveloppe d'une telle boule est appelée « sphère » de centre O et de rayon *r*. ◆ **boules n.f. pl. 1.** Jeu qui se joue avec des boules (pétanque, boule lyonnaise, etc.). **2.** FAM. **Avoir les boules,** être angoissé, déprimé ou exaspéré.

boulê [bulɛ] **n.f.** (mot gr.). ANTIQ. GR. Haute assemblée d'une cité, notamm. d'Athènes. ▸ La *boulê* étudiait les projets de loi, qu'elle proposait au vote de l'*ecclésia,* et contrôlait l'administration aussi bien que la politique extérieure.

bouleau [bulo] **n.m.** (du lat. pop. **betullus,* class. *betula,* d'orig. gaul.). Arbre des pays froids et tempérés, à écorce blanche et à bois blanc utilisé en menuiserie et en papeterie. ▸ Famille des bétulacées ; haut. 30 m env.

boule-de-neige [buldənɛʒ] **n.f.** (pl. *boules-de-neige*). Nom usuel de l'*obier.*

bouledogue [buldɔg] **n.m.** (angl. *bull-dog,* de *bull,* taureau, et *dog,* chien). Chien de petite taille, à la tête carrée très forte, aux oreilles droites, apprécié comme animal de compagnie.

bouler [bule] **v.i. 1.** Rouler sur soi-même, comme une boule. **2.** FAM. **Envoyer bouler,** repousser, éconduire.

boulet [bulɛ] **n.m.** (de *boule*). **1.** Boule, projectile de pierre ou de métal dont on chargeait les canons (XIVe-XIXe s.). **2.** Boule fixée à une chaîne qu'on attachait au pied des forçats. **3.** Personne à charge, contrainte dont on ne peut se libérer : *Une famille est un boulet pour un artiste débutant* (syn. **fardeau**). **4.** Aggloméré de charbon de forme ovoïde. **5.** Articulation des membres des chevaux ou des ruminants, entre le canon et le paturon. **6. Comme un boulet (de canon),** très vite. / **Tirer à boulets rouges sur qqn,** l'attaquer très violemment.

boulette [bulɛt] **n.f. 1.** Petite boule : *Boulette de papier.* **2.** Préparation façonnée en forme de petite boule, qu'on fait frire : *Boulette de viande.* **3.** FAM. Erreur grossière, faute stupide : *Faire une boulette* (syn. **bévue**).

boulevard [bulvar] **n.m.** (moyen néerl. *bolwerc,* ouvrage de fortification). **1.** Large rue, génér. bordée d'arbres (à l'origine sur l'emplacement d'anciens remparts). **2. Théâtre de boulevard,** théâtre de caractère léger où dominent le vaudeville et la comédie.

boulevardier, ère [bulvardje, -ɛr] **adj.** Propre au théâtre de boulevard.

bouleversant, e [bulvɛrsɑ̃, -ɑ̃t] **adj.** Qui bouleverse : *Spectacle bouleversant.*

bouleversement [bulvɛrsəmɑ̃] **n.m.** Action, fait de bouleverser ; état, situation, émotion qui en résultent : *La crise économique a entraîné un bouleversement politique* (syn. **révolution**). *Le bouleversement des valeurs* (syn. **renversement**).

bouleverser [bulvɛrse] **v.t.** (de *bouler,* et *verser*). **1.** Mettre sens dessus dessous ; mettre le désordre dans une organisation : *Il a bouleversé nos horaires en reportant son cours* (syn. **perturber**). **2.** Renouveler totalement : *Cette découverte a bouleversé la science* (syn. **révolutionner**). **3.** Provoquer une émotion violente : *La mort de sa femme l'a bouleversé* (syn. **retourner, secouer**).

Boulez (Pierre), compositeur et chef d'orchestre français (Montbrison 1925 - Baden-Baden 2016). Héritier de Debussy et de Webern, il poursuivit la tradition de la musique sérielle (*2e Sonate* pour piano, 1948 ; *le Marteau sans maître,* 1954) avant de devenir leader de la recherche sur la synthèse des sons (*Explosante fixe,* 1972). Avec *Répons* (1981-1984), il rendit effectifs les résultats des travaux de l'I.R.C.A.M. (Institut de recherche et de coordination acoustique-musique), qu'il dirigea de 1976 à 1991.

boulier [bulje] **n.m.** (de *boule*). Appareil fait de boules coulissant sur des tiges et servant à compter.

boulimie [bulimi] **n.f.** (gr. *boulimia,* de *bous,* bœuf, et *limos,* faim). **1.** Besoin pathologique d'absorber de grandes quantités de nourriture (par opp. à *anorexie*). **2. Boulimie de qqch,** désir ardent de qqch : *Boulimie de lecture.*

■ La boulimie commence général. à l'adolescence. Elle est plus fréquente chez les femmes et peut être associée à l'anorexie mentale. Elle se traduit par des crises incontrôlables de prise de nourriture en grandes quantités. En dehors des dérèglements du métabolisme, ses causes sont essentiellement psychologiques ; le fait de manger vise notamm. à apaiser l'angoisse. Le traitement passe par une psychothérapie. ■

boulimique [bulimik] **adj.** et **n.** Relatif à la boulimie ; atteint de boulimie.

bouline [bulin] **n.f.** (angl. *bowline,* de *bow,* proue, et *line,* corde). MAR. Autref., manœuvre halant sur l'avant une voile carrée.

boulingrin [bulɛ̃grɛ̃] **n.m.** (angl. *bowling-green,* gazon pour jouer aux boules). Parterre de gazon limité par un talus, une bordure.

bouliste [bulist] **n.** Joueur, joueuse de boules.

Boulle (André Charles), ébéniste français (Paris 1642 - *id.* 1732), créateur d'un type de meubles luxueux recouverts de complexes arabesques en marqueterie d'écaille et de cuivre, enrichis de bronzes sculptés et dorés (deux commodes d'env. 1708, château de Versailles).

Boullée (Étienne Louis), architecte français (Paris 1728 - *id.* 1799), surtout auteur de projets visionnaires (cénotaphe pour Newton, en forme de sphère géante, 1784).

boulocher [bulɔʃe] **v.i.** (de *boule*). En parlant d'un tricot, d'un tissu, former de petites boules pelucheuses sous l'effet de frottements.

boulodrome [bulɔdrom] **n.m.** (de *boule* et *-drome*). Terrain pour le jeu de boules.

Boulogne (Jean) ⟶ Giambologna.

Boulogne (Valentin de) ⟶ Valentin.

Boulogne-Billancourt, ch.-l. d'arr. des Hauts-de-Seine, au sud-ouest de Paris ; 118 313 hab. *(Boulonnais).* Quartiers résidentiels en bordure du *bois de Boulogne.* Constructions aéronautiques et électriques. Jardins Albert-Kahn.

Boulogne-sur-Mer, ch.-l. d'arr. du Pas-de-Calais, sur la Manche, à l'embouchure de la Liane ; 43 508 hab. *(Boulonnais).* Principal port de pêche français (conserveries). Métallurgie. Articles de bureau. Enceinte du XIIIe s. autour de la ville haute ; musée dans le château, isolé à l'angle oriental de cette enceinte.

boulon [bulɔ̃] **n.m.** (de *boule*). **1.** Ensemble d'une vis et de l'écrou qui s'y adapte. **2.** *FAM.* **Resserrer les boulons,** renforcer l'application des règlements, la discipline ; restreindre les dépenses, etc.

boulonnage [bulɔnaʒ] **n.m. 1.** Action de fixer avec des boulons ; son résultat. **2.** Ensemble des boulons d'un assemblage.

boulonner [bulɔne] **v.t.** Maintenir avec un, des boulons. ◆ **v.i.** *FAM.* Travailler beaucoup ou durement.

boulonnerie [bulɔnri] **n.f.** Industrie et commerce des boulons et accessoires ; ces produits.

1. boulot, otte [bulo, -ɔt] **adj.** et **n.** (de *boule*). *FAM.* De petite taille et gros : *Elle est un peu boulotte.*

2. boulot [bulo] **n.m.** (orig. incert., p.-ê. de *boulotter,* mener une vie tranquille puis « travailler », de *bouler*). *FAM.* Travail ; emploi : *Faire le sale boulot* (syn. **besogne**). *Avoir un bon boulot* (syn. **métier**).

1. boum **interj.** (onomat.). Sert à exprimer le bruit sourd causé par une chute, une explosion : *Boum ! par terre !*

2. boum [bum] **n.m.** (de *1. boum*). *FAM.* **1.** Développement considérable : *Boum commercial* (syn. **essor**). **2. En plein boum,** en pleine activité.

3. boum [bum] **n.f.** (abrév. de *surboum,* de même sens). *FAM.* Réunion festive de jeunes chez l'un d'entre eux.

Boumediene (Houari), militaire et homme d'État algérien (Héliopolis 1932 - Alger 1978). Chef d'état-major de l'Armée de libération nationale (1960), il renversa Ben Bella en 1965 et fut président de la République algérienne (1965-1978).

boumer [bume] **v.i.** (de *2. boum*). *FAM.* **Ça boume,** ça va bien.

Bounty, navire britannique dont l'équipage se mutina (1789) et abandonna son capitaine, William Bligh, dans une chaloupe en pleine mer.

1. bouquet [bukɛ] **n.m.** (dimin. région. de l'anc. fr. *bosc,* bois). **1.** Fleurs qu'on assemble dans un but décoratif : *Bouquet de roses.* **2.** Plantes ou fragments de plantes liés par leurs tiges : *Bouquet de persil.* **3.** Arôme d'un vin, perçu lorsqu'on le boit : *Ce vin a du bouquet.* **4.** Syn. de *1. bouquin.* **5. Bouquet garni,** assortiment de plantes aromatiques servant en cuisine. / *FAM.* **C'est le bouquet !,** c'est le comble !

2. bouquet [bukɛ] **n.m.** (de *bouc*). Grosse crevette rose.

bouquetière [buktjɛr] **n.f.** Personne qui compose, vend des bouquets de fleurs dans les lieux publics.

bouquetin [buktɛ̃] **n.m.** (du prov. *boc estaign,* adaptation de l'all. *Steinbock,* bouc de rocher). Chèvre sauvage des montagnes, à longues cornes incurvées et annelées. ▸ Famille des bovidés.

1. bouquin [bukɛ̃] **n.m.** (de *bouc*). **1.** Vieux bouc. **2.** CHASSE. Lièvre ou lapin mâle (on dit aussi *bouquet*).

2. bouquin [bukɛ̃] **n.m.** (néerl. *boeckin,* petit livre). *FAM.* Livre : *Elle écrit son deuxième bouquin.*

bouquiner [bukine] **v.i.** et **v.t.** (de *2. bouquin*). *FAM.* Lire.

bouquiniste [bukinist] **n.** (de *2. bouquin*). Vendeur de livres d'occasion : *Les bouquinistes des quais de la Seine.*

bourbe [burb] **n.f.** (gaul. **borva*). Boue noire, épaisse qui se dépose au fond des eaux croupissantes (marais, étang).

bourbeux, euse [burbø, -øz] **adj.** Plein de bourbe ou d'une boue qui a la consistance de la bourbe : *Terrain bourbeux* (syn. **fangeux, marécageux**).

bourbier [burbje] **n.m.** (de *bourbe*). **1.** Lieu très bourbeux, où l'on s'enlise : *Route transformée en bourbier par la pluie* (syn. **fondrière**). **2.** Situation inextricable, affaire difficile : *Comment se tirer de ce bourbier ?*

bourbon [burbɔ̃] **n.m.** (du n. d'un comté du Kentucky). Whisky à base de maïs, fabriqué aux États-Unis.

Bourbon ***(maisons de),*** maisons souveraines, issues des Capétiens, dont les membres ont régné en France (XVIe-XIXe s.), à Naples, en Sicile, à Parme (XVIIIe-XIXe s.) et en Espagne depuis le XVIIIe s. Le nom vient du Bourbonnais, qui fut à l'origine en leur possession. Fondée au Xe s., la maison de Bourbon commença à prospérer après que la seigneurie fut passée en 1272 à Robert de France, comte de Clermont, fils de Saint Louis. Le fils de Robert, Louis Ier le Grand, fut créé duc de Bourbon en 1327. Huit ducs de Bourbon se succédèrent à la tête de la seigneurie, de Louis Ier à Charles III, connétable de François Ier, dont les biens furent confisqués en 1527. La branche de la Marche-Vendôme devint alors la branche aînée de la famille. Elle parvint d'abord au trône de Navarre avec Antoine de Bourbon (1555), dont le frère donna naissance à la branche des Condés. Elle accéda ensuite au trône de France avec Henri IV (1589). Le fils de ce dernier, Louis XIII, eut deux fils. De la lignée aînée, issue de Louis XIV, fils aîné de Louis XIII, viennent : d'une part, la branche aînée **française,** héritière du trône de France jusqu'en 1830 et éteinte en la personne du comte de Chambord (Henri V) en 1883 ; d'autre part, la branche **espagnole,** divisée en divers rameaux, principalement le rameau royal d'**Espagne,** dont le représentant actuel est Juan Carlos Ier, le rameau royal des **Deux-Siciles** et le rameau ducal de **Parme.** La lignée cadette, appelée « branche d'**Orléans** », est issue de Philippe, duc d'Orléans, second fils de Louis XIII. Cette branche est parvenue au trône de France avec Louis-Philippe Ier (1830-1848) et son chef actuel est Henri, comte de Paris.

Bourbon ***(palais),*** à Paris, sur la rive gauche de la Seine, face à la place de la Concorde, édifice monumental (XVIIIe - XIXe s.) qui abrite l'Assemblée nationale.

bourbonien, enne [burbɔnjɛ̃, -ɛn] **adj. 1.** Relatif aux Bourbons. **2. Nez bourbonien,** nez busqué.

Bourbonnais, région au nord du Massif central, correspondant approximativement au dép. de l'Allier. Possession des seigneurs de Bourbon, le Bourbonnais passe au XIIIe s. au fils de Saint Louis, Robert de Clermont. Érigé en duché en 1327, il devient au XVe s. le centre d'un vaste État princier. Après la confiscation par François Ier, en 1527, des domaines du connétable de Bourbon, il est rattaché au royaume en 1531.

bourdaine [burdɛn] **n.f.** (altér. de *borzaine,* d'orig. obsc.). Arbuste des bois de l'Europe occidentale, dont les tiges sont utilisées en vannerie et dont l'écorce est laxative. ▸ Famille des rhamnacées ; haut. 3 à 4 m.

Bourdaloue (Louis), prédicateur français (Bourges 1632 - Paris 1704). Jésuite, il est, dès son arrivée à Paris en 1669, l'orateur qui prêche le plus souvent devant la cour soit pour des séries de sermons (avent, carême), soit pour des panégyriques ou des oraisons funèbres. Très différent de Bossuet, il est apprécié surtout pour la précision de ses analyses morales.

bourde [burd] **n.f.** (de l'anc. fr. *bihurder,* plaisanter, frq. **bihurdan*). *FAM.* Erreur, méprise grossière : *Commettre, rattraper une bourde* (syn. **bévue**).

Bourdelle (Antoine), sculpteur français (Montauban 1861 - Le Vésinet 1929). Il est l'auteur de bronzes d'une grande force, comme l'*Héraclès archer* (1909) ou l'*Alvear* de Buenos Aires (1913-1923), ainsi que des bas-reliefs en pierre du Théâtre des Champs-Élysées, à Paris (1910-1912). Son atelier, dans la capitale, est auj. musée.

Bourdieu (Pierre), sociologue français (Denguin, Pyrénées-Atlantiques, 1930 - Paris 2002). Il s'est intéressé à la sociologie de l'éducation (*la Reproduction,* 1970) et de la culture (*la Distinction,* 1979). L'ouvrage qui l'a fait connaître est *les Héritiers* (1964), dans lequel, avec la collaboration de J.-C. Passeron, il expose les mécanismes sociaux de la transmission culturelle, notamment par l'intermédiaire de l'école.

1. bourdon [burdɔ̃] **n.m.** (lat. pop. **burdo,* mulet). Long bâton de pèlerin portant un ornement en forme de gourde.

2. bourdon [burdɔ̃] **n.m.** (orig. onomat.). **1.** Insecte à corps velu et à abdomen annelé, voisin de l'abeille, vivant en groupes peu nombreux. ▸ Famille des apidés ; ordre des hyménoptères. **2.** MUS. Grosse cloche à son grave : *Bourdon de cathédrale.* **3.** Jeu de l'orgue, qui fait sonner des tuyaux bouchés rendant une sonorité douce et moelleuse. **4.** *FAM.* **Avoir le bourdon,** être triste, mélancolique. **5. Faux bourdon,** abeille mâle.

bourdonnant, e [burdɔnɑ̃, -ɑ̃t] **adj.** Qui bourdonne : *Ruche bourdonnante.*

bourdonnement [burdɔnmɑ̃] **n.m.** (de *bourdonner*). **1.** Bruit fait par un, des insectes qui battent des ailes : *Bourdonnement des abeilles dans une ruche.* **2.** Bruit sourd et continu d'un moteur, d'une foule, etc. : *Le bourdonnement d'une machine* (syn. **ronron**). *Le bourdonnement des conversations.* **3.** Illusion auditive accompagnant divers malaises : *Bourdonnement d'oreille* (syn. **acouphène**).

bourdonner [burdɔne] **v.i. 1.** Faire entendre un bruit sourd et continu : *Une mouche qui bourdonne. Les hélices des ventilateurs bourdonnent* (syn. **vrombir, ronfler**). **2.** Percevoir un bourdonnement : *Mes oreilles bourdonnent.*

bourg [bur] **n.m.** (bas lat. *burgus,* château fort, du germ. **burgs*). **1.** Grosse agglomération rurale où se tient le marché des villages voisins. **2.** Agglomération centrale d'une commune, par opp. aux hameaux périphériques.

bourgade [burgad] **n.f.** Petit bourg.

Bourg-en-Bresse [burkɑ̃brɛs], ch.-l. du dép. de l'Ain, à 414 km au sud-est de Paris ; 42 146 hab. (*Burgiens* ou *Bressans*). Centre commercial. Constructions mécaniques. Anc. monastère et église de Brou, ensemble gothique du premier tiers du XVIe s. (tombeaux et vitraux ; musée départemental).

bourgeois, e [burʒwa, -az] **n.** (de *bourg*). **1.** Personne qui appartient à la bourgeoisie (par opp. à *ouvrier, paysan*) ou qui en a les manières. **2.** HIST. Au Moyen Âge et sous l'Ancien Régime, habitant d'un bourg, d'une ville jouissant, dans le cadre de la commune, de certains privilèges. **3. Épater le bourgeois,** faire impression sur le public. ◆ **adj. 1.** De bourgeois ; de la bourgeoisie : *Les quartiers bourgeois d'une ville* (syn. **résidentiel**). **2.** Relatif à la bourgeoisie, à sa manière de vivre, à ses goûts, à ses intérêts (péjor.) ; conservateur, bien-pensant : *Éducation bourgeoise. Il est devenu très bourgeois.* **3.** Bien installé ; confortable : *Un appartement bourgeois* (syn. **cossu**). **4. Cuisine bourgeoise,** cuisine simple et de bon goût.

bourgeoisement [burʒwazmɑ̃] **adv.** De façon bourgeoise ; dans l'aisance.

bourgeoisie [burʒwazi] **n.f.** (de *bourgeois*). **1.** Ensemble des personnes qui n'exercent pas un travail manuel industriel ou agricole et dont les revenus sont relativement élevés et réguliers : *Haute, moyenne et petite bourgeoisie.* **2.** Selon le marxisme, classe sociale détentrice des moyens de production et d'échange dans le régime capitaliste (par opp. à *prolétariat*).

■ **L'apparition au Moyen Âge.** C'est au XIe s. que se constitue, dans une Europe marquée par un essor économique progressif, une nouvelle catégorie socio-économique. Le bourgeois est d'abord l'habitant d'un bourg, agglomération créée à côté d'une cité épiscopale, auprès d'un monastère ou d'un château. C'est avant tout un citadin qui assure son existence soit par le métier qu'il pratique, soit par le commerce. Le bourgeois est donc le contraire d'un terrien ; tout naturellement, il demande au seigneur les libertés nécessaires à l'exercice de ses fonctions et les obtient, parfois à la suite de conflits violents, sous la forme de chartes de franchise applicables à l'ensemble de la bourgeoisie d'une commune. À partir du XIIe s., une élite se dégage : le patriciat, frange la plus riche de la bourgeoisie, qui monopolise le gouvernement de la ville et doit faire face à de nombreux soulèvements sociaux, particulièrement dans les régions d'Europe où le développement économique est le plus avancé (Flandres, nord de l'Italie). En Europe septentrionale, l'élite commerçante des ports les plus importants se regroupe dans une communauté économique (la Hanse), dont la puissance politique s'étend de la Baltique à la mer du Nord.

L'essor (XVIe-XIXe s.). À partir du XVIe s., le commerce colonial offre à la bourgeoisie de nouvelles possibilités d'enrichissement. Jouissant d'un pouvoir économique et culturel accru, elle se heurte aux privilèges des membres du clergé et de la noblesse et revendique un rôle politique à la hauteur de ses responsabilités économiques. Menant la lutte contre l'Ancien Régime, elle joue ainsi un rôle déterminant dans les révolutions anglaise, américaine et française des XVIIe et XVIIIe s. Associée au développement du capitalisme, que favorise la révolution industrielle, la bourgeoisie étend alors son influence tout au long du XIXe s., encourageant le libéralisme politique (régime parlementaire, libertés individuelles) et économique (plus ou moins poussé selon les pays).

En France, l'ascension de la bourgeoisie est facilitée par le développement de l'administration royale, qui s'appuie sur elle contre la noblesse. Les litiges qui l'opposent aux deux ordres privilégiés se font jour au sein des états généraux, où le tiers état joue un rôle de plus en plus actif. Ainsi, en 1789, la puissance du tiers état, encadré par la bourgeoisie d'affaires et la bourgeoisie de robe (aux fonctions principalement administratives), est telle que la Révolution française sera une révolution bourgeoise. Dès lors, la bourgeoisie s'installe dans tous les corps de l'État à la faveur de l'organisation napoléonienne ; en 1830, elle triomphe définitivement de la réaction aristocratique liée à la Restauration et s'impose tout au long du XIXe s., sans que l'avènement du suffrage universel (1848) limite son pouvoir.

La contestation de la bourgeoisie (XIXe-XXe s.). La bourgeoisie subit cependant les attaques des théoriciens socialistes, Proudhon et surtout Karl Marx, qui l'opposent, en tant que classe détentrice des moyens de production, à la masse ouvrière exploitée. Elle doit dès lors compter avec l'essor des mouvements socialistes et syndicalistes, dont l'action, fondée sur la lutte des classes, vise au renversement de l'ordre social. Ainsi, dans les régimes communistes mis en place au XXe s. après la révolution russe de 1917, la bourgeoisie, considérée comme « ennemi de classe », se voit dépossédée de ses pouvoirs. Ailleurs, son influence reste dominante dans les pays industrialisés, dont l'évolution est cependant avant tout caractérisée par une forte extension des « classes moyennes ». ■

bourgeon [burʒɔ̃] **n.m.** (lat. pop. **burrio,* du class. *burra,* bure). **1.** Petite formation végétale pointue, souvent renflée, constituant en un point d'une plante une ébauche d'organes se développant après son éclosion : *C'est le printemps, les bourgeons sortent.* **2.** PATHOL. **Bourgeon conjonctif,** prolifération de tissu conjonctif compensant la perte de substance d'une plaie.

bourgeonnement [burʒɔnmɑ̃] **n.m. 1.** Fait de bourgeonner ; apparition des bourgeons. **2.** ZOOL. Mode de reproduction asexuée de certains animaux aquatiques, à partir d'une formation analogue à un bourgeon.

bourgeonner [burʒɔne] **v.i. 1.** En parlant d'une plante, produire des bourgeons : *Les arbres bourgeonnent.* **2.** En parlant de la peau, se couvrir de boutons : *Son nez bourgeonne.*

Bourges, ch.-l. du dép. du Cher, anc. cap. du Berry, à 226 km au sud de Paris ; 68 727 hab. *(Berruyers).* Archevêché. Cour d'appel. Armements. Pneumatiques. Remarquable cathédrale gothique à cinq vaisseaux (1195-1255 pour l'essentiel ; portails sculptés, vitraux). Hôtel Jacques-Cœur (XVe s.). Musées. Festival de musique *(Printemps de Bourges).* Réunie au domaine royal au XIIe s., la ville devint la résidence du « roi de Bourges » (Charles VII) et le centre de la résistance aux Anglais à la fin de la guerre de Cent Ans. Au XVe s., elle s'enrichit par les opérations commerciales et financières de Jacques Cœur.

Bourget ***(lac du),*** lac de Savoie, à 9 km de Chambéry ; 45 km^2 (long. 18 km). Lamartine l'a chanté en des strophes célèbres.

bourgmestre [burgmɛstr] **n.m.** (all. *Bürgermeister,* maître du bourg). BELG., HELV. Premier magistrat d'une ville.

bourgogne [burgɔɲ] **n.m.** Vin produit en Bourgogne : *Bourgogne aligoté.*

Bourgogne, région de la Gaule, puis de l'Empire romain, la Bourgogne doit son nom aux *Burgondes,* qui l'envahissent au Ve s. apr. J.-C. et fondent un premier royaume, conquis par les Francs en 534. Un duché de Bourgogne est fondé à l'ouest de la Saône en 921. À l'est de la Saône et du Rhône s'érige un royaume de Bourgogne-Provence (ou royaume d'Arles) [934-935], qui s'unit à l'Empire germanique en 1032. Devenu duc de Bourgogne en 1002, le roi de France Robert II le Pieux est à l'origine de la maison capétienne de Bourgogne, qui dure jusqu'en 1361. En 1363, le roi Jean II le Bon donne le duché en apanage à son fils Philippe le Hardi, fondateur de la seconde maison de Bourgogne (Valois). Les successeurs de Philippe le Hardi, Jean sans Peur (1404-1419), Philippe le Bon (1419-1467), un moment alliés à l'Angleterre contre la couronne de France, et Charles le Téméraire (1467-1477) sont parmi les princes les plus puissants de l'Europe : le duché de Bourgogne s'agrandit alors du comté de Bourgogne, de la Flandre, de l'Artois, du Brabant, du Hainaut, du Luxembourg, de la Zélande, de la Hollande, de la Frise. Dijon reste la capitale de cet État, dont la richesse économique se fonde sur le dynamisme des villes du Nord. Mais l'État bourguignon s'effondre à la mort de Charles le Téméraire, vaincu par Louis XI, qui rattache le duché au domaine royal, en 1482. Les autres possessions bourguignonnes passent, quant à elles, aux Habsbourg.

Bourgogne, Région du centre-est de la France et anc. Région administrative, regroupant 4 dép. : Côte-d'Or, Nièvre, Saône-et-Loire et Yonne. ⟶ Bourgogne-Franche-Comté.

Bourgogne-Franche-Comté, Région administrative regroupant, depuis 2016, 8 dép. : Territoire de Belfort, Côte-d'Or, Doubs, Jura, Nièvre, Haute-Saône, Saône-et-Loire et Yonne ; 47 784 km^2 ; 2 905 324 hab. Ch.-l. *Dijon.* Les vallées de la Saône et du Doubs entaillent un relief formé, à l'est, par le plateau de Langres et le massif du Morvan, à l'ouest par le Jura, le bas pays comtois et la porte d'Alsace et, plus au sud, la Bresse. La vallée de la Saône, grand axe de circulation nord-sud, est la principale zone économique de la Région avec son célèbre vignoble (Côte-d'Or). Tandis que l'Ouest est dominé par la production de viande bovine (Charolais, Nivernais, Auxois), l'Est, plus industriel et en difficulté, est connu pour la construction automobile (Sochaux et Montbéliard), la construction ferroviaire (Belfort), l'horlogerie et la mécanique de précision (Besançon) et le pôle de recherche et d'innovation dans la Plastics Vallée, près d'Oyonnax. De fait, l'urbanisation est réduite et Dijon et Besançon ne rayonnent que très peu sur l'ensemble de la Région : limitées dans leur influence par le poids qu'exercent Paris et Lyon ainsi que par la proximité de Bâle (Suisse), elles peinent à s'imposer comme les deux grandes agglomérations régionales. La Bourgogne-Franche-Comté reste donc une région de passage, d'autant que les communications (autoroutes et TGV) entre la capitale et Lyon s'améliorent, rendant de plus en plus hypothétique une unification régionale.

Bourgogne ***(vignoble de),*** région viticole englobant notamment la *côte de Nuits* et la *côte de Beaune,* la *côte chalonnaise,* la *côte mâconnaise* et le *Beaujolais.*

Bourguiba (Habib), homme d'État tunisien (Monastir 1903 - *id.* 2000). Fondateur (1934) du Néo-Destour, parti moderniste et laïque, il a été le principal artisan de l'indépendance de son pays. Président de la République tunisienne à partir de 1957, élu président à vie en 1975, il a été destitué en 1987.

bourguignon, onne [burgiɲɔ̃, -ɔn] **adj.** et **n.** De la Bourgogne. ◆ **bourguignon n.m.** Ragoût de bœuf aux oignons et au vin rouge.

bourguignons (États), États constitués entre 1363 et 1477 autour de la Bourgogne et des Flandres. Formés à partir du duché de Bourgogne par Philippe le Hardi (1363-1404) et ses successeurs, ils s'agrandirent, par achats, mariages et héritages, de nombreux territoires (Flandre, Brabant, Hainaut, Hollande, Luxembourg…) qui en firent une des grandes puissances européennes du XVe s. Devenus peu à peu indépendants de la couronne de France, ils jouèrent un rôle décisif lors de la guerre de Cent Ans. À la mort de Charles le Téméraire (1477), les États bourguignons furent partagés entre la France et la maison d'Autriche.

Bourguignons ***(faction des),*** faction qui s'opposa aux Armagnacs durant la guerre de Cent Ans. Elle eut d'abord à sa tête le duc de Bourgogne, Jean sans Peur, qui déclencha la guerre contre les Armagnacs en faisant assassiner son rival, Louis d'Orléans, en 1407. Après le meurtre de Jean sans Peur en 1419, les Bourguignons s'allièrent aux Anglais (traité de Troyes, 1420), jusqu'à leur réconciliation avec le roi de France, Charles VII, en 1435 (traité d'Arras).

Bouriatie, république autonome de la Fédération de Russie, au sud du lac Baïkal ; 972 658 hab. CAP. *Oulan-Oude.*

bourlinguer [burlɛ̃ge] **v.i.** (p.-ê. de *boulingue,* petite voile, d'orig. obsc.). **1.** MAR. Rouler bord sur bord par suite du mauvais temps, en parlant d'un navire. **2.** FAM. Voyager beaucoup ; mener une vie aventureuse : *Il a bourlingué longtemps en Asie.*

bourlingueur, euse [burlɛ̃gœr, -øz] **n.** et **adj.** FAM. Personne qui bourlingue.

Bournonville (August), danseur et chorégraphe danois d'origine française (Copenhague 1805 - *id.* 1879). Formé au Danemark par son père Antoine Bournonville et par Galeotti, puis à Paris par Vestris et Gardel, il donne, dans la plus pure tradition française, un nouvel essor au ballet danois. Le Ballet royal du Danemark n'a cessé de maintenir à son répertoire, dans leur chorégraphie d'origine, la plupart de ses ballets, dont sa version de *la Sylphide* (1836), *Napoli* (1842) et *la Kermesse à Bruges* (1851).

bourrache [buraʃ] **n.f.** (bas lat. *borrago,* de l'ar. *abū'araq,* père de la sueur). Plante annuelle très velue, à grandes fleurs bleues, fréquente sur les décombres, employée en tisane comme diurétique et sudorifique. ▸ Famille des borraginacées.

bourrade [burad] **n.f.** (de *bourrer,* maltraiter). Coup brusque donné pour pousser qqn ou comme marque d'amitié : *Une bourrade amicale.*

bourrage [buraʒ] **n.m. 1.** Action de bourrer ; son résultat : *Le bourrage d'un matelas avec de la laine.* **2.** Matière servant à bourrer : *Le bourrage s'échappe du coussin éventré* (syn. **bourre**). **3.** Incident de fonctionnement d'une machine, d'un appareil qui bourre : *Le bourrage d'une photocopieuse.* **4.** FAM. **Bourrage de crâne,** propagande intensive ; transmission intensive de connaissances.

bourrasque [burask] **n.f.** (it. *burasca,* du lat. *boreas ;* v. *borée*). Coup de vent bref et violent (syn. **tornade**).

bourratif, ive [buratif, -iv] **adj.** (de *bourrer*). FAM. qui rassasie vite, qui alourdit l'estomac, en parlant d'un aliment : *Tarte bourrative.*

bourre [bur] **n.f.** (lat. *burra,* bure). **1.** Amas de poils d'origine animale ou autre, pour la confection de feutre, de matériaux isolants, etc. **2.** Ce qui reste d'une fibre après le peignage ou le dévidage des bobines : *Bourre de laine, de soie.* **3.** Toute matière servant à bourrer, à rembourrer : *La bourre du capitonnage d'un fauteuil, d'une porte* (syn. **bourrage**). **4.** Tampon qui maintient une charge explosive dans une cartouche. **5.** Duvet d'un bourgeon. **6.** FAM. **De première bourre,** de première qualité ; excellent. / FAM. **Être à la bourre,** être pressé, en retard.

bourré, e [bure] **adj.** FAM. **1.** Plein ou trop plein : *Le cinéma était bourré hier soir* (syn. **bondé**). **2.** Ivre.

bourreau [buro] **n.m.** (de *bourrer,* maltraiter). **1.** Personne qui inflige les peines corporelles prononcées par une juridiction répressive, notamm. la peine de mort. **2.** Personne qui maltraite qqn : *Les bourreaux des camps nazis* (syn. **tortionnaire**). *Bourreau d'enfants.* **3.** FAM. **Bourreau des cœurs,** homme qui a un grand succès auprès des femmes (= séducteur). / **Bourreau de travail,** personne qui travaille sans relâche.

bourrée [bure] **n.f.** (de *bourrer,* frapper). **1.** Danse et air à danser à deux temps (Berry et Bourbonnais) ou à trois temps (Auvergne et Limousin). **2.** CHORÉGR. **Pas de bourrée,** marche accomplie sur trois pas (un à plat, les deux autres sur pointes ou demi-pointes).

bourrelé, e [burle] **adj.** (de *bourreau*). **Bourrelé de remords,** hanté, torturé par le remords.

bourrelet [burlɛ] **n.m.** (de *bourre*). **1.** Gaine remplie de bourre, de matière élastique, etc., ou de bandelette isolante pour protéger des chocs, obstruer une ouverture, etc. **2.** Partie saillante, arrondie, longeant ou faisant le tour de qqch : *Bourrelet d'une cartouche.* **3.** FAM. Renflement adipeux à certains endroits du corps : *Avoir des bourrelets à la taille.*

bourrelier, ère [burəlje, -ɛr] **n.** (de l'anc. fr. *bourrel,* harnais, de *bourre*). Artisan qui fabrique et vend les pièces de harnais pour animaux de trait et, accessoirement, des articles de cuir (courroies, sacs, etc.).

bourrellerie [burɛlri] **n.f.** Profession, commerce du bourrelier.

bourrer [bure] **v.t.** (de *bourre*). **1.** Garnir de bourre une pièce de literie, de mobilier. **2.** Remplir qqch en tassant : *Bourrer sa pipe. Bourrer sa valise.* **3.** Faire manger abondamment : *Bourrer un enfant de chocolats* (syn. **gaver**). **4.** Faire acquérir des connaissances trop vite et en trop grande quantité par qqn : *Bourrer des élèves de mathématiques.* **5.** FAM. **Bourrer le crâne de qqn,** l'intoxiquer de propagande ; le tromper, lui raconter des balivernes. / **Bourrer qqn de coups,** frapper qqn de coups répétés, le battre violemment. ◆ **v.i. 1.** En parlant d'une machine dans laquelle circule du papier, un film, etc., être bloquée en un point du circuit par une accumulation de ces éléments. **2.** FAM. Aller vite ; se hâter : *Ils ont bourré pour ne pas être en retard.* ◆ **se bourrer v. pr.** FAM. **1.** Manger trop, avec excès. **2.** S'enivrer.

bourriche [buriʃ] **n.f.** (orig. obsc.). Casier oblong, cageot fermé pour le transport du gibier, du poisson, etc. ; son contenu : *Bourriche d'huîtres.*

bourrichon [buriʃɔ̃] **n.m.** (de *bourriche*). FAM. **Monter le bourrichon à qqn,** exciter, exalter qqn en l'illusionnant ; lui monter la tête contre qqn, qqch. / FAM. **Se monter le bourrichon,** se bercer d'espoirs, d'illusions.

bourricot [buriko] **n.m.** (esp. *borrico* ; v. *bourrique*). Petit âne.

bourrin [burɛ̃] **n.m.** (mot de l'Ouest, de *bourrique*). FAM. Cheval.

bourrique [burik] **n.f.** (esp. *borrico,* lat. *buricus,* petit cheval). **1.** Âne ; ânesse. **2.** FAM. Personne têtue, stupide. **3.** FAM. **Faire tourner qqn en bourrique,** exaspérer qqn à force de le taquiner, de le contredire.

bourru, e [bury] **adj.** (de *bourre*). **1.** D'un abord rude et renfrogné : *Sous des dehors bourrus, il est très gentil* (syn. **rude**). **2. Vin bourru,** vin en fin de fermentation, encore chargé en gaz carbonique et non clarifié.

1. bourse [burs] **n.f.** (bas lat. *bursa,* bourse, gr. *bursa,* cuir apprêté, outre). **1.** Petit sac en cuir, en tissu, etc., où on met les pièces de monnaie (syn. **porte-monnaie**). **2.** Ressources pécuniaires : *Aider qqn de sa bourse.* **3.** Pension accordée par l'État ou par une institution à un élève, à un étudiant ou à un chercheur pour l'aider à poursuivre ses études. **4. À la portée de toutes les bourses,** bon marché. / **Sans bourse délier,** sans qu'il en coûte rien. / **Tenir les cordons de la bourse,** disposer de l'argent du ménage. ◆ **bourses n.f. pl.** Scrotum, enveloppe cutanée des testicules.

2. Bourse [burs] **n.f.** (du n. des *Van der Burse,* banquiers à Bruges). **1.** Édifice, institution où est organisé le marché des valeurs mobilières ; ce marché : *Jouer en Bourse.* **2.** Milieu des opérateurs en Bourse : *La Bourse s'affole.* **3. Bourse de commerce,** marché sur lequel sont négociées des marchandises, des matières premières. / **Bourse du travail,** établissement municipal mis à la disposition des syndicats ouvriers pour y tenir leurs réunions, y conserver leur documentation, etc. / **Société de Bourse,** société anonyme ayant le monopole de négociation sur le marché des valeurs mobilières. ▸ Les sociétés de Bourse ont remplacé les agents de change en 1988.

■ Apparue en Europe dès la fin du Moyen Âge, avec le développement du commerce, la Bourse joue un rôle de moteur de l'économie. Elle mobilise l'épargne et permet de financer les entreprises, qui, par le biais des introductions en Bourse ou des augmentations de capital, peuvent faire appel à l'épargne dans le public et trouver des capitaux pour financer leurs opérations. La Bourse de Paris est intégrée dans Euronext, avec celles d'Amsterdam, de Bruxelles et de Lisbonne. Les transactions sont obligatoirement effectuées par des intermédiaires agréés et portent sur des titres admis à la cote (liste des valeurs officiellement admises et traitées). L'Autorité des marchés financiers (A.M.F.), le gendarme de la Bourse, contrôle la régularité des opérations. ■

boursicoter [bursikɔte] **v.i.** (de *boursicot,* petite bourse). Jouer en Bourse.

boursicoteur, euse [bursikɔtœr, -øz] **n.** Personne qui boursicote.

1. boursier, ère [bursje, -ɛr] **adj.** et **n.** Qui bénéficie d'une bourse d'études : *Étudiant boursier.*

2. boursier, ère [bursje, -ɛr] **adj.** Relatif à la Bourse : *Transactions boursières.* ◆ **n.** Professionnel qui opère en Bourse.

boursouflage n.m. → **boursouflement.**

boursouflé, e [bursufle] **adj.** (d'un rad. onomat. *bod* exprimant le gonflement, et de *soufflé*). **1.** Enflé, gonflé : *Un visage boursouflé* (syn. **bouffi**). **2.** Vide et emphatique : *Discours boursouflé* (syn. **ampoulé, pompeux**).

boursouflement [bursufləmɑ̃] et **boursouflage** [bursuflaʒ] **n.m.** Fait de se boursoufler, d'être boursouflé : *Le boursouflement de la peau* (syn. **bouffissure**).

boursoufler [bursufle] **v.t.** (de *boursouflé*). Rendre boursouflé : *L'alcool a boursouflé son visage* (syn. **gonfler, enfler**). ◆ **se boursoufler v.pr.** Se gonfler, s'enfler : *Vernis, peinture qui se boursoufle* (syn. **cloquer**).

boursouflure [bursuflyr] **n.f. 1.** Partie boursouflée de qqch : *Une étrange boursouflure au coin de sa bouche* (syn. **cloque, gonflement**). **2.** Grandiloquence : *Boursouflure du style* (syn. **emphase**).

bousculade [buskylad] **n.f. 1.** Agitation, désordre d'une foule où l'on se bouscule : *Être pris dans une bousculade à la sortie d'un cinéma.* **2.** Hâte : *Dans la bousculade du départ, ils ont oublié une valise* (syn. **précipitation**).

bousculer [buskyle] **v.t.** (altér. de *bouteculer,* pousser au cul, de *bouter* et *cul*). **1.** Heurter qqn, qqch en rompant son équilibre ; pousser, écarter violemment des personnes pour s'ouvrir un passage : *Il a bousculé une pile d'assiettes. Cessez de bousculer tout le monde !* **2.** Apporter un renouvellement brutal, un changement complet dans : *Bousculer les idées reçues.* **3.** Inciter qqn à aller plus vite, presser qqn : *Il est paresseux, il faut le bousculer pour le faire travailler* (syn. **harceler**). ◆ **se bousculer v.pr. 1.** Se pousser mutuellement. **2.** Se succéder de façon désordonnée : *Mes idées se bousculent.*

bouse [buz] **n.f.** (orig. obsc.). Excrément de bœuf, de vache.

bousier [buzje] **n.m.** Insecte coléoptère qui façonne des boulettes de bouse pour la nourriture de ses larves : *Le scarabée sacré est un bousier.*

bousiller [buzije] **v.t.** (de *bouse*). FAM. **1.** Exécuter grossièrement et très vite (un travail) [syn. **bâcler**]. **2.** Détruire qqch : *Il a bousillé le moteur de sa voiture.* **3.** Tuer qqn.

Boussingault (Jean-Baptiste), chimiste et agronome français (Paris 1802 - *id.* 1887), auteur de travaux de chimie agricole et de physiologie végétale.

boussole [busɔl] **n.f.** (it. *bussola,* petite boîte, du lat. *buxis* ; v. *boîte*). **1.** Appareil, boîte contenant une aiguille aimantée qui pivote librement et indique le nord magnétique. **2.** FAM. **Perdre la boussole,** perdre la tête, s'affoler.

bout [bu] **n.m.** (de *bouter*). **1.** Extrémité, partie extrême d'une chose, partic. d'un objet long : *Être placé au bout de la table.* **2.** Limite visible d'un espace ; fin d'une durée, d'une action : *Le bout du chemin. Nous ne verrons jamais le bout de ce travail* (syn. **fin**). **3.** Morceau, fragment de qqch : *Bout de papier.* **4.** Limite des forces, des possibilités de qqn : *Il faut tenir jusqu'au bout.* **5. Bout à bout,** une extrémité touchant l'autre : *Placer deux tables bout à bout.* / FAM. **En connaître un bout,** savoir beaucoup de choses. / **Être à bout,** être épuisé. / **Être à bout de qqch,** ne plus en avoir : *Être à bout d'idées.* / **Par le bon, le mauvais bout,** du bon, du mauvais côté ; de la bonne, de la mauvaise manière. / **Petit bout de femme, d'homme,** terme d'affection désignant un enfant. / **Pousser qqn à bout,** provoquer sa colère. / **Tenir le bon bout,** être près de réussir. / **Tirer à bout portant,** de très près. / FAM. **Un bout de** (+ n.), sert à exprimer le tout pour souligner sa petitesse : *Posséder un bout de jardin.* / **Venir à bout de,** terminer, réussir qqch ; triompher de qqn, de qqch : *Venir à bout d'un travail difficile.* **6. Bout d'essai,** séquence tournée pour apprécier un comédien.

boutade [butad] **n.f.** (de *bouter*). Mot d'esprit, vif et imprévu, qui touche au paradoxe : *Répondre à une attaque par une boutade* (syn. **plaisanterie**).

boute-en-train [butɑ̃trɛ̃] **n.m. inv.** (de *bouter* et *train*). **1.** Personne qui a le don d'animer joyeusement une réunion, une fête : *On l'invite souvent car c'est un boute-en-train.* **2.** ZOOL. Mâle utilisé pour détecter les femelles en chaleur (juments et brebis, en partic.).

bouteille [butɛj] **n.f.** (bas lat. *butticula,* dimin. du class. *buttis,* tonneau). **1.** Récipient de forme variable, à goulot étroit, en verre, en plastique, etc., destiné aux liquides, en partic. aux boissons ; son contenu : *Déboucher une bouteille. Boire une bouteille de limonade.* **2.** Récipient de 70 à 75 cl, pour le vin d'appellation contrôlée et dont la forme varie selon les régions (par opp. à *litre*) : *Une bouteille de bordeaux.* **3.** (Précédé de l'art. déf.). Le vin, les boissons alcoolisées : *Aimer la bouteille.* **4.** PHYS. Récipient métallique destiné à contenir des gaz sous pression : *Bouteille de butane, de propane.* **5.** FAM. **Avoir, prendre de la bouteille,** avoir, prendre de l'expérience ou de l'âge. / **Bouteille isolante,** contenant à deux parois entre lesquelles on a fait le vide et placé dans une enveloppe métallique renfermant un isolant. / FAM. **C'est la bouteille à l'encre,** une situation confuse, embrouillée.

bouter [bute] **v.t.** (frq. **botan,* frapper). **Bouter hors, dehors,** pousser hors ; chasser : *Jeanne d'Arc bouta les Anglais hors de France.*

boutique [butik] **n.f.** (prov. *botica,* gr. *apothêkê,* dépôt). **1.** Local où se tient un commerce de détail : *Boutiques fermées à l'heure du déjeuner* (syn. **magasin**). **2.** Magasin où un grand couturier vend sous sa griffe des accessoires ou des articles de confection. **3.** FAM. **Parler boutique,** s'entretenir de sujets professionnels. / **Plier boutique,** démonter et rentrer ses étalages ; au fig., FAM., cesser une activité.

boutiquier, ère [butikje, -ɛr] **n.** Personne qui tient une boutique. ◆ **adj.** De boutique ; du boutiquier (péjor.).

boutoir [butwar] **n.m.** (de *bouter*). **1.** Ensemble formé par le groin et les canines du sanglier. **2. Coup de boutoir,** attaque violente ; propos brusque et blessant.

bouton [butɔ̃] **n.m.** (de *bouter*). **1.** Bourgeon dont l'éclosion donne une fleur : *Le rosier est en boutons.* **2.** Petite papule, pustule ou vésicule sur la peau. **3.** Petite pièce de matière dure servant à orner ou à fermer un vêtement : *Recoudre un bouton.* **4.** Pièce mobile servant à actionner manuellement un mécanisme (serrure, ressort, etc.) ou un appareil électrique : *Bouton de porte* (syn. **poignée**). *Bouton d'ascenseur.*

bouton-d'or [butɔ̃dɔr] **n.m.** (pl. *boutons-d'or*). Renoncule à fleurs jaunes, dont il existe plusieurs espèces, notamm. la renoncule âcre.

boutonnage [butɔnaʒ] **n.m. 1.** Action de boutonner ; manière dont se boutonne un vêtement. **2.** Ensemble des boutons et boutonnières servant à fermer.

boutonner [butɔne] **v.t.** Fermer par des boutons : *Boutonner sa veste.* ◆ **v.i.** BOT. Pousser des boutons : *Le lilas commence à boutonner.* ◆ **v.i.** ou **se boutonner v.pr.** Se fermer par des boutons : *Jupe qui se boutonne à gauche.*

boutonneux, euse [butɔnø, -øz] **adj.** Qui a des boutons sur la peau : *Un adolescent boutonneux.*

boutonnière [butɔnjɛr] **n.f. 1.** Fente faite à un vêtement pour y passer un bouton. **2.** CHIR. Petite incision.

bout-rimé [burime] **n.m.** (pl. *bouts-rimés*). Pièce de vers composée sur des rimes données.

Bouts (Dirk ou **Dieric),** peintre des anciens Pays-Bas (Haarlem v. 1415 - Louvain 1475), émule de Van Eyck et de Van der Weyden (triptyque de *la Cène,* Louvain).

bouturage [butyraʒ] **n.m.** Multiplication des végétaux par bouture.

bouture [butyr] **n.f.** (de *bouter*). Jeune pousse prélevée sur une plante et qui, placée en terre humide, se munit de racines adventives et est à l'origine d'un nouveau pied.

bouturer [butyre] **v.i.** Pousser des drageons, en parlant d'une plante. ◆ **v.t.** Reproduire une plante par boutures.

bouvet [buvɛ] **n.m.** (de *bœuf*). Rabot de menuisier servant à faire des rainures, des languettes.

bouvier, ère [buvje, -ɛr] **n.** (de *bœuf*). Personne qui conduit les bœufs et les garde.

bouvillon [buvijɔ̃] **n.m.** (de *bœuf*). Jeune bovin castré.

Bouvines *(bataille de)* [27 juill. 1214], victoire remportée à Bouvines (au S.-E. de Lille) par le roi de France, Philippe Auguste, soutenu par les communes, sur l'empereur germanique Otton IV et ses alliés, le roi d'Angleterre, Jean sans Terre, et le comte de Flandre. Elle est considérée par les historiens français comme la première victoire nationale.

bouvreuil [buvrœj] **n.m.** (probabl. de *bœuf,* en raison de l'aspect trapu de cet oiseau). Passereau des bois et des jardins, à tête et ailes noires, à dos gris et ventre rose (femelle) ou rouge (mâle), se nourrissant de fruits et de graines. ▸ Famille des fringillidés ; long. 18 cm.

bouzouki [buzuki] **n.m.** (mot du gr. mod., du turc). Instrument de la famille du luth, à long manche et à caisse bombée, utilisé dans la musique grecque moderne.

bovarysme [bɔvarism] **n.m.** (du n. de l'héroïne du roman de Flaubert *Madame Bovary*). SOUT. Comportement qui consiste à fuir dans le rêve l'insatisfaction éprouvée dans la vie.

bovidé [bɔvide] **n.m.** (du lat. *bos, bovis,* bœuf). **Bovidés,** famille de mammifères ruminants aux cornes creuses : *Les bovins, les ovins, les caprins, les antilopes sont des bovidés.*

bovin, e [bɔvɛ̃, -in] **adj.** et **n.m.** (lat. *bovinus*). **1.** Relatif au bœuf, à la vache : *Élevage bovin. Espèce bovine.* **2. Bovins,** sous-famille de bovidés tels que le bœuf, le buffle, le bison, etc. / **Regard bovin,** regard morne, sans intelligence.

bowling [buliŋ] ou [bɔliŋ] **n.m.** (mot angl., de *bowl,* boule). Jeu de quilles d'origine américaine ; lieu où se pratique ce jeu.

bow-window [bowindo] **n.m.** (mot angl., de *bow,* arc, et *window,* fenêtre) [pl. *bow-windows*]. Fenêtre ou logette vitrée en saillie sur une façade.

1. box [bɔks] **n.m.** (mot angl. « boîte »). **1.** Dans une écurie, logement individuel d'un cheval non attaché. **2.** Compartiment cloisonné d'une salle commune (dortoir, prétoire, etc.) : *Le box des accusés.* **3.** Emplacement de stationnement individuel et fermé dans le sous-sol d'un immeuble, dans un garage, etc. (Recomm. off. *stalle.*)

2. box [bɔks] **n.m.** (mot anglo-amér., du n. du bottier *J. Box*). Cuir de veau teint, tanné au chrome et lissé.

boxe [bɔks] **n.f.** (angl. *box,* coup). Sport de combat où les deux adversaires s'affrontent à coups de poing, avec des gants spéciaux *(boxe anglaise),* ou à coups de poing et de pied *(boxe française, boxe américaine).*

■ Née au début du XVIIIe s. en Angleterre, la boxe n'est véritablement codifiée qu'avec la rédaction des fameuses règles attribuées au marquis de Queensberry, dont certaines (obligation du port des gants, durée de trois minutes pour chaque round, ou reprise, avec un intervalle de une minute de repos) sont toujours valables. La création de catégories de poids (une douzaine aujourd'hui) a été plus tardive, s'imposant pour équilibrer les chances des pugilistes. Les combats se disputent en trois reprises chez les amateurs, en six, en huit, en dix ou en douze rounds chez les professionnels, selon l'importance de la rencontre.
La victoire avant la limite peut être obtenue par K.-O., ou knock-out (c'est-à-dire que le boxeur mis à terre ne peut se relever ou reprendre le combat au bout de dix secondes), par abandon du boxeur ou jet de l'éponge de son manager, par disqualification. La victoire aux points récompense le boxeur ayant dominé l'autre dans une rencontre allant à son terme (celle-ci peut alors aussi, génér., se conclure par un match nul). La décision est rendue par un arbitre, juge unique, ou par trois juges (pour les rencontres les plus importantes), l'un d'eux faisant fonction d'arbitre. Pratiquée exclusivement avec les mains, poings fermés, la boxe comprend seulement une gamme de six ou sept coups (obligatoirement portés au-dessus de la ceinture de l'adversaire) dont les plus importants sont le direct, le crochet et l'uppercut. ■

1. boxer [bɔkse] **v.i.** Pratiquer la boxe. ◆ **v.t.** *FAM.* Frapper à coups de poing : *Ôte-toi de là ou je te boxe.*

2. boxer [bɔksɛr] **n.m.** (mot all. « boxeur »). Chien de garde, voisin du dogue allemand et du bouledogue.

Boxers ou **Boxeurs,** membres d'une société secrète chinoise qui, à partir de 1895, anima un mouvement xénophobe dirigé contre les Européens établis en Chine. Ce mouvement culmina en 1900 avec une émeute qui menaça les légations européennes (institutions représentant les différents gouvernements étrangers). Elle provoqua une expédition internationale qui en eut raison.

boxeur, euse [bɔksœr, -øz] **n.** Personne qui pratique la boxe.

box-office [bɔksɔfis] **n.m.** (mot anglo-amér. « guichet de théâtre ») [pl. *box-offices*]. Cote de succès d'un spectacle, d'un acteur, etc., calculée selon le montant des recettes.

boy [bɔj] **n.m.** (mot angl. « garçon »). **1.** *ANC.* Jeune serviteur indigène, dans les pays naguère colonisés. **2.** Au music-hall, danseur faisant partie d'un ensemble.

boyard [bɔjar] **n.m.** (mot russe). Autref., noble de haut rang des pays slaves et de Roumanie.

boyau [bwajo] **n.m.** (lat. *botellus,* petite saucisse) [pl. *boyaux*]. **1.** Intestin d'animal : *Les boyaux de porc sont utilisés dans l'alimentation.* **2.** Bandage pneumatique particulier aux bicyclettes de course, comportant une chambre solidaire de son enveloppe. **3.** Passage, chemin étroit : *Un boyau de mine.* **4. Corde de boyau,** corde faite avec l'intestin de certains animaux et servant à monter des raquettes ou à équiper des instruments de musique (on dit aussi *un boyau*). ◆ **boyaux n.m. pl.** *FAM.* Viscères de l'homme.

boycottage [bɔjkɔtaʒ] et **boycott** [bɔjkɔt] **n.m.** **1.** Cessation volontaire de toutes relations avec un groupe, un pays afin d'exercer une pression ou par représailles. **2.** Refus systématique de faire qqch : *Boycottage des produits étrangers* (= refus d'en acheter).

boycotter [bɔjkɔte] **v.t.** (du n. de *Ch. C. Boycott,* premier propriétaire anglais d'Irlande mis à l'index). Pratiquer le boycottage de ; mettre en quarantaine : *Boycotter les aérosols dangereux pour préserver la couche d'ozone.*

Boyle (Robert), physicien et chimiste irlandais (Lismore Castle 1627 - Londres 1691). Il énonce, avant Mariotte, la loi de compressibilité des gaz, améliore la machine pneumatique d'Otto von Guericke et le thermomètre de Galilée. Il rejette la théorie des éléments d'Aristote et fait pour la première fois apparaître la notion d'élément chimique. Il reconnaît le rôle de l'oxygène dans la combustion et la respiration.

boy-scout [bɔjskut] **n.m.** (mot angl. « garçon éclaireur ») [pl. *boy-scouts*]. Syn. vieilli de *scout.*

Brabançonne *(la)*, hymne national belge, composé en 1830.

Brabant, région historique divisée auj. entre les Pays-Bas et la Belgique. Le Brabant devient un duché au XIe s. après la réunion des comtés de Bruxelles et de Louvain. Possession des ducs de Bourgogne à partir de 1430, il passe à la maison d'Autriche (Habsbourg) en 1477. Héritiers du Brabant depuis le XVIe s., les Habsbourg d'Espagne doivent reconnaître aux Provinces-Unies la possession du Brabant septentrional en 1609. Anvers perd alors son rôle de métropole commerciale au profit d'Amsterdam. Passé à la branche autrichienne des Habsbourg en 1713 (traité d'Utrecht), le Brabant devient français sous la Révolution et l'Empire, puis entre en 1815 dans le royaume des Pays-Bas avant d'être de nouveau divisé lors de la sécession de la Belgique, en 1830. En 1995, la province belge du Brabant, qui était traversée par la frontière linguistique, est divisée en un Brabant flamand, au nord, et un Brabant wallon, au sud, Bruxelles et sa banlieue constituant la région de Bruxelles-Capitale.

Brabant flamand, prov. de Belgique ; 2 119 km^2 ; 1 101 280 hab. *(Brabançons).* Ch.-l. *Louvain.*

Brabant-Septentrional, prov. du sud des Pays-Bas ; 5 081 km^2 ; 2 471 011 hab. Ch.-l. *Bois-le-Duc.* V. princ. *Eindhoven.*

Brabant wallon, prov. de Belgique ; 1 097 km^2 ; 388 526 hab. *(Brabançons).* Ch.-l. *Wavre.*

bracelet [braslɛ] **n.m.** (de *bras*). **1.** Ornement tel qu'anneau ou chaîne que l'on porte au poignet, au bras, à la cheville. **2.** Support de montre, de bijou portés en bracelet : *Changer le bracelet de sa montre.* **3.** Pièce de cuir ou d'étoffe que certains travailleurs ou sportifs fixent autour du poignet pour le protéger. **4. Bracelet électronique,** dispositif de contrôle à distance fixé, par décision de justice, à la cheville ou au poignet d'un condamné afin de restreindre ou d'interdire ses déplacements.

bracelet-montre [braslɛmɔ̃tr] **n.m.** (pl. *bracelets-montres*). *VIEILLI.* Montre portée au poignet et fixée à un bracelet.

brachial, e, aux [brakjal, -o] **adj.** (lat. *brachialis,* de *brachium,* bras). ANAT. Relatif au bras.

brachycéphale [brakisefal] **adj.** et **n.** (de *brachy-* et *-céphale*). Qui a le crâne aussi large que long (par opp. à *dolichocéphale*).

braconnage [brakɔnaʒ] **n.m.** Action de braconner ; délit constitué par cette action. ▸ Le délit consiste à chasser ou à pêcher sans permis, en période de fermeture, en des endroits réservés ou avec des engins prohibés.

braconner [brakɔne] **v.i.** (de l'anc. prov. **bracon,* germ. **brakko* [cf. all. *Bracke*], chien de chasse). Chasser ou pêcher sans respecter la loi, les interdictions.

braconnier, ère [brakɔnje, -ɛr] **n.** Personne qui braconne.

bractée [brakte] **n.f.** (lat. *bractea,* feuille de métal). Petite feuille, différenciée, à la base du pédoncule floral.

Bradbury (Ray Douglas), écrivain américain (Waukegan, Illinois, 1920 - Los Angeles 2012). Il est l'auteur de récits de science-fiction *(Chroniques martiennes, Farenheit 451)* qui sont devenus des classiques du genre.

brader [brade] **v.t.** (néerl. *braden,* rôtir, gaspiller). **1.** Se débarrasser de qqch à bas prix : *Magasin qui brade son stock* (syn. **liquider**). **2.** Faire bon marché de ce qu'on a le devoir de sauvegarder : *Brader un territoire.*

braderie [bradri] **n.f.** (de *brader*). Vente publique de soldes, de marchandises d'occasion.

bradeur, euse [bradœr, -øz] **n.** Personne qui brade.

bradycardie [bradikardi] **n.f.** (de *brady-*, et du gr. *kardia,* cœur). Rythme cardiaque lent normal ou pathologique (par opp. à *tachycardie*).

Bragance *(maison de),* dynastie royale du Portugal. Issue d'Alphonse Ier, duc de Bragance (ville du nord du Portugal), fils naturel de Jean Ier, roi de Portugal, elle régna sur le Portugal de 1640 à 1910 et sur le Brésil de 1822 à 1889.

Bragg (*sir* William Henry), physicien britannique (Wigton, Cumberland, 1862 - Londres 1942). Avec son fils *sir* **William Lawrence** (Adélaïde, Australie, 1890 - Ipswich 1971), il a étudié la diffraction des rayons X par les corps cristallisés et découvert la structure de nombreux cristaux. Tous deux ont reçu le prix Nobel de physique en 1915.

braguette [bragɛt] **n.f.** (dimin. de *brague,* culotte, lat. *braca* ; v. *braies*). Ouverture verticale sur le devant d'un pantalon.

Brahe (Tycho), astronome danois (Knudstrup 1546 - Prague 1601). À partir de 1576, il fit édifier dans l'île de Hveen, dans le Sund, un observatoire astronomique qu'il équipa de grands instruments, grâce auxquels il effectua les observations astronomiques les plus précises avant l'invention de la lunette. Celles de la planète Mars permirent à Kepler d'énoncer les lois du mouvement des planètes. Brahe établit un catalogue d'étoiles, montra que les comètes ne sont pas des phénomènes atmosphériques et découvrit certaines inégalités du mouvement de la Lune ainsi que la variation de l'obliquité de l'écliptique.

Brahma, un des principaux dieux du panthéon hindou ; il constitue, avec Vishnou et Shiva, la *trimurti,* ou « divinité aux trois formes ». Créateur et seigneur de toutes les créatures, il a pour épouses Savitri et Sarasvati. Il est souvent représenté avec quatre bras et quatre têtes, qui symbolisent sa science et sa présence étendues à toutes choses.

Brahmagupta, mathématicien et astronome indien (v. 598 - v. 665). Il a été le premier à utiliser les nombres négatifs et a énoncé les quatre opérations fondamentales.

brahmane [braman] **n.m.** (sanskrit *brāhmana*). Membre de la caste sacerdotale, la première des castes hindoues.

brahmanisme [bramanism] **n.m.** Système religieux qui, dans l'hindouisme, représente le courant orthodoxe et auquel est liée une organisation sociale reposant sur une division en castes héréditaires.

Brahmapoutre (le), fl. de l'Asie, né au Tibet et mêlant ses eaux à celles du Gange dans un grand delta débouchant dans le golfe du Bengale ; 2 900 km (bassin de 900 000 km²).

Brahms (Johannes), pianiste, chef d'orchestre et compositeur allemand (Hambourg 1833 - Vienne 1897). Initié à la musique par son père, Brahms fut contrebassiste dans des orchestres populaires. Sa rencontre avec Schumann en 1853 détermina le cours de sa carrière. Il devint directeur des concerts à la cour du prince de Lippe-Detmold, puis chef de chœur à Hambourg (1859), avant de se fixer à Vienne (1862), où il fut directeur du chœur de la société des amis de la musique (1872-1875).
Héritier de Bach, Haydn, Mozart et Beethoven, Brahms offre dans son œuvre la synthèse parfaite du romantisme et du classicisme, sans dédaigner le chant populaire hongrois. Pianiste virtuose, il a composé beaucoup de pièces pour piano, mais aussi de la musique de chambre, 4 symphonies, des lieder et de la musique d'inspiration sacrée (*Un requiem allemand,* 1857-1868).

braies [brɛ] **n.f. pl.** (lat. *bracæ,* pl. de *braca,* mot d'orig. gaul.). Pantalon ample des Gaulois, des Germains et de divers peuples de l'Europe septentrionale.

braillard, e [brajar, -ard] et **brailleur, euse** [brajœr, -øz] **adj.** et **n.** *FAM.* Qui braille : *Un enfant braillard.*

braille [braj] **n.m.** (de *L. Braille,* n. de l'inventeur). Écriture en relief à l'usage des aveugles.

Braille (Louis), inventeur français (Coupvray, Seine-et-Marne, 1809 - Paris 1852). Devenu aveugle à 3 ans, il créa pour les aveugles un système d'écriture en points saillants, le *braille.* Il est devenu lui-même professeur de la méthode qu'il a créée.

braillement [brajmɑ̃] **n.m.** *FAM.* Action de brailler ; cri de celui qui braille : *Des braillements s'élevèrent dans le stade* (syn. **hurlement, vocifération**).

brailler [braje] **v.t.** et **v.i.** (lat. pop. **bragulare,* dimin. de **bragere* ; v. *braire*). *FAM.* Donner de la voix d'une manière assourdissante ; chanter mal et fort : *Un ivrogne qui braille au coin d'une rue* (syn. **hurler, vociférer**).

braiment [brɛmɑ̃] **n.m.** (de *braire*). Cri de l'âne.

brainstorming [brɛnstɔrmiŋ] **n.m.** (mot anglo-amér., de *brain,* cerveau, et de *storming,* assaut). Recherche d'idées originales dans un groupe par la libre expression, sur un sujet donné, de tout ce qui vient à l'esprit de chacun. (Recomm. off. *remue-méninges.*)

brain-trust [brɛntrœst] **n.m.** (mot anglo-amér., de *brain,* cerveau, et *to trust,* confier) [pl. *brain-trusts*]. Équipe restreinte d'experts, de techniciens, etc., au service d'une direction (dans une entreprise, un ministère, etc.).

braire [brɛr] **v.i.** (lat. pop. **bragere,* probabl. d'orig. celt.) [conj. **112**]. Émettre un braiment, en parlant de l'âne.

braise [brɛz] **n.f.** (germ. **brasa*). Résidu, ardent ou éteint, de la combustion du bois : *Cuire une viande sur la braise.*

braiser [breze] **v.t.** (de *braise*). Faire cuire à feu doux, à l'étouffée : *Braiser du bœuf.*

Bramante (Donato d'Angelo, dit**),** architecte italien (près d'Urbino 1444 - Rome 1514). Il travailla à Milan (abside de S. Maria delle Grazie), puis à Rome (1499), où son œuvre est celle d'un maître du classicisme : *Tempietto* circulaire de S. Pietro in Montorio, inspiré de l'antique ; à partir de 1505, pour Jules II, cour du Belvédère au Vatican et premiers travaux de la basilique Saint-Pierre.

brame [bram] et **bramement** [bramәmɑ̃] **n.m.** (de *bramer*). Cri de rut du cerf et du daim.

bramer [brame] **v.i.** (prov. *bramar,* du germ. **brammôn*). Émettre un brame, en parlant du cerf et du daim.

brancard [brɑ̃kar] **n.m.** (de *branque,* var. normande de *branche*). **1.** Bras de civière ; la civière elle-même : *Allonger un blessé sur un brancard.* **2.** Pièce longitudinale d'une brouette, d'une voiture à bras. **3.** Chacune des deux pièces qui prolongent une voiture ou une machine agricole et entre lesquelles on attelle un animal de trait. **4. Ruer dans les brancards,** regimber, se rebiffer.

brancarder [brɑ̃karde] **v.t.** Transporter sur un brancard : *Brancarder un blessé.*

brancardier, ère [brɑ̃kardje, -ɛr] **n.** Porteur de brancard ; préposé au service des brancards pour blessés.

branchage [brɑ̃ʃaʒ] **n.m.** Ensemble des branches d'un arbre : *Le branchage touffu du tilleul* (syn. **frondaison, ramure**). ◆ **branchages n.m. pl.** Branches coupées : *Ramasser des branchages.*

branche [brɑ̃ʃ] **n.f.** (bas lat. *branca,* patte, p.-ê. d'orig. gaul.). **1.** Ramification du tronc d'un arbre, d'un arbrisseau ou d'un arbuste. **2.** Ramification ou division d'un élément principal formant axe ou centre : *Branches d'un chemin, d'un chande-*

lier. **3.** Élément mobile de certains objets articulés : *Branche de compas, de lunettes.* **4.** Activité particulière : *Il est fort dans sa branche* (syn. **spécialité**). **5.** Division d'une science, d'une discipline, etc. : *Les différentes branches de l'enseignement* (syn. **section**). **6.** Division d'un arbre généalogique : *La branche cadette d'une famille.* **7.** FAM. **Avoir de la branche,** avoir de la race, de la distinction. / FAM. **Vieille branche,** camarade, copain.

branché, e [brɑ̃ʃe] **adj.** et **n.** FAM. **1.** Au courant, à la mode, dans le coup : *Adolescents branchés.* **2.** Intéressé par : *Il est très branché (sur le) Net.*

branchement [brɑ̃ʃmɑ̃] **n.m. 1.** Action de brancher : *Le branchement d'un téléphone* (syn. **installation**). **2.** Circuit secondaire partant d'une canalisation principale pour aboutir au point d'utilisation.

brancher [brɑ̃ʃe] **v.t.** (de *branche*). **1.** Rattacher à une canalisation, à une conduite, à un circuit électrique et, par ext., mettre en marche un appareil : *Brancher l'eau, le gaz, l'électricité. Brancher un poste de radio.* **2.** Orienter, diriger qqn vers qqch : *Je vais vous brancher sur une affaire intéressante* (syn. **aiguiller**). ◆ **v.i.** Percher sur les branches d'un arbre : *Les faisans branchent pour dormir.*

branchial, e, aux [brɑ̃ʃial, -o] **adj.** Relatif aux branchies.

branchies [brɑ̃ʃi] **n.f. pl.** (lat. *branchiae*, du gr.). Organes respiratoires de nombreux animaux aquatiques qui absorbent l'oxygène dissous dans l'eau et y rejettent le gaz carbonique : *Branchies des poissons, des crustacés.*

Brancusi (Constantin), sculpteur roumain de l'école de Paris (Peştişani, Olténie, 1876 - Paris 1957). Il a recherché une essence symbolique de la forme *(la Muse endormie, l'Oiseau dans l'espace),* mais aussi renoué avec une veine populaire, archaïque et quelque peu magique *(le Baiser, l'Esprit du Bouddha).* Son atelier parisien est reconstitué devant le Centre G.-Pompidou.

brandade [brɑ̃dad] **n.f.** (prov. *brandado*, de *branda*, remuer, du frq. **brand*, tison). Préparation de morue à la provençale, pilée avec de l'huile d'olive, de l'ail, etc.

brandebourg [brɑ̃dbur] **n.m.** (de *Brandebourg*). Passementerie, galon ornant une veste ou un manteau, entourant les boutonnières ou en tenant lieu.

Brandebourg, en all. **Brandenburg,** Land d'Allemagne ; 29 059 km^2 ; 2 455 780 hab. *(Brandebourgeois).* CAP. *Potsdam.* Il occupe la partie occidentale du Brandebourg historique (v. princ. *Berlin*). Terre de rencontre entre Slaves et Germains, le *margraviat* (ancienne marche) de Brandebourg est disputé au XIVe s. par les Wittelsbach et les Luxembourg. En 1356, le margrave de Brandebourg devient Électeur d'Empire. Possession des Hohenzollern à partir de 1415, le territoire s'agrandit en 1618 de la Prusse, dont Frédéric le Grand se proclame roi en 1701 ; dès lors, l'histoire du Brandebourg se confond avec celle de la Prusse. En 1945, l'est du Brandebourg est attribué à la Pologne tandis que la partie occidentale fait partie de la R.D.A. de 1949 à 1990.

brandir [brɑ̃dir] **v.t.** (de l'anc. fr. *brand*, épée, mot frq.) [conj. **32**]. **1.** Lever une arme, un objet d'un geste menaçant : *Brandir une épée.* **2.** Agiter qqch en l'air : *Brandir un drapeau.* **3.** Agiter la menace de : *Brandir sa démission.*

brandon [brɑ̃dɔ̃] **n.m.** (du frq. **brand*, tison). **1.** Débris enflammé d'une matière en combustion : *Le vent soulevait des brandons au-dessus de l'incendie.* **2.** LITT. **Brandon de discorde,** cause de querelle, de conflit.

Brandt (Herbert Karl Frahm, dit **Willy),** homme politique allemand (Lübeck 1913 - Unkel, près de Bonn, 1992). Président du parti social-démocrate (1964-1987), chancelier de la République fédérale (1969-1974), il orienta la diplomatie allemande vers un rapprochement avec les pays de l'Est *(Ostpolitik).* [Prix Nobel de la paix 1971.]

brandy [brɑ̃di] **n.m.** (mot angl., de *to brand*, brûler) [pl. *brandys* ou *brandies*]. Eau-de-vie, en Angleterre.

branlant, e [brɑ̃lɑ̃, -ɑ̃t] **adj.** Qui branle, qui manque de stabilité : *Fauteuil branlant* (syn. **bancal**). *Un régime politique branlant* (syn. **instable, chancelant**).

branle [brɑ̃l] **n.m.** (de *branler*). **1.** Mouvement d'oscillation, de va-et-vient : *Le branle d'une cloche.* **2.** Impulsion initiale : *Ce scandale a donné le branle aux émeutes.* **3. Mettre, se mettre en branle,** mettre, se mettre en mouvement, en action : *La justice se met lentement en branle.*

branle-bas [brɑ̃lba] **n.m. inv.** (de *mettre bas les branles*, déposer les hamacs des matelots [en vue de la bataille]). **1.** Grande agitation, désordre qui précède une action : *C'est le branle-bas général avant le départ* (syn. **remue-ménage**). **2. Branle-bas de combat,** préparation au combat d'un navire de guerre.

branler [brɑ̃le] **v.i.** (de l'anc. fr. *brandeler*, agiter, s'agiter, de *brandir*). Être instable, manquer d'équilibre : *Une chaise qui branle* (syn. **vaciller**). ◆ **v.t. Branler la tête,** la remuer (syn. **hocher, balancer**).

Branly (Édouard), physicien français (Amiens 1844 - Paris 1940). Il imagina, en 1890, le *cohéreur* à limaille, premier détecteur d'ondes hertziennes, utilisé par Marconi dans ses expériences de télégraphie sans fil. En 1891, il conçut également le principe de l'antenne émettrice.

Brant ou **Brandt (Sebastian),** humaniste alsacien (Strasbourg v. 1458 - *id.* 1521), auteur du poème satirique *la Nef des fous* (1494).

Brantôme (Pierre de Bourdeille, *seigneur* **de),** écrivain français (Bourdeille v. 1540 - 1614). Après avoir bataillé en Italie, en Afrique et en France, il conta avec pittoresque ses souvenirs guerriers et amoureux *(Vies des hommes illustres et des grands capitaines, Vies des dames galantes).*

braquage [brakaʒ] **n.m. 1.** Action de braquer les roues d'une voiture, les parties orientables d'une machine : *Le rayon de braquage d'une voiture* (= l'amplitude maximale du changement de direction). **2.** FAM. Attaque à main armée : *Le braquage d'une banque.*

braque [brak] **n.m.** (du germ. **brakko*, par l'it. ou l'anc. prov. ; v. *braconner*). Chien d'arrêt à poil ras et à oreilles pendantes.

Braque (Georges), peintre français (Argenteuil 1882 - Paris 1963). Créateur du cubisme avec Picasso, il est célèbre pour ses « papiers collés » sévèrement rythmés (1912-1914), ses natures mortes d'une sensualité retenue, ses « Ateliers » (à partir de 1939), ses « Oiseaux », ses illustrations d'Hésiode ou de Reverdy, etc.

braquer [brake] **v.t.** (p.-ê. du lat. pop. **brachitare*, du class. *bracchium*, bras). **1.** Diriger (une arme, un instrument d'optique) sur un objectif : *Braquer un revolver sur qqn* (syn. **pointer**). **2.** Orienter les roues directrices d'un véhicule, la gouverne d'un avion, etc., dans la direction voulue : *Braquer (sa voiture) à gauche pour se garer.* **3.** ARG. Menacer qqn avec une arme ; attaquer un établissement à main armée. **4.** Amener qqn à manifester une opposition résolue contre qqn, qqch : *Elle cherche à le braquer contre nous par ses insinuations* (syn. **dresser**). **5.** Fixer son regard sur : *Elle braquait ses yeux sur sa mère.* ◆ **v.i.** Avoir tel rayon de braquage : *Une automobile qui braque bien* (syn. **tourner**). ◆ **se braquer v.pr.** FAM. Avoir une attitude d'hostilité, de rejet systématique : *Il se braque dès qu'on fait allusion à sa vie privée* (syn. **se buter**).

braquet [brakɛ] **n.m.** (abrév. de *braquemart*, épée courte et large, néerl. *breecmes*, couteau). Rapport de démultiplication entre le pédalier et le pignon d'une bicyclette.

bras [bra] **n.m.** (lat. *bracchium*, du gr.). **1.** Première partie du membre supérieur de l'homme, située entre l'épaule et le coude (par opp. à *avant-bras*) ; le membre supérieur en entier (par opp. à *jambe*). **2.** ZOOL. Région du membre antérieur comprise entre l'épaule et le coude, chez les quadrupèdes ; tentacule des céphalopodes. **3.** Objet, partie d'objet dont la forme évoque un bras : *Bras d'un électrophone.* **4.** Accotoir : *Les bras d'un fauteuil.* **5.** GÉOGR. Division d'un fleuve, d'une mer. **6. À bout de bras,** avec ses seules forces. / **À bras,** mû par la force des bras : *Voiture à bras.* / **À tour de bras,** de toutes ses forces ; à profusion : *Frapper qqn à tour de bras. Envoyer* *des lettres de réclamation à tour de bras.* / **Avoir le bras long,** avoir de l'influence. / **Avoir qqn, qqch sur les bras,** avoir qqn à sa charge, être chargé de qqch. / **Baisser les bras,** renoncer, céder : *Baisser les bras devant l'ampleur de la tâche.* / **Bras de levier,** distance d'une force à son point d'appui, mesurée perpendiculairement à la direction de cette force. / **Bras dessus, bras dessous,** en se donnant le bras. / **Couper bras et jambes,** ôter toute force ; frapper d'étonnement. / FAM. **Gros bras,** personne qui étale sa force : *Jouer les gros bras.* / **Le bras droit de qqn,** le principal assistant de qqn. / **Les bras m'en tombent,** je suis stupéfait. / **Recevoir qqn à bras ouverts,** recevoir qqn avec chaleur, très cordialement. / **Se croiser les bras,** ne rien faire, refuser de travailler. / **Tomber, se jeter sur qqn à bras raccourcis,** tomber, se jeter sur qqn avec violence. **7. Bras de fer,** jeu où deux adversaires assis face à face, coudes en appui, mains empoignées, essaient chacun de rabattre le bras de l'autre sur la table ; au fig., épreuve de force. / **Bras d'honneur,** geste de mépris, de dérision effectué avec l'avant-bras, qu'on replie en serrant le poing.

brasage [brazaʒ] **n.m.** Assemblage de deux pièces métalliques par brasure.

braser [braze] **v.t.** (de *braise*). Souder par brasure.

brasero [brazero] **n.m.** (esp. *brasero,* brasier). Récipient métallique rempli de braises et destiné au chauffage en plein air : *Les ouvriers du chantier se réchauffent autour du brasero.*

brasier [brazje] **n.m.** (de *braise*). Foyer de chaleur d'un feu de charbon, d'un incendie : *L'incendie a transformé l'usine en un immense brasier* (syn. **fournaise**).

Brasilia, cap. du Brésil, sur les plateaux de l'intérieur, vers 1 100 m d'alt. ; 2 469 489 hab. (4 074 000 hab. dans l'agglomération). Ch.-l. du district fédéral (5 814 km²). Construite à partir de 1957, la ville a pour auteurs les architectes Lucio Costa (en tant qu'urbaniste) et O. Niemeyer (monuments de la place des Trois-Pouvoirs, etc.).

à **bras-le-corps** [bralkɔr] **loc. adv. 1.** Par le milieu du corps : *Saisir qqn à bras-le-corps.* **2. Prendre un problème à bras-le-corps,** s'y attaquer résolument.

Braşov, v. de Roumanie (Transylvanie) ; 227 961 hab. Constructions mécaniques. Monuments médiévaux.

brassage [brasaʒ] **n.m.** Action de brasser ; fait de se brasser ; son résultat : *Le brassage de l'air par des ventilateurs. Le brassage des populations* (syn. **mélange**).

Brassaï (Gyula Halász, dit), photographe français d'origine hongroise (Braşov 1899 - Nice 1984). Lié au groupe surréaliste, il s'intéresse à la photographie sur le conseil de Kertész. Fasciné par le monde insolite de Paris, il privilégie dans *Paris la nuit* (1933) un climat fantomatique d'ombre et de lumière, alors qu'il révèle avec *Graffiti* (1961) l'aspect étrange et captivant des graffitis.

brassard [brasar] **n.m.** (altér. de *brassal,* mot prov., de *bras*). Bande d'étoffe, ruban, crêpe, etc., que l'on porte au bras comme signe distinctif : *Les membres du service d'ordre portaient un brassard.*

brasse [bras] **n.f.** (lat. pop. *bracchia,* étendue des deux bras). **1.** Nage ventrale où bras et jambes agissent symétriquement et donnent l'impulsion en avant par détente simultanée. **2.** Ancienne mesure de longueur correspondant à l'envergure des bras.

brassée [brase] **n.f.** (de *bras,* avec infl. de *brasse*). **1.** Ce que peuvent contenir les deux bras : *Une brassée de fleurs.* **2.** QUÉBÉC. Quantité de linge, de vêtements qu'on peut laver à la machine en une seule fois : *Une brassée de torchons.*

Brassens (Georges), auteur, compositeur, interprète français (Sète 1921 - Saint-Gély-du-Fesc 1981). Chanteur s'accompagnant à la guitare, il a donné plusieurs centaines de chansons poétiques, marquées à la fois par l'anticonformisme et un sens aigu des canons classiques de la belle langue. Par l'audace de ses textes qui dénoncent les préjugés de la société et mettent en avant des valeurs d'amitié et de liberté, il a contribué à la libéralisation des mœurs des années 1960 (*l'Auvergnat, la Mauvaise Réputation, les Copains d'abord*).

brasser [brase] **v.t.** (lat. pop. *braciare, du class. *braces* [cf. anc. fr. *brais,* orge broyé], avec infl. de *bras*). **1.** Mêler en remuant : *Brasser de la pâte.* **2.** Opérer le mélange du malt avec l'eau pour préparer la bière. **3. Brasser des affaires,** traiter beaucoup d'affaires commerciales ou financières. ◆ **se brasser v.pr.** Se mêler en un tout : *Des peuples très divers se sont brassés en Amérique du Nord.*

brasserie [brasri] **n.f.** (de *brasser*). **1.** Lieu où l'on fabrique la bière. **2.** Industrie de la fabrication de la bière. **3.** Établissement où l'on sert des boissons (surtout de la bière) et des repas vite préparés.

brasseur, euse [brasœr, -øz] **n.** (de *brasser*). **1.** Personne qui fabrique de la bière, en vend en gros. **2. Brasseur d'affaires,** homme qui traite de nombreuses affaires commerciales, financières.

Brasseur (Pierre Espinasse, dit Pierre), acteur français (Paris 1905 - Brunico, Italie, 1972). Sa présence et sa verve l'ont imposé tant au théâtre (*Kean,* de Sartre d'après Dumas, 1953) qu'au cinéma (*les Enfants du paradis,* M. Carné, 1945).

brassière [brasjɛr] **n.f.** (de *bras*). **1.** Chemise en tissu fin ou chandail en laine pour bébé, qui se ferme dans le dos. **2.** Type de soutien-gorge ou de haut moulant qui s'enfile par la tête.

brasure [brazyr] **n.f.** (de *braser*). **1.** Soudure obtenue par interposition entre les pièces à joindre d'un alliage ou d'un métal fusible. **2.** Métal ou alliage utilisé pour cette soudure.

Bratislava, en all. **Pressburg,** cap. de la Slovaquie, sur le Danube ; 411 228 hab. Centre commercial, culturel et industriel. Monuments anciens et musées.

Braudel (Fernand), historien français (Luméville-en-Ornois 1902 - Cluses, Haute-Savoie, 1985). Il ouvrit l'histoire à l'étude des grands espaces et de la longue durée (*la Méditerranée et le monde méditerranéen à l'époque de Philippe II,* 1949) et étudia l'économie de l'Europe préindustrielle (*Civilisation matérielle, économie et capitalisme, XVe-XVIIIe s.,* 1979). [Acad. fr.]

Braun (Wernher von), ingénieur allemand, naturalisé américain (Wirsitz, auj. Wyrzysk, Pologne, 1912 - Alexandria, Virginie, 1977). Dès 1930, il travailla sur des fusées expérimentales avec Oberth. En 1937, il devint directeur technique du centre d'essais de fusées de Peenemünde, où il assura la réalisation du V2. Emmené aux États-Unis en 1945, il mit au point, à partir de 1950, le premier missile balistique guidé américain, puis devint l'un des principaux artisans du programme spatial des États-Unis : il dirigea ainsi la construction de la fusée Saturn V, qui permit le lancement d'astronautes vers la Lune.

bravache [bravaʃ] **n.m.** et **adj.** (it. *bravaccio,* dérivé péjor. de *bravo ;* v. *brave*). Personne qui affecte la bravoure : *Lâche qui prend des airs de bravache* (syn. **fanfaron, matamore**).

bravade [bravad] **n.f.** (it. *bravata,* de *bravare,* faire le brave). Étalage de bravoure ; action, attitude de défi : *Par bravade, il a fait un pari stupide* (syn. **fanfaronnade**).

brave [brav] **adj.** et **n.** (it. *bravo,* lat. *barbarus,* barbare puis « fier »). **1.** Qui ne craint pas le danger : *Homme brave* (syn. **courageux, valeureux**). **2. Mon brave,** s'emploie par condescendance à l'égard d'un inférieur ou présumé tel. ◆ **adj. 1.** (Placé avant le n.). Bon ; honnête : *De braves gens.* **2.** Gentil, mais peu subtil : *Il est bien brave.*

bravement [bravmɑ̃] **adv.** Avec bravoure ; sans hésitation : *Affronter bravement l'ennemi* (syn. **courageusement, vaillamment**).

braver [brave] **v.t.** (de *brave*). Affronter sans peur ; défier, transgresser orgueilleusement : *Braver la mort* (syn. **s'exposer à**). *Braver l'opinion, la loi.*

bravo [bravo] **interj.** (mot it.). Exclamation pour approuver, applaudir, notamm. un spectacle. ◆ **n.m.** Cri d'approbation ; applaudissement : *La salle croulait sous les bravos.*

bravoure [bravur] **n.f.** (it. *bravura*, de *bravo* ; v. *brave*). **1.** Courage, vaillance : *Faire preuve de bravoure* (contr. **lâcheté**). **2. Morceau de bravoure,** passage d'une œuvre artistique dont le style est particulièrement brillant et qui permet à un interprète de montrer sa virtuosité.

Brazza (Pierre Savorgnan de), explorateur et administrateur français (Rome 1852 - Dakar 1905). Il mena à partir de 1875 plusieurs expéditions d'exploration des vallées de l'Ogooué et du Congo, puis organisa la colonie du Congo français (1886-1898).

Brazzaville, cap. du Congo, sur le Malebo Pool ; 1 610 760 hab. Un chemin de fer (Congo-Océan) relie la ville à l'Atlantique. Université. Aéroport. Une conférence (30 janv. - 8 févr. 1944) y fut organisée par le général de Gaulle et le Comité d'Alger, au cours de laquelle fut projetée une organisation nouvelle des colonies françaises d'Afrique noire.

1. break [brɛk] **n.m.** (mot angl.). Automobile comportant à l'arrière un hayon relevable et une banquette amovible ou articulée que l'on peut replier.

2. break [brɛk] **n.m.** (mot angl. « interruption »). **1.** MUS. Courte interruption du jeu de l'orchestre, en termes de jazz. **2.** SPORTS. Écart creusé entre deux adversaires, deux équipes : *Faire le break au tennis.* **3.** *FAM.* Courte pause dans l'accomplissement d'une tâche : *Faire un break.*

brebis [brəbi] **n.f.** (lat. *berbix, -icis*, var. de *vervex*, mouton). Mouton femelle. ► La brebis bêle.

brèche [brɛʃ] **n.f.** (anc. haut all. *brecha*, fracture [cf. all. *brechen*, briser]). **1.** Ouverture faite dans un mur, un rempart, une haie : *Ouvrir, colmater une brèche.* **2.** Brisure faite au tranchant d'une lame, au rebord d'un verre, d'une assiette, etc. **3. Battre en brèche,** attaquer vivement et systématiquement : *Battre en brèche une doctrine.* / **Être toujours sur la brèche,** être toujours en action.

bréchet [breʃɛ] **n.m.** (angl. *brisket*, hampe d'un animal, scand. *brjósk*, cartilage). Crête médiane du sternum de la plupart des oiseaux, sur laquelle s'insèrent les muscles des ailes.

Brecht (Bertolt), auteur dramatique allemand (Augsbourg 1898 - Berlin-Est 1956). Son œuvre a dominé l'évolution du théâtre au XXe s. Il devient célèbre avec *l'Opéra de quat'sous* (1928), qui annonce sa contestation de l'ordre social influencée par le marxisme. À partir de 1948, il se consacre tout entier à son travail de metteur en scène du Berliner Ensemble. Il élabore à cette époque sa théorie du théâtre « épique » : les pancartes, les chants, les projections, les éclairages amènent l'acteur à se détacher de son personnage, et le spectateur à comprendre que chaque attitude révèle un phénomène social dont il doit saisir le mécanisme (c'est le phénomène de la « distanciation »). Ses pièces principales sont *Grand'Peur et misère du IIIe Reich* (1938), *Mère Courage et ses enfants* (1941), *la Vie de Galilée* (1943), *Maître Puntila et son valet Matti* (1948), *le Cercle de craie caucasien* (1948), *la Résistible Ascension d'Arturo Ui* (1959).

Breda *(traité de)* [31 juill. 1667], traité qui mit fin à la seconde guerre anglo-hollandaise (1665-1667), et par lequel l'Angleterre accordait aux Provinces-Unies et à la France des avantages territoriaux et commerciaux.

bredouillage [brədujaʒ], **bredouillement** [brədujmɑ̃] et **bredouillis** [brəduji] **n.m.** Fait de bredouiller ; paroles indistinctes : *Un bredouillage inintelligible.*

bredouille [brəduj] **adj.** (de *bredouiller*). **Rentrer bredouille,** en parlant d'un chasseur, revenir sans avoir rien pris ; au fig., n'avoir rien obtenu d'une démarche.

bredouillement n.m. → **bredouillage.**

bredouiller [brəduje] **v.t.** et **v.i.** (anc. fr. *bredeler*, probabl. du lat. *brittus*, breton [cf. *bretter*, marmotter, et *bretonner*, bégayer, parler comme un Breton]). Prononcer des paroles de manière confuse : *Bredouiller de vagues excuses* (syn. **balbutier, marmonner**).

bredouillis n.m. → **bredouillage.**

1. bref, brève [brɛf, brɛv] **adj.** (lat. *brevis*, court). **1.** De courte durée : *Une brève entrevue* (syn. **rapide**). *Réponse brève* (syn. **laconique**). *Soyez bref !* (contr. **bavard, prolixe**). **2. D'un ton bref,** de façon sèche et tranchante : *Répondre d'un ton bref.* / PHON. **Voyelle brève** → **brève.** ◆ **bref adv.** En un mot, enfin ; pour conclure : *Bref, je ne veux pas* (= en résumé).

2. bref [brɛf] **n.m.** (lat. *breve*, de *brevis*, court). Lettre du pape, de moindre importance qu'une bulle et ne portant pas le sceau pontifical.

Breguet, famille d'horlogers, d'inventeurs et d'industriels d'origine suisse. • **Abraham Louis** (Neuchâtel 1747 - Paris 1823) fut un spécialiste de l'horlogerie de luxe et de la chronométrie de marine. • Son petit-fils **Louis** (Paris 1804 - *id.* 1883) construisit de nombreux instruments scientifiques de précision et les premiers télégraphes français. • **Louis,** petit-fils du précédent (Paris 1880 - Saint-Germain-en-Laye 1955), fut l'un des pionniers de la construction aéronautique en France.

Brejnev (Leonid Ilitch), homme d'État soviétique (Kamenskoïe, auj. Dnieprodzerjinsk, 1906 - Moscou 1982), premier secrétaire du parti communiste après l'éviction de Khrouchtchev (1964), chef de l'État (1977-1982). Son mandat est caractérisé par une grande stabilité des pouvoirs et le développement de la nomenklatura. Sur le plan extérieur, il fait intervenir l'U.R.S.S. et ses alliés en Tchécoslovaquie (1968) et met un terme à la détente amorcée avec les États-Unis en décidant l'invasion de l'Afghanistan (déc. 1979).

Brel (Jacques), auteur, compositeur et chanteur belge (Schaerbeek 1929 - Bobigny 1978). Ses textes à la fois vigoureux et tendres, portant une poésie réaliste parfois grinçante mais toujours marquée d'une certaine élégance, sa voix expressive, sa présence scénique ont fait de lui une référence cruciale de la chanson francophone moderne *(le Plat Pays, les Bourgeois, Amsterdam, Ne me quitte pas).*

brelan [brəlɑ̃] **n.m.** (anc. haut all. *bretling*, petite planche puis « table de jeu »). Réunion de trois cartes de même valeur, au poker : *Un brelan d'as.*

breloque [brəlɔk] **n.f. 1.** Petit bijou, colifichet que l'on porte attaché à un bracelet, à une chaîne, etc. : *Une gourmette à breloques.* **2.** *FAM.* **Battre la breloque,** mal fonctionner ou battre irrégulièrement, en parlant d'un mécanisme, du cœur ; déraisonner, divaguer, en parlant de qqn : *Depuis son accident, il bat la breloque.*

brème [brɛm] **n.f.** (frq. **brahsima*). Poisson d'eau douce, au corps comprimé et plat. ► Famille des cyprinidés ; long. max. : 50 cm.

Brême, en all. **Bremen,** v. d'Allemagne, cap. du *Land de Brême*, sur la Weser ; 542 707 hab. Port. Centre commercial, financier et industriel. Port de commerce, qui fut l'un des plus actifs de la Hanse (XIIIe s.). Ville libre d'Empire en 1646. Monuments anciens et musées.

Brême, en all. **Bremen,** Land d'Allemagne ; 404 km^2 ; 650 863 hab. CAP. *Brême.*

Brémontier (Nicolas), ingénieur français (Le Tronquay, Eure, 1738 - Paris 1809). Il contribua à fixer les dunes du golfe de Gascogne par la mise au point de techniques de plantation et par l'installation de forêts de pins.

Brenne (la), région humide (étangs) du Berry (Indre), entre la Creuse et la Claise. (Hab. *Brennous.*) Parc naturel régional.

Brenner *(col du)*, col des Alpes orientales, à la frontière italo-autrichienne, entre Bolzano et Innsbruck ; 1 370 m. Important passage ferroviaire et autoroutier.

Brescia, v. d'Italie (Lombardie), ch.-l. de prov. ; 191 465 hab. Monuments (depuis l'époque romaine) et musées.

Brésil, en port. **Brasil,** État de l'Amérique du Sud ; 8 512 000 km^2 ; 200 362 000 hab. *(Brésiliens).* CAP. *Brasilia.* V. princ. *Sao Paulo* et *Rio de Janeiro.* LANGUE : *portugais.* MONNAIE : *real brésilien.*

GÉOGRAPHIE

Le milieu naturel. En majeure partie tropical, presque totalement situé au S. de l'équateur, le Brésil est le « géant » de

l'Amérique du Sud, dont il occupe approximativement la moitié de la superficie et concentre une part avoisinante de la population.
En dehors de l'immense cuvette amazonienne, c'est surtout un pays de plateaux, relevés en serras qui retombent directement sur l'Atlantique (serra do Mar) ou limitent un liseré de plaines côtières (dans le Nordeste). Le climat, équatorial dans l'Amazonie, constamment chaude et humide, recouverte par une forêt dense, devient plus sec vers le S. C'est alors le domaine des savanes, parfois parsemées d'arbres, et aussi de la steppe (notamm. dans l'intérieur du Nordeste, où l'irrégularité des précipitations, selon les années, est catastrophique). La prairie apparaît dans les États méridionaux, aux précipitations mieux réparties, presque tempérés.
La population. L'histoire et le climat se combinent pour expliquer la composition ethnique et la répartition spatiale de la population, dont plus de la moitié est considérée comme blanche. On compte environ un tiers de métis et près de 10 % de Noirs. Cette population est jeune (plus de la moitié a moins de 25 ans), en raison d'un fort excédent naturel, lié au maintien d'un taux élevé de natalité. Elle se concentre sur le littoral ou près de celui-ci, en particulier dans le Nordeste, le Sud-Est (États de Sao Paulo, Rio de Janeiro et Minas Gerais) et le Sud. Aujourd'hui, environ 70 % des Brésiliens sont des citadins (31 % en 1940). Derrière les grandes métropoles de Sao Paulo et de Rio de Janeiro viennent plusieurs autres villes millionnaires (dont Belo Horizonte, Salvador, Recife). Cette croissance urbaine, plus rapide que celle du nombre d'emplois, soulève de nombreux problèmes.
L'économie. L'étendue des superficies disponibles (bien que moins du tiers du territoire soit réellement mis en valeur) explique l'importance des productions. L'élevage bovin est souvent présent (hors de l'Amazonie), celui des ovins et des porcs est plus concentré dans le Sud. Le café (dans le Sud-Est intérieur) demeure la principale production commerciale (premier rang mondial), devant le soja et la canne à sucre, développés, le premier pour le marché mondial, la seconde pour une production d'alcool utilisé comme carburant. Le maïs, le manioc, le riz, les agrumes sont d'autres cultures notables.
L'industrie bénéficie des richesses abondantes du sous-sol (incomplètement prospecté) : fer, bauxite, manganèse, uranium, pétrole, or, etc. L'hydroélectricité assure plus de 60 % de la production d'électricité. L'énergie est en grande partie contrôlée par des firmes d'État (Petrobrás, Electrobrás), l'État étant présent aussi dans la sidérurgie. Les capitaux étrangers se sont largement investis dans les branches de transformation (montage automobile, électronique, chimie), implantée surtout dans la région de Sao Paulo.
Le Brésil est ainsi devenu l'une des principales économies émergentes du monde. Mais des déséquilibres intérieurs subsistent : ceux des structures foncières (avec le maintien des grandes propriétés), des inégalités régionales (contraste entre la région de Sao Paulo et le Nordeste) ou les incertitudes quant aux retombées multiples des routes transamazoniennes.

HISTOIRE

La période coloniale. Le Brésil, terre du bois rouge comme la « braise » (d'où le nom de *Brasil*), est reconnu par le Portugais Pedro Alvares Cabral en 1500. La culture de la canne à sucre est introduite dès le XVIe s. et fait rapidement la fortune du pays. Les Portugais réussissent à s'opposer aux ambitions françaises, puis hollandaises. À la fin du XVIIe s. et au début du XVIIIe, des mines d'or sont découvertes, notamment dans le Minas Gerais, dans l'est du pays, faisant du Brésil le premier producteur mondial d'or. La recherche du métal précieux entraîne le peuplement de l'intérieur du pays. De nombreux esclaves noirs sont amenés d'Afrique. Lors des guerres d'indépendance de l'Amérique latine, le Brésil reste fidèle à la dynastie portugaise.
1815. Le Brésil est élevé au rang de royaume.

L'Empire brésilien

1822. Le régent Pierre, fils du roi de Portugal, proclame l'indépendance du Brésil, dont il devient l'empereur.
Au cours de la première moitié du XIXe s., la culture du café est implantée dans la région de Sao Paulo, marquant une nouvelle phase de la conquête du sol et du peuplement dans le Brésil tropical ; le Brésil assure la moitié de la production mondiale de café.
1888. L'esclavage est aboli.

La république des « coronels »

1889. L'aristocratie foncière, mécontente de l'abolition de l'esclavage, apporte son soutien à l'armée, qui renverse l'empire, jugé progressiste, et proclame la république. Les libéraux, au pouvoir jusqu'en 1898, ne parviennent pas à briser l'oligarchie foncière (les « coronels »), ni à mettre fin à la domination britannique sur l'économie.
Le Brésil devient une fédération formée de 20 États.
La prospérité est alors assurée par la monoculture du café. Mais, soumise aux cours internationaux des prix agricoles, l'économie est touchée de plein fouet par la crise de 1929.

L'ère Vargas

1930-1945. Premier gouvernement de Getúlio Vargas, porté au pouvoir par les militaires.
Chef des libéraux, leader nationaliste, Vargas gouverne avec l'appui des classes moyennes. Il travaille à industrialiser et à moderniser le Brésil.
1951-1954. Vargas revient au pouvoir après en avoir été écarté par la droite. Il radicalise son nationalisme économique et s'attaque aux intérêts pétroliers étrangers.

L'expérience réformiste et le régime militaire

1956-1964. Gouvernements réformistes.
1960. Brasilia devient la capitale du Brésil.
1964-1984. Succession de gouvernements militaires.
Répression à l'égard des « progressistes » et développement économique rapide.

Le retour à la démocratie

1985. Retour des civils au pouvoir. José Sarney devient président de la République.
1990. Fernando Collor de Mello (élu en 1989 au suffrage universel) lui succède.
1992. Accusé de corruption, il doit démissionner.
1995. Fernando Henrique Cardoso est élu président de la République. (Il est réélu en 1999.)
2003. Luiz Inácio Lula da Silva, leader historique de la gauche brésilienne, accède à la tête de l'État et met en œuvre un important programme de lutte contre la pauvreté. (Il est réélu en 2006.)
2011. Dilma Rousseff, dauphine de Lula da Silva, est la première femme à accéder à la présidence de la République.

brésilien, enne [breziljɛ̃, -ɛn] **adj.** et **n.** Du Brésil. ◆ **brésilien n.m.** Forme du portugais parlé au Brésil.

bressan, e [brɛsɑ̃, -an] **adj.** et **n.** De la Bresse.

Bresson (Robert), cinéaste français (Bromont-Lamothe, Puy-de-Dôme, 1901 - Droue-sur-Drouette, Eure-et-Loir, 1999). D'abord peintre, il réalise au cinéma une œuvre originale au style dépouillé presque jusqu'à l'ascèse, dominée par les thèmes de la grâce, de la rédemption, de la liberté spirituelle, refusant toute théâtralité pour trouver l'expression pure par l'image et le son (*les Dames du bois de Boulogne,* 1945 ; *le Journal d'un curé de campagne,* 1951 ; *Pickpocket,* 1959 ; *l'Argent,* 1983).

Brest, ch.-l. d'arr. du Finistère, sur la rive nord de la *rade de Brest,* à 580 km à l'ouest de Paris ; 143 902 hab. *(Brestois)* [199 016 dans l'agglomération]. Université. Arsenal. Constructions électriques. Musée des Beaux-Arts ; musée de la Marine dans le château médiéval ; parc de découverte des océans (Océanopolis). Port militaire de la marine du Ponant créé sur l'initiative de Richelieu. Siège, de 1830 à 1940, de l'École navale, reconstruite en 1961 à Lanvéoc-Poulmic, au sud de la rade, où est installée, à l'île Longue, depuis 1968, la base des sous-marins stratégiques. Siège du service hydrographique et océanographique de la marine. Base sous-marine allemande de 1940 à 1944, Brest avait été détruite par les bombardements alliés.

Brest-Litovsk *(traité de)* [3 mars 1918], traité de paix signé entre l'Allemagne, l'Autriche-Hongrie, la Bulgarie, l'Empire ottoman et la Russie soviétique, qui renonçait à la Pologne et à une partie des pays Baltes et de la Biélorussie. Ce traité fut annulé par le traité de Versailles.

Bretagne, région de l'ouest de la France formée des dép. du Finistère, des Côtes-d'Armor, du Morbihan, d'Ille-et-Vilaine et de la Loire-Atlantique. CAP. *Rennes.* (Hab. *Bretons.*) Un des foyers de la civilisation mégalithique, l'Armorique (ancien nom de la Bretagne) est envahie par les Celtes v. 500 av. J.-C., puis conquise par les Romains. Elle prend son nom actuel avec l'arrivée, à partir du Ve s., des Bretons, peuples celtiques fuyant la Grande-Bretagne envahie par les Anglo-Saxons. Pendant la période carolingienne, elle se rend pratiquement indépendante. Devenue un duché en 939, elle est gouvernée par les Plantagenêts de 1166 à 1203. En 1213, elle passe sous la domination de princes capétiens. À l'issue de la guerre de la Succession de Bretagne (1341-1365), la France doit reconnaître les droits du duc de Montfort, allié des Anglais. L'avènement du duc Jean V (1399) ouvre une période de prospérité. La seconde moitié du XVe s. voit s'affirmer les prétentions du royaume de France sur la Bretagne, avec Louis XI, puis sa fille, Anne de Beaujeu, qui, pendant la minorité du roi Charles VIII, fait envahir le duché. Anne, duchesse de Bretagne, épouse Charles VIII en 1491 et se remarie avec le nouveau roi de France, Louis XII, en 1499. Mais la Bretagne, propriété personnelle de la reine, reste encore théoriquement indépendante. Après le mariage de Claude de France, fille de Louis XII et d'Anne de Bretagne, avec le futur François Ier, le duché est incorporé à la France (1532).

Bretagne, Région de l'ouest de la France, regroupant 4 dép. : Côtes-d'Armor, Finistère, Ille-et-Vilaine et Morbihan ; 27 208 km^2 ; 3 341 188 hab. Ch.-l. *Rennes.* Occupant la majeure partie du Massif armoricain, la Bretagne est un pays de plateaux et de collines, accidentés de hauteurs (monts d'Arrée, Montagne Noire), de zones basses (bassin de Rennes), de plateaux littoraux et de côtes rocheuses. Le littoral concentre une part notable de la population et des activités (pêche et tourisme). L'agriculture et l'industrie agroalimentaire, étroitement liées, sont les deux piliers de l'économie. L'élevage bovin (vaches laitières), porcin (1re région productrice de France) et avicole prédomine à côté de cultures spécialisées (légumes et primeurs du Léon) et des céréales. Développée surtout entre Douarnenez et Lorient, la pêche est un secteur économique notable (au 1er rang des régions françaises) et d'importantes activités maritimes sont localisées à Saint-Malo et Lorient. L'industrie est encore dominée par l'agroalimentaire, malgré un développement certain des constructions électriques (électronique) et mécaniques (automobile), alors que des branches traditionnelles (travail du cuir, textile) ont reculé. Le tourisme reste l'activité principale du littoral avec, au nord, des zones bien aménagées (Côte de Granite rose, Côte d' Émeraude) et, au sud, le thermalisme et la plaisance. Rennes, tiraillée entre Paris et Nantes, à l'influence prépondérante, a d'autant plus de mal à affirmer son rôle de métropole régionale face à des villes à l'identité forte comme Brest, Quimper, Vannes, Lorient, Saint-Malo ou Saint-Brieuc.

bretelle [brətɛl] **n.f.** (anc. haut all. *brittil,* rêne). **1.** Courroie passée sur les épaules pour porter un objet : *La bretelle d'une arme, d'un sac* (syn. **bandoulière**). **2.** Bande de tissu retenant aux épaules certains vêtements ou sous-vêtements : *Les bretelles d'une robe, d'un soutien-gorge.* **3.** Raccordement entre une autoroute et une autre voie routière. **4.** Ensemble d'appareils permettant la fonction dans les deux sens de deux voies de chemin de fer parallèles contiguës. ◆ **bretelles n.f. pl. 1.** Bandes élastiques qui, passées par-dessus les épaules, s'attachent au pantalon pour le maintenir. **2.** *FAM.* **Remonter les bretelles à qqn,** lui faire des remontrances, le rappeler à l'ordre.

Brétigny *(traité de)* [8 mai 1360], traité conclu à Brétigny, près de Chartres, entre la France et l'Angleterre et qui mit fin à la première partie de la guerre de Cent Ans. Ce traité délivrait le roi de France, Jean II le Bon, et donnait le sud-ouest de la France au roi d'Angleterre, Édouard III, en échange de sa renonciation au trône de France.

breton, onne [brətɔ̃, -ɔn] **adj.** et **n.** (lat. *Brito, -onis*). De la Bretagne : *Les Bretons de Paris.* ◆ **breton n.m.** Langue celtique parlée dans l'ouest de la Bretagne.

Breton (André), écrivain français (Tinchebray, Orne, 1896 - Paris 1966). Il fut le centre dynamique, le « pape » du surréalisme, auquel il donna un contenu théorique dans les *Manifestes* (1924, 1930) et pratique à travers des textes expérimentaux (*les Champs magnétiques,* 1920 ; *Clair de terre,* 1923). Dans la revue *Littérature* (qu'il fonde en 1919 avec Aragon et Soupault), dans ses articles (*les Pas perdus,* 1924 ; *Point du jour,* 1934) et ses essais (*le Surréalisme et la peinture,* 1928 et 1965 ; *Anthologie de l'humour noir,* 1940), il prend la défense de l'art des fous, des primitifs et des enfants. Il y désigne également les précurseurs du mouvement surréaliste (roman noir, Sade, Lautréamont, Rimbaud, romantiques allemands) et exprime sa vigilance politique à l'égard du parti communiste (auquel il adhéra de 1927 à 1935). Ses récits (*Nadja,* 1928 ; *les Vases communicants,* 1932 ; *l'Amour fou,* 1937 ; *Arcane 17,* 1947) retracent la quête quotidienne du merveilleux. • **Nadja** se présente comme un récit accompagné de photos (en raison du parti pris de l'auteur contre les descriptions). Des entretiens avec une jeune femme visionnaire illustrent la méthode surréaliste d'exploration du monde de l'inconscient.

Bretonneau (Pierre), médecin français (Saint-Georges-sur-Cher 1778 - Paris 1862). Il étudia les maladies infectieuses et identifia la fièvre typhoïde et la diphtérie.

bretteur [bretœr] **n.m.** (de *brette,* épée de duel). Homme qui aimait se battre à l'épée : *D'Artagnan fut un fameux bretteur.*

Bretton Woods *(accords de),* accords conclus en juill. 1944 à Bretton Woods (New Hampshire, États-Unis) entre 44 pays et qui instaurèrent, après l'étalon-or, le deuxième véritable système monétaire international : l'étalon de change-or (Gold Exchange Standard). Toutes les monnaies y sont convertibles en dollars américains, eux-mêmes convertibles en or. La conversion, qui peut être demandée uniquement par les banques centrales, se réalise sur la base de taux de change fixes. Un organisme supranational est créé : le Fonds monétaire international. Il a pour fonction principale d'aider les différents États à maintenir la fixité des taux de change. Enfin, les pays concernés doivent maintenir l'équilibre de leur balance des paiements par des politiques économiques adéquates. Ce système consacrait, en fait, l'hégémonie du dollar (seule monnaie convertible en or) et, de ce fait, favorisa, à partir de 1958, les crises monétaires internationales et, finalement, le non-respect de ces accords, qui furent remplacés, en janvier 1976, par ceux de la Jamaïque.

bretzel [bretzɛl] **n.m.** ou **f.** (mot alsacien, du lat. *bracchium,* bras en raison de sa forme). Pâtisserie alsacienne en forme de huit, saupoudrée de sel et de graines de cumin.

Breughel → Bruegel.

Breuil (*abbé* **Henri**), ecclésiastique et préhistorien français (Mortain 1877 - L'Isle-Adam 1961). Son nom reste attaché aux relevés d'œuvres pariétales qu'il a effectués ainsi qu'à des ouvrages fondamentaux, comme *les Subdivisions du paléolithique supérieur et leur signification* (1912), remarquable étude de l'évolution des divers faciès industriels, et *Quatre Cents Siècles d'art pariétal* (1952), vaste panorama de l'art franco-cantabrique.

breuvage [brœvaʒ] **n.m.** (de l'anc. fr. *beivre,* boire). *LITT.* Boisson (parfois péjor.) : *Un infâme breuvage.*

brève [brɛv] **n.f.** (de *1. bref*). **1.** PHON. Voyelle qui, dans un système phonétique, se distingue d'une voyelle de même timbre par la durée moins importante de son émission (par opp. à *longue*). **2.** Courte information, de dernière heure ou peu importante.

brevet [brəvɛ] **n.m.** (dimin. de *2. bref*). **1.** Diplôme ou certificat délivré après examen par l'État, sanctionnant certaines études, attestant certaines aptitudes et donnant certains droits ; spécial., examen sanctionnant le premier cycle de l'enseignement secondaire : *Passer le brevet à la fin de la* *troisième.* **2.** En France, titre officiel délivré pour protéger une invention ou un procédé et pour en garantir à l'auteur l'exploitation exclusive pendant 20 ans (on dit aussi *brevet d'invention*) : *Déposer un brevet.* **3. Brevet d'études professionnelles** ⟶ **B.E.P.** / **Brevet de technicien supérieur** ⟶ **B.T.S.** / (Nom déposé). **Brevet informatique et Internet (B2I),** attestation validant l'aptitude à utiliser l'ordinateur et Internet, délivrée en fin d'école primaire, puis à la fin du premier et du second cycle de l'enseignement secondaire. / DR. **Acte en brevet,** acte notarié dont l'original est remis à l'intéressé (par opp. à la *minute,* qui est conservée par le notaire).

brevetabilité [brəvtabilite] **n.f.** (de *brevet*). Caractère de ce qui est brevetable : *La brevetabilité d'un logiciel.*

brevetable [brəvtabl] **adj.** Qui peut faire l'objet d'un dépôt de brevet : *Une molécule brevetable.*

breveté, e [brəvte] **adj.** et **n. 1.** Qui est titulaire d'un brevet : *Une technicienne brevetée* (syn. **diplômé, qualifié**). **2.** Qui est garanti par un brevet : *Invention brevetée.*

breveter [brəvte] **v.t.** [conj. **27**]. Protéger par un brevet d'invention : *Faire breveter un procédé.*

bréviaire [brevjɛr] **n.m.** (lat. ecclés. *breviarum,* du class. *brevis,* bref). **1.** Livre contenant les prières à lire chaque jour par les prêtres et les religieux catholiques ; l'ensemble de ces prières. **2.** *LITT.* Livre auquel on se réfère souvent et que l'on considère comme un guide, un modèle : *Il cite toujours ce roman qui est son bréviaire* (syn. **bible**).

Briand (Aristide), homme politique français (Nantes 1862 - Paris 1932). Militant socialiste, il fut vingt-cinq fois ministre (en particulier des Affaires étrangères) et onze fois chef de gouvernement à partir de 1909. Ardent pacifiste et partisan d'une politique de réconciliation avec l'Allemagne, il signa l'accord de Locarno (1925) et fut l'un des animateurs de la Société des Nations (S.D.N.). [Prix Nobel de la paix 1926.]

briard [brijar] **n.m.** (de *Brie*). Chien de berger français de la Brie, à poil long.

bribe [brib] **n.f.** (orig. onomat.). [Surtout au pl.]. **1.** Restes d'un repas ; petits morceaux d'un aliment : *Des bribes de gâteau* (syn. **miettes**). **2.** Fragment d'un tout : *Saisir seulement des bribes de conversation.*

bric-à-brac [brikabrak] **n.m. inv.** (de *bric,* onomat., et de sa var. *brac*). Amas d'objets divers, usagés ou en mauvais état, entassés n'importe comment : *Quel bric-à-brac dans cette maison !* (syn. **capharnaüm**).

de **bric et de broc** [brikedbrɔk] **loc. adv.** (de *bric,* onomat., et de sa var. *broc*). Avec des éléments de toute provenance : *Sa chambre est meublée de bric et de broc.*

brick [brik] **n.m.** (angl. *brig,* abrév. de *brigantin,* petit navire à deux mâts). Navire à voiles à deux mâts gréés à voiles carrées.

bricolage [brikɔlaʒ] **n.m. 1.** Action de bricoler ; son résultat : *Réserver une pièce pour le bricolage.* **2.** Réparation provisoire : *C'est du bricolage, ça ne tiendra pas longtemps.*

bricole [brikɔl] **n.f.** (it. *briccola,* machine de guerre). **1.** *FAM.* Chose sans importance : *Acheter des bricoles en souvenir* (syn. **babiole**). *Se plaindre pour une bricole* (syn. **bagatelle, broutille**). **2.** *FAM.* Ennui : *Si ça continue, il va t'arriver des bricoles.* **3.** Besogne insignifiante ; petit travail discontinu : *Il fait des bricoles pour un garagiste.*

bricoler [brikɔle] **v.i.** (de *bricole*). **1.** Faire des petites réparations, des aménagements de ses propres mains, chez soi ou à l'extérieur : *Ils passent leur dimanche à bricoler.* **2.** *FAM.* Gagner sa vie à des travaux peu rentables ; s'occuper à des riens : *Hier soir, il n'a fait que bricoler.* ◆ **v.t.** *FAM.* Réparer sommairement : *Bricoler un moteur.*

bricoleur, euse [brikɔlœr, -øz] **n.** et **adj.** Personne qui bricole.

B.R.I.C.S. (**Brazil, Russia, India, China, South Africa**), acronyme anglais désignant les cinq principales économies émergentes du monde. L'appellation B.R.I.C., apparue en 2001 en référence à quatre pays (Brésil, Russie, Inde, Chine), s'est transformée en B.R.I.C.S. en 2011 (intégration de l'Afrique du Sud).

bride [brid] **n.f.** (anc. haut all. *brittil* ; v. *bretelle*). **1.** Pièce de harnais placée sur la tête du cheval et comprenant le mors et les rênes : *Passer la bride à un cheval.* **2.** COUT. Suite de points de chaînette formant une boutonnière ou réunissant les parties d'une broderie. **3.** TECHN. Lien métallique en forme de collier pour unir ou consolider deux ou plusieurs pièces (syn. **collerette**). **4. À bride abattue, à toute bride,** très vite. / **Avoir la bride sur le cou,** pouvoir agir en toute liberté. / **Lâcher la bride à,** donner toute liberté à. / **Tenir qqn, qqch en bride,** contenir qqn, qqch : *Tenir ses instincts en bride* (= les refréner). / **Tenir la bride à qqn,** ne pas tout permettre à qqn : *Il tient la bride à ses enfants.* / **Tourner bride,** faire demi-tour.

bridé, e [bride] **adj.** (p. passé de *brider*). **Yeux bridés,** yeux aux paupières étirées latéralement.

brider [bride] **v.t. 1.** Passer la bride à (un cheval, un âne, etc.). **2.** Empêcher de se manifester ; réfréner : *Brider une imagination délirante* (syn. **freiner**). **3.** Limiter la puissance d'un moteur, d'une machine. **4.** Serrer trop : *Cette veste me bride un peu aux épaules.* **5.** MAR. Réunir (plusieurs cordages) avec un filin. **6.** Fixer deux ou plusieurs objets avec une bride métallique. **7. Brider une volaille,** la ficeler pour la faire cuire.

1. bridge [bridʒ] **n.m.** (mot anglo-amér., adaptation d'un mot levantin). Jeu de cartes qui se joue avec 52 cartes, entre deux équipes de deux joueurs : *Faire un bridge.*

2. bridge [bridʒ] **n.m.** (mot angl. « pont »). Appareil de prothèse dentaire en forme de pont entre deux dents saines pour remplacer des dents absentes ou consolider des dents mobiles.

bridger [bridʒe] **v.i.** [conj. **17**]. Jouer au bridge.

bridgeur, euse [bridʒœr, -øz] **n.** Personne qui joue au bridge.

brie [bri] **n.m.** Fromage fermenté à pâte molle, fabriqué dans la Brie.

Brie, région du Bassin parisien, entre la Marne et la Seine. (Hab. *Briards.*) C'est un plateau argileux, partiellement recouvert de limon, favorable aux cultures riches (blé, betteraves) et aux prairies (élevage). Les villes se concentrent surtout dans les vallées : *Melun, Château-Thierry, Meaux, Coulommiers.*

briefer [brife] **v.t.** (de *briefing*). *FAM.* Mettre au courant, renseigner par un bref exposé.

briefing [brifiŋ] **n.m.** (mot angl.). **1.** Réunion d'information avant une mission aérienne pour donner aux équipages les dernières instructions. **2.** Réunion d'un groupe de travail pour définir ses objectifs, ses méthodes.

Brière ou **Grande Brière (la),** région marécageuse de la Loire-Atlantique, au nord de Saint-Nazaire. (Hab. *Briérons.*) Parc naturel régional (env. 49 000 ha).

brièvement [brijɛvmɑ̃] **adv.** (de *brief,* forme anc. de *1. bref*). En peu de mots ; de manière très succincte : *Racontez-moi brièvement ce qui s'est passé.*

brièveté [brijɛvte] **n.f.** (de *brief,* forme anc. de *1. bref*). Courte durée d'une action, d'un état : *Brièveté d'une visite.*

brigade [brigad] **n.f.** (it. *brigata,* troupe, de *briga,* bande, compagnie). **1.** Unité interarmes à prédominance de chars ou d'infanterie : *Brigade de chars.* **2.** DR. Corps de police spécialisé dans un domaine particulier : *Brigade des mineurs. Brigade antigang.* **3.** Équipe d'ouvriers, d'employés qui travaillent ensemble sous la surveillance d'un chef. **4. Brigade de gendarmerie,** la plus petite unité de cette arme, installée dans chaque chef-lieu de canton.

1. brigadier, ère [brigadje, -ɛr] **n.** (de *brigade*). **1.** Dans l'arme blindée, le train et l'artillerie, grade équivalant à celui de caporal. **2.** Chef d'une brigade de gendarmerie.

2. brigadier [brigadje] **n.m.** Au théâtre, bâton servant à frapper les trois coups.

brigadier-chef, brigadière-chef [brigadjeʃɛf, brigadjɛrʃɛf] **n.** (pl. *brigadiers-chefs, brigadières-chefs*). Militaire d'un grade intermédiaire entre ceux de brigadier et de maréchal des logis.

brigand [brigɑ̃] **n.m.** (it. *brigante,* qui va en troupe, de *briga* ; v. *brigade*). **1.** Personne malhonnête, sans aucun scrupule : *Ce banquier est un brigand* (syn. **voleur**). **2.** Autref., personne qui volait et pillait à main armée : *Des brigands attaquaient souvent les diligences* (syn. **malandrin**).

brigandage [brigɑ̃daʒ] **n.m.** Vol à main armée commis génér. par des bandes organisées : *Actes de brigandage.*

Brighton, v. de Grande-Bretagne ; 134 293 hab. Station balnéaire et ville de congrès sur la Manche. Ensemble urbain d'époque Regency (début du XIXe s.).

brigue [brig] **n.f.** (it. *briga,* lutte, querelle). LITT. Manœuvre, ruse pour triompher d'un concurrent : *Obtenir une promotion à force de brigue* (syn. **intrigue**).

briguer [brige] **v.t.** (de *brigue*). Souhaiter ardemment ; chercher à obtenir : *Briguer un poste* (syn. **convoiter**).

brillamment [brijamɑ̃] **adv.** De façon brillante : *Être reçu brillamment à un concours.*

brillance [brijɑ̃s] **n.f. 1.** LITT. Qualité de ce qui brille ; éclat lumineux : *La brillance des cheveux d'un bébé.* **2.** PHYS. Syn. anc. de *luminance.*

brillant, e [brijɑ̃, -ɑ̃t] **adj. 1.** Qui brille ; qui est lumineux : *La surface brillante d'un lac* (syn. **miroitant**). **2.** Qui séduit, qui se fait remarquer par son intelligence, son aisance, etc. : *Une étudiante très brillante.* ◆ **brillant n.m. 1.** Qualité de ce qui brille : *Le brillant des chromes* (syn. **éclat, lustre**). **2.** Diamant arrondi, taillé à 57 ou 58 facettes pour être monté en bijou.

brillantine [brijɑ̃tin] **n.f.** (de *brillant*). Gel parfumé utilisé pour donner forme et brillant aux cheveux.

briller [brije] **v.i.** (it. *brillare,* probabl. du lat. *beryllus,* béryl). **1.** Émettre ou réfléchir une vive lumière ; être lumineux : *La mer brille au soleil* (syn. **scintiller**). *Le diamant brille* (syn. **étinceler**). **2.** Manifester, exprimer avec beaucoup d'intensité : *Des yeux qui brillent de joie* (syn. **rayonner**). **3.** Se faire remarquer par une qualité particulière : *Elle brille par son intelligence.*

Brillouin (Léon), physicien français (Sèvres 1889 - New York 1969). Spécialiste de physique quantique, il a imaginé les « zones de Brillouin », notion fondamentale dans la théorie des semi-conducteurs, et a mis en évidence l'analogie entre l'information et l'entropie, créant aussi le concept de « néguentropie ».

brimade [brimad] **n.f.** (de *brimer*). **1.** Épreuve ou plaisanterie que les anciens imposent aux nouveaux dans certaines écoles, à l'armée, etc. **2.** Mesure vexatoire provenant de qqn qui veut faire sentir son autorité : *Subir les brimades de son supérieur* (syn. **vexation**).

brimbaler [brɛ̃bale] **v.t.** et **v.i.** (formation expressive, p.-ê. d'un croisement de *brimbe,* anc. forme de *bribe,* et de *trimbaler*). Syn. vieilli de *bringuebaler.*

brimborion [brɛ̃bɔrjɔ̃] **n.m.** (lat. ecclés. *breviarium* [prononcé *brébarion*], bréviaire, avec infl. de *bribe*). SOUT. Petit objet de peu de valeur.

brimer [brime] **v.t.** (mot de l'Ouest, d'abord « geler », de *brime,* var. de *brume*). **1.** Soumettre à des brimades : *Les femmes sont souvent brimées dans le monde du travail* (syn. **défavoriser**). **2. Se sentir brimé,** éprouver un sentiment d'injustice, de frustration, fondé ou non.

brin [brɛ̃] **n.m.** (orig. obsc.). **1.** Petite partie d'une chose mince et allongée ; petite tige : *Un brin de paille* (syn. **fétu**). *Un brin de muguet.* **2.** Fil qui, tordu avec d'autres, forme un câble ou un cordage : *Une ficelle à trois brins.* **3.** FAM. **Un beau brin de fille,** une belle fille. / FAM. **Un brin de, un brin** (+ adj.), une petite quantité de ; un petit peu : *Faire un brin de toilette. Il est un brin dérangé.*

brindille [brɛ̃dij] **n.f.** (de *brin*). Branche très mince et légère ; morceau de branche sèche : *Un feu de brindilles.*

1. bringue [brɛ̃g] **n.f.** (var. région. de *brinde,* toast à la santé de qqn, de l'all. *ich bringe dir's,* je le porte à toi [le toast]). FAM. Sortie entre amis pour s'amuser, manger, boire : *Faire une bringue à tout casser. Faire la bringue.*

2. bringue [brɛ̃g] **n.f.** (probabl. de *brin*). FAM. **Grande bringue,** fille ou femme grande et dégingandée.

bringuebaler [brɛ̃gbale] et **brinquebaler** [brɛ̃kbale] **v.t.** et **v.i.** (v. *brimbaler*). Secouer de droite à gauche ; se balancer : *Les valises bringuebalent à tous les cahots de l'autocar.*

brio [brijo] **n.m.** (mot it., d'orig. gaul.). **1.** Vivacité brillante, entrain : *Raconter une histoire avec brio* (syn. **éclat, verve**). **2.** Technique, interprétation brillante : *Pianiste qui joue une sonate avec brio* (syn. **virtuosité**).

brioche [brijɔʃ] **adj.** (de *brier,* var. normande de *broyer*). **1.** Pâtisserie légère, à base de farine, de levure, de beurre et d'œufs, le plus souvent en forme de boule surmontée d'une boule plus petite. **2.** FAM. Ventre rebondi : *Il commence à avoir de la brioche.*

brioché, e [brijɔʃe] **adj.** Qui se rapproche de la brioche par son goût et sa consistance : *Pain brioché.*

brique [brik] **n.f.** (néerl. *bricke* [cf. all. *brechen,* briser]). **1.** Matériau de construction à base d'argile, moulé mécaniquement et cuit au four, en forme de parallélépipède rectangle : *Brique pleine, creuse.* **2.** Emballage en forme de brique ; produit présenté sous cette forme : *Une brique de jus de fruits.* **3.** FAM., VIEILLI. Un million de centimes. **4. Brique de verre,** pavé en verre épais. ◆ **adj. inv.** et **n.m.** De couleur rougeâtre : *Des gants brique.*

briquer [brike] **v.t.** (de *brique*). FAM. Nettoyer à fond, astiquer : *Briquer le plancher* (syn. **fourbir, récurer**).

briquet [brikɛ] **n.m.** (de *brique,* morceau). Petit appareil servant à produire du feu : *Briquet à gaz.*

briqueterie [brikɛtri] **n.f.** Usine où l'on fabrique des briques.

briquette [brikɛt] **n.f.** Brique faite avec de la tourbe ou des poussières de charbon agglomérées, servant de combustible.

bris [bri] **n.m.** (de *briser*). DR. Fracture illégale et intentionnelle d'une clôture, de scellés.

brisant [brizɑ̃] **n.m.** (de *briser*). Écueil sur lequel la houle déferle. ◆ **brisants n.m. pl.** Lames qui se brisent sur un écueil.

Brisbane, port d'Australie, cap. du Queensland ; 2 065 996 hab. Centre industriel.

briscard [briskar] **n.m.** (de *brisque,* carte à jouer, d'orig. obsc.). **1.** HIST. Soldat chevronné. **2.** FAM. **Un vieux briscard,** un homme d'expérience, astucieux et retors. *Rem.* On écrit parfois *brisquard.*

brise [briz] **n.f.** (catalan *brisa,* d'orig. obsc.). Petit vent frais peu violent : *Une brise matinale.*

brisé, e [brize] **adj.** (p. passé de *briser*). **1.** Qui peut se replier sur lui-même, en parlant d'un volet ou d'un vantail de porte. **2. Ligne brisée,** suite de segments de droites distinctes, telle que l'extrémité de l'un constitue l'origine du suivant. / **Pâte brisée,** pâte faite d'un mélange de beurre et de farine. / ARCHIT. **Arc brisé,** arc à deux branches concaves se rejoignant en pointe au faîte. ◆ **brisé n.m.** CHORÉGR. Glissade battue.

brisées [brize] **n.f. pl.** (de *brisé*). SOUT. **Aller sur les brisées de qqn,** rivaliser, entrer en concurrence avec lui.

brise-fer [brizfɛr] **n. inv.** FAM. Enfant turbulent et peu soigneux : *Cette brise-fer a tout cassé.*

brise-glace ou **brise-glaces** [brizglas] **n.m. inv. 1.** Navire équipé d'une étrave renforcée pour briser la glace et frayer un passage dans les mers arctiques. **2.** Construction en amont d'une pile de pont et servant à la protéger des glaces flottantes.

brise-jet [brizʒɛ] **n.m** (pl. *brise-jets* ou inv.). Embout que l'on adapte à un robinet pour atténuer la force du jet.

brise-lames [brizlam] **n.m. inv.** Ouvrage construit à l'entrée d'un port ou d'une rade pour les protéger contre la houle du large en cas de tempête.

brise-mottes [brizmɔt] **n.m. inv.** Rouleau à disques qui sert à écraser les mottes de terre.

briser [brize] **v.t.** (lat. pop. **brisare,* d'orig. gaul.). **1.** Mettre en pièces : *Briser une carafe en cristal* (syn. **casser**). **2.** Venir à bout de ; faire céder : *Briser la résistance de l'ennemi* (syn. **triompher de, vaincre**). **3.** Faire cesser subitement, mettre un terme à : *Briser la carrière d'un homme politique* (syn. **détruire, ruiner**). **4.** Interrompre assez brutalement : *Briser un entretien* (syn. **rompre**). **5. Briser des chaussures,** les assouplir quand elles sont neuves. / **Briser le cœur à qqn,** lui faire une peine profonde. / **Briser une grève,** la faire échouer en ne s'y associant pas ou en contraignant par acte d'autorité les grévistes à reprendre le travail. ◆ **v.t. ind. Briser avec qqn,** cesser toute relation avec lui, rompre. / *SOUT.* **Brisons là,** mettons fin à cette discussion. ◆ **se briser v.pr. 1.** Être mis en pièces : *La vitrine se brisa sous le choc* (syn. **se casser**). **2.** Se diviser en heurtant : *Les vagues se brisent sur les rochers.* **3.** Être détruit : *Tous nos efforts se sont brisés sur son refus.*

brise-tout [briztu] **n. inv.** *FAM.* Personne qui casse par maladresse tout ce qu'elle touche.

briseur, euse [brizœr, -øz] **n. 1.** *LITT.* Personne qui brise qqch : *Les briseurs de vitrines ont été appréhendés* (syn. **casseur**). **2. Briseur de grève,** personne qui travaille dans une entreprise alors que les autres sont en grève (syn. **jaune**).

Brissot de Warville (Jacques Pierre Brissot, dit**),** journaliste et homme politique français (Chartres 1754 - Paris 1793). Député à l'Assemblée législative, il milita en faveur de la guerre. Réélu à la Convention, il s'affirma comme l'un des chefs des Girondins *(brissotins)* et fut guillotiné par les Jacobins, qui évincèrent ceux-ci du pouvoir.

bristol [bristɔl] **n.m.** (de *Bristol,* v. d'Angleterre). **1.** Carton plus ou moins épais, fortement satiné, de qualité supérieure. **2.** *VIEILLI.* Carte de visite ou d'invitation.

Bristol, port de Grande-Bretagne, près du *canal de Bristol ;* 428 234 hab. (551 066 hab. dans l'agglomération). Cathédrale et église St Mary Redcliffe, gothiques.

brisure [brizyr] **n.f.** Fente, fêlure dans un objet brisé ; fragment d'objet brisé : *Les brisures d'une glace* (syn. **éclat, morceau**). ◆ **brisures n.f. pl.** Fragments de grains utilisés pour l'alimentation animale : *Des brisures de riz.*

Britannicus (Tiberius Claudius), fils de Claude et de Messaline (41 apr. J.-C. ? - 55). Héritier présomptif de l'Empire, il fut écarté par la seconde femme de Claude, Agrippine, qui fit adopter par l'empereur son fils Néron. Ce dernier le fit empoisonner. Son histoire inspira une tragédie de Racine, *Britannicus* (1669).

britannique [britanik] **adj.** et **n.** (lat. *britannicus*). De Grande-Bretagne : *Les intérêts britanniques dans le monde.*

britannique ***(Empire),*** ensemble des territoires ayant reconnu la souveraineté de la Couronne britannique jusqu'à la mise en place du Commonwealth en 1931. Dès la fin du XVe s., l'Angleterre, dépossédée de ses territoires continentaux, se tourne vers la mer, à la recherche de nouveaux marchés commerciaux.

1497. Voyage de J. Cabot aux environs de Terre-Neuve.

1577-1580. F. Drake effectue le premier voyage anglais de circumnavigation.

La colonisation des territoires (côte atlantique de l'Amérique du Nord, Antilles) débute au XVIIe s., renforcée par l'arrivée des communautés religieuses réprimées par le gouvernement anglais.

1600. Fondation de la Compagnie des Indes orientales.

1606. Fondation de la Virginie.

1620. Les Pères Pèlerins fondent Plymouth (auj. au Massachusetts), premier établissement de la Nouvelle-Angleterre.

1664. Conquête de La Nouvelle-Amsterdam (future New York).

Dès la fin du XVIIe s., les 13 colonies d'Amérique du Nord sont constituées et l'Angleterre possède quelques comptoirs en Inde (Madras, Bombay, Calcutta). Les nombreux conflits qui l'opposent à l'Espagne et à la France lui permettent d'accroître ses colonies à leurs dépens.

1713. Acquisition de Gibraltar et de territoires canadiens (traité d'Utrecht).

1763. Le traité de Paris lui donne le reste de l'Amérique française au N. et à l'E. du Mississippi et plusieurs îles des Antilles. Dès le deuxième tiers du XVIIe s., l'Angleterre a définitivement supplanté la France en Inde.

1783. Indépendance des 13 colonies d'Amérique (traité de Versailles).

Maîtresse des mers depuis Trafalgar (1805), la Grande-Bretagne se trouve en 1815 en possession d'un gigantesque empire. Ayant pris pied dès la fin du XVIIIe s. en Australie, en Afrique et dans l'Asie du Sud-Est, elle poursuit ses conquêtes tout au long du XIXe s., tout en accordant un gouvernement représentatif aux colonies blanches de l'Empire.

1807. Abolition de la traite des Noirs.

1842. Acquisition de Hongkong.

1843. Conquête du Natal.

1869. Ouverture du canal de Suez.

Des hommes politiques tels que Disraeli, Chamberlain et Churchill, chantres de l'impérialisme britannique, poursuivent l'entreprise de colonisation, notamment en Afrique, où les Britanniques cherchent à relier les villes du Cap et du Caire.

1876. La reine Victoria couronnée impératrice des Indes.

1879. Conquête du Nigeria.

1899. Création de la British South Africa Company dirigée par Cecil Rhodes.

1900-1902. Conquête des Républiques boers de l'Orange et du Transvaal.

Au début du XXe s., l'Australie, la Nouvelle-Zélande et l'Union sud-africaine reçoivent le statut de dominion, déjà accordé au Canada. À la fin de la Première Guerre mondiale, la Couronne britannique se voit confier l'administration des anciennes colonies des Empires vaincus, principalement en Afrique et au Moyen-Orient. L'Empire est à son apogée.

1931. Statut de Westminster consacrant l'indépendance des dominions.

Le Commonwealth succède à l'Empire.

Britanniques ***(îles),*** ensemble formé par la Grande-Bretagne (et ses dépendances) et l'Irlande.

Britten (Benjamin), compositeur britannique (Lowestoft 1913 - Aldeburgh 1976). Il a fondé l'English Opera Group et le festival d'Aldeburgh. Il a composé des opéras (*Peter Grimes,* 1945 ; *The Turn of the Screw,* 1954), l'oratorio *The Prodigal Son* (1968), la cantate *War Requiem* (1962), etc. Son œuvre, très personnelle, est représentative d'un certain esprit britannique.

Brive-la-Gaillarde, ch.-l. d'arr. de la Corrèze, sur la Corrèze ; 48 719 hab. *(Brivistes).* Constructions mécaniques et électriques. Papeterie. Église des XIIe-XIVe s. Musée.

Brno, en all. **Brünn,** v. de la République tchèque, cap. de la Moravie ; 378 965 hab. Foire internationale. Monuments du Moyen Âge à l'époque baroque. Musées.

broc [bro] **n.m.** (mot de l'anc. prov., du gr. *brokhis,* pot). Récipient haut, à col resserré et à bec muni d'une anse latérale, pour le transport des liquides : *Un broc à eau.*

Broca (Paul), chirurgien et anthropologue français (Sainte-Foy-la-Grande 1824 - Paris 1880), fondateur de l'École d'anthropologie. Il a étudié le cerveau et le langage. Sa découverte, en 1861, d'une lésion cérébrale de l'aphasie motrice (trouble de l'expression orale) est à l'origine des recherches de la localisation des différentes fonctions du cerveau.

brocante [brɔkɑ̃t] **n.f. 1.** Commerce, métier de brocanteur : *Il vide les greniers pour son magasin de brocante.* **2.** Ensemble d'objets d'occasion : *La foire à la brocante.*

brocanteur, euse [brɔkɑ̃tœr, -øz] **n.** (de *brocanter,* faire commerce d'objets anciens, probabl. de l'anc. haut all. *brocko,* morceau). Personne qui achète et revend des objets usagés : *Acheter un coffre chez la brocanteuse.*

brocard [brɔkar] **n.m.** (de *Burchardus,* n. d'un juriste du XIe s.). LITT. Raillerie offensante : *Sa vanité l'expose aux brocards* (syn. **moquerie, quolibet**).

brocarder [brɔkarde] **v.t.** LITT. Couvrir de brocards : *Brocarder les passants* (syn. **persifler, railler**).

brocart [brɔkar] **n.m.** (it. *broccato,* tissu broché). Étoffe brochée de soie, d'or ou d'argent.

Broch (Hermann), écrivain autrichien (Vienne 1886 - New Haven, Connecticut, 1951). Son œuvre romanesque est une méditation sur l'évolution de la société allemande et sur le sens de l'œuvre littéraire (*les Somnambules,* 1931-1932 ; *la Mort de Virgile,* 1945).

brochage [brɔʃaʒ] **n.m. 1.** Action de brocher les livres ; son résultat. **2.** Procédé de tissage faisant apparaître sur un tissu de fond certains motifs décoratifs à l'aide de trames supplémentaires.

broche [brɔʃ] **n.f.** (lat. pop. *brocca,* pointe, du class. *brochus,* saillant). **1.** Bijou muni d'une épingle permettant de l'agrafer sur un vêtement, un foulard, etc. **2.** Tige de fer pointue sur laquelle on enfile une viande pour la faire rôtir : *Un poulet cuit à la broche.* **3.** Tige métallique recevant une bobine sur un métier à filer ; ensemble mécanique dont elle fait partie. **4.** CHIR. Instrument pour maintenir les os fracturés. **5.** ÉLECTR. Partie mâle d'une prise de courant, d'un culot de lampe, etc.

broché [brɔʃe] **n.m.** Étoffe tissée selon le procédé du brochage.

brocher [brɔʃe] **v.t.** (de *broche*). **1.** Plier, assembler, coudre et couvrir les feuilles imprimées qui forment un livre. **2.** Tisser une étoffe de fils d'or, de soie, etc., pour faire apparaître des dessins en relief sur le fond uni. **3.** SOUT. **Et, brochant sur le tout,** se dit de ce qui s'ajoute à tout le reste pour mettre le comble à qqch de désagréable.

brochet [brɔʃɛ] **n.m.** (de *broche,* en raison de la forme de ses mâchoires). Poisson d'eau douce très vorace, aux mâchoires garnies de plusieurs centaines de dents. ▶ Famille des ésocidés ; il peut atteindre 1 m de long.

brochette [brɔʃɛt] **n.f. 1.** Petite broche sur laquelle on enfile des morceaux de viande, de poisson, d'oignon, etc., pour les faire griller : *Des brochettes d'agneau.* **2.** Ce qui grille sur la brochette : *Manger des brochettes.* **3.** FAM. **Une brochette de** (+ n. pl.), une rangée, un groupe de : *Une brochette de décorations. Une brochette de notables.*

brocheur, euse [brɔʃœr, -øz] **n.** Personne qui broche les livres.

brochure [brɔʃyr] **n.f. 1.** Livre, petit ouvrage broché : *Une brochure de poèmes* (syn. **opuscule, plaquette**). **2.** Activité industrielle ou artisanale consistant à brocher les livres. **3.** Dessin broché sur une étoffe.

brocoli [brɔkɔli] **n.m.** (de l'it. *broccolo*). Chou-fleur vert originaire du sud de l'Italie.

brodequin [brɔdkɛ̃] **n.m.** (de l'anc. fr. *broissequin* [n. d'une étoffe], d'orig. obsc., altéré sous l'infl. de *broder*). **1.** Forte chaussure, à tige montant au-dessus de la cheville, pour le travail ou la marche. **2.** ANTIQ. Chaussure des personnages de comédie.

broder [brɔde] **v.t.** (frq. **brozdôn*). Orner de dessins, de motifs en relief, à l'aiguille ou à la machine : *Broder une nappe, des initiales sur un mouchoir.* ◆ **v.i.** Donner plus d'ampleur à un récit en y ajoutant des détails : *Raconter ses vacances en brodant un peu* (syn. **embellir, exagérer**).

broderie [brɔdri] **n.f.** Art d'exécuter à l'aiguille ou à la machine des motifs ornementaux (dessins, lettres, etc.) sur une étoffe servant de support ; ces motifs : *Faire de la broderie. Un chemisier en broderie anglaise.*

brodeur, euse [brɔdœr, -øz] **n.** Personne qui brode.

Broglie (*ducs* **de)** [brɔj], famille française originaire du Piémont, dont les membres les plus illustres sont : • **Victor** (Paris 1785 - *id.* 1870), président du Conseil (1835-1836) de Louis-Philippe ; • **Albert,** fils du précédent (Paris 1821 - *id.* 1901), chef de l'opposition monarchique sous la IIIe République. Après la chute de Thiers, à laquelle il contribua, il fut président du Conseil (1873-1874 et 1877) et incarna l'Ordre moral ; • **Maurice,** physicien français (Paris 1875 - Neuilly-sur-Seine 1960), petit-fils du précédent. Il s'est consacré à l'étude des spectres de rayons X, imaginant la méthode du cristal tournant. En 1921, il a découvert l'*effet photoélectrique nucléaire* ; • son frère, le *prince,* puis *duc* **Louis de Broglie** (Dieppe 1892 - Louveciennes 1987), est également physicien. S'appuyant sur la conception de Planck et d'Einstein associant des grains de lumière (photons) à une onde lumineuse et sur les propriétés relativistes de transformation de l'énergie et de la quantité de mouvement, il émit l'hypothèse du caractère ondulatoire des particules. Celle-ci fut confirmée en 1927 avec la mise en évidence de la diffraction des électrons. La « mécanique ondulatoire » ainsi fondée par L. de Broglie et perfectionnée par Schrödinger est, avec la « mécanique des matrices » de Heisenberg, à l'origine de la mécanique quantique. (Prix Nobel 1929.)

brome [brom] **n.m.** (gr. *brômos,* puanteur). CHIM. Non-métal liquide rouge foncé, analogue au chlore, bouillant vers 60 °C et donnant des vapeurs rouges et suffocantes. ▶ Symb. Br.

broméliacée [brɔmeljase] **n.f.** (du n. du botaniste suéd. *Bromel*). **Broméliacées,** famille de plantes monocotylédones des pays tropicaux, souvent épiphytes, comprenant notamm. l'ananas.

bromique [brɔmik] **adj. Acide bromique,** acide oxygéné du brome. ▶ Formule : $HBrO_3$.

bromure [brɔmyr] **n.m. 1.** Combinaison du brome avec un corps simple. ▶ Certains bromures ont des propriétés sédatives et hypnotiques. **2.** Papier photographique au bromure d'argent ; épreuve de photogravure ou de photocomposition sur ce papier.

bronche [brɔ̃ʃ] **n.f.** (gr. *bronkhia*). Conduit faisant suite à la trachée et permettant à l'air de parvenir aux poumons : *Avoir les bronches fragiles, encombrées.*

broncher [brɔ̃ʃe] **v.i.** (lat. pop. **bruncare,* trébucher, d'orig. obsc.). **1.** Manifester son désaccord, sa mauvaise humeur par des paroles ou des gestes : *Il a fait son travail sans broncher* (syn. **murmurer**). *Dans sa classe, personne n'ose broncher* (syn. **bouger**). **2.** Faire un faux pas, en parlant d'un cheval (syn. **trébucher**).

bronchiole [brɔ̃ʃjɔl] **n.f.** Ramification terminale des bronches.

bronchique [brɔ̃ʃik] **adj.** Des bronches : *Les veines bronchiques.*

bronchite [brɔ̃ʃit] **n.f.** Inflammation des bronches.

bronchiteux, euse [brɔ̃ʃitø, -øz] **adj.** et **n.** Sujet à la bronchite.

bronchitique [brɔ̃ʃitik] **adj.** et **n.** Atteint de bronchite.

bronchodilatateur, trice [brɔ̃kɔdilatatœr, -tris] **n.m.** et **adj.** PHARM. Substance provoquant une augmentation du diamètre des bronches, ce qui diminue la gêne respiratoire au cours de l'asthme et de la bronchite chronique.

broncho-pneumonie [brɔ̃kɔpnømɔni] **n.f.** (pl. *broncho-pneumonies*). Grave infection respiratoire atteignant les bronchioles et les alvéoles pulmonaires. ▶ La broncho-pneumonie, maladie infectieuse, est à distinguer des affections non infectieuses des bronches *(broncho-pneumopathies),* dont l'asthme fait partie.

Brønsted (Johannes Nicolaus), chimiste danois (Varde, Jylland, 1879 - Copenhague 1947). Il a apporté une importante contribution à l'étude cinétique des réactions chimiques et à la thermodynamique des solutions. Avec sa définition des couples acide-base, il a renouvelé la théorie des ions d'Arrhenius.

Brontë (les), femmes de lettres britanniques. Ce sont trois sœurs qui menèrent une courte existence dans un presbytère campagnard, sans aucune expérience de la vie, et qui ont bouleversé le roman anglais : • **Charlotte** (Thornton 1816 - Haworth 1855), qui introduisit dans la littérature anglaise un type de personnalité féminine avec ses exigences passionnelles et sociales (*Jane Eyre,* 1848) ; • **Emily** (Thornton 1818 - Haworth 1848), qui campa des personnages excessifs dans le roman lyrique *les Hauts de Hurlevent* (1847) ; • **Anne** (Thornton 1820 - Scarborough 1849), qui fit passer son angoisse métaphysique dans des récits didactiques et moraux (*Agnes Grey,* 1847).

brontosaure [brɔ̃tɔzɔr] **n.m.** (du gr. *brontê,* tonnerre, et *saura,* lézard). Gigantesque dinosaure herbivore du secondaire, au très long cou (syn. **apatosaure**). ▶ Long. 20 m.

bronzage [brɔ̃zaʒ] **n.m.** Action de faire bronzer son corps ; coloration brune de la peau qui en résulte : *Séance de bronzage. Un bronzage uniforme.*

bronzant, e [brɔ̃zɑ̃, -ɑ̃t] **adj.** Se dit d'un produit qui accélère le bronzage : *Crème, huile bronzante.*

bronze [brɔ̃z] **n.m.** (it. *bronzo,* d'orig. obsc.). **1.** Alliage de cuivre et d'étain à forte proportion de cuivre : *Pendulette de bronze.* **2.** Objet d'art en bronze : *Une collection de bronzes.* **3. Âge du bronze,** période préhistorique au cours de laquelle s'est diffusée la métallurgie du bronze (IIIe millénaire), précédant l'âge du fer (v. 1000 av. J.-C.).

■ **Diffusion de la métallurgie du bronze.** L'âge du bronze suit le chalcolithique. La diffusion du bronze se fait à partir de plusieurs foyers : dès le VIe millénaire en Anatolie et dès 5000 av. notre ère dans les Balkans. Ces régions conserveront leur avance, et la fonte avec alliage sera pratiquée dès 4000 av. notre ère en Asie occidentale et, avec les premiers pharaons, en Égypte. À partir du IIIe millénaire, la civilisation du bronze est florissante en Grèce, en Crète et dans les Cyclades, v. 2600 av. notre ère dans le sud de l'Espagne ou en Italie du Nord, alors qu'elle n'apparaît que v. 2200 en Europe occidentale.

La société à l'âge du bronze. Si, selon les régions, l'âge du bronze débute à des époques différentes, partout il engendre les mêmes phénomènes de société : accroissement de la population, société fortement hiérarchisée, spécialisation avec probable caste des forgerons, développement des agglomérations, le plus souvent soigneusement fortifiées, et fabrication d'armes. Avec la métallurgie, pour la première fois, l'homme va produire en série et de façon mécanique des armes très efficaces, dont poignards, haches puis épées seront les plus fréquentes. La recherche des métaux d'alliage, notamment l'étain, est à l'origine de l'ouverture de nouvelles routes commerciales et de la prospérité de certaines régions (Armorique, Wessex, Europe centrale, Scandinavie, etc.).

Rites et symboles. Incinération et inhumation se retrouvent dans les modes de sépultures, effectuées souvent sous tumulus et accompagnées de riches mobiliers funéraires, support de l'expression artistique de l'époque. La symbolique liée au néolithique (fécondité avec statuettes féminines), sans être abandonnée (Stonehenge conçu pour le culte solaire est réaménagé), privilégie le taureau et des thèmes plus guerriers (stèles et statues menhirs de Corse), alors que les gravures rupestres du Val Camonica en Italie ou celles du mont Bégo dans la vallée des Merveilles témoignent de préoccupations fondées sur l'arme, le char, la roue, le cheval et l'araire. ■

bronzé, e [brɔ̃ze] **adj.** et **n.** Dont la peau a été brunie par le soleil (syn. **hâlé, tanné**).

bronzer [brɔ̃ze] **v.t.** (de *bronze*). **1.** Donner à la peau une coloration brune : *Le soleil avait bronzé son visage* (syn. **brunir, hâler**). **2.** Donner l'aspect ou la couleur du bronze à un objet. ◆ **v.i.** Être, devenir brun de peau par exposition aux rayons ultraviolets naturels (soleil) ou artificiels.

Brook (Peter), metteur en scène de théâtre et cinéaste britannique (Londres 1925). Séduit tant par Brecht que par Artaud, créateur à Paris du Centre international de recherches – puis : créations – théâtrales (1970), installé au théâtre des Bouffes-du-Nord (qu'il dirige, avec Micheline Rozan, de 1974 à 2010), il a réinterprété le répertoire shakespearien tout en expérimentant d'autres formes d'expression (créations collectives, théâtre de rue, improvisation). En 1985, il a présenté une version scénique de la grande épopée indienne *le Mahabharata.*

Brooks (Louise), actrice américaine (Cherryvale, Kansas, 1906 - Rochester, État de New York, 1985). Elle dut ses grands rôles à G. W. Pabst, qui en fit l'héroïne de *Loulou* (1929) et du *Journal d'une fille perdue* (1929). Elle abandonna le cinéma en 1938.

brossage [brɔsaʒ] **n.m.** Action de brosser ; son résultat.

brosse [brɔs] **n.f.** (lat. pop. **bruscia,* du class. *bruscum,* nœud de l'érable). **1.** Ustensile formé d'une monture en bois, en plastique, etc., portant des poils, des filaments plus ou moins souples et utilisé pour nettoyer, polir, frotter, etc. : *Brosse à dents, à habits.* **2.** Pinceau d'artiste peintre, plat et large, aux poils d'égale longueur. **3.** Pinceau de peintre en bâtiment, rond et large, en fibres assez grosses et d'égale longueur. **4. Cheveux en brosse,** cheveux coupés court et droit.

Brosse (Salomon de), architecte français (Verneuil-en-Halatte v. 1571 - Paris 1626). Apparenté aux Du Cerceau, il construisit plusieurs châteaux, le palais du Luxembourg à Paris (v. 1615) et entreprit le palais du parlement de Rennes, œuvres annonciatrices du classicisme par le sens des grandes masses qu'elles manifestent.

brosser [brɔse] **v.t. 1.** Frotter avec une brosse pour nettoyer, faire briller, enlever les poils, etc. : *Brosser des chaussures, un manteau.* **2.** Peindre, ébaucher (un tableau) avec la brosse : *Brosser une toile, un paysage.* **3.** FIG. **Brosser un tableau,** dépeindre à grands traits : *Il a brossé un tableau de la situation politique.* ◆ **se brosser v.pr. 1.** Frotter ses vêtements avec une brosse. **2.** Frotter, nettoyer une partie de son corps : *Se brosser les dents.* **3.** FAM. Devoir se passer de qqch que l'on était sûr d'obtenir : *Il comptait sur une prime, il peut toujours se brosser !*

brosserie [brɔsri] **n.f.** Fabrication, commerce de brosses, de balais, de pinceaux, etc.

Brossolette (Pierre), professeur et journaliste français (Paris 1903 - *id.* 1944). Socialiste, résistant de la première heure, il fut arrêté, torturé, et se suicida pour ne pas parler.

Brotonne *(forêt de),* forêt de la Seine-Maritime, dans un méandre de la Seine (partie du parc naturel régional des Boucles de la Seine normande).

brou [bru] **n.m.** (de *brout,* var. de l'anc. fr. *brost ;* v. *brouter*). **1.** Enveloppe verte des fruits à écale. **2. Brou de noix,** liquide brun tiré du brou de la noix : *Le brou de noix est utilisé en ébénisterie pour teinter les bois clairs.*

Brouckère (Charles de), homme politique belge (Bruges 1796 - Bruxelles 1860). Il joua un rôle important lors de la révolution belge (1830) et occupa plusieurs postes ministériels.

brouet [bruɛ] **n.m.** (anc. haut all. *brod,* bouillon). LITT. Aliment grossier, presque liquide.

brouette [bruɛt] **n.f.** (lat. *birota,* véhicule à deux roues). Petite caisse évasée, montée sur une roue et munie de deux brancards, servant au transport, à bras d'homme, de petites charges : *Une brouette de jardinier.*

brouettée [bruete] **n.f.** Contenu d'une brouette : *Une brouettée de sable.*

brouetter [bruete] **v.t.** Transporter dans une brouette : *Nous avons brouetté les gravats jusqu'au camion.*

brouhaha [bruaa] **n.m.** (onomat.). Bruit de voix confus et tumultueux émanant d'une foule : *Sur le quai de la gare résonnait un immense brouhaha* (syn. **tapage**).

brouillage [brujaʒ] **n.m.** Superposition à un signal radioélectrique (une émission de radio, par ex.) de signaux différents qui le rendent inaudible.

brouillamini [brujamini] **n.m.** (altér., sous l'infl. de *brouiller,* du bas lat. *boli armenii,* pilule d'Arménie). FAM. Désordre ; confusion ; complication inextricable : *Démêler le brouillamini d'une affaire* (syn. **imbroglio**).

1. brouillard [brujar] **n.m.** (de l'anc. fr. *broue,* de même orig. que *brouet*). **1.** Concentration, à proximité du sol, de fines gouttelettes d'eau en suspension formant un nuage qui limite la visibilité à moins de 1 km : *Le brouillard s'est dissipé.* **2.** FAM. **Être dans le brouillard,** ne pas voir clairement la situation.

2. brouillard [brujar] **n.m.** (de *brouiller*). COMPTAB. Registre sur lequel on inscrit toute opération commerciale journalière. (On dit aussi *main courante.*)

brouillasse [brujas] **n.f.** Brouillard qui tombe en gouttelettes fines (syn. **bruine, crachin**).

brouillasser [brujase] **v. impers.** Se résoudre en petite pluie, en parlant du brouillard : *Il brouillasse* (syn. **bruiner**).

brouille [bruj] **n.f.** (de *brouiller*). Altération des rapports entre des personnes : *Brouille entre deux familles* (syn. **désunion**).

brouillé, e [bruje] **adj. Œufs brouillés,** œufs dont le jaune dilué dans le blanc est cuit, additionné de beurre, à feu très doux. (V. aussi *brouiller.*)

brouiller [bruje] **v.t.** (de l'anc. fr. *brou,* bouillon ; v. *brouet*). **1.** Mettre en désordre : *Brouiller des fiches* (syn. **bouleverser**). **2.** Rendre trouble ; ternir : *Les larmes brouillaient sa vue* (syn. **troubler**). *Toutes vos explications ne font que brouiller nos idées* (syn. **embrouiller**). **3.** Faire cesser la bonne entente qui régnait entre des personnes : *Brouiller deux amis* (syn. **fâcher** ; contr. **réconcilier**). **4.** Rendre inaudible : *Brouiller une émission de radio* (syn. **perturber**). **5. Être brouillé avec qqch,** ne pas avoir d'aptitude pour qqch : *Je suis brouillée avec les chiffres* (= je calcule très mal). ◆ **se brouiller v.pr. 1.** Devenir trouble, confus : *Les souvenirs se brouillent dans sa tête.* **2. Se brouiller avec qqn,** cesser d'être en bons termes avec lui : *Se brouiller avec son père pour une histoire d'argent* (syn. **se fâcher**). **3. Le temps se brouille,** devient gris, pluvieux.

brouillerie [brujri] **n.f.** FAM. Brouille passagère, sans gravité : *Leur brouillerie ne durera guère* (syn. **fâcherie**).

1. brouillon, onne [brujɔ̃, -ɔn] **adj.** et **n.** (de *brouiller*). Qui manque d'ordre, de clarté : *Esprit brouillon* (syn. **confus** ; contr. **clair, méthodique**).

2. brouillon [brujɔ̃] **n.m.** (de *brouiller*). Premier état d'un écrit avant sa remise au net : *Brouillon de lettre. Cahier de brouillon.*

broussaille [brusaj] **n.f.** (de *brosse,* buisson). **1.** (Surtout au pl.). Végétation formée d'arbustes et de plantes épineuses, caractéristique des sous-bois et des terres incultes : *Se frayer un chemin à travers les broussailles.* **2. Cheveux, barbe, sourcils en broussaille,** mal peignés, hirsutes.

broussailleux, euse [brusajø, -øz] **adj. 1.** Couvert de broussailles : *Un jardin broussailleux.* **2.** Épais et en désordre : *Barbe, sourcils broussailleux* (syn. **hirsute**).

brousse [brus] **n.f.** (prov. *brousso,* broussaille). **1.** Végétation caractéristique des régions tropicales à saison sèche et composée d'arbrisseaux, d'arbustes. **2.** Contrée sauvage couverte de cette végétation, à l'écart de toute civilisation : *Les villages de la brousse.* **3.** FAM. Campagne isolée : *Leur maison est perdue dans la brousse.*

Brousse → Bursa.

broutart ou **broutard** [brutar] **n.m.** Veau qui a brouté de l'herbe.

brouter [brute] **v.t.** (de l'anc. fr. *brost,* pousse, du germ. **brustjan,* bourgeonner). Manger l'herbe ou les jeunes pousses en les prélevant sur place, en parlant du bétail : *Les vaches broutent l'herbe dans la prairie* (syn. **paître**). ◆ **v.i.** Tourner, fonctionner avec des irrégularités, en parlant d'une machine : *Embrayage qui broute.*

broutille [brutij] **n.f.** (de l'anc. fr. *brost ;* v. *brouter*). Objet ou fait de peu d'importance, de peu de valeur : *Ils se disputent pour des broutilles* (syn. **rien, vétille**).

brownien [bronjɛ̃] **adj.m.** (du n. du botaniste *R. Brown*). PHYS. **Mouvement brownien,** mouvement incessant de particules microscopiques en suspension dans un liquide ou dans un gaz, dû à l'agitation thermique des molécules du fluide.

browning [broniŋ] **n.m.** (du n. de l'inventeur *J. M. Browning*). Pistolet automatique de 7,65 mm.

Browning (Elizabeth), née **Barrett,** femme de lettres britannique (Coxhoe Hall, près de Durham, 1806 - Florence 1861). Elle est l'auteure des *Sonnets portugais* et du roman en vers *Aurora Leigh.* • Son mari, **Robert Browning** (Camberwell, Londres, 1812 - Venise 1889), poète à l'inspiration romantique *(Sordello, l'Anneau et le Livre),* fut le prophète de la désillusion au cœur de l'époque victorienne.

Brown-Séquard (Charles-Édouard), physiologiste et médecin français (Port-Louis, île Maurice, 1817 - Paris 1894). Il étudia le fonctionnement et les maladies du système nerveux. Il a décrit les conséquences de certaines lésions de la moelle épinière et étudié les modalités et le siège de la transmission des influx nerveux, moteurs et sensitifs, dans la moelle. En définissant le rôle et le mécanisme des glandes à sécrétion interne, il fut à l'origine du développement de l'endocrinologie.

broyage [brwajaʒ] **n.m.** Action de broyer ; son résultat : *Le broyage des pierres dans un concasseur.*

broyer [brwaje] **v.t.** (germ. *brekan,* briser) [conj. **13**]. **1.** Réduire en miettes, écraser par choc ou par pression : *Broyer du poivre* (syn. **concasser, piler**). **2.** Écraser par accident : *La machine lui a broyé la main.* **3. Broyer du noir,** être déprimé, avoir des idées tristes, moroses.

broyeur, euse [brwajœr, -øz] **adj.** et **n. 1.** Qui broie : *Les dents broyeuses d'un concasseur.* **2. Insecte broyeur,** qui coupe ou broie ses aliments grâce à ses mandibules. ◆ **broyeur n.m.** Machine à broyer : *Un broyeur d'ordures ménagères.*

bru [bry] **n.f.** (bas lat. *bruta* ou *brutis,* du gotique). Épouse du fils (syn. **belle-fille**).

bruant [bryɑ̃] **n.m.** (de *bruire*). Petit oiseau passereau des champs, des prés et des jardins. ▸ Famille des fringillidés.

Bruant (Aristide), chansonnier français (Courtenay 1851 - Paris 1925), créateur et interprète de chansons réalistes présentant les thèmes et le langage argotique des « mauvais garçons » et des « filles de petite vertu », typiques du folklore parisien *(Nini Peau d'chien).*

brucelles [brysɛl] **n.f. pl.** (lat. médiév. *brucella,* d'orig. obsc.). Pince très fine à ressort pour saisir de très petits objets : *Des brucelles d'horloger, de philatéliste.*

brucellose [bryseloz] **n.f.** Groupe de maladies communes à l'homme *(fièvre de Malte)* et à certains animaux (ruminants, équidés, porcins), causées par une bactérie Gram négative (la *brucella*), et communiquées à l'homme par contagion animale directe ou par voie digestive, par la consommation de lait ou de fromage crus. ▸ Les brucelloses provoquent, notamm., des avortements chez les bovidés et, chez l'homme, une septicémie en phase aiguë et des atteintes viscérales et osseuses en phase de chronicité.

bruche [bryʃ] **n.f.** (lat. *bruchus,* du gr.). Coléoptère qui pond dans les fleurs du pois et dont la larve dévore les graines de cette plante.

Brücke (Die) → expressionnisme.

Bruckner (Anton), organiste et compositeur autrichien (Ansfelden 1824 - Vienne 1896). Musicien-instituteur par tradition familiale, il parvient tard à la notoriété, puis il est nommé en 1861 maître de musique à Vienne. Il se lie avec Wagner, à qui il dédie sa 3ᵉ symphonie. Malgré quelques succès à l'étranger, en France et en Angleterre, il subit l'opposition farouche des adversaires de Wagner, sans pour autant renoncer à sa propre esthétique. Il laisse une œuvre religieuse importante dominée par 3 messes et un *Te Deum* (1884), 11 symphonies, composées entre 1863 et 1896, qui s'inscrivent dans un vaste mouvement conduisant de Schubert à Schönberg, caractérisé par une instrumentation ample et colorée, et le recours au choral et à la mélodie populaire.

Bruegel ou **Breughel,** famille de peintres flamands. • **Pieter,** dit **Bruegel l'Ancien** (? v. 1525/1530 - Bruxelles 1569), fixé à Bruxelles en 1563, est le génial auteur de scènes inspirées du folklore brabançon et parfois de J. Bosch (*les Proverbes,* Berlin-Dahlem ; *Margot l'Enragée,* Anvers), non moins célèbres que ses paysages et compositions rustiques (*les Chasseurs dans la neige, la Danse de paysans,* tous deux à Vienne) ou historiques (*le Dénombrement de Bethléem,* Bruxelles). Il eut deux fils peintres : **Pieter II,** dit **Bruegel d'Enfer** (Bruxelles 1564 - Anvers 1638), qui travailla dans la même veine, et **Jan,** dit **Bruegel de Velours** (Bruxelles 1568 - Anvers 1625), auteur de tableaux de fleurs et de fins paysages bibliques ou allégoriques. Jan eut lui-même un fils **(Jean II)** et plusieurs petits-fils peintres.

Bruges, en néerl. **Brugge** (« Pont »), v. de Belgique, ch.-l. de la Flandre-Occidentale ; 117 577 hab. *(Brugeois).* Port relié à Zeebrugge par un canal maritime. Industries mécaniques et textiles. Centre d'échanges internationaux dès le XIIIe s., indépendante en fait sous les comtes de Flandre, Bruges connut sa plus grande prospérité du milieu du XIVe s. au milieu du XVe s. Elle déclina ensuite peu à peu au profit d'Anvers. La ville a gardé des monuments célèbres, surtout des XIIIe-XVIe s. : halles et leur beffroi ; hôtel de ville ; basilique du Saint-Sang ; cathédrale ; église Notre-Dame ; béguinage ; anc. hôpital St-Jean, qui abrite plusieurs chefs-d'œuvre de Memling. Le musée est riche en peintures des primitifs flamands (Van Eyck, Van der Goes, G. David, etc.) et en art moderne belge.

brugnon [bryɲɔ̃] **n.m.** (prov. *brugnoun,* lat. pop. **prunea,* prune). Hybride de pêche à peau lisse et à noyau adhérent.

bruine [brɥin] **n.f.** (lat. *pruina,* gelée blanche). Petite pluie très fine (syn. **brouillasse, crachin**).

bruiner [brɥine] **v. impers.** Tomber, en parlant de la bruine : *Il bruine* (syn. **brouillasser**).

bruineux, euse [brɥinø, -øz] **adj.** Chargé de bruine : *Un temps bruineux.*

bruire [brɥir] **v.i.** (lat. pop. **brugere,* bramer, croisement de **bragere,* braire et du class. *rugire,* rugir) [conj. **105**]. LITT. Faire entendre un son, un murmure confus : *Les arbres bruissent dans la brise.* ***Rem.*** On rencontre parfois, issu des formes en *-ss-* de *bruire (bruissent, bruissant),* un verbe *bruisser,* de même sens, de conjugaison régulière, lequel est critiqué par certains puristes.

bruissement [brɥismɑ̃] **n.m.** LITT. Bruit faible et confus : *Le bruissement de l'eau d'un ruisseau* (syn. **murmure**).

bruit [brɥi] **n.m.** (de *bruire*). **1.** Ensemble des sons produits par des vibrations et perceptibles par l'ouïe : *Le bruit strident d'un sifflet* (syn. **son**). *Le bruit de la mer* (syn. **rumeur**). **2.** Ensemble de sons sans harmonie : *Lutter contre le bruit. Faire trop de bruit* (syn. **vacarme**). **3.** Nouvelle répandue dans le public ; retentissement qu'elle peut avoir : *C'est un bruit qui court* (syn. **rumeur**). *La presse a fait grand bruit autour de cette découverte* (= en a beaucoup parlé). *Répandre de faux bruits sur qqn.* **4.** Perturbation indésirable qui se superpose au signal et aux données utiles dans un canal de transmission, dans un système de traitement de l'information.

bruitage [brɥitaʒ] **n.m.** Reconstitution artificielle au théâtre, au cinéma, à la radio, etc., des bruits qui accompagnent l'action.

bruiteur, euse [brɥitœr, -øz] **n.** Spécialiste du bruitage.

brûlage [brylaʒ] **n.m. 1.** Destruction par le feu des herbes et des broussailles. **2.** Action de brûler la pointe des cheveux après une coupe : *Se faire faire un brûlage chez le coiffeur.* **3.** Opération consistant à attaquer à la flamme les vieilles peintures.

brûlant, e [brylɑ̃, -ɑ̃t] **adj. 1.** Qui donne une sensation de brûlure ou de grande chaleur : *Le café est brûlant* (= très chaud) [syn. **bouillant**]. *Soleil brûlant* (syn. **ardent**). **2.** Qui éprouve une sensation de forte chaleur ; qui est très chaud : *Avoir les mains brûlantes. Un enfant brûlant* (= qui a beaucoup de fièvre) [syn. **fiévreux**]. **3.** Qui témoigne de l'ardeur, de la passion : *Amour brûlant* (syn. **passionné**). **4.** Qui est d'actualité ; qui soulève les passions : *C'est un terrain brûlant* (= où la discussion est risquée).

1. brûlé, e [bryle] **adj. 1.** Détruit ou trop grillé par le feu : *Les pinèdes brûlées du Midi* (syn. **incendié**). *Mon rôti est brûlé* (syn. **calciné, carbonisé**). **2.** FAM. Démasqué, en parlant de qqn qui se livrait à une activité clandestine ou de qqn qui joue un double jeu : *Il est brûlé auprès de ses collègues* (= il est devenu suspect à leurs yeux). **3. Cerveau brûlé, tête brûlée,** personne exaltée prête à prendre tous les risques possibles. ◆ **adj.** et **n.** Qui souffre de brûlures : *Le service des grands brûlés d'un hôpital.*

2. brûlé [bryle] **n.m. 1.** Ce qui a subi l'action du feu, qui est brûlé : *Une odeur de brûlé.* **2. Sentir le brûlé,** avoir l'odeur d'une chose qui brûle ; au fig., prendre mauvaise tournure, laisser présager un danger, une issue fâcheuse.

brûle-gueule [brylgœl] **n.m. inv.** Pipe à tuyau très court.

brûle-parfum ou **brûle-parfums** [brylparfœ̃] **n.m.** (pl. *brûle-parfums*). Vase dans lequel on fait brûler des parfums (syn. **cassolette**).

à **brûle-pourpoint** [brylpurpwɛ̃] **loc. adv.** Sans ménagement : *« Vous nous cachez quelque chose », déclara-t-il à brûle-pourpoint* (syn. **brusquement**).

brûler [bryle] **v.t.** (du lat. *ustulare,* avec infl. probable de l'anc. fr. *bruir,* brûler, d'orig. frq.). **1.** Détruire par le feu : *Brûler des vieux papiers. Le feu a brûlé entièrement la cabane* (syn. **incendier**). **2.** Endommager, altérer par le feu ou des produits chimiques : *Produit acide qui brûle les tissus* (syn. **corroder, ronger**). *Brûler un gâteau* (syn. **calciner, carboniser**). **3.** Causer une sensation de brûlure, de forte chaleur : *La fumée brûle les yeux* (syn. **piquer**). *Ce plat me brûle les doigts.* **4.** Tuer par le supplice du feu : *Brûler les hérétiques.* **5.** Consommer comme source d'énergie pour le chauffage, l'éclairage : *Brûler du charbon, de l'électricité* (syn. **consumer**). **6.** LITT. Provoquer (chez qqn) une excitation intense, un sentiment violent : *La soif de l'aventure le brûle* (syn. **dévorer**). **7.** Dépasser sans s'arrêter un signal d'arrêt : *Brûler un feu rouge, un stop.* **8. Brûler la cervelle à qqn,** le tuer d'un coup de feu tiré de très près et dans la tête. / LITT. **Brûler la politesse à qqn,** passer devant lui ou le quitter brusquement. / **Brûler les étapes,** aller vite ou trop vite dans une action, un raisonnement, etc. : *Il est directeur à 40 ans, il a brûlé les étapes* (= il a eu une carrière rapide). ◆ **v.i. 1.** Se consumer sous l'action du feu : *Ces brindilles brûlent bien.* **2.** Être détruit, endommagé par le feu : *La maison brûle. Le rôti a brûlé* (syn. **se calciner**). **3.** Flamber : *Feu qui brûle dans la cheminée.* **4.** Se consumer en éclairant : *La lampe brûle dans son bureau* (= elle est allumée). **5.** Être très chaud, brûlant : *Attention, ça brûle !* **6.** Éprouver une sensation de brûlure, de chaleur excessive : *Brûler de fièvre* (= être brûlant). **7. [de].** Désirer ardemment ; éprouver un sentiment très vif : *Brûler d'impatience* (syn. **griller**). *Je brûle de vous le dire.* **8.** Dans certains jeux, être sur le point de trouver l'objet caché, la solution, etc. ◆ **se brûler v.pr. 1.** Subir les effets du feu, d'une chaleur intense : *Se brûler avec de l'eau bouillante.* **2. Se brûler la cervelle,** se tirer une balle dans la tête.

brûlerie [brylri] **n.f.** (de *brûler*). **1.** Installation pour la torréfaction du café. **2.** Distillerie d'eau-de-vie.

brûleur [brylœr] **n.m.** (de *brûler*). Appareil assurant le mélange d'un combustible solide, fluide ou pulvérulent et d'un comburant gazeux afin d'en permettre la combustion.

brûlis [bryli] **n.m.** Partie de forêt incendiée ou de champs dont les herbes ont été brûlées afin de préparer le sol à la culture.

brûloir [brylwar] **n.m.** (de *brûler*). Appareil de torréfaction du café.

brûlot [brylo] **n.m.** (de *brûler*). **1.** MAR. Petit bâtiment rempli de matières inflammables employé autref. pour incendier les vaisseaux ennemis. **2.** Journal, tract, article violemment polémique : *Le brûlot contre le président a fait du bruit dans la presse.*

brûlure [brylyr] **n.f. 1.** Lésion des tissus provoquée par la chaleur, des produits caustiques, l'électricité ou par des rayonnements : *Plusieurs blessés souffrent de brûlures au deuxième degré.* **2.** Trace, trou fait par qqch qui a brûlé : *Une brûlure de cigarette sur le devant d'une chemise.* **3.** Sensation de forte chaleur, d'irritation : *Des brûlures d'estomac.*

brumaire [brymɛr] **n.m.** (de *brume*). HIST. Deuxième mois du calendrier républicain, du 22, 23 ou 24 octobre au 20, 21 ou 22 novembre.

brumaire an VIII *(coup d'État du 18)* [9 nov. 1799], coup d'État par lequel Bonaparte renversa le régime du Directoire.

brume [brym] **n.f.** (lat. *bruma*, solstice d'hiver). **1.** Brouillard léger, qui permet la visibilité au-delà de 1 km : *La brume monte de la rivière.* **2.** LITT. État confus ; manque de clarté de la pensée : *Les brumes de l'alcool.* **3.** MAR. Brouillard de mer : *Banc de brume.*

brumeux, euse [brymø, -øz] **adj. 1.** Couvert, chargé de brume : *Temps, ciel brumeux.* **2.** LITT. Qui manque de clarté : *Pensées brumeuses* (syn. **obscur** ; contr. **clair**).

Brumisateur [brymizatœr] **n.m.** (nom déposé). Atomiseur qui projette de l'eau d'Évian en fines gouttelettes, utilisé en partic. pour les soins du visage.

brun, e [brœ̃, bryn] **adj.** (bas lat. *brunus ;* du germ.). **1.** D'une couleur intermédiaire entre le roux et le noir : *Ses cheveux sont bruns.* **2.** Qui est bronzé, hâlé : *Avoir la peau brune* (syn. **basané**). **3. Bière brune,** bière de couleur foncée fabriquée à partir de malts spéciaux : *Boire une bière brune* (ou *une brune*). / **Sauce brune,** sauce à base d'un roux brun, coloré sur le feu, additionné de bouillon. / **Sol brun,** sol fertile des régions tempérées, développé sur roche mère parfois calcaire, sous couvert forestier. / **Tabac brun,** tabac dont les opérations de séchage ont lieu à l'air libre, avant maturation et fermentation (par opp. à *tabac blond*). ◆ **adj.** et **n.** Qui a les cheveux bruns : *Un brun aux yeux bleus.* ◆ **brun n.m.** Couleur brune : *Le brun appétissant d'un pain bien cuit.*

brunante [brynɑ̃t] **n.f.** (de *brun*). QUÉBEC. **À la brunante,** au crépuscule.

brunâtre [brynɑtr] **adj.** D'une couleur qui tire sur le brun.

brunch [brœnʃ] **n.m.** (mot angl., de *br[eakfast]*, petit déjeuner et *[l]unch*, déjeuner) [pl. *brunches* ou *brunchs*]. Repas tardif pris dans la matinée, tenant lieu de petit déjeuner et de déjeuner.

brune [bryn] **n.f. 1.** Cigarette de tabac brun : *Fumer des brunes.* **2.** LITT. **À la brune,** au crépuscule. (V. aussi *brun*.)

Brunehaut (Espagne v. 534 - Renève 613), reine d'Austrasie. Épouse de Sigebert, roi d'Austrasie, elle engagea avec Frédégonde, reine de Neustrie, une lutte qui ensanglanta les deux royaumes mérovingiens. Elle fut prise par le fils de Frédégonde, Clotaire II, qui la fit périr.

Brunei, État du nord de Bornéo, indépendant depuis 1984 dans le cadre du Commonwealth ; 5 765 km² ; 418 000 hab. CAP. *Bandar Seri Begawan.* LANGUE : *malais.* MONNAIE : *dollar de Brunei.* Le sultanat est divisé en deux parties par une bande de territoire rattachée à Sarawak. C'est une région basse et humide, dont le pétrole et le gaz naturel constituent la principale richesse. Le pays est dirigé depuis 1968 par le sultan Hassanal Bolkiah.

Brunelleschi (Filippo), architecte italien (Florence 1377 - *id.* 1446). D'abord orfèvre, il eut la révélation de l'antique à Rome et devint, à Florence, le grand initiateur de la Renaissance : portique de l'hôpital des Innocents, à arcades corinthiennes (1419) ; coupole, d'une réussite technique exceptionnelle, de S. Maria del Fiore et œuvres, telles les églises S. Lorenzo et S. Spirito, la chapelle des Pazzi à S. Croce, fondées sur un principe de composition modulaire.

Bruner (Jerome Seymour), psychologue américain (New York 1915). Il a étudié la perception, la pensée chez l'enfant, l'acquisition du langage et le développement cognitif de l'enfant (*A Study of Thinking,* 1956).

brunet, ette [brynɛ, -ɛt] **adj.** et **n.** Qui a les cheveux bruns.

brunir [brynir] **v.t.** [conj. **32**]. **1.** Rendre brun : *Le soleil brunit la peau* (syn. **bronzer, hâler**). **2.** Polir la surface des métaux, les rendre brillants. ◆ **v.i.** Devenir brun de peau : *Il brunit vite* (syn. **bronzer**).

brunissage [brynisaʒ] **n.m.** Action de brunir un métal.

brunissement [brynismɑ̃] **n.m.** Action de brunir la peau, de devenir brun.

brunissoir [bryniswar] **n.m.** Outil d'orfèvre, de doreur, de graveur pour brunir les ouvrages d'or, d'argent, les planches de cuivre, etc.

Bruno *(saint),* fondateur de l'ordre des Chartreux (Cologne v. 1030 - San Stefano de Bosco, Calabre, 1101). Après avoir enseigné la grammaire et la théologie à Reims, il décide de vivre en ermite et, en 1084, s'établit, avec six compagnons, près de Grenoble, dans le désert montagneux de la Chartreuse, dont il va faire le centre d'un important ordre érémitique. Il meurt en Calabre, après y avoir fondé une nouvelle chartreuse.

Bruno (Giordano), philosophe italien (Nola 1548 - Rome 1600). Il est l'un des premiers à rompre avec la conception aristotélicienne d'un univers clos, défend la thèse copernicienne et aboutit à un humanisme panthéiste. Il fut brûlé vif sur ordre du Saint-Office. Sa pensée repose sur une critique radicale de Platon et d'Aristote, ce qui tient, à l'époque, de l'hérésie. S'appuyant sur Copernic, il affirme que la Terre n'est pas le centre de l'Univers, qu'il y a d'autres systèmes planétaires et que, finalement, Dieu et le monde ne sont pas des substances séparables. Cette affirmation panthéiste lui vaut l'accusation d'hérésie, accusation qui aurait pu en fait s'adresser à un aspect plus radical encore de sa pensée : reprenant la thèse de Démocrite, il affirme que l'âme du monde et la matière sont constituées d'atomes. Il a écrit *le Chandelier* (1582), *le Banquet des cendres* (1584), *Des fureurs héroïques* (1585). Livré au Saint-Office, il est brûlé comme hérétique.

Brunswick, en all. **Braunschweig,** v. d'Allemagne (Basse-Saxe) ; 242 537 hab. Centre industriel. Cathédrale romane. Musées. Capitale de l'anc. État de Brunswick.

Brunswick (Charles, *duc* de), général prussien (Wolfenbüttel 1735 - Ottensen, près d'Altona, 1806). Chef des armées prussienne et autrichienne en 1792, il lança de Coblence, le 25 juillet, un ultimatum, dit *manifeste de Brunswick,* qui, menaçant Paris de représailles en cas d'atteinte à la famille de Louis XVI, provoqua la chute de la royauté. Il battit en retraite après Valmy (20 sept.). Il fut mortellement blessé à la bataille d'Auerstedt (1806).

Brushing [brœʃiŋ] **n.m.** (nom déposé). Mise en forme des cheveux, mèche après mèche, à l'aide d'une brosse ronde et d'un séchoir à main.

brusque [brysk] **adj.** (it. *brusco,* âpre). **1.** Qui agit avec rudesse, sans ménagement ; qui manifeste une certaine brutalité : *Un homme brusque. Des gestes brusques* (syn. **nerveux**). **2.** Qui arrive de façon soudaine : *Son brusque départ nous a surpris* (= son départ inopiné).

brusquement [bryskəmɑ̃] **adv.** D'une manière brusque, soudaine, brutale : *Il a arrêté la voiture trop brusquement* (syn. **brutalement ;** contr. **doucement**).

brusquer [bryske] **v.t.** (de *brusque*). **1.** Traiter avec rudesse, sans ménagement : *Ne le brusquez pas, c'est un débutant* (syn. **rudoyer**). **2.** Hâter la fin, précipiter le cours de qqch : *Brusquer un départ* (syn. **accélérer, précipiter**).

brusquerie [bryskəri] **n.f. 1.** Comportement, manières brusques : *Elle les traite avec brusquerie* (syn. **rudesse**). **2.** Caractère brusque, brutal de qqch : *La brusquerie d'un accès de fièvre* (syn. **soudaineté**).

brut, e [bryt] **adj.** (lat. *brutus,* pesant, stupide). **1.** Qui n'a pas été façonné, poli ; qui n'a pas subi de transformation : *Diamant brut. De la laine brute* (syn. **naturel**). **2.** Qui n'a pas subi certaines déductions de frais, de taxes ou de retenues (par opp. à *net*) : *Salaire brut.* **3.** Qui est brutal, sauvage : *Des manières brutes* (syn. **rude**). *La force brute* (syn. **barbare, sauvage**). **4. Art brut,** production spontanée et inventive d'œuvres échappant aux normes de l'« art » proprement dit. / **Champagne brut,** champagne très sec, qui n'a pas subi la deuxième fermentation. / **Pétrole brut,** pétrole non raffiné. / **Poids brut,** poids de la marchandise et de son emballage, d'un véhicule avec son chargement. ◆ **brut adv.** Sans défalcation de poids ou de frais (par opp. à *net*) : *Ce cageot pèse 20 kilos brut.* ◆ **brut n.m. 1.** Salaire brut. **2.** Pétrole brut. **3.** Champagne brut.

brutal, e, aux [brytal, -o] **adj.** et **n.** (bas lat. *brutalis,* de *brutus ;* v. *brut*). Qui agit avec violence ; qui se comporte de manière grossière : *C'est un homme brutal, inaccessible à la pitié* (syn. **dur, méchant ;** contr. **doux**). ◆ **adj. 1.** Qui manifeste de la violence : *Un geste brutal* (syn. **violent**). **2.** Qui est soudain, inattendu : *Mort brutale* (syn. **subit**).

brutalement [brytalmɑ̃] **adv.** De façon brutale : *Il nous parle brutalement* (syn. **durement**). *Une pluie d'orage s'abattit brutalement sur nous* (syn. **violemment**).

brutaliser [brytalize] **v.t.** Traiter de façon brutale : *Les gardiens ont brutalisé des prisonniers* (syn. **molester**).

brutalité [brytalite] **n.f. 1.** Caractère d'une personne brutale, violente : *Elle s'exprime souvent avec brutalité* (syn. **rudesse ;** contr. **gentillesse**). *Il tentait de s'opposer à la brutalité de son père.* **2.** Caractère de ce qui est brusque, soudain : *La brutalité de l'orage* (syn. **violence**). **3.** Acte brutal : *Exercer des brutalités* (syn. **sévices**).

brute [bryt] **n.f.** (de *brut*). **1.** Personne grossière, inculte : *Agir comme une brute* (syn. **sauvage**). **2.** Personne d'une violence excessive : *Méfie-toi, c'est une brute* (syn. **violent**).

Brutus (Lucius Junius), personnage légendaire qui aurait chassé le dernier roi de Rome, Tarquin le Superbe, et serait devenu l'un des deux premiers consuls de la République (509 av. J.-C.).

Brutus (Marcus Junius), homme politique romain (Rome v. 85 - 42 av. J.-C.). Il participa avec Cassius au complot qui amena la mort de César (ides de mars 44). Vaincu à la bataille de Philippes (42 av. J.-C.), qui opposait l'armée républicaine qu'il commandait avec Cassius à celle d'Octavien et d'Antoine, héritiers de César, il se donna la mort.

Bruxelles [brysɛl], en néerl. **Brussel,** cap. de la Belgique et ch.-l. de la Région *Bruxelles-Capitale,* sur la Senne, à 310 km au nord-est de Paris ; 2 029 000 hab. dans l'agglomération. *(Bruxellois).* Archevêché (avec Malines). Université. Centre administratif, commercial, intellectuel et industriel. Cathédrale St-Michel, anc. collégiale, des XIIIe- XVIIe s. ; magnifique hôtel de ville du XVe s. dominant l'ensemble architectural de la Grand-Place ; église N.-D.-du-Sablon (XVe s.) ; église baroque St-Jean-Baptiste-au-Béguinage (XVIIe s.) ; place Royale (XVIIIe s.) ; édifices de V. Horta, etc. Riches musées, dont les musées royaux d'Art ancien et d'Art et d'Histoire. Favorisée par son site et sa situation, Bruxelles connut un essor rapide au XIIIe s. Elle devint la principale ville des Pays-Bas après la réunion du Brabant aux États bourguignons (1430). S'étant révoltée contre le roi Guillaume Ier d'Orange, elle devint la capitale du royaume indépendant de Belgique en 1830. Bruxelles est une des capitales de l'Union européenne et, depuis 1967, le siège du Conseil permanent de l'O.T.A.N.

Bruxelles-Capitale, Région de la Belgique, à nette majorité francophone, constituée par Bruxelles et son agglomération ; 162 km^2 ; 1 154 635 hab. ; 19 communes ; ch.-l. *Bruxelles.*

bruyamment [brɥijamɑ̃] **adv.** Avec grand bruit : *Se moucher bruyamment* (contr. **silencieusement**).

bruyant, e [brɥijɑ̃, -ɑ̃t] **adj.** (anc. p. présent de *bruire*). **1.** Qui fait beaucoup de bruit : *Nos voisins sont bruyants.* **2.** Où il y a beaucoup de bruit : *Appartement bruyant.*

bruyère [bryjɛr] ou [brɥijɛr] **n.f.** (lat. pop. **brucaria,* bas lat. *brucus,* d'orig. gaul.). **1.** Plante à fleurs violettes ou roses poussant sur les sols siliceux, où elle forme des landes d'aspect caractéristique. ▸ Famille des éricacées. **2. Terre de bruyère,** terre formée par la décomposition des feuilles de bruyère.

bryologie [brijɔlɔʒi] **n.f.** (du gr. *bruon,* mousse, et de *-logie*). BOT. Étude des mousses.

B.T.S. [beteɛs] **n.m.** (sigle de *brevet de technicien supérieur*). Diplôme préparé en deux ans dans les sections supérieures des lycées par les bacheliers ou par les personnes qui possèdent un titre de technicien ou d'agent technique.

buanderie [byɑ̃dri] **n.f.** (de *buandier*). Local qui, dans les dépendances d'une maison, est réservé à la lessive.

buandier, ère [byɑ̃dje, -ɛr] **n.** (de l'anc. fr. *buer ;* v. *buée*). **1.** (Au fém.). Autref., femme qui lavait le linge. **2.** Ouvrier, ouvrière chargés du lavage du linge dans une blanchisserie industrielle.

bubale [bybal] **n.m.** (lat. *bubalus,* du gr.). Antilope africaine à cornes en U ou en lyre. ▸ Haut. au garrot 1,30 m.

bubon [bybɔ̃] **n.m.** (gr. *boubôn*). Tuméfaction inflammatoire des ganglions lymphatiques de l'aine, du cou ou des aisselles, dans certaines maladies, comme la peste ou le chancre mou.

bubonique [bybɔnik] **adj.** Caractérisé par la présence de bubons : *Peste bubonique.*

Bucarest, cap. de la Roumanie, sur la Dîmbovița ; 1 883 425 hab. Centre administratif et industriel. Églises d'ascendance byzantine (XVIe-XVIIIe s.). Musées. Mentionnée en 1459, la ville devint en 1862 la capitale des Principautés unies de Moldavie et de Valachie.

buccal, e, aux [bykal, -o] **adj.** (du lat. *bucca,* bouche). De la bouche : *Médicament à prendre par voie buccale* (syn. **oral**).

buccin [byksɛ̃] **n.m.** (lat. *buccinum*). **1.** Trompette romaine en corne, bois ou airain. **2.** Mollusque gastropode des côtes de l'Atlantique (syn. **bulot**).

bucco-dentaire [bykɔdɑ̃tɛr] **adj.** (du lat. *bucca,* bouche) [pl. *bucco-dentaires*]. Qui se rapporte à la bouche et aux dents : *Affections bucco-dentaires.*

bucco-génital, e, aux [bykɔʒenital, -o] **adj.** (du lat. *bucca,* bouche). Qui concerne la bouche et les organes génitaux : *Rapports bucco-génitaux.*

Bucéphale, nom du cheval d'Alexandre.

Bucer ou **Butzer (Martin),** réformateur alsacien (Sélestat 1491 - Cambridge 1551). Dominicain rallié à Luther en 1521, il devient à Strasbourg un des principaux artisans de la Réforme. Il parvient en 1536 à faire signer par les luthériens et les réformés suisses le concordat de Wittenberg. Exilé en 1549 sous la pression de Charles Quint, il se réfugie à Cambridge, où il rédige son œuvre principale, intitulée *De regno Christi.*

bûche [byʃ] **n.f.** (germ. **busk,* baguette). **1.** Gros morceau de bois de chauffage : *Remettre des bûches dans la cheminée* (syn. **rondin**). **2.** FAM. **Prendre, ramasser une bûche,** tomber, faire une lourde chute. **3. Bûche de Noël,** gâteau traditionnel composé d'une génoise fourrée de crème au beurre et nappée de moka, affectant la forme d'une bûche.

Buchenwald, camp de concentration allemand ouvert en 1937 au N.-O. de Weimar.

1. bûcher [byʃe] **n.m.** (de *bûche*). **1.** Lieu où l'on empile le bois à brûler. **2.** Amas de bois sur lequel on brûlait les personnes condamnées au supplice du feu ou les objets jugés subversifs ; ce supplice : *Être condamné au bûcher.*

2. bûcher [byʃe] **v.t.** (de *bûcher,* frapper, dégrossir une bûche). FAM. Étudier qqch avec ardeur : *Bûcher les maths* (syn. **apprendre**). ◆ **v.i.** FAM. Travailler sans relâche : *Il a bûché toute la semaine* (syn. **étudier**).

bûcheron, onne [byʃrɔ̃, -ɔn] **n.** (anc. fr. *boscheron,* de *bosc,* bois). Personne dont le métier est d'abattre les arbres.

bûchette [byʃɛt] **n.f.** Menu morceau de bois sec.

bûcheur, euse [byʃœr, -øz] **n.** (de *2. bûcher*). FAM. Personne qui travaille, étudie avec ardeur : *C'est une grande bûcheuse* (syn. **travailleur**).

Büchner (Georg), poète allemand (Goddelau 1813 - Zurich 1837). Sa nouvelle sur la vie de *Lenz* (1839), sa comédie symbolique *Léonce et Léna* (1836) et surtout ses drames *(la Mort de Danton, Woyzeck)* ont marqué l'expressionnisme moderne.

Buckingham (George Villiers, *duc* **de),** homme politique anglais (Brooksby 1592 - Portsmouth 1628), favori des rois Jacques Ier et Charles Ier. Il s'attira la haine des parlementaires anglais par ses compromissions, notamment auprès des catholiques. Il fut assassiné par un officier puritain (protestant) lors du siège de La Rochelle.

bucolique [bykɔlik] **adj.** (gr. *boukolikos,* de *boukolos,* bouvier). Qui évoque la vie des bergers : *Une existence bucolique* (syn. **pastoral, rustique**). ◆ **n.f.** Poème pastoral.

Bucovine, région d'Europe partagée entre l'Ukraine et la Roumanie. Partie septentrionale de la Moldavie, elle fut cédée à l'Autriche (1775) et rattachée à la Roumanie en 1918. La Bucovine du Nord fut occupée par l'U.R.S.S. en 1944 et annexée en 1947.

Budapest, cap. de la Hongrie, sur le Danube ; 1 729 040 hab. Formée par la réunion (1872) de *Buda* (la Ville haute), sur la rive droite du fleuve, et de *Pest,* sur la rive gauche. Centre administratif, intellectuel, commercial et industriel. Ensemble de monuments baroques, néoclassiques et éclectiques. Musées. Buda, qui avait été occupée par les Ottomans de 1541 à 1686, devint la capitale de la Hongrie en 1867.

Budé (Guillaume), humaniste français (Paris 1467 - *id.* 1540). Il propagea en France l'étude du grec et contribua à la création des « lecteurs royaux », le futur Collège de France.

budget [bydʒɛ] **n.m.** (mot angl., de l'anc. fr. *bougette,* petite bourse). **1.** Ensemble des comptes prévisionnels et annuels des ressources et des charges de l'État, des collectivités et établissements publics : *L'Assemblée nationale a voté le budget.* **2.** Ensemble des recettes et des dépenses d'un particulier, d'une famille, d'un groupe ; somme dont on dispose : *Se fixer un budget pour les vacances.*

budgétaire [bydʒetɛr] **adj.** Du budget ; d'un budget : *L'année budgétaire. Contrôle budgétaire dans une entreprise.*

budgéter v.t. ⟶ **budgétiser.**

budgétisation [bydʒetizasjɔ̃] **n.f.** Inscription d'une somme au budget.

budgétiser [bydʒetize] [conj. **3**] et **budgéter** [bydʒete] [conj. **18**] **v.t.** Inscrire une dépense, une recette au budget.

buée [bɥe] **n.f.** (de l'anc. fr. *buer,* faire la lessive, frq. **bukon*). Vapeur d'eau et, spécial., vapeur d'eau condensée en fines gouttelettes : *Les vitres sont couvertes de buée.*

Buenos Aires, cap. de l'Argentine ; 2 890 151 hab. (15 024 000 dans l'agglomération). Port (exportations de céréales et de viande). Centre commercial, industriel et culturel (universités, musée des Beaux-Arts, Opéra), regroupant le tiers de la population du pays. La ville a été fondée en 1580.

Buffalo, v. des États-Unis (New York), sur le lac Érié, près du Niagara ; 258 703 hab. (1 089 978 dans l'agglomération). Université. Port fluvial. Centre industriel. Musée d'art.

Buffalo Bill (William Frederick Cody, dit**),** pionnier américain (comté de Scott, Iowa, 1846 - Denver 1917). Tireur émérite, il lutta contre les Indiens, fut chasseur de bisons et, devenu célèbre, participa à un spectacle de cirque reconstituant la conquête de l'Ouest.

buffet [byfɛ] **n.m.** (orig. obsc.). **1.** Meuble, souvent à deux corps superposés, où l'on range la vaisselle, les couverts, la verrerie, etc. : *Un buffet de cuisine.* **2.** Table où sont servis les mets, les boissons, dans une réception ; l'ensemble de ces mets et boissons : *Les invités se ruèrent sur le buffet. Un buffet campagnard* (= constitué surtout de charcuterie et de vin). **3.** Café, restaurant, dans une gare. **4.** Ouvrage décoratif en menuiserie qui renferme le mécanisme d'un orgue et qui met en valeur sa tuyauterie. **5.** ARCHIT. **Buffet d'eau,** fontaine de jardin adossée, à vasques ou à bassins étagés.

buffle [byfl] **n.m.** (it. *bufalo,* du lat. ; v. *bubale*). Mammifère ruminant dont il existe plusieurs espèces en Europe méridionale, en Asie et en Afrique. ▸ Famille des bovidés.

buffleterie [byflətri] ou [byflɛtri] **n.f.** (de *buffle*). Partie de l'équipement militaire individuel (à l'origine en cuir de buffle) servant à soutenir les armes et les cartouches.

Buffon (Georges Louis Leclerc, *comte* **de),** naturaliste français (Montbard 1707 - Paris 1788). Il est l'auteur d'une *Histoire naturelle,* dont les trois premiers volumes parurent en 1749 et dont la publication s'est poursuivie jusqu'en 1804 (36 volumes). Buffon s'efforce de donner des animaux une description en partant d'une observation scrupuleuse de leur nature et de leurs mœurs. Son étude de la formation de la Terre et des époques géologiques le conduit à la conviction que le monde est né d'une lente transformation ; la fixité des espèces vivantes lui semble discutable : ainsi, en se fondant sur l'intuition plus que sur l'expérience, ouvre-t-il la voie aux théories de l'évolution.

bug [bœg] **n.m.** (mot angl., propr. « bestiole, microbe »). INFORM. Bogue.

Bugatti (Ettore), industriel italien naturalisé français (Milan 1881 - Paris 1947). Il fut l'un des pionniers de la construction automobile de sport, de course et de grand luxe en France. On lui doit également les premiers autorails français (1933).

Bugeaud (Thomas), *marquis* **de la Piconnerie,** *duc* **d'Isly,** maréchal de France (Limoges 1784 - Paris 1849). Après avoir combattu Abd el-Kader, il signa avec lui le traité de la Tafna (1837). Gouverneur général de l'Algérie (1840-1847), il en organisa la conquête et battit les Marocains sur l'Isly (1844).

buggy [bœgi] **n.m.** (mot angl.). Automobile tout terrain à moteur à l'arrière, à carrosserie simplifiée ouverte, à pneus très larges.

bugle [bygl] **n.m.** (mot angl., du lat. *buculus,* jeune bœuf). Instrument à vent à pistons de la famille des saxhorns, proche du clairon.

building [bildiŋ] **n.m.** (mot anglo-amér., de *to build,* construire). Grand immeuble à nombreux étages : *Quartier nouveau hérissé de buildings* (syn. **tour**).

buire [bɥir] **n.f.** (anc. fr. *buie,* frq. **buk,* ventre). Vase médiéval en forme de cruche, à col allongé surmonté d'un couvercle.

buis [bɥi] **n.m.** (lat. *buxus*). **1.** Arbrisseau à feuilles persistantes, souvent utilisé dans les jardins et dont le bois, très dur, est employé pour le tournage et la sculpture. **2.** CATH. **Buis bénit,** branche de buis que l'on bénit le jour des Rameaux.

buisson [bɥisɔ̃] **n.m.** (altér. de *boisson,* dimin. de *bois*). **1.** Touffe d'arbrisseaux sauvages : *Le lièvre disparut dans un buisson* (syn. **fourré, taillis**). **2.** CUIS. Plat composé d'éléments dressés en pyramide, dont la disposition évoque un buisson : *Buisson d'écrevisses.* **3. Battre les buissons,** les frapper avec un bâton pour faire lever le gibier ; au fig., se livrer à une recherche approfondie.

buissonneux, euse [bɥisɔnø, -øz] **adj.** Couvert de buissons ou fait de buissons : *Une campagne buissonneuse* (syn. **broussailleux**).

buissonnier, ère [bɥisɔnje, -ɛr] **adj. 1.** Qui habite les buissons : *Lapin, oiseau buissonnier.* **2. Faire l'école buissonnière,** se promener, flâner au lieu d'aller en classe.

Bujumbura, anc. **Usumbura,** cap. du Burundi ; 604 732 hab.

bulbaire [bylbɛr] **adj.** D'un bulbe et, spécial., du bulbe rachidien.

bulbe [bylb] **n.m.** (lat. *bulbus,* oignon). **1.** Organe végétal souterrain rempli de réserves nutritives permettant à la plante de reformer chaque année ses parties aériennes : *Bulbe de la jacinthe* (syn. **oignon**). **2.** ANAT. Partie renflée de certains organes : *Bulbe pileux.* **3.** ARCHIT. Dôme, toiture à renflement bulbeux : *Les bulbes des églises russes.* **4.** MAR. Renflement de la partie inférieure de l'étrave de certains navires. **5. Bulbe rachidien,** portion inférieure de l'encéphale, qui constitue un centre nerveux important.

bulbeux, euse [bylbø, -øz] **adj. 1.** Pourvu ou formé d'un bulbe. **2.** En forme de bulbe : *Un clocher bulbeux.*

bulgare [bylgar] **adj.** et **n.** De Bulgarie. ◆ **n.m.** Langue slave parlée en Bulgarie.

Bulgarie, État du sud-est de l'Europe, sur la mer Noire ; 111 000 km^2 ; 7 223 000 hab. *(Bulgares).* CAP. *Sofia.* LANGUE : *bulgare.* MONNAIE : *lev.*

GÉOGRAPHIE

Pays balkanique, la Bulgarie a des caractères climatiques danubiens (étés chauds et orageux, hivers rudes) au N. du massif du Balkan (ou Stara Planina) et méditerranéens au S. (où les hauteurs de la Sredna Gora sont séparées du massif du Rhodope par la plaine de la Marica).

Le régime socialiste (avec la collectivisation de l'économie) a développé l'industrie, exploitant notamment un potentiel minier reconnu (plomb, zinc, cuivre, etc.). Le charbon manque, mais le lignite est abondant, fournissant la majeure partie de l'électricité. Dans les branches de transformation émergent l'électrotechnique et l'agroalimentaire, lié au maintien d'un important secteur agricole. L'irrigation pallie localement la relative sécheresse du climat. Le blé et le maïs sont les principales céréales, la betterave sucrière, le tabac, le tournesol, les roses (vallée de Kazanlak), les plus importantes cultures industrielles. La vigne, l'élevage (ovins et porcins) tiennent aussi une place notable. La pêche anime le littoral de la mer Noire, comme le tourisme international balnéaire (précieuse source de devises), autour notamment du port de Varna.

HISTOIRE

Peuplée originellement par les Thraces, l'actuelle Bulgarie est conquise par les Romains et organisée en deux provinces, la Thrace et la Mésie. Intégrée dans l'Empire byzantin, elle est envahie au VIe s. par des tribus slaves, qui s'y établissent. Au VIIe s., des peuples bulgares, d'origine turque, s'y installent et fondent vers 680 le premier Empire bulgare.

852-889. Le roi Boris Ier organise une Église nationale de langue slavonne (langue liturgique slave).

Aux IXe et Xe s., la Bulgarie forme un empire puissant.

1018-1185. Domination byzantine.

1187. Le second Empire bulgare s'organise.

La Bulgarie devient la puissance dominante des Balkans. À partir de la seconde moitié du XIIIe s., cet empire se morcelle en principautés indépendantes.

Fin du XIVe s. La Bulgarie est annexée à l'Empire ottoman pour plus de quatre siècles. Cependant, le sentiment national bulgare reste vivant.

1878. Traité de San Stefano : avec l'aide de la Russie, la Bulgarie devient autonome (mais les puissances européennes la partagent en deux principautés).

1908. La Bulgarie devient un royaume indépendant, dont le tsar Ferdinand rompt tout lien de vassalité avec le sultan.

1912. Alliée à la Serbie et à la Grèce, la Bulgarie engage une guerre victorieuse contre la Turquie.

1913. La Bulgarie se retourne contre ses alliés : elle est vaincue et perd presque toutes ses conquêtes.

Pendant la Première Guerre mondiale, la Bulgarie s'allie à l'Allemagne et à l'Autriche-Hongrie.

1919. Le traité de Neuilly lui retire l'accès à la mer Égée.

1935. Le tsar Boris III instaure une dictature personnelle.

1941-1944. La Bulgarie est aux côtés de l'Allemagne.

1944. Renversement des alliances : les Bulgares se joignent aux troupes soviétiques contre les Allemands.

1947-1990. Agrandie de la Dobroudja du Sud, la Bulgarie devient une démocratie populaire dont le régime s'inspire de celui de l'U.R.S.S. La vie politique est dominée par le parti communiste, dont les premiers secrétaires sont Vălko Cervenkov (1950-1954) puis Todor Zivkov (1954-1989).

1990. Le rôle dirigeant du parti communiste est aboli. La République populaire bulgare devient officiellement la République de Bulgarie.

1997. Petăr Stojanov devient président de la République.

2001. À la suite des élections législatives, Siméon de Saxe-Cobourg-Gotha (roi de Bulgarie, sous le nom de Siméon II, de 1943 à 1946) est nommé Premier ministre.

2002. Le socialiste Georgi Părvanov devient président de la République. (Il est réélu en 2006.)

2004. La Bulgarie est intégrée dans l'O.T.A.N.

2005. L'opposition socialiste remporte les élections législatives. Sergei Stanišev dirige le gouvernement.

2007. La Bulgarie adhère à l'Union européenne.

2009-2011. Le centre droit revient au pouvoir. Bojko Borisov est Premier ministre, Rosen Plevneliev accède à la présidence.

2013. Des manifestations contre la corruption et la politique de rigueur entraînent la démission du gouvernement.

Bull (Frederik Rosing), ingénieur norvégien (Oslo 1882 - *id.* 1925). Avec sa tabulatrice imprimante et sa trieuse, il créa la mécanographie par cartes perforées.

bulldozer [byldɔzɛr] ou [buldozœr] **n.m.** (mot anglo-amér.). Engin de terrassement sur tracteur à chenilles, très puissant. (Abrév. fam. *bull.*) [Recomm. off. *bouteur.*]

1. bulle [byl] **n.f.** (lat. *bulla,* bulle, médaillon, clou ornemental). **1.** HIST. Sceau de métal attaché à un acte pour l'authentifier. **2.** Lettre apostolique portant le sceau du pape et désignée génér. par les premiers mots du texte.

2. bulle [byl] **n.f.** (lat. *bulla*). **1.** Globule d'air, de gaz qui s'élève à la surface d'un liquide, d'une matière en fusion : *Bulles de savon.* **2.** PATHOL. Grosse vésicule remplie de liquide qui fait une protubérance sur la peau (syn. **ampoule, cloque**). **3.** Élément graphique qui sort de la bouche des personnages de bandes dessinées et qui renferme leurs paroles, leurs pensées (syn. **phylactère**). **4.** MÉD. Enceinte stérile transparente dans laquelle vivent les « enfants bulle » atteints de déficience immunitaire aiguë.

3. bulle [byl] **adj. inv.** (orig. obsc.). **Papier bulle,** papier grossier et jaunâtre.

buller [byle] **v.i. 1.** Présenter des cloques, des bulles : *Papier peint qui bulle* (syn. **cloquer**). **2.** *FAM.* Rester oisif ; ne rien faire (syn. **paresser**).

bulletin [byltɛ̃] **n.m.** (de *1. bulle,* d'après l'it. *bolletino,* billet). **1.** Publication périodique de textes officiels ou d'annonces obligatoires : *Bulletin officiel.* **2.** Rapport périodique des enseignants et de l'administration d'un établissement d'enseignement sur le travail d'un élève : *Son dernier bulletin scolaire est excellent.* **3.** Écrit officiel ayant valeur d'attestation délivré à un usager : *Bulletin de retard, de bagages.* **4. Bulletin de paie, de salaire,** document qui doit accompagner le paiement de la rémunération d'un salarié et comportant notamm. le montant du salaire et des différentes retenues (on dit aussi *feuille de paie, de salaire*). ⁄ **Bulletin de santé,** rapport périodique sur l'état de santé d'une personne, en partic. d'une personnalité. ⁄ **Bulletin de vote,** billet ou feuille servant à exprimer un vote. ⁄ **Bulletin d'informations,** résumé des nouvelles de la journée, à la radio, à la télévision.

bulletin-réponse [byltɛ̃repɔ̃s] **n.m.** (pl. *bulletins-réponse*). Imprimé à remplir et à renvoyer pour participer à un jeu, à un concours.

bull-terrier [bultɛrje] **n.m.** (mot angl., de *bull[dog]* et *terrier,* terrier) [pl. *bull-terriers*]. Chien d'origine anglaise, bon chasseur de rats.

bulot [bylo] **n.m.** (orig. obsc.). Nom usuel du *buccin* (coquillage).

Bultmann (Rudolf), exégète et théologien protestant allemand (Wiefelstede, près d'Oldenburg, 1884 - Marburg 1976). Par une analyse critique des textes du Nouveau Testament, il cherche à retrouver le message authentique de l'Évangile de Jésus par-delà une expression mythique qui serait le produit de la communauté chrétienne primitive. Cette entreprise de « démythologisation », jugée par beaucoup trop radicale, est une des pièces maîtresses de l'exégèse dite « des formes littéraires ».

Bundestag, l'une des assemblées législatives de la République fédérale d'Allemagne.

bungalow [bœ̃galo] **n.m.** (mot angl., du hindi). **1.** Habitation indienne à un étage, entourée de vérandas. **2.** Construction légère servant de résidence de vacances, en partic. à l'intérieur d'un camping, d'un ensemble hôtelier.

bunker [bunkœr] **n.m.** (mot all. « soute »). Casemate ; réduit fortifié.

Bunsen [bœ̃zɛn] **(bec),** brûleur à gaz, employé dans les laboratoires.

Bunsen (Robert Wilhelm), chimiste et physicien allemand (Göttingen 1811 - Heidelberg 1899). Avec Kirchhoff, il a, en 1859, créé l'analyse spectrale. On lui doit aussi le brûleur à gaz qui porte son nom (bec Bunsen).

Buñuel (Luis), cinéaste espagnol naturalisé mexicain (Calanda, Aragon, 1900 - Mexico 1983). Influencé par le surréalisme, il réalise *Un chien andalou* (1928) et *l'Âge d'or* (1930), films qui font scandale à leur sortie sur les écrans. Exilé ensuite aux États-Unis, puis au Mexique, il revient au premier plan en 1950 avec *Los Olvidados.* Il a exploré dans ses films les profondeurs de l'inconscient, l'homme déchiré entre ses rêves et la réalité. Fasciné par le sacré, moraliste exigeant, il peint avec ironie les impostures de la religion et l'hypocrisie de l'ordre social. On lui doit notamment : *la Vie criminelle d'Archibald de la Cruz* (1955), *Viridiana* (1961), *l'Ange exterminateur* (1962), *le Journal d'une femme de chambre* (1964), *Belle de jour* (1966), *le Charme discret de la bourgeoisie* (1972), *Cet obscur objet du désir* (1977).

Bunyan (John), écrivain anglais (Elstow 1628 - Londres 1688). Il est l'auteur d'une allégorie religieuse qui exerça une profonde influence sur le public populaire, *le Voyage du pèlerin* (1678-1684).

bupreste [byprɛst] **n.m.** (gr. *bouprêstis,* qui gonfle les bœufs). Coléoptère de coloration métallique dont la larve vit dans le bois des arbres les plus divers. ► Famille des buprestidés.

buraliste [byralist] **n.** (de *bureau*). **1.** Personne préposée à un bureau de paiement, de recette, de poste, etc. **2.** Personne qui tient un bureau de tabac.

bure [byr] **n.f.** (lat. *burra*). **1.** Grosse étoffe de laine brune. **2.** Vêtement fait de cette étoffe : *La bure du moine.*

bureau [byro] **n.m.** (de *bure,* laquelle servait à recouvrir les tables). **1.** Table, munie ou non de tiroirs de rangement, sur laquelle on écrit : *Le dossier est sur mon bureau.* **2.** Pièce où se trouve ce meuble : *Le soir, elle va lire dans son bureau.* **3.** Lieu de travail des employés d'une administration, d'une entreprise : *Se rendre à son bureau.* **4.** Personnel d'un bureau : *Tout le bureau s'est réjoui de sa promotion* (= ses collègues). **5.** Établissement assurant au public des services administratifs, commerciaux, etc. : *Bureau de poste, de vote, de tabac.* **6.** Service ou organisme chargé d'une fonction particulière : *Bureau commercial. Bureau d'état-major.* **7.** Organe dirigeant les travaux d'une assemblée délibérante, d'une commission, d'un parti politique, d'un syndicat : *Le bureau de l'Assemblée nationale. Le bureau politique d'un parti.* **8. Deuxième bureau,** anc. nom du service de renseignements de l'armée française.

bureaucrate [byrɔkrat] **n. 1.** Fonctionnaire imbu de l'importance de son rôle, dont il abuse auprès du public. **2.** Employé de bureau (péjor.) : *Un bureaucrate tatillon.*

bureaucratie [byrɔkrasi] **n.f.** (de *bureau* et *-cratie*). **1.** Pouvoir d'un appareil administratif d'État, d'un parti, d'une entreprise, etc. **2.** Ensemble des bureaucrates, envisagé dans sa puissance abusive, routinière (péjor.).

bureaucratique [byrɔkratik] **adj.** Propre à la bureaucratie : *Un régime bureaucratique.*

bureaucratisation [byrɔkratizasjɔ̃] **n.f.** Action de bureaucratiser : *La bureaucratisation de l'État.*

bureaucratiser [byrɔkratize] **v.t.** Transformer en bureaucratie : *Bureaucratiser l'Administration.*

Bureautique [byrɔtik] **n.f.** (nom déposé). Ensemble des techniques informatiques et téléinformatiques visant à l'automatisation des tâches administratives et de secrétariat, des travaux de bureau.

Buren (Daniel), artiste français (Boulogne-sur-Seine 1938). Sa critique sociologique de l'art procède d'un travail sur l'environnement : installations structurant l'espace à l'aide de toiles blanches rayées de bandes verticales monochromes (depuis 1966) ; « colonnes » du Palais-Royal à Paris, 1985-1986.

burette [byrɛt] **n.f.** (de *buire*). **1.** Petit flacon à goulot long et étroit : *Les burettes d'un huilier.* **2.** CATH. Petit vase contenant l'eau ou le vin de la messe. **3.** Récipient métallique muni d'un tube effilé destiné à injecter de l'huile dans les rouages d'une machine. **4.** CHIM. Tube de verre gradué muni d'un robinet à sa partie inférieure.

Burgess (John Burgess Wilson, dit **Anthony),** écrivain britannique (Manchester 1917 - Londres 1993). Dénonciateur de la violence moderne, il affirme un catholicisme agressif et un culte ambigu du héros (*l'Orange mécanique,* 1962 ; *le Royaume des mécréants,* 1985).

Burgondes, anc. peuple germanique d'origine scandinave, établi au Vᵉ s. en Gaule et en Germanie. D'abord battus par Aetius (436), ils conquirent le bassin de la Saône et du Rhône. Soumis par les Francs en 532, ils ont donné leur nom à la Bourgogne.

Burgos, v. d'Espagne, ch.-l. de prov., dans le nord de la Castille ; 178 864 hab. Tourisme. Capitale de l'art gothique en Castille : cathédrale entreprise en 1221 (nombreuses œuvres d'art), monastère de Las Huelgas, chartreuse de Miraflores. Anc. cap. de la Castille de 1037 à 1492. Siège du gouvernement nationaliste de 1936 à 1939.

burin [byrɛ̃] **n.m.** (it. *burino,* d'orig. germ.). **1.** Ciseau d'acier servant à graver sur les métaux, le bois. **2.** Estampe, gravure obtenue au moyen d'une planche gravée au burin. **3.** Ce procédé de gravure (par opp. à l'*eau-forte,* à la *pointe sèche,* etc.). **4.** Ciseau percuté manuellement à l'aide d'un marteau ou mécaniquement et destiné à couper les métaux.

buriné, e [byrine] **adj. 1.** Gravé au burin. **2. Visage buriné,** visage marqué de sillons, de rides, comme travaillé au burin.

buriner [byrine] **v.t. 1.** Graver au burin : *Buriner une planche de cuivre.* **2.** Travailler une pièce de métal au burin.

Burkina, anc. **Haute-Volta,** État d'Afrique occidentale ; 275 000 km^2 ; 16 935 000 hab. (*Burkinabés* ou *Burkinais*). CAP. *Ouagadougou.* LANGUE : *français.* MONNAIE : *franc C.F.A.*

GÉOGRAPHIE

Cet État, enclavé (Abidjan, en Côte d'Ivoire, débouché maritime atteint par le rail, est à plus de 1 100 km de la capitale) dans une zone au climat tropical aride dans le N., sans ressources minières notables, est un des pays les plus pauvres du monde. La population, formée pour moitié de Mossi, est essentiellement rurale, se consacrant aux cultures vivrières (mils et sorghos) ; l'élevage (par les Peuls dans le Nord) a souffert de la sécheresse affectant la zone sahélienne. Le coton, cultivé sur des terres inondables ou irriguées, constitue, loin devant l'arachide et la canne à sucre, le principal produit d'exportation. Ouagadougou et Bobo-Dioulasso sont les seules véritables villes. La balance commerciale est fortement déficitaire, et les envois des nombreux émigrés ne comblent qu'une faible partie du solde négatif.

HISTOIRE

Le pays est peuplé en majorité par les Mossi, qui fondent à partir du XIIᵉ s. plusieurs royaumes.

1896. Les Français occupent Ouagadougou.

1919. La future Haute-Volta est intégrée à l'Afrique-Occidentale française.

1932-1947. La colonie de Haute-Volta est partagée un temps entre le Soudan, la Côte d'Ivoire et le Niger.

1960. La Haute-Volta acquiert sa complète indépendance sous la présidence de Maurice Yaméogo.

1966-1983. Elle est secouée par divers coups d'État militaires, dont celui de Thomas Sankara en 1983.

1984. La Haute-Volta devient le Burkina.

1987. T. Sankara est renversé (et tué) lors d'un coup d'État dirigé par le capitaine Blaise Compaoré.

1991. Le parti unique abandonne le marxisme-léninisme et instaure le multipartisme. B. Compaoré remporte l'élection présidentielle. Il est réélu en 1998, 2005, 2010 et joue un important rôle de médiateur dans les crises africaines (Côte d'Ivoire, Guinée, Mali).

burlesque [byrlɛsk] **adj.** (it. *burlesco*, du lat. *burla*, farce). **1.** D'un comique extravagant : *Une idée burlesque* (syn. **cocasse, saugrenu**). **2.** Qui relève du burlesque en tant que genre littéraire ou cinématographique : *Le genre, le style burlesque.* ◆ **n.m. 1.** Caractère d'une chose, d'une personne ridicule, absurde : *Relever le burlesque d'une situation* (syn. **cocasse, comique**). **2.** Genre littéraire parodique traitant en style bas un sujet noble. **3.** Genre cinématographique caractérisé par un comique extravagant, plus ou moins absurde, et fondé sur une succession rapide de gags. **4.** Auteur qui pratique ce genre.

■ CINÉMA. **Les débuts européens.** Ce genre cinématographique, qui repose sur le comique de situation, le mouvement et l'effet de surprise des gags, apparaît dès les débuts du cinéma. Il relève de nombreuses traditions populaires, tels la *commedia dell'arte* italienne, la bande dessinée ou le *music-hall* anglais. En France, après les fantasmagories de Méliès, les firmes se lancent toutes dans la production de séries burlesques, centrées sur un personnage type : Boireau, Colin, Conésime, Rigadin, Zigoto, Bout-de-Zan... Ces figures seront bientôt éclipsées par le succès fulgurant, dans les années 1910, période mythique du genre, d'un jeune dandy élégant et digne, Max Linder, dont l'humour satirique contraste avec le comique parfois grossier des courses-poursuites et les tartes à la crème de ses confrères.
Le burlesque américain. Mais c'est Hollywood qui va devenir, en 1912, la véritable capitale du rire, grâce à Mack Sennett et à sa compagnie Keystone. Celui-ci, inventeur d'un style burlesque ravageur (le *slapstick,* terme qui, à l'origine, désigne le bâton et le coup de bâton utilisés dans la farce théâtrale et définit ensuite le gag cinématographique au temps du film muet), découvre la plupart des grands comiques du muet : Ben Turpin, l'homme qui louche, Roscoe « Fatty » Arbuckle, le gros, l'élégante Mabel Normand, Harry Langdon, le rêveur lunaire, et surtout Charlie Chaplin. À l'activisme joyeux et frondeur de Charlot s'oppose l'impassibilité songeuse de Buster Keaton, authentique poète du burlesque. Le principal concurrent de Mack Sennett est Hal Roach, dont l'école se situe aux antipodes de celle de Sennett. Il découvre Harold Lloyd, l'éternel optimiste aux grosses lunettes d'écaille, et le tandem explosif Laurel et Hardy, le maigre et le gros, le rêveur et le réaliste. L'avènement du parlant met un frein brutal à ce déferlement burlesque, né d'une stylisation visuelle propre au muet. Le cinéma va s'orienter vers des formes d'humour plus rassurantes et plus sophistiquées. Dans les années 1930, les grands burlesques commencent à tourner des longs métrages, tandis que les Marx Brothers et W.C. Fields assurent le renouvellement de l'héritage de Mack Sennett, ajoutant aux gags les jeux du langage comme sources de comique dévastateur et absurde, dynamitant les tabous avec une frénésie rageuse.
À partir des années 1950, Jerry Lewis, Jacques Tati, Pierre Étaix, Gérard Oury, Blake Edwards, Mel Brooks, puis, plus récemment, le groupe anglais Monty Python, Woody Allen dans ses premiers films, Bruno Podalydès ou Michel Gondry ont renoué avec succès avec la veine burlesque. Au comique pur des origines se sont substituées d'autres formes moins définies : comédie de mœurs, comédie dramatique, films mêlant réalisme et animation, tandis que le dessin animé exploite sans limite les principes du burlesque. ■

Burne-Jones (*sir* **Edward**), peintre britannique (Birmingham 1833 - Londres 1898). Avec ses thèmes issus de la mythologie antique ou de légendes médiévales, ce préraphaélite a influencé le symbolisme européen (*le Roi Cophetua et la mendiante,* Tate Gallery, Londres).

burnous [byrnu] ou [byrnus] **n.m.** (ar. *burnūs*). **1.** Manteau d'homme en laine, à capuchon, porté par les Arabes. **2.** Manteau ou cape à capuchon pour nourrissons.

burqa ou **burka** [burka] **n.f.** (mot hindi, de l'ar.). Vêtement traditionnel porté par certaines femmes musulmanes, qui dissimule leur corps de la tête aux pieds.

Burroughs (Edgar Rice), écrivain américain (Chicago 1875 - Encino, Californie, 1950). Il est le créateur de Tarzan.

Burroughs (William), écrivain américain (Saint-Louis, Missouri, 1914 - Lawrence, Kansas, 1997). Il est l'un des principaux représentants de la *Beat generation (le Festin nu, le Ticket qui explosa).*

Bursa, en fr. **Brousse,** v. de Turquie, au sud-est de la mer de Marmara ; 1 194 687 hab. (1 659 420 hab. dans l'agglomération). Ce fut la capitale de l'Empire ottoman (1326-1402) ; beaux monuments richement décorés de céramique, dont le *Turbe vert* (1427).

Burundi, anc. **Urundi,** État d'Afrique centrale ; 28 000 km^2 ; 10 163 000 hab. *(Burundais).* CAP. *Bujumbura.* LANGUES : *français, kirundi.* MONNAIE : *franc du Burundi.*

GÉOGRAPHIE
Proche de l'équateur, ce petit pays a un climat tempéré par l'altitude (rarement inférieure à 1 000 m). La population, exceptionnellement dense, est formée de deux groupes principaux : les Tutsi, souvent pasteurs, d'origine nilotique, et les Hutu, agriculteurs bantous, les plus nombreux (env. les trois quarts de la population totale). L'agriculture est l'activité presque exclusive. Aux manioc et maïs, destinés à l'alimentation (l'élevage a une valeur plus sociale qu'économique), se juxtaposent localement le thé, le coton et surtout le café, base des exportations, très inférieures en valeur aux importations.

HISTOIRE
Le Burundi est un royaume dont la dynastie remonterait au moins au XVIIe s.
1890. Le pays est annexé à l'Afrique-Orientale allemande.
1916. Il est placé sous le contrôle de la Belgique.
1919. Il forme, avec le Rwanda, le Rwanda-Urundi.
1962. Indépendance du Burundi.
1966. La royauté est abolie au profit de la république.
La vie politique est dominée par les conflits intercommunautaires d'une violence extrême entre les Hutu (85 % de la population) et les Tutsi, minoritaires mais qui détiennent traditionnellement le pouvoir.
2001. Un accord est conclu qui met en place un gouvernement d'union nationale transitoire ainsi que le principe de l'alternance des Tutsi et des Hutu à la tête de l'État.
2005. Nouvelle constitution prévoyant le partage du pouvoir entre Hutus et Tutsis. Pierre Nkurunziza (Hutu) forme le premier gouvernement pluriethnique.
2010. Seul candidat, il remporte l'élection présidentielle qui est cependant boycottée par l'opposition.

1. bus [bys] **n.m.** (abrév.). *FAM.* Autobus.

2. bus [bys] **n.m.** (mot angl., de *omnibus*). INFORM. Dans un ordinateur, ensemble de conducteurs électriques transmettant des données.

busard [byzar] **n.m.** (de *buse*). Oiseau rapace diurne vivant près des marais. ▸ Long. 50 cm ; famille des accipitridés.

1. buse [byz] **n.f.** (de l'anc. fr. *buson*, lat. *buteo, -onis*). Rapace diurne aux formes lourdes, au bec et aux serres faibles, se nourrissant de rongeurs, de reptiles, de petits oiseaux. ▸ Long. 50 à 60 cm ; famille des accipitridés.

2. buse [byz] **n.f.** (probabl. de l'anc. fr. *busel*, tuyau, conduit, du lat. *bucina*, trompette). **1.** Tuyau, conduite génér. de fort diamètre, assurant l'écoulement d'un fluide : *Une buse en fonte.* **2.** Pièce raccordant un appareil de chauffage au conduit de fumée. **3.** Conduit d'aération d'un puits de mine. **4.** Pièce, en forme de tuyère, d'un carburateur, augmentant la vitesse de passage de l'air.

bush [buʃ] **n.m.** (mot angl. « broussailles ») [pl. *bushes*]. Formation végétale adaptée à la sécheresse, constituée d'arbustes serrés et d'arbres bas. ▸ On trouve ce type de végétation en Afrique orientale, à Madagascar et en Australie.

Bush (George Herbert Walker), homme d'État américain (Milton, Massachusetts, 1924). Républicain, vice-président des États-Unis à partir de 1981, il est président de 1989 à 1993. • Son fils, **George Walker,** homme d'État américain (New Haven 1946), républicain, gouverneur du Texas (1995-2000), a été président des États-Unis de 2001 à 2009. Confronté au terrorisme (attentats du 11 septembre 2001), il est intervenu militairement en Afghanistan et en Iraq. Son second mandat s'est achevé sur une grave crise financière et économique.

business [biznɛs] **n.m.** (mot angl. « affaire », de *busy,* occupé). *FAM.* Activité économique, commerciale ou financière : *Elle ne vit que pour le business.*

businessman [biznɛsman] **n.m.** (mot angl.) [pl. *businessmans* ou *businessmen*]. Homme d'affaires. ***Rem.*** On rencontre parfois le féminin *businesswoman* (pl. *businesswomans* ou *businesswomen*).

Busoni (Ferruccio Benvenuto), compositeur, pianiste et théoricien italien (Empoli 1866 - Berlin 1924). Fixé à Berlin (1894-1924), il eut un rayonnement considérable avec des essais comme *Ébauche d'une nouvelle esthétique de la musique* (1907). Il transcrivit beaucoup d'œuvres classiques et composa notamment une *Indianische Fantasie* pour orchestre et des opéras *(Doktor Faust).*

busqué, e [byske] **adj.** (de *busc,* lame recourbée, probabl. par croisement de l'it. *busto,* corset à baleines, et *busco,* brin). De courbure convexe : *Nez busqué* (syn. **arqué**).

buste [byst] **n.m.** (it. *busto*). **1.** Partie supérieure du corps humain, de la taille au cou : *Il redressa fièrement le buste* (syn. **torse**). **2.** Poitrine de la femme : *Son décolleté révélait un buste splendide* (syn. **gorge**). **3.** Sculpture représentant la tête et le haut du buste d'une personne : *Un buste de Beethoven.*

bustier [bystje] **n.m.** (de *buste*). **1.** Soutien-gorge baleiné, sans bretelles, prolongé par un corselet de maintien. **2.** Corsage ajusté emboîtant le buste et laissant les épaules nues.

but [by] ou [byt] **n.m.** (orig. incert., p.-ê. du frq. **but,* souche, billot). **1.** Point matériel que l'on vise : *Mettre sa flèche dans le but* (syn. **cible, objectif**). **2.** Point où l'on doit parvenir : *Chaque jour, nous nous fixions un but de promenade* (syn. **destination**). **3.** Dans certains sports, espace délimité que doit franchir le ballon pour qu'un point soit marqué : *Mettre le ballon dans les buts.* **4.** Point ainsi obtenu : *Marquer un but.* **5.** Fin que l'on se propose d'atteindre ; ce à quoi on veut parvenir : *Son but était de nous faire réfléchir* (syn. **intention**). *Poursuivre un but* (syn. **objectif**). *Vous touchez au but* (= vous avez presque fini, presque réussi). **6. Dans le but de** (+ inf.), dans l'intention de, avec le dessein de : *Nous faisons cette enquête dans le but de recenser les familles dans le besoin.* ***Rem.*** Cette tournure est critiquée par certains puristes. / **De but en blanc,** sans préparation, sans aucun ménagement : *Je lui ai demandé de but en blanc quelles étaient les raisons de son hostilité* (syn. **à brûle-pourpoint**).

butane [bytan] **n.m.** (de *butyrique*). Hydrocarbure gazeux saturé, employé comme combustible et vendu, liquéfié sous faible pression, dans des bouteilles métalliques. ► Formule : C_4H_{10}.

buté, e [byte] **adj.** (p. passé de *buter*). Qui manifeste une obstination irréductible (syn. **entêté, obstiné, têtu**).

butée [byte] **n.f.** (de *buter*). **1.** Massif de maçonnerie destiné à résister à une poussée, notamm. à celle d'une voûte, à celle des arches d'un pont (syn. **culée**). **2.** MÉCAN. Pièce servant à limiter la course d'un mécanisme en mouvement : *La butée d'embrayage est usée.*

buter [byte] **v.t. ind. [sur, contre]** (de *but*). **1.** Appuyer contre : *L'arc bute contre la voûte.* **2.** Heurter un obstacle : *J'ai buté contre une pierre* (syn. **trébucher**). **3.** Se trouver arrêté par une difficulté : *Il bute contre un problème* (syn. **achopper sur**). *Dans sa timidité, elle bute sur chaque mot* (syn. **trébucher**). ◆ **v.t. 1.** Faire reposer qqch contre : *Buter un mur avec des poutres* (syn. **étayer**). **2.** Amener qqn à une attitude d'entêtement, de refus systématique : *Toutes ces maladresses ont réussi à le buter* (syn. **cabrer**). ◆ **se buter v.pr.** Prendre une attitude fermée, butée : *Il se bute facilement* (syn. **s'entêter**).

buteur, euse [bytœr, -øz] **n.** SPORTS. Joueur, joueuse qui marque des buts.

butin [bytɛ̃] **n.m.** (du moyen bas all. *bute,* partage). **1.** Ce qu'on enlève à l'ennemi à l'occasion d'une guerre : *Les vainqueurs se sont emparés d'un énorme butin* (syn. **prise**). **2.** Produit d'un vol : *Les cambrioleurs ont dû abandonner leur butin.* **3.** Produit d'une recherche : *Le butin d'un botaniste* (syn. **récolte**).

butiner [bytine] **v.i.** et **v.t.** (de *butin*). Aller de fleur en fleur en amassant du pollen ou du nectar, en parlant de certains insectes et en partic. des abeilles : *Les abeilles butinent sur les fleurs, butinent le pollen.*

butineur, euse [bytinœr, -øz] **adj.** et **n.f.** Qui butine ; dont le rôle est de butiner : *Une abeille butineuse. La tâche des butineuses est de récolter le pollen et le nectar sur les fleurs.*

butoir [bytwar] **n.m.** (de *buter*). **1.** Obstacle artificiel placé à l'extrémité d'une voie ferrée (syn. **heurtoir**). **2.** TECHN. Pièce métallique contre laquelle vient buter l'organe mobile d'un mécanisme : *Les butoirs d'une porte cochère.* **3.** *FIG.* Limite stricte fixée à l'avance : *La fin du mois est le butoir, la date butoir pour la remise de ce rapport.*

butor [bytɔr] **n.m.** (du lat. *butio,* butor et probabl. *taurus,* taureau). **1.** Oiseau échassier voisin du héron, à plumage fauve tacheté de noir, nichant dans les roseaux. ► Long. 70 cm ; famille des ardéidés. **2.** Homme grossier et stupide : *Quel butor, il m'a bousculée !* (syn. **mufle**).

Butor (Michel), écrivain français (Mons-en-Barœul 1926). Un des principaux représentants du « nouveau roman » dans les années 1950-1960, il a cherché à renouveler la représentation du temps et de l'espace romanesques (*Passage de Milan,* 1954 ; *l'Emploi du temps,* 1956 ; *la Modification,* 1957 ; *Boomerang,* 1978). Il est également l'auteur de poésies et d'essais critiques.

butte [byt] **n.f.** (de *but*). **1.** Légère élévation de terrain ; petite colline (syn. **monticule, tertre**). **2.** HORTIC. Masse de terre accumulée au pied d'une plante ou sur un rang de culture. **3. Être en butte à qqch,** être exposé à, menacé par qqch : *Ministre en butte aux attaques de la presse.*

butter [byte] **v.t.** HORTIC. Entourer une plante, un rang de culture d'une butte de terre : *Butter des pommes de terre.*

butyrique [bytirik] **adj.** (du lat. *butyrum ;* v. *beurre*). **1.** Relatif à la matière grasse du lait, au beurre. **2.** CHIM. **Acide butyrique,** acide organique dérivé du butane, contenu dans de nombreuses matières grasses.

buvable [byvabl] **adj.** (du rad. *buv-,* de *boire*). **1.** Qui n'est pas désagréable à boire : *Ce petit vin de pays est tout à fait buvable.* **2.** *FAM.* (Surtout en tournure nég.). Qui peut être accepté, supporté : *Ce garçon n'est vraiment pas buvable* (syn. **supportable**). **3.** PHARM. Dont le contenu doit être absorbé par la bouche : *Ampoules buvables.*

buvard [byvar] **n.m.** (du rad. *buv-,* de *boire*). **1.** Papier propre à absorber l'encre fraîche ; feuille de ce papier. **2.** Sous-main recouvert d'un buvard.

buvette [byvɛt] **n.f.** (du rad. *buv-,* de *boire*). **1.** Petit local, comptoir où l'on sert des boissons et des aliments légers, dans une gare, un théâtre, etc. (syn. **bar**). **2.** Dans un établissement thermal, endroit où l'on va boire les eaux.

buveur, euse [byvœr, -øz] **n.** (du rad. *buv-,* de *boire*). **1.** Personne qui boit habituellement et avec excès du vin ou des boissons alcoolisées : *Quelques buveurs criaient dans la rue* (syn. **ivrogne**). **2.** Personne qui est en train de boire : *Buveurs attablés à la terrasse d'un café* (syn. **consommateur**).

Buxtehude (Dietrich), compositeur allemand (Oldesloe 1637 - Lübeck 1707). Organiste à Lübeck, il y fonde des concerts du soir *(Abendmusiken).* On lui doit des cantates, des pièces pour orgue et pour clavecin, qui font de lui un des principaux prédécesseurs de Bach.

buzz [bœz] **n.m.** (mot angl. « bourdonnement »). **1.** Forme de publicité dans laquelle le consommateur contribue à lancer un produit ou un service via des courriels, des blogs, des forums ou d'autres médias en ligne. **2.** *PAR EXT.* Rumeur, retentissement médiatique, notamm. autour de ce qui est perçu comme étant à la pointe de la mode (événement, spectacle, personnalité, etc.). : *Le film a fait un énorme buzz.*

Buzzati (Dino), écrivain italien (Belluno 1906 - Milan 1972). Peintre, musicien, romancier et conteur, il témoigne de la même inspiration fantastique mêlée au réalisme le plus savoureux (*le Désert des Tartares,* 1940 ; *le K.*, 1966).

Byblos, v. de l'anc. Phénicie, au N. de Beyrouth. Centre commercial actif du IVe au Ier millénaire, lié à l'Égypte jusqu'au VIIIe s. av. J.-C., elle vit ensuite son histoire se confondre avec celle des empires de l'Orient méditerranéen.

bye-bye [bajbaj] et **bye** [baj] **interj.** (de l'angl. [*good*] *bye*). Au revoir, adieu.

by-pass n.m. inv. → bipasse.

Byrd (William), compositeur, organiste et éditeur de musique anglais (v. 1543 - Stondon Massey 1623). Organiste de la chapelle royale, il a laissé des messes, des motets, des chansons, des pièces pour clavier et pour viole.

Byron (George Gordon, *lord***),** poète britannique (Londres 1788 - Missolonghi 1824). Ses poèmes dénoncent le mal de vivre (*Pèlerinage de Childe Harold,* 1812) ou exaltent les héros rebelles (*Manfred,* 1817 ; *Don Juan,* 1824). Sa mort au milieu des insurgés grecs combattant pour leur indépendance a fait de lui le type même du héros et de l'écrivain romantiques.

Byzance, colonie grecque construite au VIIe s. av. J.-C., sur le Bosphore. Elle devint successivement capitale de l'Empire byzantin, sous le nom de Constantinople, puis de l'Empire ottoman, sous le nom d'Istanbul.

byzantin, e [bizɑ̃tɛ̃, -in] **adj.** et **n. 1.** De Byzance, de l'Empire byzantin : *L'architecture byzantine.* **2. Discussion byzantine,** discussion oiseuse par ses excès de subtilité évoquant les débats des théologiens byzantins.

byzantin ***(Empire),*** nom donné à l'Empire romain d'Orient, dont la capitale était Constantinople, et qui dura de 395 à 1453. Au VIe s., cet empire s'étendait sur les Balkans, l'Asie Mineure et le Proche-Orient, de la Syrie à l'Égypte.
330. Constantin Ier le Grand fonde Constantinople sur le site de Byzance.
395. Théodose Ier partage l'Empire romain ; l'Orient échoit à Arcadius, tandis qu'Honorius hérite de l'Occident.
476. Chute de l'Empire romain d'Occident.
Au VIe s., le règne de Justinien Ier marque le premier « âge d'or » de l'Empire byzantin.
527-565. Justinien Ier essaie de rétablir l'Empire romain dans ses anciennes frontières et reprend aux Barbares l'Italie, le sud de l'Espagne et une partie de l'Afrique du Nord. Il accomplit une réforme juridique (Code Justinien) et fait construire de magnifiques monuments à Constantinople (Sainte-Sophie) et à Ravenne.
Après la mort de Justinien s'ouvrent trois siècles de difficultés. Les Byzantins sont assaillis par les Barbares : Avars et Slaves dans les Balkans, Lombards en Italie, Perses Sassanides en Orient.
584. Contre les Lombards qui reconquièrent l'Italie, un gouvernement militaire (exarchat) est créé à Ravenne.
610-717. Avec les Héraclides, l'Empire cesse d'être romain pour devenir gréco-oriental dans ses frontières et sa composition ethnique, grec dans sa langue et son administration.
636-642. L'Empire perd la Syrie et l'Égypte, conquises par les Arabes.
717-802. Sous la dynastie des Isauriens éclate la querelle des images. Les iconoclastes (briseurs d'images) veulent supprimer les représentations du Christ et des saints.
751. Les Byzantins sont éliminés de Ravenne.
820-867. Sous la dynastie d'Amorion, le culte des images est définitivement rétabli (843).
Avec la dynastie macédonienne, l'Empire connaît son apogée (867-1057). Sa puissance militaire est restaurée par des souverains énergiques, comme Basile II. Rempart de la chrétienté contre l'islam, l'Empire byzantin fait rêver l'Occident par sa richesse et par l'éclat de sa civilisation.
1054. Le pape Léon IX et le patriarche Keroularios s'excommunient réciproquement. C'est le schisme d'Orient.
1071. Les Turcs Seldjoukides envahissent l'Asie Mineure.
1081-1185. Les Comnènes voient débuter un déclin lent mais irrémédiable. Contraints d'accorder des avantages commerciaux à Venise, ils ne peuvent résister aux Turcs ni aux Normands.
1185-1204. Les Anges ne peuvent remédier à l'effondrement de l'Empire.
1204. Les croisés prennent Constantinople. L'Empire ne se survit que dans les principautés d'Épire, de Trébizonde et de Nicée.
1204-1258. Les Lascaris de Nicée restaurent l'Empire.
1258-1453. La dynastie des Paléologues, qui a reconquis en 1261 Constantinople, assure la survie de l'Empire.
1453. Les Turcs prennent Constantinople.
Après la chute de Mistra en 1460 et de Trébizonde en 1461, il ne reste plus rien de l'Empire byzantin.

C

C [se] **n.m. inv. 1.** Troisième lettre (consonne) de l'alphabet. ***Rem.*** Devant les voyelles *a, o, u,* devant une consonne ou en fin de mot, *c* se prononce [k] ; marqué d'une cédille (ç) ou devant *e, i* et *y,* il se prononce [s]. **2. C,** chiffre romain valant cent. **3. c,** symbole de centi-, de centime. **4.** MUS. **C,** la note *do,* dans le système de notation en usage dans les pays anglo-saxons et germaniques.

1. ça [sa] **pron. dém.** (de *cela*). **1.** *FAM.* Remplace *cela, cette chose-là : Donnez-moi ça.* **2.** Renforce une interrogation : *Qui ça ? Comment ça ?* **3.** S'emploie comme sujet indéterminé dans des constructions impersonnelles : *Si ça se trouve, elle est arrivée avant nous* (= il n'est pas impossible qu'elle soit arrivée...).

2. ça [sa] **n.m. inv.** (calque du pron. neutre substantivé all. *Es*). PSYCHAN. Chez Freud, l'une des trois instances psychiques, constituant le réservoir des pulsions et du refoulé et à partir de laquelle se différencient génétiquement le moi et le surmoi. ***Rem.*** On écrit *le ça* ou *le Ça.*

çà [sa] **adv.** (lat. pop. *ecce hac,* renforcement par *ecce,* voici de *hac,* par ici). **Çà et là,** de côté et d'autre : *Errer çà et là.* ◆ **interj.** Marque l'étonnement, l'impatience : *Ah çà ! Je ne m'y attendais pas !*

cabale [kabal] **n.f.** (hébr. *qabbalah,* tradition). **1.** *VX.* Kabbale. **2.** Science occulte tendant à la communication avec le monde surnaturel. **3.** Ensemble de menées secrètes, d'intrigues dirigées contre qqn, qqch ; groupe des participants à une cabale : *Monter une cabale* (syn. **complot, intrigue**). *La cabale des envieux* (syn. **clan**).

cabalistique [kabalistik] **adj.** (de *cabale*). Qui présente un aspect obscur, énigmatique : *Une page couverte de signes cabalistiques* (syn. **mystérieux**).

caban [kabɑ̃] **n.m.** (it. sicilien *cabbanu,* de l'ar. *qabā*). **1.** Manteau court, avec ou sans capuchon, en gros drap imperméabilisé, en usage dans la marine. **2.** Longue veste de tissu épais.

cabane [kaban] **n.f.** (prov. *cabana,* bas lat. *capanna,* d'orig. obsc.). **1.** Petite construction rudimentaire faite de matériaux grossiers : *Cabane à outils.* **2.** Abri destiné aux animaux : *Cabane à lapins* (= clapier). **3.** *ARG.* **En cabane,** en prison. **4.** *QUÉBEC.* **Cabane à sucre,** bâtiment où l'on fabrique le sucre et le sirop d'érable.

cabanon [kabanɔ̃] **n.m. 1.** Petite cabane. **2.** En Provence, petite maison de campagne. **3.** Cellule où l'on enfermait autrefois les malades mentaux très agités.

cabaret [kabarɛ] **n.m.** (mot néerl., du picard *camberete,* petite chambre). **1.** *VX.* Débit de boissons (syn. **estaminet**). **2.** Établissement où l'on peut consommer des boissons, dîner, danser ou assister à des spectacles.

cabaretier, ère [kabartje, -ɛr] **n.** *VX.* Personne qui tenait un cabaret, un débit de boissons.

cabas [kaba] **n.m.** (mot prov., p.-ê. du lat. *copax,* qui contient). Sac à provisions souple, en paille tressée.

cabestan [kabɛstɑ̃] **n.m.** (mot prov., d'orig. obsc.). Treuil à axe vertical, employé pour toutes les manœuvres exigeant de gros efforts.

cabiai [kabje] **n.m.** (mot tupi). Rongeur d'Amérique du Sud vivant près des fleuves (syn. **capybara**). ► C'est le plus gros des rongeurs ; long. max. 1,20 m ; famille des hydrochœridés.

cabillaud [kabijo] **n.m.** (néerl. *kabeljau*). **1.** Églefin. **2.** Morue non séchée.

cabillot [kabijo] **n.m.** (prov. *cabilhot,* de *cabilha,* cheville). MAR. Cheville en bois ou en métal autour de laquelle on enroule les manœuvres à bord d'un navire.

Cabinda, enclave angolaise à l'embouchure du Congo, entre les deux républiques du Congo ; 7 270 km^2 ; 668 285 hab. Pétrole.

cabine [kabin] **n.f.** (du même rad. que *cabane*). **1.** Petite chambre à bord d'un navire. **2.** Réduit isolé, petite construction à usage déterminé : *Une cabine de douche, d'essayage. Cabine téléphonique.* **3.** Habitacle d'un ascenseur, d'un téléphérique. **4.** Espace aménagé pour le conducteur sur un camion, un engin de travaux publics, une motrice de chemin de fer ou pour l'équipage d'un avion. **5.** Sur les avions de transport, partie du fuselage réservée aux passagers. **6. Cabine de projection,** local qui abrite les appareils de projection d'une salle de cinéma. **7. Cabine spatiale,** habitacle d'un vaisseau spatial piloté.

cabinet [kabinɛ] **n.m.** (de *cabine*). **1.** Petite pièce, servant de dépendance ou de complément à une pièce principale : *Cabinet de toilette* (= petite salle d'eau attenante à une chambre). **2.** Pièce réservée à l'étude : *Cabinet de travail* (= bureau). **3.** Pièce où qqn exerce une profession libérale ; locaux et clientèle d'une personne exerçant une telle profession : *Le médecin nous a reçus dans son cabinet.* **4.** Ensemble des membres du gouvernement d'un État ; ensemble des collaborateurs d'un ministre, d'un préfet : *Former un nouveau cabinet. Le chef de cabinet d'un ministre* (= le premier de ses collaborateurs). **5.** Département spécialisé d'un musée, d'une bibliothèque : *Cabinet des estampes.* **6.** *VIEILLI.* **Cabinet de cire,** musée où sont exposées des reproductions en cire d'hommes et de scènes célèbres. ◆ **cabinets n.m. pl.** Lieu réservé aux besoins naturels : *Aller aux cabinets* (syn. **toilettes, waters, W-C**).

câblage [kablaʒ] **n.m. 1.** Installation d'un réseau de communication vidéo par câbles : *Le câblage de notre quartier est en cours.* **2.** Ensemble des connexions d'un dispositif électrique.

câble [kabl] **n.m.** (bas lat. *copulum,* espèce de corde). **1.** Gros cordage en fibres textiles ou synthétiques ou en fils métalliques : *Câble d'un téléphérique.* **2.** Faisceau de fils conducteurs protégés par des gaines isolantes, assurant le transport et la distribution de l'énergie électrique ainsi que les liaisons par télécommunications : *Liaisons téléphoniques intercontinentales assurées par câble sous-marin.* **3.** *VX.* Message par câble : *Envoyer un câble* (syn. **dépêche, télégramme**). **4.** Ensemble des programmes diffusés aux abonnés de la télévision par câble : *Lancement d'une nouvelle chaîne sur le câble.* **5. Télévision par câble,** télédistribution.

câbler [kable] **v.t. 1.** Tordre ensemble plusieurs cordes pour former un câble : *Câbler des brins de chanvre.* **2.** Équiper d'un réseau de communication vidéo par câbles : *Câbler un quartier.* **3.** Établir les connexions d'un appareil électrique ou électronique. **4.** VX. Transmettre par câble : *Câbler la nouvelle d'une catastrophe* (syn. **télégraphier**).

cabochard, e [kabɔʃar, -ard] **adj.** et **n.** (de *caboche*). FAM. Qui n'en fait qu'à sa tête : *C'est une cabocharde* (syn. **entêté, têtu**).

caboche [kabɔʃ] **n.f.** (de *ca-*, préf. péjor., et de *bosse*). **1.** FAM. Tête. **2.** Clou à tête large et ronde, utilisé notamm. en cordonnerie.

Cabochiens, faction populaire alliée aux Bourguignons, sous le règne de Charles VI, et qui dut son nom à son chef Caboche, boucher de Paris. En 1413, elle déclencha des émeutes dans la capitale et fut vaincue par la faction des Armagnacs.

cabochon [kabɔʃɔ̃] **n.m.** (de *caboche*). **1.** Pierre fine arrondie et polie, non taillée à facettes. **2.** Clou à tête décorative. **3.** Pièce de protection du système optique d'un véhicule automobile : *Cabochon de clignotant.*

cabosser [kabɔse] **v.t.** (de *bosse* ; v. *caboche*). Déformer par des bosses ou des creux : *Un choc a cabossé l'aile* (syn. **froisser**).

1. cabot [kabo] **n.m.** (abrév.). FAM. Cabotin.

2. cabot [kabo] **n.m.** (normand *cabot*, têtard). **1.** FAM. Chien. **2.** Poisson commun en Méditerranée, à chair estimée, du genre muge. ▸ Long. 50 cm env.

Cabot (Jean) ou **Caboto (Giovanni),** navigateur italien (Gênes ? v. 1450 - en Angleterre v. 1500). Il obtint d'Henri VII, roi d'Angleterre, le monopole de la recherche de nouvelles terres et atteignit le continent nord-américain (probablement l'île canadienne du Cap-Breton) en 1497. • Son fils **Sébastien** (Venise entre 1476 et 1482 - Londres 1557) participa à ses voyages et découvrit le Río de la Plata pour le compte de Charles Quint.

cabotage [kabɔtaʒ] **n.m.** Navigation marchande le long des côtes, et spécial. entre les ports d'un même pays (par opp. à *navigation au long cours*).

caboter [kabɔte] **v.i.** (probabl. de *cap*). Faire du cabotage.

caboteur [kabɔtœr] **n.m.** Navire qui pratique le cabotage.

cabotin, e [kabɔtɛ̃, -in] **n.** et **adj.** (orig. incert., p.-ê. du n. d'un comédien du XVIIe s.). **1.** Acteur médiocre qui a une haute opinion de lui-même. **2.** Personne au comportement affecté : *Une enfant très cabotine* (syn. **comédien**).

cabotinage [kabɔtinaʒ] **n.m.** Comportement, attitude du cabotin.

cabotiner [kabɔtine] **v.i.** Se faire remarquer, se conduire en cabotin : *On cabotine beaucoup dans ces milieux.*

caboulot [kabulo] **n.m.** (mot franc-comtois « petit local pour animaux », croisement probable de *boulot* [même sens], d'orig. celt., avec *cabane*). VIEILLI. Petit café à clientèle populaire (syn. **cabaret, estaminet**).

Cabral (Pedro Álvares), navigateur portugais (Belmonte 1467 - Santarém ? 1520 ou 1526). Il prit possession du Brésil au nom du Portugal en 1500, puis explora les côtes du Mozambique et atteignit les Indes.

cabrer [kabre] **v.t.** (de l'anc. prov. *cabra*, lat. *capra*, chèvre). **1.** Faire dresser un animal, en partic. un cheval, sur les membres postérieurs : *Cavalier qui cabre sa monture.* **2.** Amener qqn à une attitude d'opposition, de révolte : *Cette sévérité n'a fait que le cabrer* (syn. **buter**). **3. Cabrer un avion,** relever sa partie avant pour qu'il prenne de l'altitude. ◆ **se cabrer v.pr. 1.** Se dresser sur ses membres postérieurs, en partic. en parlant d'un cheval. **2.** S'opposer avec vigueur ou violence à : *Il va se cabrer devant vos exigences* (syn. fam. **se braquer**).

cabri [kabri] **n.m.** (prov. *cabrit*, du lat. *capra*, chèvre). Chevreau.

cabriole [kabrijɔl] **n.f.** (it. *capriola*, du lat. *capra*, chèvre). **1.** Demi-tour exécuté en sautant légèrement ; bond agile : *Les enfants faisaient des cabrioles sur la pelouse* (syn. **gambade**). **2.** CHORÉGR. Grand pas sauté dans lequel le danseur réunit les jambes dans l'espace. **3.** ÉQUIT. Figure de haute école exécutée par un cheval qui se cabre puis rue avant que ses membres antérieurs ne touchent le sol.

cabrioler [kabrijɔle] **v.i.** Faire des cabrioles.

cabriolet [kabrijɔlɛ] **n.m.** (de *cabrioler*). **1.** Automobile décapotable. **2.** Ancienne voiture hippomobile légère à deux roues, génér. à capote.

Cac 40 [kakkarɑ̃t] **n.m.** (nom déposé ; acronyme de *cotation assistée en continu*). Indice boursier établi à partir du cours des quarante valeurs mobilières les plus représentatives du marché et servant de référence à la Bourse française.

caca [kaka] **n.m.** (du lat. *cacare*, déféquer). **1.** (Langage enfantin). Excrément : *Faire caca* (= déféquer). **2. Caca d'oie,** d'une couleur jaune verdâtre.

cacahouète ou **cacahuète** [kakawɛt] **n.f.** (esp. *cacahuate*, du nahuatl). Fruit ou graine de l'arachide, dont on extrait 45 % d'huile ou que l'on consomme torréfiés.

cacao [kakao] **n.m.** (mot esp., du nahuatl). Graine du cacaoyer, d'où l'on extrait des matières grasses, comme le beurre de cacao, et la poudre de cacao, pour préparer le chocolat.

cacaoté, e [kakaɔte] **adj.** Qui contient du cacao : *Une boisson cacaotée.*

cacaoyer [kakaɔje] et **cacaotier** [kakaɔtje] **n.m.** Petit arbre originaire de l'Amérique du Sud et cultivé pour la production du cacao, princ. en Afrique. ▸ Genre *Theobroma ;* famille des sterculiacées.

cacarder [kakarde] **v.i.** (orig. onomat.). Émettre un cri, en parlant de l'oie.

cacatoès ou, VX, **kakatoès** [kakatɔɛs] **n.m.** (mot malais). Perroquet d'Océanie et de l'Asie du Sud-Est, au plumage coloré et à la huppe érectile. ▸ Famille des psittacidés.

cacatois [kakatwa] **n.m.** (de *cacatoès*, le *cacatois* se trouvant au-dessus de la voile appelée *perroquet*). MAR. **1.** Voile carrée placée au-dessus du perroquet. **2.** Mât supportant cette voile.

Cáceres, v. d'Espagne (Estrémadure), ch.-l. de prov. ; 95 616 hab. Enceinte d'origine romaine et noyau urbain ancien (nombreux palais des XVe-XVIe s.).

cachalot [kaʃalo] **n.m.** (port. *cachalotte*, de *cachola*, grosse tête). Mammifère cétacé de grande taille, aux dents fixées à la mâchoire inférieure, vivant dans les mers chaudes.

1. cache [kaʃ] **n.f.** Lieu secret pour cacher qqch ou pour se cacher : *Trouver une cache pour un butin* (syn. **cachette**).

2. cache [kaʃ] **n.m.** Feuille de carton, de papier, etc., destinée à cacher certaines parties d'un cliché photographique, ou d'un film, qui ne doivent pas apparaître au tirage.

cache-cache [kaʃkaʃ] **n.m. inv.** Jeu d'enfants dans lequel tous les joueurs se cachent à l'exception d'un seul, qui cherche à découvrir les autres : *Jouer à cache-cache.*

cache-col [kaʃkɔl] **n.m.** (pl. *cache-cols* ou inv.). Écharpe courte et étroite.

cachectique [kaʃɛktik] **adj.** et **n.** De la cachexie ; atteint de cachexie.

cachemire [kaʃmir] **n.m. 1.** Tissu fin fait avec le poil de chèvres du Cachemire ; vêtement fait de ce tissu, avec cette laine. **2.** Motif coloré et sinueux, à l'origine celui des châles de cachemire, imprimé sur un tissu.

Cachemire, anc. État de l'Inde, auj. partagé entre la République indienne (État de Jammu-et-Cachemire) et le Pakistan. C'est une région montagneuse, ouverte par la Jhelam qui draine le bassin de Srinagar. Royaume hindou jusqu'à sa conquête par un aventurier musulman (1346), il fut intégré à l'Empire moghol (1586). Peuplé aux trois quarts de musulmans, le Cachemire, revendiqué depuis 1947 par l'Inde et le Pakistan, fut l'enjeu des guerres indo-pakistanaises de 1947-1949 et de 1965, et reste un lieu de très fortes tensions.

cache-nez [kaʃne] **n.m. inv.** Longue écharpe de laine protégeant du froid le cou et le bas du visage.

cache-pot [kaʃpo] **n.m.** (pl. *cache-pots*). Vase décoratif qui sert à dissimuler un pot de fleurs.

cache-prise [kaʃpriz] **n.m.** (pl. *cache-prises*). ÉLECTR. Dispositif de sécurité qu'on enfonce dans les alvéoles d'une prise de courant pour rendre ses contacts inaccessibles.

cacher [kaʃe] **v.t.** (lat. pop. **coacticare,* serrer, du class. *coactare,* contraindre). **1.** Mettre, placer dans un lieu secret, pour soustraire à la vue, aux recherches : *Les paysans cachaient les maquisards. Cacher des papiers personnels.* **2.** Dissimuler ; ne pas exprimer : *Cacher sa joie* (syn. **taire**). **3.** Empêcher de voir : *Ces immeubles nous cachent la plage* (syn. **masquer**). **4.** Être l'indice de, laisser présager : *Son amabilité cache une mauvaise intention* (syn. **dissimuler**). **5. Cacher son jeu, ses cartes,** laisser ignorer ses intentions. ◆ **se cacher v.pr. 1.** Se soustraire aux regards, aux recherches : *Il se cache car il est recherché par la police.* **2. Se cacher de qqch, de** (+ inf.), ne pas convenir de (surtout en tournure nég.) : *Il ne se cache pas de son rôle dans cette affaire, d'avoir joué un rôle important.* / **Se cacher de qqn,** lui cacher ce qu'on fait : *Fumer en se cachant de ses parents.*

cachère adj. inv. ⟶ **kasher.**

cache-sexe [kaʃsɛks] **n.m.** (pl. *cache-sexes*). Triangle de tissu couvrant le sexe.

cachet [kaʃɛ] **n.m.** (de *cacher,* presser). **1.** Tampon en métal ou en caoutchouc portant en relief le nom, la raison sociale, etc., de son possesseur ; empreinte apposée à l'aide de ce tampon : *Faire apposer le cachet du commissariat* (syn. **timbre**). *Le cachet de la poste porte le lieu, l'heure et la date du dépôt.* **2.** Sceau gravé, destiné à imprimer sur la cire les armes, les initiales, le signe de la personne ou de la société qui l'utilisent ; empreinte laissée par ce sceau : *Le cachet du bijoutier qui scellait le paquet est intact.* **3.** Marque distinctive, aspect particulier qui retient l'attention : *Cette maison a du cachet* (syn. **originalité**). **4.** Médicament en poudre contenu dans une enveloppe assimilable par l'organisme (s'emploie abusivement pour *pilule, comprimé*) : *Cachet d'aspirine.* **5.** Rétribution perçue pour une collaboration à un spectacle, une émission : *Toucher un cachet.* **6. Lettre de cachet,** lettre fermée d'un cachet du roi, donnant généralement ordre d'emprisonner qqn.

cachetage [kaʃtaʒ] **n.m.** Action de cacheter ; son résultat : *Le cachetage du paquet est intact.*

cacheter [kaʃte] **v.t.** (de *cachet*) [conj. **27**]. **1.** Fermer une enveloppe en la collant (contr. **décacheter**). **2.** Sceller avec de la cire, marquée ou non d'un cachet. **3. Vin cacheté,** vin en bouteille dont le bouchon est recouvert de cire ; vin fin.

cachette [kaʃɛt] **n.f. 1.** Lieu propre à cacher ou à se cacher : *La police a découvert la cachette des bandits* (syn. **cache**). **2. En cachette,** en secret, à la dérobée : *On l'a trouvé lisant un illustré en cachette* (contr. **ouvertement**). *Agir en cachette de ses parents* (= à leur insu).

cachexie [kaʃɛksi] **n.f.** (gr. *kakhexia,* de *kakos,* mauvais, et *hexis,* constitution). État d'affaiblissement, d'amaigrissement extrême du corps, constituant la phase terminale de certaines maladies ou infections chroniques.

cachot [kaʃo] **n.m.** (de *cacher*). Cellule où un prisonnier est mis à l'isolement : *Mettre, envoyer qqn au cachot.*

cachotterie [kaʃɔtri] **n.f.** (de *cacher*). FAM. (Souvent au pl.). Secret de peu d'importance : *Faire des cachotteries* (syn. **mystère**).

cachottier, ère [kaʃɔtje, -ɛr] **adj.** et **n.** FAM. Qui aime à faire des cachotteries : *Quelle cachottière, elle n'a rien dit !*

cachou [kaʃu] **n.m.** (port. *cacho,* tamoul *kāsu*) [pl. *cachous*]. Substance astringente extraite de la noix d'arec ; pastille aromatique parfumée avec cette substance.

cacique [kasik] **n.m.** (mot esp., d'une langue amérindienne). **1.** Notable local, en Espagne et en Amérique espagnole. **2.** Chef de certaines tribus indiennes d'Amérique. **3.** ARG. SCOL. Premier à un concours, en particulier à celui de l'École normale supérieure.

cacochyme [kakɔʃim] **adj.** et **n.** (gr. *kakokhumos,* de *kakos,* mauvais, et *khumos,* humeur). LITT. (Souvent par plais.). Faible, en mauvaise santé, en partic. en parlant d'un vieillard.

cacophonie [kakɔfɔni] **n.f.** (gr. *kakophônia,* de *kakos,* mauvais, et *phônê,* voix). Ensemble de sons, de bruits discordants, peu harmonieux : *Ils jouent tous faux, quelle cacophonie !* (syn. **tintamarre, vacarme**).

cacophonique [kakɔfɔnik] **adj.** Qui tient de la cacophonie : *Des clameurs cacophoniques.*

cactacée [kaktase] ou **cactée** [kakte] **n.f.** (de *cactus*). Plante grasse dicotylédone originaire d'Amérique, adaptée à la sécheresse par ses tiges charnues gorgées d'eau, ses feuilles réduites à des aiguilles et sa photosynthèse particulière. ▸ Les cactacées, ou cactées, forment une famille comprenant notamm. le figuier d'Inde et le cierge.

cactus [kaktys] **n.m.** (gr. *kaktos,* artichaut épineux). Plante de la famille des cactacées ; plante grasse épineuse.

cadastral, e, aux [kadastral, -o] **adj.** Du cadastre : *Plan cadastral.*

cadastre [kadastr] **n.m.** (mot prov., du gr. *katastikhon,* registre). **1.** Ensemble des documents sur lesquels sont enregistrés le découpage d'un territoire en propriétés et en cultures ainsi que le nom des propriétaires des parcelles. **2.** Administration qui a la charge d'établir et de conserver ces documents.

cadastrer [kadastre] **v.t.** Soumettre à l'établissement du cadastre : *Cadastrer une commune.*

cadavéreux, euse [kadaverø, -øz] **adj.** Qui rappelle un cadavre : *Teint cadavéreux* (syn. **cadavérique, livide**).

cadavérique [kadaverik] **adj. 1.** Propre à un cadavre : *La rigidité cadavérique* (= le durcissement des muscles après la mort). **2.** Qui rappelle un cadavre : *Elle est d'une pâleur cadavérique* (syn. **cadavéreux, livide**).

cadavre [kadavr] **n.m.** (lat. *cadaver*). **1.** Corps d'un être humain ou d'un animal morts : *Le cadavre a été découvert plusieurs jours après le crime* (syn. **corps**). **2.** FAM. Bouteille dont on a bu le contenu. **3.** FAM. **Cadavre ambulant,** personne pâle et très maigre. **4.** LITTÉR. **Cadavre exquis,** jeu collectif consistant à composer des phrases à partir de mots que chacun écrit à son tour en ignorant ce qu'a écrit le joueur précédent : *« Le cadavre exquis boira le vin nouveau » est une des premières phrases créées par les surréalistes, qui pratiquèrent beaucoup ce jeu.*

1. caddie ou **caddy** [kadi] **n.m.** (mot angl., du fr. *cadet*). Celui qui porte les clubs d'un joueur de golf.

2. Caddie [kadi] **n.m.** (nom déposé). Petit chariot utilisé en libre-service par les clients d'un magasin, les voyageurs d'une gare ou d'un aéroport.

cade [kad] **n.m.** (mot prov., d'orig. obsc.). **1.** Genévrier du Midi. **2. Huile de cade,** goudron obtenu par distillation du bois de cet arbuste, utilisé en dermatologie.

cadeau [kado] **n.m.** (prov. *capdel,* capitaine puis, probabl., « lettre capitale ornementale », du lat. *caput, -itis,* tête). **1.** Chose qu'on offre à qqn pour lui faire plaisir : *Offrir un cadeau à qqn pour son anniversaire* (syn. **présent**). **2.** FAM. **Ne pas faire de cadeau à qqn,** n'accepter aucune erreur de sa part ; ne pas le ménager.

cadenas [kadna] **n.m.** (prov. *cadenat,* lat. *catenatus,* enchaîné, de *catena,* chaîne). Petite serrure mobile, munie d'un arceau métallique destiné à passer dans des pitons fermés ou dans les maillons d'une chaîne.

cadenasser [kadnase] **v.t.** Fermer avec un cadenas : *Cadenasser une porte, une malle.*

cadence [kadɑ̃s] **n.f.** (it. *cadenza,* du lat. *cadere,* tomber et « se terminer [en parlant d'un mot] »). **1.** Rythme régulier et mesuré d'une succession de sons, de mouvements, d'actions, créant souvent un effet de répétition : *Les danseurs suivent la cadence de la musique* (syn. **mouvement, rythme**). *La troupe marche en cadence.* **2.** Rythme d'exécution d'une tâche : *Cadences* *de travail d'un atelier.* **3.** MUS. Enchaînement d'accords lors de la suspension ou de la conclusion d'une phrase musicale. **4.** Rythme produit par l'arrangement des mots, la disposition des accents et des pauses, en prose et surtout en poésie : *La cadence d'un vers.* **5. Cadence de tir d'une arme,** nombre de coups qu'elle peut tirer en une minute.

cadencer [kadɑ̃se] **v.t.** (de *cadence*) [conj. **16**]. **1.** Donner un rythme régulier à : *Cadencer ses phrases* (syn. **rythmer**). **2. Pas cadencé,** dont le rythme est régulier et marqué : *Les troupes ont défilé au pas cadencé.*

cadet, ette [kadɛ, -ɛt] **n.** et **adj.** (gascon *capdet,* correspondant au prov. *capdel ;* v. *cadeau*). **1.** Enfant qui vient après l'aîné ou qui est plus jeune qu'un ou plusieurs enfants de la même famille : *Frères cadets* (contr. **aîné**). **2.** Personne moins âgée et sans relation de parenté : *Cet ami était mon cadet d'un an* (= il avait un an de moins que moi). **3.** Jeune sportif, jeune sportive âgés de treize à seize ans. **4.** *FAM.* **C'est le cadet de mes soucis,** c'est ce qui me préoccupe le moins : *Ce qu'elle en pense, c'est le cadet de mes soucis.* ◆ **adj. Branche cadette,** lignée, famille issue d'un enfant cadet. ◆ **cadet n.m. 1.** *ANC.* Jeune gentilhomme destiné à la carrière militaire. **2.** Élève officier : *Les cadets de Saumur.*

cadi [kadi] **n.m.** (ar. *qāḍī*). Juge musulman dont la compétence s'étend aux questions en rapport avec la religion.

Cadix, en esp. **Cádiz,** v. d'Espagne (Andalousie), ch.-l. de prov., sur le *golfe de Cadix ;* 124 014 hab. Musée archéologique et pinacothèque (œuvres de Zurbarán). Prise par les Français en 1823 (bataille de Trocadero).

cadmie [kadmi] **n.f.** (lat. *cadmea,* calamine, oxyde de zinc, du gr.). Mélange de suie et d'oxydes métalliques qui s'accumule dans le gueulard des hauts-fourneaux.

cadmium [kadmjɔm] **n.m.** (de *cadmie*). Métal mou, blanc bleuâtre, fusible à 320 °C, utilisé pour protéger l'acier, employé en alliages (plomb, étain, zinc) et sous forme de sels, qui fournissent notamm. divers pigments pour la peinture fine. ▸ Symb. Cd ; densité 8,6.

Cadoudal (Georges), chef chouan (Kerléano, près d'Auray, 1771 - Paris 1804). Chef de la chouannerie bretonne, il participa à l'affaire de Quiberon (débarquement des émigrés) en 1795 et fut impliqué dans l'attentat de la « machine infernale » contre le Premier consul (1800). Ayant organisé avec Pichegru et Moreau un nouveau complot (1803), il fut arrêté en 1804 et guillotiné.

cadrage [kadraʒ] **n.m. 1.** Mise en place du sujet par rapport au cadre du viseur d'un appareil photographique ou cinématographique. **2.** Détermination des dimensions et de l'échelle de reproduction d'un document sur une épreuve d'imprimerie, de photocomposition.

cadran [kadrɑ̃] **n.m.** (lat. *quadrans,* quart). **1.** Surface portant les divisions d'une grandeur (temps, pression, vitesse, etc.) et devant laquelle se déplace une aiguille qui indique la valeur de cette grandeur : *Cadran d'une montre, d'un baromètre.* **2.** Dispositif manuel d'appel d'un téléphone : *Composer un numéro sur le cadran.* **3.** *FAM.* **Faire le tour du cadran,** dormir pendant douze heures d'affilée. **4. Cadran solaire,** surface portant des divisions correspondant aux heures du jour et qui, d'après la projection de l'ombre d'une tige plantée en son milieu et éclairée par le Soleil, indique l'heure.

1. cadre [kadr] **n.m.** (it. *quadro,* carré, lat. *quadrum*). **1.** Bordure en bois, en métal, etc., d'une glace, d'un tableau, etc. : *Le cadre met en valeur cette aquarelle* (syn. **encadrement**). **2.** Assemblage de pièces rigides constituant l'armature de certains objets : *Un écran de toile monté sur un cadre de bois* (syn. **bâti, châssis**). *Le cadre d'une bicyclette. Le cadre d'une porte* (syn. **chambranle**). **3.** Ce qui borne, limite l'action de qqn, de qqch ; ce qui circonscrit un sujet : *Respecter le cadre de la légalité. Sans sortir du cadre de mon exposé* (syn. **champ, domaine**). **4.** Ce qui entoure un objet, un lieu, une personne : *Un cadre plaisant* (syn. **décor**). *J'ai passé ma jeunesse dans un cadre austère* (syn. **entourage, milieu**). **5.** Caisse de grandes dimensions, à toit ouvrant ou à portes, pour le transport des marchandises par chemin de fer (syn. **container, conteneur**). **6.** Châssis de bois placé dans une ruche afin que les abeilles établissent leurs rayons. **7. Dans le cadre de qqch,** dans les limites de, dans les dispositions générales de : *Un accord conclu dans le cadre d'un plan économique.*

2. cadre [kadr] **n.** (de *1. cadre*). **1.** Salarié, salariée exerçant génér. une fonction de direction, de conception ou de contrôle dans une entreprise et bénéficiant d'un statut particulier : *Cadre moyen, supérieur. Les cadres* (= le personnel d'encadrement). **2.** Chacune des catégories de personnel de la fonction publique, définie par son statut. ◆ **n.m. 1.** MIL. **Cadre de réserve,** catégorie d'officiers généraux qui, cessant d'être pourvus d'un emploi, restent à la disposition du ministre. **2. Le Cadre noir,** corps enseignant de l'École nationale d'équitation, composé de civils et de militaires, à Saumur.

cadrer [kadre] **v.i. [avec]** (lat. *quadrare,* de *quadrum,* carré). Être en rapport avec, s'accorder avec : *Ce résultat ne cadre pas avec nos calculs* (syn. **concorder, correspondre à**). ◆ **v.t.** PHOT., CIN., TÉLÉV. Effectuer un cadrage : *Photo mal cadrée.*

cadreur, euse [kadrœr, -øz] **n.** (de *cadrer*). CIN., TÉLÉV. Technicien chargé du maniement d'une caméra et de la détermination du champ de prise de vues pour composer l'image, sous les ordres du responsable de la photographie ou du réalisateur (syn. **cameraman** [anglic. déconseillé]).

caduc, caduque [kadyk] **adj.** (lat. *caducus,* de *cadere,* tomber). **1.** BOT. Qui tombe chaque année : *Le hêtre est un arbre à feuilles caduques* (contr. **persistant**). **2.** Qui n'a plus cours, qui n'est plus en usage : *Cette théorie scientifique est caduque* (syn. **abandonné**).

caducée [kadyse] **n.m.** (lat. *caduceus,* n. de l'attribut de Mercure, des hérauts). **1.** Principal attribut d'Hermès, formé d'une baguette de laurier ou d'olivier surmontée de deux ailes et entourée de deux serpents entrelacés. **2.** Emblème du corps médical, composé d'un faisceau de baguettes autour duquel s'enroule le serpent d'Épidaure et que surmonte le miroir de la Prudence.

caducifolié, e [kadysifɔlje] **adj.** (du lat. *caducus,* qui tombe, et *foliatus,* garni de feuilles). BOT. Qui perd ses feuilles en hiver, ou à la saison sèche sous les tropiques.

caducité [kadysite] **n.f.** (de *caduc*). DR. État d'un acte juridique qu'un fait postérieur rend inefficace : *La caducité d'une donation, d'un legs.*

cæcal, e, aux [sekal, -o] **adj.** Du cæcum : *L'appendice cæcal.*

cæcum [sekɔm] **n.m.** (du lat. *caecus,* aveugle). Cul-de-sac formé par la partie initiale du gros intestin et portant l'appendice vermiculaire.

C.A.E.M. → Comecon.

Caen [kɑ̃], ch.-l. du dép. du Calvados, sur l'Orne, dans la *campagne de Caen,* à 223 km à l'ouest de Paris ; 111 342 hab. (*Caennais* [kanɛ]). [197 114 hab. dans l'agglomération]. Académie et université ; cour d'appel. Constructions mécaniques. Port sur le *canal de Caen à la mer.* Anc. abbayes aux Hommes et aux Dames, fondées par Guillaume le Conquérant et la reine Mathilde (imposantes abbatiales romanes et gothiques). Autres églises. Musée des Beaux-Arts et musée de Normandie dans l'enceinte du château.

1. cafard, e [kafar, -ard] **n.** et **adj.** (ar. *kāfir,* renégat). **1.** *LITT.* Personne hypocrite, spécial. qui affecte la dévotion : *Les cafards se dirent choqués* (syn. **tartufe**). **2.** *FAM., VIEILLI.* Personne qui dénonce : *À cause de ce cafard nous avons été punis* (syn. **rapporteur**). ***Rem.*** Rare au fém.

2. cafard [kafar] **n.m.** (de *1. cafard*). **1.** Nom courant de la *blatte* (syn. **cancrelat**). **2.** *FAM.* Découragement, idées noires : *Avoir le cafard* (= être mélancolique, triste).

cafarder [kafarde] **v.i.** et **v.t.** (de *cafard*). *FAM.* Faire le délateur : *Ne lui dites rien, il nous a déjà cafardés* (syn. **dénoncer**). ◆ **v.i.** Avoir le cafard : *Dès que l'hiver arrive, elle commence à cafarder.*

cafardeux, euse [kafardø, -øz] **adj.** Qui exprime ou qui cause du cafard, de la mélancolie : *Je suis cafardeuse à l'idée de repartir* (syn. **triste, déprimé**). *Quel temps cafardeux !* (syn. **lugubre, maussade, morne**).

café [kafe] **n.m.** (it. *caffè*, ar. *qahwa*). **1.** Graine du caféier, contenant un alcaloïde et un principe aromatique. **2.** Denrée constituée par les graines torréfiées du caféier : *Un paquet de café.* **3.** Boisson obtenue à partir de cette denrée : *Café au lait. Café turc.* **4.** Établissement où l'on sert des boissons, de la restauration légère, etc. : *Allons prendre l'apéritif au café du coin* (syn. **bar**). **5.** *FAM.* **C'est un peu fort de café,** c'est incroyable ; c'est inadmissible. ◆ **adj. inv.** Brun presque noir : *Écharpes café.*

café-concert [kafekɔ̃sɛr] **n.m.** (pl. *cafés-concerts*). Théâtre où l'on pouvait boire et fumer en assistant à des numéros de music-hall, jusqu'en 1914 env. (abrév. fam. *caf' conc'*).

caféier [kafeje] **n.m.** Arbrisseau qui produit le café. ▸ Haut. 3 m env. dans les plantations, jusqu'à 10 m dans la nature ; famille des rubiacées.

caféine [kafein] **n.f.** Alcaloïde du café, présent aussi dans le thé et le kola, utilisé comme tonique.

cafetan ou **caftan** [kaftɑ̃] **n.m.** (ar. *qafṭān*). Robe d'apparat, longue, avec ou sans manches, souvent richement brodée, portée dans les pays musulmans.

cafétéria [kafeterja] **n.f.** (mot esp. « magasin de café »). Établissement génér. implanté dans un lieu de passage (centre commercial ou administratif, etc.), où l'on sert des boissons, des repas légers.

café-théâtre [kafeteatr] **n.m.** (pl. *cafés-théâtres*). Café, petite salle où se donnent des pièces courtes, des spectacles souvent en marge des circuits traditionnels.

cafetier [kaftje] **n.m.** *VIEILLI.* Patron d'un café (syn. **cabaretier**).

cafetière [kaftjɛr] **n.f.** Récipient ou appareil ménager pour préparer le café : *Une cafetière électrique.*

cafouillage [kafujaʒ] et **cafouillis** [kafuji] **n.m.** (de *cafouiller*). *FAM.* Fonctionnement défectueux, déroulement confus de qqch : *Il y a eu un certain cafouillage pendant la réunion* (syn. **confusion, désordre**).

cafouiller [kafuje] **v.i.** (mot picard, de *ca-*, préf. péjor., et *fouiller*). *FAM.* **1.** Mal fonctionner : *Le moteur cafouille quand il fait froid.* **2.** Agir d'une manière désordonnée, inefficace et confuse : *Il a dû cafouiller dans ses calculs* (syn. **s'embrouiller, s'empêtrer**).

caftan n.m. ⟶ **cafetan.**

cage [kaʒ] **n.f.** (lat. *cavea*). **1.** Espace clos par des barreaux ou du grillage pour enfermer des oiseaux, des animaux, etc. : *La cage aux lions.* **2. Cage d'escalier, d'ascenseur,** espace ménagé à l'intérieur d'un bâtiment pour recevoir un escalier, un ascenseur ; l'ascenseur lui-même. / **Cage thoracique,** partie du squelette, formée par les vertèbres dorsales, les côtes et le sternum, qui contient le cœur et les poumons. **3.** PHYS. **Cage de Faraday,** dispositif à paroi conductrice, permettant d'isoler électriquement les corps placés à l'intérieur.

Cage (John), compositeur américain (Los Angeles 1912 - New York 1992). Élève de Schönberg, inventeur des « pianos préparés », il fut l'un des premiers à introduire en musique les notions d'indétermination dans la composition et d'aléatoire dans l'exécution (*Music of Changes,* 1951).

cageot [kaʒo] **n.m.** et **cagette** [kaʒɛt] **n.f.** (de *cage*). Emballage léger, à claire-voie, fait de lattes de bois et destiné au transport de fruits, de légumes, de volailles.

cagibi [kaʒibi] **n.m.** (mot de l'Ouest, de *cabas,* meubles à jeter). Petite pièce servant de remise ou de débarras : *Cagibi aménagé sous l'escalier* (syn. **débarras, réduit**).

Cagliari, v. d'Italie, cap. de la Sardaigne, ch.-l. de prov. ; 149 671 hab. Riche musée archéologique (statuettes en bronze de l'époque des nuraghes : tours-habitats de l'âge du bronze [Xe-VIe s. av. J.-C.], en Sardaigne).

Cagliostro [kaljɔstro] **(Giuseppe Balsamo,** dit **Alexandre,** *comte* **de),** aventurier italien (Palerme 1743 - prison pontificale de San Leo, près de Saint-Marin, 1795). Médecin, adepte des sciences occultes, il fut compromis dans l'affaire du Collier, escroquerie dont fut indirectement victime la reine Marie-Antoinette.

cagneux, euse [kaɲø, -øz] **adj.** et **n.** (de l'anc. fr. *cagne,* chienne). **1.** Qui a les jambes rapprochées à la hauteur des genoux et écartées près des pieds ; tordu, en parlant des jambes, des genoux. **2.** ZOOL. Dont les pieds sont tournés en dedans, en parlant notamm. du cheval.

cagnotte [kaɲɔt] **n.f.** (prov. *cagnoto,* petite cuve, probabl. de *cagne,* chien). **1.** Caisse commune des membres d'une association, d'un groupe ; somme recueillie dans cette caisse : *Mettre de l'argent dans la cagnotte. La cagnotte commence à être rondelette.* **2.** Dans certains jeux de hasard, somme d'argent qui s'accumule au fil des tirages et que qqn peut gagner dans sa totalité : *Cagnotte de dix millions d'euros pour le tirage de Noël.*

cagot, e [kago, -ɔt] **n.** et **adj.** (mot béarnais « lépreux », d'orig. obsc.). *LITT.* Faux dévot ; qui affecte une dévotion outrée et hypocrite (syn. **bigot, tartufe**).

cagoule [kagul] **n.f.** (lat. *cucullus,* capuchon). **1.** Passe-montagne en laine encadrant de très près le visage et se prolongeant autour du cou, porté surtout par les enfants. **2.** Capuchon percé à l'endroit des yeux : *Les membres du Ku Klux Klan portent des cagoules.* **3.** Manteau de moine, sans manches, surmonté d'un capuchon.

cahier [kaje] **n.m.** (du lat. *quaterni,* quatre à quatre). **1.** Assemblage de feuilles de papier cousues ou attachées ensemble, pour écrire, dessiner, etc. : *Cahier d'écolier. Cahier de dessins.* **2.** IMPR. Grande feuille imprimée, pliée, découpée au format et assemblée, constituant une partie d'un livre, d'un magazine, etc. : *Cahier de 16, 24, 32 pages.* **3. Cahier des charges,** document qui établit les obligations réciproques d'un fournisseur et d'un client, notamm. en ce qui concerne les caractéristiques techniques du produit, du projet à fournir. ◆ **cahiers n.m. pl.** HIST. **Cahiers de doléances,** avant la Révolution, documents dans lesquels les assemblées qui préparaient les états généraux consignaient les réclamations et les vœux que leurs représentants devaient faire valoir.

cahin-caha [kaɛ̃kaa] **adv.** (onomat.). *FAM.* Tant bien que mal : *L'affaire se poursuit cahin-caha* (syn. **péniblement**).

Cahors [kaɔr], ch.-l. du dép. du Lot, sur le Lot, à 569 km au sud de Paris ; 21 193 hab. *(Cadurciens).* Évêché. Cathédrale à coupoles remontant au début du XIIe s. Pont fortifié Valentré (XIVe s.).

cahot [kao] **n.m.** (de *cahoter*). Rebond, soubresaut que fait un véhicule sur une route inégale : *Les cahots de l'autobus nous jetaient les uns contre les autres* (syn. **secousse**).

cahotant, e [kaɔtɑ̃, -ɑ̃t] **adj. 1.** Qui cahote : *Une guimbarde cahotante.* **2.** Irrégulier : *Écriture cahotante.*

cahotement [kaɔtmɑ̃] **n.m.** Fait de cahoter, d'être cahoté : *Les cahotements de la voiture me gênent* (syn. **secousse**).

cahoter [kaɔte] **v.t.** (orig. obsc.). Secouer par des cahots : *Le vieil autocar cahote les voyageurs* (syn. **ballotter**). ◆ **v.i.** Être secoué, ballotté : *Voiture qui cahote dans les ornières* (syn. **bringuebaler**).

cahoteux, euse [kaɔtø, -øz] **adj.** Qui provoque des cahots : *Chemin cahoteux* (syn. **inégal, raboteux**).

cahute [kayt] **n.f.** (de *hutte,* par croisement avec *cabane* ou adjonction du préf. péjor. *ca-*). Petite habitation misérable : *Loger dans une cahute insalubre* (syn. **baraque, bicoque**).

caïd [kaid] **n.m.** (ar. *qā'id*). **1.** Autref. chef militaire, dans les pays arabes. **2.** *FAM.* Chef ; chef de bande : *Arrestation d'un caïd de la drogue.*

caillasse [kajas] **n.f.** (de *caillou*). **1.** *FAM.* Cailloux, pierraille. **2.** Pierre dure, d'un gris blanchâtre, pour la construction des murs et l'empierrement.

Caillaux (Joseph), homme politique français (Le Mans 1863 - Mamers 1944). Plusieurs fois ministre des Finances à partir de 1899, artisan de l'impôt sur le revenu, il fut président du Conseil en 1911-1912 et négocia la convention franco-allemande sur le Maroc. En 1914, sa femme assassina Gaston Calmette, directeur du *Figaro,* qui menait contre lui une campagne de presse. Il fut arrêté en 1917 pour « correspondance avec l'ennemi ». Amnistié, il redevint ministre des Finances en 1925-1926.

caille [kaj] **n.f.** (bas lat. *quaccula,* d'orig. onomat.). Oiseau voisin de la perdrix, migrateur, habitant les champs et les prairies des plaines. ▶ Famille des phasianidés ; long. 18 cm env. ; la caille margote, courcaille ou carcaille.

caillé [kaje] **n.m. 1.** Lait caillé. **2.** Partie du lait obtenue par coagulation et servant à fabriquer le fromage.

caillebotis [kajbɔti] **n.m.** (de *caillebotter,* cailler, de *cailler* et *botter,* s'agglomérer). Treillis de bois, de métal, etc., servant de plancher amovible dans les endroits humides ou boueux, ou employé comme grille d'aération.

cailler [kaje] **v.t.** (lat. *coagulare*). Transformer en une masse consistante : *La présure caille le lait.* ◆ **v.i.** ou **se cailler v.pr. 1.** Se transformer en caillots : *Le sang caille, se caille.* **2.** FAM. Avoir froid : *On caille, on se caille ici* (syn. **geler, se geler**). **3.** FAM. (En usage impers.). **Ça caille,** il fait froid.

caillette [kajɛt] **n.f.** (dimin. de l'anc. fr. *cail,* lat. *coagulum,* présure). Dernière poche de l'estomac des ruminants, qui sécrète le suc gastrique.

Caillié (René), voyageur français (Mauzé, Deux-Sèvres, 1799 - La Baderre, Charente-Maritime, 1838). Il fut le premier Français à visiter Tombouctou (1828), en Afrique occidentale.

Caillois (Roger), écrivain et anthropologue français (Reims 1913 - Paris 1978). Il a étudié les mythes sociaux et intellectuels (*le Mythe et l'Homme,* 1938), et les correspondances entre les œuvres de l'esprit et les produits de la nature (*Esthétique généralisée,* 1962).

caillot [kajo] **n.m.** (de *cailler*). Masse semi-solide provenant d'une substance coagulée : *Un caillot de sang.*

caillou [kaju] **n.m.** (gaul. **calvajo*) [pl. *cailloux*]. **1.** Fragment de pierre de petite dimension : *Trébucher sur les cailloux du chemin* (syn. **pierre**). **2.** FAM. **N'avoir plus un poil sur le caillou,** n'avoir plus un cheveu sur le crâne.

caillouter [kajute] **v.t.** Garnir de cailloux : *Caillouter un chemin, une voie ferrée* (syn. **empierrer**).

caillouteux, euse [kajutø, -øz] **adj.** Plein de cailloux : *Terrain caillouteux difficile à cultiver.*

caïman [kaimɑ̃] **n.m.** (esp. *caimán,* du caraïbe). Reptile crocodilien de l'Amérique centrale et méridionale à museau court et large, et dont le cuir est recherché en maroquinerie. ▶ Long. de la plus grande espèce : 5 m.

Caïmans ou **Cayman** ***(îles),*** archipel britannique des Antilles au sud de Cuba ; 54 878 hab.

Caïn, fils aîné d'Adam et d'Ève. Le mythe biblique qui fait de lui le meurtrier de son frère Abel peut être compris comme un écho du conflit originel entre deux civilisations : celle de l'agriculteur sédentaire (Caïn) et celle du berger nomade (Abel).

Caïphe, surnom de Joseph, qui fut grand prêtre juif de 18 à 36 et que mentionne le récit évangélique du procès de Jésus.

Ça ira, chanson écrite en 1790 par Ladré, sur une musique de Bécourt, et qui devint un cri de ralliement sous la Terreur.

Caire (Le), cap. de l'Égypte, sur le Nil ; 7 771 617 hab. *(Cairotes)* [18 419 000 hab. dans l'agglomération]. Plus grande ville d'Afrique. Centre commercial, administratif, intellectuel (université) et touristique. Mosquées anciennes (Ibn Tulun [IXe s.], al-Azhar, etc.) ; remparts et citadelle du Moyen Âge ; palais et mausolées. Riches musées, dont le musée d'Art égyptien. La ville, créée par les Fatimides en 969, devint une grande métropole économique et intellectuelle, dont Ismaïl Pacha entreprit la modernisation à la fin du XIXe s. Siège de la Ligue arabe.

cairn [kɛrn] **n.m.** (mot irland.). **1.** Tumulus de terre et de pierres recouvrant les sépultures mégalithiques. **2.** Monticule de pierres édifié par des explorateurs, des alpinistes pour marquer un repère, indiquer un passage.

caisse [kɛs] **n.f.** (prov. *caissa,* lat. *capsa,* boîte). **1.** Coffre génér. de bois servant à divers usages, notamm. à l'emballage et au transport des marchandises : *Caisse d'oranges. Caisse à outils.* **2.** Boîte qui renferme un mécanisme ou protège un ensemble délicat : *Caisse d'un piano.* **3.** Carrosserie d'un véhicule : *La caisse de ma voiture est rouillée.* **4.** ARG. Automobile : *Sa caisse ne tire plus très bien* (syn. **voiture**). **5.** MUS. Cylindre de certains instruments à percussion ; l'instrument lui-même : *La caisse d'un tambour. Jouer de la grosse caisse.* **6.** Meuble, coffre, tiroir, etc., où un commerçant range sa recette ; la recette elle-même : *Caisse enregistreuse. L'employé puisait dans la caisse* (= il prenait de l'argent qui y était gardé). **7.** Comptoir d'un magasin où sont payés les achats : *Allez régler à la caisse et revenez chercher votre paquet.* **8.** Guichet d'une administration où se font les paiements ; les fonds qui y sont déposés : *Présentez-vous à la caisse pour toucher ce chèque.* **9.** Organisme financier ou administratif qui reçoit des fonds en dépôt pour les administrer : *Caisse d'épargne.* **10.** Organisme de gestion d'un régime de sécurité sociale, de retraite, etc. : *Caisses de sécurité sociale, de mutualité agricole.* **11. Livre de caisse,** registre où sont inscrits les mouvements de fonds d'un établissement commercial ou bancaire.

caissette [kesɛt] **n.f.** Petite caisse.

caissier, ère [kesje, -ɛr] **n.** Personne qui tient la caisse d'un établissement commercial.

caisson [kesɔ̃] **n.m.** (de *caisse*). **1.** TR. PUBL. Enceinte étanche permettant de travailler au-dessous du niveau de l'eau. **2.** MAR. Compartiment étanche d'un navire faisant partie de la coque et assurant sa flottabilité. **3.** ARCHIT. Compartiment creux d'un plafond, orné de moulures, de peintures : *Les magnifiques caissons du château de Blois.* **4.** FAM. **Se faire sauter le caisson,** se tuer d'une balle dans la tête. **5. Maladie des caissons,** affection qui touche les personnes soumises à des compressions et à des décompressions trop rapides et qui est due à la libération d'azote gazeux dans le sang.

Cajal (Santiago Ramón y) ⟶ Ramón y Cajal.

cajoler [kaʒɔle] **v.t.** (orig. incert., p.-ê. du moyen fr. *gayoler,* caqueter [du rad. de *geôle*], sous l'infl. de *cage*). Entourer qqn d'attentions affectueuses, de paroles tendres pour lui témoigner son affection ou le séduire : *Une mère qui cajole son bébé* (syn. **câliner, caresser**). *L'enfant cajolait son grand-père pour qu'il l'emmène au cinéma* (syn. **enjôler**).

cajolerie [kaʒɔlri] **n.f.** (de *cajoler*). [Surtout au pl.]. Paroles, manières caressantes : *Faire mille cajoleries* (syn. **câlinerie**).

cajoleur, euse [kaʒɔlœr, -øz] **adj.** et **n.** Qui cajole : *Un enfant cajoleur* (syn. **caressant, tendre**). *Ne t'y fie pas, c'est une cajoleuse* (syn. **enjôleur**).

cajou [kaʒu] **n.m.** (tupi-guarani *cajú*) [pl. *cajous*]. **Noix de cajou,** nom usuel de l'anacarde.

cajun [kaʒœ̃] **adj.** et **n. inv. en genre** (déformation de *acadien*). Se dit des francophones de Louisiane, de leur parler, de leur culture : *Les parlers cajuns. La cuisine cajun.*

cake [kɛk] **n.m.** (mot angl.). Gâteau constitué d'une pâte aux œufs levée, dans laquelle on incorpore des fruits confits et des raisins secs imbibés de rhum.

cal [kal] **n.m.** (lat. *callum*) [pl. *cals*]. **1.** Durillon qui se forme sur la peau à l'endroit d'un frottement. **2.** Cicatrice d'un os fracturé.

Calabre, région d'Italie, à l'extrémité méridionale de la péninsule (prov. de Catanzaro, Cosenza, Crotone, Reggio di Calabria et Vibo Valenta) ; 15 080 km^2 ; 1 956 830 hab. CAP. *Catanzaro.* Le duché de Calabre, conquis au XIe s. par les Normands, fut l'un des noyaux du royaume de Sicile.

calage [kalaʒ] **n.m. 1.** Action de caler qqch : *Procéder au calage d'une armoire.* **2.** IMPR. Placement de la forme d'impression sur la machine à imprimer.

Calais, ch.-l. d'arr. du Pas-de-Calais, sur le *pas de Calais ;* 73 504 hab. *(Calaisiens).* Premier port français de voyageurs. Industries textiles, mécaniques et chimiques. Musée des Beaux-Arts et Cité internationale de la dentelle et de la mode. Calais fut prise par les Anglais en 1347 après une héroïque résistance ; le dévouement d'Eustache de Saint-Pierre et de cinq bourgeois, qui se livrèrent à Édouard III (sujet d'un groupe en bronze de Rodin), sauva la ville, qui fut définitivement restituée à la France en 1598.

Calais *(pas de),* détroit entre la France et l'Angleterre, large de 31 km et long de 185 km ; il est peu profond et unit la Manche à la mer du Nord. Un tunnel ferroviaire permet de le franchir.

calamar **n.m.** ⟶ **calmar.**

calame [kalam] **n.m.** (lat. *calamus*). Roseau taillé utilisé dans l'Antiquité pour écrire.

calamine [kalamin] **n.f.** (lat. médiév. *calamina,* déformation du class. *cadmea*). **1.** Résidu de la combustion d'un carburant qui encrasse les cylindres d'un moteur à explosion. **2.** Oxyde qui apparaît à la surface d'une pièce métallique fortement chauffée.

se **calaminer** [kalamine] **v.pr.** Se couvrir de calamine.

calamistré, e [kalamistre] **adj.** (lat. *calamistratus,* frisé, de *calamus,* roseau). **Cheveux calamistrés,** frisés, ondulés au fer ; recouverts de brillantine, gominés.

calamité [kalamite] **n.f.** (lat. *calamitas*). Malheur public qui frappe une multitude de gens : *La guerre et son cortège de calamités* (syn. **catastrophe, épreuve**). *La famine est une calamité* (syn. **fléau**).

calamiteux, euse [kalamitø, -øz] **adj.** *LITT.* **1.** Qui abonde en calamités ; qui a le caractère d'une calamité : *L'époque calamiteuse de l'Occupation* (syn. **désastreux, funeste**). **2.** Qui semble frappé par une calamité : *Un vieillard calamiteux* (syn. **pitoyable, misérable**).

calandre [kalɑ̃dr] **n.f.** (bas lat. *calendra,* gr. *kulindros,* cylindre). **1.** TECHN. Machine à cylindres pour lisser, lustrer ou glacer les étoffes, le papier, etc. **2.** Garniture, le plus souvent en matière plastique ou en métal, placée devant le radiateur d'une automobile.

calanque [kalɑ̃k] **n.f.** (prov. *calanco*). Crique étroite et profonde, aux parois rocheuses escarpées, en Méditerranée : *Les calanques de Marseille.*

calao [kalao] **n.m.** (mot malais). Oiseau d'Asie méridionale et d'Afrique, caractérisé par un énorme bec surmonté d'un casque. ▸ Ordre des coraciiformes.

Calas [-lɑs] ***(affaire)*** [1762-1765], affaire judiciaire due à l'intolérance religieuse, dont la victime fut Jean **Calas** (Lacabarède, Tarn, 1698 - Toulouse 1762), négociant français, protestant, accusé d'avoir tué son fils pour l'empêcher de se convertir au catholicisme, et supplicié. Voltaire contribua à sa réhabilitation en 1765.

calcaire [kalkɛr] **adj.** (lat. *calcarius,* de *calx, calcis,* chaux). **1.** Qui contient du carbonate de calcium : *Roche, terrain calcaires.* **2. Relief calcaire** ⟶ **relief karstique*.** ◆ **n.m.** Roche sédimentaire formée princ. de carbonate de calcium.

■ Les calcaires représentent une part importante des roches sédimentaires. Ils ont une densité variant entre 2,6 et 2,7 et sont légèrement solubles dans l'eau chargée de gaz carbonique (CO_2). Par métamorphisme, ils cristallisent en donnant les marbres.
On distingue : les *calcaires détritiques,* formés de débris de roches calcaires ; les *calcaires de précipitation,* dus à la précipitation de carbonate de calcium en solution dans l'eau lorsque la teneur en CO_2 du milieu diminue ; les *calcaires organiques,* qui résultent de l'activité de certains organismes constructeurs ou, plus souvent, de l'accumulation de fragments calcaires d'organismes morts, cimentés ensuite. ■

calcédoine [kalsedwan] **n.f.** (de *Chalcédoine,* v. de Bithynie). Silice translucide cristallisée, très utilisée en joaillerie dans l'Antiquité pour les bijoux et les cachets. ▸ La calcédoine rouge-orangé est la *cornaline,* la brune la *sardoine,* la verte la *chrysoprase,* la noire l'*onyx.*

calcémie [kalsemi] **n.f.** (de *calc[ium]* et *-émie*). MÉD. Taux de calcium contenu dans le sang. ▸ Ce taux est normalement de 0,100 g par litre.

calcéolaire [kalseɔlɛr] **n.f.** (lat. *calceolus,* petit soulier, de *calx, calcis,* talon). Plante ornementale, originaire de l'Amérique du Sud et dont les fleurs globuleuses ressemblent à des sabots. ▸ Famille des scrofulariacées.

calcification [kalsifikasjɔ̃] **n.f.** (de *calcifié*). Apport et fixation de sels de calcium dans les tissus organiques.

calcifié, e [kalsifje] **adj.** (de *calci[um]* et *-fier*). Converti en sels de calcium insolubles.

calcination [kalsinasjɔ̃] **n.f.** Action de calciner ; fait de se calciner : *La chaux s'obtient par calcination du calcaire.*

calciner [kalsine] **v.t.** (du lat. *calx, calcis,* chaux). **1.** Transformer des pierres calcaires en chaux par chauffage intense. **2.** Détruire par le feu : *L'incendie a calciné toute la maison.* **3.** Dessécher, brûler une viande en la soumettant à une température trop élevée : *Un rôti calciné* (syn. **carboniser**).

calcique [kalsik] **adj.** Qui renferme du calcium : *Les amendements calciques sont utilisés pour corriger l'acidité des sols.*

calcite [kalsit] **n.f.** Carbonate naturel de calcium cristallisé, qui constitue la gangue de nombreux filons. ▸ Formule : $CaCO_3$.

calcium [kalsjɔm] **n.m.** (du lat. *calx, calcis,* chaux). Métal blanc, mou, fusible à 840 °C, obtenu par électrolyse de son chlorure et qui décompose l'eau à la température ordinaire. ▸ Symb. Ca ; densité 1,55.

1. calcul [kalkyl] **n.m.** (de *calculer*). **1.** Mise en œuvre des règles élémentaires d'opérations (addition, soustraction, multiplication, division) sur les nombres : *Calcul juste, faux.* **2.** Technique de la résolution des problèmes d'arithmétique élémentaire : *Être bon en calcul.* **3.** Mise en œuvre de règles opératoires, quelle qu'en soit la nature : *Calcul différentiel, intégral, vectoriel.* **4.** Action de calculer, d'évaluer la probabilité que qqch survienne ou réussisse : *Faire un bon, un mauvais calcul* (syn. **estimation, supputation**). *Mon calcul était juste* (syn. **prévision**). **5.** Ensemble de mesures habilement combinées pour obtenir un résultat : *Un calcul sournois* (syn. **dessein, manigance**). *Agir par calcul* (syn. **intérêt**). **6. Calcul mental,** opérations effectuées de tête, sans recours à l'écriture.

2. calcul [kalkyl] **n.m.** (lat. *calculus,* caillou). MÉD. Concrétion pierreuse qui se forme dans les cavités des reins, la vessie, la vésicule biliaire, etc.

calculable [kalkylabl] **adj.** Qui peut être calculé.

1. calculateur, trice [kalkylatœr, -tris] **adj.** et **n. 1.** Qui effectue des calculs, qui sait calculer : *Un bon calculateur.* **2.** Qui cherche à prévoir ; qui agit par calcul (péjor.) : *Une femme rusée et calculatrice.*

2. calculateur [kalkylatœr] **n.m.** Machine de traitement de l'information susceptible d'effectuer automatiquement des opérations numériques, logiques ou analogiques.

calculatrice [kalkylatris] **n.f.** Machine qui effectue des opérations numériques.

calculer [kalkyle] **v.t.** (bas lat. *calculare,* du class. *calculus,* caillou [servant à compter]). **1.** Déterminer par le calcul : *Calculer une distance. Calculer les dépenses de la semaine* (syn. **chiffrer, compter**). **2.** Évaluer, déterminer par la pensée, le raisonnement, en fonction de certains facteurs : *Calculer ses chances de succès* (syn. **estimer, peser, supputer**). **3.** Combiner en vue d'un but déterminé ; préparer habilement : *Acteur qui calcule ses effets.* ◆ **v.i. 1.** Faire des calculs : *Elle calcule très vite.* **2.** Dépenser avec mesure ou parcimonie : *Ce n'est pas la gêne, mais il faut calculer* (syn. **compter**). **3. Machine à calculer,** machine servant à faire automatiquement certains calculs.

calculette [kalkylɛt] **n.f.** Calculatrice électronique de poche.

Calcutta ou **Kolkata,** v. de l'Inde, cap. de l'État du Bengale-Occidental, sur l'Hoogly ; 4 486 679 hab. (14 402 345 hab. dans l'agglomération). Commerce du jute. Industries mécaniques et textiles. Indian Museum. La ville fut fondée en 1690 par les Britanniques, qui en firent la capitale de l'Inde (1772-1912).

caldeira [kaldɛra] **n.f.** (mot port. « chaudron »). GÉOL. Vaste dépression circulaire résultant de l'effondrement du cratère d'un volcan à la suite d'une éruption.

Calder (Alexander), sculpteur américain (Philadelphie 1898 - New York 1976). Il a exécuté, à l'aide de tôles peintes articulées, les poétiques « mobiles » qu'agite l'air (à partir de 1932-1934, à Paris), accompagnés par la suite des puissants « stabiles ».

Calderón de la Barca (Pedro), poète dramatique espagnol (Madrid 1600 - *id.* 1681). Il fut le grand auteur de théâtre du Siècle d'or espagnol. Il a écrit environ 80 *autos sacramentals* (drames à sujet religieux comparables aux mystères français du Moyen Âge) et 111 comédies à thèmes religieux ou historiques : *La vie est un songe* (1635), *le Médecin de son honneur* (1635), *l'Alcade de Zalamea* (v. 1642).

caldoche [kaldɔʃ] **n.** et **adj.** (orig. incert., p.-ê. de *Calédonie*). Personne blanche établie en Nouvelle-Calédonie.

Caldwell (Erskine), écrivain américain (White Oak, Géorgie, 1903 - Paradise Valley, Arizona, 1987). Il peint dans ses romans des Blancs du sud des États-Unis en proie à la misère (*la Route du tabac,* 1932 ; *le Petit Arpent du Bon Dieu,* 1933).

1. cale [kal] **n.f.** (all. *Keil*). Objet que l'on place sous ou contre un autre pour mettre celui-ci d'aplomb ou l'immobiliser : *Glisser un bout de papier plié comme cale sous le pied d'une table. Mets une cale derrière la roue de la voiture.*

2. cale [kal] **n.f.** (de *2. caler*). **1.** Partie interne d'un navire, destinée à recevoir la cargaison : *Arrimer des caisses dans la cale.* **2.** FAM. **Être à fond de cale,** sans argent, dénué de toutes ressources. **3. Cale sèche,** bassin que l'on peut mettre à sec pour y réparer un navire.

calé, e [kale] **adj.** (p. passé de *1. caler*). FAM. **1.** Qui connaît beaucoup de choses : *Il est calé en histoire* (syn. **fort, savant**). **2.** Difficile à comprendre ou à réaliser : *Un problème calé* (syn. **ardu, compliqué, dur**). **3.** Rassasié : *Je ne pourrais plus rien avaler, je suis calé.*

calebasse [kalbas] **n.f.** (esp. *calabaza,* courge, citrouille). Fruit de diverses courges (et, spécial., du *calebassier*) qui, vidé ou séché, sert de récipient.

calèche [kalɛʃ] **n.f.** (all. *Kalesche*). Anc. voiture hippomobile découverte, suspendue, à quatre roues, munie d'une capote à soufflet.

caleçon [kalsɔ̃] **n.m.** (it. *calzoni,* de *calza,* chausses). **1.** Sous-vêtement masculin : *Un caleçon long, court.* **2.** Pantalon féminin très collant, génér. en maille.

calédonien, enne [kaledɔnjɛ̃, -ɛn] **adj.** (de *Calédonie,* n. donné par les Romains à l'Écosse). GÉOL. **Plissement calédonien,** mouvement orogénique de la fin du silurien, qui a affecté en partic. l'Écosse et la Scandinavie.

calembour [kalɑ̃bur] **n.m.** (orig. obsc.). Jeu de mots fondé sur la différence de sens entre des mots qui se prononcent de la même façon : *« Une personnalité n'est pas forcément une personne alitée » est un calembour.*

calembredaine [kalɑ̃brədɛn] **n.f.** (orig. obsc.). [Souvent au pl.]. Propos extravagant : *Elle ne sait que débiter des calembredaines* (syn. **balivernes, fadaises, sornettes**).

calendes [kalɑ̃d] **n.f. pl.** (lat. *calendae*). **1.** Premier jour du mois chez les Romains. **2. Renvoyer qqch aux calendes grecques,** remettre qqch à une date qui n'arrivera jamais, les mois grecs n'ayant pas de calendes.

calendrier [kalɑ̃drije] **n.m.** (lat. *calendarium,* registre de comptes, de *calendae,* calendes). **1.** Système de division du temps fondé sur les principaux phénomènes astronomiques, comme la révolution de la Terre autour du Soleil ou de la Lune autour de la Terre. **2.** Tableau des jours de l'année, disposés en semaines et en mois, indiquant éventuellement la commémoration des saints, les fêtes liturgiques ou laïques, etc. **3.** Programme des activités prévues, emploi du temps : *Calendrier des examens.* **4. Calendrier républicain,** institué par la Convention nationale en 1793, en usage jusqu'en 1805. ▶ Le calendrier républicain commençait à l'équinoxe d'automne et comportait 12 mois : vendémiaire, brumaire, frimaire ; nivôse, pluviôse, ventôse ; germinal, floréal, prairial ; messidor, thermidor, fructidor.

■ Selon le phénomène astronomique pris pour référence, on distingue trois types fondamentaux de calendriers : solaire, lunaire, luni-solaire.

Les types de calendriers. Les calendriers solaires sont fondés sur le cycle des saisons, c'est-à-dire sur la période de révolution de la Terre autour du Soleil. L'année comporte 365 jours, répartis en 12 mois, mais un ajustement périodique est nécessaire *(années bissextiles)* pour tenir compte du fait que la durée réelle de l'année des saisons est, en moyenne, de 365,25 j environ. Dans les calendriers solaires primitifs (notamm. en Égypte), l'année ne comportait que 360 jours *(calendriers vagues),* peut-être en liaison avec la division du cercle en 360° et la numération sexagésimale, et on lui adjoignait 5 jours supplémentaires, dits *épagomènes.*

Les calendriers lunaires, tel le calendrier musulman, sont fondés sur le cycle des phases de la Lune. L'année comporte 12 mois de 29 ou 30 jours alternativement et totalise 354 jours, soit un nombre entier de lunaisons. L'écart de 11,25 j environ avec l'année solaire provoque très vite une dérive des mois à travers les saisons.

Les calendriers luni-solaires, tels le calendrier juif ou le calendrier chinois traditionnel, combinent les deux précédents. Les années n'ont pas toutes le même nombre de jours mais, périodiquement, le nouvel an se reproduit à la même époque du cycle des saisons.

Le calendrier civil actuel. De type solaire, il dérive du calendrier romain, réformé en 46 av. J.-C. par Jules César *(calendrier julien).* Celui-ci, en introduisant une année bissextile tous les 4 ans, aboutit à une durée moyenne de l'année civile de 365,25 j. Or, l'année astronomique des saisons *(année tropique),* fondée sur la révolution de la Terre autour du Soleil, est sensiblement plus courte (365,242 2 j). Au cours des siècles, l'écart n'a donc cessé de se creuser : au XVIe s., il atteignait 10 j, entraînant une dérive correspondante des dates de début des saisons. La réforme opérée en 1582 par le pape Grégoire XIII *(calendrier grégorien)* a rétabli la concordance (le lendemain du jeudi 4 oct. 1582 fut le vendredi 15 oct.) et permis d'éviter une nouvelle dérive trop rapide en supprimant certaines années bissextiles (la dernière année de chaque siècle n'est bissextile que si son millésime est divisible par 400). Ainsi ne subsiste plus désormais qu'une très faible erreur, de l'ordre de 1 jour en 3 000 ans. ■

cale-pied [kalpje] **n.m.** (pl. *cale-pieds*). Butoir retenant sur la pédale le pied du cycliste.

calepin [kalpɛ̃] **n.m.** (de *Calepino,* lexicographe ital.). Petit carnet : *Je vais le noter dans mon calepin* (syn. **agenda**).

1. caler [kale] **v.t.** (de *1. cale*). **1.** Assujettir, immobiliser avec une ou plusieurs cales : *Caler un meuble.* **2.** TECHN. Régler le fonctionnement d'une mécanique, d'un appareil : *Caler une soupape.* ◆ **se caler v.pr.** S'installer confortablement : *Se caler dans un fauteuil* (syn. **se carrer**).

2. caler [kale] **v.t.** (prov. *calar,* abaisser, gr. *khalan,* détendre). MAR. Abaisser une voile, une vergue, un mât.

3. caler [kale] **v.i.** (de *2. caler,* le fait de caler une voile ralentissant ou immobilisant le bateau). **1.** S'arrêter brusquement, en parlant d'un moteur, d'un véhicule : *La voiture a calé.* **2.** FAM. Abandonner ce qu'on a entrepris ; ne pas pouvoir continuer : *Le problème de maths était trop dur, j'ai calé* (syn. **renoncer**). *Pas de dessert, je cale* (= je suis rassasié).

calfatage [kalfataʒ] **n.m.** Action de calfater.

calfater [kalfate] **v.t.** (anc. prov. *calafatar,* mot d'orig. ar., par le gr.). MAR. Rendre étanche (la coque, le pont d'un navire) en bourrant d'étoupe les fissures et en les recouvrant de mastic.

calfeutrage [kalføtraʒ] et **calfeutrement** [kalføtrəmɑ̃] **n.m.** Action de calfeutrer ; fait d'être calfeutré : *Le calfeutrage des fenêtres nous fait économiser de l'énergie.*

calfeutrer [kalføtre] **v.t.** (de *calfater,* sous l'infl. de *feutre*). Boucher les fentes d'une baie, d'une fenêtre, etc., afin d'empêcher l'air extérieur et le froid de pénétrer : *Calfeutrer portes et fenêtres avec des bourrelets.* ◆ **se calfeutrer v.pr.** Se tenir enfermé : *Elle se calfeutre chez elle par peur de la foule* (syn. **se claquemurer, se cloîtrer**).

Calgary, v. du Canada (Alberta) ; 1 096 833 hab. (1 214 839 hab. dans l'agglomération). Centre ferroviaire, commercial et industriel.

Cali, v. de Colombie, dans la Cordillère occidentale ; 2 344 734 hab. (2 401 797 hab. dans l'agglomération).

calibrage [kalibraʒ] **n.m.** Action de calibrer : *Le calibrage d'un canon* (= sa mise au calibre voulu). *Le calibrage de fruits après la cueillette* (= leur tri en fonction de leur grosseur). *Le calibrage d'un texte* (= l'évaluation de sa longueur).

calibre [kalibr] **n.m.** (ar. *qālib,* forme de chaussure). **1.** Diamètre intérieur d'un cylindre creux, d'un objet sphérique : *Le calibre d'un tuyau.* **2.** ARM. Diamètre intérieur de l'âme d'une bouche à feu : *Le calibre d'un fusil. Un revolver de gros calibre.* **3.** Diamètre d'un projectile : *Des balles de calibres différents ont été tirées.* **4.** TECHN. Instrument matérialisant une longueur et servant de comparaison pour le contrôle des fabrications mécaniques. **5. De ce calibre,** de cette importance, de cette nature : *Une erreur de ce calibre est irrattrapable* (syn. **envergure, taille**).

calibrer [kalibre] **v.t.** (de *calibre*). **1.** Classer, trier selon la grosseur : *Calibrer des œufs.* **2.** IMPR. Évaluer le nombre de signes d'un texte : *Calibre ton article avant de le faire composer.* **3.** TECHN. Mettre au calibre voulu : *Calibrer un obus.*

calice [kalis] **n.m.** (lat. *calix, -icis,* coupe, du gr.). **1.** ANTIQ. Coupe, vase à boire. **2.** CATH. Vase sacré dans lequel est consacré le vin, à la messe. **3.** BOT. Ensemble des sépales d'une fleur. **4.** *LITT.* **Boire le calice jusqu'à la lie,** endurer les pires vexations, les plus grands malheurs.

calicot [kaliko] **n.m.** (de *Calicut,* v. de l'Inde). **1.** Tissu de coton : *Un corsage en calicot.* **2.** Bande d'étoffe portant une inscription : *Les manifestants déployèrent leurs calicots* (syn. **banderole**).

califat ou **khalifat** [kalifa] **n.m. 1.** Dignité de calife ; durée de son règne. **2.** Territoire soumis à l'autorité d'un calife.

calife ou **khalife** [kalif] **n.m.** (ar. *khalīfa*). Chef suprême de la communauté islamique, après la mort de Mahomet.

Californie, en angl. **California,** État de l'ouest des États-Unis, le plus peuplé, sur le Pacifique ; 411 000 km^2 ; 38 332 521 hab. *(Californiens).* CAP. *Sacramento.* De climat chaud et souvent sec, la Californie est formée par une longue plaine (Grande Vallée) possédant de riches cultures fruitières, des vignobles, et encadrée par la sierra Nevada à l'est et par de moyennes montagnes à l'ouest (chaînes Côtières), retombant sur le littoral où se localisent les principales villes (Los Angeles et San Francisco). Toutes les industries sont représentées (hydrocarbures, chimie, agroalimentaire, électronique, audiovisuel, etc.). La Californie, d'abord mexicaine, entra dans l'Union en 1848 et fut érigée en État en 1850. La découverte de l'or et la construction du premier chemin de fer transcontinental assurèrent sa prospérité au XIXe siècle.

Californie (Basse-), longue péninsule montagneuse et aride du Mexique au sud de la *Californie* (américaine), entre le Pacifique et le *golfe de Californie.*

Californie ***(courant de),*** courant marin froid du Pacifique, s'écoulant vers le sud, le long du littoral de la Californie.

à **califourchon** [kalifurʃɔ̃] **loc. adv.** (orig. incert., de *fourche,* et p.-ê. du breton *kall,* testicules). Jambe d'un côté, jambe de l'autre, comme si on était à cheval : *Il tourna la chaise et s'y assit à califourchon.*

Caligula (Gaius Caesar Augustus Germanicus) [Antium 12 apr. J.-C. - Rome 41], empereur romain (37-41), fils de Germanicus et successeur de Tibère. Atteint de déséquilibre mental, il gouverna en tyran et périt assassiné.

câlin, e [kalɛ̃, -in] **adj.** et **n.** Qui aime les câlins ; qui exprime une douce tendresse : *Sa voix câline* (syn. **caressant**). ◆ **câlin n.m.** Échange de gestes tendres, de caresses affectueuses : *Faire un câlin avec, à sa mère.*

câliner [kaline] **v.t.** (mot normand « se reposer à l'ombre », du lat. *calere,* faire chaud). Faire des câlins à qqn : *Câliner un enfant* (syn. **cajoler, caresser**).

câlinerie [kalinri] **n.f.** [Surtout au pl.]. Attitude, manière câline : *Ils se font des câlineries* (syn. **caresse**).

caliorne [kaljɔrn] **n.f.** (prov. *caliourno,* p.-ê. du fr. *kalôs,* câble). MAR. Gros palan à poulies triples.

calisson [kalisɔ̃] **n.m.** (prov. *calisson, canisson,* clayon de pâtissier, du lat. *canna,* roseau). Petit-four en pâte d'amandes, au dessus glacé, spécialité d'Aix-en-Provence.

Callao (El) ou **Callao,** principal port (pêche et commerce) du Pérou, débouché de Lima ; 438 326 hab.

Callas (Maria Kalogheropoúlos, dite **la),** cantatrice grecque (New York 1923 - Paris 1977). Dès ses débuts à la Scala de Milan en 1950, elle devient la cantatrice la plus célèbre de son époque, avec une technique vocale remarquable, étendue à près de trois octaves, qui influence sa génération. Elle quitte la scène à Covent Garden en 1965. Ses rôles les plus célèbres ont été *Norma* (Bellini), Violetta (*la Traviata* de Verdi), *Tosca* (Puccini), Elvira (*les Puritains* de Bellini).

Calle (Sophie), artiste française (Paris 1953). Photographe, plasticienne, écrivaine et cinéaste, elle mêle images et récits pour capter l'intimité d'autrui et mettre en scène sa propre vie (*les Dormeurs,* 1978 ; *Aveugles,* 1986 ; *Des histoires vraies,* 1994 ; *Chambre avec vue,* 2002 ; *Prenez soin de vous,* 2007 ; *Rachel, Monique,* 2012).

calleux, euse [kalø, -øz] **adj. 1.** Qui présente des cals : *Mains calleuses.* **2.** ANAT. **Corps calleux,** lame épaisse de substance blanche, réunissant les hémisphères cérébraux.

call-girl [kolgœrl] **n.f.** (mots angl., de *call,* appel [téléphonique], et *girl,* fille) [pl. *call-girls*]. Prostituée que l'on appelle chez elle par téléphone.

calligramme [kaligram] **n.m.** (de *Calligrammes,* titre d'un recueil de G. Apollinaire, de *calli[graphie]* et *-gramme*). Texte, le plus souvent poétique, dont les mots sont disposés de manière à représenter un objet qui constitue le thème du poème.

calligraphie [kaligrafi] **n.f.** (gr. *kalligraphia,* de *kallos,* beauté, et *graphein,* écrire). Art de former d'une façon élégante et ornée les caractères de l'écriture ; écriture ainsi formée. ◆ **calligraphe n.** Nom de l'artiste.

calligraphier [kaligrafje] **v.t.** et **v.i.** [conj. **9**]. Écrire en calligraphie : *Calligraphier un texte.*

callosité [kalozite] **n.f.** (lat. *callositas,* de *callum,* cal). Épaississement, induration de l'épiderme dus à des frottements répétés.

Callot (Jacques), graveur et peintre français (Nancy 1592 - *id.* 1635). Génie hardi et fantasque, il travailla en Italie et en Lorraine. Grand maître de l'eau-forte, il eut une influence considérable sur les graveurs du XVIIe s. Les suites des *Caprices,* des *Gueux,* des *Misères et Malheurs de la guerre* ainsi que la grande *Foire de l'Impruneta* sont particulièrement célèbres.

calmant, e [kalmɑ̃, -ɑ̃t] **adj.** Qui calme : *Boire une tisane calmante* (syn. **lénifiant, sédatif**). ◆ **calmant n.m.** Médicament qui calme la nervosité ou la douleur : *Prendre des calmants avant de se coucher* (syn. **sédatif, tranquillisant**).

calmar [kalmar] ou **calamar** [kalamar] **n.m.** (it. *calamaro,* propr. « écritoire », en raison de la poche d'encre du calmar, du lat. *calamus,* roseau pour écrire). Mollusque céphalopode marin à dix tentacules, à coquille interne cornée *(plume),* connu aussi sous le nom d'*encornet.* ▶ Long. moy. 8 à 50 cm (certains calmars géants des abysses dépassent 17 m).

1. calme [kalm] **n.m.** (it. *calma,* gr. *kauma,* chaleur étouffante). **1.** Absence d'agitation ; tranquillité : *Le calme de la mer. Un peu de calme* (syn. **tranquillité**). *Être au calme.* **2.** Maîtrise de soi ; absence de nervosité : *Garder son calme en toutes circonstances* (syn. **placidité, sérénité**). **3. Calmes équatoriaux,** zone de vents faibles correspondant à la région du globe où se produisent essentiellement d'importants mouvements ascendants.

2. calme [kalm] **adj.** (de *1. calme*). **1.** Qui est sans agitation, sans animation vive : *Mener une vie calme* (syn. **paisible, serein**). *Nous habitons un quartier très calme* (syn. **tranquille** ; contr. **bruyant**). *La mer est calme* (contr. **houleux**). **2.** Qui reste maître de soi ; tranquille : *Un homme calme* (syn. **placide** ; contr. **emporté, violent**). *Les enfants sont calmes aujourd'hui* (syn. **sage** ; contr. **agité, turbulent**).

calmement [kalməmɑ̃] **adv.** Avec calme : *Écoute ton père calmement* (= sans t'énerver). *La réunion s'est déroulée calmement* (= sans incident).

calmer [kalme] **v.t. 1.** Rendre plus calme : *L'orateur s'efforçait de calmer les manifestants* (syn. **apaiser** ; contr. **exciter**). **2.** Rendre moins intense : *Calmer une douleur* (syn. **atténuer, soulager**). *Les paroles du directeur calmèrent l'inquiétude des parents* (syn. **apaiser, tempérer**). **3.** FAM. **Calmer le jeu,** détendre une situation trop tendue, une ambiance trop agressive. ◆ **se calmer v.pr. 1.** Devenir moins intense : *La tempête se calme* (syn. **s'apaiser, tomber**). **2.** Retrouver son sang-froid : *Il a eu un accès de colère, puis a fini par se calmer* (syn. **se rasséréner**).

Calmette (Albert), bactériologiste français (Nice 1863 - Paris 1933). Il a écrit des mémoires sur la bactériologie, la chimie physiologique et l'hygiène. Avec Guérin, il est l'inventeur de la méthode de vaccination préventive de la tuberculose (vaccin Calmette-Guérin, dit *B.C.G.*).

calmir [kalmir] **v.i.** [conj. **32**]. MAR. **La mer, le vent calmit,** se calme.

calomniateur, trice [kalɔmnjatœr, -tris] **n.** Personne qui calomnie (syn. **détracteur, diffamateur**).

calomnie [kalɔmni] **n.f.** (lat. *calumnia*). Accusation mensongère qui blesse la réputation, l'honneur : *Les calomnies de ses adversaires l'ont tué* (syn. **diffamation, médisance**).

calomnier [kalɔmnje] **v.t.** [conj. **9**]. Atteindre qqn dans sa réputation, dans son honneur, par des accusations que l'on sait fausses : *Ce journaliste m'a calomnié* (syn. **diffamer**).

calomnieux, euse [kalɔmnjø, -øz] **adj.** Qui constitue une calomnie ; qui contient des calomnies : *Propos, écrits calomnieux* (syn. **diffamatoire**).

Calonne (Charles Alexandre de), ministre français (Douai 1734 - Paris 1802). Nommé contrôleur général des Finances par Louis XVI en 1783, il appliqua une politique de grands travaux et proposa, en vue de rétablir l'équilibre budgétaire, la création d'une subvention territoriale devant frapper tous les propriétaires fonciers. L'Assemblée des notables ayant refusé d'entériner son plan, il fut disgracié (1787).

calorie [kalɔri] **n.f.** (du lat. *calor,* chaleur). **1.** Unité de mesure de quantité de chaleur, équivalant à la quantité de chaleur nécessaire pour élever de 1 °C la température de 1 gramme d'eau à 15 °C sous la pression atmosphérique normale et valant 4,1855 joules. ▶ Symb. cal ; cette unité n'est plus légale en France. **2.** (Avec une majuscule). Ancienne unité de mesure de la valeur énergétique des aliments, en diététique, valant 1 000 calories. (On dit aussi *kilocalorie, kcal.*)

calorifère [kalɔrifɛr] **n.m.** (du lat. *calor,* chaleur, et de *-fère*). VIEILLI. Appareil destiné au chauffage des maisons par air chaud.

calorifique [kalɔrifik] **adj.** (lat. *calorificus*). Qui produit des calories, de la chaleur : *Des rayons calorifiques.*

calorifuge [kalɔrifyʒ] **adj.** et **n.m.** (du lat. *calor,* chaleur, et de *-fuge*). Qui empêche la déperdition de chaleur : *L'amiante est calorifuge.*

calorifuger [kalɔrifyʒe] **v.t.** [conj. **17**]. Recouvrir avec un matériau calorifuge : *Calorifuger les conduits d'eau chaude.*

calorimètre [kalɔrimɛtr] **n.m.** Instrument pour mesurer les quantités de chaleur fournies ou reçues par un corps.

calorimétrie [kalɔrimetri] **n.f.** Partie de la physique qui mesure des quantités de chaleur.

calorimétrique [kalɔrimetrik] **adj.** Relatif à la calorimétrie.

calorique [kalɔrik] **adj.** (du lat. *calor,* chaleur). **1.** De la chaleur ; relatif à la chaleur : *L'intensité calorique d'une source de chaleur.* **2. Ration calorique,** quantité de calories nécessaires à un organisme, en diététique : *La ration calorique varie selon les individus.*

calot [kalo] **n.m.** (de l'anc. fr. *cale,* coiffure, d'orig. obsc.). Coiffure militaire à deux pointes, sans bords et sans visière ; bonnet de police.

calotin [kalɔtɛ̃] **n.m.** (de *calotte*). FAM. Catholique pratiquant ; partisan du cléricalisme (péjor.).

calotte [kalɔt] **n.f.** (anc. prov. *caloto,* probabl. de l'anc. fr. *cale* ; v. *calot*). **1.** Petit bonnet rond ne couvrant que le sommet du crâne : *Calotte de chirurgien.* **2.** Partie du chapeau qui emboîte le crâne. **3.** Coiffure liturgique du clergé catholique : *Calotte blanche du pape, violette des évêques.* **4.** FAM. Tape donnée sur la tête, la joue : *Arrête ou je te donne une calotte* (syn. **claque, gifle**). **5.** FAM. **La calotte,** le clergé ; les calotins (péjor.). **6.** ANAT. **Calotte crânienne,** partie supérieure de la boîte crânienne. / GÉOGR. **Calotte glaciaire,** masse de neige et de glace recouvrant le sommet de certaines montagnes et les régions polaires. / GÉOM. **Calotte sphérique,** portion d'une sphère limitée par un plan ne passant pas par le centre de la sphère.

calque [kalk] **n.m.** (it. *calco,* de *calcare* ; v. *calquer*). **1.** Reproduction d'un dessin obtenue en calquant : *Faire un calque de la carte de France* (syn. **décalque**). **2.** Papier transparent permettant de calquer un dessin (syn. **papier-calque**). **3.** Reproduction fidèle ou servile de qqch : *Son discours n'était qu'un calque du mien* (syn. **imitation, plagiat**). **4.** LING. Transposition d'un mot, ou d'une construction, d'une langue dans une autre par traduction : *« Gratte-ciel » est un calque de l'anglo-américain « skyscraper ».*

calquer [kalke] **v.t.** (it. *calcare,* lat. *calcare,* presser, fouler). **1.** Reproduire un dessin sur un papier-calque qui le recouvre : *Calquer une carte* (syn. **décalquer**). **2.** Imiter exactement ou servilement : *Elle calque sa conduite sur celle de sa mère* (syn. **copier, démarquer**).

calumet [kalymɛ] **n.m.** (forme normande de *chalumeau*). Pipe à long tuyau des Indiens de l'Amérique du Nord : *Fumer le calumet de la paix.*

calvados [kalvados] **n.m.** (de *Calvados,* n.pr.). Eau-de-vie de cidre. (abrév. fam. *calva.*)

Calvados [-dos] [14], dép. de la Région Normandie ; ch.-l. de dép. Caen ; ch.-l. d'arr. *Bayeux, Lisieux, Vire ;* 4 arr., 25 cant., 705 comm. ; 5 548 km² ; 704 567 hab. *(Calvadosiens).*

calvaire [kalvɛr] **n.m.** (lat. ecclés. *Calvarium,* du class. *calva,* crâne, calque de l'hébr. *Golgotha,* colline où Jésus-Christ fut crucifié). **1.** Représentation peinte, sculptée, etc., de la passion du Christ sur la colline du Calvaire. **2.** Croix en plein air, commémorant la Passion du Christ. **3.** Longue suite de souffrances : *Sa vie est un calvaire* (syn. **martyre**).

Calvin (Jean), réformateur et écrivain français (Noyon 1509 - Genève 1564). Se destinant à la carrière ecclésiastique, il fait ses études à Paris, où il se lie aux milieux novateurs qu'inspirent Lefèvre d'Étaples, Guillaume Budé et Nicolas Cop, recteur de l'Université. Mais, en 1533, il est compromis dans le scandale d'une prédication de celui-ci à la rédaction de laquelle il a collaboré et qui prend parti pour les thèses de

Luther. Dès lors, fuyant l'Inquisition et prêchant la Réforme, Calvin erre de ville en ville. À Bâle, en 1536, il publie en latin son *Institution de la religion chrétienne,* dont la version française paraîtra en plusieurs éditions successives de 1541 à 1560. Sa rencontre avec le réformateur genevois Guillaume Farel l'incite à s'établir à Genève, où il séjourne deux ans (1536-1538) avant d'en être chassé par les autorités à la suite d'un différend concernant l'autonomie des Églises. Il passe alors trois ans (1538-1541) à Strasbourg, où il enseigne la théologie. Il y rédige sa célèbre *Épître à Sadolet,* qui est une apologie de la Réforme, et son *Petit Traité de la Sainte Cène.*
Rappelé en 1541 à Genève, d'où il ne partira plus, Calvin peut désormais y édifier une communauté réformée correspondant à ses vues et faire de cette ville une « cité-Église » régie par les principes de l'Évangile. En 1555, sa victoire à la fois politique et religieuse est assurée, bien qu'assombrie par une certaine intolérance, notamment lors de l'exécution en 1553 du protestant Michel Servet. Néanmoins, jusqu'à la mort de Calvin, la paix règne dans Genève, devenue un havre de sécurité pour les réformés persécutés ; Genève est dotée, dès 1559, d'une Académie qui, sous la direction de Théodore de Bèze, forme une élite qui répandra la Réforme en Europe, tandis qu'un accord est conclu avec les autres Églises de Suisse (au prix, cependant, d'une rupture avec les luthériens allemands).
Le calvinisme, qui est, avec le luthéranisme, l'une des deux grandes branches mondiales du protestantisme, s'est surtout implanté, avec ses structures ecclésiales de type presbytérien, en France, aux Pays-Bas et, par l'intermédiaire de John Knox, en Écosse, puis en Amérique du Nord à la suite de l'immigration, et dans d'autres continents grâce aux missions. Sa théologie propre insiste sur l'absolue transcendance divine, sur la double prédestination (des uns au salut, des autres à la damnation), sur la justification par la grâce, qui opère de manière irrésistible, moyennant une foi exclusive dans la souveraineté de Dieu et un dévouement à sa seule gloire.

calvinisme [kalvinism] **n.m.** Doctrine religieuse protestante issue de la pensée de Calvin et de la Réforme. ◆ **calviniste adj.** et **n.** Relatif au calvinisme ; qui le professe.

Calvino (Italo), écrivain italien (Santiago de Las Vegas, Cuba, 1923 - Sienne 1985). Ses contes introduisent l'humour et la fantaisie dans l'esthétique néoréaliste (*le Baron perché,* 1957 ; *Si par une nuit d'hiver un voyageur,* 1979).

calvitie [kalvisi] **n.f.** (lat. *calvities,* de *calvus,* chauve). État d'une tête chauve ; absence de cheveux : *Calvitie précoce.*

camaïeu [kamajø] **n.m.** (p.-ê. de l'ar. *qamā'il,* pl. de *qum'ū,* bouton de fleur) [pl. *camaïeux*]. Peinture monochrome, utilisant différents tons d'une même couleur, du clair au foncé : *Un camaïeu de roses. Un camaïeu en gris* (syn. **grisaille**).

camarade [kamarad] **n.** (esp. *camarada,* chambrée, du lat. *camera,* chambre). **1.** Compagnon avec lequel on partage une activité commune : *Ma camarade de lycée* (syn. **condisciple**). *Un camarade d'atelier* (syn. **collègue**). **2.** Appellation dont les membres des partis de gauche ou des syndicats ouvriers se servent pour désigner les autres membres du même parti, du même syndicat.

camaraderie [kamaradri] **n.f.** Familiarité, solidarité entre camarades : *Par esprit de camaraderie, il s'est tu.*

camard, e [kamar, -ard] **adj.** et **n.** (de *camus*). **1.** LITT. Se dit d'un visage au nez plat et comme écrasé ou de ce nez lui-même : *Le visage camard d'un boxeur* (syn. **aplati**). *Un nez camard* (syn. **camus**). **2. La Camarde,** la Mort, représentée comme un squelette, donc sans nez.

Camargue (la), région comprise entre les deux principaux bras du delta du Rhône ; 60 000 ha (dont près de la moitié en marais et en étangs). Le Sud, marécageux, est le domaine de l'élevage des taureaux et des chevaux, et des marais salants. Au nord, on cultive le riz, la vigne et les plantes fourragères. (Hab. *Camarguais.*) La Camargue donne son nom à un parc naturel régional d'environ 86 000 ha.

Cambacérès (Jean-Jacques de), *duc* **de Parme,** juriste et homme d'État français (Montpellier 1753 - Paris 1824). Député sous la Convention et le Directoire, choisi par Bonaparte comme deuxième consul (1799), il fut un des principaux rédacteurs du Code civil promulgué en 1804. Il servit le régime impérial avec une fidélité absolue.

cambiste [kɑ̃bist] **n.** et **adj.** (it. *cambista,* de *cambio,* change ; v. *changer*). Personne, professionnel qui effectue des opérations de change.

Cambodge, État de l'Indochine, sur le golfe de Thaïlande ; 181 000 km^2 ; 15 135 000 hab. *(Cambodgiens).* CAP. *Phnom Penh.* LANGUE : *khmer.* MONNAIE : *riel.*

GÉOGRAPHIE

Des reliefs périphériques entourent une dépression occupée en son centre par les Lacs et les « Quatre Bras » (Mékong inférieur et supérieur, Tonlé Sap, Bassac). Dans ce pays tropical, la vie est rythmée par la mousson d'été permettant la riziculture, provoquant aussi des inondations saisonnières. Le riz demeure la base de l'alimentation, la pêche est temporairement et localement active. Les plantations d'hévéas (sur des terres basaltiques dans l'Est), développées pendant la colonisation française mais gravement touchées par la guerre, fournissent à nouveau auj. un caoutchouc qui constitue la base de l'industrie nationale, quasi inexistante par ailleurs. Ruinée par les années de guerre, l'économie connaît, grâce notamment à des mesures de libéralisation, une relance progressive.

HISTOIRE

Des origines au protectorat français. Fondé au Iᵉʳ s. de notre ère, le royaume du Funan, établi sur le delta et le cours moyen du Mékong, est conquis au XIᵉ s. par des ancêtres des Khmers.
802 - v. 836. Jayavarman II instaure le culte du dieu-roi, liant la royauté au pouvoir divin de Shiva, dieu de l'hindouisme.
Ses successeurs fondent un empire dont les frontières atteignent la Birmanie et le Viêt Nam actuels. Sa capitale, Angkor, est le foyer d'une brillante civilisation. Le royaume décline au XIIIᵉ s., époque à laquelle le bouddhisme triomphe.
1432. Angkor est abandonnée au profit de Phnom Penh.
À la fin du XVIᵉ s., le Cambodge devient vassal du royaume siamois. Il sert par la suite de terrain de bataille entre Siamois et Vietnamiens (qui colonisent le delta du Mékong au XVIIIᵉ s.).
1863. Traité établissant le protectorat de la France.

Du protectorat au Cambodge actuel
1953. Norodom Sihanouk, roi depuis 1941, obtient l'indépendance totale du Cambodge.
1955. Il abdique.
1960. Norodom Sihanouk revient au pouvoir, comme chef de l'État. Il bénéficie du soutien des pays socialistes et de la France et entend maintenir une politique de neutralité.
1970. Il est renversé par un coup d'État militaire, appuyé par les États-Unis, au profit du général Lon Nol.
1975. Les Khmers rouges prennent le pouvoir. Devenu le Kampuchéa démocratique, le pays est soumis à une dictature meurtrière, dirigée notamment par Pol Pot et Khieu Samphan, et soutenue par la Chine. Le régime est tenu pour responsable de la mort de 1,7 million de Cambodgiens (20 % de la population globale).
1979. Les adversaires du régime s'emparent du pouvoir avec l'aide militaire du Viêt Nam, qui occupe le pays, lequel devient la République populaire du Kampuchéa.
1982. Sihanouk réussit à regrouper les adversaires du régime de Phnom Penh, avec lesquels il forme un gouvernement de coalition en exil.
1989. Les troupes vietnamiennes se retirent du pays, redevenu l'État du Cambodge.
1990. Création d'un Conseil national suprême (C.N.S.) regroupant les représentants du régime et ses opposants. L'O.N.U. s'engage à contrôler la mise en place d'institutions démocratiques.
1991. Retour à Phnom Penh de Norodom Sihanouk, nommé président du C.N.S. Parallèlement, le gouvernement du Cambodge, dirigé depuis 1985 par Hun Sen (leader du parti du Peuple cambodgien), reste en place.
1993. Après des élections libres, la monarchie est restaurée et un gouvernement de coalition est formé.
1998. Mort de Pol Pot. Les derniers chefs khmers rouges se rallient au pouvoir ou sont arrêtés.
2004. Norodom Sihanouk décide de se retirer. Un de ses fils, Norodom Sihamoni, lui succède sur le trône.

Hun Sen, Premier ministre régulièrement reconduit, et le parti du Peuple cambodgien dominent la vie politique.
2009-2012. Les procès ouverts contre plusieurs responsables khmers rouges se heurtent à de nombreux obstacles. Duch, dirigeant du camp S-21, est condamné à la prison à vie en 2012.

cambodgien, enne [kɑ̃bɔdʒjɛ̃, -ɛn] **adj.** et **n.** Du Cambodge (syn. **khmer**). ◆ **cambodgien n.m.** Autre nom du khmer.

cambouis [kɑ̃bwi] **n.m.** (orig. obsc.). **1.** Huile ou graisse noircie par le frottement des organes d'une machine. **2. Mettre les mains dans le cambouis,** participer activement à la réalisation d'une tâche ingrate ou difficile.

Cambrai, ch.-l. d'arr. du Nord, sur l'Escaut, dans le Cambrésis ; 33 612 hab. *(Cambrésiens).* Archevêché. Industries textiles, mécaniques et alimentaires (confiserie : *bêtises de Cambrai*). Base aérienne. Monuments des XVIIe et XVIIIe s. Musée. – En 1529 y fut conclu le traité de Cambrai, ou *paix des Dames,* négocié par Louise de Savoie au nom de François Ier, et par Marguerite d'Autriche au nom de Charles Quint. Cambrai fut réunie à la France par Louis XIV (1677).

cambré, e [kɑ̃bre] **adj.** Qui présente une cambrure : *Avoir les pieds cambrés* (contr. **plat**).

cambrer [kɑ̃mbre] **v.t.** (du picard *cambre,* du lat. *camurum,* arqué). Courber en forme d'arc : *Cambrer les reins.* ◆ **se cambrer v.pr.** Se redresser en bombant le torse.

Cambrésis, pays du nord de la France (v. princ. *Cambrai*), réuni au royaume après le traité de Nimègue (1678).

Cambridge, v. des États-Unis (Massachusetts) ; 105 162 hab. Université Harvard (musées). MIT *(Massachusetts Institute of Technology).*

Cambridge, v. de Grande-Bretagne, ch.-l. du *Cambridgeshire* ; 117 717 hab. dans l'agglomération. Université comptant des collèges célèbres (le premier fut fondé en 1284). Chapelle de style perpendiculaire (XVe s.) du King's College.

cambrien [kɑ̃brijɛ̃] **n.m.** (de *Cambria,* n. lat. du pays de Galles). GÉOL. Première période de l'ère primaire.

cambriolage [kɑ̃brijɔlaʒ] **n.m.** Action de cambrioler : *Les deux cambriolages présentent des similitudes* (syn. **vol**).

cambrioler [kɑ̃brijɔle] **v.t.** (du prov. *cambro,* chambre). Commettre un vol dans une maison, un appartement en s'y introduisant par effraction (syn. **dévaliser**).

cambrioleur, euse [kɑ̃brijɔlœr, -øz] **n.** Personne qui cambriole : *Deux des cambrioleurs sont sous les verrous* (syn. **malfaiteur, voleur**).

Cambronne (Pierre), général français (Nantes 1770 - *id.* 1842). Volontaire en 1791, il se distingua dans les campagnes de l'Empire et devint général en 1813. Il fut blessé à Waterloo où il commandait le 1er chasseurs à pied de la Garde. Il aurait répondu à la sommation de se rendre par le mot célèbre (« Merde ! ») auquel reste attaché son nom.

cambrousse [kɑ̃brus] **n.f.** (prov. *cambrousso,* bouge, cahute, de *cambro,* chambre). FAM. Campagne : *Ils vivent en pleine cambrousse.*

cambrure [kɑ̃bryr] **n.f. 1.** Courbure en arc ; état de ce qui est cambré : *Cambrure du dos.* **2.** Pièce qui, dans une semelle, soutient la voûte plantaire.

cambuse [kɑ̃byz] **n.f.** (du néerl. *kombuis*). **1.** MAR. Magasin d'un navire contenant les vivres et le vin. **2.** FAM., VIEILLI. Chambre, maison sans confort : *Des familles pauvres entassées dans des cambuses* (syn. **masure, taudis**).

1. came [kam] **n.f.** (all. *Kamm,* peigne). Pièce tournante, génér. disque non circulaire à saillie ou encoche, servant à transformer un mouvement de rotation en un mouvement de translation : *Arbre à cames.*

2. came [kam] **n.f.** (abrév. de *camelote*). **1.** FAM. Marchandise de mauvaise qualité ou dont la vente est prohibée : *Il a réussi à écouler sa came* (syn. **pacotille**). **2.** ARG. Drogue.

camé, e [kame] **n.** et **adj.** (p. passé de *se camer*). ARG. Drogué.

camée [kame] **n.m.** (it. *cameo,* p.-ê. de même orig. que *camaïeu*). Pierre fine ornée d'une figure en relief (par opp. à *intaille*) tirant génér. effet de la polychromie du matériau.

caméléon [kameleɔ̃] **n.m.** (gr. *khamaileôn,* mot à mot « lion rampant »). **1.** Lézard arboricole insectivore, qui a la propriété d'harmoniser sa coloration avec celle du milieu où il vit. ▸ Long. de 4 à 60 cm ; ordre des lacertiliens ; il vit en Afrique et dans une partie de l'Asie. **2.** Personne versatile : *Cet homme politique est un vrai caméléon* (syn. **girouette**).

camélia ou **camellia** [kamelja] **n.m.** (lat. scientif. *camellia,* du n. du père *Camelli*). **1.** Arbrisseau d'origine asiatique dont il existe de nombreuses espèces ornementales. ▸ Famille des théacées. **2.** Fleur de cet arbrisseau.

camélidé [kamelide] **n.m.** (du lat. *camelus,* chameau). **Camélidés, famille de ruminants des régions arides, sans cornes, pourvus de canines supérieures, aux sabots très larges et comprenant le chameau, le dromadaire, le lama.**

camelot [kamlo] **n.m.** (de l'arg. *coesmelot* [dimin. de *coesme,* mercier, d'orig. obsc.], sous l'infl. de *camelot,* n. d'une étoffe, ar. *hamlāt*). **1.** Marchand ambulant vendant des objets de pacotille sur la voie publique : *Des badauds s'attroupèrent autour du camelot* (syn. **colporteur**). **2.** HIST. **Camelot du roi,** militant de l'Action française.

camelote [kamlɔt] **n.f.** (de *camelot*). FAM. Marchandise de qualité inférieure : *C'est de la camelote* (syn. **pacotille, toc**).

camembert [kamɑ̃bɛr] **n.m.** (de *Camembert,* commune de l'Orne). **1.** Fromage à pâte molle fabriqué à partir du lait de vache, princ. en Normandie. **2.** FAM. Graphique rond divisé en secteurs : *Le camembert des élus à l'Assemblée nationale.*

se **camer** [kame] **v.pr.** (de *2. came*). ARG. Se droguer.

caméra [kamera] **n.f.** (de l'angl. [*movie*] *camera,* du lat. *camera,* chambre). Appareil de prise de vues, pour le cinéma, la télévision ou la vidéo.

cameraman [kameraman] **n.m.** (mot angl., de *camera,* caméra, et *man,* homme) [pl. *cameramans* ou *cameramen*]. (Anglic. déconseillé). Cadreur.

camériste [kamerist] **n.f.** (esp. *camarista,* du lat. *camera,* chambre). **1.** HIST. Dame d'honneur des femmes de qualité, en Italie, en Espagne. **2.** LITT. Femme de chambre.

camerlingue [kamɛrlɛ̃g] **n.m.** (ital. *camerlingo ;* v. *chambellan*). Cardinal administrateur des biens pontificaux qui, pendant la vacance du Saint-Siège, a la charge de convoquer le conclave.

Cameron (James), cinéaste canadien (Kapuskasing, Ontario, 1954). Sa maîtrise des effets spéciaux numériques le conduit à renouveler le genre de la science-fiction (*Terminator,* 1984 ; *Aliens, le Retour,* 1986 ; *Avatar,* 2009) et à privilégier les films à grand spectacle (*True Lies,* 1994 ; *Titanic,* 1997).

Cameroun, État de l'Afrique, sur le golfe de Guinée ; 475 000 km^2 ; 22 254 000 hab. *(Camerounais).* CAP. *Yaoundé ;* v. princ. *Douala.* LANGUES : *français* et *anglais.* MONNAIE : *franc C.F.A.*

GÉOGRAPHIE

Étiré sur 1 200 km, du lac Tchad à l'Atlantique, densément peuplé dans le S.-O., plus humide et site des principales villes (Yaoundé et le port de Douala), le pays est presque vide sur les hauteurs de l'Adamaoua au centre, et dans les steppes du N., semi-arides. Les atouts ne manquent pas. Les cultures de plantations tiennent une place importante (café, cacao, coton, banane, arachide et caoutchouc naturel notamment), l'exploitation forestière également et, plus encore, le pétrole. En dehors de l'agroalimentaire, l'industrialisation est encore peu développée (production d'aluminium), mais la balance des échanges est à peu près équilibrée, avec des variations liées à celles du cours des matières premières, bases des exportations.

HISTOIRE

Au XVe s. est fondé au N.-O. du pays le royaume du Mandara. À la même époque, les navigateurs portugais atteignent les côtes. De nouveaux royaumes africains sont fondés à l'O. et au S. du pays au XVIIe s., tandis que les Européens viennent chercher esclaves et ivoire. Au début du XIXe s., le N. du territoire est conquis et islamisé par les Peuls.

1884. Le Cameroun est placé sous protectorat allemand.

1911. Un traité franco-allemand étend les possessions allemandes.

1916. Au cours de la Première Guerre mondiale, les alliés français, britanniques et belges conquièrent le Cameroun. Le pays est partagé en deux zones, sous la tutelle de la France et de la Grande-Bretagne.

1960. Le Cameroun sous tutelle française devient un État indépendant sous la présidence d'Ahmadou Ahidjo.

1961. La zone sud de l'ancien Cameroun britannique rejoint l'État indépendant (la zone nord se rattache au Nigeria).

1982. Paul Biya succède à Ahidjo.

Élu président en 1984, il est réélu pour un sixième mandat en 2011 malgré l'instauration du multipartisme en 1990 et la montée de l'opposition.

1995. Le Cameroun devient membre du Commonwealth.

Caméscope [kameskɔp] **n.m.** (nom déposé). Caméra vidéo portative à magnétoscope intégré.

camion [kamjɔ̃] **n.m.** (orig. obsc.). **1.** Gros véhicule automobile pour le transport de lourdes charges : *Un camion de six tonnes* (= pouvant transporter six tonnes de matériaux). **2.** Seau à peinture, souvent de forme cylindrique.

camion-citerne [kamjɔ̃sitɛrn] **n.m.** (pl. *camions-citernes*). Camion servant au transport en vrac de liquides ou de matières pulvérulentes.

camionnage [kamjɔnaʒ] **n.m.** Transport par camion.

camionner [kamjɔne] **v.t.** Transporter par camion : *Camionner du béton.*

camionnette [kamjɔnɛt] **n.f.** Petit camion léger et rapide dont la charge utile ne dépasse pas 1 500 kg : *Louer une camionnette pour un déménagement* (syn. **fourgonnette**).

camionneur, euse [kamjɔnœr, -øz] **n.** Personne qui conduit un camion (syn. **routier**). ◆ **camionneur n.m.** Entrepreneur en camionnage.

camisard [kamizar] **n.m.** (du languedocien *camiso,* chemise). Calviniste cévenol en lutte contre l'administration et les armées de Louis XIV, après la révocation de l'édit de Nantes (1685). ▸ Dirigée par des chefs populaires, tels J. Cavalier et Abraham Mazel, la révolte des camisards dura de 1702 à 1710.

camisole [kamizɔl] **n.f.** (prov. *camisola,* dimin. de *camisa,* bas lat. *camisia,* chemise). **1.** Autref., chemise de nuit courte. **2. Camisole de force,** blouse sans manches utilisée autref. pour maîtriser les malades mentaux agités. **3. Camisole chimique,** expression à nuance péjor., désignant les thérapeutiques médicamenteuses dont les effets sont comparables à la camisole de force.

Camões ou **Camoens (Luís Vaz de),** poète portugais (Lisbonne 1524 ou 1525 - *id.* 1580). Il est l'auteur de poèmes dans la tradition médiévale *(redondilhas)* ou pastorale, de sonnets inspirés de la Renaissance italienne et de l'épopée nationale des *Lusiades* (1572).

camomille [kamɔmij] **n.f.** (gr. *khamaimêlon,* mot à mot « pomme rampante »). Plante odorante dont plusieurs espèces *(camomille romaine, camomille sauvage* ou *matricaire*) sont utilisées en infusion pour leurs propriétés apéritives, digestives et antispasmodiques. ▸ Famille des composées.

camouflage [kamuflaʒ] **n.m. 1.** Art de dissimuler du matériel de guerre, des troupes à l'observation ennemie : *Le camouflage des blindés.* **2.** Technique de transmission codée où ne sont chiffrés que les mots et les noms propres essentiels. **3.** Action de dissimuler ou de déguiser la réalité : *Camouflage de bénéfices* (syn. **dissimulation**).

camoufler [kamufle] **v.t.** (de *camoufler,* au sens anc. de « fumée »). **1.** Rendre méconnaissable ou invisible : *Camoufler un crime en suicide* (syn. **déguiser, travestir**). **2.** Rendre un véhicule de guerre difficilement visible : *Camoufler une automitrailleuse avec des branchages* (syn. **cacher, dissimuler**). ◆ **se camoufler v.pr.** Se cacher, se dissimuler.

camouflet [kamuflɛ] **n.m.** (de *moufle,* gros visage, d'orig. obsc., avec préf. péjor. *ca-*). LITT. Parole, action, situation qui humilie qqn : *Essuyer un camouflet* (syn. **affront, vexation**).

camp [kɑ̃] **n.m.** (mot picard ou prov., lat. *campus*). **1.** Lieu aménagé pour le stationnement ou l'instruction d'une armée ; l'armée elle-même : *Un camp militaire destiné à la formation des recrues* (syn. **cantonnement**). *Le camp tout entier a participé aux manœuvres* (syn. **troupe**). **2.** Lieu où l'on campe : *Camp scout* (syn. **bivouac, campement**). **3.** Terrain sommairement équipé, où des personnes sont regroupées dans des conditions précaires : *Camp de réfugiés, de prisonniers.* **4.** Dans certains sports ou jeux, terrain défendu par une équipe ; cette équipe : *Le ballon est dans le camp anglais. Marquer contre son camp* (syn. **équipe**). **5.** Parti opposé à un autre : *Le pays est partagé en deux camps* (syn. **faction**). *Elle a rejoint le camp des opposants* (syn. **clan, groupe**). **6. Camp retranché,** ensemble formé par une place forte et des ouvrages avancés, destiné à défendre une position, à garder un passage. / **Camp volant,** camp provisoire qu'on dresse à chaque étape. / FAM. **Ficher le camp,** s'en aller (syn. **déguerpir**). / LITT. **Lever le camp,** partir. **7. Camp de concentration, d'extermination** ⟶ **concentration, extermination.**

Camp du Drap d'or *(entrevue du)* [7-24 juin 1520], rencontre qui eut lieu dans une plaine des Flandres, entre François Ier, roi de France, et Henri VIII, roi d'Angleterre. Le faste qu'ils y déployèrent accrut leur rivalité et François Ier ne parvint pas à détourner Henri VIII d'une alliance avec Charles Quint.

campagnard, e [kɑ̃paɲar, -ard] **adj.** et **n.** Qui est de la campagne : *Un gentilhomme campagnard.*

campagne [kɑ̃paɲ] **n.f.** (forme normande de l'anc. fr. *champaigne,* lat. *campania,* plaine). **1.** GÉOGR. Étendue de pays découvert et plat ou modérément accidenté (par opp. à *montagne,* à *bois*) : *Une campagne riante. Ce village est-il situé à la campagne, à la montagne ou au bord de la mer ?* **2.** Les régions rurales (par opp. à *ville*) : *Habiter la campagne. Maison de campagne.* **3.** Expédition militaire, ensemble d'opérations militaires menées sur un théâtre déterminé : *La campagne d'Italie.* **4.** Entreprise exigeant un ensemble de travaux, de durée déterminée, pour atteindre un but : *Campagne de fouilles.* **5.** Ensemble concerté d'actions destinées à exercer une influence sur l'opinion, sur certaines personnes, etc. : *Campagne de presse. Campagne électorale. Faire campagne pour l'abolition d'une loi.* **6.** GÉOGR. Openfield. **7. Entrer en campagne,** commencer une entreprise quelconque. / **Se mettre en campagne,** commencer à faire des démarches ou des recherches dans une intention déterminée : *Il s'est mis en campagne pour nous trouver un logement.*

campagnol [kɑ̃paɲɔl] **n.m.** (it. *campagnolo,* campagnard). Petit rongeur terrestre ou nageur, à queue courte et velue, très nuisible à l'agriculture. ▸ Famille des muridés ; long. 10 cm env.

Campanie, région d'Italie, sur le versant occidental de l'Apennin, formée des prov. d'Avellino, Bénévent, Caserte, Naples et Salerne ; 13 595 km^2 ; 5 748 555 hab. CAP. *Naples.* Le littoral est formé de plaines séparées par de petits massifs calcaires (péninsule de Sorrente) ou volcaniques (Vésuve, champs Phlégréens, etc.). Les sols riches portent de belles cultures (arbres fruitiers, primeurs, vigne).

campanile [kɑ̃panil] **n.m.** (mot it., de *campana,* cloche, mot du bas lat.). **1.** Clocher d'église isolé du corps du bâtiment, à la manière italienne. **2.** Petit clocher à jour, formant édicule sur le faîte d'un bâtiment.

campanule [kɑ̃panyl] **n.f.** (lat. médiév. *campanula,* dimin. du bas lat. *campana,* cloche). Plante des champs ou des montagnes, dont les fleurs ont la forme d'une cloche. ▸ Famille des campanulacées.

Campeche ***(baie*** ou ***golfe de),*** partie sud-ouest du golfe du Mexique, sur le littoral mexicain. Hydrocarbures.

campement [kɑ̃pmɑ̃] **n.m.** (de *camper*). **1.** Lieu équipé d'installations, d'abris provisoires : *Un campement de nomades à l'entrée de la ville.* **2.** Ensemble des personnes vivant dans un campement : *Tout le campement s'agitait.* **3.** Ensemble du matériel d'une troupe qui campe : *Ils ont fui en laissant sur place une partie du campement.*

camper [kɑ̃pe] **v.i.** (de *camp*). **1.** Établir un camp militaire : *Camper à l'abri d'un bois* (syn. **bivouaquer**). **2.** S'installer quelque part d'une manière provisoire : *Ils ont campé chez des amis pendant les travaux.* **3.** Faire du camping : *Nous avons campé en Grèce.* **4. Camper sur ses positions,** ne pas démordre d'une opinion. ◆ **v.t. 1.** VX. Installer un corps d'armée dans un camp (syn. **cantonner**). **2.** Poser, placer qqch hardiment : *Camper son chapeau sur sa tête.* **3.** Exprimer, représenter un personnage, une scène avec vigueur et précision : *Romancier qui excelle à camper des personnages burlesques* (syn. **croquer, saisir**). ◆ **se camper v.pr.** Prendre une pose solide, fière, décidée : *Se camper sur ses jambes.*

campeur, euse [kɑ̃pœr, -øz] **n.** Personne qui fait du camping.

camphre [kɑ̃fr] **n.m.** (lat. médiév. *camphora,* ar. *kāfūr*). **1.** Substance aromatique cristallisée extraite du camphrier. **2. Camphre synthétique,** poudre blanche, cristalline, utilisée dans les pommades.

camphré, e [kɑ̃fre] **adj.** Qui contient du camphre.

camphrier [kɑ̃frije] **n.m.** Laurier d'Asie orientale et d'Océanie, dont on extrait le camphre.

Campin (Robert) ⟶ **Flémalle** ***(Maître de).***

Campine, région du nord de la Belgique (qui se prolonge aux Pays-Bas). Élevage bovin.

camping [kɑ̃piŋ] **n.m.** (mot angl., de *to camp,* camper). **1.** Activité de plein air consistant à vivre sous la tente avec un matériel adéquat : *Faire du camping. Terrain de camping.* **2.** Lieu où les campeurs peuvent installer leurs tentes : *Le camping est au bord de la rivière.*

camping-car [kɑ̃piŋkar] **n.m.** (mot angl., de *to camp,* camper, et *car,* voiture) [pl. *camping-cars*]. Fourgonnette pour faire du camping. (Recomm. off. *auto-caravane.*)

Camping-Gaz [kɑ̃piŋgaz] **n.m. inv.** (nom déposé). Petit réchaud de camping à gaz butane.

Campoformio ***(traité de)*** ⟶ **Italie** ***(campagnes d').***

campus [kɑ̃pys] **n.m.** (mot anglo-amér., du lat. *campus,* plaine). Ensemble universitaire regroupant unités d'enseignement et résidences.

camus, e [kamy, -yz] **adj.** (de *museau,* avec préf. péjor. *ca-*). Qui a un nez court et plat ; se dit du nez lui-même : *Un nez camus* (syn. **camard, épaté, aplati**).

Camus (Albert), écrivain français (Mondovi, auj. Deraan, Algérie, 1913 - Villeblevin 1960). Il fut l'un des écrivains les plus lucides et les plus exigeants de sa génération. Issu d'un milieu modeste, il fut élevé par sa mère. Une tuberculose précoce interrompt sa carrière universitaire ; il s'occupe alors de théâtre, puis de journalisme, écrit *l'Envers et l'Endroit* (1937) et se rend en France, où il publie un recueil de nouvelles, *Noces* (1938). En 1942, il connaît un succès immédiat avec son roman *l'Étranger,* dont le héros algérois, Meursault, condamné à mort pour le meurtre sans préméditation d'un Arabe, reste indifférent à sa propre destinée. La même année paraît *le Mythe de Sysiphe,* essai philosophique sur le sentiment de l'absurde. Après avoir écrit des éditoriaux pour le journal *Combat* à la Libération, il publie des romans (*la Peste,* 1947 ; *la Chute,* 1956), des pièces de théâtre (*Caligula,* 1945 ; *les Justes,* 1949), des essais philosophiques hostiles au communisme (*l'Homme révolté,* 1951) et des nouvelles (*l'Exil et le royaume,* 1957). [Prix Nobel 1957.] • **La Peste** (1947) se présente comme la chronique objective d'une épidémie de peste qui ravage la ville d'Oran. Le combat du docteur Rieux contre ce fléau invincible devient le symbole de la lutte sans répit de l'homme, dans un monde où toute foi religieuse semble désormais intenable.

Cana, ville de Galilée, où l'Évangile de Jean situe le premier miracle de Jésus, celui où il changea l'eau en vin lors d'un repas de noces.

Canaan ***(terre de)*** ou **pays de Canaan,** nom biblique du pays correspondant soit à l'ensemble de la Syrie-Palestine, soit à la bande du littoral méditerranéen, et qui représente la Terre promise, une terre fertile où, selon le livre des Nombres, « coulent le lait et le miel ».

Canada, État de l'Amérique du Nord, membre du Commonwealth, divisé en dix provinces : *Nouvelle-Écosse, Nouveau-Brunswick, Québec, Ontario, Manitoba, Colombie-Britannique, Île-du-Prince-Édouard, Alberta, Saskatchewan, Terre-Neuve,* et trois territoires : *Territoires du Nord-Ouest, Nunavut* et *Yukon* ; 9 975 000 km^2 ; 35 182 000 hab. *(Canadiens),* dont environ 7 millions de Canadiens francophones. CAP. FÉDÉRALE : *Ottawa.* Les agglomérations les plus peuplées sont celles de *Toronto, Montréal, Vancouver, Ottawa-Hull, Edmonton, Calgary, Winnipeg, Québec, Hamilton.* LANGUES : *anglais* et *français.* MONNAIE : *dollar canadien.*

GÉOGRAPHIE

Le milieu naturel. Plus vaste que les États-Unis (Alaska inclus), le Canada est presque dix fois moins peuplé. Ce contraste n'est pas lié au relief (le paysage des plateaux domine dans l'Est et le Centre ; la montagne [système des Rocheuses] n'est vraiment présente que dans l'Ouest). Il résulte essentiellement du climat. Les Rocheuses opposent une barrière aux influences pluvieuses et adoucissantes du Pacifique, mais surtout la latitude entraîne une rigueur croissante de l'hiver vers le Nord. Les feuillus des basses terres laurentiennes cèdent rapidement la place aux conifères, auxquels succèdent la toundra puis parfois, dans l'extrême-nord, insulaire, les glaces.

La population. Elle se concentre dans la vallée du Saint-Laurent et sur le pourtour des lacs Huron et Ontario. Le peuplement est plus diffus dans la Prairie, rurale, ponctuel dans les Rocheuses et sur le littoral pacifique. Cette population est fortement urbanisée, avec notamment trois agglomérations millionnaires (Toronto, Montréal et Vancouver). Elle ne s'accroît plus que très lentement en raison du fort ralentissement de l'immigration (d'ailleurs compensée par des départs vers les États-Unis) et surtout de la chute du taux de natalité. Cette population, héritage de l'histoire, reste marquée par le dualisme anglophones (majoritaires)-francophones, qui dépasse d'ailleurs le domaine linguistique. Les francophones, qui représentent près de 30 % du total, dominent dans le Québec et sont encore nombreux au Nouveau-Brunswick et dans l'est de l'Ontario.

L'économie. Le Canada doit à son étendue un potentiel agricole et industriel considérable. Le sous-sol (d'ailleurs encore incomplètement mis en valeur ou prospecté) fournit des quantités notables de pétrole, de gaz naturel, de charbon aussi. En ajoutant les apports de l'hydroélectricité, toujours prédominante, et du nucléaire (favorisé par d'abondantes ressources en uranium), le pays est bien doté sur le plan énergétique. Il figure encore parmi les dix premiers producteurs mondiaux de minerais de fer, de cuivre, de nickel, de cobalt, de plomb et de zinc, d'or et d'argent. L'agriculture n'emploie plus guère que 4 % de la population active (plus de 60 % dans les services), mais, mécanisée et disposant de superficies étendues, elle livre notamment du blé, en grande partie exporté, alors que l'élevage bovin est également développé. La forêt couvre environ le tiers du sol. La pêche maritime est active. Une part importante de l'industrie valorise ces productions : agroalimentaire, industrie du bois (notamment pâtes et papier), métallurgie ou concentration des minerais, raffinage du pétrole et pétrochimie. La sidérurgie occupe une place notable, la production d'aluminium est liée à l'abondance de l'hydroélectricité, mais nécessite l'importation de

bauxite (ou d'alumine). Toutes les branches de transformation et de consommation sont pratiquement représentées, mais une partie non négligeable de l'industrie est contrôlée par les capitaux américains. Sur le plan spatial, les liens sont étroits entre les régions frontalières des deux pays, alors que, malgré le développement des transports (l'avion succédant aux historiques transcontinentaux ferroviaires), les liaisons sont parfois longues ou difficiles entre les façades atlantique et pacifique.
Le poids des États-Unis s'exprime aussi dans le commerce extérieur. Mais le solde est généralement excédentaire, situation qui, liée et ajoutée au potentiel agricole, minéral et énergétique, témoigne d'atouts assez exceptionnels dans le monde occidental.

HISTOIRE

La Nouvelle-France. Le premier peuplement du pays est constitué par des tribus amérindiennes. L'exploration du Canada commence avec Jacques Cartier, à partir de 1534.
1608. Fondation de Québec par Champlain.
1627. Le cardinal de Richelieu crée la Compagnie des Cent-Associés, chargée de coloniser le pays.
L'agriculture se développe, ainsi que le commerce des fourrures. Les Français et leurs alliés hurons doivent faire face aux incursions des Iroquois.
1663-1664. Louis XIV réintègre le Canada (Nouvelle-France) dans le domaine royal, le dote d'une nouvelle administration et fonde la Compagnie des Indes occidentales.
Avec l'intendant Jean Talon, la Nouvelle-France connaît un bel essor et la colonisation se développe le long du fleuve Saint-Laurent.
1672. Les Anglais tentent de s'implanter au Canada et combattent les Français.
1713. Par le traité d'Utrecht, la France cède l'Acadie à l'Angleterre ainsi que ses droits sur Terre-Neuve et la baie d'Hudson. Par ailleurs, l'exploration pénètre au cœur du continent et atteint la Louisiane.
1756. Début de la guerre de Sept Ans.
1759. Défaite des Français dirigés par Montcalm aux « plaines d'Abraham », près de Québec.
1763. Par le traité de Paris, Louis XV cède le Canada à la Grande-Bretagne.

Le Canada britannique

1783. La signature du traité de Versailles, reconnaissant l'indépendance des États-Unis, provoque l'arrivée massive des loyalistes américains.
1812-1814. Guerre entre la Grande-Bretagne et les États-Unis : les troupes de ces derniers sont repoussées.
1820-1836. Les parlementaires s'affirment, avec, dans le Haut-Canada, William Lyon Mackenzie et, dans le Bas-Canada, Louis Joseph Papineau. Ils exigent un vrai régime parlementaire contrôlant le budget et votant les lois.
1837. Révoltes chez les anglophones comme chez les francophones, contre le pouvoir trop absolu de Londres. La révolte écrasée, le gouvernement britannique crée le Canada-Uni (1840). Après avoir imposé sa solution, Londres favorise une évolution libérale (constitution d'un gouvernement responsable devant l'Assemblée des élus). L'économie se développe rapidement.

La Confédération canadienne

1867. L'Acte de l'Amérique du Nord britannique crée une Confédération canadienne, formée par l'Ontario, le Québec, le Nouveau-Brunswick et la Nouvelle-Écosse. Un gouvernement fédéral est institué.
1870-1873. Le Manitoba (1870), la Colombie-Britannique (1871) puis l'Île-du-Prince-Édouard (1873) sont intégrés au Canada.
1885. Achèvement du chemin de fer transcontinental.
Dirigé par le conservateur Macdonald (de 1867 à 1873 et de 1878 à 1891), le Canada bénéficie d'une intense immigration à la fin du XIXe s. et au début du XXe ; à côté des deux « peuples fondateurs », une mosaïque de nationalités s'établit dans le pays.
1905. L'Alberta et la Saskatchewan sont constitués en provinces.
1914-1918. Le Canada accède au rang de puissance internationale par sa participation à la Première Guerre mondiale aux côtés des Alliés.
Entre les deux guerres mondiales, l'émancipation complète du Canada est acquise avec les gouvernements du libéral William Lyon Mackenzie King.
1926. La Conférence impériale reconnaît l'indépendance du Canada au sein du Commonwealth, sanctionnée par le Statut de Westminster (1931).
1940-1945. Le Canada déclare la guerre à l'Allemagne. Jusqu'à la fin du conflit (1945), il développe une puissante industrie de guerre.
1949. Terre-Neuve entre dans la Confédération.
Les libéraux sont au pouvoir avec L. Saint-Laurent (1948-1957), L. Pearson (1963-1968), puis P. E. Trudeau (1968-1979 et 1980-1984). Au cours de ces années, la Confédération doit faire face aux revendications autonomistes de la province francophone de Québec.
1982. Le Canada obtient le rapatriement de sa Constitution, ce qui lui permet de modifier ses lois fondamentales sans l'autorisation du Parlement britannique.
1984. Démission de P. E. Trudeau.
Les conservateurs reviennent au pouvoir avec Brian Mulroney (1984-1993) et, après sa démission, Kim Campbell (juin-nov. 1993). Au cours de ces années, les projets de réforme constitutionnelle et les questions économiques dominent le débat politique.
1989. Entrée en vigueur d'un accord de libre-échange avec les États-Unis. Le Canada adhère à l'Organisation des États américains (O.E.A.).
1990. Échec de l'accord constitutionnel dit « du lac Meech », destiné à satisfaire les demandes du Québec.
1992. Un nouvel accord constitutionnel dit « de Charlottetown », soumis à référendum, est rejeté par une majorité de la population (y compris au Québec).
1993. Retour des libéraux au pouvoir avec Jean Chrétien.
1994. Avec l'entrée en vigueur de l'Accord de libre-échange nord-américain (A.L.E.N.A.), la zone de libre-échange américano-canadienne est étendue au Mexique.
1995. Les partisans du maintien du Québec dans l'ensemble canadien l'emportent au référendum.
1999. Les Territoires du Nord-Ouest voient leur partie orientale se détacher et former le Nunavut.
2003. Paul Martin succède à J. Chrétien à la tête du parti libéral et au poste de Premier ministre.
2006. Le conservateur Stephen Harper devient Premier ministre. Il est reconduit dans ses fonctions après les élections de 2011.

Canada-France-Hawaii ***(télescope)*** [C.F.H.], télescope franco-canadien de 3,60 m de diamètre, mis en service en 1979 sur le Mauna Kea (Hawaii), à 4 200 m d'altitude.

Canadair [kanadɛr] **n.m.** (nom déposé). Avion équipé de réservoirs à eau pour lutter contre les incendies de forêt.

canadianisme [kanadjanism] **n.m.** Mot, expression, tournure particuliers au français ou à l'anglais parlés au Canada.

canadien, enne [kanadjɛ̃, -ɛn] **adj.** et **n.** Du Canada : *Le Grand Nord canadien. Un Canadien français.*

Canadien ***(bouclier),*** région géologique du Canada, correspondant à un socle précambrien raboté par les glaciers et entourant la baie d'Hudson.

canadienne [kanadjɛn] **n.f. 1.** Veste doublée de fourrure, à col enveloppant et à poches, inspirée de celle des trappeurs canadiens. **2.** Petite tente de camping à deux mâts.

canaille [kanaj] **n.f.** (it. *canaglia,* de *cane,* chien). **1.** Individu méprisable, malhonnête : *Méfiez-vous de lui, c'est une canaille* (syn. **gredin, scélérat, vaurien**). **2.** Enfant espiègle : *Cette petite canaille a volé les bonbons* (syn. **coquin, polisson**). **3.** (Précédé de l'art. déf.). Ramassis de gens méprisables ou considérés comme tels : *Il boit et fréquente la canaille* (syn. **pègre, racaille**). ◆ **adj. 1.** Dont l'honnêteté est douteuse : *Il a la réputation d'être plutôt canaille* (syn. **crapuleux**). **2.** Vulgaire : *Des intonations canailles* (syn. **populacier**).

canal [kanal] **n.m.** (lat. *canalis*, de *canna*, roseau, tuyau) [pl. *canaux*]. **1.** Voie d'eau artificielle creusée pour la navigation : *Le canal de Suez mesure 168 km de Port-Saïd à Suez.* **2.** Tranchée, conduit à ciel ouvert creusés pour permettre la circulation de l'eau : *Une région sillonnée par des canaux d'irrigation.* **3.** Bras de mer : *Le canal de Mozambique* (syn. **détroit**). **4.** Conduit pour le transport des liquides ou des gaz : *Des canaux transportant le pétrole* (syn. **canalisation, conduite, oléoduc**). *Canal qui conduit du gaz naturel* (syn. **canalisation, conduite, gazoduc**). **5.** Conduit naturel permettant l'écoulement de liquides organiques autres que le sang : *Canal biliaire, cholédoque.* **6.** ARCHIT. Petite moulure creuse, génér. de forme arrondie (syn. **cannelure, sillon**). **7.** Partie du spectre radioélectrique destinée à être utilisée par un émetteur de radio ou de télévision. **8. Canal de distribution,** filière suivie par un produit pour aller du producteur au consommateur. / **Par le canal de,** par l'intermédiaire, par l'entremise de : *Note transmise par le canal du chef de service.* / **Canal de fuite,** canal qui permet aux eaux d'une usine hydraulique ou d'une centrale nucléaire de s'évacuer.

Canaletto (Antonio Canal, dit **il),** peintre et graveur italien (Venise 1697 - *id.* 1768). Il a magnifié le genre de la « vue » *(veduta)* urbaine en peignant sa ville natale avec une précision que poétisent les jeux de lumière. Il a également travaillé en Angleterre.

canalisation [kanalizasjɔ̃] **n.f. 1.** Action de canaliser ; son résultat : *Effectuer la canalisation d'un fleuve.* **2.** Conduite, tuyauterie assurant la circulation d'un fluide : *Canalisation d'eau, de gaz* (syn. **tuyau**). **3.** ÉLECTR. Ensemble formé par plusieurs conducteurs (ou un seul) et par leurs éléments de protection et de fixation.

canaliser [kanalize] **v.t. 1.** Rendre navigable en aménageant comme un canal, en régularisant le débit : *Canaliser un cours d'eau.* **2.** Acheminer dans une direction déterminée en empêchant l'éparpillement, la dispersion : *Canaliser une foule* (syn. **orienter**). *La secrétaire est chargée de canaliser les réclamations* (syn. **centraliser, réunir**).

Cananéens, peuples sémitiques installés en Syrie et en Palestine au IIIe millénaire av. J.-C. Leurs cités continentales disparurent sous la poussée des Hébreux et des Araméens (XIIIe-XIIe s.). Ils se maintinrent sur le littoral sous le nom de Phéniciens.

canapé [kanape] **n.m.** (lat. *conopeum*, gr. *kônôpeion*, moustiquaire). **1.** Long siège à dossier et accotoirs, pour plusieurs personnes (syn. **sofa**). **2.** Petite tranche de pain de mie garnie d'aliments variés : *Canapés au saumon.* **3.** Tranche de pain frite au beurre sur laquelle on dresse certains mets (menu gibier à plume, en partic.) : *Bécasses sur canapé.*

canapé-lit [kanapeli] **n.m.** (pl. *canapés-lits*). Canapé transformable en lit (syn. **convertible**).

canaque adj. et **n.** ⟶ **kanak.**

Canaques ⟶ **Kanak.**

canard [kanar] **n.m.** (de l'anc. fr. *caner*, caqueter). **1.** Oiseau palmipède au vol puissant, migrateur à l'état sauvage, se nourrissant de particules végétales ou de petites proies trouvées dans l'eau et retenues par les lamelles du bec. ▸ Famille des anatidés ; le canard cancane, nasille. **2.** Fausse note criarde : *Faire des canards* (syn. **couac**). **3.** Morceau de sucre trempé dans le café, l'alcool, etc. **4.** FAM. Fausse nouvelle : *Lancer des canards* (syn. **rumeur**). **5.** FAM. Journal : *Où est le canard d'aujourd'hui ?* **6. Canard boiteux,** personne qui, au sein d'un groupe, fait preuve de moins d'aptitudes que les autres ou de difficultés à s'adapter ; entreprise que sa mauvaise gestion rend incapable de survivre : *C'est le canard boiteux de l'équipe, il n'arrive pas à prendre le rythme.*

canarder [kanarde] **v.t.** (de *canard*). FAM. Tirer sur qqn avec une arme à feu, en étant soi-même à l'abri : *Le tireur embusqué canardait les passants* (syn. **mitrailler**).

canari [kanari] **n.m.** (esp. *canario*, du n. des îles *Canaries*). Serin des îles Canaries, de couleur jaune verdâtre, souche des races domestiques.

Canaries *(courant des)*, courant marin froid longeant vers le S. les côtes du Maroc et de la Mauritanie.

Canaries *(îles)*, en esp. **Canarias,** archipel espagnol de l'Atlantique, au large du Maroc méridional, constituant une communauté autonome ; 7 351 km^2 ; 2 126 769 hab. *(Canariens)*. Il comprend les îles de la Grande Canarie, Fuerteventura, Lanzarote, Tenerife, Gomera, Palma et Hierro (île du Fer). Climat chaud, sec en été. Tourisme. V. princ. *Las Palmas* (Grande Canarie) et *Santa Cruz de Tenerife*. Ces îles, dont le Normand Jean de Béthencourt entama la conquête en 1402, furent reconnues espagnoles en 1479.

canasson [kanasɔ̃] **n.m.** (de *canard*). FAM. Cheval (péjor.) : *Un vieux canasson dans un pré* (syn. **haridelle, rosse**).

canasta [kanasta] **n.f.** (esp. *canasta*, corbeille, du lat. *canistrum*, panier). Jeu qui se joue habituellement entre 4 joueurs avec deux jeux de 52 cartes et 4 jokers, et qui consiste à réaliser le plus grand nombre de séries de 7 cartes de même valeur ; la série ainsi constituée.

Canaveral *(cap)*, de 1964 à 1973 **cap Kennedy,** flèche sableuse de la côte est de la Floride ; principale base de lancement d'engins spatiaux des États-Unis.

Canberra, cap. fédérale de l'Australie, à 250 km au sud-ouest de Sydney ; 323 056 hab. (415 000 hab. dans l'agglomération). Le Territoire de la Capitale australienne couvre 2 400 km^2. Université. Galerie d'art nationale.

1. cancan [kɑ̃kɑ̃] **n.m.** (du lat. *quamquam*, quoique). FAM. Bavardage malveillant : *S'il fallait écouter tous les cancans du voisinage* (syn. **bavardage, commérage**).

2. cancan [kɑ̃kɑ̃] **n.m.** (du rad. de *canard*). **1.** Danse excentrique, en vogue dans les bals publics vers 1830. **2. French cancan,** danse faisant partie d'un spectacle de girls dans certains music-halls ou cabarets.

cancaner [kɑ̃kane] **v.i.** (de *1. cancan*). **1.** Tenir, colporter des propos malveillants : *Tes collègues n'ont pas fini de cancaner !* (syn. **bavarder, jaser**). **2.** Pousser son cri, en parlant du canard.

cancanier, ère [kɑ̃kanje, -ɛr] **adj.** et **n.** (de *1. cancan*). Qui a l'habitude de faire des commérages : *Sa mère est très cancanière* (syn. **bavard, médisant**).

cancer [kɑ̃sɛr] **n.m.** (mot lat. « crabe »). **1.** Tumeur maligne formée par la prolifération désordonnée des cellules d'un tissu ou d'un organe : *Un cancer du sein, du côlon.* **2.** (Précédé de l'art. déf.). Toute prolifération anormale des cellules d'un tissu ou d'un organe ; état morbide, affection qui en résulte : *Le cancer n'épargne personne.* **3.** Mal insidieux capable de gangréner un groupe : *La toxicomanie est le cancer de nos sociétés.* ◆ **Cancer n. inv.** et **adj. inv.** Personne née sous le signe du Cancer : *Ils sont Cancer tous les deux.*

■ **Cellule et tissu cancéreux.** Le cancer se manifeste par une variété extrême de signes et de symptômes selon l'organe ou le tissu atteints. Quelle qu'en soit la localisation, on retrouve comme point commun à l'examen anatomo-pathologique (biopsie) les anomalies cellulaires caractéristiques de la cellule cancéreuse : cellules anormales avec divisions fréquentes et incontrôlées, noyau volumineux avec anomalies de l'ensemble des chromosomes (caryotype). Le tissu cancéreux a une structure anarchique qui présente de profondes modifications par rapport au tissu d'origine. Il se caractérise par son pouvoir envahissant et sa dissémination à distance (métastases) par voie sanguine ou lymphatique. Les cellules cancéreuses sécrètent souvent des substances qu'on ne retrouve pas dans les cellules normales (alpha-fœto-protéine, antigène carcino-embryonnaire).

Le processus de cancérisation. Le mécanisme qui transforme une cellule normale en cellule cancéreuse (cancérogenèse) est conditionné par plusieurs facteurs : chimiques (les substances chimiques cancérigènes sont très nombreuses avec souvent une localisation élective), physiques (radiations ionisantes), génétiques (le cancer n'est pas héréditaire, mais certaines tumeurs présentent un marquage chromosomique) et surtout viraux.

⟶

Le diagnostic de plus en plus précoce du cancer permet dans de nombreux cas d'en obtenir la guérison au moyen d'un traitement ou de l'association de plusieurs traitements (chirurgie, radiations, chimiothérapie, immunothérapie). ■

Cancer (le), constellation zodiacale. – Quatrième signe du zodiaque, dans lequel le Soleil entre au solstice d'été.

cancéreux, euse [kɑ̃serø, -øz] **adj.** Du cancer ; de la nature du cancer : *Tumeur cancéreuse.* ◆ **adj.** et **n.** Atteint d'un cancer : *Des soins adaptés aux enfants cancéreux.*

se **cancériser** [kɑ̃serize] **v.pr.** Se transformer en cancer : *La tumeur s'est cancérisée.*

cancérogène [kɑ̃serɔʒɛn] et **cancérigène** [kɑ̃seriʒɛn] **adj.** Qui peut provoquer l'apparition d'un cancer : *Virus, radiation cancérogènes* (syn. **oncogène**).

cancérologie [kɑ̃serɔlɔʒi] **n.f.** Discipline scientifique et médicale qui étudie et traite le cancer (syn. **oncologie**). ◆ **cancérologue n.** Nom du spécialiste (syn. **oncologue, oncologiste**).

cancre [kɑ̃kr] **n.m.** (lat. *cancer,* crabe). *FAM.* Élève paresseux et nul : *C'est le cancre de la classe.*

cancrelat [kɑ̃krəla] **n.m.** (néerl. *kakkerlak*). Nom usuel de la blatte (syn. **cafard**).

candela [kɑ̃dela] **n.f.** (mot lat. « chandelle »). Unité de mesure d'intensité lumineuse. ▸ Symb. cd.

candélabre [kɑ̃delabr] **n.m.** (lat. *candelabrum,* de *candela,* chandelle). **1.** Chandelier ou flambeau à plusieurs branches. **2.** ARCHIT. Support ornementé au coin d'un édifice et destiné à supporter un dispositif d'éclairage.

candeur [kɑ̃dœr] **n.f.** (lat. *candor,* blancheur). Ingénuité excessive (parfois péjor.) : *Dans sa candeur, elle l'a cru* (syn. **crédulité, naïveté, simplicité**).

candi, e [kɑ̃di] **adj.** (mot it., de l'ar. *qandī,* sucre cristallisé). **1.** Se dit d'un fruit enrobé de sucre candi : *Une orange candie.* **2. Sucre candi,** sucre purifié et cristallisé.

candidat, e [kɑ̃dida, -at] **n.** (lat. *candidatus,* de *candidus,* blanc, les candidats aux fonctions publiques s'habillant de blanc dans la Rome antique). **1.** Personne qui aspire à un titre, une dignité, une fonction élective : *Les candidats à l'élection présidentielle.* **2.** Personne qui postule un emploi : *Le directeur a reçu tous les candidats* (syn. **postulant**). **3.** Personne qui se présente à un examen, à un concours : *La liste des candidats admissibles sera affichée le 12 au soir.*

candidature [kɑ̃didatyr] **n.f.** Qualité de candidat ; action de se porter candidat : *Poser sa candidature aux élections.*

candide [kɑ̃did] **adj.** (lat. *candidus,* blanc). Qui manifeste ou qui dénote de la candeur : *Âme candide* (syn. **ingénu, pur**). *Question candide* (syn. **innocent, naïf**).

candidement [kɑ̃didmɑ̃] **adv.** Avec candeur (syn. **ingénument, naïvement**).

candidose [kɑ̃didoz] **n.f.** Mycose provoquée par une levure appelée *candida.*

Candie → Héraklion.

cane [kan] **n.f.** (de *canard*). Canard femelle.

caneton [kantɔ̃] **n.m.** (de *1. canette*). Jeune canard.

1. canette [kanɛt] **n.f.** Petite cane.

2. canette ou **cannette** [kanɛt] **n.f.** (de *canne,* tuyau). **1.** Petite bouteille à bière, soda, limonade, etc. ; son contenu. **2.** Cylindre contenu dans la navette et autour duquel on enroule le fil de trame sur un métier à tisser et le fil à coudre ou à broder sur une machine à coudre.

Canetti (Elias), écrivain britannique d'expression allemande (Ruse, Bulgarie, 1905 - Zurich 1994). Il est l'auteur de romans allégoriques (*Auto-da-fé,* 1936) et d'essais (*Masse et Puissance,* 1960) qui analysent les mobiles profonds des actions humaines. (Prix Nobel 1981.)

canevas [kanva] **n.m.** (de l'anc. fr. *chenevas,* var. de *chanvre*). **1.** Grosse toile claire à tissage peu serré sur laquelle on exécute la tapisserie ou la dentelle à l'aiguille ; travail de tapisserie effectué sur cette toile. **2.** Ensemble des points principaux d'une figure, des points géodésiques servant à l'établissement d'une carte. **3.** Ensemble des principaux points d'une œuvre littéraire, d'un exposé, d'un article ; disposition des parties : *Voici le canevas de mon discours* (syn. **plan, trame**).

caniche [kaniʃ] **n.m.** (de *cane,* ce chien aimant barboter). Chien d'agrément très répandu, à l'abondante toison bouclée : *Un caniche nain.*

caniculaire [kanikylɛr] **adj.** Qui relève de la canicule : *Jour caniculaire. Chaleur caniculaire* (syn. **torride**).

canicule [kanikyl] **n.f.** (lat. *canicula,* petite chienne, nom donné à l'étoile Sirius). **1.** Période de très grande chaleur ; cette chaleur elle-même : *Pendant la canicule, l'eau est rationnée* (= les grosses chaleurs). **2.** ASTRON. Époque où l'étoile Sirius se lève et se couche avec le Soleil et qui marquait jadis le début de l'été (à la latitude du Caire).

canidé [kanide] **n.m.** (du lat. *canis,* chien). **Canidés,** famille de mammifères carnassiers aux molaires nombreuses, aux griffes non rétractiles, bon coureurs, à laquelle appartiennent le loup, le chien, le renard, le chacal.

canif [kanif] **n.m.** (frq. **knif,* couteau). Petit couteau de poche à une ou plusieurs lames repliables.

canin, e [kanɛ̃, -in] **adj.** (lat. *caninus,* de *canis,* chien). Qui relève du chien : *L'espèce canine. Une exposition canine* (= où l'on peut voir des chiens de diverses races).

canine [kanin] **n.f.** (de *canin*). Dent souvent pointue, située entre les incisives et les prémolaires : *Les canines sont très développées chez les carnivores et les porcins.*

canisse n.f. → **cannisse.**

caniveau [kanivo] **n.m.** (orig. obsc.). **1.** Canal d'évacuation des eaux, placé de chaque côté d'une chaussée : *L'eau court le long du caniveau jusqu'à la bouche d'égout* (syn. **rigole**). **2.** Conduit dans lequel on fait passer des tuyaux, des câbles électriques pour les protéger.

canna [kana] **n.m.** (mot lat. « roseau »). BOT. Balisier.

cannabis [kanabis] **n.m.** (mot lat. « chanvre », du gr.). Chanvre indien.

cannage [kanaʒ] **n.m.** Action de canner un siège ; garniture cannée d'un siège : *Refaire le cannage d'un fauteuil.*

canne [kan] **n.f.** (lat. *canna,* roseau). **1.** Bâton sur lequel on s'appuie en marchant : *Depuis son accident, elle marche avec une canne.* **2.** Nom usuel de certains roseaux ou bambous. **3.** Long tube servant à souffler le verre. **4. Canne anglaise,** munie d'un support pour l'avant-bras et d'une poignée pour la main. / **Canne blanche,** canne d'aveugle. / **Canne à pêche,** perche flexible à l'extrémité de laquelle s'attache la ligne. **5. Canne à sucre,** plante tropicale cultivée pour le sucre extrait de sa tige. ▸ Famille des graminées ; haut. 2 à 5 m.

canné, e [kane] **adj.** Garni d'un cannage de jonc, de rotin, etc. : *Siège canné.*

cannelé, e [kanle] **adj.** (de *2. cannelle*). Orné de cannelures : *Colonnes cannelées des anciens temples grecs.*

cannelier [kanlje] **n.m.** Arbre du genre laurier, de l'Inde, de Ceylan, de Chine, dont l'écorce fournit la cannelle.

1. cannelle [kanɛl] **n.f.** (de *canne,* roseau, tuyau). **1.** Poudre de l'écorce du cannelier, obtenue par raclage et employée comme aromate : *Mettre de la cannelle dans un pudding.* **2. Pomme cannelle,** fruit comestible d'un arbre de la famille des anonacées. ◆ **adj. inv.** De la couleur brun clair de la cannelle : *Les tons cannelle lui vont bien.*

2. cannelle [kanɛl] **n.f.** (de *canne,* tuyau). Robinet qu'on met à une cuve, un tonneau.

cannelloni [kaneloni] **n.m.** (mot it., de *canna,* roseau, tuyau). Pâte alimentaire roulée en cylindre et farcie : *Des cannellonis.*

cannelure [kanlyr] **n.f.** (de *cannelé*). **1.** ARCHIT. Chacune des moulures verticales ou en hélice creusées sur le fût d'une colonne, le plat d'un pilastre, etc. **2.** BOT. Strie longitudinale sur la tige de certaines plantes. **3.** GÉOMORPH. Sillon rectiligne ou légèrement courbe creusé par l'érosion dans les roches nues.

canner [kane] **v.t.** (de *canne*). Garnir d'un treillis de jonc, de rotin, etc., le fond, le dossier d'un siège : *Canner des chaises.*

Cannes, ch.-l. de c. des Alpes-Maritimes ; 74 626 hab. *(Cannois).* Station balnéaire et hivernale. Festival international de cinéma. Musée de la Castre.

Cannes *(bataille de)* [216 av. J.-C.], victoire d'Hannibal sur les Romains en Apulie (Italie méridionale) au cours de la deuxième guerre punique.

cannette **n.f.** → **2. canette.**

cannibale [kanibal] **adj.** et **n.** (esp. *canibal,* du caraïbe *caribe,* hardi, terme par lequel se désignent les Caraïbes). **1.** Se dit de l'homme qui mange de la chair humaine (syn. **anthropophage**). **2.** Qui dévore les animaux de sa propre espèce : *La mante religieuse est cannibale.*

cannibalisation [kanibalizasjɔ̃] **n.f.** Action de cannibaliser ; fait d'être cannibalisé : *La cannibalisation d'un produit.*

cannibaliser [kanibalize] **v.t.** (de *cannibale,* par l'angl.). **1.** Récupérer les pièces détachées en bon état d'un objet, d'un appareil hors d'usage afin de les utiliser à réparer un objet du même type. **2.** COMM. En parlant d'un produit, concurrencer un autre produit de la même maison, occuper progressivement sa place sur le marché.

cannibalisme [kanibalism] **n.m.** (de *cannibale*). Fait pour un homme, un animal de manger ses semblables : *Des tribus qui se livrent au cannibalisme* (syn. **anthropophagie**).

cannisse ou **canisse** [kanis] **n.f.** (prov. *canisso,* du lat. *canna,* roseau). Tige de roseau dont l'assemblage en claies sert notamm. de coupe-vent (surtout dans le Midi).

Cannizzaro (Stanislao), chimiste italien (Palerme 1826 - Rome 1910). Il a précisé la loi d'Avogadro sur les molécules gazeuses, en les distinguant des atomes, et introduit la notion de nombre d'Avogadro (1858). Il a découvert les alcools aromatiques, et une réaction de transformation d'aldéhydes en acides et en alcools porte son nom.

canoë [kanɔe] **n.m.** (mot angl.). **1.** Embarcation légère et portative, à fond plat, mue à la pagaie simple. **2.** Sport pratiqué avec cette embarcation : *Une compétition de canoë.*

canoéiste [kanɔeist] **n.** Personne qui pratique le sport du canoë.

canoë-kayak [kanɔekajak] **n.m. sing.** Ensemble des épreuves disputées en canoë et en kayak.

1. canon **n.m.** (it. *cannone,* de *canna,* tuyau). **1.** Pièce d'artillerie non portative servant à lancer des projectiles lourds : *Canon antichar. Le canon gronde, tonne au loin.* **2.** Partie d'une arme à feu qui a la forme d'un tube et par laquelle passe le projectile : *Canon du revolver. Fusil à double canon.* **3.** ZOOL. Chez les équidés, les ruminants, partie d'un membre comprise entre le jarret et le boulet ou bien entre le poignet ou la cheville et les phalanges. **4. Canon à électrons,** dispositif producteur d'un faisceau intense d'électrons. / **Canon à neige,** appareil pour projeter de la neige artificielle sur les pistes.

2. canon [kanɔ̃] **n.m.** (lat. *canon,* gr. *kanôn,* règle). **1.** THÉOL. Décret, règle concernant la foi ou la discipline religieuse : *Les canons de l'Église.* **2.** Ensemble des textes de la Bible tenus pour être d'inspiration divine. **3.** RELIG. CHRÉT. Partie de la messe qui va de la Préface au Notre Père. **4.** BX-A. Ensemble de règles servant à déterminer les proportions idéales du corps humain : *Le canon des sculpteurs grecs* (syn. **idéal, modèle**). **5.** MUS. Composition à deux ou plusieurs voix répétant à intervalle et à distance fixes le même dessin mélodique : *« Frère Jacques » est un canon très connu.* ◆ **adj. Droit canon** ou **droit canonique,** droit ecclésiastique. ▸ Il est régi par un Code, mis en œuvre par Pie X en 1904 et promulgué par Benoît XV en 1917, et dont la réforme a été achevée en 1983.

cañon ou **canyon** [kanjɔn] **n.m.** (mot esp., altér. de *callon,* probabl. de *calle,* route, lat. *callis,* sentier). **1.** Vallée étroite et profonde aux parois verticales, parfois en surplomb. **2. Cañon sous-marin,** dépression allongée et étroite, à versants escarpés, des fonds océaniques.

canonial, e, aux [kanɔnjal, -o] **adj. 1.** Réglé par les canons de l'Église. **2.** Relatif aux chanoines.

canonique [kanɔnik] **adj. 1.** Conforme aux canons de l'Église. **2.** Qui pose une règle, un ensemble de règles ; qui s'y conforme, y correspond : *Cette forme n'est pas canonique.* **3. Âge canonique,** âge minimal de quarante ans imposé aux servantes des ecclésiastiques ; au fig., âge respectable. / **Droit canonique,** droit canon*.

canonisation [kanɔnizasjɔ̃] **n.f.** Action de canoniser ; proclamation solennelle du pape et cérémonie par lesquelles un personnage est officiellement admis au nombre des saints : *Entamer un procès de canonisation.*

canoniser [kanɔnize] **v.t.** (de *2. canon*). Mettre au nombre des saints par un procès de canonisation : *Jeanne d'Arc a été canonisée en 1920.*

canonnade [kanɔnad] **n.f.** Échange ou succession de coups de canon : *La canonnade a duré toute la nuit.*

canonnier [kanɔnje] **n.m.** Militaire spécialisé dans le service des canons.

canonnière [kanɔnjɛr] **n.f. 1.** MAR. Bâtiment léger armé de canons et employé sur les fleuves et près des côtes. **2.** VX. Meurtrière pour le tir d'un canon.

canope [kanɔp] **n.m.** (lat. *Canopus,* gr. *Kanôpos,* du n. d'une ville et d'un dieu égyptiens). Vase funéraire de l'Égypte ancienne, où l'on conservait les viscères des morts.

Canossa, village d'Italie (Émilie). Le futur empereur germanique Henri IV y fit amende honorable devant le pape Grégoire VII durant la querelle des Investitures (28 janv. 1077), dont l'enjeu principal était la nomination des évêques et des abbés. Cet épisode est à l'origine de l'expression *aller à Canossa,* s'humilier devant son adversaire.

canot [kano] **n.m.** (esp. *canoa,* mot caraïbe). **1.** Embarcation non pontée mue à la rame, à la voile ou au moteur : *Nous avons fait du canot sur le lac.* **2. Canot de sauvetage,** embarcation munie de caissons insubmersibles et destinée à porter secours en mer aux passagers des navires en perdition. / **Canot pneumatique,** en toile imperméabilisée, gonflé d'air ou d'un gaz inerte.

canotage [kanɔtaʒ] **n.m.** Action de canoter : *Faire du canotage.*

canoter [kanɔte] **v.i.** Manœuvrer un canot ; se promener en canot : *Tous les dimanches, il va canoter sur le plan d'eau.*

canoteur, euse [kanɔtœr, -øz] **n.** Personne qui canote.

canotier [kanɔtje] **n.m. 1.** Rameur faisant partie de l'équipage d'un canot. **2.** Chapeau de paille à calotte et bords plats.

Canova (Antonio), sculpteur italien (Possagno, prov. de Trévise, 1757 - Venise 1822). Artiste attitré de la papauté et de l'Empire napoléonien (monuments funéraires, bustes...), ce maître du néoclassicisme a multiplié les mythologies aimables pour une clientèle privée (*Amour et Psyché, les Grâces,* diverses versions).

cantabile [kɑ̃tabile] **adv.** (mot it. « chantant »). MUS. D'une manière expressive et mélancolique.

Cantabrique, communauté autonome d'Espagne (5 289 km^2 ; 592 542 hab.) correspondant à la prov. de Santander.

Cantabriques *(monts),* prolongement montagneux des Pyrénées, dans le nord de la péninsule Ibérique, le long du golfe de Gascogne ; 2 648 m.

Cantacuzène, famille de l'aristocratie byzantine qui a donné des empereurs à Byzance, des despotes à Mistra (ville du Péloponnèse) et des princes à la Roumanie.

Cantal, massif volcanique d'Auvergne, très démantelé par l'érosion, bordé de planèzes basaltiques et culminant au *plomb du Cantal* (1 855 m).

Cantal [15], dép. de la Région Auvergne-Rhône-Alpes ; ch.-l. de dép. *Aurillac ;* ch.-l. d'arr. *Mauriac* et *Saint-Flour ;* 3 arr., 15 cant., 260 comm. ; 5 726 km^2 ; 153 268 hab. (*Cantaliens* ou *Cantalous*).

cantaloup [kɑ̃talu] **n.m.** (de *Cantalupo,* n. d'une anc. villa des papes). Melon à côtes rugueuses et à chair orange foncé.

cantate [kɑ̃tat] **n.f.** (it. *cantata,* de *cantare,* chanter). Composition musicale écrite à une ou à plusieurs voix avec accompagnement instrumental.

cantatrice [kɑ̃tatris] **n.f.** (it. *cantatrice,* lat. *cantatrix,* de *cantare,* chanter). Chanteuse professionnelle d'opéra ou de chant classique : *Cantatrice qui interprète le rôle d'Ysolde.*

Canterbury, en fr. **Cantorbéry,** v. de Grande-Bretagne (Kent), siège de l'archevêque primat du royaume ; 43 552 hab. Imposante cathédrale gothique construite de la fin du XIIe au XVe s. Crypte romane, chœur très allongé du premier art gothique, double transept, nef de style perpendiculaire ; vitraux des XIIe et XIIIe s. ; tombeaux ; cloître et autres dépendances.

cantharide [kɑ̃tarid] **n.f.** (lat. *cantharis, -idis,* du gr.). Insecte coléoptère vert doré, fréquent sur les frênes. ▶ Long. 2 cm.

cantilène [kɑ̃tilɛn] **n.f.** (it. *cantilena,* mot lat. « chanson »). Au Moyen Âge, poème chanté à caractère épique, dérivant de séquences en latin.

cantine [kɑ̃tin] **n.f.** (it. *cantina,* cave, de *canto,* coin ; v. 2. *chant*). **1.** Service qui prépare les repas d'une collectivité ; réfectoire où sont pris ces repas : *Manger à la cantine.* **2.** Petit coffre de voyage utilisé en particulier par les militaires. **3.** *AFR.* Petite boutique installée sur un marché ou sur la voie publique.

cantinier, ère [kɑ̃tinje, -ɛr] **n.** Personne qui tient une cantine. ◆ **cantinière n.f.** Autref., femme qui tenait la cantine d'un régiment.

cantique [kɑ̃tik] **n.m.** (lat. ecclés. *canticum,* chant). Chant d'action de grâces ; chant religieux en langue vulgaire : *Un cantique de Noël.*

Cantique des cantiques (le), livre de la Bible composé v. 450 av. J.-C. et chantant l'amour du bien-aimé et de la bien-aimée. L'attribuant fictivement à Salomon, la tradition juive et chrétienne a voulu voir dans ce « chant par excellence » de l'amour humain l'évocation de la relation mystique de Dieu avec ses élus.

canton [kɑ̃tɔ̃] **n.m.** (anc. prov. *canton,* coin ; v. 2. *chant*). **1.** En France, subdivision territoriale d'un arrondissement : *Le conseiller départemental est l'élu du département.* **2.** En Suisse, chacun des États qui composent la Confédération. **3.** Au Luxembourg, chacune des principales divisions administratives. **4.** Au Québec, division cadastrale de 100 miles carrés (25 888 hectares).

Canton, en chin. **Guangzhou,** port de Chine, cap. du Guangdong, à l'embouchure du Xi Jiang ; 10 848 502 hab. *(Cantonais).* Industries mécaniques, chimiques et textiles. Foire internationale. Centre d'un actif commerce avec l'Inde et l'Empire musulman dès le VIIe s., la ville eut des contacts avec les Occidentaux à partir de 1514.

cantonade [kɑ̃tɔnad] **n.f.** (prov. *cantonada,* angle d'une construction ; v. *canton*). **1.** Autref., côté de la scène d'un théâtre où se tenaient les spectateurs privilégiés ; par ext., l'intérieur des coulisses. **2. Parler, crier à la cantonade,** en s'adressant à un personnage qui n'est pas en scène ; assez haut pour être entendu par de nombreuses personnes et sans paraître s'adresser précisément à qqn.

cantonais, e [kɑ̃tɔnɛ, -ɛz] **adj.** et **n.** De Canton. ◆ **cantonais n.m.** Dialecte chinois parlé au Guangdong et au Guangxi.

cantonal, e, aux [kɑ̃tɔnal, -o] **adj. 1.** Relatif au canton. **2. Élections cantonales,** en France, élections des conseillers généraux dans un canton jusqu'en 2015 (on dit aussi *les cantonales*).

cantonnement [kɑ̃tɔnmɑ̃] **n.m.** Établissement temporaire de troupes dans des lieux habités ; lieu où cantonne une troupe : *Cantonnement des troupes chez l'habitant* (syn. **campement**). *Les soldats restent dans leurs cantonnements.*

cantonner [kɑ̃tɔne] **v.t.** (de *canton,* au sens de « coin, région »). **1.** Installer des troupes dans des cantonnements. **2.** Mettre à l'écart : *Cantonner des bestiaux malades* (syn. **isoler**). ◆ **v.i.** S'installer, prendre ses quartiers : *Les troupes cantonneront près de la frontière.* ◆ **se cantonner v.pr.** Se tenir à l'écart ou dans certaines limites : *Se cantonner dans sa chambre* (syn. **se claquemurer, se confiner**). *Nous nous cantonnerons à cette période* (syn. **se borner, se limiter**).

cantonnier [kɑ̃tɔnje] **n.m.** (de *canton,* au sens de « partie [de route] d'un territoire »). **1.** Ouvrier chargé du bon entretien des routes et chemins, des fossés et talus qui les bordent. **2.** CH. DE F. Agent occupé à l'entretien et aux travaux de la voie.

cantor [kɑ̃tɔr] **n.m.** (all. *Kantor,* lat. médiév. *cantor*). Musicien chargé du chant liturgique ou de la direction de la chapelle, dans certaines grandes églises allemandes.

Cantor (Georg), mathématicien allemand (Saint-Pétersbourg 1845 - Halle 1918). Il a conçu avec Dedekind toutes les idées de la théorie des ensembles. Étudiant la notion d'infini, il a imaginé, en 1879, les nombres *transfinis* puis découvert les notions de puissance du dénombrable (correspondant à l'« infinité » des nombres entiers), et de puissance du continu (correspondant à l'infinité des points d'un segment de droite).

canular [kanylar] **n.m.** (de *canule*). *FAM.* Action ou propos visant à abuser de la crédulité de qqn : *Monter un canular* (syn. **farce, mystification**).

canule [kanyl] **n.f.** (lat. *cannula,* dimin. de *canna,* roseau, tuyau). Petit tuyau rigide ou semi-rigide, destiné à être introduit dans un orifice (naturel ou non) de l'organisme.

canut, use [kany, -yz] **n.** (orig. incert., p.-ê. du rad. de *2. canette*). Ouvrier, ouvrière spécialisés dans le tissage de la soie sur un métier à bras, à Lyon. ▶ Les canuts se révoltèrent en 1831 afin de faire respecter le tarif minimal qu'ils venaient d'obtenir. Une armée conduite par le duc d'Orléans et Soult écrasa leur mouvement.

canyon n.m. ⟶ **cañon.**

C.A.O. [seao] **n.f.** (sigle). Conception* assistée par ordinateur.

caoutchouc [kautʃu] **n.m.** (d'une langue de l'Amérique du Sud). **1.** Substance élastique et résistante provenant de la coagulation du latex d'arbres tropicaux ou obtenue à partir de certains dérivés du pétrole : *Le caoutchouc naturel provient de l'hévéa, le caoutchouc synthétique est un dérivé du pétrole.* **2.** Fil, bande ou feuille de cette matière : *Le paquet de fiches est maintenu par un caoutchouc* (syn. **élastique**). **3.** *VIEILLI.* Chaussure, vêtement en caoutchouc ou imperméabilisé au caoutchouc. **4.** Plante décorative d'appartement. ▶ Nom scientifique *Ficus elastica.*

■ **Origine et propriétés.** Déjà connu de la civilisation maya, le caoutchouc a été découvert par le Français C. M. de La Condamine lors de son voyage en Amazonie (1736-1744). C'est une substance naturelle, obtenue par saignée du latex. Celui-ci, suc visqueux sécrété par certains arbres (hévéa, ficus), est une émulsion contenant de 30 à 40 % de caoutchouc. Pour l'obtenir, il convient de coaguler le latex à l'acide. Le caoutchouc se présente alors comme une masse solide appelée *crêpe,* qui est ensuite découpée en morceaux, déchiquetée et lavée à l'eau dans une « crêpeuse ». Le caoutchouc naturel gonfle dans un grand nombre de solvants organiques ; il est soluble dans le benzène et possède une haute élasticité. C'est un mauvais conducteur de la chaleur et de l'électricité.

Traitements et usages. Le caoutchouc n'est devenu un produit industriel qu'après la mise au point du procédé de

vulcanisation par C. Goodyear, en 1839. Celui-ci consiste à chauffer le caoutchouc en présence de soufre ; ainsi, on remédie à l'inconvénient qu'il a de perdre son élasticité et sa résistance en se craquelant et en durcissant par simple oxydation à l'air. Par ailleurs, avec une plus grande quantité de soufre, on obtient une matière dure et cassante qui a perdu tout caractère élastique : l'ébonite.
L'industrie des pneumatiques reste la principale consommatrice du caoutchouc naturel. Toutefois, aujourd'hui, la fabrication des pneumatiques fait surtout appel aux élastomères de synthèse (souvent appelés, de façon abusive, caoutchoucs artificiels), obtenus à partir de produits dérivés du pétrole. ■

caoutchouter [kautʃute] **v.t.** Enduire, garnir de caoutchouc : *Caoutchouter une toile pour la rendre imperméable.*

caoutchouteux, euse [kautʃutø, -øz] **adj.** Qui a l'élasticité, la consistance ou l'aspect du caoutchouc : *Des feuilles caoutchouteuses. Cette viande est caoutchouteuse.*

cap [kap] **n.m.** (mot prov., lat. *caput,* tête). **1.** Pointe de terre qui s'avance dans la mer : *Le cap d'Antibes.* **2.** Direction de l'axe d'un navire, de l'arrière à l'avant : *Le commandant demande de maintenir le cap, de changer de cap.* **3. De pied en cap,** des pieds à la tête. / **Mettre le cap sur,** se diriger vers : *Après Gênes, nous mettrons le cap sur la Sicile.*

C.A.P. [seape] **n.m.** (sigle de *certificat d'aptitude professionnelle*). En France, diplôme décerné à la fin des études de l'enseignement technique court.

Cap (Le), en angl. **Cape Town,** en afrikaans **Kaapstad,** cap. législative de l'Afrique du Sud, ch.-l. de la *prov. du Cap-Ouest,* port à l'extrémité sud du continent africain, sur la baie de la Table, à 50 km du cap de Bonne-Espérance ; 2 893 232 hab. (3 624 000 hab. dans l'agglomération). Fondée par les Hollandais en 1652, la ville devint anglaise en 1814.

Cap *(province du),* anc. province de l'Afrique du Sud. Cette province, la plus étendue du pays, forme depuis 1994 les provinces du Cap-Nord (ch.-l. *Kimberley*), du Cap-Ouest (ch.-l. *Le Cap*), du Cap-Est (ch.-l. *Bisho*) ainsi qu'une partie de la province du Nord-Ouest (ch.-l. *Mafikeng*).

capable [kapabl] **adj.** (bas lat. *capabilis,* du class. *capere,* prendre, contenir). **1.** (Absol.). Qui a les qualités requises par ses fonctions : *Un collaborateur très capable* (syn. **compétent, qualifié**). **2.** DR. Qui est légalement apte à exercer certains droits. **3. Capable de,** qui a le pouvoir de faire qqch, de manifester une qualité, de produire un effet : *Elle est capable de comprendre* (= à même de, apte à). *Être capable de dévouement. Certains sont capables de tout pour réussir* (= ne reculent devant rien). **4.** MATH. **Arc capable associé à un angle α et à deux points A et B,** arc de cercle composé de tous les points à partir desquels le segment AB est vu sous un angle constant et égal à α.

capacitation [kapasitasjɔ̃] **n.f.** (mot angl.). BIOL. Transformation que doit subir le spermatozoïde dans les voies génitales féminines pour acquérir son pouvoir fécondant complet.

capacité [kapasite] **n.f.** (lat. *capacitas,* de *capax, -acis,* qui peut contenir). **1.** Quantité que peut contenir un récipient : *La capacité de la cuve est de cent litres* (syn. **contenance**). **2.** Aptitude à faire, à comprendre qqch : *Je commence à douter de sa capacité à nous faire cette réparation* (syn. **compétence**). *Cette tâche est au-dessus de ses capacités* (syn. **moyens, possibilités**). **3.** DR. Aptitude d'une personne à exercer ou à acquérir un droit : *Les mineurs ne jouissent pas de la capacité civile.* **4.** ÉLECTR. Quantité d'électricité que peut restituer un accumulateur lors de sa décharge ; quotient de la charge d'un condensateur par la différence de potentiel entre ses armatures. **5. Capacité en droit,** diplôme délivré par les facultés de droit aux élèves non bacheliers (après examen au bout de deux années d'études). / **Capacité thoracique** ou **vitale,** la plus grande quantité d'air qu'on puisse faire entrer dans les poumons en partant de l'état d'expiration forcée. ▸ Elle est de 3,5 l en moyenne chez l'adulte. / **Mesure de capacité,** récipient utilisé pour mesurer le volume des liquides et des matières sèches. / INFORM. **Capacité d'une mémoire électronique,** quantité d'informations qu'elle peut contenir. / PHYS. **Capacité calorifique** ou **thermique,** quantité de chaleur qu'il faut fournir à un corps pour augmenter sa température de 1 kelvin.

caparaçon [kaparasɔ̃] **n.m.** (esp. *caparazón,* p.-ê. de *capa,* manteau ; v. *cape*). Housse d'ornement pour les chevaux, dans une cérémonie.

caparaçonner [kaparasɔne] **v.t. 1.** Couvrir un cheval d'un caparaçon : *Une jument caparaçonnée d'argent.* **2.** Recouvrir entièrement qqn, une partie du corps, de qqch d'épais, qui protège : *Il est caparaçonné dans sa pelisse.*

Cap-Breton *(île du),* île du Canada (Nouvelle-Écosse), à l'entrée du golfe du Saint-Laurent (reliée par une route au continent). V. princ. *Sydney.* Parc national.

cape [kap] **n.f.** (prov. *capa,* bas lat. *cappa* ; v. *chape*). **1.** Manteau ample, plus ou moins long, porté sur les épaules, avec ou sans fentes pour passer les bras : *Une cape de fourrure.* **2.** Feuille de tabac qui forme l'enveloppe, la robe d'un cigare. **3. Film, roman de cape et d'épée,** film, roman d'aventures, qui met en scène des héros chevaleresques et batailleurs. / **Rire sous cape,** rire à part soi, en cachette. / MAR. **Être, mettre à la cape,** interrompre sa route pour parer le mauvais temps.

Čapek (Karel), écrivain tchèque (Malé-Svatoňovice 1890 - Prague 1938). Il est l'auteur de romans *(la Fabrique d'absolu)* et de pièces de théâtre (*R.U.R.,* 1920) qui dénoncent la soumission de l'homme à ses propres créations scientifiques et techniques.

capeline [kaplin] **n.f.** (it. *cappellina,* de *capello,* chapeau). Chapeau de femme à grands bords souples.

C.A.P.E.S. [kapɛs] **n.m.** (sigle de *certificat d'aptitude au professorat de l'enseignement du second degré*). Concours de recrutement des professeurs de l'enseignement secondaire français ; grade que confère la réussite à ce concours.

capésien, enne [kapezjɛ̃, -ɛn] **n.** Titulaire du C.A.P.E.S. (syn. **certifié**).

Cap-Est, prov. d'Afrique du Sud ; 170 616 km^2 ; 6 562 053 hab. Ch.-l. *Bisho.*

C.A.P.E.T. [kapɛt] **n.m.** (sigle de *certificat d'aptitude au professorat de l'enseignement technique*). Concours de recrutement des professeurs de l'enseignement technique français ; grade que confère la réussite à ce concours.

capétien, enne [kapesjɛ̃, -ɛn] **adj.** et **n.** Relatif à la dynastie des Capétiens.

Capétiens, dynastie de rois qui régnèrent sur la France de 987 à 1328. Également appelée « dynastie des Capétiens directs », elle fut fondée par Hugues Capet et succéda aux Carolingiens. Elle mit en place les institutions fondamentales de la monarchie française et étendit considérablement le domaine royal. Les Capétiens directs eurent pour successeurs les Valois, issus d'une branche collatérale. Cette dynastie est représentée par Hugues Capet (987-1031), Henri Ier (1031-1060), Philippe Ier (1060-1108), Louis VI le Gros (1108-1137), Louis VII le Jeune (1137-1180), Philippe II Auguste (1180-1223), Louis VIII (1223-1226), Louis IX (Saint Louis) [1226-1270], Philippe III le Hardi (1270-1285), Philippe IV le Bel (1285-1314), Louis X le Hutin (1314-1316), Jean Ier le Posthume (15-19 nov. 1316), Philippe V le Long (1316-1322) et Charles IV le Bel (1322-1328).

capharnaüm [kafarnaɔm] **n.m.** (de *Capharnaüm*). Endroit très encombré et en désordre : *Cet appartement est un vrai capharnaüm !*

Capharnaüm, petite ville de Galilée, au bord du lac de Tibériade, dont Jésus fit le centre de sa prédication au début de sa vie publique.

cap-hornier [kapɔrnje] **n.m.** (pl. *cap-horniers*). **1.** Autref., grand voilier qui suivait les routes doublant le cap Horn. **2.** Marin, capitaine naviguant sur ces voiliers.

1. capillaire [kapilɛr] **adj.** (lat. *capillaris,* de *capillus,* cheveu). **1.** Qui se rapporte aux cheveux : *Soins capillaires.* **2.** Fin comme un cheveu : *Tube capillaire.* **3.** ANAT. **Vaisseau capil-**

laire ou **capillaire,** vaisseau microscopique à paroi très fine, qui relie les artérioles aux veinules, permettant les échanges nutritifs et gazeux entre le sang et les cellules.

2. capillaire [kapilɛr] **n.m.** BOT. Fougère à pétioles noirs longs et fins, qui pousse dans les fentes de rochers et de murs. ▸ Haut. 10 à 20 cm ; famille des polypodiacées.

capillarité [kapilarite] **n.f.** Ensemble des phénomènes physiques (tension capillaire) qui se produisent à la surface d'un liquide, notamm. dans les tubes capillaires : *La capillarité joue un rôle dans la montée de la sève.*

capilotade [kapilɔtad] **n.f.** (esp. *capirotada,* ragoût, de *capirote,* capuchon, du même rad. que le fr. *chape*). FAM. **En capilotade,** en mauvais état à la suite d'efforts prolongés ou de mauvais traitements : *J'ai les pieds en capilotade après cette course.* / **Mettre, être en capilotade,** réduire, être réduit en bouillie : *Les œufs étaient en capilotade au fond du panier. Des voyous lui ont mis le visage en capilotade.*

capitaine [kapitɛn] **n.** (bas lat. *capitaneus,* qui est en tête puis « chef », du class. *caput, -itis,* tête). **1.** Officier des armées de terre et de l'air dont le grade est situé entre celui de lieutenant et celui de commandant : *Capitaine de gendarmerie.* **2.** Officier qui commande un navire de commerce. **3.** Chef d'une équipe sportive : *Le capitaine du quinze de France.* **4. Capitaine au long cours,** officier de la marine marchande pouvant assurer le commandement des navires les plus importants. ▸ Le brevet de capitaine au long cours a cessé d'être délivré en 1981 ; il est remplacé par celui de capitaine de 1re classe de la navigation maritime. / **Capitaine de corvette, de frégate, de vaisseau,** grades successifs des officiers supérieurs dans la marine militaire française. ◆ **n.m.** AFR. Poisson osseux apprécié pour sa chair. ▸ Long. max. 1,80 m ; poids 90 kg.

capitainerie [kapitɛnri] **n.f. 1.** Bureau d'un capitaine de port. **2.** Circonscription administrative de l'Ancien Régime.

1. capital, e, aux [kapital, -o] **adj.** (lat. *capitalis,* de *caput, -itis,* tête). **1.** Considéré comme essentiel ; qui prime tout le reste : *C'est capital pour l'entreprise d'avoir cet argent* (syn. **indispensable**). *Tu as commis une erreur capitale* (syn. **majeur** ; contr. **minime**). *La question est capitale* (syn. **primordial** ; contr. **secondaire**). *Elle a joué un rôle capital dans la négociation* (syn. **décisif** ; contr. **accessoire**). **2. Exécution capitale,** mise à mort d'un condamné. / **Lettre capitale,** lettre majuscule (on dit aussi *une capitale*). / **Péchés capitaux,** les sept péchés qui sont considérés comme source de tous les autres : *Les sept péchés capitaux sont l'orgueil, l'avarice, la luxure, l'envie, la gourmandise, la colère et la paresse.* / **Peine capitale,** peine de mort.

2. capital [kapital] **n.m.** (de *1. capital*) [pl. *capitaux*]. **1.** Ensemble des biens, monétaires ou autres, possédés par une personne ou une entreprise, constituant un patrimoine et pouvant rapporter un revenu : *Leur capital n'est pas négligeable.* **2.** Somme d'argent représentant l'élément principal d'une dette et produisant des intérêts : *Un capital rapportant cinq mille euros d'intérêt chaque année.* **3.** Pour les marxistes, produit d'un travail collectif qui n'appartient pas à ceux qui le réalisent, mais au propriétaire des moyens de production. **4.** Ensemble des biens intellectuels, spirituels, moraux : *Notre pays possède un riche capital artistique* (syn. **patrimoine, trésor**). **5.** DR. **Capital social,** montant des sommes ou des biens apportés à une société et de leur accroissement ultérieur. ◆ **capitaux n.m. pl.** Actifs dont dispose une entreprise : *Des capitaux considérables* (syn. **fonds**).

capitale [kapital] **n.f.** (de [*ville*] *capitale* et [*lettre*] *capitale*). **1.** Ville où siège le gouvernement d'un État : *Madrid est la capitale de l'Espagne.* **2.** Ville devenue un centre très actif d'industries, de services : *Milan, capitale économique de l'Italie.* **3.** IMPR. Lettre majuscule : *Titre en capitales.*

Capitale-Nationale, région administrative du Québec (centre-est de la province) ; 548 km² ; 700 616 hab.

capitalisable [kapitalizabl] **adj.** Qui peut être capitalisé.

capitalisation [kapitalizasjɔ̃] **n.f. 1.** Action de capitaliser. **2. Capitalisation boursière,** calcul de la valeur d'une société d'après le cours et le nombre de ses actions.

capitaliser [kapitalize] **v.t. 1.** Ajouter au capital les intérêts qu'il produit : *Au lieu de dépenser les intérêts qu'il perçoit, il les capitalise* (syn. **thésauriser**). **2.** Accumuler en vue d'un profit ultérieur : *Capitaliser des connaissances* (syn. **amasser**). **3.** Calculer un capital à partir du taux d'intérêt servi.

capitalisme [kapitalism] **n.m.** (de *2. capital*). **1.** Système économique et social fondé sur la propriété privée des moyens de production et d'échange. **2.** Selon la théorie marxiste, régime économique, politique et social qui est régi par la recherche de la plus-value grâce à l'exploitation des travailleurs par ceux qui possèdent les moyens de production et d'échange.

■ Le système capitaliste repose sur l'utilisation d'une somme d'argent disponible (le capital), détenue par des particuliers ou par un État (capitalisme d'État), pour faire travailler des salariés de façon à obtenir un profit après rétribution de ces derniers.

Le capitalisme a d'abord pris une forme marchande, depuis l'époque romaine jusqu'à la Renaissance, illustrée par les grandes familles marchandes comme les Médicis en Italie ou les Fugger en Allemagne. À partir du XVIIIe siècle le capitalisme est devenu industriel, avec de nombreux salariés dans de vastes ateliers. Le XXe siecle est marqué par la concentration des entreprises et l'intervention de l'État dans de nombreux pays, pour concilier les intérêts des capitalistes et des salariés, tandis que les grandes firmes deviennent multinationales et que se développe un capitalisme financier. Progressivement, les échanges se font de plus en plus entre des entreprises qui opèrent à l'échelle mondiale, ce qui pose la question de la gouvernance de cette « économie-monde ».

Dans l'économie de marché actuelle, régie par la loi de l'offre et de la demande, les intérêts des producteurs et des consommateurs s'opposent et les détenteurs de capitaux importants ont du pouvoir dans leur pays d'origine ou même au niveau mondial si leurs activités s'exercent dans plusieurs pays. Il revient aux pouvoirs publics de jouer le rôle d'arbitre en fonction des principes politiques qui les guident. ■

capitaliste [kapitalist] **n.** et **adj.** (de *2. capital*). **1.** Personne qui possède des capitaux et les investit dans des entreprises. **2.** FAM. Personne très riche (péjor.). ◆ **adj.** Qui se rapporte au capitalisme : *Régime capitaliste.*

Capitant (Henri), juriste français (Grenoble 1865 - Allinges, Haute-Savoie, 1937), auteur de nombreux ouvrages de droit civil (*Introduction à l'étude du droit civil,* 1904).

capitation [kapitasjɔ̃] **n.f.** (lat. *capitatio,* de *caput, -itis,* tête). HIST. Impôt prélevé sur chaque individu mâle, partic. en France de 1695 à la Révolution.

capiteux, euse [kapitø, -øz] **adj.** (it. *capitoso,* du lat. *caput, -itis,* tête). Qui porte à la tête et enivre : *Parfum capiteux* (syn. **enivrant, grisant**). *Vin capiteux.*

Capitole ou **Capitolin** ***(mont),*** une des sept collines de Rome, et, dans un sens plus restreint, un de ses deux sommets portant le temple de Jupiter *Capitolin,* protecteur de la cité.

capiton [kapitɔ̃] **n.m.** (it. *capitone,* grosse tête, du lat. *caput, -itis,* tête). **1.** Bourre de soie ou de laine employée pour le capitonnage des sièges. **2.** Garniture de siège, de lit, etc., à piqûres losangées et boutons (syn. **capitonnage**). **3.** PHYSIOL. Épaississement du tissu adipeux sous-cutané.

capitonnage [kapitɔnaʒ] **n.m. 1.** Action de capitonner : *Le capitonnage d'un fauteuil.* **2.** Rembourrage d'un siège, d'un lit, etc. : *Le capitonnage de la porte* (syn. **capiton**).

capitonner [kapitɔne] **v.t.** Rembourrer avec du capiton ou une autre matière : *Faire capitonner sa porte d'entrée.*

1. capitulaire [kapitylɛr] **adj.** (lat. médiév. *capitularis,* du class. *capitulum* ; v. *chapitre*). Qui se rapporte à un chapitre de chanoines, de religieux : *Salle capitulaire.*

2. capitulaire [kapitylɛr] **n.m.** (de *1. capitulaire*). Acte législatif émanant des souverains carolingiens.

capitulation [kapitylasjɔ̃] **n.f. 1.** Action de capituler : *Capitulation sans conditions* (syn. **reddition**). **2.** Convention réglant la reddition d'une place, des forces militaires d'un pays : *Des officiers des deux armées discutèrent les articles de la capitulation.* **3.** Abandon d'une opinion, en totalité ou en partie, devant une force, un intérêt supérieurs : *Son silence équivaut à une capitulation* (syn. **renoncement**).

capitule [kapityl] **n.m.** (lat. *capitulum,* dimin. de *caput, -itis,* tête). BOT. Inflorescence formée de petites fleurs serrées les unes contre les autres et insérées sur le pédoncule élargi en plateau : *Les capitules de la marguerite.*

capituler [kapityle] **v.i.** (lat. médiév. *capitulare,* du class. *capitulum,* article, clause, de *caput, -itis,* tête). **1.** Abandonner par force ou par raison une opinion, une position que l'on soutenait : *Ce cas est trop difficile, je capitule !* (syn. **renoncer**). *Je ne capitulerai pas devant leurs menaces* (syn. **céder, s'incliner**). **2.** Se rendre à l'ennemi : *Bazaine capitula dans Metz en 1870* (syn. **se rendre**).

Cap-Nord, prov. d'Afrique du Sud ; 363 389 km^2 ; 1 145 861 hab. Ch.-l. *Kimberley.*

capoeira [kapwɛra] **n.f.** (du guarani *caa apuera,* île à l'herbe rase). Art martial du Brésil qui se pratique avec un accompagnement musical.

Capone (Alphonse, dit **Al),** gangster américain (Brooklyn 1899 - Miami 1947). Il fit fortune grâce au commerce clandestin de boissons alcoolisées, qu'il organisa pendant la prohibition.

1. caporal, e, aux [kapɔral, -o] **n.** (it. *caporale,* de *capo,* tête). Militaire d'un grade immédiatement supérieur à celui de soldat dans les armées de terre et de l'air. ◆ **caporal-chef, caporale-chef n.** (pl. *caporaux-chefs, caporales-chefs*). Militaire dont le grade est situé entre celui de caporal et celui de sergent.

2. caporal [kapɔral] **n.m.** (pl. *caporaux*). Tabac à fumer fait à partir de feuilles séchées à l'air puis torréfiées.

1. capot [kapo] **n.m.** (de *cape*). **1.** Partie mobile de la carrosserie d'une automobile recouvrant et protégeant le moteur : *Ouvrir, fermer le capot.* **2.** Couvercle amovible protégeant les parties fragiles ou dangereuses d'une machine : *Le capot d'un appareil photo, d'une bétonnière.* **3.** MAR. Pièce de toile protégeant les objets contre la pluie. **4.** MAR. Trou à fermeture étanche par lequel on pénètre dans un sous-marin.

2. capot [kapo] **adj. inv.** (orig. incert., p.-ê. de *se caper, s'acaper,* mots de l'Ouest signif. « se cacher, se renfrogner », de *cape*). Qui n'a fait aucune levée, en parlant d'un joueur de cartes : *Elle est capot chaque fois.*

capote [kapɔt] **n.f.** (de *cape*). **1.** Toit mobile d'une voiture (cabriolet), d'un landau, etc., en matériau souple. **2.** Manteau des troupes à pied. **3.** *FAM.* **Capote anglaise,** préservatif masculin.

Capote (Truman), écrivain américain (La Nouvelle-Orléans 1924 - Los Angeles 1984). Il fut l'un des représentants de l'école néoromantique du Sud (*la Harpe d'herbe,* 1951) avant d'évoluer vers le « roman-reportage » (*De sang-froid,* 1965).

capoter [kapɔte] **v.i.** (probabl. du prov. *[faire] cabot,* saluer, de *cap,* tête ; v. *cap*). **1.** Chavirer, se renverser, en parlant d'un bateau. **2.** Se retourner complètement, en parlant d'une voiture ou d'un avion : *L'auto a capoté dans le virage* (= faire un tonneau) [syn. **culbuter**]. **3.** Ne pas aboutir, en parlant d'un projet, d'une entreprise : *Ce nouveau retard va faire capoter le projet* (syn. **échouer**).

Capoue, v. d'Italie (Campanie), sur le Volturno ; 19 056 hab. *(Capouans).* Hannibal s'en empara (215 av. J.-C.) ; son armée, affaiblie par le luxe de la ville *(délices de Capoue),* y perdit sa combativité. Vestiges romains. Musée.

Cap-Ouest, prov. d'Afrique du Sud ; 129 285 km^2 ; 5 822 734 hab. Ch.-l. *Le Cap.*

Cappadoce, région d'Anatolie (Turquie), qui fut le centre de l'Empire hittite (IIIᵉ-IIᵉ millénaire av. J.-C.). Intégrée à l'Empire perse (VIᵉ s. av. J.-C.), puis à l'Empire romain (18 apr. J.-C.), elle devint à fin du IVᵉ s. un brillant foyer du christianisme.

cappuccino [kaputʃino] **n.m.** (mot it. ; v. *capucin*). Café au lait mousseux.

Capra (Frank), cinéaste américain d'origine italienne (Palerme 1897 - Los Angeles 1991). Il travaille avec Mack Sennett avant de mettre en scène, à partir de 1926, une série de films, pour la plupart des comédies (*The Strong Man,* 1926). Il fait équipe avec le scénariste Robert Riskin à partir de 1928 et réalise quelques-unes des meilleures comédies américaines d'avant-guerre : *Lady for a Day* (1933), *New York-Miami* (1934), *l'Extravagant M. Deeds* (1936), *Vous ne l'emporterez pas avec vous* (1938), *M. Smith au Sénat* (1939), *Arsenic et vieilles dentelles* (1944).

câpre [kapr] **n.f.** (it. *cappero,* lat. *capparis,* du gr.). Bouton à fleur du câprier qui se confit dans le vinaigre et sert de condiment.

Capri, île du golfe de Naples ; 6 861 hab. Rivages escarpés et creusés de grottes. Grand centre touristique. Résidence favorite de Tibère (ruines de deux villas).

caprice [kapris] **n.m.** (it. *capriccio,* frisson, dérivé de *capo,* tête). **1.** Désir, exigence soudains et irréfléchis : *Faire des caprices. Céder aux caprices de qqn* (syn. **fantaisie, lubie**). **2.** Amour très passager, peu sérieux ; amourette. **3.** Changement auquel sont exposées certaines choses : *Les caprices de la mode* (syn. **variation** ; contr. **constance**). **4.** Morceau instrumental ou vocal de forme libre.

capricieusement [kaprisjøzmɑ̃] **adv.** De façon capricieuse, fantasque : *Cesse d'agir capricieusement.*

capricieux, euse [kaprisjø, -øz] **adj.** et **n.** Qui agit par caprice : *Tu es trop capricieux !* (syn. **fantasque, lunatique**). ◆ **adj.** Sujet à des changements brusques, imprévus : *Un temps capricieux* (syn. **changeant, irrégulier**).

capricorne [kaprikɔrn] **n.m.** (lat. *capricornus,* de *caper, capri,* bouc, et *cornu,* corne). Insecte coléoptère aux longues antennes. ▸ Famille des cérambycidés. ◆ **capricorne n. inv.** et **adj. inv.** Personne née sous le signe du Capricorne.

Capricorne (le), constellation zodiacale. – Dixième signe du zodiaque, dans lequel le Soleil entre au solstice d'hiver.

câprier [kaprije] **n.m.** Arbuste épineux méditerranéen qui produit les câpres. ▸ Famille des capparidacées.

caprin, e [kaprɛ̃, -in] **adj.** et **n.m.** (lat. *caprinus,* de *capra,* chèvre). **1.** Relatif à la chèvre : *Élevage caprin.* **2. Caprins,** sous-famille de bovidés, aux cornes rabattues en arrière et marquées de côtes, tels que la chèvre, le bouquetin, etc.

Caps et Marais d'Opale ***(parc naturel régional des),*** parc naturel couvrant env. 130 000 ha sur le dép. du Pas-de-Calais (Boulonnais et Audomarois).

capsule [kapsyl] **n.f.** (lat. *capsula,* dimin. de *capsa,* boîte). **1.** Petit couvercle en métal ou en plastique pour boucher une bouteille. **2.** ANAT. Membrane fibreuse ou élastique enveloppant un organe ou une articulation : *Capsule surrénale.* **3.** Enveloppe soluble de certains médicaments de saveur désagréable. **4.** BOT. Fruit sec qui s'ouvre par des fentes (œillet) ou des pores (pavot). **5.** CHIM. Petit récipient hémisphérique pour porter les liquides à ébullition. **6. Capsule spatiale,** petit véhicule spatial récupérable.

capsule-congé [kapsylkɔ̃ʒe] **n.f.** (pl. *capsules-congés*). Attestation de paiement de droits sur les vins et alcools, sous forme de capsule à apposer sur chaque bouteille.

capsuler [kapsyle] **v.t.** Garnir d'une capsule une bouteille, son goulot : *Machine à capsuler.*

captage [kaptaʒ] **n.m. 1.** Action de capter ; son résultat : *Le captage des eaux d'une source.* **2.** En aquaculture, collecte du naissain fixé sur des supports artificiels.

captation [kaptasjɔ̃] **n.f.** (de *capter*). DR. Fait de s'emparer d'une succession ou d'arracher une libéralité à qqn par des manœuvres répréhensibles : *Captation d'héritage.*

capter [kapte] **v.t.** (lat. *captare,* chercher à prendre). **1.** Recevoir au moyen d'appareils radioélectriques : *Capter une émission. Capter un message de l'ennemi* (syn. **intercep-**

ter). **2.** Recueillir une énergie, un fluide, etc., pour l'utiliser : *Capter le rayonnement solaire.* **3.** Assurer le passage du courant électrique du réseau au moteur d'un véhicule (génér. ferroviaire). **4.** Obtenir, gagner par ruse : *Il a su capter sa confiance* (syn. **se concilier, gagner**).

capteur [kaptœr] **n.m.** (de *capter*). **1.** Dispositif qui délivre, à partir d'une grandeur physique, une autre grandeur, souvent électrique, fonction de la première et directement utilisable pour la mesure ou la commande. **2. Capteur solaire,** dispositif recueillant l'énergie solaire pour la transformer en énergie thermique ou électrique.

captieux, euse [kapsjø, -øz] **adj.** (lat. *captiosus*, de *captio*, piège). LITT. Qui vise à tromper par une apparence de vérité ou de raison : *Des arguments captieux* (syn. **fallacieux, spécieux, trompeur**).

captif, ive [kaptif, -iv] **n.** et **adj.** (lat. *captivus*, de *capere*, prendre). LITT. Prisonnier de guerre : *Des généraux captifs marchaient en tête de la colonne. Tous les captifs furent enfermés.* ◆ **adj.** GÉOL. **Nappe captive,** nappe aquifère intercalée entre deux couches imperméables, dans laquelle, en profondeur, l'eau est sous pression.

captivant, e [kaptivɑ̃, -ɑ̃t] **adj.** (de *captiver*). Qui captive : *Il a fait un récit captivant de son voyage* (syn. **palpitant, prenant**). *Un personnage captivant* (syn. **passionnant**).

captiver [kaptive] **v.t.** (bas lat. *captivare*, faire captif ; v. *captif*). Attirer l'attention ; tenir sous le charme : *Professeur qui sait captiver l'attention de ses élèves* (syn. **conquérir, retenir**). *Ce livre me captive* (syn. **enchanter, passionner**).

captivité [kaptivite] **n.f.** (lat. *captivitas* ; v. *captif*). État de prisonnier ; privation de liberté : *Sa longue captivité l'a épuisé* (syn. **détention**).

capture [kaptyr] **n.f.** (lat. *captura*, de *capere*, prendre). **1.** Action de capturer ; fait d'être capturé : *Dès la capture du sous-marin, l'équipage s'est rendu.* **2.** Être ou chose capturés : *Après la pêche, il s'est fait photographier sa capture à la main* (syn. **prise**). **3.** GÉOGR. Détournement d'une section d'un cours d'eau par une rivière voisine.

capturer [kaptyre] **v.t.** (de *capture*). S'emparer par la force d'un être vivant : *Capturer un voleur* (syn. **arrêter**). *Capturer un renard* (syn. **attraper, prendre**).

capuche [kapyʃ] **n.f.** (var. picarde de *capuce*, it. *cappuccio*, capuchon, du bas lat. *cappa* ; v. *chape*). Capuchon d'un vêtement.

capuchon [kapyʃɔ̃] **n.m.** (de *capuche*). **1.** Partie d'un vêtement en forme de bonnet ample, qui recouvre la tête ou peut se rabattre dans le dos (syn. **capuche**). **2.** Bouchon d'un stylo, d'un tube, etc. **3.** ZOOL. Partie élargie du cou des najas en position de combat.

capucin, e [kapysɛ̃, -in] **n.** (it. *cappuccino*, dimin. de *cappuccio*, capuchon ; v. *capuche*). Religieux, religieuse d'une branche réformée de l'ordre des Frères mineurs, créée au XVIᵉ s.

capucine [kapysin] **n.f.** (de *capuce*, capuchon ; v. *capuche*). Plante ornementale originaire d'Amérique du Sud, à feuilles rondes et à fleurs orangées. ▸ Famille des tropéolacées.

Capulets (les), famille légendaire de Vérone, que Shakespeare opposa aux *Montaigus* dans *Roméo et Juliette*.

capybara [kapibara] **n.m.** (mot amérindien). Syn. de *cabiai*.

Cap-Vert *(îles du)*, État constitué par un archipel volcanique, dans l'Atlantique, à l'ouest du Sénégal ; 4 000 km² ; 499 000 hab. *(Cap-Verdiens)*. CAP. *Praia*, dans l'île de Santiago. LANGUE : *portugais*. MONNAIE : *escudo du Cap-Vert*. Anc. possession portugaise, indépendante depuis 1975. Le Cap-Vert est formé de dix îles habitées (dont les principales sont Santiago, Fogo, Boa-Vista, Sal [aéroport], São Nicolau, São Vicente [port de Mindelo] et Santo Antão) et de nombreux îlots. Archipel volcanique, densément peuplé (malgré l'émigration), presque exclusivement rural (maïs, manioc, patate douce ; la banane est le principal poste d'exportations avec les produits de la pêche).

caque [kak] **n.f.** (du néerl. *caken*, couper les ouïes d'un poisson). Barrique pour presser et conserver les harengs salés ou fumés.

caquelon [kaklɔ̃] **n.m.** (de *kakel*, mot alémanique et alsacien « casserole de terre »). Poêlon assez profond en terre ou en fonte : *Un caquelon à fondue.*

caquet [kakɛ] **n.m.** (de *caqueter*). **1.** Cri, gloussement de la poule qui va pondre ou qui a pondu. **2.** Bavardage indiscret : *Je ne pouvais plus supporter son caquet* (syn. **verbiage**). **3. Rabattre le caquet à qqn,** le faire taire ; le remettre à sa place : *Cet argument lui a rabattu le caquet.*

caquetage [kaktaʒ] et **caquètement** [kakɛtmɑ̃] **n.m.** Cri de la poule sur le point de pondre ou qui vient de pondre.

caqueter [kakte] **v.i.** (orig. onomat.) [conj. **27**]. **1.** Émettre un caquetage, en parlant de la poule sur le point de pondre ou qui a pondu. **2.** Bavarder, parler sans arrêt et de choses futiles : *Cessez de caqueter au fond de la classe !* (syn. **jacasser**).

1. car [kar] **conj. coord.** (lat. *quare*, c'est pourquoi). Dans une relation de causalité, introduit la raison, l'explication : *Il est parti car il était attendu ailleurs* (syn. **parce que**).

2. car [kar] **n.m.** (abrév.). Autocar.

carabe [karab] **n.m.** (lat. *carabus*, langouste, du gr.). Insecte coléoptère à corps allongé et à longues pattes, qui dévore les insectes, les escargots, etc., d'où peut-être le nom de *jardinière* donné au carabe doré. ▸ Long. 2 cm ; famille des carabidés.

carabin [karabɛ̃] **n.m.** (orig. incert., p.-ê. du moyen fr. *escarrabin*, qui ensevelit les pestiférés, à rapprocher de *escarbot*, n. d'un insecte fouisseur, du lat. *scarabeus*, scarabée). FAM. Étudiant en médecine.

carabine [karabin] **n.f.** (de *carabin*, au sens de « soldat de cavalerie »). Fusil léger, souvent court, à canon rayé, utilisé comme arme de guerre, de chasse ou de sport.

carabiné, e [karabine] **adj.** (de [*brise*] *carabinée*, brise soufflant violemment, de *carabin* ; v. *carabine*). FAM. Très fort ; intense : *Une fièvre carabinée.*

carabinier [karabinje] **n.m. 1.** Soldat à cheval ou à pied, armé d'une carabine (XVIIᵉ-XIXᵉ s.). **2.** FAM. **Arriver comme les carabiniers,** arriver trop tard (par allusion à un refrain d'une opérette d'Offenbach).

caracal [karakal] **n.m.** (mot esp., du turc *kara kulak*, oreille noire). Lynx d'Afrique et d'Asie du Sud-Ouest, aux oreilles prolongées par une longue touffe de poils noirs.

Caracalla (Marcus Septimus Bassianus, devenu **Marcus Aurelius Antoninus,** surnommé) [Lyon 188 - Carrhae, auj. Harran, 217], empereur romain (211-217), fils de Septime Sévère. Vainqueur des Germains (213) et des Parthes (215), il étendit à tout l'Empire le droit de cité romain (Constitution antonine, ou *édit de Caracalla*, 212). Il fit construire à Rome les thermes qui portent son nom.

Caracas, cap. du Venezuela, à environ 900 m d'alt., près de la mer des Antilles ; 2 912 000 hab. dans l'agglomération. Port à La Guaira. Aéroport à Maiquetía.

caraco [karako] **n.m.** (orig. obsc.). **1.** Corsage droit, à manches et basques, flottant sur la jupe ou cintré, porté autref. par les femmes à la campagne. **2.** Sous-vêtement féminin droit et court, couvrant le buste, souvent porté avec une culotte assortie.

caracoler [karakɔle] **v.i.** (de l'esp. *caracol*, limaçon, d'orig. obsc.). **1.** Sauter avec légèreté de divers côtés : *Le cheval du colonel se mit à caracoler.* **2.** Occuper une place dominante, sans grand risque d'être concurrencé : *Caracoler en tête du peloton, des sondages.*

caractère [karaktɛr] **n.m.** (lat. *character*, gr. *kharaktêr*, signe gravé). **1.** Manière habituelle de réagir propre à chaque personne : *Il a un caractère très passionné* (syn. **personnalité, tempérament**). *Caractère flegmatique* (syn. **nature, naturel**). **2.** Affirmation plus ou moins forte de soi ; force d'âme : *Manquer de caractère* (syn. **énergie, fermeté**). **3.** Ce qui donne à qqch son originalité : *Construction sans caractère* (syn. **cachet,**

personnalité, style). **4.** Marque distinctive de qqch ou de qqn ; état ou qualité propre à qqn, à qqch : *Un caractère d'authenticité* (syn. **air, aspect**). **5.** BIOL. Signe distinctif qui exprime l'aspect remarquable de qqch : *Les caractères dominants de la race humaine* (syn. **caractéristique**). **6.** Petite pièce de métal fondu dont l'empreinte forme le signe d'imprimerie. **7.** Lettre ou signe d'un dessin ou d'un style particulier servant à la composition ou à l'impression des textes : *Caractère gras, romain, italique.* **8.** Élément, symbole d'une écriture : *Caractères arabes, chinois* (= signes graphiques). *Apprendre à tracer les caractères du français* (syn. **lettre**). **9.** INFORM. Symbole (lettre, chiffre, etc.) pouvant faire l'objet d'un traitement. **10.** INFORM. Quantité d'information (6 à 8 bits en génér.), considérée comme unité d'information à traiter par certains organes d'un ordinateur. **11.** STAT. Propriété que possèdent, à des degrés divers, les individus d'une population étudiée. **Caractère acquis,** trait distinctif qui apparaît chez un individu sous l'influence de facteurs extérieurs. / **Caractère inné,** particularité transmissible génétiquement et représentant un ou plusieurs gènes.

caractériel, elle [karakterjɛl] **n.** et **adj.** Personne (en partic. enfant ou adolescent) dont l'intelligence est normale mais dont le comportement affectif et social est en rupture continuelle avec le milieu où elle vit. ◆ **adj.** Qui affecte le caractère : *Trouble caractériel.*

caractérisé, e [karakterize] **adj.** Qui est nettement marqué : *Une insolence caractérisée* (syn. **net** ; contr. **anodin**).

caractériser [karakterize] **v.t. 1.** Décrire par un caractère distinctif : *Je caractériserai ce spectacle en disant que c'est une imposture* (syn. **définir**). **2.** Constituer le trait dominant de qqn, de qqch : *L'humour qui te caractérise.* ◆ **se caractériser v.pr. [par].** Avoir pour signe distinctif : *La rougeole se caractérise par une éruption.*

caractéristique [karakteristik] **adj.** Qui caractérise : *Toux caractéristique de la grippe* (syn. **typique**). ◆ **n.f. 1.** Ce qui constitue le caractère distinctif de qqn ou de qqch : *Les caractéristiques d'une nouvelle moto.* **2.** MATH. Partie entière d'un logarithme décimal.

caractérologie [karakterɔlɔʒi] **n.f.** Étude psychologique des caractères individuels pour en élaborer des classifications en types et en tempéraments.

caracul n.m. ⟶ **karakul.**

carafe [karaf] **n.f.** (it. *caraffa,* p.-ê. de l'ar. *garrafa*). **1.** Bouteille à base large et à col étroit ; son contenu : *Une carafe en cristal. Une carafe de vin blanc.* **2.** *FAM.* **Être, rester en carafe,** être laissé de côté ; être en panne, bloqué quelque part : *Ils sont tous partis, je suis restée en carafe.*

carafon [karafɔ̃] **n.m.** Petite carafe.

caraïbe [karaib] **adj.** et **n.** Relatif à la Caraïbe ; qui y vit, en est originaire. ◆ **n.m.** Groupe de langues indiennes de la Caraïbe.

Caraïbe (la) ou **Caraïbes (les),** région géographique regroupant l'ensemble des Antilles et une partie des terres bordant la mer des Antilles.

Caraïbes *(mer des)* ou **Caraïbe *(mer),*** autres noms de la mer des Antilles.

carambolage [karɑ̃bɔlaʒ] **n.m.** Fait de caramboler, de se caramboler : *Carambolage dû au verglas* (syn. **collision**).

caramboler [karɑ̃bɔle] **v.i.** (de *carambole,* n. d'un fruit exotique rouge, puis « bille de billard », du marathe par le port. et l'esp.). Toucher avec une bille (les deux autres), au billard. ◆ **v.t.** *FAM.* En parlant d'un véhicule automobile, heurter plusieurs obstacles ou d'autres véhicules : *La voiture a dérapé et en a carambolé trois autres* (syn. **tamponner, percuter**).

carambouillage [karɑ̃bujaʒ] **n.m.** et **carambouille** [karɑ̃buj] **n.f.** (altér. de *carambole ;* v. *caramboler*). Escroquerie qui consiste à revendre au comptant une marchandise sans avoir fini de la payer.

caramel [karamɛl] **n.m.** (mot esp., p.-ê. du bas lat. *calamellus,* dimin. du class. *calamus,* roseau, en raison de la forme du sucre durci). **1.** Sucre fondu et roussi par l'action de la chaleur : *Un gâteau nappé de caramel.* **2.** Bonbon fait avec du sucre, un corps gras (crème, lait) et un parfum : *Caramels mous, durs.* ◆ **adj. inv.** D'une couleur entre le beige et le roux : *Des foulards caramel.*

caramélisation [karamelizasjɔ̃] **n.f.** Réduction du sucre en caramel sous l'effet de la chaleur.

caramélisé, e [karamelize] **adj.** Additionné ou recouvert de caramel ; qui a le goût du caramel : *Crème caramélisée.*

caraméliser [karamelize] **v.i.** Se transformer en caramel, en parlant du sucre. ◆ **v.t.** Recouvrir de caramel.

carapace [karapas] **n.f.** (esp. *carapacho,* d'orig. obsc.). **1.** Revêtement squelettique, dur et solide qui protège le corps de certains animaux (tortues, crustacés, etc.). **2.** *FIG.* Ce qui isole qqn des contacts extérieurs, le met à l'abri des agressions de toutes sortes.

carassin [karasɛ̃] **n.m.** (lat. scientif. *carassius,* d'orig. slave). Poisson d'eau douce voisin de la carpe : *Le carassin doré est appelé aussi « poisson rouge ».*

carat [kara] **n.m.** (lat. médiév. *caratus,* ar. *qīrāt,* petit poids, du gr.). **1.** Quantité d'or fin contenu dans un alliage, exprimée en vingt-quatrièmes de la masse totale : *L'or à vingt-quatre carats est de l'or pur.* **2.** Unité de mesure de masse de 2 dg, employée dans le commerce des diamants et des pierres précieuses. **3.** *FAM.* **Dernier carat,** dernière limite : *Rendez-vous à 16 heures dernier carat.*

Caravage (Michelangelo Merisi, dit **il Caravaggio,** en fr. **le),** peintre italien (Milan ? v. 1571 - Porto Ercole, prov. de Grosseto, 1610). Réagissant contre le maniérisme, cet artiste à la vie aventureuse créa un art essentiellement naturaliste, révolutionnaire à son époque. Après la « manière claire » de ses débuts, il adopta des fonds sombres, faisant jouer de violents contrastes d'ombre et de lumière sur des personnages pris dans le peuple, campés grandeur nature (trois scènes de la vie de saint Matthieu, Rome, v. 1600 ; *les Sept Œuvres de miséricorde,* Naples ; *Décollation de saint Jean-Baptiste,* La Valette, Malte ; *l'Adoration des bergers,* Messine). De nombreux peintres « caravagesques » attestent sa postérité européenne.

caravane [karavan] **n.f.** (persan *kārwān*). **1.** Roulotte de camping aménagée pour plusieurs personnes et tirée par une voiture. **2.** Groupe de voyageurs, de nomades, de marchands qui traversent ensemble un désert, sur des bêtes de somme ou en voiture. **3.** Groupe de personnes voyageant ensemble : *Caravane d'alpinistes.*

caravanier, ère [karavanje, -ɛr] **n. 1.** Personne qui pratique le caravaning. **2.** Personne conduisant des bêtes de somme dans une caravane ou faisant partie d'un groupe traversant des régions désertiques.

caravaning [karavaniŋ] **n.m.** (mot angl.). Camping en caravane. (Recomm. off. *caravanage.*)

caravansérail [karavɑ̃seraj] **n.m.** (persan *kārwnsarāy,* de *sarāy,* habitation). *VX.* Hôtellerie pour les caravanes, en Orient.

caravelle [karavɛl] **n.f.** (port. *caravela,* de *caravo,* bas lat. *carabus,* canot). Navire rapide et de petit tonnage utilisé aux XVᵉ-XVIᵉ s., surtout pour les voyages de découverte.

carbochimie [karbɔʃimi] **n.f.** (du lat. *carbo, -onis,* charbon). Chimie industrielle des produits issus de la houille.

carbonarisme [karbɔnarism] **n.m.** (de *carbonaro*). Mouvement politique dont les membres formaient une société secrète qui lutta contre la domination napoléonienne dans le royaume de Naples (1806-1815) puis contre les souverains italiens, et qui se développa aussi en France après 1818.

carbonaro [karbɔnaro] **n.m.** (mot it. « charbonnier ») [pl. *carbonaros* ou *carbonari*]. Partisan du carbonarisme.

carbonate [karbɔnat] **n.m.** Sel ou ester de l'acide carbonique.

carbone [karbɔn] **n.m.** (lat. *carbo, -onis,* charbon). **1.** Corps simple non métallique, constituant l'élément essentiel des charbons et des composés organiques et se présentant sous forme cristallisée (diamant, graphite) ou amorphe (charbon de terre, houille, anthracite, lignite). Symb. C. **2. Carbone 14,** isotope radioactif du carbone prenant naissance dans l'atmosphère, et permettant la datation d'échantillons d'origine animale ou végétale. / **Oxyde de carbone,** gaz très toxique produit lors d'une combustion incomplète. ▸ Formule : CO. / **Papier carbone,** papier enduit d'une couche pigmentée que l'on peut transférer par pression, utilisé pour obtenir des copies d'un document (on dit aussi *un, du carbone*). **3. Cycle du carbone,** suite des transformations et des combinaisons du carbone (atmosphère, plantes vertes, animaux, sol puis atmosphère).

■ Le carbone réagit avec de nombreux éléments, et beaucoup de ces combinaisons entrent dans la constitution des organismes vivants. L'étude de ces composés, naturels ou de synthèse, forme un domaine important de la chimie appelé *chimie organique*. Le carbone se combine aussi à de nombreux métaux, d'où son importance dans les processus métallurgiques.

Les propriétés physiques. Parmi les différentes variétés de carbone, seules sont bien définies celles qui sont cristallisées (diamant et graphite) et constituent du carbone quasi pur. Dans le diamant, les atomes de carbone, disposés selon des tétraèdres, sont équidistants les uns des autres, ce qui confère une grande dureté au cristal. Dans le graphite, les atomes sont disposés en couches, où ils forment un réseau hexagonal régulier. Le carbone amorphe se trouve dans les charbons naturels et artificiels. (→ charbon.)

Les propriétés chimiques. Le carbone a généralement la valence 4. Pour représenter les formules des composés organiques saturés, on admet que l'atome de carbone est au centre d'un tétraèdre régulier dont les sommets sont occupés par 4 atomes ou 4 radicaux univalents.

L'hydrogène réagit sur le carbone en donnant des hydrocarbures. L'oxygène, lors de la combustion, donne, selon les cas, du gaz carbonique (CO_2) ou du monoxyde de carbone (CO). Le soufre réagit en formant du sulfure de carbone, employé comme solvant et dans la fabrication de la viscose. L'azote donne naissance à un cyanure. Le silicium et le bore donnent des carbures très durs SiC (abrasif) et B_6C. Enfin, le carbone se combine à un grand nombre de métaux : le carbure de fer Fe_3C est un constituant des fontes.

Les utilisations. *Du carbone :* charbon activé (propriétés absorbantes), fibres (matériaux composites), métallurgie (réduction des oxydes métalliques), carbochimie (via la cokéfaction de la houille). *Du diamant :* joaillerie, outils de coupe (usinage des métaux, forage des roches, etc.). *Du graphite :* charbons des lampes à arc, électrodes, balais de dynamos (propriétés conductrices), lubrifiants (résistance à la chaleur), mines de crayons, pigments de peintures (propriétés colorantes), modérateur dans les réacteurs nucléaires (ralentisseur de neutrons).

Le carbone 14. Produit dans l'atmosphère sous l'influence du rayonnement cosmique et rapidement oxydé en gaz carbonique, le carbone 14 pénètre dans les végétaux (par la photosynthèse) ou les animaux (suite au métabolisme), où son activité spécifique reste constante. Dès la mort de l'organisme, cette activité diminue par désintégration radioactive de période 5 730 ans, et sa mesure précise permet ainsi la datation d'échantillons d'origine organique. ■

1. carbonifère [karbɔnifɛr] **adj.** (du lat. *carbo, -onis,* charbon, et de *-fère*). Qui contient du charbon : *Terrain carbonifère* (syn. **houiller**).

2. carbonifère [karbɔnifɛr] **n.m.** (de *1. carbonifère*). Période de l'ère primaire au cours de laquelle se sont formés les grands dépôts de houille.

carbonique [karbɔnik] **adj. Anhydride** ou **gaz carbonique,** gaz formé de deux atomes d'oxygène et d'un atome de carbone, produit par la combustion des liquides, la respiration des animaux et des plantes (syn. **dioxyde de carbone**). ▸ Formule : CO_2.

carbonisation [karbɔnizasjɔ̃] **n.f.** Transformation d'un corps en charbon, notamm. par combustion.

carboniser [karbɔnize] **v.t.** (du lat. *carbo, -onis,* charbon). **1.** Brûler complètement : *Un gigot carbonisé* (syn. **calciner**). **2.** Réduire en charbon : *Carboniser du bois.*

carburant [karbyrɑ̃] **n.m.** (de *carbure*). **1.** Combustible qui alimente un moteur à explosion ou un moteur à combustion interne : *L'essence est un carburant.* **2.** MÉTALL. Produit utilisé pour enrichir en carbone un métal ou un alliage. **3. Carburant additivé** ⟶ **additivé.**

■ **Les carburants classiques.** Les carburants sont, généralement, des mélanges d'hydrocarbures issus des opérations de raffinage et de transformation du pétrole brut ; leurs caractéristiques physicochimiques varient selon le type de convertisseur d'énergie. Les carburants classiques pour automobiles (supercarburant, essences sans plomb) doivent ainsi répondre à des spécifications précises portant sur des propriétés physiques (masse volumique, pression de vapeur, intervalle de distillation) et des caractéristiques chimiques, dont la plus importante est la résistance à l'auto-inflammation (par l'adjonction d'antidétonants, tel le plomb tétraéthyle).

Le carburant classique pour moteur Diesel est le *gazole,* mélange d'hydrocarbures plus lourds que ceux qui constituent les supercarburants. Le *kérosène,* mélange d'hydrocarbures intermédiaire, par ses propriétés physiques, entre l'essence et le gazole, entre dans la composition des *carburéacteurs,* qui alimentent les avions à réaction ou les turbines à gaz.

Les biocarburants. Les biocarburants ne sont pas des dérivés du pétrole mais de la biomasse (plantes et animaux) ; ceux provenant de la filière agricole sont aussi appelés *agrocarburants*. Il en existe trois grands types :

- les alcools, notamm. le *bioéthanol,* obtenus à partir des sucres de plantes comme la betterave et la canne à sucre, ou d'amidon de céréales comme le maïs et le blé ;
- les huiles, tirées par pression de plantes oléagineuses (tournesol, colza, fruits du palmier à huile). On les utilise telles quelles *(huiles brutes)* dans des moteurs spécifiques, ou transformées en *biodiesel* dans les moteurs Diesel ;
- les *biogaz,* issus de la fermentation de matière organique (plantes cultivées, décharges, boues des stations d'épuration, etc.).

Les biocarburants sont aussi appelés « carburants verts », mais ils ne sont pas exempts de problèmes écologiques : cultures à grande échelle avec déforestation, consommation d'eau douce, usage massif d'engrais, diminution de la biodiversité associée aux monocultures, etc. De plus, les terres agricoles cultivées pour cet usage ne sont plus disponibles pour les cultures alimentaires.

Des recherches sont en cours pour élaborer des carburants dits de deuxième génération au meilleur bilan écologique et socio-économique : culture d'algues microscopiques (micro-algues), culture de plantes adaptées aux terrains arides et non arables, etc. ■

carburateur [karbyratœr] **n.m.** (de *carbure*). Organe d'un moteur à explosion qui réalise le mélange gazeux d'essence et d'air : *Carburateur d'automobile, d'avion.*

carburation [karbyrasjɔ̃] **n.f.** (de *carbure*). **1.** AUTOM. Formation, dans le carburateur, du mélange d'air et d'essence alimentant le moteur à explosion. **2.** MÉTALL. Enrichissement du fer en carbone, dans la fabrication de l'acier.

carbure [karbyr] **n.m.** (de *carbone*). **1.** Combinaison de carbone et d'un autre corps simple : *Carbure d'hydrogène.* **2. Carbure de calcium,** utilisé dans les lampes à acétylène. ▸ Formule : CaC_2.

carburé, e [karbyre] **adj. 1.** Qui contient du carbure, du carbone. **2.** Qui résulte du mélange d'air et de carburant : *Mélange carburé.*

carburer [karbyre] **v.t.** (de *carbure*). **1.** AUTOM. Mélanger un carburant à l'air pour produire la combustion, en parlant d'un moteur à explosion. **2.** MÉTALL. **Carburer le fer,** l'enrichir en carbone. ◆ **v.i.** *FAM.* **1.** Faire travailler son esprit : *Carbure un peu, tu trouveras la solution* (syn. **réfléchir**). **2. Carburer à,** avoir besoin d'un stimulant pour travailler : *Carburer au whisky.* / **Ça carbure,** ça va bien, vite, rondement.

carcan [karkɑ̃] **n.m.** (lat. médiév. *carcannum,* d'orig. obsc.). **1.** Collier de fer qui servait à attacher un criminel au poteau d'exposition. **2.** Ce qui entrave la liberté, qui contraint, asservit : *Le carcan du règlement* (syn. **joug**).

carcasse [karkas] **n.f.** (orig. obsc.). **1.** Squelette d'un animal : *Carcasse du cheval. La carcasse du poulet est à la cuisine.* **2.** *FAM.* Corps d'une personne : *Sauver sa carcasse* (= sauver sa vie). **3.** Assemblage de pièces rigides qui assurent la cohésion d'un objet : *La carcasse d'un avion.*

Carcassonne, ch.-l. du dép. de l'Aude, sur l'Aude et le canal du Midi, à 770 km au sud de Paris ; 48 598 hab. *(Carcassonnais).* Évêché. Les murailles entourant la *Cité de Carcassonne* restent, en France, l'ensemble le plus complet de fortifications du Moyen Âge (avec vestiges d'époque romaine), ensemble très restauré par Viollet-le-Duc ; basilique St-Nazaire, romane et gothique (XIIe-XIVe s.). Musées.

carcéral, e, aux [karseral, -o] **adj.** (du lat. *carcer,* prison). De la prison ; relatif au régime pénitentiaire : *Un univers carcéral.*

carcinome [karsinɔm] **n.m.** (gr. *karkinôma,* de *karkinos,* cancer). Tumeur cancéreuse de la peau.

Carco (François Carcopino-Tusoli, dit **Francis),** écrivain français (Nouméa 1886 - Paris 1958). Il a conté en langue argotique les errances des mauvais garçons et de la bohème artiste *(Jésus la Caille).*

cardamome [kardamɔm] **n.f.** (lat. *cardamomum,* du gr.). Plante d'Asie dont les graines odorantes et de saveur poivrée sont souvent employées, au Proche-Orient, pour parfumer le café. ▸ Famille des zingibéracées.

cardan [kardɑ̃] **n.m.** (de *J. Cardan*). Mécanisme permettant la transmission d'un mouvement de rotation dans toutes les directions (appelé aussi *joint de cardan*). ▸ En automobile, ce mécanisme transmet aux roues motrices et directrices leur mouvement de rotation.

Cardan (Gerolamo Cardano, en fr. **Jérôme),** mathématicien, médecin et philosophe italien (Pavie 1501 - Rome 1576). Auteur (après Tartaglia) de la formule de résolution de l'équation du 3e degré, il inaugura dans l'*Ars magna* (1545) la théorie des équations. Il a décrit le mode de suspension qui porte son nom.

carde [kard] **n.f.** (prov. *cardo,* lat. *cardus*). Côte comestible des feuilles de cardon et de bette.

Cárdenas (Lázaro), homme politique mexicain (Jiquilpan 1895 - Mexico 1970). Président du Mexique de 1934 à 1940, il procéda à des nationalisations et poursuivit la réforme agraire commencée sous ses prédécesseurs.

carder [karde] **v.t.** (prov. *cardar,* du rad. du lat. *cardus,* chardon). Démêler des fibres textiles à l'aide d'un outil (la *carde*) ou d'une machine (la *cardeuse*) : *Laine cardée.*

cardia [kardja] **n.m.** (gr. *kardia,* cœur). Orifice supérieur de l'estomac, par lequel il communique avec l'œsophage.

cardial, e, aux [kardjal, -o] **adj.** et **n.m.** (de *cardium,* n. d'un coquillage). Se dit d'un faciès porteur du courant néolithique méditerranéen qui amena la première agriculture en Europe occidentale et qui est caractérisé par sa céramique ornée des marques d'un coquillage (le *cardium*). ▸ Entre le VIIe et le Ve millénaire.

cardialgie [kardjalʒi] **n.f.** Douleur siégeant dans la région du cœur ou dans la région du cardia.

cardiaque [kardjak] **adj.** (gr. *kardiakos,* de *kardia,* cœur). Du cœur : *Artère cardiaque. Malaise cardiaque.* ◆ **adj.** et **n.** Atteint d'une maladie du cœur : *Il est cardiaque.*

Cardiff, port de Grande-Bretagne, sur la côte sud du pays de Galles ; 292 150 hab. (346 100 hab. dans l'agglomération). Stade de rugby. Musée national du pays de Galles.

cardigan [kardigɑ̃] **n.m.** (mot angl., d'après le n. du comte de *Cardigan*). Veste de tricot, à manches longues, sans col, qui se boutonne jusqu'au cou.

1. cardinal, e, aux [kardinal, -o] **adj.** (lat. *cardinalis,* de *cardo, -inis,* pivot). **1.** Qui forme la partie essentielle ; qui constitue le point principal : *L'idée cardinale de son livre* (syn. **capital, fondamental** ; contr. **secondaire**). **2. Adjectif numéral cardinal, nombre cardinal,** adjectif, nom qui exprime la quantité, le nombre précis, sans allusion au rang, à l'ordre (par opp. à *ordinal*) : Un, deux, vingt, cent, mille, etc., sont des nombres cardinaux. / **Points cardinaux,** les quatre points de repère permettant de s'orienter : *Les points cardinaux sont le nord, l'est, le sud, l'ouest.* / CATH. **Vertus cardinales,** vertus considérées comme fondamentales par la doctrine chrétienne et qui sont la justice, la prudence, la tempérance, la force (par opp. à *vertus théologales*). ◆ **cardinal n.m. 1.** Adjectif numéral cardinal : *Trente et cent sont des cardinaux.* **2.** MATH. **Cardinal d'un ensemble fini,** nombre des éléments de cet ensemble.

2. cardinal [kardinal] **n.m.** (de *1. cardinal*) [pl. *cardinaux*]. **1.** Chacun des prélats qui composent le Sacré Collège, lesquels élisent le pape et sont ses conseillers : *Les cardinaux réunis en conclave ont élu le nouveau pape.* ▸ Les cardinaux sont vêtus de rouge et portent le titre d'« éminence ». **2.** Oiseau passereau d'Amérique, au plumage rouge écarlate. ▸ Famille des fringillidés.

cardinalat [kardinala] **n.m.** Dignité de cardinal.

cardinalice [kardinalis] **adj.** Des cardinaux : *Siège cardinalice. Revêtir la pourpre cardinalice* (= être nommé cardinal).

cardiographie [kardjɔgrafi] **n.f.** (de *cardio-* et *-graphie*). Étude et enregistrement graphique de l'activité cardiaque, en partic. des mouvements du cœur.

cardiologie [kardjɔlɔʒi] **n.f.** (de *cardio-* et *-logie*). Partie de la médecine qui traite du cœur et de ses maladies. ◆ **cardiologue n.** Nom du spécialiste.

cardiomyopathie [kardjɔmjɔpati] **n.f.** (de *cardio-* et *myopathie*). Affection du myocarde caractérisée par un dysfonctionnement du cœur et évoluant vers l'insuffisance cardiaque.

cardiopathie [kardjɔpati] **n.f.** (de *cardio-* et *-pathie*). Affection, maladie du cœur.

cardiotonique [kardjɔtɔnik] **adj.** et **n.m.** Se dit d'une substance qui stimule l'activité cardiaque (syn. **tonicardiaque**).

cardio-vasculaire [kardjɔvaskylɛr] **adj.** (pl. *cardio-vasculaires*). Qui concerne le cœur et les vaisseaux : *Maladies cardio-vasculaires.* ▸ L'infarctus du myocarde et l'angine de poitrine sont des maladies cardio-vasculaires.

cardon [kardɔ̃] **n.m.** (prov. *cardo[n]* ; v. *carde*). Plante potagère vivace, cultivée pour la base charnue (appelée *côte* ou *carde*) de ses feuilles étiolées.

Carélie *(république de),* république autonome de la fédération de Russie, formée par l'anc. république de Carélie, accrue en 1940 de la Carélie finnoise ; 645 205 hab. *(Caréliens).* CAP. *Petrozavodsk.*

carême [karɛm] **n.m.** (lat. pop. **quaresima,* du class. *quadragesima [dies],* le quarantième jour). **1.** Pour les catholiques et les orthodoxes, période de pénitence de quarante-six jours qui s'étend du mercredi des Cendres au jour de Pâques ; jeûne observé pendant cette période : *Faire carême. Rompre le carême.* ▸ Les protestants n'imposent pas la pénitence et l'Église catholique a assoupli les restrictions alimentaires qui marquaient jadis le carême, les limitant, en 1949, au jeûne du mercredi des Cendres et du vendredi saint. Il existe d'autres périodes de carême chez les orthodoxes. **2. Arriver comme mars en carême,** arriver avec une régularité absolue, comme le mois de mars dans la période du carême. / *FAM.* **Face de carême,** visage pâle et défait ou triste et maussade.

Carême (Maurice), poète belge d'expression française (Wavre 1899 - Anderlecht 1978). Instituteur, il a su s'adresser à l'âme des enfants *(la Lanterne magique, le Voleur d'étincelles).*

carénage [karenaʒ] **n.m.** (de *caréner*). **1.** MAR. Action de réparer ou de nettoyer la carène d'un navire ; son résultat. **2.** Partie d'un port où se fait cette opération. **3.** Carrosserie aérodynamique recouvrant un organe d'un véhicule : *Le carénage d'un cyclomoteur protège des intempéries.*

carence [karɑ̃s] **n.f.** (bas. lat. *carencia,* du class. *carere,* manquer). **1.** Manque ou insuffisance importante de qqch : *Une carence de la volonté* (syn. **défaut**). **2.** Fait pour une personne, une autorité de se dérober devant ses obligations ; situation qui en résulte : *Les carences du pouvoir* (syn. **insuffisance**). **3.** MÉD. Absence ou insuffisance d'éléments indispensables à l'organisme : *Carence en vitamines* (syn. **manque, déficience**). **4.** DR. Manque de ressources d'un débiteur ; insolvabilité. **5. Carence affective,** absence ou insuffisance de relations affectives de l'enfant avec sa mère pendant la première enfance. / DR. **Délai de carence,** période légale pendant laquelle une personne, notamm. un assuré social malade, n'est pas indemnisée.

carencer [karɑ̃se] **v.t.** [conj. **16**]. MÉD. Provoquer une carence chez une personne : *Être carencé en sucre.*

carène [karɛn] **n.f.** (lat. *carina,* coquille de noix, par l'it.). MAR. Partie immergée de la coque d'un navire.

caréner [karene] **v.t.** [conj. **18**]. **1.** Nettoyer, réparer la carène d'un navire. **2.** Donner une forme aérodynamique à une carrosserie ; pourvoir un véhicule d'un carénage : *Locomotive carénée.*

caressant, e [karesɑ̃, -ɑ̃t] **adj. 1.** Qui caresse, aime à caresser : *Un enfant caressant* (syn. **affectueux**). **2.** Qui a la douceur d'une caresse : *Une voix caressante* (syn. **douce, suave**). *Un regard caressant* (syn. **tendre ;** contr. **dur**).

caresse [karɛs] **n.f.** (it. *carezza,* de *caro,* lat. *carus,* cher). **1.** Attouchement tendre, affectueux ou sensuel : *Il couvre son enfant de caresses* (syn. **câlin, cajolerie**). **2.** *LITT.* Frôlement doux et agréable : *Les caresses de la brise.*

caresser [karese] **v.t. 1.** Faire des caresses à : *Caresser un enfant. Caresser un chien.* **2.** *LITT.* Effleurer agréablement : *Un vent chaud qui caresse.* **3. Caresser une idée, un rêve, etc.,** en entretenir l'espoir avec complaisance : *Elle caresse le projet de partir depuis longtemps.*

caret [karɛ] **n.m.** (mot picard, dimin. de *car,* char). **Fil de caret,** gros fil de fibres naturelles servant à fabriquer les cordages.

car-ferry [karferi] **n.m.** (mot angl., de *car,* voiture, et *ferry,* passage) [pl. *car-ferrys* ou *car-ferries*]. Navire qui assure le transport simultané de passagers et de véhicules. (Recomm. off. *transbordeur* ou *navire transbordeur.*)

cargaison [kargezɔ̃] **n.f.** (prov. *cargazon,* de *cargar,* charger, lat. *carricare*). **1.** Ensemble des marchandises transportées par un navire, un avion, un camion, etc. : *Une cargaison de bananes* (syn. **chargement, fret**). **2.** *FAM.* Grande quantité : *Il est arrivé avec une cargaison de jouets.*

cargo [kargo] **n.m.** (angl. *cargo-boat,* bateau de charge). **1.** Navire réservé au transport des marchandises. **2. Cargo mixte,** qui transporte quelques passagers en sus de son fret.

cargue [karg] **n.f.** (de *carguer*). Cordage servant à replier ou à serrer une voile contre la vergue ou le mât.

carguer [karge] **v.t.** (probabl. du prov. *cargar,* charger). MAR. Replier, serrer une voile autour d'une vergue, d'une bôme, d'un mât à l'aide de cargues.

cari n.m. ⟶ **curry.**

cariatide n.f. ⟶ **caryatide.**

caribou [karibu] **n.m.** (mot algonquien). Renne de l'Amérique du Nord.

caricatural, e, aux [karikatyral, -o] **adj. 1.** Qui tient de la caricature : *Portrait caricatural* (syn. **burlesque**). **2.** Qui déforme la réalité, en insistant sur certains aspects défavorables : *Le compte-rendu caricatural d'un discours* (syn. **outré ;** contr. **conforme, fidèle**).

caricature [karikatyr] **n.f.** (it. *caricatura,* de *caricare,* charger, lat. *carricare*). **1.** Portrait peint ou dessiné de qqn, exagérant certains traits du visage, certaines proportions de l'ensemble, dans une intention satirique : *La caricature d'un homme politique. Une caricature cruelle, spirituelle* (syn. **charge**). **2.** Déformation satirique ou burlesque de la réalité dans une œuvre littéraire : *Roman qui présente la caricature de la société contemporaine.* **3.** Représentation infidèle d'une réalité ; reproduction déformée de la réalité : *Ce compte-rendu est une caricature de la vérité* (syn. **déformation**). *La condamnation était décidée à l'avance, on n'a eu qu'une caricature de procès* (syn. **parodie, simulacre**). **4.** *FAM.* Personne laide, ridicule.

caricaturer [karikatyre] **v.t. 1.** Représenter sous forme de caricature : *Caricaturer un personnage public.* **2.** Reproduire en déformant : *Arrêtez, vous caricaturez ma pensée* (syn. **altérer, défigurer**).

caricaturiste [karikatyrist] **n.** Dessinateur qui fait des caricatures.

carie [kari] **n.f.** (lat. *caries,* pourriture). **1.** Maladie dentaire due à la dégradation progressive de l'émail et de la dentine, aboutissant à la formation d'une cavité. **2.** Maladie cryptogamique du blé altérant les graines.

Carie, anc. pays du S.-O. de l'Asie Mineure, baigné par la mer Égée et par la Méditerranée orientale.

carier [karje] **v.t.** [conj. **9**]. Gâter par l'effet d'une carie : *Une dent malade peut en carier d'autres.* ◆ **se carier v.pr.** Être attaqué par une carie.

carillon [karijɔ̃] **n.m.** (anc. fr. *quarregnon,* lat. pop. **quadrinio,* groupe de quatre cloches, altér. du bas lat. *quaternio,* groupe de quatre). **1.** Série de cloches fixes, frappées de l'extérieur, disposées de manière à fournir une ou plusieurs gammes permettant l'exécution de mélodies : *Le carillon de la cathédrale.* **2.** Sonnerie de cloches, vive et gaie, du carillon : *Les carillons de Pâques* (par opp. à *glas, tocsin*). **3.** Horloge sonnant les quarts et les demies, et faisant entendre un air pour marquer les heures.

carillonnement [karijɔnmɑ̃] **n.m.** Action de carillonner ; son, mélodie produits par un carillon.

carillonner [karijɔne] **v.i. 1.** Sonner en carillon : *Les cloches carillonnent.* **2.** *FAM.* Appuyer vivement et longuement sur une sonnette : *Carillonner à une porte.* ◆ **v.t. 1.** Annoncer par un carillon : *Une fête carillonnée.* **2.** Faire savoir avec bruit : *Carillonner une nouvelle* (syn. **claironner**).

carillonneur, euse [karijɔnœr, -øz] **n.** Personne chargée du service d'un carillon.

Carinthie, prov. de l'Autriche méridionale, drainée par la Drave ; 556 173 hab. Ch.-l. *Klagenfurt.*

cariste [karist] **n.** (du rad. du lat. *carrus,* chariot). Conducteur de chariots automoteurs de manutention dans une usine, un entrepôt, etc.

caritatif, ive [karitatif, -iv] **adj.** (lat. médiév. *caritativus,* du class. *caritas, -atis,* charité). **1.** Relatif à la vertu chrétienne de charité. **2.** Se dit d'associations qui ont pour objet de dispenser aux plus démunis une aide matérielle ou morale.

carlin [karlɛ̃] **n.m.** (du n. de l'acteur it. *Carlo Bertinazzi*). Petit chien à poil ras et au museau aplati.

carlingue [karlɛ̃g] **n.f.** (scand. *kerling*). **1.** Pièce longitudinale placée au fond d'un navire, parallèlement à la quille, pour renforcer la structure. **2.** Partie du fuselage d'un avion occupée par l'équipage et les passagers.

carliste [karlist] **n.** et **adj.** En Espagne, partisan de don Carlos, de ses descendants et du système politique *(carlisme)* qu'ils incarnaient.

Carlos, rois et princes d'Espagne et de Portugal ⟶ **Charles.**

Carlos *(don)* ou **Charles de Bourbon** (Madrid 1788 - Trieste 1855), infant d'Espagne, comte de Molina. Revendiquant la succession au trône d'Espagne contre Isabelle II, il provoqua la première guerre carliste (1833-1839).

Carlson (Carolyn), danseuse et chorégraphe américaine (Oakland, Californie, 1943). Élève puis interprète de A. Nikolais, elle s'installe en France où elle joue un rôle important dans le développement de la danse non académique. Nommée étoile-chorégraphe à l'Opéra de Paris (1974), elle anime (1975-1980) le Groupe de recherches théâtrales (*l'Or des fous* et *les Fous de l'or*, 1975 ; *The Year of the Horse*, 1978 ; *The Architects*, 1980). Après avoir travaillé à Venise (1980-1985), elle est de retour en France (*Signes*, 1997 ; *Spiritual Warriors*, 1999-2001 ; *Writings on Water*, 2002), à la tête depuis 2004 du Centre chorégraphique national Roubaix-Nord-Pas-de-Calais.

carmagnole [karmaɲɔl] **n.f.** (mot savoyard, du n. de *Carmagnola*, v. du Piémont). **1.** Veste courte portée pendant la Révolution. **2.** (Avec une majuscule). Ronde chantée et dansée en farandole par les révolutionnaires.

Carmagnole (la), chant révolutionnaire anonyme, datant de l'époque où Louis XVI était emprisonné.

carme [karm] **n.m.** (du n. du mont *Carmel*, en Palestine). Religieux de l'ordre du Carmel, ordre contemplatif institué en Syrie au XIIe s., rangé au XIIIe s. parmi les ordres mendiants. ▶ On distingue les *carmes chaussés*, fidèles aux règles d'origine, des *carmes déchaux* ou *déchaussés* [pieds nus dans des sandales], adeptes de la réforme de saint Jean de la Croix, en 1564.

carmélite [karmelit] **n.f.** (de *Carmel* ; v. *carme*). Religieuse de la branche féminine de l'ordre du Carmel, demeurée contemplative. ▶ Les *carmélites déchaussées* suivent la réforme instituée par sainte Thérèse d'Ávila.

carmin [karmɛ̃] **n.m.** (de l'ar. *qîrmiz*, cochenille). Matière colorante d'un rouge légèrement violacé, tirée autref. de la femelle de la cochenille. ◆ **adj. inv.** et **n.m.** De la couleur du carmin : *Des fards carmin.*

carminé, e [karmine] **adj.** Rouge vif.

Carnac, comm. du Morbihan, sur la baie de Quiberon ; 4 356 hab. Station balnéaire. Alignements de menhirs ayant probablement servi à des observations astronomiques à l'époque de leur érection, v. 3000 av. notre ère (néolithique final).

carnage [karnaʒ] **n.m.** (var. picarde de l'anc. fr. *charnage*, du rad. de *chair*, lat. *caro, carnis*, chair). Massacre sanglant : *La prise d'otages s'est terminée par un carnage* (syn. **tuerie**).

Carnap (Rudolf), logicien américain d'origine allemande (Ronsdorf, auj. dans Wuppertal, 1891 - Santa Monica 1970). Il est l'un des promoteurs du cercle de Vienne. Il a cherché à formaliser tout langage à partir de l'approche syntaxique des langages de Hilbert. Une des premières tâches que s'est fixée Carnap a été de tenter d'éliminer les concepts et les problèmes métaphysiques grâce à une analyse syntaxique bien conduite. Il se propose également d'unifier l'ensemble des connaissances scientifiques. Il a écrit : *la Syntaxe logique de la langue* (1934), *Signification et nécessité* (1947).

carnassier, ère [karnasje, -ɛr] **adj.** (du prov. *carnassie*, bourreau, de *car[n]*, chair, lat. *caro, carnis*). **1.** Se dit d'un animal qui se nourrit princip. de proies animales vivantes ou mortes : *Le lion est carnassier* (syn. **carnivore**). **2.** ZOOL. **Dent carnassière,** grosse molaire coupante des carnivores (on dit aussi *une carnassière*).

carnassière [karnasjɛr] **n.f.** (prov. *carnassiero* ; v. *carnassier*). Sac pour mettre le gibier (syn. **gibecière**).

carnation [karnasjɔ̃] **n.f.** (it. *carnagione*, de *carne*, chair, lat. *caro, carnis*). LITT. Coloration de la peau : *Une carnation délicate* (syn. **teint**).

carnaval [karnaval] **n.m.** (it. *carnevale*, mardi gras, de *carne levare*, ôter la viande) [pl. *carnavals*]. **1.** Réjouissances populaires, défilés de chars, se situant dans les jours qui précèdent le Mardi gras : *Le carnaval de Nice se déroule en février.* **2.** (Avec une majuscule). Mannequin grotesque personnifiant le carnaval, enterré ou brûlé le mercredi des Cendres : *Sa Majesté Carnaval.*

carnavalesque [karnavalɛsk] **adj.** Relatif au carnaval ou qui a le caractère grotesque du carnaval : *Une tenue carnavalesque* (syn. **extravagant, grotesque**).

carne [karn] **n.f.** (normand *carne*, charogne, lat. *caro, carnis*, chair). FAM. **1.** Viande dure. **2.** Vieux cheval (syn. **haridelle**).

carné, e [karne] **adj.** (du lat. *caro, carnis*, chair). **1.** Qui est d'une couleur chair : *Œillet carné.* **2.** Qui se compose de viande : *Alimentation carnée.*

Carné (Marcel), cinéaste français (Paris 1906 - Clamart 1996). Il débute comme journaliste de cinéma puis devient l'assistant de René Clair et de Jacques Feyder. Il se lie d'amitié avec Jacques Prévert (scénariste de la plupart de ses films) devenant l'un des chefs de file du « réalisme poétique », dans lequel l'histoire, souvent sombre, le dénouement, parfois tragique, sont adoucis par une poésie tendre, d'inspiration populaire, qui se dégage aussi bien du dialogue que des images du film. Fruits du tandem Carné-Prévert, on peut citer : *Drôle de drame* (1937), *le Quai des brumes* (1938), *Le jour se lève* (1939), *les Visiteurs du soir* (1942), *les Enfants du paradis* (1945), son chef-d'œuvre, dans lequel est évoqué le Paris romantique des années 1840 sur le « boulevard du crime », où le théâtre et la vie s'entremêlent autour des amours de Garance, Deburau, Frédérick Lemaître et Lacenaire. M. Carné a encore signé : *Hôtel du Nord* (1938), *les Portes de la nuit* (1946), *Juliette ou la Clef des songes* (1951), *les Tricheurs* (1958), *Trois Chambres à Manhattan* (1965).

Carnéade, philosophe grec (Cyrène v. 215 - Athènes v. 129 av. J.-C.). Il est le représentant d'une philosophie sceptique, le probabilisme, dont l'idée essentielle est qu'on ne peut pas atteindre la vérité absolue et que l'on est ainsi contraint de trouver des règles qui permettent de distinguer ce qui est plus ou moins probable. L'enseignement de Carnéade avait pour but de réfuter le sensualisme des stoïciens, ainsi que leur certitude en l'existence des dieux. Carnéade n'a laissé aucun écrit : ses idées nous sont connues par Clitomachos, lui-même cité par Cicéron.

carnet [karnɛ] **n.m.** (de l'anc. fr. *caer, caern*, bas lat. *quaternio*, groupe de quatre). **1.** Petit cahier de poche servant à inscrire des notes, des comptes, etc. : *Noter un rendez-vous dans un carnet* (syn. **agenda, calepin**). **2.** Assemblage d'imprimés, de tickets, de timbres, de billets, etc., détachables : *Carnet de chèques* (= chéquier). **3.** Petit cahier dans lequel une personne note ses observations au jour le jour ; ce qui est ainsi noté : *Les carnets d'Anton Tchekhov. Carnet de voyage* (= récit, souvent illustré, établi au cours d'un voyage). **4. Carnet d'adresses,** petit cahier alphabétique où l'on note le nom et les coordonnées des personnes avec qui l'on souhaite rester en contact ; en informatique, base de données contenant notamm. les adresses électroniques des personnes avec qui l'on est en contact. / **Carnet de commandes,** ensemble des commandes reçues par une entreprise et qui restent à exécuter ou à livrer : *Notre carnet de commandes est plein.*

Carniole, anc. prov. d'Autriche, dont la majeure partie de la population, slovène, entra dans le royaume des Serbes, Croates et Slovènes (1918).

carnivore [karnivɔr] **adj.** et **n.** (lat. *carnivorus*, de *caro, carnis*, chair, et *vorare*, dévorer). **1.** Qui se nourrit de chair : *Un animal carnivore* (syn. **carnassier**). **2. Plante carnivore,** plante possédant des organes capables de capturer des insectes pour les dissoudre et en tirer de l'azote. ◆ **n.m. Carnivores,** ordre de mammifères terrestres munis de griffes, de fortes canines *(crocs)* et de molaires tranchantes *(carnassières)* adaptées à un régime surtout carné. ▶ On distingue plusieurs familles de carnivores : les canidés (chien, loup, renard), les félidés (chat, panthère, tigre), les viverridés (mangouste), les hyénidés (hyène), les procyonidés (raton laveur), les mustélidés (belette, hermine, putois) et les ursidés (ours).

Carnot, famille française qui s'illustra au XIXe s. dans la politique et les sciences avec : • **Lazare,** homme politique et mathématicien (Nolay 1753 - Magdeburg 1823). Ingénieur militaire, député à l'Assemblée législative (1791) et à la Convention (1792), membre du Comité de salut public (1793), il organisa les armées de la République et conçut tous les plans de campagne ; il fut surnommé *l'Organisateur de la victoire*. Membre du Directoire (1795-1797), ministre de la Guerre (1800), il s'opposa au pouvoir personnel de Napoléon, mais accepta le poste de ministre de l'Intérieur durant les Cent-Jours (1815). Son œuvre scientifique est importante. Dès 1783, il étudia, dans son *Essai sur les machines en général*, les lois générales du choc et énonça la loi de conservation du travail. Dans sa *Géométrie de position* (1803), il est, avec Monge, l'un des créateurs de la géométrie moderne ; • **Sadi**, physicien (Paris 1796 - *id.* 1832), fils aîné de Lazare. Dans une brochure intitulée *Réflexions sur la puissance motrice du feu et les machines propres à développer cette puissance* (1824), il a énoncé le principe de thermodynamique qui porte son nom, d'après lequel la transformation de chaleur en travail mécanique n'est possible que grâce à l'emploi d'au moins deux sources de chaleur ayant des températures différentes. On a découvert après sa mort qu'il avait également formulé le principe de l'équivalence entre chaleur et travail et donné une valeur assez exacte de l'équivalent mécanique de la calorie ; • **Marie François Sadi**, dit **Sadi Carnot**, ingénieur et homme d'État (Limoges 1837 - Lyon 1894). Petit-fils de Lazare et neveu de Sadi, président de la République en 1887, il fut assassiné par l'anarchiste Caserio.

Caroline du Nord, État des États-Unis ; 136 000 km^2 ; 9 848 060 hab. ; CAP. *Raleigh*.

Carolines *(îles)*, archipel de l'Océanie, en Micronésie ; 129 000 hab. D'abord espagnol, puis allemand (1899), enfin japonais (1919), l'archipel est auj. administré au nom de l'O.N.U. par les États-Unis. Une partie de l'archipel est intégrée au sein des États fédérés de Micronésie depuis 1981.

carolingien, enne [karɔlɛ̃ʒjɛ̃, -ɛn] **adj.** Des Carolingiens, de leur dynastie.

Carolingiens, dynastie franque qui succéda aux Mérovingiens en 751, restaura l'Empire d'Occident (800-887), régna sur la Germanie jusqu'en 911 et sur la France jusqu'en 987. C'est en 751 que le fils de Charles Martel, Pépin le Bref, se fit couronner roi des Francs, avec l'appui du pape. L'alliance de la nouvelle dynastie avec l'Église eut pour conséquence l'intervention en Italie afin de défendre les intérêts de la papauté contre les Lombards. Ainsi fut amorcée une politique d'expansion territoriale dont l'apogée eut lieu sous le règne de Charlemagne. Ce dernier fut couronné empereur à Rome en 800, relevant ainsi les institutions de l'Empire romain d'Occident. Rival de l'Empire byzantin, l'Empire carolingien s'étendait de la Germanie (jusqu'à l'Elbe), à l'Italie et à l'Espagne (jusqu'à l'Èbre). Il fut doté à l'origine d'une structure hiérarchisée où les comtes étaient les principaux agents locaux, aidés des évêques et contrôlés par les *missi dominici*. Les savants étrangers sur lesquels la dynastie s'appuya favorisèrent une renaissance intellectuelle et littéraire dite *carolingienne*. Mais, affaibli par les invasions normandes, l'Empire ne survécut pas aux particularismes locaux, au développement anarchique de la vassalité et à la pratique franque du partage successoral. En recourant à cette pratique en 829, Louis Ier le Pieux déclencha une crise au terme de laquelle le traité de Verdun (août 843) divisa l'Empire en trois royaumes, dévolus à ses fils Charles II le Chauve, Louis Ier le Germanique et Lothaire Ier. Charles II le Chauve puis Charles III le Gros restaurèrent un temps l'unité de l'Empire, qui prit fin en 887. (⟶ **Charlemagne.**)

caroncule [karɔ̃kyl] **n.f.** (lat. *caruncula*, dimin. de *caro*, chair). **1.** ANAT. Excroissance charnue : *Caroncule lacrymale.* **2.** ZOOL. Excroissance charnue, rouge, ornant la tête et le cou de certains animaux comme le dindon, le coq, le pigeon, le casoar.

carotène [karɔtɛn] **n.m.** (de *carotte*). BIOL. Pigment jaune ou rouge présent dans les végétaux (carotte surtout) et chez les animaux (corps jaune de l'ovaire, carapace des crustacés). ▸ Le carotène est utilisé comme colorant alimentaire dans les potages, sauces, charcuteries sous la numérotation E 160.

carotide [karɔtid] **n.f.** (gr. *karôtis, -idos*, de *karoun*, assoupir). ANAT. Chacune des artères conduisant le sang du cœur à la tête.

carotte [karɔt] **n.f.** (lat. *carota*, gr. *karôton*). **1.** Plante bisannuelle à racine pivotante. ▸ Famille des ombellifères. **2.** Racine comestible de cette plante, riche en sucre : *Du veau aux carottes.* **3.** Feuille de tabac à chiquer roulée en forme de carotte. **4.** Enseigne des bureaux de tabac, évoquant la forme d'une carotte à chiquer. **5.** Échantillon cylindrique de terrain prélevé en profondeur au moyen de la carotteuse. **6. La carotte et le bâton,** l'alternance de promesses et de menaces. / *FAM.* **Les carottes sont cuites,** le dénouement, génér. fâcheux ou fatal, est proche, inéluctable. ◆ **adj. inv.** De couleur rouge tirant sur le roux : *Cheveux carotte.*

carotter [karɔte] **v.t.** (de *carotte*, au sens de « chose de peu de valeur »). **1.** *FAM.* Soutirer qqch à qqn par ruse : *Il m'a carotté cent euros.* **2.** Extraire du sol une carotte de terrain pour l'analyser.

carotteuse [karɔtøz] **n.f.** et **carottier** [karɔtje] **n.m.** (de *carotte*). Outil placé à l'extrémité d'une tige de forage et destiné à prélever des échantillons du sous-sol.

caroube [karub] **n.f.** (lat. médiév. *carrubia*, de l'ar.). Fruit du caroubier, gousse à pulpe sucrée, comestible et active contre la diarrhée.

caroubier [karubje] **n.m.** Grand arbre méditerranéen à feuilles persistantes, dont le fruit est la caroube. ▸ Famille des césalpiniacées ; haut. max. 12 m.

carpaccio [karpatʃjo] **n.m.** (du n. de *Vittore Carpaccio*). Viande de bœuf crue, coupée en fines lamelles nappées d'huile d'olive et de citron.

Carpaccio (Vittore), peintre italien (Venise autour de 1460 - ? v. 1525). Narrateur inventif, il a peint à Venise, en des séries célèbres, la *Légende de sainte Ursule*, les *Histoires de saint Georges, saint Jérôme et saint Tryphon*.

Carpates, chaîne de montagnes de l'Europe centrale, qui s'étend en arc de cercle sur la République tchèque, la Slovaquie, la Pologne, l'Ukraine et surtout la Roumanie. Moins élevées que les Alpes, très boisées, les Carpates culminent à 2 655 m.

carpatique [karpatik] **adj.** Des Carpates.

1. carpe [karp] **n.f.** (lat. *carpa*). **1.** Poisson habitant les eaux profondes des rivières et des étangs. ▸ Famille des cyprinidés. **2. Muet comme une carpe,** se dit de qqn qui ne dit mot.

2. carpe [karp] **n.m.** (gr. *karpos*, jointure). ANAT. Partie du squelette de la main, articulée entre l'avant-bras et le métacarpe et constituant le poignet.

Carpeaux (Jean-Baptiste), sculpteur et peintre français (Valenciennes 1827 - Courbevoie 1875). Interprète du mouvement et de la grâce (*le Triomphe de Flore*, pour une façade du Louvre ; *la Danse*, pour celle de l'Opéra de Paris), il est aussi l'auteur de nombreux bustes.

carpelle [karpɛl] **n.m.** (du gr. *karpos*, fruit). BOT. Chacune des pièces florales dont l'ensemble soudé forme le pistil des fleurs.

Carpentier (Alejo), écrivain cubain (La Havane 1904 - Paris 1980). Ses romans cherchent à définir les composantes de la civilisation antillaise *(le Royaume de ce monde, le Siècle des Lumières, Concert baroque)*.

Carpentras [-pɑ̃tra], ch.-l. d'arr. de Vaucluse, dans le Comtat ; 29 562 hab. *(Carpentrassiens)*. Marché. Agroalimentaire. Monuments de l'époque romaine. Musées. Anc. cap. du Comtat Venaissin.

carpette [karpɛt] **n.f.** (angl. *carpet*, de l'anc. fr. *carpite*, it. *carpita*, du lat. *carpere*, déchirer). **1.** Petit tapis, souvent rectangulaire : *Carpette servant de descente de lit.* **2.** *FAM.* Personne servile : *Devant son chef c'est une carpette.*

carpien, enne [karpjɛ̃, -ɛn] **adj.** ANAT. Du carpe : *Os carpien.*

carquois [karkwa] **n.m.** (gr. médiév. *tarkasion*, persan *terkech*). Étui à flèches.

Carrache, en ital. **Carracci,** peintres italiens : **Ludovico** (en fr. **Louis**) [Bologne 1555 - *id.* 1619] et ses cousins les frères **Agostino** (Augustin) [Bologne 1557 - Parme 1602] et **Annibale** (Annibal) [Bologne 1560 - Rome 1609]. Ce dernier décora la galerie du palais Farnèse à Rome (voûte avec *les Amours des dieux,* v. 1595-1600). En 1585, ils fondèrent dans leur ville natale une académie réputée, où se formèrent G. Reni, le Dominiquin, le Guerchin, etc. Opposée au maniérisme, leur doctrine associait *éclectisme* (étude de l'antique et des grands maîtres de la Renaissance) et observation de la nature, recherche de la vérité expressive.

carre [kar] **n.f.** (de *carrer*). **1.** Angle que forme une face d'un objet avec une des autres faces. **2.** Épaisseur d'un objet plat coupé à angle droit. **3.** Baguette d'acier bordant la semelle d'un ski. **4.** Tranchant de l'arête d'un patin à glace.

1. carré, e [kare] **adj.** (lat. *quadratus,* de *quadrare,* rendre carré). **1.** En parlant d'une surface, qui a quatre angles droits et quatre côtés rectilignes et égaux : *Une table carrée.* **2.** En parlant d'un solide, dont la base est carrée ou dont un élément dominant est de surface carrée : *La pendulette était emballée dans une boîte carrée* (syn. **cubique**). **3.** Qui a des angles plus ou moins nettement marqués : *Épaules carrées* (contr. **tombant**). *Un visage carré* (contr. **allongé, ovale**). **4.** Sans hésitation ni ambiguïté : *Une réponse carrée* (= sans détour) [syn. **net** ; contr. **hésitant**]. **5.** Qui fait preuve de franchise et de décision : *Elle est carrée en affaires* (syn. **droit, loyal** ; contr. **fuyant**). **6. Mètre carré, décimètre carré,** mesure de surface équivalant à un carré qui aurait un mètre, un décimètre de côté : *Un appartement de quatre-vingts mètres carrés.* ▸ On écrit m^2, dm^2. / **Racine carrée ⟶ racine.** / MAR. **Voile carrée,** rectangulaire, fixée à la vergue horizontalement.

2. carré [kare] **n.m.** (de *1. carré*). **1.** Quadrilatère qui a quatre angles droits et quatre côtés égaux : *Calculer la surface d'un carré. Tracer la diagonale d'un carré.* ▸ On obtient l'aire d'un carré en multipliant la mesure de son côté par elle-même. **2.** MATH. Produit d'un nombre par lui-même : *9 est le carré de 3. Élever un nombre au carré.* ▸ Tout carré est positif ou nul. **3.** Figure, surface, objet ayant une forme carrée : *Un carré de ciel bleu. Un carré de papier, de carton.* **4.** Partie de jardin où l'on cultive une même plante : *Carré de basilic, de laitues.* **5.** Foulard court : *Carré de soie* (syn. **fichu**). **6.** BOUCH. Ensemble des côtelettes de mouton, de porc : *Un carré d'agneau rôti.* **7.** Pièce servant de salon, de salle à manger aux officiers d'un navire. **8.** Ancienne disposition d'une armée faisant front des quatre faces : *La Garde impériale se forma en carré.* **9.** Réunion de quatre cartes à jouer de même valeur : *Carré d'as.* **10.** *ARG. SCOL.* Élève de deuxième année d'une classe préparatoire. **11. Carré du transept,** croisée d'une église. / MATH. **Carré cartésien d'un ensemble A,** produit cartésien d'un ensemble A par lui-même. / **Carré magique,** tableau de nombres entiers disposés en carré, tel que les sommes des nombres faites sur chacune des lignes, colonnes ou diagonales soient identiques. / **Carré parfait,** nombre entier qui est le carré d'un entier.

carreau [karo] **n.m.** (lat. pop. **quadrellus,* du class. *quadrus,* carré). **1.** Petite plaque, génér. carrée, de céramique, de marbre, etc., utilisée en assemblage comme revêtement : *Les murs des toilettes sont recouverts de carreaux de faïence.* **2.** Sol pavé de carreaux : *Laver le carreau de la cuisine* (syn. **carrelage**). **3.** Plaque de verre de fenêtre, de porte. **4.** Grosse flèche d'arbalète munie d'un fer à quatre faces. **5.** Dessin de forme carrée servant de motif décoratif : *Étoffe à carreaux verts et noirs.* **6.** JEUX. Une des quatre couleurs du jeu de cartes français, dont la marque est un losange rouge ; carte de cette couleur : *Il me reste deux carreaux.* **7.** Coussin sur lequel travaillent les dentellières. **8. Carreau des Halles,** à Paris, emplacement qui était situé à l'extérieur des pavillons des anciennes Halles, et où se faisaient les ventes non officielles. / **Carreau d'une mine,** terrain regroupant l'ensemble des installations de surface d'une mine. **9. Mettre au carreau,** tracer sur un motif un quadrillage permettant de le reproduire à une échelle différente. / *FAM.* **Se tenir à carreau,** être sur ses gardes. / *FAM.* **Sur le carreau,** à terre, assommé ou tué ; éliminé.

carrefour [karfur] **n.m.** (bas lat. *quadrifurcus,* endroit fourchu en quatre). **1.** Lieu où se croisent plusieurs routes ou rues : *Après le carrefour, vous tournerez à droite* (syn. **croisement, embranchement**). **2.** Situation, circonstance où se présentent diverses lignes de conduite entre lesquelles on doit choisir : *Le voilà arrivé à un carrefour de sa vie.* **3.** Lieu où se rencontrent et se confrontent des idées opposées : *Cette revue se veut un carrefour d'opinions.* **4.** Rencontre organisée en vue d'une discussion, d'une confrontation d'idées.

Carrel (Alexis), physiologiste et chirurgien français (Sainte-Foy-lès-Lyon 1873 - Paris 1944). Il a réalisé de nombreux travaux sur la suture des vaisseaux sanguins, la greffe des tissus et des organes, et la survie des cellules, des tissus et des organes en dehors du corps. Il est l'auteur (très critiqué en raison de ses thèses eugénistes) de *l'Homme, cet inconnu.* (Prix Nobel de médecine 1912.)

carrelage [karlaʒ] **n.m. 1.** Action de carreler : *Le carrelage de la salle de bains a pris deux jours.* **2.** Pavage ou revêtement de carreaux : *Poser un carrelage.*

carreler [karle] **v.t.** (de *carrel,* forme anc. de *carreau*) [conj. **24**]. Revêtir une surface de carreaux : *Carreler un sol.*

carrelet [karlɛ] **n.m.** (de *carrel,* forme anc. de *carreau*). **1.** Poisson marin plat, comestible (syn. **plie**). ▸ Famille des pleuronectes ; long. max. 40 cm. **2.** Filet de pêche carré monté sur une armature et tenu au bout d'une perche, servant à pêcher le menu poisson.

carreleur, euse [karlœr, -øz] **n.** Ouvrier qui pose des carrelages.

carrément [karemɑ̃] **adv.** (de *carré*). Avec franchise, sans détour : *Il le lui a dit carrément.*

Carreño de Miranda (Juan), peintre espagnol (Avilés 1614 - Madrid 1685). Successeur dans une large mesure de Velázquez, il est l'auteur de tableaux d'autel (*Messe de fondation de l'ordre des Trinitaires,* Louvre) et de portraits d'une grande qualité.

se carrer [kare] **v.pr.** (lat. *quadrare* ; v. *carré*). S'installer à l'aise : *Se carrer dans un fauteuil.*

carrier [karje] **n.m.** (de *2. carrière*). Exploitant, ouvrier d'une carrière.

1. carrière [karjɛr] **n.f.** (anc. prov. *carriera,* chemin de chars, du lat. *carrus,* chariot). **1.** Profession à laquelle on consacre sa vie et comportant des étapes : *Une brochure présentant les carrières de l'enseignement* (syn. **métier**). *La carrière des armes.* **2. La Carrière,** la diplomatie. **3.** Grand manège d'équitation en terrain découvert. **4.** *SOUT.* **Donner, laisser (libre) carrière à qqch,** laisser libre cours à : *Donner libre carrière à sa colère.* / **Faire carrière,** gravir les échelons d'une hiérarchie.

2. carrière [karjɛr] **n.f.** (lat. pop. **quadraria,* du class. *quadrus,* [pierre] carrée). Endroit où l'on exploite des produits minéraux non métalliques ni carbonifères, et en partic. des roches propres à la construction : *Une carrière de sable* (= une sablière).

carriérisme [karjerism] **n.m.** Comportement, état d'esprit d'un carriériste (péjor.).

carriériste [karjerist] **n.** (de *1. carrière*). Personne qui mène une carrière et qui ne cherche par celle-ci qu'à satisfaire son ambition personnelle, souvent sans s'embarrasser de scrupules (péjor.).

carriole [karjɔl] **n.f.** (anc. prov. *carriola,* du lat. *carrus,* chariot). Charrette campagnarde à deux roues, parfois recouverte d'une bâche.

Carroll (Charles Dodgson, dit **Lewis),** mathématicien et écrivain britannique (Daresbury 1832 - Guildford 1898). Il est l'auteur d'œuvres logiques, telle la *Logique symbolique* (1896), adressée aux profanes et aux jeunes. Ses récits réunissent sa passion de la logique formelle et sa fascination pour l'imagination enfantine (*Alice au pays des merveilles,* 1865 ; *la Chasse au Snark,* 1876).

carrossable [karɔsabl] **adj.** (de *carrosse*). Où les voitures peuvent rouler : *Chemin carrossable* (syn. **praticable**).

carrosse [karɔs] **n.m.** (it. *carrozza,* du lat. *carrus,* chariot). **1.** Voiture de grand luxe, tirée par des chevaux, à quatre roues, couverte et suspendue : *Le carrosse de la reine d'Angleterre.* **2. La cinquième roue du carrosse,** personne peu utile ou considérée comme telle.

carrosser [karɔse] **v.t.** (de *carrosse*). Munir d'une carrosserie : *Voiture carrossée à l'italienne.*

carrosserie [karɔsri] **n.f.** (de *carrosse*). **1.** Revêtement, le plus souvent de tôle, qui habille le châssis d'un véhicule : *La carrosserie a été endommagée par le choc.* **2.** Ensemble des industries qui concourent à la fabrication des carrosseries d'automobiles. **3.** Habillage d'un appareil ménager.

carrossier [karɔsje] **n.m.** (de *carrosse*). **1.** Professionnel spécialisé dans la tôlerie automobile, qui répare les voitures accidentées. **2.** Concepteur, constructeur de carrosseries automobiles.

carrousel [karuzɛl] **n.m.** (it. *carosela*, d'orig. obsc.). **1.** Parade au cours de laquelle les cavaliers exécutent des figures convenues ; lieu où se tient cette parade. **2.** Circulation intense ; succession rapide : *Le carrousel des voitures sur la place de la Concorde.* **3.** Manège forain. **4.** Dispositif rond et mobile servant à divers usages : *Le carrousel de présentation des bagages dans un aéroport.*

carrure [karyr] **n.f.** (de *carré*). **1.** Largeur du dos d'une épaule à l'autre : *Homme de forte carrure.* **2.** Largeur d'un vêtement entre les épaules. **3.** Forte personnalité de qqn : *Homme d'une carrure exceptionnelle* (syn. **envergure**).

cartable [kartabl] **n.m.** (du rad. du lat. *charta*, papier). Sac pour porter des livres, des cahiers, etc. : *Cartable d'écolier.*

Cartagena, en fr. **Carthagène,** port du nord de la Colombie, ch.-l. du dép. de Bolívar ; 990 179 hab. Fondée en 1533, la ville conserve une allure andalouse avec ses ruelles ombreuses et ses monuments anciens, forteresse, églises et couvents (S. Pedro Claver).

carte [kart] **n.f.** (lat. *charta*, papier). **1.** Document imprimé officiel constatant l'identité de qqn, son appartenance à un groupement, son inscription sur une liste, etc. : *Carte d'électeur. Carte de membre d'un club. Carte d'identité.* **2.** Carré ou rectangle de bristol portant une inscription : *Carte d'invitation* (syn. **bristol**). *Carte de visite.* **3.** Liste des plats ou des boissons qu'on peut choisir dans un restaurant, avec l'indication des prix correspondants (par opp. à *menu*) : *Repas à la carte. La carte des vins.* **4.** Carton sur lequel sont fixés des petits objets de même nature qui se vendent ensemble : *Carte de boutons.* **5.** Petit carton fin et rectangulaire, portant sur une face une figure de couleur, avec lequel on joue à divers jeux : *Un jeu de trente-deux cartes. Jouer aux cartes.* **6.** Représentation conventionnelle, génér. plane, de la répartition dans l'espace de phénomènes concrets ou abstraits : *Carte géographique, géologique. Carte du ciel. Carte sanitaire d'un pays.* **7.** Petit rectangle de matière magnétisée comportant un microprocesseur : *Carte de paiement. Carte à mémoire.* **8.** INFORM. Matériel pouvant se brancher sur un micro-ordinateur pour en étendre les capacités : *Carte d'extension mémoire.* **9. À la carte,** selon un libre choix : *Horaires à la carte.* / **Brouiller les cartes,** créer volontairement la confusion, compliquer une situation. / **Carte maîtresse,** au jeu, celle qui permet de faire une levée ; au fig., principal moyen de succès : *L'avocat sortit sa carte maîtresse, un témoignage qui fournissait un alibi à l'accusé.* / **Donner, laisser carte blanche à qqn,** lui accorder l'autorisation, le pouvoir d'agir à sa guise. / **Jouer la carte de,** s'engager à fond dans une option, un choix : *Jouer la carte de la concertation* (= parier sur). / **Jouer sa dernière carte,** mettre en œuvre le dernier moyen dont on dispose (= tenter sa dernière chance). / **Le dessous des cartes,** ce qu'on dissimule d'une affaire, d'un événement, etc. / **Mettre, jouer cartes sur table,** ne dissimuler aucun élément, aucune information sur qqch. **10.** INFORM. Support de montage de circuits électroniques pouvant être inséré dans un micro-ordinateur pour en étendre les capacités dans un domaine donné (numérisation et restitution du son ou des images, télécommunications, etc.) : *Carte graphique, carte d'extension mémoire.* **11. Carte mère,** carte qui regroupe les principaux circuits d'un micro-ordinateur ainsi que les connecteurs d'extension et les interfaces pour les périphériques. **12. Carte (postale),** carte souple et rectangulaire dont le recto présente une photo, un dessin imprimé et dont le verso est destiné à la correspondance ainsi qu'à l'adresse et à l'affranchissement : *As-tu reçu ma carte de Nice ?* / GÉNÉT. **Carte génique,** description de la localisation des gènes connus sur les chromosomes d'une espèce et de leur distance les uns par rapport aux autres.

■ **Les cartes géographiques.** Elles sont établies suivant un certain nombre de conventions. La plus importante est la *projection,* opération mathématique qui consiste à reporter sur une surface plane la surface du globe terrestre. La projection adoptée a ses propres particularités : conservation ou non-conservation des distances, des formes ou des surfaces. Une autre convention, l'*échelle,* indique le rapport qui existe entre les distances linéaires sur la carte et les distances linéaires correspondantes mesurées sur le terrain. La carte fait apparaître des informations traduites par un langage graphique, les *symboles,* expliqué dans la légende.

La carte topographique. Elle est la représentation conventionnelle plane des éléments concrets et durables existant à la surface du sol à un moment donné ainsi que des formes du terrain. La carte *de base* s'appuie directement sur des mesures et des levés (opérations de géodésie, de topographie, de photographie aérienne). Elle utilise aussi aujourd'hui les images captées et envoyées par les satellites (Spot en particulier). Elle donne naissance, par réduction et nouveau dessin, à des cartes dites *dérivées,* plus schématiques, c'est-à-dire *généralisées.* Les éléments topographiques recueillis sont retranscris ou pas selon le sujet de la carte ; ainsi les cartes routières valorisent le réseau routier et les éléments touristiques et négligent le relief. On peut rattacher au groupe des cartes topographiques les *cartes marines,* qui permettent aux navigateurs de tracer leur route sur mer grâce aux renseignements qu'elles offrent : roches et hauts-fonds, courbes de niveau *(isobathes),* nature des fonds, phares, etc.

Les cartes thématiques. Elles représentent, sur un fond topographique ou hydrographique, des phénomènes localisables qualitatifs ou quantitatifs, comme la densité de population, la nature des industries, les flux de marchandises, etc. On peut aussi représenter des phénomènes quantitatifs sur des *cartes par anamorphose :* celles-ci mettent en évidence un phénomène donné (P.I.B., population, etc.) et non pas une réalité géographique. Elles ont la particularité de représenter chaque entité cartographiée proportionnellement aux autres entités de la carte. ■

cartel [kartɛl] **n.m.** (all. *Kartell,* moyen fr. *cartel,* lettre de défi, it. *cartello,* avis écrit, du lat. *charta,* papier). **1.** Entente réalisée entre des entreprises d'une même branche industrielle afin de limiter ou de supprimer la concurrence (syn. **consortium**). **2.** Entente réalisée entre des groupes professionnels, politiques, etc., en vue d'une action commune : *Le « Cartel des gauches », coalition des partis de gauche qui fut au pouvoir en France de 1924 à 1926.*

Cartel ou **Cartel des quatre,** groupe formé de 1927 à 1940 par les metteurs en scène G. Baty, Ch. Dullin, L. Jouvet et G. Pitoëff, pour la défense de leurs intérêts professionnels et moraux.

carte-lettre [kartəlɛtr] **n.f.** (pl. *cartes-lettres*). Carte mince, pliée en deux, se fermant par des bords gommés, tarifée comme une lettre.

carter [kartɛr] **n.m.** (mot angl., de *Carter,* n. de l'inventeur). Enveloppe protectrice des organes d'un mécanisme, en partic. de la boîte de vitesses d'une automobile.

Carter (James Earl, dit **Jimmy),** homme d'État américain (Plains, Géorgie, 1924). Démocrate, il fut président des États-Unis de 1977 à 1981. Il a été l'artisan des accords de Camp David signés entre Israël et l'Égypte. (Prix Nobel de la paix 2002.)

carte-réponse [kartrepɔ̃s] **n.f.** (pl. *cartes-réponses*). Carte, imprimé à remplir pour répondre à un questionnaire.

cartésianisme [kartezjanism] **n.m.** (de *cartésien*). **1.** Philosophie de Descartes. **2.** Tendance, pour un philosophe, à se réclamer de la pensée de Descartes.

cartésien, enne [kartezjɛ̃, -ɛn] **adj.** et **n.** (de *Cartesius,* n. lat. de Descartes). **1.** De Descartes ; relatif à la philosophie, aux œuvres de Descartes. **2.** Méthodique et rationnel : *Esprit cartésien.* **3.** MATH. **Produit cartésien de deux ensembles E et F,** ensemble, noté E × F, des couples (*x, y*) où $x \in$ E et $y \in$ F. ⁄ MATH. **Repère cartésien**, triplet $(O, \vec{i}, \vec{j})$ ou quadruplet $(O, \vec{i}, \vec{j}, \vec{k})$ formé d'un point O et d'une base de vecteurs $(\vec{i}, \vec{j})$ ou $(\vec{i}, \vec{j}, \vec{k})$ du plan ou de l'espace.

Carthage, ville antique d'Afrique du Nord, à une vingtaine de kilomètres de l'actuelle Tunis. La ville est fondée, selon la tradition, en 814 av. J.-C. par la Phénicienne Élissa, ou Didon. C'est à l'origine un des nombreux comptoirs créés par les Phéniciens venus de Tyr. Progressivement, Carthage devient la capitale d'un État maritime très puissant, se substitue à Tyr en imposant sa domination aux comptoirs phéniciens de la Méditerranée occidentale. Elle redistribue dans le monde antique les produits de l'Espagne et de l'Afrique (or, argent, étain, ivoire, etc.), tandis que ses navigateurs partent à la recherche de nouvelles voies commerciales.

HISTOIRE

VIIe s. av. J.-C. Carthage établit des comptoirs sur les côtes d'Espagne, aux Baléares, en Sardaigne et dans l'ouest de la Sicile.

Ve s. av. J.-C. Hannon aurait reconnu les côtes de l'Afrique occidentale (golfe de Guinée).

À Carthage même, on produit tissus de pourpre et tissus ordinaires, bijouterie, armes et poterie.

480 av. J.-C. Les Carthaginois sont défaits par les Grecs de Syracuse et d'Agrigente à Himère.

Carthage reprend la conquête de la Sicile grecque à la fin du IVe s. av. J.-C., mais ses progrès inquiètent Rome, maîtresse de l'Italie, qui affronte sa rivale au cours de trois guerres successives, dites *guerres puniques.*

IVe s. av. J.-C. Apparition de la monnaie à Carthage. Carthage est gouvernée par une oligarchie de riches familles dont certaines, du VIe au IVe s. av. J.-C., assument le pouvoir royal. Puis des suffètes (magistrats suprêmes) élus leur succèdent. La civilisation et les mœurs gardent une forte empreinte orientale dont témoigne particulièrement la vie religieuse. Ainsi, le dieu Baal Hammon, associé à la déesse Tanit, est honoré de sacrifices de jeunes enfants comme l'étaient les dieux cananéens. Progressivement, l'enfant est remplacé par un agneau.

264-241 av. J.-C. Première guerre punique.

L'armée carthaginoise, composée de mercenaires, échoue face aux Romains. Carthage abandonne la Sicile, la Sardaigne et la Corse et doit faire face à la révolte de ses mercenaires. Elle retrouve sa puissance grâce à la famille des Barcides. Hamilcar Barca et Hasdrubal conquièrent l'Espagne, où ils fondent Carthagène (la nouvelle Carthage), Alicante. Ce riche territoire donne à Hannibal, fils d'Hamilcar, les moyens de porter la guerre en Italie.

218 av. J.-C. Début de la deuxième guerre punique.

Hannibal franchit l'Èbre, les Pyrénées, les Alpes (avec ses éléphants). Il est d'abord victorieux en Italie.

202 av. J.-C. Hannibal est vaincu par Scipion l'Africain à Zama. Carthage ne possède plus que son territoire africain. Elle se relève cependant, poussant Caton l'Ancien à réclamer sa destruction.

149-146 av. J.-C. Troisième guerre punique. Pendant trois ans, les Romains assiègent Carthage, qui est anéantie.

Au Ier s. av. J.-C., une colonie romaine est fondée sur le site de Carthage. La nouvelle ville, port du blé d'Afrique exporté vers Rome, siège du proconsul d'Afrique, devient l'une des plus grandes villes du monde romain.

439. Prise de Carthage par les Vandales.

534. Reconquête de Carthage par Bélisaire, au profit de l'Empire byzantin.

Mais la ville ne retrouve jamais sa grandeur passée et est définitivement anéantie par l'invasion arabe (v. 698).

ARCHÉOLOGIE

Inépuisable carrière avant de devenir un immense chantier de fouilles, la ville a surtout livré plusieurs nécropoles, échelonnées du VIIe s. à 146 av. J.-C., ainsi que le *tophet* (aire sacrée où les restes calcinés d'enfants, conservés dans des urnes, étaient enterrés au pied de stèles commémorant le sacrifice à la déesse Tanit et au dieu Baal Hammon). Les tendances artistiques évolueront selon les influences extérieures (Égypte, Perse et hellénisme), tout en gardant profondément l'empreinte des mythes phéniciens. Le port artificiel à deux bassins (l'un marchand, l'autre militaire) a été dégagé. De nombreux monuments romains (thermes, aqueducs, villas, routes, etc.) ont été préservés grâce à un programme de sauvegarde réalisé dans les années 1980 sous l'égide de l'Unesco.

Carthagène, port d'Espagne (prov. de Murcie), sur la Méditerranée ; 215 757 hab. Métallurgie. Raffinerie de pétrole. La ville fut fondée par les Carthaginois v. 226 av. J.-C.

Cartier (Jacques), marin français (Saint-Malo 1491 ? - *id.* 1557). Il prit possession du Canada au nom de François Ier (1534) et remonta le Saint-Laurent au cours d'un deuxième voyage (1535) ; il revint au Canada en 1541.

Cartier-Bresson (Henri), photographe français (Chanteloup 1908 - Montjustin, Alpes-de-Haute-Provence, 2004). Sa préoccupation essentielle est de fixer le « moment décisif » ; d'une extrême simplicité, ses œuvres marquent par leur efficacité suggestive. Attiré par le cinéma, Cartier-Bresson a été assistant, avec J. Becker et A. Zwoboda, de Jean Renoir pour *Une partie de campagne* (1936) et *la Règle du jeu* (1938). Parmi ses publications, citons *Danses à Bali* (1954), *l'Homme et la machine* (1972).

cartilage [kartilaʒ] **n.m.** (lat. *cartilago*). Tissu résistant et élastique formant le squelette de l'embryon avant l'apparition de l'os et persistant chez l'adulte dans le pavillon de l'oreille, dans le nez et dans les articulations. ▸ Les poissons cartilagineux, ou *chondrichtyens* (raies et requins), ont un squelette fait uniquement de cartilage.

cartilagineux, euse [kartilaʒinø, -øz] **adj.** De la nature du cartilage.

cartographie [kartɔgrafi] **n.f.** (de *carte* et *-graphie*). **1.** Ensemble des opérations d'élaboration, de dessin et d'édition des cartes géographiques. **2. Cartographie automatique,** cartographie assistée par ordinateur, faisant appel aux techniques informatiques. ◆ **cartographe n.** Nom du spécialiste.

cartographique [kartɔgrafik] **adj.** Relatif à la cartographie.

cartomancie [kartɔmɑ̃si] **n.f.** (de *carte* et *-mancie*). Procédé de divination fondé sur les combinaisons qu'offrent les cartes à jouer.

cartomancien, enne [kartɔmɑ̃sjɛ̃, -ɛn] **n.** Personne qui pratique la cartomancie.

carton [kartɔ̃] **n.m.** (it. *cartone,* de *carta,* papier, lat. *charta*). **1.** Feuille rigide, faite de pâte à papier, mais plus épaisse qu'une feuille de papier : *Morceau de carton.* **2.** Objet, emballage fabriqué dans cette matière : *Carton à chaussures* (syn. **boîte**). *Les déménageurs déchargent les cartons.* **3.** Papier fort sur lequel un artiste trace le dessin devant servir de modèle pour l'exécution d'une fresque, d'un vitrail, d'une tapisserie. **4.** Feuille de carton servant de cible pour le tir d'entraînement. **5.** SPORTS. **Carton jaune,** au football, carton montré par l'arbitre à un joueur pour lui infliger un avertissement à la suite d'une faute. ⁄ **Carton rouge,** au football, carton montré par l'arbitre à un joueur pour lui infliger une expulsion immédiate et définitive du terrain à la suite d'une faute grave. **6. Carton à dessin,** grand portefeuille en carton pour ranger ou transporter des dessins, des gravures, etc. ⁄ **Carton ondulé,** carton constitué d'un papier cannelé collé sur une ou deux faces avec un papier de couverture et utilisé pour la confection de boîtes et d'emballages. ⁄ *FAM.* **Faire un carton,** tirer sur la cible ; tirer sur qqn et l'atteindre ; en sport, infliger une défaite sévère. ⁄ *FAM.* **Prendre, ramasser un carton,** subir une défaite sévère.

cartonnage [kartɔnaʒ] **n.m. 1.** Fabrication, commerce des objets en carton. **2.** Boîte, emballage en carton : *Le téléviseur était emballé dans un cartonnage épais.* **3.** Procédé de reliure dans lequel la couverture, formée de papier ou de carton, est ensuite emboîtée au corps d'ouvrage.

cartonner [kartɔne] **v.t.** Garnir, couvrir de carton, en partic. un livre : *Reliure cartonnée.*

carton-pâte [kartɔ̃pat] **n.m.** (pl. *cartons-pâtes*). **1.** Carton fabriqué à partir de déchets de papier et de colle, susceptible d'être moulé. **2. En carton-pâte,** factice : *Un décor de cinéma en carton-pâte.*

cartophilie [kartɔfili] **n.f.** (de *carte* et *-philie*). Fait de collectionner les cartes postales. ◆ **cartophile** et **cartophiliste n.** Noms du collectionneur.

1. cartouche [kartuʃ] **n.f.** (it. *cartuccia ;* lat. *charta,* papier). **1.** Ensemble constitué par le projectile (balle, obus, plomb), la douille ou l'étui (contenant la charge de poudre) et l'appareil d'amorçage d'une arme à feu : *Une cartouche pour fusil de chasse.* **2.** Charge d'explosif ou de poudre prête au tir : *Une cartouche de dynamite.* **3.** Recharge, d'encre pour un stylo, de gaz pour un briquet, etc., dont la forme évoque une cartouche. **4.** Emballage groupant plusieurs paquets de cigarettes, boîtes d'allumettes, etc.

2. cartouche [kartuʃ] **n.m.** (it. *cartoccio ;* v. *1. cartouche*). **1.** Ornement, le plus souvent en forme de feuille de papier à demi déroulée servant de support et d'encadrement à une inscription. **2.** Emplacement réservé au titre, dans un dessin, une carte géographique, etc. **3.** ARCHÉOL. Boucle ovale enserrant le prénom et le nom du pharaon dans l'écriture hiéroglyphique.

Cartouche (Louis Dominique), brigand français (Paris 1693 - *id.* 1721). Il pratiqua toutes les formes de vol, notamment l'attaque des diligences. Il fut condamné au supplice de la roue.

cartoucherie [kartuʃri] **n.f.** Usine, atelier où l'on fabrique des cartouches d'armes légères.

cartouchière [kartuʃjɛr] **n.f.** Ceinture à compartiments cylindriques où le chasseur introduit ses cartouches.

Caruso (Enrico), ténor italien (Naples 1873 - *id.* 1921). Il doit sa renommée à l'exceptionnelle beauté de son timbre, à la diversité de ses emplois, à son jeu scénique sans affectation et au disque dont il a été la première vedette. Il a créé *Adrienne Lecouvreur* (1902) de Cilea, *la Fille du Far West* (1910) de Puccini.

Carven (Marie Louise Jeanne Carmen de Tommaso, puis **Carven,** dite **M**me**),** couturière française (Châtellerault 1909 - Paris 2015). À partir de 1945, elle créa une mode féminine toute en simplicité, associant art des proportions et fraîcheur des matières (coton rayé vert et blanc, vichy rose, imprimés ethniques). Ses parfums (« Ma griffe », « Vétiver ») et ses uniformes ont aussi fait son succès.

carvi [karvi] **n.m.** (ar. *karawīya,* du gr. *karon*). **1.** Plante des prairies dont les fruits aromatiques sont utilisés en assaisonnement. ▸ Famille des ombellifères. **2.** Le fruit lui-même : *Fromage au carvi.*

caryatide ou **cariatide** [karjatid] **n.f.** (gr. *karuatidês*). En architecture, colonne en forme de statue de femme.

caryopse [karjɔps] **n.m.** (du gr. *karuon,* noyau, et *opsis,* apparence). BOT. Fruit sec, indéhiscent, soudé à la graine unique qu'il contient.

caryotype [karjɔtip] **n.m.** (du gr. *karuon,* noyau, et de *-type*). BIOL. **1.** Représentation photographique des chromosomes d'une cellule dans leur état de condensation maximale, réunis par paires d'exemplaires identiques et classés par dimension. **2.** Ensemble des chromosomes des cellules d'un être vivant.

1. cas [ka] **n.m.** (lat. *casus,* chute puis « accident, conjoncture », de *cadere,* tomber). **1.** Fait, circonstance : *Que faire en pareil cas ?* (syn. **situation**). *Si le cas se présente, je me rendrai en Bretagne* (syn. **éventualité**). **2.** Situation particulière de qqn ou de qqch résultant d'un concours de circonstances : *Cas de légitime défense. Expliquer son cas à l'inspecteur des impôts* (syn. **condition, position**). **3.** Manifestation d'une maladie chez qqn ; le malade lui-même : *Cas de grippe. Conduisez-le à l'hôpital, c'est un cas urgent.* **4.** Personne qui se singularise par son caractère, son comportement : *Sa fille est un cas.* **5. Au cas où, dans le cas où,** dans l'hypothèse où, à supposer que. ⁄ **Cas de conscience,** fait, situation difficile à juger, à résoudre ; dilemme intellectuel. ⁄ **Cas de figure,** situation envisagée par hypothèse. ⁄ **Cas social,** personne, enfant en partic., vivant dans un milieu psychologiquement ou socialement défavorable. ⁄ **En ce cas,** alors, dans ces conditions. ⁄ **En tout cas,** quoi qu'il en soit. ⁄ **Faire cas, grand cas de,** attacher de l'importance à, prendre en considération.

2. cas [ka] **n.m.** (lat. *casus,* chute puis « dérivation, cas » ; v. *1. cas*). Dans les langues à déclinaisons, chacune des formes d'un substantif, d'un adjectif, d'un participe ou d'un pronom qui correspond à des fonctions déterminées dans la phrase : *Le latin a six cas, le nominatif, le vocatif, l'accusatif, le génitif, le datif et l'ablatif.*

Casablanca, principal port et plus grande ville du Maroc, sur l'Atlantique ; 3 359 818 hab. dans l'agglomération. Centre commercial et industriel. Exportation de phosphates. Mosquée Hassan II. Théâtre de combats lors du débarquement allié de 1942. Une conférence s'y tint (janv. 1943) entre Churchill et Roosevelt, au cours de laquelle eut lieu la première rencontre entre de Gaulle et Giraud.

Casals [kazals] **(Pablo),** violoncelliste, compositeur et chef d'orchestre espagnol (Vendrell 1876 - San Juan de Porto Rico 1973). Il forma un célèbre trio (1905) avec A. Cortot et J. Thibaud. Fondateur de l'orchestre symphonique de Barcelone, il créa un festival à Prades. On lui doit l'oratorio *El Pesebre* et l'*Hymne aux Nations unies.*

casanier, ère [kazanje, -ɛr] **adj.** et **n.** (de l'it. *casaniere,* prêteur d'argent [de l'ar. *klazìma,* trésor], avec infl. de *1. cage,* maison). Qui aime à rester chez soi ; qui dénote ce caractère : *Homme casanier* (syn. **sédentaire**). *Habitudes casanières.*

Casanova (Giovanni Giacomo Girolamo), dit *chevalier* **de Seingalt,** aventurier italien (Venise 1725 - Dux, Bohême, 1798), célèbre par ses exploits romanesques et par ses aventures galantes, qu'il a contés dans ses *Mémoires.*

casaque [kazak] **n.f.** (persan *kazāgand,* jaquette). **1.** Veste des jockeys. **2.** FAM. **Tourner casaque,** changer de parti, d'opinion.

casbah [kazba] **n.f.** (mot ar.). Citadelle ou palais d'un chef, en Afrique du Nord ; quartier entourant ce palais.

cascade [kaskad] **n.f.** (it. *cascata,* de *cascare,* tomber ; v. *casquer*). **1.** Chute d'eau naturelle ou artificielle. **2.** Acrobatie exécutée par un cascadeur, au cirque, au cinéma, etc. **3. En cascade,** en série et rapidement ; en une suite d'événements dont chacun est la conséquence du précédent : *Il a eu des malheurs en cascade.*

cascadeur, euse [kaskadœr, -øz] **n.** (de *cascade*). **1.** Au cirque, acrobate spécialiste des chutes volontaires, des sauts dangereux. **2.** Artiste spécialisé qui joue les scènes dangereuses dans les films comme doublure des comédiens.

1. case [kaz] **n.f.** (lat. *casa,* chaumière). Habitation en paille, en branches d'arbres, etc., dans les pays tropicaux.

2. case [kaz] **n.f.** (esp. *casa,* maison, du lat. ; v. *1. case*). **1.** Espace délimité par le croisement de lignes horizontales et verticales sur une surface quelconque : *Les cases d'un damier.* **2.** Compartiment d'un meuble, d'un tiroir, etc. : *Les cases d'une boîte à bijoux.* **3.** FAM. **Avoir une case en moins, une case vide,** être un peu fou. ⁄ FAM. **Revenir, retourner à la case départ,** se retrouver au point de départ, au même point.

caséine [kazein] **n.f.** (du lat. *caseus,* fromage). **1.** Substance protéique constituant la majeure partie des protides du lait. **2. Caséine végétale,** protéine extraite des tourteaux.

casemate [kazmat] **n.f.** (it. *casamatta,* p.-ê. du gr. *khasma, -atos,* gouffre). **1.** Abri enterré d'un fort, destiné à loger les troupes ou les munitions. **2.** Petit ouvrage fortifié.

caser [kaze] **v.t.** (de *2. case*). **1.** Parvenir à mettre qqn, qqch dans un espace souvent réduit : *Où caser ces livres ? On a casé tous les invités dans la maison.* **2.** FAM. Procurer un emploi, une situation à qqn : *Il a réussi à caser son frère dans son entreprise.* ◆ **se caser v.pr.** FAM. Se marier ; trouver une situation.

caserne [kazɛrn] **n.f.** (prov. *cazerna,* groupe de quatre personnes, lat. *quaterna,* choses allant par quatre). Bâtiment affecté au logement des militaires ; ensemble des militaires qui y sont logés.

casernement [kazɛrnəmɑ̃] **n.m. 1.** Installation de militaires dans une caserne. **2.** Ensemble des bâtiments d'une caserne.

cash [kaʃ] **adv.** (mot angl.). Comptant : *Payer cash.* ◆ **n.m.** FAM. Argent liquide : *Avoir du cash sur soi.*

cash and carry (clause), clause (1939) qui modifia la loi de neutralité américaine et autorisa l'exportation du matériel de guerre aux belligérants moyennant paiement comptant (*cash*) et transport (*carry*) par les acheteurs.

casier [kazje] **n.m.** (croisement de *2. case* et du lat. médiév. *casearia,* lieu où l'on prépare le fromage ; v. *caséine*). **1.** Meuble comprenant une série de compartiments ouverts par-devant : *Un casier à bouteilles, à disques.* **2.** Compartiment, case de ce meuble. **3.** Nasse d'osier ou de grillage métallique servant à pêcher les gros crustacés. **4. Casier judiciaire,** lieu où sont centralisés et classés les bulletins constatant les antécédents judiciaires de qqn ; le bulletin lui-même.

Casimir, nom de cinq ducs et rois de Pologne, dont : **Casimir III le Grand** (Kowal 1310 - Cracovie 1370), roi de Pologne (1333-1370). Il agrandit par ses conquêtes le royaume de Pologne et fonda l'université de Cracovie.

Casimir-Perier (Jean), homme d'État français (Paris 1847 - *id.* 1907). Petit-fils de Casimir Perier, il fut président du Conseil (1893-1894) puis président de la République (1894-1895).

casino [kazino] **n.m.** (mot it. « maison de plaisance », de *casa ;* v. *1. case*). Établissement comprenant des salles de jeux, un restaurant et, souvent, une salle de spectacle.

casoar [kazɔar] **n.m.** (malais *kasouari*). **1.** Oiseau coureur d'Australie, au plumage semblable à du crin, au « casque » osseux coloré sur le dessus de la tête. ▶ Haut. 1,50 m env. **2.** Plumet rouge et blanc ornant le shako des élèves de l'école de Saint-Cyr.

Caspienne ***(mer),*** grand lac salé, aux confins de l'Europe et de l'Asie ; env. 360 000 km^2. Son niveau est à 28 m au-dessous du zéro marin. Son sous-sol recèle des gisements, exploités, de pétrole.

casque [kask] **n.m.** (esp. *casco,* tesson, puis « crâne » et « casque », de *casar,* briser, lat. pop. **quassicare,* du class. *quassare ;* v. *casser*). **1.** Coiffure en métal, cuir, etc., pour protéger la tête : *Casque de moto. Casque de chantier.* **2.** Appareil individuel de réception du son, constitué essentiellement de deux écouteurs montés sur un support formant serre-tête : *Casque d'un baladeur.* **3.** Appareil électrique pour sécher les cheveux par ventilation d'air chaud. **4.** Mollusque gastéropode des mers chaudes, à coquille ventrue. **5.** BOT. Sépale postérieur des fleurs de certaines plantes comme l'orchidée, la sauge, etc. **6. Casque bleu,** membre de la force militaire internationale de l'O.N.U., depuis 1956.

casqué, e [kaske] **adj.** Coiffé d'un casque : *Soldats casqués.*

casquer [kaske] **v.i.** et **v.t.** (it. *cascare,* tomber [dans un piège], lat. pop. **casicare,* du class. *casus,* tombé). FAM. Payer, génér. une somme importante : *Il a casqué sans rechigner.*

casquette [kaskɛt] **n.f.** (de *casque*). **1.** Coiffure à calotte plate, munie d'une visière. **2.** FAM. Fonction sociale, en tant qu'elle donne autorité pour qqch, sur qqch : *Parler sous la double casquette de maire et de ministre.*

cassable [kasabl] **adj.** Qui peut se casser, être cassé.

Cassandre, fille de Priam et d'Hécube, favorisée par Apollon du don de prophétie. Mais, comme elle s'était refusée à lui, le dieu décida qu'on ne la croirait jamais. Aussi ses concitoyens accueillirent-ils avec dérision ses prédictions concernant les malheurs de la guerre de Troie.

Cassandre (Adolphe Mouron, dit**),** peintre français (Kharkov 1901 - Paris 1968), auteur d'affiches d'un style hardiment synthétique (*Étoile du Nord,* 1927 ; paquebot *Normandie,* 1935) et de décors de théâtre.

cassant, e [kasɑ̃, -ɑ̃t] **adj. 1.** Qui se casse facilement : *Matière cassante.* **2.** Qui manifeste une raideur tranchante : *Parler d'une voix cassante* (syn. **tranchant, péremptoire**).

cassate [kasat] **n.f.** (it. *cassata*). Crème glacée faite de tranches diversement parfumées et garnie de fruits confits.

cassation [kasasjɔ̃] **n.f.** (de *casser*). DR. Annulation, par une cour suprême, d'une décision (jugement, arrêt) rendue en dernier ressort par une juridiction inférieure. ▶ En France, la Cour de cassation et le Conseil d'État remplissent ce rôle.

1. casse [kas] **n.f. 1.** Action de casser ; fait de se casser ; objets cassés : *Bruit de casse. Payer la casse.* **2.** FAM. Dégâts corporels et matériels résultant d'une rixe : *Il va y avoir de la casse.* **3.** FAM. **Mettre, envoyer qqch à la casse,** le mettre au rebut, à la ferraille.

2. casse [kas] **n.f.** (lat. *cassia,* du gr.). Laxatif extrait du fruit de certaines espèces de cassiers.

3. casse [kas] **n.f.** (it. *cassa,* caisse, lat. *capsa*). Boîte plate divisée en compartiments de taille inégale, contenant les caractères employés pour la composition typographique. ▶ On distingue les lettres du haut de casse, ou capitales, ou majuscules, et les lettres du bas de casse (ou *bas-de-casse*), ou minuscules.

4. casse [kas] **n.m.** (de *casser*). ARG. Cambriolage avec effraction.

cassé, e [kase] **adj. 1.** Voûté, courbé, en parlant d'une personne âgée. **2. Blanc cassé,** tirant légèrement sur le gris ou le jaune. / **Voix cassée,** voix éraillée, tremblante.

casseau [kaso] **n.m.** QUÉBÉC. Emballage à claire-voie utilisé pour le conditionnement des petits fruits.

casse-cou [kasku] **n. inv.** et **adj. inv.** Personne qui prend des risques, qui n'a pas peur du danger.

casse-croûte [kaskrut] **n.m. inv.** FAM. Sandwich, collation légère absorbée rapidement.

casse-noisettes [kasnwazɛt] **n.m. inv.** Pince pour casser les noisettes.

casse-noix [kasnwa] **n.m. inv. 1.** Pince pour casser les noix. **2.** Oiseau vert et brun moucheté de blanc, voisin du corbeau.

casse-pieds [kaspje] **n. inv.** et **adj. inv.** FAM. Importun, gêneur. ◆ **adj. inv.** Ennuyeux : *Que ce travail est casse-pieds !*

casse-pipe ou **casse-pipes** [kaspip] **n.m.** (pl. *casse-pipes* ou inv.). FAM. **Le casse-pipe,** la guerre ; la zone des combats, le front : *Aller au casse-pipe.*

casser [kase] **v.t.** (lat. *quassare,* secouer fortement, endommager). **1.** Mettre en morceaux, sous l'action d'un choc, d'un coup : *Casser un verre* (syn. **briser**). *Les pompiers ont dû casser la porte pour entrer* (syn. **enfoncer**). **2.** Causer une fracture à un membre, à un os : *Tu vas me casser le bras !* (syn. **fracturer**). **3.** Mettre hors d'usage un appareil : *Le choc a cassé ma montre.* **4.** Briser la coquille, la coque de : *Casser une noix.* **5.** Interrompre le cours de qqch : *Casser des relations* (syn. **rompre**). **6.** Annuler une décision juridictionnelle rendue en dernier ressort : *Casser un jugement.* **7.** Faire perdre sa situation à un fonctionnaire ; faire perdre son grade à un militaire : *Casser un officier* (syn. **destituer, révoquer**). **8.** FAM. **À tout casser,** extraordinaire, inoubliable ; au maximum, en parlant d'une quantité : *Une fête à tout casser. Ce pull vaut vingt euros à tout casser.* / **Casser la croûte, la graine,** manger. / FAM. **Casser la tête, les oreilles,** fatiguer par trop de bruit, de paroles. / FAM. **Casser les pieds,** importuner, agacer. / **Casser les prix,** baisser fortement les prix. / FAM. **Ne rien casser,** être sans originalité, sans intérêt particulier. ◆ **v.i.** ou **se casser v. pr.** Se briser, se rompre : *La corde a cassé, s'est cassée.* ◆ **se casser v.pr. 1.** ARG. S'en aller. **2.** FAM. **Ne pas**

A B C D E F G H I J K L M N O P Q R S T U V W X Y Z

se casser, ne pas se fatiguer. / *FAM.* **Se casser le nez,** trouver porte close ; échouer. / *FAM.* **Se casser la tête,** se tourmenter pour résoudre une difficulté.

casserole [kasrɔl] **n.f.** (de *casse,* récipient, anc. prov. *cassa,* grande cuiller, lat. médiév. *cassia,* du gr.). **1.** Ustensile de cuisine cylindrique, à fond plat et à manche, pour faire cuire ; son contenu : *Une casserole de riz.* **2.** *FAM.* Son, voix, instrument de musique discordant, peu mélodieux : *Ce piano est une vraie casserole.* **3.** *FAM.* **Passer à la casserole,** être tué ; subir une épreuve pénible.

casse-tête [kastɛt] **n.m. inv. 1.** Massue rudimentaire dont une extrémité porte ou forme une protubérance. **2.** Arme portative à extrémité plombée ou garnie de clous. **3.** Bruit assourdissant, pénible à supporter. **4.** Problème difficile à résoudre ; travail qui demande une grande application. **5.** *QUÉBEC.* Puzzle. **6. Casse-tête (chinois),** jeu de patience, manuel ou électronique, consistant à combiner ou à emboîter des éléments de formes variées.

cassette [kasɛt] **n.f.** (de l'anc. fr. *casse,* caisse ; v. 3. *casse*). **1.** Boîtier hermétique contenant une bande magnétique, destiné à l'enregistrement, à la reproduction du son, d'images, de données : *Mettre une cassette dans un enregistreur.* **2.** Coffret où l'on conserve des objets précieux.

casseur, euse [kasœr, -øz] **n.** (de *casser*). **1.** Personne qui fait le commerce des pièces détachées des voitures mises à la casse. **2.** Personne qui se livre, au cours d'une manifestation, à des déprédations sur la voie publique. **3.** *ARG.* Cambrioleur. **4. Casseur de pierres,** autref., ouvrier qui brisait les pierres destinées à la confection des routes.

cassier [kasje] **n.m.** et **cassie** [kasi] **n.f.** Arbre antillais qui fournit la casse. ▸ Famille des césalpiniacées.

Cassin (René), juriste français (Bayonne 1887 - Paris 1976). Il contribua à la fondation de l'Unesco et fit adopter la Déclaration universelle des droits de l'homme* (1948). Membre du Conseil constitutionnel, il présida la Cour européenne des droits de l'homme (1965). Ses cendres ont été transférées au Panthéon en 1987. (Prix Nobel de la paix 1968.)

Cassini, famille d'astronomes et de géodésiens français, d'origine italienne. • **Jean Dominique,** dit **Cassini Ier** (Perinaldo, Imperia, 1625 - Paris 1712), fut appelé en France par Colbert (1669) pour organiser l'Observatoire de Paris et fit progresser par ses observations la connaissance du système solaire. • Son fils **Jacques** (Paris 1677 - Thury, Oise, 1756) est surtout connu pour ses travaux de géodésie. • **César François Cassini de Thury** (Thury 1714 - Paris 1784), fils du précédent, entreprit la grande carte de France, appelée *carte de Cassini,* à l'échelle de 1/86 400. • **Jacques Dominique** (Paris 1748 - Thury 1845), fils du précédent, termina la carte de France et prit une part active à la division en départements.

Cassino, v. d'Italie (Latium) ; 33 783 hab. Violents combats (18 janv. - 18 mai 1944) entre soldats allemands et forces alliées, au cours desquels se distinguèrent les Nord-Africains sous les ordres du général Juin.

Cassirer (Ernst), philosophe allemand (Breslau 1874 - New York 1945). Il analysa les mythes, les religions et les symboles (*la Philosophie des formes symboliques,* 1923-1929) dans une perspective kantienne. Il s'est efforcé de redonner à l'histoire de la philosophie la dignité d'une méthode.

1. cassis [kasis] **n.m.** (mot poitevin, de *2. casse*). **1.** Arbuste voisin du groseillier, produisant des baies noires, comestibles, dont on fait une liqueur ; le fruit lui-même. ▸ Haut. 1 à 2 m. **2.** Liqueur obtenue à partir du fruit.

2. cassis [kasi] **n.m.** (de *casser*). Brusque dénivellation sur la chaussée d'une route (par opp. à *dos-d'âne*).

cassolette [kasɔlɛt] **n.f.** (anc. prov. *casoleta,* dimin. de *cassa ;* v. *casserole*). **1.** Petit récipient pouvant aller au four ; mets préparé en cassolette : *Une cassolette de poisson.* **2.** Vase brûle-parfum.

cassonade [kasɔnad] **n.f.** (de *casson,* sucre brut, de *casser*). Sucre roux qui n'a été raffiné qu'une fois.

cassoulet [kasulɛ] **n.m.** (mot du Languedoc, de *casso,* poêlon, correspondant à l'anc. prov. *cassa ;* v. *casserole*). Ragoût de haricots blancs et de viande d'oie, de canard, de mouton, de porc.

cassure [kasyr] **n.f. 1.** Endroit où un objet est cassé : *La cassure est très nette.* **2.** Pli d'un tissu, d'une draperie : *Cassure d'un pantalon.* **3.** Rupture, interruption : *Cassure dans une amitié.*

castagnettes [kastaɲɛt] **n.f. pl.** (esp. *castañeta,* petite châtaigne ; v. *châtaigne*). Instrument de percussion typique du flamenco, composé de deux petits éléments creusés en bois, en plastique, etc., qu'on fait résonner en les frappant l'un contre l'autre dans la main.

caste [kast] **n.f.** (du port. *casta,* chaste, lat. *castus*). **1.** Groupe social qui se distingue par des privilèges et son esprit d'exclusion pour toute personne qui lui est étrangère : *Se marier avec qqn de sa caste* (syn. **milieu, classe**). **2.** Groupe social, héréditaire et endogame, composé d'individus exerçant génér. une activité commune, surtout professionnelle, caractéristique de la société indienne : *La caste des brahmanes.* **3.** Ensemble des individus adultes assurant les mêmes fonctions chez les insectes sociaux : reines et ouvrières chez les abeilles, soldats chez les termites.

castel [kastɛl] **n.m.** (mot prov., du lat. *castellum ;* v. *château*). *LITT.* Maison ressemblant à un château ; petit château.

Castel Gandolfo, comm. d'Italie (Latium), sur le lac d'Albano ; 8 845 hab. Palais, résidence d'été des papes, remontant au XVIIe s.

Castiglione *(bataille de)* [5 août 1796], victoire des troupes françaises commandées par Augereau sur les Autrichiens, pendant la campagne d'Italie (auj. Castiglione delle Stiviere, au N.-O. de Mantoue).

castillan, e [kastijɑ̃, -an] **adj.** et **n.** De la Castille. ◆ **castillan n.m.** L'espagnol parlé en Espagne, par opp. soit aux autres langues ibériques (portugais, catalan, etc.), soit à l'espagnol latino-américain.

Castille, en esp. **Castilla,** région du centre de la péninsule Ibérique.

GÉOGRAPHIE

Les sierras de Gredos et de Guadarrama séparent la *Vieille-Castille* au nord, drainée par le Douro, de la *Nouvelle-Castille* au sud, traversée par le Tage et le Guadiana, où se trouve Madrid. La Castille est le domaine d'une culture céréalière et d'un élevage ovin extensifs, en dehors de secteurs plus favorisés (vignes) ou irrigués (cultures fruitières et maraîchères).

HISTOIRE

Formé au IXe s. dans une région du royaume de León dotée de nombreux châteaux forts *(castillos),* le comté de Castille (dont la capitale est alors Burgos) devient pratiquement indépendant au Xe s. En 1035, la Castille est érigée en royaume par Ferdinand Ier le Grand, qui conquiert le León (1037). Elle devient le centre le plus dynamique de la Reconquista, ce qui lui permet d'accroître sa puissance économique et politique (prise de Tolède, 1085 ; victoire de Las Navas de Tolosa, 1212). En 1230, la Castille est réunie au León.

Au XIIIe s., la Castille s'empare des villes de Murcie, sur la Méditerranée, et de Séville. Les luttes dynastiques du XIVe s. affaiblissent le royaume. Le mariage de la future reine de Castille, Isabelle la Catholique, avec l'héritier d'Aragon, Ferdinand, prélude à l'union de la Castille et de l'Aragon.

Castille-La Manche, communauté autonome de l'Espagne (prov. d'Albacete, Ciudad Real, Cuenca, Guadalajara et Tolède) ; 79 225 km^2 ; 2 106 331 hab. *CAP.* *Tolède.*

Castille-León, communauté autonome de l'Espagne (prov. d'Ávila, Burgos, León, Palencia, Salamanque, Ségovie, Soria, Valladolid et Zamora) ; 94 010 km^2 ; 2 540 188 hab. *CAP.* *Valladolid.*

Castillon *(bataille de)* [1453], victoire de Charles VII, qui mit fin à la guerre de Cent Ans.

casting [kastiŋ] **n.m.** (mot angl., de *to cast,* distribuer les rôles). Sélection des acteurs pour un spectacle, un film, une émission de radio ou de télévision ; ensemble des acteurs sélectionnés (syn. **distribution**).

Castlereagh (Robert Stewart, *vicomte***)**, homme d'État britannique (Mount Stewart Down 1769 - North Cray Kent 1822). Secrétaire à la Guerre (1805-1809) puis aux Affaires étrangères (1812), il fut l'âme des coalitions contre Napoléon Ier et joua un rôle primordial au congrès de Vienne (1814-1815).

castor [kastɔr] **n.m.** (mot lat., du gr.). **1.** Mammifère rongeur de l'Amérique du Nord et d'Europe, à pattes postérieures palmées et à queue aplatie. **2.** Fourrure de cet animal.

Castor et Pollux, personnages mythologiques constituant la réplique romaine des deux fils jumeaux de Zeus et de Léda que les Grecs vénéraient sous le nom de Dioscures. Ils seraient, par contagion avec la légende hellénique, le dédoublement d'une vieille divinité italique protectrice des cavaliers et à qui était attribuée la victoire des Romains au lac Régille v. 499 av. J.-C.

castrat [kastra] **n.m.** (it. *castrato,* de *castrare ;* v. *castrer, châtrer*). **1.** Chanteur masculin dont la voix d'enfant a été conservée par castration : *Une voix de castrat.* **2.** Individu mâle qui a subi la castration.

castrateur, trice [kastratœr, -tris] **adj. 1.** PSYCHAN. Qui provoque ou qui est susceptible de provoquer un complexe de castration. **2.** Qui empêche qqn de s'épanouir.

castration [kastrasjɔ̃] **n.f.** (de *castrer*). **1.** Ablation ou destruction d'un organe nécessaire à la génération, pour les deux sexes (employé plus cour. pour les individus mâles). **2.** PSYCHAN. **Complexe de castration,** réponse fantasmatique aux questions que suscite chez le jeune enfant la différence anatomique des sexes.

castrer [kastre] **v.t.** (lat. *castrare,* châtrer). Pratiquer la castration sur (syn. **châtrer**).

Castres, ch.-l. d'arr. du Tarn, sur l'Agout ; 43 213 hab. *(Castrais).* Industrie mécanique et textile. Églises St-Benoît et N.-D.-de-la-Platé, aux riches décors du XVIIIe s. Musée Goya dans l'anc. évêché.

castrisme [kastrism] **n.m.** Doctrine ou pratique politique qui s'inspire des idées de Fidel Castro. ◆ **castriste adj.** et **n.** Relatif au castrisme ; qui en est partisan.

Castro (Fidel), homme d'État cubain (Birán, district de Mayarí, 1926). Engagé dans la lutte contre Batista (1952), emprisonné (1953-1955) puis exilé, il débarque à Cuba en 1956, organisant une guérilla qui aboutit, en 1959, à la prise du pouvoir. Premier ministre (1959), chef de l'État (1976), Fidel Castro établit un régime marxiste que soutient l'U.R.S.S. et se pose en porte-parole du tiers-monde. Isolé depuis l'effondrement des pays socialistes, il a dû faire face à une forte contestation intérieure. En 2006, malade, il délègue ses pouvoirs à son frère Raúl (né en 1931), qui lui succède à la tête de l'État en 2008.

casuiste [kazɥist] **n.m.** (du lat. scolast. *casus,* cas de conscience). Théologien spécialiste de la casuistique.

casuistique [kazɥistik] **n.f.** (de *casuiste*). **1.** Partie de la théologie morale qui s'attache à résoudre les cas de conscience. **2.** *LITT.* Tendance à argumenter avec une subtilité excessive, notamm. sur les problèmes de morale.

casus belli [kazysbelli] ou [kazysbeli] **n.m. inv.** (mots lat., « cas de guerre »). Acte de nature à provoquer une déclaration de guerre entre deux États.

C.A.T. [seate] **n.m.** (sigle de *centre d'aide par le travail*). Établissement médico-social fournissant du travail aux handicapés.

catachrèse [katakrɛz] **n.f.** (du gr. *katakhrêsis,* abus). RHÉT. Rapprochement de mots (par métonymie, métaphore ou synecdoque) souvent passé dans la langue courante (ex. *un bruit sec, le dos d'un fauteuil*).

cataclysmal, e, aux [kataklismal, -o] et **cataclysmique** [kataklismik] **adj.** De la nature d'un cataclysme.

cataclysme [kataklism] **n.m.** (lat. *cataclysmos,* gr. *kataklusmos,* inondation). Grand bouleversement, destruction causée par un tremblement de terre, un cyclone, etc. : *La rupture du barrage a entraîné un cataclysme dans la vallée.*

catacombe [katakɔ̃b] **n.f.** (bas lat. *catacumba,* de *tumba,* tombe, et du gr. *kata,* en bas). [Surtout au pl.]. Vaste souterrain ayant servi de sépulture ou d'ossuaire : *Les catacombes de Paris.*

catadioptre [katadjɔptr] **n.m.** (croisement de *dioptre* et du rad. du gr. *katophron,* miroir). Dispositif optique permettant de réfléchir les rayons lumineux vers leur source d'émission. ▸ Il est utilisé en circulation routière pour la signalisation d'obstacles ou de véhicules.

catafalque [katafalk] **n.m.** (it. *catafalco,* lat. pop. **catafalicum ;* v. *échafaud*). Estrade décorative élevée pour recevoir un cercueil, lors d'une cérémonie funéraire.

catalan, e [katalɑ̃, -an] **adj.** et **n.** De la Catalogne. ◆ **catalan n.m.** Langue romane parlée en Catalogne.

Catalauniques ***(bataille des champs)*** [451], victoire des armées du général romain Aetius, allié aux Wisigoths du roi Théodoric, sur les Huns d'Attila. L'emplacement exact de la bataille, dans les plaines de Champagne, est discuté.

catalepsie [katalɛpsi] **n.f.** (bas lat. *catalepsia,* gr. *katalêpsis,* attaque). PATHOL. Perte momentanée de l'initiative motrice avec conservation des attitudes.

cataleptique [katalɛptik] **adj.** et **n.** De la nature de la catalepsie ; atteint de catalepsie : *Un sommeil cataleptique.*

Çatal Höyük, gisement néolithique de Turquie. Près de 13 niveaux (v. 6400 à 5500 av. J.-C.) ont été reconnus, durant lesquels apparaissent la céramique et l'utilisation du cuivre. Dans cette communauté villageoise, économie agricole et pratiques cultuelles forment un tout homogène. Près de 40 sanctuaires ont été dégagés et ont livré des peintures murales, des modelages en relief et de nombreuses statuettes féminines.

catalogne [katalɔɲ] **n.f.** (de *Catalogne,* n. pr.). *QUÉBÉC.* Étoffe tissée artisanalement, utilisant en trame des bandes de tissu.

Catalogne, en esp. **Cataluña** et en catalan **Catalunya,** communauté autonome du nord-est de l'Espagne, formée des prov. de Barcelone, Gérone, Lérida et Tarragone ; 32 100 km^2 ; 7 519 843 hab. *(Catalans).* CAP. *Barcelone.*

GÉOGRAPHIE

L'intérieur associe élevage et cultures méditerranéennes ; le littoral (Costa Brava) est animé par le tourisme, mais la région doit son poids démographique, sa situation de pôle industriel à la présence de Barcelone (qui regroupe environ 50 % de la population de la Catalogne).

HISTOIRE

Occupé par les Arabes au VIIIe s., le territoire de la Catalogne est reconquis au début du IXe s. par Charlemagne et constitué en marche d'Espagne. Au Xe s. est fondé le comté de Barcelone, qui s'étend sur le midi de la France, réuni en 1150 au royaume d'Aragon. À partir du XIIIe s., elle édifie avec lui un vaste empire méditerranéen, à l'origine d'un puissant essor économique. En 1659, la Catalogne est amputée du Roussillon et d'une partie de la Cerdagne. Le XIXe s. est marqué par le développement d'un mouvement autonomiste et par la renaissance de la culture catalane. Dotée d'un statut d'autonomie (1931) supprimé sous le franquisme, la Catalogne le retrouve en 1979. Elle est dirigée par un gouvernement régional *(Generalitat de Catalunya).*

catalogue [katalɔg] **n.m.** (bas lat. *catalogus,* gr. *katalogos,* liste). **1.** Liste énumératrice : *Catalogue d'une bibliothèque* (syn. **répertoire**). **2.** Livre, brochure contenant une liste d'articles, de produits proposés à la vente : *Catalogue d'une maison de vente par correspondance.*

cataloguer [katalɔge] **v.t. 1.** Classer selon un certain ordre ; dresser le catalogue de : *Cataloguer des plantes. Cataloguer* *un musée* (syn. **inventorier, répertorier**). **2.** Classer définitivement dans une catégorie : *Cataloguer qqn comme une bonne pâte, une mauvaise langue.*

catalpa [katalpa] **n.m.** (mot angl., d'orig. amérindienne). Arbre à très grandes feuilles et à fleurs en grosses grappes, originaire de l'Amérique du Nord. ▶ Famille des bignoniacées ; haut. 15 m.

catalyse [kataliz] **n.f.** (angl. *catalysis,* gr. *katalusis,* dissolution). CHIM. Action par laquelle un corps (appelé *catalyseur*) provoque ou accélère une réaction chimique sans être lui-même modifié par cette action.

catalyser [katalize] **v.t. 1.** CHIM. Opérer une catalyse. **2.** Provoquer ou accélérer une réaction psychologique, en parlant d'une personne, d'un événement : *Son élection catalyse les espoirs de la population.*

catalyseur [katalizœr] **n.m. 1.** CHIM. Corps qui catalyse. **2.** Élément qui provoque une réaction par sa seule existence : *La crise économique a servi de catalyseur à la révolution.*

catalytique [katalitik] **adj. 1.** CHIM. Relatif à la catalyse. **2. Pot catalytique,** pot d'échappement antipollution utilisant la catalyse.

catamaran [katamarɑ̃] **n.m.** (mot angl., du tamoul *kattu,* lien, et *maram,* bois). MAR. Embarcation à voiles, faite de deux coques accouplées.

Catane, en it. **Catania,** port d'Italie, sur la côte est de la Sicile, ch.-l. de prov. ; 293 541 hab. Monuments datant de l'époque grecque jusqu'au XVIIIe s.

Cataphote [katafɔt] **n.m.** (nom déposé). Catadioptre.

cataplasme [kataplasm] **n.m.** (lat. *cataplasma,* du gr.). Bouillie médicamenteuse qu'on appliquait, entre deux linges, sur une partie du corps pour combattre une inflammation.

catapulte [katapylt] **n.f.** (lat. *catapulta,* gr. *katapeltês*). **1.** Machine de guerre utilisée autref. pour lancer des projectiles. **2. Catapulte (à vapeur),** dispositif utilisant la force d'expansion de la vapeur pour le lancement des avions, à bord des porte-avions.

catapulter [katapylte] **v.t. 1.** Lancer avec une catapulte : *Catapulter un avion.* **2.** Lancer avec force ou violence et loin ; projeter. **3.** *FAM.* Placer soudainement qqn dans un poste, une situation sociale élevés : *Il a été catapulté directeur du service informatique.*

cataracte [katarakt] **n.f.** (lat. *cataracta,* gr. *kataraktês*). **1.** Chute d'eau importante sur un fleuve. **2.** MÉD. Opacité du cristallin ou de ses membranes produisant une cécité partielle ou totale : *Une opération de la cataracte.*

catarrhe [katar] **n.m.** (lat. *catarrhus,* gr. *katarrhos,* écoulement). MÉD. Inflammation aiguë ou chronique des muqueuses, avec une sécrétion supérieure à la normale.

catastrophe [katastrɔf] **n.f.** (lat. *catastropha,* gr. *katastrophê,* renversement). **1.** Événement subit qui cause un bouleversement, pouvant entraîner des destructions, des morts : *Catastrophe aérienne. Courir à la catastrophe.* **2.** Événement considéré comme grave par celui qui le subit ; détérioration brutale d'une situation : *Son échec à l'examen est pour elle une véritable catastrophe* (syn. **désastre**). **3. En catastrophe,** en dernier recours ; en hâte : *Le pilote a posé l'avion en catastrophe dans un champ.* / **Film catastrophe,** film à suspense qui relate un grave accident mettant en péril la vie de nombreuses personnes. / MATH. **Théorie des catastrophes,** théorie mathématique issue des travaux de René Thom, visant à décrire des phénomènes discontinus à l'aide de modèles continus simples. **4. Catastrophe naturelle,** déchaînement subit des forces de la nature, entraînant des victimes et d'importants dégâts (tempête, séisme, éruption volcanique, tsunami).

catastropher [katastrɔfe] **v.t.** *FAM.* Jeter dans un grand abattement : *Sa mort m'a catastrophé* (syn. **consterner**).

catastrophique [katastrɔfik] **adj.** Qui a le caractère d'une catastrophe : *Un bilan économique catastrophique* (syn. **désastreux**).

catatonie [katatɔni] **n.f.** (all. *Katatonie,* du gr. *kata,* en bas, et *tonos,* tension). NEUROL. Syndrome de certaines formes de schizophrénie, caractérisé notamm. par le négativisme, la catalepsie et des stéréotypes gestuels.

catatonique [katatɔnik] **adj.** et **n.** Relatif à la catatonie ; atteint de catatonie.

catch [katʃ] **n.m.** (de l'angl. *catch [as catch can],* attrape [comme tu peux]). Lutte libre, très spectaculaire, admettant presque toutes les prises.

catcher [katʃe] **v.i.** Pratiquer le catch.

catcheur, euse [katʃœr, -øz] **n.** Personne qui pratique le catch.

Cateau-Cambrésis (Le), ch.-l. de c. du Nord ; 7 209 hab. *(Catésiens).* Église du XVIIe s. Musée H.-Matisse. Traités de paix de 1559, l'un entre la France et l'Angleterre, où Henri II de France (renonçant à l'Italie) conservait Calais, l'autre entre la France et l'Espagne, qui mettait fin aux guerres d'Italie et reconnaissait à la France les Trois-Évêchés (Metz, Toul, Verdun).

catéchèse [kateʃɛz] **n.f.** (lat. ecclés. *catechesis,* du gr. ; v. *catéchisme*). Instruction religieuse.

catéchiser [kateʃize] **v.t.** (lat. ecclés. *catechizare,* du gr. ; v. *catéchisme*). **1.** Initier à la religion chrétienne. **2.** Endoctriner, faire la leçon à qqn : *Catéchiser des militants politiques.*

catéchisme [kateʃism] **n.m.** (lat. ecclés. *catechismus,* gr. *katêchismos,* de *katêkhein,* instruire oralement). **1.** Enseignement de la foi et de la morale chrétiennes ; livre qui contient cet enseignement ; cours où il est dispensé : *Aller au catéchisme.* **2.** Résumé dogmatique des principes fondamentaux d'une doctrine : *Ce livre a été longtemps le catéchisme des révolutionnaires.*

catéchiste [kateʃist] **n.** Personne qui enseigne le catéchisme.

catéchumène [katekymɛn] **n.** (lat. ecclés. *catechumenus*). Personne que l'on instruit pour la disposer à recevoir le baptême.

catégorie [kategɔri] **n.f.** (lat. *categoria,* gr. *katêgoria,* de *katêgorein,* énoncer). **1.** Ensemble de personnes ou de choses de même nature : *Établir différentes catégories d'objets* (syn. **classe, espèce, famille**). *Boxeur de la catégorie des poids légers. Il est de la catégorie de gens qui doutent de tout.* **2.** PHILOS. Chez Aristote, chacun des genres les plus généraux de l'être, irréductibles les uns aux autres (substance, quantité, qualité, relation, lieu, temps, position, avoir, agir, subir). **3. Catégories grammaticales,** classes, appelées aussi *parties du discours,* entre lesquelles sont répartis les éléments du vocabulaire selon la fonction qu'ils remplissent dans la phrase (on dit aussi *classe grammaticale*) : *Catégorie nominale, verbale.*

catégoriel, elle [kategɔrjɛl] **adj.** Qui concerne une ou plusieurs catégories de personnes ; qui est limité à une catégorie, à quelques catégories : *Revendications catégorielles.*

catégorique [kategɔrik] **adj.** (bas lat. *categoricus ;* v. *catégorie*). **1.** Se dit de ce qui ne laisse aucune possibilité de doute, d'équivoque : *Refus catégorique* (syn. **absolu**). **2.** Se dit d'une personne qui exprime un avis, une opinion d'une manière nette et sans réplique : *Elle a été tout à fait catégorique : elle n'y était pas.*

catégoriquement [kategɔrikmɑ̃] **adv.** De façon catégorique : *Répondre catégoriquement.*

catégorisation [kategɔrizasjɔ̃] **n.f.** Classement par catégories en vue d'une étude statistique : *Catégorisation de la population.*

catégoriser [kategɔrize] **v.t.** Classer par catégories.

caténaire [katenɛr] **adj.** (lat. *catenarius,* de la chaîne, de *catena,* chaîne). CH. DE F. **Suspension caténaire,** système de suspension du fil d'alimentation en énergie électrique des locomotives ou des tramways (on dit aussi *une caténaire*).

catgut [katgyt] **n.m.** (mot angl. « boyau de chat »). Lien utilisé en chirurgie pour la suture des plaies. ▶ Le catgut se résorbe spontanément en quelques jours.

cathare [katar] **n.** et **adj.** (gr. *katharos,* pur). Adepte d'un mouvement religieux manichéen du Moyen Âge répandu notamm. dans le sud-ouest de la France. ▶ Les cathares rejetaient les dogmes de l'Église catholique et prêchaient un retour à la pauvreté évangélique. L'Église condamna leur doctrine *(catharisme)* comme hérétique et les combattit au cours de la *croisade des albigeois**.

catharsis [katarsis] **n.f.** (gr. *katharsis,* purification ; v. *cathare*). **1.** « Purification » produite chez les spectateurs par une représentation dramatique, selon Aristote. **2.** Méthode de psychothérapie reposant sur la décharge émotionnelle liée à l'extériorisation du souvenir d'événements traumatisants et refoulés.

cathédrale [katedral] **n.f.** (du lat. médiév. *cathedralis,* de *cathedra,* siège épiscopal). Église épiscopale d'un diocèse : *La cathédrale de Reims.*

Catherine d'Alexandrie, martyre chrétienne extrêmement populaire dont on avait fait la patronne des étudiants, des philosophes et des jeunes filles (notamm. les « catherinettes », qui la fêtaient le 25 nov.). Mais l'histoire de sa vie et de son supplice à Alexandrie au temps de l'empereur Maxence est si douteuse que l'Église a retiré cette sainte de son calendrier en 1970.

Catherine de Sienne *(sainte),* religieuse italienne (Sienne 1347 - Rome 1380). Membre du tiers ordre de saint Dominique, elle acquiert une grande popularité en Italie et, soucieuse de reconstituer l'unité de la chrétienté, elle intervient publiquement dans les affaires de l'Église, notamm. en 1376, lorsqu'elle demande au pape Grégoire XI de quitter Avignon pour rentrer à Rome.

Catherine d'Aragon (Alcalá de Henares 1485 - Kimbolton 1536), reine d'Angleterre (1509-1533). Fille des Rois Catholiques (souverains d'Espagne), elle fut l'épouse d'Henri VIII, qui la répudia. Ce divorce provoqua la rupture de l'Église d'Angleterre avec la papauté, à l'origine de l'anglicanisme. Elle est la mère de Marie Tudor.

Catherine de Médicis (Florence 1519 - Blois 1589), reine de France. Fille de Laurent II de Médicis, elle épousa, en 1533, le futur roi de France Henri II, auquel elle donna dix enfants dont sept survécurent, parmi lesquels les trois derniers rois de la dynastie des Valois : François II, Charles IX et Henri III. Elle resta longtemps effacée, éclipsée notamm. par la favorite Diane de Poitiers. Puis, investie de la régence à l'avènement de Charles IX (1560), elle exerça la réalité du pouvoir durant tout le règne de ce roi, et gouverna aux côtés d'Henri III (1574) jusqu'à sa mort (1589).
Au pouvoir pendant trente ans, elle s'efforça de pacifier le royaume en proie aux guerres de Religion. Soucieuse avant tout de maintenir les droits d'une couronne convoitée par les grands, et dont ses fils étaient les dépositaires, attachée au catholicisme, mais sans fanatisme, elle vit dans les querelles dogmatiques un danger pour la dynastie. Pour cette raison, elle pratiqua d'abord une politique de tolérance à l'égard des protestants (édits de janv. 1562 et d'Amboise, 1563), soutenue par le chancelier Michel de L'Hospital. Mais, en 1567, l'attentat des chefs huguenots (protestants), Condé et l'amiral de Coligny, qui tentèrent de l'enlever ainsi que Charles IX, la détermina à se rallier au parti catholique. Résolue à ne pas laisser inféoder le trône aux chefs de ce parti, les Guises, alliés à l'Espagne, elle négocia la paix avec les protestants (paix de Saint-Germain, 1570). Mais, hostile à la politique de Coligny qui entraînait Charles IX dans une guerre contre l'Espagne, elle décida avec les Guises de faire assassiner l'amiral, puis tous les chefs protestants, ce qui entraîna le massacre de la Saint-Barthélemy (24 août 1572). Aux côtés d'Henri III, elle poursuivit ses efforts pacificateurs, négociant la paix de Monsieur (édit de Beaulieu, 1576) avec son fils François, duc d'Anjou, et la paix de Nérac (1579) avec son gendre Henri de Navarre (futur Henri IV), époux de sa fille Marguerite de Valois. Si les historiens lui ont longtemps reproché son machiavélisme, elle n'eut cependant aucune part dans l'assassinat du duc de Guise et du cardinal de Lorraine à Blois en 1588. De fait, elle resta pendant trente ans la personnalité dominante du royaume et réussit à préserver l'équilibre d'une monarchie en crise.

Catherine II la Grande (Stettin 1729 - Tsarskoïe Selo 1796), impératrice de Russie (1762-1796). Épouse de Pierre III, elle parvint à détourner à son profit la réaction nationaliste contre celui-ci, dirigea le complot de la garde impériale qui obligea ce dernier à abdiquer (1762) et écarta du pouvoir leur fils Paul. Elle chercha à cultiver sa réputation de souveraine éclairée, amie des philosophes, en correspondant avec Voltaire (1763-1777) et en invitant Diderot à sa cour ; mais elle mena une politique avant tout opportuniste et empirique pour faire de la Russie une grande puissance admise dans le concert des nations européennes. Abandonnant les projets de réformes libérales des premières années de son règne, elle mit en œuvre une série de réformes pratiques pour améliorer l'administration et l'économie après les troubles sociaux de 1773-1775. En effet, acceptant d'autant plus mal leur condition que Pierre III, en 1762, avait libéré la noblesse de l'obligation de servir, les serfs se rallièrent nombreux au mouvement insurrectionnel de Pougatchev (1773-1774), qui promettait par ailleurs le rétablissement des libertés cosaques abolies en Ukraine en 1764. Catherine II brisa la révolte de Pougatchev et introduisit le servage en Ukraine (1783), dont la mise en valeur fut confiée à son favori, Potemkine. Cherchant à favoriser la formation d'un tiers état urbain et d'une noblesse plus instruite, elle améliora le système éducatif et promulgua en 1785 une charte de la noblesse confirmant les privilèges de celle-ci et une charte des villes accordant l'autonomie aux communautés urbaines.
Par ailleurs, Catherine II agrandit considérablement son empire : elle obtint à la paix de Kutchuk-Kaïnardji (1774), qui mit fin à la guerre russo-turque, la reconnaissance de l'indépendance de la Crimée, qu'elle annexa en 1783. Elle porta ensuite la frontière jusqu'au Dniestr à l'issue d'une seconde guerre (1787-1791) contre l'Empire ottoman. Elle fit élire roi de Pologne son ancien favori, Stanislas Poniatowski (1763), puis elle prit part aux trois partages de la Pologne (1772, 1793, 1795) et réunit ainsi à l'Empire russe la Biélorussie, l'Ukraine occidentale et la Lituanie. À la fin de son règne, la Russie avait accédé au statut de grande puissance européenne.

cathéter [kateter] **n.m.** (gr. *kathetêr,* sonde). MÉD. Tige creuse que l'on introduit dans un canal naturel.

cathode [katɔd] **n.f.** (gr. *cathodos,* route vers le bas). Électrode négative par laquelle le courant sort d'un électrolyte (par opp. à *anode*).

cathodique [katɔdik] **adj. 1.** Relatif à la cathode. **2. Rayons cathodiques,** faisceau d'électrons émis par la cathode d'un tube à vide parcouru par un courant. / **Tube cathodique** (ou **à rayons cathodiques**), tube à vide dans lequel les rayons cathodiques sont dirigés sur une surface fluorescente *(écran cathodique)* où leur impact produit une image visible.

catholicisme [katɔlisism] **n.m.** Religion des chrétiens qui reconnaissent l'autorité du pape en matière de dogme et de morale.

■ Le catholicisme regroupe à la fois les institutions, la doctrine et les fidèles du groupe chrétien rassemblé dans l'Église romaine sous l'autorité spirituelle du pape, évêque de Rome et successeur de l'apôtre Pierre. Le mot « catholique » fut employé depuis le début du IIe s. pour caractériser l'Église du Christ. L'ensemble des chrétiens d'aujourd'hui se réfèrent encore à la règle de foi du concile de Constantinople (381), où il est dit : « Nous croyons en l'Église une, sainte, catholique. » Cependant, seule l'Église qui a son centre à Rome a retenu ce titre ancien.

Fondements et doctrine. Le catholicisme, qui s'exprime dans une communauté de foi, de vie sacramentelle et de spiritualité, repose sur un triple fondement : l'Écriture, qui est parole de Dieu ; la Tradition, qui est continuité de la présence et de l'action divines ; l'Église, considé- →

rée comme dépositaire et seule interprète des vérités de foi ainsi que des règles morales. Le souci de pureté doctrinale ou d'orthodoxie, qui a donné lieu parfois à l'intolérance et à l'esprit de persécution, vient de ce que, aux yeux du catholicisme, la vérité révélée ne peut être livrée à l'interprétation individuelle ou sectaire : il ne saurait y avoir plusieurs Églises chrétiennes dont chacune comprendrait à sa manière propre le message de Jésus. Cette unité doctrinale est parallèle à l'unité ecclésiale présidée par le pape, auquel est subordonnée l'autorité des évêques responsables des Églises locales, ou diocèses. Le pouvoir de la papauté a pris parfois les allures de la souveraineté temporelle et s'est développé, au sein de l'institution ecclésiale elle-même, dans le sens d'un centralisme romain que le IIe concile du Vatican (1962-1965) tenta d'assouplir au profit d'une autorité collégiale associant les évêques au gouvernement de l'Église et de formes de concertation avec les laïcs eux-mêmes.

Le catholicisme compte dans le monde actuel environ 1 milliard de baptisés. Il est traversé par des courants doctrinaux divergents (traditionalisme, théologie de la libération, mouvements pentecôtistes ou charismatiques) qui cependant ne tombent qu'exceptionnellement dans la dissidence. ■

catholicité [katɔlisite] **n.f. 1.** Conformité à la doctrine de l'Église catholique. **2.** Ensemble des Églises chrétiennes unies à l'Église de Rome.

catholique [katɔlik] **n.** et **adj.** (lat. ecclés. *catholicus,* gr. *katholikos,* universel). Personne qui professe le catholicisme : *Il y a environ 800 millions de catholiques dans le monde.* ◆ **adj. 1.** Qui appartient au catholicisme : *L'Église catholique, apostolique et romaine.* **2.** (Surtout en tournure nég.). *FAM.* Conforme à la règle, à la morale : *Ne pas avoir un air très catholique* (syn. **honnête**).

Catilina (Lucius Sergius), homme politique romain (v. 108 - Pistoia 62 av. J.-C.). Sa conjuration contre le sénat fut dénoncée par Cicéron *(Catilinaires)* et écrasée à la bataille de Pistoia.

en catimini [katimini] **loc. adv.** (du gr. *katamênia,* menstrues). En cachette, discrètement : *Prévenir qqn en catimini.*

catin [katɛ̃] **n.f.** *FAM., VIEILLI.* Femme de mauvaises mœurs.

cation [katjɔ̃] **n.m.** (de *cat[hode]* et *ion*). Ion de charge positive (par opp. à *anion*) : *Dans l'électrolyse, le cation se dirige vers la cathode.*

catogan [katɔgɑ̃] **n.m.** (du n. du général angl. *Cadogan*). **1.** Nœud retenant les cheveux sur la nuque. **2.** Chignon bas sur la nuque.

Caton, dit **l'Ancien** ou **le Censeur,** homme d'État romain (Tusculum 234 - 149 av. J.-C.). Consul en 195, il incarna la politique conservatrice de l'oligarchie sénatoriale, s'attachant à briser le pouvoir des Scipions et la puissance de Carthage. Censeur en 184 av. J.-C., il lutta, au nom d'une morale austère, contre le luxe et les mœurs grecques à Rome. Caton fut aussi un des premiers grands écrivains de langue latine (*De re rustica,* les *Origines*).

Caton d'Utique, homme d'État romain (95 - Utique 46 av. J.-C.), arrière-petit-fils de Caton l'Ancien. Tribun, puis sénateur, il s'opposa à Pompée et à César. Replié en Afrique, il se suicida après la défaite du parti de Pompée à Thapsus (46). Il fut à Rome l'un des modèles du stoïcisme.

Cattégat ou **Kattegat,** bras de mer entre la Suède et le Danemark (Jylland).

Catulle, poète latin (Vérone v. 87 - Rome v. 54 av. J.-C.). Influencé par l'alexandrinisme, il est l'auteur de poèmes érudits *(les Noces de Thétis et de Pélée)* et lyriques.

Cauca (le) riv. de Colombie, affl. du Magdalena (r. g.) ; 1 250 km.

Caucase, chaîne de montagnes qui s'étend sur 1 250 km entre la mer Noire et la Caspienne, limite conventionnelle entre l'Europe (au N.) et l'Asie (au S.). C'est une haute barrière où l'altitude descend rarement au-dessous de 2 000 m, dominée par de puissants volcans (Elbrous, 5 642 m ; Kazbek). Difficilement pénétrable, le Caucase a été un refuge de populations et constitue encore une véritable mosaïque ethnique. On étend parfois le nom de Caucase aux massifs situés au sud de Tbilissi (appelés *Petit Caucase*). La région comprend les républiques et les régions autonomes de Russie qui forment le Caucase du Nord (celles du Daguestan, de Kabardino-Balkarie, d'Ossétie du Nord-Alanie, de Tchétchénie, d'Ingouchie, des Adygués, des Karatchaïs-Tcherkesses) et les trois pays de Transcaucasie (l'Arménie, l'Azerbaïdjan et la Géorgie), appelées fréquemment *pays du Caucase.*

caucasien, enne [kokazjɛ̃, -ɛn] et **caucasique** [kokazik] **adj.** et **n. 1.** Du Caucase. **2. Langues caucasiennes** ou **caucasiques,** famille de langues de la région du Caucase, à laquelle appartient le géorgien.

cauchemar [koʃmar] **n.m.** (mot picard, de *cauchier,* fouler [lat. *calcare*] et *mare,* fantôme [mot néerl.]). **1.** Rêve pénible, angoissant. **2.** Idée, chose ou personne qui importune, tourmente : *Cette secrétaire est notre cauchemar.*

cauchemardesque [koʃmardɛsk] **adj.** Qui produit une impression analogue à celle d'un cauchemar : *Une vision cauchemardesque.*

Cauchon (Pierre), évêque de Beauvais, puis de Lisieux (près de Reims v. 1371 - Rouen 1442). Il embrassa le parti bourguignon et présida au procès de Jeanne d'Arc.

Cauchy (*baron* **Augustin),** mathématicien français (Paris 1789 - Sceaux 1857). Avec Gauss, il domina les mathématiques de la 1re moitié du XIXe s. Il fut l'un des fondateurs de la théorie des groupes finis. En analyse infinitésimale, il créa la notion moderne de la continuité pour les fonctions de variables réelles ou complexes. Il montra l'importance de la convergence des séries entières, et son nom reste attaché aux suites de Cauchy. Il précisa la notion d'intégrale définie *(intégrale de Cauchy)* et en fit un outil remarquable pour l'étude des fonctions de la variable complexe.

caudal, e, aux [kodal, -o] **adj.** (du lat. *cauda,* queue). **1.** De la queue : *Plumes caudales.* **2. Nageoire caudale,** nageoire terminant la queue des cétacés, des poissons, des crustacés (on dit aussi *une caudale*).

caudillo [kawdijo] **n.m.** (mot. esp. « capitaine, chef »). Titre porté par le général Franco à partir de 1936.

causal, e, als ou **aux** [kozal, -o] **adj.** (lat. *causalis*). **1.** Qui annonce un rapport de cause à effet : *Discerner un lien causal entre deux événements.* **2.** GRAMM. **Proposition causale,** proposition donnant la raison ou le motif de l'action exprimée par le verbe principal (on dit aussi *une causale*).

causalité [kozalite] **n.f.** (bas lat. *causalitas*). **1.** Rapport qui unit la cause à l'effet. **2.** PHILOS. **Principe de causalité,** principe selon lequel tout fait a une cause, les mêmes causes dans les mêmes conditions produisant les mêmes effets.

causant, e [kozɑ̃, -ɑ̃t] **adj.** (de *2. causer*). *FAM.* Qui parle volontiers : *Il est très causant d'habitude* (syn. **communicatif**).

cause [koz] **n.f.** (lat. *causa*). **1.** Ce par quoi une chose existe ; ce qui produit qqch : *Connaître la cause d'un phénomène* (syn. **origine**). *Les causes économiques d'une guerre* (syn. **source** ; contr. **conséquence**). **2.** Ce pourquoi on fait qqch : *J'ignore la cause de son départ* (syn. **motif, raison**). *Les causes qui l'ont déterminé à agir sont d'ordre personnel* (syn. **mobile**). **3.** Affaire pour laquelle qqn comparaît en justice : *Perdre une cause* (syn. **procès**). *L'avocat a étudié la cause de son client* (syn. **cas, dossier**). **4.** Ensemble d'intérêts, d'idées que l'on se propose de soutenir : *La cause de la paix.* **5. À cause de,** en raison de ; en considération de ; par la faute de. / **En connaissance de cause,** en connaissant les faits. / **En tout état de cause,** de toute manière. / **Être cause de, la cause de,** être responsable de, être la raison de ; causer, occasionner. / **Être en cause,** faire l'objet d'un débat ; être incriminé, compromis : *De gros intérêts sont en cause dans cette affaire* (= en jeu). *Des personnages haut placés sont en cause* (= sont accusés). / **Être hors de cause,** être lavé de tout soupçon. / **Faire cause commune**

avec qqn, unir ses intérêts aux siens. / **La bonne cause,** celle qu'on considère comme juste (souvent iron.) : *On l'a licencié pour la bonne cause.* / **La cause est entendue,** l'affaire est jugée. / **Mettre en cause,** incriminer. / **Pour cause de,** en raison de. / **Prendre fait et cause pour qqn,** prendre son parti, le soutenir sans réserve.

1. causer [koze] **v.t.** (de *cause*). Être la cause de qqch ; produire : *Les pluies de cette nuit ont causé des inondations* (syn. **déclencher, provoquer**). *Cette décision va vous causer des ennuis* (syn. **occasionner, attirer**).

2. causer [koze] **v.t. ind.** (lat. *causari,* faire un procès puis « alléguer des raisons »). **1. [avec].** Échanger familièrement des paroles avec : *Causer de politique avec une amie* (syn. **discuter, parler**). *Nous avons causé un grand moment ensemble* (syn. **bavarder, deviser**). **2. [à].** *FAM.* Adresser la parole à (emploi critiqué) : *Ce n'est pas à vous que je cause* (syn. **parler**). **3.** Parler de qqn avec malveillance : *Il boit trop, les gens commencent à causer* (syn. **jaser**).

causerie [kozri] **n.f.** (de *2. causer*). Petite conférence sans prétention : *Il fera une causerie sur son voyage en Chine.*

causette [kozɛt] **n.f.** (de *2. causer*). **1.** *FAM.* Conversation familière : *Faire la causette, un brin de causette.* **2.** INFORM. Recomm. off pour *2. chat.*

causeur, euse [kozœr, -øz] **n.** et **adj.** (de *2. causer*). Personne qui possède l'art de parler : *Un brillant causeur.*

causeuse [kozøz] **n.f.** (de *2. causer*). Petit canapé à deux places.

causse [kos] **n.m.** (mot prov., du lat. *calx, calcis,* chaux). Plateau calcaire au relief karstique.

Causses (les), plateaux calcaires et secs du sud *(Grands Causses)* et du sud-ouest *(Causses du Quercy)* du Massif central, consacrés à l'élevage ovin et au tourisme (avec deux parcs naturels régionaux, couvrant respectivement 315 000 ha dans l'Aveyron et 175 000 ha dans le Lot). Les *Grands Causses* sont entaillés par les gorges du Tarn, de la Jonte et de la Dourbie et comprennent le *causse de Sauveterre,* le *causse de Sévérac,* le *causse Comtal,* le *causse Méjean,* le *causse Noir* et le *causse du Larzac.*

causticité [kostisite] **n.f.** **1.** Caractère de ce qui est caustique, corrosif : *La causticité d'un acide.* **2.** *LITT.* Esprit mordant, incisif : *La causticité d'un critique, d'une satire.*

caustique [kostik] **adj.** et **n.m.** (lat. *causticus,* gr. *kaustikos,* brûlant). Qui attaque les tissus organiques : *La soude est un caustique.* ◆ **adj.** Mordant, incisif dans la moquerie, la satire : *On redoute son esprit caustique.*

cauteleux, euse [kotlø, -øz] **adj.** (du lat. *cautela,* prudence). *LITT.* Qui manifeste à la fois de la méfiance et de la ruse : *Des paroles cauteleuses* (syn. **sournois**).

cautère [kotɛr] **n.m.** (gr. *kautêrion,* brûlure). **1.** MÉD. Tige métallique chauffée ou substance chimique utilisée pour brûler un tissu organique en vue de détruire des parties malades ou d'arrêter une hémorragie. **2.** *FAM.* **Un cautère sur une jambe de bois,** un remède inutile, un moyen inefficace.

cautérisation [koterizasjɔ̃] **n.f.** Action de cautériser ; fait d'être cautérisé.

cautériser [koterize] **v.t.** Brûler avec un cautère : *Cautériser une plaie.*

caution [kosjɔ̃] **n.f.** (lat. *cautio,* précaution, de *cavere,* prendre garde). **1.** Garantie morale donnée par qqn jouissant d'un grand crédit ; cette personne : *Agir avec la caution d'un ministre* (syn. **soutien, appui**). **2.** Garantie d'un engagement pris pour soi-même ou pour un autre ; somme que l'on verse pour servir de garantie : *Verser une caution correspondant à deux mois de loyer. Mise en liberté sous caution.* **3.** Engagement de faire face à une dette contractée par autrui ; personne qui prend cet engagement : *Se porter caution pour qqn.* **4. Sujet à caution,** dont la vérité n'est pas établie ; suspect, douteux : *Nouvelle sujette à caution. Témoin sujet à caution.*

cautionnement [kosjɔnmɑ̃] **n.m.** DR. **1.** Contrat par lequel qqn se porte caution auprès d'un créancier. **2.** Dépôt de fonds exigé par la loi pour la candidature à une élection, la soumission d'une offre de services à l'État, l'exercice d'une profession (comptable public, par ex.).

cautionner [kosjɔne] **v.t.** **1.** Se porter caution pour : *Cautionner un ami.* **2.** Donner son appui, son approbation à : *Il a refusé de cautionner cette nouvelle orientation politique* (syn. **soutenir** ; contr. **désavouer**).

Caux [ko] ***(pays de),*** région de Normandie, au nord de la Seine, formée d'un plateau crayeux recouvert de limon (blé, betterave à sucre, élevage bovin), retombant en de hautes falaises sur le littoral de la Manche, jalonné de ports et de stations balnéaires (Dieppe, Fécamp, Étretat). [Hab. *Cauchois.*]

Cavaignac, famille française dont plusieurs membres s'illustrèrent dans la politique, notamm. le général **Louis Eugène** (Paris 1802 - Ourne, Sarthe, 1857). Ministre de la Guerre de la IIe République, il fut investi en juin 1848 de pouvoirs dictatoriaux, qui lui permirent d'écraser l'insurrection ouvrière, puis il fut nommé chef du pouvoir exécutif. Candidat à la présidence de la République, il fut battu en décembre par Louis Napoléon, futur Napoléon III.

cavalcade [kavalkad] **n.f.** (it. *cavalcata,* de *cavalcare* ; v. *chevaucher*). **1.** *VX.* Défilé d'une troupe de cavaliers, notamm. de soldats. **2.** *FAM.* Course agitée et bruyante d'un groupe de personnes ; ce groupe.

cavale [kaval] **n.f.** (de *cavaler*). **1.** *ARG.* Évasion d'une prison : *Ils ont préparé leur cavale minutieusement* (syn. **fuite**). **2. En cavale,** en fuite : *Il est en cavale depuis huit jours.*

cavaler [kavale] **v.i.** (de *cavale,* jument). *FAM.* **1.** Courir ; fuir. **2.** Rechercher les aventures amoureuses.

cavalerie [kavalri] **n.f.** (it. *cavalleria* ; v. *cavalier*). **1.** Troupe à cheval. **2.** Corps d'armée constitué à l'orig. par des troupes à cheval, puis motorisées : *Régiment de cavalerie.*

cavaleur, euse [kavalœr, -øz] **adj.** et **n.** *FAM.* Qui recherche les aventures amoureuses.

1. cavalier, ère [kavalje, -ɛr] **n.** (it. *cavaliere* ; v. *chevalier*). **1.** Personne à cheval. **2.** Celui, celle avec qui on forme un couple, dans une réception, un bal. **3. Faire cavalier seul,** distancer ses concurrents, dans une course ; au fig., agir isolément. ◆ **cavalier n.m.** **1.** Militaire servant à cheval. **2.** Pièce du jeu d'échecs. **3.** Carte du tarot entre la dame et le valet. **4.** Clou en U. **5.** Pièce adaptable servant au classement des fiches.

2. cavalier, ère [kavalje, -ɛr] **adj.** (de *1. cavalier*). **1.** Désinvolte jusqu'à la grossièreté ; sans gêne : *Il s'est montré très cavalier dans ses remarques.* **2. Allée, piste cavalière,** allée, piste aménagée pour les promenades à cheval.

Cavalier (Jean), chef camisard (Ribaute-les-Tavernes 1680 - Chelsea, Jersey, 1740). À partir de 1702, il fut à la tête de la révolte menée par les calvinistes contre Louis XIV dans la région des Cévennes. Il se soumit en 1704, puis servit l'étranger contre la France. Il publia ses *Mémoires* (1726).

Cavalier bleu (le) → **Blaue Reiter** (Der).

cavalièrement [kavaljɛrmɑ̃] **adv.** De façon cavalière : *Il est parti très cavalièrement, sans prendre congé.*

1. cave [kav] **n.f.** (bas lat. *cava,* fossé, de *cavus,* creux). **1.** Local souterrain, souvent voûté ; pièce en sous-sol d'un bâtiment, servant de débarras, de cellier, etc. : *Descendre à la cave.* **2.** Réserve, souterraine ou non, où l'on conserve le vin ; la réserve elle-même : *Avoir une belle cave.* **3.** Coffret à compartiments où l'on met divers produits : *Cave à cigares.* **4.** Dancing, boîte de nuit en sous-sol.

2. cave [kav] **n.f.** (de *caver,* miser, it. *cavare,* creuser et « tirer de sa poche », lat. *cavare,* de *cavus,* creux). Somme que chaque joueur place devant lui pour payer ses enjeux, partic. au poker.

3. cave [kav] **adj.** (lat. *cavus*). **1.** VX. Creux : *Joues caves.* **2. Veines caves,** les deux grosses veines (*veine cave supérieure* et *veine cave inférieure*) qui collectent le sang de la circulation générale et aboutissent à l'oreillette droite du cœur.

caveau [kavo] **n.m.** (de *1. cave*). **1.** Construction, fosse aménagée en sépulture sous un édifice, dans un cimetière : *Caveau familial.* **2.** HIST. Cabaret où se réunissaient des poètes, des chansonniers (XVIIIe-XIXe s.).

Cavelier de La Salle → La Salle.

Cavendish (Henry), physicien et chimiste britannique (Nice 1731 - Londres 1810). Il isola l'hydrogène en 1766, fit la première analyse précise de l'air, réalisa la synthèse de l'eau et combina l'azote et l'oxygène par action des étincelles électriques. En 1798, il mesura, à l'aide de la balance de torsion, la constante d'attraction universelle et en déduisit la densité moyenne de la Terre. Créateur, avec Coulomb, de l'électrostatique quantitative, il montra que l'action électrique est nulle à l'intérieur d'un conducteur chargé ; il introduisit la notion de potentiel et pressentit l'existence des résistances et l'expression de la loi d'Ohm.

Caventou (Joseph Bienaimé), pharmacien français (Saint-Omer 1795 - Paris 1877). En 1818, il isola (avec Pelletier) la strychnine et, en 1820, la quinine.

caverne [kavɛrn] **n.f.** (lat. *caverna,* de *cavus,* creux). **1.** Cavité naturelle assez vaste, dans une zone rocheuse. **2.** MÉD. Cavité pathologique dans certaines maladies : *Caverne du poumon dans la tuberculose.* **3. L'âge, l'homme des cavernes,** de la préhistoire.

caverneux, euse [kavɛrnø, -øz] **adj.** (de *caverne*). **1. Voix caverneuse,** voix grave, qui semble sortir des entrailles. **2.** ANAT. **Corps caverneux,** tissu érectile des organes génitaux (clitoris, verge).

cavernicole [kavɛrnikɔl] **n.m.** et **adj.** (de *caverne* et *-cole*). Animal qui vit dans les milieux souterrains. ▸ Un animal cavernicole est génér. aveugle et décoloré.

caviar [kavjar] **n.m.** (it. *caviaro,* var. dialect. de *caviale,* turc *khāviār*). Œufs d'esturgeon pressés et marinés.

caviste [kavist] **n.** Personne ayant la charge d'une cave à vins, chez un producteur, un restaurateur.

cavité [kavite] **n.f.** (bas lat. *cavitas,* du class. *cavus,* creux). Partie creuse, vide d'un objet matériel, organique : *Cavités d'un rocher* (syn. **excavation**). *Cavités du cœur.*

Cavour (Camillo Benso, *comte* **de),** homme d'État italien (Turin 1810 - *id.* 1861). Ancien sous-lieutenant ayant quitté l'armée en raison de ses idées jugées libérales, il fonde, en 1847, *Il Risorgimento,* où il expose sa thèse d'une Italie dotée d'une monarchie constitutionnelle de tendance libérale et unie autour de la maison de Savoie qui règne alors sur le Piémont. Député de Turin (1848), ministre des Finances (1851), il est désigné à la présidence du Conseil par Victor-Emmanuel II en 1852. Il lance alors un vaste programme de réformes économiques mais ses efforts portent avant tout sur la réalisation de l'unité italienne. Afin d'obtenir l'aide militaire étrangère, indispensable pour éliminer l'Autriche de la péninsule, il fait participer le Piémont à la guerre de Crimée aux côtés de la France et de la Grande-Bretagne (1855-1856). Invité par Napoléon III à Plombières (1858), il négocie avec l'empereur la création d'un royaume d'Italie du Nord s'étendant jusqu'à l'Adriatique pour laquelle il obtient son appui armé en échange de la rétrocession à la France de la Savoie et de Nice. Il peut dès lors contraindre l'Autriche à la guerre. Malgré les victoires de l'armée franco-piémontaise à Magenta et à Solferino (juin 1859), Napoléon III signe l'armistice de Villafranca (juill.), où la Lombardie est donnée à la France, qui la rétrocède au Piémont. Mais, mettant à profit les soulèvements déclenchés par la guerre, Cavour s'empare de l'Émilie, de Parme, de Modène, de la Toscane, qu'il annexe au Piémont après plébiscite. Puis, après avoir soutenu Garibaldi, chef de l'expédition des Mille, qui s'empare de Naples (sept.), il fait ratifier par plébiscite le rattachement du royaume des Deux-Siciles au Piémont (oct.). Mais, lorsqu'il meurt, peu après la proclamation du royaume d'Italie, l'unité italienne n'est pas achevée : Venise demeure à l'Autriche et Rome au pape.

Cayenne, ch.-l. du dép. de la Guyane ; 55 499 hab. (102 303 hab. dans l'agglomération).

Cayeux (Lucien), géologue français (Semousies, Nord, 1864 - Mauves-sur-Loire 1944). Il fut l'un des pionniers de l'étude pétrographique des roches sédimentaires à l'aide du microscope polarisant.

Cayman *(îles)* → Caïmans *(îles)*.

Cazotte (Jacques), écrivain français (Dijon 1719 - Paris 1792). Il est l'auteur du récit fantastique *le Diable amoureux* (1772).

CB [sibi] **n.f.** (sigle). **1.** Citizen band. **2.** Appareil émetteur-récepteur pour la citizen band.

C.C.P. [sesepe] **n.m.** Sigle de *compte* courant postal.*

CD [sede] **n.m.** (sigle). Compact Disc.

C.D.D. [sedede] **n.m.** (sigle). Contrat à durée déterminée.

C.D.I. [sedei] **n.m.** (sigle). **1.** Au collège et au lycée, centre de documentation et d'information. **2.** Contrat à durée indéterminée.

CD-ROM ou **CD-Rom** [sederɔm] **n.m.** (abrév. de l'angl. *compact disc read only memory,* disque compact à mémoire morte). Cédérom.

C.D.U. (**Christlich-Demokratische Union,** en fr. **Union chrétienne-démocrate**) parti politique allemand fondé en 1945. Elle constitue avec la **C.S.U.** (Christlich-Soziale Union, en fr. **Union chrétienne-sociale**), parti bavarois créé la même année, un groupe commun au Bundestag. Au pouvoir en R.F.A. de 1949 à 1969 et de 1982 à 1998, la C.D.U. a joué un rôle majeur dans la réalisation de la réunification de l'Allemagne. Elle dirige à nouveau le gouvernement depuis 2005.

1. ce [sə], **cet** [sɛt], **cette** [sɛt], **ces** [sɛ] **adj. dém.** (lat. pop. *ecce istum,* du class. *ecce,* voici, et *iste,* cela). **1.** Déterminant d'un groupe nominal, désignant qqn, qqch que l'on peut montrer ou dont il a été question : *Prends donc ce parapluie. Cette conférence était particulièrement intéressante. Ces souliers sont usés.* ***Rem.*** *Ce* se transforme en *cet* devant un mot commençant par une voyelle ou un *h* muet : *Cet arbre. Cet homme.* **2.** Devant un nom à contenu temporel, indique que la période considérée se situe dans le moment présent ou qu'elle en est très proche : *Ce matin* (= aujourd'hui). *Ce soir* (= le soir qui vient). *Cette année* (= l'année présente).

2. ce [sə] **pron. dém.** (lat. pop. *ecce hoc,* du class. *ecce,* voici, et *hoc,* cela). [Lorsqu'il n'est pas inversé, *ce* s'élide en *c'* devant les formes du verbe *être* commençant par *e* et en *ç'* devant l'auxiliaire *avoir*]. **1.** Construit avec le v. *être,* assure une fonction de sujet : *Ce sera bien. Qui est-ce ? Est-ce à toi ? C'était l'année dernière. Ç'a été difficile.* **2.** Construit avec un pron. relat. (*ce qui, ce que, ce dont,* etc.), assure une fonction de sujet, d'attribut ou de complément : *Ce dont il s'occupe est très compliqué. Leur logiciel reste ce qui se fait de mieux dans le domaine. Elle peut dire tout ce qu'elle voudra. Voilà ce pour quoi nous nous sommes battus.* **3. Ce faisant,** par là même : *Il n'est pas venu, ce faisant, il s'est déconsidéré.* / FAM. **Ce que,** exprime l'emphase : *Ce qu'on s'amuse !* / **C'est... qui, que, dont, etc.,** servent à mettre en relief un mot quelconque de la phrase : *C'est elle qui paie. C'est là qu'il habite. C'est le livre dont je t'ai parlé.* / **Et ce,** sert à rappeler une affirmation : *Il a reporté la réunion, et ce, sans même avertir les participants.* / SOUT. **Pour ce faire,** pour faire cela : *Il veut réussir et pour ce faire il est prêt à tout.* / FAM. **Sur ce,** sur ces entrefaites : *Sur ce, elle a tourné les talons.*

C.E., sigle de *Communauté européenne* → **Communautés européennes** et **Union européenne.**

C.E.A. (Commissariat à l'énergie atomique et aux énergies alternatives), établissement public, créé en 1945, ayant pour but de poursuivre toute recherche scientifique et technique en vue de l'utilisation de l'énergie nucléaire dans les divers domaines de la science, de l'industrie et de la défense nationale. Il contribue aussi à l'essor des nouvelles technologies pour l'énergie.

céans [seɑ̃] **adv.** (de *çà,* et de l'anc. fr. *enz,* dedans, lat. *intus*). **1.** *VX.* Ici, en ces lieux. **2.** *LITT.* ou *PAR PLAIS.* **Le maître de céans,** le maître des lieux.

Ceauşescu (Nicolae), homme politique roumain (Scorniceşti 1918 - Tîrgovişte 1989). Secrétaire général du parti communiste (1965), à la tête de l'État à partir de 1967, il établit un régime autoritaire. Renversé par une insurrection en 1989, il est sommairement jugé et exécuté.

C.E.C.A., sigle de *Communauté européenne du charbon et de l'acier* ⟶ **Communautés européennes** et **Union européenne.**

ceci [səsi] **pron. dém.** (de *ce* et *ci*). Désigne : **1.** Qqch qu'on montre : *Ceci est un échantillon de notre production.* **2.** Ce dont on va parler : *Notez bien ceci : le témoin n'a pas vu lui-même l'accusé.* **3.** Ce dont il est question : *Tout ceci ne nous avance pas à grand-chose.* ***Rem.*** *Ceci* désigne parfois, dans la langue sout., ce qui est le plus proche, par opp. à *cela,* désignant le plus lointain : *Préférer ceci à cela.*

cécité [sesite] **n.f.** (lat. *caecitas,* de *caecus,* aveugle). Fait d'être aveugle : *Être atteint de cécité.*

C.E.D. (Communauté européenne de défense), traité de défense commune, à caractère supranational, signé en 1952 par six pays européens : Allemagne, Belgique, France, Italie, Luxembourg, Pays-Bas. Il fut finalement rejeté par l'Assemblée nationale française en août 1954. Aujourd'hui, l'idée de défense commune est reprise dans le cadre de la politique étrangère et de sécurité de l'Union européenne.

céder [sede] **v.t.** (lat. *cedere,* s'en aller) [conj. **18**]. **1.** Renoncer à qqch qu'on a, qu'on occupe, au profit de qqn : *Céder sa place. Céder la parole* (syn. **abandonner, laisser**). **2.** Vendre : *Céder un bail, une créance.* **3.** *LITT.* **Céder le pas à qqn,** s'effacer devant lui ; au fig., reconnaître sa supériorité. ⁄ **Ne le céder en rien à,** rivaliser avec, être l'égal de. ◆ **v.i.** et **v.t. ind.** [**à**]. **1.** Se laisser fléchir par qqn, se plier à sa volonté : *Elle cède toujours à ses caprices.* **2.** Ne pas résister : *Céder à la tentation* (syn. **succomber**). ◆ **v.i. 1.** Ne pas résister à une force, à une action ; se rompre : *Le câble a cédé sous la charge.* **2.** Cesser d'opposer une résistance physique ou morale : *Ils se sont disputés, mais aucun des deux n'a voulu céder. Nos troupes ont cédé devant l'ennemi.*

cédérom [sederɔm] **n.m.** Disque compact à lecture laser, à grande capacité de mémoire, et qui stocke à la fois des textes, des images et des sons. (On écrit aussi *CD-ROM* ou *CD-Rom.*)

cédille [sedij] **n.f.** (esp. *cedilla,* petit *c*). Signe graphique qui se place, en français, sous la lettre *c* devant *a, o, u* pour lui donner le son de *s* [s] (ex. : *façade, leçon, reçu*).

cédrat [sedra] **n.m.** (it. *cedrato,* de *cedro,* lat. *citrus,* citron). Fruit du cédratier, de plus grande taille et à peau plus épaisse que le citron, utilisé surtout en pâtisserie, en confiserie et en parfumerie.

cédratier [sedratje] **n.m.** Arbre du groupe des agrumes, dont le fruit est le cédrat. ▸ Famille des rutacées ; genre *Citrus.*

cèdre [sɛdr] **n.m.** (lat. *cedrus,* du gr.). **1.** Grand arbre d'Asie et d'Afrique, à branches étalées horizontalement en plans superposés. ▸ Ordre des conifères ; haut. 40 m env. **2.** *QUÉBÉC.* Thuya.

cédrière [sedrijɛr] **n.f.** *QUÉBÉC.* Terrain planté de cèdres.

C.E.E., sigle de *Communauté économique européenne* ⟶ **Communautés européennes** et **Union européenne.**

cégep [seʒɛp] **n.m.** (sigle). *QUÉBÉC.* Collège d'enseignement général et professionnel situé entre le secondaire et l'université.

cégépien, enne [seʒepjɛ̃, -ɛn] **n.** *QUÉBÉC.* Élève d'un cégep.

C.E.I. (Communauté des États indépendants), organisation créée en décembre 1991 par onze républiques de l'anc. U.R.S.S. (Arménie, Azerbaïdjan, Biélorussie, Kazakhstan, Kirghizistan, Moldavie, Ouzbékistan, Russie, Tadjikistan, Turkménistan, Ukraine), rejointes en 1993 par la Géorgie, dans une perspective d'intégration économique et militaire régionale. Le Turkménistan a opté en 2005 pour un statut de simple « membre associé » et la Géorgie a quitté l'organisation en 2008-2009.

ceindre [sɛ̃dr] **v.t.** (lat. *cingere*) [conj. **81**]. *LITT.* Entourer sa tête, une partie de son corps : *Ceindre sa tête d'un bandeau, sa poitrine de l'écharpe tricolore.*

ceinture [sɛ̃tyr] **n.f.** (lat. *cinctura,* de *cingere,* ceindre). **1.** Accessoire fait d'une bande de cuir, d'étoffe, etc., porté pour fixer un vêtement autour de la taille ou comme ornement. **2.** Partie fixe d'un vêtement qui maintient celui-ci autour de la taille. **3.** Taille, partie du corps où se place la ceinture : *Nu jusqu'à la ceinture.* **4.** ANAT. Partie du squelette où s'articulent les membres au tronc : *Ceinture scapulaire* (= omoplates, clavicules). *Ceinture pelvienne* (= bassin) **5.** Ce qui entoure un lieu : *Ceinture de fortifications.* **6.** Bande de tissu dont la couleur symbolise un grade, un dan, au judo : *Elle est ceinture verte.* **7. Ceinture de sécurité,** bande coulissante, destinée à maintenir une personne sur le siège d'un véhicule, en cas de choc, d'accident. ⁄ **Ceinture verte,** espaces verts aménagés autour d'une agglomération. ⁄ *FAM.* **Se mettre, se serrer la ceinture,** ne pas manger à sa faim ; renoncer à qqch.

ceinturer [sɛ̃tyre] **v.t.** (de *ceinture*). **1.** Saisir par le milieu du corps en vue de maîtriser : *Ceinturer un adversaire.* **2.** Entourer qqch, un lieu, un espace : *Les remparts ceinturent la ville.*

ceinturon [sɛ̃tyrɔ̃] **n.m.** Ceinture très solide, partic. d'un uniforme, sur laquelle on peut fixer des accessoires.

cela [səla] **pron. dém.** (de *ce* et *là*). **1.** Désigne qqch qu'on montre : *Remettez-lui cela en main propre. Regardez-moi cela !* **2.** Désigne ce dont on a parlé : *Je n'ai pas dit cela.* **3.** Renforce une interrogation : *Pourquoi cela ?* **4. Cela dit, cela étant,** introduit une restriction (on dit aussi *ceci dit, ceci étant*) : *Votre conclusion est trop brève ; cela étant, votre mémoire est intéressant.* ⁄ **En cela,** de ce point de vue, sur ce point : *Elle t'a reproché ton mutisme, et en cela elle avait raison.* ***Rem.*** 1. *Cela* désigne parfois, dans la langue sout., ce qui est le plus lointain, par opp. à *ceci,* désignant le plus proche : *Ceci vaut mieux que cela.* 2. *Cela* est souvent remplacé par *ça* dans la langue cour. : *Tu as vu ça ?*

Cela (Camilo José), écrivain espagnol (Padrón, La Corogne, 1916 - Madrid 2002). Son art romanesque combine une fascination pour la nature violente des caractères et des paysages espagnols (*la Famille de Pascual Duarte,* 1942 ; *la Ruche,* 1951) et une recherche stylistique très élaborée. (Prix Nobel 1989.)

céladon [seladɔ̃] **adj. inv.** (du n. d'un personnage du roman *l'Astrée*). Couleur vert pâle. ◆ **n.m.** Porcelaine d'Extrême-Orient de cette couleur.

Célèbes ou **Sulawesi,** île d'Indonésie, formée de quatre péninsules ; 189 000 km^2 ; 17 359 398 hab. Découverte en 1512 par les Portugais, devenue hollandaise en 1667, l'île fait partie de la république d'Indonésie depuis 1950. – La **mer de Célèbes** est comprise entre Célèbes, Bornéo et Mindanao.

célébration [selebrasjɔ̃] **n.f.** Action de célébrer : *La célébration de Noël.*

célèbre [selɛbr] **adj.** (lat. *celeber, -bris,* fréquenté, fêté par une foule nombreuse). Connu de tous : *Un écrivain célèbre* (syn. **illustre ;** contr. **inconnu**).

célébrer [selebre] **v.t.** (lat. *celebrare ;* v. *célèbre*) [conj. **18**]. **1.** Marquer une date, un événement par une cérémonie, une fête : *Célébrer un anniversaire.* **2.** Accomplir un office liturgique : *Célébrer la messe.* **3.** *LITT.* Faire publiquement l'éloge de qqn : *Nous allons célébrer ce héros* (syn. **louer**).

célébrité [selebrite] **n.f.** (lat. *celebritas ;* v. *célèbre*). **1.** Grande réputation, gloire, renom : *Acquérir de la célébrité* (syn. **renommée**). **2.** Personne célèbre : *C'est une célébrité locale.*

celer [səle] **v.t.** (lat. *celare*) [conj. **25**]. *LITT.* Cacher ; ne pas révéler.

céleri [sɛlri] **n.m.** (it. dialect. *seleri,* bas lat. *selimon,* mot gr.). Plante potagère qui existe sous deux formes : le *céleri-rave,* dont on consomme la racine, et le *céleri à côtes,* dont les pétioles sont comestibles. ▸ Famille des ombellifères ; genre *Apium.*

célérité [selerite] **n.f.** (lat. *celeritas,* de *celer,* rapide). LITT. Rapidité, promptitude dans une action : *Enquête menée avec célérité* (syn. **diligence** ; contr. **lenteur**).

célesta [selɛsta] **n.m.** (de *céleste*). Instrument à percussion, pourvu d'un clavier actionnant des marteaux qui frappent des lames d'acier et de cuivre.

céleste [selɛst] **adj.** (lat. *caelestis,* de *caelum,* ciel). **1.** Du firmament : *Corps céleste* (= astre). **2.** Relatif au ciel en tant que séjour divin : *Les puissances célestes. Bonté céleste* (syn. **divin**). **3.** Qui évoque le divin, les dieux : *Musique céleste.* **4. Globe céleste, sphère céleste ⟶ globe, sphère.**

célibat [seliba] **n.m.** (lat. *caelibatus,* de *caelebs, -ibis,* célibataire). État d'une personne non mariée.

célibataire [selibatɛr] **adj.** et **n.** (de *célibat*). Qui n'est pas marié.

Céline (Louis Ferdinand Destouches, dit **Louis-Ferdinand),** écrivain français (Courbevoie 1894 - Meudon 1961). Son écriture a profondément bouleversé la littérature française du XXe s., en particulier avec la parution de son roman *Voyage au bout de la nuit* en 1932. Engagé dans l'armée, blessé, décoré et réformé au cours de la Première Guerre mondiale, il devient médecin, d'abord itinérant pour le compte de la S.D.N., ce qui lui donne l'occasion de voyager en Europe, en Amérique et en Afrique, et exerce ensuite en France dans des banlieues populaires. Antisémite déclaré (*Bagatelles pour un massacre,* 1937) et collaborateur du régime de Vichy, il connaît l'exil et la prison au Danemark (1945-1951) avant de retrouver la France, où il partage les dix dernières années de sa vie entre son œuvre littéraire et son cabinet médical. Le style disloqué des romans de Céline, imitant le rythme du langage parlé, plein de mots crus et d'invention verbale, participe à une dénonciation des mensonges sociaux et à une évocation grotesque, triviale et macabre de l'absurdité de la vie humaine (*Mort à crédit,* 1936 ; *Guignol's Band,* 1943 ; *Nord,* 1960). • **Voyage au bout de la nuit** (1932) : ce roman, véritable épopée, nous entraîne dans le sillage d'un antihéros, Bardamu, dont nous suivons les errances et les enlisements. Il fait l'expérience de la guerre, de la vie coloniale, du travail à la chaîne chez Ford, et devient médecin sans le sou dans la banlieue parisienne : dans le gris et dans l'atroce, la tonalité profonde du monde moderne.

celle, celles pron. dém. ⟶ celui.

celle-ci, celles-ci, celle-là, celles-là pron. dém. ⟶ celui-ci, celui-là.

cellier [selje] **n.m.** (lat. *cellarium,* magasin, grenier, de *cella*). Pièce, lieu frais où l'on entrepose le vin et d'autres provisions.

Cellini (Benvenuto), orfèvre, médailleur et sculpteur italien (Florence 1500 - *id.* 1571). François Ier l'attira à sa cour. Après l'essai que constitue la *Nymphe de Fontainebleau* (haut-relief en bronze, v. 1543, Louvre), son chef-d'œuvre, en sculpture monumentale, est le *Persée* de la loggia dei Lanzi (Florence, autour de 1550). Ses *Mémoires* racontent, non sans vantardise, sa vie aventureuse.

Cellophane [selɔfan] **n.f.** (nom déposé). Pellicule transparente, fabriquée à partir d'hydrate de cellulose et utilisée pour l'emballage : *Viande vendue sous Cellophane.*

cellulaire [selylɛr] **adj. 1.** Relatif aux cellules des organismes végétaux ou animaux : *Biologie cellulaire.* **2.** Relatif aux cellules des prisonniers. **3. Fourgon cellulaire,** voiture pour le transport des prisonniers. ⁄ BIOL. **Membrane cellulaire ⟶ membrane plasmique*.** ⁄ **Tissu cellulaire,** tissu conjonctif sous-cutané, fibreux et lâche.

cellule [selyl] **n.f.** (lat. *cellula,* dimin. de *cella,* chambre). **1.** Pièce, chambre, génér. individuelle, où l'on vit isolé, partic. dans un monastère, une prison : *Ramener un prisonnier dans sa cellule.* **2.** Alvéole des rayons de cire où les abeilles déposent les couvains et la nourriture. **3.** BIOL. Élément constitutif fondamental de tout être vivant. **4.** Élément constitutif fondamental d'un ensemble : *Cellule familiale.* **5.** Groupement de base d'un parti politique, notamm. du parti communiste. **6.** TECHN. Tête de lecture d'un lecteur de disques audio. **7. Cellule photoélectrique,** appareil transformant l'énergie lumineuse en énergie électrique.

■ BIOLOGIE. La cellule est l'unité d'organisation et de fonction de tout être vivant à l'exception des virus (souvent considérés d'ailleurs comme non vivants). Elle constitue un organisme à part entière (organisme unicellulaire) ou est associée à d'autres cellules (organisme pluricellulaire).

Description et fonctionnement. Comme tout être vivant, la cellule absorbe des aliments et rejette des déchets. Elle respire en puisant l'oxygène dans le milieu qui l'entoure. Délimitée par une membrane dite *plasmique,* la cellule renferme deux constituants fondamentaux : le cytoplasme, assurant son métabolisme, et des molécules d'ADN portant l'information génétique et contrôlant le fonctionnement cellulaire.

Chez les *procaryotes* (bactéries), l'unique molécule d'ADN flotte dans le cytoplasme sans limite physique entre les deux. Chez les *eucaryotes* (tous les autres êtres vivants), la cellule est compartimentée par des membranes internes. Celles-ci, en plus de séparer noyau et cytoplasme, forment des compartiments (organites) spécialisés dans une fonction donnée : respiration pour les mitochondries, synthèse de molécules pour les réseaux que sont le *réticulum endoplasmique* et l'*appareil de Golgi,* stockage et transmission de l'information génétique pour le noyau, production de molécules organiques chez les végétaux chlorophylliens pour le *chloroplaste.* S'ils forment des entités bien définies, les organites coopèrent toutefois les uns avec les autres. Les mitochondries fournissent l'énergie au reste de la cellule mais ont besoin du réticulum endoplasmique pour s'édifier. La présence de ces compartiments permet à la cellule eucaryote de se spécialiser dans un rôle défini, ce qui est impossible aux cellules procaryotes (sauf chez certains procaryotes pluricellulaires, les cyanobactéries, où cette spécialisation est rudimentaire). L'association de cellules spécialisées dans une même fonction forme un tissu (tissu musculaire, nerveux, conjonctif, etc.). La spécialisation n'a pas de sens pour les organismes unicellulaires, dont la cellule unique doit accomplir toutes les fonctions vitales.

Origine et reproduction. On pense que la cellule eucaryote est apparue au cours de l'évolution (il y a 1,5 milliard d'années) par association de procaryotes (bactéries) [théorie dite *endosymbiotique*]. Les organites auraient été, à l'origine, des bactéries indépendantes qui se seraient définitivement installées dans le cytoplasme de l'une d'entre elles puis spécialisées dans une fonction.

La cellule est douée de la faculté d'autoreproduction. Chez les eucaryotes, elle subit une division conforme, la *mitose,* qui aboutit à la formation de deux cellules filles identiques à la cellule mère. C'est par cette mitose que les métazoaires (organismes pluricellulaires) édifient toutes les cellules qui les constituent à partir d'une cellule d'origine, la cellule-œuf. ■

cellule-œuf [selylœf] **n.f.** (pl. *cellules-œufs* [selylø]). Cellule issue de la fusion d'un ovule et d'un spermatozoïde (fécondation), appelée aussi *zygote.* ▸ La cellule-œuf est caractéristique de la reproduction sexuée.

cellulite [selylit] **n.f.** (de *cellule*). Envahissement graisseux du tissu cellulaire sous-cutané qui donne à certains endroits un aspect grenu.

Celluloïd [selylɔid] **n.m.** (nom déposé). Matière plastique très malléable à chaud mais très inflammable.

cellulose [selyloz] **n.f.** (de *cellule*). Substance organique du groupe des glucides, contenue dans les membranes des cellules végétales : *Le coton hydrophile est de la cellulose presque pure.* ▸ Formule : $(C_6H_{10}O_5)_n$.

cellulosique [selylozik] **adj.** Qui a la nature de la cellulose ; qui en contient : *Colle cellulosique.*

Celse, en lat. **Aulus Cornelius Celsus,** médecin et érudit contemporain d'Auguste. Il serait né à Vérone, sous le règne de César, et pratiqua probablement la chirurgie. Son principal ouvrage, *De arte medica,* est un tableau très précis de la médecine ancienne et de la médecine de son temps. La partie concernant l'hygiène est particulièrement intéressante. C'est à Celse que nous devons de connaître l'histoire de la chimie grecque et romaine depuis Hippocrate.

Celsius (Anders), physicien et astronome suédois (Uppsala 1701 - *id.* 1744). Il fit partie, en 1737, de l'expédition française chargée de mesurer un degré du méridien dans les régions polaires, fut l'un des premiers à comparer les éclats des étoiles, observa la variation diurne de la déclinaison magnétique ainsi que les perturbations produites par les aurores polaires. Il créa, en 1742, l'échelle thermométrique à laquelle fut donné son nom.

Celtes, ensemble de peuples de même civilisation et parlant une langue indo-européenne, individualisés vers le IIe millénaire, qui occupèrent une partie de l'Europe ancienne.

HISTOIRE
Leur habitat primitif est sans doute le sud-ouest de l'Allemagne. Très tôt, les migrations celtes affectèrent diverses contrées. Certaines atteignirent les îles Britanniques dès l'âge du bronze. Ces migrations se poursuivirent à l'époque de Halstatt (900-500 av. J.-C.), en Gaule en particulier. L'époque de La Tène (ve- Ier s. av. J.-C.) fut celle de la grande expansion celtique en Europe. Les Celtes achevèrent l'occupation de la Gaule, et plusieurs tribus pénétrèrent par l'Aquitaine jusqu'au cœur de la péninsule Ibérique où, mêlées aux Ibères, elles formèrent le peuple celtibère. Au IVe s. av. J.-C., des tribus envahirent l'Italie et se fixèrent dans la plaine du Pô, qui devint la Gaule Cisalpine. Au IIe s., les Celtes envahirent les royaumes hellénistiques et passèrent en Asie Mineure, où ils s'établirent sous le nom de Galates. Mais, organisés en vastes tribus indépendantes, ils ne formèrent jamais un État, et leur décadence fut rapide. Refoulés au nord par les Germains (v. le IIe s. av. J.-C.), les Celtes de Gaule, ou Gaulois, durent se soumettre progressivement à Rome (IIe-Ier s. av. J.-C.). Seuls subsistèrent les royaumes d'Irlande.
Agriculteurs et artisans habiles, les Celtes exportaient leurs produits dans tout l'Occident. Ils formaient une société de type aristocratique, avec des princes locaux appuyés sur des clientèles. Ces chefs de clan étaient très influencés par la classe sacerdotale des druides.

RELIGION
Elle n'est connue que de manière très partielle et par des informations indirectes : documents archéologiques (représentations des dieux et de leurs attributs, objets cultuels), écrits des conquérants romains (notamment César), évocations mythologiques dans les légendes irlandaises et galloises datant du Moyen Âge. Néanmoins, ces témoignages laissent supposer que les populations celtiques étaient très religieuses, qu'elles privilégiaient le culte des forces naturelles et de divinités locales. Dans ses commentaires sur la guerre des Gaules, César assimile ces dieux à ceux du panthéon romain. De fait, les légendes irlandaises médiévales nous permettent de repérer plusieurs correspondances : le Mercure des Celtes serait Lugus ; leur Apollon guérisseur, Belenus, Grannus, ou « dieu de la tribu » ; leur Jupiter pourrait être Taranus ou Taranis, le dieu du Tonnerre ; leur Minerve serait Brigide ou Brigitte, déesse irlandaise des Arts. Cependant, certains dieux celtiques ont une personnalité si particulière qu'on ne peut les assimiler à telle ou telle divinité romaine : tels Cernunnos, le dieu cornu ; Esus, qui coupe une branche dans la forêt ; Épona, la déesse protectrice des chevaux ; Artio, celle des ours ; Smertrios, le dieu « pourvoyeur ». César nous renseigne, par ailleurs, sur les druides, qui jouissaient d'une grande influence sur l'ensemble de la société. Ils étaient non seulement des prêtres, mais aussi des dignitaires chargés de rendre la justice et d'enseigner (sur un mode exclusivement oral). Soumis à une longue formation, ils avaient un chef unique et se réunissaient une fois par an dans la forêt des Carnutes.

ARTS
La civilisation des Celtes est à son apogée au ve s. av. J.-C. Elle présente une unité culturelle alors que subsiste le morcellement politique. Le monde celte entretient d'actives relations avec la Méditerranée. Naturalisme hellénique et stylisation animale totalement réinterprétés s'associent dans les représentations sculptées des divinités ou dans la frappe monétaire où dissociation et schématisation sont poussées à l'extrême. Excellents artisans et techniciens (ils seront les premiers à ferrer les chevaux), les Celtes possèdent une métallurgie du fer d'un niveau remarquable. Renforcée de charpente, la muraille de leurs forteresses (oppidums), telles Alésia ou Bibracte sur le mont Beuvray, atteste leur habileté dans le travail du bois. On leur attribue aussi l'invention de la charrue à roues. L'exubérance de leur ornementation où s'enchaînent entrelacs, esses et spirales se retrouvera durant le haut Moyen Âge dans les pages enluminées des manuscrits d'Irlande.

Celtibères, peuple celtique de l'Espagne, établi surtout dans le nord et le centre de la péninsule à partir du VIe s. av. J.-C., et soumis par les Romains (IIe s. av. J.-C.).

celtique [sɛltik] **adj.** Des Celtes (on dit aussi *celte*). ◆ **n.m.** Langue indo-européenne parlée par les anciens Celtes.

Celtique, appelée aussi **Gaule celtique,** partie de la Gaule comprise entre l'Atlantique, la Seine et la Garonne au temps de César et qui constitua par la suite une des Trois Gaules.

celui [səlɥi], **celle** [sɛl], **ceux** [sø], **celles** [sɛl] **pron. dém.** (lat. pop. *ecce illui,* du class. *ecce,* voici, et *ille,* celui-là). Désigne qqn, qqch dont il est question : *Celui dont je t'ai parlé habite ici. Ce n'est pas ma veste, c'est celle de ma sœur. Je repars avec ceux qui attendent.*

celui-ci [səlɥisi], **celle-ci** [sɛlsi], **celui-là** [səlɥila], **celle-là** [sɛlla] **pron. dém.** [pl. *ceux-ci, celles-ci ; ceux-là, celles-là*]. **1.** Désigne qqn, qqch que l'on peut montrer ou dont il est question : *Celui-là fera l'affaire. Si vous voulez des chaussures confortables, je vous conseille celles-ci.* ***Rem.*** *Celui-ci* désigne parfois, dans la langue sout., ce qui est le plus proche, par opp. à *celui-là,* désignant le plus lointain. **2. Celui-ci... celui-là,** l'un... l'autre : *Aucun de ces deux modèles ne me va, celui-ci est trop court et celui-là me serre.*

cément [semɑ̃] **n.m.** (lat. *caementum,* moellon). **1.** ANAT. Tissu dur recouvrant l'ivoire de la racine des dents. **2.** MÉTALL. Matière utilisée dans la cémentation.

cémentation [semɑ̃tasjɔ̃] **n.f.** (de *cémenter*). MÉTALL. Chauffage d'une pièce métallique au contact d'un cément qui, en diffusant dans sa masse ou à sa surface, lui permet d'acquérir des propriétés particulières de dureté, de ductilité.

cémenter [semɑ̃te] **v.t.** (de *cément*). Soumettre à la cémentation.

cénacle [senakl] **n.m.** (lat. *cenaculum,* salle à manger). **1.** RELIG. CHRÉT. Salle où eut lieu la Cène, puis la Pentecôte. **2.** *LITT.* Cercle restreint de personnes animées par des idées communes : *Cénacle littéraire.*

Cendrars [sɑ̃drar] **(Frédéric Sauser,** dit **Blaise),** écrivain français d'origine suisse (La Chaux-de-Fonds 1887 - Paris 1961). Grand voyageur, il a célébré l'aventure dans ses poèmes (*la Prose du Transsibérien et de la petite Jehanne de France,* 1913), qui influencèrent Apollinaire et les surréalistes, et dans ses romans d'inspiration autobiographique (*l'Or,* 1925 ; *Moravagine,* 1926 ; *l'Homme foudroyé,* 1945 ; *Bourlinguer,* 1948).

cendre [sɑ̃dr] **n.f.** (lat. *cinis, -eris*). **1.** Résidu solide produit par la combustion d'une substance. **2.** GÉOL. Matière pulvérulente que rejette un volcan en éruption. **3. Couver sous la cendre,** se développer sourdement avant d'éclater au grand jour. ◆ **cendres n.f. pl. 1.** *LITT.* Ruines de ce qui a été brûlé, dévasté. **2.** Restes des morts : *Le retour des cendres de Napoléon.* **3.** CATH. Symbole de la pénitence dans le rite d'imposition des cendres sur le front des fidèles : *Mercredi des Cendres.* **4. Réduit en cendres,** anéanti. / **Renaître de ses cendres,** prendre un nouvel essor, comme le phénix.

5. Cendres volcaniques, particules extrêmement fines qui résultent de la pulvérisation des roches à la suite de l'explosion d'un volcan.

cendré, e [sɑ̃dre] **adj.** *LITT.* Qui tire sur la couleur grise ou bleutée de la cendre : *Cheveux blond cendré.*

cendrier [sɑ̃drije] **n.m. 1.** Récipient destiné à recevoir les cendres de tabac. **2.** Partie d'un fourneau, d'un poêle où tombe la cendre.

cène [sɛn] **n.f.** (lat. *cena,* repas du soir). RELIG. CHRÉT. **La Cène,** le dernier repas de Jésus-Christ avec ses apôtres, la veille de sa Passion, au cours duquel il institua l'eucharistie. / **La sainte cène,** communion sous les deux espèces (pain et vin), dans le culte protestant.

cenellier [sənelje] **n.m.** (de *cenelle,* n. du fruit, d'orig. obsc.). *RÉGION., QUÉBÉC.* Aubépine.

cénobite [senɔbit] **n.m.** (lat. ecclés. *cœnobita, cœnobium,* monastère, gr. *koinobion,* de *koinos,* commun, et *bios,* vie). Moine qui vit en communauté (par opp. à *anachorète*).

cénotaphe [senɔtaf] **n.m.** (bas lat. *cenotaphium,* gr. *kenotaphion,* de *kenos,* vide, et *taphos,* tombeau). Monument élevé à la mémoire d'un mort et qui ne contient pas ses restes.

cénozoïque [senɔzɔik] **n.m.** (du gr. *kainos,* récent, et *zôikos,* relatif aux animaux). Ère géologique qui a débuté il y a 65,5 millions d'années. ▸ Le cénozoïque regroupe les ères tertiaire et quaternaire ; il a été marqué par le plissement alpin et la diversification des mammifères.

cens [sɑ̃s] **n.m.** (lat. *census,* recensement). **1.** DR. Montant, quotité d'imposition nécessaire pour être électeur ou éligible, dans le suffrage censitaire. **2.** FÉOD. Redevance due par des tenanciers au seigneur du fief. **3.** ANTIQ. ROM. Recensement qui servait notamm. au recrutement de l'armée, au recouvrement de l'impôt.

censé, e [sɑ̃se] **adj.** (lat. *censere,* estimer). Supposé, considéré comme : *Vous n'êtes pas censé le savoir. Nul n'est censé ignorer la loi.*

censément [sɑ̃semɑ̃] **adv.** (de *censé*). D'après ce qu'on peut supposer ; vraisemblablement.

censeur [sɑ̃sœr] **n.m.** (lat. *censor,* de *censere,* estimer). **1.** ANTIQ. ROM. Magistrat chargé de faire le cens et de réprimer les fautes contre les mœurs, dans la Rome républicaine. **2.** ADMIN. Membre d'une commission de censure. **3.** Fonctionnaire responsable de la discipline générale, dans un lycée : *Madame le censeur vous attend dans son bureau.* ***Rem.*** On dit auj. *proviseur adjoint.* **4.** *LITT.* Personne qui s'érige en juge intransigeant d'autrui : *Son dernier ouvrage a déchaîné les censeurs.*

censitaire [sɑ̃sitɛr] **adj. Suffrage censitaire,** système dans lequel le droit de vote est réservé aux contribuables versant un montant minimal *(cens)* d'impôts, contribuables eux-mêmes appelés *les censitaires.* ▸ En France, le système censitaire, établi en 1791, a été remplacé par le suffrage universel en 1848.

censure [sɑ̃syr] **n.f.** (lat. *censura,* charge de censeur puis « jugement sévère »). **1.** Contrôle exercé par un gouvernement, une autorité, sur la presse, les spectacles, etc., destinés au public ; examen décidant des autorisations, des interdictions : *Visa de censure d'un film.* **2.** Dans une assemblée parlementaire, vote hostile à la politique générale du gouvernement : *Motion de censure. Voter la censure.*

censurer [sɑ̃syre] **v.t. 1.** Pratiquer la censure contre : *Censurer un livre* (syn. **interdire**). **2.** Voter la censure : *Censurer le gouvernement.*

1. cent [sɑ̃] **adj. num. card.** (lat. *centum*). [N'est variable que s'il n'est suivi d'aucun autre adj. num. card.] **1.** Dix fois dix : *Un billet de cent euros. Trois cents mètres. Deux cent mille.* **2.** (Inv., en fonction d'ord.). De rang numéro cent, centième : *La page deux cent.* **3.** Un grand nombre de : *Il y a cent moyens d'y arriver.* **4. Cent fois,** très souvent ; tout à fait : *Je te l'ai répété cent fois. Avoir cent fois raison.* ◆ **n.m. 1.** (Inv.). Le nombre qui suit quatre-vingt-dix-neuf dans la série des entiers naturels : *Cinquante et cinquante font cent.* **2.** (Variable). Centaine : *Deux cents d'huîtres.* **3.** *FAM.* **À cent pour cent,** tout à fait : *Sûr à cent pour cent.* / **Cent pour cent,** entièrement : *Jupe cent pour cent coton.* / **... pour cent** (précédé d'un adj. num.), exprime la proportion par rapport à une quantité de cent unités (symb. %) : *Douze pour cent (12 %).*

2. cent [sɛnt] **n.m.** (mot anglo-amér., du lat. *centum,* cent). Centième partie de l'unité monétaire principale de nombreux pays anglo-saxons (dollar, rand, shilling, etc.).

3. cent [sɑ̃] **n.m.** Centième partie de l'euro ; centime d'euro : *3 euros, 15 cents.* ***Rem.*** En Belgique, on prononce [sɛnt].

centaine [sɑ̃tɛn] **n.f. 1.** Groupe de cent ou d'environ cent unités. **2. Par centaines,** en grand nombre.

Cent Ans *(guerre de),* nom donné à la série de conflits, séparés par des trêves plus ou moins longues, qui ont opposé aux XIVᵉ et XVᵉ s. la France des Valois à l'Angleterre des Plantagenêts, puis des Lancastres.

La conquête anglaise et le premier redressement français

1337. Le roi de France Philippe VI confisque le fief de Guyenne, possession de son vassal Édouard III, roi d'Angleterre.
Neveu du dernier Capétien direct, Édouard III revendique alors le trône de France, dont il est écarté sous le prétexte de l'inaptitude des femmes à transmettre la couronne. Le conflit touche également la Bretagne et les cités flamandes, que le roi d'Angleterre veut détacher de l'influence française. La guerre commence par une série de défaites subies par la France.

1346. Bataille de Crécy.

1347. Siège et prise de Calais par les Anglais.

1356. Bataille de Poitiers remportée par le Prince Noir, héritier d'Angleterre. Le roi de France Jean II le Bon est fait prisonnier.

1360. Traité de Brétigny. Édouard IIII reçoit en toute souveraineté le quart sud-ouest de la France, en échange de sa renonciation à la couronne.
Sous le règne de Charles V, aidé par Du Guesclin, la situation de la France se redresse.

1380. À la mort de Charles V et de Du Guesclin, les Anglais n'occupent plus que quelques ports (Calais, Bordeaux, Bayonne).
Les monarchies anglaise et française, affaiblies sous les règnes respectifs de Richard II et de Charles VI par des difficultés internes (querelle des Armagnacs et des Bourguignons en France), signent une série de trêves à partir de 1388.

Les conquêtes des Lancastres et la victoire française

1411. La Bourgogne, soucieuse de renforcer sa puissance territoriale, sollicite l'aide du nouveau roi d'Angleterre, Henri IV, fondateur de la dynastie des Lancastres.

1415. Grande victoire anglaise d'Azincourt, remportée par Henri V.

1420. Le traité de Troyes fait du roi d'Angleterre l'héritier de Charles VI.

1422. Avènement d'Henri VI, qui prend le titre de « roi de France et d'Angleterre », écartant le dauphin (futur Charles VII), qui se réfugie au sud de la Loire.
Cependant, l'épopée de Jeanne d'Arc marque le début d'une période de victoires décisives pour la France.

1429. Jeanne d'Arc délivre Orléans.
Elle fait ensuite sacrer Charles VII à Reims. Mais, capturée par les Anglais, elle est brûlée à Rouen en 1431.

1435. Charles VII se réconcilie avec le duc de Bourgogne, Philippe le Bon (traité d'Arras).

1450. Bataille de Formigny. Les Anglais perdent la Normandie.

1453. Bataille de Castillon. La Guyenne est reconquise par la France. Les Anglais ne conservent plus que Calais.
La guerre de Cent Ans a contribué au développement du sentiment national en France et en Angleterre. Dans ce dernier pays, elle est suivie d'une période de crise, la guerre des Deux-Roses.

centaure [sɑ̃tɔr] **n.m.** (lat. *centaurus,* du gr.). Être fabuleux, au buste et au visage d'homme, au corps de cheval, dans la mythologie grecque.

centaurée [sɑ̃tɔre] **n.f.** (lat. *centaurea,* gr. *kentauriê,* plante de centaure). Plante herbacée aux nombreuses espèces, dont le bleuet. ▸ Famille des composées.

centenaire [sɑ̃tnɛr] **adj.** et **n.** Qui a atteint cent ans : *Une institution centenaire.* ◆ **n.m.** Anniversaire des cent ans : *Centenaire de la mort d'Émile Zola. Le cinquième centenaire de la découverte de l'Amérique* (= l'anniversaire des cinq cents ans).

centésimal, e, aux [sɑ̃tezimal, -o] **adj.** (du lat. *centesimus*). Se dit de fractions de dénominateur cent, de divisions ou de graduations par centièmes : *Échelle centésimale* (= graduée en cent parties égales).

centième [sɑ̃tjɛm] **adj. num. ord.** et **n.** (lat. *centesimus*). **1.** De rang numéro cent : *C'est la centième de la liste.* **2. Pour la centième fois,** une nouvelle fois après beaucoup d'autres : *Je te le répète pour la centième fois.* ◆ **adj.** et **n.m.** Qui correspond à la division d'un tout en cent parties égales : *La centième partie d'une somme. Le centième des recettes.*

centigrade [sɑ̃tigrad] **n.m. 1.** Centième partie du grade, unité d'angle. ▸ Symb. cgr. **2. Thermomètre centigrade, degré centigrade,** procédant d'une échelle de température à cent degrés *(l'échelle Celsius).* ▸ Terme abandonné, en sciences, depuis 1948.

centigramme [sɑ̃tigram] **n.m.** Centième partie du gramme. ▸ Symb. cg.

centilitre [sɑ̃tilitr] **n.m.** Centième partie du litre. ▸ Symb. cl.

centime [sɑ̃tim] **n.m.** (lat. *centesimus*, centième). **1.** Centième partie de l'euro (syn. **cent**). **2.** *ANC.* Centième partie du franc. **3.** (Surtout en tournure nég.). La plus petite somme d'argent : *Je n'ai plus un centime en poche.*

centimètre [sɑ̃timɛtr] **n.m. 1.** Centième partie du mètre. ▸ Symb. cm. **2.** Ruban souple de métal ou de plastique divisé en centimètres : *Centimètre de couturière.*

Cent-Jours (les), période qui s'étend du 20 mars au 22 juin 1815, au cours de laquelle Napoléon Ier revient au pouvoir. Parti de l'île d'Elbe, Napoléon débarque au golfe Juan (près de Cannes) le 1er mars 1815. Après avoir traversé la France (le « vol de l'Aigle »), il entre le 20 mars à Paris, que Louis XVIII a fui pour la Belgique. Il tente d'organiser une monarchie constitutionnelle mais doit faire face à une nouvelle coalition des puissances européennes. Battu à Waterloo (18 juin) par Wellington et Blücher, Napoléon abdique le 22 juin et se rend aux Anglais, qui le déportent à l'île de Sainte-Hélène.

centrafricaine *(République)*, État d'Afrique ; 620 000 km^2 ; 4 616 000 hab. *(Centrafricains).* CAP. *Bangui.* LANGUES : *français* et *sango.* MONNAIE : *franc C.F.A.*

GÉOGRAPHIE

Plus vaste que la France, le pays a une densité moyenne de 5 hab. au km^2 seulement. Assez abondamment arrosé au S., proche de l'équateur, il est plus sec et plus chaud vers le N., où dominent la forêt claire ou la savane arborée. En dehors de l'extraction des diamants, l'agriculture est presque la seule activité : cultures vivrières (manioc et mil, igname, maïs, etc.) et commerciales (héritées de la colonisation : coton et café), avec l'élevage bovin. L'industrialisation est limitée à la valorisation de produits du sol (et d'une forêt exploitée). Elle est handicapée par l'enclavement, qui limite aussi les exportations (café, coton, bois, diamants), inférieures aux importations. Le pays, en dépit ou à cause de sa situation géographique, demeure l'un des plus pauvres du monde.

HISTOIRE

Peuplé à l'origine par des Pygmées et des tribus bantoues, auxquels viennent s'ajouter, à partir du XVIe s., des peuples venus du Soudan, du Congo et du Tchad, le pays est ravagé par la traite des Noirs.

1889. Fondation de Bangui par les Français.

1910. L'Oubangui-Chari, colonie depuis 1905, est intégré à l'Afrique-Équatoriale française.

1960. Indépendance de la République centrafricaine, fondée en 1958 et présidée depuis 1959 par David Dacko.

1966. Un coup d'État militaire (perpétré dans la nuit du 31 déc. 2005) amène à la tête du pays Jean Bédel Bokassa. Celui-ci, après s'être fait nommer président à vie (1972), se proclame empereur en 1976.

1979. Avec l'aide de la France, David Dacko renverse Bokassa et rétablit la république.

1981. Les militaires s'imposent à nouveau.

1993. Le pouvoir est rendu aux civils. Ange-Félix Patassé devient président de la République.

2003. Un nouveau coup d'État porte au pouvoir François Bozizé (confirmé à la tête du pays par une élection présidentielle en 2005 et en 2011).

centrage [sɑ̃traʒ] **n.m. 1.** Action de centrer qqch, un objet : *Le centrage d'une photo.* **2.** Détermination du centre géométrique, de gravité, etc. **3.** En mécanique, opération qui a pour but de déterminer le centre d'une figure de pièce.

1. central, e, aux [sɑ̃tral, -o] **adj. 1.** Qui est au centre, près du centre ; du centre : *Europe centrale. Quartier central* (contr. **périphérique**). **2.** Qui constitue le centre, le pivot d'un ensemble organisé ; qui centralise : *Fichier central. Pouvoir central.* **3.** Qui constitue le point principal, essentiel : *L'idée centrale du livre* (syn. **essentiel**). **4. Maison, prison centrale,** prison pour les détenus condamnés à des peines de plus d'un an (on dit aussi *une centrale*).

2. central [sɑ̃tral] **n.m.** (pl. *centraux*). **1.** Court principal d'un stade de tennis. **2. Central téléphonique,** lieu où aboutissent les lignes du réseau public de téléphone.

centrale [sɑ̃tral] **n.f.** (de *1. central*). **1.** Usine génératrice d'énergie électrique : *Centrale hydroélectrique. Centrale nucléaire.* **2.** Confédération nationale de syndicats de salariés : *Centrale syndicale.* **3.** Prison centrale. **4. Centrale d'achats,** organisme commercial gérant les commandes d'approvisionnement des magasins qui lui sont affiliés.

■ ÉLECTRICITÉ. Une centrale électrique comporte des générateurs, le plus souvent à courant alternatif, entraînés par des appareils moteurs utilisant les différentes sources naturelles d'énergie : éolienne, géothermique, hydraulique, marémotrice, nucléaire, solaire et thermique. Les centrales éoliennes exploitent l'énergie des vents ; les centrales géothermiques captent la chaleur des roches et des nappes d'eau du sous-sol ; les centrales hydrauliques font appel à l'énergie de l'eau, les centrales marémotrices à l'énergie des marées, les centrales solaires à celle du Soleil et, enfin, les centrales nucléaires à l'énergie de fission du noyau atomique. Actuellement, en France, 75 % de l'électricité sont produits dans les centrales nucléaires, 11 % dans les centrales thermiques, 8,5 % viennent des énergies renouvelables (hydraulique, éolien, photovoltaïque).

Centrales thermiques. Une centrale thermique classique produit de l'énergie électrique à partir de la chaleur provenant de la combustion d'une énergie fossile (fioul, gaz naturel ou charbon). Cette énergie chimique, après combustion, est d'abord convertie en énergie mécanique par une turbine à vapeur.

Une centrale nucléaire est aussi une centrale thermique ; elle produit de l'électricité à l'aide de l'énergie thermique dégagée par la fission du noyau de certains atomes lourds, l'isotope 235 de l'uranium par exemple. Ses turbines sont alimentées en vapeur par une chaudière nucléaire qui utilise la chaleur fournie par les fissions qui se produisent dans le cœur du réacteur nucléaire.

Centrales hydroélectriques. De telles centrales utilisent l'énergie cinétique de l'eau, qui, par sa vitesse, actionne une turbine hydraulique. On distingue les centrales *au fil de l'eau,* ne disposant d'aucune réserve d'énergie ; les centrales *de lac,* alimentées par une retenue mettant en réserve un certain volume (en fait, de l'énergie potentielle) ; les centrales *d'éclusée,* qui sont des centrales de lac, mais avec une faible possibilité (moins de 5 %) de stockage d'énergie. ■

centralisateur, trice [sɑ̃tralizatœr, -tris] **adj.** Qui centralise : *Un organisme centralisateur.*

centralisation [sɑ̃tralizasjɔ̃] **n.f. 1.** Action de centraliser ; fait d'être centralisé : *La centralisation des informations.* **2.** Type d'organisation étatique confiant la plupart des pouvoirs à une autorité centrale, dont dépendent entièrement les autorités locales.

centralisé, e [sɑ̃tralize] **adj.** Dont l'organisation administrative, politique, etc., repose sur la centralisation : *Pays fortement centralisé.*

centraliser [sɑ̃tralize] **v.t.** Rassembler en un centre unique ; faire dépendre d'un organisme, d'un pouvoir central : *Centraliser des fonds, des services.*

centralisme [sɑ̃tralism] **n.m.** Système d'organisation qui entraîne la centralisation des décisions et de l'action.

centre [sɑ̃tr] **n.m.** (lat. *centrum*, gr. *kentron*, pointe). **1.** MATH. Point situé à égale distance de tous les points d'un cercle ou d'une sphère, ou situé à l'intersection des axes de symétrie d'une figure : *Le centre du cercle.* **2.** Espace situé à distance précisément ou approximativement égale des bords d'une surface quelconque : *Le centre du terrain. Le centre de la pièce* (syn. **milieu**). **3.** Localité caractérisée par l'importance de sa population ou de l'activité qui s'y déploie : *Un centre industriel, touristique.* **4.** Partie d'une ville où sont concentrées les activités de commerce, de loisir : *Je vais dans le centre faire des achats* (syn. **centre-ville**). **5.** Lieu où sont rassemblées des personnes : *Centre d'apprentissage. Centre hospitalier. Centre d'accueil.* **6.** Bureau, organisme centralisateur : *Centre d'achats.* **7.** Point de convergence, de rayonnement de diverses forces : *Paris, centre de la vie culturelle.* **8.** Point principal, essentiel : *Le centre de la question* (syn. **cœur**). **9.** Sur le plan politique, position, parti qui se situent entre la droite et la gauche. **10.** SPORTS. Dans certains sports d'équipe, joueur qui se trouve au milieu de la ligne d'attaque. **11.** SPORTS. Action de centrer dans les jeux de ballon. **12. Être le centre des regards, de l'attention, etc.**, être la personne vers laquelle convergent l'attention, l'intérêt. **13. Centre commercial,** ensemble regroupant des magasins de détail et divers services (banque, poste, etc.). / **Centre d'aide par le travail** ⟶ **C.A.T.** / **Centre de gravité** ⟶ **gravité.** / MATH. **Centre de symétrie d'une figure,** point, s'il existe, tel que tous les points de la figure soient deux à deux symétriques par rapport à lui. / **Centre d'information et d'orientation (C.I.O.),** centre dépendant de l'Éducation nationale, dans lequel le public peut trouver informations et conseils sur les enseignements et les professions.

Centre-Val de Loire, Région administrative regroupant 6 dép. : Cher, Eure-et-Loir, Indre, Indre-et-Loire, Loir-et-Cher et Loiret ; 39 151 km^2 ; 2 635 080 hab. Ch.-l. *Orléans*. Entre l'Île-de-France et l'Auvergne, formé par les anciennes provinces de l'Orléanais, de la Touraine et du Berry, c'est un pays de plaines et de plateaux traversé par la vallée de la Loire. L'économie y est dominée par l'agriculture : la Beauce, plus grande région céréalière (blé, orge, maïs) de France ; le Berry, région de cultures industrielles (cultures céréalières et oléagineuses, dont colza et tournesol) ; le Perche, le Gâtinais et le Boischaut, élevage bovin et volailles ; le Val de Loire, 3e région viticole de France ; le Sancerrois et ses vignobles ; l'Est se distingue par l'élevage et la polyculture (betterave à sucre). Stimulée par la décentralisation, de bonnes dessertes ferroviaires, routières et autoroutières, l'industrie y occupe une place appréciable, notamment dans le Loiret avec le pôle de compétitivité Cosmetic Valley (cosmétique et parfumerie), la pharmacie et la chimie. La Région accueille plus de 4 millions de visiteurs par an (Val de Loire et ses châteaux royaux). Cette vallée ne joue qu'un rôle unificateur partiel : le contraste est sensible entre une partie du Nord souvent favorisée par la proximité de Paris, qui empêche cependant Orléans et Tours de s'imposer, et un Berry, au sud, vieillissant et continuant à se dépeupler.

Centre-du-Québec, région administrative du Québec, située au sud du fleuve Saint-Laurent ; 6 949 km^2 ; 234 163 hab.

Centre national d'art et de culture Georges-Pompidou (C.N.A.C. G.-P.), à Paris, établissement public groupant, dans un édifice inauguré en 1977, sur le « plateau Beaubourg » (architectes R. Piano et R. Rogers), une vaste Bibliothèque publique d'information (B.P.I.), le musée national d'Art moderne (M.N.A.M.), le Centre de création industrielle (C.C.I.) et, contigu, l'Institut de recherche et de coordination acoustique-musique (I.R.C.A.M.). Le Centre possède une antenne à Metz.

Centre national de la recherche scientifique ⟶ **C.N.R.S.**

Centre national d'études spatiales ⟶ **C.N.E.S.**

centrer [sɑ̃tre] **v.t. 1.** Ramener au centre, placer au milieu : *Centrer un titre dans une page.* **2.** Donner une direction, une orientation précise : *La discussion était centrée sur les problèmes sociaux* (syn. **orienter, axer**). **3.** TECHN. Déterminer l'axe d'une pièce ou fixer une pièce en son centre. **4.** SPORTS. Envoyer le ballon vers le grand axe d'un terrain.

centre-ville [sɑ̃trəvil] **n.m.** (pl. *centres-villes*). Quartier central d'une ville, le plus animé ou le plus ancien.

centrifugation [sɑ̃trifygasjɔ̃] **n.f.** Séparation des constituants d'un mélange par la force centrifuge.

centrifuge [sɑ̃trifyʒ] **adj.** (de *centre* et *-fuge*). Qui tend à éloigner du centre (par opp. à *centripète*) : *Force centrifuge.*

centrifuger [sɑ̃trifyʒe] **v.t.** [conj. **17**]. Soumettre à l'action de la force centrifuge ; passer à la centrifugeuse.

centrifugeuse [sɑ̃trifyʒøz] **n.f.** et **centrifugeur** [sɑ̃trifyʒœr] **n.m. 1.** Appareil qui effectue la centrifugation. **2.** Appareil ménager électrique destiné à produire du jus de fruits ou de légumes.

centripète [sɑ̃tripɛt] **adj.** (de *centre*, et du lat. *petere*, se diriger vers). Qui tend à rapprocher du centre (par opp. à *centrifuge*) : *Force centripète.*

centrisme [sɑ̃trism] **n.m.** Attitude, conception politique fondée sur le refus des extrêmes.

centriste [sɑ̃trist] **adj.** et **n.** Du centre, en politique.

centuple [sɑ̃typl] **adj.** et **n.m.** (lat. *centuplus*). **1.** Qui vaut cent fois autant : *Je l'ai payé le centuple de son prix.* **2. Au centuple,** cent fois plus ; au fig., en quantité beaucoup plus grande : *J'ai été récompensé au centuple.*

centupler [sɑ̃typle] **v.t.** et **v.i. 1.** Multiplier, être multiplié par cent. **2.** Augmenter considérablement : *Il faudrait centupler les efforts pour obtenir un résultat. Les prix ont centuplé.*

centurie [sɑ̃tyri] **n.f.** (lat. *centuria*). ANTIQ. ROM. Unité politique, administrative et militaire formée de cent citoyens.

centurion [sɑ̃tyrjɔ̃] **n.m.** (lat. *centurio*). Officier commandant une centurie, dans la légion romaine.

cep [sɛp] **n.m.** (lat. *cippus*, pieu). Pied de vigne.

cépage [sepaʒ] **n.m.** (de *cep*). Plant de vigne, considéré dans sa spécificité ; variété de vigne dont on tire un vin déterminé : *Les cépages de Bourgogne.*

cèpe [sɛp] **n.m.** (gascon *cep*, tronc). Bolet d'une variété comestible.

cépée [sepe] **n.f.** (de *cep*). SYLV. Touffe de tiges ou rejets de bois sortant du même tronc.

cependant [səpɑ̃dɑ̃] **adv.** (de *ce* et *pendant*). **1.** (Marquant une articulation logique). Exprime une opposition, une restriction (parfois combiné à *et*) : *Cette histoire invraisemblable est cependant véridique* (syn. **néanmoins, toutefois**). *Il a fini par accepter ; et cependant, il s'était juré de ne pas céder* (syn. **pourtant**). **2.** *LITT.* Exprime une concomitance d'une certaine durée : *Elle travaillait dans sa chambre ; cependant la nuit s'avançait* (= pendant ce temps). ◆ **cependant que loc. conj.** Exprime une concomitance : *Cependant qu'il parlait, tout le monde le regardait* (syn. **pendant que, tandis que**).

céphalée [sefale] et **céphalalgie** [sefalalʒi] **n.f.** (du gr. *kephalê*, tête [et de *-algie*]). MÉD. Mal de tête.

céphalopode [sefalɔpɔd] **n.m.** (de *céphalo-* et *-pode*). **Céphalopodes,** classe de mollusques marins, carnivores et nageurs, dont la tête porte des tentacules munis de ventouses et qui se propulsent en expulsant de l'eau par un siphon. ▸ La seiche, le calmar, la pieuvre, le nautile sont des céphalopodes.

céphalo-rachidien, enne [sefalɔraʃidjɛ̃, -ɛn] **adj.** (pl. *céphalo-rachidiens, ennes*). **1.** Relatif à l'encéphale et au rachis (syn. **cérébro-spinal**). **2. Liquide céphalo-rachidien,** liquide clair circulant entre les méninges.

céphalothorax [sefalɔtɔraks] **n.m.** (de *céphalo-* et *thorax*). Région antérieure du corps de certains invertébrés comme les crustacés, les arachnides, qui comprend la tête et le thorax soudés.

cérame [seram] **adj.** (gr. *keramos,* argile). **Grès cérame,** grès vitrifié dans la masse.

céramique [seramik] **adj.** (gr. *keramikos ;* v. *cérame*). Qui concerne la fabrication des poteries et autres pièces de terre cuite (y compris faïence, grès, porcelaine). ◆ **n.f. 1.** Art de fabriquer les poteries et autres objets de terre cuite, de faïence, de porcelaine : *Initier ses élèves à la céramique.* **2.** Objet en terre cuite : *Des céramiques anciennes.* **3.** Matériau céramique.

■ Plusieurs foyers d'invention (Proche-Orient, Turquie...), dont les premières manifestations se situent vers le VIIe millénaire, coexistent. En Amérique préhispanique, on trouve la céramique vers 3500 avant notre ère dans certaines régions. Même si parfois elle précède un véritable néolithique, néanmoins, par sa très grande diversité et l'évolution de ses thèmes décoratifs, elle demeure un moyen efficace d'étude des divers faciès culturels du néolithique.

Antiquité. En Égypte, la céramique apparaît dès la préhistoire. Très tôt, les Égyptiens connaissent la faïence, qu'ils fabriquent à base de quartz ; leur célèbre glaçure turquoise est probablement la première glaçure colorée. On retrouve cette technique en Assyrie et chez les Achéménides, dont les constructions monumentales sont recouvertes de briques émaillées. Les civilisations minoenne et mycénienne ont produit une céramique remarquable par l'équilibre de ses formes et la qualité du décor peint. C'est avec les créations attiques, à partir du VIe s. av. J.-C., que la Grèce marque définitivement l'histoire de la céramique : la technique se perfectionne à partir de procédés simples d'oxydation et de réduction au cours de la fournée. On distingue deux périodes principales : celle des figures noires sur fond rouge et celle des figures rouges sur fond noir. Les Romains développent la céramique rouge d'Arezzo ornée d'un décor en relief et dite *sigillée,* création originale, reproduite ensuite dans les centres gaulois.

Extrême-Orient. Depuis les temps néolithiques, la Chine s'achemine vers la mise au point d'une technique qui aboutit à d'admirables grès et à la porcelaine. L'emploi des couvertes naturelles à base de cendres végétales est connu dès le milieu du IIe millénaire av. J.-C. et celui des glaçures plombifères ou alcalines à la fin du Ier millénaire av. J.-C. L'art du grès (argile cuite à haute température vitrifiée et colorée par des oxydes de haute température) atteint son apogée sous les Song, aux XIe-XIIe s. Fortement imprégnés de culture chinoise, le Japon et la Corée se distinguent aussi dans cette technique.

Islam. Les plus anciennes créations de l'Islam remontent au VIIe s. Les formes sont variées et élégantes, l'émail alcalin ou à base de plomb, parfois stannifère, offre une étendue de couleurs éclatantes. Les centres de production existent tant en Iran qu'en Turquie ou en Espagne.

France. En France, parallèlement aux recherches menées par Bernard Palissy (v. 1510 - 1589/90) sur les terres cuites émaillées, des potiers (Beauvaisis, Bourgogne, etc.) poursuivent la tradition médiévale avant que nombre de manufactures de qualité ne produisent de la faïence ou de la porcelaine. Au XXe s., la céramique reste le matériau privilégié pour bien des artistes tant céramistes que sculpteurs. ■

céramiste [seramist] **n.** Personne qui fabrique ou décore de la céramique.

céraste [serast] **n.m.** (gr. *kerastês,* cornu, de *keras,* corne). Serpent venimeux d'Afrique et d'Asie, dit aussi *vipère à cornes.* ▸ Famille des vipéridés ; long. 75 cm.

cerbère [sɛrbɛr] **n.m.** (lat. *Cerberus,* gr. *Kerberos,* n. du chien à trois têtes gardien des Enfers). *LITT.* Portier, gardien sévère, intraitable.

cerceau [sɛrso] **n.m.** (bas lat. *circellus,* du class. *circus,* cercle). **1.** Cercle léger en bois, en plastique, etc., utilisé dans certains jeux ou sports. **2.** Cercle ou arceau de bois, de métal, servant d'armature, de support : *Les cerceaux d'un lampion.* **3.** Cercle de bois ou de métal servant à maintenir les douves d'un tonneau, d'un baquet.

cerclage [sɛrklaʒ] **n.m.** Action de cercler ; fait d'être cerclé.

cercle [sɛrkl] **n.m.** (lat. *circulus,* de *circus*). **1.** Courbe plane fermée dont tous les points sont situés à égale distance d'un point fixe, le centre : *Tracer un cercle au compas.* **2.** Figure, dessin, surface, objet ayant approximativement cette forme : *Entourer d'un cercle les numéros choisis* (syn. **rond**). *Un cercle de métal.* **3.** Réunion de personnes, ensemble de choses disposées en rond : *Un cercle d'enfants.* **4.** Groupement de personnes réunies pour un but particulier ; local où elles se réunissent : *Cercle d'études. Cercle de jeu. Cercle militaire.* **5.** Ensemble des personnes qu'on fréquente, des choses constituant un domaine d'activité, de connaissance : *Il a élargi le cercle de ses amis, de ses activités.* **6. Cercle de famille,** la proche famille réunie. / LOG. **Cercle vicieux,** raisonnement défectueux où l'on donne pour preuve ce qu'il faut démontrer ; au fig., situation dans laquelle on se trouve enfermé : *C'est un cercle vicieux, il emprunte de l'argent pour rembourser ses dettes.* / GÉOM. **Grand cercle d'une sphère,** section de la sphère par un plan passant par son centre : *L'équateur est un grand cercle de la sphère terrestre.* / **Le premier cercle,** les personnes, les milieux les plus proches d'un pouvoir, du pouvoir.

cercler [sɛrkle] **v.t.** Garnir, entourer d'un cercle, de cercles : *Cercler un tonneau, les roues d'une charrette.*

cercopithèque [sɛrkɔpitɛk] **n.m.** (du gr. *kerkos,* queue, et *pithêkos,* singe). Singe à longue queue, dont il existe en Afrique plusieurs espèces.

cercueil [sɛrkœj] **n.m.** (gr. *sarkophagos,* qui mange la chair). Long coffre dans lequel on enferme le corps d'un mort (syn. **bière**).

Cerdagne, pays des Pyrénées, en Espagne (Catalogne) et en France (Pyrénées-Orientales). [Hab. *Cerdans.*] C'est un haut bassin intérieur (vers 1 200 m) drainé vers l'Espagne par le (ou la) Sègre. Cette région a été partagée entre la France et l'Espagne en 1659 (paix des Pyrénées).

céréale [sereal] **n.f.** (lat. *cerealis,* de *Cérès,* déesse des Moissons). Plante cultivée, génér. de la famille des graminées, dont les grains, surtout réduits en farine, servent à la nourriture de l'homme et des animaux domestiques.

■ La plupart des céréales appartiennent à la famille des poacées (graminées). Ce sont des plantes annuelles qu'on utilise pour leurs grains. Ceux-ci sont portés par des épis et des épillets (épis secondaires) et protégés par des enveloppes (glumes, glumelles, spathes). Les céréales ont représenté dans l'histoire et constituent encore aujourd'hui l'aliment de base de l'humanité puisqu'elles fournissent la moitié des calories alimentaires consommées dans le monde.

Le blé. Le blé est cultivé partout en dehors des zones tropicales. On distingue le *blé tendre,* dont la farine sert notamment à fabriquer le pain, et le *blé dur,* utilisé pour la production des pâtes alimentaires et de la semoule (couscous). Le blé tendre est habituellement semé entre oct. et nov. *(blé d'hiver),* mais il existe des variétés que l'on peut semer en févr.-mars *(blé de printemps).* Le blé dur est généralement un blé de printemps. La récolte a lieu entre juin et août selon les variétés et le climat. Dans les pays développés, les opérations culturales sont entièrement mécanisées, depuis le semis jusqu'à la récolte à la moissonneuse-batteuse.

Pour être consommable, le grain de blé doit être débarrassé de ses enveloppes et réduit en farine ou en semoule. La grande opération de la transformation du blé en farine, longtemps réalisée par le pilon ou la meule – elle l'est encore dans certaines régions du monde –, est due à l'industrie de la *meunerie.* La mouture fournit les *issues* (son, remoulages, recoupes, etc.), utilisées depuis toujours pour l'alimentation des animaux, le *gruau,* partie du grain la plus dure et la plus riche en gluten, et, bien sûr, la farine. La semoule est obtenue par une mouture grossière des grains humidifiés, suivie d'un séchage et d'un tamisage.

→

Premiers producteurs mondiaux (par ordre décroissant) : Chine, Inde, États-Unis, Russie, France.

Le riz. Le riz nourrit la moitié de l'humanité. C'est la plante la plus cultivée dans le monde : on la trouve dans tous les pays d'Asie mais aussi en Afrique, en Amérique et en Europe méridionale. Il est cultivé selon des systèmes très variables, depuis la culture sèche des riz de montagne jusqu'aux rizières irriguées très intensives. Le riz non décortiqué est appelé paddy ; il est impropre à la consommation en raison des glumes et glumelles très dures qui entourent le grain. Il est soumis au décorticage pour donner le riz cargo, débarrassé de ses enveloppes. Ce riz cargo est le riz complet, ou riz brun. Le riz blanc est obtenu en lui enlevant le son et le germe, puis en polissant les grains. Le riz poli ne contient pratiquement pas de vitamines, ce qui provoque des carences parmi certaines populations nourries avec cette céréale.

Premiers producteurs mondiaux (par ordre décroissant) : Chine, Inde, Indonésie, Bangladesh, Viêt Nam.

Le maïs. Le maïs, originaire d'Amérique, a été introduit en Europe au XVIe s. Il est cultivé dans les régions chaudes ou tempérées. Très utilisés dans l'alimentation des animaux domestiques (volailles, porcs), les grains de maïs constituent une matière première essentielle de l'industrie des aliments destinés aux élevages. On emploie aussi le maïs dans des industries liées à l'alimentation humaine : fabrication de semoule, fabrication des corn flakes (pétales de maïs), etc. On consomme aussi ses grains cuits, en salade notamm. Les dérivés industriels non alimentaires du maïs sont très nombreux (colles, produits pharmaceutiques, vitamines, etc.).

Premiers producteurs mondiaux (par ordre décroissant) : États-Unis, Chine, Brésil, Mexique, Argentine.

Les autres céréales. Dans les pays chauds, on trouve des espèces de graminées alimentaires appelées « mils » ou parfois « fonio » en Afrique. Elles fournissent de petits grains qui servent à préparer des bouillies ou des couscous, base alimentaire de nombreuses ethnies d'Afrique. D'autres céréales, dites « secondaires », sont destinées essentiellement à l'alimentation des animaux : l'orge, encore très utilisé pour nourrir les porcs et les bovins, mais servant aussi à fabriquer le malt (produit de base de la production de bière) ; l'avoine, nourriture traditionnelle des chevaux ; le seigle, autref. principale céréale des montagnes, dont la farine entre dans la fabrication de certains pains ; le sorgho. Enfin, le sarrasin (qui n'appartient pas à la famille des poacées mais à celle des polygonacées), encore appelé « blé noir », fournit une farine employée à la confection de crêpes, galettes et bouillies. ■

céréalier, ère [serealje, -ɛr] **adj.** Relatif aux céréales : *Une culture, une alimentation céréalière.* ◆ **céréalier n.m. 1.** Producteur de céréales. **2.** Navire de charge spécialisé dans le transport des grains en vrac.

cérébral, e, aux [serebral, -o] **adj.** (du lat. *cerebrum,* cerveau). **1.** Qui concerne le cerveau : *Les deux moitiés du cerveau s'appellent les hémisphères cérébraux.* **2.** Qui concerne l'esprit, la pensée : *Son travail est plus cérébral que manuel.* ◆ **n.** Personne chez qui prédomine le raisonnement, l'activité intellectuelle.

cérébro-spinal, e, aux [serebrɔspinal, -o] **adj.** (de *cérébral* et *spinal*). Qui concerne l'encéphale et la moelle épinière (syn. **céphalo-rachidien**).

cérémonial [seremɔnjal] **n.m.** (pl. *cérémonials*). **1.** Ensemble des règles qui président aux cérémonies civiles, militaires ou religieuses : *La réception s'est déroulée avec tout le cérémonial d'usage* (syn. **protocole, étiquette**). **2.** Livre contenant les règles liturgiques des cérémonies du culte.

cérémonie [seremɔni] **n.f.** (lat. *cæremonia,* caractère sacré). **1.** Forme extérieure et régulière d'un culte, d'un événement de la vie sociale : *Les cérémonies du baptême, du 14-Juillet.* **2.** Marque de civilité ; excès de politesse : *Il a fait beaucoup de cérémonies avant de venir* (syn. **manière, façon**). **3. Sans cérémonie,** sans façon, en toute simplicité.

cérémonieusement [seremɔnjøzmɑ̃] **adv.** De façon cérémonieuse.

cérémonieux, euse [seremɔnjø, -øz] **adj.** Qui fait trop de cérémonies ; qui exprime une politesse excessive.

Cérès, déesse romaine des Moissons. Anc. vénérée en Campanie, elle fut, dès le Ve s. av. J.-C., adoptée à Rome, où on l'assimila à la Déméter des Grecs. Le temple qui lui était dédié sur l'Aventin était grec et elle y était honorée par la plèbe, en particulier dans les jeux célébrés en son honneur, les *Cerealia.*

cerf [sɛr] **n.m.** (lat. *cervus*). Ruminant de la famille des cervidés, des forêts d'Europe, d'Asie et d'Amérique, atteignant 1,50 m de haut et vivant en troupeau appelé *harde.* ▸ Le mâle porte des bois d'autant plus développés et ramifiés qu'il est âgé ; à un an, c'est un daguet, vers six ans, un dix-cors. Le cerf brame.

cerfeuil [sɛrfœj] **n.m.** (lat. *cerefolium,* du gr.). Plante aromatique cultivée comme condiment. ▸ Famille des ombellifères.

cerf-volant [sɛrvɔlɑ̃] **n.m.** (pl. *cerfs-volants*). **1.** Carcasse légère sur laquelle on tend un papier fort ou une étoffe et que l'on fait voler dans le vent au bout d'une longue ficelle : *Jouer au cerf-volant.* **2.** Nom usuel du *lucane.*

Cergy, ch.-l. de c. du Val-d'Oise, sur l'Oise ; 61 449 hab. *(Cergyssois).* Sur le territoire de la commune est établie la préfecture du dép. du Val-d'Oise, noyau de l'agglomération (anc. ville nouvelle) de *Cergy-Pontoise.*

cerisaie [sərizɛ] **n.f.** Lieu planté de cerisiers.

cerise [səriz] **n.f.** (lat. *ceras[i]um,* du gr.). Fruit comestible du cerisier. ◆ **adj. inv.** De couleur rouge vif.

cerisier [sərizje] **n.m.** Arbre cultivé pour ses fruits, les cerises. ▸ Famille des rosacées. Les cerisiers dérivent de deux espèces : le merisier, qui donne les variétés de bigarreaux et de guignes ; le griottier, d'où proviennent les variétés de cerises acides.

Cern, Organisation européenne pour la recherche nucléaire ou, communément, Laboratoire européen pour la physique des particules. Appelé, à sa création (1952-1954), Conseil européen pour la recherche nucléaire, il est implanté à Meyrin (frontière franco-suisse). Il a construit et exploite un ensemble d'accélérateurs ou de collisionneurs de particules. Prenant la suite d'un grand collisionneur d'électrons-positrons (LEP, 1989-2000), un grand collisionneur de hadrons (LHC) est entré en service en 2008 et a permis la découverte – avec une quasi-certitude – du boson de Higgs en 2012.

cerne [sɛrn] **n.m.** (lat. *circinus,* compas, cercle, de *circus,* cercle). **1.** Cercle bleuâtre autour des yeux, ou autour d'une plaie : *La fatigue lui donne des cernes.* **2.** Couche concentrique d'un arbre coupé en travers. ▸ Le nombre des cernes permet de connaître l'âge d'un arbre. **3.** Contour épais, accusé, dans un dessin, une peinture. **4.** Tache circulaire laissée par un détachant ; auréole.

cerné, e [sɛrne] **adj. Yeux cernés,** yeux entourés d'un cerne.

cerneau [sɛrno] **n.m.** (de *cerner [des noix]*). **1.** Chair des noix vertes. **2.** La noix même, avant sa complète maturité.

cerner [sɛrne] **v.t.** (lat. *circinare,* de *circus,* cercle). **1.** Former un cercle autour de : *Les montagnes cernent la ville* (syn. **entourer**). **2.** Entourer un lieu, pour empêcher les personnes qui s'y trouvent de s'enfuir : *La police cerne le quartier* (syn. **boucler, encercler**). **3.** Marquer le contour d'une figure d'un trait appuyé : *Cerner une silhouette d'un trait noir.* **4.** Enlever un anneau d'écorce par une incision circulaire. **5.** Séparer une noix de sa coque. **6. Cerner un problème, une question, etc.,** les délimiter nettement : *La discussion a permis de cerner le problème.*

1. certain, e [sɛrtɛ̃, -ɛn] **adj.** (lat. pop. **certanus,* du class. *certus,* assuré). **1.** Tenu pour sûr, inévitable : *Avec lui, l'échec est certain* (syn. **assuré**). *Cet élève fait des progrès certains* (syn. **indiscutable, incontestable**). **2.** Qui n'a aucun doute : *Le témoin est certain de ce qu'il a vu* (syn. **sûr**). **3.** Assez grand : *Il a une certaine popularité.*

2. certain, e [sɛrtɛ̃, -ɛn] **adj. indéf.** (de *1. certain*). **1.** (Au sing.). Précédé de l'art. indéf. (ou, *LITT.*, sans autre déterminant), indique une détermination sans grande précision : *À un certain moment, on a pu croire le pire. Un certain Michel a téléphoné.* **2.** (Au pl.). Sans autre déterminant, indique un nombre limité : *Certaines difficultés subsistent* (= quelques difficultés). ◆ **certains, certaines pron. indéf. pl. 1.** Plusieurs, quelques-uns : *J'ai assisté à certaines de ses pièces.* **2.** (Au masc.). Quelques personnes ; des gens : *Certains prétendent avoir observé ce phénomène.*

certainement [sɛrtɛnmɑ̃] **adv. 1.** Très probablement : *Il est certainement parti* (= sans doute). **2.** Assurément, certes : *Es-tu content ? Certainement. Certainement pas.*

certes [sɛrt] **adv.** (lat. pop. **certas,* du class. *certus,* assuré). *SOUT.* **1.** Sert à affirmer ou à souligner une affirmation ou une dénégation : *Êtes-vous convaincue ? Certes* (syn. **assurément**). *Certes non* (= certainement pas, bien sûr que non). **2.** Souvent en corrélation avec *mais,* sert à marquer une opposition, à présenter ce que l'on concède : *Certes, je suis venu, mais je ne suis toujours pas d'accord avec vous* (= bien que je sois venu...).

certificat [sɛrtifika] **n.m.** (lat. médiév. *certificatum* ; v. *certifier*). **1.** Écrit officiel, ou dûment signé d'une personne compétente, qui atteste un fait : *Un certificat d'arrêt de travail, de nationalité.* **2. Certificat d'aptitude professionnelle** ⟶ **C.A.P. / Certificat d'aptitude au professorat de l'enseignement du second degré, certificat d'aptitude au professorat de l'enseignement technique** ⟶ **C.A.P.E.S., C.A.P.E.T.**

certifié, e [sɛrtifje] **n.** et **adj.** Professeur titulaire du C.A.P.E.S. ou du C.A.P.E.T.

certifier [sɛrtifje] **v.t.** (lat. médiév. *certificare,* du class. *certus,* assuré) [conj. **9**]. **1.** Affirmer qqch à qqn ; assurer que qqch est vrai : *Il m'a certifié qu'il était absent ce jour-là* (syn. **soutenir**). **2.** DR. **Copie certifiée conforme,** copie attestée conforme au document original par l'autorité compétente.

certitude [sɛrtityd] **n.f.** (lat. *certitudo,* de *certus,* assuré). **1.** Sentiment qu'on a de la réalité d'un fait, de la vérité de qqch : *J'ai la certitude de t'avoir donné cette liste* (syn. **assurance, conviction**). **2.** Ce qui est certain : *Ce n'est pas une hypothèse, c'est une certitude.*

cérumen [serymɛn] **n.m.** (lat. médiév. *cerumen,* de *cera,* cire). Substance grasse, jaune-brun, formée dans le conduit auditif externe par les glandes sébacées qui le tapissent.

céruse [seryz] **n.f.** (lat. *cerussa*). Carbonate basique de plomb, appelé aussi *blanc de céruse* ou *blanc d'argent* et que l'on employait pour la peinture. ► La céruse est un poison ; son usage est interdit en France depuis 1915.

Cervantès, en esp. **Cervantes Saavedra** (Miguel **de**), écrivain espagnol (Alcalá de Henares 1547 - Madrid 1616). Sa vie mouvementée (il combattit à Lépante où il perdit un bras, fut cinq ans prisonnier des pirates barbaresques, puis commissaire aux vivres de l'Invincible Armada, excommunié, emprisonné, avant de devenir familier de la cour de Philippe III) lui inspira l'humour et la satire de ses romans (*Don Quichotte de la Manche* [1605-1615] ; *les Travaux de Persilès et Sigismonde,* 1617), des *Nouvelles exemplaires* (1613) et de ses comédies ou tragédies *(Numance).* • **Don Quichotte de la Manche,** ***l'Ingénieux Hidalgo,*** est un roman en deux parties (1605-1615). Un vieux gentilhomme campagnard (Don Quichotte) passe son temps à lire des romans de chevalerie et finit par s'identifier aux héros de ses légendes favorites. Revêtu de vieilles armes et monté sur son vieux cheval Rossinante, il part à l'aventure et choisit comme « dame de ses pensées » une paysanne du voisinage, qu'il baptise « Dulcinée du Toboso ». Il est accompagné de son fidèle serviteur Sancho Pança, dont le bon sens s'efforce de remédier aux désastres nés de la folle imagination de son maître. La critique du XXe s. considère le personnage de Don Quichotte, qui se réfère à un code chevaleresque tombé en désuétude, comme le modèle du héros de roman moderne, désespérément en quête d'idéal dans un monde qui a perdu les valeurs du passé.

cerveau [sɛrvo] **n.m.** (lat. *cerebellum,* cervelle, de *cerebrum,* cerveau). **1.** Partie antérieure de l'encéphale des vertébrés, formée des hémisphères cérébraux et des structures qui les unissent. **2.** Encéphale, totalité de la masse nerveuse contenue dans la boîte crânienne. **3.** Siège des facultés mentales : *Il a le cerveau un peu dérangé* (= il est un peu fou) [syn. **cervelle**]. **4.** Centre de direction, d'organisation ; personne qui a conçu, préparé un coup, une affaire : *Le cerveau d'un hold-up.* **5.** Personne exceptionnellement intelligente : *Cette fille, c'est un véritable cerveau.*

■ Le cerveau renferme deux types de cellules, les *neurones* et les *cellules gliales.* Les neurones ont pour fonction d'envoyer et de recevoir les impulsions nerveuses ; les cellules gliales les nourrissent et les protègent. Le cerveau humain renferme plus de 100 milliards de neurones. Chacun est en contact avec de nombreux autres par l'intermédiaire de structures spécialisées, les *synapses.* Celles-ci assurent la transmission de l'influx nerveux entre les neurones, notamm. grâce aux *neurotransmetteurs.* L'ensemble de ces connexions donne naissance aux processus mentaux et aux comportements.

Le cerveau proprement dit. Le *diencéphale* prolonge le tronc cérébral. Il contient deux noyaux gris symétriques, les *thalamus,* ainsi que la région de l'*hypothalamus,* au-dessous. Le *télencéphale* est formé par les deux hémisphères, qui s'attachent chacun sur un côté du diencéphale. Le *cortex cérébral,* à la surface des hémisphères, dessine des circonvolutions, qui sont séparées par des sillons peu profonds, et qui se regroupent en lobes, séparés par de profondes scissures.

Les fonctions. Le tronc cérébral contient des centres de la locomotion, des centres végétatifs (pour l'entretien automatique des fonctions vitales) de la respiration et de la circulation, des relais (synapses) visuels et auditifs. Le cervelet intervient dans l'équilibre et la coordination des mouvements. Le thalamus est le centre général de réception et de tri sensitif, l'hypothalamus est le centre supérieur de contrôle des fonctions végétatives. Les hémisphères sont les principaux responsables des sensations conscientes, des mouvements volontaires, du langage ; ils participent à d'autres fonctions supérieures (mémoire, émotion).

On retrouve, au niveau de l'encéphale, le phénomène du croisement : par exemple, les ordres moteurs et la réception sensitive, pour le bras et la jambe du côté droit, siègent dans la moitié gauche du cerveau.

Les particularités des hémisphères. Chacune des fonctions du cortex est localisée au niveau d'une zone appelée « aire primaire ». Il en existe une, par exemple, pour le mouvement volontaire, une autre pour la réception sensitive consciente. Les « aires secondaires » (ou d'*association*), autour ou entre les précédentes, permettent l'analyse fine des informations, leur mise en mémoire, leur compréhension intelligente. Les deux hémisphères n'ont pas exactement la même fonction : c'est la latéralisation. L'hémisphère dominant (à gauche chez les droitiers, et parfois chez les gauchers) est le siège du langage et de la pensée logique. L'autre hémisphère est responsable de capacités plus artistiques, telles que la perception des formes. (→ nerveux [système].) ■

cervelas [sɛrvəla] **n.m.** (it. *cervellato,* de *cervello,* cervelle). Saucisson cuit, dont il existe des variétés régionales.

cervelet [sɛrvəlɛ] **n.m.** (de *cervelle*). Partie de l'encéphale située sous le cerveau et en arrière du tronc cérébral. ► Le cervelet intervient dans le contrôle des mouvements et dans l'équilibration.

cervelle [sɛrvɛl] **n.f.** (lat. *cerebella,* plur. de *cerebellum,* cervelle). **1.** Substance qui constitue le cerveau. **2.** Siège des facultés intellectuelles : *Il n'a rien dans la cervelle* (syn. **cerveau**). **3.** Cerveau de certains animaux, destiné à l'alimentation : *Cervelle d'agneau.* **4. Cela lui trotte dans la cervelle,** cela le préoccupe. / **Sans cervelle,** étourdi.

Cerveteri, comm. d'Italie (Latium), au N.-O. de Rome ; 35 478 hab. Ce fut l'une des plus puissantes villes de la

A B C D E F G H I J K L M N O P Q R S T U V W X Y Z

Confédération étrusque avant d'être, en 351 av. J.-C., sous la domination de Rome. Les tombes, creusées ou construites dans la roche et couvertes de tumulus, s'alignent selon un véritable plan urbain ; elles ont livré un abondant matériel funéraire et constituent, dès le VIIe s. av. J.-C., l'un des plus anciens centres d'art pictural.

cervical, e, aux [sɛrvikal, -o] **adj.** (du lat. *cervix, -icis,* cou). **1.** Relatif au cou : *Vertèbre cervicale.* **2.** Relatif au col de l'utérus : *Glaire cervicale.*

cervidé [sɛrvide] **n.m.** (du lat. *cervus,* cerf). **Cervidés,** famille de ruminants comprenant le cerf, le chevreuil, le daim, l'élan, le renne et qui portent des cornes pleines, ramifiées, caduques, appelées *bois.*

Cervin *(mont),* en all. **Matterhorn,** sommet des Alpes entre le Valais et le Piémont, dominant la vallée de Zermatt ; 4 478 m. Il fut escaladé par Whymper en 1865.

cervoise [sɛrvwaz] **n.f.** (gaul. *cervesia*). Bière faite avec de l'orge ou d'autres céréales, et consommée dans l'Antiquité et au Moyen Âge.

ces adj. dém. ⟶ ce.

C.E.S. [seəɛs] **n.m.** (sigle de *collège d'enseignement secondaire*). ANC. En France, collège.

Césaire (Aimé), écrivain et homme politique français (Basse-Pointe, Martinique, 1913 - Fort-de-France 2008). Influencé par le surréalisme (*Soleil cou coupé,* 1948), il chercha à se dégager de la culture occidentale pour retrouver les sources de la « négritude » (*Cahier d'un retour au pays natal,* 1947 ; *la Tragédie du roi Christophe,* 1963). Il fut député de la Martinique (1946-1993) et maire de Fort-de-France (1945-2001).

1. césar [sezar] **n.m.** (du lat. *[Caius Julius] Caesar,* nom de Jules César). **1.** Titre affecté aux successeurs de Jules César puis, à partir d'Hadrien (117-138), à l'héritier du trône. **2.** Souverain autocrate.

2. césar [sezar] **n.m.** (du n. de *César,* artiste qui sculpta la statuette accompagnant le prix). Récompense cinématographique décernée annuellement en France.

César (César Baldaccini, dit), sculpteur français (Marseille 1921 - Paris 1998). Apparenté au Nouveau Réalisme, il a surtout travaillé les métaux (figures, animaux en fer soudé ; « compressions » de voitures [1960]) et les matières plastiques (« expansions » [1967]). Son *Pouce* géant est de 1965, son *Centaure,* de 1985.

César (Jules), en lat. **Caius Julius Caesar,** homme d'État romain (Rome 100 ou 101 - *id.* 44 av. J.-C.). Issu d'une famille patricienne, il s'oppose au dictateur Sulla (qui lui a demandé de répudier son épouse, fille de Cinna) et s'exile en Asie (82-78). Il entreprend ensuite une carrière politique, profitant des milieux d'argent (Crassus) tout en s'appuyant sur le parti populaire, seule force capable de briser le sénat et Pompée. Questeur en 68, préteur en 62, il devient aussi grand pontife (la plus haute autorité religieuse) en 63. Après une campagne facile en Espagne (61-60), il propose à son bailleur de fonds, Licinius Crassus, et à Pompée de constituer un triumvirat (60). Consul en 59, il s'assure l'appui de la plèbe en faisant voter deux lois agraires qui achèvent de partager les terres du domaine public entre les plus pauvres. En 56, César renouvelle le premier triumvirat pour cinq ans et obtient un nouveau commandement. Il conquiert la Gaule de 58 à 51, égalant ainsi la gloire militaire de Pompée. Il tire de la guerre des Gaules un immense prestige habilement entretenu par ses *Commentaires.* Désormais, les frontières de l'État atteignent le Rhin. En 53, Crassus est tué en Orient durant une campagne contre les Parthes. Le triumvirat n'existe plus. En 52, Pompée, nommé consul unique par le sénat, exige du conquérant des Gaules de rentrer à Rome en simple citoyen. Ne pouvant obtenir de garantie, César franchit le Rubicon, frontière entre l'Italie et la Cisalpine, et marche sur Rome (janv. 49). Surpris, Pompée s'enfuit en Grèce pour y former l'armée républicaine. Maître de l'Italie (janv.-févr. 49), vainqueur en Espagne (août), César écrase Pompée à Pharsale (48), le poursuit en Égypte où ce dernier est assassiné par le roi Ptolémée Aulète. César installe sur le trône d'Égypte la reine Cléopâtre et, s'assurant ainsi un solide protectorat, réorganise l'Orient (47). Il vainc les derniers pompéiens en Afrique à Thapsus (46), puis en Espagne à Munda (45). Maître absolu du Nord romain, César exerce son pouvoir dans un cadre légalement républicain. Il se fait octroyer soit la dictature (49 et 47), soit le consulat (48 et 46), soit les deux fonctions en même temps (45 et 44), détenues d'abord à temps limité (dix ans en 46), puis à vie (44). Il détient en outre les pouvoirs d'un tribun de la plèbe (44). Le sénat ne cesse d'élargir ses pouvoirs : droit de paix et de guerre, droit de créer des patriciens, de nommer les consuls et la moitié de tous les autres magistrats, de promulguer des décrets ayant force de loi. Pour conserver l'appui du peuple, il multiplie les fêtes et fonde, en faveur de ses vétérans et des prolétaires, des colonies romaines en Narbonnaise et sur les sites de Corinthe et de Carthage. Le pouvoir du sénat et celui des comices sont diminués. En multipliant le nombre des magistrats, il affaiblit leur autorité. Il réforme le calendrier. Enfin, il accorde le droit de cité à de nombreux provinciaux, surtout en Gaule. Dictateur à vie, César sans doute souhaite le pouvoir royal. Une conspiration se noue entre mécontents et partisans de la République, dirigée par Cassius et Brutus ; César est poignardé en plein sénat, le jour des ides de mars (15 mars 44). Il a laissé des Mémoires, *Commentaires* sur la guerre des Gaules et sur la guerre civile *(De bello gallico, De bello civili).*

césarienne [sezarjɛn] **n.f.** (du lat. *caesar,* enfant tiré du sein de sa mère par incision, de *caedere,* couper). Opération chirurgicale qui consiste à extraire le fœtus par incision de la paroi de l'utérus, quand l'accouchement est impossible par les voies naturelles.

césium [sezjɔm] **n.m.** (du lat. *caesius,* bleu). Métal alcalin, mou, jaune pâle. ▸ Symb. Cs.

cessant, e [sesɑ̃, -ɑ̃t] **adj. Toute(s) affaire(s) cessante(s),** avant de rien faire d'autre : *Vous devez lui téléphoner toutes affaires cessantes.*

cessation [sesasjɔ̃] **n.f. 1.** Fait de cesser : *La cessation des hostilités. Cessation de travail* (syn. **arrêt, suspension**). **2. Cessation de paiements,** situation d'un commerçant, d'une entreprise qui ne peut exécuter ses engagements par défaut d'actif disponible, entraînant le dépôt de bilan.

cesse [sɛs] **n.f.** (de *cesser*). LITT. **N'avoir (pas, point) de cesse que** (+ subj.), ne pas s'arrêter avant que : *Elle n'a eu de cesse que tout fût en ordre.* / **Sans cesse,** de manière continue ou répétitive : *La production s'accroît sans cesse.*

cesser [sese] **v.t.** (lat. *cessare,* de *cedere,* tarder, s'interrompre). **1.** Mettre fin à, interrompre : *Les employés ont cessé le travail à cinq heures* (syn. **arrêter** ; contr. **continuer**). **2.** SOUT. **Cesser de** (+ inf.), arrêter de. ◆ **v.i.** Prendre fin : *L'orage a cessé.*

cessez-le-feu [seselfø] **n.m. inv.** Cessation des hostilités.

cessible [sesibl] **adj.** (lat. *cessibilis,* de *cedere* ; v. *céder*). DR. Qui peut ou qui doit être cédé.

cession [sesjɔ̃] **n.f.** (lat. *cessio,* de *cedere* ; v. *céder*). DR. Transmission à un autre de la chose ou du droit dont on est propriétaire ou titulaire : *Cession de parts.*

c'est-à-dire [setadir] **conj. coord. 1.** Introduit une explication, une définition, une précision : *Il souffrait de céphalées, c'est-à-dire de maux de tête* (= autrement dit, en d'autres termes). *Elle part tous les matins très tôt, c'est-à-dire vers six heures* (abrév. écrite c.-à-d.). **2. C'est-à-dire que,** introduit une explication, un refus poli : *Vous venez avec nous dimanche ? C'est-à-dire que j'ai promis d'aller voir une amie* (= je suis désolé, mais...).

césure [sezyr] **n.f.** (lat. *caesura,* de *caedere,* couper). Repos ménagé dans un vers après une syllabe accentuée. ▸ La césure coupe l'alexandrin en deux hémistiches.

cet adj. dém. ⟶ ce.

cétacé [setase] **n.m.** (du gr. *kêtos,* gros poisson de mer). Cétacés, ordre de mammifères marins adaptés à la vie aquatique par leur corps pisciforme et par leurs bras transformés en nageoires, tels que la baleine, le cachalot, le dauphin.

cétoine [setwan] **n.f.** (orig. obsc.). Insecte vert doré, de l'ordre des coléoptères, qui se nourrit de fleurs.

cétone [setɔn] **n.f.** (de *[a]cétone*). Nom générique de dérivés de formule générale RR′C=O, R et R′ étant deux radicaux hydrocarbonés.

cétonique [setɔnik] **adj.** Qui a trait aux cétones ; qui a la fonction cétone : *Acide cétonique.*

cette adj. dém. ⟶ **ce.**

Ceuta, port espagnol de la côte d'Afrique, en face de Gibraltar ; 83 517 hab.

ceux pron. dém. ⟶ **celui.**

ceux-ci, ceux-là pron. dém. ⟶ **celui-ci, celui-là.**

Cévennes (les), partie de la bordure orientale du Massif central, entre l'Hérault et l'Ardèche ; 1 699 m au *mont Lozère.* Retombée abrupte sur les plaines rhodaniennes, les Cévennes sont formées de hauts plateaux granitiques, qui cèdent la place, à l'est, à de longues crêtes schisteuses (les serres), allongées entre de profondes vallées. Élevage ovin et tourisme (parc national [cœur de parc : env. 93 000 ha]).

cévenol, e [sevnɔl] **adj.** et **n.** Des Cévennes. ◆ **cévenol n.m.** Dialecte des Cévennes.

Ceylan ⟶ **Sri Lanka.**

Cézanne (Paul), peintre français (Aix-en-Provence 1839 - *id.* 1906). Il débuta par un art de tonalité sombre et postromantique. Comme ses amis impressionnistes, il pratiqua ensuite la peinture en plein air, mais s'évertua à transposer la sensation visuelle dans une construction purement plastique. Portraits, figures (*les Joueurs de cartes,* plusieurs versions v. 1890), natures mortes, paysages (dont ceux de la « montagne Sainte-Victoire »), baigneurs ou baigneuses sont ses thèmes principaux. Son influence a été capitale sur certains des principaux courants de l'art du XXe s. (fauvisme, cubisme, abstraction).

C.F.A. (franc) Unité monétaire principale de nombreux pays d'Afrique de l'Ouest (sigle de *Communauté financière africaine*) et d'Afrique centrale (sigle de *Coopération financière en Afrique*).

C.F.C. [seɛfse] **n.m.** (sigle). Chlorofluorocarbure*.

Chaban-Delmas (Jacques), homme politique français (Paris 1915 - *id.* 2000). Gaulliste et résistant, il fut président de l'Assemblée nationale (1958-1969, 1978-1981 et 1986-1988), Premier ministre (1969-1972), et maire de Bordeaux de 1947 à 1995.

chabot [ʃabo] **n.m.** (prov. *cabotz,* lat. pop. **capocius,* qui a une grosse tête). Poisson à grosse tête et à large bouche. ▸ Famille des cottidés ; long. 10 à 30 cm.

Chabrier (Emmanuel), compositeur français (Ambert 1841 - Paris 1894). Musicien original, il a eu une grande influence sur Debussy et Ravel, et a composé notamment : *España, le Roi malgré lui, la Bourrée fantasque.*

chacal [ʃakal] **n.m.** (turc *tchaqal,* du persan *chagâl*) [pl. *chacals*]. Mammifère carnassier d'Asie et d'Afrique, de la taille d'un renard, se nourrissant de rongeurs, d'oiseaux et de charognes. ▸ Le chacal jappe. Famille des canidés.

cha-cha-cha [tʃatʃatʃa] **n.m. inv.** (onomat.). Danse d'origine mexicaine dérivée de la rumba.

Chaco ou **Gran Chaco,** région de steppes, peu peuplée, de l'Amérique du Sud, partagée entre l'Argentine et le Paraguay.

chaconne ou **chacone** [ʃakɔn] **n.f.** (esp. *chacona*). MUS. Danse lente apparue en Espagne au XVIe s. ; pièce instrumentale de même rythme.

chacun, e [ʃakœ̃, -yn] **pron. indéf.** (lat. pop. **cascanum,* croisement du class. *quisque* [*unus*], chaque un, et du bas lat. [*unum*] *cata unum,* un à un). **1.** Toute personne, toute chose considérée individuellement dans un ensemble : *Chacun d'entre nous. Elles valent chacune trois cents euros.* **2.** Toute personne en général : *Chacun le dit.* ◆ **chacun n.m.** FAM. **Chacun avec sa chacune,** chaque homme avec sa compagne. **/ Tout un chacun,** tout le monde.

chadouf [ʃaduf] **n.m.** (de l'ar.). Appareil à bascule employé en Égypte pour puiser l'eau.

Chadwick (*sir* **James),** physicien britannique (Bollington, Cheshire, 1891 - Cambridge 1974). Il a étudié la charge des noyaux, la désintégration artificielle des éléments par les particules alpha, découvert l'effet photoélectrique nucléaire, obtenant la désintégration du deutérium par les rayons gamma, et reconnu la nature du neutron. (Prix Nobel 1935.)

chafouin, e [ʃafwɛ̃, -in] **adj.** (de *1. chat,* et *fouin* [masc. de *fouine*], putois). Sournois et rusé : *Un visage chafouin.*

Chagall (Marc), peintre, graveur et décorateur français d'origine russe (Vitebsk 1887 - Saint-Paul-de-Vence 1985). Après avoir travaillé à Paris de 1910 à 1914 (*la Noce,* 1910, M.N.A.M.), il s'installa en France en 1923. Avec une verve inventive, il s'est inspiré aussi bien du folklore juif, que de Paris et de la Provence. Il est l'auteur du nouveau plafond de l'Opéra Garnier à Paris (1963). À Nice, un musée national est consacré à ses peintures du *Message biblique.*

Chagos *(îles),* archipel britannique de l'océan Indien.

1. chagrin, e [ʃagrɛ̃, -in] **adj.** (de *chagriner*). LITT. **1.** Qui éprouve de la tristesse, du déplaisir : *Elle paraissait chagrine* (syn. **triste**). **2.** Qui est enclin à la tristesse, à la mauvaise humeur : *Un esprit chagrin.*

2. chagrin [ʃagrɛ̃] **n.m.** (de *1. chagrin*). Souffrance morale, tristesse : *Avoir du chagrin.*

3. chagrin [ʃagrɛ̃] **n.m.** (turc *çâgri,* croisé avec *grain*). **1.** Cuir grenu, en peau de chèvre ou de mouton, utilisé en reliure. **2. Une peau de chagrin,** une chose qui se rétrécit, diminue sans cesse (par allusion au roman de Balzac) : *Ses ambitions se sont réduites comme une peau de chagrin.*

chagriner [ʃagrine] **v.t.** (p.-ê. de *1. chat,* et de *grigner,* être maussade). Causer du chagrin, de la peine à : *Son refus m'a chagriné* (syn. **attrister, peiner**).

chah ou **shah** [ʃa] **n.m.** (mot persan « roi »). Titre porté par des souverains du Moyen-Orient (Iran), de l'Asie centrale et de l'Inde.

Châhpuhr ou **Shâhpur,** en lat. **Sapor,** nom de plusieurs rois sassanides de Perse, dont **Châhpuhr Ier** (241-272), qui vainquit et fit prisonnier l'empereur romain Valérien mais qui ne put conquérir la Syrie et l'Asie Mineure.

chahut [ʃay] **n.m.** (de *chahuter*). Agitation, tapage organisés pendant un cours, dans un lieu public, pour gêner ou pour protester contre qqch, contre qqn : *Il règne dans cette classe un chahut insupportable.*

chahuter [ʃayte] **v.i.** (de *chat-huant*). Faire du chahut : *Chahuter dans le couloir.* ◆ **v.t.** Malmener, traiter sans ménagement : *Le conférencier s'est fait chahuter par l'assistance.*

chahuteur, euse [ʃaytœr, -øz] **adj.** et **n.** Qui chahute.

chai [ʃɛ] **n.m.** (gaul. *caio*). Lieu où sont emmagasinés les vins en fûts et les eaux-de-vie.

chaîne [ʃɛn] **n.f.** (lat. *catena*). **1.** Succession d'anneaux en métal, en plastique, etc., engagés les uns dans les autres, pour lier ou maintenir qqch, interdire un accès, servir d'ornement, etc. : *Une chaîne d'ancre. Chaîne en or.* **2.** Lien flexible fait de maillons métalliques articulés, servant à transmettre sans glissement un mouvement de rotation : *Chaîne de vélo.* **3.** Ensemble de montagnes rattachées entre elles : *La chaîne des Alpes.* **4.** Série, succession de faits : *La chaîne des événements.* **5.** Méthode d'action utilisant successivement une série de personnes volontaires : *Chaîne de solidarité.* **6.** Ensemble d'établissements commerciaux appartenant à la même organisation : *Une chaîne d'hôtels, de magasins.* **7.** Réseau d'émetteurs de radiodiffusion ou de télévision diffusant simultanément le même programme ; organisme responsable de la programmation sur un tel réseau : *Chaîne généraliste, sportive, musicale.* **8.** Appareil de reproduction du son comprenant une source (magnétophone, lecteur de Compact Disc, etc.), un élément amplificateur et des éléments reproducteurs (baffles) : *Chaîne haute-fidélité. Chaîne stéréo.* **9.** Ensemble des fils parallèles disposés dans le sens de la longueur d'un tissu, entre lesquels passe la trame. **10.** CHIM. Suite d'atomes de carbone. ▸ Leur disposition en *chaîne ouverte* s'appelle une *série grasse* ; en *chaîne fermée*, une *série cyclique*. **11. Chaîne alimentaire,** ensemble d'espèces vivantes dont chacune se nourrit de la précédente. ▸ L'herbivore se nourrit de végétaux, le carnivore se nourrit d'herbivores ou de carnivores. / **Chaîne d'arpenteur,** chaîne de 10 m pour mesurer les longueurs sur le terrain. / **Chaîne de fabrication** ou **de montage,** ensemble de postes de travail, conçu pour réduire les temps morts et les manutentions dans la fabrication d'un produit. / **Chaîne du froid,** ensemble des moyens successivement mis en œuvre pour la conservation frigorifique des denrées périssables : *La chaîne du froid a été rompue pendant le transport.* / **Faire la chaîne,** se placer à la suite les uns des autres pour se passer qqch : *Les sauveteurs faisaient la chaîne, se passant les seaux d'eau.* / **Réaction en chaîne,** réaction chimique ou nucléaire qui, en se déclenchant, produit les corps ou l'énergie nécessaires à sa propagation ; au fig., suite de phénomènes déclenchés les uns par les autres : *Ces revendications catégorielles ont déclenché une réaction en chaîne dans la fonction publique.* / **Travail à la chaîne,** organisation du travail dans laquelle le produit à fabriquer se déplace devant les ouvriers chargés d'une seule et même opération, selon une cadence constante. / INFORM. **Chaîne de caractères,** suite linéaire de lettres, de chiffres pouvant faire l'objet d'un traitement. / LING. **Chaîne parlée,** succession dans le temps d'unités linguistiques formant des énoncés. ◆ **chaînes n.f. pl. 1.** État de dépendance, de servitude : *Un peuple opprimé qui brise ses chaînes* (syn. **liens**). **2.** Dispositif adapté aux pneus d'une voiture pour rouler sur la neige ou la glace.

chaînette [ʃenɛt] **n.f.** Petite chaîne.

chaînon [ʃenɔ̃] **n.m. 1.** Anneau d'une chaîne (syn. **maillon**). **2.** Élément d'une série, indispensable pour établir une continuité ou une suite logique : *Reconstituer le chaînon manquant d'une généalogie* (syn. **maillon**). **3.** Partie d'une chaîne de montagnes.

chair [ʃɛr] **n.f.** (lat. *caro, carnis*). **1.** Tissu musculaire et conjonctif du corps humain et animal, recouvert par la peau : *Avoir une chair bien ferme.* **2.** *LITT.* Enveloppe corporelle, charnelle, par opp. à l'esprit, à l'âme : *Mortification de la chair.* **3.** Ensemble des désirs, des appétits physiques ; instinct sexuel : *Les plaisirs de la chair. La chair est faible.* **4.** Viande animale hachée servant à la préparation de certains aliments : *Chair à saucisse.* **5.** Pulpe des fruits : *Une pêche à la chair juteuse.* **6. Bien en chair,** grassouillet. / **Couleur chair,** couleur rose très pâle ; de cette couleur : *Un collant couleur chair.* / **En chair et en os,** en personne : *Il était là, en chair et en os.* / **Ni chair ni poisson,** d'une nature mal définie.

chaire [ʃɛr] **n.f.** (lat. *cathedra*). **1.** Tribune, estrade d'où un professeur ou un prédicateur parle à son auditoire. **2.** Poste de professeur d'université : *Elle a obtenu la chaire de poésie médiévale.* **3.** Siège apostolique, papauté : *La chaire de saint Pierre.* **4.** Siège liturgique d'un évêque dans sa cathédrale (on l'appelle aussi *la cathèdre*). **5.** *VX.* Siège de bois à haut dossier et accoudoirs pleins, en usage au Moyen Âge et à la Renaissance.

chaise [ʃɛz] **n.f.** (lat. *cathedra*). **1.** Siège à dossier, sans accoudoirs : *Chaise de bistrot. Chaise Louis XV.* **2. Entre deux chaises,** dans une position instable, dans une situation incertaine. / **Mener une vie de bâton de chaise,** vivre de façon agitée, déréglée. / **Nœud de chaise,** nœud marin utilisé notamm. pour pratiquer une boucle temporaire à l'extrémité d'un cordage. / **Politique de la chaise vide,** attitude qui consiste à ne pas venir siéger à une assemblée. **3. Chaise à porteurs,** anc. moyen de locomotion, constitué d'un siège fermé et couvert, dans lequel on se faisait porter par deux personnes. / **Chaise électrique,** instrument pour l'électrocution des condamnés à mort, constitué d'un siège muni d'électrodes, dans certains États des États-Unis. / **Chaise longue,** fauteuil pliable, génér. en toile, comportant une partie pour allonger les jambes. / **Chaise percée,** autref., siège aménagé pour satisfaire les besoins naturels.

chaisier, ère [ʃezje, -ɛr] **n. 1.** Personne qui percevait le prix d'occupation des chaises dans un jardin public, une église, etc. **2.** Personne qui fabrique des chaises.

1. chaland [ʃalɑ̃] **n.m.** (gr. byzantin *khelandion*). Bateau non ponté, à fond plat, pour transporter les marchandises sur les cours d'eau et dans les ports.

2. chaland, e [ʃalɑ̃, -ɑ̃d] **n.** (de *chaloir*). *VIEILLI.* Client d'une boutique.

chalcolithique [kalkɔlitik] **adj.** (du gr. *khalkos*, cuivre, et *lithos*, pierre). **Période chalcolithique,** période de transition entre le néolithique et l'âge du bronze, où apparaissent les premiers objets en cuivre. (On dit aussi *le chalcolithique*.)

Chaldée [kal-], nom donné à la basse Mésopotamie, notamment au pays de Sumer.

châle [ʃɑl] **n.m.** (hindi *shal*, mot d'orig. persane). Grand morceau d'étoffe que l'on porte sur les épaules.

chalet [ʃalɛ] **n.m.** (mot de Suisse romande, du lat. *cala*, abri). Maison de haute montagne, faite princ. de bois, au toit très pentu.

chaleur [ʃalœr] **n.f.** (lat. *calor*). **1.** Qualité de ce qui est chaud ; température élevée d'un corps, d'un lieu, etc. : *La chaleur du soleil.* **2.** Une des formes de l'énergie qui élève la température, dilate, fait fondre ou décompose les corps, etc. **3.** Élévation de la température normale du corps, qui s'accompagne d'une sensation de malaise, de fatigue : *Une bouffée de chaleur.* **4.** Ardeur, fougue manifestée dans les sentiments : *Dans la chaleur de la discussion, il a promis monts et merveilles.* **5. Être en chaleur,** rechercher le mâle en vue de l'accouplement, en parlant des femelles des mammifères. ◆ **chaleurs n.f. pl. 1.** Période de l'année où il fait très chaud : *Les premières, les grandes chaleurs.* **2.** Période où les femelles des mammifères sont en chaleur.

■ **Histoire de la notion de chaleur.** Le phénomène de dilatation des liquides sous l'effet de la chaleur a servi à la fabrication du premier instrument de mesure des températures, le thermomètre. Celui-ci a été inventé par Galilée, qui en avait construit un avant 1597. Toutefois, jusqu'au XVIIe s., les qualités de chaud et de froid demeurèrent les seules appréciations de la température, aussi bien pour l'examen médical que pour les observations météorologiques ou physiques. À la fin du XVIIIe s., on concevait que la chaleur était transmise par un fluide indestructible et immatériel, le *calorique*. Mais les mesures de Laplace et de Lavoisier, réalisées à partir d'un calorimètre à glace sur les principaux aspects de l'action calorifique (chaleurs spécifiques de solides, de liquides, de gaz, chaleurs de changements d'état, de dissolution, de réaction, chaleur dégagée par la respiration, etc.), conduisirent à la distinction entre température et quantité de chaleur, ce qui permit de jeter les bases de la calorimétrie.

On reconnut ensuite que les changements d'état, par exemple le passage de l'état liquide à l'état solide, sont valables pour tous les corps et que la chaleur rayonnante est de même nature que la lumière.

En 1824, Sadi Carnot énonça les relations qui existent entre la chaleur et le travail mécanique, jetant ainsi les bases d'un nouveau domaine de la physique, la thermodynamique. Dans les années 1840, Joule posa le principe de l'équivalence du travail et de la chaleur en montrant que celle-ci peut être convertie en travail et vice versa.

Transmission de la chaleur. D'un corps à un autre, celle-ci s'effectue selon trois mécanismes : dans la *conduction*, la chaleur se propage à l'intérieur des corps matériels, des régions chaudes vers les régions froides ; dans le *rayonnement*, un corps chaud émet des radiations électromagnétiques qu'absorbent les corps qui lui sont soumis ; dans la *convection,* la chaleur, portée par un fluide, est entraînée par le mouvement de celui-ci.

Effets et mesure. Un apport de chaleur provoque le plus souvent une variation de la température du système qui le reçoit, mais il peut aussi provoquer une transition de phase (fusion, vaporisation, changement de structure [allotropie]) à température constante pour un corps pur. Le concept de quantité de chaleur contenue dans un corps n'a pas de sens ; on ne peut parler que de la quantité de chaleur reçue ou cédée au cours d'une transformation. Les échanges de chaleur et de travail d'un système avec l'extérieur sont régis par les deux premiers principes de la thermodynamique. La théorie cinétique de la matière assimile le transfert de chaleur entre deux systèmes à un transfert de l'énergie cinétique des atomes ou des molécules qui les constituent.

L'unité de quantité de chaleur du système SI est le joule. On utilise encore fréquemment la calorie (1 cal = 4,18 J). ■

chaleureusement [ʃalœrøzmɑ̃] **adv.** De façon chaleureuse : *Il m'a remercié chaleureusement.*

chaleureux, euse [ʃalœrø, -øz] **adj.** Qui manifeste de l'enthousiasme, de la chaleur : *Accueil chaleureux* (syn. **cordial**).

Chaliapine (Fiodor), chanteur russe (Kazan 1873 - Paris 1938). Doué d'une voix exceptionnelle de baryton-basse et proposant une conception très moderne de l'art du comédien lyrique, il a popularisé l'opéra russe (notamm. *Boris Godounov*).

châlit [ʃali] **n.m.** (lat. pop. **catalectus,* du class. *lectus,* lit). Bois de lit ou armature métallique d'un lit.

challenge [tʃalɛndʒ] ou [ʃalɑ̃ʒ] **n.m.** (mot angl. « *défi* »). **1.** Épreuve sportive, tournoi, disputés en dehors des championnats. **2.** Entreprise difficile dans laquelle on s'engage comme pour relever un défi : *Un challenge commercial.*

challenger [tʃalɛnʒœr] ou [ʃalɑ̃ʒœr] **n.m.** (mot angl.). Athlète défiant officiellement le tenant d'un titre.

chaloir [ʃalwar] **v. impers.** (lat. *calere,* avoir chaud). LITT. **Peu me** (ou **m'en**) **chaut,** peu m'importe.

Châlons-en-Champagne, anc. **Châlons-sur-Marne** [-lɔ̃], ch.-l. du dép. de la Marne, sur la Marne, à 167 km à l'est de Paris ; 46 529 hab. *(Châlonnais).* Évêché. Constructions mécaniques et électriques. École d'arts et métiers. Importants monuments, dont l'église N.-D.-en-Vaux (XIIe s., romane et gothique) et la cathédrale (reconstruite apr. 1230 ; vitraux du XIIe au XVIe s.). Camp militaire.

Chalon-sur-Saône, ch.-l. d'arr. de Saône-et-Loire, sur la rive droite de la Saône ; 46 319 hab. *(Chalonnais).* Marché vinicole et centre industriel (constructions mécaniques et électriques, chimie). Anc. cathédrale (XIIe-XVe s.). Musées Denon (archéologie, beaux-arts, ethnographie) et Niépce (histoire de la photographie).

chaloupe [ʃalup] **n.f.** (anc. fr. *eschalope,* coquille de noix). Grand canot à rames ou à moteur, embarqué sur les navires pour transporter les passagers jusqu'à la côte ou pour les évacuer en cas de naufrage.

chaloupé, e [ʃalupe] **adj.** (de *chaloupe*). **Danse, démarche chaloupée,** très balancée, du fait qu'on remue les épaules et les hanches.

chalumeau [ʃalymo] **n.m.** (bas lat. *calamellus,* du class. *calamus,* roseau). **1.** Appareil produisant une flamme très chaude par combustion d'un gaz et qu'on utilise pour souder et découper les métaux. **2.** Petit tuyau de matière plastique (autref. de paille, de roseau) permettant d'aspirer un liquide (syn. **paille**). **3.** VX. Petit instrument à vent, à anche simple, ancêtre de la clarinette.

chalut [ʃaly] **n.m.** (orig. obsc.). Filet de pêche en forme de poche, traîné sur le fond de la mer ou entre deux eaux par un chalutier.

chalutier [ʃalytje] **n.m. 1.** Bateau de pêche qui traîne le chalut. **2.** Pêcheur qui se sert du chalut.

chamade [ʃamad] **n.f.** (it. *chiamata,* appel). **1.** VX. Batterie de tambour ou sonnerie qui annonçait l'intention de capituler, dans une ville assiégée. **2. Cœur qui bat la chamade,** cœur dont le rythme s'accélère sous l'effet d'une violente émotion.

se **chamailler** [ʃamaje] **v.pr.** (anc. fr. *chapeler,* couper, et *mailler,* frapper). FAM. Se disputer pour des raisons futiles : *Des écoliers qui se chamaillent pendant la récréation* (syn. **se quereller**).

chamaillerie [ʃamajri] **n.f.** FAM. Dispute peu sérieuse.

chamailleur, euse [ʃamajœr, -øz] **adj.** et **n.** FAM. Qui aime à se chamailler : *Un garçon chamailleur* (syn. **querelleur**).

chaman, e [ʃaman] **n.** (probabl. d'un mot d'une langue altaïque). Dans certaines sociétés d'Asie centrale et septentrionale, religieux qui exerce aussi des fonctions de devin et de guérisseur.

chamanisme [ʃamanism] **n.m.** (de *chaman*). Ensemble des croyances et des pratiques rencontrées dans les sociétés ayant un chaman.

chamarré, e [ʃamare] **adj.** (de l'esp. *zamarra,* vêtement en peau de mouton). **1.** Orné de galons, de passementeries, etc. : *Un uniforme chamarré de décorations.* **2.** Se dit d'un tissu, d'un vêtement bariolé : *Un pull chamarré.*

chamarrure [ʃamaryr] **n.f.** (de *chamarré*). Ensemble d'ornements voyants.

chambardement [ʃɑ̃bardəmɑ̃] **n.m.** FAM. Changement, bouleversement total : *Le grand chambardement* (= la guerre, la révolution).

chambarder [ʃɑ̃barde] **v.t.** (orig. obsc.). FAM. **1.** Bouleverser de fond en comble : *Les cambrioleurs ont chambardé l'appartement* (syn. **saccager**). **2.** Déranger : *Ces incidents ont chambardé mes projets.*

chambellan [ʃɑ̃belɑ̃] **n.m.** (frq. **kamerling,* du lat. *camera* ; v. *chambre*). Officier qui était chargé de tout ce qui concernait le service intérieur de la chambre d'un souverain : *Le grand chambellan.*

Chamberlain (Joseph), homme politique britannique (Londres 1836 - Birmingham 1914). Ministre du Commerce (1880-1886), il provoqua la scission du parti libéral en regroupant dans un parti libéral-unioniste les adversaires du Home Rule (accordant à l'Irlande un statut d'autonomie). Ministre des Colonies (1895-1903), il mena une politique impérialiste qui entraîna son pays dans la guerre des Boers. • Son fils *sir* **Joseph Austen** (Birmingham 1863 - Londres 1937), chancelier de l'Échiquier (ministre de l'Économie) [1903-1906, 1919-1921], chef du parti libéral-unioniste, ministre des Affaires étrangères (1924-1929), pratiqua une politique de détente dans le cadre de la Société des Nations. • **Arthur Neville,** demi-frère du précédent (Birmingham 1869 - Heckfield 1940), député conservateur, fut chancelier de l'Échiquier (1931-1937), puis Premier ministre (1937-1940). Il essaya en vain de régler pacifiquement les problèmes posés par la guerre d'Espagne, l'agression italienne contre l'Éthiopie et les revendications allemandes (accords de Munich, 1938), mais il dut déclarer la guerre à l'Allemagne en 1939.

Chambéry, anc. cap. de la Savoie, ch.-l. du dép. de la Savoie, sur la Leysse, entre les Bauges et la Chartreuse, à 553 km au sud-est de Paris ; 60 029 hab. *(Chambériens)* [181 533 hab. dans l'agglomération]. Archevêché. Cour d'appel. Université. Métallurgie. Chimie. Château médiéval restauré. Cathédrale des XVe-XVIe s. Musée savoisien et musée des Beaux-Arts (peinture italienne des XIVe-XVIIIe s., etc.).

Chambord, comm. de Loir-et-Cher, en Sologne, sur le Cosson ; 123 hab. Château bâti pour François Ier à partir de 1519, chef-d'œuvre de la première Renaissance. Il conserve un plan de château fort, mais vise à l'agrément autant qu'au prestige et à une noble symétrie. Son « donjon » central est organisé autour du célèbre escalier à claire-voie et double hélice, sommé d'une tour-lanterne qui se détache, entre des terrasses, parmi une forêt de toits aigus, de cheminées et de lucarnes d'un effet féerique.

Chambord (Henri de Bourbon, *duc* **de Bordeaux,** *comte* **de),** prince français (Paris 1820 - Frohsdorf, Autriche, 1883), fils posthume du duc de Berry, prétendant légitimiste (« Henri V ») au trône de France, mort sans héritiers. En 1873, la restauration de la monarchie à son profit, qui semblait possible, échoua devant l'intransigeance du comte, qui refusa d'accepter le drapeau tricolore comme emblème national.

chamboulement [ʃɑ̃bulmɑ̃] **n.m.** *FAM.* Action de chambouler : *Le chamboulement de mes projets.*

chamboule-tout [ʃɑ̃bultu] **n.m. inv.** Attraction de fête foraine consistant à renverser des personnages à l'aide d'une balle en chiffon ; jeu de massacre.

chambouler [ʃɑ̃bule] **v.t.** (de *bouler,* tomber avec un premier élément d'orig. obsc.). *FAM.* Mettre sens dessus dessous : *J'ai chamboulé tout l'appartement pour retrouver ce dossier.*

chambranle [ʃɑ̃brɑ̃l] **n.m.** (croisement de *branler* et de *chambrande,* du lat. *camerare,* voûter). Encadrement d'une porte, d'une fenêtre, d'une cheminée.

chambre [ʃɑ̃br] **n.f.** (lat. *camera,* plafond voûté). **1.** Pièce d'une habitation où l'on dort : *Chambre à coucher. Chambre d'hôtel. Chambre d'amis.* **2.** Assemblée parlementaire : *La Chambre des députés.* **3.** Organisme qui représente et défend les intérêts d'une profession : *La Chambre de commerce et d'industrie.* **4.** Section d'une juridiction : *Chambre criminelle.* **5.** Partie du canon d'une arme à feu recevant la cartouche ou la charge. **6. Chambre basse,** dans un parlement bicaméral, l'assemblée élue au suffrage direct (en France, l'Assemblée* nationale). / **Chambre haute,** dans un parlement bicaméral, l'assemblée nommée ou élue indirectement (en France, le Sénat*). / **Femme, valet de chambre,** domestiques travaillant pour des particuliers ou dans un hôtel. / **Faire chambre à part,** coucher séparément, en parlant d'un couple. / **Garder la chambre,** rester chez soi parce qu'on est fatigué ou malade. **7. Chambre à air,** tube de caoutchouc placé à l'intérieur d'un pneu et gonflé à l'air comprimé. / **Chambre de combustion,** partie d'une turbine à gaz où se produit la combustion du carburant. / **Chambre forte,** pièce blindée où sont placés les coffres, dans une banque. / **Chambre froide** ou **frigorifique,** local spécial. équipé pour conserver les denrées périssables. / ANAT. **Chambre de l'œil** ou **chambre antérieure,** cavité de l'œil entre la cornée et l'iris, occupée par l'humeur aqueuse. / HIST. **Chambre à gaz,** salle alimentée en gaz toxique qui, dans certains des camps d'extermination créés par le Reich hitlérien, servait à donner la mort aux déportés. / OPT. **Chambre claire,** appareil comportant un miroir percé d'un trou, ou bien un prisme, qui permet de superposer une vue directe et une vue par réflexion. / OPT. **Chambre noire,** enceinte obscure d'un appareil photographique, recevant la surface sensible ; local obscur d'un laboratoire pour le traitement et le tirage des photographies.

chambrée [ʃɑ̃bre] **n.f.** Ensemble de personnes, plus partic. de soldats, couchant dans une même chambre ; cette chambre.

chambrer [ʃɑ̃bre] **v.t.** (de *chambre*). **1.** Amener du vin en bouteille à une température appropriée à sa consommation en le laissant quelque temps dans une pièce tempérée. **2.** *FAM.* **Chambrer qqn,** se moquer de lui en sa présence.

chambrette [ʃɑ̃brɛt] **n.f.** Petite chambre.

chameau [ʃamo] **n.m.** (gr. *kamêlos*). **1.** Mammifère ruminant d'Asie centrale, à deux bosses graisseuses sur le dos, adapté à la vie dans les régions arides où il sert de monture et d'animal de trait. ▸ Famille des camélidés. Le petit du chameau s'appelle chamelon. Le chameau blatère. **2.** *FAM.* Personne méchante ou acariâtre : *Quel chameau !*

chamelier [ʃaməlje] **n.m.** Conducteur de chameaux ou de dromadaires.

chamelle [ʃamɛl] **n.f.** Chameau femelle.

Chamfort (Sébastien Roch Nicolas, dit **Nicolas de),** écrivain français (près de Clermont-Ferrand 1740 - Paris 1794). Admiré et redouté pour son esprit, il improvisa dans les salons les éléments de son recueil posthume *Maximes, pensées et anecdotes.* D'abord partisan de la Révolution, il se suicida sous la Terreur.

chamito-sémitique [kamitɔsemitik] **adj.** et **n.m.** (de *Chamites* [ancien n. de populations africaines supposées issues de Cham, deuxième fils de Noé], et *sémitique*) [pl. *chamito-sémitiques*]. Se dit d'une famille de langues comprenant le sémitique, l'égyptien, le berbère, les langues éthiopiennes et les langues tchadiennes.

chamois [ʃamwa] **n.m.** (bas lat. *camox*). **1.** Mammifère ruminant aux cornes droites et recourbées vers l'arrière au sommet, qui vit dans les hautes montagnes d'Europe et du Proche-Orient. ▸ Famille des bovidés ; haut. au garrot 65 cm. **2.** Épreuve test de niveau à skis consistant en un slalom spécial à effectuer en un temps donné : *Chamois d'or, d'argent, de bronze.* **3. Chamois des Pyrénées,** isard. **4. Peau de chamois,** peau tannée par un traitement aux huiles de poisson, utilisée pour nettoyer les vitres, les chromes, etc. ◆ **adj. inv.** Jaune clair : *Des gants chamois.*

Chamoiseau (Patrick), écrivain français (Fort-de-France 1953). Ardent polémiste, auteur de romans (*Chronique des sept misères,* 1986 ; *Texaco,* 1992 ; *Biblique des derniers gestes,* 2002 ; *l'Empreinte à Crusoé,* 2012) et de récits autobiographiques (*Une enfance créole,* 3 vol., 1990-2005), il est avec R. Confiant l'un des grands défenseurs de l'identité créole.

Chamonix-Mont-Blanc [-ni-], commune de la Haute-Savoie, au pied du mont Blanc ; 9 283 hab. *(Chamoniards).* Superbe vallée de l'Arve, célèbre par ses glaciers. Important centre d'alpinisme et de sports d'hiver (alt. 1 037-3 842 m).

champ [ʃɑ̃] **n.m.** (lat. *campus*). **1.** Étendue de terre cultivable : *Champ de blé. Labourer un champ.* **2.** Domaine dans lequel se situe une activité, une recherche, etc. : *Le champ de la sociologie.* **3.** Surface d'un tableau, d'une médaille, etc., sur laquelle se détache un motif, une inscription, etc. **4.** Portion d'espace qu'embrasse l'œil, un objectif photographique, un instrument d'optique, etc. : *Être en dehors du champ de la caméra. Profondeur de champ.* **5.** *FAM.* **À tout bout de champ,** à tout propos, à tout moment : *Ne me dérange pas à tout bout de champ !* / **À travers champs,** en traversant les champs, les prés. / *VX.* **Champ clos,** lieu où s'affrontaient des adversaires en combat singulier. / **Champ d'action,** domaine où peut s'étendre l'activité ou le pouvoir de qqn : *Son champ d'action est très limité.* / **Champ de bataille,** endroit où a lieu une bataille. / **Champ de courses,** terrain destiné aux courses de chevaux (= hippodrome). / **Champ de manœuvre,** terrain pour l'instruction des troupes. / **Champ de mines,** terrain semé de mines. / **Champ de tir,** terrain militaire où sont exécutés les tirs d'exercice ; base de lancement et d'expérimentation de missiles ; zone de l'espace dans laquelle une arme peut tirer. / *LITT.* **Champ d'honneur,** champ de bataille : *Il est mort au champ d'honneur.* / **Champ opératoire,** région du corps délimitée, sur laquelle porte une intervention chirurgicale ; compresse stérile pour border cette région : *Délimiter un champ opératoire.* / **Champ visuel,** l'espace qu'on peut percevoir en gardant les yeux immobiles. / **Prendre du champ,** prendre du recul. / **Laisser le champ libre à qqn, avoir le champ libre,** lui laisser toute liberté d'action, avoir tout pouvoir d'agir à son gré (= laisser, avoir toute latitude). **6.** PHYS. **Champ (magnétique),** modification des propriétés de l'espace due à la présence d'un aimant ou de particules chargées en mouvement ; zone où cette modification se fait ressentir. / PSYCHOL. **Effets de champ,** interaction des éléments simultanément perçus, entraînant une interprétation globale de la perception. ▸ Les effets de champ suscitent notamm. certaines illusions optiques. ◆ **champs n.m. pl.** Terres cultivées, pâturages.

Champa ou **Tchampa,** royaume de l'Indochine centrale. Fondé en 192 dans la région de Huê, il fut influencé par la culture indienne. Peu à peu absorbé par le Viêt Nam après 1471, il disparut en 1822.

champagne [ʃɑ̃paɲ] **n.m.** Vin blanc mousseux que l'on prépare en Champagne : *Une coupe de champagne.*

Champagne, région historique de l'est du Bassin parisien, correspondant approximativement à l'anc. Région administrative de Champagne-Ardenne. La Champagne fut possédée par la maison de Vermandois puis par celle de Blois à partir du XIe s. La grande époque champenoise se situe aux XIIe et XIIIe s., pendant lesquels se développent les foires de Lagny, Provins, Troyes, Bar-sur-Aube, protégées par les comtes de Champagne. Situées sur l'une des principales voies de terre reliant l'Italie et la Flandre, elles sont un des grands foyers d'échanges européens. La Champagne passe dans le domaine royal à la suite du mariage de Jeanne de Champagne avec le futur roi Philippe le Bel (1284). Au XIVe s., les foires déclinent en raison d'une taxation trop lourde, des ravages de la guerre de Cent Ans et des progrès maritimes qui font emprunter de nouvelles voies au commerce.

Champagne-Ardenne, Anc. Région administrative de l'est de la France, regroupant 4 dép. : Ardennes, Aube, Marne et Haute-Marne. ⟶ Alsace-Champagne-Ardenne-Lorraine.

champagnisation [ʃɑ̃paɲizasjɔ̃] **n.f.** Transformation que l'on fait subir à un vin pour le rendre mousseux, selon la méthode utilisée en Champagne.

champagniser [ʃɑ̃paɲize] **v.t.** Faire subir la champagnisation à un vin.

Champaigne (Philippe de), peintre français d'origine brabançonne (Bruxelles 1602 - Paris 1674). L'un des grands représentants du classicisme, il est l'auteur de portraits (Richelieu ; jansénistes et religieuses de Port-Royal) et de tableaux religieux.

champart [ʃɑ̃par] **n.m.** (de *champ* et *part*). HIST. Part prélevée sur les récoltes, qui revenait aux seigneurs de certains fiefs.

Champ-de-Mars, à Paris, vaste terrain situé entre la façade septentrionale de l'École militaire et la Seine. Autref. affecté aux manœuvres et revues militaires, cet emplacement accueillit les Expositions universelles ou internationales de 1867, 1878, 1889 (construction de la tour Eiffel), 1900, 1937. C'est là aussi que fut célébrée la fête de la Fédération, le 14 juillet 1790.

champenois, e [ʃɑ̃pənwa, -az] **adj.** et **n.** De la Champagne.

champêtre [ʃɑ̃pɛtr] **adj.** (lat. *campestris*). *LITT.* Qui se rapporte à la campagne ; qui évoque la vie à la campagne : *Un décor champêtre.*

champignon [ʃɑ̃piɲɔ̃] **n.m.** (anc. fr. *champegnuel,* du lat. pop. **campania,* du class. *campus,* champ). **1.** Organisme cryptogame sans chlorophylle, dont certaines espèces sont comestibles, et qui pousse dans les lieux humides. **2.** *FAM.* Pédale d'accélérateur : *Appuyer sur le champignon.* **3. Champignon de couche** ou **champignon de Paris,** champignon comestible des champs, à chapeau et à lamelles, cultivé dans les champignonnières. / **Pousser comme un champignon,** grandir très vite : *Cette ville nouvelle a poussé comme un champignon.*

■ Les champignons forment un règne à part entière, distinct de celui des végétaux. On en connaît environ 32 000 espèces.

Description et modes de vie. L'appareil végétatif des champignons est le plus souvent constitué par des filaments ramifiés dont l'ensemble forme le *mycélium.* Il ne comporte pas d'organes différenciés (tiges, feuilles, racines). L'absence de tissus conducteurs rend les champignons tributaires d'un milieu riche en eau. Contrairement aux végétaux, les champignons ne réalisent pas la photosynthèse et ne peuvent pas fabriquer leur propre matière. Ils doivent donc trouver de la nourriture dans leur environnement. Les champignons *saprophytes* exploitent les substances organiques mortes (débris végétaux et animaux), dont ils provoquent la décomposition. À cet ensemble appartiennent les champignons poussant sur les arbres morts *(lignicoles),* sur l'humus *(humicoles)* et sur les aliments *(moisissures).* Les champignons parasites, eux, vivent sur les êtres vivants. La localisation du parasite (à l'intérieur ou à l'extérieur des cellules) est variable selon les espèces, de même que les dommages causés à l'hôte : affaiblissement ou mort des végétaux, mycoses chez l'homme. D'autres champignons, enfin, ont établi avec les êtres vivants des associations à bénéfices réciproques (symbioses). Avec des algues ou des bactéries qui leur fournissent leur matière organique, certains forment les *lichens.* D'autres peuvent aussi se fixer sur les racines des végétaux supérieurs (en partic. des arbres) pour constituer des *mycorhizes :* le champignon, grâce à ses longs filaments mycéliens parcourant la terre, pourvoit aux besoins en eau et en sels minéraux de son partenaire tandis que le végétal chlorophyllien apporte les substances organiques fabriquées au niveau des feuilles.

Reproduction. Les champignons se multiplient de façon asexuée ou sexuée. La reproduction asexuée se fait par régénération de fragments de mycélium (bouturage) ou par dispersion de spores qui ensuite germent. La reproduction sexuée, elle, s'accompagne toujours de la différenciation d'organes reproducteurs (pieds et chapeaux notamm.). Le cycle de reproduction comporte selon les espèces de une à trois générations. Dans les cycles à plusieurs générations, la cellule-œuf donne naissance à des organes portant des spores qui constituent les parties comestibles du champignon. La germination des spores donne naissance à de nouveaux filaments mycéliens. De nombreux champignons sont comestibles et très riches en protéines. D'autres sont toxiques, voire mortels (comme l'amanite phalloïde, qui renferme une substance agissant sur le foie et les reins).

Culture. Une trentaine d'espèces de champignons sont cultivées dans le monde, mais un petit nombre seulement est commercialisé : le champignon de couche, ou champignon de Paris, le shiitaké, ou champignon parfumé, les volvaires, principalement tropicales, les pleurotes. La culture se divise en deux phases : l'obtention du mycélium puis celle des champignons proprement dits. Le *champignon de couche,* sélectionné à partir d'une espèce sauvage du type « rosé des prés », est cultivé depuis plus de deux siècles. La culture s'effectue dans des « caves », anciennes carrières de pierre calcaire, ou dans des « maisons à champignons » calorifugées, climatisées, qui permettent une mécanisation poussée et une hygiène rigoureuse.

Le *shiitaké,* principalement cultivé au Japon, est une espèce lignicole qui pousse génér. sur des rondins de bois de l'arbre shii, absent des forêts européennes. Des techniques ont été mises au point en Europe pour réaliser la culture sur des substrats à base de sciures ou d'écorces de hêtres, de chênes, etc., ou encore à base de paille de blé broyée.

Le *pleurote* voit sa culture se développer en Europe, notamm. avec l'espèce dite « pleurote en huître ». On utilise des substrats organiques, disposés dans des locaux conditionnés. ■

champignonnière [ʃɑ̃piɲɔnjɛr] **n.f.** Endroit, le plus souvent souterrain, où l'on cultive les champignons de couche.

champignonniste [ʃɑ̃piɲɔnist] **n.** Personne qui cultive des champignons.

champion, onne [ʃɑ̃pjɔ̃, -ɔn] **n.** (germ. **kampjo*). **1.** (Au masc.). Personne qui combattait en champ clos pour défendre sa cause ou celle d'un autre. **2.** Vainqueur d'un championnat, en sports, dans un jeu : *Championne de saut en longueur.* **3.** Personne qui parvient à se distinguer (en bien ou en mal) dans un domaine quelconque : *C'est le champion de la bévue.* **4.** Personne prenant la défense de qqch avec ardeur : *Se faire le champion d'une cause.*

championnat [ʃɑ̃pjɔna] **n.m.** Compétition où le vainqueur, un individu ou une équipe, reçoit le titre de champion : *Remporter un championnat.*

Champlain *(lac),* lac des confins du Canada (Québec) et des États-Unis, découvert en 1609 par *Champlain ;* 1 550 km^2. Tourisme.

Champlain (Samuel de), colonisateur français (Brouage v. 1567 - Québec 1635). Il fit un premier voyage en Nouvelle-France (Canada) en 1603, visita l'Acadie et les côtes de la

Nouvelle-Angleterre (1604-1610), fonda Québec en 1608 et explora une partie des Grands Lacs (1615-1616). Après 1620, il se consacra à la mise en valeur de la nouvelle colonie.

champlever [ʃɑ̃ləve] **v.t.** (de *champ* et *lever*) [conj. **19**]. **1.** Creuser une surface unie. **2.** GRAV. Enlever les parties qui doivent donner les blancs, dans la gravure en relief.

Champmeslé (Marie Desmares, dite **la),** tragédienne française (Rouen 1642 - Auteuil 1698). Elle créa toutes les grandes héroïnes de Racine, dont elle fut la maîtresse.

Champollion (Jean-François), égyptologue français (Figeac 1790 - Paris 1832). Sa passion pour les langues anciennes l'amène au déchiffrement des hiéroglyphes. Il étudie (1806-1821) des estampages de la pierre de Rosette (British Museum), découverte en 1799 à Rosette en Égypte. Celle-ci comporte un décret de Ptolémée V de 196 av. J.-C. rédigé à la fois en hiéroglyphes, en démotique (déformation cursive des hiéroglyphes) et en grec. Il se fixe sur le nom de Ptolémée et comprend que le système hiéroglyphique associe idéogrammes figuratifs, symboliques et phonétiques. En 1822, dans la *Lettre à M. Dacier relative à l'alphabet des hiéroglyphes phonétiques,* il présente ses résultats à l'Académie des inscriptions et belles- lettres.

Champs-Élysées, avenue de Paris, longue de 1 900 m, allant de la place de la Concorde à la place Charles-de-Gaulle (anc. place de l'Étoile). Bordée de jardins en son commencement, cette avenue remonte vers l'Arc de Triomphe.

chamsin n.m. → khamsin.

chance [ʃɑ̃s] **n.f.** (lat. pop **cadentia,* ce qui arrive, du class. *cadere,* tomber). **1.** Sort favorable ; part d'imprévu heureux inhérent aux événements : *Elle a toujours eu beaucoup de chance* (contr. **malchance**). **2.** (Surtout au pl.). Probabilité que qqch se produise : *Il a toutes les chances de s'en tirer. Il y a de fortes chances que ça réussisse.* **3. Bonne chance !,** souhait de succès adressé à qqn. / **Donner sa chance à qqn,** lui donner la possibilité de réussir.

chancelant, e [ʃɑ̃slɑ̃, -ɑ̃t] **adj.** Qui chancelle : *Un pas chancelant. Une santé chancelante.*

chanceler [ʃɑ̃sle] **v.i.** (lat. *cancellare,* disposer une grille) [conj. **24**]. **1.** Perdre l'équilibre : *Chanceler sous l'effet d'un choc* (syn. **vaciller, tituber**). **2.** Faiblir, manquer de fermeté : *Courage qui chancelle.*

chancelier, ère [ʃɑ̃səlje, -ɛr] **n.** (lat. *cancellarius,* huissier). **1.** Dignitaire qui a la garde des sceaux, dans un consulat, un corps, une administration. **2.** Chef du gouvernement, en Allemagne et en Autriche ; haut fonctionnaire associé aux travaux du gouvernement, en Suisse. ◆ **chancelier n.m.** Chef suprême de la justice, dans la France d'Ancien Régime.

chancellerie [ʃɑ̃sɛlri] **n.f. 1.** Administration, ensemble des services qui dépendent d'un chancelier. **2.** Administration centrale du ministère de la Justice.

chanceux, euse [ʃɑ̃sø, -øz] **adj.** et **n.** Qui semble favorisé par la chance.

chancre [ʃɑ̃kr] **n.m.** (lat. *cancer*). **1.** Ulcération vénérienne de la peau et des muqueuses. **2.** BOT. Maladie des rameaux et du tronc des arbres. **3. Chancre induré** ou **chancre syphilitique,** lésion initiale de la syphilis. / **Chancre mou,** maladie vénérienne d'évolution bénigne.

chandail [ʃɑ̃daj] **n.m.** (n. donné au tricot porté par les vendeurs de légumes aux Halles de Paris, de *marchand d'ail*). Vêtement en tricot qu'on enfile par la tête (syn. **pull**).

Chandeleur [ʃɑ̃dlœr] **n.f.** (lat. *festa candelarum,* fête des chandelles). CATH. Fête de la Présentation de Jésus au Temple et de la Purification de la Vierge (2 févr.).

chandelier [ʃɑ̃dəlje] **n.m.** (lat. pop. **candelarium,* class. *candelabrum*). **1.** Support muni d'une pointe, pour les bougies, les cierges, les chandelles : *Un chandelier d'argent.* **2.** Personne qui fabrique ou vend des chandelles.

chandelle [ʃɑ̃dɛl] **n.f.** (lat. *candela*). **1.** Tige de suif, de résine ou d'une autre matière inflammable entourant une mèche, utilisée autref. pour l'éclairage : *Faire un dîner aux chandelles.* **2.** Figure de voltige aérienne consistant à monter rapidement à la verticale. **3. Brûler la chandelle par les deux bouts,** ne pas être économe de son argent ou de sa santé. / **Devoir une fière chandelle à qqn,** lui être redevable de qqch de très important. / **Économie de bouts de chandelle,** économie réalisée sur de trop petites choses pour être vraiment utile. / FAM. **En voir trente-six chandelles,** éprouver un éblouissement après un choc violent, un coup. / **Le jeu n'en vaut pas la chandelle,** le résultat ne vaut pas le mal qu'on se donne. / **Tenir la chandelle,** être complaisamment en tiers dans une aventure amoureuse.

Chandernagor, v. de l'Inde (Bengale-Occidental) ; 162 166 hab. Ancien comptoir français (1686-1951).

Chandigarh, v. de l'Inde, cap. des États du Pendjab et de l'Haryana, formant un territoire de l'Union indienne ; 808 796 hab. (1 025 682 hab. dans l'agglomération). Elle a été construite sous la direction de Le Corbusier à partir de 1951.

Chandler (Raymond Thornton), écrivain américain (Chicago 1888 - La Jolla, Californie, 1959). Il est l'auteur de romans policiers noirs (*le Grand Sommeil,* 1939 ; *Adieu ma jolie,* 1940).

1. chanfrein [ʃɑ̃frɛ̃] **n.m.** (lat. *caput,* tête, et *frenare,* freiner). **1.** Partie antérieure de la tête du cheval et de certains mammifères, de la base du front au nez. **2.** Pièce d'armure qui protégeait la tête du cheval.

2. chanfrein [ʃɑ̃frɛ̃] **n.m.** (de l'anc. fr. *chant,* côté, et *fraindre,* briser). Surface obtenue en biseautant l'arête d'une pierre, d'une pièce de bois, de métal, etc.

chanfreiner [ʃɑ̃frene] **v.t.** (de *2. chanfrein*). Tailler en chanfrein.

Changchun, v. de la Chine du Nord-Est, cap. du Jilin ; 3 597 815 hab. dans l'agglomération.

change [ʃɑ̃ʒ] **n.m.** (de *changer*). **1.** Opération qui consiste à vendre ou à échanger des valeurs, notamm. la monnaie d'un pays contre celle d'un autre pays ; taux auquel se fait cette opération : *Cours des changes.* **2.** VÉN. Ruse d'un animal poursuivi qui détourne les chiens vers une autre proie. **3. Change (complet),** couche-culotte. / **Contrôle des changes,** intervention de l'État qui régularise les opérations de change sur les devises étrangères. / **Donner le change à qqn,** arriver à lui cacher parfaitement ses intentions : *Il a pris un air détaché pour nous donner le change.* / **Marché des changes,** marché où se font les offres et les demandes de devises étrangères. / **Perdre, gagner au change,** être désavantagé ou avantagé par un échange, un changement : *On a gagné au change avec ce déménagement.* **4. Lettre de change,** effet de commerce transmissible par lequel un créancier donne l'ordre à son débiteur de payer à une date déterminée la somme qu'il lui doit, à l'ordre de lui-même ou d'un tiers (syn. **traite**).

changeant, e [ʃɑ̃ʒɑ̃, -ɑ̃t] **adj. 1.** Qui est sujet à changer : *Humeur changeante* (syn. **inconstant**). *Il est très changeant dans ses opinions* (syn. **instable, versatile**). *En mars, le temps est changeant* (syn. **variable, incertain**). **2.** Dont la couleur varie selon la lumière : *Des reflets changeants.*

changement [ʃɑ̃ʒmɑ̃] **n.m. 1.** Action, fait de changer, en parlant de qqn ou de qqch : *La radio a annoncé un changement de température* (syn. **variation**). *Cet incident a provoqué un changement de programme* (syn. **modification**). *Des changements importants ont eu lieu dans ce village* (syn. **transformation**). *Proposer des changements* (syn. **innovation**). **2. Changement de vitesse,** mécanisme constitué d'un levier et d'une boîte de vitesses qui transmet, avec des vitesses différentes, le mouvement du moteur aux roues motrices d'un véhicule.

changer [ʃɑ̃ʒe] **v.t.** (bas lat. *cambiare*) [conj. **17**]. **1.** Remplacer qqn ou qqch par qqn ou qqch d'autre : *Changer l'acteur d'un film. Changer les ampoules.* **2.** Faire passer d'un état à un autre : *Le verglas a changé la rue en patinoire* (syn. **transformer**). **3.** Convertir une monnaie en une autre monnaie : *Changer trois cents euros en dollars.* **4.** Modifier qqn, qqch : *Cette rencontre l'a complètement changé. Changer le sens d'une phrase en inversant* *l'ordre des mots.* **5. Changer un bébé,** lui mettre des couches propres. ◆ **v.i.** Passer d'un état à un autre : *Le temps est en train de changer.* ◆ **v.t. ind. [de]. 1.** Remplacer par qqn ou qqch d'autre : *Changer de patron, de voiture.* **2. Changer d'air,** partir, s'éloigner d'un lieu provisoirement ou définitivement. **/ Changer de visage,** se troubler sous le coup d'une émotion et le montrer en pâlissant ou en rougissant. ◆ **se changer v.pr.** Changer de vêtements : *Se changer pour sortir le soir.*

changeur [ʃɑ̃ʒœr] **n.m. 1.** Appareil dans lequel on introduit une pièce ou un billet pour avoir de la monnaie ou des jetons. **2.** Commerçant faisant des opérations de change.

Chang-hai → Shanghai.

Changsha, v. de Chine, cap. du Hunan ; 3 212 091 hab. dans l'agglomération. Centre industriel. Vestiges de la riche nécropole de cette anc. cap du royaume de Chu sous les Royaumes combattants (Ve-IIIe s. av. J.-C.) au musée local.

Channel (the), nom angl. de la *Manche.*

chanoine [ʃanwan] **n.m.** (lat. *canonicus,* du gr. *kanôn,* règle). Ecclésiastique siégeant au chapitre de la cathédrale ou de l'église collégiale.

chanoinesse [ʃanwanɛs] **n.f.** Fille qui, sans faire de vœux, vivait dans une communauté religieuse.

chanson [ʃɑ̃sɔ̃] **n.f.** (lat. *cantio*). **1.** Composition musicale divisée en couplets et destinée à être chantée. **2.** Propos sans importance, répété sans cesse : *On connaît la chanson* (syn. **refrain, rengaine**). **3. Chanson de geste → 2. geste.**

Chanson de Roland *(la),* la plus ancienne des chansons de geste françaises, composée à la fin du XIe s., en vers de dix syllabes. Amplification et métamorphose d'un événement historique de l'époque carolingienne, elle exprime l'enthousiasme religieux, l'amour du sol natal, la fidélité au suzerain.

chansonnette [ʃɑ̃sɔnɛt] **n.f.** Petite chanson sur un sujet léger.

chansonnier, ère [ʃɑ̃sɔnje, -ɛr] **n.** Artiste qui compose et interprète des textes ou des chansons satiriques.

1. chant [ʃɑ̃] **n.m.** (de *chanter*). **1.** Action, art de chanter : *Le chant choral. Suivre des cours de chant.* **2.** Suite de sons modulés émis par la voix. **3.** Ramage, cris de certains oiseaux : *Le chant de l'hirondelle.* **4.** Division d'un poème épique ou didactique : *« L'Iliade » d'Homère comprend vingt-quatre chants.*

2. chant [ʃɑ̃] **n.m.** (lat. *canthus,* bord). **1.** Côté le plus petit de la section d'une pièce équarrie. **2. De chant, sur chant,** dans le sens de la longueur et sur la face la plus étroite, dans un plan vertical : *Poser une brique de chant.*

chantage [ʃɑ̃taʒ] **n.m.** (de *[faire] chanter*). **1.** Délit qui consiste à extorquer de l'argent à qqn en le menaçant de révélations ou d'imputations diffamatoires. **2.** Utilisation de moyens de pression psychologiques pour obtenir de qqn qqch qu'il refuse : *Faire un chantage au suicide.*

chantant, e [ʃɑ̃tɑ̃, -ɑ̃t] **adj. 1.** Qui a des intonations mélodieuses, musicales : *Un accent chantant.* **2.** Qui se chante et se retient facilement : *Une mélodie très chantante.*

chanter [ʃɑ̃te] **v.i.** et **v.t.** (lat. *cantare*). **1.** Produire avec la voix des sons mélodieux ; faire entendre une chanson, un chant : *Apprendre à chanter. Chanter faux, juste.* **2. Faire chanter qqn,** exercer un chantage sur lui. ◆ **v.t.** *FAM.* **Qu'est-ce que tu me (nous) chantes ?,** tu me (nous) racontes des sottises. ◆ **v.t. ind. [à].** *FAM.* **Si ça vous (lui, etc.) chante,** si ça vous plaît : *Venez dimanche si ça vous chante.*

1. chanterelle [ʃɑ̃trɛl] **n.f.** (de *chanter*). **1.** Corde la plus aiguë d'un instrument à cordes et à manche : *La chanterelle du violon.* **2.** Oiseau que l'on enferme dans une cage pour qu'il attire par son chant les oiseaux de son espèce.

2. chanterelle [ʃɑ̃trɛl] **n.f.** (du gr. *cantharos,* coupe). Champignon comestible à chapeau jaune d'or, commun l'été dans les bois, appelé aussi *girolle.* ▸ Classe des basidiomycètes.

chanteur, euse [ʃɑ̃tœr, -øz] **n.** (lat. *cantor*). **1.** Personne qui chante en amateur ou en professionnel : *Une chanteuse d'opéra, de jazz.* **2. Chanteur de charme,** qui chante surtout des chansons tendres et sentimentales. **/ Maître chanteur,** personne qui exerce un chantage sur qqn. ◆ **adj.** Se dit d'un animal, notamm. d'un oiseau, doué de la faculté de chanter.

chantier [ʃɑ̃tje] **n.m.** (lat. *cantherius,* support). **1.** Lieu, terrain où ont lieu des travaux de construction, de réparation : *Entourer un chantier de palissades. Chantier naval.* **2.** Endroit, clôturé ou non, où sont entassés des matériaux de construction, des combustibles, etc. **3.** *FAM.* Lieu où règne un grand désordre : *Ta chambre est un vrai chantier !* **4. En chantier,** en travaux : *Son appartement est en chantier.* **/ Mettre, avoir qqch en chantier,** en commencer l'exécution, être en train de le réaliser.

chantilly **n.f.** (de *Chantilly*). Crème fraîche fortement émulsionnée et sucrée. (On dit aussi *crème Chantilly.*)

Chantilly, ch.-l. de c. de l'Oise, en bordure de la *forêt de Chantilly* (6 300 ha) ; 11 475 hab. *(Cantiliens).* Hippodrome. Château des Montmorency et des Condés, reconstruit au XIXe s., sauf le *petit château* (par Jean Bullant, v. 1560) et les écuries (par Jean Aubert, autour de 1730) ; il a été légué (1886) par le duc d'Aumale à l'Institut de France, avec ses riches collections d'art *(musée Condé).* Siège du quartier général de Joffre de novembre 1914 à janvier 1917.

chantonner [ʃɑ̃tɔne] **v.t.** et **v.i.** Chanter à mi-voix : *Chantonner un air à la mode* (syn. **fredonner**).

chantourner [ʃɑ̃turne] **v.t.** (de *2. chant* et *tourner*). **1.** Découper une pièce de bois ou de métal suivant un profil donné. **2.** ARTS DÉC. Donner à un motif un contour complexe de courbes et de contre-courbes.

chantre [ʃɑ̃tr] **n.m.** (lat. *cantor*). **1.** Celui qui chante aux offices religieux. **2.** *LITT.* Personne qui glorifie, loue qqn ou qqch : *Il s'est fait le chantre du pouvoir* (syn. **laudateur**).

chanvre [ʃɑ̃vr] **n.m.** (altér. du lat. *cannabis,* du gr.). **1.** Plante annuelle à feuilles palmées, cultivée pour sa tige, qui fournit une excellente fibre textile, et pour ses graines, dont on fait de l'huile. ▸ Famille des cannabinacées. **2.** Filasse retirée du chanvre par les opérations de rouissage et de broyage ; textile fait de cette matière. **3. Chanvre indien,** variété de chanvre dont on extrait le haschisch et la marijuana (syn. **cannabis**).

Chao Phraya (la) ou, parfois, **Ménam (le),** princ. fl. de Thaïlande, qui passe à Bangkok et rejoint le golfe de Thaïlande ; 1 200 km.

chaos [kao] **n.m.** (gr. *khaos*). **1.** PHILOS. Confusion générale des éléments de la matière, avant la création du monde. **2.** GÉOMORPH. Entassement de blocs qui se forme dans certains types de roches comme le grès, le granite sous l'action de l'érosion. **3.** *FIG.* Désordre épouvantable, confusion générale : *Plonger le pays dans le chaos.*

chaotique [kaɔtik] **adj.** Qui tient du chaos : *Le spectacle chaotique d'une ville sinistrée.*

chaparder [ʃaparde] **v.t.** (de *choper*). *FAM.* Voler des choses qui ont peu de valeur : *Chaparder des bonbons.*

chapardeur, euse [ʃapardœr, -øz] **n.** et **adj.** *FAM.* Personne qui chaparde.

chape [ʃap] **n.f.** (bas lat. *cappa,* capuchon puis « manteau »). **1.** Enduit imperméable constitué de ciment ou d'asphalte, destiné à empêcher les infiltrations d'eau. **2.** Partie extérieure d'un pneu, constituant la bande de roulement. **3.** Monture métallique portant l'axe d'une poulie, d'une pièce qui peut pivoter, etc. **4.** Vêtement liturgique en forme de grande cape.

chapeau [ʃapo] **n.m.** (lat. *cappa,* capuchon). **1.** Coiffure d'homme ou de femme, de forme variable, composée d'une calotte souple ou rigide, avec ou sans bord : *Chapeau melon. Chapeau de paille.* **2.** Partie supérieure charnue portée par le pied des champignons basidiomycètes. **3.** Partie supérieure ou terminale de certaines pièces mécaniques : *Chapeau de roue.* **4.** Courte introduction en tête d'un article de journal ou de revue. **5.** *FAM.* **Chapeau !,** exclamation qui exprime la considération, l'admiration (syn. **bravo**). **/ Coup de chapeau,** salut donné en soulevant légèrement son chapeau ; au fig., témoignage d'admiration, d'estime. / FAM. **Porter le chapeau,** être rendu responsable d'un échec. / FAM. **Sur les chapeaux de roue,** à très grande vitesse : *Démarrer sur les chapeaux de roue.* / FAM. **Travailler du chapeau,** être un peu fou.

chapeauté, e [ʃapote] **adj.** Coiffé d'un chapeau.

chapeauter [ʃapote] **v.t.** (de *chapeau*). Avoir une supériorité hiérarchique : *Chapeauter le service informatique.*

chapelain [ʃaplɛ̃] **n.m.** (de *chapelle*). Prêtre qui dessert une chapelle privée.

chapelet [ʃaplɛ] **n.m.** (dimin. de *chapeau*). **1.** Objet de piété qui a la forme d'un collier à plusieurs grains enfilés et de grosseurs différentes, qu'on fait glisser entre les doigts en récitant des prières ; ensemble des prières récitées : *Chapelet bouddhique, musulman. Dire son chapelet.* **2.** Succession, suite d'objets ou de paroles : *Un chapelet d'îlots. Débiter un chapelet d'injures.*

chapelier, ère [ʃapəlje, -ɛr] **n.** et **adj.** Personne qui fabrique ou vend des chapeaux d'homme.

chapelle [ʃapɛl] **n.f.** (lat. pop. **cappella,* désignant d'abord la relique que constituait la chape de saint Martin ; v. *chape*). **1.** Petit édifice religieux ayant génér. un autel, construit dans un domaine privé, un hospice, etc. : *La chapelle d'un hôpital, d'un château.* **2.** Partie annexe d'une église comportant un autel. **3.** Petit groupe très fermé : *Chapelle littéraire.* **4. Chapelle ardente** ⟶ **ardent.** / **Maître de chapelle,** celui, celle qui dirige les chanteurs et les musiciens dans une église.

chapellerie [ʃapɛlri] **n.f.** Industrie, commerce du chapelier.

chapelure [ʃaplyr] **n.f.** (de *chapeler,* bas lat. *capulare,* couper). Pain séché au four, écrasé ou râpé, dont on enrobe certains aliments avant de les faire frire ou gratiner : *Passer des escalopes dans la chapelure avant de les faire frire* (syn. **panure**).

chaperon [ʃaprɔ̃] **n.m.** (de *chape*). **1.** Capuchon qui couvrait autref. la tête et les épaules. **2.** Femme âgée qui accompagnait une jeune fille ou une jeune femme dans le monde ; personne qui sort avec qqn pour le surveiller. **3.** CONSTR. Couronnement d'un mur, en forme de toit, pour faciliter l'écoulement des eaux de pluie.

chaperonner [ʃaprɔne] **v.t.** Accompagner qqn en qualité de chaperon : *Elle est chaperonnée par sa gouvernante.*

chapiteau [ʃapito] **n.m.** (lat. *capitellum,* de *caput, -itis,* tête). **1.** ARCHIT. Élément élargi qui forme le sommet d'une colonne, d'un pilier. **2.** Tente de cirque.

chapitre [ʃapitr] **n.m.** (lat. *capitulum,* de *caput, -itis,* tête). **1.** Division d'un livre, d'un traité, d'un code, etc. : *Livre en neuf chapitres.* **2.** Assemblée tenue par des chanoines ou des religieux, des religieuses. **3. Au chapitre de, sur le chapitre de,** en ce qui concerne, à propos de. / **Avoir voix au chapitre,** avoir le droit de prendre la parole et de donner son avis dans une assemblée. / **Chapitre du budget,** subdivision du budget d'un ministère.

chapitrer [ʃapitre] **v.t.** (de *chapitre,* la réprimande s'adressant, à l'origine, publiquement à un religieux). Réprimander sévèrement : *On a beau le chapitrer, il ne s'assagit pas* (syn. **sermonner**).

chapka [ʃapka] **n.f.** (mot russe). Bonnet de fourrure qui protège les oreilles, le front et la nuque.

Chaplin (Charles Spencer, dit **Charlie),** acteur et cinéaste britannique (Londres 1889 - Corsier-sur-Vevey, Suisse, 1977). Fils de chanteurs de music-hall, il monte sur les planches à l'âge de cinq ans et fait ensuite partie d'une troupe ambulante de pantomime. Lors d'une tournée aux États-Unis, il est remarqué par Mack Sennett, qui l'engage à Hollywood. Sa personnalité éclate très vite aux yeux de tous : le comédien inconnu s'impose non seulement comme acteur, mais aussi comme scénariste, réalisateur puis producteur. En quelques années, sa silhouette sera connue du monde entier. Coiffé d'un chapeau melon, portant une petite moustache, vêtu d'un veston étriqué, d'un pantalon en accordéon et de chaussures pointure 45, le personnage de Charlot ne se sépare guère de sa canne flexible, dont il use avec malice. D'abord cousin de Guignol et de Pierrot, Charlot devient vite une nouvelle entité burlesque. Ce vagabond est considéré par les spectateurs comme le symbole de l'homme libre et têtu en lutte contre l'injustice et le conformisme d'une société. Charlie Chaplin mêle dans ses œuvres la satire, la bouffonnerie et la comédie, les préoccupations sociales et la générosité. Cependant, l'Amérique qui l'avait applaudi prend peur devant le pamphlétaire. Sa vie privée ne plaît pas aux puritains, ses opinions politiques irritent les réactionnaires. En 1952, en pleine époque maccarthyste, il quitte définitivement les États-Unis pour s'installer en Suisse.
Son œuvre est riche et féconde. De 1914 à 1918, il tourne de nombreux films pour différentes firmes (*Charlot boxeur,* 1915 ; *Charlot pompier,* 1916 ; *Charlot policeman,* 1917) puis il signe un contrat avec la First National pour laquelle il réalise : *Une vie de chien* (1918), *le Gosse* (*The Kid,* 1921). En 1919, il avait fondé, avec Douglas Fairbanks, D. W. Griffith et Mary Pickford, les Artistes associés. Pour cette compagnie, il met en scène ses œuvres les plus achevées : *la Ruée vers l'or* (1925, Charlot prospecteur part à la conquête de l'Ouest) ; *le Cirque* (1928) ; *les Lumières de la ville* (1931) ; *les Temps modernes* (1936, pamphlet contre le travail à la chaîne) ; *le Dictateur* (1940, pamphlet antihitlérien) ; *Monsieur Verdoux* (1947) ; *Limelight* (*les Feux de la rampe,* 1952). En 1957, il signe encore *Un roi à New York* et, en 1966, *la Comtesse de Hongkong.*

chapon [ʃapɔ̃] **n.m.** (lat. *capo*). **1.** Coq castré engraissé pour la table. **2.** Croûte de pain frottée d'ail.

Chappe (Claude), ingénieur français (Brûlon, Sarthe, 1763 - Paris 1805). Il créa la télégraphie aérienne au moyen d'un système de signaux de sémaphores observés à la lunette d'approche. La première ligne fonctionna en 1794 entre Paris et Lille, et le réseau français développé par la suite subsista jusque vers 1850.

Chaptal (Jean Antoine), *comte* **de Chanteloup,** chimiste et homme politique français (Nojaret, Lozère, 1756 - Paris 1832). Il améliora la production de l'acide chlorhydrique, mit au point la chaptalisation des vins et diffusa des méthodes de teinture et de blanchiment. Ministre de l'Intérieur (1801-1804), il fonda la première école d'arts et métiers.

chaptalisation [ʃaptalizasjɔ̃] **n.f.** Action de chaptaliser.

chaptaliser [ʃaptalize] **v.t.** (du n. de *Jean Chaptal,* inventeur du procédé). Augmenter la teneur en alcool d'un vin en ajoutant du sucre au moût de raisin.

chaque [ʃak] **adj. indéf.** (de *chacun,* sur le modèle de *quelque/quelqu'un*). Indique : **1.** La répartition élément par élément à l'intérieur d'un ensemble : *Un omnibus s'arrête à chaque station* (= à toutes les stations). *Chaque membre de la famille donne son avis.* **2.** La distribution, la répétition : *Chaque année, aux vacances, elle se rend dans les Alpes. Chaque fois qu'il venait, nous buvions un café.*

char [ʃar] **n.m.** (lat. *carrus,* voiture à quatre roues, du gaul.). **1.** ANTIQ. Voiture à deux roues utilisée pour les combats, les jeux, etc. **2.** Grande voiture décorée où prennent place des personnages masqués ou symboliques, lors de certaines fêtes publiques : *Les chars fleuris du carnaval de Nice.* **3.** *QUÉBEC., FAM.* Automobile. **4. Char de combat, char d'assaut,** véhicule blindé muni de chenilles, armé de mitrailleuses, de canons, de missiles, etc. / **Char à voile,** engin muni de voiles et monté sur roues ou sur patins à glace, que l'on fait avancer avec la seule force du vent sur des étendues plates (sable dur, anciennes pistes d'aérodromes, etc.). / *LITT.* **Char funèbre,** corbillard.

Char (René), poète français (L'Isle-sur-la-Sorgue 1907 - Paris 1988). Associé au surréalisme (*le Marteau sans maître,* 1934), il s'oriente vers une poésie militante (*Placard pour un chemin des écoliers,* 1937 ; *Dehors la nuit est gouvernée,* 1938) et tire de son expérience dans la Résistance la matière d'une poésie humaniste (*Feuillets d'Hypnos,* 1946). Son inspiration se fait alors plus lyrique, plus détachée de l'événement et traduit sous forme d'aphorismes l'accord profond des forces naturelles et des aspirations humaines (*Fureur et mystère,* 1948 ; *la Parole en archipel,* 1962 ; *la Nuit talismanique,* 1972 ; *Chants de la Balandrane,* 1977).

charabia [ʃarabja] **n.m.** (mot prov., esp. *algarabía,* la langue arabe). FAM. Langage, style très confus ou incorrect : *Je ne comprends rien à ce charabia administratif.*

charade [ʃarad] **n.f.** (prov. *charrado,* causerie). Énigme où l'on doit retrouver un mot de plusieurs syllabes à partir de la définition d'un homonyme de chacune d'entre elles et de la définition du mot entier.

charançon [ʃarɑ̃sɔ̃] **n.m.** (orig. obsc.). Insecte coléoptère à tête prolongée en bec *(rostre),* qui se nourrit de végétaux. ▸ Famille des curculionidés.

charbon [ʃarbɔ̃] **n.m.** (lat. *carbo*). **1.** Matière combustible solide, de couleur noire, d'origine végétale et qui renferme une forte proportion de carbone : *Mine de charbon. Se chauffer au charbon.* **2.** VIEILLI. Crayon de fusain : *Un dessin au charbon.* **3.** Maladie des végétaux, produite par des champignons parasites et nécessitant la désinfection des semences : *Charbon du blé, de l'avoine.* **4.** Maladie infectieuse septicémique, due à un bacille, atteignant certains animaux domestiques (ruminants, chevaux, porcins), et l'homme. **5.** FAM. **Aller au charbon,** s'astreindre à faire qqch de pénible. / **Charbon à coke,** charbon qui donne par distillation un coke dur utilisé dans la sidérurgie. / **Charbon actif,** charbon de bois ou de tourbe spécial. traité pour accroître ses propriétés d'adsorption des gaz (on dit aussi *charbon activé*). / **Charbon animal,** produit qui résulte de la calcination des os en vase clos et qu'on utilise comme décolorant (on dit aussi *noir animal*). / **Charbon de bois,** résidu solide de la carbonisation du bois vers 300-400 °C. / **Être sur des charbons ardents,** être très impatient ou inquiet.

■ Le charbon résulte de la décomposition de débris végétaux, à l'abri de l'air, en milieu lacustre ou marin. Présent surtout dans les terrains de la fin de l'ère primaire (dont une période porte d'ailleurs le nom de *carbonifère*), il a été à la base de la révolution industrielle dès la fin du XVIIIe s. et constituait encore de très loin la première source d'énergie au début du XXe siècle.

Production et consommation. La production mondiale n'a pratiquement jamais cessé de croître. Elle a presque triplé encore, depuis la fin de la Seconde Guerre mondiale, dépassant aujourd'hui 3,5 milliards de tonnes. Cependant, cette progression n'a pas été générale : l'extraction houillère, depuis 1960, a fortement reculé en Europe occidentale (conditions de gisement souvent difficiles, concurrence du pétrole abondant et bon marché jusqu'au début des années 1970). La crise du pétrole, après 1973, a parfois redonné un nouvel essor à l'extraction houillère ; c'est le cas aux États-Unis, revenus au premier rang mondial avec la Chine, devant la Russie, la Pologne, l'Ukraine, l'Afrique du Sud, l'Inde et l'Australie.

Actuellement, le charbon satisfait environ 30 % des besoins énergétiques mondiaux. La consommation a notamment diminué pour le chauffage, mais elle reste importante pour la production d'électricité thermique classique et dans la sidérurgie, où son dérivé, le coke, demeure un point de passage pratiquement obligé.

Réserves. Les réserves mondiales de charbon sont deux fois plus importantes que celles du pétrole et sont de l'ordre de 860 milliards de tonnes, soit 573 milliards de TEP (tonnes équivalent pétrole). La progression de l'extraction se heurte cependant à des obstacles physiques et écologiques (dégradation évidente de l'environnement, pollution fréquente) ; ces derniers peuvent être palliés à terme par une gazéification massive du charbon. ■

charbonnage [ʃarbɔnaʒ] **n.m.** (Surtout au pl.). Ensemble des mines de charbon exploitées dans une région.

charbonner [ʃarbɔne] **v.t.** Noircir en écrivant ou en dessinant avec du charbon : *Charbonner les murs.* ◆ **v.i.** Produire une fumée, une suie épaisse : *Le poêle charbonne.*

charbonneux, euse [ʃarbɔnø, -øz] **adj. 1.** Qui est noir comme du charbon : *Des murs charbonneux.* **2.** Qui se rapporte à la maladie du charbon : *Pustule charbonneuse.*

charbonnier, ère [ʃarbɔnje, -ɛr] **n.** Personne qui fabrique du charbon de bois et en fait le commerce. ◆ **adj.** Qui se rapporte à la vente ou à la fabrication du charbon : *L'industrie charbonnière.*

Charcot (Jean Martin), neurologue français (Paris 1825 - près du lac des Settons, Nièvre, 1893). Il fut le fondateur de l'École de neurologie de l'hôpital de la Salpêtrière ; ses cours ont été fréquentés par de futurs savants étrangers, dont Freud. Il a contribué, de façon fondamentale, à la connaissance de la neurologie. Il distingua les convulsions hystériques des crises d'épilepsie.

charcutage [ʃarkytaʒ] **n.m.** FAM. Action de charcuter ; fait d'être charcuté.

charcuter [ʃarkyte] **v.t.** (de *charcutier*). FAM. **1.** Opérer qqn de façon maladroite, brutale, en parlant d'un chirurgien. **2.** Remanier profondément en découpant, supprimant : *Charcuter un texte.*

charcuterie [ʃarkytri] **n.f. 1.** Produit à base de viande de porc cuite ou salée, comme le jambon, le saucisson, les rillettes, etc. : *Une assiette de charcuterie.* **2.** Boutique de charcutier. **3.** Activité, commerce de charcutier.

charcutier, ère [ʃarkytje, -ɛr] **n.** (de *chair cuite*). Personne qui prépare ou vend de la charcuterie. ◆ **adj.** Relatif à la charcuterie : *Industrie charcutière.*

Chardin (Jean Siméon), peintre français (Paris 1699 - *id.* 1779). Auteur de natures mortes et d'images de l'intimité bourgeoise, plasticien raffiné, il traduit excellemment la « vie silencieuse » ou la tranquille plénitude du sujet choisi. Au Louvre : *la Raie* (1728, son morceau de réception à l'Académie), *la Table d'office, le Bocal d'olives, les Attributs de la musique ; l'Enfant au toton, la Mère laborieuse, Autoportrait à l'abat-jour* (pastel, 1775).

Chardja, l'un des Émirats arabes unis ; 724 859 hab. Pétrole.

chardon [ʃardɔ̃] **n.m.** (bas lat. *cardo,* class. *cardus*). **1.** Plante à feuilles et tiges épineuses. ▸ Famille des composées. **2.** Ensemble de pointes de fer courbées destiné à empêcher l'escalade d'un mur ou d'une grille.

chardonneret [ʃardɔnrɛ] **n.m.** (de *chardon*). Oiseau passereau chanteur à plumage rouge, noir, jaune et blanc, qui se nourrit notamm. de graines de chardon. ▸ Famille des fringillidés.

charentais, e [ʃarɑ̃tɛ, -ɛz] **adj.** et **n.** Des Charentes. ◆ **charentaise n.f.** Pantoufle chaude et confortable.

Charente (la), fl. né dans le Limousin (Haute-Vienne), qui passe à Angoulême, Cognac, Saintes, Rochefort et rejoint l'Atlantique par un estuaire envasé ; 360 km.

Charente [16], dép. de la Région Aquitaine-Limousin-Poitou-Charentes ; ch.-l. de dép. *Angoulême ;* ch.-l. d'arr. *Cognac, Confolens ;* 3 arr., 19 cant., 404 comm. ; 5 956 km^2 ; 366 776 hab. *(Charentais).*

Charente-Maritime [17], dép. de la Région Aquitaine-Limousin-Poitou-Charentes ; ch.-l. de dép. *La Rochelle ;* ch.-l. d'arr. *Jonzac, Rochefort, Saintes, Saint-Jean-d'Angély ;* 5 arr., 27 cant., 472 comm. ; 6 864 km^2 ; 648 031 hab.

Charette de La Contrie (François de), chef vendéen (Couffé 1763 - Nantes 1796). Il combattit les républicains à partir de 1793, fut capturé par le général Hoche et fusillé.

charge [ʃarʒ] **n.f.** (de *charger*). **1.** Ce que porte ou peut porter qqn, un animal, un véhicule, qqch : *Plier sous la charge* (syn. **fardeau**). *La charge maximale de cette camionnette est de une tonne.* **2.** Dépense, obligation onéreuse : *Les charges locatives de l'appartement. Elle doit faire face à de grosses charges familiales* (syn. **frais**). **3.** Indice ou présomption pouvant faire croire à la culpabilité de qqn : *Ce mensonge constitue une nouvelle charge contre lui.* **4.** Mission ou responsabilité confiée à qqn : *On lui a confié la charge d'organiser la publicité.* **5.** Fonction publique transmissible exercée dans le cadre d'un office ministériel ; l'office lui-même : *Une charge de notaire, d'avoué.* **6.** Portrait exagérant certains traits ; récit critique et le plus souvent comique de qqch : *Ce roman est une charge de* *la bourgeoisie de province* (syn. **caricature, satire**). **7.** Attaque d'une troupe contre une autre : *Charge à la baïonnette. Charge de cavalerie. La charge de la police contre les manifestants.* **8.** Batterie de tambour, sonnerie de clairon, de trompette qui donnait le signal de l'assaut : *Sonner la charge.* **9.** Quantité d'explosif contenue dans un projectile ou une mine : *Une charge de plastic.* **10.** ÉLECTR. Quantité d'électricité portée par un corps. **11.** Action de charger un accumulateur. **12.** HYDROGR. Ensemble des matériaux transportés par un cours d'eau. **13. À charge pour qqn de** (+ inf.), à condition de : *Je te prête la voiture, à charge pour toi de l'entretenir.* / **À charge de revanche,** à cette condition qu'on paiera le service rendu par un autre équivalent. / **Avoir qqn à charge, à sa charge,** subvenir à ses besoins : *Il a trois enfants à charge.* / **Charges sociales,** ensemble des dépenses incombant à un employeur pour assurer la protection sociale des travailleurs. / **Être à la charge de qqn,** dépendre totalement de lui pour les besoins matériels ; en parlant d'une dépense, devoir être payée par lui : *Sa mère est complètement à sa charge depuis un an. L'entretien de l'appartement est à la charge du locataire.* / **Femme de charge,** femme qui s'occupe de toute l'organisation d'une maison. / **Prendre en charge qqn, qqch,** s'engager à l'entretenir financièrement, à s'en occuper pendant une durée plus ou moins longue : *Prendre en charge un orphelin, le suivi d'un dossier.* / **Prise en charge,** acceptation par la Sécurité sociale de payer ou de rembourser les frais de traitement de l'assuré. / **Revenir à la charge,** insister à plusieurs reprises pour obtenir qqch. / **Témoin à charge,** personne qui dépose contre un accusé. **14.** PSYCHOL. **Charge affective,** contenu émotionnel d'une représentation, d'un objet, pour une personne donnée. / TECHN. **Charge de rupture,** effort de traction sur lequel se rompt une barre dans les essais de métaux ou de matériaux de construction.

1. chargé, e [ʃarʒe] **n. Chargé d'affaires,** diplomate représentant son gouvernement auprès d'un chef d'État étranger en l'absence ou à défaut d'ambassadeur. / **Chargé de cours,** professeur non titulaire de la chaire où il enseigne. / **Chargé de mission,** fonctionnaire ou membre d'un cabinet ministériel responsable d'une étude déterminée ou d'une activité.

2. chargé, e [ʃarʒe] **adj. Estomac chargé,** qui a du mal à digérer les aliments absorbés. / **Langue chargée,** recouverte d'un dépôt blanchâtre. / **Temps, ciel chargé,** couvert de nuages. (V. aussi *charger.*)

chargement [ʃarʒəmɑ̃] **n.m. 1.** Action de charger ; son résultat : *Chargement d'un navire.* **2.** Ensemble des marchandises chargées : *Le camion a perdu son chargement.*

charger [ʃarʒe] **v.t.** (lat. pop. **carricare,* de *carrus,* char) [conj. 17]. **1.** Mettre qqch de pesant sur un véhicule, un navire, etc. : *Charger les bagages sur une voiture. Charger un colis sur ses épaules.* **2.** Prendre qqn ou qqch en charge pour le transporter : *Taxi qui charge des clients.* **3.** Introduire une cartouche dans la chambre d'une arme : *Charger un revolver.* **4.** Munir un appareil de ce qui est nécessaire à son fonctionnement : *Charger un appareil photographique, un fusil.* **5.** Fournir de l'énergie à un dispositif qui l'emmagasine : *Charger une batterie.* **6.** Donner à qqn une responsabilité, une mission : *Il m'a chargé de tout organiser.* **7.** Faire un témoignage contre : *Charger un accusé.* **8.** Se précipiter violemment sur ; attaquer : *Un sanglier qui charge les chiens.* **9.** Couvrir, recouvrir abondamment de qqch (surtout au p. passé) : *Un poignet chargé de bracelets.* **10. Charger un portrait,** en accentuer les traits. ◆ **se charger v.pr. [de].** Prendre sur soi la responsabilité de qqn ou de qqch : *Il s'est chargé de toutes les démarches.*

chargeur [ʃarʒœr] **n.m. 1.** Dispositif pour introduire successivement plusieurs cartouches dans une arme à répétition : *Le chargeur d'un fusil de chasse.* **2.** Boîte étanche à la lumière, contenant une certaine quantité de pellicule photographique et permettant de charger en plein jour un appareil de prise de vues. **3.** Appareil pour recharger une batterie d'accumulateurs. **4.** Négociant qui affrète un navire, y fait charger des marchandises et les expédie.

Chari (le), fl. de l'Afrique équatoriale, qui rejoint le Logone (à Ndjamena), tributaire du lac Tchad ; 1 200 km.

charia [ʃarja] **n.f.** (mot ar.). Loi canonique islamique régissant la vie religieuse, politique, sociale et individuelle, appliquée de manière stricte dans certains États musulmans.

chariot [ʃarjo] **n.m.** (de *charrier*). **1.** Voiture à quatre roues utilisée pour déplacer et parfois lever des charges sur de faibles distances : *Chariot élévateur.* **2.** CIN. Plate-forme mobile roulant sur des rails et portant la caméra et l'opérateur pour effectuer les travellings. **3.** Partie d'une machine à écrire comportant le rouleau pour le papier et se déplaçant à chaque frappe. **4.** MÉCAN. Pièce mobile d'une machine-outil où est fixé l'outil ou la pièce à usiner : *Tour à chariot.*

chariotage [ʃarjɔtaʒ] **n.m.** Usinage d'une pièce à l'aide du tour à chariot.

charismatique [karismatik] **adj. 1.** RELIG. CHRÉT. Se dit d'une communauté de chrétiens caractérisée par une grande ferveur et une intense vie de prière. **2.** Se dit d'une personnalité qui sait séduire les foules, qui jouit d'un grand prestige auprès d'elles : *Leader charismatique.* **3.** RELIG. CHRÉT. **Mouvement charismatique,** courant de pensée qui considère que le charisme doit se manifester par l'action concrète et immédiate, notamm. dans les communautés les plus déshéritées.

charisme [karism] **n.m.** (gr. *kharisma,* grâce, faveur). **1.** RELIG. CHRÉT. Ensemble des dons spirituels extraordinaires (prophéties, miracles, etc.) octroyés par Dieu à des individus ou à des groupes en vue du bien général de l'Église. **2.** Grand prestige d'une personnalité, ascendant qu'elle exerce sur autrui.

charitable [ʃaritabl] **adj.** Qui agit par charité ; qui dénote de la charité : *Une personne charitable. Des paroles charitables.*

charitablement [ʃaritabləmɑ̃] **adv.** De façon charitable : *On lui a charitablement offert de l'aider.*

charité [ʃarite] **n.f.** (lat. *caritas*). **1.** Vertu qui porte à vouloir faire du bien aux autres. **2.** Acte fait dans cet esprit ; secours apporté à qqn : *Il vit des charités des villageois* (syn. **aumône**). **3.** RELIG. CHRÉT. Amour de Dieu et du prochain. ▶ La charité est une vertu théologale. **4. Vente de charité,** vente dont tout le bénéfice est versé à une œuvre.

charivari [ʃarivari] **n.m.** (orig. incert., p.-ê. du lat. *caribaria,* mal de tête, du gr.). Bruit assourdissant : *Le charivari des haut-parleurs, des cris d'enfants* (syn. **vacarme, tumulte**).

charlatan [ʃarlatɑ̃] **n.m.** (it. *ciarlatano,* croisement de *cerratano,* habitant de Cerreto [village d'Italie], et de *ciarlare,* parler avec emphase). **1.** Personne qui sait exploiter la crédulité des gens pour vanter ses produits, sa science, etc. : *Des boniments de charlatan.* **2.** Personne qui vendait autref. des drogues sur les places publiques.

charlatanisme [ʃarlatanism] **n.m.** Procédé, comportement de charlatan.

Charlemagne ou **Charles Ier le Grand** (742 ou 747 - Aix-la-Chapelle 814), roi des Francs (768-814), empereur d'Occident (800-814). Fils aîné de Pépin le Bref et de Bertrade ou Berthe (dite « au grand pied »), il succède à son père en 768 conjointement avec son frère cadet Carloman. La mort de ce dernier le laisse seul maître du royaume franc (771). De haute taille (1,92 m) et de forte carrure, Charles a un visage ouvert et imberbe (sa « barbe fleurie » n'existe que dans la légende), une vitalité prodigieuse. Profondément chrétien, intelligent, cultivé, simple, mais autoritaire, il se montre parfois violent et cruel.

Poursuivant la politique d'expansion du royaume franc inaugurée par son père, Charlemagne conduira durant ses 46 années de règne 53 expéditions militaires pour étendre la chrétienté, protéger l'État franc contre les incursions de ses voisins mais aussi pour imposer son hégémonie sur l'Occident. En Italie, où le pape Adrien Ier le sollicite d'intervenir contre Didier, roi des Lombards, il prend Pavie (774), annexe à l'État franc le royaume lombard dont il ceint la couronne de fer. En Germanie, il conquiert la Frise (784-790), qui est définitivement évangélisée à l'aube du IXe s. ; il réunit le duché de Bavière au royaume franc (788) ; il soumet et christianise la Saxe au terme d'une lutte inexorable (772-804) au cours

de laquelle il use de la terreur ; enfin, victorieux des Avars (796) installés en Pannonie, il s'empare de leur camp fortifié (ou *ring*) et de leur fabuleux trésor, tandis que les Slaves établis au-delà de l'Elbe et en Bohême tombent sous son influence. En Espagne, après la destruction par des Basques de son arrière-garde à Roncevaux (778), il occupe les territoires compris entre les Pyrénées et l'Èbre (prise de Barcelone, 801) et les érige en *marche d'Espagne* pour protéger l'Aquitaine contre les attaques musulmanes. Maître dès la fin du VIIIe s. d'un « empire » s'étendant sur la majeure partie de l'Occident, Charlemagne jouit alors d'une autorité immense et d'un prestige exceptionnel. Installé depuis 794 à Aix-la-Chapelle (la « nouvelle Rome »), où il fait édifier un palais et une chapelle imités de ceux de Constantinople, il accède à la dignité impériale : le 25 déc. 800, il est couronné « empereur des Romains » par le pape Léon III à Saint-Pierre de Rome.
Reconnu comme empereur par le basileus (empereur byzantin) en 812, Charlemagne restaure ainsi l'empire en Occident. Mais son empire est fort différent de l'ancien Empire romain : il est européen, franc et chrétien, axé non plus sur la Méditerranée et Rome, mais sur le continent et Aix-la-Chapelle. Se considérant en effet comme le chef du peuple chrétien qu'il est chargé par Dieu de guider vers le salut éternel, Charlemagne veut établir en Occident une sorte d'État théocratique. Contraint de respecter certains particularismes locaux en créant les royaumes semi- autonomes d'Aquitaine et d'Italie (781), il s'efforce cependant d'unifier l'Empire sur le plan administratif en introduisant des comtes francs dans les pays conquis. Conscient de l'insuffisance de l'appareil administratif, il s'attache ses sujets par un serment de fidélité (789) ainsi que par la vassalité. Maître du recrutement épiscopal et abbatial, il oblige les clercs à exercer des fonctions publiques tant au palais que dans l'Empire, où évêques et abbés secondent les comtes. Son désir de développer l'instruction de ces clercs est à l'origine de la renaissance culturelle dite « carolingienne » qu'il suscite, en attirant lettrés et savants étrangers (Alcuin, Paulin d'Aquilée, etc.) à sa cour d'Aix-la-Chapelle et en décidant l'ouverture d'écoles dans tous les évêchés et les monastères (789).
Le premier des Carolingiens meurt en 814 après avoir lui-même couronné empereur son fils et successeur, Louis Ier le Pieux (813).
Il a réalisé le premier rassemblement territorial de l'Europe, esquisse de l'Occident médiéval. Promoteur du premier épanouissement de la culture européenne, il pose aussi les fondements de la chrétienté médiévale en faisant du christianisme le lien essentiel des peuples de son empire.

Charleroi, v. de Belgique, ch.-l. d'arr. du Hainaut, sur la Sambre ; 203 753 hab. Centre industriel. Musée du Verre et musée de la Photographie. Au cours de la Première Guerre mondiale, victoire des Allemands sur les armées françaises (21-23 août 1914).

EMPEREURS

Charles III le Gros (Neidingen, près de Donaueschingen, 839 - *id.* 888), empereur d'Occident (881-887), roi de Germanie (882-887), roi de France (884-887), fils cadet de Louis le Germanique. Il restaura l'unité de l'Empire carolingien mais, à cause de sa faiblesse devant les Normands et les grands seigneurs, il fut déposé lors de l'assemblée de Tribur en 887.

Charles IV de Luxembourg (Prague 1316 - *id.* 1378), roi de Germanie (1346-1378), roi de Bohême (Charles Ier) [1346-1378], empereur germanique (1355-1378). Fils de Jean Ier de Luxembourg et petit-fils de l'empereur Henri VII, il fut élevé à la cour de Charles IV le Bel où il s'imprégna de culture française. Roi de Bohême en 1346, il fut élu la même année roi des Romains avec l'appui du pape Clément VI grâce à qui il évinça Louis IV de Bavière. Couronné empereur à Rome en 1355, il eut le souci constant de renforcer le prestige impérial mais abandonna l'Italie à l'influence des Visconti et à celle du pape. Par la Bulle d'or de 1356, il fixa pour plus de quatre siècles la Constitution du Saint Empire et fit du roi de Bohême le premier des quatre Électeurs laïques qui, avec trois princes ecclésiastiques, désignèrent désormais l'empereur. Il poursuivit par ailleurs une politique d'acquisitions territoriales. À la fin de son règne, les possessions de la maison de Luxembourg comprenaient : le Luxembourg, la Bohême, la Moravie, la Silésie et le Brandebourg. Il ranima la vie économique de la Bohême, créa à Prague la première université de l'Europe centrale (1348) et fit de la capitale de la Bohême le centre culturel et commercial de l'Empire.

Charles V, dit **Charles Quint** (Gand 1500-Yuste, Estrémadure, 1558), empereur germanique (1519-1556), prince des Pays-Bas (1506-1555), roi d'Espagne (Charles Ier) [1516-1556], roi de Sicile (Charles IV) [1516-1556]. Petit-fils de l'empereur Maximilien Ier et de Marie de Bourgogne par son père, l'archiduc d'Autriche Philippe le Beau, petit-fils également du roi d'Espagne Ferdinand II le Catholique et d'Isabelle Ire la Catholique par sa mère, Jeanne la Folle, Charles de Habsbourg est destiné, grâce aux alliances préparées par son grand-père Maximilien Ier, à recevoir l'héritage des familles les plus puissantes d'Europe. En 1515, il prend le gouvernement des Pays-Bas en tant que duc de Bourgogne et, à la mort de Ferdinand le Catholique (1516), il prétend aux couronnes de Castille et d'Aragon, de Naples et de Sicile, dont dépendent les vastes colonies d'Amérique. Mais les Cortes ne le reconnaîtront comme roi qu'en 1518 et 1519. En 1519, à la mort de l'empereur Maximilien Ier, il brigue la couronne du Saint Empire contre François Ier. Élu en juin 1519, il est couronné en oct. 1520 à Aix-la-Chapelle. Il est le dernier souverain du Saint Empire à se rendre auprès du pape pour se faire couronner empereur (à Bologne, en 1530). Mais il doit son trône avant tout à la puissance financière du banquier Jakob II Fugger, qui a pu acheter les voix des princes électeurs, ainsi qu'aux concessions qu'il a dû faire à ces derniers et qui limiteront son pouvoir (capitulations impériales, 1519). À la tête d'un immense empire, sur lequel « jamais le soleil ne se couche », Charles Quint semble incarner pour la dernière fois en Occident l'idéal d'une monarchie universelle. Mais sa politique impériale se heurtera aux États et aux nations « modernes » qui tendent à se fixer à l'aube du XVIe s.
À l'extérieur, sa politique est dominée par sa rivalité avec François Ier, dont le royaume risque d'être encerclé par ses possessions. Trois guerres opposeront les deux monarques (1521-1529, 1536-1538, 1539-1544), marquées par le désastre de Pavie (1525), où François Ier est fait prisonnier, et le sac de Rome (1527) par les armées impériales. À la paix de Crépy (1544), François Ier reconnaît la domination de Charles Quint en Italie et aux Pays-Bas. Mais son successeur, Henri II, soutient une nouvelle guerre (1547-1556) et la France se maintient dans les Trois-Évêchés (Metz, Toul, Verdun) et au Piémont (trêve de Vaucelles, 1556). Charles doit lutter également contre les « infidèles » et particulièrement contre les Ottomans qui, sous la conduite de Soliman le Magnifique, progressent en Hongrie, mettent le siège devant Vienne en 1529 et maîtrisent la Méditerranée.
À l'intérieur, le principal obstacle à la politique impériale de Charles sera la Réforme, en Allemagne. L'empereur doit mettre Luther au ban de l'Empire en 1521 quand ce dernier comparaît à la diète de Worms et refuse de se rétracter. Après l'écrasement de la guerre des Paysans (1524-1526), le luthéranisme progresse dans l'Empire et les princes du Nord forment la ligue de Smalkalde (1531). Charles Quint doit d'abord faire des concessions aux protestants, mais, après la signature de la paix de Crépy (1544), il tente de réduire le protestantisme par la force et remporte la victoire de Mühlberg (1547). Cependant, le statut religieux du Saint Empire n'est fixé qu'à la conclusion de la paix d'Augsbourg (1555), qui institue le principe selon lequel les sujets de chaque prince sont tenus d'adopter la religion de celui-ci *(« Cujus regio, ejus religio »)*.
Dans les domaines espagnols, Charles Quint renforce le pouvoir royal et favorise la colonisation de l'Amérique centrale et du Sud par les *conquistadores* et la création des deux vice-royautés de Mexico (1535) et de Lima (1543).
Prématurément vieilli, désabusé, Charles Quint abdique en faveur de son fils Philippe comme roi d'Espagne et de Sicile en 1556. La même année, il renonce à la dignité impériale en faveur de son frère Ferdinand Ier, élu roi de Bohême et de Hongrie en 1526. Il se retire au couvent de Yuste, en Espagne, où il mourra.

Charles VI (Vienne 1685 - *id.* 1740), empereur germanique (1711-1740), roi de Hongrie (Charles III) et de Sicile (Charles VI), deuxième fils de Léopold Ier de Habsbourg. Il dut renoncer à ses prétentions sur l'Espagne (traité de Rastatt, 1714). Il s'employa à faire accepter par l'Europe la *pragmatique sanction de 1713,* par laquelle il garantissait à sa fille Marie-Thérèse la succession d'Autriche. Il perdit définitivement Naples et la Sicile en 1738.

ANGLETERRE

Charles Ier (Dunfermline 1600 - Londres 1649), roi d'Angleterre, d'Écosse et d'Irlande (1625-1649), fils de Jacques Ier et d'Anne de Danemark. Poussé dans la voie du despotisme par ses ministres Buckingham, Strafford, l'évêque Laud, ainsi que par sa femme, Henriette de France, il souleva une violente opposition parlementaire ; la pétition de Droit (1628), visant à limiter le pouvoir royal, l'amena à renvoyer le Parlement (1629) et à gouverner seul. Cependant, le roi fut contraint, par manque d'argent, à convoquer en 1640 le Parlement (Court, puis Long Parlement), qui envoya Strafford, puis Laud à la mort. Ces exécutions, auxquelles Charles Ier n'eut pas le courage de s'opposer, et les complaisances qu'il eut envers les catholiques provoquèrent la rupture entre le roi et le Parlement (1642). Éclata alors la guerre civile entre les partisans du roi et l'armée du Parlement, qui s'allia aux Écossais. L'armée royale fut vaincue à Naseby (1645). Charles Ier se rendit aux Écossais, qui le livrèrent au Parlement. Son évasion (1647) provoqua une seconde guerre civile et la victoire de l'armée de Cromwell. Ce dernier obtint du Parlement épuré (« Parlement croupion ») la condamnation à mort du roi, qui fut décapité à Londres (1649).

Charles II (Londres 1630 - *id.* 1685), roi d'Angleterre, d'Écosse et d'Irlande (1660-1685), fils de Charles Ier et d'Henriette de France. Exilé après la victoire de Cromwell, il fut rétabli sur le trône d'Angleterre (1660) à la suite du ralliement du général Monk. Il blessa le sentiment national anglais en s'alliant avec la France contre la Hollande pour s'assurer les subsides de Louis XIV (1665-1667) et en pratiquant la tolérance à l'égard des catholiques. Aussi dut-il affronter l'opposition du Parlement favorable à l'anglicanisme. En 1673, il fut contraint d'accepter le bill du Test, imposant à tous les fonctionnaires l'appartenance à la religion anglicane. Il sanctionna en 1679 la loi de l'*habeas corpus,* garantissant la liberté individuelle. Mais il procéda, en 1681, à la dissolution du Parlement, qui avait tenté d'exclure de la succession au trône le futur Jacques II, de religion catholique.

BOURGOGNE

Charles le Téméraire (Dijon 1433 - devant Nancy 1477), duc de Bourgogne (1467-1477), fils de Philippe le Bon. Il essaya de se constituer une puissante principauté aux dépens de la monarchie capétienne. Chef de la ligue du Bien public, rassemblant la haute noblesse soulevée contre Louis XI, il obligea le roi à rendre à la Bourgogne les villes de la Somme (1465). Puis, Louis XI appuyant la révolte de Liège, il le retint prisonnier à Péronne (1468) et réprima la rébellion. Il soumit la Lorraine, mais fut vaincu par les Suisses à Grandson et à Morat (1476). Lorsqu'il mourut l'année suivante en combattant le duc de Lorraine, la puissance des États bourguignons s'écroula.

ESPAGNE

Charles Ier → Charles V *(Charles Quint).*

Charles II (Madrid 1661 - *id.* 1700), roi d'Espagne et de Sicile (Charles V) [1665-1700]. Fils de Philippe IV, dernier Habsbourg d'Espagne, il désigna pour lui succéder Philippe d'Anjou, petit-fils de Louis XIV, ce qui provoqua la guerre de la Succession d'Espagne.

Charles III (Madrid 1716 - *id.* 1788), roi d'Espagne (1759-1788), duc de Parme (1731-1735), roi de Naples et de Sicile (Charles VII) [1734-1759], fils de Philippe V. Il conclut avec la France le pacte de Famille (1761), qui l'entraîna dans la guerre de Sept Ans. Tenant du despotisme éclairé, il s'efforça de rénover le pays avec l'aide de ses ministres, Aranda et Floridablanca.

Charles IV (Portici 1748 - Rome 1819), roi d'Espagne (1788-1808), fils de Charles III. Il fut entièrement soumis à l'influence de son épouse, Marie-Louise de Bourbon-Parme, et du favori de celle-ci, Godoy, qu'il nomma Premier ministre. Entraîné par la France dans sa lutte contre l'Empire britannique depuis 1796, il fut contraint d'abdiquer une première fois en faveur de son fils Ferdinand VII puis, à nouveau, en faveur de Napoléon Ier, qui donna la couronne d'Espagne à son frère Joseph.

Charles de Bourbon → Carlos *(don).*

FRANCE

Charles Ier → Charlemagne.

Charles II le Chauve (Francfort-sur-le-Main 823 - Avrieux, dans les Alpes, 877), roi de France (843-877) et empereur d'Occident (875-877). Fils de Louis Ier le Pieux et de Judith de Bavière, il dut affronter la jalousie de ses frères. Il vainquit à Fontenoy-en-Puisaye (841) son frère Lothaire, avec l'appui de son autre frère Louis le Germanique (les *serments de Strasbourg* confirmèrent cette alliance en 842). En 843, il signa avec eux le traité de Verdun qui le fit roi de la *Francia occidentalis,* futur royaume de France. Son règne fut marqué par les invasions normandes, les guerres franco-germaniques et le développement de la féodalité. À la mort de l'empereur Louis II (875), il conquit la Provence et reçut la couronne impériale, mais il ne put imposer son autorité à la Germanie.

Charles III le Simple (879 - Péronne 929), roi de France (898-923). Fils posthume de Louis II le Bègue, écarté du trône au profit du comte de Paris, Eudes, il fut reconnu roi par tous, à la mort de ce dernier (898). Il donna la Normandie à Rollon au traité de Saint-Clair-sur-Epte (911). Il se heurta à l'opposition des partisans de Robert, comte de Paris, et de Raoul, duc de Bourgogne. Il fut vaincu près de Soissons et détrôné en 923.

Charles IV le Bel (v. 1295 - Vincennes 1328), roi de France et de Navarre (Charles Ier) [1322-1328]. Troisième fils de Philippe IV le Bel et de Jeanne Ire de Navarre, il fut le dernier des Capétiens directs.

Charles V le Sage (Vincennes 1338 - Nogent-sur-Marne 1380), roi de France (1364-1380). Fils de Jean II le Bon, il assuma le gouvernement du royaume pendant la captivité de son père (1356-1360). Il dut faire face aux intrigues de Charles II le Mauvais, roi de Navarre, et assista impuissant aux troubles qui se produisirent à Paris sous la direction d'Étienne Marcel ainsi qu'à la Jacquerie qui ravagea le nord du royaume. Avec l'Angleterre, il négocia le traité de Brétigny (1360). Devenu roi, il imposa la paix à Charles le Mauvais, débarrassa le royaume des Grandes Compagnies et reprit à l'Angleterre presque toutes les provinces conquises. Il dut ce succès à sa prudente politique et à l'action militaire de Du Guesclin. Charles V est aussi à l'origine d'heureuses réformes financières, de l'extension des privilèges de l'Université, de la construction ou de l'embellissement de plusieurs palais (Louvre), ainsi que de la réunion d'une importante collection de manuscrits.

Charles VI le Bien-Aimé (Paris 1368 - *id.* 1422), roi de France (1380-1422). Fils de Charles V, il gouverna d'abord sous la tutelle de ses oncles, qui dilapidèrent le Trésor. Il défit les Flamands à Rozebeke (1382). En 1388, il renvoya ses oncles pour les remplacer par les Marmousets, anciens conseillers de son père. Mais, frappé en 1392 d'une première crise de folie, il dut abandonner le pouvoir à son oncle Philippe II le Hardi et à son frère Louis Ier d'Orléans, dont la rivalité déclencha la guerre civile entre Bourguignons et Armagnacs. Sous la tutelle de la reine Isabeau de Bavière, alliée au duc de Bourgogne, Charles VI dut signer en 1420 le traité de Troyes déshéritant son fils, le dauphin Charles (futur Charles VII), au profit du roi d'Angleterre, Henri V.

Charles VII (Paris 1403 - Mehun-sur-Yèvre 1461), roi de France (1422-1461). Fils de Charles VI et d'Isabeau de Bavière, il fut appelé « le Roi de Bourges », ville dont il avait fait sa capitale. Après avoir subi de nombreux revers contre les Anglais, il reçut le secours de Jeanne d'Arc, qui le fit sacrer roi à Reims (1429), confirmant ainsi la légitimité de son pouvoir. Sa réconciliation avec le duc de Bourgogne, au traité d'Arras (1435), lui permit la reconquête progressive de son royaume, achevée après les victoires de Formigny (1450) et de Castillon (1453). À l'intérieur, Charles VII réforma le gouvernement, les finances et l'armée. Il donna à l'Église de France une charte, la *pragmatique sanction de Bourges* (1438), qui assujettissait celle-ci à la royauté, et triompha de la *Praguerie,* révolte des seigneurs, que son propre fils, le futur Louis XI, soutenait. Son règne fut marqué par une reprise de l'activité économique (entreprises du financier Jacques Cœur).

Charles VIII (Amboise 1470 - *id.* 1498), roi de France (1483-1498). Fils de Louis XI et de Charlotte de Savoie, il régna d'abord sous la tutelle de sa sœur, Anne, nommée régente, et du mari de celle-ci, Pierre de Beaujeu (1483-1494), qui réunirent les états généraux à Tours (1484) et matèrent la rébellion des grands seigneurs en 1488. Le roi fut marié à Anne de Bretagne (1491) pour préparer l'annexion de ce pays à la France. Le rôle personnel de Charles VIII se borna à la politique extérieure, dont la grande entreprise fut la tentative de conquête du royaume de Naples. Afin de pouvoir réaliser son rêve, le roi donna le Roussillon et la Cerdagne à l'Espagne, l'Artois et la Franche-Comté à l'Autriche. Entré à Naples en 1495, il dut faire face à une coalition italienne et perdit définitivement ses conquêtes en 1497.

Charles IX (Saint-Germain-en-Laye 1550 - Vincennes 1574), roi de France (1560-1574), fils d'Henri II et de Catherine de Médicis. Pendant son règne, le pouvoir réel fut exercé par sa mère. Après la paix de Saint- Germain (1570) mettant fin à plusieurs années de guerres religieuses, le roi, hostile aux Espagnols, accorda sa confiance au protestant Coligny. Mais il ne s'opposa pas à son assassinat lors du massacre de la Saint-Barthélemy (1572).

Charles X (Versailles 1757 - Görz, auj. Gorizia, 1836), roi de France (1824-1830). Dernier fils de Louis, Dauphin de France, et de Marie-Josèphe de Saxe, petit-fils de Louis XV, frère de Louis XVI et de Louis XVIII, créé comte d'Artois, il fut, pendant la Révolution, l'un des chefs des émigrés. À la tête du parti ultraroyaliste durant le règne de Louis XVIII (1814-1824), il devint roi à la mort de ce dernier. Le ministère autoritaire et réactionnaire de Villèle (1824-1828) lui valut une impopularité qui ne diminua pas sous le ministère Martignac (1828), plus libéral. Il confia alors, en 1829, le gouvernement au prince Jules de Polignac, tenant de la contre-révolution, auquel les députés refusèrent leur confiance. Le roi renvoya la Chambre, mais les élections s'avérèrent favorables à l'opposition. Malgré le succès de l'expédition d'Alger (4 juill.), les ordonnances du 25 juillet 1830, dissolvant la Chambre, restreignant le droit de vote et suspendant la liberté de la presse, provoquèrent la révolution de juillet 1830 et l'abdication de Charles X (2 août).

NAVARRE

Charles II le Mauvais (1332-1387), roi de Navarre (1349-1387). Petit-fils de Louis X, roi de France, il intrigua aux côtés des Anglais pour agrandir ses possessions et supplanter les Valois, Jean II le Bon puis Charles V. Il fut battu à Cocherel (Normandie) par Du Guesclin (1364).

SICILE ET NAPLES

Charles Ier d'Anjou, prince capétien (1226 - Foggia 1285), comte d'Anjou, du Maine et de Provence (1246-1285), roi de Sicile (1266-1285). Frère de Saint Louis, il voulait faire de son royaume le centre d'un empire méditerranéen s'étendant jusqu'à l'Orient. Il intervint à Byzance et prit les titres de roi d'Albanie (1272) et de roi de Jérusalem (1277). La révolte des Vêpres siciliennes (1282) le priva de l'île de Sicile et provoqua la formation de deux royaumes de Sicile.

SUÈDE

Charles XII (Stockholm 1682 - Fredrikshald, auj. Halden, Norvège, 1718), roi de Suède (1697-1718). Fils et héritier de Charles XI, qui a mis en place une monarchie absolutiste et renforcé les finances et l'armée de l'État, il entreprend d'établir l'hégémonie de la Suède sur toute l'Europe du Nord. Menacé par une alliance unissant le Danemark, la Russie, la Pologne et la Saxe, il engage son pays dans la guerre du Nord (1700-1721). Il montre son génie militaire en battant tout d'abord l'armée danoise puis remporte la victoire retentissante de Narva, en Livonie, contre les troupes de Pierre le Grand (nov. 1700). À l'apogée de sa puissance, Charles XII envahit la Pologne, où il détrône l'Électeur de Saxe et impose l'élection de Stanislas Leszczyński (1704). Mais, après la conquête par Pierre le Grand des provinces baltes occupées par la Suède, il envahit la Russie, où il subit, à Poltava, une écrasante défaite (juill. 1709). Réfugié auprès des Turcs, qui le gardent prisonnier, il voit ses ennemis se retourner à nouveau contre son pays, en plein désordre politique. Parvenant à s'enfuir en 1714, il regagne la Suède par Stralsund, dernière place forte suédoise sur le continent, qu'il ne réussit pas à défendre. Poussé par Görtz, son principal conseiller, qui négocie une alliance avec la Russie en échange d'importantes concessions territoriales, Charles XII entreprend deux expéditions contre la Norvège, unie au Danemark, et meurt, sans doute assassiné, au siège de Fredrikshald (nov. 1718). Ses successeurs acceptent de voir le pouvoir royal limité par le Parlement et renoncent à la plupart des possessions extérieures de la Suède. Par l'audace de ses expéditions militaires autant que par l'échec final de son règne, Charles XII est resté – notamment grâce à l'*Histoire de Charles XII* de Voltaire (1731) – le type même du héros d'épopée et de tragédie.

Charles XIV ou **Charles-Jean** (Jean-Baptiste **Bernadotte**) [Pau 1763 - Stockholm 1844], maréchal de France, roi de Suède et de Norvège (1818-1844). Il se distingua dans les guerres de la Révolution et de l'Empire, fut créé maréchal d'Empire en 1804 et prince de Pontecorvo en 1806. Devenu prince héritier de Suède (1810), il combattit Napoléon lors de la campagne de Russie et à Leipzig. En 1818, il succéda à Charles XIII, fondant ainsi la dynastie actuelle de Suède.

Charles (Ray), chanteur, pianiste, compositeur et chef d'orchestre de jazz américain (Albany 1930 - Beverly Hills 2004). Il s'est imposé à partir de 1954 comme musicien de jazz et de rythm and blues. À la tête de son grand orchestre, il a interprété de nombreux succès *(Georgia on my Mind, What'd I Say).* Aveugle, par sa voix chaleureuse et rauque il exprima une sensibilité blessée, dans la grande tradition du blues.

Charles-de-Gaulle *(aéroport),* aéroport de la région parisienne, près de Roissy-en-France.

Charles-de-Gaulle *(place),* jusqu'en 1970 *place de l'Étoile,* grande place de l'ouest de Paris, occupée en son centre par l'Arc de triomphe (construit de 1806 à 1836 sur des plans de Jean Chalgrin) et d'où rayonnent douze avenues.

Charles Martel (v. 688 - Quierzy 741), maire du palais d'Austrasie et de Neustrie. Fils de Pépin de Herstal, véritable détenteur du pouvoir dans les deux royaumes, il remporta en 732, à Poitiers, une victoire décisive contre les Arabes. Il s'assura la subordination de l'Aquitaine, de la Provence et de la Bourgogne, et régla sa succession entre ses fils Carloman et Pépin le Bref.

charleston [ʃarlɛstɔn] **n.m.** (de *Charleston,* v. de Caroline du Sud). Danse d'origine américaine, en vogue vers 1925 et remise à la mode dans les années 1970.

Charleville-Mézières, ch.-l. du dép. des Ardennes, sur la Meuse, à 239 km au nord-est de Paris ; 51 561 hab. *(Carolomacériens).* Métallurgie. Place Ducale (1611). Musées. École nationale supérieure des Arts de la marionnette.

charlotte [ʃarlɔt] **n.f.** (du prénom *Charlotte*). Entremets composé de fruits ou de crème, qu'on entoure avec des tranches de pain de mie, de brioche ou des biscuits.

Charlotte-Élisabeth de Bavière ⟶ **Palatine** *(princesse).*

charmant, e [ʃarmɑ̃, -ɑ̃t] **adj. 1.** Qui plaît, qui séduit ; agréable à regarder : *Elle est charmante. Un petit coin charmant* (syn. **séduisant**). **2.** Extrêmement désagréable, en parlant de qqn, de qqch (iron.) : *Il pleut encore, c'est charmant !*

1. charme [ʃarm] **n.m.** (lat. *carmen,* formule magique). **1.** Attrait exercé sur qqn par qqn ou qqch : *Il a beaucoup de charme* (syn. **séduction**). *Cette demeure a un charme étrange.* **2.** Qualité de qqn ou de qqch qui charme, qui est gracieux : *Un tableau plein de charme.* **3.** LITT. Enchantement magique :

Charmes et sortilèges. **4. Faire du charme à qqn,** chercher à le séduire. / **Rompre le charme,** faire cesser l'illusion, reprendre conscience de la réalité. / **Se porter comme un charme,** être en très bonne santé. / **Sous le charme,** comme sous l'effet d'un enchantement.

2. charme [ʃarm] **n.m.** (lat. *carpinus*). Arbre très répandu dans les forêts tempérées, à bois blanc et dense. ▸ Famille des bétulacées ; haut. 25 m.

charmé, e [ʃarme] **adj. Être charmé de** (+ inf.), avoir plaisir à, être heureux de (souvent utilisé comme formule de politesse) : *Je suis charmé de vous connaître* (= j'en suis enchanté, ravi). [V. aussi *charmer.*]

charmer [ʃarme] **v.t.** (de *1. charme*). Tenir qqn sous le charme : *Son sourire l'avait charmé* (syn. **séduire**).

charmeur, euse [ʃarmœr, -øz] **n.** Personne qui charme : *Quelle charmeuse !* (syn. **séducteur**). ◆ **adj.** Qui plaît, qui séduit : *Un regard charmeur.*

charmille [ʃarmij] **n.f.** (de *2. charme*). Allée de charmes.

charnel, elle [ʃarnɛl] **adj.** (lat. *carnalis,* de *caro, carnis,* chair). Qui se rapporte au corps, à la chair, aux plaisirs des sens : *Liens, désirs charnels.*

charnellement [ʃarnɛlmɑ̃] **adv.** D'une façon charnelle.

charnier [ʃarnje] **n.m.** (lat. *carnarium,* lieu pour conserver la viande, de *caro, carnis,* chair). **1.** Fosse où sont entassés des cadavres en grand nombre. **2.** Lieu couvert où l'on déposait autref. les morts.

charnière [ʃarnjɛr] **n.f.** (de l'anc. fr. *charne,* lat. *cardo, -inis,* gond). **1.** Ferrure de rotation composée de deux lames rectangulaires, l'une fixe, l'autre mobile, articulées au moyen d'une broche. **2.** (En appos.). Se dit de ce qui sert de transition entre deux périodes, deux domaines : *Une œuvre, une époque charnière.* **3.** Petit coin de papier gommé pour fixer les timbres-poste de collection sur un album. **4.** GÉOL. Région où se raccordent les deux flancs d'un pli.

charnu, e [ʃarny] **adj.** (lat. pop. **carnutus,* du class. *caro, carnis,* chair). **1.** Qui a une chair abondante : *Lèvres charnues.* **2.** Formé de chair : *Les parties charnues du corps.* **3. Fruit charnu,** fruit à pulpe épaisse et consistante.

charognard [ʃarɔɲar] **n.m. 1.** Animal qui se nourrit de charognes, comme le vautour, l'hyène ou le chacal. **2.** FAM. Personne qui tire profit du malheur des autres.

charogne [ʃarɔɲ] **n.f.** (lat. pop. **caronia,* du class. *caro, carnis,* chair). Corps d'un animal mort, abandonné et déjà en putréfaction.

charolais, e [ʃarɔlɛ, -ɛz] **adj.** et **n. 1.** Du Charolais. **2. Race charolaise,** race française de bovins à robe blanche fournissant une viande de grande qualité.

Charon [ka-], personnage de la mythologie grecque qui, moyennant une obole, fait passer aux morts, dans sa barque, les fleuves des Enfers. Conformément à cette croyance, les Grecs et les Romains plaçaient dans la bouche du défunt une pièce de monnaie.

Charonton ou **Charreton (Enguerrand)** → **Quarton.**

Charpak (Georges), physicien français (Dąbrowica, Pologne, auj. Ukraine, 1924 - Paris 2010). Chercheur au Cern, il y conçut de nombreux détecteurs de particules. Ses appareils sont également utilisés en biologie et en médecine. (Prix Nobel de physique 1992.)

charpente [ʃarpɑ̃t] **n.f.** (lat. *carpentum*). **1.** Assemblage de pièces de bois, de métal, de béton armé, constituant ou soutenant les diverses parties d'une construction : *La charpente d'un toit.* **2.** Squelette d'un être vivant : *Une charpente solide* (syn. **ossature**). **3.** Ensemble des branches principales d'un arbre fruitier. **4. Bois de charpente,** bois propre à la construction.

charpenté, e [ʃarpɑ̃te] **adj. 1.** Pourvu d'une forte charpente osseuse : *Il est petit mais bien charpenté.* **2.** Bien structuré : *Son roman est bien charpenté.*

charpentier [ʃarpɑ̃tje] **n.m. 1.** Ouvrier spécialisé dans les travaux de charpente. **2.** Entrepreneur de travaux de charpente.

Charpentier (Gustave), compositeur français (Dieuze 1860 - Paris 1956), grand prix de Rome, auteur d'*Impressions d'Italie* pour orchestre, il a excellé dans le drame naturaliste (*Louise,* roman musical [1900], suivi de *Julien*).

Charpentier (Marc Antoine), compositeur français (Paris 1643 - *id.* 1704). Auteur de nombreuses œuvres religieuses *(Histoires sacrées),* d'un opéra *(Médée)* et de cantates profanes *(Orphée),* il a aussi écrit la musique de certaines comédies de Molière.

charpie [ʃarpi] **n.f.** (de l'anc. fr. *charpir,* déchirer, lat. pop. **carpire,* class. *carpere,* cueillir). **1.** Produit obtenu par effilage ou râpage de la toile usée, qu'on utilisait autref. pour panser les plaies. **2. Mettre, réduire qqch en charpie,** le déchirer en menus morceaux ; le déchiqueter.

charretée [ʃarte] **n.f.** Contenu d'une charrette : *Une charretée de foin.*

charretier, ère [ʃartje, -ɛr] **n. 1.** Personne qui conduit une charrette. **2. Jurer comme un charretier,** proférer des jurons très grossiers à tout propos.

charrette [ʃarɛt] **n.f.** (de *char*). **1.** Voiture à deux roues, munie d'un brancard simple ou double et de deux ridelles ; son contenu : *Charrette tirée par des bœufs. Une charrette de bottes de paille.* **2.** FAM. Ensemble de personnes licenciées d'une entreprise, exclues d'une organisation, expulsées d'un pays : *Faire partie de la dernière charrette.* **3.** FAM. Travail intensif effectué pour remettre à temps un travail.

charriage [ʃarjaʒ] **n.m. 1.** Action de charrier : *Le charriage des pierres par les torrents.* **2.** GÉOL. Poussée latérale provoquant le déplacement de masses de terrains (ou nappes de charriage) loin de leur lieu d'origine.

charrier [ʃarje] **v.t.** (de *char*) [conj. **9**]. **1.** Entraîner, emporter dans son cours : *Le fleuve charrie des troncs d'arbres.* **2.** Transporter qqch en charrette : *Charrier du foin.* **3.** FAM. Se moquer de qqn : *Elle n'arrête pas de le charrier.* ◆ **v.i.** FAM. Exagérer, aller trop loin : *Tu charries !*

charroi [ʃarwa] **n.m.** (de *char*). Transport par chariot ou par charrette.

charron [ʃarɔ̃] **n.m.** (de *char*). Personne qui fabrique et répare des véhicules à traction animale.

charrue [ʃary] **n.f.** (lat. *carruca,* char, mot d'orig. gaul.). **1.** Instrument agricole pour labourer, qui travaille d'une manière dissymétrique en rejetant et en retournant la terre d'un seul côté. **2.** Unité de surface sous l'Ancien Régime, correspondant à ce que pouvait labourer une charrue en une année. **3. Mettre la charrue avant les bœufs,** commencer par où l'on devrait finir.

charte [ʃart] **n.f.** (lat. *charta,* gr. *khartês,* feuille de papyrus). **1.** Loi, règle fondamentale : *La charte des droits de l'homme.* **2.** Ensemble des lois constitutionnelles d'un État : *La Grande Charte d'Angleterre de 1215.* **3.** Titre qui consignait des droits, des privilèges, ou qui réglait des intérêts, au Moyen Âge.

charter [ʃartɛr] **n.m.** (mot angl.). Avion affrété par une compagnie de tourisme ou par un groupe de personnes, sur lequel le prix du billet est très avantageux.

Chartier (Alain), écrivain français (Bayeux v. 1385 - v. 1435). Secrétaire de Charles VI et de Charles VII, il a laissé des écrits politiques *(le Quadrilogue invectif)* et des poésies *(la Belle Dame sans merci).*

chartiste [ʃartist] **n.** Élève ou ancien élève de l'École nationale des chartes (établissement d'enseignement supérieur qui forme les spécialistes de la science des archives et de la paléographie).

Chartres, ch.-l. du dép. d'Eure-et-Loir, sur l'Eure, à 96 km au sud-ouest de Paris ; 40 247 hab. *(Chartrains).* Évêché. Constructions mécaniques et électriques. Parfumerie et cosmétiques. Pharmacie. Cathédrale reconstruite pour l'essentiel de 1194 à 1260, chef-d'œuvre de l'art gothique dans sa première maturité ; crypte (XIe s.) ; portails sculptés (façade ouest, avec le « portail royal » : 1134-1150 ; transept : v. 1200-1250) ; ensemble prestigieux de vitraux des XIIe et XIIIe s. Musées des Beaux-Arts et de l'Agriculture (« Compa »). Maison Picassiette (art brut).

chartreuse [ʃartrøz] **n.f. 1.** Couvent de chartreux. **2.** (Avec une majuscule) [nom déposé]. Liqueur aromatique fabriquée au couvent de la Grande-Chartreuse.

Chartreuse ou **Grande-Chartreuse *(massif de la),*** massif des Préalpes françaises dominant le Grésivaudan ; 2 082 m (Parc naturel régional, env. 76 000 ha).

Chartreuse (la Grande-), monastère fondé en 1084, par saint Bruno, qui s'y établit avec six compagnons, fondant ainsi un ordre monastique de type érémitique connu sous le nom d'ordre des Chartreux.

1. chartreux, euse [ʃartrø, -øz] **n.** (de *Chartreuse,* n. du massif où saint Bruno fonda en 1084 son premier monastère). Religieux, religieuse de l'ordre contemplatif de Saint-Bruno.

2. chartreux [ʃartrø] **n.m.** (de *1. chartreux*). Chat à poil gris cendré.

Charybde [ka-], tourbillon redouté du détroit de Messine. À proximité se trouve le récif de Scylla. Le bateau qui cherchait à éviter le premier danger risquait de se briser sur l'autre. De là le proverbe : *Tomber de Charybde en Scylla,* c'est-à-dire d'un mal en un autre, pire encore.

chas [ʃa] **n.m.** (p.-ê. du lat. *capsus,* sorte de cage). Trou d'une aiguille, par où passe le fil.

Chase (James Hadley), écrivain britannique (Londres 1906 - Corseaux, cant. de Vaud, Suisse, 1985), auteur de romans policiers où dominent la violence et la sexualité (*Pas d'orchidées pour miss Blandish,* 1938).

Chasles [ʃal] **(Michel),** mathématicien français (Épernon 1793 - Paris 1880). Ses travaux de géométrie supérieure marquent un retour à la géométrie pure. Il créa les mots « homothétie » et « homographie » et introduisit le *rapport anharmonique* (aujourd'hui birapport), qu'il appliqua à l'étude projective des coniques. Son nom est resté attaché à la *relation de Chasles :* pour les vecteurs, $\overrightarrow{AB}+\overrightarrow{BC}=\overrightarrow{AC}$; pour les mesures algébriques définies sur une droite, $\overline{AB}+\overline{BC}=\overline{AC}$; pour les arcs orientés, $\widehat{AB}+\widehat{BC}=\widehat{AC}$. (Ces formules sont généralisables à un nombre quelconque fini de points.)

chasse [ʃas] **n.f.** (de *chasser*). **1.** Action de chasser, de guetter et de poursuivre les animaux pour les capturer ou les tuer : *Aller à la chasse. Chasse à courre.* **2.** Espace de terrain réservé pour la chasse : *Chasse gardée.* **3.** Gibier capturé ou tué : *La chasse est abondante.* **4.** Action de chercher, de poursuivre qqn ou qqch pour s'en emparer : *Chasse à l'homme. Chasse au trésor. Donner la chasse à un voleur.* **5.** Inclinaison vers l'arrière des pivots des roues directrices d'une voiture ou de la direction d'une motocyclette ou d'une bicyclette. **6.** IMPR. Encombrement latéral d'un caractère typographique. **7. Aviation de chasse,** corps de l'armée de l'air équipé d'avions légers et rapides, dits *avions de chasse, chasseurs* ou *intercepteurs,* capables de détruire les appareils ennemis en vol (on dit aussi *la chasse*). / **Chasse aérienne,** action menée par ces avions. / **Chasse d'eau,** appareil à écoulement d'eau rapide pour vidanger une cuvette de W-C. / **Chasse photographique,** approche d'animaux dans leur milieu naturel, pour les photographier. / **Être en chasse,** poursuivre le gibier, en parlant des chiens ; être en chaleur, en parlant des animaux femelles. / **Prendre en chasse,** poursuivre : *Il a été pris en chasse par la police.*

châsse [ʃas] **n.f.** (lat. *capsa,* boîte). **1.** Reliquaire en forme de sarcophage muni d'un couvercle à deux pentes, dans lequel on conserve les restes d'un saint ou d'une sainte. **2.** TECHN. Monture, encadrement pour recevoir et maintenir une pièce : *La châsse d'un verre de lunette.*

chassé [ʃase] **n.m.** CHORÉGR. Pas de danse dans lequel le pied qui exécute un mouvement glissant semble chassé par l'autre, qui se rapproche de lui.

chassé-croisé [ʃasekrwaze] **n.m.** (pl. *chassés-croisés*). **1.** Final des anciens quadrilles, où les deux danseurs passent alternativement l'un devant l'autre. **2.** Suite de mouvements, d'échanges n'aboutissant à aucun résultat : *Un chassé-croisé de démarches.* **3.** Mouvement en sens inverse de deux groupes qui se croisent : *Le chassé-croisé des vacanciers.*

chasse-neige [ʃasnɛʒ] **n.m. inv. 1.** Engin conçu pour déblayer la neige sur une route ou une voie ferrée. **2.** Position des skis obtenue en écartant les talons, qu'on utilise notamm. pour freiner ; descente dans cette position.

chasser [ʃase] **v.t.** (lat. pop. **captiare,* class. *captare,* s'emparer de). **1.** Guetter, poursuivre un animal pour le capturer ou le tuer : *Chasser le lièvre.* **2.** Faire partir qqn d'un lieu avec violence : *Chasser qqn de sa maison* (syn. **expulser**). *Chasser un employé* (syn. **congédier**). **3.** Faire disparaître qqch : *Chasser un clou. Chasser des idées noires* (syn. **dissiper**). ◆ **v.i. 1.** Glisser de côté par suite d'une adhérence insuffisante au sol : *Les roues chassent sur le verglas* (syn. **déraper**). **2.** En cyclisme, se lancer à la poursuite des concurrents. **3.** Être poussé, entraîné dans une certaine direction : *Les nuages chassent vers l'ouest.* **4.** IMPR. Espacer la composition de façon à augmenter le nombre de lignes.

chasseresse [ʃasrɛs] **n.f.** et **adj.f. 1.** *LITT.* Femme qui chasse ; chasseuse. **2.** MYTH. **Diane chasseresse,** déesse de la Chasse.

Chassériau (Théodore), peintre français (Santa Barbara de Samaná, Saint-Domingue, 1819 - Paris 1856). Élève d'Ingres, mais sensible aux valeurs du romantisme, il a laissé une œuvre d'une tonalité nostalgique (au Louvre : *Lacordaire, la Toilette d'Esther, le Tepidarium ;* restes des peintures monumentales de l'anc. Cour des comptes).

chasseur, euse [ʃasœr, -øz] **n. 1.** Personne qui chasse, qui a l'habitude de chasser. **2.** *FAM.* **Chasseur de têtes,** professionnel spécialisé dans le recrutement des cadres de haut niveau. / **Chasseur d'images,** amateur qui recherche des lieux ou des objets originaux qu'il filme ou photographie. ◆ **chasseur n.m. 1.** Employé en livrée d'un restaurant, d'un hôtel faisant les menues courses (syn. **groom**). **2.** Soldat de certains corps d'infanterie et de cavalerie : *Chasseurs alpins.* **3.** Appareil de l'aviation de chasse ; pilote de cet appareil. **4.** Navire ou véhicule conçu pour une mission particulière : *Chasseur de mines.* **5. Chasseur bombardier, d'assaut,** avion spécialisé dans l'attaque d'objectifs terrestres ou maritimes.

chasseur-cueilleur [ʃasœrkœjœr] **n.m.** (pl. *chasseurs-cueilleurs*). ANTHROP. Membre d'une société qui fonde sa subsistance sur la chasse et la cueillette.

chassie [ʃasi] **n.f.** (lat. pop. **caccita,* du class. *cacare,* aller à la selle). Substance visqueuse et jaunâtre qui se dépose sur le bord des paupières.

chassieux, euse [ʃasjø, -øz] **adj.** et **n.** Qui a de la chassie : *Des yeux chassieux.*

châssis [ʃasi] **n.m.** (de *châsse*). **1.** Cadre fixe ou mobile, en bois ou en métal, qui entoure ou supporte qqch : *Le châssis d'une fenêtre.* **2.** Cadre de menuiserie sur lequel est tendue la toile d'un tableau. **3.** Assemblage rectangulaire qui supporte le moteur et la carrosserie d'un véhicule, la caisse d'un wagon ou l'affût de certains canons. **4.** Accessoire contenant le film ou la plaque sensible d'un appareil photographique.

chaste [ʃast] **adj.** (lat. *castus,* pur). **1.** Qui respecte les règles de la pudeur, de la décence : *Un baiser chaste.* **2.** Qui exclut les rapports sexuels : *Un amour chaste.*

Chastel (André), historien de l'art français (Paris 1912 - *id.* 1990). Auteur d'ouvrages fondamentaux sur la Renaissance italienne, professeur, critique d'art, il s'est employé à alerter les pouvoirs publics en faveur des études d'histoire de l'art et de la sauvegarde du patrimoine.

chastement [ʃastəmɑ̃] **adv.** Avec chasteté.

chasteté [ʃastəte] **n.f.** (lat. *castitas,* pureté). Fait de s'abstenir des plaisirs charnels, par conformité à une morale : *Faire vœu de chasteté.*

chasuble [ʃazybl] **n.f.** (bas lat. *casubla,* altér. du class. *casula,* manteau à capuchon). **1.** Vêtement liturgique ayant la forme d'un manteau sans manches, que le prêtre met pour célébrer la messe. **2. Robe chasuble,** robe échancrée sans manches.

1. chat, chatte [ʃa, ʃat] **n.** (lat. *cattus*). **1.** Mammifère carnivore au museau court et arrondi, aux griffes rétractiles, dont il existe une espèce domestique et des espèces sauvages. ▸ Famille des félidés. Le chat miaule. **2. Acheter chat en poche,** acheter sans regarder la marchandise. / **Appeler un chat un chat,** dire les choses telles qu'elles sont. / *FAM.* **Avoir d'autres chats à fouetter,** avoir des préoccupations plus sérieuses. / **Avoir un chat dans la gorge,** être enroué. / **Donner sa langue au chat,** s'avouer incapable de répondre à une question. / **Il n'y a pas de quoi fouetter un chat,** ça n'est pas très grave. / *FAM.* **Il n'y a pas un chat,** il n'y a personne. / **Jouer à chat,** jouer à un jeu de poursuite dans lequel un des joueurs, le chat, poursuit et touche un autre joueur, qui devient chat à son tour.

2. chat ou **tchat** [tʃat] **n.m.** (mot angl. « bavardage »). INFORM. Conversation en direct sur Internet par échange de messages électroniques. (Recomm. off. *causette.*)

châtaigne [ʃatɛɲ] **n.f.** (lat. *castanea,* du gr.). **1.** Fruit du châtaignier, riche en amidon, appelé *marron* lorsque l'amande est entière à l'intérieur de la même enveloppe. **2.** *FAM.* Coup de poing : *Recevoir une châtaigne.*

châtaigneraie [ʃatɛɲrɛ] **n.f.** Lieu planté de châtaigniers.

châtaignier [ʃateɲe] **n.m.** Arbre à feuilles dentées, dont les fruits, les châtaignes, sont entourés d'une cupule épineuse (la *bogue*) et qui peut vivre plusieurs siècles. ▸ Famille des fagacées ; haut. jusqu'à 35 m.

châtain [ʃatɛ̃] **adj. inv. en genre** et **n.m.** (de *châtaigne*). D'une couleur brun clair, en parlant des cheveux.

château [ʃato] **n.m.** (lat. *castellum*). **1.** Demeure féodale fortifiée, au Moyen Âge. (On dit aussi *château fort.*) **2.** Résidence seigneuriale ou royale, entourée de jardins ou d'un parc : *Le château de Versailles.* **3.** Grande demeure somptueuse à la campagne, avec ou sans domaine. **4.** Superstructure placée au milieu d'un navire, sur toute sa largeur, pour le logement des passagers et de l'équipage. **5. Bâtir des châteaux en Espagne,** faire des projets chimériques. / **Château d'eau,** réservoir d'eau élevé. / **Château de cartes,** construction qu'on fait avec des cartes ; au fig., chose précaire, fragile. / **Une vie de château,** une existence passée dans le luxe et l'oisiveté.

chateaubriand ou **châteaubriant** [ʃatobrijɑ̃] **n.m.** (du nom de *F.R. de Chateaubriand,* dont le cuisinier aurait inventé cette grillade). Épaisse tranche de filet de bœuf grillé.

Chateaubriand (François René, *vicomte* **de),** écrivain français (Saint-Malo 1768 - Paris 1848). Dixième enfant d'un hobereau breton, il passe, au château de Combourg, une enfance et une adolescence marquées par sa condition de cadet. Sous-lieutenant au régiment de Navarre, il assiste au début de la Révolution, puis part pour l'Amérique (1791). De retour en France (1792), il s'engage dans l'armée des princes, est blessé au siège de Thionville, puis émigre en Angleterre, où, dans la misère, il travaille aux manuscrits rapportés d'Amérique. Converti, sous le choc de la mort de sa mère et de sa sœur, il commence une apologie de la religion chrétienne et rentre en France en 1800. Abandonnant un roman commencé en Amérique, *les Natchez,* il n'en retient que deux épisodes, *Atala,* publié d'abord séparément, et *René,* qui décrit le « mal du siècle », ce « vague des passions » ressenti par toute une génération et lié à l'effondrement de l'ordre social et religieux ; cette œuvre sera insérée dans le *Génie du christianisme* (1802), dont le succès est immédiat. Nommé par Bonaparte secrétaire d'ambassade à Rome, puis ministre dans le Valais, Chateaubriand démissionne à la suite de l'exécution du duc d'Enghien (1804) et se consacre à la fois à la littérature et à une opposition résolue au régime. Se proposant de compléter le *Génie* par une grande épopée en prose, *les Martyrs,* qui paraîtra en 1809, Chateaubriand entreprend un voyage en Orient et publie, en 1811, année de son élection à l'Académie, l'*Itinéraire de Paris à Jérusalem.* Ayant contribué au retour des Bourbons, il est nommé ministre des Affaires étrangères sous Villèle en 1822. Chassé du pouvoir en 1824, il devient un des chefs de l'opposition. Ses campagnes dans le *Journal des débats* font de lui une idole de la jeunesse libérale. Ambassadeur de Charles X à Rome (1828), il démissionne à la formation du ministère Blignac ultraroyaliste (1829). Refusant de se rallier à Louis-Philippe en 1830, il parcourt l'Europe, revient en France terminer ses *Mémoires d'outre-tombe* et meurt au lendemain des journées de 1848, après avoir publié, en 1844, *la Vie de Rancé.* Déçu par la Restauration et la « morale des intérêts » de la France bourgeoise, Chateaubriand, fournissant à la mélancolie romantique un de ses modèles les plus envoûtants, s'est réfugié dans une œuvre reposant sur une dynamique du souvenir, où se fondent, dans le somptueux mouvement d'une prose poétique, l'histoire individuelle et l'histoire collective. • **Mémoires d'outre-tombe.** Le projet date de 1803 et la rédaction de 1809. Jusqu'à la fin de sa vie, Chateaubriand ne cessa de remanier le manuscrit. En 1836, il le vendit à une société, à condition qu'il ne parût pas de son vivant. La publication en fut d'abord faite, sous forme de feuilleton, dans *la Presse* (1848-1850). Superposant perpétuellement les êtres, les paysages et les souvenirs, Chateaubriand a moins écrit le récit de sa vie que composé le grand poème lyrique de la fin d'un monde qui, à travers la célébration de la mer, de l'amour et des ruines, est une variation sur le thème de la mort.

Château-Gaillard, forteresse en ruine, dominant la Seine aux Andelys. Construite par Richard Cœur de Lion (1196), prise par Philippe Auguste (1204), elle fut démantelée par Henri IV (1603).

Châteauroux, ch.-l. du dép. de l'Indre, sur l'Indre, à 251 km au sud de Paris ; 47 128 hab. *(Castelroussins).* Centre ferroviaire et industriel (tabac, constructions mécaniques, agroalimentaire). Forêt. Musée Bertrand (archéologie ; fonds napoléonien ; etc.).

châtelain, e [ʃatlɛ̃, -ɛn] **n.** (lat. *castellanus,* de *castellum,* château). **1.** HIST. Seigneur qui possédait un château et les terres qui en dépendaient. **2.** Propriétaire ou locataire d'un château.

Châtelet, nom donné à deux anciennes forteresses de Paris, le *Grand* et le *Petit Châtelet,* l'une étant le siège de la juridiction criminelle de la vicomté et prévôté de Paris, l'autre servant de prison.

Châtellerault, ch.-l. d'arr. de la Vienne, sur la Vienne ; 32 377 hab. *(Châtelleraudais).* Constructions mécaniques et électriques. Caoutchouc. Beau pont Henri-IV. Musées, dont celui de l'Automobile.

chat-huant [ʃayɑ̃] **n.m.** (réfection, d'après *chat* et *huer,* du bas lat. *cavannus*) [pl. *chats-huants*]. Nom usuel de la *hulotte.*

châtier [ʃatje] **v.t.** (lat. *castigare,* de *castus,* pur) [conj. **9**]. *LITT.* **1.** Sanctionner sévèrement, corriger : *Châtier les responsables* (syn. **punir**). **2. Châtier son style, son langage,** leur donner le maximum de correction, de pureté.

chatière [ʃatjɛr] **n.f.** (de *1. chat*). **1.** Petite ouverture au bas d'une porte pour laisser passer les chats. **2.** Trou d'aération dans les combles.

châtiment [ʃatimɑ̃] **n.m.** Action de châtier ; sanction sévère frappant un coupable ou punissant une faute grave : *Infliger un châtiment à qqn* (syn. **punition**).

chatoiement [ʃatwamɑ̃] **n.m.** (de *chatoyer*). Reflet brillant et changeant d'une pierre précieuse, d'une étoffe, etc. : *Le chatoiement de la soie dans la lumière.*

1. chaton [ʃatɔ̃] **n.m.** Jeune chat.

2. chaton [ʃatɔ̃] **n.m. 1.** Inflorescence ou épi composé de très petites fleurs, dont la forme rappelle la queue d'un chat : *Les fleurs mâles du châtaignier, du noisetier sont des chatons.* **2.** Amas laineux de poussière ; mouton.

3. chaton [ʃatɔ̃] **n.m.** (frq. *kasto,* caisse). Partie centrale d'une bague où est enchâssée une pierre ou une perle.

chatouille [ʃatuj] **n.f.** (de *chatouiller*). *FAM.* Toucher léger qui chatouille : *Craindre les chatouilles* (syn. **chatouillement**).

chatouillement [ʃatujmɑ̃] **n.m. 1.** Action de chatouiller ; sensation qui en résulte. **2.** Léger picotement en certaines parties du corps : *Sentir des chatouillements dans la gorge.*

chatouiller [ʃatuje] **v.t. 1.** Causer, par un attouchement léger de la peau, une réaction de rire ou d'agacement : *Chatouiller qqn dans le cou.* **2.** FAM. Exciter, énerver pour provoquer des réactions : *Chatouiller l'adversaire.* **3.** Flatter agréablement : *Chatouiller l'amour-propre de qqn.*

chatouilleux, euse [ʃatujø, -øz] **adj. 1.** Sensible au chatouillement. **2.** Qui se vexe ou s'irrite facilement : *Il est très chatouilleux sur ses prérogatives.*

chatouillis [ʃatuji] **n.m.** FAM. Léger chatouillement.

chatoyant, e [ʃatwajɑ̃, -ɑ̃t] **adj.** Qui chatoie : *Une étoffe chatoyante.*

chatoyer [ʃatwaje] **v.i.** (de *1. chat,* en raison des yeux changeants de cet animal) [conj. **13**]. Avoir des reflets qui changent suivant les jeux de la lumière, en parlant de pierres précieuses, d'étoffes brillantes, etc.

châtrer [ʃatre] **v.t.** (lat. *castrare*). **1.** Syn. de *castrer.* **2.** Supprimer les étamines d'une fleur ou certaines parties d'un végétal pour hâter la maturation des fruits.

Chatrian → Erckmann-Chatrian.

Chatt al-Arab, fl. du Moyen-Orient, formé en Iraq (qu'il sépare dans sa partie terminale de l'Iran) par la réunion du Tigre et de l'Euphrate ; 200 km. Il passe à Bassora et Abadan et se jette dans le golfe Persique. Grande palmeraie sur ses rives.

chatter ou **tchatter** [tʃate] **v.i.** (de *2. chat*). INFORM. Participer à un chat.

chatterie [ʃatri] **n.f.** (de *1. chat, chatte*). **1.** Friandise très délicate. **2.** (Surtout au pl.). Caresse câline, insinuante et hypocrite : *Faire des chatteries à qqn.*

chatterton [ʃatɛrtɔn] **n.m.** (du n. de son inventeur). Ruban isolant et adhésif, employé par les électriciens pour isoler les fils conducteurs.

chatteur, euse ou **tchatteur, euse** [tʃatœr, -øz] **n.** INFORM. Personne qui participe à un chat sur Internet.

Chaucer (Geoffrey), poète anglais (Londres v. 1340 - *id.* 1400). Il traduisit le *Roman de la rose* et imita les poètes italiens. Ses *Contes de Cantorbéry* ont contribué à fixer la grammaire et la langue anglaises.

1. chaud, e [ʃo, ʃod] **adj.** (lat. *calidus*). **1.** Qui a ou donne de la chaleur ; qui est d'une température élevée par rapport à celle du corps humain : *Mettre un vêtement chaud. Le soleil est très chaud à midi. Boire un café chaud* (contr. **froid**). **2.** Vif, animé : *La bataille a été chaude.* **3.** Qui est passionné, ardent, enthousiaste : *Elle n'est pas très chaude pour signer ce contrat.* **4.** Marqué par une forte agitation : *Le printemps sera chaud, on s'attend à des grèves.* **5. Avoir la tête chaude,** s'emporter ou se battre facilement. / **Couleurs chaudes,** couleurs du spectre dont la longueur d'onde est plus proche du rouge que du bleu : *L'orangé est une couleur chaude.* / **Pleurer à chaudes larmes,** pleurer abondamment. / GÉOL. **Point chaud,** émergence, génér. insulaire, à la surface d'une plaque, d'un magma originaire d'une partie profonde du manteau ; au fig., ce qui provoque une violente contestation, ou lieu sur lequel il risque de se produire un conflit. ◆ **chaud adv. Cela ne me fait ni chaud ni froid,** cela m'est indifférent. / **Il fait chaud,** la température ambiante est élevée. / **Manger, boire chaud,** manger un plat chaud, absorber une boisson chaude.

2. chaud [ʃo] **n.m. 1.** Chaleur : *Elle endure mieux le chaud que le froid.* **2.** Sensation que fait éprouver la chaleur : *Avoir chaud.* **3. Au chaud,** dans un lieu où la température est suffisamment élevée pour qu'il n'y ait pas de refroidissement ou de sensation de froid : *Se mettre au chaud. Mettre le gigot au chaud.* / FAM. **J'ai eu chaud,** j'ai eu peur, je l'ai échappé belle. / **Opérer à chaud,** pratiquer une intervention chirurgicale pendant une poussée inflammatoire. / **Un chaud et froid,** un refroidissement soudain qui provoque un rhume ou une bronchite.

chaudement [ʃodmɑ̃] **adv. 1.** De manière à avoir ou à donner chaud : *Habille-toi chaudement, il fait froid !* **2.** Avec vivacité, ardeur : *Ils l'ont chaudement encouragé.*

chaudière [ʃodjɛr] **n.f.** (lat. *caldaria,* étuve). Générateur de vapeur d'eau ou d'eau chaude (parfois d'un autre fluide) servant au chauffage, à la production d'énergie : *Chaudière à gaz, à mazout. La chaudière d'une locomotive.*

Chaudière-Appalaches, région administrative du Québec, au sud du fleuve Saint-Laurent ; 15 027 km^2 ; 410 829 hab.

chaudron [ʃodrɔ̃] **n.m.** (du rad. de *chaudière*). Récipient cylindrique profond, en cuivre ou en fonte, à anse mobile, destiné à aller sur le feu.

chaudronnerie [ʃodrɔnri] **n.f. 1.** Profession, marchandises, usine du chaudronnier. **2.** Travail de façonnage de métaux en feuilles ; fabrication industrielle des pièces métalliques rivées, embouties ou estampées.

chaudronnier, ère [ʃodrɔnje, -ɛr] **n. 1.** Artisan qui fabrique, vend, répare des chaudrons, des objets en cuivre. **2.** Ouvrier qui travaille les métaux en feuilles.

chauffage [ʃofaʒ] **n.m. 1.** Action de chauffer, de se chauffer ; manière de chauffer : *Le chauffage de cette maison n'est pas suffisant. Ils ont choisi le chauffage au gaz.* **2.** Appareil, installation servant à procurer de la chaleur : *Le chauffage est en panne.* **3. Bois de chauffage,** bois destiné à être brûlé pour le chauffage. / **Chauffage central,** distribution de chaleur dans les appartements d'un immeuble ou dans les pièces d'une maison à partir d'une source unique. / **Chauffage urbain,** chauffage des immeubles par des centrales alimentant des zones urbaines entières.

chauffagiste [ʃofaʒist] **n.m.** Spécialiste de l'installation et de l'entretien du chauffage central.

chauffant, e [ʃofɑ̃, -ɑ̃t] **adj.** Qui produit de la chaleur : *Une couverture chauffante.*

chauffard [ʃofar] **n.m.** (de *chauffeur*). FAM. Conducteur d'automobile d'une imprudence dangereuse.

chauffe [ʃof] **n.f.** (de *chauffer*). **1.** Opération qui consiste à produire par combustion la chaleur nécessaire à un chauffage industriel ou domestique et à conduire cette combustion : *Deux employés sont chargés de la chauffe de l'immeuble.* **2.** Durée de cette opération : *La période de chauffe va de novembre à mai.* **3. Chambre de chauffe,** dans un bateau, local réservé aux chaudières. / **Surface de chauffe,** surface de transmission de la chaleur dans un appareil de chauffage industriel ou domestique.

chauffe-assiette [ʃofasjɛt] **n.m.** (pl. *chauffe-assiettes*). Appareil électrique pour chauffer les assiettes.

chauffe-biberon [ʃofbibrɔ̃] **n.m.** (pl. *chauffe-biberons*). Appareil électrique pour chauffer les biberons.

chauffe-eau [ʃofo] **n.m. inv.** Appareil produisant de l'eau chaude à usage domestique à partir du gaz, de l'électricité, de l'énergie solaire, etc.

chauffe-plat [ʃofpla] **n.m.** (pl. *chauffe-plats*). Réchaud pour tenir les plats au chaud sur la table.

chauffer [ʃofe] **v.t.** (lat. pop. **calefare,* class. *calefacere*). **1.** Rendre chaud ou plus chaud : *Chauffer de l'eau* (= la faire chauffer). *Ce petit radiateur chauffe toute la pièce.* **2.** Rendre ardent, enthousiaste : *Chauffer le public* (syn. **animer, enflammer**). **3.** Préparer un élève à un examen, un sportif à une compétition en les faisant travailler de façon intensive (syn. **entraîner, exercer**). ◆ **v.i. 1.** Devenir chaud : *L'eau chauffe sur la cuisinière.* **2.** Atteindre une température excessive : *Le moteur chauffe.* **3.** Produire de la chaleur : *Le soleil chauffe.* **4.** FAM. Prendre une tournure animée, parfois violente : *Ça va chauffer !* **5. Faire chauffer qqch,** le chauffer : *Faire chauffer un biberon.* ◆ **se chauffer v.pr. 1.** S'exposer à une source de chaleur : *Va te chauffer près du feu !* **2.** Chauffer l'endroit où l'on vit : *Se chauffer au gaz.* **3. Montrer (à qqn) de quel bois on se chauffe,** traiter qqn sans ménagement.

chaufferette [ʃofrɛt] **n.f.** Boîte à couvercle percé de trous, contenant de la braise pour se chauffer les pieds ; petit appareil (à réservoir d'eau chaude, électrique, etc.) pour se chauffer les mains, les pieds.

chaufferie [ʃofri] **n.f.** (de *chauffer*). Local renfermant les appareils de production de chaleur, dans un immeuble, une usine, un navire, etc.

chauffeur [ʃofœr] **n.m.** (de *chauffer,* le chauffeur entretenant à l'origine la chauffe de la machine). **1.** Conducteur professionnel d'une automobile ou d'un camion ; personne qui conduit un véhicule automobile : *Chauffeur de taxi. Sa fille est un très bon chauffeur* (= elle conduit bien, prudemment). **2.** Ouvrier chargé de la conduite et de la surveillance d'un feu, d'un four, d'une chaudière.

chauffeuse [ʃoføz] **n.f.** (de *chauffer*). **1.** Autref., chaise basse à haut dossier pour s'asseoir auprès du feu. **2.** Siège bas et confortable, sans accoudoirs.

chaufournier [ʃofurnje] **n.m.** (de *chaufour,* four à chaud). Ouvrier d'un four à chaux.

chauler [ʃole] **v.t. 1.** Amender un sol avec de la chaux pour lutter contre l'acidité. **2.** Passer au lait de chaux (les murs, le sol, les arbres, etc.) pour détruire les parasites.

chaume [ʃom] **n.m.** (lat. *calamus,* roseau). **1.** Tige creuse des graminées. **2.** Partie de la tige des céréales qui reste sur le champ après la moisson (syn. **éteule**). **3.** Paille longue dont on a enlevé le grain, utilisée jadis pour recouvrir les habitations dans certaines régions : *Des toits de chaume.* ◆ **chaumes n.m. pl.** Pâturages dénudés.

chaumière [ʃomjɛr] **n.f. 1.** Maison couverte d'un toit de chaume ; petite maison rustique. **2.** FAM. **Dans les chaumières,** au sein des familles : *Cette histoire va faire pleurer dans les chaumières.*

Chaumont, ch.-l. du dép. de la Haute-Marne, sur la Marne, à 252 km au sud-est de Paris ; 24 046 hab. *(Chaumontais).* Constructions mécaniques. Église des XIIIe-XVIe s. (œuvres d'art).

chaussée [ʃose] **n.f.** (du lat. pop. **calciata [via],* p.-ê. « [voie] recouverte de chaux »). Partie d'une rue ou d'une route réservée à la circulation des véhicules (par opp. à *trottoir,* à *bas-côté*) : *Attention, la chaussée est glissante.*

chausse-pied [ʃospje] **n.m.** (pl. *chausse-pieds*). Lame incurvée en corne, en matière plastique ou en métal facilitant l'entrée du pied dans une chaussure.

chausser [ʃose] **v.t.** (lat. *calceare,* de *calceus,* chaussure). **1.** Mettre des chaussures, des skis, etc., à ses pieds, aux pieds de qqn : *Il chaussa ses bottes* (syn. **enfiler, mettre**). *Chausser un bébé.* **2.** Fournir en chaussures ; faire des chaussures : *Ce magasin chausse les stars.* **3.** Aller à qqn, en parlant de chaussures : *Ces mocassins vous chaussent très bien.* **4.** FAM. **Chausser ses lunettes,** les ajuster sur son nez. ◆ **v.i.** (suivi d'un compl. de qualité ou d'un adv.). **1.** S'ajuster au pied de telle manière : *Bottes qui chaussent grand.* **2.** Avoir telle pointure : *Elle chausse du 37.*

chausses [ʃos] **n.f. pl.** (lat. pop. **calcia,* du class. *calceus,* chaussure). Culotte en tissu, portée de la fin du Moyen Âge jusqu'au XVIIe s., qui couvrait le corps de la ceinture jusqu'aux genoux *(haut-de-chausses)* ou jusqu'aux pieds *(bas-de-chausses).*

chausse-trape ou **chausse-trappe** [ʃostrap] **n.f.** (de l'anc. fr. *chaucier,* fouler, et *traper,* sauter, ou de *trappe*) [pl. *chausse-trap(p)es*]. **1.** Piège fait d'un trou camouflé pour prendre les animaux sauvages. **2.** Piège insidieux pour tromper qqn : *Éviter habilement les chausse-trapes de son adversaire* (syn. **embûche, guet-apens, traquenard**). **3.** Autref., moyen de défense constitué par un pieu camouflé ou un assemblage de pointes de fer.

chaussette [ʃosɛt] **n.f.** (de *chausses*). Pièce d'habillement tricotée qui monte jusqu'à mi-mollet ou jusqu'au genou.

chausseur [ʃosœr] **n.m.** Fabricant, marchand de chaussures.

chausson [ʃosɔ̃] **n.m.** (de *chausses*). **1.** Chaussure souple d'intérieur à talon bas (syn. **pantoufle**). **2.** Chaussure de danse souple et plate : *Chausson de demi-pointe.* **3.** Pâtisserie faite de pâte feuilletée fourrée de compote de pommes, de confiture ou de crème pâtissière.

Chausson (Ernest), compositeur français (Paris 1855 - Limay 1899). Son œuvre marque le trait d'union entre l'école de Franck et Debussy. Il est l'auteur de la partition lyrique *le Roi Arthus,* du *Concert* pour piano, violon et quatuor à cordes, de mélodies *(la Chanson perpétuelle).*

chaussure [ʃosyr] **n.f.** (de *chausser*). **1.** Article d'habillement en cuir ou en matières synthétiques, qui protège et recouvre le pied : *Des chaussures à talons, de marche, de ski.* **2.** FAM. **Trouver chaussure à son pied,** trouver la personne ou la chose qui convient exactement.

chaut → chaloir.

chauve [ʃov] **adj.** et **n.** (lat. *calvus*). Qui n'a plus ou presque plus de cheveux : *Un crâne complètement chauve.*

chauve-souris [ʃovsuri] **n.f.** (pl. *chauves-souris*). Mammifère volant, qui se dirige par écholocation, se repose ou hiberne général. dans des grottes. ▸ Ordre des chiroptères ; environ 950 espèces.

Chauvet-Pont-d'Arc (grotte), grotte ornée située sur la comm. de Vallon-Pont-d'Arc (Ardèche). Découverte en 1994 par Jean-Marie Chauvet et deux autres spéléologues, elle abrite des peintures rupestres remarquables qui comptent parmi les plus anciennes connues (aurignacien, - 30 000 à - 25 000).

chauvin, e [ʃovɛ̃, -in] **adj.** et **n.** (du n. de *Nicolas Chauvin,* type de soldat enthousiaste du premier Empire). Qui manifeste un patriotisme excessif, souvent agressif ; qui admire de façon trop exclusive sa ville ou sa région : *Ne sois pas chauvin, il n'y a pas qu'en France qu'on mange bien.*

chauvinisme [ʃovinism] **n.m.** (de *chauvin*). Patriotisme, nationalisme exagéré et souvent agressif.

chaux [ʃo] **n.f.** (lat. *calx, calcis,* pierre). **1.** Oxyde de calcium obtenu par la calcination de calcaires : *Le marbre et la craie contiennent de la chaux.* **2. Chaux éteinte,** chaux hydratée, obtenue par action de l'eau sur la chaux vive. ▸ Formule : $Ca(OH)_2$. / **Chaux vive,** oxyde de calcium anhydre obtenu directement par la cuisson de calcaires. / **Lait de chaux,** suspension de chaux dans de l'eau, utilisée surtout comme badigeon.

Chaux-de-Fonds (La), v. de Suisse (cant. de Neuchâtel) ; 37 504 hab. Industrie horlogère. Musée international de l'Horlogerie et musée des Beaux-Arts.

Chavín de Huantar, site des Andes, dans le nord du Pérou, berceau de la première des hautes cultures andines (IXe - IIIe s. av. J.-C.) qui abrite les ruines, en granite, du centre sacrificiel le plus important. Il représente l'épanouissement de cette période caractérisée par de nouvelles croyances religieuses ayant pour thèmes iconographiques la divinité semi-humaine à crocs de félin, le rapace et le jaguar. Agriculture, systèmes d'irrigation, habitat dispersé et inhumation en fosse profonde sont les constituantes de cette civilisation qui va se diffuser très largement sur toute la côte du Pérou.

chavirement [ʃavirmɑ̃] **n.m.** Fait de chavirer.

chavirer [ʃavire] **v.i.** (prov. *capvira,* tourner la tête en bas). Se renverser, se retourner sens dessus dessous, notamm. en parlant d'un bateau : *La barque a chaviré dans la tempête. Le camion mal chargé menaçait de chavirer* (syn. **basculer, verser**). ◆ **v.t. 1.** Retourner qqch sens dessus dessous : *Une grosse vague a chaviré l'embarcation* (syn. **renverser**). **2.** Émouvoir, troubler profondément : *Cette nouvelle m'a chaviré* (syn. **ébranler, retourner**). *Visage chaviré par la douleur* (syn. **bouleverser, ravager**).

chéchia [ʃeʃja] **n.f.** (ar. *chāchiya*). Coiffure cylindrique ou tronconique de certaines populations d'Afrique.

check-list [ʃɛklist] **n.f.** (mot angl.) [pl. *check-lists*]. AÉRON. Liste d'opérations permettant de vérifier le fonctionnement de tous les organes et dispositifs d'un avion, d'une fusée avant son envol. (Recomm. off. *liste de vérification.*)

check-up [tʃɛkœp] ou [ʃɛkœp] **n.m. inv.** (mot angl., de *to check,* vérifier). **1.** Examen médical complet d'une personne ; bilan de santé. (Recomm. off. *examen de santé.*) **2.** Bilan complet du fonctionnement de qqch : *Check-up d'une voiture* (syn. **révision**).

chef [ʃɛf] **n.** (lat. *caput,* tête). **1.** Personne qui commande, qui exerce une autorité, une influence déterminante : *Chef d'État. Chef de famille. Chef d'entreprise* (syn. **directeur, patron**). *Chef de gare. Chef d'orchestre. Chef de bataillon, de service.* **2.** Responsable d'un secteur donné, en partic. au sein d'une entreprise : *Chef de produit. Chef des ventes.* **3.** (En appos.). Précise un grade : *Médecin-chef. Caporal-chef.* **4.** Personne qui possède au plus haut degré l'aptitude au commandement : *Avoir les qualités d'un chef* (syn. **leader**). **5.** *FAM.* Personne remarquable, extrêmement compétente : *Elle s'est débrouillée comme une chef* (syn. **as, champion**). **6.** Personne qui dirige la cuisine d'un restaurant. ◆ **n.m. 1.** HÉRALD. Partie supérieure de l'écu. **2. Au premier chef,** au plus haut point ; avant tout : *Cela nous intéresse au premier chef.* / **Chef d'accusation,** point capital sur lequel porte l'accusation. / **De son chef, de son propre chef,** de sa propre autorité : *Elle a décidé de son propre chef qu'il en serait ainsi.* / **En chef,** en qualité de chef : *Ingénieur en chef. Il commandait en chef les troupes alliées.*

chef-d'œuvre [ʃɛdœvr] **n.m.** (pl. *chefs-d'œuvre*). **1.** Œuvre la plus admirable dans un genre donné : *« Phèdre » passe pour le chef-d'œuvre de Racine.* **2.** Ce qui est parfait en son genre : *Un chef-d'œuvre d'humour.*

chefferie [ʃɛfri] **n.f. 1.** ANTHROP. Autorité politique, souvent jointe à des fonctions religieuses et judiciaires, détenue de façon permanente par un individu dans un groupe. **2.** *AFR.* Qualité, charge de chef traditionnel ; territoire régi par un chef coutumier.

chef-lieu [ʃɛfljø] **n.m.** (pl. *chefs-lieux*). Centre d'une division administrative : *Chef-lieu de canton. Chef-lieu de département* (= préfecture).

cheftaine [ʃɛftɛn] **n.f.** (de l'angl. *chieftain,* chef de clan, anc. fr. *chevetain,* capitaine). Jeune fille responsable d'un groupe dans une association de scoutisme.

cheikh [ʃɛk] **n.m.** (ar. *chaikh,* vieillard). **1.** Chef de tribu arabe. **2.** Titre donné à tout musulman respectable par son âge, sa fonction, etc. (on trouve d'autres graphies, dont *cheik, scheik*).

chéiroptère n.m. → **chiroptère.**

chelem [ʃlɛm] **n.m.** (angl. *slam,* écrasement). **1.** Au whist, au bridge, réunion de toutes les levées dans un camp (on dit aussi *grand chelem*). **2. Faire, réussir le grand chelem,** dans divers sports, remporter la totalité d'une série définie de compétitions : *Le quinze de France a réussi le grand chelem.* ***Rem.*** Au tennis, *Grand Chelem* est une marque déposée par la Fédération internationale de tennis. / **Petit chelem,** au whist, au bridge, toutes les levées moins une. ***Rem.*** On a aussi écrit *schelem.*

Cheliff ou **Chélif** → **Chlef.**

Chełmno, en all. **Kulmhof,** v. de Pologne, sur la Vistule ; 20 934 hab. Camp d'extermination allemand (1941-1945) où périrent 200 000 Juifs.

chélonien [kelɔnjɛ̃] **n.m.** (du gr. *khelônê,* tortue). **Chéloniens,** ordre de reptiles cour. appelés *tortues.*

chemin [ʃəmɛ̃] **n.m.** (lat. pop. **camminus,* du gaul.). **1.** Voie de terre aménagée pour aller d'un point à un autre, sur un plan local et génér. à la campagne : *Chemin forestier* (syn. **sentier,** litt. **sente**). *Se frayer un chemin dans les ronces* (syn. **passage**). **2.** Direction à suivre pour aller quelque part : *La ligne droite est le plus court chemin d'un point à un autre* (syn. **trajet**). *Demander son chemin à un passant* (syn. **itinéraire**). *J'ai fini par retrouver mon chemin* (syn. **direction, route**). **3.** Espace à parcourir pour aller d'un point à un autre : *Nous ferons le chemin à pied* (syn. **parcours**). **4.** Ligne de conduite, moyen pour arriver à ses fins : *Prendre le chemin qui mène à la réussite* (syn. **route, voie**). *Elle m'a trouvé sur son chemin* (= je me suis opposé à elle). **5.** Longue bande décorative ou protectrice : *Chemin de table, d'escalier.* **6. Faire du chemin,** parcourir un long trajet ; au fig., progresser : *Nous avons fait du chemin aujourd'hui* (= parcouru beaucoup de kilomètres). *Il a fait du chemin depuis qu'il est entré dans l'entreprise* (= il s'est élevé dans la hiérarchie). / **Faire son chemin,** réussir dans la vie. / **Ouvrir, montrer, tracer le chemin,** donner l'exemple de. **7. Chemin de croix,** suite des quatorze tableaux représentant les scènes de la Passion. / **Chemin de ronde,** passage établi derrière ou sur une muraille fortifiée.

chemin de fer [ʃəmɛ̃dfɛr] **n.m.** (calque de l'angl. *railway*) [pl. *chemins de fer*]. **1.** *VIEILLI.* Voie ferrée constituée de deux rails parallèles sur lesquels roulent les trains : *L'arrivée du chemin de fer dans les campagnes isolées* (syn. **train**). **2.** Moyen de transport utilisant la voie ferrée : *Voyager par chemin de fer.* **3.** (Souvent au pl.). Entreprise, administration qui gère ce moyen de transport.

■ HISTOIRE. Les rails furent utilisés dès le XVIe s. pour le roulage des wagonnets de mines, poussés par des hommes ou tirés par des chevaux. La première locomotive à vapeur, très rudimentaire, a été expérimentée en Angleterre en 1804 et le premier chemin de fer public accessible aux voyageurs a été ouvert en 1825, toujours en Angleterre entre Stockton et Darlington ; les trains de voyageurs y étaient remorqués par des chevaux, ceux de charbon par des locomotives à vapeur. La plupart des lignes de chemin de fer construites au cours du premier tiers du XIXe s. l'ont été pour relier une mine ou une carrière à un port fluvial ou maritime, sur des distances relativement courtes. La notion de réseau apparaît en Belgique avec l'ouverture en 1835 de la ligne de Bruxelles à Malines, ville qui deviendra en huit ans le centre d'une étoile ferroviaire de 560 km. La traction électrique est utilisée pour la première fois aux États-Unis, en 1895, puis en Suisse, en 1899. En France, elle a fait son apparition en 1900 sur les lignes Paris-Quai d'Orsay à Paris-Austerlitz et Paris-Invalides à Versailles.

La voie ferrée. Les *rails* ont un double rôle : assurer le guidage des véhicules et en supporter la charge. La voie moderne est donc constituée par deux rails parallèles en acier fixés sur des traverses en bois dur ou en béton, qui en maintiennent l'écartement et transmettent les efforts. L'ensemble repose sur le ballast. La fin du XXe s. voit le développement des trains à grande vitesse (*Shinkansen* au Japon, *T.G.V.* en France, *ICE* en Allemagne).

Lorsque le terrain est accidenté, la construction d'une ligne de chemin de fer implique la réalisation de nombreux ouvrages d'art, *ponts* et *tunnels,* notamment. Les premiers ponts et viaducs étaient en maçonnerie, puis, avec les progrès de la sidérurgie, ont été construits de grands ponts métalliques tels que le viaduc de Garabit (1884).

Véhicules ferroviaires. Les véhicules ferroviaires comprennent les *engins moteurs* et le *matériel remorqué.* Les premiers assurent la traction des trains : *locomotives* et *automotrices* (qui transportent aussi des voyageurs). Le second englobe les *voitures* pour les voyageurs et les *wagons* pour le fret. Ces derniers sont spécialisés selon la marchandise et son mode de chargement.

Tout véhicule ferroviaire est constitué par un châssis qui supporte la caisse (wagon) ou par une caisse-poutre rigide (voiture). À chaque extrémité, tampons et attelages servent à l'assemblage des trains. Si les véhicules reposent sur deux essieux fixes, ils sont dits *à essieux,* par opposition aux véhicules *à bogies.* Ces derniers sont une sorte de chariot (deux essieux, quatre roues) pivotant sous la caisse pour faciliter l'inscription en courbe et améliorer la suspension.

Chemins de fer spéciaux. Il existe des chemins de fer spéciaux : les *chemins de fer urbains* (métro, tramway), les *chemins de fer à crémaillère,* les *chemins de fer funiculaires,* les *chemins de fer à voie étroite* (qui permettent l'installation économique de lignes à caractère régional) et les *chemins de fer portatifs,* utilisés notamment dans l'industrie pour des transports à petite distance. Dans les →

espaces restreints, surtout urbains, plusieurs monorails (sur un rail unique, une poutre rigide ou suspendus) ont vu le jour mais de façon limitée. Les trains à sustentations magnétiques, sans contact avec les rails, sont en cours de développement. ■

Chemin des Dames (le), route de crêtes entre l'Aisne et l'Ailette, utilisée par les filles de Louis XV (d'où son nom). Il fut le théâtre de violentes batailles lors de l'offensive française du général Nivelle (avr. 1917), qui échoua, et lors de la percée allemande sur Château-Thierry (mai 1918).

chemineau [ʃəmino] **n.m.** *VX* ou *LITT.* Vagabond qui parcourt les chemins.

cheminée [ʃəmine] **n.f.** (bas lat. *caminata*, du class. *caminus*, four). **1.** Ouvrage, génér. de maçonnerie, permettant de faire du feu, comprenant un foyer et un conduit par où s'échappe la fumée : *Cheminée qui tire bien.* **2.** Encadrement du foyer qui fait saillie dans une pièce : *Cheminée de marbre.* **3.** Conduit par où s'échappe la fumée ; extrémité de ce conduit visible au-dessus d'un toit : *Cheminées d'usines.* **4.** Conduit, génér. cylindrique, pour la ventilation, l'aération : *Cheminée d'aération.* **5.** GÉOL. Canal par lequel montent les laves et projections volcaniques. **6.** ALP. Couloir étroit, presque vertical dans un mur rocheux ou glaciaire.

cheminement [ʃəminmɑ̃] **n.m. 1.** Action de cheminer : *Le cheminement de la colonne de secours* (syn. **marche, progression**). **2.** Lents progrès : *Suivre le cheminement de la pensée d'un auteur* (syn. **évolution, progression**).

cheminer [ʃəmine] **v.i. 1.** Suivre lentement et régulièrement un chemin souvent long : *J'ai cheminé plusieurs heures avant d'arriver à un village* (syn. **marcher**). **2.** S'étendre selon un certain tracé, en parlant d'une voie : *Sentier qui chemine dans la montagne* (syn. **s'allonger, s'étirer**). **3.** Évoluer lentement, régulièrement : *Laisser une idée cheminer dans les esprits* (syn. **progresser**).

cheminot, e [ʃəmino, -ɔt] **n.** Employé des chemins de fer.

chemise [ʃəmiz] **n.f.** (bas lat. *camisia*). **1.** Vêtement masculin qui couvre le buste et les bras, comportant le plus souvent un col et un boutonnage devant : *Chemise à manches courtes, longues.* **2.** Dossier fait d'un cartonnage léger plié en deux, servant à classer des papiers. **3.** Enveloppe intérieure ou extérieure d'une pièce mécanique, d'un projectile, etc. : *Chemise d'un cylindre de moteur. La chemise d'une balle de fusil.* **4. Chemise de nuit,** vêtement de nuit en forme de robe. **5. Chemises brunes,** formations paramilitaires nazies (1925). **/ Chemises noires,** milices fascistes italiennes (créées en 1919). **/ Chemises rouges,** volontaires qui combattirent aux côtés de Garibaldi.

chemiser [ʃəmize] **v.t.** MÉCAN. Garnir d'une chemise, d'un revêtement protecteur : *Chemiser un tuyau, un obus.*

chemiserie [ʃəmizri] **n.f.** Fabrique, magasin de chemises.

chemisette [ʃəmizɛt] **n.f.** Chemise d'homme à manches courtes ; corsage de femme à manches courtes.

1. chemisier, ère [ʃəmizje, -ɛr] **n.** Personne qui fait ou vend des chemises.

2. chemisier [ʃəmizje] **n.m.** Corsage de femme dont le col et les poignets sont inspirés de ceux des chemises d'homme.

Chemnitz, de 1953 à 1990 **Karl-Marx-Stadt,** v. d'Allemagne (Saxe) ; 240 253 hab. Métallurgie. Textile.

chênaie [ʃenɛ] **n.f.** Lieu planté de chênes.

chenal [ʃənal] **n.m.** (lat. *canalis*) [pl. *chenaux*]. MAR. Passage resserré, naturel ou artificiel, permettant la navigation entre des îles, des écueils, des bancs, et donnant accès à un port ou à la haute mer.

chenapan [ʃənapɑ̃] **n.m.** (all. *Schnapphahn*, maraudeur). Individu sans moralité (syn. **gredin, vaurien**).

chêne [ʃɛn] **n.m.** (lat. pop. **cassanus*, du gaul.). **1.** Grand arbre commun dans les forêts d'Europe et caractérisé par son écorce crevassée, ses branches tordues, ses feuilles lobées, et par ses fruits à cupule, les glands. ▸ Famille des fagacées. **2. Chêne vert,** chêne d'une espèce à feuillage persistant des régions méditerranéennes (syn. **yeuse**).

chéneau [ʃeno] **n.m.** (de *chenal*). CONSTR. Rigole ménagée à la base d'un toit et conduisant les eaux de pluie au tuyau de descente.

chêne-liège [ʃɛnljɛʒ] **n.m.** (pl. *chênes-lièges*). Chêne des régions méditerranéennes au feuillage persistant, dont l'écorce fournit le liège, que l'on détache par larges plaques tous les dix ans environ.

chenet [ʃənɛ] **n.m.** (de *chien*). Chacun des deux supports métalliques sur lesquels on place les bûches dans le foyer d'une cheminée, afin de permettre le tirage.

Chengdu, v. de Chine, cap. du Sichuan ; 6 397 335 hab. dans l'agglomération. Centre commercial et industriel. Anc. cap. des Tang (IXe s.) ; temples et vieux quartiers pittoresques.

Chénier (André de), poète français (Constantinople 1762 - Paris 1794). Mêlé d'abord au mouvement révolutionnaire, il protesta ensuite contre les excès de la Terreur et mourut sur l'échafaud. Lyrique élégiaque *(la Jeune Captive),* il a donné avec les *Ïambes* un des chefs-d'œuvre de la satire politique. • Son frère **Marie-Joseph** (Constantinople 1764 - Paris 1811) est l'auteur de la tragédie *Charles IX ou l'École des rois* et des paroles du *Chant du départ.* Il fut membre de la Convention.

chenil [ʃənil] ou [ʃəni] **n.m.** (de *chien*). **1.** Local destiné à loger les chiens. **2.** Établissement qui pratique l'élevage, la vente et le gardiennage des chiens.

chenille [ʃənij] **n.f.** (lat. *canicula*, dimin. de *canis*, chien, en raison de la forme de la tête d'une chenille). **1.** Larve de papillon, au corps mou formé d'anneaux et génér. velu, se nourrissant de végétaux. ▸ Une seule espèce est domestiquée : le ver à soie, chenille du bombyx du mûrier. **2.** Bande sans fin, faite de patins articulés, interposée entre le sol et les roues d'un véhicule, lui permettant de se déplacer sur tous les terrains : *Engin de travaux publics équipé de chenilles.*

Chenonceaux, comm. d'Indre-et-Loire, sur le Cher ; 370 hab. Élégant château *(Chenonceau)* avec aile formant pont sur le Cher (v. 1515 - v. 1580).

chenu, e [ʃəny] **adj.** (bas lat. *canutus*, du class. *canus*, blanc). *LITT.* Blanchi par l'âge : *Un vieillard chenu.*

Chéops → Kheops.

Chéphren → Khephren.

cheptel [ʃɛptɛl] **n.m.** (lat. *capitale*, le principal d'un bien). Ensemble du bétail d'une exploitation agricole, d'une région, d'un pays (on dit aussi *cheptel vif*) : *Le cheptel ovin français.*

chèque [ʃɛk] **n.m.** (angl. *check*, de *to check*, contrôler, de l'anc. fr. *eschec*, échec). **1.** Écrit par lequel une personne, titulaire d'un compte dans un établissement de crédit, effectue, à son profit ou au profit d'un tiers, le retrait ou le virement de tout ou partie des fonds portés à son crédit : *Chèque bancaire, postal. Payer qqch par chèque. Un carnet de chèques.* **2. Chèque de voyage,** chèque à l'usage des touristes, émis par une banque et payable par l'un quelconque de ses correspondants (syn. **traveller's cheque**). **/ Chèque en blanc,** signé par le tireur sans indication de somme ; au fig., autorisation donnée à qqn d'agir à sa guise, de décider par lui-même. **/ Chèque sans provision,** qui ne peut être payé faute d'un dépôt suffisant.

chéquier [ʃekje] **n.m.** Carnet de chèques.

cher, ère [ʃɛr] **adj.** (lat. *carus*). **1.** Qui est l'objet d'une vive affection, d'un grand attachement : *Pleurer un être cher* (syn. **aimé, chéri**). **2.** Auquel on attache du prix, de l'importance : *C'est une idée qui lui est chère* (syn. **précieux**). **3.** (Avant le n. ou sans n.). Comme formule de politesse ou comme terme d'amitié ou de familiarité, marque une sympathie souvent assez vague : *Cher Monsieur. Mes chers amis. Mais, ma chère, vous n'y pensez pas !* **4.** D'un prix élevé ; qui exige de fortes dépenses : *Un tissu cher* (syn. **coûteux, onéreux ;** contr. **avantageux**). *Le chauffage électrique est trop cher* (syn. **dispendieux ;**

contr. **économique**). *Lutter contre la vie chère.* **5.** Qui vend à des prix élevés : *Commerçant cher. Un restaurant pas cher* (= bon marché). ◆ **cher adv. 1.** À haut prix : *Ces denrées coûtent cher.* **2.** Au prix de sacrifices : *Peuple qui a payé cher son indépendance. Je lui ferai payer cher son insolence.* **3.** *FAM.* **Il ne vaut pas cher,** c'est un individu peu recommandable, douteux.

Cher (le), riv. née dans la Combraille. Il passe à Montluçon, Vierzon, Tours et rejoint la Loire (r. g.) ; 350 km.

Cher [18], dép. de la Région Centre-Val de Loire ; ch.-l. de dép. *Bourges ;* ch.-l. d'arr. *Saint-Amand-Montrond, Vierzon ;* 3 arr., 19 cant., 290 comm. ; 7 235 km^2 ; 320 019 hab.

Cherbourg-Octeville, anc. **Cherbourg,** ch.-l. d'arr. de la Manche, port militaire sur la Manche ; 38 528 hab. (après fusion, en 2000, de Cherbourg et d'Octeville) *[Cherbourgeois-Octevillais].* Constructions mécaniques. Arsenal (sous-marins) et École des applications militaires de l'énergie atomique. Complexe international de découverte du monde sous-marin (« la Cité de la Mer »). Musée de peinture Thomas-Henry (œuvres de J.-F. Millet, etc.).

chercher [ʃɛrʃe] **v.t.** (bas lat. *circare,* faire le tour de). **1.** S'efforcer de trouver, de retrouver, de découvrir : *Chercher qqn dans la foule* (syn. **rechercher**). *Chercher la solution d'une énigme.* **2.** S'efforcer de se procurer ; viser à, avoir en vue : *Chercher son intérêt.* **3.** S'exposer volontairement ou imprudemment : *Tu cherches vraiment l'accident en conduisant aussi vite.* **4.** *FAM.* **Aller chercher,** atteindre approximativement la somme, le total de ; au fig., entraîner des conséquences plus ou moins graves : *Une réparation de ce genre, ça va chercher dans les cent euros.* / **Aller chercher qqn, qqch,** aller pour prendre et ramener, emporter qqn, qqch : *Je vais chercher les enfants à l'école. Aller chercher de l'argent à la banque.* / **Chercher à** (+ inf.), s'efforcer, tâcher de : *Chercher à plaire* (syn. **essayer de, tenter de**). / *FAM.* **Chercher qqn,** l'agacer, l'irriter par des provocations continuelles.

chercheur, euse [ʃɛrʃœr, -øz] **n. 1.** Personne qui cherche : *Chercheur d'or.* **2.** Personne qui se consacre à la recherche scientifique : *Les chercheurs du C.N.R.S.* ◆ **adj. Tête chercheuse,** partie antérieure d'un missile dotée d'un dispositif lui permettant de se diriger sur l'objectif.

chère [ʃɛr] **n.f.** (bas lat. *cara,* tête, du gr.). *LITT.* Nourriture : *Aimer la bonne chère.*

Chéreau (Patrice), metteur en scène de théâtre et cinéaste français (Lézigné, Maine-et-Loire, 1944 - Clichy 2013). Directeur, de 1972 à 1981, avec R. Planchon et R. Gilbert, du Théâtre national populaire à Villeurbanne et, de 1982 à 1990, du théâtre des Amandiers, à Nanterre, il conjuguait dans ses mises en scène recherche plastique et perspective politique. Au cinéma, il a réalisé notamm. : *l'Homme blessé* (1983), *la Reine Margot* (1994), *Ceux qui m'aiment prendront le train* (2000), *Intimité* (2001), *Persécution* (2009).

chèrement [ʃɛrmɑ̃] **adv. 1.** Au prix de gros sacrifices : *Victoire chèrement payée.* **2.** *LITT.* Avec tendresse : *Aimer chèrement qqn* (syn. **tendrement**). **3. Vendre chèrement sa vie,** se défendre vaillamment jusqu'à la mort.

Chéret (Jules), peintre et affichiste français (Paris 1836 - Nice 1932). Grâce à la chromolithographie, il a, durant le dernier tiers du XIXe s., lancé la production des affiches en couleurs de grand format, leur donnant un style vif et élégant (*Olympia,* 1892 ; *Job,* 1895).

chéri, e [ʃeri] **adj.** et **n.** Tendrement aimé : *Mes enfants chéris. Je t'attends, ma chérie.*

chérir [ʃerir] **v.t.** (de *cher*) [conj. **32**]. Aimer tendrement ; être profondément attaché à qqn, à qqch : *Une mère chérit ses enfants* (syn. **adorer**). *Chérir la liberté* (syn. **priser**).

Chéronée [ke-] ***(batailles de),*** batailles qui eurent lieu à Chéronée, en Béotie. En 338 av. J.-C., Philippe de Macédoine vainquit les Athéniens et les Thébains, assurant la domination macédonienne sur la Grèce entière. En 86 av. J.-C., l'armée romaine, commandée par Sulla, battit les troupes de Mithridate VI, roi du Pont.

cherry [ʃeri] **n.m.** (mot angl. « cerise ») [pl. *cherrys* ou *cherries*]. Liqueur de cerise.

cherté [ʃɛrte] **n.f.** Prix élevé : *La cherté de la vie.*

chérubin [ʃerybɛ̃] **n.m.** (hébr. *keroûbîm,* anges). **1.** RELIG. CHRÉT. Ange du second rang de la première hiérarchie. **2.** BX-A. Tête ou buste d'enfant porté par deux ailes. **3.** *FAM.* Enfant gracieux ; angelot.

Cherubini (Luigi), compositeur italien (Florence 1760 - Paris 1842). Établi à Paris à partir de 1787, il y connaît le succès avec ses opéras *(Lodoïska, Médée, les Deux Journées),* avant de devenir directeur du Conservatoire (1822). On lui doit aussi des œuvres religieuses, dont un *Requiem* à la mémoire de Louis XVI.

Chesapeake, baie des États-Unis (Maryland et Virginie), sur l'Atlantique, franchie par un système de ponts et de tunnels, et sur laquelle est établie Baltimore.

chétif, ive [ʃetif, -iv] **adj.** (lat. pop. **cactivus,* croisement du class. *captivus,* prisonnier et du gaul. **cactos,* probabl. « serviteur »). **1.** De faible constitution : *Un enfant chétif* (syn. **fluet, malingre ;** contr. **robuste**). **2.** *LITT.* Qui manque d'importance : *Une chétive récolte* (syn. **insuffisant, pauvre**). *Une existence chétive* (syn. **effacé, modeste**).

chevaine ou **chevesne** [ʃəvɛn] **n.m.** (lat. pop. **capito, -inis,* grosse tête). Poisson d'eau douce à dos brun verdâtre et à ventre argenté, appelé aussi *meunier.* ▸ Famille des cyprinidés ; long. entre 30 et 50 cm.

cheval [ʃəval] **n.m.** (lat. *caballus,* mauvais cheval, du gaul.) [pl. *chevaux*]. **1.** Grand mammifère domestique caractérisé par de longs membres reposant sur un seul doigt, ce qui fait de lui un coureur remarquable et une monture d'usage presque universel : *Savoir monter à cheval.* ▸ Ordre des ongulés ; famille des équidés ; longévité jusqu'à 30 ans. Le cheval hennit. La femelle du cheval est la jument ; son petit est le poulain. (⟶ équestre.) **2.** Équitation : *Faire du cheval.* **3.** Viande de cheval : *Un rôti de cheval.* **4.** *FAM.* Femme d'allure peu féminine : *Sa femme est un grand cheval à la voix rude* (syn. **dragon**). **5.** (Abrév., surtout au pl.). Cheval-vapeur : *Un moteur de trois cents chevaux.* **6. À cheval,** monté sur un cheval : *J'ai vu passer deux femmes à cheval.* / **À cheval sur,** chevauchant qqch : *Assis à cheval sur une branche* (= à califourchon). *Notre propriété est à cheval sur deux communes.* / *FAM.* **Avoir mangé du cheval,** faire preuve d'une énergie inaccoutumée. / **Cheval de bois,** jouet d'enfant figurant un cheval, qui peut avoir des roulettes ou être à bascule. / *FAM.* **Cheval de retour,** récidiviste. / **Chevaux de bois,** figures d'un manège pour enfants ; le manège lui-même. / **Être à cheval sur qqch,** être très strict en ce qui concerne qqch : *Elle est très à cheval sur les principes* (= elle ne tolère aucun manquement dans ce domaine). / **Monter sur ses grands chevaux,** s'emporter. / *FAM.* **Ne pas être un mauvais cheval,** être plutôt gentil. / **Petits chevaux,** jeu de société se jouant avec des figurines ayant une tête de cheval. / **Remède de cheval,** remède très énergique. **7. Cheval fiscal,** unité de mesure de cylindrée par laquelle on détermine le montant notamm. de la vignette et des primes d'assurance pour les véhicules automobiles (abrév. CV) : *Version 7 CV d'un modèle.* / **Cheval de frise,** pièce de bois défensive hérissée de fils barbelés. / LITTÉR. **Cheval de Troie,** gigantesque cheval de bois grâce auquel une poignée de guerriers grecs, cachés à l'intérieur, réussirent à pénétrer dans Troie et à s'emparer de la ville ; au fig., ce qui permet de pénétrer insidieusement dans un milieu et de s'en rendre maître ; petit programme informatique dissimulé à l'intérieur d'un autre afin de s'introduire dans un ordinateur et d'y exécuter des tâches illicites. / SPORTS. **Cheval de saut,** *VIEILLI,* table de saut.

cheval-d'arçons [ʃəvaldarsɔ̃] **n.m.** (pl. *chevaux-d'arçons* ou inv.). Agrès de gymnastique reposant sur des pieds et muni de deux arceaux permettant la voltige.

chevaleresque [ʃəvalrɛsk] **adj.** (it. *cavalleresco*). Qui manifeste des sentiments nobles et généreux évoquant l'idéal du chevalier : *Il a agi de manière chevaleresque en retirant sa candidature* (syn. **magnanime, noble**).

chevalerie [ʃəvalri] **n.f.** (de *chevalier*). **1.** Institution féodale qui, au Moyen Âge, rassemblait les combattants à cheval, puis les nobles. **2.** Courage généreux et romanesque : *Faire preuve de chevalerie* (syn. **grandeur, noblesse**). **3.** HIST. Rang de chevalier : *Accéder à la chevalerie par l'adoubement.*

chevalet [ʃəvalɛ] **n.m.** (dimin. de *cheval*). **1.** Support en bois sur lequel un peintre pose un tableau en cours d'exécution ; support sur lequel on expose un tableau achevé. **2.** Support des cordes d'un instrument de musique transmettant leurs vibrations à la table d'harmonie : *Le chevalet d'un violon.* **3.** Ancien instrument de torture.

chevalier [ʃəvalje] **n.m.** (bas lat. *caballarius ;* v. *cheval*). **1.** Au Moyen Âge, combattant à cheval, puis noble. **2.** En France, titre de noblesse inférieur à celui de baron sous l'Ancien Régime. **3.** Premier grade de certains ordres honorifiques : *Chevalier de la Légion d'honneur.* **4.** Oiseau échassier européen, voisin du bécasseau, commun près des étangs et des côtes. ▸ Ordre des charadriidés ; long. 20 à 35 cm. **5.** *LITT.* **Chevalier d'industrie,** individu sans scrupules, qui vit d'escroqueries (péjor.). / **Chevalier servant,** homme empressé à satisfaire les moindres désirs d'une femme.

Chevalier (Michel), économiste français (Limoges 1806 - Lodève 1879). Saint-simonien, libre-échangiste, il fut l'un des artisans du traité de commerce franco-anglais de 1860 qui abaissait fortement les droits de douane entre les deux pays. Il a préconisé également la liberté des banques et l'usage du livret ouvrier.

chevalière [ʃəvaljɛr] **n.f.** (de *bague à la chevalière*). Bague dont le dessus en plateau s'orne habituellement d'initiales ou d'armoiries gravées.

chevalin, e [ʃəvalɛ̃, -in] **adj. 1.** Relatif au cheval : *L'amélioration de la race chevaline.* **2.** Qui évoque un cheval : *Visage chevalin.* **3. Boucherie chevaline,** boucherie où l'on vend de la viande de cheval (syn. **hippophagique**).

cheval-vapeur [ʃəvalvapœr] **n.m.** (pl. *chevaux-vapeur*). Unité de puissance valant env. 736 watts (on dit cour. *un cheval*). ▸ Symb. ch.

chevauchée [ʃəvoʃe] **n.f.** (de *chevaucher*). Course, expédition à cheval : *Une chevauchée dans la forêt.*

chevauchement [ʃəvoʃmɑ̃] **n.m.** Fait de se chevaucher : *Le chevauchement des tuiles d'une toiture.*

chevaucher [ʃəvoʃe] **v.t.** (bas lat. *caballicare ;* v. *cheval*). **1.** Être à cheval sur une monture : *Les contrebandiers chevauchaient des mules* (syn. **monter**). **2.** Être à califourchon sur qqch : *Enfant qui s'amuse à chevaucher un manche à balai.* **3.** Se superposer en partie à qqch : *Chaque lé de papier peint doit chevaucher le précédent.* ◆ **v.i.** Aller à cheval ; faire une chevauchée : *Les écuyers chevauchent autour de la piste du cirque.* ◆ **se chevaucher v.pr.** Empiéter l'un sur l'autre : *Les attributions des deux ministères se chevauchent* (syn. **mordre sur**).

chevau-léger [ʃəvoleʒe] **n.m.** (pl. *chevau-légers*). Soldat d'un corps de cavalerie légère (en France, du XVIe au XIXe s.).

chevêche [ʃəvɛʃ] **n.f.** (probabl. du rad. du bas lat. *cavannus,* chat-huant). Chouette de petite taille des bois d'Eurasie et d'Afrique du Nord. ▸ Long. 25 cm.

chevelu, e [ʃəvly] **adj. 1.** Qui a beaucoup de cheveux ou de longs cheveux : *Ils n'aiment pas beaucoup les jeunes gens chevelus.* **2.** Qui évoque une chevelure : *L'épi chevelu du maïs.* **3. Cuir chevelu ⟶ cuir.**

chevelure [ʃəvlyr] **n.f. 1.** Ensemble des cheveux, surtout s'ils sont abondants : *Sa chevelure tombait en ondulant sur ses épaules* (syn. **toison**). **2.** ASTRON. Partie nébuleuse d'une comète, entourant le noyau au voisinage du Soleil.

chevesne n.m. ⟶ **chevaine.**

chevet [ʃəvɛ] **n.m.** (lat. *capitium,* de *caput,* tête). **1.** Partie du lit où l'on pose la tête ; panneau vertical qui en forme la limite : *Un chevet capitonné de soie bleue* (syn. **tête**). *Lampe, table de chevet* (= qui sont placées à côté de la tête du lit). **2.** Partie postérieure, externe, du chœur d'une église. **3. Être au chevet de qqn,** rester auprès de son lit pour le soigner ou le veiller. / **Livre de chevet,** livre de prédilection auquel on revient constamment.

cheveu [ʃəvø] **n.m.** (lat. *capillus*) [pl. *cheveux*]. **1.** Poil qui pousse sur la tête de l'homme : *Avoir des cheveux blancs.* **2. Avoir un cheveu sur la langue,** zozoter. / *FAM.* **Avoir mal aux cheveux,** avoir mal à la tête au lendemain d'une beuverie. / *FAM.* **Comme un cheveu sur la soupe,** totalement hors de propos : *Sa remarque est arrivée comme un cheveu sur la soupe.* / **Couper les cheveux en quatre,** se livrer à des subtilités excessives. / **Être tiré par les cheveux,** se dit d'une explication qui manque de solidité, de logique. / **Faire dresser les cheveux sur la tête,** faire peur, horreur. / **Il s'en est fallu d'un cheveu,** cela a failli arriver : *Il s'en est fallu d'un cheveu que la voiture ne bascule dans le ravin.* / **Ne tenir qu'à un cheveu,** dépendre de très peu de chose : *Sa victoire n'a tenu qu'à un cheveu.* / *FAM.* **Se faire des cheveux (blancs),** se faire du souci. / **Toucher un cheveu de la tête de qqn,** lui causer le plus petit dommage : *Ne touchez pas un cheveu de la tête de cet enfant, sinon vous aurez affaire à moi.* **3. Cheveu d'ange,** fine guirlande d'arbre de Noël ; vermicelle très fin.

cheville [ʃəvij] **n.f.** (lat. pop. **cavicula,* class. *clavicula,* petite clé). **1.** Partie en saillie entre la jambe et le pied, formée par les malléoles du tibia et du péroné. **2.** Pièce de bois fixant un assemblage de charpentes, de menuiserie. **3.** Petite pièce qui consolide la fixation d'une vis dans un trou. **4.** Petit axe qui sert à régler la tension des cordes d'un instrument de musique. **5.** Mot de remplissage qui ne sert que pour la rime ou la mesure, dans un poème. **6.** *FAM.* **Avoir les chevilles qui enflent,** se dit de qqn qui tire trop de fierté d'un succès. / *FAM.* **Être en cheville avec qqn,** être de connivence avec lui, lui être associé. / *FAM.* **Ne pas arriver à la cheville de qqn,** lui être très inférieur. **7. Cheville ouvrière,** grosse cheville formant l'axe d'avant-train d'une charrue, d'un chariot, etc. ; au fig., personne jouant un rôle essentiel dans une organisation : *Il a été la cheville ouvrière du syndicat.*

cheviller [ʃəvije] **v.t. 1.** TECHN. Fixer les pièces d'un assemblage avec une cheville. **2. Avoir l'âme chevillée au corps,** avoir la vie dure, être résistant.

chèvre [ʃɛvr] **n.f.** (lat. *capra*). **1.** Petit ruminant à cornes arquées en arrière, au menton barbu. ▸ Ordre des ongulés ; sous-ordre des artiodactyles. La chèvre béguète, bêle, chevrote. Le mâle de la chèvre est le bouc, son petit est le chevreau. **2.** Fourrure de cet animal. **3.** Femelle du chevreuil ou du chamois. **4.** *FAM.* **Devenir chèvre,** s'énerver, s'impatienter. / **Ménager la chèvre et le chou,** ne pas prendre position entre deux partis adverses, les ménager. ◆ **n.m.** Fromage au lait de chèvre : *Acheter un chèvre. Manger du chèvre.*

chevreau [ʃəvro] **n.m. 1.** Petit de la chèvre. **2.** Peau tannée de chèvre ou de chevreau : *Des gants en chevreau.*

chèvrefeuille [ʃɛvrəfœj] **n.m.** (bas lat. *caprifolium,* proprement « feuille de chèvre »). Plante grimpante aux fleurs odorantes et ornementales. ▸ Famille des caprifoliacées.

chevrette [ʃəvrɛt] **n.f.** Petite chèvre.

chevreuil [ʃəvrœj] **n.m.** (lat. *capreolus,* de *capra,* chèvre). Ruminant sauvage des forêts d'Europe et d'Asie, dont les bois sont verticaux. ▸ Famille des cervidés ; haut. au garrot 70 cm ; longévité 15 ans. Le chevreuil brame, rée. Sa femelle s'appelle la chèvre ou chevrette, son petit le faon.

Chevreul (Eugène), chimiste français (Angers 1786 - Paris 1889). Dans ses *Recherches chimiques sur les corps gras d'origine animale* (1823), il montra que les matières organiques sont soumises aux mêmes lois que les composés minéraux. Il parvint à séparer les constituants d'un mélange de corps gras, donna une théorie de la saponification et découvrit les bougies stéariques. On lui doit aussi une théorie des couleurs dont s'inspirèrent les peintres impressionnistes.

Chevreuse *(vallée de),* vallée de l'Yvette (Yvelines), de part et d'autre de Chevreuse. Sites pittoresques dans le *parc naturel régional de la haute vallée de Chevreuse* (environ 63 000 ha).

chevrier, ère [ʃəvrije, -ɛr] **n.** Personne qui garde les chèvres.

chevron [ʃəvrɔ̃] **n.m.** (lat. pop. **caprio* ou **capro,* du class. *capra,* chèvre). **1.** Pièce de bois équarrie supportant les lattes sur lesquelles sont fixées les ardoises ou les tuiles d'un toit. **2.** Galon d'ancienneté en V renversé, porté naguère sur la manche de certains uniformes militaires. **3. Tissu à chevrons,** tissu croisé présentant des côtes en zigzag (on dit aussi *du chevron*).

chevronné, e [ʃəvrɔne] **adj.** (de *chevron*). Qui a fait ses preuves depuis longtemps dans une activité, un métier : *C'est une conductrice chevronnée* (syn. **expérimenté, expert** ; contr. **débutant, novice**).

chevrotant, e [ʃəvrɔtɑ̃, -ɑ̃t] **adj. Voix chevrotante,** voix mal assurée, qui chevrote (syn. **tremblotant**).

chevrotement [ʃəvrɔtmɑ̃] **n.m.** Tremblement dans la voix : *Il répondit par un chevrotement incompréhensible.*

chevroter [ʃəvrɔte] **v.i. 1.** Émettre un cri, en parlant de la chèvre (syn. **bêler**). **2.** Chanter, parler avec des chevrotements dans la voix : *Sa voix chevrotait en reprenant le refrain* (syn. **trembler**).

chevrotine [ʃəvrɔtin] **n.f.** (de *chevrotin,* petit du chevreuil). Gros plomb ou petite balle sphérique pour la chasse du chevreuil ou du gros gibier : *Une décharge de chevrotines. Une cartouche à chevrotines.*

chewing-gum [ʃwiŋgɔm] **n.m.** (mot angl., de *to chew,* mâcher, et *gum,* gomme) [pl. *chewing-gums*]. Pâte à mâcher aromatisée à base de gomme.

Cheyenne, Indiens Algonquins des plaines de l'Amérique du Nord (Montana, Oklahoma). Ils pratiquaient la chasse du bison. Le chamanisme jouait un rôle important. Leur culte du Soleil consistait à fabriquer une tente dite *mystique* et à organiser des danses rituelles *(danse du Soleil).*

chez [ʃe] **prép.** (du lat. *casa,* maison). **1.** Dans la demeure, le logis de ; dans le local professionnel de : *Rester chez soi. Je suis garé devant chez elle. Aller chez le boucher.* **2.** Dans telle classe de personnes ou d'animaux : *Chez les Aztèques, le soleil était une divinité.* **3.** Dans le caractère, le comportement de : *C'est devenu chez lui une obsession.* **4.** Dans l'œuvre de : *Il y a chez Proust des passages désopilants* (syn. **dans**). **5.** FAM. **Bien de chez nous,** typique, représentatif du pays auquel on appartient : *Un petit vin bien de chez nous.* / **Faites comme chez vous,** installez-vous confortablement, mettez-vous à votre aise.

chez-soi [ʃeswa], **chez-moi** [ʃemwa], **chez-toi** [ʃetwa] **n.m. inv.** FAM. Domicile personnel : *J'ai enfin mon chez-moi.*

chialer [ʃjale] **v.i.** (de *chier*). FAM. Pleurer : *Arrête de chialer* (syn. **larmoyer, pleurnicher** ; contr. **rire**).

Chiangmai ou **Chiengmai,** v. de Thaïlande ; 167 776 hab. Anc. cap. au XIIIe s. Monuments anciens caractéristiques de l'art de la Thaïlande septentrionale (XIIIe-XIXe s.). Musée.

chiant, e [ʃjɑ̃, -ɑ̃t] **adj.** (de *chier*). T. FAM. et VULG. Très ennuyeux : *Qu'est-ce qu'elle est chiante !* (syn. **agaçant, tuant**). *Un livre chiant* (syn. **rébarbatif**).

chianti [kjɑ̃ti] **n.m.** Vin rouge, légèrement piquant, produit dans le Chianti en Italie.

chiasme [kjasm] **n.m.** (gr. *khiasma,* croisement). RHÉT. Figure de style qui consiste à placer les éléments de deux groupes successifs (lesquels forment génér. une antithèse) dans un ordre inverse les uns par rapport aux autres (ex : *un roi chantait en bas, en haut mourait un dieu*).

chic [ʃik] **n.m.** (de l'all. *Schick,* ce qui convient). **1.** FAM. Allure élégante, distinguée de qqn ; aspect gracieux de qqch : *Elle a beaucoup de chic dans cette tenue* (syn. **élégance**). *Tout le chic de ce canapé est dans son style anglais* (syn. **caractère**). **2. Avoir le chic pour,** être très habile à, réussir pleinement à (parfois iron.) : *Tu as vraiment le chic pour être absent quand on a besoin de toi !* ◆ **adj. inv. en genre. 1.** Qui a de l'élégance, de la distinction ; qui suscite une certaine admiration : *Deux messieurs chics discutaient dans un coin de la pièce* (syn. **distingué**). *Elle est toujours très chic* (syn. **élégant**). *Un milieu chic.* **2.** FAM. Agréable : *Quelle chic soirée c'était* (syn. **plaisant**). **3.** FAM. Qui fait preuve de bienveillance ou de serviabilité : *Il a été très chic, il nous a prêté sa maison* (syn. **gentil, serviable**). *C'est une chic fille* (syn. **aimable, sympathique**). ◆ **interj.** Indique le contentement, la satisfaction : *Chic ! on part !* (= quelle chance !, quel bonheur !) [syn. **chouette !**].

Chicago, v. des États-Unis (Illinois), dans la région des Grands Lacs, sur le lac Michigan ; 2 722 389 hab. (9 676 418 hab. dans l'agglomération). Port actif et grand centre industriel (sidérurgie, constructions mécaniques, industries alimentaires), commercial (Bourses des matières premières) et culturel. Foyer de l'architecture moderne v. 1880-1900 et à l'époque contemporaine. Prestigieux musées (arts, sciences).

chicane [ʃikan] **n.f.** (de *chicaner*). **1.** Artifice dans une procédure : *L'art d'accumuler les chicanes* (syn. **chicanerie**). **2.** LITT. **La chicane,** la procédure, dans ce qu'elle a de compliqué ; le goût des procès : *Il se complaît dans la chicane et cite tous ses voisins en justice.* **3.** Querelle de mauvaise foi, portant sur des détails : *Chercher chicane* (= chercher querelle). **4.** Série d'obstacles disposés sur une voie afin d'imposer un parcours en zigzag.

chicaner [ʃikane] **v.i.** (croisement probable de *ricaner* avec un rad. onomat. *chich-* ; v. *chiche*). Se livrer à des chicanes, des chicaneries : *Il chicane sur tout* (syn. **discuter, ergoter**). ◆ **v.t.** Faire à qqn des reproches mal fondés ou portant sur des vétilles : *Elle nous chicane à tout propos.*

chicanerie [ʃikanri] **n.f.** Difficulté suscitée par esprit de chicane : *Ces chicaneries n'en finiront donc jamais !* (syn. **argutie, chamaillerie, chicane**).

chicaneur, euse [ʃikanœr, -øz] et **chicanier, ère** [ʃikanje, -ɛr] **adj.** et **n.** Qui aime chicaner : *Je suis en butte aux tracasseries d'une administration chicaneuse* (syn. **tracassier**).

1. chiche [ʃiʃ] **adj.** (d'un rad. onomat. *chich-* exprimant l'idée de petitesse). Qui répugne à dépenser ; qui témoigne de cet esprit : *Sa tante est très chiche* (syn. **avare, regardant**). *Un repas bien chiche* (syn. **maigre, pauvre**).

2. chiche [ʃiʃ] **adj.m.** (réfection, d'après *1. chiche,* de l'anc. fr. *cice,* lat. *cicer,* pois). **Pois chiche,** gros pois jaunâtre.

3. chiche [ʃiʃ] **interj.** (de *1. chiche*). FAM. **1.** Exprime un défi que l'on lance : *Chiche que je bois tout !* **2.** En réponse à un défi que l'on accepte : *« Tu n'iras pas. — Chiche ! »* ◆ **adj.** FAM. **Être chiche de,** être capable de, assez hardi pour : *Tu n'es pas chiche de l'interrompre dans son discours.*

chiche-kebab [ʃiʃkebab] **n.m.** (turc *şişkebap*) [pl. *chiches-kebabs*]. Plat à base de brochettes de mouton ; ces brochettes.

chichement [ʃiʃmɑ̃] **adv.** En se montrant chiche ; avec parcimonie : *Ils vivent très chichement* (syn. **modestement, parcimonieusement**).

Chichén Itzá, cité maya du Mexique (dans le nord du Yucatán). Elle connut une véritable renaissance durant le postclassique ancien (950-1250). Vers le Xe s. s'y développa une architecture qui unit les traditions mayas à celles des Toltèques venus de Tula, et qui est caractérisée par son ampleur et ses vastes proportions (temple des guerriers aux mille colonnes, jeu de balle, pyramide, etc.).

chichi [ʃiʃi] **n.m.** (onomat. ; v. *chiche*). FAM. (Surtout au pl.). Façons maniérées : *Faire des chichis* (syn. **manières, simagrées**).

chicorée [ʃikɔre] **n.f.** (lat. *cichoreum,* du gr.). **1.** Plante herbacée dont on consomme en salade les feuilles de plusieurs variétés comme la chicorée frisée, la barbe-de-capucin ou l'endive. ► Famille des composées. **2.** Racine torréfiée d'une espèce de chicorée que l'on mélange parfois au café.

chicot [ʃiko] **n.m.** (d'un rad. onomat. *chich-* ; v. *chiche*). **1.** Souche d'un arbre coupé ou rompu ; reste d'une branche coupée ou brisée. **2.** FAM. Partie d'une dent cassée ou cariée qui reste dans la gencive.

chicotin [ʃikɔtɛ̃] **n.m.** (de *socotrin,* aloès de Socotora [île de la mer Rouge]). **1.** VX. Suc amer extrait de l'aloès, de la coloquinte. **2. Amer comme chicotin,** très amer.

chien, chienne [ʃjɛ̃, ʃjɛn] **n.** (lat. *canis*). **1.** Mammifère domestique dont il existe un grand nombre de races : *Chiens de chasse, de garde, d'agrément. Chien de traîneau* (= apte à la traction de traîneaux). ▸ Ordre des carnivores ; famille des canidés ; longévité jusqu'à 20 ans. Le chien aboie, jappe. Le petit du chien est le chiot. **2.** Charme piquant, port attrayant (surtout d'une femme) : *Avoir du chien* (syn. **sex-appeal**). **3.** Pièce d'une arme à feu qui autref. portait le silex ; pièce coudée de certaines armes à feu, qui guide le percuteur. **4.** Personne bassement servile ou réduite à une domesticité honteuse (on dit aussi *chien couchant*). **5.** Individu âpre, dur, méprisable (terme injurieux) : *Le chien !* (syn. **infâme, misérable**). **6. À la chien,** à la manière des chiens : *Nager à la chien* (= en ne se servant que des bras) ; avec une frange sur le front : *Coiffure à la chien.* / **Comme chien et chat,** en se disputant continuellement. / **Comme un chien,** très gravement : *J'ai été malade comme un chien ;* ignominieusement : *Il est mort comme un chien* (= dans un total abandon) ; avec mépris : *Il la traite comme un chien* (= sans le moindre égard). / **Comme un chien dans un jeu de quilles,** inopportunément ; à un très mauvais moment ; sans ancune aménité : *On m'a reçu comme un chien dans un jeu de quilles* (= je me suis fait rabrouer). / **De chien,** très pénible, très désagréable : *Il a mené une vie de chien* (= dure et misérable ; on dit aussi *une chienne de vie*). *Nous avons eu un temps de chien pendant les vacances* (= épouvantable ; on dit aussi *un temps à ne pas mettre un chien dehors*). / **En chien de fusil,** sur le côté, en repliant les jambes : *Dormir en chien de fusil.* / **Entre chien et loup,** à la tombée de la nuit, au moment où on ne distingue plus les détails. / FAM. **Garder à qqn un chien de sa chienne,** jurer de se venger de lui. / **Ne pas être fait pour les chiens,** pouvoir être d'un grand secours : *Pourquoi te lancer dans les embouteillages ? Le métro n'est pas fait pour les chiens !* / **Nom d'un chien !,** juron familier indiquant la surprise, le dépit. / **Se regarder en chiens de faïence,** se dévisager froidement et avec hostilité. / **Un mal de chien,** une grande douleur ; une difficulté extrême : *Cette entorse me fait un mal de chien.* **7.** FAM. **Chiens écrasés,** faits divers formant la matière d'articles de journaux. / **Chien de garde,** personne défendant avec ardeur, les intérêts de qqn, d'un groupe : *C'est le chien de garde du patron.* / **Chien de mer,** nom usuel de la *roussette,* squale de petite taille des côtes d'Europe. / **Chien de prairie,** rongeur d'Amérique du Nord, construisant des villages de terriers. / MAR. **Coup de chien,** coup de vent brutal, tempête subite. ◆ **chien adj. inv. en genre.** Avare ; âpre en affaires.

chien-assis [ʃjɛ̃asi] **n.m.** (pl. *chiens-assis*). Petite lucarne en charpente servant à aérer et à éclairer un comble.

chiendent [ʃjɛ̃dɑ̃] **n.m.** (de *chien* et *dent*). **1.** Petite herbe à rhizomes, vivace et nuisible aux cultures, dont il existe plusieurs genres. ▸ Famille des graminées. **2. Brosse de, en chiendent,** brosse faite avec la racine du chiendent.

chienlit [ʃjɑ̃li] **n.f.** (de *chier, en* et *lit*). Anarchie sociale ou politique : *La chienlit s'installe dans le pays* (syn. **désordre, pagaille**).

chien-loup [ʃjɛ̃lu] **n.m.** (pl. *chiens-loups*). Berger allemand.

chier [ʃje] **v.i.** (lat. *cacare*) [conj. **9**]. *T. FAM.* et *VULG.* **1.** Évacuer des excréments (syn. **déféquer**). **2. Ça va chier,** ça va faire du bruit, du scandale. / **Faire chier,** importuner vivement. / **Se faire chier,** s'ennuyer ; peiner sur, à.

chiffe [ʃif] **n.f.** (anc. angl. *chip*, petit morceau). **1.** *VX.* Lambeau de vieille étoffe (syn. **chiffon**). **2. Chiffe molle,** personne sans énergie (on dit aussi *mou comme une chiffe*).

chiffon [ʃifɔ̃] **n.m.** (de *chiffe*). **1.** Lambeau de vieux linge, de tissu servant à essuyer, à nettoyer, à frotter : *Un chiffon à poussière, à chaussures.* **2. Chiffon de papier,** contrat, pacte, traité considéré comme sans valeur. / **Papier chiffon,** papier de luxe fait avec du chiffon. ◆ **chiffons n.m. pl.** Vêtements, toilettes (partic. féminins) : *Parler chiffons.*

chiffonné, e [ʃifɔne] **adj. Visage chiffonné,** visage fatigué, aux traits tirés ou fripés.

chiffonner [ʃifɔne] **v.t. 1.** Froisser, mettre en chiffon : *Chiffonner un pantalon.* **2.** *FAM.* Contrarier ; préoccuper : *Ça me chiffonne* (syn. **ennuyer, tracasser**).

1. chiffonnier, ère [ʃifɔnje, -ɛr] **n. 1.** Personne qui ramasse les chiffons ou les vieux objets pour les revendre. **2.** *FAM.* **Se battre, se disputer comme des chiffonniers,** avec acharnement, sans aucune retenue.

2. chiffonnier [ʃifɔnje] **n.m.** (de *chiffon*). Petit meuble étroit et haut à tiroirs superposés.

chiffrable [ʃifrabl] **adj.** Qui peut être chiffré : *Le montant des dépenses est difficilement chiffrable* (syn. **calculable**).

chiffrage [ʃifraʒ] **n.m. 1.** Action d'évaluer par un calcul ; son résultat : *Le chiffrage d'un prix de revient.* **2.** Action de coder un texte pour qu'il devienne inintelligible aux non-initiés (syn. **codage**). **3.** MUS. Ensemble des chiffres d'une basse chiffrée.

chiffre [ʃifr] **n.m.** (it. *cifra*, ar. *ṣifr*, zéro). **1.** Chacun des caractères servant à représenter les nombres : *Un nombre de trois chiffres. Chiffres arabes, romains.* **2.** Montant d'une somme ; total d'une évaluation : *Le total des frais atteint un chiffre important. Le chiffre de la population rurale.* **3.** Code secret, système d'écriture utilisé pour transmettre des messages qui ne doivent pas être divulgués ; service d'un ministère spécial. chargé de chiffrer et de déchiffrer les messages : *Nous vous communiquerons le nouveau chiffre* (syn. **code**). *Officier, service du chiffre.* **4.** Combinaison de signes qui permet d'ouvrir une serrure, un coffre. **5.** Entrelacs formé des initiales d'un ou de plusieurs noms : *Linge brodé à son chiffre.* **6. Chiffre d'affaires,** montant des ventes cumulées entre deux bilans.

chiffré, e [ʃifre] **adj. 1.** Qui utilise un code secret : *Langage chiffré.* **2.** MUS. **Basse chiffrée,** partie de basse dont certaines notes (notes chiffrées) sont surmontées d'un chiffre signifiant un accord à exécuter.

chiffrer [ʃifre] **v.t. 1.** Affecter d'un numéro d'ordre : *Chiffrer les pages d'un registre* (syn. **numéroter**). **2.** Évaluer par des calculs : *Chiffrer le montant de ses impôts* (syn. **calculer**). **3.** Transcrire un message en langage chiffré : *Chiffrer une dépêche* (syn. **coder**). ◆ **v.i.** *FAM.* Atteindre un montant important : *Ces réparations commencent à chiffrer.* ◆ **se chiffrer v.pr. 1. [à].** Atteindre le montant de : *Sa fortune se chiffre à un million* (syn. **se monter**). **2. [par, en].** Se compter en : *Les victimes se chiffrent par centaines de milliers.*

chignole [ʃiɲɔl] **n.f.** (lat. pop. **ciconiola*, petite cigogne). Perceuse portative, à main ou électrique.

chignon [ʃiɲɔ̃] **n.m.** (lat. pop. **catenio*, chaîne des vertèbres, nuque, du class. *catena*, chaîne). Chevelure rassemblée et torsadée au sommet de la tête ou sur la nuque.

chihuahua [ʃiwawa] **n.m.** (n. d'une v. du Mexique). Petit chien d'agrément à poil ras.

chiisme [ʃiism] **n.m.** (de l'ar. *chī' a*, parti). Mouvement né du schisme des musulmans partisans d'Ali à propos de la succession du Prophète et qui refusèrent l'élection d'Abu Bakr comme calife ; ensemble doctrinal commun aux différentes religions qui en dérivèrent.

■ Le chiisme est l'une des trois principales branches de l'islam avec le sunnisme et le kharidjisme. Le chiisme reconnaît la succession de Mahomet par Ali ibn Abi Talib, son cousin et gendre. Par rapport à la branche largement majoritaire qu'est le sunnisme, et souvent en opposition avec elle, le chiisme représente une certaine manière de comprendre et de vivre l'islam qui remonte à l'origine de celuici, lorsque se forma autour d'Ali, assassiné en 661, un parti politico-religieux opposé aux Omeyyades. Les chiites considèrent que leurs imams connaissent le sens caché ou intérieur du Coran et, à ce titre, garantissent la transmission du message. Ils commémorent chaque année la passion de Husayn, second fils d'Ali et troisième imam, et se rendent en pèlerinage sur les tombes d'Ali à Nadjaf et de Husayn à Karbala. Les chiites *duodécimains,* qui sont majoritaires, reconnaissent douze imams, dont le dernier, Muhammad al-Mahdi, disparut en 874. L'ère de la Grande Occultation, qui a commencé vers 940, prendra fin lorsque l'imam caché redescendra sur Terre pour y instaurer la justice et la paix. L'imam caché étant considéré comme le seul souverain légitime de la communauté, les chiites ont adopté diverses attitudes politiques, passives ou d'opposition, envers le pouvoir temporel. Le chiisme est devenu la religion nationale de l'Iran depuis l'avènement des Séfévides (1501). Dans ce pays, des docteurs en sciences religieuses, les *mudjtahid* (ou *modjtahed*), ont acquis depuis le XVIIIe s. un rôle considérable. La Constitution de la République islamique d'Iran (1979) a donné l'intégrité du pouvoir aux ulémas. On estime que les chiites représentent 15 % de l'ensemble des musulmans. Les communautés les plus importantes se trouvent en Iran, en Inde, au Pakistan, en Iraq, en Afghanistan, en Azerbaïdjan et au Liban. ■

chiite [ʃiit] **adj.** et **n.** Relatif au chiisme ; adepte du chiisme.

Chikamatsu Monzaemon (Sugimori Nobumori, dit), auteur dramatique japonais (Kyoto 1653 - Osaka 1724). Il écrivit pour le théâtre de marionnettes *(bunraku)* près de 170 pièces : drames historiques *(les Batailles de Coxinga)* ou bourgeois *(Double Suicide par amour à Sonezaki).*

chikungunya [ʃikungunja] **n.m.** (mot swahili signifiant « l'homme courbé »). **1.** Virus transmis par un moustique qui provoque une maladie épidémique (forte fièvre, douleurs articulaires). **2.** Maladie due à ce virus.

Chili, État de l'Amérique du Sud ; 757 000 km^2 ; 17 620 000 hab. *(Chiliens).* CAP. *Santiago.* LANGUE : *espagnol.* MONNAIE : *peso chilien.*

GÉOGRAPHIE

Le milieu naturel. Bande de terre large de moins de 200 km, étirée sur plus de 4 000 km sur le Pacifique, le Chili est cependant morcelé par le relief en (étroits) éléments longitudinaux : partie andine à l'E. (élevée et parfois volcanique dans sa moitié nord, beaucoup plus basse au S. de Santiago) ; dépression discontinue, au centre ; cordillère littorale retombant directement dans l'océan à l'O. Mais la latitude introduit une division climatique zonale prépondérante (avec l'histoire) dans la répartition du peuplement et la mise en valeur. Le Nord (d'Arica à Copiapó) est désertique (c'est l'Atacama) ; le Centre, de Coquimbo à Concepción, est à dominante méditerranéenne (pluies d'hiver, températures modérées), le Sud est franchement froid et humide, souvent forestier, parfois même englacé.

La population et l'économie. La partie centrale regroupe plus de 80 % de la population. L'énorme agglomération de Santiago représente la moitié de ce pourcentage, mais les conurbations de Valparaíso-Viña del Mar et de Concepción-Talcahuano dépassent 650 000 hab.

L'agriculture occupe une surface réduite et l'irrigation est souvent nécessaire. L'élevage (bovins et ovins), la céréaliculture et la viticulture sont les activités dominantes. L'industrie minière, l'extraction du cuivre essentiellement, demeure le fondement de l'économie, d'autant qu'au cuivre s'ajoutent de notables productions de molybdène, de fer, d'or et, en quantité moindre, de pétrole, de gaz naturel et de houille, ce qui, malgré un complément hydroélectrique, ne satisfait pas la totalité des besoins énergétiques. L'industrie est relativement ancienne et développée (petite sidérurgie, raffinage des minerais, biens de consommation divers, usines d'aliments du bétail traitant d'abondantes prises maritimes, etc.). Le Chili a connu un réel essor depuis les années 1980.

HISTOIRE

Le Chili jusqu'à l'indépendance. Peuplé par les Indiens Araucan, le territoire du Chili est envahi au XVe s. par les Incas. La conquête espagnole, partielle et difficile, est entreprise au XVIe s. par Pedro de Valdivia.

1541. Fondation de Santiago.

Appelé Nouvelle-Estrémadure au XVIIIe s., le Chili est une des colonies les plus pauvres de l'Espagne et connaît de nombreuses révoltes.

L'indépendance

1810. Début de l'insurrection indépendantiste.

1818. Victoires de O'Higgins et San Martín contre les Espagnols. La république chilienne est instaurée. La vie politique est alors marquée par un affrontement entre libéraux et conservateurs.

1879-1884. Guerre du Pacifique contre le Pérou et la Bolivie. Vainqueur, le Chili enlève toute sa façade maritime à la Bolivie et devient la première puissance latino-américaine du Pacifique.

1891. Le régime présidentiel est remplacé par un régime parlementaire, à la suite d'une révolution.

Pendant la Première Guerre mondiale, le pays connaît une période de prospérité due à l'exploitation de ses richesses minières (cuivre, nitrates).

1925. L'armée rétablit le régime présidentiel. Arturo Alessandri, au pouvoir depuis 1920, en est le chef de l'État.

1938-1958. Des gouvernements de Front populaire et de centre gauche mettent en place une législation sociale avancée.

1958-1964. Les conservateurs font face à l'inflation et au chômage par une politique d'austérité.

1964-1970. Gouvernement démocrate-chrétien d'Eduardo Frei. Début d'une réforme agraire.

1970. La victoire électorale du socialiste Allende est suivie d'importantes réformes (nationalisation des mines).

Mais les résistances du patronat, des classes moyennes et des sociétés américaines expropriées entraînent une crise économique et un durcissement des luttes sociales.

1973. Le président Allende trouve la mort au cours d'un soulèvement militaire. Le nouveau régime du général Pinochet organise la répression contre l'ensemble de la gauche. Il doit faire face à des oppositions de plus en plus vives et à une grave crise économique.

1990. Avec le départ du général Pinochet, le pays retrouve la voie de la démocratie. Les élections permettent le retour au pouvoir des démocrates-chrétiens.

1996. Le Chili s'associe au Marché commun du Sud.

1998. L'arrestation, à Londres, du général Pinochet relance le débat intérieur sur les années 1970-1980.

2000. Le socialiste Ricardo Lagos Escobar est élu à la présidence de la République.

2005. La Constitution imposée en 1980 par le général Pinochet – dont l'immunité est par ailleurs levée par la Cour suprême – est réformée.

2006. La socialiste Michelle Bachelet est élue à la présidence de la République.

2010. L'homme d'affaires Sebastián Piñera lui succède, marquant le retour au pouvoir de la droite.

Chimborazo, volcan des Andes (Équateur) ; 6 310 m.

chimère [ʃimɛr] **n.f.** (lat. *chimaera,* du gr.). **1.** Dans la mythologie, monstre fabuleux, ayant la tête et le poitrail d'un lion, le ventre d'une chèvre et la queue d'un dragon. **2.** Vaine imagination ; projet irréalisable : *Sans capitaux, son projet n'est qu'une chimère* (syn. **rêve, utopie**). *Elle se berce de chimères* (syn. **illusion**). **3.** BIOL. Organisme vivant composé de cellules ayant des origines génétiques différentes : *Une chimère de pintade et de canard.*

chimérique [ʃimerik] **adj. 1.** Qui se complaît dans les chimères : *Esprit chimérique* (syn. **utopiste**). **2.** Qui a le caractère irréel d'une chimère : *Des projets chimériques* (syn. **irréalisable, utopique**).

chimie [ʃimi] **n.f.** (de *[al]chimie*). **1.** Science qui étudie la constitution atomique et moléculaire des corps ainsi que leurs interactions. **2. Chimie appliquée,** ensemble des disciplines portant sur les applications de la chimie dans l'industrie, la pharmacie, etc. **/ Chimie d'un élément,** étude chimique de cet élément : *Chimie du carbone, du brome.* **/ Chimie générale,** développement des théories physiques fondamentales en chimie (ex. : *chimie nucléaire* [des composés radioactifs], *photochimie*). **/ Chimie organique,** étude des composés du carbone présents dans tous les êtres vivants (par opp. à *chimie minérale* ou *inorganique* [étude de tous les autres corps]).

■ **Branches de la chimie.** La chimie constitue un vaste domaine scientifique segmenté en disciplines.

– La *chimie générale,* ou *chimie physique,* étudie les interfaces entre la physique et la chimie : elle comprend la thermodynamique chimique, ou étude des équilibres, la cinétique chimique, ou étude de la vitesse des réactions, la chimie théorique, ou application de la physique quan- →

tique aux problèmes de liaison chimique, la photochimie, ou étude de l'interaction entre la matière et le rayonnement, l'électrochimie, ou étude de l'interaction entre la matière et l'électricité, et la chimie nucléaire, ou étude des composés des éléments radioactifs.

– La *chimie organique* étudie la chimie des composés du carbone, tandis que la *chimie inorganique,* dite aussi *chimie minérale,* étudie la chimie des autres éléments. La *biochimie* étudie les réactions chimiques dans les cellules et les tissus des êtres vivants. La *chimie analytique* étudie les méthodes de l'analyse immédiate et de l'analyse élémentaire.

– L'ensemble des divisions précédentes est souvent englobé sous le terme de *chimie pure.* Par opposition, la *chimie appliquée* comprend la chimie industrielle, ou étude des réactions de l'industrie chimique, la chimie agricole, ou étude des sols, des engrais et de la protection des récoltes, et la chimie pharmaceutique et médicale, ou étude de l'invention et de la fabrication des médicaments.

Méthodes de la chimie. La première démarche est de séparer et d'analyser. L'analyse chimique permet de distinguer les mélanges et les corps purs. Si une substance résiste à toute tentative de fractionnement, quel que soit le procédé utilisé, elle est considérée comme un corps pur. Un tel corps possède des propriétés reproductibles.

La deuxième démarche du chimiste est alors de dégager les lois quantitatives qui régissent les interactions entre les corps purs. Ces interactions donnent lieu à des réactions chimiques : on dit qu'il y a *réaction* s'il se produit sur un corps pur un effet conduisant à un corps ayant une composition différente. L'introduction de la balance par Lavoisier pour étudier les réactions chimiques, dans la seconde moitié du XVIIIe s., a permis de montrer que tous les corps purs sont formés de l'association d'un nombre limité d'éléments chimiques (90 éléments stables à l'état naturel et 118 actuellement connus [cependant les éléments 113, 115, 117 et 118, découverts récemment, ne sont pas encore entièrement validés]). Certains corps purs ne contiennent qu'un seul élément : ce sont les corps simples (le fer, l'hydrogène, etc.). Toutefois, l'étude des réactions chimiques a montré que la masse des corps purs mis en œuvre avant une réaction chimique est égale à la masse des corps purs obtenus après la réaction : c'est la *loi de conservation de la masse* (« Rien ne se perd, rien ne se crée, tout se transforme », selon la célèbre formule de Lavoisier).

Enfin, la troisième démarche du chimiste est de comparer, à partir des réactions chimiques observées, les propriétés chimiques et physiques des éléments. Cette comparaison a conduit le chimiste russe Mendeleïev, en 1869, à ranger les éléments par masses atomiques croissantes (chaque élément, ou atome, a une masse qui lui est propre) et à proposer ainsi une classification, nommée « tableau périodique des éléments », où les éléments possédant des propriétés chimiques semblables se trouvent placés dans une même colonne. ■

chimiluminescence [ʃimilyminesɑ̃s] **n.f.** Luminescence provoquée par un apport d'énergie chimique.

chimiothérapie [ʃimjɔterapi] **n.f.** Traitement des maladies et en partic. des cancers par des substances chimiques.

chimique [ʃimik] **adj. 1.** Relatif à la chimie, aux phénomènes qu'elle étudie : *Analyse chimique d'un élément.* **2.** Qui procède d'une application de la chimie ; qui en résulte : *Industrie chimique. Produit chimique. Arme chimique.*

chimiquement [ʃimikmɑ̃] **adv.** D'après les lois, les procédés de la chimie.

chimiste [ʃimist] **n.** Spécialiste de la chimie.

chimpanzé [ʃɛ̃pɑ̃ze] **n.m.** (mot d'une langue d'Afrique). Singe anthropoïde des forêts d'Afrique équatoriale, doté d'importantes facultés d'apprentissage. ▸ Hauteur (debout) : 1,20 m ; famille des hominidés. Il en existe deux espèces : le chimpanzé commun *(Pan troglodytes)* et le bonobo *(Pan paniscus).*

chinchilla [ʃɛ̃ʃila] **n.m.** (mot esp., de *chinche,* punaise). **1.** Rongeur de l'Amérique du Sud, élevé pour sa fourrure gris perle. ▸ Long. 25 cm sans la queue. **2.** Sa fourrure : *Une toque de chinchilla.*

Chine, État de l'Asie orientale ; 9 600 000 km² ; 1 370 137 000 hab. *(Chinois).* CAP. *Pékin.* LANGUE : *chinois.* MONNAIE : *yuan.*

GÉOGRAPHIE

Le milieu naturel. Une ligne joignant le Grand Khingan au Yunnan (par l'ouest du Sichuan) sépare une *Chine occidentale,* formée de vastes plateaux et de dépressions qui sont cernés de hautes chaînes (Himalaya, Karakorum, Tian Shan), et une *Chine orientale,* au relief plus morcelé, plus bas, descendant par paliers vers la mer. Ici se juxtaposent plateaux, collines et plaines, et le climat, variant avec la latitude, introduit dans cette Chine orientale une division essentielle entre une *Chine du Nord* et une *Chine du Sud* (séparées par la chaîne des Qinling). La Chine orientale est presque entièrement dans le domaine de la mousson, apportant des pluies d'été, beaucoup plus abondantes au S. (2 620 mm à Hongkong) qu'au N. (630 mm à Pékin). Les températures décroissent (surtout en hiver) également du S. (au caractère subtropical) vers le N. La Chine occidentale est aride, voire désertique, avec, comme dans la Chine du Nord, de gros écarts thermiques entre l'hiver et l'été. De grands fleuves (dont le Huang He et le Yangzi Jiang) traversent d'O. en E. la Chine orientale, axes de circulation et de peuplement.

La population. La Chine est, de loin, le pays le plus peuplé du monde. La population juxtapose une majorité de Han, les Chinois proprement dits (près de 95 % du total) et de nombreuses minorités (parfois plusieurs millions de personnes [Ouïgours, Tibétains, Mongols, etc.]) vivant dans les régions périphériques. Elle s'accroît à un rythme aujourd'hui ralenti par la mise en place d'une politique de limitation des naissances. La densité moyenne est voisine de 138 hab. au km², mais ce chiffre n'est pas significatif : 90 % des habitants se regroupent sur le sixième du territoire (les plaines et bassins de la Chine orientale). Les villes concentrent environ 35 % de la population et une centaine d'entre elles dépasse le million d'habitants ; Shanghai, Pékin, Hongkong, Tianjin et Wuhan sont les plus importantes.

L'économie. Le problème alimentaire, longtemps dramatique, paraît en passe d'être résolu, plus par une augmentation des rendements que par une extension de la superficie cultivée, accrue toutefois par de grands travaux visant au contrôle des eaux (pour l'irrigation et la prévention d'inondations dévastatrices). La collectivisation des terres a abouti à la constitution (à la fin des années 1950) des communes populaires, aujourd'hui démantelées, l'agriculture familiale renaissant, souvent par le biais de contrats de production passés avec une collectivité.

Les chiffres sont impressionnants, mais doivent être rapportés à la population. La Chine est le premier producteur mondial de riz et de blé et le deuxième de maïs, mais demeure importatrice nette de céréales. L'élevage (porcs et volailles notamment) et la pêche apportent un complément alimentaire appréciable. Parmi les cultures industrielles, la Chine occupe désormais le premier rang pour le coton, le deuxième pour le thé et les arachides. La poursuite de la mécanisation, l'intensification de l'usage des engrais et, surtout, la « privatisation » de terres doivent permettre encore l'accroissement de la productivité d'un secteur qui occupe plus de la moitié de la population active.

L'industrie s'est beaucoup développée depuis 1949 et a essaimé à partir du Nord-Est et des grands ports maritimes. Les bases énergétiques ne sont pas négligeables (gaz naturel, pétrole et surtout charbon). L'hydroélectricité se développe (barrages, dont celui des Trois-Gorges).

Le sous-sol, encore incomplètement prospecté, recèle du tungstène, de l'antimoine et d'abord du fer qui a favorisé l'essor de la sidérurgie. Celle-ci a alimenté une métallurgie de transformation assez diversifiée (matériel agricole et ferroviaire, machines textiles, etc.). L'agroalimentaire, le textile (avant tout coton), la chimie (engrais), rejoints plus récemment par l'informatique, l'électronique, l'automobile, sont les autres branches industrielles.

Le réseau de communications, dont le développement a servi une politique d'unification du pays, d'intégration de la Chine occidentale, comporte plus de 50 000 km de voies ferrées, environ 900 000 km de routes, plus de 130 000 km de voies navigables et 200 000 km de lignes aériennes intérieures. Shanghai, Tianjin, Qingdao, Dalian, Canton et Hongkong sont les principaux ports maritimes.
La progression des échanges internationaux, l'appel aux capitaux et à la technologie de l'étranger, le desserrement de l'emprise de l'État témoignent d'une ouverture vers l'extérieur, à la fois cause et effet d'une croissance exponentielle de la production, qui fait aujourd'hui du pays la seconde puissance économique mondiale par son P.N.B. global. Mais cet essor a pour rançon le creusement des inégalités sociales et régionales, une dégradation sensible de l'environnement (ainsi que des défaillances en matière de sécurité industrielle et alimentaire) et une forte dépendance par rapport à la conjoncture économique internationale avec, en temps de crise, des conséquences redoutables pour l'emploi.

HISTOIRE

La Chine est une des régions du globe où l'action de l'homme pour aménager le territoire a été des plus continues et des plus persévérantes.
500 000 av. J.-C. L'homme de Zhoukoudian, un *Homo erectus,* connaît le feu et probablement la cuisson.
XVIIIe s.-1025 av. J.-C. Sous la dynastie des Shang, les techniques de fabrication du bronze sont maîtrisées et l'écriture apparaît.
Ve s.-IIIe s. av. J.-C. La période des Royaumes combattants est marquée par la désunion politique. C'est à cette époque que vivent les grands maîtres de l'Antiquité (Confucius).

La Chine impériale

221-206 av. J.-C. Dynastie des Qin. Elle réalise une première unification du pays et fonde le premier Empire chinois. La construction de la Grande Muraille contre les invasions est commencée.
206 av. J.-C.-220 apr. J.-C. Dynastie des Han.
Les Chinois contrôlent la « route de la soie » qui la relie à l'Europe. Le confucianisme devient la doctrine officielle de l'État. Le bouddhisme s'introduit en Chine.
220-581. L'État centralisé disparaît. À la période des Trois Royaumes succède celle des dynasties du Nord et du Sud (317-589).
618-907. Dynastie des Tang. L'influence chinoise s'étend au-delà du Tibet jusqu'aux régions indo-iraniennes.
960-1279. Dynastie des Song. Elle gouverne un territoire beaucoup moins étendu que celui des Tang, car les « Barbares du Nord » dominent de vastes territoires.
La civilisation scientifique et technique, la culture et l'économie chinoises sont très en avance sur celles de l'Occident. Le système de recrutement des fonctionnaires-lettrés (mandarins) est mis au point sous les Tang.
1279-1368. La dynastie mongole des Yuan dirige le pays.
1368. Une réaction nationale amène au pouvoir les Ming.
La dynastie Ming (jusqu'en 1644) renoue avec la tradition nationale mais instaure des pratiques autoritaires.
1595. Les premiers missionnaires européens s'établissent dans la Chine du Sud.
1644. Les Mandchous fondent la dynastie des Qing.
1662-1722. Règne de l'empereur Kangxi.
1736-1796. Règne de l'empereur Qianlong.
Au XVIIIe s., l'Empire de Chine atteint sa plus grande extension (Tibet, Mongolie et Asie centrale). Au XIXe s., il entre dans une période de récession économique et de troubles sociaux. Affaibli, il doit céder aux exigences des Occidentaux qui, à partir de 1842, se taillent des zones d'influence.
1839-1842. « Guerre de l'opium » avec les Britanniques.
1894-1895. Guerre entre le Japon et la Chine, à propos de la possession de la Corée.
La victoire du Japon discrédite la dynastie des Qing. La Chine doit céder des territoires à la Russie, à l'Allemagne, à la Grande-Bretagne et à la France. Des mouvements de résistance nationale se développent (révolte des Boxers).

La Chine contemporaine

1911. Sun Yat-sen renverse la dynastie mandchoue des Qing et proclame la république.
1912. Fondation du parti nationaliste, le Guomindang.
Yuan Shikai devient en 1913 président de la République. Sa mort, en 1916, ouvre une période d'anarchie et de guerre civile.
1921. Création du parti communiste chinois.
1927. Jiang Jieshi (Tchang Kaï-chek), nationaliste modéré du Guomindang, rompt avec les communistes et prend le pouvoir à Nankin.
1934-1935. Les communistes gagnent le nord de la Chine au terme de la « Longue Marche ».
1937-1945. Le Japon occupe la Chine du Nord. Il progresse vers le Sud en 1944. Nationalistes et communistes luttent contre l'ennemi commun.
1946. Après la défaite japonaise, la guerre civile reprend entre Jiang Jieshi et Mao Zedong. Elle se termine par la victoire des communistes. Les nationalistes se réfugient à Taïwan.
1949. Création de la république populaire de Chine. Mao Zedong la dirige jusqu'en 1976. Il veut accélérer l'évolution du pays et l'implantation du communisme.
1958. Lors du « Grand Bond en avant », les terres sont collectivisées et les communes populaires créées.
1960. D'importantes divergences apparaissent entre la Chine et l'U.R.S.S., jusque-là alliées.
1964. La Chine réalise sa première bombe atomique.
1966. Lancement de la Révolution culturelle. Pendant dix années de troubles (1966-1976), les responsables communistes sont éliminés par les étudiants, organisés en gardes rouges, et par l'armée.
1969. Graves incidents de frontière avec l'U.R.S.S.
1971. Admission de la Chine communiste à l'O.N.U où elle remplace Taïwan.
1976. Mort de Mao Zedong. Arrestation de la « Bande des Quatre ». Hua Guofeng lui succède.
1977. Réhabilitation de Deng Xiaoping.
La Chine poursuit une politique de réforme économique, d'ouverture sur l'étranger et de révision du maoïsme.
1979. Intervention chinoise au Viêt Nam.
1980. Hua Guofeng est remplacé par Zhao Ziyang.
Le processus de modernisation économique s'accélère, mais le développement de la corruption et les fortes hausses de prix qu'il entraîne, provoquent à partir de la fin de 1986 une grave crise sociale.
1987. Retrait officiel de Deng Xiaoping (qui reste l'homme fort du régime). Zhao Ziyang est nommé à la tête du parti et cède la direction du gouvernement à Li Peng.
1989. La visite de M. Gorbatchev consacre la normalisation des relations avec l'U.R.S.S. Les étudiants et la population réclament la libéralisation du régime. La révolte est écrasée (en juin : place Tian'anmen, à Pékin). Zhao Ziyang est limogé et remplacé par Jiang Zemin.
1992. La Chine se rallie à l'« économie de marché socialiste ». La croissance se poursuit.
1993. Jiang Zemin est nommé à la tête de l'État.
1997. Mort de Deng Xiaoping. Retour de Hongkong à la Chine.
1998. Zhu Rongji devient Premier ministre.
1999. Retour de Macao à la Chine.
2001. La Chine voit sa position confortée sur la scène internationale (attribution des J.O. de 2008 à Pékin ; adhésion à l'Organisation mondiale du commerce).
2003. Une nouvelle génération de dirigeants est mise en place. Hu Jintao, après avoir remplacé Jiang Zemin en 2002 au poste de secrétaire général du parti, lui succède à la présidence de la République (réélu en 2008). Wen Jiabao devient Premier ministre.
2008. Répression des émeutes au Tibet (mars) et organisation grandiose des J.O. de Pékin (août).
2012. Le renouvellement des plus hautes instances du pays commence avec l'élection de Xi Jinping à la tête du Parti.

Chine ***(mer de),*** partie de l'océan Pacifique, s'étendant le long des côtes de la Chine et de l'Indochine, comprenant la *mer de Chine orientale* (entre la Corée, les Ryukyu et Taïwan) et la *mer de Chine méridionale* (limitée à l'est par les Philippines et Bornéo).

chiné, e [ʃine] **adj.** (de *Chine*). Se dit d'un fil de plusieurs couleurs et d'un tissu fait de ce fil : *De la laine chinée.*

chiner [ʃine] **v.i.** (de *s'échiner*). *FAM.* Chercher des occasions chez les brocanteurs, les antiquaires. ◆ **v.t.** *VIEILLI.* Taquiner, critiquer.

chineur, euse [ʃinœr, -øz] **n.** (de *chiner*). *FAM.* Personne qui aime visiter les magasins de brocante (syn. **fouineur**).

1. chinois, e [ʃinwa, -az] **adj.** et **n.** De Chine. ◆ **adj.** *FAM.* Qui aime les subtilités excessives : *Ils sont vraiment chinois dans ce service* (syn. **ergoteur**). ◆ **chinois n.m. 1.** Langue parlée en Chine, aux nombreuses formes dialectales qui s'écrivent grâce à un même système idéographique. **2.** *FAM.* **C'est du chinois,** c'est incompréhensible.

2. chinois [ʃinwa] **n.m.** (de *1. chinois,* en raison de la forme du chapeau chinois). Petite passoire fine, à fond pointu, utilisée en cuisine.

chinoiser [ʃinwaze] **v.i.** (de *1. chinois*). Chercher des complications : *Un employé qui chinoise* (syn. **ergoter**).

chinoiserie [ʃinwazri] **n.f.** Bibelot, objet de luxe ou de fantaisie venu de Chine ou de goût chinois (mis à la mode à partir du XVIIIe s.). ◆ **chinoiseries n.f. pl.** *FAM.* Exigences inutiles et compliquées : *Les chinoiseries d'un syndic* (syn. **tracasserie**).

Chio [kjo], île grecque de la mer Égée ; 51 320 hab. Ch.-l. *Chio,* port (23 779 hab.). Vins. Fruits. Aux env., la *Nea Moni,* église byzantine du XIe s. (mosaïques).

chiot [ʃjo] **n.m.** (forme dialect. de l'anc. fr. *chael,* lat. *catellus*). Jeune chien.

chiourme [ʃjurm] **n.f.** (du génois *ciurma,* chant pour diriger les galériens). HIST. Ensemble des rameurs d'une galère.

chiper [ʃipe] **v.t.** (de l'anc. fr. *chipe,* chiffon). *FAM.* Dérober : *Elle m'a chipé mon stylo* (syn. **prendre, voler**).

chipie [ʃipi] **n.f.** (p.-ê. croisement de *chiper* et de *pie*). *FAM.* Femme, fille au caractère insupportable (syn. **peste**).

chipolata [ʃipɔlata] **n.f.** (it. *cipollata,* de *cipolla,* oignon). Saucisse de porc dans un boyau de mouton.

chipoter [ʃipɔte] **v.i.** (de l'anc. fr. *chipe,* chiffon). **1.** *FAM.* Faire des difficultés pour des vétilles : *Vous n'allez pas chipoter pour trois euros !* (syn. **chicaner, ergoter**). **2.** *FAM.* Faire le difficile pour manger : *Chipoter sur tous les plats.*

Chippendale (Thomas), ébéniste britannique (Otley, Yorkshire, 1718 - Londres 1779). Il a publié en 1754 un recueil de modèles qui combine avec fantaisie les styles rocaille, « gothique », « chinois », etc.

chips [ʃips] **n.f.** (mot angl. « copeaux »). Mince rondelle de pomme de terre frite et salée (on dit aussi une *pomme chips*).

chique [ʃik] **n.f.** (d'un rad. onomat. *chich-* ; v. *chiche*). **1.** Morceau de tabac à mâcher. **2.** Puce des pays tropicaux qui s'introduit sous la peau. **3.** *FAM.* **Couper la chique à qqn,** l'interrompre brutalement, le réduire au silence ou l'estomaquer.

chiqué [ʃike] **n.m.** (de *chic*). **1.** *FAM.* Attitude prétentieuse : *On ne va pas faire du chiqué en famille* (= faire des manières) [syn. **embarras**]. **2.** *FAM.* **C'est du chiqué,** du bluff pour en imposer : *C'est du chiqué, en fait il n'a pas un sou.*

chiquenaude [ʃiknod] **n.f.** (orig. obsc.). Coup donné avec un doigt plié et raidi contre le pouce et détendu brusquement : *Elle lui donna une chiquenaude sur la joue.*

chiquer [ʃike] **v.t.** et **v.i.** (de *chique*). Mâcher du tabac.

Chirac (Jacques), homme d'État français (Paris 1932). Premier ministre de 1974 à 1976, il fonde le R.P.R. après son départ du gouvernement. Maire de Paris de 1977 à 1995, il est Premier ministre d'un gouvernement de cohabitation de 1986 à 1988 puis est élu président de la République en mai 1995. Il doit cohabiter comme président avec un Premier ministre socialiste de 1997 à 2002 mais est réélu avec plus de 82 % des voix au second tour de l'élection présidentielle face à Jean-Marie Le Pen en 2002 et retrouve la même année une majorité au Parlement. Son second mandat s'est achevé en 2007.

Chiraz, v. de l'Iran, dans le Zagros ; 367 878 hab. (1 460 665 hab. dans l'agglomération). Monuments du XVIIIe s. Jardins célèbres. Tapis.

Chirico (Giorgio De) ⟶ **De Chirico.**

chiromancie [kirɔmɑ̃si] **n.f.** (de *chiro-* et *-mancie*). Procédé de divination fondé sur l'étude de la main (forme, lignes).

chiromancien, enne [kirɔmɑ̃sjɛ̃, -ɛn] **n.** Personne qui pratique la chiromancie.

chiropracteur [kirɔpraktœr] **n.m.** Personne qui exerce la chiropractie. (Recomm. off. *chiropraticien, enne,* terme usuel au Québec, où il est cour. abrégé en *chiro.*)

chiropractie ou **chiropraxie** [kirɔpraksi] **n.f.** (angl. *chiropracty,* du gr. *kheir,* main, et *praktikos,* mis en action). Méthode thérapeutique consistant en des manipulations des vertèbres. (Au Québec, on dit *la chiropratique.*)

chiroptère [kirɔptɛr] et **chéiroptère** [keirɔptɛr] **n.m.** (de *ch[e]iro-* et *-ptère*). **Chiroptères,** ordre de mammifères adaptés au vol, caractérisés par le grand développement des doigts des membres antérieurs, qui soutiennent des membranes tenant lieu d'ailes (syn. usuel **chauves-souris**).

chirurgical, e, aux [ʃiryrʒikal, -o] **adj.** Relatif à la chirurgie : *Subir une intervention chirurgicale.*

chirurgie [ʃiryrʒi] **n.f.** (gr. *kheirourgia,* opération manuelle). Discipline médicale qui consiste à faire, manuellement et à l'aide d'instruments, des actes opératoires sur un corps vivant, ses parties internes : *Chirurgie dentaire.*

■ Pratiquée depuis la préhistoire (trépanation), la chirurgie a connu ses premiers développements scientifiques au XVIe s. avec Ambroise Paré. La découverte de l'anesthésie et la création de l'antisepsie et de l'asepsie marquent, à la fin du XIXe s., le début de la chirurgie moderne, dont l'efficacité s'accroît avec la transfusion de sang et la neurochirurgie, apparues entre les deux guerres mondiales, puis dans les années 1950, avec les antibiotiques. Actuellement, tous les organes sont accessibles à la chirurgie. Les techniques de transplantation d'organes, comme la greffe du cœur ou celle du foie, ont bénéficié largement de l'apparition de nouveaux traitements limitant les phénomènes de rejet. La chirurgie par voie endoscopique est en plein essor, notamment pour la chirurgie abdominale. ■

chirurgien, enne [ʃiryrʒjɛ̃, -ɛn] **n.** Médecin spécialiste en chirurgie.

chirurgien-dentiste [ʃiryrʒjɛ̃dɑ̃tist] **n.m.** (pl. *chirurgiens-dentistes*). Praticien diplômé spécialisé dans les soins de la bouche et des dents.

Chişinău, anc. **Kichinev,** cap. de la Moldavie ; 721 000 hab. dans l'agglomération.

chistera [ʃistera] **n.m.** (mot basque). Accessoire en osier, long et recourbé, fixé au poignet pour envoyer la balle contre le fronton, à la pelote basque.

chitine [kitin] **n.f.** (du gr. *khitôn,* tunique). Substance organique azotée de la cuticule des insectes et autres arthropodes.

Chittagong, deuxième ville et principal port du Bangladesh ; 2 592 439 hab. ; 5 069 181 hab. dans l'agglomération. Exportation de jute.

chiure [ʃjyr] **n.f.** (de *chier*). Excrément d'insectes, notamm. de mouches.

chlamydia [klamidja] **n.f.** (du gr. *khlamus, -udos,* manteau) [pl. *chlamydiae* ou *chlamydias*]. BIOL. Bactérie Gram négatif responsable chez l'homme d'infections le plus souvent respiratoires ou de maladies sexuellement transmissibles.

Chlef, anc. **Cheliff** ou **Chélif,** le plus long fleuve d'Algérie, tributaire de la Méditerranée ; 700 km.

Chlef, anc. **Orléansville,** puis **El-Asnam,** v. d'Algérie, ch.-l. de wilaya ; 178 616 hab. La ville a été très endommagée par les séismes de 1954 et de 1980.

Chleuh, groupe de tribus berbères qui peuplent le Haut Atlas marocain, l'Anti-Atlas et le Sous.

chlorate [klɔrat] **n.m.** Sel de l'acide chlorique.

chlore [klɔr] **n.m.** (gr. *khlôros,* vert). **1.** CHIM. Nom courant de la molécule de dichlore (Cl_2). **2.** CHIM. Élément chimique de symbole Cl, de la famille des halogènes.

chloré, e [klɔre] **adj.** Qui contient du chlore comme élément ou comme corps simple : *Un dérivé chloré.*

chlorhydrique [klɔridrik] **adj. Acide chlorhydrique,** solution acide dans l'eau de gaz chlorhydrique, utilisée dans le traitement des métaux, la production de matières plastiques, etc. / **Gaz chlorhydrique,** chlorure d'hydrogène, gaz incolore d'odeur piquante. ▸ Formule : HCl.

chlorofluorocarbure [klɔrɔflyɔrɔkarbyr] **n.m.** (de *chlore, fluor* et *carbone*). Gaz utilisé notamm. dans les bombes aérosols, les isolants, les réfrigérants et dont la libération provoque la dissociation des molécules d'ozone de la haute atmosphère (abrév. cour. *C.F.C.* ; l'appellation *chlorofluorocarbone* est fréquente mais moins rigoureuse) : *Les C.F.C. constituent une menace pour la couche d'ozone.*

chloroforme [klɔrɔfɔrm] **n.m.** (de *chlore* et *[acide] formique*). Liquide incolore, d'une odeur éthérée, résultant de l'action du chlore sur l'alcool et utilisé naguère comme anesthésique. ▸ Formule : $CHCl_3$.

chloroformer [klɔrɔfɔrme] **v.t.** Anesthésier au chloroforme.

chlorophylle [klɔrɔfil] **n.f.** (du gr. *khlôros,* vert, et *phullon,* feuille). Pigment vert des végétaux dont le rôle est essentiel dans la photosynthèse.

■ La chlorophylle est fabriquée par les chloroplastes (elle se trouve plus précisément dans les membranes des *thylakoïdes*). Elle permet aux végétaux de capter l'énergie lumineuse et de la transformer en énergie chimique, pour synthétiser leurs composés organiques à partir du gaz carbonique de l'atmosphère et de l'eau. La molécule de chlorophylle comprend deux parties : une « tête » formée d'un noyau dit *tétrapyrrolique* (4 noyaux pyrrole entourant 1 atome de manganèse), et une « queue » de phytol comptant 20 atomes de carbone. ■

chlorophyllien, enne [klɔrɔfiljɛ̃, -ɛn] **adj.** De la chlorophylle : *L'assimilation chlorophyllienne* (= la photosynthèse).

chlorure [klɔryr] **n.m.** Combinaison du chlore avec un corps autre que l'oxygène : *Le chlorure de sodium, ou sel marin, est tiré des eaux de la mer.*

choc [ʃɔk] **n.m.** (de *choquer*). **1.** Contact brusque, plus ou moins violent, entre deux ou plusieurs objets ou personnes : *Sous le choc, la conductrice a eu les jambes fracturées* (= dans la collision). *Transportez ce vase avec précaution, le moindre choc pourrait le casser* (syn. **coup, heurt**). **2.** Affrontement entre deux armées : *Au premier choc, les divisions ennemies cédèrent du terrain* (syn. **assaut, attaque**). **3.** Rencontre plus ou moins brutale d'éléments opposés : *Le choc des idées* (syn. **confrontation**). *Pendant la campagne électorale, le choc des opinions est inévitable* (syn. **affrontement**). **4.** Émotion violente et brusque, blessure morale : *Le décès de son père a été pour elle un véritable choc* (syn. **bouleversement, ébranlement**). **5.** Événement qui produit un bouleversement : *Le premier choc pétrolier.* **6. Choc opératoire, anesthésique,** consécutif à une opération, à une anesthésie. / **De choc,** se dit de troupes, de militants spécialement entraînés au combat offensif ; se dit d'une doctrine présentée avec dynamisme, d'un système, d'une action choisis pour leur grande efficacité : *Un patron de choc. Christianisme de choc. Traitement de choc.* / MÉTÉOR. **Choc en retour,** effet produit par la foudre en un lieu qu'elle ne frappe pas directement ; au fig., conséquence d'un acte qui atteint, de façon inattendue, l'auteur de cet acte. / PATHOL. **État de choc,** état aigu et grave résultant d'une insuffisance circulatoire (accident, opération, etc.) ; abattement physique dû à un traumatisme : *Vous ne pouvez l'interroger, elle est en état de choc.* ◆ **adj. inv. en genre.** (Postposé, parfois avec un trait d'union). Qui produit de l'effet, est efficace : *Une photo choc. Des mesures-chocs. Commerçant qui pratique des prix chocs* (= des prix défiant toute concurrence).

chocolat [ʃɔkɔla] **n.m.** (esp. *chocolate,* du nahuatl). **1.** Pâte de cacao préparée avec du sucre, mélangée ou non avec d'autres produits et consommée sous diverses formes : *Du chocolat noir, au lait. Une tablette de chocolat.* **2.** Bonbon en chocolat : *Offrir des chocolats à qqn.* **3.** Boisson, chaude ou froide, préparée avec du chocolat et de l'eau ou du lait : *Un bol de chocolat chaud.* ◆ **adj. inv. 1.** De la couleur brun-rouge foncé du chocolat : *Des gants chocolat.* **2.** *FAM.* **Être chocolat,** être déçu, frustré, privé de qqch.

chocolaté, e [ʃɔkɔlate] **adj.** Qui contient du chocolat : *Farine chocolatée pour nourrissons.*

chocolaterie [ʃɔkɔlatri] **n.f. 1.** Industrie, production du chocolat. **2.** Fabrique de chocolat ou magasin du chocolatier.

chocolatier, ère [ʃɔkɔlatje, -ɛr] **n.** Personne qui fabrique ou vend du chocolat, notamm. du chocolat fin.

chocolatière [ʃɔkɔlatjɛr] **n.f.** Récipient à anse et à long bec verseur pour servir le chocolat liquide.

Choderlos de Laclos → Laclos.

choéphore [kɔefɔr] **n.f.** (gr. *khoêphoros,* de *khoê,* libation, et *phoros,* qui porte). ANTIQ. GR. Porteuse des offrandes faites aux morts.

chœur [kœr] **n.m.** (lat. *chorus,* gr. *koros*). **1.** ANTIQ. GR., LITTÉR. Ensemble des acteurs *(choreutes)* qui chantent ou déclament un fragment lyrique, commentant l'action ; (aussi dans le théâtre classique) ce fragment, ponctuant l'action : *Dans la tragédie grecque, le chœur exprimait de façon lyrique les sentiments des spectateurs.* **2.** Groupe de personnes chantant une œuvre musicale : *Les chœurs de l'Opéra. Un chœur d'amateurs* (syn. **chorale**). **3.** Morceau polyphonique pour plusieurs voix : *Le chœur des bohémiens dans « le Trouvère » de Verdi.* **4.** Ensemble de personnes ayant le même but, la même attitude : *Le chœur des mécontents.* **5.** Partie d'une église, en tête de la nef, où se tiennent le clergé et les chanteurs. **6. En chœur,** avec unanimité, ensemble : *« Bravo ! », s'écrièrent-ils en chœur.* / **Enfant de chœur,** enfant qui sert la messe, assiste le prêtre ; homme crédule, facile à duper : *Ce n'est pas un enfant de chœur* (= ce n'est pas un naïf, il connaît la vie).

choir [ʃwar] **v.i.** (lat. *cadere,* tomber) [conj. **72**]. **1.** *LITT.* Tomber : *Se laisser choir dans un fauteuil.* **2.** *FAM.* **Laisser choir,** abandonner qqn, un projet : *Il a laissé choir ses copains, ses études.*

Choiseul (Étienne François, *duc* **de),** homme d'État français (Nancy 1719 - Paris 1785). La protection de Mme de Pompadour lui permit de devenir le principal ministre de Louis XV de 1758 à 1770. Secrétaire d'État aux Affaires étrangères (1758-1761 et 1766-1770), puis à la Guerre (1761-1770) et à la Marine (1761-1766), il conclut le pacte de Famille unissant contre l'Angleterre les Bourbons au pouvoir en Europe (1761), mais il dut signer en 1763 le traité de Paris mettant fin à la guerre de Sept Ans et abandonnant aux Britanniques la majeure partie des colonies françaises. La France lui doit en revanche l'acquisition de la Lorraine (1766) et de la Corse (1768). Ami des Encyclopédistes, il soutint le parlement dans son opposition au pouvoir royal.

choisi, e [ʃwazi] **adj. 1.** Qui se distingue par la qualité : *S'exprimer dans un vocabulaire choisi* (syn. **recherché**). *Société choisie* (syn. **distingué**). **2. Morceaux choisis,** recueil d'extraits d'œuvres littéraires ou musicales.

choisir [ʃwazir] **v.t.** (gotique *kausjan,* goûter, examiner) [conj. **32**]. **1.** Adopter qqch, qqn par préférence : *J'ai fini par choisir les chaussures bleues* (syn. **s'arrêter à, se fixer sur**). *Le journal a choisi quelques passages significatifs du discours du Président* (syn. **retenir, sélectionner**). *Elle a choisi la première solution* (syn. **adopter, opter pour**). **2. Choisir de** (+ inf.), prendre la décision, le parti de : *Il a choisi de ne pas y aller* (syn. **décider de**). / **Choisir son moment,** trouver le moment opportun (aussi iron.) : *Tu as choisi ton moment pour lui parler, il a une migraine épouvantable.*

choix [ʃwa] **n.m.** (de *choisir*). **1.** Action de choisir ; son résultat : *Un bon, un mauvais choix. Il a fini par arrêter son choix sur ce modèle.* **2.** Possibilité de choisir : *Vous avez le choix entre deux itinéraires pour vous y rendre.* **3.** Ensemble de choses, de solutions qui offre cette possibilité : *Publier un choix de poèmes sur la mer* (syn. **anthologie, florilège**). *On nous a présenté un choix de disques de musique ancienne* (syn. **sélection**). **4. Au choix,** avec liberté de choisir : *Fromage ou dessert au choix. La date de livraison est au choix du client.* / **De choix,** de qualité : *Ils ne vendent que des articles de choix.* / **N'avoir que l'embarras du choix,** avoir de nombreuses possibilités de choisir.

cholédoque [kɔledɔk] **adj. m.** (lat. médic. *choledochus,* du gr. *kholê,* bile, et *dekhesthai,* recevoir). **Canal cholédoque,** canal qui conduit la bile au duodénum.

cholémie [kɔlemi] **n.f.** (de *chol-* et *-émie*). Taux de bile dans le sang. ▸ Ce taux est très faible à l'état normal, élevé dans les cas d'ictère (jaunisse).

choléra [kɔlera] **n.m.** (lat. *cholera,* gr. *kholera,* de *kholê,* bile). Maladie épidémique contagieuse produite par le vibrion cholérique (ou *bacille virgule*), caractérisée par des selles très fréquentes, des vomissements, une soif intense, un amaigrissement rapide, des crampes douloureuses, un abattement profond avec abaissement de la température et pouvant se terminer par la mort.

cholérique [kɔlerik] **adj.** et **n.** Relatif au choléra ; atteint du choléra.

cholestérol [kɔlɛsterɔl] **n.m.** (de *cholé-,* et du gr. *steros,* solide). **1.** Stérol d'origine alimentaire ou synthétisé dans l'organisme et dont le taux élevé peut provoquer la formation de calculs biliaires ou constituer un facteur de risque de l'athérosclérose. **2.** *FAM.* **Avoir du cholestérol,** un taux élevé de cholestérol.

■ Le cholestérol circule dans le sang associé à des protéines (lipoprotéines).
L'*hypercholestérolémie,* augmentation de la concentration du cholestérol sanguin, peut être due à l'hérédité ou à l'alimentation, ou être provoquée par une autre maladie (diabète) ou par un médicament (pilule contraceptive). Il n'y a quasiment pas de signes avant l'apparition des complications de l'athérosclérose. (→ athérosclérose.)
Le diagnostic. Il se fait par dosage sanguin. Les deux formes existant dans le sang sont dosées : le cholestérol LDL (« mauvais cholestérol ») qui se dépose sur la paroi des artères, et la forme HDL (« bon cholestérol »), qui serait bénéfique.
Le traitement. Outre le traitement d'une cause éventuelle, on s'attache à diminuer les aliments riches en cholestérol (par exemple le jaune d'œuf). Les médicaments sont réservés aux cas où le régime seul est insuffisant et où le cholestérol est très augmenté. ■

Cholet, ch.-l. d'arr. de Maine-et-Loire, dans les Mauges (ou *Choletais*) ; 56 272 hab. *(Choletais).* Marché et centre industriel (textile, constructions mécaniques, chimie, etc.). Luttes sanglantes pendant la guerre de Vendée (1793). Musées.

chômable [ʃomabl] **adj.** Qui peut être chômé : *Jours chômables et jours chômés.*

chômage [ʃomaʒ] **n.m.** (de *chômer*). **1.** Cessation contrainte de l'activité professionnelle d'une personne, le plus souvent après un licenciement, ou d'une entreprise ; période, situation résultant de cet arrêt : *Chômage partiel. Être au chômage.* **2.** Fait économique, social constitué par l'ensemble des personnes en chômage ; nombre de chômeurs : *Le chômage a augmenté.* **3. Allocations de chômage,** allocations versées par un organisme à un chômeur. / **Assurance chômage,** cotisations versées par les employeurs et les travailleurs salariés à l'organisme qui finance les allocations de chômage. / **Chômage technique,** provoqué par le manque d'approvisionnement en fournitures nécessaires à l'activité d'une entreprise, d'une chaîne de montage.

■ La notion de chômage, telle qu'elle est perçue à l'heure actuelle dans les économies occidentales développées, n'est apparue qu'assez tardivement avec l'extension du système de production industrielle, c'est-à-dire à partir du milieu du XIXe s. On parle de *chômage conjoncturel* ou *cyclique* si celui-ci est dû à un ralentissement de l'activité en période de dépression, de crise économique, ou de *chômage structurel* quand celui-ci a pour origine les mutations qui affectent en profondeur les structures d'un système économique ; de *chômage partiel* lorsqu'il correspond à une réduction de la durée hebdomadaire du travail ; de *chômage saisonnier* s'il est dû aux variations du climat ou du rythme d'activité ; de *chômage sectoriel* lorsqu'il affecte tel ou tel secteur d'activité. Dans les pays en développement, le chômage n'est comptabilisé que pour une partie des actifs. Beaucoup de personnes n'ont pas de contrat de travail et la quantité de travail qu'ils fournissent peut beaucoup varier : la main-d'œuvre rurale notamment peut connaître un « chômage déguisé », qui se caractérise essentiellement par un surplus de travailleurs occupés dans l'agriculture, qui pourraient en être retirés sans réduire pour autant le produit total, en supposant constantes les méthodes de production. ■

chômé, e [ʃome] **adj. 1.** Se dit d'un jour férié et payé : *Le 1er mai est un jour chômé.* **2.** ÉCON. Se dit d'un jour où l'on ne travaille pas.

chômer [ʃome] **v.i.** (bas lat. *caumare,* se reposer pendant la chaleur, du gr. *kauma,* forte chaleur). **1.** Ne pas travailler, en partic. par manque d'ouvrage, d'emploi : *Beaucoup d'usines chôment dans notre région* (= ont cessé d'être en activité). **2. Ne pas chômer,** être très actif ; en parlant d'une chose, ne pas ralentir : *Cette semaine, je ne chôme pas ! La discussion n'a pas chômé de toute la soirée.* ◆ **v.t.** *VX.* Célébrer une fête, un saint en ne travaillant pas : *Chômer le 1er mai.*

chômeur, euse [ʃomœr, -øz] **n.** Personne au chômage ; demandeur d'emploi.

Chomsky (Noam), linguiste américain (Philadelphie 1928). Dans ses principaux ouvrages (*Structures syntaxiques* [1957] et *Aspects de la théorie syntaxique* [1965]), il a proposé un nouveau modèle de description du langage : la grammaire générative. Parti d'une critique de la grammaire structurale, il a commencé par proposer un modèle transformationnel apportant une plus grande puissance explicative que celle proposée par les structuralistes et par les distributionnalistes. Il a introduit également les concepts de grammaticalité et de créativité. Puis il a montré, dans *le Langage et la pensée* (1968), comment ses conceptions syntaxiques s'inscrivent dans une théorie générale du fonctionnement psychique. Revenant sur certains aspects de sa pensée, il a proposé ce qu'il appelle le « liage » *(linkage)* et le « gouvernement » *(government),* théorie qu'il a confirmée dans *Nouvelle Syntaxe* (1981).

Chongqing, v. de Chine, principale ville du Sichuan, sur le Yangzi Jiang, dans un remarquable cadre naturel ; 9 977 035 hab. dans l'agglomération. Centre industriel. Elle fut le siège du gouvernement nationaliste (1938-1946) pendant la guerre sino-japonaise.

chope [ʃɔp] **n.f.** (alsacien *schoppe*). Grand gobelet, grand verre à anse pour boire la bière ; son contenu.

choper [ʃɔpe] **v.t.** (de *chopper,* buter, d'orig. onomat.). *FAM.* **1.** Attraper, prendre qqn, qqch : *La police l'a chopé sans papiers* (syn. **arrêter**). **2.** Contracter une maladie : *Choper un rhume* (syn. **attraper**). **3.** Voler, dérober : *On m'a chopé ma montre* (syn. **soustraire, subtiliser**).

Chopin (Frédéric), pianiste et compositeur polonais (Żelazowa Wola, près de Varsovie, 1810 - Paris 1849). Enfant prodige, tôt remarqué pour ses dons exceptionnels de pianiste, il quitte la Pologne en 1830 et se fixe à Paris en 1831, où il s'intègre à la société aristocratique qui se dispute ses leçons. Ami de Delacroix, de Musset et de Liszt, avec qui il détient la palme de la virtuosité, il mène une vie à la fois mondaine et retirée, en raison de sa santé fragile. En 1837, il rencontre George Sand. Avec elle, il passe l'hiver de 1838 à Majorque, où il met au point la plupart de ses *Préludes.* De 1839 à 1847

(rupture avec Sand), il séjourne à Paris et à Nohant. Atteint de tuberculose, il tente de se ressaisir en faisant une tournée en Angleterre en 1848, mais, de retour à Paris, il cesse toute activité et meurt l'année suivante.
Pianiste, Chopin n'a écrit que pour le piano, à l'exception d'un duo concertant, d'une sonate et de 17 mélodies. Ses œuvres peuvent être réparties en quatre groupes : d'inspiration classique (rondos, variations, concertos, sonates), folklorique (polonaises et mazurkas), libre (scherzos, impromptus, nocturnes, ballades, études, préludes), et enfin pièces diverses (valses, barcarolle, boléro, etc.). Tour à tour pédagogue, visionnaire, poète et mélodiste, Chopin se découvre vraiment dans les œuvres de création originale, toutes marquées d'un lyrisme profond, d'une sensibilité harmonique et d'une poésie dans laquelle il s'est complu à chercher les formes les plus variées. Son art, bien que puisant ses sources dans la tradition, reflète le siècle qui l'a engendré, annonçant les bouleversements qu'apporteront Fauré, Debussy et Ravel.

choquant, e [ʃɔkɑ̃, -ɑ̃t] **adj.** Qui choque ; qui blesse : *Ce mot est choquant dans la bouche d'un enfant* (syn. **déplacé, inconvenant**). *Un contraste choquant entre l'opulence des uns et la misère des autres* (syn. **indécent, scandaleux**).

choquer [ʃɔke] **v.t.** (orig. onomat.). **1.** LITT. Faire subir un choc à, heurter qqch, qqn : *La voiture a choqué le lampadaire* (syn. **cogner**). **2.** Aller à l'encontre des habitudes, des sentiments, des principes de qqn : *Elle a été très choquée de ne pas recevoir d'invitation* (syn. **blesser, froisser, offenser**). *Ce film risque de choquer un certain public* (syn. **heurter, scandaliser**). *Votre question l'a choquée* (syn. **indigner, offusquer**). **3.** Occasionner un choc émotionnel à qqn : *Ce terrible accident l'a durement choqué* (syn. **commotionner, traumatiser**). **4.** MAR. Mollir un cordage, une écoute.

1. choral, e, aux ou **als** [kɔral, -o] **adj.** Du chœur, d'un chœur : *Chant choral. Musique chorale.*

2. choral [kɔral] **n.m.** (pl. *chorals*). **1.** Chant religieux, conçu à l'origine pour être chanté en chœur par les fidèles des cultes protestants. **2.** Pièce instrumentale, en partic. composition pour orgue procédant de la mélodie d'un choral : *Les chorals de Bach.*

chorale [kɔral] **n.f.** Groupe de personnes interprétant des chants écrits pour chœur : *La chorale du lycée* (syn. **chœur**).

chorba [ʃɔrba] **n.f.** Soupe à base de légumes (carottes, pois chiches, céleri, etc.) et de viande (agneau) servie le soir pendant le ramadan.

chorège [kɔrɛʒ] **n.m.** (gr. *khorêgos*). ANTIQ. GR. Citoyen qui organisait à ses frais les chœurs des concours dramatiques et musicaux.

chorégraphe [kɔregraf] **n.** Personne qui crée et règle des ballets.

chorégraphie [kɔregrafi] **n.f.** (du gr. *khoreia*, danse, et de *-graphie*). Art de composer et de régler un ballet ; ensemble des pas et des figures composant un ballet.

chorégraphique [kɔregrafik] **adj.** Relatif à la danse ou au ballet.

choriste [kɔrist] **n.** Personne qui chante dans un chœur, une chorale.

chorizo [ʃɔrizo] **n.m.** (mot esp.). Saucisson demi-sec d'origine espagnole, assaisonné au piment rouge, dont il tire sa coloration.

choroïde [kɔrɔid] **n.f.** (gr. *khoroeidês*, de *khorion*, membrane, et *eidos*, aspect). ANAT. Membrane de l'œil, située entre la rétine et la sclérotique, se continuant en avant par l'iris.

chorus [kɔrys] **n.m.** (mot lat. « chœur »). **1.** MUS. Ensemble des mesures d'un thème de jazz fournissant aux improvisations leur trame harmonique ; improvisation d'un instrumentiste sur cette trame : *Chorus de trompette.* **2. Faire chorus,** approuver bruyamment ce qui vient d'être dit : *Tous les députés de l'opposition ont fait chorus.*

chose [ʃoz] **n.f.** (lat. *causa*). **1.** Tout objet inanimé (par opp. à *être animé*) : *Les êtres et les choses. Une table, une chaise sont des choses.* **2.** Entité abstraite, action, événement, énoncé : *L'amitié est une chose rare. J'ai une ou deux choses à vous dire. Il est arrivé une chose étrange. Elle a accompli de grandes choses.* **3.** (Surtout au pl.). Situation réelle ; ensemble des événements, des circonstances : *Regarder les choses en face.* **4.** Ce qui a trait à un domaine : *Les choses de la religion, de la vie.* **5.** Objet ou entité (par opp. au *nom*) : *Le mot et la chose qu'il désigne.* **6.** Personne incapable d'exercer sa volonté, d'agir : *Ce n'est plus qu'une pauvre chose depuis sa maladie.* **7.** (Surtout avec un poss.). Personne entièrement dépendante d'une autre : *Il en a fait sa chose.* **8. C'est (tout) autre chose,** c'est différent, c'est mieux, meilleur : *Ah ! ce vin-là, c'est autre chose !* / **C'est peu de chose,** c'est peu important : *Allons, un verre cassé, c'est peu de chose* (= ce n'est pas grave). / **Faire bien les choses,** se montrer généreux, ne pas hésiter à dépenser largement pour assurer une réussite, un succès. / LITT. **La chose publique,** l'ensemble des affaires publiques, des questions qui intéressent l'État, la collectivité. **9. Autre chose** ⟶ **autre.** ◆ **adj. inv.** FAM. **Être, rester, se sentir tout chose,** décontenancé ; gêné ; mal à l'aise moralement ou physiquement : *Il lut la lettre et resta un grand moment tout chose* (= pensif, perplexe). *La mer devenait houleuse et elle se sentait toute chose* (= sur le point d'avoir mal au cœur).

chosifier [ʃozifje] **v.t.** (de *chose*, et *-fier*) [conj. **9**]. PHILOS. Traiter ce qui est vivant comme une chose, en faire une chose (syn. **réifier**).

Chostakovitch (Dmitri), compositeur soviétique (Saint-Pétersbourg 1906 - Moscou 1975). Débutant avec des œuvres d'avant-garde, où s'inscrivent des pièces pour piano, il a écrit des ballets, quinze symphonies et des opéras (*le Nez,* 1928 ; *Katerina Izmaïlova,* 1932-1963). Critiqué par le régime pour « modernisme », il connaît un regain de faveur avec la *Symphonie n° 5* (1937). Il est à la fois musicien officiel mais aussi rebelle non conformiste, comme en témoignent ses quinze quatuors à cordes et plusieurs cycles mélodiques.

chott [ʃɔt] **n.m.** (ar. *chaṭṭ*). Dépression fermée des régions arides, souvent d'origine éolienne et dont le fond est parfois occupé par un marécage salé.

1. chou [ʃu] **n.m.** (lat. *caulis*) [pl. *choux*]. **1.** Plante vivace dont de nombreuses variétés sont cultivées pour l'alimentation de l'homme et des animaux : *Choux pommés verts ou rouges. On mange les bourgeons des choux de Bruxelles.* ▸ Famille des crucifères. **2.** Pâtisserie soufflée très légère, arrondie comme un chou : *Des choux à la crème.* **3.** FAM. **Bout de chou,** petit enfant. / FAM. **Être dans les choux,** être parmi les derniers d'un classement ; être victime d'un évanouissement. / FAM. **Faire chou blanc,** ne pas réussir. / FAM. **Faire ses choux gras de qqch,** en faire son profit, son régal. **4. Chou palmiste** ⟶ **palmiste.** / FAM. **Feuille de chou,** mauvais journal. / **Pâte à choux,** pâte à base de farine, de beurre et d'œufs à laquelle on incorpore du lait ou de l'eau.

2. chou, choute [ʃu, ʃut] **n.** (de *1. chou*). FAM. Terme d'affection, de tendresse : *Mes petits choux. La pauvre choute.* ◆ **chou adj. inv.** FAM. Joli, mignon ; gentil : *Elles sont chou, tes bagues.*

chouan [ʃwɑ̃] **n.m.** (du surnom de Jean Cottereau, dit *Jean Chouan,* chef des insurgés). Insurgé royaliste des provinces de l'Ouest (Bretagne, Maine) pendant la Révolution.

chouannerie [ʃwanri] **n.f.** Insurrection paysanne née dans le Maine, en 1793, sous l'influence de Jean Chouan, qui gagna la Normandie et la Bretagne et prit fin en 1800.

choucas [ʃuka] **n.m.** (orig. probabl. onomat.). Corneille noire à nuque grise vivant en bandes, avec les freux, dans les clochers, les vieux murs. ▸ Long. 35 cm env.

chouchou, oute [ʃuʃu, -ut] **n.** (de *2. chou*). FAM. Enfant, élève préféré, favori : *Elle a des chouchous.*

chouchoutage [ʃuʃutaʒ] **n.m.** FAM. Action de chouchouter (syn. **favoritisme**).

chouchouter [ʃuʃute] **v.t.** FAM. Gâter, dorloter ; avoir pour chouchou : *Sa mère le chouchoute.*

choucroute [ʃukrut] **n.f.** (alsacien *sûrkrût,* herbe aigre). **1.** Conserve de choux fermentés dans de la saumure aromatisée de baies de genièvre. **2. Choucroute garnie,** plat préparé avec cette conserve accompagnée de charcuterie, de viande de porc et de pommes de terre.

Chou En-lai → Zhou Enlai.

1. chouette [ʃwɛt] **n.f.** (de l'anc. fr. *çoete,* probabl. d'orig. onomat., par croisement avec *choe,* choucas, frq. **kawa*). **1.** Oiseau rapace nocturne dont la tête ne porte pas d'aigrette et dont il existe de nombreuses espèces en France : *La chevêche, l'effraie, la hulotte sont des espèces de chouette.* ▸ Famille des strigidés ; la chouette chuinte. **2.** FAM. **Vieille chouette,** femme désagréable, malveillante.

2. chouette [ʃwɛt] **adj.** (de *1. chouette*). FAM. Sympathique ; joli ; agréable : *Un type très chouette. Il a une chouette moto. C'est chouette d'avoir un jour de congé.* ◆ **interj.** Exprime la satisfaction : *Chouette ! j'ai gagné !* (= quelle chance !).

chou-fleur [ʃuflœr] **n.m.** (pl. *choux-fleurs*). Chou d'une variété dont on mange la pomme, qui résulte de l'hypertrophie des inflorescences charnues.

chou-rave [ʃurav] **n.m.** (pl. *choux-raves*). Chou dont on mange la tige, renflée et charnue.

chow-chow [ʃoʃo] **n.m.** (mot angl., d'origine chinoise) [pl. *chows-chows*]. Chien de compagnie d'une race d'origine chinoise.

choyer [ʃwaje] **v.t.** (orig. obsc.) [conj. **13**]. **1.** Entourer de soins, d'affection : *Son entourage la choye* (syn. **dorloter**). **2.** LITT. Entretenir un sentiment, chérir une idée : *C'est un désir que j'ai longtemps choyé* (syn. **caresser**).

chrême [krɛm] **n.m.** (gr. *khrisma,* huile). RELIG. CHRÉT. Huile bénite mêlée de baume, utilisée pour les consécrations et l'administration de certains sacrements (baptême, confirmation, ordination).

chrétien, enne [kretjɛ̃, -ɛn] **n.** et **adj.** (lat. *christianus*). Personne qui professe l'une des religions issues de la prédication du Christ : *Les chrétiens adorent un dieu unique.* ◆ **adj.** Qui appartient au christianisme : *La foi chrétienne.*

chrétien-démocrate, chrétienne-démocrate [kretjɛ̃demɔkrat, -ɛndemɔkrat] **adj.** et **n.** (pl. *chrétiens-démocrates,chrétiennes-démocrates*). Qui appartient à certains partis démocrates-chrétiens (Allemagne et Europe du Nord).

Chrétien de Troyes, poète français (v. 1135 - v. 1183). Les cinq romans qui subsistent de lui se rattachent tous au cycle d'Arthur : *Érec et Énide* (v. 1170) décrit l'épanouissement d'un jeune chevalier par l'aventure héroïque et un mariage heureux ; *Cligès* constitue une variation autour du thème de *Tristan et Iseut ; Lancelot ou le Chevalier à la charrette,* composé à la demande de Marie de Champagne, illustre les formes les plus irrationnelles de l'amour courtois ; *Yvain ou le Chevalier au lion* mêle le merveilleux celtique à l'analyse psychologique ; *Perceval ou le Conte du Graal,* interrompu par la mort de l'auteur, élève la courtoisie jusqu'à l'amour mystique. Ces récits, écrits en octosyllabes à rimes plates, font de Chrétien de Troyes le maître de la littérature courtoise dans la France de langue d'oïl du XIIe s.

chrétiennement [kretjɛnmɑ̃] **adv.** De façon chrétienne ; en chrétien : *Mourir chrétiennement.*

chrétienté [kretjɛ̃te] **n.f.** Ensemble des pays ou des peuples chrétiens ; communauté particulière de chrétiens : *Toute la chrétienté a prié pour la paix. La chrétienté d'Orient.*

christ [krist] **n.m.** (gr. *khristos,* oint). **1. Le Christ,** Jésus. **2.** Représentation du Christ, notamm. sur la croix : *Un christ d'ivoire* (syn. **crucifix**).

Christchurch, v. de la Nouvelle-Zélande, la plus grande de l'île du Sud ; 341 469 hab.

Christian IV (Frederiksborg 1577 - Copenhague 1648), roi de Danemark et de Norvège (1588-1648). Il prit part à la guerre de Trente Ans et fut vaincu par les armées catholiques du général Tilly (1629). La guerre qu'il mena contre la Suède (1643-1645) priva le Danemark de nombreux territoires.

christiania [kristjanja] **n.m.** (de l'anc. n. d'*Oslo*). Mouvement de virage et d'arrêt par changement de direction des skis, qui restent parallèles.

christianisation [kristjanizasjɔ̃] **n.f.** Action de christianiser ; son résultat.

christianiser [kristjanize] **v.t.** Convertir à la religion chrétienne : *Christianiser les populations urbaines de la Gaule.*

christianisme [kristjanism] **n.m.** Ensemble des religions fondées sur la personne et l'enseignement de Jésus-Christ ; religion chrétienne. ▸ *Dossier page suivante.*

■ Formant l'une des trois grandes religions, avec le judaïsme et l'islam, qui se réclament du monothéisme, le christianisme se fonde sur la Révélation divine inaugurée par l'Ancien Testament et pleinement manifestée dans la « Bonne Nouvelle » (Évangile) de Jésus-Christ. Avec plus de 2 milliards de fidèles, le christianisme constitue la première religion dans le monde (devant l'islam). Les chrétiens sont massivement répandus dans l'ensemble des continents, hormis l'Asie où ils forment cependant des minorités, parfois importantes (Corée du Sud, Inde) ou sont même, beaucoup plus rarement, majoritaires comme aux Philippines ou au Timor oriental. Ils se répartissent en trois groupes principaux : les catholiques (1 milliard environ), les chrétiens orientaux (princ. orthodoxes) et les protestants.

La doctrine. Le christianisme est né au sein du judaïsme, dont il a adopté les Écritures sacrées (la Bible). Il considère la nouvelle révélation, sur laquelle il se fonde, comme divine au sens le plus fort du mot, du fait que celui dont il procède, Jésus de Nazareth, se présente non comme un simple intermédiaire entre Dieu et l'humanité ou comme un prophète, si grand soit-il, mais comme le Christ, le Fils de Dieu, le Sauveur du monde. La révélation chrétienne repose sur cette Incarnation : Dieu a pris la nature humaine, Jésus-Christ est donc à la fois Dieu et homme. La doctrine prêchée par Jésus insiste sur l'amour de Dieu et du prochain, le pardon des injures, la primauté de l'esprit sur la lettre, la préparation au salut. Le supplice de Jésus sur la croix lors de la Pâque juive aux environs de l'an 30 est considéré par ses disciples comme nécessaire à la victoire de leur Seigneur sur le mal, victoire dont ils voient la preuve dans le fait que « Dieu l'a ressuscité d'entre les morts ».

Les textes et l'institution. La première expression de la doctrine chrétienne a été la prédication orale, ou catéchèse, des disciples de Jésus. Puis l'Église (ou rassemblement des disciples de Jésus, du gr. *ekklêsia*) s'est donné ses écrits propres : essentiellement les lettres de Paul à diverses communautés locales puis quatre récits évangéliques attribués à Matthieu, Marc, Luc, Jean et relatant la mission du Christ. Constitué en un canon définitif aux environs de l'an 200, cet ensemble d'écrits (27 livres) prit le nom de *Nouveau Testament,* se distinguant ainsi des livres bibliques du judaïsme antérieur. Son contenu fut complété et précisé par les déclarations doctrinales des conciles dits *œcuméniques,* qui se réunirent en vue de réagir contre des croyances déviantes, ou hérésies, et dont les premiers furent ceux de Nicée en 325 et de Constantinople en 381. L'Église a pris très tôt une forme institutionnelle, dans laquelle les évêques, chargés chacun d'un territoire appelé *diocèse,* succédaient aux apôtres dans leur responsabilité pastorale. À la tête du collège épiscopal se trouva placé un primat, le pape, évêque de Rome et successeur de Pierre, dont l'autorité à certaines époques prit la forme d'une souveraineté temporelle. Parallèlement à cette structure hiérarchique, l'institution ecclésiale développa sa liturgie et ses rites particuliers, dont les plus importants sont les sacrements.

Désunions et rapprochement. Pendant longtemps, l'histoire du christianisme, dans laquelle se trouvent mêlés le véritable esprit évangélique et l'œuvre sinistre de l'Inquisition, coïncida avec celle de l'Occident. Après avoir surmonté un certain nombre de crises doctrinales ou poli- →

Comment le christianisme s'est-il imposé en Europe ?

En 476, l'Empire romain s'effondre. Sur ses décombres, les envahisseurs germaniques fondent de nouveaux royaumes. Le christianisme, religion officielle de l'Empire depuis 380, apparaît menacé : la conversion des habitants de l'Empire est récente et limitée dans les campagnes (les mots *païen* et *paysan* ont la même racine latine, *paganus*). Trois siècles plus tard, le christianisme a pourtant largement conquis l'Occident. Comment l'Église est-elle parvenue à asseoir son hégémonie sur la société médiévale ?

▶**Le recours à la foi chrétienne.** Dès le IIIe s., l'Empire vit sous la pression des invasions germaniques. Alamans, Francs ou autres peuples germaniques mettent à sac des régions de Gaule, d'Espagne et d'Italie du Nord et s'installent dans l'Empire comme auxiliaires de l'armée ou paysans. Les grands propriétaires se font chefs de clan, des paysans se révoltent, des provinces s'émancipent du pouvoir central et les échanges économiques placent l'Occident sous la coupe de l'Orient : l'Empire agonise et l'avenir d'un christianisme encore essentiellement citadin semble compromis face à des envahisseurs largement polythéistes ou convertis à l'arianisme. Cependant, ceux-ci se mélangent peu avec les populations romanisées, et, au IVe s., en organisant la résistance des villes, les évêques donnent au christianisme une force fédératrice. D'abord persécutée, puis tolérée pour devenir officielle, la religion chrétienne s'est peu à peu imposée pour devenir l'un des ciments de la société.

▶**Le baptême de Clovis.** À la fin du Ve s., les Francs dominent la Gaule. Leur roi Clovis se rapproche de l'Église chrétienne pour des raisons stratégiques, et finit par se convertir au christianisme. La ressemblance frappante du récit que fait Grégoire de Tours des circonstances de cette conversion (le rôle de l'épouse de Clovis, l'invocation à Dieu avant la bataille) avec celui de la conversion de l'empereur romain Constantin contribue à mythifier ce baptême qui scelle l'union entre la royauté franque et l'Église. Clovis s'allie aux évêques et aux élites gallo-romaines dans sa lutte contre les Barbares : Clovis vainqueur, la christianisation des campagnes peut se poursuivre sous la protection des armées franques. L'ordre franc sauve ainsi la chrétienté romaine en Occident.

▶**La naissance d'un Empire chrétien.** À la mort de Clovis, en 511, la Gaule perd son unité politique mais conserve une certaine unité culturelle ; l'Église y contribue en apportant un réconfort spirituel à des populations déstabilisées par les guerres et en œuvrant au rapprochement des élites franque et romaine. Le christianisme devient l'élément fédérateur d'une culture gréco-romaine survivante : l'Église a compilé les textes latins, les clercs ont contribué à maintenir la prépondérance des langues orales romanes (issues du latin). La victoire remportée en 732 par le Franc Charles Martel sur les Arabes lors de la bataille de Poitiers lui donne le prestige du chef vainqueur au service de la foi chrétienne, ce dont hérite son fils Pépin le Bref. Le sacre de Charlemagne par le pape en 800 fonde pour des siècles ce soutien réciproque entre l'Église chrétienne et la nouvelle dynastie carolingienne. Avec ce nouvel empereur de droit divin, l'Église anime une régénération culturelle (constructions d'abbayes, utilisation d'une forme d'écriture originale, ouverture d'écoles pour les fonctionnaires du souverain). Les armées franques font reculer le paganisme dans les forêts de Germanie et d'Europe centrale et le clergé prend en charge la vie spirituelle dans chaque paroisse de l'Empire. L'Occident s'identifie ainsi durablement au christianisme romain.

Quand l'Empire carolingien se divise, en 843, l'Église s'affirme encore comme la seule force politique et morale capable d'encadrer les populations et de donner un sens à leur civilisation. Loin de disparaître sous les coups des Barbares païens, n'a-t-elle pas été finalement la grande bénéficiaire, en Europe, de l'effondrement de l'Empire romain ?

Voir aussi : Barbares ; Carolingiens ; Charlemagne ; Clovis ; Francs ; Méditerranée ; Mérovingiens.

tiques, le christianisme connut de profondes désunions : d'abord avec le schisme, consommé en 1054, entre l'Église gréco-byzantine et l'Église romaine, puis avec la division interne de celle-ci par la Réforme protestante, au XVIe s. À la suite de ces dislocations, les luttes furent souvent intenses entre les trois grands groupes de chrétiens. Elles ont fait place, depuis la fin du XIXe s., à des tentatives de rapprochement (concile Vatican II en 1962-1965) ou au moins de compréhension mutuelle qui sont connues sous le nom d'*œcuménisme.* ■

Christie (Agatha), femme de lettres britannique (Torquay 1890 - Wallingford 1976). Elle a écrit de nombreux romans policiers à énigme *(le Meurtre de Roger Ackroyd, Dix Petits Nègres, le Crime de l'Orient-Express)* qui le plus souvent mettent en scène Miss Marple et Hercule Poirot.

Christine (Stockholm 1626 - Rome 1689), reine de Suède (1632-1654). Fille de Gustave II Adolphe, elle prit en main les affaires de l'État (1644), après la régence du chancelier Oxenstierna, et hâta les négociations des traités de Westphalie (1648). Ayant fait de sa cour un foyer d'humanisme, elle y reçut Descartes. Elle abdiqua en 1654 en faveur de son cousin Charles Gustave et elle se convertit au catholicisme. Elle visita une partie de l'Europe et s'installa à Rome.

Christmas *(île)*, île de l'océan Indien, dépendance de l'Australie ; 135 km^2 ; 2 072 hab. Phosphates.

Christo et Jeanne-Claude, artistes américains (Christo **Javacheff,** d'origine bulgare, Gabrovo 1935, et Jeanne-Claude **Denat de Guillebon,** d'origine française, Casablanca 1935-New York 2009). Ils réalisent de monumentales installations éphémères qui modifient la perception que nous avons d'un monument, d'un site, d'un paysage (« empaquetage » de la Kunsthalle de Berne, 1968, du Pont-Neuf à Paris, 1985, du Reichstag à Berlin, 1995 ; *les Parasols,* Californie et Japon, 1991 ; *les Portes* à Central Park, New York, 2005).

chromage [krɔmaʒ] **n.m.** Dépôt d'une mince pellicule résistante de chrome par électrolyse.

chromatique [krɔmatik] **adj.** (lat. *chromaticus,* du gr. *khrôma,* couleur). **1.** Relatif aux couleurs. **2.** BIOL. **Réduction chromatique,** réduction de moitié du nombre de chromosomes au cours de la méiose. / MUS. **Gamme chromatique,** gamme formée d'une succession de demi-tons (intervalles chromatiques) représentant un douzième d'une octave tempérée (par opp. à *gamme diatonique*). / OPT. **Aberration chromatique,** aberration d'une lentille due à la dispersion d'une lumière complexe qui entraîne l'existence d'une distance focale particulière pour chaque longueur d'onde.

chromatisme [krɔmatism] **n.m. 1.** Coloration de qqch. **2.** MUS. Écriture chromatique ; caractère de ce qui est chromatique.

chromatogramme [krɔmatɔgram] **n.m.** CHIM. Diagramme d'un mélange obtenu par chromatographie.

chromatographie [krɔmatɔgrafi] **n.f.** (de *chromato-* et *-graphie*). CHIM. Méthode d'analyse (identification ou dosage) des constituants d'un mélange, fondée sur leur adsorption sélective par des solides pulvérulents ou leur partage en présence de phases liquides ou gazeuses.

chrome [krom] **n.m.** (gr. *khrôma,* couleur). Métal blanc, dur et inoxydable, employé comme revêtement protecteur et dans certains alliages. ▸ Symb. Cr. ◆ **chromes n.m. pl.** Accessoires chromés d'une voiture, d'une bicyclette.

chromer [krɔme] **v.t. 1.** Recouvrir d'une mince couche de chrome. **2.** Tanner aux sels de chrome : *Chromer du cuir.*

chromique [krɔmik] **adj.** Qui dérive du chrome : *Acide chromique.*

chromo [krɔmo] **n.m.** (de *chromolithographie,* anc. procédé de reproduction d'images en couleurs). Image en couleurs, de mauvais goût.

chromosome [krɔmozom] **n.m.** (de *chromo-,* et du gr. *sôma,* corps). Élément du noyau des cellules, formé d'une longue molécule d'ADN associée à des protéines.

■ Les chromosomes sont situés dans le noyau des cellules *eucaryotes.* Dans une cellule au repos, ils sont diffus, formant la *chromatine.* Au cours de la division cellulaire, ils se condensent fortement, sous la forme de petits bâtonnets. L'ensemble des chromosomes d'une cellule forme son *caryotype.*

Un chromosome correspond à une molécule d'ADN, enroulée autour de différents types de protéines, en particulier des *histones.* Ils contiennent les gènes, disposés le long de la molécule d'ADN : ce sont les supports physiques de l'hérédité. Ainsi, une anomalie chromosomique (par ex. une altération de la structure ou du nombre de chromosomes) provoque général. des malformations.

Les chromosomes existent en deux exemplaires dans les cellules *diploïdes* (la plupart des cellules), par paires (23 paires, soit 46 chromosomes, chez l'espèce humaine). La paire de chromosomes sexuels détermine le sexe (XX chez la femme, XY chez l'homme). Dans les cellules *haploïdes* (notamm. les gamètes), les chromosomes sont présents en un seul exemplaire (23 chromosomes chez l'espèce humaine). ■

chromosomique [krɔmozomik] **adj.** Relatif au chromosome : *Maladie chromosomique. Aberration chromosomique.*

chromosphère [krɔmosfer] **n.f.** (de *chromo-* et *sphère*). Couche inférieure de l'atmosphère solaire, entre la photosphère et la couronne.

chronicité [krɔnisite] **n.f.** État, caractère de ce qui est chronique : *La chronicité de la pollution des grandes villes.*

1. chronique [krɔnik] **n.f.** (lat. *chronica,* du gr. *khronos,* temps). **1.** Suite, recueil de faits consignés dans l'ordre de leur déroulement : *Une chronique du siècle de Louis XIV.* **2.** Ensemble de nouvelles, de bruits qui circulent : *La chronique locale prétend qu'il n'était pas innocent.* **3.** Rubrique de presse écrite ou audiovisuelle consacrée à l'actualité dans un domaine particulier : *Chronique politique, sportive. Tenir la chronique des films dans une émission télévisée.*

2. chronique [krɔnik] **adj.** (de *1. chronique*). **1.** MÉD. Qui évolue lentement et se prolonge (par opp. à *aigu*) : *Maladie chronique.* **2.** Qui sévit depuis longtemps, persiste : *Chômage chronique* (syn. **constant, continuel**).

chroniqueur, euse [krɔnikœr, -øz] **n. 1.** Personne qui tient une chronique dans un journal, à la radio, à la télévision : *Chroniqueur littéraire, dramatique, sportif.* **2.** Auteur de chroniques : *Les chroniqueurs du Moyen Âge.*

chrono [krɔnɔ] **n.m.** FAM. Abrév. de *chronomètre.*

chronologie [krɔnɔlɔʒi] **n.f.** (de *chrono-* et *-logie*). **1.** Science qui vise à établir les dates des faits historiques. **2.** Succession dans le temps des événements historiques ou d'événements relatifs à un individu, à un mouvement, etc. : *Raconter les faits en respectant la chronologie* (= dans l'ordre selon lequel ils se sont déroulés).

chronologique [krɔnɔlɔʒik] **adj.** Relatif à la chronologie ; conforme à la chronologie : *Suivre l'ordre chronologique.*

chronologiquement [krɔnɔlɔʒikmɑ̃] **adv.** D'après la chronologie : *Exposer des faits chronologiquement.*

chronométrage [krɔnɔmetraʒ] **n.m.** Action de chronométrer : *Il assurera le chronométrage de la course.*

chronomètre [krɔnɔmɛtr] **n.m.** (de *chrono-* et *-mètre*). **1.** Montre de précision, permettant de mesurer des intervalles de temps en minutes, secondes et fractions de seconde : *Tu déclencheras le chronomètre à mon signal* (abrév. fam. *chrono*). **2.** Montre de précision, réglée dans différentes positions et sous des températures variées, ayant obtenu d'un observatoire un bulletin officiel de marche.

chronométrer [krɔnɔmetre] **v.t.** [conj. **18**]. Relever exactement le temps dans lequel s'accomplit une action, partic. une épreuve sportive ou une opération industrielle : *Chronométrer une course, un coureur.*

chronométreur, euse [krɔnɔmetrœr, -øz] **n.** Personne chargée de chronométrer (une épreuve, une opération).

chronométrie [krɔnɔmetri] **n.f.** (de *chrono-* et *-métrie*). PHYS. Mesure précise du temps.

chronométrique [krɔnɔmetrik] **adj.** Relatif au chronomètre, à la mesure précise du temps.

chronophotographie [krɔnɔfɔtɔgrafi] **n.f.** Procédé d'analyse du mouvement par des photographies successives.

chrysalide [krizalid] **n.f.** (lat. *chrysallis, -idis,* du gr. *khrusos,* or). Nymphe des lépidoptères, entre le stade chenille et le stade papillon. ▸ La chrysalide est souvent enfermée dans un cocon de soie.

chrysanthème [krizɑ̃tɛm] **n.m.** (de *chrys-*, et du gr. *anthemon,* fleur). Plante ornementale, fleurissant au début de l'hiver, dont il existe de nombreuses variétés. ▸ Famille des composées.

C.H.S., sigle de *centre hospitalier spécialisé*.*

chtonien, enne ou **chthonien, enne** [ktɔnjɛ̃, -ɛn] **adj.** (du gr. *khthôn,* terre). MYTH. **Divinités chtoniennes,** divinités de la terre, du monde souterrain.

C.H.U. [seaʃy] ou [ʃy], sigle de *centre hospitalo-universitaire*.*

chuchotement [ʃyʃɔtmɑ̃] **n.m.** Action de chuchoter ; bruit de voix qui chuchotent : *Les chuchotements n'ont pas cessé pendant toute la réunion* (syn. **murmure**).

chuchoter [ʃyʃɔte] **v.i.** et **v.t.** (orig. onomat.). Prononcer à voix basse : *Chuchoter quelques mots à l'oreille de qqn* (syn. **murmurer**).

chuintant, e [ʃɥɛ̃tɑ̃, -ɑ̃t] **adj. 1.** Qui chuinte : *Le parler chuintant de certaines provinces françaises.* **2. Consonne chuintante,** consonne fricative dont l'articulation, proche de celle d'une sifflante, s'en différencie en partic. par un creusement plus net de la langue (on dit aussi *une chuintante*) : *Le* [ʃ] *et le* [ʒ] *sont des chuintantes.*

chuintement [ʃɥɛ̃tmɑ̃] **n.m. 1.** Action de chuinter ; défaut de prononciation de celui qui chuinte : *Il a un léger chuintement.* **2.** Bruit d'une chose qui chuinte : *Le chuintement du gaz qui s'échappe du tuyau percé.*

chuinter [ʃɥɛ̃te] **v.i.** (orig. onomat.). **1.** Émettre un cri, en parlant de la chouette. **2.** Prononcer une consonne chuintante ; substituer une chuintante à une sifflante : *On dit que certains Auvergnats chuintent.* **3.** Faire entendre un sifflement sourd : *Bouilloire qui chuinte.*

Churchill (le), fl. du Canada, aboutissant dans la baie d'Hudson ; 1 600 km. À son embouchure, port de *Churchill* (813 hab.).

Churchill (*sir* **Winston Leonard Spencer),** homme politique britannique (Blenheim Palace 1874 - Londres 1965). Correspondant de guerre, notamment au Transvaal pendant la guerre des Boers (1899), tenté par la politique, il démissionne de l'armée en 1899. Élu député conservateur (1900), il se lie d'amitié avec Lloyd George et rejoint les libéraux. Sous-secrétaire d'État aux Colonies (1906-1908), ministre du Commerce (1908-1910), puis de l'Intérieur (1910-1911), il devient Premier lord de l'Amirauté (1911) et prépare activement la flotte britannique en prévision de la guerre, qu'il juge inévitable. En 1915, il démissionne après l'échec de l'expédition des Dardanelles. Nommé en 1917 ministre des Munitions, puis ministre de la Guerre et de l'Air (1919), il passe au ministère des Colonies (1921). Il intervient alors en faveur de l'indépendance de l'Irlande. Inquiet de l'émergence du communisme, il passe du radicalisme militant au conservatisme le plus ferme. Élu député conservateur en 1924, il devient chancelier de l'Échiquier dans le cabinet Baldwin (1924-1929) et rétablit l'étalon-or.
Conscient de la montée du péril nazi, il préconise en vain une politique de fermeté contre l'Allemagne hitlérienne. Premier lord de l'Amirauté en 1939, il devient en 1940 Premier ministre d'un gouvernement d'union nationale. Galvanisant les énergies, notamment pendant la bataille d'Angleterre, il s'affirme alors comme un grand chef de guerre et un grand chef d'État. Il signe avec le président Roosevelt le pacte de l'Atlantique, et propose son aide à l'U.R.S.S. lors de l'attaque allemande (1941). En dépit de l'immense prestige conféré par la victoire, et après avoir joué un rôle clé lors de la conférence de Yalta (1945), il doit se retirer peu après le succès des travaillistes aux élections de 1945. Gardant une influence considérable sur la politique internationale, il défend des thèses favorables à la coopération européenne et à une association des pays anglo-saxons face aux ambitions soviétiques. De nouveau Premier ministre après la victoire des conservateurs aux élections de 1951, il s'appuie sur l'aile libérale du parti. Il démissionne en 1955 pour des raisons de santé. De son œuvre d'écrivain, il faut détacher : *The World Crisis, 1911-1918* (1923-1929), *A History of the English-Speaking Peoples* (1956-1958), et surtout ses *Mémoires de guerre* (1948-1954). [Prix Nobel de littérature 1953.]

Churriguera (José Benito de), sculpteur et architecte espagnol (Madrid 1665 - *id.* 1725), créateur de la ville de Nuevo Baztán, près de Madrid. • Son frère **Joaquín** (Madrid 1674 - Salamanque ? v. 1724) est l'auteur du collège de Calatrava à Salamanque. • **Alberto** (Madrid 1676 - Orgaz ? v. 1740), frère des précédents, donna les plans de l'harmonieuse Plaza Mayor de Salamanque. – Dans leur œuvre, c'est surtout à quelques retables sculptés à colonnes torses, d'un baroque exubérant, que s'applique le qualificatif de *churrigueresque.*

chut [ʃyt] **interj.** (onomat.). Se dit pour obtenir le silence : *Chut ! laissez-la parler !*

chute [ʃyt] **n.f.** (de *chu,* p. passé de *choir*). **1.** Fait de tomber, de se détacher de son support : *Faire une chute. Parachutiste qui descend en chute libre. Les premières chutes de neige.* **2.** Fait de s'écrouler : *La chute d'un gouvernement* (syn. **renversement**). *Chute des cours de la Bourse* (syn. **effondrement**). **3.** *LITT.* Faute qui fait tomber dans la déchéance : *Il a entraîné toute sa famille dans sa chute.* **4.** Trait d'esprit par lequel un texte, un écrit s'achève : *J'avais oublié la chute de l'histoire.* **5.** Ce qu'il reste d'une matière (papier, tissu, bois, etc.) après une coupe : *J'ai habillé sa poupée avec les chutes du tissu de ma jupe.* **6.** Aux cartes, ensemble des levées annoncées qui n'ont pas été faites : *Tu avais demandé quatre piques, tu fais deux de chute.* **7. Chute d'eau,** masse d'eau qui tombe d'une certaine hauteur. ▸ Elle est intermédiaire entre la cascade et la cataracte. / **Chute des reins,** le bas du dos. / **Point de chute,** point, lieu où qqch tombe, s'abat ; au fig., endroit où l'on peut s'arrêter, se fixer : *On a retrouvé le point de chute de la météorite. Avoir un point de chute à Paris.*

chuter [ʃyte] **v.i.** (de *chute*). **1.** *FAM.* Tomber : *La motion de censure risque de faire chuter le gouvernement.* **2.** Baisser notablement : *Les ventes ont chuté* (syn. **s'effondrer**). **3.** Aux cartes, ne pas effectuer le nombre de levées prévu : *Vous chutez de trois levées.*

chyle [ʃil] **n.m.** (gr. *khulos,* suc). Liquide blanchâtre contenu dans l'intestin grêle et représentant le résultat de la digestion.

chyme [ʃim] **n.m.** (gr. *khumos,* humeur). Liquide contenu dans l'estomac et résultant de la digestion gastrique des aliments.

Chypre, État insulaire de la Méditerranée orientale ; 9 251 km^2 ; 1 141 000 hab. (*Chypriotes* ou *Cypriotes*). CAP. *Nicosie.* LANGUES : *grec* et *turc.* MONNAIE : *euro.*

GÉOGRAPHIE

Proche des côtes turques et syriennes, Chypre juxtapose deux populations, l'une grecque (majoritaire à 80 %), l'autre turque. L'invasion des troupes d'Ankara en 1974 et la partition de fait qui a suivi ont concentré au N. et au N.-E. (sur environ 40 % du territoire) la population turque ; le reste de l'île, autour du massif du Tróodhos, demeurant grec. Les transferts de populations ont accéléré l'urbanisation, désorganisé l'économie rurale dominante (olives, céréales, tabac, vin, agrumes) liée à un climat méditerranéen, dont la tendance à l'aridité a parfois été combattue par l'irrigation.
Le transport maritime et le tourisme sont les principales activités économiques. Le secteur bancaire s'est fortement développé avant d'être menacé, en 2012, en raison de ses relations

étroites avec l'économie grecque. L'île reste très dépendante de ses importations, mais la découverte d'hydrocarbures en 2011 est prometteuse.

HISTOIRE

L'Antiquité et le Moyen Âge. Convoitée pour sa richesse en cuivre, Chypre est très tôt colonisée par les Grecs, puis par les Phéniciens. Passée à partir du IIIe s. av. J.-C. sous la domination des Ptolémées (dynastie égyptienne), elle est un brillant foyer de la civilisation hellénistique.

58 av. J.-C. Chypre devient une province romaine.

Englobée dans l'Empire byzantin à partir du Ve s., elle subit de nombreuses incursions arabes du VIIe s. au Xe s.

1191. L'île est conquise par Richard Cœur de Lion lors de la 3e croisade.

Achetée par Gui de Lusignan en 1192, Chypre passe pour trois siècles sous le contrôle de la dynastie des Lusignan. Érigée en royaume (1197), elle devient le principal centre latin d'Orient après les défaites des croisés au Levant.

1489. Venise impose à Chypre sa tutelle administrative.

L'époque moderne et contemporaine

1571. Conquise par les Turcs, l'île devient une province de l'Empire ottoman. L'Église orthodoxe est restaurée.

1878. L'administration de Chypre est confiée à la Grande-Bretagne par le sultan.

1914. Annexion de l'île par la Grande-Bretagne.

1925. Elle devient colonie de la Couronne britannique malgré les protestations de la Grèce. La majorité grecque de l'île réclame la fin de la domination britannique et le rattachement à la Grèce (Enôsis).

Après les opérations de guérilla déclenchées en 1955, l'indépendance est accordée dans le cadre du Commonwealth (1959).

1960. Proclamation de la république, avec un président grec (Mgr Makários) et un vice-président turc.

Des heurts sanglants entre les communautés grecque et turque amènent l'intervention de l'O.N.U.

1974. Un coup d'État favorable à l'Enôsis écarte temporairement Makários et donne à la Turquie l'occasion d'occuper le nord de l'île.

1977. Mort de Makários. Spýros Kyprianoú lui succède.

1983. Proclamation unilatérale d'une « République turque de Chypre du Nord », que la communauté internationale refuse de reconnaître.

Gheórghios Vassilíou (1988-1993), Ghláfkos Klirídhis (1993-2003), Tássos Papadhópoulos (2003-2008) sont présidents de la République (grecque) de Chypre.

2004. Chypre adhère à l'Union européenne.

2008. Tandis que Chypre rejoint la zone euro, le communiste Dhimítris Khristófias est élu président.

2012. Les négociations en vue de la réunification sont bloquées.

1. ci [si] **adv.** (lat. pop. *ecce hic,* du class. *ecce,* voici, et *hic,* ici). **1.** Joint à un nom précédé d'un démonstratif, marque la proximité spatiale ou temporelle : *Cet homme-ci. Viens de ce côté-ci de la rue. Ces jours-ci.* **2. De-ci, de-là,** de côté et d'autre, au hasard. / **Par-ci, par-là,** en divers endroits.

2. ci [si] **pron. dém.** (abrév. de *ceci*). *FAM.* **1.** Ceci : *Exiger ci et ça.* **2. Comme ci comme ça,** ni bien ni mal.

CIA (Central Intelligence Agency), agence centrale de renseignements (espionnage, contre-espionnage, etc.) créée en 1947 et placée sous l'autorité du président des États-Unis. Elle dispose d'unités militaires spéciales, les *bérets verts.*

Ciano (Galeazzo), *comte* **de Cortellazzo,** homme politique italien (Livourne 1903 - Vérone 1944). Gendre de Mussolini, ministre des Affaires étrangères (1936), puis ambassadeur auprès du Saint-Siège (1943), il s'opposa à la poursuite de la guerre et fut exécuté.

ciao ou **tchao** [tʃao] **interj.** (it. *ciao*). *FAM.* Au revoir ; salut.

ci-après [siaprɛ] **adv.** Plus loin dans le texte (syn. **ci-dessous**).

cibiste [sibist] **n.** (de *C.B.*). Utilisateur de la citizen band.

cible [sibl] **n.f.** (d'un dialecte all. de Suisse *schîbe,* disque). **1.** Plaque de bois, de métal, etc., que l'on vise dans les exercices de tir : *Mettre toutes ses flèches dans la cible. Servir de cible aux guetteurs ennemis.* **2.** But, objectif et, partic., clientèle qu'une campagne publicitaire ou une étude de marché, un discours ou une action politique cherchent à atteindre : *Les adolescents sont la cible de cette campagne antialcoolique.* **3.** PHYS. Substance soumise à un bombardement par un faisceau de particules. **4. Être la cible de,** être visé par des propos malveillants ou railleurs ; être le point vers lequel convergent les regards : *Elle est la cible des plaisanteries de tout un chacun. Dès qu'il se leva, il fut la cible de tous les regards* (= le point de mire). **5. Langue cible,** langue dans laquelle doit être donnée la traduction d'un texte (par opp. à *langue source*).

cibler [sible] **v.t.** Définir précisément la cible, la clientèle de : *Cette étude est destinée à cibler le nouveau modèle. Publicité ciblée.*

ciboire [sibwar] **n.m.** (lat. *ciborium,* gr. *kibôriom,* fruit du nénuphar, coupe ayant la forme de ce fruit). Vase sacré, à couvercle, où l'on conserve les hosties consacrées.

ciboule [sibul] **n.f.** (prov. *caebola,* lat. *caepulla,* oignon). Plante cultivée, originaire de Sibérie, dont les feuilles servent de condiment (syn. **cive**). ▸ Famille des liliacées.

ciboulette [sibulɛt] **n.f.** (du prov. ; v. *ciboule*). Plante cultivée pour ses feuilles creuses et cylindriques servant de condiment (syn. **civette**). ▸ Famille des liliacées.

cicatrice [sikatris] **n.f.** (lat. *cicatrix, -icis*). **1.** Marque laissée par une blessure, une plaie, après guérison : *Visage couvert de cicatrices* (syn. **balafre, stigmate**). **2.** Trace matérielle laissée par une action violente ; trace physique ou morale laissée par le chagrin, le malheur : *Elle garde encore des cicatrices de son divorce.*

cicatriciel, elle [sikatrisjɛl] **adj.** Relatif à une cicatrice : *Les bourrelets cicatriciels disparaîtront peu à peu.*

cicatrisable [sikatrizabl] **adj.** Qui peut se cicatriser.

cicatrisant, e [sikatrizɑ̃, -ɑ̃t] **adj.** et **n.m.** Se dit d'une substance qui favorise la cicatrisation : *Pommade cicatrisante.*

cicatrisation [sikatrizasjɔ̃] **n.f.** Fait de se cicatriser : *La cicatrisation se fait bien.*

cicatriser [sikatrize] **v.t. 1.** Favoriser la fermeture d'une plaie : *L'exposition à l'air cicatrise la blessure.* **2.** Calmer une douleur morale : *Le temps et l'amitié cicatriseront son chagrin* (syn. **adoucir, apaiser**). ◆ **v.i.** ou **se cicatriser v.pr.** Se fermer, en parlant d'une plaie ; s'apaiser, en parlant d'une douleur morale : *La brûlure a cicatrisé, s'est cicatrisée. Sa peine finira par se cicatriser.*

Cicéron, en lat. **Marcus Tullius Cicero,** homme politique et orateur latin (Arpinum 106 - Formies 43 av. J.-C.). Issu d'une famille plébéienne entrée dans l'ordre équestre, avocat, il débute dans la carrière politique en attaquant Sulla à travers un de ses affranchis *(Pro Roscio Amerino),* puis en défendant les Siciliens contre les exactions de leur gouverneur Verrès *(les Verrines).* Consul (63), il déjoue la conjuration de Catilina et fait exécuter ses complices *(Catilinaires).* Il embrasse le parti de Pompée, mais, après Pharsale, se rallie à César. Ce dernier mort, il attaque vivement Antoine et lui oppose Octavien. Proscrit par le second triumvirat, il est assassiné. S'il fut un politique médiocre, Cicéron a porté l'éloquence latine à son apogée : ses plaidoyers et ses discours ont servi de modèle à toute la rhétorique latine *(De oratore).* Ses traités philosophiques *(De finibus, De officiis)* ont acclimaté dans la littérature latine la métaphysique et la morale grecques. On a conservé une grande part de sa correspondance.

cicérone [siserɔn] **n.m.** (it. *cicerone,* du n. de *Cicéron,* en raison des talents d'orateur des guides) [pl. *cicérones*]. *LITT.* Guide appointé des touristes étrangers (dans un monument, une ville, un pays) ; par ext., personne qui en guide une autre, d'autres : *Un habitant de Rome nous a servi de cicérone.*

ci-contre [sikɔ̃tr] **adv.** En regard, vis-à-vis : *Consultez l'affiche ci-contre.*

Cid Campeador (Rodrigo Díaz de Vivar, dit le), chevalier espagnol (Vivar v. 1043 - Valence 1099). Banni par Alphonse VI de Castille (1081), il se mit au service de l'émir de

Saragosse, puis s'empara de Valence (1095), où il régna jusqu'à sa mort. Le Cid est le héros d'un grand nombre d'œuvres littéraires : du *Poème de mon Cid*, du *Romancero espagnol*, d'un drame de Guillén de Castro et d'une tragédie de Corneille.

ci-dessous [sidəsu] **adv.** Au bas de quelque chose ; plus loin dans le texte : *Ce sera expliqué ci-dessous* (syn. **ci-après**).

ci-dessus [sidəsy] **adv.** En remontant dans le texte : *Vous avez lu ci-dessus les raisons de mon refus.*

1. ci-devant [sidəvɑ̃] **adv.** *VX.* Avant ce temps-ci, précédemment.

2. ci-devant [sidəvɑ̃] **n. inv.** (de *ci-devant* [*noble*], précédemment [noble]). Noble déchu de ses titres et de ses privilèges sous la Révolution.

cidre [sidr] **n.m.** (lat. pop. **cisera*, class. *sicera*, boisson forte, hébr. *chekar*). Boisson obtenue par fermentation du jus de pomme : *Une bolée de cidre.*

cidrerie [sidrəri] **n.f.** Usine, local où l'on fabrique le cidre.

Cie, abrév. du mot *compagnie*, désignant des associés dans une raison sociale : *Martin, Durand et Cie.*

ciel [sjɛl] **n.m.** (lat. *caelum*) [pl. *cieux*]. **1.** Espace visible au-dessus de nos têtes, que limite l'horizon : *Les étoiles brillent dans le ciel* (syn. **firmament**). **2.** (Pl. *ciels*). État, aspect du ciel : *Ciel bas, sans nuages, bleu.* **3.** L'espace où se meuvent les astres ; l'ensemble des astres et leur influence supposée sur la destinée : *Une carte du ciel. Le ciel est contre moi, je n'y arriverai jamais !* **4.** Séjour de la Divinité, des âmes des justes après leur mort : *Monter au ciel* (syn. **paradis**). **5.** Dieu, la puissance divine : *Invoquer le ciel. Fasse le ciel qu'il ne lui soit rien arrivé !* **6.** (Pl. *ciels*). Dais placé au-dessus d'un lit et auquel sont suspendus des rideaux (on dit aussi *ciel de lit*) : *Un ciel recouvert de soie bleue.* **7. À ciel ouvert,** se dit d'une mine, d'une carrière exploitée en plein air. / **Entre ciel et terre,** dans l'air, en suspens au-dessus du sol : *L'alpiniste restait entre ciel et terre au bout de sa corde.* / *LITT.* **Le feu du ciel,** la foudre. / **Remuer ciel et terre,** mettre tout en œuvre pour réussir. / **Sous d'autres cieux,** dans un autre pays : *Je rêve de partir vivre sous d'autres cieux.* / **Tomber du ciel,** arriver à l'improviste et au bon moment ; être surpris, stupéfait : *Cet argent qui tombe du ciel est le bienvenu !* ◆ **interj.** Exprime la surprise, l'étonnement, la douleur : *Ciel, il a oublié son passeport !*

cierge [sjɛrʒ] **n.m.** (lat. *cereus*, de *cera*, cire). **1.** Longue chandelle de cire que l'on brûle dans les églises : *Brûler un cierge à la Vierge Marie.* **2.** Plante grasse des régions arides d'Amérique, dont certaines espèces ont l'aspect de colonnes pouvant atteindre 15 m. ▸ Famille des cactacées.

cigale [sigal] **n.f.** (prov. *cigala*, lat. *cicada*). Insecte abondant dans la région méditerranéenne et vivant sur les arbres, dont il puise la sève. ▸ Ordre des homoptères ; long. avec les ailes : 5 cm ; la cigale craquette et stridule.

cigare [sigar] **n.m.** (esp. *cigarro*). **1.** Petit rouleau de feuilles et de fragments de tabac, que l'on fume. **2.** *FAM.* Tête, crâne : *Recevoir un coup sur le cigare.*

cigarette [sigarɛt] **n.f.** (de *cigare*). Cylindre de tabac haché, enveloppé dans du papier fin : *Rouler une cigarette.*

cigarier, ère [sigarje, -ɛr] **n.** Ouvrier, ouvrière qui confectionne des cigares.

cigarillo [sigarijo] **n.m.** (mot esp.). Petit cigare.

ci-gît [siʒi] **loc. verb.** (de *gésir*). Ici est enterré (formule ordinaire des épitaphes, précédant le nom du mort).

cigogne [sigɔɲ] **n.f.** (prov. *cegonha*, lat. *ciconia*). Oiseau échassier migrateur, dont l'espèce la plus connue, la cigogne blanche, atteint plus de 1 m de hauteur. ▸ La cigogne claquette ou craquette.

ciguë [sigy] **n.f.** (lat. *cicuta*). **1.** Plante des décombres et des chemins, qui renferme un alcaloïde toxique, la cicutine. ▸ Famille des ombellifères. **2.** Poison extrait de la ciguë : *Socrate fut condamné à boire la ciguë.*

ci-inclus, e [siɛ̃kly, -yz] **adj.** (inv. avant le n., variable après le n.). Contenu dans cet envoi : *La quittance ci-incluse tiendra lieu de preuve. Vous trouverez ci-inclus votre quittance.*

ci-joint, e [siʒwɛ̃, -ɛ̃t] **adj.** (inv. avant le n., variable après le n.). Joint à cet envoi : *Veuillez prendre connaissance des notes ci-jointes. Vous trouverez ci-joint deux copies du jugement du tribunal.*

cil [sil] **n.m.** (lat. *cilium*). **1.** Poil qui garnit le bord des paupières de l'homme et des singes : *Il me fixait sans un battement de cil.* **2. Cils vibratiles ⟶ vibratile.**

cilice [silis] **n.m.** (lat. *cilicium*, étoffe en poil de chèvre de Cilicie). Autref., chemise, large ceinture de crin portée sur la peau par mortification et en signe de pénitence : *Moine qui porte un cilice.*

Cilicie, région située au sud de la Turquie d'Asie. Ses villes les plus importantes sont Adana et Tarsus.

cilié, e [silje] **adj.** Garni de cils : *Membrane ciliée. Feuille ciliée.* ◆ **cilié n.m. Ciliés,** groupe de protozoaires à cils vibratiles telle la paramécie (syn. vieilli **infusoire**).

ciller [sije] **v.i.** (de *cil*). **1.** Abaisser et relever rapidement les paupières : *La vive lumière du soleil nous fit ciller* (= cligner des yeux). **2. Ne pas ciller,** rester immobile, impassible : *Il a écouté la critique et n'a pas cillé.*

Cimabue (Cenni di Pepo, dit), peintre italien mentionné à Rome en 1272, à Pise en 1301. Il est réputé avoir été le maître de Giotto et avoir, le premier, affranchi son art des conventions byzantines. On lui attribue notamment le *Crucifix* de S. Croce et la *Maestà* (Vierge en majesté) de S. Trinità à Florence (Offices), ainsi que d'importantes fresques à Assise.

cimaise [simɛz] **n.f.** (gr. *kumation*, petite vague). **1.** ARCHIT. Moulure formant le sommet d'une corniche. **2.** Mur d'une salle d'exposition (dans un musée, etc.).

Cimarosa (Domenico), compositeur italien (Aversa 1749 - Venise 1801). Grand maître de l'opéra (*le Mariage secret,* 1792), il a aussi laissé une *Missa pro defunctis* et des sonates pour clavier.

Cimbres, peuple germanique qui, avec les Teutons, participa à une vaste migration vers le sud, à partir de 115 av. J.-C., et ravagea la Gaule. Les Cimbres furent vaincus par Marius à Verceil (101 av. J.-C.).

cime [sim] **n.f.** (lat. *cyma*, pousse végétale, extrémité, gr. *kuma*, soulèvement). Extrémité supérieure, effilée, d'une montagne, d'un arbre, etc. : *Le vent agite la cime des peupliers* (syn. **faîte, tête**). *Les alpinistes ont atteint la dernière cime* (syn. **pointe, sommet**).

ciment [simɑ̃] **n.m.** (lat. *caementum*, pierre non taillée). **1.** Matière pulvérulente formant avec l'eau ou avec une solution saline une pâte plastique liante, capable d'agglomérer, en durcissant, des substances variées. **2.** Toute substance interposée entre deux corps durs pour les lier : *Du ciment dentaire.* **3.** *LITT.* Ce qui rapproche, unit : *Les épreuves endurées ensemble sont le ciment de leur amitié.*

cimenter [simɑ̃te] **v.t. 1.** Lier, fixer avec du ciment : *Cimenter des moellons. Il a cimenté un anneau dans le mur.* **2.** Recouvrir de ciment : *Faire cimenter le sol d'une cave.* **3.** *LITT.* Établir solidement : *Le pacte a cimenté la paix* (syn. **affermir, consolider**).

cimenterie [simɑ̃tri] **n.f.** Fabrique de ciment.

cimeterre [simtɛr] **n.m.** (it. *scimitarra*, du turc). Sabre oriental à lame courbe qui s'élargit vers l'extrémité.

cimetière [simtjɛr] **n.m.** (lat. *cœmeterium*, lieu de repos, du gr. *koiman*, dormir). **1.** Lieu où l'on enterre les morts : *Le cortège funèbre se dirigeait vers le cimetière.* **2. Cimetière de voitures,** lieu où sont rassemblées des carcasses de voitures hors d'usage.

cinabre [sinabr] **n.m.** (gr. *kinnabari*). **1.** Sulfure naturel de mercure, de couleur rouge. ▸ Symb. HgS. **2.** Couleur rouge vermillon.

cinéaste [sineast] **n.** (de *ciné[ma]*). Auteur ou réalisateur de films.

ciné-club [sineklœb] **n.m.** (pl. *ciné-clubs*). Association visant à promouvoir la culture cinématographique.

cinéma [sinema] **n.m.** (abrév. de *cinématographe*). **1.** Art de composer et de réaliser des films cinématographiques : *La technique du cinéma fut mise au point par les frères Lumière en 1895.* **2.** Industrie cinématographique : *Travailler dans le cinéma. Les professions du cinéma.* **3.** L'ensemble des œuvres cinématographiques (d'un pays, d'un auteur, etc.) : *Rétrospective du cinéma français, italien.* **4.** Salle de spectacle destinée à la projection de films (abrév. fam. *ciné*) : *Il y a deux cinémas dans mon quartier. Il va souvent au cinéma.* **5.** FAM. **C'est du cinéma,** ce n'est pas sincère, c'est de la comédie. / **Faire du cinéma, tout un cinéma,** faire des manières, des complications.

■ **Évolution technique du cinéma.** Le Cinématographe, mis au point par les frères Lumière en 1895, a été le premier appareil à assurer de façon satisfaisante les deux fonctions du cinéma : la prise de vues et la projection. Il est le fruit de longues recherches touchant à la stroboscopie, à la photographie et à la projection des images animées, effectuées notamment par Plateau, Horner, Niépce, Daguerre, Muybridge, Marey, Reynaud et Edison. Dès 1909, on adopte pour la diffusion des films le format Edison (35 mm de largeur, perforations standardisées).

Lors de la prise de vues, sauf cas particuliers des films d'animation, le cinéma décompose le mouvement en une série de photographies instantanées, prises à raison de 24 images/seconde dans le cinéma sonore et de 16 images/seconde dans le muet. D'autres cadences peuvent être utilisées pour produire, par exemple, des effets de ralenti ou d'accéléré.

La plupart des techniques cinématographiques ont été inventées au début du cinéma, mais leur utilisation et leur commercialisation ne se sont faites que tardivement : la couleur apparaît avec le Kinemacolor (1911), mais n'est effective qu'avec le Technicolor trichrome en 1934. Le premier film parlant apparaît en 1927 *(The Jazz Singer)*. Le cinéma est alors bouleversé. Le truquage naît en 1933 avec *King Kong*. Puis le CinémaScope (écran large) apparaît en 1953, le format *panoramique* en 1955 dans le cadre de la lutte contre la télévision. Cette raison fera aussi abandonner le noir et blanc entre 1955 et 1965.

Histoire du cinéma. La première projection publique du cinématographe a lieu le 28 décembre 1895. Grâce à des poètes magiciens comme Méliès, le passage du documentaire à la fiction, voire à la science-fiction, est rapide, tout comme l'évolution économique de ce nouvel art, qui sous l'impulsion des Américains s'industrialise (trusts, grandes maisons de production, création d'Hollywood). À partir des années 1910-1920, le cinéma se développe avec les premiers grands créateurs : Gance, Sjöström, Dreyer, Lubitsch, Pabst, Eisenstein, Vertov, Dovjenko. Les premières écoles apparaissent, dont l'expressionnisme allemand, avec Murnau et Lang, qui exprime la psychologie des personnages par le symbolisme des formes et par la stylisation des décors et des lumières. Aux États-Unis, Griffith codifie le langage de l'image dans *Naissance d'une nation* (1915) et *Intolérance* (1916), tandis que Mack Sennett invente le cinéma burlesque avec Charlie Chaplin, Buster Keaton et Harold Lloyd. Le star-system est tout-puissant dès 1918 et Hollywood devient la capitale du cinéma, attirant de grands cinéastes étrangers tels que Stroheim et Sternberg.

Avec le cinéma parlant, et malgré la crise, le cinéma américain assure sa suprématie. La comédie musicale part à la conquête des écrans, le cinéma chante et danse avec Fred Astaire. La comédie légère (ou comédie américaine) s'impose avec Capra, tout comme le film noir (gangsters ou policiers) avec Hawks, le film de guerre, le western, qui, avec Ford, gagne ses lettres de noblesse, et la superproduction avec Cecil B. De Mille ou Fleming (*Autant en emporte le vent,* 1939). Des réalisateurs comme Walsh, Cukor, Wyler, Vidor entament des carrières prolifiques, tandis que brillent au fronton des salles les noms des grandes vedettes (Greta Garbo, Marlene Dietrich, Mae West, Bette Davis, Gary Cooper, Cary Grant, Humphrey Bogart). En Europe, la France (Clair, Carné, Vigo, Renoir, Pagnol, Guitry) occupe avec l'U.R.S.S. une position privilégiée. Dans le même temps, le dessin animé se popularise avec Disney, et Welles révolutionne la technique de narration et de montage de ce qu'on appelle désormais « le septième art », notamment dans *Citizen Kane* (1941). La Seconde Guerre mondiale consolide la position dominante du cinéma américain dans le monde. Pourtant, Hollywood est bientôt secoué par une crise morale et politique (le « maccarthysme », de 1947 à 1952, période pendant laquelle sont dénoncés et écartés les cinéastes soupçonnés de convictions procommunistes) et par une crise économique grave. Sur le plan artistique, les metteurs en scène les plus en vue sont toujours Ford et Hawks, mais également Huston, Ray, Wilder, Donen, Minnelli, Mankiewicz, Hitchcock, Kazan.

Dans l'après-guerre, le cinéma échappe au monopole américain. L'Italie découvre le néoréalisme (Rossellini, Visconti, De Sica), école qui privilégie les décors naturels et le recours à des acteurs non professionnels. La France n'a pas d'écoles mais des individualités (Clouzot, Clément, Tati, Becker, Ophuls, Bresson), comme la Grande-Bretagne (Lean et Reed).

Les années 1955-1970 consacrent plusieurs réalisateurs : des Italiens (Antonioni, Fellini, Visconti toujours), l'Espagnol Buñuel, le Suédois Bergman, les Japonais Mizoguchi, Ozu et Kurosawa, l'Indien Satyajit Ray, les Français Godard, Resnais, Rohmer, Truffaut, Chabrol, chefs de file de la « nouvelle vague » (mouvement qui instaure un nouveau ton, plus libre, une technique légère pour des films à petits budgets et qui a ouvert la voie à toute une génération de cinéastes), enfin les Américains Losey et Kubrick. Le cinéma, œil ouvert sur le monde (il est dans divers lieux une arme idéologique, politique et sociale), s'ouvre à toutes les tendances esthétiques, notamment au Brésil, en Pologne (Wajda), en Hongrie (Jancsó). Le cinéma, en se diversifiant (du film à petit budget à la superproduction remplie d'effets spéciaux), cherche à freiner la crise de fréquentation amorcée dans les années 1960.

Les dernières décennies voient l'apparition ou la confirmation de multiples talents : Fassbinder, Wenders, Allen, Altman, Coppola, Scorsese, Spielberg, Saura, Sautet, Tavernier, Bertolucci, Ferreri, Scola, les frères Taviani, Oshima, Tanner, Denys Arcand, Kusturica, Zhang Yimou, Tarantino, Kiarostami, les frères Dardenne, les frères Coen, Moretti, Haneke, etc. À la fois aidé et concurrencé par la multiplication des circuits de diffusion d'images (télévisions, Internet), le cinéma traverse à présent une violente crise économique et artistique qui fragilise les réseaux indépendants et contraint toujours à de nouvelles stratégies les producteurs de *blockbusters* (films à gros budget).

Institutions, festivals, prix. La Cinémathèque française a été fondée en 1936 par Langlois, Franju et Harlé. Subventionnée par l'État, elle réunit des services de conservation, de projection et le musée du Cinéma.

Les ciné-clubs (créés sous l'impulsion de Louis Delluc dans les années 1920) se donnent pour rôle de défendre les films inédits et le répertoire international de qualité en marge des circuits commerciaux.

Il existe de très nombreux festivals nationaux et internationaux, généraux ou spécialisés. Les plus importants sont : Cannes ; créé en 1946, il est organisé chaque année en mai et décerne la palme d'or ; Venise ; créé en 1932, il a lieu fin août-début septembre et décerne le lion d'or ; Berlin ; créé en 1951, il se déroule en février-mars et décerne l'ours d'or.

Divers prix récompensent chaque année les gens de cinéma. Parmi les plus importants figurent les oscars d'Hollywood, les césars et le prix Louis-Delluc en France. ■

CinémaScope [sinemaskɔp] **n.m.** (nom déposé). Procédé cinématographique de projection sur un écran large par rétablissement de l'image préalablement déformée à la prise de vues.

cinémathèque [sinematɛk] **n.f.** (de *cinéma-* et *-thèque*). Lieu où l'on conserve et projette des films.

cinématique [sinematik] **n.f.** (de *cinémato-*). PHYS. Partie de la mécanique qui étudie les mouvements des corps, abstraction faite des forces qui les produisent.

cinématographe [sinematɔgraf] **n.m.** (de *cinémato-* et *-graphe*). **1.** (Avec une majuscule). Anc. appareil destiné à enregistrer des images, à projeter sur un écran des vues animées. **2.** *VIEILLI* ou *LITT.* Art cinématographique, cinéma : *Les premiers temps du cinématographe.*

cinématographique [sinematɔgrafik] **adj.** Relatif au cinéma : *L'industrie cinématographique.*

cinémomètre [sinemɔmɛtr] **n.m.** (de *cinéma-* et *-mètre*). Appareil servant à mesurer la vitesse linéaire d'un mobile.

cinéphile [sinefil] **n.** Amateur de cinéma.

1. cinéraire [sinerɛr] **adj.** (lat. *cinerarius*, de *cinis, -eris*, cendre). Qui renferme les cendres d'un corps incinéré : *Urne cinéraire.*

2. cinéraire [sinerɛr] **n.f.** (de *1. cinéraire*). Séneçon ornemental au feuillage cendré, aux fleurs pourprées.

cinétique [sinetik] **adj.** (gr. *kinêtikos*, mobile). **1.** Relatif au mouvement ; fondé sur le mouvement : *Théorie cinétique des gaz.* **2. Art cinétique,** forme d'art contemporain fondée sur l'illusion optique, le caractère changeant de l'œuvre, son mouvement virtuel ou réel. / **Énergie cinétique,** énergie d'un corps en mouvement. ▸ Pour un solide en mouvement de translation, l'énergie cinétique est le demi-produit de sa masse par le carré de sa vitesse. ◆ **n.f. 1.** Partie de la mécanique traitant des mouvements. **2.** Étude de la vitesse des réactions chimiques.

■ ART CONTEMPORAIN. Né dans les années 1950, mais annoncé par certains travaux à partir des années 1920 (Gabo, Tatline, Duchamp, Moholy-Nagy, Josef Albers), l'art cinétique se caractérise par la recherche du mouvement ou de son illusion. Le mouvement réel est fondé sur des systèmes divers, mécaniques, électriques, électromagnétiques, etc., animant les parties de l'œuvre (Tinguely, Nicolas Schöffer, Pol Bury). Le mouvement apparent repose sur des phénomènes optiques (d'où l'appellation *op art*) créés par des effets de structures, le plus souvent géométriques, de couleurs et de lumière (Vasarely, Jesús Rafael Soto, Carlos Cruz-Diez, Yaacov Agam, Bridget Riley, etc.). ■

cinghalais [sɛ̃galɛ] **n.m.** (angl. *cingalese*, du tamoul). Langue indo-aryenne parlée au Sri Lanka, où elle est la langue officielle.

cinglant, e [sɛ̃glɑ̃, -ɑ̃t] **adj.** (de *2. cingler*). Qui blesse l'amour-propre par sa rudesse : *Repartie cinglante* (syn. **vexant**).

cinglé, e [sɛ̃gle] **adj.** et **n.** (de *2. cingler*). *FAM.* Qui a l'esprit dérangé : *Tu es cinglé de conduire aussi vite* (syn. **fou**).

1. cingler [sɛ̃gle] **v.i.** (du scand. *sigla*, par croisement avec *2. cingler*). *LITT.* En parlant d'un bateau, faire route, naviguer dans une direction déterminée : *Le paquebot cinglait vers la Grèce.*

2. cingler [sɛ̃gle] **v.t.** (de *sangler*, frapper avec une sangle). **1.** Frapper avec qqch de mince et de flexible : *Le jockey cinglait les flancs de son cheval* (syn. **cravacher, fouetter**). **2.** En parlant de la pluie, de la grêle, frapper des coups vifs et nombreux : *Les grains de sable soulevés par le vent nous cinglaient le visage* (syn. **fouetter**). **3.** Blesser par des paroles dures : *Cingler qqn d'une réplique, d'une insulte.*

Cinna (Cneius Cornelius), arrière-petit-fils de Pompée. Il fut traité avec clémence par Auguste, contre lequel il avait conspiré et qui le nomma consul en 5 apr. J.-C. Héros de la tragédie de Corneille.

cinnamome [sinamɔm] **n.m.** (lat. *cinnamomum*, du gr.). Genre d'arbustes aromatiques originaires des régions chaudes de l'Asie, tels le cannelier, le camphrier.

cinq [sɛ̃k] (devant une consonne, le plus souvent [sɛ̃]) **adj. num. card. inv.** (lat. *quinque*). **1.** Quatre plus un : *Les cinq doigts de la main.* **2.** (En fonction d'ordinal). De rang numéro cinq ; cinquième : *Le tome cinq. Le cinq septembre* (= le cinquième jour de septembre). *Je partirai le cinq* (= le cinquième jour du mois). ◆ **n.m. inv.** [sɛ̃k] **1.** Le nombre qui suit quatre dans la série des entiers naturels ; le chiffre représentant ce nombre : *Trois et deux font cinq. Ses cinq sont illisibles.* **2.** JEUX. Face d'un dé marquée de cinq points ; carte comportant cinq figures, marquée par le numéro cinq : *Si je tire un cinq, j'ai gagné. Le cinq de pique.* **3.** *FAM.* **En cinq sec,** très rapidement. / **Recevoir qqn cinq sur cinq,** l'entendre parfaitement à la radio, au téléphone.

Cinq *(groupe des)*, cénacle de musiciens russes autodidactes, associant dans les années 1850-1870 autour de son fondateur, Balakirev, les noms de Cui, Moussorgski, Borodine et Rimski-Korsakov. Ce groupe fut à la base du renouveau de l'école russe.

Cinq-Mars (Henri Coeffier de Ruzé, *marquis* **de),** favori de Louis XIII (1620 - Lyon 1642). Grand écuyer de France, il mourut sur l'échafaud, avec de Thou, pour avoir conspiré contre Richelieu.

cinquantaine [sɛ̃kɑ̃tɛn] **n.f. 1.** Nombre de cinquante ou d'environ cinquante. **2.** Âge d'à peu près cinquante ans : *Approcher de la cinquantaine.*

cinquante [sɛ̃kɑ̃t] **adj. num. card. inv.** (lat. *quinquaginta*). **1.** Cinq fois dix : *Il y avait cinquante personnes.* **2.** (En fonction d'ordinal). De rang numéro cinquante ; cinquantième : *La page cinquante. La chambre cinquante.* ◆ **n.m. inv.** Le nombre qui suit quarante-neuf dans la série des entiers naturels : *Trente plus vingt égalent cinquante.*

cinquantenaire [sɛ̃kɑ̃tnɛr] **adj.** Qui dure cinquante ans. ◆ **adj.** et **n.** Qui a atteint cinquante ans : *Un cinquantenaire de belle allure* (syn. cour. **quinquagénaire**). ◆ **n.m.** Anniversaire d'un événement qui a eu lieu cinquante ans auparavant : *Le cinquantenaire de la création de notre théâtre.*

cinquantième [sɛ̃kɑ̃tjɛm] **adj. num. ord.** et **n.** De rang numéro cinquante : *Le cinquantième étage d'une tour.* ◆ **adj.** et **n.m.** Qui correspond à la division d'un tout en cinquante parties égales : *La cinquantième partie d'une somme. Elle réserve un cinquantième de ses gains à des associations.*

cinquième [sɛ̃kjɛm] **adj. num. ord.** De rang numéro cinq : *Le cinquième client a été récompensé.* ◆ **n.** Celui, ce qui occupe le cinquième rang : *C'est la cinquième de la classe.* ◆ **adj.** et **n.m.** Qui correspond à la division d'un tout en cinq parties égales : *La cinquième partie d'une somme. Vous en recevrez chacun le cinquième.* ◆ **n.f. 1.** En France, classe constituant la deuxième année du premier cycle de l'enseignement secondaire : *Passer de sixième en cinquième.* **2.** Cinquième vitesse d'un véhicule : *Passer en cinquième, la cinquième.*

cinquièmement [sɛ̃kjɛmmɑ̃] **adv.** En cinquième lieu : *Cinquièmement, vous êtes constamment en retard.*

cintrage [sɛ̃traʒ] **n.m.** Action de cintrer ; fait d'être cintré.

cintre [sɛ̃tr] **n.m.** (de *cintrer*). **1.** Courbure intérieure d'une voûte ou d'un arc. **2.** Support incurvé qui permet de suspendre les vêtements : *Mettre son manteau sur un cintre.* ◆ **cintres n.m. pl.** Partie d'un théâtre située au-dessus de la scène, où l'on remonte les décors après utilisation.

cintrer [sɛ̃tre] **v.t.** (lat. pop. *cinctuare*, du class. *cinctura*, ceinture). **1.** Donner une courbure à : *Cintrer une barre de fer* (syn. **arquer, incurver**). **2.** Resserrer un vêtement par des pinces à la taille.

C.I.O. [seio] **n.m.** (sigle). Centre* d'information et d'orientation.

cirage [siraʒ] **n.m.** (de *cire*). **1.** Produit originellement à base de cire, destiné à l'entretien et au lustrage du cuir. **2.** *FAM.* **Être dans le cirage,** ne pas avoir les idées claires.

circaète [sirkaɛt] **n.m.** (du gr. *kirkos*, faucon, et *aetos*, aigle). Oiseau rapace diurne, de grande taille, habitant les régions boisées du centre et du sud de la France. ▸ Envergure 1,60 à 1,80 m.

circassien, enne [sirkasjɛ̃, -ɛn] **adj.** Qui concerne le cirque, les gens du cirque. ◆ Artiste du cirque.

Circé, magicienne de la mythologie grecque. Experte dans la préparation des philtres, elle pouvait transformer les humains en animaux. C'est ainsi que, selon *l'Iliade,* elle changea en pourceaux les compagnons d'Ulysse. Ce dernier, sachant se faire aimer d'elle, échappa au sortilège et demeura un an dans son palais.

circoncire [sirkɔ̃sir] **v.t.** (lat. *circumcidere,* couper autour) [conj. **101**]. Pratiquer la circoncision sur qqn.

circoncis, e [sirkɔ̃si, -iz] **adj.** et **n.m.** Qui a subi la circoncision.

circoncision [sirkɔ̃sizjɔ̃] **n.f.** (lat. ecclés. *circumcisio,* du class. *circumcidere,* couper autour). Ablation totale ou partielle du prépuce ; spécial., ablation rituelle du prépuce chez les juifs, les musulmans, certains peuples africains.

circonférence [sirkɔ̃ferɑ̃s] **n.f.** (lat. *circumferentia,* de *circumferre,* faire le tour). **1.** VIEILLI. Ligne plane et fermée dont tous les points sont situés à la même distance (appelé *rayon*) d'un point fixe (appelé *centre*) (syn. **cercle**). **2.** Périmètre d'un cercle ; longueur d'un cercle. ▶ Si R est le rayon, la circonférence est égale à 2 π R. **3.** Ligne fermée qui marque la limite d'un espace : *Un mur s'étendait sur toute la circonférence du domaine* (syn. **périmètre, pourtour**).

circonflexe [sirkɔ̃flɛks] **adj.** (du lat. *circumflexus* [*accentus*], tiré autour). Se dit d'un signe d'accentuation (^) servant en français à noter certaines voyelles longues *(pâté)* ou à distinguer des homonymes (*dû* et *du* ; *forêt* et *foret*).

circonlocution [sirkɔ̃lɔkysjɔ̃] **n.f.** (lat. *circumlocutio,* de *circum,* autour, et *locutio,* parole). Manière de parler dans laquelle on exprime sa pensée d'une façon indirecte (syn. **périphrase**).

circonscription [sirkɔ̃skripsjɔ̃] **n.f.** (lat. *circumscriptio,* de *circumscribere,* tracer autour, limiter). Division administrative, militaire, religieuse d'un territoire : *Créer de nouvelles circonscriptions électorales.*

circonscrire [sirkɔ̃skrir] **v.t.** (lat. *circumscribere,* de *circum,* autour, et *scribere,* écrire) [conj. **99**]. **1.** Tracer une limite autour : *Circonscrire un parc par des murs* (syn. **délimiter, entourer**). **2.** Limiter la propagation, l'extension d'un phénomène : *Circonscrire une épidémie, un incendie.* **3.** Définir les limites de qqch : *Vous devez apprendre à circonscrire votre sujet* (syn. **cerner**).

circonscrit, e [sirkɔ̃skri, -it] **adj.** (de *circonscrire*). MATH. Se dit d'une courbe, en partic. d'un cercle, passant par tous les sommets d'un polygone, ou d'un polygone sur les côtés duquel sont situés les sommets d'un autre (appelé *polygone inscrit*).

circonspect, e [sirkɔ̃spɛ, -ɛkt] ou [sirkɔ̃spɛkt, -ɛkt] **adj.** (lat. *circumspectus,* de *circumspicere,* regarder autour). Qui montre de la circonspection : *Cette mésaventure l'a rendue circonspecte* (syn. **précautionneux, prudent**).

circonspection [sirkɔ̃spɛksjɔ̃] **n.f.** (lat. *circumspectio,* de *circumspicere,* regarder autour). Prudence, réserve dans les actes ou les paroles : *Je vous recommande la circonspection dans cette affaire.*

circonstance [sirkɔ̃stɑ̃s] **n.f.** (lat. *circumstantia,* de *circumstare,* se tenir autour). **1.** Particularité qui accompagne un fait, une situation : *L'enquête établira les circonstances de l'accident* (syn. **condition**). **2.** État des choses à un moment donné : *Dans les circonstances actuelles* (syn. **conjoncture, situation**). **3. De circonstance,** adapté à la situation du moment : *Faire une tête de circonstance.*

circonstancié, e [sirkɔ̃stɑ̃sje] **adj.** Dont les circonstances sont rapportées en détail : *Le compte-rendu circonstancié d'une réunion* (syn. **détaillé**).

circonstanciel, elle [sirkɔ̃stɑ̃sjɛl] **adj. 1.** Qui est lié aux circonstances : *Sa déclaration est purement circonstancielle.* **2.** GRAMM. Se dit d'un complément prépositionnel (ou d'une surbordonnée jouant ce rôle) qui indique dans quelle circonstance a lieu l'action (temps, lieu, cause, moyen, etc.).

circonvallation [sirkɔ̃valasjɔ̃] **n.f.** (bas lat. *circumvallatio,* du class. *circumvallare,* entourer d'un retranchement). Fortification établie par un assiégeant pour se garder contre une armée se portant au secours des assiégés.

circonvenir [sirkɔ̃vnir] **v.t.** (lat. *circumvenire,* venir autour) [conj. **40**]. Chercher par des manœuvres habiles à convaincre qqn, à obtenir qu'il agisse comme on le souhaite : *Tenter de circonvenir un témoin* (syn. **manœuvrer**).

circonvolution [sirkɔ̃vɔlysjɔ̃] **n.f.** (lat. *circumvolvere,* rouler autour). **1.** Enroulement, cercle autour d'un point central : *Les vautours décrivaient des circonvolutions au-dessus du corps de la gazelle* (syn. **cercle**). **2. Circonvolutions cérébrales,** replis sinueux de l'écorce cérébrale chez les mammifères.

circuit [sirkɥi] **n.m.** (lat. *circuitus,* de *circuire,* faire le tour). **1.** Itinéraire d'une épreuve sportive que les concurrents ont à parcourir une ou plusieurs fois : *Le circuit du Tour de France. Un circuit automobile.* **2.** Parcours touristique comportant plusieurs étapes et souvent balisé : *Faire le circuit des châteaux de la Loire* (syn. **tournée**). **3.** Itinéraire compliqué : *Quel circuit pour arriver chez eux !* **4.** Mouvement de circulation des biens financiers ou de consommation : *Le circuit des capitaux. Les circuits de distribution des fruits.* **5.** Jouet constitué d'un parcours fermé sur lequel on fait circuler des trains, des voitures. **6.** Ensemble de compétitions sportives (tennis et golf notamm.) dont les résultats sont pris en compte pour un classement professionnel. **7.** Ce qui a cours, qui est en circulation ; ensemble des éléments et des personnes qui comptent dans un domaine : *Être hors circuit* (= ne plus avoir cours, ne plus être au fait des choses). *Remettre qqch dans le circuit* (= en circulation). **8.** ÉLECTR., ÉLECTRON. Ensemble de conducteurs dans lequel peut passer un courant électrique. **9. Circuit imprimé,** support isolant rigide ou souple, qui porte les liaisons conductrices nécessaires à la connexion des diverses composantes d'un équipement électronique. ⁄ **Circuit intégré,** circuit électronique réunissant dans une pastille de silicium les composants nécessaires à la réalisation d'une fonction électronique complexe. ⁄ **En circuit fermé,** sans communication ni échange avec l'extérieur : *Fonctionner en circuit fermé.*

circulaire [sirkylɛr] **adj.** (bas lat. *circularis,* du class. *circulus,* cercle). **1.** Qui a la forme d'un cercle ; qui décrit un cercle : *Une piscine circulaire* (syn. **rond**). *Un mouvement circulaire* (syn. **giratoire, rotatoire**). **2.** Qui ramène au point de départ : *Un voyage circulaire. Un raisonnement circulaire* (= un cercle vicieux). **3.** MATH. **Fonctions circulaires,** fonctions trigonométriques (sinus, cosinus, etc.). ◆ **n.f.** Lettre, note tirée à plusieurs exemplaires et adressée à des destinataires différents pour leur communiquer les mêmes informations : *Distribuer une circulaire.*

circularité [sirkylarite] **n.f.** État de ce qui est circulaire ; fait de revenir au point de départ : *La circularité d'un raisonnement.*

circulation [sirkylasjɔ̃] **n.f.** (lat. *circulatio,* mouvement circulaire). **1.** Mouvement de ce qui circule : *La circulation de l'air se fait mal dans le tunnel. La circulation des denrées alimentaires. Mettre une nouvelle pièce en circulation* (= sur le marché). **2.** Mouvement des véhicules se déplaçant sur les voies de communication ; ensemble des véhicules qui circulent : *En raison des travaux, la circulation se fait sur une seule file* (syn. **passage**). *Circulation dense, fluide* (syn. **trafic**). **3. Circulation atmosphérique,** mouvement des grandes masses d'air dans la troposphère. ⁄ **Circulation monétaire,** mouvement de la masse monétaire en un temps donné. ⁄ **Circulation sanguine** ou **circulation du sang,** mouvement du sang que le cœur envoie par les artères aux organes et qui revient des organes au cœur par les veines, après être passé par les capillaires.

■ **Le rôle de la circulation.** Le sang, qui nourrit les cellules, circule à l'intérieur de vaisseaux (artères, veines et capillaires). Il est constitué d'une partie liquide, le plasma, dans laquelle les globules rouges, les globules blancs (cellules sanguines) et les plaquettes sont en suspension. Il transporte les nutriments (eau, ions minéraux, matière organique et oxygène) et des molécules porteuses de signaux (hormones) jusqu'aux cellules. Il prend en charge les déchets du métabolisme (dioxyde de carbone, urée), qui sont rejetés au niveau des poumons ou des reins. Les échanges de molécules entre le sang et les cellules se déroulent au niveau de vaisseaux sanguins de petite taille, les capillaires.

La petite et la grande circulation. Le sang est mis en mouvement par une pompe, le cœur. Composé de deux moitiés divisées chacune en deux cavités, le cœur est un muscle creux. Le sang arrive au cœur par les veines et se jette dans les oreillettes (cavité supérieure) puis passe dans les ventricules (cavité inférieure). Les contractions du muscle cardiaque (myocarde) permettent la propulsion du liquide, qui ne peut se faire que dans un seul sens grâce à des valvules aux mouvements orientés séparant oreillettes et ventricules. Le sang quitte le cœur par les artères. À la moitié droite du cœur, l'artère pulmonaire amène le sang au poumon, où il est oxygéné. Il revient ensuite par la veine pulmonaire à la moitié gauche du cœur.

Le sang oxygéné ressort par l'artère aorte, qui le conduit dans tous les organes, notamment l'intestin, où il se charge en nutriments. Il peut alors aller nourrir les cellules des différents organes. Les artères ont une paroi élastique qui se détend au cours du passage du liquide circulant à forte pression. En reprenant leur forme initiale, les artères aident à la propulsion du sang. Après avoir traversé les organes, le sang se retrouve dans les veines, où la pression est faible. Il peut retourner au cœur en passant par les veines caves grâce aux contractions des muscles entourant les veines (muscles du mollet, de l'abdomen, du diaphragme). Comme dans le cœur, le mouvement ne se fait que dans un sens grâce à la présence de valvules.

On distingue ainsi une *petite circulation* entre le cœur et les poumons et une *grande circulation* entre le cœur et les autres organes. Dans la première, le sang oxygéné circule dans les veines alors que, dans la seconde, il circule dans les artères. ■

circulatoire [sirkylatwar] **adj. 1.** Relatif à la circulation du sang : *Avoir des troubles circulatoires.* **2. Appareil circulatoire,** ensemble des vaisseaux assurant la circulation du sang.

circuler [sirkyle] **v.i.** (lat. *circulari,* de *circulus,* cercle). **1.** Se mouvoir de façon à revenir à son point de départ : *Le sang circule dans nos veines.* **2.** Se déplacer sur des voies de communication : *On circule de plus en plus mal dans Paris* (syn. **rouler**). *Allez, circulez !* (= ne restez pas là). **3.** Passer de main en main : *Des faux billets circulent dans le Sud-Est. Faites circuler le plateau de fromages.* **4.** Se propager : *Des rumeurs alarmantes circulent déjà* (syn. **courir, se répandre**).

circumnavigation [sirkɔmnavigasjɔ̃] **n.f.** Voyage maritime autour d'un continent, autour du globe.

circumpolaire [sirkɔmpɔlɛr] **adj. 1.** Qui est ou qui se fait autour du pôle. **2. Étoile circumpolaire,** étoile assez voisine du pôle céleste pour rester toujours au-dessus de l'horizon en un lieu donné.

circumterrestre [sirkɔmtɛrɛstr] **adj.** ASTRON. Qui entoure la Terre, se fait autour d'elle.

cire [sir] **n.f.** (lat. *cera*). **1.** Substance molle et jaunâtre sécrétée par les abeilles, qui en font les rayons de leurs ruches. **2.** Substance malléable qui provient de certains végétaux : *Palmiers à cire.* **3.** Préparation à base de cire, animale ou végétale, et de solvants utilisée pour l'entretien du bois (meubles, parquets, etc.). **4. Cire à cacheter,** composition de gomme-laque ou de résine et d'essence utilisée pour cacheter des lettres, des bouteilles.

ciré, e [sire] **adj. Toile cirée,** toile recouverte d'une composition vernissée qui la rend imperméable. (V. aussi *cirer*). ◆ **ciré n.m.** Vêtement imperméable en tissu paraffiné ou plastifié, porté spécial. par les marins.

cirer [sire] **v.t.** Enduire, frotter de cire, de cirage : *Cirer un parquet* (syn. **encaustiquer**). *Cirer ses chaussures.*

cireur, euse [sirœr, -øz] **n.** Personne dont la profession est de cirer ; personne qui cire : *Cireur de parquets, de chaussures.* ◆ **cireuse n.f.** Appareil électrique ménager destiné à l'entretien des parquets cirés.

cireux, euse [sirø, -øz] **adj.** Dont la couleur jaunâtre rappelle celle de la cire : *Le teint cireux d'un malade* (syn. **blafard, blême, terreux**).

cirque [sirk] **n.m.** (lat. *circus*). **1.** ANTIQ. Enceinte à gradins où se disputaient les combats de gladiateurs et les courses de chars à Rome : *Les jeux du cirque* (syn. **amphithéâtre, arène**). **2.** Enceinte circulaire où se donnent des spectacles équestres, acrobatiques, etc. ; ensemble des gens, des animaux et du matériel nécessaires pour donner ces spectacles : *Aller au cirque. Le cirque vient de s'installer sur la place* (syn. **chapiteau**). **3.** Dépression semi-circulaire, entourée de montagnes aux parois abruptes, située à l'amont d'une vallée glaciaire : *Le cirque de Gavarnie dans les Pyrénées.* **4.** Dépression circulaire à la surface de la Lune ou de certaines planètes (syn. **cratère**). **5.** *FAM.* Lieu où règnent le désordre et l'agitation : *Si tu voyais la maison la veille du départ en vacances, c'est le cirque !* (syn. **chaos**).

■ Le cirque moderne est né au XVIIIe s. en Angleterre, de l'imagination d'un sergent de cavalerie, Philip Astley, qui, en 1768, délimite une piste ronde pour y présenter des exercices équestres et acrobatiques. Il baptise son établissement Astley Royal Amphitheater of Arts. Conjuguant les multiples influences héritées de l'Antiquité et du Moyen Âge, il compose des programmes où se mêlent des écuyers, des danseurs de corde et déjà quelques animaux dressés. En 1783, il introduit son Amphithéâtre en France pour y connaître un extraordinaire succès. Chassé par la Révolution, Astley regagne l'Angleterre et abandonne les murs à un de ses employés, Antonio Franconi (1737-1836), qui, secondé par ses deux fils, va développer le cirque en France. Les Franconi créeront plusieurs établissements dans la capitale et c'est chez eux qu'apparaîtra pour la première fois le mot *cirque* au fronton d'un bâtiment. Paris connaît plusieurs cirques stables : le cirque des Champs-Élysées (1841-1898), le Nouveau-Cirque (1880-1926) ou encore le cirque Napoléon, inauguré en 1852 (devenu le cirque d'Hiver), où, en 1859, Jules Léotard créera le trapèze volant. De nombreux cirques seront construits en province, dont ne subsistent que de rares exemples (Amiens, Reims, Châlons-en-Champagne). Au début du XIXe s., les Américains inventent le chapiteau et permettent ainsi au cirque de devenir ambulant. Barnum instaure les trois pistes en 1880 et donne au cirque américain un nouvel essor. Dans la même période, des dynasties de « gens du voyage » parcourent l'Europe : les Knie en Suisse, Krone et Althoff en Allemagne, Chipperfield en Angleterre ou encore Schumann au Danemark.

La ménagerie foraine est annexée au début du siècle par le cirque et permet d'ajouter aux numéros d'écuyers, de clowns et d'acrobates des démonstrations de fauves et d'éléphants. Telle demeure la formule du cirque traditionnel, au travers de décennies plus ou moins favorables, jusqu'aux années 1980, marquées par des expériences de renouvellement multiples, comme Archaos, Zingaro ou Plume en France, ou le cirque du Soleil au Canada. ■

cirrhose [siroz] **n.f.** (du gr. *kirrhos,* roux). Maladie du foie caractérisée par une altération des granulations roussâtres de cet organe : *Cirrhose alcoolique.*

cirrhotique [sirɔtik] **adj.** et **n.** Relatif à la cirrhose ; atteint de cirrhose.

cirrus [sirys] **n.m.** (mot lat. « filament »). Nuage blanc se formant entre 6 et 10 km et ayant l'aspect de bandes ou filaments isolés. ▶ Les cirrus forment avec les altocumulus un ciel pommelé qui précède généralement de peu l'arrivée du mauvais temps.

cisaille [sizaj] **n.f.** (lat. pop. **cisacula,* du rad. class. de *caedere,* couper). Gros ciseaux servant à couper les métaux, à élaguer les arbres, etc. (On dit aussi *des cisailles.*)

cisaillement [sizajmɑ̃] **n.m.** Action de cisailler ; fait d'être cisaillé : *Le cisaillement d'une tôle.*

cisailler [sizaje] **v.t.** Couper avec des cisailles : *Cisailler une clôture de barbelés.*

cisalpin, e [sizalpɛ̃, -in] **adj.** Situé en deçà des Alpes par rapport à Rome (par opp. à *transalpin*).

Cisalpine *(Gaule)*, partie nord de l'Italie, occupée par les Celtes avant d'être conquise par les Romains et qui, pour eux, était située en deçà des Alpes.

ciseau [sizo] **n.m.** (lat. pop. **cisellus*, du rad. class. de *caedere*, couper). **1.** Outil formé d'une lame d'acier taillée en biseau à une extrémité et génér. munie d'un manche à l'autre, qui sert à travailler le bois, la pierre ou le métal : *Un ciseau de menuisier, de sculpteur.* **2.** Au catch, prise consistant à saisir et à maintenir l'adversaire en croisant les jambes autour de son corps. ◆ **ciseaux n.m. pl. 1.** Instrument servant à couper, formé de deux lames tranchantes, croisées en X et mobiles autour d'un pivot : *Des ciseaux à bouts ronds.* **2.** Mouvements des jambes que l'on écarte et rapproche comme les branches de ciseaux, pratiqué dans le saut en hauteur ainsi que dans divers mouvements de gymnastique : *Sauter en ciseaux.*

ciseler [sizle] **v.t.** (de *ciseau*) [conj. **25**]. Sculpter délicatement et avec art : *Un coffret d'argent finement ciselé.*

ciseleur, euse [sizlœr, -øz] **n.** Artiste, artisan qui cisèle.

ciselure [sizlyr] **n.f. 1.** Art du ciseleur. **2.** Décor ciselé : *Une broche ornée de fines ciselures.*

Cisjordanie, région située à l'ouest du Jourdain ; 2 054 036 hab. Annexée au royaume de Jordanie en 1949, cette région est occupée et administrée par les Israéliens depuis la troisième guerre israélo-arabe (juin 1967). Depuis déc. 1987, cette occupation se heurte à un soulèvement populaire palestinien. En 1988, le roi Husayn de Jordanie rompt les liens légaux unissant son pays et la Cisjordanie. En 1993, l'accord israélo-palestinien prévoit un régime d'autonomie (palestinienne) pour la bande de Gaza et Jéricho. En 1995, un nouvel accord consacre l'extension progressive de l'autonomie aux grandes villes arabes de Cisjordanie. Mais la construction d'un « mur de sécurité » le long de la frontière entre Israël et la Cisjordanie, décidée en 2002, ravive les tensions.

Ciskei, anc. bantoustan de l'Afrique du Sud.

ciste [sist] **n.m.** (gr. *kisthos*). Arbrisseau méditerranéen à fleurs blanches ou roses et dont une espèce fournit une résine aromatique utilisée en parfumerie. ▸ Ordre des papavérales.

cistercien, enne [sistɛrsjɛ̃, -ɛn] **adj.** et **n.** (lat. médiév. *cisterciensis*, de *Cistercium* [Cîteaux]). Qui appartient à l'ordre de Cîteaux : *Un moine cistercien.* ▸ Les moines cisterciens constituent une branche de l'ordre des Bénédictins qui connut un essor considérable en Europe sous l'impulsion de Bernard de Clairvaux. Les abbayes cisterciennes portèrent l'art roman à son apogée.

citadelle [sitadɛl] **n.f.** (it. *cittadella*, du lat. *civitas*, cité). **1.** Partie fortifiée de certaines villes. **2.** Lieu, organisme où l'on défend certaines idées ; centre de résistance : *Ces départements sont des citadelles du socialisme* (syn. **bastion**).

citadin, e [sitadɛ̃, -in] **adj.** et **n.** (it. *cittadino*, du lat. *civitas*, cité). Personne qui habite une ville : *Citadins qui aiment la campagne* (contr. **rural**). ◆ **adj.** De la ville : *La vie citadine* (syn. **urbain** ; contr. **campagnard, rural**).

citation [sitasjɔ̃] **n.f.** (lat. *citatio*). **1.** Propos, écrit que l'on rapporte exactement : *Une citation écrite se met entre guillemets.* **2.** Récompense honorifique accordée à un militaire, à une unité consistant en la proclamation de l'action d'éclat par laquelle ils se sont distingués : *Citation à l'ordre de la nation.* **3.** Sommation de comparaître en justice en tant que défendeur ou témoin ; écrit par lequel on cite qqn en justice : *Recevoir une citation du juge.*

cité [site] **n.f.** (lat. *civitas*). **1.** SOUT. Ville : *New York est une des plus grandes cités du monde* (syn. **agglomération**). **2.** (Avec une majuscule). Partie la plus ancienne d'une ville : *La Cité de Londres, de Carcassonne.* **3.** Groupe d'immeubles formant une agglomération plus ou moins importante, souvent dans la banlieue d'une ville et destiné au logement de certaines catégories de gens : *Une cité ouvrière. La cité universitaire.* **4.** Dans l'Antiquité et au Moyen Âge, unité territoriale et politique constituée par une ville et ses environs : *Les cités grecques groupées sous la direction d'Athènes.* **5. Droit de cité,** dans l'Antiquité, droit d'être admis au nombre des citoyens avec les prérogatives qui s'y attachent ; droit d'être intégré à un domaine déterminé : *Les mots vulgaires n'ont pas droit de cité dans notre dictionnaire.*

■ HISTOIRE. De façon générale, on entend par « cité » un État constitué par une ville et son territoire, de taille modeste, où les hommes s'organisent en un ensemble politique et économique cohérent. Apparue dès le IIIe millénaire av. J.-C. au pays de Sumer, la cité a été une organisation fondamentale de l'Antiquité, dont l'exemple par excellence est la cité grecque (en gr. *polis*).

La cité grecque. Pour les historiens actuels, la cité apparaît à partir du XIIe ou du XIe s. av. J.-C. Elle est un État indépendant formé par la réunion de bourgs et de villages ruraux, ayant pour centre une agglomération, siège des institutions et du culte, centre commercial et point fortifié, lieu de refuge en cas de danger. Progressivement, son territoire s'étend jusqu'à des frontières communes avec celui des cités voisines. Dans ce cadre territorial, l'ensemble des citoyens forme la cité proprement dite. D'abord gouvernées par des rois, les cités grecques connaissent leur essor sous un régime oligarchique puis sous un régime démocratique, où le pouvoir appartient à un plus grand nombre de citoyens.

Cependant, seule une minorité des habitants du territoire participe aux institutions ; les esclaves, les femmes et les métèques n'accèdent jamais à la dignité politique et ne sont pas associés à la vie publique. Cadre achevé de la vie des anciens Grecs, les cités ont permis l'épanouissement d'une brillante civilisation entre le VIIe et le IVe s. av. J.-C. Mais le morcellement politique que maintenait cette institution, les luttes incessantes entre les cités ont obligé la cité à s'effacer devant des organisations politiques mieux adaptées.

Le droit de cité romain. Rome fut longtemps une cité aux institutions analogues à celles de la cité grecque. Dès le IVe s. av. J.-C., après la conquête du Latium, elle doit adapter ses institutions à la gestion de territoires toujours plus vastes. L'édit de Caracalla (212 apr. J.-C.) accorde le droit de cité romain à tous les hommes libres de l'Empire, tout en sauvegardant les droits de la cité d'origine de chacun. Le monde romain est désormais peuplé de citoyens tous égaux et tous également sujets de l'empereur. Possédé par les citoyens romains, c'est-à-dire par ceux qui, à l'origine, résident dans Rome ou dans le territoire romain, ou encore dans une colonie romaine, ce droit se transmet héréditairement. Il comporte la possession intégrale des droits civils et des droits politiques. Il peut se transmettre également par la naturalisation et, pour les esclaves, par l'affranchissement. ■

Cité *(île de la)*, île de la Seine, qui fut le berceau de Paris. C'est dans la Cité que se trouvent la cathédrale Notre-Dame, le Palais de Justice (développement moderne du siège médiéval de la royauté) et la Sainte-Chapelle.

Cité interdite, nom de l'ensemble qui, à Pékin, comprend le palais impérial et ses dépendances et qui a plusieurs fois été rénové ; sa construction débuta en 1406. Dans un vaste rectangle entouré d'un mur et d'un fossé se succèdent cours et bâtiments le long d'un axe central et suivant une ordonnance rythmée par l'homogénéité du style et le jeu des couleurs.

Cîteaux, nom d'une grande forêt, située à une vingtaine de kilomètres au sud de Dijon (commune de Saint-Nicolas-lès-Cîteaux, Côte-d'Or), au centre de laquelle Robert, abbé de Molesme en Champagne, se retira, en 1098, avec quelques compagnons, pour y entreprendre une réforme monastique qui donna naissance à l'ordre cistercien, dans lequel entra en 1112 Bernard de Clairvaux.

cité-dortoir [sitedɔrtwar] **n.f.** (pl. *cités-dortoirs*). Agglomération de banlieue, que les habitants quittent le matin pour aller travailler dans une grande ville, et qu'ils n'habitent véritablement que le soir.

cité-jardin [sitezardɛ̃] **n.f.** (pl. *cités-jardins*). Groupe d'immeubles d'habitation édifiés parmi des espaces verts.

citer [site] **v.t.** (lat. *citare*). **1.** Reproduire exactement un texte ou les paroles de qqn : *Citer un vers de La Fontaine* (syn. **rapporter**). **2.** Désigner avec précision : *Pouvez-vous citer cinq capitales européennes ?* (syn. **énumérer, nommer**). **3.** Signaler les actions d'éclat de : *La brigade a été citée à l'ordre de l'armée.* **4.** Sommer de se présenter devant un juge, un tribunal : *Elle a été citée devant le tribunal correctionnel* (syn. **assigner**).

citerne [sitɛrn] **n.f.** (lat. *cisterna*, de *cista*, coffre). **1.** Réservoir pour recevoir et conserver les eaux pluviales. **2.** Grosse cuve fermée destinée à stocker des liquides tels que des carburants, des vins ; son contenu. **3. Camion-citerne, wagon-citerne,** v. à leur ordre alphabétique.

cithare [sitar] **n.f.** (gr. *kithara*). Instrument de musique à cordes tendues sur une caisse de résonance dépourvue de manche.

citizen band [sitizənbɑ̃d] **n.f.** (de l'angl. *citizen's band*, fréquence du public). RADIOTECHN. Bande de fréquence, autour de 27 MHz, utilisée pour les communications entre particuliers (abrév. *C.B.*) [recomm. off. *bande publique*].

citoyen, enne [sitwajɛ̃, -ɛn] **n.** (de *cité*). **1.** Membre d'un État, considéré du point de vue de ses devoirs et de ses droits civils et politiques : *Les citoyens américains résidant en France* (syn. **ressortissant**). **2.** Sous la Révolution, titre substitué à « monsieur », « madame ». **3.** ANTIQ. Celui qui jouissait du droit de cité. **4.** *FAM.* Individu suspect ou bizarre : *Un drôle de citoyen.* ◆ **adj.** Relatif à la citoyenneté et aux conditions de son exercice : *Une exigence citoyenne.*

citoyenneté [sitwajɛnte] **n.f.** Qualité de citoyen : *Demander la citoyenneté française* (syn. **nationalité**).

citrate [sitrat] **n.m.** Sel de l'acide citrique.

citrique [sitrik] **adj. Acide citrique,** acide extrait du citron, des groseilles et de divers autres fruits.

Citroën (André), ingénieur et industriel français (Paris 1878 - *id.* 1935). Après avoir créé en 1915 une usine pour la production des obus, il la reconvertit en 1919 pour la fabrication en grande série d'une voiture populaire. Les principaux modèles furent, dès 1919, la 10 A, en 1922, la 5 CV et, à partir de 1934, la traction avant, produite pendant 23 ans. Citroën organisa également la Croisière noire, en Afrique (1924-1925), et la Croisière jaune, en Asie (1931-1932).

citron [sitrɔ̃] **n.m.** (bas lat. *citrum*). Fruit comestible du citronnier, d'un jaune pâle, renfermant un jus acide riche en vitamine C. ◆ **adj. inv.** Jaune clair.

citronnade [sitrɔnad] **n.f.** Boisson préparée avec du jus ou du sirop de citron et de l'eau sucrée.

citronné, e [sitrɔne] **adj.** Qui sent le citron ; où l'on a mis du jus de citron : *L'eau citronnée est désaltérante.*

citronnelle [sitrɔnɛl] **n.f. 1.** Nom générique de graminées aromatiques des régions tropicales cultivées pour leurs huiles essentielles, qui sont utilisées en cuisine, en parfumerie, en pharmacie et en droguerie : *La citronnelle éloigne les moustiques.* **2.** Liqueur faite d'une infusion de zestes de citron dans l'eau.

citronnier [sitrɔnje] **n.m.** Arbre du groupe des agrumes, produisant les citrons et dont le bois est utilisé en ébénisterie de luxe. ▸ Famille des rutacées.

citrouille [sitruj] **n.f.** (lat. médiév. *citrulus*, du bas lat. *citrium*, class. *citrus*, cédrat). Nom usuel de certaines courges. ▸ Famille des cucurbitacées.

City (la), quartier financier du centre de Londres.

Ciudad Juárez, v. du Mexique, près de la frontière américaine, dans la vallée du Rio Grande ; 1 328 017 hab.

Çiva → Shiva.

cive [siv] **n.f.** (lat. *caepa*, oignon). Syn. de *ciboule*.

civet [sivɛ] **n.m.** (de *cive*, ingrédient originel de ce ragoût). Ragoût de lièvre ou d'autre gibier, préparé avec une sauce au sang et au vin rouge.

1. civette [sivɛt] **n.f.** (it. *zibetto*, de l'ar.). **1.** Petit mammifère carnivore à pelage gris orné de bandes noirâtres. ▸ Famille des viverridés ; long. 50 cm. **2.** Sécrétion de la poche anale de cet animal, employée en parfumerie.

2. civette [sivɛt] **n.f.** (dimin. de *cive*). Syn. de *ciboulette*.

civière [sivjɛr] **n.f.** (lat. pop. **cibaria*, engin pour le transport des provisions, de *cibus*, nourriture). Brancards réunis par une toile pour porter des blessés, des malades, des fardeaux, etc.

1. civil, e [sivil] **adj.** (lat. *civilis*, de *civis*, citoyen). **1.** Qui concerne la collectivité des citoyens d'un État : *Les lois civiles. Des troubles civils.* **2.** Dépourvu de caractère militaire ou religieux : *Vie civile* (contr. **militaire**). *Mariage, enterrement civil.* **3.** Relatif aux rapports juridiques entre particuliers (par opp. à *correctionnel, criminel*) : *Tribunal civil.* **4.** *SOUT.* Qui observe les convenances et les bonnes manières dans les relations sociales (syn. **courtois, poli**). **5. Droit civil,** partie du droit privé qui concerne les rapports entre particuliers, en dehors de la répression des délits et des questions commerciales. / **Droits civils,** droits garantis par la loi à tous les citoyens d'un État considérés comme personnes privées. **6. État civil → état.** / **Guerre civile,** guerre entre citoyens d'un même pays. / **Partie civile,** personne qui intente une action devant un tribunal pour obtenir réparation d'un préjudice : *Se porter partie civile.*

2. civil [sivil] **n.m. 1.** Celui qui n'est ni militaire, ni religieux : *De nombreux civils ont été tués.* **2.** Condition, état du civil : *Il est architecte dans le civil* (= en dehors de la vie militaire). **3. En civil,** sans uniforme : *Policiers en civil.*

civilement [sivilmɑ̃] **adv. 1.** En matière civile, en droit civil : *Être civilement responsable. Se marier civilement* (= sans cérémonie religieuse). **2.** *LITT.* Avec politesse.

civilisateur, trice [sivilizatœr, -tris] **adj.** et **n.** Qui développe, propage la civilisation.

civilisation [sivilizasjɔ̃] **n.f. 1.** Action de civiliser ; fait de se civiliser : *La civilisation de la Gaule par Rome.* **2.** Ensemble des caractères propres à la vie intellectuelle, artistique, morale et matérielle d'une société humaine : *La civilisation grecque* (syn. **culture**).

civilisé, e [sivilize] **adj.** et **n.** Qui a atteint un certain degré d'évolution intellectuelle ou industrielle ; doté d'une civilisation.

civiliser [sivilize] **v.t.** (de *civil*). **1.** Amener une société, un peuple à un état supérieur d'évolution culturelle et matérielle : *Les Grecs ont civilisé de nombreux pays méditerranéens.* **2.** Adoucir le caractère de qqn ; raffiner ses manières. ◆ **se civiliser v.pr. 1.** Atteindre un certain degré de civilisation : *Les peuples anciens qui se civilisèrent sous l'influence de Rome.* **2.** Acquérir des manières plus raffinées : *Personne qui se civilise au contact de ses collègues.*

civilité [sivilite] **n.f.** (lat. *civilitas* ; v. *civil*). *LITT.* Respect des convenances (syn. **courtoisie, politesse**). ◆ **civilités n.f. pl.** Paroles de politesse ; témoignages de considération : *Présenter ses civilités à qqn* (syn. **hommages, respects**).

civique [sivik] **adj.** (lat. *civicus*, de *civis*, citoyen). **1.** Qui concerne le citoyen et son rôle dans la vie politique : *Droits civiques.* **2.** Propre au bon citoyen : *Avoir l'esprit civique.* **3. Éducation civique,** enseignement destiné à préparer les élèves à leur rôle de citoyen.

civisme [sivism] **n.m.** (de *civique*). Dévouement envers la collectivité, l'État : *Faites preuve de civisme, votez !*

Cixi ou **Ts'eu-hi,** impératrice de Chine (Pékin 1835 - *id.* 1908). Elle domina la vie politique de la Chine de 1875 à 1908, confisquant le pouvoir à son profit en opposant modernistes et conservateurs.

Cixous (Hélène), écrivaine française (Oran 1937). L'écriture de ses romans (*La*) est une déconstruction de la dominante masculine de la littérature. Elle écrit également pour le théâtre (*l'Histoire terrible mais inachevée de Norodom Sihanouk, roi du Cambodge ; Tambours sur la digue*), collaborant régulièrement avec A. Mnouchkine.

clac [klak] **interj.** (onomat.). Exprime un bruit sec, un claquement soudain.

clafoutis [klafuti] **n.m.** (du dialect. *clafir,* remplir). Gâteau constitué par un mélange de pâte et de fruits, notamm. de cerises.

claie [klɛ] **n.f.** (gaul. *cleta*). **1.** Treillis d'osier, à claire-voie, servant à faire égoutter des fromages ou sécher des fruits. **2.** Clôture à claire-voie, en bois ou en métal.

1. clair, e [klɛr] **adj.** (lat. *clarus*). **1.** Qui répand beaucoup de lumière ; qui reçoit beaucoup de lumière : *Une flamme claire s'éleva dans la cheminée* (syn. **lumineux, vif**). *Les nouveaux bureaux sont très clairs* (syn. **lumineux ;** contr. **sombre**). **2.** Qui laisse passer la lumière : *L'eau claire de la rivière* (syn. **limpide, pur**). *Les anciens vitraux étaient moins clairs* (syn. **transparent ;** contr. **opaque**). *Par temps clair on voit le sommet* (= quand il n'y a ni brume ni nuages). **3.** De couleur peu foncée : *Un teint clair* (contr. **mat**). *Des chemisiers bleu clair* (contr. **foncé, sombre**). **4.** Qui est peu épais, peu consistant : *Une sauce, une soupe claire* (syn. **fluide ;** contr. **pâteux**). **5.** En parlant d'un son, net, sonore, cristallin : *Une voix claire* (contr. **sourd, voilé**). **6.** Qui a une signification, un sens nettement intelligibles : *Son exposé était très clair* (syn. **compréhensible ;** contr. **confus**). **7.** Qui apparaît avec évidence : *Il est clair qu'elle n'a pas envie de venir* (syn. **évident, manifeste**). **8.** Qui comprend rapidement ; qui se fait bien comprendre : *Le conférencier n'était pas très clair* (contr. **ambigu, équivoque**). **9. C'est clair comme le jour** ou **comme de l'eau de roche,** c'est tout à fait évident. ◆ **clair adv. Il fait clair,** il fait grand jour, on y voit nettement. / **Parler clair,** parler d'une voix bien timbrée, distinctement ; au fig., parler nettement et franchement. / **Voir clair,** percevoir distinctement les objets ; au fig., comprendre nettement, juger avec pertinence.

2. clair [klɛr] **n.m. 1.** Clarté répandue par un astre : *Un beau clair de lune.* **2. En clair,** sans recourir à un code secret, à un codage ou à un décodeur : *Un message en clair. Une émission diffusée en clair.* / **Le plus clair de,** l'essentiel de : *Passer le plus clair de son temps à rêvasser.* / **Mettre au clair,** présenter sous une forme compréhensible : *Mettre ses idées, des notes au clair.* / **Tirer au clair,** parvenir à comprendre, élucider une question obscure.

Clair (René Chomette, dit **René),** cinéaste français (Paris 1898 - *id.* 1981). Il a marqué le cinéma français des années 1930 par des films fantaisistes, ironiques, révélant un auteur à la fois poétique et populiste. On lui doit : *Entr'acte* (1924), *Un chapeau de paille d'Italie* (1928), *Sous les toits de Paris* (1930), *À nous la liberté* (1931), *le Million* (1931), *Ma femme est une sorcière* (1942), *la Beauté du diable* (1949), *les Grandes Manœuvres* (1955), *Porte des Lilas* (1957).

claire [klɛr] **n.f.** (de *clair*). **1.** Bassin peu profond servant à l'élevage des huîtres. **2. Fine de claire,** huître n'ayant séjourné en claire que quelques semaines (on dit aussi *une claire*).

Claire ***(sainte),*** fondatrice de l'ordre des Clarisses (Assise 1193 - *id.* 1253). Née dans une famille noble, elle s'en échappe pour se placer sous la direction de François d'Assise, auprès duquel elle prononce ses vœux de religion (1212). Autour d'elle se rassemble une communauté féminine – les Pauvres Dames, connues ensuite sous le nom de Clarisses – qui adopte la spiritualité des Frères mineurs et qui bénéficiera d'une approbation spéciale de la part du pape Innocent III en 1215 ou 1216.

clairement [klɛrmɑ̃] **adv.** De façon nette, distincte, compréhensible : *J'ai clairement entendu un bruit de moteur* (syn. **nettement ;** contr. **vaguement**). *Répondre clairement à une question* (syn. **explicitement**).

clairet, ette [klerɛ, -ɛt] **adj.** Se dit d'un vin rouge léger et peu coloré : *Un petit vin clairet.*

à **claire-voie** [klɛrvwa] **loc. adj. inv.** Qui présente alternativement des espaces vides et des espaces pleins : *Des volets, une clôture à claire-voie* (= ajouré).

clairière [klerjɛr] **n.f.** (de *clair*). Endroit dégarni d'arbres dans une forêt.

clair-obscur [klɛrɔpskyr] **n.m.** (pl. *clairs-obscurs*). Effet d'opposition des parties claires et des parties sombres dans une peinture, une gravure, un dessin : *Les clairs-obscurs de Rembrandt.*

clairon [klerɔ̃] **n.m.** (de *clair*). **1.** Instrument de musique à vent, sans clé ni piston, en usage surtout dans l'armée. **2.** Musicien, militaire qui joue de cet instrument.

claironnant, e [klerɔnɑ̃, -ɑ̃t] **adj.** Qui a le timbre clair et puissant du clairon : *Une voix claironnante.*

claironner [klerɔne] **v.i.** (de *clairon*). Parler d'une voix retentissante. ◆ **v.t.** Proclamer bruyamment ; faire savoir avec éclat : *Elle est allée claironner partout ce que nous avions décidé.*

clairsemé, e [klɛrsəme] **adj.** (de *clair* et *semer*). **1.** Répandu de-ci, de-là, peu serré : *Un bouquet d'arbres clairsemés* (contr. **dense**). **2.** Peu nombreux et dispersé : *Un auditoire clairsemé.*

Clairvaux, grande forêt domaniale (commune de Ville-sous-la-Ferté, Aube) où le deuxième abbé de Cîteaux, Étienne Harding, fonda en 1115 une abbaye dont il confia la charge à Bernard. Sous le long abbatiat de celui-ci (m. en 1153), le monastère de Clairvaux acquit une vitalité et un rayonnement qui dépassèrent ceux de Cîteaux.

clairvoyance [klɛrvwajɑ̃s] **n.f.** Vue claire et pénétrante des choses : *Faire preuve de clairvoyance* (syn. **lucidité, perspicacité**).

clairvoyant, e [klɛrvwajɑ̃, -ɑ̃t] **adj. 1.** DIDACT. Qui a une vue normale (par opp. à *non-voyant, aveugle*). **2.** Qui manifeste du discernement : *À l'avenir, soyez plus clairvoyant* (syn. **avisé, perspicace**).

clam [klam] **n.m.** (mot angl. *to clam,* serrer). Mollusque bivalve comestible qui vit enfoui dans le sable des plages de l'Atlantique.

clamer [klame] **v.t.** (lat. *clamare*). LITT. Exprimer en termes violents ou par des cris : *Le public clamait son indignation* (syn. **crier**). *Clamer son innocence* (syn. **proclamer**).

clameur [klamœr] **n.f.** (lat. *clamor*). Cri collectif, plus ou moins confus, exprimant un sentiment vif : *Lorsque la vedette entra en scène, une clameur monta de la foule.*

clan [klɑ̃] **n.m.** (mot angl., gaélique *clann,* descendance). **1.** Tribu écossaise ou irlandaise, formée d'un certain nombre de familles. **2.** Groupe fermé de personnes réunies par une communauté d'intérêts ou d'opinions (surtout péjor.) : *Rejoindre le clan adverse* (syn. **camp, parti**).

clandestin, e [klɑ̃dɛstɛ̃, -in] **adj.** (lat. *clandestinus,* de *clam,* en secret). **1.** Qui se fait en cachette : *L'opposition devait tenir des réunions clandestines* (syn. **secret**). **2.** Qui agit, qui est fait en dehors des lois : *Commerce clandestin de cigarettes* (syn. **illicite, prohibé**). **3. Passager clandestin,** passager embarqué à bord d'un navire, d'un véhicule à l'insu de l'équipage, du personnel.

clandestinement [klɑ̃dɛstinmɑ̃] **adv.** De façon clandestine : *Passer clandestinement la frontière.*

clandestinité [klɑ̃dɛstinite] **n.f. 1.** Caractère de ce qui est caché, clandestin : *La clandestinité de leurs rendez-vous* (syn. **secret**). **2.** Situation d'une personne qui mène une existence clandestine : *Passer dans la clandestinité.*

clapet [klapɛ] **n.m.** (de *clap[p]er,* frapper, du rad. onomat. *klapp- ;* v. *clapoter*). Soupape qui se lève ou s'abaisse pour permettre ou empêcher le passage d'un fluide dans une pompe, un moteur, certains instruments de musique.

clapier [klapje] **n.m.** (mot prov. « tas de pierres »). Cabane où l'on élève des lapins domestiques.

clapir [klapir] **v.i.** (var. de *glapir*) [conj. **32**]. Crier, en parlant d'un lapin.

clapotement [klapɔtmɑ̃] et **clapotis** [klapɔti] **n.m.** Bruit léger produit par l'agitation de l'eau : *Le clapotement des vagues sur la coque du bateau à l'ancre.*

clapoter [klapɔte] **v.i.** (d'un rad. onomat. *klapp-* représentant un bruit sec). Produire un bruit léger, en parlant des vagues : *La mer clapote au pied de la falaise.*

clappement [klapmɑ̃] **n.m.** (de *clap[p]er* ; v. *clapet*). Bruit sec de la langue quand on la détache du palais.

claquage [klakaʒ] **n.m.** (de *claquer*). Distension d'un ligament, d'un muscle, pouvant aller jusqu'à la rupture ; froissement : *Les sprinters sont souvent victimes de claquages.*

1. claque [klak] **n.f.** (de *claquer*). **1.** Coup donné du plat de la main : *Recevoir, donner une claque* (syn. **gifle**). **2.** Groupe de personnes payées pour applaudir un spectacle et entraîner les applaudissements du public. **3.** QUÉBÉC. Chaussure légère en caoutchouc protégeant le soulier contre la boue. **4.** FAM. **En avoir sa claque,** être épuisé, excédé. / FAM. **Prendre ses cliques et ses claques** ⟶ **cliques.** / FAM. **Tête à claques,** personne déplaisante.

2. claque [klak] **n.m.** (de *1. claque*). Chapeau haut de forme à ressorts qui s'aplatit (syn. **gibus**). [On dit aussi *un chapeau claque*.]

claquement [klakmɑ̃] **n.m.** Bruit de ce qui claque : *Les claquements du fouet du dompteur.*

claquemurer [klakmyre] **v.t.** (de l'anc. fr. *à claquemur,* en un lieu si étroit que le mur claque). Enfermer étroitement : *Claquemurer des prisonniers.* ◆ **se claquemurer v.pr.** S'enfermer chez soi : *Depuis la mort de son mari, elle se claquemure* (syn. **se cloîtrer**).

claquer [klake] **v.i.** (d'un rad. onomat. *klakk-,* var. de *klapp-* ; v. *clapoter*). **1.** Produire un bruit sec : *Les drapeaux claquaient au vent. Les volets claquent contre le mur.* **2.** FAM. Se casser ; devenir inutilisable : *Verre, ficelle qui claque.* **3. Claquer des dents,** avoir très froid, grelotter. ◆ **v.t. 1.** Fermer avec un bruit sec : *Elle claque toujours la porte.* **2.** Frapper du plat de la main : *Claquer qqn* (syn. **gifler**). **3.** FAM. Fatiguer : *Cette marche au soleil m'a claqué* (syn. **éreinter**). **4.** FAM. Dépenser sans mesure : *Il a claqué tout son héritage* (syn. **dilapider, dissiper**). ◆ **se claquer v.pr. 1.** FAM. Se fatiguer jusqu'à l'épuisement : *Elle s'est claquée à vouloir nous rattraper* (syn. **s'épuiser**). **2. Se claquer un muscle,** se faire un claquage musculaire.

claqueter [klakte] **v.i.** (de *claquer*) [conj. **27**]. Syn. de *craqueter.*

claquettes [klakɛt] **n.f. pl.** (de *claquer*). Style de danse d'origine américaine, dans lequel la pointe et le talon de la chaussure, munis de lames métalliques, jouent le rôle d'instruments à percussion : *Faire des claquettes.*

clarification [klarifikasjɔ̃] **n.f.** Action de clarifier : *La clarification de la situation* (syn. **éclaircissement**).

clarifier [klarifje] **v.t.** (lat. ecclés. *clarificare,* glorifier, du class. *clarus,* illustre) [conj. **9**]. Rendre plus clair pour l'esprit : *La reprise de l'ordre du jour a permis de clarifier la discussion* (syn. **débrouiller, éclaircir**).

clarine [klarin] **n.f.** (de *clair*). Clochette qu'on pend au cou des animaux à l'alpage.

clarinette [klarinɛt] **n.f.** (du prov. *clarin,* hautbois, de *clar,* clair). Instrument à vent, à clés et à anche simple, de la catégorie des bois.

clarinettiste [klarinetist] **n.** Joueur de clarinette.

clarisse [klaris] **n.f.** (du n. de *sainte Claire*). Religieuse de l'ordre contemplatif fondé par saint François d'Assise et sainte Claire (1212).

Clarke (Kenneth Spearman, dit **Kenny),** surnommé **Klook,** batteur de jazz américain (Pittsburgh 1914 - Montreuil-sous-Bois 1985). Il a contribué à l'éclosion du be-bop, donnant de nouvelles perspectives au jeu de batterie et à la section rythmique, vers une indépendance accrue.

clarté [klarte] **n.f.** (lat. *claritas*). **1.** Lumière, éclairage permettant de distinguer assez nettement les objets : *La lampe répand une douce clarté* (syn. **luminosité**). **2.** Qualité de ce qui est clair, transparent, limpide : *La clarté de l'appartement nous a séduits* (syn. **luminosité**). *La clarté de l'eau de la source* (syn. **limpidité, transparence**). **3.** Qualité de ce qui est aisément intelligible ; qualité d'une personne qui se fait facilement comprendre : *La clarté d'un raisonnement. S'exprimer avec clarté* (syn. **netteté, précision**). ◆ **clartés n.f. pl.** Connaissances générales ; renseignements permettant d'éclaircir des points obscurs.

clash [klaʃ] **n.m.** (mot angl.) [pl. *clashs* ou *clashes*]. FAM. Rupture, conflit, désaccord brutaux et violents : *Le clash entre les syndicats et le gouvernement paraît inévitable.*

classe [klas] **n.f.** (lat. *classis,* classe de citoyens). **1.** Catégorie de personnes ayant mêmes intérêts, même condition sociale ou même rang hiérarchique ; ensemble de choses ayant des traits communs : *S'adresser à une certaine classe de lecteurs* (syn. **catégorie**). *La classe ouvrière. Peut-on ranger la country et la pop dans la même classe ? Les classes grammaticales* (= parties du discours). **2.** Rang attribué à qqn, à qqch selon un ordre de valeur, d'importance, de qualité ; spécial., catégorie de la place d'un voyageur dans un transport en commun : *C'est un musicien de classe internationale. Descendre dans un hôtel de première classe. Voyager en seconde classe, en classe touriste.* **3.** Chacune des grandes divisions d'un embranchement d'êtres vivants, elle-même subdivisée en ordres : *La classe des oiseaux, des insectes.* **4.** MIL. Ensemble des jeunes recencés la même année à partir de 16 ans. **5.** Chacun des degrés de l'enseignement primaire et secondaire : *Entrer en classe de seconde. Redoubler une classe.* **6.** Groupe d'élèves qui suivent le même enseignement dans une même salle : *Toute la classe s'est levée. Le plus âgé de la classe.* **7.** Enseignement dispensé ; séance de travail scolaire : *Faire classe, faire la classe* (syn. **cours**). *Je n'ai pas classe demain. Livre de classe.* **8.** Salle où est dispensé l'enseignement. **9.** Distinction, valeur, qualité exceptionnelle de qqn ou de qqch : *Une actrice qui a de la classe* (syn. **élégance, raffinement**). *Leur maison a beaucoup de classe.* **10. Classe de mer, classe de neige, classe verte** ou **classe de nature,** séjour à la mer, à la montagne, à la campagne d'une classe d'écoliers avec leur instituteur. / **Classe politique,** ensemble des hommes politiques d'un pays supposés constituer une entité particulière. / **En classe,** à l'école : *Ils ne vont pas en classe le samedi.* / **Faire ses classes,** recevoir les premiers éléments de l'instruction militaire ; au fig., acquérir une certaine expérience dans un domaine. / **Lutte des classes** ⟶ **lutte.** / MATH. **Classe d'équivalence,** dans un ensemble muni d'une relation d'équivalence, chacun des sous-ensembles formés par les éléments équivalents entre eux deux à deux.

classement [klasmɑ̃] **n.m. 1.** Action de classer des objets, des personnes, selon un certain ordre ; manière dont ils sont classés ; ordre dans lequel on les range : *Classement alphabétique.* **2.** Rang dans lequel une personne est classée : *Quel est ton classement ?*

classer [klase] **v.t.** (de *classe*). **1.** Ranger par catégories ou dans un ordre déterminé : *Classer des documents. Classer des mots en ordre alphabétique.* **2.** Faire entrer dans une catégorie : *On classe la baleine parmi les mammifères. Tableau classé au nombre des chefs-d'œuvre de la peinture.* **3.** Juger une fois pour toutes de façon péjorative : *Après cette affaire, je l'ai classé* (syn. **cataloguer**). **4. Classer une affaire,** la considérer comme réglée. / **Classer un monument,** le déclarer d'intérêt historique et placer sa sauvegarde sous le contrôle de l'État. ◆ **se classer v.pr.** Obtenir un certain rang dans une compétition : *Se classer parmi les premiers.*

classeur [klasœr] **n.m. 1.** Chemise en papier ou en carton servant à ranger des documents. **2.** Meuble à compartiments où l'on range des papiers, des dossiers.

classicisme [klasisism] **n.m. 1.** Caractère de ce qui est classique, conforme à une certaine tradition : *Faire preuve de classicisme dans ses goûts* (syn. **conformisme** ; contr. **fantaisie**). **2.** Ensemble de tendances et de théories qui se manifestent en France sous le règne de Louis XIV et qui s'expriment dans de nombreuses œuvres littéraires ou artistiques considérées comme des modèles : *Le romantisme s'est affirmé en opposition au classicisme.*

■ LITTÉRATURE. Au sens strict, en littérature et en France, le classicisme représente la période qui s'étend de 1661 à 1685, ce qui correspond à la toute-puissance de la

⟶

A B C D E F G H I J K L M N O P Q R S T U V W X Y Z

monarchie absolue. De même que la gloire de Louis XIV est l'aboutissement de la lente évolution de la monarchie sous Henri IV, puis sous Louis XIII, de même le classicisme est le point de confluence de réflexions d'écrivains occupés par des convictions morales et esthétiques communes. Quels sont les grands écrivains du classicisme ? On pense avant tout à Molière, à Racine, à Boileau, à La Fontaine et à Bossuet. Leur communauté de goût, qui aboutit au remarquable essor de la prose et de la poésie françaises, s'exprime dans quelques grands principes qui fixent les caractères généraux du classicisme. Boileau s'en fait l'écho en 1674 dans son *Art poétique*.

D'abord, tous les écrivains classiques sont d'accord pour prôner l'imitation des Anciens, c'est-à-dire l'imitation des thèmes abordés par les écrivains de l'Antiquité gréco-latine. Ensuite, si « la principale règle est de plaire et de toucher » (Racine, préface de *Bérénice*, 1670), on ne peut toutefois y parvenir qu'en restant soucieux de la vérité et du naturel, et, inversement, en se détournant du singulier et de l'exceptionnel. Il s'agit donc de suivre la nature. Il s'agit aussi de chercher l'homme permanent et éternel par-delà les particularités, dans une constante quête de la vraisemblance. Ainsi, l'ordre et la clarté, l'équilibre et la perfection, l'analyse et la vérité, la raison et la vraisemblance, la recherche du beau absolu et du bien sont les valeurs principales du classicisme. Cette pureté morale se double d'une pureté formelle avec le respect d'une langue fixe et de certaines conventions – comme celle, au théâtre, des « trois unités » (temps, lieu, action).

Hors de France, le classicisme marque moins un moment de la création littéraire qu'une catégorie esthétique. S'il existe des périodes phares dans les littératures étrangères, elles sont soit antérieures au siècle de Louis XIV (pour l'Italie, l'Espagne, l'Angleterre), soit postérieures (pour l'Allemagne). Et, dans de nombreux pays, le renouvellement de la littérature sera le plus souvent le fruit d'une réaction contre le classicisme français.

L'idéal de clarté et de stabilité du classicisme sera bouleversé par deux crises majeures de la pensée et de la sensibilité : la révolution scientifique, qui, à la suite de Newton, révèle l'existence et la cohérence de mondes infinis ; puis la découverte, due aux écrivains romantiques, des abîmes intérieurs de la personnalité. ■

■ BEAUX-ARTS. En matière de beaux-arts, le classicisme puise volontiers son inspiration dans l'antique. Les premiers maîtres sont les Italiens de la seconde Renaissance : en architecture, Bramante, les Sangallo puis Palladio ; en peinture, Raphaël et Titien, suivis, après la phase du *maniérisme*, par les Carrache et leurs élèves, créateurs de l'*académisme*. Alors même que l'Italie se voue au baroque, le classicisme se répand en Europe, notamm. en Angleterre, aux Pays-Bas et plus encore en France, où son triomphe va de pair avec celui de l'absolutisme de Louis XIV.

Les Mansart l'expriment pleinement, de même que Poussin et Le Lorrain, établis à Rome ; l'effort de coordination mené par Le Brun, par les Académies royales et par Colbert va l'ériger en doctrine officielle à partir de 1660. L'un de ses manifestes est la « colonnade » du Louvre, attribuée à Claude Perrault (1667) et l'un de ses aboutissements l'œuvre de Girardon, qui embellit de statues les jardins de Le Nôtre à Versailles. Par-delà l'époque *rocaille*, le classicisme architectural français atteindra à partir de 1750, avec J. A. Gabriel, sa plus haute expression de mesure et d'harmonie. Dans la seconde moitié du XVIIIe s., une meilleure connaissance de l'Antiquité suscite le *néoclassicisme* des David, Canova, Ledoux puis Schinkel, etc. ■

■ MUSIQUE. Dans le domaine musical, on peut distinguer le classicisme versaillais de Lully à Rameau (aujourd'hui apparenté à la musique baroque) et le classicisme viennois de Haydn, Mozart et Beethoven. Ils correspondent à deux âges d'or, mais ne peuvent se confondre ni dans le temps ni esthétiquement car, si les genres musicaux pratiqués sont parfois les mêmes, leurs dynamiques musicales sont, quant à elles, différentes. Le premier, porteur des valeurs de l'Ancien Régime, a été particulièrement prolixe en concertos et opéras. Le second, contemporain de la Révolution française, outre des concertos et opéras, a donné ses lettres de noblesse au quatuor à cordes, à la symphonie et à la sonate, et a servi de référence à près de deux siècles de musique européenne. ■

classification [klasifikasjɔ̃] **n.f. 1.** Répartition par classes, par catégories selon une certaine logique : *Une classification scientifique des animaux* (syn. **classement**). **2. Classification périodique des éléments ⟶ périodique.**

■ La classification du monde vivant vise à regrouper ses représentants (animaux, plantes, champignons, micro-organismes) en fonction de leurs caractères communs. À partir du XVIe s., divers naturalistes tentent de mettre au point des classifications des animaux et des plantes. Au XVIIIe s., Linné établit une classification des plantes par genres et espèces : c'est la classification *binominale*. Son principe, appliqué aux animaux et aux bactéries, est encore en vigueur aujourd'hui.

La classification consiste à créer une hiérarchie entre les critères choisis et entre les catégories qui en résultent. On trouve ainsi, de l'ensemble le plus large jusqu'à l'individu : le règne, l'embranchement, la classe, l'ordre, la famille, le genre et l'espèce. Plus des espèces sont proches dans la classification, plus elles ont des points communs et des liens étroits. La difficulté d'une classification réside dans le choix des critères pour regrouper les êtres vivants. Les méthodes traditionnelles se fondent notamm. sur l'anatomie (tous les insectes, par exemple, ont 6 pattes), la physiologie et le mode de vie. Les progrès concernant la compréhension des mécanismes de l'évolution ont fait évoluer la classification pour lui donner un contenu plus lié à l'histoire des espèces. Ainsi est apparue, dans les années 1950, la méthode de la *cladistique* (Willi Hennig) : il s'agit d'un classement selon les liens de parenté entre les espèces. Cette approche permet d'établir la classification *phylogénétique* des espèces, dont les différents groupes réunissent des espèces issues d'un même ancêtre commun (groupes *monophylétiques*). Elle a remplacé la classification traditionnelle. Ainsi, de grands groupes comme les palmipèdes, les échassiers, et même les reptiles et les poissons, n'existent plus dans la classification scientifique, même s'ils sont encore employés dans le langage courant. Enfin, les résultats d'analyses génétiques permettent d'affiner ou de modifier la classification en mettant en évidence des liens de parenté parfois insoupçonnés. ■

classifier [klasifje] **v.t.** (de *classe* et *-fier*) [conj. **9**]. Procéder à la classification de : *Classifier la production littéraire d'une époque* (syn. **classer, répertorier**).

1. classique [klasik] **adj.** (lat. *classicus*, qui appartient à la première classe de citoyens). **1.** En littérature, qui appartient au courant dominant en France au XVIIe s., notamm. après 1660 (par opp. à *baroque* et à *romantique*) : *Le théâtre classique. Les grands dramaturges classiques (Corneille, Molière, Racine).* **2.** Dans les beaux-arts, qui appartient à la période s'étendant, en France, du XVIe au XVIIIe s. et qui s'inspire plus ou moins de l'Antiquité gréco-latine : *Le palais de Versailles est un bel exemple d'architecture classique.* **3.** Qui appartient à l'Antiquité grecque (notamm. au siècle de Périclès) ou romaine (notamm. au siècle d'Auguste) : *Cicéron et Virgile sont des écrivains classiques.* **4.** Qui comporte l'enseignement de la langue et de la littérature grecques et latines : *Les études classiques* (contr. **moderne, technique**). **5.** Conforme à une tradition ; qui évite les innovations hardies : *Un costume de coupe classique.* **6.** Qui ne surprend pas ; à quoi on peut s'attendre : *L'évanouissement est classique lors d'une fracture du crâne.* **7.** Qui fait autorité ; qui est un modèle du genre : *C'est une référence classique dans le domaine de la linguistique.* **8. Danse classique,** danse (incluse dans les beaux-arts) dont les mouvements, soumis à un code précis (par opp. à la *danse libre* préconisée par Isadora Duncan), font l'objet d'un enseignement chorégraphique. (On dit aussi *danse académique*.) / **Français classique,** état de la langue française telle qu'elle fut utilisée à la période classique (de la fin du XVIe s. au milieu du XVIIIe s.). / **Musique classique,** musique illustrée en partie par les grands compositeurs de la tradition occidentale. [On dit aussi, fam., *grande musique*.]

2. classique [klasik] **n.m. 1.** Écrivain ou artiste de l'Antiquité, ou qui s'est inspiré de l'Antiquité (notamm. en France au XVIIe s.). **2.** Partisan du classicisme. **3.** Auteur, ouvrage qui peut servir de modèle, dont la valeur est universellement reconnue : *Un classique du jazz. Les classiques du cinéma.* **4.** Art classique ; musique classique : *Je préfère le classique.*

classiquement [klasikmɑ̃] **adv.** Conformément à la norme, à l'habitude : *Interpréter un rôle classiquement.*

Claude Ier, en lat. **Tiberius Claudius Caesar Augustus Germanicus** (Lyon 10 av. J.-C. - Rome 54 apr. J.-C.), empereur romain (41-54). Il eut pour épouses Messaline, puis Agrippine. Il développa l'administration centrale et renforça les pouvoirs impériaux aux dépens du sénat et des magistratures traditionnelles. À l'extérieur, il s'illustra dans la conquête de la Bretagne (l'actuelle Grande-Bretagne) et de la Thrace (46). Cultivé, mais faible, il se laissa dominer par Agrippine, qui l'empoisonna.

Claudel (Paul), écrivain français (Villeneuve-sur-Fère 1868 - Paris 1955). Bouleversé par la lecture de Rimbaud, ami de Mallarmé, converti, pendant la nuit de Noël 1886, à un catholicisme brûlant qu'il conservera jusqu'à sa mort, il mène une double carrière, diplomatique et littéraire. Dans sa jeunesse, il séjourne notamment en Chine et au Japon, et, sous l'influence des civilisations extrême-orientales, sa poésie lyrique devient une tentative de saisie de toutes les réalités vivantes du monde, de compréhension de l'univers, recréé par l'intermédiaire des mots et du rythme qui traduit le frémissement de la vie (*Connaissance de l'Est,* 1895-1905 ; *Cinq Grandes Odes,* 1900-1908). Il écrit pour le théâtre : *Tête d'or* (1890), *Partage de midi* (1905), *l'Otage* (1911), *l'Annonce faite à Marie* (1912) et *le Soulier de satin* (1929), vaste fresque dramatique mise en scène dans une version abrégée en 1943, où perce sa volonté de créer un théâtre « total » : l'action se situe en effet dans le monde entier, au temps de la Renaissance espagnole, et se déroule sur de nombreuses années. Exaltant les pouvoirs de l'amour et de la foi à travers la passion impossible du conquistador don Rodrigue et de doña Prouhèze, ce drame, où le lyrisme alterne avec le burlesque, forme une somme de l'art et de la pensée de Claudel. (Acad. fr.)

claudication [klodikasjɔ̃] **n.f.** SOUT. Action de boiter : *Une légère claudication.*

claudiquer [klodike] **v.i.** (lat. *claudicare,* de *claudus,* boiteux). LITT. Boiter : *Son rhumatisme au genou le fait claudiquer.*

clause [kloz] **n.f.** (lat. *clausa,* de *claudere,* clore). **1.** Disposition particulière d'un acte, d'un contrat : *Une des clauses de traité stipule que les droits de douane seront abolis* (syn. **article**). **2. Clause de style,** clause commune aux actes juridiques de même nature ; au fig., disposition sans importance dont on n'envisage pas l'application.

Clausewitz (Carl von), général et théoricien militaire prussien (Burg, près de Magdeburg, 1780 - Breslau, auj. Wrocław, 1831). Après avoir lutté contre Napoléon, il devint en 1818 directeur de l'École générale de guerre de Berlin. Son traité *De la guerre* eut une grande influence sur la doctrine de l'état-major allemand, puis sur la conception marxiste de la guerre (Engels, Lénine).

Clausius (Rudolf Emmanuel), physicien allemand (Köslin, Poméranie, 1822 - Bonn 1888). Il introduisit en thermodynamique la notion d'entropie et utilisa le dégagement de chaleur produit par les courants électriques pour mesurer l'équivalent mécanique de la calorie. Il fut aussi l'un des créateurs de la théorie cinétique des gaz.

claustral, e, aux [klostral, -o] **adj.** (lat. *claustralis,* de *claustrum,* cloître). Propre à un cloître : *La discipline claustrale.*

claustration [klostrasjɔ̃] **n.f. 1.** Action d'enfermer dans un cloître ; fait d'être enfermé : *Moniales qui vivent dans la claustration.* **2.** Enfermement dans un lieu clos, à l'écart du monde : *Longue claustration due à la maladie.*

claustrer [klostre] **v.t.** (du rad. de *claustral*). **1.** Enfermer dans un cloître : *Moines claustrés.* **2.** Enfermer dans un endroit clos et isolé : *Son éditeur l'a claustrée à la campagne pour qu'elle termine son roman* (syn. **claquemurer, cloîtrer**).

claustrophobie [klostrɔfɔbi] **n.f.** (de *claustrer,* et *-phobie*). Angoisse maladive de se trouver dans un espace clos. ◆ **claustrophobe adj.** et **n.** Atteint de claustrophobie.

clavaire [klavɛr] **n.f.** (du lat. *clava,* massue). Champignon des bois, comestible, poussant en touffes. ► Classe des basidiomycètes.

claveau [klavo] **n.m.** (du rad. du lat. *clavis,* clef). Pierre d'un arc, d'un linteau, d'une voûte taillée en forme de coin (syn. **voussoir**).

clavecin [klavsɛ̃] **n.m.** (lat. médiév. *clavicymbalum,* du class. *clavis,* clef, et *cymbalum,* cymbale). Instrument de musique à cordes métalliques pincées et à un ou à plusieurs claviers.

claveciniste [klavsinist] **n.** Personne qui joue du clavecin.

clavette [klavɛt] **n.f.** (du rad. du lat. *clavis,* clef). Cheville métallique servant à assembler deux pièces.

clavicorde [klavikɔrd] **n.m.** Instrument à clavier et à cordes frappées, ancêtre du piano.

clavicule [klavikyl] **n.f.** (lat. *clavicula,* dimin. de *clavis,* clef). Chacun des deux os longs faisant partie de la ceinture scapulaire et s'étendant du sternum à l'omoplate.

clavier [klavje] **n.m.** (du rad. du lat. *clavis,* clef). Ensemble des touches d'un accordéon, d'un piano, d'un orgue, d'un clavecin, d'une machine à écrire, d'un ordinateur.

claviste [klavist] **n.** (de *clavier*). Personne qui, dans une imprimerie ou une maison d'édition, effectue la saisie sur clavier d'un texte en vue de sa composition.

clayette [klejɛt] **n.f.** (dimin. de *claie*). Étagère amovible à claire-voie : *Clayettes d'un réfrigérateur.*

clayon [klejɔ̃] **n.m.** Petite claie pour faire égoutter les fromages, faire sécher les fruits, etc.

clé ou **clef** [kle] **n.f.** (lat. *clavis*). **1.** Pièce métallique qu'on introduit dans une serrure pour l'actionner : *Fermer une porte à clé.* **2.** Nom de divers outils servant à serrer ou à desserrer des écrous : *Clé à molette. Clé anglaise.* **3.** Instrument servant à ouvrir ou à fermer divers objets : *Clé à sardines* (= qui sert à ouvrir des boîtes de sardines). **4.** Pièce mobile qui ouvre ou bouche les trous d'un instrument de musique à vent. **5.** Position stratégique qui commande un accès : *Gibraltar est la clé de la Méditerranée.* **6.** Moyen de parvenir à un résultat : *La ténacité est la clé du succès.* **7.** Renseignement qu'il faut connaître pour comprendre le sens d'une allusion, pour résoudre une difficulté : *Roman, pièce, film à clés* (= dont les personnages correspondent à des personnages réels). *Je crois avoir trouvé la clé du mystère* (syn. **solution**). **8.** MUS. Signe mis au début d'une portée et qui détermine le nom des notes : *Clé de fa, de sol, d'ut.* **9.** Prise qui immobilise l'adversaire en sports de lutte et au judo. **10. Clé de voûte,** pierre centrale d'une voûte qui, placée la dernière, maintient toutes les autres ; au fig., point essentiel sur lequel repose une théorie, un raisonnement. / **Clé(s) en main,** vendu entièrement terminé, prêt à être utilisé, en parlant d'un logement, d'un véhicule, d'une entreprise. / **Mettre la clé sous la porte,** déménager furtivement ; faire faillite. / **Prendre la clé des champs,** s'échapper, prendre sa liberté. / **Sous clé,** dans un endroit fermé à clé ; en prison, sous les verrous. ◆ **adj.** Qui joue un rôle essentiel ; dont tout dépend : *Les industries clés. Occuper un poste clé.*

clean [klin] **adj. inv.** (mot angl. « propre »). FAM. Qui est net, strict, sans débraillé.

clef n.f. ⟶ **clé.**

clématite [klematit] **n.f.** (lat. *clematitis,* du gr. *klêma,* sarment). Plante grimpante à tiges ligneuses (espèces sauvages et cultivées). ► Famille des renonculacées.

clémence [klemɑ̃s] **n.f.** (lat. *clementia*). **1.** Sentiment de générosité qui porte à pardonner : *L'avocat a fait appel à la clémence du juge* (syn. **indulgence**). **2.** Douceur du climat : *La clémence de la température* (contr. **rigueur**).

Clemenceau (Georges), homme politique français (Mouilleron-en-Pareds 1841 - Paris 1929). Médecin (1865), il entre en politique comme républicain radical. Maire de Montmartre (1870), puis député de la Seine (1871), il échoue dans sa tentative de conciliation entre le gouvernement et les communards. Fondateur et directeur du journal *la Justice* (1880), député de la Seine (1875-1885), puis du Var (1885-1893), il prône la laïcité, la séparation de l'Église et de l'État, la suppression du Sénat et l'arrêt des conquêtes coloniales. Chef de l'extrême gauche radicale et grand orateur, il provoque la chute de plusieurs cabinets (notamment celui de Jules Ferry). Il contribue à la nomination de Boulanger au ministère de la Guerre, mais s'oppose ensuite à ce dernier. Impliqué dans le scandale de Panama, il perd son siège de député en 1893. Redevenu simple journaliste, il prend la tête des défenseurs de Dreyfus en publiant *J'accuse* de Zola (1898) dans *l'Aurore*. Sénateur du Var (1902), ministre de l'Intérieur puis président du Conseil (1906), il entreprend des réformes sociales (congé hebdomadaire, création d'un ministère du Travail), mais il réprime sévèrement les troubles provoqués par les vignerons du Midi et les ouvriers de la région parisienne, provoquant de ce fait la rupture avec les socialistes. Renversé en juill. 1909, il fonde le journal *l'Homme libre* (1913), qui devient, après l'institution de la censure (1914), *l'Homme enchaîné*, et vote contre la candidature de Poincaré à la présidence de la République. Appelé par Poincaré à constituer un cabinet de salut national (nov. 1917), Clemenceau, surnommé *le Tigre*, fait choisir Foch comme généralissime des forces alliées et conduit d'une main de fer le pays à la victoire. Il bénéficie alors d'une immense popularité. Président de la conférence de Paris, *le Père la Victoire* négocie le traité de Versailles (1919), mais son intransigeance et son anticléricalisme lui ont valu des adversaires nombreux, et il est écarté de la présidence de la République au profit de Paul Deschanel, en 1920.

clément, e [klemɑ̃, -ɑ̃t] **adj.** (lat. *clemens*). **1.** Porté à pardonner, à ne pas punir avec rigueur : *Le proviseur a été clément avec les chahuteurs* (syn. **indulgent** ; contr. **sévère**). **2.** Dont la température, le climat sont agréables : *Nous avons eu un hiver clément* (contr. **rigoureux**).

Clément (René), cinéaste français (Bordeaux 1913 - Monte-Carlo 1996). Il connaît la notoriété dès son premier film, un documentaire romancé, *la Bataille du rail* (1946), dans lequel il reconstitue la lutte secrète des cheminots contre l'occupant allemand. Un style rigoureux et un réalisme souvent pessimiste caractérisent son œuvre : *Jeux interdits* (1952), *Monsieur Ripois* (1954), *Plein Soleil* (1959), *Paris brûle-t-il ?* (1966), *le Passager de la pluie* (1969).

Clément VII (Jules de Médicis) [Florence 1478 - Rome 1534], pape de 1523 à 1534. Fils naturel de Jules de Médicis, il prit parti pour François Ier contre Charles Quint, qu'il dut cependant couronner à Bologne en 1530. Son pontificat, qui fut aussi celui d'un prince de la Renaissance, a été marqué par le sac de Rome par les impériaux en 1526-1527, par les progrès du protestantisme et par le conflit avec Henri VIII, qui s'institua chef suprême de l'Église d'Angleterre (1534).

Clementi (Muzio), compositeur italien (Rome 1752 - Evesham, Angleterre, 1832). Il a fait une grande carrière de pianiste avant de s'occuper d'édition musicale et de facture de pianos. Il a laissé de très nombreuses sonates et quelques symphonies, ainsi qu'un célèbre ouvrage didactique *(Gradus ad parnassum)*.

clémentine [klemɑ̃tin] **n.f.** (du nom de *P. Clément*, qui obtint le fruit en 1902). Variété de mandarine.

clenche [klɑ̃ʃ] **n.f.** (frq. **klinka*). Pièce principale du loquet d'une porte, qui tient la porte fermée.

Cléopâtre, nom de sept reines d'Égypte. La plus célèbre fut **Cléopâtre VII** (Alexandrie 69 - *id.* 30 av. J.-C.), reine de 51 à 30. Successivement épouse de ses frères Ptolémée XIII (m. en 47) et de Ptolémée XIV (m. en 44), elle dut à César (dont elle eut un fils, Césarion, futur Ptolémée XV) son autorité sur l'Égypte. Elle séduisit Antoine, maître de l'Orient romain, qui joignit à l'Égypte plusieurs provinces romaines. Vaincus par Octavien, fils adoptif de César, à Actium (31), Antoine et Cléopâtre s'enfuirent en Égypte, où ils se suicidèrent (la reine se serait fait mordre par un aspic). Avec Cléopâtre finit la dynastie des Lagides et l'indépendance de l'Égypte hellénistique.

clepsydre [klɛpsidr] **n.f.** (gr. *klepsudra*). Horloge antique, d'origine égyptienne, mesurant le temps par un écoulement régulier d'eau dans un récipient gradué.

cleptomane n., **cleptomanie** n.f. ⟶ **kleptomane, kleptomanie.**

clerc [klɛr] **n.m.** (lat. ecclés. *clericus*, de *clerus*, clergé, gr. *klêros*, proprement « ce qu'on obtient par le sort »). **1.** Celui qui est entré dans l'état ecclésiastique (syn. **ecclésiastique**). **2.** Employé d'une étude de notaire, d'avoué, etc. **3. Pas de clerc,** bévue, maladresse.

clergé [klɛrʒe] **n.m.** (lat. ecclés. *clericatus*, de *clericus* ; v. *clerc*). Ensemble des ecclésiastiques d'une religion : *Le clergé catholique, orthodoxe.*

clergyman [klɛrdʒiman] **n.m.** (mot angl., de *clergy*, clergé, et *man*, homme) [pl. *clergymans* ou *clergymen*]. **1.** Pasteur du culte anglican. **2. Habit de clergyman,** tenue ecclésiastique se rapprochant de la tenue civile et adoptée par les prêtres catholiques.

clérical, e, aux [klerikal, -o] **adj.** (lat. ecclés. *clericalis*, de *clericus* ; v. *clerc*). Propre au clergé ; favorable au clergé.

cléricalisme [klerikalism] **n.m.** (de *clérical*). Ensemble d'opinions favorables à l'intervention du clergé dans les affaires publiques.

Clermont-Ferrand, ch.-l. du dép. du Puy-de-Dôme, à 401 m d'alt., à 388 km au sud de Paris ; 145 520 hab. *(Clermontois)* [262 911 hab. dans l'agglomération]. Académie et université. Évêché. Centre français de l'industrie des pneumatiques. Constructions mécaniques. Cathédrale gothique achevée par Viollet-le-Duc. Église N.-D.-du-Port (XIIe s.), caractéristique de la construction romane auvergnate. Hôtels gothiques et Renaissance. Musées.
En 1095, le pape Urbain II présida à Clermont le concile où fut décidée la 1re croisade. La ville passa au domaine royal en 1551 et fut réunie en 1630 à Montferrand.

clérouque [kleruk] **n.m.** (du gr. *klêros*, lot). ANTIQ. GR. Citoyen athénien envoyé dans une clérouquie.

clérouquie [kleruki] **n.f.** ANTIQ. GR. Colonie militaire créée par Athènes et dont les membres restaient citoyens athéniens.

Cleveland, v. des États-Unis (Ohio), sur le lac Érié ; 389 521 hab. (2 022 462 hab. dans l'agglomération). Centre industriel. Musée d'art.

Cleveland (Stephen Grover), homme d'État américain (Caldwell, New Jersey, 1837 - Princeton 1908). Président démocrate des États-Unis de 1885 à 1889 et de 1893 à 1897, il s'opposa au protectionnisme et chercha à limiter l'influence des partis dans la vie politique américaine.

clic [klik] **interj.** (onomat.). Exprime un claquement sec. ◆ **n.m.** INFORM. Enfoncement puis relâchement rapides du bouton de la souris d'un micro-ordinateur.

cliché [kliʃe] **n.m.** (de *clicher*, var. de l'anc. v. *cliquer*, faire un bruit sec, d'orig. onomat.). **1.** Image photographique négative, servant à tirer les épreuves positives. **2.** IMPR. Plaque portant en relief l'empreinte d'une composition typographique en vue de son impression. **3.** Expression toute faite, idée banale exprimée souvent et dans les mêmes termes (= lieu commun).

client, e [klijɑ̃, -ɑ̃t] **n.** (lat. *cliens, -entis*, le protégé puis « le vassal »). Personne qui reçoit de qqn, contre paiement, des fournitures ou des services : *Les clients d'un magasin* (syn. **acheteur**). *Les clients d'un médecin* (syn. **malade, patient**).

clientèle [klijɑ̃tɛl] **n.f. 1.** Ensemble des clients : *La clientèle d'un médecin.* **2.** Fait d'être client de : *Accorder, retirer sa clientèle à qqn.* **3.** Ensemble des partisans, des électeurs d'un parti ou d'un homme politique.

clientélisme [klijɑ̃telism] **n.m.** Fait, pour un homme ou un parti politique, de chercher à élargir son influence par des procédés plus ou moins démagogiques (péjor.).

clientéliste [klijɑ̃telist] **adj.** Relatif au clientélisme.

clignement [kliɲmɑ̃] **n.m.** Action de cligner : *D'un clignement d'œil, elle m'indiqua qu'elle avait compris.*

cligner [kliɲe] **v.t.** et **v.t. ind. [de]** (lat. *cludere,* fermer). **1.** Fermer à demi les yeux pour mieux distinguer, ou sous l'effet de la lumière, du vent, etc. : *La vive lumière les fit cligner des yeux* (syn. **papilloter**). **2. Cligner de l'œil** faire signe de l'œil à qqn. ◆ **v.i.** S'ouvrir et se fermer de manière réflexe : *Yeux qui clignent sans cesse.*

clignotant, e [kliɲɔtɑ̃, -ɑ̃t] **adj.** Qui clignote : *Lumière clignotante. Feu (de circulation) clignotant.* ◆ **clignotant n.m. 1.** Dispositif à lumière intermittente, qui, sur un véhicule, sert à signaler un changement de direction : *Mettre son clignotant avant de tourner.* **2.** Signe indicateur d'une détérioration de la situation économique ou d'une hausse trop importante des prix.

clignotement [kliɲɔtmɑ̃] **n.m. 1.** Mouvement saccadé et rapide des paupières (syn. **battement**). **2.** Fait, pour une lumière, de s'allumer et de s'éteindre à des intervalles rapprochés : *Le clignotement du feu orange au carrefour.*

clignoter [kliɲɔte] **v.i.** (de *cligner*). **1.** Ouvrir et fermer involontairement les yeux, les paupières, à de brefs intervalles (syn. **ciller, cligner, papilloter**). **2.** S'allumer et s'éteindre à de brefs intervalles : *Lumière qui clignote dans le lointain.*

climat [klima] **n.m.** (lat. *clima, -atis,* gr. *klima,* inclinaison). **1.** Ensemble des phénomènes météorologiques (température, pression, vents, précipitations) qui caractérisent l'état de l'atmosphère et son évolution en un lieu donné : *La France a un climat tempéré.* **2.** Ensemble des conditions de vie, des circonstances dans lesquelles on vit : *Un climat de confiance s'est instauré entre les négociateurs* (syn. **ambiance**). *Le climat politique* (syn. **atmosphère**). ▸ *Dossier page suivante.*

■ Le globe terrestre est marqué par l'existence de grandes zones climatiques à peu près parallèles dans l'hémisphère Nord et dans l'hémisphère Sud. La zone intertropicale est caractérisée par des climats chauds : le climat équatorial règne au-dessus de l'équateur ; par diminution du volume des précipitations, il passe au climat tropical, de moins en moins humide, puis au climat aride sous les tropiques. Cependant, la façade orientale des continents, principalement de l'Asie, connaît un climat de mousson, caractérisé par une inversion saisonnière de la circulation atmosphérique qui perturbe la distribution générale des précipitations fondée sur la latitude. Dans la zone tempérée dominent trois grands types de climat : le climat océanique affecte les façades occidentales des continents, sous l'influence directe des vents d'ouest ; quand cette influence diminue, au centre et sur les façades orientales des continents, le climat devient continental ; aux plus basses latitudes de la zone tempérée, le climat méditerranéen subit les influences subtropicales. Un climat très froid et sec règne au voisinage des pôles. La répartition zonale des climats est perturbée par les conditions locales du relief. Ainsi, en altitude, règne un climat de montagne, marqué par un abaissement de la température et un accroissement des précipitations. Enfin, des microclimats peuvent affecter des étendues réduites. ■

climatique [klimatik] **adj. 1.** Relatif au climat. **2. Station climatique,** station réputée pour l'action bienfaisante de son climat.

climatisation [klimatizasjɔ̃] **n.f.** Ensemble des moyens permettant de maintenir l'atmosphère d'un endroit clos à une pression, à un degré d'humidité et à une température donnés.

climatiser [klimatize] **v.t.** Assurer la climatisation d'un lieu fermé : *Salle de cinéma climatisée.*

climatiseur [klimatizœr] **n.m.** Appareil permettant d'obtenir la climatisation d'un lieu clos.

climatologie [klimatɔlɔʒi] **n.f.** Étude scientifique des climats.

climatosceptique [klimatɔsɛptik] **adj.** et **n.** Se dit d'une personne qui nie ou minimise l'implication de l'homme dans le réchauffement climatique, voire le réchauffement lui-même.

clin d'œil [klɛ̃dœj] **n.m.** (pl. *clins d'œil*). **1.** Mouvement rapide de la paupière que l'on fait en direction de qqn, en signe d'intelligence ou de connivence : *Il ne cesse de me faire des clins d'œil.* **2. En un clin d'œil,** très rapidement.

clinicien, enne [klinisjɛ̃, -ɛn] **n.** (de *1. clinique*). Médecin qui étudie les maladies par l'observation directe des malades.

1. clinique [klinik] **adj.** (lat. *clinicus,* du gr. *klinê,* lit). **1.** Qui se fait d'après l'examen direct du malade : *Diagnostic clinique.* **2. Signe clinique,** signe, symptôme que le médecin peut déceler par la vue, le toucher.

2. clinique [klinik] **n.f.** (de *1. clinique*). **1.** Établissement hospitalier privé, génér. réservé à la chirurgie et à l'obstétrique. **2. Chef de clinique,** médecin désigné par concours pour assurer, dans un service d'hôpital, l'enseignement des stagiaires.

1. clinquant [klɛ̃kɑ̃] **n.m.** (de l'anc. fr. *clinquer,* faire du bruit). **1.** Mauvaise imitation de pierreries, de métal précieux : *Un collier en clinquant.* **2.** Faux brillant, éclat trompeur : *Le clinquant d'une conversation* (syn. **vernis**).

2. clinquant, e [klɛ̃kɑ̃, -ɑ̃t] **adj.** (de *1. clinquant*). Qui a trop d'éclat ; qui a du brillant mais peu de valeur : *Des phrases clinquantes* (syn. **ronflant**).

Clinton (William Jefferson, dit **Bill),** homme d'État américain (Hope, Arkansas, 1946). Démocrate, gouverneur de l'Arkansas (1979-1981, 1983-1992), il est président des États-Unis de 1993 à 2001.

Clio, une des neuf Muses de la mythologie grecque. Fille, comme les autres Muses, de Mnémosyne (la Mémoire) et de Zeus, elle se voit attribuer, à la période classique, la première place parmi ses sœurs et le titre de Muse de l'Histoire.

1. clip [klip] **n.m.** (mot angl. « pince »). Pince à ressort sur laquelle est monté un bijou (boucle d'oreille, broche, etc.) ; ce bijou lui-même.

2. clip [klip] **n.m.** (mot angl. « extrait »). Court-métrage cinématographique ou vidéo qui illustre une chanson, qui présente le travail d'un artiste (syn. **vidéo-clip**). [Recomm. off. *bande promo* ou *promo.*]

Clipperton, îlot français du Pacifique inhabité, à 1 300 km du Mexique ; 2 km^2. Il appartient à la France depuis un arbitrage de 1931.

cliquable [klikabl] **adj.** INFORM. Se dit d'un élément (mot, image, icône) sur lequel on peut cliquer afin d'activer un lien.

clique [klik] **n.f.** (de l'anc. v. *cliquer ;* v. *cliché*). **1.** *FAM.* Groupe de personnes qui s'unissent pour intriguer ou nuire (péjor.) : *Une clique de politiciens et de généraux* (syn. **bande, coterie**). **2.** Ensemble des tambours et des clairons d'une musique militaire.

cliquer [klike] **v.i.** (de *clic*). Actionner la souris d'un micro-ordinateur.

cliques [klik] **n.f. pl.** (orig. onomat. [sens région. : « sabots »]). *FAM.* **Prendre ses cliques et ses claques,** s'en aller en emportant tout ce qu'on a.

cliquet [klikɛ] **n.m.** (de l'anc. v. *cliquer ;* v. *cliché*). Petit levier destiné à ne permettre le mouvement d'une roue dentée que dans un seul sens.

cliqueter [klikte] **v.i.** (de l'anc. v. *cliquer ;* v. *cliché*) [conj. **27**]. Faire du bruit en s'entrechoquant : *Ses bracelets cliquettent à son poignet.*

Les années 2000 ont été, dans l'hémisphère Nord, la décennie la plus chaude depuis cent ans. Ce changement climatique a de multiples conséquences : recul des glaciers, élévation du niveau des mers, modification de la répartition des espèces et de certaines maladies, déplacement des populations vulnérables. Pourquoi le climat de notre planète change-t-il ?

Quand le climat s'emballe

▶ **Chaud devant !** Depuis le début du XXe s., on note dans le monde entier une élévation lente, mais réelle, de la température moyenne à la surface de la Terre. Cette augmentation, de 0,6 °C pour la planète, a été de 0,9 °C pour la France. Parallèlement, les vagues de chaleur, les fortes précipitations, les blizzards et les sécheresses se produisent à une fréquence accrue. Il apparaît désormais qu'un grand nombre de ces dérèglements climatiques sont liés au réchauffement de la planète. Trop rapide pour être dû à une évolution naturelle du climat, ce dernier est pour l'essentiel imputable aux activités humaines.

▶ **Des carottes qui parlent de l'atmosphère.** En prélevant des « carottes de glace » en Antarctique et au Groenland, et en analysant les petites bulles d'air qui y sont piégées, les spécialistes de la paléoclimatologie (l'étude des climats anciens) peuvent mesurer la teneur en dioxyde de carbone (CO_2) à différentes époques. Ces études révèlent que la concentration atmosphérique en CO_2, qui était stable depuis 10 000 ans, a augmenté à partir de 1750, pour passer de 280 ppmv (parties par million en volume) à 390 ppmv aujourd'hui. Une augmentation très rapide à l'échelle des temps géologiques, et qui s'accélère depuis le milieu du XXe s...

▶ **La Terre sous serre.** L'augmentation de la teneur atmosphérique en CO_2 est principalement due à l'utilisation des combustibles fossiles, en particulier dans les pays industrialisés (États-Unis en tête, qui émettent à eux seuls 25 % du CO_2, pour seulement 5 % de la population mondiale). Mais certains pays en pleine croissance commencent à prendre une part de plus en plus importante au phénomène (la Chine est ainsi devenue le deuxième pollueur mondial, derrière les États-Unis). Or, le CO_2 est un gaz à effet de serre. L'effet de serre, phénomène naturel, fonctionne plus ou moins sur le principe d'une serre de jardinier, mais ce sont certains gaz de l'atmosphère (vapeur d'eau, CO_2, méthane, etc.) qui jouent le rôle de la vitre. Plus les taux atmosphériques de gaz à effet de serre sont élevés, plus la planète se réchauffe.

▶ **Chronique d'une catastrophe annoncée.** Si le phénomène se poursuit au rythme actuel, on prévoit pour 2100 une augmentation de la température moyenne de la surface terrestre de 2 à 6 °C (les hautes latitudes connaissant un réchauffement plus important que les régions équatoriales). Un tel réchauffement entraînerait la diminution des calottes polaires, la fonte des glaciers et une élévation du niveau des océans (due à la dilatation des eaux et à la fonte des glaciers des pôles et de montagne) de 20 à 60 cm. De nombreuses régions côtières et îles de très faible altitude seraient rayées de la carte pour cause d'immersion. Les régions humides de la planète subiraient des précipitations de plus en plus violentes, et les régions sèches, une aggravation de la sécheresse. Enfin, de nombreuses espèces disparaîtraient, faute de temps pour s'adapter.

▶ **Y a-t-il des solutions ?** Pour enrayer le réchauffement, il faudrait ne plus brûler un gramme de combustible fossile. De manière plus réaliste, la maîtrise de la consommation dans le domaine des transports et l'utilisation de « carburants verts » seraient déjà des éléments de réponse...

Nous connaissons aujourd'hui les conséquences du réchauffement global de la planète : saurons-nous adapter notre mode de vie, nos méthodes industrielles, trouver un modèle de développement moins destructeur pour l'environnement, pour enrayer, ou du moins stabiliser, le réchauffement ?

Voir aussi : développement durable ; énergie ; pollution ; serre (effet de).

cliquetis [klikti] et **cliquètement** [klikɛtmɑ̃] **n.m.** Bruit répété produit par des corps qui s'entrechoquent : *Le cliquetis des couverts dans un restaurant.*

clisse [klis] **n.f.** (de *éclisse*). **1.** Claie pour égoutter les fromages. **2.** Enveloppe d'osier, de jonc, pour bouteilles.

Clisthène, homme d'État athénien (seconde moitié du VIe s. av. J.-C.). Initiateur d'importantes réformes, il institua à Athènes de nouvelles divisions territoriales de façon à renforcer l'unité de la cité. Il réforma le calendrier, l'armée et orienta définitivement les institutions athéniennes vers la démocratie.

clitoridien, enne [klitɔridjɛ̃, -ɛn] **adj.** Du clitoris.

clitoris [klitɔris] **n.m.** (gr. *kleitoris*). Petit organe érectile situé à la partie supérieure de la vulve, chez la femme.

clivage [klivaʒ] **n.m. 1.** Action de cliver ; fait de se cliver : *Le clivage de l'ardoise.* **2.** Distinction entre deux groupes de personnes selon un certain critère : *Un certain clivage s'opère entre les ouvriers spécialisés et les manœuvres.*

cliver [klive] **v.t.** (néerl. *klieven*). Fendre un minéral, un cristal, par couches ou lames. ◆ **se cliver v.pr.** Se séparer en couches ; se scinder, être divisé en parties distinctes.

cloaque [klɔak] **n.m.** (lat. *cloaca*, égout). **1.** Réceptacle des immondices, des eaux usées ; endroit très sale (syn. **bourbier**). **2.** Orifice commun des voies urinaires, intestinales et génitales de certains vertébrés (notamm. des oiseaux).

clochard, e [klɔʃar, -ard] **n.** (de *2. clocher*). FAM. Personne qui n'a ni travail ni domicile et vit de mendicité.

clochardisation [klɔʃardizasjɔ̃] **n.f.** Action de clochardiser ; fait de se clochardiser.

clochardiser [klɔʃardize] **v.t.** (de *clochard*). Réduire aux conditions de vie les plus misérables. ◆ **se clochardiser v.pr.** Se trouver privé de ressources, de domicile et peu à peu marginalisé.

1. cloche [klɔʃ] **n.f.** (bas lat. *clocca*, mot d'orig. celtique). **1.** Instrument de métal, génér. en bronze, dont la forme évoque celle d'une coupe renversée et que l'on fait résonner en frappant sa surface extérieure avec un marteau ou sa surface intérieure avec un battant : *La cloche de l'église sonne les heures.* **2.** Couvercle en verre, en métal ayant la forme d'une cloche : *Cloche à fromage. Cloche à melon.* **3. Chapeau cloche,** chapeau de femme à bords rabattus (on dit aussi *une cloche*). / **Cloche à plongeur,** appareil en forme de cloche, permettant de travailler sous l'eau. / FAM. **Déménager à la cloche de bois,** déménager clandestinement, sans payer. / **Jupe cloche,** jupe qui va en s'évasant. / **Son de cloche,** opinion d'une ou de plusieurs personnes : *Avec lui, ce sera un autre son de cloche* (= une opinion différente de celle que l'on vient d'entendre).

2. cloche [klɔʃ] **adj.** et **n.f.** (de *1. cloche*). FAM. Maladroit, stupide, incapable ; médiocre : *Ce qu'il peut être cloche !*

à **cloche-pied** [klɔʃpje] **loc. adv.** (de *2. clocher*). En sautant sur un pied : *Traverser la cour à cloche-pied.*

1. clocher [klɔʃe] **n.m.** (de *1. cloche*). **1.** Tour qui contient les cloches d'une église. **2. Esprit de clocher,** attachement étroit à tout ce qui concerne le cercle habituel des gens parmi lesquels on vit. / **Querelle, rivalité de clocher,** querelle, rivalité purement locale, souvent mesquine.

2. clocher [klɔʃe] **v.i.** (lat. pop. **cloppicare*, de *cloppus*, boiteux). FAM. Présenter un défaut : *Ton raisonnement cloche.*

clochette [klɔʃɛt] **n.f. 1.** Petite cloche : *Les béliers ont une clochette pendue au cou* (syn. **clarine**). **2.** Corolle de certaines fleurs rappelant la forme d'une cloche : *Les clochettes du muguet.*

cloison [klwazɔ̃] **n.f.** (lat. pop. **clausio*, du class. *clausus*, clos). **1.** Mur léger en brique, en plâtre ou en bois, et servant à former les divisions intérieures non portantes d'un bâtiment. **2.** Paroi séparant deux cavités dans un organe du corps : *La cloison du nez.* **3.** Ce qui divise des personnes, les empêche de communiquer entre elles : *Cloisons qui séparent les générations* (syn. **barrière, fossé**).

cloisonnage [klwazɔnaʒ] et **cloisonnement** [klwazɔnmɑ̃] **n.m. 1.** Action de cloisonner. **2.** Ensemble de cloisons.

cloisonné, e [klwazɔne] **adj.** et **n.m.** Se dit des émaux dont les motifs sont délimités par de minces cloisons verticales retenant la matière vitrifiée.

cloisonner [klwazɔne] **v.t. 1.** Séparer par des cloisons : *Cloisonner une pièce pour en faire deux.* **2.** Séparer en catégories distinctes : *Cloisonner un département de recherche* (syn. **compartimenter**).

cloître [klwatr] **n.m.** (lat. *claustrum*, barrière, puis « lieu clos », de *claudere*, fermer). **1.** Partie d'un monastère formée de galeries ouvertes entourant une cour ou un jardin. **2.** Partie d'un monastère ou d'un couvent réservée aux seuls religieux.

cloîtré, e [klwatre] **adj.** Qui vit dans un cloître, séparé du monde : *Des religieuses cloîtrées* (syn. **reclus**).

cloîtrer [klwatre] **v.t. 1.** Enfermer dans un cloître. **2.** Tenir une personne enfermée dans une pièce, un lieu clos : *La maladie l'a cloîtré de longs mois* (syn. **claquemurer, claustrer**). ◆ **se cloîtrer v.pr. 1.** Vivre isolé, sans voir personne. **2.** Se figer dans une attitude, un mode de pensée : *Elle se cloître dans le silence* (syn. **s'enfermer**).

clonage [klɔnaʒ] **n.m.** Obtention, par des manipulations biologiques, d'une série de molécules, d'êtres unicellulaires (bactéries) ou pluricellulaires (plantes, amphibiens, etc.), génétiquement identiques entre eux et à la molécule, la cellule ou l'être de départ.

■ Le clonage des plantes est pratiqué depuis de nombreuses années ; il permet notamm. d'assurer la stabilité génétique des variétés (on l'utilise donc aussi dans la production d'OGM). Chez les animaux, des expériences de clonage sont menées depuis 1952. En 1996, des chercheurs ont obtenu le premier clone d'un mammifère adulte, la brebis Dolly, par la technique du *clonage reproductif.* Elle consiste à injecter le noyau d'une cellule non sexuelle prélevée sur un animal adulte (l'animal cloné) dans un ovule privé de son propre noyau (énucléé). C'est à partir de cet ovule avec son nouveau noyau que se développera le nouvel individu (le *clone*).

Le clonage humain. Il soulève des questions éthiques fondamentales. Les recherches sur le *clonage thérapeutique* (qui consiste à cultiver des cellules souches embryonnaires pour les introduire dans un organe malade, afin de le régénérer) sont ainsi interdites dans de nombreux pays. Le clonage reproductif a quant à lui été déclaré « contraire à la dignité humaine » par l'Unesco en 1997. En droit français, une loi de bioéthique de 2004 l'a déclaré crime contre l'humanité. ■

clone [klɔn] **n.m.** (gr. *klôn*, jeune pousse). Individu ou population d'individus provenant de la reproduction végétative ou asexuée d'un individu végétal ou animal unique.

clope [klɔp] **n.m.** ou **n.f.** (orig. obsc.). FAM. Mégot ; cigarette : *C'est ma dernière clope.*

clopin-clopant [klɔpɛ̃klɔpɑ̃] **loc. adv.** (de l'anc. adj. *clopin*, boiteux, et du p. présent de l'anc. v. *cloper*, boiter). FAM. En marchant avec peine : *Avancer clopin-clopant.*

clopiner [klɔpine] **v.i.** (de l'anc. adj. *clopin*, boiteux ; v. *clocher*). FAM. Marcher en boitant un peu (syn. **boitiller**).

clopinettes [klɔpinɛt] **n.f. pl.** (de *clope*). FAM. **Des clopinettes,** rien : *J'espérais qu'il me prêterait dix euros, mais des clopinettes !*

cloporte [klɔpɔrt] **n.m.** (p.-ê. de *clore*, et *porte*). Crustacé terrestre atteignant 2 cm de long, vivant sous les pierres et dans les lieux sombres et humides. ▸ Ordre des isopodes.

cloque [klɔk] **n.f.** (forme picarde de *1. cloche*). **1.** Enflure locale de la peau causée par une brûlure, un frottement ou une maladie (syn. **ampoule**). **2.** Boursouflure dans une peinture, un papier peint, du cuir.

cloquer [klɔke] **v.i.** Se boursoufler, former des cloques, en parlant de la peau, d'une couche de peinture, etc.

clore [klɔr] **v.t.** (lat. *claudere,* fermer) [conj. **113**]. **1.** *SOUT.* Fermer complètement ; barrer l'accès de : *Clore une lettre* (syn. **cacheter**). *L'huissier a clos les portes* (syn. **barricader**). **2.** *LITT.* Entourer d'une clôture : *Un mur clôt le parc* (syn. **clôturer, enclore**). **3.** Mettre un terme à ; marquer la fin de : *Clore la séance* (syn. **arrêter, terminer**). *Son intervention a clos la discussion* (syn. **achever, finir**).

1. clos, e [klo, -oz] **adj.** (p. passé de *clore*). **1.** Fermé : *Les volets étaient clos.* **2.** Définitivement terminé : *L'incident est clos* (= qu'il n'en soit plus question). **3. Trouver porte close,** ne trouver personne au lieu où on se présente.

2. clos [klo] **n.m.** (de *1. clos*). **1.** Terrain cultivé et fermé de murs, de haies ou de fossés. **2.** Vignoble : *Un clos renommé.*

close-combat [klozkɔ̃ba] **n.m.** (mot angl., de *close,* proche) [pl. *close-combats*]. Combat rapproché, à mains nues.

Clotilde *(sainte),* reine des Francs (v. 475 - Tours 545), fille de Chilpéric, roi des Burgondes, et femme de Clovis Ier. Elle contribua à la conversion de son mari au catholicisme.

clôture [klotyr] **n.f.** (réfection de *closure,* lat. *clausura,* de *claudere,* fermer). **1.** Mur, haie, grillage, palissade qui ferment l'accès d'un terrain : *Le chien a trouvé une brèche dans la clôture.* **2.** Action de terminer, de mettre fin à : *Clôture des inscriptions le 20 mai* (syn. **cessation**). *Le gala de clôture du festival* (syn. **achèvement, fin**).

clôturer [klotyre] **v.t. 1.** Entourer, fermer d'une clôture : *Clôturer un jardin* (syn. **clore, enclore**). **2.** Mettre fin à : *Pour clôturer le débat* (syn. **clore, achever, conclure**).

clou [klu] **n.m.** (lat. *clavus*). **1.** Tige métallique pointue à un bout, aplatie à l'autre et servant à fixer ou à suspendre qqch : *Planter un clou dans un mur.* **2.** *FAM.* Furoncle. **3.** Attraction principale : *Le clou de la fête.* **4. Clou de girofle,** bouton du giroflier, employé comme condiment. / *FAM.* **Mettre au clou,** mettre au mont-de-piété : *Il a mis sa montre au clou* (= il l'a mise en gage). / *FAM.* **Vieux clou,** vieille bicyclette, vieille voiture. ◆ **clous n.m. pl.** Passage clouté : *Il faut traverser aux clous, dans les clous.*

clouer [klue] **v.t. 1.** Fixer avec des clous : *Clouer le couvercle d'une caisse.* **2.** Réduire à l'immobilité : *La maladie le cloue au lit.* **3.** *FAM.* **Clouer le bec à qqn,** le réduire au silence : *Ta réponse lui a cloué le bec.*

Clouet, peintres français d'origine flamande : **Jean** (m. à Paris en 1540/41), au service de François Ier à partir de 1516, et son fils **François** (Tours v. 1505/1510 - Paris 1572), peintre de François Ier et de ses successeurs. On leur doit notamment des portraits, dessinés ou peints, d'un réalisme élégant et précis.

clouté, e [klute] **adj. 1.** Garni de clous : *Des pneus cloutés.* **2. Passage clouté,** double rangée de clous à large tête plantés en travers d'une chaussée pour y marquer un passage destiné aux piétons (syn. **clous**). ***Rem.*** Les clous sont aujourd'hui remplacés par des bandes peintes.

clouter [klute] **v.t.** Garnir de clous.

Clouzot (Henri-Georges), cinéaste français (Niort 1907 - Paris 1977). Pamphlétaire social, ce maître du suspense et des atmosphères troubles porte un regard froid sur les êtres et le monde au moyen d'une dramaturgie rigoureuse et épurée : *L'assassin habite au 21* (1942), *le Corbeau* (1943), *Quai des Orfèvres* (1947), *le Salaire de la peur* (1953), *la Vérité* (1960).

Clovis Ier (465 - Paris 511), roi des Francs (481-511), fils de Childéric Ier. La chronologie de son règne reste très imprécise. Succédant à son père vers l'âge de quinze ans, comme roi des Francs Saliens, il étend sa domination sur toute la Gaule du Nord, grâce à la victoire décisive qu'il remporte à Soissons en 486 contre le Romain Syagrius. Il vainc ensuite les Alamans au cours de batailles (v. 496 ou 506) dont aucune ne se déroula à Tolbiac, contrairement à une opinion répandue. Il se convertit au catholicisme sous l'influence de sa femme Clotilde, nièce du roi des Burgondes Gondebaud et se fit baptiser à Reims par l'évêque saint Remi (498 ou 499 ?). Devenu de ce fait le seul souverain barbare à ne pas être de confession arienne (considérée comme hérétique par l'Église), il voit son pouvoir légitimé et obtient du clergé gallo-romain un soutien essentiel pour sa domination. Ainsi, après avoir vaincu les Wisigoths d'Alaric II à Vouillé en 507, il occupe les territoires situés entre le sud de la Loire et les Pyrénées, à l'exception de la Septimanie (région de Narbonne). Maître de la Gaule, il établit sa capitale à Paris et reçoit en 508 de l'empereur d'Orient Anastase Ier des insignes qui font de lui le représentant de l'autorité impériale dans l'Occident gaulois. Il annexe vers 509 le royaume des Francs du Rhin et fait réorganiser l'Église des Gaules par le concile d'Orléans (511). À sa mort, ses quatre fils, Thierry, Clodomir, Childebert et Clotaire, se partagent le royaume. Clovis a ainsi jeté les bases de l'Occident chrétien et de la puissance territoriale des Mérovingiens.

clovisse [klɔvis] **n.f.** (prov. *clauvisso,* de *claure,* fermer, lat. *claudere*). Mollusque bivalve comestible que l'on trouve en Méditerranée (syn. **palourde**).

clown [klun] **n.m.** (mot angl.). **1.** Au cirque, artiste chargé de divertir les spectateurs par des bouffonneries, des acrobaties, des jongleries (syn. **auguste**). **2.** Personne qui fait rire par ses pitreries (syn. **pitre**).

clownerie [klunri] **n.f. 1.** Tour, facétie de clown. **2.** Action, parole, contorsion digne d'un clown (syn. **bouffonnerie, pitrerie, singerie**).

clownesque [klunɛsk] **adj.** Propre au clown ; digne d'un clown.

1. club [klœb] **n.m.** (mot angl., propr. « réunion »). **1.** Association culturelle, politique, sportive : *S'inscrire à un club de natation* (syn. **association, société**). **2.** Endroit où l'on se réunit pour discuter, lire, jouer : *Rendez-vous au club vendredi soir.* **3. Club d'investissement,** groupement d'épargnants formé pour gérer en commun un portefeuille de valeurs mobilières.

2. club [klœb] **n.m.** (mot angl., propr. « massue »). Canne pour jouer au golf.

Cluj-Napoca, anc. **Cluj,** en hongr. **Kolozsvár,** v. de Roumanie, en Transylvanie ; 309 136 hab. Centre industriel et universitaire. Monuments gothiques et baroques. Musées.

Cluny, ch.-l. de cant. de Saône-et-Loire ; 5 055 hab. *(Clunysois).* École d'arts et métiers. Là fut fondée en 910 une abbaye de bénédictins, d'où partit le mouvement de réforme clunisien. L'abbatiale romane entreprise en 1088 (« Cluny III »), le plus vaste monument de l'Occident médiéval, a été presque entièrement démolie au début du XIXe s. ; bâtiments divers du XIIIe au XVIIIe s. Musée lapidaire et musée Ochier.

cluse [klyz] **n.f.** (lat. *clusa,* endroit fermé, de *claudere,* fermer). Vallée étroite, gorge qui fait communiquer deux dépressions ou traverse un anticlinal.

clystère [klistɛr] **n.m.** (lat. *clyster,* du gr. *kluzein,* laver). *VX.* Lavement.

Clytemnestre, fille de Tyndare, roi mythique de Sparte, et de Léda ; sœur d'Hélène, de Castor et de Pollux ; épouse d'Agamemnon ; mère d'Oreste, d'Iphigénie, d'Électre. Ne pouvant pardonner le sacrifice d'Iphigénie, elle tua son mari à son retour de Troie avec la complicité d'Égisthe, son amant. Tous deux furent tués, sept ans plus tard, par son fils Oreste.

C.N.C. (Centre national du cinéma et de l'image animée), établissement public français fondé en 1946. Il est chargé de concevoir et de mettre en œuvre la politique de l'État dans les domaines du cinéma et des autres arts et industries de l'image animée.

C.N.E.S. (Centre national d'études spatiales), établissement public, scientifique et technique à caractère industriel et commercial, créé en 1961, chargé d'animer et de coordonner la politique spatiale en France.

cnidaire [knidɛr] **n.m.** (lat. scientif. *cnidarius,* du gr. *knidê,* ortie). **Cnidaires,** embranchement d'animaux invertébrés aquatiques à deux feuillets embryonnaires et caractérisés par la présence de cellules urticantes. ▸ Les hydres, les anémones de mer, les coraux, les méduses sont des cnidaires.

C.N.I.L., sigle de *Commission nationale de l'informatique et des libertés* ⟶ **informatique et des libertés** *(Commission nationale de l')*.

Cnossos ou **Knossós,** principale cité de la Crète antique (résidence du légendaire roi Minos), occupée par les Mycéniens au XVe s. av. J.-C. C'est au début du IIe millénaire que sont érigés les premiers palais dont les vestiges actuels furent découverts par Evans. Des bâtiments aux fonctions diverses (appartements, salles de réception, magasins, etc.) sont ordonnés autour d'une grande cour centrale. Vers 1700 av. J.-C., le palais, endommagé, est rebâti sur un plan plus complexe à étages avec puits de lumière et cours intérieures. À partir de 1600, salles et passages sont ornés de fresques. Le palais – lieu de résidence, mais aussi sanctuaire et centre économique – engendre l'établissement, à proximité, d'un vaste centre urbain, abandonné au début de l'âge du fer, avant de rester l'une des rares cités organisées à l'époque grecque.

C.N.R.S. (Centre national de la recherche scientifique), établissement public créé en 1939, chargé de développer et de coordonner, en France, les recherches scientifiques de tous ordres.

co-, préf., du lat. *cum,* avec, indique l'association ou la simultanéité *(coexister)*.

coaccusé, e [kɔakyze] **n.** Personne accusée avec une ou plusieurs autres d'avoir participé à un crime, à un délit.

coach [kotʃ] **n.m.** (mot angl.) [pl. *coachs* ou *coaches*]. Personne qui entraîne une équipe, un sportif. ◆ **coach n.** Conseiller professionnel d'un salarié.

coacher [kotʃe] **v.t.** (angl. *to coach*). **1.** Entraîner une équipe, un sportif. **2.** Conseiller une personne afin qu'elle utilise au mieux ses compétences.

coacquéreur [kɔakerœr] **n.m.** Personne qui acquiert un bien en commun avec d'autres.

coagulant, e [kɔagylɑ̃, -ɑ̃t] **adj.** et **n.m.** Qui a la propriété de coaguler ; qui accélère la coagulation. ◆ **coagulant n.m.** Substance coagulante.

coagulation [kɔagylasjɔ̃] **n.f.** Phénomène par lequel un liquide organique (sang, lymphe, lait) se prend en une masse solide : *La coagulation du sang.*

coaguler [kɔagyle] **v.t.** (lat. *coagulare*). Faire figer un liquide ; lui donner une consistance solide : *La présure coagule le lait* (= le fait cailler). ◆ **v.i.** ou **se coaguler v.pr.** Se transformer en caillot : *Le sang coagule, se coagule à l'air* (syn. **se cailler**).

coalisé, e [kɔalize] **adj.** et **n.** Se dit de personnes, de forces qui se sont liguées : *Les armées coalisées* (syn. **allié**).

coaliser [kɔalize] **v.t.** (du rad. de *coalition*). Réunir, grouper en vue d'une action commune : *Cette réforme a coalisé les lycéens contre elle* (syn. **liguer, rassembler**). ◆ **se coaliser v.pr.** S'unir dans une coalition : *Les nations qui se coalisèrent contre Napoléon* (syn. **s'allier**).

coalition [kɔalisjɔ̃] **n.f.** (mot angl., du lat. *coalescere,* s'unir). **1.** Alliance militaire et politique conclue entre plusieurs nations contre un adversaire commun : *Sous la Révolution et l'Empire, il y eut sept coalitions contre la France.* **2.** Réunion circonstancielle de forces, d'intérêts réalisée en vue d'une action commune : *La coalition des commerçants du quartier contre l'implantation d'un hypermarché.*

coalitions (les), alliances militaires et politiques conclues contre la France. – Sous Louis XIV, la *première coalition* (1673-1674) se forme pendant la guerre de Hollande, la *deuxième coalition* (1689-1690) pendant la guerre de la ligue d'Augsbourg, la *troisième coalition* (1701) pendant la guerre de la Succession d'Espagne. – Pendant la Révolution et l'Empire, sept coalitions regroupèrent les principaux pays d'Europe, particulièrement la Grande-Bretagne, l'Autriche (qui ne prit pas part à la *quatrième*) et la Russie (qui ne prit pas part à la *cinquième*). La *première coalition* (1793-1797) se disloqua après la campagne de Bonaparte en Italie et le traité de Campoformio. La *deuxième coalition* (1799-1802) s'acheva par la paix de Lunéville avec l'Autriche et par celle d'Amiens avec la Grande-Bretagne. La *troisième coalition* se forma en 1805 (victoire de Napoléon à Austerlitz ; paix de Presbourg), la *quatrième* en 1806-1807 (victoires de Napoléon à Iéna, Eylau, Friedland ; traités de Tilsit), la *cinquième* en 1809 (victoire de Napoléon à Wagram ; paix de Vienne). La *sixième coalition* (1813-1814) contraignit Napoléon Ier à abdiquer une première fois. La *septième* (1815), qui se termina par la bataille de Waterloo, aboutit à la seconde abdication de l'Empereur.

coaltar [kɔltar] **n.m.** (mot angl., de *coal,* charbon, et *tar,* goudron). Anc. appellation du goudron de houille.

coassement [kɔasmɑ̃] **n.m.** Cri de la grenouille, du crapaud.

coasser [kɔase] **v.i.** (lat. *coaxare,* du gr. *koax,* onomat. imitant le coassement). Émettre un coassement, en parlant de la grenouille, du crapaud.

coassocié, e [kɔasɔsje] **n.** Personne associée avec d'autres dans une entreprise économique ou financière.

coati [kɔati] **n.m.** (mot indigène du Brésil). Mammifère de l'Amérique du Sud, à corps et à museau allongés, chassant lézards et insectes. ▸ Ordre des carnivores ; long. 45 cm sans la queue.

coauteur [kootœr] **n. 1.** Auteur qui travaille avec un autre à une même œuvre littéraire. **2.** Celui qui a commis une infraction en participation directe et principale avec d'autres personnes.

coaxial, e, aux [kɔaksjal, -o] **adj. 1.** Qui a le même axe qu'un autre corps. **2. Câble coaxial,** câble constitué par deux conducteurs concentriques, séparés par un isolant.

cobalt [kɔbalt] **n.m.** (all. *Kobalt,* var. de *Kobold,* lutin). Métal blanc rougeâtre, dur et cassant, fondant vers 1 490 °C. ▸ Symb. Co ; densité 8,8. Le cobalt est employé en alliage avec le cuivre, le fer et l'acier, et dans la préparation de certains colorants, en génér. bleus.

cobaye [kɔbaj] **n.m.** (port. *cobaya,* du tupi-guarani). **1.** Petit mammifère originaire de l'Amérique du Sud, élevé surtout comme animal de laboratoire et appelé aussi *cochon d'Inde.* ▸ Ordre des rongeurs. **2.** FAM. Personne sur qui on tente une expérience : *Servir de cobaye.*

Cobden (Richard), économiste et homme politique britannique (Dunford Farm 1804 - Londres 1865). Partisan du libre-échange, il fut élu député et obtint en 1846 l'abolition des lois protectionnistes sur les blés. Il négocia le traité de commerce franco-britannique de 1860.

Coblence, en all. **Koblenz,** v. d'Allemagne (Rhénanie-Palatinat), à la confluence du Rhin et de la Moselle ; 107 825 hab. Deux églises surtout d'époque romane. Ce fut, en 1792, le lieu de ralliement des émigrés français.

cobol [kɔbɔl] **n.m.** (abrév. de *COmmon Business Oriented Language*). Langage de programmation d'ordinateurs utilisé pour résoudre les problèmes de gestion.

cobra [kɔbra] **n.m.** (mot port., lat. pop. **colobra ;* v. *couleuvre*). Serpent venimeux du genre *Naja.* ▸ Famille des colubridés ; long. 4 m. Le cobra indien est aussi appelé *serpent à lunettes* à cause de la forme du dessin visible à la face dorsale du cou, lorsque l'animal, inquiété, le dilate.

Cobra (de **Co**penhague, **Br**uxelles, **A**msterdam), mouvement artistique qui eut une grande influence, par-delà sa brève existence organisée (1948-1951), en exaltant, face à l'art officiel, toutes les formes de création spontanée (arts primitifs et populaires, art brut, dessins d'enfants). Le poète belge Christian Dotremont (1922-1979), les peintres Jorn (danois, 1914-1973), Karel Appel (néerlandais, 1921-1998), Pierre Alechinsky (belge, né en 1927) en firent partie.

coca [kɔka] **n.m.** (mot esp., de l'aymara). Arbuste du Pérou, dont les feuilles ont une action stimulante et qui fournit la cocaïne. ◆ **n.f.** Masticatoire ayant pour base les feuilles de cet arbuste.

cocagne [kɔkaɲ] **n.f.** (mot méridional, d'orig. obsc.). **Mât de cocagne,** mât glissant au sommet duquel sont suspendus des objets qu'il faut aller décrocher. / **Pays de cocagne,** pays d'abondance et d'insouciance.

cocaïne [kɔkain] **n.f.** (de *coca*). Alcaloïde extrait des feuilles de coca, anesthésique local et excitant du système nerveux central, dont l'usage prolongé aboutit à une toxicomanie grave (abrév. fam. *coke*).

cocaïnomane [kɔkainɔman] **n.** Personne qui se drogue à la cocaïne.

cocarde [kɔkard] **n.f.** (de l'anc. adj. *coquart,* vaniteux). Insigne circulaire, aux couleurs nationales : *Véhicules officiels munis d'une cocarde tricolore.*

cocardier, ère [kɔkardje, -ɛr] **adj.** et **n.** (de *cocarde*). Qui manifeste un patriotisme chauvin : *Des supporters cocardiers.*

cocasse [kɔkas] **adj.** (var. de l'anc. adj. *coquart ;* v. *cocarde*). FAM. D'une bizarrerie drôle : *Un chapeau cocasse.*

cocasserie [kɔkasri] **n.f.** Caractère de ce qui est cocasse ; chose cocasse.

coccinelle [kɔksinɛl] **n.f.** (du lat. *coccinus,* écarlate). Petit insecte coléoptère qui se nourrit de pucerons. (On la surnomme *bête à bon Dieu.*) ► L'espèce la plus commune possède des élytres rouge orangé garnis de sept points noirs.

coccyx [kɔksis] **n.m.** (gr. *kokkux,* coucou, par analogie de forme avec le bec de cet oiseau). Os formé par la soudure de plusieurs vertèbres réduites, à l'extrémité du sacrum.

Cochabamba, v. de Bolivie, au sud-est de La Paz, à plus de 2 500 m d'alt. ; 630 587 hab.

1. coche [kɔʃ] **n.m.** (all. *Kutsche,* d'orig. hongr. ou tchèque). **1.** Grande diligence dans laquelle on voyageait autref. **2.** FAM. **Louper, rater le coche,** perdre une occasion favorable. / **Mouche du coche,** personne qui montre un zèle excessif et inutile (par allusion à une fable de La Fontaine).

2. coche [kɔʃ] **n.m.** (bas lat. *caudica,* sorte de canot). **Coche d'eau,** bateau qui servait autref. au transport des voyageurs et des marchandises.

3. coche [kɔʃ] **n.f.** (lat. pop. **cocca,* probabl. du class. *coccum,* excroissance d'une plante). Entaille faite sur un objet ; marque servant de repère (syn. **cran, encoche**).

cochenille [kɔʃnij] **n.f.** (esp. *cochinilla,* cloporte). Insecte se nourrissant de la sève des plantes, dont une espèce mexicaine fournit une teinture rouge, le carmin. ► Famille des coccidés ; long. 2 mm.

1. cocher [kɔʃe] **n.m.** (de *1. coche*). Conducteur d'une voiture tirée par un ou plusieurs chevaux : *Un cocher de fiacre.*

2. cocher [kɔʃe] **v.t.** (de *3. coche*). Marquer d'un trait : *Cocher un nom sur une liste.*

cochère [kɔʃɛr] **adj.f.** (de *1. coche*). **Porte cochère,** grande porte permettant le passage des voitures dans la cour d'un immeuble : *S'abriter de la pluie sous une porte cochère.*

Cochin, port de l'Inde (Kerala) ; 2 117 990 hab. dans l'agglomération.

Cochinchine, partie méridionale du Viêt Nam, qui s'étend surtout sur le cours inférieur et sur le delta du Mékong.

1. cochon [kɔʃɔ̃] **n.m.** (orig. obsc.). **1.** Mammifère domestique élevé pour sa chair (syn. **porc**). ► Famille des suidés. Le cochon grogne. **2. Cochon de lait,** petit cochon qui tête encore.

2. cochon, onne [kɔʃɔ̃, -ɔn] **adj.** et **n.** (de *1. cochon*). **1.** FAM. Sale, dégoûtant. **2.** Malfaisant, déloyal : *Quel cochon, il nous a tous dénoncés.* **3. Tour de cochon,** mauvais tour ; méchanceté : *Il m'a joué un tour de cochon.* ◆ **adj.** Égrillard, obscène : *Des histoires cochonnes.*

cochonnaille [kɔʃɔnaj] **n.f.** FAM. Viande de porc ; préparation à base de porc : *Les saucisses et le boudin sont des cochonnailles* (syn. **charcuterie**).

cochonner [kɔʃɔne] **v.t.** (de *2. cochon*). FAM. Exécuter salement ; mettre en mauvais état : *Cochonner ses devoirs. Il a cochonné sa chemise* (syn. **salir, tacher**).

cochonnerie [kɔʃɔnri] **n.f.** (de *2. cochon*). FAM. **1.** Objet ou parole sale, obscène : *Dire des cochonneries* (syn. **gauloiserie, grivoiserie**). **2.** Chose de mauvaise qualité ; chose mauvaise ou désagréable : *Ce tissu, c'est de la cochonnerie* (syn. fam. **camelote**). **3.** Action déloyale ; acte hostile : *Faire une cochonnerie à qqn.*

cochonnet [kɔʃɔnɛ] **n.m. 1.** Petit cochon (syn. **goret, porcelet**). **2.** Petite boule servant de but au jeu de boules.

cochylis [kɔkilis] **n.m.** (du gr. *kogkhulion,* coquille). Papillon dont la chenille attaque les grappes de la vigne.

cocker [kɔkɛr] **n.m.** (de l'angl. *[wood]cocker,* de *woodcock,* bécasse). Race de chiens à poils longs, à oreilles très longues et tombantes.

cockpit [kɔkpit] **n.m.** (mot angl.). **1.** Réduit étanche ménagé à l'arrière de certains yachts et dans lequel se tient le barreur. **2.** Emplacement réservé au pilote d'un avion.

cocktail [kɔktɛl] **n.m.** (mot anglo-amér., propr. « queue de coq »). **1.** Boisson obtenue en mélangeant des alcools, des sirops, parfois des aromates. **2.** Réception, soirée avec buffet. **3.** Œuvre faite d'un mélange d'éléments très divers : *Un cocktail de figuratif et d'abstrait.* **4. Cocktail Molotov,** bouteille remplie d'essence, utilisée comme projectile incendiaire.

1. coco [koko] **n.m.** (mot port. « croquemitaine » en raison de l'aspect hirsute de la noix de coco). **1.** Fruit du cocotier. (On dit aussi *noix de coco.*) **2.** Boisson à base de jus de réglisse et d'eau. **3. Lait de coco,** liquide sucré et comestible contenu dans la noix de coco.

2. coco [koko] **n.m.** (de *coco,* œuf de poule, dans le langage enfantin, d'orig. onomat. ; v. *coq*). **1.** Terme d'affection : *Écoute, mon coco, sois raisonnable.* **2.** FAM. Individu louche ou peu estimable (péjor.) : *Un drôle de coco.*

cocon [kɔkɔ̃] **n.m.** (prov. *coucoun,* de *coco,* coque). Enveloppe soyeuse de certaines chrysalides, dont le ver à soie.

cocorico [kɔkɔriko] **n.m.** (onomat.). **1.** Onomatopée imitant le chant du coq. **2.** Symbole de l'expression du chauvinisme français : *Les cocoricos qui ont salué la première médaille d'or française.*

Cocos ou **Keeling** ***(îles),*** archipel australien de l'océan Indien, au sud-ouest de Java ; 550 hab.

cocotier [kɔkɔtje] **n.m.** Palmier des régions tropicales, dont le fruit est la noix de coco. ► Haut. 25 m.

1. cocotte [kɔkɔt] **n.f.** (orig. incert., p.-ê. var. de *coquasse,* marmite, lui-même var. de *coquemar,* lat. *cucuma*). Petite marmite en fonte ou en verrerie, avec anses et couvercle.

2. cocotte [kɔkɔt] **n.f.** (orig. onomat. ; v. *coq*). **1.** Poule, dans le langage des enfants. **2.** Terme d'affection à l'égard d'une petite fille, d'une jeune femme. **3.** FAM. Femme de mœurs légères. **4. Cocotte en papier,** morceau de papier plié de telle façon qu'il présente quelque ressemblance avec une poule.

Cocotte-Minute [kɔkɔtminyt] **n.f.** (nom déposé). Type d'autocuiseur.

Cocteau (Jean), écrivain français (Maisons-Laffitte 1889 - Milly-la-Forêt 1963). Son talent s'est exprimé dans des poèmes, des romans (*les Enfants terribles,* 1929), des drames (*les Parents terribles,* 1938), des films (*le Sang d'un poète,* 1931 ; *la Belle et la Bête,* 1946 ; *Orphée,* 1950) ainsi que dans de nombreux dessins. Sa vie de virtuose et d'esthète apparaît comme la réponse à l'exhortation que lui avait adressée Diaghilev : « Étonne-moi. »

cocu, e [kɔky] **adj.** et **n.** (de *1. coucou,* cet oiseau pondant dans les nids d'autres espèces). FAM. Époux, épouse dont le conjoint est infidèle.

cocufier [kɔkyfje] **v.t.** [conj. **9**]. FAM. Faire cocu ; tromper.

codage [kɔdaʒ] **n.m.** Transcription d'un message par un code en un autre langage ; application d'un code à un ensemble de données en vue de leur traitement informatique.

code [kɔd] **n.m.** (lat. *codex,* planche, puis « recueil, livre »). **1.** Ensemble des lois et dispositions réglementaires qui régissent une matière : *Le Code pénal. Le Code civil.* **2.** Ensemble des conventions en usage dans un domaine déterminé : *Le code de la politesse.* **3.** Système convenu de signes et de symboles par lequel on transcrit ou traduit un message : *Découvrir le code secret de l'ennemi.* **4.** Combinaison alphanumérique qui, composée sur un clavier électronique, autorise un accès : *Entrez votre mot de passe et votre code dans l'ordinateur.* **5. Code à barres,** syn. de *code-barres.* ⁄ **Code de la route,** code qui réglemente la circulation routière. ⁄ **Code postal,** dans une adresse postale, ensemble des cinq chiffres précédant le nom d'une localité, permettant le tri automatique du courrier. ◆ **codes n.m. pl.** Feux de croisement d'un véhicule : *La nuit, en croisant un autre véhicule, on roule en codes.*

code-barres [kɔdbar] **n.m.** (pl. *codes-barres*). Code constitué de barres verticales, permettant l'identification et la gestion informatique d'un produit : *Le déchiffrage du code-barres se fait au moyen d'un lecteur optique.*

codébiteur, trice [kɔdebitœr, -tris] **n.** Personne qui doit une somme d'argent conjointement avec une autre.

codéine [kɔdein] **n.f.** (du gr. *kôdeia,* tête de pavot). Alcaloïde extrait de l'opium, utilisé dans les médicaments pour calmer la toux.

coder [kɔde] **v.t.** Procéder au codage de : *Coder un message* (contr. **décoder**). *Coder un texte avant de l'envoyer à l'imprimerie.*

codétenu, e [kɔdetny] **n.** Personne détenue avec une ou plusieurs autres dans un même endroit.

codeur, euse [kɔdœr, -øz] **n.** Personne qui code des données en vue de leur traitement informatique. ◆ **codeur n.m.** Appareil réalisant automatiquement la transcription d'une information selon un code déterminé.

codex [kɔdɛks] **n.m.** (abrév. de *Codex medicamentarius gallicus,* répertoire français des médicaments ; v. *code*). **1.** VX. Répertoire officiel des médicaments (syn. **pharmacopée**). **2.** Manuscrit des Indiens de Méso-Amérique. ▸ Les plus célèbres datent d'avant la conquête espagnole. **3.** Livre formé de pages reliées, apparu au IVe siècle.

codicille [kɔdisil] **n.m.** (lat. *codicillus,* de *codex, -icis* ; v. *code*). Acte postérieur ajouté à un testament et le modifiant ou le complétant.

codification [kɔdifikasjɔ̃] **n.f.** Action de codifier.

codifier [kɔdifje] **v.t.** (de *code* et *-fier*) [conj. **9**]. **1.** Rassembler en un corps unique des textes législatifs ou réglementaires régissant une même matière. **2.** Ériger un système rationnel, organisé : *Codifier les relations entre employeurs et salariés* (syn. **normaliser, réglementer**).

codirecteur, trice [kɔdirɛktœr, -tris] **n.** Personne qui dirige avec une ou plusieurs autres.

codirection [kɔdirɛksjɔ̃] **n.f.** Direction exercée en commun par deux personnes ou plus.

coéditeur, trice [kɔeditœr, -tris] **n.** et **adj.** Personne qui s'associe avec d'autres pour éditer une œuvre : *La société coéditrice a demandé une modification du contrat.*

coédition [kɔedisjɔ̃] **n.f.** Édition d'un même ouvrage réalisée par plusieurs éditeurs.

coefficient [kɔefisjɑ̃] **n.m.** (de *efficient*). **1.** Chiffre par lequel on multiplie les notes d'un candidat à un examen ou à un concours selon l'importance relative de l'épreuve : *Dans les sections scientifiques, les mathématiques ont le plus fort coefficient.* **2.** Tout facteur entrant dans un calcul : *Coefficient d'erreur* (= pourcentage d'erreur possible dans une mesure, une évaluation). **3.** MATH. Nombre qui multiplie une variable ou ses puissances dans un monôme ou dans un polynôme : *3 est le coefficient de* $3x^2$. **4.** PHYS. Nombre caractérisant une propriété déterminée d'une substance : *Coefficient d'absorption.*

cœlacanthe [selakɑ̃t] **n.m.** (du gr. *koilos,* creux, et *akantha,* épine). Poisson osseux marin, vivant au large des Comores et de Célèbes, dont les ancêtres remontent à 300 millions d'années et qui peut être considéré comme intermédiaire entre les poissons et les amphibiens.

cœlioscopie [seljɔskɔpi] **n.f.** (du gr. *koilia,* ventre, et de *-scopie*). Examen, à l'aide d'un endoscope, des organes de la cavité abdominale.

Coen (les frères), cinéastes américains (**Joel C.,** St. Louis Park, Minnesota, 1954, et **Ethan C.,** *id.* 1957). Leurs films sont le fruit d'un habile dosage de cynisme, de violence et de dérision (*Barton Fink,* 1991 ; *Fargo,* 1996 ; *The Big Lebowski,* 1998 ; *The Barber,* 2001 ; *No Country for Old Men,* 2007 ; *A Serious Man,* 2009 ; *True Grit,* 2010).

coéquipier, ère [kɔekipje, -ɛr] **n.** Personne qui fait partie d'une équipe avec d'autres.

coercitif, ive [kɔɛrsitif, -iv] **adj.** Qui a un pouvoir de coercition ; qui contraint : *Des mesures coercitives.*

coercition [kɔɛrsisjɔ̃] **n.f.** (lat. *coercitio,* de *coercere,* contraindre). Action, pouvoir de contraindre : *User de moyens de coercition* (syn. **contrainte, pression**).

cœur [kœr] **n.m.** (lat. *cor*). **1.** Organe musculaire creux, situé dans le thorax, de forme pyramidale, moteur central de la circulation du sang. : *Les battements du cœur. Il a une maladie de cœur* (= il est cardiaque). [⟶ circulation.] **2.** La région du cœur ; la poitrine : *Serrer un enfant sur son cœur* (syn. **sein**). **3.** FAM. Estomac : *Avoir mal au cœur en voiture.* **4.** Ce qui a ou évoque la forme d'un cœur : *Un cœur en platine orné de saphirs* (= un bijou en forme de cœur). **5.** JEUX. Une des quatre couleurs du jeu de cartes français, dont la marque est un cœur rouge stylisé ; carte de cette couleur : *Le valet de cœur. Il lui reste trois cœurs.* **6.** Partie centrale ou la plus profonde de qqch : *Le cœur d'une laitue. Une clairière au cœur de la forêt.* **7.** Siège de l'activité principale de qqch : *Au cœur de la ville, la circulation est intense* (syn. **centre**). *Le cœur d'un réacteur nucléaire.* **8.** Point essentiel : *Nous voilà au cœur du problème* (syn. **nœud**). **9.** Siège de l'affection, de la tendresse, de l'amour : *Elle lui a donné son cœur* (= elle lui voue un amour exclusif). *Un cœur fidèle, volage. Aimer qqn de tout son cœur.* **10.** Siège des pensées intimes : *Ouvrir son cœur. Je lui ai dit ce que j'avais sur le cœur* (= ce que je gardais secret et qui me pesait). **11.** Ardeur, élan qui porte vers qqch ; courage mis à faire qqch : *Avoir, mettre du cœur à l'ouvrage* (syn. **énergie, vigueur**). *Le cœur n'y est plus* (= le zèle, la conviction du début ont disparu). *C'est un projet qui me tient à cœur, que j'ai à cœur* (= auquel je suis très attaché). **12.** Disposition à être ému, à compatir : *Avoir du cœur* (syn. **bienveillance, bonté**). *Elle a le cœur sur la main* (= elle est très généreuse). *Votre geste amical me va droit au cœur* (= m'émeut profondément). *Je suis de tout cœur avec vous* (= je m'associe à votre chagrin, à votre joie). *Cela vous arrache, brise, déchire, fend le cœur* (= cela vous peine profondément, cela vous remplit de compassion). *Elle a un cœur d'or* (= elle est extrêmement affectueuse, dévouée). **13. À cœur,** à point : *Un camembert fait à cœur.* ⁄ **À cœur ouvert,** se dit d'interventions chirurgicales dans lesquelles on dévie la circulation du sang avant d'ouvrir les cavités cardiaques ; au fig., en toute sincérité, sans rien dissimuler : *Nous avons parlé à cœur ouvert.* ⁄ **Avoir le cœur gros,** être très affligé. ⁄ **Coup de cœur,** enthousiasme subit pour qqch. ⁄ **De bon cœur,** volontiers. ⁄ **En avoir le cœur net,** s'assurer de la vérité de qqch. ⁄ **Faire contre mauvaise fortune bon cœur,** supporter l'adversité sans se décourager. ⁄ **Lever, soulever le cœur à qqn,** lui donner la nausée. ⁄ **Ne pas porter qqn dans son cœur,** avoir de l'antipathie à son égard. ⁄ **Par cœur,** de mémoire, de façon mécanique : *Réciter sa leçon par cœur.* ⁄ **Prendre qqch à cœur,** s'y intéresser vivement.

Cœur (Jacques), commerçant français (Bourges v. 1395 - Chio 1456). Enrichi par la spéculation sur les métaux précieux, il est à la tête d'un empire commercial fondé sur les échanges avec le Levant lorsqu'il devient (1440) argentier (ministre des Finances) de Charles VII : il rétablit la confiance dans la monnaie, est chargé de missions diplomatiques et anobli (1441). Mais, créancier du roi et des grands seigneurs, il est accusé d'avoir empoisonné Agnès Sorel, favorite de Charles VII : arrêté en 1451, il s'évade et trouve refuge à Rome auprès du pape.

coexistence [kɔɛgzistɑ̃s] **n.f. 1.** Fait de coexister : *La coexistence du bien et du mal.* **2. Coexistence pacifique,** maintien de relations pacifiques entre deux États ou deux blocs d'États soumis à des régimes politiques différents. La « coexistence pacifique » est prônée par N. Khrouchtchev en 1959 pour apaiser la « guerre froide ». Mise à mal par la crise de Cuba (1962), elle sera suivie dans les années 1970 par la « détente ».

coexister [kɔɛgziste] **v.i.** Exister simultanément ; vivre côte à côte en se tolérant mutuellement : *Les diverses tendances qui coexistent dans le parti.*

coffrage [kɔfraʒ] **n.m.** (de *coffre*). **1.** Forme destinée au moulage et à la prise du béton : *Après durcissement du béton, on retire les coffrages.* **2.** Charpente en bois ou en métal disposée pour éviter les éboulements dans les galeries de mines, les puits, les tranchées. **3.** Habillage pour dissimuler, isoler un conduit, une canalisation, un appareil.

coffre [kɔfr] **n.m.** (lat. *cophinus*, gr. *kophinos*, corbeille). **1.** Meuble de bois en forme de parallélépipède dont la face supérieure est un couvercle mobile : *Un coffre à jouets.* **2.** Compartiment d'un coffre-fort qu'une banque loue à ses clients : *Laisser ses bijoux au coffre.* **3.** Espace pour le rangement des bagages, à l'arrière ou à l'avant d'une voiture. **4.** *FAM.* Poitrine ; poumons ; voix : *Elle a du coffre* (= une forte voix, une voix qui porte).

coffre-fort [kɔfrəfɔr] **n.m.** (pl. *coffres-forts*). Armoire d'acier, à serrure de sûreté, pour enfermer de l'argent, des valeurs : *Ils ont découpé le coffre-fort au chalumeau.*

coffrer [kɔfre] **v.t. 1.** Poser un coffrage. **2.** *FAM.* Mettre en prison : *La police a coffré toute la bande* (syn. **arrêter, emprisonner**).

coffret [kɔfrɛ] **n.m.** (dimin. de *coffre*). **1.** Petite boîte, souvent parallélépipédique, ayant un caractère décoratif : *Un coffret à bijoux* (syn. **cassette, écrin**). **2.** Ensemble de disques, de cassettes, de livres vendus dans un emballage cartonné.

cogérance [kɔʒerɑ̃s] **n.f.** Gérance en commun : *La cogérance de l'entreprise est assurée par la famille.*

cogérant, e [kɔʒerɑ̃, -ɑ̃t] **n.** Chargé d'une cogérance ; personne qui exerce une cogérance.

cogérer [kɔʒere] **v.t.** [conj. **18**]. Gérer, administrer en commun : *Les syndicats et la direction cogèrent l'entreprise.*

cogestion [kɔʒɛstjɔ̃] **n.f. 1.** Administration exercée avec une ou plusieurs personnes. **2.** Gestion exercée par le chef d'entreprise et par les représentants des salariés.

cogitation [kɔʒitasjɔ̃] **n.f.** (de *cogiter*). *FAM.* Action de réfléchir : *Où en es-tu de tes cogitations ?* (syn. **réflexion**).

cogiter [kɔʒite] **v.i.** et **v.t.** (lat. *cogitare*). *FAM.* Réfléchir, penser, méditer (iron.) : *J'ai cogité toute la nuit sans trouver de solution. Qu'est-ce que tu cogites ?*

cognac [kɔɲak] **n.m.** Eau-de-vie de vin fabriquée dans la région de Cognac.

Cognac, ch.-l. d'arr. de la Charente, sur la Charente ; 19 416 hab. *(Cognaçais).* Centre de la commercialisation du cognac. Verrerie. Monuments anciens. Musée.

cognassier [kɔɲasje] **n.m.** (de *coing*). Arbre fruitier originaire d'Asie, produisant les coings. ► Famille des rosacées.

cognée [kɔɲe] **n.f.** (lat. pop. **cuneata*, en forme de coin). **1.** Hache à fer étroit, à long manche, qui sert à abattre les arbres, à dégrossir des pièces de bois, etc. **2. Jeter le manche après la cognée,** abandonner par découragement ce que l'on avait entrepris.

cogner [kɔɲe] **v.t. ind. [à, dans, sur, contre]** (lat. *cuneare*, de *cuneus*, coin). **1.** Frapper avec force à coups répétés sur qqch ou qqn : *Cogner sur un piquet pour l'enfoncer* (syn. **taper**). *Cogner sur son adversaire.* **2.** Donner des coups sur qqch, spécial. pour attirer l'attention : *Cogne à la fenêtre, il y a peut-être quelqu'un* (syn. **frapper**). *Cogner au plafond pour faire taire les voisins* (syn. **taper**). **3.** Heurter involontairement un obstacle : *La voiture est venue cogner dans la rambarde.* ◆ **v.i. 1.** Faire entendre un bruit sourd et répété : *J'entends une porte qui cogne* (syn. **battre**). **2.** *FAM.* **Le soleil cogne (dur), ça cogne,** le soleil est très chaud. ◆ **v.t. 1.** Heurter, choquer : *Ne cogne pas les tasses, elles sont fragiles.* **2.** *FAM.* Frapper, battre : *Se faire cogner par des voyous.* ◆ **se cogner v.pr. 1.** Se donner un coup : *Elle s'est cognée contre mon bureau.* **2.** *FAM.* **Se cogner qqch, qqn,** exécuter une tâche pénible, supporter qqn de désagréable : *Se cogner une corvée, un raseur.*

cognitif, ive [kɔgnitif, -iv] **adj.** (du lat. *cognitus*, de *cognoscere*, connaître). Se dit de processus par lesquels un être humain acquiert des informations sur l'environnement.

cohabitation [kɔabitasjɔ̃] **n.f. 1.** Situation de personnes qui habitent ensemble : *La cohabitation avec mes beaux-parents fut difficile.* **2.** Présence simultanée à la tête d'un pays d'un chef de l'État et d'une majorité parlementaire de tendances politiques différentes.

cohabiter [kɔabite] **v.i. 1.** Habiter ensemble sous le même toit : *Trois générations cohabitent dans la ferme.* **2.** Coexister au sein d'un ensemble : *L'amour et la haine cohabitent dans son cœur.*

Cohen (Albert), écrivain suisse d'expression française (Corfou 1895 - Genève 1981). Originaire d'une ancienne famille juive de Céphalonie, haut fonctionnaire à la S.D.N., puis à l'O.N.U., il doit la célébrité à son roman *Belle du seigneur* (1968), dernier volet d'une trilogie commencée avec *Solal* (1930) et *Mangeclous* (1938).

Cohen-Tannoudji (Claude), physicien français (Constantine 1933). Spécialiste de physique atomique, il développe et exploite la théorie du refroidissement et du piégeage d'atomes par laser. (Prix Nobel, avec les Américains Steven Chu et William D. Phillips, 1997.)

cohérence [kɔerɑ̃s] **n.f.** (lat. *cohaerentia ;* v. *cohérent*). **1.** Harmonie logique entre les divers éléments d'un ensemble : *La cohérence d'un raisonnement. La cohérence de l'œuvre d'un artiste.* **2.** PHYS. Caractère d'un ensemble de vibrations qui présentent entre elles une différence de phase constante.

cohérent, e [kɔerɑ̃, -ɑ̃t] **adj.** (lat. *cohaerens, -entis*, de *cohaerere*, être attaché avec). **1.** Dont les parties se tiennent et s'organisent logiquement : *Une équipe cohérente* (syn. **homogène**). *Une argumentation cohérente* (syn. **logique**). **2.** PHYS. Se dit de vibrations qui ont la propriété de cohérence.

cohéritier, ère [koeritje, -ɛr] **n.** Personne qui hérite avec une ou plusieurs autres.

cohésion [kɔezjɔ̃] **n.f.** (du lat. *cohaesus*, de *cohaerere*, être attaché avec). **1.** Propriété d'un ensemble dont toutes les parties sont étroitement solidaires : *Restaurer la cohésion du parti* (syn. **solidarité, unité**). **2.** Force qui unit les molécules d'un liquide, d'un solide.

cohorte [kɔɔrt] **n.f.** (lat. *cohors, -ortis*). **1.** ANTIQ. ROM. Unité tactique de base de la légion romaine (env. 600 hommes), ou corps de troupes auxiliaires. **2.** *FAM.* Groupe de gens : *Une cohorte de touristes* (syn. **troupe**).

cohue [kɔy] **n.f.** (breton *cochuy*, réunion bruyante). Foule tumultueuse ; désordre, confusion, bousculade.

coi, coite [kwa, kwat] **adj.** (lat. *quietus*, tranquille). *LITT.* **Rester, demeurer, se tenir coi,** rester calme, tranquille, silencieux, par crainte, prudence ou perplexité.

coiffe [kwaf] **n.f.** (germ. *kufia*, casque). **1.** Coiffure féminine en dentelle ou en tissu, dont l'usage se limite à des habits régionaux ou religieux : *Une coiffe alsacienne, bretonne. La coiffe d'une carmélite* (syn. **cornette**). **2.** Partie supérieure d'une fusée, contenant la charge utile et la protégeant lors du lancement. **3.** Membrane fœtale déchirée qui recouvre parfois la tête de l'enfant à la naissance.

coiffé, e [kwafe] **adj. 1.** Qui porte une coiffure : *Toujours coiffé d'un béret.* **2.** Dont les cheveux sont arrangés ; mis en ordre, en parlant des cheveux : *Impeccablement coiffée.* **3. Être né coiffé,** avoir de la chance.

coiffer [kwafe] **v.t.** (de *coiffe*). **1.** Arranger la chevelure avec soin : *Il m'a coiffée* (syn. **peigner**). **2.** Mettre sur sa tête ; couvrir la tête de : *Coiffer une casquette* (syn. **mettre**). *Coiffer un bébé d'un bonnet.* **3.** Être à la tête de : *Elle coiffe désormais les deux services* (syn. **chapeauter, contrôler**). **4.** L'emporter sur : *Il a coiffé tous ses concurrents.* **5. Coiffer sainte Catherine,** pour une jeune fille, atteindre l'âge de vingt-cinq ans sans être mariée. ◆ **se coiffer v.pr. 1.** Coiffer ses cheveux. **2. Se coiffer de qqch,** le mettre sur sa tête.

coiffeur, euse [kwafœr, -øz] **n.** Personne qui a pour profession de couper et d'arranger les cheveux.

coiffeuse [kwaføz] **n.f.** Petite table de toilette munie d'une glace, devant laquelle les femmes se coiffent, se maquillent.

coiffure [kwafyr] **n.f. 1.** Tout ce qui couvre ou orne la tête : *Le képi est une coiffure militaire.* **2.** Coupe ou arrangement des cheveux : *Une coiffure courte, bouclée.* **3. Salon de coiffure,** établissement où l'on se fait coiffer.

Coimbatore, v. de l'Inde (Tamil Nadu) ; 2 151 466 hab. dans l'agglomération.

Coimbra, v. du Portugal, sur le Mondego ; 143 396 hab. Université. Cathédrale romane du XIIe s., couvent de S. Cruz (cloître manuélin, v. 1520) et autres monuments. Musées.

coin [kwɛ̃] **n.m.** (lat. *cuneus,* coin à fendre). **1.** Angle saillant ou rentrant, formé par deux lignes ou deux plans qui se coupent : *Se cogner au coin de la table* (syn. **angle**). *Au coin de la rue. Installer un lampadaire dans le coin d'une pièce* (syn. **encoignure**). **2.** Petite partie d'un espace quelconque : *Avoir un petit coin de jardin devant sa maison* (syn. **bout**). **3.** Espace spécial. aménagé : *Un coin-cuisine. Le coin des bonnes affaires dans un magasin.* **4.** Localité retirée ; endroit proche de celui où l'on est : *Habiter un coin tranquille* (syn. **endroit, lieu**). *Je ne suis pas du coin* (= je n'habite pas par ici). **5.** Pièce de fer taillée en biseau à l'une de ses extrémités et servant à fendre le bois. **6.** Instrument biseauté qui sert à caler, à serrer : *Un coin maintient la porte ouverte.* **7. Au coin d'un bois,** dans un endroit isolé : *Je n'aimerais pas le rencontrer au coin d'un bois.* / **Coins de la bouche, des yeux,** commissures. / **Du coin de l'œil,** à la dérobée : *Observer qqn du coin de l'œil.* / **En coin,** dissimulé, dérobé : *Regard, sourire en coin.* / FAM. **Le petit coin, les petits coins,** les toilettes. / **Marqué au coin de,** caractérisé par : *Remarque marquée au coin du génie.* / **Mettre, envoyer qqn au coin,** lui imposer la station debout dans un coin d'une pièce pour le punir.

coincement [kwɛ̃smɑ̃] **n.m.** Action de coincer ; état de ce qui est coincé : *Le coincement de l'axe arrête tout le mécanisme* (syn. **blocage**).

coincer [kwɛ̃se] **v.t.** (de *coin*) [conj. **16**]. **1.** Fixer avec un coin, des coins : *Coincer une porte à cause du courant d'air* (syn. **bloquer**). **2.** Immobiliser : *Coincer un tiroir de commode* (syn. **bloquer**). *Coincer son doigt dans une porte* (syn. **pincer**). **3.** Retenir qqn en un lieu : *L'attente de cet appel m'a coincé chez moi toute la matinée. Rester coincée dans l'ascenseur* (syn. **bloquer**). **4.** FAM. Mettre dans l'impossibilité de répondre, d'agir : *Coincer un candidat à l'oral. Elle est coincée entre son désir de travailler et celui d'élever ses enfants.* **5.** FAM. Prendre en faute : *Les douaniers ont fini par le coincer* (syn. **arrêter**). ◆ **se coincer v.pr.** Ne plus être en mesure de fonctionner : *La clé s'est coincée dans la serrure.*

coïncidence [kɔɛ̃sidɑ̃s] **n.f. 1.** Simultanéité de faits ; rencontre fortuite de circonstances : *La coïncidence d'un week-end prolongé et du début des vacances donnera lieu à un trafic intense. Par une heureuse, fâcheuse coïncidence, elle est arrivée à ce moment-là* (= par un heureux, fâcheux concours de circonstances). **2.** En géométrie, fait pour deux figures, deux surfaces de se superposer exactement.

coïncident, e [kɔɛ̃sidɑ̃, -ɑ̃t] **adj.** Parfaitement superposable : *Deux triangles coïncidents.*

coïncider [kɔɛ̃side] **v.i.** (lat. scolast. *coincidere,* tomber ensemble). **1.** Se produire en même temps : *Les dates coïncident, les témoignages aussi* (syn. **concorder, correspondre**). **2.** Se superposer point par point ; correspondre : *Ces deux triangles coïncident, ils sont donc égaux. Faire coïncider l'extrémité de deux tuyaux* (= ajuster). **3.** MATH. Pour deux fonctions f et f' définies sur deux ensembles contenant un même ensemble A, vérifier l'égalité $f(x) = f'(x)$ pour tout x de A.

coïnculpé, e [kɔɛ̃kylpe] **n.** Personne inculpée avec une ou plusieurs autres pour la même infraction.

coing [kwɛ̃] **n.m.** (lat. *cotoneum,* probabl. du gr. *kudônia,* fruit de Kydonia [v. de Crète]). Fruit jaune du cognassier, dont on fait des gelées et des pâtes aux vertus astringentes.

coït [kɔit] **n.m.** (lat. *coitus,* de *coire,* aller ensemble). **1.** Accouplement du mâle et de la femelle chez les humains ou les animaux. **2. Coït interrompu,** méthode contraceptive qui consiste à interrompre le coït avant l'éjaculation.

coke [kɔk] **n.m.** (mot angl.). **1.** Combustible obtenu par distillation de la houille en vase clos et ne contenant qu'une très faible fraction de matières volatiles. **2. Coke métallurgique,** coke en gros morceaux très résistants à la compression, utilisé dans les fours sidérurgiques.

cokéfaction [kɔkefaksjɔ̃] **n.f.** (de *cokéfier*). Transformation de la houille et des résidus lourds du pétrole en coke par l'action de la chaleur.

cokéfier [kɔkefje] **v.t.** [conj. **9**]. Transformer en coke.

col [kɔl] **n.m.** (lat. *collum*). **1.** Partie du vêtement qui entoure le cou : *Le col d'une chemise, d'une veste.* **2.** Partie rétrécie de certains objets, de certains organes : *Le col d'une bouteille. Le col du fémur.* **3.** Abaissement d'une crête montagneuse, permettant le passage : *Le col de Puymorens, dans les Pyrénées.* **4. Faux col,** col glacé, amovible, qui s'adapte à une chemise ; FAM., mousse blanche au-dessus de la bière versée dans un verre : *Un demi sans faux col.* **5. Col blanc,** employé de bureau (par opp. à *col bleu,* ouvrier).

cola n.m. ⟶ **kola.**

Colbert (Jean-Baptiste), homme d'État français (Reims 1619 - Paris 1683). Recommandé à Louis XIV par Mazarin, dont il était l'homme de confiance, il contribua à la chute de Fouquet, devint surintendant des Bâtiments (1664), contrôleur des Finances (1665), puis secrétaire d'État à la Maison du roi (1668) et à la Marine (1669). Il exerça peu à peu son activité dans tous les domaines de l'administration publique. Par des mesures protectionnistes et en s'appuyant sur les théories mercantilistes, il favorisa l'industrie et le commerce, fit venir en France des artisans de l'étranger, multiplia les manufactures d'État, réorganisa les finances, la justice, la marine, créa le régime de l'inscription maritime et la caisse des invalides, fonda plusieurs compagnies royales de colonisation (des Indes orientales et occidentales, 1664 ; du Levant, 1670 ; du Sénégal, 1673) et favorisa la « peuplade » du Canada. Membre de l'Académie française, il constitua en 1663 un « conseil », noyau de la future Académie des inscriptions, fonda en 1666 l'Académie des sciences, créa l'Observatoire en 1667, patronna Le Brun. Il publia une série d'ordonnances destinées à uniformiser et rationaliser la législation selon les principes de la centralisation monarchique. À partir de 1671, il tenta de lutter contre les dépenses royales, mais son influence diminua au profit de celle de Louvois.

colbertisme [kɔlbɛrtism] **n.m.** (de J.-B. *Colbert*). Politique économique mercantiliste fondée sur le principe selon lequel la puissance d'un pays dépend de ses disponibilités en métaux précieux.

colchicine [kɔlʃisin] **n.f.** (de *colchique*). Alcaloïde toxique extrait des graines de colchique, inhibiteur des mitoses cellulaires, utilisé à faible dose dans le traitement de la goutte.

Colchide, région de l'Asie antérieure, partie de l'actuelle Géorgie, sur la côte orientale du Pont-Euxin, où les Argonautes allèrent conquérir la Toison d'or.

colchique [kɔlʃik] **n.m.** (lat. *colchicum*, gr. *kolkhikon*, plante de Colchide). Plante des prés humides, à fleurs roses, blanches ou violettes, vénéneuse par la colchicine qu'elle contient. ▸ Famille des liliacées.

Coleman (Ornette), saxophoniste, violoniste, trompettiste et compositeur de jazz américain (Fort Worth 1930 - New York 2015). Continuateur de Charlie Parker, improvisateur très audacieux au saxophone alto, il fut à l'origine du free jazz au début des années 1960.

coléoptère [kɔleɔptɛr] **n.m.** (du gr. *koleos*, étui, et de *-ptère*). Insecte à métamorphose complète, doté de pièces buccales broyeuses et d'ailes postérieures membraneuses protégées au repos par une paire d'élytres rigides. ▸ Les coléoptères forment un ordre dont on a décrit plus de 300 000 espèces, parmi lesquelles le hanneton, le charançon, la coccinelle, etc.

colère [kɔlɛr] **n.f.** (lat. *cholera*, maladie de la bile puis « colère », du gr. ; v. *choléra*). Violent mécontentement, mouvement agressif à l'égard de qqn, de qqch : *Il est en colère* (= il est très irrité).

coléreux, euse [kɔlerø, -øz] et **colérique** [kɔlerik] **adj.** et **n.** Prompt à se mettre en colère : *Cet enfant est très coléreux.*

Coleridge (Samuel Taylor), poète britannique (Ottery Saint Mary, Devon, 1772 - Londres 1834). Avec Wordsworth, il a écrit des *Ballades lyriques* (1798), qui marquent l'avènement du romantisme.

Colette (Sidonie Gabrielle), femme de lettres française (Saint-Sauveur-en-Puisaye 1873 - Paris 1954). Élevée en Bourgogne, elle garde pour la campagne un amour durable, qui lui fournit le meilleur de son inspiration : la série des *Claudine* (1900-1903), publiée sous le nom de son premier mari, l'écrivain Willy. Avide de naturel et de liberté, elle divorce deux fois, fait du journalisme, monte sur les planches du music-hall et exalte dans ses romans, en un style imagé et sensuel, l'âme de la femme (*la Vagabonde,* 1910 ; *le Blé en herbe,* 1923), avant de revenir à l'évocation de son enfance, de son univers familier (*Sido,* 1930 ; *l'Étoile Vesper,* 1947).

colibacille [kɔlibasil] **n.m.** (du gr. *kôlon*, gros intestin, et de *bacille*). Bactérie qui vit normalement dans l'intestin de l'homme et des animaux, mais peut envahir différents tissus et organes, et devenir pathogène.

colibacillose [kɔlibasiloz] **n.f.** Affection causée par le colibacille.

colibri [kɔlibri] **n.m.** (mot caraïbe). Oiseau passereau des régions tropicales, de très petite taille, au vol rapide, au long bec, au plumage éclatant (syn. **oiseau-mouche**). ▸ C'est le seul oiseau capable de voler en « marche arrière ».

colifichet [kɔlifiʃɛ] **n.m.** (de *coeffichier*, ornement que l'on fichait sur une coiffe). Petit accessoire, petit bijou sans grande valeur.

Coligny, famille française dont plusieurs membres s'illustrèrent dans l'armée ou dans l'Église. Le plus célèbre est **Gaspard,** dit **l'amiral de Coligny** (Châtillon-sur-Loing 1519 - Paris 1572). Défenseur de Saint-Quentin assiégée par les Espagnols (1557), il se convertit au calvinisme, devint l'un des chefs du parti protestant et prit un moment un ascendant considérable sur Charles IX, qu'il voulut entraîner dans une guerre contre l'Espagne. Catherine de Médicis le fit éliminer lors du massacre de la Saint-Barthélemy (24 août 1572).

colimaçon [kɔlimasɔ̃] **n.m.** (du picard *colimachon*, de *écale* et *limaçon*) **1.** *FAM.* Limaçon. **2. En colimaçon,** en spirale : *Escalier en colimaçon.*

colin [kɔlɛ̃] **n.m.** (néerl. *colfish*, poisson charbon). **1.** Poisson marin commun sur les côtes atlantiques et de la Manche (syn. **lieu**). **2.** Nom commercial du merlu. ▸ Famille des gadidés.

Colin (Paul), peintre et décorateur français (Nancy 1892 - Nogent-sur-Marne 1985), célèbre pour les affiches d'un style ramassé, très plastique, qu'il produisit en grand nombre depuis celle de la *Revue nègre* (1925).

colinéaire [kɔlineɛr] **adj.** MATH. **Vecteurs colinéaires,** vecteurs qui ont la même direction.

colin-maillard [kɔlɛ̃majar] **n.m.** (de *Colin* et *Maillard*, n.pr.) [pl. *colin-maillards*]. Jeu où l'un des joueurs a les yeux bandés et poursuit les autres à tâtons.

colinot [kɔlino] **n.m.** Petit colin.

colin-tampon [kɔlɛ̃tɑ̃pɔ̃] **n.m. inv.** (de *Colin*, prénom, et *tampon*, utilisé par plais. pour *tambour* [n. donné autref. à une batterie de tambour du régiment des Suisses]). *VIEILLI, FAM.* **Se soucier de qqch comme de colin-tampon,** n'y prêter aucune attention.

colique [kɔlik] **n.f.** (lat. *colica*, de *colicus*, qui souffre de la colique, gr. *kôlikos*, de *kôlon*, gros intestin). **1.** MÉD. Violente douleur abdominale. **2.** *FAM.* Diarrhée : *Cet enfant a la colique.* **3. Colique hépatique,** douleur aiguë des voies biliaires. / **Colique néphrétique,** douleur aiguë provoquée par l'obstruction soudaine d'un uretère, le plus souvent à la suite de la migration d'un calcul.

colis [kɔli] **n.m.** (it. *colli*, charges sur le cou). Paquet d'objets, de marchandises destiné à être transporté : *Expédier un colis postal.*

Colisée, amphithéâtre de Rome, construit par les Flaviens à la fin du Iᵉʳ s. Il doit son nom *(Colosseo)* à la proximité d'une statue colossale de Néron. De forme elliptique (52 m de circonférence pour une hauteur de 57 m), il pouvait accueillir près de 50 000 spectateurs. Sa façade grandiose, à trois rangées d'arches, aux ordres superposés, avec son couronnement de pilastres, deviendra l'idéal de bien des architectes de la Renaissance.

colistier, ère [kɔlistje, -ɛr] **n.** (de *liste*). Dans une élection, candidat inscrit sur la même liste qu'un autre.

colite [kɔlit] **n.f.** (de *côlon*). PATHOL. Inflammation du côlon.

collaborateur, trice [kɔlabɔratœr, -tris] **n. 1.** Personne qui travaille avec d'autres à une œuvre commune : *Tous les collaborateurs ont fêté l'aboutissement du projet.* **2.** HIST. Personne qui pratiquait la collaboration avec l'enneni sous l'Occupation (1940-1944) [abrév. *collabo*].

collaboratif, ive [kɔlabɔratif, -iv] **adj.** Qui fait appel à la collaboration de chacun ; contributif ; participatif : *Encyclopédie collaborative.*

collaboration [kɔlabɔrasjɔ̃] **n.f. 1.** Action de collaborer. **2.** Politique de coopération avec un ennemi, en partic. avec l'occupant allemand durant la Seconde Guerre mondiale.

collaborer [kɔlabɔre] **v.t. ind. [à, avec]** (bas lat. *collaborare*, travailler avec). **1.** Travailler avec une ou plusieurs personnes à une œuvre commune : *Collaborer à la rédaction d'un dictionnaire.* **2.** Pratiquer une politique de collaboration : *Il a collaboré pendant l'Occupation.*

collage [kɔlaʒ] **n.m. 1.** Action de coller ; fait d'être collé : *Un produit destiné au collage des matières plastiques.* **2.** Addition de colle à la pâte à papier pour rendre le papier imperméable à l'encre. **3.** Procédé consistant à composer une œuvre plastique, musicale, littéraire, à l'aide d'éléments préexistants hétérogènes, créateurs de constrastes inattendus ; œuvre ainsi composée : *Les collages de Braque et de Picasso.*

■ ART MODERNE. Le collage s'est imposé avec le cubisme (dès 1912 chez Braque, Picasso, Gris) comme intégration directe et synthétique de la réalité (éléments tels que papier journal, papier peint, papier imitant le bois ou le marbre, etc.) à une œuvre en partie peinte ou dessinée *(papier collé).* Avec les dadaïstes (Ernst, Duchamp, Picabia, Man Ray, etc.), il est devenu détournement d'éléments (gravures, photos, objets, etc.) pour faire surgir des images corrosives ou subversives ; avec les surréalistes, le collage entre dans le domaine du hasard et des associations poétiques et oniriques. Une variété de collage est le *photomontage,* pratiqué notamment par certains dadaïstes et constructivistes. À trois dimensions, le collage devient *assemblage.* ■

collagène [kɔlaʒɛn] **n.m.** (de *colle* et *-gène*). BIOL. Protéine complexe qui constitue la substance intercellulaire du tissu conjonctif.

1. collant, e [kɔlɑ̃, -ɑ̃t] **adj. 1.** Qui colle ; qui est enduit de colle : *La glu est une matière collante. Du papier collant.* **2.** Qui adhère exactement : *Pantalon collant.* **3.** *FAM.* Importun, dont on ne peut pas se débarrasser, en parlant de qqn : *Ce représentant était vraiment collant.*

2. collant [kɔlɑ̃] **n.m.** (de *1. collant*). **1.** Sous-vêtement féminin combinant le slip et la paire de bas. **2.** Vêtement de tissu extensible couvrant le corps de la taille aux pieds : *Un collant de danse.*

collante [kɔlɑ̃t] **n.f.** (de *coller,* refuser à un examen). *ARG. SCOL.* Lettre de convocation à un examen ; lettre communiquant individuellement le résultat d'un examen.

collapsus [kɔlapsys] **n.m.** (mot lat., de *collabi,* s'affaisser). **1.** Diminution rapide des forces et de la pression artérielle. **2.** Aplatissement d'un organe, notamm. du poumon au cours du pneumothorax.

collatéral, e, aux [kɔlateral, -o] **adj.** et **n.** (lat. médiév. *collateralis,* de *latus,* côté). **1.** Qui est placé à côté : *Nef collatérale.* **2.** *FIG.* Se dit des conséquences imprévues, et génér. négatives, d'une action, d'un événement, et des personnes qui les subissent : *Les victimes collatérales de l'embargo.* **3.** Qui est hors de la ligne directe de parenté : *Parents collatéraux (frères, oncles, cousins, etc.).*

collation [kɔlasjɔ̃] **n.f.** (lat. *collatio,* de *collatus,* apporté avec, réuni). Léger repas.

collationnement [kɔlasjɔnmɑ̃] **n.m.** Vérification faite en collationnant des textes.

collationner [kɔlasjɔne] **v.t.** (de *collation,* comparaison de textes ; v. *collation*). Comparer entre eux des textes pour les vérifier.

colle [kɔl] **n.f.** (lat. pop. **colla,* du gr.). **1.** Substance, préparation susceptible de maintenir ensemble, par adhérence durable, des matériaux en contact : *Cette colle convient à toutes sortes de matériaux.* **2.** *FAM.* Question embarrassante, problème difficile à résoudre : *Ah là, vous me posez une colle.* **3.** *ARG. SCOL.* Interrogation de contrôle, orale ou écrite. **4.** *ARG. SCOL.* Punition consignant l'élève dans les locaux scolaires (syn. **retenue**).

collecte [kɔlɛkt] **n.f.** (lat. *collecta,* écot, de *colligere,* recueillir). **1.** Action de réunir des dons, dans un but de bienfaisance : *Faire une collecte en faveur des sinistrés* (syn. **quête**). **2.** Ramassage de certains produits agricoles directement chez les producteurs : *Collecte du lait.*

collecter [kɔlɛkte] **v.t. 1.** Recueillir par une collecte, rassembler. **2.** Capter, recueillir un liquide, un gaz.

collecteur, trice [kɔlɛktœr, -tris] **adj. 1.** Qui recueille par collecte. **2.** Se dit d'un conduit, d'un tuyau dans lequel se déversent plusieurs conduits ou tuyaux de moindre section : *Égout collecteur.* ◆ **n.** Personne qui se charge d'une collecte. ◆ **collecteur n.m.** Dispositif qui capte et rassemble un gaz, un liquide ; conduit collecteur : *Collecteur d'eaux pluviales. Collecteur d'échappement.*

collectif, ive [kɔlɛktif, -iv] **adj.** (lat. *collectivus,* de *colligere,* recueillir). **1.** Qui concerne un groupe ; qui est le fait d'un groupe : *Conscience collective.* **2.** LING. **Nom collectif,** nom qui au sing. désigne un ensemble d'êtres ou de choses (on dit aussi *un collectif*) : *« Foule », « amas » sont des noms collectifs.* ◆ **collectif n.m. 1.** Groupe de personnes qui assurent une tâche politique, sociale, etc., d'une manière concertée. **2. Collectif budgétaire,** appellation courante des lois de finances rectificatives.

collection [kɔlɛksjɔ̃] **n.f.** (lat. *collectio,* de *colligere,* recueillir). **1.** Réunion d'objets choisis pour leur beauté, leur rareté ou leur prix : *Collections de bijoux.* **2.** Ensemble d'ouvrages, de publications présentant une unité : *Elle est directrice de collection chez un éditeur de livres pour enfants.* **3.** Ensemble de modèles créés et présentés à chaque saison par une maison de couture : *Présentation des collections d'hiver.* **4.** *FAM.* Ensemble de personnes caractérisées par un trait particulier : *C'est une collection d'imbéciles !* **5. Toute une collection (de),** une grande quantité de : *Ne lui offrez pas une chemise, il en a déjà toute une collection.*

collectionner [kɔlɛksjɔne] **v.t. 1.** Réunir en collection : *Il collectionne les timbres.* **2.** *FAM.* Accumuler : *Collectionner les gaffes.*

collectionneur, euse [kɔlɛksjɔnœr, -øz] **n.** Personne qui se plaît à collectionner, qui fait une ou des collections.

collectivement [kɔlɛktivmɑ̃] **adv.** De façon collective.

collectivisation [kɔlɛktivizasjɔ̃] **n.f.** Action de collectiviser ; fait d'être collectivisé.

collectiviser [kɔlɛktivize] **v.t.** Mettre les moyens de production et d'échange aux mains de la collectivité par l'expropriation ou la nationalisation : *Collectiviser les terres.*

collectivisme [kɔlɛktivism] **n.m.** Système économique fondé sur la propriété collective des moyens de production. ◆ **collectiviste adj.** et **n.** Relatif au collectivisme ; qui en est partisan.

collectivité [kɔlɛktivite] **n.f. 1.** Ensemble de personnes liées par une organisation commune, des intérêts communs. **2. Collectivité locale** ou **territoriale,** circonscription administrative fonctionnant de manière autonome par rapport à l'État central (communes, départements, Régions, etc.). / **Collectivité d'outre-mer** ou **C.O.M.,** territoire de la France d'outre-mer possédant un statut plus souple que celui des départements d'outre-mer. / **Collectivités publiques,** l'État, les collectivités locales, les établissements publics.

collège [kɔlɛʒ] **n.m.** (lat. *collegium,* confrérie, de *collega ;* v. *collègue*). **1.** En France, établissement du premier cycle de l'enseignement secondaire. **2.** Réunion de personnes revêtues de la même dignité, de la même fonction : *Collège des cardinaux.* **3. Collège électoral,** ensemble des électeurs d'une circonscription appelés à participer à une élection déterminée.

Collège de France, établissement d'enseignement de haut niveau, fondé à Paris en 1530 par François Ier, en dehors de l'Université, à l'instigation de Guillaume Budé.

collégial, e, aux [kɔleʒjal, -o] **adj.** Réuni en un collège ; exercé par un collège : *Direction collégiale. Tribunaux collégiaux.*

collégialité [kɔleʒjalite] **n.f.** Caractère de tout pouvoir collégial.

collégien, enne [kɔleʒjɛ̃, -ɛn] **n.** Élève d'un collège.

collègue [kɔlɛg] **n.** (lat. *collega,* de *cum,* avec, et *legare,* députer, nommer). Personne qui remplit la même fonction ou qui travaille dans la même entreprise qu'une autre.

coller [kɔle] **v.t.** (de *colle*). **1.** Fixer avec de la colle ou une autre substance : *Coller une affiche.* **2.** Appliquer étroitement, appuyer, placer contre : *Coller son oreille à la porte.* **3.** *FAM.* Ne pas quitter qqn, au point de l'importuner : *Arrête de me coller* (= de me suivre partout). **4.** *FAM.* Mettre, placer d'autorité ou sans précaution : *Il a collé mes affaires au grenier.* **5.** *FAM.* Donner, imposer, transmettre à qqn qqch de désagréable : *Ce chien va nous coller des puces. Il m'a collé tous les dossiers dont il ne veut pas s'occuper* (syn. **donner**). **6.** Mettre qqn dans l'impossibilité de répondre : *Il est difficile de le coller en histoire.* **7.** *FAM.* Punir d'une colle ; consigner : *Le censeur l'a collée à cause de ses absences.* **8.** *FAM.* Refuser qqn à un examen : *Il s'est fait coller au bac* (= il a échoué au bac). ◆ **v.t. ind. [à]. 1.** Adhérer ; s'appliquer contre : *Ce timbre ne colle pas. Maillot qui colle à la peau.* **2.** Suivre de très près : *Ce cycliste colle à la roue de son concurrent.* **3.** *FAM.* S'adapter étroitement : *Son analyse colle parfaitement à la réalité* (syn. **correspondre, coïncider**). **4.** *FAM.* **Ça colle,** ça va bien, ça marche.

collerette [kɔlrɛt] **n.f.** (de *collier*). **1.** Volant plissé ou froncé garnissant le bord d'une encolure, d'un décolleté. **2.** Objet, chose qui a la forme d'un anneau : *Ces champignons sont reconnaissables à leur collerette.*

collet [kɔlɛ] **n.m.** (de *col*). **1.** Autref., partie du vêtement qui entourait le cou. **2.** Nœud coulant pour piéger les oiseaux, les lièvres, etc. **3. Prendre, saisir au collet,** arrêter une personne, l'attraper. **4. Collet monté,** guindé, affecté : *Elle est très collet monté.*

se **colleter** [kɔlte] **v.pr. [avec]** (de *collet*) [conj. **27**]. *FAM.* **1.** Se battre, s'empoigner : *Ils se sont colletés avec des voyous* (syn. **se bagarrer**). **2.** Se débattre, affronter une situation difficile : *Se colleter avec toutes sortes de difficultés.*

colleur, euse [kɔlœr, -øz] **n.** Personne qui colle : *Colleur d'affiches.*

colleuse [kɔløz] **n.f. 1.** Machine à coller. **2.** Appareil permettant de raccorder deux fragments de film.

colley [kɔlɛ] **n.m.** (mot angl.). Chien de berger écossais à tête fine et museau long, à fourrure abondante.

collier [kɔlje] **n.m.** (lat. *collarium,* de *collum,* cou). **1.** Bijou, parure qui se porte autour du cou : *Collier de perles.* **2.** Courroie de cuir ou cercle de métal mis au cou de certains animaux domestiques pour les tenir à l'attache. **3.** Partie du plumage ou de la robe autour du cou de certains animaux dont la couleur diffère de celle du reste du corps. **4.** Barbe courte et étroite qui rejoint les tempes en passant sous le menton. **5.** BOUCH. Partie qui comprend le cou et la naissance des épaules, chez le veau et le mouton. **6.** Objet métallique circulaire servant à fixer un tuyau, une conduite (syn. **bague**). **7. Donner un coup de collier,** fournir un effort intense. **/ Reprendre le collier,** se remettre au travail après une période de repos.

Collier ***(affaire du)*** [1785-1786], scandale qui éclata en France à la suite d'une escroquerie montée par la comtesse de La Motte aidée de Cagliostro. Ils convainquirent le cardinal de Rohan d'acheter pour la reine un collier, qu'il ne put jamais rembourser. La réputation de Marie-Antoinette, pourtant innocente, s'en trouva ternie.

collimateur [kɔlimatœr] **n.m.** (de *collimare,* faute de manuscrits médiév. pour le lat. *collineare,* viser). **1.** OPT. Appareil d'optique permettant d'obtenir un faisceau de rayons lumineux parallèles. **2.** Appareil de visée pour le tir. **3.** *FAM.* **Avoir qqn dans le collimateur,** le surveiller de près, être prêt à l'attaquer.

colline [kɔlin] **n.f.** (bas lat. *collina,* du class. *collis*). Relief de forme arrondie et de dénivellation modérée.

collision [kɔlizjɔ̃] **n.f.** (lat. *collisio,* de *collidere,* frapper contre). **1.** Choc de deux corps en mouvement : *Les deux véhicules sont entrés en collision à un feu rouge* (= se sont heurtés). **2.** Opposition, rivalité : *Collision d'intérêts.*

colloïdal, e, aux [kɔlɔidal, -o] **adj. 1.** De la nature des colloïdes. **2. État colloïdal,** état de dispersion de la matière au sein d'un liquide, caractérisé par des granules de dimension moyenne comprise entre 0,2 et 0,002 micromètre.

colloïde [kɔlɔid] **n.m.** (angl. *colloid,* du gr. *kolla,* colle). Fluide dans lequel des particules très petites se trouvent en suspension et qui ne peut être dialysé.

colloque [kɔlɔk] **n.m.** (lat. *colloquium,* de *colloqui,* converser). **1.** Entretien entre deux ou plusieurs personnes. **2.** Réunion organisée entre spécialistes de questions scientifiques, politiques, etc. : *Les météorologistes ont tenu un important colloque* (syn. **symposium, congrès**).

Collot d'Herbois (Jean-Marie), homme politique français (Paris 1750 - Sinnamary, Guyane, 1796). Membre de la Convention, il appuya les mesures de terreur et réprima avec violence l'insurrection royaliste de Lyon (1793). Il contribua à la chute de Robespierre mais fut déporté en 1795.

collusion [kɔlyzjɔ̃] **n.f.** (lat. *collusio,* de *colludere,* jouer ensemble). Entente secrète en vue de tromper ou de causer préjudice : *Le gouvernement a été renversé par la collusion de deux partis extrémistes.*

collusoire [kɔlyzwar] **adj.** DR. Fait par collusion : *Un arrangement collusoire.*

collutoire [kɔlytwar] **n.m.** (du lat. *colluere,* laver). Médicament antiseptique destiné à agir sur le pharynx par pulvérisation.

collyre [kɔlir] **n.m.** (gr. *kollurion,* onguent). Médicament liquide que l'on instille dans l'œil.

Colmar, ch.-l. du dép. du Haut-Rhin, à 444 km à l'est de Paris, sur la Lauch, affl. de l'Ill ; 68 842 hab. *(Colmariens).* Cour d'appel. Industries mécaniques et textiles. Églises et maisons médiévales. Musée d'Unterlinden, abritant un retable de Schongauer et le célèbre retable d'Issenheim de Grünewald.

colmatage [kɔlmataʒ] **n.m.** Action de colmater.

colmater [kɔlmate] **v.t.** (de l'it. *colmata,* comblement). **1.** Boucher, fermer plus ou moins complètement un orifice, une fente : *Colmater une brèche.* **2.** Arranger tant bien que mal en comblant les manques : *Colmater un déficit.*

colocataire [kɔlɔkatɛr] **n.** Locataire d'un immeuble avec d'autres personnes.

Cologne, en all. **Köln,** v. d'Allemagne (Rhénanie-du-Nord-Westphalie), sur le Rhin ; 1 005 775 hab. Centre administratif, intellectuel, financier, commercial et industriel. Importantes églises, très restaurées, des époques ottonienne et romane. Cathédrale gothique grandiose (XIIIe-XIXe s.). Importants musées (Romano-germanique, Schnütgen, Wallraf-Richartz et Ludwig, etc.). Camp romain (Ier s. apr. J.-C.), capitale des Francs du Rhin (Ve s.), archevêché (785), Cologne devint au XIIIe s. une ville libre impériale dont l'archevêque-électeur joua un rôle déterminant dans le Saint Empire.

Colomb (Christophe), navigateur génois, découvreur de l'Amérique (Gênes 1450 ou 1451 - Valladolid 1506). Fils d'un tisserand de Gênes, sa jeunesse est mal connue. En 1476 ou 1477, il s'établit auprès de son frère Barthélemy, cartographe à Lisbonne, et participe sans doute à des expéditions maritimes sur les côtes d'Afrique. Persuadé de pouvoir atteindre l'Orient par l'Atlantique, il conçoit le projet de partir pour l'Asie orientale à la recherche de l'or qui permettrait de financer une ultime croisade pour libérer Jérusalem. Il expose son projet au roi de Portugal, qui lui oppose un refus (1484). Il passe alors en Espagne (1485) et, soutenu par les Franciscains, sollicite l'appui des Rois Catholiques, qui acceptent, une fois achevée la Reconquista, de financer en 1492 une petite expédition. Composée de trois navires (la *Santa Maria,* la *Pinta* et la *Niña*), celle-ci quitte Palos de Moguer, port d'Andalousie, le 3 août 1492. Le 12 oct., l'expédition arrive en vue d'une terre, sans doute une île des Bahamas, puis touche Cuba et Haïti, baptisée Hispaniola. L'expédition repart en janv. 1493 ; Colomb est accueilli triomphalement à son retour en Espagne et se fait confier une nouvelle expédition, forte de 17 navires. De 1493 à 1496, il découvre la Dominique, la Guadeloupe et poursuit l'exploration de Cuba. Au cours d'une troisième expédition, partie en 1498, Colomb découvre la Trinité et atteint pour la première fois la côte du continent américain (région de l'Orénoque). Accusé d'irrégularités financières, il est renvoyé en Espagne (1500). Il parvient cependant à réaliser une quatrième expédition (1502-1504), qui le conduit sur les côtes de l'actuel Honduras et à la Jamaïque.
Revenu en Espagne sans avoir trouvé le passage vers l'Ouest permettant d'atteindre les Indes, il meurt, déçu, mais non dans la misère, comme le veut la légende. Colomb fut sans doute le navigateur le plus hardi de tous les temps. Mais, pensant que les territoires qu'il avait découverts constituaient une annexe, peut-être lointaine, de l'Asie, il ignorait probablement qu'il avait ouvert la voie vers un nouveau continent.

colombage [kɔlɔ̃baʒ] **n.m.** (de *colombe,* doublet de *colonne*). Construction en pans de bois dont les vides sont remplis par une maçonnerie légère : *On rencontre en Normandie et en Alsace beaucoup de maisons à colombage.*

colombe [kɔlɔ̃b] **n.f.** (lat. *columba,* pigeon). **1.** Nom donné à différents oiseaux voisins des pigeons, princ. aux variétés blanches. **2.** Celui qui dans un conflit, dans les relations internationales est partisan de la paix.

Colombes, ch.-l. de c. des Hauts-de-Seine, sur la Seine ; 86 102 hab. Stade. Constructions électriques.

Colombie, en esp. **Colombia,** État de l'Amérique du Sud, sur l'Atlantique et le Pacifique ; 1 140 000 km^2 ; 48 321 000 hab. *(Colombiens).* CAP. *Bogota.* LANGUE : *espagnol.* MONNAIE : *peso colombien.*

GÉOGRAPHIE

Le milieu naturel et la population. Aux confins de l'Amérique centrale, largement ouverte sur la mer des Antilles et le Pacifique, avec plus de la moitié de sa superficie appartenant à la forêt amazonienne ou surtout aux savanes des Llanos, la Colombie demeure cependant d'abord un État andin. Les Andes, coupées par les vallées du Cauca et du Magdalena, couvrent seulement le quart de la superficie, mais concentrent encore plus de la moitié de la population. La région andine possède les trois principales villes (Bogota, Medellín et Cali), qui regroupent plus de 25 % d'une population urbanisée pour environ 70 %, fortement métissée et connaissant une croissance démographique notable. Le pays est situé dans les zones tropicale et équatoriale (au S.). L'altitude introduit des différenciations thermiques et pluviométriques (notamm. selon l'orientation des reliefs). La chaleur règne sur les terres basses (plus humides sur le Pacifique et aux confins de l'Amazonie brésilienne) et au pied des Andes (jusqu'à 1 100 m), puis s'atténue rapidement en montagne.

L'économie. Le climat commande l'agriculture (et sa localisation), qui occupe une part notable de la population active, avec une prépondérance du faire-valoir direct, malgré l'importance des grandes exploitations. Le café (3e rang mondial) domine. La pomme de terre et le riz, la canne à sucre, le cacaoyer, le bananier, le coton et les fleurs sont les autres cultures notables avec la coca, absente dans les statistiques. L'élevage bovin, héritage colonial, reste important. L'agroalimentaire constitue une branche majeure d'une industrie en développement (métallurgie, textile, chimie, bois, etc). La Colombie possède aussi des sources d'énergie non négligeables, houille, gaz naturel et surtout pétrole, qui fournissent une part importante des exportations. L'hydroélectricité assure la moitié de la production totale d'électricité. Le sous-sol recèle encore du fer, de l'or et des émeraudes.

L'U.E. est le premier partenaire commercial de la Colombie devant les États-Unis.

HISTOIRE

Le territoire de la Colombie est envahi au XVIe s. par les conquistadors espagnols. Au XVIIIe s., Bogota devient la capitale de la vice-royauté de Nouvelle-Grenade.

1810-1819. Soulèvement contre l'Espagne, dirigé par Simón Bolívar. La victoire des insurgés amène la création d'une république de Grande-Colombie unissant la Nouvelle-Grenade, le Venezuela, le Panama et l'Équateur.

1830. Le Venezuela et l'Équateur font sécession.

Pendant le XIXe s. règne une grande instabilité politique, marquée par la rivalité entre conservateurs centralistes et libéraux fédéralistes. L'économie est essentiellement fondée sur le café.

1899-1903. Guerre civile.

1903. Le Panama accède à l'indépendance sous la pression des États-Unis.

1948-1958. Une guerre civile larvée oppose libéraux et conservateurs.

1958-1970. Les deux partis rivaux constituent un Front national et alternent au pouvoir. Dans les années 1960 apparaissent des mouvements de guérilla (dont les Forces armées révolutionnaires de Colombie [FARC], d'inspiration castriste), tandis que l'emprise des trafiquants de drogue sur le pays s'accentue.

1982-1986. Présidence de Belisario Betancur.

Ses successeurs, Virgilio Barco (1986-1990), César Gaviria (1990-1994), Ernesto Samper (1994-1998), Andrés Pastrana (1998-2002), Álvaro Uribe (2002-2010) et Juan Manuel Santos (depuis 2010), doivent aussi faire face à la violence liée aux tensions politiques – prises d'otages par la guérilla [Ingrid Betancourt, candidate des Verts à l'élection présidentielle, est enlevée par les FARC en 2002 et ne sera libérée par l'armée colombienne qu'en 2008] ; exactions de groupes paramilitaires – et au trafic de drogue.

2012. Des négociations de paix entre les FARC et le gouvernement colombien s'ouvrent à La Havane.

Colombie-Britannique, prov. de l'ouest du Canada, en bordure du Pacifique ; 950 000 km^2 ; 4 400 057 hab. CAP. *Victoria.* L'exploitation de la forêt et du sous-sol (charbon, hydrocarbures, cuivre, zinc), les aménagements hydroélectriques, favorisés par le relief montagneux, alimentent une industrie (papeterie, électrométallurgie et électrochimie, etc.) représentée surtout à Vancouver, dont l'agglomération regroupe la moitié de la population provinciale.

colombier [kɔlɔ̃bje] **n.m.** (de *colombe*). *VIEILLI.* Pigeonnier.

1. colombin [kɔlɔ̃bɛ̃] **n.m.** (du lat. *columba,* pigeon). **1.** Pigeon voisin du ramier. **2. Colombins,** ordre d'oiseaux comprenant le pigeon et la tourterelle.

2. colombin [kɔlɔ̃bɛ̃] **n.m.** (orig. incert., p.-ê. de *colombe,* colonne ; v. *colombage*). Rouleau d'argile molle servant à confectionner des vases sans l'emploi du tour.

colombo [kɔlɔ̃bo] **n.m.** (du n. de la v. de *Colombo*). Plat antillais et réunionnais consistant en un ragoût épicé de viande ou de poisson accompagné de riz.

Colombo ou **Kolamba,** cap. commerciale et port de Sri Lanka, sur la côte ouest de l'île ; 693 470 hab. (1 221 904 dans l'agglomération).

colombophilie [kɔlɔ̃bɔfili] **n.f.** (de *colombe* et *-philie*). Élevage des pigeons voyageurs. ◆ **colombophile n.** Nom de l'éleveur.

colon [kɔlɔ̃] **n.m.** (lat. *colonus,* cultivateur, habitant). **1.** Habitant immigré ou descendant d'immigrés d'une colonie : *Au XIXe siècle, de nombreux colons s'installèrent en Amérique.* **2.** Enfant d'une colonie de vacances.

côlon [kolɔ̃] **n.m.** (gr. *kôlon*). Partie du gros intestin qui commence au cæcum et se termine au rectum.

colonel, elle [kɔlɔnɛl] **n.** (it. *colonello,* de *colonna,* troupe en colonne). Grade le plus élevé des officiers supérieurs des armées de terre et de l'air.

colonelle [kɔlɔnɛl] **n.f.** *FAM., VIEILLI* Femme d'un colonel.

colonial, e, aux [kɔlɔnjal, -o] **adj.** Qui concerne les colonies. ◆ **n.** Personne qui a vécu aux colonies.

colonialisme [kɔlɔnjalism] **n.m.** Doctrine qui vise à légitimer l'occupation d'un territoire ou d'un État, sa domination politique et son exploitation économique par un État étranger ; mise en pratique de cette doctrine. ◆ **colonialiste adj.** et **n.** Qui appartient au colonialisme, qui en est partisan.

colonie [kɔlɔni] **n.f.** (lat. *colonia,* de *colere,* cultiver, habiter). **1.** Territoire occupé et administré par une puissance étrangère et dont il dépend sur le plan politique, économique, culturel, etc. **2.** Groupe d'expatriés ou de descendants d'expatriés installés dans un autre pays pour y fonder une cité et exploiter le territoire : *Une colonie de Phéniciens fonda Carthage.* **3.** Ensemble d'étrangers originaires d'un même pays et vivant dans la même ville ou dans la même région : *La colonie française de Mexico.* **4.** Groupe d'animaux ayant une vie collective : *Colonie d'abeilles.* **5. Colonie (de vacances),** groupe d'enfants réunis pour passer leurs vacances à la campagne, à la mer ou à la montagne sous la conduite de moniteurs ; lieu et structures accueillant les enfants (abrév. fam. *colo*).

colonisateur, trice [kɔlɔnizatœr, -tris] **adj.** et **n.** Qui colonise, exploite une colonie.

colonisation [kɔlɔnizasjɔ̃] **n.f.** Action de coloniser ; fait d'être colonisé.

■ Le monde a connu jusqu'à l'époque moderne diverses formes de colonisation, depuis les colonies antiques jusqu'aux empires génois et vénitiens, formés au Moyen Âge à partir de comptoirs commerciaux. Mais c'est au XVIe s., époque des grandes découvertes, que sont nées les premières entreprises de colonisation à grande échelle, organisées par les États européens et fondées sur des objectifs non seulement économiques (accès aux matières premières : métaux précieux et épices, au départ), mais également politiques et religieux.

→

Les premiers empires coloniaux (XVIe-XVIIIe s.). La première phase d'expansion européenne débute par les conquêtes portugaises et espagnoles. Tandis que l'Empire portugais est principalement constitué de comptoirs, l'Espagne, maîtresse de l'Amérique centrale et méridionale, s'oriente vers une occupation territoriale plus poussée, sous l'autorité d'une solide administration. Établis en Amérique du Nord, en Inde et en Insulinde, Hollandais, Anglais et Français donnent quant à eux tout pouvoir à des compagnies à charte, dotées de monopoles commerciaux. Cette première colonisation, dont l'économie repose en grande partie sur la traite des Noirs, connaît à partir de la fin du XVIIIe s. une période de crise qui s'achève par l'indépendance des États-Unis (1783) et l'émancipation des colonies espagnoles et portugaises d'Amérique (1809-1826).

Les empires coloniaux des XIXe et XXe s. L'expansion démographique et la révolution industrielle du XIXe s. sont à l'origine d'une deuxième phase d'expansion européenne, qui s'accélère à partir de 1860 et aboutit à la constitution de vastes empires. À l'aube du XXe s., les deux principaux ensembles, rivaux à plus d'un titre, sont l'Empire britannique (35 millions de km^2, s'étendant sur l'ensemble des continents) et l'Empire français (12 millions de km^2, en Afrique et dans la péninsule indochinoise). S'y ajoutent les possessions coloniales du Portugal, des Pays-Bas et des nouvelles puissances colonisatrices (Belgique, Allemagne, Italie).

L'apogée des empires coloniaux. La Première Guerre mondiale renforce les empires coloniaux des vainqueurs, en particulier ceux de la France et de la Grande-Bretagne. À l'issue de la guerre, les colonies de l'Allemagne sont partagées : la France reçoit le Togo et le Cameroun oriental ; la Grande-Bretagne, le Cameroun occidental, le Sud-Ouest et le Sud-Est africains allemands ; la Belgique, les territoires du Ruanda-Urundi, qui deviennent une véritable sous-colonie du Congo belge ; les Australiens, les Néo-Zélandais et les Japonais se partagent les terres allemandes du Pacifique. Au Proche-Orient, d'où les Turcs sont évincés, la France reçoit mandat de la Société des Nations sur la Syrie et le Liban, la Grande-Bretagne sur l'Iraq, la Palestine, la Transjordanie.

Le régime colonial. Les méthodes d'administration les plus diverses sont employées. Les grandes compagnies réapparaissent sous des formes variées (sociétés d'exploitation françaises, compagnies à charte britanniques). La pratique de l'*Indirect Rule* par les Britanniques implique le concours des chefs indigènes. L'administration directe, qui repose sur un contrôle étroit de l'État, est le système le plus répandu dans les colonies françaises. Le régime du protectorat est basé quant à lui sur une répartition des compétences, l'État protecteur se réservant les prérogatives internationales et l'État protégé gardant en théorie ses compétences internes. Dans tous les cas, la puissance coloniale assoit sa domination sur l'exercice des pouvoirs économiques et politiques, sur la détention de la force et la reconnaissance internationale. De fait, la colonie se trouve aux mains d'une minorité étrangère, originaire de la métropole, dont la politique de ségrégation tout comme l'œuvre culturelle trouvent leur fondement dans un sentiment de supériorité à l'égard des peuples colonisés.

Vers l'émancipation des colonies. En dehors des dominions, colonies britanniques de peuplement européen auxquelles la Grande-Bretagne accorde progressivement un statut d'autonomie, les colonies restent soumises à cette domination jusqu'au lendemain de la Seconde Guerre mondiale, époque marquée par l'effondrement des empires sous l'action des mouvements de libération. La colonisation, dont l'œuvre humanitaire et culturelle est aujourd'hui controversée, a laissé de graves séquelles aux États devenus indépendants (problèmes des frontières et des rapports ethniques, dépendance économique). ■

colonisé, e [kɔlɔnize] **adj.** et **n.** Qui subit la colonisation.

coloniser [kɔlɔnize] **v.t.** (de *colonie*). **1.** Transformer un pays en colonie. **2.** Peupler de colons. **3.** *FAM.* Envahir, occuper un lieu : *Parisiens qui colonisent la Provence.*

colonnade [kɔlɔnad] **n.f.** (de *colonne*, d'apr. l'it. *colonnato*). Rangée de colonnes le long ou à l'intérieur d'un bâtiment : *Les colonnades du Panthéon, à Paris.*

colonne [kɔlɔn] **n.f.** (lat. *columna*). **1.** Support architectural vertical de section le plus souvent circulaire : *Colonne dorique, ionique.* **2.** Monument commémoratif de forme cylindrique : *La colonne Trajane.* **3.** Masse de fluide affectant une forme cylindrique et d'axe vertical : *Une colonne d'air, de fumée.* **4.** Chacune des sections verticales qui divisent une page imprimée : *Les colonnes d'un journal, d'un dictionnaire.* **5.** Annotations, chiffres disposés verticalement les uns au-dessous des autres : *Colonne des unités, des dizaines.* **6.** MIL. Formation dont les éléments sont disposés sur un front étroit et en profondeur ; détachement chargé d'une mission particulière : *Colonne de secours.* **7. Cinquième colonne,** ensemble de partisans clandestins qu'une armée compte dans les rangs de l'adversaire. ⁄ ANAT. **Colonne vertébrale,** ensemble de vertèbres formant un axe osseux qui s'étend de la base du crâne au bassin, chez l'homme et les animaux vertébrés.

colonnette [kɔlɔnɛt] **n.f.** Petite colonne au fût allongé.

colonoscopie [kɔlɔnɔskɔpi] et **coloscopie** [kɔlɔskɔpi] **n.f.** Examen endoscopique du côlon.

colophane [kɔlɔfan] **n.f.** (gr. *kolophônia,* résine de Colophon [v. d'Asie Mineure]). Résine jaune, solide, transparente, qui forme le résidu de la distillation de la térébenthine et avec laquelle on frotte les crins de l'archet.

coloquinte [kɔlɔkɛ̃t] **n.f.** (lat. *colocynthis,* du gr.). Plante voisine de la pastèque, dont le fruit fournit une pulpe amère et purgative. ▸ Famille des cucurbitacées.

Colorado *(rio)*, fl. des États-Unis, qui prend sa source dans les Rocheuses et traverse les arides *plateaux du Colorado,* tributaire du golfe de Californie ; 2 250 km. Une partie de son cours est encaissée dans de profonds cañons.

Colorado, un des États unis d'Amérique, dans les Rocheuses ; 270 000 km^2 ; 5 268 367 hab. CAP. *Denver.*

colorant, e [kɔlɔrɑ̃, -ɑ̃t] **adj.** Qui colore. ◆ **colorant n.m. 1.** Substance colorée naturelle ou synthétique utilisée pour donner à une matière une coloration durable. **2.** Substance employée pour la coloration de certains aliments.

coloration [kɔlɔrasjɔ̃] **n.f.** État de ce qui est coloré : *La coloration de la peau.*

coloré, e [kɔlɔre] **adj. 1.** Qui comporte des couleurs ; qui présente une couleur, notamm. une couleur vive : *Des verres colorés* (contr. **incolore**). *Un teint coloré* (contr. **pâle**). **2.** Qui abonde en expressions imagées ou originales : *Style coloré* (contr. **plat, terne**).

colorer [kɔlɔre] **v.t.** (lat. *colorare,* de *color,* couleur). **1.** Donner une certaine couleur, une couleur plus vive à : *L'émotion colora ses joues.* **2.** *LITT.* Apporter une note particulière à : *Il colorait ses reproches d'une légère ironie* (syn. **teinter**).

coloriage [kɔlɔrjaʒ] **n.m. 1.** Action de colorier ; résultat ainsi obtenu. **2.** (Surtout au pl.). Dessin à colorier : *Un livre de coloriages.*

colorier [kɔlɔrje] **v.t.** (de *coloris*) [conj. **9**]. Appliquer des couleurs sur : *Colorier un dessin.*

coloris [kɔlɔri] **n.m.** (it. *colorito,* du lat. *color,* couleur). **1.** Effet qui résulte de l'emploi et de la distribution des couleurs : *Tissu aux riches coloris.* **2.** Éclat du visage, des fleurs, des fruits.

colorisation [kɔlɔrizasjɔ̃] **n.f.** Action de coloriser.

coloriser [kɔlɔrize] **v.t.** (de *coloris*). Transformer, par un procédé électronique, les images en noir et blanc d'un film en images en couleurs.

coloriste [kɔlɔrist] **n. 1.** Artiste qui sait harmoniser, exalter les couleurs ; peintre qui privilégie l'expression par la couleur. **2.** Spécialiste de la réalisation des mélanges colorés servant à la production ou à la reproduction de couleurs (impression, teinture, peinture, etc.).

coloscopie n.f. ⟶ **colonoscopie.**

colossal, e, aux [kɔlɔsal, -o] **adj.** (de *colosse*). **1.** De taille énorme : *Entreprise colossale. Statue colossale* (= plus grande que nature). **2.** Très important, considérable : *Puissance, richesse colossale* (syn. **énorme**).

colossalement [kɔlɔsalmɑ̃] **adv.** De façon colossale : *Elle est colossalement riche* (syn. **immensément**).

colosse [kɔlɔs] **n.m.** (lat. *colossus*, gr. *kolossos*, statue colossale). **1.** Statue colossale : *Le colosse de Rhodes.* **2.** Homme d'une taille, d'une force extraordinaire.

colostrum [kɔlɔstrɔm] **n.m.** (mot lat.). Liquide jaunâtre et opaque sécrété par la glande mammaire durant les premiers jours qui suivent l'accouchement.

colportage [kɔlpɔrtaʒ] **n.m. 1.** Action de colporter. **2.** Métier de colporteur.

colporter [kɔlpɔrte] **v.t.** (altér. de *comporter*, transporter, sous l'infl. de *porter à col*, porter sur le cou). **1.** VIEILLI. Transporter des marchandises de place en place pour les vendre. **2.** Faire connaître partout : *Colporter des nouvelles* (syn. **répandre**).

colporteur, euse [kɔlpɔrtœr, -øz] **n. 1.** Marchand ambulant. **2.** Personne qui répand des rumeurs, des nouvelles : *Colporteur de fausses nouvelles* (syn. **propagateur**).

colt [kɔlt] **n.m.** (du n. de l'inventeur). **1.** Pistolet à barillet appelé aussi *revolver*, inventé par Colt en 1835. **2.** Pistolet automatique de 11,43 mm, réalisé aux États-Unis par les usines Colt à partir de 1911.

se **coltiner** [kɔltine] **v.t.** (de *coltin*, chapeau de cuir des portefaix, de *col*). *FAM.* Se charger d'une tâche pénible et désagréable : *Je me suis coltiné toute la correspondance.*

Coltrane (William John), saxophoniste de jazz américain (Hamlet, Caroline du Nord, 1926 - Huntington 1967). Après avoir joué dans l'orchestre de Dizzy Gillespie (1949), il s'imposa dans le quintet de Miles Davis (1955-1959), travailla avec Thelonious Monk et Duke Ellington en 1957. Il fonda son propre quartette en 1960. Il a joué un rôle de catalyseur dans la naissance du free jazz *(Naima, My Favourite Things).*

columbarium [kɔlɔ̃barjɔm] **n.m.** (mot lat. « colombier »). Bâtiment pourvu de niches où l'on place des urnes cinéraires dans une nécropole, un cimetière.

Columbia, fl. de l'Amérique du Nord, né dans les Rocheuses canadiennes, qui entaille le *plateau de la Columbia* et rejoint le Pacifique, en aval de Portland ; 1 930 km. Aménagements hydroélectriques.

Columbia *(district de)*, district fédéral des États-Unis ; 175 km^2 ; 646 449 hab. CAP. *Washington.*

colvert [kɔlvɛr] **n.m.** (de *col* et *vert*). Le plus commun des canards sauvages. ▸ Famille des anatidés ; long. 60 cm.

colza [kɔlza] **n.m.** (néerl. *koolzaad*, semence de chou). Plante voisine du chou, à fleurs jaunes, cultivée pour ses graines fournissant jusqu'à 45 % d'huile. ▸ Famille des crucifères.

coma [kɔma] **n.m.** (gr. *kôma*, sommeil profond). **1.** État pathologique caractérisé par la perte des fonctions de relations (conscience, mobilité, sensibilité) avec conservation de la vie végétative (respiration, circulation). **2. Coma dépassé,** coma très profond, irréversible, correspondant à la mort cérébrale.

Comanche, Indiens des plaines de l'Amérique du Nord (Oklahoma). Ils sont typiques de l'aire du bison. Ils parlent une langue du groupe shoshone.

comateux, euse [kɔmatø, -øz] **adj.** et **n. 1.** Relatif au coma ; qui est dans le coma : *Être dans un état comateux.* **2.** *FAM.* Dans un état de demi-conscience à la suite d'une grande fatigue, d'un malaise.

Combas (Robert), peintre français (Lyon 1957). Représentant de la figuration libre, il manipule les images de la vie quotidienne, tout en y mêlant références historiques et mythologiques. Cultivant un style inspiré de la bande dessinée et du graff, il crée une peinture tantôt désinvolte et humoristique, tantôt violente et sensuelle.

combat [kɔ̃ba] **n.m.** (de *combattre*). **1.** Lutte armée ou non, engagée pour attaquer ou se défendre : *Les deux chefs de bande se sont affrontés en combat singulier.* **2.** Lutte contre des obstacles de toutes sortes : *Pour certains, la vie est un combat de tous les jours.* **3.** Engagement militaire limité dans l'espace et dans le temps. **4. Hors combat,** dans l'incapacité de poursuivre la lutte ; dans l'impossibilité de faire face à une attaque.

combatif, ive [kɔ̃batif, -iv] **adj.** Qui aime le combat qui est porté à la lutte : *Des troupes combatives. Son tempérament combatif l'a sortie de bien des mauvais pas* (syn. **pugnace**).

combativité [kɔ̃bativite] **n.f.** Goût, disposition à combattre, à lutter : *Les jours d'attente ont diminué la combativité des soldats* (syn. **agressivité**).

combattant, e [kɔ̃batɑ̃, -ɑ̃t] **adj.** Qui combat. ◆ **n.** Personne, soldat qui prend part directement à un combat, à une guerre, à une rixe.

combattre [kɔ̃batr] **v.t.** (lat. pop. *combattere, bas lat. *combatuere*, du class. *bat[t]uere*, battre) [conj. **83**]. Se battre contre qqn, s'opposer à l'action de qqch. ◆ **v.i. 1.** Livrer combat. **2.** Œuvrer pour soutenir, défendre une cause, un point de vue : *Combattre pour ses idées.*

combe [kɔ̃b] **n.f.** (gaul. **cumba*, vallée). GÉOGR. Vallée entaillée dans la voûte anticlinale d'un pli jurassien et dominée par deux escarpements, les crêts.

Combes (Émile), homme politique français (Roquecourbe 1835 - Pons 1921). Président du Conseil de 1902 à 1905, violemment anticlérical, il s'attaqua aux congrégations religieuses et prépara la loi qui aboutit à la séparation des Églises et de l'État.

combien [kɔ̃bjɛ̃] **adv. interr.** (de *com*, anc. forme de *comme*, et *bien*). Marque la quantité, le nombre, la grandeur, le prix : *Combien faut-il de farine ? Combien de sucres prends-tu ? Combien mesure-t-il ? Combien avez-vous payé ?* ◆ **adv. exclam. 1.** Exprime une indignation excédée (en incise) : *Il aurait été, ô combien !, préférable de ne rien dire !* **2. Combien de** (+ n.), quel grand nombre, quelle grande quantité de : *Combien de fois je le lui ai répété !* (= que de). ◆ **n.m. inv.** *FAM.* Précédé de l'article, indique la date, le rang, la fréquence : *Le combien sommes-nous ? Le bus passe tous les combien ?*

combientième [kɔ̃bjɛ̃tjɛm] **adj.** et **n.** *FAM.* Qui est à quel rang, à quel ordre : *Le combientième est-il de la classe ?*

combinable [kɔ̃binabl] **adj.** Qui peut être combiné.

combinaison [kɔ̃binezɔ̃] **n.f.** (bas lat. *combinatio* ; v. *combiner*). **1.** Assemblage, arrangement selon une disposition, une proportion : *Combinaison de mots, de couleurs* (syn. **agencement**). **2.** Disposition des éléments intérieurs de certaines serrures qui en déclenche l'ouverture ; la suite de chiffres permettant ce déclenchement : *La combinaison d'un coffre-fort.* **3.** Ensemble de mesures prises pour assurer le succès d'une entreprise : *Les minables combinaisons d'un arriviste* (syn. **calcul, machination**). **4.** Sous-vêtement féminin d'une seule pièce maintenu par des bretelles aux épaules et habillant le corps jusqu'au genou. **5.** Vêtement d'une seule pièce couvrant la totalité du corps, pour le travail, le sport, etc. : *Une combinaison de travail, de plongée sous-marine.* **6.** CHIM. Action d'unir plusieurs corps simples pour former un composé ; ce composé. **7.** MATH. **Combinaison de *p* éléments d'un ensemble à *n* éléments,** toute partie (groupement) à *p* éléments d'un ensemble à *n* éléments.

combinard, e [kɔ̃binar, -ard] **adj.** et **n.** *FAM.* Qui use de combines, qui emploie des moyens souvent plus ingénieux qu'honnêtes pour arriver à ses fins.

combinat [kɔ̃bina] **n.m.** (mot russe, formé sur *combiner*). Dans l'ancienne U.R.S.S., groupement, dans une même région économique et en une organisation administrative unique, de plusieurs établissements industriels aux activités solidaires : *Un combinat automobile.*

combinatoire [kɔ̃binatwar] **adj.** (de *combiner*). Relatif aux combinaisons. ◆ **n.f. 1.** Propriété qu'ont les éléments d'un système de former des combinaisons ; ensemble de ces combinaisons : *La combinatoire des unités linguistiques.* **2.** MATH. Branche des mathématiques qui étudie les combinaisons, les dénombrements ou les configurations d'ensembles (syn. **analyse combinatoire**).

combine [kɔ̃bin] **n.f.** (abrév. de *combinaison*). *FAM.* Combinaison, moyen peu scrupuleux pour arriver à ses fins : *Monter une combine.*

combiné [kɔ̃bine] **n.m.** (de *combiner*). **1.** Partie mobile d'un téléphone réunissant l'écouteur et le microphone. **2.** Compétition sportive associant des épreuves de nature différente. **3.** Gaine et soutien-gorge en une pièce.

combiner [kɔ̃bine] **v.t.** (bas lat. *combinare,* unir deux choses ensemble, du class. *bini,* deux par deux). **1.** Disposer des choses, des éléments en formant une combinaison : *Combiner des couleurs* (syn. **assortir**). **2.** CHIM. Produire la combinaison de plusieurs corps chimiques. **3.** *FAM.* Organiser, préparer qqch : *Elle a tout combiné pour que cette rencontre ait lieu* (syn. **arranger**). ◆ **se combiner v.pr.** *FAM.* S'harmoniser, en parlant de circonstances : *Tout ça s'est très mal combiné.*

1. comble [kɔ̃bl] **n.m.** (lat. *cumulus,* monceau, confondu en lat. pop. avec *culmen,* sommet). **1.** (Souvent au pl.). Faîte d'un bâtiment, comportant charpente et toit ; espace intérieur correspondant. **2.** Point culminant, degré extrême : *Être au comble de la joie.* **3. C'est un comble !,** cela dépasse la mesure. / **De fond en comble,** entièrement : *Nous avons fouillé la maison de fond en comble.*

2. comble [kɔ̃bl] **adj.** (de *combler*). **1.** Se dit d'un lieu très ou trop plein de personnes : *Train comble* (syn. **bondé**). **2. Faire salle comble,** en parlant d'un spectacle, d'un conférencier, etc., attirer un très nombreux public. / **La mesure est comble,** cela dépasse les bornes.

comblé, e [kɔ̃ble] **adj.** Pleinement satisfait.

combler [kɔ̃ble] **v.t.** (lat. *cumulare*). **1.** Remplir entièrement : *Combler un fossé.* **2.** Satisfaire pleinement qqn, ses désirs : *J'ai été comblée par la fortune.* **3. Combler qqn de bienfaits, d'honneurs, de cadeaux,** les lui prodiguer, les lui donner en grande quantité.

comburant, e [kɔ̃byrɑ̃, -ɑ̃t] **adj.** et **n.m.** (lat. *comburens, -entis,* de *comburere,* brûler). Se dit d'un corps qui, en se combinant avec un autre, amène sa combustion.

combustibilité [kɔ̃bystibilite] **n.f.** Propriété des corps combustibles.

combustible [kɔ̃bystibl] **adj.** (de *combustion*). Qui a la propriété de brûler ou de se consumer. ◆ **n.m. 1.** Matière dont la combustion produit de l'énergie calorifique. **2. Combustible nucléaire,** matière capable de dégager de l'énergie par fission ou fusion nucléaires.

combustion [kɔ̃bystjɔ̃] **n.f.** (lat. *combustio,* de *comburere,* brûler). **1.** Fait, pour un corps, de brûler : *L'air est nécessaire à la combustion.* **2.** CHIM. Fait, pour un combustible, de s'unir à un comburant (souvent l'oxygène) en dégageant de la chaleur. **3.** CHIM. **Combustion lente,** oxydation sans flamme. / **Combustion vive,** avec une incandescence et un dégagement de chaleur.

■ **Les vitesses de combustion.** Si la réaction de combustion est assez rapide, le dégagement de chaleur est suffisant pour que le combustible soit porté à l'incandescence, on dit qu'il y a *combustion vive,* la seule à être souvent considérée comme une véritable combustion ; tel est le cas de l'hydrogène, du phosphore, du carbone, des hydrocarbures, que l'on enflamme au contact de l'air. Si l'oxydation est assez lente pour que la chaleur dégagée se dissipe sans échauffer notablement le combustible, on dit qu'il y a *combustion lente,* appelée plus communément « oxydation » ; ce phénomène se produit pour le phosphore blanc à froid ou pour le fer abandonné à l'air humide.

La combustion incomplète. Les combustions les plus courantes sont celles des composés du carbone et de l'hydrogène au contact de l'air. Pour qu'une telle combustion soit complète, il faut que la quantité d'air admise donne au moins l'oxygène suffisant pour retrouver tout l'hydrogène dans l'eau et tout le carbone dans le gaz carbonique. Une combustion incomplète se manifeste par la présence d'*imbrûlés,* dont l'oxyde de carbone, dans les produits de la combustion, et par la réduction qui en résulte de la teneur de ces produits en gaz carbonique. L'*indice de combustion* permet de chiffrer la quantité relative d'oxyde de carbone qui se trouve dans les fumées.

Les types de combustion. Selon les vitesses de propagation de la flamme, on distingue la combustion la plus courante (brûleur, feu, etc.) et la *détonation* (avec onde de choc et onde de combustion). La combustion des liquides se fait toujours en deux temps : vaporisation (qu'il faut donc faciliter), puis combustion par flamme de diffusion. Les solides pour leur part connaissent d'abord une phase de gazéification préalable. Dans un moteur thermique, l'extrême rapidité du phénomène de la combustion le fait communément, à tort, appeler « explosion ». En réalité, il s'agit bien d'une combustion se propageant par ondes successives dans la chambre de combustion, et dont la naissance n'est pas instantanée. ■

Côme, en ital. **Como,** v. d'Italie (Lombardie), ch.-l. de prov., sur le lac du même nom ; 82 037 hab. Églises romanes S. Abbondio et S. Fedele ; cathédrale des XIVe- XVIIIe s. Le *lac de Côme* (146 km^2) est traversé par l'Adda.

come-back [kɔmbak] **n.m. inv.** (mot angl. « retour »). Retour en vogue, au premier plan, d'une personne naguère célèbre, après une période d'oubli ou d'inactivité.

Comecon, sigle de *COuncil for Mutual ECONomic Assistance* (Conseil d'assistance économique mutuelle [C.A.E.M.]), organisme de coopération économique créé à Moscou, en janv. 1949, et dissous en 1991, à la suite des changements intervenus en Europe de l'Est à partir de 1989. Il regroupait l'U.R.S.S., la Bulgarie, la Hongrie, la Pologne, la Roumanie, la Tchécoslovaquie, l'Albanie (1949-1961), la République démocratique allemande (1950-1990), ainsi que la Mongolie (à partir de 1962), Cuba (à partir de 1972) et le Viêt Nam (à partir de 1978).

comédie [kɔmedi] **n.f.** (lat. *comoedia,* du gr.). **1.** Pièce de théâtre qui excite le rire par la peinture des mœurs, des caractères ou la succession de situations inattendues. **2.** Genre littéraire, cinématographique, etc., qui se propose de faire rire ou sourire. **3.** Comportement simulé : *Cessez cette comédie, je sais parfaitement que vous n'êtes pas malade.* **4.** Complications : *C'est toute une comédie pour venir chez toi !* (= c'est difficile). **5. Comédie musicale,** genre de spectacle où alternent scènes dansées et chantées, textes parlés et musique ; spectacle, film appartenant à ce genre.

■ Si, comme la tragédie, elle se rattache au culte de Dionysos, la comédie – qui vise à distraire le spectateur et à susciter le plaisir du rire – n'est pas aussi nettement ni aussi tôt définie : le concours de comédie ne date, à Athènes, que de 460 av. J.-C., soit trois quarts de siècle après l'institution du concours tragique. Le genre se développe à travers trois périodes : la *comédie ancienne,* satire violente de l'actualité, illustrée par Aristophane ; la *comédie moyenne,* qui tend à supprimer l'élément lyrique et traite de sujets de mœurs ou s'inspire de la mythologie ; la *comédie nouvelle,* de l'époque hellénistique (Ménandre).

Cet héritage constitue le fonds du théâtre comique latin (la *comoedia palliata,* jouée par des acteurs portant le vêtement grec, le *pallium*), avec Plaute et Térence. La comédie consacrée à la peinture de mœurs romaines (*comoedia togata,* jouée en toge) n'atteignit jamais le succès de la farce, l'*atellane,* supplantée à son tour, dès l'époque de Cicéron, par le *mime.*

La tradition des jongleurs et le goût du divertissement parodique chez les clercs s'expriment au Moyen Âge dans une grande diversité de pièces (farces, sotties, moralités), de caractère satirique et didactique. Au début du XVIe s. apparaissent les premiers modèles de la comédie « régulière », suivis par l'Arétin et Machiavel *(la Mandragore).* Très vite, la comédie italienne s'en détache, avec Giordano Bruno *(le Chandelier)* et Ruzzante, qui compose en dia-

lecte padouan des scènes inspirées de la vie quotidienne. Elle trouve son style le plus populaire avec la *commedia dell'arte* fondée sur l'improvisation des acteurs à partir de canevas préétablis.
La comédie espagnole expérimente tous les types d'intrigue avec Cervantès, Lope de Vega, Calderón, Moreto, Rojas et inaugure, avec Alarcón, la « comédie de caractère », qui inspirera directement Corneille *(le Menteur)*.
Combinée avec le succès inépuisable de l'ancienne farce, l'imitation du genre espagnol, dans le style fantastique et burlesque, domine la scène française jusqu'à Molière, qui impose la comédie de mœurs et de caractère : celle-ci va servir de modèle, même aux auteurs anglais, qui abandonnent la truculence et la bouffonnerie du théâtre élisabéthain pour adopter un style moraliste et des constructions sophistiquées (Congreve). Intrigue et peinture sociale se combinent chez Regnard, Lesage, Dancourt et Marivaux ou alternent chez Beaumarchais *(le Barbier de Séville, le Mariage de Figaro)*. Mais « larmoyante » avec Nivelle de La Chaussée, « sérieuse » avec Diderot et Sedaine, sentimentale et romanesque en Allemagne avec Lessing, la comédie s'enracine de plus en plus dans la représentation amusée de relations et de situations contemporaines : elle s'intègre parfois au cœur du drame romantique ou, avec le vaudeville, exploite les recettes du théâtre de boulevard (Guitry), avant de prendre les formes inquiétantes d'un théâtre de l'illusion et de l'hallucination (Pirandello, Anouilh) ou du dérisoire et de l'absurde (Beckett, Ionesco). Les courants plus récents de la comédie portent l'influence du cinéma et sa liberté face à la logique et aux conventions sociales. ■

Comédie-Française, société de comédiens français, née de la fusion, ordonnée par Louis XIV en 1680, de la troupe de Molière avec les acteurs du Marais et de l'Hôtel de Bourgogne. Dissoute en 1792, reconstituée en 1804 et organisée en 1812, elle est installée depuis lors rue de Richelieu, dans une dépendance du Palais-Royal, devenue le Théâtre-Français. Subventionnée par l'État, la Comédie-Française se consacre essentiellement au répertoire classique. Elle dispose toutefois de deux autres salles largement ouvertes au répertoire contemporain : le théâtre du Vieux-Colombier (VIe arrondissement) et le Studio-Théâtre (galerie du Carrousel du Louvre).

Comédie-Italienne, troupes d'acteurs italiens venues à Paris du XVIe au XVIIIe s., pour faire connaître la commedia dell'arte. Elle fusionna en 1762 avec l'Opéra-Comique avant d'être expulsée en 1779.

comédien, enne [kɔmedjɛ̃, -ɛn] **n.** (de *comédie*). Professionnel qui joue au théâtre, au cinéma, à la radio, à la télévision (syn. **acteur**). ◆ **n.** et **adj. 1.** Personne qui feint des sentiments qu'elle n'a pas ; hypocrite : *Quelle comédienne tu fais !* (syn. **simulateur**). **2.** Personne qui aime se donner en spectacle (syn. **cabotin**).

comédon [kɔmedɔ̃] **n.m.** (lat. *comedo,* mangeur). Amas de sébum à l'extrémité noire, qui bouche un pore de la peau (= point noir).

comestible [kɔmɛstibl] **adj.** (du lat. *comestus,* de *comedere,* manger). Qui peut servir de nourriture à l'homme. ◆ **comestibles n.m. pl.** Produits alimentaires.

comète [kɔmɛt] **n.f.** (lat. *cometa,* gr. *komêtês,* astre chevelu). **1.** Astre du Système solaire formé d'un noyau relativement petit qui, au voisinage du Soleil, éjecte une atmosphère passagère de gaz et de poussières à l'aspect de chevelure diffuse, s'étirant dans la direction opposée au Soleil en une queue parfois spectaculaire. **2. Tirer des plans sur la comète,** faire des projets chimériques.

■ **Description.** Loin du Soleil, une comète se réduit à un *noyau* irrégulier, de dimensions kilométriques, en rotation sur lui-même, constitué d'un mélange de glaces, de fragments rocheux et de poussières. Lorsque la comète se rapproche du Soleil, les glaces se subliment ; des gaz s'échappent, entraînant des fragments rocheux et des poussières, et il se forme une nébulosité diffuse, la *chevelure,* rendue lumineuse par la diffusion de la lumière solaire par les poussières et par sa fluorescence au contact des gaz. Celle-ci est entourée d'une vaste enveloppe d'hydrogène décelable dans l'ultraviolet. Repoussés par le vent solaire, les ions formés dans la chevelure engendrent dans la direction opposée à celle du Soleil une longue queue bleutée rectiligne, dite *queue de gaz* (ou *de plasma*), qui peut s'étirer sur plusieurs centaines de millions de kilomètres. Les poussières éjectées du noyau, repoussées par la pression du rayonnement solaire, forment elles-mêmes une *queue de poussières* jaunâtre et incurvée.
Recensement, origine et exploration. Environ 1 500 apparitions de comètes ont été recensées depuis l'Antiquité et l'on en découvre ou retrouve chaque année grâce à des instruments implantés au sol ou à des satellites. Mais il en existerait près de mille milliards, réparties dans un vaste halo, aux confins du Système solaire (nuage de Oort).
Certains astéroïdes sont des résidus de noyaux de comètes qui ont perdu leurs matériaux volatils (comètes défuntes) ou dont la croûte empêche le dégazage (comètes dormantes). Le survol par des sondes spatiales de plusieurs comètes, dont celle de Halley, depuis les années 1980 a fait beaucoup progresser notre connaissance des comètes. En particulier, l'hypothèse selon laquelle les noyaux cométaires sont formés d'un conglomérat de glaces et de roches a pu être confirmée à cette occasion. Mais le débat subsiste sur le rôle qu'ont pu jouer les comètes dans l'apport sur la Terre de matière organique et dans l'apparition de la vie. La prochaine étape dans l'exploration de ces astres sera marquée par des missions de rendez-vous, autorisant le survol d'une sonde à proximité d'une comète pendant plusieurs mois, à l'instar de la sonde européenne Rosetta, lancée en 2004 et qui doit rejoindre en 2014 une comète, l'étudier pendant plus d'un an et déposer un atterrisseur sur son noyau. Des échantillons de matière cométaire recueillis in situ ont été rapportés par une sonde spatiale en 2006. ■

comice [kɔmis] **n.m.** (lat. *comitia,* assemblée du peuple). **1.** Pendant la Révolution française, réunion des électeurs pour nommer les membres des assemblées délibérantes. **2. Comice(s) agricole(s),** association privée de notables ruraux dont le but était le développement de l'agriculture ; concours organisé(s) par ces associations (2e moitié du XIXe s. et début du XXe s.). ◆ **comices n.m. pl.** ANTIQ. Assemblée du peuple romain. ▸ On distinguait les comices curiates, centuriates et tributes. Ils étaient dotés d'attributions politiques, judiciaires ou religieuses.

comics [kɔmiks] **n.m. pl.** (mot angl.). Bandes dessinées anglo-américaines.

comique [kɔmik] **adj.** (lat. *comicus,* du gr.). **1.** Qui appartient à la comédie : *Auteur comique.* **2.** Amusant, qui fait rire : *Aventure comique.* ◆ **n.m. 1.** Caractère de ce qui est comique : *Le comique de l'affaire, c'est que je ne me doutais de rien.* **2.** Genre comique : *Ce film mêle le comique de mots et le comique de situation.* ◆ **n.** Acteur, chanteur comique.

comiquement [kɔmikmɑ̃] **adv.** De façon comique.

comité [kɔmite] **n.m.** (angl. *committee,* du lat. *committere,* risquer, confier). **1.** Assemblée restreinte ayant reçu mission pour une affaire particulière ; petite association : *Comité des fêtes, comité de lecture.* **2. En petit comité, en comité restreint,** entre intimes. **3. Comité d'entreprise,** organe de l'entreprise composé des représentants élus du personnel et présidé par le chef d'entreprise, qui a des attributions consultatives ou de contrôle en matière professionnelle, économique et sociale (abrév. *C.E.*).

Comité de salut public, organisme créé par la Convention, le 6 avr. 1793, afin de surveiller l'action des ministres et de prendre dans les circonstances urgentes des mesures de défense générale intérieure et extérieure. Après l'élimination de Danton, le Comité, dominé par la personnalité de Robespierre, devint l'instrument principal de la Terreur. Il disparut en oct. 1795.

comma [kɔma] **n.m.** (gr. *komma,* morceau). MUS. Fraction de ton théorique et imperceptible, de l'ordre de 1/8 ou 1/9 selon la gamme envisagée : *Il y a un comma entre* ré dièse *et* mi *bémol.*

commandant [kɔmɑ̃dɑ̃] **n.m. 1.** Officier supérieur qui commande une grande unité, une place ou une base des armées de terre ou de l'air. **2.** Officier qui commande un bâtiment de la marine de guerre. **3. Commandant de bord,** personne qui commande à bord d'un avion de ligne ou d'un vaisseau spatial.

commande [kɔmɑ̃d] **n.f.** (de *commander*). **1.** Ordre par lequel on demande à un fournisseur la livraison d'une marchandise, l'exécution d'un service, etc. ; cette fourniture : *J'ai passé une commande de champagne* (= j'ai commandé). *Votre commande a été livrée ce matin.* **2.** Liste, telle qu'elle est énoncée au serveur, des mets et boissons qu'on désire consommer dans un restaurant, un café : *Le garçon de café a pris la commande.* **3.** Direction, contrôle exercés sur l'évolution d'une machine, d'une installation au moyen des organes qui en assurent la mise en route, le réglage, l'arrêt ; chacun des dispositifs (boutons, leviers, manettes, etc.) déclenchant ces commandes : *Commande d'essuie-glaces.* **4. De commande,** affecté, non sincère : *Un sourire de commande.* / **Prendre les commandes,** se mettre à diriger. / **Sur commande,** sur ordre : *Je ne sais pas pleurer sur commande.* / **Tenir les commandes, être aux commandes,** diriger : *Il tient les commandes de l'entreprise* (syn. **contrôler**).

commandement [kɔmɑ̃dmɑ̃] **n.m. 1.** Fait de commander : *Il assume le commandement de cette unité* (syn. **direction**). **2. À mon commandement,** au moment où j'en donnerai l'ordre à voix haute. / **Les dix commandements,** les préceptes transmis par Moïse aux Hébreux et conservés dans le christianisme.

commander [kɔmɑ̃de] **v.t.** (lat. pop. **commandare,* refait d'après *mandare* sur le class. *commendare,* confier, donner un ordre). **1.** Exercer son autorité sur qqn, sur un groupe : *Commander un régiment* (= être à la tête de). *Qui est-ce qui commande ici ?* (syn. **décider**). **2.** LITT. Ordonner qqch à qqn : *D'un regard il lui commanda le silence* (syn. **imposer**). **3.** Être l'organisateur responsable d'une opération : *Commander la manœuvre* (syn. **diriger, conduire**). **4.** Passer une commande : *Commander des fournitures.* **5.** (Absol.). Passer commande dans un café, un restaurant : *Nous avons déjà commandé.* **6.** (Sujet qqch). Contrôler, permettre l'accès à un lieu : *Ce fort commande toute la plaine.* **7.** (Sujet qqch). Faire fonctionner : *Ce bouton commande l'ouverture de la porte.* ◆ **v.t. ind. [à].** LITT. Imposer sa loi à ; exercer un contrôle sur : *Commander à ses sentiments* (= les contrôler). ◆ **se commander v.pr.** (Surtout nég.). Dépendre de la volonté : *L'attirance, ça ne se commande pas.*

commandeur [kɔmɑ̃dœr] **n.m.** (de *commander*). Celui dont le grade est supérieur à celui d'officier dans les ordres de chevalerie : *Commandeur de la Légion d'honneur.*

commanditaire [kɔmɑ̃ditɛr] **n.** et **adj.** (de *commandite*). **1.** Celui qui commandite. **2.** DR. Associé d'une société en commandite qui n'est tenu des dettes de celle-ci qu'à concurrence de ses apports.

commandite [kɔmɑ̃dit] **n.f.** (it. *accomandita,* dépôt, du lat. pop. **commandare ;* v. *commander*). **1.** Fraction du capital d'une société en commandite apportée par un ou plusieurs commanditaires. **2. Société en commandite,** société commerciale qui comporte deux catégories d'associés, les commandités et les commanditaires.

commandité, e [kɔmɑ̃dite] **n.** Associé d'une société en commandite, qui est responsable personnellement des dettes de la société.

commanditer [kɔmɑ̃dite] **v.t.** (de *commandite*). **1.** Avancer des fonds à une entreprise commerciale. **2.** Financer un projet (syn. **sponsoriser**). **3.** Organiser, financer un crime, un délit.

commando [kɔmɑ̃do] **n.m.** (mot port., de *commandar,* commander). Formation militaire de faible effectif, chargée de missions spéciales et opérant isolément.

comme [kɔm] **conj. sub.** (lat. pop. *como,* class. *quomodo,* comment). **1.** Exprime la cause : *Comme la voiture était en panne, il a fallu y aller à pied* (syn. **puisque, étant donné que**). **2.** Exprime une simultanéité : *Comme nous approchions de la ville, il s'est mis à pleuvoir* (syn. **alors que**). **3.** Exprime une comparaison : *Tout s'est passé comme je l'avais prédit. Aujourd'hui comme hier, tu peux me faire confiance* (syn. **ainsi que, de même que**). **4.** Introduit des comparaisons à valeur intensive : *Il ment comme il respire. Blanc comme neige.* **5.** Introduit un exemple : *Des animaux domestiques, comme le chien, le chat, le cheval...* (syn. **tel, tel que**). **6.** Sert à coordonner : *Le Premier ministre comme le Président jugent cette mesure nécessaire* (syn. **ainsi que, de même que**). **7.** Indique à quel titre on agit, on est désigné : *Comme doyen, c'est à vous de faire le discours* (syn. **en tant que, en qualité de**). **8.** Introduit un attribut du complément d'objet direct : *Elle a comme secrétaire un jeune étudiant* (syn. **pour**). **9.** Sert à atténuer une assertion : *Il était comme envoûté par cette femme* (= pour ainsi dire) [syn. **quasiment**]. **10. C'est tout comme,** il n'y a guère de différence, cela revient au même. / **Comme il faut,** bien élevée, en parlant d'une personne : *Ce garçon est tout à fait comme il faut.* / FAM. **Comme quoi,** ce qui montre bien que : *Il a fallu rentrer à pied ; comme quoi j'avais raison de vouloir prendre la voiture.* / FAM. **Comme tout,** renforce un adjectif : *Il est gentil comme tout.* ◆ **adv. exclam.** Exprime l'intensité ou la manière : *Comme cet enfant est charmant !* ◆ **comme si loc. conj.** Marque une comparaison avec une situation hypothétique : *Ils ont agi comme si de rien n'était. Elle n'est pas heureuse mais elle fait comme si.*

commedia dell'arte [kɔmedjadɛlarte] **n.f.** (mots it. « comédie de fantaisie »). Forme théâtrale italienne basée sur l'improvisation (acrobaties, pantomimes, lazzi, etc.) à partir de canevas et de personnages traditionnels (Arlequin, Matamore, Pantalon, Scaramouche, entre autres).

■ Née en Italie à la fin du XVIe s., la *comédie de l'art,* c'est-à-dire de « métier scénique », s'opposait primitivement à la « comédie soutenue » *(commedia sostenuta),* qui était écrite, apprise et récitée, et qui représentait un art « littéraire » du théâtre. La *commedia dell'arte* comportait, surtout en ses premières époques, de longues parties improvisées par les comédiens sur des canevas fixés à l'avance. Elle exigeait de l'acteur un jeu plastique très souple et expressif, presque dansant et souvent acrobatique. Elle comportait des personnages conventionnels, des types humains dont le caractère et le costume étaient fixés de manière permanente, chaque type restant la spécialité d'un comédien. Les principaux de ces personnages types, le plus souvent immédiatement reconnaissables grâce à leur masque et à leur costume, étaient Arlequin, Pedrolino (qui devint le Pierrot français), Scaramouche, le vieux Pantalone, le fanfaron Capitan, Pulcinella, le Polichinelle napolitain. Les femmes, Colombine, Isabelle, Sylvia, jouaient sans masque. Des « comédiens de l'art » vinrent à plusieurs reprises à Paris et y travaillèrent longtemps. Ils eurent une grande influence sur Molière acteur et auteur, et sur Marivaux, qui écrivit pour eux une partie de son œuvre. Beaucoup de troupes, aujourd'hui, continuent de se référer à la *commedia dell'arte* et à pratiquer ce style de théâtre toujours passionnant pour l'acteur confronté à une technique de jeu difficile et pour le public populaire amateur de ces farces insolentes. ■

commémoratif, ive [kɔmemɔratif, -iv] **adj.** Qui commémore.

commémoration [kɔmemɔrasjɔ̃] **n.f.** Action de commémorer un événement, une personne ; cérémonie faite à cette occasion.

commémorer [kɔmemɔre] **v.t.** (lat. *commemorare,* de *memorare,* rappeler). Rappeler le souvenir d'une personne ou d'un événement avec plus ou moins de solennité : *Les musiciens ont commémoré le bicentenaire de la mort de Mozart.*

commencement [kɔmɑ̃smɑ̃] **n.m.** Ce par quoi qqch commence : *Reprenez tout au commencement* (syn. **début**).

commencer [kɔmɑ̃se] **v.t.** (lat. pop. **cominitiare,* du class. *initium,* début) [conj. **16**]. **1.** Entamer qqch, une action : *Nous commençons les travaux la semaine prochaine. Il a commencé* *l'anglais en sixième* (syn. **débuter**). **2.** Être dans la première phase d'un déroulement ; être au début de qqch : *Elle a mal commencé la journée* (syn. **débuter**). *Les mots qui commencent une phrase prennent une majuscule.* **3.** Parmi un groupe de personnes qui participent à une action commune, une œuvre commune, etc., être le premier à agir (souvent absol.) : *J'ai distribué les cartes, c'est à toi de commencer.* **4.** Prendre l'initiative des hostilités (souvent absol. et seul. dans des formes d'insistance) : *C'est lui qui a commencé !* ◆ **v.t. ind. 1. Commencer à** (+ inf.), débuter une action, être au début du déroulement de qqch, d'une évolution, d'un état : *Les enfants ont déjà commencé à décorer le sapin. Il commence à faire chaud.* **2. Commencer par** (+ n. ou inf.), s'occuper d'une chose avant une autre ; faire qqch avant qqch d'autre : *Si tu veux m'aider à essuyer, commence plutôt par les verres. Je vais commencer par me lever, ensuite on verra.* **3. À commencer par,** indique que qqn ou qqch est au premier chef concerné par ce qui est énoncé : *Pour la préparation de la fête, tout le monde sera mis à contribution, à commencer par ton frère et toi.* ◆ **v.i. 1.** Débuter, prendre son point de départ dans le temps ou dans l'espace : *L'été commence le 21 juin. Les marécages commencent à la lisière de la forêt.* **2.** FAM. (IRON.). **Ça commence bien !,** les choses se présentent mal.

commensal, e, aux [kɔmɑ̃sal, -o] **n.** (lat. médiév. *commensalis,* du class. *mensa,* table). LITT. Personne qui mange à la même table qu'une autre. ◆ **adj.** BIOL. Se dit d'espèces animales qui vivent associées à d'autres en profitant des débris de leurs repas, mais sans leur nuire : *Le poisson pilote et le requin sont des espèces commensales.*

comment [kɔmɑ̃] **adv. interr.** (de *comme*). Interroge sur le moyen ou la manière : *Comment a-t-il pu réussir ? Je me demande comment vous faisiez ?* ◆ **adv. exclam. 1.** Exprime la surprise, l'indignation : *Comment ! Il n'est pas venu ?* **2.** FAM. **Et comment !,** souligne l'évidence d'une affirmation. ◆ **n.m. inv.** Manière dont une chose s'est faite : *Les pourquoi et les comment d'une affaire.*

commentaire [kɔmɑ̃tɛr] **n.m.** (lat. *commentarius ;* v. *commenter*). **1.** Observations, remarques faites sur des propos tenus par une personne ou un groupe, sur des décisions qui ont été prises, sur des événements : *Le changement de gouvernement a suscité de nombreux commentaires.* **2.** Exposé qui explique, interprète, apprécie un texte, une œuvre, partic. en littérature : *Commentaire de la Bible. Commentaire philosophique.* **3.** (Surtout au pl.). Propos désobligeants, malveillants : *Épargnez-moi vos commentaires !* **4. Sans commentaire !,** vous pouvez juger vous-même.

commentateur, trice [kɔmɑ̃tatœr, -tris] **n.** Personne qui fait des commentaires, spécial. à la radio, à la télévision.

commenter [kɔmɑ̃te] **v.t.** (lat. *commentari,* méditer, étudier). **1.** Faire des commentaires sur des événements : *Commenter l'actualité.* **2.** Faire le commentaire d'une œuvre : *Commenter les romans de Balzac n'est pas chose aisée.*

commérage [kɔmeraʒ] **n.m.** (de *commère*). FAM. Bavardage indiscret ; propos mensonger : *N'écoutez pas ces commérages* (syn. **ragot**).

commerçant, e [kɔmɛrsɑ̃, -ɑ̃t] **n.** Qui fait du commerce par profession. ◆ **adj.** Où il se fait du commerce : *Quartier commerçant.*

commerce [kɔmɛrs] **n.m.** (lat. *commercium,* de *merx, mercis,* marchandise). **1.** Activité qui consiste en l'achat et la vente de marchandises, de services : *Ils font du commerce à l'étranger* (syn. **négoce**). *Ce produit n'est pas encore dans le commerce.* **2.** Corporation des commerçants : *Le petit commerce a du mal à survivre.* **3.** ÉCON. Secteur de la vente, de la distribution des produits finis : *Le commerce international.* **4.** Établissement commercial ; fonds de commerce : *Elle tient un petit commerce de librairie* (syn. **boutique, magasin**). **5.** LITT., VIEILLI. Relation avec qqn, fréquentation : *Le commerce des honnêtes gens.* **6.** SOUT. **Être d'un commerce agréable,** être agréable à fréquenter. **7. Commerce électronique** ou **en ligne,** mode de distribution de produits et de services par l'intermédiaire de l'Internet. / **Commerce équitable** ⟶ **équitable.**

commercer [kɔmɛrse] **v.t. ind. [avec]** [conj. **16**] Faire du commerce avec qqn, une entreprise, un pays.

commercial, e, aux [kɔmɛrsjal, -o] **adj. 1.** Relatif au commerce : *Entreprise commerciale. Objet sans grande valeur commerciale* (syn. **marchand**). **2.** Qui fait vendre : *Argument, discours commercial* (syn. **vendeur**). **3.** Exécuté dans un but purement lucratif : *Film commercial.*

commercialement [kɔmɛrsjalmɑ̃] **adv.** Du point de vue commercial ; du point de vue de la vente.

commercialisable [kɔmɛrsjalizabl] **adj.** Qui peut être commercialisé.

commercialisation [kɔmɛrsjalizasjɔ̃] **n.f.** Action de commercialiser ; fait d'être commercialisé.

commercialiser [kɔmɛrsjalize] **v.t.** Mettre sur le marché : *Commercialiser un produit.*

commère [kɔmɛr] **n.f.** (lat. ecclés. *commater,* marraine, du class. *cum,* avec, et *mater,* mère). FAM. Femme curieuse, bavarde, qui colporte des racontars.

commettre [kɔmɛtr] **v.t.** (lat. *committere,* mettre ensemble) [conj. **84**]. **1.** Se rendre coupable d'un acte répréhensible ou malencontreux : *Commettre une erreur.* **2.** DR. Désigner, nommer à une fonction déterminée : *Cet avocat a été commis d'office à la défense de l'accusé.* ◆ **se commettre v.pr. [avec].** LITT. Afficher, entretenir des relations compromettantes ou déshonorantes avec.

comminatoire [kɔminatwar] **adj.** (lat. médiév. *comminatorius,* du class. *minari,* menacer). **1.** Destiné à intimider, menaçant : *Un ton comminatoire.* **2.** DR. Qui est destiné à faire pression sur le débiteur : *Une mesure comminatoire.*

Commines ⟶ Commynes.

commis [kɔmi] **n.m.** (du p. passé de *commettre*). **1.** Employé subalterne dans un bureau, un commerce. **2.** VIEILLI. **Commis voyageur,** représentant de commerce. / **Grand commis de l'État,** haut fonctionnaire.

commisération [kɔmizerasjɔ̃] **n.f.** (lat. *commiseratio,* action d'exciter la pitié). LITT. Sentiment de compassion en présence des malheurs d'autrui ; pitié.

commissaire [kɔmisɛr] **n.** (lat. médiév. *commissarius,* du class. *committere,* envoyer). **1.** Personne chargée, spécial. par l'État, d'une mission temporaire : *Le commissaire aux comptes est nommé par les actionnaires pour contrôler la comptabilité d'une société de commerce.* **2.** Personne chargée d'organiser, d'administrer qqch, spécial. de vérifier la régularité d'une épreuve sportive : *Les commissaires d'une course hippique.* **3. Commissaire (de police),** fonctionnaire de la police nationale encadrant des officiers de police et des gardiens de la paix. / **Commissaire de l'armée de terre, de l'air, de la marine,** officier chargé de l'administration et de la gestion dans ces armées.

commissaire-priseur [kɔmisɛrprizœr] **n.m.** (de *1. priser*) [pl. *commissaires-priseurs*]. Officier ministériel chargé de l'estimation et de la vente, dans les ventes aux enchères publiques.

commissariat [kɔmisarja] **n.m. 1.** Locaux où sont installés les services d'un commissaire de police. **2.** Qualité, fonction de commissaire. **3.** MIL. Service de l'armée de terre, de l'air et de la marine chargé de missions de logistique (administration, gestion).

commission [kɔmisjɔ̃] **n.f.** (lat. *commissio,* de *committere,* mettre ensemble, confier). **1.** Charge, mission ; message que l'on confie à qqn : *Faire une commission pour qqn. Pourriez-vous lui faire la commission* (= lui transmettre le message). **2.** Ensemble de personnes désignées par une assemblée, une autorité pour étudier un projet, effectuer une opération de contrôle, etc. : *Le ministère a nommé une commission d'enquête.* **3.** Pourcentage qu'on laisse à un intermédiaire ; coût d'une opération bancaire : *Cette banque prend une forte commission sur les opérations de change.* ◆ **commissions n.f. pl.** Achats quotidiens : *As-tu fait les commissions ?* (syn. **courses**).

Commission européenne, institution de l'Union européenne. Gardienne des traités, elle dispose d'un droit d'initiative dans le domaine législatif et est chargée de l'exécution des politiques communautaires. Elle siège à Bruxelles.

commissionnaire [kɔmisjɔnɛr] **n.** (de *commission*). Personne, et spécial. intermédiaire commercial, qui agit pour le compte de son client.

commissionner [kɔmisjɔne] **v.t. 1.** Donner une commission à qqn et, spécial., une charge, un mandat. **2.** Donner commission à un commissionnaire pour vendre, acheter.

commissure [kɔmisyr] **n.f.** (lat. *commissura,* de *committere,* mettre ensemble, joindre). ANAT. Point, région où se réunissent les bords d'une ouverture : *Commissure des lèvres.*

1. commode [kɔmɔd] **adj.** (lat. *commodus*). **1.** Approprié à l'usage qu'on veut en faire ; maniable : *C'est un outil très commode pour les travaux délicats* (syn. **pratique**). **2.** (Surtout en tournure nég.). D'un caractère facile, aimable : *Cet homme n'est pas commode* (= n'est pas facile à vivre, à manœuvrer). **3.** FAM. **Ça serait trop commode,** ce serait une solution de facilité.

2. commode [kɔmɔd] **n.f.** (de [*armoire*] *commode*). Meuble bas à tiroirs où l'on range du linge, des vêtements, etc.

Commode, en lat. **Marcus Aurelius Commodus** (Lanuvium 161 - Rome 192), empereur romain (180-192), fils de Marc Aurèle, il abandonna la politique militaire de son père. Ses extravagances (il s'identifia à Hercule) et ses cruautés lui valurent d'être assassiné.

commodément [kɔmɔdemɑ̃] **adv.** De façon commode.

commodité [kɔmɔdite] **n.f.** Qualité de ce qui est commode, avantageux, agréable : *La commodité d'une maison.* ◆ **commodités n.f. pl. 1.** Ce qui rend la vie plus facile ; éléments de confort : *Les commodités de la vie.* **2.** VIEILLI. Lieux d'aisances.

Commonwealth, ensemble des nations unies par une commune allégeance à la Couronne britannique ou par la reconnaissance du souverain de Grande-Bretagne comme chef du Commonwealth. Établie par le statut de Westminster (1931), cette communauté est formée de pays issus de l'Empire britannique (Mozambique et Rwanda exceptés). Outre le Royaume-Uni, les États indépendants suivants en font partie : Afrique du Sud, Antigua-et-Barbuda, Australie, Bahamas, Bangladesh, Barbade, Belize, Botswana, Brunei, Cameroun, Canada, Chypre, Dominique, Fidji (suspendues en 2006), Gambie, Ghana, Grenade, Guyana, Inde, Jamaïque, Kenya, Kiribati, Lesotho, Malaisie, Malawi, Maldives, Malte, Maurice, Mozambique, Namibie, Nauru, Nigeria, Nouvelle-Zélande, Ouganda, Pakistan, Papouasie-Nouvelle-Guinée, Rwanda, Saint-Kitts-et-Nevis, Sainte-Lucie, Saint-Vincent-et-les-Grenadines, Salomon, Samoa, Seychelles, Sierra Leone, Singapour, Sri Lanka, Swaziland, Tanzanie, Tonga, Trinité-et-Tobago, Tuvalu, Vanuatu, Zambie.

commotion [kɔmosjɔ̃] **n.f.** (lat. *commotio,* de *commovere,* émouvoir). **1.** Violent ébranlement physique ; perturbation d'un organe consécutive à un choc, sans atteinte irréversible : *Commotion cérébrale.* **2.** Bouleversement dû à une émotion violente.

commotionner [kɔmosjɔne] **v.t.** Frapper de commotion : *Cette nouvelle l'a fortement commotionné* (syn. **ébranler**).

commuable [kɔmɥabl] **adj.** Qui peut être commué.

commuer [kɔmɥe] **v.t.** (lat. *commutare,* changer, échanger) [conj. **7**]. DR. Changer une peine en une peine moindre.

1. commun, e [kɔmɛ̃, -yn] **adj.** (lat. *communis*). **1.** Qui appartient à tous, qui concerne tout le monde : *Les parties communes d'un immeuble.* **2.** Qui est propre au plus grand nombre ; public : *L'intérêt commun* (syn. **général**). **3.** Qui appartient à plusieurs choses ou personnes, qui est simultanément le fait de plusieurs choses ou personnes : *Point commun à deux lignes.* **4.** Qui se rencontre fréquemment, qui n'est pas rare ; ordinaire : *Voici une variété de fraises des plus communes* (syn. **répandu, courant**). **5.** Qui manque de distinction, d'élégance : *Il a des manières très communes* (syn. **vulgaire**). **6. Avoir qqch de commun avec,** ressembler à qqch, à qqn. ⁄ **En commun,** ensemble : *Ils ont préparé cet exposé en commun.* ⁄ **Nom commun,** nom qui désigne un être ou une chose considérés comme appartenant à une catégorie générale (par opp. à *nom propre*).

2. commun [kɔmɛ̃] **n.m.** (de *1. commun*). **1.** VIEILLI. Le bas peuple (péjor.) : *Un homme du commun.* **2. Hors du commun,** exceptionnel. ⁄ **Le commun des mortels,** n'importe qui, tout un chacun. ◆ **communs n.m. pl.** Ensemble des bâtiments, des dépendances d'une grande propriété, d'un château, réservés au service (cuisines, écuries, etc.).

communal, e, aux [kɔmynal, -o] **adj. 1.** Qui appartient à une commune, qui la concerne. **2. Conseil communal,** en Belgique, conseil municipal. ⁄ **Maison communale,** en Belgique, mairie. ◆ **communale n.f.** FAM., VIEILLI. École primaire (on dit aussi *école communale*).

communard, e [kɔmynar, -ard] **n.** et **adj.** Partisan, acteur de la Commune de Paris, en 1871.

communautaire [kɔmynotɛr] **adj. 1.** Qui relève d'une communauté : *Vie communautaire.* **2.** Qui a trait à l'Union européenne.

communauté [kɔmynote] **n.f.** (de *communal*). **1.** État, caractère de ce qui est commun à plusieurs personnes, similitude : *Communauté de sentiments.* **2.** Ensemble de personnes unies par des liens politiques, économiques ou par une culture commune : *La communauté nationale.* **3.** Groupement spontané d'individus qui vivent ensemble en cherchant à échapper au modèle de la famille traditionnelle et aux circuits habituels de production. **4.** Société de religieux soumis à une règle commune. **5.** DR. Régime matrimonial légal des époux mariés sans contrat. **6. Communauté d'agglomération,** en France, établissement public regroupant plusieurs communes qui forment un ensemble de plus de 50 000 hab., autour d'une ou de plusieurs communes de plus de 15 000 hab. ⁄ **Communauté de communes,** en France, établissement public regroupant plusieurs communes totalisant moins de 50 000 hab. ⁄ **Communauté urbaine,** en France, établissement public regroupant plusieurs communes (l'ensemble devant, depuis 1999, compter au moins 500 000 hab.).

Communauté des États indépendants → **C.E.I.**

Communautés européennes, ensemble des organisations créées entre pays d'Europe occidentale et méditerranéenne en vue de l'intégration progressive des économies de ces pays. À l'origine des Communautés figure le traité instituant la Communauté européenne du charbon et de l'acier (C.E.C.A.), signé le 18 avril 1951 à Paris, qui fut suivi par les traités de Rome, du 25 mars 1957, instituant la Communauté économique européenne (C.E.E.) et la Communauté européenne de l'énergie atomique (C.E.E.A., ou Euratom).
Le traité de Maastricht (7 févr. 1992) consacre la naissance de l'*Union européenne,* qui entre en vigueur le 1er nov. 1993, avec pour cadre institutionnel unique la *Communauté européenne (C.E.),* qui remplace la C.E.E.
Le traité de Lisbonne (13 déc. 2007, entré en vigueur le 1er déc. 2009) accorde la personnalité juridique à l'Union européenne, qui se substitue et succède à la Communauté européenne.

communaux [kɔmyno] **n.m. pl.** Terrains appartenant à une commune.

commune [kɔmyn] **n.f.** (lat. *communia,* choses communes). **1.** Division territoriale administrée par un maire assisté du conseil municipal. **2.** HIST. Association de bourgeois d'une même localité jouissant du droit de se gouverner eux-mêmes. **3. Chambre des Communes,** chambre basse du Parlement britannique (on dit aussi *les Communes*).

■ La commune médiévale est une collectivité urbaine qui a réussi à acquérir une certaine autonomie en matière judiciaire, administrative, financière, voire militaire, et une personnalité juridique propre vis-à-vis du seigneur. Les principales causes du mouvement communal résident dans le développement du commerce et dans la formation d'une classe d'artisans et de commerçants, qui ressentent comme une entrave à l'essor de leurs affaires la soumission à un

seigneur et les servitudes que celle-ci entraîne. Cherchant à limiter ces obligations, ils s'unissent en une *communio* par un serment d'entraide et de défense. Le mouvement communal réussit d'abord en Italie. Il conquiert la majeure partie des villes de Lombardie, de Ligurie et de Toscane (XIe-XIIIe s.), puis il s'étend à la Rhénanie, à la France du Nord et aux Pays-Bas (XIIe s.), connaissant parfois des développements sanglants.
La commune, entité autonome, présidée par un maire (ou un bourgmestre), assisté par des échevins, s'intègre dans la hiérarchie féodale et devient vassale du seigneur concédant. Elle possède un sceau et un beffroi (ou campanile), symboles visibles de son autonomie. En Italie, à partir des communes se constituent des cités-États selon un processus dont l'achèvement se situe au XVe s. En France du Nord, le mouvement communal aboutit soit à la restriction des privilèges des communes, soit à la création des « bonnes villes », rouages de la nouvelle administration royale. ■

Commune de Paris, gouvernement insurrectionnel formé à Paris, après la levée du siège de la ville par les Prussiens, et vaincu par l'armée des « Versaillais » (18 mars - 27 mai 1871). La misère, les déceptions nées de la capitulation, les maladresses d'une Assemblée nationale très conservatrice et installée à Versailles, la suppression de la solde des gardes nationaux en furent les principales causes. Le Comité central de la garde nationale et le Conseil général de la Commune de Paris, élu en mars, en furent les deux organes politiques. La Commune mit sur pied une législation sociale et démocratique avancée et institua la séparation des Églises et de l'État.
21-27 mai. « Semaine sanglante ». Les Versaillais ayant pénétré dans Paris, la ville se couvrit de barricades. Les Tuileries et l'Hôtel de Ville furent incendiés. Les derniers combats se déroulèrent au Père-Lachaise, où les communards furent fusillés au pied du « mur des fédérés ».
La répression priva le parti révolutionnaire de ses chefs jusqu'à l'amnistie promulguée en 1880, mais l'insurrection influença durablement le socialisme international.

communément [kɔmynemɑ̃] **adv.** Ordinairement, généralement, couramment.

communiant, e [kɔmynjɑ̃, -ɑ̃t] **n.** RELIG. CHRÉT. Qui communie ou qui fait sa première communion.

communicant, e [kɔmynikɑ̃, -ɑ̃t] **adj.** Qui communique par un passage, un élément commun.

communicateur, trice [kɔmynikatœr, -tris] **n.** Personne qui utilise avec habileté les moyens de communication, les médias.

communicatif, ive [kɔmynikatif, -iv] **adj. 1.** Qui se communique, se transmet facilement à d'autres : *Rire communicatif.* **2.** Qui communique, exprime volontiers ses pensées, ses sentiments ; expansif.

communication [kɔmynikasjɔ̃] **n.f. 1.** Action, fait de communiquer, de transmettre qqch : *La communication de la chaleur à un corps.* **2.** Action de communiquer avec qqn : *Le téléphone est un moyen de communication.* **3.** Mise en relation de deux correspondants par téléphone : *Je n'arrive pas à obtenir ma communication pour les États-Unis.* **4.** Exposé fait à un groupe, dans un congrès, etc. : *Communication à la presse.* **5.** Liaison, jonction entre deux choses ; passage entre deux lieux : *Établir une communication entre deux conduites.* **6.** Fait pour qqn, une entreprise, un organisme d'informer et de promouvoir son activité auprès du public, d'entretenir son image, par tout procédé médiatique : *Il est devenu conseiller en communication.*

communier [kɔmynje] **v.i.** (lat. ecclés. *communicare [altari]*, approcher [de l'autel]) [conj. **9**]. **1.** RELIG. CHRÉT. Recevoir la communion, le sacrement de l'eucharistie. **2.** *LITT.* Être en complète union d'idées ou de sentiments.

communion [kɔmynjɔ̃] **n.f.** (lat. ecclés. *communio*). **1.** Union dans une même foi : *La communion des fidèles.* **2.** Parfait accord d'idées, de sentiments : *Être en communion avec qqn.* **3.** RELIG. CHRÉT. Fait de recevoir le sacrement de l'eucharistie. **4. Communion des saints,** communauté spirituelle de tous les chrétiens vivants et morts. / CATH. **Communion solennelle,** anc. nom de la *profession de foi.*

communiqué [kɔmynike] **n.m.** Avis transmis par voie officielle ; information émanant d'une instance, d'une autorité, et diffusée par les médias.

communiquer [kɔmynike] **v.t.** (lat. *communicare,* être en relation avec). **1.** Faire passer, transmettre qqch à qqch d'autre : *Le Soleil communique sa chaleur à la Terre.* **2.** Transmettre à qqn un don, etc. : *Communiquer son savoir à ses enfants.* **3.** Faire partager à qqn un sentiment, un état, etc. : *Il nous a communiqué sa bonne humeur.* **4.** Faire passer qqch à qqn pour qu'il en prenne connaissance : *Le service de la préfecture nous a communiqué votre dossier.* **5.** Faire savoir qqch à qqn, le divulguer : *Communiquer des renseignements confidentiels à un concurrent.* **6.** Transmettre une maladie à qqn, le contaminer. ◆ **v.t. ind. [avec]. 1.** Comporter un passage, une ouverture qui donne accès quelque part : *La salle à manger communique avec le salon.* **2.** Entrer en contact avec qqn : *Pendant la durée de l'épreuve, vous n'avez pas le droit de communiquer avec vos voisins.* **3.** (Absol.). Entrer facilement en contact ; faire volontiers part de sa pensée, de ses sentiments : *C'est un enfant solitaire qui communique peu.* **4.** (Absol.). S'occuper de communication avec le public ; être spécialiste de la communication des entreprises avec leurs partenaires : *Elle a appris à communiquer au cours d'un stage.*

communisme [kɔmynism] **n.m.** (de *commun*). Doctrine prônant l'abolition de la propriété privée au profit de la propriété collective, et, notamm., la collectivisation des moyens de production et la répartition des biens de consommation selon les besoins de chacun ; état correspondant de la société.

■ Le communisme, comme volonté de mettre en commun les biens, apparaît chez Platon. Cette idée est reprise au XVe s. par certains mouvements religieux et mise en application au Paraguay (1612-1767) par les jésuites. Le siècle des Lumières laïcise le communisme (Morelly, *Code de la nature,* 1755). L'idée portée par ces mouvements est que la propriété privée est source d'inégalité, donc d'injustice. Quand elle aura disparu, les divisions et les classes sociales s'effaceront. Tel est le programme de Gracchus Babeuf, pour lequel il crée une organisation secrète ; mais il est dénoncé et exécuté (1797).
Les débuts de l'ère industrielle. Avec l'ère industrielle débute une floraison de théories communistes. Le premier qui fait une jonction entre théorie et organisation ouvrière est Karl Marx, qui, aidé de F. Engels, rédige le *Manifeste du parti communiste* (1848). À leurs yeux, ce ne sont pas les idées qui mènent le monde ; la religion, la philosophie, l'art sont déterminés par des rapports de force. Il existe une loi de ces rapports telle qu'ils finiront par donner lieu à une société sans classes grâce à un jeu dialectique de contradictions surmontées. Les aliénations religieuse, philosophique, politique disparaîtront grâce à l'abolition de l'État. Marx écrit alors *le Capital* et, en même temps, milite pour la constitution d'un parti international, *l'Association internationale des travailleurs,* dont le programme est la réalisation du communisme par la « dictature du prolétariat ». Le programme communiste est adopté par les partis politiques que se donnent les classes ouvrières en Allemagne (F. Lassalle), en France (J. Guesde), en Russie (Plekhanov, Lénine). Après l'échec de la Ire Internationale, le mouvement ouvrier fonde la IIe Internationale. Mais la Première Guerre mondiale marque la fin de la conception non centraliste du communisme international et pousse les leaders de la révolution russe d'octobre 1917 à constituer une IIIe Internationale (1919), dont ils prennent la tête.
Le « communisme réel ». Cependant, les formes prises en U.R.S.S. par la « dictature du prolétariat » sous l'impulsion de Staline, dès 1926, conduisent à des déportations et à des exécutions massives d'opposants, puis aux procès truqués des responsables politiques et militaires (1934-1938). Le mouvement communiste à l'extérieur de l'U.R.S.S. subit une perversion irrémédiable, le *stalinisme.* Elle s'accompagne d'erreurs stratégiques, comme la lutte des commu- →

nistes allemands contre les socialistes entre 1930 et 1933, le refus jusqu'en 1936 des « fronts populaires » en Espagne et en France, l'alliance de l'Union soviétique avec l'Allemagne nazie. La Résistance et la Libération donnent aux communistes de l'Europe occupée l'occasion de retrouver la force d'un grand idéal.

Après la défaite du Japon en 1945, les communistes l'emportent sur les nationalistes en Chine (1949). Mais l'Union soviétique, malgré les efforts de Khrouchtchev pour réaliser la « déstalinisation », reste marquée par le système totalitaire de sa vie politique (absence de toute liberté, élections truquées) et de sa vie économique (échec de la collectivisation, de la planification, etc.).

L'arrivée au pouvoir de Gorbatchev, en 1985, permet d'abord une nouvelle orientation du communisme, puis entraîne sa chute. Les partis communistes de tous les pays (Chine, Corée du Nord, Viêt Nam, Laos et Cuba exceptés), liés au destin du parti soviétique (interdit en 1991) et forgés à son image, s'effondrent dans les années 1985-1991. Par la suite, certains se transforment en partis réformistes (socialistes ou sociaux-démocrates) et retrouvent une place dans le jeu politique démocratique. ■

communiste [kɔmynist] **adj.** et **n.** Relatif au communisme ; qui en est partisan : *Parti communiste.* ◆ **n.** Membre d'un parti communiste.

commutable [kɔmytabl] **adj.** Qui peut être commuté.

commutateur [kɔmytatœr] **n.m.** (de *commuter*). **1.** Appareil servant à modifier successivement les connexions d'un ou de plusieurs circuits électriques (syn. **interrupteur**). **2.** Dispositif permettant d'établir une liaison temporaire entre des lignes d'abonnés au téléphone.

commutatif, ive [kɔmytatif, -iv] **adj.** (de *commuter*). MATH. **Loi de composition commutative,** loi telle que le composé de *a* et *b* est égal à celui de *b* et *a* quels que soient *a* et *b,* éléments d'un même ensemble : *L'addition des entiers naturels est commutative* (a + b = b + a).

commutation [kɔmytasjɔ̃] **n.f.** Action de commuter ou de commuer ; fait d'être commuté ou commué : *Opérer une transformation par commutations successives* (syn. **substitution**). *Commutation de peine* (= remplacement par une peine moindre).

commutativité [kɔmytativite] **n.f.** Caractère de ce qui est commutatif.

commuter [kɔmyte] **v.t.** (lat. *commutare,* changer). **1.** Modifier par substitution, par transfert. **2.** TECHN. **Commuter un circuit,** transférer un courant électrique de ce circuit à un autre.

Commynes ou **Commines (Philippe de),** chroniqueur français (Renescure ?, près d'Hazebrouck, 1447 - Argenton 1511). Successivement au service de Charles le Téméraire, de Louis XI et de Charles VIII, il est l'auteur de *Mémoires* relatant les années 1464-1498 des règnes des deux rois de France, où il fait œuvre d'historien.

Comnène, famille byzantine qui a donné de nombreux dignitaires byzantins et six empereurs.

Comores, État de l'océan Indien, au nord-ouest de Madagascar. Il comprend les îles de Ngazidja (anc. Grande Comore), de Moili (anc. Mohéli) et de Ndzouani (anc. Anjouan) [la quatrième île de l'archipel, Mayotte, a choisi, en 1976, le maintien dans le cadre français] 1 900 km^2 ; 735 000 hab. *(Comoriens).* CAP. *Moroni.* LANGUES : *français, arabe* et *shikomor.* MONNAIE : *franc comorien.*

GÉOGRAPHIE

L'archipel, volcanique, a un climat chaud avec de fortes précipitations de novembre à avril. Les principales ressources sont agricoles : épices, huiles essentielles fournies par les plantations établies sur les basses pentes. Les forêts sont délabrées et la pêche reste artisanale. L'aide internationale demeure indispensable à l'économie.

HISTOIRE

Des Bantous de l'Est africain émigrent aux Comores à une date antérieure au XIVe s. et se mélangent à une population venue d'Insulinde. Fréquenté par des marchands arabes, l'archipel est islamisé au XVIe s.

1886. Protectorat français sur les Comores, placées sous le gouvernement général de Madagascar de 1912 à 1946.

1958. Les Comores deviennent territoire français d'outre-mer.

1975. L'archipel, à l'exception de Mayotte, proclame son indépendance.

1978. À la suite d'un coup d'État, une république fédérale et islamique est proclamée. En 2001, pour faire face à des mouvements séparatistes (sécession de Ndzouani en 1997), est instaurée l'Union des Comores, fédération dans laquelle chaque île est dotée d'une large autonomie (réduite par la révision constitutionnelle de 2009).

compacité [kɔ̃pasite] **n.f.** Qualité de ce qui est compact.

compact, e [kɔ̃pakt] **adj.** (lat. *compactus,* resserré). **1.** Dont les parties sont étroitement serrées, les molécules fortement liées : *Bois compact. Pâte compacte.* **2.** Dont les éléments sont très rapprochés : *Foule compacte* (syn. **dense**). **3.** Qui est d'un faible encombrement : *Ski compact* (= court). ◆ **compact n.m.** Appareil de photo compact.

compactage [kɔ̃paktaʒ] **n.m. 1.** Action de rendre plus compact, de comprimer : *Le compactage des ordures ménagères.* **2.** TECHN. Pilonnage du sol pour le tasser. **3.** INFORM. Réduction de la place occupée par un ensemble de données sans perte d'information.

Compact Disc [kɔ̃paktdisk] **n.m.** Nom déposé d'un disque audionumérique d'un diamètre de 12 cm (abrév. *CD*). [On dit aussi *disque compact.*]

compacter [kɔ̃pakte] **v.t.** Soumettre à un compactage.

compagne [kɔ̃paɲ] **n.f.** (fém. de l'anc. fr. *compain,* autre forme de *compagnon*). **1.** Femme qui accompagne qqn. **2.** Femme qui vit en concubinage avec qqn : *Il est venu avec sa compagne* (syn. **concubine, amie**).

compagnie [kɔ̃paɲi] **n.f.** (lat. pop. **compania,* du class. *cum,* avec, et *panis,* pain). **1.** Présence animée auprès de qqn : *J'ai de la compagnie aujourd'hui* (= je ne suis pas seul). **2.** Association de personnes réunies pour une œuvre commune ou sous des statuts communs : *Une compagnie théâtrale.* **3.** Société commerciale assurant un service public : *Une compagnie d'assurances.* **4.** Unité élémentaire de l'infanterie, commandée en principe par un capitaine. **5.** Bande non organisée d'animaux de même espèce : *Une compagnie de perdreaux.* **6. En compagnie de,** auprès de, avec. / **Fausser compagnie à qqn,** le quitter furtivement. / **Salut la compagnie !,** salutation adressée à un groupe de personnes. / **Tenir compagnie à qqn,** rester auprès de lui, le distraire : *Heureusement il y a la radio, ça me tient compagnie.* **7. Compagnie républicaine de sécurité (C.R.S.),** forces mobiles de police créées en 1945 et chargées du maintien de l'ordre.

Compagnies *(Grandes),* bandes de soldats mercenaires qui, entre les principaux épisodes de la guerre de Cent Ans, ravageaient la France.

compagnon [kɔ̃paɲɔ̃] **n.m.** (lat. pop. **companio,* du class. *cum,* avec, et *panis,* pain). **1.** Homme qui accompagne qqn. **2.** Homme qui est en concubinage avec qqn : *Je n'ai jamais rencontré son compagnon* (syn. **concubin, ami**). **3.** Membre d'un compagnonnage. **4.** Dans certains métiers, ouvrier qui a terminé son apprentissage et n'est pas encore maître.

compagnonnage [kɔ̃paɲɔnaʒ] **n.m. 1.** Association entre ouvriers d'une même profession à des fins d'instruction professionnelle et d'assistance mutuelle. **2.** Temps pendant lequel l'ouvrier sorti d'apprentissage travaillait comme compagnon chez son patron.

■ Le compagnonnage, nommé *Devoir* jusqu'au XVIIe s., remonte au Moyen Âge. À peine toléré sous l'Ancien Régime, il fut combattu par la Révolution (loi Le Chapelier,

1791) et marqué par des scissions. Quel que fût le rituel d'initiation auquel il était soumis, le compagnon, reçu après avoir présenté son *chef-d'œuvre*, devait accomplir un *tour de France*. ■

comparable [kɔ̃parabl] **adj. 1.** Qui peut être comparé. **2.** Peu différent : *Ces deux chaînes stéréo présentent des caractéristiques tout à fait comparables* (syn. **voisin, analogue**).

comparaison [kɔ̃parezɔ̃] **n.f. 1.** Action de comparer : *Établir une comparaison entre deux personnes, deux choses* (syn. **parallèle**). **2.** RHÉT. Figure de style qui rapproche dans le discours deux réalités présentant des caractéristiques communes : *Son style est riche en comparaisons originales.* **3. En comparaison de,** si l'on compare avec : *En comparaison de mon premier bureau, celui-ci est bien plus agréable.* / **Par comparaison,** en établissant une comparaison, de manière relative : *Il faut juger par comparaison.*

comparaître [kɔ̃parɛtr] **v.i.** (réfection, d'après *paraître*, de l'anc. fr. *comparoir*, lat. *comparere*, apparaître) [conj. **91**]. DR. Se présenter par ordre devant un magistrat ou un tribunal : *Citation à comparaître.*

comparatif, ive [kɔ̃paratif, -iv] **adj.** Qui établit une comparaison. ◆ **comparatif n.m.** GRAMM. Degré de comparaison des adjectifs et des adverbes, qui exprime une qualité égale, supérieure ou inférieure ; terme comportant ce degré de comparaison : *L'adverbe « mieux » est le comparatif de l'adverbe « bien ».*

comparativement [kɔ̃parativmɑ̃] **adv.** En faisant une comparaison.

comparé, e [kɔ̃pare] **adj. 1.** Qui est fondé sur la comparaison : *Grammaire comparée des langues romanes* (= comparaison de ces langues). *Littérature comparée.* **2. Comparé à,** indique que qqn, qqch sert de point de comparaison.

comparer [kɔ̃pare] **v.t.** (lat. *comparare*, de *compar*, pareil). **1.** Rapprocher deux ou plusieurs objets pour en établir les ressemblances et différences : *Comparer une copie avec l'original.* **2.** Faire valoir une ressemblance, une analogie entre deux êtres ou deux choses.

comparse [kɔ̃pars] **n.** (it. *comparsa*, de *comparire*, apparaître). **1.** LITTÉR. Personnage muet ou qui joue un très petit rôle au théâtre (syn. **figurant**). **2.** Personnage qui joue un rôle peu important dans une affaire, notamm. une affaire délictueuse (péjor.).

compartiment [kɔ̃partimɑ̃] **n.m.** (it. *compartimento*, de *compartire*, partager). **1.** Division géométrique d'une surface. **2.** Chacune des divisions d'un objet cloisonné : *Ce tiroir possède plusieurs compartiments* (syn. **case**). **3.** Partie d'une voiture de chemin de fer qu'on a divisée par des cloisons : *Un compartiment de seconde classe.*

compartimentage [kɔ̃partimɑ̃taʒ] **n.m.** et **compartimentation** [kɔ̃partimɑ̃tasjɔ̃] **n.f.** Action de compartimenter ; fait d'être compartimenté.

compartimenter [kɔ̃partimɑ̃te] **v.t.** Diviser en compartiments, en catégories ; cloisonner.

comparution [kɔ̃parysjɔ̃] **n.f.** (de *comparu*, p. passé de *comparaître*). DR. Fait de comparaître en justice.

compas [kɔ̃pɑ] **n.m.** (de *compasser* ; v. *compassé*). **1.** Instrument de tracé ou de mesure composé de deux branches articulées à une extrémité. **2.** MAR. Instrument qui indique la direction du nord magnétique. **3.** *FAM.* **Avoir le compas dans l'œil,** apprécier, avec rapidité et justesse, une mesure, une distance.

compassé, e [kɔ̃pase] **adj.** (de *compasser*, mesurer avec exactitude, lat. pop. **compassare*, du class. *passus*, pas). Qui présente une raideur exagérée ; affecté, guindé.

compassion [kɔ̃pasjɔ̃] **n.f.** (lat. *compassio*, de *compati*, souffrir avec). *SOUT.* Sentiment qui rend sensible aux souffrances d'autrui ; pitié : *Un regard plein de compassion.*

compatibilité [kɔ̃patibilite] **n.f.** Qualité, état de ce qui est compatible : *Compatibilité sanguine.*

compatible [kɔ̃patibl] **adj.** (du lat. *compati*, souffrir avec). **1.** Qui peut s'accorder ou coexister avec autre chose : *Travail difficilement compatible avec la vie de famille.* **2.** TECHN. Se dit d'un matériel (d'un appareillage, d'une installation) qui peut être connecté avec du matériel de nature différente ou obéissant à des spécifications différentes : *Ordinateurs compatibles.*

compatir [kɔ̃patir] **v.t. ind.** (lat. *compati*, souffrir avec) [conj. **32**]. S'associer par un sentiment de pitié à la douleur de qqn : *Ne compatissez-vous pas à sa détresse ?*

compatissant, e [kɔ̃patisɑ̃, -ɑ̃t] **adj.** (de *compatir*). Qui prend part aux souffrances d'autrui.

compatriote [kɔ̃patrijɔt] **n.** (bas lat. *compatriota*). Personne du même pays, de la même région qu'une autre.

compensable [kɔ̃pɑ̃sabl] **adj. 1.** Qui peut être compensé. **2. Chèque compensable,** chèque dont la banque émettrice donnera compensation à l'établissement de crédit qui le présentera.

compensateur, trice [kɔ̃pɑ̃satœr, -tris] **adj.** Qui fournit une compensation.

compensation [kɔ̃pɑ̃sasjɔ̃] **n.f. 1.** Avantage qui compense un inconvénient, un mal, un préjudice : *Le salaire élevé n'est qu'une modeste compensation de ce travail fatigant* (syn. **dédommagement**). **2.** Action de compenser un sentiment de manque : *Elle mange des sucreries par compensation.* **3.** BANQUE. Opération par laquelle les achats et les ventes se règlent au moyen de virements réciproques, sans déplacement de titres ni d'argent : *La chambre de compensation est le lieu où s'échangent les effets et les chèques de banque à banque.* **4.** ÉCON. Système de règlement d'échanges internationaux aux termes duquel un pays exportateur est réglé par le pays importateur non en devises, mais en marchandises.

compensatoire [kɔ̃pɑ̃satwar] **adj.** Qui compense : *À titre compensatoire* (= à titre de dédommagement).

compensé, e [kɔ̃pɑ̃se] **adj. 1.** MÉD. Se dit d'une lésion, d'un trouble neutralisés soit par un traitement, soit par une réaction de défense de l'organisme : *Cardiopathie bien compensée.* **2. Semelles compensées,** semelles qui font corps avec le talon.

compenser [kɔ̃pɑ̃se] **v.t.** (lat. *compensare*, mettre en balance, de *pensare*, peser). Équilibrer un effet par un autre ; neutraliser un inconvénient par un avantage.

compère [kɔ̃pɛr] **n.m.** (lat. ecclés. *compater*, parrain, du class. *cum*, avec, et *pater*, père). **1.** Toute personne qui en seconde une autre pour monter une supercherie. **2.** *FAM., VIEILLI.* Camarade, compagnon.

compère-loriot [kɔ̃pɛrlɔrjo] **n.m.** (orig. incert., p.-ê. de *loriot* [oiseau], par croisement avec l'anc. *orjeul*, lat. *hordeolus*, orgelet) [pl. *compères-loriots*]. Petit furoncle de la paupière (syn. **orgelet**).

compétence [kɔ̃petɑ̃s] **n.f. 1.** Capacité reconnue en telle ou telle matière et qui donne le droit d'en juger : *Ses compétences en matière de chirurgie faciale ne sont plus à prouver* (syn. **aptitude, qualification**). **2.** DR. Aptitude d'une autorité à effectuer certains actes, d'un tribunal à juger une affaire. **3.** LING. Système de règles intériorisé par les sujets parlant une langue.

compétent, e [kɔ̃petɑ̃, -ɑ̃t] **adj.** (lat. *competens, -entis*, de *competere*, convenir à). **1.** Qui a des connaissances approfondies dans une matière : *Un expert compétent* (syn. **qualifié**). **2.** DR. Qui a la compétence voulue pour connaître une affaire ; qui a l'aptitude à effectuer certains actes : *Tribunal compétent.*

compétiteur, trice [kɔ̃petitœr, -tris] **n.** (lat. *competitor* ; v. *compétition*). **1.** Personne qui revendique une charge, un emploi, etc., en même temps qu'une autre. **2.** Personne qui dispute un prix ; concurrent dans une épreuve (notamm. sportive).

compétitif, ive [kɔ̃petitif, -iv] **adj.** (angl. *competitive* ; v. *compétition*). **1.** Susceptible de supporter la concurrence avec d'autres : *Prix compétitif.* **2.** Où la concurrence est possible : *Un marché compétitif.*

compétition [kɔ̃petisjɔ̃] **n.f.** (mot. angl., bas lat. *competitio*, de *competere*, briguer). **1.** Recherche simultanée par plusieurs personnes d'un même poste, d'un même titre, d'un même avantage. **2.** Épreuve sportive mettant aux prises plusieurs équipes ou concurrents : *Une compétition d'athlétisme.* **3. En compétition,** en concurrence.

compétitionner [kɔ̃petisjɔne] **v.i.** QUÉBÉC. **1.** Prendre part à une épreuve sportive : *Une équipe qui compétitionne avec, contre une autre.* **2.** (Par ext.). Être en compétition avec une personne, une entreprise ; se faire concurrence : *Journaux qui compétitionnent.*

compétitivité [kɔ̃petitivite] **n.f.** Caractère de ce qui est compétitif.

Compiègne, ch.-l. d'arr. de l'Oise, sur l'Oise ; 41 800 hab. *(Compiégnois).* Verrerie. Chimie. Université de technologie. Le château, reconstruit pour Louis XV sur plans des Gabriel, fut la résidence préférée de Napoléon III ; beaux appartements, musée du second Empire et musée de la Voiture et du Tourisme. Autres musées dans la ville. Jeanne d'Arc y fut faite prisonnière par les Bourguignons en 1430. Pendant l'Occupation (1940-1944), les Allemands avaient installé près de Compiègne un camp de transit de détenus politiques.

1. compilateur, trice [kɔ̃pilatœr, -tris] **n.** Personne qui fait des compilations.

2. compilateur [kɔ̃pilatœr] **n.m.** (de *1. compilateur*, par calque de l'angl. *compiler*). INFORM. Programme d'ordinateur traduisant en langage machine un programme écrit en langage évolué.

compilation [kɔ̃pilasjɔ̃] **n.f. 1.** Action de compiler ; ouvrage qui en résulte. **2.** Œuvre sans originalité, faite d'emprunts. **3.** Disque ou cassette audio présentant un choix de grands succès (abrév. fam. *compil*). **4.** INFORM. Traduction d'un programme par un compilateur.

compiler [kɔ̃pile] **v.t.** (lat. *compilare*, piller). **1.** Réunir des extraits de divers auteurs, de divers documents. **2.** INFORM. Traduire en langage machine un programme écrit en langage évolué.

complainte [kɔ̃plɛ̃t] **n.f.** (de *plaindre*). **1.** Chanson populaire dont le thème est, en général, triste et langoureux. **2.** SOUT. Plainte, récrimination.

complaire [kɔ̃plɛr] **v.t. ind.** (lat. *complacere*) [conj. **110**]. LITT. Se conformer aux sentiments, à l'humeur de qqn pour lui plaire. ◆ **se complaire v.pr. [à, dans].** Trouver du plaisir, de la satisfaction dans tel ou tel état, telle ou telle action : *Il se complaisait dans sa colère.*

complaisamment [kɔ̃plɛzamɑ̃] **adv.** Avec complaisance.

complaisance [kɔ̃plɛzɑ̃s] **n.f. 1.** Volonté d'être agréable, de rendre service : *Tu peux lui demander ce service, elle est d'une grande complaisance* (syn. **obligeance, amabilité**). **2.** Acte fait en vue de plaire, de flatter : *Avoir des complaisances pour qqn.* **3.** Indulgence excessive : *Complaisance à l'égard des caprices de ses enfants.* **4.** Plaisir que l'on éprouve à faire qqch en s'y attardant ; satisfaction de soi : *Insister avec complaisance sur les avantages de sa situation* (= sans retenue). **5. Certificat, attestation de complaisance,** délivrés à qqn qui n'y a pas droit.

complaisant, e [kɔ̃plɛzɑ̃, -ɑ̃t] **adj.** (de *complaire*). **1.** Qui cherche à plaire, à rendre service à autrui : *C'est quelqu'un de très complaisant* (syn. **serviable**). **2.** Qui fait preuve d'une indulgence coupable : *Un mari complaisant* (= qui ferme les yeux sur les infidélités de sa femme). **3.** Qui dénote la satisfaction personnelle : *Prêter une oreille complaisante aux éloges.*

complément [kɔ̃plemɑ̃] **n.m.** (lat. *complementum*, de *complere*, remplir, achever). **1.** Ce qu'il faut à une chose pour la rendre complète : *Ajouter un complément à une somme.* **2.** LING. Mot ou proposition qui s'ajoute à d'autres pour en compléter le sens : *Complément du nom. Complément d'objet direct.*

complémentaire [kɔ̃plemɑ̃tɛr] **adj. 1.** Qui constitue un complément, vient compléter une chose de même nature : *Somme complémentaire.* **2.** MATH. **Arcs, angles complémentaires,** deux arcs ou deux angles dont la somme fait 90°. **3.** PHYS. **Couleurs complémentaires,** deux couleurs, l'une primaire et l'autre dérivée, dont le mélange optique produit le blanc : *Le vert est la couleur complémentaire du rouge ; le violet, du jaune ; l'orangé, du bleu.* ◆ **n.m.** MATH. **Complémentaire d'une partie A d'un ensemble E,** partie notée $\bar{A}$, formée des éléments de E qui n'appartiennent pas à A. ▸ (On a : $A \cup \bar{A} = E$ et $A \cap \bar{A} = \varnothing$.)

complémentarité [kɔ̃plemɑ̃tarite] **n.f.** Caractère de ce qui est complémentaire.

1. complet, ète [kɔ̃plɛ, -ɛt] **adj.** (lat. *completus*, de *complere*, remplir, achever). **1.** À quoi ne manque aucun élément constitutif : *J'ai la série complète des timbres émis pendant le second Empire* (syn. **entier**). **2.** Qui est entièrement réalisé : *Un échec complet* (syn. **total, absolu**). **3.** Où il n'y a plus de place ; bondé : *Un autobus complet.* **4.** Qui a toutes les qualités de son genre : *Un athlète complet* (syn. **achevé**). **5.** FAM. **C'est complet !,** se dit quand un ultime ennui vient s'ajouter à une série de désagréments. ◆ **complet n.m. Au complet, au grand complet,** sans rien qui manque ; en totalité : *La famille était là au grand complet.*

2. complet [kɔ̃plɛ] **n.m.** (de *1. complet*). Costume de ville masculin composé d'un veston, d'un pantalon, et souvent d'un gilet, coupés dans la même étoffe.

complètement [kɔ̃plɛtmɑ̃] **adv.** De façon complète ; tout à fait : *Complètement fou* (syn. **totalement, entièrement**).

compléter [kɔ̃plete] **v.t.** [conj. **18**]. Rendre complet en ajoutant ce qui manque. ◆ **se compléter v.pr. 1.** Devenir complet : *Le dossier se complète peu à peu.* **2.** Former un tout en s'associant : *Caractères qui se complètent.*

complétif, ive [kɔ̃pletif, -iv] **adj.** (bas lat. *completivus* ; v. *compléter*). GRAMM. **Proposition complétive,** proposition subordonnée, conjonctive, infinitive ou interrogative indirecte, qui joue le rôle de complément d'objet, de sujet ou d'attribut de la proposition principale (on dit aussi *une complétive*).

complétude [kɔ̃pletyd] **n.f.** (de *1. complet*). LOG. Propriété d'une théorie déductive où toute formule est décidable (c'est-à-dire démontrable ou réfutable).

1. complexe [kɔ̃plɛks] **adj.** (lat. *complexus*, de *complecti*, entourer, envelopper). **1.** Qui se compose d'éléments différents, combinés d'une manière qui n'est pas immédiatement saisissable : *Une situation complexe* (contr. **simple, clair**). **2.** MATH. **Nombre complexe,** nombre comportant une partie réelle et une partie imaginaire. / GRAMM. **Phrase complexe,** qui comprend plusieurs groupes verbaux pouvant être subordonnés ou coordonnés.

2. complexe [kɔ̃plɛks] **n.m.** (de *1. complexe*). **1.** Ensemble d'industries concourant à une production particulière : *Un complexe sidérurgique.* **2.** Ensemble de bâtiments groupés en fonction de leur utilisation : *Un complexe touristique.* **3.** Ensemble de sentiments et de souvenirs inconscients qui conditionnent plus ou moins le comportement conscient de qqn : *Il est bourré de complexes* (= il est très inhibé).

complexé, e [kɔ̃plɛkse] **adj.** et **n.** FAM. Qui a des complexes, timide, inhibé.

complexer [kɔ̃plɛkse] **v.t.** FAM. Donner des complexes, intimider : *Sa calvitie précoce le complexe.*

complexification [kɔ̃plɛksifikasjɔ̃] **n.f. 1.** Fait de se complexifier. **2.** BIOL. Apparition successive, dans l'Univers, de structures de plus en plus complexes : particule, atome, molécule, premiers êtres vivants, cerveau humain.

complexifier [kɔ̃plɛksifje] **v.t.** [conj. **9**]. Rendre plus complexe, plus compliqué. ◆ **se complexifier v.pr.** Devenir plus complexe.

complexion [kɔ̃plɛksjɔ̃] **n.f.** (lat. *complexio*, assemblage, de *complecti*, entourer, envelopper). LITT. Constitution physique de qqn ; état de son organisme.

complexité [kɔ̃plɛksite] **n.f.** Caractère de ce qui est complexe, difficile.

complication [kɔ̃plikasjɔ̃] **n.f. 1.** État de ce qui est compliqué ; ensemble compliqué : *La complication d'un mécanisme* (syn. **complexité**). **2.** Élément nouveau qui entrave le déroulement normal de qqch : *Nous pensions en avoir fini avec cette affaire mais il y a eu des complications* (syn. **difficulté, imprévu**). **3.** MÉD. Apparition d'un nouveau phénomène morbide au cours d'une maladie ou de l'évolution d'une blessure.

complice [kɔ̃plis] **adj.** et **n.** (bas lat. *complex, -icis,* du class. *complicare,* enrouler). **1.** Qui a part au délit, au crime d'un autre : *Être complice d'un vol.* **2.** Qui est de connivence avec qqn : *C'est son complice de tous les instants.* ◆ **adj.** Qui manifeste une connivence : *Un sourire complice.*

complicité [kɔ̃plisite] **n.f. 1.** Participation à un crime, à un délit. **2.** Connivence, entente profonde : *Une longue complicité les liait l'un à l'autre.*

complies [kɔ̃pli] **n.f. pl.** (lat. ecclés. *completae [horae]*, [heures] qui achèvent l'office). Dernière partie de l'office divin, après vêpres, qui sanctifie le repos de la nuit.

compliment [kɔ̃plimɑ̃] **n.m.** (esp. *cumplimiento,* de *cumplir [con alguien]*, faire des politesses [à qqn]). **1.** Paroles élogieuses ou affectueuses, que l'on adresse à qqn pour le féliciter. **2.** Petit discours adressé à une personne à l'occasion d'une fête, d'un anniversaire.

complimenter [kɔ̃plimɑ̃te] **v.t.** Adresser à qqn des compliments, des félicitations.

complimenteur, euse [kɔ̃plimɑ̃tœr, -øz] **adj.** et **n.** Qui fait trop de compliments.

compliqué, e [kɔ̃plike] **adj. 1.** Composé d'un grand nombre d'éléments ; complexe. **2.** Difficile à comprendre, à exécuter : *Ce passage est trop compliqué* (syn. **ardu, difficile**). **3.** Rendu plus difficile, plus grave par des circonstances diverses : *Coqueluche compliquée de broncho-pneumonie.* ◆ **adj.** et **n.** Qui n'agit pas simplement : *C'est une compliquée, cette enfant !*

compliquer [kɔ̃plike] **v.t.** (lat. *complicare,* enrouler). Rendre difficile à comprendre ; embrouiller. ◆ **se compliquer v.pr. 1.** Devenir plus difficile, obscur, confus : *Les choses se compliquent.* **2.** S'aggraver : *Sa maladie se complique de jour en jour.*

complot [kɔ̃plo] **n.m.** (orig. obsc.). Dessein concerté secrètement entre plusieurs personnes et dirigé contre un individu, une institution et, partic., contre un régime : *Complot contre la sûreté de l'État* (syn. **conspiration**).

comploter [kɔ̃plɔte] **v.t.** et **v.i. 1.** Former un, des complots : *Comploter de renverser l'État. Ils n'arrêtent pas de comploter.* **2.** Préparer secrètement et de concert : *Ils complotent notre ruine* (syn. **manigancer**).

comploteur, euse [kɔ̃plɔtœr, -øz] **n.** Personne qui complote.

componction [kɔ̃pɔ̃ksjɔ̃] **n.f.** (lat. ecclés. *compunctio,* de *compungere,* piquer, blesser) **1.** RELIG. CHRÉT. Regret d'avoir offensé Dieu. **2.** Air de gravité affectée.

comportement [kɔ̃pɔrtəmɑ̃] **n.m. 1.** Manière de se comporter, de se conduire ; ensemble des réactions d'un individu : *Il a changé de comportement* (syn. **conduite, attitude**). **2.** PSYCHOL. Ensemble des réactions, observables objectivement, d'un organisme qui agit en réponse à une stimulation venue de son milieu intérieur ou du milieu extérieur.

comportemental, e, aux [kɔ̃pɔrtəmɑ̃tal, -o] **adj.** PSYCHOL. Relatif au comportement.

comporter [kɔ̃pɔrte] **v.t.** (lat. *comportare,* transporter, supporter). Comprendre essentiellement, par nature ; contenir, être muni de : *L'appartement comporte trois pièces.* ◆ **se comporter v.pr. 1.** Se conduire d'une certaine manière : *Se comporter en honnête homme.* **2.** Fonctionner, marcher : *Cette voiture se comporte bien sur la route.*

composant, e [kɔ̃pozɑ̃, -ɑ̃t] **adj.** Qui entre dans la composition de qqch : *Matières composantes d'un mélange.* ◆ **composant n.m. 1.** CHIM. Élément qui, combiné avec un ou plusieurs autres, forme un corps composé. **2.** TECHN. Constituant élémentaire d'une machine, d'un appareil ou d'un circuit. ◆ **composante n.f. 1.** Élément constituant un ensemble plus complexe : *Le chômage est une composante de la crise.* **2.** ASTRON. Chacune des étoiles d'un système double ou multiple. **3.** MATH. Coordonnées d'un vecteur dans une base. **4.** MÉCAN. Chacune des forces qui concourent à former une résultante.

composé, e [kɔ̃poze] **adj. 1.** Formé de plusieurs éléments. **2.** CHIM. **Corps composé,** corps formé par la combinaison de plusieurs éléments différents. / GRAMM. **Temps composé,** forme verbale constituée d'un participe passé précédé de l'auxiliaire être ou avoir. / LING. **Mot composé,** mot constitué de plusieurs mots ou éléments et formant une unité significative : *« Arc-en-ciel », « pomme de terre » sont des mots composés.* / MATH. **Application composée,** produit de deux applications, d'un premier ensemble sur un deuxième, puis du deuxième sur un troisième (on dit aussi *une composée*). / MUS. **Mesure composée,** mesure ternaire (par opp. à *mesure simple,* ou *binaire*). ◆ **composé n.m.** Ensemble formé par plusieurs éléments : *Ce garçon est un composé de douceur et de brutalité* (syn. **mélange**).

composée [kɔ̃poze] **n.f.** (de *composer*). **Composées,** très vaste famille de plantes herbacées dont les fleurs, petites et nombreuses, sont réunies en capitules serrés. ▸ On en compte plus de 20 000 espèces.

composer [kɔ̃poze] **v.t.** (adaptation, d'après *poser,* du lat. *componere,* mettre ensemble). **1.** Former, réaliser, en combinant divers éléments : *Composer un bouquet, un menu. Il appartient au Premier ministre de composer le gouvernement.* **2.** Entrer dans la constitution de qqch, d'un groupe : *Les professeurs qui composent le jury* (syn. **constituer**). **3.** Créer, produire une œuvre de l'esprit et, spécial., une œuvre musicale : *Composer un discours. Composer une symphonie* (syn. **écrire**). **4.** Inscrire successivement les différents éléments d'un code, d'un numéro sur un cadran, un clavier. **5.** *LITT.* Prendre une expression, une attitude ne correspondant pas aux sentiments éprouvés : *Composer son visage.* **6.** IMPR. Procéder à la composition d'un texte à imprimer. ◆ **v.i. 1.** Faire un exercice scolaire en vue d'un contrôle, d'un examen : *Composer en mathématiques.* **2. Composer avec qqn, qqch,** se prêter à un arrangement, à un accommodement : *Composer avec ses adversaires* (syn. **transiger**). ◆ **se composer v.pr. [de].** Être constitué de : *L'eau se compose d'oxygène et d'hydrogène.*

composite [kɔ̃pozit] **adj.** et **n.m.** (lat. *compositus,* de *componere,* mettre ensemble). **1.** Formé d'éléments très divers : *Mobilier, assemblée composites* (syn. **disparate, hétéroclite, hétérogène**). **2. Matériau composite,** matériau formé de plusieurs composants distincts dont l'association confère à l'ensemble des propriétés qu'aucun des composants pris séparément ne possède (on dit aussi *un composite*).

compositeur, trice [kɔ̃pozitœr, -tris] **n. 1.** Personne qui compose des œuvres musicales. **2.** Personne qui dirige une entreprise de composition de textes.

composition [kɔ̃pozisjɔ̃] **n.f. 1.** Action, manière de former un tout par assemblage, dosage d'éléments constituants : *La composition du gouvernement* (syn. **formation**). *Voici un plat de ma composition.* **2.** Chose composée : *Une composition pharmaceutique.* **3.** Proportion et nature des éléments qui entrent dans un corps, un tout : *Quelle est la composition de ce produit ?* **4.** Action, art de composer une œuvre littéraire, artistique, etc. ; cette œuvre elle-même : *Une remarquable composition picturale.* **5.** *VIEILLI.* Exercice scolaire fait en classe en vue d'un classement (syn. actuel **contrôle**). **6.** IMPR. Ensemble des opérations nécessaires à l'impression d'un texte. **7. Amener qqn à composition,** l'amener à transiger. / **Être de bonne composition,** être accommodant. / **Rôle de composition,** représentation par un comédien d'un personnage très typé qui nécessite une transformation et un travail de l'expression, de l'attitude, du physique. / MATH. **Loi de composition,** application qui associe un élément d'un ensemble donné soit à un couple d'éléments de cet ensemble (loi interne), soit à un couple formé d'un élément de cet ensemble et d'un élément d'un autre ensemble (loi externe).

compost [kɔ̃pɔst] **n.m.** (mot angl., du lat. *compositus,* préparé, arrangé ; v. *composite*). Mélange de résidus organiques et minéraux, utilisé pour l'amendement des terres agricoles.

compostage [kɔ̃pɔstaʒ] **n.m.** Marquage, validation à l'aide d'un composteur.

composter [kɔ̃pɔste] **v.t.** Marquer ou valider au composteur : *Composter un billet de train.*

composteur [kɔ̃pɔstœr] **n.m.** (it. *compostore,* de *comporre,* composer). **1.** Appareil à lettres ou à chiffres interchangeables, servant à marquer ou à dater des documents. **2.** Appareil mis à la disposition des voyageurs pour valider leurs titres de transport. **3.** Règle à rebord sur deux de ses côtés, sur laquelle le typographe assemblait les caractères de façon à former des lignes d'égale longueur.

compote [kɔ̃pɔt] **n.f.** (lat. pop. *composita,* fém. du class. *compositus,* préparé, arrangé ; v. *composite*). **1.** Fruits cuits avec de l'eau et du sucre. **2.** FAM. **En compote,** meurtri : *Avoir les pieds en compote.*

compotier [kɔ̃pɔtje] **n.m.** (de *compote*). Plat creux, coupe à pied dans lesquels on sert des compotes, des fruits, etc.

compréhensible [kɔ̃preɑ̃sibl] **adj.** (lat. *comprehensibilis,* de *comprehendere,* saisir). **1.** Que l'on peut comprendre ; intelligible. **2.** Que l'on peut admettre : *C'est une faute compréhensible* (syn. **excusable** ; contr. **inadmissible**).

compréhensif, ive [kɔ̃preɑ̃sif, -iv] **adj.** (lat. *comprehensivus,* de *comprehendere,* saisir). Qui comprend les autres et les excuse volontiers ; bienveillant, indulgent.

compréhension [kɔ̃preɑ̃sjɔ̃] **n.f.** (lat. *comprehensio,* de *comprehendere,* saisir). **1.** Aptitude à comprendre ; intelligence : *Rapidité de compréhension.* **2.** Aptitude à comprendre autrui ; bienveillance : *Je vous remercie de votre compréhension.* **3.** Possibilité d'être compris, en parlant d'une chose : *Ces notes aident à la compréhension du texte.* **4.** MATH. **Ensemble défini en compréhension,** ensemble défini par la donnée des propriétés caractéristiques communes à tous ses éléments (par opp. à *ensemble défini en extension*).

comprendre [kɔ̃prɑ̃dr] **v.t.** (lat. *comprehendere, comprendere,* saisir) [conj. **79**]. **1.** Concevoir, saisir le sens de : *Comprendre une théorie.* **2.** Se représenter avec plus ou moins d'indulgence les raisons de qqn, de qqch ; admettre : *Je comprends tout à fait son attitude* (= je la trouve excusable). **3.** Mettre dans un tout ; incorporer : *Le total comprend la T.V.A.* (syn. **inclure**). **4.** Avoir en soi, être formé de : *Paris comprend vingt arrondissements* (= est constitué de). **5. Y compris, non compris** ⟶ **compris.**

compresse [kɔ̃prɛs] **n.f.** (de *compresser,* accabler, en anc. fr.). Pièce de gaze hydrophile utilisée pour panser les plaies ou au cours d'interventions chirurgicales.

compresser [kɔ̃prese] **v.t.** Serrer, presser : *Ils nous ont compressés pour faire entrer tout le monde dans le wagon.*

compresseur [kɔ̃presœr] **adj.m.** (du lat. *compressus,* de *comprimere,* comprimer). Qui sert à comprimer, à aplanir : *Rouleau compresseur.* ◆ **n.m.** Appareil servant à comprimer un fluide à une pression voulue : *Compresseur d'un réfrigérateur.*

compressible [kɔ̃presibl] **adj.** Qui peut être comprimé ou compressé.

compressif, ive [kɔ̃presif, -iv] **adj.** (lat. médiév. *compressivus,* du class. *compressus* ; v. *compresseur*). CHIR. Qui sert à comprimer : *Bandage compressif.*

compression [kɔ̃presjɔ̃] **n.f.** (lat. *compressio,* de *comprimere,* comprimer). **1.** Action de comprimer ; son résultat : *Pompe de compression.* **2.** Réduction de personnel, des dépenses, etc. : *La direction a annoncé une compression du personnel.* **3.** Dans un moteur, pression atteinte par le mélange détonant dans la chambre d'explosion avant son allumage (contr. **dilatation**).

1. comprimé, e [kɔ̃prime] **adj.** (p. passé de *comprimer*). Dont le volume a été réduit par pression : *Air comprimé.*

2. comprimé [kɔ̃prime] **n.m.** (de *1. comprimé*). Pastille pharmaceutique contenant une certaine dose de médicament sous un petit volume.

comprimer [kɔ̃prime] **v.t.** (lat. *comprimere,* de *premere,* presser). **1.** Agir sur un corps de manière à en réduire le volume : *Comprimer un gaz.* **2.** Appuyer fortement sur qqch : *Comprimer une artère.* **3.** Réduire, diminuer des effectifs, des frais, etc. : *Comprimer les dépenses.* **4.** Empêcher de se manifester : *Comprimer sa colère* (syn. **retenir, réprimer**).

compris [kɔ̃pri] **adj. inv. Y compris, non compris,** en y incluant, sans y inclure qqch : *J'ai accepté tout en bloc, y compris la dernière condition.*

compromettant, e [kɔ̃prɔmetɑ̃, -ɑ̃t] **adj.** Qui peut compromettre qqn : *Lettres compromettantes.*

compromettre [kɔ̃prɔmɛtr] **v.t.** (adaptation, d'apr. *promettre,* du lat. *compromittere,* passer un compromis) [conj. **84**]. **1.** Exposer qqn à un préjudice moral, nuire à sa réputation. **2.** Exposer qqch à un dommage : *Compromettre sa santé.* ◆ **se compromettre v.pr.** Engager, risquer sa réputation : *Il s'est compromis dans une sale affaire.*

compromis [kɔ̃prɔmi] **n.m.** (lat. *compromissum*). **1.** Accord obtenu par des concessions réciproques. **2.** LITT. Moyen terme entre deux choses opposées : *Cette architecture est le résultat d'un compromis entre les aspirations esthétiques et les exigences pratiques.* **3.** DR. Convention par laquelle les parties décident de soumettre un litige à un arbitre. **4. Compromis de vente,** convention provisoire sur les conditions d'une vente, avant la signature du contrat définitif.

compromission [kɔ̃prɔmisjɔ̃] **n.f.** Action de compromettre ou de se compromettre ; accommodement conclu par lâcheté ou par intérêt.

comptabilisation [kɔ̃tabilizasjɔ̃] **n.f.** Action de comptabiliser ; fait d'être comptabilisé.

comptabiliser [kɔ̃tabilize] **v.t. 1.** Faire apparaître en comptabilité une opération de commerce ou de production. **2.** Compter, enregistrer comme pour une comptabilité : *Je ne comptabilise pas tes mérites.*

comptabilité [kɔ̃tabilite] **n.f. 1.** Technique des comptes. **2.** Ensemble des comptes d'un individu ou d'une collectivité. **3.** Service chargé des comptes d'une entreprise : *Travailler à la comptabilité, au service comptabilité.* **4. Comptabilité analytique,** procédé permettant aux entreprises d'évaluer leur prix de revient sans intervention de la comptabilité générale.

1. comptable [kɔ̃tabl] **adj.** (de *compter*). **1.** Qui tient des comptes : *Agent comptable.* **2.** Qui concerne la comptabilité : *Pièce comptable.* **3.** Moralement responsable : *Être comptable de ses actions envers qqn.* **4. Plan comptable,** document regroupant les principes de présentation des documents comptables et financiers.

2. comptable [kɔ̃tabl] **n.** (de *1. comptable*). Personne qui tient les comptes d'un individu, d'une entreprise.

comptage [kɔ̃taʒ] **n.m.** Action de compter.

comptant [kɔ̃tɑ̃] **adj.m. inv.** et **n.m.** (de *compter*). **1.** Payé sur l'heure et en espèces : *Deux mille euros comptant.* **2. Payer comptant,** payer immédiatement. / **Prendre pour argent comptant,** croire naïvement ce qui est dit ou promis. / **Vendre au comptant,** moyennant paiement immédiat.

compte [kɔ̃t] **n.m.** (bas lat. *computus,* du class. *computare,* compter). **1.** Calcul d'un nombre, évaluation d'une quantité : *J'ai recommencé trois fois, et je n'arrive pas au même compte* (syn. **total**). **2.** État de ce qui est dû ou reçu : *Vérifier ses comptes. Avoir un compte dans une boutique* (= faire inscrire le montant de ses achats pour les régler plus tard). **3.** INFORM. Espace regroupant les données personnelles de l'utilisateur d'un site Web interactif ou d'un système informatique : *Ouvrir un compte Facebook.* **4.** Contrat passé par un particulier ou une société avec un établissement de crédit et qui lui permet d'y déposer ou d'en retirer des fonds ; état de ces transferts de fonds, des crédits et débits qui en résultent : *Déposer une somme sur son compte bancaire.* **5. À bon compte,** à faible prix ; sans trop de mal : *Tu t'en tires à bon compte.* / **À ce compte-là,** dans ces conditions. / **À compte d'auteur,** dont l'auteur paie les frais d'impression, en parlant d'un ouvrage. / **Au bout du**

compte, en fin de compte, tout compte fait,** tout bien considéré. / *FAM.* **Avoir son compte,** ne plus être en état de combattre. / **Donner son compte à qqn,** lui payer son salaire et le renvoyer. / **Être loin du compte,** se tromper de beaucoup. / **Mettre qqch sur le compte de qqn,** le rendre responsable de cette chose. / **Prendre à son compte,** assumer. / **Rendre compte de,** rapporter, relater ; analyser : *Rendre compte d'un événement, d'un livre.* / **Se rendre compte,** s'apercevoir de ; apprécier par soi-même. / **Sur le compte de qqn,** au sujet de qqn : *J'en ai appris de belles sur ton compte.* **6. Compte courant,** contrat permettant d'enregistrer des crédits et des débits sur un compte, dont le solde est exigible à intervalles réguliers.

compte chèques ou **compte-chèques** [kɔ̃tʃɛk] **n.m.** (pl. *comptes[-]chèques*). Compte bancaire ou postal sur lequel on peut émettre des chèques.

compte-fils [kɔ̃tfil] **n.m. inv.** (de *compter* et *fil*). Petite loupe de fort grossissement, facilitant l'examen d'une étoffe, d'un détail de dessin, etc.

compte-gouttes [kɔ̃tgut] **n.m. inv. 1.** Pipette pour compter les gouttes d'un liquide. **2.** *FAM.* **Au compte-gouttes,** avec parcimonie.

compter [kɔ̃te] **v.t.** (lat. *computare,* de *putare,* évaluer). **1.** Calculer le nombre, la quantité de : *Compter des élèves, des livres* (syn. **dénombrer**). **2.** Faire entrer dans un total, dans un ensemble : *Le garçon n'a pas compté le café dans l'addition.* **3.** Estimer, évaluer à un certain prix : *On m'a compté 200 € pour la réparation* (syn. **facturer**). **4.** Évaluer une quantité ; une durée : *Il faut compter une heure de marche.* **5.** Comporter ; être constitué de : *Ville qui compte deux millions d'habitants.* **6.** Mettre au nombre de : *Je le compte parmi mes amis.* **7. Compter** (+ inf.), avoir l'intention de : *Je compte partir demain* (syn. **se proposer de**). ◆ **v.i. 1.** Énumérer la suite des nombres : *Compter jusqu'à dix.* **2.** Effectuer un calcul : *Vous vous êtes trompé dans votre addition, apprenez à compter !* **3.** Avoir une certaine importance, un rôle : *C'est quelqu'un qui compte dans la profession* (= avec lequel il faut compter). **4. À compter de,** à partir de : *À compter de demain.* / **Compter avec,** tenir compte de : *Il faut compter avec les lenteurs administratives.* / **Compter pour,** avoir telle importance : *Cela compte pour beaucoup dans sa décision. Il compte pour du beurre* (= il ne compte pas). / **Compter sur qqn,** escompter bénéficier de son aide : *Je compte sur toi pour la préparation de la réunion.* / **Compter sur qqch,** l'espérer fermement : *Je compte sur cet argent pour partir en vacances.* / **Sans compter,** avec générosité, prodigalité : *Il dépense sans compter.*

compte rendu ou **compte-rendu** [kɔ̃trɑ̃dy] **n.m.** (pl. *comptes[-]rendus*). Rapport fait sur un événement, une situation, un ouvrage, etc. : *Le compte rendu d'une séance de l'Assemblée.*

compte-tours [kɔ̃ttur] **n.m. inv.** Appareil servant à compter le nombre de tours faits par l'arbre d'un moteur en un temps donné.

compteur [kɔ̃tœr] **n.m. 1.** Appareil servant à mesurer, à compter et à enregistrer certaines grandeurs : *Compteur kilométrique. Compteur à eau, à gaz.* **2. Compteur Geiger,** instrument servant à compter les particules énergétiques, comme celles émises par les corps radioactifs.

comptine [kɔ̃tin] **n.f.** (de *compter*). Chanson que chantent les enfants pour désigner celui qui devra sortir du jeu ou courir après les autres, etc.

comptoir [kɔ̃twar] **n.m.** (de *compter*). **1.** Table longue sur laquelle les marchands étalent ou débitent leurs marchandises. **2.** Table élevée sur laquelle on sert les consommations dans un café : *Prendre un verre au comptoir.* **3.** HIST. Agence de commerce d'une nation en pays étranger : *Les comptoirs français de l'Inde.* **4.** Établissement commercial ou financier : *Comptoir fiduciaire de Paris.*

Compton (Arthur Holly), physicien américain (Wooster, Ohio, 1892 - Berkeley 1962). Il mit en évidence, en 1923, un processus d'interaction entre matière et rayonnement, dû à la diffusion de celui-ci par les électrons des atomes *(effet Compton).* Ce processus, qui se traduit par une augmentation de la longueur d'onde du rayonnement, est mis à profit notamment pour l'étude aux rayons X de la distribution électronique des atomes d'un cristal. Par la suite, Compton joua un rôle important dans l'étude des rayons cosmiques. (Prix Nobel 1927.)

compulser [kɔ̃pylse] **v.t.** (lat. *compulsare,* contraindre). Examiner des écrits pour recueillir des informations : *Compulser des archives* (syn. **consulter**).

compulsif, ive [kɔ̃pylsif, -iv] **adj.** (de *compulser*). Qui se fait de manière involontaire, en cédant à une force intérieure à laquelle on ne peut résister : *Un mouvement compulsif.*

Comtat Venaissin ou **Comtat,** pays de l'anc. France, dans le Vaucluse. Il appartint aux papes, avec Avignon, de 1274 à 1791.

comte [kɔ̃t] **n.m.** (lat. *comes, -itis,* compagnon). En France, titre de noblesse situé entre ceux de vicomte et de marquis sous l'Ancien Régime, entre ceux de baron et de duc sous l'Empire.

comté [kɔ̃te] **n.m. 1.** Seigneurie, terres auxquelles le titre de comte était attaché. **2.** Au Canada, aux États-Unis, en Grande-Bretagne, division administrative.

Comte (Auguste), philosophe français (Montpellier 1798 - Paris 1857). Son *Cours de philosophie positive* (1830-1842) est à l'origine du positivisme. Il est considéré comme l'un des fondateurs de la sociologie. Il pense que l'esprit humain peut établir des rapports entre les phénomènes et en tirer des lois, mais qu'il ne peut dépasser ce stade. C'est pourquoi l'humanité passe, selon lui, par trois stades : l'âge *théologique,* où l'homme croit aux dieux ; l'âge *métaphysique,* où il croit qu'il peut atteindre lui-même des connaissances absolues comme celle de Dieu, du Bien, etc. ; et enfin l'âge *positif* (qu'il s'agit d'atteindre aujourd'hui), où seuls existent les faits scientifiques. Comte a dressé une classification des sciences, allant de la physique à la sociologie.

comtesse [kɔ̃tɛs] **n.f. 1.** Épouse d'un comte. **2.** Femme qui possède un comté.

con, conne [kɔ̃, kɔn] **adj.** et **n.** (de *con,* terme arg. désignant le sexe de la femme, lat. *cunnus*). *T. FAM.* Stupide, idiot.

Conakry, cap. de la Guinée, sur l'Atlantique ; 1 886 000 hab. dans l'agglomération.

concasser [kɔ̃kase] **v.t.** (lat. *conquassare,* secouer fortement). Broyer une matière dure en fragments grossiers : *Concasser du sucre.*

concaténation [kɔ̃katenasjɔ̃] **n.f.** (lat. *concatenatio,* de *catena,* chaîne). **1.** Enchaînement des idées entre elles, des causes et des effets, des éléments constitutifs d'une phrase. **2.** INFORM. Juxtaposition de chaînes de caractères.

concave [kɔ̃kav] **adj.** (lat. *concavus,* de *cavus,* creux). **1.** Dont la surface présente un creux, un renfoncement (par opp. à *convexe*). **2.** GÉOM. Se dit d'un quadrilatère qui n'est pas convexe.

concavité [kɔ̃kavite] **n.f.** État de ce qui est concave ; partie concave de qqch.

concéder [kɔ̃sede] **v.t.** (lat. *concedere,* se retirer, céder) [conj. **18**]. **1.** Accorder comme une faveur un droit, un privilège : *Concéder l'exploitation d'un service public.* **2.** Admettre le point de vue de qqn : *Je vous concède volontiers que vous aviez raison.*

concélébrer [kɔ̃selebre] **v.t.** [conj. **18**]. Célébrer à plusieurs un service religieux.

concentration [kɔ̃sɑ̃trasjɔ̃] **n.f. 1.** Action de concentrer, de se concentrer, de se réunir dans un espace réduit ; son résultat : *On signale d'importantes concentrations de réfugiés dans la région* (syn. **regroupement, rassemblement**). *La concentration des pouvoirs.* **2.** Action de se concentrer, d'appliquer fortement son attention et ses facultés intellectuelles à un même objet : *Élève incapable de concentration.* **3.** ÉCON. Processus de regroupement d'activités industrielles par prise de contrôle de l'ensemble de la filière de production *(concentration ver-*

A B C D E F G H I J K L M N O P Q R S T U V W X Y Z

ticale) ou par diversification des activités d'une même société *(concentration horizontale)*. **4.** PHYS. Masse d'un corps dissous dans l'unité de volume d'une solution : *Mesurer la concentration d'une solution.* **5. Camp de concentration,** camp dans lequel sont rassemblés, sous surveillance militaire ou policière, soit des populations civiles de nationalité ennemie, soit des prisonniers ou détenus politiques, soit des minorités ethniques, sociales ou religieuses.

■ HISTOIRE. L'expression « camp de concentration » fait son apparition en Afrique australe pendant la guerre des Boers (1899-1902), lorsque les Britanniques ouvrent des camps pour y interner les familles des Boers en révolte. Mais c'est sous le régime nazi que le système concentrationnaire connaît sa plus grande extension.
Camps de concentration nazis. Dès l'arrivée au pouvoir du parti nazi, en 1933, des camps sont créés sur le territoire allemand, destinés à tous les Allemands jugés dangereux pour le régime : opposants politiques (communistes, sociaux-démocrates), Juifs et prisonniers de droit commun. La garde de ces camps est bientôt confiée aux membres de la SS (organisation paramilitaire et policière nazie), et, à partir de 1938, seule la Gestapo (police politique) a la faculté de décider les internements. Avec la guerre et l'occupation d'une partie de l'Europe par l'armée allemande, le système concentrationnaire nazi s'amplifie. Les camps se multiplient, où s'entassent Polonais, prisonniers de guerre soviétiques, résistants de toutes les nations occupées. Ces concentrations de masse ont pour but non seulement d'interner des adversaires, mais surtout de fournir à l'économie allemande une main-d'œuvre corvéable à merci et jusqu'à l'épuisement. On estime à ce jour que, entre 1939 et 1945, 1 650 000 personnes ont été déportées dans une vingtaine de grands camps, répartis en Allemagne, en Pologne, mais aussi en Autriche, en Bohême, en Alsace et dans les pays Baltes. Le tiers environ de ces personnes y moururent.
Camps d'extermination. À cette « extermination par le travail » s'ajoute l'élimination systématique de groupes humains, qualifiés de « races inférieures » : Juifs, Slaves, Tsiganes (→ génocide). L'année 1941 voit la création des camps d'extermination uniquement destinés à éliminer physiquement et massivement ces populations. Au nombre de six, ils étaient tous situés en territoire polonais. Les déportés servaient également de cobayes aux « expériences médicales » des médecins SS, sur le typhus, la stérilisation ou la résistance aux basses températures, par exemple. Plus de trois millions de Juifs furent exterminés dans les camps d'extermination, soit gazés soit abattus.
Camps de concentration communistes. Un réseau de camps de travail forcé a été organisé en Russie soviétique, puis en U.R.S.S. tandis que s'élaborait une théorie du redressement par le travail. Les arrestations touchaient diverses catégories sociales ou nationales dont les membres étaient accusés de délits contre-révolutionnaires. À l'époque stalinienne (1924-1953), les camps de travail forcé se remplissent de millions de personnes arrêtées en raison de leur appartenance sociale (bourgeois, paysans riches, intelligentsia) ou ethnique, de leur croyance religieuse, ou parce qu'elles sont considérées comme des « ennemis du peuple » ou comme des « éléments socialement nuisibles ». D'autres régimes se réclamant du communisme ont organisé des camps de rééducation (Cambodge, Viêt Nam). En République populaire de Chine, le système concentrationnaire, qui a connu son plus grand développement dans les années 1958-1971 sous le régime de Mao Zedong, perdure encore aujourd'hui. En Corée du Nord, l'un des pays les plus répressifs au monde, plus de 200 000 personnes sont actuellement enfermées dans des camps de travail. ■

concentrationnaire [kɔ̃sɑ̃trasjɔnɛr] **adj.** Relatif aux camps de concentration : *Un régime concentrationnaire.*

concentré, e [kɔ̃sɑ̃tre] **adj. 1.** Dont la concentration physique est grande : *Lait concentré* (= dont l'eau a été en grande partie éliminée). **2.** Dont la concentration intellectuelle est grande : *Ne le dérangez pas, il veut rester concentré.* ◆ **concentré n.m. 1.** Produit obtenu par élimination de l'eau ou de certains constituants : *Concentré de tomate.* **2.** Accumulation sous une forme condensée (souvent péjor.) : *Un concentré d'inepties.*

concentrer [kɔ̃sɑ̃tre] **v.t.** (de *centre*). **1.** Rassembler, réunir en un même point : *Lentille qui concentre les rayons lumineux en son foyer.* **2.** Faire peser, diriger précisément sur qqn, qqch : *Concentrer sa rage sur qqn.* **3.** PHYS. **Concentrer une solution,** en augmenter la concentration. ◆ **se concentrer v.pr. 1.** Se rassembler. **2.** Faire un effort intense d'attention, de réflexion : *Se concentrer sur un problème.*

concentrique [kɔ̃sɑ̃trik] **adj.** (de *centre*). MATH. Se dit des figures dont les centres coïncident (par opp. à *excentrique*) : *Cercles, sphères concentriques.*

concept [kɔ̃sɛpt] **n.m.** (lat. *conceptus,* de *concipere,* concevoir). **1.** Représentation intellectuelle englobant tous les aspects d'une idée ou d'un objet : *Le concept de charité.* **2.** Définition des caractères spécifiques d'un projet, d'un produit : *Un journal élaboré selon un nouveau concept.*

concepteur, trice [kɔ̃sɛptœr, -tris] **n.** Personne chargée de la conception de projets, de produits, etc., dans une entreprise, notamm. dans une agence de publicité.

conception [kɔ̃sɛpsjɔ̃] **n.f.** (lat. *conception,* de *concipere,* concevoir). **1.** Fait pour un être vivant sexué d'être conçu, de recevoir l'existence. **2.** Action de concevoir qqch dans son esprit : *La conception d'un projet* (syn. **élaboration**). *Il a une conception originale de la vie* (syn. **idée**). **3. Conception assistée par ordinateur (C.A.O.),** ensemble des techniques informatiques utilisées pour la conception d'un nouveau produit.

conceptualiser [kɔ̃sɛptɥalize] **v.t.** (de *conceptuel*). Former des concepts à partir de qqch ; organiser en concepts.

conceptuel, elle [kɔ̃sɛptɥɛl] **adj.** (lat. scolast. *conceptualis,* du class. *conceptus,* de *concipere,* concevoir). **1.** PHILOS. Qui est de l'ordre du concept. **2. Art conceptuel,** tendance contemporaine qui fait primer l'idée sur la réalité matérielle de l'œuvre. ▸ Depuis la fin des années 1960, ce courant a été illustré en partic. par les Américains Joseph Kosuth et Lawrence Weiner, par l'Anglais Victor Burgin et l'Allemande Hanne Darboven.

concernant [kɔ̃sɛrnɑ̃] **prép.** À propos de : *Concernant cette affaire, je n'en sais pas plus* (= au sujet de).

concerner [kɔ̃sɛrne] **v.t.** (bas lat. *concernere,* passer au crible). **1.** Avoir rapport à : *Cela concerne vos enfants* (syn. **intéresser**). *Vous n'êtes pas concerné par cette mesure* (syn. **toucher**). **2. En ce qui concerne,** quant à, pour ce qui est de : *En ce qui concerne votre dernière proposition, j'y réfléchirai.*

concert [kɔ̃sɛr] **n.m.** (it. *concerto,* accord, du lat. *concertare,* rivaliser). **1.** Séance où sont interprétées des œuvres musicales : *Aller au concert.* **2.** Ensemble de bruits simultanés : *Un concert d'avertisseurs.* **3.** *LITT.* Accord, harmonie : *Le concert des nations.* **4. Concert d'éloges, de lamentations,** unanimité dans les éloges, les lamentations. / **De concert,** avec entente, conjointement : *Agir de concert avec qqn.*

concertation [kɔ̃sɛrtasjɔ̃] **n.f.** Action de se concerter : *Décision prise sans concertation préalable avec les intéressés.*

concerter [kɔ̃sɛrte] **v.t.** (de *concert*). Préparer une action en commun : *Concerter un projet avec qqn* (syn. **organiser, monter**). ◆ **se concerter v.pr.** S'entendre pour agir ensemble, se consulter avant d'agir.

concertiste [kɔ̃sɛrtist] **n.** (de *concert*). Instrumentiste qui donne des concerts.

concerto [kɔ̃sɛrto] **n.m.** (mot it.). Œuvre musicale pour un ou plusieurs solistes et orchestre.

■ Apparu au XVIIe s., le concerto se stabilise (1650-1750) en une forme exclusivement instrumentale, qui suivra deux schémas principaux : 1° le *concerto grosso,* qui met en présence deux ou plusieurs solistes *(concertino),* opposés à l'orchestre *(ripieno)* ; 2° le *concerto solo,* qui oppose un soliste à l'orchestre. Vivaldi, J.-S. Bach, Händel, Mozart s'y sont illustrés. Faisant appel d'abord aux cordes, au clavecin et à la flûte, le concerto s'élargira à d'autres instruments solistes (piano, cor, trompette, hautbois, etc.). Les fils de Bach, Mozart, Haydn, Boccherini ont écrit les plus beaux concertos de l'époque classique. Le genre favorisera la virtuosité, notamment chez les compositeurs romantiques, postromantiques et modernes (Beethoven, Paganini, Liszt, Chopin, Prokofiev, Bartók, Berg). ■

concessif, ive [kɔ̃sesif, -iv] **adj.** GRAMM. **Proposition concessive,** proposition subordonnée marquant la concession, l'opposition (on dit aussi *une concessive*).

concession [kɔ̃sesjɔ̃] **n.f.** (lat. *concedere*, se retirer, céder). **1.** Abandon d'un droit, d'un avantage. **2.** Avantage accordé, notamm. dans une discussion : *Débat âpre sans aucune concession.* **3.** DR. Contrat par lequel l'Administration autorise une personne privée à réaliser un ouvrage public ou à utiliser à titre privatif le domaine public : *Concession de sépulture.* **4.** GRAMM. Rapport logique d'opposition ou de restriction apportée à une idée préalable, à une action exprimée dans une proposition principale.

concessionnaire [kɔ̃sesjɔnɛr] **n.** et **adj. 1.** Titulaire d'un contrat de concession : *Le concessionnaire d'une mine.* **2.** Intermédiaire qui a reçu d'un producteur un droit exclusif de vente dans une région déterminée : *Le concessionnaire d'une marque automobile.*

concevable [kɔ̃səvabl] **adj.** Qui peut être conçu, compris.

concevoir [kɔ̃səvwar] **v.t.** (lat. *concipere*) [conj. **52**]. **1.** Se représenter qqch par la pensée ; avoir une idée de qqch : *Je conçois que tu sois triste* (syn. **comprendre**). *Voilà comment je conçois la vie.* **2.** Former, élaborer dans son esprit : *Concevoir un projet* (syn. **imaginer**). **3.** *SOUT.* Commencer à éprouver : *Concevoir de l'amitié pour qqn.* **4.** Accomplir l'acte sexuel par lequel sera engendré un enfant ; devenir enceinte, en parlant d'une femme : *Le bébé a été conçu en septembre. Elle ne peut plus concevoir.* **5. Bien, mal conçu,** bien, mal organisé, agencé : *Une maison bien conçue.*

conchyliculture [kɔ̃kilikyltyr] **n.f.** (du gr. *konkhulion*, petit coquillage, et de *-culture*). Élevage industriel des huîtres, moules et autres coquillages. ◆ **conchyliculteur, trice n.** Nom de l'éleveur.

concierge [kɔ̃sjɛrʒ] **n.** (lat. pop. **conservius*, class. *conservus*, compagnon d'esclavage). Personne préposée à la garde d'un hôtel, d'un immeuble, etc. (syn. **gardien**).

conciergerie [kɔ̃sjɛrʒəri] **n.f. 1.** Demeure du concierge d'un bâtiment administratif. **2.** Service d'un grand hôtel chargé de l'accueil des clients.

Conciergerie, partie médiévale du Palais de Justice de Paris. Prison à partir de 1392, elle fut le lieu de nombreuses incarcérations en 1793-1794.

concile [kɔ̃sil] **n.m.** (lat. *concilium*, assemblée). CATH. Assemblée régulière d'évêques et de théologiens, qui décident des questions de doctrine ou de discipline ecclésiastiques.

■ Le concile est une assemblée générale propre au catholicisme dans laquelle des évêques et des théologiens convoqués par le pape débattent de questions doctrinales ou institutionnelles ; d'autres groupes religieux, tel le bouddhisme surtout à ses débuts, ont tenu des conciles ; les Églises orientales donnent de préférence à de telles assemblées le nom de synode.

C'est au IVe s., lorsque le christianisme est reconnu à travers tout l'Empire romain par Constantin, que se fait sentir la nécessité de décisions prises par l'Église tout entière pour éviter les déviations en matière de doctrine ou de discipline. Se réunissent alors des assemblées d'évêques et de théologiens représentatifs de toute la communauté chrétienne, qui sont appelées conciles généraux ou œcuméniques, et qui se distinguent des conciles nationaux ou provinciaux, lesquels ont une audience restreinte et ne peuvent légiférer en matière de foi.

Les conciles œcuméniques. L'Église catholique reconnaît vingt et un conciles œcuméniques qui jalonnent son histoire et peuvent être ainsi répartis :

– les *conciles de l'Antiquité* (IVe-IXe s.), les plus importants, surtout les quatre premiers, qui établissent les dogmes fondamentaux du christianisme : Nicée (325), Constantinople I (381), Éphèse (431), Chalcédoine (451), Constantinople II (553), Constantinople III (680-681), Nicée II (787), Constantinople IV (869-870) ;
– les *conciles médiévaux* (XIIe-XIVe s.) : Latran I (1123), Latran II (1139), Latran III (1179), Latran IV (1215), Lyon I (1245), Lyon II (1274), Vienne (1311-1312) ;
– les *conciles unitaires* (XVe s.) : Constance (1414-1418), Bâle (1431-1442) ;
– les *conciles modernes* : Latran V (1512-1527), Trente (1545-1563), Vatican I (1869-1870), Vatican II (1962-1965).

Les Églises orientales ne reconnaissent que les sept premiers conciles œcuméniques, auxquels elles ajoutent le synode de Constantinople de 692, dit « concile *in Trullo* ».

Les protestants rejettent l'autorité des conciles en matière de foi. ■

conciliable [kɔ̃siljabl] **adj.** Qui peut se concilier avec une autre chose : *Opinions difficilement conciliables* (syn. **compatible**).

conciliabule [kɔ̃siljabyl] **n.m.** (lat. *conciliabulum*, lieu de réunion). Entretien, conversation à voix basse plus ou moins secrets : *Tenir des conciliabules.*

conciliant, e [kɔ̃siljɑ̃, -ɑ̃t] **adj.** Porté à la conciliation ; propre à apporter l'entente : *Avoir un caractère conciliant* (syn. **accommodant**). *Des paroles conciliantes* (syn. **apaisant**).

conciliateur, trice [kɔ̃siljatœr, -tris] **adj.** et **n.** Qui concilie, aime à concilier. ◆ **n.** Personne dont la mission est de susciter le règlement amiable des conflits (syn. **arbitre, médiateur**).

conciliation [kɔ̃siljasjɔ̃] **n.f. 1.** Action de concilier, de rétablir la bonne entente entre personnes qui s'opposent : *Aboutir à une conciliation entre des parties opposées* (syn. **accord, arrangement**). **2.** Action de rendre les choses compatibles : *La conciliation de témoignages contradictoires.* **3.** DR. Intervention d'un juge ou d'un conciliateur auprès de personnes en litige avant que le procès ne soit engagé : *Tentative, procédure de conciliation.*

concilier [kɔ̃silje] **v.t.** (lat. *conciliare*, assembler) [conj. **9**]. **1.** Trouver un rapprochement entre des choses diverses, des intérêts opposés : *Concilier deux adversaires* (syn. **réconcilier**). **2.** *SOUT.* Disposer favorablement qqn en faveur d'une personne : *Cette mesure lui a concilié les agriculteurs.* ◆ **se concilier v.pr. 1.** Être compatible avec autre chose : *Son activité se concilie difficilement avec sa santé fragile.* **2. Se concilier qqn,** se le rendre favorable. / **Se concilier l'amitié, l'appui, etc., de qqn,** l'obtenir : *Il s'est concilié les bonnes grâces des élus locaux.*

Concini (Concino), aventurier italien au service de la France (Florence v. 1575 - Paris 1617). Avec sa femme, Leonora Galigaï, il exerça une grande influence sur Marie de Médicis, qui le fit marquis d'Ancre et maréchal de France. Louis XIII, conseillé par de Luynes, le fit assassiner ; son épouse, accusée de sorcellerie, fut décapitée et brûlée.

concis, e [kɔ̃si, -iz] **adj.** (lat. *concisus*, de *concidere*, couper). Qui exprime beaucoup de choses en peu de mots ; bref et dense : *Un écrivain concis. Faire une note concise.*

concision [kɔ̃sizjɔ̃] **n.f.** Qualité de ce qui est concis : *S'exprimer avec concision.*

concitoyen, enne [kɔ̃sitwajɛ̃, -ɛn] **n.** (de *citoyen*, d'apr. le lat. *concivis*, de *cum*, avec, et *civis*, citoyen). Personne qui est du même pays, de la même ville qu'une autre.

conclave [kɔ̃klav] **n.m.** (lat. *conclave*, chambre fermée à clé). Assemblée de cardinaux réunis pour élire le pape.

concluant, e [kɔ̃klyɑ̃, -ɑ̃t] **adj.** Qui établit irréfutablement une conclusion ; qui permet de conclure : *Expérience concluante* (syn. **convaincant, probant**).

conclure [kɔ̃klyr] **v.t.** (lat. *concludere*, de *claudere*, fermer) [conj. **96**]. **1.** Achever, terminer ; sceller par un accord : *Conclure une affaire* (syn. **régler**). **2.** Donner une conclusion à un discours, un écrit, etc. : *Il a conclu son allocution par un appel à* *l'unité.* **3. Conclure à, conclure que,** aboutir à une conclusion ; déduire comme conséquence d'un fait, d'une analyse : *Les experts ont conclu à la folie de l'accusé. Il a conclu de mon silence que j'étais d'accord* (syn. **inférer**). ◆ **v.i** Être concluant, probant : *Tous les témoignages concluent contre lui.*

conclusion [kɔ̃klyzjɔ̃] **n.f.** (lat. *conclusio*). **1.** Action de conclure, de clore, de réaliser complètement : *Conclusion d'un traité, d'une affaire.* **2.** Partie terminale d'une œuvre : *La conclusion d'un discours.* **3.** Conséquence d'un raisonnement : *Vos conclusions sont fausses.* **4. En conclusion,** en conséquence ; pour conclure. ◆ **conclusions n.f. pl. 1.** DR. Prétentions respectives de chacune des parties dans un procès. **2.** Réquisition du ministère public.

concocter [kɔ̃kɔkte] **v.t.** (de *concoction,* digestion, cuisson, lat. *concoctio*). *FAM.* Élaborer minutieusement : *Concocter une boisson. Concocter une lettre de réclamation.*

concombre [kɔ̃kɔ̃br] **n.m.** (prov. *cocombre,* bas lat. *cucumer*). Plante potagère de la famille des cucurbitacées, cultivée pour ses fruits allongés, que l'on consomme comme légume ou en salade ; ce fruit.

concomitance [kɔ̃kɔmitɑ̃s] **n.f.** (lat. scolast. *concomitantia,* de *concomitari,* accompagner). *SOUT.* Simultanéité de deux ou de plusieurs faits.

concomitant, e [kɔ̃kɔmitɑ̃, -ɑ̃t] **adj.** (du lat. scolast. *concomitari,* accompagner). *SOUT.* Se dit d'un phénomène qui se produit en même temps qu'un autre, ou qui l'accompagne : *Variations concomitantes de certains phénomènes.*

concordance [kɔ̃kɔrdɑ̃s] **n.f.** (de *concorder*). **1.** Rapport de conformité entre deux ou plusieurs choses : *Concordance des témoignages* (syn. **correspondance**). **2.** GRAMM. **Concordance des temps,** ensemble des règles de syntaxe d'après lesquelles le temps du verbe d'une subordonnée dépend de celui du verbe de la principale.

concordant, e [kɔ̃kɔrdɑ̃, -ɑ̃t] **adj.** (de *concorder*). Qui s'accorde ; qui converge : *Des récits concordants.*

concordat [kɔ̃kɔrda] **n.m.** (lat. médiév. *concordatum,* du class. *concordare,* s'accorder). Convention entre le Saint-Siège et un État souverain, réglant les rapports de l'Église catholique et de l'État.

concordataire [kɔ̃kɔrdatɛr] **adj.** HIST. Relatif à un concordat, notamm. celui de 1801.

concordat de 1801, concordat signé entre les représentants du pape Pie VII et de Bonaparte. Il mettait fin à la fracture, créée par la Révolution, entre prêtres réfractaires et prêtres constitutionnels ; reconnaissait la religion catholique comme celle de la majorité des Français ; garantissait aux évêques et aux curés une rémunération de l'État. Il fut abrogé par la séparation des Églises et de l'État*, en 1905.

concorde [kɔ̃kɔrd] **n.f.** (lat. *concordia*). *SOUT.* Bon accord, bonne entente entre les personnes : *Un climat de concorde sociale* (contr. **discorde, désaccord**).

concorder [kɔ̃kɔrde] **v.i.** (lat. *concordare,* s'accorder). Avoir des rapports de similitude, de concordance : *Les dates concordent* (syn. **coïncider, correspondre**).

concourant, e [kɔ̃kurɑ̃, -ɑ̃t] **adj.** (de *concourir*). Qui converge vers un même point, un même but (par opp. à *parallèle*) : *Droites concourantes.*

concourir [kɔ̃kurir] **v.t. ind. [à]** (lat. *concurrere,* se rencontrer) [conj. **45**]. Tendre au même effet, au même but : *Concourir au succès d'une affaire* (syn. **aider à**). ◆ **v.i.** Participer à un concours, à une compétition : *Une centaine d'athlètes ont concouru aujourd'hui.*

concours [kɔ̃kur] **n.m.** (lat. *concursus,* rencontre). **1.** Action de coopérer, d'aider : *Offrir, prêter son concours.* **2.** Ensemble d'épreuves mettant en compétition des candidats, pour un nombre de places fixé d'avance : *Concours de l'agrégation.* **3.** Compétition organisée dans les domaines sportif, culturel, etc. : *Concours hippique. Le concours du Conservatoire.* **4.** Jeu public, parfois organisé à des fins publicitaires : *Participer à un concours radiophonique.* **5.** Coïncidence de choses, d'événements : *Un concours exceptionnel de circonstances.* **6. Concours général,** concours annuel entre les meilleurs élèves des classes supérieures des lycées. / **Hors concours,** qui n'est pas, plus admis à concourir à cause d'une faute ou du fait de sa supériorité, de sa notoriété.

concret, ète [kɔ̃krɛ, -ɛt] **adj.** (lat. *concretus,* de *concrescere,* s'épaissir). **1.** Qui se rapporte à la réalité, à ce qui est matériel (par opp. à *théorique,* à *hypothétique*) : *Théorie susceptible d'applications concrètes.* **2.** Qui a le sens des réalités : *Esprit concret.* **3.** Qui désigne un être ou un objet accessible aux sens (par opp. à *abstrait*) : *Le mot « homme » est concret, le mot « humanité » est abstrait.* **4. Musique concrète,** musique construite à partir de bruits produits par des objets sonores divers et naturels, enregistrés puis soumis à diverses transformations. ◆ **concret n.m.** Ce qui est concret ; ensemble des choses concrètes : *Aller du concret à l'abstrait.*

concrètement [kɔ̃krɛtmɑ̃] **adv.** De façon concrète.

concrétion [kɔ̃kresjɔ̃] **n.f.** (lat. *concretio,* de *concretus,* concret). **1.** Réunion de parties en un corps solide : *La concrétion de l'huile par le froid.* **2.** Production morbide de formations solides dans les tissus vivants : *Concrétions biliaires.* **3.** GÉOL. Masse minérale formée par précipitation autour d'un noyau de matière, apporté notamm. par la circulation des eaux : *Concrétions calcaires, salines.*

concrétisation [kɔ̃kretizasjɔ̃] **n.f.** Action de concrétiser ; fait de se concrétiser.

concrétiser [kɔ̃kretize] **v.t.** (de *concret*). Faire passer du projet à la réalisation : *Concrétiser un avantage* (syn. **matérialiser**). ◆ **se concrétiser v.pr.** Devenir réel, manifeste.

concubin, e [kɔ̃kybɛ̃, -in] **n.** (lat. *concubina,* concubine, de *concumbere,* coucher avec). Personne qui vit en concubinage.

concubinage [kɔ̃kybinaʒ] **n.m.** Union de fait entre deux personnes célibataires, de même sexe ou de sexe différent, vivant ensemble de manière stable et continue. (On dit aussi *union libre* ou *civile.*)

concupiscence [kɔ̃kypisɑ̃s] **n.f.** (lat. *concupiscentia,* de *concupiscere,* convoiter). *LITT.* Penchant à jouir des biens terrestres, partic. des plaisirs sensuels.

concupiscent, e [kɔ̃kypisɑ̃, -ɑ̃t] **adj.** *LITT.* Qui éprouve de la concupiscence, qui l'exprime : *Regard concupiscent.*

concurremment [kɔ̃kyramɑ̃] **adv.** (de *concurrent*). **1.** En même temps. **2.** Conjointement : *Agir concurremment avec qqn* (syn. **de concert**).

concurrence [kɔ̃kyrɑ̃s] **n.f. 1.** Rivalité d'intérêts entre des personnes provoquant une compétition, en partic. entre commerçants ou industriels qui tentent d'attirer à eux la clientèle par les meilleures conditions de prix, de qualité, etc. : *Article vendu à un prix défiant toute concurrence. Entrer en concurrence avec un groupe.* **2. Jusqu'à concurrence de,** jusqu'à la somme de : *Il doit rembourser 10 € par mois jusqu'à concurrence de 1 000 €.* / **Régime de libre concurrence,** système économique qui ne comporte aucune intervention de l'État en vue de limiter la liberté de l'industrie et du commerce, et qui considère les coalitions de producteurs comme des délits.

concurrencer [kɔ̃kyrɑ̃se] **v.t.** [conj. **16**]. Faire concurrence à.

concurrent, e [kɔ̃kyrɑ̃, -ɑ̃t] **n.** et **adj.** (lat. *concurrens, -entis,* de *concurrere,* courir avec). **1.** Personne qui participe à un concours, à une compétition : *Les deux cents concurrents d'une course.* **2.** Se dit d'une personne, d'une entreprise qui est en rivalité d'intérêts avec une autre, en partic. dans le domaine commercial et industriel.

concurrentiel, elle [kɔ̃kyrɑ̃sjɛl] **adj. 1.** Capable d'entrer en concurrence : *Prix concurrentiels* (syn. **compétitif**). **2.** Où joue la concurrence : *Marché concurrentiel.*

concussion [kɔ̃kysjɔ̃] **n.f.** (lat. *concussio,* secousse, de *concutere,* ébranler). Malversation commise dans l'exercice d'une fonction publique, partic. dans le maniement des deniers publics.

concussionnaire [kɔ̃kysjɔnɛr] **adj.** et **n.** Coupable de concussion : *Fonctionnaire concussionnaire.*

condamnable [kɔ̃danabl] **adj.** Qui mérite d'être condamné : *Un acte condamnable.*

condamnation [kɔ̃danasjɔ̃] **n.f. 1.** Décision d'un tribunal imposant à l'un des plaideurs de s'incliner au moins partiellement devant les prétentions de son adversaire. **2.** Décision d'une juridiction prononçant une peine contre l'auteur d'une infraction. **3.** Acte, fait, écrit portant témoignage contre qqn, qqch : *Notre échec est la condamnation de notre politique* (syn. **désaveu**).

condamné, e [kɔ̃dane] **n.** et **adj. 1.** Personne qui a fait l'objet d'une condamnation judiciaire : *Un condamné à perpétuité.* **2. Malade condamné,** malade que les médecins considèrent comme perdu, inguérissable.

condamner [kɔ̃dane] **v.t.** (lat. *condemnare*). **1.** Prononcer une peine par jugement contre la personne déclarée coupable d'une infraction : *Condamner un criminel.* **2.** Mettre dans l'obligation pénible de : *Condamner au silence, à l'immobilité* (syn. **astreindre, contraindre**). **3.** Déclarer répréhensible ; interdire : *Condamner une opinion, un usage.* **4.** Déclarer un malade incurable. **5.** Rendre impossible l'usage d'une ouverture : *Condamner une porte.*

Condé *(maison princière de),* branche collatérale de la maison de Bourbon. Les premiers représentants furent les chefs du parti protestant pendant les guerres de Religion. Les membres les plus remarquables furent : • **Louis II,** dit **le Grand Condé** (Paris 1621 - Fontainebleau 1686). Duc d'Enghien avant d'être prince, il s'illustra par les victoires de Rocroi (1643) sur les Espagnols et celles de Fribourg (1644), Nördlingen (1645) et Lens (1648) sur l'Empire. Il participa aux troubles de la Fronde, dont il prit la tête. Rallié un moment à l'Espagne, il fut remis en possession de son commandement lors du traité des Pyrénées (1659) et se distingua de nouveau durant les guerres de Dévolution et de Hollande. Bossuet prononça son oraison funèbre ; • **Louis Joseph** (Paris 1736 - *id.* 1818), un des premiers nobles à avoir émigré, dès 1789. Il organisa en 1791 l'armée contre-révolutionnaire, dite « armée de Condé » ; • **Louis Antoine Henri,** *duc* **d'Enghien → Enghien.**

condensateur [kɔ̃dɑ̃satœr] **n.m.** PHYS. Appareil servant à emmagasiner des charges électriques.

condensation [kɔ̃dɑ̃sasjɔ̃] **n.f. 1.** Action de condenser, de résumer : *Condensation d'un texte.* **2.** Passage de l'état gazeux à l'état liquide ou à l'état solide (par opp. à *vaporisation* et à *sublimation*) : *La condensation de la vapeur d'eau.* **3.** PSYCHAN. Fusion d'éléments psychiques provenant d'associations différentes en une représentation unique, notamm. dans le rêve.

1. condensé [kɔ̃dɑ̃se] **n.m.** Résumé succinct (syn. **abrégé**).

2. condensé, e [kɔ̃dɑ̃se] **adj. Lait condensé,** lait concentré rendu sirupeux par adjonction de sucre. (V. aussi *condenser.*)

condenser [kɔ̃dɑ̃se] **v.t.** (lat. *condensare,* de *condensus,* compact, de *densus,* épais). **1.** Rendre plus dense, réduire à un moindre volume. **2.** Liquéfier un gaz par refroidissement ou compression : *La surface froide du pare-brise condense la vapeur d'eau.* **3.** Résumer en peu de mots : *Condenser sa pensée.* ◆ **se condenser v.pr.** Passer à l'état liquide.

condenseur [kɔ̃dɑ̃sœr] **n.m. 1.** Appareil d'une machine thermique servant à condenser une vapeur. **2.** Échangeur de chaleur d'une installation frigorifique.

condescendance [kɔ̃desɑ̃dɑ̃s] **n.f.** (de *condescendre*). Attitude hautaine et plus ou moins méprisante d'une personne qui accorde qqch en faisant sentir sa supériorité, réelle ou prétendue : *Recevoir un subordonné avec condescendance.*

condescendant, e [kɔ̃desɑ̃dɑ̃, -ɑ̃t] **adj.** Qui marque de la condescendance : *Attitude condescendante. Personnage condescendant.*

condescendre [kɔ̃desɑ̃dr] **v.t. ind. [à]** (lat. *condescendere,* se mettre au niveau de) [conj. **73**]. Consentir à qqch en se faisant prier : *Il a condescendu à lui accorder un entretien* (syn. **daigner**).

Condillac (Étienne Bonnot de), prêtre et philosophe français (Grenoble 1714 - Flux, près de Beaugency, 1780). Selon lui, il y a deux sources de connaissances, la réflexion et la sensation (*Essai sur l'origine des connaissances humaines,* 1746), qu'il réduit plus tard à une seule, la sensation (*Traité des sensations,* 1754). Celle-ci, en se transformant, explique tout : mémoire, attention, jugement. Pour lui, le moi n'est que la somme des sensations présentes. Il soutient que nos sensations ne sont que le signe des choses et que la réalité extérieure nous est inconnaissable.

condiment [kɔ̃dimɑ̃] **n.m.** (lat. *condimentum,* de *condire,* confire). Substance ou préparation à saveur forte qui relève un plat : *La moutarde est un condiment.*

condisciple [kɔ̃disipl] **n.** (lat. *condiscipulus,* de *cum,* avec, et *discipulus,* élève). Camarade d'études.

condition [kɔ̃disjɔ̃] **n.f.** (bas lat. *conditio,* class. *condicio,* de *condicere,* fixer par accord). **1.** Situation d'un être vivant, de l'homme dans le monde, dans un contexte donné : *La condition humaine. La condition ouvrière au* XIX*e siècle.* **2.** LITT. Situation sociale ; rang dans la société : *Inégalité des conditions.* **3.** État physique ou moral circonstanciel : *Être en bonne condition physique* (syn. **forme**). **4.** Circonstance extérieure à laquelle sont soumises les personnes et les choses : *Conditions de travail. Dans ces conditions, je laisse ma place* (= dans ce cas). **5.** Circonstance à laquelle est subordonné l'accomplissement d'une action, soumise la production d'un phénomène : *Le travail est la condition du succès.* **6.** (Surtout au pl.). Base d'un accord ; qualité ou élément requis pour qu'il y ait acceptation : *Candidat qui remplit les conditions exigées pour ce poste.* **7.** Clause restrictive : *J'accepte, mais j'y mets une condition. Capitulation sans condition.* **8.** MATH. Relation imposée par l'énoncé d'un problème entre les données et l'inconnue. **9. À condition de,** à charge de, sous réserve de. / **À condition que,** pourvu que, si. / **Mettre qqn en condition,** mettre en situation de réagir d'une manière attendue. / MATH. **Condition nécessaire et suffisante,** condition telle qu'elle entraîne nécessairement une conséquence donnée et, en même temps, l'exclut nécessairement si elle n'est pas posée. ◆ **conditions n.f. pl.** Modalités de paiement ; tarif : *Quelles sont vos conditions ?*

conditionné, e [kɔ̃disjɔne] **adj. 1.** Soumis à certaines conditions : *Votre accord est conditionné à l'acceptation des clauses du contrat.* **2.** Qui a subi un conditionnement : *Produits conditionnés.* **3. Air conditionné,** air auquel on a donné une température et un degré hygrométrique déterminés. / **Réflexe conditionné,** réflexe, dit aussi *conditionnel,* acquis à la suite d'un conditionnement.

conditionnel, elle [kɔ̃disjɔnɛl] **adj. 1.** Qui dépend de certaines conditions : *Un prisonnier en liberté conditionnelle.* **2.** PSYCHOL. Qui est lié à un conditionnement, qui en dépend (par opp. à *inconditionnel*) : *Réflexe conditionnel* (= conditionné). **3.** GRAMM. **Mode conditionnel,** mode du verbe qui présente l'action ou l'état comme étant surbordonnés à une condition ou qui exprime une simple supposition (on dit aussi *le conditionnel*). ***Rem.*** On distingue le conditionnel présent (si j'étais riche, *je vous aiderais*) et le conditionnel passé *(il aurait eu l'intention de démissionner).* Le conditionnel est parfois tenu pour un temps de l'indicatif et non pour un mode. / GRAMM. **Proposition conditionnelle,** subordonnée exprimant une condition dont dépend la principale et qui est introduite par des conjonctions telles que *si, pourvu que, à moins que* (on dit aussi *une conditionnelle*) : *Si tu avais téléphoné, elle ne se serait pas inquiétée.*

conditionnement [kɔ̃disjɔnmɑ̃] **n.m. 1.** Action de conditionner ; fait d'être conditionné. **2.** Emballage de présentation et de vente d'une marchandise. **3.** PSYCHOL. Procédure par laquelle on établit un comportement nouveau chez un être vivant, en créant un ensemble de réflexes dits *conditionnés.*

conditionner [kɔ̃disjɔne] **v.t. 1.** Être la condition de qqch : *Sa santé conditionne mon départ.* **2.** Établir chez un être un comportement nouveau par associations automatiques : *Conditionner un animal.* **3.** Déterminer qqn, un groupe à agir, à penser de telle ou telle manière : *La publicité conditionne les consommateurs.* **4.** Réaliser le conditionnement, l'emballage d'articles de consommation. **5. Conditionner un local,** en assurer la climatisation.

condoléances [kɔ̃dɔleɑ̃s] **n.f. pl.** (de l'anc. v. *condouloir,* s'affliger avec, lat. *condolere,* avec infl. de *doléance*). Témoignage de sympathie, devant la douleur d'autrui, à l'occasion d'un deuil : *Présenter ses condoléances. Lettre de condoléances.*

condom [kɔ̃dɔm] **n.m.** (du n. de l'inventeur). Préservatif masculin.

condor [kɔ̃dɔr] **n.m.** (mot esp., du quechua). Grand vautour des Andes.

Condorcet (Marie Jean Antoine Caritat, *marquis* **de),** mathématicien, philosophe, économiste et homme politique français (Ribemont 1743 - Bourg-la-Reine 1794). Il soutint, à l'âge de 16 ans, une thèse d'analyse mathématique devant, entre autres, d'Alembert, et entra en 1769 à l'Académie des sciences. Il collabora à la rédaction de l'*Encyclopédie.* Chef du « parti philosophique » en 1789, il fut député à l'Assemblée législative, puis à la Convention, où il présenta un plan d'organisation de l'instruction publique. Ami des Girondins, traqué par le gouvernement jacobin, il écrivit dans la clandestinité *l'Esquisse d'un tableau historique des progrès de l'esprit humain,* éloge de la philosophie des Lumières ; arrêté, il s'empoisonna. Ses cendres ont été transférées au Panthéon en 1989.

condottiere [kɔ̃dɔtjɛr] **n.m.** (mot it. de *condotta,* groupe de soldats loués, de *condurre,* lat. *conducere,* louer) [pl. *condottieres* ou *condottieri*]. **1.** *ANC.* Chef de soldats mercenaires, dans l'Italie du Moyen Âge et de la Renaissance. **2.** Aventurier sans scrupule.

1. conducteur, trice [kɔ̃dyktœr, -tris] **n.** (lat. *conductor*). **1.** Personne qui conduit un véhicule : *Le conducteur d'un autobus* (syn. **chauffeur**). **2.** IMPR., PAPET. Ouvrier, ouvrière, chargé(e) de la conduite d'une machine : *Le conducteur d'une rotative.* **3. Conducteur de travaux,** agent qui, sur un chantier, dirige les travaux.

2. conducteur, trice [kɔ̃dyktœr, -tris] **adj.** (de *1. conducteur*). **1.** Qui transmet la chaleur, l'électricité : *Métaux conducteurs.* **2. Fil conducteur,** hypothèse, principe qui guide dans une recherche. ◆ **conducteur n.m. 1.** Tout corps capable de transmettre la chaleur, l'électricité : *Le cuivre est un bon conducteur.* **2.** Câble ou fil utilisé pour transporter un courant électrique.

conductibilité [kɔ̃dyktibilite] **n.f.** (du rad. du lat. *conductus,* de *conducere,* conduire). PHYS. Propriété que possèdent les corps de transmettre la chaleur, l'électricité ou certaines vibrations.

conductible [kɔ̃dyktibl] **adj.** Qui est doué de conductibilité : *Les métaux sont conductibles.*

conduction [kɔ̃dyksjɔ̃] **n.f.** (lat. *conductio*). **1.** PHYS. Action de transmettre de proche en proche la chaleur, l'électricité. **2.** Action de transmettre l'influx nerveux.

conductivité [kɔ̃dyktivite] **n.f.** PHYS. Grandeur caractérisant la capacité de conduction d'un corps.

conduire [kɔ̃dɥir] **v.t.** (lat. *conducere*) [conj. **98**]. **1.** Assurer la direction, la manœuvre de : *Conduire une voiture.* **2.** Assurer la direction, le gouvernement de : *Conduire une affaire.* **3.** Mener qqn, qqch d'un lieu à un autre : *Le bief conduit l'eau au moulin* (syn. **amener**). *Conduire un enfant à l'école.* **4.** Pousser à certains actes ; amener à certains sentiments : *Conduire au désespoir.* **5.** Avoir pour conséquence : *Politique qui conduit à l'inflation.* ◆ **se conduire v.pr.** Se comporter de telle ou telle façon.

conduit [kɔ̃dɥi] **n.m.** (de *conduire*). **1.** Canalisation guidant l'écoulement d'un fluide ou d'un solide pulvérulent. **2.** ANAT. **Conduit auditif,** canal reliant le pavillon de l'oreille au tympan : *Conduits auditifs interne et externe.*

conduite [kɔ̃dɥit] **n.f. 1.** Action, manière de conduire : *Conduite d'un véhicule, d'une entreprise.* **2.** Manière d'agir, de se comporter dans une situation donnée : *Sa conduite est parfaitement odieuse* (syn. **comportement**). **3.** Service assuré par les conducteurs de trains. **4.** TECHN. Tuyau de section variable, parcouru par un fluide. **5.** *FAM.* **Faire un brin de conduite à qqn,** l'accompagner sur une partie du chemin. **6. Conduite intérieure,** automobile entièrement fermée.

cône [kon] **n.m.** (lat. *conus,* du gr.). **1.** MATH. Surface engendrée par une droite mobile *(génératrice),* passant par un point fixe *(sommet)* et s'appuyant sur une courbe fixe *(directrice)* ; région de l'espace limitée par cette surface ; solide déterminé par cette surface conique coupée par un plan. **2.** Objet ayant cette forme : *Cônes lumineux sur la chaussée.* **3.** ANAT. Élément en forme de cône, caractéristique de certaines cellules de la rétine, qui détermine la perception des formes et des couleurs : *Les cônes et les bâtonnets.* **4.** BOT. Fruit des conifères (*pin, sapin,* etc.). **5.** Coquillage pourvu d'un organe venimeux, commun sur les rochers de la Méditerranée. ▸ Classe des gastropodes. **6.** ASTRON. **Cône d'ombre,** ombre en forme de cône, projetée par une planète dans la direction opposée à celle du Soleil. / GÉOL. **Cône volcanique,** relief formé par l'entassement des produits émis par un volcan (laves, projections) autour de la cheminée. / GÉOL. **Cône de déjection** ⟶ **déjection.** / MATH. **Cône de révolution** ou **cône droit,** dont la directrice est un cercle et dont le sommet est sur l'axe de cercle. / MATH. **Cône oblique,** dont la génératrice est oblique au plan de base.

confection [kɔ̃fɛksjɔ̃] **n.f.** (lat. *confectio,* de *conficere,* achever). **1.** Action de faire en plusieurs opérations : *La confection d'un objet artisanal* (syn. **fabrication, réalisation**). **2.** Fabrication en série de pièces habillement : *Vêtements de confection.* **3.** Prêt-à-porter : *Magasin de confection.*

confectionner [kɔ̃fɛksjɔne] **v.t.** (de *confection*). Exécuter complètement : *Confectionner une bonbonnière, des étagères* (syn. **fabriquer, réaliser**).

confectionneur, euse [kɔ̃fɛksjɔnœr, -øz] **n.** Personne qui fabrique des vêtements de confection.

confédéral, e, aux [kɔ̃federal, -o] **adj.** Relatif à une confédération : *Congrès confédéral.*

confédération [kɔ̃federasjɔ̃] **n.f.** (lat. *confoederatio,* de *foedus, -eris,* traité). **1.** Association d'États souverains qui ont délégué certaines compétences à des organes communs. ▸ La Confédération suisse est le nom officiel de la Suisse, qui, cependant, constitue depuis 1874 un véritable État fédéral. **2.** Réunion de fédérations syndicales : *La Confédération générale du travail (C.G.T.).* **3.** Groupement d'associations de caractère sportif, professionnel.

Confédération du Rhin, union politique qui groupa certains États allemands de 1806 à 1813. Placée sous le contrôle de Napoléon Ier, elle comprenait en 1808 l'ensemble de l'Allemagne, la Prusse exceptée. Sa création entraîna la disparition du Saint Empire romain germanique. Elle se désagrégea après la bataille de Leipzig (oct. 1813).

Confédération germanique, union politique des États allemands (1815-1866). Instaurée par le congrès de Vienne (1815), et regroupant 34 États souverains et 4 villes libres sous la présidence de l'empereur d'Autriche, elle fut le théâtre d'une opposition grandissante entre l'Autriche et la Prusse. La victoire prussienne de Sadowa (1866) entraîna sa dissolution.

confédéré, e [kɔ̃federe] **adj.** et **n. 1.** Uni par confédération. **2.** En Suisse, nom donné à un ressortissant d'un autre canton. ◆ **confédérés n.m. pl.** Aux États-Unis, citoyens des États du Sud ligués contre le gouvernement fédéral pendant la guerre de Sécession (1861-1865).

confer [kɔ̃fɛr] **loc. v.** (mot lat. signif. « compare », impér. de *comparer*). Indication par laquelle on renvoie le lecteur à un passage, un ouvrage à consulter (abrév. *cf.*).

conférence [kɔ̃ferɑ̃s] **n.f.** (lat. médiév. *conferentia,* du class. *conferre,* réunir). **1.** Échange de vues entre deux ou plusieurs personnes : *Être en conférence* (syn. **réunion**). *Conférence pédagogique.* **2.** Réunion de diplomates, de chefs de gouvernement ou de ministres, assistés de techniciens, en vue de régler un problème politique d'ordre international. **3.** Exposé oral public, où l'on traite de questions littéraires, religieuses, scientifiques, politiques, etc. **4. Conférence de presse,** réunion au cours de laquelle une ou plusieurs personnalités font un exposé et répondent aux questions des journalistes.

conférencier, ère [kɔ̃ferɑ̃sje, -ɛr] **n.** Personne qui fait une conférence publique.

conférer [kɔ̃fere] **v.i. [avec]** (lat. *conferre*, réunir) [conj. **18**]. S'entretenir d'une affaire ; discuter : *Conférer avec son avocat. Conférer d'un sujet avec ses collaborateurs.* ◆ **v.t.** Donner, en vertu de l'autorité qu'on a pour le faire : *Conférer le baptême, une décoration* (syn. **accorder**).

confesse [kɔ̃fɛs] **n.f.** (de *confesser*). RELIG. CHRÉT. Confession : *Aller à confesse. Revenir de confesse.* ***Rem.*** Ne s'emploie qu'avec les propositions *à* et *de,* et sans article.

confesser [kɔ̃fese] **n.f.** (lat. ecclés. *confessare,* class. *confiteri,* avouer). **1.** *LITT.* Avouer, reconnaître à regret : *Confesser son ignorance.* **2.** Faire acte public d'adhésion, en partic. à une religion : *Confesser sa foi chrétienne.* **3.** RELIG. CHRÉT. Entendre en confession : *Confesser un pénitent.* **4.** *FAM.* **Confesser qqn,** obtenir de lui des aveux, un secret. ◆ **se confesser v.pr. 1.** RELIG. CHRÉT. Déclarer ses péchés. **2.** Avouer spontanément ses fautes.

confesseur [kɔ̃fesœr] **n.m. 1.** RELIG. CHRÉT. Prêtre qui confesse. **2.** Personne à qui l'on se confie (syn. **confident**).

confession [kɔ̃fesjɔ̃] **n.f.** (lat. *confessio*). **1.** RELIG. CHRÉT. Acte par lequel on avoue ses péchés à un prêtre afin d'en obtenir le pardon : *Entendre qqn en confession.* **2.** Aveu d'un fait important, d'un secret : *La confession d'un crime.* **3.** (Avec une majuscule). Résumé des articles qui contiennent la déclaration de foi d'une Église ou d'une personne : *La Confession d'Augsbourg.* **4.** Appartenance à telle ou telle religion : *Être de confession luthérienne, israélite.*

confessionnal [kɔ̃fesjɔnal] **n.m.** (de [*siège*] *confessional*) [pl. *confessionnaux*]. Meuble en forme d'isoloir où le prêtre entend la confession des pénitents.

confessionnel, elle [kɔ̃fesjɔnɛl] **adj. 1.** Relatif à la foi religieuse : *Querelles confessionnelles.* **2. Établissement confessionnel,** école privée qui se réfère à une confession religieuse.

confetti [kɔ̃feti] **n.m.** (mot it. « dragées », du lat. *confectus,* confit). Rondelle de papier coloré qu'on se lance par poignées dans les fêtes : *Bataille de confettis.*

confiance [kɔ̃fjɑ̃s] **n.f.** (lat. *confidentia* et d'apr. l'anc. fr. *fiance,* foi [de *confidere,* avoir confiance]). **1.** Sentiment de sécurité de celui qui se fie à qqn, à qqch : *Avoir confiance en l'avenir. Faire confiance à qqn* (= compter sur lui). *Homme, femme de confiance.* **2.** Approbation donnée à la politique du gouvernement par la majorité de l'Assemblée nationale : *Voter la confiance.* **3. Poste, mission de confiance,** poste, mission qu'on donne à des personnes à qui l'on peut se fier. **/ Question de confiance ⟶ question.**

confiant, e [kɔ̃fjɑ̃, -ɑ̃t] **adj.** Qui fait preuve de confiance.

Confiant (Raphaël), écrivain français (Le Lorrain, Martinique, 1951). Cofondateur, avec P. Chamoiseau et Jean Bernabé, du mouvement de la créolité (*Éloge de la créolité,* 1989), il publie des romans qui se font l'écho de sa double culture (*Kòd Yanm [le Gouverneur des dés],* écrit en créole, 1986 ; *le Nègre et l'Amiral,* 1988 ; *l'Allée des Soupirs,* 1994 ; *Nuée ardente,* 2002).

confidence [kɔ̃fidɑ̃s] **n.f.** (lat. *confidentia ;* v. *confiance*). **1.** Déclaration faite en secret à qqn : *Faire des confidences.* **2. En confidence,** sous le sceau du secret. **/ Être dans la confidence,** avoir connaissance du secret.

confident, e [kɔ̃fidɑ̃, -ɑ̃t] **n.** (lat. *confidens, -entis,* confiant). **1.** Personne à qui l'on confie ses plus secrètes pensées. **2.** LITTÉR. Personnage de la tragédie classique qui reçoit les confidences des personnages principaux.

confidentialité [kɔ̃fidɑ̃sjalite] **n.f.** Caractère confidentiel d'une information.

confidentiel, elle [kɔ̃fidɑ̃sjɛl] **adj. 1.** Qui ne doit pas être connu ou divulgué : *Des informations confidentielles* (syn. **secret**). **2.** Qui se dit en confidence, qui tient de la confidence : *Adopter un ton confidentiel.*

confidentiellement [kɔ̃fidɑ̃sjɛlmɑ̃] **adv.** De façon confidentielle.

confier [kɔ̃fje] **v.t.** (lat. *confidere,* se confier, avoir confiance, et d'apr. [se] *fier*) [conj. **9**]. **1.** Remettre aux soins, à la garde de qqn, de qqch : *Confier ses clés au gardien.* **2.** Dire sur le mode confidentiel : *Confier ses peines.* ◆ **se confier v.pr.** Faire part de ses sentiments intimes, de ses idées : *Il ne se confie qu'à ses proches.*

configuration [kɔ̃figyrasjɔ̃] **n.f.** (lat. *configuratio,* de *figura,* structure, forme). **1.** Forme générale, aspect d'ensemble : *Configuration d'un pays.* **2.** Ensemble des éléments constituant un système informatique.

confiné, e [kɔ̃fine] **adj. Air confiné,** air non renouvelé. **/ Vivre, être confiné chez soi,** reclus, cloîtré.

confinement [kɔ̃finmɑ̃] **n.m.** Action de confiner ; fait de se confiner, d'être confiné.

confiner [kɔ̃fine] **v.t. ind. [à]** (de *confins*). **1.** Toucher aux confins d'un pays : *La Suisse confine à la France.* **2.** Être à la limite de : *Cet acte confine à la folie* (syn. **friser**). ◆ **v.t.** Tenir enfermé dans d'étroites limites : *Confiner des enfants dans un dortoir.* ◆ **se confiner v.pr. 1.** S'isoler, se retirer : *Se confiner dans sa chambre* (syn. **se cloîtrer**). **2.** Se limiter à une occupation, une activité, etc. : *Se confiner dans ses attributions.*

confins [kɔ̃fɛ̃] **n.m. pl.** (du lat. *confinium,* de *cum,* avec, et *finis,* limite). Limites, extrémités d'un pays, d'un territoire : *Il habite aux confins de la Bretagne.*

confire [kɔ̃fir] **v.t.** (lat. *conficere,* achever) [conj. **101**]. Conserver les aliments dans une substance (graisse, vinaigre, sirop) qui empêche l'altération : *Confire de l'oie, des pêches.* ◆ **se confire v.pr.** *LITT.* Se pénétrer avec exagération d'une habitude : *Se confire en dévotion.*

confirmation [kɔ̃firmasjɔ̃] **n.f. 1.** Action de confirmer ; déclaration, écrit qui en résulte : *Vous recevrez la confirmation écrite de votre nomination.* **2.** RELIG. CHRÉT. Chez les catholiques, sacrement, habituellement administré par l'évêque, qui affermit dans la grâce du baptême ; chez les protestants, acte par lequel on confirme publiquement les vœux du baptême avant d'être admis à la cène.

confirmer [kɔ̃firme] **v.t.** (lat. *confirmare,* de *firmare,* rendre ferme). **1.** Rendre qqch plus sûr ; en assurer l'authenticité : *Confirmer une nouvelle, un témoignage.* **2.** Rendre qqn plus ferme, plus assuré dans ses opinions, ses croyances : *Vous me confirmez dans ma résolution* (syn. **renforcer**). **3.** CATH. Conférer le sacrement de la confirmation.

confiscation [kɔ̃fiskasjɔ̃] **n.f. 1.** Action de confisquer ; fait d'être confisqué : *Confiscation à la douane de marchandises introduites en fraude.* **2.** DR. Transfert à l'État ou à un établissement public des biens d'un particulier à la suite d'une condamnation pénale ou d'une sanction fiscale.

confiserie [kɔ̃fizri] **n.f. 1.** Travail, commerce du confiseur. **2.** Ensemble des produits fabriqués et vendus par le confiseur ; sucrerie.

confiseur, euse [kɔ̃fizœr, -øz] **n.** (de *confire*). Personne qui fait ou vend toute espèce de sucrerie (bonbons, fruits confits, etc.).

confisquer [kɔ̃fiske] **v.t.** (lat. *confiscare,* de *fiscus,* fisc). Déposséder par un acte d'autorité : *Confisquer un jouet à un élève. Confisquer des marchandises.*

confit, e [kɔ̃fi, -it] **adj.** (p. passé de *confire*). Conservé dans du sucre, dans du vinaigre, dans de la graisse, etc. : *Fruits confits. Cornichons confits.* ◆ **confit n.m.** Morceau de viande cuit et conservé dans la graisse : *Confit de canard.*

confiture [kɔ̃fityr] **n.f.** (de *confire*). Préparation de fruits frais et de sucre cuits ensemble et où le sucre, souvent en proportion égale avec le fruit, assure la conservation.

confiturier [kɔ̃fityrje] **n.m.** Récipient destiné à contenir de la confiture.

conflagration [kɔ̃flagrasjɔ̃] **n.f.** (lat. *conflagratio,* de *conflagrare,* brûler). Conflit international de grande envergure pouvant aboutir à la guerre.

conflictuel, elle [kɔ̃fliktɥɛl] **adj.** (du lat. *conflictus ;* v. *conflit*). Relatif à un conflit personnel, social, etc. : *Elle a toujours eu des relations conflictuelles avec sa famille.*

conflit [kɔ̃fli] **n.m.** (lat. *conflictus,* choc, heurt). **1.** Opposition de sentiments, d'opinions entre des personnes ou des groupes : *Le conflit des générations.* **2.** Lutte armée entre deux ou plusieurs États : *Conflit mondial.* **3.** PSYCHOL. Antagonisme, opposition de motivations contradictoires chez la même personne.

confluent [kɔ̃flyɑ̃] **n.m.** (lat. *confluens, -entis*). **1.** Lieu de rencontre de deux cours d'eau. **2.** *FIG.* **Être au confluent de,** au point de rencontre de : *Elle est au confluent de deux traditions.*

confluer [kɔ̃flye] **v.i.** (lat. *confluere,* de *fluere,* couler) [conj. **7**]. **1.** Se rejoindre, en parlant de deux cours d'eau : *La Saône et le Rhône confluent à Lyon.* **2.** *LITT.* Se diriger vers un même lieu : *Les manifestants confluent vers la République.*

confondre [kɔ̃fɔ̃dr] **v.t.** (lat. *confundere,* mêler) [conj. **75**]. **1.** Prendre une chose pour une autre, qqn pour qqn d'autre, en raison de leur ressemblance : *Confondre deux noms. Il confond Pierre et son frère.* **2.** Réduire au silence, mettre hors d'état de se justifier : *Confondre un menteur* (syn. **démasquer**). **3.** *LITT.* Troubler qqn au point qu'il ne trouve plus rien à répondre : *La réponse avisée de cet enfant nous a tous confondus* (syn. **décontenancer**). ◆ **se confondre v.pr. 1.** Se mêler, se mélanger ou se ressembler au point de ne plus pouvoir être distingué : *Les dates se confondent dans son esprit.* **2.** *LITT.* **Se confondre en remerciements, en excuses,** les multiplier.

conformation [kɔ̃fɔrmasjɔ̃] **n.f.** (lat. *conformatio*). **1.** Manière dont sont assemblées les parties d'un corps organisé : *La conformation du squelette* (syn. **structure**). **2.** CHIM. Arrangement que peut prendre une molécule organique par rotation autour d'une ou de plusieurs liaisons simples. **3. Vice de conformation,** défaut physique congénital.

conforme [kɔ̃fɔrm] **adj.** (lat. *conformis,* de *forma,* forme). **1.** Dont la forme correspond à un modèle, à un point de référence : *Traduction conforme au texte original.* **2.** Qui répond aux exigences d'une règle, d'une norme : *Il affiche des opinions peu conformes.* **3. Pour copie conforme,** formule par laquelle on confirme que la copie reproduit exactement l'original. / MATH. **Représentation conforme,** reproduction qui conserve les angles de la figure reproduite.

conformé, e [kɔ̃fɔrme] **adj.** Qui a telle ou telle conformation : *Un enfant bien, mal conformé.*

conformément à [kɔ̃fɔrmemɑ̃] **loc. prép.** En conformité avec : *J'ai agi conformément à vos ordres* (contr. **contrairement à**).

conformer [kɔ̃fɔrme] **v.t.** (lat. *conformare,* façonner ; v. *conforme*). Mettre en accord avec : *Conformer un plan aux circonstances* (syn. **adapter**). ◆ **se conformer v.pr. [à].** Adapter sa conduite à un modèle ; se régler sur qqch : *Se conformer au goût du jour* (syn. **se soumettre à, se régler sur**).

conformisme [kɔ̃fɔrmism] **n.m.** Respect étroit de la norme, de la tradition, des usages établis, de la morale en usage : *Conformisme moral, politique. Agir par conformisme.*

conformiste [kɔ̃fɔrmist] **adj.** et **n.** (angl. *conformist*). Qui se conforme sans originalité aux usages, aux traditions : *Écrivain conformiste* (syn. **traditionaliste**).

conformité [kɔ̃fɔrmite] **n.f.** (lat. *conformitas*). État de deux ou de plusieurs choses qui se ressemblent ou qui s'accordent parfaitement : *Être en conformité de vues, de goûts avec qqn* (syn. **concordance, harmonie**). *La conformité d'une copie avec l'original* (syn. **correspondance**).

1. confort [kɔ̃fɔr] **n.m.** (angl. *comfort,* de l'anc. fr. *confort,* aide, de *conforter,* affermir, bas lat. *confortare*). **1.** Bien-être matériel, commodités qui rendent la vie quotidienne plus agréable, plus facile : *Le confort d'une voiture.* **2. Avoir le confort,** avoir tout ce qui rend la vie confortable, en parlant d'un lieu d'habitation. / **Tout confort,** pourvu de toutes les commodités : *Hôtel tout confort.*

2. confort [kɔ̃fɔr] **n.m.** (de *conforter*). **Médicament de confort,** médicament prescrit dans un but surtout psychologique pour aider le malade à supporter un symptôme désagréable, mais qui ne constitue pas, à proprement parler, un traitement.

confortable [kɔ̃fɔrtabl] **adj.** (angl. *comfortable ;* v. *1. confort*). **1.** Qui procure le confort ; qui contribue au bien-être : *Une maison, un siège confortable.* **2.** Important ; considérable : *Ce coureur a une confortable avance sur ses concurrents.*

confortablement [kɔ̃fɔrtabləmɑ̃] **adv.** De façon confortable.

conforter [kɔ̃fɔrte] **v.t.** (lat. ecclés. *confortare,* du class. *fortis,* fort). Renforcer, rendre plus solide un sentiment, une opinion : *Ceci m'a conforté dans mon opinion* (syn. **raffermir**).

confraternel, elle [kɔ̃fratɛrnɛl] **adj.** Propre aux relations entre confrères : *Sentiments confraternels.*

confraternité [kɔ̃fratɛrnite] **n.f.** Liens de solidarité entre confrères.

confrère [kɔ̃frɛr] **n.m.** Personne appartenant à une même profession libérale, à une même association littéraire, etc., que d'autres : *Le médecin est venu avec un confrère.* ***Rem.*** Le fém. est *consœur.*

confrérie [kɔ̃freri] **n.f.** (lat. médiév. *confratria*). **1.** Association religieuse ou charitable. **2.** Association, corporation quelconque : *La confrérie des gastronomes.*

confrontation [kɔ̃frɔ̃tasjɔ̃] **n.f.** Action de confronter, de mettre en présence des personnes ou des choses.

confronter [kɔ̃frɔ̃te] **v.t.** (lat. *confrontare,* de *frons, frontis,* front). **1.** Mettre des personnes en présence pour comparer ou vérifier leurs affirmations : *Confronter des accusés. L'accusée a été confrontée aux témoins.* **2.** Comparer des documents : *Confronter des écritures.* **3. Être confronté à un problème,** devoir lui trouver une solution.

confucéen, enne [kɔ̃fyseɛ̃, -ɛn] et **confucianiste** [kɔ̃fysjanist] **adj.** et **n.** Qui appartient au confucianisme.

confucianisme [kɔ̃fysjanism] **n.m.** Philosophie de Confucius et de ses disciples.

■ **Confucius et la doctrine.** Confucius est considéré comme l'un des plus grands sages de Chine. Désireux de restaurer l'ordre d'antan et faute de pouvoir agir par le biais de la politique, il tenta de faire passer ses idées dans son enseignement, que ses disciples ont consigné dans ses *Entretiens.* Son projet était de revenir à la voie royale des sages souverains de l'Antiquité et plus précisément de la période des débuts des Zhou (XIe-IIe s. av. J.-C.). Toutefois, le ritualisme qui sous-tendait la religion cosmique des Zhou s'intègre et se renouvelle dans un projet foncièrement humaniste, dont l'idéal suprême est le *ren,* expression, étendue à l'humanité entière, d'un sentiment de bienveillance et de confiance tel qu'il en existe au sein d'une famille. Bien que Confucius ne soit pas un chef religieux, sa notion de *ren,* alliée à celle du rite *(li),* définit donc l'idéal de l'« homme de bien » indéfiniment perfectible et fonde en définitive une véritable religion de l'homme. Le confucianisme prit une signification plus spéculative avec Mencius, pour qui l'homme accompli est celui dont la nature morale est pleinement développée, le lettré qui vit en conformité avec la vertu. Xunzi apportera à la doctrine l'idée que la nature brute de l'homme est mauvaise et que la bonté ne peut advenir que par la culture et l'éducation.

L'évolution historique. À la fin de l'époque des Royaumes combattants (481-221 av. J.-C.), le confucianisme s'enrichit de doctrines approfondissant la dimension politique de l'existence et la spéculation sur la nature humaine. Sous les Han (IIe s. av. J.-C. - IIIe s. apr. J.-C.), il devient la doctrine officielle de l'État, les fonctionnaires n'étant désormais recrutés que parmi ceux qui en étaient instruits. Mais, au cours des siècles suivants, il s'ouvre à certaines formes de syncrétisme avec d'autres croyances. Aux IIIe et IVe s., il perd beaucoup de son influence au profit du bouddhisme. Dans la seconde moitié du Xe s. naît le « néoconfucianisme », mouvement illustré par des écoles qui relancent la spéculation sur la nature humaine et sur la place de l'homme dans la société. Par la suite, parallèlement à l'apparition de nouveaux développements théoriques, des lettrés ont tenté de restaurer la doctrine dans son orthodoxie d'antan. Quand la révolution populaire s'est installée en Chine, elle a violemment dénoncé l'ensemble du confucianisme comme cautionnant une politique réactionnaire. ■

Confucius, en chinois **Kongzi** ou **K'ong-tseu** ou **Kongfuzi** ou **K'ong-fou-tseu,** lettré et philosophe de la Chine (v. 551 - 479 av. J.-C.). Sa philosophie est morale et politique. Sa préoccupation majeure est de faire régner l'ordre dans l'État en formant des hommes qui vivent en conformité avec la vertu. Son œuvre est à l'origine du *confucianisme* (v. le mot ci-dessus).

confus, e [kɔ̃fy, -yz] **adj.** (lat. *confusus,* de *confundere ;* v. *confondre*). **1.** Dont on ne perçoit pas nettement les formes, les parties : *Une masse confuse. Un murmure confus* (syn. **indistinct**). **2.** Qui manque de clarté dans les idées, dans leur présentation : *Esprit confus* (syn. **désordonné**). *Explication confuse* (syn. **embrouillé**). **3.** Qui est troublé par le sentiment de sa faute ou par l'excès de bonté qu'on lui témoigne : *Je suis confuse du dérangement que je vous ai occasionné* (syn. **gêné, désolé**).

confusément [kɔ̃fyzemɑ̃] **adv.** De façon confuse.

confusion [kɔ̃fyzjɔ̃] **n.f.** (lat. *confusio,* de *confudere ;* v. *confondre*). **1.** Action de confondre, de prendre qqn ou qqch pour qqn ou qqch d'autre : *Une confusion de noms a provoqué le malentendu* (syn. **méprise**). **2.** État de ce qui est confus, indistinct, peu clair : *Le débat s'est terminé dans la confusion générale* (syn. **désordre, agitation**). **3.** État d'esprit de qqn qui éprouve de l'embarras ou un sentiment de culpabilité : *Être rempli de confusion* (syn. **gêne**). *À ma grande confusion* (= à ma grande honte). **4. Confusion des peines,** règle selon laquelle en cas de condamnation pour plusieurs infractions, seule la peine la plus forte est appliquée au condamné.

congé [kɔ̃ʒe] **n.m.** (lat. *commeatus,* permission d'aller et de venir, de *commeare,* circuler). **1.** Autorisation spéciale accordée à qqn de cesser son travail ; période de cette cessation de travail : *Il est en congé pour 3 jours. Être en congé de maternité.* **2.** Courtes vacances pour les élèves, les salariés à l'occasion d'une fête : *Les congés de février.* **3.** Résiliation d'un contrat de travail ou de location : *Donner son congé à un employé.* **4. Congé formation,** autorisation d'absence accordée à un salarié en vue de suivre un stage de formation. **/ Congé parental d'éducation,** congé bénéficiant aux parents, à l'un des parents, à la suite d'une naissance ou d'une adoption, suspendant le contrat de travail. **/ Congés payés,** période de vacances payées que la loi accorde à tous les salariés. **/ Prendre congé de qqn,** le quitter, lui dire au revoir.

congédier [kɔ̃ʒedje] **v.t.** (it. *congedare,* du fr. *congé*) [conj. **9**]. Donner son congé à qqn ; lui ordonner de se retirer : *Congédier un importun, un locataire* (syn. **renvoyer**).

congélateur [kɔ̃ʒelatœr] **n.m.** Appareil ménager frigorifique permettant de congeler les aliments à - 30 °C et de les conserver à - 18 °C.

congélation [kɔ̃ʒelasjɔ̃] **n.f.** Action de congeler ; fait de se congeler : *La congélation de la viande.*

congeler [kɔ̃ʒle] **v.t.** (lat. *congelare*) [conj. **25**]. **1.** Transformer un liquide en solide par l'action du froid : *Une température de - 112 °C congèle l'alcool* (syn. **solidifier**). **2.** Soumettre à l'action du froid pour conserver : *Congeler de la viande, des fruits* (syn. **surgeler, frigorifier**). ◆ **se congeler v.pr.** Devenir solide sous l'action du froid : *L'eau se congèle à 0 °C* (syn. **se figer**).

congénère [kɔ̃ʒenɛr] **n.** (lat. *congener,* de *cum,* avec, et *genus, -eris,* genre). **1.** Animal ou végétal qui appartient à la même espèce, au même genre qu'un autre. **2.** FAM. Personne de la même nature qu'une autre (souvent péjor.) : *Lui et ses congénères* (syn. **semblable**).

congénital, e, aux [kɔ̃ʒenital, -o] **adj.** Qui existe à la naissance : *Malformation congénitale.*

congère [kɔ̃ʒɛr] **n.f.** (lat. *congeries,* amas, de *congere,* amonceler). Amas de neige entassée par le vent.

congestion [kɔ̃ʒɛstjɔ̃] **n.f.** (lat. *congestio,* de *congerere,* amasser). Accumulation anormale de sang dans les vaisseaux d'un organe : *Congestion cérébrale, hépatique.*

congestionner [kɔ̃ʒɛstjɔne] **v.t. 1.** Provoquer une congestion dans une partie du corps : *Avoir un œil congestionné. Il est tout congestionné* (= il a le visage rouge). **2.** Encombrer un lieu : *Des dizaines de voitures congestionnent les voies d'accès de la ville* (syn. **engorger, embouteiller**). ◆ **se congestionner v.pr.** Devenir congestionné.

conglomérat [kɔ̃glɔmera] **n.m.** (de *conglomérer*). **1.** Roche sédimentaire détritique, formée de galets (poudingues, brèches) ou de fragments anguleux d'autres roches, ultérieurement cimentés. **2.** ÉCON. Groupe d'entreprises aux productions variées.

conglomérer [kɔ̃glɔmere] **v.t.** (lat. *conglomerare,* de *glomus, -eris,* pelote) [conj. **18**]. Réunir en une seule masse : *La marée conglomère les boues du fleuve* (syn. **agréger**).

Congo, fl. d'Afrique, long de 4 700 km (bassin de 3 800 000 km²). Né sur le plateau du Katanga, il porte le nom de Lualaba jusqu'à Kisangani. Il reçoit l'Oubangui et le Kasaï avant de déboucher dans le Malebo Pool, site de Kinshasa et de Brazzaville. Vers l'aval, Matadi est accessible aux navires de haute mer. Navigable par biefs, le Congo a un régime assez régulier. La pêche est active.

Congo, État de l'Afrique centrale ; 342 000 km² ; 4 448 000 hab. *(Congolais).* CAP. *Brazzaville.* LANGUE : *français.* MONNAIE : *franc C.F.A.*

GÉOGRAPHIE

Vaste, mais peu peuplé, sinon au S. des plateaux Batéké, où se concentrent plus des deux tiers de la population, le pays, traversé par l'équateur, possède un climat chaud et humide (1 200 à 1 800 mm de pluies, malgré une saison « sèche ») qui explique l'extension de la forêt (plus de la moitié du territoire). L'agriculture vivrière (manioc surtout), quelques cultures d'exportation (cacao, café, tabac, arachide), l'exploitation de la forêt ont longtemps constitué les fondements de l'économie. Le pétrole constitue le premier poste d'exportations passant surtout par le port de Pointe-Noire qui est, avec la capitale, la seule grande ville.

HISTOIRE

XVe s. Fondation de deux royaumes africains (Loango et Tyo), commerçant avec l'Europe.

1886-1897. Savorgnan de Brazza organise la colonie du Congo français.

1910. Devenu le Moyen-Congo, le territoire est intégré dans l'Afrique-Équatoriale française.

1940. À Brazzaville, le gouverneur général Félix Éboué choisit la France libre.

1958. Création de la république du Congo, qui accède à l'indépendance en 1960, sous l'autorité de l'abbé Fulbert Youlou, au pouvoir jusqu'en 1963.

D'abord libéral, le régime s'oriente vers le socialisme avec Alphonse Massamba-Débat (1963-1969).

1969-1992. Le Congo est une république populaire, dirigée par Marien Ngouabi (1969-1977) puis, après le putsch de 1977, par Denis Sassou-Nguesso (1979-1992).

1992. Une nouvelle Constitution consacre la démocratisation du régime, engagée en 1990. Pascal Lissouba est élu à la tête de l'État.

1997. D. Sassou-Nguesso reprend le pouvoir par les armes. Il est confirmé dans ses fonctions par une élection présidentielle en 2002 et réélu en 2009.

Congo ***(République démocratique du),*** anc. **Congo belge** et, de 1971 à 1997, **Zaïre,** État de l'Afrique centrale ; 2 345 000 km^2 ; 67 514 000 hab. *(Congolais).* CAP. *Kinshasa.* LANGUE : *français.* MONNAIE : *franc congolais.*

GÉOGRAPHIE

Le bassin du fleuve Congo, correspondant à une cuvette, occupe le centre du pays. Autour s'étendent des plateaux dont l'altitude est voisine de 1 000 m. Ils sont dominés à l'est par de hauts massifs (Ruwenzori, monts Virunga) entrecoupés par des lacs d'effondrement (Tanganyika, Kivu). Le climat est équatorial dans le Centre, qui reçoit plus de 1 500 mm de pluies par an, ce qui explique la présence de la forêt dense. Le Nord et le Sud sont tropicaux, avec une saison sèche de 3 à 7 mois, et portent des savanes et des forêts claires. Dans l'Est, l'altitude modifie le climat et la végétation. La population compte plus de 500 tribus, qui, outre le français, utilisent plusieurs langues véhiculaires. Sa répartition est très inégale et son accroissement naturel important. Par ailleurs, un fort exode rural a gonflé les villes.

La majeure partie des actifs se consacre à l'agriculture, largement vivrière (manioc, maïs, banane plantain). L'élevage se développe. Des plantations fournissent de l'huile de palme et des palmistes, du café et du caoutchouc, qui sont exportés, mais la production est en baisse.

Les ressources minières sont abondantes et variées : le cuivre vient en tête, extrait au Katanga, de même que le cobalt, le zinc, l'argent, le manganèse et l'étain. S'y ajoutent l'or, les diamants et le pétrole. L'électricité est d'origine hydraulique (Inga), mais le potentiel hydroélectrique est encore largement sous-utilisé. Le secteur industriel comprend la métallurgie, l'agroalimentaire, le textile, le travail du bois et la chimie. Il est concentré à Kinshasa (près de la moitié), Lubumbashi et Kisangani.

Le pays exporte des matières premières, aux cours fluctuants. L'endettement est très important et la désintégration du pouvoir politique a entraîné celle de l'économie, avec un fort sous-emploi, de flagrantes inégalités sociales, régionales et ethniques.

HISTOIRE

Les origines et l'époque coloniale. La région est occupée par deux groupes ethniques : les Pygmées, qui peuplent la forêt équatoriale, et les Bantous, établis à l'embouchure du Congo et sur les plateaux du Katanga. Vers 1500, le cours inférieur du Congo est dominé par plusieurs États dont le royaume du Kongo, où les Portugais diffusent le christianisme. Au sud, dans la région du Katanga, se forment plusieurs États : le royaume louba (qui apparaît avant 1490), l'Empire lunda (à son apogée aux XVIIe-XVIIIe s.) et le royaume kouba (constitué à la fin du XVIe s.). Ils s'enrichissent grâce au commerce du cuivre et du sel et à la traite des Noirs.

1876-1877. L'explorateur Stanley traverse le bassin du Congo d'est en ouest. Il passe au service de Léopold II de Belgique, fondateur de l'Association internationale africaine, qui étend son contrôle sur la région.

1885. La conférence de Berlin reconnaît à Léopold II la propriété personnelle de l'État indépendant du Congo.

La colonie est intensément exploitée grâce au travail forcé des indigènes.

1908. La Belgique assume l'héritage de Léopold II.

L'indépendance

1960. Après des années d'agitation nationaliste, le Congo belge accède à l'indépendance sous le nom de république du Congo, dite « Congo-Kinshasa ».

Le nouvel État connaît une profonde crise politique marquée par la sécession du Katanga, l'opposition entre le président J. Kasavubu et son Premier ministre, P. Lumumba (assassiné en 1961). L'intervention des forces de l'O.N.U. et des troupes belges (1961-1964) permet la reconquête du Katanga et le maintien des intérêts occidentaux dans le pays.

1965. L'armée installe au pouvoir le général Mobutu.

1971. Le pays prend le nom de Zaïre.

1977-1978. Des troubles au Shaba amènent une intervention des parachutistes français.

Tandis que les problèmes économiques et financiers du pays s'aggravent, le régime doit faire face à une opposition croissante. Malgré la légalisation de certains partis en 1990, le pouvoir refuse la démocratisation.

À partir de 1994, les difficultés du pays sont encore accrues par l'afflux de réfugiés du Burundi et, surtout, du Rwanda.

1997. Des troupes rebelles, progressant d'est en ouest, prennent le contrôle du pays et contraignent Mobutu à abandonner le pouvoir. Leur chef, Laurent-Désiré Kabila, se fait proclamer à la tête de l'État, rebaptisé République démocratique du Congo.

Mais le soulèvement d'anciens alliés de L.-D. Kabila, appuyés par le Rwanda et l'Ouganda, contre le pouvoir central entraîne à nouveau le pays dans la guerre.

2001. L.-D. Kabila est assassiné. Son fils, Joseph Kabila, est porté à la tête de l'État et lance un processus de pacification.

2005. Une nouvelle Constitution, prévoyant un régime démocratique et décentralisé, est adoptée.

2009. Un accord de paix est signé en vue de mettre fin à la violence endémique dans le nord-est du pays (Nord- et Sud-Kivu, Ituri).

2011-2012. J. Kabila entame un second mandat à la suite d'élections critiquées par les observateurs internationaux. La rébellion renaît dans le Nord-Kivu.

Congo ***(royaume du)*** **⟶ Kongo.**

congratulations [kɔ̃gratylasjɔ̃] **n.f. pl.** Félicitations, compliments un peu exagérés : *Échanger des congratulations.*

congratuler [kɔ̃gratyle] **v.t.** (lat. *congratulari,* de *gratus,* reconnaissant). Féliciter à l'occasion d'un heureux événement : *Congratuler le vainqueur* (syn. **complimenter**).

congre [kɔ̃gr] **n.m.** (bas lat. *congrus,* class. *conger,* du gr.). Poisson marin au corps allongé gris-bleu foncé, vivant dans les creux de rochers (on dit aussi *anguille de mer*). ▸ Famille des congridés ; long. 2 à 3 m.

congrégation [kɔ̃gregasjɔ̃] **n.f.** (lat. *congregare,* rassembler, de *cum,* avec, et *grex, gregis,* troupeau). **1.** Association de religieux ou de religieuses liés par des vœux simples : *La congrégation de l'Oratoire.* **2.** Association de laïques fondée sur des principes religieux. **3.** Assemblée de prélats chargés d'examiner certaines affaires en cour de Rome. **4.** HIST. ***La Congrégation,*** association religieuse qui groupa, sous la Restauration, de nombreux membres des classes dirigeantes et qui fut dissoute en 1830.

congrès [kɔ̃grɛ] **n.m.** (lat. *congressus,* de *congredi,* se rencontrer). **1.** Réunion de personnes qui délibèrent sur des études communes, politiques, scientifiques, économiques, etc. : *Un congrès international de cardiologie.* **2.** Assemblée de chefs d'État, d'ambassadeurs, pour traiter d'intérêts politiques : *Le congrès de Vienne.* **3.** En France, réunion commune des deux assemblées à Versailles. **4.** (Avec une majuscule). Parlement des États-Unis d'Amérique, composé du Sénat et de la Chambre des représentants.

Congrès ***(parti du),*** mouvement puis parti politique indien. Fondé en 1885, il lutte à partir de 1929 pour l'indépendance de l'Inde. Il est au pouvoir de 1947 à 1977, de 1980 à 1989, de 1991 à 1996 et depuis 2004.

congressiste [kɔ̃gresist] **n.** Membre d'un congrès.

Congreve (William), écrivain anglais (Bardsey, près de Leeds, 1670 - Londres 1729). Il est l'auteur de drames héroïques et de comédies *(Ainsi va le monde)* qui réagissent contre l'austérité puritaine.

congru, e [kɔ̃gry] **adj.** (lat. *congruus,* conforme, convenable). **1.** *LITT.* Qui est approprié à un usage, à une situation : *Expression congrue* (syn. **approprié, adéquat**). **2. Portion congrue,** quantité de nourriture à peine suffisante pour vivre ; ressources insuffisantes : *Être réduit à la portion congrue.*

congruence [kɔ̃gryɑ̃s] **n.f.** MATH. Relation qui associe deux nombres congruents.

congruent, e [kɔ̃gryɑ̃, -ɑ̃t] **adj.** (lat. *congruens, -entis,* de *congruere,* concorder). MATH. **Nombres congruents,** nombres entiers qui ont le même reste dans une division par un même nombre donné : *18 et 26 sont congruents dans la division par 4* (ou *sont congruents modulo 4*).

conifère [kɔnifɛr] **n.m.** (du lat. *conus,* cône, et de *-fère,* d'après le lat. *conifer*). BOT. **Conifères,** ordre de gymnospermes arborescents souvent résineux, à feuillage génér. persistant et en aiguilles, aux fruits en cône, tels que le pin, le sapin, le cèdre, le mélèze et l'épicéa.

conique [kɔnik] **adj. 1.** Qui a la forme d'un cône : *Chapeau conique.* **2.** GÉOM. **Section conique,** courbe plane obtenue par intersection d'un cône de révolution et d'un plan ; lieu des points d'un plan dont le rapport des distances à un point *(foyer)* et à une droite *(directrice)* de ce plan a une valeur donnée *(excentricité)* [on dit aussi *une conique*].

conjectural, e, aux [kɔ̃ʒɛktyral, -o] **adj.** *SOUT.* Qui repose sur des conjectures (syn. **incertain**).

conjecture [kɔ̃ʒɛktyr] **n.f.** (lat. *conjectura,* de *conjicere,* combiner dans l'esprit). Simple supposition fondée sur des apparences, sur des probabilités : *Se perdre en conjectures* (syn. **présomption, hypothèse**). ***Rem.*** À distinguer de *conjoncture.*

conjecturer [kɔ̃ʒɛktyre] **v.t.** *SOUT.* Juger par conjecture : *Conjecturer l'issue d'un événement* (syn. **présumer**).

1. conjoint, e [kɔ̃ʒwɛ̃, -ɛ̃t] **adj.** (p. passé de *conjoindre,* lat. *conjungere,* relier). Associé, étroitement uni, joint à qqch ; faites simultanément, en parlant de plusieurs choses : *Problèmes conjoints. Démarche conjointe.*

2. conjoint, e [kɔ̃ʒwɛ̃, -ɛ̃t] **n.** (de *1. conjoint*). Chacun des époux considéré par rapport à l'autre.

conjointement [kɔ̃ʒwɛ̃tmɑ̃] **adv.** De manière conjointe : *Agir conjointement avec qqn* (syn. **de concert**).

conjonctif, ive [kɔ̃ʒɔ̃ktif, -iv] **adj.** (lat. *conjunctivus ;* v. *conjoncture*). **1.** Qui sert à unir des parties organiques : *Fibres, cellules conjonctives.* **2.** ANAT. **Tissu conjonctif,** tissu constitué par une substance fondamentale contenant des cellules et des fibres, qui joue un rôle de remplissage, de soutien ou de protection. / GRAMM. **Locution conjonctive,** qui joue le rôle d'une conjonction, comme *parce que, afin que, étant donné que.* / **Proposition conjonctive,** proposition subordonnée introduite par une conjonction de subordination ou une locution conjonctive (on dit aussi *une conjonctive*).

conjonction [kɔ̃ʒɔ̃ksjɔ̃] **n.f.** (lat. *conjunctio ;* v. *conjoncture*). **1.** GRAMM. Mot invariable qui sert à réunir deux mots ou deux groupes de mots *(conjonction de coordination)* ou à relier une proposition subordonnée à une principale *(conjonction de subordination).* **2.** *LITT.* Rencontre, réunion : *Une conjonction rare de talents.* **3.** ASTRON. Rencontre apparente de deux ou de plusieurs astres dans la même partie du ciel (par opp. à *opposition*). **4.** LOG. Liaison de deux propositions par « et ».

conjonctive [kɔ̃ʒɔ̃ktiv] **n.f.** (de *conjonctif*). **1.** ANAT. Muqueuse qui tapisse la face postérieure des paupières et la face antérieure de la sclérotique. **2.** GRAMM. Proposition conjonctive.

conjonctivite [kɔ̃ʒɔ̃ktivit] **n.f.** Inflammation de la conjonctive.

conjoncture [kɔ̃ʒɔ̃ktyr] **n.f.** (anc. fr. *conjointure,* refait d'après le lat. *conjunctus,* de *cunjungere,* relier). **1.** Situation résultant d'un concours de circonstances : *Nous attendrons une conjoncture plus favorable* (syn. **occasion**). **2.** Ensemble des éléments qui déterminent la situation économique, sociale, politique, etc., à un moment donné ; cette situation : *L'examen de la conjoncture laisse prévoir une baisse de la consommation.* ***Rem.*** À distinguer de *conjecture.*

conjoncturel, elle [kɔ̃ʒɔ̃ktyrɛl] **adj.** Relatif à la conjoncture (par opp. à *structurel*).

conjugaison [kɔ̃ʒygezɔ̃] **n.f.** (lat. *conjugatio ;* v. *conjuguer*). **1.** Ensemble des formes du verbe, qui se distribuent selon les personnes, les temps, les modes, les voix : *La conjugaison des verbes du deuxième groupe.* **2.** Ensemble de verbes présentant les mêmes désinences : *« Amare » est le type de la première conjugaison latine.* **3.** *SOUT.* Action d'unir en vue d'un résultat : *La conjugaison de plusieurs forces* (syn. **association**). **4.** BIOL. Mode de reproduction sexuée de certains protozoaires ciliés et de certaines algues vertes. **5.** ANAT. **Cartilages de conjugaison,** cartilages assurant la croissance en longueur des os et qui disparaissent à l'âge adulte. / ANAT. **Trous de conjugaison,** espaces compris entre les pédicules de deux vertèbres voisines, et livrant passage aux racines des nerfs rachidiens.

conjugal, e, aux [kɔ̃ʒygal, -o] **adj.** (lat. *conjugalis,* de *conjux, -ugis,* époux). Qui concerne les relations entre époux : *La vie conjugale.*

conjugué, e [kɔ̃ʒyge] **adj. 1.** Associé ; réuni : *Ils ont gagné grâce à leurs efforts conjugués.* **2.** MATH. **Points conjugués,** formant avec deux autres une division harmonique.

conjuguer [kɔ̃ʒyge] **v.t.** (lat. *conjugare,* unir). **1.** Énumérer les formes de la conjugaison d'un verbe : *Conjuguer le verbe aller.* **2.** Unir ; joindre : *Conjuguer ses efforts.*

conjurateur, trice [kɔ̃ʒyratœr, -tris] **n.** Personne qui organise une conjuration : *Prendre des mines de conjurateur* (syn. **conjuré, conspirateur**).

conjuration [kɔ̃ʒyrasjɔ̃] **n.f. 1.** Conspiration, entreprise concertée en vue de renverser le pouvoir établi : *La conjuration de Catilina* (syn. **complot**). **2.** (Au pl.). Action d'écarter les effets d'une influence maléfique avec des formules magiques ; ces formules elles-mêmes : *Prononcer des conjurations et des incantations.*

conjuré, e [kɔ̃ʒyre] **n.** Personne qui participe à une conjuration ; comploteur.

conjurer [kɔ̃ʒyre] **v.t.** (lat. *conjurare,* jurer ensemble). **1.** Prier avec insistance : *Je vous conjure de faire cela* (syn. **supplier**). **2.** Écarter par des pratiques religieuses ou magiques : *Conjurer le diable.* **3.** Détourner par un moyen quelconque : *Les négociateurs ont tout tenté pour conjurer la menace de guerre.* **4.** *LITT.* S'engager avec d'autres à réaliser une action funeste : *Conjurer la perte de l'ennemi.*

connaissance [kɔnesɑ̃s] **n.f. 1.** Faculté de connaître, de se représenter ; manière de comprendre, de percevoir : *Avoir une connaissance intuitive des gens.* **2.** Ensemble des domaines où s'exerce l'activité intellectuelle : *Les branches de la connaissance* (syn. **savoir**). **3.** Activité intellectuelle qui vise à l'acquisition d'une compétence ; cette compétence : *Avoir une bonne connaissance de l'anglais.* **4.** PHILOS. Rapports entre la pensée et le monde extérieur : *Théorie de la connaissance* (= système d'explication de ces rapports). **5.** Information plus ou moins complète concernant un fait, une question : *Prendre connaissance d'un dossier. À ma connaissance, personne n'est venu* (= autant que je sache). **6.** État conscient : *Perdre connaissance* (= perdre conscience). *Être sans connaissance* (= être évanoui). *Reprendre connaissance* (= reprendre conscience). **7.** Personne qu'on connaît : *C'est une vieille connaissance* (syn. **relation**). **8. En connaissance de cause ⟶ cause.** / **En pays de connaissance ⟶ pays.** / **Faire connaissance (avec qqn),** entrer en rapport avec qqn. ◆ **connaissances n.f. pl.** Choses connues ; savoir : *Elle a des connaissances très étendues en droit.*

connaisseur, euse [kɔnesœr, -øz] **adj.** et **n.** Qui s'y connaît en qqch : *Un connaisseur en meubles anciens* (syn. **expert**).

connaître [kɔnɛtr] **v.t.** (lat. *cognoscere*) [conj. **91**]. **1.** Avoir une idée plus ou moins juste, savoir de façon plus ou moins précise : *Connaître le nom de qqn. Connaître une personne de vue, de nom.* **2.** Être renseigné sur l'existence et la valeur de qqn, de qqch : *Connaître un bon restaurant.* **3.** Avoir la pratique, l'expérience de qqch : *Connaître son métier.* **4.** Être en relation avec qqn : *Connaître beaucoup de monde.* **5.** *SOUT.* En parlant de qqch, comporter, avoir, être atteint, affecté de : *Cette pièce connaît un grand succès. Règle qui ne connaît aucune exception.* **6.** *FAM.* **Je ne connais que lui, que cela,** je le connais, je connais cela très bien. / **Ne connaître que,** ne considérer que : *Ne connaître que son intérêt.* / **Se faire connaître,** dire son identité ; montrer sa valeur. / *FAM.* **Ne pas connaître son bonheur,** être dans une situation privilégiée : *Cesse de te plaindre, tu ne connais pas ton bonheur !* ◆ **v.t. ind. [de].**

DR. Être compétent pour juger : *Ce tribunal ne connaît pas des causes civiles.* ◆ **se connaître** v.pr. **1.** Avoir une juste idée de soi-même. **2. Ne plus se connaître,** être furieux, hors de soi. / **Se connaître, s'y connaître en qqch,** être habile, expert en qqch : *Elle s'y connaît en restauration de tableaux.*

connecter [kɔnɛkte] **v.t.** (lat. *connectere*). **1.** Unir, assembler des objets. **2.** Établir une connexion entre des circuits électriques, des machines.

connecteur [kɔnɛktœr] **n.m. 1.** Appareil de connexion. **2.** LOG. Mot qui permet de composer une proposition complexe à partir d'une ou de plusieurs propositions simples : *« Et », « ou » sont des connecteurs logiques.*

Connecticut, État du nord-est des États-Unis ; 13 000 km^2 ; 3 596 080 hab. CAP. *Hartford.*

connerie [kɔnri] **n.f.** (de *con*). *T. FAM.* Stupidité.

connétable [kɔnetabl] **n.m.** (bas lat. *comes stabuli,* grand écuyer, propr. « comte de l'écurie »). Commandant suprême de l'armée française du XIIIe s. à 1627.

connexe [kɔnɛks] **adj.** (lat. *connexus,* de *connectere,* lier ensemble). *LITT.* Qui a des rapports de dépendance ou de similitude avec qqch : *Question connexe.*

connexion [kɔnɛksjɔ̃] **n.f.** (lat. *connexio,* de *connectere,* lier ensemble). **1.** *SOUT.* Action de lier par des rapports étroits ; fait d'être lié : *Établir des connexions entre les événements* (syn. **liaison, lien**). **2.** Liaison de circuits, d'appareils ou de machines (syn. **jonction, raccordement**).

connivence [kɔnivɑ̃s] **n.f.** (bas lat. *coniventia,* indulgence). Complicité ; entente secrète : *Être de connivence avec qqn.*

connotation [kɔnɔtasjɔ̃] **n.f. 1.** LING. Valeur particulière, élément de sens qui affectent un mot en fonction du contexte où il apparaît, et qui s'ajoutent à sa signification fondamentale (ou *dénotation*) : *Le mot « destrier » comporte des connotations de fougue et de noblesse que n'a pas le mot « cheval ».* **2.** Résonance affective qui s'attache à des paroles, à une action : *Un discours aux connotations racistes.*

connoter [kɔnɔte] **v.t.** (lat. scolast. *connotare,* de *cum,* avec, et *notare,* marquer). Exprimer par connotation (par opp. à *dénoter*).

connu, e [kɔny] **adj.** (p. passé de *connaître*). **1.** Qui est célèbre, renommé : *Auteur connu.* **2.** Qui est largement répandu dans le public : *Il est mégalomane, c'est connu* (syn. **notoire**). **3.** Découvert, exploré par l'homme : *Les limites du monde connu.* ◆ **connu n.m.** Ce que l'on connaît ; ce dont on a fait l'expérience : *Le connu et l'inconnu.*

conque [kɔ̃k] **n.f.** (lat. *concha,* gr. *konkhê,* coquille). **1.** Coquille des mollusques gastropodes du genre triton. **2.** ANAT. Excavation profonde du pavillon de l'oreille. **3.** MYTH. Coquille servant de trompe aux dieux de la mer.

conquérant, e [kɔ̃kerɑ̃, -ɑ̃t] **adj.** et **n.** (de *conquérir*). **1.** Qui a fait des conquêtes par les armes : *Alexandre le Grand fut un grand conquérant.* **2.** Qui manifeste un esprit de conquête : *Entrer chez qqn en conquérant.*

conquérir [kɔ̃kerir] **v.t.** (lat. pop. **conquaerere,* réfection du class. *conquirere,* d'après le v. simple *quaerere*) [conj. **39**]. **1.** Se rendre maître par les armes, par la force : *Conquérir un pays* (syn. **soumettre**). **2.** Gagner, obtenir au prix d'efforts ou de sacrifices : *Conquérir des avantages. Conquérir qqn* (= le séduire).

Conques, commune de l'Aveyron, au N.-O. de Rodez ; 270 hab. Grande abbatiale Ste-Foy (milieu du XIe - début XIIe s.), apparentée au roman auvergnat ainsi qu'aux églises de pèlerinage du type de St-Sernin de Toulouse ; trésor d'orfèvrerie médiévale, le plus important en France.

conquête [kɔ̃kɛt] **n.f.** (lat. pop. **conquaesita* ; v. *conquérir*). **1.** Action de conquérir. **2.** Pays conquis ou chose dont on s'est rendu maître : *Napoléon perdit toutes ses conquêtes.* **3.** *FAM.* Personne qu'on a conquise, séduite : *Vous avez vu sa dernière conquête.*

conquis, e [kɔ̃ki, -iz] **adj.** (p. passé de *conquérir*). **1.** Qui a subi une conquête par les armes ; vaincu : *Une province conquise.* **2. Se conduire comme en pays conquis,** manquer de discrétion, de savoir-vivre chez qqn. (V. aussi *conquérir.*)

conquistador [kɔ̃kistadɔr] **n.m.** (mot esp. « conquérant ») [pl. *conquistadors* ou *conquistadores*]. Aventurier ou noble espagnol qui partit conquérir l'Amérique : *Cortés, Pizarro, Almagro furent les principaux conquistadors du XVIe siècle.*

Conrad (Józef Konrad Korzeniowski, dit **Joseph),** écrivain britannique d'origine polonaise (Berditchev, Ukraine, 1857 - Bishopsbourne, Kent, 1924). Il est l'auteur de romans qui font de l'aventure maritime ou exotique (*Lord Jim,* 1900 ; *Typhon,* 1903) une quête initiatique à travers l'épreuve de la volonté.

consacré, e [kɔ̃sakre] **adj. 1.** Qui a reçu la consécration religieuse : *Hostie consacrée.* **2.** Qui est sanctionné par l'usage : *Expression consacrée. Selon la formule consacrée.* **3.** Qui a acquis la célébrité : *Écrivain consacré.*

consacrer [kɔ̃sakre] **v.t.** (lat. *consecrare,* de *sacer,* sacré). **1.** RELIG. Vouer au service de Dieu ; réserver à un culte divin : *Consacrer un évêque. Consacrer un autel.* **2.** RELIG. CHRÉT. Accomplir l'acte de consécration eucharistique : *Consacrer l'hostie.* **3.** Rendre durable, faire une règle habituelle d'une pratique, d'une expression : *Un terme que l'usage a consacré* (syn. **ratifier**). **4.** Employer ; réserver à : *Consacrer tous ses loisirs à la peinture.* ◆ **se consacrer v.pr.** Employer tout son temps à : *Elle se consacre à son métier* (syn. **se vouer**).

consanguin, e [kɔ̃sɑ̃gɛ̃, -in] **adj.** et **n.** (lat. *consanguineus*). **1.** Qui est du même sang, qui a un ascendant commun avec d'autres personnes. **2.** Qui est issu du même père (par opp. à *utérin*) : *Frère consanguin.*

consanguinité [kɔ̃sɑ̃gɥinite] ou [kɔ̃sɑ̃ginite] **n.f.** (lat. *consanguinitas*). **1.** Parenté sanguine de personnes ayant un ancêtre immédiat commun. **2.** Lien unissant des enfants qui ont le même père.

consciemment [kɔ̃sjamɑ̃] **adv.** De façon consciente.

conscience [kɔ̃sjɑ̃s] **n.f.** (lat. *conscientia ;* v. *conscient*). **1.** Perception, connaissance plus ou moins claire que chacun peut avoir de son existence et de celle du monde extérieur : *Prendre conscience, avoir conscience de qqch.* **2.** Sentiment intérieur qui pousse à porter un jugement de valeur sur ses propes actes ; sens du bien et du mal : *Juger en son âme et conscience* (= dans sa conviction intime). *Faire son examen de conscience.* **3. Avoir bonne, mauvaise conscience,** n'avoir rien ou avoir qqch à se reprocher, ne pas se sentir ou se sentir responsable de qqch. / **Avoir qqch sur la conscience,** avoir qqch de grave à se reprocher. / **Cas de conscience** → **cas.** / **Conscience de classe,** ensemble des représentations idéologiques et des comportements sociaux par lesquels on a conscience d'appartenir à telle classe sociale. / **Conscience professionnelle,** soin avec lequel on exerce son métier. / **En conscience,** honnêtement, franchement. / **Liberté de conscience,** liberté du culte. / **Par acquit de conscience,** pour satisfaire à une obligation, à un scrupule, mais sans croire à l'efficacité de ce que l'on fait. / **Perdre** ou **reprendre conscience,** s'évanouir ou revenir à soi.

consciencieusement [kɔ̃sjɑ̃sjøzmɑ̃] **adv.** De façon consciencieuse, scrupuleuse.

consciencieux, euse [kɔ̃sjɑ̃sjø, -øz] **adj.** Qui fait preuve de probité, de conscience professionnelle : *Travail consciencieux* (syn. **sérieux, scrupuleux**).

conscient, e [kɔ̃sjɑ̃, -ɑ̃t] **adj.** (lat. *consciens,* de *conscire,* avoir conscience). **1.** Qui a conscience de ce qu'il fait, de ce qu'il est : *Être conscient de ses responsabilités.* **2.** Qui est dans un état de conscience, d'éveil : *Le malade est-il conscient ?* ◆ **conscient n.m.** PSYCHAN. Dans le premier modèle freudien, instance psychique qui constitue le lieu de la perception et de la conscience de soi et du monde (par opp. à *inconscient,* à *préconscient*).

conscription [kɔ̃skripsjɔ̃] **n.f.** (lat. *conscriptio,* enrôlement). Système de recrutement militaire fondé sur l'appel annuel du contingent.

conscrit [kɔ̃skri] **n.m.** (lat. *conscriptus,* de *conscribere,* enrôler). Recrue appelée suivant le système de la conscription. ◆ **adj.m. Pères conscrits,** sénateurs romains.

consécration [kɔ̃sekrasjɔ̃] **n.f.** (lat. ecclés. *consecratio ;* v. *consacrer*). **1.** RELIG. Action de consacrer ; rite par lequel on consacre : *La consécration d'un temple, d'un évêque.* **2.** RELIG. CHRÉT. Acte du prêtre qui consacre le pain et le vin lors de l'eucharistie ; moment de ce rite. **3.** Reconnaissance publique qui confère la notoriété : *La consécration d'un chanteur.*

consécutif, ive [kɔ̃sekytif, -iv] **adj.** (du lat. *consecutus,* de *consequi ;* v. *conséquent*). **1.** Qui se suit immédiatement dans le temps, dans l'espace ou dans l'ordre numérique : *Avoir la fièvre trois jours consécutifs.* **2. Consécutif à,** qui résulte de : *Fatigue consécutive à une longue marche* (= due à). ⁄ GRAMM. **Proposition consécutive** ou **proposition de conséquence,** qui exprime le résultat, l'effet, la conséquence (on dit aussi *une consécutive*).

consécutivement [kɔ̃sekytivmɑ̃] **adv. 1.** Sans interruption ; à la suite. **2. Consécutivement à,** par suite de.

conseil [kɔ̃sɛj] **n.m.** (lat. *consilium,* délibération). **1.** Avis sur ce qu'il convient de faire ; recommandation : *Donner, demander un conseil. Prendre conseil auprès de qqn.* **2.** Assemblée de personnes chargées de fonctions consultatives, délibératives, administratives, juridictionnelles, etc. : *Conseil régional. Conseil départemental (anc. conseil général). Conseil municipal. Conseil d'administration.* **3.** Ensemble des personnes chargées d'éclairer de leurs conseils l'autorité responsable, civile ou militaire : *Conseil des Anciens. Conseil du roi. Conseil supérieur.* **4.** (Parfois en appos. ou formant des mots composés). Personne qui, à titre professionnel, guide, conseille autrui dans la conduite de ses affaires, notamm. en matière juridique : *Conseil en recrutement. Ingénieur conseil.* **5. Conseil de classe,** réunion trimestrielle, dans les lycées et collèges, des professeurs de la classe, des délégués des parents et des délégués des élèves sous la présidence du chef d'établissement. ⁄ **Conseil de discipline,** assemblée chargée de donner un avis sur l'opportunité d'une sanction disciplinaire ; conseil d'établissement d'un lycée ou d'un collège qui siège en formation disciplinaire. ⁄ **Conseil de famille,** assemblée des parents, présidée par le juge des tutelles, pour délibérer sur les intérêts d'un mineur ou d'un majeur en tutelle. ⁄ **Conseil des ministres,** réunion des ministres sous la présidence du président de la République. ⁄ **Conseil d'établissement,** assemblée chargée, dans les lycées et collèges, d'assister le chef d'établissement, qui le préside. ⁄ **Conseil municipal,** assemblée élective chargée de régler les affaires de la commune.

Conseil constitutionnel, organe créé, en France, en 1958, pour veiller à la régularité des élections et des référendums et à la conformité des lois à la Constitution. Il peut aussi, depuis 2010, être saisi lorsque, à l'occasion d'un procès, il est soutenu qu'une disposition législative porte atteinte aux droits et aux libertés garantis par la Constitution ; c'est ce que l'on appelle une *question prioritaire de constitutionnalité* ou *QPC.* Ses décisions ne sont susceptibles d'aucun recours, une disposition déclarée inconstitutionnelle ne pouvant être ni promulguée ni mise en application. Le Conseil constitutionnel comprend des membres de droit et à vie (les anciens présidents de la République) et neuf membres nommés pour neuf ans non renouvelables par le président de la République, le président de l'Assemblée nationale et le président du Sénat, qui en désignent chacun trois.

Conseil de l'Union européenne ou **Conseil,** institution de l'Union européenne. Constitué par les ministres des États membres de l'U.E., qui se réunissent par domaine de compétences, il est un des organes majeurs de la politique communautaire, exerçant conjointement avec le Parlement européen les fonctions législative et budgétaire. Sa présidence est confiée à tour de rôle pour six mois à chaque État membre de l'Union.

Conseil d'État, tribunal administratif dans certains pays, notamment la France, l'Italie et la Belgique. En France, le Conseil d'État est le juge suprême des juridictions administratives. Tous les litiges qui impliquent une personne publique ou une personne privée chargée d'un service public relèvent en dernier ressort du Conseil d'État.

Conseil économique, social et environnemental, assemblée consultative créée en 1958 (dénommée jusqu'en 2008 Conseil économique et social) et composée de représentants du gouvernement et des principales activités économiques, sociales et environnementales de la nation. Les compétences du Conseil sont d'ordre consultatif : il donne son avis par exemple sur les projets ou propositions de loi et sur tout problème à caractère économique, social ou environnemental. Il peut aussi appeler l'attention du gouvernement sur les réformes qui lui paraissent favorables à la réalisation des objectifs de la politique économique, sociale et environnementale.

Conseil européen, institution de l'Union européenne chargée de la définition des politiques générales. Créé en 1974 sous la forme d'une réunion périodique des chefs d'État et de gouvernement de la C.E.E. et du président de la Commission européenne, il a été institutionnalisé en 1986. Après avoir longtemps fonctionné avec une présidence tournante (exercée pour six mois par chaque État membre), il est doté depuis 2009 d'un président permanent (investi d'un mandat de deux ans et demi, renouvelable une fois).

1. conseiller [kɔ̃seje] **v.t.** (lat. pop. **consiliare,* class. *consiliari*). **1.** Indiquer à titre de conseil : *Je te conseille la plus grande discrétion, d'aller à la montagne* (syn. **recommander**). **2.** Guider par des conseils : *Conseiller un étudiant dans la poursuite de ses études* (syn. **orienter**).

2. conseiller, ère [kɔ̃seje, -ɛr] **n.** (lat. *consiliarius*). **1.** Personne qui donne des conseils : *Conseiller d'orientation. C'est mon conseiller.* **2.** Ce qui influe sur le comportement de qqn : *La colère est mauvaise conseillère.* **3.** Membre d'un conseil ou magistrat d'une haute juridiction : *Conseiller municipal. Conseiller à la Cour de cassation.* **4. Conseiller d'orientation-psychologue (C.O.P.),** fonctionnaire de l'Éducation nationale intervenant dans les C.I.O. et les établissements scolaires pour conseiller les élèves et les étudiants dans leur orientation scolaire et professionnelle. ⁄ **Conseiller principal d'éducation (C.P.E.),** fonctionnaire qui exerce dans un collège ou dans un lycée des tâches éducatives et contrôle le personnel de surveillance.

conseilleur, euse [kɔ̃sejœr, -øz] **n.** Personne qui a la manie de donner des conseils.

Conseil national de la Résistance (C.N.R.), organisme fédérateur des organisations de la Résistance, réuni en 1943 sous la présidence de Jean Moulin. Il établit un programme de réformes, réalisées après la Libération.

Conseil supérieur de la magistrature (C.S.M.), organe constitutionnel français chargé de garantir l'indépendance de l'autorité judiciaire ; il assiste à ce titre le président de la République. Il intervient dans la nomination des magistrats du siège (ceux qui jugent à un procès) et des magistrats du parquet (ceux qui requièrent l'application des lois au nom de la société), ainsi que dans les sanctions disciplinaires à l'encontre des magistrats.

Conseil supérieur de l'audiovisuel (C.S.A.), autorité administrative indépendante créée par la loi du 17 janv. 1989, qui garantit en France l'exercice de la liberté de communication. Son rôle est notamment de veiller au respect, par les diffuseurs, de leurs obligations en matière de programmes.

consensuel, elle [kɔ̃sɑ̃sɥɛl] **adj. 1.** Qui repose sur un consensus : *Politique consensuelle.* **2.** DR. Formé par le seul consentement des parties : *Accord consensuel.*

consensus [kɔ̃sɛ̃sys] **n.m.** (mot lat. de *consentire,* être d'accord). Accord du plus grand nombre, spécial. en politique : *Consensus social.*

consentant, e [kɔ̃sɑ̃tɑ̃, -ɑ̃t] **adj.** Qui consent.

consentement [kɔ̃sɑ̃tmɑ̃] **n.m.** Action de consentir : *Donner son consentement* (syn. **accord, acceptation**).

consentir [kɔ̃sɑ̃tir] **v.t. ind. [à]** (lat. *consentire*) [conj. **37**]. Accepter qu'une chose ait lieu : *Consentir à un arrangement* (syn. **approuver**). ◆ **v.t.** SOUT. Autoriser ; accorder : *Consentir un prêt.*

conséquemment [kɔ̃sekamɑ̃] **adv.** SOUT. En conséquence.

conséquence [kɔ̃sekɑ̃s] **n.f.** (lat. *consequentia*). **1.** Suite logique entraînée par un fait : *Prévoir les conséquences d'une action.* **2. En conséquence,** d'une manière appropriée : *J'ai reçu votre lettre et j'agirai en conséquence.* / **Sans conséquence,** sans suite fâcheuse, sans importance. / **Tirer, ne pas tirer à conséquence,** avoir, ne pas avoir de suites graves. **3.** GRAMM. **Proposition de conséquence,** syn. de *proposition consécutive.*

conséquent, e [kɔ̃sekɑ̃, -ɑ̃t] **adj.** (lat. *consequens, -entis,* de *consequi,* suivre, s'ensuivre). **1.** Qui agit avec esprit de suite, avec logique : *Homme conséquent dans sa conduite.* **2.** FAM. Important, considérable : *Salaire conséquent.* **3. Par conséquent,** comme suite logique ; donc.

1. conservateur, trice [kɔ̃sɛrvatœr, -tris] **n.** et **adj.** (lat. *conservator*). **1.** Personne qui a la charge des collections d'un musée, d'une bibliothèque. **2.** Partisan du conservatisme politique (par opp. à *progressiste*). **3.** Membre ou sympathisant du parti conservateur, l'un des grands partis politiques britanniques (par opp. à *travailliste, libéral*). ◆ **adj. 1.** FAM. Qui aime conserver les choses, ne pas s'en dessaisir : *Les personnes âgées sont souvent assez conservatrices.* **2.** Qui relève du conservatisme politique (par opp. à *progressiste*) : *Journal conservateur.*

2. conservateur [kɔ̃sɛrvatœr] **n.m. 1.** Appareil frigorifique destiné à conserver à une température de - 18 °C des denrées déjà congelées. **2.** Produit qui assure la conservation des denrées alimentaires.

conservateur *(Parti),* parti politique britannique. Le terme « conservateur » fut officiellement substitué à celui de « tory » après la réforme électorale de 1832. Traditionnellement aristocratique, ce parti a progressivement atteint les classes moyennes. Principaux leaders : R. Peel, W. Churchill, M. Thatcher, D. Cameron.

conservation [kɔ̃sɛrvasjɔ̃] **n.f.** (lat. *conservatio*). **1.** Action de conserver, de maintenir intact, dans le même état ; état dans lequel une chose subsiste : *Veiller à la conservation des documents. Conservation des aliments par le froid.* **2.** Fonction d'un conservateur ; administration qu'il régit. **3. Instinct de conservation,** instinct qui pousse un être, un animal à sauver son existence quand elle est menacée. **4.** PHYS. **Loi de conservation,** loi aux termes de laquelle, sous certaines conditions, certaines grandeurs physiques restent invariantes dans l'évolution d'un système donné.

■ Les méthodes et les moyens utilisés pour assurer la conservation des aliments sont nombreux.

La chaleur. La *pasteurisation* (à moins de 100 °C), chauffage pendant une durée déterminée, permet de détruire les bactéries pathogènes et assure une conservation de moyenne durée (lait, bière). La *stérilisation* (de 110 à 140 °C), ou *appertisation,* est une technique sur laquelle repose toute l'industrie de la conserve et qui permet une conservation de longue durée (légumes, fruits, viandes, poissons).

Le froid. La *réfrigération* correspond à l'abaissement de la température d'une denrée sans atteindre son point de congélation, autour de 3 °C, et ne donne qu'une conservation limitée ; la *congélation* est un traitement à basse température (entre - 30 °C et - 40 °C) selon les produits ; la *surgélation,* abaissement rapide de la température d'une denrée à - 18 °C, se différencie de la congélation par la brièveté du traitement, qui permet de franchir rapidement la zone de cristallisation du produit et de maintenir ses qualités organoleptiques et nutritionnelles ; congélation et surgélation permettent une conservation prolongée s'il n'y a pas de rupture de la chaîne du froid.

Autres procédés. Plusieurs méthodes s'appuient sur la perte en eau : le *séchage* (fruits, poissons), la *lyophilisation* (congélation brutale à très basse température, suivie d'une évaporation sous vide, appliquée avec succès au café en poudre), la *concentration* (lait, jus de fruits). L'*enrobage* consiste à envelopper un aliment dans un produit neutre (confit). L'*irradiation,* ou *ionisation,* est un procédé utilisant l'effet des rayons X ou celui d'un faisceau d'électrons pour ralentir l'action des enzymes et détruire les micro-organismes. La *fermentation* transforme certains produits en corps antiseptiques : alcool (vin, bière, cidre), acides acétique (vinaigre) et lactique (choucroute, yaourts, olives). La *mise sous vide* ou *sous gaz inerte* évite l'action oxydante de l'air. Le *salage* ralentit les évolutions internes, dues aux enzymes, et empêche les attaques microbiennes externes ; le *saumurage* est le traitement par une solution de sel. L'utilisation du *sucre* permet de conserver confiseries et confitures.

Les agents conservateurs. On incorpore aux aliments différents types de produits dans le but d'arrêter les processus de dégradation biologique : acides sorbique et benzoïque et certains de leurs sels, anhydride sulfureux et certains sulfites, diphényle. Chaque agent de conservation autorisé est symbolisé par la lettre E suivie de trois chiffres : E200 à E299. ■

conservatisme [kɔ̃sɛrvatism] **n.m.** (de *conservateur*). État d'esprit, tendance de ceux qui sont hostiles aux innovations politiques et sociales (par opp. à *progressisme*).

1. conservatoire [kɔ̃sɛrvatwar] **adj.** DR. Qui a pour but de conserver un droit, de maintenir un état : *Mesure conservatoire.*

2. conservatoire [kɔ̃sɛrvatwar] **n.m.** (it. *conservatorio,* école de musique, de *conservare,* conserver). **1.** Établissement destiné à conserver des traditions, des collections : *Le Conservatoire national des arts et métiers.* **2.** Établissement où l'on enseigne la musique, la danse, l'art dramatique.

Conservatoire national des arts et métiers (C.N.A.M.), grand établissement public relevant du ministère chargé de l'Enseignement supérieur. Il a pour missions principales la formation professionnelle des adultes, la recherche technologique et l'innovation, et la diffusion de la culture scientifique et technique. Fondé sur un rapport de l'abbé Grégoire en 1794, il fut installé en 1798 dans l'ancien prieuré de St-Martin-des-Champs, à Paris. Un musée des Arts et Métiers lui est annexé.

conserve [kɔ̃sɛrv] **n.f.** (de *conserver*). Aliment maintenu en état de consommation par différents procédés de conservation et qui se présente dans un bocal ou une boîte en fer-blanc : *Conserves ménagères, industrielles.*

de **conserve** [kɔ̃sɛrv] **loc. adv.** MAR. **Naviguer de conserve,** en parlant de navires, faire route ensemble pour se secourir éventuellement. / **Aller, agir de conserve,** conjointement. *Rem.* À distinguer de *de concert.*

conserver [kɔ̃sɛrve] **v.t.** (lat. *conservare*). **1.** Maintenir en bon état ; préserver de l'altération : *Conserver de la viande* (syn. **préserver**). *Le sport, ça conserve.* **2.** Maintenir durablement : *Conserver un souvenir* (syn. **détenir**). **3. Être bien conservé,** paraître encore jeune, malgré son âge. ◆ **se conserver v.pr.** Se garder, être gardé dans son état : *La sauce se conserve au froid.*

conserverie [kɔ̃sɛrvəri] **n.f. 1.** Fabrique de conserves. **2.** Ensemble des techniques de fabrication des conserves.

considérable [kɔ̃siderabl] **adj.** (de *considérer*). Dont l'importance est grande : *Dépense considérable* (syn. **notable**).

considérablement [kɔ̃siderabləmɑ̃] **adv.** Dans une proportion importante ; notablement.

considération [kɔ̃siderasjɔ̃] **n.f. 1.** Action d'examiner qqch avec attention : *Cette affaire mérite considération. Prendre qqch en considération.* **2.** Estime, égard que l'on accorde à qqn : *Traiter ses parents avec considération.* **3.** (Souvent au pl.). Remarque, raisonnement : *Se perdre en considérations oiseuses* (syn. **observations**). **4. En considération de,** par égard pour : *En considération de votre jeune âge, nous serons cléments.*

considérer [kɔ̃sidere] **v.t.** (lat. *considerare*) [conj. **18**]. **1.** Regarder longuement et attentivement : *Considérer qqn de la tête aux pieds* (syn. **observer**). **2.** Examiner de manière critique : *Tout bien considéré, je pars avec vous* (= tout compte fait). **3.** Être d'avis : *En tant qu'aîné, il considère que ces égards lui sont dus* (syn. **croire, estimer**). **4.** Avoir une grande estime (surtout au p. passé) : *C'est un homme très considéré dans la profession* (syn. **apprécier**).

consignation [kɔ̃siɲasjɔ̃] **n.f. 1.** DR. Action de mettre qqch en dépôt, à titre de garantie ; somme, objet déposé. **2.** Action de consigner un emballage. **3. Caisse des dépôts et consignations,** établissement public qui reçoit des fonds d'épargne et des dépôts.

consigne [kɔ̃siɲ] **n.f.** (de *consigner*). **1.** Instruction formelle donnée à qqn qui est chargé de l'exécuter : *Donner une consigne à la sentinelle.* **2.** Mesure de sécurité maintenant les militaires dans la caserne. **3.** Service d'une gare, d'un aéroport où l'on dépose provisoirement les bagages : *Mettre ses bagages à la consigne.* **4.** Somme perçue en garantie du retour d'un emballage. **5.** *FAM.* **Manger la consigne,** oublier d'exécuter une instruction.

consigner [kɔ̃siɲe] **v.t.** (lat. *consignare,* revêtir d'un sceau). **1.** Remettre en dépôt, à titre de garantie : *Consigner un bijou chez un notaire.* **2.** Déposer un bagage à la consigne. **3.** Facturer un emballage sous garantie de remboursement : *Consigner une bouteille.* **4.** Rapporter, mentionner dans un écrit : *Consigner un fait* (syn. **noter**). **5.** Défendre de sortir à un militaire, à un pensionnaire : *Consigner la troupe.*

consistance [kɔ̃sistɑ̃s] **n.f.** (de *consistant*). **1.** État d'un liquide ou d'un solide quant à la cohésion de ses parties : *L'argile séchée a une consistance dure.* **2.** Solidité, force : *Cet argument manque de consistance.*

consistant, e [kɔ̃sistɑ̃, -ɑ̃t] **adj.** (de *consister*). **1.** Qui a de la consistance, de la fermeté : *Une pâte consistante.* **2.** Copieux, nourrissant : *Un repas consistant.* **3.** Qui est fondé, solide : *Une information consistante* (syn. **sûr**).

consister [kɔ̃siste] **v.t. ind. [à, dans, en]** (lat. *consistere*). **1.** Être composé, formé de : *Le mobilier de la chambre consiste en un lit et une chaise.* **2.** Reposer sur qqch : *En quoi consiste mon erreur ?* (= résider dans). **3.** Avoir comme caractère essentiel : *Son programme consiste à aider les déshérités.*

consistoire [kɔ̃sistwar] **n.m.** (bas lat. *consistorium,* lieu de réunion). RELIG. **1.** Assemblée de cardinaux sous la présidence du pape. **2.** Assemblée dirigeante de rabbins ou de pasteurs protestants.

consœur [kɔ̃sœr] **n.f.** Fém. de *confrère.*

consolant, e [kɔ̃sɔlɑ̃, -ɑ̃t] **adj.** Qui console, apporte une consolation : *Il est consolant de constater que les hommes peuvent être généreux* (syn. **réconfortant**).

consolateur, trice [kɔ̃sɔlatœr, -tris] **adj.** (lat. *consolator*). *SOUT.* Qui console, apporte un soulagement moral : *Des paroles consolatrices* (syn. **apaisant**).

consolation [kɔ̃sɔlasjɔ̃] **n.f. 1.** Soulagement apporté à la peine de qqn : *Adresser quelques paroles de consolation à une famille éplorée.* **2.** Sujet de satisfaction, de joie au milieu des épreuves : *Son fils lui donne de grandes consolations.* **3.** Personne ou chose qui console : *Sa fille est sa seule consolation.* **4. Lot, prix de consolation,** lot de moindre importance attribué à des concurrents malchanceux.

console [kɔ̃sɔl] **n.f.** (de *consoler,* le mot désignant autref. l'accoudoir des stalles de chœur). **1.** Table décorative appliquée contre un mur. **2.** ARCHIT. Élément en saillie sur un mur, destiné à porter une charge. **3.** INFORM. Périphérique ou terminal d'un ordinateur, permettant la communication directe avec l'unité centrale. **4. Console de jeux,** micro-ordinateur réservé à la pratique de jeux vidéo. / MUS. **Console d'orgue,** meuble intégré au soubassement de l'orgue groupant les commandes de l'instrument (claviers, boutons de registres et de combinaisons, etc.).

consoler [kɔ̃sɔle] **v.t.** (lat. *consolari*). **1.** Soulager qqn qui a de la peine ; réconforter : *Consoler un enfant qui pleure.* **2.** Apaiser un sentiment douloureux : *Consoler un chagrin.* ◆ **se consoler v.pr.** Atténuer son chagrin, sa déception.

consolidation [kɔ̃sɔlidasjɔ̃] **n.f. 1.** Action de consolider ; fait d'être consolidé : *La consolidation d'un édifice* (syn. **affermissement**). **2.** COMPTAB. Technique consistant à agréger les comptes des sociétés appartenant à un même groupe pour en obtenir une vision synthétique. **3. Consolidation d'une blessure,** stabilisation, sans amélioration, d'une blessure, permettant son diagnostic définitif.

consolider [kɔ̃sɔlide] **v.t.** (lat. *consolidare*). **1.** Rendre plus solide, plus résistant, plus fort : *Consolider un mur. Consolider le pouvoir* (syn. **affermir**). **2.** COMPTAB. Procéder à une consolidation : *Résultats consolidés.*

consommable [kɔ̃sɔmabl] **adj.** Que l'on peut consommer.

consommateur, trice [kɔ̃sɔmatœr, -tris] **n. 1.** Personne qui consomme, qui achète pour son usage des denrées, des marchandises : *Être un gros consommateur de fromage.* **2.** Personne qui mange ou boit dans un restaurant, dans un café, etc. ◆ **adj.** Qui consomme, achète des produits (par opp. à *producteur*) : *Les pays consommateurs d'escargots.*

consommation [kɔ̃sɔmasjɔ̃] **n.f. 1.** Action de consommer, de faire usage de qqch : *Quelle est la consommation annuelle de blé dans la région ?* **2.** Ce qui est consommé, servi dans un café, un cabaret, etc. : *Payer ses consommations.* **3.** *LITT.* Action de consommer, de mener à son terme : *Consommation du mariage* (= union charnelle). **4. Basse consommation,** se dit d'équipements ménagers (ampoules, par ex.) ou de bâtiments conçus pour avoir une consommation énergétique très faible. / **Biens de consommation,** biens qui ne sont pas utilisés pour en produire d'autres (vêtements, aliments, etc.). / **Société de consommation,** société des pays industriels avancés qui crée sans cesse des besoins, souvent artificiels.

1. consommé, e [kɔ̃sɔme] **adj.** (p. passé de *consommer,* mener à son terme). *SOUT.* Qui est d'une grande qualité : *Technicien consommé. Il a un art consommé du dialogue* (syn. **accompli, parfait**). [V. aussi *consommer.*]

2. consommé [kɔ̃sɔme] **n.m.** (de *consommer,* mener à son terme). Bouillon de viande : *Consommé de poulet.*

consommer [kɔ̃sɔme] **v.t.** (lat. *consummare,* faire la somme). **1.** *LITT.* Achever, mener à son terme : *Consommer un crime.* **2.** Faire usage de qqch pour sa subsistance : *Les végétariens ne consomment pas de viande.* **3.** Utiliser comme source d'énergie ou comme matière première : *Cette voiture consomme 10 litres aux 100 kilomètres.* ◆ **v.i.** Prendre une consommation dans un café, un cabaret, etc.

consomption [kɔ̃sɔ̃psjɔ̃] **n.f.** (lat. *consumptio,* de *consumere* ; v. *consumer*). *LITT.* Amaigrissement et dépérissement progressifs.

consonance [kɔ̃sɔnɑ̃s] **n.f.** (lat. *consonantia,* accord musical, concordance). **1.** MUS. Affinité entre deux ou plusieurs sons, telle que leur combinaison tend à être perçue comme une unité harmonique (par opp. à *dissonance*). **2.** Manière dont un son articulé est perçu : *Un mot aux consonances harmonieuses.*

consonant, e [kɔ̃sɔnɑ̃, -ɑ̃t] **adj.** MUS. Qui produit une consonance : *Des accords consonants.*

consonantique [kɔ̃sɔnɑ̃tik] **adj.** Relatif aux consonnes : *Le système consonantique d'une langue.*

consonne [kɔ̃sɔn] **n.f.** (lat. gramm. *consona,* lettre dont le son se joint à celui de la voyelle, de *sonus,* son). **1.** Son du langage caractérisé par la présence d'un obstacle dans le conduit vocal et qui ne se perçoit pas sans le soutien d'une voyelle : [p] *est une consonne sourde,* [b] *est une consonne sonore.* **2.** Lettre de l'alphabet qui transcrit une consonne.

consort [kɔ̃sɔr] **adj.m.** (lat. *consors, -ortis,* qui partage le sort). **Prince consort,** mari de la reine, notamm. en Grande-

Bretagne et aux Pays-Bas. ◆ **consorts** **n.m. pl.** **1.** Personnes qui ont des intérêts communs dans une procédure. **2.** FAM. **Et consorts,** et ceux du même genre : *Il travaille avec des ingénieurs, hommes d'affaires et consorts.*

consortium [kɔ̃sɔrsjɔm] **n.m.** (mot lat. « participation, communauté »). ÉCON. Groupement d'entreprises, en vue d'opérations communes.

conspirateur, trice [kɔ̃spiratœr, -tris] **n.** Personne qui prend part à une conspiration : *Des airs de conspirateurs* (syn. **conjurateur**).

conspiration [kɔ̃spirasjɔ̃] **n.f. 1.** Action de conspirer ; complot. **2.** Action concertée contre qqn, qqch : *Se croire l'objet d'une conspiration universelle.* **3. Conspiration du silence,** entente pour ne pas parler de qqch, pour étouffer une affaire.

conspirer [kɔ̃spire] **v.i.** (lat. *conspirare,* respirer ensemble). **1.** S'entendre à plusieurs pour renverser un régime ou tuer un homme politique : *Conspirer contre l'État, contre le président.* **2.** S'entendre pour faire qqch : *Ils ont conspiré pour lui faire une surprise.* **3.** LITT. **Conspirer à,** contribuer à : *Tout conspire à faire aboutir ce projet.*

conspuer [kɔ̃spɥe] **v.t.** (lat. *conspuere,* cracher sur) [conj. **7**]. Manifester bruyamment et publiquement contre qqn, qqch : *Conspuer un acteur.*

Constable (John), peintre britannique (East Bergholt, Suffolk, 1776 - Londres 1837). Romantique et réaliste, il est un des grands initiateurs du paysage moderne (*Scène de rivière au moulin de Flatford,* 1817 ; *la Charrette à foin,* 1821).

constamment [kɔ̃stamɑ̃] **adv.** D'une matière constante, continue.

constance [kɔ̃stɑ̃s] **n.f.** (lat. *constantia*). **1.** Qualité d'une personne qui persévère dans son action, ses sentiments ou ses opinions : *Travailler avec constance* (syn. **persévérance**). *Faire preuve de constance dans ses amitiés* (syn. **fidélité**). **2.** Qualité de ce qui dure, de ce qui est stable, de ce qui se reproduit : *La constance d'un phénomène* (syn. **permanence**).

Constance, en all. **Konstanz,** v. d'Allemagne (Bade-Wurtemberg), sur le *lac de Constance ;* 89 834 hab. Cathédrale des XIe-XVIIe s. Concile œcuménique (1414-1418) qui mit fin au grand schisme d'Occident.

Constance *(lac de),* en all. **Bodensee,** lac formé par le Rhin, entre la Suisse, l'Autriche et l'Allemagne ; 540 km^2.

constant, e [kɔ̃stɑ̃, -ɑ̃t] **adj.** (lat. *constans, -antis,* de *constare,* se maintenir). **1.** Qui dure ou se répète sans modification : *Bonheur constant* (syn. **immuable, permanent**). **2.** Résolu, persévérant, dans ses actes, ses sentiments, etc. : *Un homme constant dans ses convictions.*

Constant (Benjamin Henri Constant de Rebecque, dit **Benjamin),** homme politique et écrivain français (Lausanne 1767 - Paris 1830). Hostile au despotisme, il rédigea cependant l'Acte additionnel lors des Cent-Jours (1815), siégea dans les rangs de l'opposition libérale sous la Restauration et se rallia au duc d'Orléans en 1830. Il est surtout connu pour son roman psychologique *Adolphe,* mais sa contribution à la pensée politique libérale fut également très importante, bien que sous-estimée (*De l'esprit de conquête et de l'usurpation,* 1813 ; *De la liberté des Anciens comparée à celle des Modernes,* 1819...).

Constanța, principal port de Roumanie, sur la mer Noire ; 254 693 hab. Centre industriel.

constante [kɔ̃stɑ̃t] **n.f.** (de *constant*). **1.** Tendance, orientation durable, permanente : *La confiance est une constante de son caractère.* **2.** MATH. Quantité de valeur fixe ; nombre fixe par rapport aux variables figurant dans une équation. **3.** PHYS. Caractéristique physique (point de fusion ou d'ébullition, masse volumique, etc.) permettant d'identifier un corps pur. **4.** PHYS. **Constante fondamentale,** grandeur particulière dont la valeur est fixe (masse et charge de l'électron, constante de Planck, etc.) et qui joue un rôle central en physique.

Constantin Ier le Grand, en lat. **Caius Flavius Valerius Aurelius Constantinus** (Naissus, auj. Niš, entre 270 et 288 - Nicomédie 337), empereur romain (306-337), fils de Constance Chlore, proclamé empereur à la mort de son père. Il régna d'abord sur la Bretagne et la Gaule, en souverain légitime subordonné à Sévère. Après une période de luttes pour le pouvoir (l'Empire comptait sept empereurs en 310), Constantin s'allia avec Licinius, l'un des empereurs d'Orient, descendit en Italie et vainquit Maxence au pont Milvius, sous les murs de Rome (312). En 313, Licinius et Constantin proclamaient l'édit de Milan, ensemble de décisions garantissant à tous la liberté de culte (chrétiens compris) et ordonnant la restitution aux chrétiens des biens ecclésiastiques confisqués. Mais les deux empereurs survivants se brouillèrent. En 324, Constantin vainquit Licinius, qui régnait sur l'Orient, rétablissant ainsi l'unité impériale.
L'œuvre religieuse de Constantin est capitale, puisqu'elle aboutit à l'établissement d'un Empire chrétien. La tradition veut que Constantin ait été illuminé d'une vision à la veille de la bataille du pont Milvius et se soit converti brutalement au christianisme. En fait, Constantin eut d'abord une religion solaire, à tendance monothéiste, celle du Soleil *(Sol Invictus).* Il se considérait comme l'inspiré d'un Dieu unique, mais mal défini, et il est demeuré grand pontife (la plus haute fonction religieuse romaine). Il ne fut baptisé dans la foi arienne que sur son lit de mort (337). Mais il est resté l'empereur qui a rendu possible le triomphe du christianisme dans l'Empire en accordant des privilèges judiciaires et fiscaux aux chrétiens, en apportant des entraves au paganisme (fermeture des temples, interdiction des sacrifices) et en intervenant dans le conflit opposant ariens et orthodoxes (convocation du concile de Nicée en 325).
L'Empire prit définitivement la forme d'une monarchie absolue de droit divin. Désormais, le sénat romain n'était plus qu'un conseil municipal, doublé par celui de Constantinople. La société, toujours plus hiérarchisée, rivait davantage les hommes à leur condition et à leur charge : en 332, une loi attachait les colons à la glèbe, tandis que les fonctions de soldat et de responsables municipaux *(curiales)* devenaient héréditaires. La fiscalité s'alourdit encore. Une nouvelle monnaie fut frappée, le sou *(solidus),* monnaie d'or qui succédait à l'*aureus* dévalué. L'armée fut réorganisée en armée des frontières et armée d'intervention, placée en réserve. Pour mieux contrôler les frontières avec les Perses et les peuples danubiens, Constantin fonda Constantinople (324-336), destinée à rivaliser avec Rome, la capitale de l'Occident, mais non à la supplanter. Ce sera pourtant le point de départ de l'Empire byzantin.

Constantine ou **Qacentina,** v. d'Algérie, ch.-l. de wilaya, au-dessus des gorges du Rummel ; 448 374 hab. *(Constantinois).* Centre commercial. Université. C'est la *Cirta* antique. Musée archéologique.

Constantinople, nom donné par Constantin à l'ancienne *Byzance,* appelée plus tard par les Turcs *Istanbul.*

HISTOIRE

Construite par Constantin en 324-336 et inaugurée en 330, résidence de l'empereur, siège depuis 451 d'un patriarcat s'étendant sur toutes les Églises d'Orient, Constantinople devint rapidement la capitale politique, religieuse et intellectuelle de l'Empire byzantin. Port actif, foyer des industries de luxe de l'Empire, elle fut la plaque tournante du commerce entre l'Orient et l'Occident et attira de nombreuses colonies étrangères, surtout italiennes. Prise par les croisés en 1204 et capitale de l'Empire latin jusqu'en 1261, elle connut alors un certain déclin économique. Elle résista aux Barbares, aux Arabes, aux Russes et aux Bulgares, mais tomba, le 29 mai 1453, aux mains des Turcs Ottomans, qui en firent leur capitale. Quatre conciles œcuméniques s'y tinrent.

BEAUX-ARTS

Organisation urbaine et architecture sont, sous Constantin, inspirées par Rome, mais, avec Justinien, un esprit nouveau apparaît dans les techniques de construction : emploi de la brique, coupoles contrebutées par des voûtes en berceau inscrites dans un plan plus ou moins carré (Sainte-Sophie, Sts-Serge-et-Bacchus, Ste-Irène). L'église St-Sauveur-in-Chora (VIe s., restaurée au XIe) est l'une des seules à conserver son iconographie byzantine avec des peintures et des mosaïques du XIVe s. L'imposante enceinte de la ville demeure visible en quelques endroits.

constat [kɔ̃sta] **n.m.** (mot lat., forme impers. du v. *constare*, être établi). **1.** Analyse, examen d'une situation : *Constat d'échec* (= bilan négatif). **2.** Procès-verbal dressé par un huissier ou un agent de la force publique. **3. Constat amiable,** déclaration d'accident remplie par les conducteurs des véhicules en cause.

constatation [kɔ̃statasjɔ̃] **n.f.** Action de constater ; fait constaté.

constater [kɔ̃state] **v.t.** (de *constat*). **1.** Établir la vérité d'un fait : *Constater une absence* (syn. **enregistrer, remarquer**). **2.** Consigner par écrit : *Constater un décès.*

constellation [kɔ̃stelasjɔ̃] **n.f.** (bas lat. *constellatio*, du class. *stella*, étoile). **1.** Groupe d'étoiles voisines sur la sphère céleste, présentant une figure conventionnelle déterminée : *La constellation de Cassiopée.* (⟶ étoile.) **2.** Groupe de points lumineux qui s'étalent sur une surface : *La constellation des lumières de la ville.*

consteller [kɔ̃stele] **v.t.** (de *constellation*). **1.** Couvrir, parsemer d'étoiles : *Étoiles qui constellent le ciel.* **2.** LITT. Couvrir, parsemer : *Robe constellée de taches.*

consternant, e [kɔ̃stɛrnɑ̃, -ɑ̃t] **adj.** Qui consterne.

consternation [kɔ̃stɛrnasjɔ̃] **n.f.** Stupéfaction, abattement causé par un événement malheureux : *Son échec jeta la consternation dans la famille* (syn. **désolation**).

consterner [kɔ̃stɛrne] **v.t.** (lat. *consternare*, épouvanter). Jeter dans la stupeur, dans l'abattement : *Une telle ignorance me consterne* (syn. **navrer, désoler**). *Il regardait d'un air consterné sa voiture accidentée* (syn. **atterré**).

constipation [kɔ̃stipasjɔ̃] **n.f.** Rareté de la défécation ; difficulté à déféquer.

constipé, e [kɔ̃stipe] **adj.** et **n.** Qui souffre de constipation. ◆ **adj.** FAM. Embarrassé, mal à l'aise : *Avoir l'air constipé.*

constiper [kɔ̃stipe] **v.t.** (lat. *constipare*, serrer). Causer la constipation.

constituant, e [kɔ̃stitɥɑ̃, -ɑ̃t] **adj. 1.** Qui entre dans la constitution de qqch : *Les éléments constituants d'une phrase.* **2. Assemblée constituante,** assemblée qui a mission d'établir une constitution politique (on dit aussi *une Constituante*). ◆ **constituant n.m.** Élément constituant : *Les constituants de la matière.*

Constituante ou **Assemblée nationale constituante,** nom que prirent les États généraux le 9 juill. 1789. En deux ans, elle vota un nombre considérable de réformes, dont l'abolition des privilèges féodaux (4 août 1789), la Déclaration des droits de l'homme et du citoyen (26 août 1789), la mise à la disposition du pays des biens du clergé, devenus biens nationaux, la Constitution civile du clergé et la Constitution de 1791. Elle laissa la place à l'Assemblée législative (30 sept. 1791).

constitué, e [kɔ̃stitɥe] **adj.** Qui a telle ou telle constitution physique : *Homme normalement constitué.* (V. aussi *constituer.*)

constituer [kɔ̃stitɥe] **v.t.** (lat. *constituere*, établir) [conj. **7**]. **1.** Créer un tout, un ensemble, en rassemblant divers éléments : *Constituer une collection de timbres. Constituer un nouveau gouvernement* (syn. **former**). **2.** Établir légalement qqn dans une situation : *Ils l'ont constitué président du groupe.* **3.** Entrer dans la composition de qqch : *Les trois premières sections constituent l'avant-garde.* **4.** Former l'essence, la base de qqch : *Sa présence constitue un danger.* ◆ **se constituer v.pr. Se constituer prisonnier,** se livrer aux autorités, se rendre.

constitutif, ive [kɔ̃stitytif, -iv] **adj.** Qui entre nécessairement dans la composition de qqch : *L'oxygène et l'hydrogène sont les éléments constitutifs de l'eau* (syn. **constituant**).

constitution [kɔ̃stitysjɔ̃] **n.f. 1.** Action de constituer : *Constitution d'un dossier* (syn. **établissement**). **2.** Manière dont qqch est constitué : *Changer la constitution moléculaire d'une substance.* **3.** Ensemble des aspects physiques qui caractérisent un individu : *Avoir une constitution solide* (syn. **nature**). **4.** DR. Action de constituer, d'établir légalement : *Constitution de rente, de dotation.* **5.** (Avec une majuscule). Ensemble des lois fondamentales qui établissent la forme d'un gouvernement, règlent les rapports entre le pouvoir exécutif et le pouvoir législatif, et déterminent l'organisation des pouvoirs publics.

Constitution civile du clergé, décret voté par la Constituante le 12 juill. 1790 et sanctionné par Louis XVI le 24 août, qui organisait le clergé séculier. Élus par des assemblées, les évêques ne recevaient plus l'investiture du pape et devenaient des fonctionnaires rétribués par l'État. La condamnation de cette réforme par Pie VI le 10 mars 1791 provoqua, dans l'Église de France, un schisme de fait entre prêtres *constitutionnels* et prêtres *réfractaires.*

constitutionnalité [kɔ̃stitysjɔnalite] **n.f.** Qualité de ce qui est conforme à la Constitution d'un pays.

constitutionnel, elle [kɔ̃stitysjɔnɛl] **adj. 1.** Relatif à la constitution physique d'une personne : *Une faiblesse constitutionnelle.* **2.** Conforme à la Constitution du pays : *Une procédure constitutionnelle.* **3.** Relatif à la Constitution : *Droit constitutionnel.*

constitutionnellement [kɔ̃stitysjɔnɛlmɑ̃] **adv.** De façon conforme à la Constitution d'un État.

constricteur [kɔ̃striktœr] **adj.m.** et **n.m.** (du lat. *constrictus*, serré). **1.** ANAT. Se dit d'un muscle qui resserre un canal, un orifice. **2. Boa constricteur,** boa de grande taille qui étouffe sa proie en s'enroulant autour d'elle (appelé aussi *boa constrictor*, ou *constrictor*).

constrictif, ive [kɔ̃striktif, -iv] **adj.** (bas lat. *constrictivus*, du class. *constrictus*, serré). PHON. **Consonne constrictive,** syn. de *consonne fricative** (on dit aussi *une constrictive*).

constructeur, trice [kɔ̃stryktœr, -tris] **adj.** et **n.** Qui construit : *Des sociétés constructrices d'automobiles.*

constructible [kɔ̃stryktibl] **adj.** Où l'on peut construire : *Un terrain constructible.*

constructif, ive [kɔ̃stryktif, -iv] **adj.** Qui contribue à l'élaboration d'une solution, d'un système : *Une proposition constructive.*

construction [kɔ̃stryksjɔ̃] **n.f.** (lat. *constructio*). **1.** Action de construire : *La construction d'une maison, d'un barrage* (contr. **démolition**). **2.** Fait d'être construit, agencé d'une certaine manière : *La construction d'un roman.* **3.** Édifice construit : *Une belle construction* (syn. **bâtiment**). **4.** Ensemble des techniques propres aux industries fabriquant du matériel lourd, des véhicules, etc. ; activité correspondant à ces industries : *La construction navale, aéronautique.* **5.** GRAMM. Suite d'éléments dont le groupement obéit à un schéma syntaxique ou morphologique.

constructivisme [kɔ̃stryktivism] **n.m.** Courant des arts plastiques du XXe s. qui a privilégié une construction plus ou moins géométrique des formes. ◆ **constructiviste adj.** et **n.** Relatif au constructivisme ; qui s'en réclame.

■ Trouvant son origine en Russie, le constructivisme est principalement représenté par Malevitch, Tatline, El Lissitzky et Aleksandr Rodtchenko. Dans le constructivisme selon Tatline, l'artiste devient un ingénieur-producteur ayant la fonction sociale de participer à la transformation du monde. Le mouvement a beaucoup influencé le Bauhaus allemand ainsi que divers artistes en Pologne, Hongrie, Roumanie. Des groupes comme *De Stijl* relèvent du constructivisme, au sens large, de même que la sculpture abstraite de tendance géométrique ; l'art cinétique en est issu. ■

construire [kɔ̃strɥir] **v.t.** (lat. *construere*) [conj. **98**]. **1.** Bâtir un édifice : *Construire une maison* (syn. **édifier**). **2.** Assembler les différentes parties d'un appareil, d'une machine, etc. : *Construire un avion.* **3.** Élaborer, concevoir : *Construire une théorie* (syn. **bâtir**).

consubstantiation [kɔ̃sybstɑ̃sjasjɔ̃] **n.f.** (lat. ecclés. *consubstantiatio,* du class. *cum,* avec, et *substantia,* substance). RELIG. CHRÉT. Présence du Christ dans le pain et le vin de l'eucharistie selon l'Église luthérienne (par opp. à *transsubstantiation*).

consubstantiel, elle [kɔ̃sybstɑ̃sjɛl] **adj.** (lat. eccl. *consubstantialis ;* v. *consubstantiation*). RELIG. CHRÉT. Qui n'a qu'une seule et même substance.

consul, e [kɔ̃syl] **n.** (mot lat.). Agent qui a pour mission de protéger ses compatriotes à l'étranger et de donner à son gouvernement des informations politiques et commerciales. ◆ **consul n.m. 1.** ANTIQ. À Rome, magistrat, élu pour un an, qui partageait avec un collègue le pouvoir suprême. **2.** HIST. En France, nom de chacun des trois chefs du pouvoir exécutif depuis l'an VIII jusqu'à l'Empire (de 1799 à 1804). **3. Le Premier consul,** Bonaparte.

consulaire [kɔ̃sylɛr] **adj.** Relatif à un consul, à sa charge, ou à un consulat : *Dignité consulaire.*

consulat [kɔ̃syla] **n.m. 1.** Charge de consul. **2.** Résidence, bureaux d'un consul. **3.** HIST. (Avec une majuscule). Régime autoritaire établi en France au profit de Napoléon Bonaparte, au lendemain du coup d'État des 18 et 19 brumaire an VIII (9-10 nov. 1799) et remplacé par l'Empire le 18 mai 1804.

■ Le Premier consul, Napoléon Bonaparte, possède en fait l'essentiel du pouvoir exécutif et devient consul à vie en 1802 ; les deux autres consuls (Cambacérès et Lebrun) ne peuvent que donner leur avis. Le pouvoir législatif est partagé entre quatre assemblées (Sénat, Tribunat, Corps législatif et Conseil d'État). Brisant l'opposition des royalistes et des Jacobins, Bonaparte rétablit l'ordre et réorganise profondément le pays, qu'il centralise de façon rigoureuse.

1800. Création de la Banque de France et réorganisation de l'administration locale et régionale.

Nommés par le gouvernement, maires, sous-préfets et préfets sont placés à la tête des communes, des arrondissements et des départements. Cette œuvre est complétée par la création des lycées.

1801. Le concordat* met fin au schisme de l'Église constitutionnelle.

À l'extérieur, les victoires de Bonaparte poussent l'Autriche à signer la paix de Lunéville (1801). La Grande-Bretagne se résigne à traiter à Amiens (1802), mais la politique menée par la France en Allemagne provoque la reprise des hostilités.

1804. Mise en échec d'un complot anglo-royaliste dirigé par Cadoudal et exécution du duc d'Enghien. Promulgation du Code civil, qui couronne l'œuvre judiciaire du Consulat. Le 18 mai, le Premier consul est proclamé empereur des Français sous le nom de Napoléon Ier. ■

consultable [kɔ̃syltabl] **adj.** Qui peut être consulté.

consultant, e [kɔ̃syltɑ̃, -ɑ̃t] **n.** et **adj.** Spécialiste, expert dans un domaine, auquel on demande des analyses, des avis, des conseils : *Un consultant en gestion.*

consultatif, ive [kɔ̃syltatif, -iv] **adj.** Qui émet des avis sur des problèmes relevant de sa compétence : *Comité consultatif.*

consultation [kɔ̃syltasjɔ̃] **n.f. 1.** Action de consulter qqn, de prendre son avis : *Demander une consultation à un juriste.* **2.** Action de consulter des documents : *La consultation de ces archives a été très enrichissante.* **3.** Examen d'un patient pratiqué en cabinet par un médecin (par opp. à *visite*) : *Le tarif des consultations a augmenté.*

consulter [kɔ̃sylte] **v.t.** (lat. *consultare,* de *consulere,* délibérer). **1.** Prendre avis, conseil auprès de qqn : *Consulter des amis avant de prendre une décision.* **2.** Se faire examiner par un médecin. **3.** Chercher des renseignements, des explications dans : *Consulter un dictionnaire.* **4.** Prendre pour règle : *Ne consulter que son intérêt.* ◆ **v.i.** Recevoir des patients : *Médecin qui consulte tous les jours.*

consumer [kɔ̃syme] **v.t.** (lat. *consumere,* épuiser, détruire). **1.** Détruire, anéantir, partic. par le feu : *Des tissus à moitié consumés* (syn. **brûler**). **2.** LITT. Épuiser, ronger : *Les soucis le consument* (syn. **miner**). ◆ **se consumer v.pr.** LITT. Dépérir : *Le pauvre homme se consume de désespoir.*

consumérisme [kɔ̃symerism] **n.m.** (angl. *consumerism,* de *consumer,* consommateur). Tendance pour les consommateurs à se réunir en mouvements ou en associations pour défendre leurs intérêts.

contact [kɔ̃takt] **n.m.** (lat. *contactus,* de *contingere,* toucher). **1.** État de deux corps qui se touchent ; sensation produite par qqch qui touche la peau : *Le contact des mains. Au contact de l'air.* **2.** Rapport de connaissance entre des personnes : *Avoir des contacts dans les milieux politiques.* **3.** Comportement vis-à-vis d'autrui : *Avoir un contact facile.* **4.** État d'un circuit électrique sous tension ; dispositif commandant la mise sous tension : *Mettre, couper le contact.* **5.** Personne avec qui un agent de renseignement est en rapport. **6. Prendre contact avec qqn,** entrer en rapport avec lui. / **Verres, lentilles de contact,** verres correcteurs de la vue qui s'appliquent directement sur la cornée. / MATH. **Point de contact,** point commun à des lignes, des surfaces tangentes les unes aux autres.

contacter [kɔ̃takte] **v.t.** Entrer en rapport, en relation avec qqn, avec un organisme.

contagieux, euse [kɔ̃taʒjø, -øz] **adj.** (lat. *contagiosus*). **1.** Qui se transmet par contagion : *La grippe est contagieuse.* **2.** Qui se communique facilement : *Un rire contagieux.* **3.** Atteint d'une maladie contagieuse.

contagion [kɔ̃taʒjɔ̃] **n.f.** (lat. *contagio,* contact). **1.** Transmission par contact d'une maladie : *Isoler un malade pour éviter les risques de contagion* (syn. **contamination**). **2.** Propagation involontaire : *La contagion du fou rire.*

container n.m. ⟶ **conteneur.**

contamination [kɔ̃taminasjɔ̃] **n.f. 1.** Introduction ou présence de micro-organismes indésirables dans un milieu, dans le corps humain. **2.** Transmission d'un agent destructeur (virus informatique, polluant).

contaminer [kɔ̃tamine] **v.t.** (lat. *contaminare,* souiller). Provoquer une contamination : *Eau contaminée par des bactéries* (syn. **polluer**). *Se laisser contaminer par la morosité ambiante* (syn. **gagner**).

conte [kɔ̃t] **n.m.** (de *conter*). **1.** Récit assez court d'aventures imaginaires. **2.** SOUT. Discours qui laisse incrédule ; récit mensonger (syn. **histoire**).

■ Le conte représente une des plus anciennes formes de littérature populaire de transmission orale. Expression de mythes humains universels, il se distingue du roman et de la nouvelle par sa forme de récit parlé, trahissant la présence constante de l'auteur. Illustré par le *merveilleux* au Moyen Âge ou en Orient *(les Mille et Une Nuits),* mais aussi par la satire et le réalisme (le *Décaméron,* de Boccace ; les *Contes de Cantorbéry,* de Chaucer), veine qui se prolonge sous la Renaissance (l'*Heptaméron*), puis chez La Fontaine *(Contes)* et Balzac *(Contes drolatiques),* il devient fantastique à l'époque du romantisme français (Nodier) et allemand (les frères Grimm, E. T. A. Hoffmann), pour revenir au réalisme en France (Maupassant, Daudet), en Angleterre (Dickens) et aux États-Unis (Mark Twain). Conteur illustre, Andersen a réuni la saveur populaire au charme du rêve. ■

Conté (Nicolas Jacques), chimiste et mécanicien français (près de Sées, Orne, 1755 - Paris 1805). On lui doit l'idée d'utiliser les aérostats dans les opérations militaires. Il est également l'inventeur des crayons à mine de graphite aggloméré qui portent son nom.

contemplatif, ive [kɔ̃tɑ̃platif, -iv] **adj.** et **n. 1.** Qui se plaît dans la contemplation : *Un esprit contemplatif.* **2.** Se dit des ordres religieux dont les membres vivent cloîtrés et se consacrent à la prière.

contemplation [kɔ̃tɑ̃plasjɔ̃] **n.f. 1.** Action de contempler : *Rester en contemplation devant une vitrine.* **2.** Concentration de l'esprit sur des sujets intellectuels ou religieux ; méditation religieuse, poétique.

contempler [kɔ̃tɑ̃ple] **v.t.** (lat. *contemplari*). Regarder avec soin, admiration ou étonnement : *Contempler un monument, un spectacle.*

contemporain, e [kɔ̃tɑ̃pɔrɛ̃, -ɛn] **adj.** et **n.** (lat. *contemporaneus*, de *cum*, avec, et *tempus, -oris*, époque). **1.** Qui est de la même époque : *Mallarmé et Rimbaud étaient contemporains. L'artiste s'adresse à ses contemporains.* **2.** Qui est du temps présent : *Art contemporain* (syn. **actuel**).

contempteur, trice [kɔ̃tɑ̃ptœr, -tris] **n.** (lat. *contemptor*, de *contemnere*, mépriser). LITT. Personne qui méprise, dénigre : *Les contempteurs de l'art moderne.*

contenance [kɔ̃tnɑ̃s] **n.f. 1.** Quantité que peut contenir qqch : *Contenance d'un réservoir d'essence* (syn. **capacité**). **2.** Superficie : *Un champ d'une contenance de vingt hectares.* **3.** Attitude, manière de se tenir : *Contenance embarrassée* (syn. **mine**). **4. Faire bonne contenance,** montrer de la sérénité dans une circonstance difficile. / **Perdre contenance,** se troubler. / **Se donner une contenance,** dissimuler son trouble, son ennui.

contenant [kɔ̃tnɑ̃] **n.m.** Ce qui contient qqch.

conteneur [kɔ̃tnœr] et **container** [kɔ̃tenɛr] **n.m.** (angl. *container*, de *to contain*, contenir). **1.** Caisse de dimensions normalisées pour le transport de marchandises. **2.** Emballage pour le parachutage d'armes, de vivres.

contenir [kɔ̃tnir] **v.t.** (lat. *continere*) [conj. **40**]. **1.** Comprendre dans sa capacité, dans son étendue : *Le décalitre contient dix litres.* **2.** Renfermer, avoir en soi : *L'enveloppe contenait deux feuilles.* **3.** Empêcher de se répandre, de se manifester : *Contenir la foule. Contenir sa colère* (syn. **retenir, refréner**). ◆ **se contenir v.pr.** Maîtriser des sentiments violents, en partic. la colère (syn. **se contrôler**).

1. content, e [kɔ̃tɑ̃, -ɑ̃t] **adj.** (lat. *contentus*, satisfait). **1.** Joyeux, heureux : *Il a l'air tout content* (syn. **réjoui**). **2. Content de,** qui trouve bon, apprécie qqch ; qui juge favorablement qqn, en partic. un subordonné : *Je suis content de ma voiture. Nous sommes contents de ce représentant.* / **Être content de soi,** avoir une bonne opinion de soi-même. / **Non content de,** sans se contenter de : *Non content de tricher, il voudrait être approuvé.*

2. content [kɔ̃tɑ̃] **n.m.** (de *1. content*). **Avoir son content d'une chose,** en avoir autant qu'on désirait. / **Tout son content,** jusqu'à être rassasié : *Dormir tout son content.*

contentement [kɔ̃tɑ̃tmɑ̃] **n.m. 1.** Action de contenter ; fait d'être contenté : *Contentement de ses désirs* (syn. **satisfaction**). **2. Contentement de soi,** vive satisfaction éprouvée à juger sa propre action.

contenter [kɔ̃tɑ̃te] **v.t.** Rendre content de ; satisfaire : *Contenter la clientèle* (contr. **mécontenter**). ◆ **se contenter v.pr. [de].** Limiter ses désirs à ; s'en tenir à : *Se contenter de peu. Il se contenta de regarder* (syn. **se borner à**).

contentieux, euse [kɔ̃tɑ̃sjø, -øz] **adj.** (lat. *contentiosus*, de *contentio* ; v. *1. contention*). DR. Qui est contesté, litigieux : *Affaire contentieuse.* ◆ **contentieux n.m. 1.** DR. Ensemble des litiges ou des conflits non résolus entre deux parties ; bureau, service qui s'occupe de ces affaires. **2.** Ensemble des conflits latents entre des personnes, des groupes, pesant sur la relation qu'ils entretiennent : *Depuis notre séparation, il y a un lourd contentieux entre nous.*

1. contention [kɔ̃tɑ̃sjɔ̃] **n.f.** (lat. *contentio*, rivalité, lutte). LITT. Tension forte et prolongée des facultés intellectuelles : *Contention d'esprit.*

2. contention [kɔ̃tɑ̃sjɔ̃] **n.f.** (lat. médic. *contentio*, du class. *continere*, maintenir ensemble). Procédé ou appareil immobilisant momentanément une partie du corps dans un but thérapeutique : *Une prothèse de contention.*

contenu [kɔ̃tny] **n.m. 1.** Ce qui est à l'intérieur d'un récipient : *Le contenu d'un flacon.* **2.** Ce qui est exprimé par un mot, un texte, etc. : *Le contenu d'une lettre* (syn. **teneur, signification**).

conter [kɔ̃te] **v.t.** (lat. *computare*, calculer). **1.** SOUT. Faire le récit de, exposer en détail : *Conter un fait* (syn. usuel **raconter**). **2. En conter à qqn,** le tromper, l'abuser. / **En conter de belles,** raconter des choses ridicules ou extraordinaires. / **S'en laisser conter,** se laisser tromper (surtout nég.) : *Ne t'en laisse pas conter par elle.*

contestable [kɔ̃tɛstabl] **adj.** Qui peut être contesté : *Un procédé contestable* (syn. **discutable**).

contestataire [kɔ̃tɛstatɛr] **adj.** et **n.** Qui se livre à une critique des institutions : *Un discours contestataire.*

contestation [kɔ̃tɛstasjɔ̃] **n.f. 1.** Discussion, désaccord sur le bien-fondé d'un fait, d'un droit : *Une contestation sur les limites d'un terrain* (syn. **différend, litige**). **2.** Refus global et systématique des institutions, de la société.

sans **conteste** [kɔ̃tɛst] **loc. adv.** Incontestablement : *Il est sans conteste le plus fort* (syn. **indéniablement**).

contester [kɔ̃tɛste] **v.t.** (lat. *contestari*, entamer un débat judiciaire en produisant des témoins, de *testis*, témoin). Refuser de reconnaître comme fondé, exact, valable : *Contester la légalité d'une décision* (syn. **discuter**). *Cette interprétation est très contestée* (= controversée). ◆ **v.i.** Remettre en question les institutions, la société, etc.

conteur, euse [kɔ̃tœr, -øz] **n. 1.** Personne qui se plaît à conter : *C'est un conteur extraordinaire qui sait nous tenir en haleine.* **2.** Auteur de contes.

contexte [kɔ̃tɛkst] **n.m.** (lat. *contextus*, de *contexere*, rattacher). **1.** Ensemble du texte qui précède ou suit une phrase, un groupe de mots, un mot. **2.** Ensemble des circonstances qui accompagnent un événement : *Replacer une œuvre littéraire dans son contexte historique.* ▸ *Dossier page suivante.*

contextuel, elle [kɔ̃tɛkstɥɛl] **adj.** Relatif au contexte : *La valeur contextuelle d'un mot.*

Conti ou **Conty** ***(maison de)*,** branche cadette de la maison de Condé, elle-même issue de la maison de Bourbon. Elle fut principalement représentée par **Armand de Bourbon** (*prince* **de Conti**) [Paris 1629 - Pézenas 1666], frère du Grand Condé, qui prit part aux troubles de la Fronde, puis se rallia à Mazarin, dont il épousa une des nièces.

contigu, uë [kɔ̃tigy] **adj.** (lat. *contiguus*, de *contingere*, toucher). Se dit d'un endroit, d'un espace qui touche à un autre : *Chambre contiguë au salon* (syn. **attenant**).

contiguïté [kɔ̃tigɥite] **n.f.** État de ce qui est contigu, de ce qui touche à autre chose : *La contiguïté des deux propriétés.*

continence [kɔ̃tinɑ̃s] **n.f.** (de *1. continent*). Abstinence des plaisirs sexuels.

1. continent, e [kɔ̃tinɑ̃, -ɑ̃t] **adj.** (lat. *continens, -entis*, de *continere*, contenir, refréner). Qui pratique la continence.

2. continent [kɔ̃tinɑ̃] **n.m.** (lat. *continens, -entis*, de *continere*, maintenir ensemble). **1.** Chacune des six grandes zones émergées de la surface terrestre : *Le continent antarctique.* **2.** Vaste étendue de terre qu'on peut parcourir sans traverser la mer : *Le Mont-Saint-Michel est relié au continent par une étroite bande de terre.* **3. L'Ancien Continent,** l'Europe, l'Asie et l'Afrique. / **Le Nouveau Continent,** l'Amérique.

continental, e, aux [kɔ̃tinɑ̃tal, -o] **adj. 1.** Relatif aux continents, à l'intérieur des continents. **2. Climat continental,** climat qui marque l'intérieur des continents aux latitudes moyennes, et qui est caractérisé par de grands écarts de température entre l'été et l'hiver et par des précipitations génér. plus abondantes en été. ◆ **n.** Personne qui habite le continent (par opp. à *insulaire*).

contingence [kɔ̃tɛ̃ʒɑ̃s] **n.f.** (de *1. contingent*). Éventualité, possibilité qu'une chose arrive ou non. ◆ **contingences n.f. pl.** Événements qui peuvent se produire ou non ; circonstances fortuites : *Tenir compte des contingences.*

1. contingent, e [kɔ̃tɛ̃ʒɑ̃, -ɑ̃t] **adj.** (lat. *contingens, -entis*, de *contingere*, arriver par hasard). Qui peut se produire ou non : *Événement contingent* (syn. **accidentel, fortuit**).

2. contingent [kɔ̃tɛ̃ʒɑ̃] **n.m.** (de *1. contingent*). **1.** Ensemble des jeunes gens appelés au service national actif au cours d'une même année civile. **2.** Quantité que qqn doit fournir ou recevoir : *Son contingent de marchandises lui a été livré.* **3.** Quantité maximale de marchandises qui peuvent être importées ou exportées au cours d'une période donnée.

contingentement [kɔ̃tɛ̃ʒɑ̃tmɑ̃] **n.m.** Action de contingenter ; fait d'être contingenté : *Le contingentement des exportations d'alcool* (syn. **limitation**).

contingenter [kɔ̃tɛ̃ʒɑ̃te] **v.t. 1.** Fixer des contingents pour les marchandises. **2.** Limiter la distribution d'un produit : *Les dérivés du pétrole ont été contingentés* (syn. **rationner**).

continu, e [kɔ̃tiny] **adj.** (lat. *continuus*). **1.** Qui ne présente pas d'interruption dans le temps ou dans l'espace : *Ligne continue* (par opp. à *discontinue*). **2. Basse continue,** portée musicale ininterrompue confiée, dans la musique baroque et jusqu'au XVIIIe s., à un instrument d'accompagnement polyphonique, comme l'orgue ou le clavecin (on dit aussi *un continuo*). / **Journée continue,** horaire journalier de travail ne comportant qu'une brève interruption pour le repas.

continuateur, trice [kɔ̃tinɥatœr, -tris] **n.** Personne qui continue ce qu'une autre a commencé : *Les continuateurs d'une réforme.*

continuation [kɔ̃tinɥasjɔ̃] **n.f.** Action de continuer, de poursuivre ; ce qui continue : *La continuation de la grève* (syn. **poursuite** ; contr. **arrêt**). *Ce nouveau système n'est que la continuation du précédent* (syn. **suite**).

continuel, elle [kɔ̃tinɥɛl] **adj.** Qui dure sans interruption ; qui se renouvelle constamment : *Des pannes continuelles.*

continuellement [kɔ̃tinɥɛlmɑ̃] **adv.** De façon continuelle : *Il ronchonne continuellement* (syn. **constamment**).

continuer [kɔ̃tinɥe] **v.t.** (lat. *continuare*, de *continus*, continu) [conj. **7**]. **1.** Poursuivre ce qui est commencé, ce qui a été interrompu : *Continuer un voyage.* **2. Continuer à, de** (+ inf.), persister à : *Continuer à fumer.* ◆ **v.i.** Ne pas cesser, se poursuivre : *La séance continue.*

continuité [kɔ̃tinɥite] **n.f.** Caractère de ce qui est continu : *La continuité de l'effort.*

continûment [kɔ̃tinymɑ̃] **adv.** De façon continue.

continuum [kɔ̃tinɥɔm] **n.m.** (mot lat., de *continus*, continu). Ensemble d'éléments tels que l'on puisse passer de l'un à l'autre de façon continue.

contondant, e [kɔ̃tɔ̃dɑ̃, -ɑ̃t] **adj.** (du lat. *contundere*, écraser). Qui meurtrit par écrasement, sans couper : *Une arme contondante.*

contorsion [kɔ̃tɔrsjɔ̃] **n.f.** (bas lat. *contorsio*, du class. *torquere*, tordre). Mouvement acrobatique ou forcé qui donne au corps ou à une partie du corps une posture étrange ou grotesque.

se **contorsionner** [kɔ̃tɔrsjɔne] **v.pr.** Faire des contorsions.

contour [kɔ̃tur] **n.m.** (de *contourner*). **1.** Ligne qui marque la limite d'un corps : *Le contour d'un vase.* **2.** Ligne sinueuse ; détour : *Les contours d'une rivière* (syn. **méandre**).

contourné, e [kɔ̃turne] **adj.** Qui manque de naturel, de simplicité : *Un style contourné* (syn. **maniéré**).

contourner [kɔ̃turne] **v.t.** (lat. pop. **contornare*, du class. *tornare*, façonner autour). **1.** Faire le tour de qqch, de qqn, pour l'éviter : *Contourner un obstacle.* **2.** Trouver un biais permettant d'éviter qqch : *Contourner une difficulté* (syn. **éluder**). *Contourner la loi.*

contraceptif, ive [kɔ̃trasɛptif, -iv] **adj.** Qui assure la contraception, qui empêche la fécondation : *Pilule contraceptive.* ◆ **contraceptif n.m.** Produit permettant la contraception.

contraception [kɔ̃trasɛpsjɔ̃] **n.f.** (mot angl., de *conception*, conception). **1.** Ensemble des méthodes visant à éviter, de façon réversible et temporaire, la fécondation. **2.** Chacune de ces méthodes : *Choisir une contraception adaptée.*

■ Les méthodes dites « naturelles » sont fondées sur le retrait avant l'éjaculation (coït interrompu) et sur l'abstinence durant la période de fécondité de la femme. Elles ont un taux d'échec élevé (méthode d'Ogino-Knaus, courbe thermique rectale).

Les méthodes locales interviennent en tant que barrière mécanique (préservatifs masculins et féminins, diaphragme) ou chimique (produits spermicides) ou par l'introduction d'un dispositif intra-utérin (stérilet). Les préservatifs masculins et féminins ont par ailleurs comme particularités leur innocuité et surtout la protection contre la transmission des infections sexuellement transmissibles, dont le sida.

Les méthodes hormonales utilisent des produits de synthèse (œstrogène et/ou progestatifs) administrés le plus souvent sous forme de comprimés appelés couramment « pilules » et ont pour but le blocage de l'ovulation. La pilule contient des hormones féminines, œstrogènes et progestatifs ; la prise est généralement arrêtée quelques jours tous les mois, ce qui provoque en général les règles. La *minipilule* a un faible dosage en œstrogène. La *micropilule* ne contient aucun œstrogène, elle est administrée en cas de contre-indication à ce dernier traitement, mais, son action étant beaucoup moins complète, elle doit être prise tous les jours, à horaire fixe, sans interruption. La *pilule du lendemain,* à forte dose d'œstrogènes, doit être prise le plus rapidement possible après un rapport sans contraception : jusqu'à 72 h, avec une efficacité qui diminue avec le temps (jusqu'à cinq jours pour la *pilule du surlendemain*). ■

contractant, e [kɔ̃traktɑ̃, -ɑ̃t] **adj.** et **n.** (de *2. contracter*). DR. Qui passe contrat : *Les parties contractantes.*

contracté, e [kɔ̃trakte] **adj. 1.** Rendu nerveux : *Au début de l'examen, j'étais trop contracté* (syn. **crispé**). **2.** GRAMM. Se dit d'un mot formé de deux éléments réunis en un seul par chute d'un ou de plusieurs sons : *Les mots « du », « au » sont des articles contractés pour « de le », « à le ».* (V. aussi *contracter.*)

1. contracter [kɔ̃trakte] **v.t.** (du lat. *contractus*, de *contrahere*, resserrer). **1.** Réduire en un moindre volume : *Le froid contracte certaines substances.* **2.** Raidir un muscle, une partie du corps : *Contracter ses biceps, ses mâchoires.* ◆ **se contracter v.pr. 1.** Diminuer de volume, de longueur. **2.** Devenir dur : *Ses traits se sont contractés.* **3.** Se crisper ; devenir nerveux : *Ne te contracte pas, tu vas tout rater.*

2. contracter [kɔ̃trakte] **v.t.** (du lat. *contractus*, de *contrahere*, engager une affaire avec). **1.** S'engager juridiquement ou moralement : *Contracter une alliance. Contracter des obligations envers qqn.* **2.** Prendre une habitude : *Contracter un vice.* **3.** Attraper une maladie : *Contracter la grippe.*

contractile [kɔ̃traktil] **adj.** Se dit des muscles et autres organes capables de se contracter.

contraction [kɔ̃traksjɔ̃] **n.f.** Action de contracter ; fait de se contracter, d'être contracté : *Contraction musculaire.*

contractuel, elle [kɔ̃traktɥɛl] **adj.** (de *2. contracter*). Stipulé par un contrat : *Les garanties contractuelles.* ◆ **n.** Agent public non fonctionnaire ; auxiliaire de police chargé d'appliquer les règlements de stationnement.

contracture [kɔ̃traktyr] **n.f.** (de *1. contracter*). PATHOL. Contraction musculaire durable et involontaire d'un muscle, accompagnée de rigidité.

contradicteur [kɔ̃tradiktœr] **n.m.** (lat. *contradictor* ; v. *contredire*). Personne qui contredit : *Répondre aux objections des contradicteurs.*

contradiction [kɔ̃tradiksjɔ̃] **n.f.** (lat. *contradictio* ; v. *contredire*). **1.** Action de contredire ; action ou fait de se contredire : *Relever des contradictions dans les déclarations des témoins* (syn. **incompatibilité**). *Ses actes sont en contradiction avec ses paroles* (syn. **opposition**). **2. Esprit de contradiction,** disposition à contredire systématiquement.

Une œuvre a-t-elle un sens hors de son contexte ?

On appelle « contexte » l'ensemble des circonstances qui entourent la création d'une œuvre ou les événements historiques réels qui situent une histoire. Que reste-t-il d'un roman, d'un poème, d'une peinture quand on ignore tout de son auteur ou de l'époque et de la civilisation dans lesquelles il a vécu ?

▶ **Débarrasser l'œuvre de son contexte.** Pour l'exposition « L'homme et ses masques » présentée au musée Jacquemart-André à Paris en 2005, l'écrivain français Michel Butor fait découvrir un ensemble de masques sans se référer à des connaissances vraiment scientifiques. Pour animer la visite, il illustre chaque masque par un poème. Il renonce ainsi aux légendes explicatives et remplace le texte documentaire par une réflexion personnelle dont le sujet pourrait être : « Que ressentez-vous en regardant ces masques venus du monde entier ? » Les masques sont réunis dans les vitrines en fonction des effets qu'ils produisent sur le visiteur, sans autre commentaire que le long monologue de Michel Butor. Parfois, une date, le nom d'un continent, un titre sont les seuls indices livrés au public. Masques africains, mexicains, océaniens, américains, tous se côtoient sans préjugés de culture originelle, de célébrité ou d'époque. Le masque d'un joueur de base-ball oppose son héroïsme barbare aux cultures anciennes chargées de souvenirs rituels ou funéraires. Saisissants et inattendus, ces rapprochements poussent le spectateur à s'interroger sur sa propre histoire.

▶ **Le risque du contresens.** Quand des objets, tels que ces masques de toutes les provenances, sont privés de leur cadre et transplantés ailleurs, prennent-ils pour autant une nouvelle signification ? Exposés à travers le dédale de vitrines noires, les masques inquiètent le visiteur. Alignés, sans souci de la chronologie, les masques funéraires qui surgissent dans leur halo de lumière restent mystérieux. Le visiteur se retrouve dans la situation d'un ethnologue devant une photo sans légende. Pour y voir clair, il lui manque la dimension de l'espace et du temps, qui fait vivre d'autres cultures par l'imaginaire. Comment invoquer la puissance de la nuit et du feu si l'on ignore que tel masque blanc africain est réservé à des rituels nocturnes ? Quel est l'intérêt de négliger ainsi le contexte et d'appréhender les œuvres d'une manière innocente ? Le fait de priver le spectateur de références culturelles, historiques ou religieuses ne favoriserait-il pas les malentendus ? Tous les contresens seraient dès lors possibles. Anachronismes et interprétations fantaisistes risqueraient d'appauvrir la découverte plutôt que de l'enrichir.

▶ **L'œuvre se suffit-elle à elle-même ?** Parfois, les biographes resituent si bien l'individu dans son contexte qu'ils en disent presque trop sur sa vie. Est-ce vraiment servir l'œuvre que de raconter par le menu des détails qui ne concernent que la personne en question ? Quel intérêt y a-t-il de connaître la vie de grand-mère de George Sand, le nom des différentes maîtresses de Baudelaire, les petitesses de Montaigne ou encore les frasques d'Alphonse Daudet en Provence ? Certains critiques pensent en effet qu'il est inutile de se perdre dans les détails de la vie de l'auteur : l'œuvre se suffit à elle-même. D'autres, à l'inverse, estiment qu'on ne peut étudier une œuvre quand on la sépare totalement de son contexte. Selon eux, c'est uniquement grâce à la connaissance du contexte que l'œuvre acquiert tout son sens. On peut penser ici à la poésie de la Résistance : la plupart des poètes luttant contre l'occupant allemand faisaient connaître leurs vers par l'intermédiaire de tracts clandestins ou de brochures militantes. Par exemple, le célèbre poème *Liberté* de Paul Éluard était parachuté dans les maquis par l'aviation britannique. Ainsi, en ignorant le contexte historique, le lecteur d'aujourd'hui perdrait une grande partie du message que le poète entendait faire passer.

De multiples raisons font que le contexte est important pour étudier une œuvre. C'est même grâce à l'attention que les critiques portent au contexte qu'une histoire de la littérature est possible. Mais cet intérêt est parfois contesté : Marcel Proust ne déclare-t-il pas dans son essai intitulé *Contre Sainte-Beuve* que l'œuvre littéraire est beaucoup plus importante que la personnalité de l'écrivain ?

Voir aussi : Butor ; Proust ; Sainte-Beuve.

contradictoire [kɔ̃tradiktwar] **adj. 1.** Qui implique une contradiction : *Opinions contradictoires* (syn. **antinomique**). **2.** DR. **Jugement contradictoire,** non susceptible d'opposition, les parties intéressées ayant été entendues.

contraignant, e [kɔ̃trɛɲɑ̃, -ɑ̃t] **adj.** Qui contraint : *Un horaire contraignant* (syn. **astreignant**).

contraindre [kɔ̃trɛ̃dr] **v.t.** (lat. *constringere,* de *stringere,* serrer) [conj. **80**]. **1.** Obliger qqn à faire une chose : *On l'a contraint à partir avant la date prévue* (syn. **obliger, forcer**). **2.** *LITT.* Empêcher qqn de suivre son penchant naturel ; empêcher des sentiments de suivre leur cours : *Contraindre une personne dans ses goûts. Contraindre ses désirs* (syn. **refouler, réfréner**). ◆ **se contraindre v.pr. Se contraindre à** (+ inf.), s'obliger à.

contraint, e [kɔ̃trɛ̃, -ɛ̃t] **adj.** Mal à l'aise ; peu naturel.

contrainte [kɔ̃trɛ̃t] **n.f.** (de *contraindre*). **1.** Violence morale ou physique exercée sur qqn pour le faire céder : *Obtenir qqch par la contrainte* (syn. **force**). **2.** MÉCAN. Forces qui s'exercent sur un corps, tensions internes à ce corps : *Ce matériau est prévu pour résister à des contraintes très importantes.* **3.** (Surtout au pl.). Obligation créée par les règles en usage dans un milieu, par une nécessité, etc. : *Les contraintes sociales.* **4.** DR. **Contrainte par corps,** emprisonnement d'un débiteur pour l'amener à payer ses dettes.

contraire [kɔ̃trɛr] **adj.** (lat. *contrarius*). **1.** Qui s'oppose radicalement à qqch, qui va à l'encontre de : *Une opinion contraire à la logique. Une décision contraire au règlement* (contr. **conforme**). **2.** Qui va dans le sens opposé : *Sens contraire à celui des aiguilles d'une montre* (syn. **inverse**). **3.** Qui est défavorable, nuisible à qqn ou qqch : *Un aliment contraire à la santé. Le sort lui est contraire.* ◆ **n.m. 1.** Personne ou chose qui s'oppose totalement à une autre : *La douceur est le contraire de la violence. Je ne vous dis pas le contraire.* **2.** Mot qui a un sens opposé à celui d'un autre (syn. **antonyme**). **3. Au contraire,** exprime une opposition forte : *Tu crois que ça m'a fait plaisir ? Bien au contraire !* / **Au contraire de,** à l'inverse de.

contrairement à [kɔ̃trɛrmɑ̃] **loc. prép.** D'une manière opposée à : *Contrairement aux prévisions, il n'a pas plu* (contr. **conformément à**).

contralto [kɔ̃tralto] **n.m.** (mot it. ; v. *alto*). La plus grave des voix de femme, dite aussi *alto.* ◆ **n.f.** ou **n.m.** Chanteuse qui possède cette voix.

contrapuntique [kɔ̃trapɔ̃tik] **adj.** (de l'it. *contrappunto,* contrepoint). MUS. Relatif au contrepoint ; qui utilise les règles du contrepoint : *Une écriture contrapuntique.*

contrariant, e [kɔ̃trarjɑ̃, -ɑ̃t] **adj.** Qui contrarie : *Un incident contrariant* (syn. **ennuyeux, fâcheux**).

contrarié, e [kɔ̃trarje] **adj. 1.** Qui éprouve de la contrariété : *Je suis contrarié qu'il ne puisse pas venir.* **2.** Qui rencontre des obstacles : *Un amour contrarié.*

contrarier [kɔ̃trarje] **v.t.** (bas lat. *contrariare,* contredire) [conj. **9**]. **1.** Faire obstacle à qqch, s'opposer aux projets de qqn : *Contrarier un dessein* (syn. **contrecarrer**). *Le vent contrarie la course du bateau.* **2.** Causer du mécontentement à qqn : *Leur mésentente me contrarie.*

contrariété [kɔ̃trarjete] **n.f. 1.** Ennui, mécontentement causé par l'opposition que l'on rencontre : *Éprouver une vive contrariété* (syn. **irritation**). **2.** Ce qui contrarie qqn, l'attriste : *Toutes ces contrariétés l'ont rendu malade.*

contraste [kɔ̃trast] **n.m.** (it. *contrasto,* du bas lat. *contrastare,* s'opposer à). **1.** Opposition entre deux choses, dont l'une fait ressortir l'autre : *Le contraste entre ses cheveux noirs et sa peau claire. Le contraste de deux caractères.* **2. Produit de contraste,** substance opaque aux rayons X, qu'on introduit dans l'organisme pour visualiser certains organes au cours d'un examen radiologique.

contrasté, e [kɔ̃traste] **adj.** Dont les contrastes sont accusés : *Une photographie contrastée.*

contraster [kɔ̃traste] **v.t. ind. [avec].** Être en contraste, s'opposer de façon frappante : *Cette église moderne contraste avec ces vieilles maisons* (syn. **détonner**). ◆ **v.t.** Mettre en contraste : *Contraster les couleurs dans un tableau.*

contrat [kɔ̃tra] **n.m.** (lat. *contractus,* de *contrahere ;* v. 2. *contracter*). **1.** Convention entre deux ou plusieurs personnes ; écrit qui établit cette convention : *Contrat de travail. Rédiger, signer un contrat.* **2. Remplir, réaliser son contrat,** faire ce que l'on avait promis.

contravention [kɔ̃travɑ̃sjɔ̃] **n.f.** (du lat. médiév. *contravenire ;* v. *contrevenir*). Procès-verbal constatant une infraction à un règlement, notamm. en matière de circulation ; amende correspondant à cette infraction : *Dresser une contravention pour excès de vitesse. Payer une contravention.*

1. contre [kɔ̃tr] **prép.** (lat. *contra,* en face de, contrairement à). **1.** Indique le contact, la juxtaposition : *Sa maison est contre la nôtre. Serrer un enfant contre sa poitrine* (syn. **sur**). **2.** Marque l'opposition, l'hostilité, la défense : *Je suis contre de tels procédés* (contr. **pour**). *Ils sont tous contre moi* (contr. **avec**). *Un remède contre la toux.* **3.** Indique l'échange : *Il a troqué sa vieille voiture contre une moto* (syn. **pour**). *Un envoi contre remboursement.* **4.** Exprime la proportion : *On trouve vingt films médiocres contre un de qualité* (syn. **pour**). **5. Contre vents et marées,** en dépit de tous les obstacles. / **Parier un contre dix,** être convaincu que l'on a raison, que l'on gagnera. ◆ **adv. Être contre, voter contre,** s'opposer à qqn, à qqch. ◆ **n.m. Le pour et le contre** ⟶ **pour.** ◆ **par contre loc. adv.** Exprime une articulation logique marquant l'opposition : *Son œuvre de jeunesse est admirable, par contre ses derniers romans sont très décevants* (syn. **en revanche**). ***Rem.*** La locution *par contre* a longtemps fait l'objet des critiques de certains puristes.

2. contre- [kɔ̃tr] **préfixe** (de *contrer*). **1.** S'emploie en composition pour indiquer la réaction, l'opposition : *Contre-attaque, contre-exemple.* **2.** S'emploie en composition pour marquer un degré supérieur : *Contre-amiral, contre-ut.*

3. contre [kɔ̃tr] **n.m.** (de *contrer*). **1.** SPORTS. Contre-attaque : *S'exposer à un contre en dégarnissant la défense.* **2.** JEUX. Action de contrer.

contre-allée [kɔ̃trale] **n.f.** (pl. *contre-allées*). Allée parallèle à une allée principale.

contre-amiral, e [kɔ̃tramiral] **n.** (pl. *contre-amiraux, contre-amirales*). Premier grade des officiers généraux de la marine.

contre-attaque [kɔ̃tratak] **n.f.** (pl. *contre-attaques*). MIL., SPORTS. Attaque lancée pour neutraliser une offensive adverse, pour y répliquer : *Lancer une contre-attaque.*

contre-attaquer [kɔ̃tratake] **v.i.** Exécuter une contre-attaque : *Les ennemis ont contre-attaqué à l'aube.*

contrebalancer [kɔ̃trəbalɑ̃se] **v.t.** [conj. **16**]. Établir un équilibre : *L'influence de ses lectures contrebalance celle de la télévision* (syn. **compenser**).

contrebande [kɔ̃trəbɑ̃d] **n.f.** (it. *contrabbando,* contre le ban). Commerce clandestin de marchandises prohibées ou pour lesquelles on n'a pas acquitté les droits de douane ; ces marchandises : *Alcool de contrebande. Passer du tabac en contrebande.*

contrebandier, ère [kɔ̃trəbɑ̃dje, -ɛr] **n.** Personne qui se livre à la contrebande.

en **contrebas (de)** [kɔ̃trəbɑ] **loc. adv.** ou **loc. prép.** À un niveau moins élevé qu'autre chose : *On aperçoit la route en contrebas. La rivière coule en contrebas de la maison* (contr. **en contre-haut**).

contrebasse [kɔ̃trəbas] **n.f.** (it. *contrabbasso*). **1.** Le plus grand et le plus grave des instruments à cordes de la famille des violons. **2.** Le plus grave des instruments d'une famille instrumentale : *Contrebasse de bombarde.*

contrebassiste [kɔ̃trəbasist] **n.** Musicien qui joue de la contrebasse. (On dit aussi *un, une contrebasse* ou, dans un orchestre de jazz, *un, une bassiste.*)

contre-braquer [kɔ̃trəbrake] **v.i.** Braquer les roues avant d'une voiture dans la direction inverse de celle qu'on leur a imprimée jusque-là en braquant.

contrecarrer [kɔ̃trəkare] **v.t.** (de l'anc. fr. *contrecarre,* opposition). S'opposer directement à qqn ; mettre des obstacles à qqch : *Contrecarrer les desseins de qqn* (syn. **contrarier**).

contrechamp [kɔ̃trəʃɑ̃] **n.m.** CIN. Prise de vues effectuée dans la direction exactement opposée à celle de la prise de vues précédente.

contre-chant [kɔ̃trəʃɑ̃] **n.m.** (pl. *contre-chants*). MUS. Phrase mélodique qui soutient le thème.

à **contrecœur** [kɔ̃trəkœr] **loc. adv.** Avec répugnance ; malgré soi : *J'ai accepté à contrecœur* (contr. **volontiers**).

contrecoup [kɔ̃trəku] **n.m.** Répercussion sur l'organisme d'un choc moral ou physique ; conséquence indirecte d'un acte, d'un événement : *La hausse des prix alimentaires est le contrecoup des intempéries.*

contre-courant [kɔ̃trəkurɑ̃] **n.m.** (pl. *contre-courants*). **1.** HYDROL. Courant dirigé dans le sens inverse d'un autre courant. **2. À contre-courant,** dans le sens opposé au courant principal ; au fig., dans le sens contraire à la tendance générale : *Nager à contre-courant. Aller à contre-courant de la mode.*

contredire [kɔ̃trədir] **v.t.** (lat. *contradicere*) [conj. **103**]. **1.** Dire le contraire de ce que qqn affirme : *Contredire un témoin.* **2.** Être en opposition avec : *Ses actes contredisent ses paroles.* ◆ **se contredire v.pr.** Être en contradiction avec soi-même ; être en contradiction réciproque : *Elle s'est contredite plusieurs fois au cours de son témoignage. Ses déclarations se contredisent* (= sont contradictoires).

sans **contredit** [kɔ̃trədi] **loc. adv.** (de *contredire*). Sans contestation possible : *Elle est sans contredit la meilleure skieuse actuelle* (syn. **indiscutablement**).

contrée [kɔ̃tre] **n.f.** (lat. pop. *[*regio*] *contrata,* [pays] situé en face, du class. *contra,* en face de). *LITT.* Étendue de terre : *Contrée fertile* (syn. **pays, région**).

contre-écrou [kɔ̃trekru] **n.m.** (pl. *contre-écrous*). Écrou serré sur un autre pour éviter le desserrage de celui-ci.

contre-emploi [kɔ̃trɑ̃plwa] **n.m.** (pl. *contre-emplois*). Rôle ne correspondant pas au physique, au tempérament d'un comédien.

contre-enquête [kɔ̃trɑ̃kɛt] **n.f.** (pl. *contre-enquêtes*). Enquête destinée à contrôler les résultats d'une enquête précédente : *Le tribunal a ordonné une contre-enquête.*

contre-épreuve [kɔ̃treprœv] **n.f.** (pl. *contre-épreuves*). **1.** Seconde vérification faite pour compléter une vérification précédente. **2.** Reproduction en sens inverse d'un dessin ou d'une gravure, obtenue par simple pression sur une feuille de papier humide.

contre-espionnage [kɔ̃trɛspjɔnaʒ] **n.m.** (pl. *contre-espionnages*). Ensemble des activités visant à déceler et à réprimer les actions des services de renseignements étrangers tant à l'intérieur qu'à l'extérieur du territoire national ; le service chargé de cette activité.

contre-exemple [kɔ̃trɛgzɑ̃pl] **n.m.** (pl. *contre-exemples*). Exemple qui contredit une affirmation, une règle.

contre-expertise [kɔ̃trɛkspɛrtiz] **n.f.** (pl. *contre-expertises*). Expertise destinée à en contrôler une autre : *Présenter les conclusions d'une contre-expertise.*

contrefaçon [kɔ̃trəfasɔ̃] **n.f.** (de *contrefaire,* d'après *façon*). Reproduction frauduleuse d'une œuvre littéraire, artistique, d'un produit manufacturé, d'une monnaie, etc.

contrefacteur, trice [kɔ̃trəfaktœr, -tris] **n.** Personne qui produit une contrefaçon (syn. **faussaire**).

contrefaire [kɔ̃trəfɛr] **v.t.** (bas lat. *contrafacere,* imiter) [conj. **109**]. **1.** Imiter en déformant : *Contrefaire la démarche de qqn* (syn. **parodier**). **2.** Imiter frauduleusement : *Contrefaire un billet de banque.* **3. Contrefaire sa voix, son visage, etc.,** les déformer pour tromper : *Le kidnappeur avait contrefait sa voix au téléphone.*

contrefait, e [kɔ̃trəfɛ, -ɛt] **adj. 1.** Imité par contrefaçon : *Écriture contrefaite.* **2.** Qui présente une difformité, en parlant du corps de qqn ; difforme.

contre-feu [kɔ̃trəfø] **n.m.** (pl. *contre-feux*). Feu volontairement allumé en avant d'un incendie pour créer un vide et arrêter ainsi la propagation de cet incendie.

contre-filet [kɔ̃trəfilɛ] **n.m.** (pl. *contre-filets*). Morceau de bœuf de boucherie, correspondant à la région du rein (syn. **faux-filet**).

contrefort [kɔ̃trəfɔr] **n.m. 1.** ARCHIT. Massif de maçonnerie élevé en saillie contre un mur ou un support pour le soutenir. **2.** Pièce de cuir qui sert à renforcer la partie arrière d'une chaussure, au-dessus du talon. **3.** GÉOGR. Montagne moins élevée bordant le massif principal.

en **contre-haut (de)** [kɔ̃trəo] **loc. adv.** ou **loc. prép.** À un niveau plus élevé qu'autre chose : *La tour est située en contre-haut. Suivre un chemin en contre-haut de la rivière* (contr. **contrebas**).

contre-indication [kɔ̃trɛ̃dikasjɔ̃] **n.f.** (pl. *contre-indications*). Cas où il est préférable de s'abstenir de prescrire, de suivre un traitement médical.

contre-indiqué, e [kɔ̃trɛ̃dike] **adj.** (pl. *contre-indiqués, es*). **1.** MÉD. Qui ne doit pas être employé : *Médicament contre-indiqué en cas de diabète.* **2.** Qu'il est conseillé d'éviter, de ne pas faire : *L'achat d'actions est en ce moment contre-indiqué* (syn. **inopportun, déconseillé**).

contre-interrogatoire [kɔ̃trɛ̃terɔgatwar] **n.m.** (pl. *contre-interrogatoires*). Interrogatoire d'un témoin, d'un accusé, par la partie adverse.

contre-jour [kɔ̃trəʒur] **n.m.** (pl. *contre-jours*). **1.** Lumière qui éclaire un objet du côté opposé à celui par lequel on le regarde. **2. À contre-jour,** dans un sens opposé au jour, dans un faux jour.

contre la montre [kɔ̃trəlamɔ̃tr] **loc. adj. Course contre la montre,** épreuve cycliste sur route dans laquelle les concurrents, partant à intervalles réguliers, roulent seuls et sont chronométrés individuellement ; au fig., action faite en toute hâte, dans un temps très limité : *Ce sera une course contre la montre pour finir ce soir.* ◆ **contre-la-montre n.m.** Course contre la montre.

contremaître, esse [kɔ̃trəmɛtr, -ɛs] **n.** Personne qui dirige une équipe d'ouvriers, d'ouvrières.

contre-manifestant, e [kɔ̃trəmanifɛstɑ̃, -ɑ̃t] **n.** (pl. *contre-manifestants, es*). Personne qui participe à une contre-manifestation.

contre-manifestation [kɔ̃trəmanifɛstasjɔ̃] **n.f.** (pl. *contre-manifestations*). Manifestation qui s'oppose à une autre.

contremarche [kɔ̃trəmarʃ] **n.f. 1.** Marche d'une armée dans un sens opposé à la direction d'abord suivie. **2.** CONSTR. Face verticale d'une marche d'escalier.

contremarque [kɔ̃trəmark] **n.f. 1.** Carte, ticket, jeton délivré à des spectateurs qui sortent momentanément d'une salle de spectacle. **2.** Document individuel qui témoigne d'un billet de passage collectif.

contre-mesure [kɔ̃trəməzyr] **n.f.** (pl. *contre-mesures*). Disposition prise pour s'opposer à une action, à un événement, ou pour les prévenir : *Prendre des contre-mesures pour éviter la spéculation.*

contre-offensive [kɔ̃trɔfɑ̃siv] **n.f.** (pl. *contre-offensives*). Opération offensive répondant à une offensive de l'adversaire.

contrepartie [kɔ̃trəparti] **n.f. 1.** Ce qui sert à compenser ; ce qui est fourni en dédommagement : *La contrepartie en or d'un billet de banque. Ce métier pénible a pour contrepartie de longues vacances* (syn. **compensation**). **2.** *SOUT.* Opinion contraire : *Soutenir la contrepartie d'une thèse.* **3. En contrepartie,** en compensation ; en échange ; en revanche : *On vous laisse carte blanche ; en contrepartie, vous serez responsable des résultats.*

contre-performance [kɔ̃trəpɛrfɔrmɑ̃s] **n.f.** (pl. *contre-performances*). Échec subi par qqn, notamm. un sportif, dont on attendait la victoire, le succès.

contrepèterie [kɔ̃trəpɛtri] **n.f.** (de l'anc. fr. *contrepéter,* inverser les sons, de *péter*). Interversion plaisante de lettres ou de syllabes dans un groupe de mots, dans une phrase : *La phrase « trompez, sonnettes » est une contrepèterie de « sonnez, trompettes ».*

contre-pied [kɔ̃trəpje] **n.m.** (pl. *contre-pieds*). **1.** Ce qui va à l'encontre d'une opinion, de la volonté de qqn : *Sa théorie est le contre-pied de la vôtre* (syn. **opposé, inverse**). **2.** SPORTS. Action d'envoyer la balle ou de se diriger du côté opposé à celui que prévoyait l'adversaire. **3. Prendre le contre-pied de qqch,** s'appliquer à faire, à soutenir le contraire : *Notre fils prend systématiquement le contre-pied de ce que nous lui conseillons.*

contreplaqué [kɔ̃trəplake] **n.m.** Bois assemblé par collage en lames minces à fibres opposées.

contre-plongée [kɔ̃trəplɔ̃ʒe] **n.f.** (pl. *contre-plongées*). CIN., PHOT. Prise de vues cinématographique dirigée de bas en haut.

contrepoids [kɔ̃trəpwa] **n.m. 1.** Poids servant à équilibrer une force, un autre poids : *Le contrepoids d'une horloge.* **2.** Balancier d'un équilibriste. **3.** *FIG.* Ce qui compense un effet : *L'humour est souvent un contrepoids au désespoir.*

à **contre-poil** [kɔ̃trəpwal] **loc. adv. 1.** Dans le sens contraire à celui du poil : *Brosser un chat à contre-poil* (syn. **à rebrousse-poil**). **2. Prendre qqn à contre-poil,** l'irriter en heurtant ses convictions.

contrepoint [kɔ̃trəpwɛ̃] **n.m.** (de *point,* les notes étant autref. représentées par des points). **1.** MUS. Technique de composition consistant à superposer plusieurs lignes mélodiques ; composition écrite selon les règles de cette technique. **2.** Motif secondaire qui se superpose au thème principal, dans une œuvre artistique.

contrepoison [kɔ̃trəpwazɔ̃] **n.m.** Remède contre le poison (syn. **antidote**).

contre-pouvoir [kɔ̃trəpuvwar] **n.m.** (pl. *contre-pouvoirs*). Pouvoir qui s'organise pour faire échec à une autorité établie.

contre-projet [kɔ̃trəprɔʒɛ] **n.m.** (pl. *contre-projets*). Projet opposé à un autre.

contre-propagande [kɔ̃trəprɔpagɑ̃d] **n.f.** (pl. *contre-propagandes*). Propagande visant à détruire les effets d'une autre propagande.

contre-proposition [kɔ̃trəprɔpozisjɔ̃] **n.f.** (pl. *contre-propositions*). Proposition différente qu'on oppose à une autre dans une négociation.

contre-publicité [kɔ̃trəpyblisite] **n.f.** (pl. *contre-publicités*). **1.** Événement, circonstance qui nuit à l'image de marque d'une firme, d'un produit, d'une personnalité. **2.** Publicité destinée à lutter contre les effets d'une autre publicité.

contrer [kɔ̃tre] **v.t.** (de *1. contre*). **1.** À certains jeux de cartes, spécial. au bridge, s'engager à faire chuter l'adversaire qui doit réaliser un contrat donné. **2.** S'opposer efficacement à l'action de qqn, à qqch.

Contre-Réforme → Réforme catholique.

contre-révolution [kɔ̃trərevɔlysjɔ̃] **n.f.** (pl. *contre-révolutions*). Mouvement politique et social visant à combattre une révolution, à ruiner ses effets.

contre-révolutionnaire [kɔ̃trərevɔlysjɔnɛr] **adj.** et **n.** (pl. *contre-révolutionnaires*). Qui est partisan d'une contre-révolution.

contreseing [kɔtrəsɛ̃] **n.m.** Signature, seing qu'on appose à côté d'un autre pour l'authentifier.

contresens [kɔ̃trəsɑ̃s] **n.m. 1.** Interprétation erronée d'un mot, d'une phrase : *Une version latine pleine de contresens.* **2.** Ce qui va à l'encontre de la logique, du bon sens : *Sa conduite est un contresens.* **3. À contresens,** dans un sens contraire.

contresigner [kɔ̃trəsiɲe] **v.t.** Apposer un contreseing.

contretemps [kɔ̃trətɑ̃] **n.m. 1.** Événement fâcheux, imprévu, qui va contre les projets, les mesures prises, etc. : *Je suis désolé de n'être pas venu, j'ai eu un contretemps* (syn. **empêchement**). **2.** MUS. Procédé rythmique consistant à attaquer un son sur un temps faible et à le faire suivre d'un silence sur le temps fort. **3. À contretemps,** mal à propos : *Ce maladroit fait tout à contretemps.*

contre-torpilleur [kɔ̃trətɔrpijœr] **n.m.** (pl. *contre-torpilleurs*). Bâtiment de guerre conçu à l'origine pour lutter contre les torpilleurs (syn. **destroyer**).

contre-transfert [kɔ̃trətrɑ̃sfɛr] **n.m.** (pl. *contre-transferts*). PSYCHAN. Ensemble des réactions inconscientes de l'analyste à l'égard du patient et qui peuvent interférer avec son interprétation.

contretype [kɔ̃trətip] **n.m. 1.** Fac-similé d'une image photographique, obtenu en photographiant cette image. **2.** Copie positive d'un film obtenue à partir d'un double du négatif original.

contre-ut [kɔ̃tryt] **n.m. inv.** *Ut* plus élevé d'une octave que l'*ut* supérieur du registre normal d'une voix, d'un instrument.

contrevenant, e [kɔ̃trəvənɑ̃, -ɑ̃t] **n.** (de *contrevenir*). Personne qui enfreint les lois ou les règlements.

contrevenir [kɔ̃trəvənir] **v.t. ind. [à]** (lat. médiév. *contravenire,* s'opposer à) [conj. **40** ; auxil. *avoir*]. DR. Agir contrairement à une prescription, à une obligation : *Contrevenir au Code de la route* (= l'enfreindre).

contrevent [kɔ̃trəvɑ̃] **n.m.** Volet extérieur en bois.

contrevérité [kɔ̃trəverite] **n.f.** Affirmation contraire à la vérité (syn. **mensonge**).

contre-visite [kɔ̃trəvizit] **n.f.** (pl. *contre-visites*). Visite médicale destinée à contrôler les résultats d'une autre.

contre-voie [kɔ̃trəvwa] **n.f.** (pl. *contre-voies*). Voie parallèle à celle que suit un train.

contribuable [kɔ̃tribɥabl] **n.** (de *contribuer*). Personne assujettie au paiement de l'impôt.

contribuer [kɔ̃tribɥe] **v.t. ind. [à]** (lat. *contribuere,* de *tribuere,* répartir) [conj. **7**]. Participer à certain résultat par son action, son argent : *Contribuer à l'entretien d'une maison.*

contributif, ive [kɔ̃tribytif, -tiv] **adj.** Qui fait appel à la contribution de chacun ; collaboratif ; participatif : *Une encyclopédie contributive.*

contribution [kɔ̃tribysjɔ̃] **n.f. 1.** Part apportée par qqn à une action commune. **2.** (Surtout au pl.). Impôt payé à l'État. **3. Mettre qqn à contribution,** avoir recours à ses services à titre gracieux.

contrit, e [kɔ̃tri, -it] **adj.** (lat. *contritus,* de *conterere,* broyer, accabler). *LITT.* Pénétré du regret de ses actes : *Il a avoué sa faute d'un air contrit* (syn. **repentant**).

contrition [kɔ̃trisjɔ̃] **n.f.** (bas lat. *contritio ;* v. *contrit*). *LITT.* Regret sincère d'une faute, d'un péché (syn. **repentir**).

contrôlable [kɔ̃trolabl] **adj.** Qui peut être vérifié : *Cette affirmation n'est pas contrôlable.*

contrôle [kɔ̃trol] **n.m.** (anc. fr. *contrerole,* registre tenu en double). **1.** Vérification, inspection attentive de la régularité d'un acte, de la validité d'une pièce : *Contrôle des billets. Contrôle de la comptabilité.* **2.** Bureau chargé de ce genre de vérification : *Se présenter au contrôle.* **3.** Vérification minutieuse de l'état de qqch ou de qqn : *Le contrôle des pneus d'un véhicule. Contrôle médical* (syn. **examen**). **4.** Maîtrise de sa propre conduite, de la manœuvre de véhicules : *La colère lui a fait perdre le contrôle de lui-même. Garder le contrôle de sa voiture.* **5.** Pouvoir qu'on exerce sur un groupe, un pays, etc. : *Les* *maquisards ont pris le contrôle de ce territoire.* **6.** Exercice scolaire fait en classe, et destiné à contrôler les progrès des élèves, leur niveau : *Jeudi, il y a contrôle de maths.* **7. Contrôle continu des connaissances,** vérification du niveau des connaissances des étudiants par des interrogations et des travaux effectués tout au long de l'année. / **Contrôle des naissances,** libre choix d'avoir ou non des enfants, par application des méthodes contraceptives. / **Contrôle de gestion,** ensemble des procédures destinées à surveiller la marche d'une entreprise, à en évaluer les méthodes, l'organisation, les résultats. / **Contrôle judiciaire,** mesure qui, tout en sauvegardant la liberté d'un inculpé, le soumet à une certaine surveillance.

contrôler [kɔ̃trole] **v.t. 1.** Soumettre à un contrôle, à une vérification : *Contrôler les billets. Contrôler les affirmations de qqn* (syn. **vérifier**). **2.** Avoir la maîtrise de la situation dans un secteur ; exercer un pouvoir sur qqch, sur un groupe : *Banques qui contrôlent une branche de l'industrie.* **3.** Maîtriser, dominer : *Contrôler ses nerfs.* ◆ **se contrôler v.pr.** Être, rester maître de soi : *Quand il est en colère, il ne se contrôle plus.*

contrôleur, euse [kɔ̃trolœr, -øz] **n.** Personne chargée d'exercer un contrôle : *Contrôleur de la navigation aérienne. Contrôleuse de gestion.*

contrordre [kɔ̃trɔrdr] **n.m.** Annulation d'un ordre donné précédemment.

controverse [kɔ̃trɔvɛrs] **n.f.** (lat. *controversia,* litige). Discussion suivie sur une question, motivée par des opinions ou des interprétations divergentes : *Le sens de cette phrase a suscité de nombreuses controverses* (syn. **débat**).

controversé, e [kɔ̃trɔvɛrse] **adj.** Qui est l'objet de controverses : *Une décision controversée.*

contumace [kɔ̃tymas] **n.f.** (lat. *contumacia,* obstination, orgueil). État d'un accusé qui se soustrait à l'obligation de comparaître en justice : *Être condamné par contumace.*

contusion [kɔ̃tyzjɔ̃] **n.f.** (lat. *contusio,* de *contundere,* écraser, meurtrir). Meurtrissure produite par un corps dur, contondant, sans déchirure de la peau ni fracture des os.

contusionner [kɔ̃tyzjɔne] **v.t.** Provoquer des contusions sur qqn ; meurtrir.

conurbation [kɔnyrbasjɔ̃] **n.f.** (du lat. *cum,* avec, et *urbs,* ville). Agglomération formée par plusieurs villes voisines dont les banlieues se sont rejointes.

convaincant, e [kɔ̃vɛ̃kɑ̃, -ɑ̃t] **adj.** Propre à convaincre : *Raisonnement convaincant* (syn. **probant**). *L'avocat s'est montré très convaincant* (syn. **persuasif**).

convaincre [kɔ̃vɛ̃kr] **v.t.** (lat. *convincere,* refait d'après *vaincre*) [conj. **114**]. **1.** Amener qqn, par raisonnement ou par preuves, à reconnaître l'exactitude d'un fait ou sa nécessité : *Convaincre un incrédule. Convaincre qqn de renoncer à un projet* (syn. **persuader**). **2. Convaincre qqn de qqch,** apporter des preuves certaines des agissements coupables de qqn : *Convaincre qqn de mensonge.*

convaincu, e [kɔ̃vɛ̃ky] **adj. 1.** Qui adhère fortement à une opinion ; qui montre une grande conviction : *Un partisan convaincu* (syn. **déterminé**). *Parler d'un ton convaincu* (syn. **assuré**). **2. Être convaincu de,** être accusé avec des preuves évidentes de : *Être convaincu de meurtre.* ◆ **n.** Personne intimement persuadée de la justesse de ses idées : *Prêcher un convaincu.*

convalescence [kɔ̃valesɑ̃s] **n.f.** Retour progressif à la santé après une maladie ; période durant laquelle il s'effectue : *Être en convalescence.*

convalescent, e [kɔ̃valesɑ̃, -ɑ̃t] **adj.** et **n.** (lat. *convalescens,* de *convalescere,* reprendre des forces). Qui relève de maladie, qui est en convalescence.

convecteur [kɔ̃vɛktœr] **n.m.** Appareil de chauffage dans lequel l'air est chauffé au contact de surfaces métalliques.

convection ou **convexion** [kɔ̃vɛksjɔ̃] **n.f.** (lat. *convectio,* de *convehere,* charrier). Mouvement d'un fluide (notamm. mouvement vertical de l'air), avec transport de chaleur, sous l'influence de différences de température.

convenable [kɔ̃vnabl] **adj.** (de *convenir*). **1.** Approprié à son objet, à un usage, à une situation : *Moment convenable. Salaire convenable.* **2.** Qui respecte les bienséances : *Une tenue convenable* (syn. **décent**). **3.** Qui a les qualités requises, sans plus : *Un devoir de français convenable* (syn. **acceptable, passable**). *Un logement convenable* (syn. **décent**).

convenablement [kɔ̃vnabləmɑ̃] **adv.** De façon convenable : *Un appartement convenablement chauffé. Se conduire convenablement* (syn. **correctement**).

convenance [kɔ̃vnɑ̃s] **n.f. 1.** *LITT.* Caractère de ce qui convient à son objet, qui y est approprié : *Un style remarquable par la convenance du vocabulaire* (syn. **adéquation**). **2.** Caractère de ce qui convient à qqn : *J'ai agi à ma convenance* (= à ma guise). **3. Mariage de convenance,** mariage conclu en fonction des rapports de fortune, de position sociale, etc., des conjoints. / **Pour convenance(s) personnelle(s),** pour des motifs relevant de la vie privée, sans autre justification : *Congé pour convenance personnelle.* ◆ **convenances n.f. pl.** Règles du bon usage, bienséances sociales : *Respecter les convenances.*

convenir [kɔ̃vnir] **v.t. ind.** (lat. *convenire,* venir ensemble) [conj. **40**]. **1. [de].** (Auxil. *avoir* ou *LITT. être*) Conclure un accord : *Ils ont convenu de se réunir la semaine prochaine* (syn. **décider**). *Ils sont convenus d'un lieu de rendez-vous.* **2. [de].** (Auxil. *avoir* ou *LITT. être*) Reconnaître comme vrai : *Il faudra bien qu'il convienne de sa méprise.* **3. [à].** (Auxil. *avoir*) Être approprié à qqn, qqch : *Ce rôle lui convient parfaitement.* **4. [à].** (Auxil. *avoir*) Plaire à qqn : *Cette date, cette robe ne me convient pas* (syn. litt. **agréer**). ◆ **v. impers.** (auxil. *avoir*). Être utile, à propos : *Il veut savoir ce qu'il aurait convenu de faire* (= ce qu'il aurait fallu faire). *Il convient que chacun fasse un effort* (= il faut).

convention [kɔ̃vɑ̃sjɔ̃] **n.f.** (lat. *conventio,* de *convenire,* venir ensemble). **1.** Accord officiel passé entre des individus, des groupes sociaux ou politiques, des États ; écrit qui témoigne de la réalité de cet accord : *Une convention signée entre le patronat et les syndicats.* **2.** Règle résultant d'un commun accord, tacite ou explicite : *La langue est un système de conventions.* **3.** Assemblée réunie pour réviser, élaborer ou adopter une Constitution. ▸ La plus célèbre est, en France, la Convention nationale (1792-1795), qui fonda la Ire République. **4.** Aux États-Unis, congrès d'un parti, réuni en vue de désigner un candidat à la présidence. **5. De convention,** qui manque de naturel, de spontanéité : *Des amabilités de convention.* ◆ **conventions n.f. pl.** Ce qu'il est convenu de respecter suivant la bienséance.

Convention nationale, assemblée constituante française de la Révolution, qui succéda à l'Assemblée législative, et gouverna la France du 21 sept. 1792 au 26 oct. 1795. À l'origine, elle comprend trois partis : Girondins à droite, membres de la Plaine (ou *Marais*) au centre, Montagnards à gauche.
L'histoire de la Convention se divise en trois périodes, selon les partis au pouvoir.

21 sept. 1792. Convention girondine.
Elle vote d'abord l'abolition de la royauté et la proclamation de la république, puis (19 janv. 1793) la mort du roi. Les Girondins favorables à une politique de guerre doivent faire face à la première coalition. Les revers militaires et l'insurrection vendéenne entraînent leur chute.

2 juin 1793. Convention montagnarde.
Le pouvoir appartient au Comité de salut public, dominé par Robespierre et appuyé par les sans-culottes. Il édicte la loi du maximum des prix et des salaires pour enrayer la crise économique. Le Comité de sûreté générale, chargé de la police politique et épaulé par le Tribunal révolutionnaire, établit un régime de terreur, qui permet de briser les révoltes intérieures (Vendée, fédéralistes et royalistes). La levée en masse sauve la France de l'invasion. Après l'élimination des partisans de Danton puis de Hébert, Robespierre exerce une dictature jusqu'à sa chute, le 27 juill. 1794 (9 thermidor an II).

27 juill. 1794. Convention thermidorienne.

Sa politique est essentiellement une réaction contre la période précédente. Elle met fin aux institutions mises en place par les Montagnards. Elle résiste aux émeutes populaires, s'oppose à la Contre-Révolution royaliste, pacifie la Vendée et conclut avec la Hollande, la Prusse et l'Espagne les traités de Bâle et de La Haye (1795) donnant à la France la rive gauche du Rhin. Après avoir voté la Constitution de l'an III, qui fonde la « république des notables », la Convention thermidorienne se sépare et fait place au Directoire (oct. 1795).

conventionné, e [kɔ̃vɑ̃sjɔne] **adj.** Lié par une convention à un organisme officiel ; en partic., lié à la Sécurité sociale par une convention de tarifs : *Établissement scolaire conventionné* (= établissement privé agréé par l'État). *Médecin conventionné.*

conventionnel, elle [kɔ̃vɑ̃sjɔnɛl] **adj. 1.** Qui résulte d'une convention : *Signe conventionnel* (syn. **arbitraire**). *Formule conventionnelle de politesse* (syn. **classique**). **2.** Admis en vertu des convenances sociales ; qui manque de naturel : *Morale conventionnelle. Un éloge conventionnel.* **3. Arme, armement conventionnels,** arme, armement autres que nucléaires, biologiques ou chimiques.

conventuel, elle [kɔ̃vɑ̃tɥɛl] **adj.** (lat. médiév. *conventualis*, du class. *conventus*, couvent). Relatif à la vie d'une communauté religieuse, à la vie dans un couvent.

convenu, e [kɔ̃vny] **adj.** (p. passé de *convenir*). **1.** Établi par une convention, un accord : *Somme convenue.* **2.** Étroitement soumis aux conventions (sociales, littéraires, etc.) : *Un style convenu* (syn. **artificiel**). **3. Comme convenu,** conformément à tel accord précédent.

convergence [kɔ̃vɛrʒɑ̃s] **n.f. 1.** Situation de deux lignes qui convergent : *Les points de convergence des lignes de perspective* (contr. **divergence**). **2.** Action de tendre vers le même but : *Convergence des efforts.*

convergent, e [kɔ̃vɛrʒɑ̃, -ɑ̃t] **adj. 1.** Qui converge ; qui tend au même but : *Des droites convergentes. Des opinions convergentes* (contr. **divergent**). **2.** MATH. Se dit d'une suite de nombres, d'une série qui tend vers une limite déterminée. **3.** OPT. Qui fait converger un faisceau de rayons parallèles : *Lentille convergente.*

converger [kɔ̃vɛrʒe] **v.i.** (bas lat. *convergere*, du class. *vergere*, incliner vers) [conj. **17**]. Aboutir au même point ou au même résultat : *Une ville où convergent toutes les grandes routes. Leurs pensées convergent vers la même conclusion.*

conversation [kɔ̃vɛrsasjɔ̃] **n.f. 1.** Échange de propos sur un ton génér. familier : *Prendre part à la conversation. Avoir une conversation animée* (syn. **discussion**). **2.** Entretien entre des responsables ayant un objet précis : *Conversations diplomatiques* (syn. **pourparlers**). **3. Avoir de la conversation,** savoir soutenir et animer une conversation.

converser [kɔ̃vɛrse] **v.i.** (lat. *conversari*, vivre avec). S'entretenir avec qqn sur un ton léger, familier (syn. **bavarder**).

conversion [kɔ̃vɛrsjɔ̃] **n.f.** (lat. *conversio*, de *convertere*, retourner). **1.** Passage de l'incroyance à la foi, d'une religion à une autre, ou d'une opinion à une autre. **2.** Transformation du résultat d'une mesure exprimé avec certaines unités en un nouveau résultat exprimé avec d'autres unités : *Conversion de degrés Celsius en degrés Fahrenheit.* **3.** Échange de titres, de valeurs contre d'autres : *Conversion de dollars en euros.* **4.** Demi-tour sur place effectué par un skieur à l'arrêt.

converti, e [kɔ̃vɛrti] **adj.** et **n. 1.** Amené ou ramené à la religion. **2.** Qui a radicalement changé de conduite ou d'opinion.

convertibilité [kɔ̃vɛrtibilite] **n.f.** Propriété de ce qui est convertible : *La convertibilité d'une monnaie.*

convertible [kɔ̃vɛrtibl] **adj. 1.** Qui peut s'échanger contre d'autres titres, d'autres valeurs : *Une monnaie convertible en dollars.* **2.** Qui peut être transformé pour un autre usage. **3. Canapé convertible,** canapé-lit (on dit aussi *un convertible*).

convertir [kɔ̃vɛrtir] **v.t.** (lat. *convertere*, tourner entièrement) [conj. **32**]. **1.** Amener qqn à la foi religieuse ; faire changer qqn de religion, d'opinion, de conduite : *Convertir les païens. Il l'a converti à la course à pied.* **2.** Changer une chose en une autre ; adapter à une nouvelle fonction : *Convertir les métaux en or. Convertir une église désaffectée en garage.* **3.** Échanger une monnaie contre une autre. **4.** Mettre une grandeur sous une autre forme : *Convertir une expression mathématique.*

convertisseur [kɔ̃vɛrtisœr] **n.m.** (de *convertir*). **1.** Appareil dans lequel se produit une réaction d'oxydation, utilisé pour transformer la fonte en acier. **2.** Machine destinée à transformer le courant électrique.

convexe [kɔ̃vɛks] **adj.** (lat. *convexus*, voûté). **1.** Courbé et saillant à l'extérieur : *Miroir convexe* (par opp. à *concave*). **2.** GÉOM. **Quadrilatère convexe,** quadrilatère dont tous les sommets sont situés du même côté de la droite qui porte l'un ou l'autre de ses côtés (par opp. à *quadrilatère concave*).

convexion n.f. ⟶ **convection.**

convexité [kɔ̃vɛksite] **n.f.** Rondeur, courbure saillante d'un corps : *La convexité de la Terre.*

conviction [kɔ̃viksjɔ̃] **n.f.** (bas lat. *convictio*, du class. *convincere*, convaincre). **1.** Fait d'être convaincu de qqch ; sentiment de qqn qui croit fermement en ce qu'il fait, dit ou pense : *J'ai la conviction qu'il ment. Intime conviction du juge* (syn. **certitude**). **2.** Conscience que qqn a de l'importance et de la validité de ses actes : *Agir avec conviction* (syn. **détermination**). **3.** (Surtout au pl.). Opinion arrêtée : *Convictions politiques, religieuses.*

convier [kɔ̃vje] **v.t.** (lat. pop **convitare*, réfection du class. *invitare*, inviter à un repas) [conj. **9**]. **1.** Engager, inviter à une action : *Le beau temps convie à la promenade.* **2.** SOUT. Inviter qqn à un repas, à une fête.

convive [kɔ̃viv] **n.** (lat. *conviva*). Personne qui prend part à un repas avec d'autres.

convivial, e, aux [kɔ̃vivjal, -o] **adj.** (lat. *convivialis*, de *conviva*, convive). **1.** Relatif à la convivialité ; qui favorise la convivialité. **2.** INFORM. Se dit d'un matériel facilement utilisable par un public non spécialisé.

convivialité [kɔ̃vivjalite] **n.f. 1.** Goût des réunions joyeuses. **2.** INFORM. Caractère d'un matériel convivial.

convocation [kɔ̃vɔkasjɔ̃] **n.f.** Action de convoquer ; avis invitant à se présenter : *Convocation d'une assemblée. Envoyer une convocation.*

convoi [kɔ̃vwa] **n.m.** (de *convoyer*). **1.** Groupe de véhicules ou de personnes qui se dirigent ensemble vers un même lieu : *Un convoi de blindés. Un convoi de réfugiés.* **2.** Suite de voitures de chemin de fer entraînées par une seule machine (syn. usuel **train**). **3. Convoi funèbre,** cortège accompagnant le corps d'un défunt lors des funérailles.

convoiter [kɔ̃vwate] **v.t.** (lat. pop. **cupidietare*, du class. *cupiditas*, désir). Désirer avec avidité : *Convoiter un héritage.*

convoitise [kɔ̃vwatiz] **n.f.** (de *convoiter*). Désir immodéré de possession : *Exciter la convoitise de qqn* (syn. **avidité, cupidité**).

convoler [kɔ̃vɔle] **v.i.** (lat. *convolare*, voler avec). Se marier (iron. et vx) : *Convoler en justes noces.*

convolvulacée [kɔ̃vɔlvylase] **n.f.** (de *convolvulus*, nom scientif. du *liseron*). Plante aux pétales entièrement soudés, telle que le liseron. ▸ Les convolvulacées forment une famille.

convoquer [kɔ̃vɔke] **v.t.** (lat. *convocare*). **1.** Appeler à se réunir : *Convoquer une assemblée.* **2.** Faire venir auprès de soi de façon impérative : *Le directeur m'a convoqué dans son bureau.*

convoyer [kɔ̃vwaje] **v.t.** (lat. pop. **conviare*, du class. *viare*, faire route) [conj. **13**]. Accompagner pour protéger ou surveiller : *Une vingtaine de navires convoyaient des pétroliers* (syn. **escorter**).

convoyeur, euse [kɔ̃vwajœr, -øz] **adj.** et **n.m.** Qui convoie : *Navire convoyeur* (= escorteur).

convulser [kɔ̃vylse] **v.t.** (du lat. *convulsus*, de *convellere*, ébranler, arracher). Contracter violemment les traits du visage, tordre les membres : *Un visage convulsé par la terreur.* ◆ **se convulser v.pr.** Avoir une convulsion : *Ses traits se convulsaient sous l'effet de la douleur.*

convulsif, ive [kɔ̃vylsif, -iv] **adj.** Qui a le caractère brusque et violent des convulsions : *Toux convulsive. Rire convulsif* (syn. **nerveux, saccadé**).

convulsion [kɔ̃vylsjɔ̃] **n.f.** (lat. *convulsio ;* v. *convulser*). **1.** Contraction spasmodique intéressant tout ou partie de la musculature du corps : *Être pris de convulsions.* **2.** Soubresaut ; agitation violente : *Convulsion politique.*

convulsionner [kɔ̃vylsjɔne] **v.t.** Déformer par une agitation violente, par une convulsion (surtout au p. passé) : *Visage convulsionné.*

convulsivement [kɔ̃vylsivmɑ̃] **adv.** De façon convulsive.

Cook *(îles)*, archipel d'Océanie, entre les îles Tonga et Tahiti, à 1 600 km au nord-est de la Nouvelle-Zélande, dont il constitue un territoire associé ; 241 km^2 ; 17 791 hab. Ch.-l. *Avarua,* dans l'île de Rarotonga.

Cook (James), navigateur britannique (Marton-in-Cleveland 1728 - baie de Kealakekua, îles Hawaii, 1779). Au cours d'un premier voyage, il découvrit les îles de la Société et la Nouvelle-Zélande et explora les côtes australiennes (1768-1771). Un deuxième voyage le mena jusque dans l'océan Antarctique (1772-1775). Reparti en 1776, il découvrit les îles Sandwich (Hawaii), où il fut tué au cours d'une rixe avec les indigènes.

Cook (Thomas), homme d'affaires britannique (Melbourne, Derbyshire, 1808 - Leicester 1892). Initiateur, en 1841, du premier « voyage organisé » entre Leicester et Loughborough, il est le fondateur des agences de voyages qui portent son nom.

cookie [kuki] **n.m.** (mot anglo-amér., du néerl. *koekjes*). **1.** Petit gâteau sec comportant des éclats de chocolat, de fruits confits. **2.** INFORM. Petit bloc de données transmis par un site Web, à l'insu de l'utilisateur d'un système informatique, pour être stocké sur la machine et récupéré par le serveur à la connexion suivante.

cool [kul] **adj. inv.** (mot angl. « frais »). *FAM.* Calme ; décontracté : *Ils sont très cool.*

coolie [kuli] **n.m.** (p.-ê. du hindi *kuli,* nom d'une peuplade indienne, par l'angl.). Travailleur manuel, porteur en Extrême-Orient.

Cooper (James Fenimore), romancier américain (Burlington 1789 - Cooperstown 1851). Ses romans d'aventures donnent une image épique de la lutte entre les pionniers et les Peaux-Rouges (*le Dernier des Mohicans,* 1826 ; *Tueur de daims,* 1841).

coopérant, e [kɔɔperɑ̃, -ɑ̃t] **n.** Personne employée comme volontaire civil dans une mission de coopération internationale.

coopératif, ive [kɔɔperatif, -iv] **adj.** Qui participe volontiers à une action commune : *Se montrer très coopératif.*

coopération [kɔɔperasjɔ̃] **n.f. 1.** Action de coopérer : *J'ai besoin de votre coopération* (syn. **collaboration**). **2.** Politique d'aide économique, technique et financière à certains pays en voie de développement. **3. Service de la coopération,** volontariat civil ouvert aux jeunes âgés de 18 à 28 ans pour remplir des missions de coopération internationale en matière économique, culturelle, médicale, etc.

coopérative [kɔɔperativ] **n.f.** Groupement d'acheteurs, de commerçants ou de producteurs constitué en vue de réduire les prix de revient : *Coopérative vinicole.*

coopérer [kɔɔpere] **v.t. ind. [à]** (bas lat. *cooperari,* travailler avec) [conj. **18**]. Agir conjointement avec qqn : *Coopérer à un travail* (syn. **collaborer, contribuer**).

cooptation [kɔɔptasjɔ̃] **n.f.** (lat *cooptatio,* de *cooptare,* choisir pour compléter une assemblée). Désignation d'un membre nouveau d'une assemblée, d'un groupe, par les membres qui en font déjà partie.

coordinateur, trice [kɔɔrdinatœr, -tris] et **coordonnateur, trice** [kɔɔrdɔnatœr, -tris] **adj.** et **n.** Qui coordonne : *Le coordinateur du projet. Fonction coordinatrice.*

coordination [kɔɔrdinasjɔ̃] **n.f.** (bas lat. *coordinatio*). **1.** Action de coordonner ; fait d'être coordonné ; harmonisation d'activités diverses dans un but déterminé : *La coordination des recherches.* **2.** GRAMM. Fait, pour deux mots, deux groupes de mots, deux propositions, d'être reliés de manière à occuper le même plan (par opp. à *juxtaposition,* à *subordination*).

coordonnant [kɔɔrdɔnɑ̃] **n.m.** GRAMM. Mot (conjonction, adverbe) ou locution qui assure une coordination entre des mots ou des propositions.

coordonnateur, trice adj. et **n.** ⟶ **coordinateur.**

coordonné, e [kɔɔrdɔne] **adj. 1.** Organisé simultanément : *Les mouvements coordonnés du nageur.* **2.** En harmonie ; assorti : *Draps et taies d'oreiller coordonnés.* **3.** GRAMM. Relié par un coordonnant. (V. aussi *coordonner.*) ◆ **coordonnés n.m. pl.** Éléments différents assortis entre eux et constituant un ensemble harmonieux, dans le domaine de l'habillement, de la décoration.

coordonnée [kɔɔrdɔne] **n.f.** MATH. Chacun des nombres servant à déterminer la position d'un point dans un plan ou dans l'espace par rapport à un système de référence : *Les coordonnées cartésiennes* (= dans un repère cartésien) *d'un point dans l'espace s'appellent l'abscisse, l'ordonnée et la cote.* ◆ **coordonnées n.f. pl. 1.** *FAM.* Indications (adresse, téléphone, etc.) permettant de joindre qqn. **2. Coordonnées géographiques,** couple de coordonnées (longitude et latitude) permettant de repérer un point du globe à partir d'un méridien origine et de l'équateur.

coordonner [kɔɔrdɔne] **v.t.** (de *ordonner*). **1.** Combiner, agencer en vue d'obtenir un ensemble cohérent, un résultat déterminé : *Coordonner l'action des différents services.* **2.** GRAMM. Relier par un coordonnant.

copain, copine [kɔpɛ̃, kɔpin] **n.** (anc. fr. *compain,* autre forme de *compagnon*). *FAM.* Camarade.

Copán, site archéologique du Honduras, à la frontière du Guatemala, appartenant à la période classique (250-950). L'un des principaux centres religieux de l'ancien empire des Mayas, abandonné vers le IXe s. (nombreuses stèles admirablement sculptées représentant des scènes rituelles et des glyphes indiquant des dates).

copeau [kɔpo] **n.m.** (lat. pop. **cuspellus,* du class. *cuspis,* fer d'une lance). Parcelle de bois ou de métal enlevée avec un instrument tranchant.

Copeau (Jacques), acteur, metteur en scène de théâtre et écrivain français (Paris 1879 - Beaune 1949). L'un des fondateurs de *la Nouvelle Revue française,* il créa le théâtre du Vieux-Colombier, où il renouvela la technique dramatique. Il tenta, en Bourgogne, de retrouver les sources d'un théâtre populaire, avec un groupe de disciples, les *Copiaux.*

Copenhague, cap. du Danemark, sur la côte est de l'île de Sjaelland, sur le Sund ; 501 158 hab. (1 255 000 hab. dans l'agglomération [*Copenhaguois*]). Principal port et aéroport (Kastrup) danois et centre politique, intellectuel et industriel. Monuments des XVIIe s. (anc. Bourse, châteaux de Rosenborg et de Charlottenborg), XVIIIe s. (palais de la place d'Amalienborg) et XIXe s. Musées (national, des Beaux-Arts, glyptothèque Carlsberg, etc.). Copenhague devint la capitale du Danemark en 1443. Maîtresse du commerce balte, elle connut une grande prospérité aux XVIIe et XVIIIe s. En 1801 et 1807, la ville fut bombardée par les Britanniques, le Danemark ayant adhéré à la ligue des Neutres puis étant devenu l'allié de Napoléon Ier.

Copernic (Nicolas), en polon. **Mikołaj Kopernik,** astronome polonais (Toruń 1473 - Frauenburg, auj. Frombork, 1543). Au terme de longues années d'études et de réflexion, il fit l'hypothèse du mouvement de la Terre et des autres planètes autour du Soleil. Publiée en 1543 dans un traité intitulé *De revolutionibus orbium coelestium libri VI,* cette conception rendait compte des principaux phénomènes astronomiques connus à l'époque bien plus simplement que le système de Ptolémée admis jusque-là. Mais, déniant à la Terre tout rôle central dans l'Univers, elle souleva de nombreuses critiques, notamment dans l'Église. Ce n'est qu'après l'invention de la lunette, au XVIIe s., que sa validité fut définitivement reconnue. En rompant avec la conception géocentrique du monde, l'œuvre de Copernic a marqué un tournant dans l'histoire de la pensée et du progrès scientifique.

copiage [kɔpjaʒ] **n.m. 1.** Action de copier frauduleusement, d'imiter servilement. **2.** Fabrication automatique d'une pièce sur une machine-outil, identiquement à un modèle donné.

copie [kɔpi] **n.f.** (lat. *copia,* abondance). **1.** Reproduction exacte d'un écrit, d'une œuvre d'art, du contenu d'un disque ou d'une bande magnétique : *Garder une copie d'un document* (syn. **double** ; contr. **original**). *La copie d'un meuble ancien* (syn. **réplique**). **2.** Exemplaire d'un film, destiné à la projection. **3.** Devoir d'élève : *Corriger des copies.* **4.** Feuille double de format écolier : *Copies perforées.* **5.** *FAM.* Article, sujet d'article de journal : *Un journaliste en mal de copie* (= qui ne sait quoi écrire).

copier [kɔpje] **v.t.** (de *copie*) [conj. **9**]. **1.** Reproduire à un ou plusieurs exemplaires : *Copier une recette de cuisine* (syn. **recopier, transcrire**). **2.** Reproduire une œuvre originale ; chercher à imiter : *Copier les grands maîtres.* **3.** Imiter sans originalité : *Copier les manières de qqn.* ◆ **v.t. ind. [sur].** Tricher en classe ou à un examen en s'inspirant de notes de cours ou du travail d'autrui : *Copier sur son voisin.*

1. copieur, euse [kɔpjœr, -øz] **n. 1.** Personne qui imite servilement. **2.** Élève qui copie frauduleusement.

2. copieur [kɔpjœr] **n.m.** Syn. de *photocopieur.*

copieusement [kɔpjøzmɑ̃] **adv.** De façon copieuse : *Manger copieusement* (syn. **abondamment**).

copieux, euse [kɔpjø, -øz] **adj.** (lat. *copiosus,* de *copia,* abondance). Abondant : *Un repas copieux.*

copilote [kɔpilɔt] **n.** AÉRON. Pilote auxiliaire.

copinage [kɔpinaʒ] **n.m.** (de *copiner*). **1.** Relation de copains. (On dit aussi *copinerie.*) **2.** *FAM.* Favoritisme fondé sur l'échange de services (péjor.) : *Obtenir un poste par copinage.*

copine n.f. → **copain.**

copiner [kɔpine] **v.i.** (de *copain, copine*). *FAM.* Établir et entretenir des liens de camaraderie avec qqn.

copiste [kɔpist] **n.** Personne qui copie, et notamm. qui copiait autrefois des manuscrits, de la musique.

coplanaire [kɔplanɛr] **adj.** GÉOM. **Points, droites coplanaires,** appartenant à un même plan.

coppa [kɔpa] **n.f.** (mot it.). Charcuterie d'origine italienne, constituée d'échine de porc désossée, salée et fumée.

Coppi (Angelo Fausto), coureur cycliste italien (Castellania 1919 - Novi Ligure 1960). Remarquable rouleur et grimpeur, il porta en 1942 à 45,798 km le record du monde de l'heure, fut champion du monde de poursuite (1947 et 1948) et sur route (1953), gagna deux fois le Tour de France (1949 et 1952), cinq fois le Tour d'Italie (1940, 1947, 1949, 1952 et 1953) et la plupart des grandes classiques internationales.

Coppola (Francis Ford), cinéaste américain (Détroit 1939). Ses œuvres spectaculaires, ses recherches techniques en ont fait l'incarnation de la nouvelle génération hollywoodienne : *le Parrain* (1972), *Apocalypse Now* (1979), *Rusty James* (1983), *Cotton Club* (1984), *l'Idéaliste* (1997). Viennent ensuite des œuvres plus personnelles : *l'Homme sans âge* (2007), *Tetro* (2009).

coprah ou **copra** [kɔpra] **n.m.** (dravidien *koppara,* par le port.). Amande de coco débarrassée de sa coque, desséchée et prête à être mise au moulin pour l'extraction de l'huile.

coprin [kɔprɛ̃] **n.m.** (du gr. *kopros,* fumier). Champignon à lames, à chapeau rabattu contre le pied, poussant sur les fumiers, et comestible à l'état jeune. ▸ Classe des basidiomycètes ; famille des agaricacées.

coproculture [kɔprɔkyltyr] **n.f.** (de *copro-* et *culture*). MÉD. Culture en laboratoire, aux fins d'isolement et d'identification, des germes présents dans les selles.

coproduction [kɔprɔdyksjɔ̃] **n.f.** Production en commun d'un film, d'un téléfilm, d'une émission ; le résultat de cette production : *Une coproduction franco-italienne.*

coproduire [kɔprɔdɥir] **v.t.** [conj. **98**]. Produire qqch en association avec d'autres : *Coproduire un film.*

coprophage [kɔprɔfaʒ] **adj.** et **n.** (de *copro-* et *-phage*). **1.** Qui se nourrit d'excréments : *Insecte coprophage.* **2.** PSYCHIATRIE. Qui a tendance à ingérer des excréments.

copropriétaire [kɔprɔprijetɛr] **n.** Personne qui possède un bien en copropriété : *Réunion de copropriétaires.*

copropriété [kɔprɔprijete] **n.f.** Propriété commune à plusieurs personnes : *Un immeuble en copropriété.*

copte [kɔpt] **n.** et **adj.** (gr. *aiguptios,* égyptien). Chrétien d'Égypte et d'Éthiopie. ▸ Depuis le XVIIIe s., une minorité de chrétiens coptes se sont ralliés à Rome. ◆ **n.m.** Égyptien ancien écrit en un alphabet dérivé du grec et servant de langue liturgique à l'Église copte.

copulation [kɔpylasjɔ̃] **n.f.** Accouplement d'un mâle et d'une femelle.

copule [kɔpyl] **n.f.** (lat. *copula,* lien). GRAMM. Mot de liaison (conjonction, etc.) ; spécial., mot (par ex. le v. *être*) qui lie l'attribut au sujet d'une proposition.

copuler [kɔpyle] **v.i.** (lat. *copulare,* de *copula,* lien). *FAM.* S'accoupler.

copyright [kɔpirajt] **n.m.** (mot angl. « droit de copie »). Droit exclusif pour un auteur ou son éditeur d'exploiter pendant plusieurs années une œuvre littéraire, artistique ou scientifique ; marque de ce droit symbolisé par le signe ©.

1. coq [kɔk] **n.m.** (bas lat. *coccus,* d'orig. onomat., d'après le cri du coq). **1.** Oiseau domestique, mâle de la poule. ▸ Ordre des gallinacés. **2.** ORNITH. Mâle des oiseaux, notamm. des galliformes : *Coq faisan.* **3. Au chant du coq,** au point du jour. / **Comme un coq en pâte,** choyé, sans souci. / **Coq au vin,** plat préparé avec un coq cuit dans du vin rouge. / **Coq de village,** homme le plus admiré des femmes dans une localité. / **Coq gaulois,** un des emblèmes de la nation française. / **Passer du coq à l'âne,** passer sans raison d'un sujet à l'autre. / SPORTS. **Poids coq,** catégorie de poids dans divers sports individuels, comme la boxe ; sportif appartenant à cette catégorie. **4. Coq de bruyère,** oiseau devenu rare en France, gibier estimé, appelé aussi *tétras.* ▸ Ordre des gallinacés ; famille des tétraonidés ; long. 85 cm.

2. coq [kɔk] **n.m.** (néerl. *kok,* lat. *coquus,* de *coquere,* cuire). Cuisinier à bord d'un navire.

coq-à-l'âne [kɔkalɑn] **n.m. inv.** Fait de passer, en parlant ou en écrivant, d'un sujet à un autre n'ayant aucun rapport ; incohérence dans des propos, dans un texte.

coquard ou **coquart** [kɔkar] **n.m.** (de *coque*). *FAM.* Trace de coup, ecchymose, génér. à l'œil.

coque [kɔk] **n.f.** (orig. incert., p.-ê. du lat. *coccum,* sorte de cochenille, avec évolution de sens vers « excroissance d'une plante »). **1.** *VIEILLI.* Enveloppe solide et dure de l'œuf. **2.** Enveloppe ligneuse de certains fruits : *Coque de noix, de noisettes, d'amandes* (syn. **coquille**). **3.** Mollusque bivalve comestible, vivant dans le sable des plages. **4.** Carcasse d'un navire, d'un avion. **5. Œuf à la coque** ou **œuf coque,** œuf légèrement cuit à l'eau bouillante dans sa coque de façon que le jaune reste fluide.

coquelet [kɔklɛ] **n.m.** Jeune coq.

coquelicot [kɔkliko] **n.m.** (même orig. onomat. que *coq,* en raison du rouge de sa crête). Plante herbacée à fleurs rouges, voisine du pavot ▸ Famille des papavéracées.

coqueluche [kɔklyʃ] **n.f.** (orig. obsc., propr. « capuchon »). **1.** Maladie contagieuse due à une bactérie, avec toux convulsive, suivie d'une respiration bruyante. **2.** *FAM.* Personne dont on est entiché : *Cet acteur est la coqueluche des jeunes spectateurs.*

coquet, ette [kɔkɛ, -ɛt] **adj.** (de *1. coq*). **1.** Qui cherche à plaire par sa toilette, son élégance. **2.** Qui a un aspect plaisant, élégant : *Appartement coquet.* **3.** Se dit d'une somme d'argent assez importante : *Des revenus coquets.* ◆ **n.** Personne coquette, qui cherche à plaire.

coquetier [kɔktje] **n.m.** (de *coque*). Petit godet creux permettant de servir un œuf à la coque.

coquettement [kɔkɛtmɑ̃] **adv.** De façon coquette.

coquetterie [kɔkɛtri] **n.f. 1.** Caractère d'une personne coquette ; désir de plaire. **2.** FAM. **Avoir une coquetterie dans l'œil,** loucher légèrement.

coquillage [kɔkijaʒ] **n.m.** (de *coquille*). Mollusque pourvu d'une coquille ; la coquille elle-même.

coquille [kɔkij] **n.f.** (lat. pop. **conchilia,* class. *conchylium,* coquillage, gr. *kogkhulion*). **1.** Enveloppe dure, calcaire, constituant le squelette externe de la plupart des mollusques et de quelques autres animaux invertébrés. **2.** Enveloppe calcaire de l'œuf des oiseaux. **3.** Enveloppe ligneuse de certains fruits : *Coquille de noix, d'amande* (syn. **coque**). **4.** Protection des parties génitales que portent les hommes pratiquant la danse classique ou certains sports de combat. **5.** Faute typographique. **6. Coquille de noix,** bateau très petit. / **Coquille d'œuf,** d'une couleur blanc cassé, à peine teintée de beige ou d'ocre. / **Rentrer dans sa coquille,** se replier sur soi, éviter les autres. **7. Coquille Saint-Jacques,** mollusque marin bivalve, comestible, capable de se déplacer en fermant ses valves. ▸ Genre *Pecten ;* long. 10 cm.

coquillette [kɔkijɛt] **n.f.** Pâte alimentaire en forme de petite coquille.

coquin, e [kɔkɛ̃, -in] **adj.** (de *1. coq*). **1.** Se dit d'un enfant espiègle, malicieux. **2.** Se dit d'une chose plus ou moins licencieuse, ou qui est faite pour séduire : *Une histoire coquine* (syn. **grivois**). *Un regard coquin* (syn. **égrillard**). ◆ **n. 1.** VIEILLI. Individu malhonnête, sans scrupule. ***Rem.*** Rare au fém. **2.** Enfant espiègle, malicieux : *Quel petit coquin !*

1. cor [kɔr] **n.m.** (lat. *cornu,* corne). **1.** Instrument de musique à vent, en cuivre, composé d'une embouchure et d'un tube conique enroulé sur lui-même, terminé par un pavillon évasé. **2. À cor et à cri,** à grand bruit, avec insistance. **3. Cor anglais,** hautbois alto. / **Cor de chasse,** trompe utilisée dans les chasses à courre. ◆ **cors n.m. pl.** Ramifications des bois du cerf : *Un cerf dix cors* ou *un dix-cors.*

2. cor [kɔr] **n.m.** (de *1. cor*). Durillon sur les orteils, dû au frottement.

corail [kɔraj] **n.m.** (lat. *corallium,* du gr.) [pl. *coraux*]. **1.** Petit polype des mers chaudes, vivant fixé en colonies, sécrétant un squelette calcaire rigide. ▸ Embranchement des cnidaires ; ordre des octocoralliaires gorgonaires ; haut. max. 30 cm. On donne souvent le nom de *coraux* à l'ensemble des animaux *(madrépores, hydrocoralliaires)* qui construisent ces récifs dans les mers chaudes. **2.** Matière rouge ou blanche qui forme le squelette des coraux, utilisée en bijouterie. **3.** Partie rouge de la coquille Saint-Jacques. ◆ **corail adj. inv.** D'un rouge éclatant.

Corail *(mer de)*, mer située entre l'Australie et la Mélanésie.

Corail *(bataille de la mer de)* [4-8 mai 1942], durant la Seconde Guerre mondiale, victoire aéronavale américaine sur les Japonais, qui durent renoncer à débarquer en Nouvelle-Guinée.

corallien, enne [kɔraljɛ̃, -ɛn] **adj.** Formé de coraux : *Des récifs coralliens.*

coran [kɔrɑ̃] **n.m.** (ar. *al-Qur'ān,* lecture). **1. Le Coran,** le livre sacré des musulmans. **2.** Exemplaire du Coran.

■ Le Coran est le livre sacré de l'islam. Les textes qu'il réunit et que le prophète Mahomet (Muhammad) apporta aux hommes sous forme de « récitations » sont regardés par l'islam comme la parole même de Dieu transmise par l'intermédiaire de l'ange Gabriel. Cette transmission s'est faite dans une langue, l'arabe classique, qui est devenue, par là même, la langue sainte de la Révélation. Le Coran est donc réputé parfait et immuable. En toute rigueur, il serait intraduisible et ne peut être soumis à la critique littéraire ou historique. Les révélations qu'il renferme ont été reçues par le Prophète entre 612 et 632 à La Mecque, puis à Médine. Celui-ci y annonce l'imminence du Jugement dernier et appelle ses contemporains à une réforme morale et religieuse. Il y affirme l'unicité de Dieu, unicité absolue qu'auraient trahie les juifs et les chrétiens. Il s'y définit comme le dernier des prophètes, celui qui est envoyé pour une ultime mission préparatoire à la restitution du message d'Abraham dans sa pureté originelle. À Médine, il prêche l'obéissance à Allah et à son Prophète, en même temps qu'il édicte certaines prescriptions destinées à régler la vie de la communauté. D'abord retenues de mémoire par les disciples de Mahomet, ces révélations ont été rassemblées, entre 644 et 656, sous le troisième calife, Uthman. Le Coran ainsi constitué comprend 114 chapitres (ou *sourates*), qui sont divisés en versets et classés selon un ordre de grandeur décroissante. Régulièrement lu et psalmodié dans les prières rituelles, ce livre, sur lequel se fondent le dogme et la loi *(charia)* de l'islam, a pour complément la « tradition » *(sunna),* qui englobe les *hadith,* ou paroles, jugements et témoignages attribués au Prophète et rassemblés après sa mort. ■

coranique [kɔranik] **adj.** Relatif au Coran : *La loi coranique.*

corbeau [kɔrbo] **n.m.** (de l'anc. fr. *corp,* lat. *corvus*). **1.** Oiseau passereau de l'hémisphère Nord, au plumage noir, qui se nourrit de charognes, de petits animaux et de fruits. ▸ Famille des corvidés ; envergure jusqu'à 1,2 m. Le corbeau croasse ; son petit s'appelle le corbillat. **2.** Pierre ou pièce de bois en saillie pour soutenir une poutre. **3.** Auteur de lettres anonymes.

corbeille [kɔrbɛj] **n.f.** (bas lat. *corbicula,* dimin. du class. *corbis*). **1.** Panier en osier, en métal, en matière plastique, etc., avec ou sans anses ; son contenu : *Corbeille à papier. Offrir une corbeille de fruits.* **2.** ARCHIT. Partie principale d'un chapiteau. **3.** Parterre circulaire ou ovale couvert de fleurs. **4.** À la Bourse, espace circulaire entouré d'une balustrade autour de laquelle se font, dans certains pays, les offres et les demandes de valeurs boursières. **5.** Dans une salle de spectacle, balcon au-dessus de l'orchestre. **6. Corbeille de mariage,** ce que reçoit la jeune mariée, soit en dot, soit en cadeaux.

corbeille-d'argent [kɔrbɛjdarʒɑ̃] **n.f.** (pl. *corbeilles-d'argent*). Plante ornementale aux fleurs blanches, jaunes ou bleues, au feuillage argenté. ▸ Famille des crucifères ; genres *Alyssum* et *Iberis.*

Corbières (les), bordure des Pyrénées françaises (sud de l'Aude essentiellement) ; 1 230 m. Vignobles.

corbillard [kɔrbijar] **n.m.** (de *corbillat,* coche faisant le service de Paris à Corbeil). Voiture ou fourgon automobile servant au transport des morts.

corbleu [kɔrblø] **interj.** (altér. de *corps de Dieu*). Ancien juron.

cordage [kɔrdaʒ] **n.m.** (de *corde*). **1.** Corde ou câble faisant partie du gréement d'un bateau. **2.** Action de corder une raquette de tennis, de squash, etc. ; les cordes ainsi tendues sur ces raquettes : *Un cordage en Nylon, en boyau.*

Corday (Charlotte de Corday d'Armont, dite **Charlotte),** révolutionnaire française (Saint-Saturnin-des-Ligneries, près de Vimoutiers, 1768 - Paris 1793). Pour venger les Girondins, elle poignarda Marat dans son bain. Elle fut guillotinée.

corde [kɔrd] **n.f.** (lat. *chorda,* gr. *khordê,* boyau). **1.** Assemblage de fils de chanvre, de crin ou d'autres matières textiles, tordus ensemble pour former un fil plus épais, un câble : *Grimper à la corde. Échelle de corde. Il mérite la corde* (= la pendaison). **2.** Lien, fil de matière quelconque : *Corde à linge en plastique.* **3.** MUS. Fil de boyau ou d'acier qu'on fait vibrer dans certains instruments de musique : *Instrument à cordes, à cordes pincées (guitare, clavecin), à cordes frappées (piano).* **4.** Limite intérieure d'une piste de course : *Il a pris le virage à la corde* (= au plus court). **5.** MATH. Segment de droite qui joint les extrémités d'un arc de cercle ou d'une courbe quelconque. **6. Avoir plusieurs cordes à son arc,** posséder plus d'une ressource.

/ Corde lisse, à nœuds, cordes servant à se hisser à la force des bras. **/ Être, ne pas être dans les cordes de qqn,** être, ne pas être de sa compétence. **/ Il pleut, il tombe des cordes,** il pleut très fort, à verse. **/ La corde sensible,** ce qui, chez qqn, est vulnérable, source d'émotion. **/ Sur la corde raide,** dans une situation difficile. **/ Tirer sur la corde,** abuser d'une situation. **/ Usé jusqu'à la corde,** éculé, rebattu : *Une plaisanterie usée jusqu'à la corde.* **7. Corde à sauter,** corde munie de poignées et servant à l'entraînement des sportifs ou comme jeu d'enfant. **/ Corde vocale,** chacun des deux replis musculo-membraneux du larynx dont les vibrations sont à l'origine de la voix. ◆ **cordes n.f. pl. 1.** Terme générique désignant les instruments de musique à cordes frottées (violon, alto, violoncelle, contrebasse). **2.** Limites d'un ring de boxe, de catch, marquées par trois cordes tendues.

cordeau [kɔrdo] **n.m. 1.** Corde de faible diamètre qu'on tend entre deux points pour tracer une ligne droite, aligner des éléments. **2. Tiré au cordeau,** très droit, impeccable.

cordée [kɔrde] **n.f.** Groupe d'alpinistes reliés les uns aux autres par une corde.

cordelette [kɔrdəlɛt] **n.f.** Corde fine.

cordelière [kɔrdəljɛr] **n.f.** Gros cordon servant de ceinture, ou utilisé dans l'ameublement.

Cordeliers *(club des)*, club révolutionnaire fondé à Paris en avr. 1790. Ses chefs étaient Danton, Marat, Desmoulins, Hébert. Il eut un rôle décisif dans le renversement de la monarchie et disparut en mars 1794, lors de l'élimination des partisans de Hébert par Robespierre.

corder [kɔrde] **v.t. 1.** Tordre en forme de corde. **2.** Lier avec une corde : *Corder une malle.* **3.** Garnir de cordes : *Corder une raquette.*

1. cordial, e, aux [kɔrdjal, -o] **adj.** (lat. médiév. *cordialis,* du class. *cor, cordis,* cœur). **1.** Qui part du cœur : *Invitation cordiale.* **2.** Se dit de sentiments profonds : *Une haine cordiale.*

2. cordial [kɔrdjal] **n.m.** (de *1. cordial,* stimulant) [pl. *cordiaux*]. Potion, boisson fortifiante.

cordialement [kɔrdjalmɑ̃] **adv.** De façon cordiale : *Ils ont été reçus très cordialement* (syn. **amicalement**).

cordialité [kɔrdjalite] **n.f.** Bienveillance amicale : *Ses propos témoignent d'une grande cordialité* (syn. **amitié**).

cordillère [kɔrdijɛr] **n.f.** (esp. *cordillera,* chaîne). Chaîne de montagnes de forme allongée.

Córdoba, v. de l'Argentine, au pied de la *sierra de Córdoba ;* 196 510 hab. (315 996 hab. dans l'agglomération). Deuxième ville et centre industriel du pays. Monuments des XVIIe-XVIIIe s.

cordon [kɔrdɔ̃] **n.m. 1.** Petite corde : *Cordon de sonnette.* **2.** Large ruban servant d'insigne aux dignitaires de certains ordres. **3.** Série de personnes, de choses alignées, rangées : *Cordon de troupes, de police.* **4.** ARCHIT. Bandeau, moulure ou corps de moulure, ornés ou non, saillant horizontalement sur un mur. **5. Tenir les cordons de la bourse → bourse. 6. Cordon littoral,** langue de sable formée (dans un golfe ou une baie) de débris déposés par un courant côtier, et qui emprisonne parfois en arrière une nappe d'eau (lagune) [syn. **flèche littorale**]. **/ Cordon ombilical,** canal contenant les vaisseaux qui unissent le fœtus au placenta. **/ Cordon sanitaire,** dispositif réglementant l'accès d'un pays en temps d'épidémie.

cordon-bleu [kɔrdɔ̃blø] **n.m.** (pl. *cordons-bleus*). Cuisinier, cuisinière très habile.

cordonnerie [kɔrdɔnri] **n.f. 1.** Métier, commerce du cordonnier. **2.** Boutique du cordonnier.

cordonnet [kɔrdɔnɛ] **n.m.** Petit cordon de fil, de soie, d'or ou d'argent, en passementerie.

cordonnier, ère [kɔrdɔnje, -ɛr] **n.** (de l'anc. fr. *cordoan,* cuir de Cordoue). Personne qui répare les chaussures.

Cordoue, en esp. **Córdoba,** v. d'Espagne (Andalousie), ch.-l. de prov., sur le Guadalquivir ; 328 326 hab. *(Cordouans).* Colonie romaine (169 av. J.-C.), conquise par les Arabes en 711, Cordoue fut le siège d'un émirat (756) puis d'un califat (929). Elle fut reconquise par les chrétiens en 1236. Grande Mosquée (785-987), chef-d'œuvre de l'architecture omeyyade, convertie en cathédrale sous Charles Quint. Églises mudéjares, gothiques et baroques. Musées. La ville fut jadis célèbre pour ses cuirs décorés.

coré n.f. → **korê.**

Coré → Perséphone.

Corée, péninsule comprise entre la mer du Japon (dite ici *mer de l'Est*) et la mer Jaune, partagée en deux unités politiques : la *Corée du Nord (république démocratique populaire de Corée)* et la *Corée du Sud (république de Corée).*

HISTOIRE

L'influence de la Chine a été très forte en Corée.

IIe-IIIe s. av. J.-C. Les Chinois conquièrent la Corée et y établissent des commanderies.

IVe s. av. J.-C. Introduction du bouddhisme.

918. Naissance de l'État de Koryo (d'où vient le nom européen de *Corée*).

1231. Invasion mongole.

La dynastie des Li (Yi) règne de 1392 à 1910. Elle adopte le confucianisme et interdit le bouddhisme.

1592-1597. Elle repousse deux tentatives d'invasion japonaise.

1637. Elle doit reconnaître la suzeraineté de la dynastie chinoise des Qing.

1895. Victorieux de la Chine, le Japon élimine les Qing de Corée.

1910. Le Japon annexe le pays. À la fin de la Seconde Guerre mondiale, le pays est occupé par les Alliés : Soviétiques au nord, Américains au sud.

1948. Le pays est partagé en deux États : la république de Corée, au sud, et la République démocratique populaire de Corée, au nord.

1950-1953. Guerre de Corée. La division du pays est maintenue à l'issue de la guerre de Corée.

Corée *(détroit de)*, détroit reliant la mer du Japon et la mer de Chine orientale, entre la Corée et le Japon.

Corée *(guerre de)* [juin 1950-juill. 1953], conflit qui opposa la Corée du Sud, soutenue par les forces de l'O.N.U. (fournies surtout par les États-Unis, puis par la France, la Grande-Bretagne, le Benelux et la Turquie), à la Corée du Nord, appuyée à partir de 1951 par les troupes de la Chine populaire. Cette guerre marque le point culminant de la guerre froide entre l'Est et l'Ouest. Elle aboutit à la reconnaissance des deux États coréens par les États-Unis et l'U.R.S.S.

Corée *(république de)*, ou **Corée du Sud,** État de l'Asie orientale, occupant la partie sud de la péninsule coréenne ; 99 000 km^2 ; 49 263 000 hab. *(Sud-Coréens).* CAP. *Séoul.* LANGUE : *coréen.* MONNAIE : *won.*

GÉOGRAPHIE

Sensiblement moins étendue que la Corée du Nord, la Corée du Sud compte une population double. Le pays bénéficie de conditions de relief et de climat assez favorables, avec une notable extension des plaines, des températures clémentes et une pluviosité suffisante.

Le riz est, de loin, la principale culture, mais la production céréalière est déficitaire. L'élevage est peu développé, mais la pêche est très active. Malgré la pauvreté du sous-sol, l'industrie est devenue le fondement de l'économie, avec une production diversifiée : biens d'équipement (constructions navales notamm., alimentées par une puissante sidérurgie) et de consommation (textile, électronique, montage automobile). Elle repose sur l'importation de matières premières (fer et surtout pétrole), d'équipements et aussi de capitaux (entraînant un lourd endettement extérieur). La croissance économique, très rapide dans les années 1980, s'est ralentie, en raison notamment de l'augmentation des coûts salariaux, d'une demande moins soutenue. Elle est largement dépendante des exportations, vers les États-Unis et le Japon surtout.

HISTOIRE
Présidée par Syngman Rhee (1948-1960) auquel ont succédé Park Chung-hee (1963-1979) puis Chun Doo-hwan (1980-1988), la république de Corée est soumise à un régime autoritaire. Un processus de démocratisation s'engage en 1987.
1988. Entrée en fonctions du président Roh Tae-woo, élu au suffrage universel en déc. 1987.
1991. Pacte de réconciliation entre les deux Corées qui entrent à l'O.N.U.
1993. Kim Young-sam succède à Roh Tae-woo.
1998. Kim Dae-jung, leader historique de l'opposition, devient président de la République.
2000. Amorce d'une détente avec la Corée du Nord (rencontre historique des chefs d'État des deux Corées, en juin, à Pyongyang).
2003. Roh Moo-hyun (de centre gauche, comme son prédécesseur) accède à la tête de l'État.
2008. L'élection à la présidence de Lee Myung-bak (conservateur) marque une nouvelle alternance politique. Les relations avec la Corée du Nord oscillent entre phases de rapprochement et périodes de très vives tensions.
2012. La candidate conservatrice Park Geun-hye, fille de l'ancien président Park Chung-hee, est élue à la présidence de la République. Elle est la première femme à accéder à cette fonction.

Corée *(République démocratique populaire de)* ou **Corée du Nord,** État de l'Asie orientale occupant la partie nord de la péninsule coréenne ; 120 500 km^2 ; 24 895 000 hab. *(Nord-Coréens).* CAP. *Pyongyang.* LANGUE : *coréen.* MONNAIE : *won nord-coréen.*

GÉOGRAPHIE
Plus vaste que la Corée du Sud, la Corée du Nord a une population inférieure de moitié. Toutefois, le peuplement demeure important, malgré des conditions naturelles souvent difficiles (reliefs montagneux et vaste couverture forestière, climat aux hivers rigoureux et aux précipitations parfois insuffisantes). En revanche, le sous-sol est riche (houille, lignite, fer, tungstène, zinc, etc.) et le potentiel hydroélectrique, notable, ce qui a favorisé le développement d'une industrie lourde, dans un système collectiviste. Mais le pays est aujourd'hui confronté à un effondrement de sa production agricole (famine) et à la faillite de son économie.

HISTOIRE
Dès sa création en 1948, la République est dirigée par Kim Il-sung, qui instaure une organisation de type soviétique et engage le pays dans la construction du socialisme.
1991. Pacte de réconciliation entre les deux Corées.
1994. Mort de Kim Il-sung.
1998. Son fils Kim Jong-il, son successeur désigné, est officiellement porté à la tête de l'État.
2000. Un dialogue s'engage avec la Corée du Sud (rencontre des deux chefs d'État à Pyongyang).
Depuis 2002. Les relations de la Corée du Nord avec la Corée du Sud et avec la communauté internationale connaissent un regain de tension, en particulier autour de la question du nucléaire (des phases de détente alternant avec des crises aiguës, notamment après les essais nucléaires nord-coréens d'oct. 2006 et de mai 2009).
2012. Kim Jong-un succède à son père Kim Jong-il, mort en décembre 2011.

coréen, enne [kɔreɛ̃, -ɛn] **adj.** et **n.** De Corée. ◆ **coréen n.m.** Langue parlée en Corée, transcrite à l'aide d'un alphabet particulier, le *hangul.*

coreligionnaire [kɔrəliʒjɔnɛr] **n.** Personne qui professe la même religion qu'une autre.

Corelli (Arcangelo), violoniste et compositeur italien (Fusignano 1653 - Rome 1713). Auteur de sonates d'église et de chambre, et de concertos pour violon, il fut l'un des fondateurs de l'école italienne de violon.

Corfou, en gr. **Kérkyra,** une des îles Ioniennes (Grèce) ; 101 080 hab. Ch.-l. *Corfou* (33 886 hab.). Port. Tourisme. Musée (fronton, VIIe s. av. J.-C., du temple d'Artémis). [Anc. **Corcyre.**]

coriace [kɔrjas] **adj.** (bas lat. *coriaceus,* de cuir). **1.** Dur comme du cuir, en parlant des viandes. **2.** *FAM.* Dont on peut difficilement vaincre la résistance : *Un adversaire coriace* (syn. **tenace**).

coriandre [kɔrjɑ̃dr] **n.f.** (lat. *coriandrum,* du gr.). Plante méditerranéenne, dont le fruit aromatique sert de condiment et dont l'huile, obtenue par distillation, est utilisée en parfumerie. ▸ Famille des ombellifères.

corindon [kɔrɛ̃dɔ̃] **n.m.** (dravidien *curundan*). Alumine cristallisée, pierre la plus dure après le diamant, utilisée comme abrasif ou en joaillerie (rubis, saphir).

Corinthe, en gr. **Kórinthos,** v. de Grèce, sur le *golfe de Corinthe ;* 58 192 hab. *(Corinthiens).* Port à proximité du *canal de Corinthe* (6,3 km), percé à travers l'isthme du même nom, qui relie le Péloponnèse au reste de la Grèce (isthme franchi depuis 2004 par le pont Rion-Antirion).
Vestiges de la ville antique : rues, routes, installations portuaires, agora, fontaines et temples d'Apollon.
Cité qui fut, grâce à sa position sur l'isthme, la métropole marchande et industrielle la plus riche de la Grèce archaïque (VIIe-VIe s.). Elle fonda de nombreuses colonies en Grèce d'Occident. Affaiblie par la guerre du Péloponnèse contre Athènes (431-404 av. J.-C.) et par sa lutte contre Sparte (395-391), elle retrouva un peu de son importance à l'époque hellénistique. Elle fut détruite en 146 av. J.-C. par les Romains, puis devint la capitale de la province d'Achaïe.

corinthien, enne [kɔrɛ̃tjɛ̃, -ɛn] **adj.** (de *Corinthe*). **Ordre corinthien,** ordre d'architecture créé par les Grecs à la fin du Ve s. av. J.-C., caractérisé par un chapiteau orné de deux rangées de feuilles d'acanthe et par un entablement richement décoré. (On dit aussi *le corinthien.*)

Coriolan, en lat. **Gnaeus Marcius Coriolanus,** général romain semi-légendaire (Ve s. av. J.-C.). Vainqueur des Volsques (493 av. J.-C.), exilé pour avoir attenté aux droits de la plèbe, il assiégea Rome. Seules les prières de sa mère et de son épouse l'arrêtèrent dans son désir de vengeance.

Coriolis (Gaspard), ingénieur et mathématicien français (Paris 1792 - *id.* 1843). Étudiant la composition des mouvements, il a montré, en 1835, que l'expression de l'accélération d'un mobile dans un référentiel donné, en fonction de son accélération dans un second référentiel en rotation par rapport au premier, fait intervenir une accélération complémentaire (appelée aujourd'hui *accélération de Coriolis*), perpendiculaire à la vitesse du mobile dans le second référentiel. C'est ainsi que tous les corps en mouvement à la surface de la Terre sont soumis à une force déviatrice produite par l'accélération complémentaire due à la rotation terrestre. Cette force, dite *de Coriolis,* détermine la direction générale des vents et des courants marins (déviation vers la droite dans l'hémisphère Nord, vers la gauche dans l'hémisphère Sud).

cormier [kɔrmje] **n.m.** (de *corme* [n. du fruit], gaul. **corma*). Sorbier domestique dont le bois, très dur, est utilisé pour fabriquer des manches d'outils.

cormoran [kɔrmɔrɑ̃] **n.m.** (de l'anc. fr. *corp,* corbeau, et *marenc,* marin). Oiseau palmipède vivant près des côtes, excellent plongeur, au plumage sombre. ▸ Ordre des pélécaniformes ; long. 60 à 80 cm.

cornac [kɔrnak] **n.m.** (port. *cornaca,* du cinghalais). Celui qui est chargé de soigner et de conduire un éléphant.

cornaline [kɔrnalin] **n.f.** (de *corne*). Variété rouge d'agate, employée en bijouterie.

cornaquer [kɔrnake] **v.t.** (de *cornac*). *FAM.* Conduire qqn, lui servir de guide.

corne [kɔrn] **n.f.** (lat. *cornu*). **1.** Organe pair, dur et pointu poussant sur la tête de beaucoup de ruminants. ▸ Les bovidés ont des cornes creuses, les cervidés des cornes ramifiées et caduques, ou bois. **2.** Organe corné poussant sur le museau du rhinocéros. **3.** Organe pair dont la forme évoque une corne : *Cornes d'escargots.* **4.** Kératine employée dans l'industrie : *Bouton, peigne de corne.* **5.** Partie dure du pied des ongulés. **6.** Callosité de la peau : *Avoir de la corne sous la plante des pieds.* **7.** Pli fait au coin d'un papier, d'un carton. **8.** Partie saillante,

A B C D E F G H I J K L M N O P Q R S T U V W X Y Z

pointue d'une chose : *Cornes de la lune.* **9.** *FAM.* Attribut que l'on prête aux époux trompés : *Elle lui fait porter des cornes.* **10. Corne de brume,** instrument destiné, à bord d'un navire, à faire entendre des signaux sonores par temps de brume. / **Corne de gazelle,** sorte de gâteau oriental.

corné, e [kɔrne] **adj. 1.** De la nature de la corne. **2.** Qui a l'apparence de la corne.

corned-beef [kɔrnbif] **n.m. inv.** (mot anglo-amér., de *corned,* salé, et *beef,* bœuf). Conserve de viande de bœuf.

Corne de l'Afrique, extrémité orientale de l'Afrique, sur l'océan Indien, autour du cap Guardafui (Somalie).

cornée [kɔrne] **n.f.** (lat. *cornea [tunica]*, [tunique] cornée). Partie antérieure, transparente, du globe oculaire, en forme de calotte sphérique un peu saillante.

cornéen, enne [kɔrneɛ̃, -ɛn] **adj.** Relatif à la cornée.

corneille [kɔrnɛj] **n.f.** (lat. *cornicula*). Oiseau passereau voisin des corbeaux, mais plus petit, qui se nourrit d'insectes et de petits rongeurs. ▸ La corneille craille.

Corneille (Pierre), poète dramatique français (Rouen 1606 - Paris 1684). Reçu avocat au parlement de Rouen en 1624, il préfère pourtant la carrière poétique et dramatique. De 1629 jusqu'à *l'Illusion comique,* en 1636, il semble se consacrer surtout à la comédie (*la Veuve,* 1631 ; *la Galerie du Palais,* 1631-1632 ; *la Suivante,* 1632-1633 ; *la Place Royale,* 1633-1634), et fait partie des cinq auteurs qui travaillent sous la protection de Richelieu. C'est le succès de sa première tragédie, *Médée,* confirmé par le triomphe du *Cid* (1637), qui infléchit sa carrière. Mais *le Cid* fut critiqué par les poètes rivaux et les théoriciens du théâtre parce que les règles de la tragédie n'y étaient pas observées, et Corneille s'incline après trois ans de querelle : il fera des tragédies « régulières » (*Horace,* 1640 ; *Cinna,* 1642 ; *Polyeucte,* 1643 ; *Rodogune,* 1644 ; *Héraclius,* 1647 ; *Nicomède,* 1651), entrecoupées de comédies (*le Menteur,* 1643 ; *Don Sanche d'Aragon,* 1650). Élu à l'Académie en 1647, mais découragé par l'échec de *Pertharite,* en 1651, il reste improductif durant sept ans et ne s'occupe que d'une traduction en vers de *l'Imitation de Jésus-Christ* (1656). En 1659, il tente de reconquérir son public et donne *la Toison d'or* (1661), *Sertorius* (1662), *Othon* (1664), *Attila* (1667), mais les suffrages vont maintenant à Racine, dont la *Bérénice* (1670) connaît un succès bien plus vif que *Tite et Bérénice,* que Corneille fait jouer la même année. Après *Pulchérie* (1672) et *Suréna* (1674), mal accueillis, il cesse d'écrire pour se consacrer à l'édition complète de son théâtre (1682). Si la liberté, la volonté et la gloire forment le ressort des quatre plus grandes pièces de Corneille (*le Cid, Cinna, Horace, Polyeucte*), une extrême diversité, la liberté qu'il prit avec les « règles » de son temps, enfin la peinture des caractères de ses personnages, chez lesquels se mêlent l'excellence et la gloire, le moi et l'abnégation, l'héroïsme et le déchirement, caractérisent l'ensemble de son œuvre. • **Le Cid** (1637) : pour venger l'honneur de son père, Rodrigue est obligé de tuer le père de Chimène, sa fiancée ; celle-ci poursuit le meurtrier, sans cesser de l'aimer. Au dilemme de Rodrigue (se venger, c'est perdre Chimène ; ne pas se venger, c'est perdre la gloire, et donc aussi perdre Chimène) répond le dilemme de Chimène (aimer, c'est s'oublier ; haïr, c'est oublier la gloire de Rodrigue, et donc mépriser toute gloire). En autorisant un duel judiciaire dont Rodrigue sort victorieux, le roi met fin à l'impasse et laisse espérer au héros de pouvoir un jour épouser Chimène.
▸ *Dossier page suivante.*

cornélien, enne [kɔrneljɛ̃, -ɛn] **adj. 1.** Relatif à Corneille, à son œuvre : *La dramaturgie cornélienne.* **2.** Se dit d'une situation dans laquelle s'opposent la grandeur d'une passion et l'honneur d'un devoir : *Un débat cornélien.* **3. Héros cornélien,** personne qui fait passer son devoir avant tout.

cornemuse [kɔrnəmyz] **n.f.** (de *1. corner* et *muser,* jouer de la musette). Instrument de musique à vent, composé d'une outre et de tuyaux à anches.

1. corner [kɔrne] **v.i. 1.** Sonner d'une corne, d'une trompe. **2. Corner aux oreilles de qqn,** lui parler très fort. ◆ **v.t. 1.** Plier en forme de corne : *Corner une carte de visite.* **2.** *FAM.* Répéter partout et sans cesse : *Corner une nouvelle.*

2. corner [kɔrnɛr] **n.m.** (mot angl. « coin »). SPORTS. Au football, faute commise par un joueur qui détourne le ballon et l'envoie derrière la ligne de but de son équipe ; coup franc accordé à l'équipe adverse à la suite de cette faute.

cornet [kɔrnɛ] **n.m.** (de *corne*). **1.** Autref., petite trompe ou petit cor. **2.** Feuille de papier roulée en cône, contenant de menus objets, des friandises, etc. ; son contenu : *Un cornet de frites.* **3.** Gaufrette conique qu'on garnit de glace. **4. Cornet à dés,** gobelet dans lequel on place les dés à jouer avant de les lancer. / **Cornet à pistons,** instrument de la catégorie des cuivres à embouchure, composé d'un tube conique court, enroulé sur lui-même et muni de pistons.

cornette [kɔrnɛt] **n.f.** (de *corne*). **1.** Coiffure que portent certaines religieuses. **2.** Scarole, à feuilles enroulées.

corn flakes [kɔrnflɛks] **n.m. pl.** (anglo-amér. *cornflakes,* de *corn,* maïs, et *flake,* flocon). Aliment présenté sous forme de flocons grillés, préparé à partir de semoule de maïs.

corniaud [kɔrnjo] **n.m.** (de *corne,* coin, propr. « chien fait au coin des rues »). **1.** Chien bâtard. **2.** *T. FAM.* Imbécile.

corniche [kɔrniʃ] **n.f.** (it. *cornice,* probabl. du gr. *korônis,* ligne recourbée). **1.** Ensemble de moulures en surplomb les unes sur les autres, qui constituent le couronnement d'un entablement, d'un piédestal, d'un meuble, etc. **2.** GÉOGR. Portion de versant, verticale ou à pente abrupte.

cornichon [kɔrniʃɔ̃] **n.m.** (de *corne*). **1.** Concombre d'un type cultivé pour ses fruits, mis en conserve dans le vinaigre ou la saumure ; le fruit lui-même, consommé comme condiment. **2.** *FAM.* Imbécile.

cornière [kɔrnjɛr] **n.f.** (de *corne,* coin). **1.** Barre métallique composée de deux lames assemblées en T, en L ou en V. **2.** Rangée de tuiles placées à la jointure de deux pentes d'un toit pour l'écoulement des eaux. **3.** ARCHIT. Portique formant passage couvert au rez-de-chaussée des maisons, qui borde la place d'une bastide.

corniste [kɔrnist] **n.** Musicien, musicienne qui joue du cor.

Cornouaille, région de la Bretagne (Finistère) [*Cornouaillais*]. V. princ. *Quimper.*

Cornouailles → Cornwall.

cornouiller [kɔrnuje] **n.m.** (de *corne*). Petit arbre commun des lisières, au bois dur. ▸ Famille des cornacées.

cornu, e [kɔrny] **adj. 1.** Qui a des cornes, des saillies en forme de corne : *Blé cornu.* **2.** Qui a la forme d'une corne.

cornue [kɔrny] **n.f.** (de *cornu*). **1.** CHIM. Vase à col étroit et courbé utilisé pour la distillation. **2.** TECHN. Four industriel de forme comparable.

Cornwall, en fr. **Cornouailles,** extrémité sud-ouest de l'Angleterre. Longue péninsule aux côtes découpées.

corollaire [kɔrɔlɛr] **n.m.** (lat. *corollarium,* de *corolla ;* v. *corolle*). **1.** Conséquence nécessaire et évidente. **2.** LOG., MATH. Proposition qui se déduit immédiatement d'une proposition déjà démontrée.

corolle [kɔrɔl] **n.f.** (lat. *corolla,* dimin. de *corona,* couronne). BOT. Ensemble des pétales d'une fleur, souvent brillamment colorés.

coron [kɔrɔ̃] **n.m.** (mot picard et wallon, de *cor[n],* coin). Groupe d'habitations ouvrières en pays minier.

coronaire [kɔrɔnɛr] **adj.** (lat. *coronarius,* de *corona,* couronne). **Artère coronaire,** chacune des deux artères qui naissent de l'aorte et apportent au muscle cardiaque le sang nécessaire à son fonctionnement (on dit aussi *une coronaire*).

coronarien, enne [kɔrɔnarjɛ̃, -ɛn] **adj.** Relatif aux artères coronaires.

L'actualité d'une œuvre classique

Le Cid abordait un sujet polémique : tandis que Louis XIII venait d'interdire à la noblesse de se faire justice par le duel, Corneille accordait une place essentielle dans sa pièce à cette forme de combat. Malgré l'ancrage de l'œuvre de Corneille dans son époque, le spectateur d'aujourd'hui semble sensible à l'univers de ses pièces. Qu'est-ce qui fait que le théâtre cornélien, qui paraît éloigné des préoccupations du XXIe siècle, reste pourtant si parlant ?

▶ **Le culte des héros.** Dans la dédicace du *Cid* adressée à la nièce de Richelieu, Corneille présente le personnage de Rodrigue (le Cid) en ces termes : « Ce portrait vivant que je vous offre représente un héros assez reconnaissable aux lauriers dont il est couvert. Sa vie a été une suite continuelle de victoires. » Ce portrait ne pourrait-il pas s'appliquer aussi aux héros des films d'aujourd'hui ? D'ailleurs ce personnage n'est pas une création de Corneille, il s'inspire d'une pièce de Guillén de Castro qui raconte les exploits d'un jeune chevalier au Moyen Âge. Le modèle fait déjà recette au XVIIe s. : « Son nom, au bout de six cents ans, vient encore de triompher en France », ajoute Corneille. Quelques siècles plus tard, l'acteur Gérard Philipe et d'autres interprètes ont redonné à Rodrigue un éclat particulier. Comment expliquer cette traversée des âges ?

▶ **Le code de l'honneur.** Le héros est un personnage d'exception. S'il représente l'élite de la société à laquelle il appartient, il symbolise avant tout un conflit que tout homme est susceptible de vivre : le conflit entre l'honneur et l'amour. D'ailleurs, la situation présentée par la pièce ne ressemble pas plus à la réalité du XVIIe s. qu'à celle d'aujourd'hui. Déjà à l'époque de Corneille, le cadre choisi est très éloigné de celui dans lequel vivent les spectateurs contemporains de l'auteur : la Rome antique dans *Horace*, l'Espagne médiévale dans *le Cid*. Cependant, le drame peut se comprendre par son caractère épique. Proche de l'idéal de chevalerie du Moyen Âge, le héros digne d'admiration se trouve transfiguré. C'est à cette dimension qu'est sensible le public du XXIe s., habitué par le cinéma à des images de « surhomme » appartenant à une sorte de modèle de nouveaux chevaliers.

▶ **Le respect du père.** Le public se retrouve dans un système de valeurs qu'il peut partager. À travers la figure du roi don Fernand dans *le Cid*, c'est celle du père qui se dessine. Après la mort du père de Chimène, c'est le roi qui assume la fonction paternelle : « Prends courage, ma fille, et sache qu'aujourd'hui / Ton roi te veut servir de père au lieu de lui » (acte II, scène 8). Les jeunes gens sont à la recherche de l'image idéale du père, celui qui défend la cohésion du groupe et permet à la famille de se reconstituer. C'est bien le rôle que joue le roi don Fernand dans *le Cid*. Ainsi, après la victoire remportée par Rodrigue sur don Sanche (alors amoureux de Chimène), le roi pousse Rodrigue et Chimène à faire la paix. Il s'adresse en ces termes à Chimène : « Rodrigue t'a gagnée, et tu dois être à lui » (acte V, scène 7). Le roi résout de cette manière les conflits dans le respect de la morale de l'État et de la famille.

▶ **La révolte des générations.** Ces pièces de théâtre symbolisent aussi les luttes des jeunes générations contre le carcan familial et social. Ainsi, dans *Horace*, les femmes se révoltent contre l'autorité des frères. Camille meurt pour avoir fait grief à son frère de la mort de son fiancé Curiace ; elle n'a pas respecté la règle sociale en restant fidèle à celui qui lui était destiné avant la querelle entre Rome et Albe. Après avoir crié son désespoir contre Rome, elle meurt tuée par Horace, son propre frère (acte IV, scène 5) : « Ainsi reçoive un châtiment soudain / Quiconque ose pleurer un ennemi romain ! » Camille meurt d'avoir rêvé à un bonheur personnel qui privilégiait l'individu aux dépens du groupe.

Aujourd'hui encore, le lexique de l'honneur, qui était propre au théâtre cornélien, émaille les discours depuis la parole officielle jusqu'aux conversations ordinaires entre individus. C'est l'éternité des drames humains au cœur des conflits dans la société qui fait que le théâtre de Corneille est si parlant de nos jours. L'alternative entre l'honneur et l'amour reste d'actualité : chacun peut éprouver un douloureux sentiment de contradiction et d'hésitation face à des situations d'une complexité similaire. Lorsqu'on est en proie à un déchirement intérieur devant un problème de choix insoluble, ne parle-t-on pas de « dilemme cornélien » ?

Voir aussi : acteur ; classicisme ; tragédie.

coronarite [kɔrɔnarit] **n.f.** Maladie inflammatoire des artères coronaires.

coronarographie [kɔrɔnarɔgrafi] **n.f.** Radiographie des artères coronaires sous produit de contraste.

coronaropathie [kɔrɔnarɔpati] **n.f.** Affection des artères coronaires.

coroner [kɔrɔnɛr] **n.m.** (mot angl., de l'anc. normand *coroneor,* du même rad. que le fr. *couronne*). Officier de police judiciaire des pays anglo-saxons.

Corot (Jean-Baptiste Camille), peintre français (Paris 1796 - *id.* 1875). Traducteur subtil des valeurs lumineuses et atmosphériques dans ses paysages d'après nature d'Italie et de France, auteur également de paysages « historiques » ou « composés », ainsi que de figures féminines fermes et sensibles, il continue la tradition classique et prépare l'impressionnisme. (Au Louvre : *le Pont de Narni* [étude], *Souvenir de Mortefontaine, l'Église de Marissel, Sens, intérieur de la cathédrale, la Dame en bleu,* etc.)

corporatif, ive [kɔrpɔratif, -iv] **adj.** Relatif à une corporation.

corporation [kɔrpɔrasjɔ̃] **n.f.** (mot angl., du lat. médiév. *corporari,* se grouper en corps). **1.** Ensemble des personnes exerçant la même profession. **2.** HIST. Sous l'Ancien Régime, association qui groupait les membres d'une profession, maîtres, compagnons et apprentis.

■ Du XIe s. à la Révolution, les communautés de métiers, appelées « corporations » à la fin de l'Ancien Régime, forment le cadre principal de la vie économique, surtout en France et aux Pays-Bas.

L'origine et la structure des corporations. Les cellules initiales ont été sans doute les collèges gallo-romains dans le Sud, les guildes germaniques ou les confréries dans le Nord. Les métiers s'organisent dans un esprit de dévotion, de défense mutuelle et d'entraide, en vue de répartir équitablement le travail. La réglementation est stricte : limitation du nombre d'ateliers (un par maître) et d'ouvriers, prix fixés, contrôle de la qualité. La communauté, inégalitaire, est formée de trois groupes : *apprentis, compagnons, maîtres.* Des jurés, élus parmi les maîtres, l'administrent. L'apprenti débute chez un maître. Pour devenir maître, il doit exécuter un *chef-d'œuvre* et verser des droits d'entrée (à défaut, il est compagnon travailleur salarié). L'accès à la maîtrise sera de plus en plus coûteux et les maîtres tendront à former une oligarchie héréditaire.

L'évolution du système. Le système féodal est ébranlé, à partir du XIe s., par la renaissance du commerce et des villes. Les classes nouvelles de marchands et d'artisans, organisés en métiers, obtiennent peu à peu des seigneurs un statut d'émancipation. Mais les rois, aux XIVe et XVe s., imposent un contrôle de plus en plus étroit aux corporations, qui deviennent des moyens de gouvernement. Au XVIe s., le système traverse une crise : individualisme qui affaiblit la discipline communautaire, incidence de la religion (la maîtrise est souvent refusée aux protestants), concurrence des compagnonnages et des nouveaux métiers libres. Mais la monarchie réagit : Henri III et Henri IV unifient le régime des métiers ; Colbert surtout, au XVIIe siècle, crée de nouvelles corporations, impose à toutes des règlements nationaux et le contrôle d'inspecteurs royaux.

La disparition des corporations. Cependant, les corporations deviennent minoritaires. Dans chaque métier, les conflits sociaux s'accentuent. L'abus de la réglementation et de la fiscalité entraîne une véritable sclérose. Au XVIIIe siècle, les corporations sont aux mains des inspecteurs royaux et la grande industrie se constitue en dehors d'elles. Abolies par l'édit de Turgot (5 févr. 1776), elles disparaissent définitivement sous la Constituante : réforme (nuit du 4 août 1789), puis abolition des maîtrises et jurandes (loi du 17 mars 1791). ■

corporatisme [kɔrpɔratism] **n.m. 1.** Défense exclusive des intérêts professionnels d'une catégorie déterminée de travailleurs. **2.** Doctrine économique et sociale qui prône la création d'institutions professionnelles corporatives dotées de pouvoirs économiques, sociaux et même politiques. ◆ **corporatiste adj.** et **n.** Qui concerne ou soutient le corporatisme.

corporel, elle [kɔrpɔrɛl] **adj. 1.** Relatif au corps humain : *Exercice corporel* (syn. **physique**). *Châtiment corporel.* **2. Art corporel** (en angl. *body art*), forme d'art contemporain dans laquelle l'artiste prend pour matériau son propre corps. ▶ À partir de 1969-70 : actions de Vito Acconci aux États-Unis, de Gina Pane en France, etc. / **Bien corporel,** bien doué d'une existence matérielle (par opp. à *bien incorporel* ou *bien droit*).

corporellement [kɔrpɔrɛlmɑ̃] **adv.** De façon corporelle ; physiquement.

corps [kɔr] **n.m.** (lat. *corpus*). **1.** Organisme d'un être animé ; partie matérielle de l'être humain, par opp. à l'âme, l'esprit : *La belette a un corps allongé. Un esprit sain dans un corps sain.* **2.** Ce qui subsiste d'un être animé après la mort : *Après la catastrophe, les corps gisaient çà et là* (syn. **cadavre**). **3.** Tronc, par opp. aux membres et à la tête : *Ils portaient des tatouages sur les bras et le corps.* **4.** Ce qui habille le tronc, le torse : *Corps de robe. Corps de cuirasse.* **5.** Tout objet, toute substance matériels : *La chute des corps. Le carbone est un corps simple.* **6.** Partie principale d'un objet, d'un écrit, d'une œuvre : *Le corps d'un violon. Le corps d'un article.* **7.** Ensemble organisé de règles, de principes ; recueil de textes : *Un corps de doctrine.* **8.** Ensemble de personnes appartenant à la même catégorie professionnelle ou ayant des fonctions similaires au sein d'un groupe : *Le corps médical. Corps d'armée.* **9. À corps perdu,** au mépris du danger ; impétueusement : *Se lancer à corps perdu dans une bataille.* / **À son corps défendant,** malgré soi. / **Avoir du corps,** en parlant du vin, donner une sensation de plénitude. / **Corps et âme,** tout entier, sans réserve : *Se dévouer corps et âme à qqn, qqch.* / **Corps et biens,** les personnes comme les biens matériels. / **Corps étranger,** substance qui se trouve contre nature dans l'organisme, soit apportée du dehors, soit formée sur place. / MIL. **Corps franc,** groupe de volontaires affecté à une mission spéciale. / **Donner corps à,** donner une réalité à ce qui n'était qu'une idée, une possibilité. / **Faire corps avec,** ne faire qu'un avec qqn d'autre ; adhérer à qqch. / **N'avoir rien dans le corps,** être sans courage, sans force ; être à jeun. / **Prendre corps,** prendre consistance ; avoir un début de réalisation. / **Tenir au corps,** être nourrissant, en parlant d'un aliment.

corps à corps [kɔrakɔr] **loc. adv.** Directement aux prises avec l'adversaire ; avec acharnement. ◆ **n.m.** (Souvent avec traits d'union). Combat acharné ; mêlée violente.

corpulence [kɔrpylɑ̃s] **n.f.** (lat. *corpulentia,* de *corpus,* corps). **1.** Grandeur, grosseur du corps humain. **2.** Embonpoint : *Sa corpulence le handicape.*

corpulent, e [kɔrpylɑ̃, -ɑ̃t] **adj.** Qui a une forte corpulence : *Un homme corpulent* (syn. **gros**).

corpus [kɔrpys] **n.m.** (du lat. *corpus* [*juris*], recueil [de droit]). Ensemble de documents servant de base à la description dans un domaine ou à l'étude d'un phénomène ; recueil reproduisant ces documents.

corpusculaire [kɔrpyskylɛr] **adj. 1.** Relatif aux corpuscules. **2.** PHYS. **Théorie corpusculaire,** mode de description théorique de la lumière en termes de grains d'énergie, les photons, qui maintiennent leurs caractéristiques au cours de leur interaction avec la matière.

corpuscule [kɔrpyskyl] **n.m.** (lat. *corpusculum,* dimin. de *corpus,* corps). *VX.* Très petit élément de la matière ; corps minuscule (syn. **particule**).

corral [kɔral] **n.m.** (mot esp. « basse-cour ») [pl. *corrals*]. **1.** Cour attenante aux arènes tauromachiques. **2.** Enclos pour le bétail dans certains pays.

correct, e [kɔrɛkt] **adj.** (lat. *correctus,* de *corrigere ;* v. *corriger*). **1.** Conforme aux règles, au goût, aux convenances : *Un calcul correct* (syn. **exact**). *Tenue correcte* (syn. **décent**). **2.** D'une qualité moyenne : *Un travail correct mais sans originalité* (syn. **acceptable**).

correctement [kɔrɛktəmɑ̃] **adv.** De façon correcte.

correcteur, trice [kɔrɛktœr, -tris] **adj.** (lat *corrector,* de *corrigere ;* v. *corriger*). Dont l'effet est de corriger : *Verres correcteurs.* ◆ **n.** Personne, professionnel(le) qui corrige des copies d'examen ou des épreuves d'imprimerie.

correctif, ive [kɔrɛktif, -iv] **adj.** (lat. médiév. *correctivus,* du class. *corrigere ;* v. *corriger*). Qui vise à corriger, à redresser : *Gymnastique corrective.* ◆ **correctif n.m.** Expression qui adoucit ce qu'il y a de trop fort dans un écrit ou des paroles ; mise au point qui redresse un énoncé maladroit : *J'apporterai un correctif à ce qui précède.*

correction [kɔrɛksjɔ̃] **n.f.** (lat. *correctio,* de *corrigere ;* v. *corriger*). **1.** Qualité de ce qui est correct, conforme aux règles : *La correction du langage.* **2.** Qualité de qqn, de son comportement, qui est correct, respecte les bienséances et la morale : *Agir avec correction.* **3.** Rectification d'une faute : *La correction d'une erreur.* **4.** Évaluation des copies d'examen et de concours : *Il y aura pour cette épreuve une double correction.* **5.** Modification apportée à un texte, qui corrige une erreur : *Un manuscrit surchargé de corrections.* **6.** Compensation artificiellement apportée à une déficience physique : *Correction de la myopie par des verres.* **7.** Action de punir physiquement ; coups donnés : *Infliger une bonne correction.*

correctionnel, elle [kɔrɛksjɔnɛl] **adj.** (de *correction*). DR. **1.** Relatif aux délits (par oppos. aux *contraventions* et aux *crimes*). **2. Tribunal correctionnel,** tribunal qui juge les délits (on dit aussi *la correctionnelle*).

Corrège (Antonio Allegri, dit **il Correggio,** en fr. **[le]),** peintre italien (Correggio, près de Parme, v. 1489 - *id.* 1534). Il a laissé à Parme des décorations aux effets illusionnistes d'une virtuosité toute nouvelle (coupoles de l'église S. Giovanni Evangelista et de la cathédrale). Le luminisme, la fluidité, la grâce sensuelle de ses tableaux d'autel et de ses compositions mythologiques (*Io* et *Ganymède,* Vienne) eurent un grand écho dans l'art européen.

corrélat [kɔrela] **n.m.** (de *corrélation*). Objet en corrélation avec un autre.

corrélatif, ive [kɔrelatif, -iv] **adj.** (lat. médiév. *correlativus*). Qui est en relation avec une autre chose. ◆ **adj.** et **n.m.** LING. Se dit de deux termes qui articulent deux membres d'une phrase interdépendants. (Ex. : tel... que, trop... pour, etc.)

corrélation [kɔrelasjɔ̃] **n.f.** (lat. médiév. *correlatio*). **1.** Relation existant entre deux notions dont l'une ne peut être pensée sans l'autre, entre deux faits liés par une dépendance nécessaire : *Corrélation entre la délinquance et le milieu social.* **2.** STAT. **Coefficient de corrélation,** indice mesurant le degré de liaison entre deux variables.

corrélativement [kɔrelativmɑ̃] **adv.** De façon corrélative.

corrélé, e [kɔrele] **adj.** (de *corrélation*). STAT. Se dit des variables qui présentent une interdépendance non fonctionnelle caractérisée par un coefficient de corrélation.

correspondance [kɔrɛspɔ̃dɑ̃s] **n.f.** (de *correspondre*). **1.** Rapport de conformité, de symétrie, de concordance : *Correspondance d'idées.* **2.** Échange de lettres ; les lettres elles-mêmes : *Entretenir une correspondance avec qqn.* **3.** Concordance d'horaires entre deux moyens de transport ; moyen de transport dont le service est établi en liaison avec un autre : *Attendre la correspondance.* **4.** MATH. Relation entre deux ensembles permettant de passer d'un élément du premier à un élément du second. ▸ *Dossier page suivante.*

1. correspondant, e [kɔrɛspɔ̃dɑ̃, -ɑ̃t] **adj. 1.** Qui correspond à qqch, à qqn : *Si vous refusez ce poste, vous perdrez les avantages correspondants.* **2.** (Au pl.). Qui manifeste une relation de correspondance : *Idées correspondantes.* **3.** GÉOM. **Angles correspondants,** angles de même mesure, déterminés par une sécante à deux parallèles, situés, l'un entre ces droites, l'autre à l'extérieur de celles-ci, et tous deux du même côté de la sécante.

2. correspondant, e [kɔrɛspɔ̃dɑ̃, -ɑ̃t] **n. 1.** Personne avec laquelle on entretient une communication épistolaire, téléphonique. **2.** Journaliste qui ne travaille pas au siège d'un journal, et qui transmet du lieu où il se trouve (province, étranger) des informations ou des articles.

correspondre [kɔrɛspɔ̃dr] **v.t. ind.** (lat. *cum,* avec, et *respondere,* répondre) [conj. **75**]. **1. [avec].** Entretenir des relations épistolaires ou téléphoniques avec qqn : *Correspondre avec ses amis.* **2. [à].** Être conforme à un état de fait : *Cela correspond bien à la vérité.* **3. [à].** Être dans un état de symétrie, d'équivalence, de similitude : *Le grade de lieutenant de vaisseau correspond à celui de capitaine dans l'armée de terre* (syn. **équivaloir**). **4. [avec].** Communiquer, en parlant de bâtiments, de pièces d'un appartement : *Son bureau correspondait directement avec sa chambre.*

Corrèze [19], dép. de la Région Aquitaine-Limousin-Poitou-Charentes ; ch.-l. de dép. *Tulle ;* ch.-l. d'arr. *Brive-la-Gaillarde, Ussel ;* 3 arr., 19 cant., 286 comm. ; 5 857 km² ; 249 856 hab. *(Corréziens).*

corrida [kɔrida] **n.f.** (mot esp., du lat. *currere,* courir). **1.** Spectacle tauromachique au cours duquel des taureaux sont mis à mort. **2.** *FAM.* Suite de difficultés entraînant agitation ou précipitation : *On a dû acheter les cadeaux en un quart d'heure, quelle corrida !*

corridor [kɔridɔr] **n.m.** (it. *corridore,* galerie où l'on court). **1.** Couloir. **2.** GÉOGR. Zone de passage étroite ; territoire resserré entre deux États.

corrigé [kɔriʒe] **n.m.** Solution type d'un devoir, d'un exercice.

corriger [kɔriʒe] **v.t.** (lat. *corrigere,* redresser, améliorer) [conj. **17**]. **1.** Faire disparaître les défauts, les erreurs de ; revoir pour rendre correct : *Corriger une épreuve d'imprimerie.* **2.** Atténuer qqch : *Corriger la sévérité de ses propos par une conclusion optimiste* (syn. **adoucir**). **3.** Infliger une correction à qqn. **4. Corriger un devoir, des copies, etc.,** les noter après en avoir relevé les fautes. ◆ **se corriger v.pr. 1.** Être, pouvoir être rectifié, redressé : *La myopie se corrige avec des lunettes.* **2.** Apporter une correction à ce qu'on a dit ou écrit : *Elle a fait un lapsus, mais elle s'est vite corrigée.* **3. Se corriger de qqch,** se défaire de : *Elle s'est corrigée de son bégaiement.*

corroborer [kɔrɔbɔre] **v.t.** (lat. *corroborare,* de *roborare,* consolider). Servir de preuve, de confirmation à : *Le récit du témoin corrobore les déclarations de la victime.*

corroder [kɔrɔde] **v.t.** (lat. *corrodere,* de *rodere,* ronger). *LITT.* Provoquer la corrosion d'un corps solide, d'une surface : *Les acides corrodent les métaux.*

corrompre [kɔrɔ̃pr] **v.t.** (lat. *corrumpere,* de *rumpere,* rompre) [conj. **78**]. **1.** *VX.* Altérer, provoquer le pourrissement d'une substance : *La chaleur corrompt la viande.* **2.** Dépraver, pervertir qqn : *Corrompre la jeunesse.* **3.** Soudoyer qqn : *Corrompre un juge.*

corrosif, ive [kɔrɔzif, -iv] **adj.** (lat. *corrosivus,* de *corrodere ;* v. *corroder*). **1.** Qui corrode : *Un acide corrosif.* **2.** *LITT.* Méchant, virulent : *Ironie corrosive* (syn. **caustique**).

corrosion [kɔrɔzjɔ̃] **n.f.** (lat. *corrosio,* de *corrodere ;* v. *corroder*). Destruction progressive, lente désagrégation, effritement d'une substance, d'une surface par effet chimique.

corroyer [kɔrwaje] **v.t.** (lat. pop. **conredare,* gotique *garedan*) [conj. **13**]. **1.** Apprêter le cuir. **2.** MÉTALL. Déformer un métal, un alliage à chaud. **3.** MENUIS. Dégrossir une pièce de bois sciée et avivée en vue de son usinage définitif.

corrupteur, trice [kɔryptœr, -tris] **adj.** et **n.** (lat. *corruptor,* de *corrumpere ;* v. *corrompre*). Qui corrompt, pervertit.

corruptible [kɔryptibl] **adj.** Sujet à la corruption.

corruption [kɔrypsjɔ̃] **n.f.** (lat. *corruptio,* de *corrumpere ;* v. *corrompre*). **1.** *VX.* Pourrissement. **2.** *LITT.* Fait d'être corrompu, dépravé ou perverti : *Corruption des mœurs.* **3.** Action de soudoyer qqn ; fait d'être corrompu : *Tentative de corruption.*

corsage [kɔrsaʒ] **n.m.** (de *cors,* forme anc. de *corps*). **1.** Vêtement féminin en tissu qui recouvre le buste. **2.** COUT. Haut d'une robe.

Au premier abord, la correspondance n'est pas un art mais un moyen de communiquer. Publier des lettres privées revient à dévoiler l'intimité des correspondants. Pourtant, de nombreux héritiers laissent éditer la correspondance de leurs parents sans avoir l'impression de les trahir. Quel en est l'intérêt ?

Pourquoi publier une correspondance privée ?

▶ **La dimension humaine de l'histoire.** La correspondance de guerre est souvent la plus émouvante et la plus intime, étant destinée à un seul lecteur – « ma dernière pensée, à toi, jusqu'au bout », signe le soldat Henry Floch, alors qu'il vient d'être condamné à mort. Quel intérêt porter à une lettre publiée bien après l'événement et évoquant un drame personnel assez particulier – le drame de l'exécution d'un homme condamné à mort pour désertion ? Par la révélation de cette lettre, nous posons désormais un autre regard sur la Première Guerre mondiale : « … des Allemands se sont amenés dans la tranchée, m'ont fait prisonnier avec deux autres camarades. J'ai profité d'un moment de bousculade pour m'échapper des mains des Allemands. J'ai suivi mes camarades, et ensuite, j'ai été accusé d'abandon de poste en présence de l'ennemi » (*Paroles de poilus*, sous la direction de Jean-Pierre Guéno et Yves Laplume, Librio, 1998). La publication de telles lettres donne une dimension humaine à l'histoire et met en garde contre les idées toutes faites de certains discours officiels.

▶ **La qualité littéraire d'une correspondance.** Outre leur intérêt historique (la vie à la cour de Louis XIV), les *Lettres* de Mme de Sévigné ont aussi une valeur proprement littéraire. À la manière d'une conversation de salon, l'épistolière met en scène les anecdotes du quotidien en un style vivant. Cette divulgation a suscité de l'amertume chez les descendants. Dans une lettre, Mme de Simiane, petite-fille de Mme de Sévigné, insiste sur le caractère strictement confidentiel de cette correspondance : le lecteur « saura que c'est ici une mère qui écrit à sa fille tout ce qu'elle pense, comme elle l'a pensé, sans avoir jamais pu croire que ses lettres tombassent en d'autres mains que les siennes ».

▶ **La compréhension d'une œuvre.** À propos d'une de ses études du *Tisserand*, le célèbre peintre Vincent Van Gogh écrit au peintre Anton Van Rappard : « Voyez comme cette masse noire de bois de chêne sali avec toutes ces lattes se détache sur la grisaille qui l'environne, et dites-vous bien qu'il y a là, dans cette ambiance, un singe noir, ou un gnome, ou un spectre, qui fait claquer ces lattes du matin au soir » (*Correspondance complète de Vincent Van Gogh*, Gallimard/Grasset, 1962). La lettre explique les intentions de l'artiste ; elle rend compte de l'impression qu'il souhaite traduire par rapport à la machine. Dans ce cas, la correspondance exerce l'œil de l'amateur d'art.

▶ **La recherche de l'authenticité.** Un téléfilm adaptant « à la virgule près » la correspondance de Vincent Van Gogh a vu le jour en 2010. Réalisé par Andrew Hutton, *Van Gogh : Painted with Words* s'appuie sur les manuscrits originaux de l'artiste. Qu'est-ce qui justifie une telle entreprise ? « Van Gogh écrivait comme il peignait. Corriger sa grammaire équivaut à corriger les perspectives de ses peintures », explique Wouter Van Der Veen, assistant de recherche chargé de la transcription en français des lettres de Vincent Van Gogh. Au-delà de l'intérêt esthétique, la valeur historique et culturelle de cette retranscription « à la source » est, selon lui, « d'autant plus importante que dans le cadre de la vente de tableaux, pour dire qu'une œuvre est authentique, on se fonde également sur la correspondance de Van Gogh ».

Une fois publiée, la correspondance permet de réhabiliter un individu ou de valoriser un ascendant. Cependant, elle ne peut rencontrer des lecteurs que si elle offre un éclairage sur une œuvre reconnue. Elle peut aussi susciter l'intérêt quand le sujet évoqué a une valeur universelle et que les épisodes relatés dépassent le caractère anecdotique d'un journal intime, allant jusqu'à interroger une époque.

Voir aussi : Sévigné ; Van Gogh.

corsaire [kɔrsɛr] **n.m.** (anc. prov. *corsari,* de l'it. *cursus,* course). **1.** Capitaine ou marin d'un navire dont l'équipage était habilité par son gouvernement à poursuivre et prendre à l'abordage des bâtiments de commerce ennemis (XVe-XIXe s.). ***Rem.*** À distinguer de *pirate.* **2.** Nom donné à ce navire. **3.** Pantalon moulant s'arrêtant à mi-mollet.

corse [kɔrs] **adj.** et **n.** De Corse. ◆ **n.m.** Langue parlée en Corse, dont les formes méridionales sont proches des dialectes du sud de l'Italie.

Corse (la), île et collectivité de France, dans la Méditerranée regroupant, depuis 1975, 2 dép. : Corse-du-Sud et Haute-Corse ; 8 680 km^2 ; 321 482 hab. *(Corses).* Ch.-l. *Ajaccio.*

GÉOGRAPHIE

En dehors de la plus grande partie de sa façade orientale, la Corse est une île montagneuse, ouverte par quelques bassins (Corte). Le climat méditerranéen est influencé par l'insularité et l'altitude (augmentation des précipitations, étagement d'une végétation où domine le maquis). Le tourisme, plus développé sur les côtes (un parc naturel régional, couvrant env. 375 000 ha, englobe aussi les principaux massifs de l'intérieur), l'élevage ovin (pour la production des fromages), la vigne et les cultures fruitières et maraîchères (plaine orientale) constituent les ressources essentielles.

Près de 80 % de la population active appartient au secteur tertiaire, représenté surtout dans les deux principales villes, Ajaccio et Bastia. La faiblesse de l'industrie tient à des causes naturelles et humaines difficiles à combattre (pauvreté du sous-sol, problèmes dus à l'insularité, faiblesse du peuplement) ; elle contribue à expliquer la traditionnelle émigration (aujourd'hui réduite) vers la France continentale. L'économie souterraine s'est développée.

HISTOIRE

Peuplée dès la préhistoire, la Corse est occupée par les Grecs de Phocée avant d'être colonisée par les Romains au IIIe s. av. J.-C. Administrée par Byzance, puis par le Saint-Siège à partir du VIIIe s., elle subit les incursions des sarrasins puis passe sous l'autorité de l'archevêque de Pise (1077).

Les Pisans sont concurrencés par les Génois, qui les supplantent à la fin du XIIIe s., et, en 1347, la Corse passe sous la souveraineté de la république de Gênes, pour quatre siècles. Mais cette autorité est sans cesse contestée par des révoltes insulaires, qui favorisent l'intervention de la France. Au XVIIIe s., Paoli lutte pour l'indépendance corse, mais ne peut empêcher la cession de l'île à la France (1768). En 1789, la Constituante décrète que l'île fait partie intégrante de la France.

À partir du milieu du XIXe s., un mouvement régionaliste se développe, axé sur la sauvegarde de la langue corse. Occupée par l'armée italienne en nov. 1942, la Corse est libérée en 1943. Depuis les années 1960, les courants autonomistes et indépendantistes se renforcent, ayant parfois recours à l'action violente. En 1982, la Corse est érigée en Région. La première assemblée régionale est élue au suffrage universel. En 1991, l'île devient une collectivité territoriale à statut particulier. Au terme d'un dialogue engagé en 1999 avec les élus de tous les partis de l'île, le gouvernement présente en 2000 un projet de nouveau contrat entre la Corse et la République, partiellement entériné en 2002.

Corse *(Haute-)* [2 B], dép. de la Corse ; ch.-l. de dép. *Bastia ;* ch.-l. d'arr. *Calvi, Corte ;* 3 arr., 15 cant., 236 comm. ; 4 666 km^2 ; 173 659 hab. *(Corses).*

Corse-du-Sud [2 A], dép. de la Corse ; ch.-l. de dép. *Ajaccio ;* ch.-l. d'arr. *Sartène ;* 2 arr., 11 cant., 124 comm. ; 4 014 km^2 ; 147 823 hab. *(Corses).*

corsé, e [kɔrse] **adj.** (p. passé de *corser*). **1.** Qui a un goût relevé : *Vin corsé.* **2.** Scabreux : *Histoire corsée.*

corselet [kɔrsəlɛ] **n.m. 1.** Anc. vêtement féminin qui enserrait la partie inférieure du buste ou qui se laçait par-dessus un corsage. **2.** ZOOL. Premier anneau du thorax des coléoptères ou des hyménoptères.

corser [kɔrse] **v.t.** (de *cors,* forme anc. de *corps* [propr. « saisir à bras-le-corps »]). **1.** Donner du corps à un vin en l'additionnant d'alcool. **2.** Épicer davantage une sauce. **3.** Donner de la vigueur à, renforcer l'intérêt de : *Corser un récit de quelques détails savoureux.* **4. Corser la note, l'addition,** en gonfler le total. ◆ **se corser v.pr.** Devenir plus complexe, plus délicat : *L'affaire se corse.*

corset [kɔrsɛ] **n.m.** (de *cors,* forme anc. de *corps*). **1.** Sous-vêtement féminin baleiné, destiné à maintenir le buste et les hanches. **2. Corset orthopédique,** appareil servant à maintenir l'abdomen, le thorax, et à remédier aux déformations de la colonne vertébrale.

corseté, e [kɔrsəte] **adj. 1.** Serré dans un corset, dans qqch de rigide : *Corseté d'acier.* **2.** LITT. Maintenu dans un cadre rigide, strict : *Corseté dans ses habitudes.*

corsetier, ère [kɔrsətje, -ɛr] **n.** et **adj.** Personne qui fait ou vend des corsets.

corso [kɔrso] **n.m.** (mot it. « promenade publique »). **Corso fleuri,** défilé de chars fleuris au cours de certaines fêtes.

Cortázar (Julio), écrivain argentin naturalisé français (Bruxelles 1914 - Paris 1984). Il mêle, dans ses romans, le réalisme social et politique à l'inspiration fantastique *(Marelle, Livre de Manuel).*

cortège [kɔrtɛʒ] **n.m.** (it. *corteggio,* de *corteggiare,* faire la cour). **1.** Ensemble de personnes qui en suivent une autre pour lui faire honneur : *Cortège nuptial.* **2.** LITT. Suite, accompagnement : *La guerre et son cortège de misères.*

Cortes [kɔrtɛs] **n.f. pl.** (mot esp., pl. de *corte,* cour). Ensemble du Sénat et du Congrès des députés espagnols.

Cortés (Hernán), conquérant espagnol du Mexique (Medellín, Estrémadure, 1485 - Castilleja de la Cuesta 1547). L'un des premiers conquistadors, il partit en 1519 à la conquête du Mexique et détruisit l'Empire aztèque de Moctezuma (1521). Il fut alors nommé par Charles Quint gouverneur général de la Nouvelle-Espagne (partie septentrionale de l'Empire espagnol). Rentré en Espagne en 1540, il tomba en disgrâce.

cortex [kɔrtɛks] **n.m.** (mot lat. « écorce »). **1.** BIOL. Partie externe qui forme l'enveloppe d'un organe animal ou végétal ; écorce. **2.** ANAT. **Cortex cérébral,** couche de substance grise située à la surface des hémisphères cérébraux, contenant les corps cellulaires de neurones et responsable des fonctions les plus élevées du cerveau.

cortical, e, aux [kɔrtikal, -o] **adj.** (du lat. *cortex, -icis ;* v. *cortex*). **1.** BIOL. Relatif au cortex d'un organe, à l'écorce d'une plante. **2.** ANAT. Relatif au cortex cérébral.

corticoïde [kɔrtikɔid] **adj.** et **n.m.** (de *cortic[al]* et *-oïde*). Se dit des hormones du cortex surrénal, de leurs dérivés et de leurs succédanés synthétiques, employés notamm. comme médicaments anti-inflammatoires.

corticosurrénal, e, aux [kɔrtikɔsyrenal, -o] **adj.** et **n.f.** (de *cortic[al]* et *surrénal*). Se dit de la région périphérique de la glande surrénale, dont les hormones agissent sur le métabolisme des substances organiques et minérales.

corticothérapie [kɔrtikɔterapi] **n.f.** Traitement par les corticoïdes.

cortisone [kɔrtizɔn] **n.f.** (mot angl., du rad. de *cortex*). Hormone corticosurrénale, aux propriétés anti-inflammatoires et métaboliques.

Cortone (Pierre de) → Pierre de Cortone.

Cortot (Alfred), pianiste et chef d'orchestre français (Nyon, Suisse, 1877 - Lausanne 1962). En 1905, avec Thibaud et Casals, il fonda un trio qui connut une renommée internationale. Cofondateur, avec A. Mangeot, de l'École normale de musique, il a été professeur au Conservatoire de Paris de 1907 à 1920. Ses interprétations de Chopin et de Schumann restent inoubliables.

corvéable [kɔrveabl] **adj.** et **n.** HIST. **1.** Assujetti à la corvée. **2. Taillable et corvéable à merci → taillable.**

corvée [kɔrve] **n.f.** (bas lat. *corrogata* [*opera*], [travail] imposé, du class. *rogare,* demander). **1.** HIST. Travail gratuit qui était dû par le paysan au seigneur ou au roi. **2.** Travail pénible ou rebutant imposé à qqn : *La corvée du ménage.* **3.** Travail dans l'intérêt commun exécuté à tour de rôle par les membres d'une communauté (militaire notamm.) : *Corvée de ravitaillement.*

corvette [kɔrvɛt] **n.f.** (de *corve,* bateau de pêche, mot d'orig. germ.). **1.** Ancien bâtiment de guerre intermédiaire entre la frégate et le brick. **2.** Auj., bâtiment de moyen tonnage armé pour la lutte anti-sous-marine.

corvidé [kɔrvide] **n.m.** (du lat. *corvus,* corbeau). Oiseau passereau de grande taille, tel que le corbeau, la corneille et le geai. ▸ Les corvidés forment une famille.

Corvin (Mathias) ⟶ **Mathias Ier**.

Corvisart (*baron* **Jean**), médecin français (Dricourt, Ardennes, 1755 - Paris 1821). Éminent chirurgien, premier médecin de l'empereur Napoléon, il chercha à donner des bases scientifiques à la médecine clinique en la fondant sur l'anatomie pathologique. Il améliora le diagnostic des maladies cardiaques et pulmonaires.

coryphée [kɔrife] **n.m.** (gr. *koruphaios*). **1.** Chef du chœur, dans le théâtre grec. **2.** Deuxième échelon dans la hiérarchie du corps de ballet de l'Opéra de Paris.

coryza [kɔriza] **n.m.** (gr. *koruza,* écoulement nasal). Inflammation de la muqueuse des fosses nasales, dite *rhume de cerveau.*

cosaque [kɔzak] **adj.** et **n.** (russe *kozak*). Des Cosaques, peuple russe : *Danse cosaque.* ◆ **n.m.** Soldat de la cavalerie des tsars recruté parmi les Cosaques.

Cosaques, population des confins méridionaux de la Russie, formée de paysans libres et de soldats en majorité slaves qui défendaient les frontières russes et polonaises contre les Turcs et les Tatars. Soumis à la Russie depuis 1654, ils encadrèrent cependant les révoltes paysannes des XVIIe et XVIIIe s. (notamment sous la direction de Pougatchev). Au XIXe s., ils avaient perdu leur autonomie et fournissaient à l'armée impériale des corps d'élite. En majorité hostiles au pouvoir soviétique, ils furent décimés dans les années 1930. Ils ont été réhabilités officiellement en 1992.

cosécante [kɔsekɑ̃t] **n.f.** (de *sécante*). MATH. Inverse du sinus d'un angle ou d'un arc. ▸ Symb. cosec.

cosignataire [kɔsiɲatɛr] **adj.** et **n.** Qui a signé un acte, un texte avec d'autres.

cosinus [kɔsinys] **n.m.** (de *sinus*). MATH. Fonction associant à un arc de cercle $\widehat{AM}$ ou à l'angle au centre $\widehat{AOM}$ correspondant le quotient des mesures algébriques de OP et de OA, où P est la projection orthogonale de M sur la droite OA. ▸ Symb. cos.

cosmétique [kɔsmetik] **adj.** et **n.m.** (gr. *kosmêtikos,* de *kosmos,* parure). Se dit de toute préparation non médicamenteuse destinée aux soins du corps, à la toilette.

cosmétologie [kɔsmetɔlɔʒi] **n.f.** Étude de tout ce qui se rapporte aux cosmétiques et à leurs applications. ◆ **cosmétologue n.** Nom du spécialiste.

cosmique [kɔsmik] **adj.** (gr. *kosmikos,* de *kosmos,* univers). **1.** Relatif au cosmos, à l'Univers : *Espace cosmique.* **2.** Relatif à l'espace intersidéral. **3.** ASTROPHYS. **Rayons cosmiques,** rayonnement de haute énergie d'origine solaire, galactique ou extragalactique, produisant des phénomènes d'ionisation dans la haute atmosphère.

cosmogonie [kɔsmɔgɔni] **n.f.** (de *cosmo-,* et du gr. *gonos,* génération). **1.** Récit mythique de la formation de l'Univers. **2.** Science de la formation des objets célestes : planètes, étoiles, systèmes d'étoiles, galaxies, etc.

cosmographie [kɔsmɔgrafi] **n.f.** (de *cosmo-* et *-graphie*). Description des systèmes astronomiques de l'Univers. ◆ **cosmographe n.** Nom du spécialiste.

cosmographique [kɔsmɔgrafik] **adj.** Relatif à la cosmographie.

cosmologie [kɔsmɔlɔʒi] **n.f.** (de *cosmo-* et *-logie*). Branche de l'astronomie qui étudie la structure et l'évolution de l'Univers considéré dans son ensemble. ◆ **cosmologiste n.** Nom du spécialiste.

cosmologique [kɔsmɔlɔʒik] **adj.** Relatif à la cosmologie.

cosmonaute [kɔsmɔnot] **n.** (de *cosmo-,* d'après *astronaute*). Pilote ou passager d'un engin spatial, dans la terminologie russe. ***Rem.*** Voir aussi *astronaute, spationaute, taïkonaute.*

cosmopolite [kɔsmɔpɔlit] **adj.** (gr. *kosmopolitês,* de *kosmos,* univers, et *politês,* citoyen). **1.** Traversé, habité par des citoyens du monde entier : *Ville cosmopolite.* **2.** Ouvert à toutes les civilisations, à toutes les coutumes : *Goûts cosmopolites.*

cosmopolitisme [kɔsmɔpɔlitism] **n.m.** État de ce qui est cosmopolite ; disposition d'esprit cosmopolite.

cosmos [kɔsmos] **n.m.** (gr. *kosmos*). **1.** L'Univers considéré dans son ensemble. **2.** Espace intersidéral.

Cosquer *(grotte),* grotte sous-marine du cap Morgiou, à 12 km au S.-E. de Marseille. Découverte en 1991 par le scaphandrier Henri Cosquer, elle est située à 37 m sous le niveau de la mer et abrite des peintures pariétales paléolithiques (28000 av. J.-C.).

cosse [kɔs] **n.f.** (lat. pop. **coccia,* class. *cochlea,* coquille d'escargot). **1.** Enveloppe de certains légumes : *Cosse de pois.* **2.** Garniture métallique de l'extrémité d'un conducteur électrique.

cossu, e [kɔsy] **adj.** (p.-ê. de *cosse*). **1.** Qui dénote la richesse : *Maison cossue.* **2.** Qui vit dans l'aisance : *Un monsieur cossu.*

Costa Brava, littoral de l'Espagne (Catalogne), sur la Méditerranée, au nord de l'embouchure du río Tordera. Tourisme.

Costa del Sol, littoral de l'Espagne, sur la Méditerranée, de part et d'autre de Málaga.

costal, e, aux [kɔstal, -o] **adj.** (du lat. *costa,* côte). ANAT. Des côtes : *Douleur costale.*

costard [kɔstar] **n.m.** (de *costume*). *FAM.* Costume d'homme ; complet.

Costa Rica, État de l'Amérique centrale, entre le Panama et le Nicaragua ; 51 000 km^2 ; 4 872 000 hab. *(Costaricains).* CAP. *San José.* LANGUE : *espagnol.* MONNAIE : *colón costaricain.*

GÉOGRAPHIE

Les hautes terres centrales, cordillères coupées de dépressions (Vallée centrale), sont le foyer de peuplement du pays. Elles séparent, sous un climat tropical, les plaines basses et pluvieuses de la mer des Antilles des plaines et plateaux du littoral pacifique, abrités (saison sèche de 4 à 5 mois). Pays agricole qui tente la mise en valeur des terres chaudes périphériques, le Costa Rica exporte surtout du café, des bananes et des ananas. Cependant, l'industrie (biens de consommation) s'est un peu développée.

HISTOIRE

1502. Colomb reconnaît la côte orientale du pays.

Intégrée à l'Empire espagnol, la colonie est dès l'origine un pays de population en majorité blanche.

1821. Indépendance du Costa Rica.

1839. Après avoir appartenu à la fédération des Provinces-Unies d'Amérique centrale (1823-1838), le Costa Rica devient un État souverain.

L'expansion de la culture du caféier apporte la prospérité économique et permet une vie démocratique durable. Mais l'introduction de la culture du bananier sous l'impulsion de la société américaine United Fruit place le pays sous la dépendance des États-Unis.

Après la guerre civile (1948-1949), des présidents conservateurs et sociaux-démocrates du parti de libération nationale – dont José Figueres, 1953-1958 puis 1970-1974 ; Oscar Arias, 1980-1990 puis 2006-2010 ; Laura Chinchilla, présidente depuis 2010 – alternent au pouvoir.

costaud [kɔsto] **adj.** et **n.** (du prov. *costo,* côte). *FAM.* Qui est fort, vigoureux : *Qu'est-ce qu'elle est costaud !* ***Rem.*** La forme fém. de l'adj., *costaude,* est rare.

costume [kɔstym] **n.m.** (it. *costume,* coutume). **1.** Ensemble des différentes pièces d'un habillement : *Costume de scène.* **2.** Vêtement d'homme comportant un pantalon, un veston et éventuellement un gilet. **3.** Vêtement typique d'une région ou d'une époque : *Costume grec.*

costumé, e [kɔstyme] **adj. Bal costumé,** bal où les danseurs sont travestis.

se **costumer** [kɔstyme] **v.pr.** Se travestir.

costumier, ère [kɔstymje, -ɛr] **n. 1.** Personne qui fait, vend ou loue des costumes de théâtre, de cinéma, etc. **2.** Technicien, technicienne qui s'occupe des costumes d'un spectacle.

1. cosy [kɔzi] **adj. inv.** Se dit d'un endroit confortable et agréable : *Leur bibliothèque est très cosy.*

2. cosy [kɔzi] **n.m.** (mot angl.) [pl. *cosys* ou *cosies*]. **1.** Enveloppe dont on couvre les théières pour en conserver la chaleur. **2.** VIEILLI. Divan accompagné d'une étagère, servant à meubler une encoignure. (Dans ce sens, on disait aussi *un cosy-corner, des cosy-corners.*)

cotangente [kɔtɑ̃ʒɑ̃t] **n.f.** (de *tangente*). MATH. Inverse de la tangente d'un angle. ▸ Symb. cotg.

cotation [kɔtasjɔ̃] **n.f.** BOURSE. Cours d'un titre ou prix d'une marchandise : *La cotation de l'or. La cotation des voitures d'occasion à l'argus.*

cote [kɔt] **n.f.** (lat. médiév. *quota* [*pars*], quote-part). **1.** Marque pour classer, repérer les éléments d'une collection, les livres d'une bibliothèque, etc. **2.** Chiffre porté sur un dessin, un plan, une carte indiquant une dimension, un niveau, une coordonnée, etc. **3.** Altitude, position signalée sur une carte ; niveau. **4.** MATH. Troisième coordonnée cartésienne d'un point de l'espace. **5.** Constatation officielle des cours des titres, des monnaies, des marchandises, partic. en Bourse ; tableau, feuille périodique reproduisant ces cours. **6.** Estimation des chances de succès d'un cheval de course ; taux des paris. **7.** Degré d'estime : *Avoir une bonne cote.* **8.** DR. Part que chacun doit payer d'un impôt.

1. côte [kot] **n.f.** (lat. *costa*). **1.** Chacun des os qui forment la cage thoracique. **2.** Partie supérieure de la côte et vertèbre dorsale qui la supporte, avec les muscles qui la recouvrent. **3.** Partie saillante, allongée ; grosse nervure d'une feuille : *Étoffe à côtes.* **4. Côte à côte,** l'un à côté de l'autre : *Être assis côte à côte.* / **Côtes flottantes,** les deux dernières côtes, non rattachées au sternum. / **Point de côtes,** point de tricot constitué par l'alternance régulière, sur un même rang, de points à l'endroit et de points à l'envers.

2. côte [kot] **n.f.** (de *1. côte*). **1.** Partie en pente d'un chemin, d'une route ; pente d'une colline. **2.** GÉOMORPH. Dans une région de structure faiblement inclinée où alternent couches dures et couches tendres, forme de relief caractérisée par un talus à profil concave en pente raide et par un plateau doucement incliné en sens inverse (syn. **cuesta**). **3.** Rivage de la mer : *La côte méditerranéenne.*

coté, e [kɔte] **adj.** (p. passé de *coter*). **1.** Admis à la cotation en Bourse : *Valeur cotée.* **2.** Estimé, apprécié : *Un restaurant coté.* **3. Géométrie cotée,** géométrie descriptive dans laquelle chaque point d'un corps est représenté par sa projection sur un plan horizontal et sa distance à ce plan.

côté [kote] **n.m.** (lat. pop. **costatum,* de *costa,* côte). **1.** Partie latérale extérieure de la poitrine, du corps entier chez l'homme et les animaux : *Coucher un enfant sur le côté* (syn. **flanc**). **2.** Partie latérale de qqch, par opp. au milieu : *Les deux côtés de la route* (syn. **bord, bordure**). **3.** Face d'un objet opposée à une autre : *Les deux côtés d'une médaille.* **4.** Partie considérée du point de vue de son orientation : *Le côté espagnol des Pyrénées.* **5.** Direction, partie de l'espace considérée par rapport aux autres : *De quel côté partez-vous ?* **6.** Point de vue, aspect sous lequel on considère qqn ou qqch : *Il a un côté sympathique. Il faut voir le côté pratique de l'opération.* **7.** Ligne de parenté : *Le côté maternel, paternel.* **8. À côté (de),** indique la proximité dans l'espace, la comparaison, l'extériorité, la divergence : *Il habite à côté. Ton malheur n'est rien à côté du sien. Être à côté de la vérité.* / **De côté,** obliquement, en biais : *Regarder qqn de côté.* / **De mon côté,** en ce qui me concerne. / **De tous côtés,** de toutes parts, de partout. / **D'un côté..., d'un autre côté...,** d'une part..., d'autre part... / **Être aux côtés de qqn,** lui apporter son aide, son soutien. / **Être du côté de qqn, d'un groupe,** être rangé à leur parti, à leur cause. / **Les bons côtés, les mauvais côtés de qqn,** ses qualités, ses défauts. / **Mettre, être de côté,** ranger de côté, être en réserve. / **Mettre de l'argent de côté,** l'économiser. / **Prendre qqch du bon côté,** n'en retenir que les avantages. / **Voir le petit côté des choses,** ne voir que les mesquineries.

coteau [kɔto] **n.m.** (de *2. côte*). **1.** Petite colline. **2.** Versant d'une colline : *Vin de coteau.*

Côte d'Azur, partie orientale du littoral français, baignée par la mer Méditerranée, de Cassis à Menton. Stations estivales et hivernales bénéficiant d'un climat très doux en hiver, chaud et ensoleillé en été.

Côte d'Ivoire, État de l'Afrique occidentale, sur la côte nord du golfe de Guinée ; 322 000 km^2 ; 22 671 331 hab. *(Ivoiriens).* CAP. *Yamoussoukro.* V. princ. *Abidjan.* LANGUE : *français.* MONNAIE : *franc C.F.A.*

GÉOGRAPHIE

Pays chaud, de plaines au climat équatorial au S., de plateaux plus secs vers le N., la Côte d'Ivoire, dans le contexte d'un certain libéralisme économique et (jusqu'au début des années 1990) de stabilité politique, a développé une agriculture de plantation, qui constitue encore sa ressource essentielle et la base de la seule grande branche industrielle, l'agroalimentaire. La Côte d'Ivoire figure parmi les principaux producteurs de cacao, de café, d'huile de palme ; elle fournit encore de notables quantités de fruits tropicaux (agrumes, bananes), de coton, un peu de caoutchouc, de tabac et de sucre. Le manioc, le mil et le riz sont les grandes cultures vivrières. La sylviculture s'est développée, ainsi que la pêche. Le sous-sol est moins riche, malgré l'essor relatif de l'extraction pétrolière, et l'hydroélectricité (souffrant parfois, comme le modeste élevage, de la sécheresse) assure la majeure partie de la production d'électricité.
La population, ethniquement variée, jeune (fort accroissement naturel), se concentre dans le Sud-Est (vers Abidjan), malgré le développement de Yamoussoukro et de San Pedro. Elle demeure encore à majorité rurale, liée à l'agriculture, dont la prospérité dépend largement des cours variables des produits exportés (et importés) et, surtout, du retour du pays à une situation pacifiée.

HISTOIRE

Peuplé d'ethnies très différentes, le territoire est principalement dominé au XVIIIe s. par les Mandingues, peuples islamisés apparus dans le nord du pays au XVIe s. et fondateurs d'un puissant empire, et les Ashanti, dont le royaume s'étend au sud-est du pays.
1889. Présents depuis la fin du XVIIe s., les Français imposent leur protectorat.
1893. Création de la colonie de la Côte d'Ivoire, bientôt rattachée à l'Afrique-Occidentale française.
1958. La colonie devient une république, membre de la Communauté française.
1960. La Côte d'Ivoire acquiert sa totale indépendance. Elle est dirigée par le président Houphouët-Boigny.
1993. Mort d'Houphouët-Boigny. Le président de l'Assemblée nationale, Henri Konan Bédié, lui succède (confirmé à la tête de l'État par une élection en 1995).
1999. Dans un contexte de crise économique et politique, H. K. Bédié est destitué par le général Robert Gueï.
2000. Laurent Gbagbo est élu à la présidence de la République. Mais le scrutin, d'où ont été écartés la majorité des candidats, ravive les tensions ethniques et religieuses.
2002. D'importantes rébellions placent le nord et l'ouest du pays hors de contrôle du pouvoir central.
2005-2010. Les nouvelles élections sont reportées malgré le lancement d'un processus de paix en 2007.
2011. Élu en nov. 2010 face à L. Gbagbo qui refuse de quitter le pouvoir, Alassane Ouattara finit par s'imposer après l'offensive de ses alliés de l'ex-rébellion du Nord et grâce à l'appui militaire de la France et de l'O.N.U.

Côte-d'Or [21], dép. de la Région Bourgogne-Franche-Comté ; ch.-l. de dép. *Dijon ;* ch.-l. d'arr. *Beaune, Montbard ;* 3 arr., 23 cant., 706 comm. ; 8 765 km^2 ; 541 517 hab.

côtelé, e [kotle] **adj.** Se dit d'une étoffe qui présente des côtes parallèles : *Velours côtelé.*

côtelette [kotlɛt] **n.f.** Côte des petits animaux de boucherie (mouton, veau, etc.).

Côte-Nord, région administrative du Québec, le long de la rive nord du fleuve Saint-Laurent ; 196 058 km^2 ; 94 766 hab.

Cotentin (le), presqu'île de la Normandie occidentale, qui s'avance dans la Manche (dép. de la Manche). Élevage bovin. Industrie nucléaire (vers Flamanville et la Hague).

coter [kɔte] **v.t.** (de *cote*). **1.** Attribuer une cote à un document, une pièce, un livre, etc. **2.** Inscrire à la cote ; fixer le cours d'une monnaie, d'une valeur, d'une marchandise. **3.** Porter, reporter les cotes d'éléments représentés sur une carte, un plan, un dessin. ◆ **v.i.** Avoir telle cotation, en parlant d'une monnaie : *L'or cote en baisse.*

coterie [kɔtri] **n.f.** (propr. « association de paysans », de l'anc. fr. *cote,* cabane, nordique *kot*). Petit groupe de personnes qui soutiennent ensemble leurs intérêts.

Côtes-d'Armor [22], jusqu'en 1990 **Côtes-du-Nord,** dép. de la Région Bretagne ; ch.-l. de dép. *Saint-Brieuc ;* ch.-l. d'arr. *Dinan, Guingamp, Lannion ;* 4 arr., 27 cant., 373 comm. ; 6 878 km^2 ; 616 013 hab.

côtes-du-rhône [kotdyron] **n.m. inv.** Vin des coteaux de la vallée du Rhône, au sud de Lyon.

cothurne [kɔtyrn] **n.m.** (lat. *cothurnus,* du gr.). ANTIQ. Chaussure à semelle épaisse des acteurs tragiques.

côtier, ère [kotje, -ɛr] **adj. 1.** MAR. Des côtes ; qui se fait le long des côtes : *Navigation côtière.* **2. Fleuve côtier,** fleuve qui a sa source près des côtes.

cotillon [kɔtijɔ̃] **n.m.** (de *cotte*). **1.** Farandole ou sarabande joyeuse qui termine une soirée dansante. **2.** *VX.* Jupon porté surtout par les paysannes. **3. Accessoires de cotillon,** confettis, serpentins, etc., utilisés au cours d'une fête, d'un bal ou d'un banquet. (On dit aussi *des cotillons.*)

cotisation [kɔtizasjɔ̃] **n.f. 1.** Action de cotiser ou de se cotiser. **2.** Somme versée par chacun pour contribuer à une dépense commune.

cotiser [kɔtize] **v.i.** (de *cote*). **1.** Payer sa quote-part. **2.** Verser régulièrement de l'argent à un organisme, à une association : *Cotiser à la Sécurité sociale.* ◆ **se cotiser v.pr.** Se mettre à plusieurs pour réunir une certaine somme d'argent : *Se cotiser pour offrir un cadeau à qqn.*

côtoiement [kotwamɑ̃] **n.m.** Action de côtoyer.

coton [kɔtɔ̃] **n.m.** (it. *cotone,* ar. *quṭun*). **1.** Fibre textile naturelle qui recouvre les graines du cotonnier. **2.** Fil ou étoffe que l'on fabrique avec cette matière. **3.** Morceau d'ouate, de coton hydrophile. **4.** *FAM.* **C'est coton,** c'est difficile. / **Élever un enfant dans du coton,** le protéger de façon excessive. / *FAM.* **Filer un mauvais coton,** être très malade ou se trouver dans une situation difficile.

cotonéaster [kɔtɔneastɛr] **n.m.** (de *coton*). Arbuste ornemental, à petites feuilles, à fleurs blanches ou roses. ▸ Famille des rosacées.

cotonnade [kɔtɔnad] **n.f.** Étoffe de coton pur ou mélangé avec d'autres fibres.

cotonneux, euse [kɔtɔnø, -øz] **adj. 1.** Qui rappelle le coton par son aspect : *Un ciel cotonneux.* **2.** Recouvert de duvet, en parlant d'un fruit, d'un végétal. **3.** Dont la pulpe est fade, spongieuse, en parlant d'un fruit : *Une poire cotonneuse* (syn. **farineux**).

1. cotonnier, ère [kɔtɔnje, -ɛr] **n.** Ouvrier, ouvrière des filatures de coton. ◆ **adj.** Relatif au coton.

2. cotonnier [kɔtɔnje] **n.m.** Plante herbacée ou arbuste originaire de l'Inde, cultivée dans tous les pays chauds pour le coton qui entoure ses graines et pour l'huile alimentaire contenue dans celles-ci. ▸ Famille des malvacées ; haut. de 0,50 à 1,50 m.

Cotonou, principal port et plus grande ville du Bénin ; 923 923 hab.

Coton-Tige [kɔtɔ̃tiʒ] **n.m.** (nom déposé). Coton finement enroulé au bout d'un bâtonnet pour nettoyer les oreilles ou le nez.

côtoyer [kotwaje] **v.t.** (de *2. côte*) [conj. **13**]. **1.** Marcher le long de qqch ; longer qqch : *Le chemin côtoie la rivière.* **2.** Être en contact avec qqn, un milieu ; être très proche de qqch : *Côtoyer toutes sortes de gens* (syn. **fréquenter**). *Côtoyer le ridicule* (syn. **frôler**).

cotre [kɔtr] **n.m.** (angl. *cutter,* propr. « qui coupe [l'eau] »). Voilier à un seul mât avec grand-voile, foc et trinquette.

cottage [kɔtɛdʒ] ou [kɔtaʒ] **n.m.** (mot angl., de l'anc. fr. *cote ;* v. *coterie*). Petite maison de campagne.

cotte [kɔt] **n.f.** (frq. **kotta*). **1.** Salopette en tissu génér. bleu, pour travailler : *Une cotte de mécanicien.* **2.** Tunique portée autrefois par les femmes et par les hommes. **3. Cotte d'armes,** vêtement ample porté sur l'armure. / **Cotte de mailles,** syn. de *haubert.*

Cotte (Robert de), architecte français (Paris 1656 - *id.* 1735). Collaborateur de J. H.-Mansart, architecte du roi (1689), puis premier architecte (1708), il fut un des créateurs du style « Régence », alliant une grâce nouvelle à la majesté du style « Louis XIV ». (Hôtels à Paris ; château des Rohan à Strasbourg, 1731-1742 ; nombreux projets pour l'étranger.)

Coty (René), homme d'État français (Le Havre 1882 - *id.* 1962). Il fut président de la IVe République de 1954 à 1958 et transmit ses fonctions présidentielles au général de Gaulle.

cotylédon [kɔtiledɔ̃] **n.m.** (gr. *kotulêdôn,* cavité). **1.** BOT. Lobe charnu ou foliacé qui s'insère dans la graine, sur l'axe de l'embryon : *Plante à un, à deux cotylédons.* **2.** ANAT. Lobe du placenta.

cou [ku] **n.m.** (doublet de *col,* lat. *collum*). **1.** Partie du corps qui joint la tête aux épaules. **2.** *FAM.* **Prendre ses jambes à son cou** ⟶ **jambe.** / **Se casser, se rompre le cou,** se tuer ; au fig., échouer dans une entreprise, se ruiner. / **Se jeter, sauter au cou de qqn,** l'embrasser avec effusion. / **Tendre le cou,** s'offrir aux mauvais traitements sans se défendre.

couac [kwak] **n.m.** (onomat.). Son faux et discordant produit par une voix ou par un instrument de musique.

couard, e [kwar, kward] **adj.** et **n.** (de l'anc. fr. *coue,* queue [propr. « qui a la queue basse »]). *LITT.* Qui manque de courage.

couardise [kwardiz] **n.f.** *LITT.* Poltronnerie ; lâcheté.

Coubertin (Pierre de), éducateur français (Paris 1863 - Genève 1937), rénovateur, en 1894, des jeux Olympiques, président du Comité international des jeux Olympiques de 1896 à 1925.

couchage [kuʃaʒ] **n.m. 1.** *VX.* Action de coucher : *Le couchage des troupes.* **2.** Ensemble des objets qui servent à se coucher : *Sac de couchage.* **3.** Opération destinée à couvrir le papier ou le carton d'un enduit spécial qui les rend plus opaques et plus imperméables, et qui fait mieux ressortir la finesse de l'impression.

couchant, e [kuʃɑ̃, -ɑ̃t] **adj. Soleil couchant,** soleil près de disparaître à l'horizon. ◆ **couchant n.m.** *LITT.* Point de l'horizon où le soleil se couche, par opp. à *levant* (syn. **occident** ; litt. **ponant**).

couche [kuʃ] **n.f.** (de *coucher*). **1.** *LITT.* Lit : *Elle partageait la couche royale.* **2.** Disposition d'éléments superposés : *Les couches de l'atmosphère* (syn. **strate**). **3.** Étendue uniforme d'une substance appliquée sur une surface : *Étaler une couche de crème sur un gâteau.* **4.** Linge absorbant ou rectangle d'ouate placé entre les jambes d'un nourrisson, maintenu par une pointe ou une culotte. **5.** Ensemble de personnes appartenant au même milieu : *Les couches défavorisées* (syn. **classe**). **6.** *FAM.* **En tenir une couche,** être très stupide, borné. **7. Fausse couche,** avortement spontané. / **Retour de couches,** première menstruation qui suit un accouchement.

couché, e [kuʃe] **adj. Écriture couchée,** écriture penchée. / **Papier couché,** papier très lisse amélioré par l'opération de couchage et destiné aux impressions fines.

couche-culotte [kuʃkylɔt] **n.f.** (pl. *couches-culottes*). Couche jetable de bébé, formant culotte.

coucher [kuʃe] **v.t.** (lat. *collocare,* placer, étendre, de *locus,* lieu). **1.** Mettre au lit : *Coucher un enfant.* **2.** Étendre qqn sur le sol, sur une surface plane : *Coucher un blessé sur un brancard.* **3.** Mettre qqch à l'horizontale : *Coucher des bouteilles de vin.* **4.** Inscrire : *Coucher une idée sur le papier* (syn. **noter**). **5. Coucher qqn sur un testament, une liste,** le désigner par écrit comme un des héritiers, un des participants à une action, etc. ◆ **v.i. 1.** Passer la nuit : *Ils ne savent pas où coucher ce soir* (syn. **dormir**). **2.** MAR. S'incliner : *Un navire qui couche.* **3. Coucher avec qqn,** avoir un rapport sexuel avec lui. / *FAM.* **Nom à coucher dehors,** nom difficile à prononcer, à retenir. ◆ **se coucher v.pr. 1.** Se mettre au lit pour dormir : *Il s'est couché à minuit.* **2.** S'allonger : *Se coucher sur le côté* (syn. **s'étendre**). **3.** Disparaître à l'horizon, en parlant d'un astre : *Le soleil se couche à l'ouest.* **4.** Se courber, s'incliner : *Un poteau s'est couché en travers de la route.*

coucherie [kuʃri] **n.f.** (de *coucher*). *FAM.* Terme péjoratif désignant des relations sexuelles sans amour.

couchette [kuʃɛt] **n.f. 1.** Banquette ou lit escamotable pour dormir, dans un compartiment de chemin de fer. **2.** Lit aménagé dans une cabine de navire.

coucheur, euse [kuʃœr, -øz] **n.** (de *coucher*). *FAM.* **Mauvais coucheur,** personne au caractère difficile, jamais satisfaite.

couchitique [kuʃitik] **adj.** (de *Couch,* anc. n. de l'Éthiopie). **Langues couchitiques,** langues de la famille chamito-sémitique parlées en Éthiopie et en Somalie (on dit aussi *le couchitique*).

couci-couça [kusikusa] **adv.** (de *comme ci comme ça*). *FAM.* Ni bien ni mal ; pas très bien : *Ça va ? — Couci-couça.*

1. coucou [kuku] **n.m.** (lat. *cuculus,* d'orig. onomat.). **1.** Oiseau des bois, à dos gris et à ventre blanc rayé de brun, insectivore, qui dépose ses œufs dans le nid d'autres oiseaux. **2.** Nom usuel de deux plantes à fleurs jaunes, la primevère officinale et le narcisse des bois. **3.** Pendule de bois munie d'un système d'horlogerie imitant le cri du coucou. **4.** *FAM.* Avion vétuste, de petite taille, qui ne donne pas une impression de sécurité.

2. coucou [kuku] **interj.** (de *1. coucou*). Annonce l'arrivée inopinée de qqn ou sert à manifester sa présence : *Coucou, c'est moi !*

coude [kud] **n.m.** (lat. *cubitus*). **1.** Région du membre supérieur de l'homme correspondant à l'articulation du bras avec l'avant-bras. **2.** ZOOL. Articulation du membre antérieur, à la jonction de l'humérus et du radius, chez les quadrupèdes. **3.** Partie de la manche de vêtement qui recouvre le coude. **4.** Angle saillant, changement brusque de direction ; courbure brusque d'un objet : *La rue faisait un coude. Le coude d'un tuyau.* **5. Coude à coude,** en étant très solidaire : *Travailler coude à coude.* / *FAM.* **Jouer des coudes,** se frayer un chemin dans la foule en écartant les gens avec les coudes ; agir sans scrupule pour arriver à ses fins. / *FAM.* **Lever le coude,** boire beaucoup. / **Se serrer les coudes,** s'entraider. / **Sous le coude,** en attente, en suspens : *Dossier qui reste sous le coude.*

coudé, e [kude] **adj.** En forme de coude : *Tuyau coudé.*

coudée [kude] **n.f. 1.** Anc. mesure équivalant à la distance qui sépare le coude de l'extrémité du médius (env. 50 cm). **2. Avoir les coudées franches,** avoir une entière liberté d'agir. / **Être à cent coudées au-dessus de qqn,** lui être très supérieur.

cou-de-pied [kudpje] **n.m.** (de *cou* et *pied*) [pl. *cous-de-pied*]. Partie supérieure et saillante du pied.

couder [kude] **v.t.** (de *coude*). Plier en forme de coude.

coudoyer [kudwaje] **v.t.** (de *coude*) [conj. **13**]. Être en fréquent contact avec qqn : *Coudoyer des hommes politiques.*

coudre [kudr] **v.t.** (lat. pop. **cosere,* class. *consuere*) [conj. **86**]. Joindre par une suite de points faits au moyen d'une aiguille et d'un fil, à la main ou avec une machine : *Coudre un bouton. Machine à coudre électrique.*

coudrier [kudrije] **n.m.** (de l'anc. fr. *coudre* [même sens], lat. pop. **colorus,* réfection du class. *corylus* sous l'infl. du gaul. **collo*). **1.** Noisetier. **2. Baguette de coudrier,** baguette utilisée par les sourciers.

Coué (méthode), méthode de guérison par autosuggestion inventée par Émile Coué (1857-1926), pharmacien français.

couenne [kwan] **n.f.** (lat. pop. **cutinna,* du class. *cutis,* peau). Peau de porc durcie après avoir été flambée et échaudée.

1. couette [kwɛt] **n.f.** (lat. *culcita,* oreiller). Grand édredon recouvert d'une housse amovible et servant à la fois de couverture et de drap.

2. couette [kwɛt] **n.f.** (de l'anc. fr. *coue,* queue). *FAM.* Touffe de cheveux rassemblés sur la nuque ou de chaque côté des oreilles.

couffin [kufɛ̃] **n.m.** (de *couffe* [même sens], prov. *couffo,* baquet, ar. *quffa,* gr. *kophinos*). **1.** Grand cabas en paille tressée. **2.** Grand panier de vannerie, à anses, garni intérieurement et servant de berceau portatif.

cougouar [kugwar] et **couguar** [kugar] **n.m.** (du tupi-guarani, par le port.). Puma.

couic [kwik] **interj.** (onomat.). Cri d'un petit animal ou d'un homme qu'on étrangle.

couille [kuj] **n.f.** (bas lat. *colia,* du class. *coleus,* gr. *koleos,* propr. « fourreau, gaine »). *T. FAM.* Testicule.

couillon [kujɔ̃] **n.m.** (de *couille*). *T. FAM.* Imbécile, sot.

couinement [kwinmɑ̃] **n.m. 1.** Cri du lapin, du lièvre ou d'autres animaux. **2.** Grincement aigu : *Le couinement d'un frein.*

couiner [kwine] **v.i.** (orig. onomat.). **1.** Émettre un couinement, en parlant du lapin, etc. **2.** *FAM.* Gémir, pleurnicher.

coulage [kulaʒ] **n.m. 1.** Action de faire couler une matière en fusion, un liquide, un matériau pâteux : *Le coulage du bronze, du béton.* **2.** Perte de marchandises due au vol ou à la négligence.

coulant, e [kulɑ̃, -ɑ̃t] **adj. 1.** Qui coule, qui est fluide : *Pâte coulante.* **2.** *FAM.* Indulgent, conciliant : *Un examinateur coulant* (contr. **exigeant**).

coulée [kule] **n.f.** Masse de matière en fusion ou plus ou moins liquide qui se répand : *Une coulée de lave.*

coulemelle [kulmɛl] **n.f.** (lat. *columella,* petite colonne). Nom usuel de la *lépiote élevée,* champignon comestible.

couler [kule] **v.i.** (lat. *colare,* de *colum,* tamis). **1.** Se mouvoir, aller d'un lieu à un autre, en parlant d'un liquide, du sable, etc. : *Les larmes coulaient sur son visage.* **2.** Passer à tel endroit, en parlant d'un cours d'eau : *La Seine coule à Paris.* **3.** S'échapper de qqch, en parlant d'un liquide : *De l'eau a coulé dans mon sac* (syn. **s'écouler**). **4.** Laisser un liquide s'écouler : *Ferme bien le robinet, il coule* (syn. **fuir**). **5.** Se liquéfier ou devenir pâteux : *La bougie a coulé.* **6.** Sombrer, s'abîmer au fond de l'eau ; se noyer dans une grande quantité d'eau : *Le bateau a coulé à pic.* **7. Couler de source,** être évident. ◆ **v.t. 1.** Faire passer un liquide, un métal en fusion d'un lieu à un autre : *Couler du plomb dans un moule.* **2.** Fabriquer un objet en métal fondu et versé dans un moule : *Couler une statue.* **3.** Faire sombrer un bateau : *La torpille a coulé une embarcation de pêche.* **4.** Mener qqn ou qqch à l'échec ; discréditer : *Leur mauvaise gestion a coulé l'usine.* **5. Couler des jours paisibles, heureux,** les passer sans secousse, sans accroc. / **Couler une bielle,** détériorer un moteur à piston par fusion du métal de la tête de bielle, causée par une interruption du graissage. ◆ **se couler v.pr. 1.** Se glisser quelque part : *Se couler dans des draps bien chauds* (syn. **s'introduire**). **2.** Se conformer à qqch : *Les élèves doivent se couler dans le même moule.* **3.** FAM. **Se la couler douce,** mener une vie heureuse ; ne pas se fatiguer.

couleur [kulœr] **n.f.** (lat. *color*). **1.** Sensation que produisent sur l'œil les radiations de la lumière, telles qu'elles sont absorbées ou réfléchies par les corps : *Couleurs complémentaires.* **2.** Ce qui s'oppose au noir, au gris, au blanc : *Le film n'est pas en couleur mais en noir et blanc.* **3.** Substance ou matière colorante : *Boîte de couleurs.* **4.** SOUT. Éclat, brillant du style, de l'expression, d'une situation, d'un événement : *Une description pleine de couleurs.* **5.** Aspect que prennent les choses dans des circonstances données, parfois trompeuses : *La situation apparaît sous de nouvelles couleurs.* **6.** Teint, coloration du visage : *Prendre des couleurs* (= bronzer ou avoir meilleure mine). *Quand il a appris la nouvelle, il a changé de couleur* (= son visage a pâli ou rougi). **7.** Opinion politique de qqn, d'un groupe : *Quelle est la couleur de ce journal ?* **8.** JEUX. Chacune des séries ordonnées qui composent un jeu de cartes : *Pique, cœur, carreau et trèfle sont les quatre couleurs du jeu de cartes français.* **9. Annoncer la couleur,** dévoiler ses intentions. / **Couleur locale,** aspect typique d'un lieu. / FAM. **En voir, en faire voir de toutes les couleurs,** subir, faire subir toutes sortes de désagréments. / **Homme, femme, gens de couleur,** qui ne sont pas blancs de peau. **10. Marchand de couleurs,** droguiste. ◆ **couleurs n.f. pl. 1.** Marque distinctive de la nationalité, qui consiste dans la coloration des drapeaux, pavillons et enseignes ; drapeau national lui-même : *Hisser les couleurs.* **2.** Marque distinctive, insigne d'un club : *Porter les couleurs du Racing.*

couleuvre [kulœvr] **n.f.** (lat. pop. **colobre*, class. *colubra*). **1.** Serpent non venimeux, dont huit espèces vivent en France. ▶ La *couleuvre à collier,* qui atteint au plus 2 m de long, préfère les lieux humides et peut nager. Famille des colubridés. **2.** FAM. **Avaler des couleuvres,** subir des affronts ; être très crédule.

couleuvrine [kulœvrin] **n.f.** (de *couleuvre*). Ancien canon fin et long en usage du XVe au XVIIe s.

1. coulis [kuli] **n.m.** (de *couler*). **1.** Jus extrait des viandes, des poissons, des légumes après une cuisson lente : *Un coulis de tomates.* **2.** Purée de fruits additionnée de sirop : *Un coulis de framboises.* **3.** Mortier liquide que l'on fait pénétrer dans les joints d'un ouvrage en maçonnerie.

2. coulis [kuli] **adj.m.** (de *couler*). **Vent coulis,** qui se glisse à travers une fente.

coulissant, e [kulisɑ̃, -ɑ̃t] **adj.** Qui glisse sur des coulisses : *Porte coulissante.*

coulisse [kulis] **n.f.** (de [*porte*] *coulisse,* [porte] qui glisse, de *2. coulis*). **1.** Pièce comportant une rainure dans laquelle on fait glisser une partie mobile : *Un volet à coulisse.* **2.** (Surtout au pl.). Partie d'un théâtre située de chaque côté et en arrière de la scène, derrière les décors et hors de la vue du public. **3.** (Au pl.). Côté secret d'une chose : *Les coulisses de la politique.* **4. Regard en coulisse,** regard de côté, en coin.

coulisser [kulise] **v.t. 1.** Munir d'une coulisse : *Coulisser un tiroir.* **2.** Faire glisser un tissu sur un fil ou sur un cordon de coulisse : *Coulisser des fronces.* ◆ **v.i.** Glisser sur des coulisses : *Porte qui coulisse facilement.*

couloir [kulwar] **n.m.** (de *couler*). **1.** Passage ou dégagement en longueur dans un appartement, une maison, un lieu public, une voiture de chemin de fer, etc. **2.** Passage étroit entre deux régions, deux pays : *Le couloir rhodanien, en France.* **3.** Zone d'une piste d'athlétisme délimitée par deux lignes parallèles et dans laquelle doit rester chaque concurrent pendant la course. **4. Bruits, conversations de couloirs,** officieux. / **Couloir aérien,** itinéraire que doivent suivre les avions. / **Couloir d'autobus,** portion de la chaussée exclusivement réservée aux autobus, aux taxis et aux voitures de secours. / **Couloir d'avalanche,** ravin qui entaille un versant montagneux et qui est suivi par les avalanches.

coulomb [kulɔ̃] **n.m.** (du n. du physicien *Coulomb*). Unité de quantité d'électricité et de charge électrique, équivalant à la quantité d'électricité transportée en 1 seconde, par un courant de 1 ampère. ▶ Symb. C.

Coulomb (Charles de), physicien français (Angoulême 1736 - Paris 1806). Après des études sur le frottement et la torsion, il établit les bases expérimentales et théoriques du magnétisme et de l'électrostatique, notamment la loi sur les forces exercées l'une sur l'autre par deux charges électriques ponctuelles *(loi de Coulomb).* Il développa la théorie de l'électrisation superficielle des conducteurs et introduisit la notion du moment magnétique.

coulpe [kulp] **n.f.** (lat. *culpa,* faute). **1.** Confession publique des manquements à la règle, dans certains ordres religieux. **2.** LITT. **Battre sa coulpe,** exprimer son regret, son repentir.

coulure [kulyr] **n.f.** Trace laissée sur une surface par une matière qui a coulé.

country [kuntri] **adj. inv.** et **n.m.** ou **n.f. inv.** (mot angl., propr. « campagne »). Se dit d'un style de musique populaire issu du folklore rural des États-Unis : *Concert de musique country. Un guitariste de country.*

coup [ku] **n.m.** (lat. pop. **colpus,* class. *colaphus,* gr. *kolaphos,* coup de poing). **1.** Choc rapide et brutal qui résulte du mouvement d'un corps qui vient en frapper un autre : *Un coup de couteau. Des coups de pied.* **2.** Le résultat du choc lui-même : *Il heurta sa tête contre la porte, le coup fut très douloureux.* **3.** Marque laissée par un choc : *Avoir le corps noir de coups.* **4.** Mouvement rapide et momentané pour utiliser un objet : *Se donner un coup de peigne. Donner un coup de balai.* **5.** Geste ou mouvement rapide que l'on fait avec une partie du corps : *Un coup de langue. Un coup d'œil.* **6.** Choc moral causé par une nouvelle, par un événement : *Cette mort a été un terrible coup pour elle.* **7.** Son rendu par qqch qu'on frappe ou sur quoi qqn ou qqch frappe : *Un coup de marteau. J'ai entendu frapper deux coups à la porte.* **8.** Décharge et détonation d'une arme à feu : *Un coup de canon. Un revolver à six coups.* **9.** FAM. Toute action considérée du point de vue de la fréquence : *Ce coup-ci vous avez gagné* (syn. **fois**). **10.** FAM. Action de qqn, jugée désagréable ou néfaste : *Encore un verre de cassé, ça, c'est sûrement un coup des enfants.* **11.** Action préparée à l'avance, manigancée : *Mettre un complice dans le coup. Être, mettre qqn sur un coup. Manquer, rater, réussir son coup.* **12.** Action, notamm. publicitaire, destinée à attirer l'attention sur soi : *Coup médiatique d'un politicien.* **13.** Façon d'attaquer, de manœuvrer dans une lutte, dans certains sports : *Tous les coups sont permis.* **14.** Chacune des actions, des combinaisons que fait un joueur dans une partie : *Ce coup lui a permis de gagner.* **15.** Accès brusque d'un sentiment, d'un état psychique : *Un coup de folie. Coup de tête* (= décision irréfléchie). **16.** Manifestation brutale d'un élément, d'un phénomène : *Coup de tonnerre. Coup de vent.* **17. À coups de qqch,** en l'utilisant comme arme : *Elle s'est défendue à coups de parapluie.* / **À coup sûr,** sûrement, infailliblement. / **Après coup,** une fois la chose faite, l'événement s'étant déjà produit. / **Au coup par coup,** sans plan précis, selon chaque circonstance qui se présente. / FAM. **Avoir un coup dans le nez, dans l'aile,** être ivre. / **Coup sur coup,** de manière immédiatement successive : *J'ai appris coup sur coup deux mauvaises nouvelles.* / FAM. **Discuter le coup,** bavarder un moment sur un sujet. / FAM. **Donner un coup, se donner un coup,** nettoyer hâtivement un lieu, arranger vite sa toilette, sa coiffure. / **Du coup, du même coup,** dans ces conditions ; en conséquence. / **D'un coup , d'un seul coup,** en une seule fois. / **Du premier coup,** à la première tentative. / **En coup de vent,** rapidement. / FAM. **En mettre, en donner un coup,** faire un grand effort pour avancer un travail, une étude, etc. / FAM. **En prendre un coup,** être fortement affecté par qqch ; subir un dommage. / FAM. **Être dans le coup,** être au courant d'une affaire un peu louche ; être au courant de tout ce qui se passe, et en partic. de ce qui est à la mode (par opp. à *être hors du coup*). / **Faire les quatre cents coups,** se livrer à toutes sortes d'excès, de frasques. / **Frapper un grand coup,** employer des moyens exceptionnels pour mettre de l'ordre dans une situation. / **Les trois**

coups, au théâtre, trois coups frappés sur le plancher de la scène, signalant le début de la représentation. / **Marquer le coup,** faire comprendre, souligner par son comportement l'importance d'un événement, d'un incident. / **Porter un coup à qqn, à qqch,** leur nuire, les frapper, empêcher leur action, leur progrès, leur évolution. / FAM. **Pour le coup,** de ce fait, en l'occurrence. / FAM. **Prendre un coup de vieux,** vieillir subitement. / **Sous le coup de qqch,** sous l'effet de : *Rougir sous le coup de l'émotion.* / **Sur le coup,** au moment où l'événement a eu lieu. / **Sur le coup de 10 heures, 11 heures, etc.,** à cette heure. / FAM. **Tenir le coup,** résister, en parlant de qqn ; durer, en parlant de qqch. / **Tenter le coup,** essayer, risquer qqch. / **Tomber sous le coup de,** être passible de. / **Tout à coup, tout d'un coup,** subitement, soudain. / FAM. **Valoir le coup,** valoir la peine qu'on va se donner : *Tu crois que ça vaut le coup ?* **18. Coup bas,** manœuvre déloyale. / **Coup d'éclat,** exploit. / **Coup de fil, de téléphone,** communication téléphonique. / **Coup de main,** aide, soutien apporté à qqn qui traverse un moment difficile : *Donner un coup de main à qqn ;* opération militaire, menée par surprise sur un objectif limité. / **Coup de pouce,** aide ponctuelle apportée à qqn dans son entreprise, son action. / **Coup de sang,** violent accès de colère. / **Coup de soleil,** brûlure de la peau par le soleil. / **Coup d'État,** prise illégale du pouvoir par une personne, un groupe qui exerce des fonctions à l'intérieur de l'appareil étatique. / **Coup de théâtre** ⟶ **théâtre.** / **Coup de Trafalgar,** désastre total. / **Coup du lapin,** choc brutal sur la nuque. / **Coup dur,** événement pénible, douloureux ou situation difficile qui affecte qqn. / **Coup monté,** action malveillante préparée en secret (= piège). / MAR. **Coup de mer,** gros paquet d'eau de mer venant frapper un navire et embarquant à bord. / SPORTS. **Coup d'envoi,** début d'une partie de sport collectif. / SPORTS. **Coup droit,** au tennis et au tennis de table, frappe de la balle du côté de la main qui tient la raquette (contr. **revers**). / SPORTS. **Coup franc,** au football, au rugby, au basket, arrêt de jeu donnant la balle à une équipe à l'endroit du terrain où l'équipe adverse a commis une irrégularité ; cette sanction.

coupable [kupabl] **adj.** et **n.** (bas lat. *culpabilis,* du class. *culpa,* faute). **1.** Qui a commis un crime, une faute : *Être coupable d'un meurtre.* **2.** Qui doit être blâmé, condamné : *Faiblesse coupable.*

coupage [kupaʒ] **n.m. 1.** Action de couper, de trancher. **2.** Action de mélanger des liquides, en partic. des vins et des alcools.

coupant, e [kupɑ̃, -ɑ̃t] **adj. 1.** Qui coupe, tranche bien : *Des ciseaux coupants.* **2.** Qui est brutal, dur ; qui n'admet pas de réplique : *Répondre d'un ton coupant* (syn. **cassant**).

coup-de-poing [kudpwɛ̃] **n.m.** (pl. *coups-de-poing*). **1.** Arme et outil de silex datant du paléolithique inférieur (syn. **biface**). **2. Coup-de-poing américain,** arme de main faite d'une masse de métal percée de trous pour y passer les doigts.

1. coupe [kup] **n.f.** (lat. *cuppa,* grand verre en bois, tonneau). **1.** Verre à boire, génér. plus large que profond ; son contenu : *Une coupe à champagne. Vous reprendrez bien une coupe ?* **2.** Récipient avec ou sans pied, large et peu profond, à usages divers : *Mettez les fruits dans une coupe.* **3.** Trophée attribué au vainqueur ou à l'équipe victorieuse d'une épreuve sportive ; la compétition elle-même.

2. coupe [kup] **n.f.** (de *couper*). **1.** Action ou manière de couper qqch, un matériau, un arbre, un vêtement, les cheveux, etc. **2.** Représentation, dessin de qqch, qu'on suppose coupé par un plan : *La coupe d'un immeuble.* **3.** Action de séparer en deux un paquet de cartes en plaçant au-dessus la partie inférieure du jeu. **4. Coupe géologique,** profil établi suivant un tracé linéaire, pour faire ressortir les traits principaux du relief et de la géologie d'une région. / **Coupe histologique,** tranche mince d'un tissu animal ou végétal préparée pour l'observation au microscope. / **Coupe sombre,** suppression d'une partie importante d'un ensemble : *Faire des coupes sombres dans un budget.* / **Être, tomber sous la coupe de qqn,** être, passer sous sa totale dépendance.

1. coupé [kupe] **n.m.** (de [*carrosse*] *coupé*). **1.** Voiture fermée, à quatre roues et à deux portes. **2.** Partie antérieure d'une diligence.

2. coupé, e [kupe] **adj.** HÉRALD. Se dit d'un écu divisé horizontalement en deux parties égales.

coupe-cigare [kupsigar] **n.m.** (pl. *coupe-cigares*). Instrument pour couper le bout des cigares.

coupe-circuit [kupsirkɥi] **n.m.** (pl. *coupe-circuits*). Appareil destiné à couper le circuit dans lequel il est inséré, lorsque l'intensité y devient trop élevée, notamm. en cas de court-circuit.

coupe-coupe [kupkup] **n.m. inv.** Sorte de sabre assez court, à large lame, utilisé pour se frayer un chemin dans la brousse.

coupée [kupe] **n.f.** (de *couper*). MAR. Ouverture pratiquée dans les parois d'un navire : *Échelle de coupée.*

coupe-faim [kupfɛ̃] **n.m. inv. 1.** Petite quantité d'aliment prise pour calmer momentanément la faim. **2.** Médicament anorexigène.

coupe-feu [kupfø] **n.m. inv.** Dispositif, élément de construction ou espace de terrain déboisé destiné à empêcher la propagation du feu (syn. **pare-feu**).

coupe-file [kupfil] **n.m.** (pl. *coupe-files*). Carte officielle donnant certaines priorités de circulation.

coupe-gorge [kupgɔrʒ] **n.m. inv. 1.** Endroit désert, peu éclairé, où l'on risque de se faire attaquer : *Cette impasse est un vrai coupe-gorge.* **2.** Tripot où l'on dépouille les joueurs débutants.

coupe-jarret [kupʒarɛ] **n.m.** (pl. *coupe-jarrets*). LITT., VX. Brigand ; assassin.

coupelle [kupɛl] **n.f. 1.** Petite coupe. **2.** Petit creuset utilisé dans les laboratoires.

coupe-ongles [kupɔ̃gl] **n.m. inv.** Pince ou ciseaux à lames courtes et incurvées pour couper les ongles.

coupe-papier [kuppapje] **n.m.** (pl. *coupe-papiers*). Couteau à bord peu tranchant, en bois, en métal, en os, etc., pour couper le papier, les feuillets d'un livre, etc.

couper [kupe] **v.t.** (de *coup* [propr. « diviser d'un coup »]). **1.** Diviser avec un instrument tranchant : *Couper du pain.* **2.** Raccourcir qqch avec un instrument tranchant ; en enlever une partie : *Couper des tiges. Couper des cheveux.* **3.** Enlever une partie d'un texte, d'un film, etc. : *Couper un article.* **4.** Amputer un membre, une partie du corps : *Couper la jambe à un blessé. On lui a coupé la tête* (= on l'a décapité). **5.** Faire une entaille, blesser : *L'éclat de verre lui a coupé le doigt* (syn. **entailler**). **6.** Tailler d'après un patron : *Couper un manteau.* **7.** Interrompre, rompre une continuité, un circuit : *Couper une communication téléphonique. Couper l'eau.* **8.** Faire cesser, interrompre une sensation, un phénomène : *Un médicament pour couper la faim, la fièvre, etc.* **9.** Passer au milieu de : *Une route qui en coupe une autre.* **10.** Isoler qqn : *Il l'a coupée de tous ses amis* (syn. **séparer**). **11.** Mélanger un liquide avec un autre : *Couper du vin.* **12.** (Absol.). Faire deux paquets avec un jeu de cartes : *C'est à toi de couper !* **13. À couper au couteau,** très épais : *Un brouillard à couper au couteau.* / **Couper la parole à qqn,** l'interrompre. / **Couper les vivres à qqn,** arrêter de l'entretenir, ne plus lui donner d'argent. / **Donner sa main, sa tête à couper,** affirmer qqch avec conviction. ◆ **v.t. ind.** [**à**]. FAM. Échapper à qqch : *Tu as coupé au discours inaugural* (syn. **éviter**). ◆ **v.i. 1.** Être tranchant : *Ce couteau coupe bien.* **2.** Aller directement : *Nous avons coupé à travers champs.* ◆ **se couper v.pr. 1.** Se faire une coupure avec un instrument tranchant : *Se couper à la jambe. Elle s'est coupée en épluchant les légumes.* **2.** Se croiser : *Deux droites qui se coupent.* **3.** FAM. Se contredire ; se trahir : *Il s'est coupé dans ses réponses.* **4.** S'isoler : *Il s'est complètement coupé du monde* (syn. **se retrancher**). **5. Se couper qqch** (une partie du corps), se l'entailler : *Elle s'est coupé un doigt.*

couperet [kuprɛ] **n.m. 1.** Couteau large et court, pour la cuisine ou la boucherie. **2.** Couteau de la guillotine.

Couperin, nom d'une dynastie de musiciens français. • **Louis,** violiste, claveciniste, organiste (Chaumes-en-Brie v. 1626 - Paris 1661), a laissé des fantaisies pour viole, des pièces de clavecin d'une sévère grandeur et soixante-dix pièces pour orgue. • Son neveu **François,** dit **le Grand** (Paris 1668 - *id.* 1733), organiste de Saint-Gervais à partir de 1685, puis de la chapelle royale (1693), professeur de clavecin des enfants du roi, ordinaire de la musique de la chambre pour le clavecin (1717), a laissé, outre une œuvre de musique religieuse *(Leçons de ténèbres),* deux messes pour orgue, quatorze *Concerts royaux,* quatre livres de pièces de clavecin, un *Art de toucher le clavecin* (1716, enrichi de six préludes), de nombreuses sonates à trois. Grand maître français du clavecin, il s'est efforcé de réunir dans son œuvre les esthétiques française et italienne.

couperose [kuproz] **n.f.** (du lat. [*cupri*] *rosa,* rose [de cuivre]). MÉD. Coloration rouge du visage, due à une dilatation des vaisseaux capillaires.

couperosé, e [kuproze] **adj.** Atteint de couperose.

coupe-vent [kupvɑ̃] **n.m. inv.** Vêtement de sport dont la texture s'oppose au passage de l'air.

couplage [kuplaʒ] **n.m. 1.** Action de coupler deux choses. **2.** Groupement de machines ou d'appareils électriques en vue de leur fonctionnement simultané. **3.** Assemblage de pièces mécaniques (syn. **accouplement**).

1. couple [kupl] **n.f.** (lat. *copula,* lien, union). *LITT.* Deux choses ou deux animaux de même espèce, considérés ensemble : *Une couple de bœufs* (syn. **paire**).

2. couple [kupl] **n.m.** (de *1. couple*). **1.** Personnes unies par le mariage, liées par un pacs ou vivant en concubinage. **2.** Deux personnes réunies provisoirement : *Un couple de promeneurs, de danseurs.* **3.** Rapprochement de deux personnes liées par l'amitié, une certaine affinité, des intérêts communs, etc. : *Un couple d'amis.* **4.** Mâle et femelle d'animaux ; réunion de deux animaux pour un même travail : *Un couple de pigeons. Charrue tirée par un couple de chevaux.* **5.** MÉCAN., TECHN. Système de deux forces égales, parallèles et de sens contraires ; valeur de leur moment : *Le couple moteur produit la rotation du vilebrequin d'un moteur.* **6.** Pièce de construction de la coque d'un navire ou du fuselage d'un avion, placée perpendiculairement à l'axe du navire ou de l'avion : *Maître couple d'un navire* (= situé à l'endroit le plus large de la coque). **7.** MATH. Ensemble ordonné de deux éléments. **8. Couple thermoélectrique,** circuit formé par deux métaux différents entre les soudures desquels on a établi une différence de température qui se traduit par l'apparition d'une force électromotrice. (On dit aussi *un thermocouple.*)

couplé [kuple] **n.m.** (de *coupler*). TURF. Mode de pari mutuel pour désigner, dans l'ordre d'arrivée ou non, les deux premiers chevaux d'une course *(couplé gagnant)* ou deux chevaux parmi les trois premiers *(couplé placé).*

coupler [kuple] **v.t.** (lat. *copulare,* de *copula* ; v. *1. couple*). **1.** Relier qqch avec qqch d'autre : *Coupler des pièces, des machines* (syn. **assembler**). **2.** Attacher deux à deux.

couplet [kuplɛ] **n.m.** (dimin. de l'anc. fr. *couple,* propr. « groupe de deux vers rimés » puis « couplet »). **1.** Chaque strophe faisant partie d'une chanson et terminée par un refrain. **2.** *FAM.* Propos que l'on répète à tout instant : *C'est toujours le même couplet* (syn. **rengaine**).

coupole [kupɔl] **n.f.** (it. *cupola,* bas lat. *cupula,* petite cuve). **1.** ARCHIT. Voûte en forme de vase retourné, de profil semi-circulaire, parabolique, etc., de plan circulaire, elliptique ou polygonal, parfois exhaussée par un tambour : *La coupole des Invalides, à Paris.* **2.** (Avec une majuscule). Institut de France à Paris, qui regroupe plusieurs académies, dont l'Académie française : *Être reçu sous la Coupole* (= devenir académicien). **3.** MIL. Partie supérieure et bombée d'un blindage.

Coupole du Rocher (la), mosquée de Jérusalem érigée en 691 sur l'emplacement du Temple de Salomon. Encore imprégnée de la tradition byzantine, celle-ci est le plus ancien monument de l'islam.

coupon [kupɔ̃] **n.m.** (de *couper*). **1.** Métrage d'étoffe provenant d'une pièce de tissu et génér. soldé : *Un coupon de satin.* **2.** Billet attestant l'acquittement d'un droit. **3.** Titre d'intérêts joint à une valeur mobilière, détaché à chaque échéance et donnant droit à un paiement.

coupon-réponse [kupɔ̃repɔ̃s] **n.m.** (pl. *coupons-réponse*). **1.** Partie détachable d'une annonce publicitaire permettant d'obtenir des informations sur le produit faisant l'objet de la publicité. **2.** Coupon permettant à un correspondant d'obtenir, dans un pays étranger, un timbre pour affranchir sa réponse.

coupure [kupyr] **n.f. 1.** Incision, blessure, produite par un instrument tranchant : *Une petite coupure au doigt* (syn. **entaille**). **2.** Séparation marquée, rupture de continuité : *Une coupure entre deux courants de l'opposition.* **3.** Interruption de l'alimentation en électricité, en gaz, etc. : *Coupure d'eau.* **4.** Suppression faite dans un ouvrage, une pièce de théâtre, un film, etc. **5.** Billet de banque : *Payer en petites coupures.* **6. Coupure de journal, de presse,** article découpé dans un journal.

cour [kur] **n.f.** (bas lat. *curtis,* cour de ferme, class. *cohors, -ortis,* avec infl. du lat. médiév. *curia,* cour). **1.** Espace découvert, entouré de murs ou de bâtiments, faisant partie d'une habitation, d'un édifice administratif, scolaire, etc., qui souvent s'ordonne autour d'elle : *La cour d'une ferme. Une cour de récréation.* **2.** Résidence du souverain et de son entourage : *Se rendre à la cour.* **3.** Entourage du souverain : *Molière divertit la cour de Louis XIV.* **4.** Ensemble de personnes qui s'empressent autour d'une femme ou qui cherchent à plaire à qqn d'important pour en obtenir une faveur : *Une cour d'admirateurs.* **5.** Tribunal d'ordre supérieur : *Cour d'appel, d'assises. Cour des comptes.* **6. Cour des Miracles,** au Moyen Âge et sous l'Ancien Régime, lieu jouissant du droit d'asile où se rassemblaient les mendiants et les malfaiteurs des grandes villes ; auj., lieu mal fréquenté, peu rassurant. / **Être bien, mal en cour,** jouir ou non de la faveur d'un supérieur. / **Faire la cour, sa cour à qqn,** chercher à en obtenir les faveurs par son empressement, ses assiduités : *Faire la cour à une femme.* / *FAM.* **La cour du roi Pétaud,** endroit où chacun commande et où règne le désordre.

courage [kuraʒ] **n.m.** (de *cœur*). **1.** Force de caractère, fermeté que l'on a devant le danger, la souffrance ou dans toute situation difficile à affronter : *Cette femme a beaucoup de courage.* **2.** Ardeur, zèle pour entreprendre qqch ; envie de faire qqch : *Travailler avec courage. Il n'a plus le courage de peindre.* **3. Prendre son courage à deux mains,** vaincre sa timidité, se décider à agir.

courageusement [kuraʒøzmɑ̃] **adv.** Avec courage.

courageux, euse [kuraʒø, -øz] **adj.** Qui a, qui montre du courage : *C'est un soldat courageux* (syn. **valeureux, brave**).

couramment [kuramɑ̃] **adv. 1.** Facilement, sans hésitation : *Lire, écrire couramment le français.* **2.** D'une façon habituelle : *C'est une question qu'on pose couramment.*

1. courant, e [kurɑ̃, -ɑ̃t] **adj.** (de *courir*). **1.** Qui est habituel ; ordinaire : *Les dépenses courantes. C'est un mot courant.* **2.** Qui n'est pas terminé au moment où l'on parle : *Le mois courant.* **3. C'est monnaie courante,** cela se produit très souvent. / **Chien courant,** chien de chasse qui force le gibier à la course (par opp. à *chien d'arrêt*). / **Eau courante,** eau qui s'écoule ; eau qui est distribuée par les canalisations d'une habitation : *Chambre avec eau courante.*

2. courant [kurɑ̃] **n.m.** (de *courir*). **1.** Mouvement d'un liquide, d'un fluide dans tel ou tel sens ; masse d'eau en mouvement : *La barque a été entraînée par le courant.* **2.** Déplacement de charges électriques dans un conducteur : *Une panne de courant.* **3.** Mouvement orienté d'un ensemble de personnes ou de choses : *Un courant d'immigration.* **4.** Cours, mouvement des idées, des sentiments : *Un vaste courant de sympathie.* **5.** Subdivision d'un parti politique basée sur des nuances idéologiques, mais qui n'en entame pas l'unité : *Le courant conservateur du parti* (syn. **tendance**). **6. Courant d'air,** air qui se déplace d'un lieu à un autre. / **Courant janvier, février, etc.,** au cours de tel ou tel mois : *Je vous verrai courant sep-*

tembre. / **Dans le courant de la semaine, du mois, de l'année,** à un moment d'une de ces périodes. / **Être au courant,** être informé. / **Le courant passe,** il y a sympathie, compréhension entre des personnes. / **Remonter le courant,** faire face à des difficultés avec succès, redresser une situation un moment compromise. / ÉLECTR. **Courant alternatif,** courant périodique dont la valeur moyenne dans le temps est nulle. / ÉLECTR. **Courant continu,** courant constant dans le temps.

courbatu, e [kurbaty] **adj.** (de *court* et *battu*). *SOUT.* Courbaturé.

courbature [kurbatyr] **n.f.** (de *courbatu*). Douleur musculaire, contracture, due à la fatigue ou à une maladie.

courbaturé, e [kurbatyre] **adj.** Qui souffre de courbatures (syn. **courbatu**).

courbaturer [kurbatyre] **v.t.** Causer une courbature.

1. courbe [kurb] **adj.** (fém. de l'anc. fr. *corp,* lat. pop. **curbus,* class. *curvus*). **1.** Qui s'infléchit en forme d'arc : *Ligne courbe* (contr. **droite**). **2. Tir courbe,** tir exécuté avec un angle au niveau supérieur à 45° (= tir vertical).

2. courbe [kurb] **n.f. 1.** Ligne, forme courbe : *La courbe de ses sourcils* (syn. **arrondi, courbure**). **2.** Graphique représentant les variations d'un phénomène : *Une courbe de température.* **3.** MATH. Ensemble des points du plan ou de l'espace dont les coordonnées sont des fonctions continues de la variable réelle. **4.** GÉOGR. **Courbe de niveau** ⟶ **niveau.**

courbé, e [kurbe] **adj.** Qui est devenu courbe : *Courbé sous l'effort.*

courber [kurbe] **v.t.** (lat. pop. **curbare,* class. *curvare*). **1.** Rendre courbe : *Courber un bâton. L'âge courbe la taille.* **2.** Pencher : *Courber la tête.* ◆ **v.i.** Ployer : *Arbre qui courbe sous le poids des fruits.* ◆ **se courber v.pr. 1.** Incliner le corps en avant : *Se courber pour saluer qqn.* **2.** Être, devenir courbe : *Les tulipes se courbent sous l'averse.*

Courbet (Gustave), peintre français (Ornans 1819 - La Tour-de-Peilz, Suisse, 1877). Doué d'un sens plastique sûr et impétueux, ami de Proudhon, il devint le chef de l'école réaliste. Parmi ses toiles les plus marquantes : *Un enterrement à Ornans* (1849, musée d'Orsay) ; *la Rencontre* ou *Bonjour Monsieur Courbet* (1854, Montpellier) ; *l'Atelier du peintre* (1855, Orsay) ; *les Demoiselles des bords de la Seine* (1856, Petit Palais, Paris) ; *le Rut du printemps, combat de cerfs* (1861, Orsay) ; *le Sommeil* (1866, Petit Palais) ; *la Falaise d'Étretat après l'orage* (1869, Orsay).

courbette [kurbɛt] **n.f.** (it. *corbetta,* d'apr. *1. courbe*). **1.** *FAM.* Révérence obséquieuse. **2.** ÉQUIT. Mouvement du cheval qui se cabre un peu en pliant ses membres antérieurs. **3.** *FAM.* **Faire des courbettes à qqn,** lui prodiguer des marques exagérées de politesse.

Courbevoie, ch.-l. de c. des Hauts-de-Seine, sur la Seine, au nord-ouest de Paris ; 87 575 hab. *(Courbevoisiens).* Centre industriel.

courbure [kurbyr] **n.f.** Forme courbe d'un objet ; partie courbe de qqch : *La courbure d'une voûte.*

Cour de cassation, juridiction suprême de l'ordre judiciaire, chargée de statuer sur les pourvois en cassation formés contre les décisions en dernier ressort qui lui sont déférées. Elle juge les questions de droit et non les faits, qui sont appréciés souverainement par les juges du fond. Elle a pour seule mission de censurer les violations de la loi que les sentences peuvent contenir. En cas de cassation, l'affaire est renvoyée devant une juridiction de même nature que celle dont émane la décision cassée.

courette [kurɛt] **n.f.** Petite cour intérieure.

coureur, euse [kurœr, -øz] **n. 1.** Personne qui participe à une course : *Coureur de fond. Coureur cycliste.* **2.** Personne ou animal qui court rapidement : *Un bon coureur.* **3.** Personne qui recherche les aventures amoureuses : *Un coureur de jupons.*

courge [kurʒ] **n.f.** (lat. pop. **cucurbica,* class. *cucurbita*). Plante cultivée aux tiges traînantes et aux fruits génér. volumineux. ▶ Famille des cucurbitacées ; nombreuses variétés dont le potiron, la courgette, la citrouille, etc.

courgette [kurʒɛt] **n.f.** (dimin. de *courge*). Courge d'une variété à fruit allongé ; ce fruit.

Courier (Paul-Louis), écrivain français (Paris 1772 - Véretz, Indre-et-Loire, 1825), auteur de pamphlets contre la Restauration et de *Lettres écrites de France et d'Italie.*

courir [kurir] **v.i.** (de *courre,* par changement de conj.) [conj. **45**]. **1.** Se déplacer d'un lieu à un autre en faisant mouvoir rapidement et alternativement ses jambes, ou ses pattes pour un animal : *Cours vite, l'autobus arrive ! Ce chien a besoin de courir.* **2.** Participer à une épreuve de course à pied ou à une épreuve de vitesse quelconque : *Ce cheval ne court pas aujourd'hui.* **3.** Se précipiter, aller partout pour trouver qqch : *J'ai couru partout pour trouver ce livre.* **4.** *FAM.* Accomplir une série d'actions de manière précipitée : *Depuis qu'elle travaille à temps complet, elle court toute la journée.* **5.** Se propager rapidement, circuler : *C'est un bruit qui court, mais rien n'est encore sûr.* **6.** S'écouler, suivre son cours : *Le temps court trop vite.* **7.** Parcourir rapidement : *Un frisson lui courut dans le dos.* **8.** En parlant d'un contrat, être en vigueur : *Le bail court à partir du 1er janvier.* **9. Courir après qqn, qqch,** chercher à rattraper qqn ; aspirer à qqch : *Courir après un voleur. Courir après la gloire.* / **Laisser courir,** laisser faire. / *FAM.* **Tu peux courir,** tes efforts ne servent à rien, tu n'obtiendras rien. ◆ **v.t. 1.** Disputer une course : *Courir un 100 mètres.* **2.** Parcourir : *Courir le monde.* **3.** Fréquenter assidûment : *Elle court les cocktails, les salons.* **4.** Rechercher les personnes du sexe opposé : *Courir les filles.* **5.** CHASSE. Poursuivre : *Courir le lièvre.* **6. Courir sa chance,** tenter qqch en comptant sur la chance. / **Courir un risque,** prendre un risque.

Courlande, anc. région de la Lettonie, à l'ouest du golfe de Riga.

courlis [kurli] **n.m.** (orig. onomat.). Oiseau échassier migrateur à long bec arqué vers le bas, habitant près des eaux douces ou sur les côtes (on dit aussi *un courlieu*). ▶ Famille des scolopacidés.

Cournot (Antoine Augustin), économiste, mathématicien et philosophe français (Gray 1801 - Paris 1877). Ses travaux sont à la base de la théorie mathématique de l'économie et en font un précurseur de l'épistémologie. Son livre *Recherches sur les principes mathématiques de la théorie des richesses* (1838) est parfois présenté comme un essai de transcription en formules algébriques des théories de Ricardo sur l'échange. Ses théories sur la demande fonction du prix, du prix de monopole et du prix d'oligopole sont aujourd'hui classiques. Ses principales recherches mathématiques sont relatives au calcul des probabilités. Sa philosophie est un probabilisme fondé sur l'étude de l'idée de hasard.

couronne [kurɔn] **n.f.** (lat. *corona,* gr. *korônê*). **1.** Cercle de métal précieux, richement orné, qu'on porte sur la tête en signe d'autorité, de dignité, de puissance : *Couronne royale.* **2.** Dynastie souveraine ; État dirigé par un roi ou un empereur : *La couronne d'Angleterre.* **3.** Cercle de fleurs ou de feuillage : *Couronne de fleurs d'oranger. Une couronne mortuaire.* **4.** Tout objet circulaire en forme de couronne : *Acheter une couronne chez le boulanger* (= un pain en forme de couronne). **5.** Capsule en métal ou en céramique qui sert à recouvrir et à protéger la partie visible d'une dent en cas de lésion. **6.** Unité monétaire principale de certains pays. **7. Couronne solaire,** région externe de l'atmosphère du Soleil, très peu dense. **8.** MATH. **Couronne circulaire,** surface comprise entre deux cercles coplanaires et concentriques.

couronné, e [kurɔne] **adj. 1.** Qui a reçu un prix, un titre : *Il vient d'être couronné champion du monde.* **2.** Qui a reçu une couronne royale ou impériale : *Le prince héritier vient d'être couronné roi* (syn. **sacré**). **3.** Pourvue d'une couronne, en parlant d'une dent. **4.** *FAM.* **Genou couronné,** genou marqué d'une écorchure. / **Tête couronnée,** souverain, souveraine.

couronnement [kurɔnmɑ̃] **n.m. 1.** Action de couronner ; fait d'être couronné. **2.** Cérémonie accompagnant le sacre d'un monarque ou l'investiture solennelle d'un pape. **3.** Achèvement complet d'une grande entreprise : *Elle voit enfin le couronnement de ses efforts.* **4.** Élément décoratif garnissant la partie supérieure d'un édifice, d'un meuble.

couronner [kurɔne] **v.t.** (lat. *coronare*). **1.** Mettre une couronne sur la tête de qqn : *Couronner qqn de lauriers.* **2.** Poser solennellement une couronne sur la tête de qqn, pour le sacrer roi ou reine. **3.** Récompenser qqn, son œuvre par un prix, une distinction : *Ouvrage que l'Académie a couronné d'un prix.* **4.** Poser une couronne sur une dent. **5.** Constituer l'achèvement parfait, la digne conclusion de qqch : *Cette nomination couronne sa carrière.* **6.** LITT. Entourer la tête de qqn comme d'une couronne : *Des cheveux blancs couronnent son front.* **7.** LITT. Se trouver au-dessus de qqch, d'un lieu ; être disposé en surplomb : *Les remparts couronnaient la ville* (syn. **dominer**). **8. Et pour couronner le tout,** indique qqch de déplaisant venant encore s'ajouter à une série de faits déjà désagréables : *Il est bête, laid et, pour couronner le tout, il est menteur.* ◆ **se couronner v.pr. 1.** Se blesser au genou, en parlant du cheval. **2.** FAM. Se faire une écorchure ou une contusion au genou, en parlant de qqn.

couros n.m. → **kouros.**

Cour pénale internationale (C.P.I.), juridiction internationale. Ensemble des tribunaux internationaux permanents, créés en 1998 et mis en place en 2002, chargés notamment de poursuivre les responsables présumés de crimes contre l'humanité* ou de crimes de guerre*. Son siège est à La Haye, aux Pays-Bas. Elle ne juge pas les personnes de moins de dix-huit ans.

courre [kur] **v.t.** (lat. *currere*, courir). **Chasse à courre,** chasse où l'on poursuit à cheval le gibier avec des chiens courants.

courriel [kurjɛl] **n.m.** (abrév. de *courrier électronique*). **1.** Message échangé entre deux ordinateurs reliés par un réseau télématique (syn. **courrier électronique**). **2.** Messagerie électronique.

courrier [kurje] **n.m.** (it. *corriere*, de *correre*, courir). **1.** Ensemble des lettres, imprimés, paquets, etc., reçus ou envoyés par la poste : *Distribuer le courrier. Écrire, expédier son courrier* (syn. **correspondance**). **2.** Rubrique de journal consacrée à la publication de lettres de lecteurs ou de nouvelles spéciales : *Courrier des lecteurs, du cœur.* **3.** INFORM. **Courrier électronique,** courriel.

courriériste [kurjerist] **n. 1.** Journaliste qui tient une rubrique, un courrier littéraire, théâtral, etc. **2.** Journaliste qui tient la rubrique du courrier des lecteurs.

courroie [kurwa] **n.f.** (lat. *corrigia*). **1.** Bande d'un matériau souple servant à lier, attacher ou serrer qqch : *Courroie de harnais* (syn. **sangle**). **2.** Bande souple refermée sur elle-même et servant à transmettre un mouvement de rotation d'un arbre à un autre par l'intermédiaire de poulies, dans de nombreuses machines : *Il faut changer la courroie car elle est distendue.* **3. Courroie de transmission,** personne, organisme transmettant les directives d'un autre organisme.

courroucer [kuruse] **v.t.** (lat. pop. **corruptiare*, class. *corrumpere* ; v. *corrompre*) [conj. **16**]. LITT. Mettre en colère.

courroux [kuru] **n.m.** (de *courroucer*). LITT. Vive colère.

cours [kur] **n.m.** (lat. *cursus*, de *currere*, courir). **1.** Mouvement continu d'une masse liquide : *Le cours du Rhône est rapide.* **2.** Parcours d'une masse liquide : *Dévier le cours d'une rivière.* **3.** Mouvement réel ou apparent des astres : *Le cours de la Lune, du Soleil.* **4.** Évolution de qqch ; mouvement continu dans le temps : *Le cours des événements. Le cours de la vie* (syn. **déroulement**). **5.** Taux, prix auxquels se négocient les valeurs, les marchandises : *Le cours du cacao a chuté. Les cours de la Bourse.* **6.** Dénomination de certaines avenues longues et larges servant de promenade. **7.** Ensemble de leçons, de conférences données par un professeur et formant un enseignement : *Un cours de flûte.* **8.** Enseignement donné suivant un horaire déterminé à l'intérieur de l'institution scolaire ou universitaire ; contenu de cet enseignement : *Elle s'est amusée pendant tout le cours de français* (syn. **heure**). *Le cours d'histoire de ce matin* (syn. **leçon**). **9.** Enseignement donné dans un domaine d'activité quelconque : *Le cours de ski.* **10.** Ouvrage traitant d'une discipline déterminée : *Il a publié un cours de droit* (syn. **manuel**). **11.** Division correspondant à un degré déterminé d'enseignement : *Cours préparatoire, élémentaire, moyen.* **12.** Appellation de certains établissements privés d'enseignement. **13. Au cours de,** pendant toute la durée de : *Je l'ai vu plusieurs fois au cours de l'année* (syn. **durant**). / **Avoir cours,** avoir une valeur légale, en parlant d'une monnaie ; être reconnu, admis, en parlant de qqch : *Ces pièces n'ont plus cours. Ces pratiques n'ont plus cours de nos jours.* / **Cours d'eau,** ruisseau, fleuve ou rivière. / **Donner libre cours à,** laisser s'exprimer sans aucune retenue : *Donner libre cours à sa fantaisie.* / **En cours de route,** pendant le trajet, le voyage. / **Être en cours,** se dérouler, être en train de se réaliser. / **Voyage au long cours,** longue traversée en haute mer.

course [kurs] **n.f.** (forme fém. de *cours*, d'apr. l'it. *corsa*). **1.** Action de courir : *Sa course l'a épuisé.* **2.** Compétition de vitesse, en sport : *Une course de chevaux. Une course de fond.* **3.** Toute démarche : *J'ai une course urgente à faire. Avoir une course à faire à la poste.* **4.** Trajet qu'un taxi effectue pour un client : *Le chauffeur avait fait quatre courses dans la soirée.* **5.** Parcours en montagne effectué par un ou plusieurs alpinistes : *Seul un alpiniste expérimenté peut faire cette course* (syn. **ascension**). **6.** Mouvement rectiligne d'un organe mécanique ; étendue de ce mouvement : *La course du piston dans le cylindre* (syn. **parcours**). **7.** Déplacement d'un corps dans l'espace : *La course des nuages, du Soleil.* **8.** Opération d'un navire corsaire. **9. À bout de course,** épuisé. / **Course de taureaux,** corrida. / **En fin de course,** sur son déclin. / **N'être pas, n'être plus dans la course,** être complètement dépassé par les événements. ◆ **courses n.f. pl. 1.** Achats quotidiens : *As-tu fait les courses pour le dîner de ce soir ?* (syn. **commissions**). *Rapporter les courses du marché* (syn. **provisions**). **2.** Compétitions où les chevaux courent et où, en général, on peut jouer de l'argent : *Champs de courses. Jouer aux courses.*

course-croisière [kurskrwazjɛr] **n.f.** (pl. *courses-croisières*). Compétition de yachting qui consiste en une course à la voile sur un long parcours en haute mer.

courser [kurse] **v.t.** FAM. Poursuivre à la course.

1. coursier [kursje] **n.m.** (de *cours*). LITT. Cheval de bataille ou de tournoi.

2. coursier, ère [kursje, -ɛr] **n.** (de *course*). Personne chargée de porter des paquets, des lettres, etc., pour le compte d'une entreprise, d'un commerçant. ◆ **coursier n.m. Coursier international,** entreprise privée assurant le transport vers l'étranger de documents et de petits colis dont l'acheminement revêt un caractère d'urgence.

coursive [kursiv] **n.f.** (de *coursie*, passage, it. *corsia*, lat. médiév. *cursivus* [v. *cursif*], avec infl. de l'it. *corsiva*, lieu où l'on peut courir). **1.** MAR. Passage, couloir aménagé à l'intérieur d'un navire, dans le sens de la longueur. **2.** Galerie de circulation desservant plusieurs logements.

1. court, e [kur, kurt] **adj.** (lat. *curtus*). **1.** Qui est peu étendu en longueur ou en hauteur : *Des cheveux très courts. Ton manteau est un peu court.* **2.** Qui dure peu de temps : *Les jours sont de plus en plus courts.* **3.** FAM. Insuffisant, peu satisfaisant : *C'est un peu court, comme rédaction* (syn. **succinct**). **4. À courte vue,** fait sans souci de l'avenir, en parlant d'un projet, d'une action : *Une politique à courte vue.* / **Avoir la mémoire courte,** oublier vite des obligations, des contraintes. ◆ **court adv. 1.** D'une manière courte : *Elle s'habille beaucoup trop court.* **2. Aller au plus court,** procéder de la manière la plus rapide et la plus simple. / **Couper court à qqch,** le faire cesser très vite : *Couper court à des rumeurs.* / **Rester court,** être incapable de répliquer ou de continuer à parler. / **Être à court de,** être démuni de, privé de : *L'épicerie est à court de farine. Il s'est trouvé à court d'arguments.* / **Prendre qqn de court,** le prendre complètement au dépourvu. / **Tourner court,** s'arrêter brusquement : *La discussion a tourné court.*

2. court [kur] **n.m.** (mot angl., de l'anc. fr. *court,* cour). Terrain de tennis.

courtage [kurtaʒ] **n.m.** (de *courtier*). **1.** Profession du courtier. **2.** Rémunération due à un courtier, à une société de Bourse.

courtaud, e [kurto, -od] **adj.** et **n.** (de *court*). De taille courte et ramassée.

court-bouillon [kurbujɔ̃] **n.m.** (pl. *courts-bouillons*). Liquide aromatisé dans lequel on fait cuire le poisson ou la viande.

court-circuit [kursirkɥi] **n.m.** (pl. *courts-circuits*). ÉLECTR. Mise en relation directe de deux points dont les potentiels sont différents ; accident qui en résulte.

court-circuiter [kursirkɥite] **v.t. 1.** Mettre en court-circuit. **2.** Ne pas suivre la voie hiérarchique pour atteindre un but ; ne pas tenir compte des intermédiaires.

Courteline (Georges Moinaux, dit **Georges),** écrivain français (Tours 1858 - Paris 1929). Il est l'auteur de récits (*le Train de 8 h 47,* 1888 ; *Messieurs les ronds-de-cuir,* 1893) et de comédies (*Boubouroche,* 1893 ; *la Paix chez soi,* 1903) qui présentent avec ironie l'absurdité de la vie bourgeoise et administrative.

courtepointe [kurtəpwɛ̃t] **n.f.** (altér., d'apr. *court, courte,* de *coutepointe,* lat. *culcita puncta,* coussin piqué). Couverture de lit piquée et doublée de ouate.

courtier, ère [kurtje, -ɛr] **n.** (de l'anc. v. *courre,* courir). Personne qui sert d'intermédiaire dans des opérations commerciales, etc.

courtilière [kurtiljɛr] **n.f.** (de *courtil,* jardin, lat. pop. **cohortile,* du class. *cohors, -ortis* ; v. *cour*). Insecte orthoptère fouisseur, appelé aussi *taupe-grillon,* qui vit dans des terriers et qui est nuisible dans les potagers.

courtine [kurtin] **n.f.** (lat. *cortina,* tenture). **1.** Mur d'un rempart joignant les flancs de deux bastions voisins. **2.** VX. Rideau, notamm. de lit.

courtisan [kurtizɑ̃] **n.m.** (it. *cortigiano,* de *corte,* cour). **1.** VX. Homme qui faisait partie de la cour d'un souverain. **2.** LITT. Celui qui flatte par intérêt un personnage important.

courtisane [kurtizan] **n.f.** (it. *cortigiana* ; v. *courtisan*). LITT. Prostituée d'un rang social élevé.

courtiser [kurtize] **v.t.** (de *courtisan*). **1.** Faire la cour à : *Courtiser une femme.* **2.** LITT. Flatter une personne importante par intérêt.

court-jus [kurʒy] **n.m.** (pl. *courts-jus*). FAM. Court-circuit.

court-métrage ou **court métrage** [kurmetraʒ] **n.m.** (pl. *courts-métrages, courts métrages*). Film dont la durée (de 5 à 30 min) est inférieure à celle d'un moyen métrage.

courtois, e [kurtwa, -az] **adj.** (de l'anc. fr. *court,* cour [princière]). **1.** Qui montre de la courtoisie : *Un geste courtois* (syn. **délicat** ; contr. **grossier**). *Une personne très courtoise* (syn. **affable, poli**). **2.** HIST. Marqué par l'esprit raffiné et chevaleresque du Moyen Âge (XIe-XIIe s.) : *Amour courtois.* **3. Littérature courtoise,** célébration du sentiment amoureux dans son aspect avant tout spirituel.

courtoisement [kurtwazmɑ̃] **adv.** Avec courtoisie.

courtoisie [kurtwazi] **n.f.** (de *courtois*). Politesse raffinée.

Courtrai, en néerl. **Kortrijk,** v. de Belgique, ch.-l. d'arr. de la Flandre-Occidentale, sur la Lys ; 75 120 hab. Textile. Monuments des XIIIe-XVIIe s. Défaite de l'armée de Philippe IV le Bel devant les milices flamandes (11 juill. 1302).

court-vêtu, e [kurvety] **adj.** (pl. *court-vêtus, es*). Qui porte un vêtement court.

couru, e [kury] **adj.** (p. passé de *courir*). **1.** FAM. Recherché : *Spectacle très couru.* **2.** FAM. **C'est couru,** c'est prévisible.

couscous [kuskus] **n.m.** (ar. *kouskous,* du berbère). Spécialité culinaire d'Afrique du Nord, préparée avec de la semoule de blé dur, servie avec de la viande, des légumes et des sauces très relevées ; la semoule elle-même.

cousette [kuzɛt] **n.f.** (de *coudre*). **1.** FAM., VIEILLI. Jeune couturière. **2.** Petit nécessaire à couture.

1. cousin, e [kuzɛ̃, -in] **n.** (lat. *consobrinus,* par abrév.). Personne née ou descendant de l'oncle ou de la tante d'une autre ; conjoint de cette personne.

2. cousin [kuzɛ̃] **n.m.** (lat. pop. *culicinus,* du class. *culex, -icis*). Moustique aux longues pattes fines, très commun en France, qui ne pique pas (on dit aussi *une tipule*). ▸ Famille des culicidés.

Cousin (Jean), dit **le Père,** peintre français (Sens v. 1490 - Paris ? v. 1560). Pratiquant un art élégant et monumental, il a donné des cartons de vitraux et de tapisseries (cathédrale de Langres : deux pièces de la *Vie de saint Mammès*), des dessins, gravures, peintures (*Eva Prima Pandora,* Louvre) ainsi que des traités théoriques (*Livre de perspective,* 1560). • **Jean,** dit **le Fils** (Sens v. 1522 - Paris v. 1594), peintre français. Surtout connu pour ses dessins, il prolonge l'œuvre de son père avec plus de maniérisme.

cousinage [kuzinaʒ] **n.m. 1.** FAM. Parenté qui existe entre cousins. **2.** Ensemble des parents.

coussin [kusɛ̃] **n.m.** (lat. pop. **coxinus,* du class. *coxa,* cuisse). **1.** Enveloppe de tissu, de cuir, etc., rembourrée, qui sert d'appui, de siège : *Caler son dos avec des coussins.* **2. Coussin d'air,** système de suspension d'un véhicule, d'un navire, d'un appareil de manutention, par insufflation d'air à faible pression sous le châssis. / **Coussin gonflable,** recomm. off. pour *airbag.*

coussinet [kusinɛ] **n.m. 1.** Petit coussin. **2.** Pièce de fonte ou d'acier fixée sur une traverse de voie ferrée et qui supporte le rail. **3.** ZOOL. **Coussinet plantaire,** bourrelet charnu situé sous les pattes de certains mammifères (carnivores, insectivores, rongeurs, primates) et dont le nombre, la forme et la disposition sont caractéristiques de l'espèce.

Cousteau (Jacques-Yves), officier de marine (commandant) et océanographe français (Saint-André-de-Cubzac 1910 - Paris 1997). Inventeur, avec E. Magnan, du scaphandre autonome, il a conduit plusieurs campagnes océanographiques à bord de la *Calypso* et a réalisé de nombreux films (dont *le Monde du silence,* 1955). Il milita pour la protection de l'environnement.

Coustou, nom de trois sculpteurs français. • **Nicolas** (Lyon 1658 - Paris 1733), neveu et élève de Coyzevox, auteur notamment d'une *Pietà* à Notre-Dame de Paris. • **Guillaume Ier** (Lyon 1677 - Paris 1746), son frère, à qui l'on doit les fougueux *Chevaux de Marly* (moulages place de la Concorde à Paris, originaux au Louvre). • **Guillaume II** (Paris 1716 - *id.* 1777), fils du précédent, auteur du mausolée du Dauphin, à Sens.

cousu, e [kuzy] **adj. 1.** Assemblé avec des points de couture. **2. Cousu de fil blanc,** facile à démasquer, qui ne trompe personne, en parlant d'une ruse, d'un artifice : *Histoire cousue de fil blanc.* / **Cousu d'or,** extrêmement riche. / FAM. **Cousu main,** fait avec beaucoup de soin.

coût [ku] **n.m.** (de *coûter*). **1.** Montant de qqch : *Coût d'une location* (syn. **prix**). **2. Coût de distribution,** écart entre le prix de vente d'un produit au consommateur et le prix de production. / **Coût de la vie,** valeur estimée des biens et des services, fondée sur la comparaison des revenus, pendant une période donnée. / **Coût de production,** prix de revient industriel d'une marchandise.

coûtant [kutɑ̃] **adj.m. À, au prix coûtant,** au prix que cela a coûté : *Vendre à prix coûtant.*

couteau [kuto] **n.m.** (lat. *cultellus,* dimin. de *culter*). **1.** Instrument tranchant composé d'un manche et d'une ou de plusieurs lames ; instrument qui tranche : *Couteau à pain. Couteau de poche.* **2.** Mollusque bivalve à coquille allongée qui vit enfoui dans le sable des plages. **3.** Arête de prisme métallique qui supporte le fléau d'une balance. **4. Couteau**

à palette, petite truelle d'acier flexible pour mélanger les couleurs sur la palette ou pour peindre en pleine pâte. / **En lame de couteau,** très allongé, mince : *Visage en lame de couteau.* / **Être à couteaux tirés avec qqn,** être en très mauvais termes avec lui. / **Mettre le couteau sous la gorge de qqn,** l'obliger à faire qqch contre sa volonté.

couteau-scie [kutosi] **n.m.** (pl. *couteaux-scies*). Couteau dont la lame porte des dents et qu'on utilise pour couper le pain, la viande, etc.

coutelas [kutla] **n.m.** (de *coutel*, anc. forme de *couteau*). **1.** Grand couteau de cuisine à lame large et tranchante. **2.** Sabre court et large qui ne tranche que d'un côté.

coutelier, ère [kutəlje, -ɛr] **n.** Personne qui fabrique, vend des couteaux et autres instruments tranchants.

coutellerie [kutɛlri] **n.f. 1.** Fabrication des couteaux et des instruments tranchants. **2.** Lieu, atelier où sont fabriqués et vendus ces articles. **3.** Ensemble des produits faisant l'objet de ce commerce.

coûter [kute] **v.i.** (lat. *constare*, de *stare*, se tenir ferme). [Suivi d'un compl. de qualité ou d'un adv.]. **1.** Être vendu à un certain prix : *Combien coûte ce vase ? Ce meuble m'a coûté huit cents euros.* **2.** Entraîner des dépenses : *Les travaux vont coûter très cher.* **3.** Être pénible à supporter, à accomplir : *Cette démarche lui a beaucoup coûté.* **4. Coûter les yeux de la tête,** coûter très cher. / **Coûte que coûte,** à tout prix : *Il faut la retrouver coûte que coûte.* ◆ **v.t. 1.** Causer, occasionner qqch de pénible : *Ce travail lui a coûté des efforts presque surhumains.* **2. Coûter la vie à qqn,** causer sa mort.

coûteusement [kutøzmɑ̃] **adv.** De façon coûteuse.

coûteux, euse [kutø, -øz] **adj. 1.** Qui occasionne de grandes dépenses : *Un voyage coûteux* (syn. **cher**). **2.** *LITT.* Qui exige de grands efforts ; qui a des conséquences pénibles : *Une démarche coûteuse. Une victoire très coûteuse.*

Couthon (Georges), homme politique français (Orcet, Puy-de-Dôme, 1755 - Paris 1794). Il forma avec Robespierre et Saint-Just une sorte de triumvirat, réprima l'insurrection de Lyon (1793) et fit voter la loi du 22 prairial (10 juin 1794) instituant la « Grande Terreur ». Il fut guillotiné au lendemain de la chute de Robespierre.

coutil [kuti] **n.m.** (de *coute*, forme anc. de *couette*). Tissu d'armure croisée et très serrée, en fil ou en coton, utilisé pour la confection de vêtements de travail ou de chasse.

coutre [kutr] **n.m.** (lat. *culter*). Fer tranchant placé en avant du soc de la charrue pour fendre la terre.

coutume [kutym] **n.f.** (lat. *consuetudo, -inis*). **1.** Habitude, usage passé dans les mœurs : *Chaque pays a ses coutumes* (syn. **tradition**). **2. Avoir coutume de** (+ inf.), indique ce qu'on fait de manière habituelle : *Il a coutume de fumer un cigare après le repas de midi.* / **Plus, moins, autant que de coutume,** en comparaison avec ce qui se passe ordinairement : *Elle boit plus que de coutume.*

coutumier, ère [kutymje, -ɛr] **adj.** (de *coutume*). **1.** *LITT.* Que l'on fait habituellement : *Travaux coutumiers.* **2. Droit coutumier,** autref., loi non écrite, mais consacrée par l'usage. / **Être coutumier du fait,** avoir l'habitude de commettre telle action souvent répréhensible.

couture [kutyr] **n.f.** (lat. pop. **consutura*, du class. *consuere*, coudre). **1.** Action, art de coudre : *Faire de la couture. Cours de couture.* **2.** Assemblage de deux morceaux d'étoffe cousus à la main ou à la machine : *Couture simple, rabattue.* **3.** Profession de ceux qui confectionnent des vêtements : *La haute couture rassemble des grands couturiers qui créent des modèles originaux présentés chaque saison.* **4.** REL. Action de coudre les cahiers d'un livre à brocher ou à relier. **5.** *LITT.* Cicatrice d'une plaie : *Visage plein de coutures.* **6. Battre qqn à plate(s) couture(s),** lui infliger une défaite complète. / **Examiner qqn, qqch sous toutes les coutures,** l'examiner très attentivement.

couturé, e [kutyre] **adj.** (de *couturer*, coudre). Couvert de cicatrices, en parlant du corps.

couturier, ère [kutyrje, -ɛr] **n.** (de *couture*). Personne qui retouche ou confectionne des vêtements.

couvain [kuvɛ̃] **n.m.** (de *couver*). ZOOL. Ensemble des œufs, des larves et des nymphes des abeilles et d'autres insectes sociaux.

couvaison [kuvɛzɔ̃] **n.f.** (de *couver*). Temps pendant lequel un oiseau couve ses œufs pour les faire éclore ; acte de couver (syn. **incubation**).

Couve de Murville (Maurice), homme politique français (Reims 1907 - Paris 1999). Ministre des Affaires étrangères (1958-1968), il a été Premier ministre en 1968-1969.

couvée [kuve] **n.f. 1.** Ensemble des œufs qu'un oiseau couve en même temps. **2.** Ensemble des oisillons nés en même temps. **3. Veiller sur sa couvée,** veiller sur ses enfants, en parlant d'une mère de famille.

couvent [kuvɑ̃] **n.m.** (lat. *conventus*, assemblée). **1.** Maison religieuse. **2.** Pensionnat de jeunes filles tenu par des religieuses.

couver [kuve] **v.t.** (lat. *cubare*, être couché). **1.** Abriter, tenir au chaud sous son corps des œufs, pour les faire éclore, en parlant d'un oiseau. **2.** Entourer de soins attentifs : *Elle a toujours couvé ses enfants.* **3.** *LITT.* Préparer en secret : *Couver une vengeance* (syn. **nourrir**). **4. Couver une maladie,** en être atteint sans qu'elle se déclare encore nettement. ◆ **v.i.** Se préparer ; être latent : *Révolte qui couve. Feu qui couve.*

couvercle [kuvɛrkl] **n.m.** (lat. *cooperculum*, de *cooperire*, couvrir). Pièce mobile qui sert à couvrir un récipient.

1. couvert, e [kuvɛr, -ɛrt] **adj.** (p. passé de *couvrir*). **1.** Qui a sur lui qqch pour le protéger du froid, de la pluie : *Mets ton manteau, tu n'es pas assez couvert* (syn. **habillé**). **2.** Qui est abrité : *Piscine couverte.* **3. À mots couverts,** de manière allusive, en dissimulant sa véritable pensée. / **Ciel couvert, temps couvert,** ciel nuageux, temps caractérisé par un tel ciel.

2. couvert [kuvɛr] **n.m.** (de *couvrir*). **1.** Ensemble des accessoires de table, mis à la disposition de chaque convive : *Mets un couvert de plus.* **2.** (Souvent au pl.). Terme générique désignant couteau, fourchette, cuillère, ou une combinaison quelconque de ces éléments : *Les couverts sont dans le tiroir.* **3.** *LITT.* Massif d'arbres qui donne de l'ombre et un abri : *Se réfugier sous le couvert.* **4. À couvert (de),** à l'abri (de), en sécurité : *Se mettre à couvert du vent.* / **Mettre le couvert,** mettre sur la table la vaisselle nécessaire au repas. / *LITT.* **Sous le couvert de,** sous la responsabilité de qqn ; sous l'apparence de qqch : *Agir sous le couvert de ses supérieurs. Sous le couvert de la plaisanterie, elle lui a dit quelques dures vérités.*

couverture [kuvɛrtyr] **n.f.** (bas lat. *coopertura*, du class. *cooperire*, couvrir). **1.** Pièce d'étoffe (de fourrure, etc.) destinée à protéger du froid : *Couverture de laine. Couverture chauffante.* **2.** Ce qui couvre un bâtiment, en constitue le toit : *Couverture d'ardoise* (syn. **toiture**). **3.** Ce qui couvre, protège un livre, un cahier : *Voici des couvertures pour tes cahiers* (syn. **protège-cahier**). **4.** Partie extérieure d'un livre, d'un magazine : *Une couverture cartonnée. Ce top-model fait la couverture de tous les magazines* (= a sa photo sur la couverture). **5.** FIN. Ensemble des valeurs servant à la garantie d'une opération financière ou commerciale. **6.** MIL. Dispositif de protection d'une zone ou d'une opération. **7.** Occupation, activité qui dissimule des opérations clandestines, illicites : *Cette société d'importation n'est qu'une couverture.* **8. Tirer la couverture à soi,** chercher à s'attribuer tout le mérite d'un succès, tout le profit d'une affaire. / **Couverture sociale,** protection dont bénéficie un assuré social.

couveuse [kuvøz] **n.f. 1.** Oiseau femelle (poule, en partic.) qui couve. **2.** Appareil où l'on fait éclore des œufs, remplacé aujourd'hui par l'incubateur. **3.** Appareil consistant essentiellement en une enceinte close, aseptique, maintenue à une température constante, où sont placés les prématurés, les nouveau-nés fragiles.

couvre-chef [kuvrəʃɛf] **n.m.** (pl. *couvre-chefs*). *FAM.* Ce qui sert à couvrir la tête (syn. **chapeau**).

couvre-feu [kuvrəfø] **n.m.** (pl. *couvre-feux*). **1.** Signal qui indiquait autref. le moment de rentrer chez soi et d'éteindre les lumières. **2.** Interdiction temporaire de sortir de chez soi à certaines heures, notamm. en temps de guerre : *Décréter le couvre-feu.*

couvre-lit [kuvrəli] **n.m.** (pl. *couvre-lits*). Couverture ou pièce d'étoffe qui recouvre un lit (syn. **dessus-de-lit**).

couvreur, euse [kuvrœr, -øz] **n.** (de *couvrir*). Personne qui pose ou répare les toitures.

couvrir [kuvrir] **v.t.** (lat. *cooperire*) [conj. **34**]. **1.** Disposer qqch sur un objet ou une personne, partic. pour les protéger : *Couvrir un livre. Couvrir un blessé d'une couverture.* **2.** Placer qqch sur un récipient : *Couvrir une casserole d'un couvercle.* **3.** Répandre, étaler en grande quantité sur : *Couvrir un mur de peinture. Il a couvert de taches son blouson neuf* (syn. **cribler**). **4.** Mettre qqch sur qqn pour le vêtir : *Couvrir chaudement un enfant* (syn. **habiller**). **5.** Donner à qqn qqch à profusion : *On l'a couverte de cadeaux* (syn. **combler**). **6.** Être répandu sur : *La neige couvre le chemin* (syn. **recouvrir**). *Un champ couvert de coquelicots* (syn. **parsemer**). **7.** Parcourir une distance : *Cette voiture a couvert 1 000 km en huit heures.* **8.** S'accoupler à, en parlant d'un animal mâle : *C'est un pur-sang qui a couvert cette jument* (syn. **saillir**). **9.** Assurer une couverture, protéger ; spécial., au cours d'un combat militaire, protéger qqn qui est à découvert sous un feu nourri : *Couvrir ses arrières* (syn. **garantir**). *Tu peux y aller, je te couvre.* **10.** Prendre sous sa responsabilité les agissements de qqn : *Ses supérieurs le couvrent.* **11.** Garantir les conséquences financières de : *Cette assurance couvre l'incendie.* **12.** Compenser, contrebalancer : *Les recettes couvrent les dépenses.* **13.** Dominer un bruit, un son, faire qu'il est mal entendu, en parlant d'autres bruits, d'autres sons : *L'orchestre couvrait la voix de la chanteuse.* **14.** Pour un journaliste, un média, assurer une information complète sur un événement : *Elle est chargée de couvrir le procès.* **15.** Desservir une zone, en parlant d'un émetteur de radiodiffusion, de télévision. ◆ **se couvrir v.pr. 1.** Se garnir, se remplir : *Les prés se couvrent de fleurs.* **2.** Répandre sur soi : *Se couvrir de boue.* **3.** Attirer sur soi, par son comportement, ses actions : *Se couvrir de honte.* **4.** Se vêtir chaudement : *Couvre-toi avant de sortir.* **5.** S'obscurcir, en parlant du ciel, du temps. **6.** Se protéger, se garantir : *Se couvrir d'un risque auprès d'une assurance.*

covalence [kɔvalɑ̃s] **n.f.** (de *valence*). Liaison chimique de deux atomes, par mise en commun d'électrons.

Coventry, v. de Grande-Bretagne, dans les Midlands ; 303 475 hab. Université. Constructions mécaniques. Cathédrale reconstruite après les bombardements allemands de la Seconde Guerre mondiale.

cover-girl [kɔvœrgœrl] **n.f.** (mot angl., de *cover,* couverture, et *girl,* jeune femme) [pl. *cover-girls*]. Jeune femme posant pour les photographies des magazines, en partic. pour la page de couverture.

cow-boy [kobɔj] ou [kawbɔj] **n.m.** (mot angl., de *cow,* vache, et *boy,* garçon) [pl. *cow-boys*]. Gardien et conducteur d'un troupeau de bovins dans un ranch américain.

coxal, e, aux [kɔksal, -o] **adj.** (du lat. *coxa,* cuisse). **1.** De la hanche. **2. Os coxal,** os iliaque.

coxalgie [kɔksalʒi] **n.f.** (de *cox[al]* et *-algie*). Arthrite tuberculeuse de la hanche.

coyote [kɔjɔt] **n.m.** (nahuatl *coyotl,* par l'esp.). Mammifère carnivore de l'Amérique du Nord, voisin du loup et du chacal.

Coypel [kwapɛl] **(les),** famille de peintres français, tous nés et morts à Paris. • **Noël** (1628-1707) exécuta des décorations d'esprit classique au parlement de Rennes, aux Tuileries, à Versailles. • **Antoine** (1661-1722), son fils, influencé par le baroque italien et par Rubens, fut peintre d'histoire et grand décorateur, au service des ducs d'Orléans et du roi (voûte de la chapelle du château de Versailles, 1709 ; grands tableaux inspirés de *l'Énéide,* pour le Palais-Royal, 1714-1717). Directeur de l'Académie de peinture et de sculpture, premier peintre du roi (1716), il a publié des *Discours* sur son art. • **Noël Nicolas** (1690-1734), frère d'Antoine, est considéré comme un précurseur de F. Boucher. • **Charles Antoine** (1694-1752), fils d'Antoine, s'attacha à l'expression des passions sous l'influence du théâtre ; il a donné des cartons de tapisserie pour les Gobelins (tenture de *Don Quichotte*).

Coyzevox ou **Coysevox** [kwasvo] **(Antoine),** sculpteur français (Lyon 1640 - Paris 1720). Il travailla pour Versailles, pour Marly (*Chevaux ailés,* auj. au Louvre, copies à l'entrée du jardin des Tuileries), donna des tombeaux et des bustes et fut le portraitiste de Louis XIV.

C.P.E. [sepeø] **n.** (sigle). Conseiller* principal d'éducation.

C.Q.F.D., sigle de *ce qu'il fallait démontrer,* employé à la fin d'une démonstration.

crabe [krab] **n.m. 1.** Crustacé marin ou d'eau douce, à abdomen court et replié sous le céphalothorax, et portant une paire de grosses pinces. ► Ordre des décapodes ; environ 5 000 espèces. Plusieurs espèces de crabes sont comestibles et communes sur les côtes européennes : *tourteau, étrille, crabe enragé.* **2. Marcher en crabe,** marcher en biais.

crac [krak] **interj.** (onomat.). Exprime le bruit d'une chose dure qui se rompt, ou la soudaineté : *À peine avait-on besoin de lui, crac ! il était là.*

crachat [kraʃa] **n.m.** Matière provenant des voies respiratoires ou salive que l'on rejette par la bouche ; expectoration.

craché, e [kraʃe] **adj.** FAM. **Être le portrait craché de qqn,** lui ressembler énormément.

cracher [kraʃe] **v.i.** (lat. pop. **craccare,* d'orig. onomat.). **1.** Rejeter des crachats. **2.** Rejeter qqch de liquide ou éclabousser : *Stylo qui crache.* **3.** Émettre des crépitements : *La radio crache* (syn. **grésiller**). **4.** FAM. **Cracher dans la soupe,** dénigrer ce dont on tire avantage. / FAM. **Cracher sur qqn,** l'insulter, le mépriser. / FAM. **Ne pas cracher sur qqch,** l'apprécier beaucoup : *Il ne crache pas sur ses avantages.* ◆ **v.t. 1.** Rejeter hors de la bouche : *Cracher du sang.* **2.** Projeter : *Volcan qui crache des laves.*

cracheur, euse [kraʃœr, -øz] **n. Cracheur de feu,** saltimbanque qui lance des flammes par la bouche après avoir absorbé un liquide inflammable qu'il projette en soufflant sur une torche.

crachin [kraʃɛ̃] **n.m.** (de *cracher*). Petite pluie fine et pénétrante.

crachoir [kraʃwar] **n.m. 1.** Récipient dans lequel on crache. **2.** FAM. **Tenir le crachoir,** parler longuement.

crachotement [kraʃɔtmɑ̃] **n.m. 1.** Action de crachoter. **2.** Bruit de ce qui crachote : *Le crachotement du poste de radio* (syn. **crépitement**).

crachoter [kraʃɔte] **v.i. 1.** Cracher souvent et peu à la fois. **2.** Rejeter par à-coups des éclaboussures : *Robinet qui crachote.* **3.** Émettre un crépitement, en parlant d'appareils défectueux : *Le téléphone crachote.*

1. crack [krak] **n.m.** (mot angl. « fameux », de *to crack up,* vanter). **1.** Cheval de course ayant remporté de nombreux prix. **2.** FAM. Personne qui se distingue par ses compétences dans un domaine précis : *C'est un crack aux échecs.*

2. crack [krak] **n.m.** (mot angl. « coup de fouet »). Dérivé cristallisé de la cocaïne, fumable et extrêmement toxique.

cracker [krakɛr] ou [krakœr] **n.m.** (mot angl., de *to crack,* se fêler, se casser). Petit biscuit salé croustillant.

crackeur, euse [krakœr, -øz] **n.** ou **cracker** [krakœr] **n.m.** (mot angl.). INFORM. Pirate.

Cracovie, v. de Pologne, sur la Vistule ; 757 611 hab. Université. Archevêché. Constructions mécaniques. Importants monuments : église Notre-Dame (XIIIe-XVe s.) ; halles et beffroi (XIVe-XVIIe s.) ; forteresse de la Barbacane (XVe s.) ; cathédrale (XIIe-XIVe s.) et château royal du Wawel, etc. Musées. Cracovie, siège d'un évêché à partir du XIe s. et d'une université en 1364, fut la capitale de la Pologne de 1320 à 1596.

craie [krɛ] **n.f.** (lat. *creta*). **1.** Calcaire d'origine marine, le plus souvent blanc ou blanchâtre, tendre et friable, qui s'est formé à la période crétacée. **2.** Bâtonnet de cette substance, diversement colorée, pour écrire au tableau noir, sur du tissu, du bois, etc.

craindre [krɛ̃dr] **v.t.** (lat. pop. **cremere,* class. *tremere,* trembler, redouter) [conj. **80**]. **1.** Éprouver de l'inquiétude, de la peur devant qqn, qqch : *C'est un homme violent, tous les voisins le craignent* (syn. **redouter**). *Il craint les difficultés de ce voyage* (syn. **appréhender**). **2.** Être sensible à, risquer de subir un dommage : *Ces plantes craignent le gel.* ◆ **v.i.** FAM. **Ça craint,** cela menace d'avoir des conséquences fâcheuses ; c'est très mauvais, très désagréable.

crainte [krɛ̃t] **n.f.** (de *craindre*). **1.** Sentiment de qqn qui a peur : *La crainte de la solitude* (syn. **peur**). *Soyez sans crainte* (= tranquillisez-vous). **2. De crainte que** (+ subj.), **de crainte de** (+ inf.), pour éviter que, de : *Fuyez de crainte qu'on (ne) vous voie, de crainte d'être vu* (= de peur que, de peur de).

craintif, ive [krɛ̃tif, -iv] **adj.** et **n.** Qui est porté à la crainte, qui la manifeste : *Un enfant craintif* (syn. **peureux**). *Un geste craintif* (syn. **apeuré**).

craintivement [krɛ̃tivmɑ̃] **adv.** Avec crainte : *L'enfant serrait craintivement la main de sa mère.*

cramer [krame] **v.i.** et **v.t.** (mot dialect., anc. prov. *cremar,* lat. *cremare,* brûler). FAM. Brûler.

cramoisi, e [kramwazi] **adj.** (esp. *carmesí,* de l'ar. *qirmiz,* cochenille). **1.** Rouge foncé. **2.** Devenu tout rouge sous l'effet de l'émotion, de la honte, de la colère, de l'effort, etc. : *Visage cramoisi* (syn. **écarlate**).

crampe [krɑ̃p] **n.f.** (frq. **kramp,* courbé). **1.** Contraction involontaire, prolongée et douloureuse de certains muscles. **2. Crampes d'estomac,** tiraillements douloureux dans cet organe.

crampon [krɑ̃pɔ̃] **n.m.** (du frq. **kramp,* courbé). **1.** Pièce de métal recourbée, servant à assujettir deux objets entre eux, à retenir ou à saisir fortement qqch : *Moellons assemblés par un crampon.* **2.** Petit cylindre de cuir, de caoutchouc ou de plastique, ou crochet fixé à la semelle de certaines chaussures de sport pour empêcher de glisser. **3.** Organe de fixation de certains végétaux : *Les crampons du lierre.* **4. Pneu à crampons,** pneu à sculptures très protubérantes, améliorant l'adhérence sur sol glissant. ◆ **adj. inv. en genre** et **n.** FAM. Se dit d'une personne dont on ne peut se débarrasser : *Ce qu'elle peut être crampon !* (syn. **importun**). ◆ **crampons n.m. pl.** Semelle munie de pointes, fixée sur la chaussure, pour se déplacer sur la glace.

se **cramponner** [krɑ̃pɔne] **v.pr.** (de *crampon*). **1.** S'accrocher : *Le lierre se cramponne au mur.* **2.** Tenir fermement sans lâcher prise : *Se cramponner au bras de qqn* (syn. **s'agripper**). **3.** FAM. S'attacher à qqch qu'on ne veut pas abandonner, malgré les obstacles : *Se cramponner à une opinion.* **4.** FAM. (Absol.). Résister, tenir opiniâtrement : *On a tout fait pour le décourager, mais il s'est cramponné.*

cran [krɑ̃] **n.m.** (de l'anc. fr. *créner,* entailler, gaul. **crinare*). **1.** Entaille faite dans un corps dur pour en accrocher un autre ou servir d'arrêt : *Les crans d'une crémaillère.* **2.** Trou fait dans une courroie pour la fixer : *Serrer sa ceinture d'un cran.* **3.** Degré, rang d'importance : *Reculer, monter, baisser d'un cran.* **4.** Ondulation des cheveux. **5.** FAM. Sang-froid, courage : *Avoir du cran.* **6. Cran d'arrêt, de sûreté,** cran qui cale la gâchette d'une arme à feu, la lame d'un couteau. / FAM. **Être à cran,** être exaspéré.

Cranach (Lucas), dit **l'Ancien,** peintre et graveur allemand (Kronach, Franconie, 1472 - Weimar 1553). Fixé à partir de 1505 à la cour de Saxe, à Wittenberg, il a pratiqué tous les genres avec un art subtil jusqu'au maniérisme : compositions religieuses ou mythologiques (souvent liées au paysage), portraits (notamm. de Luther), scènes profanes, nus féminins d'un charme alambiqué. • Son fils **Lucas,** dit **le Jeune** (Wittenberg 1515 - Weimar 1586), dirigea après lui l'atelier familial.

1. crâne [kran] **n.m.** (lat. *cranium,* gr. *kranion*). **1.** Cavité osseuse contenant et protégeant l'encéphale chez les vertébrés. **2.** FAM. Tête : *Il a le crâne chauve. Avoir mal au crâne.*

2. crâne [kran] **adj.** (de *1. crâne*). LITT. Qui affiche une bravoure, une assurance parfois fanfaronne : *Un air crâne* (syn. **décidé**).

Crane (Hart), poète américain (Garettsville, Ohio, 1899 - golfe du Mexique 1932). Il tenta de réconcilier la poésie et la civilisation industrielle américaine (*le Pont,* 1930).

crânement [kranmɑ̃] **adv.** LITT. De façon crâne : *Il lui a crânement répondu.*

crâner [krane] **v.i.** (de *2. crâne*). FAM. Faire le fier, prendre des airs supérieurs, vaniteux.

crânerie [kranri] **n.f. 1.** LITT. Bravoure, fierté ostentatoire. **2.** FAM. Fait de crâner, de prendre des airs supérieurs ; comportement qui en résulte : *Arrête tes crâneries.*

crâneur, euse [kranœr, -øz] **adj.** et **n.** FAM. Qui crâne ; prétentieux, vaniteux.

crânien, enne [kranjɛ̃, -ɛn] **adj.** Relatif au crâne : *Boîte crânienne.*

cranté, e [krɑ̃te] **adj.** (de *cran*). Qui a des crans : *Une roue crantée* (syn. **denté**). *Des cheveux crantés* (syn. **ondulé**).

Craonne [kran], commune de l'Aisne ; 78 hab. Victoire de Napoléon sur Blücher en 1814. Combats en 1917 et 1918.

crapahuter [krapayte] **v.i.** (de l'arg. de Saint-Cyr *crapaud,* appareil de gymnastique, exercice pédestre, avec p.-ê. infl. de *chahuter*). FAM. Se déplacer dans un terrain difficile, accidenté.

crapaud [krapo] **n.m.** (du germ. **krappa,* crochet). **1.** Amphibien à la peau verruqueuse et aux formes trapues, qui se nourrit de vers et d'insectes. ▸ Sous-classe des anoures. Les crapauds ont des mœurs terrestres, mais pondent général. dans l'eau. En France, ils atteignent 10 cm de long, mais certaines espèces d'Amérique mesurent jusqu'à 20 cm. Le crapaud siffle, coasse. **2.** Petit piano à queue. **3.** Fauteuil rembourré, évasé et bas.

crapule [krapyl] **n.f.** (lat. *crapula,* ivresse, gr. *kraipalê*). **1.** Individu très malhonnête, capable de n'importe quelle bassesse. **2.** LITT. Ensemble de ceux qui vivent dans la débauche et la malhonnêteté ; racaille.

crapuleux, euse [krapylø, -øz] **adj. 1.** Qui agit avec bassesse et malhonnêteté : *Un individu crapuleux* (syn. **dissolu**). **2. Crime crapuleux,** dont le mobile est le vol.

craquage [krakaʒ] **n.m.** (calque de l'angl. *cracking*). Conversion, sous l'action de la température et éventuellement d'un catalyseur, des hydrocarbures saturés d'une fraction pétrolière en hydrocarbures plus légers (carburants, intermédiaires chimiques).

craquèlement [krakɛlmɑ̃] **n.m.** État de ce qui est craquelé : *Le craquèlement d'une vieille porcelaine.*

se **craqueler** [krakle] **v.pr.** (de *craquer*) [conj. **24**]. Présenter des craquelures, se fendiller en surface : *La terre se craquelle.*

craquelin [kraklɛ̃] **n.m.** (néerl. *crakelinc*). Petit gâteau sec craquant sous la dent.

craquelure [kraklyr] **n.f.** Fissure dans le vernis d'une céramique, la pâte d'une peinture, etc.

craquement [krakmɑ̃] **n.m.** Bruit sec que fait qqch. qui se brise ou subit un frottement, un effort : *Les craquements d'un vieil escalier.*

craquer [krake] **v.i.** (de *crac*). **1.** Produire un bruit sec en raison d'un frottement ou d'une pression : *Le parquet craque. Faire craquer ses doigts.* **2.** Se briser, céder, se déchirer en produisant un bruit sec : *La couture a craqué en plusieurs endroits.* **3.** Avoir une grave défaillance physique ou psychologique : *Ses nerfs ont craqué. Le joueur a craqué au dernier set* (syn. **s'effondrer**). **4.** FAM. Tomber sous le charme de qqn, céder à l'attrait de qqch : *Craquer pour une actrice. Craquer sur un collier* (= l'acheter en cédant à la tentation). ◆ **v.t. 1.** FAM. Briser, déchirer : *Tu vas craquer tes poches en y mettant tous ces objets.* **2.** TECHN. Réaliser le craquage d'un produit pétrolier. **3. Craquer une allumette,** l'allumer en la frottant sur une surface rugueuse.

craqueter [krakte] **v.i.** [conj. 27]. **1.** Craquer souvent et à petit bruit : *Les brindilles craquettent dans le feu.* **2.** Émettre un craquettement, en parlant de la cigogne, de la grue.

craquettement ou **craquètement** [krakɛtmɑ̃] **n.m.** **1.** Bruit produit par un objet qui craquette : *Les craquettements du parquet.* **2.** Cri de la cigogne, de la grue.

crase [kraz] **n.f.** (gr. *krasis*). **1.** LING. Contraction de la voyelle ou de la diphtongue finale d'un mot avec celle qui se trouve à l'initiale du mot suivant : *En grec, la crase est notée par un signe particulier.* **2.** MÉD. **Crase sanguine,** ensemble des propriétés coagulantes du sang.

crash [kraʃ] **n.m.** (de l'angl. *to crash,* se fracasser) [pl. *crashs* ou *crashes*]. **1.** Atterrissage très brutal effectué par un avion, train rentré. **2.** *FAM.* Écrasement au sol d'un avion ; accident violent survenu à un véhicule.

se **crasher** [kraʃe] **v.pr.** (de *crash*). *FAM.* S'écraser au sol, en parlant d'un avion ; heurter violemment un obstacle, en parlant d'un véhicule.

crasse [kras] **n.f.** (du lat. *crassus,* épais, grossier). **1.** Couche de saleté qui adhère à la surface d'un corps : *Pieds couverts de crasse. Les murs de la cuisine sont pleins de crasse.* **2.** *FAM.* Acte hostile, indélicatesse à l'égard de qqn : *Faire une crasse à qqn.* ◆ **adj.** D'une grossièreté inexcusable : *Paresse, ignorance crasse.*

crasseux, euse [krasø, -øz] **adj.** *FAM.* Couvert de crasse, malpropre : *Des cheveux crasseux. Une chemise crasseuse* (= très sale).

crassier [krasje] **n.m.** (de *crasse*). Amoncellement des déchets, scories et résidus d'une usine métallurgique.

Crassus, en lat. **Marcus Licinius Crassus Dives** *(le Riche),* homme politique romain (Rome 115 - Carres 53 av. J.-C.). Préteur en 72, il battit les troupes de Spartacus. Consul en 70, il fit partie, avec César et Pompée, du premier triumvirat (60). Consul en 55, il gouverna la Syrie et fut tué dans la guerre contre les Parthes.

cratère [kratɛr] **n.m.** (lat. *crater,* vase, gr. *kratêr*). **1.** Dépression s'ouvrant à la partie supérieure d'un volcan, et par où les projections et les laves s'échappent. **2.** Grand vase à large ouverture et à deux anses où les Anciens mélangeaient l'eau et le vin. **3. Lac de cratère,** lac formé dans le cratère d'un volcan éteint.

craterelle [kratrɛl] **n.f.** (bas lat. *craterella,* de *crater,* vase). Champignon basidiomycète comestible cour. appelé *trompette-de-la-mort.*

Crau (la), plaine du bas Rhône, à l'est de la Camargue.

cravache [kravaʃ] **n.f.** (all. *Karbatsche,* slave *karbatch,* turc *qirbatch,* fouet). Badine souple et flexible dont se servent les cavaliers pour stimuler ou corriger un cheval.

cravacher [kravaʃe] **v.t.** Frapper avec la cravache. ◆ **v.i.** *FAM.* Aller très vite ; travailler à la hâte : *Il a fallu cravacher pour terminer ce travail en temps voulu.*

cravate [kravat] **n.f.** (autre forme de *croate,* en raison de la bande de tissu que les cavaliers croates portaient autour du cou). **1.** Bande d'étoffe que l'on passe autour du cou sous le col d'une chemise, et qui se noue par-devant. **2.** Insigne de grades élevés de certains ordres : *La cravate de commandeur de la Légion d'honneur.*

cravater [kravate] **v.t.** **1.** Mettre une cravate à qqn (surtout au passif) : *Sortir habillé et cravaté.* **2.** Attaquer qqn en le serrant par le cou. **3.** *FAM.* Mettre en état d'arrestation : *Se faire cravater par la police* (syn. **appréhender, arrêter**).

crawl [krol] **n.m.** (mot angl., de *to crawl,* ramper). Nage sur le ventre consistant en une rotation verticale alternative des bras et un battement continu des jambes.

crawler [krole] **v.i.** **1.** Nager le crawl. **2. Dos crawlé,** nage sur le dos utilisant, comme le crawl, la rotation verticale des bras et le battement des jambes.

crayeux, euse [krejø, -øz] **adj.** Qui contient de la craie, qui en a l'aspect : *Un terrain crayeux.*

crayon [krejɔ̃] **n.m.** (de *craie*). **1.** Baguette cylindrique formée d'une mine de graphite ou d'un autre produit (éventuellement coloré), contenue dans une gaine en bois, et servant à écrire ou à dessiner. **2.** Bâtonnet de substance compacte quelconque (pommade, fard, etc.). **3. Avoir un bon coup de crayon,** être habile à dessiner. **4.** INFORM. **Crayon optique,** dispositif en forme de crayon comportant un élément photosensible, et qui permet l'utilisation interactive d'un ordinateur grâce à ses déplacements sur un écran de visualisation.

crayonnage [krejɔnaʒ] **n.m.** Action de crayonner ; dessin rapide fait au crayon : *Les crayonnages d'Eisenstein pour les scènes principales du « Cuirassé Potemkine ».*

crayonné [krejɔne] **n.m.** Avant-projet d'une illustration, maquette d'un panneau publicitaire (syn. **esquisse,** [anglic. déconseillé] **rough**).

crayonner [krejɔne] **v.t.** Écrire ou dessiner à la hâte avec un crayon : *Crayonner un portrait. Crayonner une remarque en marge d'un manuscrit.*

créance [kreɑ̃s] **n.f.** (lat. *credentia,* de *credere,* croire). **1.** DR. Droit qu'une personne (le *créancier*) a d'exiger qqch, spécial. un bien, une somme d'argent, de qqn qui est dit son *débiteur* ; titre qui établit ce droit. **2. Lettres de créance,** document officiel que remet un diplomate, à son arrivée, au chef de l'État auprès duquel il est accrédité.

créancier, ère [kreɑ̃sje, -ɛr] **n.** **1.** Titulaire d'une créance. **2.** Personne à qui l'on doit de l'argent (par opp. à *débiteur*).

créateur, trice [kreatœr, -tris] **n.** **1.** Personne qui crée, invente qqch de nouveau dans le domaine artistique, scientifique, etc. : *Le créateur d'une théorie* (syn. **auteur**). *Une créatrice de mode. Un créateur en ameublement* (syn. **designer, styliste**). **2.** Personne qui interprète pour la première fois un rôle, une chanson : *Le créateur du personnage de Cyrano.* ◆ **adj.** Qui a la faculté, le don d'inventer : *Une imagination créatrice.* ◆ **créateur n.m. Le Créateur,** Dieu.

créatif, ive [kreatif, -iv] **adj.** **1.** Qui est capable de créer, d'inventer, d'imaginer qqch de nouveau, d'original ; qui manifeste de la créativité : *Un esprit créatif* (syn. **inventif**). **2.** Qui favorise la création : *Un milieu créatif.*

créatine [kreatin] **n.f.** (du gr. *kreas, -atos,* chair). Substance azotée présente dans les muscles, le cerveau en très faible proportion, le plasma sanguin, et qui joue un grand rôle dans la contraction musculaire.

création [kreasjɔ̃] **n.f.** **1.** Action de créer, de tirer du néant : *La création du monde.* **2.** L'ensemble des choses et des êtres créés : *Les merveilles de la création* (syn. **univers**). **3.** Action de fonder qqch qui n'existait pas : *La création d'une entreprise* (syn. **fondation**). **4.** Œuvre créée, réalisée par une ou plusieurs personnes ; modèle inédit : *Les créations des couturiers* (syn. **réalisation**). **5.** Première interprétation d'un rôle, d'une chanson, etc. ; première ou nouvelle mise en scène d'une œuvre : *Ce spectacle est une création. Donner une œuvre en création française.*

créativité [kreativite] **n.f.** Pouvoir créateur, capacité d'imagination, d'invention, de création : *La créativité artistique, littéraire.*

créature [kreatyr] **n.f.** **1.** Tout être créé, en partic. l'homme, par rapport à Dieu, le Créateur. **2.** *FAM.* Femme, en partic. belle femme : *Une créature de rêve. Une superbe créature.* **3.** *VIEILLI.* Femme de mauvaise vie : *Il s'est entiché d'une créature.* **4.** Personne entièrement soumise à une autre, à qui elle doit sa situation (péjor.) : *Les créatures d'un ministre* (syn. **favori, protégé**).

Crébillon (Prosper Jolyot, *sieur* **de Crais-Billon,** dit), poète dramatique français (Dijon 1674 - Paris 1762). Ses tragédies multiplient les effets pathétiques et les coups de théâtre *(Rhadamiste et Zénobie).* • Son fils **Claude,** dit **Crébillon fils** (Paris 1707 - *id.* 1777), est l'auteur de romans de mœurs *(les Égarements du cœur et de l'esprit)* et de contes licencieux *(le Sopha).*

crécelle [kresɛl] **n.f.** (lat. pop. **crepicella,* du class. *crepitare,* craquer). **1.** Petit instrument de bois constitué d'un moulinet denté et d'une languette de bois flexible : *Les lépreux agitaient une crécelle pour annoncer leur approche.* **2. Voix de crécelle,** voix criarde.

crécerelle [kresrɛl] **n.f.** (de *crécelle*). Oiseau voisin du faucon, à plumage brun tacheté de noir, se nourrissant de petits vertébrés et d'insectes. ▸ Long. 35 cm.

crèche [krɛʃ] **n.f.** (frq. **kripja,* mangeoire). **1.** Représentation, au moyen de statuettes disposées dans un décor, de la nativité du Christ. **2.** Établissement où sont accueillis les enfants de moins de trois ans dont les parents ne peuvent assurer la garde durant la journée. **3. Crèche familiale,** mode de garde d'un jeune enfant au domicile d'une assistante maternelle.

Crécy *(bataille de)* [26 août 1346], victoire des troupes du roi d'Angleterre Édouard III sur l'armée de Philippe VI de Valois, près de Crécy-en-Ponthieu (Somme), pendant la guerre de Cent Ans.

crédence [kredɑ̃s] **n.f.** (it. *credenza,* confiance, à cause de l'expr. *fare la credenza,* faire l'essai [des mets, des boissons]). Sorte de buffet pour ranger la vaisselle ordinaire et exposer la vaisselle précieuse.

crédibiliser [kredibilize] **v.t.** Rendre crédible qqch, qqn : *Il a organisé cette réunion pour crédibiliser son assistante.*

crédibilité [kredibilite] **n.f.** (lat. *credibilitas,* de *credere,* croire). **1.** Ce qui rend une chose croyable, digne de confiance : *Un récit qui manque de crédibilité* (syn. **vraisemblance**). *La crédibilité d'un projet.* **2.** Capacité d'une personne de susciter la confiance : *La crédibilité d'un homme politique.*

crédible [kredibl] **adj.** (angl. *credible,* lat. *credibilis,* de *credere,* croire). Qui peut être cru, qui est digne de confiance : *Une histoire crédible* (syn. **vraisemblable**). *Après ce scandale, le ministre n'est plus crédible.*

crédit [kredi] **n.m.** (lat. *creditum,* de *credere,* croire). **1.** LITT. Confiance qu'inspire qqn ou qqch : *Jouir d'un grand crédit auprès de qqn* (syn. **considération**). *User de son crédit pour persuader qqn* (syn. **influence**). *Cette thèse a connu un grand crédit* (contr. **discrédit**). **2.** Confiance dans la solvabilité de qqn ; délai qu'on lui accorde pour le paiement : *Avoir deux mois de crédit.* **3.** Prêt consenti par une personne, par une banque ; avance : *Ouvrir un crédit à qqn. Crédit à court terme.* **4.** Ensemble des sommes allouées sur un budget : *Voter des crédits. Disposer d'un crédit de 1 000 euros.* **5.** Partie d'un compte qui mentionne les sommes dues à qqn ou ses versements (par opp. à *débit*) [syn. **avoir**]. **6. À crédit,** sans paiement immédiat. / **Crédit d'impôt,** avoir fiscal. / **Crédit municipal,** caisse municipale de crédit pratiquant le prêt sur gage à taux modérés, autref. appelée *mont-de-piété.* / **Faire crédit à qqn,** ne pas exiger de lui un paiement immédiat ; lui faire confiance. **7. Carte de crédit,** carte correspondant à un titre de paiement, qui permet à son détenteur d'effectuer des retraits dans une billetterie et de régler des factures sur simple signature.

crédit-bail [kredibaj] **n.m.** (pl. *crédits-bails*). Contrat de louage d'un bien mobilier ou immobilier assorti d'une promesse unilatérale de vente en fin de contrat (syn. [anglic. déconseillé] **leasing**).

créditer [kredite] **v.t. 1.** Inscrire une somme au crédit de qqn, d'un compte (par opp. à *débiter*). **2.** Imputer à qqn le mérite d'une action ; enregistrer un résultat (scolaire, sportif, etc.) obtenu par qqn et le lui affecter : *Ce coureur a été crédité d'un excellent temps.*

créditeur, trice [kreditœr, -tris] **n.** Personne qui a des sommes portées à son crédit sur un compte. ◆ **adj.** Qui présente un crédit, dont le solde est positif : *Compte créditeur.*

credo [kredo] **n.m. inv.** (mot lat. « je crois »). **1.** (Avec une majuscule). Formulaire abrégé des principaux points de la foi chrétienne, dit aussi *symbole des Apôtres.* **2.** CATH. Prière constituée de ce formulaire et faisant partie de la messe, dont elle occupe généralement le centre, entre le gloria et le sanctus ; musique composée sur cette prière. **3.** Ensemble des principes d'après lesquels on agit : *Un credo politique.*

crédule [kredyl] **adj.** (lat. *credulus,* de *credere,* croire). Qui croit trop facilement ce qu'on lui dit : *Un enfant crédule* (syn. **naïf, ingénu**).

crédulité [kredylite] **n.f.** Trop grande facilité à croire ; confiance aveugle : *Une crédulité qui confine à la bêtise* (syn. **naïveté, ingénuité**).

créer [kree] **v.t.** (lat. *creare*) [conj. **15**]. **1.** Faire exister ce qui n'existait pas, tirer du néant : *Dieu créa l'Univers.* **2.** Réaliser une œuvre de l'esprit : *Créer un modèle de robe* (syn. **concevoir**). *Un romancier qui crée ses personnages* (syn. **imaginer**). *Créer une nouvelle technique* (syn. **inventer**). **3.** Fonder, établir : *Créer une entreprise.* **4.** Interpréter, mettre en scène pour la première fois : *Créer une chanson, un rôle, une pièce.* **5.** Être la cause de ; engendrer : *Créer des ennuis à qqn* (syn. **occasionner, susciter**).

crémaillère [kremajɛr] **n.f.** (de l'anc. fr. *cramail,* bas lat. *cramaculus,* du gr. *kremastêr,* qui suspend). **1.** Tige de fer munie de crans, fixée à l'intérieur d'une cheminée pour suspendre les marmites à différentes hauteurs. **2.** Pièce munie de crans, servant à relever ou à baisser un élément mobile : *Une bibliothèque à crémaillère.* **3.** Pièce rectiligne dentée engrenant avec une roue un pignon, destinée à transformer un mouvement rectiligne en mouvement de rotation ou inversement : *Direction à crémaillère d'une automobile.* **4.** Rail denté de certaines voies ferrées à forte déclivité, sur lequel engrène un pignon de la locomotive. **5.** FAM. **Pendre la crémaillère,** offrir une réception pour fêter une installation dans un nouveau logement.

crémation [kremasjɔ̃] **n.f.** (lat. *crematio,* de *cremare,* brûler). Action de brûler les morts (syn. **incinération**).

crématoire [krematwar] **adj.** et **n.m. 1.** Relatif à la crémation. **2. Four crématoire,** four destiné à l'incinération des cadavres. ▸ Les résonances historiques de la locution, qui reste attachée au souvenir de la barbarie nazie, lui font généralement préférer le terme technique et neutre de *crématorium.*

crématorium [krematɔrjɔm] **n.m.** Bâtiment où l'on incinère les morts ; four crématoire.

crème [krɛm] **n.f.** (bas lat. *crama,* [mot d'orig. gaul.], croisé avec *chrisma,* huile sacrée, chrême). **1.** Matière grasse du lait, dont on fait le beurre (on dit aussi *crème fraîche*) : *Crème liquide. Crème fouettée.* **2.** Pellicule qui se forme à la surface du lait bouilli. **3.** Entremets fait de lait, d'œufs et de sucre : *Crème renversée* (= cuite dans un moule au bain-marie et démoulée). *Crème caramel* (= nappée de caramel). *Crème anglaise* (= liquide et cuite au bain-marie). *Crème glacée* (= congelée). **4.** Liqueur sirupeuse obtenue à partir de certains fruits : *Crème de banane.* **5.** Pâte onctueuse pour la toilette ou les soins de beauté : *Crème à raser.* **6.** FAM. Ce qu'il y a de meilleur dans un domaine : *C'est la crème des hommes.* **7. Café crème,** café additionné de lait ou de crème (on dit aussi *un crème*). / **Crème Chantilly ⟶ chantilly.** ◆ **adj. inv.** D'une couleur blanche légèrement teintée de jaune : *Des pantalons crème.*

crémerie [krɛmri] **n.f.** (de *crémier*). **1.** Boutique où l'on vend des produits laitiers et des œufs. **2.** FAM. **Changer de crémerie,** changer de fournisseur ; aller ailleurs.

crémeux, euse [kremø, -øz] **adj. 1.** Qui contient beaucoup de crème : *Lait crémeux.* **2.** Qui a l'aspect de la crème : *Un enduit crémeux.*

crémier, ère [kremje, -ɛr] **n.** (de *crème*). Personne qui tient une crémerie.

crémone [kremɔn] **n.f.** (probabl. de *Crémone,* v. d'Italie, pour une raison inconnue). Dispositif de verrouillage des fenêtres ou des portes, composé de deux tringles métalliques qu'on hausse ou qu'on abaisse en faisant tourner une poignée.

créneau [kreno] **n.m.** (de *cren,* forme anc. de *cran*). **1.** Ouverture pratiquée autref. dans des murs défensifs pour tirer sur l'assaillant en restant à couvert : *Tour à créneaux.* **2.** Intervalle disponible entre deux espaces occupés, spécial. entre deux véhicules stationnés le long d'un trottoir ; manœuvre permettant de garer une voiture dans cet intervalle : *Faire un créneau.* **3.** COMM. Segment de marché où peut être exploité un type de produit ou de service : *Le créneau de* *la formation.* **4.** Temps d'antenne réservé à qqn, à un groupe. **5.** Courte période où l'on est disponible : *Chercher un créneau dans un emploi du temps chargé.* **6.** FAM. **Monter au créneau,** se porter là où se déroule l'action ; s'impliquer de manière ostensible dans une affaire, un débat.

crénelé, e [krenle] **adj. 1.** Muni de créneaux : *Tour crénelée.* **2.** Pourvu de dentelures en forme de créneaux sur les bords : *Feuille crénelée.*

créneler [krenle] **v.t.** (de *créneau*) [conj. **24**]. Entailler de découpures, de crans : *Créneler une pièce de monnaie.*

crénom [krenɔ̃] **interj.** (de [*sa*]*cré nom* [*de Dieu*]). Juron familier indiquant la surprise, l'indignation, la colère, etc.

créole [kreɔl] **n.** et **adj.** (esp. *criollo,* port. *crioulo*). Personne d'ascendance européenne née dans les anciennes colonies (Antilles, Guyane, La Réunion). ◆ **adj.** Propre aux créoles : *Cuisine créole.* ◆ **n.m.** Parler né à l'occasion de la traite des esclaves noirs (XVIe-XIXe s.) et devenu la langue maternelle des descendants de ces esclaves (Antilles, Guyane, îles de l'océan Indien, etc.) : *Le créole de la Guadeloupe. Les créoles anglais des Caraïbes.* ▸ Il existe des créoles à base de français, d'espagnol, d'anglais, de portugais.

créolisme [kreɔlism] **n.m.** Mot, expression, tournure particuliers au français parlé dans les zones où existe un créole d'origine française (Antilles, Guyane, îles de l'océan Indien, etc.).

créolité [kreɔlite] **n.f. 1.** Ensemble des valeurs de la culture créole. **2.** Mouvement littéraire de défense des valeurs culturelles et spirituelles propres aux créoles des Antilles françaises. ▸ Les écrivains R. Confiant et P. Chamoiseau en sont les principaux représentants.

créosote [kreɔzɔt] **n.f.** (gr. *kreas,* chair, et *sôzein,* conserver). Liquide incolore, d'odeur forte, caustique, extrait du goudron par distillation, utilisé pour la désinfection, la conservation du bois, etc.

crêpage [krepaʒ] **n.m. 1.** Action de crêper une étoffe, un papier. **2.** Action de crêper les cheveux ; fait d'être crêpé : *Se faire faire un crêpage chez le coiffeur.*

1. crêpe [krɛp] **n.m.** (de l'anc. fr. *cresp,* crépu, lat. *crispus*). **1.** Tissu de soie ou de laine fine à l'aspect ondulé. **2.** Morceau de crêpe ou de tissu noir qu'on porte sur soi en signe de deuil. **3.** Caoutchouc brut obtenu par coagulation du latex : *Bottes à semelle de crêpe.* **4. Crêpe de Chine,** crêpe de soie à gros grain.

2. crêpe [krɛp] **n.f.** (*de 1. crêpe*). Galette légère de blé ou de sarrasin, cuite dans une poêle ou sur une crêpière.

crêper [krepe] **v.t.** (lat. *crispare ;* v. *1. crêpe*). **1.** Donner du volume aux cheveux en rebroussant chaque mèche vers la racine. **2.** TECHN. Donner l'aspect du crêpe à une étoffe et, par ext., à du papier. ◆ **se crêper v.pr.** FAM. **Se crêper le chignon,** se prendre aux cheveux, en venir aux mains.

crêperie [krɛpri] **n.f.** Restaurant où l'on mange principalement des crêpes ; comptoir où sont confectionnées et vendues des crêpes à emporter.

crépi [krepi] **n.m.** (de *crépir*). Enduit de plâtre, de mortier, de ciment qui est appliqué sur un mur sans être lissé.

crêpier, ère [krepje, -ɛr] **n.** Marchand de crêpes.

crêpière [krepjɛr] **n.f.** Poêle très plate ou plaque électrique servant à cuire des crêpes.

crépine [krepin] **n.f.** (de l'anc. franc. *cresp ;* v. *1. crêpe*). **1.** BOUCH. Membrane graisseuse qui entoure les viscères du porc, du veau ou du mouton. **2.** Plaque perforée qui sert de filtre à l'entrée d'un tuyau d'aspiration.

crépinette [krepinɛt] **n.f.** Saucisse plate entourée de crépine.

crépir [krepir] **v.t.** (de l'anc. fr. *cresp ;* v. *1. crêpe*) [conj. **32**]. Enduire de crépi.

crépissage [krepisaʒ] **n.m.** Action de crépir ; fait d'être crépi : *Procéder au crépissage des murs.*

crépitement [krepitmɑ̃] **n.m.** Succession de bruits secs : *Le crépitement d'une fusillade.*

crépiter [krepite] **v.i.** (lat. *crepitare*). Faire entendre des bruits secs et répétés : *Le feu crépite dans la cheminée.*

crépon [krepɔ̃] **n.m.** et **adj.m.** (de *1. crêpe*). Tissu ou papier gaufré à la machine et présentant des ondulations irrégulières : *Papier crépon.*

crépu, e [krepy] **adj.** (de l'anc. fr. *cresp ;* v. *1. crêpe*). **1.** Se dit des cheveux frisés en touffes serrées. **2.** Qui a de tels cheveux.

crépusculaire [krepyskylɛr] **adj. 1.** Qui appartient au crépuscule : *Lumière crépusculaire.* **2.** Se dit d'un animal qui ne sort qu'au crépuscule : *Papillon crépusculaire.*

crépuscule [krepyskyl] **n.m.** (lat. *crepusculum*). **1.** Lumière qui suit le soleil couchant jusqu'à la nuit. **2.** LITT. Déclin : *La vieillesse est le crépuscule de la vie.*

crescendo [kreʃɛndo] **adv.** (mot it., du lat. *crescere,* croître). **1.** MUS. En renforçant graduellement le son. **2. Aller crescendo,** aller en augmentant. ◆ **n.m. 1.** MUS. Passage exécuté crescendo. **2.** Augmentation progressive : *Le crescendo des conversations.*

cresson [kresɔ̃] ou [krəsɔ̃] **n.m.** (frq. **kresso*). Plante herbacée qui croît dans l'eau douce *(cresson de fontaine)* et que l'on cultive dans les cressonnières pour ses parties vertes comestibles. ▸ Famille des crucifères.

Cresson (Édith), femme politique française (Boulogne-Billancourt 1934). Premier ministre de 1991 à 1992, elle est la première femme, en France, à accéder à ce poste.

cressonnière [kresɔnjɛr] **n.f.** Bassin d'eau courante où l'on fait croître le cresson de fontaine.

crésus [krezys] **n.m.** (n. d'un roi de Lydie). Homme très riche.

Crésus, dernier roi de Lydie (560 - 546 av. J.-C.). Il devait sa légendaire richesse au trafic commercial et aux mines d'or de son royaume. Il fut le premier à frapper des monnaies d'or et d'argent. Il fut vaincu et exécuté par Cyrus II.

crêt [krɛ] **n.m.** (mot jurassien ; v. *crête*). GÉOGR. Escarpement rocheux bordant une combe.

crétacé [kretase] **n.m.** (du lat. *cretaceus,* de *creta,* craie). Période géologique de la fin de l'ère secondaire, pendant laquelle s'est formée notamm. la craie.

crête [krɛt] **n.f.** (lat. *crista*). **1.** Excroissance charnue, dentelée, sur la tête de certains gallinacés : *La crête du coq.* **2.** Partie étroite, saillante, constituant la cime d'une montagne. **3.** Relief sous-marin allongé. **4.** Faîte d'un toit. **5.** Sommet frangé d'une vague. **6.** ÉLECTR., ÉLECTRON. Valeur instantanée maximale de la puissance pendant un certain intervalle de temps.

Crète, île grecque de la Méditerranée ; 8 336 km^2 ; 621 340 hab. *(Crétois).* V. princ. *Héraklion* et *Khaniá.*

GÉOGRAPHIE

Île montagneuse, la Crète possède un climat méditerranéen, plus humide au N. qu'au S. (en position d'abri), à l'O. qu'à l'E. (irrégulièrement atteint par les pluies). Le déclin de l'agriculture (céréales, olivier) et de l'élevage (ovins) est lié au dépeuplement de la montagne. L'émigration se poursuit vers le continent ou vers le littoral, bordé de plaines parfois irriguées (primeurs, raisins, agrumes), à vocation aussi touristique et, au N., site des principales villes, La Canée (Khaniá) et surtout Héraklion.

HISTOIRE

Peuplée à partir du VIIe millénaire, l'île connaît aux IIIe-IIe millénaires une grande prospérité maritime et commerciale, qui produit une brillante civilisation dite « minoenne » dont témoignent les palais de Cnossos, Malia et de Phaistos. Sous la domination au moins partielle des Mycéniens à partir du XVe s., la Crète décline irrémédiablement lors de l'invasion dorienne (XIIe s.). Du Ve s. au Ier s. av. J.-C., l'île devient un marché de mercenaires. Conquise par les Romains en 67 av. J.-C., puis possession byzantine, elle est occupée par les musulmans au IXe s. apr. J.-C. Elle est reprise par Byzance au Xe s. avant de devenir, au XIIIe s., une base vénitienne qui ne peut résister à la conquête turque (XVIIe s.). En 1898, la Crète obtient son autonomie, sous suzeraineté ottomane. Elle proclame son union avec la Grèce en 1908 et se libère de la souveraineté ottomane en 1913.

ARCHÉOLOGIE

Trois phases ont été reconnues dans l'évolution de la civilisation minoenne :

Env. 3000-2000 av. J.-C. Le minoen ancien porte encore l'empreinte de l'Orient et de l'Égypte avec déjà des traits culturels particuliers comme la symbolique de la double hache.

Env. 2000-1700. Le minoen moyen correspond à un âge du bronze florissant, marqué par une expression artistique originale avec la construction de vastes palais à plusieurs étages articulés autour de cours et de puits de lumière. Glyptique et écriture linéaire apparaissent.

Env. 1600-1100. Le minoen récent voit la reconstruction des palais qui sont ornés de fresques. Viennent de nouvelles destructions mais l'influence minoenne va se retrouver à Mycènes. L'écriture linéaire est devenue fréquente.

Créteil, ch.-l. du dép. du Val-de-Marne, sur la Marne, au sud-est de Paris ; 90 590 hab. *(Cristoliens)*. Académie et université. Évêché. Centre hospitalier.

crétin, e [kretɛ̃, -in] **n.** et **adj.** (mot de Suisse romande, correspondant au fr. *chrétien*). **1.** Individu atteint de crétinisme. **2.** *FAM.* Personne stupide (syn. **idiot, imbécile**).

crétinerie [kretinri] **n.f.** *FAM.* Sottise, stupidité : *Cette réponse montre bien sa crétinerie* (syn. **niaiserie**).

crétiniser [kretinize] **v.t.** Rendre qqn crétin : *Il est complètement crétinisé par la télévision* (syn. **abêtir, abrutir**).

crétinisme [kretinism] **n.m. 1.** État caractérisé par des troubles psychiques portant surtout sur l'intelligence. **2.** *FAM.* Imbécillité, sottise profonde.

cretonne [krətɔn] **n.f.** (de *Creton,* village de l'Eure). Toile de coton, souvent imprimée de motifs variés.

Creuse (la), riv. du Limousin et du Berry, affl. de la Vienne (r. dr.) ; 255 km.

Creuse [23], dép. de la Région Aquitaine-Limousin-Poitou-Charentes ; ch.-l. de dép. *Guéret ;* ch.-l. d'arr. *Aubusson ;* 2 arr., 15 cant., 260 comm. ; 5 565 km^2 ; 126 511 hab. *(Creusois)*.

creusement [krøzmɑ̃] **n.m.** Action de creuser ; fait d'être creusé : *Le creusement d'un puits, d'une tranchée.*

creuser [krøze] **v.t. 1.** Rendre creux en ôtant la matière : *Creuser le sol.* **2.** Faire une cavité : *Creuser un puits.* **3.** Rendre concave : *Creuser les reins* (syn. **cambrer**). **4.** Amaigrir (surtout au p. passé) : *Des joues creusées par la fatigue.* **5.** Approfondir : *Creuser un sujet.* **6.** Donner de l'appétit : *L'exercice creuse l'estomac.* ◆ **se creuser v.pr. 1.** Devenir creux : *La falaise s'est creusée sous l'assaut des vagues.* **2.** *FAM.* **Se creuser la tête, la cervelle,** beaucoup réfléchir.

creuset [krøzɛ] **n.m.** (altér., par attraction de *creux,* de l'anc. fr. *croisuel,* sorte de lampe, gallo-roman **croceolus*). **1.** Récipient en terre réfractaire, en métal, en alliage, utilisé pour fondre ou calciner. **2.** Partie inférieure d'un haut-fourneau, où se rassemble le métal fondu. **3.** Endroit où se mêlent diverses choses, diverses influences : *La Méditerranée est le creuset de plusieurs civilisations.*

Creusot (Le), ch.-l. de c. de Saône-et-Loire ; 23 020 hab. *(Creusotins)*. Écomusée et centre culturel au château de la Verrerie. Métallurgie.

Creutzfeldt-Jakob [krøtsfɛltʒakɔb] **(maladie de),** maladie cérébrale due à un prion, qui évolue vers la démence. ▸ Une des formes de transmission de la maladie se fait par la viande de bovins atteints d'encéphalopathie spongiforme.

1. creux, creuse [krø, krøz] **adj.** (lat. pop. **crosus,* probabl. d'orig. celt.). **1.** Dont l'intérieur est entièrement ou partiellement vide : *La tige creuse d'un roseau* (contr. **plein**). **2.** Qui présente une partie concave, une dépression : *On sert le potage dans des assiettes creuses* (contr. **plat**). **3.** Amaigri : *Un visage creux. Des joues creuses* (syn. **émacié**). **4.** Vide d'idées, de sens : *Un discours creux* (contr. **dense**). **5.** Où l'activité, la consommation, l'affluence sont réduites : *Les heures creuses.* **6.** *FAM.* **Avoir le nez creux,** avoir du flair, savoir deviner. ⁄ **Avoir l'estomac, le ventre creux,** être affamé. ⁄ **Chemin creux,** chemin encaissé des pays de bocage. ⁄ *DÉMOGR.* **Classe creuse,** tranche de la population née au cours d'une même année, et dont l'importance numérique est faible.

2. creux [krø] **n.m.** (de *1. creux*). **1.** Partie vide : *Le creux d'un rocher* (syn. **cavité**). **2.** Partie concave : *Le creux de la main.* **3.** Espace vide entre deux choses : *Le lézard disparut dans un creux entre deux pierres* (syn. **interstice**). **4.** Période d'activité ralentie : *Un creux dans la vente après les fêtes.* **5.** Profondeur entre deux vagues mesurée de la crête à la base. **6. Au creux de la vague,** dans une période d'échec, de dépression. ⁄ **Avoir un creux dans l'estomac,** avoir faim. ◆ **adv. Sonner creux,** rendre un son indiquant que l'objet sur lequel on frappe est vide.

crevaison [krəvɛzɔ̃] **n.f.** (de *crever*). Éclatement d'une chose gonflée ou tendue et, en partic., d'un pneu.

crevant, e [krəvɑ̃, -ɑ̃t] **adj.** *FAM.* Qui fatigue extrêmement : *Un travail crevant* (syn. **épuisant**).

crevasse [krəvas] **n.f.** (de *crever*). **1.** Fente étroite et profonde à la surface d'un glacier. **2.** Fente à la surface d'un mur, d'un édifice, etc. (syn. **lézarde, fissure**). **3.** Fente peu profonde dans la peau : *L'hiver, j'ai des crevasses aux mains* (syn. **gerçure**).

crevasser [krəvase] **v.t.** Faire des crevasses : *Le froid crevasse les mains.* ◆ **se crevasser v.pr.** Se marquer de crevasses : *Ce mur se crevasse* (syn. **se lézarder, se fissurer**).

crève [krɛv] **n.f.** (de *crever*). *FAM.* **Attraper, avoir la crève,** être malade (spécial. des suites d'un coup de froid).

crève-cœur [krɛvkœr] **n.m. inv.** Peine profonde, mêlée de dépit ou de compassion : *C'est un crève-cœur de le voir si malheureux et de ne pouvoir l'aider* (syn. **déchirement**).

crève-la-faim [krɛvlafɛ̃] **n.m. inv.** *FAM.* Individu vivant misérablement (syn. **miséreux**).

crever [krəve] **v.i.** (lat. *crepare,* craquer) [conj. **19**]. **1.** S'ouvrir en éclatant, en se répandant : *Bulle, abcès, nuage qui crève.* **2.** (Absol.). Subir la crevaison d'un pneu : *J'ai crevé deux fois depuis Paris.* **3.** Être plein de, comme près d'éclater : *Crever de santé, d'orgueil, de richesses* (syn. **déborder de**). **4.** Mourir, en parlant des animaux, des végétaux : *Une partie du bétail a crevé pendant l'épidémie. Les fleurs crèvent à cause de la sécheresse.* **5.** *T. FAM.* Mourir, en parlant des hommes : *Crever dans la misère.* **6. Crever de** (+ n.), éprouver au plus haut degré un état physique ou moral : *Crever de chaleur. Crever d'ennui.* ◆ **v.t. 1.** Percer, déchirer, faire éclater : *Crever un pneu.* **2.** *FAM.* Épuiser de fatigue : *Cette marche m'a crevé. Il est complètement crevé par son boulot. Crever un cheval.* **3. Crever le cœur à qqn,** lui inspirer une douloureuse compassion. ⁄ **Crever les yeux,** en parlant de qqch, être très visible ; être totalement évident. ◆ **se crever v.pr.** *FAM.* S'épuiser.

crevette [krəvɛt] **n.f.** (forme picarde de *chevrette*). Petit crustacé marin. ▸ Ordre des décapodes. Plusieurs espèces sont comestibles : *crevette grise, crevette rose* ou *bouquet.*

cri [kri] **n.m.** (de *crier*). **1.** Son perçant émis avec force par qqn sous l'effet de l'émotion ; paroles prononcées à voix très haute en signe d'appel, d'avertissement : *Pousser des cris. Des cris de douleur* (syn. **hurlement**). **2.** (Surtout au pl.) Ensemble d'éclats de voix, de paroles exprimant hautement un sentiment collectif : *Cris de réprobation.* **3.** Mouvement intérieur spontané : *Cri du cœur, de la conscience.* **4.** Son ou ensemble de sons émis par les animaux et caractéristique de chaque espèce : *Le cri de la chouette.* **5. À grands cris,** en insistant vivement. ⁄ **Pousser les (des) hauts cris,** protester avec indignation. **6. Dernier cri,** ce qui se fait de plus moderne, de plus récent : *Acheter un ordinateur et une imprimante dernier cri.*

criaillement [krijajmɑ̃] **n.m. 1.** Cri désagréable : *Le criaillement des mouettes.* **2.** (Souvent au pl.). Récriminations aigres et répétées (syn. **criaillerie**).

criailler [krijaje] **v.i. 1.** Crier beaucoup, et le plus souvent pour rien : *Des gamins qui criaillent.* **2.** Crier, en parlant de l'oie, du faisan, du paon, de la pintade.

criaillerie [krijajri] **n.f.** Querelle, cris discordants, suite de récriminations : *Cessez vos criailleries* (syn. **jérémiades**).

criant, e [krijɑ̃, -ɑ̃t] **adj. 1.** Qui fait crier d'indignation : *Une injustice criante* (syn. **révoltant, scandaleux**). **2.** Qui s'impose à l'esprit : *Une vérité criante* (syn. **manifeste, flagrant**).

criard, e [krijar, -ard] **adj. 1.** Qui crie désagréablement, qui se plaint, souvent sans motif sérieux : *Des enfants criards.* **2.** Aigu et désagréable : *Voix criarde* (syn. **aigre**). **3. Couleurs criardes,** couleurs crues contrastant désagréablement entre elles.

criblage [kriblaʒ] **n.m.** Action de cribler : *Le criblage du blé.*

crible [kribl] **n.m.** (bas lat. *criblum,* class. *cribrum*). **1.** Appareil à fond plat perforé, utilisé pour séparer selon leur grosseur des fragments solides (grains, sable, minerai, etc.). **2. Passer au crible,** examiner avec soin, trier.

cribler [krible] **v.t. 1.** Passer à travers un crible : *Cribler du sable.* **2.** Atteindre qqch en de nombreux endroits, en le perçant ou en le trouant : *Le mur était criblé de balles.* **3.** Couvrir qqch de marques : *Visage criblé de taches de rousseur.* **4. Être criblé de dettes,** en être accablé.

cric [krik] **n.m.** (moyen haut all. *kriec*). Appareil agissant par poussée directement sur un fardeau, et permettant de le soulever ou de le déplacer sur une faible course : *Soulever une voiture avec un cric pour changer une roue.*

Crick (*sir* **Francis Harry Compton**), biologiste britannique (Northampton 1916 - La Jolia, Californie, 2004). Avec James D. Watson et M. H. F. Wilkins, il a découvert la structure en double hélice de l'A.D.N. (Prix Nobel de physiologie et de médecine 1962.)

cricket [krikɛt] **n.m.** (mot angl., propr. « bâton »). Jeu de balle anglais qui se joue avec des battes de bois.

cricri [krikri] **n.m.** (onomat.). **1.** FAM. Cri du grillon, de la cigale. **2.** Grillon domestique.

criée [krije] **n.f.** (de *crier*). **Vente à la criée,** vente publique aux enchères (on dit aussi *la criée*).

crier [krije] **v.i.** (lat. pop. **critare,* class. *quiritare*) [conj. **10**]. **1.** Pousser un cri, des cris : *Crier de douleur* (syn. **hurler**). **2.** Parler très haut et avec colère : *Discuter sans crier* (syn. **brailler**). **3.** Produire un bruit aigre : *Une porte qui crie* (syn. **grincer**). **4.** Produire une sensation désagréable à l'œil : *Ce jaune et ce violet sont des couleurs qui crient entre elles.* **5. Crier au scandale, à la trahison,** les dénoncer vigoureusement. ◆ **v.t. 1.** Dire à haute voix : *Crier un ordre.* **2.** Manifester énergiquement : *Crier son indignation.* **3. Crier famine, crier misère,** se plaindre de la faim, de la pauvreté. / **Crier vengeance,** demander réparation d'une mauvaise action ou d'une cruauté que l'on a subie. ◆ **v.t. ind. [après, contre].** Réprimander vivement et d'une voix forte : *Crier après ses enfants.*

crieur, euse [krijœr, -øz] **n. 1.** Personne qui annonce en criant la vente d'une marchandise : *Crieur de journaux.* **2. Crieur public,** autref., personne qui proclamait les édits royaux en public.

crime [krim] **n.m.** (lat. *crimen,* accusation). **1.** Homicide volontaire : *Le mobile d'un crime* (syn. **meurtre**). **2.** DR. La plus grave des infractions à la loi, jugée génér. par la cour d'assises : *Crime contre la sûreté de l'État.* **3.** Acte répréhensible, action blâmable : *C'est un crime d'avoir démoli ce cinéma.* **4. Crime contre l'humanité,** voir le développement encyclopédique plus bas. / **Crime de guerre,** violation des lois et coutumes que des belligérants sont censés respecter (pillage, assassinat, exécution des otages).

■ **Les crimes contre l'humanité.** C'est en 1945, après la capitulation de l'Allemagne, à mesure que les Alliés vainqueurs prennent la mesure de l'atrocité des crimes commis (notamm. les camps de la mort) qu'ils entament l'établissement d'un tribunal international sans précédent, compétent pour juger les criminels de guerre nazis. Au procès de Nuremberg (1945-1946), le crime contre l'humanité est alors un chef d'inculpation inédit, qui vise tout acte inhumain commis contre des populations civiles, selon un plan concerté, pour des motifs politiques, raciaux ou religieux et ce, quelle que soit la législation du pays où il a été commis.

Le Code pénal français définit aujourd'hui le génocide comme un type particulier de crime contre l'humanité. Constituent également des crimes contre l'humanité la réduction en esclavage, la déportation, la torture, le viol ou la stérilisation forcée d'une population. Il n'existe pas de délai au-delà duquel on ne peut poursuivre un crime contre l'humanité : il est dit *imprescriptible.*

Une juridiction internationale permanente, la Cour pénale internationale, a été créée en 1998 pour poursuivre les auteurs de crimes contre l'humanité lorsqu'un État n'est pas en mesure de le faire. ■

Crimée, presqu'île de l'Ukraine, s'avançant dans la mer Noire et limitant la mer d'Azov. Les montagnes de sa partie méridionale (1 545 m) dominent une côte pittoresque bordée de stations balnéaires, dont Yalta.

HISTOIRE

La région a été colonisée par les Grecs à partir du VIIe s. av. J.-C. et a fait partie de l'Empire romain. Du VIIIe au XIIIe s., des peuples d'origine turque occupent le pays. Au XIIIe s., les Mongols, ou Tatars, établissent leur domination. Leurs princes (khans) reconnaissent la suzeraineté des Ottomans au XVIe s. En 1783, les Russes annexent la Crimée. Les bolcheviques y créent en 1921 une République autonome de Crimée (qui est supprimée en 1945). En 1954, la Crimée est rattachée à l'Ukraine.

Crimée ***(guerre de),*** conflit qui, en 1854-1855, opposa la France, la Grande-Bretagne, l'Empire ottoman et le Piémont à la Russie. Dès 1850, les visées russes sur l'Empire ottoman alarment la Grande-Bretagne, qui décide d'intervenir. Illustrée par les batailles de l'Alma (1854) et de Sébastopol (1855), cette guerre se termina par la défaite de la Russie, consacrée par le traité de Paris (1856). En 1991, l'accession à l'indépendance de l'Ukraine ravive les sentiments nationalistes en Crimée (peuplée à plus de 60 % de Russes), qui devient une république autonome.

criminaliser [kriminalize] **v.t.** Faire passer de la juridiction correctionnelle ou civile à la juridiction criminelle : *Criminaliser un délit, un procès.*

criminalité [kriminalite] **n.f.** Ensemble des actes criminels dans un milieu donné, à une époque donnée : *On a enregistré une baisse de la criminalité.*

criminel, elle [kriminɛl] **adj.** et **n.** (lat. *criminalis,* de *crimen* ; v. *crime*). Coupable de crime. ◆ **adj. 1.** Contraire aux lois naturelles ou sociales : *Acte criminel. Un incendie criminel.* **2.** DR. Relatif aux crimes : *Droit criminel.*

criminellement [kriminɛlmɑ̃] **adv.** De façon criminelle : *Abuser criminellement de sa force.*

criminologie [kriminɔlɔʒi] **n.f.** Étude scientifique du phénomène criminel. ◆ **criminologiste** et **criminologue** **n.** Noms du spécialiste.

crin [krɛ̃] **n.m.** (lat. *crinis,* cheveu). **1.** Poil long et rude qui pousse sur le cou et à la queue des chevaux et de quelques autres quadrupèdes. **2. À tous crins,** à outrance : *Une pacifiste à tous crins.* / **Crin végétal,** matière filamenteuse extraite du palmier, de l'agave, etc.

crincrin [krɛ̃krɛ̃] **n.m.** (de *crin,* avec infl. onomat.). FAM. Mauvais violon.

crinière [krinjɛr] **n.f.** (de *crin*). **1.** Ensemble du crin du cou d'un cheval ou d'un lion. **2.** Crins ornant le haut d'un casque et retombant par-derrière. **3.** FAM. Chevelure abondante.

crinoline [krinɔlin] **n.f.** (it. *crinolino,* de *crino,* crin, et *lino,* lin). **1.** Large jupon cerclé de baleines ou de lames d'acier qui maintenait l'ampleur de la jupe des robes à partir du milieu du XIXe s. **2.** La robe elle-même.

crique [krik] **n.f.** (anc. nordique *kriki*). Petite baie offrant un abri naturel aux bateaux.

criquet [krikɛ] **n.m.** (orig. onomat.). Insecte sauteur aux antennes courtes, herbivore. ▸ Ordre des orthoptères ; famille des acrididés ; le criquet stridule. Le *criquet migrateur* (ou *locuste*) et le *criquet pèlerin* des régions chaudes migrent périodiquement en vastes nuées dévastatrices pour les cultures.

crise [kriz] **n.f.** (lat. médic. *crisis*, gr. *krisis*, décision puis « phase décisive [d'une maladie] »). **1.** Manifestation soudaine ou aggravation brutale d'un état morbide : *Crise cardiaque. Crise de rhumatisme. De violentes crises de toux.* **2.** Accès soudain d'ardeur, d'enthousiasme : *Il travaille par crises* (syn. **à-coup**). **3.** Période décisive ou périlleuse de l'existence : *Être en proie à une crise de conscience, une crise religieuse.* **4.** Phase difficile traversée par un groupe social : *Crise de l'Université.* **5.** Manque de qqch sur une vaste échelle : *Crise de la main-d'œuvre, du logement* (syn. **pénurie**). **6. Crise de nerfs,** état d'agitation bref et soudain avec cris et gesticulation, sans perte de connaissance. **7. Crise économique,** rupture d'équilibre entre la production et la consommation, se traduisant, notamm., par des faillites et du chômage. / **Crise ministérielle,** période intermédiaire entre la démission d'un gouvernement et la formation d'un autre ; démission du gouvernement.

■ On donne le nom de *crise économique* à plusieurs types de phénomènes qui ont en commun un blocage, celui d'un secteur d'activité ou du système économique dans son ensemble, ce qui entraîne de grands bouleversements et nécessite des mesures importantes pour les surmonter. Partie d'un krach boursier aux États-Unis, la crise de 1929 ravagea l'économie des pays occidentaux ; elle fut suivie d'une longue période de dépression, ne s'achevant pratiquement qu'en 1937. La crise économique des années 1970-1980 a été déclenchée par la forte augmentation du prix du pétrole brut, décidée par les pays de l'Organisation des pays exportateurs de pétrole (O.P.E.P.) ; elle a entraîné une forte hausse des prix associée à une faible croissance, y compris dans les pays socialistes et dans le tiers-monde, du fait de l'interdépendance économique mondiale qui ne cesse de s'affirmer. En octobre 1987, le marché boursier international connaît de nouveau un krach de grande ampleur, conséquence directe d'une spéculation financière et reflet de la précarité monétaire internationale. Une crise a touché les pays émergents d'Asie en 1997-1998. En 2008, une crise d'une ampleur inédite s'est déclarée aux États-Unis, résultat du décalage entre la spéculation financière et la création de richesses réelles. Elle s'est propagée et touche l'ensemble de l'économie mondiale qui connaît un ralentissement sensible de sa croissance. Ses effets sont plus ou moins importants selon les pays. ■

criser [krize] **v.i.** (de *crise*). FAM. Avoir un brusque accès de colère : *Si tu ne lui réponds pas vite, il va criser.*

crispant, e [krispɑ̃, -ɑ̃t] **adj.** Qui agace ; qui impatiente : *Une attente crispante* (syn. **agaçant, irritant**).

crispation [krispasjɔ̃] **n.f. 1.** Contraction musculaire due à l'irritation, à la crainte, etc. : *La crispation de sa bouche révélait son désaccord.* **2.** Mouvement d'impatience, d'irritation, de nervosité : *La crispation des délégués s'accroissait au fil des négociations* (syn. **raidissement**).

crisper [krispe] **v.t.** (lat. *crispare* ; v. *crêper*). **1.** Contracter vivement les muscles sous l'effet d'une sensation physique, d'une émotion : *La douleur crispait son visage* (syn. **convulser**). **2.** Irriter vivement qqn ; faire prendre une attitude hostile à qqn. ◆ **se crisper v.pr. 1.** Se contracter vivement. **2.** Éprouver une vive irritation.

crissement [krismɑ̃] **n.m.** Bruit produit par l'écrasement de certaines matières ; grincement aigu.

crisser [krise] **v.i.** (frq. **krisan*, grincer). Produire un crissement : *Le gravier crisse sous les pneus de la voiture.*

cristal [kristal] **n.m.** (lat. *crystallus*, gr. *krustallos*, glace) [pl. *cristaux*]. **1.** Corps solide, pouvant affecter une forme géométrique bien définie, et caractérisé par une répartition régulière et périodique des atomes : *Le gros sel se présente sous forme de cristaux.* **2.** Verre blanc, très limpide, sonore et renfermant génér. du plomb ; objet de cette matière : *Un vase en cristal. Des cristaux de Bohême.* **3. Cristal de roche,** quartz hyalin, dur et limpide, qui présente dans sa forme primitive des prismes hexagonaux terminés par deux pyramides à six pans. / **Cristal liquide,** liquide utilisé notamm. pour les fonctions d'affichage électronique sur des montres, calculatrices, etc. / **Cristal rouge,** emblème du Mouvement international de la Croix-Rouge et du Croissant-Rouge, utilisé parfois à la place de la croix ou du croissant rouges pour des raisons culturelles ou opérationnelles.

cristallerie [kristalri] **n.f.** Fabrication d'objets en cristal ; établissement où on les fabrique.

1. cristallin, e [kristalɛ̃, -in] **adj. 1.** De la nature du cristal : *La structure cristalline de la silice.* **2.** LITT. Semblable au cristal par la transparence ou la sonorité : *Eaux cristallines. Voix cristalline.* **3. Roches cristallines,** roches qui se sont formées en profondeur par cristallisation à l'état solide (roches métamorphiques) ou à partir d'un magma liquide (roches éruptives).

2. cristallin [kristalɛ̃] **n.m.** Élément de l'œil, en forme de lentille biconvexe, placé dans le globe oculaire en arrière de la pupille, et qui fait converger les rayons lumineux sur la rétine.

cristallisable [kristalizabl] **adj.** Susceptible de se former en cristaux.

cristallisation [kristalizasjɔ̃] **n.f. 1.** Changement d'état dans un milieu liquide ou gazeux conduisant à la formation de cristaux : *Le quartz est produit par la cristallisation de la silice.* **2.** Fait, pour une idée, un sentiment, de se cristalliser, de se préciser, de se transfigurer : *Cette théorie était la cristallisation de dix années de réflexion* (syn. **aboutissement, concrétisation**).

cristallisé, e [kristalize] **adj.** Qui se présente sous forme de cristaux : *Sucre cristallisé.*

cristalliser [kristalize] **v.t.** (de *cristal*). **1.** Changer en cristaux : *Cristalliser du sucre.* **2.** Donner de la cohérence, de la force à qqch qui était vague, instable : *Ces excès ont cristallisé la révolte.* ◆ **v.i.** ou **se cristalliser v.pr. 1.** Se former en cristaux. **2.** Prendre de la consistance, s'ordonner de façon cohérente : *Souvenirs qui se cristallisent.*

cristallisoir [kristalizwar] **n.m.** Récipient en verre dans lequel on peut faire cristalliser les corps dissous.

cristallographie [kristalɔgrafi] **n.f.** Étude scientifique des cristaux et des lois qui président à leur formation.

cristalloïde [kristalɔid] **n.m.** (de *cristal* et *-oïde*). Corps dissous pouvant être dialysé (par opp. à *colloïde*).

cristallophyllien, enne [kristalɔfiljɛ̃, -ɛn] **adj.** (de *cristal* et du gr. *phullon*, feuille). GÉOL. Se dit d'une roche cristalline présentant des strates riches en silicates du type mica.

criste-marine [kristmarin] **n.f.** (gr. *krêthmon* [transcrit *crithmum* en lat. médiév. puis confondu avec le lat. *crista*, crête], et de *marin, marine*). Plante à feuilles charnues comestibles, croissant sur les rochers et les sables littoraux. ▸ Famille des ombellifères.

critère [kritɛr] **n.m.** (bas lat. *criterium*, gr. *kritêrion*, de *krinein*, juger). Caractère, principe auquel on se réfère pour distinguer une chose d'une autre, émettre un jugement, une appréciation, etc. : *La ponctualité est-elle un critère de politesse ?* (syn. **marque, preuve**).

critérium [kriterjɔm] **n.m.** (bas lat. *criterium* ; v. *critère*). Dans certains sports, épreuves qui ne sont pas des championnats : *Remporter un critérium.*

critiquable [kritikabl] **adj.** Qui peut être critiqué ; qui mérite d'être critiqué : *Nous jugeons votre décision critiquable* (syn. **blâmable, condamnable**).

1. critique [kritik] **adj.** (lat. *criticus*, gr. *kritikos*, de *krinein*, juger). **1.** MÉD. Se dit de la phase d'une maladie qui marque un changement : *Heures critiques.* **2.** Qui décide du sort de qqn ou de qqch : *Être dans une situation critique* (syn. **alarmant, dangereux**). **3.** PHYS. Où se produit un changement dans les propriétés d'un corps, l'allure d'un phénomène : *Masse, température critique.*

2. critique [kritik] **n.f.** (lat. *critica,* neutre pl. de *criticus ;* v. *1. critique*). **1.** Appréciation de l'authenticité d'une chose, de la valeur d'un texte : *Critique historique.* **2.** Art d'analyser et de juger une œuvre littéraire ou artistique : *Critique dramatique, musicale.* **3.** Jugement porté sur une œuvre : *Avoir une bonne critique dans la presse.* **4.** Ensemble de ceux qui, dans les médias, font métier de juger, de commenter ces œuvres : *Rallier l'unanimité de la critique.* **5.** Blâme, reproche porté sur qqn ou qqch : *Elle était affectée par toutes ces critiques* (syn. **attaque, dénigrement**).

3. critique [kritik] **adj.** (lat. *criticus ;* v. *1. critique*). **1.** Qui a pour objet de distinguer les qualités ou les défauts d'une œuvre littéraire ou artistique : *Analyse critique.* **2. Édition critique,** établie après la comparaison des textes originaux : *L'édition critique d'un manuscrit du Moyen Âge.* / **Esprit critique,** attitude de celui qui n'accepte un fait ou une opinion qu'après en avoir examiné la valeur ; attitude de celui qui est prompt à blâmer. ◆ **n.** Personne dont le métier consiste à commenter, à juger des œuvres littéraires ou artistiques, notamm. dans les médias.

critiquer [kritike] **v.t. 1.** Procéder à une analyse critique : *Critiquer un film avec impartialité.* **2.** Juger de façon défavorable et même malveillante : *Sa conduite a été très critiquée* (syn. **blâmer, désapprouver**).

critiqueur, euse [kritikœr, -øz] **n.** Personne portée à critiquer, surtout avec malveillance.

croassement [krɔasmɑ̃] **n.m.** Cri du corbeau et de la corneille.

croasser [krɔase] **v.i.** (onomat.). Émettre un croassement.

Croatie, État d'Europe, dans la péninsule balkanique ; 56 500 km^2 ; 4 290 000 hab. *(Croates).* CAP. *Zagreb.* LANGUE : *croate.* MONNAIE : *kuna.*

GÉOGRAPHIE

La Croatie, qui compte une notable minorité serbe (10 à 15 % de la population totale), possède une économie relativement diversifiée. L'industrie domine au centre, autour de Zagreb, l'agriculture à l'E., en Slavonie, entre les vallées de la Drave et de la Save. Le littoral, jalonné notamment par les villes de Rijeka, Split et Dubrovnik, et précédé des îles de l'archipel dalmate, juxtapose activités portuaire, industrielle et touristique.

HISTOIRE

Peuplée d'Illyriens, la région appartient à partir de 6-9 apr. J.-C. à l'Empire romain et est envahie par les Slaves au VIe s. Un royaume croate se constitue au Xe s.

1102. Le roi de Hongrie est reconnu roi de la Croatie, où il est représenté par un ban.

1526-1527. Une partie du pays tombe sous la domination des Ottomans, le reste est rattaché à l'Autriche.

1918. La Croatie adhère au royaume des Serbes, Croates et Slovènes. Au sein de ce royaume, devenu la Yougoslavie en 1929, les Croates s'opposent au centralisme serbe.

1941-1945. L'État indépendant croate est contrôlé par les Allemands et les Italiens.

1945. La Croatie devient une des six républiques de la République populaire fédérative de Yougoslavie.

1991. La Croatie, présidée par Franjo Tudjman (de 1990 à sa mort, en 1999), déclare son indépendance, ce qui conduit à de violents combats avec les insurgés serbes.

1992. Cette indépendance est reconnue par la communauté internationale.

1995. L'armée croate appuie les forces croato-musulmanes en Bosnie-Herzégovine.

2000. Stipe Mesić est élu à la présidence de la République.

2009. La Croatie est intégrée à l'O.T.A.N.

2010. Le social-démocrate Ivo Josipović est élu président.

2011-2012. Le traité d'adhésion à l'U.E. est signé et approuvé par référendum.

croc [kro] **n.m.** (frq. **krok,* crochet). **1.** Instrument muni d'une ou de plusieurs tiges pointues et recourbées servant à suspendre qqch : *Un croc de boucher.* **2.** Chacune des quatre canines, fortes, longues et pointues des carnivores. **3.** *FAM.* **Avoir les crocs,** être affamé.

Croce (Benedetto), philosophe, historien et homme politique italien (Pescasseroli 1866 - Naples 1952). L'un des chefs du parti libéral, il a exercé une grande influence sur la pensée littéraire et artistique italienne (*Bréviaire d'esthétique,* 1913 ; *Histoire du baroque en Italie,* 1929). *L'Histoire comme pensée et action* (1938) illustre sa philosophie historiciste marquée par celle de Hegel.

croc-en-jambe [krɔkɑ̃ʒɑ̃b] **n.m.** (pl. *crocs-en-jambe*). **1.** Action de déséquilibrer, de faire tomber qqn en passant le pied entre ses jambes (syn. **croche-pied**). **2.** Manœuvre déloyale pour nuire à qqn.

croche [krɔʃ] **n.f.** (de l'anc. adj. *croche,* crochu, de *croc*). MUS. Note dont la queue porte un crochet, et valant la moitié d'une noire.

croche-pied [krɔʃpje] **n.m.** (de *crocher,* accrocher [de *croc*] et *pied*) [pl. *croche-pieds*]. Syn. de *croc-en-jambe.*

crochet [krɔʃɛ] **n.m.** (de *croc*). **1.** Morceau de métal recourbé servant à suspendre, à fixer ou à tirer à soi qqch : *Crochet d'une persienne. Suspendre un tableau avec un crochet.* **2.** Tige de fer à bout recourbé servant à ouvrir une serrure (syn. fam. **rossignol**). **3.** Grosse aiguille ayant une encoche à une extrémité, utilisée pour faire du tricot, de la dentelle ; travail ainsi exécuté : *Faire du crochet.* **4.** Dent à extrémité recourbée des serpents venimeux. **5.** Signe graphique [] proche de la parenthèse par la forme et l'emploi. **6.** Détour : *Faire un crochet pour passer voir des amis. La route fait un crochet.* **7.** En boxe, coup de poing, porté horizontalement avec le bras replié. **8. Vivre aux crochets de qqn,** à ses frais, à ses dépens.

crochetage [krɔʃtaʒ] **n.m.** Action de crocheter une serrure.

crocheter [krɔʃte] **v.t.** [conj. **28**]. **1.** Ouvrir une serrure avec un crochet. **2.** Exécuter un ouvrage au crochet : *Crocheter un napperon.*

crochu, e [krɔʃy] **adj.** Recourbé en forme de crochet, de croc : *Bec, nez crochu.*

Crockett (David, dit **Davy),** pionnier américain (Rogersville, Tennessee, 1786 - Fort Alamo, Texas, 1836). Trappeur, député du Tennessee, il est célèbre par sa participation héroïque à la résistance de Fort Alamo, face aux Mexicains (1836), où il trouva la mort.

crocodile [krɔkɔdil] **n.m.** (lat. *crocodilus,* du gr.). **1.** Grand reptile à fortes mâchoires, qui vit dans les eaux des régions chaudes. ▸ Ordre des crocodiliens. Le crocodile vagit. **2.** Peau tannée du crocodile : *Un sac en crocodile.* **3. Larmes de crocodile,** larmes hypocrites.

crocus [krɔkys] **n.m.** (mot lat., du gr. *krokos,* safran). Plante à bulbe et à fleurs jaunes, dont une espèce est le safran ; fleur de cette plante. ▸ Famille des iridacées.

croire [krwar] **v.t.** (lat. *credere*) [conj. **107**]. **1.** Tenir qqch pour vrai, admettre comme réel, certain : *Croire une histoire. Je crois ce que vous me dites.* **2.** Tenir qqn pour sincère : *Croire qqn sur parole.* **3.** Tenir qqch pour possible, l'envisager par la pensée : *Je crois avoir trouvé la solution. Je crois qu'il viendra. Je ne crois pas qu'il vienne* (syn. **penser**). **4.** Avoir telle opinion, tel jugement sur qqn ou qqch ; considérer comme : *Je le croyais plus intelligent* (syn. **imaginer**). **5. En croire qqn, qqch,** s'en rapporter à qqn, qqch ; se fier à qqn, qqch : *À l'en croire, il est capable de tout. Je n'en crois pas mes yeux.* ◆ **v.t. ind. 1.** Tenir pour certain l'existence de qqn, qqch ; avoir foi en sa véracité ; s'y fier, avoir foi en son efficacité : *Il croit au père Noël. Croire à la sincérité de qqn. Il croit à son projet.* **2.** Avoir confiance en qqn, reconnaître l'existence de : *Croire en ses amis. Croire en Dieu.* ◆ **v.i.** Avoir la foi religieuse : *Il a cessé de croire il y a des années.* ◆ **se croire v.pr. 1.** S'estimer tel, avoir telle impression : *Il se croit fort. On se croirait au paradis.* **2.** (Absol.). *FAM.* Avoir une bonne opinion de soi ; être vaniteux : *Qu'est-ce qu'il se croit !*

croisade [krwazad] **n.f.** (réfection de l'anc. fr. *croisée* [même sens, de *croix*], d'apr. l'it. *crociata,* et l'esp. *cruzada*). **1.** HIST. Expédition militaire des chrétiens d'Occident contre les musulmans en Terre sainte ; expédition militaire contre les hérétiques : *La croisade des albigeois.* **2.** Action menée pour créer un mouvement d'opinion, récolter des fonds pour une lutte, etc. : *Croisade contre l'avortement. Croisade contre le cancer* (syn. **campagne**).

■ On appelle *croisades* les expéditions militaires entreprises du XIe au XIIIe s., par l'Europe chrétienne, sous l'impulsion de la papauté, pour porter secours aux chrétiens d'Orient, reprendre le Saint-Sépulcre (emplacement du tombeau du Christ) aux Turcs musulmans, puis pour défendre les États latins du Levant fondés par les croisés en Syrie et en Palestine. On distingue huit croisades.
– La 1re croisade (1096-1099), dont l'idée est lancée par le pape Urbain II au concile de Clermont (1095), donne lieu à deux expéditions distinctes : la première, populaire, désordonnée, sous la direction de Pierre l'Ermite, est rapidement anéantie par les Turcs ; la seconde, puissamment organisée, comprend plusieurs armées féodales qui prennent Antioche, Édesse, puis Jérusalem (1099). Elle aboutit à la création des États latins du Levant (ou d'Orient) : la principauté d'Antioche, le comté d'Édesse, le royaume de Jérusalem (confié à Godefroi de Bouillon) et le comté de Tripoli.
– La 2e croisade (1147-1149) est prêchée par saint Bernard et dirigée par Louis VII de France et l'empereur Conrad III, qui mettent en vain le siège devant Damas.
– La 3e croisade (1189-1192) a pour but la délivrance de Jérusalem reconquise par Saladin en 1187. Menée par Frédéric Barberousse, Philippe Auguste et Richard Cœur de Lion, elle n'aboutit qu'à la prise de Chypre et de Saint-Jean-d'Acre.
– La 4e croisade (1202-1204), prêchée par le pape Innocent III et dirigée par Baudouin IX de Flandre et Boniface Ier de Montferrat, est détournée de son but initial (l'Égypte) par les Vénitiens chargés du transport des troupes ; ceux-ci amènent les croisés à s'emparer de Constantinople : la ville est mise à sac (1204) et les croisés y établissent un Empire latin. Les Vénitiens obtiennent d'énormes avantages commerciaux et territoriaux.
– La 5e croisade (1217-1221), conduite par le roi de Jérusalem, n'aboutit qu'à la conquête temporaire de Damiette en Égypte.
– La 6e croisade (1228-1229) est conduite par l'empereur Frédéric II qui traite avec les musulmans et obtient, pour un temps, la restitution de Jérusalem, Bethléem et Nazareth.
– La 7e croisade (1248-1254) est dirigée par le roi de France Louis IX (Saint Louis) qui a fait le vœu d'anéantir l'Égypte, maîtresse des Lieux saints. Après avoir conquis Damiette, il est fait prisonnier à Mansourah et doit abandonner l'Égypte.
– La 8e croisade (1270), organisée par Saint Louis et Charles Ier d'Anjou, se dirige vers Tunis, où le roi de France trouve la mort.
Les croisades échouèrent à cause des rivalités entre les nations ou les seigneurs chrétiens. Outre la naissance d'États latins en Orient, elles eurent pour conséquences la création d'ordres religieux et militaires (Hospitaliers, Templiers, chevaliers Teutoniques), l'essor des ports et du commerce méditerranéens et, surtout, la mise en contact des civilisations de l'Orient (musulmane et byzantine) et de l'Occident. ■

1. croisé, e [krwaze] **adj. 1.** Qui se recoupe en formant une croix, un X : *L'armature croisée d'un vitrail.* **2.** BIOL. Qui est le résultat d'un croisement : *Chien croisé.* **3. Étoffe croisée,** étoffe dont les fils sont entrecroisés de telle sorte qu'ils donnent un sens oblique au tissu (on dit aussi *du croisé*). / **Quadrilatère croisé,** quadrilatère concave tel que deux de ses côtés non consécutifs soient des segments de droite sécants. / **Rimes croisées,** rimes féminines ou masculines alternées. / **Veste croisée,** veste dont les bords croisent (par opp. à *veste droite*).

2. croisé [krwaze] **n.m.** Celui qui participait à une croisade. ◆ **croisé, e n.** Personne qui se bat pour lancer ou promouvoir une idée, un système : *Une croisée de la parité.*

croisée [krwaze] **n.f. 1.** Point où deux choses se croisent : *La croisée de deux chemins.* **2.** Intersection du transept et de la nef d'une église. **3.** Châssis vitré pivotant servant à clore une fenêtre ; la fenêtre elle-même.

croisement [krwazmɑ̃] **n.m. 1.** Action de disposer en forme de croix, de faire se croiser ; cette disposition : *Croisement des fils d'une étoffe.* **2.** Point où plusieurs voies se croisent : *Ralentir au croisement* (syn. **carrefour**). **3.** Fait pour deux véhicules de se croiser en allant dans deux directions opposées. **4.** BIOL. Reproduction naturelle ou expérimentale par union de deux individus animaux ou végétaux de même espèce mais de races différentes. **5.** LING. Altération de la forme d'un mot sous l'influence d'un mot de forme voisine. (Ex. : *barbouiller,* croisement de *barboter* et *brouiller.*)

croiser [krwaze] **v.t.** (de *croix*). **1.** Disposer deux choses en croix ou en X : *S'asseoir en croisant les jambes.* **2.** Passer en travers : *Sentier qui croise une route* (syn. **couper**). **3.** Passer à côté de qqn, d'un véhicule en allant dans la direction opposée : *Croiser un ami dans la rue.* **4.** Effectuer un croisement d'animaux, de végétaux : *Croiser deux races de chevaux.* **5. Croiser le regard de qqn,** le rencontrer. / **Croiser les doigts,** mettre le majeur sur l'index en émettant un vœu pour conjurer le mauvais sort. ◆ **v.i. 1.** En parlant des bords d'un vêtement, passer l'un sur l'autre : *Manteau qui croise bien.* **2.** MAR. Aller et venir dans une même zone pour accomplir une mission de surveillance : *La flotte croise au large de Brest.* ◆ **se croiser v.pr. 1.** Passer l'un à côté de l'autre, en allant dans une direction opposée : *Nous nous croisons le matin dans le couloir.* **2.** En parlant de lettres, de colis, etc., être échangés au même moment. **3. Se croiser les bras,** rester inactif ; refuser de travailler.

croiseur [krwazœr] **n.m.** (de *croiser*). Grand bâtiment de guerre puissamment armé et employé pour l'escorte, la lutte antiaérienne ou anti-sous-marine.

croisière [krwazjɛr] **n.f.** (de *croiser*). **1.** Voyage d'agrément sur un paquebot ou sur un bateau de plaisance : *Yacht de croisière. Faire une croisière en Méditerranée.* **2. Allure, rythme, vitesse de croisière,** rythme normal après une période de mise en train. / **Vitesse de croisière,** meilleure allure d'un véhicule quant à la rapidité et à la consommation de carburant sur une longue distance.

croisillon [krwazijɔ̃] **n.m. 1.** Bras d'une croix, d'une chose disposée en croix : *Les croisillons de la croix de Lorraine.* **2.** Traverse d'une croisée, d'un vantail de fenêtre.

croissance [krwasɑ̃s] **n.f.** (lat. *crescensia,* de *crescere,* croître). **1.** Développement progressif d'un être vivant, augmentation de l'ensemble d'un corps ou de ses parties ; période pendant laquelle se fait cette augmentation : *Enfant en pleine croissance.* **2.** Accroissement, augmentation progressive : *La croissance de la production industrielle. La croissance démesurée d'une agglomération* (syn. **développement**). **3.** Augmentation des principales dimensions caractéristiques de l'activité d'un ensemble économique et social (notamm. de la production nationale des biens et des services) : *Une période de forte croissance économique.* **4. Croissance démographique,** augmentation de la population d'un pays.

1. croissant, e [krwasɑ̃, -ɑ̃t] **adj. 1.** Qui croît, s'accroît : *Un nombre croissant de chômeurs* (syn. **grandissant**). **2.** MATH. **Fonction croissante,** fonction définie sur un intervalle, qui varie dans le même sens que la variable dont elle dépend. / MATH. **Suite croissante,** suite dont chaque terme est inférieur à celui qui le suit.

2. croissant [krwasɑ̃] **n.m.** (de *croître* [propr. « temps pendant lequel la Lune croît »]). **1.** Forme échancrée de la Lune, lorsque sa surface éclairée visible est inférieure à la moitié d'un disque. ▸ La Lune est visible en croissant le soir entre la nouvelle lune et le premier quartier, et le matin entre le dernier quartier et la nouvelle lune. **2.** Forme du croissant de lune, et, spécial., emblème des musulmans, des Turcs. **3.** Petite pâtisserie en pâte levée et feuilletée arrondie en forme de croissant. **4.** TECHN. Instrument à fer recourbé, qui sert à élaguer les arbres.

Croissant-Rouge (le) ⟶ **Croix-Rouge** (la).

croître [krwatr] **v.i.** (lat. *crescere*) [conj. **93**]. **1.** Se développer, grandir : *Le peuplier croît plus vite que le chêne* (syn. **pousser**). **2.** Se développer, s'intensifier, en parlant d'un sentiment, d'un état : *Je sentais la colère croître en moi* (syn. **grandir**). **3.** Augmenter en nombre, en importance, en durée : *Les jours croissent* (contr. **décroître**). *Son ambition va croissant. La production a crû de 20 % cette année.* **4. Croître en sagesse,** acquérir davantage de sagesse.

croix [krwa] **n.f.** (lat. *crux*). **1.** Instrument de supplice formé d'un poteau et d'une traverse de bois, où l'on attachait et clouait les condamnés à mort ; ce supplice : *Spartacus mourut sur la croix.* **2.** (Avec une majuscule). Cet instrument, sur lequel Jésus-Christ fut crucifié, selon l'Évangile. **3.** Représentation de la Croix, symbole du christianisme. **4.** Objet de piété, bijou figurant la Croix. **5.** Insigne, décoration en forme de croix, d'un ordre de mérite ou honorifique : *Croix de guerre.* **6.** Signe graphique formé de deux traits croisés : *Faire une croix dans la marge.* **7. Croix de Lorraine,** à deux croisillons. **/ Croix rouge,** insigne des services de santé, reconnu et protégé par les conventions internationales. **/ En croix,** à angle droit ou presque droit : *Les bras en croix.* **/ Faire une croix sur qqch,** y renoncer définitivement : *Il a fait une croix sur ce voyage.* **/ Porter sa croix, avoir sa croix,** supporter, avoir des épreuves.

Croix du Sud, constellation de l'hémisphère austral. Les quatre étoiles les plus brillantes forment une croix dont la grande branche est orientée vers le pôle Sud. Elle servait jadis de repère d'orientation aux navigateurs.

Croix-Rouge (la), organisation internationale à vocation humanitaire fondée par Henry Dunant, à Genève, en 1863, pour venir en aide aux blessés et aux victimes de la guerre. La convention de Genève (22 août 1864) reconnaît le rôle de la Croix-Rouge et l'obligation pour les belligérants de protéger les blessés de guerre et de leur assurer les soins médicaux nécessaires. En dehors du temps de guerre, la Croix-Rouge participe à un grand nombre d'actions humanitaires, d'entraide, de secours en cas de calamités ou d'accidents, d'interventions médico-sociales, etc. Depuis 1986, la Croix-Rouge internationale a pour dénomination Mouvement international de la Croix-Rouge et du Croissant-Rouge. Ayant pour symbole une croix rouge sur fond blanc, l'organisation a un nom et un emblème différents dans la plupart des pays de l'islam (Croissant-Rouge).

Cro-Magnon *(homme de),* nom d'une population d'hommes du paléolithique supérieur (il y a environ 30 000 ans), dont les premiers restes furent découverts en 1868 au lieu-dit Cro-Magnon (comm. des Eyzies-de-Tayac-Sireuil, Dordogne). De nombreux autres vestiges devaient être mis au jour par la suite en Europe occidentale et centrale. Les hommes de Cro-Magnon, de grande taille et robustes, avaient une vaste capacité crânienne, une face courte et large. Leur squelette est très semblable au nôtre et ils font partie comme nous de la sous-espèce *Homo sapiens sapiens.* Ils sont peut-être originaires du Proche-Orient, ont peuplé l'Europe au paléolithique supérieur et, plus tardivement, l'Afrique du Nord.

cromlech [krɔmlɛk] **n.m.** (du breton *crom,* rond, et *lech,* pierre). Monument mégalithique formé de plusieurs menhirs disposés en cercle.

Crommelynck (Fernand), écrivain belge d'expression française (Paris 1886 - Saint-Germain-en-Laye 1970). Il est l'auteur de comédies (*le Cocu magnifique,* 1920).

Cromwell (Oliver), lord-protecteur d'Angleterre, d'Écosse et d'Irlande (Huntingdon 1599 - Londres 1658). Élu à la Chambre des communes en 1640, Cromwell appuie le parti puritain (protestant) contre l'arbitraire monarchique et contre les évêques anglicans. La première guerre civile (1642-1646), opposant les partisans du roi à ceux du Parlement, révèle ses exceptionnelles compétences militaires et politiques. Grâce à ses soldats, les « Côtes de fer », réunis dans une armée d'un type nouveau, inspiré du modèle suédois, il remporte la victoire de Naseby (juin 1645) qui assure le triomphe des parlementaires. Les intrigues de Charles Ier, qui espère profiter des rivalités entre l'armée et le Parlement, provoquent une seconde guerre civile (juill.-sept. 1648), dont Cromwell sort vainqueur. Après avoir épuré le Parlement, appelé alors *Parlement croupion* (1648), Cromwell élimine la Chambre des lords et fait condamner le roi à mort en janv. 1649. L'État anglais prend alors le nom de *Commonwealth.*
Membre à la fois du Parlement et du Conseil de l'armée, Cromwell se trouve dès lors le véritable maître du pays et le reste jusqu'à sa mort (1658). Ayant brisé les *niveleurs* (républicains, partisans de réformes sociales), il soumet l'Irlande (1649), entièrement reconquise, puis l'Écosse (1650-1651), unie autour du fils de Charles Ier. Après avoir dissous l'ancien Parlement, Cromwell devient en 1653 lord-protecteur d'Angleterre, d'Irlande et d'Écosse, et partage le pouvoir avec un Conseil et un Parlement élu à un suffrage censitaire rigoureux, chargé du pouvoir législatif. Il oriente le régime vers une dictature militaire (1655), puis tente en 1656 une nouvelle expérience parlementaire. La Chambre des communes lui propose alors la couronne, qu'il refuse (1657).
Son œuvre économique est indissociable de sa politique extérieure. Ayant fait voter l'Acte de navigation (1651), réservant aux seuls navires britanniques l'entrée des ports anglais, il se trouve entraîné dans une guerre contre les Provinces-Unies (1652-1654) qui porte la force militaire et navale anglaise à un point jamais encore atteint. Il remet de l'ordre dans le royaume, où il établit une large tolérance religieuse. Pratiquant une politique internationale ambitieuse, il attaque l'Espagne (occupation de la Jamaïque, 1655) et, allié à la France, remporte en 1658 la victoire des Dunes, qui lui permet d'annexer Dunkerque. Célèbre par son génie militaire, qu'il mit au service de sa foi, il fut le principal acteur de la première grande révolution parlementaire de l'époque moderne, qu'il détourna à son profit.

Cronenberg (David), cinéaste canadien (Toronto 1943). Maître du fantastique et du paranormal (*la Mouche,* 1986 ; *Faux-semblants,* 1988 ; *eXistenZ,* 1999), il s'intéresse également aux dérèglements du corps social (*A History of Violence,* 2005 ; *les Promesses de l'ombre,* 2007 ; *Cosmopolis,* 2012).

crooner [krunœr] **n.m.** (mot anglo-amér., de *to croon,* fredonner). Chanteur de charme.

1. croquant, e [krɔkɑ̃, -ɑ̃t] **n.** (orig. incert., p.-ê. de *croc* ou de *croquer,* détruire). **1.** HIST. Paysan révolté sous Henri IV et Louis XIII, dans le sud-ouest de la France. **2.** *VIEILLI.* Paysan, rustre.

2. croquant, e [krɔkɑ̃, -ɑ̃t] **adj.** (de *croquer*). Qui fait un bruit sec sous la dent : *Une salade croquante.*

à la **croque-au-sel** [krɔkosɛl] **loc. adv.** Cru et sans autre assaisonnement que du sel : *Tomates à la croque-au-sel.*

croque-madame [krɔkmadam] **n.m. inv.** Croque-monsieur surmonté d'un œuf sur le plat.

croque-mitaine [krɔkmitɛn] **n.m.** (de *croquer,* le deuxième élément étant obsc.) [pl. *croque-mitaines*]. **1.** Personnage fantastique dont on menaçait les enfants. **2.** Personne très sévère qui effraie.

croque-monsieur [krɔkməsjø] **n.m. inv.** Préparation chaude, composée de deux tranches de pain de mie grillées garnies de fromage et de jambon.

croque-mort [krɔkmɔr] **n.m.** (de *croquer,* faire disparaître) [pl. *croque-morts*]. *FAM.* Employé des pompes funèbres.

croquenot [krɔkno] **n.m.** (orig. incert., p.-ê. de *croquer,* faire un bruit sec). *FAM.* Gros soulier.

croquer [krɔke] **v.i.** (d'une onomat. *krokk-* exprimant un bruit sec). Faire un bruit sec sous la dent : *Le sucre croque dans la bouche.* ◆ **v.t. 1.** Broyer entre ses dents en faisant un bruit sec : *Croquer un bonbon.* **2.** *FAM.* Dilapider, dépenser en peu de temps : *Croquer un héritage.* **3.** Dessiner, peindre sur le vif, dans un style d'esquisse rapide. **4. Joli à croquer,** joli à donner envie d'en esquisser l'image.

croquet [krɔkɛ] **n.m.** (mot angl., probabl. du fr. *croc*). Jeu qui consiste à faire passer sous des arceaux des boules de bois avec un maillet, en suivant un trajet déterminé.

croquette [krɔkɛt] **n.f.** (de *croquer*). Boulette de pâte, de viande, de légumes ou de poisson, panée et frite.

croquignolet, ette [krɔkiɲɔlɛ, -ɛt] **adj.** (de *croquignole,* chiquenaude et « petit gâteau sec », p.-ê. de *croquer*). FAM. Charmant, mignon.

croquis [krɔki] **n.m.** (de *croquer*). Dessin rapide dégageant, à grands traits, l'essentiel du sujet, du motif : *Le témoin a fait un croquis des lieux de l'accident* (syn. **schéma**).

Cros (Charles), poète et savant français (Fabrezan, Aude, 1842 - Paris 1888). Il découvrit un procédé de photographie des couleurs (1869) en même temps que Ducos du Hauron et conçut en 1877, indépendamment d'Edison, un dispositif d'enregistrement et de reproduction des sons. Il fut également l'auteur de poèmes délicats (*le Coffret de santal,* 1873).

crosne [kron] **n.m.** (de *Crosne,* comm. de l'Essonne). Plante cultivée vivace à tubercules comestibles, originaire d'Extrême-Orient ; tubercule de cette plante. ▸ Famille des labiées.

cross [krɔs] et **cross-country** [krɔskuntri] **n.m.** (mot angl. de *across the country,* à travers la campagne) [pl. *cross-countrys* ou *cross-countries*]. Épreuve de course à pied en terrain varié avec des obstacles ; parcours équestre du même type.

crosse [krɔs] **n.f.** (germ. **krukja,* bâton recourbé). **1.** Bâton pastoral d'évêque, d'abbé ou d'abbesse, dont la partie supérieure se recourbe en spirale. **2.** Bâton recourbé utilisé pour pousser le palet ou la balle dans certains sports : *Crosse de hockey.* **3.** Partie recourbée de certains objets, de certains organes : *Crosse d'un violon. Crosse de l'aorte.* **4.** Partie postérieure d'une arme à feu servant à l'épauler : *La crosse d'un fusil.* **5.** FAM. **Chercher des crosses à qqn,** lui chercher querelle (syn. **noise**).

crotale [krɔtal] **n.m.** (lat. *crotalum,* castagnette, du gr.). Serpent venimeux appelé aussi *serpent à sonnette* à cause du grelot formé par les mues à l'extrémité de sa queue. ▸ Famille des vipéridés.

croton [krɔtɔ̃] **n.m.** (gr. *krotôn*). Genre d'arbustes ou d'arbres dont les graines renferment une huile toxique. ▸ Famille des euphorbiacées.

crotte [krɔt] **n.f.** (frq. **krotta*). **1.** Fiente de certains animaux : *Crottes de lapin.* **2.** Tout excrément solide. **3.** FAM. **Crotte de bique,** chose sans valeur. / **Crotte de, en chocolat,** bonbon au chocolat.

crotté, e [krɔte] **adj.** (de *crotte*). Sali de boue : *Bottes crottées.*

crottin [krɔtɛ̃] **n.m.** (de *crotte*). **1.** Excrément des chevaux, des mulets et des ânes. **2.** Petit fromage de chèvre de forme ronde.

crouille ou **crouye** [kruj] **adj.** (mot gaul.). HELV., FAM. (Avant le n.). Indiscipliné ; taquin : *Une crouille gamine.*

croulant, e [krulɑ̃, -ɑ̃t] **adj.** Qui croule ; qui s'écroule : *Murs croulants.* ◆ **n.** FAM. Personne d'âge mûr.

crouler [krule] **v.i.** (lat. pop. **crotalare,* secouer, de *crotalum ;* v. *crotale*). **1.** Tomber en s'affaissant : *Un vieux mur qui croule* (syn. **s'ébouler**). **2.** Aller à sa ruine, perdre de sa puissance : *Ce système politique croulait de toutes parts.* **3.** Crier, en parlant de la bécasse. **4. Crouler sous qqch,** être accablé, submergé par qqch : *Crouler sous le travail.*

croup [krup] **n.m.** (d'orig. onomat., d'apr. le bruit de la toux). VIEILLI. Extension sous le larynx de la diphtérie, dont les fausses membranes obstruent l'orifice de la glotte, qui peut provoquer la mort par asphyxie.

croupe [krup] **n.f.** (frq. **kruppa*). **1.** Partie postérieure de certains quadrupèdes, en partic. du cheval, qui s'étend depuis les reins jusqu'à l'origine de la queue. **2.** FAM. Postérieur d'une personne, en partic. d'une femme. **3.** GÉOGR. Sommet, petite colline de forme ronde. **4. En croupe,** à cheval derrière le cavalier ou sur la partie arrière d'une selle de moto.

à **croupetons** [kruptɔ̃] **loc. adv.** (de *croupe*). Dans la position accroupie.

croupi, e [krupi] **adj.** (de *croupir*). Qui est corrompu par la stagnation : *Eau croupie.*

croupier, ère [krupje, -ɛr] **n.** (de *[cavalier] croupier,* [cavalier] qui monte en croupe, qui est associé à un autre). Employé d'une maison de jeux qui dirige les parties, qui paie et ramasse l'argent pour le compte de l'établissement.

croupière [krupjɛr] **n.f.** Partie du harnais reposant sur la croupe du cheval, du mulet, etc.

croupion [krupjɔ̃] **n.m.** (de *croupe*). **1.** Arrière du corps des oiseaux supportant les plumes de la queue, et qui sécrète une graisse. **2.** FAM. Derrière d'une personne.

croupir [krupir] **v.i.** (de *croupe,* propr. « être accroupi ») [conj. **32**]. **1.** Se corrompre par stagnation, en parlant des eaux dormantes ou des matières qui s'y décomposent : *Cette eau a croupi.* **2.** Être contraint à l'inactivité : *Croupir en prison* (syn. **moisir**). **3.** Se complaire dans un état méprisable, dégradant : *Croupir dans l'ignorance.*

croupissant, e [krupisɑ̃, -ɑ̃t] **adj.** Qui croupit : *Eaux croupissantes.*

croustade [krustad] **n.f.** (prov. *croustado*). Croûte en pâte brisée ou feuilletée, qu'on remplit de garnitures diverses : *Croustade aux fruits de mer.*

croustillant, e [krustijɑ̃, -ɑ̃t] **adj. 1.** Qui croque sous la dent : *Du pain croustillant.* **2.** Qui suscite l'intérêt par son caractère grivois et amusant : *Des détails croustillants.*

croustiller [krustije] **v.i.** (de *crouste,* forme anc. de *croûte*). Craquer sous la dent.

croûte [krut] **n.f.** (lat. *crusta*). **1.** Partie extérieure du pain, du fromage, d'un pâté, etc., plus dure que l'intérieur : *Laisser la croûte du pain.* **2.** Couche extérieure qui se durcit à la surface d'un corps, d'un sol : *Cette eau dépose une croûte calcaire.* **3.** CUIS. Pâte cuite au four qui sert à la préparation de certains mets ; ces mets eux-mêmes : *Pâté en croûte.* **4.** Plaque qui se forme sur la peau, à la suite d'une blessure ou d'une affection de la peau : *La croûte va tomber.* **5.** Couche intérieure d'un cuir scié dans son épaisseur. **6.** FAM. Mauvais tableau : *Ce peintre n'a fait que des croûtes.* **7.** GÉOL. Zone superficielle du globe terrestre, d'une épaisseur moyenne de 35 km sous les continents *(croûte continentale)* et de 10 km sous les océans *(croûte océanique)* [on dit aussi *écorce terrestre*]. **8.** FAM. **Casser la croûte,** manger. / FAM. **Gagner sa croûte,** gagner sa vie.

croûton [krutɔ̃] **n.m.** (de *croûte*). **1.** Extrémité d'un pain (syn. **quignon**). **2.** Morceau de pain frit accompagnant certains plats.

crouye adj. ⟶ **crouille.**

croyable [krwajabl] **adj.** Que l'on peut croire : *Une coïncidence tout à fait croyable* (syn. **admissible, vraisemblable**).

croyance [krwajɑ̃s] **n.f. 1.** Fait de croire à la vérité ou à l'existence de qqch : *La croyance en Dieu* (syn. **foi**). **2.** Opinion religieuse, philosophique ou politique : *Respecter toutes les croyances* (syn. **conviction**).

croyant, e [krwajɑ̃, -ɑ̃t] **adj.** et **n.** Qui a la foi religieuse : *Il est très croyant.* ◆ **croyants n.m. pl.** Nom que se donnent les musulmans : *Le commandeur des croyants* (= le calife).

Crozet (*îles* ou *archipel*), archipel français de l'océan Indien méridional, au sud de Madagascar ; 500 km^2 env. Base scientifique.

C.R.S. [seɛrɛs] **n.m.** (sigle). Membre d'une compagnie* républicaine de sécurité.

1. cru, e [kry] **adj.** (lat. *crudus,* de *cruor,* sang). **1.** Qui n'est pas transformé par la cuisson : *Légumes crus* (contr. **cuit**). **2.** Qui n'est pas apprêté, qui n'a pas subi de transformation : *Soie crue.* **3.** Que rien n'atténue ; violent, brutal : *Lumière crue* (contr. **tamisé, voilé**). *Couleur crue.* **4.** Qui n'use pas de détour :

Répondre de façon crue (syn. **direct, franc**). **5.** Choquant, grivois : *Une plaisanterie un peu crue* (syn. **leste**). ◆ **adv.** À cru, sans selle sur une monture.

2. cru [kry] **n.m.** (de *croître*). **1.** Terroir spécialisé dans la production d'un vin ; ce vin lui-même. **2.** *FAM.* **Du cru,** du pays, de la région où l'on est : *Un paysan du cru.*

cruauté [kryote] **n.f.** (lat. *crudelitas*, de *crudelis* ; v. *cruel*). **1.** Penchant à faire souffrir ; caractère de qqn de cruel : *Il est d'une grande cruauté* (syn. **méchanceté, sadisme**). **2.** Caractère de ce qui fait souffrir : *La cruauté de l'hiver* (syn. **dureté, rigueur**). **3.** (Surtout pl.). Action cruelle : *Essayer d'oublier les cruautés subies* (syn. **atrocité**).

cruche [kryʃ] **n.f.** (frq. **krûkka*). **1.** Vase à large panse, à anse et à bec ; son contenu. **2.** *FAM.* Personne stupide.

cruchon [kryʃɔ̃] **n.m.** Petite cruche.

crucial, e, aux [krysjal, -o] **adj.** (lat. *crucialis*, de *crux, crucis*, croix). Très important : *Un problème crucial* (syn. **capital, fondamental**). *Le moment est crucial* (syn. **décisif**).

crucifère [krysifɛr] **n.f.** (du lat. *crux, crucis*, croix, et de *-fère*). **Crucifères,** famille de plantes herbacées dont la fleur a quatre pétales libres disposés en croix et six étamines dont deux plus petites, comprenant plusieurs espèces (moutarde, chou, cresson, radis, navet).

crucifié, e [krysifje] **n.** et **adj.** Personne mise en croix.

crucifiement [krysifimɑ̃] **n.m.** Action de crucifier (syn. **crucifixion**).

crucifier [krysifje] **v.t.** (lat. *crucifigere*, avec infl. des v. en *-fier*) [conj. **9**]. **1.** Infliger le supplice de la croix. **2.** *LITT.* Faire souffrir : *Crucifier sa chair* (syn. **mortifier**).

crucifix [krysifi] **n.m.** (du lat. *crucifixus*, mis en croix). Croix de bois, de métal, etc., sur laquelle le Christ est représenté crucifié.

crucifixion [krysifiksjɔ̃] **n.f.** **1.** Crucifiement ; (spécial., avec une majuscule) crucifiement du Christ. **2.** BX-A. (Avec une majuscule). Représentation du Christ sur la Croix.

cruciforme [krysifɔrm] **adj.** (du lat. *crux, crucis*, croix, et de *forme*). En forme de croix : *Une vis cruciforme* (= dont la tête présente une double fente, en forme de croix).

cruciverbiste [krysivɛrbist] **n.** (du lat. *crux, crucis*, croix, et *verbum*, mot). Amateur de mots croisés.

crudité [krydite] **n.f.** (lat. *cruditas*, indigestion). **1.** État de ce qui est cru : *Crudité des fruits.* **2.** Caractère de ce qui est brutal, choquant : *La crudité de son langage* (syn. **verdeur**). ◆ **crudités n.f. pl.** Légumes crus, ou parfois cuits (betterave, poireau), servis froids : *Assiette de crudités.*

crue [kry] **n.f.** (de *croître*). Élévation du niveau d'un cours d'eau, due à la fonte des neiges ou à des pluies abondantes : *Rivière en crue.*

cruel, elle [kryɛl] **adj.** (lat. *crudelis*, de *crudus* ; v. *1. cru*). **1.** Qui aime à faire souffrir ou à voir souffrir : *Un cruel tyran* (syn. **barbare, sanguinaire**). **2.** Qui témoigne de la méchanceté, de la cruauté : *Sourire cruel.* **3.** Qui cause une souffrance morale ou physique : *Un froid cruel* (syn. **rigoureux**). *Une perte cruelle* (syn. **pénible**).

cruellement [kryɛlmɑ̃] **adv.** De façon cruelle : *Un soulèvement réprimé cruellement* (syn. **sévèrement, durement**).

Crumb (Robert), dessinateur et scénariste américain de bandes dessinées (Philadelphie 1943). Figure du mouvement underground, il pourfend les conventions sociales tout en se faisant le chroniqueur féroce de ses fantasmes et de ses psychoses (*Fritz the Cat*, 1965 ; *Mister Natural*, 1970 ; *la Genèse*, 2009).

crûment [krymɑ̃] **adv.** (de *1. cru*). De façon dure, sans ménagement : *Dire crûment les choses.*

crural, e, aux [kryral, -o] **adj.** (lat. *cruralis*, de *crus, cruris*, jambe). De la cuisse : *Nerf crural.*

crustacé [krystase] **n.m.** (du lat. *crusta*, croûte). **Crustacés,** arthropodes généralement aquatiques, à respiration branchiale, et dont la carapace est formée de chitine imprégnée de calcaire. ▸ La classe des crustacés comprend six sous-classes dont la plus importante est celle des malacostracés (crabes, crevettes, homards, etc.).

■ Les crustacés ont un corps divisé en une tête portant deux paires d'antennes et les pièces buccales, un thorax et un abdomen dont chaque article est pourvu d'appendices servant le plus souvent à la locomotion (marche ou nage). Chez certaines espèces, la tête et le thorax sont fusionnés pour former un céphalothorax. La carapace est formée de chitine, comme chez les autres arthropodes, mais imprégnée de calcaire.

Par le nombre de leurs espèces (environ 40 000) mais, plus encore, par le nombre immense d'individus de leurs populations, en particulier les formes microscopiques du plancton, les crustacés dominent la faune marine. Avec le krill, petits crustacés ressemblant à des crevettes, ils constituent la principale source de nourriture des baleines à fanons. Leur part dans les peuplements d'eau douce et des sols est loin d'être négligeable et beaucoup sont adaptés au parasitisme.

Les crustacés sont ovipares : ils pondent des œufs dans l'eau ou les portent pendant le développement embryonnaire dans une poche spéciale. L'éclosion donne naissance, le plus souvent, à des formes larvaires typiques, très différentes de l'adulte. Appartenant au plancton, ces larves portées par les courants permettent la dispersion de l'espèce et le peuplement de nouveaux milieux souvent inaccessibles aux adultes fixés ou vivant sur le fond. Le passage à l'état adulte nécessite une profonde transformation (métamorphose). ■

Cruyff ou **Cruijff (Hendrik Johannes,** dit **Johan),** footballeur néerlandais (Amsterdam 1947). Stratège et buteur, il a remporté trois fois la Coupe d'Europe des clubs champions avec l'Ajax d'Amsterdam (1971-1973).

cryogène [krijɔʒɛn] **adj.** (de *cryo-* et *-gène*). PHYS. Qui produit du froid.

cryologie [krijɔlɔʒi] **n.f.** (de *cryo-* et *-logie*). Ensemble des disciplines scientifiques et techniques s'intéressant aux très basses températures.

cryothérapie [krijɔterapi] **n.f.** (de *cryo-* et *thérapie*). Traitement des maladies par le froid.

crypte [kript] **n.f.** (lat. *crypta*, du gr. *kruptos*, caché). Chapelle souterraine d'une église, où l'on plaçait autref. le corps ou les reliques de martyrs, de saints.

cryptique [kriptik] **adj.** (gr. *kruptos*, caché). ZOOL. Qui a pour effet de dissimuler un animal lorsqu'il est dans son milieu habituel : *Couleurs cryptiques d'un insecte.*

cryptogame [kriptɔgam] **adj.** et **n.m.** (de *crypto-* et *-game*). **Cryptogames,** plantes qui n'ont ni fleurs, ni fruits, ni graines (par opp. aux *phanérogames*). ▸ Les *cryptogames* forment trois embranchements : *thallophytes* (algues et champignons), *bryophytes* (mousses) et *ptéridophytes* (fougères et prêles).

cryptogamique [kriptɔgamik] **adj.** Se dit des affections causées aux végétaux par des champignons microscopiques.

cryptogramme [kriptɔgram] **n.m.** (de *crypto-* et *gramme*). Message écrit à l'aide d'un système chiffré ou codé.

cryptographie [kriptɔgrafi] **n.f.** (de *crypto-* et *-graphie*). Ensemble des techniques permettant de protéger une communication au moyen d'un code graphique secret.

cryptologie [kriptɔlɔʒi] **n.f.** (de *crypto-*, et *-logie*). Science des écritures secrètes, des documents chiffrés.

C.S.A. → **Conseil supérieur de l'audiovisuel.**

C.S.C.E. (Conférence sur la sécurité et la coopération en Europe), ensemble de négociations sur l'Europe menées, à partir de 1973, entre pays occidentaux (Europe occidentale, États-Unis, Canada) et pays de l'Est (U.R.S.S. et Europe orientale). À la suite de l'Acte final d'Helsinki (1975), elles ont surtout porté sur les droits de l'homme dans le monde communiste. En 1990, la Charte pour une nouvelle Europe redéfinit les buts de la C.S.C.E. qui accueille progressivement les pays issus de l'éclatement de l'U.R.S.S. et de la Yougoslavie. En 1995, la C.S.C.E. s'est transformée en un organisme permanent, l'O.S.C.E. (Organisation pour la sécurité et la coopération en Europe), dont le siège est à Vienne. Elle est chargée de la prévention des conflits et d'assister les jeunes démocraties dans l'affermissement de leurs nouvelles institutions. Elle surveille la régularité des élections ainsi que le respect des droits de l'homme dans certains pays.

C.S.P. [seɛspe] **n.f.** (sigle). Catégorie socioprofessionnelle*.

Cuba, État de l'Amérique centrale, constitué par la plus grande des Antilles, situé au sud de la Floride ; 111 000 km^2 ; 11 266 000 hab. *(Cubains)*. CAP. *La Havane*. LANGUE : *espagnol*. MONNAIES : *peso cubain* et *peso convertible*.

GÉOGRAPHIE

À moins de 250 km de la Floride, Cuba est la plus étendue des Antilles. C'est un pays de plaines et de plateaux calcaires (la montagne apparaissant au S.-E.). La situation en latitude explique un climat tropical, avec une température constante (voisine de 25 °C), des pluies relativement abondantes (1 200 mm), concentrées entre juin et déc. Les conditions naturelles sont favorables à l'agriculture. La prépondérance de la canne à sucre, héritage de la période coloniale, s'est maintenue depuis l'indépendance. Le castrisme a pourtant bouleversé, en les socialisant (notamm. par le biais d'une réforme agraire créant des fermes d'État et des coopératives), les structures économiques. La canne à sucre assure encore la majeure partie des exportations, malgré des tentatives de diversification dans les domaines agricole (fruits tropicaux [agrumes et bananes], progrès de l'élevage, reprise de la culture du tabac) et minier (nickel surtout). Gravement affectée par l'effondrement de l'U.R.S.S., son principal soutien, l'économie cubaine bénéficie aujourd'hui du renouveau du tourisme et de l'appui, notamm., du Venezuela, mais les conditions de vie de la population sont très difficiles.

HISTOIRE

1492. Christophe Colomb découvre l'île, alors peuplée d'Indiens Arawak.
Durant le XVIe s., la colonisation espagnole se développe grâce à l'exploitation du tabac dont l'Espagne se réserve le monopole. Les esclaves noirs remplacent les Indiens, exterminés.
Au XVIIIe s., la culture de la canne à sucre progresse rapidement.
1818. L'Espagne accorde la liberté générale du commerce aux créoles, restés fidèles à la métropole.
1868-1878. Les abus de l'administration coloniale provoquent une insurrection générale.
L'île obtient une autonomie relative.
1880. Abolition de l'esclavage.
1895. Déclenchement d'une nouvelle insurrection.
1898. Les États-Unis interviennent en faveur des insurgés. À l'issue de la guerre hispano-américaine, l'Espagne renonce à sa colonie. Cuba devient une république, étroitement contrôlée par les États-Unis.
1933-1944. Le général Batista, protégé des États-Unis, exerce le pouvoir jusqu'en 1940, puis devient président.
1952. De nouveau au pouvoir, Batista suspend la Constitution.
1959. Le mouvement révolutionnaire, dirigé par Fidel Castro, renverse Batista. Fidel Castro entreprend une importante réforme agraire, nationalise les entreprises américaines et met en œuvre un plan d'industrialisation de l'île. Les États-Unis ripostent par un embargo commercial.
1962. L'installation de fusées soviétiques dans l'île provoque une grave crise internationale.
1975-1977. Allié de l'U.R.S.S., Cuba intervient militairement en Afrique (Angola, Éthiopie). Le régime cubain, qui a d'abord servi de référence à de nombreux mouvements révolutionnaires du tiers-monde, se durcit.
1980. Détente avec les États-Unis et importante émigration de Cubains en Floride.
1989-1990. Cuba se désengage d'Afrique. La dislocation du bloc communiste prive l'île de débouchés commerciaux.
1994. Nouvelle vague d'émigration vers la Floride.
2003. Avec le procès et la condamnation à de lourdes peines de 78 dissidents, le régime castriste connaît un nouveau durcissement.
2006. Fidel Castro, malade, délègue provisoirement le pouvoir à son frère Raúl qui lui succède en 2008.
2010-2012. Après la levée des sanctions par l'U.E. (2008) et l'assouplissement de l'embargo américain (2009), R. Castro fait adopter des mesures de libéralisation économique.

Cuba *(crise de)* [oct. - nov. 1962], crise qui opposa les États-Unis et l'U.R.S.S. à propos de l'installation de fusées soviétiques à Cuba. Kennedy décida le blocus des armes livrées à Cuba par les cargos soviétiques. La crise se dénoua après les propositions de Khrouchtchev prévoyant le retrait des missiles soviétiques sous contrôle de l'O.N.U., l'engagement de Cuba de ne pas accepter d'armes offensives et celui des États-Unis de ne pas envahir Cuba.

cubage [kybaʒ] **n.m.** Action de cuber, d'évaluer le volume d'un corps ; volume ainsi évalué : *Effectuer le cubage d'une bibliothèque avant un déménagement.*

cubain, e [kybɛ̃, -ɛn] **adj.** et **n.** De Cuba.

1. cube [kyb] **n.m.** (lat. *cubus*, gr. *kubos*, dé à jouer). **1.** Parallélépipède rectangle dont les six faces carrées sont égales, ainsi que les douze arêtes. **2.** Objet ayant la forme d'un cube : *Couper de la viande, des légumes en cubes.* **3. Cube d'un nombre,** produit de trois facteurs égaux à ce nombre : *27 est le cube de 3 ($27 = 3 \times 3 \times 3 = 3^3$).* / **Cube d'un solide,** son volume. / **Cube parfait,** nombre entier qui est le cube d'un autre nombre entier. **4.** FAM. **Gros cube,** moto de forte cylindrée (plus de 500 cm^3). ◆ **cubes n.m. pl. Jeu de cubes,** jeu de construction fait d'un ensemble de cubes qu'il faut assembler pour reconstituer une image globale.

2. cube [kyb] **adj.** (de *1. cube*). **Mètre, centimètre, kilomètre, etc., cube,** volume égal à celui d'un cube de 1 m, 1 cm, 1 km, etc., de côté : *Deux mètres cubes (m^3).*

cuber [kybe] **v.t.** Évaluer en unités cubiques : *Cuber des pierres.* ◆ **v.i.** Avoir en unités cubiques un volume de : *Ce tonneau cube 300 litres.*

cubilot [kybilo] **n.m.** (altér. de l'angl. *cupilo, cupelow*, four à coupole, de l'it. *cupola*). Four à cuve de fusion pour la préparation de la fonte.

cubique [kybik] **adj.** Qui a la forme d'un cube : *Une boîte cubique.*

cubisme [kybism] **n.m.** (de *1. cube*). École artistique moderne qui, vers les années 1908-1920, a substitué aux types de représentation issus de la Renaissance des modes nouveaux et plus autonomes de construction plastique. ◆ **cubiste adj.** et **n.** Relatif au cubisme ; qui s'en réclame.

■ La leçon de Cézanne et la découverte de l'art négro-africain (que connaissaient déjà les fauves) ouvrent la voie aux travaux de Picasso (*les Demoiselles d'Avigon*, 1906-1907) et de Braque (dont les paysages « cézanniens » de 1908 paraissent à un critique comme réduits à une articulation de petits cubes). Une phase *analytique*, à partir de 1909, voit l'adoption par les deux artistes amis de plusieurs angles de vue pour la figuration d'un même objet, disséqué en multiples facettes dans une gamme restreinte de teintes sourdes. Ces œuvres frôlent parfois l'abstraction (cubisme « hermétique »), mais l'introduction de chiffres ou de lettres au pochoir puis, en 1912, l'intervention du *collage* et du *papier collé* réintroduisent le réel sous une forme nouvelle, ouvrant la phase *synthétique* du cubisme. À la même époque, d'autres peintres, réunis dans le groupe dit « de Puteaux » puis « de la Section d'or », expérimentent la nouvelle esthétique et organisent à Paris des présentations de leurs œuvres qui font scandale : les frères Duchamp, Albert Gleizes et Jean Metzinger, qui publient ensemble en 1912 un traité théorique, Louis Marcoussis, André Lhote, J. Gris, dont l'œuvre est exemplaire, F. Léger, R. Delaunay (ce dernier représentant une version lumineuse et colorée du cubisme, baptisée *orphisme* par Apollinaire), etc. Divers sculpteurs, sur les traces de Picasso, interprètent en trois dimensions les principes cubistes : Alexander Archipenko,

Joseph Csáky, Duchamp-Villon, H. Laurens, J. Lipchitz, Ossip Zadkine. Après la Première Guerre mondiale, chacun des créateurs ou adeptes du cubisme prend sa liberté par rapport à celui-ci ; il en est de même pour de nombreux artistes qui, des Pays-Bas à la Russie, en ont subi l'influence, au premier rang desquels Mondrian, Malevitch et les constructivistes. ■

Cubitainer [kybitenɛr] **n.m.** (nom déposé). Cube de plastique enveloppé dans du carton, pour le transport des liquides, en partic. du vin.

cubital, e, aux [kybital, -o] **adj.** (lat. *cubitalis*). Du coude : *Nerf cubital.*

cubitus [kybitys] **n.m.** (mot lat. « coude »). Le plus gros des deux os de l'avant-bras, portant à son extrémité supérieure une apophyse qui forme la saillie du coude.

cucurbitacée [kykyrbitase] **n.f.** (du lat. *cucurbita,* courge). **Cucurbitacées,** famille de plantes dicotylédones à fortes tiges rampantes et à gros fruits, comme la citrouille, la courge, le melon.

cueillette [kœjɛt] **n.f.** (lat. *collecta,* de *colligere,* recueillir). **1.** Action de cueillir des fruits, des fleurs, des légumes, etc. : *La cueillette des pommes* (syn. **récolte**). **2.** Période où se fait cette récolte. **3.** Les produits ainsi récoltés.

cueillir [kœjir] **v.t.** (lat. *colligere*) [conj. **41**]. **1.** Détacher de leurs tiges des fruits, des fleurs : *Cueillir des fraises* (syn. **récolter**). **2.** *FAM.* Aller chercher qqn : *Cueillir qqn à la gare.* **3.** *FAM.* Arrêter qqn : *Se faire cueillir par la police.* **4.** *FAM.* **Cueillir qqn à froid,** le prendre au dépourvu.

cueilloir [kœjwar] **n.m.** Cisaille fixée à un long manche, qui sert à cueillir les fruits.

cuesta [kwɛsta] **n.f.** (mot esp., lat. *costa,* côte [os]). GÉOMORPH. Syn. de *côte.*

cuillère ou **cuiller** [kɥijɛr] **n.f.** (lat. *cochlearium,* de *cochlea,* escargot, parce que l'ustensile servait à manger des escargots). **1.** Ustensile composé d'un manche et d'une partie creuse, servant à manger les aliments liquides ou à les remuer dans un récipient : *Une cuillère à soupe, à café.* **2.** Engin de pêche en forme de cuillère et muni d'hameçons. **3.** *FAM.* **En deux coups de cuillère à pot,** très vite, de façon expéditive. / **Être à ramasser à la petite cuillère,** être harassé, épuisé, en piteux état. / **Ne pas y aller avec le dos de la cuillère,** parler, agir sans ménagement.

cuillerée [kɥijere] ou [kɥijəre] **n.f.** Contenu d'une cuillère : *Une cuillerée à soupe de sirop.*

cuir [kɥir] **n.m.** (lat. *corium,* gr. *korion*). **1.** Peau épaisse de certains animaux : *Le cuir du rhinocéros.* **2.** Peau, en partic. des gros bovins, tannée et spécial. préparée pour des usages industriels : *Une ceinture en cuir.* **3.** Veste, blouson de cuir : *Il ne quitte jamais son cuir.* **4. Cuir chevelu,** partie de la tête recouverte par les cheveux.

cuirasse [kɥiras] **n.f.** (de *cuir*). **1.** Blindage, revêtement protecteur, en partic. d'une arme. **2.** Autref., pièce de l'armure protégeant le dos et la poitrine. **3. Le défaut de la cuirasse,** le point faible de qqn ou de qqch.

1. cuirassé, e [kɥirase] **adj. 1.** Protégé par un blindage : *Navire cuirassé.* **2.** Préparé à tout ; devenu insensible à qqch : *Être cuirassé contre les calomnies* (syn. **endurci**).

2. cuirassé [kɥirase] **n.m.** (de *1. cuirassé*). Grand navire de ligne doté d'une puissante artillerie et protégé par d'épais blindages.

cuirassement [kɥirasmɑ̃] **n.m.** Action d'équiper d'une cuirasse ; cette cuirasse.

cuirasser [kɥirase] **v.t. 1.** Équiper, revêtir qqch d'une cuirasse : *Cuirasser des navires* (syn. **blinder**). **2.** Rendre insensible : *Son éducation l'a cuirassé contre la malveillance* (syn. **endurcir**). ◆ **se cuirasser v.pr.** Devenir insensible.

cuire [kɥir] **v.t.** (lat. pop. **cocere,* class. *coquere*) [conj. **98**]. **1.** Soumettre un aliment à l'action de la chaleur pour le rendre consommable : *Cuire un rôti* (= le faire cuire). **2.** Soumettre un objet, une matière à l'action de la chaleur afin de les rendre aptes à un usage spécifique : *Cuire des émaux.* ◆ **v.i. 1.** Être soumis à l'action de la chaleur : *Le poulet cuit.* **2.** Causer une sensation de brûlure, d'échauffement : *Peau qui cuit sous le soleil* (syn. **brûler**). **3.** *FAM.* Être accablé de chaleur : *On cuit dans ce bureau.* **4. Faire cuire qqch,** le cuire : *Faire cuire des pâtes.* / **Il vous en cuira,** vous vous en repentirez.

cuisant, e [kɥizɑ̃, -ɑ̃t] **adj.** (de *cuire*). **1.** Qui cause une vive souffrance physique : *Douleur cuisante.* **2.** Qui affecte douloureusement : *Échec cuisant* (syn. **amer, cinglant**).

cuisine [kɥizin] **n.f.** (bas lat. *cocina,* class. *coquina,* de *coquere,* cuire). **1.** Pièce d'un logement, d'un restaurant, etc., où l'on prépare les repas. **2.** Action, art de préparer et de présenter les aliments : *Aimer faire la cuisine.* **3.** Mets, plats préparés, servis : *Cuisine légère, épicée.* **4.** *FAM.* Manœuvre louche : *Cuisine électorale* (syn. **intrigue**).

cuisiné, e [kɥizine] **adj. Plat cuisiné,** plat vendu tout préparé chez un traiteur, un charcutier.

cuisiner [kɥizine] **v.i.** Faire la cuisine : *Il cuisine remarquablement.* ◆ **v.t. 1.** Préparer, accommoder un plat, un aliment : *Cuisiner du poisson, du gibier.* **2.** *FAM.* **Cuisiner qqn,** l'interroger avec insistance pour obtenir un aveu, un renseignement : *La police l'a cuisiné toute la nuit.*

cuisinette [kɥizinɛt] **n.f.** Petite cuisine ; coin cuisine. (Recomm. off. pour *kitchenette.*)

cuisinier, ère [kɥizinje, -ɛr] **n.** Personne qui fait la cuisine, professionnellement ou non : *Ce restaurant a un nouveau cuisinier* (syn. **chef**). *Elle est très bonne cuisinière.*

cuisinière [kɥizinjɛr] **n.f.** Appareil muni d'un ou de plusieurs foyers pour cuire les aliments : *Cuisinière électrique.*

cuissage [kɥisaʒ] **n.m.** (de *cuisse*). FÉOD. **Droit de cuissage,** droit légendaire attribué au seigneur de passer avec la femme d'un de ses serfs la première nuit des noces de celle-ci.

cuissard [kɥisar] **n.m. 1.** Culotte d'un coureur cycliste. **2.** Autref., partie de l'armure qui couvrait les cuisses.

cuissarde [kɥisard] **n.f.** Botte dont la tige monte jusqu'en haut des cuisses : *Cuissardes de pêcheur, d'égoutier.*

cuisse [kɥis] **n.f.** (lat. *coxa,* hanche). **1.** Partie du membre inférieur qui s'étend de la hanche au genou. **2. Se croire sorti de la cuisse de Jupiter,** se juger supérieur aux autres.

cuisseau [kɥiso] **n.m.** Partie du veau comprenant la cuisse et la région du bassin.

cuisson [kɥisɔ̃] **n.f.** Action, façon de cuire ou de faire cuire : *La cuisson du pain. Cuisson à la vapeur.*

cuissot [kɥiso] **n.m.** Cuisse de sanglier, de chevreuil et de cerf.

cuistot [kɥisto] **n.m.** *FAM.* Cuisinier.

cuistre [kɥistr] **n.m.** (bas lat. *coquistro,* officier royal chargé de goûter les mets, du class. *coquere,* cuire). **1.** Personne qui fait un étalage intempestif d'un savoir mal assimilé (syn. **pédant**). **2.** Homme grossier : *Ce cuistre n'a salué personne* (syn. **rustaud**).

cuistrerie [kɥistrəri] **n.f.** (de *cuistre*). Pédanterie ridicule.

cuit, e [kɥi, -it] **adj. 1.** Préparé par la cuisson : *Un poulet mal cuit.* **2.** *FAM.* Perdu, ruiné : *Il n'en réchappera pas, il est cuit.* **3.** *FAM.* **C'est du tout cuit,** c'est gagné d'avance.

cuite [kɥit] **n.f.** (de *cuit*). *FAM.* Accès d'ivresse : *Prendre une cuite.*

se **cuiter** [kɥite] **v.pr.** *FAM.* S'enivrer, prendre une cuite.

cuivre [kɥivr] **n.m.** (lat. pop. **coprium,* class. *cyprium[aes],* bronze de Chypre). **1.** Métal de couleur rouge-brun, malléable et ductile, conducteur de l'électricité. ▸ Symb. Cu. **2.** Objet, ustensile de cette matière. **3. Cuivre jaune,** laiton. ◆ **cuivres n.m. pl.** Groupe des instruments de musique à vent, en métal et à embouchure (cors, trompettes, trombones, saxophones).

cuivré, e [kɥivre] **adj. 1.** De la couleur du cuivre : *Teint cuivré* (syn. **bronzé, basané**). **2.** D'une sonorité éclatante : *Voix cuivrée.*

Cukor (George), cinéaste américain (New York 1899 - Los Angeles 1983). Grand directeur d'acteurs (et surtout d'actrices), il exprima son talent raffiné dans des comédies à la fois caustiques et sentimentales : *David Copperfield* (1935), *le Roman de Marguerite Gautier* (1936), *Indiscrétions* (1940), *Hantise* (1944), *Une étoile est née* (1954), *le Milliardaire* (1960), *My Fair Lady* (1964).

cul [ky] **n.m.** (lat. *culus*). **1.** *T. FAM.* La partie de l'homme et de certains animaux qui comprend les fesses et le fondement. **2.** Partie postérieure ou inférieure de certaines choses : *Un cul de bouteille.* **3.** *FAM.* **Faire cul sec,** vider son verre d'un trait.

culasse [kylas] **n.f.** (de *cul*). **1.** Pièce d'acier destinée à assurer l'obturation de l'orifice postérieur du canon d'une arme à feu. **2.** Couvercle fermant la partie supérieure des cylindres dans un moteur à explosion.

culbute [kylbyt] **n.f.** (de *culbuter*). **1.** Figure que l'on exécute en posant la tête à terre et en roulant sur le dos : *Les culbutes d'un clown* (syn. **cabriole, galipette**). **2.** Chute brusque à la renverse ou tête en avant : *Faire une culbute dans un escalier.* **3.** *FAM.* Revers de fortune, perte d'une situation : *Cette entreprise n'a pas réussi à éviter la culbute* (syn. **faillite, ruine**). **4.** *FAM.* **Faire la culbute,** revendre au double du prix d'achat.

culbuter [kylbyte] **v.t.** (de *culer,* frapper au cul, et *bouter,* heurter). **1.** Faire tomber brusquement en renversant : *Culbuter une chaise.* **2.** *LITT.* Mettre en déroute : *Culbuter l'ennemi.* ◆ **v.i.** Tomber à la renverse : *La voiture a culbuté dans le ravin.*

culbuteur [kylbytœr] **n.m. 1.** Dispositif pour faire basculer un récipient, un véhicule, etc. : *Le culbuteur d'un wagonnet.* **2.** Pièce renvoyant la commande du mouvement des soupapes par-dessus la culasse du cylindre.

cul-de-basse-fosse [kydbɑsfos] **n.m.** (pl. *culs-de-basse-fosse*). Autref., cachot souterrain.

cul-de-jatte [kydʒat] **n.** (pl. *culs-de-jatte*). Personne privée de ses jambes et de ses cuisses.

cul-de-lampe [kydlɑ̃p] **n.m.** (pl. *culs-de-lampe*). **1.** ARCHIT. Élément s'évasant à la manière d'un chapiteau, établi en saillie sur un mur pour porter une charge, un objet. **2.** ARTS GRAPH. Vignette placée à la fin d'un chapitre.

en **cul-de-poule** [kydpul] **loc. adj. Bouche en cul-de-poule,** bouche dont les lèvres sont resserrées et arrondies en une sorte de moue.

cul-de-sac [kydsak] **n.m.** (pl. *culs-de-sac*). **1.** Rue, chemin sans issue (syn. **impasse**). **2.** Entreprise, situation, carrière qui ne mène à rien.

culée [kyle] **n.f.** (de *cul*). **1.** Massif de maçonnerie servant à épauler une construction et en amortir les poussées (syn. **butée**). **2. Culée de pont,** supportant l'extrémité d'un pont.

culinaire [kylinɛr] **adj.** (lat. *culinarius,* de *culina,* cuisine). Relatif à la cuisine : *Art culinaire. Préparation culinaire.*

culminant, e [kylminɑ̃, -ɑ̃t] **adj. Point culminant,** partie la plus élevée d'un relief ; au fig., plus haut degré, apogée de : *Le mont Blanc, point culminant des Alpes* (= sommet le plus haut). *Le point culminant de la crise* (= le summum).

culminer [kylmine] **v.i.** (lat. *culminare,* de *culmen,* sommet). **1.** Atteindre son point ou son degré le plus élevé : *Le massif des Alpes culmine à 4 810 mètres, au mont Blanc. Sa fureur culmina quand il découvrit le désastre.* **2.** Pour un astre, passer par le point de sa trajectoire diurne le plus élevé au-dessus de l'horizon.

culot [kylo] **n.m.** (de *cul*). **1.** Fond métallique d'une ampoule électrique servant à fixer celle-ci dans une douille. **2.** Fond métallique d'une cartouche. **3.** Dépôt accumulé dans le fourneau d'une pipe. **4.** *FAM.* Hardiesse excessive, grand aplomb : *Il ne manque pas de culot* (syn. **audace, effronterie**).

culotte [kylɔt] **n.f.** (de *cul*). **1.** Vêtement à jambes habillant le corps de la taille aux genoux : *Porter des culottes courtes.* **2.** Sous-vêtement féminin habillant le corps de la taille au haut des cuisses (syn. **slip**). **3. Culotte de cheval,** adiposité localisée aux hanches et aux cuisses. / *FAM.* **Faire dans sa culotte,** avoir très peur.

culotté, e [kylɔte] **adj. 1.** Noirci, couvert de dépôt, en partic., en parlant du fourneau d'une pipe. **2.** *FAM.* **Être culotté,** avoir de l'audace ; être effronté.

culotter [kylɔte] **v.t.** (de *culot*). **1.** Noircir par l'usage : *Culotter des gants.* **2. Culotter une pipe,** la fumer suffisamment pour qu'il s'y forme un culot, pour qu'elle s'imprègne de l'odeur du tabac.

culpabilisant, e [kylpabilizɑ̃, -ɑ̃t] **adj.** Qui culpabilise : *Un souvenir culpabilisant.*

culpabilisation [kylpabilizasjɔ̃] **n.f.** Action de culpabiliser ; fait d'être culpabilisé : *Certaines punitions peuvent être une source de culpabilisation.*

culpabiliser [kylpabilize] **v.t.** (du lat. *culpabilis,* de *culpa,* faute). Faire naître chez qqn un sentiment de culpabilité : *Culpabiliser un enfant.* ◆ **v.i.** ou **se culpabiliser v.pr.** Éprouver un sentiment de culpabilité.

culpabilité [kylpabilite] **n.f.** (du lat. *culpabilis,* de *culpa,* faute). **1.** Fait d'être coupable, état d'une personne coupable : *Établir la culpabilité d'un accusé.* **2. Sentiment de culpabilité,** sentiment d'une personne qui se juge coupable d'une faute.

culte [kylt] **n.m.** (lat. *cultus*). **1.** Hommage rendu à Dieu, à une divinité, à un saint, etc. **2.** Religion : *Changer de culte* (syn. **confession**). *Le culte catholique.* **3.** Chez les protestants, office religieux : *Aller au culte.* **4.** Vénération profonde ; amour fervent : *Avoir le culte de la famille.* **5. Culte de la personnalité,** admiration et approbation systématique de qqn, d'un dirigeant d'un système totalitaire.

cul-terreux [kyterø] **n.m.** (pl. *culs-terreux*). *FAM.* Paysan (péjor.).

cultivable [kyltivabl] **adj.** Qu'on peut cultiver : *Une terre cultivable.*

cultivateur, trice [kyltivatœr, -tris] **n.** Personne qui cultive la terre ; chef d'exploitation agricole.

cultivé, e [kyltive] **adj. 1.** Mis en culture ; obtenu par la culture : *Des terres cultivées. Plantes cultivées.* **2.** Enrichi par la culture intellectuelle : *Esprit cultivé* (syn. **érudit**).

cultiver [kyltive] **v.t.** (lat. médiév. *cultivare,* du class. *cultus,* de *colere,* soigner, cultiver). **1.** Travailler la terre pour qu'elle produise : *Cultiver un champ.* **2.** Procéder aux opérations permettant de faire pousser et de récolter une plante : *Cultiver des céréales.* **3.** Entretenir, développer, perfectionner une qualité, un don : *Cultiver sa mémoire, sa voix.* **4.** Rechercher assidûment à avoir des relations avec qqn, génér. dans un but intéressé : *Un homme à cultiver pour ses liens avec un ministre.* ◆ **se cultiver v.pr.** Enrichir son esprit, accroître ses connaissances.

cultuel, elle [kyltɥɛl] **adj.** Relatif au culte : *Un édifice cultuel.*

culture [kyltyr] **n.f.** (lat. *cultura* ; v. *cultiver*). **1.** Action de cultiver une terre, une plante : *Culture en terrasses. Culture de l'orge.* **2.** Terrain cultivé, surface exploitée : *La plaine est couverte de riches cultures.* **3.** Ensemble des connaissances acquises : *Entretenir sa culture générale. Femme d'une grande culture* (syn. **érudition, savoir**). **4.** Ensemble des structures sociales, religieuses, etc., des manifestations intellectuelles, artistiques, etc., qui caractérisent une société : *La culture inca* (syn. **civilisation**). **5. Culture de masse,** culture produite et diffusée à l'intérieur de l'ensemble du public par les moyens de communication de masse (grande presse, télévision, etc.). / **Culture physique,** gymnastique. / **Maison de la culture,** établissement géré par le ministère de la Culture et la collectivité locale dont il dépend, chargé d'encourager et de promouvoir des manifestations artistiques et culturelles. **6.** BIOL. **Culture des tissus, culture microbienne,** technique consistant à faire vivre et se développer des tissus, des micro-organismes sur des milieux nutritifs préparés à cet effet. ▶ *Dossier page suivante.*

culturel, elle [kyltyrɛl] **adj. 1.** Relatif à la culture d'une société ou d'un individu, à son développement : *Identité culturelle.* **2.** Qui vise à développer la culture, à répandre certaines formes de culture : *Centre culturel.*

culturellement [kyltyrɛlmɑ̃] **adv.** Sur le plan culturel : *Familles culturellement défavorisées.*

culturisme [kyltyrism] **n.m.** Culture physique destinée plus spécialement à développer la musculature : *Faire du culturisme* (syn. anglic. **body-building**). ◆ **culturiste adj.** et **n.** Qui concerne le culturisme ; qui le pratique.

cumin [kymɛ̃] **n.m.** (lat. *cuminum,* gr. *kuminon,* mot d'orig. sémitique). Ombellifère cultivée pour ses graines aromatiques ; la graine de cette plante, utilisée comme condiment.

cumul [kymyl] **n.m.** (de *cumuler*). Action de cumuler ; fait d'être cumulé : *Le cumul des mandats électoraux.*

cumulable [kymylabl] **adj.** Qu'on peut cumuler : *Revenus cumulables avec un salaire.*

cumulatif, ive [kymylatif, -iv] **adj.** Qui implique une accumulation ; qui est cumulé avec autre chose : *Intérêt cumulatif.*

cumuler [kymyle] **v.t.** et **v.i.** (lat. *cumulare,* entasser, de *cumulus,* amas). Exercer simultanément plusieurs emplois, plusieurs mandats, etc. ; détenir à soi seul plusieurs titres, plusieurs diplômes, etc. : *Il a cumulé les fonctions de Premier ministre et de ministre des Finances.*

cumulo-nimbus [kymylɔnɛ̃bys] **n.m. inv.** (de *cumulus* et *nimbus*). Nuage de grandes dimensions à grand développement vertical, d'aspect foncé, qui, très souvent, annonce un orage.

cumulus [kymylys] **n.m.** (mot lat. « amas »). Nuage de beau temps, blanc, à contours très nets, dont le sommet, en dôme, dessine des protubérances arrondies.

cunéiforme [kyneifɔrm] **adj.** (du lat. *cuneus,* coin). **Écriture cunéiforme,** dont les éléments ont la forme de clous (on dit aussi *le cunéiforme*). ▶ Cette écriture fut inventée vers le milieu du IVe millénaire par les Sumériens et utilisée dans le Proche-Orient jusqu'au Ier millénaire av. J.-C.

cuniculiculture [kynikylikyltyr] **n.f.** (du lat. *cuniculus,* lapin). Élevage du lapin.

cunnilingus [kynilɛ̃gys] **n.m.** (du lat. *cunnus,* sexe de la femme [v. *con*], et *lingere,* lécher). Excitation buccale des organes génitaux féminins. (On dit aussi *le cunnilinctus.*)

Cunningham (Merce), danseur et chorégraphe américain (Centralia, État de Washington, 1919 - New York 2009). Soliste dans la troupe de Martha Graham (1939-1945), il donne des récitals en solo dès 1944 et fonde sa compagnie en 1953. En refusant d'accorder la moindre signification au mouvement, il écarte la danse de toute narration, de tout support psychologique et de toute musique en tant qu'inspiratrice du mouvement. Dans ses réalisations, il introduit des centres d'intérêts multiples : la scène devient un fragment d'infini, difficile à saisir dans sa globalité pour le spectateur. Sa démarche créatrice trouve son aboutissement dans l'*event,* pièce unique composée en fonction du cadre de la représentation d'un soir (*Walkaround Time,* 1968 ; *Enter,* 1992 ; *Split Sides,* 2003).

cupide [kypid] **adj.** (lat. *cupidus,* de *cupere,* désirer). *LITT.* Avide d'argent : *Un administrateur cupide* (= âpre au gain) [syn. **rapace**].

cupidité [kypidite] **n.f.** *LITT.* Désir immodéré des richesses : *La cupidité d'un usurier* (syn. **rapacité**).

Cupidon, divinité romaine de l'Amour, assimilée à l'Éros des Grecs. Enfant perpétuel, Cupidon est le fils de Vénus, à la fois agent et incarnation du pouvoir que cette déesse exerce sur les humains. On lui attribue pour père Mars et parfois Mercure. Mais on le dit parfois sans géniteur.

cuprifère [kyprifɛr] **adj.** (du lat. *cuprum,* cuivre, et de *-fère*). Qui contient du cuivre.

cuprique [kyprik] **adj.** (du lat. *cuprum,* cuivre). CHIM. De la nature du cuivre.

cupule [kypyl] **n.f.** (lat. *cupula,* petite coupe). BOT. Organe soutenant ou enveloppant les fruits des arbres de l'ordre des cupulifères : *La cupule d'un gland, d'une noisette.*

cupulifère [kypylifɛr] **n.f.** (de *cupule* et *-fère*). **Cupulifères,** ordre des plantes généralement arborescentes dont le fruit est enchâssé dans une cupule, et comprenant notamm. les chênes, le hêtre et le châtaignier.

curable [kyrabl] **adj.** (lat. *curabilis,* de *curare,* soigner). Qui peut se guérir (syn. **guérissable**).

curaçao [kyraso] **n.m.** (du n. de l'île de *Curaçao*). Liqueur faite avec des écorces d'orange, du sucre et de l'eau-de-vie.

Curaçao, île des Antilles néerlandaises, près de la côte du Venezuela ; 149 679 hab. Ch.-l. *Willemstad.* Oranges (liqueur). Raffinage du pétrole.

curage [kyraʒ] **n.m.** Action de curer : *Le curage d'un puits.*

curare [kyrar] **n.m.** (mot esp., du caraïbe). Poison végétal, d'action paralysante, dont certains Indiens de l'Amérique du Sud enduisent leurs flèches. ▶ Il est employé en anesthésie pour supprimer la contraction des muscles.

curatelle [kyratɛl] **n.f.** (lat. médiév. *curatela,* du class. *cura,* soin). **1.** Fonction de curateur. **2.** Un des régimes de protection des incapables majeurs.

curateur, trice [kyratœr, -tris] **n.** (lat. *curator,* de *cura,* soin). Personne commise à l'assistance d'un incapable majeur. ◆ **curateur n.m.** ANTIQ. ROM. Fonctionnaire chargé d'un grand service public.

curatif, ive [kyratif, -iv] **adj.** (du lat. *curare,* soigner). Qui a pour but la guérison d'une maladie déclarée : *Traitement curatif* (contr. **préventif**).

curcuma [kyrkyma] **n.m.** (mot esp., de l'ar.). Plante de l'Inde, dont le rhizome est utilisé comme épice. ▶ Famille des zingibéracées.

1. cure [kyr] **n.f.** (lat. *cura,* soin). **1.** Traitement médical d'une maladie ou d'une lésion : *Une cure de vitamines.* **2.** Traitement particulier d'une affection quelconque par des soins appropriés : *Une cure d'amaigrissement.* **3. Faire une cure de,** en consommer beaucoup : *Faire une cure de cinéma.* / *LITT.* **N'avoir cure de,** ne pas se préoccuper de.

2. cure [kyr] **n.f.** (lat. *cura,* d'apr. *curé*). **1.** Fonction à laquelle sont attachées la direction spirituelle et l'administration d'une paroisse. **2.** Habitation d'un curé.

curé [kyre] **n.m.** (lat. médiév. *curatus,* qui a la charge des âmes, du class. *curare,* soigner). Prêtre chargé d'une cure.

cure-dents n.m. inv. ou **cure-dent** [kyrdɑ̃] **n.m.** (pl. *cure-dents*). Petit instrument pour se curer les dents.

curée [kyre] **n.f.** (de *cuir,* peau [d'un animal]). **1.** VÉN. Partie de la bête que l'on donne à la meute ; cette distribution même. **2.** Lutte avide pour s'emparer des places, des honneurs, des biens laissés vacants : *À la mort de l'aïeul, on assista à la curée des héritiers.*

cure-pipes n.m. inv. ou **cure-pipe** [kyrpip] **n.m.** (pl. *cure-pipes*). Instrument pour nettoyer les pipes.

curer [kyre] **v.t.** (lat. *curare,* soigner). Nettoyer, retirer les ordures de : *Curer un fossé, un étang.* ◆ **se curer v.pr. Se curer les dents, les ongles,** les nettoyer.

curetage [kyrtaʒ] **n.m.** Opération qui consiste à enlever avec une curette des corps étrangers ou des produits morbides de l'intérieur d'une cavité naturelle ou pathologique.

cureter [kyrte] **v.t.** (de *curette*) [conj. **27**]. Faire un curetage.

curette [kyrɛt] **n.f.** (de *curer*). Instrument de chirurgie en forme de cuillère à bords tranchants utilisé pour cureter.

Curiaces → Horaces.

1. curie [kyri] **n.f.** (lat. *curia*). **1.** Chez les Romains, division des trois tribus primitives. ▶ Il y avait 10 curies par tribu. **2.** Lieu où s'assemblait le sénat romain ; ce sénat lui-même. **3.** Ensemble des organismes gouvernementaux du Saint-Siège.

L'art est-il conciliable avec le mécénat ? S'il est vrai que la culture représente un coût, comment la création peut-elle garder son esprit d'indépendance ? L'artiste ne doit-il pas se plier aux contraintes du marché ? Le chanteur à qui l'on impose un nom ou le parolier dont le texte est modifié ne se sentent-ils pas trahis ?

Peut-on concilier culture et argent ?

▶ **Le mécénat, une tradition.** La culture met en relation trois acteurs : le créateur, le destinataire du message artistique et un médiateur. Le médiateur (galerie d'art, sponsor) facilite la diffusion de la création. Il fait connaître l'œuvre pour qu'elle soit partagée. Lorsqu'il n'a pas pour objectif la rentabilité, il est un mécène. Le mécénat n'est pas une entreprise nouvelle. François Ier revient d'Italie avec des artistes qui vont bâtir la Renaissance française. Molière joue à Paris grâce à Monsieur, frère du roi. *Le Bourgeois gentilhomme* est une commande. Malgré les sujets abordés, Louis XIV n'interdit pas *Dom Juan* ni même *le Tartuffe*. Une part de liberté d'expression peut donc exister en dépit de la conjoncture. Pourtant, parfois on n'échappe pas à l'« art officiel », mis au service d'une puissance qui décide de l'image culturelle à diffuser (comme dans le cas du régime soviétique, par exemple).

▶ **Faillite ou subvention.** S'il est décevant de savoir qu'un auteur peut être payé au nombre de signes écrits, un peintre proportionnellement à sa toile, il serait toutefois utopique de croire que l'artiste puisse pratiquer son art sans support financier. Molière comprit d'ailleurs rapidement, en sa qualité de directeur de troupe, que les artistes ne pouvaient créer leurs spectacles sans l'aide de mécènes. Aujourd'hui, l'attribution des molières – prix qui ont été interrompus en 2012 et dont on ne sait si leur périodicité annuelle sera rétablie – se fait l'écho d'une telle réalité. Les molières ont ainsi récompensé à la fois des spectacles du théâtre privé et des spectacles du secteur subventionné (c'est-à-dire aidé par des fonds publics). Les salles subventionnées suivantes ont été primées : le Théâtre national de Chaillot, en 1988, pour *le Soulier de satin* de Claudel, mis en scène par Antoine Vitez ; le Théâtre national de la Colline, en 1990, avec *Greek* de Steven Berkoff, mis en scène par Jorge Lavelli ; le Théâtre des Bouffes du Nord, en 1991, avec *la Tempête* de Shakespeare, mise en scène par Peter Brook ; la Comédie-Française, en 2001, pour *le Fil à la patte* de Feydeau, mis en scène par Jérôme Deschamps. Ces récompenses mettent en lumière le travail et la réflexion de ceux qui renouvellent en profondeur le genre théâtral. Ces salles mettent à la portée du grand public (grâce à l'aide financière apportée par les pouvoirs politiques, qui se traduit par une baisse du prix du billet) une culture difficile d'accès que seule une élite pourrait s'offrir.

▶ **La commercialisation des talents.** Pour que le public entre dans la magie du rêve, il faut vendre ce dernier, ne serait-ce que pour en couvrir les frais. L'artiste, comme le sportif, accepte la médiatisation en entrant dans un système commercial où tous les partenaires trouvent leur compte. C'est ainsi qu'à la culture comme au sport est souvent attachée une image publicitaire qui favorise le mécénat industriel. Le festival est une manifestation qui permet aux amateurs de participer à la création d'un événement culturel et de vivre l'art de leur temps. Le festival de la marionnette à Charleville-Mézières donne sa véritable dimension populaire à un art de la rue en multipliant les spectacles sur les trottoirs. Le festival de la bande dessinée à Angoulême accorde toute sa place au neuvième art. Quant au festival de théâtre d'Avignon, il ressuscite les hauts lieux de la Cité des papes. Réunissant les talents reconnus, ces événements donnent aussi naissance, en marge des manifestations officielles, à une activité artistique où s'expriment de jeunes créateurs. À la faveur des célébrités qui font se déplacer les foules, les jeunes ont la possibilité de se révéler et de trouver un public.

Quel est le prix de la liberté d'expression dans le domaine culturel ? Ce peut être d'admettre qu'une plaque mentionne les groupes industriels ayant servi de mécènes pour restaurer le Grand Louvre. Ce peut être aussi d'accepter un certain nombre de conventions qui rendent l'œuvre accessible, et refuser toute audace artistique qui risquerait de déplaire au public. Mais un artiste peut-il encore transcender la création s'il se contente de respecter les normes de son époque ?

Voir aussi : académisme ; art ; théâtre.

2. curie [kyri] **n.m.** (du n. de *Marie* et *Pierre Curie*). Unité de mesure d'activité d'une source radioactive. ▸ Symb. Ci.

Curie (Marie), née **Skłodowska,** physicienne française d'origine polonaise (Varsovie 1867 - Passy, Haute-Savoie, 1934). Venue en France poursuivre ses études à la Sorbonne (1892), elle épousa Pierre Curie en 1895. Après la découverte de la radioactivité par H. Becquerel en 1896, elle entreprit l'étude de ce phénomène et découvrit la radioactivité du thorium avant de parvenir, avec son mari, à isoler dans des conditions difficiles, à partir du minerai de pechblende, le polonium, puis le radium (1898). Après la mort accidentelle de P. Curie, elle lui succéda à la Sorbonne, devenant ainsi la première femme à être titulaire d'une chaire en Sorbonne. (Prix Nobel de physique 1903, de chimie 1911.) Ses cendres, ainsi que celles de son mari, Pierre Curie, ont été transférées au Panthéon en 1995.

Curie (Pierre), physicien français (Paris 1859 - *id.* 1906). Il découvrit la piézoélectricité (1880), étudia le magnétisme, et énonça le principe de symétrie (1894) : les éléments de symétrie des causes d'un phénomène physique doivent se retrouver dans les effets produits. Avec son épouse, il se consacra à l'étude de la radioactivité. (Prix Nobel 1903.)

curieusement [kyrjøzmɑ̃] **adv. 1.** Avec curiosité : *L'enfant observait curieusement la fourmilière* (syn. **attentivement**). **2.** De manière inattendue ou insolite : *Tu te comportes bien curieusement* (syn. **bizarrement, étrangement**).

curieux, euse [kyrjø, -øz] **adj.** et **n.** (lat. *curiosus,* qui a soin de, de *cura,* soin). **1.** Animé du désir de comprendre, d'apprendre ou de voir : *Un esprit curieux. Un attroupement de curieux.* **2.** Avide de connaître qqch qui doit rester caché, secret : *Un enfant curieux* (syn. **indiscret**). ◆ **adj.** Qui retient l'attention, éveille l'intérêt : *Le caméléon est un animal curieux* (syn. **étonnant, étrange**). *Une curieuse aventure* (syn. **singulier, surprenant**).

curiosité [kyrjɔzite] **n.f. 1.** Qualité d'une personne ou d'une chose curieuse : *La curiosité l'a poussée vers la recherche. Ce vase retient l'attention par la curiosité de sa forme* (syn. **étrangeté, bizarrerie**). **2.** (Surtout au pl.). Chose qui éveille l'intérêt ou la surprise : *Visiter les curiosités de la ville.*

curiste [kyrist] **n.** Personne qui fait une cure thermale.

Curitiba, v. du Brésil, cap. de l'État du Paraná ; 3 118 137 hab. dans l'agglomération. Musée du Paraná.

curling [kœrliŋ] **n.m.** (mot angl., de *to curl,* enrouler). Sport d'hiver pratiqué sur la glace, avec une lourde pierre polie, en forme de disque, qu'il faut faire glisser vers une cible. ▸ Le curling est une discipline olympique depuis 1992.

curriculum vitae [kyrikylɔmvite] **n.m. inv.** (mots lat. « carrière de la vie »). Document indiquant l'état civil, les études, les aptitudes professionnelles d'une personne qui fait acte de candidature à un concours, un emploi, etc. (Abrév. *C.V.*)

curry [kyri] ou **cari** [kari] **n.m.** (tamoul *kari*). **1.** Épice indienne composée de piment, de curcuma, etc. **2.** Mets préparé avec cette épice : *Un curry d'agneau.*

curseur [kyrsœr] **n.m.** (lat. *cursor,* coureur). **1.** Pièce mobile comportant un index que l'on peut déplacer à volonté le long d'une glissière, génér. graduée (règle, compas, balance). **2.** INFORM. Marque mobile utilisée sur un écran de visualisation pour indiquer la position de ce qui va s'inscrire.

cursif, ive [kyrsif, -iv] **adj.** (lat. médiév. *cursivus,* de *currere,* courir). **Écriture cursive,** écriture rapide, liant les lettres entre elles, au tracé simplifié et assez libre (on dit aussi *la cursive*). / **Lecture cursive,** lecture faite rapidement et superficiellement.

cursus [kyrsys] **n.m.** (lat. *cursus,* course). **1.** Carrière professionnelle, cycle d'études, envisagés dans leurs phases successives. **2.** ANTIQ. ROM. **Cursus honorum,** ordre dans lequel devait s'effectuer la carrière publique.

Curtiz (Mihály Kertész, dit **Michael),** cinéaste américain d'origine hongroise (Budapest 1888 - Hollywood 1962). Réalisateur prolifique et populaire, il a abordé tous les genres : *Capitaine Blood* (1935), *la Charge de la brigade légère* (1936), *Casablanca* (1943).

curule [kyryl] **adj.** (lat. *curulis*). ANTIQ. ROM. Se disait d'un siège d'ivoire réservé à certains magistrats romains, et des magistratures dont il était le symbole.

curviligne [kyrviliɲ] **adj.** (du lat. *curvus,* courbe). MATH. Qui se rapporte à une courbe : *Mouvement curviligne.*

cuscute [kyskyt] **n.f.** (lat. médiév. *cuscuta,* ar. *kâchūth*). Plante sans chlorophylle, nuisible, car elle parasite le trèfle, la luzerne, des céréales, qu'elle entoure de ses tiges pourvues de suçoirs. ▸ Famille des convolvulacées.

custode [kystɔd] **n.f.** (lat. *custodia,* garde). **1.** AUTOM. Panneau latéral de la carrosserie, à hauteur de la roue arrière. **2.** CATH. Boîte à paroi de verre dans laquelle on place l'hostie consacrée pour l'exposer dans l'ostensoir. **3.** Boîte dans laquelle le prêtre porte la sainte communion aux malades.

cutané, e [kytane] **adj.** (du lat. *cutis,* peau). Qui appartient à la peau, qui a rapport à la peau : *Une affection cutanée.*

cuticule [kytikyl] **n.f.** (lat. *cuticula,* petite peau). **1.** ANAT. Petite membrane, mince couche de peau : *La cuticule des ongles.* **2.** BOT. Pellicule superficielle imperméable des tiges jeunes et des feuilles. **3.** ZOOL. Zone superficielle du tégument des arthropodes (insectes, crustacés), contenant de la chitine.

cuti-réaction [kytireaksjɔ̃] et **cuti** [kyti] **n.f.** (du lat. *cutis,* peau) [pl. *cuti-réactions*]. Test pour déceler diverses maladies (tuberculose, diphtérie) ou allergies (asthme, eczéma, etc.), consistant à déposer sur la peau scarifiée certaines substances qui produisent ou non une réaction visible.

cutter [kœtœr] **n.m.** (de l'angl. *to cut,* couper). Instrument servant à couper le papier, le carton, etc., et composé d'une lame coulissant dans un manche à glissière.

cuve [kyv] **n.f.** (lat. *cupa,* barrique). **1.** Grand réservoir pour la fermentation du raisin. **2.** Récipient servant à différents usages domestiques ou industriels : *Une cuve à mazout.* **3.** Partie interne utilisable d'un appareil électroménager (lave-vaisselle, réfrigérateur, etc.).

cuvée [kyve] **n.f. 1.** Le contenu d'une cuve. **2.** Récolte de toute une vigne : *La cuvée 1989 était excellente.*

cuver [kyve] **v.i.** Fermenter dans une cuve, en parlant du raisin. ◆ **v.t.** FAM. **Cuver sa colère,** s'apaiser, revenir au calme. / **Cuver son vin,** dormir après avoir trop bu.

cuvette [kyvɛt] **n.f.** (de *cuve*). **1.** Récipient portatif, large et peu profond servant à divers usages domestiques (syn. **bassine**). **2.** Bassin en faïence ou en porcelaine d'une installation de W-C. **3.** GÉOGR. Dépression fermée de tous côtés : *Ville située au fond d'une cuvette.*

Cuvier (Georges, *baron***),** zoologiste et paléontologiste français (Montbéliard 1769 - Paris 1832). Il fut secrétaire perpétuel de l'Académie des sciences et titulaire de la chaire d'anatomie comparée au Muséum d'histoire naturelle. Il a posé en principe qu'un certain rapport lie entre elles toutes les modifications de l'organisme, et que quelques organes ont sur l'ensemble une influence décisive *(loi de subordination des organes)* ; que certains caractères s'appellent mutuellement, tandis que d'autres s'excluent nécessairement *(loi de corrélation des formes).* C'est en appliquant ces principes qu'il put reconstituer des espèces inconnues d'après quelques os fossiles. Considéré comme le créateur de l'anatomie comparée et de la paléontologie, Cuvier s'opposa pourtant aux théories de Geoffroy Saint-Hilaire et de Lamarck et à l'idée de l'évolution des espèces.

Cuzco, v. du Pérou, dans les Andes, à env. 3 500 m d'alt. ; 348 935 hab. Anc. cap. des Incas et grand centre de l'Amérique espagnole. Nombreux édifices coloniaux, parfois sur soubassements de maçonnerie mégalithique inca. Cathédrale (XVIe-XVIIe s.) ; forteresse de Sacsahuamán (XVe s.). Musées.

C.V. [seve] **n.m.** (sigle). Curriculum* vitae.

cyan [sjɑ̃] **n.m.** et **adj. inv.** (gr. *kuanos*, bleu). Bleu des synthèses soustractive et additive des couleurs, en photographie et en imprimerie.

cyanose [sjanoz] **n.f.** (du gr. *kuanos*, bleu). Coloration bleue ou bleuâtre de la peau, due à une oxygénation insuffisante du sang *(anoxémie)*.

cyanosé, e [sjanoze] **adj.** Qui est affecté de cyanose : *Nouveau-né cyanosé.*

cyanure [sjanyr] **n.m.** (du gr. *kuanos*, bleu). Sel d'un acide comportant un atome de carbone et un atome d'azote, l'*acide cyanhydrique*, très toxique.

Cybèle, déesse de Phrygie, qu'on appelle aussi la *Grande Mère* ou la *Mère des dieux*. Elle a pour parèdre un adolescent, Attis. Son culte fut très répandu en Asie Mineure et dans l'Empire romain. En 204 av. J.-C., la pierre noire, symbole de Cybèle, fut apportée de Pessinonte à Rome pour détourner la menace qu'Hannibal faisait peser sur la ville. Le culte de cette déesse, qu'on a rangé parmi les « religions à mystères », comprenait des cérémonies initiatiques, parmi lesquelles un repas sacré et le rite du taurobole, sacrifice expiatoire où le fidèle était arrosé par le sang d'un taureau.

cyber-, préfixe (du gr. *kubernân*, diriger), et servant à former des mots ayant trait à l'Internet *(cybercafé, cybercommerce, cyberespace)*.

cybercaméra [siberkamera] **n.f.** Recomm. off. pour *webcam*.

cybernétique [sibɛrnetik] **n.f.** (gr. *kubernêtikê*, art de diriger, gouverner). Science qui étudie les mécanismes de communication et de contrôle dans les machines et chez les êtres vivants. ◆ **adj.** Relatif à la cybernétique.

cyclable [siklabl] **adj. Piste cyclable,** réservée aux seuls cyclistes.

Cyclades, îles grecques de la mer Égée, ainsi nommées parce qu'elles forment un cercle (gr. *kuklos*) autour de *Délos*. Les principales autres îles sont : *Andros, Naxos, Páros, Santorin, Sýros, Milo, Mýkonos*. Foyer, dès le IIIe millénaire, d'une brillante civilisation dont témoignent, entre autres, des idoles de marbre au schématisme géométrique.

cyclamen [siklamɛn] **n.m.** (mot lat., gr. *kuklaminos*). Plante des Alpes et du Jura, à fleurs roses, dont on cultive des variétés à grandes fleurs. ▸ Famille des primulacées.

cycle [sikl] **n.m.** (lat. *cyclus*, gr. *kuklos*, cercle). **1.** Suite ininterrompue des phénomènes qui se renouvellent dans un ordre immuable : *Le cycle des saisons. Le cycle lunaire – au terme duquel les phases se reproduisent aux mêmes dates – dure environ dix-neuf ans.* **2.** CHIM. Chaîne d'atomes fermée, fréquente surtout parmi les composés du carbone. **3.** Ensemble d'œuvres (romans, poèmes, etc.) groupées autour d'un seul fait, d'un seul personnage : *Le cycle du roi Arthur. Un cycle romanesque.* **4.** Division de l'enseignement secondaire et universitaire. ▸ En France le premier cycle du secondaire va de la 6e à la 3e, le second de la seconde à la terminale. **5. Cycle menstruel,** chez la femme, activité périodique de l'ovaire se terminant, s'il n'y a pas eu fécondation, par la menstruation. / **Cycle solaire,** période de vingt-huit ans, au terme de laquelle les mêmes dates de chaque mois tombent aux mêmes jours de la semaine ; période de onze ans environ séparant deux minimums de taches solaires observées.

■ **Les cycles « biogéochimiques ».** Les êtres vivants échangent de la matière et de l'énergie avec leur milieu au cours de leurs fonctions de nutrition. Les végétaux chlorophylliens synthétisent leur substance organique à partir de matières premières minérales en captant l'énergie solaire. Ils sont dits *autotrophes*. Ce sont les producteurs primaires. Les animaux, les champignons et certaines bactéries se nourrissent directement ou indirectement de matières organiques provenant des producteurs primaires. Ils sont dits *hétérotrophes*. Ce sont les consommateurs. La matière minérale est donc le point de départ des chaînes alimentaires à l'intérieur desquelles de la matière organique est transférée entre chaque maillon (végétaux, herbivores, carnivores). Ces substances organiques sont ensuite dégradées par la respiration. À leur mort, les organismes sont enfouis dans le sol et décomposés sous l'action de bactéries en matière minérale qui pourra être à nouveau utilisée par les végétaux avec celle provenant de la respiration. La matière circule donc de façon cyclique entre la biosphère et l'atmosphère. Parallèlement, une partie de la matière organique morte peut être enfouie, transformée et stockée sous forme de roches dites *carbonées*, comme les pétroles et les charbons, dont la combustion par l'homme les fait retourner à l'état minéral et les rend utilisables par les végétaux.

On distingue un cycle pour chaque élément chimique intervenant dans les phénomènes vitaux, mais le cycle du carbone et celui de l'azote sont les plus importants. Le cycle de la matière met ainsi en évidence l'interdépendance des bactéries, des végétaux et des animaux.

L'intervention de l'homme dans le cycle de la matière s'est intensifiée au cours des dernières décennies. La combustion croissante de biomasse végétale (bois) et de ressources fossiles (charbon, pétrole) a élevé la teneur de l'atmosphère en gaz carbonique. La fixation de l'azote atmosphérique pour la fabrication d'engrais nitriques et ammoniacaux a été suivie d'un important rejet de cet élément dans le sol et dans les nappes d'eau.

Les cycles économiques. L'observation de la vie économique du XIXe siècle et du début du XXe siècle a conduit des théoriciens de l'économie à définir la notion de cycle économique, dont la durée varie de quelques années à quelques décennies selon les auteurs. D'une façon générale, un cycle économique peut être décomposé en quatre phases : l'*expansion* (mouvement ascendant), la *crise* (point de retournement), la *dépression* (contraction cumulative de l'activité), puis la *reprise*. On parle de récession dans le cas d'un ralentissement ou d'une stagnation de l'activité économique. Si l'amplitude et la périodicité sont trop irrégulières, il est préférable de parler de fluctuations. ■

cyclique [siklik] **adj.** (de *cycle*). Qui revient périodiquement, à intervalles réguliers : *Phénomène cyclique.*

cyclisme [siklism] **n.m.** Utilisation et sport de la bicyclette.

■ Il existe deux grands types de compétition cycliste, sur route et sur piste.

Compétitions sur route. Parmi celles-ci, on distingue les épreuves par étapes et les épreuves disputées en une seule journée, sur un parcours de ville à ville, les *courses en ligne* ou *classiques*. Les grandes classiques internationales sont Paris-Roubaix, Milan-San Remo et le Tour de Lombardie, le Tour des Flandres, la Flèche wallonne et Liège-Bastogne-Liège. Il faut y ajouter le championnat du monde sur route, dont le parcours change chaque année. Parmi les *courses par étapes*, les grandes compétitions sont le Tour de France (créé en 1903), le Tour d'Italie (Giro) et le Tour d'Espagne (Vuelta). Il existe des épreuves spécialisées, les *courses de côte*, disputées sur un parcours réduit, mais à forte déclivité, et surtout les *courses contre la montre*, compétitions individuelles ou par équipes, où les coureurs ou les équipes partent les un(e)s après les autres à intervalles réguliers. Ces compétitions sont ouvertes aux professionnels et, parfois, aux amateurs.

Compétitions sur piste. Les plus connues sont la *vitesse* et la *poursuite*. La vitesse consiste à départager deux ou trois coureurs sur une distance d'environ 1 000 mètres, mais elle se joue en réalité le plus souvent par un sprint dans les 200 derniers mètres. La poursuite oppose deux coureurs (sur 5 km pour les professionnels et sur 4 km pour les amateurs) placés au départ en deux points de la piste diamétralement opposés : l'enjeu consiste pour chacun des concurrents à rejoindre l'autre ou du moins à réduire l'écart qui l'en sépare.

Sur piste existent encore d'autres types d'épreuves, dont les Six Jours, opposant des équipes de deux coureurs, et, en fait, limitées aujourd'hui à des courses de 3 ou 4 heures par jour. C'est sur piste aussi qu'est établi le *record de l'heure,* dont le détenteur actuel, depuis 2005, est le Tchèque Ondrej Sosenka qui a couvert la distance de 49,7 km.

Les champions cyclistes. Sport aux rebondissements souvent dramatiques, popularisé, amplifié par les grands moyens d'information (presse, radio et télévision), le cyclisme a fait entrer plusieurs de ses champions, surtout les routiers, dans la légende du sport : les Français Antonin Magne, Jacques Anquetil, Louison Bobet, Bernard Hinault, Laurent Fignon et Laurent Jalabert, les Italiens Alfredo Binda, Gino Bartali et Fausto Coppi, les Belges Philippe Thys, Rik Van Looy et surtout Eddy Merckx, l'Américain Greg LeMond, les Espagnols Miguel Indurain et Alberto Contador. Sur piste demeurent célèbres les noms de sprinters : le Belge Jeff Scherens, l'Italien Antonio Maspes et les Français Lucien Michard, Daniel Morelon et Florian Rousseau. La Française Jeannie Longo est la figure la plus célèbre du cyclisme féminin. ■

cycliste [siklist] **adj.** Relatif au cyclisme : *Une course cycliste.* ◆ **n.** Personne qui se déplace à bicyclette ou qui pratique le cyclisme en tant que sport.

cyclo-cross [siklɔkrɔs] **n.m. inv.** Spécialité hivernale dérivée du cyclisme et du cross-country.

cyclomoteur [siklɔmɔtœr] **n.m.** Bicyclette munie d'un moteur d'une cylindrée maximale de 50 cm^3.

cyclomotoriste [siklɔmɔtɔrist] **n.** Personne qui se déplace à cyclomoteur.

cyclonal, e, aux [siklɔnal, -o] et **cyclonique** [siklɔnik] **adj.** Relatif aux cyclones.

cyclone [siklon] **n.m.** (mot angl., du gr. *kuklos,* cercle). **1.** Tourbillon de vents violents des zones tropicales : *On appelle « œil du cyclone » le centre du tourbillon, qui est une zone de calme.* **2.** MÉTÉOR. Zone de basses pressions, peu étendue, dans laquelle l'air s'engouffre en tourbillonnant.

■ Le cyclone constitue un vaste tourbillon rencontré aux latitudes moyennes et tropicales.

La zone tempérée. Né généralement de la rencontre de coulées polaires et d'air chaud d'origine subtropicale, le tourbillon cyclonique se dirige vers l'E. Le temps se couvre progressivement, les précipitations débutent avec la diminution de l'altitude du front chaud, s'arrêtent ou se ralentissent lors du contact de l'air chaud avec le sol, reprennent avec l'arrivée du front froid. Celui-ci finit par rejoindre le front chaud, rejetant l'air chaud en altitude. C'est l'occlusion du cyclone tempéré, dit parfois aussi *cyclone norvégien* et que l'on appelle, plus communément, *dépression.*

La zone tropicale. Les cyclones, aux noms régionaux variés (typhons, ouragans, hurricanes, baguios, etc.), naissent au-dessus d'une masse océanique chaude, en liaison avec la rencontre d'air polaire et d'air très chaud ou instable, ou résultent de l'approfondissement d'une dépression préalable. Le cyclone comporte, en son centre, une chute brutale et massive de la pression. La remontée est également très rapide. La baisse affecte une aire à peu près circulaire de 50 à 200 km de rayon, la vitesse des vents en rotation pouvant aller jusqu'à 300 km/h. Au centre, l'œil du cyclone (zone de calme) atteint jusqu'à 40 km de diamètre. Se dirigeant vers le N.-O., les cyclones tropicaux atteignent et ravagent les archipels ou les régions côtières des façades orientales des continents (Antilles et Amérique centrale continentale, Japon et Philippines, États-Unis, etc.). ■

cyclopéen, enne [siklɔpeɛ̃, -ɛn] **adj.** (de *Cyclopes*). **1.** Énorme, gigantesque : *Travail cyclopéen.* **2.** ARCHÉOL. Se dit d'un appareil irrégulièrement formé d'énormes blocs, sommairement dégrossis, posés les uns sur les autres avec des cailloux comblant les interstices.

Cyclopes, dans la mythologie grecque, géants forgerons et bâtisseurs n'ayant qu'un œil au milieu du front.

cyclothymique [siklɔtimik] **adj.** et **n.** Dont l'humeur passe par des phases d'euphorie et de dépression.

cyclotourisme [siklɔturism] **n.m.** Tourisme pratiqué à bicyclette.

cyclotron [siklɔtrɔ̃] **n.m.** (de *cyclo-* et [*élec*]*tron*). Accélérateur circulaire de particules électrisées lourdes.

cygne [siɲ] **n.m.** (bas lat. *cicinus,* du class. *cycnus*). **1.** Oiseau palmipède au long cou souple, migrateur, et dont une espèce toute blanche est souvent domestiquée. ▸ Envergure 2,30 m ; ordre des ansériformes. Le cygne trompette. **2. Chant du cygne,** dernière œuvre d'un poète, d'un musicien, etc., d'un génie près de s'éteindre.

cylindre [silɛ̃dr] **n.m.** (lat. *cylindrus,* du gr. *kulindros*). **1.** MATH. Solide limité par une surface cylindrique et deux plans parallèles coupant les génératrices. **2.** MÉCAN. Pièce dans laquelle se meut un piston de moteur, de pompe, etc. **3.** TECHN. Rouleau pour laminer les métaux, pour lustrer les étoffes, pour imprimer le papier, etc.

cylindrée [silɛ̃dre] **n.f. 1.** Volume engendré par la course du piston dans le cylindre d'un moteur, d'une pompe. **2.** Total des cylindres d'un moteur, exprimé en centimètres cubes ou en litres. ▸ La cylindrée d'un moteur est égale au produit de la surface du piston par sa course, multiplié par le nombre de cylindres.

cylindre-sceau [silɛ̃drsɔ] **n.m.** (pl. *cylindres-sceaux*) Cylindre, génér. en pierre, gravé en creux de signes, de symboles, de textes et dont le déroulement sur l'argile fraîche constituait un cachet en Mésopotamie au IVe millénaire, puis dans la plupart des pays de l'ancien Orient.

cylindrique [silɛ̃drik] **adj. 1.** De la forme d'un cylindre : *Flacon cylindrique.* **2.** MATH. **Surface cylindrique,** surface engendrée par une droite *(génératrice)* qui se déplace parallèlement à une direction fixe en s'appuyant sur une courbe plane fixe *(directrice)* dont le plan coupe la direction donnée.

cymbale [sɛ̃bal] **n.f.** (lat. *cymbalum,* du gr. *kumbalon*). Instrument de percussion fait d'un plateau circulaire en métal, suspendu ou tenu à la main, et que l'on frappe, ou que l'on entrechoque avec un second plateau.

cymbalum [sɛ̃balɔm] **n.m.** (hongr. *czimbalom,* lat. *cymbalum ;* v. *cymbale*). Instrument de musique à cordes frappées par des marteaux, utilisé surtout en Hongrie.

cynégétique [sineʒetik] **n.f.** (gr. *kunêgetikos,* de *kunêgetein,* chasser, de *kuôn, kunos,* chien). Art de la chasse. ◆ **adj.** Relatif à la chasse.

cynique [sinik] **adj.** et **n.** (lat. *cynicus,* gr. *kunikos,* de *kuôn, kunos,* chien). Qui brave avec impudence les principes moraux : *Une mauvaise foi cynique* (syn. **éhonté**). *Un cynique fier de ses insolences* (syn. **impudent, effronté**).

cyniquement [sinikmɑ̃] **adv.** Avec cynisme : *Il s'est cyniquement vanté d'escroquer ses clients* (syn. **impudemment**).

cynisme [sinism] **n.m.** Attitude cynique, qui brave les principes moraux et les conventions sociales.

cynocéphale [sinɔsefal] **n.m.** (du gr. *kuôn, kunos,* chien, et de *-céphale*). Singe d'Afrique dont la tête est allongée comme celle d'un chien. ▸ On en connaît plusieurs espèces : babouin, hamadryas, mandrill.

cyphose [sifoz] **n.f.** (gr. *kuphôsis,* courbure). Déviation de la colonne vertébrale.

cyprès [siprɛ] **n.m.** (lat. *cupressus,* gr. *kuparissos*). Arbre à feuillage persistant, commun dans le sud de l'Europe, parfois planté en haies. ▸ Ordre des conifères.

cyprin [siprɛ̃] **n.m.** (lat. *cyprinus,* gr. *kuprinos,* carpe). Poisson voisin de la carpe. ▸ Famille des cyprinidés. Le *cyprin* (ou *carassin*) *doré* est le *poisson rouge.*

cyprinidé [siprinide] **n.m.** (de *cyprin*). **Cyprinidés,** vaste famille de poissons d'eau douce, tels que carpe, barbeau, tanche, gardon, etc.

Cyrano de Bergerac (Savinien de), écrivain français (Paris 1619 - *id.* 1655). Auteur de comédies (*le Pédant joué,* 1654), d'une tragédie (*la Mort d'Agrippine,* 1653), il a exprimé sa philosophie matérialiste dans des récits de voyages imaginaires (*Histoire comique des États et Empires de la Lune,* 1657 ; *Histoire comique des États et Empires du Soleil,* 1662).

Cyrénaïque, partie nord-est de la Libye. V. princ. *Benghazi.* Pétrole.

Cyrille et Méthode *(saints),* évangélisateurs des Slaves et inventeurs de l'alphabet cyrillique. Cyrille (Thessalonique v. 827 - Rome 869), et son frère Méthode (Thessalonique v. 825 - 885). Sous le patriarcat de Photios, les deux frères furent envoyés par Byzance comme missionnaires en Moravie (862-863), alors sous la tutelle dominatrice d'un clergé germanique de rite latin. Ils y firent aussi œuvre de linguistes en dotant les Slaves d'un alphabet et en traduisant les Évangiles et les Épîtres, le psautier et les textes liturgiques. Ils prolongèrent leur mission en Pannonie, puis se rendirent à Rome, où le pape Adrien II, qui reconnut alors le rite slave, les reçut avec de grands honneurs.

cyrillique [sirilik] **adj.** (du n. de *saint Cyrille,* l'un des créateurs de cet alphabet). **Alphabet cyrillique,** alphabet créé au IXe s. et qui sert à transcrire le russe, le serbo-croate (en Serbie), le bulgare, l'ukrainien et certaines langues non slaves de l'ex-U.R.S.S.

Cyrulnik (Boris), neurologue, psychiatre et psychanalyste français (Bordeaux 1937). Spécialiste en éthologie humaine (*Mémoire de singe et paroles d'homme,* 1983), il est connu en particulier pour avoir développé et vulgarisé la notion de résilience (*Un merveilleux malheur,* 1999).

Cyrus II le Grand (m. v. 530 av. J.-C.), roi de Perse (v. 556-530 av. J.-C.), fils de Cambyse Ier, fondateur de l'Empire achéménide. Après avoir renversé le roi des Mèdes Astyage (550), il se proclama roi des Mèdes et des Perses et étendit sa souveraineté sur la Lydie (546), les cités ioniennes, les territoires iraniens du Turkestan et de l'Afghanistan. La prise de Babylone (539) porta sa puissance à son apogée. Il eut une politique religieuse de tolérance et permit aux Juifs de rentrer à Jérusalem et de reconstruire le Temple (538). Il périt en combattant une peuplade scythe, les Massagètes.

cystite [sistit] **n.f.** (du gr. *kurtis,* vessie). Inflammation de la vessie.

Cythère, île grecque de la mer Égée, entre le Péloponnèse et la Crète ; 4 030 hab. Célèbre sanctuaire d'Aphrodite.

cytise [sitiz] **n.m.** (lat. *cytisus,* gr. *kutisos*). Arbuste à grappes de fleurs jaunes, appelé cour. *faux ébénier.* ▸ Famille des papilionacées ; haut. jusqu'à 7 m.

cytologie [sitɔlɔʒi] **n.f.** (de *cyto-* et *-logie*). Partie de la biologie qui étudie la structure et les fonctions de la cellule (on dit aussi la *biologie cellulaire*).

cytoplasme [sitɔplasm] **n.m.** (de *cyto-* et [*proto*]*plasme,* ensemble constituant la cellule [de *proto-,* et du gr. *plasma,* chose façonnée]). Partie fondamentale de la cellule, qui entoure le noyau et contient les vacuoles et les organites.

Częstochowa, v. de la Pologne méridionale, en Silésie ; 236 796 hab. Important pèlerinage marial (Vierge noire).

D

d [de] **n.m. 1.** Quatrième lettre (consonne) de l'alphabet. **2.** D, chiffre romain valant cinq cents. **3.** MUS. D, la note *ré* dans le système de notation en usage dans les pays anglo-saxons et germaniques. **4.** *FAM.* **Système D,** habileté à se sortir de toutes les difficultés. **/ 2D, 3D, n.f.** système d'animation ou de projection en deux dimensions, trois dimensions : *La 3D envahit les écrans.*

da [da] **interj.** (anc. fr. *dea,* contraction des impér. *dis* et *va*). *VX.* Particule qui, jointe parfois familièrement à *oui,* renforce l'affirmation : *Oui-da !*

da capo [dakapo] **loc. adv.** (loc. it. « à partir de la tête »). MUS. Locution indiquant qu'à un certain endroit d'un morceau il faut reprendre au début.

Dacca ou **Dhaka,** cap. du Bangladesh, sur le delta du Gange ; 8 906 039 hab. (16 982 000 hab. dans l'agglomération). Monuments islamiques anciens. Édifices gouvernementaux construits à partir de 1962 par l'architecte américain Louis I. Kahn.

d'accord [dakɔr] **adv. 1.** Marque l'assentiment : *Vous venez ? – D'accord* (= oui, entendu). **2. Être d'accord avec qqn,** être du même avis que lui. **/ Se mettre d'accord,** parvenir à s'entendre : *Elles se sont mises d'accord sur une date.*

Dachau, v. d'Allemagne (Bavière) ; 45 621 hab. Camp de concentration allemand (1933-1945).

Dacie, anc. pays de l'Europe, correspondant à l'actuelle Roumanie. Ses habitants *(Daces)* furent soumis par Trajan (101-107 apr. J.-C.). Peuplée de colons romains, la Dacie fut aussi exploitée pour ses mines d'or. Elle fut abandonnée aux Goths par Aurélien (271).

dactyle [daktil] **n.m.** (lat. *daktylus,* gr. *daktulos,* doigt). **1.** MÉTR. ANC. Pied composé d'une syllabe longue et de deux syllabes brèves. **2.** BOT. Graminée fourragère des régions tempérées.

dactylique [daktilik] **adj.** MÉTR. ANC. Fondé sur le dactyle, en parlant d'un vers, d'un rythme : *Hexamètre dactylique.*

dactylo [daktilo] et, *VIEILLI,* **dactylographe** [daktilɔgraf] **n.** (de *dactylo-* et *-graphe*). Personne dont la profession est de taper à la machine.

dactylographie [daktilɔgrafi] **n.f. 1.** Technique d'utilisation de la machine à écrire. **2.** Texte dactylographié (syn. **tapuscrit**).

dactylographier [daktilɔgrafje] **v.t.** [conj. **9**]. Écrire à la machine : *Dactylographier un rapport* (syn. **taper**).

dactylographique [daktilɔgrafik] **adj.** Qui concerne la dactylographie : *Des travaux dactylographiques.*

dactylologie [daktilɔlɔʒi] **n.f.** (de *dactylo-* et *-logie*). Procédé de communication avec les sourds-muets par le moyen de signes conventionnels ; langage des signes.

dactyloscopie [daktilɔskɔpi] **n.f.** (de *dactylo-* et *-scopie*). Procédé d'identification des personnes par les empreintes digitales.

1. dada [dada] **n.m.** (onomat.). **1.** Cheval, dans le langage enfantin. **2.** *FAM.* Idée favorite ; thème de prédilection : *C'est son nouveau dada* (syn. **marotte**).

2. dada [dada] **n.m.** (de *1. dada*). Dénomination adoptée en 1916 par un groupe d'artistes et d'écrivains insurgés contre l'absurdité de leur époque et résolus à remettre en question tous les modes d'expression traditionnels.

■ En réaction contre la violence et l'absurdité de la guerre de 1914-1918, la révolte culturelle européenne dada manifeste une jubilation de la vie qui se caractérise par la provocation et la dérision. Le mot « dada » est ainsi trouvé au hasard, en tournant les pages d'un dictionnaire. Faire de cette onomatopée enfantine le symbole du mouvement, c'est annoncer une volonté essentiellement ludique. Mais la dérision dada est plus profonde qu'un simple jeu d'enfant. En effet, avec un goût affiché pour le canular s'affirme la volonté de faire table rase des conventions de tous ordres. Cette contestation se manifeste par la truculence provocatrice et la moquerie, souvent au cours de manifestations publiques. Ses principaux foyers sont : Zurich (1915-1919), avec notamment Tzara, Arp, les poètes allemands Hugo Ball et Richard Huelsenbeck, le peintre roumain Marcel Janco, le peintre et cinéaste allemand Hans Richter ; New York (1915-1921), avec Duchamp *(ready-mades),* Picabia, Man Ray ; Berlin (1917-1923), avec R. Huelsenbeck, Georg Grosz (dessinateur et peintre), Raoul Hausmann (l'un des créateurs du *photomontage,* suivi par John Heartfield) ; Cologne (1919-1921), avec Arp, Max Ernst (aux collages inventifs) ; Hanovre avec Schwitters ; Paris (1920-1923), où dada connaît son apogée en tant que mouvement, avec Tzara, Picabia, Man Ray, André Breton – et sa fin avec la victoire de la dissidence du groupe surréaliste, lequel souhaite adjoindre à la révolte artistique une responsabilité morale à travers l'engagement politique. ■

dadais [dadɛ] **n.m.** (de l'onomat. *dad,* marquant la bêtise). *FAM.* Niais, nigaud.

dadaïsme [dadaism] **n.m.** Le mouvement dada ; les attitudes qui s'y rapportent. ◆ **dadaïste adj.** et **n.** Relatif au dadaïsme ; qui s'en réclame.

Daghestan → Daguestan.

Dagobert Ier (début du VIIe s. - Saint-Denis v. 638), roi des Francs (629-638), fils de Clotaire II. Il fut secondé par son ministre saint Éloi dans la réorganisation et la réunification du royaume mérovingien. Il accorda d'importants privilèges à l'abbaye de Saint-Denis. Il fut l'un des derniers rois mérovingiens à exercer effectivement le pouvoir.

dague [dag] **n.f.** (orig. obsc.). Arme de main à lame large et courte.

Daguerre (Louis Jacques Mandé), inventeur français (Cormeilles-en-Parisis 1787 - Bry-sur-Marne 1851). Peintre de décors, il inventa en 1822 le diorama, puis il s'associa avec Nicéphore Niépce et parvint, après la mort de ce dernier, à développer l'image photographique (1835), puis à la fixer (1837). Il obtint, en 1837, les premiers « daguerréotypes ».

daguerréotype [dagɛreɔtip] **n.m. 1.** Le premier de tous les appareils photographiques, inventé par Daguerre. **2.** Image obtenue par la daguerréotypie.

daguerréotypie [dagɛreɔtipi] **n.f.** Procédé photographique imaginé par Daguerre et qui consistait à fixer chimiquement sur une feuille d'argent pur, plaquée sur cuivre, l'image obtenue dans la chambre noire.

Daguestan ou **Daghestan,** république de Russie, sur la Caspienne ; 2 977 419 hab. ; CAP. *Makhatchkala.*

Dahl (Roald), écrivain britannique (Llandaff 1916 - Oxford 1990). Il est l'auteur de romans pour enfants teintés d'humour (*les Gremlins,* 1943 ; *Charlie et la chocolaterie,* 1964 ; *Fantastique Maître Renard,* 1970 ; *les Deux Gredins,* 1980 ; *Matilda,* 1988).

dahlia [dalja] **n.m.** (du n. d'*Andrea Dahl,* botaniste suédois). Plante à fleurs ornementales, aux nombreuses variétés ; la fleur elle-même. ▸ Famille des composées.

Dahomey → Bénin.

daigner [deɲe] **v.t.** (lat. *dignari,* juger digne) [p. passé inv.]. Avoir la bonté de, accepter de : *Il n'a pas daigné me répondre* (syn. **condescendre à**).

daim [dɛ̃] **n.m.** (bas lat. *damus,* class. *dama*). **1.** Mammifère ruminant des forêts d'Europe, à robe tachetée de blanc et à bois aplatis à l'extrémité. ▸ Haut. au garrot 90 cm ; longévité 25 ans. **2.** Cuir de veau imitant la peau de daim, utilisé en maroquinerie : *Une veste en daim.*

Daimler (Gottlieb), ingénieur allemand (Schorndorf, Wurtemberg, 1834 - Cannstatt, auj. Stuttgart-Bad Cannstatt, 1900). Avec son compatriote W. Maybach, il réalisa, à partir de 1883, les premiers moteurs à essence légers à haute vitesse de rotation, ouvrant ainsi la voie à leur emploi sur les véhicules automobiles. Les deux associés fondèrent en 1890 une firme de construction automobile qui fusionna en 1926 avec celle créée par Benz en 1883.

dais [dɛ] **n.m.** (lat. *discus,* disque, plat, gr. *diskos*). Ouvrage (en tissu, en bois sculpté, etc.) suspendu ou soutenu par des montants au-dessus d'un trône, d'un autel, d'une statue, parfois porté (processions religieuses).

Dakar, cap. du Sénégal, sur l'Atlantique ; 955 987 hab. (3 393 000 hab. dans l'agglomération). Université. Port et escale aérienne. Centre industriel. Elle fut la capitale de l'Afrique-Occidentale française de 1902 à 1957-1958.

dakin [dakɛ̃] **n.m.** (de [*solution de*] *Dakin,* du n. de l'inventeur). Solution employée pour désinfecter les plaies.

Daladier (Édouard), homme politique français (Carpentras 1884 - Paris 1970). Député (1919), président du parti radical-socialiste (1927), président du Conseil en 1933 puis en 1934, il dut démissionner après l'émeute du 6 février. Ministre de la Défense nationale du Front populaire (1936-1937), il revint à la présidence du Conseil en 1938 : il signa alors les accords de Munich (1938), mais n'en dut pas moins déclarer la guerre à l'Allemagne (1939). Démissionnaire en mars 1940, il fit partie du cabinet Paul Reynaud. Déporté de 1943 à 1945, il présida le parti radical en 1957-1958.

dalaï-lama [dalailama] **n.m.** (mot mongol, de *dalaï* [trad. du tibétain *gyatso,* océan], et *lama ;* v. 2. *lama*) [pl. *dalaï-lamas*]. Chef du bouddhisme tibétain. ▸ L'actuel dalaï-lama, quatorzième du nom, intronisé en 1940, est Tenzin Gyatso (né en 1935). Il a dû s'exiler en Inde en 1959.

Dalí (Salvador), peintre, graveur et écrivain espagnol (Figueras, prov. de Gérone, 1904 - *id.* 1989). Il fut à Paris, de 1929 à 1939, le plus étonnant créateur d'images oniriques du surréalisme (*Persistance de la mémoire,* avec ses montres molles, 1931 [M.A.M., New York] ; *Construction molle avec haricots bouillis,* dite *Prémonition de la guerre civile,* 1936, Philadelphie ; *Métamorphose de Narcisse,* type de l'« image double », 1937 [Tate Modern, Londres] ; *le Christ de saint Jean de la Croix,* 1951, Glasgow). Il a collaboré à des films (avec Buñuel d'abord), a créé des sculptures, des bijoux, et a publié de nombreux textes, théoriques ou d'imagination.

Dalila, femme dont, selon le livre biblique des Juges, Samson s'était épris et qui, soudoyée par ses compatriotes philistins, parvint à découvrir que le secret de la force du héros résidait dans sa chevelure. Dalila ayant alors coupé les cheveux de Samson endormi, les Philistins s'emparèrent facilement de leur ennemi.

dallage [dalaʒ] **n.m. 1.** Action de daller : *Faire le dallage d'une maison.* **2.** Sol dallé ; pavement : *Dallage de marbre.*

Dallas, v. des États-Unis (Texas) ; 1 281 047 hab. (5 142 701 hab. pour l'agglomération). Nœud de communications. Centre industriel. Musées. Le président Kennedy y fut assassiné en 1963.

dalle [dal] **n.f.** (anc. scand. *daela,* gouttière). **1.** Plaque de marbre, de pierre, de ciment, etc., servant à revêtir le sol, les murs des édifices, à recouvrir les tombes, etc. **2.** Plancher en béton armé. **3.** Grand espace réunissant des immeubles modernes au niveau de leur rez-de-chaussée. **4.** *FAM.* Gorge, gosier : *Se rincer la dalle* (= boire).

daller [dale] **v.t.** Paver de dalles.

Dalmatie, région de la Croatie, sur la côte de l'Adriatique, bordée par de nombreuses îles *(archipel Dalmate).* Tourisme. Elle fut incorporée à la Croatie (Xe-XIe s.) puis son littoral fut occupé par Venise (1420-1797). Annexée par l'Autriche (1797), elle fut attribuée en 1920 au royaume des Serbes, Croates et Slovènes.

dalmatien, enne [dalmasjɛ̃, -ɛn] **n.** (de *Dalmatie,* n. pr.). Chien à robe blanche couverte de nombreuses petites taches noires ou brun foncé.

Dalou (Jules), sculpteur français (Paris 1838 - *id.* 1902), auteur du *Triomphe de la République* (bronze), place de la Nation à Paris, d'esquisses pour un *Monument aux travailleurs.*

Dalton (John), physicien et chimiste britannique (Eaglesfield, Cumberland, 1766 - Manchester 1844). Il fut le véritable créateur de la théorie atomique. Supposant que chaque corps pur est formé d'atomes tous identiques, il expliqua les lois pondérales des combinaisons chimiques, puis étudia la compressibilité des mélanges gazeux et énonça, en 1801, la loi d'addition des pressions partielles. Il étudia sur lui-même le trouble de la vue connu aujourd'hui sous le nom de *dyschromatopsie,* ou *daltonisme.*

daltonien, enne [daltɔnjɛ̃, -ɛn] **adj.** et **n.** Affecté de daltonisme.

daltonisme [daltɔnism] **n.m.** (du n. de *John Dalton*). Anomalie de la vision des couleurs, entraînant le plus souvent la confusion entre le rouge et le vert.

dam [dam] ou [dɑ̃] **n.m.** (lat. *damnum,* perte). *LITT.* **Au grand dam de qqn,** à son préjudice, à son détriment ; à son grand regret, à son grand dépit : *À mon grand dam, il est parti.*

damage [damaʒ] **n.m.** Action, fait de damer la neige.

damas [dama] ou [damas] **n.m.** (de *Damas,* n. pr.). **1.** Tissu de soie ou de laine monochrome dont le dessin, mat sur fond satiné, est obtenu par le jeu des armures. **2.** Acier très fin.

Damas [damɑs], cap. de la Syrie, dans une oasis irriguée par le Barada ; 1 552 161 hab. *(Damascènes)* [2 574 000 hab. dans l'agglomération]. Musées. Nombreux édifices médiévaux. Capitale d'un important royaume araméen (XIe-VIIIe s. av. J.-C.), conquise par les Romains en 64 av. J.-C., elle fut un grand centre chrétien. Prise par les Arabes en 635, elle fut la capitale des califes omeyyades (661-750), qui firent construire en 705 la Grande Mosquée des Omeyyades, première grande réalisation architecturale de l'islam, puis fut le centre de principautés ou de provinces plus ou moins autonomes. Après la domination ottomane (1516-1918), elle devint le foyer du nationalisme arabe.

damasquinage [damaskinaʒ] **n.m.** Art de damasquiner.

damasquiner [damaskine] **v.t.** (de l'anc. adj. *damasquin,* de Damas). Incruster au marteau des filets d'or, d'argent, de cuivre sur une surface métallique préalablement ciselée : *Acier de Tolède damasquiné.*

damassé, e [damase] **adj.** et **n.m.** Se dit d'une étoffe tissée à la façon du damas.

1. dame [dam] **n.f.** (lat. *domina,* maîtresse). **1.** Femme qui attire le respect par son rang, son influence matérielle ou morale, dans le langage féodal, courtois ou religieux. **2.** *VIEILLI.* Femme mariée (par opp. à *jeune fille*). **3.** Toute femme : *Coiffeur pour dames.* **4.** Figure du jeu de cartes (syn. **reine**). **5.** Pièce de jeu d'échecs (syn. **reine**). **6.** Pion doublé, au jeu de dames. **7.** TECHN. Syn. de *hie.* **8. Aller à dame,** au jeu de dames, mener un pion jusqu'à la dernière ligne de l'adversaire, où il devient dame. / **Jeu de dames,** jeu pratiqué sur un damier, par deux joueurs disposant chacun de vingt pions. / **Jouer à la dame,** affecter des manières hautaines, en parlant d'une femme.

2. dame [dam] **n.f.** (moyen néerl. *dam,* digue). MAR. **Dame de nage,** entaille pratiquée dans le bordage supérieur d'une embarcation, ou accessoire fourchu fixé sur ce bordage, servant d'appui aux avirons.

3. dame [dam] **interj.** (de la loc. exclam. [*par Notre-*]*Dame !*). *RÉGION.* Exclamation affirmative, qui a une valeur de conclusion ; bien sûr, pardi.

dame-jeanne [damʒan] **n.f.** (de *1. dame* et *jane,* bouteille, du prénom fém. *Jeanne,* probabl. par allusion plaisante à des formes rondes) [pl. *dames-jeannes*]. Grosse bouteille de grès ou de verre d'une contenance de 20 à 50 litres, souvent enveloppée d'osier ou de jonc.

damer [dame] **v.t.** (de *1. dame*). **1.** Doubler un pion, au jeu de dames. **2.** Battre, compacter, enfoncer uniformément avec une dame. **3.** Tasser la neige avec des skis ou un véhicule équipé de chenilles, pour la rendre plus glissante : *Damer une piste.* **4.** *FAM.* **Damer le pion à qqn,** prendre sur lui un avantage décisif.

damier [damje] **n.m.** (de *1. dame*). **1.** Plateau de bois divisé en cent cases, alternativement blanches et noires, pour jouer aux dames. **2.** Toute surface divisée en carrés de couleurs différentes : *Champs, étoffe en damier.*

damnation [danasjɔ̃] **n.f.** Condamnation aux peines éternelles de l'enfer.

damné, e [dane] **adj.** et **n. 1.** RELIG. Qui est en enfer. **2. Souffrir comme un damné,** souffrir horriblement. ◆ **adj. 1.** *FAM.* Qui cause du désagrément : *Cette damnée voiture tombe toujours en panne.* **2. Âme damnée de qqn,** personne entièrement vouée à une autre pour la réalisation de mauvais desseins.

damner [dane] **v.t.** (lat. *damnare,* condamner). **1.** RELIG. Condamner aux peines de l'enfer. **2.** *FAM.* **Faire damner qqn,** l'exaspérer. ◆ **se damner v.pr. 1.** RELIG. S'exposer par sa conduite à la damnation. **2.** (Au conditionnel). Être prêt à tout pour qqn, qqch : *Il se damnerait pour elle.*

Damoclès, familier du tyran de Syracuse, Denys l'Ancien (début du IVe s. av. J.-C.). Pour lui faire comprendre combien le bonheur des rois est fragile, Denys, au cours d'un banquet, fit suspendre au-dessus de la tête de Damoclès une lourde épée, attachée à un crin de cheval.

Damodar (la), riv. de l'Inde, qui rejoint l'Hooghly ; 545 km. Sa moyenne vallée constitue la principale région indienne d'industrie lourde.

damoiseau [damwazo] **n.m.** (lat. pop. **dominicellus,* dimin. de *dominus,* seigneur). Au Moyen Âge, jeune gentilhomme qui n'était pas encore chevalier.

damoiselle [damwazɛl] **n.f.** (forme anc. de *demoiselle*). Titre donné, au Moyen Âge, à une fille noble avant son mariage ou à la femme d'un damoiseau.

dan [dan] **n.m.** (mot jap.). Chacun des dix degrés de qualification d'une ceinture noire de judo.

Danaïdes, héroïnes de la mythologie grecque qui étaient les filles – au nombre de cinquante – de Danaos, roi d'Argos. Danaos accepta leur mariage avec les cinquante fils de son frère Égyptos. Or, la nuit des noces, les Danaïdes tuèrent toutes leurs maris, sauf une, Hypermnestre, qui épargna le sien, Lyncée. Purifiées par les dieux, elles se remarièrent avec des Argiens et fondèrent ainsi la race des Danaens. Par la suite, elles furent tuées, ainsi que Danaos, par Lyncée et condamnées, aux Enfers, à verser éternellement de l'eau dans un récipient percé.

dancing [dɑ̃siŋ] **n.m.** (mot angl.). Établissement public où l'on danse.

dandinement [dɑ̃dinmɑ̃] **n.m.** Action de se dandiner ; mouvement qui en résulte : *Le dandinement des canetons.*

se **dandiner** **v.pr.** (de l'anc. fr. *dandin,* de l'onomat. *dand,* exprimant le balancement d'une cloche). Balancer son corps d'une manière gauche et nonchalante : *Elle bredouilla une excuse en se dandinant d'un air gêné.*

dandy [dɑ̃di] **n.m.** (mot angl.) [pl. *dandys*]. Homme élégant, qui associe au raffinement vestimentaire une affectation d'esprit et d'impertinence.

dandysme [dɑ̃dism] **n.m.** Attitude, manière du dandy.

Danemark, en danois **Danmark,** État de l'Europe septentrionale ; 43 000 km^2 ; 5 619 000 hab. *(Danois).* CAP. *Copenhague.* LANGUE : *danois.* MONNAIE : *krone (couronne danoise).*

GÉOGRAPHIE

À la fois continental (péninsule du Jylland qui couvre les deux tiers du territoire, mais compte seulement 45 % de la population) et insulaire (plus de 500 îles), le Danemark est un pays de plaines et de bas plateaux, au climat océanique (hivers relativement doux, pluies assez abondantes et régulièrement réparties dans l'année).

Les conditions naturelles favorisent l'élevage. L'agriculture, moderne, aux rendements élevés, n'emploie plus que 6 % de la population active, mais assure une part bien supérieure des exportations par le biais, souvent, de l'agroalimentaire (qui bénéficie aussi d'une pêche active). L'agroalimentaire (incluant la traditionnelle brasserie) est la principale branche industrielle, après les constructions mécaniques et électriques diversifiées (matériel frigorifique et navires notamm.). L'industrie est présente surtout dans l'agglomération de Copenhague, seule véritable grande ville, regroupant le quart d'une population urbanisée à 85 % (Århus, Ålborg, Odense).

Le pétrole et le gaz naturel extraits de la mer du Nord couvrent environ 40 % des besoins en énergie. Petit pays au marché intérieur étroit, le Danemark a une vocation commerciale ancienne. Les exportations (dirigées surtout vers les partenaires de l'Union européenne), comme les importations, représentent plus du tiers d'un P.I.B. élevé, assurant à la population un haut niveau de vie.

HISTOIRE

La formation du royaume. Peuplé dès le néolithique, le pays connaît à l'âge du bronze une culture très élaborée. Au IXe s., les Danois participent aux expéditions vikings sur les côtes de l'Europe occidentale. Au Xe s., le royaume se constitue. Au XIe s., Knud Ier le Grand règne sur l'Angleterre, le Danemark et une partie de la Scandinavie.

1042. L'Angleterre s'affranchit du Danemark.

Le Moyen Âge. Au XIIe s., le régime féodal s'implante, tandis que se renforce l'influence de l'Église romaine, qui multiplie églises et monastères.

1157-1241. « L'ère des Valdemar » marque l'apogée de la civilisation médiévale du Danemark.

1397. Marguerite Valdemarsdotter, reine de Danemark, réalise l'union des trois royaumes scandinaves sous la domination danoise (union de Kalmar).

L'époque de la Réforme

1523. L'union de Kalmar est définitivement rompue avec l'élection de Gustave Vasa au trône de Suède.

1536. Le luthéranisme devient religion d'État.

À la fin du XVIe s., le commerce danois domine toute la Baltique.

La lutte avec la Suède
1625-1629. Le Danemark participe à la guerre de Trente Ans ; c'est un échec.
1658. La paix de Roskilde attribue la Scanie à la Suède.
Au XVIIIe s., le Danemark connaît une période d'expansion économique et commerciale ; Christian VII (particulièrement sous le ministère de Struensee, 1770-1772) gouverne en despote éclairé.
Le XIXe et le début du XXe s.
1814. À la paix de Kiel, le Danemark, allié de Napoléon, perd la Norvège au profit de la Suède.
1864. À la suite de la guerre des Duchés, le Danemark doit céder le Slesvig, le Holstein et le Lauenburg à la Prusse et à l'Autriche.
Au début du XXe s., la gauche s'impose progressivement. Un régime de démocratie parlementaire s'établit.
1918. L'Islande devient indépendante, mais reste unie au royaume par la personne du roi.
1920. Un plébiscite restitue le nord du Slesvig au Danemark.
Entre 1924 et 1940, le pouvoir est presque constamment aux mains des sociaux-démocrates, qui introduisent d'importantes réformes sociales.
1940-1945. Le Danemark est occupé par les Allemands.
1944. L'Islande se détache complètement du Danemark.
Le Danemark depuis 1945. De 1945 à 1972, le parti social-démocrate, dirigé notamm. par Jens Otto Krag, domine la scène politique et restitue sa prospérité au pays.
1972. Frédéric IX (roi depuis 1947) meurt. Sa fille, Marguerite II, lui succède.
1973. Le Danemark entre dans le Marché commun.
1982. Les conservateurs arrivent au pouvoir avec Poul Schlüter.
1993. Le social-démocrate Poul Nyrup Rasmussen devient Premier ministre. Les Danois approuvent la ratification du traité européen de Maastricht, repoussé lors d'un premier référendum en 1992.
2001. Le libéral Anders Fogh Rasmussen est nommé à la tête du gouvernement (reconduit en 2005 et 2007).
2009. Nommé secrétaire général de l'O.T.A.N., il est remplacé par Lars Løkke Rasmussen.
2011. À la suite de la victoire (étroite) de la coalition de centre-gauche, la sociale-démocrate Helle Thorning-Schmidt devient Premier ministre.

danger [dɑ̃ʒe] **n.m.** (lat. pop. *dominarium,* domination, du class. *dominus,* maître, sous l'infl. de *dam,* dommage). **1.** Situation où l'on a à redouter un inconvénient, un mal quelconque : *Affronter un danger* (syn. **péril**). *Une expédition pleine de dangers* (syn. **aléa, risque**). **2. Il n'y a pas de danger,** cela n'a aucune chance de se produire. ⁄ **Un danger public,** personne qui met les autres en danger.

dangereusement [dɑ̃ʒrøzmɑ̃] **adv.** De façon dangereuse : *La voiture penchait dangereusement.*

dangereux, euse [dɑ̃ʒrø, -øz] **adj. 1.** Qui présente du danger : *Virage dangereux. Baignade dangereuse* (syn. **risqué**). *Une situation dangereuse* (syn. **périlleuse, critique**). **2.** À qui l'on ne peut se fier : *C'est un homme dangereux* (syn. **redoutable**).

Daniel *(livre de),* livre biblique composé v. 165 av. J.-C., pendant la persécution d'Antiochos IV Épiphane, et écrit en partie en hébreu, en partie en araméen. Les récits et visions qu'il rapporte ont un sens caché, dont la clé est à chercher dans les événements contemporains de l'auteur. Le livre est un message d'espoir à l'adresse des Juifs persécutés : Dieu reste le maître de l'histoire. Il constitue le premier témoin du genre littéraire des apocalypses.

Daniell (John Frederic), physicien britannique (Londres 1790 - *id.* 1845). Il a inventé notamment la pile électrique à deux liquides qui porte son nom (1836).

D'Annunzio (Gabriele), écrivain italien (Pescara 1863 - Gardone Riviera 1938). Il est l'auteur de poésies, de pièces de théâtre et de romans (*l'Enfant de volupté,* 1889 ; *le Feu,* 1900) où se mêlent le culte de la beauté, hérité de Carducci, et le raffinement symboliste appliqué aussi bien à la vie (D'Annunzio se composa un personnage de dandy et de héros pendant la Première Guerre mondiale) qu'à l'œuvre d'art.

1. danois, e [danwa, -az] **adj.** et **n.** (frq. *danisk*). Du Danemark. ◆ **danois n.m.** Langue nordique parlée au Danemark.

2. danois [danwa] **n.m.** (de *1. danois*). Chien à poil ras, de très grande taille.

dans [dɑ̃] **prép.** (bas lat. *deintus,* du class. *de,* de, et *intus,* au-dedans). **1.** Désigne l'intérieur d'un lieu : *Il est difficile de se garer dans Paris. Les ciseaux sont dans le tiroir.* **2.** Indique l'état, le domaine d'application, la situation où l'on se trouve, la manière d'être, de faire : *Elle vit dans l'oisiveté. Il travaille dans la finance. Il s'est mis dans une sale affaire.* **3.** Exprime le cours d'une durée : *J'ai fait tout ça dans la journée* (syn. **au cours de, pendant**). **4.** Indique le terme d'une durée dans l'avenir : *Nous partons en vacances dans huit jours* (syn. **d'ici**). **5.** Introduit certains noms de lieux : *Il habite dans la Nièvre. Elle fait du ski dans les Alpes.* **6.** Introduit un ensemble à la composition duquel on se réfère : *Dans ce parfum, il y a de l'essence de rose. Étudier la question sociale dans Zola* (= dans l'œuvre de Zola). *Il a des personnes influentes dans ses relations* (syn. **parmi**). **7. Dans les,** FAM. Indique une approximation : *Ce sac pèse dans les trente kilos* (= environ trente kilos).

dansant, e [dɑ̃sɑ̃, -ɑ̃t] **adj. 1.** Qui invite à la danse ; où l'on danse : *Musique dansante. Soirée dansante.* **2.** Animé de mouvements vifs et rythmés ; qui évoque la danse : *Des reflets dansants.*

danse [dɑ̃s] **n.f.** (de *danser*). **1.** Action de danser ; ensemble de mouvements du corps génér. rythmés par la musique et obéissant à des règles : *Le rock est une danse moderne.* **2.** Musique écrite sur un rythme de danse : *Les Suites de J.-S. Bach comportent des danses.* **3. Danse classique** ⟶ **classique.** ⁄ **Danse de Saint-Guy,** nom fam. de la *chorée,* syndrome neurologique caractérisé par des mouvements brusques, saccadés et involontaires, évoquant une danse, et commun à plusieurs affections aiguës ou chroniques dominées par ce syndrome ; au fig. fait de bouger sans cesse, d'être agité : *Avoir la danse de Saint-Guy* (= la bougeotte). ⁄ **Entrer dans la danse,** participer à l'action.

■ **Nature et fonction de la danse.** La danse est un phénomène universel et multiple. Pourtant, si les individus dansent depuis les temps les plus reculés, ils ne le font ni de façon identique, ni nécessairement dans le même but. Rituelle, la danse peut être associée à une cérémonie magique ou religieuse. Souvent langage des dieux eux-mêmes, elle possède un caractère sacré dans de nombreuses civilisations, en Asie notamment. Traduction spontanée de la joie, elle est aussi un divertissement, collectif ou individuel, étroitement lié à l'idée de fête, à la cour comme dans les campagnes. Depuis l'Antiquité, les danses récréatives ont trouvé à se manifester et à se renouveler sans cesse dans le cadre du bal, plus ou moins institutionnel selon les époques. La danse peut être également spectacle, à caractère sacré ou profane. Destinées à être regardées par un public, les danses spectaculaires atteignent dans certaines cultures un haut degré de perfection. Ainsi, obéissant à des règles strictes et à une technique savante, les danses asiatiques sont le fruit d'une tradition codifiée plus que millénaire, la danse classique occidentale celui d'une histoire et d'une évolution vieilles de trois siècles.
Évolution de la technique académique. Au XVIIe s., prenant le relais des Italiens qui, durant la Renaissance, ont créé une technique déjà élaborée, les maîtres à danser français permettent l'éclosion de la « belle danse ». Née à la cour, synonyme de grâce et d'harmonie, elle règne alors au bal comme à la scène. La fondation de l'Académie royale de danse par Louis XIV (1661) favorise l'énorme travail de réflexion qui, à l'aube du XVIIIe s., aboutit notamment à la définition des termes et du contenu des pas et à l'établissement de règles de composition (Beauchamp, Feuillet). Devenue l'affaire des seuls interprètes profes-

sionnels attachés à un théâtre, la danse française ainsi que son vocabulaire se diffusent dans toute l'Europe tandis que les maîtres français sont appelés à créer des écoles à l'étranger. Dans les années 1820, un important bouleversement se produit avec l'apparition des pointes, qui offrent de nouvelles possibilités pour la danseuse. Leur utilisation systématique amène, à la fin du XIXe s., à transformer la fonction du danseur, particulièrement dans le pas de deux où il devient soutien et porteur de la ballerine. La suprématie de l'école française est battue en brèche dès les années 1820, d'abord par l'école milanaise (Blasis), puis à la fin du siècle par celle de Saint-Pétersbourg (Petipa). Chacune de ces écoles se singularise par des qualités et un style particuliers, la dernière mettant à profit l'héritage français (netteté et moelleux), qu'elle enrichit des apports italiens (rapidité et brio) auxquels vient s'adjoindre le lyrisme slave. Dans les années 1930, la réforme néoclassique (Balanchine, Lifar) se traduit par un élargissement du vocabulaire. Depuis 1950, les enrichissements considérables apportés par des créateurs tels que Béjart, Neumeier ou Forsythe amènent à parler désormais de danse classique contemporaine : si la technique académique demeure l'élément de base de leur travail, ils n'hésitent pas à puiser dans d'autres techniques chorégraphiques pour élaborer leur propre langage gestuel. **Expressionnisme et modern dance.** Au début du XXe s., Isadora Duncan est la première à s'engager dans une voie autre que celle de la tradition académique. En Europe et aux États-Unis, de jeunes danseurs-chorégraphes, se référant aux théories émises par Delsarte, Jaques-Dalcroze et Laban, se lancent à leur tour dans des analyses poussées du mouvement. Pour eux, la danse a l'ambition d'être liée à la vie personnelle du danseur et de se faire l'expression d'une expérience intérieure. Cette conception, qui considère la danse comme une façon de se révéler à soi-même et de s'épanouir, admet tout geste pourvu qu'il soit sincère. Il appartient en fait à chaque danseur de créer un vocabulaire chorégraphique qui lui soit personnel, d'où la profusion des techniques. Parties à la recherche de leur individualité, M. Wigman, M. Graham et D. Humphrey ont construit une technique qui repose sur la maîtrise de la respiration et sur les notions respectives de flux-reflux, contraction-détente, chute-rétablissement. Si certaines techniques se sont imposées (celle de M. Graham notamm.), les différents courants de la danse d'aujourd'hui favorisent à la fois une gestuelle électrisée et un culte de l'énergie qui s'appuie volontiers sur les musiques et l'imaginaire de l'espace urbain. ■

danser [dɑ̃se] **v.i.** (frq. **dintjan,* se mouvoir de-ci, de-là). **1.** Mouvoir le corps en cadence : *Nous avons dansé toute la soirée.* **2.** Interpréter une composition chorégraphique : *Elle danse dans « Coppélia ».* **3.** Être animé de mouvements rapides : *Les flammes dansent dans la cheminée.* **4. Ne pas savoir sur quel pied danser,** ne pas savoir quel parti prendre ; hésiter. ◆ **v.t.** Exécuter une danse : *Danser une valse, le rock.*

danseur, euse [dɑ̃sœr, -øz] **n. 1.** Personne qui danse. **2.** Artiste chorégraphique professionnel. **3. Danseur, danseuse étoile,** le plus haut titre dans la hiérarchie du corps de ballet de l'Opéra de Paris. / **En danseuse,** se dit de la position d'un cycliste qui pédale debout, en portant ses efforts alternativement sur chaque pédale.

Dante Alighieri, écrivain italien (Florence 1265 - Ravenne 1321). Il a composé, dès sa jeunesse, des sonnets amoureux et des canzones (petits poèmes lyriques), où il célèbre sa passion idéale et presque mystique pour Béatrice Portinari (morte en 1290). Il est surtout l'auteur de *la Divine Comédie,* poème écrit de 1306 à 1321, divisé en trois parties (*l'Enfer, le Purgatoire* et *le Paradis*), de trente-trois chants chacune, et un prologue. Dante y raconte une vision qu'il eut en 1300, durant la semaine sainte. Guidé par Virgile, il traverse les neuf cercles de l'Enfer et, au sommet de la montagne du Purgatoire, rencontre Béatrice, qui le conduit au Paradis. Cette œuvre est l'expression parfaite de l'humanisme chrétien médiéval.

dantesque [dɑ̃tɛsk] **adj.** Sombre et grandiose à la manière de Dante : *Une vision dantesque* (syn. **apocalyptique**).

Danton (Georges Jacques), homme politique français (Arcis-sur-Aube 1759 - Paris 1794). Avocat, il fonda, en 1790, le club des Cordeliers. Membre de la Commune et du directoire du département de Paris (1791), il fut le principal artisan de l'insurrection du 10 août 1792. Ministre de la Justice du Conseil exécutif provisoire, il y exerça le rôle de chef de gouvernement, avant de devenir député de Paris à la Convention. Siégeant avec les Montagnards, il déploya ses talents oratoires et se chargea de l'organisation de la défense nationale. Membre du Comité de salut public, il fut jugé trop modéré et en fut éliminé en juill. 1793. Il réclama la fin du régime de la Terreur et entreprit des négociations secrètes avec l'ennemi. Accusé de malversation et de trahison par Robespierre, il fut guillotiné avec Camille Desmoulins.

Dantzig ou **Danzig** → **Gdańsk.**

Danube (le), en all. **Donau,** fl. de l'Europe centrale, le deuxième d'Europe (après la Volga) pour sa longueur (2 850 km) et la superficie de son bassin (plus de 800 000 km²). Né dans la Forêt-Noire, de direction générale ouest-est, il traverse ou longe d'amont en aval : l'Allemagne, l'Autriche, la Slovaquie, la Hongrie, la Croatie, la Serbie, la Roumanie, la Bulgarie et l'Ukraine. Il passe notamment à Vienne, Bratislava, Budapest et Belgrade, franchit le défilé des Portes de Fer (entre les Carpates et le mont Balkan) et se termine par un vaste delta sur la mer Noire. Il est une importante voie de navigation, utilisé pour la production d'hydroélectricité et l'irrigation.

danubien, enne [danybjɛ̃, -ɛn] **adj.** Du Danube. ◆ **adj.** et **n.m.** Se dit d'un faciès du néolithique caractérisé par sa céramique au décor en ruban (d'où l'autre nom de ce faciès, le *rubané*) puis poinçonné, et dont l'influence s'est étendue le long du Danube pour se faire sentir, au gré des variantes, jusqu'au Bassin parisien. ▸ Cette période s'étend du Ve millénaire aux environs de 2000 av. J.-C.

daphnie [dafni] **n.f.** (lat. scientif. *daphnia,* du gr. *daphnê,* laurier). Petit crustacé des eaux douces, nageant par saccades, d'où son nom usuel de *puce d'eau.* ▸ Les daphnies, vivantes ou séchées, constituent une nourriture recherchée pour les poissons d'aquarium. Sous-classe des branchiopodes ; long. max. 5 mm.

Da Ponte (Emanuele Conegliano, dit **Lorenzo),** librettiste italien (Ceneda, auj. Vittorio Veneto, 1749 - New York 1838). Il a écrit de nombreux livrets d'opéra pour Salieri et Mozart *(les Noces de Figaro, Don Giovanni, Cosi fan tutte).*

dard [dar] **n.m.** (frq. **daroth,* javelot). **1.** Arme de jet ancienne, formée d'une pointe de fer fixée à une hampe de bois. **2.** Organe impair, pointu et creux de certains animaux, leur servant à inoculer leur venin : *Le dard d'une abeille, d'un scorpion.* **3.** Langue inoffensive du serpent.

Dardanelles *(détroit des),* détroit de Turquie entre l'Europe (péninsule des Balkans) et l'Asie (Anatolie). Il unit la mer Égée à la mer de Marmara. C'est l'Hellespont de l'Antiquité. En 1915, les Franco-Britanniques tentèrent en vain de forcer, puis de conquérir les Détroits pour obliger la Turquie à sortir de la guerre et pour communiquer avec la Russie.

darder [darde] **v.t. 1.** Lancer un dard ou un objet ressemblant à un dard : *Darder des flèches.* **2.** LITT. Lancer comme un dard ou une flèche : *Le soleil darde ses rayons.* **3. Darder son regard sur qqn,** le regarder intensément.

dare-dare [dardar] **adv.** (orig. obsc.). FAM. Très vite, en toute hâte : *Il est parti dare-dare à la gare* (= à toute allure).

Dar es Salam, cap. de la Tanzanie, sur l'océan Indien ; 3 349 000 hab. Centre administratif et commercial.

dari [dari] **n.m.** (mot persan, de *dār,* cour, palais). Forme du persan parlé en Afghanistan, dont c'est l'une des langues officielles.

Darío (Félix Rubén García Sarmiento, dit **Rubén),** poète nicaraguayen (Metapa 1867 - León 1916). Il est à l'origine du mouvement « moderniste » en Amérique latine *(Azur, Chants de vie et d'espérance).*

Darios Ier ou **Darius Ier** (m. en 486 av. J.-C.), roi de Perse (522-486 av. J.-C.). Il reconstitua l'empire de Cyrus II, repoussa ses frontières jusqu'au Turkestan et à l'Indus à l'est et, à l'ouest, conquit la Thrace et la Macédoine, mais fut vaincu par les Grecs à Marathon (490 av. J.-C.). Il organisa l'Empire en provinces (satrapies) et fit construire Persépolis. • **Darios III Codoman** (m. en 330 av. J.-C.), roi de Perse (336-330 av. J.-C.). Dernier roi achéménide, vaincu par Alexandre à Issos (333) et près d'Arbèles (331), il fut tué par un de ses satrapes.

Darlan (François), amiral et homme politique français (Nérac 1881 - Alger 1942). Commandant de la flotte (1939-1940), collaborateur immédiat et successeur désigné de Pétain (1940-1942), il démissionna de ses fonctions de vice-président du Conseil du gouvernement de Vichy lors du retour de Laval au gouvernement en 1942. Il prit le pouvoir en Afrique du Nord lors du débarquement allié de 1942, signa un accord avec les Américains mais fut assassiné.

darne [darn] **n.f.** (breton *darn,* morceau). Tranche de gros poisson : *Une darne de saumon.*

darse [dars] **n.f.** (it. *darsena,* ar. *dār as-sinā'a,* maison de travail). MAR. Bassin d'un port méditerranéen.

dartre [dartr] **n.f.** (bas lat. *derbita,* mot d'orig. celt.). Rougeur, accompagnée de desquamation, que l'on observe dans certaines affections cutanées.

Darwin (Charles), naturaliste britannique (Shrewsbury 1809 - Down, Kent, 1882). Embarqué sur le navire *Beagle* comme naturaliste, il recueille, pendant un périple autour du monde (1831-1836), quantité d'observations sur la variabilité des espèces, qui servent de base à son œuvre. En 1859, il publie un ouvrage fondamental : *De l'origine des espèces au moyen de la sélection naturelle.* Il expose dans ce livre, puis dans plusieurs autres, une théorie de l'évolution des espèces animales et végétales, appelée le *darwinisme.* Darwin a aussi écrit, notamment, *la Descendance de l'homme et la sélection sexuelle* (1871). Célèbre de son vivant, il a été violemment combattu dans les milieux religieux (sa théorie allant à l'encontre du récit de la Création de la Bible) et par d'autres scientifiques, avant que sa théorie soit acceptée.

darwinisme [darwinism] **n.m.** Doctrine émise par Darwin dans son ouvrage *De l'origine des espèces* (1859), et où la lutte pour la vie et la sélection naturelle sont considérées comme les mécanismes essentiels de l'évolution des populations d'êtres vivants.

datation [datasjɔ̃] **n.f. 1.** Action de dater un document : *La datation d'un acte notarié.* **2.** Action de déterminer la date d'un événement, l'âge d'une roche, d'un fossile, d'un objet, etc. : *Datation d'un texte. Datation d'ossements.* **3.** Indication de date sur un écrit : *Une erreur de datation.*

datcha [datʃa] **n.f.** (mot russe). Maison de campagne russe, aux environs d'une grande ville.

date [dat] **n.f.** (lat. *data [littera],* [lettre] donnée, premier mot de la formule indiquant la date à laquelle un acte avait été rédigé). **1.** Indication du jour, du mois et de l'année ; nombre qui l'indique : *Date de mariage, de naissance.* **2.** Moment choisi pour un événement, une action : *Fixer la date d'une visite, d'un match.* **3.** Moment, époque où se situe un événement : *1956 est la date à laquelle ils se sont mariés* (syn. **année**). **4.** Événement historique important : *La Révolution est une date capitale de l'histoire de France.* **5. Ami de longue date,** ami que l'on connaît depuis longtemps. / **Amitié de fraîche, de vieille date,** récente, ancienne. / **Faire date,** marquer un moment important : *Un film qui fera date dans l'histoire du cinéma.* / **Le premier, le dernier en date,** personne ou événement qui s'est présenté le premier et qui est le plus ancien, ou le dernier et qui est le plus récent. / **Prendre date,** fixer un rendez-vous.

dater [date] **v.t. 1.** Mettre la date : *Dater une lettre, un testament.* **2.** Déterminer la date de qqch : *Dater un fossile.* ◆ **v.i. 1.** Exister depuis telle époque, remonter à : *Ce roman date du siècle dernier.* **2.** Marquer une date importante : *Événement qui date dans l'histoire* (= faire époque, faire date). **3.** Être vieilli, démodé : *Robe qui date. Film qui date.* **4. À dater de,** à partir de : *À dater de ce jour.*

dateur, euse [datœr, -øz] **adj.** Qui sert à dater : *Timbre dateur.* ◆ **dateur n.m.** Dispositif à lettres et à chiffres mobiles permettant d'indiquer une date.

datif [datif] **n.m.** (lat. *dativus,* de *dare,* donner). GRAMM. Cas du complément d'attribution, dans les langues à déclinaison.

dation [dasjɔ̃] **n.f.** (lat. *datio,* de *dare,* donner). **1.** DR. Action de donner. **2. Dation en paiement,** opération par laquelle le débiteur se libère de son obligation, avec l'accord du créancier, en donnant en paiement une chose autre que la chose due : *La dation Picasso.*

datte [dat] **n.f.** (anc. prov. *datil,* lat. *dactylus,* datte, gr. *daktulos,* doigt). Fruit comestible du dattier, à pulpe sucrée très nutritive.

dattier [datje] **n.m.** Palmier cultivé dans les régions chaudes et sèches mais irriguées, et dont les fruits (dattes) sont groupés en longues grappes, ou régimes.

daube [dob] **n.f.** (de l'esp. *adobar,* cuire à l'étouffée). Manière de faire cuire certaines viandes braisées, et plus spécial. du bœuf, dans un fond au vin rouge ; viande ainsi préparée.

Daudet (Alphonse), écrivain français (Nîmes 1840 - Paris 1897). Bien qu'il se soit rattaché à l'école naturaliste, son œuvre mêle la fantaisie à la peinture réaliste de la vie quotidienne. Il est l'auteur de romans (*le Petit Chose,* 1868 ; *Tartarin de Tarascon,* 1872), mais surtout de contes et de nouvelles : *les Lettres de mon moulin* (1866), récits tendres et malicieux *(la Chèvre de M. Seguin, les Trois Messes basses, l'Arlésienne),* qui ont presque tous pour cadre la Provence, et les *Contes du lundi* (1873), inspirés par la guerre de 1870.

Daumier (Honoré), peintre, lithographe et sculpteur français (Marseille 1808 - Valmondois 1879). Mettant au service de ses idées humanitaires un génie incisif et vigoureux, il a exécuté environ 4 000 lithographies, publiées, notamment, dans *le Charivari,* et a donné des séries comme celle des *Gens de justice.* Satiriste profond, il a caricaturé toutes les classes de la société et exercé sa verve contre Louis-Philippe et la monarchie de Juillet *(la Rue Transnonain, le 15 avril 1834).* Le second Empire ne toléra plus cette activité. À partir de 1848, il se passionna pour la peinture, brossant quelque 300 toiles largement traitées par masses synthétiques, en avance sur leur époque (*le Wagon de troisième classe,* v. 1862, New York ; série des *Don Quichotte*).

1. dauphin [dofɛ̃] **n.m.** (lat. *delphinus,* gr. *delphis, -inos*). Mammifère marin vivant en troupes dans toutes les mers et se nourrissant de poissons. ▸ Ordre des cétacés ; long. 2 à 4 m.

2. dauphin [dofɛ̃] **n.m.** (n. des seigneurs du Dauphiné). **1.** Titre désignant l'héritier présomptif du trône de France, en général le fils aîné du roi (prend génér. une majuscule en ce sens) ; cette personne. **2. Le Grand Dauphin,** le fils de Louis XIV. ◆ **dauphin, e n.** Successeur désigné ou prévu d'une personnalité.

Dauphiné, ancienne province de France, qui a formé les départements de l'Isère, des Hautes-Alpes et de la Drôme. Il s'est constitué lentement autour d'un noyau : le comté de Vienne, à partir du XIe s. En 1349, la province est vendue au roi de France Philippe VI, qui la transfère à son petit-fils Charles. Le Dauphiné, dont la capitale est alors Grenoble, devient l'apanage traditionnel du fils aîné du roi, dès lors appelé Dauphin. L'union définitive avec la France est proclamée en 1560. En 1788, une assemblée constituée des trois ordres se réunit près de Grenoble pour demander la convocation des états généraux.

dauphinois, e [dofinwa, -az] **adj.** et **n. 1.** Du Dauphiné. **2. Gratin dauphinois,** préparation de pommes de terre gratinées, avec lait, beurre et fromage.

daurade ou **dorade** [dɔrad] **n.f.** (anc. prov. *daurada,* doré). Poisson à reflets dorés ou argentés pêché en Méditerranée et dans le golfe de Gascogne. ▸ Famille des sparidés.

Dausset (Jean), médecin français (Toulouse 1916 - Palma de Majorque 2009). Ses travaux ont porté essentiellement sur l'immunologie des cellules du sang et l'ont amené à la découverte des groupes de compatibilité tissulaire et du système dit « HLA ». Cette découverte a fait faire un progrès considérable aux greffes et transplantations d'organes, dont la réussite nécessite une compatibilité entre les tissus du donneur et du receveur. Il a aussi joué un rôle pionnier dans les recherches sur le génome humain. (Prix Nobel de physiologie et de médecine 1980.)

davantage [davɑ̃taʒ] **adv.** (de *d'avantage*). Marque la supériorité en quantité, degré ou durée : *Je n'en sais pas davantage* (syn. **plus**). *Je l'aime davantage que son frère. Ne restez pas davantage* (= plus longtemps).

Davao, port des Philippines (île de Mindanao), au fond du *golfe de Davao ;* 1 363 337 hab.

David, deuxième roi du peuple hébreu, après Saül (v. 1010-v. 970 av. J.-C.). Introduit à la cour de Saül pour ses dons de musicien et pour son habileté guerrière (célébrée dans le récit épique de son combat contre le géant Goliath), il suscite la jalousie du souverain par sa popularité grandissante et doit s'enfuir, devenant chef de bande dans le désert de Juda. À la mort de Saül, il est sacré roi à Hébron par les Judéens et, ralliant bientôt à lui les tribus du Nord, il règne comme roi de Juda et d'Israël sur la Palestine tout entière, qu'il libère du joug des Philistins. Les cités cananéennes qui étaient encore indépendantes sont soumises à son autorité, en particulier Megiddo et Jérusalem. Il fait de cette dernière sa capitale (v. 1000). Après une série de batailles contre les Ammonites, les Araméens et les Édomites, David se trouve à la tête d'un petit empire qui étend son protectorat jusqu'à Damas. La Bible rapporte les faiblesses humaines de ce personnage complexe, notamment le rapt de Bethsabée dont il avait fait disparaître le mari et dont il eut un fils, Salomon. La tradition juive et chrétienne lui a attribué la composition sinon de la totalité, du moins d'un certain nombre des Psaumes.

David (Gérard), peintre des anciens Pays-Bas (Oudewater, Hollande, v. 1460 - Bruges 1523). Installé à Bruges, il a été le dernier des grands « primitifs » de cette ville (*la Vierge entre les vierges,* Rouen ; *le Baptême du Christ,* Bruges).

David (Louis), peintre français (Paris 1748 - Bruxelles 1825). Il fut membre de la Convention et, sous l'Empire, peintre de Napoléon. Prix de Rome, chef de l'école néoclassique, il domina la peinture française de 1785 à sa mort, survenue en exil (*le Serment des Horaces,* premier type de grande composition héroïque inspirée de l'antique, 1784, Louvre ; *la Mort de Marat,* Bruxelles ; *les Sabines, le Couronnement* ou *le Sacre* [1806-07], *Léonidas aux Thermopyles,* Louvre ; *l'Amour et Psyché,* Cleveland, etc. ; nombreux portraits d'une grande sûreté).

David (Pierre Jean), dit **David d'Angers,** sculpteur français (Angers 1788 - Paris 1856). Il est l'auteur du fronton du Panthéon (Paris), de statues, de nombreux bustes et de plus de 500 portraits en médaillon. Musée à Angers.

davier [davje] **n.m.** (dimin. de *david,* n. d'un outil de menuisier). Instrument en forme de tenaille employé pour arracher les dents, les fragments osseux.

Davis *(détroit de),* bras de mer de l'Atlantique, entre le Groenland et la terre de Baffin.

Davis (Miles Dewey), trompettiste et chef d'orchestre de jazz américain (Alton, Illinois, 1926 - Los Angeles 1991). Il s'est imposé dans les années 1950 comme l'un des fondateurs du style « cool », avant de contribuer à l'émergence du jazz rock (*On the Corner,* 1972). Le son de sa trompette, onirique et élégant, capable aussi de fureurs, aura marqué le jazz contemporain.

Davos [davɔs], comm. de Suisse (Grisons) ; 11 166 hab. Sports d'hiver (alt. 1 560-2 844 m). Forum économique mondial, annuel.

Davout (Louis Nicolas), *duc* **d'Auerstaedt,** *prince* **d'Eckmühl,** maréchal et pair de France (Annoux 1770-Paris 1823). Vainqueur des Prussiens à Auerstedt (1806) et des Autrichiens, notamm. à Wagram (1809), la rigueur de son commandement le fit considérer comme l'un des meilleurs lieutenants de Napoléon.

Dax, ch.-l. d'arr. des Landes, sur l'Adour ; 21 388 hab. *(Dacquois).* Station thermale (traitement des rhumatismes et des séquelles de traumatismes ostéo-articulaires). Cathédrale surtout du XVIIe s. Musée.

Dayak, peuple de Bornéo, parlant une langue malayo-polynésienne.

dazibao [dazibao] **n.m.** (mot chin.). En Chine communiste, journal mural affiché dans les rues.

D.D.T. [dedete] **n.m.** (sigle de *dichloro-diphényl-trichloréthane*). Insecticide puissant.

1. de [də] **prép.** (lat. *de,* venant de). [*De* s'élide en *d'* devant un mot commençant par une voyelle ou un *h* muet et se combine avec les art. *le, les* pour donner les art. contractés *du, des*]. **1.** Indique le lieu d'où l'on vient ; la provenance : *J'arrive de Paris, du Maroc. Il vient d'une famille aisée. Des artichauts de Bretagne.* **2.** Désigne le point de départ d'une période : *De midi à quatorze heures, je serai chez le coiffeur. Les vacances scolaires vont de juillet à septembre.* **3.** Exprime l'appartenance : *Le livre de Claire. La navette de la NASA.* **4.** Indique la caractérisation, la manière ou la cause : *Une barre de fer. Une maison de campagne. Une tasse de thé. Manger de bon appétit. Pleurer de joie.* **5.** Introduit un complément d'objet indirect : *Il use de son influence. J'ai besoin de farine.* **6.** Introduit un infinitif : *Il lui demande de partir. Il est honteux de mentir.*

2. de [də], **du** [dy], **de la** [dəla], **des** [dɛ] **art. partitifs** (de *1. de* et de *le, la, les*). Précèdent des noms d'objets qu'on ne peut compter, qu'ils soient concrets ou abstraits : *Manger du pain, des céréales. C'est de la mauvaise foi. Elle ne perd pas de temps.*

dé-, préfixe, de l'élément lat. *dis-,* prenant la forme *dés-* devant une voyelle ou un *h* muet et exprimant l'action ou l'état inverse de ceux qui sont exprimés par le terme simple *(déboucher, désenchantement, dépolitiser).*

1. dé n.m. (bas lat. *digitale,* du class. *digitus,* doigt). Étui de métal piqueté à l'extérieur pour protéger le doigt qui pousse l'aiguille.

2. dé n.m. (orig. obsc.). **1.** Petit cube à faces marquées de points, de un à six, ou de figures, utilisé pour différents jeux : *Lancer les dés.* **2.** Petit cube d'une matière quelconque : *Légume coupé en dés.* **3. Coup de dés,** affaire hasardeuse. / **Les dés sont jetés,** c'est définitivement décidé.

dealer [dilœr] **n.m.** ou **dealeur, euse** [dilœr, -øz] **n.** (mot angl., de *to deal,* traiter [un marché]). *FAM.* Revendeur de drogue.

déambulatoire [deɑ̃bylatwar] **n.m.** (bas lat. *deambulatorium,* du class. *deambulare ;* v. *déambuler*). Galerie entourant le chœur d'une église.

déambuler [deɑ̃byle] **v.i.** (lat. *deambulare,* de *ambulare,* aller et venir). Se promener çà et là, marcher sans but.

Dean (James), acteur américain (Marion, Indiana, 1931 - Paso Robles, Californie, 1955). Il incarna la jeunesse rebelle et inquiète des années 1950. Trois films (*À l'est d'Eden,* E. Kazan, 1955 ; *la Fureur de vivre,* N. Ray, 1955 ; *Géant,* G. Stevens, 1956) et sa mort prématurée contribuèrent à faire de lui un mythe sociologique et cinématographique.

Death Valley ⟶ Mort *(Vallée de la).*

Deauville, comm. du Calvados ; 3 872 hab. Station balnéaire. Hippodrome. Casino.

débâcher [debaʃe] **v.t.** Enlever une bâche : *Débâcher un camion.*

débâcle [debakl] **n.f.** (de *débâcler,* ôter la *bâcle* [la barre de fermeture], de *bâcler*). **1.** Rupture des glaces d'un fleuve gelé (par opp. à *embâcle*). **2.** Fuite désordonnée : *La retraite de l'armée s'acheva en débâcle* (syn. **débandade, déroute**).

déballage [debalaʒ] **n.m. 1.** Action de déballer ; ce qui est déballé : *Quel déballage dans cette chambre !* **2.** Étalage de marchandises en vrac ; commerce à bas prix de ces marchandises : *Vente au déballage.* **3.** FAM. Confession sans retenue ; exposé pêle-mêle de ce qu'on sait, de ce qu'on ressent : *Dans tout ce déballage, il y a quelques idées justes.*

déballer [debale] **v.t.** (de *2. balle*). **1.** Ouvrir une caisse et en ôter le contenu : *Déballer des verres.* **2.** Étaler des marchandises : *Camelot qui déballe ses produits.* **3.** FAM. Exposer, confier sans retenue : *Déballer ce qu'on a sur le cœur.*

débandade [debɑ̃dad] **n.f.** (de *2. se débander*). Fait de se disperser en désordre : *La débandade d'une armée* (syn. **déroute, débâcle**).

débander [debɑ̃de] **v.t. 1.** Ôter une bande, un bandage : *Débander les yeux de qqn.* **2.** Diminuer la tension : *Débander un ressort trop tendu* (syn. **détendre**).

se **débander** [debɑ̃de] **v.pr.** (de *bande,* troupe). LITT. Se disperser, s'enfuir en désordre : *L'armée s'est débandée.*

débaptiser [debatize] **v.t.** Changer le nom de qqch : *Débaptiser une rue.*

débarbouillage [debarbujaʒ] **n.m.** Action de débarbouiller, de se débarbouiller.

débarbouiller [debarbuje] **v.t.** Laver, nettoyer, en partic. le visage : *Débarbouiller un enfant.* ◆ **se débarbouiller v.pr.** Se laver le visage ; faire sa toilette.

débarcadère [debarkadɛr] **n.m.** (de *débarquer,* d'après *embarcadère*). Quai, môle ou jetée, sur la mer ou sur un fleuve, pour le débarquement ou l'embarquement des marchandises, des voyageurs (syn. **embarcadère**).

débardeur [debardœr] **n.m.** (de *2. barder*). **1.** Ouvrier qui charge ou décharge des marchandises sur un navire, un camion, etc. **2.** Tricot sans manches et très échancré.

débarquement [debarkəmɑ̃] **n.m. 1.** Action de débarquer des passagers, des marchandises, des soldats, etc. : *Le débarquement du matériel* (syn. **déchargement**). **2.** Action de descendre à terre, de quitter un navire, un avion. **3.** MIL. Transport, entre les navires de guerre et un littoral génér. occupé, de troupes, de matériel et d'armement.

débarquer [debarke] **v.t.** (de *barque*). **1.** Faire descendre à terre les passagers ; enlever les marchandises d'un navire, d'un train, d'un avion : *Les dockers débarquent la cargaison de café* (syn. **décharger** ; contr. **embarquer**). **2.** FAM. Se débarrasser de qqn, l'écarter d'un poste : *Ils ont débarqué le président du comité.* ◆ **v.i. 1.** Quitter un navire, descendre d'un avion, d'un train (contr. **embarquer**). **2.** FAM. Arriver à l'improviste chez qqn : *Elle a débarqué chez nous la veille de Noël.* **3.** FAM. Ne pas être au courant des événements : *Tu ne sais pas qu'ils sont mariés ! Tu débarques ou quoi ?*

débarras [debara] **n.m.** (de *débarrasser*). **1.** Action de vider un lieu des choses qui l'encombrent : *Entreprise qui se charge du débarras des caves.* **2.** Lieu où l'on entasse des objets encombrants ou peu utilisés. **3.** FAM. Délivrance de qqn ou qqch qui embarrassait : *Il est parti, bon débarras !*

débarrasser [debarase] **v.t.** (de *[em]barrasser*). **1.** Enlever ce qui embarrasse, ce qui est une gêne : *Débarrasser le grenier.* **2.** Aider qqn à ôter ou à poser les vêtements ou les objets qu'il portait à l'extérieur : *Débarrasser un visiteur de son manteau.* **3.** Faire en sorte que qqn soit libéré de qqn ou qqch : *Débarrasser qqn de ses soucis* (syn. **soulager**). *Ça m'a débarrassé de mon envie de fumer.* **4. Débarrasser la table,** enlever les couverts, les restes du repas. ◆ **se débarrasser v.pr. [de].** Se défaire de qqch, éloigner qqn : *Elle se débarrassa de ses gants* (syn. **enlever, quitter**). *Impossible de se débarrasser de cet importun !* (syn. **se délivrer**).

débat [deba] **n.m.** (de *débattre*). **1.** Examen d'un problème entraînant une discussion animée, parfois dirigée, entre personnes d'avis différents : *La ratification de ce traité a soulevé un vif débat dans l'opinion* (syn. **controverse, polémique**). *Un débat télévisé.* **2.** Conflit intérieur : *Un débat de conscience.* **3.** (En appos.). Indique l'événement au cours duquel une discussion aura lieu : *Un déjeuner-débat.* ◆ **débats n.m. pl. 1.** Discussion d'un problème au sein d'une assemblée parlementaire. **2.** Phase d'un procès durant l'audience où la parole est donnée aux parties et aux avocats.

débattre [debatr] **v.t.** (de *battre*) [conj. **83**]. **1.** Examiner avec un ou plusieurs interlocuteurs : *Débattre une question.* **2.** Discuter un prix pour le faire baisser : *Débattre le prix d'un appartement* (syn. **marchander**). ◆ **v.t. ind. [de].** Mettre en discussion ; discuter contradictoirement : *Débattre de la peine de mort.* ◆ **se débattre v.pr. 1.** Lutter pour se dégager, se défendre : *Le poisson se débat au bout de l'hameçon.* **2.** Se démener pour sortir d'une situation difficile : *Se débattre dans des problèmes financiers.*

débauchage [deboʃaʒ] **n.m.** (de *débaucher*). Action de congédier des salariés (syn. **licenciement** ; contr. **embauche**).

débauche [deboʃ] **n.f.** (de *débaucher*). **1.** Recherche effrénée des plaisirs sensuels : *Se livrer à la débauche* (syn. **dévergondage, luxure**). **2.** Abondance excessive : *Une débauche de couleurs* (syn. **profusion**).

débaucher [deboʃe] **v.t.** (de l'anc. fr. *bauch,* poutre, propr. « dégrossir du bois »). **1.** Entraîner à une vie dissolue. **2.** Renvoyer du personnel faute de travail (syn. **licencier**). **3.** FAM. Détourner qqn momentanément de son travail, d'une occupation sérieuse, pour le distraire.

débet [debɛ] **n.m.** (lat. *debet,* il doit). DR. Dette à l'égard d'une personne publique.

débile [debil] **adj.** (lat. *debilis*). **1.** Faible de constitution ; qui manque de vigueur : *Un enfant débile* (syn. **chétif, malingre**). **2.** FAM. Stupide : *Un film débile. Tu es débile.* ◆ **n.** Atteint de débilité mentale : *Débile mental.*

débilitant, e [debilitɑ̃, -ɑ̃t] **adj. 1.** Qui débilite : *Un climat débilitant.* **2.** Qui décourage, qui démoralise : *Un travail débilitant* (syn. **déprimant**).

débilité [debilite] **n.f.** (lat. *debilitas*). **1.** LITT. État de grande faiblesse : *La débilité d'un vieillard* (syn. **asthénie, atonie**). **2. Débilité mentale,** état dû à l'insuffisance du développement intellectuel.

débiliter [debilite] **v.t.** (lat. *debilitare,* blesser, affaiblir). Affaiblir physiquement ou moralement : *Ce climat le débilite.*

débiner [debine] **v.t.** (orig. obsc.). FAM. Dénigrer, médire. ◆ **se débiner v.pr.** FAM. S'enfuir.

1. débit [debi] **n.m.** (de *1. débiter*). **1.** Vente rapide et continue au détail : *Un commerce qui a beaucoup de débit.* **2.** Manière de parler, de réciter : *Avoir le débit rapide* (syn. **élocution**). **3.** Manière de débiter le bois : *Débit en rondins.* **4.** Quantité de fluide qui s'écoule ou qui est fourni par unité de temps : *Débit d'un cours d'eau, d'une pompe.* **5.** Quantité de personnes, de véhicules, d'informations, volume de marchandises transportées en une unité de temps par un moyen de communication : *Le débit de l'autoroute du Sud à 18 h.* **6. Débit de tabac, de boissons,** établissements où l'on vend du tabac, où des boissons peuvent être consommées sur place. **7.** INFORM. **Haut débit,** se dit d'un réseau ou d'une connexion à l'Internet qui permet d'acheminer un flux de données d'au moins 512 kilobits, autorisant ainsi la transmission rapide de fichiers multimédias.

2. débit [debi] **n.m.** (lat. *debitum,* dette). **1.** Compte des sommes qu'une personne doit à une autre. **2.** Partie d'un compte où sont portées les sommes dues (par opp. à *crédit*).

débitant, e [debitɑ̃, -ɑ̃t] **n.** Personne qui tient un débit de boissons ou de tabac.

1. débiter [debite] **v.t.** (de *bitte,* billot). **1.** Découper en morceaux : *Débiter un bœuf.* **2.** Réduire du bois en planches, en bûches, etc. **3.** Produire, fournir une certaine quantité en un temps donné : *Débiter 30 000 litres à l'heure.* **4.** Vendre au détail : *Débiter du vin.* **5.** Énoncer sur un ton monotone : *Débiter son rôle.* **6.** Raconter sans réflexion (péjor.) : *Débiter des sottises* (syn. **proférer**).

2. débiter [debite] **v.t.** (de *2. débit*). Porter un article ou une somme au débit d'un compte (par opp. à *créditer*).

débiteur, trice [debitœr, -tris] **n.** (de *2. débit*). **1.** Personne qui doit (par opp. à *créancier*). **2.** Personne qui a une dette morale envers qqn. ◆ **adj. Compte débiteur,** compte où le total des débits excède celui des crédits.

déblai [deblɛ] **n.m.** (de *déblayer*). TR. PUBL. Enlèvement de terres pour niveler ou abaisser le sol. ◆ **déblais n.m. pl.** Débris de construction, terrains enlevés.

déblaiement [deblɛmɑ̃] **n.m.** Action de déblayer : *Le déblaiement de la voie ferrée prendra plusieurs jours.*

déblatérer [deblatere] **v.t. ind. [sur, contre]** (lat. *deblaterare*, bavarder) [conj. **18**]. *FAM.* Tenir des propos malveillants sur qqn, qqch ; critiquer violemment. : *Ils n'arrêtent pas de déblatérer sur leurs voisins, contre la presse* (syn. **fulminer contre, vitupérer**).

déblayer [debleje] **v.t.** (anc. fr. *desbleer*, débarrasser la terre du blé) [conj. **11**]. **1.** Enlever des terres, des décombres : *Déblayer des gravats.* **2.** Dégager un endroit de ce qui l'encombre : *Déblayer le chemin.* **3. Déblayer le terrain,** préparer une affaire en résolvant les difficultés préalables.

déblocage [deblɔkaʒ] **n.m.** Action de débloquer : *Le déblocage des prix.*

débloquer [deblɔke] **v.t. 1.** Remettre en mouvement une machine, un mécanisme : *Débloquer un verrou.* **2.** Lever l'interdiction de transporter ou de vendre des denrées, de disposer librement de crédits ou de comptes en banque, etc. : *Débloquer des crédits pour les populations sinistrées.* **3.** Lever les obstacles qui bloquent un processus, une situation : *Débloquer une négociation.* **4. Débloquer les salaires, les prix,** permettre leur variation. ◆ **v.i.** *FAM.* Dire des choses qui n'ont pas de sens (syn. **divaguer**).

débobiner [debɔbine] **v.t. 1.** Dérouler ce qui était en bobine (contr. **embobiner**). **2.** Démonter les enroulements d'une machine ou d'un appareil électrique.

déboguer [debɔge] **v.t.** (de *2. bogue*). INFORM. Rechercher et corriger les erreurs d'un programme.

déboires [debwar] **n.m. pl.** (de *boire*, propr. « arrière-goût désagréable après avoir bu »). Déceptions, échecs amèrement ressentis : *Elle a connu bien des déboires dans sa vie* (syn. **déconvenues, mécomptes**).

déboisement [debwazmɑ̃] **n.m.** Action de déboiser ; fait d'être déboisé : *Le déboisement de l'Amazonie.*

déboiser [debwaze] **v.t.** (de *bois*). Arracher les arbres d'un terrain, d'une montagne. ◆ **se déboiser v.pr.** Perdre ses arbres : *Les montagnes se sont déboisées.*

déboîtement [debwatmɑ̃] **n.m.** (de *boîte*). Déplacement d'un os hors de son articulation (syn. **luxation**).

déboîter [debwate] **v.t.** (de *boîte*). **1.** Séparer un objet encastré dans un autre : *Déboîter des tuyaux* (contr. **emboîter**). **2.** Faire sortir un os de son articulation : *Le choc lui a déboîté l'épaule* (syn. **démettre, luxer**). ◆ **v.i.** Sortir d'une file, en parlant d'un véhicule : *Mettre son clignotant avant de déboîter.*

débonder [debɔ̃de] **v.t.** Ôter la bonde d'un tonneau, d'un réservoir, etc.

débonnaire [debɔnɛr] **adj.** (de l'anc. loc. *de bonne aire*, de bonne race). Bon jusqu'à la faiblesse : *Un directeur débonnaire* (syn. **bon enfant**).

débordant, e [debɔrdɑ̃, -ɑ̃t] **adj.** Qui ne peut se contenir, en parlant de qqn, d'un sentiment : *Un enthousiasme débordant* (syn. **exubérant**).

débordement [debɔrdəmɑ̃] **n.m. 1.** Fait de déborder. **2.** Déversement des eaux d'un cours d'eau par-dessus les bords de son lit : *Débordement du fleuve* (syn. **crue**). **3.** Grande abondance, exubérance : *Débordement de joie* (syn. **flot**). ◆ **débordements n.m. pl.** Excès d'une existence dissolue : *Renoncer aux débordements de sa jeunesse* (syn. **débauche**).

déborder [debɔrde] **v.i.** (de *bord*). **1.** Dépasser les bords de qqch, se répandre hors de son contenant : *Le lait bouillant déborde.* **2.** Être plein, ne plus pouvoir contenir, en parlant du contenant : *La baignoire déborde.* **3.** Dépasser un bord, une limite, s'étendre au-delà, envahir : *La foule débordait sur la chaussée* (syn. **déferler**). *Ton rouge à lèvres déborde.* ◆ **v.t. 1.** Dépasser qqch de tant, aller au-delà : *La terrasse déborde la maison d'un mètre.* **2.** S'étendre au-delà d'une limite, d'un cadre : *Votre développement déborde le sujet.* **3.** Dépasser, écraser les capacités de qqn à agir : *La base a débordé les dirigeants du syndicat* (syn. **submerger**). **4. Déborder l'ennemi,** dépasser en les contournant les positions qu'il occupe. / **Déborder un lit,** tirer les draps, les couvertures dont les bords sont glissés sous le matelas. / **Être débordé (de travail),** être surchargé de travail. ◆ **v.t. ind. [de]. 1.** Manifester avec force un sentiment, un état : *Il déborde de joie, de santé* (syn. **éclater de**). **2.** Avoir en surabondance : *Son tiroir déborde d'affaires.*

débotté [debɔte] **n.m.** (de *débotter*, retirer les bottes). *LITT.* **Au débotté,** au moment de l'arrivée, sans préparation : *Prendre qqn au débotté* (= à l'improviste).

débouché [debuʃe] **n.m. 1.** Endroit où une rue, un chemin débouchent dans un lieu : *Le débouché d'une vallée.* **2.** Possibilité de vente pour des marchandises : *L'expansion économique implique la création de débouchés nouveaux* (syn. **marché**). **3.** Carrière accessible à qqn en fonction de ses études : *Ce diplôme offre peu de débouchés.*

1. déboucher [debuʃe] **v.t.** (de *boucher*). **1.** Ouvrir en ôtant ce qui bouche ; enlever le bouchon de : *Déboucher une bouteille.* **2.** Débarrasser un tuyau, un conduit de ce qui le bouche : *Déboucher le lavabo* (contr. **obstruer**).

2. déboucher [debuʃe] **v.i.** (de *bouche*). Apparaître tout à coup : *Voiture qui débouche d'un chemin de terre* (syn. **surgir**). ◆ **v.t. ind. [sur]. 1.** Aboutir en un lieu : *Ruelle qui débouche sur le boulevard* (syn. **donner dans**). **2.** Avoir comme conséquence : *Négociations qui débouchent sur un compromis* (syn. **conduire, mener**).

déboucler [debukle] **v.t.** Dégager l'ardillon d'une boucle : *Déboucler une ceinture* (contr. **agrafer, boucler**).

déboulé [debule] **n.m.** CHORÉGR. Pas exécuté en série, qui se compose de deux demi-tours suivis effectués en pivotant très rapidement sur les demi-pointes ou sur les pointes.

débouler [debule] **v.i.** (de *boule*). Partir à l'improviste devant le chasseur, en parlant du lièvre et du lapin. ◆ **v.i. et v.t.** Descendre rapidement : *Débouler dans un escalier. Débouler les étages. Débouler une pente* (syn. **dévaler**).

déboulonnement [debulɔnmɑ̃] et **déboulonnage** [debulɔnaʒ] **n.m.** Action de déboulonner ; fait d'être déboulonné : *Le déboulonnement d'une grue.*

déboulonner [debulɔne] **v.t. 1.** Démonter ce qui était réuni par des boulons : *Déboulonner une statue de son socle.* **2.** *FAM.* Chasser qqn de sa place ; détruire son prestige : *Se faire déboulonner par des plus jeunes. Déboulonner un dictateur.*

débourrer [debure] **v.t. 1.** Ôter la bourre des peignes à carder les fibres textiles. **2.** Ôter d'une pipe la cendre de tabac. **3.** Donner le premier dressage à un jeune cheval.

débours [debur] **n.m.** (de *débourser*). *VIEILLI.* (Surtout au pl.). Argent avancé : *Rentrer dans ses débours* (= se faire rembourser).

déboursement [debursəmɑ̃] **n.m.** Action de débourser ; somme déboursée.

débourser [deburse] **v.t.** (de *bourse*). Payer, dépenser : *Débourser une grosse somme.*

déboussoler [debusɔle] **v.t.** (de *boussole*). *FAM.* Désorienter qqn, lui faire perdre la tête : *Ces problèmes l'ont complètement déboussolé* (syn. **déconcerter, décontenancer**).

debout [dəbu] **adv.** et **adj. inv.** (de *de* et *bout,* propr. « bout à bout »). **1.** Verticalement, sur les pieds : *Rester debout.* **2.** Hors du lit ; levé : *Il est toujours debout de bonne heure.* **3.** En bon état ; non détruit : *Il reste encore quelques maisons debout dans le village.* **4.** DR. **Magistrature debout,** ensemble des magistrats du parquet, par opp. aux magistrats des tribunaux *(magistrature assise).* / **Mettre debout,** organiser : *Il a mis cette affaire debout* (= il l'a mise sur pied). / **Tenir debout,** être logique, vraisemblable : *Cette histoire ne tient pas debout.* / MAR. **Vent debout,** vent soufflant en sens contraire de la marche. ◆ **interj. Debout !,** levez-vous !

débouter [debute] **v.t.** (de *bouter*). DR. Rejeter par jugement la demande de qqn.

déboutonner [debutɔne] **v.t.** Ouvrir en dégageant les boutons de leurs boutonnières : *Déboutonner un vêtement.*

débraillé, e [debraje] **adj.** (de *braies*). Se dit d'une personne dont la mise est négligée ou désordonnée : *Se présenter débraillé, chemise ouverte chez qqn.* ◆ **débraillé n.m.** Tenue négligée : *Sortir en débraillé.*

débrancher [debrɑ̃ʃe] **v.t.** Interrompre la connexion, le branchement de : *Débrancher une prise* (syn. **déconnecter**).

débraser [debraze] **v.t.** TECHN. Séparer deux pièces jointes par brasage, en faisant fondre la brasure.

débrayage [debrejaʒ] **n.m. 1.** Action de débrayer (par opp. à *embrayage*). **2.** Grève de courte durée : *Un débrayage de deux heures.*

débrayer [debreje] **v.t.** (de *[em]brayer*) [conj. **11**]. **1.** MÉCAN. Supprimer la liaison entre un arbre moteur et un arbre entraîné (par opp. à *embrayer*). **2.** (Absol.). Sur un véhicule automobile, actionner la pédale d'embrayage de manière à déconnecter le moteur des organes de transmission du mouvement : *Débrayer pour passer la troisième.* ◆ **v.i.** *FAM.* Cesser volontairement le travail dans une entreprise pendant une courte durée : *Le personnel a débrayé.*

Debré (Michel), homme politique français (Paris 1912 - Montlouis-sur-Loire 1996), fils de Robert Debré. Garde des Sceaux en 1958, il joua un rôle prépondérant dans la préparation de la Constitution de la Vᵉ République. Il fut Premier ministre de 1959 à 1962 et occupa différents postes ministériels jusqu'en 1973.

Debré (Robert), médecin français (Sedan 1882 - Kremlin-Bicêtre 1978). D'abord bactériologiste, puis pédiatre, il a surtout travaillé sur les maladies des enfants, mais aussi sur l'immunologie et l'hygiène. Il a contribué à la protection de l'enfance.

débridé, e [debride] **adj.** (p. passé de *débrider*). Sans contrainte, sans retenue : *Faire preuve d'une imagination débridée* (syn. **effréné**).

débrider [debride] **v.t. 1.** Ôter la bride à : *Débrider un cheval.* **2.** CUIS. Enlever les ficelles qui entourent une volaille, un rôti.

débris [debri] **n.m.** (de l'anc. fr. *débriser,* mettre en pièces, de *briser*). **1.** Morceau d'une chose brisée, détruite en partie : *Les débris d'un vase* (syn. **tesson**). **2.** (Surtout au pl.). Ce qui reste après la destruction d'une chose : *Les débris d'une fortune* (syn. **restes**).

débrouillard, e [debrujar, -ard] **adj.** et **n.** *FAM.* Qui sait se débrouiller, habile : *Ils sont assez débrouillards pour se tirer d'affaire* (syn. **ingénieux, astucieux**).

débrouillardise [debrujardiz] **n.f.** *FAM.* Habileté à se tirer d'affaire : *Faire preuve de débrouillardise* (syn. **ingéniosité**).

débrouiller [debruje] **v.t. 1.** Remettre en ordre ce qui est embrouillé : *Débrouiller les fils d'un écheveau* (syn. **démêler**). **2.** Rendre clair, compréhensible : *Débrouiller une affaire* (syn. **éclaircir, élucider** ; contr. **embrouiller**). ◆ **se débrouiller v.pr.** *FAM.* Se tirer d'affaire en faisant preuve d'ingéniosité : *Débrouille-toi pour obtenir son accord* (syn. **s'arranger**).

débroussaillement [debrusajmɑ̃] et **débroussaillage** [debrusajaʒ] **n.m.** Action de débroussailler ; fait d'être débroussaillé.

débroussailler [debrusaje] **v.t. 1.** Couper, arracher des broussailles : *Débroussailler un terrain.* **2.** Commencer à préparer, étudier : *Débroussailler un texte* (syn. **défricher**).

débroussailleuse [debrusajøz] **n.f.** Machine utilisée pour le défrichement.

1. débucher [debyʃe] **v.i.** (de *bûche*). Sortir du bois, en parlant du gros gibier. ◆ **v.t.** Faire sortir une bête du bois : *Débucher un cerf.*

2. débucher [debyʃe] **n.m.** VÉN. **1.** Moment où la bête débuche. **2.** Sonnerie de trompe pour en avertir.

débudgétiser [debydʒetize] **v.t.** Supprimer une dépense du budget de l'État et assurer son financement par d'autres sources.

Deburau, nom de deux mimes célèbres : **Jean Gaspard,** dit **Jean-Baptiste** (Kolín, Bohême, 1796 - Paris 1846), et **Jean Charles,** son fils (Paris 1829 - Bordeaux 1873), qui créèrent aux Funambules le type de *Pierrot.*

débusquer [debyske] **v.t.** (de *débucher,* d'après *embusquer*). **1.** Faire sortir du bois, du gîte ou du terrier : *Débusquer un cerf, un lièvre.* **2.** Chasser qqn de son poste, de son refuge : *Débusquer un ennemi.*

Debussy (Claude), compositeur français (Saint-Germain-en-Laye 1862 - Paris 1918). À l'aube du XXᵉ s., il a ouvert la voie à la musique de notre temps par ses recherches d'une nouvelle esthétique fondée sur l'abandon des formes traditionnelles et sur une conception neuve de l'orchestre, de l'harmonie et des rapports entre texte et musique. En 1884, il obtient le prix de Rome avec la cantate *l'Enfant prodigue,* puis fait de nombreux voyages à l'étranger. Ayant rencontré Mallarmé, il fréquente les poètes et apprécie les peintres impressionnistes. Avec lui, le piano devient l'instrument de la nuance et de l'évocation *(Images, Préludes).* Ses orchestrations s'attachent à la qualité du timbre (*Prélude à l'après-midi d'un faune,* 1894 ; *la Mer,* 1905), la voix devient déclamation subtile *(Chansons de Bilitis),* allant jusqu'au maniérisme *(le Martyre de saint Sébastien).* Son œuvre majeure, l'opéra *Pelléas et Mélisande* (1902), conjugue le symbolisme et la passion en un récitatif libre et poétique soutenu par une orchestration à la fois somptueuse et discrète.

début [deby] **n.m.** (de *débuter*). Première phase du déroulement d'une action, d'une série d'événements : *Début d'un film, d'un livre* (syn. **commencement**). ◆ **débuts n.m. pl.** Premiers pas dans une carrière, une activité quelconque : *Avoir des débuts difficiles.*

débutant, e [debytɑ̃, -ɑ̃t] **adj.** et **n.** Qui débute : *Une débutante en informatique* (syn. **néophyte, novice**).

débuter [debyte] **v.i.** (de *but,* propr., à certains jeux, « écarter du but [la boule d'un autre joueur] » puis « jouer le premier coup »). **1.** Commencer, en parlant d'une chose, d'une action : *Le film débute à dix-huit heures* (contr. **terminer, finir**). **2.** Faire les premiers pas dans une carrière, les premières démarches dans une entreprise : *Acteur qui débute.*

deçà [dəsa] **adv.** (de *de* et *çà*). *LITT.* **Deçà, delà,** par-ci, par-là, de côté et d'autre. / **En deçà,** en arrière par rapport à un lieu : *Ne franchissez pas la rivière, restez en deçà.* ◆ **en deçà de loc. prép. 1.** De ce côté-ci de : *En deçà des Pyrénées.* **2.** Qui n'atteint pas : *En deçà de la vérité* (syn. **au-dessous de**).

déca [deka] **n.m.** (abrév.). *FAM.* Café décaféiné*.

décachetage [dekaʃtaʒ] **n.m.** Action de décacheter.

décacheter [dekaʃte] **v.t.** [conj. **27**]. Ouvrir ce qui est cacheté : *Décacheter une lettre, une bouteille* (contr. **cacheter**).

décadaire [dekadɛr] **adj.** (de *décade*). D'une période de dix jours, spécial. dans le calendrier républicain.

décade [dekad] **n.f.** (bas lat. *decas, -adis,* gr. *dekas, -ados,* groupe de dix). **1.** Période de dix jours. **2.** Partie d'un ouvrage composé de dix chapitres ou livres : *Les décades de Tite-Live.* **3.** (Emploi critiqué). *FAM.* Décennie.

décadence [dekadɑ̃s] **n.f.** (lat. *decadentia,* de *cadere,* tomber). Commencement de la ruine ; perte de prestige : *Les causes politiques de la décadence d'un empire* (syn. **déclin**). *La décadence des mœurs* (syn. **relâchement**).

décadent, e [dekadɑ̃, -ɑ̃t] **adj.** et **n. 1.** En décadence : *Civilisation décadente. Art décadent.* **2.** Se dit d'écrivains et d'artistes pessimistes marginaux de la fin du XIXe s., précurseurs du symbolisme.

décadi [dekadi] **n.m.** (du gr. *deka,* dix, d'après [*lun*]*di,* [*mar*]*di,* etc.). Dixième et dernier jour de la décade, dans le calendrier républicain. ▸ Jour chômé, il remplaçait le dimanche chrétien.

décaèdre [dekaɛdr] **n.m.** MATH. Solide à dix faces.

décaféiné, e [dekafeine] **adj. Café décaféiné,** café dont on a enlevé la caféine. ◆ **décaféiné n.m.** Tasse de café décaféiné (abrév. fam. *déca*).

décalage [dekalaʒ] **n.m. 1.** Écart dans l'espace ou dans le temps : *Il y a une heure de décalage entre l'horaire d'hiver et l'horaire d'été. Un décalage de 3 cm.* **2.** Manque de concordance entre deux choses, deux personnes, deux situations : *Décalage entre la théorie et la pratique* (syn. **discordance**).

décalaminage [dekalaminaʒ] **n.m.** MÉTALL. Action de décalaminer : *Le décalaminage d'une Mobylette.*

décalaminer [dekalamine] **v.t.** Enlever la calamine qui recouvre une surface métallique.

décalcification [dekalsifikasjɔ̃] **n.f.** MÉD. Diminution du taux de calcium contenu dans l'organisme : *Une décalcification des os.*

décalcifier [dekalsifje] **v.t.** [conj. **9**]. Faire perdre à un corps, à un organisme le calcium qu'il contenait. ◆ **se décalcifier v.pr.** Être atteint de décalcification.

décalcomanie [dekalkɔmani] **n.f.** (de *décalquer* et *-manie*). Procédé permettant de reporter des images coloriées sur une surface à décorer ; image ainsi obtenue.

décaler [dekale] **v.t.** (de *1. caler*). **1.** Déplacer dans l'espace ou dans le temps : *Décaler le repas d'une heure.* **2.** Enlever les cales : *Décaler une armoire.*

décalitre [dekalitr] **n.m.** Mesure de capacité valant 10 litres. ▸ Symb. dal.

Décalogue [dekalɔg] **n.m.** (lat. *decalogus,* du gr. *deka,* dix, et *logos,* parole). Les dix commandements de Dieu, donnés, selon la Bible, à Moïse sur le Sinaï.

décalotter [dekalɔte] **v.t.** (de *calotte*). Dégager le gland en tirant le prépuce vers la base de la verge.

décalquage [dekalkaʒ] et **décalque** [dekalk] **n.m.** Action de décalquer ; image ainsi obtenue : *Faire le décalque d'une carte* (syn. **calque**).

décalquer [dekalke] **v.t.** Reporter le calque d'un dessin sur un support ; reproduire un dessin au moyen d'un calque (syn. **calquer**).

décamètre [dekamɛtr] **n.m. 1.** Mesure de longueur de 10 mètres. ▸ Symb. dam. **2.** Chaîne ou ruban d'acier de 10 mètres, pour mesurer des distances sur le terrain.

décamper [dekɑ̃pe] **v.i.** (de *camp*). FAM. Quitter un lieu en hâte : *Le voleur avait déjà décampé* (syn. **s'enfuir**).

décan [dekɑ̃] **n.m.** (lat. *decanus,* du rad. de *decem,* dix). ASTROL. Région du ciel s'étalant sur 10° de longitude dans chacun des signes du zodiaque. ▸ Chaque signe comporte trois décans.

décantation [dekɑ̃tasjɔ̃] **n.f. 1.** Action de décanter un liquide. **2.** Action de clarifier qqch ; fait de se décanter : *La décantation d'une situation* (syn. **clarification**). **3.** PÉTR. **Bassin de décantation,** installation où l'on traite les eaux résiduaires d'une raffinerie.

décanter [dekɑ̃te] **v.t.** (du lat. *canthus,* bec de cruche). **1.** Débarrasser un liquide de ses impuretés en les laissant se déposer au fond d'un récipient : *Décanter un sirop.* **2.** Éclaircir, mettre au net : *Décanter ses idées* (syn. **clarifier**). ◆ **se décanter v.pr.** S'éclaircir : *La situation se décante.*

décapage [dekapaʒ] **n.m.** Action de décaper : *Le décapage d'une chaise avant peinture.*

décapant, e [dekapɑ̃, -ɑ̃t] **adj. 1.** Qui décape : *Un produit décapant.* **2.** Qui exerce un effet bénéfique en remettant en cause les habitudes de pensée, les idées reçues : *Un humour décapant* (syn. **stimulant**). ◆ **décapant n.m.** Produit utilisé pour décaper.

décaper [dekape] **v.t.** (de *cape*). Nettoyer une surface, un objet en les débarrassant de la couche de peinture, vernis, etc., qui les recouvre : *Décaper un parquet avant de le cirer.*

décapitation [dekapitasjɔ̃] **n.f.** Action de décapiter qqn, qqch ; fait d'être décapité : *La décapitation d'un criminel. La décapitation d'un arbre. La décapitation d'une organisation.*

décapiter [dekapite] **v.t.** (lat. médiév. *decapitare,* du class. *caput, -itis,* tête). **1.** Trancher la tête de qqn. **2.** Ôter l'extrémité supérieure de qqch : *Décapiter des fleurs.* **3.** Priver un groupe de ses chefs : *Décapiter un gang.*

décapode [dekapɔd] **n.m.** (de *déca-* et *-pode*). **Décapodes,** ordre de crustacés supérieurs, génér. marins, possédant cinq paires de grandes pattes thoraciques, et souvent de grande taille, tels que le crabe, la crevette, le homard, la langouste, l'écrevisse.

décapotable [dekapɔtabl] **adj. Voiture décapotable,** voiture dont la capote peut être enlevée ou repliée (on dit aussi *une décapotable*).

décapoter [dekapɔte] **v.t.** Replier ou retirer la capote d'une voiture décapotable.

décapsuler [dekapsyle] **v.t.** Retirer la capsule d'une bouteille.

décapsuleur [dekapsylœr] **n.m.** Petit outil de métal pour enlever les capsules des bouteilles.

se **décarcasser** [dekarkase] **v.pr.** (de *carcasse*). FAM. Se donner beaucoup de peine : *Il s'est décarcassé pour trouver une solution* (syn. **se démener**).

décasyllabe [dekasilab] **adj.** et **n.m.** Se dit d'un vers de dix syllabes.

décathlon [dekatlɔ̃] **n.m.** (de *déca-* et [*penta*]*thlon*). Épreuve combinée d'athlétisme masculin comprenant dix spécialités différentes de course (100 m, 400 m, 1 500 m, 110 m haies), de saut (hauteur, longueur, perche) et de lancer (poids, disque, javelot). ▸ Son équivalent féminin est l'*heptathlon* (sept spécialités), également pratiqué par les hommes en salle.

décati, e [dekati] **adj.** (p. passé de *se décatir*). FAM. Qui a perdu sa beauté, sa fraîcheur : *Vieillard décati.*

se **décatir** [dekatir] **v.pr.** (de *catir,* donner du lustre à une étoffe, lat. pop. **coactire,* du class. *coactus,* pressé). Perdre son éclat, sa jeunesse, sa fraîcheur ; vieillir.

Decazes et de Glücksberg (Élie, *duc***),** homme politique français (Saint-Martin-de-Laye, Gironde, 1780 - Decazeville 1860). Ministre de la Police (1815), puis président du Conseil (1819) sous Louis XVIII, il combattit les ultraroyalistes et dut démissionner après l'assassinat du duc de Berry (1820).

Deccan ou **Dekkan,** partie péninsulaire de l'Inde. Plateau dont les bordures relevées forment les Ghats.

décéder [decede] **v.i.** (lat. *decedere,* s'en aller) [conj. **18** ; auxil. *être*]. Mourir, en parlant de qqn.

déceler [desle] **v.t.** (de *celer*) [conj. **25**]. **1.** Parvenir à distinguer des indices : *Déceler des traces de poison* (syn. **découvrir**). *Déceler une lacune. Déceler une certaine lassitude* (syn. **remarquer**). **2.** Montrer, révéler : *Cette action décèle son désarroi* (syn. **trahir, dénoter**).

décélération [deselerasjɔ̃] **n.f.** Réduction de la vitesse d'un mobile : *La décélération brutale d'un véhicule* (syn. **ralentissement**).

décélérer [deselere] **v.i.** (de [*ac*]*célérer*) [conj. **18**]. Ralentir, en parlant d'un véhicule ; cesser d'accélérer, en parlant d'un conducteur.

décembre [desɑ̃br] **n.m.** (lat. *december,* dixième mois, l'année romaine commençant en mars). Douzième mois de l'année : *Décembre a 31 jours.*

décembre 1851 ***(coup d'État du 2),*** coup d'État exécuté par Louis Napoléon Bonaparte, alors président de la République, et qui prépara le rétablissement de l'Empire.

décemment [desamɑ̃] **adv.** De façon décente : *Habille-toi décemment* (syn. **convenablement, correctement**). *Décemment, il ne pouvait refuser* (syn. **honnêtement**).

décence [desɑ̃s] **n.f.** (lat. *decentia,* de *decere ;* v. *décent*). **1.** Respect des convenances, notamm. en matière sexuelle : *Des images contraires à la décence* (syn. **pudeur**). **2.** Dignité dans l'expression, les manières ; réserve : *Avoir la décence de se taire* (syn. **pudeur, tact**).

décennal, e, aux [desenal, -o] **adj.** (lat. *decennalis,* de *decem,* dix, et *annus,* an). **1.** Qui dure dix ans : *Magistrature décennale.* **2.** Qui revient tous les dix ans : *Fête décennale.*

décennie [deseni] **n.f.** (du rad. de *décennal*). Période de dix ans.

décent, e [desɑ̃, -ɑ̃t] **adj.** (lat. *decens, -entis,* de *decere,* être convenable). **1.** Conforme à la décence : *Tenue décente* (syn. **correct, pudique**). *Il aurait été plus décent qu'il se taise* (syn. **bienséant, poli**). **2.** Convenable, suffisant, correct : *Maintenir un examen à un niveau décent* (syn. **honorable**). **3.** Convenable au regard de ce qu'il est normal d'attendre : *Rémunération décente* (syn. **acceptable, suffisant**).

décentralisateur, trice [desɑ̃tralizatœr, -tris] **adj.** Relatif à la décentralisation : *Politique décentralisatrice.*

décentralisation [desɑ̃tralizasjɔ̃] **n.f. 1.** Action de décentraliser ; résultat de cette action. **2.** Système d'organisation des structures administratives de l'État, qui accorde des pouvoirs de décision et de gestion à des organes autonomes régionaux ou locaux (collectivités locales, établissements publics) : *La décentralisation universitaire.*

décentraliser [desɑ̃tralize] **v.t.** Répartir en différents lieux ce qui était concentré en un lieu unique (pouvoir, organisation, industrie) : *Décentraliser l'industrie automobile.*

décentrer [desɑ̃tre] **v.t.** Déplacer le centre de qqch ou déplacer qqch par rapport à un centre, un axe : *Décentrer l'objectif d'un appareil photographique.*

déception [desɛpsjɔ̃] **n.f.** (lat. *deceptio,* de *decipere ;* v. *décevoir*). Fait d'être déçu, trompé dans son attente, son espérance : *Son échec lui a causé une cruelle déception* (syn. **déconvenue**). *La vie réserve de nombreuses déceptions* (syn. **désappointement, désenchantement, désillusion**).

décérébrer [deserebre] **v.t.** (du lat. *cerebrum,* cerveau) [conj. **18**]. Enlever l'encéphale d'un animal.

décerner [desɛrne] **v.t.** (lat. *decernere,* attribuer). **1.** Accorder, attribuer solennellement : *Décerner un prix.* **2.** DR. Ordonner juridiquement qqch contre qqn : *Décerner un mandat d'arrêt.*

décès [desɛ] **n.m.** (lat. *decessus,* de *decedere ;* v. *décéder*). **1.** Mort d'une personne : *Un médecin a constaté le décès.* **2. Acte de décès,** acte établi à la mairie du lieu où le décès s'est produit, et qui constate officiellement celui-ci.

décevant, e [desvɑ̃, -ɑ̃t] **adj.** Qui déçoit : *Des résultats décevants. On attendait beaucoup de lui, mais il a été décevant.*

décevoir [desəvwar] **v.t.** (lat. *decipere,* tromper) [conj. **52**]. Ne pas répondre aux espoirs, à l'attente de qqn : *Il a déçu tout le monde* (syn. **désappointer**).

déchaîné, e [deʃene] **adj. 1.** Emporté, excité : *Un enfant déchaîné.* **2.** Qui se manifeste avec violence, qui fait rage : *Une tempête déchaînée.*

déchaînement [deʃɛnmɑ̃] **n.m.** Fait de se déchaîner ; emportement extrême : *Le déchaînement des passions, des vents* (syn. **tumulte**).

déchaîner [deʃene] **v.t.** (de *chaîne*). Déclencher, provoquer : *Déchaîner l'hilarité* (syn. **soulever, susciter**). *Déchaîner un conflit* (syn. **allumer**). ◆ **se déchaîner v.pr. 1.** Éclater, se manifester avec violence : *Il s'est déchaîné contre ses collègues* (syn. **s'emporter, exploser**). **2.** Faire rage, en parlant des éléments naturels : *La tempête se déchaîne aujourd'hui.*

déchanter [deʃɑ̃te] **v.i.** (de *chanter*). FAM. Rabattre de ses prétentions, de ses espérances, perdre de ses illusions : *Il rêvait d'une vie facile, il a vite déchanté.*

décharge [deʃarʒ] **n.f.** (de *décharger*). **1.** Coup ou ensemble de coups tirés par une ou plusieurs armes à feu : *La première décharge abattit dix assaillants* (syn. **salve**). **2.** Lieu où l'on dépose les décombres et les immondices. **3.** DR. Acte par lequel on tient qqn quitte d'une obligation : *Je vous laisse ce colis, mais signez-moi une décharge.* **4. À sa décharge,** pour diminuer sa responsabilité. / **Décharge électrique,** phénomène qui se produit quand un corps électrisé perd sa charge. / DR. **Témoin à décharge,** témoin qui témoigne en faveur d'un accusé.

déchargement [deʃarʒəmɑ̃] **n.m. 1.** Action de décharger un véhicule, un navire, etc. ; fait d'être déchargé : *Le déchargement du camion, des briques.* **2.** Action de décharger, d'ôter la charge d'une arme à feu, d'un projectile.

décharger [deʃarʒe] **v.t.** [conj. **17**]. **1.** Débarrasser qqn, qqch de son chargement, de sa charge : *Décharger un navire. Décharger qqn de ses paquets.* **2.** Retirer ce qui constitue le chargement d'un véhicule : *Décharger les marchandises d'un train.* **3.** Faire en sorte que qqn n'ait plus à charge qqch, une fonction : *Décharger une secrétaire de la comptabilité* (syn. **soulager, libérer**). **4.** Atténuer ou annuler la responsabilité de qqn : *Ce témoignage tend à décharger l'accusé* (syn. **blanchir, disculper**). **5.** Tirer avec une arme à feu : *Décharger son fusil sur qqn.* **6.** Retirer la cartouche d'une arme à feu, la charge d'une mine ou d'un projectile. **7.** Annuler la charge électrique de ; enlever tout ou partie de l'énergie électrique emmagasinée dans : *Décharger un condensateur, un accumulateur.* **8.** Donner libre cours à un sentiment : *Décharger sa colère sur qqn.* **9. Décharger sa conscience,** faire des aveux, se soulager d'un secret lourd à porter. ◆ **se décharger v.pr. 1.** Se vider de sa charge, de son chargement : *Le fusil s'est déchargé.* **2.** Se libérer d'une tâche, d'une fonction sur qqn d'autre : *Il s'est déchargé de cette mission sur son collaborateur.*

décharné, e [deʃarne] **adj.** (de *charn,* forme anc. de *chair*). Très maigre, qui n'a plus que la peau sur les os.

déchaussement [deʃosmɑ̃] **n.m.** Rétraction de la gencive au niveau du collet d'une dent.

déchausser [deʃose] **v.t. 1.** Ôter ses chaussures à qqn. **2.** Dépouiller, dégager par le pied ou la base : *Déchausser un arbre.* **3. Déchausser ses skis,** les ôter. ◆ **se déchausser v.pr. 1.** Enlever ses chaussures. **2.** En parlant d'une dent, se dénuder au niveau de la racine.

dèche [dɛʃ] **n.f.** (probabl. du rad. de *déchet, déchoir*). FAM. **Être dans la dèche,** être dans la misère.

déchéance [deʃeɑ̃s] **n.f.** (de *déchoir*). **1.** Fait de déchoir, d'être déchu, moralement ou socialement ; destitution d'une fonction de commandement, d'une dignité : *La déchéance d'un souverain.* **2.** État de dégradation, d'abaissement des facultés physiques ou intellectuelles : *L'alcool l'a mené à la déchéance* (syn. **avilissement**). **3.** DR. Perte d'un droit ou d'une fonction faute d'avoir accompli une formalité ou d'avoir rempli une condition en temps voulu, ou du fait d'une sanction : *Déchéance de la puissance paternelle.*

déchet [deʃɛ] **n.m.** (de *déchoir*). **1.** (Souvent au pl.). Reste, débris sans valeur : *Jeter les déchets à la poubelle.* **2.** Partie inutilisable de qqch : *Donner les déchets de viande au chien* (syn. **rognure**). **3.** Ce qui tombe d'une matière qu'on travaille : *Déchets de tissu.* **4. Déchets radioactifs,** matières radioactives inutilisables obtenues lors de la manipulation ou du traitement de matériaux ou d'objets radioactifs : *Le stockage des déchets radioactifs.*

déchiffrable [deʃifrabl] **adj.** Que l'on peut déchiffrer : *Écriture parfaitement déchiffrable* (syn. **lisible**).

déchiffrage [deʃifraʒ] **n.m.** Action de déchiffrer, en partic. de la musique : *Déchiffrage d'une partition.*

déchiffrement [deʃifrəmɑ̃] **n.m.** Action de déchiffrer un texte : *Le déchiffrement d'un manuscrit.*

déchiffrer [deʃifre] **v.t. 1.** Lire, comprendre un texte écrit peu lisiblement, un texte codé ou une langue inconnue : *Déchiffrer un message secret* (syn. **décrypter**). *Déchiffrer des hiéroglyphes.* **2.** Lire ou exécuter de la musique à première vue. **3.** Comprendre, deviner ce qui est obscur : *Déchiffrer une énigme* (syn. **débrouiller, élucider**).

déchiqueter [deʃikte] **v.t.** (probabl. de l'anc. fr. *eschiqueté,* orné de carreaux de diverses couleurs, de *eschequier,* échiquier) [conj. **27**]. Mettre en pièces, en morceaux en arrachant : *Il a eu la main déchiquetée par l'explosion.*

déchirant, e [deʃirɑ̃, -ɑ̃t] **adj.** Qui déchire le cœur : *Un spectacle déchirant* (syn. **douloureux, bouleversant**). *Un cri déchirant.*

déchirement [deʃirmɑ̃] **n.m. 1.** Action de déchirer ; fait de se déchirer : *Déchirement d'un muscle.* **2.** Forte douleur morale : *Cette rupture a été un vrai déchirement.* **3.** Trouble important, division sociale grave : *Pays en proie à des déchirements.*

déchirer [deʃire] **v.t.** (de l'anc. fr. *escirer* [même sens], frq. **skerjan,* gratter). **1.** Mettre en pièces, en morceaux ; faire un accroc : *Déchirer une lettre.* **2.** Causer une vive douleur physique ou morale : *Toux qui déchire la poitrine. Ça me déchire de partir* (syn. **torturer**). **3.** Diviser par des troubles : *La guerre civile déchire ce pays.* ◆ **se déchirer v.pr. 1.** Se rompre, craquer : *Le sac s'est déchiré.* **2.** Se causer mutuellement de grandes souffrances morales. **3. Se déchirer un muscle,** se faire une déchirure musculaire.

De Chirico (Giorgio), peintre italien (Vólos, Grèce, 1888 - Rome 1978). Inventeur à Paris, v. 1911-1914, d'une peinture qu'on appellera *métaphysique* (statues, mannequins, objets semblant abandonnés ou détournés dans des paysages vides et des architectures fantastiques), précurseur du surréalisme, il évolua ensuite vers une sorte de pastiche de l'art classique.

déchirure [deʃiryr] **n.f. 1.** Partie déchirée de qqch : *Faire une déchirure à sa chemise* (syn. **accroc**). **2.** LITT. Forte douleur morale, violente émotion (syn. **déchirement**). **3.** Distension des tissus par un effort violent : *Déchirure musculaire.*

déchoir [deʃwar] **v.i.** (bas lat. *decadere,* du class. *cadere,* tomber) [conj. **71** ; auxil. *être*]. LITT. Tomber dans un état inférieur à celui où l'on était : *Il a été déchu de son rang.* ◆ **v.t.** (Auxil. *avoir*). Déposséder d'un droit, d'un privilège : *Le tribunal a déchu les parents de l'autorité parentale.*

déchristianisation [dekristjanizasjɔ̃] **n.f.** Action de déchristianiser ; fait d'être déchristianisé.

déchristianiser [dekristjanize] **v.t.** Amener à la perte de la foi chrétienne un pays, une région, une personne.

déchu, e [deʃy] **adj.** Qui a perdu sa force, son autorité, sa dignité : *Un prince déchu* (syn. **déclassé**).

décibel [desibɛl] **n.m.** Dixième partie du *bel,* unité servant en acoustique à définir une échelle d'intensité sonore. ▸ Symb. dB.

décidable [desidabl] **adj. 1.** LOG. Qui est démontrable ou réfutable dans une théorie déductive (par opp. à *indécidable*) : *Formule décidable.* **2.** À propos de quoi il est possible d'avoir une opinion, une position tranchée.

décidé, e [deside] **adj.** Plein d'assurance ; qui sait prendre des décisions : *Une femme décidée* (syn. **résolu, assuré**).

décidément [desidemɑ̃] **adv.** (de *décidé*). En définitive, tout compte fait : *Décidément, je ne peux plus le supporter.*

décider [deside] **v.t.** (lat. *decidere,* trancher, de *caedere,* frapper). **1.** Déterminer ce qu'on doit faire : *Décider un programme de travail.* **2.** Pousser qqn à agir, à prendre telle ou telle décision : *Rien à faire pour les décider !* (syn. **convaincre**). *Il le décida à partir* (syn. **persuader**). **3.** Avoir comme conséquence : *Ce scandale décida la chute du ministère* (syn. **entraîner, provoquer**). ◆ **v.t. ind. [de]. 1.** Prendre la décision, le parti de : *Vous déciderez de la suite à donner à cette affaire. J'ai décidé d'y aller moi-même* (syn. **résoudre de**). **2.** Se prononcer sur : *L'enquête décidera de son innocence.* ◆ **v.i.** Trancher d'une manière définitive : *Il décide à tort et à travers.* ◆ **se décider v.pr.** Prendre un parti, une résolution : *Il n'arrive pas à se décider. Il s'est décidé à travailler* (syn. **se déterminer à**).

décideur, euse [desidœr, -øz] **n.** Personne que ses fonctions appellent à décider au nom d'une collectivité, à orienter ou à faire prévaloir une décision.

décigramme [desigram] **n.m.** Dixième partie du gramme. ▸ Symb. dg.

décilitre [desilitr] **n.m.** Dixième partie du litre. ▸ Symb. dl.

décimal, e, aux [desimal, -o] **adj.** (du lat. *decimus,* dixième). **1.** Fondé sur le groupement des unités par dizaines ; qui a pour base le nombre dix : *Calcul décimal. Numération décimale.* **2. Nombre décimal,** nombre qui est le quotient d'un entier par une puissance entière de dix (ex. : *3,024* qui peut aussi s'écrire $3\,024 \cdot 10^{-3}$).

décimale [desimal] **n.f.** Chacun des chiffres figurant après la virgule dans l'écriture d'un nombre décimal : *Poussez la division jusqu'à la cinquième décimale.*

décimaliser [desimalize] **v.t.** Appliquer le système décimal à des grandeurs, des mesures.

décimation [desimasjɔ̃] **n.f.** Châtiment appliqué jusqu'au XVIIe siècle, qui consistait à faire périr un homme sur dix, dans une armée, un groupe de prisonniers de guerre.

décimer [desime] **v.t.** (lat. *decimare,* de *decem,* dix). Faire périr un grand nombre de personnes, d'animaux : *L'épidémie a décimé la population* (syn. **exterminer**).

décimètre [desimɛtr] **n.m. 1.** Dixième partie du mètre. ▸ Symb. dm. **2.** Règle divisée en centimètres et en millimètres, mesurant un, ou deux décimètres : *Double décimètre.*

décisif, ive [desizif, -iv] **adj.** (lat. *decisivus,* de *decidere,* trancher). Qui conduit à un résultat définitif, à une solution : *La preuve décisive de son innocence* (syn. **incontestable, indiscutable**). *Un argument décisif* (syn. **concluant, probant**).

décision [desizjɔ̃] **n.f.** (lat. *decisio*). **1.** Action de décider, de se décider, après examen ; chose décidée : *La décision lui appartient* (syn. **choix**). *Prendre une décision ferme* (syn. **résolution**). **2.** Qualité de qqn qui n'hésite pas, qui prend nettement parti, qui ne change pas de résolution : *Agir avec décision dans une affaire* (syn. **caractère, fermeté**). *Avoir l'esprit de décision* (= se décider rapidement). **3.** Acte par lequel une autorité décide qqch après délibération : *Être expulsé par décision de justice.*

déclamateur, trice [deklamatœr, -tris] **adj.** Plein d'emphase : *Ton déclamateur* (syn. **ampoulé, emphatique**). ◆ **n.** Personne qui parle ou qui écrit dans un style emphatique.

déclamation [deklamasjɔ̃] **n.f. 1.** Action de déclamer. **2.** Emploi d'un style emphatique, pompeux dans un discours écrit ou oral (syn. **affectation, emphase**).

déclamatoire [deklamatwar] **adj.** Plein d'emphase : *Style déclamatoire* (syn. **ampoulé, grandiloquent**).

déclamer [deklame] **v.t.** (lat. *declamare,* de *clamare,* crier). Prononcer, dire avec solennité ou emphase : *Déclamer un poème. Orateur qui déclame son discours.*

déclarant, e [deklarɑ̃, -ɑ̃t] **adj.** et **n.** Qui fait une déclaration, notamm. à un officier d'état civil.

déclaratif, ive [deklaratif, -iv] **adj. Phrase déclarative,** qui énonce une assertion (par opp. à *phrase interrogative* ou *impérative*). / **Verbe déclaratif,** qui exprime une assertion (par opp. à *verbe de croyance* ou *d'opinion*) : *« Dire », « annoncer », « déclarer » sont des verbes déclaratifs.*

déclaration [deklarasjɔ̃] **n.f. 1.** Action de déclarer ; acte, discours par lequel on déclare : *Faire une déclaration à la presse* (syn. **communication**). **2.** Communication officielle de renseignements à l'Administration ; formulaire destiné à cette communication : *Remplir sa déclaration de revenus.* **3.** Aveu que l'on fait à qqn de son amour : *Il lui a fait une déclaration enflammée.*

déclarer [deklare] **v.t.** (lat. *declarare,* de *clarare,* rendre clair). **1.** Faire connaître d'une façon manifeste, officielle, solennelle :

Le gouvernement a déclaré son intention de châtier les coupables (syn. **proclamer**). *Elle n'osait pas lui déclarer son amour* (syn. **annoncer, révéler**). **2.** Fournir par oral ou par écrit certains renseignements à l'Administration : *Déclarer des marchandises à la douane. Déclarer ses revenus.* **3. Déclarer la guerre à,** signifier officiellement son intention de déclencher les hostilités contre ; au fig., annoncer son intention de lutter énergiquement contre : *Déclarer la guerre à un pays. Déclarer la guerre aux fumeurs.* ◆ **se déclarer** **v.pr. 1.** Faire connaître ses sentiments : *Il a fini par se déclarer.* **2.** Se manifester nettement : *L'incendie s'est déclaré au second étage* (syn. **se déclencher, éclater**).

déclassé, e [deklase] **adj.** et **n.** (p. passé de *déclasser*). Passé à un rang, à un statut inférieur à l'état initial : *Un joueur déclassé. Un chômeur qui se considère comme un déclassé.*

déclassement [deklasmɑ̃] **n.m.** Action de déclasser : *Le déclassement des fiches. Le déclassement d'un fonctionnaire.*

déclasser [deklase] **v.t. 1.** Déranger des objets classés : *Déclasser des dossiers* (syn. **déranger, mélanger**). **2.** Faire passer dans une condition plus médiocre, dans une catégorie inférieure : *Déclasser un hôtel.*

déclenchement [deklɑ̃ʃmɑ̃] **n.m.** Action de déclencher, de se déclencher : *Le déclenchement d'un signal d'alarme, d'une attaque, d'une épidémie.*

déclencher [deklɑ̃ʃe] **v.t.** (de *clenche*). **1.** Déterminer le fonctionnement, la mise en mouvement : *Déclencher un ressort. L'ouverture du coffre déclenche une sonnerie* (syn. **entraîner, provoquer**). **2.** Provoquer, mettre en action brusquement : *Sa déclaration peut déclencher un conflit* (syn. **occasionner, susciter**). *Déclencher une grève* (syn. **lancer**). ◆ **se déclencher** **v.pr. 1.** Se mettre en mouvement : *Le chauffage se déclenche automatiquement.* **2.** Se produire brusquement : *La crise s'est déclenchée cette nuit.*

déclencheur [deklɑ̃ʃœr] **n.m.** Organe destiné à séparer deux pièces enclenchées ; dispositif qui met un mécanisme en mouvement : *Le déclencheur d'un appareil photo.*

déclic [deklik] **n.m.** (de l'anc. fr. *descliquer*, de *cliquer*, d'orig. onomat.). **1.** Dispositif destiné à déclencher un mécanisme : *Appuyer sur le déclic.* **2.** Bruit provoqué par ce déclenchement : *Entendre un déclic.* **3.** Compréhension soudaine et intuitive : *Soudain, ce fut le déclic et je compris.*

déclin [deklɛ̃] **n.m.** (de *décliner*). État de ce qui décline ; période au cours de laquelle ce fait se produit : *Le déclin de la popularité d'un parti* (syn. **baisse**). *Un acteur sur le déclin.*

déclinable [deklinabl] **adj.** LING. Qui peut être décliné : *En français quelques pronoms personnels sont déclinables* (ex. : *je, me, moi ; tu, te, toi ; il, le, lui*) [contr. **indéclinable**].

déclinaison [deklinɛzɔ̃] **n.f.** (de *décliner*). **1.** GRAMM. Ensemble des formes que présentent, dans les langues à flexion, les noms, les adjectifs et les pronoms suivant le genre, le nombre et le cas : *Les déclinaisons latines, russes.* **2.** ASTRON. Distance d'un astre à l'équateur céleste.

déclinant, e [deklinɑ̃, -ɑ̃t] **adj.** Qui décline, s'affaiblit : *Les forces déclinantes d'un vieillard. Une gloire déclinante.*

décliner [dekline] **v.i.** (lat. *declinare*, détourner, incliner). Aller vers son déclin ; perdre de sa vigueur, de son importance : *Le soleil décline* (syn. **se coucher**). *La malade a beaucoup décliné* (syn. **s'affaiblir**). ◆ **v.t. 1.** Ne pas accepter : *Décliner une offre* (syn. **écarter, refuser**). *La maison décline toute responsabilité en cas de vol* (syn. **se décharger de**). **2.** LING. Dans les langues à flexion, faire varier les mots selon leur fonction grammaticale dans la phrase. **3. Décliner son identité, ses titres,** les indiquer avec précision.

déclivité [deklivite] **n.f.** (lat. *declivitas*, de *clivus*, pente). État de ce qui est en pente : *La déclivité était tellement forte que les freins ont lâché* (syn. **inclinaison, pente**).

décloisonnement [deklwazɔnmɑ̃] **n.m.** Action de décloisonner ; fait d'être décloisonné : *Le décloisonnement du service a amélioré le rendement.*

décloisonner [deklwazɔne] **v.t.** (de *cloisonner*). Enlever les obstacles qui empêchent ou entravent la communication, la libre circulation des idées ou de l'information : *Décloisonner les services d'un ministère.*

déclouer [deklue] **v.t.** Défaire ce qui est cloué : *Déclouer le couvercle d'une caisse* (contr. **clouer**).

décocher [dekɔʃe] **v.t.** (de *coche*, entaille). **1.** Lancer avec un arc ou un appareil analogue : *Décocher une flèche.* **2.** Donner avec force et d'une manière soudaine : *Il lui décocha une gifle retentissante.* **3.** SOUT. **Décocher un regard, un sourire, des paroles à qqn,** les lui adresser vivement et de façon inattendue.

décoction [dekɔksjɔ̃] **n.f.** (bas lat. *decoctio*, du class. *coquere*, faire cuire). Liquide dans lequel on a fait bouillir une ou plusieurs plantes aromatiques.

décodage [dekɔdaʒ] **n.m.** Action de décoder : *Le décodage d'un message, d'un texte* (syn. **décryptage**).

décoder [dekɔde] **v.t.** Rétablir en langage clair un message codé (syn. **décrypter**).

1. décodeur [dekɔdœr] **n.m.** Dispositif de décodage automatique permettant de recevoir certains programmes de télévision.

2. décodeur, euse [dekɔdœr, -øz] **n.** Personne qui décode un message.

décoffrer [dekɔfre] **v.t.** Enlever le coffrage d'un ouvrage de béton après durcissement de celui-ci.

décoiffer [dekwafe] **v.t.** Défaire l'ordonnancement des cheveux : *Le vent m'a décoiffée* (syn. **dépeigner**).

décoincer [dekwɛ̃se] **v.t.** [conj. **16**]. Dégager ce qui est coincé : *Je n'arrive pas à décoincer le tiroir* (syn. **débloquer**).

décolérer [dekɔlere] **v.i.** [conj. **18**]. **Ne pas décolérer,** ne pas cesser d'être en colère : *Il n'a pas décoléré depuis hier.*

décollage [dekɔlaʒ] **n.m. 1.** Action de quitter le sol : *L'accident a eu lieu au décollage de l'avion* (contr. **atterrissage**). **2.** Action de sortir de la stagnation, de se développer : *Le décollage des exportations* (syn. **démarrage, essor**). **3.** ÉCON. Selon W. W. Rostow, période de croissance que connaît toute société au cours de son processus de développement économique.

décollation [dekɔlasjɔ̃] **n.f.** (du lat. *decollare*, décapiter, de *collum*, cou). LITT. Action de couper la tête.

décollectiviser [dekɔlɛktivize] **v.t.** Transférer les moyens de production et d'échange du domaine collectif à celui de l'initiative privée.

décollement [dekɔlmɑ̃] **n.m.** Action de décoller, de se décoller : *Le décollement d'un papier peint. Le décollement des oreilles.*

décoller [dekɔle] **v.t.** Détacher ce qui est collé, ce qui adhère à un autre corps : *Décoller un timbre.* ◆ **v.i. 1.** Quitter le sol, en parlant d'un avion. **2.** Sortir de la stagnation ; se développer : *La production des vidéodisques a décollé.* **3.** FAM. Maigrir beaucoup ; dépérir. **4.** FAM. **Ne pas décoller,** ne pas s'en aller, demeurer quelque part, en parlant notamm. d'un importun ; s'incruster.

décolleté, e [dekɔlte] **adj.** Dont les épaules et le cou sont découverts ; qui laisse les épaules et le cou découverts : *Des femmes décolletées. Une robe décolletée* (syn. **échancré**). ◆ **décolleté** **n.m. 1.** Haut du buste d'une femme découvert par l'échancrure de son vêtement : *Un décolleté bronzé.* **2.** Échancrure d'un vêtement de femme, dégageant plus ou moins le haut du buste : *Un profond décolleté.*

décolleter [dekɔlte] **v.t.** (de *collet*) [conj. **27**]. Échancrer plus ou moins le haut d'un vêtement : *Décolleter une robe.*

décolleuse [dekɔløz] **n.f.** Machine servant à décoller les revêtements des murs ou des sols : *Une décolleuse à papier peint.*

décolonisation [dekɔlɔnizasjɔ̃] **n.f.** Action de décoloniser ; la situation qui en résulte : *Décolonisation de l'Afrique.*

■ La décolonisation est issue des mouvements nationalistes qui sont apparus dès la fin de la Première Guerre mondiale dans les différents empires coloniaux et se sont développés, en se radicalisant, après la Seconde Guerre mondiale. Conscients de l'affaiblissement des puissances coloniales et encouragés par l'hostilité au système colonial des deux nouvelles puissances dominantes (États-Unis et U.R.S.S.), les leaders des mouvements de libération réclament l'application du droit des peuples à disposer d'eux-mêmes, proclamé par la Charte des Nations unies en 1945. Largement influencés par l'idéologie marxiste, ils peuvent, d'autre part, compter sur le soutien des partis communistes et de l'U.R.S.S.

Les deux phases de la décolonisation. La première va de 1945 à 1954 et intéresse avant tout le continent asiatique, où les puissances coloniales sont confrontées aux régimes nationalistes issus de l'occupation japonaise. La seconde, qui s'étend de 1955 à 1966, touche essentiellement l'Afrique. Dans ce continent, l'évolution politique est profondément influencée par les événements survenus en Asie et par l'émergence d'un mouvement tiers-mondiste favorable aux indépendances, dirigé notamment par les leaders nationalistes du monde arabe et du Sud-Est asiatique.

Le Commonwealth, mis en place en 1931 par la Grande-Bretagne, sert de cadre à la décolonisation des anciens territoires britanniques. La France crée, dans le même but, l'Union française (1946), remplacée en 1958 par la Communauté. Mais ces entités ne permettent pas toujours aux anciennes puissances d'éviter les guerres coloniales, surtout dans les régions que la métropole a cherché à assimiler par une politique de peuplement (Algérie française, Mozambique portugais).

La décolonisation de l'Asie. En Asie, dès la fin de la guerre, la Chine récupère les concessions acquises par l'Europe au XIXe s., ne laissant subsister que Hongkong et Macao ; elle reprend aussi Formose (Taïwan) et la Mandchourie. Les États-Unis mettent fin à leur domination sur les Philippines en 1946. La même année, sur la façade opposée du continent, la France reconnaît la pleine souveraineté de la Syrie et du Liban.

À la suite de la République indienne et du Pakistan, formés après l'indépendance et la partition de l'Inde en 1947, la Birmanie et Ceylan (1948), puis la Fédération malaise (1957) acquièrent leur indépendance et acceptent de garder des liens étroits avec la Grande-Bretagne. L'Indonésie, quant à elle, s'émancipe de la tutelle néerlandaise en 1949. La décolonisation française apparaît en revanche plus difficile dans la péninsule indochinoise (guerre d'Indochine [1945-1954]).

La décolonisation de l'Afrique. Suivant l'exemple de la Gold Coast, qui accède à l'indépendance sous le nom de Ghana en 1957, le Nigeria (1960), le Tanganyika (1961) et l'Ouganda (1962) s'émancipent à leur tour dans le cadre du Commonwealth. En 1960, les anciens territoires français optent également pour l'indépendance. Au Maghreb, en revanche, si la Tunisie et le Maroc obtiennent leur indépendance en 1956, l'Algérie n'y accède qu'en 1962, au terme d'une guerre meurtrière. Les colonies portugaises (Angola et Mozambique) deviennent indépendantes en 1975. En Rhodésie du Sud, la minorité blanche n'abandonne le pouvoir aux Noirs qu'en 1980 (→ Zimbabwe), tandis que la Namibie ne s'émancipe de la tutelle sud-africaine qu'en 1990. ■

décoloniser [dekɔlɔnize] **v.t.** Mettre fin au régime colonial d'un pays ; donner son indépendance à une colonie.

décolorant, e [dekɔlɔrɑ̃, -ɑ̃t] **adj.** Qui décolore : *Un produit décolorant pour les cheveux.* ◆ **décolorant n.m.** Substance qui décolore : *Les décolorants employés dans l'industrie textile.*

décoloration [dekɔlɔrasjɔ̃] **n.f. 1.** Destruction, perte ou affaiblissement de la couleur naturelle : *L'obscurité entraîne la décoloration des végétaux.* **2.** Opération qui consiste à éclaircir la couleur naturelle des cheveux : *Se faire faire une décoloration.*

décolorer [dekɔlɔre] **v.t.** Altérer, effacer, éclaircir la couleur de : *L'eau de Javel décolore les tissus.* ◆ **se décolorer v.pr. 1.** Perdre sa couleur : *Les rideaux se sont décolorés au soleil.* **2.** Éclaircir la couleur de ses cheveux : *Elle se décolore les cheveux.*

décombres [dekɔ̃br] **n.m. pl.** (de l'anc. fr. *decombrer*, débarrasser). Débris de matériaux, d'un édifice ruiné ou écroulé : *Dégager un blessé des décombres* (syn. **ruines**).

décommander [dekɔmɑ̃de] **v.t.** Annuler une commande, un rendez-vous, une invitation : *Décommander une voiture. La conférence a été décommandée.*

décompensation [dekɔ̃pɑ̃sasjɔ̃] **n.f.** (de *compensation*). PATHOL. Rupture de l'équilibre des mécanismes régulateurs qui empêchaient une affection de provoquer des troubles fonctionnels, métaboliques ou psychiques.

décompenser [dekɔ̃pɑ̃se] **v.i.** Faire une décompensation.

décomplexer [dekɔ̃plɛkse] **v.t.** [conj. **4**]. Faire disparaître les complexes, les inhibitions de : *Son succès l'a décomplexé.*

décomposable [dekɔ̃pozabl] **adj.** Qui peut être décomposé : *L'eau est décomposable par électrolyse.*

décomposer [dekɔ̃poze] **v.t.** (de *composer*). **1.** Séparer en ses éléments constituants : *Le prisme décompose la lumière en radiations simples. Décomposer une phrase* (syn. **analyser**). **2.** Altérer profondément : *La chaleur décompose la viande* (syn. **pourrir, putréfier**). **3.** Modifier brusquement : *La frayeur décomposait son visage* (syn. **altérer**). ◆ **se décomposer v.pr. 1.** Se diviser : *Ce mouvement se décompose en trois parties.* **2.** S'altérer : *La viande se décompose à l'air* (syn. **s'abîmer, pourrir**). **3.** Se modifier brusquement : *Son visage se décomposa sous l'effet de la peur.*

décomposeur [dekɔ̃pozœr] **n.m.** ÉCOL. Organisme (animal, champignon, micro-organisme) qui assure la transformation des substances organiques issues des êtres vivants (cadavres, végétaux morts, etc.) en molécules organiques plus simples.

décomposition [dekɔ̃pozisjɔ̃] **n.f. 1.** Séparation de qqch en ses éléments constituants : *La décomposition d'une phrase en ses divers groupes* (syn. **analyse**). **2.** Altération profonde : *Un cadavre en état de décomposition avancée* (syn. **putréfaction**). **3.** Modification soudaine et marquée : *Décomposition du visage.*

décompresser [dekɔ̃prɛse] **v.i.** (de *compresser*). *FAM.* Relâcher sa tension nerveuse : *Décompresser pendant le week-end* (syn. **se détendre**).

décompression [dekɔ̃prɛsjɔ̃] **n.f. 1.** Diminution de la pression ; action de décomprimer : *La décompression des gaz dans un moteur.* **2. Accidents de décompression,** troubles qui surviennent chez les plongeurs, scaphandriers, ouvriers des caissons, quand le retour à la pression atmosphérique se fait trop vite.

décomprimer [dekɔ̃prime] **v.t.** (de *comprimer*). Faire cesser ou diminuer la compression de : *Décomprimer un gaz.*

décompte [dekɔ̃t] **n.m.** (de *décompter*). **1.** Décomposition d'une somme payée ou à payer en ses éléments de détail : *Le décompte d'un remboursement de la Sécurité sociale.* **2.** Déduction à faire sur un compte que l'on solde.

décompter [dekɔ̃te] **v.t.** Soustraire une somme d'un compte : *Je vous ai décompté le premier versement que vous aviez effectué* (syn. **déduire, défalquer**).

déconcentration [dekɔ̃sɑ̃trasjɔ̃] **n.f.** Relâchement de l'attention, de la concentration : *Le vendredi, la déconcentration des élèves est totale* (syn. **distraction, inattention**).

déconcentrer [dekɔ̃sɑ̃tre] **v.t.** Faire perdre son attention, sa concentration à : *Les cris du public déconcentrent les joueurs.* ◆ **se déconcentrer v.pr.** Relâcher son attention : *Il s'est déconcentré pendant le troisième set.*

déconcertant, e [dekɔ̃sɛrtɑ̃, -ɑ̃t] **adj.** Qui déconcerte : *Sa réaction est déconcertante* (syn. **déroutant, surprenant**).

A B C D E F G H I J K L M N O P Q R S T U V W X Y Z

déconcerter [dekɔ̃sɛrte] **v.t.** (de *concerter*). Jeter dans la perplexité, l'incertitude : *Son changement d'attitude nous a déconcertés* (syn. **décontenancer, troubler**).

déconfit, e [dekɔ̃fi, -it] **adj.** (p. passé de *déconfire*, vaincre totalement ; v. *confire*). Déçu, décontenancé à la suite d'un échec : *Mine déconfite. Air déconfit* (syn. **penaud**).

déconfiture [dekɔ̃fityr] **n.f.** (de *déconfit*). **1.** Échec total : *La déconfiture du parti aux élections* (syn. **débâcle, défaite**). **2.** Situation d'un débiteur non commerçant qui ne peut satisfaire ses créanciers.

décongélation [dekɔ̃ʒelasjɔ̃] **n.f.** Action de décongeler : *Le temps de décongélation d'un produit.*

décongeler [dekɔ̃ʒle] **v.i.** [conj. **25**]. Revenir à la température ambiante, en parlant d'un produit congelé : *La viande a décongelé.* ◆ **v.t.** Ramener un produit congelé à la température ambiante : *Décongeler du pain.*

décongestionner [dekɔ̃ʒɛstjɔne] **v.t. 1.** Faire cesser la congestion : *Un peu d'eau fraîche décongestionnera son visage.* **2.** Faire cesser l'encombrement : *Décongestionner le centre d'une ville* (syn. **désembouteiller, désencombrer**).

déconnecter [dekɔnɛkte] **v.t.** (de *connecter*). **1.** Démonter un raccord branché sur un appareil, une tuyauterie (syn. **débrancher**). **2.** *FAM.* Rompre le contact qui existait entre des personnes, des choses : *Son long isolement l'a déconnecté de la vie réelle* (syn. **éloigner, séparer**).

déconner [dekɔne] **v.i.** (de *con*). *T. FAM.* Dire ou faire des bêtises : *Arrête de déconner* (syn. **plaisanter**).

déconseiller [dekɔ̃sɛje] **v.t.** Conseiller de ne pas faire : *Je lui ai déconseillé l'insolence, d'être insolent* (syn. **dissuader**).

déconsidération [dekɔ̃siderasjɔ̃] **n.f.** *LITT.* Perte de la considération : *Cette théorie est tombée en déconsidération* (syn. **défaveur, discrédit**).

déconsidérer [dekɔ̃sidere] **v.t.** [conj. **18**]. Faire perdre la considération, l'estime : *Son attitude injuste l'a déconsidéré* (syn. **discréditer**). ◆ **se déconsidérer v.pr.** Agir de telle façon qu'on perd l'estime dont on était l'objet : *Elle se déconsidère en agissant ainsi.*

déconsigner [dekɔ̃siɲe] **v.t. 1.** Retirer de la consigne : *Déconsigner sa valise.* **2.** Rembourser le prix de la consigne d'un emballage : *Déconsigner des bouteilles.*

décontamination [dekɔ̃taminasjɔ̃] **n.f.** Opération visant à éliminer ou à réduire les agents et les effets d'une contamination : *La décontamination des zones irradiées.*

décontaminer [dekɔ̃tamine] **v.t.** Effectuer la décontamination : *Décontaminer des nappes phréatiques.*

décontenancer [dekɔ̃tnɑ̃se] **v.t.** [conj. **16**]. Faire perdre contenance ; jeter dans l'embarras : *Votre objection l'a décontenancé* (syn. **déconcerter, dérouter**). ◆ **se décontenancer v.pr.** Se troubler : *Elle ne s'est pas décontenancée.*

décontracté, e [dekɔ̃trakte] **adj. 1.** *FAM.* Détendu, à l'aise : *Être décontracté à l'approche d'un examen* (syn. **détendu**). **2.** Qui n'est pas contracté : *Quand tous les muscles sont décontractés* (syn. **détendu**).

décontracter [dekɔ̃trakte] **v.t. 1.** Faire cesser la contraction, la raideur : *Décontracter ses muscles* (syn. **relâcher**). **2.** Faire cesser la tension psychique : *Ce bain l'a décontracté* (syn. **détendre**). ◆ **se décontracter v.pr.** Se détendre ; diminuer sa tension psychique.

décontraction [dekɔ̃traksjɔ̃] **n.f. 1.** Action de décontracter ; fait de se décontracter : *La décontraction des muscles* (syn. **relâchement**). **2.** Fait d'être plein d'aisance, de désinvolture : *Sa décontraction m'irrite* (syn. **désinvolture**).

déconventionner [dekɔ̃vɑ̃sjɔne] **v.t.** Mettre fin à une convention, notamm. celle qui lie un médecin à un organisme de la Sécurité sociale.

déconvenue [dekɔ̃vny] **n.f.** (de l'anc. fr. *convenue*, situation, affaire, de *convenir*). Sentiment éprouvé par celui qui a échoué, dont l'attente a été déçue : *Son échec lui a causé une vive déconvenue* (syn. **déception, désillusion**).

décor [dekɔr] **n.m.** (de *décorer*). **1.** Ensemble des éléments qui contribuent à l'aménagement et à l'ornement d'un lieu ; lieu dans lequel on vit : *Un somptueux décor Louis XV* (syn. **décoration, ornementation**). *Le décor dans lequel ils vivent* (syn. **cadre**). **2.** Ensemble des accessoires utilisés au théâtre, au cinéma ou à la télévision pour figurer les lieux de l'action : *Le film se déroule dans un décor de gare.* **3.** Ornement d'un objet : *Assiettes avec un décor doré.* **4. Changement de décor,** au théâtre, changement des éléments qui figurent le lieu de l'action ; au fig., évolution brusque d'une situation. / *FAM.* **Entrer, aller dans le décor,** en parlant d'un véhicule, d'un conducteur, quitter brusquement la route et heurter un obstacle.

décorateur, trice [dekɔratœr, -tris] **n. 1.** Personne qui conçoit et dessine les décors d'un spectacle. **2.** Spécialiste chargé d'aménager, de décorer un intérieur.

décoratif, ive [dekɔratif, -iv] **adj. 1.** Qui produit un effet esthétique ; qui se prête à être utilisé comme élément de décoration : *Ces plantes sont très décoratives* (syn. **ornemental**). **2. Arts déco** ou **Art déco,** style décoratif en vogue dans les années 1920. **3. Arts décoratifs,** ensemble de disciplines visant à la production d'éléments propres à décorer, d'objets d'usage pratique ou non ayant une valeur esthétique (on dit aussi *arts appliqués*).

décoration [dekɔrasjɔ̃] **n.f. 1.** Action, art de décorer ; ensemble de ce qui décore : *Changer la décoration d'un appartement* (syn. **décor**). **2.** Insigne d'une distinction honorifique : *Recevoir une décoration* (syn. **médaille**).

décorer [dekɔre] **v.t.** (lat. *decorare*, de *decus, -oris*, ornement). **1.** Pourvoir d'éléments, d'accessoires réalisant un embellissement : *Décorer un appartement* (syn. **embellir**). *La salle était décorée de guirlandes* (syn. **orner, parer**). **2.** Conférer une décoration : *Le ministre a décoré le général.*

décorticage [dekɔrtikaʒ] **n.m.** Action d'enlever la coquille, l'écorce, la carapace : *Le décorticage des arachides.*

décortiquer [dekɔrtike] **v.t.** (lat. *decorticare*, de *cortex, -icis*, écorce). **1.** Débarrasser de son enveloppe, de son écorce, de sa coquille, de sa carapace : *Décortiquer des noix, un crabe.* **2.** Analyser minutieusement : *Les journalistes ont décortiqué son discours* (syn. **analyser, éplucher**).

décorum [dekɔrɔm] **n.m.** (lat. *decorum*, de *decere*, convenir). Ensemble des convenances en usage dans une société soucieuse de son rang, ou propres à certaines circonstances : *Observer le décorum* (syn. **cérémonial**).

De Coster (Charles), écrivain belge d'expression française (Munich 1827 - Ixelles 1879). Il est l'auteur de *la Légende et les aventures d'Ulenspiegel et de Lamme Goedzak* (1867).

décote [dekɔt] **n.f.** (de *cote*). Exonération totale ou partielle d'un impôt.

découcher [dekuʃe] **v.i.** Ne pas rentrer coucher chez soi : *Son fils découche de plus en plus souvent.*

découdre [dekudr] **v.t.** [conj. **86**]. Défaire ce qui était cousu : *Découdre un ourlet* (syn. **défaire, défaufiler**). ◆ **v.t. ind. En découdre avec qqn,** en venir aux mains ; avoir une vive contestation avec lui.

découler [dekule] **v.t. ind. [de]** (de *couler*). Venir à la suite de qqch, comme une conséquence naturelle : *Tout ceci découle de votre proposition* (syn. **dériver, résulter**).

découpage [dekupaʒ] **n.m. 1.** Action ou manière de découper : *Le découpage d'une volaille.* **2.** Dessin sur papier destiné à être découpé par des enfants : *Faire des découpages.* **3.** Au cinéma, division d'un scénario en un nombre déterminé de séquences ou plans, correspondant chacun à une prise de vues.

découpe [dekup] **n.f.** (de *découper*). En couture, incrustation de tissu ou d'une partie de vêtement sur une autre, faite dans une intention décorative.

découpé, e [dekupe] **adj.** Dont les contours sont irréguliers, marqués de dents ou d'échancrures : *Un littoral très découpé* (syn. **dentelé**).

découper [dekupe] **v.t.** (de *couper*). **1.** Couper en morceaux, en parts : *Découper une volaille* (syn. **débiter**). **2.** Tailler en suivant les contours d'un dessin : *Découper des images.* **3.** Former des coupures dans ; échancrer : *Golfes qui découpent une côte.* ◆ **se découper v.pr. [sur].** Se détacher en silhouette sur un fond : *Montagne se découpant sur le ciel.*

découplé, e [dekuple] **adj.** (p. passé de *découpler,* détacher [des chiens couplés], d'où le sens de « libre dans ses mouvements »). **Bien découplé,** qui a un corps vigoureux et harmonieusement proportionné.

découpure [dekupyr] **n.f. 1.** Entaille, échancrure dans un contour ; bord découpé : *Les découpures d'une guirlande* (syn. **dentelure**). **2.** Morceau découpé (syn. **découpage**).

décourageant, e [dekuraʒɑ̃, -ɑ̃t] **adj.** De nature à décourager : *Un échec décourageant* (syn. **démoralisant**). *Cet enfant est décourageant* (syn. **décevant, désespérant**).

découragement [dekuraʒmɑ̃] **n.m.** Perte de courage ; état moral qui en résulte : *Après une période de découragement, l'artiste s'est remis à peindre* (syn. **abattement, démoralisation**).

décourager [dekuraʒe] **v.t.** [conj. **17**]. **1.** Ôter le courage, l'énergie de : *Elle ne se laisse pas décourager par les difficultés* (syn. **accabler, démoraliser**). **2.** Arrêter ou entraver l'essor de : *Mesures visant à décourager la fraude* (syn. **empêcher, prévenir**). **3. Décourager qqn de** (+ inf.), lui ôter l'envie, le désir de faire ou de continuer qqch : *On l'a découragé de faire du cinéma* (syn. **dissuader**).

décousu, e [dekuzy] **adj. 1.** Dont la couture est défaite : *Un ourlet décousu.* **2.** Qui manque de liaison logique ; sans cohérence : *Tenir des propos décousus* (syn. **confus, incohérent** ; contr. **cohérent**).

1. découvert, e [dekuvɛr, -ɛrt] **adj.** (p. passé de *découvrir*). **1.** Qui n'est pas couvert : *Laissez la casserole découverte.* **2. À visage découvert,** sans masque ni voile ; sans déguisement, sans détour : *Affronter qqn à visage découvert.* / **Pays, terrain découvert,** pays, terrain ni boisé ni bâti (= qui n'offre pas de protection).

2. découvert [dekuvɛr] **n.m.** (de *1. découvert*). **1.** Prêt à court terme accordé par une banque au titulaire d'un compte courant, qui peut ainsi rester débiteur pendant un certain temps : *Banque qui autorise un découvert de cent cinquante euros. Être à découvert* (= être débiteur). **2. À découvert,** sans rien dissimuler, en toute sincérité : *Agir à découvert.*

découverte [dekuvɛrt] **n.f. 1.** Action de trouver ce qui était inconnu, ignoré ; ce qui est ainsi découvert : *La découverte de l'Amérique. Montre-nous ta découverte* (syn. **trouvaille**). **2. Aller, partir à la découverte,** aller découvrir, explorer des choses, des lieux inconnus.

découvertes *(grandes)*, vaste mouvement de reconnaissance entrepris à travers le monde par les Européens au XVe et au XVIe s. Il fut rendu possible par les progrès accomplis dans l'art de la navigation en haute mer : invention de l'astrolabe nautique, généralisation de la boussole, construction d'un navire léger et rapide, la caravelle. Sa principale cause fut sans doute la nécessité pour l'économie européenne, alors en pleine expansion, de rechercher les matières premières (épices, or) dont elle avait besoin. Il fallait, pour cela, contourner l'Empire ottoman, qui contrôlait le commerce terrestre vers les Indes et trouver de nouvelles routes maritimes. À ces objectifs économiques se sont ajoutés des motifs religieux. Les grands voyages se multiplièrent à partir de 1450. Sous l'impulsion d'Henri le Navigateur, les Portugais choisirent la route vers l'est ; les Espagnols, quant à eux, s'engagèrent à l'ouest.

1445. Les Portugais explorent l'embouchure du Sénégal.

1488. Le Portugais Bartolomeu Dias atteint le cap de Bonne-Espérance.

1492. Christophe Colomb traverse l'Atlantique et découvre l'Amérique (Bahamas).

Ses deux premiers voyages (1492-1493 ; 1493-1496) lui permettent d'explorer les Antilles (Cuba, Haïti, la Guadeloupe) ; les deux derniers (1498 ; 1502-1504) le mènent sur les côtes du continent américain (Venezuela et Honduras actuels).

1494. Par le traité de Tordesillas, l'Espagne et le Portugal fixent la frontière entre leurs empires respectifs.

1497. Jean Cabot explore le littoral canadien pour le compte de l'Angleterre.

1498. Le Portugais Vasco de Gama atteint les Indes après avoir contourné le cap de Bonne-Espérance.

1500. Le Portugais Pedro Álvares Cabral aborde les côtes du Brésil.

1501-1502. Amerigo Vespucci longe les côtes de l'Amérique du Sud. Il donnera son nom au continent américain.

1510. Le Portugais Afonso de Albuquerque occupe Goa, fondant ainsi la puissance portugaise en Inde.

1519. Le conquistador espagnol Hernán Cortés entreprend la conquête du Mexique.

1519-1521/1522. Premier tour du monde, entrepris par Fernand de Magellan et achevé par Juan Elcano.

1531. L'Espagnol Francisco Pizarro atteint le Pérou.

1534. Le Français Jacques Cartier explore l'estuaire du Saint-Laurent.

Ces découvertes ont fait entrer l'Europe dans une ère d'économie précapitaliste et ont été à l'origine des premiers empires coloniaux.

découvreur, euse [dekuvrœr, -øz] **n.** Celui, celle qui découvre, qui fait une, des découvertes : *Un découvreur de jeunes talents.*

découvrir [dekuvrir] **v.t.** (bas lat. *discooperire,* de *cooperire,* couvrir) [conj. **34**]. **1.** Ôter ce qui couvrait, protégeait : *Le ministre a découvert la statue* (syn. **dévoiler**). *Les maçons ont découvert la maison* (= ils ont ôté la toiture). *Une robe qui découvre les épaules* (= qui les laisse apparaître). **2.** Rendre vulnérable : *Le général a découvert son flanc droit* (syn. **dégarnir**). **3.** Apercevoir de loin : *D'ici on découvre la mer.* **4.** Trouver ce qui était caché, inconnu, ignoré : *Découvrir un trésor. Découvrir un secret* (syn. **deviner, percer**). *Découvrir un vaccin* (syn. **inventer**). **5.** Révéler ce qui était caché : *Découvrir ses intentions* (syn. **dévoiler, révéler**). ◆ **se découvrir v.pr. 1.** Ôter ce dont on est couvert : *Enfant qui se découvre la nuit* (= qui ôte ses couvertures). *Il s'est découvert pour la saluer* (= il a ôté son chapeau). **2.** S'éclaircir : *Le ciel, le temps se découvre* (syn. **se dégager**). **3.** Relâcher sa défense : *Boxeur qui se découvre* (= qui s'expose aux coups). **4.** Révéler sa pensée ; se montrer sous son vrai jour.

décrassage [dekrasaʒ] **n.m.** Action de décrasser : *Le décrassage d'un poêle* (syn. **nettoyage**).

décrasser [dekrase] **v.t.** Ôter la crasse de ; débarrasser de sa crasse : *Décrasser du linge* (syn. **nettoyer**).

décrédibiliser [dekredibilize] **v.t.** Faire perdre sa crédibilité à : *Révélations qui ont décrédibilisé le ministre* (syn. **déconsidérer**).

décrêper [dekrepe] **v.t.** [conj. **4**]. Rendre lisses des cheveux crépus.

décrépi, e [dekrepi] **adj.** Qui a perdu son crépi : *La façade est décrépie.* ***Rem.*** Ne pas confondre avec *décrépit, e.*

décrépit, e [dekrepi, -it] **adj.** (lat. *decrepitus,* très vieux). Affaibli par l'âge : *Un vieillard décrépit* (syn. **sénile**).

décrépitude [dekrepityd] **n.f.** (de *décrépit*). Affaiblissement dû à une extrême vieillesse : *Donner des signes de décrépitude* (syn. **déchéance, sénilité**).

decrescendo [dekreʃɛndo] **adv.** (mot it.). MUS. En diminuant graduellement le son. ◆ **n.m.** MUS. Passage exécuté decrescendo.

décret [dekrɛ] **n.m.** (lat. *decretum,* de *decernere,* décider). Acte à portée réglementaire ou individuelle, pris par le président de la République ou par le Premier ministre.

décréter [dekrete] **v.t.** [conj. **18**]. **1.** Ordonner, régler par un décret : *Décréter l'état d'urgence* (syn. **déclarer**). **2.** Décider de sa propre autorité : *Il décréta qu'il resterait.*

décrier [dekrije] **v.t.** (de *crier*) [conj. **10**]. *LITT.* Critiquer, dire du mal de : *Un film décrié* (syn. **dénigrer, déprécier**).

décrire [dekrir] **v.t.** (lat. *describere*, d'apr. *écrire*) [conj. **99**]. **1.** Représenter, dépeindre par l'écrit ou par la parole : *Pouvez-vous décrire votre agresseur ?* (syn. **dépeindre**). **2.** Former dans son mouvement un certain tracé, une figure : *L'avion décrit une courbe dans le ciel* (syn. **tracer**).

décrispation [dekrispasjɔ̃] **n.f.** Action de décrisper qqn ou une situation ; instauration d'un climat moins tendu entre des personnes, des groupes (syn. **apaisement, détente**).

décrisper [dekrispe] **v.t.** Atténuer le caractère tendu d'une situation quelconque : *Décrisper la situation internationale* (syn. **détendre**).

décrochage [dekrɔʃaʒ] **n.m. 1.** Action de décrocher ; son résultat : *Le décrochage des rideaux.* **2.** En radio et en télévision, arrêt de la transmission par le réseau national et reprise par le réseau régional.

décrochement [dekrɔʃmɑ̃] **n.m. 1.** Action de décrocher : *Le décrochement de la corde de rappel.* **2.** Partie en retrait d'une ligne, d'une surface, notamm. d'un mur ou d'une façade : *Se dissimuler dans un décrochement du mur.*

décrocher [dekrɔʃe] **v.t.** (de *croc*). **1.** Détacher, libérer ce qui était accroché : *Décrocher un tableau* (syn. **dépendre ;** contr. **accrocher**). *Décrocher le téléphone* (= prendre le combiné pour recevoir la communication) [contr. **raccrocher**]. **2.** *FAM.* Obtenir : *Elle a fini par décrocher une commande, son bac.* ◆ **v.i. 1.** Rompre le contact avec une armée ennemie qui vous poursuit. **2.** Abandonner une activité ; cesser de s'intéresser à quelque chose : *À 60 ans, il songe à décrocher. Après une heure de cours, les élèves décrochent.*

décroiser [dekrwaze] **v.t.** Séparer ce qui était croisé.

décroissance [dekrwasɑ̃s] **n.f. 1.** Action de décroître ; état de ce qui décroît : *La décroissance de la fièvre, de la population* (syn. **baisse, diminution**). **2.** ÉCON. Politique préconisant de renoncer au mode de croissance capitaliste afin de réduire les effets de l'empreinte écologique sur la planète.

décroissant, e [dekrwasɑ̃, -ɑ̃t] **adj. 1.** Qui décroît : *Par ordre décroissant. Vitesse décroissante* (contr. **croissant**). **2.** MATH. **Fonction décroissante sur un intervalle** [*a, b*] **de** ℝ, fonction numérique définie sur l'intervalle [*a, b*] et qui varie en sens contraire des valeurs prises dans cet intervalle [si x et x' appartenant à cet intervalle sont tels que $x \leq x'$, alors $f(x) \geq f(x')$]. / MATH. **Suite décroissante,** suite telle que chaque terme est inférieur à celui qui le précède.

décroître [dekrwatr] **v.i.** [conj. **94**]. Diminuer progressivement : *Voici l'automne, les jours décroissent* (syn. **raccourcir, diminuer ;** contr. **augmenter**).

Decroly (Ovide), médecin et pédagogue belge (Renaix 1871 - Uccle 1932). Il est le fondateur d'une pédagogie fondée sur la notion de centre d'intérêt et sur les besoins essentiels qu'éprouvent les enfants (se nourrir, lutter contre le froid, etc.). Il accorde une grande importance aux jeux éducatifs et aux activités dites « naturelles » : jardinage, etc. Il a écrit *Vers l'école rénovée* (1921).

décrotter [dekrɔte] **v.t.** (de *crotte*, boue). Ôter la boue de : *Décrotter des chaussures* (syn. **nettoyer**).

décrue [dekry] **n.f.** (de *décroître*). Baisse du niveau des eaux après une crue ; hauteur dont l'eau a décru : *La décrue s'est amorcée pendant la nuit.*

décryptage [dekriptaʒ] et **décryptement** [dekriptəmɑ̃] **n.m.** Action de décrypter : *Le décryptage du message a pris du temps* (syn. **décodage**).

décrypter [dekripte] **v.t.** (du gr. *kruptos*, caché). Déchiffrer un texte écrit en caractères secrets dont on ne connaît pas la clef (syn. **décoder**).

déçu, e [desy] **adj.** (p. passé de *décevoir*). **1.** Frustré dans ses espérances : *Les spectateurs déçus se sont mis à siffler le chanteur* (syn. **désappointé, insatisfait**). **2.** Qui ne s'est pas réalisé : *Un amour, un espoir déçu* (syn. **frustré**).

déculottée [dekylɔte] **n.f.** (de *déculotter*). *FAM.* Défaite cuisante : *5 à 0, quelle déculottée !*

déculotter [dekylɔte] **v.t.** Ôter la culotte, le pantalon de. ◆ **se déculotter v.pr. 1.** Ôter sa culotte, son pantalon. **2.** *FAM.* Renoncer à une action par lâcheté ou par manque d'assurance.

déculpabiliser [dekylpabilize] **v.t.** Supprimer tout sentiment de culpabilité : *Le fait d'avoir tout dit l'a déculpabilisé.*

décuple [dekypl] **adj.** et **n.m.** (lat. *decuplus*, de *decem*, dix). Dix fois aussi grand : *100 est le décuple de 10.*

décuplement [dekypləmɑ̃] **n.m.** Action de décupler : *Le ministre demande le décuplement de la force d'interposition.*

décupler [dekyple] **v.t.** (de *décuple*). **1.** Multiplier par dix : *Dès le premier coup, il a décuplé sa mise.* **2.** Augmenter beaucoup : *La colère décuplait ses forces.* ◆ **v.i.** Être multiplié par dix : *La population a décuplé en un siècle.*

décurrent, e [dekyrɑ̃, -ɑ̃t] **adj.** (lat. *decurrens, -entis*, qui court vers le bas). Se dit d'un organe végétal qui se prolonge sur la tige, au-dessous de son point d'insertion : *Champignon à lamelles décurrentes.*

décuvage [dekyvaʒ] **n.m.** et **décuvaison** [dekyvɛzɔ̃] **n.f.** Action de retirer le vin de la cuve après fermentation pour le séparer du marc.

décuver [dekyve] **v.t.** Opérer le décuvage de.

dédaignable [dedɛɲabl] **adj.** (Souvent en tournure nég.). Qui mérite le dédain : *Une offre comme celle-ci n'est pas dédaignable* (syn. **méprisable ;** contr. **appréciable**).

dédaigner [dedɛɲe] **v.t.** (de *daigner*). **1.** Éprouver ou manifester du dédain à l'égard de : *Elle a complètement dédaigné leurs critiques* (= faire fi de) [syn. **mépriser ;** contr. **apprécier**]. **2.** Refuser, rejeter avec mépris ce que l'on juge indigne de soi : *Il a dédaigné toutes leurs offres* (syn. **décliner, repousser**). **3. Ne pas dédaigner qqch, de** (+ inf.), bien aimer : *Elle ne dédaigne pas les honneurs.*

dédaigneusement [dedɛɲøzmɑ̃] **adv.** Avec dédain : *Il haussa dédaigneusement les épaules.*

dédaigneux, euse [dedɛɲø, -øz] **adj.** Qui a ou qui marque du dédain : *Moue dédaigneuse* (syn. **hautain, méprisant**).

dédain [dedɛ̃] **n.m.** (de *dédaigner*). Mépris orgueilleux exprimé par l'air, le ton, les manières : *Il nous toisait avec dédain* (syn. **arrogance, hauteur**). *N'avoir que du dédain* (syn. **mépris**).

dédale [dedal] **n.m.** (de *Dédale*). **1.** Ensemble compliqué de rues, de chemins, etc., où l'on risque de s'égarer : *Flâner dans le dédale des rues* (syn. **labyrinthe**). **2.** Ensemble embrouillé et confus où l'esprit se perd : *Le dédale des démarches administratives* (syn. **enchevêtrement**).

Dédale, héros de la mythologie grecque, le type même de l'artiste universel, architecte, sculpteur et inventeur. C'est parce qu'il avait su fabriquer des ailes avec des plumes et de la cire qu'il aurait réussi à s'échapper dans les airs du labyrinthe de Crète, où il était enfermé avec son fils Icare.

1. dedans [dədɑ̃] **adv.** (de *de* et *dans*). **1.** À l'intérieur de qqch, d'un lieu : *J'ai ouvert le coffre, mais il n'y avait rien dedans. Il fait meilleur dedans !* **2. Être dedans,** à certains jeux de cartes, ne pas pouvoir remplir son contrat. / **Mettre qqn dedans,** à certains jeux de cartes, empêcher qqn de remplir son contrat. ◆ **en dedans loc. adv.** et **adj. inv.** À l'intérieur ; tourné vers l'intérieur : *Un bonbon dur à l'extérieur et mou en dedans. Avoir les pieds en dedans.*

2. dedans [dədɑ̃] **n.m.** (de *1. dedans*). Partie intérieure d'une chose : *Le dedans d'une boîte* (syn. **intérieur ;** contr. **dehors, extérieur**).

Dedekind (Richard), mathématicien allemand (Brunswick 1831 - *id.* 1916). Il conçut une théorie des nombres irrationnels, créa la théorie des idéaux (sous-ensembles des corps de nombres algébriques) et jeta, avec G. Cantor, les premières bases de la théorie des ensembles.

dédicace [dedikas] **n.f.** (lat. *dedicatio*, consécration, de *dedicare* ; v. *dédier*). **1.** Hommage qu'un auteur fait de son œuvre à une personne par une mention imprimée en tête d'ouvrage. **2.** Toute formule manuscrite portée sur un livre, un disque, une gravure, par l'artiste.

dédicacer [dedikase] **v.t.** [conj. **16**]. Faire hommage d'un ouvrage en y inscrivant une dédicace : *Dédicacer un livre.*

dédier [dedje] **v.t.** (lat. *dedicare*, consacrer, de *dicare*, proclamer solennellement). **1.** Faire figurer en tête d'un ouvrage le nom de qqn, pour lui rendre un hommage en l'associant au mérite de l'auteur : *Ce livre est dédié à ma mère.* **2.** Destiner à, consacrer à : *Il a dédié sa vie à la défense de la paix* (syn. **vouer**). **3.** Consacrer à un culte religieux sous une invocation spéciale : *Chapelle dédiée à la Vierge.*

se **dédire** [dedir] **v.pr.** (de *dire*) [conj. **103**]. **1.** Dire le contraire de ce qu'on a affirmé précédemment : *Le témoin s'est dédit* (syn. **se raviser, se rétracter**). **2.** Revenir sur sa promesse ; ne pas tenir sa parole : *Se dédire d'un engagement* (= y manquer).

dédit [dedi] **n.m.** (de *se dédire*). **1.** Action de se dédire, de revenir sur ce qu'on avait dit antérieurement (syn. **rétractation** ; contr. **confirmation**). **2.** Somme à payer en cas de non-accomplissement d'un contrat ou de rétractation d'un engagement pris.

dédommagement [dedɔmaʒmɑ̃] **n.m.** Réparation d'un dommage ; avantage matériel accordé à qqn pour le dédommager : *Les personnes expulsées recevront un dédommagement* (syn. **dommages-intérêts, indemnité**).

dédommager [dedɔmaʒe] **v.t.** (de *dommage*) [conj. **17**]. Donner, fournir à qqn un dédommagement, une compensation pour le préjudice qu'il a subi, la peine qu'il a prise : *Dédommager qqn d'une perte* (syn. **indemniser**). *La réussite l'a dédommagé de ses efforts* (syn. **payer**).

se **dédorer** [dedɔre] **v.t.** Perdre sa dorure : *Les cadres des tableaux se sont dédorés.*

dédouanement [dedwanmɑ̃] **n.m.** Action de dédouaner.

dédouaner [dedwane] **v.t. 1.** Faire sortir une marchandise des entrepôts de la douane, en acquittant les droits. **2.** Relever qqn du discrédit dans lequel il était tombé : *Le ministre l'a dédouané en l'appelant dans son équipe* (syn. **blanchir, réhabiliter**). ◆ **se dédouaner v.pr.** Agir de façon à faire oublier un passé répréhensible : *Il cherche à se dédouaner en jouant les démocrates.*

dédoublement [dedubləmɑ̃] **n.m. 1.** Action de dédoubler ; fait de se dédoubler : *Le dédoublement d'une classe trop nombreuse.* **2. Dédoublement de la personnalité,** trouble psychique où alternent chez un même sujet deux personnalités : l'une normale et l'autre pathologique.

dédoubler [deduble] **v.t.** (de *doubler*). **1.** Partager en deux : *Dédoubler une classe.* **2. Dédoubler un train,** faire partir un train supplémentaire dans la même direction que le premier, en raison de l'affluence des voyageurs.

dédramatiser [dedramatize] **v.t.** Enlever, faire disparaître le caractère dramatique de : *Elle est intervenue pour dédramatiser le débat.*

déductible [dedyktibl] **adj.** (du lat. *deductus*, de *deducere* ; v. *déduire*). Qui peut être déduit : *Ces dépenses ne sont pas déductibles de vos revenus.*

déductif, ive [dedyktif, -iv] **adj.** Qui progresse par déduction ; qui comporte une déduction : *Esprit, raisonnement déductif.*

déduction [dedyksjɔ̃] **n.f.** (lat. *deductio*, de *deducere* ; v. *déduire*). **1.** Action de déduire, de retrancher : *La déduction des frais professionnels lors de la déclaration de revenus* (syn. **remise**). **2.** Conséquence tirée d'un raisonnement : *Tirer des déductions de faits déjà connus.*

déduire [dedɥir] **v.t.** (lat. *deducere*, faire descendre) [conj. **98**]. **1.** Soustraire d'une somme : *Si vous déduisez les charges, le bénéfice est mince* (syn. **défalquer, retrancher**). **2.** Tirer comme conséquence logique : *On peut déduire de sa déclaration qu'il se rangera à notre avis* (syn. **conclure**).

déesse [deɛs] **n.f.** (du lat. *dea*). Divinité féminine : *Cérès était la déesse romaine des Moissons.*

de facto [defakto] **loc. adv.** (mots lat. « selon le fait »). Formule diplomatique employée pour exprimer que la reconnaissance d'un fait politique résulte de l'existence même du fait : *État reconnu de facto* (par opp. à *de jure*).

défaillance [defajɑ̃s] **n.f.** (de *défaillir*). **1.** Perte momentanée des forces physiques ou morales : *Sa défaillance s'explique par ses troubles cardiaques* (syn. **évanouissement, syncope**). **2.** Défaut de fonctionnement : *L'accident est dû à une défaillance du signal d'alarme* (syn. **panne**).

défaillant, e [defajɑ̃, -ɑ̃t] **adj. 1.** Qui défaille : *Mémoire défaillante.* **2.** Qui fait défaut : *Les candidats défaillants ne pourront se présenter à la session suivante* (syn. **absent**).

défaillir [defajir] **v.i.** (de *faillir*) [conj. **47**]. **1.** LITT. Perdre momentanément et brusquement ses forces physiques ou morales : *Se sentir défaillir* (syn. **s'évanouir**). **2.** Faire défaut : *Mémoire qui défaille* (syn. **baisser, faiblir**).

défaire [defɛr] **v.t.** (de *faire*) [conj. **109**]. **1.** Remettre en l'état primitif, en réalisant les opérations inverses ou en détruisant : *Défaire un ourlet* (syn. **découdre** ; contr. **coudre**). *Il a fallu défaire toute l'installation électrique* (syn. **démolir, démonter**). *Défaire un paquet* (syn. **dénouer**). **2.** Altérer l'arrangement, l'ordre de : *Le vent a défait sa coiffure* (= il l'a décoiffée). *Défaire sa cravate* (syn. **desserrer**). **3.** Vider le contenu de : *Défaire ses valises* (syn. **vider**). **4.** LITT. Débarrasser de : *Qui pourrait me défaire de cet importun, de cette manie ?* (syn. **délivrer, libérer**). **5.** LITT. Mettre en déroute : *Nos troupes ont défait l'armée ennemie* (syn. **vaincre**). ◆ **se défaire v.pr. 1.** Cesser d'être arrangé, disposé d'une certaine manière : *Le nœud s'est défait* (syn. **se dénouer**). **2. Se défaire de qqch,** s'en débarrasser : *Il ne peut se défaire de cette habitude* (syn. **perdre**). *Je voudrais me défaire de cette maison* (syn. **céder, vendre**). / **Se défaire de qqn,** s'en séparer : *Il a dû se défaire de sa secrétaire* (syn. **congédier, renvoyer**).

défait, e [defɛ, -ɛt] **adj.** (p. passé de *défaire*). LITT. Altéré par la fatigue, l'émotion : *Visage défait* (syn. **décomposé, ravagé**).

défaite [defɛt] **n.f.** (de *défait*). **1.** Perte d'une bataille, d'un combat, d'une guerre : *La défaite de l'ennemi* (syn. **débâcle, déroute**). **2.** Échec, grave revers : *La défaite du parti aux élections* (syn. **déconfiture**).

défaitisme [defetism] **n.m.** (de *défaire*). État d'esprit de ceux qui s'attendent à être vaincus, qui n'espèrent pas la victoire (syn. **pessimisme**).

défaitiste [defetist] **adj.** et **n.** Qui fait preuve de défaitisme (syn. **pessimiste**).

défalquer [defalke] **v.t.** (it. *defalcare*, du lat. *falx, falcis*, faux). Déduire, retrancher d'une somme, d'une quantité : *Défalquer ses frais de déplacement* (syn. **décompter**).

défatigant, e [defatigɑ̃, -ɑ̃t] **adj.** Se dit d'un produit qui aide à faire disparaître la sensation de fatigue.

défaufiler [defofile] **v.t.** Ôter le faufil de : *Défaufiler un ourlet, une manche.*

défausser [defose] **v.t.** Redresser ce qui a été largement tordu ou faussé : *Défausser une tringle* (syn. **détordre** ; contr. **fausser, gauchir**). ◆ **se défausser v.pr.** Se débarrasser, en la jouant, d'une carte que l'on juge inutile ou dangereuse dans son jeu : *Se défausser d'un cœur, à cœur.*

défaut [defo] **n.m.** (de l'anc. p. passé de *défaillir*). **1.** Manque ou insuffisance de ce qui est nécessaire : *Le défaut de préparation a entraîné d'importants gaspillages* (syn. **absence**). *Un défaut de main-d'œuvre* (syn. **pénurie**). **2.** Imperfection matérielle de qqch, de qqn : *Ce diamant a un défaut* (syn. **malfaçon**). *Elle a un léger défaut de prononciation* (syn. **anomalie**).

3. Imperfection morale : *Le mensonge est un vilain défaut* (syn. **travers, vice** ; contr. **qualité**). **4.** Fait de ne pas se rendre à une convocation devant la justice : *Être condamné par défaut* (syn. **contumace**). **5. À défaut (de),** en l'absence de, faute de mieux : *Je cherche un deux-pièces ou à défaut un studio. À défaut de madère, prends du vin blanc* (= faute de). / **Être en défaut,** être en infraction par rapport à un règlement. / **Faire défaut,** manquer à : *Le courage lui fit défaut* (= l'abandonna). / **Mettre qqn en défaut,** lui faire commettre une erreur. / MATH. **Par défaut,** se dit d'une approximation par valeur inférieure (par opp. à *par excès*).

défaveur [defavœr] **n.f.** Perte de la faveur, de l'estime dont on jouissait : *Tomber en défaveur* (syn. **disgrâce**).

défavorable [defavɔrabl] **adj.** Qui est mal disposé à l'égard de qqn ; qui est hostile à qqch : *Le jury est défavorable à l'accusé. Être défavorable à un règlement.*

défavorablement [defavɔrabləmɑ̃] **adv.** De façon défavorable : *Proposition défavorablement accueillie.*

défavoriser [defavɔrize] **v.t. 1.** Priver qqn de ce qui aurait pu l'avantager : *Ses frères l'ont défavorisé dans le partage* (syn. **désavantager**). **2.** Faire subir un préjudice à : *La crise défavorise les gens pauvres* (syn. **desservir, nuire à**).

défécation [defekasjɔ̃] **n.f.** (lat. *defaecatio* ; v. *déféquer*). Expulsion des matières fécales.

défectif, ive [defɛktif, -iv] **adj.** (lat. *defectivus*, de *deficere*, manquer). Se dit d'un verbe dont un certain nombre de temps, de modes ou de personnes sont inusités : *« Falloir » ou « gésir » sont des verbes défectifs* (on dit aussi *des défectifs*).

défection [defɛksjɔ̃] **n.f.** (lat. *defectio*, de *deficere*, manquer). **1.** Fait d'abandonner un allié, une cause, un parti : *Faire défection. Sa défection nous a mis en difficulté au moment du vote.* **2.** Fait d'être absent d'un lieu où l'on était attendu : *Les nombreuses défections ont gâché la soirée.*

défectueux, euse [defɛktɥø, -øz] **adj.** (lat. médiév. *defectuosus*, du class. *defectus*, manque). Qui présente des défauts, des imperfections : *Cette analyse est défectueuse* (syn. **fautif, incorrect**). *Tout article défectueux sera échangé.*

défectuosité [defɛktɥozite] **n.f.** État de ce qui est défectueux ; élément défectueux : *Les défectuosités d'un appareil* (syn. **imperfection, malfaçon, défaut**).

défendable [defɑ̃dabl] **adj.** Qui peut être défendu : *Une théorie défendable* (syn. **justifiable, soutenable**).

défendeur, eresse [defɑ̃dœr, defɑ̃drɛs] **n.** DR. Personne contre laquelle est intentée une action en justice (par opp. à *demandeur, eresse*).

défendre [defɑ̃dr] **v.t.** (lat. *defendere*) [conj. **73**]. **1.** Protéger par la lutte ou la vigilance ; lutter pour conserver un bien : *Les troupes qui défendent la frontière* (syn. **garantir, garder**). *Animal qui défend son territoire* (syn. **sauvegarder**). **2.** Soutenir qqn, qqch, plaider en leur faveur : *Elle défend toujours son frère. Défendre une cause. Son avocat l'a bien défendu.* **3.** Préserver de l'effet nuisible de : *Les arbres défendent les cultures du vent* (syn. **abriter**). **4.** Ne pas autoriser, ne pas permettre : *Le médecin lui a défendu le tabac* (contr. **autoriser**). *Il est défendu de marcher sur la pelouse* (syn. **interdire**). **5.** En sport, s'opposer aux offensives de l'adversaire : *Défendre le but.* **6. À son corps défendant,** malgré soi, à contrecœur : *Elle a accepté de le suivre à son corps défendant.* ◆ **se défendre v.pr. 1.** Résister à une agression : *Elle s'est défendue avec ses poings* (syn. **se battre**). **2.** Se protéger des effets nuisibles de : *Se défendre du froid* (syn. **s'abriter**). *Il s'est défendu de toute compromission.* **3.** Nier ce dont on est accusé : *Elle se défend d'avoir trahi.* **4.** En parlant d'une idée, d'un plan, être plausible, acceptable : *Son idée se défend* (= tient debout). **5.** FAM. Montrer une habileté certaine dans un domaine : *En maths, il se défend* (syn. **réussir**). **6. Ne pas pouvoir se défendre de qqch, de** (+ inf.), ne pas pouvoir s'empêcher de : *Je n'ai pu me défendre d'un sentiment de dégoût. Il ne put se défendre de rire.*

défenestration [defənɛstrasjɔ̃] **n.f.** Action de défenestrer.

défenestrer [defənɛstre] **v.t.** Jeter qqn par la fenêtre.

1. défense [defɑ̃s] **n.f.** (lat. *defensa*). **1.** Fait de lutter pour la protection de ; action de défendre ou de se défendre : *Garantir la défense des faibles* (syn. **protection, sauvegarde**). *La défense héroïque des partisans a suscité l'admiration de tous* (syn. **résistance**). **2.** Ce qui permet de protéger ; possibilité de défendre ou de se défendre : *La seule défense du hérisson est de se mettre en boule* (= le seul moyen de se protéger). *Un enfant sans défense.* **3.** Moyens militaires mis en œuvre pour se défendre : *Défense aérienne.* **4.** En sport, partie d'une équipe partic. chargée de protéger son but. **5.** Action d'assister juridiquement qqn : *J'ai décidé d'assurer sa défense.* **6.** Dans un procès, la partie qui se défend en justice (par opp. à *accusation, ministère public*) : *La parole est à la défense.* **7.** MÉD. Réaction humorale et cellulaire qui protège l'organisme contre une agression : *Défenses immunitaires.* **8.** PSYCHAN. Ensemble des mécanismes par lesquels une personne, confrontée à une situation insupportable, la refoule. **9.** Action d'interdire ; fait d'être interdit : *Il est sorti malgré la défense de sa mère* (contr. **permission**). *Défense de fumer* (syn. **interdiction**). **10.** FAM. **Avoir de la défense,** être capable de résister soi-même aux attaques, aux pressions. / **Défense nationale,** ensemble des moyens mis en œuvre pour défendre le territoire national. / **Prendre la défense de,** prendre le parti de qqn, apporter son soutien à une cause : *Il a pris la défense de sa sœur.*

2. défense [defɑ̃s] **n.f.** (de *1. défense*). Longue dent pointue qui dépasse de la bouche de certains mammifères : *Défenses d'éléphant, de morse, de sanglier.*

Défense ***(quartier de la),*** quartier principalement d'affaires de l'Ouest parisien, sur les communes de Puteaux, Courbevoie et Nanterre. Construit, avec sa dalle piétonnière, entre 1957 et 1989, il comprend de nombreuses tours de bureaux, le C.N.I.T. (auj. Centre des nouvelles industries et technologies), à la voûte de béton audacieuse (1958), et, à son extrémité ouest, la Grande Arche (1983-1989). Environ 1 500 sociétés ont leur siège à la Défense, dont une bonne partie des premières entreprises françaises.

Défense nationale ***(gouvernement de la),*** gouvernement qui proclama la république le 4 sept. 1870, jour de la défaite militaire de Sedan, et succéda au second Empire. Dirigé par des républicains modérés (Gambetta, Favre), il signa l'armistice avec la Prusse et remit ses pouvoirs à l'Assemblée nationale le 12 févr. 1871.

défenseur [defɑ̃sœr] **n. 1.** Personne qui défend, protège : *Les défenseurs d'une ville. Il est défenseur dans notre équipe de football.* **2.** Personne qui assure la défense d'un accusé : *Choisir une avocate renommée comme défenseur.* **3. Défenseur des droits,** en France, autorité constitutionnelle indépendante chargée depuis 2011 de veiller au respect des droits et libertés. ▸ Le défenseur des droits a remplacé notamm. le médiateur de la République. / **Défenseur des enfants,** en France, autorité constitutionnelle indépendante chargée de défendre et de promouvoir les droits de l'enfant. ▸ Le défenseur des enfants est placé sous l'autorité du défenseur des droits.

défensif, ive [defɑ̃sif, -iv] **adj.** Destiné à la défense, qui vise à défendre : *Arme défensive* (contr. **offensif**).

défensive [defɑ̃siv] **n.f.** (de *défensif*). **1.** Attitude d'une personne, d'une armée, d'une nation qui se borne à se prémunir contre toute attaque : *Passer de la défensive à l'offensive.* **2. Être sur la défensive,** être prêt à se défendre contre toute attaque (= être sur ses gardes).

déféquer [defeke] **v.i.** (lat. *defaecare*, purifier, de *faex, faecis*, lie, impureté) [conj. **18**]. Expulser les matières fécales.

déférence [deferɑ̃s] **n.f.** (de *déférent*). Considération respectueuse ; marque de respect : *S'effacer devant qqn par déférence* (syn. **égard, respect**).

déférent, e [deferɑ̃, -ɑ̃t] **adj.** (lat. *deferens*, de *deferre* ; v. *déférer*). **1.** Qui montre de la déférence : *Salut déférent* (syn. **courtois, respectueux**). **2.** ANAT. Qui conduit dehors : *Canal déférent* (= celui qui permet l'excrétion du sperme).

déférer [defere] **v.t.** (lat. *deferre*, porter vers un lieu plus bas) [conj. **18**]. Traduire un accusé devant la juridiction compétente : *Déférer un criminel à une cour d'assises.* ◆ **v.t.ind. [à].** Acquiescer, céder à qqn par déférence : *Déférer à l'avis, au désir de qqn* (= s'y ranger, y céder).

déferlant, e [defɛrlɑ̃, -ɑ̃t] **adj.** Qui déferle : *Des lames déferlantes.* ◆ **déferlante n.f.** Grosse vague qui déferle en plein océan.

déferlement [defɛrləmɑ̃] **n.m. 1.** Action de déferler : *Le déferlement des vagues.* **2.** Action de se répandre avec force ou violence : *Un déferlement de haine.*

déferler [defɛrle] **v.i.** (de *ferler*). **1.** Se développer et se briser avec violence, en parlant des vagues : *Surfeur qui prend la vague qui déferle.* **2.** Apparaître, se répandre avec force : *Les applaudissements déferlèrent.* **3.** Se précipiter en masse : *La foule déferla sur la place* (syn. **se ruer**).

déferrer [defere] **v.t.** Ôter le fer fixé à un objet, aux pieds d'une bête de somme ; enlever les rails d'une voie ferrée.

défi [defi] **n.m.** (de *défier*). **1.** Provocation dans laquelle on juge l'adversaire incapable de faire qqch : *Accepter, relever un défi.* **2.** Refus de se soumettre ; résistance absurde : *Cette attitude est un défi à mon autorité.* **3. Mettre qqn au défi de** (+ inf.), parier avec lui qu'il n'est pas capable de.

défiance [defjɑ̃s] **n.f.** (de *se défier*). **1.** Crainte d'être trompé ; manque de confiance : *Il prétendait vous connaître, je l'ai laissé entrer sans défiance* (syn. **méfiance**). **2. Vote de défiance,** en France, vote par lequel le Parlement exprime sa désapprobation de l'action gouvernementale.

défiant, e [defjɑ̃, -ɑ̃t] **adj.** (de *se défier*). Qui craint d'être trompé (syn. **méfiant, soupçonneux**).

défibrillateur [defibrilatœr] **n.m.** Appareil électrique servant à la défibrillation.

défibrillation [defibrilasjɔ̃] **n.f.** Méthode thérapeutique employant un choc électrique pour arrêter les contractions rapides et désordonnées *(fibrillation)* des fibres du cœur.

déficeler [defisle] **v.t.** [conj. **24**]. Enlever la ficelle qui entoure : *Déficeler un paquet* (syn. **délier ;** contr. **ficeler**).

déficience [defisjɑ̃s] **n.f.** (de *déficient*). Insuffisance organique ou psychique : *Déficience musculaire* (syn. **faiblesse**). *Une déficience de ma mémoire* (syn. **défaillance**).

déficient, e [defisjɑ̃, -ɑ̃t] **adj.** (lat. *deficiens, -entis,* de *deficere,* manquer). Qui présente une déficience : *L'éducation des enfants déficients* (syn. **arriéré**). *Production déficiente.*

déficit [defisit] **n.m.** (lat. *deficit,* il manque). **1.** Ce qui manque pour équilibrer les recettes avec les dépenses (par opp. à *excédent*) : *Budget en déficit.* **2.** Manque important ; insuffisance : *Un déficit d'informations.*PSYCHIATRIE. **Déficit intellectuel,** insuffisance congénitale ou acquise du développement intellectuel.

déficitaire [defisitɛr] **adj.** Qui se solde par un déficit : *Entreprise déficitaire* (contr. **bénéficiaire**). *Récolte déficitaire* (contr. **excédentaire**).

défier [defje] **v.t.** (propr. « renoncer à la foi jurée », de *se fier*) [conj. **9**]. **1.** Lancer un défi à : *Défier qqn à la course* (syn. **provoquer**). *Je te défie de distinguer la copie de l'original* (= je parie que tu ne pourras pas). **2.** Faire face bravement à : *Défier la mort* (syn. **affronter, braver**). **3.** Résister à la comparaison de : *Ce prix défie toute concurrence.*

se **défier** [defje] **v.pr. [de]** (de *défier,* avec infl. du lat. *diffidere,* ne pas se fier) [conj. **9**]. Ne pas avoir confiance en qqn, qqch, par peur d'être trompé : *Défiez-vous des donneurs de conseils* (syn. **se méfier**).

défigurer [defigyre] **v.t. 1.** Déformer, enlaidir le visage de : *Cet accident l'a défiguré.* **2.** Donner une idée fausse de : *Défigurer la pensée de qqn* (syn. **déformer, dénaturer**).

défilé [defile] **n.m.** (de *1. défiler*). **1.** Passage étroit encaissé entre deux parois rocheuses abruptes (syn. **canyon, gorge**). **2.** Ensemble de personnes qui défilent, partic. en parade : *Le défilé du 14 Juillet* (syn. **cortège**). **3.** Passage en file ou en rang dans un but de démonstration : *Un défilé de mode* (syn. **présentation**).

défilement [defilmɑ̃] **n.m.** (de *1. défiler*). Déroulement régulier d'une pellicule, d'une bande magnétique dans l'appareil.

1. défiler [defile] **v.i.** (de *file*). **1.** Marcher en file, en colonne : *Soldats qui défilent en musique* (= qui se présentent en formation de parade). **2.** Se succéder de façon régulière et continue : *Les clients ont défilé toute la journée.*

2. défiler [defile] **v.t.** (de *fil*). Ôter le fil passé dans une chose : *Défiler un collier* (contr. **enfiler**). ◆ **se défiler v.pr.** *FAM.* Se dérober à un devoir, une promesse : *Il se défile au moment de faire la vaisselle.*

défini, e [defini] **adj. 1.** Qui est déterminé avec précision ou que l'on peut déterminer aisément : *Un trouble bien, mal défini* (= précis, imprécis). **2. Article défini,** article qui se rapporte à un être ou à un objet déterminé : *« Le », « la », « les » sont des articles définis.*

définir [definir] **v.t.** (lat. *definire,* de *finire,* limiter) [conj. **32**]. **1.** Donner une définition de, préciser la signification de : *Définir un mot.* **2.** Fixer, indiquer avec précision la nature ou les conditions de fonctionnement de qqch : *Définir les modalités d'une élection* (syn. **déterminer, préciser, spécifier**).

définissable [definisabl] **adj.** Qui peut être défini.

définitif, ive [definitif, -iv] **adj.** (lat. *definitivus,* de *definire ;* v. *définir*). Qui marque un terme, qui fixe dans un état qu'il n'y a plus lieu de modifier : *Mon refus est définitif* (syn. **irrévocable**). *Une solution définitive* (syn. **final**).

définition [definisjɔ̃] **n.f.** (lat. *definitio,* de *definire ;* v. *définir*). **1.** Fait de déterminer les caractéristiques d'un concept, d'un mot, d'un objet : *La définition de ce verbe est difficile.* **2.** TÉLÉV. Degré de finesse d'une image transmise, exprimé par le nombre de lignes utilisées pour la former : *Télévision à haute définition.*

en **définitive** [definitiv] **loc. adv.** (de *définitif*). Marque une conclusion : *En définitive, qu'en pensez-vous ?* (= en fin de compte). *En définitive, aucun de ses arguments n'est convaincant* (= tout bien considéré) [syn. **finalement**].

définitivement [definitivmɑ̃] **adv.** De façon définitive, une fois pour toutes : *Elle a quitté Paris définitivement.*

déflagration [deflagrasjɔ̃] **n.f.** (lat. *deflagratio,* de *flagrare,* brûler). Violente explosion.

déflation [deflasjɔ̃] **n.f.** (de *[in]flation*). Diminution continue et forte du niveau général des prix, le plus souvent associée à une contraction de l'activité économique (baisse de la demande, de l'emploi), qui résulte soit d'un mouvement cyclique de l'économie, soit d'une politique économique (réduction de la masse monétaire, encadrement du crédit) ayant précisément comme objectif une baisse des prix.

déflationniste [deflasjɔnist] **adj.** Qui vise à la déflation (par opp. à *inflationniste*).

déflecteur [deflɛktœr] **n.m.** (du lat. *deflectere,* fléchir). **1.** Appareil servant à modifier la direction d'un écoulement : *Le déflecteur d'une turbine.* **2.** Dans une automobile, petit volet mobile fixé à l'encadrement de la glace des portières avant et servant à régler et à orienter l'aération.

défloraison [deflɔrɛzɔ̃] **n.f.** (de *floraison*). Chute ou flétrissure naturelle des parties d'une fleur qui ne servent pas à la formation du fruit. ▸ Ce phénomène a lieu après la fécondation.

défloration [deflɔrasjɔ̃] **n.f.** Perte de la virginité.

déflorer [deflɔre] **v.t.** (lat. *deflorare,* enlever la fleur de). **1.** *LITT.* Faire perdre sa virginité à une jeune fille. **2.** Enlever de sa nouveauté, de son originalité à un sujet, une idée en les traitant partiellement : *Je n'en parlerai pas pour ne pas déflorer le film.*

Defoe ou **De Foe (Daniel),** écrivain anglais (Londres v. 1660 - *id.* 1731). Aventurier, commerçant, agent politique, il connut la célébrité par un roman d'aventures, *Robinson Crusoé* (1719), et une série de récits réalistes (*Moll Flanders*, 1722).

défoliant, e [defɔljɑ̃, -ɑ̃t] **adj.** et **n.m.** Se dit d'un produit chimique provoquant la défoliation.

défoliation [defɔljasjɔ̃] **n.f.** (du lat. *defoliare*, dépouiller). **1.** BOT. Chute des feuilles d'un arbre, spécial. lorsqu'elle est causée par une pollution. **2.** Action entreprise pour détruire certaines zones de végétation dense et partic. les feuilles des arbres afin de repérer plus facilement les forces adverses grâce à l'aviation.

défonce [defɔ̃s] **n.f.** (de [*se*] *défoncer*). *ARG.* État provoqué par l'usage d'une drogue, notamm. d'un hallucinogène.

défoncer [defɔ̃se] **v.t.** (de *fond*) [conj. **16**]. **1.** Faire sauter le fond de : *Défoncer un tonneau.* **2.** Briser en enfonçant : *Le camion a dérapé et défoncé le mur* (syn. **éventrer**). **3.** Labourer en profondeur : *Défoncer une terre après l'avoir déboisée.* ◆ **se défoncer v.pr. 1.** *FAM.* Mettre toutes ses forces dans une entreprise, une action : *Elle s'est défoncée pour son spectacle* (= elle s'est donnée à fond). **2.** *ARG.* Prendre des drogues, notamm. des hallucinogènes.

déforestation [defɔrɛstasjɔ̃] **n.f.** Action de détruire des forêts : *La déforestation de l'Amazonie* (syn. **déboisement**).

■ La déforestation, ensemble des processus par lequel l'homme détruit les écosystèmes forestiers, a commencé dès le néolithique, au moment de sa sédentarisation il y a environ 12 000 ans. Cependant, elle s'est amplifiée de façon considérable au cours de la période historique, et plus encore depuis quelques dizaines d'années. Depuis le début de cette période, on estime que plus de 50 % de la couverture forestière de la planète a été détruite.
Causes. Les causes de la déforestation sont nombreuses : usage croissant du bois comme matériau (pour les maisons, les meubles, le papier, etc.), défrichage pour cultiver de nouvelles terres ou étendre l'habitat humain, surpâturage en forêt, incendies (volontaires ou accidentels)...
Conséquences de la déforestation. La déforestation conduit à une érosion intense des sols (qui ne sont plus maintenus par les systèmes de racines des arbres), des éboulements et des glissements de terrain. Les eaux de pluie, qui ruissellent sans retenue sur les sols, vont grossir le cours des fleuves, entraînant des inondations. La déforestation perturbe aussi le cycle de l'eau (les forêts contribuent en effet à l'humidité de l'air), provoquant des sécheresses. Enfin, elle est responsable de l'extinction de très nombreuses espèces animales et végétales des forêts, occasionnant une grave diminution de la biodiversité de la planète.
Déforestation et reforestation. De nombreux pays poursuivent des programmes de reforestation (ou *reboisement*) pour compenser la destruction des forêts. Entre 2000 et 2010, 13 millions d'hectares de forêts ont été détruits chaque année, mais plus de 7 millions d'hectares ont été replantés. Ainsi, la perte nette de forêts a été sur cette décennie de 5,2 millions d'hectares annuels (l'équivalent de 14 terrains de football par minute…). ■

déformant, e [defɔrmɑ̃, -ɑ̃t] **adj.** Qui déforme : *Un miroir déformant.*

déformation [defɔrmasjɔ̃] **n.f. 1.** Action de déformer, de se déformer : *La déformation de son corps par les rhumatismes.* **2. Déformation professionnelle,** habitude particulière, appréciation partiale ou erronée de certains faits, résultant de la pratique d'une profession et abusivement appliquées à la vie courante.

déformer [defɔrme] **v.t.** (lat. *deformare*, de *formare*, arranger). **1.** Altérer la forme de : *Le choc a déformé la carrosserie* (syn. **gauchir**). *Le visage déformé par la souffrance* (syn. **altérer, défigurer**). **2.** Reproduire, représenter de façon inexacte : *Déformer les paroles de qqn* (syn. **dénaturer**).

défoulement [defulmɑ̃] **n.m.** Fait de se défouler.

se **défouler** [defule] **v.pr.** (de [*re*]*fouler*). **1.** Donner libre cours à des impulsions ordinairement réprimées ; exprimer librement ses sentiments : *Elle s'est défoulée en lui disant ce qu'elle en pensait.* **2.** *FAM.* Se dépenser beaucoup pour se libérer des contraintes quotidiennes : *Il se défoule en jouant dans un orchestre de jazz.*

défourner [defurne] **v.t.** Retirer du four : *Le boulanger défourne son pain.*

défraîchir [defrɛʃir] **v.t.** [conj. **32**]. Enlever la fraîcheur, l'éclat de : *Le soleil a défraîchi les rideaux* (syn. **ternir**).

défrayer [defrɛje] **v.t.** (de l'anc. fr. *fraier*, faire les frais) [conj. **11**]. **1.** Prendre en charge les frais de qqn : *Vous serez défrayé de vos frais de voyage* (syn. **rembourser**). **2. Défrayer la chronique,** être le sujet de toutes les conversations, faire parler de soi : *Il défraya la chronique dans les années 1930* (= on ne parlait que de lui).

défrichage [defriʃaʒ] et **défrichement** [defriʃmɑ̃] **n.m.** Action de défricher ; son résultat.

défricher [defriʃe] **v.t.** (de *friche*). **1.** Rendre propre à la culture un terrain qui était en friche. **2.** Aborder les points essentiels d'un sujet sans aller au fond : *J'ai commencé à défricher le sujet de ma thèse* (syn. **déblayer**).

défricheur, euse [defriʃœr, -øz] **n.** Personne qui défriche.

défriper [defripe] **v.t.** Faire qu'une chose ne soit plus fripée : *Poser une jupe à plat pour la défriper* (syn. **défroisser**).

défriser [defrize] **v.t. 1.** Défaire la frisure de : *La pluie a défrisé ses cheveux* (= les a rendus raides). **2.** *FAM.* Causer une déception, une contrariété à qqn : *Ta remarque l'a défrisé* (syn. **contrarier, désappointer**).

défroisser [defrwase] **v.t.** Faire disparaître les plis de : *Défroisser un pantalon* (syn. **défriper**).

défroque [defrɔk] **n.f.** (de *défroquer* ; v. *défroqué*). Vêtement démodé ou ridicule : *Elle porte toujours de ces défroques !*

défroqué, e [defrɔke] **adj.** et **n.** (p. passé de *défroquer*, quitter l'état ecclésiastique, de *froc*). Qui a quitté l'habit et l'état religieux ou ecclésiastique : *Prêtre défroqué.*

défunt, e [defœ̃, -œ̃t] **adj.** et **n.** (lat. *defunctus*, de *defungi*, s'acquitter de). *LITT.* Qui est mort : *Leurs amis défunts. Telle est la dernière volonté de la défunte.*

dégagé, e [degaʒe] **adj.** (p. passé de *dégager*). **1.** Où rien n'arrête le regard : *Ici la vue est dégagée.* **2.** Qui n'est pas encombré : *L'autoroute est dégagée. Ses voies respiratoires sont dégagées.* **3.** Qui fait preuve d'aisance, d'assurance : *Un air, un ton dégagé.* **4. Ciel dégagé,** sans nuages.

dégagement [degaʒmɑ̃] **n.m. 1.** Action de dégager ce qui est bloqué, coincé : *Le dégagement des victimes a été long. Le dégagement d'une voie* (syn. **déblaiement**). **2.** Fait de se dégager en parlant d'un gaz, d'une odeur : *Un dégagement de fumée* (syn. **émanation**). **3.** Espace libre ; ce qui dans une maison assure ou facilite le passage : *Porte, escalier de dégagement.* **4.** SPORTS. Action d'envoyer le ballon loin de son but ou de sa ligne de but, au football et au rugby : *Un long dégagement du gardien de but.* **5. Itinéraire de dégagement,** itinéraire prévu pour alléger la circulation, débloquer les embouteillages.

dégager [degaʒe] **v.t.** (de *gage*) [conj. **17**]. **1.** Libérer de ce qui entrave, emprisonne : *Dégager un blessé des décombres* (syn. **retirer**). *Dégager une unité encerclée* (syn. **débloquer**). **2.** Extraire d'un ensemble, mettre en évidence : *Dégager l'idée maîtresse d'un exposé* (syn. **tirer**). **3.** Débarrasser de ce qui encombre : *Disperser la foule pour dégager la place* (syn. **désencombrer**). *Dégagez le passage* (= laissez-le libre). **4.** Laisser libre ou visible ; mettre en valeur : *Coiffure qui dégage le front* (syn. **découvrir**). *Décolleté qui dégage la nuque* (syn. **dénuder**). **5.** Produire, émettre une émanation, une odeur, une impression : *Ces fleurs dégagent un parfum exquis* (syn. **exhaler**). *Son visage dégage une impression de bonté.* **6.** Dans certains sports, envoyer le ballon aussi loin que possible de son camp. **7. Dégager de l'argent,** le rendre disponible pour un usage : *Dégager des crédits pour la formation.* ∕ **Dégager sa**

parole, se libérer d'un engagement pris solennellement (contr. engager). / **Dégager sa responsabilité,** ne pas se tenir pour responsable de : *La maison dégage toute responsabilité en cas de vol* (syn. décliner, refuser). ◆ **se dégager** v.pr. **1.** Se libérer : *Se dégager d'un piège. Le ciel se dégage* (= les nuages se dissipent). **2.** Se répandre, sortir : *Une épaisse fumée se dégage de la cheminée* (syn. s'échapper). *La morale qui se dégage de cette histoire* (syn. apparaître, émerger).

dégaine [degɛn] **n.f.** (de *dégainer*). FAM. Allure, façon de marcher, étrange ou ridicule.

dégainer [degɛne] **v.t.** (de *gaine*). Tirer une épée, un poignard du fourreau, un revolver de son étui : *Il dégaina et fit feu.*

se déganter [degɑ̃te] **v.pr.** Enlever ses gants.

dégarnir [degarnir] **v.t.** [conj. **32**]. Enlever ce qui garnit, orne, protège : *Dégarnir un sapin de Noël.* ◆ **se dégarnir** **v.pr.** [de] **1.** Devenir moins touffu : *C'est l'automne, les arbres se dégarnissent.* **2.** Perdre ses cheveux : *Son crâne se dégarnit, ton père se dégarnit* (= il devient chauve). **3.** Se vider : *La salle se dégarnit de ses spectateurs.*

Degas (Edgar), peintre, graveur et sculpteur français (Paris 1834 - *id.* 1917). L'un des impressionnistes, issu d'un milieu bourgeois cultivé, influencé par Ingres, par Delacroix et tenté par le naturalisme, il est parvenu à une manière très nouvelle de synthétiser espace, lumière, formes, mouvement (thèmes des courses de chevaux, des danseuses, des femmes à leur toilette...). Il est assez bien représenté au musée d'Orsay (peintures et grands pastels : *la Famille Bellelli ; la Classe de danse ; le Champ de courses, jockeys amateurs ; Danseuse au bouquet saluant ; les Repasseuses ; Après le bain, femme s'essuyant la nuque ;* etc.).

De Gasperi (Alcide), homme politique italien (Pieve Tesino, Trentin, 1881 - Sella di Valsugana 1954). Chef de la démocratie chrétienne italienne, président du Conseil (1945-1953), il rendit à son pays sa place en Europe et amorça son redressement économique.

dégât [degɑ] **n.m.** (de l'anc. fr. *dégaster,* dévaster, de *guaster,* forme anc. de *gâter*). **1.** (Surtout pl.). Dommage occasionné par une cause violente : *L'incendie a causé des dégâts* (syn. destruction, ravage). **2. Dégât des eaux,** sinistre provoqué par la rupture d'une canalisation, le débordement d'une baignoire, etc. / FAM. **Limiter les dégâts,** faire en sorte qu'une situation fâcheuse ne tourne pas au désastre.

dégauchir [degoʃir] **v.t.** [conj. **32**]. Redresser ce qui était gauchi : *Dégauchir un axe, une porte* (contr. gauchir).

dégazage [degazaʒ] **n.m.** Action de dégazer.

dégazer [degaze] **v.t.** Débarrasser les citernes d'un pétrolier de tous les gaz et dépôts qui y subsistent après déchargement.

dégel [deʒɛl] **n.m.** (de *dégeler*). **1.** Fonte des glaces et des neiges due à l'élévation de la température ; époque à laquelle elle se produit. **2.** Détente des relations entre États : *Le dégel des relations diplomatiques entre deux pays.*

dégeler [deʒle] **v.t.** [conj. **25**]. **1.** Faire fondre ce qui était gelé : *Le soleil a dégelé le lac.* **2.** Mettre à l'aise, faire perdre sa timidité à qqn ; mettre de l'animation dans une réunion : *Le conférencier a réussi à dégeler l'auditoire* (syn. dérider, réchauffer). **3.** Permettre l'utilisation d'une somme : *Dégeler des crédits* (syn. débloquer ; contr. geler). ◆ **v.i.** Cesser d'être gelé : *La rivière dégèle. Faire dégeler un produit congelé.* ◆ **se dégeler** **v.pr.** Perdre de sa froideur ou de son indifférence : *Les invités commencent à se dégeler.*

dégénératif, ive [deʒeneratif, -iv] **adj.** MÉD. Caractérisé par la dégénérescence : *Des rhumatismes dégénératifs.*

dégénéré, e [deʒenere] **adj.** et **n.** Qui manifeste des signes de dégénérescence : *Une espèce animale dégénérée.*

dégénérer [deʒenere] **v.i.** (lat. *degenerare,* de *genus, -eris,* race) [conj. **18**]. **1.** Perdre les qualités naturelles de sa race, en parlant d'animaux, de végétaux (syn. s'abâtardir). **2.** Perdre de son mérite, de sa valeur : *Tout dégénère chez un peuple privé de liberté* (syn. se dégrader). **3.** Se transformer en qqch de plus mauvais : *Bronchite qui dégénère en pneumonie. La bagarre a dégénéré* (= elle a mal tourné).

dégénérescence [deʒeneresɑ̃s] **n.f.** (de *dégénérer*). **1.** Perte des qualités naturelles de son espèce ou de sa race. **2.** Affaiblissement grave des qualités physiques, mentales ou morales : *Un organisme atteint de dégénérescence* (syn. décrépitude, déliquescence). *La dégénérescence des mœurs* (syn. avilissement, dégradation). **3.** MÉD. Transformation d'une maladie en une forme plus grave.

dégingandé, e [deʒɛ̃gɑ̃de] **adj.** (altér. de *deshingandé,* disloqué, du néerl. *henge,* gond de porte, sous l'infl. du picard *ginguer,* sauter). FAM. Qui est comme disloqué dans ses mouvements, sa démarche : *Un garçon dégingandé.*

dégivrage [deʒivraʒ] **n.m.** Action de dégivrer : *Le dégivrage d'un réfrigérateur.*

dégivrer [deʒivre] **v.t.** Faire fondre le givre qui se dépose sur les vitres d'une automobile, les ailes d'un avion, les parois d'un réfrigérateur.

déglacer [deglase] **v.t.** [conj. **16**]. **1.** Faire fondre la glace de : *Déglacer un bassin* (syn. dégeler). **2.** En cuisine, dissoudre le jus caramélisé au fond du récipient où a été effectuée une cuisson.

déglaciation [deglasjasjɔ̃] **n.f.** Recul des glaciers.

déglinguer [deglɛ̃ge] **v.t.** (altér. de *déclinquer,* ôter un bordage à clin [c.-à-d. à disposition chevauchée], du lat. *clinare,* pencher). FAM. Détériorer, endommager par désarticulation des éléments : *Le choc a déglingué le vélo* (syn. désarticuler, disloquer). ◆ **se déglinguer** **v.pr.** FAM. Se détériorer par dislocation : *L'aspirateur s'est déglingué.*

déglutir [deglytir] **v.t.** (lat. *deglutire,* de *glutus,* gosier) [conj. **32**]. **1.** Faire passer la salive, un aliment de la bouche dans l'œsophage. **2.** (Absol.). Avaler sa salive : *J'ai mal à la gorge quand je déglutis* (syn. avaler).

déglutition [deglytisjɔ̃] **n.f.** Action de déglutir.

dégommer [degɔme] **v.t.** (propr. « enlever la gomme, décoller »). FAM. Faire tomber en atteignant d'un coup : *Dégommer une quille.*

dégonflé, e [degɔ̃fle] **adj.** et **n.** (de [*se*] *dégonfler*). FAM. Qui manque d'audace, de courage, au moment d'agir.

dégonflement [degɔ̃fləmɑ̃] et **dégonflage** [degɔ̃flaʒ] **n.m.** Action de dégonfler ; fait de se dégonfler : *Le dégonflement des pneus.*

dégonfler [degɔ̃fle] **v.t.** Faire disparaître un gonflement, une boursouflure ; vider de son air, de son gaz : *Appliquer une compresse pour faire dégonfler la paupière. Dégonfler une chambre à air.* ◆ **v.i.** ou **se dégonfler** **v.pr.** Être moins enflé ; se vider de son gaz : *L'ecchymose dégonfle. Mes pneus se dégonflent.* ◆ **se dégonfler** **v.pr.** FAM. Manquer de courage au moment d'agir : *Elle avait dit qu'elle interviendrait, mais elle s'est dégonflée* (= elle n'a pas osé).

dégorgement [degɔrʒəmɑ̃] **n.m.** Action de dégorger ; écoulement d'un liquide : *Le dégorgement d'une gouttière* (syn. débordement).

dégorgeoir [degɔrʒwar] **n.m.** (de *dégorger*). Instrument qui sert à retirer l'hameçon de la gorge d'un poisson.

dégorger [degɔrʒe] **v.t.** [conj. **17**]. Débarrasser de ce qui obstrue, engorge : *Dégorger un conduit, un évier* (syn. déboucher). ◆ **v.i. 1.** Répandre, déverser son contenu liquide : *Un égout qui dégorge dans la mer* (syn. se déverser). **2.** Rendre au lavage une partie de sa teinture : *Ce tissu dégorge* (syn. déteindre). **3. Faire dégorger un poisson, de la viande,** les faire tremper pour les débarrasser du sang, des impuretés, des odeurs. / **Faire dégorger des légumes,** les saler un certain temps avant leur préparation, afin qu'ils rendent leur eau.

dégoter ou **dégotter** [degɔte] **v.t.** (orig. obsc.). FAM. Découvrir, trouver par chance : *Il a fini par dégoter un studio pas cher* (syn. dénicher).

dégouliner [deguline] **v.i.** (de *dégouler*, s'épancher, de *goule*, forme dialect. de *gueule*). *FAM.* Couler lentement, en traînées : *La confiture dégoulinait le long de sa main.*

dégoupiller [degupije] **v.t.** Mettre en état de fonctionner en tirant la goupille : *Dégoupiller une grenade.*

dégourdi, e [degurdi] **adj.** et **n.** Qui fait preuve d'adresse, d'ingéniosité : *Un enfant très dégourdi* (syn. **astucieux**).

dégourdir [degurdir] **v.t.** (de *gourd*) [conj. **32**]. **1.** Tirer d'un engourdissement physique ; redonner la faculté de se mouvoir : *La chaleur du feu nous a dégourdi les doigts.* **2.** Faire tiédir : *Dégourdir de l'eau.* **3.** Faire perdre sa gaucherie, sa timidité à qqn : *Le service militaire l'a dégourdi* (syn. **déniaiser**). ◆ **se dégourdir v.pr. 1.** Retrouver la facilité de se mouvoir : *J'ai besoin de me dégourdir les jambes* (syn. **se dérouiller**). **2.** Acquérir de l'aisance, de l'aplomb : *Il serait temps qu'il se dégourdisse un peu.*

dégoût [degu] **n.m.** (de *dégoûter*). **1.** Vive répugnance pour certains aliments : *Son dégoût pour les huîtres est insurmontable* (syn. **répulsion**). **2.** Sentiment qui éloigne vivement de qqn, de qqch : *Inspirer du dégoût* (syn. **aversion, horreur**). *Le dégoût de l'existence* (syn. **lassitude, nausée**).

dégoûtant, e [degutɑ̃, -ɑ̃t] **adj. 1.** Qui inspire du dégoût, de la répugnance, de l'aversion : *Cette sauce est dégoûtante* (syn. **infect** ; contr. **appétissant**). **2.** Très sale : *Une chemise dégoûtante* (syn. **repoussant**). **3.** Infâme, ignoble : *Une conduite dégoûtante* (syn. **révoltante**). **4.** *FAM.* Qui provoque la répulsion psychologique, morale : *Un dégoûtant personnage. Une histoire dégoûtante.*

dégoûté, e [degute] **adj. 1.** Qui éprouve ou exprime du dégoût : *Prendre des airs dégoûtés.* **2. N'être pas dégoûté,** n'être pas exigeant, accepter ce qui se présente. ◆ **n. Faire le dégoûté,** se montrer difficile, sans raison.

dégoûter [degute] **v.t.** (de *goût*). **1.** Inspirer du dégoût, de la répugnance, de l'aversion : *Le gibier le dégoûte. Son hypocrisie me dégoûte* (syn. **écœurer, révolter**). **2.** Ôter l'envie de : *Ça le dégoûte de travailler* (syn. **décourager**).

dégoutter [degute] **v.i.** Couler goutte à goutte : *L'eau dégoutte du parapluie* (syn. **goutter**). ◆ **v.t. ind. [de].** Laisser tomber des gouttes de : *Son front dégoutte de sueur* (syn. **ruisseler**).

dégradant, e [degradɑ̃, -ɑ̃t] **adj.** Qui dégrade : *On lui a fait jouer un rôle dégradant dans cette affaire* (syn. **avilissant**).

dégradation [degradasjɔ̃] **n.f.** (lat. *degradatio* ; v. *1. dégrader*). **1.** Destitution d'un grade, d'une dignité : *La dégradation d'un officier.* **2.** Détérioration d'un édifice, d'une œuvre : *Les dégradations que l'humidité a fait subir aux fresques* (syn. **ravage**). **3.** Avilissement, déchéance : *La dégradation qu'engendre la misère* (syn. **déchéance**). **4.** Passage progressif à un état plus mauvais : *La dégradation du climat social.*

dégradé [degrade] **n.m.** (de *2. dégrader*). **1.** Affaiblissement insensible et méthodique d'une couleur, de la lumière. **2.** Technique de coupe consistant à ménager des épaisseurs échelonnées dans la chevelure.

1. dégrader [degrade] **v.t.** (lat. *degradare*, de *gradus*, degré). **1.** Destituer de son grade ; priver de ses droits : *Dégrader un officier.* **2.** Détériorer, endommager : *Les intempéries ont dégradé la façade* (syn. **abîmer**). **3.** Rendre qqch progressivement mauvais, lui faire perdre de sa valeur : *Tout ceci a fini par dégrader nos relations.* **4.** Avilir, faire perdre sa dignité, amener à la déchéance : *Sa conduite le dégrade* (syn. **déshonorer**). ◆ **se dégrader v.pr. 1.** Se détériorer : *La situation économique se dégrade* (syn. **empirer** ; contr. **s'améliorer**). **2.** S'avilir : *Vous vous dégradez en agissant ainsi* (syn. **se déshonorer**).

2. dégrader [degrade] **v.t.** (it. *digradare*, de *grado*, degré). **1.** Affaiblir insensiblement : *Dégrader les teintes.* **2.** Couper les cheveux selon la technique du dégradé.

dégrafer [degrafe] **v.t.** (de [*a*]*grafer*). Détacher l'agrafe ou les agrafes de : *Dégrafer sa jupe* (syn. **détacher**).

dégraissage [degrɛsaʒ] **n.m. 1.** Action d'enlever les taches, graisseuses ou non, d'un tissu, d'un vêtement (syn. **détachage, nettoyage**). **2.** *FAM.* Diminution du personnel d'une entreprise par licenciement.

dégraissant, e [degrɛsɑ̃, -ɑ̃t] **adj.** Qui a la propriété de dégraisser. ◆ **dégraissant n.m.** Substance dégraissante.

dégraisser [degrese] **v.t. 1.** Retirer la graisse de : *Dégraisser un bouillon.* **2.** Ôter les taches de graisse : *Dégraisser un vêtement* (syn. **détacher, nettoyer**). ◆ **v.i.** *FAM.* Diminuer les effectifs d'un service, d'une entreprise par licenciement.

degré [dəgre] **n.m.** (lat. pop. **degradus*, du class. *gradus*). **1.** Chacune des positions intermédiaires dans un ensemble hiérarchisé : *Gravir les degrés de la hiérarchie* (syn. **échelon, grade**). *Ces exercices sont à peu près du même degré* (syn. **niveau**). **2.** Intensité relative d'un sentiment, d'un état : *Elle est avare au plus haut degré. Brûlure au premier, deuxième et troisième degré.* **3.** *LITT.* Marche d'un escalier : *Parvenu au dernier degré, il se retourna* (= à la plus haute marche). **4.** Division administrative dans l'enseignement en France : *Enseignement du premier degré* (= élémentaire), *du second degré* (= secondaire). **5.** Proximité plus ou moins grande dans la parenté : *Quel est votre degré de parenté ? Une mère et sa fille sont parentes au premier degré.* **6.** Chacune des divisions graduées du thermomètre : *La température s'est élevée de cinq degrés.* **7.** Unité de mesure de concentration d'une solution : *De l'alcool à 90 degrés (90°). Ce vin titre 13 degrés (13°)* [= la concentration est de 13 cm^3 d'alcool pur pour 100 cm^3 de liquide]. ▸ Depuis 1980, le *degré alcoolique* est remplacé par le *titre alcoométrique volumique* (symb. % Vol). **8.** Unité de mesure des angles géométriques et des arcs de cercle, telle que l'angle géométrique plat et un demi-cercle aient une mesure de 180 degrés (180°). **9.** MUS. Chacune des notes d'une gamme, repérée en fonction de sa place dans cette gamme ascendante : Sol *est le cinquième degré de la gamme de* do. **10. Au premier degré,** se dit de ce qui se perçoit de façon évidente : *Faut-il prendre votre remarque au premier degré ?* / **Au second degré,** se dit de ce qui n'est pas immédiatement compréhensible, de ce qui est allusif : *C'est de l'humour au second degré.* / **Par degrés,** graduellement, progressivement, peu à peu. **11.** GRAMM. **Degré de comparaison** ou **de signification,** chacun des degrés formés par le positif, le comparatif et le superlatif d'un adjectif ou d'un adverbe. **12.** MATH. **Degré d'une équation,** plus grand exposant affecté à l'inconnue. / **Degré d'un monôme,** entier naturel *n*, appelé *exposant du monôme.* / **Degré d'un polynôme,** plus grand degré des monômes qui le composent. **13.** MÉTROL. **Degré Celsius,** unité de mesure de température égale à la 100e partie de l'écart entre la température de fusion de la glace (0 °C) et la température d'ébullition de l'eau (100 °C). ▸ Symb. °C. / **Degré Fahrenheit,** unité de mesure de température égale à la 180e partie de l'écart entre la température de fusion de la glace et la température d'ébullition de l'eau. ▸ Symb. °F.

dégressif, ive [degresif, -iv] **adj.** (du lat. *degressus*, de *degredi*, descendre). **1.** Qui va en diminuant, souvent lorsqu'une autre quantité augmente : *Le tarif dégressif de la consommation d'électricité* (= qui diminue quand la consommation augmente) [contr. **progressif**]. **2. Impôt dégressif,** qui diminue à mesure que les revenus sont plus faibles.

dégrèvement [degrɛvmɑ̃] **n.m.** (de *dégrever*). Diminution ou dispense de taxe, de charges fiscales.

dégrever [degrəve] **v.t.** (de *grever*) [conj. **19**]. Décharger, en tout ou en partie, des impôts (syn. **exempter, exonérer**).

dégriffé, e [degrife] **adj.** Se dit d'un vêtement soldé sans sa griffe d'origine. ◆ **dégriffé n.m.** Article dégriffé.

dégringolade [degrɛ̃gɔlad] **n.f.** *FAM.* Action de dégringoler : *La dégringolade des cours de la Bourse* (syn. **baisse, chute**).

dégringoler [degrɛ̃gɔle] **v.i.** (du moyen néerl. *cringhelen*, de *crinc*, courbure). *FAM.* **1.** Rouler de haut en bas, tomber brutalement : *Il a dégringolé du haut de l'échelle* (syn. **rouler**). **2.** Aller à la faillite : *L'entreprise familiale a dégringolé* (syn. **décliner, s'effondrer**). ◆ **v.t.** *FAM.* Descendre précipitamment : *Dégringoler l'escalier.*

dégrippant [degripɑ̃] **n.m.** Produit servant à dégripper.

dégripper [degripe] **v.t.** Débloquer des pièces mécaniques qui sont grippées.

dégriser [degrize] **v.t.** (de *griser*). **1.** Faire passer l'ivresse de : *L'air frais l'a dégrisé* (syn. **désenivrer, dessoûler**). **2.** Dissiper les illusions, l'enthousiasme de : *Son échec l'a dégrisé* (syn. **désillusionner, refroidir**). ◆ **se dégriser v.pr.** Sortir de l'ivresse.

dégrossir [degrosir] **v.t.** (de *gros*) [conj. **32**]. **1.** Tailler sommairement un matériau pour arriver à une ébauche de la forme définitive : *Dégrossir un bloc de marbre.* **2.** Commencer à débrouiller un problème : *Dégrossir une affaire compliquée* (syn. **démêler, éclaircir**). **3.** Faire acquérir des manières plus raffinées à : *Un garçon mal dégrossi.* **4.** Donner à qqn les premiers éléments d'instruction dans un domaine : *Dégrossir un élève en mathématiques.*

dégrossissage [degrosisaʒ] **n.m.** Action de dégrossir.

dégroupement [degrupmɑ̃] **n.m.** Action de dégrouper.

dégrouper [degrupe] **v.t.** Répartir différemment des personnes ou des choses groupées, pour en faire des entités distinctes : *Dégrouper les services d'une banque* (syn. **décentraliser** ; contr. **concentrer**).

déguenillé, e [degənije] **adj.** et **n.** (de *guenille*). Dont les vêtements sont en lambeaux : *Un pauvre homme déguenillé* (syn. **dépenaillé, loqueteux**).

déguerpir [degɛrpir] **v.i.** (de l'anc. fr. *guerpir*, abandonner, du frq. **werpjan*, jeter) [conj. **32**]. Quitter rapidement un lieu par force ou par crainte : *Les cambrioleurs ont aussitôt déguerpi.*

dégueulasse [degœlas] **adj.** (de *dégueuler*). *T. FAM.* **1.** D'une saleté repoussante : *Ton maillot de foot est dégueulasse* (syn. **dégoûtant**). **2.** Répugnant moralement : *Ce qu'il a fait est dégueulasse* (syn. **abject, vil**).

dégueuler [degœle] **v.t.** (de *gueule*). *T. FAM.* Vomir : *Il a dégueulé son dîner* (syn. **rendre**).

déguisé, e [degize] **adj.** Revêtu d'un déguisement (syn. **costumé**).

déguisement [degizmɑ̃] **n.m. 1.** Action de déguiser ; fait de se déguiser ; vêtements avec lesquels on se déguise : *Aider au déguisement des enfants* (syn. **travestissement**). *Un déguisement réussi.* **2.** Dissimulation, tromperie : *Parler, agir sans déguisement* (= en toute franchise).

déguiser [degize] **v.t.** (de *guise*, manière d'être). **1.** Habiller qqn d'une façon qui le fasse ressembler à qqn d'autre, le rendre méconnaissable : *Les invités étaient déguisés en personnages historiques* (syn. **travestir**). **2.** Donner une apparence trompeuse à : *Déguiser son ambition sous de beaux discours* (syn. **camoufler, masquer**). *Déguiser la vérité* (syn. **falsifier, farder**). *Déguiser sa voix au téléphone* (syn. **contrefaire**). ◆ **se déguiser v.pr.** Revêtir un habit qui travestit : *Il s'est déguisé en arlequin.*

dégustateur, trice [degystatœr, -tris] **n.** Personne chargée de déguster les vins, les liqueurs, etc. (syn. **goûteur**).

dégustation [degystasjɔ̃] **n.f.** Action de déguster ou d'essayer en goûtant : *Ici, dégustation gratuite de vin.*

déguster [degyste] **v.t.** (lat. *degustare*, de *gustare*, goûter). **1.** Goûter un mets ou un liquide pour en apprécier les qualités (syn. **savourer**). **2.** *T. FAM.* Subir de mauvais traitements : *Qu'est-ce que j'ai dégusté chez le dentiste* (syn. **endurer, supporter**).

déhanchement [deɑ̃ʃmɑ̃] **n.m.** Fait de se déhancher ; position du corps qui se déhanche : *Les déhanchements d'une danseuse orientale.*

se **déhancher** [deɑ̃ʃe] **v.pr. 1.** Faire porter le poids du corps sur une seule jambe, ce qui met le bassin en position oblique. **2.** Balancer les hanches avec souplesse ou mollesse : *Marcher en se déhanchant* (syn. **se dandiner**).

déhiscent, e [deisɑ̃, -ɑ̃t] **adj.** (du lat. *dehiscere*, s'ouvrir). BOT. Se dit des organes clos qui s'ouvrent naturellement à leur maturité.

De Hooch, De Hooghe ou **De Hoogh (Pieter),** peintre néerlandais (Rotterdam 1629 - Amsterdam v. 1684), auteur de scènes d'intérieur d'un réalisme poétisé (notamm. celles de sa période d'installation à Delft : 1654-1662).

1. dehors [dəɔr] **adv.** (anc fr. *defors*, bas lat. *deforis*, du class. *foris*, dehors). À l'extérieur d'un lieu : *Ne restez pas dehors, entrez ! Il est resté dehors toute la nuit. Il a été jeté, mis dehors pour incapacité* (= il a été congédié). ◆ **en dehors loc. adj.** Tourné vers l'extérieur : *Avoir les pieds en dehors.* ◆ **en dehors de loc. prép.** À l'extérieur de ; à l'exception de : *Restez en dehors de cette affaire* (= à l'écart de). *En dehors de toi, personne n'est au courant* (syn. **hormis**).

2. dehors [dəɔr] **n.m.** (de *1. dehors*). **1.** Partie extérieure de qqch : *Le dehors du coffret est en ébène* (syn. **extérieur** ; contr. **dedans, intérieur**). **2.** Milieu environnant : *Les bruits du dehors m'empêchent de travailler.* **3.** (Souvent au pl.). Apparence de qqn : *Sous des dehors rudes, il est sensible* (syn. **façade**). *Au dehors, elle est aimable, mais ne t'y fie pas.*

déhoussable [deusabl] **adj.** Se dit d'un meuble dont la housse est amovible : *Canapé déhoussable.*

déicide [deisid] **n.** et **adj.** (lat. ecclés. *deicida*). Meurtrier de Dieu, en la personne du Christ. ◆ **n.m.** Meurtre de Dieu.

déictique [deiktik] **adj.** et **n.m.** (gr. *deiktikos*, démonstratif). LING. Qui sert à désigner, à montrer : *Une particule déictique.*

déification [deifikasjɔ̃] **n.f.** Action de déifier.

déifier [deifje] **v.t.** (lat. *deificare*, de *deus*, dieu) [conj. **9**]. Mettre au nombre des dieux, élever à l'égal d'un dieu.

Deir el-Bahari, site de la région de Thèbes face à Karnak. Les ensembles funéraires de Montouhotep Ier (XIe dynastie), d'Hatshepsout et de Thoutmosis III (XVIIIe dynastie) constituent l'une des grandes réalisations de l'art égyptien. Dégagé par Mariette et Naville au XIXe s., le temple de la reine abrite des bas-reliefs (expédition maritime au pays de Pount, etc.) remarquables par leur qualité et leur intérêt historique, tout comme ceux du temps de Thoutmosis III, dégagés entre 1962 et 1967.

déisme [deism] **n.m.** Croyance en l'existence de Dieu, mais sans référence à une révélation. ◆ **déiste adj.** et **n.** Relatif au déisme ; qui le professe.

déité [deite] **n.f.** (lat. ecclés. *deitas*, du class. *deus*, dieu). *LITT.* Dieu ou déesse de la mythologie (syn. **divinité**).

déjà [deʒa] **adv.** (de l'anc. fr. *jà*, lat. *jam*, renforcé par *dès*). **1.** Indique que qqch a été accompli ou que le temps a passé plus rapidement qu'on ne l'imaginait : *Tu as déjà fini ! Il est déjà quatre heures !* (contr. **seulement**). **2.** Indique que qqch est révolu à un moment donné : *Il était déjà parti quand je suis arrivé.* **3.** Exprime, dans une appréciation, un certain degré non négligeable : *Calmer la douleur d'un mal incurable, c'est déjà quelque chose.* **4.** S'emploie pour rappeler un événement qui s'est produit auparavant et qui est susceptible de se répéter : *Tu as déjà raté ton examen une fois.* **5.** *FAM.* S'emploie dans une question visant à se faire rappeler ce que l'on a oublié : *Où habite-t-il déjà ?*

déjanter [deʒɑ̃te] **v.t.** Faire sortir un pneumatique de la jante d'une roue.

déjà-vu [deʒavy] **n.m. inv.** *FAM.* Chose banale, sans originalité : *Son dernier film, c'est du déjà-vu.*

déjection [deʒɛksjɔ̃] **n.f.** (lat. *dejectio*, de *jacere*, jeter). **1.** Évacuation des excréments. **2. Cône de déjection,** accumulation de matériaux de toutes tailles effectuée par un torrent à son extrémité aval. ◆ **déjections n.f. pl. 1.** Matières fécales évacuées (syn. **excréments**). **2.** Matières rejetées par un volcan.

déjeté, e [deʒte] **adj.** *BELG.* En désordre : *Ton bureau est tout déjeté, range-le un peu !*

1. déjeuner [deʒœne] **v.i.** (lat. *disjejunare*, rompre le jeûne, du class. *jejunium*, jeûne). **1.** Prendre le repas du matin ou de midi. **2.** *BELG., HELV.* Prendre le petit déjeuner. ◆ **v.t. ind. [de].** Manger à son déjeuner : *Je déjeune souvent d'un sandwich.*

2. déjeuner [deʒœne] **n.m.** (de *1. déjeuner*). **1.** Repas de midi. **2.** BELG., HELV. Petit déjeuner. **3. Petit déjeuner,** v. à son ordre alphabétique.

déjouer [deʒwe] **v.t.** (de *jouer*). Faire échec à ; mettre en défaut : *Déjouer les manœuvres de qqn* (syn. **contrecarrer**).

se **déjuger** [deʒyʒe] **v.pr.** [conj. **17**]. Revenir sur son jugement, sur sa décision : *Le tribunal s'est déjugé.*

de jure [deʒyre] **loc. adv.** (mots lat. « selon le droit »). Par référence au droit : *État reconnu de jure* (par opp. à *de facto*).

Dekkan → Deccan.

De Klerk (Frederik Willem), homme d'État sud-africain (Johannesburg 1936). Président de la République de 1989 à 1994, il est l'initiateur de l'abolition de l'apartheid et de la transition vers une Afrique du Sud multiraciale. (Prix Nobel de la paix, avec N. Mandela, 1993.)

De Kooning (Willem), peintre américain d'origine néerlandaise (Rotterdam 1904 - East Hampton, État de New York, 1997). Parti pour New York en 1926, il s'est affirmé à la fin des années 1940 comme un des maîtres de l'expressionnisme, abstrait ou figuratif (thème de la *Femme,* disloquée et recomposée).

D.E.L. [dɛl] **n.f.** (acronyme). Diode* électroluminescente.

delà [dəla] **adv.** (de *de,* et *là*). **Deçà, delà → deçà.**

délabré, e [delabre] **adj.** (p. passé de *délabrer*). **1.** Qui est en mauvais état, qui tombe en ruine : *Une bâtisse délabrée* (contr. **neuf, pimpant**). **2.** Profondément altéré : *Sa santé délabrée* (syn. fam. **détraqué ;** contr. **florissant**).

délabrement [delabrəmɑ̃] **n.m. 1.** État de ce qui tombe en ruine : *Le délabrement d'une maison* (syn. **dégradation, ruine**). **2.** État de qqn qui a subi de graves atteintes : *Le délabrement de sa santé* (syn. **déclin, décrépitude**).

délabrer [delabre] **v.t.** (de l'anc. fr. *label,* du frq. **labba,* chiffon). **1.** Mettre en mauvais état : *Leur longue absence a délabré la maison* (syn. **dégrader, endommager**). **2.** Altérer profondément : *L'alcool lui a délabré le foie* (syn. **ravager**). ◆ **se délabrer v.pr. 1.** Tomber en ruine : *La toiture se délabre* (syn. **se dégrader**). **2.** S'altérer profondément : *Sa santé se délabre.*

délacer [delase] **v.t.** [conj. **16**]. Desserrer ou dénouer les lacets de : *Délacer ses chaussures, son corset.*

Delacroix (Eugène), peintre et lithographe français (Saint-Maurice, Val-de-Marne, 1798 - Paris 1863). Novateur réfléchi, grand coloriste, il fut le chef de l'école romantique. Issu d'un milieu artistique bourgeois, il obtint des commandes de peintures murales à Paris (bibliothèques du Palais-Bourbon et du Sénat ; plafond de la galerie d'Apollon au Louvre, 1850-1851 ; chapelle des Saints-Anges à l'église St-Sulpice, 1850-1861). Parmi ses tableaux célèbres, citons, au Louvre : *Dante et Virgile aux Enfers* (1822), *Scènes des massacres de Scio* (1824), *Mort de Sardanapale* (1827), *la Liberté guidant le peuple* (1830), *Femmes d'Alger dans leur appartement* (1834), *Entrée des croisés à Constantinople* (1840). Son *Journal* est d'un grand intérêt.

délai [delɛ] **n.m.** (de l'anc. fr. *deslaier,* retarder, d'orig. obsc.). **1.** Temps accordé pour faire qqch : *Exécuter un travail dans le délai fixé.* **2.** Temps supplémentaire accordé pour faire qqch : *Accorder un délai de trois jours* (syn. **répit, sursis**). **3. Dans les délais,** dans les limites du temps accordé : *Je finirai dans les délais* (= à temps). / **Sans délai,** tout de suite, sans attendre : *Partez sans délai* (syn. **sur-le-champ**).

délaissé, e [delese] **adj.** et **n.** Laissé seul, abandonné, sans affection : *Une épouse délaissée.*

délaissement [delɛsmɑ̃] **n.m.** LITT. Action de délaisser ; état d'une personne délaissée : *Sortir qqn de son délaissement.*

délaisser [delese] **v.t.** (de *laisser*). **1.** Ne plus avoir d'intérêt pour qqch : *Elle délaisse son intérieur* (syn. **négliger**). **2.** Ne plus se préoccuper de qqn : *Délaisser ses amis* (syn. **s'éloigner de**).

Delalande (Michel Richard), compositeur français (Paris 1657 - Versailles 1726). Organiste et claveciniste, il est nommé en 1689 surintendant de la chapelle du roi. Il a laissé 71 grands motets, chefs-d'œuvre du genre, et des *Symphonies pour les soupers du roi.*

délassant, e [delasɑ̃, -ɑ̃t] **adj.** Qui délasse : *Une lecture délassante* (syn. **reposant**).

délassement [delasmɑ̃] **n.m. 1.** Action de se délasser, de se détendre : *Un instant de délassement* (syn. **détente, repos**). **2.** Occupation qui délasse : *La musique est un délassement pour moi* (syn. **divertissement**).

délasser [delase] **v.t.** (de *las*). Enlever la fatigue physique ou morale : *Un bon film me délasse après une journée de tension* (syn. **détendre, distraire**). ◆ **se délasser v.pr.** Se reposer de ses fatigues physiques ou morales : *Quelques instants pour se délasser* (syn. **se détendre, se reposer**).

délateur, trice [delatœr, -tris] **n.** (lat. *delator,* de *delatus,* dénoncé). Personne qui pratique la délation (syn. **dénonciateur**).

délation [delasjɔ̃] **n.f.** (lat. *delatio,* de *delatus,* dénoncé). Dénonciation intéressée et méprisable : *Gouvernement qui encourage la délation* (syn. **dénonciation**).

Delaunay (Robert), peintre français (Paris 1885 - Montpellier 1941). Sous la dénomination d'*orphisme,* due à Apollinaire, il a apporté au cubisme un jeu de contrastes chromatiques et lumineux brisant et recomposant les formes (séries des « Tours Eiffel », 1909-1910, des « Fenêtres », 1912), pour aboutir dans certaines de ses œuvres à l'abstraction (« Formes circulaires », « Rythmes », etc.). • Sa femme, **Sonia,** d'origine russe (Odessa 1885 - Paris 1979), a mené les mêmes recherches sur la couleur pure et les rythmes (*Prismes électriques,* 1914) et les a appliquées aux arts graphiques et décoratifs, aux tissus, à la mode.

délavé, e [delave] **adj. 1.** D'une couleur fade, pâle : *Des yeux d'un bleu délavé.* **2.** Décoloré par l'action de l'eau : *Un jean délavé.*

délaver [delave] **v.t.** (de *laver*). **1.** Enlever ou éclaircir une couleur avec de l'eau : *Délaver une aquarelle.* **2.** Imprégner d'eau, mouiller : *Les pluies ont délavé les terres* (syn. **imbiber, détremper**).

délayage [delɛjaʒ] **n.m. 1.** Action de délayer ; substance délayée : *Le délayage de la peinture.* **2.** Verbiage, remplissage : *Faire du délayage.*

délayer [deleje] **v.t.** (p.-ê. du lat. *delicare,* var. de *deliquare,* de *liquare,* liquéfier) [conj. **11**]. **1.** Mélanger un corps solide ou pulvérulent avec un liquide : *Délayer de la farine dans de l'eau.* **2. Délayer une idée, une pensée,** l'exprimer de façon verbeuse.

Delcassé (Théophile), homme politique français (Pamiers 1852 - Nice 1923). Ministre des Affaires étrangères (1898-1905), il resserra l'alliance franco-russe (1900) et fut l'artisan de l'Entente cordiale avec la Grande-Bretagne (1904) ; opposé à une entente avec l'Allemagne au sujet du Maroc, il dut démissionner.

Delco [dɛlko] **n.m.** (nom déposé). Dispositif d'allumage des moteurs à explosion.

deleatur [deleatyr] **n.m. inv.** (mot lat. « qu'il soit détruit »). Signe de correction typographique indiquant une suppression à effectuer.

délectable [delɛktabl] **adj.** LITT. Dont on se délecte ; très agréable : *Un vin délectable* (syn. **délicieux, exquis**).

délectation [delɛktasjɔ̃] **n.f.** LITT. Plaisir que l'on savoure pleinement : *Lire avec délectation* (syn. **délice**).

se **délecter** [delɛkte] **v.pr. [de, à]** (lat. *delectare,* de *lacere,* faire tomber dans un piège). LITT. Prendre un vif plaisir : *Se délecter d'un spectacle. Se délecter à raconter des souvenirs.*

délégation [delegasjɔ̃] **n.f.** (lat. *delegatio,* procuration ; v. *déléguer*). **1.** DR. Acte par lequel une autorité administrative charge une autre autorité d'exercer ses pouvoirs à sa place : *Délégation de compétence.* **2.** Opération par laquelle une personne (le *délégant*) ordonne à une autre (le *délégué*) de faire bénéficier une troisième (le *délégataire*) d'une prestation. **3.** Groupe de personnes mandatées au nom d'une collectivité : *Délégation du personnel.* **4.** Nom donné à certains organismes publics : *Délégation à l'aménagement du territoire.*

délégué, e [delege] **n.** et **adj.** (de *déléguer*). **1.** Personne chargée d'agir au nom d'une ou de plusieurs autres. **2. Délégué de classe,** représentant d'une classe élu par les élèves en début d'année scolaire. / **Délégué du personnel,** salarié élu par le personnel d'une entreprise pour le représenter auprès du chef d'entreprise. / **Délégué syndical,** en France, salarié désigné par les membres du syndicat, représentant son syndicat auprès du chef d'entreprise.

déléguer [delege] **v.t.** (lat. *delegare,* de *legare,* même sens) [conj. **18**]. **1.** Envoyer qqn comme représentant d'une collectivité : *Déléguer un élu à une assemblée.* **2.** Transmettre, confier une responsabilité à un subordonné : *Déléguer ses pouvoirs.*

Delerm (Philippe), écrivain français (Auvers-sur-Oise 1950). Ses romans (*Sundborn ou les Jours de lumière,* 1996 ; *la Bulle de Tiepolo,* 2005) et ses recueils de textes courts (*la Première Gorgée de bière et autres plaisirs minuscules,* 1997 ; *la Sieste assassinée,* 2000 ; *le Trottoir au soleil,* 2011) célèbrent la quintessence du quotidien avec une légèreté tout épicurienne.

délestage [delɛstaʒ] **n.m.** Action de délester : *Le délestage d'un ballon. Un itinéraire de délestage.*

délester [delɛste] **v.t.** (de *lester*). **1.** Enlever le lest, la charge : *Délester un ballon* (contr. **lester**). **2.** Supprimer momentanément la fourniture de courant électrique dans un secteur du réseau. **3.** Empêcher momentanément l'accès des automobiles sur une voie de communication pour y résorber les encombrements : *Délester une autoroute.* **4.** FAM. **Délester qqn de son portefeuille, de son argent, etc.,** le lui dérober, le dévaliser.

délétère [deletɛr] **adj.** (gr. *dêlêtêrios,* nuisible). **1.** Se dit d'un gaz toxique, nuisible à la santé. **2.** LITT. Qui corrompt l'esprit : *Doctrine délétère* (syn. **nuisible, corrupteur**).

Delft, v. des Pays-Bas (Hollande-Méridionale) ; 99 097 hab. Centre de faïencerie, dont l'apogée se situe aux XVIIe et XVIIIe s. Monuments, notamment la Nouvelle Église, du XVe s., qui abrite le mausolée de Guillaume le Taciturne. Musées.

Delhi, v. de l'Inde, cap. du *territoire de Delhi,* sur la Yamuna ; 11 034 555 hab. (24 953 000 hab. dans l'agglomération, 16 753 235 hab. pour le territoire. Ancienne ville hindoue, elle fut du XIIIe au XIXe s. la capitale des États musulmans de l'Inde du Nord. Englobant *New Delhi,* capitale fédérale de l'Inde, elle est la troisième ville du pays. Nombreux monuments : colonne de fer (IVe s.), remarquables édifices de style « indo-musulman » des XIIIe-XVIe s., dont le Qutb minar (v. 1229) ; haut lieu de l'architecture moghole (mausolée d'Humayun, v. 1564 ; Fort-Rouge, 1639-1647 ; Grande Mosquée, 1644-1658 ; etc.).

délibérant, e [deliberɑ̃, -ɑ̃t] **adj.** Qui délibère : *Une assemblée délibérante.*

délibératif, ive [deliberatif, -iv] **adj. Avoir voix délibérative,** avoir droit de suffrage dans les délibérations d'une assemblée, d'un tribunal (par opp. à *voix consultative*).

délibération [deliberasjɔ̃] **n.f. 1.** Examen et discussion orale d'une affaire ; résultat de cet examen, décision : *Un candidat ajourné après délibération.* **2.** Réflexion destinée à peser le pour et le contre avant décision.

1. délibéré, e [delibere] **adj.** (p. passé de *délibérer*). **1.** Se dit d'une attitude, d'une action qui ne comporte aucune indécision : *Son refus est délibéré. Une volonté délibérée* (syn. **ferme, arrêté**). **2. De propos délibéré,** à dessein, exprès : *Il l'a vexé de propos délibéré.*

2. délibéré [delibere] **n.m.** (de *délibérer*). DR. Délibération entre juges au sujet de la sentence à rendre : *Une affaire en délibéré.*

délibérément [deliberemɑ̃] **adv. 1.** Après avoir réfléchi : *Accepter délibérément une responsabilité.* **2.** Volontairement, intentionnellement : *Ignorer délibérément qqn.*

délibérer [delibere] **v.i.** (lat. *deliberare,* de *libra,* balance) [conj. **18**]. **1.** Étudier une question avec d'autres personnes : *Le jury délibère sur la culpabilité de l'accusé.* **2.** Réfléchir en soi-même sur une décision à prendre : *Délibérer longtemps avant d'accepter qqch* (syn. **s'interroger, hésiter**).

Delibes (Léo), compositeur français (Saint-Germain-du-Val, Sarthe, 1836 - Paris 1891). Il a écrit de nombreuses opérettes, des opéras-comiques *(Lakmé)* et des ballets *(Coppélia).*

délicat, e [delika, -at] **adj.** (lat. *delicatus,* de *deliciae,* délices). **1.** D'une grande finesse ; exquis : *Un parfum délicat* (syn. **subtil**). *Des traits délicats* (syn. **fin**). *Un mets délicat* (syn. **savoureux**). **2.** Faible : *Santé délicate* (syn. **fragile**). **3.** Embarrassant ; périlleux : *Situation, manœuvre délicate.* **4.** Doué d'une grande sensibilité : *Un poète délicat.* **5.** Qui manifeste du tact : *Un geste délicat* (syn. **courtois**). ◆ **adj.** et **n.** Difficile à contenter : *Faire le délicat.*

délicatement [delikatmɑ̃] **adv.** De façon délicate.

délicatesse [delikatɛs] **n.f.** Qualité de qqn, de qqch de délicat : *Parler avec délicatesse* (syn. **tact** ; contr. **grossièreté**).

délice [delis] **n.m.** (lat. *delicium*). Plaisir extrême : *Respirer avec délice un parfum* (syn. **délectation**). ◆ **délices n.f. pl. 1.** LITT. Plaisir, bonheur extrême : *Les délices de Capoue.* **2. Faire les délices de qqn,** lui donner un vif plaisir.

délicieusement [delisjøzmɑ̃] **adv.** De façon délicieuse.

délicieux, euse [delisjø, -øz] **adj.** (lat. *deliciosus*). **1.** Extrêmement agréable : *Une femme délicieuse.* **2.** Qui excite les sens ou l'esprit : *Un gâteau délicieux* (syn. **délectable**). *Une histoire délicieuse* (syn. **merveilleux**).

délictueux, euse [deliktɥø, -øz] et **délictuel, elle** [deliktɥɛl] **adj.** (du lat. *delictum ;* v. *délit*). DR. Qui constitue un délit : *Activités délictueuses.*

délié, e [delje] **adj.** (lat. *delicatus ;* v. *délicat*). **1.** LITT. Grêle, mince, tendu : *Taille déliée, écriture déliée.* **2. Esprit délié,** esprit subtil. ◆ **délié n.m.** Partie fine, déliée d'une lettre calligraphiée (par opp. à *plein*).

délier [delje] **v.t.** [conj. **9**]. **1.** Défaire, détacher ce qui est lié : *Délier un ruban.* **2.** Dégager, libérer d'une obligation : *Délier d'un serment.* **3. Délier la langue de qqn,** le faire parler.

délimitation [delimitasjɔ̃] **n.f.** Action de délimiter : *Délimitation de la frontière. Délimitation d'un problème.*

délimiter [delimite] **v.t.** Fixer les limites de : *Délimiter l'emplacement d'un camp. Délimiter un sujet. Délimiter des attributions professionnelles* (syn. **définir, circonscrire**).

délinquance [delɛ̃kɑ̃s] **n.f.** Ensemble des infractions considérées sur le plan social : *La délinquance juvénile.*

délinquant, e [delɛ̃kɑ̃, -ɑ̃t] **n.** (de l'anc. fr. *délinquer,* lat. *delinquere,* commettre une faute). Personne qui a commis un délit. ◆ **adj.** Qui commet des délits : *Une jeunesse délinquante.*

déliquescence [delikɛsɑ̃s] **n.f. 1.** Décadence complète : *Une industrie en déliquescence* (syn. **dépérissement**). **2.** Affaiblissement des capacités intellectuelles ; décrépitude. **3.** PHYS. Propriété qu'ont certains corps d'absorber l'humidité de l'air au point de se dissoudre.

déliquescent, e [delikɛsɑ̃, -ɑ̃t] **adj.** (du lat. *deliquescere,* se liquéfier). **1.** Qui est en pleine décadence, qui va s'affaiblissant. **2.** PHYS. Doué de déliquescence.

délirant, e [delirɑ̃, -ɑ̃t] **adj.** et **n.** Qui est atteint de délire. ◆ **adj. 1.** Qui présente le caractère du délire. **2.** Qui manifeste une grande excitation : *Un accueil délirant.* **3.** Qui dépasse les limites du raisonnable : *Propos délirants* (syn. **extravagant**).

délire [delir] **n.m.** (lat. *delirium ;* v. *délirer*). **1.** Grande agitation causée par les émotions, les passions : *Foule en délire.* **2.** PSYCHIATRIE. Trouble psychique caractérisé par la persistance d'idées en opposition manifeste avec la réalité ou le bon sens et entraînant la conviction du sujet.

délirer [delire] **v.i.** (lat. *delirare,* sortir du sillon). **1.** Avoir le délire. **2.** Parler ou agir de façon déraisonnable. **3.** Être en proie à un sentiment exalté : *Délirer de joie.*

delirium tremens [delirjɔmtremɛ̃s] **n.m. inv.** (mots lat. « délire tremblant »). État d'agitation avec fièvre, tremblement des membres, onirisme et troubles de la conscience, propre à l'intoxication alcoolique.

délit [deli] **n.m.** (lat. *delictum,* de *delinquere,* commettre une faute). **1.** Infraction punie d'une peine correctionnelle (par opp. à *contravention* et à *crime*). **2. Le corps du délit,** l'élément matériel de l'infraction.

se **déliter** [delite] **v.pr.** (de *lit,* face d'une pierre de taille). Se désagréger sous l'action de l'air ou de l'eau.

délivrance [delivrɑ̃s] **n.f. 1.** Action de délivrer, de rendre libre : *Délivrance d'un prisonnier* (syn. **libération**). **2.** Action de soulager, de débarrasser : *Délivrance d'une souffrance* (syn. **soulagement**). **3.** Action de remettre une chose à qqn : *Le service chargé de la délivrance des passeports.* **4.** Dernier stade de l'accouchement.

délivrer [delivre] **v.t.** (bas lat. *deliberare,* du class. *liberare,* libérer). **1.** Remettre en liberté : *Délivrer un détenu* (syn. **libérer**). **2.** Débarrasser de qqch : *Délivrer d'un fardeau* (syn. **soulager**). **3.** Livrer, remettre : *Délivrer des marchandises, une ordonnance.*

Della Robbia (Luca), sculpteur et céramiste italien (Florence 1400 - *id.* 1482). Il participa à la décoration de la cathédrale de Florence et fut le promoteur de la sculpture en terre cuite émaillée (hauts-reliefs et médaillons à thèmes religieux, d'une expression sereine). Dans ce domaine, il eut pour continuateurs son neveu **Andrea** (Florence 1435 - *id.* 1525) et les fils de celui-ci.

Delluc (Louis), journaliste et cinéaste français (Cadouin, Dordogne, 1890 - Paris 1924). Auteur de *la Femme de nulle part* (1922), *l'Inondation* (1924), il fut l'un des fondateurs des ciné-clubs et de la critique cinématographique. Un prix qui porte son nom est décerné depuis 1936.

Del Monaco (Mario), ténor italien (Florence 1915 - Mestre 1982). L'un des chanteurs les plus célèbres de l'opéra italien, il a été influencé dans son jeu par l'art du cinéma.

délocalisation [delɔkalizasjɔ̃] **n.f. 1.** Action de délocaliser. **2.** En mécanique ondulatoire, répartition, sur l'ensemble des atomes d'une molécule, de l'onde associée à un électron.

délocaliser [delɔkalize] **v.t.** Déplacer une administration, partic. dans le cadre de la décentralisation ; implanter une entreprise dans une autre région, génér. pour réduire les coûts de production.

déloger [delɔʒe] **v.t.** (de *loger*) [conj. **17**]. **1.** *FAM.* Faire quitter sa place à qqn : *Déloger un locataire* (syn. **chasser, expulser**). **2.** Extraire un objet de sa place : *Déloger une balle du bras de qqn.* **3.** Faire évacuer de force une position à l'ennemi : *Déloger l'adversaire.* ◆ **v.i.** Quitter vivement un lieu : *Il va falloir déloger* (syn. fam. **décamper**).

Delorme ou **De l'Orme (Philibert),** architecte français (Lyon 1514 - Paris 1570), le plus important de la seconde Renaissance, à la fois technicien bâtisseur, inventeur de formes, humaniste et théoricien (château d'Anet, Eure-et-Loir, 1547-1555 ; nombreux travaux officiels sous Henri II ; château des Tuileries, à Paris, 1564 et suiv.).

Delors (Jacques), économiste et homme politique français (Paris 1925). Ministre de l'Économie et des Finances (1981-1984), il est ensuite de 1985 à 1995 président de la Commission européenne.

Délos, la plus petite île des Cyclades, où se trouvait le grand sanctuaire d'Apollon. Elle est célèbre dès le VIIe s. par ses sanctuaires qui abritaient, à l'origine, le trésor et le siège de la première Confédération maritime athénienne (Ve s. av. J.-C.). Elle fut ruinée par Mithridate VI (88 av. J.-C.). Ses vestiges (temples de Zeus et d'Athéna, d'Apollon et allée des Lions) témoignent de sa splendeur, tout comme le développement de la cité, libérée des Athéniens, est attesté aux IIIe et IIe s. av. J.-C. par plusieurs quartiers d'habitations fastueuses et par ses installations portuaires.

déloyal, e, aux [delwajal, -o] **adj. 1.** Qui manque de loyauté ; en qui on ne peut avoir confiance : *Un concurrent déloyal.* **2.** Qui dénote de la mauvaise foi, de la perfidie : *Un procédé déloyal.*

déloyalement [delwajalmɑ̃] **adv.** De façon déloyale.

Delphes, v. de l'anc. Grèce, en Phocide, sur le versant sud-ouest du Parnasse, dans un site grandiose où Apollon avait un temple et rendait des oracles par la bouche d'une prêtresse, la pythie. Centre religieux le plus important du monde grec, Delphes rayonna sur tout le monde antique du VIIe s. av. J.-C. à l'époque romaine : tous les quatre ans, les jeux Pythiques réunissaient, à l'égal des jeux Olympiques, les habitants du monde grec.
De nombreux ex-voto des VIIIe et VIIe s. av. J.-C. attestent le développement du culte d'Apollon. Dans son état actuel, le temple (qui remontait au VIIe s. av. J.-C.) date, comme le théâtre, du IVe s. av. J.-C. Le long de la Voie sacrée menant au sanctuaire d'Apollon, diverses villes (Corinthe au VIIe s., Sicyone au VIe, Athènes au Ve, Thèbes au IVe, etc.) ont fait élever des chapelles votives, ou *trésors,* dont le trésor des Athéniens est l'un des plus beaux exemples. Agora et thermes romains.

delta [dɛlta] **n.m. inv.** (mot gr.). Quatrième lettre de l'alphabet grec (Δ, δ). ◆ **n.m.** GÉOGR. Zone d'accumulation alluviale triangulaire créée par un cours d'eau à son arrivée dans une mer à faible marée ou dans un lac : *Le delta du Rhône.*

Delta *(plan),* nom donné aux travaux (1958-1986) reliant par des digues les îles de la Hollande-Méridionale et de la Zélande, destinés surtout à lutter contre les inondations.

deltaplane ou **delta-plane** [dɛltaplan] **n.m.** (de *delta* [en raison de la forme triangulaire de l'aile] et *[aéro]plane*) [pl. *delta-planes*]. Planeur ultraléger, servant au vol libre.

deltoïde [dɛltɔid] **n.m.** et **adj.** (gr. *deltoeidês,* de *delta,* n. d'une lettre dont la majuscule est triangulaire). ANAT. Muscle de l'épaule, élévateur du bras, qui a une forme triangulaire.

déluge [delyʒ] **n.m.** (lat. *diluvium,* de *luere,* baigner). **1. Le Déluge,** le débordement universel des eaux, d'après la Bible. **2.** Pluie torrentielle. **3.** Abondance, grande quantité de choses : *Déluge d'injures* (syn. **flot**). **4.** *FAM.* **Remonter au déluge,** dater d'une époque très reculée ; reprendre de très loin le récit d'un événement.

déluré, e [delyre] **adj.** (de l'anc. fr. *déleurrer,* détromper, de *leurre*). **1.** Qui a l'esprit vif, débrouillard : *C'est le plus déluré de la bande* (syn. **dégourdi, espiègle, malin**). **2.** Qui a des manières trop libres : *Une fille délurée* (syn. **effronté**).

Delvaux (Paul), peintre belge (Antheit, prov. de Liège, 1897 - Furnes 1994). D'une facture classique, ses toiles se rattachent à un surréalisme onirique générateur d'angoisse parfois, d'étrangeté toujours (*Pygmalion,* 1939, M.A.M., Bruxelles ; *Trains du soir,* 1957, *ibid.*). Un musée Delvaux lui est consacré à Saint-Idesbald (Flandre-Occidentale).

démagnétisation [demaɲetizasjɔ̃] **n.f. 1.** Action de démagnétiser ; fait d'être démagnétisé. **2.** Dispositif de protection des navires contre les mines magnétiques.

démagnétiser [demaɲetize] **v.t.** (de *magnétiser*). Détruire l'aimantation de.

démagogie [demagɔʒi] **n.f.** (gr. *dêmagôgia,* de *dêmos,* peuple, et *agein,* conduire). Attitude par laquelle on cherche à gagner la faveur de l'opinion publique en la flattant, en excitant les passions populaires : *Promettre une baisse des impôts serait de la démagogie.*

démagogique [demagɔʒik] **adj.** Qui relève de la démagogie : *Une politique démagogique.*

démagogue [demagɔg] **adj.** et **n.** (gr. *dêmagôgos ;* v. *démagogie*). Qui fait preuve de démagogie, partic. en politique.

démailler [demaje] **v.t.** Défaire une maille ou les mailles de : *Démailler un tricot.*

demain [dəmɛ̃] **adv.** (lat. pop. *de mane,* à partir du matin). **1.** Au jour qui suit immédiatement celui où l'on est : *Demain est jour de fête. Tu passes à la maison demain ?* **2.** Dans un avenir plus ou moins proche : *Le monde de demain.*

démancher [demɑ̃ʃe] **v.t. 1.** Ôter le manche d'un outil, d'un instrument : *Démancher un balai.* **2.** Défaire les parties de qqch : *Chaise démanchée* (syn. **disloquer**). **3.** Désarticuler, démettre : *Démancher le bras à qqn.* ◆ **se démancher v.pr. 1.** Perdre son manche : *Ce couteau s'est démanché.* **2.** FAM. Se donner beaucoup de mal pour obtenir qqch : *Il s'est démanché pour ce poste* (syn. **se démener**).

demande [dəmɑ̃d] **n.f.** (de *demander*). **1.** Action de demander qqch, de faire savoir ce qu'on souhaite, ce qu'on désire : *Demande d'emploi. Demande en mariage.* **2.** Chose demandée : *Accorder une demande.* **3.** ÉCON. Quantité d'un bien ou d'un service que les consommateurs sont disposés à acquérir en un temps et à un prix donnés : *Loi de l'offre et de la demande.* **4.** Question, interrogation : *Exercice par demandes et réponses.* **5.** DR. **Demande en justice,** acte par lequel est introduite une action en justice.

demander [dəmɑ̃de] **v.t.** (lat. *demandare,* de *mandare,* donner en mission). **1.** Faire savoir, dire à une personne ou à plusieurs ce qu'on veut, ce qu'on souhaite obtenir : *Demander une augmentation* (syn. **réclamer**). *Élève qui demande à sortir* (syn. **souhaiter**). **2.** Interroger, questionner qqn à propos de qqch, solliciter de sa part une réponse : *Demande-lui son nom. Demander un conseil* (syn. **solliciter**). **3.** Requérir telles conditions, tel comportement : *Cette plante demande du soleil* (= a besoin de soleil). *Ce travail demande beaucoup de précision* (syn. **nécessiter**). **4.** DR. Engager une action en justice : *Demander le divorce.*

1. demandeur, euse [dəmɑ̃dœr, -øz] **adj.** et **n. 1.** Se dit de qqn, d'un groupe qui demande, sollicite qqch : *Un pays demandeur de pétrole.* **2. Demandeur d'emploi,** personne au chômage et inscrite, en France, au service Pôle emploi (syn. **chômeur**).

2. demandeur, eresse [dəmɑ̃dœr, dəmɑ̃drɛs] **n.** DR. Personne qui engage une action en justice (par opp. à *défendeur, eresse*).

démangeaison [demɑ̃ʒɛzɔ̃] **n.f.** Sensation de picotement de la peau, qui donne envie de se gratter.

démanger [demɑ̃ʒe] **v.t.** (propr. « ronger », en parlant d'une maladie, de *manger*) [conj. **17**]. **1.** Causer une démangeaison : *Son urticaire le démange.* **2.** Causer une grande envie à : *Ça le démangeait de parler.*

démantèlement [demɑ̃tɛlmɑ̃] **n.m.** Action de démanteler ; fait d'être démantelé : *Le démantèlement d'une usine.*

démanteler [demɑ̃tle] **v.t.** (de l'anc. fr. *manteler,* fortifier, de *mantel*) [conj. **25**]. **1.** Démolir les murailles d'une ville ; détruire une construction. **2.** Détruire l'organisation de ; réduire à néant : *Démanteler un réseau d'espionnage.*

démaquillage [demakijaʒ] **n.m.** Action de démaquiller, de se démaquiller.

démaquillant, e [demakijɑ̃, -ɑ̃t] **adj.** et **n.m.** Se dit d'un produit qui enlève facilement les produits de maquillage tout en nettoyant la peau.

démaquiller [demakije] **v.t.** Enlever le maquillage de : *Démaquiller un comédien.* ◆ **se démaquiller v.pr.** Enlever le maquillage de son propre visage.

démarcage n.m. ⟶ **démarquage.**

démarcation [demarkasjɔ̃] **n.f.** (esp. *demarcación,* de *demarcar,* délimiter). **1.** Action de délimiter deux territoires, deux régions ; la limite elle-même. **2.** Séparation entre deux choses, deux domaines. **3. Ligne de démarcation,** ligne naturelle ou conventionnelle qui marque les limites de deux territoires.

démarchage [demarʃaʒ] **n.m.** (de *démarche*). Mode de vente consistant à aller solliciter la clientèle à domicile.

démarche [demarʃ] **n.f.** (de l'anc. fr. *demarcher,* fouler aux pieds). **1.** Manière de marcher : *Il a une démarche un peu bizarre !* (syn. **allure**). **2.** Tentative faite auprès de qqn, ou auprès d'une autorité pour obtenir qqch : *Ses démarches ont enfin abouti.* **3.** Manière de penser, de raisonner : *Démarche intellectuelle.*

démarcher [demarʃe] **v.t.** (de *démarche*). Faire du démarchage.

démarcheur, euse [demarʃœr, -øz] **n.** Personne qui fait du démarchage.

démarquage ou **démarcage** [demarkaʒ] **n.m.** Action de démarquer ; fait d'être démarqué : *Le démarquage des chaussures* (syn. **démarque**). *Le démarquage d'un récit.*

démarque [demark] **n.f.** (de *démarquer*). Action de démarquer des marchandises pour les solder (syn. cour. **solde**).

démarquer [demarke] **v.t.** (de *marque*). **1.** Ôter ou changer la marque de : *Démarquer de l'argenterie.* **2.** Changer ou enlever la marque d'un fabricant pour vendre moins cher : *Démarquer des chaussures* (syn. cour. **solder**). **3.** Copier une œuvre en y apportant quelques changements pour y dissimuler l'emprunt. **4.** SPORTS. Libérer un partenaire du marquage adverse. ◆ **se démarquer v.pr. 1.** SPORTS. Se libérer de la surveillance d'un adversaire. **2. Se démarquer de qqn,** s'en différencier, prendre ses distances : *Se démarquer de ses concurrents* (syn. **se distinguer de**).

démarrage [demaraʒ] **n.m. 1.** Action, fait de démarrer : *Un démarrage en trombe. Un démarrage en côte.* **2.** Action de mettre en route : *Le démarrage de la campagne électorale.*

démarrer [demare] **v.i.** (de *[a]marrer*). **1.** Commencer à rouler ; se mettre en marche : *Le moteur démarre au quart de tour.* **2.** Commencer à fonctionner ; prendre son essor : *Cette entreprise démarre bien.* **3.** Accélérer soudainement pendant une course, pour distancer les autres concurrents. ◆ **v.t. 1.** Commencer à faire rouler un véhicule, à faire fonctionner un moteur ; faire partir : *Je n'ai pas pu démarrer la voiture ce matin.* **2.** Mettre en train, commencer : *Démarrer une affaire* (syn. **entreprendre**).

démarreur [demarœr] **n.m.** Dispositif permettant la mise en marche d'un moteur.

démasquer [demaske] **v.t. 1.** Ôter à qqn le masque qu'il a sur le visage. **2.** Faire apparaître, faire connaître la vraie nature de qqn : *Démasquer un menteur. Démasquer un traître.* **3.** Faire connaître ce qui était tenu caché : *Démasquer un plan* (syn. **dévoiler, révéler**). **4.** MIL. **Démasquer une batterie,** en déceler l'emplacement. ⁄ **Démasquer ses batteries,** faire connaître ses projets. ◆ **se démasquer v.pr.** Se montrer sous son vrai jour ; révéler ses intentions.

démâter [demɑte] **v.t.** MAR. Enlever le mât ou la mâture d'un navire. ◆ **v.i.** Perdre son ou ses mâts.

dématérialiser [dematerjalize] **v.t. 1.** Rendre comme immatériel qqn ou qqch. **2.** Transformer des particules matérielles d'un corps en photons. ◆ **se dématérialiser v.pr.** Devenir comme immatériel.

dème [dɛm] **n.m.** (gr. *dêmos,* peuple). Circonscription administrative de la Grèce antique.

démêlage [demɛlaʒ] et **démêlement** [demɛlmɑ̃] **n.m.** Action de démêler.

démêlant, e [demɛlɑ̃, -ɑ̃t] **adj.** et **n.m.** Se dit d'un produit qui démêle les cheveux après le shampooing.

démêlé [demele] **n.m.** (de *démêler*). Contestation entre deux parties qui ont des idées ou des intérêts opposés : *Il a eu un démêlé avec un voisin* (syn. **désaccord**). *Avoir des démêlés avec la justice* (syn. **ennui**).

démêler [demele] **v.t. 1.** Séparer et mettre en ordre ce qui est mêlé : *Démêler un écheveau de laine.* **2.** Débrouiller, éclaircir : *Démêler une affaire* (syn. **élucider**).

démêloir [demɛlwar] **n.m.** Peigne à dents espacées pour démêler les cheveux.

démembrement [demɑ̃brəmɑ̃] **n.m. 1.** Action de démembrer, de partager en plusieurs parties ce qui formait un tout ; fait d'être démembré : *Le démembrement de l'empire de*

Charlemagne (syn. **morcellement**). *Le démembrement d'une propriété* (contr. **remembrement**). *Le démembrement d'une organisation.* **2.** DR. Action de transférer à qqn certains des attributs du droit de propriété sur une chose.

démembrer [demɑ̃bre] **v.t.** (de *membre*). **1.** Diviser un tout en parties : *Démembrer une propriété* (syn. **morceler**). **2.** Priver de ses membres un animal, sa carcasse.

déménagement [demenaʒmɑ̃] **n.m. 1.** Action de déménager des meubles : *Camion de déménagement.* **2.** Fait de changer de domicile.

déménager [demenaʒe] **v.t.** (de *ménager*, habiter) [conj. **17**]. **1.** Transporter des objets, des meubles d'un lieu dans un autre. **2.** Vider, débarrasser : *Déménager un grenier.* ◆ **v.i. 1.** Changer de domicile : *Il a déménagé trois fois en un an.* **2.** *FAM.* Déraisonner, divaguer.

déménageur [demenaʒœr] **n.m.** Personne, entreprise qui fait des déménagements d'appartements, de bureaux.

démence [demɑ̃s] **n.f.** (lat. *dementia* ; v. *dément*). **1.** Trouble mental grave caractérisé par un affaiblissement progressif et irréversible des fonctions intellectuelles : *Démence précoce.* **2.** Conduite insensée, bizarre. **3. C'est de la démence !,** c'est insensé, c'est une aberration.

se **démener** [demne] **v.pr.** (de *mener*) [conj. **19**]. **1.** S'agiter beaucoup. **2.** Se donner beaucoup de mal pour obtenir qqch : *Se démener pour trouver un travail.*

dément, e [demɑ̃, -ɑ̃t] **adj.** et **n.** (lat. *demens*, de *mens, mentis*, esprit). Atteint de démence. ◆ **adj.** *FAM.* Extravagant, déraisonnable : *Des prix déments.*

démenti [demɑ̃ti] **n.m.** (de *démentir*). Déclaration faite pour informer qu'une nouvelle est inexacte : *Publier un démenti.*

démentiel, elle [demɑ̃sjɛl] **adj. 1.** Qui relève de la démence. **2.** Qui n'est pas du tout raisonnable, qui manque de bon sens ; extravagant : *Une ambition démentielle* (syn. **déraisonnable**).

démentir [demɑ̃tir] **v.t.** (de *mentir*) [conj. **37**]. **1.** Contredire qqn en affirmant qu'il n'a pas dit la vérité : *Démentir un témoin.* **2.** Nier l'existence de qqch ou l'exactitude d'un propos : *Démentir une nouvelle.* **3.** Aller à l'encontre de ; n'être pas conforme : *Prédiction que les événements ont démentie* (syn. **infirmer** ; contr. **confirmer**). ◆ **se démentir v.pr.** Cesser de se manifester (surtout en tournure nég.) : *Sa fermeté ne s'est pas démentie.*

se **démerder** [demɛrde] **v.pr.** (de *merde*). *T. FAM.* Se débrouiller, se sortir d'une difficulté.

démériter [demerite] **v.i.** (de *mérite*). Agir de manière telle que l'on perd la confiance, l'estime ou l'affection de qqn, d'autrui ; encourir la réprobation : *À mes yeux, elle n'a jamais démérité.*

démesure [deməzyr] **n.f.** (de *mesure*). Excès, outrance qui se manifeste dans les propos, le comportement, etc.

démesuré, e [deməzyre] **adj. 1.** Qui dépasse la mesure normale, énorme : *Une taille démesurée.* **2.** Qui est tout à fait déraisonnable, qui dépasse les bornes : *Un orgueil démesuré* (syn. **excessif, exagéré**).

démesurément [deməzyremɑ̃] **adv.** De façon démesurée.

Déméter, déesse grecque de la Terre cultivée et des Moissons. Sa fille Perséphone (Coré) ayant été enlevée par Hadès, Déméter éplorée parcourt le monde à sa recherche jusqu'à ce que Zeus ordonne au dieu des Enfers de restituer la fille à sa mère six mois par an. Son culte, dont le sanctuaire principal était à Éleusis, s'enrichit avec le temps : de divinité de la culture du blé, elle devint celle qui garantissait l'immortalité de la race, puis de l'individu.

1. démettre [demɛtr] **v.t.** (de *mettre*) [conj. **84**]. Déplacer un membre de sa position naturelle : *Démettre un bras* (syn. **déboîter**). *Une épaule démise.* ◆ **se démettre v.pr. Se démettre qqch** (un membre, une articulation), le déplacer accidentellement de sa position naturelle.

2. démettre [demɛtr] **v.t.** (lat. *dimittere*, de *mittere*, envoyer) [conj. **84**]. Obliger qqn à quitter sa fonction, son emploi : *Elle a été démise* (syn. **destituer, révoquer**). ◆ **se démettre v.pr.** [**de**]. Renoncer à une fonction.

au **demeurant** [dəmœrɑ̃] **loc. adv.** (de *demeurer*). Au reste, tout bien considéré, en somme : *Au demeurant, il est sot.*

1. demeure [dəmœr] **n.f.** (de *demeurer*). **1.** *LITT.* Domicile, lieu où l'on vit. **2.** Maison d'une certaine importance : *Une belle demeure du siècle dernier.* **3.** *LITT.* **Dernière demeure,** le tombeau. / **Être quelque part à demeure,** y être installé d'une manière stable, définitive.

2. demeure [dəmœr] **n.f.** (de *demeurer*, tarder). **1.** État du débiteur qui n'exécute pas son obligation bien qu'ayant reçu sommation de son créancier. **2. Il n'y a pas péril en la demeure,** on ne risque rien à attendre. / **Mettre qqn en demeure de** (+ inf.), l'obliger à remplir son engagement : *Je l'ai mis en demeure de me fournir une explication plausible* (syn. **sommer de**).

demeuré, e [dəmœre] **adj.** et **n.** (de *demeurer*). Qui n'a pas une intelligence très développée (syn. **imbécile**).

demeurer [dəmœre] **v.i.** (lat. pop. **demorare*, du class. *demorari*, de *morari*, s'attarder) [auxil. *avoir* ou *être*]. **1.** Habiter, avoir son domicile : *Il a demeuré à l'hôtel* (syn. **loger**). *Il demeure en province* (syn. **résider**). **2.** Être de façon continue dans un lieu : *Il est demeuré à son poste* (syn. **rester**). **3.** Persister dans un certain état : *Il est demeuré silencieux toute la soirée* (syn. **rester**). **4. En demeurer là,** ne pas continuer ; ne pas avoir de suite.

1. demi, e [dəmi] **adj.** (lat. pop. **dimedius*, class. *dimidius*, de *medius*, qui est au milieu). **1.** Qui est l'exacte moitié de l'unité dont il est question, ou la moitié de qqch : *Un demi-litre. Une demi-pomme.* **2.** Qui n'est pas complet : *Un demi-succès.* ◆ **à demi loc. adv.** À moitié, partiellement : *Maison à demi détruite. Faire les choses à demi.* ***Rem.*** *Demi* est invariable lorsqu'il entre en composition avec un nom : *Les demi-journées. Une demi-heure.* Placé après le nom (et précédé de *et*), il en prend le genre et reste au singulier : *Deux heures et demie. Trois jours et demi.*

2. demi [dəmi] **n.m.** (de *1. demi*). **1.** Moitié d'une unité : *Un demi s'écrit 1/2.* **2.** Grand verre de bière.

3. demi, e [dəmi] **n. 1.** Joueur, joueuse qui assure la liaison entre les avants et les arrières au rugby, au football. **2. Demi de mêlée,** au rugby, joueur qui lance le ballon dans la mêlée et le passe au demi d'ouverture. / **Demi d'ouverture,** au rugby, joueur chargé de lancer l'offensive.

demi-canton [dəmikɑ̃tɔ̃] **n.m.** (pl. *demi-cantons*). En Suisse, État de la Confédération né de la partition, au cours de l'histoire, d'un canton.

demi-cercle [dəmisɛrkl] **n.m.** (pl. *demi-cercles*). Arc de cercle limité par deux points diamétralement opposés.

demi-dieu [dəmidjø] **n.m.** (pl. *demi-dieux*). **1.** MYTH. Héros fils d'un dieu et d'une mortelle ou d'un mortel et d'une déesse. **2.** Divinité secondaire (faune, nymphe, satyre, etc.). **3.** *LITT.* Homme dont les exploits, la gloire ou le génie sont presque surhumains : *Un chanteur adulé comme un demi-dieu* (syn. **idole**).

demi-douzaine [dəmiduzɛn] **n.f.** (pl. *demi-douzaines*). La moitié d'une douzaine : *Une demi-douzaine d'œufs.*

demi-droite [dəmidrwat] **n.f.** (pl. *demi-droites*). MATH. Ensemble des points d'une droite situés d'un seul côté d'un point appelé *origine*.

demie [dəmi] **n.f. 1.** Moitié d'une chose dont le nom est féminin : *Une demie de rouge* (= une demi-bouteille). *Une demie pas trop cuite* (= une demi-baguette). **2.** Demi-heure : *Il est la demie. Une pendule qui sonne les demies.*

demi-finale [dəmifinal] **n.f.** (pl. *demi-finales*). Phase éliminatoire d'une compétition servant à désigner le concurrent ou l'équipe qui participera à la finale.

demi-finaliste [dəmifinalist] **n.** (pl. *demi-finalistes*). Concurrent, équipe qui participe à une demi-finale.

demi-fond [dəmifɔ̃] **n.m. inv. 1.** Course à pied de moyenne distance (de 800 à 3 000 m). **2.** Course cycliste sur piste, derrière un entraîneur motorisé.

demi-frère [dəmifrɛr] **n.m.** (pl. *demi-frères*). Frère né du même père ou de la même mère seulement.

demi-gros [dəmigro] **n.m. inv.** Commerce intermédiaire entre la vente en gros et la vente au détail.

demi-heure [dəmijœr] **n.f.** (pl. *demi-heures*). Moitié d'une heure : *Se promener une demi-heure.*

demi-jour [dəmiʒur] **n.m.** (pl. *demi-jours*). Lumière très atténuée que donne le jour à l'aube ou au crépuscule.

demi-journée [dəmiʒurne] **n.f.** (pl. *demi-journées*). Moitié d'une journée.

démilitarisation [demilitarizasjɔ̃] **n.f.** Action de démilitariser ; fait d'être démilitarisé : *Démilitarisation d'un pays.*

démilitariser [demilitarize] **v.t.** Supprimer ou interdire toute présence ou activité militaire dans une région, un périmètre donnés : *Zone démilitarisée.*

demi-litre [dəmilitr] **n.m.** (pl. *demi-litres*). Moitié d'un litre.

De Mille (Cecil Blount), cinéaste américain (Ashfield, Massachusetts, 1881 - Hollywood 1959). Spécialiste des reconstitutions historiques à grand spectacle, il a réalisé : *Forfaiture* (1915), *Cléopâtre* (1934), *Sous le plus grand chapiteau du monde* (1952), *les Dix Commandements* (1956).

demi-longueur [dəmilɔ̃gœr] **n.f.** (pl. *demi-longueurs*). SPORTS. Moitié de la longueur d'un cheval, d'un bateau, etc., dans une compétition : *Il a gagné d'une demi-longueur.*

demi-lune [dəmilyn] **n.f.** (pl. *demi-lunes*). **1.** CONSTR. Espace en forme de demi-cercle devant une entrée, un bâtiment, etc. **2.** Ouvrage fortifié en forme de demi-cercle, placé en avant de la courtine. **3. En demi-lune,** en forme de demi-cercle.

demi-mal [dəmimal] **n.m.** (pl. *demi-maux*). Inconvénient, désagrément ou accident dont les conséquences sont moins graves que ce qu'on craignait.

demi-mesure [dəmiməzyr] **n.f.** (pl. *demi-mesures*). **1.** Moitié d'une mesure : *Une demi-mesure de sucre.* **2.** Mesure, disposition insuffisante et inefficace, prise par manque de détermination : *Prendre des demi-mesures.*

demi-mondaine [dəmimɔ̃dɛn] **n.f.** (pl. *demi-mondaines*). *VIEILLI* et *LITT.* Femme de mœurs légères qui fréquente le demi-monde.

demi-monde [dəmimɔ̃d] **n.m.** (pl. *demi-mondes*). *VIEILLI* et *LITT.* Milieu où se mêlent les gens des classes riches et les prostituées.

à **demi-mot** [dəmimo] **loc. adv.** Sans qu'il soit nécessaire de tout dire ; sans avoir besoin de beaucoup de mots, de paroles : *Parler à demi-mot. Comprendre à demi-mot.*

déminage [deminaʒ] **n.m.** Action de déminer.

déminer [demine] **v.t.** (de *2. mine*). Retirer d'un terrain ou de l'eau des engins explosifs qui y sont dissimulés.

déminéralisation [demineralizasjɔ̃] **n.f.** Action de déminéraliser ; fait d'être déminéralisé.

déminéraliser [demineralize] **v.t.** (de *minéral*). **1.** Faire perdre ses sels minéraux aux tissus, à l'organisme. **2.** Enlever de l'eau les corps minéraux qui y sont dissous.

démineur [deminœr] **n.m.** Spécialiste du déminage.

demi-pause [dəmipoz] **n.f.** (pl. *demi-pauses*). MUS. Silence dont la durée correspond à celle d'une blanche ; signe qui note ce silence.

demi-pension [dəmipɑ̃sjɔ̃] **n.f.** (pl. *demi-pensions*). **1.** Tarif hôtelier comprenant la chambre, le petit déjeuner et un seul repas. **2.** Régime des élèves qui prennent le repas de midi dans un établissement scolaire.

demi-pensionnaire [dəmipɑ̃sjɔnɛr] **n.** (pl. *demi-pensionnaires*). Élève qui suit le régime de la demi-pension.

demi-place [dəmiplas] **n.f.** (pl. *demi-places*). Place payée à moitié prix pour certains spectacles, dans les transports publics, etc.

demi-plan [dəmiplɑ̃] **n.m.** (pl. *demi-plans*). MATH. Ensemble des points du plan situés du même côté d'une droite de ce plan appelée *frontière.*

demi-pointe [dəmipwɛ̃t] **n.f.** (pl. *demi-pointes*). **1.** CHORÉGR. Position du pied soulevé qui repose sur les phalanges à plat : *Chausson de demi-pointe.* **2.** Attitude et manière de danser avec cette position du pied.

demi-portion [dəmipɔrsjɔ̃] **n.f.** (pl. *demi-portions*). *FAM.* Personne malingre, chétive.

demi-saison [dəmisɛzɔ̃] **n.f.** (pl. *demi-saisons*). Période de l'année où il ne fait ni très chaud ni très froid, correspondant à peu près au printemps et à l'automne : *Vêtements de demi-saison.*

demi-sang [dəmisɑ̃] **n.m. inv.** Autref., cheval provenant du croisement du pur-sang anglais ou du trotteur de Norfolk avec une jument française.

demi-sel [dəmisɛl] **n.m. inv.** Fromage frais ou beurre légèrement salés.

demi-sœur [dəmisœr] **n.f.** (pl. *demi-sœurs*). Sœur née du même père ou de la même mère seulement.

demi-sommeil [dəmisɔmɛj] **n.m.** (pl. *demi-sommeils*). État intermédiaire entre la veille et le sommeil.

demi-soupir [dəmisupir] **n.m.** (pl. *demi-soupirs*). MUS. Silence dont la durée correspond à celle d'une croche ; signe qui note ce silence.

démission [demisjɔ̃] **n.f.** (lat. *demissio,* affaissement, de *demittere,* faire tomber, rapproché de *dimittere ;* v. *2. démettre*). **1.** Action de se démettre d'une fonction ; acte par lequel on se démet d'une fonction, d'un emploi : *Donner sa démission. Envoyer sa lettre de démission.* **2.** Attitude d'une personne, d'une institution, etc., qui sont incapables de remplir leur mission, qui y renoncent : *La démission des parents.*

démissionnaire [demisjɔnɛr] **adj.** et **n.** Qui donne ou qui a donné sa démission : *Un ministre démissionnaire.*

démissionner [demisjɔne] **v.i. 1.** Renoncer volontairement à une fonction, à un emploi : *Démissionner de son poste de directeur.* **2.** Renoncer à tenir son rôle ; s'avouer vaincu devant une difficulté : *Parents qui démissionnent* (syn. **abdiquer, capituler**). ◆ **v.t.** *FAM.* Obliger qqn à donner sa démission : *Il n'a pas démissionné, on l'a démissionné.*

demi-tarif [dəmitarif] **n.m.** (pl. *demi-tarifs*). Tarif réduit de moitié.

demi-teinte [dəmitɛ̃t] **n.f.** (pl. *demi-teintes*). **1.** PEINT. ET GRAV. Partie colorée ou grisée d'une valeur intermédiaire entre le clair et le foncé. **2. En demi-teinte(s),** atténué, adouci, tout en nuances : *Un récit en demi-teintes.* / PHOT. **Photographie en demi-teinte,** phototype ne comportant que des lumières douces et des ombres claires.

demi-ton [dəmitɔ̃] **n.m.** (pl. *demi-tons*). MUS. Intervalle équivalant à la moitié d'un ton.

demi-tour [dəmitur] **n.m.** (pl. *demi-tours*). **1.** Moitié d'un tour que qqn ou qqch fait en pivotant sur lui-même : *Un rang de majorettes exécutant un demi-tour impeccable.* **2. Faire demi-tour,** revenir sur ses pas.

démiurge [demjyrʒ] **n.m.** (gr. *dêmiourgos,* celui qui crée). **1.** PHILOS. Dieu créateur de l'Univers, pour Platon. **2.** ANTIQ. Magistrat civil, en Grèce. **3.** *LITT.* Personne qui crée ou anime qqch.

demi-volée [dəmivɔle] **n.f.** (pl. *demi-volées*). SPORTS. Frappe de la balle ou du ballon au moment où ils quittent le sol après le rebond.

démobilisable [demɔbilizabl] **adj.** Qui peut ou doit être démobilisé.

démobilisateur, trice [demɔbilizatœr, -tris] **adj.** Qui démobilise : *Un mot d'ordre démobilisateur.*

démobilisation [demɔbilizasjɔ̃] **n.f. 1.** Renvoi dans leurs foyers d'hommes mobilisés. **2.** Relâchement de l'énergie, du dynamisme : *La démobilisation des militants.*

démobiliser [demɔbilize] **v.t.** (de *mobiliser*). **1.** Procéder à la démobilisation des réservistes. **2.** Enlever l'envie de se battre, de militer, de défendre qqch.

démocrate [demɔkrat] **adj.** et **n. 1.** Attaché à la démocratie. **2.** Relatif au *parti démocrate,* l'un des deux grands partis politiques des États-Unis ; membre ou sympathisant de ce parti.

démocrate *(Parti),* le plus ancien des deux grands partis qui dominent la vie politique des États-Unis. Partisan, à l'origine, d'une politique en faveur des agriculteurs et d'un gouvernement décentralisé, il prit le nom de « démocrate » sous la présidence de Jackson (1829-1837). Avec la crise de 1929, il prôna l'intervention des pouvoirs publics dans la vie économique et sociale. Il a depuis lors donné plusieurs présidents aux États-Unis : F. D. Roosevelt, H. Truman, J. Kennedy, L. Johnson, J. Carter, B. Clinton, B. Obama.

démocrate-chrétien, enne [demɔkratkretjɛ̃, -ɛn] **adj.** et **n.** (pl. *démocrates-chrétiens, ennes*). Qui se réclame à la fois de l'idéal démocratique et des principes sociaux du christianisme.

démocratie [demɔkrasi] **n.f.** (gr. *dêmokratia,* de *dêmos,* peuple, et *kratein,* régner). **1.** Régime politique dans lequel le peuple exerce sa souveraineté lui-même sans l'intermédiaire d'un organe représentatif *(démocratie directe)* ou par représentants interposés *(démocratie représentative).* **2. Démocratie chrétienne,** mouvement politique qui s'inspire de la doctrine sociale de l'Église catholique. / **Démocratie populaire,** nom donné aux régimes d'inspiration marxiste-léniniste qui furent mis en place dans certains pays de l'Europe de l'Est après la Seconde Guerre mondiale.

■ La *démocratie* est dans l'Antiquité une forme d'État où le *gouvernement est confié au peuple,* par opposition à l'*aristocratie,* « gouvernement par les meilleurs ». Aristote remarque combien rapidement le peuple se laisse entraîner vers tous les excès par les démagogues ; mais la démocratie n'est possible que s'il existe un système de valeurs commun à tous, que l'éducation a comme mission de vulgariser.

Peuple et pouvoir. *Qu'est-ce que le peuple ?* La Boétie oppose la masse aveugle, qui obéit, et le peuple actif et vigilant. Hobbes améliore cette distinction en définissant le peuple comme l'ensemble des citoyens, ce qui nécessite l'éducation politique et civique. C'est le peuple *qui choisit l'exécutif,* que Hobbes appelle *le prince.*

Qu'est-ce que le pouvoir ? J.-J. Rousseau établit une distinction entre la souveraineté et le gouvernement. Pour lui, le *contrat social* (la vie en commun dans un État) implique que le peuple soit souverain. Cette souveraineté est indivisible et inaliénable. Mais le peuple n'exécute pas : il fixe la loi que les magistrats, le *prince,* vont exécuter. Comme il n'existe pas de démocratie idéale, il faut trouver un moyen de mettre la loi « au-dessus des citoyens ». De là vient la distinction entre la *démocratie directe,* où le peuple exerce sans intermédiaire le pouvoir législatif (cas de certains cantons suisses), et la *démocratie représentative,* où le pouvoir législatif est exercé par des représentants élus par le peuple.

Les formes de démocratie. Montesquieu a posé le principe de la séparation des pouvoirs, le législatif, l'exécutif (ou le gouvernemental) et le judiciaire. Le peuple est constitué par l'ensemble des citoyens « libres et égaux ». Sur cette base, on peut distinguer plusieurs formes de démocratie :

– la *démocratie parlementaire simple,* où les citoyens confient à un Parlement élu le pouvoir législatif et où le pouvoir gouvernemental est exercé par des ministres, que le Parlement peut contrôler ou renverser : c'est le cas de la Grande-Bretagne ;

– la *démocratie parlementaire de type présidentialiste,* où au Parlement élu s'ajoute un président, élu par les citoyens comme le Parlement mais qui dispose d'une fraction de pouvoir législatif et administratif, conjointement aux ministres : c'est le cas de la France et, en simplifiant, des États-Unis (où le président est cependant contrôlé par le Congrès et par la Cour suprême) ;

– la *démocratie populaire,* où, en principe, il existe un Parlement élu par tous les citoyens mais où tous les pouvoirs sont exercés par un parti unique et son secrétaire général, s'appuyant sur une police politique omniprésente. Ce régime a été celui des pays de l'Est jusqu'en 1991, et la démocratie n'y a existé qu'en apparence. ■

démocratique [demɔkratik] **adj.** Qui appartient à la démocratie ; conforme à la démocratie : *Mesure démocratique.*

démocratiquement [demɔkratikmɑ̃] **adv.** De façon démocratique : *Être élu démocratiquement.*

démocratisation [demɔkratizasjɔ̃] **n.f.** Action de démocratiser : *La démocratisation de l'enseignement.*

démocratiser [demɔkratize] **v.t. 1.** Mettre à la portée de tout le monde, rendre accessible : *Démocratiser l'accès aux grandes écoles.* **2.** Organiser selon les principes démocratiques : *Démocratiser un pays, une institution.* ◆ **se démocratiser v.pr. 1.** Devenir démocratique : *Pays qui se démocratise.* **2.** Devenir accessible à tous : *Le golf se démocratise.*

Démocrite, philosophe grec (Abdère v. 460 - v. 370 av. J.-C.). Il a fondé l'école d'Abdère. Il est considéré comme le principal fondateur du matérialisme. Selon lui, la nature est composée d'atomes, particules indivisibles, éternelles et invariables, qui se combinent dans un mouvement perpétuel. Selon Démocrite, « rien ne naît de rien ». L'âme est également faite d'atomes ; la connaissance vient entièrement des sens. De l'œuvre capitale de Démocrite, il ne reste que quelques fragments dont les titres ont été répertoriés par Diogène Laërce.

démodé, e [demɔde] **adj. 1.** Qui n'est plus à la mode : *Vêtement démodé.* **2.** Dépassé, périmé : *Théorie démodée.*

se **démoder** [demɔde] **v.pr.** Cesser d'être à la mode.

démodulateur [demɔdylatœr] **n.m.** Dispositif électronique qui effectue la démodulation d'une oscillation.

démodulation [demɔdylasjɔ̃] **n.f.** TÉLÉCOMM. Processus par lequel un signal est séparé de l'oscillation de haute fréquence (dite *oscillation porteuse*) qu'il module.

démoduler [demɔdyle] **v.t.** (de *moduler*). Effectuer la démodulation d'une oscillation.

démographie [demɔgrafi] **n.f.** (de *démo-* et *-graphie*). Science ayant pour objet l'étude quantitative des populations humaines, de leur évolution, de leurs mouvements. ◆ **démographe n.m.** Nom du spécialiste. ▸ *Dossier page suivante.*

■ La démographie moderne, dans son aspect quantitatif, analyse l'état d'une population (effectif et composition selon l'âge, le sexe, etc.) et son mouvement (naissances, décès, mariages, migrations, etc.). La *démographie historique* étudie les populations du passé en s'appuyant sur les registres paroissiaux, sur les généalogies de familles, les recensements, etc. La *démographie qualitative,* pour sa part, vise à rendre compte des facteurs biologiques, socio-économiques et culturels. Ces facteurs peuvent alors fournir une aide à l'interprétation des résultats de l'analyse quantitative et des variations observées dans l'espace et le temps, comme la baisse de la mortalité infantile en Asie depuis cinquante ans. La démographie qualitative s'approfondit, par exemple, dans la *démographie économique,* qui met en parallèle les rapports entre population et économie, ou dans la *démographie sociale,* qui, plus globalement, met en relation les états et les mouvements de population avec l'évolution des sociétés humaines. ■

démographique [demɔgrafik] **adj.** De la démographie : *Une étude démographique.*

demoiselle [dəmwazɛl] **n.f.** (lat. pop. **dominicella,* dimin. de *domina,* maîtresse). **1.** Jeune fille ; femme qui n'est pas mariée. **2.** Libellule bleue. **3.** TECHN. Syn. de *hie.*

Une planète surpeuplée ou mal peuplée ?

Il a fallu des centaines de milliers d'années pour que la population mondiale atteigne son premier milliard d'habitants au XIXe siècle, mais vingt ans ont suffi pour qu'elle passe de 5 à près de 7 milliards, son niveau actuel, amenant certains démographes à parler d'« explosion démographique ». Notre planète peut-elle supporter cette croissance exponentielle sans dommage ?

▶ **Des zones de surpeuplement.** Le quart sud-est du continent asiatique concentre à lui seul plus de la moitié de l'humanité : un milliard et demi d'habitants dans la péninsule indienne et sur le littoral environnant (Bangladesh, Pakistan), un autre milliard et demi sur les côtes de la mer de Chine et du Japon, un demi-milliard dans les archipels (Indonésie, Philippines) et les péninsules (Indochine) de l'océan Indien. Les régions côtières de l'Asie des moussons contribuent pour une grande part à l'augmentation annuelle de population mondiale. L'Inde dépasse le milliard d'habitants et semble sur le point de rattraper la Chine dans le prochain quart de siècle. La surpopulation en Asie est donc manifeste. En Afrique et en Amérique latine, les foyers de population s'évaluent sur une échelle dix fois inférieure. Les côtes du golfe de Guinée et celles du Brésil concentrent près de 150 millions d'habitants ; la vallée du Nil, les côtes maghrébines, les régions des grands lacs africains, des grandes villes mexicaines regroupent environ 70 millions d'habitants chacune. Si on ne peut parler de surpopulation pour ces pays, l'accroissement démographique est néanmoins très rapide. La moitié occidentale de l'Europe dépasse le demi-milliard d'habitants, environ deux fois plus que la population des États-Unis ; ces populations sont les principaux consommateurs des ressources énergétiques de la planète.

▶ **Des conséquences écologiques et géopolitiques.** En augmentant chaque année de 80 millions d'habitants, la planète doit fournir toujours davantage de sa flore, de sa faune et de ses minéraux. Les milieux de vie les plus peuplés subissent ainsi de très fortes transformations (détournement de fleuves, épuisement des sols, déforestation, extension des zones urbaines, pollution, rejet des gaz dans l'atmosphère). Les États dont la population croît le plus vite doivent produire des efforts inouïs, développer leur production (nourriture et biens de consommation), leurs infrastructures (écoles, hôpitaux, moyens de transport) et le nombre de logements et d'emplois. Pour absorber ce « boom démographique », certains pays tentent de s'assurer le contrôle de zones frontalières mal définies, ce qui est à l'origine de conflits entre États limitrophes. Les nouveaux pays industriels aspirant à un niveau de consommation comparable à celui des Occidentaux, le problème de l'épuisement des richesses naturelles et des risques écologiques liés à l'augmentation de la consommation d'énergie fossile se pose avec encore plus d'acuité.

▶ **Le contrôle des naissances.** Beaucoup de gouvernements ne veulent ou ne peuvent convaincre les populations de la nécessité de réduire leur taux de natalité. L'insuffisante scolarisation des filles et la pesanteur des traditions en sont des causes. La limitation des naissances, mal pratiquée, a parfois des conséquences néfastes : telle qu'elle a été incitée en Chine (politique de l'enfant unique) ou suggérée en Inde, elle a ainsi occasionné un fort déséquilibre démographique entre filles et garçons (les naissances de ces derniers étant privilégiées). Le contrôle des naissances et l'harmonisation de la croissance démographique sont néanmoins un préalable au décollage économique. Les flux migratoires permettent en outre de limiter les effets de la croissance de la population des pays de départ et de renouveler la population dans les pays d'arrivée, mais, dans un contexte de crise économique, se pose alors le problème des structures et des capacités d'accueil dans ces derniers.

Le « boom démographique » se révèle menaçant pour les équilibres de notre planète. Une politique mondiale de planning familial semble être le seul remède efficace pour contrer cette explosion. Mais, au-delà, n'est-ce pas surtout le problème de l'inégale répartition des richesses de notre planète qui est posé, le facteur démographique agissant plutôt comme un de ses révélateurs ?

Voir aussi : population.

démolir [demɔlir] **v.t.** (lat. *demoliri*, de *moliri*, bâtir) [conj. **32**]. **1.** Abattre, détruire une construction : *Démolir une maison* (syn. **raser** ; contr. **bâtir, construire**). **2.** Mettre en pièces, détériorer complètement : *Ils lui ont démoli sa voiture* (syn. **saccager**). **3.** FAM. Frapper qqn violemment, le mettre à mal, lui infliger une correction : *Se faire démolir (le portrait) par des voyous.* **4.** Altérer l'état physique ou moral : *L'alcool l'a démoli.* **5.** Ruiner l'influence, la réputation de qqn : *Démolir un homme politique.* **6.** Détruire, anéantir par la critique, la dérision, etc. : *Démolir un projet.*

démolissage [demɔlisaʒ] **n.m.** Action de démolir, de critiquer une personne, son influence, etc.

démolisseur, euse [demɔlisœr, -øz] **n. 1.** Personne, entreprise chargée de démolir une construction. **2.** Personne qui sape, qui ruine une doctrine, une théorie, etc., par la critique.

démolition [demɔlisjɔ̃] **n.f. 1.** Action de démolir une construction : *Démolition d'une gare.* **2.** Action de ruiner, d'anéantir : *Démolition d'un projet.* ◆ **démolitions n.f. pl.** Matériaux qui proviennent de bâtiments démolis.

Demolon (Albert), agronome et biologiste français (Lille 1881 - Paris 1954), auteur de recherches en pédologie et en physiologie végétale.

démon [demɔ̃] **n.m.** (lat. ecclés. *daemon*, gr. *daimôn*, dieu, génie). **1.** RELIG. Ange déchu qui habite l'Enfer et incite les hommes à faire le mal (syn. **diable**). **2.** RELIG. CHRÉT. (Précédé de l'art. déf.). Satan, le diable. **3.** Personne néfaste, dangereuse. **4.** Enfant turbulent ou très espiègle (syn. **diable**). **5.** Personnification d'un vice, d'une passion : *Le démon de la curiosité.* **6.** ANTIQ. Divinité, génie, bon ou mauvais, attaché à la destinée d'un homme, d'un État.

démonétisation [demɔnetizasjɔ̃] **n.f.** Action de démonétiser ; fait d'être démonétisé.

démonétiser [demɔnetize] **v.t.** (du lat. *moneta*, monnaie). Ôter sa valeur à une monnaie, à un timbre, etc.

démoniaque [demɔnjak] **adj.** et **n.** (lat. ecclés. *daemoniacus* ; v. *démon*). **1.** Propre au démon : *Superstition démoniaque.* **2.** D'une perversité diabolique : *Ruse démoniaque.*

démonstrateur, trice [demɔ̃stratœr, -tris] **n.** Personne qui assure la publicité d'un objet mis en vente et en explique au public le fonctionnement.

démonstratif, ive [demɔ̃stratif, -iv] **adj. 1.** Qui démontre qqch : *Argument démonstratif.* **2.** Qui manifeste extérieurement ses sentiments : *Il n'est guère démonstratif* (syn. **expansif**). ◆ **adj.** et **n.m.** GRAMM. Se dit d'un adjectif ou d'un pronom qui sert à désigner un être ou un objet par la situation ou le contexte linguistique : *« Ce » est un adjectif démonstratif, « celui-ci » est un pronom démonstratif.*

démonstration [demɔ̃strasjɔ̃] **n.f.** (lat. *demonstratio* ; v. *démontrer*). **1.** Action de démontrer, de prouver par l'expérience la vérité d'un fait, d'une donnée scientifique, etc. **2.** LOG. Raisonnement établissant la vérité d'une proposition à partir des axiomes que l'on a posés. **3.** Action de montrer au public le fonctionnement d'un appareil, l'usage d'un produit : *Démonstration d'un aspirateur.* **4.** Action de montrer un savoir-faire : *Démonstration de karaté.* **5.** Marque extérieure, manifestation de sentiments (surtout au pl.) : *Démonstration de joie.*

démontable [demɔ̃tabl] **adj.** Qui peut être démonté : *Un meuble démontable.*

démontage [demɔ̃taʒ] **n.m.** Action de démonter : *Le démontage d'un moteur.*

démonté, e [demɔ̃te] **adj.** (p. passé de *démonter*). **Mer démontée,** mer très houleuse.

démonte-pneu [demɔ̃tpnø] **n.m.** (pl. *démonte-pneus*). Levier utilisé pour retirer un pneu de la jante.

démonter [demɔ̃te] **v.t.** (de *monter*). **1.** Séparer, désassembler les parties d'un objet : *Démonter un aspirateur* (contr. **remonter**). **2.** Troubler, mettre dans l'embarras : *Démonter un adversaire* (syn. **déconcerter**). **3.** Jeter qqn à bas de sa monture : *Démonter un cavalier.* ◆ **se démonter v.pr.** Perdre son assurance, se troubler.

démontrabilité [demɔ̃trabilite] **n.f.** LOG. Propriété de toute formule d'une théorie déductive dont il existe une démonstration.

démontrable [demɔ̃trabl] **adj.** Que l'on peut démontrer : *Un théorème démontrable.*

démontrer [demɔ̃tre] **v.t.** (lat. *demonstrare*, montrer, faire voir). **1.** Établir par un raisonnement rigoureux la vérité, l'évidence de : *Démontrer une proposition. Je lui ai démontré qu'il avait tort* (syn. **prouver**). **2.** Témoigner par des marques extérieures : *Cette action démontre sa bonté.*

démoralisant, e [demɔralizɑ̃, -ɑ̃t] **adj.** Qui fait perdre le courage, la confiance : *Des perspectives professionnelles démoralisantes* (syn. **déprimant**).

démoralisateur, trice [demɔralizatœr, -tris] **adj.** et **n.** Qui tend à démoraliser : *Influence démoralisatrice.*

démoralisation [demɔralizasjɔ̃] **n.f.** Action de démoraliser ; état de qqn qui est démoralisé : *La démoralisation de l'armée après la défaite* (syn. **découragement**).

démoraliser [demɔralize] **v.t.** (de *2. moral*). Ôter le courage, la confiance : *Ces échecs répétés me démoralisent* (syn. **abattre, déprimer**).

démordre [demɔrdr] **v.t. ind. [de]** (de *mordre*) [conj. **76**]. **Ne pas démordre d'une opinion, d'une idée,** ne pas vouloir y renoncer, s'entêter.

Démosthène, homme politique et orateur athénien (Athènes 384 - Calaurie 322 av. J.-C.). À force d'étude et de ténacité, il réussit à surmonter sa difficulté d'élocution et à acquérir un remarquable talent oratoire qu'il employa d'abord comme avocat, puis, en politique, contre Philippe de Macédoine *(Olynthiennes, Philippiques).* De 340 à 338, Démosthène dirigea la politique athénienne et obtint l'alliance de Thèbes, cependant, les Athéniens et les Thébains furent écrasés par Philippe à Chéronée (338). Exilé, Démosthène encouragea la révolte des Grecs, après la mort d'Alexandre, mais s'empoisonna après leur défaite. Son œuvre d'orateur, riche d'une soixantaine de discours, demeure un modèle.

démotique [demɔtik] **adj.** et **n.m.** (gr. *dêmotikos*, populaire). **1.** Se dit d'une écriture cursive de l'ancienne Égypte, dérivée du hiératique et cour. utilisée à partir du VIIe s. av. J.-C. **2.** Se dit de l'état populaire de la langue grecque, par opp. à un état savant.

démotivation [demɔtivasjɔ̃] **n.f.** Action de démotiver ; fait d'être démotivé.

démotiver [demɔtive] **v.t.** Faire perdre à qqn toute motivation, toute raison de poursuivre qqch : *Démotiver son personnel.*

démoulage [demulaʒ] **n.m.** Action de démouler.

démouler [demule] **v.t.** Retirer d'un moule : *Démouler un bronze, un gâteau.*

démultiplication [demyltiplikasjɔ̃] **n.f. 1.** MÉCAN. Rapport de réduction de vitesse entre deux pignons d'une transmission. **2.** Action de démultiplier qqch.

démultiplier [demyltiplije] **v.t.** et **v.i. 1.** MÉCAN. Réduire la vitesse dans la transmission d'un mouvement. **2.** Augmenter la puissance de qqch par la multiplication des moyens utilisés : *Démultiplier les secours aux sinistrés.*

démuni, e [demyni] **adj.** et **n.** Privé d'avantages matériels, de ressources ; déshérité : *Aider les démunis.*

démunir [demynir] **v.t.** (de *munir*) [conj. **32**]. **1.** Priver qqn de ce qu'il possédait ; le lui enlever : *On l'a démuni de ses papiers* (syn. **dépouiller**). **2.** (Absol.). Ne plus avoir de ressources financières : *Il est démuni.* ◆ **se démunir v.pr.** Se dessaisir, se priver de : *Se démunir d'un certificat.*

démuseler [demyzle] **v.t.** [conj. **24**]. Ôter la muselière : *Démuseler un chien.*

démutisation [demytizasjɔ̃] **n.f.** (du lat. *mutus,* muet). Fait de donner à un sourd-muet de naissance l'usage de la parole par des méthodes appropriées ; ensemble de ces méthodes.

démystification [demistifikasjɔ̃] **n.f.** Action de démystifier ; fait d'être démystifié.

démystifier [demistifje] **v.t.** (de *mystifier*) [conj. **9**]. **1.** Détromper qqn qui a été l'objet d'une mystification : *Un livre qui a démystifié un public trop crédule* (contr. **mystifier**). **2.** Priver de son mystère, banaliser qqch en montrant sa véritable nature : *Démystifier la croyance à des forces occultes.* ***Rem.*** Cet emploi est critiqué par certains puristes qui lui préfèrent le verbe *démythifier* dans ce sens.

démythifier [demitifje] **v.t.** (de *mythe,* d'apr. *démystifier*) [conj. **9**]. Ôter son caractère de mythe à qqch, à qqn : *Démythifier le personnage de Don Juan.*

dénatalité [denatalite] **n.f.** Diminution du nombre des naissances dans un pays.

dénationalisation [denasjɔnalizasjɔ̃] **n.f.** Action de dénationaliser une entreprise ; fait d'être dénationalisé.

dénationaliser [denasjɔnalize] **v.t.** Restituer au secteur privé une entreprise ou une industrie précédemment nationalisée.

dénaturaliser [denatyralize] **v.t.** Priver des droits acquis par naturalisation.

dénaturation [denatyrasjɔ̃] **n.f.** Action de dénaturer un produit, de modifier ses caractéristiques.

dénaturé, e [denatyre] **adj. 1.** Qui a subi la dénaturation : *Alcool dénaturé.* **2.** Contraire à ce qui est considéré comme naturel : *Goûts dénaturés.*

dénaturer [denatyre] **v.t.** (de *nature*). **1.** Mélanger à certaines substances d'autres substances qui les rendent impropres à leur destination ordinaire. **2.** Altérer considérablement un goût, une saveur. **3.** Fausser le sens ; altérer : *Dénaturer les paroles de qqn* (syn. **déformer**).

dénazification [denazifikasjɔ̃] **n.f.** Ensemble des mesures prises en Allemagne après la Seconde Guerre mondiale pour faire disparaître l'influence nazie.

dendrite [dɛ̃drit] ou [dɑ̃drit] **n.f.** (du gr. *dendron,* arbre). **1.** GÉOL. Figure arborescente ramifiée formée de petits cristaux, à la surface de diverses roches. **2.** BIOL. Prolongement arborisé du cytoplasme d'une cellule nerveuse.

dénégation [denegasjɔ̃] **n.f.** (bas lat. *denegatio,* du class. *denegare,* dénier). **1.** Action de nier, de dénier : *Signe de dénégation.* **2.** PSYCHAN. Processus par lequel le sujet nie un désir qu'il vient de formuler.

déneigement [denɛʒmɑ̃] **n.m.** Action de déneiger.

déneiger [deneʒe] **v.t.** [conj. **23**]. Débarrasser de la neige une voie, une route, un accès.

Denfert-Rochereau (Pierre Philippe), colonel français (Saint-Maixent 1823 - Versailles 1878). Il se rendit célèbre par la défense de Belfort en 1870-1871.

Deng Xiaoping, homme d'État chinois (Guang'an 1904 - Pékin 1997). Secrétaire général du parti communiste chinois à partir de 1956, il est limogé lors de la Révolution culturelle (1966). Responsable des orientations nouvelles de la politique chinoise à partir de 1977, il se retire officiellement de la vie politique en 1987, tout en restant jusqu'à sa mort une personnalité très influente.

déni [deni] **n.m.** (de *dénier*). **1.** Refus d'accorder ce qui est dû. **2.** DR. **Déni de justice,** refus illégal d'un juge ou d'un tribunal d'examiner une affaire ou de rendre un jugement.

déniaiser [denjeze] **v.t.** (de *niais*) [conj. **4**]. **1.** Instruire qqn pour le rendre moins naïf. **2.** Faire perdre sa virginité à qqn.

dénicher [deniʃe] **v.t.** (de *nicher*). **1.** Enlever d'un nid : *Dénicher des oiseaux.* **2.** Trouver à force de recherches : *Dénicher un livre rare.* ◆ **v.i.** Quitter son nid.

dénicheur, euse [deniʃœr, -øz] **n. 1.** Celui, celle qui déniche les oiseaux. **2.** Personne habile à découvrir des pièces rares, des talents, etc.

dénicotiniser [denikɔtinize] **v.t.** Diminuer ou supprimer la teneur en nicotine du tabac.

denier [dənje] **n.m.** (lat. *denarius,* de *deni,* dix par dix). **1.** Monnaie romaine, apparue au IIIe s. av. J.-C. **2.** Ancienne monnaie française, valant le douzième du sou. **3. Denier du culte,** contribution volontaire des catholiques pour l'entretien du culte et du clergé. ◆ **deniers n.m. pl. 1.** LITT. (Avec le possessif). Argent personnel : *Elle l'a payé de ses deniers.* **2. Les deniers publics,** les revenus de l'État.

dénier [denje] **v.t.** (lat. *denegare,* de *negare,* nier). **1.** Refuser de reconnaître qqch : *Dénier toute responsabilité.* **2.** Refuser d'une manière absolue d'accorder : *Dénier un droit à qqn.*

dénigrement [denigrəmɑ̃] **n.m.** Action de dénigrer, de médire : *Un dénigrement systématique.*

dénigrer [denigre] **v.t.** (lat. *denigrare,* noircir, de *niger,* noir). Attaquer la réputation, le talent de (qqn) : *Dénigrer un adversaire* (syn. **discréditer, décrier**).

dénigreur, euse [denigrœr, -øz] **n.** Personne qui dénigre.

Denis ou **Denys *(saint),*** premier évêque de Paris (IIIe s.). Selon Grégoire de Tours, il faisait partie d'un groupe de sept missionnaires envoyés en Gaule au temps de l'empereur Decius ; il devint évêque de Paris, où son culte – lié à son martyre probable – fut très tôt populaire. Le roi Dagobert fonda vers 630 une abbaye près de la basilique dédiée à saint Denis. Plus tard, on voulut identifier celui-ci avec Denys l'Aréopagite.

Denis (Maurice), peintre et théoricien français (Granville 1870 - Paris 1943). Influencé par les primitifs florentins (Fra Angelico) puis par Cézanne, ce membre du groupe des nabis se créa un style personnel ; il utilisa une palette très claire et mit son art au service de sa foi en créant les « Ateliers d'art sacré » (1919). Outre ses œuvres religieuses, il a peint de nombreuses scènes d'intimité. Sa demeure à Saint-Germain-en-Laye, « le Prieuré », est aujourd'hui un musée.

dénivelé **n.m.** et **dénivelée** [denivle] **n.f.** Différence d'altitude entre deux points.

déniveler [denivle] **v.t.** (de *niveler*) [conj. **24**]. Mettre à un niveau différent ; rendre une surface inégale : *Une chaussée dénivelée.*

dénivellation [denivelasjɔ̃] **n.f.** Différence de niveau : *Les dénivellations d'une route.*

dénombrement [denɔ̃brəmɑ̃] **n.m.** Action de dénombrer, de compter : *Le dénombrement de la population* (syn. **recensement**). *Le dénombrement des livres* (syn. **inventaire**).

dénombrer [denɔ̃bre] **v.t.** (lat. *denumerare,* compter). Faire le compte des unités composant un ensemble : *Dénombrer les bêtes d'un troupeau* (syn. **recenser, inventorier**).

dénominateur [denɔminatœr] **n.m.** (bas lat. *denominator,* celui qui désigne ; v. *dénommer*). **1.** MATH. Diviseur dans un quotient représenté par une fraction ; celui des deux termes qui est placé au-dessous de la barre d'une fraction et qui indique en combien de parties l'unité a été divisée (par opp. à *numérateur*). **2. Dénominateur commun,** qui est le même dans plusieurs fractions ; au fig., point commun à plusieurs personnes, à plusieurs choses.

dénominatif, ive [denɔminatif, -iv] **adj.** et **n.m.** (lat. *denominativus ;* v. *dénommer*). LING. Se dit d'un mot formé à partir d'un nom (ex. *numéroter,* de *numéro*).

dénomination [denɔminasjɔ̃] **n.f.** (lat. *denominatio ;* v. *dénommer*). Désignation par un nom : *La dénomination d'un nouveau produit* (syn. **appellation**).

dénommé, e [denɔme] **n.** et **adj.** (de *dénommer*). FAM. Celui qui est appelé (péjor.) : *Le dénommé Georges.*

dénommer [denɔme] **v.t.** (lat. *denominare,* de *nomen, -inis,* nom). **1.** Donner un nom à une personne, à une chose : *On l'a dénommé Jacques* (syn. **appeler**). **2.** DR. Nommer une personne dans un acte.

dénoncer [denɔ̃se] **v.t.** (lat. *denuntiare,* de *nuntiare,* annoncer, faire savoir) [conj. **16**]. **1.** Signaler comme coupable à la justice, à l'autorité ou à l'opinion publique : *Dénoncer un criminel.* **2.** Annuler, rompre un engagement : *Dénoncer un traité.*

dénonciateur, trice [denɔ̃sjatœr, -tris] **adj.** et **n.** Qui dénonce à la justice, à l'autorité compétente.

dénonciation [denɔ̃sjasjɔ̃] **n.f. 1.** Action de dénoncer qqn, qqch : *La dénonciation d'un criminel* (syn. **délation**). *La dénonciation des abus.* **2.** Action d'annuler, de rompre : *La dénonciation d'un armistice* (syn. **annulation, rupture**). **3.** DR. Notification d'un acte aux personnes concernées faite en dehors de l'instance judiciaire.

dénotation [denɔtasjɔ̃] **n.f.** LING. Ensemble des éléments fondamentaux et permanents qui permettent à un mot de désigner qqch (par opp. aux valeurs subjectives variables qui constituent sa *connotation*).

dénoter [denɔte] **v.t.** (lat. *denotare*). **1.** Indiquer, marquer par quelque signe : *Son attitude dénote un grand embarras* (syn. **témoigner de**). **2.** LING. Signifier par dénotation (par opp. à *connoter*).

dénouement [denumɑ̃] **n.m.** (de *dénouer*). **1.** Événement qui termine ; solution d'une affaire. **2.** Point où aboutit une intrigue dramatique : *Dénouement imprévu* (syn. **fin**).

dénouer [denwe] **v.t.** [conj. **6**]. **1.** Défaire un nœud, détacher une chose nouée : *Dénouer la ficelle d'un paquet.* **2.** Donner une solution, résoudre une difficulté : *Dénouer une situation.* **3. Dénouer les langues,** faire parler l'assistance.

dénoyauter [denwajɔte] **v.t.** Enlever les noyaux : *Dénoyauter des olives.*

dénoyauteur [denwajɔtœr] **n.m.** Ustensile ménager pour dénoyauter.

denrée [dɑ̃re] **n.f.** (anc. fr. *denerée,* la valeur d'un denier). **1.** Marchandise quelconque destinée à la consommation alimentaire : *Des denrées périssables.* **2. Une denrée rare,** une chose difficile à trouver, une qualité précieuse.

dense [dɑ̃s] **adj.** (lat. *densus*). **1.** Compact, épais : *Un brouillard dense.* **2.** Serré sur un espace limité : *Une foule dense.* **3.** Dont la masse volumique est grande par rapport à celle d'une substance de référence (l'air pour les gaz, l'eau pour les liquides et les solides). **4. Style, pensée dense,** concis.

densifier [dɑ̃sifje] **v.t.** (de *dense*) [conj. **9**]. Augmenter la densité de qqch.

densimètre [dɑ̃simɛtr] **n.m.** Aréomètre.

densimétrie [dɑ̃simetri] **n.f.** (de *dense* et *-métrie*). Technique de la mesure des densités.

densimétrique [dɑ̃simetrik] **adj.** Relatif à la densimétrie.

densité [dɑ̃site] **n.f. 1.** Caractère de ce qui est dense. **2.** PHYS. Rapport de la masse d'un certain volume d'un corps à celle du même volume d'eau (ou d'air, pour les gaz). **3. Densité de population,** nombre moyen d'habitants au kilomètre carré.

dent [dɑ̃] **n.f.** (lat. *dens, dentis*). **1.** Organe dur formé d'ivoire recouvert d'émail sur la couronne, implanté chez l'homme sur le bord des maxillaires et servant à la mastication. ▸ On distingue, d'avant en arrière, les incisives, les canines, les prémolaires, les molaires. **2.** Chacun des organes durs et saillants de la bouche des vertébrés, contribuant à préparer la déglutition des proies ou servant à la défense. **3.** Chacune des tiges pointues ou des pointes triangulaires tranchantes de certains outils, certains instruments : *Les dents d'une scie, d'un râteau, d'une fourchette.* **4.** Chacune des saillies d'une roue d'engrenage. **5.** BOT. Partie en pointe de certains organes végétaux : *Les dents d'une feuille d'ortie.* **6.** Sommet montagneux pointu et déchiqueté, délimité par des versants abrupts. **7. Avoir, garder une dent contre qqn,** lui en vouloir. / *FAM.* **Avoir la dent,** avoir faim. / **Avoir la dent dure,** avoir la critique sévère. / **Avoir les dents longues,** être ambitieux. / **Dents de lait,** premières dents, destinées à tomber, chez l'homme et certains mammifères. / **Dents de sagesse,** les quatre molaires tardives chez l'homme. / **Du bout des dents,** avec dégoût : *Elle mange du bout des dents.* / **Être armé jusqu'aux dents,** être bien armé. / **Être sur les dents,** être dans une attente fébrile ; être très occupé : *Tout le service est sur les dents pour boucler le journal.* / **Faire ses dents,** avoir ses premières dents qui poussent. / **Grincer des dents,** montrer de l'agacement. / **Montrer les dents,** prendre une attitude de menace. / **Mordre à belles dents,** mordre avec avidité. / **N'avoir rien à se mettre sous la dent,** n'avoir rien à manger. / **Se casser les dents sur qqch,** ne pas en venir à bout ; échouer.

■ Chaque dent comporte une partie visible, la *couronne,* séparée par le *collet* de la *racine,* qui est logée dans une alvéole de l'os maxillaire. La racine est unie à l'alvéole par le *ligament alvéolo-dentaire ;* elle est traversée par un paquet vasculaire et nerveux qui s'épanouit dans une cavité centrale de la dent en formant la *pulpe dentaire.* Cette cavité, ou *chambre pulpaire,* est entourée par l'*ivoire,* ou *dentine,* qui est recouvert par l'*émail* au niveau de la couronne et par le *cément* au niveau de la racine.

La première dentition de l'enfant correspond à l'éruption de 20 dents de lait, qui apparaissent entre 6 et 30 mois. La dentition définitive, qui survient entre 6 et 12 ans environ, correspond à l'éruption de 28 dents permanentes, qui remplacent les précédentes et qui comprennent 8 incisives, 4 canines, 8 prémolaires et 8 molaires. Entre 16 et 30 ans, 4 dents de sagesse viennent normalement s'ajouter à la deuxième dentition. Ainsi, la denture complète comprend 32 dents.

La denture joue un rôle important dans la mastication, dont le but est de préparer le bol alimentaire. Elle joue également un rôle dans la phonation et a une fonction esthétique.

La dent peut être le siège de *carie,* atteinte de la dent, d'origine bactérienne, de *pulpite,* inflammation de la pulpe, d'*abcès.* Les *parodontoses* sont des maladies du tissu de soutien de la dent : cément, ligament alvéolo-dentaire, alvéole et gencive. ■

dentaire [dɑ̃tɛr] **adj.** Relatif aux dents : *Os dentaire.*

dental, e, aux [dɑ̃tal, -o] **adj.** PHON. **Consonne dentale,** consonne articulée en appuyant la pointe de la langue contre les dents : *Le* d *et le* t *sont des consonnes dentales.* (On dit aussi *une dentale.*)

denté, e [dɑ̃te] **adj.** Qui a des saillies en forme de dents : *Feuille, roue dentée.*

dentelé, e [dɑ̃tle] **adj.** (de *dent*). Bordé de petites échancrures, régulières ou non.

dentelle [dɑ̃tɛl] **n.f.** (dimin. de *dent*). **1.** Tissu ajouré constitué de fils entrelacés formant un fond en réseau sur lequel se détachent des motifs, réalisé à l'aide d'aiguilles, de fuseaux ou d'un crochet. **2.** Ce qui rappelle ce tissu : *Dentelle de papier.* **3.** *FAM.* **Ne pas faire dans la dentelle,** manquer du sens des nuances, de délicatesse.

dentellière [dɑ̃təljɛr] **n.f.** Personne qui fabrique la dentelle.

dentelure [dɑ̃tlyr] **n.f. 1.** Découpure en forme de dents. **2.** Motif décoratif dentelé.

dentier [dɑ̃tje] **n.m.** Appareil formé d'une série de dents artificielles.

dentifrice [dɑ̃tifris] **n.m.** et **adj.** (lat. *dentifricium,* produit utilisé pour frotter les dents). Produit destiné au nettoyage des dents et des gencives.

dentiste [dɑ̃tist] **n.** (de *dent*). Syn. cour. de *chirurgien-dentiste.*

dentisterie [dɑ̃tistəri] **n.f.** Science qui a pour objet l'étude et la pratique des soins des dents.

dentition [dɑ̃tisjɔ̃] **n.f. 1.** Ensemble des dents (syn. **denture**). **2.** PHYSIOL. Formation et sortie naturelle des dents.

denture [dɑ̃tyr] **n.f.** Nombre et disposition des différentes catégories de dents sur les mâchoires (syn. **dentition**).

dénucléarisation [denyklearizasjɔ̃] **n.f.** Action de dénucléariser ; fait d'être dénucléarisé.

dénucléariser [denyklearize] **v.t.** Limiter ou interdire le stationnement, la possession, la fabrication d'armes nucléaires dans une zone, un pays.

dénuder [denyde] **v.t.** (lat. *denudare*, de *nudus*, nu). **1.** Laisser à nu une partie du corps : *Robe qui dénude le dos.* **2.** Dépouiller un arbre de son écorce, un os, une veine de la chair qui les recouvre, un conducteur électrique de son isolant. **3. Crâne dénudé,** crâne dégarni, chauve.

dénué, e [denɥe] **adj.** (p. passé de l'anc. v. *dénuer*, doublet de *dénuder*). Dépourvu, privé de : *Un film dénué d'intérêt.*

dénuement [denymɑ̃] **n.m.** (de *dénué*). État de qqn qui manque des choses nécessaires : *Vivre dans le plus grand dénuement* (syn. **indigence, misère**).

dénutrition [denytrisjɔ̃] **n.f.** (de *nutrition*). État pathologique d'un tissu ou d'un organisme vivant chez lequel l'assimilation est déficitaire.

Denver, v. des États-Unis, cap. du Colorado, au pied des Rocheuses ; 663 862 hab. (2 491 521 hab. avec les banlieues). Construction aéronautique. Musée d'art.

Denys Ier l'Ancien (Syracuse v. 430 - *id.* 367 av. J.-C.), tyran de Syracuse (405-367 av. J.-C.). Il chassa les Carthaginois de Sicile, soumit à son autorité toutes les villes grecques de l'île et fonda des comptoirs en Italie. Il protégea les lettres (Platon) et fit de Syracuse un important centre économique.

déodorant [deɔdɔrɑ̃] **adj.m.** et **n.m.** Se dit d'un produit qui diminue ou supprime les odeurs corporelles.

déontologie [deɔ̃tɔlɔʒi] **n.f.** (du gr. *deon, -ontos,* ce qu'il faut faire, et de *-logie*). Ensemble des règles et des devoirs qui régissent une profession, la conduite de ceux qui l'exercent, les rapports entre ceux-ci et leurs clients ou le public : *Déontologie médicale.*

dépannage [depanaʒ] **n.m.** Action de dépanner : *Le dépannage d'une voiture.*

dépanner [depane] **v.t.** (de *panne*). **1.** Remettre en état de marche une machine arrêtée à la suite d'une avarie. **2.** *FAM.* Tirer qqn d'embarras en lui rendant un service : *Il m'a dépanné de cent euros.*

dépanneur, euse [depanœr, -øz] **n.** Professionnel chargé du dépannage d'un véhicule, d'un appareil, etc. ◆ **dépanneur n.m.** *QUÉBÉC.* Petite épicerie ouverte au-delà des heures habituelles des autres commerces.

dépanneuse [depanøz] **n.f.** Voiture équipée d'un matériel de dépannage.

dépaqueter [depakte] **v.t.** [conj. **27**]. Défaire un paquet ; sortir une marchandise de son emballage : *Dépaqueter des livres.*

dépareillé, e [depareje] **adj. 1.** Qui forme une série incomplète ou disparate : *Service dépareillé.* **2.** Qui s'est séparé d'un ensemble avec lequel il constituait une paire ou une série : *Des chaussettes dépareillées.*

dépareiller [depareje] **v.t.** (de *pareil*). Rendre incomplet un ensemble par la disparition d'un ou de plusieurs éléments qui le composaient.

déparer [depare] **v.t.** (de *parer*). Altérer le bel aspect de ; gâter l'harmonie d'un ensemble : *Le tableau ne dépare pas la collection.*

déparier [deparje] et **désapparier** [dezaparje] **v.t.** (de *apparier*) [conj. **9**]. Ôter l'une des deux choses qui font la paire : *Déparier des gants* (contr. **apparier**).

1. départ [depar] **n.m.** (de l'anc. fr. *departir*, s'en aller). **1.** Action de partir : *Être sur le départ.* **2. Point de départ,** commencement.

2. départ [depar] **n.m.** (de *départir*). *LITT.* **Faire le départ de, entre deux choses,** les séparer, les distinguer.

départager [departaʒe] **v.t.** [conj. **17**]. **1.** Faire cesser le partage en nombre égal des voix en ajoutant un nouveau suffrage qui permette à une majorité de se dégager. **2.** Trouver en arbitrant un moyen de classer les concurrents arrivés à égalité : *Départager les ex aequo d'un concours.*

département [departəmɑ̃] **n.m.** (de *départir*). **1.** Collectivité territoriale administrée par le conseil départemental et circonscription administrative dirigée par le préfet. **2.** Chacune des administrations du gouvernement d'un État, des branches spécialisées d'une administration, d'un organisme : *Département des antiquités du Louvre.* **3.** En Suisse, division du pouvoir exécutif d'un canton. **4. Département d'outre-mer (D.O.M.),** nom donné à certaines collectivités territoriales françaises créées en 1946 en raison de leur situation géographique et de leur histoire (la Guadeloupe, la Guyane, la Martinique et La Réunion). ***Rem.*** L'appellation *département et Région d'outre-mer* (D.R.O.M., ou D.O.M.-R.O.M.) a été substituée à celle-ci en 2003. En 2011 Mayotte est devenue le cinquième D.O.M.

départemental, e, aux [departəmɑ̃tal, -o] **adj. 1.** Qui concerne le département. **2. Route départementale,** route construite et entretenue par le département. (On dit aussi *une départementale.*) **3. Élections départementales ou départementales,** en France, élections au conseil départemental dans les cantons depuis 2015.

départementalisation [departəmɑ̃talizasjɔ̃] **n.f.** Action de donner le statut d'un département.

départir [departir] **v.t.** (de *partir*, au sens anc. de « partager ») [conj. **43** ou **32**]. *SOUT.* Attribuer en partage : *La tâche qui lui a été départie* (syn. **impartir**). ◆ **se départir v.pr. [de].** Quitter, renoncer à : *Il ne se départait pas de son calme.*

dépassé, e [depase] **adj. 1.** Qui n'a plus cours, démodé : *Une théorie dépassée* (syn. **désuet, périmé**). **2.** Qui ne domine plus la situation : *Il est dépassé* (= il n'est pas à la hauteur).

dépassement [depasmɑ̃] **n.m. 1.** Action de dépasser qqn, un véhicule : *Dépassement d'un concurrent dans un virage. Dépassement interdit.* **2.** Action de se dépasser, d'aller au-delà de ses limites : *Le dépassement de soi* (syn. **surpassement**). **3.** Fait de dépasser un budget, une somme allouée : *Un dépassement de crédit.*

dépasser [depase] **v.t.** (de *passer*). **1.** Être plus haut, plus grand, plus long que : *Ce sapin dépasse tous les autres. Il me dépasse de 5 cm.* **2.** Passer devant qqn, un véhicule : *Dépasser un camion, un concurrent* (syn. **doubler**). **3.** Aller au-delà d'une limite, d'un repère : *Dépasser la ligne d'arrivée* (syn. **franchir**). *Dépasser la trentaine.* **4.** Aller au-delà de ce qui est attendu, possible ou imaginable : *Le succès dépasse toutes nos espérances.* **5.** Excéder une quantité, une durée : *La réunion ne doit pas dépasser une heure.* **6.** Être supérieur à ; l'emporter sur : *Elle a dépassé tous ses camarades de classe.* **7.** Se situer au-delà de certaines limites : *Les mots ont dépassé ma pensée.* **8.** Causer un vif étonnement : *Son comportement me dépasse* (syn. **déconcerter, dérouter**). **9.** Mettre qqn dans l'incapacité de faire face à une situation, de dominer les événements : *Je ne comprends rien, ça me dépasse complètement.* ◆ **v.i.** Être plus long, trop long ; faire saillie : *Ton jupon dépasse. Le clou dépasse.*

dépassionner [depasjɔne] **v.t.** Enlever à un sujet, à un débat son caractère passionnel.

dépavage [depavaʒ] **n.m.** Action de dépaver.

dépaver [depave] **v.t.** Enlever les pavés.

dépaysement [depeizmɑ̃] **n.m.** État de qqn qui est dépaysé ; fait de se dépayser, d'être dépaysé : *Rechercher le dépaysement.*

dépayser [depeize] **v.t.** (de *pays*). **1.** Faire changer de pays, de milieu, de cadre : *Aimer les voyages qui dépaysent.* **2.** Désorienter en changeant les habitudes : *Il est dépaysé par son nouvel emploi.*

dépècement [depɛsmɑ̃] et **dépeçage** [depəsaʒ] **n.m.** Action de dépecer.

dépecer [depəse] **v.t.** (de *pèce,* forme anc. de *pièce*) [conj. **29**]. **1.** Mettre en pièces : *Dépecer une proie.* **2.** Découper en morceaux : *Dépecer une volaille.* **3.** Démembrer ; morceler : *Dépecer une propriété.*

dépêche [depɛʃ] **n.f.** (de *dépêcher*). **1.** Correspondance officielle concernant les affaires publiques : *Dépêche diplomatique.* **2.** Information brève transmise aux organes de presse : *Dépêche d'agence.* **3.** VIEILLI. Télégramme.

dépêcher [depeʃe] **v.t.** (propr. « débarrasser », de [*em*]*pêcher*). LITT. Envoyer en toute hâte : *Dépêcher un ambassadeur.* ◆ **se dépêcher v.pr.** Se hâter : *Se dépêcher de manger.*

dépeigner [depeɲe] **v.t.** [conj. **4**]. Déranger l'ordonnancement des cheveux (surtout p. passé) : *Il est complètement dépeigné* (syn. **décoiffer**).

dépeindre [depɛ̃dr] **v.t.** (lat. *depingere,* d'apr. *peindre*) [conj. **81**]. Décrire, représenter avec exactitude.

dépenaillé, e [depənaje] **adj.** (de l'anc. fr. *penaille,* hardes). Dont les vêtements sont en lambeaux (syn. **déguenillé**).

dépénaliser [depenalize] **v.t.** DR. Ôter son caractère pénal à une infraction.

dépendance [depɑ̃dɑ̃s] **n.f.** (de *2. dépendre*). **1.** Sujétion, subordination : *Être sous la dépendance de ses parents* (contr. **indépendance**). **2.** ÉCON. État dans lequel se trouve l'économie d'une nation par rapport à celle d'une autre et, notamm., d'un pays développé. **3.** MÉD. Besoin impérieux de continuer d'absorber certaines drogues afin de chasser un état de malaise somatique ou psychique dû au sevrage. **4.** État d'une personne qui ne peut plus réaliser seule les actes de la vie quotidienne. ◆ **dépendances n.f. pl.** Bâtiment, terrain, territoire qui se rattache à un bâtiment ou à un domaine plus important.

dépendant, e [depɑ̃dɑ̃, -ɑ̃t] **adj.** Qui est sous la dépendance de qqn, de qqch, qui lui est subordonné : *Il est dépendant financièrement* (contr. **indépendant**).

1. dépendre [depɑ̃dr] **v.t.** (de *pendre*) [conj. **73**]. Détacher ce qui était pendu (syn. **décrocher**).

2. dépendre [depɑ̃dr] **v.t. ind. [de]** (lat. *dependere,* être lié à) [conj. **73**]. **1.** Être sous la dépendance, l'autorité de qqn, du ressort d'un organisme. **2.** Être subordonné à la décision de qqn ; être soumis à qqch : *Cela dépendra de toi, des circonstances.* **3. Ça dépend,** c'est variable ; peut-être.

dépens [depɑ̃] **n.m. pl.** (lat. *dispensum,* de *dispendere,* peser, distribuer). **1.** DR. Frais d'un procès : *Être condamné aux dépens.* **2. Aux dépens de qqn, de qqch,** à la charge, aux frais de qqn ; au détriment de qqn, de qqch : *Rire aux dépens de qqn.*

dépense [depɑ̃s] **n.f.** (lat. *dispensa,* ce qui est distribué ; v. *dépens*). **1.** Action de dépenser de l'argent ; emploi qu'on en fait : *Faire des dépenses inutiles.* **2.** Montant d'une somme à payer : *Calculer la dépense d'un voyage* (syn. **frais**). **3.** Action d'utiliser qqch, de l'employer : *Une grande dépense de forces.* **4.** Quantité de matière, de produit consommés : *La dépense en essence d'une voiture* (syn. **consommation**). **5. Dépenses publiques,** dépenses de l'État, des collectivités et des établissements publics.

dépenser [depɑ̃se] **v.t.** (de *dépense*). **1.** Employer de l'argent pour un achat. **2.** Utiliser pour son fonctionnement : *Ce poêle dépense trop de charbon* (syn. **consommer**). **3.** Employer dans un but précis : *Dépenser son énergie à critiquer les autres* (syn. **consacrer**). ◆ **se dépenser v.pr.** Se donner du mouvement ; faire des efforts, se démener.

dépensier, ère [depɑ̃sje, -ɛr] **adj.** et **n.** Qui aime la dépense ; qui dépense beaucoup.

déperdition [depɛrdisjɔ̃] **n.f.** (du lat. *deperdere,* perdre complètement). Perte ; diminution : *Déperdition de chaleur, d'énergie.*

dépérir [deperir] **v.i.** (lat. *deperire*) [conj. **32**]. **1.** S'affaiblir, perdre de sa vigueur, de sa vitalité : *Sa santé dépérit.* **2.** Perdre de son importance, de sa force : *Cette entreprise dépérit.*

dépérissement [deperismɑ̃] **n.m.** État de qqn, de qqch qui dépérit : *Un dépérissement dû à des privations* (syn. **affaiblissement**). *Le dépérissement du commerce extérieur* (syn. **déclin**).

dépersonnalisation [depɛrsɔnalizasjɔ̃] **n.f.** (de *personnel,* avec infl. du lat. *personalis*). PSYCHIATRIE. Altération de la conscience du corps et du vécu corporel caractérisée par le sentiment de ne plus se reconnaître soi-même et, souvent, par la perte de la réalité du monde extérieur.

dépêtrer [depetre] **v.t.** (de [*em*]*pêtrer*). **1.** Dégager de ce qui empêche de se mouvoir : *Dépêtrer qqn de ses liens* (syn. **débarrasser**). **2.** Tirer d'embarras : *Dépêtrer qqn d'une mauvaise affaire.* ◆ **se dépêtrer v.pr. [de].** Se libérer, se débarrasser : *Il n'arrive pas à se dépêtrer de son procès.*

dépeuplement [depœpləmɑ̃] **n.m.** Action de dépeupler ; fait d'être dépeuplé, de se dépeupler.

dépeupler [depœple] **v.t.** (de *peupler*). **1.** Faire partir les habitants d'un pays, d'une région : *L'industrialisation a dépeuplé les campagnes.* **2.** Faire disparaître les animaux qui vivent dans un lieu naturel ; en diminuer le nombre : *Dépeupler un étang.* ◆ **se dépeupler v.pr.** Perdre de ses habitants : *Région qui se dépeuple depuis vingt ans* (syn. **se désertifier**).

déphasage [defazaʒ] **n.m. 1.** PHYS. Différence de phase entre deux phénomènes alternatifs de même fréquence. **2.** FAM. Perte de contact avec la réalité.

déphasé, e [defaze] **adj. 1.** PHYS. Qui présente une différence de phase avec une autre grandeur alternative de même fréquence. **2.** FAM. Qui a perdu contact avec le réel : *Après ces vacances, je suis complètement déphasé.*

dépiauter [depjote] **v.t.** (de *piau,* var. dialect. de *peau*). FAM. **1.** Enlever la peau d'un animal (syn. **écorcher**). **2.** Enlever ce qui recouvre qqch : *Dépiauter un bonbon.* **3.** Analyser minutieusement un écrit, un texte.

dépilatoire [depilatwar] **adj.** et **n.m.** (du lat. *pilus,* poil). Se dit d'un produit cosmétique permettant d'éliminer les poils : *Une crème dépilatoire* (syn. **épilatoire**).

dépiquer [depike] **v.t.** (prov. *depica,* de même rac. que *épi*). AGRIC. Séparer le grain de son épi : *Dépiquer le blé.*

dépistage [depistaʒ] **n.m.** Action de dépister : *Le dépistage d'une maladie.*

dépister [depiste] **v.t. 1.** Découvrir le gibier à la piste : *Dépister un lièvre.* **2.** Découvrir au terme d'une enquête, d'une recherche : *Dépister un voleur.* **3.** Rechercher systématiquement qqch qui n'est pas manifeste : *Dépister une maladie.* **4.** Détourner de la piste ; mettre en défaut : *Dépister les recherches de la police.*

dépit [depi] **n.m.** (lat. *despectus,* mépris). **1.** Chagrin mêlé de ressentiment dû à une déception. **2. En dépit de,** malgré : *En dépit de sa jeunesse, il est très mûr.* / **En dépit du bon sens,** très mal : *Travailler en dépit du bon sens.*

dépiter [depite] **v.t.** (lat. *despectare,* regarder d'en haut, mépriser). Causer du dépit : *Il est revenu très dépité de n'avoir rien obtenu* (syn. **décevoir, contrarier**). ◆ **se dépiter v.pr.** LITT. Concevoir du dépit, se froisser.

déplacé, e [deplase] **adj. 1.** Qui ne convient pas aux circonstances : *Remarque déplacée* (syn. **incongru, choquant**). **2. Personne déplacée,** qui a été contrainte, pour des raisons économiques ou politiques, de quitter le pays.

déplacement [deplasmɑ̃] **n.m. 1.** Action de déplacer, de se déplacer, mouvement : *Le déplacement d'une statue.* **2.** Affectation d'office à un autre poste : *Le déplacement d'un fonctionnaire* (syn. **mutation**). **3.** Voyage effectué dans l'exercice d'une profession : *Être en déplacement.* **4.** MATH. Transformation ponctuelle du plan ou de l'espace qui conserve les directions relatives et les distances : *Une translation, une rotation sont des déplacements.* **5.** MAR. Volume d'eau déplacé par la carène d'un navire, dont la masse est égale à la masse totale du bâtiment. **6.** PSYCHAN. Report de l'énergie psychique liée à un désir inconscient sur un objet de substitution.

déplacer [deplase] **v.t.** [conj. 16]. **1.** Changer qqn, qqch de place, le mettre ailleurs. **2.** Affecter d'office à un autre poste : *Déplacer un fonctionnaire* (syn. **muter**). **3.** Changer la date, l'heure de : *Déplacer un rendez-vous.* **4.** MAR. Avoir un déplacement de : *Navire qui déplace 10 000 tonnes.* **5. Déplacer la question,** s'écarter du sujet. ◆ **se déplacer v.pr. 1.** Changer de place ; bouger, se mouvoir : *Le typhon se déplace vers le sud* (syn. **se diriger**). **2.** Aller d'un lieu à un autre : *Se déplacer en métro* (syn. **circuler**).

déplafonnement [deplafɔnmɑ̃] **n.m.** Action de déplafonner ; fait d'être déplafonné.

déplafonner [deplafɔne] **v.t.** Supprimer la limite supérieure d'un crédit, d'une cotisation.

déplaire [deplɛr] **v.t. ind. [à]** [conj. 110]. **1.** Ne pas plaire, être désagréable à : *Il fait un travail qui lui déplaît.* **2.** Causer une irritation légère à : *Sa remarque lui a fortement déplu* (syn. **irriter, contrarier**). **3. N'en déplaise à qqn,** même si cela doit le contrarier : *La pièce a obtenu un beau succès, n'en déplaise aux critiques.* ◆ **se déplaire v.pr.** Ne pas se trouver bien, ne pas être à son aise où l'on est : *Ils se déplaisent dans cette région.*

déplaisant, e [deplezɑ̃, -ɑ̃t] **adj.** Qui déplaît : *Des remarques déplaisantes* (syn. **désobligeant**). *Des voisins déplaisants* (syn. **désagréable, antipathique**).

déplaisir [deplezir] **n.m.** (de *plaisir*). Sentiment pénible : *Envisager sans déplaisir de partir* (syn. **contrariété**).

déplanter [deplɑ̃te] **v.t. 1.** Ôter de terre un végétal pour le planter ailleurs. **2.** Retirer de terre : *Déplanter un piquet.*

déplantoir [deplɑ̃twar] **n.m.** Outil pour déplanter de petits végétaux.

déplâtrer [deplatre] **v.t. 1.** TECHN. Ôter le plâtre d'une surface. **2.** CHIR. Ôter le plâtre qui immobilisait un membre fracturé.

dépliant [deplijɑ̃] **n.m.** Prospectus plié : *Dépliant publicitaire.*

déplier [deplije] **v.t.** [conj. 10]. Étendre, ouvrir une chose pliée.

déplisser [deplise] **v.t.** Défaire les plis, les faux plis d'une étoffe, d'un vêtement ; défroisser : *Déplisser une jupe.*

déploiement [deplwamɑ̃] **n.m.** Action de déployer ; fait d'être déployé : *Le déploiement des forces armées.*

déplomber [deplɔ̃be] **v.t. 1.** Ôter le plomb qui scelle un objet : *Déplomber un compteur d'électricité.* **2.** Ôter le plombage d'une dent. **3.** INFORM. Pénétrer le cryptage qui protège un logiciel afin de recopier celui-ci.

déplorable [deplɔrabl] **adj.** (de *déplorer*). **1.** Qui attriste, chagrine : *Situation déplorable* (syn. **désespérant**). **2.** Très médiocre : *Résultats déplorables.*

déplorer [deplɔre] **v.t.** (lat. *deplorare,* pleurer). **1.** *LITT.* Manifester de la douleur à l'occasion d'un événement : *Déplorer la mort d'un ami.* **2.** Regretter vivement qqch ; avoir à constater qqch de fâcheux.

déployer [deplwaje] **v.t.** (de *ployer*) [conj. 13]. **1.** Étendre largement ; ouvrir ce qui était plié, roulé : *L'oiseau déploie ses ailes. Déployer une carte routière* (syn. **déplier**). **2.** Disposer sur une grande étendue : *Déployer un assortiment de bijoux* (syn. **étaler**). **3.** Montrer, manifester dans toute son intensité : *Déployer un grand courage.* **4.** MIL. **Déployer des troupes,** les faire passer d'une position de marche ou de transport à une formation de combat. **5. Rire à gorge déployée,** rire aux éclats.

se **déplumer** [deplyme] **v.pr. 1.** Perdre ses plumes. **2.** *FAM.* Perdre ses cheveux.

dépoétiser [depoetize] **v.t.** Priver de caractère poétique.

dépoitraillé, e [depwatraje] **adj.** (de *poitrail*). *FAM.* Qui porte un vêtement largement ouvert sur la poitrine.

dépolarisation [depɔlarizasjɔ̃] **n.f.** Action de dépolariser ; fait d'être dépolarisé.

dépolariser [depɔlarize] **v.t.** PHYS. Détruire la polarisation de : *Dépolariser des électrodes.*

dépoli, e [depɔli] **adj. Verre dépoli,** verre dont la surface diffuse la lumière.

dépolir [depɔlir] **v.t.** Ôter l'éclat, le poli de qqch : *Dépolir une glace.*

dépolissage [depɔlisaʒ] et **dépolissement** [depɔlismɑ̃] **n.m.** Action de dépolir.

dépolitisation [depɔlitizasjɔ̃] **n.f.** Action de dépolitiser ; son résultat : *La dépolitisation de la jeunesse.*

dépolitiser [depɔlitize] **v.t.** Retirer tout caractère politique à qqch, toute conscience politique à qqn : *Dépolitiser un débat.*

dépolluer [depɔlɥe] **v.t.** [conj. 7]. Supprimer ou réduire la pollution : *Dépolluer une plage.*

déponent, e [depɔnɑ̃, -ɑ̃t] **adj.** et **n.m.** (bas lat. *deponens, -entis*). Se dit d'un verbe latin de forme passive et de sens actif.

déport [depɔr] **n.m.** (de [*re*]*port*). BOURSE. Commission payée par le vendeur à terme au prêteur des titres.

déportation [depɔrtasjɔ̃] **n.f. 1.** DR. PÉN. Peine politique perpétuelle qui consistait à exiler un condamné dans un lieu déterminé. ▸ Cette peine a été remplacée en 1960 par la détention criminelle. **2.** Transfert et internement dans un camp de concentration situé dans une région éloignée ou à l'étranger.

déporté, e [depɔrte] **n. 1.** Personne condamnée à la déportation. **2.** Personne internée dans un camp de concentration dans une région éloignée ou à l'étranger.

déporter [depɔrte] **v.t.** (lat. *deportare,* transporter). **1.** Condamner à la déportation ; envoyer en déportation. **2.** Faire dévier de sa direction un corps en mouvement, un véhicule.

déposant, e [depozɑ̃, -ɑ̃t] **adj.** et **n. 1.** DR. Personne qui fait une déposition. **2.** Personne qui fait un dépôt et, spécial., un dépôt d'argent.

dépose [depoz] **n.f.** (de *déposer*). Action d'enlever ce qui était fixé pour le nettoyer ou le réparer : *La dépose d'un moteur.*

déposer [depoze] **v.t.** (lat. *deponere,* d'après *poser*). **1.** Poser ce que l'on portait ; laisser qqch quelque part : *Déposer un paquet chez la concierge* (syn. **remettre**). **2.** Laisser qqn quelque part après l'y avoir conduit : *Je te dépose à la gare tout à l'heure.* **3.** Laisser qqch en un lieu sûr ; laisser de l'argent, des valeurs en dépôt : *Déposer sa valise à la gare. Déposer un chèque à la banque.* **4.** Remettre ; adresser : *Déposer une pétition, une plainte.* **5.** Affirmer qqch comme témoignage : *Il a déposé qu'il avait vu l'assassin.* **6.** (Absol.). Faire une déposition en justice : *Déposer contre qqn.* **7.** Laisser comme dépôt, en parlant d'un liquide : *Le fleuve dépose des sédiments.* **8.** (Absol.). En parlant d'un liquide au repos, laisser des particules solides sur les parois dans le fond du récipient : *Ce vin dépose.* **9.** Faire enregistrer une marque, un brevet, etc., pour les protéger des imitations : *Marque déposée.* **10.** Ôter ce qui était posé, fixé : *Déposer une serrure.* **11.** Destituer un souverain, un dignitaire. **12. Déposer les armes,** cesser le combat.

dépositaire [depozitɛr] **n.** (bas lat. *depositarius*). **1.** Personne à qui a été remis un dépôt. **2.** Personne à qui l'on a confié qqch : *Le dépositaire d'un secret* (syn. **gardien**). **3.** Intermédiaire à qui des marchandises sont confiées afin qu'il les vende pour le compte de leur propriétaire.

déposition [depozisjɔ̃] **n.f. 1.** DR. Déclaration d'un témoin en justice : *Faire sa déposition* (syn. **témoignage**). **2.** Action de déposer un souverain, un dignitaire.

déposséder [depɔsede] **v.t.** [conj. 18]. Priver qqn de la possession de qqch (syn. **dépouiller, spolier**).

dépossession [depɔsesjɔ̃] **n.f.** Action de déposséder ; fait d'être dépossédé : *Une injuste dépossession* (syn. **spoliation**).

dépôt [depo] **n.m.** (lat. *depositum,* de *deponere,* déposer). **1.** Action de déposer quelque part, de placer en lieu sûr ; chose déposée : *Dépôt d'un document chez le notaire. Recevoir un dépôt.* **2.** DR. Contrat par lequel une personne (le *déposant*) confie une chose à une autre (le *dépositaire*), à charge pour celle-ci de la garder et de la rendre fidèlement. **3.** Somme confiée à un organisme bancaire : *Le montant maximum des dépôts est fixé à 100 000 euros.* **4.** Lieu où l'on dépose certaines choses, où l'on gare certains véhicules : *Dépôt d'autobus. Dépôt de carburant* (syn. **magasin, entrepôt**). **5.** Lieu de détention se trouvant dans une préfecture de police. **6.** MIL. Partie d'une unité restant en garnison quand cette unité fait campagne ; lieu où cette fraction reste stationnée. **7.** Particules solides qu'abandonne un liquide au repos : *Il y a un dépôt au fond de la bouteille.* **8.** GÉOL. Matières minérales apportées par l'eau ou le vent. **9. Dépôt de bilan,** déclaration de cessation de paiements faite au tribunal par une entreprise, un commerçant. / **Dépôt légal,** dépôt obligatoire de tout document imprimé, graphique, photographique, sonore, audiovisuel ou multimédia, ainsi que de tout logiciel, base de données ou site Internet, dès lors qu'ils sont mis à la disposition du public. ▸ En France, ce dépôt s'effectue à la B.N.F., à l'I.N.A., au C.N.C. ou auprès de l'organisme habilité à le recevoir, en fonction de la nature du document.

dépotage [depɔtaʒ] **n.m.** Action de dépoter.

dépoter [depɔte] **v.t.** Ôter une plante d'un pot.

dépotoir [depɔtwar] **n.m.** (de *dépoter*). **1.** Usine où l'on reçoit et traite les matières provenant des vidanges. **2.** Dépôt d'ordures. **3.** *FAM.* Endroit ou service où l'on relègue des personnes jugées médiocres.

dépôt-vente [depovɑ̃t] **n.m.** (pl. *dépôts-ventes*). Système de vente dans lequel une personne confie un objet à une autre afin qu'elle le vende moyennant une commission ; magasin pratiquant ce type de vente.

dépouille [depuj] **n.f.** (de *dépouiller*). **1.** Peau enlevée à un animal : *La dépouille d'un tigre.* **2.** Mue d'un reptile ou d'un arthropode. **3.** *LITT.* **Dépouille mortelle,** corps humain après la mort.

dépouillement [depujmɑ̃] **n.m. 1.** Action de dépouiller : *Le dépouillement d'une bête.* **2.** État de ce qui est dépourvu de tout ornement : *Le dépouillement d'un appartement moderne. Le dépouillement du style* (syn. **sobriété**). **3.** Action de dépouiller un texte. **4.** Ensemble des opérations qui permettent de connaître le résultat d'un scrutin.

dépouiller [depuje] **v.t.** (lat. *despoliare,* de *spolium,* dépouillé). **1.** Enlever la peau d'un animal : *Dépouiller un lapin.* **2.** Enlever ce qui couvre : *Le vent dépouille l'arbre de ses feuilles* (syn. **dégarnir**). **3.** Déposséder entièrement qqn de qqch, de ses biens, etc. : *Des escrocs l'ont dépouillé* (syn. **voler, dévaliser**). **4.** Examiner attentivement un texte pour en extraire l'essentiel : *Dépouiller les journaux.* **5.** Faire le compte des suffrages d'une élection : *Dépouiller un scrutin.* **6. Style dépouillé,** style sans ornement. ◆ **se dépouiller v.pr. 1.** Se défaire de ses biens. **2.** Muer, en parlant d'un reptile, d'un arthropode.

dépourvu, e [depurvy] **adj.** (de *pourvoir*). **1.** Privé, dénué : *Une phrase dépourvue de sens.* **2. Au dépourvu,** à l'improviste : *Cette question m'a pris au dépourvu.*

dépoussiérage [depusjeraʒ] **n.m.** Action de dépoussiérer.

dépoussiérer [depusjere] **v.t.** [conj. **18**]. **1.** Enlever la poussière : *Dépoussiérer un meuble.* **2.** Débarrasser qqch de ce qui est périmé, le moderniser : *Dépoussiérer une loi.*

dépravation [depravasjɔ̃] **n.f.** Corruption, avilissement.

dépravé, e [deprave] **adj. 1.** Altéré, faussé, en parlant du goût. **2.** Qui a perdu tout sens moral : *Une société dépravée.* ◆ **n.** Personne qui a perdu tout sens moral.

dépraver [deprave] **v.t.** (lat. *depravare,* de *pravus,* pervers). **1.** Fausser le sens moral de qqn, le pousser à commettre des actes immoraux : *Dépraver la jeunesse* (syn. **corrompre, pervertir**). **2.** Altérer, gâter le goût.

dépréciatif, ive [depresjatif, -iv] **adj.** Qui tend à déprécier : *Un terme dépréciatif* (syn. **péjoratif**).

dépréciation [depresjasjɔ̃] **n.f.** Action de déprécier ; son résultat ; fait de se déprécier : *La dépréciation de la monnaie.*

déprécier [depresje] **v.t.** (lat. *depretiare,* de *pretium,* prix) [conj. **9**]. Diminuer, rabaisser la valeur de qqch, de qqn : *Déprécier les services rendus* (syn. **minimiser**). *Déprécier une monnaie* (syn. **dévaloriser**). ◆ **se déprécier v.pr.** Perdre de sa valeur : *La monnaie se déprécie.*

déprédateur, trice [depredatœr, -tris] **adj.** et **n.** Qui commet des déprédations.

déprédation [depredasjɔ̃] **n.f.** (bas lat. *depraedatio,* du class. *praeda,* proie). **1.** Vol, pillage accompagné de destruction. **2.** Dommage causé aux biens d'autrui, aux biens publics.

se **déprendre** [deprɑ̃dr] **v.pr.** (de *prendre*) [conj. **79**]. *LITT.* Se détacher de qqn ; perdre une habitude.

dépressif, ive [depresif, -iv] **adj.** Qui manifeste de la dépression : *Un état dépressif.* ◆ **adj.** et **n.** Qui a tendance à la dépression nerveuse : *Un grand dépressif.*

dépression [depresjɔ̃] **n.f.** (lat. *depressio,* enfoncement, de *deprimere ;* v. *déprimer*). **1.** Partie en creux par rapport à une surface : *Dépression de terrain.* **2.** PHYS. Pression inférieure à celle du milieu environnant. **3.** ÉCON. Période de ralentissement économique (syn. **récession**). **4.** MÉTÉOR. **Dépression (atmosphérique),** masse atmosphérique sous basse pression, qui est le siège de mouvements ascendants (par opp. à *anticyclone*). / **Dépression nerveuse,** état pathologique de souffrance marqué par un abaissement du sentiment de valeur personnelle, par du pessimisme et par une inappétence face à la vie.

dépressionnaire [depresjɔnɛr] **adj.** MÉTÉOR. Qui est le siège d'une dépression atmosphérique.

dépressurisation [depresyrizasjɔ̃] **n.f.** Chute de la pression interne d'une cabine d'avion ou de l'habitacle d'un vaisseau spatial.

dépressuriser [depresyrize] **v.t.** Faire cesser la pressurisation d'un avion, d'un engin spatial.

déprimant, e [deprimɑ̃, -ɑ̃t] **adj. 1.** Qui affaiblit : *Un climat déprimant* (syn. **débilitant**). **2.** Qui rend triste : *Un livre déprimant* (syn. **démoralisant**).

déprime [deprim] **n.f.** (de *déprimer*). *FAM.* Dépression nerveuse.

déprimé, e [deprime] **adj.** et **n.** Qui souffre de dépression.

déprimer [deprime] **v.t.** (lat. *deprimere,* rabaisser, de *premere,* presser). Abattre physiquement ou moralement ; ôter toute énergie : *Ce travail le déprime* (syn. **démoraliser**). ◆ **v.i.** *FAM.* Être abattu, démoralisé.

de profundis [deprɔfɔ̃dis] **n.m.** (mots lat., « des profondeurs » [premiers mots d'un psaume de la Bible]). Le sixième des sept psaumes de la pénitence, que l'on récite dans les prières pour les morts.

déprogrammer [deprɔgrame] **v.t. 1.** Enlever du programme prévu un spectacle, une émission. **2.** Ajourner ce qui était prévu : *Déprogrammer une réunion.*

dépucelage [depyslaʒ] **n.m.** *FAM.* Perte du pucelage.

dépuceler [depysle] **v.t.** [conj. **24**]. *FAM.* Faire perdre son pucelage à qqn (syn. litt. **déflorer**).

depuis [dəpɥi] **prép.** (de *de* et *puis*). Indique : **1.** Le point de départ dans le temps d'une action, d'un état qui dure encore : *Depuis son accident, il boite.* **2.** Le point de départ dans l'espace : *On nous transmet depuis Londres la nouvelle d'une catastrophe aérienne* (syn. **de**). **3.** Le point de départ d'une série (souvent en corrélation avec *jusqu'à*) : *On trouve de tout, depuis la mercerie jusqu'au mobilier.* **4. Depuis lors,** depuis ce temps-là. / **Depuis peu,** il y a peu de temps. ◆ **adv.** À partir de ce moment-là : *Je ne l'ai pas revue depuis.* ◆ **depuis que loc. conj.** Depuis le moment où : *Depuis qu'il l'a rencontrée, sa vie a changé.*

dépuratif, ive [depyratif, -iv] **adj.** et **n.m.** MÉD. *VIEILLI.* Qui a la propriété de dépurer l'organisme : *Une tisane dépurative* (syn. **diurétique, purgatif**).

dépuration [depyrasjɔ̃] **n.f.** *VIEILLI.* Action de dépurer.

dépurer [depyre] **v.t.** VIEILLI. Rendre qqch pur ou plus pur : *Dépurer un métal* (syn. **épurer**).

députation [depytasjɔ̃] **n.f. 1.** Envoi de personnes chargées d'une mission ; ces personnes elles-mêmes : *Recevoir une députation* (syn. **délégation**). **2.** Fonction de député : *Aspirer à la députation.*

député, e [depyte] **n.** (de *députer*). Membre d'une assemblée législative élue au suffrage universel.

députer [depyte] **v.t.** (lat. *deputare*, estimer). Envoyer comme représentant (syn. **déléguer, mandater**).

déqualification [dekalifikasjɔ̃] **n.f.** Action de déqualifier ; fait d'être déqualifié.

déqualifier [dekalifje] **v.t.** [conj. **9**]. Donner à qqn un poste, des fonctions au-dessous de sa qualification professionnelle : *Employer un personnel déqualifié.*

der [dɛr] **n.m.** ou **f. inv.** (abrév. de *dernier*). FAM. **La der des der,** la guerre de 1914-1918 (dont on espérait qu'elle serait la dernière) au fig., la dernière chose, la dernière fois. / **Dix de der,** gratification de dix points pour celui qui fait la dernière levée, à la belote.

déraciné, e [derasine] **n.** Personne qui a quitté son pays, son milieu d'origine.

déracinement [derasinmɑ̃] **n.m.** Action de déraciner ; fait d'être déraciné : *Émigré qui souffre du déracinement.*

déraciner [derasine] **v.t. 1.** Arracher de terre un arbre, une plante avec ses racines. **2.** Supprimer radicalement qqch, le faire disparaître : *Déraciner une habitude* (syn. **extirper**). **3.** Retirer qqn de son milieu d'origine.

déraillement [derajmɑ̃] **n.m. 1.** Action de dérailler ; fait de dérailler. **2.** Accident survenant sur une voie ferrée quand un train quitte les rails.

dérailler [deraje] **v.i. 1.** Sortir des rails, en parlant d'un train. **2.** FAM. Fonctionner mal ; se dérégler : *Ma montre déraille.* **3.** S'écarter du bon sens : *Tu dérailles complètement !* (syn. **déraisonner, divaguer**).

dérailleur [derajœr] **n.m.** (de *dérailler*). **1.** Mécanisme qui fait passer une chaîne de bicyclette d'un pignon sur un autre, d'un plateau sur un autre. **2.** CH. DE. F. Dispositif de sécurité établi de façon à provoquer le déraillement d'un véhicule en vue de protéger les installations en aval.

Derain (André), peintre français (Chatou 1880 - Garches 1954). Un des créateurs du fauvisme (*le Pont de Chatou,* 1904-1905, M.N.A.M.), il y renonça au profit d'un style cézannien ou archaïsant (période « gothique », v. 1910-1918) et pratiqua ensuite un classicisme très personnel. Il a donné des décors et costumes pour le ballet, a illustré Pétrone, Ovide, Rabelais.

déraison [derezɔ̃] **n.f.** LITT. Manque de raison, de bon sens.

déraisonnable [derezɔnabl] **adj.** Qui manque de raison, de bon sens ; qui n'est pas raisonnable : *Des propos déraisonnables* (syn. **insensé, extravagant**).

déraisonnablement [derezɔnabləmɑ̃] **adv.** De manière déraisonnable.

déraisonner [derezɔne] **v.i.** LITT. Dire des paroles dénuées de raison, de bon sens : *Il déraisonne* (syn. **divaguer**).

dérangé, e [derɑ̃ʒe] **adj.** FAM. **1.** Un peu fou. **2.** Qui éprouve des troubles digestifs, notamm. intestinaux.

dérangement [derɑ̃ʒmɑ̃] **n.m. 1.** Fait d'être dérangé : *Une ligne en dérangement.* **2.** Action de se déranger, de se déplacer : *Ça valait le dérangement.*

déranger [derɑ̃ʒe] **v.t.** [conj. **17**]. **1.** Déplacer ce qui était rangé ; causer du désordre à, dans : *Il a encore dérangé sa chambre.* **2.** Troubler le fonctionnement de : *Le distributeur de café est dérangé* (syn. **dérégler**). *Cet incident dérange tous nos projets* (syn. **perturber**). **3.** Gêner qqn dans le cours de ses occupations, de son repos : *Je ne voudrais pas vous déranger* (syn. **importuner**).

dérapage [derapaʒ] **n.m. 1.** Action de déraper ; fait de déraper : *Un dérapage sur une route mouillée.* **2.** Action de s'écarter de ce qui est normal, prévu, contrôlable : *Le dérapage des prix.*

déraper [derape] **v.i.** (prov. *derapa,* de l'anc. prov. *rapar,* saisir, du germ. **rapôn*). **1.** Glisser de côté par suite d'une insuffisance d'adhérence au sol, en parlant des roues d'un véhicule, du véhicule lui-même. **2.** FAM. En parlant de qqn, glisser involontairement. **3.** S'écarter de ce qui est normal, attendu, prévu et contrôlé : *La conversation a dérapé sur un sujet délicat* (syn. **dévier**).

dératé, e [derate] **n.** (p. passé de *dérater,* enlever la rate, parce qu'on l'enlevait aux chevaux pour qu'ils courent plus vite). **Courir comme un dératé,** courir très vite.

dératisation [deratizasjɔ̃] **n.f.** Action de dératiser.

dératiser [deratize] **v.t.** Détruire systématiquement les rats dans un endroit : *Dératiser un immeuble.*

derby [dɛrbi] **n.m.** (du n. de lord *Derby,* qui organisa cette course). **1.** Grande course de chevaux qui a lieu chaque année à Epsom, en Grande-Bretagne. **2.** Rencontre sportive entre équipes voisines.

derechef [dərəʃɛf] **adv.** (de *de, re-* et *chef* au sens de « fin, extrémité »). LITT. De nouveau.

déréglé, e [deregle] **adj.** Qui n'est pas contrôlé par des règles, des principes moraux, la raison, etc. : *Vie déréglée.*

dérèglement [derɛgləmɑ̃] **n.m. 1.** Trouble du fonctionnement ; fait d'être déréglé : *Dérèglement du pouls.* **2.** Désordre moral ou mental.

déréglementation [dereglǝmɑ̃tasjɔ̃] **n.f.** Action de déréglementer ; fait d'être déréglementé.

déréglementer [dereglǝmɑ̃te] **v.t.** (de *réglementer*). Alléger ou supprimer une réglementation.

dérégler [deregle] **v.t.** (de *régler*) [conj. **18**]. Troubler le fonctionnement de : *Dérégler une balance* (syn. **détraquer**).

dérégulation [deregylasjɔ̃] **n.f.** Assouplissement ou suppression des dispositions encadrant, notamm. sur le plan des tarifs, le fonctionnement d'une activité économique, d'une profession, en vue de favoriser le jeu de la concurrence.

déréliction [dereliksjɔ̃] **n.f.** (lat. *derelictio,* de *relinquere,* laisser en arrière). LITT. État d'abandon et de solitude morale complète.

déresponsabiliser [derɛspɔ̃sabilize] **v.t.** Faire perdre le sentiment, le sens de la responsabilité à qqn, à un groupe.

dérider [deride] **v.t.** (de *ride*). Rendre moins grave : *Cette anecdote réussit à les dérider* (syn. **égayer**). ◆ **se dérider v.pr.** S'égayer ; sourire.

dérision [derizjɔ̃] **n.f.** (bas lat. *derisio,* du class. *deridere,* bafouer). Moquerie méprisante : *Tourner en dérision.*

dérisoire [derizwar] **adj.** (bas lat. *derisorius ;* v. *dérision*). **1.** Qui porte à rire par son caractère minable, ridicule : *Des arguments dérisoires.* **2.** Qui est insignifiant, faible : *Prix dérisoire.*

dérivable [derivabl] **adj.** MATH. **Fonction dérivable,** qui admet une dérivée en un point ou dans un intervalle.

dérivatif [derivatif] **n.m.** Ce qui détourne l'esprit de ses préoccupations : *Le travail sert de dérivatif à son chagrin.*

dérivation [derivasjɔ̃] **n.f. 1.** Action de détourner un cours d'eau : *Creuser un canal de dérivation.* **2.** Lit artificiel par où les eaux sont dérivées. **3.** Action de détourner la circulation routière, ferroviaire, etc. ; voie de détournement. **4.** ÉLECTR. Connexion au moyen d'un conducteur (le *dérivé*) entre deux points d'un circuit. **5.** LING. Création d'une nouvelle unité lexicale, appelée *le dérivé,* par addition d'un préfixe ou d'un suffixe à une base. **6.** MATH. Calcul de la dérivée d'une fonction. **7.** ÉLECTR. **En dérivation,** en parallèle (par opp. à *en série*).

dérive [deriv] **n.f.** (de *2. dériver*). **1.** Fait de dériver sous l'action du vent ou du courant, pour un navire, un avion. **2.** MAR. Aileron vertical immergé pour réduire la dérive d'un bateau, notamm. d'un bateau à voile. **3.** Gouvernail de direction d'un avion. **4. Aller, être à la dérive,** aller à vau-l'eau, ne plus être dirigé : *Une barque qui va à la dérive* ; au fig., se laisser aller sans réagir : *Depuis qu'il est au chômage, il est à la dérive.* / **Dérive des continents,** déplacement relatif des masses continentales glissant sur le manteau, dont la théorie, élaborée par A. Wegener, est partiellement confirmée auj. par la théorie des plaques. (⟶ tectonique.)

dérivé [derive] **n.m.** (de *1. dériver*). **1.** CHIM. Corps obtenu par la transformation d'un autre : *Un sel est un dérivé d'un acide.* **2.** LING. Mot qui dérive d'un autre : *« Fruitier » est un dérivé de « fruit ».*

dérivée [derive] **n.f.** (de *1. dériver*). MATH. Limite vers laquelle tend le rapport de l'accroissement d'une fonction à l'accroissement correspondant de la variable, lorsque ce dernier tend vers zéro.

1. dériver [derive] **v.t.** (lat. *derivare,* détourner, de *rivus,* ruisseau). Détourner de son cours : *Dériver un fleuve.* ◆ **v.t. ind. [de]. 1.** Être issu de : *Nos malheurs dérivent de la guerre.* **2.** LING. Tirer son origine : *Mot qui dérive du grec.*

2. dériver [derive] **v.i.** (altér., d'après *1. dériver,* de l'angl. *to drive,* pousser). **1.** S'écarter de sa direction. **2.** Aller à la dérive sous l'effet du vent, d'un courant, en parlant d'un navire, d'un avion.

dériveur [derivœr] **n.m.** Bateau muni d'une dérive.

dermatologie [dɛrmatɔlɔʒi] **n.f.** (de *dermato-* et *-logie*). Partie de la médecine qui étudie et soigne les maladies de la peau. ◆ **dermatologue n.** Nom du spécialiste.

dermatose [dɛrmatoz] **n.f.** (de *dermato-*). Toute maladie de peau.

derme [dɛrm] **n.m.** (gr. *derma,* peau). ANAT. Tissu qui constitue la couche profonde de la peau.

dermique [dɛrmik] **adj.** Relatif au derme.

dermite [dɛrmit] **n.f.** Inflammation du derme.

dernier, ère [dɛrnje, -ɛr] **adj.** et **n.** (formé d'apr. *premier,* sur l'anc. fr. *derrain,* lat. pop. **deretranus,* de *deretro,* renforcement du class. *retro,* derrière). Qui vient après tous les autres dans le temps, selon le mérite, le rang : *Décembre est le dernier mois de l'année. C'est le dernier des hommes.* ◆ **adj. 1.** Qui est le plus récent : *L'an dernier. Dernière mode.* **2.** Extrême : *Protester avec la dernière énergie.*

dernièrement [dɛrnjɛrmɑ̃] **adv.** Depuis peu : *Je l'ai rencontré dernièrement* (syn. **récemment**).

dernier-né [dɛrnjene], **dernière-née** [dɛrnjɛrne] **n.** (pl. *derniers-nés, dernières-nées*). Enfant né le dernier dans une famille.

dérobade [derɔbad] **n.f.** (de *dérober*). Action d'esquiver une difficulté, de se soustraire à une obligation : *Son refus de venir s'expliquer est une dérobade.*

dérobé, e [derɔbe] **adj.** (p. passé de *dérober*). **Porte, escalier dérobés,** cachés, secrets. ◆ **à la dérobée loc. adv.** Furtivement et rapidement : *Regarder qqn à la dérobée.*

dérober [derɔbe] **v.t.** (de l'anc. fr. *rober,* voler, germ. **raubôn*). **1.** LITT. Prendre furtivement ce qui appartient à autrui : *Dérober de l'argent* (syn. **voler, subtiliser**). **2.** Soustraire à la vue : *L'obscurité le déroba aux yeux de ses poursuivants.* ◆ **se dérober v.pr. 1.** Se soustraire : *Se dérober à ses obligations.* **2.** Faire défaut à qqn : *Ses jambes se dérobèrent sous lui.*

dérogation [derɔgasjɔ̃] **n.f. 1.** Action de déroger à une loi, à un contrat : *Toute dérogation à ces règles sera sanctionnée.* **2.** Autorisation accordée par une autorité de déroger à une règle, à une loi : *Accorder, obtenir une dérogation.*

dérogatoire [derɔgatwar] **adj.** DR. Qui a le caractère d'une dérogation : *Clause dérogatoire à un contrat.*

déroger [derɔʒe] **v.t. ind. [à]** (lat. *derogare,* de *rogare,* demander) [conj. **17**]. **1.** Enfreindre une loi, une convention, un usage : *Déroger au droit.* **2.** LITT. Manquer à un principe de conduite, à un usage : *Déroger à l'usage établi.*

dérouiller [deruje] **v.t. 1.** Enlever la rouille d'un objet. **2.** FAM. Dégourdir, réveiller : *Dérouiller ses jambes.* **3.** FAM. Donner des coups. ◆ **v.i.** FAM. Recevoir des coups.

déroulé [derule] **n.m.** Succession, enchaînement des étapes d'un processus, d'un événement ; déroulement : *Le déroulé d'un raisonnement, d'une cérémonie.*

déroulement [derulmɑ̃] **n.m. 1.** Action de dérouler, de se dérouler : *Le déroulement d'un tuyau.* **2.** Développement d'une action dans le temps : *Le déroulement du film.*

dérouler [derule] **v.t. 1.** Étendre ce qui était enroulé : *Dérouler une pièce d'étoffe.* **2.** Passer en revue : *Dérouler les événements de la journée, ses souvenirs.* ◆ **se dérouler v.pr.** Avoir lieu : *La manifestation s'est déroulée sans incident.*

déroutant, e [derutɑ̃, -ɑ̃t] **adj.** Qui déroute : *Un caractère déroutant* (syn. **déconcertant**).

déroute [derut] **n.f.** (de *dérouter*). **1.** Fuite en désordre d'une troupe vaincue. **2.** Situation catastrophique.

dérouter [derute] **v.t.** (de *route*). **1.** Faire perdre sa trace, mettre sur une mauvaise piste. **2.** Faire changer de route, de destination : *Dérouter un avion vers un autre aérodrome.* **3.** Mettre qqn dans l'embarras ; déconcerter : *Dérouter qqn par des questions* (syn. **décontenancer**).

derrick [derik] **n.m.** (mot angl. « potence », de *Derrick,* n. d'un bourreau). Charpente en métal supportant l'appareil de forage d'un puits de pétrole. (Recomm. off. *tour de forage.*)

Derrida (Jacques), philosophe français (El-Biar, Algérie, 1930 - Paris 2004). Il a entrepris une « déconstruction » de la métaphysique occidentale et, en réfléchissant sur les statuts de la parole et de l'écrit, a tenté de définir de nouveaux rapports entre la littérature et la philosophie (*l'Écriture et la différence,* 1967). L'écriture est déjà dans la parole, comme le discours est dans le désir, avec les mêmes fondements dans lesquels ils constituent ce que Derrida repère comme étant la marque de l'« Autre ».

1. derrière [dɛrjɛr] **prép.** et **adv.** (bas lat. *deretro,* avec infl. de l'anc. fr. *derrain* ; v. *dernier*). **1.** En arrière de ; au dos de : *Il y a un jardin derrière la maison.* **2.** À la suite (de) : *Se ranger les uns derrière les autres. Marcher derrière.* **3.** Au-delà (de) ; caché par : *Qu'y a-t-il derrière cette apparente gaieté ?* **4. Avoir une idée derrière la tête,** avoir une arrière-pensée. ◆ **de derrière loc. adj.** À l'arrière de qqch, du corps : *Le chien se dresse sur ses pattes de derrière* (syn. **arrière**).

2. derrière [dɛrjɛr] **n.m.** (de *1. derrière*). **1.** Partie postérieure de qqch. **2.** FAM. Partie postérieure de l'homme ou de l'animal comprenant les fesses : *Tomber sur le derrière.*

derviche [dɛrviʃ] **n.m.** (persan *darwich,* pauvre). Membre d'une confrérie mystique musulmane : *Derviches tourneurs* (ou *danseurs*).

des [dɛ] **art. 1.** Article défini contracté pluriel (= *de les*) : *Les cris des enfants.* **2.** Article indéfini, pluriel de *un.* **3.** Article partitif, pluriel de *de.*

dès [dɛ] **prép.** (lat. pop., de *ex,* hors de). **1.** Marque le point de départ dans le temps, la postériorité immédiate de l'action principale : *Vous partirez dès demain. Dès l'annonce de son arrivée, le silence se fit.* **2.** Le point de départ dans l'espace : *Un fleuve navigable dès sa source.* **3. Dès lors,** à partir de ce moment-là ; en conséquence : *Il avait été vexé ; dès lors il se tut. On ne peut retenir ce grief contre lui ; dès lors, l'accusation tombe* (= de ce fait). / **Dès lors que,** puisque : *Dès lors que tu renonces à ce projet, je n'ai plus de raison d'y participer.* ◆ **dès que loc. conj.** Marque la postériorité immédiate de l'action principale : *Je viendrai dès que j'aurai fini* (syn. **aussitôt que**).

désabonner [dezabɔne] **v.t.** Faire cesser un abonnement. ◆ **se désabonner v.pr.** Cesser son abonnement.

désabusé, e [dezabyze] **adj.** et **n.** Qui a perdu ses illusions : *Porter un regard désabusé sur le monde* (syn. **blasé**).

désabuser [dezabyze] **v.t.** (de *abuser*). LITT. Tirer qqn de son erreur, de ses illusions ; détromper.

désaccord [dezakɔr] **n.m. 1.** Manque d'harmonie, d'accord : *Famille en désaccord* (syn. **mésentente**). **2.** Contradiction : *Désaccord entre les paroles et les actes.*

désaccorder [dezakɔrde] **v.t. 1.** MUS. Détruire l'accord d'un instrument de musique : *Un violon désaccordé.* **2.** Détruire l'équilibre, l'harmonie d'un ensemble : *Un tapis voyant qui désaccorde l'ameublement d'une pièce.*

désaccoutumance [dezakutymɑ̃s] **n.f.** Action de se désaccoutumer ; fait de se désaccoutumer : *Désaccoutumance au tabac.*

désaccoutumer [dezakutyme] **v.t.** *LITT.* ou *DIDACT.* Faire perdre une habitude à qqn. ◆ **se désaccoutumer v. pr. [de].** Se défaire d'une habitude : *Se désaccoutumer du tabac.*

désacralisation [desakralizasjɔ̃] **n.f.** Action de désacraliser ; fait d'être désacralisé.

désacraliser [desakralize] **v.t.** Retirer son caractère sacré à qqn, qqch.

désadaptation [dezadaptasjɔ̃] **n.f.** Perte de l'adaptation à une situation ou à un milieu de vie.

désadapté, e [dezadapte] **adj.** et **n.** Qui a perdu son adaptation ; qui n'est plus adapté aux conditions du moment, du milieu, etc.

désaffecter [dezafɛkte] **v.t.** (de *1. affecter*). Changer la destination d'un édifice public, d'un local : *Le lycée a été installé dans une caserne désaffectée.*

désaffection [dezafɛksjɔ̃] **n.f.** Perte progressive de l'affection, de l'intérêt que l'on éprouvait : *Une désaffection à l'égard de son métier.*

désagréable [dezagreabl] **adj.** Qui cause une impression pénible ; ennuyeux, fâcheux : *Une personne désagréable* (syn. **déplaisant**). *Il m'est désagréable de manger seul.*

désagréablement [dezagreabləmɑ̃] **adv.** De façon désagréable.

désagrégation [dezagregasjɔ̃] **n.f.** Séparation des parties dont l'assemblage constitue un tout : *Désagrégation des pierres sous l'action du froid* (syn. **désintégration**). *Désagrégation de l'État* (syn. **décomposition**).

désagréger [dezagreʒe] **v.t.** (de *agréger*) [conj. **22**]. Produire la désagrégation : *Le gel a désagrégé la roche* (syn. **désintégrer**). ◆ **se désagréger v.pr.** Se décomposer, s'effriter.

désagrément [dezagremɑ̃] **n.m.** (de *agrément*). **1.** Sentiment désagréable causé par ce qui déplaît : *Éprouver un vif désagrément* (syn. **ennui**). **2.** Sujet de contrariété : *Son étourderie lui a causé bien des désagréments.*

désaimantation [dezemɑ̃tasjɔ̃] **n.f.** Action de désaimanter ; fait d'être désaimanté.

désaimanter [dezemɑ̃te] **v.t.** Supprimer l'aimantation de.

désaltérant, e [dezalterɑ̃, -ɑ̃t] **adj.** Propre à désaltérer : *Une boisson désaltérante.*

désaltérer [dezaltere] **v.t.** (de *altérer*) [conj. **18**]. Apaiser la soif. ◆ **se désaltérer v.pr.** Apaiser sa soif en buvant.

désamorçage [dezamɔrsaʒ] **n.m.** Action de désamorcer : *Le désamorçage d'une mine.*

désamorcer [dezamɔrse] **v.t.** [conj. **16**]. **1.** Ôter l'amorce de : *Désamorcer un obus.* **2.** Interrompre la marche d'un appareil, d'une machine : *Désamorcer une pompe.* **3.** Prévenir le développement dangereux de qqch : *Désamorcer un conflit.*

désapparier v.t. ⟶ **déparier.**

désappointé, e [dezapwɛ̃te] **adj.** (angl. *disappointed,* de l'anc. fr. *désappointer,* destituer, de *1. appointer*). Déconcerté, déçu : *Son air désappointé a fait rire tout le monde.*

désappointement [dezapwɛ̃tmɑ̃] **n.m.** État d'une personne désappointée ; déception.

désappointer [dezapwɛ̃te] **v.t.** (angl. *to disappoint* ; v. *désappointé*). Tromper l'attente, les espérances de qqn ; décevoir : *Cet échec l'a désappointé.*

désapprendre [dezaprɑ̃dr] **v.t.** [conj. **79**]. Oublier ce qu'on avait appris.

désapprobateur, trice [dezaprɔbatœr, -tris] **adj.** Qui désapprouve : *Faire un signe désapprobateur.*

désapprobation [dezaprɔbasjɔ̃] **n.f.** Action de désapprouver, de blâmer.

désapprouver [dezapruve] **v.t.** Ne pas approuver : *Désapprouver un projet* (syn. **blâmer, critiquer**).

désarçonner [dezarsɔne] **v.t.** (de *arçon*). **1.** Faire tomber de cheval. **2.** Déconcerter, mettre dans l'embarras, dans l'impossibilité de répondre.

désargenté, e [dezarʒɑ̃te] **adj. 1.** Qui a perdu sa couche d'argent : *Couverts désargentés.* **2.** *FAM.* Démuni d'argent.

se **désargenter** [dezarʒɑ̃te] **v.pr.** Perdre sa couche d'argent.

désarmant, e [dezarmɑ̃, -ɑ̃t] **adj.** Qui décourage toute attaque, toute critique : *Une candeur désarmante.*

désarmement [dezarməmɑ̃] **n.m. 1.** Action de désarmer ; fait d'être désarmé. **2.** Action concertée visant à limiter, à supprimer ou à interdire la fabrication ou l'emploi de certaines armes.

■ **L'action de la S.D.N.** Le désarmement n'a fait réellement l'objet de négociations internationales qu'après la Première Guerre mondiale. Le programme de la Société des Nations (S.D.N.), qui visait notamment à la réduction des armements au minimum compatible avec la sécurité nationale et prévoyait un contrôle international du commerce des armes, ne sera que partiellement appliqué : limitation des armements navals (traité de Washington, 1922) et des armements biologiques et chimiques (protocole de Genève, 17 juin 1925). En rompant avec la S.D.N. (1933), Hitler engage l'Allemagne dans la voie du réarmement et condamne, a posteriori, la conférence de Genève (1932-1937).

Le désarmement après 1945. Au lendemain de la Seconde Guerre mondiale, les négociations sont dominées par la menace sans précédent des armes nucléaires. Les rivalités atomiques et l'obstacle du contrôle, clé de voûte de tout système d'accord, vont empêcher la promotion d'un désarmement général et complet jusqu'au minimum compatible avec l'exercice des fonctions de police des États. C'est pourquoi, depuis 1957, les accords bilatéraux (U.R.S.S., États-Unis) ou multilatéraux qui ont été conclus présentent un aspect partiel. Parmi les plus importants on peut citer : le traité sur la non-militarisation de l'espace (1967), le traité de non-prolifération des armes nucléaires (1970), les accords sur la prévention de la guerre nucléaire (1973). À partir de 1969, des discussions sur les armes stratégiques réunissent les deux Grands dans le cadre des accords SALT et START. Parallèlement se tient à partir de 1973 la conférence sur la sécurité et la coopération en Europe (C.S.C.E.). Bloquées au début des années 1980, les négociations entre les États-Unis et l'U.R.S.S. progressent avec les rencontres Reagan-Gorbatchev à Genève (1985), puis à Reykjavík (1986). Cette reprise du dialogue prélude à la signature en 1987 à Washington d'un accord prévoyant le démantèlement des missiles à moyenne portée en Europe. Dans le même esprit, la concertation sur l'interdiction des armes chimiques est relancée à partir de 1989.

La fin de la guerre froide. L'évolution des relations américano-soviétiques et la fin de la guerre froide ont considérablement infléchi la notion de désarmement, tant dans son esprit que dans ses pratiques concrètes. Certes, l'argumentation traditionnelle n'a pas été abandonnée. Cependant, deux autres voies, plus concrètes, sont expérimentées. La première est celle de la limitation des armes aussi bien conventionnelles que nucléaires. On ne recherche pas l'élimination totale des armes mais leur régulation afin de limiter la compétition et la recherche systématique d'une supériorité technologique. De cette approche relèvent le traité de Washington (déc. 1987) sur les forces nucléaires intermédiaires basées au sol, le traité de Paris (nov. 1990)

⟶

réduisant les forces conventionnelles en Europe, l'accord américano-russe de juin 1992, qui, allant plus loin que le traité START de Moscou (juill. 1991), prévoit la réduction des charges nucléaires à 3 000-3 500 en l'an 2003, et le nouveau traité de désarmement stratégique signé par G. W. Bush et V. Poutine à Moscou en mai 2002. La seconde voie cherche le renforcement des mesures de contrôle sur les exportations et les transferts de technologies servant à la fabrication d'armes de destruction massive et de missiles balistiques pouvant en être équipés. ■

désarmer [dezarme] **v.t. 1.** Enlever son arme, ses armes à qqn. **2.** Détendre le ressort de percussion d'une arme à feu. **3.** Faire cesser un sentiment violent : *Désarmer la colère de qqn.* **4.** Dégarnir un navire de son matériel et donner congé à son équipage. ◆ **v.i. 1.** Réduire ses armements. **2.** Abandonner un sentiment violent ou hostile : *Sa haine ne désarme pas.* **3.** Cesser toute activité : *Malgré l'âge, il ne désarme pas* (syn. **renoncer**).

désarroi [dezarwa] **n.m.** (de l'anc. fr. *désarroyer,* mettre en désordre). État d'une personne profondément troublée : *Être en plein désarroi.*

désarticulation [dezartikylasjɔ̃] **n.f.** Action de désarticuler ; fait d'être désarticulé.

désarticuler [dezartikyle] **v.t.** Sortir un os de son articulation. ◆ **se désarticuler v. pr.** Assouplir à l'excès les articulations de son corps.

désassembler [dezasɑ̃ble] **v.t.** Séparer les pièces composant un assemblage ; disjoindre.

désassorti, e [dezasɔrti] **adj. 1.** Dégarni de marchandises : *Magasin désassorti.* **2.** Dont certaines pièces ne sont plus assorties : *Des verres désassortis* (syn. **dépareillé**). **3.** Qui n'est pas en harmonie : *Un couple désassorti.*

désastre [dezastr] **n.m.** (it. *disastro,* de *disastrato,* né sous une mauvaise étoile, de *astro,* astre). **1.** Événement funeste ; conséquences graves qui en résultent : *Contempler le désastre après un tremblement de terre.* **2.** Défaite militaire écrasante. **3.** Ruine, faillite : *Un désastre monétaire.* **4.** Chose déplorable : *Ce film, quel désastre !*

désastreux, euse [dezastrø, -øz] **adj.** Qui constitue un désastre ou qui en a le caractère : *Dans ces conditions, nous risquons de subir un échec désastreux* (syn. **catastrophique**).

désavantage [dezavɑ̃taʒ] **n.m.** (de *avantage*). Ce qui cause une infériorité, un inconvénient, un préjudice.

désavantager [dezavɑ̃taʒe] **v.t.** [conj. **17**]. Faire subir un désavantage à : *Sa timidité le désavantage* (syn. **handicaper**).

désavantageux, euse [dezavɑ̃taʒø, -øz] **adj.** Qui cause, peut causer un désavantage : *Elles ont signé un contrat désavantageux* (syn. **défavorable**).

désaveu [dezavø] **n.m.** (pl. *désaveux*). **1.** Refus de se reconnaître comme l'auteur d'un acte, d'une parole : *Sa déclaration constitue un désaveu de son action passée* (syn. **reniement**). **2.** Refus d'approuver ou de continuer d'approuver qqn, qqch : *Le gouvernement a été contraint au désaveu de son représentant.*

désavouer [dezavwe] **v.t.** (de *avouer*) [conj. **6**]. **1.** Refuser de reconnaître comme sien : *Désavouer ses écrits* (syn. **renier**). **2.** Revenir sur ce qu'on a dit ou fait : *Désavouer une promesse.* **3.** Déclarer qu'on n'a pas autorisé qqn à faire ce qu'il fait : *Désavouer un ministre.* **4.** Cesser de cautionner qqn, son action : *Les électeurs ont désavoué le candidat.*

désaxé, e [dezakse] **adj.** Sorti de son axe : *Roue désaxée.* ◆ **adj.** et **n.** Qui souffre de déséquilibre mental.

Descartes (René), philosophe, mathématicien et physicien français (La Haye, auj. Descartes, Indre-et-Loire, 1596 - Stockholm 1650). Militaire, il parcourt l'Europe. En 1629, il se rend en Hollande, où il vit en changeant fréquemment de résidence avant de partir pour la Suède. Il simplifie l'écriture mathématique et fonde la géométrie analytique. Il dégage les lois de la réfraction de la lumière et découvre la notion de travail. Sa physique mécaniste et sa théorie des animaux-machines ont posé les bases de la science moderne (*Dioptrique,* 1637 ; *Géométrie,* 1637). Son apport scientifique est basé sur l'emploi d'une méthode et sur une métaphysique nouvelles (*Principes de la philosophie,* 1644 ; *les Passions de l'âme,* 1649). Sa méthode lui permet de dégager la science des confusions de la scolastique grâce à une logique de l'idée claire et distincte, fondée sur la déduction allant du simple au complexe (*Règles pour la direction de l'esprit,* écrit en 1628 ; *Discours de la méthode,* 1637). Il construit sa métaphysique en partant d'un doute méthodique, l'amenant à faire table rase de toute connaissance non fondée ; seule subsiste la certitude de la pensée qui doute. Il en déduit l'existence même de celui qui pense (« Je pense, donc je suis »), puis celle de Dieu (« preuve ontologique ») ; il déduit de là l'existence du monde extérieur (*Méditations métaphysiques,* 1641). La métaphysique cartésienne est un dualisme qui oppose la *chose étendue* (« res extensa ») et la *chose pensante* (« res cogitans »), ce qui fait que le problème cartésien par excellence est celui de l'union de l'âme et du corps. Il a proposé une morale du bonheur et de la « générosité » (disposition qui pousse à donner plus que ce à quoi on est socialement tenu, en vertu de ce qu'on est naturellement, par naissance). La pensée cartésienne rompt avec la scolastique héritée d'Aristote et de saint Thomas d'Aquin et constitue une étape fondamentale dans l'histoire de la philosophie occidentale.

descellement [desɛlmɑ̃] **n.m.** Action de desceller.

desceller [desele] **v.t.** [conj. **4**]. Défaire ce qui est scellé : *Desceller une pierre d'un mur.*

descendance [desɑ̃dɑ̃s] **n.f. 1.** Fait de tirer son origine familiale de qqn : *Prouver sa descendance* (syn. **filiation**). **2.** Ensemble de ceux qui sont issus de qqn : *Une nombreuse descendance* (syn. **lignée**).

1. descendant, e [desɑ̃dɑ̃, -ɑ̃t] **adj.** Qui descend : *Marée descendante.*

2. descendant, e [desɑ̃dɑ̃, -ɑ̃t] **n.** Personne considérée par rapport à ceux dont elle est issue : *Un descendant de nobles bretons.*

descendeur [desɑ̃dœr] **n.m.** Dispositif utilisé pour freiner les descentes en rappel, en alpinisme, en spéléologie.

descendre [desɑ̃dr] **v.i.** (lat. *descendere*) [conj. **73 ;** auxil. *être*]. **1.** Se transporter en un lieu moins élevé ; aller de haut en bas : *Descendre à la cave. Descendre de son siège.* **2.** Se rendre en un lieu géographique situé plus au sud ou considéré comme moins central : *Descendre dans le Sud.* **3.** Sortir d'un véhicule : *Les voyageurs descendent du train.* **4.** Séjourner quelque temps : *Descendre dans un palace* (syn. **loger**). **5.** Pénétrer brusquement ; faire irruption : *La police est descendue dans ce café.* **6.** Tirer son origine, être issu : *Descendre d'une famille illustre.* **7.** Être en pente : *Plaine qui descend vers la mer.* **8.** Baisser de niveau : *La marée descend.* **9.** Atteindre telle profondeur ; s'étendre de haut en bas jusqu'à tel point : *Le puits descend à 400 mètres. Robe qui descend jusqu'aux chevilles.* **10.** Atteindre un niveau, un degré inférieur : *Le thermomètre est descendu au-dessous de 0 °C. Les prix descendent* (syn. **baisser**). **11. Descendre dans la rue,** prendre part à une manifestation sur la voie publique. ◆ **v.t.** [auxil. *avoir*]. **1.** Parcourir de haut en bas ; suivre le cours de : *Descendre un escalier, un fleuve.* **2.** Déplacer vers le bas : *Descendre du vin à la cave.* **3.** Amener qqn à un endroit : *Je te descends à la gare* (syn. **déposer**). **4.** FAM. Faire tomber : *Descendre un avion* (syn. **abattre**). **5.** FAM. Tuer avec une arme à feu : *Il s'est fait descendre dans un bar.* **6.** FAM. Boire en entier : *Descendre une bouteille.* **7.** FAM. **Descendre en flammes,** critiquer violemment : *Descendre un auteur, une œuvre en flammes.*

descente [desɑ̃t] **n.f. 1.** Action de descendre, d'aller de haut en bas : *La descente en rappel d'un alpiniste. L'avion amorce sa descente vers l'aéroport.* **2.** Pente d'un chemin, d'une route, etc. ; endroit par lequel on descend : *Ralentir dans la descente.* **3.** SPORTS. Épreuve de vitesse de ski alpin sur un parcours en forte pente. **4.** Action de porter à un endroit plus bas : *La des-*

cente du vin à la cave. **5. Descente de police,** opération surprise dans un lieu pour vérification d'identité ou enquête. **6. Descente de lit,** petit tapis placé au bas du lit.

Deschanel (Paul), homme d'État français (Schaerbeeck 1855 - Paris 1922), président de la République (févr.-sept. 1920).

déscolariser [deskɔlarize] **v.t.** Retirer de l'école un enfant d'âge scolaire.

1. descriptif, ive [dɛskriptif, -iv] **adj.** (lat. *descriptus,* de *describere* ; v. *décrire*). Qui décrit dans le détail qqch : *Science descriptive. Passages descriptifs d'un roman.*

2. descriptif [dɛskriptif] **n.m.** (de *1. descriptif*). Document qui donne une description à l'aide de plans, de schémas.

description [dɛskripsjɔ̃] **n.f.** (lat. *descriptio,* de *describere* ; v. *décrire*). Action de décrire ; développement qui décrit : *Faire la description du jardin.*

desdits, desdites adj. → **dit.**

désectoriser [desɛktɔrize] **v.t.** Modifier ou faire cesser une sectorisation : *Désectoriser l'enseignement, les hôpitaux.*

désembouteiller [dezɑ̃buteje] **v.t.** Faire cesser un embouteillage.

désembuage [dezɑ̃bɥaʒ] **n.m.** Action de faire disparaître la buée sur une vitre.

désembuer [dezɑ̃bɥe] **v.t.** Faire disparaître la buée : *Désembuer les vitres de sa voiture.*

désemparé, e [dezɑ̃pare] **adj.** (p. passé de *désemparer*). Qui ne sait quel parti prendre : *Elle est complètement désemparée depuis qu'elle est au chômage.*

désemparer [dezɑ̃pare] **v.i.** (de l'anc. fr. *emparer,* fortifier). **Sans désemparer,** sans interruption ; avec persévérance : *Travailler sans désemparer.*

désemplir [dezɑ̃plir] **v.i.** [conj. **32**]. **Ne pas désemplir,** être toujours plein : *Ce magasin ne désemplit pas.*

désencadrer [dezɑ̃kadre] **v.t.** Ôter de son cadre : *Désencadrer une gravure.*

désenchanté, e [dezɑ̃ʃɑ̃te] **adj.** Qui a perdu ses illusions ; qui manifeste du désenchantement : *Il est revenu désenchanté de son voyage. Un sourire désenchanté.*

désenchantement [dezɑ̃ʃɑ̃tmɑ̃] **n.m.** Cessation des illusions : *Connaître des désenchantements dans sa carrière* (syn. **déconvenue, déception**).

désenclaver [dezɑ̃klave] **v.t.** (de *enclaver*). Rompre l'isolement d'une région sur le plan économique.

désencombrer [dezɑ̃kɔ̃bre] **v.t.** Débarrasser de ce qui encombre : *Désencombrer le grenier* (syn. **débarrasser**).

désenflammer [dezɑ̃flame] **v.t.** Faire cesser l'inflammation : *Désenflammer une blessure.*

désenfler [dezɑ̃fle] **v.i.** Cesser d'être enflé : *Le doigt a désenflé, est désenflé.*

désenfumer [dezɑ̃fyme] **v.t.** Faire sortir la fumée de : *Désenfumer une pièce.*

désengagement [dezɑ̃gaʒmɑ̃] **n.m.** Action de désengager ou de se désengager.

désengager [dezɑ̃gaʒe] **v.t.** [conj. **17**]. Libérer d'un engagement : *Je l'ai désengagé de cette obligation.* ◆ **se désengager v.pr.** Cesser son engagement : *Se désengager d'une promesse.*

désengorger [dezɑ̃gɔrʒe] **v.t.** [conj. **17**]. Déboucher ce qui est engorgé, obstrué : *Désengorger un tuyau obstrué. Une déviation qui désengorge l'autoroute* (syn. **désobstruer**).

désenivrer [dezɑ̃nivre] **v.t.** Tirer de l'ivresse.

désennuyer [dezɑ̃nɥije] **v.t.** [conj. **14**]. Dissiper l'ennui : *La lecture de ce roman m'a désennuyé.*

désensabler [dezɑ̃sable] **v.t.** Dégager ce qui est ensablé : *Désensabler une voiture.*

désensibilisation [desɑ̃sibilizasjɔ̃] **n.f.** MÉD. Traitement supprimant les réactions allergiques de l'organisme à l'égard de certaines substances (pollens, poussières, etc.).

désensibiliser [desɑ̃sibilize] **v.t. 1.** Pratiquer une désensibilisation. **2.** Rendre moins sensible à qqch : *Désensibiliser l'opinion sur un problème.* ◆ **se désensibiliser v.pr.** Perdre sa sensibilité.

désensorceler [dezɑ̃sɔrsəle] **v.t.** [conj. **24**]. Délivrer de l'ensorcellement.

désentoiler [dezɑ̃twale] **v.t.** Ôter sa toile à : *Désentoiler un tableau pour le rénover.*

désentraver [dezɑ̃trave] **v.t.** Délivrer de ses entraves : *Désentraver un animal.*

désenvenimer [dezɑ̃vənime] **v.t. 1.** Éliminer le venin de : *Désenvenimer une morsure de serpent.* **2.** Rendre moins virulente une querelle, une discussion.

désépaissir [dezepɛsir] **v.t.** [conj. **32**]. Rendre moins épais : *Désépaissir une sauce.*

déséquilibre [dezekilibr] **n.m. 1.** Absence d'équilibre : *Un léger déséquilibre fait pencher le bateau. Une armoire en déséquilibre.* **2.** Manque d'équilibre mental.

déséquilibré, e [dezekilibre] **adj.** et **n. 1.** Qui manque d'équilibre : *Une table déséquilibrée.* **2.** Atteint de déséquilibre mental ; désaxé.

déséquilibrer [dezekilibre] **v.t. 1.** Faire perdre son équilibre à. **2.** Perturber profondément : *La mort de sa mère l'a déséquilibré.*

1. désert, e [dezɛr, -ɛrt] **adj.** (lat. *desertus*). **1.** Inhabité : *Une île déserte.* **2.** Peu fréquenté : *Une rue déserte.* **3.** LITT. Vide d'occupations ; ennuyeux : *Une journée déserte.*

2. désert [dezɛr] **n.m.** (lat. *desertum*). **1.** Lieu inhabité, vide ou peu fréquenté. **2.** GÉOGR. Région très sèche, marquée par l'absence ou la pauvreté de la végétation et la rareté du peuplement.

■ Les déserts occupent une grande partie de la surface du globe : ils s'étendent sur la moitié de l'Afrique boréale (Sahara), une partie de l'Afrique australe (Kalahari), l'Arabie, la majeure partie de la Chine occidentale et même de la Sibérie, le centre de l'Australie, le Canada septentrional ainsi que sur l'Antarctique.
Le désert est caractérisé, quelle que soit la latitude, par la faiblesse des précipitations (aridité). On peut distinguer deux grands types de déserts, en fonction de la température : les *déserts froids,* qui sont en fait les plus inhabités (l'Antarctique), et les *déserts chauds,* c'est-à-dire les déserts de la zone tropicale ou subtropicale (auxquels le nom de *désert* est souvent exclusivement réservé).
Les *déserts chauds* sont caractérisés d'abord par des précipitations irrégulières et très réduites (inférieures à 100 mm par an) et par de forts écarts entre les températures extrêmes de la journée : la nuit, le gel est fréquent au Sahara.
L'absence d'eau explique la maigreur de la végétation, limitée à quelques espèces adaptées à la sécheresse et à des plantes temporaires dans les lits des cours d'eau. Ceux-ci, le plus souvent à sec, se perdent dans les sables et arrivent rarement jusqu'à la mer. En raison de l'absence de tapis végétal, l'érosion dans les déserts est caractérisée par le rôle du vent : il trie les grains de sable (laissant subsister de vastes étendues pierreuses, ou *regs*), les transporte et les accumule sous forme de dunes *(ergs).*
La vie dans les déserts est très limitée : seules les oasis, où l'irrigation permet des cultures intensives, sont des foyers de peuplement. Le reste est parcouru par les nomades. ■

déserter [dezɛrte] **v.t.** (de *1. désert*). **1.** Quitter un lieu, ne plus s'y rendre : *En automne, les vacanciers désertent les plages* (syn. **abandonner**). **2.** Ne plus assurer une fonction : *Déserter son poste.* **3.** SOUT. Quitter, trahir : *Déserter une cause* (syn. **renier**). ◆ **v.i.** MIL. Quitter son corps ou son poste sans autorisation.

déserteur [dezɛrtœr] **n.m. 1.** Militaire qui a déserté. **2.** Personne qui abandonne un parti, une cause.

désertification [dezɛrtifikasjɔ̃] **n.f.** Transformation d'une région en désert.

se **désertifier** [dezɛrtifje] **v.pr.** [conj. **9**]. **1.** Se transformer en désert. **2.** Se dépeupler : *La campagne française se désertifie.*

désertion [dezɛrsjɔ̃] **n.f.** Action de déserter.

désertique [dezɛrtik] **adj.** Du désert ; caractéristique du désert : *Relief désertique.*

désescalade [dezɛskalad] **n.f. 1.** Diminution progressive de la menace et de la tension qui résultent d'un processus d'escalade militaire, sociale. **2.** Diminution progressive du niveau élevé atteint par qqch : *La désescalade des prix.*

désespérance [dezɛsperɑ̃s] **n.f.** LITT. État d'une personne qui n'a plus d'espoir (syn. **désespoir**).

désespérant, e [dezɛsperɑ̃, -ɑ̃t] **adj. 1.** Qui désespère : *Nouvelle désespérante* (syn. **décourageant**). **2.** Qui contrarie, chagrine : *Une lenteur désespérante* (syn. **déplorable**).

désespéré, e [dezɛspere] **adj.** et **n.** Qui est plongé dans le désespoir ; qui n'a plus de recours : *Le désespéré mit fin à ses jours.* ◆ **adj. 1.** Qui exprime le désespoir : *Regard désespéré.* **2.** Qui ne laisse plus d'espoir : *Situation désespérée.* **3.** Extrême : *Une tentative désespérée.*

désespérément [dezɛsperemɑ̃] **adv.** De façon désespérée : *Appeler désespérément au secours.*

désespérer [dezɛspere] **v.t.** [conj. **18**]. **1.** Faire perdre l'espoir à ; décourager, contrarier : *Cet enfant me désespère.* **2.** Ne plus espérer que : *Je désespère qu'il réussisse.* ◆ **v.i.** ou **v.t. ind.** [**de**]. Perdre courage ; cesser d'espérer : *Je désespère de lui* (= je n'attends plus rien de lui). *Il n'a jamais désespéré.* ◆ **se désespérer v.pr.** S'abandonner au désespoir.

désespoir [dezɛspwar] **n.m. 1.** Manque d'espoir ; fait de ne plus rien attendre ; abattement profond : *Il s'est suicidé dans un moment de désespoir.* **2.** Personne, chose qui désespère : *Cet enfant est le désespoir de la famille.* **3. En désespoir de cause,** en dernier ressort. / **Être au désespoir,** être désespéré.

déshabillage [dezabijaʒ] **n.m.** Action de déshabiller, de se déshabiller.

déshabillé [dezabije] **n.m.** Vêtement d'intérieur léger porté par les femmes.

déshabiller [dezabije] **v.t. 1.** Ôter à qqn ses vêtements (syn. **dévêtir**). **2.** Ôter à un objet un ornement, un revêtement : *Déshabiller un fauteuil.* ◆ **se déshabiller v.pr.** Enlever ses vêtements.

déshabituer [dezabitɥe] **v.t.** [conj. **7**]. Faire perdre une habitude à : *Il est difficile de la déshabituer d'arriver en retard.* ◆ **se déshabituer v.pr.** [**de**]. Perdre l'habitude de : *J'ai réussi à me déshabituer du tabac* (syn. **désaccoutumer**).

désherbage [dezɛrbaʒ] **n.m.** Action de désherber.

désherbant, e [dezɛrbɑ̃, -ɑ̃t] **adj.** et **n.m.** Se dit d'un produit qui détruit les mauvaises herbes.

désherber [dezɛrbe] **v.t.** Enlever les mauvaises herbes.

déshéritement [dezeritmɑ̃] **n.m.** Action de déshériter ; fait d'être déshérité.

déshériter [dezerite] **v.t. 1.** Priver qqn d'héritage. **2.** LITT. Priver de dons naturels : *La nature l'a déshéritée* (syn. **désavantager**).

déshonnête [dezɔnɛt] **adj.** LITT. Contraire à la morale, à la pudeur : *Geste déshonnête* (syn. **inconvenant, indécent**).

déshonneur [dezɔnœr] **n.m.** État d'une personne déshonorée ; déconsidération, indignité.

déshonorant, e [dezɔnɔrɑ̃, -ɑ̃t] **adj.** Qui déshonore : *Une conduite déshonorante.*

déshonorer [dezɔnɔre] **v.t.** Porter atteinte à l'honneur de : *Il déshonore la profession* (syn. **discréditer**). *Déshonorer la mémoire de ses parents* (syn. **salir**). ◆ **se déshonorer v.pr.** Perdre son honneur ; commettre une action qui entache l'honneur, qui avilit.

déshumanisation [dezymanizasjɔ̃] **n.f.** Action de déshumaniser ; fait d'être déshumanisé : *La déshumanisation de l'administration.*

déshumaniser [dezymanize] **v.t.** Faire perdre tout caractère humain à : *Les grands ensembles ont déshumanisé cette ville.*

déshydratation [dezidratasjɔ̃] **n.f.** Action de déshydrater ; fait d'être déshydraté.

déshydrater [dezidrate] **v.t.** (de *hydrater*). **1.** Priver un corps de tout ou partie de l'eau qu'il renferme : *Déshydrater des légumes* (syn. **dessécher**). **2.** Faire perdre à un organisme, à la peau de sa teneur en eau : *Une peau déshydratée.* ◆ **se déshydrater v.pr.** Perdre de sa teneur en eau, en parlant de l'organisme, de la peau, etc.

De Sica (Vittorio), acteur et cinéaste italien (Sora 1901 - Paris 1974). Il a été l'un des leaders du néoréalisme italien, et a signé avec le scénariste Zavattini ses meilleurs films : *le Voleur de bicyclette* (1948), *Miracle à Milan* (1951), *Umberto D* (1952).

desiderata [deziderata] **n.m. pl.** (mot lat. « choses désirées »). Ce qui manque ; ce dont on regrette l'absence : *Faire part de ses desiderata à son député* (syn. **désirs, souhaits**).

design [dizajn] **n.m.** (mot angl. « dessin, esquisse », fr. *dessin*). **1.** Discipline visant à la création d'objets, d'environnements, d'œuvres graphiques, etc., à la fois fonctionnels, esthétiques et conformes aux impératifs d'une production industrielle. (Recomm. off. *stylique*.) **2.** Ensemble des objets créés selon ces critères : *Vendre du design.* ◆ **adj. inv.** Créé, conçu selon les critères du design : *Des meubles design.*

■ **L'objet et sa fonction.** À travers les travaux de W. Morris et des Arts and Crafts anglais (créés en 1888), ceux du Deutscher Werkbund (fondé en 1907), les recherches du Bauhaus puis les techniques de « styling » des esthéticiens industriels (R. Loewy), la problématique du design s'est centrée progressivement sur la fonction de l'objet dans l'environnement et sur la primauté de la structure par rapport à la forme. Sans renoncer aux critères esthétiques, le designer est amené à réaliser, en collaboration avec les spécialistes de la fabrication et de la vente, une synthèse des impératifs industriels et des besoins sociaux. L'objet apparaît alors comme un ensemble de messages (selon ses formes, son maniement, ses fonctions) auxquels correspondent des codes conventionnels : le designer organise la cohérence de l'objet à l'intérieur d'un système de communication.
L'évolution récente. De caractère de plus en plus international dans ses styles (*high-tech* de la fin des années 1970, basé sur l'adaptation des accessoires industriels à l'habitat ; style plein de fantaisie formelle et chromatique des années 1980), le design s'est aussi diversifié en fonction des secteurs concernés : industrie, architecture, environnement, graphisme et publicité. ■

désignation [deziɲasjɔ̃] **n.f. 1.** Action de désigner : *Depuis sa désignation comme directeur, il a changé* (syn. **nomination**). **2.** Ce qui désigne : *Qu'est-ce qu'on entend sous cette désignation ?* (syn. **dénomination, appellation**).

désigner [deziɲe] **v.t.** (lat. *designare*, de *signum*, signe). **1.** Montrer, attirer l'attention sur qqn, qqch : *Désigner le coupable. Son dernier roman l'a désigné à l'attention du jury* (syn. **signaler**). **2.** Représenter qqn, qqch par le langage ou par un symbole : *Ces deux mots désignent la même notion.* **3.** Destiner à un poste, à une mission ; investir d'un rôle : *Désigner un expert* (syn. **nommer**). *Vous êtes tout désigné pour ce travail.*

designer [dizajnœr] **n.m.** Spécialiste du design. (Recomm. off. *stylicien*.)

désillusion [dezilyzjɔ̃] **n.f.** Perte d'une illusion : *Éprouver une désillusion* (syn. **déception, désenchantement**).

désillusionnement [dezilyzjɔnmɑ̃] **n.m.** Action de désillusionner ; fait d'être désillusionné.

désillusionner [dezilyzjɔne] **v.t.** Faire perdre ses illusions à qqn : *Trois ans de mariage l'avaient désillusionné* (syn. **décevoir, désenchanter**).

désincarné, e [dezɛ̃karne] **adj. 1.** RELIG. Séparé de son enveloppe charnelle : *Âme désincarnée.* **2.** LITT. Éloigné, détaché de la réalité : *Une théorie désincarnée.*

désinence [dezinɑ̃s] **n.f.** (lat. médiév. *desinentia,* du class. *desinere,* se terminer). LING. Élément grammatical qui s'ajoute à la fin d'un mot pour constituer les formes de la conjugaison d'un verbe ou de la déclinaison d'un nom, d'un adjectif.

désinfectant, e [dezɛ̃fɛktɑ̃, -ɑ̃t] **adj.** et **n.m.** Se dit de substances, d'agents, de produits propres à désinfecter.

désinfecter [dezɛ̃fɛkte] **v.t.** (de *infecter*) [conj. **4**]. Détruire les germes microbiens d'un objet, d'un appartement, de la peau, d'une plaie, etc.

désinfection [dezɛ̃fɛksjɔ̃] **n.f.** Action de désinfecter.

désinflation [dezɛ̃flasjɔ̃] **n.f.** ÉCON. Atténuation, diminution de l'inflation.

désinformation [dezɛ̃fɔrmasjɔ̃] **n.f.** Action de désinformer ; fait d'être désinformé.

désinformer [dezɛ̃fɔrme] **v.t.** Informer faussement, en donnant une image déformée ou mensongère de la réalité, notamm. en utilisant les médias.

se **désinscrire** [dezɛ̃skrir] **v.pr.** Annuler son inscription, son abonnement, son affiliation à : *Se désinscrire d'un forum, d'un réseau social.*

désinsectisation [dezɛ̃sɛktizasjɔ̃] **n.f.** Destruction des insectes nuisibles par procédés physiques, chimiques.

désinsectiser [dezɛ̃sɛktize] **v.t.** Procéder à la désinsectisation.

désintégration [dezɛ̃tegrasjɔ̃] **n.f. 1.** Action de désintégrer, de se désintégrer ; fait d'être désintégré : *Un parti politique voué à la désintégration.* **2.** PHYS. Transformation d'un noyau atomique ou d'une particule en un autre noyau ou en d'autres particules.

désintégrer [dezɛ̃tegre] **v.t.** (du rad. du lat. *integer,* intact, entier) [conj. **18**]. **1.** Détruire l'unité, la cohésion d'un ensemble : *L'érosion désintègre les roches. Les rivalités ont désintégré l'équipe.* **2.** PHYS. Produire la désintégration. ◆ **se désintégrer v.pr. 1.** Se désagréger, perdre sa cohésion. **2.** PHYS. Subir la désintégration.

désintéressé, e [dezɛ̃terese] **adj. 1.** Qui n'agit pas par intérêt personnel : *Homme désintéressé.* **2.** Qui n'est pas inspiré par l'intérêt : *Conseil, jugement désintéressé.*

désintéressement [dezɛ̃terɛsmɑ̃] **n.m. 1.** Fait de se désintéresser, d'être désintéressé. **2.** Dédommagement d'un créancier.

se **désintéresser** [dezɛ̃terese] **v.pr. [de].** Ne plus prendre d'intérêt à : *Se désintéresser de son travail.*

désintérêt [dezɛ̃terɛ] **n.m.** Absence d'intérêt pour qqn, qqch : *Son désintérêt pour le sport* (syn. **indifférence**).

désintoxication [dezɛ̃tɔksikasjɔ̃] **n.f.** Action de désintoxiquer ; fait d'être désintoxiqué.

désintoxiquer [dezɛ̃tɔksike] **v.t. 1.** Guérir qqn en faisant cesser sa dépendance vis-à-vis d'un toxique (drogue, alcool, tabac, etc.). **2.** Débarrasser qqn, son organisme des toxines : *L'air pur de la montagne va vous désintoxiquer.* **3.** Libérer d'une intoxication psychologique, intellectuelle, etc. : *Désintoxiquer l'opinion publique.*

désinvestir [dezɛ̃vɛstir] **v.t.** [conj. **32**]. Cesser d'investir de l'argent ; diminuer par des cessions les actifs d'une entreprise. ◆ **v.i.** Cesser d'être motivé pour qqch, d'y attacher une valeur affective.

désinvolte [dezɛ̃vɔlt] **adj.** (it. *desinvolto,* esp. *desenvuelto,* de *desenvolver,* développer, du lat. *volvere,* rouler). **1.** Qui est naturel, dégagé, à l'aise : *Mouvement désinvolte.* **2.** Qui fait preuve d'une liberté excessive : *Des propos désinvoltes* (syn. **impertinent**). *Un garçon désinvolte* (= sans gêne).

désinvolture [dezɛ̃vɔltyr] **n.f.** (it. *disinvoltura*). Attitude, manière désinvolte : *Répondre avec désinvolture* (syn. **impertinence, effronterie**).

désir [dezir] **n.m.** (de *désirer*). **1.** Action de désirer ; sentiment de celui qui désire : *Avoir le désir de voyager. Il éprouve un grand désir de silence.* **2.** Objet désiré : *Le repos est son seul désir.* **3.** Élan physique qui pousse à l'acte sexuel. **4. Prendre ses désirs pour des réalités,** s'imaginer que l'on pourra réaliser tous ses désirs.

désirable [dezirabl] **adj. 1.** Qu'on peut désirer : *Avoir toutes les qualités désirables.* **2.** Qui fait naître le désir sexuel : *Une personne désirable* (syn. **attirant**).

désirer [dezire] **v.t.** (lat. *desiderare*). **1.** Souhaiter la possession ou la réalisation de : *Désirer le succès, une voiture.* **2.** Éprouver un désir sexuel à l'égard de qqn. **3. Laisser à désirer,** être médiocre, insuffisant : *Sa conduite laisse à désirer.* / **Se faire désirer,** se faire attendre.

désireux, euse [dezirø, -øz] **adj.** Qui éprouve le désir de : *Désireux de plaire.*

désistement [dezistəmɑ̃] **n.m.** Action de se désister.

se **désister** [deziste] **v.pr.** (lat. *desistere*). **1.** DR. Renoncer à un droit, à une procédure : *Se désister d'une succession.* **2.** Se retirer, renoncer à maintenir sa candidature à une élection, à un concours, etc. : *Il s'est désisté en faveur du candidat le mieux placé.*

Desmoulins (Camille), journaliste et homme politique français (Guise 1760 - Paris 1794). Avocat républicain, il appela aux armes la foule réunie dans les jardins du Palais-Royal, à Paris, le 12 juill. 1789. Membre du club des Cordeliers, il participa activement au mouvement révolutionnaire avec son journal, *les Révolutions de France et de Brabant,* créé en 1789. Secrétaire de Danton, élu député à la Convention, il s'opposa aux hébertistes (extrémistes), qu'il attaqua dans son nouveau journal, *le Vieux Cordelier* (1793) ; il fut guillotiné avec Danton.

désobéir [dezɔbeir] **v.t. ind. [à]** [conj. **32**]. **1.** Ne pas obéir à qqn : *Désobéir à ses parents.* **2.** Enfreindre une loi, un règlement, refuser de s'y soumettre.

désobéissance [dezɔbeisɑ̃s] **n.f. 1.** Action de désobéir ; tendance à désobéir (contr. **obéissance**). **2.** Insubordination ; refus de se soumettre.

désobéissant, e [dezɔbeisɑ̃, -ɑ̃t] **adj.** Qui désobéit.

désobligeant, e [dezɔbliʒɑ̃, -ɑ̃t] **adj.** Qui désoblige : *Une remarque désobligeante* (syn. **blessant, désagréable**).

désobliger [dezɔbliʒe] **v.t.** (de *obliger*) [conj. **17**]. Causer de la peine, de la contrariété : *Vous l'avez désobligé en ne répondant pas à son invitation* (syn. **vexer**).

désobstruer [dezɔpstrye] **v.t.** Débarrasser de ce qui bouche : *Désobstruer un tuyau* (syn. **déboucher**).

désodé, e [desɔde] **adj.** (de *sodé*). Dont on a enlevé le sodium, le sel : *Régime désodé.*

désodorisant, e [dezɔdɔrizɑ̃, -ɑ̃t] **adj.** et **n.m.** Se dit d'un produit diffusant un parfum destiné à masquer les mauvaises odeurs dans un local.

désodoriser [dezɔdɔrize] **v.t.** Enlever les mauvaises odeurs dans un local.

désœuvré, e [dezœvre] **adj.** et **n.** (de *œuvrer*). Qui n'a pas d'activité, d'occupation : *Un enfant désœuvré qui s'ennuie.*

désœuvrement [dezœvrəmɑ̃] **n.m.** État d'une personne désœuvrée : *Vivre dans le désœuvrement* (syn. **inaction, oisiveté**).

désolant, e [dezɔlɑ̃, -ɑ̃t] **adj.** Qui désole : *Une nouvelle désolante* (syn. **affligeant**).

désolation [dezɔlasjɔ̃] **n.f. 1.** Extrême affliction ; peine douloureuse. **2.** Ce qui cause une grande contrariété. **3.** LITT. État d'un lieu, d'un pays désert, aride, ravagé : *Un paysage de désolation après un cyclone.*

désolé, e [dezɔle] **adj. 1.** Attristé, contrarié de qqch : *Je suis désolé, mais je dois partir.* **2.** Se dit d'une région, d'une terre inhabitée, désertique.

désoler [dezɔle] **v.t.** (lat. *desolare,* ravager). **1.** Affliger, causer du chagrin à : *Ça me désole de le voir abandonner ses études* (syn. **consterner, navrer**). **2.** Causer de la contrariété : *Ce contretemps nous désole tous.* ◆ **se désoler v.pr.** Éprouver du chagrin : *Il se désole que vous n'ayez pu venir.*

désolidariser [desɔlidarize] **v.t. 1.** Rompre l'union, la solidarité entre des personnes : *Chercher à désolidariser le personnel de l'entreprise.* **2.** Interrompre une liaison matérielle entre les parties d'un mécanisme, des objets : *En débrayant, on désolidarise le moteur de la transmission.* ◆ **se désolidariser v.pr.** Cesser d'être solidaire de qqn, de qqch.

désopilant, e [dezɔpilɑ̃, -ɑ̃t] **adj.** (de l'anc. fr. *opiler,* obstruer, lat. *oppilare*). Qui fait rire ; qui cause une vive gaieté : *Une blague désopilante* (syn. **hilarant**).

désordonné, e [dezɔrdɔne] **adj. 1.** Qui est en désordre : *Maison désordonnée.* **2.** Qui manque d'ordre : *Écolier désordonné.* **3.** LITT. **Vie désordonnée,** vie déréglée.

désordre [dezɔrdr] **n.m. 1.** Manque d'ordre ; fouillis : *Chambre en désordre.* **2.** Manque de cohérence, d'organisation : *Désordre dans une administration.* **3.** Manque de discipline : *Élève qui crée le désordre dans une classe* (syn. **agitation**). **4.** Agitation politique ou sociale : *On craint de graves désordres dans le pays* (syn. **trouble**).

désorganisation [dezɔrganizasjɔ̃] **n.f.** Action de désorganiser : *La désorganisation de ce service.*

désorganiser [dezɔrganize] **v.t.** Déranger l'organisation : *Désorganiser des plans* (syn. **bouleverser**).

désorienté, e [dezɔrjɑ̃te] **adj. 1.** Qui ne suit plus la bonne orientation : *Un touriste désorienté dans un labyrinthe de ruelles.* **2.** Qui ne sait plus quelle conduite adopter : *Un employé désorienté par les nouvelles techniques.*

désorienter [dezɔrjɑ̃te] **v.t. 1.** Faire perdre à qqn sa route, son chemin (contr. **orienter**). **2.** Faire perdre à qqn son assurance : *Cette question l'a désorienté* (syn. **déconcerter, troubler**).

désormais [dezɔrmɛ] **adv.** (de *dès, or,* maintenant, et *mais,* davantage). À partir de maintenant : *On pourra désormais voyager de nuit* (syn. **dorénavant**).

désosser [dezɔse] **v.t. 1.** Retirer les os d'une viande : *Désosser un gigot.* **2.** Défaire complètement chacun des éléments d'un appareil, d'un véhicule : *Désosser une voiture* (syn. **démonter**).

désoxyribonucléique [dezɔksiribonykleik] **adj.** (de *oxy-* et *ribonucléique*). BIOCHIM. **Acide désoxyribonucléique** → **ADN.**

desperado [desperado] **n.m.** (mot esp. « désespéré »). Personne qui vit en marge des lois et qui est prête à s'engager dans des entreprises violentes et désespérées.

Despiau [dɛs-] **(Charles),** sculpteur français (Mont-de-Marsan 1874 - Paris 1946). Il est l'auteur de bas-reliefs, de statues d'une harmonie classique et surtout de nombreux bustes que caractérisent leur modelé délicat et leur vérité psychologique.

despote [dɛspɔt] **n.m.** (gr. *despotês,* maître). **1.** Chef d'État, souverain qui s'arroge un pouvoir absolu et arbitraire. **2.** Personne qui exerce sur son entourage une domination excessive : *Leur père est un despote.* **3.** HIST. Prince jouissant dans son territoire d'une large indépendance à l'égard du pouvoir central, dans l'Empire byzantin.

despotique [dɛspɔtik] **adj.** (gr. *despotikos,* propr. « du maître »). Arbitraire, tyrannique : *Un régime despotique.*

despotisme [dɛspɔtism] **n.m.** (de *despote*). **1.** Forme de gouvernement dans laquelle une seule personne détient tous les pouvoirs. **2.** Autorité tyrannique. **3.** HIST. **Despotisme éclairé,** au XVIIIe s., gouvernement des princes conciliant l'absolutisme avec une volonté de favoriser les progrès de la société conforme à l'esprit des Lumières.

Des Prés (Josquin) → Josquin Des Prés.

desquamation [dɛskwamasjɔ̃] **n.f.** Chute des écailles chez certains animaux ou des squames de la peau chez l'homme.

desquamer [dɛskwame] **v.i., se desquamer v.pr.** (lat. *desquamare,* de *squama,* écaille). Perdre ses écailles, ses squames.

desquels, desquelles pron. relat. et **interr.** → **lequel.**

dessabler [desable] **v.t.** Ôter le sable de : *Dessabler une allée.*

dessaisir [desezir] **v.t.** (de *saisir*) [conj. **32**]. **1.** Retirer à qqn ce qu'il possède : *On l'a dessaisi de ses meubles* (syn. **déposséder**). **2.** DR. Retirer à un tribunal l'affaire dont il a été saisi. ◆ **se dessaisir v.pr. [de].** Se séparer volontairement de ce qu'on possède, y renoncer.

dessaisissement [desezismɑ̃] **n.m.** Action de dessaisir ou de se dessaisir ; fait d'être dessaisi.

dessalement [desalmɑ̃] et **dessalage** [desalaʒ] **n.m.** Action de dessaler : *Une pompe à dessalement.*

dessaler [desale] **v.t.** Débarrasser de son sel : *Dessaler de la morue. Dessaler l'eau de mer.* ◆ **v.i.** FAM. Chavirer, en parlant d'un voilier.

dessaouler v.t. et v.i. → **dessoûler.**

desséchant, e [deseʃɑ̃, -ɑ̃t] **adj.** Qui dessèche.

dessèchement [desɛʃmɑ̃] **n.m.** Action de dessécher ; état de ce qui est desséché.

dessécher [deseʃe] **v.t.** [conj. **18**]. **1.** Rendre sec ce qui contient de l'eau, ce qui est humide : *La chaleur dessèche la végétation. Des feuilles desséchées.* **2.** Rendre insensible : *L'amertume l'a desséché.* **3.** Rendre qqn maigre. ◆ **se dessécher v.pr. 1.** Devenir sec. **2.** Devenir insensible.

dessein [desɛ̃] **n.m.** (de l'anc. fr. *desseigner,* dessiner, sous l'infl. de l'it. *disegno,* dessein). LITT. **1.** Intention, idée précise : *Nourrir de noirs desseins.* **2. À dessein,** délibérément : *C'est à dessein qu'elle a laissé ce travail inachevé.* / **Avoir le dessein de,** avoir l'intention de.

desseller [desele] **v.t.** [conj. **4**]. Ôter la selle à un animal.

desserrer [desere] **v.t.** [conj. **4**]. **1.** Relâcher ce qui est serré. **2. Ne pas desserrer les dents,** ne rien dire, se taire : *Elle n'a pas desserré les dents pendant la réunion.*

dessert [desɛr] **n.m.** (de *2. desservir*). Mets sucrés, fruits, pâtisseries servis à la fin du repas ; moment du repas où ces mets sont servis.

1. desserte [desɛrt] **n.f.** (de *1. desservir*). **1.** Action de desservir un lieu, une localité par un moyen de communication ; fait d'être desservi : *Un service d'autocars assure la desserte du village.* **2.** RELIG. Action de desservir une chapelle, une paroisse ; service assuré par un prêtre.

2. desserte [desɛrt] **n.f.** (de *2. desservir*). Meuble où se trouvent la vaisselle et les plats prêts à être servis.

dessertir [desɛrtir] **v.t.** (de *sertir*) [conj. **32**]. Enlever de sa monture une pierre fine.

1. desservir [desɛrvir] **v.t.** (lat. *deservire,* servir avec zèle) [conj. **38**]. **1.** Assurer un service de transport pour un lieu, une localité : *Un bus dessert notre quartier.* **2.** Donner accès à un local : *Ce couloir dessert plusieurs chambres.* **3.** RELIG. Assurer le service religieux d'une chapelle, d'une paroisse : *Un nouveau curé dessert ce village.*

2. desservir [desɛrvir] **v.t.** (de *servir*) [conj. **38**]. **1.** Retirer les plats qui ont été servis ; débarrasser la table à la fin du repas. **2.** Rendre mauvais service à qqn : *Ses critiques l'ont desservi auprès de ses amis* (= lui ont nui).

dessiccation [desikasjɔ̃] **n.f.** (lat. *desiccatio*, de *desiccare*, sécher, dessécher). Élimination de l'humidité d'un corps.

dessiller [desije] **v.t.** (de *ciller*, au sens anc. de « coudre les paupières d'un faucon »). LITT. **Dessiller les yeux de,** amener qqn à voir ce qu'il ignorait ou voulait ignorer : *L'expérience m'a dessillé les yeux.*

dessin [desɛ̃] **n.m.** (de *dessiner*). **1.** Représentation de la forme (et, éventuellement, des valeurs de lumière et d'ombre) d'un objet, d'une figure, etc., plutôt que de leur couleur : *Dessin à la plume, au fusain. Dessin d'enfant.* **2.** Technique et art de ce mode de figuration graphique : *Apprendre le dessin.* **3.** Contour linéaire de : *Un visage au dessin très régulier.* **4. Dessin industriel,** dessin réalisé à des fins techniques ou de fabrication. **5. Dessin animé,** film réalisé à partir de la succession de dessins filmés image par image et donnant l'impression de mouvement. (⟶ animation.)

■ BEAUX-ARTS. Le terme de « dessin » s'applique à toute combinaison de signes (lignes, points, etc.) organisée à la surface d'un support quelconque. Le dessin trouve sa spécificité, par rapport à la peinture, dans le caractère de *gestualité* immédiate qu'il présente le plus souvent, dû à la relative simplicité de ses instruments, qui, de tout temps, ont été comme le prolongement naturel de la main humaine : pointes de métal, bois carbonisé, fragments de roches colorantes, plume et pinceau.

Deux grandes catégories. Dès la préhistoire, on utilise des pointes pour graver, ou le doigt et des pinceaux, trempés dans un liquide coloré, pour tracer des formes sur une paroi rocheuse, puis sur de la céramique. Dans l'Antiquité, on pratique le dessin linéaire, mais aussi celui en hachures et en modelé (par l'ombre et la lumière), preuve d'une évolution parallèle à celle de la peinture. Au Moyen Âge occidental, on insiste sur le contour, le trait. Puis, dès le XVe s., l'encre noire et le bistre sont utilisés à la plume et en lavis, comme les rehauts d'aquarelle et la sépia au XVIIIe s. Les techniques traditionnelles du dessin peuvent ainsi se diviser en deux grandes classes qui s'opposent : les *procédés secs* (pointes de métal, fusain, pierre noire, sanguine, craie, crayon de graphite, pastel) et les *procédés humides* (encre, à la plume ou au pinceau, lavis).

Techniques, combinaisons et développements. La *pierre noire,* bien qu'elle soit connue depuis longtemps, n'est utilisée couramment que vers la fin du XVe s. : Michel-Ange, Raphaël ou les Carrache en tirent de remarquables dessins anatomiques. La *sanguine,* pierre de couleur rouge brique à grain très fin, également connue depuis des milliers d'années, est la technique de prédilection pour les nus et les portraits. Poussin, Rubens ou Rembrandt au XVIIe s. utilisent le *lavis* pour produire de magnifiques paysages monochromes. Le *crayon de graphite* ne donne de nombreux et très beaux dessins qu'à partir du XIXe s. (chez Delacroix et Ingres, notamm.). Le *pastel,* technique en usage dès le XVe s., prend de l'importance à partir du XVIIIe s., en même temps que progressent les procédés de fixation (portraits de Quentin de La Tour et de Chardin ; scènes du quotidien chez Toulouse-Lautrec et Degas). Dans l'histoire du dessin, le *fusain* ne s'impose véritablement qu'à partir du XIXe s. (avec Seurat ou Redon, par ex.).

La libre association des techniques conduit à des variantes inépuisables (Léonard de Vinci, Véronèse...), mais certaines de ces alliances sont codifiées, telle la polychromie aux trois crayons (pierre noire, sanguine, craie), que Watteau et le XVIIIe s. ont amplifiée à partir d'exemples antérieurs (les Clouet). L'usage des papiers teintés, de la gouache, du fusain traité en hachures ou travaillé à l'estompe multiplie la richesse des effets picturaux, de Titien à Prud'hon.

Longtemps, le dessin a été conçu comme une étape vers autre chose, un élément nécessaire à l'élaboration des projets artistiques. Il faut attendre le XVIIIe s. pour voir véritablement se multiplier des dessins conçus comme une fin en soi, se suffisant à eux-mêmes, à l'instar des peintures et des sculptures. Au XXe s., les notions de fini et d'inachèvement ayant été complètement repensées, des dessins jugés comme des œuvres à part entière prennent, par exemple, un aspect d'esquisse (chez Matisse, notamm.).

Le XXe s. voit aussi l'apparition d'un genre de dessin particulier : la ligne, la hachure, le frottis, la tache, étudiés par Kandinsky ou par Klee comme un véritable vocabulaire expressif, sont au service de l'automatisme et de la spontanéité abstraite (Hartung...).

Dessin satirique et d'humour. L'emploi du dessin pour dénoncer ou railler personnages et situations, dont on trouve un avant-goût dès la Renaissance dans les *têtes d'expression* de Léonard de Vinci ou les profils caricaturaux des Carrache, connaît un franc épanouissement en Europe à partir du XVIIIe s. En Angleterre les grands noms de la satire sont Hogarth, suivi de Thomas Rowlandson, observateur impitoyable des mœurs, ou de James Gillray, spécialisé dans la caricature politique. À la même période Goya, en Espagne, traite certains portraits avec une cruauté caricaturale.

Mais l'héritage de la satire graphique passe à Paris, pour y trouver son plein épanouissement. La lithographie, technique directe et rapide, bien adaptée aux tirages importants des journaux spécialisés *(la Caricature, le Charivari),* devient une arme contre les tares de la société ; c'est alors que naissent des « types » comme Robert Macaire (créé par Daumier) ou Joseph Prudhomme (créé par Henri Monnier). Avec la relative liberté de presse accordée par les institutions républicaines, une nouvelle génération d'artistes peut aborder directement les questions politiques (affaire Dreyfus) ou sociales (injustice, colonialisme, militarisme). Ce sont par exemple Jean-Louis Forain ou Caran d'Ache, travaillant pour des journaux comme *le Rire* ou *l'Assiette au beurre.* En 1916 est fondé *le Canard enchaîné,* qui généralise la technique du simple dessin au trait. En Allemagne, le dessin satirique porte la marque de l'expressionnisme dans les œuvres de Georg Grosz et des collaborateurs du journal *Simplicissimus.*

Après la Seconde Guerre mondiale, le monde moderne et son absurdité multiplient les cibles : se déploient l'insolite surréalisme de Roland Topor, la satire tendre de Jean-Jacques Sempé, le ton grinçant de Chaval, ainsi que de Steinberg et de l'équipe du *New Yorker* aux États-Unis. Le souffle contestataire, à partir des années 1960, apporte une nouvelle vigueur des thèmes et du graphisme. Aujourd'hui, le dessin satirique privilégie le social et le politique (Plantu), surtout dans leurs implications quotidiennes (Jean-Marc Reiser, Georges Wolinski, Cabu, Siné, Charb). ■

dessinateur, trice [desinatœr, -tris] **n. 1.** Personne qui dessine, qui en fait profession. **2. Dessinateur industriel,** personne qui effectue du dessin industriel.

dessiner [desine] **v.t.** (it. *disegnare,* lat. *designare*). **1.** Représenter par le dessin : *Dessiner un paysage.* **2.** (Absol.). Pratiquer le dessin, l'art du dessin : *Elle sait dessiner.* **3.** Faire ressortir la forme, le contour de : *Une robe qui dessine bien la taille* (syn. **souligner**). ◆ **se dessiner v.pr. 1.** Apparaître, se profiler : *Les collines se dessinent à l'horizon.* **2.** Se préciser ; prendre tournure : *Le projet se dessine.*

dessouder [desude] **v.t.** (de *souder*). **1.** Syn. impropre de *débraser.* **2.** ARG. Tuer, abattre : *Il s'est fait dessouder.*

dessoûler ou **dessaouler** [desule] **v.t.** Faire cesser l'ivresse : *Le café l'a dessoûlé.* ◆ **v.i.** Cesser d'être ivre : *Elle a fini par dessoûler.*

1. dessous [dəsu] **adv.** (bas lat. *desubtus,* du class. *subtus,* en dessous). Dans une position inférieure à celle d'un autre objet : *La clôture était trop haute, j'ai réussi à passer dessous. Regarde cette pierre, il y a une vipère dessous.* ◆ **de dessous loc. adv.** D'un point, d'un lieu qui se trouve dans une position inférieure : *L'appartement de dessous.* ◆ **en dessous [de] loc. adv.** et **loc. prép. 1.** Dans la partie située sous une autre : *L'avez-vous aperçu en dessous ?* (syn. **au-dessous**). *Il est juste en dessous de toi.* **2. Regarder en dessous,** sans lever les paupières, sournoisement.

2. dessous [dəsu] **n.m.** (de *1. dessous*). **1.** Face ou partie inférieure de qqch : *Le dessous du pied. Les voisins du dessous.* **2. Au trente-sixième dessous,** dans une situation désespérée.

A B C D E F G H I J K L M N O P Q R S T U V W X Y Z

/ **Avoir le dessous,** être en état d'infériorité lors d'un combat, d'un débat, etc. ◆ **n.m. pl. 1.** Sous-vêtements féminins. **2.** Côté secret, dissimulé de qqch : *Les dessous de la politique.*

dessous-de-plat [dəsudpla] **n.m. inv.** Support pour poser les plats sur la table.

dessous-de-table [dəsudtabl] **n.m. inv.** Somme que l'acheteur donne secrètement au vendeur en plus du prix officiel, dans un marché.

1. dessus [dəsy] **adv.** (lat. *desursum,* d'en haut, de *sursum,* en haut). **1.** Dans une position supérieure à celle d'un autre objet : *Pose-le dessus.* **2.** S'emploie à la place d'un complément introduit par la préposition *sur : On m'a promis cet argent, je compte dessus.* ◆ **de dessus loc. adv.** D'un point, d'un lieu qui se trouve dans une position supérieure : *Je vais vous donner la chambre de dessus.*

2. dessus [dəsy] **n.m.** (de *1. dessus*). **1.** Partie supérieure d'une chose : *Le dessus de la main.* **2.** Objet destiné à être placé sur un autre : *Un dessus de cheminée, de table, etc.* ***Rem.*** Ces mots peuvent s'écrire aussi avec des traits d'union. **3. Avoir le dessus,** l'emporter. / **Le dessus du panier,** ce qu'il y a de meilleur. / **Reprendre le dessus,** regagner l'avantage.

dessus-de-lit [dəsydli] **n.m. inv.** Couvre-lit.

déstabilisateur, trice [destabilizatœr, -tris] et **déstabilisant, e** [destabilizɑ̃, -ɑ̃t] **adj.** Qui déstabilise.

déstabilisation [destabilizasjɔ̃] **n.f.** Action de déstabiliser : *La déstabilisation d'un régime politique.*

déstabiliser [destabilize] **v.t.** Faire perdre sa stabilité à un État, à un régime, à une situation.

déstalinisation [destalinizasjɔ̃] **n.f.** Ensemble des mesures, prises après 1956, visant à supprimer les aspects autoritaires des régimes de type stalinien établis en U.R.S.S. et dans les pays socialistes.

déstaliniser [destalinize] **v.t.** Opérer la déstalinisation de.

destin [dɛstɛ̃] **n.m.** (de *destiner*). **1.** Loi supérieure qui semble mener le cours des événements vers une certaine fin : *C'est le destin qui l'a voulu* (syn. **fatalité, destinée**). **2.** Avenir, sort réservé à qqch : *Quel sera le destin de notre civilisation ?* **3.** L'existence humaine, en tant qu'elle semble prédéterminée : *Avoir un destin tragique* (syn. **sort**).

destinataire [dɛstinatɛr] **n.** (de *destiner*). **1.** Personne à qui s'adresse un énoncé, un message : *Le destinataire d'une lettre.* **2.** LITT. Dans un récit, personnage pour qui le héros (le sujet) agit.

destinateur [dɛstinatœr] **n.m.** LITT. Dans un récit, personnage qui incite le héros (le sujet) à se lancer dans une action pour le compte d'un destinataire.

destination [dɛstinasjɔ̃] **n.f.** (lat. *destinatio*). **1.** Lieu vers lequel on dirige qqn, qqch : *Destination inconnue.* **2.** Emploi prévu pour qqn, qqch : *Quelle est la destination de cet appareil* (syn. **usage**). **3. Arriver à destination,** parvenir au lieu prévu.

destinée [dɛstine] **n.f.** (de *destiner*). **1.** Puissance souveraine considérée comme réglant d'avance tout ce qui doit être : *Accuser la destinée* (syn. **destin, fatalité**). **2.** Ensemble des événements composant la vie d'un être, considérés comme déterminés et indépendants de sa volonté.

destiner [dɛstine] **v.t.** (lat. *destinare,* fixer). **1.** Fixer l'usage, l'emploi de qqch : *Argent destiné à certains achats* (syn. **réserver**). **2.** LITT. Déterminer qqch à l'avance pour qqn : *Destiner son fils à l'armée.*

destituer [dɛstitɥe] **v.t.** (lat. *destituere*) [conj. **7**]. Déposséder qqn de sa charge, de sa fonction, de son grade : *Destituer un chef d'État* (syn. **déposer**). *Destituer un colonel* (syn. **révoquer**).

destitution [dɛstitysjɔ̃] **n.f. 1.** Action de destituer ; fait d'être destitué. **2.** Révocation disciplinaire ou pénale d'un officier ministériel ou de certains fonctionnaires ; sanction militaire entraînant la perte du grade.

déstockage [destɔkaʒ] **n.m.** COMM. Vente promotionnelle destinée à épuiser un stock : *Faire du déstockage en été.*

déstocker [destɔke] **v.t.** Pratiquer le déstockage.

déstresser [destrese] **v.i.** Avoir moins de stress.

destrier [dɛstrije] **n.m.** (de *destre,* forme anc. de *dextre,* main droite). Autref., cheval de bataille (tenu de la main droite par l'écuyer).

destroyer [dɛstrwaje] ou [dɛstrɔjœr] **n.m.** (mot angl. de *to destroy,* détruire). Contre-torpilleur.

destructeur, trice [dɛstryktœr, -tris] **adj.** et **n.** (lat. *destructor ;* v. *détruire*). Qui ruine, détruit, ravage : *Feu destructeur. Critique destructrice.*

destructible [dɛstryktibl] **adj.** (du lat. *destructus ;* v. *détruire*). Qui peut être détruit (contr. **indestructible**).

destruction [dɛstryksjɔ̃] **n.f.** (lat. *destructio ;* v. *détruire*). Action de détruire ; fait d'être détruit.

déstructuration [destryktyrasjɔ̃] **n.f.** Action de déstructurer ; fait d'être déstructuré : *La déstructuration d'une entreprise.*

déstructurer [destryktyre] **v.t.** Désorganiser, détruire un ensemble structuré : *Il finira par déstructurer le service informatique.*

désuet, ète [dezɥɛ, -ɛt] ou [desɥɛ, -ɛt] **adj.** (lat. *desuetus,* de *desuescere,* se déshabituer de). Qui n'est plus en usage : *Le baisemain est une coutume désuète* (syn. **suranné, démodé**).

désuétude [dezɥetyd] ou [desɥetyd] **n.f.** (lat. *desuetudo,* de *desuescere ;* v. *désuet*). Caractère d'une chose désuète : *Tomber en désuétude.*

désuni, e [dezyni] **adj.** Séparé par une mésentente.

désunion [dezynjɔ̃] **n.f.** Action de désunir, de se désunir ; fait d'être désuni : *Semer la désunion dans une famille* (syn. **désaccord, mésentente**).

désunir [dezynir] **v.t.** [conj. **32**]. **1.** Séparer, disjoindre ce qui était uni : *Désunir les pièces d'un assemblage.* **2.** Faire cesser l'entente entre des personnes : *Cette querelle les a désunis* (syn. **brouiller**). ◆ **se désunir v.pr.** Cesser d'être uni : *Couple qui s'est désuni.*

désynchroniser [desɛ̃krɔnize] **v.t.** Faire perdre son synchronisme.

désyndicalisation [desɛ̃dikalizasjɔ̃] **n.f.** Tendance à la diminution du nombre des personnes syndiquées ; désaffection pour le mouvement syndical.

détachable [detaʃabl] **adj.** (de *2. détacher*). Que l'on peut détacher : *Feuillets détachables d'un carnet.*

détachage [detaʃaʒ] **n.m.** (de *1. détacher*). Action d'ôter les taches.

détachant, e [detaʃɑ̃, -ɑ̃t] **adj.** et **n.m.** (de *1. détacher*). Se dit d'un produit servant à enlever les taches.

détaché, e [detaʃe] **adj.** (p. passé de *2. détacher*). **1.** Qui n'est pas ou plus attaché. **2.** Qui ne paraît manifester aucun intérêt pour qqch : *Prendre un air détaché* (syn. **indifférent**). **3. Pièce détachée,** pièce de remplacement d'un appareil, d'un véhicule, vendue séparément.

détachement [detaʃmɑ̃] **n.m.** (de *2. détacher*). **1.** État, comportement de celui qui est détaché : *Parler avec détachement* (syn. **indifférence**). **2.** Position d'un fonctionnaire, d'un militaire détaché : *Demander son détachement dans une autre ville.* **3.** MIL. Élément d'une troupe chargé d'une mission particulière : *Un détachement partira en reconnaissance.*

1. détacher [detaʃe] **v.t.** (de *tache*). Enlever les taches de.

2. détacher [detaʃe] **v.t.** (de l'anc. fr. *estache,* pieu, frq. **stakka*). **1.** Défaire le lien qui attachait : *Détacher un chien* (contr. **attacher**). *Détacher un prisonnier* (syn. **libérer**). **2.** Éloigner, séparer : *Détacher les feuilles d'un carnet.* **3.** Envoyer qqn, qqch pour exécuter une mission : *Détacher un représentant, un convoi.* **4.** Placer un fonctionnaire, un militaire hors de son cadre ou de son unité d'origine. **5.** Dégager, éloigner : *Détacher qqn d'un parti.* **6.** Mettre en valeur, faire ressortir : *Peintre qui détache un groupe de femmes sur un fond* *de paysage.* ◆ **se détacher** **v.pr. 1.** Défaire ses liens : *Le chien s'est détaché.* **2.** Apparaître nettement, distinctement : *Les collines se détachent dans le lointain.* **3. Se détacher d'un groupe,** prendre de l'avance sur les autres, dans une situation de concurrence : *Coureur qui se détache du peloton.* **4. Se détacher de qqn, de qqch,** laisser de côté qqch de prenant, de préoccupant ; perdre peu à peu tout intérêt pour qqn, qqch : *Se détacher de ses préoccupations quotidiennes* (syn. **s'abstraire de**). *Elle se détache de son mari* (syn. **s'éloigner de**).

détail [detaj] **n.m.** (de *détailler*). **1.** Petit élément constitutif d'un ensemble et qui peut être considéré comme secondaire : *Se perdre dans les détails. C'est un détail* (= c'est sans importance). **2.** Énumération complète et minutieuse : *Faire le détail d'une facture.* **3.** Vente de marchandises à l'unité ou par petites quantités (par opp. à *gros, demi-gros*) : *Commerce de détail.* **4. Au détail,** à l'unité ou selon la quantité désirée par le client. / **En détail,** sans rien omettre : *Expliquez-moi cela en détail* (= par le menu).

détaillant, e [detajɑ̃, -ɑ̃t] **adj.** et **n.** Qui vend au détail.

détailler [detaje] **v.t.** (de *tailler*, couper en morceaux). **1.** Passer en revue les éléments d'un ensemble, les faire ressortir : *Il nous a détaillé son plan.* **2.** Vendre au détail, par petites quantités : *Détailler du vin.*

détaler [detale] **v.i.** (de *étaler*, assigner une place, prendre position). *FAM.* Se sauver.

détartrage [detartraʒ] **n.m.** Action de détartrer : *Détartrage dentaire.*

détartrant, e [detartrɑ̃, -ɑ̃t] **adj.** et **n.m.** Se dit d'un produit qui dissout ou enlève le tartre.

détartrer [detartre] **v.t.** Enlever le tartre de : *Détartrer une cafetière électrique.*

détaxation [detaksasjɔ̃] **n.f.** Action de détaxer.

détaxe [detaks] **n.f.** Diminution ou suppression d'une taxe.

détaxer [detakse] **v.t.** Diminuer ou supprimer les taxes sur un produit.

détectable [detɛktabl] **adj.** Que l'on peut détecter.

détecter [detɛkte] **v.t.** (angl. *to detect*, du lat. *detectus*, découvert) [conj. **4**]. Déceler l'existence de ce qui est caché : *Détecter une fuite de gaz. Détecter une maladie.*

détecteur [detɛktœr] **n.m.** (angl. *detector ;* v. *détecter*). Appareil servant à détecter la présence de qqch, un phénomène, etc. : *Détecteur de mines, de particules.*

détection [detɛksjɔ̃] **n.f. 1.** Action de détecter ; fait d'être détecté. **2.** MIL. Opération permettant de déterminer la position d'un avion, d'un sous-marin, etc.

détective [detɛktiv] **n.** (angl. *detective*, de *to detect ;* v. *détecter*). Personne dont le métier est de mener des enquêtes, des filatures privées pour le compte de particuliers. (On dit aussi *détective privé*.)

déteindre [detɛ̃dr] **v.t.** (lat. pop. *distingere*, du class. *tingere*, teindre) [conj. **81**]. Faire perdre de sa couleur : *Le soleil déteint les tissus.* ◆ **v.i. 1.** Perdre sa couleur : *Cette couverture a déteint* (syn. **se décolorer**). **2. Déteindre sur qqch,** lui communiquer une partie de sa couleur. / **Déteindre sur qqn,** l'influencer, lui faire adopter ses manières.

dételer [detle] **v.t.** (de [*at*]*teler*) [conj. **24**]. Détacher des animaux attelés.

détendeur [detɑ̃dœr] **n.m.** (de *détendre*). Appareil servant à diminuer la pression d'un gaz comprimé.

détendre [detɑ̃dr] **v.t.** [conj. **73**]. **1.** Diminuer la tension de ; relâcher ce qui était tendu : *Détendre une corde.* **2.** Faire cesser la tension nerveuse, la fatigue : *Cette lecture le détend* (syn. **décontracter, délasser**). **3. Détendre l'atmosphère,** faire disparaître les conflits, les tensions dans un groupe. ◆ **se détendre** **v.pr. 1.** Se relâcher ; être relâché : *Ressort qui s'est détendu.* **2.** Relâcher sa tension nerveuse ; se reposer. **3.** Devenir moins tendu, moins agressif : *Nos relations se sont détendues.*

détendu, e [detɑ̃dy] **adj.** Sans tension ; calme, apaisé.

détenir [detnir] **v.t.** (lat. *detinere*, retenir, refait d'après *tenir*) [conj. **40**]. **1.** Garder, tenir en sa possession : *Détenir un secret.* **2.** Retenir dans un lieu et, spécial., en prison.

détente [detɑ̃t] **n.f.** (de *détendre*). **1.** Fait de se détendre, en parlant de qqch qui est tendu : *Détente d'un ressort.* **2.** Effort musculaire puissant et vif qui produit l'extension du corps ou d'un membre et, en partic., du membre inférieur : *D'une brusque détente, le gardien de but attrapa le ballon.* **3.** Diminution de la tension d'esprit ; état de repos qui en résulte. **4.** Fait d'interrompre ses occupations pour se délasser, se distraire : *Prendre un moment de détente.* **5.** Diminution de la tension entre États, amélioration des relations internationales. **6.** Pièce du mécanisme d'une arme à feu qui, pressée par le tireur, agit sur la gâchette et fait partir le coup. **7.** Diminution de la pression d'un gaz par augmentation de son volume. **8. À double détente,** se dit d'un fusil de chasse à deux canons et à deux détentes ; au fig., qui fait son effet en deux temps : *Argument à double détente.* / *FAM.* **Être dur à la détente,** payer en rechignant, être enclin à l'avarice ; au fig., être lent à comprendre ce qui est dit.

détenteur, trice [detɑ̃tœr, -tris] **n.** (lat. jur. *detentor ;* v. *détenir*). Personne qui détient qqch : *Le détenteur d'un record.*

détention [detɑ̃sjɔ̃] **n.f.** (bas lat. *detentio ;* v. *détenir*). **1.** Action de détenir, d'avoir en sa possession : *La détention d'armes prohibées.* **2.** Fait d'être détenu : *Protester contre une détention arbitraire* (syn. **incarcération**). **3. Détention criminelle,** peine afflictive et infamante, privative de liberté. ▸ L'internement peut aller de cinq ans à la perpétuité. / **Détention provisoire,** incarcération d'une personne mise en examen avant son jugement.

détenu, e [detny] **n.** et **adj.** (p. passé de *détenir*). Personne incarcérée (syn. **prisonnier**).

détergent, e [detɛrʒɑ̃, -ɑ̃t] **adj.** et **n.m.** (du lat. *detergere*, nettoyer). Se dit d'un produit qui sert à nettoyer.

détérioration [deterjɔrasjɔ̃] **n.f.** Action de détériorer, de se détériorer ; fait d'être détérioré.

détériorer [deterjɔre] **v.t.** (bas lat. *deteriorare*, du class. *deterior*, pire). **1.** Mettre en mauvais état : *L'humidité a détérioré les peintures* (syn. **abîmer, endommager**). **2.** Dégrader qqch, l'abîmer : *Détériorer sa santé* (syn. **compromettre**). ◆ **se détériorer** **v.pr. 1.** S'abîmer, subir des dégradations. **2.** Perdre son harmonie, son équilibre : *Climat social qui se détériore.*

déterminant, e [detɛrminɑ̃, -ɑ̃t] **adj.** Qui détermine une action : *Une étape déterminante de sa vie* (syn. **décisif**). ◆ **déterminant** **n.m. 1.** Élément, facteur qui détermine, qui exerce une action spécifique. **2.** LING. Élément du groupe nominal indiquant en français le genre, le nombre, etc. ▸ Les démonstratifs, les possessifs, les articles sont des déterminants.

déterminatif, ive [detɛrminatif, -iv] **adj.** et **n.m.** LING. Qui détermine le sens d'un mot en le précisant : *Adjectifs déterminatifs.*

détermination [detɛrminasjɔ̃] **n.f. 1.** Action de déterminer, de définir, de préciser qqch : *La détermination d'un lieu, d'une date.* **2.** Décision, résolution qu'on prend après avoir hésité. **3.** Caractère d'une personne qui est déterminée, décidée : *Montrer de la détermination* (syn. **résolution**).

déterminé, e [detɛrmine] **adj. 1.** Précisé, fixé : *Heure déterminée.* **2.** Ferme, résolu : *Air déterminé.*

déterminer [detɛrmine] **v.t.** (lat. *determinare*, borner, de *terminus*, borne, limite). **1.** Indiquer, fixer avec précision : *Déterminer la composition de l'air* (syn. **établir, définir**). **2.** Causer, provoquer : *Cet incident a déterminé une crise.* **3.** Faire prendre une résolution à qqn : *Cet événement m'a déterminé à partir* (syn. **pousser, inciter**). **4.** LING. Préciser la valeur ou le sens d'un mot. ◆ **se déterminer** **v.pr.** [**à**]. Se décider à agir ; prendre un parti.

déterminisme [detɛrminism] **n.m.** (de *déterminer*, pour trad. l'all. *Determinismus*). Conception philosophique selon laquelle il existe des rapports de cause à effet entre les phénomènes physiques, les actes humains, etc. ◆ **déterministe** **adj.** et **n.** Relatif au déterminisme ; qui en est partisan.

déterré, e [detere] **adj.** Sorti de terre. ◆ **n. Avoir un air, une mine de déterré,** être pâle, défait.

déterrer [detere] **v.t.** (de *terre*) [conj. **4**]. **1.** Sortir, tirer de terre ; exhumer. **2.** Découvrir, tirer de l'oubli.

détersif, ive [detɛrsif, -iv] **adj.** (du lat. *detersus,* de *detergere,* nettoyer). Se dit d'un produit détergent.

détestable [detɛstabl] **adj.** Qui a tout pour déplaire : *Sa conduite est détestable* (syn. **exécrable**).

détester [detɛste] **v.t.** (lat. *detestari,* écarter en prenant les dieux à témoin). Avoir de l'aversion pour : *Je déteste ce plat, cette région* (= avoir en horreur) [syn. **exécrer**].

détonant, e [detɔnɑ̃, -ɑ̃t] **adj. 1.** Destiné à produire une détonation : *Un explosif détonant.* **2.** Coexistence de deux ou plusieurs choses ou personnes pouvant conduire à des réactions, des crises violentes, graves. **3. Mélange détonant,** mélange de deux gaz dont l'inflammation entraîne une réaction explosive.

détonateur [detɔnatœr] **n.m. 1.** Dispositif d'amorçage destiné à provoquer la détonation d'une charge explosive. **2.** Ce qui provoque une action ou fait éclater une situation explosive : *Ce discours a servi de détonateur à la crise.*

détonation [detɔnasjɔ̃] **n.f.** (de *détoner*). **1.** Bruit violent produit par une explosion ou qui évoque une explosion. **2.** Décomposition extrêmement rapide (4 à 10 km/s) d'un explosif.

détoner [detɔne] **v.i.** (lat. *detonare,* tonner fortement). Exploser avec un bruit violent.

détonner [detɔne] **v.i.** (de *ton*). **1.** MUS. S'écarter du ton. **2.** Contraster, choquer : *Couleurs qui détonnent.*

détordre [detɔrdr] **v.t.** [conj. **76**]. Remettre dans son premier état ce qui était tordu : *Détordre une barre de fer.*

détortiller [detɔrtije] **v.t.** Remettre dans son premier état ce qui était tortillé, entortillé : *Détortiller un fil de fer.*

détour [detur] **n.m.** (de *détourner*). **1.** Parcours plus long que la voie directe : *Faire un détour.* **2.** Tracé sinueux d'une voie, d'une rivière : *Les détours d'une route.* **3.** Moyen indirect : *S'expliquer sans détour* (= franchement). **4. Au détour du chemin,** à l'endroit où il tourne.

détourer [deture] **v.t.** (de *tour*). **1.** PHOT. Éliminer, au moyen d'un produit spécial, le fond entourant un sujet qu'on veut isoler. **2.** TECHN. Donner à une pièce en cours d'usinage le contour exact imposé par le dessin.

détourné, e [deturne] **adj. 1.** Qui fait un détour : *Sentier détourné.* **2.** Indirect, masqué : *Prendre des moyens détournés pour dire qqch.*

détournement [deturnəmɑ̃] **n.m. 1.** Action de détourner : *Détournement d'avion.* **2.** Soustraction frauduleuse : *Détournement de fonds.* **3. Détournement de pouvoir,** mise en œuvre du pouvoir d'une autorité administrative dans un but étranger à celui pour lequel ce pouvoir avait été conféré.

détourner [deturne] **v.t.** (de *tourner*). **1.** Modifier le cours, la direction de : *Détourner une rivière, la circulation* (syn. **dévier**). **2.** Diriger vers un autre centre d'intérêt, un autre but : *Détourner la conversation.* **3.** Soustraire frauduleusement : *Détourner des fonds.* **4. Détourner la tête, les yeux,** les tourner dans une autre direction. / **Détourner qqn de qqch, de** (+ inf.), l'en écarter, l'en éloigner : *La maladie de son épouse l'a complètement détourné de ses engagements professionnels* (syn. **détacher**). / **Détourner un avion,** contraindre, par la menace, la force, le pilote à changer la destination de l'appareil.

détoxication [detɔksikasjɔ̃] **n.f.** PHYSIOL. Élimination ou neutralisation des substances toxiques par l'organisme.

détracteur, trice [detraktœr, -tris] **n.** (lat. *detractor,* de *detrahere,* tirer en bas). Personne qui critique violemment, déprécie qqn, qqch.

détraqué, e [detrake] **adj.** et **n.** FAM. Atteint de troubles mentaux ; déséquilibré. (V. aussi *détraquer.*)

détraquer [detrake] **v.t.** (de *2. trac,* au sens anc. de « piste »). **1.** Déranger le fonctionnement d'un mécanisme, faire qu'il ne fonctionne plus : *Détraquer une pendule* (syn. **endommager**). **2.** FAM. Nuire à l'état physique ou mental de : *Son échec au concours l'a complètement détraqué.* ◆ **se détraquer** **v.pr. 1.** Ne plus fonctionner ; fonctionner mal : *Mon lecteur de DVD s'est détraqué.* **2.** FAM. **Le temps se détraque,** il se gâte ou il ne correspond plus à ce qu'il devrait être.

1. détrempe [detrɑ̃p] **n.f.** (de *1. détremper*). **1.** Peinture ayant pour liant de l'eau additionnée de colle ou de gomme. **2.** Tableau exécuté à l'aide de cette peinture.

2. détrempe [detrɑ̃p] **n.f.** (de *2. détremper*). Action de détremper l'acier.

1. détremper [detrɑ̃pe] **v.t.** (lat. *distemperare,* mélanger, délayer). Mouiller, imbiber d'un liquide (notamm. d'eau).

2. détremper [detrɑ̃pe] **v.t.** (de *tremper*). Détruire la trempe de l'acier.

détresse [detrɛs] **n.f.** (lat. pop. **districtia,* chose étroite, du class. *districtus,* serré). **1.** Désarroi, sentiment d'abandon, de solitude profonde : *La détresse des chômeurs.* **2.** Situation critique, dangereuse : *Navire en détresse.*

détriment [detrimɑ̃] **n.m.** (lat. *detrimentum,* usure, dommage, de *deterere ;* v. *détritus*). **1.** LITT. Perte, préjudice. **2. Au détriment de,** en faisant tort à, aux dépens de.

détritique [detritik] **adj.** (du lat. *detritus ;* v. *détritus*). GÉOL. Formé de débris ; qui résulte de la désagrégation d'une roche préexistante.

détritivore [detritivɔr] **adj.** et **n.m.** (de *détritus* et *-vore*). Se dit des animaux ou des bactéries qui se nourrissent de détritus organiques d'origine naturelle ou industrielle.

détritus [detrity] ou [detritys] **n.m.** (lat. *detritus,* de *deterere,* user par frottement). [Souvent au pl.]. **1.** Résidu provenant de la désagrégation d'un corps. **2.** Ordures.

détroit [detrwa] **n.m.** (du lat. *districtus,* serré). Bras de mer resserré entre deux terres.

Détroit, v. des États-Unis (Michigan), sur la *rivière de Détroit,* unissant les lacs Érié et Saint Clair ; 680 250 hab. (4 364 429 avec les banlieues). Centre de construction automobile. Musée d'art.

Détroits (les), ensemble formé par le Bosphore et les Dardanelles reliant la Méditerranée et la mer Noire.

détromper [detrɔ̃pe] **v.t.** (de *tromper*). Tirer qqn de son erreur.

détrôner [detrone] **v.t.** (de *trône*). **1.** Mettre fin à la supériorité de : *Le plastique a détrôné le caoutchouc dans de nombreux emplois* (syn. **supplanter**). **2.** Déposséder un souverain de son trône : *Guillaume d'Orange a détrôné Jacques II.*

détrousser [detruse] **v.t.** (de *trousser*). LITT. Dépouiller qqn de ce qu'il porte sur lui en usant de violence.

détrousseur [detrusœr] **n.m.** LITT., VIEILLI. Personne qui détrousse, voleur.

De Troy [dətrwa], peintres français, dont les principaux sont : • **François** (Toulouse 1645 - Paris 1730), portraitiste de l'aristocratie parisienne et des artistes de son temps ; • son fils **Jean-François** (Paris 1679 - Rome 1752), peintre d'histoire et de genre au style aisé et brillant, qui fit une carrière officielle (7 toiles de *l'Histoire d'Esther,* pour la tapisserie, 1737 et suiv., Louvre).

détruire [detrɥir] **v.t.** (lat. pop. **destrugere,* class. *destruere,* de *struere,* assembler par coudes, bâtir) [conj. **98**]. **1.** Démolir, abattre ; anéantir : *Détruire une ville.* **2.** Faire périr : *Détruire les animaux nuisibles* (syn. **supprimer**). **3.** Réduire à néant : *Détruire une légende* (= mettre fin à).

dette [dɛt] **n.f.** (bas lat. *debita,* du class. *debitum,* dette, de *debere,* devoir). **1.** (Souvent au pl.). Somme d'argent due à qqn : *Être couvert de dettes.* **2.** Obligation morale : *J'ai une dette de* *reconnaissance envers lui.* **3. Dette publique,** ensemble des engagements à la charge d'un État contractés lors d'émissions d'emprunts.

deuil [dœj] **n.m.** (lat. *dolus,* douleur). **1.** Décès d'un proche : *Il y a eu trois deuils en un an dans cette famille.* **2.** Douleur, affliction éprouvée à la suite du décès de qqn : *Le pays est en deuil, il pleure ses morts.* **3.** Ensemble des signes extérieurs liés à la mort d'un proche et consacrés par l'usage, en partic. port de vêtements noirs ou sombres : *Prendre le deuil. Porter le deuil.* **4. Conduire le deuil,** marcher en tête du convoi funèbre. / *FAM.* **Faire son deuil de qqch,** y renoncer, se résigner à en être privé : *Avec ce mauvais temps, nous pouvons faire notre deuil de la promenade.*

deus ex machina [deysɛksmakina] **n.m. inv.** (loc. lat. « un dieu [descendu au moyen] d'une machine »). Personne ou événement venant opportunément dénouer une situation dramatique.

Deutsche Mark [døtʃmark] **n.m.** ⟶ **Mark.**

deux [dø] **adj. num. card. inv.** (lat. *duos,* accusatif de *duo*). **1.** Un plus un : *Les deux pôles. Elle s'y est reprise à deux fois.* **2.** (En fonction d'ord.). De rang numéro deux ; deuxième : *Article deux. Henri II.* **3. À nous deux,** phrase de défi lancée à celui avec lequel on va s'affronter. / *FAM.* **En moins de deux,** très vite. ◆ **n.m. inv. 1.** Le nombre qui suit un dans la série des entiers naturels ; le chiffre représentant ce nombre : *Deux fois deux, quatre. Le deux arabe.* **2.** Face d'un dé marquée de deux points ; carte comportant deux figures.

deuxième [døzjɛm] **adj. num. ord.** De rang numéro deux : *C'est la deuxième et dernière fois. C'est au deuxième* (= au deuxième étage) [syn. **second**]. ◆ **n.** Celui, celle qui occupe le deuxième rang : *C'est la deuxième que je rencontre.*

deuxièmement [døzjɛmmɑ̃] **adv.** En deuxième lieu.

deux-mâts [dømɑ] **n.m.** Voilier à deux mâts.

deux-pièces [døpjɛs] **n.m. 1.** Maillot de bain composé d'un soutien-gorge et d'un slip. **2.** Vêtement féminin composé d'une jupe ou d'un pantalon et d'une veste assortis. **3.** Appartement de deux pièces principales.

deux-points [døpwɛ̃] **n.m.** Signe de ponctuation figuré par deux points superposés (:), placé avant une énumération ou une explication.

Deux-Roses ***(guerre des),*** guerre civile qui ébranla l'Angleterre, affaiblie par la guerre de Cent Ans, de 1455 à 1485. Elle opposa les maisons d'York (dont les armoiries portaient une rose blanche) et de Lancastre (rose rouge), et se termina par la défaite de Richard III (d'York) à la bataille de Bosworth devant Henri Tudor, dernier héritier des Lancastres.

deux-roues [døru] **n.m.** Véhicule à deux roues, avec ou sans moteur : *La bicyclette et le scooter sont des deux-roues.*

Deux-Siciles ***(royaume des),*** anc. royaume de l'Italie méridionale, qui comprenait la Sicile et le sud de la péninsule italienne.

1442. Alphonse V d'Aragon, roi de Sicile, forme le royaume des Deux-Siciles en réunissant son royaume au royaume angevin de Naples, également baptisé Sicile et qui appartenait jusque-là à René d'Anjou.
Cette union prend fin à la mort d'Alphonse V en 1458.

1816. Le royaume des Deux-Siciles est reconstitué au profit des Bourbons (Ferdinand Ier).
La monarchie doit lutter contre de graves révoltes, provoquées notamment par les libéraux.

1860. Libération de la Sicile puis de Naples par Garibaldi.
Un plébiscite rattache l'ancien royaume à la nouvelle Italie unifiée.

dévaler [devale] **v.t.** (de *val*). Descendre rapidement, à toute allure, une pente, un escalier, etc.

De Valera (Eamon), homme d'État irlandais (New York 1882 - Dublin 1975). Leader du mouvement nationaliste Sinn Féin, chef du gouvernement révolutionnaire irlandais (1918), il fonda le Fianna Fáil et fut président du Conseil exécutif de l'État libre (1932-1937). Rompant tout lien avec la Grande-Bretagne, il fit voter en 1937 la nouvelle Constitution de l'Irlande, dont il fut Premier ministre (1937-1948, 1951-1954, 1957) puis président de la République (1959-1973).

dévaliser [devalize] **v.t.** (de *valise*). **1.** Voler, dérober qqch à qqn : *Dévaliser une bijouterie* (syn. **cambrioler**). **2.** *FAM.* Vider qqch de son contenu : *Dévaliser le réfrigérateur.* **3.** *FAM.* **Dévaliser une boutique, un commerçant,** y faire des achats nombreux.

dévalorisant, e [devalɔrizɑ̃, -ɑ̃t] **adj.** Qui dévalorise.

dévalorisation [devalɔrizasjɔ̃] **n.f.** Action de dévaloriser.

dévaloriser [devalɔrize] **v.t.** (de *valoriser*). **1.** Diminuer la valeur d'une monnaie, d'un capital, d'un produit ou d'une matière première : *Dévaloriser le pouvoir d'achat.* **2.** Déprécier, diminuer la valeur, le prestige de qqch, de qqn : *Dévaloriser un diplôme.*

dévaluation [devalɥasjɔ̃] **n.f.** (de *[é]valuation*). Action de dévaluer.

dévaluer [devalɥe] **v.t.** (de *dévaluation*) [conj. **7**]. **1.** Diminuer la valeur d'une monnaie par rapport à un étalon de référence et aux monnaies étrangères. **2.** Déprécier, dévaloriser : *Cette théorie est un peu dévaluée.*

devancement [dəvɑ̃smɑ̃] **n.m.** Action de devancer.

devancer [dəvɑ̃se] **v.t.** (de *devant,* d'apr. *avancer*) [conj. **16**]. **1.** Arriver avant, précéder qqn : *Il m'a devancé au rendez-vous.* **2.** Surpasser, surclasser : *Il devance ses rivaux dans tous les domaines.* **3.** Faire qqch avant l'échéance : *Devancer un paiement.*

devancier, ère [dəvɑ̃sje, -ɛr] **n.** Personne qui devance, précède qqn : *Ressembler à ses devanciers.*

1. devant [dəvɑ̃] **prép.** et **adv.** (de *de* et *avant*). À l'avant de : *Je t'attendrai devant le garage. Passe devant, tu verras mieux.* ◆ **prép. 1.** En présence de : *On ne peut pas dire cela devant tout le monde.* **2.** Confronté à, en réaction à : *Devant de tels excès, il a fallu prendre des sanctions énergiques* (syn. **face à**). **3. Avoir (de l'argent, du temps) devant soi,** ne pas avoir épuisé toutes ses ressources. ◆ **de devant loc. adj.** À l'avant de qqch, du corps : *Une patte de devant* (syn. **avant**).

2. devant [dəvɑ̃] **n.m.** (de *1. devant*). **1.** Partie antérieure de qqch : *Le devant d'une maison.* **2. Prendre les devants,** partir avant qqn ; devancer qqn pour l'empêcher d'agir.

devanture [dəvɑ̃tyr] **n.f.** (de *1. devant*). Partie d'un magasin où les articles sont exposés à la vue des passants, soit derrière une vitre, soit à l'extérieur.

dévastateur, trice [devastatœr, -tris] **adj.** Qui dévaste.

dévastation [devastasjɔ̃] **n.f.** Action de dévaster ; ravage : *Dévastation causée aux cultures par la grêle.*

dévaster [devaste] **v.t.** (lat. *devastare*). Causer de grands dégâts à ; ravager, ruiner.

déveine [devɛn] **n.f.** (de *veine*). *FAM.* Malchance.

développable [devlɔpabl] **adj. 1.** Qui peut être développé. **2.** MATH. **Surface développable,** qui peut être appliquée sur un plan : *Le cône est une surface développable.*

développé [devlɔpe] **n.m.** (de *développer*). **1.** Mouvement consistant à épauler un haltère, puis à le soulever au-dessus de la tête à bout de bras. **2.** CHORÉGR. Mouvement dans lequel une jambe repliée se déploie dans différentes directions.

développement [devlɔpmɑ̃] **n.m. 1.** Action de développer ce qui était roulé ; fait d'être développé : *Le développement d'une banderole* (syn. **déploiement**). **2.** Fait de grandir, de croître ; fait de se multiplier : *Développement intellectuel d'un enfant. Développement anarchique des cellules cancéreuses.* **3.** Fait pour qqch de progresser, de s'accroître : *Développement industriel d'une région* (syn. **essor, expansion**). **4.** Exposé détaillé d'un sujet : *Se lancer dans un long développement.* **5.** PHOT. Opération consistant à développer une pellicule sensible. **6. Développement durable,** mode de développement économique veillant au respect de l'environnement par une utilisation raisonnée des ressources naturelles afin de les ménager à long terme pour les générations futures. / **Pays en développement (P.E.D.),** pays qui, partant d'un état de sous-développement économique et social notoire, ont entamé un processus de développement économique. (On dit aussi *pays en voie de développement.*) ◆ **développements** **n.m. pl.** Suites, prolongement d'un événement : *Cette affaire connaît de nouveaux développements.* ► Dossier page suivante.

■ Le concept de développement s'est imposé dans les analyses économiques contemporaines par opposition à la notion de croissance économique, afin d'attirer l'attention sur la situation particulière de certains pays ou régions du monde.
Le dialogue pays développés – tiers-monde. Au cours des trois décennies 1960-1990, le décalage entre la richesse des pays industrialisés du Nord et la fragilité économique, voire l'extrême pauvreté, des pays en développement du Sud s'est accentué, rendant ainsi nécessaire une concertation. C'est dans le cadre du mouvement des non-alignés que le tiers-monde mène sa lutte pour l'autodétermination, le développement économique et un rééquilibrage des relations économiques Nord-Sud.
Les efforts de la Conférence des Nations unies pour le commerce et le développement (C.N.U.C.E.D.) – au sein de laquelle le tiers-monde a formé le groupe dit « des 77 » –, réunie depuis 1964 tous les quatre ans, n'ont pas permis de réduire l'écart entre pays développés et pays en voie de développement. De 1960 à 1973, les pays en développement qui viennent d'acquérir leur indépendance s'accordent pour imiter le modèle de croissance des pays industrialisés, puis, de 1973 à 1982, revendiquent une participation accrue aux prises de décision et aux avantages du système mondial. Les pays industrialisés sont favorables à une politique d'aide financière au développement couplée avec une stratégie d'ouverture à la concurrence internationale. Les pays du tiers-monde vont s'opposer à cette conception en proposant la mise en place d'un nouvel ordre économique international. La décision de l'O.P.E.P. d'augmenter les prix du pétrole, qui permet aux pays arabes producteurs de rejoindre les « nouveaux pays industrialisés » (Taïwan, Corée du Sud, Singapour, Brésil, Mexique), la conjoncture économique et politique, la prise de conscience de l'interdépendance des économies favorisent l'instauration d'un dialogue Nord-Sud. Ainsi s'ouvre en décembre 1975, à Paris, la première conférence sur la coopération économique internationale, dite « conférence Nord-Sud ». En 1982, la décision du Mexique de suspendre le service de sa dette marque une nouvelle étape, celle de l'endettement. Les banques, qui jusqu'alors avaient prêté largement au Sud, donnent un brusque coup d'arrêt à leurs crédits. Divers plans de rééchelonnement ou de conversion de la dette (plan Baker de 1985, plan Brady de 1989 en faveur des pays à revenus intermédiaires) sont mis en place. En 2000, l'O.N.U. adopte huit « Objectifs du Millénaire » pour le développement, qui vont de la réduction de moitié de la population pauvre à la lutte contre le virus du sida en passant par l'instauration de l'école primaire universelle. Une date butoir est fixée à 2015. Mais la crise économique mondiale déclenchée en 2007-2008 pèse sur ces engagements. ■

développer [devlɔpe] **v.t.** (de [*en*]*velopper*). **1.** Étendre ce qui était plié, enroulé : *Développer une pièce de tissu* (syn. **dérouler**). **2.** Cultiver, former le corps ou l'esprit : *Jeu qui développe l'intelligence.* **3.** Augmenter l'ampleur, assurer la croissance de qqch : *Chercher à développer son usine* (syn. **agrandir**). **4.** Analyser, exposer de manière détaillée : *Développer un argument.* **5.** PHOT. Procéder au développement d'une pellicule sensible. **6. Développer un calcul,** en effectuer toutes les opérations successives. / MATH. **Développer une expression algébrique,** l'écrire sous la forme d'une somme (par opp. à *factoriser*). / MÉD. **Développer une maladie,** en être effectivement atteint. **7.** CHIM. ORG. **Formule développée,** présentation d'une formule moléculaire faisant apparaître chacune des liaisons atomiques. ◆ **se développer** **v.pr.** **1.** Se déployer, s'étendre : *Armée qui se développe sur un front de trois kilomètres.* **2.** Croître, grandir ; s'épanouir : *Jeux pour aider l'intelligence à se développer.* **3.** Prendre de l'extension, de l'ampleur ; se multiplier : *Des bactéries qui se développent dans certains milieux.*

1. devenir [dəvnir] **v.i.** (lat. *devenire,* arriver à) [conj. **40** ; auxil. *être*]. **1.** Passer à un autre état ; acquérir une certaine qualité : *Devenir vieux, irritable. Elle est devenue experte dans son domaine de recherche.* **2.** Avoir tel sort, tel résultat ; être dans tel état, telle situation : *Que devient votre projet ? Je ne sais ce qu'elle est devenue.*

2. devenir [dəvnir] **n.m.** (de *1. devenir*). **1.** Mouvement progressif par lequel les choses se transforment ; évolution : *La science est en perpétuel devenir.* **2.** Futur, avenir : *Le devenir de la démocratie.*

déverbal [devɛrbal] **n.m.** (de *verbe*) [pl. *déverbaux*]. LING. **1.** Tout dérivé, formé à partir du radical d'un verbe (on dit aussi *déverbatif*). **2.** Nom dérivé d'un verbe et formé sans affixe (ex. : *coût,* de *coûter ; demande,* de *demander*).

dévergondage [devɛrgɔ̃daʒ] **n.m.** (de *se dévergonder*). **1.** Conduite licencieuse ; débauche. **2.** Fantaisie débridée : *Le dévergondage de l'imagination.*

dévergondé, e [devɛrgɔ̃de] **adj.** et **n.** (de *vergonde,* forme anc. de *vergogne*). Qui mène sans honte ni remords une vie déréglée ; débauché.

se **dévergonder** [devɛrgɔ̃de] **v.pr.** (de *dévergondé*). Devenir dévergondé ; se débaucher.

déverrouiller [deveruje] **v.t.** **1.** Ouvrir en tirant le verrou : *Déverrouiller une porte.* **2.** Libérer de ce qui maintenait immobile : *Déverrouiller le train d'atterrissage.*

dévers [devɛr] **n.m.** (du lat. *deversus,* tourné vers le bas). **1.** AUTOM., CH. DE F. Angle formé par le plan de symétrie d'un véhicule et le plan perpendiculaire à la chaussée ou à la voie ferrée. **2.** Déversement d'un mur.

1. déversement [devɛrsəmɑ̃] **n.m.** (de *déverser*). Action de déverser des eaux, un liquide ; fait de se déverser.

2. déversement [devɛrsəmɑ̃] **n.m.** (de *dévers*). Fait de pencher d'un côté, de gauchir ; inclinaison par rapport à l'aplomb : *Déversement d'un mur* (syn. **dévers**).

déverser [devɛrse] **v.t.** (de *verser*). **1.** Faire couler d'un lieu dans un autre : *L'étang déverse le trop-plein de ses eaux dans un réservoir* (syn. **rejeter**). **2.** Déposer en grand nombre, en grande quantité : *Camion qui déverse des gravats.* **3.** Répandre abondamment : *Déverser sa rancune sur qqn.*

déversoir [devɛrswar] **n.m.** Ouvrage au-dessus duquel s'écoulent les eaux d'un bassin, d'un canal, etc.

dévêtir [devetir] **v.t.** [conj. **44**]. Dépouiller de ses vêtements. ◆ **se dévêtir** **v.pr.** Ôter ses vêtements.

déviance [devjɑ̃s] **n.f.** **1.** Caractère de ce qui s'écarte de la norme. **2.** Comportement qui s'écarte des normes en vigueur dans un système social donné.

déviant, e [devjɑ̃, -ɑ̃t] **adj.** et **n.** Qui s'écarte de la règle, de la norme ; qui a une conduite de déviance.

déviation [devjasjɔ̃] **n.f.** **1.** Fait de dévier, de s'écarter d'une direction normale ou déterminée à l'avance. **2.** Itinéraire établi pour détourner la circulation : *Au prochain embranchement, vous emprunterez la déviation.* **3.** Écart, variation dans une ligne de conduite, de doctrine.

déviationnisme [devjasjɔnism] **n.m.** Attitude qui consiste à s'écarter de la ligne politique d'un parti, d'une organisation dont on est membre. ◆ **déviationniste** **adj.** et **n.** Qui fait preuve de déviationnisme.

dévider [devide] **v.t.** **1.** Mettre un fil en écheveau, en pelote : *Dévider la soie du cocon.* **2.** Dérouler : *Dévider une pelote de laine.* **3.** FAM. Exposer rapidement, avec prolixité : *Dévider ses souvenirs* (syn. **débiter**).

dévidoir [devidwar] **n.m.** Instrument ou appareil sur lequel on enroule des fils, des cordes, des tuyaux, etc., afin de pouvoir les dérouler rapidement le moment venu.

Un nouvel équilibre

Créé à la fin des années 1970 par l'Union internationale pour la conservation de la nature (U.I.C.N.), le terme de « développement durable » a été repris en 1987 dans un texte officiel international. Ce nouveau modèle de développement vise à concilier besoins humains et équilibres économiques, sociaux et écologiques. Une exploitation raisonnée des ressources naturelles est-elle vraiment possible à l'échelle planétaire ?

▶**Une prise de conscience.** En 1972, sous l'égide des Nations unies, des représentants de plusieurs pays participent à la conférence de Stockholm sur l'environnement. Mais c'est essentiellement dans le rapport de la Commission des Nations unies pour l'environnement et le développement de 1987 que le concept de développement durable est explicité dans ses dimensions économiques. Connu sous l'appellation de « rapport Brundtland » (du nom de la présidente de la commission, alors Premier ministre norvégien), le texte étudie l'idée d'un équilibre entre développement humain, protection de l'environnement et croissance économique. Il s'intéresse principalement à la protection de l'écosystème planétaire et fixe les limites à ne pas dépasser en termes de pollutions produites notamment par l'industrie. Les gouvernements sont incités à promouvoir « une croissance qui ne pénalise pas les générations futures sans toutefois sacraliser la nature ». Le risque de changement climatique dû à l'accumulation des gaz à effet de serre et à la réduction de la couche d'ozone y est déjà évoqué. La conclusion montre qu'un développement mal maîtrisé peut conduire l'humanité à sa perte et pose la nécessité d'une exploitation économique rationnelle et modérée des ressources naturelles. Les conférences de Rio en 1992 et de Kyoto en 1997 soulèvent la question des risques écologiques qui menacent la planète : elles mettent l'accent sur les dangers liés aux atteintes portées à la biodiversité.

▶**Des obstacles majeurs.** Le constat du désastre n'est pourtant pas toujours suivi de mesures spectaculaires, loin s'en faut. Après la conférence de Rio, les États les plus riches s'engagent à stabiliser leurs émissions de gaz à effet de serre, sans pour autant chercher à les réduire. Le protocole de Kyoto repose le problème et énonce des mesures juridiquement contraignantes : les gouvernements signataires s'engagent à réduire d'au moins 5 % les émissions de gaz polluants (dioxyde de carbone, azote, soufre). Mais les États-Unis, qui à eux seuls émettent 30 à 35 % du total des gaz, ne ratifient pas le traité : la recherche du profit a prévalu sur le souci environnemental. Le traité n'est pourtant pas des plus draconiens car il permet aux entreprises les plus polluantes d'acquérir des droits d'émissions polluantes, créant ainsi une sorte de grand marché, une Bourse des « permis de polluer ». En 2002, le Sommet mondial sur le développement durable à Johannesburg déçoit par son incapacité à proposer de nouveaux engagements. Il apparaît difficile de faire appliquer une juridiction transnationale sans le consentement des États et, en outre, d'imposer à des pays en développement croulant sous les dettes de limiter l'exportation de leurs ressources naturelles. Les réticences à élaborer un accord global sont patentes avec l'échec de la conférence de Copenhague, en 2009, et avec le peu d'engagements concrets pris lors du Sommet « Rio + 20 » en 2012, rapidement surnommé « Rio + vain ».

▶**Quelques espoirs.** Néanmoins, certaines mesures ponctuelles ou restreintes ont pu être prises au fil des années. En France, on peut citer la loi de protection de la nature de 1976, les lois sur l'eau et les déchets, la politique des parcs naturels régionaux, le label de l'agriculture biologique et, surtout, toutes les mesures prises dans le cadre du « Grenelle de l'environnement » lancé en 2007. Lors de l'Exposition universelle d'Aichi au Japon (en 2005), de nombreuses pistes ont été explorées : le recyclage total des déchets, les cargos à voiles, la production d'énergie par les courants marins, le commerce équitable. Aux États-Unis, à contre-courant de la politique fédérale, de nombreux États se sont fixé des objectifs de réduction des gaz à effet de serre.

Le développement durable n'est envisageable à l'échelle planétaire que dans le cadre d'un rééquilibrage de coopération entre les pays du Sud et du Nord. Faute de quoi, il aura du mal à passer du stade des grands principes idéologiques à celui des réalisations concrètes.

Voir aussi : biodiversité ; commerce équitable ; écosystème ; environnement.

dévier [devje] **v.i.** (lat. *deviare,* de *devius,* hors de la route). S'écarter de sa direction, de son projet, de son orientation : *La voiture a dévié sur la gauche. La conversation dévia sur un sujet scabreux* (syn. **déraper**). ◆ **v.t.** Modifier le trajet, la direction d'un mouvement : *Dévier la circulation du centre-ville* (syn. **détourner**).

devin, devineresse [dəvɛ̃, dəvinrɛs] **n.** (lat. pop. **devinus,* class. *divinus,* de *divus,* dieu). Personne qui prétend avoir le don de divination.

deviner [dəvine] **v.t.** (lat. pop. **devinare,* class. *divinare*). Découvrir intuitivement ou par conjecture ; prédire, trouver : *Je devine qu'il va se passer qqch* (syn. **pressentir**).

devinette [dəvinɛt] **n.f.** (de *deviner*). Question plaisante dont on demande à qqn, par jeu, de trouver la réponse.

devis [dəvi] **n.m.** (de *deviser*). Description détaillée des pièces, des matériaux et des opérations nécessaires pour réaliser une production, une construction, une installation ou une réparation, avec l'estimation des dépenses.

dévisager [devizaʒe] **v.t.** (de *visage*) [conj. **17**]. Regarder qqn avec insistance ou indiscrétion : *Dévisager son voisin.*

devise [dəviz] **n.f.** (propr. « signe distinctif », de *deviser,* diviser). **1.** Brève formule qui exprime une pensée, un sentiment, une règle de vie, de conduite : *« Liberté, égalité, fraternité » est la devise de la France.* **2.** Monnaie considérée par rapport aux monnaies d'autres pays, par rapport à son taux de change : *Devise forte.* **3.** HÉRALD. Figure emblématique accompagnée d'une formule (tels le *soleil,* avec les mots *Nec pluribus impar,* de Louis XIV ; la *salamandre,* de François Ier, avec *Nutrisco et exstinguo,* etc.).

deviser [dəvize] **v.i.** (lat. pop. **devisare,* d'abord **divisare,* du class. *dividere,* diviser, partager, répartir). LITT. S'entretenir familièrement ; converser.

dévissage [devisaʒ] **n.m. 1.** Action de dévisser. **2.** ALP. Fait de dévisser.

dévisser [devise] **v.t. 1.** Défaire, desserrer en tournant dans le sens inverse du vissage. **2.** Détacher un objet fixé par une, des vis : *Dévisser une serrure.* ◆ **v.i.** ALP. Lâcher prise et tomber.

de visu [devizy] **loc. adv.** (mots lat. « d'après ce qu'on a vu »). Pour l'avoir vu ; en témoin oculaire.

dévitaliser [devitalize] **v.t.** Enlever le tissu vital, la pulpe, le nerf d'une dent.

dévitaminé, e [devitamine] **adj.** Qui a perdu ses vitamines : *Aliments dévitaminés.*

dévoilement [devwalmɑ̃] **n.m.** Action de dévoiler, de se dévoiler ; fait d'être dévoilé.

dévoiler [devwale] **v.t. 1.** Ôter le voile de : *Dévoiler une statue.* **2.** Laisser apparaître, découvrir, révéler ce qui était caché, secret : *Dévoiler ses intentions.* **3.** Redresser une roue voilée. ◆ **se dévoiler** **v.pr.** Apparaître, se manifester ouvertement.

1. devoir [dəvwar] **v.t.** (lat. *debere*) [conj. **53**]. **1.** Être tenu de payer, de restituer, de fournir : *Devoir de l'argent, un loyer.* **2.** Avoir une obligation à l'égard de qqn par la loi, la morale, les convenances : *Je vous dois des excuses. Devoir assistance à ses enfants.* **3.** Être redevable de ; avoir pour origine : *Ce pays doit sa prospérité aux richesses de son sous-sol* (syn. **tenir**). **4.** (+ inf.). Indique l'obligation, la nécessité : *Tu dois obéir. Tout doit finir un jour.* **5.** (+ inf.). Indique la probabilité, la supposition : *C'est ainsi que les choses ont dû se passer.* **6.** (+ inf.). Indique une possibilité portant sur le futur, une intention : *Il doit me téléphoner ce soir.* ◆ **se devoir** **v.pr. 1.** Être tenu de se consacrer à qqn, à qqch : *Il se doit à sa famille.* **2. Se devoir de** (+ inf.), être moralement tenu de : *Nous nous devons de donner l'exemple.* **3. Comme il se doit,** comme c'est l'usage, comme on pouvait le prévoir.

2. devoir [dəvwar] **n.m.** (de *1. devoir*). **1.** Ce à quoi on est obligé par la loi, la morale, etc. : *Remplir son devoir de citoyen.* **2.** Tâche écrite imposée à un élève, à un étudiant : *Un devoir d'anglais.* **3. Se mettre en devoir de,** se préparer, se mettre à. ◆ **devoirs** **n.m. pl. 1.** Hommages, marques de civilité, de respect ou de politesse : *Présenter ses devoirs à qqn.* **2. Derniers devoirs,** honneurs funèbres.

1. dévolu, e [devɔly] **adj.** (lat. médiév. *devolutus,* du class. *devolvere,* dérouler). Acquis, échu par droit.

2. dévolu [devɔly] **n.m.** (de *1. dévolu*). **Jeter son dévolu sur qqn, sur qqch,** fixer son choix sur cette personne, sur cette chose.

dévolution [devɔlysjɔ̃] **n.f.** (lat. *devolutio,* de *devolvere,* dérouler). DR. Attribution, transmission d'un bien, d'un droit d'une personne à une autre : *Dévolution successorale.*

Dévolution *(guerre de)* [1667-1668], guerre entreprise par Louis XIV qui, à la mort de Philippe IV d'Espagne, réclamait une partie des Pays-Bas et la Franche-Comté au nom de sa femme, Marie-Thérèse (née du premier mariage de Philippe IV). Turenne fit campagne en Flandre et Condé conquit la Franche-Comté. Au traité d'Aix-la-Chapelle (1668), la France conserva les villes acquises aux Pays-Bas.

Devon, île de l'archipel arctique canadien.

dévonien [devɔnjɛ̃] **n.m.** (de *Devon,* n. pr.). Quatrième période de l'ère primaire, où sont apparus les premiers vertébrés terrestres et les premières plantes vasculaires.

dévorant, e [devɔrɑ̃, -ɑ̃t] **adj. 1.** Qui pousse à dévorer ; avide, insatiable : *Faim dévorante. Curiosité dévorante.* **2.** Qui consume, détruit par son ampleur, son intensité : *Feu dévorant. Jalousie dévorante.*

dévorateur, trice [devɔratœr, -tris] **adj.** LITT. Qui dévore, consume : *Feu dévorateur.*

dévorer [devɔre] **v.t.** (lat. *devorare*). **1.** Manger en déchirant avec les dents : *Le loup dévora l'agneau.* **2.** Mordre, ronger, piquer abondamment : *Les mites ont dévoré cette couverture.* **3.** Manger avec voracité, avidité : *Dévorer son dîner.* **4.** Absorber complètement : *Ce voyage a dévoré mes économies* (syn. **épuiser**). **5.** Tourmenter violemment : *La passion le dévore* (syn. **ronger**). **6.** LITT. Faire disparaître complètement, consumer : *Le feu a dévoré la forêt* (syn. **détruire**). **7. Dévorer des yeux, du regard,** regarder avec avidité, passion, convoitise. / **Dévorer un livre,** le lire avec avidité.

dévoreur, euse [devɔrœr, -øz] **n.** Personne, machine, etc., qui dévore, consomme beaucoup.

dévot, e [devo, -ɔt] **adj.** et **n.** (lat. *devotus,* zélé). Attaché aux pratiques religieuses ; qui manifeste un zèle extrême pour la religion.

dévotement [devɔtmɑ̃] **adv.** Avec dévotion.

dévotion [devosjɔ̃] **n.f.** (lat. *devotio,* zèle). **1.** Piété, attachement fervent à la religion, aux pratiques religieuses. **2.** Culte particulier rendu à un saint : *Dévotion à la Sainte Vierge.* **3.** LITT. Attachement fervent à qqn, à qqch ; vénération : *Soigner des plantes avec dévotion.* **4. Être à la dévotion de qqn,** lui être totalement dévoué. / **Faire ses dévotions,** accomplir ses devoirs religieux.

dévoué, e [devwe] **adj.** Qui manifeste un attachement zélé à qqn, à qqch : *Un ami dévoué.*

dévouement [devumɑ̃] **n.m.** Action de se dévouer à qqn, à qqch ; disposition à servir.

se **dévouer** [devwe] **v.pr.** (lat. *devovere,* vouer, consacrer) [conj. **6**]. **1.** Se consacrer entièrement à qqn, à qqch : *Se dévouer à une cause. Se dévouer corps et âme à la science.* **2.** Se charger, par abnégation, d'une tâche pénible ou peu enthousiasmante : *Il s'est dévoué pour aller faire des courses.*

dévoyé, e [devwaje] **adj.** et **n.** Sorti du droit chemin ; délinquant.

dévoyer [devwaje] **v.t.** (de *voie*) [conj. **13**]. LITT. Détourner du droit chemin, de la morale.

De Vries (Hugo), botaniste néerlandais (Haarlem 1848 - Lunteren 1935). Il a contribué à faire connaître les lois de Mendel en génétique. Auteur de travaux sur la croissance des plantes, il a proposé une théorie de l'évolution dite « mutationniste », selon laquelle des mutations de grande ampleur peuvent provoquer l'apparition d'espèces nouvelles. Il a écrit notamment *Théorie de la mutation* (1901-1903), *Espèces et variétés, leur naissance par mutation* (1906).

dextérité [dɛksterite] **n.f.** (lat. *dexteritas,* de *dexter,* qui est à droite). **1.** Habileté, adresse de la main : *La dextérité d'un prestidigitateur.* **2.** Adresse d'esprit, habileté dans la manière d'agir : *Conduire une affaire avec dextérité.*

dextre [dɛkstr] **adj.** (lat. *dexter,* qui est à droite). **1.** *VX.* Adroit : *Un artisan fort dextre.* **2.** HÉRALD. Qui est sur le côté droit de l'écu (par opp. à *senestre*). ◆ **n.f.** *LITT.* Main droite : *Un soufflet de la dextre.*

dextrose [dɛkstroz] **n.m.** (du lat. *dexter,* qui est à droite, et de [*gluc*]*ose*). CHIM. Glucose.

dey [dɛ] **n.m.** (turc *dāi*). Chef de la Régence d'Alger (1671-1830).

Dhaka → Dacca.

dia [dja] **interj.** (var. de *da*). Cri des charretiers pour faire aller leurs chevaux à gauche (par opp. à *hue*).

diabète [djabɛt] **n.m.** (lat. médiév. *diabetes,* gr. médical *diabêtês,* de *diabainein,* traverser, en raison de l'émission d'urine qui caractérise cette maladie). **1.** MÉD. Maladie se manifestant par une abondante élimination d'urine et une soif intense. **2.** Trouble du métabolisme des glucides dû à une insuffisance de la sécrétion d'insuline par le pancréas et caractérisé par une hyperglycémie et la présence de sucre dans les urines (on dit aussi *diabète sucré*).

■ Employé seul, ce terme désigne le *diabète sucré avec hyperglycémie,* c'est-à-dire une augmentation du taux de glucose, principal sucre de l'organisme, dans le sang. Le *diabète insipide* traduit une lésion du lobe postérieur de l'hypophyse : il se manifeste par une soif intense et des urines très abondantes mais ne contenant pas de sucre. Le *diabète rénal* résulte d'une atteinte des unités fonctionnelles (néphrons) du rein abaissant le seuil d'excrétion du glucose qui passe dans les urines, bien que la glycémie soit normale.

Troubles et signes du diabète. Le trouble fondamental du diabète, l'hyperglycémie, est dû à un dérèglement du mécanisme de régulation qui, normalement, maintient le taux de glucose sanguin, ou *glycémie,* à une valeur fixe (1 g/l chez l'homme). Cette anomalie est due, dans le *diabète de type 1 (insulinodépendant)* des sujets jeunes, à une insuffisance de sécrétion de l'insuline par le pancréas. Le diabète de l'âge mûr, ou *diabète de type 2,* ne s'accompagne pas d'une baisse de cette hormone avant 20 à 30 ans d'évolution, période où il peut devenir *insulino-nécessitant.* Il s'agit alors essentiellement d'une anomalie d'utilisation de l'insuline au niveau des cellules, dans lesquelles elle facilite la pénétration du glucose.
La présence de sucre dans les urines, ou *glycosurie,* est un signe fondamental du diabète. Elle s'observe lorsque le taux de glucose sanguin (glycémie) dépasse 1,40 g/l. Des hyperglycémies plus faibles (entre 1,10 et 1,40 g/l) peuvent néanmoins témoigner d'un état diabétique. L'augmentation du volume urinaire (polyurie) entraîne une soif accrue et une abondante absorption de boisson. Les diabètes de type 2 s'accompagnent souvent d'obésité alors que les diabètes de type 1 révélés chez l'enfant ou le sujet jeune se manifestent au contraire par un amaigrissement.
Toutes les formes de diabète se compliquent de cécité, d'insuffisance rénale grave et de maladies cardio-vasculaires, notamment des gangrènes du pied qui imposent des amputations. Elles ne peuvent être évitées ou retardées que par un traitement antidiabétique et par une alimentation équilibrée pour stabiliser et contrôler la glycémie. ■

diabétique [djabetik] **adj.** et **n.** Relatif au diabète ; atteint de diabète.

diable [djabl] **n.m.** (lat. *diabolus,* gr. *diabolos,* calomniateur). **1.** RELIG. Démon, esprit malin. **2.** RELIG. CHRÉT. (Précédé de l'art. déf., parfois avec une majuscule). Satan, incarnation suprême du Mal. **3.** Enfant turbulent et espiègle. **4.** Petit chariot à deux roues basses servant à transporter des fardeaux. **5.** Ustensile de cuisine formé de deux poêlons en terre. **6. À la diable,** très mal, sans soin. / **Au diable (vauvert),** très loin. / **Avoir le diable au corps,** faire le mal sciemment ; manifester une énergie surhumaine, une grande fougue. / **Beauté du diable,** éclat de la jeunesse. / **Bon diable,** bon garçon. / **Ce n'est pas le diable,** ce n'est pas difficile. / **C'est bien le diable si...,** ce serait extraordinaire si... / **Du diable, de tous les diables,** extrême. / **En diable,** fort, extrêmement. / **Grand diable,** homme de grande taille, dégingandé. / **Pauvre diable,** homme qui inspire la pitié. / **Tirer le diable par la queue,** avoir des difficultés d'argent. ◆ **interj. 1.** Marque la surprise, l'admiration, la perplexité. **2.** (Explétif, dans les interrogations). Donc : *Que diable allait-il faire dans cette galère ?* **3. Que diable !,** marque l'impatience.

diablement [djabləmɑ̃] **adv.** (de *diable*). *FAM.* Très ; terriblement : *Elle est diablement belle.*

diablerie [djabləri] **n.f. 1.** *LITT.* Machination diabolique ; sorcellerie. **2.** Espièglerie, malice : *Les diableries des enfants me fatiguent.* **3.** LITTÉR. Scène, pièce populaire où figurent des diables. **4.** BX-A. Représentation de scènes où figurent le diable ou ses suppôts.

diablesse [djablɛs] **n.f. 1.** Diable femelle. **2.** Femme méchante et acariâtre. **3.** Jeune fille vive et turbulente.

diablotin [djablɔtɛ̃] **n.m.** Petit diable.

diabolique [djabɔlik] **adj.** (du lat. ecclés. *diabolicus,* du gr.). **1.** Inspiré par le diable ; démoniaque : *Tentation diabolique.* **2.** Qui fait penser au diable par son caractère maléfique ou pervers : *Une ruse diabolique.*

diaboliquement [djabɔlikmɑ̃] **adv.** De façon diabolique.

diabolo [djabɔlo] **n.m.** (de *diable,* anc. n. d'un jouet similaire [en raison du bruit qu'il provoquait], p.-ê. sous l'infl. de l'it. *diavolo*). **1.** Jouet formé de deux cônes opposés par les sommets, qu'on lance en l'air et qu'on rattrape sur une ficelle tendue entre deux baguettes. **2.** MÉD. Drain inséré à travers la membrane du tympan et utilisé pour traiter des otites séreuses. **3.** Boisson faite de limonade additionnée de sirop : *Diabolo menthe.*

diachronie [djakrɔni] **n.f.** (de *dia-,* et du rad. du gr. *chronos,* temps). LING. Caractère des phénomènes linguistiques considérés du point de vue de leur évolution dans le temps (par opp. à *synchronie*).

diachronique [djakrɔnik] **adj.** Relatif à la diachronie.

diacide [diasid] **n.m.** CHIM. Corps possédant deux fonctions acide.

diaclase [djaklaz] **n.f.** (gr. *diaklasis,* cassure). GÉOL. Fissure d'une roche sans déplacement des deux parties.

diaconat [djakɔna] **n.m.** (lat ecclés. *diaconatus ;* v. *diacre*). Office ou ordre du diacre.

diaconesse [djakɔnɛs] **n.f.** (lat. ecclés. *diaconissa ;* v. *diacre*). **1.** Femme qui, dans l'Église primitive, était officiellement chargée de fonctions religieuses ou charitables. **2.** Femme qui se voue à des tâches analogues et qui vit souvent en communauté, chez les protestants.

diacre [djakr] **n.m.** (lat. ecclés. *diaconus,* gr. *diakonos,* serviteur). **1.** CATH. Clerc qui a reçu l'ordre immédiatement inférieur à la prêtrise. **2.** Chez les protestants, laïc chargé du soin des pauvres et de l'administration des fonds de l'église.

diacritique [djakritik] **adj.** (gr. *diakritikos,* apte à distinguer). **Signe diacritique,** signe qui, adjoint à une lettre, en modifie la valeur ou permet de distinguer deux mots homographes (on dit aussi *un diacritique*) : *L'accent grave de « à » et la cédille du « ç » sont des signes diacritiques.*

diadème [djadɛm] **n.m.** (lat. *diadema,* mot gr.). **1.** Bandeau richement décoré et porté autour de la tête comme signe de la royauté ; la dignité royale elle-même : *Ceindre le diadème.*

2. Bijou rehaussé de pierreries qui enserre le haut du front. **3.** Objet de parure féminine ou coiffure ceignant le haut du front : *Un diadème de tresses.*

diadoque [djadɔk] **n.m.** (du gr. *diadokhos,* successeur). ANTIQ. GR. Titre donné aux généraux qui se disputèrent l'empire d'Alexandre après sa mort (323 av. J.-C.).

diagenèse [djaʒənɛz] **n.f.** (du gr. *dia,* à travers, et *genesis,* naissance, formation). GÉOL. Ensemble des phénomènes assurant la transformation d'un sédiment en roche.

Diaghilev (Serge de), directeur de troupe et mécène russe (Perm 1872 - Venise 1929). Créateur des Ballets russes, en 1909, il fut un découvreur de talents (Stravinski, Nijinski, Balanchine, etc.), et présenta des spectacles de qualité tant du point de vue chorégraphique que musical et scénographique, s'attachant la collaboration des plus grands artistes de l'époque, dont Picasso. Les extraordinaires réalisations de sa compagnie (*Petrouchka,* 1910 ; *le Sacre du printemps,* 1913 ; *Parade,* 1917 ; *Apollon Musagète,* 1928) ont ouvert la voie au ballet classique contemporain.

diagnostic [djagnɔstik] **n.m.** (gr. *diagnôsis,* connaissance). **1.** Identification d'une maladie par ses symptômes. **2.** Jugement porté sur une situation, sur un état.

diagnostique [djagnɔstik] **adj.** (gr. *diagnôstikos,* apte à reconnaître). MÉD. Relatif à un diagnostic : *Signes diagnostiques* (= qui permettent d'établir un diagnostic).

diagnostiquer [djagnɔstike] **v.t.** Faire le diagnostic d'une maladie ; déceler, discerner un mal, une panne, etc. : *Diagnostiquer un malaise chez les enseignants.*

diagonal, e, aux [djagɔnal, -o] **adj.** (lat. *diagonalis,* du gr. *diagônios,* ligne qui relie deux angles). Qui a le caractère d'une diagonale ; en diagonale : *Ligne diagonale.*

diagonale [djagɔnal] **n.f.** (de *diagonal*). **1.** Segment de droite ou droite qui joint deux sommets non consécutifs d'un polygone ou deux sommets d'un polyèdre n'appartenant pas à une même face. **2. En diagonale,** en biais, obliquement. / *FAM.* **Lire en diagonale,** lire rapidement, en sautant des passages. / GÉOM. **Diagonale d'un parallélépipède,** droite qui joint deux sommets n'appartenant pas à une même face. / MATH. **Diagonale principale (d'une matrice carrée, d'un déterminant, etc.),** ensemble des termes qui, placés au croisement d'une ligne et d'une colonne de même rang, forment une diagonale partant de l'origine.

diagramme [djagram] **n.m.** (gr. *diagramma,* dessin). Représentation graphique ou schématique permettant de décrire l'évolution d'un phénomène, la corrélation de deux facteurs, la disposition relative des parties d'un ensemble.

dialectal, e, aux [djalɛktal, -o] **adj.** Relatif à un dialecte.

dialecte [djalɛkt] **n.m.** (lat. *dialectus,* gr. *dialektos,* discussion). Variante régionale d'une langue.

dialecticien, enne [djalɛktisjɛ̃, -ɛn] **n.** et **adj.** Personne qui pratique la dialectique, qui utilise dans ses raisonnements les procédés de la dialectique. ◆ **adj.** Qui est digne d'un dialecticien.

1. dialectique [djalɛktik] **n.f.** (lat. *dialectica ;* v. 2. *dialectique*). **1.** Méthode de raisonnement qui consiste à analyser la réalité en mettant en évidence les contradictions de celle-ci et à chercher à les dépasser. **2.** Suite de raisonnements rigoureux destinés à emporter l'adhésion de l'interlocuteur : *Une dialectique implacable.*

2. dialectique [djalɛktik] **adj.** (lat. *dialecticus,* qui concerne la discussion, la dialectique, gr. *dialektikos,* de *dialegesthai,* discourir, raisonner). **1.** Qui relève de la dialectique ; qui exprime la dialectique : *Une pensée dialectique.* **2. Matérialisme dialectique** ⟶ **marxisme.**

dialectologie [djalɛktɔlɔʒi] **n.f.** Partie de la linguistique qui étudie les dialectes. ◆ **dialectologue n.** Nom du spécialiste.

dialogue [djalɔg] **n.m.** (lat. *dialogus,* du gr.). **1.** Conversation, échange de vues entre deux ou plusieurs personnes. **2.** Discussion visant à trouver un terrain d'entente ; fait de dialoguer : *Renouer le dialogue.* **3.** Ensemble des répliques échangées entre les personnages d'une pièce de théâtre, d'un film, d'un récit. **4.** Ouvrage littéraire présenté sous la forme d'une conversation.

dialoguer [djalɔge] **v.i.** (de *dialogue*). **1.** Converser, s'entretenir. **2.** Négocier ; engager des négociations : *Dialoguer avec les syndicats.* **3. Dialoguer avec un ordinateur,** l'exploiter en mode conversationnel.

dialoguiste [djalɔgist] **n.** CIN., TÉLÉV. Auteur spécialisé dans les dialogues d'un scénario.

dialyse [djaliz] **n.f.** (gr. *dialusis,* séparation). **1.** CHIM. Séparation des constituants d'un mélange fondée sur la propriété que possèdent certains corps de traverser plus facilement que d'autres les membranes poreuses. **2.** MÉD. Purification du sang fondée sur le même principe.

dialysé, e [djalize] **adj.** et **n.** Malade astreint à une dialyse.

dialyser [djalize] **v.t. 1.** Opérer la dialyse de constituants chimiques. **2.** Pratiquer une dialyse sur un malade.

diamant [djamɑ̃] **n.m.** (bas lat. *diamas, -antis,* gr. *adamas,* acier). **1.** Minéral, carbone pur cristallisé, très dur, génér. incolore et transparent : *Diamant brut.* **2.** Pierre précieuse, taillée dans cette matière. **3.** Outil de miroitier et de vitrier pour couper le verre. **4.** Pointe d'une tête de lecture d'un électrophone, d'une platine, etc., constituée d'un diamant. **5.** BX-A. **Pointes de diamant,** bossages, saillies régulières de forme pyramidale.

diamantaire [djamɑ̃tɛr] **n.** Professionnel qui travaille ou vend des diamants.

diamanté, e [djamɑ̃te] **adj.** Garni de pointes de diamant : *Porte diamantée.*

diamantifère [djamɑ̃tifɛr] **adj. Terrain, sol diamantifère,** qui contient du diamant.

diamantin, e [djamɑ̃tɛ̃, -in] **adj.** *LITT.* Qui a la dureté, la pureté ou l'éclat du diamant.

diamétral, e, aux [djametral, -o] **adj.** MATH. Qui contient un diamètre ; relatif au diamètre.

diamétralement [djametralmɑ̃] **adv. Diamétralement opposé,** tout à fait, absolument opposé.

diamètre [djamɛtr] **n.m.** (lat. *diametrus,* du gr.). **1.** Ligne droite qui partage symétriquement un cercle, un objet circulaire ou arrondi ; sa longueur : *Diamètre d'un arbre.* **2.** MATH. Droite passant par le centre d'un cercle, d'une sphère ; corde associée à cette droite. **3.** OPT. **Diamètre apparent,** angle sous lequel un observateur voit un objet, un astre.

Diane, déesse italique identifiée à l'Artémis grecque. Vénérée en Italie depuis les temps les plus anciens, elle était, semble-t-il, la divinité de la Nature sauvage. La Diane la plus célèbre était celle de Nemi près de Rome, où l'on honorait aussi un dieu masculin, Virbius, prêtre mythique de la déesse qui formait avec celle-ci un couple sacré.

Diane de Poitiers, favorite d'Henri II (? 1499 - Anet 1566). Elle incita le roi à mener une politique de répression du protestantisme. À la mort d'Henri II, elle fut bannie de la cour par Catherine de Médicis et se retira dans son château d'Anet.

diantre [djɑ̃tr] **interj.** (déformation de *diable* par euphémisme). *VX* ou *LITT.* Juron exprimant l'étonnement, l'admiration, l'imprécation : *Que diantre faisait-il là ?*

diapason [djapazɔ̃] **n.m.** (du gr. *dia pasôn [khordôn],* par toutes [les cordes]). **1.** Note dont la fréquence sert de référence pour l'accord des voix et des instruments (par convention internationale, le la_3, d'une fréquence de 440 hertz). **2.** Instrument qui produit cette note, le plus souvent formé d'une tige métallique portant à son extrémité une lame vibrante en forme de U. **3. Se mettre au diapason,** dans une disposition d'esprit conforme aux circonstances, en harmonie avec les attitudes ou les opinions d'autrui.

diaphane [djafan] **adj.** (gr. *diaphanês,* de *diaphainein,* laisser entrevoir). **1.** Qui laisse passer la lumière sans être transparent ;

d'une transparence atténuée : *Le verre dépoli est diaphane.* **2.** *LITT.* Dont l'aspect évoque ce qui est vu au travers d'un corps diaphane (syn. **pâle, délicat**).

diaphragme [djafragm] **n.m.** (gr. *diaphragma,* cloison). **1.** Muscle très large et mince qui sépare la poitrine de l'abdomen et dont la contraction provoque l'augmentation de volume de la cage thoracique et, par suite, l'inspiration. **2.** Membrane de matière souple, caoutchouc, matière plastique, etc., qui, placée sur le col de l'utérus, est employée comme contraceptif féminin. **3.** Ouverture de diamètre réglable servant à faire varier la quantité de lumière entrant dans un appareil optique ou photographique.

diaphyse [djafiz] **n.f.** (gr. *diaphusis,* interstice). Partie moyenne d'un os long, par opp. aux extrémités, ou *épiphyses.*

diapositive [djapɔzitiv] **n.f.** (de *dia-* et *positif*). Image photographique positive sur support transparent pour la projection. (Abrév. fam. *diapo.*)

diapré, e [djapre] **adj.** (de l'anc. fr. *diaspre,* drap à fleurs, ramages, lat. médiév. *diasprum,* altér. du class. *jaspis,* agate, jaspe). *LITT.* De couleurs vives, variées et chatoyantes.

diarrhée [djare] **n.f.** (bas lat. *diarrhoea,* gr. *diarroia* [v. les éléments *dia-* et *-rrhée*]). Émission fréquente de selles liquides ou pâteuses, due à une intoxication ou à une infection.

Dias (Bartolomeu), navigateur portugais (en Algarve v. 1450 - au large du cap de Bonne-Espérance 1500). Le premier, il contourna l'Afrique et doubla le cap de Bonne-Espérance (1488).

diaspora [djaspɔra] **n.f.** (mot gr. « dispersion »). **1.** HIST. (Avec une majuscule). Ensemble des communautés juives établies hors de Palestine, surtout après l'Exil (VIe s. av. J.-C.), ou qui demeurent en dehors d'Israël depuis la création de cet État. ▸ La Diaspora a été un facteur important dans l'évolution de la religion mosaïque. Par ailleurs, les communautés juives établies dans l'Empire romain ont joué un grand rôle dans la pénétration du christianisme, qui a d'abord été prêché dans les synagogues par des juifs devenus disciples de Jésus. **2.** Dispersion d'un peuple, d'une ethnie à travers le monde.

diastole [djastɔl] **n.f.** (du gr. *diastolê,* écartement). Période de décontraction des ventricules cardiaques (par opp. à *systole*).

diatomée [djatɔme] **n.f.** (du gr. *diatomos,* coupé en deux). **Diatomées,** classe d'algues unicellulaires marines ou d'eau douce, entourées d'une coque siliceuse bivalve souvent finement ornementée.

diatonique [djatɔnik] **adj.** (bas lat. *diatonicus,* du gr.). MUS. **Gamme diatonique,** gamme composée de 5 tons et de 2 demi-tons (ex. : *do - ré - mi - fa - sol - la - si - do*), par opp. à *chromatique.*

diatribe [djatrib] **n.f.** (lat. *diatriba,* gr. *diatribê,* discussion). Critique très violente, injurieuse : *Son discours n'a été qu'une longue diatribe contre ses adversaires.*

Díaz (Porfirio), général et homme d'État mexicain (Oaxaca 1830 - Paris 1915). Président de la République (1876-1880 et 1884-1911), il établit un régime autoritaire et posa les bases d'une économie moderne. Il fut renversé par la révolution de 1911.

diazote [diazɔt] **n.m.** Constituant principal des premières couches de l'atmosphère, incolore, inodore et souvent à l'état gazeux, dont la molécule est constituée de deux atomes d'azote. ▸ Formule : N_2.

Dib (Mohammed), écrivain algérien d'expression française (Tlemcen 1920 - La Celle-Saint-Cloud 2003). Ses romans *(l'Incendie, le Maître de chasse),* son théâtre et ses poèmes mêlent description de la réalité algérienne et interrogation sur les pouvoirs du langage.

dicastère [dikastɛr] **n.m.** (it. *dicastero,* gr. *dikasterion,* tribunal). **1.** Chacun des grands organismes (congrégations, tribunaux, offices) de la curie romaine. **2.** *HELV.* Subdivision d'une administration communale.

dichlore [diklɔr] **n.m.** Gaz dont la molécule est formée de deux atomes de chlore. ▸ Jaune verdâtre, toxique et d'odeur suffocante. Il est utilisé comme désinfectant et décolorant. Formule : Cl_2.

dichotomie [dikɔtɔmi] **n.f.** (gr. *dikhotomia,* division en deux parties égales). **1.** *DIDACT.* Division en deux ; opposition entre deux choses. **2.** LOG. Division d'un concept en deux autres qui recouvrent toute son extension.

dichotomique [dikɔtɔmik] **adj.** Qui se divise ou se subdivise en deux.

Dickens (Charles), écrivain britannique (Landport, auj. dans Portsmouth, 1812 - Gadshill, près de Rochester, 1870). Il est le plus célèbre romancier de l'époque victorienne. De sa jeunesse malheureuse, il tire la matière de récits à la fois sensibles et humoristiques : *Oliver Twist* (1838), *Nicolas Nickleby* (1839), *les Aventures de M. Pickwick* (1837), *David Copperfield* (1849). Ses déceptions sur le plan social s'exprimeront dans les *Contes de Noël* (1843). L'œuvre de Dickens se caractérise par son don de faire vivre les personnages et sa sympathie pour ceux qui souffrent.

dico [diko] **n.m.** (abrév.). *FAM.* Dictionnaire.

dicotylédone [dikɔtiledɔn] **n.f.** et **adj.** (de *di-,* et du gr. *kotulêdon,* lobe). **Dicotylédones,** classe de plantes angiospermes dont la graine contient un embryon à deux cotylédons, présentant des feuilles génér. horizontales, aux nervures ramifiées et aux faces différentes. ▸ Les composées, les légumineuses, les rosacées sont des familles de plantes dicotylédones.

Dictaphone [diktafɔn] **n.m.** (nom déposé). Magnétophone servant, notamm., à la dictée du courrier.

dictateur, trice [diktatœr, -tris] **n.** (lat. *dictator*). **1.** Personne qui, s'étant emparée du pouvoir, gouverne arbitrairement et sans contrôle démocratique ; autocrate. **2.** Personne très autoritaire : *Il se comporte en dictateur.* ◆ **dictateur n.m.** ANTIQ. ROM. Magistrat suprême investi temporairement de tous les pouvoirs politiques et militaires en cas de crise grave.

dictatorial, e, aux [diktatɔrjal, -o] **adj.** Relatif à une dictature ; absolu : *Pouvoir dictatorial.*

dictatorialement [diktatɔrjalmɑ̃] **adv.** De façon dictatoriale ; en dictateur.

dictature [diktatyr] **n.f.** (lat. *dictatura*). **1.** ANTIQ. ROM. Gouvernement d'exception, magistrature militaire conférée pour six mois à un dictateur (entre le VIe et le IIIe s. av. J.-C. surtout, par ex. au lendemain du désastre de Cannes, en 216). **2.** Régime politique instauré par un dictateur. **3.** Influence extrême de qqch, d'un groupe, d'une personne : *La dictature de la mode* (syn. **tyrannie**). **4. Dictature du prolétariat,** période transitoire durant laquelle les représentants du prolétariat devront exercer tous les pouvoirs pour détruire l'État bourgeois et permettre le passage à la société sans classes, dans le marxisme. / **Dictature militaire,** qui s'appuie sur l'armée.

dictée [dikte] **n.f.** (de *dicter*). **1.** Action de dicter un texte ; fait de dicter un comportement : *Sous la dictée des événements.* **2.** Exercice scolaire d'orthographe.

dicter [dikte] **v.t.** (lat. *dictare*). **1.** Dire à haute voix des mots, un texte à qqn qui les écrit au fur et à mesure : *Dicter une lettre.* **2.** Inspirer, imposer une conduite à tenir : *Son comportement lui est dicté par son idéologie.* **3. Dicter sa loi, ses conditions,** les imposer.

diction [diksjɔ̃] **n.f.** (lat. *dictio,* de *dicere,* dire). Manière de parler, élocution ; manière de réciter pour la scène, l'écran.

dictionnaire [diksjɔnɛr] **n.m.** (lat. médiév. *dictionarium,* du class. *dictio, -onis,* action de dire). **1.** Recueil de mots classés par ordre alphabétique et suivis de leur définition ou de leur traduction dans une autre langue. (Abrév. fam. *dico.*) **2. Dictionnaire encyclopédique,** dictionnaire qui, outre les informations sur les mots eux-mêmes, contient des développements scientifiques ou historiques sur les choses, les personnes, etc., représentées par ces mots. / **Dictionnaire de langue,** dictionnaire qui donne des informations sur la nature et le genre grammatical des mots, leurs formes graphiques et phonétiques, leurs sens, leurs emplois, leurs niveaux de langue, etc.

■ L'apparition et le développement des dictionnaires sont à mettre en relation avec une volonté de normalisation de la langue qui acquiert un statut officiel dans un espace politique déterminé.

Issus de dictionnaires bilingues (A. Calepino, 1502 ; R. Estienne, 1539), les premiers dictionnaires monolingues du français datent de la fin du XVIIe s. : ceux de Richelet (1680), de Furetière (1690), de l'Académie française (1694). Le XVIIIe s. se montre plutôt encyclopédiste : le *Dictionnaire de Trévoux* et l'*Encyclopédie* de Diderot en sont les principaux monuments. Le XIXe s. est le siècle des grands travaux érudits : Boiste, Bescherelle, mais surtout le Littré et le *Dictionnaire général,* d'une part, pour les dictionnaires de langue, l'œuvre de P. Larousse, d'autre part, pour les dictionnaires encyclopédiques.

Le XXe s. a vu la création (1905) du *Petit Larousse illustré,* du Robert (1953), ainsi que la publication par le C.N.R.S. du *Trésor de la langue française,* vaste inventaire de la langue des XIXe et XXe s., aujourd'hui consultable en ligne. ■

dicton [diktɔ̃] **n.m.** (lat. *dictum*). Propos sentencieux devenu proverbial : *« En avril, ne te découvre pas d'un fil » est un dicton.*

didacticiel [didaktisjɛl] **n.m.** (de *1. didacti[que]* et *[logi]ciel*). INFORM. Logiciel spécialement conçu pour l'enseignement assisté par ordinateur.

1. didactique [didaktik] **adj.** (gr. *didaktikos,* de *didaskein,* enseigner). **1.** Qui a pour objet d'instruire ; pédagogique : *Un exposé à caractère nettement didactique.* **2. Terme didactique,** terme qui se caractérise par son emploi dans des situations de communication scientifique.

2. didactique [didaktik] **n.f.** (de *1. didactique*). Théorie et méthode de l'enseignement d'une spécialité : *Cet ouvrage fait le point sur la didactique des langues en milieu scolaire.*

didactisme [didaktism] **n.m.** Caractère de ce qui est didactique.

didascalie [didaskali] **n.f.** (gr. *didaskalia,* enseignement). Indication donnée à un acteur par l'auteur, sur son manuscrit, dans le théâtre grec ; indication manuscrite d'un jeu de scène, dans le théâtre moderne.

Diderot (Denis), écrivain et philosophe français (Langres 1713 - Paris 1784). Confluent tumultueux d'une sensibilité fougueuse et d'une intellectualité exigeante, Diderot apparaît comme une figure à facettes, parmi les plus déconcertantes, mais aussi les plus attachantes et les plus représentatives de son siècle. Issu d'une famille aisée, il est élève du collège des jésuites de sa ville natale, dont il s'enfuit pour Paris. Maître ès arts (1732), il abandonne le droit pour mener à Paris une vie de bohème qui durera dix ans. Il épouse en secret la fille de sa blanchisseuse, survit grâce à de petits travaux d'écriture et étudie la philosophie, les mathématiques, l'anatomie. Cette curiosité universelle s'épanouira dans l'*Encyclopédie,* dont il assume la direction à partir de 1747, engageant toute son énergie dans cette entreprise gigantesque et novatrice. Parallèlement, il écrit les *Pensées philosophiques* (1746), la *Lettre sur les aveugles* (1749), qui lui vaut une incarcération à Vincennes, la *Lettre sur les sourds et muets* (1751), *le Rêve de d'Alembert* (1769) et le *Supplément au Voyage de Bougainville,* publié après sa mort. Dramaturge, il compose *le Fils naturel* (1757)et *le Père de famille* (1758), drames bourgeois, et réfléchit sur l'esthétique théâtrale dans le *Paradoxe sur le comédien.* Critique d'art, il collabore à la *Correspondance littéraire* de Grimm. Épistolier avec les *Lettres à Sophie Volland,* Diderot est également un romancier novateur (*les Bijoux indiscrets,* 1748 ; *la Religieuse,* 1796 ; *Jacques le Fataliste,* 1796 ; *le Neveu de Rameau,* posthume). Enfin, l'*Essai sur les règnes de Claude et de Néron* (1782), d'inspiration politique, fut écrit à la suite d'un séjour en Russie auprès de Catherine II, qui lui avait acheté sa bibliothèque en lui en laissant l'usage. « Philosophe » du XVIIIe s. par excellence, Diderot, ayant évolué du déisme au matérialisme expérimental, s'efforça de concilier athéisme et vertu, fondant sa morale sur la satisfaction de deux grands « instincts naturels » : la poursuite du bonheur et la bienfaisance. • **Jacques le Fataliste et son maître,** roman écrit en 1773, publié en 1796. Inspiré de Sterne, ce roman sentimental et humoristique mêle, à travers les anecdotes, les monologues d'auteur, les apostrophes au lecteur, le récit des amours d'un domestique et des discussions philosophiques sur la liberté humaine.

Didon ou **Élissa,** princesse tyrienne qui était la sœur du roi de Tyr Pygmalion et qui aurait fondé Carthage v. 814 av. J.-C. Elle est plus connue sous le nom poétique de Didon, que lui donna Virgile, lequel célèbre dans l'*Énéide* ses amours malheureuses et sa mort.

Didot, famille d'imprimeurs-libraires français, dont les membres les plus célèbres sont : • **François Ambroise** (Paris 1730 - *id.* 1804), créateur de caractères et d'une mesure typographique, le *point Didot,* et qui fut aussi à l'origine de la fabrication du papier vélin ; • **Firmin** (Paris 1761 - Le Mesnil-sur-l'Estrée, Eure, 1836), inventeur de la stéréotypie ; • et **Ambroise Firmin,** helléniste (Paris 1790 - *id.* 1876).

dièdre [djɛdr] **n.m.** (de *di-* et *-èdre*). GÉOM. Figure formée par deux demi-plans *(faces)* ayant pour frontière la même droite *(arête).* ◆ **adj.** MATH. Déterminé par l'intersection de deux plans : *Angle dièdre.*

Diego Garcia, île de l'archipel britannique des Chagos (océan Indien). Bases militaires britannique et américaine.

Diên Biên Phu *(bataille de)* [13 mars-7 mai 1954], défaite des forces françaises par les troupes viêt-minh du général Vo Nguyên Giap dans le haut Tonkin. Suivie par les accords de Genève, elle marqua la fin de la guerre d'Indochine.

diencéphale [diɑ̃sefal] **n.m.** (de *di-* et *encéphale*). **1.** EMBRYOL. Seconde partie de l'encéphale embryonnaire, qui forme l'épiphyse, le lobe nerveux de l'hypophyse, le thalamus, les nerfs optiques et les rétines. **2.** ANAT. Dans l'organisme adulte, partie du cerveau située entre les hémisphères cérébraux et le tronc cérébral, formée par les parois du troisième ventricule, le thalamus et l'hypothalamus et comprenant de nombreux centres régulateurs de l'activité vitale (sommeil, métabolisme, etc.).

Dieppe, ch.-l. d'arr. de la Seine-Maritime, sur la Manche ; 31 533 hab. *(Dieppois).* Station balnéaire. Port de voyageurs et de commerce. Constructions électriques. Château des XVe-XVIIe s. (musée). Deux églises anciennes.

diérèse [djerɛz] **n.f.** (gr. *diairesis,* division). **1.** PHON. Prononciation en deux syllabes d'une séquence formant habituellement une seule syllabe, par opp. à *synérèse* (ex. : *nuage* [nɥaʒ] prononcé [ny-aʒ]). **2.** CHIR. Séparation de parties contiguës.

dièse [djɛz] **n.m.** (lat. *diesis,* mot gr. « action de séparer »). MUS. Signe d'altération (♯) qui hausse d'un demi-ton la note qu'il précède. ◆ **adj.** Affecté d'un dièse : Do *dièse.*

diesel [djezɛl] **n.m.** (du n. de l'inventeur). **1.** Moteur à combustion interne fonctionnant par autoallumage du combustible injecté dans de l'air fortement comprimé. **2.** Véhicule équipé d'un tel moteur.

Diesel (Rudolf), ingénieur allemand (Paris 1858 - en mer 1913). On lui doit la conception (1892) et la réalisation (1897) du moteur à combustion interne auquel son nom est resté attaché.

diéser [djeze] **v.t.** [conj. **18**]. Affecter une note d'un dièse.

dies irae [djɛsire] **n.m. inv.** (mots lat. « jour de colère »). CATH. Chant de la messe des morts commençant par ces mots ; musique composée sur ce chant.

1. diète [djɛt] **n.f.** (bas lat. *dieta,* du class. *dies,* jour et, par suite, « jour d'assemblée »). HIST. Assemblée politique qui, dans plusieurs États d'Europe (Saint Empire, Pologne, Hongrie, etc.), élisait le souverain et élaborait les lois soumises à sa ratification. ▸ Le Parlement polonais a conservé ce nom.

2. diète [djɛt] **n.f.** (lat. *diaeta,* gr. *diaita,* genre de vie). **1.** Abstention momentanée, totale ou partielle, d'aliments, pour raison de santé : *Mettre qqn à la diète.* **2.** MÉD. Régime à base de certains aliments dans un but hygiénique ou thérapeutique.

diététicien, enne [djetetisjɛ̃, -ɛn] **n.** Spécialiste de la diététique.

1. diététique [djetetik] **adj.** (gr. *diaitêtikos* ; v. *diète*). Relatif à la diététique, à ses applications : *Aliment diététique.*

2. diététique [djetetik] **n.f.** (de *1. diététique*). Science des régimes alimentaires, fondée sur l'étude de la valeur nutritive des aliments.

Dietrich (Marie Magdalene, dite **Marlene),** actrice allemande, naturalisée américaine (Berlin 1901 - Paris 1992). Elle connaît une renommée internationale en interprétant le rôle de Lola Lola dans *l'Ange bleu* (1930), de Josef von Sternberg. Aux États-Unis, elle poursuit sa carrière sous la férule de Sternberg, qui fait naître autour d'elle un véritable mythe cinématographique (*Cœurs brûlés,* 1930 ; *X 27,* 1931 ; *Shanghai Express,* 1932 ; *l'Impératrice rouge,* 1934 ; *la Femme et le Pantin,* 1935). Elle interprète ensuite plusieurs rôles marquants sous la direction de Lubitsch (*Ange,* 1937), René Clair (*la Belle Ensorceleuse,* 1941), Fritz Lang (*l'Ange des maudits,* 1952), Orson Welles (*la Soif du mal,* 1958). Incarnation de la femme fatale, mystérieuse et sophistiquée, grâce à sa présence fascinante et à sa voix sensuelle, elle a mené également une grande carrière de chanteuse de music-hall.

dieu [djø] **n.m.** (lat. *deus*). **1.** (Avec une majuscule). Être suprême, créateur de toutes choses, principe de salut pour l'humanité, dans les religions monothéistes : *Prier Dieu.* **2.** (Avec une minuscule). Être supérieur, puissance surnaturelle, dans les religions polythéistes : *Mars, le dieu de la Guerre.* **3.** Personne, chose à laquelle on voue une sorte de culte, pour laquelle on a un attachement passionné. **4. Dieu merci,** sert à exprimer le soulagement : *Dieu merci, vous voilà !* / **Dieu sait,** sert à exprimer l'incertitude ; renforce une affirmation : *Dieu sait si je vous avais prévenu.* / T. FAM. **Nom de Dieu !,** juron exprimant le dépit, la colère, la surprise, etc. / **Pour l'amour de Dieu,** renforce une demande : *Pour l'amour de Dieu, voulez-vous vous taire !* **5. Homme de Dieu,** prêtre, saint homme.

diffamateur, trice [difamatœr, -tris] **n.** Personne qui diffame. ◆ **adj.** Qui commet une diffamation.

diffamation [difamasjɔ̃] **n.f. 1.** Action de diffamer ; écrit ou parole diffamatoire. **2.** DR. Allégation d'un fait qui est de nature à porter atteinte à l'honneur : *Porter plainte pour diffamation.*

diffamatoire [difamatwar] **adj. Propos, écrit diffamatoire,** qui diffame qqn.

diffamer [difame] **v.t.** (lat. *diffamare,* de *fama,* renommée). Porter atteinte à la réputation de qqn par des paroles ou des écrits non fondés, mensongers : *Un candidat qui n'hésite pas à diffamer ses adversaires* (syn. **calomnier**).

différé, e [difere] **adj.** et **n.m.** (de *1. différer*). Se dit de la diffusion radiophonique ou télévisée d'un programme préalablement enregistré : *Retransmission d'un match en différé.*

différemment [diferamɑ̃] **adv.** De façon différente.

différence [diferɑ̃s] **n.f.** (lat. *differentia*). **1.** Ce par quoi des êtres ou des choses ne sont pas semblables ; caractère qui distingue, oppose : *Différence d'âge, de poids. La différence de prix* (syn. **écart**). *La différence entre des jumeaux* (syn. **dissemblance, dissimilitude**). **2.** Résultat de la soustraction de deux nombres. **3.** DIDACT., LITT. Fait de différer ; originalité : *Cultiver la différence* (syn. **singularité**). **4. À la différence de,** par opposition à. / **Faire la différence,** savoir reconnaître ce qui différencie plusieurs choses ; créer un écart. / MATH. **Différence de deux ensembles A et B,** ensemble, noté A – B, formé par les éléments de A n'appartenant pas à B.

différenciateur, trice [diferɑ̃sjatœr, -tris] **adj.** Qui différencie.

différenciation [diferɑ̃sjasjɔ̃] **n.f. 1.** Action de différencier ; son résultat ; fait de se différencier. **2.** BIOL. Apparition, au cours du développement d'un organisme vivant pluricellulaire, d'un nombre croissant de types différents de cellules, de tissus et d'organes, constituant des structures vivantes, toujours plus complexes.

différencié, e [diferɑ̃sje] **adj.** Qui résulte d'une différenciation ou qui se différencie.

différencier [diferɑ̃sje] **v.t.** [conj. **9**]. Distinguer par une différence : *La parole différencie l'homme des animaux.* ◆ **se différencier v.pr.** Se distinguer des autres par une différence, une marque quelconque ; se singulariser.

différend [diferɑ̃] **n.m.** (var. orthographique de *différent*). Conflit d'opinions, d'intérêts : *Avoir un différend avec qqn.*

différent, e [diferɑ̃, -ɑ̃t] **adj. 1.** Qui présente une différence, qui n'est pas pareil : *Les deux frères sont tout à fait différents. Les mœurs du chat sont différentes de celles du chien* (contr. **semblable à, identique à**). **2.** (Au pl.). Divers : *Aux différentes heures de la journée* ; plusieurs : *Différentes personnes se sont présentées.*

1. différentiel, elle [diferɑ̃sjɛl] **adj.** (de *différence*). **1.** DIDACT. Relatif à ou fondé sur une, des différences. **2.** MATH. **Calcul différentiel,** partie des mathématiques qui traite des propriétés locales des fonctions, de leur comportement pour des variations infiniment petites des variables. / **Équation différentielle,** équation liant une fonction, une ou plusieurs de ses dérivées successives et la variable.

2. différentiel [diferɑ̃sjɛl] **n.m.** (de *1. différentiel*). **1.** Dans une automobile, mécanisme de transmission du couple moteur aux roues motrices, qui leur permet de tourner à des vitesses différentes dans les virages. **2.** Écart, exprimé en pourcentage, qui existe entre deux variables de même nature : *Différentiel d'inflation.*

différentielle [diferɑ̃sjɛl] **n.f.** (de *1. différentiel*). MATH. Fonction linéaire à laquelle peut être assimilée une fonction différentiable en un point donné.

1. différer [difere] **v.t.** (lat. *differre,* retarder) [conj. **18**]. Remettre à une date ultérieure : *Différer un rendez-vous* (syn. **reporter**).

2. différer [difere] **v.i.** (lat. *differre,* être différent) [conj. **18**]. Être différent, dissemblable : *Mon opinion diffère de la sienne* (syn. **diverger**).

difficile [difisil] **adj.** (lat. *difficilis*). **1.** Qui est difficile à réaliser ; qui exige des efforts : *Problème difficile à résoudre* (syn. **compliqué**). **2.** Peu facile à contenter : *Caractère difficile* (syn. **exigeant, rebelle**). **3.** Pénible, douloureux : *Situation difficile.* ◆ **n. Faire le** ou **la difficile,** se montrer peu ou pas facile à contenter.

difficilement [difisilmɑ̃] **adv.** Avec difficulté.

difficulté [difikylte] **n.f.** (lat. *difficultas*). **1.** Caractère de ce qui est difficile : *Difficulté d'un problème.* **2.** Ce qui est difficile ; empêchement, obstacle : *Rencontrer des difficultés.* **3. Faire des difficultés,** susciter des obstacles ; ne pas accepter facilement qqch.

difforme [difɔrm] **adj.** (lat. médiév. *difformis,* du class. *deformis*). Qui n'a pas une forme normale ; contrefait : *Visage difforme.*

difformité [difɔrmite] **n.f.** (lat. médiév. *difformitas,* du class. *deformitas*). Malformation du corps, d'une partie du corps : *Difformité héréditaire* (syn. **malformation**).

diffracter [difrakte] **v.t.** (de *diffraction*). Produire la diffraction de : *Le prisme diffracte la lumière.*

diffraction [difraksjɔ̃] **n.f.** (du lat. *diffractum,* de *diffringere,* mettre en pièces). Déviation que subit la direction de propagation des ondes (acoustiques, lumineuses, hertziennes, rayons X, etc.) lorsque celles-ci rencontrent un obstacle ou une ouverture de dimensions du même ordre de grandeur que leur longueur d'onde.

diffus, e [dify, -yz] **adj.** (lat. *diffusus,* de *diffundere,* répandre). **1.** Se dit de ce qui est répandu largement dans toutes les directions en ayant perdu de sa force, de son intensité : *Chaleur diffuse. Douleur diffuse.* **2.** Qui manque de netteté, de concision : *Style diffus.*

diffuser [difyze] **v.t.** (de *diffus*). **1.** Répandre dans toutes les directions : *Le verre dépoli diffuse la lumière.* **2.** Transmettre une émission par la radio, la télévision ; propager : *Diffuser le français à l'étranger. Diffuser une nouvelle.* **3.** Assurer la distribution commerciale d'une publication : *Diffuser des livres.* ◆ **v.i.** Se répandre dans le milieu ambiant : *Injection qui diffuse dans tout le bras.*

diffuseur [difyzœr] **n.m. 1.** Celui qui diffuse : *Cet éditeur est en même temps diffuseur.* **2.** TECHN. Tout appareil, tout dispositif servant à diffuser. **3.** Accessoire d'éclairage qui donne une lumière diffuse. **4.** Dispositif permettant à une substance (parfum, insecticide) d'agir par évaporation lente. **5.** Appareil servant à extraire le sucre de la betterave. **6.** Dispositif fixé sur un fût de lance d'incendie pour diviser le jet d'eau.

diffusion [difyzjɔ̃] **n.f.** (lat. *diffusio*). **1.** Phénomène par lequel un milieu de propagation produit une répartition continue, dans de nombreuses directions, d'une onde ou d'une substance : *Diffusion de la lumière, d'un gaz.* **2.** Action de propager des connaissances, des idées dans un large public : *Diffusion de la culture.* **3.** Action de transmettre par la radio, la télévision : *Diffusion d'un bulletin d'informations.* **4.** Nombre d'exemplaires vendus d'un journal au numéro. **5. Diffusion en continu** ou **diffusion en flux,** procédé permettant de visionner un contenu multimédia au fur et à mesure de sa diffusion (syn. **streaming**). / **Diffusion gazeuse,** procédé de séparation des isotopes fondé sur la différence de vitesse de passage d'un gaz à travers une paroi poreuse en fonction de la masse molaire de ce gaz.

digérer [diʒere] **v.t.** (lat. *digerere,* porter de différents côtés) [conj. **18**]. **1.** Assimiler par la digestion : *Je digère mal mon repas.* **2.** (Absol.). Effectuer la digestion d'un repas : *Ne te baigne pas avant d'avoir digéré.* **3.** Assimiler par la réflexion, la pensée : *Digérer ses lectures.* **4.** *FAM.* Accepter sans révolte ; endurer qqch de désagréable, d'humiliant : *Digérer un affront.*

digest [diʒɛst] ou [dajdʒɛst] **n.m.** (mot angl. « sommaire »). Résumé d'un livre ou d'un article ; publication périodique renfermant de tels résumés.

digeste [diʒɛst] **adj.** (de *[in]digeste*). Facile à digérer.

1. digestif, ive [diʒɛstif, -iv] **adj. 1.** Relatif à la digestion : *Troubles digestifs.* **2. Appareil digestif,** ensemble des organes qui concourent à la digestion. / **Suc digestif,** liquide sécrété par une glande digestive et contenant des enzymes.

■ L'appareil digestif comporte l'ensemble des organes destinés à l'utilisation des aliments. Il se compose :
– du tube digestif, où les aliments sont progressivement transformés *(digestion)* pour être assimilés *(absorption),* tandis que les résidus sont évacués ;
– de glandes annexes au tube digestif (foie, pancréas), qui participent à la digestion par leurs sécrétions et jouent un rôle dans la régulation des métabolismes des nutriments absorbés.
Le tube digestif, qui s'étend de la bouche à l'anus, comporte plusieurs segments : l'œsophage, l'estomac, l'intestin grêle (divisé en duodénum, jéjunum et iléon), le côlon et le rectum. ■

2. digestif [diʒɛstif] **n.m.** Alcool ou liqueur que l'on prend après le repas, prétendument pour aider à la digestion.

digestion [diʒɛstjɔ̃] **n.f.** (lat. *digestio,* de *digerere ;* v. *digérer*). Transformation des aliments dans l'appareil digestif ; moment où l'on digère.

■ Les aliments sont broyés et imprégnés de salive dans la bouche, puis avalés, passent dans l'œsophage, puis arrivent à l'estomac, qui assure un travail mécanique par ses contractions et chimique par ses sécrétions, notamment acides. La digestion se poursuit alors par l'intermédiaire de l'action chimique des sécrétions du pancréas et de la bile au niveau du duodénum, où débouchent des canaux biliaires et pancréatiques ; la bile est sécrétée par le foie et stockée dans la vésicule biliaire. Le bol alimentaire est alors profondément transformé : protéines, glucides et lipides sont décomposés en petites molécules prêtes à être assimilées et à passer dans la circulation sanguine : c'est *l'absorption,* qui se déroule le long de l'intestin grêle. Les résidus alimentaires non utilisés sont ensuite déshydratés et évacués par le côlon et le rectum. Les nutriments absorbés sont conduits, par le système veineux porte, au foie, qui assure la régulation des métabolismes des glucides, des lipides, des protides, des vitamines et la détoxication des médicaments. L'ensemble de ces phénomènes vise à rendre les aliments utilisables par l'organisme pour assurer sa survie, couvrir ses besoins en énergie, construire et réparer ses tissus. ■

1. digital, e, aux [diʒital, -o] **adj.** (lat. *digitalis,* de *digitus,* doigt). Qui appartient aux doigts : *Empreinte digitale.*

2. digital, e, aux [diʒital, -o] **adj.** (de l'angl. *digit,* nombre, du lat. *digitus,* doigt). INFORM. (Anglic. déconseillé). Numérique.

digitale [diʒital] **n.f.** (lat. médiév. *digitalis,* du class. *digitus,* doigt). Plante à hampe dressée dont les fleurs ont la forme d'un doigt de gant et qui croît dans les sous-bois clairs. ▸ Famille des scrofulariacées.

digitaline [diʒitalin] **n.f.** Principe actif extrait de la digitale, utilisé à petites doses dans le traitement de certaines maladies du cœur, mais qui constitue un poison violent à forte dose.

digitigrade [diʒitigrad] **adj.** et **n.m.** (du lat. *digitus,* doigt, et de *-grade*). ZOOL. Qui marche en appuyant seulement les doigts sur le sol : *Le chat est un animal digitigrade. Les oiseaux sont des digitigrades.*

diglossie [diglɔsi] **n.f.** (du gr. *diglôssos,* bilingue, de *di-,* deux, et *glôssa,* langue). LING. Situation de bilinguisme d'un individu ou d'une communauté, dans laquelle une des deux langues a un statut sociopolitique inférieur.

digne [diɲ] **adj.** (lat. *dignus*). **1.** Qui a, qui manifeste de la dignité : *Maintien digne.* **2.** *LITT.* ou *VIEILLI.* Qui mérite l'estime : *Être le digne représentant de son pays.* **3. Digne de,** qui mérite qqch ; qui est en conformité, en convenance avec : *Digne d'éloges, de mépris. Fils digne de son père.*

Digne-les-Bains, ch.-l. du dép. des Alpes-de-Haute-Provence, au pied des *Préalpes de Digne,* à 745 km au sud-est de Paris ; 17 735 hab. *(Dignois).* Évêché. Centre commercial (lavande). Ancienne et nouvelle cathédrales (v. 1200 et fin du XVe s.).

dignement [diɲmɑ̃] **adv.** Avec dignité ; comme il faut.

dignitaire [diɲitɛr] **n.m.** Personnage à qui l'on a conféré une haute fonction.

dignité [diɲite] **n.f.** (lat. *dignitas,* mérite, prestige). **1.** Respect dû à une personne, à une chose ou à soi-même : *Dignité de la personne humaine.* **2.** Retenue, gravité dans les manières : *Manquer de dignité.* **3.** Haute fonction, charge qui donne à qqn un rang éminent. **4.** Distinction honorifique : *La dignité de grand-croix de la Légion d'honneur.*

digression [digresjɔ̃] **n.f.** (lat. *digressio,* de *digredi,* s'éloigner). Développement s'écartant du sujet principal d'un texte, d'une conversation, etc. : *Se perdre dans de longues digressions.*

digue [dig] **n.f.** (moyen. néerl. *dijc*). **1.** Ouvrage destiné à contenir les eaux, à élever leur niveau ou à guider leur cours. **2.** Ce qui retient, fait obstacle : *Élever des digues contre l'injustice.*

dihydrogène [diidrɔʒɛn] **n.m.** Hydrogène gazeux dont la molécule est formée de deux atomes d'hydrogène. ▸ Formule H_2.

Dijon, ch.-l. de la Région Bourgogne-Franche-Comté et du dép. de la Côte-d'Or, sur l'Ouche et le canal de Bourgogne, à 310 km au sud-est de Paris ; 156 270 hab. *(Dijonnais)* [238 576 hab. dans l'agglomération]. Académie et université. Cour d'appel. Évêché. Centre ferroviaire et industriel (constructions mécaniques et électriques, agroalimentaire). Anc. cap. des États bourguignons (XIVe-XVe s.). Cathédrale St-Bénigne

(XIIIe-XIVe s., crypte du XIe s.), églises Notre-Dame (XIIIe s.) et St-Michel (XVIe s.). Restes de l'ancien palais ducal, devenu palais des États au XVIIe s., aujourd'hui hôtel de ville et riche musée des Beaux-Arts (tombeaux des ducs, peinture, sculpture, arts décoratifs). Palais de justice, jadis parlement (XVIe s.). Demeures anciennes. Restes de la chartreuse de Champmol, avec le *Puits de Moïse* de C. Sluter. Musée archéologique et musée Magnin (dans un hôtel du XVIIe s. : peinture, mobilier, œuvres d'art).

diktat [diktat] **n.m.** (mot all. « ce qui est ordonné », du lat. *dictare*). Exigence absolue, imposée par le plus fort, notamm. dans les relations internationales.

dilapidation [dilapidasjɔ̃] **n.f.** Action de dilapider.

dilapider [dilapide] **v.t.** (lat. *dilapidare,* disperser les pierres d'un édifice, de *lapis, -idis,* pierre). Dépenser à tort et à travers ; gaspiller : *Dilapider un patrimoine.*

dilatable [dilatabl] **adj.** PHYS. Susceptible de se dilater.

dilatateur, trice [dilatatœr, -tris] **adj.** ANAT. Qui dilate.

dilatation [dilatasjɔ̃] **n.f. 1.** PHYS. Fait de se dilater ; augmentation de la longueur ou du volume d'un corps par élévation de température, sans changement dans la nature du corps (contr. **compression**). **2.** MÉD. Augmentation, soit pathologique, soit thérapeutique, du calibre d'un conduit naturel.

dilater [dilate] **v.t.** (lat. *dilatare,* élargir). **1.** Augmenter le volume d'un corps par élévation de sa température. **2.** Augmenter le calibre d'un conduit naturel ; agrandir l'ouverture d'un organe : *La peur dilatait ses pupilles.* ◆ **se dilater v.pr. 1.** Augmenter de volume : *Les rails se sont dilatés.* **2.** S'ouvrir, s'élargir, en parlant d'un organe : *Ses narines se dilatent.* **3.** S'épanouir : *Son cœur se dilatait de joie.*

dilatoire [dilatwar] **adj.** (lat. jur. *dilatorius,* de *dilatus,* retardé). Qui tend à gagner du temps, à retarder une décision : *Réponse dilatoire. Des manœuvres dilatoires.*

dilemme [dilɛm] **n.m.** (lat. *dilemma,* mot gr.). **1.** LOG. Raisonnement comprenant deux prémisses contradictoires mais menant à une même conclusion, laquelle, par conséquent, s'impose. **2.** Obligation de choisir entre deux partis possibles, comportant tous deux des inconvénients : *Se trouver devant un dilemme* (syn. **alternative**).

dilettante [dilɛtɑ̃t] **n.** (mot it., de *dilettare,* charmer, du lat. *dilectare,* plaire). Personne qui s'adonne à un travail, à un art pour son seul plaisir, en amateur : *Peindre en dilettante.*

dilettantisme [dilɛtɑ̃tism] **n.m.** Caractère, attitude du dilettante (souvent péjor.).

diligemment [diliʒamɑ̃] **adv.** Avec diligence ; avec zèle.

1. diligence [diliʒɑ̃s] **n.f.** (lat. *diligentia,* attention, exactitude). **1.** *LITT.* Soin attentif, minutie. **2.** Promptitude dans l'exécution ; empressement, zèle : *Régler une affaire avec diligence.* **3.** DR. **À la diligence de,** sur la demande, à la requête de. **/ Faire diligence,** se dépêcher.

2. diligence [diliʒɑ̃s] **n.f.** (abrév. de *carrosse de diligence*). Voiture tirée par des chevaux, qui servait au transport des voyageurs.

diligent, e [diliʒɑ̃, -ɑ̃t] **adj.** (lat. *diligens, -entis,* attentif, zélé). *LITT.* Qui agit avec promptitude et efficacité : *Messager diligent.*

diluant [dilɥɑ̃] **n.m.** (de *diluer*). Liquide volatil ajouté à la peinture, au vernis pour en améliorer les caractéristiques d'application.

diluer [dilɥe] **v.t.** (lat. *diluere,* tremper) [conj. **7**]. **1.** Délayer une substance dans un liquide : *Diluer du sucre dans un verre d'eau.* **2.** Affaiblir un texte, des idées en les développant à l'excès. **3.** Diminuer la teneur d'une substance liquide par l'adjonction d'eau ou d'un autre liquide : *Diluer de l'alcool avec de l'eau.*

dilution [dilysjɔ̃] **n.f.** Action de diluer, de se diluer ; fait d'être dilué : *La dilution d'un médicament.*

diluvien, enne [dilyvjɛ̃, -ɛn] **adj.** (du lat. *diluvium,* déluge). **1.** Qui a rapport au déluge, évoque le déluge : *Une nuit diluvienne.* **2. Pluie diluvienne,** pluie très abondante.

dimanche [dimɑ̃ʃ] **n.m.** (lat. ecclés. *dies dominicus,* jour du Seigneur). **1.** Septième jour de la semaine, consacré au repos. **2. Du dimanche,** se dit de qqn qui pratique une activité en amateur (souvent péjor.) : *Peintre du dimanche.*

dîme [dim] **n.f.** (du lat. *decima* [*pars*], dixième partie). HIST. Sous l'Ancien Régime, fraction variable, en principe un dixième, des produits de la terre et de l'élevage, versée à l'Église. (Abolie en 1789.)

dimension [dimɑ̃sjɔ̃] **n.f.** (lat. *dimensio,* de *metiri,* mesurer). **1.** Chacune des grandeurs nécessaires à l'évaluation des figures et des solides (longueur, largeur, hauteur ou profondeur). **2.** MATH. Nombre, commun, des éléments de toutes les bases d'un espace vectoriel lorsque ce nombre est fini : *L'espace physique est un espace de dimension 3.* **3.** PHYS. Expression de la relation existant entre une grandeur dérivée et les grandeurs fondamentales dont elle dépend. **4.** Portion d'espace occupée par un corps, un objet : *Un paquet de grande dimension.* **5.** Importance ; aspect significatif de qqch : *Une faute de cette dimension* (syn. **ampleur**). *L'inconscient, dimension essentielle du psychisme* (syn. **composante**). **6.** 2D ⟶ **d. /** 3D ⟶ **d. / Quatrième dimension,** le temps, dans la théorie de la relativité.

dimensionnel, elle [dimɑ̃sjɔnɛl] **adj.** *DIDACT.* Relatif aux dimensions de qqch.

dimensionner [dimɑ̃sjɔne] **v.t.** TECHN. Fixer, déterminer les dimensions d'une pièce, d'un élément, etc.

dimère [dimɛr] **adj.** et **n.m.** (gr. *dimerês,* composé de deux parties). CHIM. Se dit d'une molécule résultant de la combinaison de deux molécules identiques.

diminué, e [diminɥe] **adj.** Dont les facultés physiques ou intellectuelles sont amoindries. (V. aussi *diminuer*).

diminuendo [diminɥɛndo] **adv.** (mot it.). MUS. En affaiblissant graduellement le son (syn. **decrescendo**).

diminuer [diminɥe] **v.t.** (lat. *diminuere,* de *minus,* moins) [conj. **7**]. **1.** Rendre moins grand, moins important : *Diminuer la longueur d'une planche. Diminuer les frais* (syn. **réduire**). **2.** Déprécier : *Diminuer le mérite de qqn* (syn. **rabaisser**). ◆ **v.i. 1.** Devenir moins grand, moins intense : *Les jours diminuent* (syn. **raccourcir**). *Le prix des légumes a diminué* (syn. **baisser**). **2.** Effectuer une diminution, en tricot.

diminutif, ive [diminytif, -iv] **adj.** et **n.m.** LING. Qui donne une nuance de petitesse, d'atténuation, de familiarité : *Le « -et » de « garçonnet » et le « -ette » de « fillette » sont des suffixes diminutifs.*

diminution [diminysjɔ̃] **n.f. 1.** Action de diminuer en dimension, en intensité ; fait d'être diminué : *Diminution du pouvoir d'achat.* **2.** Opération qui consiste à tricoter deux mailles ensemble ou à prendre une maille sur l'aiguille sans la tricoter et à la rejeter sur la maille suivante.

Dimitri Donskoï (Moscou 1350 - *id.* 1389), grand-prince de Moscou (1362-1389). Il organisa une vaste croisade contre les Mongols, sur lesquels il remporta la bataille de Koulikovo (1380).

dimorphe [dimɔrf] **adj.** (de *di-* et *-morphe*). *DIDACT.* Qui peut revêtir deux formes différentes.

dimorphisme [dimɔrfism] **n.m. 1.** Caractère de ce qui est dimorphe. **2.** BIOL. **Dimorphisme sexuel,** ensemble des différences non indispensables à la reproduction entre le mâle et la femelle de la même espèce animale.

dinar [dinar] **n.m.** (mot ar., gr. *dênarion,* denier). Unité monétaire principale de l'Algérie, de Bahreïn, de l'Iraq, de la Jordanie, du Koweït, de la Libye, de la Serbie et de la Tunisie.

Dinard, commune d'Ille-et-Vilaine ; 10 729 hab. *(Dinardais).* Station balnéaire. Casino.

Dinariques (*Alpes* ou ***chaînes***), massif des Balkans entre les Alpes de Slovénie et le Rhodope.

dinde [dɛ̃d] **n.f.** (abrév. de *poule d'Inde*). **1.** Dindon femelle. **2.** *FAM.* Femme ou fille sotte, stupide.

dindon [dɛ̃dɔ̃] **n.m.** (de *dinde*). **1.** Oiseau gallinacé originaire de l'Amérique du Nord, introduit et domestiqué en Europe depuis le XVIe s. ▸ Famille des phasianidés. Le dindon glougloute. Il peut peser jusqu'à 19 kg ; il porte sur la tête des excroissances et des caroncules colorées et peut dresser les plumes de sa queue. **2.** FAM. Homme stupide et vaniteux. **3.** **Être le dindon de la farce,** être la victime, la dupe.

dindonneau [dɛ̃dɔno] **n.m.** Jeune dindon.

1. dîner [dine] **v.i.** (lat. pop. **disjunare,* bas lat. *disjejunare ;* v. *1. déjeuner*). **1.** Prendre le repas du soir. **2.** En Suisse, en Belgique, au Québec, au Zaïre, déjeuner.

2. dîner [dine] **n.m.** (de *1. dîner*). **1.** Repas du soir. **2.** Ce que l'on mange au dîner. **3.** En Suisse, en Belgique, au Québec et au Zaïre, repas de midi.

dînette [dinɛt] **n.f.** (de *2. dîner*). **1.** Petit repas que les enfants font ensemble ou simulent avec leur poupée. **2.** FAM. Repas léger. **3.** Service de vaisselle miniature servant de jouet aux enfants.

dîneur, euse [dinœr, -øz] **n.** Personne qui prend part à un dîner.

dinghy [dingi] **n.m.** (mot angl., du hindi) [pl. *dinghys* ou *dinghies*]. Canot pneumatique de sauvetage.

1. dingo [dɛ̃go] **n.m.** (mot angl., d'un parler australien). Chien sauvage d'Australie.

2. dingo [dɛ̃go] **n.** et **adj.** (de *dingue*). FAM. Fou.

dingue [dɛ̃g] **adj.** et **n.** (de *dinguer*). FAM. Fou. ◆ **adj.** FAM. Notable pour sa bizarrerie, son absurdité ; fantastique, inouï, incroyable : *Il m'est arrivé une histoire dingue.*

dinguer [dɛ̃ge] **v.i.** (du rad. onomat. *ding-,* var. de *dind-, dand-,* exprimant le balancement d'une cloche). FAM. **1.** Tomber brutalement ; être projeté avec violence : *Il est allé dinguer contre le mur.* **2.** **Envoyer dinguer qqn, qqch,** éconduire brutalement qqn ; jeter violemment qqch.

dinosaure [dinozɔr] et **dinosaurien** [dinozɔrjɛ̃] **n.m.** (du gr. *deinos,* terrible, et de *saure*). **Dinosauriens,** très vaste groupe de reptiles de l'ère secondaire, comprenant de très petits carnivores, des carnivores géants et des herbivores parfois gigantesques (diplodocus).

diocésain, e [djɔsezɛ̃, -ɛn] **adj.** et **n.** Du diocèse.

diocèse [djɔsɛz] **n.m.** (gr. *dioikêsis,* administration). **1.** Territoire placé sous la juridiction d'un évêque. **2.** HIST. Circonscription administrative de l'Empire romain, créée par Dioclétien, qui groupait plusieurs provinces et qui était placée sous l'autorité d'un vicaire.

Dioclétien, en lat. **Caius Aurelius Valerius Diocles Diocletianus** (près de Salone, Dalmatie, 245 - *id.* 313), empereur romain (284-305). Proclamé empereur (284), il s'associe Maximien, en 286, lui confie l'Occident et se réserve l'Orient. En Orient, il reprend une partie des territoires de Mésopotamie et étend son protectorat sur l'Arménie. La seconde partie de son règne (293-305) débute avec l'établissement de la tétrarchie : pour faire face aux dangers nouveaux qui menacent l'Empire, Dioclétien désigne deux césars, Constance Chlore et Galère, en qualité d'adjoints aux empereurs (les deux Augustes) ; Dioclétien adopte Galère, et Maximien Constance Chlore.
Après 297, Dioclétien se consacre à la réorganisation générale de l'Empire. Il prépare la séparation de l'armée sédentaire des frontières et de l'armée mobile de l'intérieur, qui fait fonction de réserve. Il morcelle et multiplie les provinces, mais les regroupe en 12 diocèses. Pour arrêter la hausse des prix est fixé un maximum des prix de vente (édit du maximum, 301), qui se révèle inefficace. Dans le domaine religieux, Dioclétien persécute les chrétiens à partir de 303. Il abdique en 305, ainsi que Maximien, et se retire près de Salone.

diode [djɔd] **n.f.** (gr. *diodos,* passage à travers, croisement). **1.** ÉLECTRON. Composant électronique utilisé comme redresseur de courant (tube à deux électrodes, jonction de deux semi-conducteurs). **2.** **Diode électroluminescente (D.E.L.),** diode qui émet des radiations lumineuses lorsqu'elle est parcourue par un courant électrique et que l'on utilise pour l'affichage électronique de données, la signalisation, etc. (syn. **LED**).

Diogène le Cynique, philosophe grec (Sinope v. 410 - v. 323 av. J.-C.). Il méprisait les richesses et les conventions sociales, qu'il considérait comme des entraves à la liberté. Sa vie a donné lieu à une série d'anecdotes morales mais sans doute apocryphes.

dioïque [diɔik] **adj.** (du gr. *oikos,* maison). BOT. Se dit des plantes qui ont les fleurs mâles et les fleurs femelles sur des pieds séparés (comme le chanvre, le houblon, le dattier) [par opp. à *monoïque*].

dionysiaque [djɔnizjak] **adj.** Relatif à Dionysos (par opp. à *apollinien*).

Dionysos, dieu grec de la Végétation, plus spécialement de la Vigne et du Vin, ainsi que de la Génération. Il est connu aussi sous le nom de *Bakkhos* ou *Bacchus,* identifié à Rome avec le dieu italique Liber Pater. Les rites dionysiaques comportaient des processions animées par des chœurs qui, chantant et dansant, exécutaient en l'honneur du dieu un hymne appelé *dithyrambe ;* les participants étaient alors saisis par une exaltation mystique. Les fêtes appelées *dionysies* donnaient lieu à des concours de représentations théâtrales qui ont beaucoup contribué au développement de la tragédie et de l'art lyrique en Grèce. Introduit à Rome, le culte de ce dieu subit l'influence du mysticisme oriental. Pour Nietzsche, Dionysos est le symbole de l'affirmation, du rire et de la danse, par opposition à la métaphysique, à la religion et à la morale nihilistes.

Diophante, mathématicien grec de l'école d'Alexandrie (apr. le milieu du IIe s. av. J.-C. et av. le milieu du IVe s. apr. J.-C.). Son ouvrage *les Arithmétiques* représente l'apogée de l'algèbre grecque. Il a exercé une influence considérable sur le développement des mathématiques arabes et a inspiré les algébristes de la Renaissance.

dioptre [djɔptr] **n.m.** (gr. *dioptron,* de *dia,* à travers, et *opsesthai,* voir). Surface optique séparant deux milieux transparents inégalement réfringents.

dioptrie [djɔptri] **n.f.** (de *dioptre*). Unité de mesure de vergence des systèmes optiques équivalant à la vergence d'un système optique dont la distance focale est 1 m dans un milieu dont l'indice de réfraction est 1. ▸ Symb. δ.

Dioxine [diɔksin] **n.f.** (nom déposé). Sous-produit de la fabrication d'un dérivé chloré du phénol, très toxique.

dioxyde [diɔksid] **n.m.** **1.** Oxyde contenant deux atomes d'oxygène. **2.** **Dioxyde de carbone,** anhydride carbonique (syn. **gaz carbonique**).

dioxygène [diɔksiʒɛn] **n.m.** Oxygène gazeux dont la molécule est formée de deux atomes d'oxygène. ▸ Présent dans l'atmosphère, il permet la respiration et les combustions. Formule O_2.

diphényle [difenil] **n.m.** (de *di-* et *phényle* [de *phénol*], n. d'un radical chimique dérivé du benzène). Hydrocarbure utilisé pour la conservation des agrumes.

diphtérie [difteri] **n.f.** (du gr. *diphthera,* membrane). Maladie contagieuse due au bacille de Klebs-Löffler.

diphtérique [difterik] **adj.** et **n.** Relatif à la diphtérie ; atteint de diphtérie.

diphtongaison [diftɔ̃gezɔ̃] **n.f.** PHON. Mutation phonique d'une voyelle en une diphtongue (ex. : *o* du lat. *bonum* devenu *uo* dans l'it. *buono*).

diphtongue [diftɔ̃g] **n.f.** (lat. *diphtongus,* gr. *diphthoggos,* de *di-,* deux, et *phthoggos,* son). PHON. Voyelle complexe qui change de timbre en cours d'émission.

diplodocus [diplɔdɔkys] **n.m.** (de *diplo-,* et du gr. *dokos,* poutre). Reptile dinosaurien, long de 25 m environ, qui a vécu en Amérique au crétacé et dont le cou et la queue étaient très allongés.

diploïde [diplɔid] **adj.** (de *diplo-* et *-oïde*). BIOL. Se dit d'une cellule dont le noyau contient deux chromosomes de chaque paire ainsi que des organes formés de telles cellules (par opp. à *haploïde*).

1. diplomate [diplɔmat] **n.** (de *diplomatique*). Personne chargée de représenter son pays auprès d'une nation étrangère et dans les relations internationales.

2. diplomate [diplɔmat] **adj.** et **n.** (de *1. diplomate*). Qui fait preuve d'habileté, de tact dans les relations avec autrui.

diplomatie [diplɔmasi] **n.f. 1.** Science, pratique des relations internationales. **2.** Carrière, fonction diplomatique. **3.** Ensemble des diplomates. **4.** Habileté, tact dans les relations avec autrui.

diplomatique [diplɔmatik] **adj.** (lat. scientif. *diplomaticus,* relatif aux documents officiels ; v. *diplôme*). **1.** Relatif à la diplomatie : *Relations diplomatiques.* **2.** Adroit, habile, plein de tact. **3.** *FAM.* **Maladie diplomatique,** prétexte allégué pour se soustraire à une obligation professionnelle ou sociale.

diplomatiquement [diplɔmatikmɑ̃] **adv.** De façon diplomatique ; avec diplomatie.

diplôme [diplom] **n.m.** (lat. *diploma,* pièce officielle authentique, gr. *diplôma,* papier plié en deux). **1.** Acte délivré par une école, une université, etc., et conférant un titre, un grade à son récipiendaire. **2.** HIST. Acte solennel des souverains ou de grands vassaux, authentifié par un sceau.

diplômé, e [diplome] **adj.** et **n.** Pourvu d'un diplôme.

dipolaire [dipɔlɛr] **adj.** (de *dipôle*). PHYS. Qui possède deux pôles.

dipôle [dipol] **n.m.** (de *di-* et *pôle*). PHYS. **1.** Ensemble de deux charges électriques très proches, égales, de signes opposés. **2.** Réseau électrique à deux bornes.

1. diptère [diptɛr] **adj.** (gr. *dipteros,* de *di-,* deux, et *pteron,* aile). ARCHIT. Se dit d'un édifice, d'un temple entouré d'un portique à double rangée de colonnes.

2. diptère [diptɛr] **adj.** et **n.m.** (lat. scientif. *diptera ;* v. *1. diptère*). **Diptères,** ordre d'insectes tels que les mouches et les moustiques, comprenant plus de 200 000 espèces. ▸ Les diptères se caractérisent par la présence d'une seule paire d'ailes membraneuses, la seconde étant transformée en une paire de balanciers servant à l'équilibrage pendant le vol, et de pièces buccales piqueuses ou suceuses.

diptyque [diptik] **n.m.** (lat. *diptycha,* du gr. *diptukhos,* plié en deux). **1.** Œuvre d'art composée de deux panneaux, fixes ou mobiles. **2.** Œuvre littéraire, musicale, etc., composée de deux parties qui s'opposent ou se mettent en valeur par contraste. **3.** ANTIQ. Registre public formé de deux tablettes reliées par une charnière.

Dirac (Paul), physicien britannique (Bristol 1902 - Tallahassee, Floride, 1984). Il est l'un des fondateurs de la théorie quantique relativiste. Son « équation d'onde » (1928) lui permit de prévoir l'existence de l'électron positif, ou *positon* (1930), deux ans avant la découverte de celui-ci. Il contribua également à l'élaboration d'une théorie statistique du comportement des particules *(statistique de Fermi-Dirac).* [Prix Nobel 1933.]

1. dire [dir] **v.t.** (lat. *dicere*) [conj. **102**]. **1.** Prononcer des sons articulés : *Dites « Ah ».* **2.** Donner une information au moyen de la parole : *Je vous dis qu'elle est partie* (syn. **affirmer**). *« Nous sommes d'accord », dit-elle* (syn. **déclarer**). **3.** Communiquer au moyen de la parole ou de l'écrit : *Il n'a rien à dire* (syn. **raconter**). *Elle dit dans son livre des choses très importantes* (syn. **exprimer**). **4.** Désigner par un mot, une expression dans une langue donnée : *Comment dit-on « chat » en anglais ?* **5.** Réciter ou lire un texte à haute voix : *Dire un poème.* **6.** (Absol.). Parler : *Bien faire et laisser dire.* **7.** Avoir une opinion ; énoncer un jugement : *Qu'est-ce que tu en dis ?* (syn. **penser**). *Ses amis le disent très généreux.* **8.** Indiquer par des marques extérieures ; signifier, révéler : *Pendule qui dit l'heure exacte* (syn. **donner**). **9. Dire de** (+ inf.), ordonner, conseiller de ; inviter à : *Elle vous a dit de partir.* / **Dire que… !,** exprime l'étonnement, l'indignation, la déception : *Dire que tout avait si bien commencé, quel gâchis !* / **Dire (qqch) à qqn, ne rien lui dire, ne pas lui dire grand-chose,** plaire à qqn, le tenter ; ne pas lui plaire, ne pas le tenter ; évoquer qqch, ne rien évoquer à sa mémoire : *Ce voyage ne lui dit rien. Son visage me dit quelque chose.* / **Entendre dire,** apprendre une nouvelle indirectement, par la rumeur publique : *J'ai entendu dire que le concert était annulé.* / *FAM.* **Il n'y a pas à dire,** c'est indiscutable, il faut se rendre à l'évidence : *Il n'y a pas à dire, c'est le plus malin.* / **Il va sans dire, cela va sans dire,** il est naturel, évident que ; cela va de soi. / **On dirait** (+ n.), se dit de qqch, qqn qui ressemble à qqch, qqn d'autre : *Regarde ce garçon, on dirait Paul.* / **On dirait que,** introduit une supposition très vraisemblable : *On dirait qu'il a passé une mauvaise nuit* (= tout laisse à penser que…). / **On dit que,** ou, en incise, **dit-on,** il paraît que, le bruit court que : *On dit que le Premier ministre a démissionné.* / *SOUT.* **Qu'est-ce à dire ?,** exprime l'étonnement, l'indignation soulevés par les déclarations d'autrui : *Qu'est-ce à dire, vous m'accusez ?* / **S'être laissé dire que,** avoir entendu dire que, disposer d'une information qui n'est pas tout à fait sûre. / **Si le cœur t'en (lui en, etc.) dit,** si tu en as (s'il en a, etc.) envie. / **Soit dit en passant,** annonce une remarque sur laquelle on ne veut pas s'appesantir, faite comme entre parenthèses. / **Tu dis, tu disais, vous dites, vous disiez ?,** s'emploie pour demander à son interlocuteur de répéter qqch qu'on n'a pas compris : *Excuse-moi une seconde… Tu disais ?* **10. Vouloir dire,** signifier : *Qu'est-ce que ta lettre veut dire ? Cela veut dire que je refuse.* ◆ **se dire v.pr. 1.** Être désigné, exprimé par tel mot, telle expression dans une langue donnée : *« Chat » se dit « cat » en anglais.* **2.** Être d'un emploi correct ou convenable, en parlant d'un mot, d'une construction, etc. : *Ça ne se dit pas en français.* **3.** Prétendre qu'on est tel : *Elle se dit prête à le défendre.* **4. Se dire que,** penser que : *Je me suis dit qu'il fallait faire qqch.*

2. dire [dir] **n.m.** (de *1. dire*). **1.** Ce qu'une personne dit, déclare. **2.** DR. Déclaration d'un avocat qui figure dans le rapport d'un expert ou le cahier des charges d'une vente judiciaire. **3. Au dire de, selon, d'après les dires de,** d'après l'affirmation de.

1. direct, e [dirɛkt] **adj.** (lat. *directus,* de *dirigere,* diriger). **1.** Qui est droit, sans détour : *Voie directe.* **2.** Qui va droit au but ; sans circonlocution : *Accusation directe. Langage direct* (syn. **franc**). **3.** Sans intermédiaire ; en relation immédiate avec qqch : *Conséquences directes.* **4.** Se dit d'un moyen de transport qui mène d'un lieu à un autre sans correspondance : *Avion, train direct.* **5.** GRAMM. Se dit d'une construction non prépositive, spécial. de celle qui relie le verbe à son compl. d'objet (par opp. à *indirect*) : *Verbe transitif direct. Complément d'objet direct.* **6. Succession en ligne directe,** succession de père en fils. **7.** GRAMM. **Discours, style direct,** à l'intérieur d'un énoncé, manière de rapporter des paroles telles qu'elles ont été prononcées et sans l'intermédiaire d'un subordonnant (ex. : il a dit *« Je viendrai »*). / MATH. **Sens direct,** sens trigonométrique (par opp. à *sens indirect*).

2. direct [dirɛkt] **n.m.** (de *1. direct*). **1.** En boxe, coup porté devant soi en détendant le bras horizontalement. **2.** Train direct. **3.** Diffusion d'un programme radiophonique ou télévisé diffusé sans enregistrement préalable : *Émission en direct. Faire du direct.*

directement [dirɛktəmɑ̃] **adv.** De façon directe.

directeur, trice [dirɛktœr, -tris] **n.** (lat. *director*). **1.** Personne qui dirige, est à la tête d'une entreprise, d'un service, etc., d'une direction administrative : *Directeur d'école, d'usine.* **2.** HIST. (Avec une majuscule). Chacun des cinq membres du Directoire, en France, de 1795 à 1799. **3. Directeur de conscience,** ecclésiastique choisi par une personne pour diriger sa vie spirituelle. ◆ **adj. 1.** Qui dirige : *Comité directeur. Roue directrice.* **2. Coefficient directeur d'une droite,** dans le plan muni d'un repère cartésien, valeur a de l'équation du type $y = ax + b$ des droites du plan. ▸ Le vecteur de coordonnées $(1, a)$ est vecteur directeur de la droite et est une expression de sa direction. Un ensemble de droites parallèles ont le même coefficient directeur. / **Vecteur directeur d'une droite,** vecteur dont la direction est la même que celle de la droite.

directif, ive [dirɛktif, -iv] **adj.** (du lat. *directus,* dirigé). Qui imprime une direction, une orientation ; qui impose des contraintes : *Pédagogie directive.*

direction [dirɛksjɔ̃] **n.f.** (lat. *directio*). **1.** Action de diriger, de guider ; conduite, administration : *Avoir la direction d'une équipe* (syn. **responsabilité**). *Prendre la direction d'une affaire.* **2.** Ensemble de ceux qui dirigent une entreprise ; locaux, bureaux occupés par un directeur et son service. **3.** Subdivision d'un ministère, d'une administration, placée sous l'autorité d'un directeur : *La direction du Trésor.* **4.** Orientation vers un point donné : *La direction de l'aiguille aimantée.* **5.** Ensemble des organes qui permettent d'orienter les roues directrices d'un véhicule. **6.** GÉOM. Ensemble des droites d'un plan, parallèles à une droite donnée.

directionnel, elle [dirɛksjɔnɛl] **adj.** Qui émet ou reçoit dans une seule direction : *Antenne directionnelle.*

directive [dirɛktiv] **n.f.** (de *directif*). Indication générale donnée par l'autorité politique, militaire, religieuse, etc., à ses subordonnés ; instruction, ordre : *Directives ministérielles.*

directoire [dirɛktwar] **n.m.** (lat. *directorius,* de *directus,* dirigé). **1.** DR. COMM. Organe collégial dont peut se doter une société anonyme. **2.** HIST. **Le Directoire,** régime qui gouverna la France de 1795 à 1799. / **Style Directoire,** style caractéristique de l'époque du Directoire.

■ Régime politique français qui succéda à celui de la Convention le 4 brumaire an IV (26 oct. 1795) ; le Directoire prit fin par le coup d'État du 18 brumaire an VIII (9 nov. 1799). Il était basé sur une stricte séparation des pouvoirs entre cinq Directeurs et deux chambres, le Conseil des Anciens et le Conseil des Cinq-Cents. Représentant les intérêts de la bourgeoisie, il s'attacha à résoudre la crise financière et réprima l'opposition des Jacobins comme celle des royalistes.

1796. La conspiration des Égaux dirigée par Babeuf est mise en échec.

18 fructidor an V (4 sept. 1797). Un coup d'État, appuyé par l'armée, élimine la nouvelle majorité royaliste des Conseils.

À l'extérieur, la France demeure en guerre contre la Grande-Bretagne et l'Autriche. La campagne d'Italie, conduite par Bonaparte, s'achève victorieusement par le traité de Campoformio (oct. 1797) et la création d'États alliés ou « républiques sœurs » en Italie (république Cisalpine, république Ligurienne).

22 floréal an VI (11 mai 1798). Un coup d'État élimine les Jacobins des Conseils.

Les deux tiers de la dette de l'État sont annulés. La loi sur la conscription rend le service militaire obligatoire.

Mai 1798. Le Directoire entreprend contre la Grande-Bretagne la campagne d'Égypte, dirigée par Bonaparte.

La création de nouvelles républiques sœurs provoque la formation d'une nouvelle coalition (1799) contre la France. Les défaites rendent le régime impopulaire.

30 prairial an VII (18 juin 1799). Un coup d'État donne le pouvoir aux Jacobins.

18 brumaire an VIII (9 nov. 1799). À l'appel de Sieyès, Bonaparte renverse le Directoire et établit le Consulat. ■

directorial, e, aux [dirɛktɔrjal, -o] **adj.** Qui se rapporte à une direction, à un directeur, au Directoire.

directrice [dirɛktris] **n.f.** (de *directeur*). MATH. **1.** Courbe sur laquelle s'appuie une droite mobile *(génératrice)* engendrant une surface conique ou cylindrique. **2.** Droite servant, avec le foyer, à définir les coniques.

dirham [diram] **n.m.** (mot ar., n. d'une anc. mesure de poids, gr. *drachma,* drachme). Unité monétaire principale des Émirats arabes unis et du Maroc.

dirigeable [diriʒabl] **adj.** et **n.m. 1.** Qui peut être dirigé. **2.** Aérostat muni d'hélices propulsives et d'un système de direction. (On disait autref. *un ballon dirigeable.*)

dirigeant, e [diriʒɑ̃, -ɑ̃t] **adj.** et **n.** Qui dirige ; qui exerce ou qui détient un pouvoir.

diriger [diriʒe] **v.t.** (lat. *dirigere*) [conj. **17**]. **1.** Mener en tant que responsable ; commander : *Elle dirige maintenant l'entreprise de son père.* **2.** Conduire une exécution musicale à laquelle participent un nombre plus ou moins important de chanteurs et d'instrumentistes : *Diriger un orchestre.* **3.** Faire aller dans un sens ou dans l'autre ; envoyer vers : *Il dirige son camion vers le port. Paquet à diriger sur l'Italie.* **4.** Placer qqch dans une certaine direction, lui donner telle ou telle orientation : *Dirige ta lampe par ici !* **5.** Orienter qqn vers telle activité, tel domaine : *Diriger son fils vers les télécommunications.* **6.** Faire en sorte qu'une conversation, un débat abordent un sujet donné : *Il dirigea bien vite l'entretien sur un autre thème.*

dirigisme [diriʒism] **n.m.** (de *diriger*). Système dans lequel le gouvernement exerce un pouvoir de décision sur l'économie. ◆ **dirigiste n.** Partisan du dirigisme.

dirimant, e [dirimɑ̃, -ɑ̃t] **adj.** (du lat. *dirimere,* annuler). DR. **Empêchement dirimant,** obstacle juridique qui annule un mariage.

Di Rupo (Elio), homme politique belge (Morlanwelz 1951). Docteur en chimie, plusieurs fois ministre à partir de 1992, ministre-président de la Wallonie (1999-2000, 2005-2007), président du Parti socialiste francophone depuis 1999, il est Premier ministre depuis déc. 2011.

discal, e, aux [diskal, -o] **adj.** MÉD. Relatif à un disque intervertébral : *Hernie discale.*

discernable [disɛrnabl] **adj.** Qui peut être discerné.

discernement [disɛrnəmɑ̃] **n.m. 1.** Faculté de juger et d'apprécier avec justesse ; sens critique : *Il faut beaucoup de discernement pour assumer de telles responsabilités.* **2.** LITT. Action de séparer, de discriminer.

discerner [disɛrne] **v.t.** (lat. *discernere,* de *cernere,* reconnaître). **1.** Reconnaître distinctement par un effort d'attention ; percevoir : *Discerner qqch au loin.* **2.** Découvrir par la réflexion, le jugement : *Discerner les intentions de qqn* (syn. **comprendre, deviner**).

disciple [disipl] **n.** (lat. *discipulus,* élève). Personne qui suit la doctrine d'un maître, qui suit l'exemple de qqn.

disciplinaire [disiplinɛr] **adj.** Fait en vertu de la discipline : *Sanctions disciplinaires.*

disciplinairement [disiplinɛrmɑ̃] **adv.** En vertu des règles de la discipline.

discipline [disiplin] **n.f.** (lat. *disciplina,* propr. « action de s'instruire, d'instruire », de *discipulus,* élève). **1.** Ensemble des règles, des obligations qui régissent certains corps ou collectivités ; règlement : *La discipline militaire.* **2.** Soumission à des règles ou à un règlement : *Dans sa classe, il n'y a aucune discipline.* **3.** Matière d'enseignement : *La géographie est une discipline obligatoire.*

discipliné, e [disipline] **adj. 1.** Qui obéit à la discipline : *Un élève discipliné.* **2.** FAM. **Être bête et discipliné,** obéir aveuglément aux ordres, sans réfléchir.

discipliner [disipline] **v.t. 1.** Soumettre qqn, un groupe à l'obéissance, à un ensemble de règles : *Discipliner une classe.* **2.** Maîtriser pour rendre utilisable : *Discipliner un cours d'eau.*

disc-jockey [diskʒɔkɛ] **n.** (mot angl.) [pl. *disc-jockeys*]. Personne qui choisit et qui passe des disques de variétés à la radio, dans une discothèque, etc. (Abrév. fam. *DJ* ; recomm. off. *animateur.*)

disco [disko] **n.m.** (mot anglo-amér., abrév. de *discothèque*). Style de musique populaire spécial. destiné à la danse, à la mode de 1975 au début des années 1980.

discobole [diskɔbɔl] **n.m.** (gr. *diskobolos*). **1.** ANTIQ. Athlète qui lançait le disque ou le palet. **2.** Poisson aux nageoires ventrales réunies sous la gorge en forme de disque.

1. discographie [diskɔgrafi] **n.f.** (de *disque* et *-graphie*). Répertoire des disques concernant un compositeur, un interprète, un thème.

2. discographie [diskɔgrafi] **n.f.** (de *disque* et [*radio*]*graphie*). Radiographie, après injection d'un produit de contraste, des disques intervertébraux.

discographique [diskɔgrafik] **adj.** Qui se rapporte à la discographie, à l'industrie du disque.

discompte [diskɔ̃t] **n.m.** Recomm. off. pour *discount.*

discompter [diskɔ̃te] **v.t.** Recomm. off. pour *discounter.*

discontinu, e [diskɔ̃tiny] **adj.** (lat. médiév. *discontinuus*). **1.** Qui n'est pas continu dans l'espace : *Ligne discontinue.* **2.** Qui s'interrompt ; qui n'est pas régulier : *Un effort discontinu.* **3.** MATH. Se dit d'une fonction non continue.

discontinuer [diskɔ̃tinɥe] **v.i.** (lat. médiév. *discontinuare*) [conj. **7**]. **Sans discontinuer,** sans s'arrêter : *Parler sans discontinuer.*

discontinuité [diskɔ̃tinɥite] **n.f.** Absence de continuité.

disconvenir [diskɔ̃vnir] **v.t. ind. [de]** (lat. *disconvenire*) [conj. **40**]. *LITT.* **Ne pas disconvenir de qqch,** ne pas le contester, en convenir : *Je ne disconviens pas de l'utilité de cette mesure* (syn. **nier**).

discordance [diskɔrdɑ̃s] **n.f. 1.** Caractère de ce qui est discordant ; incompatibilité : *Discordance de couleurs.* **2.** GÉOL. Disposition d'une série de couches reposant sur des couches plus anciennes qui ne leur sont pas parallèles.

discordant, e [diskɔrdɑ̃, -ɑ̃t] **adj. 1.** Qui manque de justesse, d'harmonie, d'ensemble ; divergent : *Des sons discordants. Des avis discordants* (syn. **opposé**). **2.** GÉOL. Se dit d'un terrain qui repose en discordance sur des terrains plus anciens.

discorde [diskɔrd] **n.f.** (lat. *discordia, de discors, -ordis,* qui est en désaccord, de *cor, cordis,* cœur, esprit). *LITT.* Dissension parfois violente entre des personnes : *Rien n'est possible dans la discorde* (syn. **désunion**).

discorder [diskɔrde] **v.i.** (lat. *discordare ; v. discorde*). *LITT.* **1.** Être divergent : *Témoignages qui discordent.* **2.** N'être pas en harmonie, en parlant de sons, de couleurs.

discothèque [diskɔtɛk] **n.f.** (de *disque* et *-thèque*). **1.** Établissement où l'on peut danser et écouter des disques tout en consommant. **2.** Organisme de prêt de disques ; endroit où est organisé ce prêt. **3.** Collection de disques classés. **4.** Meuble destiné à contenir une telle collection.

discount [diskawnt] ou [diskunt] **n.m.** (mot angl., fr. *desconte,* forme anc. de *décompte*). **1.** Rabais sur les prix consenti par un commerçant en fonction de l'ampleur des commandes et des ventes et de la réduction de ses charges. (Recomm. off. *ristourne.*) **2.** Vente au public à bas prix et par très grandes quantités ; pratique commerciale que constitue ce type de vente. (Recomm. off. *discompte.*)

discounter [diskawnte] ou [diskunte] **v.t.** et **v.i.** Vendre des marchandises en discount. (Recomm. off. *discompter.*)

discoureur, euse [diskurœr, -øz] **n.** Personne qui aime faire de longs discours.

discourir [diskurir] **v.i.** (réfection, d'apr. *courir,* courir çà et là, de l'anc. fr. *discurre,* lat. *discurrere*) [conj. **45**]. Parler sur un sujet en le développant longuement ; pérorer : *Il n'est plus temps de discourir, prenons une décision.*

discours [diskur] **n.m.** (lat. *discursus* [de *discurrere ; v. discourir*], refait d'apr. *cours*). **1.** Développement oratoire sur un sujet déterminé, prononcé en public : *Discours d'ouverture d'une session parlementaire* (syn. **allocution**). **2.** LING. Tout énoncé, oral ou écrit, produit par le sujet parlant, par oppos. à la *langue,* considérée en tant que système. **3.** Énoncé supérieur à la phrase, considéré du point de vue des règles d'enchaînement des suites de phrases. **4.** Ensemble de manifestations verbales, orales ou écrites, tenues pour significatives d'une idéologie ou d'un état des mentalités à une époque, concernant un domaine, etc. : *Le discours réformiste.* **5. Parties du discours,** catégories grammaticales (nom, adjectif, verbe, etc.).

discourtois, e [diskurtwa, -az] **adj.** *LITT.* Qui n'est pas courtois.

discrédit [diskredi] **n.m.** (de *crédit,* probabl. sous l'infl. de l'it. *discredito*). Diminution ou perte de la considération, de l'estime, de la valeur dont jouit qqn ou qqch : *Jeter le discrédit sur qqn* (= ternir la réputation de qqn).

discréditer [diskredite] **v.t.** Faire perdre à qqn, à qqch la considération, le prestige, l'influence dont il jouissait. ◆ **se discréditer v.pr.** Se comporter de manière à perdre l'estime des autres (syn. **se déconsidérer**).

discret, ète [diskrɛ, -ɛt] **adj.** (lat. *discretus,* de *discernere,* discerner). **1.** Qui fait attention à ne pas gêner ; réservé dans ses paroles et ses actions : *Ce garçon est si discret qu'on le remarque à peine.* **2.** Qui sait garder un secret : *Vous pouvez tout lui dire, elle est très discrète.* **3.** Qui n'attire pas l'attention ; qui est fait de façon à n'être pas remarqué : *Toilette discrète* (syn. **sobre**). *Un clin d'œil discret.* **4.** MATH., PHYS. Se dit d'une grandeur constituée d'unités distinctes (par opp. aux *grandeurs continues*), d'une variation procédant par quantités entières.

discrètement [diskrɛtmɑ̃] **adv.** Avec discrétion.

discrétion [diskresjɔ̃] **n.f.** (lat. *discretio ; v. discret*). **1.** Attitude de qqn qui ne veut pas s'imposer : *Il vous faudra accomplir cette tâche avec beaucoup de discrétion* (syn. **tact, réserve**). **2.** Caractère de ce qui n'attire pas l'attention : *Discrétion d'un décor* (syn. **sobriété**). **3.** Aptitude à garder le silence, un secret : *Je compte sur votre discrétion.* **4. À discrétion,** à volonté : *Nous avions du champagne à discrétion.* / **À la discrétion de qqn,** à sa merci.

discrétionnaire [diskresjɔnɛr] **adj.** (de [*à la*] *discrétion* [*de*]). DR. **Pouvoir discrétionnaire,** liberté laissée à l'Administration de prendre l'initiative de certaines mesures.

discriminant [diskriminɑ̃] **n.m.** (de *discriminer*). MATH. Nombre ($\Delta = b^2 - 4ac$) qui permet de connaître le nombre de racines réelles de l'équation du second degré $ax^2 + bx + c = 0$.

discrimination [diskriminasjɔ̃] **n.f. 1.** Action d'isoler et de traiter différemment certains individus, un groupe par rapport aux autres : *Discrimination sociale, raciale.* **2.** *SOUT.* Distinction : *Établir une discrimination entre les degrés de responsabilité des accusés* (syn. **différence**).

discriminatoire [diskriminatwar] **adj.** Qui tend à opérer une discrimination entre des personnes : *Mesures discriminatoires.*

discriminer [diskrimine] **v.t.** (lat. *discriminare,* séparer, de *discrimen, -inis,* différence). *SOUT.* Établir une différence, une distinction entre des individus ou des choses : *Apprendre à discriminer les méthodes les plus efficaces.*

disculpation [diskylpasjɔ̃] **n.f.** Action de disculper.

disculper [diskylpe] **v.t.** (anc. fr. *descoulper,* de *coulpe,* faute, lat. *culpa*). Prouver l'innocence de : *Un témoignage de dernière minute l'a disculpé* (syn. **innocenter**). ◆ **se disculper v.pr.** Prouver son innocence.

discursif, ive [diskyrsif, -iv] **adj.** (lat. médiév. *discursivus,* du class. *discursus ; v. discours*). **1.** *DIDACT.* Qui repose sur le raisonnement : *La connaissance discursive s'oppose à la connaissance intuitive ou immédiate.* **2.** LING. Qui concerne le discours.

discussion [diskysjɔ̃] **n.f.** (lat. *discussio,* de *discutere ; v. discuter*). **1.** Examen, débat contradictoire : *La discussion d'un projet de loi.* **2.** Échange de propos vifs : *Ils se sont expliqués au cours d'une violente discussion* (syn. **altercation, querelle**). **3.** Échange de propos, d'idées : *Il ne prend jamais part aux discussions* (syn. **conversation**).

discutable [diskytabl] **adj.** Qui peut être discuté ; qui offre matière à discussion ; douteux.

discutailler [diskytaje] **v.i.** *FAM.* Discuter longuement sur des riens.

discuté, e [diskyte] **adj.** (de *discuter*). Critiqué ; mis en cause.

discuter [diskyte] **v.t.** (lat. *discutere,* propr. « fendre en frappant »). **1.** Parler d'un problème, examiner avec soin une question : *Discuter un cas, une affaire* (syn. **débattre**). **2.** Mettre en question : *Discuter les ordres* (syn. **contester**). ◆ **v.t. ind. [de].**

Échanger des idées sur tel ou tel sujet : *Discuter de l'actualité. Discuter (de) politique* (syn. **parler**). ◆ **se discuter** **v.pr. Ça se discute,** il y a des arguments pour et contre.

discuteur, euse [diskytœr, -øz] **adj.** et **n.** Qui aime la discussion ; qui conteste tout.

disert, e [dizɛr, -ɛrt] **adj.** (lat. *disertus*). LITT. Qui parle aisément et avec élégance.

disette [dizɛt] **n.f.** (orig. obsc.). Pénurie de vivres.

diseur, euse [dizœr, -øz] **n. 1.** Personne qui dit, qui parle de : *Un diseur de bons mots.* **2. Diseur, diseuse de bonne aventure,** personne prédisant l'avenir.

disgrâce [disgrɑs] **n.f.** (it. *disgrazia*). **1.** Perte de la faveur, de l'estime dont qqn ou qqch jouissait : *Tomber en disgrâce.* **2.** LITT. Infortune, malheur.

disgracié, e [disgrasje] **adj.** et **n.** (it. *disgraziato,* malheureux). LITT. Privé de beauté ; disgracieux.

disgracier [disgrasje] **v.t.** (de *disgracié*) [conj. **9**]. LITT. Retirer à qqn la faveur dont il jouissait : *Courtisan disgracié par le roi.*

disgracieux, euse [disgrasjø, -øz] **adj.** (it. *disgrazioso*). Qui manque de grâce : *Un visage disgracieux* (syn. **laid**).

disharmonie [dizarmɔni] **n.f.** ⟶ **dysharmonie.**

disjoindre [disʒwɛ̃dr] **v.t.** [conj. **82**]. Séparer des choses jointes ; désunir.

disjoint, e [disʒwɛ̃, -ɛ̃t] **adj. 1.** Qui n'est plus joint. **2.** MATH. **Ensembles disjoints,** qui n'ont aucun élément commun.

disjoncter [disʒɔ̃kte] **v.i.** (de *disjoncteur*). Se mettre en position d'interruption du courant, en parlant d'un disjoncteur ou d'un dispositif comparable.

disjoncteur [disʒɔ̃ktœr] **n.m.** (de *disjoindre*). ÉLECTR. Interrupteur automatique de courant, fonctionnant lors d'une variation anormale de l'intensité ou de la tension.

disjonction [disʒɔ̃ksjɔ̃] **n.f.** (lat. *disjunctio*). **1.** Action de disjoindre. **2.** LOG. Liaison de deux propositions par « ou ».

dislocation [dislɔkasjɔ̃] **n.f. 1.** Action de disloquer ; fait de se disloquer : *Dislocation d'une chaise, du genou.* **2.** Séparation des parties d'un tout ; démembrement : *Dislocation d'une famille* (syn. **dispersion**). **3.** PHYS. Défaut d'un cristal caractérisé par l'absence d'atomes le long d'une ligne du réseau.

disloquer [dislɔke] **v.t.** (lat. médiév. *dislocare,* déplacer, de *locare,* placer). **1.** Disjoindre avec une certaine violence les parties d'un ensemble : *Le choc a disloqué la voiture.* **2.** Démettre, déboîter : *Disloquer une articulation.* **3.** Disperser ; séparer : *Disloquer un cortège.* ◆ **se disloquer** **v.pr. 1.** Ne plus avoir ses éléments correctement assemblés : *Se disloquer l'épaule.* **2.** Perdre sa cohésion : *La famille s'est disloquée.*

Disney (Walter Elias Disney, dit Walt), dessinateur, producteur et cinéaste américain (Chicago 1901 - Burbank, Californie, 1966). Pionnier du dessin animé, il invente de petits personnages : la souris *Mickey,* créée en 1930 (le premier *Mickey* en couleurs date de 1934), le canard *Donald* ou le chien *Pluto.* En 1937, il réalise son premier long-métrage : *Blanche-Neige et les Sept Nains.* C'est un succès international. À la tête d'un véritable empire commercial, Disney produit de nombreux dessins animés, inspirés le plus souvent de contes populaires, et dans lesquels s'exprime son style tout en rondeurs et en courbes, à la fois réaliste et féerique : *Pinocchio,* 1940 ; *Fantasia,* 1940 ; *Alice au pays des merveilles,* 1951 ; *les 101 Dalmatiens,* 1961 ; *Merlin l'Enchanteur,* 1963. On lui doit aussi des documentaires sur les animaux et la création d'un vaste parc d'attractions, *Disneyland* (ouvert au public en 1955). Son œuvre a été poursuivie par ses successeurs. Musée à San Francisco.

disparaître [disparɛtr] **v.i.** (de *paraître*) [conj. **91**] (auxil. *avoir* ou, LITT., *être*). **1.** Cesser d'être visible : *La voiture disparut au loin.* **2.** S'absenter brusquement : *Il a disparu depuis trois jours.* **3.** Être soustrait, égaré ou volé : *Sa montre a disparu.* **4.** Mourir ; cesser d'être : *C'est un grand homme qui vient de disparaître. Coutume disparue.* **5. Faire disparaître qqch,** l'enlever, le supprimer : *Faire disparaître une douleur.* / **Faire disparaître qqn,** le tuer.

disparate [disparat] **adj.** (lat. *disparatus,* inégal). Qui forme un ensemble sans harmonie, sans unité. ◆ **n.f.** ou **n.m.** LITT. Manque d'harmonie ; contraste choquant : *Disparate entre les paroles et les actes* (syn. **disparité**).

disparité [disparite] **n.f.** (du lat. *dispar,* différent, inégal, d'apr. *parité*). **1.** Manque d'égalité ; différence marquée : *Disparité des salaires* (syn. **inégalité**). **2.** Manque d'harmonie : *Disparité d'opinions.*

disparition [disparisjɔ̃] **n.f. 1.** Fait de disparaître, de ne plus être visible : *Disparition du soleil à l'horizon.* **2.** Fait de ne plus exister : *Disparition d'une coutume.* **3.** Mort : *Annoncer la disparition de qqn* (syn. **décès**). **4. Espèce en voie de disparition,** menacée d'extinction.

disparu, e [dispary] **adj.** et **n.** (de *disparaître*). Mort ou considéré comme mort : *Soldat porté disparu.*

dispatcher [dispatʃe] **v.t.** (de *dispatching*). Répartir, distribuer, orienter ; faire le dispatching de.

dispatching [dispatʃiŋ] **n.m.** (de l'angl. *to dispatch,* répartir). **1.** Organisme central de régulation du trafic ferroviaire, aérien, de la distribution de sources d'énergie, etc. **2.** Opération consistant à diriger chaque colis ou chaque pli vers son destinataire. (Recomm. off. *répartition* ou *ventilation.*)

dispendieux, euse [dispɑ̃djø, -øz] **adj.** (lat. *dispendiosus,* de *dispendium,* dépense). LITT. Qui occasionne beaucoup de dépenses : *Une fête dispendieuse* (syn. **onéreux**).

dispensaire [dispɑ̃sɛr] **n.m.** (angl. *dispensary,* de *to dispense,* distribuer). Établissement de soins médicaux ou de petite chirurgie, où les malades ne sont pas hospitalisés.

dispensateur, trice [dispɑ̃satœr, -tris] **n.** (lat. *dispensator,* intendant). Personne qui distribue, qui répartit qqch.

dispense [dispɑ̃s] **n.f.** (de *dispenser*). Permission accordée de ne pas faire une chose obligatoire ; document qui atteste cette permission.

dispenser [dispɑ̃se] **v.t.** (lat. *dispensare,* répartir). **1.** Autoriser à ne pas faire : *Dispenser un élève d'éducation physique* (syn. **exempter**). **2.** LITT. Donner, accorder : *Dispenser des soins.* **3. Je vous dispense de, dispensez-moi de,** invitation à ne pas faire qqch : *Je vous dispense de vos réflexions.* ◆ **se dispenser** **v.pr. [de].** Ne pas se soumettre à une obligation.

dispersant, e [dispɛrsɑ̃, -ɑ̃t] **n.m.** et **adj.** CHIM. Produit pour dissoudre les hydrocarbures répandus sur l'eau.

dispersement [dispɛrsəmɑ̃] **n.m.** Action de disperser ou de se disperser.

disperser [dispɛrse] **v.t.** (du lat. *dispersum,* de *dispergere,* répandre). **1.** Jeter çà et là : *Disperser des cendres* (syn. **éparpiller**). **2.** Séparer les éléments d'un ensemble ; faire aller de différents côtés : *Disperser un attroupement.* **3. Disperser une collection,** la vendre à plusieurs acheteurs. / **Disperser ses efforts, son attention, etc.,** les appliquer à trop de choses à la fois et les rendre ainsi moins intenses. / **En ordre dispersé,** sans ordre, en laissant à chacun son initiative individuelle. ◆ **se disperser** **v.pr. 1.** S'en aller de tous les côtés : *La foule s'est dispersée* (contr. **se rassembler**). **2.** S'adonner à trop d'activités et ne s'appliquer efficacement à aucune.

dispersion [dispɛrsjɔ̃] **n.f. 1.** Action de disperser ; fait d'être dispersé. **2.** Manque de concentration. **3.** PHYS. Décomposition d'un rayonnement complexe en ses différentes radiations. **4.** CHIM. Solide, liquide ou gaz contenant un autre corps uniformément réparti dans sa masse. **5.** STAT. Étalement des valeurs d'une distribution statistique autour de valeurs caractéristiques (moyennes, médiane, mode). **6. Dispersion du tir,** répartition des points de chute des différents projectiles tirés avec la même arme et dans des conditions identiques.

disponibilité [disponibilite] **n.f. 1.** État de ce qui est disponible : *Disponibilité d'un capital.* **2.** Fait pour qqn d'avoir du temps libre ; fait d'être ouvert à beaucoup de choses :

Disponibilité d'esprit. **3.** Position d'un fonctionnaire ou d'un militaire temporairement hors de son corps d'origine. ◆ **disponibilités** **n.f. pl.** Fonds dont on peut disposer : *Le devis excède mes disponibilités.*

disponible [dispɔnibl] **adj.** (lat. médiév. *disponibilis,* de *disponere,* disposer). **1.** Dont on peut disposer : *Logement disponible* (syn. **libre, vacant**). **2.** Qui a du temps pour soi ; qui accueille bien ce qui est différent ou nouveau : *Elle est très peu disponible en ce moment.* **3.** Qui est en disponibilité, en parlant d'un fonctionnaire ou d'un militaire.

dispos, e [dispo, -oz] **adj.** (it. *disposto,* lat. *dispositus,* disposé). Qui est en bonne forme physique et morale : *Être frais et dispos.*

disposé, e [dispoze] **adj. 1.** Arrangé de telle ou telle manière. **2. Être bien, mal disposé,** être de bonne ou de mauvaise humeur. **3. Être bien, mal disposé à l'égard de qqn,** vouloir ou ne pas vouloir lui être utile ou agréable.

disposer [dispoze] **v.t.** (lat. *disponere,* distribuer, établir, refait d'apr. *poser*). **1.** Placer, arranger des choses ou des personnes d'une certaine manière : *Disposer des fleurs dans un vase.* **2.** Préparer à : *Les derniers événements l'ont disposé à signer* (syn. **inciter**). ◆ **v.t. ind. [de]. 1.** Pouvoir utiliser, avoir à sa disposition : *Disposer de quelques minutes.* **2.** Être maître de qqn, de sa vie : *Le droit des peuples à disposer d'eux-mêmes.* ◆ **v.i. Vous pouvez disposer,** vous pouvez partir. ◆ **se disposer** **v.pr. [à].** Se préparer à : *Se disposer à partir.*

dispositif [dispozitif] **n.m.** (du lat. *dispositus,* disposé). **1.** Ensemble de pièces constituant un mécanisme, un appareil quelconque ; ce mécanisme, cet appareil : *Un dispositif d'alarme.* **2.** Ensemble des mesures prises, des moyens mis en œuvre dans un but déterminé : *Un important dispositif policier.* **3.** Articulation des moyens qu'adopte une formation militaire pour exécuter une mission. **4.** DR. Partie d'un jugement dans laquelle est exprimée la décision du tribunal. **5. Dispositif scénique,** ensemble des éléments de décoration et de mise en scène.

disposition [dispozisjɔ̃] **n.f. 1.** Action, manière de placer, d'arranger qqn ou qqch ; fait d'être disposé de telle ou telle manière : *La disposition des invités autour d'une table. La disposition des mots* (syn. **ordre**). **2.** Manière d'être physique ou morale : *Ses dispositions à ton égard sont excellentes* (syn. **intention**). **3.** Tendance générale : *Disposition des prix à la hausse.* **4.** Possibilité, faculté d'user à son gré de qqch : *Ils ont mis leur garage à ma disposition.* **5.** DR. Point que règle un acte juridique, une loi, etc. **6. Disposition à titre gratuit,** transmission d'un bien par donation ou par testament. ◆ **dispositions** **n.f. pl. 1.** Aptitudes : *Il a des dispositions pour les langues* (syn. **don**). **2. Prendre des, ses dispositions,** se préparer, s'organiser en vue de qqch.

disproportion [disprɔpɔrsjɔ̃] **n.f.** Défaut de proportion, de convenance ; différence : *Disproportion d'âge.*

disproportionné, e [disprɔpɔrsjɔne] **adj. 1.** Qui n'est pas proportionné à qqch ; excessif. **2.** Démesuré, anormal : *Des mains disproportionnées.*

dispute [dispyt] **n.f.** (de *disputer*). Discussion très vive ; querelle.

disputer [dispyte] **v.t.** (lat. *disputare,* discuter, de *putare,* estimer, penser). **1.** *FAM.* Réprimander vivement : *Tu vas te faire disputer !* (syn. **gronder**). **2.** Participer à une lutte, à une compétition pour obtenir la victoire : *Disputer une course, un combat.* **3. Disputer qqch à qqn,** lutter pour obtenir ce que qqn possède ou tente en même temps d'obtenir. ◆ **se disputer** **v.pr.** Se quereller.

disquaire [diskɛr] **n.** (de *disque*). Personne qui vend au détail des disques, des cassettes enregistrées.

disqualification [diskalifikasjɔ̃] **n.f.** Action de disqualifier ; fait d'être disqualifié.

disqualifier [diskalifje] **v.t.** (angl. *to disqualify,* du fr. *qualifier*) [conj. **9**]. **1.** Exclure un sportif, un cheval, etc., d'une épreuve sportive, d'une course pour infraction au règlement. **2.** *LITT.* Frapper de discrédit. ◆ **se disqualifier** **v.pr.** Perdre tout crédit par sa conduite.

disque [disk] **n.m.** (lat. *discus,* gr. *diskos,* palet). **1.** Plaque circulaire, contenant un enregistrement sonore ou visuel : *Disque noir, compact, vidéo.* **2.** INFORM. Support circulaire recouvert d'une surface magnétisable, permettant d'enregistrer des informations sous forme binaire sur des pistes concentriques : *Disque dur. Disque optique.* **3.** Plaque circulaire pesante que lancent les athlètes **4.** ASTRON. Surface circulaire visible d'un astre. **5.** CH. DE F. Plaque circulaire mobile indiquant, par sa position et sa couleur, si une voie est libre ou non. **6.** MATH. Ensemble des points du plan dont la distance à un point fixe, le centre, est inférieure ou égale à un nombre donné, le rayon : *La frontière du disque est un cercle.* **7. Disque intervertébral,** cartilage élastique séparant deux vertèbres. / **Disque optique numérique,** support d'enregistrement à lecture laser, utilisé en informatique comme mémoire de très grande capacité.

disquette [diskɛt] **n.f.** INFORM. Support magnétique d'informations (appelé aussi *disque souple*) ayant la forme d'un disque de petit format et pouvant facilement s'insérer dans un lecteur associé à l'équipement informatique (par opp. à *disque dur*).

Disraeli (Benjamin), *comte* **de Beaconsfield,** homme politique britannique (Londres 1804 - *id.* 1881). Romancier brillant (*Coningsby,* 1844), député conservateur en 1837, défenseur du protectionnisme, il s'imposa comme le chef de son parti. Chancelier de l'Échiquier (1852, 1858, 1866-1868), il fut Premier ministre en 1868, puis de 1874 à 1880. Adversaire de Gladstone, chef du parti libéral, il fit cependant adopter la réforme électorale de 1867 et réalisa d'importantes réformes sociales. À l'extérieur, il mena une politique de prestige et d'expansion : en 1876, il fit proclamer la reine Victoria impératrice des Indes. En 1878, au congrès de Berlin, il mit en échec l'expansion russe dans les Balkans.

dissection [disɛksjɔ̃] **n.f. 1.** Action de disséquer un corps. **2.** Action d'analyser minutieusement qqch.

dissemblable [disɑ̃blabl] **adj.** Qui n'est pas semblable.

dissemblance [disɑ̃blɑ̃s] **n.f.** (de *dissembler,* différencier, de [*res*]*sembler*). Absence de ressemblance ; disparité.

dissémination [diseminasjɔ̃] **n.f. 1.** Action de disséminer ; dispersion. **2.** BOT. Dispersion des graines à l'époque de leur maturité.

disséminer [disemine] **v.t.** (lat. *disseminare,* de *semen, -inis,* semence). Répandre çà et là ; éparpiller : *Disséminer des graines. Disséminer des troupes* (syn. **disperser**).

dissension [disɑ̃sjɔ̃] **n.f.** (lat. *dissensio,* de *dissentire,* être en désaccord). Vive opposition de sentiments, d'intérêts, d'idées : *Dissensions politiques* (syn. **conflit**).

dissentiment [disɑ̃timɑ̃] **n.m.** (de l'anc. v. *dissentir,* être en désaccord). *LITT.* Opposition de sentiments, d'opinions.

disséquer [diseke] **v.t.** (lat. *dissecare,* couper) [conj. **18**]. **1.** Couper, ouvrir les parties d'un corps organisé pour en faire l'examen anatomique : *Disséquer un cadavre.* **2.** Analyser minutieusement : *Disséquer un roman.*

dissertation [disɛrtasjɔ̃] **n.f.** (lat. *dissertatio ;* v. *disserter*). **1.** Exercice écrit portant sur une question littéraire, philosophique, historique, etc., en usage dans les lycées et dans l'enseignement supérieur français. **2.** Développement long et ennuyeux ; discours pédant : *Il s'est lancé dans une dissertation interminable.*

disserter [disɛrte] **v.i.** (lat. *dissertare,* de *disserere,* discuter). **1.** Traiter méthodiquement un sujet, par écrit ou oralement. **2.** Discourir longuement.

dissidence [disidɑ̃s] **n.f.** (lat. *dissidentia,* de *dissidere,* être séparé, en désaccord). **1.** Action ou état de qqn ou d'un groupe qui ne reconnaît plus l'autorité d'une puissance politique à laquelle il se soumettait jusqu'alors ; groupe de dissidents. **2.** Divergence idéologique conduisant qqn à se séparer du parti dont il était membre.

dissident, e [disidɑ̃, -ɑ̃t] **adj.** et **n.** Qui est en dissidence.

dissimulateur, trice [disimylatœr, -tris] **adj.** et **n.** Qui dissimule.

dissimulation [disimylasjɔ̃] **n.f.** Action de dissimuler, de cacher : *Visage où se lit la dissimulation* (syn. **hypocrisie**).

dissimulé, e [disimyle] **adj.** Accoutumé à cacher ses sentiments : *C'est un personnage dissimulé* (syn. **hypocrite**).

dissimuler [disimyle] **v.t.** (lat. *dissimulare*). Ne pas laisser paraître ses sentiments, ses intentions ; soustraire aux regards : *Dissimuler son envie de rire* (syn. **cacher**). ◆ **se dissimuler v.pr. 1.** Se cacher : *Il s'est dissimulé derrière un arbre.* **2. Se dissimuler qqch,** refuser de voir, se faire des illusions sur qqch : *Elle se dissimule la vérité.*

dissipateur, trice [disipatœr, -tris] **n.** LITT. Personne qui dissipe son bien.

dissipation [disipasjɔ̃] **n.f. 1.** Fait de se dissiper, de disparaître peu à peu : *Dissipation de la brume.* **2.** Manque d'attention, turbulence, chez un élève. **3.** LITT. Vie de débauche. **4.** PHYS. Perte d'énergie électrique, mécanique, etc., par transformation en énergie thermique.

dissipé, e [disipe] **adj.** (p. passé de *dissiper*). Inattentif et turbulent, en parlant d'un élève : *Cet élève est très dissipé* (syn. **indiscipliné**).

dissiper [disipe] **v.t.** (lat. *dissipare,* disperser, détruire). **1.** Faire disparaître, faire cesser : *Le vent dissipe les nuages* (syn. **disperser**). *Dissiper les soupçons.* **2.** Porter à l'indiscipline, à l'inattention : *Il dissipe ses camarades.* **3.** LITT. Dépenser inconsidérément : *Dissiper sa fortune* (syn. **gaspiller**). ◆ **se dissiper v.pr. 1.** Disparaître par dilution, par éparpillement : *La brume se dissipe. Notre inquiétude se dissipa* (syn. **s'estomper**). **2.** Être, devenir agité, turbulent, inattentif.

dissociable [disɔsjabl] **adj.** Qui peut être dissocié : *Deux questions aisément dissociables.*

dissociation [disɔsjasjɔ̃] **n.f. 1.** Action de dissocier. **2.** CHIM. Rupture d'un composé chimique en éléments susceptibles de se recombiner de la même façon ou autrement.

dissocier [disɔsje] **v.t.** (lat. *dissociare,* de *dis-* et *sociare,* unir, de *socius,* associé) [conj. **9**]. Séparer des éléments associés : *Ces deux chapitres du budget ont été dissociés* (syn. **disjoindre, distinguer**). *Dissocier une équipe* (syn. **désorganiser, disloquer**).

dissolu, e [disɔly] **adj.** (lat. *dissolutus,* de *dissolvere* ; v. *dissoudre*). LITT. Se dit de qqn dont la conduite est très relâchée ou de cette conduite elle-même : *Jeunes gens dissolus* (syn. **débauché, dépravé**). *Mœurs dissolues* (syn. **corrompu**).

dissolution [disɔlysjɔ̃] **n.f.** (lat. *dissolutio*). **1.** Action de dissoudre ou de se dissoudre : *Remuer le mélange jusqu'à dissolution complète du sucre.* **2.** DR. Cessation ou disparition légale : *La dissolution d'un mariage.* **3.** CHIM. Mise en solution d'un solide, d'un liquide ou d'un gaz ; liquide qui en résulte. **4.** TECHN. Solution visqueuse de caoutchouc pour réparer les chambres à air des pneumatiques.

dissolvant, e [disɔlvɑ̃, -ɑ̃t] **adj. 1.** Qui a la propriété de dissoudre : *Un produit dissolvant.* **2.** LITT. Qui amollit, affaiblit : *Climat dissolvant* (syn. **débilitant**). ◆ **dissolvant n.m.** Produit dissolvant : *Dissolvant pour vernis à ongles.*

dissonance [disɔnɑ̃s] **n.f.** (lat. *dissonantia*). Rencontre de sons peu harmonieuse ; défaut d'harmonie : *De nombreux musiciens modernes recherchent les dissonances* (contr. **consonance**). *Dissonance entre des couleurs* (syn. **discordance**).

dissonant, e [disɔnɑ̃, -ɑ̃t] **adj.** Qui forme une dissonance : *Notes dissonantes* (syn. **discordant**). *Couleurs dissonantes* (contr. **harmonieux**).

dissoudre [disudr] **v.t.** (francisation d'apr. *absoudre,* du lat. *dissolvere,* désagréger) [conj. **87**]. **1.** Amener un corps solide ou gazeux à former un mélange homogène avec un liquide : *Faire dissoudre des comprimés dans un verre d'eau* (syn. **fondre**). *L'eau dissout le sel.* **2.** Mettre fin légalement à : *Dissoudre une société, un parti. Dissoudre un mariage* (syn. **annuler**). *Le président de la République peut dissoudre l'Assemblée nationale.* ◆ **se dissoudre v.pr.** Se désagréger dans un liquide : *Le sucre se dissout dans le café.*

dissuader [disɥade] **v.t.** (lat. *dissuadere,* de *suadere,* conseiller, persuader). **Dissuader qqn de qqch, de** (+ inf.), l'amener à y renoncer : *Je les ai dissuadés de ce voyage, d'entreprendre ce voyage* (syn. **détourner**).

dissuasif, ive [disɥazif, -iv] **adj.** Qui dissuade d'attaquer, d'agir : *Une menace dissuasive.*

dissuasion [disɥazjɔ̃] **n.f. 1.** Action de dissuader : *Un argument qui a une grande puissance de dissuasion* (contr. **persuasion**). **2. Force de dissuasion ⟶ force.**

dissyllabe [disilab] **adj.** et **n.m.** Se dit d'un mot, d'un vers, de deux syllabes.

dissyllabique [disilabik] **adj.** Qui comporte deux syllabes : *Un mot dissyllabique* (syn. **dissyllabe**).

dissymétrie [disimetri] **n.f.** Défaut de symétrie : *La dissymétrie d'une construction.*

dissymétrique [disimetrik] **adj.** Qui présente une dissymétrie : *Bâtiment dissymétrique.*

distance [distɑ̃s] **n.f.** (lat. *distantia,* de *distans* ; v. *distant*). **1.** Intervalle séparant deux points dans l'espace ; longueur à parcourir pour aller d'un point à un autre : *La distance d'une ville à une autre. Cet avion couvre de longues distances* (syn. **parcours, trajet**). **2.** Intervalle de temps entre deux instants, deux époques : *Événement qui se reproduit à quelques années de distance.* **3.** Différence de niveau social, de culture, d'importance : *L'argent a mis une grande distance entre eux* (syn. **écart**). **4. À distance,** à une certaine distance dans l'espace ; avec le recul du temps. / **Garder, prendre, tenir ses distances,** ne pas être, ne pas devenir trop familier avec qqn. / **Tenir qqn à distance,** éviter de le fréquenter.

distancer [distɑ̃se] **v.t.** (angl. *to distance,* de *distance*) [conj. **16**]. Devancer ; laisser derrière soi : *Il a distancé tous les autres candidats, à l'oral* (syn. **surpasser**).

distanciation [distɑ̃sjasjɔ̃] **n.f.** (de *distance*). Recul pris par rapport à un événement ; distance mise entre soi et la réalité : *La distanciation permet une plus grande objectivité.*

distancier [distɑ̃sje] **v.t.** [conj. **9**]. LITT. Donner du recul à qqn par rapport à qqch : *Un regard critique qui nous distancie de la situation.* ◆ **se distancier v.pr. [de].** Mettre une distance entre soi-même et qqch.

distant, e [distɑ̃, -ɑ̃t] **adj.** (lat. *distans, -antis,* de *distare,* être éloigné, différent de). **1.** Éloigné, écarté : *Deux villes distantes de cent kilomètres.* **2.** Qui montre de la froideur ou de la hauteur : *Elle est très distante avec lui* (syn. **froid, réservé**). *Un air distant* (syn. **fier, hautain**).

Di Stefano (Giuseppe), chanteur italien (Motta Santa Anastasia, prov. de Catane, 1921 - Santa Maria Hoè, prov. de Lecco, 2008). À 30 ans, chantant sur les plus grandes scènes du monde, il s'imposa par la pureté de sa voix de ténor dans le répertoire romantique français et italien. Il a été l'un des partenaires d'élection de Maria Callas.

distendre [distɑ̃dr] **v.t.** (lat. *distendere,* étendre) [conj. **73**]. Augmenter les dimensions d'un corps en étirant : *Distendre un ressort.* ◆ **se distendre v.pr.** Se relâcher : *Les liens familiaux se sont distendus.*

distillat [distila] **n.m.** (de *distiller*). CHIM. Produit d'une distillation.

distillateur [distilatœr] **n.m.** Personne qui distille ; fabricant d'eau-de-vie, de liqueurs.

distillation [distilasjɔ̃] **n.f. 1.** Opération consistant à séparer, par évaporation puis condensation, les éléments contenus dans un mélange liquide : *Alcools obtenus par distillation du vin, du cidre.* **2.** Opération qui consiste à débarrasser un solide de ses composants gazeux ou liquides : *La distillation du bois donne des goudrons et du méthylène.*

distiller [distile] **v.t.** (lat. *distillare,* tomber goutte à goutte). **1.** Opérer la distillation de : *Distiller du vin.* **2.** *LITT.* Laisser couler goutte à goutte ; sécréter : *L'abeille distille le miel.* **3.** *LITT.* Dégager, répandre : *Distiller l'ennui.* ◆ **v.i.** CHIM. Se séparer d'un mélange lors d'une distillation.

distillerie [distilri] **n.f. 1.** Lieu où se fait la distillation. **2.** Industrie et commerce des produits de la distillation et, spécial., des alcools et liqueurs.

distinct, e [distɛ̃, -ɛ̃kt] ou [distɛ̃kt] **adj.** (lat. *distinctus,* de *distinguere,* séparer). **1.** Qui se perçoit : *Des traces distinctes* (syn. **net**). *Des paroles distinctes* (syn. **clair**). **2.** Qui ne se confond pas avec qqch ou qqn d'analogue : *C'est une autre question, distincte de la précédente* (syn. **différent**).

distinctement [distɛ̃ktəmɑ̃] **adv.** De façon distincte.

distinctif, ive [distɛ̃ktif, -iv] **adj.** Qui permet de reconnaître, de distinguer : *Signe distinctif* (syn. **caractéristique, spécifique**).

distinction [distɛ̃ksjɔ̃] **n.f. 1.** Action de distinguer, de faire une différence entre deux choses, deux personnes, etc. ; cette différence : *Faire la distinction entre un loup et un chien. Appliquer une mesure sans distinction de personnes* (syn. **discrimination**). **2.** État de ce qui est séparé : *La distinction des pouvoirs* (syn. **séparation**). **3.** Marque d'honneur : *La Légion d'honneur est une distinction.* **4.** Élégance, raffinement : *Avoir de la distinction* (syn. **classe**).

distingué, e [distɛ̃ge] **adj. 1.** Qui a de la distinction : *Une personne distinguée* (syn. **raffiné**). **2.** *LITT.* Remarquable par son rang, sa valeur : *Un écrivain distingué* (syn. **éminent**).

distinguer [distɛ̃ge] **v.t.** (lat. *distinguere,* séparer). **1.** Différencier qqn, qqch en percevant les caractéristiques qui font sa spécificité : *Distinguer deux jumeaux* (syn. **reconnaître**). *Distinguer les sens d'un mot* (syn. **différencier**). **2.** Percevoir sans confusion par l'un des sens : *D'ici on distingue parfaitement la côte* (syn. **discerner**). **3.** Constituer l'élément caractéristique qui sépare : *La parole distingue l'homme de l'animal* (syn. **différencier**).

distinguo [distɛ̃go] **n.m.** (mot lat. « je distingue »). *FAM.* Distinction fine, nuance subtile ; argutie.

distique [distik] **n.m.** (gr. *distikhon,* de *dis-,* deux fois, et *stikhos,* vers). Groupe de deux vers formant un sens complet (ex. : « Le menteur n'est plus écouté. Quand même il dit la vérité »).

distordre [distɔrdr] **v.t.** (lat. *distorquere,* tourner de côté et d'autre) [conj. **76**]. Déformer par une torsion : *Son visage était distordu par la douleur.*

distorsion [distɔrsjɔ̃] **n.f.** (lat. *distorsio*). **1.** Action de distordre ; état de ce qui est distordu : *Distorsion de la bouche, de la face* (syn. **déformation**). **2.** PHYS. Déformation d'une image, d'un son, d'un signal électrique : *Distorsion de fréquence.* **3.** Déséquilibre entre deux ou plusieurs facteurs, produisant une tension : *La distorsion entre les salaires masculins et féminins* (syn. **décalage**).

distraction [distraksjɔ̃] **n.f.** (lat. *distractio,* de *distrahere* ; v. *distraire*). **1.** *LITT.* Manque d'attention : *Se tromper d'étage par distraction* (syn. **inattention, étourderie**). **2.** Occupation qui délasse, divertit : *La lecture est sa principale distraction* (syn. **divertissement, passe-temps**).

distraire [distrɛr] **v.t.** (francisation d'apr. *traire,* du lat. *distrahere,* tirer en divers sens) [conj. **112**]. **1.** *LITT.* Détourner qqn, son esprit de ce qui l'occupe ou le préoccupe ; rendre inattentif : *Il travaille, ne le distrais pas.* **2.** Faire passer le temps agréablement : *Distraire ses invités* (syn. **divertir, récréer**). **3.** *LITT.* Séparer une partie d'un tout : *Distraire une somme de son capital* (syn. **prélever, retrancher**). ◆ **se distraire v.pr.** Occuper agréablement ses loisirs : *Lire pour se distraire* (syn. **se délasser, se divertir**).

distrait, e [distrɛ, -ɛt] **adj.** et **n.** (p. passé de *distraire*). Peu attentif à ce qu'il dit ou à ce qu'il fait : *Il est si distrait qu'il oublie sans cesse ses affaires* (syn. **étourdi**). *Un écolier distrait* (syn. **inattentif**). *Jeter un regard distrait* (syn. **vague**).

distraitement [distrɛtmɑ̃] **adv.** De façon distraite.

distrayant, e [distrejɑ̃, -ɑ̃t] **adj.** Propre à distraire, à délasser : *Un spectacle distrayant* (syn. **divertissant, récréatif**).

distribuer [distribɥe] **v.t.** (lat. *distribuere,* de *dis-,* deux fois, et *tribuere,* répartir entre les tribus) [conj. **7**]. **1.** Répartir entre plusieurs personnes : *Distribuer le courrier* (syn. **donner, remettre**). *Distribuer le courant dans une région* (syn. **fournir**). **2.** Adresser au hasard : *Distribuer des sourires.* **3.** Répartir, disposer : *Distribuer les joueurs sur le terrain. Appartement mal distribué* **4.** Assurer la distribution d'un film, d'un produit, d'un service.

distributeur, trice [distribytœr, -tris] **n.** Personne qui distribue : *Distributeur de tracts.* ◆ **adj.** et **n.** Se dit d'une personne, d'une société qui diffuse, qui assure la distribution d'un produit, d'un service, d'un film : *Trouver un distributeur pour un film étranger. Firme distributrice.* ◆ **adj.** et **n.m. 1.** Se dit d'un appareil qui fournit un produit de consommation courante en quantité individuelle : *Distributeur de savon. Bonbons en boîte distributrice.* **2. Distributeur (automatique),** distributeur public qui fonctionne avec des pièces de monnaie ou une carte de crédit : *Distributeur automatique de billets de banque, de titres de transport.*

distributif, ive [distribytif, -iv] **adj.** MATH. Relatif à la distributivité ; qui présente cette propriété : *La multiplication est distributive par rapport à l'addition.* ◆ **adj.** et **n.m.** GRAMM. Se dit de numéraux ou d'indéfinis qui expriment la répartition : *« Chaque » est un adjectif distributif, « chacun » est un pronom distributif.*

distribution [distribysjɔ̃] **n.f. 1.** Action de distribuer, de répartir entre des personnes : *Distribution de vivres* (syn. **répartition**). *La distribution des prix aux élèves* (syn. **remise**). **2.** Arrangement, disposition selon un certain ordre ; organisation de l'espace intérieur d'un bâtiment : *Distribution des pièces d'un appartement* (syn. **répartition, agencement**). **3.** Répartition des rôles entre les interprètes d'une pièce, d'un film, etc. ; ensemble de ces interprètes : *Une brillante distribution.* **4.** ÉCON. Ensemble des opérations par lesquelles les produits et les services sont diffusés entre les consommateurs dans le cadre national : *La distribution du gaz, de l'électricité. La distribution d'un film dans les salles.* **5.** MÉCAN. Ensemble des organes qui règlent l'admission et l'échappement du fluide moteur.

distributivité [distribytivite] **n.f.** MATH. Propriété d'une loi de composition interne $\top$ par rapport à une autre loi de composition interne $\perp$ définie sur le même ensemble, telle que, pour *a, b, c,* éléments quelconques de cet ensemble, on a : $a \top (b \perp c) = (a \top b) \perp (a \top c)$.

district [distrikt] **n.m.** (bas lat. *districtus,* territoire, de *distringere,* maintenir étendu). Subdivision administrative, territoriale, d'étendue variable suivant les États.

1. dit, e [di, dit] **adj.** (p. passé de *dire*). **1.** Appelé, surnommé : *Louis X, dit le Hutin.* **2.** Précisé, fixé : *À l'heure dite. Au jour, au moment dit.* **3. Ceci dit, cela dit,** quoi qu'il en soit. **4. Audit, ledit, ladite, dudit,** la personne ou la chose dont on vient de parler (en partic. dans des textes juridiques) [pl. *auxdits, auxdites, lesdits, lesdites, desdits, desdites*].

2. dit [di] **n.m.** (de *1. dit*). LITTÉR. Pièce de vers sur un sujet familier, au Moyen Âge : *Le dit du bon vin.*

dithyrambe [ditirɑ̃b] **n.m.** (gr. *dithurambos,* chant en l'honneur de Dionysos). **1.** *LITT.* Éloge enthousiaste, souvent exagéré : *Le rapport d'activité ne fut qu'un ennuyeux dithyrambe des administrateurs.* **2.** ANTIQ. GR. Cantique consacré à Dionysos.

dithyrambique [ditirɑ̃bik] **adj.** Très élogieux ou d'un enthousiasme excessif : *Une critique de film dithyrambique.*

diurèse [djyrɛz] **n.f.** (lat. médic. *diuresis,* du gr. *diourein,* rendre par les urines, de *ouron,* urine). MÉD. Sécrétion de l'urine.

diurétique [djyretik] **adj.** et **n.m.** (lat. *diureticus,* du gr. ; v. *diurèse*). Qui fait uriner : *Le thé est (un) diurétique.*

diurne [djyrn] **adj.** (lat. *diurnus,* de *dies,* jour). **1.** Qui se fait pendant le jour : *Travaux diurnes* (contr. **nocturne**). **2.** Se dit des animaux qui sont actifs pendant le jour et des fleurs qui ne s'ouvrent que le jour (par opp. à *nocturne*). **3.** ASTRON. **Mouvement diurne,** mouvement quotidien apparent de rotation du ciel, dû à la rotation de la Terre sur elle-même.

diva [diva] **n.f.** (mot it. « déesse », du lat. *divus,* divin). Cantatrice célèbre.

divagation [divagasjɔ̃] **n.f.** État de l'esprit qui divague ; propos décousus, incohérents, considérations chimériques (surtout au pl.) : *Les divagations d'un esprit malade* (syn. **délire**). *Laissons-les à leurs divagations* (syn. **rêverie**).

divaguer [divage] **v.i.** (lat. *divagari,* errer, de *vagos,* qui va à l'aventure). **1.** Tenir des propos incohérents ou déraisonnables : *La fièvre le faisait divaguer* (syn. **délirer**). *Faire ce travail en une heure ? Tu divagues !* (syn. **déraisonner**). **2.** HYDROL. Se déplacer, en parlant du lit d'un cours d'eau.

divan [divɑ̃] **n.m.** (ar. *dīwān,* lieu de réunion, du persan). **1.** Canapé sans bras ni dossier : *Ce divan nous sert de lit d'appoint.* **2.** HIST. Conseil du sultan ottoman. **3.** LITTÉR. Recueil de poésies orientales.

divergence [divɛrʒɑ̃s] **n.f. 1.** Situation de deux lignes qui divergent, qui s'éloignent en s'écartant : *La divergence de deux rayons* (contr. **convergence**). **2.** Différence, désaccord : *Divergence d'opinions.* **3.** PHYS. NUCL. Établissement de la réaction en chaîne dans un réacteur nucléaire.

divergent, e [divɛrʒɑ̃, -ɑ̃t] **adj. 1.** Qui diverge : *Avis divergents* (syn. **opposé, éloigné**). **2.** MATH. Se dit d'une suite de nombres, d'une série de termes qui n'est pas convergente : *Série divergente.* **3.** OPT. Qui fait diverger un faisceau de rayons parallèles : *Lentille divergente.*

diverger [divɛrʒe] **v.i.** (lat. *divergere,* de *vergere,* être tourné vers) [conj. 17]. Aller en s'écartant l'un de l'autre : *Nos routes divergent. Nos avis sur ce sujet divergent* (syn. **différer**).

divers, e [divɛr, -ɛrs] **adj.** (lat. *diversus,* de *divertere,* détourner). **1.** (Au pl.). Qui présente des variations, des différences : *Les divers sens d'un mot* (syn. **différent**). *Des fleurs aux couleurs diverses* (syn. **varié**). **2.** Qui présente des aspects différents : *Le travail est divers selon la saison* (syn. **variable**). *Des questions d'un intérêt divers* (syn. **inégal**). ◆ **adj. indéf. pl.** Plusieurs ; quelques : *Divers témoins l'ont vu.*

diversement [divɛrsəmɑ̃] **adv.** De plusieurs façons ; différemment : *Une phrase diversement interprétée. Une œuvre diversement estimée.*

diversification [divɛrsifikasjɔ̃] **n.f.** Action de diversifier ; fait d'être diversifié, de se diversifier : *La diversification des moyens de production.*

diversifier [divɛrsifje] **v.t.** [conj. 9]. Rendre divers ; mettre de la variété dans : *Industrie qui diversifie ses activités* (syn. **varier**).

diversion [divɛrsjɔ̃] **n.f.** (bas lat. *diversio,* de *divertere,* détourner). **1.** Opération visant à détourner l'adversaire du point où l'on veut l'attaquer : *Opérer une diversion.* **2.** LITT. Action, événement qui détourne l'esprit de ce qui l'ennuie, le préoccupe : *Votre visite fut une agréable diversion.* **3. Faire diversion,** détourner l'attention.

diversité [divɛrsite] **n.f.** Caractère de ce qui est divers, varié : *La diversité des opinions sur un sujet* (syn. **pluralité**). *Un pays d'une grande diversité* (syn. **variété**).

diverticule [divɛrtikyl] **n.m.** (lat. *diverticulum,* endroit écarté, de *divertere,* détourner). **1.** ANAT., PATHOL. Cavité en cul-de-sac communiquant avec un organe creux : *Diverticule vésical.* **2.** Subdivision, ramification d'un ensemble plus vaste, dans une configuration donnée de lieux, de terrain : *Les diverticules d'un fleuve dans un delta.*

divertir [divɛrtir] **v.t.** (lat. *divertere,* détourner) [conj. 32]. **1.** Détourner de l'ennui, des soucis ; faire rire : *Ce film m'a bien diverti* (syn. **amuser, distraire**). **2.** DR. Opérer un divertissement. ◆ **se divertir v.pr.** S'amuser, s'égayer : *Sortir pour se divertir un peu* (syn. **se distraire**).

divertissant, e [divɛrtisɑ̃, -ɑ̃t] **adj.** Qui divertit : *Un spectacle divertissant* (syn. **amusant, plaisant**).

divertissement [divɛrtismɑ̃] **n.m. 1.** Action, moyen de se divertir, de divertir les autres : *Son divertissement favori consiste à faire des farces à ses amis* (syn. **distraction, amusement, plaisir**). **2.** MUS. Composition en forme de suite (on dit aussi *divertimento*). **3.** CHORÉGR. Intermède de danses et de chants. **4.** DR. Détournement, par un héritier ou un conjoint, d'un bien de la succession ou de la communauté.

dividende [dividɑ̃d] **n.m.** (lat. *dividendus,* qui doit être divisé). **1.** MATH. Dans une division, nombre que l'on divise par un autre (le *diviseur*). **2.** FIN. Part de bénéfice attribuée à chaque action d'une société : *Les actionnaires touchent des dividendes.*

divin, e [divɛ̃, -in] **adj.** (lat. *divinus*). **1.** Relatif à Dieu, à une divinité : *La grâce divine.* **2.** LITT. Mis au rang des dieux : *Le divin Mozart.* **3.** Qui a les plus grandes qualités : *C'est un être divin* (syn. **merveilleux**). *Un dessert divin* (syn. **exquis**).

divination [divinasjɔ̃] **n.f.** (lat. *divinatio,* de *divinare,* deviner). **1.** Art de deviner l'inconnu et, en partic., de prévoir l'avenir : *La pythie de Delphes pratiquait la divination.* **2.** Intuition ; prescience, prémonition.

divinatoire [divinatwar] **adj.** Relatif à la divination : *Art, talent divinatoire.*

divinement [divinmɑ̃] **adv.** D'une manière divine ; à la perfection : *Elle chante divinement.*

divinisation [divinizasjɔ̃] **n.f.** Action de diviniser ; fait d'être divinisé.

diviniser [divinize] **v.t. 1.** Mettre au rang des dieux : *Diviniser un héros.* **2.** LITT. Vouer un culte à ; exalter, glorifier, magnifier : *Diviniser l'amour, l'être aimé.*

divinité [divinite] **n.f. 1.** Nature divine : *La divinité de Jésus-Christ.* **2.** Être divin ; dieu : *Divinités antiques.*

diviser [divize] **v.t.** (réfection de l'anc. fr. *deviser,* d'apr. le lat. *dividere*). **1.** Séparer, partager en plusieurs parties : *Diviser un gâteau en huit* (syn. **partager**). *La rivière divise la propriété* (syn. **couper**). **2.** MATH. Effectuer une division, calculer combien de fois un nombre est contenu dans un autre : *Si on divise 27 par 3, on obtient 9.* **3.** Désunir, être une occasion de désaccord : *Une question politique qui divise l'opinion.* **4.** MÉCAN. **Machine à diviser,** machine servant à établir des échelles sur les instruments de précision. ◆ **se diviser v.pr. 1.** **[en].** Se séparer en plusieurs parties : *Le groupe s'est divisé en deux équipes* (syn. **se scinder, se fractionner**). **2.** (Absol.). Être d'opinions différentes : *Les juges se sont divisés sur le verdict à rendre.*

1. diviseur [divizœr] **n.m. 1.** MATH. Dans une division, nombre par lequel on en divise un autre (le *dividende*). **2. Commun diviseur,** nombre qui en divise exactement plusieurs autres : *5 est le commun diviseur de 15 et de 20.* / **Diviseur d'un nombre entier,** nombre qui, dans la division de cet entier, donne un reste nul. / **Plus grand commun diviseur (P.G.C.D.),** le plus grand de tous les diviseurs communs à plusieurs nombres entiers.

2. diviseur, euse [divizœr, -øz] **adj.** et **n.** Qui est une source de désunion : *Les diviseurs de notre groupe.*

divisibilité [divizibilite] **n.f. 1.** Propriété de ce qui est divisible : *La divisibilité de la matière, de l'espace* (contr. **indivisibilité**). **2.** MATH. Propriété d'un nombre entier divisible par un autre : *La divisibilité d'un nombre pair par deux.*

divisible [divizibl] **adj. 1.** Qui peut être divisé : *Un terrain divisible.* **2.** MATH. Qui peut être exactement divisé : *Les nombres pairs sont divisibles par deux.*

division [divizjɔ̃] **n.f. 1.** Action de séparer en parties distinctes, de répartir ; fait d'être divisé : *La division de la France en départements* (syn. **découpage, partage**). **2.** Fait de se diviser : *La division d'un fleuve en plusieurs bras.* **3.** Partie d'un tout divisé : *La minute est une division de l'heure.* **4.** Trait, barre qui divise, sur une échelle, un cadran gradué : *Les divisions d'un baromètre* (syn. **graduation**). **5.** Groupement de plusieurs services dans une administration : *Chef de division.* **6.** Mésentente entre des personnes : *Semer la division dans une famille* (syn. **désaccord, dissension**). **7.** MIL. Grande unité militaire rassemblant des formations de toutes armes ou services : *Division blindée.* **8.** BIOL. **Division cellulaire,** mode de reproduction des cellules par segmentation. / MATH. **Division d'un réel *a* par un réel *b* (non nul),** opération, toujours définie, associant à (*a*, *b*) le nombre réel *q* tel que *a* = *bq*. ▸ Elle se note *a* : *b* ou *a*/*b*. / **Division du travail,** organisation du travail caractérisée par le fractionnement et la spécialisation des tâches, dans les entreprises. / MATH. **Division entière** ou **division euclidienne,** opération arithmétique de base, par laquelle on cherche, à partir de deux nombres appelés *dividende* et *diviseur*, deux nombres appelés *quotient* et *reste*, tels que le dividende soit égal au produit du quotient par le dividende augmenté du reste.

divisionnaire [divizjɔnɛr] **adj. 1.** Qui appartient à une division militaire ou administrative. **2. Commissaire divisionnaire,** commissaire de police chargé d'une brigade régionale de police judiciaire. (On dit aussi *un divisionnaire*.) / **Monnaie divisionnaire,** celle qui est représentée par des pièces de faible valeur.

divorce [divɔrs] **n.m.** (lat. *divortium*, de *divortere* ou *divertere*, se séparer). **1.** Dissolution du mariage civil prononcée par jugement : *Demander le divorce.* ▸ On distingue en droit français le divorce par consentement mutuel, le divorce par acceptation du principe de la rupture du mariage, le divorce pour altération définitive du lien conjugal et le divorce pour faute. **2.** Opposition, divergence profonde : *Divorce entre la théorie et la pratique.*

divorcé, e [divɔrse] **adj.** et **n.** Dont le mariage a été dissous légalement : *Un enfant de parents divorcés.*

divorcer [divɔrse] **v.i.** [conj. **16**]. Rompre un mariage par divorce : *Ses parents ont divorcé.* ◆ **v.t. ind. [avec, d'avec, de].** Se séparer de son conjoint par le divorce : *Divorcer d'avec sa femme.*

divulgateur, trice [divylgatœr, -tris] **adj.** et **n.** Qui divulgue une information : *Les divulgateurs d'une activité criminelle.*

divulgation [divylgasjɔ̃] **n.f.** Action de divulguer : *Divulgation d'un secret d'État* (syn. **révélation**).

divulguer [divylge] **v.t.** (lat. *divulgare*, de *vulgus*, foule). Rendre public ce qui devait rester ignoré : *Divulguer les clauses d'un traité* (syn. **dévoiler**). ◆ **se divulguer v.pr.** S'ébruiter ; devenir public : *La nouvelle s'est rapidement divulguée.*

dix [dis] (devant une pause ; sinon [di] ou [diz]) **adj. num. card. inv.** (lat. *decem*). **1.** Neuf plus un : *Les dix doigts des deux mains.* **2.** (En fonction d'ord.). De rang numéro dix ; dixième : *Chapitre dix. Charles X.* **3.** Peut désigner un nombre indéterminé, petit ou grand : *Répéter dix fois la même chose. Cela peut se dire en dix lignes.* ◆ **n.m. inv.** Le nombre qui suit neuf dans la série des entiers naturels : *Sept et trois égale dix. Le dix romain (X).*

dix-huit [dizɥit] ([dizɥi] devant une consonne) **adj. num. card. inv. 1.** Dix plus huit : *Il a dix-huit ans.* **2.** (En fonction d'ord.). De rang numéro dix-huit ; dix-huitième : *Page dix-huit. On se voit le dix-huit* (= le dix-huitième jour du mois). *Louis XVIII.* ◆ **n.m. inv.** Le nombre qui suit dix-sept dans la série des entiers naturels : *Douze et six, dix-huit.*

dix-huitième [dizɥitjɛm] **adj. num. ord.** et **n.** De rang numéro dix-huit : *Le dix-huitième siècle a été appelé « siècle des Lumières ». Habiter le, dans le dix-huitième* (= le dix-huitième arrondissement). ◆ **adj.** et **n.m.** Qui correspond à la division d'un tout en dix-huit parties égales : *La dix-huitième partie de trente-six est deux.*

dixième [dizjɛm] **adj. num. ord.** De rang numéro dix : *Le dixième étage d'un immeuble. Habiter le, dans le dixième* (= le dixième arrondissement). ◆ **n.** Celui, celle qui occupe le dixième rang : *C'est la dixième de sa promotion.* ◆ **adj.** et **n.m.** Qui correspond à la division d'un tout en dix parties égales : *Le millimètre est la dixième partie du centimètre. Le dixième des recettes sera versé à une œuvre humanitaire.*

dixièmement [dizjɛmmɑ̃] **adv.** En dixième lieu.

dix-neuf [diznœf] **adj. num. card. inv. 1.** Dix plus neuf : *Mettre dix-neuf bougies sur un gâteau.* **2.** (En fonction d'ord.). De rang dix-neuf ; dix-neuvième : *Article dix-neuf.* ◆ **n.m. inv.** Le nombre qui suit dix-huit dans la série des entiers naturels : *Vingt moins un égale dix-neuf.*

dix-neuvième [diznœvjɛm] **adj. num. ord.** et **n.** De rang numéro dix-neuf : *Le dix-neuvième siècle. Habiter le, dans le dix-neuvième* (= le dix-neuvième arrondissement). ◆ **adj.** et **n.m.** Qui correspond à la division d'un tout en dix-neuf parties égales : *La dix-neuvième partie d'une somme. Soustraire un dix-neuvième d'une recette.*

dix-sept [dissɛt] **adj. num. card. inv. 1.** Dix plus sept : *Dix-sept ans, le bel âge !* **2.** (En fonction d'ord.). De rang dix-sept ; dix-septième : *Tome dix-sept.* ◆ **n.m. inv.** Le nombre qui suit seize dans la série des entiers naturels : *Dix-sept est un nombre premier. Le crédit est à dix-sept pour cent.*

dix-septième [dissɛtjɛm] **adj. num. ord.** et **n.** De rang numéro dix-sept : *Les écrivains du dix-septième siècle. Habiter dans le dix-septième* (= le dix-septième arrondissement). ◆ **adj.** et **n.m.** Qui correspond à la division d'un tout en dix-sept parties égales : *La dix-septième partie d'une somme.*

dizain [dizɛ̃] **n.m.** LITTÉR. Poème de dix vers.

dizaine [dizɛn] **n.f. 1.** Groupe d'environ dix unités : *Ce travail m'a demandé une dizaine de jours.* **2.** Prière correspondant à dix grains d'un chapelet : *Dire une dizaine.* **3.** HIST. Sous l'Ancien Régime, subdivision d'un quartier, dans certaines villes.

dizygote [dizigɔt] **adj.** (de *di-* et *zygote*). Se dit de jumeaux provenant de deux œufs différents, dits aussi *faux jumeaux* (par opp. à *monozygote*).

DJ [didʒe] ou [didʒi] **n.inv.** (sigle angl.). Disc-jockey.

Djakarta → Jakarta.

djebel [dʒebɛl] **n.m.** (mot ar.). Montagne, en Afrique du Nord.

Djedda, v. de l'Arabie saoudite, sur la mer Rouge ; 2 801 481 hab. Aéroport et port des villes saintes de La Mecque et de Médine. Siège de missions diplomatiques étrangères.

djellaba [dʒelaba] **n.f.** (mot ar.). Robe longue, à capuchon, portée en Afrique du Nord.

Djem (el-), localité de Tunisie, entre Sousse et Sfax, à l'emplacement de *Thysdrus*. Ce fut l'une des principales cités de l'Afrique romaine des IIe et IIIe s. Amphithéâtre, l'un des monuments les plus impressionnants d'Afrique.

djembé [dʒɛmbe] **n.m.** (mot africain). Tambour africain en bois, tronconique, recouvert d'une peau de chèvre tendue par des cordes.

Djerba, île de Tunisie (reliée au continent par une route), à l'entrée du golfe de Gabès ; 139 517 hab. Pêche. Tourisme.

Djézireh, région du Proche-Orient, comprenant le nord et le centre de l'anc. Mésopotamie (Iraq et Syrie).

Djibouti, cap. de la république de Djibouti ; 522 000 hab. dans l'agglomération. Port et tête de ligne du chemin de fer de Djibouti à Addis-Abeba.

Djibouti *(république de)*, État du nord-est de l'Afrique, sur l'océan Indien ; 23 000 km^2 ; 873 000 hab. *(Djiboutiens)*. CAP. *Djibouti*. LANGUES : *français* et *arabe*. MONNAIE : *franc de Djibouti*.

GÉOGRAPHIE

Situé à l'entrée de la mer Rouge, possédant un relief contrasté (entre 2 000 m d'alt. et -155 m au lac Assal), le pays a un climat chaud et aride. Deux ethnies dominent : les Afars, souvent encore nomades (élevage ovin), et les Issas, concentrés surtout dans la capitale, qui regroupe plus de la moitié de la population totale, accrue récemment de réfugiés éthiopiens et somaliens.

HISTOIRE

Côte française des Somalis en 1896 puis Territoire français des Afars et des Issas en 1946, Djibouti accède à l'indépen-

A B C D E F G H I J K L M N O P Q R S T U V W X Y Z

dance en 1977. Hassan Gouled Aptidon, élu président de la République, est remplacé en 1999 par Ismaïl Omar Guelleh qui est réélu en 2011 pour un troisième mandat consécutif.

djihad ou **jihad** [dʒiad] **n.m.** (mot ar. « combat sur le chemin de Dieu »). **1.** Effort sur soi-même que tout musulman doit accomplir contre ses passions. ▸ Il est considéré par le prophète Muhammad comme le « djihad majeur ». **2.** Combat pour défendre le domaine de l'islam. ▸ Il est qualifié de « djihad mineur ».

djihadisme ou **jihadisme** [dʒiadism] **n.m.** Nom par lequel on désigne les idées et l'action des extrémistes qui recourent au terrorisme en se réclamant de la notion islamique de djihad.

djinn [dʒin] **n.m.** (mot ar.). MYTH. Dans les croyances musulmanes, esprit bienfaisant ou démon.

Djoser, souverain égyptien, fondateur de la IIIe dynastie (v. 2800 av. J.-C.). Il fit construire à Saqqarah la première pyramide à degrés.

Djouba ou **Juba,** cap. du Soudan du Sud ; 350 000 hab.

Dniepr (le), fl. de l'Europe orientale, issu du Valdaï, qui passe à Kiev et rejoint la mer Noire ; 2 200 km. Aménagements hydroélectriques.

Dniestr (le), fl. de l'Europe orientale, né dans les Carpates, séparant partiellement l'Ukraine de la Moldavie, tributaire de la mer Noire ; 1 352 km.

Dnipropetrovsk, v. de l'Ukraine, dans la boucle du Dniepr ; 1 065 008 hab. Port fluvial et centre industriel.

do [do] **n.m. inv.** (orig. incert., p.-ê. du n. du musicien it. *Giovanni Doni*). Note de musique, premier degré de la gamme de *do,* gamme qui, dans le mode majeur, est composée de sept notes naturelles (syn. **ut**).

doberman [dɔbɛrman] **n.m.** (mot all.). Chien de garde au poil ras et dur, d'origine allemande.

Dobroudja, région de Roumanie (qui en possède la plus grande partie) et de Bulgarie, comprise entre la mer Noire et le Danube. En 1878, le nord de la Dobroudja fut réuni à la Roumanie ; le sud, attribué alors à la Bulgarie, fut annexé en 1913 par la Roumanie, qui dut le restituer en 1940 à la Bulgarie.

docile [dɔsil] **adj.** (lat. *docilis,* de *docere,* enseigner). Qui obéit volontiers : *Un enfant docile* (syn. **obéissant**).

docilement [dɔsilmɑ̃] **adv.** Avec docilité.

docilité [dɔsilite] **n.f.** Disposition à se laisser conduire, commander ; obéissance soumise : *Un élève d'une grande docilité* (syn. **obéissance, soumission**).

dock [dɔk] **n.m.** (mot angl., du néerl. *docke,* bassin). **1.** Bassin entouré de quais, pour le chargement et le déchargement des navires. **2.** Bâtiment construit sur les quais pour entreposer les marchandises. **3. Dock flottant,** bassin flottant pour le carénage des navires.

docker [dɔkɛr] **n.m.** (mot angl., de *dock*). Ouvrier employé au chargement et au déchargement des navires (syn. **débardeur**).

docte [dɔkt] **adj.** (lat. *doctus,* savant, de *docere,* enseigner). **1.** *LITT.* Qui a des connaissances étendues, notamm. en matière littéraire ou historique : *Un savant très docte* (syn. **érudit**). **2.** Qui marque une suffisance déplaisante : *Parler d'un ton docte* (syn. **pédant**).

doctement [dɔktəmɑ̃] **adv. 1.** *VX.* De façon savante. **2.** Avec pédantisme : *Exposer doctement des banalités.*

docteur, e [dɔktœr] **n.** (lat. *doctor,* de *docere,* enseigner). **1.** Personne qui a obtenu un doctorat : *Elle est docteure ès lettres.* **2.** Personne pourvue du doctorat en médecine et habilitée à exercer ; titre donné à cette personne : *Le docteur reçoit tous les après-midi. Appeler le docteur* (syn. **médecin**). *Rem.* Au fém., on rencontre aussi *une docteur.* ◆ **docteur n.m. Docteur de la Loi,** interprète et spécialiste officiel des livres sacrés, dans la religion juive. ⁄ **Docteur de l'Église,** Père de l'Église.

doctoral, e, aux [dɔktɔral, -o] **adj.** Grave, pédant, solennel (péjor.) : *Un air doctoral* (syn. **docte, pédant**).

doctorat [dɔktɔra] **n.m.** Grade universitaire le plus élevé, qui confère le titre de docteur après la soutenance d'une thèse : *Doctorat en médecine. Doctorat ès lettres.*

doctoresse [dɔktɔrɛs] **n.f.** *VIEILLI.* Femme médecin.

doctrinaire [dɔktrinɛr] **adj.** et **n. 1.** Qui s'attache avec rigueur et intransigeance à une doctrine, à une opinion : *Sa position doctrinaire* (syn. **dogmatique**). *Une redoutable doctrinaire.* **2.** HIST. Sous la Restauration, partisan, avec Royer-Collard et Guizot, d'un compromis entre les principes de 1789 et la légitimité monarchique.

doctrinal, e, aux [dɔktrinal, -o] **adj.** Relatif à une doctrine : *Débat doctrinal. Décisions doctrinales du pape.*

doctrine [dɔktrin] **n.f.** (lat. *doctrina,* enseignement, science, de *docere,* enseigner). **1.** Ensemble des croyances, des opinions ou des principes d'une religion, d'une école littéraire, artistique ou philosophique, d'un système politique, économique, etc. : *La doctrine chrétienne* (syn. **dogme**). *La doctrine d'un parti politique* (syn. **théorie**). **2.** DR. Ensemble des travaux ayant pour objet d'exposer ou d'interpréter le droit : *La doctrine est l'une des sources des sciences juridiques.*

document [dɔkymɑ̃] **n.m.** (lat. *documentum,* de *docere,* enseigner). **1.** Renseignement écrit ou objet servant de preuve ou de témoignage : *Cette lettre est un document essentiel pour notre procès* (syn. **preuve**). **2.** DR. Titre permettant d'identifier des marchandises pendant leur transport.

documentaire [dɔkymɑ̃tɛr] **adj. 1.** Qui a le caractère, la valeur, l'intérêt d'un document ; qui s'appuie sur des documents : *Un film documentaire.* **2.** Relatif aux techniques de la documentation : *Informatique documentaire.* **3. À titre documentaire,** pour information : *À titre documentaire, signalons que ce château est du XVIIIe siècle.* ◆ **n.m.** Film à caractère didactique ou culturel montrant des faits réels, à la différence du film de fiction.

■ Dès les débuts du cinématographe apparaît le film documentaire (*la Sortie des usines Lumière,* 1894). Jusque dans les années 1920, le film d'expédition ou de voyage domine ; cependant, la Première Guerre mondiale ouvre de nouvelles perspectives : l'information et la propagande. Il faut toutefois attendre que le cinéma (de fiction) élabore son propre langage pour que le film documentaire se définisse par rapport à lui. Grâce à R. Flaherty (*Nanouk l'Esquimau,* 1922), à D. Vertov (*Ciné-œil,* 1924 ; *l'Homme à la caméra,* 1929), à A. Cavalcanti (*Rien que des heures,* 1926) et à d'autres, ce genre accède à un style propre, marqué par l'utilisation des différents procédés de montage. Mais le courant documentariste anglais, amorcé en 1929 par J. Grierson, constitue la première grande école du genre. Dotée d'une vision politique réformiste, celle-ci se propose de donner une image organisée de la réalité en créant un langage sociologique et esthétique adéquat. Dans les années 1930 à 1940, quelques cinéastes indépendants tournent des documentaires qui comptent parmi les meilleurs films de leur époque (*Terre sans pain,* L. Buñuel, 1932 ; *Terre d'Espagne,* J. Ivens, 1937 ; *Farrebique,* G. Rouquier, 1946). En Allemagne, il existe aussi une forte tradition documentaire mais elle est bientôt utilisée aux seules fins de la propagande nazie.

Après la Seconde Guerre mondiale, le film d'art se développe et vise à vulgariser la culture (*le Mystère Picasso,* H.-G. Clouzot, 1956). Au cours des années 1950, le Canada, les États-Unis et la France renouvellent la conception et la finalité du documentaire en créant le « cinéma direct ». Celui-ci a pour chefs de file G. Rouquier *(Lourdes et ses miracles),* G. Franju *(Hôtel des Invalides),* l'ethnologue J. Rouch *(Jaguar, Moi un Noir),* P. Perrault *(Pour la suite du monde).* À la même époque, en Grande-Bretagne, le *free cinema* traite sans emphase la réalité des gens simples à travers les films de L. Anderson, de L. Mazetti, de K. Reisz et de T. Richardson. Après 1968, le documentaire devient parfois un instrument de lutte militante. Aujourd'hui, en dehors du documentaire télévisé, ce genre connaît un nouvel essor dans l'analyse des archives et des témoignages (*le Chagrin et la Pitié,* M. Ophuls, 1969 ; *Shoah,* C. Lanzmann, 1985), le reportage social (*Faits divers,* R. Depardon, 1983 ; *Être et Avoir,* N. Philibert, 2002), la contestation de l'information officielle (*Bowling for Columbine,* M. Moore, 2002) et l'exploration du monde naturel et animalier (*le Peuple migrateur,* J. Perrin, 2001). ■

documentaliste [dɔkymɑ̃talist] **n.** Spécialiste de la recherche, de la sélection, du classement, de l'utilisation et de la diffusion des documents : *La documentaliste du C.D.I. m'a conseillé de très bons livres.*

documentariste [dɔkymɑ̃tarist] **n.** Auteur de films documentaires.

documentation [dɔkymɑ̃tasjɔ̃] **n.f. 1.** Action de sélectionner, de classer, d'utiliser et de diffuser des documents : *Service de documentation.* **2.** Ensemble des documents relatifs à une question, à un ouvrage : *Réunir une documentation importante pour la rédaction d'une thèse.*

documenté, e [dɔkymɑ̃te] **adj. 1.** Appuyé sur des documents : *Un ouvrage bien documenté.* **2.** Informé, renseigné, notamm. par des documents : *La responsable est très documentée sur la question.*

documenter [dɔkymɑ̃te] **v.t.** Fournir des renseignements, des documents à : *Documenter un avocat sur une affaire.* ◆ **se documenter v.pr.** Rechercher, réunir des documents : *Se documenter avant d'écrire un roman.*

dodécaèdre [dɔdekaɛdr] **n.m.** (de *dodéca-* et *-èdre*). MATH. Polyèdre à douze faces.

dodécagone [dɔdekagɔn] **n.m.** (de *dodéca-* et *-gone*). MATH. Polygone qui a douze angles et, par conséquent, douze côtés.

Dodécanèse ou **Sporades du Sud,** archipel grec de la mer Égée, au large de la Turquie et dont Rhodes est l'île principale ; 190 071 hab. Sous domination ottomane, puis occupées en 1912 par les Italiens, ces îles furent rattachées à la Grèce en 1947-1948.

dodécaphonisme [dɔdekafɔnism] **n.m.** (de *dodéca-* et *-phonie*). MUS. Système musical fondé sur l'emploi des douze degrés de la gamme tempérée.

dodécasyllabe [dɔdekasilab] **adj.** et **n.m.** (de *dodéca-* et *syllabe*). Se dit d'un vers de douze syllabes (appelé aussi *un alexandrin* dans la poésie française).

dodeliner [dɔdline] **v.t. ind. [de]** (d'un rad. onomat. *dod-* exprimant le balancement). Imprimer à une partie du corps un balancement lent et régulier : *Dodeliner de la tête.*

dodo [dodo] **n.m.** (création expressive, de *dormir*). Sommeil ou lit dans le langage enfantin : *Faire dodo* (= dormir).

Dodoma, v. de la Tanzanie ; 226 139 hab. Capitale désignée de la Tanzanie.

dodu, e [dɔdy] **adj.** (orig. probabl. onomat., p.-ê. du rad. *dod-* ; v. *dodeliner*). **1.** D'un embonpoint appétissant : *Des pigeons dodus* (syn. **charnu, gras**). **2.** *FAM.* Bien en chair ; replet : *Un enfant dodu* (syn. **potelé**).

doge [dɔʒ] **n.m.** (mot it. « duc »). HIST. Chef élu des anciennes républiques de Gênes et de Venise.

dogmatique [dɔgmatik] **adj.** Relatif au dogme, aux fondements de la croyance : *Vérités dogmatiques.* ◆ **adj.** et **n.** Qui exprime une opinion de manière catégorique, péremptoire, autoritaire : *Ton dogmatique. C'est un farouche dogmatique.* ◆ **n.f.** Partie de la théologie qui constitue un exposé systématique des vérités de la foi.

dogmatiquement [dɔgmatikmɑ̃] **adv.** De façon dogmatique ; d'un ton catégorique.

dogmatiser [dɔgmatize] **v.i. 1.** Énoncer des affirmations d'un ton tranchant, autoritaire. **2.** Établir des dogmes ; énoncer les principes d'une théorie.

dogmatisme [dɔgmatism] **n.m.** Disposition à affirmer péremptoirement ou à admettre sans discussion certaines idées considérées comme valables une fois pour toutes : *Son dogmatisme interdit tout dialogue* (syn. **sectarisme**).

dogme [dɔgm] **n.m.** (lat. *dogma,* mot gr. « opinion »). **1.** Point fondamental, et considéré comme indiscutable, d'une doctrine religieuse ou philosophique : *Le dogme de l'immortalité de l'âme* (syn. **règle, précepte**). **2.** Opinion, croyance ou principe donnés comme certains, intangibles : *Être libre quoi qu'il en coûte, c'est son dogme* (syn. **credo**).

Dogon, peuple du Mali et du nord du Burkina vivant sur les hauteurs de Bandiagara.

dogue [dɔg] **n.m.** (angl. *dog,* chien). Chien de garde trapu, à grosse tête, au museau aplati.

doigt [dwa] **n.m.** (lat. pop. **ditus,* du class. *digitus*). **1.** Chacun des appendices articulés qui terminent les mains et les pieds de l'homme : *Les cinq doigts de la main.* **2.** Mesure approximative de l'épaisseur d'un doigt : *Verser un doigt de vin.* **3.** MÉCAN. Pièce servant d'appui ou d'arrêt à une autre. **4.** ZOOL. Extrémité articulée des membres des vertébrés tétrapodes. **5. À deux doigts de,** très près de : *La balle est passée à deux doigts de son visage.* / **Au doigt et à l'œil,** au moindre signe, très fidèlement : *Obéir au doigt et à l'œil.* / **Faire toucher du doigt,** donner à qqn des preuves incontestables de qqch. / **Mettre le doigt sur,** deviner juste. / **Montrer qqn du doigt,** le désigner publiquement comme un objet de risée, de scandale ou de réprobation. / **Savoir, connaître qqch sur le bout des doigts,** le connaître parfaitement. / *FAM.* **Se mettre le doigt dans l'œil,** se tromper complètement. / **Toucher qqch du doigt,** le voir, le comprendre très clairement : *Toucher du doigt le nœud du problème.*

doigté [dwate] **n.m.** (de *doigter*). **1.** Adresse manuelle ou intellectuelle ; délicatesse dans le comportement : *Le doigté d'un chirurgien* (syn. **habileté, savoir-faire**). *Il faudra beaucoup de doigté pour le convaincre* (syn. **diplomatie, tact**). **2.** MUS. Manière de placer les doigts sur un instrument dans l'exécution d'un morceau ; annotation portée sur la partition précisant cet emploi des doigts.

doigter [dwate] **v.t.** MUS. Indiquer sur la partition, par des chiffres, le doigt qui convient pour l'exécution de chaque note.

doigtier [dwatje] **n.m.** Fourreau qui protège un doigt ou plusieurs pour certaines manipulations ou en cas de blessure.

Doisneau (Robert), photographe français (Gentilly 1912 - Paris 1994). Paris et sa banlieue lui inspirent quantité d'images où verve et humour s'allient à une chaleureuse complicité.

doit [dwa] **n.m.** (de *1. devoir*). Partie d'un compte établissant ce qu'une personne doit (par opp. à l'*avoir*).

dol [dɔl] **n.m.** (lat. *dolus,* ruse). DR. Manœuvre frauduleuse destinée à tromper : *Un contrat entaché de dol.*

Dolby [dɔlbi] **n.m.** (nom déposé). Procédé de réduction du bruit de fond des enregistrements sonores, en partic. musicaux ; dispositif utilisant ce procédé.

Dole, ch.-l. d'arr. du Jura, sur le Doubs et le canal du Rhône au Rhin ; 24 787 hab. *(Dolois).* Constructions électriques. Monuments des XVIe et XVIIe s., dont l'hôpital (auj. « Louis-Pasteur »). Musées des Beaux-Arts.

doléances [dɔleɑ̃s] **n.f. pl.** (du lat. *dolere,* souffrir). **1.** Plaintes, récriminations : *Je n'ai pas le temps d'écouter tes doléances* (syn. **lamentations**). **2.** HIST. **Cahiers de doléances** ⟶ **cahier.**

dolent, e [dɔlɑ̃, -ɑ̃t] **adj.** (lat. pop. **dolentus,* du class. *dolens,* de *dolere,* souffrir). *LITT.* Qui exprime une souffrance d'une manière plaintive : *Un vieillard dolent* (syn. **geignard, pleurnicheur**). *Une voix dolente* (syn. **plaintif**).

Dolet (Étienne), imprimeur et humaniste français (Orléans 1509 - Paris 1546). Il fut brûlé pour ses opinions hérétiques.

dolichocéphale [dɔlikɔsefal] **adj.** et **n.** (de *dolicho-* et *-céphale*). ANTHROP. Qui a le crâne plus long que large (par opp. à *brachycéphale*).

doline [dɔlin] **n.f.** (mot slave, de *dole,* creux). GÉOGR. Petite dépression circulaire fermée, dans les régions à relief karstique. ▸ Les dolines résultent de la dissolution du calcaire en surface ou d'affaissements du sol des cavités souterraines.

dollar [dɔlar] **n.m.** Unité monétaire principale d'une trentaine d'États, et particulièrement des États-Unis, du Canada et de l'Australie.

Dollfuss (Engelbert), homme politique autrichien (Texing 1892 - Vienne 1934). Chancelier (1932-1934), il réorganisa l'État sur la base de principes autoritaires et corporatifs. Hostile à l'Anschluss, il fut assassiné par les nazis.

dolmen [dɔlmɛn] **n.m.** (du breton *dol,* table, et *men,* pierre). Monument mégalithique constitué par une dalle horizontale reposant sur des blocs verticaux : *Les dolmens sont des sépultures collectives.*

Dolomieu (Dieudonné ou **Déodat de Gratet de),** géologue français (Dolomieu, Isère, 1750 - Châteauneuf, Saône-et-Loire, 1801). Il a étudié les tremblements de terre, le basalte et les calcaires auxquels on a donné le nom de *dolomie.* Il fit partie de l'expédition d'Égypte.

Dolomites ou **Alpes dolomitiques,** massif calcaire italien des Alpes orientales, entre l'Adige et la Piave ; 3 342 m à la Marmolada.

dolosif, ive [dɔlɔzif, -iv] **adj.** DR. Qui présente le caractère du dol, de la fraude, de la tromperie : *Manœuvre dolosive.*

Dolto (Françoise), neuropsychiatre et psychanalyste française (Paris 1908 - *id.* 1988). Elle s'est intéressée principalement à la psychanalyse des enfants (*Psychanalyse et pédiatrie,* 1939 ; *le Cas Dominique,* 1971).

dom [dɔ̃] **n.m.** (lat. *dominus,* maître). **1.** Titre donné à certains religieux (bénédictins, chartreux). **2.** Titre d'honneur donné aux nobles, au Portugal.

D.O.M. [dɔm] **n.m.** (acronyme). Département* d'outre-mer.

domaine [dɔmɛn] **n.m.** (lat. *dominium*). **1.** Propriété foncière : *Domaine familial* (syn. **bien, terre**). **2.** Champ d'activité d'une personne ; ensemble de ce qui constitue l'objet d'un art, d'une science, etc. : *Dans quel domaine travaillez-vous ?* (syn. **secteur, matière, discipline**). *Le domaine des arts* (syn. **monde, univers**). **3.** MATH. Pour une correspondance de A vers B, ensemble des éléments de A qui ont au moins une image dans B. **4. Tomber dans le domaine public,** se dit d'une invention, d'une œuvre littéraire ou artistique dont la reproduction, la publication, la vente ne sont plus soumises aux droits d'auteur. **5.** DR. ADM. **Le Domaine,** ensemble des biens appartenant à l'État ou aux collectivités locales et comprenant le *Domaine public,* affecté à l'usage direct du public (routes, voies ferrées), et le *Domaine privé,* constitué des biens des collectivités locales soumis aux règles du droit privé (forêts, pâturages communaux). / **Service des domaines,** service administratif chargé de gérer le domaine privé de l'État (on dit aussi *les Domaines*). **6.** HIST. **Domaine royal,** en France, ensemble des terres et des droits appartenant au roi en tant que seigneur et souverain.

domaine-plan [dɔmɛnplɑ̃] **n.m.** (pl. *domaines-plans*). MATH. Dans la résolution graphique des systèmes d'inéquations, partie du plan représentant l'ensemble des solutions.

domanial, e, aux [dɔmanjal, -o] **adj.** DR. Qui appartient à un domaine, spécial. au domaine de l'État : *Forêt domaniale.*

Dombasle (Christophe Joseph Mathieu de), agronome français (Nancy 1777 - *id.* 1843). Il inventa une charrue, perfectionna les méthodes de culture (chaulage) et créa l'école d'agriculture de Roville-devant-Bayon (Meurthe-et-Moselle).

1. dôme [dom] **n.m.** (it. *duomo,* du lat. *domus,* maison, puis « maison de Dieu, cathédrale »). Nom donné en Italie à certaines cathédrales : *Le dôme de Milan.*

2. dôme [dom] **n.m.** (prov. *doma,* du gr. *dôma,* maison). **1.** Couverture hémisphérique ou ovoïde de certains monuments : *Le dôme des Invalides, à Paris.* **2.** GÉOGR. Relief de forme grossièrement semi-sphérique. **3. Dôme de verdure, de feuillage,** voûte formée par les branchages.

domesticable [dɔmɛstikabl] **adj.** Qui peut être domestiqué : *Animal domesticable.*

domestication [dɔmɛstikasjɔ̃] **n.f.** Action de domestiquer ; fait d'être domestiqué : *La domestication du cheval. La domestication de l'énergie solaire.*

domesticité [dɔmɛstisite] **n.f.** Ensemble des domestiques d'une maison : *Une nombreuse domesticité.*

1. domestique [dɔmɛstik] **adj.** (lat. *domesticus,* de *domus,* maison). **1.** Qui concerne la maison, le ménage : *Travaux domestiques* (syn. **ménager**). **2.** Se dit d'un animal qui vit dans l'entourage de l'homme après avoir été dressé : *Le cheval est un animal domestique* (contr. **sauvage**).

2. domestique [dɔmɛstik] **n.** (de *1. domestique*). VIEILLI. Personne employée au service d'une famille, d'une maison : *Le repas fut servi par des domestiques* (syn. **valet**). ***Rem.*** Le terme « employé de maison » remplace aujourd'hui celui de « domestique ».

domestiquer [dɔmɛstike] **v.t. 1.** Rendre domestique une espèce animale sauvage (syn. **apprivoiser**). **2.** Rendre utilisable une force naturelle : *Domestiquer les marées.*

domicile [dɔmisil] **n.m.** (lat. *domicilium,* de *domus,* maison). **1.** Lieu habituel d'habitation : *Changer de domicile* (syn. **adresse, résidence**). *Élire domicile à Paris* (= s'y fixer). **2. À domicile,** au lieu où habite qqn : *Travail à domicile.* / DR. **Domicile conjugal,** anc. dénomination de *la résidence de la famille.* / DR. **Domicile légal,** lieu légal d'habitation : *Une personne n'a qu'un seul domicile légal.* **3.** DR. **Sans domicile fixe,** qui n'a aucun lieu d'habitation déterminé ; personne sans toit : *Un sans domicile fixe* (abrév. *S.D.F.*).

domiciliaire [dɔmisiljɛr] **adj.** Qui se fait au domicile même d'une personne (génér. par autorité de justice) : *Visite domiciliaire.*

domiciliation [dɔmisiljasjɔ̃] **n.f.** BANQUE. Désignation du domicile où un effet est payable (banque, société de Bourse, etc.).

domicilié, e [dɔmisilje] **adj.** ADMIN. Qui a son domicile légal à tel endroit : *Elle est domiciliée chez son père.*

domicilier [dɔmisilje] **v.t.** [conj. 9]. ADMIN. Assigner un domicile légal à : *Se faire domicilier quelque part.*

dominance [dɔminɑ̃s] **n.f.** Fait de dominer dans un ensemble ; état de ce qui est dominant : *Dominance des rouges dans un tableau* (syn. **prédominance**).

dominant, e [dɔminɑ̃, -ɑ̃t] **adj. 1.** Qui domine, qui l'emporte parmi d'autres : *Qualité dominante* (syn. **prépondérant, principal**). **2.** BIOL. Se dit d'un caractère héréditaire ou d'un gène qui se manifeste seul chez un hybride, même lorsque le caractère opposé (dit *récessif*) est présent dans le génotype.

dominante [dɔminɑ̃t] **n.f. 1.** Ce qui domine, est essentiel dans un ensemble : *L'humour est la dominante de son œuvre.* **2.** MUS. Cinquième degré d'une gamme diatonique : *Dans la gamme de « do », la dominante est « sol ».*

dominateur, trice [dɔminatœr, -tris] **adj.** et **n.** Qui domine, aime à dominer : *Un père dominateur* (syn. **autoritaire**). *Air, regard dominateur* (syn. **impérieux**).

domination [dɔminasjɔ̃] **n.f.** Action de dominer ; autorité souveraine : *Exercer sa domination sur un peuple* (syn. **suprématie, hégémonie**).

dominer [dɔmine] **v.i.** (lat. *dominari,* de *dominus,* maître). **1.** Exercer sa suprématie : *L'équipe adverse a dominé en première mi-temps.* **2.** L'emporter en intensité, en nombre : *Couleur qui domine. Les jeunes dominent dans cette réunion.* ◆ **v.t. 1.** Tenir sous son autorité : *Napoléon voulait dominer l'Europe* (syn. **soumettre**). **2.** Maîtriser : *Dominer ses instincts. Dominer son sujet* (= le connaître à fond). **3.** Occuper une position plus élevée : *Le fort domine la ville* (syn. **surplomber**). ◆ **se dominer v.pr.** Se maîtriser.

dominicain, e [dɔminikɛ̃, -ɛn] **n.** Religieux, religieuse de l'ordre fondé par saint Dominique (ordre des Frères prêcheurs).

dominicaine *(République)*, État des Antilles, occupant la partie orientale de l'île d'Haïti ; 48 400 km^2 ; 10 404 000 hab. *(Dominicains)*. CAP. *Saint-Domingue*. LANGUE : *espagnol*. MONNAIE : *peso dominicain*.

GÉOGRAPHIE

Malgré un relief contrasté, où les hauteurs (culminant à 3 175 m dans la Cordillère centrale) alternent avec les dépressions intérieures, le pays est assez densément peuplé. Il demeure à dominante agricole. Le climat tropical (chaleur constante, pluies de juin à décembre) explique l'importance des plantations (canne à sucre surtout, base des exportations, puis cacao, café, tabac), souvent dans le cadre de grandes propriétés. Les nombreuses petites exploitations privilégient les cultures vivrières (manioc, patate, s'ajoutant au riz et au maïs) ; l'élevage bovin laisse des excédents exportables. Malgré la création de zones franches industrielles et la présence de minerais (bauxite, nickel, or), l'industrie est pratiquement limitée à l'agroalimentaire (sucreries surtout). Le tourisme est actif. Le fort accroissement démographique accélère l'exode rural. Bien que l'agriculture occupe la moitié de la population active, près de 60 % de la population sont urbanisés. Saint-Domingue concentre à elle seule presque le quart de la population dominicaine. Par ailleurs, le pays est lourdement endetté.

HISTOIRE

1492. Colomb atteint l'île d'Haïti, qu'il baptise Hispaniola. La colonisation espagnole entraîne la disparition des populations autochtones (Indiens Arawak).
1697. Au traité de Ryswick, l'île est partagée entre la France (dont la colonie est appelée Haïti) et l'Espagne.
1795. La colonie espagnole est cédée à la France.
1809. Les Dominicains se libèrent des troupes françaises.
1822. L'ensemble de l'île passe sous domination haïtienne.
1844. Proclamation de la république.
1861. La République dominicaine retourne sous la domination de l'Espagne.
1865. Elle accède définitivement à l'indépendance.
La vie politique du pays est alors marquée par de nombreux coups d'État militaires.
1916-1924. Occupation militaire du pays par les États-Unis, qui facilitent l'arrivée au pouvoir de Rafael Trujillo.
1930. Trujillo établit un régime dictatorial.
Après l'assassinat de Trujillo (1961), le chef du parti révolutionnaire, Juan Bosch, est élu président (1962), mais il est déposé l'année suivante.
1965. Nouvelle intervention des États-Unis.
À partir de 1966, les conservateurs sont au pouvoir, avec le président Joaquín Balaguer, appuyé par l'armée.
1978. Le retour à la démocratie représentative est suivi par l'arrivée de la gauche à la tête de l'État.
1986-1996. J. Balaguer est à nouveau président.
1996. Le libéral Leonel Fernández lui succède.
2000. La gauche est de retour, avec Hipólito Mejía.
2004. L. Fernández retrouve la présidence (réélu en 2008).
2012. Danilo Medina Sánchez (du même parti) lui succède.

dominical, e, aux [dɔminikal, -o] **adj.** (lat. *dominicalis* ; v. *dimanche*). Relatif au dimanche : *Repos dominical.*

dominion [dɔminjɔ̃] ou [dominjɔn] **n.m.** (mot angl. « domination, puissance », lat. *dominium,* domaine). *ANC.* État indépendant et souverain, membre du Commonwealth (Canada, Australie, Nouvelle-Zélande).

Dominique (la), île et État des Petites Antilles, colonie britannique de 1763 à 1978 ; 751 km^2 ; 72 000 hab. CAP. *Roseau*. LANGUE : *anglais*. MONNAIE : *dollar des Caraïbes orientales*. État indépendant, dans le cadre du Commonwealth, depuis 1978.

Dominique *(saint)*, fondateur de l'ordre des Frères prêcheurs (Caleruega v. 1170 - Bologne 1221). De retour d'Espagne, il traverse le sud de la France et est frappé par l'influence des vaudois et des cathares. Aussi accepte-t-il d'être envoyé dans le Toulousain et la Narbonnaise par le pape Innocent III pour y lutter contre les hérétiques en organisant des colloques et en donnant l'exemple de la pauvreté. Avec les disciples qu'il se fait alors, il fonde la communauté des Frères prêcheurs, qui sera approuvée en 1217 par le pape Honorius III.

Dominiquin (Domenico Zampieri, dit **il Domenichino,** en fr. **le),** peintre italien (Bologne 1581 - Naples 1641). Disciple des Carrache, il a exécuté, à Rome, des fresques dans les églises St-Louis-des-Français *(Vie de sainte Cécile)* et S. Andrea della Valle ; sa *Chasse de Diane* (1617), exemplaire de sa recherche du « beau idéal », est à la galerie Borghèse, également à Rome.

domino [dɔmino] **n.m.** (probabl. d'une expression religieuse où figure le mot *domino,* de *dominus,* seigneur). **1.** Chacune des 28 pièces du *jeu de dominos,* formée d'un rectangle plat, divisé en deux cases blanches marquées de points ; (au pl.) ce jeu : *Il me reste un domino. Une partie de dominos.* **2.** Costume de bal masqué, formé d'une ample robe à capuchon ; personne qui porte ce costume.

Domitien, en lat. **Titus Flavius Domitianus** (Rome 51 apr. J.-C. - *id.* 96), empereur romain (81-96), frère et successeur de Titus. Bon administrateur, il réorganisa les bureaux centraux de correspondance et de finances. Il releva Rome des ruines provoquées par les incendies de 64 et de 80 et fit édifier sur la frontière danubienne un *limes* fortifié. Il instaura un régime absolutiste, persécuta le sénat et mourut assassiné.

dommage [dɔmaʒ] **n.m.** (anc. fr. *damage,* de *dam*). **1.** Préjudice subi par qqn ; dégât causé à qqch : *Un dommage moral* (syn. **tort**). *Les intempéries ont causé de grands dommages aux récoltes* (syn. **ravage**). **2. C'est dommage, quel dommage, dommage que** (+ subj.), **dommage de** (+ inf.), c'est fâcheux, regrettable : *Il pleut, c'est dommage. Quel dommage qu'il s'en aille ! Dommage de laisser pourrir ces fruits.* ◆ **dommages n.m. pl. 1. Dommages de guerre,** dommages subis en temps de guerre, et donnant lieu à l'indemnisation de l'État ; cette indemnisation. **2. Dommages-intérêts** ou **dommages et intérêts,** indemnité due à qqn en réparation d'un préjudice.

dommageable [dɔmaʒabl] **adj.** Qui cause un dommage : *La pollution est dommageable à l'environnement* (syn. **préjudiciable**).

domptage [dɔ̃taʒ] **n.m.** Action de dompter : *Le domptage des fauves* (syn. **dressage**).

dompter [dɔ̃te] **v.t.** (lat. *domitare*). **1.** Dresser un animal sauvage : *Dompter un lion.* **2.** *SOUT.* Soumettre à son autorité, maîtriser : *Dompter une révolte. Dompter sa colère* (syn. **dominer**).

dompteur, euse [dɔ̃tœr, -øz] **n.** Personne qui dompte, dresse des animaux sauvages.

D.O.M.-T.O.M., abrév. de *départements et territoires d'outre-mer.* Cette appellation, obsolète depuis la disparition du statut de *territoire d'outre-mer* en 2003, demeure couramment employée pour désigner l'ensemble des territoires français situés outre-mer.

1. don [dɔ̃] **n.m.** (lat. *donum*). **1.** Action de donner ; chose ainsi donnée : *Faire don de ses biens. Recueillir des dons pour les sinistrés* (syn. **offrande, aumône**). **2.** Bienfait, faveur : *C'est un don du ciel.* **3.** Qualité naturelle : *Avoir un don pour la musique* (syn. **disposition, talent**). **4.** *FAM.* Avoir le don de, réussir tout particulièrement à : *Il a le don de m'agacer.*

2. don [dɔ̃] **n.m., doña** [dɔɲa] **n.f.** (mot esp., du lat. *dominus,* maître, seigneur). Titre de courtoisie, en usage seul. devant le prénom, en Espagne.

Don (le), fl. de Russie, né au sud de Moscou, relié à la Volga par un grand canal et qui rejoint la mer d'Azov en aval de Rostov ; 1 870 km.

donataire [dɔnatɛr] **n.** DR. Personne à qui une donation est faite.

Donatello (Donato di Betto Bardi, dit**),** sculpteur italien (Florence 1386 - *id.* 1466). Formé par l'étude de l'art antique, il a associé à la simplicité monumentale des Anciens le réalisme et l'esprit religieux du Moyen Âge. Citons, outre de puissants bas-reliefs (fonts baptismaux de Sienne) : à Florence, le *Saint Georges* en marbre d'Orsammichele (v. 1416), les prophètes du Campanile (*Jérémie, Habacuc,* auj. au Bargello), le *David* de bronze du Bargello ; à Padoue, la statue équestre du *Gattamelata* (v. 1450).

donateur, trice [dɔnatœr, -tris] **n.** Personne qui fait un don, une donation : *Un généreux donateur.*

donation [dɔnasjɔ̃] **n.f.** (lat. *donatio*). DR. Acte par lequel une personne transmet irrévocablement et sans contrepartie un bien à une autre personne, qui l'accepte ; acte qui constate cette transmission.

Donbass, bassin houiller et région industrielle aux confins de l'Ukraine et de la Russie. V. princ. *Donetsk.*

donc [dɔ̃k] **conj. coord.** (du lat. *dum,* renforçant un impér., probabl. croisé avec *tunc,* alors). **1.** Introduit la conclusion d'un raisonnement, la conséquence d'une assertion : *J'ignore tout de la question, donc je me tais.* **2.** Indique le retour à un point antérieur du discours, du récit : *Je vous disais donc...* **3.** (En fonction adv.). S'emploie dans une phrase exclam. ou interr., avec une valeur de renforcement : *Pourquoi donc a-t-il dit ça ?*

Donetsk, de 1924 à 1961 **Stalino,** v. de l'Ukraine, dans le Donbass ; 1 016 194 hab. Métallurgie.

Dönitz (Karl), amiral allemand (Berlin 1891 - Aumühle 1980). Commandant la flotte sous-marine (1935-1942) puis la marine allemande (1943-1945), il succéda à Hitler en mai 1945 et endossa la capitulation du Reich.

Donizetti (Gaetano), compositeur italien (Bergame 1797 - *id.* 1848). Il a excellé dans le bel canto et a réussi la fusion des esthétiques dramatique et bouffe *(l'Élixir d'amour, Lucie de Lammermoor, la Fille du régiment).*

donjon [dɔ̃ʒɔ̃] **n.m.** (du lat. *dominio,* tour du seigneur). Tour maîtresse d'un château fort, qui était la demeure du seigneur et le dernier retranchement de la garnison.

don Juan [dɔ̃ʒɥɑ̃] **n.m.** (n. d'un type littéraire). Homme toujours en quête d'aventures amoureuses.

Don Juan, personnage légendaire, d'origine espagnole. Séducteur impie et cruel, il apparaît dans *le Trompeur de Séville et le Convive de pierre* (v. 1625), de Tirso de Molina ; il a inspiré ensuite d'innombrables œuvres littéraires et artistiques dans toute l'Europe, notamment *Dom Juan* de Molière et *Don Giovanni* de Mozart.

donjuanesque [dɔ̃ʒɥanɛsk] **adj.** Digne de don Juan, d'un séducteur : *Manières donjuanesques.*

donjuanisme [dɔ̃ʒɥanism] **n.m.** Caractère, attitude d'un don Juan.

donne [dɔn] **n.f.** (de *donner*). **1.** Distribution des cartes au jeu. **2. Fausse donne,** maldonne.

1. donné, e [dɔne] **adj.** (p. passé de *donner*). **1.** Connu, défini, fixé : *Faire un travail dans un temps donné.* **2. À un moment donné,** à un certain moment, soudain.

2. donné [dɔne] **n.m.** (de *1. donné*). PHILOS. Ce qui est offert au sujet dans l'expérience, dans la connaissance sensible : *C'est à partir du donné concret que l'individu peut agir* (= du monde sensible).

donnée [dɔne] **n.f.** (de *donner*). **1.** (Souvent au pl.). Point fondamental, admis ou connu, servant de base à un raisonnement, à une recherche ; renseignement qui sert de point d'appui : *Les données actuelles de la science. Manquer de données* (syn. **information**). **2.** MATH. Hypothèse figurant dans l'énoncé d'un problème. **3.** STAT. Résultat d'observations ou d'expériences : *Donnée corrigée.* **4.** INFORM. Représentation conventionnelle d'une information sous une forme convenant à son traitement par ordinateur : *Banque, base de données.* **5.** STAT. **Analyse des données,** ensemble des méthodes permettant la description directe des données et une meilleure utilisation de celles-ci. ◆ **données n.f. pl.** Ensemble de circonstances qui conditionnent tel ou tel événement : *La rivalité entre les deux pays repose sur des données très particulières* (syn. **contexte**).

donner [dɔne] **v.t.** (lat. *donare*). **1.** Mettre en la possession de qqn : *Donner un jouet à un enfant* (syn. **offrir**). *Donner tant de l'heure à une baby-sitter.* **2.** Mettre à la disposition de qqn : *Donner un fauteuil à un invité* (syn. **procurer**). *Donner du travail à un employé* (syn. **fournir**). *Donner les cartes* (syn. **distribuer**). **3.** Assigner, attribuer un nom, un titre : *Donner un nom à un enfant* (= le nommer). *Donner un titre à un livre* (= l'intituler). **4.** Présenter un spectacle : *Cette salle donne de bons films* (syn. **passer**). *Le « Requiem » de Mozart sera donné deux soirs de suite.* **5.** Attribuer un caractère, une qualité à qqn : *On ne lui donnerait pas son âge.* **6.** Accorder : *Donner une autorisation.* **7.** Communiquer un renseignement, une information : *Donner son adresse. Pourriez-vous me donner l'heure* (syn. **dire, indiquer**). **8.** Assurer un cours, organiser une réception : *Donner un cours d'anglais. Donner un dîner.* **9.** Manifester, montrer un sentiment : *Donner des signes d'impatience.* **10.** Confier : *Donner son fils à garder.* **11.** FAM. Dénoncer : *Son complice l'a donné à la police.* **12.** Être à la source de : *Cette vigne donne un excellent raisin* (syn. **produire**). **13.** Avoir comme résultat : *L'enquête n'a rien donné* (= n'a abouti à rien). **14.** Exercer telle action sur qqn, qqch : *Cet exploit lui a donné un immense prestige* (syn. **conférer**). *Cette pensée me donne du courage* (syn. **inspirer**). *Il me donne beaucoup de souci* (syn. **causer**). ***Rem.*** *Donner* avec un nom, sans article, forme des locutions à valeur factitive : *Donner envie. Donner faim.* **15. Donnant, donnant,** à condition de recevoir une contrepartie. / FAM. **Je vous le donne en mille,** je vous défie de le deviner. ◆ **v.t. ind. [dans, sur]. 1.** Heurter qqch : *Sa tête a donné dans la porte, sur le poteau.* **2.** Être orienté vers ; donner accès à : *Son bureau donne sur la mer. La chambre donne dans la salle à manger.* **3. Donner dans qqch,** se porter dans, vers : *Donner dans le piège* (syn. **tomber**) ; se complaire dans : *Donner dans la paresse* (syn. **se livrer à**). **4. Ne plus savoir où donner de la tête,** être affolé, surmené. ◆ **v.i. 1.** Avoir un rendement, être productif : *Les tomates vont bientôt donner.* **2.** FAM. Avoir de l'impact, une certaine puissance : *La publicité n'a pas encore donné* (= produit de résultat). *La chaîne hi-fi donne à plein* (= est à plein volume). ◆ **se donner v.pr. 1.** Consacrer toute son activité, son énergie à : *Se donner au théâtre* (syn. **se vouer**). **2.** Accorder ses faveurs à un homme, en parlant d'une femme. **3.** Se faire, s'imposer à soi-même : *Se donner un coup. Se donner du mal.* **4.** S'attribuer faussement un état, une qualité : *Se donner une contenance. Se donner le mérite du succès.*

donneur, euse [dɔnœr, -øz] **n. 1.** (Suivi d'un compl.). Personne qui a pour habitude de donner (qqch d'abstrait) : *Donneur d'avis, de leçons.* **2.** JEUX. Joueur qui fait la donne des cartes. **3.** FAM. Personne qui dénonce qqn à la police : *Ce n'est pas un donneur, il ne vous trahira pas* (syn. **délateur, dénonciateur**). **4.** MÉD. **Donneur (d'organes),** personne qui accepte que de son vivant, ou après sa mort, un organe soit prélevé sur son corps afin d'être transplanté sur celui d'un malade (on dit aussi *le donneur,* par opp. au *receveur*). / **Donneur universel,** personne dont le sang, du groupe O, peut être transfusé aux personnes de tous les autres groupes sanguins. ◆ **donneur n.m.** PHYS. Atome qui peut céder un électron.

don Quichotte [dɔ̃kiʃɔt] **n.m.** (de *Don Quichotte de la Manche,* n. d'un héros de Cervantès). Homme idéaliste et généreux qui se plaît à soutenir des causes étrangères à ses propres intérêts.

donquichottisme [dɔ̃kiʃɔtism] **n.m.** Caractère, attitude d'un don Quichotte.

dont [dɔ̃] **pron. relat.** (du lat. pop. *de unde,* d'où). Assure, dans une prop. relative, les fonctions de complément d'un verbe, d'un nom, d'un adjectif construits avec la préposition *de* : *La famille dont je descends. Le livre dont j'ai besoin. Un pays dont le climat est chaud. Une œuvre dont il est fier.*

dopage [dɔpaʒ] **n.m.** (de *doper*). Emploi de substances destinées à accroître artificiellement et provisoirement les capacités physiques de qqn, d'un animal.

■ Le dopage est de plus en plus répandu en milieu sportif et utilise une grande variété de substances, souvent des médicaments, ainsi que la transfusion sanguine. Le but est surtout de faire disparaître la fatigue ou de développer les muscles. Les risques sont la virilisation des femmes, l'arrêt de la croissance des adolescents, la fragilisation du squelette, etc. Les morts subites sont dues au fait que la fatigue ne peut plus jouer son rôle de signal d'alarme, imposant le repos.

Le dopage et la complicité sont sévèrement réprimés par la loi. Au cours des compétitions, des substances dopantes sont recherchées dans les urines et dans le sang. Une liste officielle définit les produits interdits. ■

dopant, e [dɔpɑ̃, -ɑ̃t] **adj.** et **n.m.** Se dit d'un produit utilisé pour doper qqn, un animal : *Substances dopantes utilisées par un sportif. Prendre des dopants.*

doper [dɔpe] **v.t.** (de l'amér. *to dope*, droguer). **1.** Administrer un stimulant avant une épreuve sportive, un examen : *Doper un cheval.* **2.** Augmenter la puissance, l'activité de qqch : *Doper l'économie* (syn. **stimuler**). ◆ **se doper v.pr.** Prendre des stimulants.

Doppler (effet), modification de la fréquence des ondes sonores ou électromagnétiques perçues par un observateur lorsque leur source se déplace par rapport à lui. ▶ On utilise l'effet Doppler en médecine, pour mesurer la vitesse de circulation du sang dans les vaisseaux, et en astronomie, pour mesurer la vitesse des étoiles et des galaxies.

Doppler (Christian), physicien autrichien (Salzbourg 1803 - Venise 1853). Il découvrit la variation de fréquence du son perçu lorsqu'une source sonore se déplace par rapport à un observateur *(effet Doppler).*

dorade n.f. ⟶ **daurade.**

Dordogne (la), riv. du sud-ouest de la France ; 472 km. Née au pied du Sancy, passe à Bergerac et à Libourne et rejoint la Garonne au bec d'Ambès. Aménagements hydroélectriques sur son cours supérieur.

Dordogne [24], dép. de la Région Aquitaine-Limousin-Poitou-Charentes ; ch.-l. de dép. *Périgueux ;* ch.-l. d'arr. *Bergerac, Nontron, Sarlat-la-Canéda ;* 4 arr., 25 cant., 557 comm. ; 9 060 km^2 ; 429 268 hab.

Dordrecht, port des Pays-Bas (Hollande-Méridionale), à l'embouchure de la Meuse ; 118 466 hab. Ville ancienne et pittoresque (église des XIVe-XVe s.). Importante place commerciale au XIVe s. En 1618-19 y fut tenu un grand synode, dont les décisions régissent encore l'Église réformée de Hollande.

doré, e [dɔre] **adj. 1.** Recouvert d'une mince couche d'or ; dont l'aspect imite l'or : *Une sculpture dorée. Une chevelure dorée.* **2. La jeunesse dorée,** les jeunes gens de la riche bourgeoisie, menant une vie plus ou moins oisive.

Doré (Gustave), dessinateur, graveur et peintre français (Strasbourg 1832 - Paris 1883). Il a illustré, avec une imagination fertile qui prolonge le romantisme, Rabelais, Ch. Perrault, Balzac, Dante, Cervantès, etc.

dorénavant [dɔrenavɑ̃] **adv.** (de l'anc. fr. *d'or en avant,* de l'heure actuelle en avant). À partir du moment présent : *Dorénavant, j'irai seule à la piscine* (syn. **désormais**).

dorer [dɔre] **v.t.** (lat. *deaurare,* de *aurum,* or). **1.** Recouvrir d'or ou d'une substance ayant l'aspect de l'or : *Dorer les tranches d'un livre.* **2.** *LITT.* Donner une teinte dorée à : *Le soleil a doré sa peau.* ◆ **v.i.** Prendre une teinte dorée : *Le poulet commence à dorer.*

doreur, euse [dɔrœr, -øz] **n.** Spécialiste qui pratique la dorure : *Doreuse sur bois.*

Dorgelès (Roland), écrivain français (Amiens 1885 - Paris 1973). Il publia des récits sur son expérience de la guerre : *les Croix de bois* (1919), *Tout est à vendre* (1956), *À bas l'argent* (1965).

Doria, famille noble de Gênes, à la tête du parti des gibelins de la ville (partisans de l'empereur romain germanique), qui a fourni d'illustres amiraux ; entre autres, le condottiere (chef de soldats mercenaires) **Andrea Doria** (Oneglia 1466-Gênes 1560), qui commanda les flottes de François Ier et de Charles Quint, avant d'instaurer à Gênes (1528) une « république aristocratique ».

dorien, enne [dɔrjɛ̃, -ɛn] **adj.** et **n.** Relatif aux Doriens. ◆ **dorien n.m.** L'un des dialectes principaux du grec ancien.

Doriens, peuple indo-européen, qui envahit la Grèce à la fin du IIe millénaire av. J.-C. Apparentés aux Achéens, qu'ils refoulèrent, les Doriens envahirent la Thessalie, le Péloponnèse, la Crète, les Cyclades et colonisèrent le sud-ouest de l'Asie Mineure. Vers le XIIIe s., plusieurs vagues d'invasion aboutirent à la destruction des cités mycéniennes. L'organisation des Doriens était celle d'une société guerrière, dont Sparte a gardé beaucoup de traits.

Doriot (Jacques), homme politique français (Bresles, Oise, 1898 - Menningen, Bade, 1945). Membre du comité central du parti communiste (1923), il protesta contre l'influence soviétique et, exclu du P.C.F. (1934), fonda (1936) le parti populaire français (P.P.F.), d'orientation fasciste. Pendant l'Occupation, il collabora avec l'Allemagne et fonda, avec Déat, la Légion des volontaires français (L.V.F.), avec laquelle il combattit sur le front de l'Est.

dorique [dɔrik] **adj.** (lat. *doricus,* dorien, du gr.). **Ordre dorique,** le plus ancien et le plus simple des ordres de l'architecture grecque antique (apparu au VIe s. av. J.-C.), caractérisé par une colonne cannelée sans base, un chapiteau dépourvu de moulures et un entablement dont les triglyphes et les métopes sont disposés en alternance. (On dit aussi *le dorique.*)

doris [dɔris] **n.f.** (lat. *Doris,* gr. *Dôris,* n. myth.). Mollusque marin sans coquille, ressemblant à une grosse limace.

dorlotement [dɔrlɔtmɑ̃] **n.m.** Action de dorloter ; fait d'être dorloté.

dorloter [dɔrlɔte] **v.t.** (de l'anc. fr. *dorelot,* grande boucle de cheveux, influencé par le verbe *dormir*). Entourer de soins attentifs, de tendresse : *Dorloter un enfant* (syn. **choyer**).

dormant, e [dɔrmɑ̃, -ɑ̃t] **adj.** (de *dormir*). **1.** Qui reste immobile : *Eaux dormantes* (syn. **stagnant ;** contr. **courant**). **2.** Se dit d'un agent secret, d'un terroriste ou d'un réseau introduits dans un milieu dans l'attente d'une action.

dormeur, euse [dɔrmœr, -øz] **adj.** et **n. 1.** Qui dort ; qui aime dormir : *Un grand dormeur.* **2. Crabe dormeur,** autre nom du tourteau. (On dit aussi *un dormeur.*) / **Requin dormeur,** requin des eaux littorales de l'Atlantique tropical, qui s'attaque parfois à l'homme.

dormir [dɔrmir] **v.i.** (lat. *dormire*) [conj. **36**]. **1.** Être dans l'état de sommeil : *Elle a dormi toute la nuit* (contr. **veiller**). **2.** Rester inactif ; ne pas être utilisé : *Capitaux qui dorment* (= qui ne sont pas investis). *Laisser dormir un projet* (= le négliger). **3. Dormir comme un loir, une marmotte, une souche,** dormir profondément. / **Dormir sur ses deux oreilles,** être, se croire en sécurité. / **Histoire à dormir debout,** récit absolument invraisemblable. / **Ne dormir que d'un œil,** rester sur ses gardes.

dorsal, e, aux [dɔrsal, -o] **adj.** (du lat. *dorsum,* dos). **1.** Relatif au dos ; fixé sur le dos : *Épine dorsale. Parachute dorsal* (par opp. à *ventral*). **2.** Relatif au revers de qqch : *Face dorsale de la main* (= le dos de la main). **3.** PHON. **Consonne dorsale,** consonne articulée avec le dos de la langue : *La plupart des consonnes dorsales du français sont palatales :* [j] *de « fille » ou vélaires :* [k] *de « coque ».* (On dit aussi *une dorsale.*) ◆ **dorsale n.f.** Crête montagneuse ; chaîne de montagnes sous-marine.

Dorsale guinéenne, hauteurs du sud-est de la Guinée. Minerai de fer.

dorsalgie [dɔrsalʒi] **n.f.** (de *dorsal* et *-algie*). Douleur du dos.

Dortmund, v. d'Allemagne (Rhénanie-du-Nord-Westphalie), dans la Ruhr ; 571 143 hab. Port fluvial. Centre industriel. Églises médiévales. Musées.

dortoir [dɔrtwar] **n.m.** (lat. *dormitorium*). Salle commune où dorment les membres d'une communauté (couvents, casernes, pensionnats, etc.).

dorure [dɔryr] **n.f. 1.** Action, art de dorer : *Un orfèvre qui pratique la dorure sur bois.* **2.** Revêtement d'or ; couche dorée : *La dorure des lambris.* **3.** (Surtout au pl.). Ornement doré et clinquant : *Un officier couvert de dorures.*

doryphore [dɔrifɔr] **n.m.** (gr. *doruphoros,* porteur de lance). Insecte coléoptère qui se nourrit de feuilles de pommes de terre. ▶ Famille des chrysomélidés.

dos [do] **n.m.** (lat. *dorsum*). **1.** Face postérieure du tronc de l'homme. **2.** Face supérieure du corps des vertébrés et de certains autres animaux (insectes, etc.). **3.** Face opposée à celle qui apparaît comme l'endroit, face convexe : *Dos d'une lettre* (syn. **verso**). *Dos de la main* (par opp. à la *paume,* au *plat*) [syn. **revers**]. *Dos d'une cuiller.* **4.** Partie postérieure de la reliure d'un livre : *Dos d'un in-quarto* (par opp. à la *tranche*) **5. Avoir bon dos,** servir d'excuse, de prétexte : *Sa migraine a bon dos.* / FAM. **Être sur le dos de qqn,** le harceler. / **Mettre qqch sur le dos de qqn,** lui en attribuer la responsabilité. / **Renvoyer dos à dos deux adversaires,** ne donner raison ni à l'un ni à l'autre. / **Se mettre qqn à dos,** s'en faire un ennemi.

dosage [dozaʒ] **n.m. 1.** Action de doser un mélange, une substance ; son résultat : *Le dosage d'un cocktail.* **2.** Fait de combiner différents éléments : *Un savant dosage de fermeté et de gentillesse.*

dos-d'âne [dodan] **n.m. inv.** Bosse transversale sur une chaussée.

dose [doz] **n.f.** (lat. *dosis,* mot gr., propr. « action de donner »). **1.** Quantité de médicament à prendre en une seule fois ou par unité de temps. **2.** Proportion d'une substance entrant dans un composé. **3.** Quantité quelconque d'une qualité : *Elle a fait preuve d'une bonne dose de patience.* **4.** FAM. **Forcer la dose,** exagérer. **5.** PHYS. NUCL. **Dose absorbée,** quantité d'énergie transmise par un rayonnement ionisant à l'unité de masse du milieu irradié. (Unité *gray.*) / **Équivalent de dose,** grandeur caractérisant l'effet biologique d'une irradiation. (Unités *sievert* et *rem.*)

doser [doze] **v.t.** (de *dose*). **1.** Déterminer les proportions d'un mélange. **2.** Proportionner, mesurer, régler : *Doser ses efforts.*

doseur [dozœr] **n.m.** Appareil servant au dosage.

Dos Passos (John Roderigo), écrivain américain (Chicago 1896 - Baltimore 1970), auteur de récits qui, par la juxtaposition d'écritures diverses (reportage, poésie, chansons à la mode, etc.), cherchent à donner une peinture totale et critique de la société américaine *(Manhattan Transfer, la Grosse Galette).*

dossard [dɔsar] **n.m.** (de *dos*). Pièce d'étoffe marquée d'un numéro d'ordre que portent les concurrents d'une épreuve sportive.

dossier [dɔsje] **n.m.** (de *dos*). **1.** Partie d'un siège contre laquelle s'appuie le dos. **2.** Ensemble des documents concernant un sujet, une personne le plus souvent réunis dans une chemise, un carton : *Consulter le dossier médical d'un patient.* **3.** INFORM. Élément de mémoire permettant d'organiser et de hiérarchiser des ensembles de fichiers. **4. Dossier de presse,** ensemble de coupures de presse sur un sujet ; dossier d'information remis à des journalistes.

Dostoïevski (Fedor Mikhaïlovitch), écrivain russe (Moscou 1821 - Saint-Pétersbourg 1881). Fils d'un père tyrannique qui sera assassiné par ses paysans, il est encouragé dans la voie de la littérature par le succès de son premier roman, *les Pauvres Gens* (1846), mais les échecs successifs rencontrés par ses récits *le Double* et *la Logeuse* le poussent vers les cercles politiques libéraux. Condamné à mort et gracié sur le lieu de l'exécution, il est déporté en Sibérie pour quatre ans de détention. Cette épreuve (*Souvenirs de la maison des morts,* 1860-61), jointe à l'instabilité de sa vie après son retour du bagne (ses mariages, ses crises d'épilepsie, la mort de sa fille, sa passion du jeu), lui fait voir dans la souffrance et l'humiliation la raison même de l'existence (*Humiliés et Offensés,* 1861 ; *Mémoires écrits dans un souterrain,* 1864 ; *Crime et Châtiment,* 1866 ; *le Joueur,* 1867 ; *l'Idiot,* 1868 ; *les Démons* [ou *les Possédés*], 1872 ; *l'Adolescent,* 1875), qui ne peut trouver son équilibre, sur le plan individuel, que dans la charité (*les Frères Karamazov,* 1879-1880) et, sur le plan collectif, dans la synthèse des cultures orientale et occidentale réalisée par le peuple russe (*Journal d'un écrivain,* 1881). Ses personnages, qui dialoguent, en voix alternées, de Dieu – un Dieu d'angoisse et de souffrance –, de l'athéisme, du mal, de la liberté, sont comme les différents moments d'une même conscience. À la fois capables des plus grands crimes et de la plus extrême abnégation, ils doivent leur grandeur à leur libre choix entre l'amour et la haine. • **Crime et Châtiment** (1866). Un étudiant pauvre, Raskolnikov, assassine une vieille usurière. Torturé par sa conscience, il avoue son crime à une fille des rues, Sonia, puis à la police. Sonia l'accompagne en Sibérie, où l'amour achève leur régénération.

dot [dɔt] **n.f.** (lat. *dos, dotis,* don). **1.** Biens donnés par un tiers à l'un ou l'autre des époux dans le contrat de mariage. **2.** Biens qu'une femme apporte en se mariant. **3.** Dans l'Antiquité grecque et en Afrique, biens donnés par le futur époux à la famille de sa future épouse.

dotal, e, aux [dɔtal, -o] **adj.** Relatif à la dot.

dotation [dɔtasjɔ̃] **n.f. 1.** Ensemble des revenus assignés à un établissement d'utilité publique, une collectivité. **2.** Action d'attribuer un équipement à un organisme, à une collectivité ; l'équipement fourni. **3.** Revenu attribué à un chef d'État, à certains hauts fonctionnaires.

doter [dɔte] **v.t.** (lat. *dotare*). **1.** Pourvoir qqn de qqch : *La nature l'a dotée d'une mémoire prodigieuse* (syn. **gratifier**). **2.** Assigner des fonds, fournir un équipement à une collectivité, à un établissement : *Doter un hôpital d'un scanner* (syn. **équiper**). **3.** Donner une dot à qqn : *Doter sa fille.*

Douai, ch.-l. d'arr. du Nord, sur la Scarpe ; 43 011 hab. *(Douaisiens).* Métallurgie. Chimie. Imprimerie. Cour d'appel. Beffroi des XIVe-XVe s. et autres monuments. Musée dans l'ancienne chartreuse (grand polyptyque du peintre douaisien Jean Bellegambe, début du XVIe s.).

douaire [dwɛr] **n.m.** (lat. médiév. *dotarium,* du class. *dos, dotis,* dot). DR. ANC. Biens dont le mari réservait l'usufruit à sa femme dans le cas où elle lui survivrait.

douairière [dwɛrjɛr] **n.f. 1.** DR. ANC. Veuve jouissant d'un douaire. **2.** Dame âgée de la haute société.

Douala, port et principale ville du Cameroun, sur l'estuaire du Wouri ; 2 348 046 hab. dans l'agglomération. Aéroport.

douane [dwan] **n.f.** (anc. it. *doana,* ar. *dīwān,* lieu de réunion puis « registre »). **1.** (Autref. au pl.). Administration chargée de percevoir les droits sur les marchandises importées ou exportées : *Inspecteur de la douane.* **2.** Siège de cette administration : *S'arrêter à la douane.* **3.** Droits de douane : *S'acquitter de la douane.*

douanier, ère [dwanje, -ɛr] **n.** Agent de la douane. ◆ **adj. 1.** Relatif à la douane. **2. Union douanière,** convention entre États établissant entre eux le libre-échange et leur imposant de pratiquer les mêmes tarifs douaniers à l'égard de l'extérieur.

douar [dwar] **n.m.** (ar. maghrébin *dawār,* cercle de tentes). **1.** Campement de tentes traditionnel dans le Maghreb. **2.** Dans le Maghreb, zone peuplée de groupes nomades ou sédentaires qui sont placés sous l'autorité d'un même chef.

Douaumont, comm. de la Meuse, sur les Hauts de Meuse ; 8 hab. Le fort fut le théâtre de violents combats lors de la bataille de Verdun, en 1916. L'ossuaire abrite les restes d'environ 300 000 soldats français tombés devant Verdun.

doublage [dublaʒ] **n.m. 1.** Garnissage par une doublure ; renforcement par un revêtement : *Doublage d'un manteau.* **2.** Remplacement d'un comédien par sa doublure. **3.** Enregistrement des dialogues d'un film dans une autre langue que celle d'origine.

1. double [dubl] **adj.** (lat. *duplus*). **1.** Qui est multiplié par deux ; qui est formé de deux choses identiques : *Double fenêtre. Consonne double* (syn. **géminée**). **2.** Qui a deux aspects dont un seul est manifeste ou révélé : *Phrase à double sens* (= phrase ambiguë). *Agent double.* **3. Faire double emploi,** être superflu en remplissant la même fonction qu'autre chose. ◆ **adv.** Deux fois : *Voir double* (= voir deux choses là où il n'y en a qu'une).

2. double [dubl] **n.m.** (de *1. double*). **1.** Quantité égale à deux fois une autre : *Gagner le double de son salaire précédent.* **2.** Copie, reproduction : *Conserver l'original et donner le double* (syn. **duplicata**). **3.** Deuxième exemplaire de qqch : *Philatélistes qui échangent leurs doubles.* **4.** Partie de tennis ou de tennis de table entre deux équipes de deux joueurs chacune (par opp. à *simple*). **5. En double,** en deux exemplaires ; à deux : *Posséder un livre en double. Faire une régate en double* (par opp. à *en solitaire*).

1. doublé, e [duble] **adj.** (p. passé de *doubler*). **1.** Garni d'une doublure : *Manteau doublé.* **2.** Dont on a réalisé le doublage : *Film doublé.* **3.** Qui joint une particularité à une autre : *Un comédien doublé d'un danseur.*

2. doublé [duble] **n.m.** (de *1. doublé*). Série de deux réussites successives : *Coureur qui réussit le doublé au 800 m et au 1 500 m.*

double-croche [dubləkrɔʃ] **n.f.** (pl. *doubles-croches*). Note valant la moitié d'une croche.

1. doublement [dubləmɑ̃] **adv.** De deux manières ; à un double titre : *Elle a doublement raison.*

2. doublement [dubləmɑ̃] **n.m.** Action de doubler ; fait de devenir double : *Le doublement des cotisations.*

doubler [duble] **v.t.** (lat. *duplare,* de *duplus,* double). **1.** Multiplier par deux : *Doubler ses revenus.* **2.** Mettre en double : *Doubler un fil.* **3.** Garnir d'une doublure : *Doubler un vêtement.* **4.** Dépasser : *Doubler un camion.* **5.** Franchir en contournant : *Doubler un cap.* **6.** Effectuer le doublage d'un film, d'un acteur. **7.** Remplacer un acteur : *Un cascadeur doublera l'acteur principal.* **8.** FAM. et RÉGION. Redoubler : *Doubler une classe.* **9.** FAM. Devancer qqn dans une affaire, le trahir. ◆ **v.i.** Devenir double : *Les ventes ont doublé.* ◆ **se doubler v.pr. [de].** S'accompagner de : *Savant qui se double d'un artiste* (= qui est aussi).

doublet [dublɛ] **n.m.** (de *double*). **1.** Ensemble de deux objets de même nature. **2.** CHIM. Paire d'électrons commune à deux atomes et constituant leur liaison. **3.** LING. Mot de même étymologie qu'un autre, mais qui présente une forme et un sens différents. (Ex. : *Écouter* et *ausculter,* tous deux issus du lat. *auscultare.*)

doublon [dublɔ̃] **n.m.** (esp. *doblón,* de *doble,* double [d'un écu]). Ancienne monnaie d'or d'Espagne.

doublure [dublyr] **n.f.** (de *doubler*). **1.** Étoffe, matière qui garnit l'intérieur de qqch : *Doublure d'une veste.* **2.** Acteur qui remplace le titulaire d'un rôle : *Sa doublure joue les scènes dangereuses à sa place.*

Doubs (le), riv. de France et de Suisse, affl. de la Saône (r. g.) ; 430 km. Né dans le Jura français, le Doubs passe en Suisse avant de traverser Besançon et Dole.

Doubs [25], dép. de la Région Bourgogne-Franche-Comté, à la frontière de la Suisse ; ch.-l. de dép. *Besançon ;* ch.-l. d'arr. *Montbéliard* et *Pontarlier ;* 3 arr., 19 cant., 593 comm. ; 5 234 km^2 ; 545 888 hab. *(Doubiens).*

douce adj. → doux.

douceâtre [dusatr] **adj.** D'une douceur fade : *Une liqueur douceâtre* (syn. **doucereux**).

doucement [dusmɑ̃] **adv. 1.** Avec douceur ; sans bruit ; lentement : *Lampe qui éclaire doucement. Frapper doucement à la porte* (contr. **violemment**). *Marcher tout doucement.* **2.** Médiocrement : *Les affaires vont doucement* **3.** FAM. **Doucement rigoler, se moquer, etc.,** rigoler, se moquer intérieurement ; par antiphrase, bien rigoler, se moquer abondamment : *Leur embarras me fait doucement rigoler.* **4. Doucement !,** invite à la modération : *Doucement ! Vous avez tout votre temps* (= du calme !).

doucereux, euse [dusrø, -øz] **adj. 1.** D'une douceur fade ; douceâtre. **2.** D'une douceur affectée : *Un ton doucereux* (syn. **mielleux**).

doucette [dusɛt] **n.f.** (de *doucet,* dimin. de *doux*). Autre nom de la *mâche.*

douceur [dusœr] **n.f.** (lat. *dulcor,* d'apr. *doux*). **1.** Qualité de ce qui est agréable aux sens, de ce qui procure de l'agrément : *Douceur de la soie. Douceur d'une voix.* **2.** Qualité de ce qui n'est pas extrême, brusque ou discontinu : *Douceur du climat* (syn. **clémence ;** contr. **rudesse**). **3.** Caractère, comportement doux, affectueux : *Un accès de colère qui contraste avec sa douceur habituelle* (syn. **gentillesse**). **4. En douceur,** sans brusquerie, sans brutalité : *Atterrir en douceur* (= doucement). *Régler un différend en douceur.* ◆ **douceurs n.f. pl. 1.** Friandises. **2.** Paroles aimables ; gentillesses.

Douchanbe, de 1929 à 1961 **Stalinabad,** cap. du Tadjikistan ; 801 000 hab. dans l'agglomération.

douche [duʃ] **n.f.** (it. *doccia,* conduite d'eau, du lat. *ducere,* conduire). **1.** Jet d'eau dirigé sur le corps comme moyen de se laver : *Prendre une douche.* **2.** Installation permettant de prendre une douche : *Une salle de bains avec douche.* **3.** FAM. Averse. **4. Douche écossaise,** douche alternativement chaude et froide ; au fig., alternance de bonnes et de mauvaises nouvelles.

doucher [duʃe] **v.t. 1.** Donner une douche à qqn : *Doucher un malade.* **2.** FAM. Infliger une déception : *Leur peu d'entrain l'a douché* (syn. **refroidir ;** contr. **enthousiasmer**). **3.** FAM. **Se faire doucher,** recevoir une averse ; au fig., essuyer des reproches : *Elle s'est fait doucher par son père.* ◆ **se doucher v. pron.** Prendre une douche.

doudoune [dudun] **n.f.** (probabl. de *doux*). FAM. Grosse veste très chaude, génér. en matière synthétique fourrée de duvet ou d'une matière similaire.

doué, e [dwe] **adj.** Qui a des dons naturels : *Un enfant doué* (syn. **capable, intelligent**).

douer [dwe] **v.t.** (doublet pop. de *doter,* lat. *dotare*) [conj. **6**]. Pourvoir d'avantages, de qualités : *La nature l'a doué d'un grand sens de l'organisation* (syn. **doter**). ***Rem.*** Ce verbe ne s'emploie qu'à l'infinitif et aux temps composés.

douille [duj] **n.f.** (germ. *dulja*). **1.** Pièce dans laquelle se fixe le culot d'une ampoule électrique : *Douille à baïonnette, à vis.* **2.** ARM. Étui contenant la charge de poudre d'une cartouche. **3.** Partie creuse d'un instrument, d'un outil, qui reçoit le manche.

douillet, ette [dujɛ, -ɛt] **adj.** (de l'anc. fr. *doille,* mou, du lat. *ductilis,* malléable). **1.** Se dit de qqn qui craint la moindre douleur : *Un enfant douillet.* **2.** Se dit d'un lieu où il fait bon vivre : *Un appartement douillet.*

douillettement [dujɛtmɑ̃] **adv.** De façon douillette.

Doukas, famille byzantine qui a fourni à l'Empire d'Orient plusieurs empereurs, parmi lesquels **Constantin X** (1059-1067) et **Michel VII** (1071-1078).

douleur [dulœr] **n.f.** (lat. *dolor*). **1.** Sensation désagréable, pénible, ressentie dans une partie du corps : *Douleur aiguë.* **2.** Sentiment pénible ; souffrance morale : *Apaiser la douleur de qqn* (syn. **affliction, chagrin, peine**).

douloureusement [dulurøzmɑ̃] **adv.** D'une manière douloureuse.

douloureux, euse [dulurø, -øz] **adj. 1.** Qui cause une douleur physique : *Des contractions douloureuses* (contr. **indolore**). **2.** Qui est le siège d'une douleur physique : *Épaule douloureuse* (syn. **endolori**). **3.** Qui cause une douleur morale : *Séparation douloureuse.* **4.** Qui exprime la douleur : *Regard douloureux.*

douma [duma] **n.f.** (mot russe « conseil »). En Russie, assemblée, conseil. ▸ Sous Nicolas II, quatre doumas d'État (1906, 1907, 1907-1912, 1912-1917) exercèrent des fonctions législatives. Depuis 1993, c'est le nom porté par l'une des deux chambres du Parlement russe.

Doumer (Paul), homme d'État français (Aurillac 1857 - Paris 1932). Gouverneur général de l'Indochine (1897-1902), plusieurs fois ministre des Finances, président du Sénat (1927) et président de la République (1931-32), il mourut assassiné.

Doumergue (Gaston), homme d'État français (Aigues-Vives, Gard, 1863 - *id.* 1937). Député, puis sénateur radical-socialiste, il fut président du Conseil (1913-14), du Sénat (1923) et président de la République (1924-1931). Rappelé au lendemain du 6 févr. 1934, il constitua un gouvernement d'« Union nationale », mais, critiqué pour ses projets de réforme constitutionnelle, il fut contraint de démissionner le 8 nov. suivant.

Douro (le), en esp. **Duero,** fl. d'Espagne et du Portugal, né en Vieille-Castille, qui rejoint l'Atlantique près de Porto ; 850 km.

doute [dut] **n.m.** (de *douter*). **1.** État d'esprit d'une personne qui est incertaine de la réalité d'un fait, de l'exactitude d'une déclaration, qui ne sait quelle conduite adopter : *Laisser qqn dans le doute* (syn. **incertitude**). **2.** (Souvent au pl.). Manque de confiance dans la sincérité de qqn, la réalisation de qqch : *Avoir des doutes au sujet de qqn* (= s'en méfier). *Avoir des doutes sur la réussite d'une entreprise.* **3. Cela ne fait aucun doute, ne fait pas l'ombre d'un doute,** c'est certain. / **Mettre en doute qqch,** remettre qqch en question. / **Nul doute que** (+ ind. ou + subj. et *ne* explétif), il est certain que : *Nul doute que ce renseignement me sera utile, ne me soit utile.* / **Sans doute,** probablement, vraisemblablement : *Sans doute le savez-vous déjà.*

douter [dute] **v.t. ind. [de]** (lat. *dubitare,* hésiter, craindre). **1.** Être incertain de la réalité d'un fait, de l'exactitude d'une affirmation, de la conduite à tenir : *Douter de l'existence de Dieu. Je doute de sa présence.* **2.** Ne pas avoir confiance en qqn, qqch : *Douter de la parole de qqn.* **3. À n'en pas douter,** assurément : *C'est, à n'en pas douter, un ouvrage passionnant.* / **Ne douter de rien,** n'hésiter devant aucun obstacle, avoir une audace aveugle.

douteux, euse [dutø, -øz] **adj.** (de *doute*). **1.** Dont la réalité, l'exactitude, la valeur n'est pas établie : *Un fait douteux* (syn. **incertain**). *Argument douteux* (syn. **équivoque**). **2.** Se dit de qqn ou de qqch qui paraît peu fiable : *Une information douteuse* (syn. **suspect**). *Un individu douteux* (syn. **louche**). **3.** Se dit de qqch qui manque de propreté ou de fraîcheur : *Une chemise douteuse. Une viande douteuse.*

1. douve [duv] **n.f.** (bas lat. *doga,* p.-ê. du gr. *dokhê,* réservoir). **1.** Large fossé rempli d'eau : *Les douves d'un château.* **2.** Dans le steeple-chase, large fossé rempli d'eau, précédé d'une haie ou d'une barrière. **3.** Chacune des pièces de bois longitudinales dont est formé le corps d'un tonneau.

2. douve [duv] **n.f.** (bas lat. *dolva,* probabl. d'orig. gaul.). Ver parasite du foie de certains herbivores et de l'homme. ▸ Classe des trématodes.

Douvres, en angl. **Dover,** v. de Grande-Bretagne (Kent), sur le pas de Calais ; 111 674 hab. Port de voyageurs.

doux, douce [du, dus] **adj.** (lat. *dulcis*). **1.** Dont le goût est sucré ou peu accentué : *Amande douce* (syn. **sucré ;** contr. **amer**). *Pomme douce* (contr. **acide**). *Moutarde douce* (contr. **fort**). **2.** Qui procure une sensation agréable, un sentiment de bien-être : *Une peau douce* (contr. **rêche, rugueux**). *Le doux parfum des violettes* (syn. **suave**). *Lumière douce* (contr. **cru**). *Voix douce* (contr. **criard**). *Musique douce.* **3.** Qui ne présente aucun caractère excessif : *Hiver doux* (contr. **rigoureux**). *Une route en pente douce* (contr. **raide**). **4.** TECHN. Malléable : *Acier doux* (syn. **ductile**). **5.** Qui agit sans brusquerie ; qui est d'un caractère facile : *Il est doux comme un agneau* (syn. **inoffensif**). **6.** Qui est plein de douceur, de bienveillance : *Doux regards* (syn. **affectueux**). **7.** *FAM.* **En douce,** sans se faire remarquer : *Faire qqch en douce* (= en catimini). / **Énergies douces,** énergies tirées de phénomènes naturels et dont la production respecte l'environnement : *Les énergies solaire, hydraulique, marémotrice, éolienne sont des énergies douces.* / **Faire les yeux doux,** regarder amoureusement, souvent avec l'intention d'attendrir. / **Médecine douce,** médecine qui s'efforce d'utiliser des moyens tenus pour naturels, qui n'agissent pas sur l'organisme brutalement et sont dépourvus d'effets secondaires néfastes. ◆ **doux adv. Filer doux,** obéir sans opposer de résistance. / **Il fait doux,** il ne fait ni trop chaud ni trop froid. ◆ **n.** Personne sensible, bienveillante : *Lui, c'est un doux* (syn. **tendre ;** contr. **dur**).

doux-amer [duzamɛr], **douce-amère** [dusamɛr] **adj.** (pl. *doux-amers, douces-amères*). **1.** Qui est à la fois doux et amer au goût : *Une sauce douce-amère.* **2.** Qui mêle l'amertume à la bienveillance : *Des propos doux-amers.*

douzain [duzɛ̃] **n.m. 1.** Ancienne monnaie française, frappée à partir de Charles VII, qui valait douze deniers tournois. **2.** Poème de douze vers.

douzaine [duzɛn] **n.f. 1.** Ensemble de douze objets de même nature : *Une douzaine d'œufs.* **2. À la douzaine,** en quantité : *Des films comme ça, on en voit à la douzaine.*

douze [duz] **adj. num. card. inv.** (lat. *duodecim*). **1.** Onze plus un : *Les douze mois de l'année.* **2.** (En fonction d'ord.). De rang numéro douze ; douzième : *Page douze.* ◆ **n.m. inv.** Le nombre qui suit onze dans la série des entiers naturels : *Deux fois six font douze.*

douzième [duzjɛm] **adj. num. ord.** De rang numéro douze : *Habiter le, dans le douzième* (= le douzième arrondissement). ◆ **n.** Celui, celle qui occupe le douzième rang : *C'est la douzième de sa promotion.* ◆ **adj.** et **n.m.** Qui correspond à la division d'un tout en douze parties égales : *La douzième partie d'une somme. Réserver le douzième des recettes à une association.*

douzièmement [duzjɛmmɑ̃] **adv.** En douzième lieu.

Dovjenko (Aleksandr Petrovitch), cinéaste soviétique (Sosnitsa, Ukraine, 1894 - Moscou 1956). Sa terre natale lui inspire des films d'un grand lyrisme, comme *la Terre* (1930) et encore *le Poème de la mer, Arsenal, Aerograd.*

Downing Street, rue de Londres où se trouve, au numéro 10, la résidence du Premier ministre.

doyen, enne [dwajɛ̃, -ɛn] **n.** (bas lat. *decanus,* chef de dix hommes). **1.** Personne la plus âgée ou la plus ancienne d'un groupe : *La doyenne de la famille* (= la plus âgée). *Le doyen de l'Académie française* (= le plus ancien). **2.** Nom de certains responsables ecclésiastiques. **3.** Nom de certains hauts responsables dans l'enseignement : *Le doyen de l'unité de formation et de recherche de médecine.*

doyenneté [dwajɛnte] **n.f.** *VX.* Qualité de doyen d'âge.

Doyle (*sir* **Arthur Conan),** écrivain britannique (Édimbourg 1859 - Crowborough, Sussex, 1930). Ses romans policiers ont pour héros Sherlock Holmes, type du détective amateur.

drachme [drakm] **n.f.** (gr. *drakhmê*). **1.** Unité de poids et de monnaie de la Grèce ancienne. **2.** Anc. unité monétaire de la Grèce moderne. (Devenue, le 1er janv. 2001, une subdivision de l'euro, la drachme a cessé d'exister, au profit de la monnaie unique européenne, en 2002.)

Dracon, législateur d'Athènes (VIIe s. av. J.-C.). Le code qu'il rédigea v. 621 av. J.-C. est resté célèbre par sa sévérité. Les lois draconiennes imposaient l'autorité de l'État en matière judiciaire et réduisaient la puissance et l'arbitraire des clans familiaux.

draconien, enne [drakɔnjɛ̃, -ɛn] **adj.** (de *Dracon*). D'une rigueur excessive : *Mesure draconienne* (syn. **drastique**).

Dracula, personnage éponyme du roman de Bram Stoker (1897), inspiré d'un prince de Valachie du XVe s. Archétype du vampire, il inspira de nombreux films (F. Murnau, *Nosferatu le vampire,* 1922 ; T. Browning, 1931 ; C. Dreyer, 1932 ; T. Fisher, 1958 ; F. F. Coppola, 1992).

dragage [dragaʒ] **n.m.** Action de draguer qqch.

dragée [draʒe] **n.f.** (altér. du lat. *tragemata,* gr. *tragêmata,* friandises). **1.** Confiserie constituée le plus souvent d'une amande recouverte de sucre durci. **2.** Pilule formée d'un médicament recouvert de sucre. **3.** *FAM.* **Tenir la dragée haute à qqn,** lui faire sentir sa supériorité.

dragéifié, e [draʒeifje] **adj.** Se dit d'un médicament sous forme de dragée : *Des comprimés dragéifiés.*

drageon [draʒɔ̃] **n.m.** (frq. **draibjô,* poussé). Rejeton de la racine issu d'une plante vivace.

drageonnement [draʒɔnmɑ̃] **n.m.** Fait pour une plante de développer des drageons.

dragon [dragɔ̃] **n.m.** (lat. *draco*). **1.** Animal fabuleux, génér. représenté avec des griffes, des ailes et une queue : *Un dragon qui crache du feu.* **2.** Soldat d'un corps de cavalerie ; soldat d'un régiment blindé. **3. Dragon de vertu,** personne d'une vertu austère.

dragonnade [dragɔnad] **n.f.** (de [*conversion à la*] *dragonne,* de *dragon,* soldat). HIST. (Surtout au pl.). Sous Louis XIV, persécution des protestants destinée à obtenir leur conversion au catholicisme et exercée par les dragons, qui étaient logés chez eux à cet effet.

dragonne [dragɔn] **n.f.** (de *dragon,* soldat). Lanière attachée à un objet et que l'on peut passer, selon les cas, au poignet ou au bras : *Dragonne d'un sabre, d'un bâton de ski.*

dragster [dragstɛr] **n.m.** (mot angl.). Véhicule sportif à deux ou à quatre roues, au moteur très puissant, capable d'atteindre très rapidement de grandes vitesses.

drague [drag] **n.f.** (angl. *drag,* crochet). **1.** Engin destiné à enlever les objets, le sable, le gravier, la vase déposés au fond de l'eau et gênant la navigation ; ponton flottant supportant cet engin. **2.** Dispositif employé pour détruire ou enlever les mines sous-marines. **3.** Sorte de filet de pêche. **4.** FAM. Action de draguer qqn.

draguer [drage] **v.t.** (de *drague*). **1.** Curer avec une drague : *Draguer un chenal.* **2.** Retirer qqch de l'eau avec une drague : *Draguer des mines.* **3.** Pêcher à la drague : *Draguer des coquillages.* **4.** FAM. Aborder qqn, tenter de le séduire en vue d'une aventure : *Elle m'a dragué dans un café.*

1. dragueur [dragœr] **n.m.** (de *drague*). **1.** Bateau, ponton muni d'une drague. **2. Dragueur de mines,** bateau spécialisé dans l'élimination des mines sous-marines.

2. dragueur, euse [dragœr, -øz] **n.** (de *draguer*). FAM. Personne qui aime draguer, séduire.

Draguignan, ch.-l. d'arr. du Var ; 38 317 hab. *(Dracénois).* La ville a été le ch.-l. du Var de 1797 à 1974. École d'application d'artillerie depuis 1976. Restes de fortifications. Musée.

draille [draj] **n.f.** (var. de *traille* [lat. *tragula*], bac glissant le long d'un câble ; ce câble lui-même). Cordage le long duquel glisse une voile, un foc.

drain [drɛ̃] **n.m.** (mot angl., de *to drain,* égoutter, dessécher). **1.** MÉD. Tube placé dans une plaie et servant à l'écoulement des liquides pathologiques. **2.** Conduit souterrain permettant d'évacuer les eaux d'un terrain trop humide.

drainage [drenaʒ] **n.m. 1.** MÉD. Opération consistant en l'évacuation par un drain, une mèche, des liquides pathologiques contenus dans l'organisme. **2.** MÉD. Traitement destiné à favoriser l'élimination des toxines : *Le drainage lymphatique est fait par massages.* **3.** Opération destinée à faciliter, notamm. au moyen de drains, l'écoulement des eaux dans des terrains trop humides : *Drainage d'un marais* (syn. **assèchement**). **4.** Action d'attirer qqch dans un lieu ; fait d'être attiré dans un lieu : *Le drainage des capitaux vers un pays étranger.*

drainer [drene] **v.t.** (de *drain*). **1.** MÉD. Pratiquer un drainage : *Drainer une plaie purulente.* **2.** Débarrasser un terrain de son excès d'eau en recourant aux techniques de drainage : *Drainer un polder* (syn. **assécher**). **3.** Pour un cours d'eau, rassembler les eaux d'une région. **4.** Faire affluer qqch de divers côtés ; canaliser dans une direction : *Une usine qui draine toute la main-d'œuvre d'une région* (syn. **attirer**). *Drainer la circulation vers une voie de dégagement* (syn. **diriger**).

Drake ***(détroit de),*** large bras de mer séparant la Terre de Feu et l'Antarctique et reliant l'Atlantique au Pacifique.

Drake (*sir* **Francis**), marin et corsaire anglais (près de Tavistock v. 1540 - au large de Portobelo 1596). Il lutta avec succès contre les Espagnols, détruisant leur flotte à Cadix (1587), et prit une part importante à la défaite de l'Invincible Armada (1588). Il a réalisé le premier voyage anglais de circumnavigation.

Drakensberg, principal massif de l'Afrique du Sud, au-dessus de l'océan Indien ; 3 482 m.

drakkar [drakar] **n.m.** (mot scand.). Bateau qui servait autref. aux expéditions des Normands et des Vikings.

dramatique [dramatik] **adj.** (lat. *dramaticus,* du gr. ; v. *drame*). **1.** Qui s'occupe de théâtre ; relatif au théâtre : *Auteur dramatique. Art dramatique.* **2.** DIDACT. Relatif au drame : *Le genre dramatique.* **3.** Qui comporte un grave danger ; qui intéresse, émeut vivement : *Une situation dramatique* (syn. **catastrophique, critique**). *L'intensité dramatique de la scène finale.* ◆ **n.f.** Œuvre de fiction télévisée ou radiodiffusée : *Les téléfilms sont des dramatiques.*

dramatiquement [dramatikmɑ̃] **adv.** D'une manière catastrophique, tragique.

dramatisation [dramatizasjɔ̃] **n.f.** Action de dramatiser.

dramatiser [dramatize] **v.t.** Donner un tour grave à qqch : *Dramatiser la situation.*

dramaturge [dramatyrʒ] **n.m.** (gr. *dramatourgos*). **1.** Auteur de pièces de théâtre. **2.** Spécialiste de dramaturgie qui travaille avec le metteur en scène.

dramaturgie [dramatyrʒi] **n.f. 1.** Art de la composition théâtrale ; traité sur la composition théâtrale. **2.** Analyse littéraire d'une pièce de théâtre.

drame [dram] **n.m.** (lat. *drama,* mot gr. « action, pièce de théâtre »). **1.** Événement ou série d'événements violents : *Un nouveau cambriolage a tourné au drame* (syn. **tragédie**). **2.** Genre théâtral caractérisé par le mélange des tons, l'introduction d'éléments réalistes ou comiques dans un contexte tragique ou pathétique ; pièce de théâtre qui appartient à ce genre : *Un drame de Shakespeare.* **3. Faire (tout) un drame de qqch,** dramatiser : *Faire un drame d'un petit incident* (syn. **affaire, histoire**).

■ Le drame apparaît dans le théâtre français dans la seconde moitié du XVIIIe s., refusant avec force la distinction des genres comique et tragique fixée par le classicisme. À l'esthétique classique de la pureté, de l'unité et de la perfection, le drame oppose, au nom de la vérité et de la vie, une recherche de l'intensité, de la variété, du mélange des tons. Le souci de renouveler les traditions classiques par plus de réalisme, l'influence étrangère (Calderón, Lope de Vega, Shakespeare, Goldoni) et le besoin d'écrire pour une classe bourgeoise grandissante donnent naissance au *drame bourgeois,* ou *genre sérieux,* défini par Diderot : drame en prose visant à la vérité dans le ton, cherchant le mouvement et le pathétique, représentant les conditions et les conflits de la vie privée, avec une intention moralisante, dont se distingue à peine la « comédie larmoyante » de Nivelle de La Chaussée et qui s'épanouira par la suite dans le *mélodrame.*

Les idées dramatiques de Diderot sont reprises en Allemagne par Lessing dans ses drames bourgeois ou philosophiques *(Nathan le Sage).* Dans le même sens, Goethe compose son drame *Götz de Berlichingen,* alors que Schiller se fait plutôt l'imitateur de Shakespeare dans *les Brigands.* Sous ces influences combinées de Shakespeare, du drame allemand, du mélodrame et des théories dramatiques de l'Italien Manzoni s'élabore en France le *drame romantique,* dont V. Hugo donne la définition dans la *Préface de Cromwell* (1827). Théâtre d'action complexe, plus lyrique que psychologique, substituant les sujets modernes aux sujets antiques, épris d'histoire et de « couleur locale », le drame romantique s'impose dès 1830 (« bataille d'*Hernani* ») avec les œuvres de Hugo *(Marie Tudor, Ruy Blas),* de A. Dumas père *(Kean),* de Vigny *(Chatterton).*

Si l'échec des *Burgraves* (1843) de Hugo marque la fin du théâtre romantique, le drame, devenu un genre aux contours mal définis et supplantant la tragédie disparue, continue de vivre comme à peu près la seule forme d'expression du théâtre « sérieux ». Ainsi le drame bourgeois moralisateur renaît-il dans la « pièce à thèse » de A. Dumas fils *(la Dame aux camélias),* tandis que le théâtre naturaliste, avec Henry Becque *(les Corbeaux),* Octave Mirbeau *(Les affaires sont les affaires),* Antoine et son « Théâtre-Libre », poursuit l'idéal de la vérité au théâtre. Mais c'est à l'étranger que le drame, influencé par le mouvement symboliste ou une nouvelle perception de la vie cérébrale, donne ses œuvres les plus fortes, avec Ibsen en Norvège, Strindberg en Suède, Tchekhov en Russie, G. Hauptmann en Allemagne, Synge en Irlande, Pirandello en Italie. L'exemple →

du *drame musical* de Wagner engage le symbolisme dans la voie du *drame poétique* (Maeterlinck), qui conduira au théâtre de P. Claudel.

Dans la seconde moitié du XXe s., le tragique des « comédies » de Beckett ou d'Ionesco et la bouffonnerie du *théâtre de l'absurde* permettent de voir dans ces œuvres un nouvel avatar du drame, mais interdisent surtout de tracer une limite précise entre les formes dramatiques. Par commodité, on retiendra néanmoins la distinction académique entre tragédie et drame : la première repose sur une transcendance (le rôle des dieux ou du destin), le second sur un enchaînement de circonstances provoqué par le hasard et l'activité humaine. ■

Drancy, ch.-l. de c. de la Seine-Saint-Denis ; 67 966 hab. *(Drancéens).* Constructions mécaniques et électriques. Camp de transit pour les détenus juifs, de 1941 à 1944.

drap [dra] **n.m.** (lat. *drappus,* probabl. d'orig. celt.). **1.** Pièce de literie que l'on place au-dessus du matelas d'un lit ou en dessous des couvertures : *Draps de coton. Drap de dessus, de dessous.* **2.** Tissu feutré en laine pure ou mélangée : *Un duffel-coat en drap.* **3.** Grande serviette en tissu-éponge : *Drap de bain.* **4.** *FAM.* **Être, se mettre dans de beaux draps,** être, se mettre dans une situation embarrassante.

drapé [drape] **n.m.** (de *draper*). Manière dont les plis d'un tissu, d'un vêtement sont disposés en vue d'un effet esthétique : *Le drapé d'un péplum.*

drapeau [drapo] **n.m.** (de *drap,* d'apr. l'it. *drapello*). **1.** Pièce d'étoffe attachée à une hampe qui symbolise une nation ou sert de signe de ralliement à un groupe : *Le drapeau d'un régiment* (syn. **enseigne**). **2.** Pièce d'étoffe dont on se sert pour donner un signal, une information : *Le drapeau vert indique que la baignade est permise.* **3. Être (appelé) sous les drapeaux,** appartenir à l'armée ; accomplir son service national. **4. Drapeau blanc,** drapeau qui indique qu'on veut parlementer ou capituler : *Hisser le drapeau blanc.* ⟶ Pages de garde.

draper [drape] **v.t.** (de *drap*). **1.** Couvrir, habiller d'une draperie : *Draper une statue.* **2.** Disposer harmonieusement les plis d'un vêtement : *Draper une robe.* ◆ **se draper v.pr. [dans]. 1.** S'envelopper dans un vêtement ample : *Se draper dans une cape.* **2.** *SOUT.* Se prévaloir avec affectation de qqch : *Se draper dans sa dignité, sa vertu.*

draperie [drapri] **n.f. 1.** Fabrication et commerce de drap. **2.** Tissu disposé de manière à retomber en plis harmonieux, spécial. dans l'ameublement.

drap-housse [draus] **n.m.** (pl. *draps-housses*). Drap dont les bords garnis d'un élastique et les coins repliés s'adaptent parfaitement au matelas.

drapier, ère [drapje, -ɛr] **adj.** et **n.** Personne qui fabrique ou vend du drap.

drastique [drastik] **adj.** (gr. *drastikos,* énergique, de *drân,* faire). Se dit d'une mesure d'une brutale efficacité : *Mesures financières drastiques* (syn. **draconien**).

Drave (la), riv. née dans les Alpes italiennes, affl. du Danube (r. dr.) ; 700 km. Elle coule en Autriche et en Slovénie, puis sépare la Hongrie de la Croatie après avoir reçu la Mur.

dravidien, enne [dravidjɛ̃, -ɛn] **adj.** (angl. *dravidian,* du sanskrit *Dravida,* n. d'une prov. de l'Inde). Des Dravidiens. ◆ **dravidien n.m.** Famille de langues du sud de l'Inde (les langues dravidiennes) comprenant notamm. le telugu et le tamoul.

Dravidiens, groupe de populations du sud de l'Inde et du Sri Lanka.

dreadlocks [drɛdlɔks] **n.f. pl.** (mot angl.). Petites nattes, parfois entrelacées de perles, constituant la coiffure traditionnelle des rastas.

drelin [drəlɛ̃] **interj.** (onomat.). Imite le bruit d'une clochette, d'une sonnette.

Dresde, en all. **Dresden,** v. d'Allemagne, cap. de la Saxe, sur l'Elbe ; 512 354 hab. Centre industriel. Palais baroque du Zwinger (v. 1720, très restauré), œuvre de l'architecte Matthäus Daniel Pöppelmann. Riche galerie de peinture. La ville devint une métropole culturelle et artistique au XVIIIe s. grâce aux Électeurs de Saxe. Elle fut détruite en févr. 1945 par les bombardements aériens alliés (env. 35 000 morts).

dressage [dresaʒ] **n.m. 1.** Action de dresser, d'installer : *Le dressage d'une tente* (syn. **montage**). **2.** TECHN. Action de rendre plan, droit, régulier : *Le dressage d'une tôle.* **3.** Action de dresser un animal : *Le dressage des fauves* (syn. **domptage**).

dresser [drese] **v.t.** (lat. pop. **directiare,* de *directus,* droit). **1.** Mettre, tenir droit ; disposer verticalement : *Dresser la tête* (syn. **relever**). *Dresser une échelle.* **2.** Mettre en place une installation, une construction : *Dresser une tente, un camp* (syn. **monter**). *Dresser une statue* (syn. **élever, ériger**). **3.** TECHN. Rendre uni, plan, régulier : *Dresser une planche* (syn. **aplanir**). **4.** Établir, tracer avec soin ou selon la forme prescrite : *Dresser un plan, un procès-verbal.* **5.** Plier un animal à une certaine discipline : *Dresser un lion* (syn. **dompter**). **6.** Faire obéir qqn par la contrainte, la discipline : *Dresser un soldat au maniement des armes.* **7.** Créer une animosité entre des personnes : *On l'a dressé contre moi* (syn. **monter**). **8. Dresser l'oreille,** écouter attentivement. ◆ **se dresser v.pr. 1.** Se mettre debout, se tenir droit : *Se dresser sur la pointe des pieds.* **2. [contre].** Manifester son opposition : *Se dresser contre la corruption, contre un tyran* (syn. **s'opposer à**).

dresseur, euse [dresœr, -øz] **n.** Personne qui dresse des animaux : *Un dresseur de chiens.*

dressing [dresiŋ] et **dressing-room** [dresiŋrum] **n.m.** (angl. *dressing-room,* pièce pour s'habiller) [pl. *dressing-rooms*]. Petite pièce où l'on range les vêtements ; grande penderie. (Recomm. off. *vestiaire.*)

dressoir [dreswar] **n.m.** (de *dresser*). Buffet à étagères qui servait à exposer des pièces de vaisselle.

Dreux, ch.-l. d'arr. de l'Eure-et-Loir ; 31 763 hab. *(Drouais).* Constructions électriques et mécaniques. Chimie. Église des XIIIe-XVIe s., beffroi du XVIe s. et chapelle St-Louis (1816).

Dreyer (Carl Theodor), cinéaste danois (Copenhague 1889 - *id.* 1968). Il débute dans la mise en scène avec *le Président* (1920), réalisant notamment *la Quatrième Alliance de dame Marguerite* (1920), *Pages arrachées au livre de Satan* (1921), *Mikaël* (1924) et *le Maître du logis* (1925). Invité en France, Dreyer y réalise l'une des œuvres majeures du cinéma muet, *la Passion de Jeanne d'Arc* (1928) : surmontant les contraintes du muet, il bâtit dans ce film un langage fondé sur une succession obsédante de gros plans de Jeanne et de ses juges. Un autre film tourné en France, *Vampyr* (1932), où seuls la lenteur envoûtante du récit, la lumière nébuleuse, les sons étrangement assourdis suggèrent l'omniprésence de la mort, rencontre l'échec commercial. En 1943, la carrière de Carl Dreyer reprend avec *Dies Irae (Jour de colère), Ordet* (1955) et *Gertrud* (1964). Son œuvre, marquée par un profond mysticisme, allie la profondeur de la démarche spirituelle et l'élégance formelle d'un style rigoureux, dépouillé, proche parfois de l'expressionnisme.

Dreyfus (Alfred), militaire français (Mulhouse 1859 - Paris 1935). Il fut au centre d'un scandale judiciaire et politique qui divisa l'opinion française de 1894 à 1906 et préluda à la formation du Bloc des gauches (radicaux et socialistes) et de l'Action française. En 1894, cet officier français de confession israélite, fut condamné (à tort) pour espionnage au profit de l'Allemagne. La campagne de révision du procès (1897-1899), au cours de laquelle É. Zola publia un violent réquisitoire contre l'état-major *(J'accuse)* [1898], opposa les dreyfusards, antimilitaristes groupés autour de la Ligue des droits de l'homme, et les antidreyfusards, antisémites ou ultra-nationalistes que rassemblaient la Ligue de la patrie française puis le comité de l'Action française. Dreyfus fut gracié en 1899 et réhabilité en 1906. Réintégré dans l'armée, il termine sa carrière avec le grade de lieutenant-colonel pendant la Première Guerre mondiale.

dreyfusard, e [drɛfyzar, -ard] **n.** et **adj.** HIST. Partisan de la révision du procès du capitaine Dreyfus, entre 1894 et 1906.

dribble [dribl] **n.m.** (de *dribbler*). Action de dribbler.

dribbler [drible] **v.i.** (angl. *to dribble*). Conduire le ballon par petits coups de pied ou de main en contournant les adversaires.

drille [drij] **n.m.** (p.-ê. de *drilles,* chiffons [d'orig. obsc.] en raison des vêtements d'un vagabond). **1.** Autref., soldat vagabond ; soudard. **2. Joyeux drille,** homme jovial, joyeux compagnon.

drink [drink] **n.m.** (mot angl. « boisson »). FAM. Boisson alcoolisée : *Se servir un drink.*

drisse [dris] **n.f.** (it. *drizza,* de *drizzare,* dresser). MAR. Cordage qui sert à hisser : *Drisse de mât.*

drive [drajv] **n.m.** (mot angl. « coup droit »). Au golf, coup de longue distance donné au départ d'un trou.

drive-in [drajvin] **n.m. inv.** (mot anglo-amér., de *to drive,* conduire, et *in,* dedans). VIEILLI. Cinéma de plein air où les spectateurs peuvent assister aux projections en restant dans leur voiture. (Recomm. off. *ciné-parc.*)

1. driver [drajvœr] **n.m.** (mot angl. « conducteur »). **1.** Au golf, club avec lequel on exécute le drive. **2.** Jockey d'un sulky.

2. driver [drajve] **v.i.** (de *drive* et *1. driver*). Au golf, faire un drive. ◆ **v.t.** Conduire un cheval attelé à un sulky dans une course de trot.

drogue [drɔg] **n.f.** (orig. incert., p.-ê. néerl. *drog,* chose sèche). **1.** MÉD. Substance psychotrope génér. nuisible pour la santé, susceptible de provoquer une toxicomanie, et consommée en dehors d'une prescription médicale (syn. **stupéfiant**). **2.** Ce dont on ne peut plus se passer : *La télévision est une drogue pour certains enfants.* **3. Drogue douce,** qui a des effets mineurs sur l'organisme, comme les dérivés du cannabis. / **Drogue dure,** engendrant un état de dépendance.

■ Les drogues, qui modifient l'état de conscience, proviennent de produits naturels (cannabis, cocaïne, héroïne, opium, etc.), de produits de synthèse (ecstasy, LSD, etc.) ou de médicaments détournés de leur usage habituel (morphine, barbituriques, tranquillisants, amphétamines).

La consommation répétée de drogue conduit à un état d'intoxication, ou *toxicomanie,* caractérisé par une dépendance psychique (besoin impérieux d'absorber une drogue). Certaines substances *(drogues dures)* créent également une dépendance physique, caractérisée par l'apparition de troubles somatiques et psychiques graves en cas de sevrage (état de manque). Le type de substance et sa voie d'administration (la voie intraveineuse serait la plus nocive) influent sur la gravité de la toxicomanie. Un autre phénomène typique de la toxicomanie est la tendance à augmenter sans cesse les doses pour obtenir les mêmes sensations (phénomène d'accoutumance).

Recherchée pour la sensation d'euphorie qu'elle procure initialement, la drogue finit par produire les effets inverses : grande anxiété, malaises physiques (ralentissement du rythme cardiaque, difficultés respiratoires). Elle entraîne une déchéance progressive, mentale (troubles graves de la personnalité, souvent irréversibles) et physique (état général très faible, qui rend l'organisme plus sensible aux maladies). Par ailleurs, la prise de drogue intraveineuse est une cause fréquente de transmission du sida. ■

drogué, e [drɔge] **adj.** et **n.** Qui fait usage de drogues (syn. **toxicomane**).

droguer [drɔge] **v.t. 1.** Faire absorber une drogue à qqn : *Il a été drogué par ses ravisseurs.* **2.** Donner beaucoup de médicaments à un malade. ◆ **se droguer v.pr. 1.** Prendre trop de médicaments. **2.** Faire usage de stupéfiants.

droguerie [drɔgri] **n.f.** (de *drogue*). Commerce de produits chimiques courants, de produits d'entretien, de peinture, de quincaillerie, etc.

droguiste [drɔgist] **n.** Personne qui tient une droguerie. (On dit aussi *marchand de couleurs.*)

1. droit [drwa] **n.m.** (bas lat. *directum,* ce qui est juste). **1.** Faculté d'accomplir ou non qqch, d'exiger qqch d'autrui en vertu de règles reconnues, individuelles ou collectives : *On n'a pas le droit de fumer* (syn. **autorisation, permission**). *Déclaration des droits de l'homme. Le droit des peuples à disposer d'eux-mêmes.* **2.** Ce qui donne une autorité morale, une influence : *Avoir des droits sur qqn* (syn. **pouvoir**). *Les droits de la défense* (syn. **prérogative**). **3.** Somme d'argent exigible en vertu d'un règlement : *Droits de douane* (syn. **taxe, redevance**). *Droits d'auteur.* **4.** Ensemble des principes qui régissent les rapports des hommes entre eux et servent à établir des règles juridiques : *Le droit doit primer la force.* **5.** Ensemble des règles juridiques en vigueur dans une société : *Droit pénal* (= droit relatif aux infractions et aux peines). *Droit civil* (= relatif aux personnes et aux biens). *Droit commercial, administratif. Droit canon* (= droit ecclésiastique). **6.** Science des règles juridiques : *Faire des études de droit.* **7. À bon droit, de plein droit,** à juste titre, sans qu'il y ait matière à contestation. / **Avoir droit à qqch,** pouvoir légitimement en disposer : *Avoir droit à cinq semaines de congés payés par an ;* FAM., ne pas pouvoir éviter qqch de désagréable : *Si tu continues, tu vas avoir droit à une paire de claques.* / **Avoir droit de vie et de mort sur qqn,** pouvoir disposer de sa vie. / **Droits de l'homme,** droits et libertés que chaque individu (homme ou femme) possède du seul fait de sa nature humaine. / **État de droit,** système d'organisation des sociétés dans lequel l'ensemble des rapports politiques et sociaux est soumis au droit. / **Être en droit de** (+ inf.), être légalement ou légitimement fondé à : *Vous êtes en droit de réclamer des dommages et intérêts.* / **Monarchie de droit divin,** dans laquelle le roi tient son autorité souveraine de Dieu. / **Prisonnier, détenu de droit commun,** prisonnier dont l'infraction relève des règles juridiques générales et non de dispositions particulières, par opp. à un *prisonnier politique.* (On dit aussi *un, une droit commun.*) / **Qui de droit,** la personne compétente, qualifiée (s'emploie seul. comme compl.) : *S'adresser à qui de droit.*

■ **Le droit : des règles pour tous et pour chacun.** Ensemble de principes qu'une société donnée a convenu de respecter, le droit peut avoir pour sources principales la loi, la coutume ou la jurisprudence. Pour les philosophes des Lumières, la loi est pour l'individu le meilleur rempart contre l'arbitraire, le caprice d'un seul (le roi, le juge, etc.). Elle doit garantir à chacun certains droits (liberté, propriété…) que le pouvoir politique ne peut légitimement lui retirer.

Elle doit aussi protéger la société ; le droit criminel (ou droit pénal) doit dissuader et fixer les règles de jugement des accusés et les peines encourues : chaque condamné d'un crime similaire doit s'exposer à la même sanction (un des principes de l'essai fondateur du marquis de Beccaria, *Des délits et des peines,* 1764). La *Déclaration des droits de l'homme et du citoyen* pose en 1789 que la loi, « expression de la volonté générale », doit être « la même pour tous, soit qu'elle protège, soit qu'elle punisse ».

Le droit : quelques textes essentiels. Le premier recueil juridique connu, le *Code d'Hammourabi,* inscrit sur une stèle, énumérait les règles édictées par le roi de Babylone (IIe millénaire av. J.-C.).

Par la *Grande Charte* ou *Magna Carta* (1215), le roi anglais Jean sans Terre s'engageait à respecter les privilèges coutumiers de ses barons, reconnaissant par là les limites de l'arbitraire royal. Les débats parlementaires du XVIIe s. en firent le symbole des libertés fondamentales de l'Angleterre. Contre l'arrestation arbitraire, l'*Habeas corpus* anglais de 1679 consacre le principe de la libre disposition par l'individu de sa personne et de ses biens.

En France, aux premiers jours de la Révolution (août 1789), la *Déclaration des droits de l'homme et du citoyen,* fruit de vifs débats à l'Assemblée constituante, aura elle aussi un écho mondial, dont une manifestation emblématique sera la *Déclaration universelle des droits de l'homme* adoptée par l'Assemblée générale des Nations unies au lendemain de la Seconde Guerre mondiale (déc. 1948).

Depuis août 1864, les conventions de Genève signées à l'initiative de la Croix-Rouge fixent les droits reconnus par certains États aux blessés de guerre, aux prisonniers de guerre et aux civils.

→

A B C D E F G H I J K L M N O P Q R S T U V W X Y Z

Les droits de la femme. D'après la *Convention internationale sur l'élimination de toutes les formes de discrimination à l'égard des femmes,* adoptée en 1979 et ratifiée par plus de 185 pays, les États signataires reconnaissent à la femme l'égalité avec l'homme devant la loi. Elle a donc la même capacité juridique, les mêmes droits civils et politiques (donc le droit de voter et de se présenter à une élection), le même droit d'aller et de venir, le droit de se marier ou non, le choix de son métier, l'accès à un prêt bancaire, le droit à la même sanction pénale si elle est reconnue coupable d'un crime, etc. Mais il y a loin encore des principes à leur mise en pratique. Trop de femmes dans le monde subissent encore, par exemple, des mariages forcés, souvent très précoces. Le viol est encore un crime de guerre lamentablement fréquent.

Les droits de l'enfant. Adoptée en nov. 1989 par les Nations unies et ratifiée par 193 pays, la *Convention internationale des droits de l'enfant* énonce solennellement les droits de l'enfant, autrement dit les devoirs de l'adulte envers cette personne mineure, plus vulnérable. Dès sa naissance, tout enfant a le droit d'avoir un nom et une nationalité, le droit d'être protégé contre la maladie, le droit de ne pas faire la guerre ni de la subir, le droit d'aller à l'école, de jouer, danser, chanter, le droit d'être entouré et aimé. Comme l'adulte, il a droit à la liberté de conscience et à la liberté d'association, de réunion pacifique.

Mais les enfants voient leurs droits bafoués de par le monde : principales victimes de la famine et de la guerre, ils sont des centaines de millions à être contraints au travail, ou à être totalement livrés à eux-mêmes, voire à être enrôlés dans des forces militaires (les *enfants-soldats*). Ils peuvent aussi être victimes d'exploitation sexuelle, de mutilations rituelles ou de maltraitance. Selon le pays où il est né, l'enfant est plus ou moins protégé, dans le droit et dans les faits. ■

2. droit, e [drwa drwat] **adj.** (lat. *directus,* direct). **1.** Qui s'étend sans déviation d'une extrémité à l'autre : *Ligne droite. Une barre droite* (syn. **rectiligne ;** contr. **courbe**). **2.** Qui se tient bien verticalement, bien horizontalement : *Le tableau est droit* (contr. **penché, de travers**). *Avoir les jambes droites* (contr. **arqué**). **3.** Qui juge sainement, qui agit honnêtement : *Un homme droit* (syn. **honnête, loyal**). **4. En droite ligne, en ligne droite,** directement : *Ce produit vient en droite ligne du producteur.* / **Être, se tenir droit comme un « i », comme un piquet, comme un cierge,** se tenir très droit, avec raideur. / **Jupe droite,** jupe ni ample ni cintrée. / **Le droit chemin,** la voie de l'honnêteté. / **Veste droite,** veste qui se ferme bord à bord (par opp. à *veste croisée*). / MATH. **Angle droit,** l'un quelconque des angles formés par deux droites perpendiculaires. ▸ Chacun mesure 90°. ◆ **droit adv. 1.** Verticalement : *Arbres plantés droit.* **2.** Directement ; sans détour : *Aller droit au but, droit au fait.* **3.** De façon honnête : *Marcher droit.*

3. droit, e [drwa, drwat] **adj.** (de *2. droit*). **1.** Se dit du côté du corps de l'homme et des animaux opposé à celui du cœur : *Main droite.* **2.** En parlant des choses orientées, se dit de la partie située du côté droit d'une personne qui aurait la même orientation : *Roue avant droite d'une voiture.* **3.** En parlant des choses non orientées, se dit de la partie située du côté droit de celui qui regarde : *La partie droite de l'écran.* ◆ **droit n.m. 1.** Poing droit, en boxe : *Direct du droit.* **2.** Pied droit au football, au rugby : *Il a tiré du droit.*

1. droite [drwat] **n.f.** (de *2. droit*). **1.** MATH. Ensemble illimité de points alignés dont l'image est donnée par un fil tendu ou un fil à plomb. **2.** Ligne droite.

2. droite [drwat] **n.f.** (de *3. droit*). **1.** Main, côté droit d'une personne (par opp. à *gauche*) : *Tenir sa droite* (= continuer à rouler à droite). **2.** Poing droit, en boxe ; coup porté avec ce poing : *Je redoute surtout sa droite.* **3.** Côté droit (par rapport au président) d'une salle où siège une assemblée délibérante. **4.** Ensemble des groupements et partis qui professent des opinions conservatrices (par opp. à la *gauche*) : *Voter pour la droite.* **5. À droite,** du côté droit : *Tourner à droite.* / **À droite et à gauche, de droite et de gauche,** de côté et d'autre : *Faire des démarches à droite et à gauche.* / **De droite,** qui est situé sur le côté droit : *Trottoir de droite ;* qui relève de la droite politique, qui la soutient : *Une femme de droite.* / **Extrême droite,** ensemble des mouvements politiques ayant des positions réactionnaires ou plus nettement conservatrices que les partis de la droite traditionnelle.

droitement [drwatmɑ̃] **adv.** Avec droiture.

droit-fil [drwafil] **n.m.** (pl. *droits-fils*). COUT. Sens de la trame ou de la chaîne d'un tissu.

droitier, ère [drwatje, -ɛr] **adj.** et **n. 1.** Se dit d'une personne qui se sert ordinairement de la main droite (par opp. à *gaucher*). **2.** POLIT. De la droite politique.

droits de l'homme ***(Déclaration universelle des),*** texte proclamant les droits civils, politiques, économiques, sociaux et culturels de « tous les membres de la famille humaine ». Adopté le 10 déc. 1948 par l'Assemblée générale des Nations unies, ce texte a été complété en 1966 par deux pactes internationaux à caractère obligatoire sur la garantie des droits (l'un relatif aux droits économiques, sociaux et culturels, l'autre aux droits civils et politiques).

droits de l'homme et du citoyen ***(Déclaration des),*** déclaration, en 17 articles précédés d'un préambule, votée par l'Assemblée constituante le 26 août 1789 et qui servit de préface à la Constitution de 1791. Elle affirme les principes suivants : égalité politique et sociale de tous les citoyens ; respect de la propriété ; souveraineté de la nation ; admissibilité de tous les citoyens aux emplois publics ; obligation imposée à chaque homme d'obéir à la loi, expression de la volonté générale ; respect des opinions et des croyances ; liberté de la parole et de la presse ; répartition équitable des impôts.

droiture [drwatyr] **n.f.** Qualité d'une personne droite, qui respecte les règles morales : *C'est un homme d'une parfaite droiture* (syn. **rectitude, loyauté**).

drolatique [drɔlatik] **adj.** (de *drôle*). LITT. Qui est plaisant par son originalité ou sa bizarrerie : *Une scène drolatique* (syn. **cocasse**).

drôle [drol] **adj.** (moyen néerl. *drol,* lutin). **1.** Qui provoque le rire, intentionnellement ou non : *Raconter des histoires drôles. Il est très drôle* (syn. **amusant, comique**). **2.** Qui intrigue, surprend : *Si tu ne viens pas, ça paraîtra drôle* (syn. **bizarre, anormal**). *C'est drôle, je n'avais rien remarqué* (syn. **curieux**). ◆ **adv.** FAM. **Ça me fait drôle, tout drôle,** cela me fait une impression singulière. ◆ **n.m.** LITT. Personne peu scrupuleuse ; canaille.

drôlement [drolmɑ̃] **adv. 1.** De façon drôle, plaisante ou bizarre : *Être drôlement habillé. Il m'a regardé drôlement.* **2.** FAM. Très ; extrêmement : *Il fait drôlement froid.*

drôlerie [drolri] **n.f. 1.** Caractère de ce qui est drôle : *Il n'apprécie pas la drôlerie de la situation.* **2.** Parole ou action drôle : *Dire des drôleries.*

drôlesse [drolɛs] **n.f.** (de *drôle*). LITT. Femme aux mœurs légères ; effrontée.

D.R.O.M. [drɔm] **n.m.** (acronyme). Département et Région d'outre-mer. (On dit aussi *D.O.M.-R.O.M.*)

dromadaire [drɔmadɛr] **n.m.** (bas lat. *dromaderius,* du gr. *dromas,* coureur). Mammifère proche du chameau, à une bosse, grand coureur, résistant, utilisé comme monture ou comme bête de somme dans les déserts d'Afrique et d'Arabie (syn. **méhari**). ▸ Famille des camélidés ; le dromadaire blatère.

Drôme (la), riv. de France, affl. du Rhône (r. g.) ; 110 km. Elle naît dans les Alpes et passe à Die.

Drôme [26], dép. de la Région Auvergne-Rhône-Alpes ; ch.-l. de dép. *Valence ;* ch.-l. d'arr. *Die, Nyons ;* 3 arr., 19 cant., 369 comm. ; 6 530 km^2 ; 506 210 hab. *(Drômois).*

drone [drɔn] **n.m.** (mot angl. « abeille mâle »). MIL. Petit avion télécommandé sans pilote, utilisé pour des tâches diverses (reconnaissance tactique à haute altitude, surveillance du champ de bataille et guerre électronique). ▸ Les drones sont aussi utilisés dans le secteur civil pour des missions de surveillance (manifestations, pollution maritime, incendies de forêt, etc.).

drop-goal [drɔpgol] et **drop** [drɔp] **n.m.** (mot angl., *to drop*, jeter, et *goal*, but) [pl. *drop-goals*]. Au rugby, coup de pied en demi-volée qui envoie le ballon par-dessus la barre du but adverse.

drosera [drɔzera] **n.m.** (du gr. *droseros*, humide de rosée). Plante insectivore des tourbières d'Europe (aussi appelée *rossolis*), dont les petites feuilles en rosette portent des tentacules qui engluent et digèrent les menus insectes qui s'y posent. ▸ Famille des droséracées.

drosophile [drɔzɔfil] **n.f.** (du gr. *drosos*, rosée, et *-phile*). Petite mouche de couleur rougeâtre, très attirée par le vinaigre et utilisée dans de nombreuses expériences de génétique. ▸ Ordre des diptères ; long. 2 mm env.

drosse [drɔs] **n.f.** (altér., sous l'infl. de *drisse*, de l'it. *trozza*, du lat. *tradux*, sarment de vigne). MAR. Câble ou chaîne qui transmet le mouvement de la barre à roue ou du servomoteur au gouvernail.

Drouot *(hôtel)*, hôtel des commissaires-priseurs de Paris, rue Drouot (IXe arr.), où se tiennent la plupart des ventes mobilières aux enchères.

dru, e [dry] **adj.** (gaul. **druto*, fort). **1.** Épais, touffu, serré : *De l'herbe drue. Une barbe drue.* **2.** Se dit de la pluie qui tombe en gouttes abondantes et serrées. ◆ **dru adv.** D'une manière serrée ; en grande quantité : *Taillis qui pousse dru.*

drugstore [drœgstɔr] **n.m.** (mot anglo-amér., de *drug*, médicament, et *store*, boutique). Centre commercial vendant des produits de parfumerie, d'hygiène, des journaux et des marchandises diverses et pouvant comprendre aussi un restaurant, un cinéma, etc.

druide [drɥid] **n.m.** (lat. *druida*, du celte *druveid*, qui voit le chêne). Prêtre celte, en Gaule, en Bretagne et en Irlande. ***Rem.*** Le fém. *druidesse* est rare.

druidique [drɥidik] **adj.** Relatif aux druides.

drums [drœms] **n.m. pl.** (mot angl. « tambours »). MUS. Batterie dans un orchestre de jazz ou de rock.

Druon (Maurice), écrivain français (Paris 1918 - *id.* 2009). Il composa, avec son oncle Joseph Kessel, les paroles du *Chant des partisans* (1943). Peintre de la société française de l'entre-deux-guerres (*les Grandes Familles*, 1948), auteur de romans historiques (*les Rois maudits*, 1955-1977) et de pièces de théâtre, il a été ministre des Affaires culturelles (1973-1974). [Acad. fr.]

drupe [dryp] **n.f.** (lat. *drupa*, olive mûre). BOT. Fruit charnu, à noyau, tel que la cerise, l'abricot, etc.

Druzes ou **Druses,** population du Proche-Orient (Liban, Syrie, Israël), qui pratique depuis le XIe s. une religion initiatique issue du chiisme ismaélien des Fatimides. Les Druzes jouèrent un grand rôle politique dans le Liban du XVIIe s. au XIXe s., puis furent supplantés par les maronites.

dry [draj] **adj. inv.** (mot angl. « sec »). Sec, en parlant du champagne, d'un apéritif.

dryade [drijad] **n.f.** (lat. *dryas, -adis*, gr. *druas, -ados*, de *drus*, chêne). MYTH. GR. ET ROM. Nymphe des forêts.

Dryden (John), écrivain anglais (Aldwinkle, Northamptonshire, 1631 - Londres 1700). Principal représentant de l'esprit classique, il est l'auteur de tragédies, de satires politiques *(Absalon et Achitophel)*, de *Fables* et de poèmes.

dry-farming [drajfarmiŋ] **n.m.** (mot anglo-amér. « culture sèche ») [pl. *dry-farmings*]. Méthode de culture appliquée dans les régions semi-arides qui consiste à retenir l'eau dans le sol en travaillant la terre sans l'ensemencer une année sur deux.

du [dy] **art. 1.** Article défini contracté masculin singulier (= de le) : *L'arrivée du train.* **2.** Article partitif masculin singulier (v. *2. de*).

1. dû [dy] **n.m.** (de *2. dû*). Ce qui est dû à qqn : *Réclamer son dû.*

2. dû, due [dy] **adj.** (p. passé de *devoir*). **1.** Que l'on doit : *Somme due.* **2.** DR. **En bonne et due forme,** selon les règles prescrites par la loi ; au fig., de façon parfaite, sans que nul ne trouve à redire. ***Rem.*** *Dû* prend un accent circonflexe au masculin singulier seulement : *solde dû ; soldes dus.*

dualisme [dɥalism] **n.m.** (du lat. *dualis*, composé de deux). **1.** Système de pensée religieuse ou philosophique qui admet deux principes irréductibles, opposés dès l'origine (par opp. à *monisme*). **2.** Coexistence de deux éléments différents et notamm. de deux partis opposés (par opp. à *pluralisme*).

dualiste [dɥalist] **adj.** et **n.** Relatif au dualisme religieux ou philosophique ; partisan de ce système.

dualité [dɥalite] **n.f.** (bas lat. *dualitas*). Caractère de ce qui est double en soi ou composé de deux éléments de nature différente : *La dualité du corps et de l'âme.*

Dubai ou **Dubayy,** l'un des Émirats arabes unis, sur le golfe Persique ; 1 200 309 hab. CAP. *Dubai* (669 181 hab.). Pétrole.

Dubček (Alexander), homme politique tchécoslovaque (Uhrovec, Slovaquie, 1921 - Prague 1992). Premier secrétaire du parti communiste tchécoslovaque (janv. 1968), il prend la tête du mouvement de libéralisation du régime, appelé le « printemps de Prague », qui est arrêté par l'intervention militaire soviétique (août). Destitué en 1969, il préside, après les changements intervenus en 1989, l'Assemblée fédérale jusqu'en 1992.

Du Bellay (Joachim), poète français (près de Liré 1522 - Paris 1560). Ami et collaborateur de Ronsard, il rédigea le manifeste de la Pléiade, *Défense et illustration de la langue française* (1549). Du séjour qu'il fit à Rome comme secrétaire de son cousin le cardinal Jean Du Bellay, il rapporta deux recueils poétiques : *les Antiquités de Rome* et *les Regrets* (1558), suites de sonnets qui expriment sa déception devant la vie de la cour pontificale et sa nostalgie du pays natal.

dubitatif, ive [dybitatif, -iv] **adj.** (lat. *dubitativus*, de *dubitare*, douter). Qui exprime le doute, l'incertitude : *Un air dubitatif* (syn. **sceptique, incrédule**).

dubitativement [dybitativmɑ̃] **adv.** De façon dubitative.

Dublin, cap. et port de la république d'Irlande, sur la mer d'Irlande ; 527 612 hab. (1 155 000 dans l'agglomération). Riches musées (archéologie celtique ; manuscrits enluminés des VIIe-VIIIe s. ; etc.).

Dubois (Guillaume), cardinal et homme politique français (Brive-la-Gaillarde 1656 - Versailles 1723). Secrétaire d'État aux Affaires étrangères du Régent (1718), archevêque de Cambrai (1720), Premier ministre (1722), il conclut une alliance avec l'Angleterre dirigée contre l'Espagne et combattit les jansénistes.

Dubrovnik, anc. **Raguse,** port de Croatie ; 28 113 hab. Centre touristique sur la côte dalmate. Nombreux monuments, de l'époque préromane au baroque. Musées. Fondée au VIIe s., la ville passa sous la suzeraineté de Venise (1205-1358), puis de la Hongrie (1358-1526) et enfin sous celle des Ottomans. Elle accrut son autonomie, devenant aux XVe-XVIe s. une véritable « république », et connut une intense activité commerciale et culturelle. De 1815 à 1918, Raguse appartint à l'Autriche.

Dubuffet (Jean), peintre, sculpteur et écrivain français (Le Havre 1901 - Paris 1985). Théoricien de l'*art brut*, il s'est inspiré des graffiti et du dessin d'enfants (séries « Métro », 1943, « Portraits », 1947 et suiv.), a réalisé des textures matiéristes à l'aide de graviers, mastic, goudron (série « Mirobolus, Macadam et Cie », 1944) avant d'en venir à la veine plus froide du cycle de « l'Hourloupe » (1962-1974 : peintures, sculptures en matière plastique peinte, petites architectures). Le retour à un maximum de verve et de liberté plastique caractérise les séries ultimes, tels les « Théâtres de mémoire » (1975-1979), les « Psycho-sites » (1981-1982), les « Mires » et « Non-lieux » (1983-1984).

Duby (Georges), historien français (Paris 1919 - Aix-en-Provence 1996). Professeur au Collège de France (1970-1992), il est l'auteur d'ouvrages fondamentaux sur le Moyen Âge (*l'Économie rurale et la vie des campagnes dans l'Occident* *médiéval* IXe-XVe *s.,* 1962 ; *le Temps des cathédrales 980-1420,* 1976 ; *les Trois Ordres, ou l'Imaginaire du féodalisme,* 1978 ; *le Chevalier, la Femme et le Prêtre,* 1981).

1. duc [dyk] **n.m.** (lat. *dux, ducis,* chef). En France, titre de noblesse le plus élevé sous l'Ancien Régime (au-dessus de celui de marquis) ; titre situé entre celui de comte et celui de prince sous l'Empire.

2. duc [dyk] **n.m.** (de *1. duc*). Hibou aux aigrettes bien marquées. ▸ On distingue le *grand duc,* le *moyen duc* et le *petit duc.*

ducal, e, aux [dykal, -o] **adj. 1.** Du duc, de la duchesse : *Manteau ducal.* **2.** Relatif au doge de Venise.

ducat [dyka] **n.m.** (it. *ducato*). **1.** NUMISM. Monnaie d'or à l'effigie d'un duc. **2.** Spécial. Monnaie d'or des doges de Venise.

Duccio di Buoninsegna, peintre italien (Sienne v. 1260 - *id.* 1318/1319). Son chef-d'œuvre est le grand retable de la Vierge *(Maestà)* de la cathédrale de Sienne (1308-1311), où il s'affranchit de la tradition byzantine au profit d'une élégance et d'un naturalisme d'esprit gothiques. L'artiste a profondément influencé l'école siennoise.

duce [dutʃe] **n.m.** (mot it. « chef, guide »). Titre porté par Benito Mussolini à partir de 1922.

Du Cerceau (Jacques Ier Androuet), architecte, théoricien et graveur français (Paris ? v. 1510 - Annecy v. 1585). Représentant d'une seconde Renaissance encore pleine de fantaisie, baroquisante, il eut une grande influence par ses publications gravées (dont *les Plus Excellents Bâtiments de France,* 1576-1579), par son œuvre bâti (château neuf de Verneuil-en-Halatte, auj. détruit), ainsi qu'au travers des réalisations de ses descendants architectes, parmi lesquels son petit-neveu S. de Brosse.

Duchamp (Marcel), peintre français (Blainville, Seine-Maritime, 1887 - Neuilly-sur-Seine 1968). Il côtoie le futurisme avec son *Nu descendant un escalier* (1912, musée de Philadelphie), puis s'écarte de la peinture, avec les premiers *ready-mades,* objets usuels ironiquement promus œuvres d'art (*Roue de bicyclette,* 1913). À New York, à partir de 1915, il est un des précurseurs de dada, courant auquel se rattache son œuvre intellectuellement la plus complexe, *la Mariée mise à nu par ses célibataires, même,* dite « le Grand Verre » (1915-1923, Philadelphie). Le pop art, le happening, l'art conceptuel, etc., ont fait de fréquents emprunts à ses pratiques et attitudes « anti-art ».

Duchamp-Villon (Raymond Duchamp, dit**),** sculpteur français (Damville 1876 - Cannes 1918), frère du précédent et de J. Villon. Les principes du cubisme et du futurisme ont concouru à l'élaboration de son célèbre *Cheval* (1914), qui évoque une synthèse de l'animal et de la machine.

Ducharme (Réjean), écrivain canadien d'expression française (Saint-Félix-de-Valois, Québec, 1941). Ses romans, dont les ruptures de style cherchent à mimer la diversité du réel, mettent en scène des adolescents inadaptés à la vie moderne (*l'Avalée des avalés,* 1966 ; *l'Hiver de force,* 1973).

duché [dyʃe] **n.m.** (de *duc*). Seigneurie, terres auxquelles le titre de duc était attaché. ▸ Apparus dès le VIIe s., les duchés, au IXe s., entrent dans le système féodal : les ducs sont vassaux du roi ou de l'empereur ; ils ont pour vassaux les comtes.

Duchés *(guerre des)* [1864], conflit qui opposa la Prusse et l'Autriche au Danemark pour la possession des duchés de Slesvig, de Holstein et de Lauenburg. Vaincu en 1864 par la Prusse et l'Autriche, le Danemark dut céder à ces puissances l'administration des duchés (convention de Gastein, 1865).

duchesse [dyʃɛs] **n.f. 1.** Épouse d'un duc. **2.** Femme qui possède un duché. **3.** *FAM.* **Faire la duchesse,** affecter des manières hautaines.

ductile [dyktil] **adj.** (lat. *ductilis,* malléable). TECHN. Qui peut être étiré, allongé sans se rompre : *L'or est très ductile.*

ductilité [dyktilite] **n.f.** TECHN. Propriété des métaux, des substances ductiles.

dudit [dydi] **adj.** ⟶ **dit.**

duègne [dɥɛɲ] **n.f.** (esp. *dueña,* du lat. *domina,* maîtresse). Gouvernante ou femme âgée qui était chargée, en Espagne, de veiller sur une jeune fille, une jeune femme.

1. duel [dɥɛl] **n.m.** (lat. *duellum,* forme anc. de *bellum,* guerre). **1.** Combat entre deux personnes, dont l'une a demandé à l'autre réparation d'une offense par les armes : *Provoquer qqn en duel.* **2.** Conflit, antagonisme : *Un duel entre la gauche et la droite.* **3. Duel d'artillerie,** échange de salves d'artillerie entre deux armées. / HIST. **Duel judiciaire,** combat entre un accusateur et un accusé, admis au Moyen Âge comme preuve juridique.

2. duel [dɥɛl] **n.m.** (du lat. *duo,* deux). LING. Catégorie du nombre, distincte du singulier et du pluriel, employée dans les déclinaisons et les conjugaisons de certaines langues pour désigner deux personnes ou deux choses.

duelliste [dɥelist] **n.** Personne qui se bat en duel.

duettiste [dɥetist] **n.** (de *duetto*). Personne qui chante ou qui joue en duo.

duetto [dɥeto] **n.m.** (mot it., dimin. de *duo*). MUS. Petite pièce pour deux voix ou deux instruments.

Dufay (Guillaume), compositeur de l'école franco-flamande (v. 1400 - Cambrai 1474). Son œuvre vocale religieuse et profane (messes, motets, chansons) le situe au sommet du mouvement polyphonique de son époque.

duffel-coat et **duffle-coat** [dœfəlkot] **n.m.** (de *Duffel,* n. d'une ville belge, et de l'angl. *coat,* manteau) [pl. *duffel (duffle)-coats*]. Manteau trois-quarts à capuchon, en gros drap de laine très serré et imperméable.

Dufy (Raoul), peintre et décorateur français (Le Havre 1877 - Forcalquier 1953). Coloriste d'abord apparenté au fauvisme, il n'est pas moins remarquable par le charme elliptique de son dessin. Son œuvre célèbre les loisirs, la joie (*Fête nautique au Havre,* 1925, *Courses à Epsom,* v. 1935, les deux toiles au M.A.M. de la Ville de Paris ; *le Beau Dimanche,* 1943, *le Violon rouge,* 1948, collections privées). Un musée lui est consacré à Nice.

dugong [dygɔ̃] **n.m.** (malais *doûyoung*). Mammifère marin herbivore à corps massif, vivant sur le littoral de l'océan Indien et de l'ouest du Pacifique. ▸ Ordre des siréniens ; long. jusqu'à 3 m.

Duguay-Trouin (René), corsaire français (Saint-Malo 1673 - Paris 1736). Il s'illustra pendant les guerres de Louis XIV, notamment contre la flotte portugaise, s'empara de Rio de Janeiro (1711), devint chef d'escadre (1715) et lieutenant général (1728).

Du Guesclin (Bertrand), connétable de France (La Motte-Broons, près de Dinan, v. 1320 - Châteauneuf-de-Randon 1380). Après s'être illustré en Bretagne au cours d'une guerre dynastique, il passa au service du roi de France Charles V. Il battit à Cocherel (Normandie) [1364] les troupes de Charles II le Mauvais, mais fut fait prisonnier. Charles V paya sa rançon et le chargea de débarrasser le pays des Grandes Compagnies (soldats mercenaires) ; Du Guesclin les conduisit en Espagne, où il assura l'accession au trône de Castille du prétendant soutenu par la France (1369). À son retour, nommé connétable (1370), il mena une guerre de harcèlement contre les Anglais, auxquels il reprit une grande partie des territoires conquis au début de la guerre de Cent Ans.

Duguit (Léon), juriste français (Libourne 1859 - Bordeaux 1928). Théoricien du droit, constitutionnaliste, il a laissé une œuvre importante qui a marqué la pensée juridique du XXe s. Très influencé par les ouvrages de sociologues de la fin du XIXe s., il s'est fait le défenseur d'une conception purement positiviste du droit. Son ouvrage fondamental est le *Traité de droit constitutionnel* (1911).

Duhamel (Georges), écrivain français (Paris 1884 - Valmondois, Val-d'Oise, 1966). Il est l'auteur de cycles romanesques : *Vie et aventures de Salavin, Chronique des Pasquier.*

Duisburg, v. d'Allemagne (Rhénanie-du-Nord-Westphalie), sur le Rhin ; 488 468 hab. Grand port fluvial, débouché du bassin de la Ruhr et centre industriel.

Dukas (Paul), compositeur français (Paris 1865 - *id.* 1935). Représentant de l'école française, son scherzo symphonique *l'Apprenti sorcier* (1897) lui valut une large audience. Il laisse aussi une *Symphonie,* le conte lyrique *Ariane et Barbe-Bleue* (1907) et un somptueux poème dansé, *la Péri,* précédé d'une célèbre *Fanfare.*

dulcinée [dylsine] **n.f.** (de *Dulcinée du Toboso,* femme aimée de Don Quichotte). *FAM.* Femme aimée ; bien-aimée.

dulie [dyli] **n.f.** (lat ecclés. *dulia,* gr. *douleia,* servitude). CATH. **Culte de dulie,** culte d'honneur rendu aux anges et aux saints (par opp. à *culte de latrie*).

Dulles (John Foster), homme politique américain (Washington 1888 - *id.* 1959). Secrétaire d'État aux Affaires étrangères (1953-1959), il développa, à l'époque de la guerre froide, un système d'alliances destiné à lutter contre l'expansion du communisme.

Dullin (Charles), acteur et directeur de théâtre français (Yenne, Savoie, 1885 - Paris 1949). Il fonda le théâtre de l'Atelier en 1922 et anima le « Cartel ». Il a renouvelé l'interprétation des répertoires classique et moderne.

Dumas (Alexandre), dit **Dumas père,** écrivain français (Villers-Cotterêts 1802 - Puys, près de Dieppe, 1870). Aidé de plusieurs collaborateurs, il signa près de trois cents ouvrages et fut le plus populaire des écrivains de l'époque romantique avec ses drames *(Henri III et sa Cour, Antony, la Tour de Nesle, Kean)* et ses romans *(les Trois Mousquetaires, Vingt Ans après, le Vicomte de Bragelonne, le Comte de Monte-Cristo, la Reine Margot, la Dame de Montsoreau, les Quarante-Cinq).* Ses cendres ont été transférées au Panthéon en 2002. • **Alexandre Dumas,** dit **Dumas fils,** fils naturel de ce dernier (Paris 1824 - Marly-le-Roi 1895), se fit l'apôtre d'un « théâtre utile » d'inspiration sociale *(la Dame aux camélias, le Demi-Monde, la Question d'argent, le Fils naturel).*

Dumas (Jean-Baptiste), chimiste français (Alès 1800 - Cannes 1884). On lui doit la première méthode de mesure des densités de vapeur, la détermination de la masse atomique d'un grand nombre d'éléments, l'utilisation systématique des équations chimiques et la découverte de la notion de fonction chimique. Élu à l'Assemblée législative en 1849, il fut ministre de l'Agriculture et du Commerce (1850) puis, après le coup d'État de Napoléon III, fut nommé sénateur.

dum-dum [dumdum] **adj. inv.** (de *Dumdum,* n. du cantonnement anglais de l'Inde où ce projectile fut inventé). **Balle dum-dum,** balle de fusil dont l'ogive, cisaillée en croix, produit des blessures particulièrement graves. ► Son usage a été prohibé en 1899.

dûment [dymɑ̃] **adv.** (de *2. dû*). Selon les formes prescrites.

Dumézil (Georges), historien français (Paris 1898 - *id.* 1986), spécialiste de l'étude comparée des mythologies et de l'organisation sociale des peuples indo-européens (*l'Idéologie tripartie des Indo-Européens,* 1958 ; *Mythe et épopée,* 1968-1973).

Dumont (René), agronome français (Cambrai 1904 - Fontenay-sous-Bois 2001). Spécialiste du tiers-monde et des problèmes du développement, il a notamment écrit *L'Afrique noire est mal partie* (1962).

Dumont d'Urville (Jules), marin français (Condé-sur-Noireau 1790 - Meudon 1842). Après avoir exploré, à bord de *l'Astrolabe,* les côtes de Nouvelle-Zélande et de Nouvelle-Guinée, il retrouva en Mélanésie les restes de l'expédition de Lapérouse (1827-1828), puis découvrit dans l'Antarctique la terre Adélie (1840).

Dumouriez (Charles François du Périer, dit**),** général français (Cambrai 1739 - Turville-Park, Angleterre, 1823). Ministre girondin des Relations extérieures en 1792, puis commandant de l'armée du Nord après le 10 août, il fut vainqueur des Prussiens à Valmy (sept.) puis des Autrichiens à Jemmapes (nov.), et conquit la Belgique. Battu à Neerwinden (1793) et rappelé à Paris, il passa dans les rangs autrichiens.

dumping [dœmpiŋ] **n.m.** (de l'angl. *to dump,* jeter en tas). ÉCON. Pratique commerciale qui consiste à vendre une marchandise sur un marché étranger à un prix inférieur à celui du marché intérieur.

Dunant (Henry ou **Henri),** philanthrope suisse (Genève 1828 - Heiden 1910). Principal fondateur de la Croix-Rouge, il fit adopter la convention de Genève (1864), où le rôle de l'organisation fut officiellement reconnu. (Prix Nobel de la paix 1901.)

Duncan (Isadora), danseuse américaine (San Francisco 1878 - Nice 1927). Rejetant les contraintes de la danse académique, elle est la première à danser pieds nus, vêtue d'une simple tunique à l'antique, et à évoluer sur des musiques qui n'ont pas été composées pour la danse (Chopin, Gluck, Schubert...). En prônant une « danse libre », elle a ouvert la voie à la modern dance américaine.

Dundee, port de Grande-Bretagne (Écosse), sur l'estuaire du Tay ; 147 268 hab.

dune [dyn] **n.f.** (mot du moyen néerl.). Monticule de sable édifié par le vent sur les littoraux et dans les déserts.

Dunes *(bataille des)* [14 juin 1658], victoire de Turenne sur Condé et les Espagnols, près de Dunkerque.

dunette [dynɛt] **n.f.** (dimin. de *dune*). MAR. Superstructure sur le pont arrière d'un navire et qui s'étend en largeur d'un bord à l'autre. (On disait autref. *gaillard d'arrière*).

Dunkerque, ch.-l. d'arr. du Nord ; 92 510 hab. *(Dunkerquois)* [176 852 hab. dans l'agglomération]. Port actif sur la mer du Nord, relié à l'agglomération de Valenciennes par un canal à grand gabarit. Centre industriel (sidérurgie, agroalimentaire, chimie). Musées des Beaux-Arts et d'Art contemporain. Enjeu d'une violente bataille en 1940, qui permit le rembarquement pour l'Angleterre de 340 000 soldats alliés.

Dunlop (John Boyd), vétérinaire et ingénieur britannique (Dreghorn, comté d'Ayr, Écosse, 1840 - Dublin 1921). En 1887, pour amortir les vibrations des roues du tricycle de son fils, il imagina la chambre à air faite d'un tube en caoutchouc, qu'il gonfla avec une pompe et qu'il enferma dans une enveloppe de toile, réalisant ainsi le premier pneumatique. Il fonda en 1888 l'entreprise portant son nom.

Duns Scot (John), théologien franciscain écossais (Maxton, Écosse, v. 1266 - Cologne 1308). Il défendit au nom de la foi en Dieu le réalisme de la connaissance qui part du monde sensible pour atteindre Dieu. Combattant à la fois Averroès et saint Thomas, tout en conservant l'apport logique et métaphysique d'Aristote, il a emprunté son ontologie à Avicenne pour conforter ses thèses augustiniennes. Il a été béatifié en 1993.

duo [dɥo] **n.m.** (mot it., lat. *duo,* deux). **1.** MUS. Composition musicale écrite pour deux voix ou deux instruments. **2.** Ensemble de deux êtres étroitement liés ; couple.

duodécimal, e, aux [dɥɔdesimal, -o] **adj.** (lat. *duodecimus,* douzième). Qui a pour base le nombre douze.

duodénal, e, aux [dɥɔdenal, -o] **adj.** Du duodénum.

duodénum [dɥɔdenɔm] **n.m.** (lat. *duodenum [digitorium],* de douze [doigts]). ANAT. Portion initiale de l'intestin, qui succède à l'estomac et où débouchent le canal pancréatique et le canal cholédoque.

Duparc (Henri Fouques-), compositeur français (Paris 1848 - Mont-de-Marsan 1933). Il est l'un des principaux rénovateurs de la mélodie française *(l'Invitation au voyage, la Vie antérieure, Phidylé, la Vague et la Cloche).*

Du Parc (Thérèse de Gorle, dite **la),** actrice française (Paris 1633 - *id.* 1668). Elle quitta la troupe de Molière pour suivre son amant, Racine, à l'Hôtel de Bourgogne, où elle créa *Andromaque.*

dupe [dyp] **n.f.** (anc. forme de *huppe,* oiseau d'apparence niaise). Personne trompée ou facile à tromper : *Être la dupe* *d'un escroc.* ◆ **adj. Être dupe de,** se laisser prendre à qqch, par qqn : *Ils veulent m'avoir mais je ne suis pas dupe* (= je sais ce qu'il en est).

duper [dype] **v.t.** LITT. Prendre qqn pour une dupe ; abuser, tromper.

duperie [dypri] **n.f.** LITT. Tromperie, mystification.

Dupes *(journée des)* [10 nov. 1630], journée marquée par l'échec des Dévots (opposés à la lutte contre les Habsbourg et à la centralisation), groupés autour de Marie de Médicis et Michel de Marillac, et hostiles à la politique de Richelieu, dont ils crurent avoir obtenu le renvoi. Louis XIII renouvela au contraire sa confiance au cardinal, qui fit exiler ses adversaires.

Dupleix (Joseph François), administrateur français (Landrecies 1696 - Paris 1763). Gouverneur général des Établissements français dans l'Inde (1742), il donna une vive impulsion au commerce national et s'opposa à l'influence britannique. Il obligea l'Angleterre à lever le siège de Pondichéry (1748) et constitua au nom de la France un vaste empire dans le Deccan, comprenant notamment le Carnatic, État de la côte occidentale. Désavoué par la Compagnie des Indes et abandonné par le roi, il fut rappelé en France (1754), après les victoires anglaises remportées par le baron Clive. Il mourut quelques mois après la signature du traité de Paris, consacrant la suprématie britannique en Inde.

duplex [dyplɛks] **n.m.** (mot lat. « double »). **1.** Appartement, génér. de bon standing, réparti sur deux étages réunis par un escalier intérieur. **2.** TÉLÉCOMM. Liaison électrique ou radioélectrique entre deux points, utilisable simultanément dans les deux sens : *Une émission en duplex.*

duplexage [dyplɛksaʒ] **n.m.** TÉLÉCOMM. Opération qui permet la transmission en duplex.

duplicata [dyplikata] **n.m.** (lat. *duplicata [littera]*, [lettre] redoublée) [pl. *duplicatas* ou inv.]. Double, copie d'un document, d'un écrit.

duplication [dyplikasjɔ̃] **n.f. 1.** VX. Action de doubler. **2.** Action de dupliquer. **3. Duplication chromosomique,** doublement des filaments constitutifs des chromosomes, rendant possible la division cellulaire (syn. **réplication**).

duplicité [dyplisite] **n.f.** (lat. *duplicitas,* de *duplex,* double). Caractère de qqn qui présente intentionnellement une apparence contraire à ce qu'il est réellement (syn. **hypocrisie, fausseté** ; contr. **loyauté, franchise**).

dupliquer [dyplike] **v.t.** (lat. *duplicare,* de *duplex,* double). **1.** Faire un double, un duplicata. **2.** Faire une copie d'une bande magnétique, d'un document.

Dupont de Nemours (Pierre Samuel), économiste français (Paris 1739 - Eleutherian Mills, Delaware, 1817). Il commença des études de médecine. Disciple de Quesnay (il employa le premier l'expression de « physiocratie »), collaborateur de Turgot (1774), de Vergennes, de Calonne, il inspira les principales réformes financières de 1780 à 1791. Royaliste, il est emprisonné après l'arrestation du roi. Libéré en thermidor, il est élu au Conseil des Anciens dans le Loiret, puis part pour les États-Unis, où il collabore avec le président Jefferson. Rentré en France en 1803, il devient sous-bibliothécaire à l'Arsenal. En 1814, il accepte les fonctions de secrétaire du gouvernement provisoire. Revenu aux États-Unis pendant les Cent-Jours, il meurt dans le Delaware. Il est le premier économiste entré à l'Institut (1803).

Dupuytren (Guillaume, *baron*), chirurgien français (Pierre-Buffière, Haute-Vienne, 1777 - Paris 1835). Chirurgien en chef de l'Hôtel-Dieu (1815), il est chirurgien de Louis XVIII (1823) puis de Charles X. Il est un des fondateurs de l'anatomie pathologique, dont il fait la base de la chirurgie. Opérateur habile, il pratiqua des interventions nouvelles.

duquel pron. relat. et **interr.** ⟶ **lequel.**

Duquesne (Abraham, *marquis*), marin français (Dieppe 1610 - Paris 1688). Après avoir participé à la guerre de Trente Ans, il remporta de brillantes victoires en Sicile contre les escadres hispano-hollandaises commandées par Ruyter (1676), fit plusieurs expéditions contre les États barbaresques d'Afrique du Nord (Alger, 1682-83) et bombarda Gênes en 1684. Calviniste convaincu, il refusa d'abjurer et ne put être amiral.

dur, e [dyr] **adj.** (lat. *durus*). **1.** Qui ne se laisse pas facilement entamer, plier, tordre, couper : *Métal dur* (syn. **résistant**). *Le buis est un bois dur. Viande dure* (contr. **tendre**). **2.** Qui manque de souplesse, de confort : *Lit dur* (contr. **moelleux**). **3.** Qui oppose à l'effort une certaine résistance ; qui ne cède pas facilement à une poussée : *La porte est dure à ouvrir.* **4.** Qui exige un effort physique ou intellectuel : *Un dur labeur* (syn. **pénible**). *Ce problème n'est pas dur* (syn. **ardu**). **5.** Pénible à supporter : *L'hiver a été dur* (syn. **rude, rigoureux** ; contr. **clément**). *Les temps sont durs* (syn. **difficile**). **6.** Qui affecte les sens de façon violente et produit une impression désagréable : *Lumière dure* (syn. **cru**). *Voix dure* (syn. **cassant**). **7.** PHYS. Se dit des rayons X les plus pénétrants. **8.** Qui supporte fermement la fatigue, la douleur : *Un homme dur à la peine* (syn. **résistant, endurant**). **9.** Qui est difficile à émouvoir ; qui manque de bonté, de bienveillance : *Il est dur avec ses enfants. Cœur dur* (syn. **insensible** ; contr. **tendre**). **10.** Qui est difficile à éduquer, qui se montre rebelle à toute discipline, en parlant d'un enfant. **11.** Qui refuse toute conciliation, tout compromis, notamm. en matière politique : *La tendance dure d'une organisation* (syn. **intransigeant**). **12. Avoir la tête dure,** être entêté, obstiné. / FAM. **Avoir la vie dure,** résister à la maladie, en parlant de qqn ; subsister, en parlant de qqch : *Les préjugés ont la vie dure.* / **Avoir l'oreille dure** ou **être dur d'oreille,** entendre mal. / **Eau dure,** eau qui, contenant certains composés minéraux (calcaire en partic.), ne mousse pas avec le savon (on dit cour. *eau calcaire*). / FAM. **Être dur à cuire,** être très endurant, très résistant physiquement ou moralement. / **Mener la vie dure à qqn,** le maltraiter, lui créer sans cesse des difficultés. / **Œuf dur,** œuf dont le blanc et le jaune ont été solidifiés dans la coquille par une cuisson prolongée. ◆ **n. 1.** FAM. Personne qui n'a peur de rien : *Jouer les durs.* **2.** Personne qui n'accepte aucun compromis : *Les purs et durs d'un parti.* ◆ **dur adv. 1.** Avec énergie, ténacité : *Travailler dur* (syn. **énergiquement**). **2.** Avec force, avec violence : *Frapper dur* (syn. **fort**). ◆ **dur n.m. 1.** Ce qui est dur, résistant, solide. **2. Construction en dur,** construction en matériaux durs (brique, pierre). [V. aussi *dure.*]

durabilité [dyrabilite] **n.f. 1.** Qualité de ce qui est durable. **2.** DR. Période d'utilisation d'un bien.

durable [dyrabl] **adj.** Qui dure longtemps : *Trouver des solutions durables* (syn. **stable**).

durablement [dyrabləmɑ̃] **adv.** De façon durable.

Duralumin [dyralymɛ̃] **n.m.** (nom déposé). Alliage léger d'aluminium à haute résistance mécanique. (Abrév. *dural.*)

Durance (la), riv. des Alpes françaises du Sud, affl. du Rhône (r. g.) ; 305 km. Née au Montgenèvre, elle passe à Briançon, Embrun, Sisteron. Son aménagement, en aval de Serre-Ponçon (barrages avec centrales hydrauliques et canaux d'irrigation), a entraîné la dérivation de la plus grande partie de ses eaux, à partir de Mallemort, vers l'étang de Berre et la Méditerranée.

durant [dyrɑ̃] **prép.** Pendant la durée de : *Durant une heure. Il étudia les langues sa vie durant.*

Duras (Marguerite Donnadieu, dite **Marguerite),** femme de lettres et cinéaste française (Gia Dinh, Viêt Nam, 1914 - Paris 1996). Marquée par sa jeunesse en Indochine (*Un barrage contre le Pacifique,* 1950 ; *l'Amant,* 1984), elle met en scène dans ses romans à l'écriture musicale et elliptique (*Moderato cantabile,* 1958 ; *l'Amante anglaise,* 1967), dans son théâtre et dans les films dont elle a écrit les dialogues (*Hiroshima mon amour,* 1959), ou qu'elle a elle-même réalisés (*India Song,* 1975), des personnages qui tentent d'échapper à la solitude ou au quotidien par l'amour, le voyage, la folie.

duratif, ive [dyratif, -iv] **adj.** et **n.m.** LING. Qui exprime la notion de durée : *La forme durative. Imparfait duratif.*

Durban, port de l'Afrique du Sud (Kwazulu-Natal), sur l'océan Indien ; 598 133 hab. ; 2 879 000 hab. dans l'agglomération. Centre industriel.

durcir [dyrsir] **v.t.** [conj. **32**]. Rendre dur : *Neige durcie* (syn. **solidifier**). *Durcir sa position* (syn. **affermir**). ◆ **v.i.** et **se durcir v.pr.** Devenir dur : *L'opposition se durcit.*

durcissement [dyrsismɑ̃] **n.m.** Action de durcir ; fait de se durcir : *Durcissement du mortier. Le durcissement des négociations.*

durcisseur [dyrsisœr] **n.m.** Produit qui, ajouté à un matériau, provoque son durcissement.

dure [dyr] **n.f.** (de *dur*). **À la dure,** de manière rude : *Être élevé à la dure.* / FAM. **Coucher sur la dure,** coucher par terre. ◆ **dures n.f. pl. En voir de dures,** être malmené.

durée [dyre] **n.f.** Temps pendant lequel ont lieu une action, un phénomène, etc. : *Durée du travail.*

durement [dyrmɑ̃] **adv.** Avec dureté.

dure-mère [dyrmɛr] **n.f.** (pl. *dures-mères*). ANAT. La plus externe des méninges, fibreuse et très résistante.

Durendal ou **Durandal,** nom que porte l'épée de Roland dans les chansons de geste.

durer [dyre] **v.i.** (lat. *durare*). **1.** (Suivi d'un compl. de qualité ou d'un adv.). Avoir une durée de : *Son discours a duré deux heures.* **2.** (Absol.). Se prolonger : *La sécheresse dure* (syn. **continuer**). **3.** Résister au temps, à l'usage : *C'est une œuvre qui durera.*

Dürer (Albrecht), peintre et graveur allemand (Nuremberg 1471 - *id.* 1528). Il fit un tour de compagnon par Colmar, Bâle, Strasbourg, séjourna deux fois à Venise, mais effectua l'essentiel de sa carrière à Nuremberg. Il a manifesté son génie dans la peinture à l'huile (*la Fête du rosaire,* 1506, Prague ; portraits...), dans le dessin et l'aquarelle (coll. de l'Albertina, Vienne) et dans son œuvre gravé, d'emblée célèbre en Europe : xylographies, d'un graphisme bouillonnant, encore médiéval (*l'Apocalypse,* 15 planches, 1498, la *Grande Passion,* etc.) ; burins, plus italianisants et reflétant l'influence des humanistes (*la Grande Fortune,* v. 1500, *Saint Jérôme* et *la Mélancolie,* 1514). Il se passionna pour les théories de l'art (perspective, etc.) et publia plusieurs ouvrages à la fin de sa vie *(Traité des proportions du corps humain).*

dureté [dyrte] **n.f. 1.** Caractère de ce qui est dur : *La dureté de l'acier* (syn. **résistance**). *Répondre avec dureté* (syn. **insensibilité**). **2.** Teneur d'une eau en ions calcium et magnésium.

Durga, dans la mythologie hindoue, l'une des formes principales de la déesse Shakti (énergie féminine), qui est l'épouse de Shiva. Connue aussi sous les noms de Parvati et de Kali, elle est représentée comme une guerrière féroce.

Durham, v. de Grande-Bretagne (Angleterre), ch.-l. du comté de ce nom ; 48 069 hab. Remarquable cathédrale romane entreprise en 1093 (précoces voûtes d'ogive). Château remontant à Guillaume le Conquérant.

durillon [dyrijɔ̃] **n.m.** (de *dur*). Callosité se produisant aux pieds ou aux mains, aux points de frottement.

Durit [dyrit] **n.f.** (nom déposé). Tuyau en caoutchouc destiné à assurer la circulation de liquides entre les organes d'un moteur à explosion.

Durkheim (Émile), sociologue français (Épinal 1858 - Paris 1917). Il ramène les faits moraux aux faits sociaux, qu'il considère comme indépendants de la conscience individuelle. Cependant, s'il pose comme évident que l'extériorité et la contrainte sont les marques du fait social, il affirme que la conscience morale est le résultat de l'intériorisation par l'individu des contraintes sociales institutionnalisées. Durkheim est un des fondateurs de la sociologie. Il a écrit *De la division du travail social* (1893), *les Règles de la méthode sociologique* (1895) et *le Suicide* (1897).

Durrell (Lawrence), écrivain britannique (Jullundur, Inde, 1912 - Sommières 1990). Il crée dans ses romans, qui ont pour cadre les paysages méditerranéens, un univers où les seules crises profondes sont celles de la sensibilité plastique et littéraire *(le Quatuor d'Alexandrie, le Quintette d'Avignon).*

Dürrenmatt (Friedrich), écrivain suisse d'expression allemande (Konolfingen, Berne, 1921 - Neuchâtel 1990). Sa conscience de protestant et son humour baroque s'unissent dans son théâtre *(Un ange vient à Babylone, la Visite de la vieille dame)* et dans ses romans et nouvelles *(la Panne)* en une incessante critique des illusions et oppressions humaines.

Duruy (Victor), historien et homme politique français (Paris 1811 - *id.* 1894). Ministre de l'Instruction publique (1863-1869), il rétablit l'enseignement de la philosophie, créa un enseignement secondaire pour jeunes filles et l'École pratique des hautes études (1868).

Düsseldorf, v. d'Allemagne, cap. de la Rhénanie-du-Nord-Westphalie, sur le Rhin ; 586 291 hab. Centre commercial et financier de la Rhénanie. Métallurgie. Chimie. Importants musées, dont celui des Beaux-Arts, la Collection de Rhénanie-Westphalie (art moderne) et le musée Hetjens (céramique de toutes les civilisations).

Dutilleux (Henri), compositeur français (Angers 1916 - Paris 2013). Il s'est forgé un langage personnel ne refusant pas l'héritage d'une certaine tradition : deux symphonies ; *Métaboles* (1964) ; concerto pour violoncelle, *Tout un monde lointain* (1970) ; *Timbres, Espace, Mouvement* (1977) ; concerto pour violon, *l'Arbre des songes* (1985) ; *Mystère de l'instant* (1989) ; *The Shadows of Time* (1997) ; *le Temps l'horloge* (2007-2009).

duvet [dyvɛ] **n.m.** (anc. fr. *dumet,* plume légère). **1.** Ensemble des petites plumes sans tuyau qui couvrent le corps des oiseaux. **2.** Sac de couchage garni de duvet. **3.** Ensemble des poils doux et fins qui poussent sur le corps humain, sur certains végétaux, etc.

se **duveter** [dyvte] **v.pr.** [conj. **27**]. Se couvrir de duvet.

duveteux, euse [dyvtø, -øz] **adj. 1.** Qui a l'apparence du duvet : *Tissu duveteux.* **2.** Qui est couvert de duvet : *La peau duveteuse de la pêche.* (On dit aussi *duveté.*)

DVD [devede] **n.m.** (sigle de l'anglo-amér. *digital versatile disc,* disque numérique à usages variés). Disque compact à lecture optique, de capacité très supérieure à celle du Compact Disc, destiné au stockage d'informations sous forme numérique, en partic. de programmes vidéo.

Dvořák (Antonín), compositeur tchèque (Nelahozeves, Bohême, 1841 - Prague 1904). Directeur du conservatoire de New York, puis de Prague, il a composé des œuvres très variées, fortement imprégnées du folklore slave, et dont les plus célèbres sont la *Symphonie n° 9,* dite *du Nouveau Monde* (1893), *Sérénade* pour cordes, les *Danses slaves,* le *Stabat Mater,* l'opéra *Roussalka.*

Dylan (Robert Zimmerman, dit Bob), auteur, compositeur, interprète américain (Duluth 1941). Chanteur de folk populaire, il fut le porte-parole de la génération contestataire des années 1960.

1. dynamique [dinamik] **adj.** (gr. *dunamikos,* de *dunamis,* force). **1.** Qui considère les phénomènes dans leur évolution (par opp. à *statique*) : *Une perspective dynamique de la langue.* **2.** Plein d'entrain, d'activité, d'énergie : *Un enseignant dynamique* (syn. **entreprenant**). **3.** PHYS. Relatif à la force, au mouvement : *Électricité dynamique.*

2. dynamique [dinamik] **n.f.** (de *1. dynamique*). **1.** PHYS. Partie de la mécanique qui étudie les relations entre les forces et les mouvements. (V. aussi *mécanique.*) **2.** Force qui entraîne un mouvement, une évolution : *La dynamique des événements.* **3.** PSYCHOL. **Dynamique de groupe,** ensemble des lois qui régissent le comportement d'un groupe défini ; étude de ces lois et du rôle qu'elles jouent dans la communication, la décision et la créativité.

dynamiquement [dinamikmɑ̃] **adv. 1.** Du point de vue de la dynamique. **2.** Avec dynamisme.

dynamiser [dinamize] **v.t.** Donner du dynamisme, de l'énergie : *Dynamiser une équipe.*

dynamisme [dinamism] **n.m.** Caractère d'une personne dynamique : *Le dynamisme d'un collaborateur* (syn. **énergie**).

dynamitage [dinamitaʒ] **n.m.** Action de dynamiter.

dynamite [dinamit] **n.f.** (gr. *dunamis,* force). **1.** Substance explosive, inventée par A. Nobel (1866), composée de nitroglycérine et d'une substance absorbante qui rend l'explosif stable. **2.** *FAM.* **C'est de la dynamite,** se dit d'une situation explosive, d'une personne dynamique.

dynamiter [dinamite] **v.t.** Faire sauter à la dynamite.

dynamiteur, euse [dinamitœr, -øz] **n.** Personne qui effectue un dynamitage.

dynamo [dinamo] **n.f.** (abrév. de *dynamoélectrique,* qui transforme l'énergie mécanique [*dynamo-*] en énergie électrique). Machine génératrice de courant continu.

dynamomètre [dinamɔmɛtr] **n.m.** (de *dynamo-* et *mètre*). Appareil destiné à la mesure d'une force ou d'un couple.

dynamométrique [dinamɔmetrik] **adj.** Relatif à la mesure des forces.

dynastie [dinasti] **n.f.** (gr. *dunasteia,* puissance). **1.** Suite des souverains issus d'une même lignée : *La dynastie capétienne.* **2.** Succession de personnes d'une même famille également célèbres : *La dynastie des Bach, des Bruegel.*

dynastique [dinastik] **adj.** Relatif à une dynastie.

dyne [din] **n.f.** (du gr. *dunamis,* force). Ancienne unité de force valant 10^{-5} newton. ▸ Symb. dyn.

dysenterie [disɑ̃tri] **n.f.** (de *dys-,* et du gr. *entera,* intestins). Maladie infectieuse ou parasitaire provoquant une diarrhée douloureuse avec pertes de sang.

dysentérique [disɑ̃terik] **adj.** Relatif à la dysenterie.

dysfonctionnement [disfɔ̃ksjɔnmɑ̃] **n.m.** (de *dys-* et *fonctionnement*). **1.** Trouble du fonctionnement d'un organe, d'une glande. **2.** Mauvais fonctionnement : *Le dysfonctionnement d'un avion téléguidé.*

dysfonctionner [disfɔ̃ksjɔne] **v.i.** (de *dys-* et *fonctionner*). Fonctionner mal, en parlant d'un système.

dysharmonie ou **disharmonie** [dizarmɔni] **n.f.** (de *dys-* [altéré en *dis-*] et *harmonie*). Absence d'harmonie entre des choses, des personnes.

dyskinésie [diskinezi] **n.f.** (gr. *duskinêsis,* de *dus-,* difficulté, et *kinêsis,* mouvement). MÉD. Trouble de l'activité motrice, quelle qu'en soit la cause.

dyslexie [dislɛksi] **n.f.** (de *dys-,* et du gr. *lexis,* mot). Difficulté d'apprentissage plus ou moins importante de la lecture, sans déficit sensoriel ni intellectuel.

dyslexique [dislɛksik] **adj.** et **n.** Relatif à la dyslexie ; atteint de dyslexie.

dysménorrhée [dismenɔre] **n.f.** (de *dys-,* du gr. *mên,* mois, et de *-rrhée*). MÉD. Menstruation douloureuse.

dysorthographie [dizɔrtɔgrafi] **n.f.** (de *dys-* et *orthographe*). PSYCHOL. Difficulté spécifique d'apprentissage de l'orthographe chez un enfant qui ne présente pas par ailleurs de déficit intellectuel ou sensoriel.

dyspareunie [disparøni] **n.f.** (de *dys-,* et du gr. *pareunos,* compagnon, compagne de lit). MÉD. Douleur provoquée, chez la femme, par les rapports sexuels.

dyspepsie [dispɛpsi] **n.f.** (de *dys-,* et du gr. *peptein,* cuire). MÉD. Trouble de la digestion ; digestion difficile.

dyspeptique [dispɛptik] **adj.** Relatif à la dyspepsie.

dysplasie [displazi] **n.f.** (de *dys-,* et du gr. *plassein,* façonner). MÉD. Malformation ou anomalie du développement d'un tissu ou d'un organe.

dyspnée [dispne] **n.f.** (lat. *dyspnoea,* gr. *duspnoia,* de *dus,* difficulté, et *pnein,* respirer). PATHOL. Difficulté à respirer, s'accompagnant d'une sensation d'oppression.

dytique [ditik] **n.m.** (gr. *dutikos,* plongeur). Insecte coléoptère carnivore, à corps ovale et à pattes postérieures nageuses, vivant dans les eaux douces. ▸ Long. 5 cm max.

dzêta **n.m. inv.** → **zêta.**

Dzoungarie ou **Djoungarie,** région de la Chine occidentale (Xinjiang), entre l'Altaï mongol et le Tian Shan. C'est une vaste dépression qui conduit, par la *porte de Dzoungarie,* au Kazakhstan. La région fut aux XVIIe-XVIIIe s. le centre d'un Empire mongol.

E

e [ə] **n.m. inv. 1.** Cinquième lettre (voyelle) de l'alphabet. **2.** MATH. e, nombre irrationnel servant de base aux logarithmes népériens et à l'exponentielle naturelle. ▸ *e* vaut approximativement 2,718 28... **3.** MUS. E, la note *mi* dans le système de notation en usage dans les pays anglo-saxons et germaniques. **4.** E, abrév. de *est,* point cardinal.

Eames (Charles), architecte et designer américain (Saint-Louis 1907 - *id.* 1978), pionnier du design moderne (célèbre fauteuil à structure en palissandre moulé, 1955).

E.A.O. [əao] **n.m.** Sigle de *enseignement* assisté par ordinateur.*

Eastman (George), industriel américain (Waterville, État de New York, 1854 - Rochester 1932). Il fonda la future maison Kodak (1880) et inventa le film photographique (1889).

eau [o] **n.f.** (lat. *aqua*). **1.** Liquide incolore, inodore et insipide, qui constitue un milieu indispensable à la vie ; corps composé dont les molécules sont formées de deux atomes d'hydrogène et d'un atome d'oxygène (H_2O) : *L'eau bout à 100 °C à la pression normale et se solidifie à 0 °C.* **2.** Mer, lac, rivière : *Faire une promenade sur l'eau.* **3.** Boisson : *Eau minérale. Eau de source.* **4.** Liquide alcoolique ou obtenu par distillation, infusion, etc. : *De l'eau de lavande.* **5.** Préparation liquide ; solution aqueuse : *Eau de Javel. Eau oxygénée.* **6.** Sécrétion du corps humain (sueur, salive, larmes, etc.) : *Être tout en eau* (= transpirer abondamment). *Ce plat nous met l'eau à la bouche.* **7.** Suc de certains fruits ou plantes : *Ces tomates donnent beaucoup d'eau à la cuisson.* **8.** Limpidité, transparence d'une gemme : *Un diamant de la plus belle eau.* **9. Eau mère,** résidu d'une solution après cristallisation d'une substance qui y était dissoute. / **Faire eau,** se remplir d'eau accidentellement, en parlant d'un navire. / **Mettre de l'eau dans son vin,** modérer ses exigences, ses projets, etc. **10. Eau de Cologne,** solution alcoolique d'huiles essentielles (bergamote, citron, etc.) utilisée pour la toilette. / **Eau de Seltz,** eau gazeuse acidulée, naturelle ou artificielle. / **Eau de toilette,** préparation alcoolique dérivée d'un parfum dont le degré de concentration est intermédiaire entre l'extrait et l'eau de Cologne. ◆ **eaux n.f. pl. 1.** Source d'eaux thermales ou minérales : *Prendre les eaux* (= faire une cure thermale). **2.** Liquide amniotique : *Perdre les eaux.* **3. Eaux usées,** eaux ayant fait l'objet d'une utilisation domestique ou industrielle. **4.** DR. **Eaux intérieures,** situées en deçà de la ligne de séparation des eaux territoriales (rades, baies, etc.) [on dit aussi *mer nationale*]. / DR. **Eaux territoriales,** zone maritime fixée par chaque État riverain (12 milles marins pour la France) et sur laquelle il exerce sa souveraineté (on dit aussi *mer territoriale*). / GÉOGR. **Basses eaux, hautes eaux,** niveau le plus bas, le plus haut d'un fleuve, à une période de l'année qui varie selon le régime. **5. Eaux et forêts,** corps d'ingénieurs fonctionnaires chargés de l'entretien et de la surveillance des cours d'eau, voies d'eau, étangs et forêts de l'État, aujourd'hui réuni au Corps du génie rural, des eaux et des forêts.

■ Dans l'Antiquité, l'eau était considérée comme l'un des quatre éléments fondamentaux de l'Univers avec le feu, l'air et la terre. Cette conception postulait notamm. que, longuement chauffée dans un vase, l'eau se transformait en terre pour une petite part. Elle perdura durant tout le Moyen Âge. Au XVIIIe s., A. Lavoisier montra que le résidu terreux provenait en fait du vase et non de l'eau. En 1785, à la suite de H. Cavendish, qui constata que la combustion de l'hydrogène provoque la formation de gouttelettes d'eau, Lavoisier réalisa en public une expérience d'analyse et de synthèse de l'eau, prouvant ainsi qu'elle n'est pas un corps simple. En effet, il s'agit d'une combinaison d'hydrogène et d'oxygène. Elle a pour formule H_2O.

Propriétés de l'eau. Liquide incolore, transparent sous faible épaisseur, mais prenant une teinte vert-bleu sous grande épaisseur, inodore, sans saveur, l'eau présente diverses particularités physiques. Entre 4 °C et 0 °C, son volume augmente quand la température baisse, au contraire des autres liquides. La densité de l'eau (voisine de 1) est maximale à 4 °C. L'eau est donc plus dense que la glace (densité : 0,92), ce qui explique, notamment, que les icebergs flottent sur les océans. L'eau dissout un grand nombre de substances solides, liquides ou gazeuses. Ainsi, elle peut dissoudre le calcaire et le reprécipiter sous forme de stalactites et de stalagmites.

L'eau est un fluide qui change aisément d'état : sous la pression atmosphérique normale, elle gèle à 0 °C, donnant des cristaux hexagonaux, et bout à 100 °C, donnant de la vapeur. C'est un composé stable ; sa vapeur ne commence à se dissocier que vers 1 300 °C. Elle peut néanmoins être décomposée par les corps avides de l'un ou de l'autre de ses éléments constitutifs : le fluor, le brome ou le chlore fixent l'hydrogène et libèrent l'oxygène ; au contraire, le phosphore, le carbone, le silicium s'unissent à l'oxygène et libèrent l'hydrogène. Par ailleurs, l'eau donne de nombreux composés d'addition : hydrates ou complexes.

L'eau et les organismes vivants. L'eau est le milieu de vie de tous les animaux ou plantes aquatiques, c'est-à-dire de la majorité des espèces. Elle constitue l'élément principal de toutes les cellules en état de vie active. Enfin, chez les êtres de grande taille, elle forme l'essentiel du liquide circulant (sève des plantes, sang des animaux). Chez l'homme adulte, l'eau représente environ 70 % du poids du corps.

L'eau dans le monde. L'eau est sur la planète l'élément le plus répandu (1 360 millions de km^3), dont la presque totalité toutefois est salée (95,5 %) ou contenue dans les calottes glaciaires ou les glaciers (2,2 %). Il reste donc 2,3 % d'eau douce utilisable, surtout dans le sol et le sous-sol, 130 000 km^3 dans les lacs et les marais, de 13 000 à 15 000 km^3 dans l'atmosphère et 4 000 km^3 dans les cours d'eau. Le volume annuel des précipitations dépasse 500 000 km^3, dont environ 100 000 km^3 sur les continents. À l'échelle de la planète, il ne peut y avoir de pénurie d'eau douce. En revanche, il existe dans de nombreuses régions des problèmes d'accès à l'eau douce, propre et potable. Plus de 1 milliard de personnes ne bénéficient pas d'un bon approvisionnement, et env. 2,5 milliards n'ont pas accès à un assainissement correct. L'accroissement de la population mondiale, l'intensification de l'agriculture (env. 70 % de la consommation mondiale d'eau) et de l'industrie conduisent à la surexploitation des réservoirs d'eau

→

douce. De plus, les eaux douces sont souvent polluées par les engrais et les pesticides, les rejets industriels et les déchets domestiques.

On consomme en moyenne dans le monde 600 m^3 d'eau par an et par personne, dont 50 m^3 d'eau potable, soit 137 l par jour. Mais les disparités sont très fortes : un habitant des États-Unis consomme plus de 600 l par jour, contre 250 à 350 l pour un Européen et 10 à 20 l pour un habitant de l'Afrique subsaharienne. Les prélèvements peuvent être limités par le recours à la réutilisation des eaux (au Japon, la moitié de l'eau consommée provient de centres de retraitement des eaux usées). Enfin, des actions sont menées pour la mise en place de techniques d'approvisionnement alternatives : récupération de l'eau de pluie ou de l'eau présente dans l'atmosphère, désalinisation de l'eau de mer (une technique qui s'accroît globalement de plus de 10 % par an et qui représente, pour l'ensemble des pays du golfe Persique par exemple, la majeure partie de leur approvisionnement en eau potable). ■

eau-de-vie [odvi] **n.f.** (lat. des alchimistes *aqua vitae*) [pl. *eaux-de-vie*]. Boisson alcoolique extraite par distillation du vin, du marc, de certains fruits, etc.

eau-forte [ofɔrt] **n.f.** (pl. *eaux-fortes*). **1.** Acide nitrique mélangé d'eau. **2.** Estampe obtenue au moyen d'une planche de métal mordue avec l'acide nitrique étendu.

ébahir [ebair] **v.t.** (de l'anc. fr. *baer*, bayer) [conj. **32**]. Frapper d'un grand étonnement : *Cette nouvelle m'a ébahi* (syn. **interloquer, abasourdir**).

ébahissement [ebaismɑ̃] **n.m.** Étonnement extrême ; stupéfaction.

ébarber [ebarbe] **v.t.** (de *barbe*). **1.** Enlever les barbes, les saillies d'une surface métallique : *Ébarber une planche de cuivre* (syn. **ébavurer**). **2.** AGRIC. Enlever les barbes de certaines plantes telles que l'orge. **3.** REL. Couper les bords irréguliers des cahiers d'un livre afin de les égaliser. **4.** CUIS. Dépouiller un poisson de ses nageoires, appelées *barbes* chez certains poissons tels que la limande.

ébats [eba] **n.m. pl.** (de *s'ébattre*). **1.** *LITT.* Mouvements folâtres ; détente joyeuse : *Les ébats des enfants dans la cour.* **2. Ébats amoureux,** plaisirs de l'amour.

s'**ébattre** [ebatr] **v.pr.** (de *battre*) [conj. **83**]. *SOUT.* Se détendre en gesticulant, en courant : *Les enfants s'ébattent dans le jardin* (syn. **folâtrer**).

ébaubi, e [ebobi] **adj.** (de l'anc. fr. *abaubir*, rendre bègue). *VIEILLI.* Surpris, étonné.

ébauchage [eboʃaʒ] **n.m.** Action d'ébaucher.

ébauche [eboʃ] **n.f.** (de *ébaucher*). **1.** Premier stade d'exécution d'un objet, d'un ouvrage, d'une œuvre d'art (syn. **esquisse**). **2.** TECHN. Ouvrage dont l'ensemble est terminé et dont les détails restent à exécuter. **3.** Commencement : *L'ébauche d'un sourire* (syn. **amorce**).

ébaucher [eboʃe] **v.t.** (de l'anc. fr. *bauch*, poutre). **1.** Donner la première forme, la première façon à un travail, une œuvre : *Ébaucher un buste.* **2.** Commencer : *Ébaucher un geste* (syn. **amorcer, esquisser**).

ébauchoir [eboʃwar] **n.m.** Outil de sculpteur, de charpentier pour ébaucher.

ébavurer [ebavyre] **v.t.** (de *bavure*). Ébarber une pièce de métal.

ébène [ebɛn] **n.f.** (lat. *ebenus*, du gr.). **1.** Bois noir, dur et lourd de l'ébénier. **2. D'ébène,** d'un noir éclatant, brillant : *Cheveux d'ébène.* ◆ **adj. inv.** D'une couleur noire.

ébénier [ebenje] **n.m.** Arbre des régions équatoriales qui fournit l'ébène.

ébéniste [ebenist] **n.** (de *ébène*). Menuisier qui fabrique des meubles de luxe en utilisant notamm. la technique du placage.

ébénisterie [ebenistəri] **n.f.** Travail, métier de l'ébéniste.

éberlué, e [ebɛrlɥe] **adj.** (p. passé de *éberluer*). Qui manifeste un vif étonnement (syn. **stupéfait, ébahi**).

éberluer [ebɛrlɥe] **v.t.** (de *berlue*) [conj. 7]. *FAM.* Étonner vivement : *Ce départ subit m'a éberlué* (syn. **stupéfier**).

Ebert (Friedrich), homme d'État allemand (Heidelberg 1871 - Berlin 1925). Président du parti social-démocrate allemand (1913), il contribua à la chute de Guillaume II (1918). Chancelier, il réduisit le spartakisme (mouvement communiste allemand) ; il fut le premier président de la République allemande (1919-1925).

Ebla, cité anc. de Syrie, près du village actuel de Tell Mardikh, à 70 km au S.-O. d'Alep. Au IIIe millénaire, le royaume d'Ebla était l'un des plus grands centres de l'Asie antérieure. Vestiges et importantes archives sur tablettes.

éblouir [ebluir] **v.t.** (lat. pop. **exblaudire*, du rad. germ. **blaup* exprimant la faiblesse) [conj. **32**]. **1.** Troubler la vue par un éclat trop vif : *Le soleil nous éblouit* (syn. **aveugler**). **2.** Frapper d'admiration : *Son récital a ébloui le public* (syn. **émerveiller**). **3.** Tromper, aveugler par une apparence brillante : *Ne te laisse pas éblouir par ses promesses* (syn. **impressionner**).

éblouissant, e [ebluisɑ̃, -ɑ̃t] **adj. 1.** Qui éblouit, aveugle : *La blancheur éblouissante de la neige* (syn. **étincelant**). **2.** Qui frappe par son éclat, sa beauté, ses qualités : *Une femme éblouissante d'intelligence* (syn. **fascinant**).

éblouissement [ebluismɑ̃] **n.m. 1.** Trouble momentané de la vue, causé par une lumière trop vive ; aveuglement. **2.** Vertige, malaise. **3.** Ce qui provoque un étonnement admiratif : *Ce spectacle fut un éblouissement.*

ébonite [ebɔnit] **n.f.** (angl. *ebonite*, de *ebony*, ébène). Caoutchouc durci par addition de soufre, utilisé comme isolant électrique.

e-book [ibuk] **n.m.** (mot anglo-amér.). [pl. *e-books*]. Livre électronique ou numérique ; liseuse.

éborgner [ebɔrɲe] **v.t. 1.** Rendre qqn, un animal borgne ; lui crever un œil : *Tu vas finir par m'éborgner avec cette branche.* **2.** AGRIC. Supprimer les bourgeons (ou yeux) inutiles d'un arbre fruitier.

Éboué (Félix), administrateur français (Cayenne 1884 - Le Caire 1944). Il fut le premier Noir gouverneur des colonies, à la Guadeloupe (1936), puis au Tchad (1938). Rallié à la France libre, il devint gouverneur de l'Afrique-Équatoriale française (1940).

éboueur [ebwœr] **n.m.** (de *boue*). Ouvrier chargé du ramassage des ordures ménagères.

ébouillanter [ebujɑ̃te] **v.t. 1.** Tremper dans l'eau bouillante ou passer à la vapeur : *Ébouillanter une théière.* **2.** Arroser, brûler avec un liquide bouillant : *Il lui a ébouillanté la main en lui servant du café.*

éboulement [ebulmɑ̃] **n.m. 1.** Chute de ce qui s'éboule : *L'éboulement d'un talus* (syn. **écroulement, effondrement**). **2.** Matériaux éboulés ; éboulis : *Un éboulement obstrue la route.*

s'**ébouler** [ebule] **v.pr.** (anc. fr. *esboeler*, éventrer, de *bouel*, boyau). S'écrouler, s'effondrer : *Falaise qui s'éboule.*

éboulis [ebuli] **n.m.** Amas de matériaux éboulés ; éboulement : *Éboulis de roches.*

ébourgeonnement [eburʒɔnmɑ̃] et **ébourgeonnage** [eburʒɔnaʒ] **n.m.** AGRIC. Action d'ébourgeonner.

ébourgeonner [eburʒɔne] **v.t.** AGRIC. Supprimer les bourgeons inutiles d'un arbre, de la vigne.

ébouriffant, e [eburifɑ̃, -ɑ̃t] **adj.** *FAM.* Qui provoque une grande stupéfaction : *Un succès ébouriffant* (syn. **incroyable**).

ébouriffé, e [eburife] **adj.** (prov. *esbourifat*, de *bourro*, bourre). Dont les cheveux sont en désordre ; hirsute.

ébouriffer [eburife] **v.t.** (de *ébouriffé*). **1.** Mettre les cheveux en désordre. **2.** *FAM.* Provoquer chez qqn une vive surprise : *Son toupet m'a ébouriffé* (syn. **stupéfier**).

ébranchage [ebrɑ̃ʃaʒ] et **ébranchement** [ebrɑ̃ʃmɑ̃] **n.m.** Action d'ébrancher.

ébrancher [ebrɑ̃ʃe] **v.t.** Casser ou couper les branches d'un arbre.

ébranlement [ebrɑ̃lmɑ̃] **n.m. 1.** Action d'ébranler ; fait d'être ébranlé : *L'ébranlement du sol.* **2.** Fait de s'ébranler, de se mettre en mouvement : *L'ébranlement du train.*

ébranler [ebrɑ̃le] **v.t.** (de *branler*). **1.** Faire osciller, faire trembler ; secouer : *Le passage du camion a ébranlé les vitres.* **2.** Affaiblir ; diminuer : *Cette maladie a ébranlé sa santé.* **3.** Faire douter qqn, modifier ses convictions : *Ce discours a fortement ébranlé ses partisans.* ◆ **s'ébranler v.pr.** Se mettre en mouvement : *Le train s'ébranle* (syn. **démarrer**).

ébraser [ebraze] **v.t.** (var. de *embraser*). CONSTR. Élargir obliquement, génér. de dehors en dedans, l'embrasure d'une baie de porte, de fenêtre.

Èbre (l'), en esp. **Ebro,** fl. d'Espagne, né dans les monts Cantabriques, tributaire de la Méditerranée ; 928 km. Il passe à Saragosse. Aménagements pour la production d'électricité et surtout l'irrigation.

ébrécher [ebreʃe] **v.t.** [conj. **18**]. Faire une brèche à ; entamer le bord de : *Ébrécher un verre, une dent.*

ébriété [ebrijete] **n.f.** (lat. *ebrietas,* ivresse, de *ebrius,* ivre). *SOUT.* État d'une personne ivre : *En état d'ébriété* (syn. **ivresse**).

s'**ébrouer** [ebrue] **v.pr.** (de l'anc. fr. *brou,* bouillon). **1.** Souffler bruyamment par peur ou par impatience, en parlant du cheval. **2.** S'agiter, se secouer vivement pour se débarrasser de l'eau : *Le chien s'ébroue en sortant de l'eau.*

ébruitement [ebrɥitmɑ̃] **n.m.** Action d'ébruiter ; fait de s'ébruiter.

ébruiter [ebrɥite] **v.t.** (de *bruit*). Faire savoir qqch publiquement : *Ébruiter une affaire* (syn. **divulguer**). ◆ **s'ébruiter v.pr.** Se répandre, se propager : *La nouvelle s'est vite ébruitée.*

ébullition [ebylisjɔ̃] **n.f.** (du lat. *ebullire,* bouillonner). **1.** Passage de l'état liquide à l'état gazeux, les deux phases étant en équilibre. **2.** Moment où un liquide commence à bouillir : *Porter l'eau à ébullition.* **3. En ébullition,** en effervescence : *Ville en ébullition.*

éburnéen, enne [ebyrneɛ̃, -ɛn] **adj.** (lat. *eburneus,* ivoire). *LITT.* Qui a la blancheur ou l'aspect de l'ivoire.

écaillage [ekajaʒ] **n.m.** Action d'écailler ; fait de s'écailler.

écaille [ekaj] **n.f.** (germ. **skalja,* tuile). **1.** Chacune des plaques dures, cornées (reptiles) ou osseuses (poissons) qui recouvrent le corps de certains animaux. ▸ Certains mammifères et oiseaux sont également pourvus d'écailles cornées. **2.** Matière première provenant de la carapace de certaines tortues, utilisée en tabletterie, en marqueterie, etc. : *Peigne en écaille.* **3.** Valve d'un mollusque bivalve : *Écailles d'huître* (syn. **coquille**). **4.** BOT. Feuille entourant le bourgeon ou le bulbe de certaines plantes (oignon, lis, etc.). **5.** Parcelle qui se détache en petites plaques d'une surface : *Des écailles de peinture sèche.*

écaillé, e [ekaje] **adj. 1.** Dépouillé de ses écailles : *Poisson écaillé.* **2.** Qui s'écaille : *Peinture écaillée.*

1. écailler [ekaje] **v.t.** (de *écaille*). **1.** Gratter un poisson cru afin d'ôter les écailles de sa peau. **2.** Ouvrir une huître, un mollusque bivalve en en séparant les écailles. ◆ **s'écailler v.pr.** Se détacher en plaques minces, en écailles : *Vernis à ongles qui s'écaille.*

2. écailler, ère [ekaje, -ɛr] **n.** (de *écaille*). Personne spécialisée dans la vente et l'ouverture des huîtres.

écale [ekal] **n.f.** (du frq. **skala,* de même rac. que *écaille*). Enveloppe dure de certains fruits (noix, noisettes, etc.).

écaler [ekale] **v.t.** Débarrasser un fruit de son écale, un œuf dur de sa coquille.

écarlate [ekarlat] **n.f.** (lat. médiév. *scarlatum,* du persan *saqirlāt,* mot ar.). Matière colorante d'un rouge vif utilisée autref. en teinturerie. ◆ **adj.** De la couleur rouge vif de l'écarlate : *Des visages écarlates.*

écarquiller [ekarkije] **v.t.** (de l'anc. fr. *e[s]cartiller,* mettre en quatre). **Écarquiller les yeux,** les ouvrir tout grands.

écart [ekar] **n.m.** (de *1. écarter*). **1.** Distance, différence entre des choses ou des personnes : *L'écart entre les coureurs s'accentue* (syn. **intervalle**). *Des écarts de température.* **2.** Retrait, bond de côté pour éviter qqch, qqn ; embardée : *Faire un écart devant un piéton.* **3.** Action de s'écarter, de se détourner de sa ligne de conduite : *Faire des écarts de régime.* **4.** GÉOGR. Petite agglomération distincte du centre de la commune à laquelle elle appartient. **5. À l'écart (de),** éloigné ; à l'extérieur : *Se tenir à l'écart de la vie politique* (= en dehors). ⁄ **Écart de langage,** parole qui transgresse les convenances ; grossièreté. **6. Grand écart,** mouvement de gymnastique dans lequel les jambes, qui ont deux directions opposées par rapport au buste, touchent le sol sur toute la longueur.

1. écarté, e [ekarte] **adj.** (de *1. écarter*). **1.** Situé à l'écart : *Maison écartée* (syn. **isolé**). **2.** Se dit de deux choses qui sont assez distantes l'une de l'autre : *Avoir les yeux écartés.*

2. écarté [ekarte] **n.m.** (de *2. écarter*). Jeu de cartes dans lequel les joueurs peuvent écarter certaines cartes.

écartelé [ekartəle] **adj.** HÉRALD. Se dit d'un écu partagé en quatre quartiers égaux.

écartèlement [ekartɛlmɑ̃] **n.m.** Supplice qui consistait à faire tirer les membres des condamnés par des chevaux jusqu'à ce qu'ils se séparent du tronc.

écarteler [ekartəle] **v.t.** (de l'anc. fr. **esquarterer,* propr. « partager en quatre parties ») [conj. **25**]. **1.** Faire subir le supplice de l'écartèlement. **2.** Tirailler qqn entre plusieurs choses : *Elle est écartelée entre son désir de franchise et sa peur de blesser.*

écartement [ekartəmɑ̃] **n.m. 1.** Action d'écarter ou de s'écarter : *L'écartement des jambes.* **2.** Distance entre deux ou plusieurs choses : *L'écartement des rails.*

1. écarter [ekarte] **v.t.** (lat. pop. **exquartare,* de *quartus,* quart). **1.** Mettre une certaine distance entre des choses : *Écarter un objet du feu* (syn. **éloigner**). **2.** Tenir qqn à distance, à l'écart : *Écarter la foule* (syn. **repousser**). **3.** Rejeter qqn ; ne pas tenir compte de qqch : *Écarter une question* (syn. **éliminer**). *Écarter un candidat de la compétition* (syn. **évincer**). ◆ **s'écarter v.pr. 1.** Se diviser, se séparer, en parlant d'un ensemble : *La foule s'écarta pour laisser passer le cortège.* **2. S'écarter de qqn, de qqch,** s'en éloigner, s'en détourner : *S'écarter du droit chemin. Routes qui s'écartent l'une de l'autre.*

2. écarter [ekarte] **v.t.** (de *carte*). JEUX. Rejeter une ou plusieurs cartes de son jeu pour en prendre de nouvelles.

écarteur [ekartœr] **n.m.** CHIR. Instrument servant à écarter les lèvres d'une plaie.

ecce homo [ɛkseɔmo] **n.m. inv.** (mots lat. « voici l'homme », dits par Pilate). BX-A. Représentation du Christ couronné d'épines et portant un roseau pour sceptre.

ecchymose [ekimoz] **n.f.** (gr. *egkhumôsis,* de *egkhêin,* s'écouler). Épanchement de sang dans l'épaisseur de la peau à la suite d'un choc ; tache apparente qui en résulte. (On dit cour. un *bleu.*)

ecclésia [eklezja] **n.f.** (mot gr. « assemblée »). ANTIQ. GR. Assemblée des citoyens dans les cités grecques, notamm. à Athènes ▸ L'ecclésia athénienne votait les lois, la paix ou la guerre, élisait et contrôlait les magistrats.

ecclésiastique [eklezjastik] **adj.** (gr. *ekklêsiastikos,* de *ekklêsia,* assemblée). Relatif à l'Église, et plus spécial., au clergé (par opp. à *laïque,* à *civil*). ◆ **n.m.** Membre du clergé d'une Église.

écervelé, e [esɛrvəle] **adj.** et **n.** Se dit d'une personne qui ne réfléchit pas ; étourdi.

échafaud [eʃafo] **n.m.** (de l'anc. fr. *chafaud,* estrade, lat. pop. **catafalicum,* du class. *falae,* tours de bois, et du gr. *kata,* en bas). **1.** Estrade sur laquelle on procédait aux exécutions par décapitation. **2.** Peine de mort : *Risquer l'échafaud.*

échafaudage [eʃafodaʒ] **n.m. 1.** Ouvrage provisoire en charpente, dressé pour construire ou réparer un bâtiment.

2. Entassement d'objets : *Un échafaudage de livres* (syn. **pile**). **3.** Construction abstraite, génér. fragile : *L'échafaudage d'un système politique* (syn. **agencement**).

échafauder [eʃafode] **v.t.** Élaborer qqch en combinant des éléments souvent fragiles : *Échafauder une hypothèse, des projets.* ◆ **v.i.** CONSTR. Dresser un échafaudage.

échalas [eʃala] **n.m.** (réfection, probabl. d'apr. *échelle*, de l'anc. fr. *escharat*, lat. pop. *caracium*, roseau). **1.** Pieu servant de tuteur à certaines plantes, notamm. à la vigne. **2.** *FAM.* Personne grande et maigre.

échalote [eʃalɔt] **n.f.** (lat. *ascalonia [cepa]*, oignon [d'Ascalon, v. de Palestine]). Plante potagère voisine de l'oignon, dont le bulbe est utilisé comme condiment. ▸ Famille des liliacées.

échancré, e [eʃɑ̃kre] **adj.** Qui présente une ou des échancrures : *Côte échancrée. Encolure très échancrée* (syn. **décolleté**).

échancrer [eʃɑ̃kre] **v.t.** (de *chancre*, propr. « entamer comme le ferait un chancre »). Creuser, découper le bord de : *Échancrer un corsage.*

échancrure [eʃɑ̃kryr] **n.f.** Partie creusée ou entaillée au bord : *Les échancrures de la côte bretonne.*

échange [eʃɑ̃ʒ] **n.m.** (de *échanger*). **1.** Opération par laquelle on échange : *Échange de timbres. Échange de prisonniers.* **2.** Fait de s'adresser, de s'envoyer mutuellement qqch : *Échange de correspondance. Échange de coups* (= bagarre). **3.** ÉCON. Troc ; commerce. **4.** BIOL. Passage et circulation de substances entre deux milieux : *Échanges cellulaires. Échanges gazeux.* **5.** SPORTS. Dans les sports de balle, jeu pour s'échauffer avant une partie. **6.** SPORTS. Série de balles après chaque service. **7.** (Souvent au pl.). Ensemble des relations entre des groupes, des pays différents se traduisant par la circulation des hommes et des idées : *Échanges culturels, commerciaux.* **8. Échange standard,** remplacement d'une pièce, d'un article défectueux par une pièce, un article identiques neufs. ∕ **En échange,** en contrepartie, en compensation : *Il n'a rien dit, en échange, il a été récompensé.* ∕ ÉCON. **Valeur d'échange,** faculté que donne un bien d'en acquérir d'autres (par opp. à *valeur d'usage*).

échangeable [eʃɑ̃ʒabl] **adj.** Qui peut être échangé.

échanger [eʃɑ̃ʒe] **v.t.** (de *changer*) [conj. **17**]. **1.** Donner une chose et en recevoir une autre en contrepartie : *Échanger des billes contre un stylo* (syn. **troquer**). **2.** Adresser et recevoir en retour ; s'adresser mutuellement : *Échanger des cadeaux. Nous avons échangé nos points de vue.* **3. Échanger des balles,** au tennis, au tennis de table, faire des échanges pour s'échauffer.

échangeur [eʃɑ̃ʒœr] **n.m. 1.** Dispositif de raccordement entre plusieurs routes et autoroutes sans aucun croisement à niveau. **2.** Appareil dans lequel deux fluides échangent de la chaleur.

échangisme [eʃɑ̃ʒism] **n.m.** Pratique de l'échange des partenaires sexuels entre deux ou plusieurs couples.

échanson [eʃɑ̃sɔ̃] **n.m.** (frq. **skankjo*). Officier qui servait à boire à un grand personnage.

échantillon [eʃɑ̃tijɔ̃] **n.m.** (anc. fr. *eschandillon*, échelle pour mesurer, du rad. lat. *scala*, échelle). **1.** Petite quantité de marchandise qui permet de juger de la qualité : *Échantillon de tissu.* **2.** Exemple représentatif : *Un échantillon de la poésie du XVe siècle. Donner un échantillon de son talent* (syn. **aperçu**). **3.** STAT. Fraction représentative d'une population ou d'un ensemble statistique.

échantillonnage [eʃɑ̃tijɔnaʒ] **n.m. 1.** Action d'échantillonner ; série d'échantillons. **2.** STAT. Action de choisir les échantillons qui serviront à une analyse, notamm. dans le cas d'un sondage.

échantillonner [eʃɑ̃tijɔne] **v.t. 1.** Choisir, réunir des échantillons. **2.** STAT. Déterminer un échantillon dans une population.

échappatoire [eʃapatwar] **n.f.** (de *échapper*). Moyen adroit ou détourné pour se tirer d'embarras : *Chercher, trouver une échappatoire* (syn. **faux-fuyant, subterfuge**).

échappée [eʃape] **n.f.** (de *échapper*). **1.** Dans une course, action de distancer : *Tenter une échappée.* **2.** Espace étroit laissé libre à la vue ou au passage : *D'ici, on a une échappée sur la mer* (syn. **vue**). **3.** *LITT.* Court instant : *Il a des échappées de génie.*

échappement [eʃapmɑ̃] **n.m. 1.** Expulsion dans l'atmosphère des gaz de combustion d'un moteur thermique ; dispositif permettant cette expulsion : *Tuyau d'échappement. Échappement libre* (= dépourvu de silencieux). **2.** Mécanisme d'horlogerie qui sert à régulariser le mouvement d'une pendule, d'une montre.

échapper [eʃape] **v.t. ind. [à]** (lat. pop. **excappare*, sortir de la chape). **1.** Se soustraire, se dérober à qqn, à sa surveillance : *Le prisonnier a échappé à ses gardiens.* **2.** Ne pas être atteint, concerné par qqch de menaçant, d'importun : *Échapper à la maladie. Échapper à une corvée* (= l'éviter). **3.** Ne pas être obtenu, perçu, compris ou ne plus être présent à l'esprit : *Rien n'échappe à son œil d'aigle. Son nom m'échappe* (= je l'ai oublié). *Le pouvoir lui échappe.* **4.** Cesser d'être tenu, retenu par qqn : *Le plat lui a échappé des mains* (= il l'a lâché). **5. Ça m'a échappé,** je l'ai dit par mégarde. ∕ **L'échapper belle,** éviter de peu un danger. ◆ **s'échapper v.pr. 1.** S'enfuir, se sauver d'un lieu où l'on est retenu ; s'absenter : *Le prisonnier s'est échappé* (syn. **s'évader**). *S'échapper d'une réunion* (syn. **s'éclipser**). **2.** Sortir, se répandre brusquement : *La vapeur s'échappe par la soupape.* **3.** Faire une échappée, dans une course.

écharde [eʃard] **n.f.** (frq. **skarda*, éclat). Petit fragment pointu de bois ou d'autre matière entré accidentellement sous la peau.

écharner [eʃarne] **v.t.** (de *charn*, anc. forme de *chair*). TECHN. Débarrasser une peau des chairs qui y adhèrent avant de la tanner.

écharpe [eʃarp] **n.f.** (frq. **skirpja*, sacoche). **1.** Large bande d'étoffe portée obliquement d'une épaule à la hanche opposée, ou autour de la ceinture, comme insigne d'une fonction : *L'écharpe tricolore du maire.* **2.** Bandage porté en bandoulière pour soutenir une main ou un bras blessés : *Avoir le bras en écharpe.* **3.** Bande d'étoffe tissée ou tricotée qu'on porte sur les épaules ou autour du cou. **4. Prendre en écharpe,** heurter, accrocher de biais.

écharper [eʃarpe] **v.t.** (var. de l'anc. v. *escharpir*, de *charpir*, déchirer). **1.** Blesser grièvement ; mettre en pièces : *La foule voulait écharper l'assassin* (syn. **lyncher**). **2.** *FAM.* **Se faire écharper,** subir des coups, des critiques.

échasse [eʃas] **n.f.** (du frq. **skakkja*, jambe de bois). **1.** Long bâton garni d'un étrier permettant de marcher à une certaine hauteur du sol. **2.** Oiseau à plumage noir et blanc, aux pattes longues et fines, répandu près des lacs et des marécages du monde entier. ▸ Ordre des charadriiformes.

échassier [eʃasje] **n.m.** (de *échasse*). **Échassiers,** oiseaux carnivores des marais ou des côtes, aux longues pattes, répartis en trois ordres distincts : les ciconiiformes, les gruiformes et les charadriiformes.

échaudé, e [eʃode] **adj. 1.** Ébouillanté. **2. Chat échaudé craint l'eau froide,** on craint même l'apparence d'un mal dont on a souffert (proverbe).

échauder [eʃode] **v.t.** (lat. *excaldare*, de *calidus*, chaud). **1.** Plonger dans l'eau bouillante : *Échauder un poulet pour le plumer* (syn. **ébouillanter**). **2.** Causer à qqn une mésaventure qui lui sert de leçon : *Cette aventure l'a échaudé.*

échauffement [eʃofmɑ̃] **n.m. 1.** Action d'échauffer ; fait de s'échauffer, de devenir chaud : *L'échauffement d'une pièce mécanique par défaut de graissage.* **2.** Fait de devenir plus animé : *Dans l'échauffement de la discussion* (syn. **énervement**). **3.** Entraînement léger destiné à échauffer les muscles pour les assouplir avant un effort physique.

échauffer [eʃofe] **v.t.** (lat. pop. **excalefare*, class. *excalefacere*). **1.** Donner de la chaleur à, élever la température de : *La fermentation échauffe le foin humide.* **2.** Causer de l'excitation : *L'alcool échauffe les esprits.* **3.** *SOUT.* **Échauffer la bile, les oreilles, le sang, la tête, etc.,** mettre en colère. ◆ **s'échauf-**

fer **v.pr. 1.** Devenir plus chaud ou plus animé : *La discussion s'échauffe* (= le ton monte). **2.** Faire des exercices pour se préparer à un effort physique.

échauffourée [eʃofure] **n.f.** (d'un croisement de *fourrer,* et *chaufour,* four à chaux, en raison de l'activité incessante du chaufournier). Combat bref et confus : *Échauffourées entre police et manifestants* (syn. **accrochage**).

échauguette [eʃogɛt] **n.f.** (frq. **skarwahta,* guet). Guérite de guet placée en surplomb sur une muraille fortifiée.

échéance [eʃeɑ̃s] **n.f.** (de *échéant*). **1.** Date à laquelle est exigible le paiement d'une dette ou l'exécution d'une obligation : *L'échéance d'un loyer. Sa traite arrive à échéance.* **2.** Ensemble des règlements à effectuer à une période donnée : *Ne pas pouvoir faire face à ses échéances.* **3.** Moment où qqch doit arriver et qui marque la fin d'un délai, d'une période : *Échéance électorale.* **4. À brève, courte, longue échéance,** dans un délai bref, court, long.

échéancier [eʃeɑ̃sje] **n.m.** Registre où sont inscrites, à leur date d'échéance, les dettes, les créances.

échéant, e [eʃeɑ̃, -ɑ̃t] **adj.** (p. présent de *échoir*). **1.** DR. Qui arrive à échéance. **2. Le cas échéant,** si le cas se présente : *Je peux vous conseiller et, le cas échéant, vous aider.*

échec [eʃɛk] **n.m.** (de *échecs*). **1.** Résultat négatif d'une tentative, d'une entreprise : *L'échec des négociations* (syn. **insuccès**). *Tenir qqn en échec.* **2. Faire échec à,** empêcher de réussir : *Ils ont fait échec à tous ses projets.*

échecs [eʃɛk] **n.m. pl.** (du persan *chāh,* roi). Jeu dans lequel deux adversaires font manœuvrer sur un plateau de 64 cases deux séries de 16 pièces de valeurs diverses ; les pièces qui servent à ce jeu. ◆ **échec n.m. 1.** Situation du roi en position d'être pris par l'adversaire : *Échec au roi.* **2. Échec et mat,** coup décisif qui met le roi en position d'être pris au coup suivant et assure le gain de la partie. ◆ **échec adj. inv.** En échec : *Être échec, échec et mat.*

échelier [eʃəlje] **n.m.** (de *échelle*). Échelle à un seul montant central.

échelle [eʃɛl] **n.f.** (lat. *scala*). **1.** Dispositif composé de deux montants reliés entre eux par des barreaux transversaux régulièrement espacés et servant de marches : *Échelle double. Échelle de corde. Échelle d'incendie* (= plans coulissants). **2.** MAR. Escalier sur un bateau. **3.** Série de divisions sur un instrument de mesure : *Échelle thermométrique.* **4.** MUS. Succession de sons non structurée (par opp. à *gamme*). **5.** Ligne graduée indiquant le rapport des dimensions ou distances marquées sur un plan, une carte, avec les dimensions ou distances réelles ; rapport entre la représentation figurée d'une longueur et la longueur réelle correspondante : *Sur une carte à l'échelle de 1/200 000, 1 cm vaut 2 km.* **6.** Suite de degrés, de niveaux classés dans un ordre progressif : *S'élever dans l'échelle sociale* (syn. **hiérarchie**). **7. À grande échelle, sur une vaste échelle,** en grand, dans des proportions importantes : *Diffuser un produit à grande échelle.* / **À l'échelle de, à l'échelle** (+ adj.), à la mesure, au niveau de : *À l'échelle du département. À l'échelle internationale.* / **Échelle mobile,** système d'indexation d'un paiement sur le coût de la vie : *Échelle mobile des salaires.* / **L'échelle de Jacob,** échelle que le patriarche Jacob vit en songe, accédant au ciel, et parcourue par les anges. / **Échelle macrosismique européenne** ⟶ **E.M.S. (échelle).** / **Faire la courte échelle à qqn,** l'aider à s'élever en lui offrant ses mains et ses épaules comme points d'appui. ◆ **échelles n.f. pl.** HIST. Comptoirs commerciaux établis à partir du XVIe s. par les nations chrétiennes en pays d'islam : *Échelles du Levant.*

échelon [eʃlɔ̃] **n.m. 1.** Barreau transversal d'une échelle. **2.** Degré d'une série, d'une hiérarchie, d'une carrière administrative : *Accéder à l'échelon supérieur.* **3.** Niveau de décision dans une administration, une entreprise, etc. : *À l'échelon national* (syn. **échelle**).

échelonnement [eʃlɔnmɑ̃] **n.m.** Action d'échelonner ; fait d'être échelonné.

échelonner [eʃlɔne] **v.t. 1.** Disposer par échelons, de distance en distance : *Échelonner des troupes.* **2.** Répartir dans le temps à intervalles plus ou moins réguliers : *Échelonner des paiements, des livraisons* (syn. **espacer, étaler**).

échenillage [eʃnijaʒ] **n.m.** Action d'écheniller.

écheniller [eʃnije] **v.t.** Débarrasser un arbre, une plante des chenilles.

écheveau [eʃvo] **n.m.** (lat. *scabellum,* tabouret, d'où p.-ê. par comparaison « dévidoir », puis « écheveau »). **1.** Assemblage de fils textiles réunis entre eux par un fil de liage. **2.** Ensemble serré d'éléments liés entre eux de façon complexe : *L'écheveau d'une intrigue.*

échevelé, e [eʃəvle] **adj.** (de *chevel,* forme anc. de *cheveu*). **1.** Dont les cheveux sont en désordre : *Il est arrivé tout échevelé* (syn. **ébouriffé**). **2.** Qui manque d'ordre, de mesure : *Danse échevelée* (syn. **frénétique**).

échevin [eʃvɛ̃] **n.m.** (bas lat. *scabinus,* frq. **skapin,* juge). HIST. Magistrat municipal chargé d'assister le maire sous l'Ancien Régime.

échevinal, e, aux [eʃvinal, -o] **adj.** Relatif à l'échevin.

échidné [ekidne] **n.m.** (lat. *echidna,* mot gr. « vipère »). Mammifère ovipare d'Australie et de Nouvelle-Guinée, couvert de piquants, portant un bec corné, fouisseur et insectivore. ▸ Ordre des monotrèmes ; long. 25 cm.

échine [eʃin] **n.f.** (frq. **skina,* os de la jambe et « aiguille »). **1.** Colonne vertébrale, dos de l'homme et de certains animaux : *Marcher dans la campagne, l'échine courbée.* **2.** BOUCH. Partie du bœuf comprenant l'aloyau et les côtes ; partie antérieure de la longe de porc. **3. Avoir l'échine souple,** être servile. / **Courber, plier l'échine,** céder, se soumettre.

s'**échiner** [eʃine] **v.pr. [à]** (de *échine*). Se fatiguer, se donner de la peine : *Il s'est échiné à défendre cet accusé.*

échinoderme [ekinɔdɛrm] **n.m.** (du gr. *ekhinos,* hérisson, et *-derme*). **Échinodermes,** embranchement d'animaux marins invertébrés présentant un système de ventouses érectiles, comme l'oursin et l'étoile de mer.

échiquier [eʃikje] **n.m.** (angl. *exchequier,* de l'anc. fr. *eschequier,* trésor [royal]). **1.** Plateau carré, divisé en 64 cases alternativement noires et blanches, sur lequel on joue aux échecs. **2.** Surface dont le dessin évoque celui d'un échiquier : *Arbres plantés en échiquier.* **3.** Domaine où s'opposent des intérêts contradictoires qui exigent des manœuvres habiles : *L'échiquier diplomatique.* **4.** (Avec une majuscule). Administration financière, en Grande-Bretagne : *Chancelier de l'Échiquier.*

écho [eko] **n.m.** (lat. *echo,* gr. *êkhô,* son). **1.** Répétition d'un son due à la réflexion des ondes sonores sur un obstacle : *L'écho lui renvoya son cri.* **2.** TECHN. Onde électromagnétique émise par un poste de radar et qui revient à l'appareil après avoir été réfléchie par un obstacle. **3.** TÉLÉV. Image parasite légèrement décalée sur l'écran par rapport à l'image normale. **4.** Propos rapportant des faits : *Avez-vous eu des échos de la réunion ?* (syn. **nouvelle**). **5.** Reflet, évocation : *Cet ouvrage est un écho des préoccupations de l'époque.* **6.** Résonance, accueil favorable : *Cette offre n'a pas trouvé le moindre écho.* **7. En écho,** en répétant fidèlement : *Les manifestants reprirent en écho les slogans.* / **Se faire l'écho de,** propager, répandre : *Ils se sont faits l'écho de nos préoccupations.* ◆ **échos n.m. pl.** Rubrique d'un journal consacrée aux anecdotes, à la vie mondaine, etc.

échographie [ekɔgrafi] **n.f.** MÉD. Technique d'imagerie médicale utilisant la réflexion *(écho)* d'un faisceau d'ultrasons par les organes.

■ Méthode sans danger connu, ne nécessitant l'injection d'aucun produit, l'échographie est courante dans de nombreuses spécialités médicales. L'image obtenue est en général une coupe de l'organe, qui rend compte de ses mouvements (valvules du cœur, par ex.).
Pendant la grossesse, l'échographie vérifie, entre autres, l'absence de malformation du fœtus. L'échographie du rein, de la vésicule biliaire, du foie permet de voir les calculs, de dépister des tumeurs. En cardiologie, on peut mesu-

⟶

rer la paroi du cœur et les cavités, vérifier la qualité de la contraction. Le couplage avec l'effet Doppler permet le diagnostic des thromboses (caillots) ou des rétrécissements des vaisseaux. L'échographie est aussi utilisée pour diriger les gestes de ponction ou de biopsie, ou pour guider l'exploration chirurgicale. ■

échoir [eʃwar] **v.t. ind. [à]** (lat. pop. **excidere*, de *cadere*, tomber) [conj. **70** ; auxil. *être* ou *avoir*]. LITT. Être dévolu à qqn par le sort, le hasard : *Le gros lot lui a échu* (syn. **revenir**). ◆ **v.i.** Arriver à échéance, en parlant d'une dette, d'un engagement, etc. : *Payer son loyer à terme échu.* ***Rem.*** Ce verbe ne s'emploie plus guère qu'au p. présent et au p. passé.

écholalie [ekɔlali] **n.f.** (du gr. *êkhô*, son répercuté, et *lalein*, parler). PSYCHIATRIE. Répétition machinale de mots ou de phrases prononcés par autrui, dans certaines aphasies.

écholocation [ekɔlɔkasjɔ̃] **n.f.** ZOOL. Mode d'orientation propre à certains animaux (chauves-souris, dauphins) qui repèrent les obstacles en émettant des ultrasons produisant un écho.

échoppe [eʃɔp] **n.f.** (anc. néerl. *schoppe*). Petite boutique en matériau léger, adossée à une autre construction.

échotier, ère [ekɔtje, -ɛr] **n.** Rédacteur des échos dans un journal.

échouage [eʃwaʒ] **n.m.** MAR. Action d'échouer un navire volontairement ; situation d'un navire échoué.

échouer [eʃwe] **v.i.** (orig. obsc., p.-ê. du lat. *excautare*, de *cautes*, rocher) [conj. **6**]. **1.** Toucher accidentellement le rivage, le fond et s'y immobiliser, en parlant d'un navire. **2.** Se retrouver par hasard en un lieu que l'on n'a pas choisi : *Échouer dans une auberge de campagne.* **3.** Ne pas aboutir ; subir un échec : *Les négociations ont échoué. Échouer à un examen.* ◆ **v.t.** MAR. Pousser volontairement un bateau sur un haut-fond ou à terre pour le mettre à sec. ◆ **s'échouer v.pr.** Toucher le fond et s'arrêter : *Bateau qui s'échoue sur un haut-fond.*

écimage [esimaʒ] **n.m.** Action d'écimer.

écimer [esime] **v.t.** Enlever la cime d'un végétal pour favoriser la croissance en épaisseur (syn. **étêter**).

Eckart ou **Eckhart (Johann, dit Maître),** philosophe et mystique allemand (Hochheim v. 1260 - Avignon ? v. 1327). Dominicain, il enseigne la théologie à Paris, Strasbourg et Cologne, où il instaure une école de pensée marquée par l'influence doctrinale d'Albert le Grand. Inquiété pour ses idées, il se rend auprès du pape en Avignon, mais ne peut échapper à une condamnation qui lui attribue certaines doctrines étrangères à ses propres positions. Il a laissé des œuvres en latin, notamment des sermons, et d'autres en allemand, telles que *De l'homme noble* et le *Livre de la consolation divine.*

éclaboussement [eklabusmɑ̃] **n.m.** Action d'éclabousser.

éclabousser [eklabuse] **v.t.** (anc. fr. *esclaboter*, d'un rad. onomat. *klapp-* et *bouter*, frapper). **1.** Faire rejaillir un liquide sur : *La voiture m'a éclaboussé* (syn. **asperger**). **2.** Compromettre la réputation de qqn par répercussion : *Scandale qui a éclaboussé toute la famille* (syn. **salir**).

éclaboussure [eklabusyr] **n.f. 1.** Particule qui éclabousse, salit : *Ma robe est pleine d'éclaboussures* (syn. **tache**). **2.** Contrecoup d'un événement fâcheux, qui entache la réputation de qqn : *Les éclaboussures d'un scandale.*

1. éclair [eklɛr] **n.m.** (de *éclairer*). **1.** Lueur brève et très vive traduisant une décharge électrique entre deux nuages ou entre un nuage et la terre, lors d'un orage. **2.** Lueur éclatante et brève : *Éclair d'un flash.* **3.** Brusque manifestation de ce qui a trait à l'intelligence : *Dans un éclair de lucidité. Éclair de génie.* **4. Comme l'éclair,** avec une extrême rapidité. / **Ses yeux, son regard lancent des éclairs,** sont animés d'une émotion intense, partic. de colère. ◆ **adj. inv.** (Épithète seul.). Très rapide : *Des visites éclair.*

2. éclair [eklɛr] **n.m.** (de *1. éclair*, probabl. parce que ce gâteau peut se manger très vite). Petit gâteau allongé, en pâte à choux, fourré de crème pâtissière et glacé par-dessus.

éclairage [eklεraʒ] **n.m. 1.** Action, manière, moyen d'éclairer ; dispositif qui éclaire : *L'éclairage de cette pièce est insuffisant.* **2.** Ensemble des appareils qui éclairent un spectacle ; réglage de ces appareils : *Technicien chargé de l'éclairage.* **3.** Manière particulière d'envisager qqch : *Sous cet éclairage, l'affaire paraît banale* (syn. **angle, jour**). **4. Éclairage indirect,** éclairage qui n'est pas orienté directement sur l'objet à éclairer.

éclairagiste [eklεraʒist] **n.** Spécialiste dans l'installation de l'éclairage ; spécial., technicien qui s'occupe de l'éclairage d'un spectacle.

éclairant, e [eklεrɑ̃, -ɑ̃t] **adj.** Qui éclaire : *Une fusée éclairante. Une conclusion très éclairante.*

éclaircie [eklεrsi] **n.f.** (de *éclaircir*). **1.** Espace clair dans un ciel nuageux ; durée pendant laquelle le ciel s'éclaircit : *Profitons de l'éclaircie pour rentrer.* **2.** SOUT. Changement favorable : *Une éclaircie dans le climat politique.*

éclaircir [eklεrsir] **v.t.** (anc. fr. *esclarcir*, briller, du lat. *clarus*, clair) [conj. **32**]. **1.** Rendre plus clair : *Ce papier éclaircit la pièce* (contr. **assombrir**). *La camomille éclaircit les cheveux* (contr. **foncer**). **2.** Rendre plus limpide, plus fluide : *Éclaircir une sauce* (syn. **allonger** ; contr. **épaissir**). **3.** AGRIC., SYLV. Rendre des plants, un bois moins touffus. **4.** Rendre qqch plus intelligible : *Éclaircir un mystère, une énigme* (syn. **élucider, débrouiller**). ◆ **s'éclaircir v.pr. 1.** Devenir plus clair : *Sa robe s'est éclaircie au lavage.* **2.** Devenir moins nombreux : *Ses cheveux commencent à s'éclaircir.* **3.** Devenir plus compréhensible, plus net, plus clair : *La situation s'est éclaircie entre eux.*

éclaircissement [eklεrsismɑ̃] **n.m. 1.** Action d'éclaircir ; fait de s'éclaircir. **2.** (Surtout au pl.). Information nécessaire à une plus complète compréhension : *J'aurai besoin d'éclaircissements* (syn. **explication**).

éclairé, e [eklere] **adj.** Bien informé, instruit dans une spécialité : *Lecteur éclairé* (syn. **averti**).

éclairement [eklεrmɑ̃] **n.m.** PHYS. Quotient du flux lumineux reçu par une surface par l'aire de cette surface. (Unité *lux*.)

éclairer [eklere] **v.t.** (lat. *exclarare*, de *clarus*, clair). **1.** Répandre, donner de la lumière sur : *Les phares éclairent la route.* **2.** Fournir à qqn de la lumière pour qu'il voie : *Éclaire le fond de la cave.* **3.** Rendre plus clair, plus lumineux : *Un sourire éclaira son visage* (syn. **illuminer**). **4.** Rendre compréhensible une question, des faits : *Éclairer une définition par des exemples. Les médias doivent éclairer le public* (syn. **informer, renseigner**). ◆ **s'éclairer v.pr. 1.** Devenir lumineux. **2.** Devenir compréhensible. **3. Son visage s'éclaire,** exprime la satisfaction, la joie.

1. éclaireur [eklerœr] **n.m.** Soldat qui éclaire la marche d'une troupe.

2. éclaireur, euse [eklerœr, -øz] **n.** (de *1. éclaireur*). Adolescent membre des Éclaireurs de France (association non confessionnelle de scoutisme français).

éclampsie [eklɑ̃psi] **n.f.** (gr. *eklampsis*, accès subit). MÉD. Crise convulsive, souvent suivie de coma, frappant les femmes enceintes, à la fin de la grossesse.

éclat [ekla] **n.m.** (de *éclater*). **1.** Fragment d'un objet brisé : *Un éclat de verre.* **2.** PRÉHIST. Fragment d'un bloc de roche dure, servant à la fabrication d'outils : *Outil sur éclat du faciès moustérien.* **3.** Bruit soudain et violent : *Éclat de voix, de rire.* **4.** Intensité lumineuse d'un astre : *Éclat absolu, apparent.* **5.** Intensité d'une lumière : *Avoir du mal à supporter l'éclat des néons.* **6.** Reflet brillant ou vivacité d'une couleur : *L'éclat du diamant.* **7.** Qualité de ce qui s'impose à l'admiration : *L'éclat d'une cérémonie* (syn. **magnificence, faste**). *Dans tout l'éclat de sa beauté* (syn. **splendeur**). **8. Action d'éclat,** action remarquable par son audace ; exploit. / **Faire un éclat,** se signaler à l'attention par une manifestation bruyante, par un scandale (= faire un esclandre). / **Rire aux éclats,** rire très fort.

éclatant, e [eklatɑ̃, -ɑ̃t] **adj. 1.** Qui a de l'éclat : *Rouge éclatant.* **2.** *LITT.* Qui frappe l'ouïe d'une manière intense : *Rire éclatant* (syn. **bruyant**). **3.** Qui a un grand retentissement, une intensité remarquable : *Remporter une victoire éclatante.*

éclaté, e [eklate] **adj.** TECHN. **Dessin éclaté, vue éclatée,** qui représente les différentes parties d'un ensemble, d'un appareil complexe, etc., dans leur disposition relative, mais en les dissociant clairement. (On dit aussi *un éclaté.*)

éclatement [eklatmɑ̃] **n.m.** Fait d'éclater : *Éclatement d'une canalisation* (syn. **rupture**). *Éclatement d'un groupe* (syn. **désagrégation**).

éclater [eklate] **v.i.** (frq. **slaitan,* fendre). **1.** Se briser soudainement sous l'effet d'une pression, de la chaleur, etc. : *Pneu qui éclate* (syn. **crever**). *Obus qui éclate* (syn. **exploser**). **2.** Faire entendre un bruit sec, violent : *La foudre éclate.* **3.** Se produire, se manifester brusquement : *La guerre a éclaté. Le scandale a éclaté.* **4.** Se fractionner, se diviser en plusieurs parties : *Faire éclater un service de table.* **5.** Ne pas pouvoir contenir ses sentiments, en partic. sa colère : *Elle éclata soudain contre ses collègues* (syn. **s'emporter**). **6.** Être très vif ; briller, étinceler : *Un diamant qui éclate de mille feux.* **7. Éclater de,** avoir, manifester qqch avec force : *Il éclate de santé. Éclater de rire* (= rire soudainement et bruyamment). ◆ **s'éclater v.pr.** *FAM.* Se donner intensément à qqch en y prenant un très grand plaisir.

éclectique [eklɛktik] **adj.** et **n.** (gr. *eklektikos,* de *eklegein,* choisir). Qui fait preuve d'éclectisme, de largeur d'esprit dans ses goûts, ses choix.

éclectisme [eklɛktism] **n.m. 1.** PHILOS. Méthode de ceux qui choisissent dans différents systèmes ce qui leur paraît le meilleur. **2.** Attitude de qqn qui refuse les systèmes, qui s'intéresse à tous les domaines ou, dans un domaine, à tous les sujets : *Faire preuve d'éclectisme dans ses lectures.*

éclipse [eklips] **n.f.** (lat. *eclipsis,* mot gr. « disparition »). **1.** Disparition temporaire complète *(éclipse totale)* ou partielle d'un astre due à son passage dans l'ombre ou la pénombre d'un autre : *Éclipse de Lune, de Soleil.* **2.** Disparition momentanée de qqn, de qqch ; baisse de popularité : *Un acteur qui a subi une éclipse.* **3. À éclipses,** intermittent, discontinu : *Humeur à éclipses.*

éclipser [eklipse] **v.t. 1.** ASTRON. Provoquer l'éclipse d'un astre. **2.** Surpasser dans l'estime d'autrui par un mérite, un prestige plus grands : *Éclipser ses rivaux.* ◆ **s'éclipser v.pr.** Partir furtivement : *S'éclipser avant la fin du spectacle* (syn. **s'esquiver**).

écliptique [ekliptik] **n.m.** ASTRON. Plan de l'orbite de la Terre autour du Soleil ; grand cercle de la sphère céleste décrit par le Soleil dans son mouvement apparent annuel.

éclisse [eklis] **n.f.** (du frq. **slitan,* fendre). **1.** Éclat de bois obtenu par fendage. **2.** Pièce de bois formant la partie latérale de la caisse d'un instrument à cordes. **3.** Plaque d'acier réunissant deux rails par leur extrémité. **4.** CHIR. Attelle.

éclopé, e [eklɔpe] **adj.** et **n.** (de l'anc. fr. *cloper,* boiter). Qui marche péniblement ; estropié.

éclore [eklɔr] **v.i.** (lat. pop. **exclaudere,* class. *excludere,* faire sortir) [conj. **113 ;** auxil. *être* ou *avoir*]. **1.** Naître en sortant de l'œuf : *Des poussins écloront bientôt.* **2.** S'ouvrir, en parlant de l'œuf : *Les œufs ont éclos ce matin.* **3.** *LITT.* S'ouvrir, en parlant d'une fleur, d'un bourgeon.

éclosion [eklozjɔ̃] **n.f. 1.** Fait d'éclore : *Éclosion d'une couvée, d'une fleur.* **2.** Naissance, apparition : *Éclosion d'une idée.*

écluse [eklyz] **n.f.** (du lat. *[aqua] exclusa,* [eau] séparée du courant). Ouvrage aménagé entre deux plans d'eau de niveau différent pour permettre aux embarcations de passer de l'un à l'autre grâce à la manœuvre d'éléments mobiles (portes et vannes).

écluser [eklyze] **v.t. 1.** Équiper une voie d'eau d'une écluse. **2.** Faire passer un bateau par une écluse.

éclusier, ère [eklyzje, -ɛr] **adj.** D'une écluse ; relatif à une écluse : *Porte éclusière.* ◆ **n.** Personne qui assure la surveillance et la manœuvre d'une ou de plusieurs écluses.

Eco (Umberto), critique et romancier italien (Alexandrie, Piémont, 1932). Il est l'auteur d'études sur les rapports de la création artistique et des moyens de communication de masse *(l'Œuvre ouverte),* et de romans, dont *le Nom de la rose,* qui mêle, dans un foisonnement verbal, questions théologiques et intrigue policière.

écobuage [ekɔbɥaʒ] **n.m.** (du poitevin *goba,* motte de terre). AGRIC. Mode de préparation et de fertilisation du sol consistant à détacher la couche herbue par plaques *(gazons),* qu'on fait ensuite sécher et brûler pour en répandre la cendre.

écocitoyenneté [ekɔsitwajɛnte] **n.f.** (de *éco[logie]* et *citoyenneté*). Comportement individuel ou collectif consistant à observer les principes et les règles destinés à préserver l'environnement. ◆ **écocitoyen, enne n.** et **adj.** Personne qui applique les pricipes de l'écocitoyenneté.

écœurant, e [ekœrɑ̃, -ɑ̃t] **adj. 1.** Qui soulève le cœur : *Odeur écœurante* (syn. **infect, nauséabond**). **2.** Qui inspire du dégoût : *Conduite écœurante* (syn. **répugnant, révoltant**).

écœurement [ekœrmɑ̃] **n.m.** État, sentiment d'une personne écœurée ; dégoût.

écœurer [ekœre] **v.t.** (de *cœur*). **1.** Causer du dégoût, donner la nausée à : *Cette odeur de tabac mouillé m'écœure.* **2.** Inspirer du dégoût, de la répugnance, de l'aversion : *Ses flatteries écœurent tout le monde.*

école [ekɔl] **n.f.** (lat. *schola,* gr. *skolê*). **1.** Établissement où l'on donne un enseignement ; ses bâtiments : *École de danse.* **2.** Établissement où est dispensé un enseignement collectif général aux enfants d'âge préscolaire et scolaire : *Aller à l'école. École maternelle, communale.* **3.** Ensemble des élèves et du personnel d'une école : *Toute l'école est réunie dans la cour.* **4.** Ensemble des partisans d'une doctrine philosophique, littéraire, artistique, etc. ; la doctrine elle-même : *L'école romantique.* **5.** Ensemble des artistes d'une même nation, d'une même tendance : *L'école italienne. L'école impressionniste.* **6. À l'école de,** sous la direction de qqn ; en tirant profit de l'expérience de qqch : *À l'école d'un tel champion, il a fait des progrès rapides.* / **Être à bonne école, à dure école,** être bien entouré pour progresser ; rencontrer des épreuves. / **Faire école,** susciter de nombreux disciples ; se répandre, en parlant d'une idée. **7. Grande école,** établissement d'enseignement supérieur caractérisé par une sélection à l'entrée, génér. par concours ou sur titres. / **Haute école,** équitation savante, académique.

écolier, ère [ekɔlje, -ɛr] **n. 1.** Enfant qui fréquente l'école primaire, les petites classes. **2. Prendre le chemin des écoliers,** aller quelque part par le trajet le plus long.

écologie [ekɔlɔʒi] **n.f.** (all. *Ökologie,* du gr. *oikos,* maison, et *-logie*). **1.** Science qui étudie les relations des êtres vivants entre eux et avec leur milieu. **2.** Écologisme.

■ Le mot *écologie* a été créé en 1866 par le biologiste allemand Ernst Haeckel, mais la discipline n'a pris de l'importance qu'au cours des années 1930. Depuis, l'écologie s'est développée en intégrant les connaissances de la biologie et d'autres sciences telles que la géologie, la climatologie ou l'économie. Le domaine d'étude de l'écologie est représenté par l'environnement au sens large, c'est-à-dire l'ensemble des éléments naturels ou artificiels formant les différents milieux de vie des êtres vivants (animaux, végétaux, champignons, micro-organismes), ainsi que par ces êtres vivants eux-mêmes. L'environnement est déterminé par de multiples paramètres physiques (géographie, climat...) et biologiques (les organismes agissant sur leur milieu de vie).

L'écologie fondamentale étudie la structure et le fonctionnement des écosystèmes – un écosystème, unité de base de l'environnement, est formé par un milieu physique *(biotope)* et la communauté vivante qui le peuple *(biocénose).* L'ensemble des écosystèmes de la planète forme la *biosphère.* L'écologie appliquée prend en compte l'action de l'homme dans le but d'en limiter les consé- →

quences néfastes (dégradation de l'environnement, pollution, baisse de la biodiversité, etc.) et de favoriser une gestion rationnelle de la nature.
Niches écologiques. La niche écologique représente le « rôle » d'une espèce dans un écosystème : elle se définit par le mode de vie de l'espèce considérée (comment elle occupe l'espace, si elle est nocturne, ou diurne, son mode d'alimentation, etc.) et ses capacités d'adaptation. Cette notion permet de mieux comprendre les relations entre les espèces dans un écosystème donné (compétition, cohabitation...) et d'interpréter certains mécanismes d'évolution : l'occupation de nouvelles niches écologiques peut en effet favoriser l'apparition d'espèces nouvelles.
Cycles écologiques. Parmi les êtres vivants, les décomposeurs fragmentent la matière organique morte pour s'en nourrir (champignons, vers, certains insectes...). À leur suite, les minéralisateurs (bactéries) en libèrent les composants minéraux, qui sont absorbés par les végétaux (producteurs), eux-mêmes ingérés par les herbivores (consommateurs primaires), à leur tour consommés par les carnivores (consommateurs secondaires), etc. Le fonctionnement des écosystèmes est donc cyclique, et les éléments essentiels de la matière vivante (carbone, azote, phosphore...) entrent dans les cycles écologiques (on parle aussi de *cycles biogéochimiques*), qui présentent des parties communes (par ex. le passage de ces éléments dans les organismes) et des parties distinctes. L'eau suit également un cycle écologique. ■

écologique [ekɔlɔʒik] **adj. 1.** Relatif à l'écologie. **2.** Relatif à l'écologisme.

écologisme [ekɔlɔʒism] **n.m.** Courant de pensée, mouvement tendant au respect des équilibres naturels, à la protection de l'environnement contre les ravages de la société industrielle (syn. **écologie**). ◆ **écologiste n.** et **adj.** Partisan de l'écologisme. (abrév. fam. *écolo.*)

écomusée [ekɔmyze] **n.m.** (de *éco[logie]* et *musée*). Institution visant à l'étude, à la conservation et à la mise en valeur du mode de vie, du patrimoine naturel et culturel d'une région.

éconduire [ekɔ̃dɥir] **v.t.** (altér., d'apr. *conduire*, de l'anc. v. *esconduire*, excuser, refuser) [conj. **98**]. *LITT.* Refuser de recevoir qqn ; ne pas accéder à la demande de qqn : *Éconduire des visiteurs importuns* (syn. **congédier**).

économat [ekɔnɔma] **n.m. 1.** Service chargé de la gestion financière d'un établissement ; ses bureaux. **2.** Charge d'un économe.

1. économe [ekɔnɔm] **n.** (lat. *œconomus*, administrateur, du gr.). Personne qui dirige un économat.

2. économe [ekɔnɔm] **adj.** (de *1. économe*). **1.** Qui limite ses dépenses : *Une maîtresse de maison économe* (contr. **dépensier, prodigue**). **2. Être économe de son temps, de ses paroles, etc.**, en être peu prodigue.

économétrie [ekɔnɔmetri] **n.f.** (de *écono[mie]* et *-métrie*). Méthode d'analyse des données économiques qui, utilisant la statistique, recherche des corrélations permettant des prévisions.

économétrique [ekɔnɔmetrik] **adj.** Relatif à l'économétrie.

économie [ekɔnɔmi] **n.f.** (gr. *oikonomia*, administration de la maison). **1.** Art de réduire les dépenses dans la gestion de ses biens, de ses revenus : *Par économie, il fait le trajet à pied* (contr. **prodigalité**). **2.** Ce qu'on épargne : *Une économie de deux euros par pièce produite. Une économie de temps* (syn. **gain** ; contr. **perte**). **3.** Ensemble des activités d'une collectivité humaine relatives à la production, la distribution et la consommation des richesses : *Économie libérale* (= limitant l'intervention de l'État). *Économie planifiée* ou *dirigée* (= fondée sur la planification étatique). **4.** *SOUT.* Ordre qui préside à la distribution des différentes parties d'un ensemble : *Je n'approuve pas l'économie générale de ce projet* (syn. **structure**). **5.** Science qui étudie les mécanismes de l'économie, les systèmes économiques, la pensée économique (on dit aussi *science économique*). **6. Économie solidaire,** secteur économique créé et animé par les mouvements associatifs pour aider les personnes défavorisées et lutter contre l'exclusion. / **Faire l'économie de,** se dispenser d'y recourir : *Cet accord a permis de faire l'économie d'une grève* (syn. **éviter**). / **Nouvelle économie,** économie liée au développement des entreprises utilisant l'Internet. ◆ **économies n.f. pl.** Somme d'argent mise de côté en vue de dépenses à venir : *Il fait des économies pour acheter une voiture.*

■ La réflexion sur l'administration de ses biens pour un particulier (*économie* signifiant : « administration de la maison ») ou pour une collectivité, s'est faite d'abord dans le cadre de la philosophie grecque antique, à Rome et jusqu'au XVIIIe s où ce type d'étude s'est individualisé d'abord sous le nom d'*économie politique*. Actuellement, on distingue la *microéconomie* et la *macroéconomie*. La première est relative à l'étude des phénomènes économiques dans les unités de base telles que les ménages et les entreprises. La seconde s'intéresse aux phénomènes globaux de la production, de la répartition et de l'utilisation des richesses ainsi qu'aux domaines monétaires et financiers ; ce peut être dans le cadre d'un État, d'un groupe d'États ou concerner le monde entier. Les sujets traités sont nombreux et diversifiés, allant de l'analyse d'un secteur , celui de l'énergie par exemple, à des travaux techniques, comme l'économie mathématique ou à des recherches historiques et sociales, comme l'évolution des salaires. ■

économique [ekɔnɔmik] **adj. 1.** Relatif à l'économie : *Problèmes économiques. Science économique.* **2.** Qui permet de faire des économies ; peu coûteux : *Chauffage économique* (syn. **avantageux**).

économiquement [ekɔnɔmikmɑ̃] **adv. 1.** De façon économique : *Se nourrir économiquement.* **2.** Du point de vue de l'économie, de la science économique : *Un bilan économiquement satisfaisant.* **3. Économiquement faible,** se dit d'une personne qui, sans être considérée comme indigente, dispose de ressources insuffisantes pour vivre.

économiser [ekɔnɔmize] **v.t. 1.** Épargner ; ne pas dépenser une somme : *Il économise 150 euros par mois.* **2.** Réduire sa consommation de qqch : *Économiser l'électricité.*

économiste [ekɔnɔmist] **n.** Spécialiste de science économique.

écope [ekɔp] **n.f.** (frq. **skôpa*). Pelle creuse pour vider l'eau d'une embarcation.

écoper [ekɔpe] **v.t.** Vider l'eau d'une embarcation à l'aide d'une écope ou de tout autre récipient. ◆ **v.t.** ou **v.t. ind. [de].** *FAM.* **1.** Faire l'objet d'une peine, d'une sanction : *Écoper (de) trois ans de prison.* **2.** (Absol.). Recevoir des coups ; être puni : *Ce n'était pas lui le coupable, mais c'est lui qui a écopé.*

écorçage [ekɔrsaʒ] **n.m.** Action d'écorcer un arbre pour récolter l'écorce ou préparer le bois.

écorce [ekɔrs] **n.f.** (lat. *scortea*, de *scortum*, cuir). **1.** Partie superficielle et protectrice des troncs, des branches et des rameaux des arbres, riche en liège et en tanins : *L'écorce du bouleau est blanche.* **2.** Enveloppe de certains fruits : *Écorce de citron.* **3. Écorce terrestre,** zone superficielle de la Terre, épaisse d'environ 35 km (on dit aussi *croûte terrestre*).

écorcer [ekɔrse] **v.t.** [conj. **16**]. Ôter l'écorce d'un arbre, d'un fruit : *Écorcer une orange* (syn. **peler**).

écorché, e [ekɔrʃe] **adj.** et **n.** (de *écorcher*). Se dit d'une personne d'une sensibilité très vive, qui se sent attaquée ou blessée en toute occasion : *Un écorché vif.* ◆ **écorché n.m. 1.** BX-A. Moulage, statuette destinés à l'étude et représentant un homme ou un animal dépouillé de sa peau. **2.** TECHN. Dessin d'une machine, d'une installation dont sont omises les parties extérieures pour montrer les organes intérieurs importants.

écorcher [ekɔrʃe] **v.t.** (lat. *excorticare*, écorcer, du class. *cortex*, enveloppe). **1.** Dépouiller de sa peau un animal : *Écorcher* *un lapin.* **2.** Supplicier qqn en lui arrachant la peau. **3.** Blesser superficiellement une partie du corps en entamant la peau : *Sa chute lui a écorché le genou* (syn. **égratigner**). **4. Écorcher les oreilles,** produire des sons très désagréables. / FAM. **Écorcher un client,** le faire payer trop cher. / **Écorcher un mot, une langue,** prononcer, parler mal : *Le professeur a fait l'appel en écorchant les noms* (syn. **estropier**). ◆ **s'écorcher v.pr.** Se faire une blessure légère qui entame superficiellement la peau : *Elle s'est écorché les coudes en grimpant au rocher* (syn. **s'égratigner**).

écorcheur [ekɔrʃœr] **n.m. 1.** Personne qui écorche les bêtes mortes. **2.** HIST. **Les Écorcheurs,** bandes armées qui ravagèrent la France sous Charles VI et Charles VII.

écorchure [ekɔrʃyr] **n.f.** Petite blessure superficielle de la peau (syn. **égratignure, éraflure**).

écorner [ekɔrne] **v.t.** (de *corne*). **1.** Ôter les cornes d'un animal ; les empêcher de pousser : *Écorner un taureau.* **2.** Abîmer la couverture, les pages d'un livre en en pliant les coins. **3.** Réduire en amputant d'une partie : *Écorner son capital* (syn. **entamer**).

écornifleur, euse [ekɔrniflœr, -øz] **n.** (de *écorner,* et de l'anc. fr. *nifler,* renifler). *FAM., VX.* Pique-assiette.

écossais, e [ekɔsɛ, -ɛz] **adj.** et **n. 1.** De l'Écosse. **2.** Se dit d'un tissu à carreaux de diverses couleurs : *Jupe écossaise.*

Écosse, en angl. *Scotland,* partie nord de la Grande-Bretagne ; 78 800 km² ; 5 295 403 hab. *(Écossais).* CAP. *Édimbourg*

GÉOGRAPHIE

Les hautes terres (Highlands [1 344 m au Ben Nevis], Grampians, Uplands), humides, sont étendues et souvent couvertes de landes. Elles vivent, pauvrement, du tourisme, des distilleries, du textile (lié à l'élevage ovin). La majeure partie de la population réside dans la dépression centrale (Lowlands), de Glasgow à Édimbourg, où l'industrie (métallurgie) est en difficulté. Les villes de la côte orientale (Aberdeen, Dundee) ont bénéficié de l'exploitation des hydrocarbures de la mer du Nord.

HISTOIRE

Peuplée à l'origine par les Pictes, qui résistent longtemps aux Romains, arrivés au Iᵉʳ s., l'Écosse ne subit que faiblement l'influence romaine. Aux Vᵉ et VIᵉ s., les Pictes sont refoulés par les peuples originaires d'Irlande, les Scots (qui donnent leur nom au pays), par les Bretons et par les Angles. Christianisée par les moines irlandais, elle subit à partir du VIIIᵉ s. les invasions scandinaves. L'unification politique de l'Écosse est réalisée au début du XIᵉ s. Purement celte par son organisation sociale (tribale) et sa langue (gaélique), l'Écosse s'anglicise tout en s'opposant aux ambitions anglaises. Édouard Iᵉʳ d'Angleterre annexe l'Écosse (1296), et Wallace puis Robert Iᵉʳ Bruce s'opposent à cette conquête. En 1328, le traité de Northampton reconnaît l'indépendance de l'Écosse. La dynastie des Stuarts, fondée en 1371, engage l'Écosse dans l'alliance française. Au XVIᵉ s., John Knox, disciple de Calvin, introduit la religion réformée, qui fait de nombreux adeptes dans l'aristocratie et s'implante officiellement en Écosse. La noblesse s'oppose de plus en plus à la royauté, restée catholique, et finit par triompher. En 1567, la reine Marie Stuart est contrainte d'abdiquer en faveur de son fils, Jacques VI. Celui-ci devient roi d'Angleterre, sous le nom de Jacques Iᵉʳ, en 1603. Cependant, l'union des Couronnes n'entraîne pas immédiatement l'union des royaumes, et l'opposition nationale écossaise persiste. Ce n'est qu'en 1707 que l'acte d'Union donne naissance à la Grande-Bretagne.

En 1997, le gouvernement britannique accorde à l'Écosse un statut d'autonomie (élection, en 1999, d'un Parlement régional aux pouvoirs étendus).

écosser [ekɔse] **v.t.** (de *cosse*). Ôter la cosse des légumes à graines : *Écosser des petits pois.*

écosystème [ekɔsistɛm] **n.m.** (de *éco[logie]* et *système*). ÉCOL. Unité fondamentale d'étude de l'écologie, formée par l'association d'une communauté d'espèces vivantes (biocénose) et d'un environnement physique (biotope), en constante interaction : *Une forêt, un lac peuvent être considérés comme des écosystèmes.*

écot [eko] **n.m.** (frq. **skot,* contribution). **Payer son écot,** apporter sa contribution à une dépense commune.

Écouen [ekwɑ̃], commune du Val-d'Oise ; 7 398 hab. Important château construit d'env. 1538 à 1555 pour le connétable Anne de Montmorency ; il abrite le musée national de la Renaissance.

écoulement [ekulmɑ̃] **n.m. 1.** Mouvement d'un fluide, d'un corps visqueux qui s'écoule : *L'écoulement des eaux usées dans les égouts* (syn. **évacuation**). *Écoulement d'oreille* (syn. **sécrétion**). **2.** Fait de s'écouler : *Rue qui facilite l'écoulement des voitures* (syn. **circulation**). *L'écoulement du temps* (syn. **fuite**). **3.** Action ou possibilité d'écouler des marchandises ; vente, débouché : *L'écoulement des produits agricoles sur les marchés étrangers.*

écouler [ekule] **v.t.** (de *couler*). **1.** Débiter des marchandises : *Écouler un stock* (syn. **vendre**). **2.** Se débarrasser progressivement de qqch, en le mettant en circulation : *Écouler des faux billets.* ◆ **s'écouler v.pr. 1.** Se retirer en coulant : *L'eau de pluie s'écoule par la gouttière* (syn. **s'évacuer**). **2.** Se retirer d'un lieu comme un flot continu : *La foule s'écoula à la sortie du théâtre.* **3.** Accomplir sa durée : *La journée s'écoula lentement* (syn. **passer**).

écoumène ou **œkoumène** [ekumɛn] **n.m.** (gr. [*gê*] *oikoumenê,* [terre] habitée). Partie habitable de la surface terrestre.

écourter [ekurte] **v.t.** (de *court*). **1.** Diminuer la durée ou la longueur de qqch : *J'ai dû écourter mon séjour* (syn. **abréger**). **2.** Réduire un ouvrage, un texte : *Écourter une scène de Racine* (syn. **tronquer**).

1. écoute [ekut] **n.f.** (néerl. *schoote,* frq. **skota*). MAR. **1.** Cordage servant à orienter une voile : *Écoute de grand-voile.* **2. Point d'écoute,** angle d'une voile près duquel est frappée l'écoute.

2. écoute [ekut] **n.f.** (de *écouter*). **1.** Action d'écouter : *Au bout d'une heure d'écoute, il éteignit sa radio. Restez à l'écoute, ne raccrochez pas.* **2.** Capacité à écouter autrui, à être attentif et réceptif à sa parole : *Ce médecin a une excellente écoute.* **3.** MIL. Détection ennemie, notamm. sous-marine. **4. Être à l'écoute,** être attentif à ce qui se dit, et, plus génér., à ce qui se passe : *Être à l'écoute de l'actualité.* / **Heure de grande écoute,** heure à laquelle les auditeurs de la radio et les téléspectateurs sont le plus nombreux. / **Table d'écoute,** installation permettant de surveiller les conversations téléphoniques.

écouter [ekute] **v.t.** (bas lat. *ascultare,* class. *auscultare*). **1.** Prêter l'oreille à qqn, qqch ; s'appliquer à entendre : *Écouter un chanteur. Nous écoutons cette émission chaque soir.* **2.** Accepter d'entendre ce que qqn a à dire ; tenir compte de ce qu'il dit : *Écouter les conseils d'un ami. Cet enfant ne m'écoute jamais* (syn. **obéir**). **3. N'écouter que sa raison, son courage, sa colère, etc.,** se laisser conduire par eux, s'y abandonner : *N'écoutant que son courage, il s'est précipité dans la fournaise.* ◆ **s'écouter v.pr. 1.** Attacher une importance excessive aux petits maux dont on souffre. **2. S'écouter parler,** écouter avec complaisance ses propres paroles. / **Si je m'écoutais,** si je suivais mon impulsion : *Si je m'écoutais, je reprendrais du gâteau.*

écouteur [ekutœr] **n.m.** Élément d'un récepteur téléphonique, radiophonique, etc., que l'on porte à l'oreille pour recevoir le son.

écoutille [ekutij] **n.f.** (esp. *escotilla,* du gothique **skaut,* bord, lisière). MAR. Ouverture rectangulaire pratiquée dans le pont d'un navire pour accéder aux entreponts et aux cales.

écouvillon [ekuvijɔ̃] **n.m.** (anc. fr. *escouve,* du lat. *scopa,* balai). **1.** Brosse à manche, souvent cylindrique, qui sert à nettoyer les bouteilles, les pots, etc. : *Pour nettoyer le vase, sers-toi de l'écouvillon* (syn. **goupillon**). **2.** Brosse cylindrique à manche pour nettoyer le canon d'une arme à feu.

écrabouiller [ekrabuje] **v.t.** (de *écraser,* et de l'anc. fr. *esbouillier,* éventrer). *FAM.* Écraser ; réduire en bouillie.

écran [ekrɑ̃] **n.m.** (moyen néerl. *sherm*, paravent). **1.** Panneau, dispositif qui arrête, atténue la chaleur, la lumière, etc. : *Utiliser un écran jaune en photographie* (syn. **filtre**). **2.** Tout ce qui empêche de voir, qui protège : *Un écran de verdure cache la villa. Se faire un écran avec les bras pour éviter un coup.* **3.** Surface blanche sur laquelle on projette des vues fixes ou animées : *Un écran panoramique pour films à grand spectacle.* **4.** Surface d'affichage d'images ou de données : *Écran de télévision (cathodique, à cristaux liquides [LCD], à plasma). Écran d'ordinateur.* **5. Écran de visualisation,** dispositif de visualisation sur écran des informations traitées par un système informatique (syn. **moniteur**). / **Écran publicitaire,** temps de télévision, de radio, destiné à diffuser de la publicité. / **Faire écran,** empêcher de voir ou de comprendre qqch : *La maladresse de son style fait écran à sa pensée.* / **L'écran,** le cinéma : *Une vedette de la scène et de l'écran.* / **Le petit écran,** la télévision (par opp. au *grand écran,* le cinéma).

écrasant, e [ekrazɑ̃, -ɑ̃t] **adj.** Qui écrase : *Une chaleur écrasante* (syn. **accablant**). *Une défaite écrasante* (syn. **cuisant**).

écrasé, e [ekraze] **adj. 1.** Broyé sous l'effet d'une forte pression. **2.** De forme aplatie : *Nez écrasé.*

écrasement [ekrazmɑ̃] **n.m.** Action d'écraser ; fait d'être écrasé : *L'écrasement des grains de blé sous la meule* (syn. **broyage**). *Poursuivre la guerre jusqu'à l'écrasement des forces ennemies* (syn. **anéantissement**).

écraser [ekraze] **v.t.** (du moyen angl. *crasen,* broyer). **1.** Aplatir, déformer ou meurtrir par une compression, un choc : *Écraser des pommes cuites. Écraser le pied de qqn.* **2.** Blesser grièvement, tuer un être vivant sous le poids de qqch, en partic., d'un véhicule : *Le camion a écrasé le chien.* **3.** Imposer une charge excessive à : *Écraser le peuple d'impôts* (syn. **accabler**). *Je suis écrasé de travail* (= je suis surchargé). **4.** Vaincre complètement : *Nous écraserons l'ennemi* (syn. **terrasser**). *Écraser l'adversaire dans une compétition* (syn. **surclasser**). **5.** INFORM. Détruire un fichier de données, un programme. ◆ **v.i.** *T. FAM.* **1.** Dormir profondément : *J'en ai écrasé toute la nuit.* **2.** Ne pas insister : *Allez, écrase !* ◆ **s'écraser v.pr. 1.** Être déformé, détruit sous l'effet d'un choc : *Un avion qui s'écrase au sol.* **2.** Se porter en foule en un lieu : *Les gens s'écrasent à l'entrée du cinéma* (syn. **se presser**). **3.** *FAM.* Se taire, renoncer à intervenir quand on n'a pas le dessus : *Il n'était pas de taille à discuter, il s'est écrasé.*

écrémage [ekremaʒ] **n.m.** Action d'écrémer.

écrémer [ekreme] **v.t.** (de *crème*) [conj. **18**]. **1.** Retirer la crème du lait. **2.** *FAM.* Prendre ce qu'il y a de meilleur dans un ensemble (syn. **sélectionner**).

écrémeuse [ekremøz] **n.f.** Machine servant à retirer la matière grasse du lait.

écrêter [ekrete] **v.t.** (de *crête*) [conj. **4**]. **1.** Enlever la crête d'un animal : *Écrêter un coq.* **2.** Supprimer la partie la plus haute de qqch : *Écrêter les revenus les plus élevés* (syn. **abaisser**). **3.** ARM. Toucher, abattre la crête d'un ouvrage, en parlant d'un projectile : *Le boulet a écrêté le rempart.* **4.** PHYS. Supprimer dans un signal la partie supérieure, en valeur absolue, à une valeur donnée.

écrevisse [ekrəvis] **n.f.** (anc. fr. *crevice,* frq. **krebitja*). **1.** Crustacé d'eau douce, muni de pinces et comestible. ▸ Ordre des décapodes ; long. 10 cm ; longévité 20 ans. **2. Rouge comme une écrevisse,** très rouge.

s'écrier [ekrije] **v.pr.** (de *crier*) [conj. **10**]. *SOUT.* Dire en criant : « *Tout est perdu !* » *s'écria-t-il* (syn. **s'exclamer**).

écrin [ekrɛ̃] **n.m.** (lat. *scrinium*). Boîte pour ranger ou pour présenter à la vente des bijoux, des objets précieux : *Colliers disposés dans un écrin* (syn. **coffret**).

Écrins *(barre des),* point culminant (4 102 m) du massif du Pelvoux, appelé parfois *massif des Écrins,* principal élément du *parc national des Écrins* (92 000 ha).

écrire [ekrir] **v.t.** (lat. *scribere*) [conj. **99**]. **1.** Tracer les signes d'un système d'écriture, les assembler pour représenter la parole ou la pensée : *Écrire son nom* (syn. **noter, inscrire**). *Écrire une lettre.* **2.** (Absol.). Utiliser les signes graphiques, l'écriture : *Il a appris à écrire à cinq ans.* **3.** Orthographier : *Comment écrit-on ce mot ?* **4.** Exprimer sa pensée par l'écriture ; composer un ouvrage écrit : *Écrire son journal, un article* (syn. **rédiger**). *Écrire un concerto* (syn. **composer**). **5.** (Absol.). Faire le métier d'écrivain : *Il écrit.* ◆ **v.i.** Laisser une trace, en parlant d'un instrument destiné à l'écriture : *Mon stylo écrit mal.* ◆ **s'écrire v.pr. 1.** Échanger une correspondance mutuelle : *Ils s'écrivaient tous les jours.* **2.** S'orthographier de telle manière : « *Affirmer* » *s'écrit avec deux* « *f* ».

1. écrit, e [ekri, -it] **adj.** (p. passé de *écrire*). **1.** Tracé par l'écriture ; fixé par écrit : *C'est trop mal écrit. Un témoignage écrit noir sur blanc.* **2.** Couvert de signes d'écriture : *Feuille écrite des deux côtés.* **3.** Exprimé par le moyen de l'écriture (par opp. à *oral*) : *Épreuves écrites d'un examen. Propositions écrites* (contr. **verbal**). **4.** Exprimé par des signes visibles : *L'avarice est écrite sur son visage.* **5.** Irrévocable, comme les arrêts de la Providence : *Il était écrit qu'il raterait son examen* (syn. **fatal, inévitable**). *C'était écrit* (= ça devait arriver).

2. écrit [ekri] **n.m.** (de *1. écrit*). **1.** Ce qui est écrit : *Les écrits restent.* **2.** Document écrit portant témoignage : *On n'a pas pu produire d'écrit contre l'accusé.* **3.** Ensemble des épreuves écrites d'un examen, d'un concours (par opp. à *oral*). **4.** Ouvrage littéraire ou scientifique : *Les écrits de Balzac* (syn. **œuvre**). **5. À l'écrit,** en écrivant : *Elle est plus à l'aise à l'écrit qu'à l'oral.* / **Par écrit,** sous la forme écrite, sur le papier : *Mentionner qqch par écrit.*

écriteau [ekrito] **n.m.** (de *écrit*). Surface de papier, de carton, de bois, etc., portant en grosses lettres une information destinée au public : *Un écriteau indique* « *baignade interdite* » (syn. **panneau**).

écritoire [ekritwar] **n.f.** Nécessaire, étui, coffret, etc., rassemblant ce qu'il faut pour écrire.

écriture [ekrityr] **n.f.** (lat. *scriptura*). **1.** Représentation de la parole et de la pensée par des signes graphiques conventionnels. **2.** Système de signes graphiques permettant cette représentation : *Écriture cunéiforme.* **3.** Manière personnelle d'écrire, de former les lettres : *Reconnaître l'écriture de qqn.* **4.** INFORM. Enregistrement d'une information dans une mémoire. **5.** Manière, art de s'exprimer dans une œuvre littéraire : *Un roman à l'écriture recherchée* (syn. **style**). **6.** Technique, méthode particulière d'expression en littérature, en musique : *L'écriture automatique des surréalistes.* **7.** DR. Écrit ayant une valeur probatoire : *Faire un faux en écriture.* **8. L'Écriture sainte,** l'ensemble des livres de la Bible. (On dit aussi *l'Écriture, les Écritures.*) ◆ **écritures n.f. pl.** COMM. Ensemble des registres comptables d'un négociant, d'un banquier, d'un commerçant : *Tenir les écritures d'une entreprise* (syn. **comptabilité**).

■ **Une invention pragmatique.** Invention mésopotamienne (au milieu du IVe millénaire av. J.-C.), l'écriture semble née de la nécessité de tenir une comptabilité : les tablettes d'argile des temples sumériens comptent les sacs de grains et recensent par catégories les artisans du site. Les signes adoptés sont des dessins stylisés (pictogrammes) de la chose ou d'une partie de la chose qu'ils représentent, mais peuvent être associés pour exprimer des notions (idéogrammes : une bouche + un pain = manger ; un homme + une couronne = roi ; un oiseau + un œuf = fécondité).

Vers l'alphabet. L'apparition de pictogrammes désignant des sons se décèle dans des hiéroglyphes égyptiens et des inscriptions cunéiformes sumériennes (aux signes en formes de clous, d'épingles à tête large et plate) ; l'invention du rébus correspond au stade syllabique de l'écriture. C'est encore en cunéiforme (vers le XIIIe s. av. J.-C., à Ugarit, en Syrie) qu'émerge le premier alphabet connu : le caractère note une consonne, souvent l'initiale de la syllabe du rébus. Les Phéniciens diffusent ensuite l'alphabet de Byblos (auj. au Liban), composé de vingt-deux consonnes, et promis à un brillant avenir : le principe d'un alphabet sera adopté pour l'hébreu et l'araméen, puis le grec (qui y inclut les voyelles), le latin, le gotique, l'arabe, le persan, le cyrillique...

Dans tous les sens possibles. La main du scribe a pris toutes les directions possibles. Pour une même langue et suivant les époques et les techniques, ou lorsque le système d'écriture est passé d'une langue à une autre, les signes s'enchaînent dans le sens horizontal, de gauche à droite (le grec, le latin) ou de droite à gauche (l'hébreu, l'arabe), ou bien vertical, en colonnes de haut en bas, qui se lisent de droite à gauche (le chinois, le coréen ancien) ou le contraire (le mongol). Des inscriptions grecques ou étrusques combinent même la ligne horizontale dans un sens, puis la ligne suivante dans l'autre sens, en un tracé sinueux descendant, dit *boustrophédon,* du nom du bœuf qui trace les sillons dans le champ. ■

écrivailleur, euse [ekrivajœr, -øz] et **écrivaillon, onne** [ekrivajɔ̃, -ɔn] **n.** *FAM.* Écrivain médiocre.

écrivain, e [ekrivɛ̃, -ɛn] **n.** (lat. pop. **scribanem,* de *scriba,* scribe). **1.** Personne qui compose des ouvrages littéraires, scientifiques, etc. : *Racine et Colette sont des écrivains célèbres* (= homme de lettres, femme de lettres ou écrivaine) [syn. **auteur**]. **2. Écrivain public,** personne qui fait profession de rédiger des textes divers pour le compte de ceux qui ne savent pas écrire, qui écrivent avec difficulté. ▸ *Dossier page suivante.*

1. écrou [ekru] **n.m.** (lat. *scrofa,* truie). Pièce percée d'un trou cylindrique, dont la surface interne est creusée d'un sillon en hélice pour le logement du filet d'une vis : *L'ensemble de l'écrou et de la vis qui s'y adapte constitue le boulon.*

2. écrou [ekru] **n.m.** (frq. **skrôda,* morceau coupé). **1.** DR. Acte par lequel le directeur d'une prison enregistre l'arrivée d'un prisonnier. **2. Levée d'écrou,** mise en liberté d'un prisonnier.

écrouelles [ekruɛl] **n.f. pl.** (lat. pop. **scrofellae,* bas lat. *scrofulae*). *VX.* Inflammation d'origine tuberculeuse, atteignant surtout les ganglions lymphatiques du cou (syn. **scrofule**). ▸ Les rois de France étaient censés guérir les écrouelles par attouchement, le jour de leur sacre.

écrouer [ekrue] **v.t.** (de *2. écrou*). DR. Mettre en prison : *Écrouer un malfaiteur* (syn. **emprisonner ;** contr. **relâcher**).

écrouir [ekruir] **v.t.** (mot wallon, de *crou,* var. de *cru*) [conj. **32**]. TECHN. Travailler un métal ou un alliage à une température inférieure à sa température de recuit et au-delà de sa limite d'élasticité, afin d'augmenter sa résistance à la déformation.

écroulement [ekrulmɑ̃] **n.m. 1.** Le fait de s'écrouler : *L'écroulement d'un mur* (syn. **éboulement**). **2.** Ruine complète : *L'écroulement d'une théorie* (syn. **anéantissement**).

s'écrouler [ekrule] **v.pr.** (de *crouler*). **1.** Tomber en s'affaissant avec fracas : *La maison s'est écroulée lors du séisme* (syn. **s'effondrer**). *La falaise s'écroule* (syn. **s'ébouler**). **2.** Être détruit, anéanti ; perdre toute valeur : *Ses espoirs se sont écroulés* (syn. **s'évanouir**). **3.** S'effondrer brusquement sous le coup d'une défaillance physique ou d'une émotion : *Pris de malaise, il s'est écroulé.* **4.** *FAM.* **Être écroulé,** être secoué de rire, rire sans plus pouvoir s'arrêter.

écru, e [ekry] **adj.** (de *cru*). Se dit de matières textiles, de fils ou d'étoffes n'ayant subi ni lavage, ni blanchiment, ni teinture.

ectoblaste [ɛktɔblast] et **ectoderme** [ɛktɔdɛrm] **n.m.** (de *ecto-* et *-blaste* ou *-derme*). BIOL. Feuillet embryonnaire externe dont la différenciation donnera l'épiderme, le système nerveux et les organes sensoriels.

ectoplasme [ɛktɔplasm] **n.m.** (du gr. *ektos,* dehors, et *plasma,* ouvrage façonné). **1.** En parapsychologie, substance qui se dégagerait du corps de certains médiums et qui se matérialiserait pour former des parties du corps humain, un corps entier, des objets divers. **2.** *FAM.* Personnage insignifiant, sans consistance : *Ce type est un véritable ectoplasme* (syn. **pantin**). **3.** CYTOL. Zone superficielle hyaline du cytoplasme de certains protozoaires.

1. écu [eky] **n.m.** (lat. *scutum,* bouclier). **1.** Bouclier des hommes d'armes au Moyen Âge. **2.** Ancienne monnaie française d'or, puis d'argent, portant des armoiries sur une de ses faces. **3.** HÉRALD. Corps de tout blason, ordinairement en forme de bouclier.

2. écu ou **ECU** [eky] **n.m.** (acronyme de l'angl. *European Currency Unit*). Ancienne unité de compte de la Communauté européenne. (L'écu a été remplacé, au 1er janv. 1999, par l'euro.)

écubier [ekybje] **n.m.** (p.-ê. de l'esp. *escobén*). MAR. Ouverture pratiquée dans la muraille d'un navire de chaque côté de l'étrave, pour le passage de la chaîne d'ancre.

écueil [ekœj] **n.m.** (anc. prov. *escueyll,* lat. *scopulus,* du gr.). **1.** Rocher à fleur d'eau : *Le bateau s'est brisé sur les écueils bordant la côte* (syn. **brisant, récif**). **2.** Obstacle ; difficulté qui met en péril : *L'écueil de cette méthode, c'est sa lenteur* (syn. **inconvénient**).

écuelle [ekɥɛl] **n.f.** (lat. *scutella*). Assiette creuse sans rebord ; son contenu : *Apporter au chat une écuelle de lait.*

éculé, e [ekyle] **adj.** (de *éculer,* de *cul*). **1.** Se dit d'une chaussure dont le talon est usé. **2.** Qui a perdu tout pouvoir, toute signification à force d'avoir servi : *Une plaisanterie éculée* (syn. **ressassé, usé**).

écumant, e [ekymɑ̃, -ɑ̃t] **adj. 1.** *LITT.* Qui produit de l'écume ; couvert d'écume : *Mer écumante* (syn. **écumeux**). **2.** Couvert de bave : *Chien écumant.*

écume [ekym] **n.f.** (lat. pop. **scūma,* croisement du frq. **skûm* et du lat. class. *spuma*). **1.** Mousse blanchâtre qui se forme sur un liquide agité ou chauffé : *La mer laisse son écume sur la plage.* **2.** Bave mousseuse produite par l'échauffement, la colère : *La fureur lui met l'écume à la bouche.* **3.** Sueur du cheval. **4.** *LITT.* Partie vile, méprisable d'une population : *L'écume de la société* (syn. **lie, rebut**). **5. Écume de mer,** silicate naturel de magnésium hydraté, blanchâtre et poreux, dont on fait des pipes.

écumer [ekyme] **v.t. 1.** Enlever l'écume de : *Écumer des confitures qui cuisent.* **2. Écumer les mers,** y exercer la piraterie. / **Écumer une région, un quartier,** y rafler tout ce qui est intéressant : *Les antiquaires ont écumé le département.* ◆ **v.i. 1.** Produire de l'écume : *Cheval qui écume* (syn. **baver**). **2. Écumer (de colère, de rage),** être au comble de la fureur, de l'exaspération ; enrager.

écumeur [ekymœr] **n.m. Écumeur des mers,** pirate.

écumeux, euse [ekymø, -øz] **adj.** *LITT.* Couvert d'écume : *Flots écumeux* (syn. **écumant**).

écumoire [ekymwar] **n.f.** Grande cuillère plate, percée de trous, pour écumer ou retirer des aliments du liquide où ils ont cuit.

écureuil [ekyrœj] **n.m.** (lat. pop. *scūriolus,* class. *sciurius*). Mammifère rongeur arboricole, à pelage génér. roux (en France notamm.), et à queue touffue, se nourrissant surtout de graines et de fruits secs. ▸ Famille des sciuridés ; long. 25 cm env. ; queue 20 cm env.

écurie [ekyri] **n.f.** (de *écuyer*). **1.** Lieu destiné à loger les chevaux, les mulets, les ânes : *Écurie de ferme.* **2.** Ensemble des chevaux de course d'un même propriétaire. **3.** Ensemble des cyclistes ou des pilotes de course qui courent pour une même marque. **4.** Ensemble des écrivains qui travaillent pour une même maison d'édition : *Cette écurie rafle tous les prix littéraires.*

écusson [ekysɔ̃] **n.m.** (de *écu*). **1.** Petit écu d'armoiries : *Il porte un écusson aux armes de sa famille.* **2.** Encadrement décoratif portant des pièces héraldiques, des inscriptions : *Un écusson sculpté dans la pierre d'une cheminée.* **3.** MIL. Petit morceau de drap cousu au col ou sur la manche de l'uniforme pour indiquer l'arme et le numéro du corps de troupes. **4.** Plaque de métal en forme d'écu, placée sur une serrure. **5.** Plaque calcaire qui recouvre tout ou partie du corps de certains poissons. **6.** Pièce dorsale du thorax des insectes. **7.** AGRIC. Morceau d'écorce portant un œil ou un bouton, pour greffer.

écussonner [ekysɔne] **v.t. 1.** Fixer un écusson sur qqch : *Écussonner un uniforme.* **2.** AGRIC. Greffer en plaçant un écusson : *Écussonner un rosier.*

Quelle est la place de l'écrivain dans le monde moderne ?

La première définition du mot « écrivain » qui vient à l'esprit est : personne qui produit des œuvres littéraires. Le terme est alors perçu comme un synonyme de « poète », dans le sens étymologique de « créateur » que lui donnaient les Anciens. L'écrivain se distingue alors des autres auteurs, « simples » producteurs d'écrits utilitaires, voire scientifiques. On oppose ainsi l'« écrivain », artiste de la langue, à l'« écrivant », artisan des mots si habile soit-il, qui fait du langage un usage pratique.

▶ **Un statut juridique et social particulier.** En France, que ce soit d'un point de vue administratif ou juridique, l'écrivain, au sens de celui qui produit une œuvre artistique au moyen du langage, n'est pas distingué des auteurs en général, c'est-à-dire de tous ceux qui sont payés pour écrire, ne serait-ce que quelques lignes rédigées sur commande (journalistes, documentalistes, etc.). En 1997, la Canadienne Merilyn Simonds, représentante de la Writers' Union of Canada, définit l'écrivain comme un créateur : « Je représente en fait les créateurs du Canada. » Elle souligne les difficultés du métier, qui pourraient être comparables aux conditions des intermittents du spectacle en France : « En vérité, être écrivain aujourd'hui au Canada, c'est accepter une situation économique qui ressemble aux montagnes russes. » Merilyn Simonds fait le décompte des années de travail d'un auteur : « Un livre prend, en moyenne, deux ans à écrire. [...] Il faut une autre année pour produire un livre. » Elle conclut son exposé en revenant sur les difficultés financières des auteurs et en soulignant à ce sujet la nécessité des aides gouvernementales : « Tous les écrivains que je connais survivent grâce à un savant échafaudage d'activités rémunératrices diverses. » Ce constat portant sur les auteurs canadiens pourrait se vérifier aussi dans d'autres pays. Mais si l'écrivain, considéré comme un créateur ou un artiste, est aidé par un mécénat public ou privé, ne risque-t-il pas d'être obligé de cautionner le pouvoir qui l'entretient ? S'il est soutenu par des aides diverses, peut-il garder en tout point sa liberté de pensée ? Les droits d'auteur qu'il perçoit sur la vente de ses livres ne risquent-ils pas eux-mêmes d'asservir sa créativité ?

▶ **L'écrivain : lui-même et les autres.** L'écrivain écrit-il pour lui seul ou pense-t-il aussi à ceux qui vont le lire ? Use-t-il de sa plume dans le seul but de se divertir ou joue-t-il aussi un rôle dans la société ? Selon Malherbe, poète du XVIIe s., celui qui est tout occupé à faire des rimes n'est pas tourné vers la société : « Un bon poète n'est pas plus utile à l'État qu'un bon joueur de quilles », affirme-t-il. Néanmoins, loin d'écrire uniquement pour lui-même, l'auteur d'une fiction peut faire œuvre utile en enrichissant le patrimoine culturel d'une nation. En outre, il contribue à conserver la mémoire de celle-ci aux côtés des historiens. En faisant le choix d'une écriture romancée, il vulgarise le passé et donne accès à son histoire propre. Selon l'auteur contemporain Claude Michelet, l'écrivain joue un rôle de transmission : « C'est bien parce que j'aimerais que mes petits-enfants bénéficient, eux aussi, de cette sorte de privilège, que certains appellent les chromosomes mémoires, que je veux leur expliquer, leur raconter [...] qui étaient leurs ancêtres paysans, nos ancêtres à tous. Grâce à quoi [...] peut-être seront-ils mieux à même de bien gérer ce qui les attend demain, quand ils entreront dans l'âge adulte » (*Histoire des paysans de France*). De même, l'écrivain mexicain Carlos Fuentes résume ainsi ce qu'il a voulu entreprendre dans son livre *Terra nostra* (1975) : « Je voulais donner la réplique latino-européenne à la conquête espagnole, au fait que nous sommes descendants de l'Espagne. On n'avait jamais lu un roman sur l'Espagne écrit par un Latino-Américain. »

Compositeur d'ouvrages littéraires, poète, l'écrivain d'aujourd'hui est aussi « auteur écrivant » lié au public qui achète sa production et à qui il s'adresse. Il est aussi un être social faisant de sa propre histoire celle de tous. N'est-ce pas ces trois facettes que l'humaniste Michel de Montaigne entendait déjà réunir dans l'expression « homme de lettres » ?

Voir aussi : Malherbe ; Montaigne.

1. écuyer [ekɥije] **n.m.** (lat. *scutarius,* qui porte l'écu, de *scutum,* écu). **1.** HIST. Gentilhomme qui accompagnait un chevalier et portait son écu. **2.** Titre porté par les jeunes nobles non encore armés chevaliers. **3.** Officier chargé de s'occuper des chevaux du roi, d'un grand seigneur. **4. Grand écuyer,** intendant général des écuries du roi.

2. écuyer, ère [ekɥije, -ɛr] **n.** (de *1. écuyer*). **1.** Personne qui sait monter à cheval : *C'est un excellent écuyer* (syn. **cavalier**). **2.** Personne qui fait des exercices d'équitation dans un cirque : *Le numéro de l'écuyère constitue le clou du spectacle.* **3.** Instructeur d'équitation.

eczéma [ɛgzema] **n.m.** (gr. *ekzema,* éruption cutanée). Maladie allergique de la peau, caractérisée par une rougeur, de fines vésicules et des démangeaisons. ▸ Dans l'*eczéma suintant,* les vésicules laissent couler un liquide ; dans l'*eczéma sec,* elles restent fermées et se dessèchent ; dans la plupart des cas, une desquamation accompagne ou suit les lésions.

eczémateux, euse [ɛgzematø, -øz] **adj.** Qui relève de l'eczéma : *Plaques eczémateuses.* ◆ **adj.** et **n.** Atteint d'eczéma.

Edda, nom donné à deux recueils des traditions mythologiques et légendaires des anciens peuples scandinaves. L'*Edda poétique* est un ensemble de poèmes anonymes, du VIIIe au XIIIe s. L'*Edda prosaïque* est l'œuvre de Snorri Sturluson (v. 1220).

Eddington (*sir* Arthur Stanley), astronome et physicien britannique (Kendal 1882 - Cambridge 1944). Ses principales recherches concernent le mouvement des étoiles, leur évolution, et l'application, en astrophysique, de la théorie de la relativité. Il développa la théorie de l'équilibre radiatif des étoiles, qui lui permit de déterminer la masse, la température et la composition interne de nombreuses étoiles.

edelweiss [edɛlvɛs] **n.m.** (mot all., de *edel,* noble, et *weiss,* blanc). Plante duveteuse poussant dans les montagnes d'Europe occidentale au-dessus de 1 000 m, devenue rare. ▸ Famille des composées. Autres noms : *étoile-d'argent, pied-de-lion, immortelle des neiges.*

éden [edɛn] **n.m.** (mot hébr.). **1.** (Avec une majuscule). Lieu où la Bible situe le paradis terrestre. **2.** *LITT.* Lieu de délices ; séjour plein de charme : *Leur propriété est un véritable éden* (syn. **paradis**).

édénique [edenik] **adj.** *LITT.* Qui évoque le paradis terrestre : *Un séjour édénique* (syn. **paradisiaque**).

édenté, e [edɑ̃te] **adj.** et **n.** Qui a perdu ses dents, ou une partie de ses dents : *Une bouche édentée.*

Édesse, ville et cité caravanière de Mésopotamie septentrionale, qui fut, du IIe au Xe s., un centre de la langue et de la civilisation syriaques. Sous l'impulsion de saint Éphrem (v. 306-373), elle fut le siège d'une école théologique qui fut fermée en 489 et se reconstitua à Nisibis, où elle vira au nestorianisme.

Edfou, v. de Haute-Égypte, sur la rive gauche du Nil. Temple d'Horus construit entre 237 et 57 av. J.-C. C'est l'un des mieux conservés d'Égypte avec de très nombreuses inscriptions, véritable somme de renseignements sur la mythologie et les rites cultuels de l'Égypte des pharaons.

édicter [edikte] **v.t.** (du lat. *edictum,* édit). Prescrire d'une manière absolue : *Édicter une règle* (syn. **décréter**).

édicule [edikyl] **n.m.** (lat. *aedicula,* dimin. de *aedes,* temple, maison). **1.** Petite construction placée sur la voie publique : *Les Abribus, les urinoirs, les kiosques sont des édicules.* **2.** Construction secondaire, bâtiment en réduction à l'intérieur ou au sommet d'un édifice.

édifiant, e [edifjɑ̃, -ɑ̃t] **adj. 1.** Qui porte à la vertu, à la piété : *Lecture édifiante* (syn. **moralisateur, moral**). **2.** Qui en dit long ; très instructif (iron.) : *Cette arrivée à l'improviste chez lui nous a offert un spectacle édifiant.*

édification [edifikasjɔ̃] **n.f. 1.** Action d'édifier, de bâtir : *L'édification d'un monument* (syn. **construction, érection**). **2.** Action de créer, d'élaborer : *L'édification d'un empire* (syn. **constitution**). *L'édification d'une œuvre* (syn. **élaboration**). **3.** Action d'inspirer la piété, la vertu, par la parole ou par l'exemple : *Sa conduite exemplaire est un objet d'édification pour tous.* **4.** *SOUT.* Action d'éclairer, d'instruire qqn : *Pour votre édification, je vous apprendrai que...* (syn. **instruction, information**).

édifice [edifis] **n.m.** (lat. *aedificium*). **1.** Ouvrage d'architecture de proportions importantes, pouvant comporter plusieurs corps de bâtiment : *Cet hôtel de ville est un superbe édifice.* **2.** Vaste ensemble organisé dont les éléments se soutiennent les uns les autres : *L'édifice des lois.*

édifier [edifje] **v.t.** (lat. *aedificare,* de *aedes,* maison, et *facere,* faire) [conj. **9**]. **1.** Construire, bâtir : *Édifier un immeuble, une ville* (syn. **ériger** ; contr. **démolir**). **2.** Créer, élaborer par étapes un ensemble complexe : *Édifier un empire* (syn. **constituer**). *Édifier une théorie* (syn. **échafauder**). **3.** Porter à la piété, à la vertu, par la parole ou l'exemple : *Édifier son prochain.* **4.** Renseigner sur ce qui était dissimulé : *Vous voilà édifiés sur ses intentions* (syn. **éclairer**).

édile [edil] **n.m.** (lat. *aedilis*). **1.** *LITT.* Magistrat municipal : *Nos édiles ont eu une heureuse initiative.* **2.** ANTIQ. ROM. Magistrat chargé de l'administration municipale (police, approvisionnement, jeux, etc.).

Édimbourg, en angl. **Edinburgh,** cap. de l'Écosse, sur l'estuaire du Forth ; 476 626 hab. *(Édimbourgeois).* Centre commercial et universitaire. Dans la vieille ville, château, avec quelques parties médiévales, et cathédrale gothique. Ensemble classique (XVIIIe-XIXe s.) de la « ville neuve ». Musées, dont la Galerie nationale d'Écosse. Festival annuel, essentiellement musical.

Edison (Thomas), inventeur américain (Milan, Ohio, 1847 - West Orange, New Jersey, 1931). Auteur de plus d'un millier d'inventions, il réalisa notamment le télégraphe duplex (1864), le phonographe et le microtéléphone (1877), la lampe à incandescence (1878). Il découvrit l'émission d'électrons par un filament conducteur chauffé à haute température, dans le vide (*effet Edison,* 1883), à la base du fonctionnement des tubes électroniques.

édit [edi] **n.m.** (lat. *edictum,* de *edicere,* proclamer). HIST. Sous l'Ancien Régime, acte législatif émanant du roi et concernant une seule matière, ou une catégorie particulière de personnes, ou une partie seulement du royaume : *L'édit de Nantes.*

éditer [edite] **v.t.** (du lat. *editus,* qui est produit, publié). **1.** Publier et mettre en vente une œuvre littéraire, scientifique ou artistique : *Cette maison édite des romans. Ce professeur a fait éditer son cours* (syn. **paraître**). *Des gravures ont été éditées à l'occasion de sa mort.* **2.** INFORM. Présenter dans une forme et sur un support utilisables des résultats de traitements faits sur ordinateur.

éditeur, trice [editœr, -tris] **n.** et **adj.** Personne ou société qui édite : *Il court les éditeurs avec son manuscrit. C'est la plus grande société éditrice d'Europe.* ◆ **éditeur n.m.** INFORM. **Éditeur de textes,** programme facilitant la composition de textes sur ordinateur.

édition [edisjɔ̃] **n.f.** (lat. *editio,* de *edere*). **1.** Publication d'un ouvrage littéraire ; impression et diffusion de toute espèce d'œuvre : *L'édition d'un roman. Une édition de disques.* **2.** Ensemble des exemplaires d'un ouvrage, que l'on imprime, soit en un seul tirage, soit en plusieurs sans y apporter de modifications notables ; texte d'une œuvre correspondant à tel ou tel tirage : *Une édition à 5 000 exemplaires. Il possède ce livre dans l'édition originale.* **3.** Industrie et commerce du livre en général : *Travailler dans l'édition.* **4.** Ensemble des exemplaires d'un journal imprimés en une fois : *Une édition spéciale.* **5.** Chacune des émissions d'un journal télévisé ou radiodiffusé : *L'édition de 20 heures du journal télévisé.* **6.** INFORM. Matérialisation, sous une forme utilisable, de résultats de traitements faits sur ordinateur. **7.** *FAM.* **Deuxième, troisième édition,** deuxième, troisième fois que qqch se produit.

éditorial, e, aux [editɔrjal, -o] **adj.** (angl. *editorial,* de *editor,* éditeur). De l'éditeur ; de la maison d'édition : *Politique éditoriale.* ◆ **éditorial n.m.** Article de fond, commentaire, signé ou non, placé la plupart du temps en tête d'un journal, et qui exprime, selon le cas, l'opinion d'un journaliste ou celle de la direction du journal. (abrév. fam. *édito.*)

éditorialiste [editɔrjalist] **n.** Personne qui écrit l'éditorial d'un journal, d'une revue.

Edmonton, v. du Canada, cap. de l'Alberta ; 812 201 hab. (1 159 869 hab. dans l'agglomération). Centre commercial et industriel (raffinage du pétrole et chimie).

Édouard *(lac),* lac de l'Afrique équatoriale, entre l'Ouganda et la Rép. dém. du Congo ; 2 150 km^2.

Édouard le Confesseur (saint) [Islip v. 1003 - Londres 1066], roi d'Angleterre (1042-1066). Il restaura la monarchie anglo-saxonne. Très pieux et peu enclin à la violence, il laissa son beau-père, le comte Godwin, exercer le pouvoir.

Édouard, le Prince Noir (Woodstock 1330 - Westminster 1376), prince de Galles, fils d'Édouard III. Il gagna la bataille de Poitiers, où il fit prisonnier Jean le Bon (1356). Duc d'Aquitaine (1362-1372), il combattit en Castille.

Édouard III (Windsor 1312 - Sheen, Surrey, 1377), roi d'Angleterre (1327-1377). Revendiquant, comme petit- fils de Philippe IV le Bel, le trône capétien, il déclencha contre la France la guerre de Cent Ans (1337). Vainqueur à Crécy (1346), il s'empara de Calais (1347) ; ayant capturé Jean le Bon (1356), il lui imposa la paix de Brétigny (1360) mais subit plusieurs revers à partir de 1369.

Édouard VI (Hampton Court 1537 - Greenwich 1553), roi d'Angleterre et d'Irlande (1547-1553), fils d'Henri VIII et de Jeanne Seymour. Dominé par son oncle, Edward Seymour, duc de Somerset, puis par John Dudley, il favorisa la propagation du protestantisme dans son royaume.

Édouard VII (Londres 1841 - id. 1910), roi de Grande-Bretagne et d'Irlande (1901-1910), fils de la reine Victoria. Intéressé principalement par les problèmes de politique extérieure, il fut l'initiateur de l'Entente cordiale avec la France (1904).

édredon [edrədɔ̃] **n.m.** (island. *ederduun,* duvet d'eider). Couvre-lit rempli de duvet.

éducable [edykabl] **adj.** Apte à être éduqué.

éducateur, trice [edykatœr, -tris] **adj.** Relatif à l'éducation : *Mission éducatrice des parents* (syn. **éducatif**). ◆ **n.** **1.** Personne qui se consacre à l'éducation : *La crise de l'adolescence est bien connue des éducateurs* (syn. **pédagogue, professeur**). **2.** Agent du ministère de la Justice chargé de la réinsertion sociale des délinquants. **3. Éducateur spécialisé,** éducateur s'occupant de jeunes en difficulté ou de handicapés.

éducatif, ive [edykatif, -iv] **adj.** Relatif à l'éducation ; qui éduque : *Des jeux éducatifs* (syn. **pédagogique, didactique**).

éducation [edykasjɔ̃] **n.f.** (lat. *educatio*). **1.** Action de former, d'instruire qqn ; manière de dispenser, de mettre en œuvre cette formation : *L'éducation des enfants est l'affaire des parents et des professeurs* (syn. **instruction, formation**). *Une revue consacrée aux problèmes d'éducation* (syn. **pédagogie, enseignement**). **2.** Ensemble des connaissances intellectuelles, des acquisitions morales de qqn : *Son éducation musicale est très complète* (syn. **culture**). **3.** Connaissance et pratique des bons usages d'une société : *Manquer d'éducation* (syn. **savoir-vivre, politesse**). **4. Éducation spécialisée,** ensemble des mesures organisant l'enseignement des jeunes en difficulté ou des handicapés. / **Éducation surveillée,** régime de surveillance auquel sont soumis les mineurs délinquants ou en danger moral. **5. Éducation nationale,** ensemble des services chargés de l'organisation, de la direction et de la gestion de l'enseignement public et du contrôle de l'enseignement privé. / **Éducation physique,** ensemble des exercices corporels visant à l'amélioration des qualités physiques.

Éduens, peuple de la Gaule celtique. Alliés des Romains, ils se rallièrent un temps à Vercingétorix.

édulcorant, e [edylkɔrɑ̃, -ɑ̃t] **adj.** Se dit d'une substance qui édulcore. ◆ **édulcorant n.m.** Substance chimique qui donne une saveur sucrée : *Un édulcorant de synthèse.*

édulcoration [edylkɔrasjɔ̃] **n.f.** Action d'édulcorer : *L'édulcoration d'un médicament.*

édulcorer [edylkɔre] **v.t.** (lat. médiév. *edulcorare,* de *dulcis,* doux). **1.** Adoucir une boisson, un médicament en y ajoutant du sucre : *Édulcorer une préparation pharmaceutique* (syn. **sucrer**). **2.** Atténuer l'âpreté ou la rigueur d'un texte, d'une doctrine, etc. : *Édulcorer une critique.*

éduquer [edyke] **v.t.** (lat. *educare,* de *ducere,* conduire). **1.** Former l'esprit de qqn, développer ses aptitudes intellectuelles, physiques, son sens moral : *Parents qui éduquent bien leurs enfants* (syn. **élever**). *Les professeurs éduquent les élèves* (syn. **instruire**). **2.** Apprendre à qqn les usages de la société, les bonnes manières : *Personne bien éduquée* (= polie, bien élevée). **3.** Développer une faculté ou une fonction particulière : *Éduquer son oreille* (syn. **exercer**).

Edwards (Robert Geoffrey), biologiste britannique (Batley, Yorkshire, 1925). Spécialiste de biologie et de médecine de la reproduction humaine, il a joué un rôle pionnier dans le développement de la fécondation in vitro (permettant, en collab. avec Patrick Steptoe [1913 - 1988], la naissance du premier bébé-éprouvette, Louise Brown, le 25 juill. 1978). [Prix Nobel de médecine 2010.]

E.E.E. ⟶ Espace économique européen.

éfendi ou **effendi** [efɛ̃di] **n.m.** (mot turc, du gr.). Titre donné aux savants, dignitaires et magistrats, dans l'Empire ottoman.

effaçable [efasabl] **adj.** Qui peut être effacé : *Une encre effaçable* (contr. **indélébile**).

effacé, e [efase] **adj.** **1.** Qui a disparu par effacement : *Une épitaphe effacée.* **2.** Qui se tient à l'écart ; qui n'a pas de brillant : *Un personnage effacé* (syn. **modeste, humble**).

effacement [efasmɑ̃] **n.m.** **1.** Action d'effacer ; fait d'être effacé : *L'effacement d'une inscription.* **2.** Action de supprimer les informations enregistrées sur un support magnétique : *L'effacement de fichiers.* **3.** Fait de se tenir à l'écart, par modestie ou discrétion : *Vivre dans l'effacement* (syn. **discrétion**).

effacer [efase] **v.t.** (de *face*) [conj. **16**]. **1.** Faire disparaître en frottant, en grattant, en faisant défiler devant une tête d'effacement, etc. : *Effacer des traces de crayon* (syn. **gommer**). *Effacer un mot* (syn. **biffer**). *Effacer une bande magnétique.* **2.** LITT. Faire oublier : *Effacer le souvenir de qqn.* **3.** Empêcher qqn ou qqch d'être remarqué : *Son succès efface le mien* (syn. **éclipser**). **4. Effacer le corps, les épaules,** les présenter de profil. ◆ **s'effacer v.pr. 1.** Devenir indistinct : *Les formes s'effacent dans la brume* (syn. **s'estomper**). **2.** Se tourner un peu de côté, pour tenir moins de place : *S'effacer pour laisser entrer qqn* (syn. **s'écarter**). **3.** Éviter de se faire remarquer : *S'effacer par timidité.* **4. S'effacer devant qqn,** s'incliner devant sa supériorité.

effaceur [efasœr] **n.m.** Instrument en forme de stylo-feutre permettant d'effacer l'encre.

effarant, e [efarɑ̃, -ɑ̃t] **adj.** **1.** Qui effare, plonge dans la stupeur : *Vivre dans des conditions effarantes* (syn. **épouvantable**). **2.** Qui atteint un degré extrême : *Une étourderie effarante* (syn. **inouï, inimaginable**).

effaré, e [efare] **adj.** (lat. *efferatus,* de *efferare,* rendre farouche, de *ferus,* sauvage). Qui ressent, manifeste un grand trouble, une grande peur : *Il contemplait l'incendie d'un air effaré* (syn. **épouvanté, hagard**).

effarement [efarmɑ̃] **n.m.** État d'une personne effarée ; attitude, expression qui trahit cet état : *Il voyait avec effarement l'inondation gagner la maison* (syn. **effroi, horreur**).

effarer [efare] **v.t.** (de *effaré*). Troubler au point de donner un air hagard et inquiet : *L'idée de rester seule l'effare* (syn. **affoler, effrayer**).

effarouchement [efaruʃmɑ̃] **n.m.** Action d'effaroucher ; fait d'être effarouché (syn. **affolement**).

effaroucher [efaruʃe] **v.t.** (de *farouche*). Effrayer ; intimider : *Effaroucher un lièvre en marchant dans un bois. Effaroucher un candidat* (contr. **rassurer**).

1. effectif, ive [efɛktif, -iv] **adj.** (du lat. *effectus,* influence). **1.** Qui existe réellement ; qui se traduit en action : *Une aide effective* (syn. **réel, véritable**). **2.** DR. Qui prend effet, entre en vigueur : *Le cessez-le-feu sera effectif à onze heures.*

2. effectif [efɛktif] **n.m.** (de *1. effectif*). **1.** Nombre réel des individus composant un groupe : *L'effectif d'une classe, d'un collège. Les effectifs d'une armée.* **2.** STAT. Nombre d'individus correspondant à une valeur ou à une classe.

effectivement [efɛktivmɑ̃] **adv. 1.** De manière effective : *Ceci n'est pas un conte, c'est effectivement arrivé* (syn. **réellement, véritablement**). **2.** En effet : *Vous étiez absent ? – Oui, effectivement.*

effectivité [efɛktivite] **n.f.** DR. Qualité de ce qui est effectif.

effectuer [efɛktɥe] **v.t.** (lat. médiév. *effectuare,* du class. *effectus ;* v. *effet*) [conj. **7**]. Mettre à exécution ; accomplir : *Effectuer un paiement. Effectuer un demi-tour* (syn. **opérer, faire**).

efféminé, e [efemine] **adj.** et **n.m.** Qui a les caractères, l'aspect, les manières génér. attribués aux femmes, en parlant d'un homme, de son comportement (contr. **viril**).

effendi n.m. → **éfendi.**

efférent, e [eferɑ̃, -ɑ̃t] **adj.** (lat. *efferens,* qui porte dehors). ANAT. **Nerf, vaisseau efférent,** qui sort d'un organe, qui va du centre vers la périphérie (par opp. à *afférent*).

effervescence [efɛrvesɑ̃s] **n.f.** (du lat. *effervescens,* de *effervescere,* bouillonner). **1.** Bouillonnement produit par un vif dégagement de bulles gazeuses dans un liquide. **2.** Agitation extrême : *Ville en pleine effervescence* (syn. **fébrilité**).

effervescent, e [efɛrvesɑ̃, -ɑ̃t] **adj.** (lat. *effervescens,* bouillonnant). Qui est en effervescence ou susceptible d'entrer en effervescence : *Une boisson effervescente* (= qui pétille). *Une foule effervescente* (syn. **agité, exalté**).

effet [efɛ] **n.m.** (lat. *effectus,* influence, de *efficere,* réaliser, achever). **1.** Résultat d'une action ; ce qui est produit par qqch : *Les effets d'une nouvelle loi* (syn. **conséquence**). **2.** Impression produite sur qqn : *Ce voyage a eu un effet salutaire* (syn. **action**). *Son attitude a fait mauvais effet.* **3.** Procédé employé pour produire une certaine impression, un certain résultat : *Faire des effets de voix, de jambes.* **4.** Phénomène particulier en physique, en biologie, etc. : *Effet Joule.* **5.** Rotation imprimée à une bille, à une balle, à un ballon, en vue d'obtenir des trajectoires ou des rebonds inhabituels, trompeurs : *Mettre de l'effet dans sa balle.* **6. À cet effet,** en vue de cela. / **Faire de l'effet,** produire une vive impression ; provoquer une action, une réaction sur qqn : *Une robe qui fait de l'effet. Un remède qui fait de l'effet.* / **Faire l'effet de,** avoir l'apparence de : *Il me fait l'effet d'un homme honnête.* / **Sous l'effet de,** sous l'influence de. / DR. **Prendre effet,** devenir effectif. **7.** DR. **Effet de commerce,** tout titre à ordre transmissible par voie d'endossement, et constatant l'obligation de payer une somme d'argent à une époque donnée : *La lettre de change et le chèque sont des effets de commerce.* ◆ **effets n.m. pl. 1.** Vêtements, pièces de l'habillement : *Des effets militaires.* **2. Effets spéciaux,** trucages cinématographiques.

effeuillage [efœjaʒ] **n.m.** Action d'effeuiller les arbres et les plantes.

effeuiller [efœje] **v.t.** Ôter les feuilles ou les pétales de : *Effeuiller une marguerite.* ◆ **s'effeuiller v.pr.** Perdre ses feuilles ou ses pétales.

efficace [efikas] **adj.** (lat. *efficax*). **1.** Qui produit l'effet attendu : *Traitement efficace* (syn. **actif**). **2.** Se dit de qqn dont l'action aboutit à des résultats utiles : *Un collaborateur efficace* (syn. **efficient**). **3.** PHILOS. **Cause efficace,** cause véritable et unique d'un phénomène. / ÉLECTR. **Valeur efficace de la tension, de l'intensité d'un courant alternatif,** valeur de la tension, de l'intensité d'un courant continu équivalent. ▸ C'est la valeur habituellement indiquée dans les installations domestiques ou industrielles.

efficacement [efikasmɑ̃] **adv.** De façon efficace : *Intervenir efficacement* (syn. **utilement**).

efficacité [efikasite] **n.f.** Qualité d'une chose, d'une personne efficace : *L'efficacité d'un remède. L'efficacité d'un ingénieur.*

efficience [efisjɑ̃s] **n.f.** (angl. *efficiency,* du lat. *efficientia*). Capacité de rendement ; performance : *L'efficience d'une technique, d'une entreprise.*

efficient, e [efisjɑ̃, -ɑ̃t] **adj.** (lat. *efficiens,* de *efficere*). **1.** Qui aboutit à de bons résultats : *Homme efficient* (syn. **efficace**). **2.** PHILOS. **Cause efficiente,** qui produit un effet, qui est à l'origine d'une chose.

effigie [efiʒi] **n.f.** (lat. *effigies,* figure, de *effingere,* reproduire). Représentation, image d'une personne, notamm. à l'avers d'une monnaie, d'une médaille : *Une pièce à l'effigie d'un souverain.*

effilage [efilaʒ] **n.m.** Action d'effiler : *L'effilage d'une étoffe pour faire des franges.*

effilé, e [efile] **adj.** (de *fil,* tranchant). Mince et allongé : *Des doigts effilés* (syn. **fuselé**).

effiler [efile] **v.t.** (de *fil*). **1.** Défaire un tissu fil à fil : *Effiler le bord d'un châle pour obtenir des franges.* **2.** Rendre mince, fin comme un fil en allongeant : *Effiler les pointes de sa moustache.* **3. Effiler les cheveux,** en diminuer l'épaisseur en dégradé.

effilochage [efilɔʃaʒ] **n.m.** Action d'effilocher.

effilocher [efilɔʃe] **v.t.** (de *filoche,* dér. anc. et dialect. de *fil*). Effiler un tissu pour le réduire en bourre ou en ouate. ◆ **s'effilocher v.pr.** S'effiler par suite de l'usure : *Chandail qui s'effiloche.*

efflanqué, e [eflɑ̃ke] **adj.** (de *flanc*). **1.** Se dit d'un animal qui a les flancs creux et resserrés : *Cheval efflanqué.* **2.** Se dit d'une personne à la fois grande et maigre : *Un garçon efflanqué* (syn. **osseux, sec**).

effleurement [eflœrmɑ̃] **n.m.** Action d'effleurer, de frôler.

effleurer [eflœre] **v.t.** (de *fleur*). **1.** Toucher à peine : *Effleurer le visage* (syn. **caresser, frôler**). **2.** Entamer superficiellement : *Le projectile lui a effleuré le bras* (syn. **égratigner**). **3.** Examiner superficiellement : *Effleurer un sujet.*

efflorescence [eflɔresɑ̃s] **n.f.** (du lat. *efflorescens,* de *efflorescere,* fleurir, de *flos, floris,* fleur). **1.** Poussière naturelle qui recouvre certains fruits. **2.** *LITT.* Épanouissement : *L'efflorescence de l'art gothique au* XIIIe *siècle.*

effluve [eflyv] **n.m.** (lat. *effluvium,* écoulement) [parfois fém. au pl.]. Émanation qui s'exhale du corps des êtres vivants, des fleurs, des aliments, etc. : *Les effluves embaumés d'un jardin* (syn. **odeur, exhalaison**).

effondrement [efɔ̃drəmɑ̃] **n.m.** Fait de s'effondrer, de s'écrouler : *L'effondrement d'un toit* (syn. **écroulement**). *L'effondrement de ses rêves* (syn. **anéantissement, ruine**).

effondrer [efɔ̃dre] **v.t.** (lat. pop. **exfunderare,* de **fundus, -eris,* fond, class. *fundus, -i*). Faire s'écrouler : *Effondrer une maison qui menace de tomber en ruine.* ◆ **s'effondrer v.pr. 1.** Crouler sous un poids excessif : *Plancher qui s'effondre.* **2.** Être brusquement anéanti : *Projets qui s'effondrent.* **3.** Tomber à terre, mort, blessé ou épuisé : *La sentinelle tira sur le fugitif qui s'effondra* (syn. **s'écrouler**). **4.** Perdre brusquement toute énergie morale ou physique : *Elle s'est effondrée en apprenant la nouvelle. Accusé qui s'effondre et passe aux aveux.* **5.** Subir une baisse brutale : *Le cours de cette valeur s'effondre.*

s'**efforcer** [efɔrse] **v.pr.** (de *force*) [conj. **16**]. Faire tous ses efforts pour atteindre un objectif, un but ; s'appliquer à, s'évertuer à : *Il s'efforce de réussir* (syn. **essayer, tâcher**).

effort [efɔr] **n.m.** (de *s'efforcer*). **1.** Mobilisation des forces physiques, intellectuelles pour vaincre une résistance, surmonter une difficulté, atteindre un objectif : *Fournir un gros* *effort physique. Faire un effort de mémoire.* **2.** PHYS. Force tendant à déformer un matériau par traction, compression, flexion, torsion ou cisaillement : *Faire subir des efforts à un tissu pour en tester la solidité.*

effraction [efraksjɔ̃] **n.f.** (bas lat. *effractura,* de *effringere,* rompre). Forcement d'une clôture, d'une serrure, etc. : *Vol avec effraction.*

effraie [efrɛ] **n.f.** (de *orfraie,* avec infl. de *effrayer*). Chouette de taille moyenne, à plumage fauve clair tacheté de gris, et dont les yeux sont entourés d'une collerette de plumes blanches.

effranger [efrɑ̃ʒe] **v.t.** (de *frange*) [conj. **17**]. Effiler sur les bords un tissu de façon à obtenir des franges.

effrayant, e [efrejɑ̃, -ɑ̃t] **adj. 1.** Qui provoque la frayeur : *Un bruit effrayant* (syn. **épouvantable**). **2.** *FAM.* Qui cause un grand étonnement : *Un appétit effrayant* (syn. **effarant**).

effrayer [efreje] **v.t.** (lat. pop. **exfridare,* du frq. **fridu,* paix) [conj. **11**]. **1.** Remplir de frayeur : *Le bruit a effrayé les oiseaux* (syn. **effaroucher**). *Le tonnerre effraie les enfants* (= faire peur à). **2.** Causer du souci ; rebuter, décourager : *L'importance du travail l'a effrayé.* ◆ **s'effrayer v.pr.** Prendre peur : *Tu t'effraies d'un rien* (syn. **s'alarmer**).

effréné, e [efrene] **adj.** (du lat. *frenum,* frein). Qui est sans frein, sans retenue : *Un besoin effréné de s'amuser* (syn. **immodéré, insatiable**). *Une course effrénée.*

effritement [efritmɑ̃] **n.m.** Action d'effriter ; fait de s'effriter : *L'effritement des roches sous l'effet du gel. L'effritement des cours de la Bourse* (syn. **affaiblissement**).

effriter [efrite] **v.t.** (anc. fr. *effruiter,* dépouiller de ses fruits, avec infl. de *friable*). Réduire progressivement en menus morceaux, en poussière : *Effriter un biscuit entre ses doigts* (syn. **désagréger**). ◆ **s'effriter v.pr.** Se désagréger : *La majorité gouvernementale s'effrite* (syn. **se dissocier**).

effroi [efrwa] **n.m.** (de *effrayer*). *LITT.* Grande frayeur : *Ces attentats répandent l'effroi* (syn. **épouvante, terreur**).

effronté, e [efrɔ̃te] **adj.** et **n.** (de *front*). Qui agit avec une grande hardiesse à l'égard des autres ; qui ne garde aucune retenue : *Il est bien effronté de tenir tête à son professeur* (syn. **impudent**). *Un regard effronté* (syn. **insolent**).

effrontément [efrɔ̃temɑ̃] **adv.** Avec effronterie.

effronterie [efrɔ̃tri] **n.f.** Attitude, manière d'agir d'une personne effrontée : *Avoir l'effronterie de nier l'évidence* (syn. **impudence, audace**). *Répondre avec effronterie* (syn. **insolence**).

effroyable [efrwajabl] **adj. 1.** Qui inspire, qui est propre à inspirer l'effroi ; qui impressionne vivement : *Crime effroyable* (syn. **affreux, épouvantable**). **2.** Très mauvais : *Un style effroyable.*

effroyablement [efrwajabləmɑ̃] **adv.** De façon effroyable, terrible : *Des victimes effroyablement mutilées* (syn. **horriblement**). *Il chante effroyablement* (syn. **épouvantablement**).

effusif, ive [efyzif, -iv] **adj.** GÉOL. **Roche effusive,** roche magmatique qui s'est répandue à l'air libre (coulée de lave).

effusion [efyzjɔ̃] **n.f.** (du lat. *effundere,* répandre). **1.** Manifestation sincère de tendresse, d'affection : *À leurs retrouvailles, elles se livreront à de longues effusions* (syn. **épanchement**). *Remercier qqn avec effusion.* **2. Effusion de sang,** action de verser du sang, de blesser, de tuer : *Réprimer une révolte sans effusion de sang.*

s'**égailler** [egaje] **v.pr.** (anc. fr. *esgailler,* disperser, lat. pop. *aequaliare,* du class. *aequalis,* égal). *SOUT.* Se disperser, se débander, en parlant de personnes ou d'animaux groupés : *Les soldats en déroute s'égaillèrent dans les bois.*

1. égal, e, aux [egal, -o] **adj.** (lat. *aequalis*). **1.** Semblable en nature, en quantité, en qualité, en valeur : *Deux récipients de capacité égale* (syn. **identique**). *Figures géométriques égales* (syn. **superposable**). *Les citoyens sont égaux devant la loi.* **2.** Qui ne varie pas ; qui ne présente pas de brusques différences, d'irrégularité : *Température égale* (syn. **constant**). *Marcher d'un pas égal* (syn. **régulier**). *Personne d'un caractère égal* (syn. **calme**). *Une surface égale* (syn. **uni, plat**). **3.** Qui s'applique à tous dans les mêmes conditions : *Une justice égale* (syn. **impartial**). **4.** *FAM.* **Ça m'est égal, c'est égal,** ça m'est, c'est indifférent. / *FAM., VIEILLI.* **C'est égal,** quoi qu'il en soit, malgré tout. / MATH. **Ensembles égaux,** ensembles constitués des mêmes éléments. / MATH. **Fonctions égales,** fonctions ayant même domaine de définition, même ensemble d'arrivée et mêmes images pour toute valeur de la variable. / MATH. **Vecteurs égaux,** qui ont même direction, même sens et même longueur.

2. égal, e, aux [egal, -o] **n.** (de *1. égal*). **1.** Personne qui est égale à une autre par sa condition, ses droits, etc. : *Vivre avec ses égaux.* **2. À l'égal de,** autant que, au même titre que. / **D'égal à égal,** sur un pied d'égalité. / **N'avoir d'égal que,** n'être égalé que par : *Sa fatuité n'a d'égale que sa sottise.* / **N'avoir point d'égal, être sans égal** ou **sans égale,** être unique en son genre.

égalable [egalabl] **adj.** Qui peut être égalé : *Un exploit difficilement égalable.*

également [egalmɑ̃] **adv. 1.** De façon égale : *Aimer également tous ses enfants* (= de la même façon). **2.** Aussi, de même : *Lisez ce livre, et celui-là également.*

égaler [egale] **v.t. 1.** Être égal à (en quantité) : *Deux multiplié par deux égale quatre.* **2.** Être égal à (en mérite, en valeur, etc.) ; rivaliser avec : *Rien n'égale sa beauté.*

égalisateur, trice [egalizatœr, -tris] **adj.** Qui égalise, permet d'égaliser : *But, point égalisateur.*

égalisation [egalizasjɔ̃] **n.f.** Action d'égaliser ; son résultat : *Égalisation d'un terrain. Égalisation des revenus* (syn. **nivellement**). *Équipe qui obtient l'égalisation.*

égaliser [egalize] **v.t.** Rendre égal : *Égaliser les salaires. Égaliser un terrain* (syn. **niveler**). ◆ **v.i.** SPORTS, JEUX. Marquer un but ou un point rendant le score égal : *Joueur qui égalise à 1 partout.*

égalitaire [egalitɛr] **adj.** et **n.** Qui vise à l'égalité civile, politique et sociale : *Théorie égalitaire.*

égalitarisme [egalitarism] **n.m.** Doctrine égalitaire.

égalitariste [egalitarist] **adj.** et **n.** Qui relève de l'égalitarisme ; qui en est partisan.

égalité [egalite] **n.f.** (lat. *aequalitas*). **1.** Qualité de ce qui est égal, équivalent : *Égalité de deux nombres. Les deux concurrents sont à égalité* (= ils ont le même nombre de points). **2.** Qualité de ce qui est égal, uni, régulier : *Égalité d'humeur* (syn. **constance**). **3.** Rapport entre individus, citoyens, égaux en droits et soumis aux mêmes obligations : *Égalité civile, politique, sociale.* **4.** MATH. Expression représentant le type le plus simple de relation d'équivalence. (Ex. : $a = b$.)

égard [egar] **n.m.** (de l'anc. fr. *esgarder,* veiller sur). **1.** Considération, estime que l'on a pour qqn, qqch : *Tu pourrais avoir quelque égard pour son âge !* **2. À cet égard,** sur ce point. / **À l'égard de,** en ce qui concerne ; envers : *Il a beaucoup de torts à ton égard.* / **À tous les égards, à tous égards,** sous tous les rapports. / **Eu égard à,** en tenant compte de. / **Sans égard pour,** sans tenir compte de. ◆ **égards n.m. pl.** Marques de respect, attentions : *Ils l'ont traité avec beaucoup d'égards* (syn. **déférence**).

égaré, e [egare] **adj. 1.** Qui a perdu sa route : *Un promeneur égaré* (syn. **perdu**). **2.** Qui traduit un grand trouble intérieur : *Un air égaré* (syn. **hagard**).

égarement [egarmɑ̃] **n.m.** *LITT.* Dérèglement de la conduite, de l'esprit ; folie passagère : *Un moment d'égarement* (syn. **affolement**).

égarer [egare] **v.t.** (du frq. **warôn,* conserver ; v. *garer*). **1.** Perdre momentanément ; ne plus trouver : *J'ai encore égaré mes clés !* **2.** Mettre dans l'erreur : *Ces témoignages ont égaré les enquêteurs* (syn. **dérouter**). **3.** Mettre hors de soi : *La colère vous égare* (syn. **aveugler**). ◆ **s'égarer v.pr. 1.** Se perdre en route : *Ils se sont égarés dans la forêt.* **2.** S'écarter du bon sens, de la vérité : *Là, tu t'égares complètement !* (= tu fais fausse route). **3.** Se disperser au hasard : *Plusieurs votes se sont égarés sur des noms inconnus* (syn. **s'éparpiller**).

Égaux ***(conjuration des)*** [1796-1797], conspiration contre le Directoire, dirigée par Babeuf. Elle fut dénoncée par l'un des conjurés et ses instigateurs furent guillotinés.

égayer [egeje] **v.t.** (de *gai*) [conj. **11**]. **1.** Apporter un élément de gaieté, de vie : *Ces couleurs égaient la pièce.* **2.** Rendre gai : *Il en faut beaucoup pour l'égayer aujourd'hui !* (syn. **amuser, divertir**). ◆ **s'égayer v.pr.** *LITT.* S'amuser, se divertir : *S'égayer aux dépens de qqn.*

Égée ***(mer)***, partie de la Méditerranée entre la Grèce et la Turquie.

égérie [eʒeri] **n.f.** (de *Égérie,* nymphe qui aurait inspiré le roi Numa). *LITT.* Femme qui joue le rôle de conseillère, d'inspiratrice d'un homme, d'un groupe, d'un mouvement politique, artistique, etc.

égide [eʒid] **n.f.** (gr. *aigis, -idos,* peau de chèvre, d'où « bouclier en peau de chèvre »). **1.** MYTH. GR. Bouclier de Zeus et d'Athéna. **2.** *LITT.* **Sous l'égide de,** sous la protection, le patronage de : *Exposition placée sous l'égide du ministère des Transports.*

Égine, île de la Grèce, dans le *golfe d'Égine,* entre le Péloponnèse et l'Attique ; 13 190 hab. *(Éginètes),* dont 4 548 dans la ville homonyme. Elle fut, du VIIIe au Ve s. av. J.-C., une riche et puissante cité qui imposa son système monétaire au monde grec. Elle tomba sous la domination athénienne au Ve s. av. J.-C. Temple d'Athéna Aphaia (500-490) dont la décoration sculptée (glyptothèque de Munich) reste, malgré des restaurations, l'un des beaux exemples de l'archaïsme finissant.

églantier [eglɑ̃tje] **n.m.** (lat. pop. **aquilentum,* du class. *aculeus,* aiguillon). Arbrisseau épineux aux fleurs roses ou blanches, ancêtre sauvage des rosiers. ▸ Famille des rosacées.

églantine [eglɑ̃tin] **n.f.** Fleur de l'églantier.

églefin [egləfɛ̃] ou **aiglefin** [ɛgləfɛ̃] **n.m.** (néerl. *schelvisch*). Autre nom du *cabillaud.*

1. Église [egliz] **n.f.** (lat. *eclesia,* gr. *ekklêsia,* assemblée). **1.** Société religieuse fondée par Jésus-Christ. **2.** Communauté chrétienne : *L'Église anglicane, orthodoxe, catholique.* **3. Homme d'Église,** ecclésiastique. **4. L'Église,** l'Église catholique romaine.

2. église [egliz] **n.f.** (de *1. Église*). Édifice où se réunissent les chrétiens pour célébrer leur culte.

■ Lieu sacré qui accueille les fidèles pour leurs célébrations, l'édifice propre au culte chrétien doit son nom d'*église* – mot qui signifie d'abord « assemblée » *(ekklêsia)* – à cette destination communautaire. Le mot « Église » a toutefois une autre signification : du point de vue de la théologie chrétienne, il signifie l'union de tous les hommes au Christ, formant ainsi le « corps mystique ». Le rite solennel de la consécration d'une église assimile celle-ci à la Jérusalem céleste, notamment par l'onction de l'autel, qui figure le Christ dans son Royaume.

Le premier modèle architectural des églises est celui de la basilique antique. Mais elles ont aussi adopté le plan centré (octogonal ou circulaire), par exemple lorsqu'elles abritaient dans leurs autels des reliques de martyrs. Par ailleurs, jusqu'à la fin du Moyen Âge, elles empruntaient à la synagogue juive leur orientation en direction de Jérusalem, selon la tradition qui voulait que, lors de son retour, le Christ apparaîtrait de ce côté-là.

Le plan basilical s'étant modifié dans un sens cruciforme avec la création du transept, l'église comprend généralement les parties suivantes : le chœur (partie intérieure du chevet), souvent surmonté d'une abside, accueille l'autel, parfois surélevé et séparé par une clôture (*chancel,* ou en Orient, *iconostase*) de la nef, où prennent place les fidèles ; le narthex, pour les liturgies de préparation ; le déambulatoire, la crypte, les absidioles (pour les autels latéraux), suivant l'importance de l'édifice ou lorsque celui-ci est un centre de pèlerinage. Mais les proportions entre ces espaces, la décoration des murs, colonnes, tympans, etc., l'adoption de techniques de construction et de styles nouveaux ont introduit beaucoup de variété dans cette architecture spécifique dont les innovations, depuis l'église cistercienne jusqu'au temple baroque, restent axées sur la symbolique d'une communauté formant le « corps mystique ». ■

Église catholique ou **romaine ⟶ catholicisme.**

Église constitutionnelle, l'ensemble des évêques et des prêtres qui prêtèrent serment à la Constitution civile du clergé, décrétée en 1790 par l'Assemblée constituante. L'Église constitutionnelle s'amalgama avec le reste du clergé, après la signature du Concordat de 1801.

Églises orientales, nom donné en premier lieu aux Églises qui se sont constituées en dehors de la zone d'influence de l'empire d'Occident et se sont détachées du siège apostolique de Rome. Ces dissidences ont commencé au Ve s. avec le nestorianisme et le monophysisme, répandus dans des communautés soumises à l'influence byzantine et au pouvoir impérial de Constantinople. Elles ont pris leur plus grande ampleur avec la rupture opérée à la fin du IXe s. sous le patriarcat de Photios et consommée en 1054 sous Michel Keroularios. Du point de vue doctrinal, les Églises orientales séparées de Rome comprennent les Églises dites *chalcédoniennes,* numériquement les plus importantes (Églises orthodoxes ou gréco-slaves), et les non chalcédoniennes, dites *nestoriennes* et *monophysites* (Églises copte, éthiopienne, jacobite, arménienne). Mais il existe des Églises orientales qui restent en communion avec l'Église catholique, tout en gardant certaines particularités institutionnelles et leurs liturgies selon leurs rites propres et dans d'autres langues que le latin. Il s'agit notamment des Églises grecques catholiques, de l'Église maronite du Liban, des Églises dites *uniates* (ukrainienne, melkite, ruthène, etc.).

Églises protestantes ⟶ protestantisme.

églogue [eglɔg] **n.f.** (lat. *ecloga,* gr. *eklogê,* de *eklegein,* choisir). LITTÉR. Petit poème pastoral.

ego [ego] **n.m. inv.** (mot lat. « moi »). **1.** PHILOS. Sujet conscient et pensant. **2.** PSYCHAN. Le moi.

égocentrique [egɔsɑ̃trik] **adj.** et **n.** Qui manifeste de l'égocentrisme.

égocentrisme [egɔsɑ̃trism] **n.m.** (du lat. *ego,* moi, et *centrum,* centre). Tendance à centrer tout sur soi-même, à juger tout par rapport à soi ou à son propre intérêt.

égoïne [egɔin] **n.f.** (lat. *scobina,* lime). Scie à lame rigide, munie d'une poignée à l'une de ses extrémités. (On dit aussi *une scie égoïne.*)

égoïsme [egɔism] **n.m.** (du lat. *ego,* moi). Tendance qui porte un individu à se préoccuper exclusivement de son propre plaisir et de son propre intérêt sans se soucier de ceux des autres (contr. **altruisme, générosité**).

égoïste [egɔist] **adj.** et **n.** Qui fait preuve d'égoïsme : *Il a tout gardé pour lui-même ; quel égoïste ! Un comportement égoïste* (contr. **désintéressé**).

égoïstement [egɔistəmɑ̃] **adv.** Avec égoïsme.

égorgement [egɔrʒəmɑ̃] **n.m.** Action d'égorger.

égorger [egɔrʒe] **v.t.** (de *gorge*) [conj. **17**]. **1.** Tuer en coupant la gorge : *Égorger un mouton.* **2.** *FAM.* et *VIEILLI.* Faire payer trop cher : *Un hôtelier qui égorge les clients.* ◆ **s'égorger v.pr.** S'entretuer.

égorgeur, euse [egɔrʒœr, -øz] **n.** Personne, animal qui tue en égorgeant : *Le renard, grand égorgeur de poules.*

s'**égosiller** [egozije] **v.pr.** (de *gosier*). Crier ou chanter très fort et longtemps : *Elle est obligée de s'égosiller pour se faire entendre dans ce chahut* (syn. **s'époumoner**).

égotisme [egɔtism] **n.m.** (angl. *egotism,* du lat. *ego,* moi). *LITT.* Culte du moi, intérêt excessif porté à sa propre personnalité ; manie de parler de soi. ◆ **égotiste adj.** et **n.** Qui fait preuve d'égotisme.

égout [egu] **n.m.** (de *égoutter*). Conduite souterraine qui recueille les eaux usées d'une agglomération et les évacue dans le milieu extérieur ou vers une station d'épuration.

égoutier [egutje] **n.m.** Ouvrier chargé du nettoyage et de l'entretien des égouts.

égoutter [egute] **v.t.** (de *goutte*). Débarrasser d'un liquide qui s'écoule goutte à goutte : *Égoutter de la vaisselle.* ◆ **v.i.** et **s'égoutter v.pr.** Perdre son eau goutte à goutte : *Linge qui s'égoutte.*

égouttoir [egutwar] **n.m.** Ustensile permettant de faire égoutter qqch : *Égouttoir à vaisselle, à légumes.*

égrainage n.m., égrainer v.t. ⟶ **égrenage, égrener.**

égrapper [egrape] **v.t.** Détacher de la grappe : *Égrapper des groseilles, du raisin.*

égratigner [egratiɲe] **v.t.** (de l'anc. fr. *gratiner*, de *gratter*). **1.** Déchirer légèrement la peau avec qqch de piquant ; rayer superficiellement : *Les ronces lui ont égratigné les jambes* (syn. écorcher). **2.** Blesser, atteindre en faisant des railleries, des petites attaques personnelles : *Égratigner l'amour-propre de qqn.*

égratignure [egratiɲyr] **n.f. 1.** Déchirure, écorchure superficielle : *L'accident s'est soldé par quelques égratignures.* **2.** Blessure d'amour-propre.

égrenage [egrənaʒ] et **égrainage** [egrenaʒ] **n.m.** Action d'égrener.

égrener [egrəne] [conj. **19**] et **égrainer** [egrene] **v.t.** (du lat. *granum*, grain). **1.** Détacher les grains d'un épi, d'une grappe : *Égrener du maïs, du raisin.* **2.** Faire entendre une suite de sons bien détachés les uns des autres : *La pendule égrène les heures.* **3. Égrener un chapelet,** en faire passer tous les grains entre ses doigts pour compter les prières. ◆ **s'égrener** et **s'égrainer v.pr. 1.** Tomber par grains. **2.** Se faire entendre par sons détachés et successifs : *Les notes de la mélodie s'égrenaient délicatement.*

égrillard, e [egrijar, -ard] **adj.** et **n.** (de l'anc. fr. *escriller*, glisser, de l'anc. scand. **skridla*). Qui aime les plaisanteries ou les propos grivois ; qui dénote cet état d'esprit : *Histoire égrillarde* (syn. **leste**).

Égypte, État de l'Afrique du Nord-Est, le plus peuplé du monde arabe ; 1 000 000 km² ; 82 056 000 hab. *(Égyptiens).* CAP. *Le Caire.* LANGUE : *arabe.* MONNAIE : *livre égyptienne.*

GÉOGRAPHIE

Couvrant une superficie presque double de celle de la France, pour un nombre à peu près égal d'habitants, l'Égypte est cependant un pays localement surpeuplé. La superficie réellement utile approche seulement 40 000 km² et correspond, en dehors de quelques oasis, à la seule vallée du Nil. En effet, à une latitude subtropicale, le pays constitue l'extrémité orientale du Sahara, coupée par le Nil. La chaleur est torride en été, s'accroissant vers le S., où disparaissent pratiquement les précipitations, déjà très faibles dans le delta (env. 50 mm par an). La vallée du Nil, d'une largeur utile de 3 à 15 km, est intensément mise en valeur grâce à une utilisation rationnelle, très ancienne, de la crue annuelle du fleuve, qui fertilise les terres inondées. Le haut barrage d'Assouan a régularisé l'irrigation (fournissant également de l'électricité), gagné de nouvelles terres, accru la fréquence des récoltes (parfois 4 par an), au prix, il est vrai, de quelques contreparties fâcheuses (salinisation des terres, diminution de l'apport en limon, etc.). De toute façon, l'augmentation de la production céréalière (blé, maïs, riz) ne suit pas celle d'une population qui s'accroît de près de un million et demi de personnes chaque année : l'Égypte importe la moitié de sa consommation alimentaire. L'exode rural (bien que près de la moitié de la population active soit encore engagée dans l'agriculture) gonfle les villes (Le Caire et Alexandrie en tête), qui regroupent aujourd'hui au moins 50 % de la population. Pourtant, l'industrie est peu développée, si l'on excepte le textile (traitant le coton), l'agroalimentaire (sucre), une petite sidérurgie et surtout l'extraction du pétrole, à l'essor récent. Le pétrole est devenu, devant le coton, le premier poste d'exportations qui ne représentent que le tiers des importations. Le solde déficitaire de ce commerce extérieur (effectué surtout avec les États-Unis et l'U.E.) n'est pas entièrement comblé par les envois des émigrés, les revenus du canal de Suez et du tourisme international. Il aggrave le poids du lourd endettement extérieur d'un pays au faible niveau de vie, où le problème démographique demeure fondamental (la densité réelle moyenne étant environ de 1 200 hab./km²).

HISTOIRE

L'Égypte apparaît très tôt dans l'histoire des civilisations. Au IVe millénaire, elle est divisée entre deux royaumes : Basse-Égypte au nord et Haute-Égypte au sud.

L'Égypte des pharaons. Elle voit se succéder trois empires distincts et de nombreuses dynasties.

3150-2700 av. J.-C. (Ire et IIe dynasties). Époque thinite. Ménès (ou Narmer) unifie l'Égypte.

2700-2190 (IIIe à VIe dynastie). Ancien Empire.

L'Égypte, alors unifiée, a pour capitale Memphis. C'est pendant cette période que les rois de la IVe dynastie (Kheops, Khephren et Mykerinus) font construire les pyramides de Gizeh. Sous les pharaons, fils du dieu solaire Rê, l'Égypte connaît une grande prospérité, favorable au développement de l'art.

V. 2160 - v. 2060 av. J.-C. Première période intermédiaire.

V. 2060 - 1785 (XIe et XIIe dynasties). Moyen Empire ou premier Empire thébain.

Le Moyen Empire étend la domination égyptienne jusqu'à la Nubie et en direction de la Syrie. La XIIe dynastie favorise le culte d'Amon.

V. 1780 - v. 1580 av. J.-C. Seconde période intermédiaire. Le pays est envahi par les Hyksos, venus de Palestine, qui sont finalement repoussés par les princes de Thèbes.

V. 1580 - 1085 (XVIIIe à XXe dynastie). Nouvel Empire ou second Empire thébain.

Sous la XVIIIe dynastie (1580-1314 av. J.-C.), l'Égypte est une des grandes puissances de l'Orient. Thoutmosis Ier et Thoutmosis III font la conquête du haut Nil et de la Syrie. Aménophis IV abandonne le culte d'Amon pour celui d'Aton, dieu unique. Ramsès II (XIXe dynastie) repousse les invasions hittites.

1085. Fin de l'unité égyptienne.

Des dynasties étrangères ou nationales alternent au pouvoir (XXIe à XXVIe dynastie).

525 av. J.-C. Le pays est conquis par les Perses.

Des rois perses et indigènes se succèdent (XXVIIe à XXXe dynastie).

L'Égypte hellénistique et romaine

332 av. J.-C. L'Égypte est conquise par Alexandre le Grand. Pendant près de trois siècles, les Lagides, dynastie grecque, règnent sur le pays. La civilisation égyptienne subit l'influence grecque. Alexandrie devient un centre intellectuel florissant.

30 av. J.-C. L'Égypte est annexée par Rome.

Elle approvisionne le monde romain en blé. Le christianisme se développe et, au IIIe s., est profondément implanté.

395. À la mort de Théodose, l'Égypte entre dans la mouvance byzantine. L'Église égyptienne est l'Église copte.

L'Égypte musulmane jusqu'à Méhémet-Ali

640-642. Les Arabes conquièrent le pays.

Intégrée à l'Empire musulman, l'Égypte est islamisée. Les coptes ne représentent plus qu'un quart de la population en 750.

969-1171. Les Fatimides gouvernent le pays. Ils fondent Le Caire et l'université d'al-Azhar.

1171-1250. La dynastie fondée par Saladin s'empare de la quasi-totalité des États latins du Levant.

1250-1517. Le pays est gouverné par la caste militaire des Mamelouks.

1517. L'Égypte devient une province ottomane.

1798-1801. Occupation par les troupes françaises commandées par Bonaparte.

L'Égypte moderne

1805-1848. Méhémet-Ali modernise le pays. Il conquiert le Soudan en 1821.

1867. Ismaïl Pacha obtient le titre de khédive (vice-roi).

1869. Le canal de Suez est inauguré.

Endetté, le khédive doit accepter la tutelle des Français et des Britanniques, puis celle de ces derniers seuls. Les Anglais établissent une domination de fait sur le pays à partir de 1882.
1914. La suzeraineté ottomane est abolie et le protectorat britannique établi.
1922. Le protectorat est supprimé et l'Égypte devient un royaume.
1928. Création du mouvement politico-religieux des Frères musulmans, qui milite pour un régime islamique.
1936. Le traité anglo-égyptien confirme l'indépendance de l'Égypte, qui accepte le stationnement de troupes britanniques sur son territoire.
1948-1949. L'Égypte participe à la première guerre israélo-arabe.
L'Égypte républicaine
1953. La république est proclamée.
1954. Nasser devient le seul maître du pays.
1956. Il obtient des Soviétiques le financement du haut barrage d'Assouan et nationalise le canal de Suez, ce qui provoque un conflit avec Israël et l'intervention militaire franco-britannique.
1958-1961. L'Égypte et la Syrie forment la République arabe unie.
1967. La guerre des « Six-Jours » avec Israël entraîne la fermeture du canal de Suez. Les Israéliens occupent le Sinaï.
1970. Mort de Nasser. Sadate lui succède.
1973. Une nouvelle guerre oppose l'Égypte et d'autres pays arabes à Israël. L'Égypte récupère le contrôle du canal de Suez.
1976. L'Égypte rompt ses relations avec l'U.R.S.S.
1979. Le traité de paix avec Israël est signé à Washington conformément aux accords de Camp David.
1981. Sadate est assassiné par des extrémistes islamistes, H. Moubarak devient président de la République.
1982. Restitution du Sinaï à l'Égypte.
Mise au ban du monde arabe après la signature de la paix avec Israël, l'Égypte s'en rapproche à partir de 1983-1984. Sous la pression des islamistes, elle procède à une certaine islamisation des lois, de la Constitution et de l'enseignement.
1989. Réintégration au sein de la Ligue arabe.
1991. Lors de la guerre du Golfe, l'Égypte participe à la force multinationale engagée contre l'Iraq.
1993. Depuis cette date, le gouvernement exerce une sévère répression contre les islamistes qui multiplient les attentats.
2005-2010. H. Moubarak lance une démocratisation partielle.
2012. À la suite de l'insurrection populaire de janvier-mars 2011 qui conduit à la chute de H. Moubarak et à la victoire des islamistes aux élections, le Frère musulman Mohamed Morsi est élu à la présidence de la République. Il parvient à renforcer ses prérogatives tandis que les tensions avec l'opposition libérale restent vives.

Égypte *(campagne* ou *expédition d')* [1798-1801], action engagée par Bonaparte dans le but de s'assurer une base d'opérations contre la domination britannique en Inde. Marquée par l'écrasement des Mamelouks à la bataille des Pyramides (1798) et par l'anéantissement de la flotte française à Aboukir (1798), elle permit aussi une meilleure connaissance de l'Égypte ancienne (fondation de l'Institut d'Égypte). Bonaparte fut remplacé par Kléber (1799), puis par Menou, qui capitula et signa une convention d'évacuation avec les Anglais (1801).

Égypte antique *(religions de l')*. Outre les génies qui présidaient aux diverses activités de la nature et des hommes (du blé, de la cuisine, de la brasserie...), la religion primitive de l'Égypte comprend des dieux cosmiques, qui se manifestent sous la forme de phénomènes physiques – Rê (le soleil), Shou (l'atmosphère), Geb (la terre), Nout (la voûte céleste) –, et des divinités locales : Ptah à Memphis, Rê à Héliopolis, Amon à Thèbes, Thot à Hermopolis, Horus à Edfou, Osiris à Abydos... À ces deux groupes, entre lesquels la frontière se déplace parfois, s'ajoute celui des animaux sacrés (le bœuf Apis, le bélier d'Amon, le bouc d'Osiris). Avec la Ve dynastie, le culte solaire d'Héliopolis devient religion d'État, les pharaons prenant le titre de « fils de Rê ». Sous la XIIe dynastie, Amon aura la prééminence aux côtés de Rê. La divinité suprême sera alors, pendant des siècles, Amon-Rê, sauf pendant une brève période monothéiste, lorsque Aménophis IV, devenu Akhénaton, fera du disque solaire, Aton, la seule divinité. Les dieux, dont chacun est le dieu suprême là où il s'installe, auront tendance à se grouper en « triades » ou en synthèses plus importantes. Parallèlement, dans certaines cités apparaissent des systèmes théologiques dont les plus importants sont ceux d'Héliopolis, de Memphis et d'Hermopolis. Le lieu par excellence du rituel est le temple, où l'on entretient le dieu, pour qu'il maintienne la marche du monde. Une des principales caractéristiques de la religion de l'Égypte antique est l'importance qu'elle accordait à l'au-delà. En témoignent notamment la construction des pyramides, pour les pharaons divinisés, ou de somptueux tombeaux, pour les hauts fonctionnaires, et la complexité des rites funéraires, dont l'embaumement sous l'égide du dieu-chacal Anubis. Le jugement prononcé après la mort par la déesse Maât peut faire entrer le défunt, assimilé à Osiris, dans l'assemblée des dieux.

égyptien, enne [eʒipsjɛ̃, -ɛn] **adj.** et **n.** D'Égypte. ◆ **égyptien n.m.** Langue chamito-sémitique de l'Égypte ancienne.

égyptologie [eʒiptɔlɔʒi] **n.f.** Étude de l'Égypte ancienne. ◆ **égyptologue n.** Nom du spécialiste.

eh [e] **interj.** Exprime la surprise, l'admiration, ou sert à interpeller qqn : *Eh, vous là-bas ! Eh bien, ça par exemple !*

éhonté, e [eɔ̃te] **adj.** (de *honte*). **1.** Qui n'éprouve aucune honte en faisant qqch de répréhensible : *Un menteur éhonté* (syn. **effronté, cynique**). **2.** Honteux, scandaleux : *Un marchandage politique éhonté* (syn. **infâme**).

Ehrlich (Paul), médecin allemand (Strehlen, Silésie, 1854 - Bad Homburg 1915). Il a étudié les anticorps sécrétés par l'organisme contre les affections microbiennes, et surtout, avec l'aide du Japonais Hata, il a mis au point un médicament actif contre la syphilis, l'arsénobenzène. (Prix Nobel de médecine 1908.)

Eichmann (Adolf), officier allemand (Solingen 1906 - Ramla, Israël, 1962). Membre du parti nazi puis de la SS, il joua, à partir de 1938, un rôle capital dans la déportation et l'extermination des Juifs. Il se réfugia après la guerre en Argentine, où il fut enlevé par les services secrets israéliens en 1960, condamné à mort et exécuté.

eider [edɛr] **n.m.** (island. *aedar*). Canard marin qui niche sur les côtes scandinaves et dont le duvet est très recherché. ▸ Famille des anatidés ; long. 60 cm.

Eiffel (Gustave), ingénieur français (Dijon 1832 - Paris 1923). Avec la firme fondée par lui en 1867, les Ateliers de construction mécanique de Levallois, il fut l'un des meilleurs spécialistes mondiaux de l'architecture du fer. Il a édifié une série de ponts et viaducs, notamment le viaduc de Garabit dans le Cantal (1882), et, à Paris, la tour qui porte son nom (1887-1889 ; haut. 300 m à l'origine, auj. 320 m). On lui doit aussi l'ossature de la statue de la Liberté, à New York (1886).

Eilat ou **Elath,** port et station balnéaire d'Israël, sur la mer Rouge, au fond du golfe d'Aqaba ; 47 300 hab.

Eindhoven, v. du sud des Pays-Bas ; 218 433 hab. Constructions mécaniques et surtout électriques. Musée municipal Van Abbe, consacré à l'art moderne ; « Evoluon » de la société Philips, musée de sciences et techniques.

Einstein (Albert), physicien allemand, puis suisse, naturalisé américain en 1940 (Ulm 1879 - Princeton 1955). Reçu en 1896 à l'Institut polytechnique de Zurich, il entre en 1902 à l'Office fédéral des brevets de Berne et profite de ses loisirs pour réfléchir aux problèmes de la physique moderne. Trois découvertes, faites coup sur coup, vont le rendre célèbre. Utilisant le calcul des probabilités à propos du mouvement brownien, il en établit la théorie et obtient une valeur du nombre d'Avogadro (1905). Appliquant, la même année, la théorie des quanta de Planck à l'énergie rayonnante, il parvient à l'hypothèse des photons ; il peut ainsi expliquer l'effet photoélectrique et en découvrir les lois, ce qui lui vaudra le prix Nobel. Mais il est surtout connu pour sa création de la théorie de la relativité, comportant deux parties : la relativité restreinte (1905), qui modifie les lois de la mécanique galiléo-newtonienne et introduit l'équivalence de la masse et de l'énergie, et la relativité générale (1916), théorie de la gravitation concernant un Univers à quatre dimensions, courbe et fini. Obligé de quitter l'Allemagne en 1933, il s'installe d'abord à Paris, puis en Belgique, avant d'accepter la première chaire de professeur à l'Institute for Advanced Study de Princeton, où il travaille à l'élaboration d'une théorie unitaire, synthèse de la gravitation et de l'électromagnétisme, sans jamais y parvenir vraiment. (Prix Nobel de physique 1921.)

Éire, nom gaélique de l'**Irlande** adopté par l'État libre en 1937.

Eisenhower (Dwight David), général et homme d'État américain (Denison, Texas, 1890 - Washington 1969). Il dirigea les débarquements alliés en Afrique du Nord (1942), en Italie (1943), puis en Normandie (1944). Commandant en chef des forces alliées, il reçut la capitulation de l'Allemagne à Reims, le 7 mai 1945. Il fut nommé en 1950 à la tête des forces du Pacte atlantique en Europe. Républicain, il fut élu président des États-Unis en 1952 et réélu en 1956.

Eisenstein (Sergueï Mikhaïlovitch), cinéaste soviétique (Riga 1898 - Moscou 1948). En 1925, après avoir expérimenté dans un premier film, *la Grève*, ses théories sur le montage, il tourne *le Cuirassé Potemkine* (reconstitution de la mutinerie du *Potemkine* en 1905), qui fera date dans l'histoire du cinéma à la fois par l'évidente sincérité de son message révolutionnaire et par la profonde originalité de sa facture. Dans le même esprit, il réalise *Octobre* (1927) et *la Ligne générale* (1929). Le cinéaste inaugure avec ces deux films le montage intellectuel : jeux d'associations d'images qui doivent conduire le spectateur vers les idées de l'auteur et vers une analyse. Ensuite, il tourne au Mexique *Que viva Mexico !* Le montage de cette œuvre lui échappera, et elle sera exploitée ultérieurement sans son accord dans *Tonnerre sur le Mexique* (1933), *Kermesse funèbre* (1933) et *Time in the Sun* (1939). De retour en U.R.S.S., Eisenstein enseigne à l'Institut du cinéma de Moscou, et réalise *Alexandre Nevski* (1938) et *Ivan le Terrible* (1942-1946), ce dernier film pouvant être considéré comme son testament artistique. Au même titre que ses films, ses écrits ont conservé à Eisenstein une place centrale dans le cinéma universel.

éjaculation [eʒakylasjɔ̃] **n.f.** Action d'éjaculer.

éjaculer [eʒakyle] **v.t.** et **v.i.** (lat. *ejaculari*, lancer avec force, projeter). Projeter avec force au-dehors certaines sécrétions, notamm. le sperme.

éjectable [eʒɛktabl] **adj. 1.** Qui peut être éjecté. **2. Siège éjectable,** siège d'avion doté d'un dispositif qui, en cas d'accident, projette à l'extérieur le pilote muni de son parachute.

éjecter [eʒɛkte] **v.t.** (lat. *ejactare*, de *jactare*, jeter) [conj. **4**]. **1.** Projeter au-dehors avec une certaine force : *L'un des passagers a été éjecté du véhicule.* **2.** FAM. **Éjecter qqn,** l'expulser ou le congédier brutalement. ◆ **s'éjecter v.pr. [de].** Se projeter avec force hors de : *Le pilote de l'avion a réussi à s'éjecter de la cabine.*

éjection [eʒɛksjɔ̃] **n.f. 1.** Action de rejeter au-dehors, d'éjecter : *Éjection d'une cartouche. Éjection d'un pilote.* **2.** PHYSIOL. Évacuation : *Éjection des urines.*

élaboration [elabɔrasjɔ̃] **n.f. 1.** Action d'élaborer : *Élaboration d'une théorie, d'un système* (syn. **préparation**). **2.** Formation d'une substance dans un organisme vivant : *Élaboration de la bile, de la sève.* **3.** PHYSIOL. Transformation que subissent les aliments pour être assimilés. **4.** MÉTALL. Traitement permettant d'extraire un métal de son minerai, puis de l'affiner pour obtenir un métal pur.

élaboré, e [elabɔre] **adj. 1.** Qui résulte d'une élaboration : *Système très élaboré* (syn. **perfectionné, sophistiqué**). **2.** BOT. **Sève élaborée,** sève enrichie en substances organiques par l'activité chimique des feuilles et qui circule dans les tubes du liber.

élaborer [elabɔre] **v.t.** (lat. *elaborare*, perfectionner, de *labor*, travail). **1.** Préparer, produire par un long travail intellectuel : *Élaborer un plan.* **2.** PHYSIOL. Transformer pour rendre assimilable : *L'estomac élabore les aliments* (syn. **digérer**). **3.** MÉTALL. Procéder à l'élaboration de : *Élaborer un métal.*

élagage [elagaʒ] **n.m.** Action d'élaguer : *L'élagage des arbres* (syn. **ébranchage**). *L'élagage d'un texte.*

élaguer [elage] **v.t.** (de l'anc. nordique *laga*, mettre en ordre). **1.** Couper les branches inutiles ou nuisibles d'un arbre : *Élaguer des marronniers* (syn. **tailler**). **2.** Supprimer ce qui est superflu dans une phrase, un texte : *Élaguer un récit* (syn. **couper**).

Élam, anc. État, situé dans le sud-ouest de l'Iran actuel (la Susiane des Grecs). Siège d'une grande civilisation dès le Ve millénaire, l'Élam (cap. *Suse*) devint aux XIIIe-XIIe s. av. J.-C. un puissant empire. Suse fut détruite par Assourbanipal vers 646 av. J.-C. ; le roi de Perse Darios Ier en fit sa capitale.

1. élan [elɑ̃] **n.m.** (de *élancer*). **1.** Mouvement que l'on fait pour s'élancer ; force qui pousse un corps en mouvement : *Prendre son élan pour sauter. Continuer sur son élan.* **2.** Mouvement intérieur spontané ; impulsion : *Un élan de générosité* (syn. **accès**). *Les élans du cœur.*

2. élan [elɑ̃] **n.m.** (haut all. *elend*, du baltique *elnis*). Cerf aux bois aplatis, qui vit en Scandinavie, en Sibérie et au Canada, où il est appelé *orignal.* ▸ Famille des cervidés ; long. 2,80 m ; poids 1 000 kg.

élancé, e [elɑ̃se] **adj.** (de *élancer*). Mince et allongé : *Une taille élancée* (syn. **svelte** ; contr. **épais**). *Une colonne élancée.*

élancement [elɑ̃smɑ̃] **n.m.** Douleur vive et intermittente : *Une crise de rhumatismes qui cause de violents élancements* (syn. **lancinement**).

élancer [elɑ̃se] **v.t. ind. [à]** (de *lancer*) [conj. **16**]. Causer des élancements à ; être le siège d'élancements : *Cet abcès au doigt lui élance.* ◆ **s'élancer v.pr. 1.** Se jeter en avant ; se précipiter : *Il s'est élancé vers la sortie* (syn. **se ruer**). **2.** SOUT. Se dresser, en parlant de choses : *La flèche du clocher s'élance vers le ciel* (syn. **s'élever**).

élargir [elarʒir] **v.t.** (de *large*) [conj. **32**]. **1.** Rendre plus large : *Élargir une route, un vêtement.* **2.** Accroître l'étendue, l'importance de ; donner une portée plus générale à : *Élargir ses connaissances* (syn. **étendre**). *Ses lectures lui ont élargi l'esprit* (syn. **ouvrir**). **3.** DR. Mettre en liberté : *Élargir un détenu.* ◆ **s'élargir v.pr.** Devenir plus large : *Le fleuve s'élargit près de son embouchure.*

élargissement [elarʒismɑ̃] **n.m. 1.** Action d'élargir ou d'étendre qqch ; fait de s'élargir. *L'élargissement de l'Union européenne de 6 à 27 membres.* **2.** DR. Mise en liberté d'un détenu.

élasticité [elastisite] **n.f.** Propriété que possède un corps élastique ; qualité de ce qui est élastique : *Élasticité du caoutchouc, de l'acier. L'élasticité de la peau diminue avec l'âge* (syn. **souplesse**).

1. élastique [elastik] **adj.** (lat. scientif. *elasticus*, du gr. *elastos*, var. de *elatos*, ductile). **1.** Se dit d'un corps qui possède la propriété de reprendre sa forme ou son volume quand la force qui le déformait a cessé d'agir : *Le caoutchouc est élastique.* **2.** Qui est fait d'une matière douée d'élasticité : *Ceinture élastique.* **3.** Souple : *Démarche élastique.* **4.** FAM. Qu'on peut interpréter à sa façon : *Règlement élastique.*

2. élastique [elastik] **n.m.** (de *1. élastique*). **1.** Lien, bande circulaire en caoutchouc : *Une boîte d'élastiques.* **2.** Fil, ruban élastique contenant du caoutchouc : *Acheter de l'élastique blanc.*

élastomère [elastɔmɛr] **n.m.** (de *élastique* et [*poly*]*mère*). TEXT. Polymère naturel ou synthétique, possédant des propriétés élastiques analogues à celles du caoutchouc.

Elath → **Eilat.**

Elbe, en tchèque **Labe,** fl. de la République tchèque et d'Allemagne. Il naît en Bohême, passe à Dresde et Magdeburg et rejoint la mer du Nord par un estuaire, à la tête duquel est établie Hambourg ; 1 165 km.

Elbe *(île d')*, île italienne de la Méditerranée, à l'est de la Corse ; 31 543 hab. Napoléon Ier y régna après sa première abdication (3 mai 1814 - 26 févr. 1815).

Elbourz, massif de l'Iran, au sud de la Caspienne, culminant au Demavend (5 671 m).

Elbrous ou **Elbrouz,** point culminant du Caucase (Russie) formé par un volcan éteint ; 5 642 m.

Elcano (Juan Sebastián), navigateur espagnol (Guetaria v. 1476 - dans l'océan Pacifique 1526). Il participa au voyage de Magellan et ramena en Europe le dernier navire de l'expédition en 1522. Il est le premier marin à avoir fait le tour du monde.

eldorado [ɛldɔrado] **n.m.** (mot esp. « le doré, le pays de l'or »). Pays chimérique où l'on peut s'enrichir facilement et où la vie est très agréable : *Pour beaucoup d'adolescents, l'Amérique est un eldorado* (= pays de cocagne).

Eldorado (« le Doré »), pays fabuleux d'Amérique, riche en or, que les conquistadores plaçaient entre l'Amazone et l'Orénoque.

électeur, trice [elɛktœr, -tris] **n.** (lat. *elector*). **1.** Personne qui a le droit de participer à une élection, qui a la capacité électorale : *Recevoir sa carte d'électeur.* **2.** HIST. (Avec une majuscule). Prince ou évêque du Saint Empire romain germanique qui participait à l'élection de l'empereur : *L'Électeur de Saxe.* **3. Grands électeurs,** collège électoral formé des députés, des conseillers généraux, des délégués des conseils municipaux et des conseillers régionaux des départements d'outre-mer, qui élit les sénateurs, en France.

électif, ive [elɛktif, -iv] **adj.** (bas lat. *electivus*). **1.** Nommé ou conféré par élection : *Un président électif. Une charge élective.* **2.** *SOUT.* Qui opère un choix, une sélection : *Affinités électives.*

élection [elɛksjɔ̃] **n.f.** (lat. *electio*, de *eligere*, choisir). **1.** Choix qu'on exprime par l'intermédiaire d'un vote ; fait d'être élu : *Élection au suffrage universel. Élections municipales.* **2. Patrie, terre d'élection,** celle où l'on a choisi de vivre. / DR. **Élection de domicile,** indication d'un domicile en vue d'un acte juridique déterminé. ◆ **élections n.f. pl.** Opérations électorales : *Aux dernières élections, l'abstention a été très forte.*

■ **Voter pour quelqu'un.** Lors d'une élection, l'ensemble des électeurs désigne un candidat à un poste, à une fonction. Dans une démocratie représentative, les électeurs désignent ainsi périodiquement les titulaires de la fonction législative (les membres du Parlement), de la fonction exécutive (le chef de l'État ou du gouvernement) et, parfois, de la fonction judiciaire (les juges, sous la Révolution française, ou, aujourd'hui, aux États-Unis).
Voter pour qui, en France, aujourd'hui ? Lors des élections européennes, on élit les députés du Parlement européen ; lors des législatives, les députés de l'Assemblée nationale (Parlement français) ; lors des sénatoriales, les sénateurs (Parlement français) ; lors de l'élection présidentielle, le président de la République ; lors des élections régionales, les conseillers régionaux ; lors des départementales, les conseillers départementaux ; lors des municipales, le conseil municipal (qui se choisira un maire). On peut aussi voter dans un autre cadre : les élèves (élémentaire, collège, lycée) élisent des délégués de classe ; salariés et employeurs élisent leurs représentants aux conseils de prud'hommes. ■

électoral, e, aux [elɛktɔral, -o] **adj.** Qui se rapporte à une élection, aux élections : *Campagne électorale. Liste électorale.*

électoralisme [elɛktɔralism] **n.m.** Attitude d'un parti ou d'un gouvernement qui oriente son programme et ses positions en fonction du bénéfice électoral escompté.

électoraliste [elɛktɔralist] **adj.** Inspiré par l'électoralisme : *Une politique électoraliste* (= qui n'a pour but que le résultat électoral).

électorat [elɛktɔra] **n.m. 1.** Ensemble des électeurs d'un pays, d'un parti, d'une région, etc. : *L'électorat français. Un électorat modéré.* **2.** DR. Ensemble des conditions constitutives de la qualité d'électeur : *Jouir de l'électorat.* **3.** HIST. Dignité d'Électeur dans le Saint Empire romain germanique ; territoire soumis à la juridiction d'un électeur : *L'électorat de Trèves.*

Électre, fille d'Agamemnon et de Clytemnestre, sœur d'Oreste et d'Iphigénie. Elle s'emploie à venger son père en aidant Oreste à assassiner Clytemnestre et son amant Égisthe, qui étaient les meurtriers d'Agamemnon.

électricien, enne [elɛktrisjɛ̃, -ɛn] **n. 1.** Artisan qui pose ou répare des installations électriques. **2.** Personne qui vend des appareils électriques. **3.** Ingénieur spécialiste d'électricité.

électricité [elɛktrisite] **n.f.** (lat. scientif. *electricitas* ; v. *électrique*). **1.** Ensemble de phénomènes physico-chimiques dus à la présence, dans les atomes, de protons, d'électrons, etc. ; forme d'énergie associée à ces phénomènes : *Électricité positive, négative. Électricité statique, dynamique.* **2.** Cette forme d'énergie comme source d'éclairage et servant à des usages domestiques ou industriels : *Allumer, éteindre l'électricité. Panne, coupure d'électricité.* **3. Électricité animale,** électricité produite par les organismes animaux, notamm. par certaines espèces de poissons, et qui leur permet de s'orienter ainsi que de détecter, voire de paralyser une proie. / *FAM.* **Il y a de l'électricité dans l'air,** l'atmosphère est tendue, tout le monde est surexcité. / **Quantité d'électricité,** produit de l'intensité d'un courant par le temps de passage.

■ **L'électricité statique.** Le phénomène électrique le plus anciennement connu est la propriété que l'ambre jaune (en grec, *élecktron*) acquiert, par le frottement, d'attirer les corps légers. Cette observation est consignée par Thalès de Milet, au VIIe s. av. J.-C. Ce n'est qu'au XVIe s. que W. Gilbert reconnaît au verre, à la résine, au soufre, etc., la même propriété que l'ambre, ce qui amène à distinguer les matériaux isolants des matériaux conducteurs. En effet, le frottement d'un matériau provoque l'arrachement d'électrons et permet son électrisation. Les charges électriques ainsi créées sont localisées à l'endroit frotté si le matériau est isolant, mais se répartissent sur toute la surface du matériau s'il est conducteur. La matière ordinaire étant constituée d'atomes qui contiennent autant d'*électrons* (porteurs d'une charge élémentaire négative) que de *protons* (porteurs d'une charge positive), elle est donc neutre électriquement. Mais s'il intervient un déficit d'électrons dû, par exemple à un frottement, alors la matière atomique aura une charge électrique positive ; un surplus d'électrons, au contraire, lui confère une charge électrique négative. L'étude de ces charges au repos est l'électrostatique, et celle des charges en mouvement, l'électrocinétique.
La première machine électrostatique est inventée par Otto von Guericke, vers 1660 ; elle comporte un globe de soufre tournant et permet de créer des charges électriques importantes et d'obtenir la première étincelle électrique. En 1745, Petrus Van Musschenbroek crée le premier condensateur électrique (la bouteille de Leyde), grâce auquel il augmente considérablement les charges électriques emmagasinées. Franklin, en 1752, remarque les ressemblances entre l'étincelle électrique et l'éclair, et met à profit le pouvoir des corps pointus de « soutirer » des étincelles à d'autres corps, tels les nuages électrisés, pour inventer le paratonnerre. C'est à Coulomb que l'on doit les premières études quantitatives. Il montre que répulsions et attractions électriques sont inversement proportionnelles au carré de la distance.
L'électricité en mouvement. Galvani ayant établi, en 1786, que le contact de deux métaux différents produit des contractions dans les muscles d'une grenouille, Volta en attribue la cause à l'électricité engendrée par le contact des deux métaux, ce qui le conduit, en 1800, à l'invention de la pile électrique. En 1801, Thenard démontre que le courant électrique peut porter à l'incandescence un fil métallique, mais c'est seulement en 1878 qu'apparaît la lampe à incandescence, mise au point par Edison, avec un filament de carbone. Faraday donne, en 1833, les lois quantitatives de l'électrolyse. Il introduit comme « unité naturelle » de charge électrique celle des ions, qui assurent →

le passage du courant dans les solutions électrolytiques. Jean Perrin, en 1895, met en évidence des électrons. Dans un solide conducteur, le courant est dû à un déplacement d'électrons.
Le déplacement de ces électrons crée dans le milieu environnant un champ magnétique et, réciproquement, un champ magnétique produit une force de déplacement sur un conducteur parcouru par un courant d'électrons. Ces deux phénomènes constituent la base de l'électromagnétisme aux applications multiples et importantes : générateurs de courants, moteurs, etc.
La production d'électricité. La production mondiale, en progression rapide et constante, est de l'ordre de 21 000 milliards de kWh. Elle est assurée en majeure partie par un petit nombre de pays : pour 20 % par les États-Unis et pour 17 % par la Chine. Suivent, dans l'ordre, le Japon, la Russie, l'Inde, le Canada, l'Allemagne et la France. Ces six pays fournissent environ 60 % de la production mondiale, et le classement des producteurs, très proche de celui des grandes puissances économiques, confirme la relation entre production d'électricité et niveau de développement. Quelques pays, plus petits, ont une consommation annuelle par habitant exceptionnellement élevée, telle la Norvège, en raison de la présence d'activités industrielles, comme la métallurgie de l'aluminium, qui consomment beaucoup d'énergie. L'industrie est en effet, et souvent de loin, le principal débouché de l'électricité, malgré une croissance rapide, aujourd'hui, du marché domestique, équipé en appareils électroménagers et faisant de plus en plus appel à l'électricité pour le chauffage des appartements.
Les types de production. La production d'électricité a trois origines essentielles, d'importance inégale : la combustion d'une source d'énergie fossile (charbon, lignite, gaz naturel ou pétrole raffiné et transformé en fuel lourd) – c'est l'*électricité d'origine thermique,* qualifiée de *classique ;* la fission de certains noyaux (uranium 235, plutonium 239), qui produit l'*électricité d'origine nucléaire ;* les ressources renouvelables, essentiellement l'eau (hydroélectricité), le vent (éolien) et le soleil (solaire).
Aujourd'hui, à l'échelle mondiale, l'électricité d'origine thermique classique est largement prépondérante. Presque exclusive dans les États riches en charbon et pauvres en chutes d'eau aménageables, elle a progressé sensiblement dans les pays montagneux, traditionnels domaines de l'hydroélectricité, stimulée par la croissance de la demande globale et, longtemps, par les facilités d'importation d'un pétrole à bon marché. L'hydroélectricité ne conserve guère une nette prépondérance que dans les pays nordiques. Aux États-Unis et en Russie, malgré des aménagements spectaculaires, la part de l'hydraulique dans la production totale d'électricité est seulement de l'ordre du dixième.
L'électricité d'origine nucléaire, apport parfois notable, s'est développée rapidement, en particulier dans des pays industrialisés, stimulée principalement par la hausse considérable des prix du pétrole. Son essor est freiné dans plusieurs pays (Allemagne, Suisse, Japon) pour des questions de sécurité et d'environnement, notamm. après les accidents de Tchernobyl (1986) et de Fukushima (2011). ■

électrification [elɛktrifikasjɔ̃] **n.f.** Action d'électrifier : *Électrification d'un réseau de chemin de fer.*

électrifier [elɛktrifje] **v.t.** [conj. **9**]. **1.** Doter d'un réseau de distribution d'énergie électrique : *Électrifier une région.* **2.** Faire fonctionner à l'électricité : *Électrifier une ligne de chemin de fer.*

électrique [elɛktrik] **adj.** (lat. scientif. *electricus,* du class. *electrum,* ambre jaune, du gr.). **1.** Qui se rapporte à l'électricité : *Énergie électrique.* **2.** Qui produit de l'électricité ; qui fonctionne à l'électricité : *Pile, lumière électrique.*

électriquement [elɛktrikmɑ̃] **adv.** Par le moyen de l'électricité.

électrisable [elɛktrizabl] **adj.** Qui peut être électrisé : *L'eau est facilement électrisable.*

électrisant, e [elɛktrizɑ̃, -ɑ̃t] **adj. 1.** Qui développe une charge électrique. **2.** Qui exalte et provoque un grand enthousiasme : *Un discours électrisant.*

électrisation [elɛktrizasjɔ̃] **n.f.** Action, manière d'électriser : *Électrisation d'une peau de chat par frottement.*

électriser [elɛktrize] **v.t. 1.** Développer des charges électriques sur un corps, un milieu : *Électriser un bâton de verre.* **2.** Éveiller fortement l'intérêt, l'enthousiasme de : *Électriser un auditoire* (syn. **enflammer, exalter**).

électroacoustique [elɛktrɔakustik] **n.f.** (de *électro-* et *acoustique*). Technique de la production, de la transmission, de l'enregistrement et de la reproduction des sons par des moyens électriques. ◆ **adj.** Relatif à l'électroacoustique : *Musique électroacoustique sur synthétiseur.*

électroaimant [elɛktrɔemɑ̃] **n.m.** (de *électro-* et *1. aimant*). Dispositif produisant un champ magnétique grâce à un système de bobines à noyau de fer, parcourues par un courant électrique.

électrocardiogramme [elɛktrɔkardjɔgram] **n.m.** (de *électro-, cardio-* et *-gramme*). MÉD. Enregistrement graphique de l'activité électrique produite par la contraction des muscles du cœur : *L'électrocardiogramme permet de diagnostiquer arythmies et affections du myocarde.*

électrocardiographie [elɛktrɔkardjɔgrafi] **n.f.** (de *électro-, cardio-* et *-graphie*). MÉD. Technique d'enregistrement de l'activité électrique du cœur.

■ L'électrocardiographie (E.C.G.) est réalisée avec un appareil enregistreur (l'*électrocardiographe*), relié à des électrodes placées sur la peau du patient, et fournissant un tracé appelé *électrocardiogramme.* La contraction des cellules du myocarde, le muscle du cœur, est provoquée par leur activité électrique. Celle-ci (à l'état normal) traverse les cellules jusqu'à la peau, où elle est recueillie par les électrodes, puis enregistrée sur papier. À partir de la ligne de base horizontale du tracé, il se forme des ondes, petites courbes vers le haut ou vers le bas, identiques à chaque cycle cardiaque (succession contraction-décontraction). L'E.C.G. permet de détecter un trouble du rythme ou de la contraction cardiaque, une hypertrophie d'une oreillette ou d'un ventricule, une péricardite (inflammation du péricarde), un défaut d'irrigation sanguine ou un infarctus du myocarde. ■

électrochimie [elɛktrɔʃimi] **n.f.** Science et technique des transformations réciproques de l'énergie chimique et de l'énergie électrique.

électrochoc [elɛktrɔʃɔk] **n.m.** (de *électro-* et *choc*). **1.** Méthode de traitement de certaines maladies mentales, qui consiste à provoquer des convulsions épileptiques par le passage bref de courant à travers le cerveau. **2.** Choc salutaire : *Une mesure destinée à produire un électrochoc sur l'économie* (= coup de fouet).

électrocoagulation [elɛktrɔkɔagylasjɔ̃] **n.f.** MÉD. Technique de coagulation des tissus vivants par application d'un courant de haute fréquence provoquant leur section ou leur destruction : *L'électrocoagulation permet de supprimer les verrues.*

électrocuter [elɛktrɔkyte] **v.t.** (angl. *to electrocute,* de *electro-* et *to* [*exe*]*cute,* exécuter). **1.** Causer une secousse souvent mortelle par le passage dans l'organisme d'un courant électrique. **2.** Exécuter un condamné à mort par choc électrique. ◆ **s'électrocuter v.pr.** Être touché par une décharge électrique, qui peut être mortelle.

électrocution [elɛktrɔkysjɔ̃] **n.f.** (mot angl.). **1.** Fait d'être électrocuté : *Mort par électrocution.* **2.** Exécution des condamnés à mort par choc électrique, en vigueur dans certains États des États-Unis.

électrode [elɛktrɔd] **n.f.** (angl. *electrode,* de *electr*[*ic*] et [*an*]*ode*). **1.** Extrémité de chacun des conducteurs fixés aux pôles positif, appelé *anode,* et négatif, appelé *cathode,* d'un générateur électrique, dans un voltamètre, un tube à gaz raréfié ou un dispositif à arc électrique. **2.** MÉD. Corps conducteur du courant électrique, utilisé pour stimuler le système nerveux, la peau, etc., ou pour recueillir les courants produits par l'organisme.

électrodynamique [elɛktrɔdinamik] **n.f.** (de *électro-* et *2. dynamique*). Partie de la physique qui traite des actions dynamiques entre courants électriques. ◆ **adj.** Relatif à l'électrodynamique.

électroencéphalogramme [elɛktrɔɑ̃sefalɔgram] **n.m.** (de *électro-* et *encéphalogramme*). MÉD. Tracé de l'activité électrique du cerveau obtenu par enregistrement des différences de potentiel qui existent entre les cellules cérébrales.

électrogène [elɛktrɔʒɛn] **adj.** (de *électro-* et *-gène*). **1.** Qui produit de l'électricité : *Processus électrogène.* **2. Groupe électrogène,** ensemble formé par un moteur thermique et un générateur, et qui transforme en énergie électrique l'énergie mécanique fournie par le moteur : *Le campement est éclairé par un groupe électrogène.*

électroluminescent, e [elɛktrɔlyminesɑ̃, -ɑ̃t] **adj.** Qui émet des rayons lumineux par luminescence et sous l'action d'un champ électrique : *Panneau électroluminescent.*

électrolyse [elɛktrɔliz] **n.f.** (angl. *electrolysis* ; v. *électrolyte*). Décomposition chimique de certaines substances en fusion ou en solution, produite par un courant électrique : *L'aluminium se prépare par électrolyse de l'alumine.*

électrolyser [elɛktrɔlize] **v.t.** (angl. *to electrolyse* ; v. *électrolyte*). Soumettre à l'électrolyse : *Électrolyser du sel marin pour fabriquer de la soude.*

électrolyseur [elɛktrɔlizœr] **n.m.** Appareil utilisé pour faire une électrolyse.

électrolyte [elɛktrɔlit] **n.m.** (angl. *electrolyte*, de *electro-*, et du gr. *lutos*, qui peut être délié, dissous). Corps qui, fondu ou en solution, peut se décomposer sous l'action d'un courant électrique : *Les sels, les acides sont des électrolytes.*

électromagnétique [elɛktrɔmaɲetik] **adj.** Fondé sur les propriétés magnétiques des courants électriques ; qui se rapporte à l'électromagnétisme : *Phénomène électromagnétique.*

électromagnétisme [elɛktrɔmaɲetism] **n.m.** Partie de la physique qui étudie les relations entre électricité et magnétisme. ▸ L'électromagnétisme a montré que les ondes radio, la lumière et les rayons X sont de même nature, mais de fréquences différentes.

électromécanique [elɛktrɔmekanik] **adj.** Se dit d'un dispositif mécanique dont une partie importante des composants est électrique : *Une commande électromécanique.* ◆ **n.f.** Ensemble des applications de l'électricité à la mécanique.

électroménager, ère [elɛktrɔmenaʒe, -ɛr] **adj.** (de *électro-* et *2. ménager*). Se dit d'un appareil électrique à usage domestique : *Les fers à repasser, les aspirateurs sont des appareils électroménagers.* ◆ **électroménager n.m.** Ensemble des appareils électroménagers ; leur fabrication, leur commerce : *Magasin d'électroménager.*

électrométallurgie [elɛktrɔmetalyrʒi] **n.f.** Utilisation des propriétés thermiques et électrolytiques de l'électricité pour la production et l'affinage des produits métallurgiques.

électromètre [elɛktrɔmɛtr] **n.m.** (de *électro-* et *-mètre*). Appareil pour mesurer des différences de potentiel.

électromoteur, trice [elɛktrɔmɔtœr, -tris] **adj.** (de *électro-* et *1. moteur*). **1.** PHYS. Qui développe de l'électricité sous l'influence d'une action mécanique ou chimique. **2. Force électromotrice (f.é.m.),** quotient de la puissance électrique dirigée dans un circuit, par l'intensité du courant qui la traverse : *La force électromotrice d'une pile.* ▸ L'unité de la f.é.m. est le volt.

électromyogramme [elɛktrɔmjɔgram] **n.m.** (de *électro-*, *myo-* et *-gramme*). MÉD. Enregistrement graphique de l'activité électrique qui accompagne la contraction musculaire.

électron [elɛktrɔ̃] **n.m.** (angl. *electron*, de *electr[ic]* et *[ani]on*). **1.** Particule fondamentale portant une charge électrique négative et qui est un constituant universel de la matière. ▸ La charge de l'électron est de $1{,}602 \cdot 10^{-19}$ coulomb. **2. Électron libre,** dans le fil métallique d'un circuit électrique, par ex., électron non lié aux atomes de métal, et dont la circulation vers le pôle positif du générateur constitue le courant électrique.

électronégatif, ive [elɛktrɔnegatif, -iv] **adj.** CHIM. Se dit d'un élément dont les atomes ont une affinité pour les électrons : *Le chlore, l'oxygène sont électronégatifs.* ▸ Les atomes des éléments électronégatifs se portent à l'anode dans l'électrolyse.

électronicien, enne [elɛktrɔnisjɛ̃, -ɛn] **n.** Spécialiste de l'électronique.

électronique [elɛktrɔnik] **adj. 1.** Qui se rapporte à l'électron : *Flux électronique.* **2.** Qui fonctionne suivant les principes de l'électronique, qui utilise les dispositifs électroniques : *Signature électronique.* **3. Musique électronique,** musique élaborée à partir de sons créés par des oscillations électriques et reproduite par des amplificateurs. ◆ **n.f.** Partie de la physique et de la technique qui étudie et utilise les variations de grandeurs électriques (champs électromagnétiques, courants électriques, etc.) pour capter, transmettre et exploiter de l'information : *Transistors, téléphones, télévisions sont les créations majeures de l'électronique.*

■ L'histoire de l'électronique a débuté avec la découverte des rayons cathodiques par le physicien allemand W. Hittorf en 1869 et avec la mise en évidence, en 1886, des rayons positifs, dont l'étude révéla bientôt la nature corpusculaire. La théorie électromagnétique de Maxwell faisait prévoir par le calcul l'existence d'ondes électromagnétiques ; H. Hertz les obtint et les étudia en 1888. La détection de ces ondes devint facile en 1890 grâce au *cohéreur* (détecteur d'oscillations électriques) de Branly. A. S. Popov inventa en 1895 l'antenne, qui permit à Marconi de réaliser la même année une transmission de signaux de T.S.F. sur une distance de plusieurs dizaines de kilomètres : ce fut la première application pratique de l'électronique. L'invention des tubes électroniques, *diode* (Fleming, 1904) et *triode* (Lee De Forest, 1906), permet tant la production, l'amplification, la modulation, la réception d'ondes entretenues, rendit possible la radiodiffusion. L'emploi de cellules photoélectriques et de l'oscillographe cathodique, inventé en 1897 par K. F. Braun, permit la réalisation du cinéma parlant, de la télévision, du microscope électrique, du radar, etc.

Semi-conducteurs et transistors. Ce sont actuellement les progrès de la technologie qui conditionnent l'évolution de l'électronique. La phase de miniaturisation des équipements s'est engagée après la découverte du transistor par J. Bardeen, W. H. Brattain et W. Shockley en 1948, et l'utilisation des semi-conducteurs. Dans les années 1960, la fabrication de plusieurs transistors sur un même substrat de silicium a ouvert la voie de l'« intégration » à grande échelle, qui, tout en diminuant la taille des équipements, augmente considérablement leur fiabilité.

En moyenne, la densité d'intégration double tous les deux ans pour les circuits logiques et quadruple dans le même temps pour les mémoires. Une intégration de plus en plus poussée et l'utilisation de nouveaux matériaux permettent de fabriquer des circuits de plus en plus rapides.

L'électronique voit aujourd'hui son champ d'application s'étendre à de nombreuses techniques : les ordinateurs, les télécommunications, le traitement du signal, l'électronique médicale, l'automatisme, l'électroménager, le jouet, etc. ■

électroniquement [elɛktrɔnikmɑ̃] **adv.** Par des moyens électroniques.

électronucléaire [elɛktrɔnykleɛr] **adj. Centrale électronucléaire,** centrale électrique utilisant l'énergie thermique produite par un réacteur nucléaire. ◆ **n.m.** Ensemble des techniques visant à la production d'électricité à partir de l'énergie nucléaire.

électronvolt [elɛktrɔ̃vɔlt] **n.m.** Unité d'énergie utilisée en physique atomique et nucléaire. ▸ Symb. eV ; 1 eV = $1{,}602 \cdot 10^{-19}$ J.

électrophone [elɛktrɔfɔn] **n.m.** (de *électro-* et *-phone*). Appareil composé d'un amplificateur et de haut-parleurs, pour reproduire des enregistrements sonores sur disques (syn. **tourne-disque**).

électrophysiologie [elɛktrɔfizjɔlɔʒi] **n.f.** Partie de la physiologie qui étudie l'activité électrique des tissus vivants, notamm. des tissus nerveux et musculaires.

électropositif, ive [elɛktrɔpɔzitif, -iv] **adj.** CHIM. Se dit d'un élément dont les atomes peuvent céder facilement des électrons : *Les métaux, l'hydrogène sont électropositifs.* ▸ Les atomes des éléments électropositifs se portent à la cathode dans l'électrolyse.

électroradiologie [elɛktrɔradjɔlɔʒi] **n.f.** Spécialité médicale qui englobe les applications de l'électricité et des radiations au diagnostic et au traitement des maladies : *La radioscopie est l'application la plus connue de l'électroradiologie.* ◆ **électroradiologiste n.** Nom du spécialiste.

électrostatique [elɛktrɔstatik] **n.f.** (de *électro-* et *2. statique*). Partie de la physique qui étudie les phénomènes d'équilibre de l'électricité sur les corps électrisés. ◆ **adj.** Relatif à l'électrostatique.

■ Les phénomènes électrostatiques se manifestent notamment sous la forme de réactions chimiques car, dans les atomes et les molécules, les énergies de liaison ont toutes une origine électrostatique. Si la matière est neutre, les forces électrostatiques s'exerçant entre les charges qui la constituent sont énormes. Des expériences comme l'électrisation des corps par frottement, connues depuis l'Antiquité, ne mettent en jeu qu'une infime partie des électrons superficiels. Elles ont conduit à distinguer deux types d'électricité. Toutefois, comme ce n'est pas celle de l'ambre jaune (en grec, *êlektron*) mais celle du verre frotté avec un chiffon qui a été choisie comme positive, électrons et courants circulent depuis en sens opposés.

Les applications. Au XVIIIe s., l'électrisation de corps par contact (ou par influence, à l'aide de corps chargés), le stockage de charges dans des condensateurs (bouteille de Leyde) et la mise en évidence par B. Franklin de l'électricité atmosphérique ont donné lieu à de nombreuses expériences spectaculaires. Après un relatif oubli lié à l'essor de l'électromagnétisme, l'électrostatique connaît de nouvelles applications technologiques. Dans l'industrie ou les transports, des techniques appropriées permettent de maîtriser les accumulations de charges afin d'éviter les accidents dus aux décharges brutales. Les champs électrostatiques sont mis à profit pour le dépoussiérage, la séparation de minerais, les dépôts de couches minces, le dosage de protéines par électrophorèse, les techniques d'imprimerie, l'horlogerie des montres à quartz, les tubes cathodiques des anciens téléviseurs et ordinateurs, etc. Les faisceaux chargés sont aussi utilisés dans les accélérateurs de particules et les microscopes électroniques. ■

électrotechnique [elɛktrɔtɛknik] **n.f.** Application des lois de la physique à la production, au traitement, au transport et à l'utilisation de l'énergie électrique. ◆ **adj.** Relatif à l'électrotechnique.

élégamment [elegamɑ̃] **adv.** Avec élégance : *Vêtu élégamment. Se conduire élégamment* (syn. **courtoisement**).

élégance [elegɑ̃s] **n.f.** (lat. *elegantia*). **1.** Caractère élégant de qqn, de qqch : *L'élégance d'une personne* (syn. **grâce, distinction**). *Il a eu l'élégance de ne pas relever mon erreur* (syn. **courtoisie, délicatesse**). **2.** (Surtout au pl.). Ornement, fioriture de style : *Il y a dans cette traduction des élégances d'un goût discutable.*

élégant, e [elegɑ̃, -ɑ̃t] **adj.** et **n.** (lat. *elegans, -antis*). Qui a de la grâce, de l'aisance dans ses manières, dans son habillement : *Une femme élégante* (syn. **distingué**). *Costume élégant* (syn. **seyant**). *Les élégantes de la ville.* ◆ **adj. 1.** Dont la forme, l'aspect sont gracieux, fins : *Mobilier élégant.* **2.** Qui séduit par sa simplicité ingénieuse, sa courtoisie : *Trouver une solution élégante à un problème* (syn. **astucieux, habile**). *Un procédé peu élégant* (syn. **délicat**).

élégiaque [eleʒjak] **adj.** Qui appartient à l'élégie : *Vers élégiaques.* ◆ **adj.** et **n.** Qui écrit des élégies : *Poète élégiaque.*

élégie [eleʒi] **n.f.** (lat. *elegia*, gr. *elegeia*, chant de deuil). **1.** Chez les Grecs et les Latins, pièce de vers formée d'hexamètres et de pentamètres alternés. **2.** Poème lyrique dont le ton est le plus souvent tendre et triste : *Les élégies de Chénier.*

élément [elemɑ̃] **n.m.** (lat. *elementum*). **1.** Milieu dans lequel un être est fait pour vivre, dans lequel il exerce son activité : *L'eau est l'élément des poissons.* **2.** Chacune des choses qui entrent dans la composition d'un corps, d'un ensemble : *Chercher à reconnaître tous les éléments d'un mélange* (syn. **composant**). *Nous manquons d'éléments pour juger de cette affaire* (syn. **donnée**). **3.** Personne appartenant à un groupe : *C'est l'un de nos meilleurs éléments.* **4.** CHIM. Principe chimique commun aux diverses variétés d'un corps simple ainsi qu'aux combinaisons de ce corps avec d'autres : *Classification périodique des éléments.* **5.** MATH. Objet mathématique appartenant à un ensemble. **6. Les quatre éléments,** l'air, le feu, la terre et l'eau, considérés par les Anciens comme les composants ultimes de la réalité. ◆ **éléments n.m. pl. 1.** Principes fondamentaux ; notions de base : *Éléments de physique.* **2.** LITT. Ensemble des forces naturelles : *Lutter contre les éléments déchaînés.*

■ Le concept d'élément est issu de la longue expérience historique de fractionnement et d'analyse des substances. L'analyse immédiate sépare les mélanges en *corps purs,* l'analyse élémentaire décompose ceux-ci en *corps simples* indécomposables (du moins aux énergies mises en jeu dans les réactions chimiques). Cette conception, relativement récente, a supplanté au XVIIe s. la théorie des quatre éléments (eau, feu, terre et air) issue de l'Antiquité grecque, approuvée par Aristote et adoptée par l'alchimie, dans laquelle les éléments représentent plutôt des aspects différents de l'unique substance primordiale que des espèces différentes de matière. Boyle rejeta ces notions devenues inféconds et définit l'élément comme un corps indécomposable. C'est à partir de ce moment-là que s'est poursuivie, de Lavoisier à nos jours, l'identification de la centaine d'éléments actuellement connus.

La classification périodique. La comparaison des propriétés chimiques et physiques des éléments a conduit, en 1869, le chimiste russe Mendeleïev à en proposer une classification périodique. Celle-ci a permis, à l'époque, de prédire les propriétés d'éléments non encore découverts. En rangeant les éléments par masse atomique croissante, moyennant quelques rares inversions de masse, il fut possible de former un tableau où ceux possédant des propriétés chimiques semblables se trouvaient placés dans la même colonne : les métaux alcalins (lithium, sodium, potassium, etc.) ou les halogènes (fluor, chlore, brome, iode), par exemple. Mendeleïev avait prédit les propriétés du gallium (d'après celles de l'aluminium) et celles du germanium (d'après celles du silicium et celles de l'étain) avant qu'ils ne fussent découverts. Cette théorie hardie et féconde a trouvé sa justification dans les découvertes ultérieures de la physique sur la structure des atomes. ■

élémentaire [elemɑ̃tɛr] **adj.** (lat. *elementarius*). **1.** Qui concerne l'élément, les éléments constituant un ensemble : *Décomposer un corps en particules élémentaires.* **2.** Qui sert de base à un ensemble ; réduit à l'essentiel : *Connaissances élémentaires* (syn. **rudimentaire**). *La plus élémentaire politesse voulait qu'elle se taise.* **3.** Très simple ; facile à comprendre : *Problème élémentaire.* **4. Cours élémentaire,** dans l'enseignement primaire français, cours réparti sur deux ans et succédant au cours préparatoire, pour les enfants de sept à neuf ans. (Abrév. *C.E.*)

éléphant [elefɑ̃] **n.m.** (lat. *elephantus*, du gr.). **1.** Mammifère ongulé d'Afrique ou d'Asie, herbivore, caractérisé par sa peau épaisse, sa trompe préhensile, ses incisives supérieures allongées en défenses. ▸ L'éléphant barrit ou barète ; haut de 2 à 3,70 m, pesant jusqu'à 6 tonnes ; l'éléphant est le plus gros animal terrestre actuel ; il peut vivre 100 ans et la gestation atteint vingt et un mois. Les éléphants d'Afrique et d'Asie sont des espèces menacées. Sous-ordre des proboscidiens. **2. Éléphant de mer,** gros phoque des îles Kerguelen, atteignant une longueur de 6 m et un poids de 3 tonnes.

Elephanta, petite île de la baie de Bombay (Inde), haut lieu de pèlerinage au dieu Shiva. Parmi sept sanctuaires rupestres, le plus célèbre, le n° 1, possède des sculptures comptant parmi les chefs-d'œuvre de l'art indien (VIIe-VIIIe s.) : Shiva dansant et, surtout, un buste triple, colossal, de Shiva (haut. 5,40 m).

éléphanteau [elefɑ̃to] **n.m.** Jeune éléphant.

éléphantesque [elefɑ̃tɛsk] **adj.** *FAM.* Énorme, gigantesque.

éléphantiasis [elefɑ̃tjazis] **n.m.** (du gr. *elephas, -antos,* éléphant). MÉD. Épaississement diffus de la peau et du tissu sous-cutané, lié à un œdème qui déforme le corps.

Éleusis, port de Grèce (Attique), au nord-ouest d'Athènes ; 25 863 hab. Sidérurgie. Dans l'Antiquité, on y célébrait des mystères liés au culte de Déméter. Ruines importantes (du VIIe s. av. J.-C. à l'époque romaine).

élevage [elvaʒ] **n.m.** (de *élever*). **1.** Production et entretien des animaux : *L'élevage des bovins.* **2.** Ensemble des animaux d'une même espèce entretenu pour en obtenir une production : *Un élevage de truites.*

■ L'élevage est probablement né il y a environ 10 000 ans – à peu près à la même époque où l'homme a commencé à cultiver les plantes –, en différentes régions du monde. Les animaux sont élevés dans de nombreux buts : pour leur chair (bovins, chèvres et moutons, porcs, chevaux et ânes, lapins, poissons...), pour leur lait (vache, zébu, chamelle, lama...), pour leurs œufs (volaille), pour les matières premières qu'ils fournissent (cuir, laine, plumes, cornes), ou encore pour leur production (miel des abeilles, soie du ver à soie). Certains animaux comme le cheval, le bœuf et l'âne sont aussi élevés pour le travail qu'ils peuvent fournir (bêtes de somme), pour tirer la charrue, les charrettes, porter des charges, etc., mais ces pratiques sont devenues rares dans les pays industrialisés.

Dans ces pays, la demande croissante en viande, lait et œufs a conduit à la modification des méthodes de l'élevage, surtout depuis les années 1950. Si l'élevage traditionnel, en petite structure, existe toujours, aujourd'hui la majorité de la viande provient d'élevages industriels intensifs et de grande taille. Les animaux ne vivent plus en plein air mais dans des espaces réduits, parfois à l'extrême (élevage en batterie des poules pondeuses et des poulets), et reçoivent une nourriture composée pour les faire grossir le plus rapidement possible. Certains éleveurs leur administrent en outre des hormones de croissance – une pratique interdite en Europe. L'élevage industriel fait l'objet de nombreuses critiques quant aux conditions de vie et d'abattage des animaux, ainsi que sur la qualité des produits obtenus. ■

élévateur, trice [elevatœr, -tris] **adj.** Qui sert à élever : *Muscle élévateur de la paupière. Plate-forme élévatrice.* ◆ **élévateur n.m.** Engin utilisé pour transporter verticalement, ou sur de fortes pentes, des charges ou des matériaux.

élévation [elevasjɔ̃] **n.f.** (bas lat. *elevatio*). **1.** Action d'élever, de porter vers le haut, vers un degré supérieur ; fait de s'élever : *Élévation du niveau de vie* (syn. **amélioration**). *Élévation au grade d'officier* (syn. **promotion**). *Élévation du coût de la vie* (syn. **augmentation, hausse**). *Élévation de la voix* (syn. **haussement**). **2.** Terrain élevé ; hauteur : *Gravir une petite élévation* (syn. **éminence**). **3.** Grandeur morale ou intellectuelle : *Élévation d'âme* (syn. **noblesse**). **4.** MATH. Formation de la puissance d'un nombre : *Élévation au cube.* **5.** GÉOM. Représentation d'un objet projeté sur un plan vertical parallèle à l'une de ses faces. **6.** CATH. Moment de la messe où le prêtre élève l'hostie et le calice.

élève [elɛv] **n.** (de *élever*). **1.** Celui, celle qui reçoit un enseignement dans un établissement scolaire : *Les élèves d'un lycée, d'un collège.* **2.** Personne qui suit l'enseignement d'un maître, en partic. dans l'enseignement artistique : *Van Dyck, élève de Rubens* (syn. **disciple**). **3.** AGRIC. Animal né et soigné chez un éleveur ; plante ou arbre dont on dirige la croissance.

élevé, e [elve] **adj. 1.** Qui atteint une grande hauteur : *Prix élevé* (syn. **haut**). **2.** *LITT.* Qui a de la grandeur morale : *Livre d'inspiration élevée* (syn. **noble**). **3. Être bien, mal élevé,** avoir reçu une bonne, une mauvaise éducation.

élever [elve] **v.t.** (de *lever*) [conj. **19**]. **1.** Porter vers le haut ; faire monter à une certaine hauteur : *Élever un mât* (syn. **dresser**). *Élever un monument* (syn. **ériger**). *Élever un mur* (syn. **construire**). **2.** Porter à un niveau, à un rang supérieur : *Élever le ton, la voix* (syn. **hausser**). *Élever les prix* (syn. **augmenter**). **3.** Assurer la formation morale et intellectuelle de : *Bien élever ses enfants* (syn. **éduquer**). **4.** Pratiquer l'élevage : *Élever des animaux.* **5.** MATH. Tracer une perpendiculaire à une droite, à un plan. ◆ **s'élever v.pr. 1.** Atteindre une certaine hauteur, une certaine quantité, un certain niveau : *Le clocher s'élève à vingt mètres. La facture s'élève à trois cents euros.* **2.** Parvenir à un degré supérieur : *La température s'élèvera dans la journée. S'élever dans l'échelle sociale* (syn. **monter**). **3.** Se faire entendre : *Des cris s'élevèrent dans la salle.* **4. S'élever contre,** s'opposer avec vigueur à : *S'élever contre l'arbitraire.*

éleveur, euse [elvœr, -øz] **n.** Personne qui pratique l'élevage : *Un éleveur de chevaux.*

elfe [ɛlf] **n.m.** (angl. *elf*). MYTH. SCAND. Génie symbolisant les forces naturelles.

Elgar (*sir* **Edward),** compositeur britannique (Broadheath 1857 - Worcester 1934). Directeur de la musique du roi, il est l'auteur d'oratorios *(The Dream of Gerontius),* de deux symphonies, de concertos et des marches *Pomp and Circumstance.*

El-Hadj Omar → Omar.

Élide, pays de la Grèce ancienne, sur la côte ouest du Péloponnèse. Dans sa principale ville, Olympie, on célébrait les *jeux Olympiques.*

élider [elide] **v.t.** (lat. *elidere,* expulser). LING. Faire l'élision de : *Élider une voyelle.* ◆ **s'élider v.pr.** Subir une élision : *« Le » s'élide en « l' » devant une voyelle.*

Élie, prophète hébreu qui exerça son ministère dans le royaume d'Israël au IXe s. av. J.-C. Il se présente comme le porte-parole inspiré de la volonté divine dans les affaires publiques et comme le champion de la foi en Yahvé face aux cultes polythéistes des Cananéens.

Élie de Beaumont (Léonce), géologue français (Canon, Calvados, 1798 - *id.* 1874). À partir de 1823, il établit avec Armand Petit-Dufrénoy la carte géologique de la France au 1/500 000, première couverture systématique du pays, publiée en 1841.

éligibilité [eliʒibilite] **n.f.** Aptitude à être élu : *Remplir les conditions d'éligibilité.*

éligible [eliʒibl] **adj.** et **n.** Qui peut être élu : *Être éligible au poste de député.*

élimé, e [elime] **adj.** (de *limer*). Se dit d'une étoffe usée : *Un tapis élimé.*

élimination [eliminasjɔ̃] **n.f. 1.** Action d'éliminer : *Procéder par éliminations successives* (syn. **suppression**). **2.** PHYSIOL. Excrétion : *Boire favorise l'élimination.* **3.** MATH. Technique de résolution d'un système d'équations à plusieurs inconnues utilisant l'expression d'une inconnue par rapport aux autres pour en réduire le nombre.

éliminatoire [eliminatwar] **adj.** Qui élimine, permet d'éliminer qqn : *Note éliminatoire.* ◆ **éliminatoires n.f. pl.** Série d'épreuves servant à éliminer les concurrents les plus faibles : *Éliminatoires d'un tournoi de tennis.*

éliminer [elimine] **v.t.** (lat. *eliminare,* faire sortir, de *limen, -inis,* seuil). **1.** Ôter d'un groupe, d'un ensemble ; rejeter : *Éliminer un candidat* (syn. **refuser**). *Éliminer le superflu pour ne garder* *que l'essentiel.* **2.** Tuer, faire tuer qqn : *Éliminer un opposant* (syn. **supprimer**). **3.** PHYSIOL. Faire sortir de l'organisme des déchets, des toxines.

élingue [elɛ̃g] **n.f.** (frq. **slinga,* fronde). MAR. Câble servant à entourer ou à accrocher un objet, et à l'élever au moyen d'un engin.

Eliot (Mary Ann Evans, dite **George),** femme de lettres britannique (Chilvers Coton, Warwickshire, 1819 - Londres 1880). Elle est l'auteure de romans réalistes qui peignent la vie rurale et provinciale anglaise *(Adam Bede, le Moulin sur la Floss, Silas Marner).*

Eliot (Thomas Stearns), poète britannique d'origine américaine (Saint-Louis 1888 - Londres 1965). Critique de la société moderne à travers les mythes antiques (*la Terre Gaste,* 1922), il évolua vers un catholicisme mystique (*Meurtre dans la cathédrale,* 1935). [Prix Nobel 1948.]

élire [elir] **v.t.** (lat. pop. **exlegere,* class. *eligere,* choisir) [conj. **106**]. **1.** Nommer à une fonction par la voie des suffrages ; procéder à l'élection de : *Élire un député.* **2. Élire domicile,** choisir un domicile légal ; s'installer.

Élisabeth *(sainte),* d'après l'Évangile de Luc, cousine de Marie. Épouse de Zacharie et mère de Jean-Baptiste, elle reçut, étant enceinte de celui-ci, la visite de la mère de Jésus. Cette rencontre des deux femmes constitue ce que la tradition liturgique appelle le mystère de la Visitation.

Élisabeth (Kolomenskoïe 1709 - Saint-Pétersbourg 1762), impératrice de Russie (1741-1762), fille de Pierre le Grand et de Catherine Ire. Hostile au parti allemand, elle favorisa l'influence française et engagea la Russie aux côtés de la France et de l'Autriche dans la guerre de Sept Ans (1756-1763).

Élisabeth Ire (Greenwich 1533 - Richmond 1603), reine d'Angleterre et d'Irlande (1558-1603), fille d'Henri VIII et d'Anne Boleyn. Elle succède à sa demi-sœur Marie Tudor. Intelligente et cultivée, elle accorde sa confiance à des hommes de valeur, comme Cecil, son principal conseiller. Elle dirigera avec clairvoyance et fermeté une Angleterre qu'elle unifiera et dont elle fera une grande nation. En matière religieuse, elle rétablit l'anglicanisme tel que l'avait instauré Henri VIII (Acte de suprématie et Acte d'uniformité de 1559, promulgation des Trente-Neuf Articles en 1563) et soumet l'Église à l'État. Cette politique modérée lui vaut l'opposition des calvinistes puritains et celle des catholiques, partisans de la reine d'Écosse, Marie Stuart, qui ont toujours contesté sa légitimité, le mariage des parents d'Élisabeth ayant été annulé. Elle réprime sévèrement les menées calvinistes, enferme (1568) puis fait décapiter (1587) Marie Stuart. Inclinant sa politique européenne vers le camp protestant, elle abandonne l'alliance espagnole, traditionnelle chez les Tudors. Elle encourage la fondation de la colonie de Virginie (1584), située sur les territoires américains réservés à l'Espagne, et soutient les Pays-Bas révoltés. La guerre ouverte avec l'Espagne de Philippe II est déclarée en 1587, et l'Invincible Armada, dispersée par les navires de Drake, est anéantie par la tempête (1588). La guerre se poursuit jusqu'à la fin du siècle avec des répercussions en France, où Élisabeth soutient Henri de Navarre (Henri IV). Aidée de Cecil, elle restaure les finances, favorise l'expansion outre-mer (fondation de la Compagnie des Indes orientales, 1600), soutenant par ailleurs les activités économiques de la bourgeoisie et de la noblesse, fondées sur l'industrie textile et l'élevage du mouton. Dans le même temps, elle tente de sauvegarder la paysannerie libre et de porter remède à la misère du peuple (lois sur les pauvres). L'absence d'héritiers directs d'une souveraine qui a refusé de se marier fait passer la couronne anglaise aux mains des Stuarts, détestés par les puritains.
L'ère élisabéthaine se caractérise par l'affirmation de la puissance politique et économique de l'Angleterre, et par une véritable renaissance artistique et intellectuelle, dont Shakespeare est le principal représentant.

Élisabeth II (Londres 1926), reine du Royaume-Uni de Grande-Bretagne et d'Irlande du Nord et chef du Commonwealth depuis 1952, fille de George VI. De son mariage avec Philippe, duc d'Édimbourg (1947), elle a quatre enfants : Charles (prince de Galles), Anne, Andrew et Edward.

élisabéthain, e [elizabetɛ̃, -ɛn] **adj.** Relatif à Élisabeth Ire d'Angleterre, à son temps : *Théâtre élisabéthain.*

Élisabeth de Wittelsbach, dite **Sissi,** impératrice d'Autriche (Possenhofen, Bavière, 1837 - Genève 1898). Femme de François-Joseph Ier, elle fut assassinée par un anarchiste.

Élisée, disciple et successeur du prophète Élie (IXe s. av. J.-C.). Il poursuit, bien qu'avec une moindre influence, l'action religieuse et politique de son maître.

élision [elizjɔ̃] **n.f.** (lat. *elisio*). PHON. Suppression, dans l'écriture ou la prononciation, de la voyelle finale d'un mot devant un mot commençant par une voyelle ou un *h* muet : *L'élision se marque par l'apostrophe.* ▶ En français, l'élision n'affecte que quelques mots, tous grammaticaux et d'usage très courant : articles *(le, la),* pronoms (*je, me,* etc.), conjonctions (*que, si,* etc.), prépositions *(de, jusque),* adverbes (*si* interrogatif) ; elle concerne les voyelles *a* (l'eau), *e* (j'ai), *i* (s'il) et, dans la langue fam., *u* (t'as vu ?).

élite [elit] **n.f.** (de *élit,* anc. p. passé de *élire*). **1.** Petit groupe considéré comme ce qu'il y a de meilleur, de plus distingué : *Son salon rassemble l'élite de la société parisienne* (= la fine fleur). **2. D'élite,** qui se distingue par de grandes qualités ; supérieur : *Troupes d'élite. Sujet d'élite.*

élitisme [elitism] **n.m.** Système favorisant les meilleurs éléments d'un groupe aux dépens de la masse ; politique visant à la formation d'une élite.

élitiste [elitist] **adj.** et **n.** De l'élitisme ; partisan de l'élitisme : *Politique élitiste.*

élixir [eliksir] **n.m.** (ar. *al-iksīr,* du gr. *ksêron,* [médicament] sec). **1.** Médicament liquide, formé d'une ou plusieurs substances dissoutes dans de l'alcool : *Élixir parégorique.* **2.** Philtre magique : *Élixir de jeunesse.*

elle, elles [ɛl] **pron. pers.** (lat. *illa, illae,* celle-là, celles-là). Désigne la 3e pers. du fém. dans les fonctions de : **1.** Sujet : *Elles viendront demain.* **2.** Complément prépositif : *Je me souviens d'elle.* **3.** Apposition au pron. sujet ou compl. dans des formules d'insistance : *Elle, je l'ai oubliée.*

ellébore n.m. → hellébore.

Ellesmere *(île* ou *terre d'),* île de l'archipel Arctique canadien (Nunavut).

Ellington (Edward Kennedy, dit **Duke),** pianiste, compositeur et chef d'orchestre de jazz américain (Washington 1899 - New York 1974). Il dirigea son premier orchestre, les Washingtonians, en 1924, puis devint de 1927 à 1932 la vedette du Cotton Club de Harlem. Compositeur prolifique, il apparaît aujourd'hui, par son influence, comme un des grands classiques du jazz (*Mood Indigo,* 1930).

ellipse [elips] **n.f.** (lat. *ellipsis,* gr. *elleipsis,* manque, de *elleipein,* laisser de côté). **1.** Raccourci dans l'expression de la pensée ; omission délibérée dans un récit qui n'en entrave pas la compréhension : *Ellipse cinématographique.* **2.** LING. Fait de syntaxe ou de style qui consiste à omettre un ou plusieurs éléments de la phrase : *Dans la phrase : « Je fais mon travail et lui le sien », il y a une ellipse du verbe « faire ».* **3.** MATH. Courbe plane dont tous les points sont tels que la somme de leur distance à deux points fixes appelés *foyers* est constante : *Un cercle aplati en ellipse.*

ellipsoïdal, e, aux [elipsɔidal, -o] **adj.** Qui a la forme d'un ellipsoïde.

ellipsoïde [elipsɔid] **n.m.** MATH. Surface dont toutes les sections planes sont des ellipses.

elliptique [eliptik] **adj. 1.** Qui procède par sous-entendus ; allusif : *Écriture, style elliptique.* **2.** LING. Qui comporte une ellipse : *Construction elliptique.* **3.** MATH. Relatif à l'ellipse : *Trajectoire elliptique.*

elliptiquement [eliptikmɑ̃] **adv.** Par ellipse, par sous-entendus : *Parler elliptiquement.*

Ellora, site archéologique de l'Inde, au nord-ouest d'Aurangabad. Plus d'une trentaine de temples rupestres ou excavés du VIe au IXe s., aboutissement de l'art rupestre, relèvent du bouddhisme, du brahmanisme et du jaïnisme ; décoration sculptée en haut relief.

élocution [elɔkysjɔ̃] **n.f.** (lat. *elocutio,* de *eloqui,* parler). Manière dont on s'exprime oralement : *Élocution facile, lente, rapide* (syn. **débit**).

éloge [elɔʒ] **n.m.** (lat. *elogium,* épitaphe). Paroles ou écrits qui vantent les mérites, les qualités de qqn, de qqch : *Une attitude digne d'éloges* (syn. **louange**). *Je n'ai eu que des éloges à votre sujet* (syn. **compliment ;** contr. **critique**).

élogieux, euse [elɔʒjø, -øz] **adj.** Se dit d'une personne qui décerne des éloges, ou des paroles qu'elle prononce : *Il est très élogieux sur son compte* (syn. **louangeur**). *Un discours élogieux* (syn. **laudatif ;** contr. **désapprobateur**).

Éloi *(saint),* évêque mérovingien (Chaptelat, près de Limoges, v. 588 - 660). Orfèvre de Limoges, il fut chargé de la trésorerie des rois Clotaire II et Dagobert Ier. Devenu évêque de Noyon en 641, il fonda de nombreux monastères et s'employa à convertir les païens de son diocèse. On a fait de lui le patron des orfèvres et des métallurgistes.

éloigné, e [elwaɲe] **adj. 1.** Qui est loin dans le temps ou dans l'espace : *Quartier éloigné du centre. Province éloignée* (syn. **reculé**). *Dans un avenir éloigné* (syn. **lointain ;** contr. **proche**). **2. Parent éloigné,** parent avec qui les liens de parenté sont indirects (par opp. à *proche parent*).

éloignement [elwaɲmɑ̃] **n.m.** Action d'éloigner, de s'éloigner ; fait d'être éloigné : *L'éloignement fait paraître la maison minuscule* (syn. **distance**). *Souffrir de l'éloignement d'un être cher* (syn. **absence**). *Avec l'éloignement, ce fait prend un autre sens* (syn. **recul**).

éloigner [elwaɲe] **v.t.** (de *loin*). **1.** Augmenter la distance qui sépare des personnes ou des choses : *Par sécurité, on avait éloigné du poêle le bidon d'essence* (syn. **écarter**). *Sa femme a éloigné de lui tous ses amis* (= elle les tient à l'écart). **2.** Augmenter la distance temporelle qui sépare qqn du passé : *Chaque jour qui passe nous éloigne de notre jeunesse.* ◆ **s'éloigner v.pr. [de].** Accroître la distance entre soi et qqch ou qqn : *Ne vous éloignez pas d'ici. Vous vous éloignez du sujet* (syn. **s'écarter**). *Il s'éloigne de sa femme* (syn. **se détacher de**).

élongation [elɔ̃gasjɔ̃] **n.f.** (de *long*). Étirement accidentel et douloureux d'un muscle, d'un tendon, d'un nerf ; lésion qui résulte de ce traumatisme.

éloquence [elɔkɑ̃s] **n.f.** (lat. *eloquentia ;* v. *éloquent*). **1.** Talent de bien dire, d'émouvoir, de persuader par la parole : *L'éloquence d'un avocat.* **2.** Caractère de ce qui est expressif, significatif, probant : *L'éloquence des chiffres.*

éloquent, e [elɔkɑ̃, -ɑ̃t] **adj.** (lat. *eloquens, -entis,* p. présent de *eloqui,* exprimer). **1.** Qui a l'art de convaincre par la parole : *Montrez-vous éloquent pour le convaincre* (syn. **persuasif**). **2.** Expressif, significatif : *Un silence éloquent. La comparaison est éloquente* (syn. **parlant**).

El Paso, v. des États-Unis (Texas), sur le Rio Grande ; 679 036 hab. (813 255 hab. dans l'agglomération). Métallurgie (cuivre).

Eltsine ou **Ieltsine (Boris Nikolaïevitch),** homme d'État russe (Sverdlovsk 1931 - Moscou 2007). Leader de l'opposition démocratique, il est élu au suffrage universel, en juin 1991, à la présidence de la République fédérative de Russie. Après s'être opposé à la tentative de putsch contre Gorbatchev (août), il participe à la dissolution de l'U.R.S.S. (déc. 1991). Confronté en 1993 à une forte opposition intérieure, il renforce les pouvoirs présidentiels. Il est réélu en 1996 mais son action politique est affectée par des problèmes de santé. Il démissionne le 31 décembre 1999.

élu, e [ely] **n.** (p. passé de *élire*). **1.** Personne désignée par élection : *La tâche des élus de la nation.* **2.** Personne que Dieu appelle à la béatitude éternelle. **3. L'élu, l'élue de son cœur,** la personne aimée.

Éluard (Eugène Grindel, dit **Paul),** poète français (Saint-Denis 1895 - Charenton-le-Pont 1952). Son œuvre est d'abord liée au dadaïsme (*les Animaux et leurs hommes,* 1920), puis au surréalisme (*Capitale de la douleur,* 1926 ; *l'Amour, la poésie,* 1929). Poète fraternel, témoin de la souffrance humaine, il lutte contre le fascisme, devient, pendant l'Occupation, le poète de la Résistance (*Poésie et Vérité* [1942], où figure le poème *Liberté*) et s'engage au parti communiste (*Une leçon de morale,* 1949). Sensible à l'art plastique, il transpose dans ses poèmes les langages des peintres (*les Yeux fertiles,* 1936).

élucidation [elysidasjɔ̃] **n.f.** Action d'élucider : *L'élucidation d'un mystère* (syn. **éclaircissement**).

élucider [elyside] **v.t.** (bas lat. *elucidare,* relever, de *lucidus,* clair). Débrouiller la complexité de : *Sa lettre a permis d'élucider la situation* (syn. **éclaircir**).

élucubration [elykybrasjɔ̃] **n.f.** (bas lat. *elucubratio,* du class. *elucubrare,* travailler en veillant). Discours, pensée absurdes, issus de recherches laborieuses : *Personne ne prend au sérieux ses élucubrations* (syn. **divagation**).

éluder [elyde] **v.t.** (lat. *eludere,* se jouer de). Éviter avec adresse ; se soustraire à : *Éluder une question* (syn. **esquiver**).

Élysée *(palais de l'),* siège de la présidence de la République française, à Paris, rue du Faubourg-Saint-Honoré (VIIIe arr.). Son noyau premier est un hôtel particulier du début du XVIIIe s.

élyséen, enne [elizeɛ̃, -ɛn] **adj.** Relatif à l'Élysée ; relatif aux Champs Élysées de la mythologie grecque.

Elýtis (Odhysséas Alepoudhélis, dit **Odhysséas),** poète grec (Héraklion, Crète, 1911 - Athènes 1996), d'inspiration à la fois surréaliste et sociale (*Soleil, le premier ; Six et Un Remords pour le ciel*). [Prix Nobel 1979.]

élytre [elitr] **n.m.** (gr. *elutron,* étui). Aile antérieure, dure, d'insectes comme les coléoptères ou les orthoptères, protégeant au repos l'aile postérieure membraneuse.

Elzévir, Elzevier ou **Elsevier,** famille d'imprimeurs et de libraires hollandais actifs du XVIe au XVIIe s. Leurs éditions sont des modèles d'élégance typographique.

émacié, e [emasje] **adj.** (lat. *emaciatus,* de *macies,* maigreur). Très amaigri : *Visage émacié* (syn. **décharné**).

émail [emaj] **n.m.** (frq. **smalt*). **1.** (Pl. *émaux*). Vernis rendu très dur et inaltérable par l'action de la chaleur, dont on recouvre certaines matières pour leur donner de l'éclat ou les colorer : *Une baignoire revêtue d'émail bleu.* **2.** (Pl. *émaux*). Matériau, ouvrage émaillé : *Une collection d'émaux.* **3.** (Pl. *émaux*). HÉRALD. Chacune des couleurs du blason. **4.** (Pl. *émails*). Substance dure et blanche qui, chez l'homme et divers animaux, recouvre la couronne des dents.

e-mail [imɛl] **n.m.** (abrév. de l'anglo-amér. *electronic mail*) [pl. *e-mails*]. (Anglic. déconseillé). Courriel.

émaillage [emajaʒ] **n.m.** Action d'émailler les métaux, les céramiques, le verre ; son résultat.

émailler [emaje] **v.t. 1.** Appliquer de l'émail sur : *Émailler un vase.* **2.** Parsemer qqch de détails qui en rompent la monotonie : *Émailler un texte de citations plaisantes.*

émaillerie [emajri] **n.f.** Art de décorer avec des émaux ; produits de cet art.

émailleur, euse [emajœr, -øz] **n.** Professionnel de l'émaillage, de l'émaillerie.

émanation [emanasjɔ̃] **n.f.** (lat. ecclés. *emanatio ;* v. *émaner*). **1.** Exhalaison qui se dégage de certains corps : *Sentir des émanations de gaz* (syn. **odeur**). **2.** Ce qui dérive ou procède de qqn, qqch : *Cette politique est l'émanation de la volonté populaire* (syn. **expression**).

émancipation [emɑ̃sipasjɔ̃] **n.f.** (lat. *emancipatio*). **1.** DR. Acte par lequel un mineur est libéré, avant l'âge légal de la majorité, de la tutelle de ses parents ou de son tuteur, devenant ainsi responsable de ses actes et pouvant gérer ses biens.

2. Action de s'affranchir d'un lien, d'une entrave, d'une domination : *L'émancipation de la femme, des esclaves* (syn. **affranchissement, libération**).

émancipé, e [emɑ̃sipe] **adj.** (p. passé de *émanciper*). **1.** Se dit d'un mineur qui a fait l'objet d'une émancipation. **2.** Affranchi de toute contrainte ou de tout préjugé : *Une femme émancipée* (syn. **affranchi, libéré**).

émanciper [emɑ̃sipe] **v.t.** (lat. *emancipare*). **1.** Conférer l'émancipation à un mineur. **2.** Affranchir d'une domination, d'une contrainte, d'un état de dépendance (syn. **libérer**). ◆ **s'émanciper v.pr.** S'affranchir des contraintes sociales ou morales : *L'époque où les femmes s'émancipent.*

émaner [emane] **v.t. ind. [de]** (lat. *emanare* propr. « couler de, sortir »). **1.** Se dégager, s'exhaler de : *L'odeur qui émane de ces fleurs.* **2.** Provenir de ; tirer son origine de : *Cette circulaire émane de la direction* (syn. **venir**). *Le pouvoir émane du peuple* (syn. **procéder**).

émargement [emarʒəmɑ̃] **n.m. 1.** Action d'émarger. **2.** Ce qui est émargé ou porté en marge.

émarger [emarʒe] **v.t.** (de *marge*) [conj. **17**]. Apposer sa signature ou son paraphe en marge d'un écrit pour prouver qu'on en a eu connaissance : *Émarger un acte notarié.* ◆ **v.t. ind. [à].** Toucher un revenu correspondant à ses fonctions dans une administration, une entreprise : *Émarger au budget du ministère de la Santé.*

émasculation [emaskylasjɔ̃] **n.f.** Castration d'un mâle.

émasculer [emaskyle] **v.t.** (lat. *emasculare*, de *masculus*, mâle). Priver des organes de la reproduction : *Émasculer un animal, un homme* (syn. **castrer, châtrer**).

émaux n.m. pl. ⟶ **émail.**

embâcle [ɑ̃bakl] **n.m.** (de l'anc. fr. *embâcler*, embarrasser). Obstruction du lit d'un cours d'eau par amoncellement anormal de glace flottante (par opp. à *débâcle*).

emballage [ɑ̃balaʒ] **n.m. 1.** Action d'emballer : *L'emballage des marchandises.* **2.** Carton, papier, toile, plastique qui sert à emballer ; conditionnement. **3. Emballage perdu,** qui ne sert commercialement qu'une seule fois.

emballement [ɑ̃balmɑ̃] **n.m. 1.** Action de s'emballer, de se laisser emporter (syn. **enthousiasme, passion**). **2.** MÉCAN. Régime anormal d'une machine qui s'emballe.

emballer [ɑ̃bale] **v.t.** (de *3. balle*). **1.** Mettre dans un emballage : *Emballer de la vaisselle.* **2.** FAM. Remplir d'admiration, d'enthousiasme : *Le film l'a emballé* (syn. **enthousiasmer**). *Cela ne m'emballe guère* (syn. **plaire**). **3. Emballer un moteur,** le faire tourner à un régime excessif. ◆ **s'emballer v.pr. 1.** S'emporter, en parlant d'un cheval. **2.** MÉCAN. En parlant d'une machine, prendre un régime de marche excessif et dangereux. **3.** FAM. Se laisser emporter par la colère, l'enthousiasme, l'impatience, etc.

emballeur, euse [ɑ̃balœr, -øz] **n.** Personne dont la profession est d'emballer des marchandises.

embarcadère [ɑ̃barkadɛr] **n.m.** (esp. *embarcadero*, de *barca*, barque). Môle, jetée, appontement permettant l'embarquement ou le débarquement des personnes ou des marchandises (syn. **débarcadère**).

embarcation [ɑ̃barkasjɔ̃] **n.f.** (esp. *embarcación*). Tout bateau de petite taille à voiles, à avirons ou à moteur.

embardée [ɑ̃barde] **n.f.** (du prov. *embarda*, embourber). **1.** Écart brusque effectué par un véhicule, par l'effet d'un obstacle, d'une réaction vive du conducteur : *J'ai dû faire une embardée pour éviter le cycliste.* **2.** MAR. Brusque changement de direction d'un bateau, sous l'effet du vent, de la mer, ou d'une manœuvre inadéquate.

embargo [ɑ̃bargo] **n.m.** (mot esp. « séquestre », du lat. pop. **imbarricare*, de **barra*, barre). **1.** Défense faite momentanément à un navire étranger de quitter un port : *Mettre l'embargo sur un pétrolier.* **2.** Mesure visant à empêcher la libre circulation d'un objet, l'exportation d'une marchandise : *Lever l'embargo qui frappait certains produits agricoles.*

embarquement [ɑ̃barkəmɑ̃] **n.m.** Action de s'embarquer, d'embarquer : *L'embarquement des passagers va commencer.*

embarquer [ɑ̃barke] **v.t.** (de *barque*). **1.** Faire monter à bord d'un navire, d'un véhicule : *Embarquer des passagers, des marchandises* (contr. **débarquer**). **2.** FAM. Emporter avec soi un objet, souvent après l'avoir volé : *Ils ont embarqué tous les bijoux.* **3.** FAM. Conduire au commissariat ou en prison : *La police les a tous embarqués* (syn. **arrêter**). **4.** FAM. Engager ou pousser qqn dans une affaire douteuse ou périlleuse : *Embarquer qqn dans une histoire de fausses factures* (syn. **entraîner**). **5.** En parlant d'un bateau, prendre de l'eau par-dessus bord : *Le navire a embarqué d'énormes lames pendant la tempête.* ◆ **v.i. 1.** Monter à bord d'un bateau, d'un avion, d'un véhicule : *Les passagers embarquent* (contr. **débarquer**). **2.** En parlant de l'eau, pénétrer dans un navire par-dessus bord : *L'eau embarque dans les cales.* ◆ **s'embarquer v.pr. 1.** Monter à bord d'un bateau, d'un avion, d'un véhicule. **2.** FAM. **S'embarquer dans qqch,** s'engager dans une affaire douteuse ou périlleuse.

embarras [ɑ̃bara] **n.m.** (de *embarrasser*). **1.** Obstacle qui empêche d'agir, ou qui gêne la réalisation de qqch : *Ils nous ont créé toutes sortes d'embarras* (syn. **complication**). **2.** Incertitude, perplexité de qqn qui ne sait quelle voie choisir : *Mon refus l'a mis dans l'embarras* (syn. **indécision**). **3.** Situation difficile causée par le manque d'argent ; gêne. **4. Embarras gastrique,** ensemble de troubles intestinaux de durée variable. / **Faire de l'embarras, des embarras,** faire des manières. / **N'avoir que l'embarras du choix,** avoir un choix très large.

embarrassant, e [ɑ̃barasɑ̃, -ɑ̃t] **adj. 1.** Qui encombre : *Un colis bien embarrassant.* **2.** Qui plonge dans l'embarras : *Une situation embarrassante* (syn. **épineux**).

embarrassé, e [ɑ̃barase] **adj. 1.** Qui éprouve, manifeste de l'embarras : *Elle était très embarrassée d'avoir à lui parler* (syn. **gêné**). **2. Avoir l'estomac embarrassé,** avoir un embarras gastrique.

embarrasser [ɑ̃barase] **v.t.** (esp. *embarazar*, du lat. pop. **barra*, barre). **1.** Prendre trop de place : *Des tas de vieilleries embarrassent le grenier* (syn. **encombrer**). **2.** Gêner les mouvements de qqn : *Ce manteau m'embarrasse.* **3.** Mettre dans l'embarras : *Votre question m'embarrasse* (syn. **troubler**). ◆ **s'embarrasser v.pr. [de]. 1.** S'encombrer : *Ne t'embarrasse pas de bagages inutiles.* **2.** Se soucier de ; tenir compte de : *Il n'est pas homme à s'embarrasser de scrupules inutiles* (syn. **se préoccuper**).

embastiller [ɑ̃bastije] **v.t.** (de *bastille*). **1.** Avant la Révolution, emprisonner à la Bastille. **2.** LITT. Mettre en prison (syn. **incarcérer**).

embauchage [ɑ̃boʃaʒ] **n.m.** Engagement d'un salarié : *L'embauchage de travailleurs* (syn. **embauche**).

embauche [ɑ̃boʃ] **n.f. 1.** Embauchage. **2.** Possibilité d'offrir un emploi, un travail : *Embauches dans la métallurgie.*

embaucher [ɑ̃boʃe] **v.t.** (de [*dé*]*baucher*). **1.** Engager un salarié, passer avec lui un contrat de travail : *Usine qui embauche des ouvriers.* **2.** FAM. Entraîner qqn avec soi dans une occupation quelconque : *Il nous a embauchés pour son déménagement* (syn. **recruter**).

embauchoir [ɑ̃boʃwar] **n.m.** (altér. de *embouchoir*, pièce d'une arme à feu, de *bouche*). Forme de bois ou de plastique, munie d'un ressort, que l'on introduit dans une chaussure pour la tendre et lui garder sa forme.

embaumement [ɑ̃bommɑ̃] **n.m.** Action d'embaumer un cadavre ; conservation artificielle des cadavres à des fins scientifiques.

embaumer [ɑ̃bome] **v.t.** (de *baume*). **1.** Conserver un cadavre en le traitant par des substances qui le préservent de la corruption : *Les Égyptiens embaumaient le corps de leurs pharaons.* **2.** Emplir d'une odeur agréable, de l'odeur de : *Des senteurs de lavande embaumaient la maison. Les draps embaument la violette.* ◆ **v.i.** Répandre une odeur agréable : *Ces roses embaument.*

embaumeur, euse [ɑ̃bomœr, -øz] **n.** Personne qui fait métier d'embaumer les corps.

embellie [ɑ̃beli] **n.f.** (du p. passé de *embellir*). Amélioration passagère de l'état de la mer ou de la force du vent après un grain (syn. **accalmie**).

embellir [ɑ̃belir] **v.t.** (de *bel, beau*) [conj. **32**]. Rendre ou faire paraître plus beau : *Des parterres de fleurs embellissent le jardin* (syn. **agrémenter, orner**). *Son imagination embellit les faits* (syn. **enjoliver**). ◆ **v.i.** Devenir beau ou plus beau : *Elle embellit de jour en jour.*

embellissement [ɑ̃belismɑ̃] **n.m. 1.** Action d'embellir : *Un plan d'embellissement du quartier.* **2.** Élément qui embellit : *Le parc a reçu de nombreux embellissements.*

emberlificoter [ɑ̃bɛrlifikɔte] **v.t.** (déformation d'un anc. v., *embirelicoquier*, formation pop. expressive). *FAM.* Faire tomber dans un piège : *Vendeur qui emberlificote un client* (syn. **attraper**). ◆ **s'emberlificoter v.pr. [dans].** *FAM.* S'embrouiller : *Il s'est emberlificoté dans son raisonnement* (syn. **s'empêtrer**).

embêtant, e [ɑ̃bɛtɑ̃, -ɑ̃t] **adj.** *FAM.* **1.** Qui cause du désagrément : *Son absence est embêtante* (syn. **fâcheux**). **2.** Très ennuyeux : *Ce qu'il est embêtant avec ses histoires !*

embêtement [ɑ̃bɛtmɑ̃] **n.m.** *FAM.* Ce qui donne du souci : *Une affaire qui m'a causé bien des embêtements* (syn. **désagrément**).

embêter [ɑ̃bete] **v.t.** (de *bête*). *FAM.* **1.** Causer des soucis à : *Ce contretemps m'embête vraiment* (syn. **chiffonner, contrarier**). **2.** Faire éprouver de l'ennui, de la lassitude à : *Ce travail m'embête* (syn. **ennuyer**). ◆ **s'embêter v.pr.** Éprouver de l'ennui : *Je me suis embêté toute la journée.*

emblaver [ɑ̃blave] **v.t.** (de *blef*, anc. forme de *blé*). Ensemencer une terre en blé, ou en toute autre graine.

d'**emblée** [ɑ̃ble] **loc. adv.** (anc. fr. *embler*, enlever avec violence, du lat. *involare*, se précipiter sur). Du premier coup ; d'entrée de jeu : *Il a accepté d'emblée notre proposition.*

emblématique [ɑ̃blematik] **adj.** (bas lat. *emblematicus*, plaqué ; v. *emblème*). Qui sert d'emblème ; relatif à un emblème : *La figure emblématique de la Justice* (syn. **allégorique, symbolique**).

emblème [ɑ̃blɛm] **n.m.** (lat. *emblema*, travail de marqueterie). **1.** Figure symbolique, génér. accompagnée d'une devise : *L'emblème de la Ville de Paris est un bateau surmontant une phrase latine.* **2.** Être ou objet symboles d'une notion abstraite, ou destiné à représenter une collectivité, un personnage : *La femme au bonnet phrygien est l'emblème de la République française.*

embobiner [ɑ̃bɔbine] **v.t.** (d'apr. *bobine*). **1.** Enrouler autour d'une bobine : *Embobiner du fil.* **2.** *FAM.* Séduire par de belles paroles ; enjôler : *Il nous a bien embobinés avec ses discours.*

emboîtage [ɑ̃bwataʒ] **n.m.** Action de mettre en boîte ; son résultat.

emboîtement [ɑ̃bwatmɑ̃] **n.m.** Assemblage de deux choses qui s'emboîtent l'une dans l'autre.

emboîter [ɑ̃bwate] **v.t.** (de *boîte*). **1.** Assembler, ajuster deux pièces en les faisant entrer l'une dans l'autre : *Emboîter des tuyaux* (syn. **aboucher, encastrer**). **2. Emboîter le pas à qqn,** marcher derrière lui ; au fig., modeler son attitude, son opinion sur lui. ◆ **s'emboîter v.pr.** Prendre place exactement l'un dans l'autre : *Les pièces du jeu de construction s'emboîtent aisément.*

embole [ɑ̃bɔl] **n.m.** Corps étranger qui oblitère un vaisseau sanguin et provoque une embolie.

embolie [ɑ̃bɔli] **n.f.** (gr. *embolê*, action de jeter dans). MÉD. Oblitération d'un vaisseau sanguin par un caillot ou un corps étranger.

embonpoint [ɑ̃bɔ̃pwɛ̃] **n.m.** (de *en bon point*, en bonne santé). État d'une personne un peu grasse : *Il a un certain embonpoint* (syn. **corpulence**).

embossage [ɑ̃bɔsaʒ] **n.m.** Action d'embosser un navire ; position du navire embossé.

embosser [ɑ̃bɔse] **v.t.** (de *bosse*, cordage). Maintenir un navire à l'ancre dans une position déterminée.

embouché, e [ɑ̃buʃe] **adj.** (de *bouche*). *FAM.* **Mal embouché,** grossier dans ses paroles ou dans ses actes.

emboucher [ɑ̃buʃe] **v.t.** Mettre à sa bouche un instrument à vent, afin d'en tirer des sons : *Emboucher une trompette.*

embouchure [ɑ̃buʃyr] **n.f.** (de *emboucher*). **1.** Partie terminale d'un fleuve ; endroit où il se jette dans la mer : *L'embouchure de la Loire.* **2.** Partie du mors qui entre dans la bouche du cheval. **3.** Partie d'un instrument à vent que l'on porte à la bouche : *L'embouchure d'un clairon.*

embourber [ɑ̃burbe] **v.t.** (de *bourbe*). Engager dans un bourbier, dans la boue : *Embourber une charrette* (syn. **enliser**). ◆ **s'embourber v.pr. 1.** S'enfoncer dans la boue, dans un bourbier (syn. **s'enliser**). **2.** Se mettre dans une situation difficile dont on se tire avec peine : *Il s'est embourbé dans des explications confuses* (syn. **s'empêtrer**).

embourgeoisement [ɑ̃burʒwazmɑ̃] **n.m.** Fait de s'embourgeoiser, d'être embourgeoisé.

embourgeoiser [ɑ̃burʒwaze] **v.t.** Donner à qqn les caractères, le genre de vie propres à la bourgeoisie : *Le confort a embourgeoisé de larges couches sociales.* ◆ **s'embourgeoiser v.pr.** Prendre les manières, les préjugés bourgeois.

embout [ɑ̃bu] **n.m.** (de l'anc. fr. *embouter*, de *bout*). **1.** Garniture de métal qui protège le bout d'une canne, d'un parapluie. **2.** Élément disposé au bout d'une pièce et permettant l'assemblage avec un autre élément.

embouteillage [ɑ̃butejaʒ] **n.m. 1.** Mise en bouteilles : *L'embouteillage du lait.* **2.** Affluence de véhicules qui encombrent ou obstruent une voie de communication : *Être pris dans un embouteillage* (syn. **encombrement**).

embouteiller [ɑ̃buteje] **v.t. 1.** Mettre un liquide en bouteilles : *Embouteiller du cidre.* **2.** Obstruer le passage, gêner la circulation par l'accumulation d'un trop grand nombre de véhicules : *Les voitures qui embouteillent le boulevard* (syn. **encombrer, engorger**).

emboutir [ɑ̃butir] **v.t.** (de *en* et *bout*, au sens de « coup ») [conj. **32**]. **1.** Heurter violemment en défonçant ou en déformant : *Emboutir l'aile d'une voiture* (syn. **enfoncer**). **2.** Transformer, en la martelant ou en la comprimant, une plaque de métal en une pièce de forme creuse.

emboutissage [ɑ̃butisaʒ] **n.m.** Action d'emboutir : *L'atelier où se fait l'emboutissage des carrosseries.*

emboutisseuse [ɑ̃butisøz] **n.f.** Machine, outil qui sert à emboutir des plaques de métal.

embranchement [ɑ̃brɑ̃ʃmɑ̃] **n.m.** (de *branche*). **1.** Division du tronc d'un arbre en plusieurs branches. **2.** Endroit où un chemin se divise en plusieurs directions : *Il y a un panneau indicateur à l'embranchement* (syn. **carrefour, croisement**). **3.** L'une des grandes divisions du monde vivant, animal ou végétal : *L'embranchement des vertébrés.*

s'**embrancher** [ɑ̃brɑ̃ʃe] **v.pr.** (de *embranchement*). Se raccorder à une autre voie, une autre route, un autre conduit.

embrasement [ɑ̃brazmɑ̃] **n.m.** *LITT.* **1.** Grand incendie : *L'embrasement d'une pinède.* **2.** Grande clarté rougeoyante : *L'embrasement du ciel au soleil couchant.*

embraser [ɑ̃braze] **v.t.** (de *braise*). *LITT.* **1.** Mettre le feu à : *C'est une cigarette mal éteinte qui a embrasé la paille.* **2.** Illuminer de lueurs rouges : *Le soleil couchant embrase le ciel.* **3.** Mettre qqn en effervescence : *L'amour embrase son cœur* (syn. **enfiévrer**). ◆ **s'embraser v.pr.** *LITT.* **1.** Prendre feu : *Soudain la maison s'embrasa.* **2.** Être violemment illuminé : *Le ciel s'embrase au couchant.* **3.** S'enflammer, s'exalter : *À ces mots, les esprits s'embrasèrent.*

embrassade [ɑ̃brasad] **n.f.** Action de deux personnes qui s'embrassent : *Après les embrassades d'usage.*

embrasse [ɑ̃bras] **n.f.** (de *embrasser*). Lien de passementerie ou bande de tissu qui sert à retenir un rideau sur le côté.

embrassé, e [ɑ̃brase] **adj.** (p. passé de *embrasser*). **Rimes embrassées,** rimes masculines et féminines se succédant sous la forme *a b b a*.

embrassement [ɑ̃brasmɑ̃] **n.m.** LITT. Action de s'embrasser longuement, avec tendresse : *Les embrassements d'une mère et de son fils* (syn. **étreinte**).

embrasser [ɑ̃brase] **v.t.** (de *bras*). **1.** LITT. Prendre, serrer dans ses bras (syn. **étreindre**). **2.** Donner des baisers à : *Mère qui embrasse ses enfants.* **3.** Adopter une opinion ; choisir un métier : *Il a embrassé les idées de son père* (syn. **épouser**). *Embrasser la carrière militaire.* **4.** Voir qqch dans son ensemble, d'un seul coup d'œil : *De là-haut on embrasse toute la vallée* (syn. **découvrir**). **5.** LITT. Saisir par la pensée : *Embrasser toutes les données d'un problème* (syn. **appréhender**). **6. Qui trop embrasse, mal étreint,** qui entreprend trop de choses à la fois n'en réussit aucune (proverbe). ◆ **s'embrasser v.pr.** Se donner des baisers.

embrasure [ɑ̃brazyr] **n.f.** (de *embraser*, ébraser). Ouverture pratiquée dans un mur pour recevoir une porte ou une fenêtre ; espace compris entre les montants de cette porte, de cette fenêtre : *Je l'aperçois dans l'embrasure de la porte* (syn. **encadrement**).

embrayage [ɑ̃brejaʒ] **n.m. 1.** Action d'embrayer (par opp. à *débrayage*). **2.** Mécanisme permettant de rendre un moteur solidaire des roues d'un véhicule, des organes d'une machine : *Embrayage automatique. Pédale d'embrayage.*

embrayer [ɑ̃breje] **v.t.** (de *braie*, traverse de bois) [conj. **11**]. **1.** MÉCAN. Établir la communication entre un arbre moteur et un arbre entraîné (par opp. à *débrayer*). **2.** (Absol.). Sur un véhicule automobile, relâcher la pédale d'embrayage après avoir débrayé. ◆ **v.t. ind. [sur].** FAM. Lancer la conversation sur : *Tout à coup il a embrayé sur l'informatique.*

embrigadement [ɑ̃brigadmɑ̃] **n.m.** Action d'embrigader ; fait d'être embrigadé (syn. **recrutement**).

embrigader [ɑ̃brigade] **v.t.** (de *brigade*). **1.** Grouper des hommes, des troupes pour former une brigade. **2.** Faire entrer, par contrainte ou persuasion, qqn dans une association, un parti, un groupe quelconque : *Ils embrigadaient les enfants dès leur entrée à l'école* (syn. **enrôler, recruter**).

embringuer [ɑ̃brɛ̃ge] **v.t.** (de *1. bringue*). FAM. Faire participer à une action commune qui risque de créer des difficultés : *Il l'a embringué dans son histoire de collecte de fonds* (syn. **entraîner**).

embrocher [ɑ̃brɔʃe] **v.t. 1.** Enfiler sur une broche une volaille, une pièce de viande, pour la faire cuire. **2.** FAM. Transpercer d'un coup d'épée.

embrouillamini [ɑ̃brujamini] **n.m.** FAM. Grande confusion, désordre, causant des erreurs : *Son divorce et son remariage ont créé un véritable embrouillamini* (syn. **imbroglio**).

embrouille [ɑ̃bruj] **n.f.** FAM. Désordre destiné à embrouiller, à tromper : *Je ne comprends rien à cette embrouille* (syn. **confusion**).

embrouillement [ɑ̃brujmɑ̃] **n.m.** Action d'embrouiller ; fait d'être embrouillé : *La situation en est arrivée à un point d'embrouillement total* (syn. **chaos**).

embrouiller [ɑ̃bruje] **v.t.** (de *brouiller*). **1.** Mettre en désordre : *Embrouiller des dossiers* (syn. **emmêler**). **2.** Rendre obscur : *Sa remarque n'a fait qu'embrouiller le débat* (syn. **compliquer**). **3.** Faire perdre le fil de ses idées à qqn : *Cessez de l'interrompre, vous l'embrouillez.* ◆ **s'embrouiller v.pr.** Perdre le fil de ses idées : *Elle s'embrouille dans les dates* (syn. **se perdre**).

embroussaillé, e [ɑ̃brusaje] **adj. 1.** Garni de broussailles : *Talus embroussaillé.* **2.** En désordre : *Cheveux embroussaillés* (syn. **échevelé, hirsute**).

embrumer [ɑ̃bryme] **v.t. 1.** Envelopper de brume, de brouillard. **2.** Répandre la confusion dans : *Les vapeurs de l'alcool lui embrument le cerveau.*

embruns [ɑ̃brœ̃] **n.m. pl.** (mot prov., de *embruma*, bruiner). Pluie fine d'eau de mer que le vent emporte quand les vagues se brisent.

embryogenèse [ɑ̃brijɔʒənɛz] **n.f.** (de *embryo-* et du gr. *gennan*, engendrer). Série de formes par lesquelles passe un organisme animal ou végétal depuis l'état d'œuf ou de spore jusqu'à l'état adulte.

embryologie [ɑ̃brijɔlɔʒi] **n.f.** (de *embryo-* et *-logie*). Partie de la biologie qui étudie l'embryon. ◆ **embryologiste** et **embryologue n.** Noms du spécialiste.

embryologique [ɑ̃brijɔlɔʒik] **adj.** Relatif à l'embryologie.

embryon [ɑ̃brijɔ̃] **n.m.** (gr. *embruon*, de *bruein*, croître). **1.** Organisme en voie de développement, depuis l'œuf fécondé jusqu'à la réalisation d'une forme de vie autonome et active (larve, poussin, etc.). **2.** MÉD. Être humain pendant les deux premiers mois de son développement dans l'utérus maternel. **3.** FIG. Commencement rudimentaire de qqch : *L'embryon d'une nouvelle théorie* (syn. **ébauche, germe**).

■ **Les animaux.** Chez l'animal, l'embryon est le stade du jeune dont l'organisme est déjà différencié mais qui est encore dépendant de l'organisme maternel, ou de l'œuf. La première étape du développement consiste en une série de divisions de la cellule œuf, la segmentation, au terme de laquelle se forme une petite masse pluricellulaire : la *blastula.* Au cours de l'étape suivante, la *gastrulation,* le plan d'organisation se met en place. Cette édification se réalise à partir de mouvements de deux ou trois ensembles cellulaires appelés *feuillets :* l'ectoderme externe, l'endoderme interne et, chez la plupart des animaux, le mésoderme intermédiaire. Ces mouvements ont pour effet de creuser une cavité dans l'endoderme qui correspondra au tube digestif. Après la mise en place de ces feuillets, la formation des organes peut débuter. L'embryon s'allonge et, en position dorsale, l'ectoblaste s'épaissit. La plaque neurale se forme alors. Elle est à l'origine du tube nerveux dont l'extrémité antérieure se renfle pour former l'encéphale. Le mésoderme se creuse chez tous les vertébrés et délimite la cavité centrale de l'organisme, appelée *cœlome.* Par la suite, ce feuillet intermédiaire édifiera les muscles, le squelette et les viscères. Ces organes deviendront fonctionnels pendant la vie embryonnaire. Chez l'homme, après le 3e mois, les organes sont développés et on utilise alors le terme de *fœtus* plutôt que celui d'embryon. Chez les vertébrés supérieurs se mettent en place des organes temporaires : les annexes embryonnaires. La membrane la plus interne, l'*amnios,* remplie de liquide amniotique, protège l'embryon de la déshydratation et des chocs. La vésicule vitelline et l'allantoïde, chargées de réserves nutritives, assurent la nutrition en même temps que la respiration et l'excrétion des animaux ovipares. Chez la plupart des mammifères, dits *placentaires,* il existe un organe reliant le fœtus et la mère par l'intermédiaire d'un cordon ombilical : le placenta. Celui-ci assure par voie sanguine le transport des nutriments et des déchets.
Les végétaux. Chez les végétaux, on parle également d'embryon à propos des premiers stades de développement après la fécondation. Chez les plantes à fleurs, la cellule œuf subit plusieurs divisions pour former un embryon qui se développe à l'intérieur de la graine. Il se différencie en trois régions : la future racine, la future tige, et un cotylédon unique (monocotylédones) ou double (dicotylédones). Les cotylédons sont des feuilles embryonnaires contenant des réserves. C'est à partir de celles-ci, et du tissu qui l'entoure dans la graine, que l'embryon se nourrira au cours de la germination pour construire ses organes. ■

embryonnaire [ɑ̃brijɔnɛr] **adj. 1.** Qui relève de l'embryon ; relatif à l'embryon : *La vie embryonnaire.* **2.** À l'état d'ébauche ; en germe : *Projet embryonnaire.*

embûche [ɑ̃byʃ] **n.f.** (anc. fr. *embuschier*, mettre en embuscade, de *bûche*, forêt). **1.** Machination secrète contre qqn : *Tendre, dresser des embûches* (syn. **piège, traquenard**). **2.** Obstacle rencontré dans une action : *Le sujet de français était plein d'embûches* (syn. **difficulté**).

embuer [ɑ̃bɥe] **v.t.** [conj. **7**]. **1.** Couvrir de buée : *Son haleine embue la vitre.* **2.** Couvrir comme d'une buée : *Yeux embués de larmes.*

embuscade [ɑ̃byskad] **n.f.** (it. *imboscata,* de *bosco,* bois). Manœuvre qui consiste à se cacher pour attaquer par surprise un ennemi en mouvement : *Tomber dans une embuscade* (syn. **guet-apens**). *Mettre des soldats en embuscade.*

embusqué [ɑ̃byske] **n.m.** Soldat occupant un poste loin du front (péjor.).

embusquer [ɑ̃byske] **v.t.** (réfection de l'anc. fr. *embûcher,* d'apr. l'it. *imboscare,* mettre en embuscade). Disposer en embuscade : *Embusquer une troupe dans un défilé* (syn. **poster**). ◆ **s'embusquer v.pr. 1.** Se mettre en embuscade. **2.** En parlant d'un soldat, se faire affecter dans un poste sans danger en temps de guerre (péjor.).

éméché, e [emeʃe] **adj.** (de *mèche,* par allusion aux cheveux en désordre d'une personne ivre). *FAM.* Dans un état proche de l'ivresse : *Quelques convives étaient déjà éméchés.*

émeraude [emrod] **n.f.** (lat. *smaragdus,* du gr.). Pierre précieuse d'une belle couleur verte, silicate d'aluminium et de béryllium que l'on trouve dans les pegmatites. ◆ **adj. inv.** D'une couleur verte semblable à celle de l'émeraude : *Des rubans émeraude dans les cheveux.*

émergé, e [emɛrʒe] **adj.** Qui est au-dessus de la surface des eaux (par opp. à *immergé*) : *Terres émergées.*

émergence [emɛrʒɑ̃s] **n.f. 1.** Sortie d'un liquide, d'un fluide, d'un rayonnement hors d'un milieu : *L'émergence d'une source, d'un rai lumineux.* **2.** Apparition soudaine d'une idée, d'un fait social, économique, politique : *Le XVIIIe siècle vit l'émergence de l'idée de tolérance* (syn. **naissance**).

émergent, e [emɛrʒɑ̃, -ɑ̃t] **adj.** (lat. *emergens, -entis ;* v. *émerger*). **1.** Qui sort d'un milieu après l'avoir traversé : *Des rayons émergents.* **2.** ÉCON. **Pays émergent,** pays en développement caractérisé par un taux de croissance élevé, une industrialisation rapide et un fort degré d'ouverture aux échanges extérieurs.

émerger [emɛrʒe] **v.i.** (lat. *emergere,* sortir de l'eau) [conj. **17**]. **1.** Apparaître, faire saillie au-dessus d'un milieu liquide : *De petites îles émergent au large.* **2.** Commencer à exister ; se manifester : *Une idée émerge de la discussion.* **3.** Dépasser le niveau moyen : *Dissertation qui émerge du lot.*

émeri [emri] **n.m.** (bas lat. *smyris,* ou gr. byzantin *smeri*). **1.** Roche qui contient une forte proportion de corindon, que l'on réduit en poudre pour en faire un abrasif. **2.** *FAM.* **Être bouché à l'émeri,** être complètement stupide. / **Papier (d') émeri,** papier enduit d'une préparation à base d'émeri et qui sert à polir le bois, le verre, le fer, etc.

émerillon [emrijɔ̃] **n.m.** (de l'anc. fr. *esmeril,* frq. **smiril*). Petit faucon des pays du Nord, qui hiverne en Europe occidentale. ▸ Long. max. : 35 cm.

émeriser [emrize] **v.t.** (de *émeri*). Couvrir d'émeri.

émérite [emerit] **adj.** (lat. *emeritus,* soldat qui a fait son temps). Qui est d'une grande compétence, d'une habileté remarquable : *Un chirurgien émérite* (syn. **éminent**).

émersion [emɛrsjɔ̃] **n.f.** (lat. *emersio,* de *emersus,* p. passé de *emergere ;* v. *émerger*). **1.** Mouvement d'un corps sortant d'un fluide dans lequel il était plongé. **2.** ASTRON. Réapparition d'un astre ayant subi une occultation.

Emerson (Ralph Waldo), philosophe américain (Boston 1803 - Concord, Massachusetts, 1882). Il affirme la supériorité de la conscience individuelle sur les croyances et les dogmes traditionnels (Églises et Écritures). Il est ainsi le fondateur d'un système idéaliste, mystique et panthéiste, qu'il appelle lui-même le « transcendantalisme ». Il a écrit : *la Méthode de la nature et l'homme réformé* (1844), *la Conduite de la vie* (1860).

émerveillement [emɛrvɛjmɑ̃] **n.m.** Fait de s'émerveiller, d'être émerveillé : *L'émerveillement des enfants devant le sapin de Noël* (syn. **enchantement**).

émerveiller [emɛrveje] **v.t.** (de *merveille*). Inspirer une très vive admiration à : *La vivacité d'esprit de cet enfant m'émerveille* (syn. **éblouir, enchanter**). ◆ **s'émerveiller v.pr. [de, devant].** Ressentir ou manifester de l'admiration : *Elle s'émerveille de tout* (syn. **s'extasier sur**).

émétique [emetik] **adj.** et **n.m.** (lat. *emetius,* du gr. *emein,* vomir). Qui fait vomir (syn. **vomitif**).

1. émetteur, trice [emetœr, -tris] **adj.** Qui émet : *Poste émetteur. Station émettrice.*

2. émetteur [emetœr] **n.m. 1.** Poste d'émission de signaux électromagnétiques porteurs de messages télégraphiques, de sons, d'images : *Un émetteur clandestin.* **2.** LING. Personne qui produit un message, parlé ou écrit, à l'intention d'une ou plusieurs personnes (par opp. à *récepteur*).

émetteur-récepteur [emetœrresɛptœr] **n.m.** (pl. *émetteurs-récepteurs*). Ensemble comprenant un émetteur et un récepteur radioélectriques, souvent avec une antenne et une alimentation communes.

émettre [emɛtr] **v.t.** (francisation, d'apr. *mettre,* du lat. *emittere,* envoyer dehors) [conj. **84**]. **1.** Produire, faire sortir de soi : *La lampe émet une douce lumière* (syn. **diffuser, répandre**). **2.** Procéder à la diffusion de : *Notre station émet de la musique classique, des films inédits.* **3.** Mettre en circulation : *Émettre de nouveaux billets.* **4.** Proposer au public : *Émettre un emprunt, une souscription.* **5.** Formuler une opinion, un souhait : *Émettre une nouvelle hypothèse* (syn. **énoncer, exprimer**). ◆ **v.i.** Diffuser une émission de radio, de télévision : *Station qui émet sur grandes ondes.*

émeu [emø] **n.m.** (mot des îles Moluques) [pl. *émeus*]. Oiseau d'Australie, au plumage gris, incapable de voler. ▸ Sous-classe des ratites ; haut. 2 m.

émeute [emøt] **n.f.** (anc. p. passé de *émouvoir,* d'apr. « meute »). Soulèvement populaire : *La manifestation risque de tourner à l'émeute* (syn. **insurrection**).

émeutier, ère [emøtje, -ɛr] **n.** Personne qui prend part à une émeute.

émiettement [emjɛtmɑ̃] **n.m.** Action d'émietter ; fait d'être émietté : *L'émiettement des responsabilités.*

émietter [emjete] **v.t. 1.** Réduire en miettes : *Émietter du pain.* **2.** Disperser en tous sens : *Émietter ses efforts, son attention* (syn. **éparpiller, gaspiller**).

émigrant, e [emigrɑ̃, -ɑ̃t] **n.** et **adj.** Personne qui émigre.

émigration [emigrasjɔ̃] **n.f.** (bas lat. *emigratio ;* v. *émigrer*). **1.** Action d'émigrer ; ensemble des émigrés. **2.** HIST. Départ hors de France des partisans de la monarchie et des aristocrates pendant la Révolution.

émigré, e [emigre] **n.** et **adj. 1.** Personne qui a émigré. **2.** HIST. Personne, génér. un aristocrate, qui, entre 1789 et 1799, quitta la France pour échapper à la Révolution.

émigrer [emigre] **v.i.** (lat. *emigrare,* changer de demeure). Quitter son pays pour s'établir dans un autre.

Émilie-Romagne, région d'Italie, au sud du Pô, sur l'Adriatique ; 22 123 km^2 ; 4 352 794 hab. ; CAP. *Bologne ;* 8 prov. *(Bologne, Ferrare, Forli, Modène, Parme, Plaisance, Ravenne, Reggio nell'Emilia).*

émincé [emɛ̃se] **n.m.** Tranche de viande coupée très mince : *Un émincé de bœuf, de poulet.*

émincer [emɛ̃se] **v.t.** (de *mince*) [conj. **16**]. Couper en tranches minces : *Émincer du lard, des oignons.*

éminemment [eminamɑ̃] **adv.** Au plus haut point ; extrêmement : *Il est éminemment souhaitable qu'il soit présent.*

éminence [eminɑ̃s] **n.f.** (lat. *eminentia ;* v. *éminent*). **1.** Élévation de terrain : *Monter sur une éminence pour observer les environs* (syn. **hauteur**). **2.** Titre d'honneur d'un cardinal : *Son Éminence le cardinal Duval* (abrév. *S.Ém.*). **3.** **Éminence grise,** conseiller intime qui agit dans l'ombre. ▸ Ce surnom avait été donné au Père Joseph du Tremblay, conseiller de Richelieu.

éminent, e [eminɑ̃, -ɑ̃t] **adj.** (lat. *eminens, -entis,* de *eminere,* s'élever au-dessus de). Que ses qualités situent nettement au-dessus des autres : *J'exprime toute ma gratitude à mon éminent collaborateur* (syn. **remarquable**).

Eminescu (Mihai), écrivain roumain (Ipoteşti 1850 - Bucarest 1889). Auteur de nouvelles et de contes populaires, il est, par son génie romantique, le grand poète national de la Roumanie.

émir [emir] **n.m.** (ar. *amīr*). Gouverneur, prince dans le monde musulman.

émirat [emira] **n.m. 1.** État gouverné par un émir. **2.** Dignité d'émir.

Émirats arabes unis, État de la péninsule d'Arabie, regroupant 7 émirats (Abu Dhabi, Dubayy, Chardja, Fudjayra, Adjman, Umm al-Qaywayn et Ras al-Khayma), sur le golfe Persique ; 80 000 km^2 ; 9 346 000 hab. CAP. *Abu Dhabi.* LANGUE : *arabe.* MONNAIE : *dirham* des É.A.U. L'économie, fondée au début du XXe siècle sur la pêche perlière et le commerce maritime traditionnel, a été transformée par l'exploitation pétrolière qui a commencé en 1962 à Abu Dhabi, qui demeure le principal producteur et dispose de réserves importantes de pétrole et de gaz. Le pays s'est modernisé, ponctuellement industrialisé (aluminium, chimie, constructions mécaniques), grâce aux revenus pétroliers et à l'afflux d'immigrés (qui constituent la majeure partie de la population). Les « États de la Trêve » *(Trucial States),* sous protectorat britannique de 1892 à 1971, formèrent en 1971-1972 la fédération indépendante des Émirats arabes unis.

1. émissaire [emisɛr] **n.m.** (lat. *emissarius,* espion). Personne chargée d'une mission plus ou moins secrète et que l'on délègue auprès de qqn : *L'émissaire du président auprès des rebelles arrivera demain.*

2. émissaire [emisɛr] **n.m.** (lat. *emissarium,* déversoir). Cours d'eau qui prend naissance dans un lac ou qui en évacue les eaux : *Le Rhône est l'émissaire du lac Léman.*

3. émissaire [emisɛr] **adj.m.** (de *1. émissaire*). **Bouc émissaire ⟶ bouc.**

émission [emisjɔ̃] **n.f.** (lat. *emissio,* de *emittere,* envoyer dehors). **1.** Opération qui consiste à mettre en circulation une monnaie, un chèque ou des actions. ▶ En France, l'État confie à la Banque de France le privilège de l'émission et de la diffusion de la monnaie. **2.** Production de sons naturels par un être vivant : *Émission de la voix.* **3.** TÉLÉCOMM. Production de signaux sonores ou visuels : *Émission et réception.* **4.** Programme émis par la radio ou la télévision : *Une émission de variétés.* **5.** Sortie hors d'un volcan de produits solides, liquides ou gazeux. **6. Émission (de gaz),** rejet par l'industrie, les moyens de transport, etc., de gaz dans l'atmosphère (gaz à effet de serre, notamm.) : *Limiter les émissions de l'industrie pétrolière.*

emmagasinage [ɑ̃magazinaʒ] **n.m.** Action, fait d'emmagasiner : *L'emmagasinage de chaleur par des capteurs solaires.*

emmagasiner [ɑ̃magazine] **v.t.** (de *magasin*). **1.** Mettre en magasin : *Emmagasiner des marchandises* (syn. **entreposer**). **2.** Accumuler pour garder en réserve : *Les panneaux solaires emmagasinent la chaleur* (syn. **stocker**). **3.** Garder dans sa mémoire : *Emmagasiner des connaissances* (syn. **enregistrer**).

emmailloter [ɑ̃majɔte] **v.t.** (de *maillot*). **1.** VX. Envelopper un bébé dans un lange (syn. **langer**). **2.** Envelopper complètement dans un tissu : *Emmailloter un doigt blessé dans un bandage* (syn. **bander**).

emmanchement [ɑ̃mɑ̃ʃmɑ̃] **n.m.** Action d'emmancher ; manière de s'emmancher : *L'emmanchement d'un outil.*

emmancher [ɑ̃mɑ̃ʃe] **v.t.** (de *1. manche*). Ajuster, monter sur un manche ; fixer dans un support approprié : *Emmancher une pioche. Emmancher une bougie dans un chandelier.* ◆ **s'emmancher v.pr. 1.** S'ajuster l'un dans l'autre : *Les deux pièces s'emmanchent mal.* **2.** FAM. Commencer : *L'affaire s'emmanche mal* (syn. **s'engager**).

1. emmanchure [ɑ̃mɑ̃ʃyr] **n.f.** (de *2. manche*). Ouverture d'un vêtement pour y coudre une manche ou laisser passer le bras (syn. **entournure**).

2. emmanchure [ɑ̃mɑ̃ʃyr] **n.f.** (de *1. manche*). BELG. Affaire compliquée ; combine : *Quelle emmanchure !*

Emmaüs, village proche de Jérusalem où l'évangéliste Luc situe une apparition de Jésus ressuscité à deux de ses disciples, ceux-ci ne le reconnaissant qu'au cours du repas qu'ils prirent avec lui.

emmêlement [ɑ̃mɛlmɑ̃] **n.m.** Action d'emmêler ; fait d'être emmêlé.

emmêler [ɑ̃mele] **v.t.** [conj. **4**]. **1.** Mêler en enchevêtrant : *Emmêler ses cheveux.* **2.** Mettre de la confusion dans : *Emmêler une affaire* (syn. **embrouiller**).

emménagement [ɑ̃menaʒmɑ̃] **n.m.** Action d'emménager.

emménager [ɑ̃menaʒe] **v.i.** (de *ménage*) [conj. **17**]. S'installer dans un nouveau logement.

emmener [ɑ̃mne] **v.t.** [conj. **19**]. **1.** Mener avec soi, du lieu où l'on est dans un autre endroit : *Emmener les enfants à l'école* (syn. **conduire**). **2.** Dans un match, entraîner son équipe à sa suite, dans son élan ; dans une course, être en tête du peloton, en en réglant l'allure : *Le capitaine a bien emmené ses avants.*

emmerdant, e [ɑ̃mɛrdɑ̃, -ɑ̃t] **adj.** *T. FAM.* Ennuyeux.

emmerdement [ɑ̃mɛrdəmɑ̃] **n.m.** *T. FAM.* Gros ennui ; grosse contrariété.

emmerder [ɑ̃mɛrde] **v.t.** (de *merde*). *T. FAM.* Importuner. ◆ **s'emmerder v.pr.** *T. FAM.* S'ennuyer.

emmerdeur, euse [ɑ̃mɛrdœr, -øz] **adj.** et **n.** *T. FAM.* Importun.

emmitoufler [ɑ̃mitufle] **v.t.** (de l'anc. fr. *mitoufle,* mitaine). Envelopper, couvrir de vêtements chauds. ◆ **s'emmitoufler v.pr.** S'envelopper dans des vêtements chauds : *S'emmitoufler dans son manteau.*

emmurer [ɑ̃myre] **v.t.** Enfermer dans un endroit d'où l'on ne peut sortir : *Ils emmuraient ceux qu'ils jugeaient hérétiques.*

émoi [emwa] **n.m.** (de l'anc. fr. *esmaier,* effrayer, lat. pop. **exemagare,* priver de sa force, du germ. **magan*). *LITT.* **1.** Trouble d'ordre émotionnel, affectif, sensuel : *Les premiers émois de l'amour* (syn. **émotion**). *Dans son émoi, elle laissa tomber ses papiers* (syn. **saisissement**). **2. En émoi,** en proie à une vive agitation : *La population est en émoi.*

émollient, e [emɔljɑ̃, -ɑ̃t] **adj.** (du lat. *emollire,* amollir). MÉD. Qui détend et amollit les tissus enflammés. ◆ **émollient n.m.** Médicament, substance émollients.

émoluments [emɔlymɑ̃] **n.m. pl.** (lat. *emolumentum,* bénéfice). Traitement, salaire attaché à un emploi : *De maigres émoluments* (syn. **appointements, rétribution**).

émondage [emɔ̃daʒ] **n.m.** Action d'émonder.

émonder [emɔ̃de] **v.t.** (lat. *emundare,* nettoyer, de *mundus,* propre). **1.** Débarrasser un arbre de ses branches mortes ou superflues (syn. **élaguer, tailler**). **2.** Débarrasser certaines graines de leur tégument : *Émonder des amandes* (syn. **monder**).

émotif, ive [emɔtif, -iv] **adj.** Relatif à l'émotion : *Troubles émotifs.* ◆ **adj.** et **n.** Prompt à ressentir des émotions : *Personne émotive. C'est un émotif.*

émotion [emɔsjɔ̃] **n.f.** (de *émouvoir*). Trouble subit, agitation passagère causés par la surprise, la peur, la joie : *L'annonce de sa démission a causé une vive émotion. Évoquer de vieux souvenirs avec émotion* (syn. **attendrissement**).

émotionnel, elle [emɔsjɔnɛl] **adj.** Du domaine de l'émotion : *Réaction émotionnelle* (syn. **affectif, passionnel**).

émotionner [emɔsjɔne] **v.t.** *FAM.* Donner, causer de l'émotion : *L'accident a émotionné les passagers.*

émotivité [emɔtivite] **n.f.** (de *émotif*). Disposition à ressentir des émotions ; caractère d'une personne émotive (syn. **hypersensibilité, sensibilité**).

émottage [emɔtaʒ] et **émottement** [emɔtmɑ̃] **n.m.** Action d'émotter.

émotter [emɔte] **v.t.** Briser les mottes de terre après un labour.

émotteuse [emɔtøz] **n.f.** Herse servant à émotter.

émoulu, e [emuly] **adj.** (p. passé de l'anc. v. *émoudre,* aiguiser ; v. *moudre*). **Frais émoulu de,** récemment sorti d'une école, d'une institution : *Une jeune fille fraîche émoulue de Polytechnique.*

émousser [emuse] **v.t.** (de *4. mousse*). **1.** Rendre moins tranchant, moins pointu : *La dureté du bois a émoussé le ciseau.* **2.** Diminuer la force, la vivacité de : *Le temps a émoussé sa rancœur* (syn. **atténuer, estomper**).

émoustillant, e [emustijɑ̃, -ɑ̃t] **adj.** Qui émoustille : *Des histoires émoustillantes.*

émoustiller [emustije] **v.t.** (de l'anc. fr. *mousse,* écume). **1.** Mettre de bonne humeur ; porter à la gaieté : *Le champagne émoustillait les convives.* **2.** Exciter les sens : *Elle aime à émoustiller les hommes* (syn. **aguicher**).

émouvant, e [emuvɑ̃, -ɑ̃t] **adj.** Qui émeut : *La scène la plus émouvante du film* (syn. **bouleversant, pathétique**).

émouvoir [emuvwar] **v.t.** (lat. pop. **exmovere,* du class. *emovere,* ébranler) [conj. **55**]. Agir sur la sensibilité de ; causer du trouble chez : *Le récit de ses malheurs nous a émus* (syn. **bouleverser, toucher**). *Je suis encore tout ému de l'annonce de cette nouvelle* (syn. **remuer**).

empaillage [ɑ̃pajaʒ] et **empaillement** [ɑ̃pajmɑ̃] **n.m.** Action d'empailler.

empaillé, e [ɑ̃paje] **adj.** Se dit d'un animal mort conservé par empaillage : *Serpents empaillés.*

empailler [ɑ̃paje] **v.t. 1.** Garnir ou envelopper de paille : *Empailler une chaise, des bouteilles.* **2.** Préparer la peau d'un animal mort et la bourrer de paille pour conserver à la bête son apparence naturelle : *Empailler un renard* (syn. **naturaliser**).

empailleur, euse [ɑ̃pajœr, -øz] **n. 1.** Personne qui empaille les sièges (syn. **rempailleur**). **2.** Personne qui empaille des animaux (syn. **naturaliste, taxidermiste**).

empalement [ɑ̃palmɑ̃] **n.m.** Action d'empaler ; fait de s'empaler ; supplice du pal.

empaler [ɑ̃pale] **v.t.** Transpercer le corps de qqn par un pieu ; faire subir le supplice du pal à. ◆ **s'empaler v.pr.** Se blesser ou se tuer en tombant sur un objet pointu qui s'enfonce dans le corps : *S'empaler sur une grille.*

empan [ɑ̃pɑ̃] **n.m.** (frq. **spanna*). Distance comprise entre l'extrémité du pouce et celle du petit doigt dans leur écart maximal.

empanacher [ɑ̃panaʃe] **v.t.** Orner d'un panache : *Empanacher la tête d'un cheval pour une parade.*

empannage [ɑ̃panaʒ] **n.m.** MAR. Action d'empanner.

empanner [ɑ̃pane] **v.t.** MAR. Mettre en panne. ◆ **v.i.** Faire passer la voilure d'un bord à l'autre, au moment du virement de bord vent arrière.

empaquetage [ɑ̃paktaʒ] **n.m.** Action d'empaqueter : *Procéder à l'empaquetage des colis* (syn. **emballage**).

empaqueter [ɑ̃pakte] **v.t.** [conj. **27**]. Mettre en paquet : *Empaqueter des marchandises* (syn. **emballer**).

s'emparer [ɑ̃pare] **v.pr. [de]** (anc. prov. *amparar,* lat. pop. **anteparare,* faire des préparatifs pour se défendre). **1.** Prendre violemment possession de : *L'ennemi s'est emparé de la capitale* (syn. **conquérir, enlever**). **2.** Se saisir vivement de qqch et le conserver : *L'ailier s'est emparé du ballon.* **3.** Faire prisonnier : *Les rebelles se sont emparés de l'émissaire de l'O.N.U.* (syn. **capturer**). **4.** Prendre possession de qqn, en parlant d'une idée, d'un sentiment : *La colère s'est emparée d'elle* (syn. **gagner**).

empâté, e [ɑ̃pɑte] **adj.** Dont les traits, la silhouette se sont épaissis, alourdis : *Un visage empâté* (syn. **bouffi**).

empâtement [ɑ̃pɑtmɑ̃] **n.m. 1.** Effacement des traits, de la silhouette, dû à un excès de graisse dans les tissus (syn. **boufissure**). **2.** PEINT. Relief donné à un tableau par des couches superposées de peinture.

empâter [ɑ̃pɑte] **v.t.** (de *pâte*). **1.** Rendre plus gros ; gonfler : *L'âge a empâté ses traits* (syn. **alourdir, épaissir**). **2.** Rendre pâteux : *Sucreries qui empâtent la bouche.*

empattement [ɑ̃patmɑ̃] **n.m.** (de *patte*). **1.** Épaisseur de maçonnerie qui sert de pied à un mur. **2.** Distance entre les roues avant et les roues arrière d'une voiture, mesurée d'un essieu à l'autre. **3.** Épaississement terminal des jambages d'un caractère d'imprimerie.

empêché, e [ɑ̃peʃe] **adj.** Retenu par des obligations : *Le directeur, empêché, n'a pas assisté à la réunion.*

empêchement [ɑ̃pɛʃmɑ̃] **n.m.** Ce qui s'oppose à la réalisation de qqch : *Un empêchement de dernière minute m'a retenu loin de vous* (syn. **contretemps, incident**). *Voyez-vous un empêchement à ce projet ?* (syn. **entrave, obstacle**).

empêcher [ɑ̃peʃe] **v.t.** (bas lat. *impedicare,* prendre au piège) [conj. **4**]. **1.** Faire obstacle à ; rendre impossible : *Empêcher un mariage* (syn. **s'opposer à** ; contr. **permettre**). *Empêcher le développement d'une maladie* (syn. **arrêter, entraver**). **2.** Ne pas permettre : *Le règlement empêche qu'il soit candidat* (syn. **interdire** ; contr. **autoriser**). ◆ **s'empêcher v.pr. [de].** Se retenir de : *Je n'ai pu m'empêcher de rire.*

empêcheur, euse [ɑ̃peʃœr, -øz] **n.** *FAM.* **Empêcheur de danser, de tourner en rond,** celui qui trouble la joie ou suscite des difficultés (syn. **rabat-joie, trouble-fête**).

Empédocle, philosophe grec présocratique (vécut à Agrigente au ve s. av. J.-C.). Chef du parti démocratique, il a élaboré une cosmogonie fondée sur les quatre éléments, l'air, le feu, l'eau et la terre, dont les rapports sont régis par l'Amour *(Éros)* et la Haine *(Polemos).* Le combat que se livrent ces deux principes est sans fin, mais l'apparition de l'homme sur la Terre marque une nette prédominance de la Haine. Il a laissé un poème *(De la nature)* dont d'importants fragments nous sont parvenus.

empeigne [ɑ̃pɛɲ] **n.f.** (de l'anc. fr. *peigne,* métacarpe). Le dessus d'une chaussure, du cou-de-pied à la pointe.

empennage [ɑ̃penaʒ] **n.m.** (de *empenné*). **1.** Empenne. **2.** Chacune des surfaces placées à l'arrière des ailes ou de la queue d'un avion, pour lui donner de la stabilité.

empenne [ɑ̃pɛn] **n.f.** (de *empenné*). Garniture de plumes placée à l'arrière d'une flèche pour régulariser son mouvement (syn. **empennage**).

empenné, e [ɑ̃pene] **adj.** (du lat. *penna,* plume). Garni d'une empenne : *Une flèche empennée.*

empereur [ɑ̃prœr] **n.m.** (lat. *imperator,* propr. « chef, maître », de *imperare,* commander, ordonner). **1.** À Rome, détenteur du pouvoir suprême depuis Auguste (27 av. J.-C.) **2.** Titre que portèrent plusieurs souverains européens : *L'Empereur* (= Napoléon Ier). *L'empereur de Russie* (= tsar). *L'empereur d'Allemagne* (= kaiser). **3.** Chef suprême de certains États : *L'empereur du Japon. **Rem.*** Le féminin est *impératrice.* **4.** Chef du Saint Empire romain germanique, de 962 à 1806.

empesage [ɑ̃pəzaʒ] **n.m.** Action d'empeser.

empesé, e [ɑ̃pəze] **adj.** (p. passé de *empeser*). Qui manque de naturel ; plein d'affectation : *Un air empesé* (syn. **affecté, gourmé**). [V. aussi *empeser.*]

empeser [ɑ̃pəze] **v.t.** (anc. fr. *empoise,* empois, lat. *impensa,* matériaux) [conj. **19**]. Imprégner d'eau mêlée d'empois, afin de raidir : *Empeser un col, un plastron de chemise* (syn. **amidonner**).

empester [ɑ̃pɛste] **v.t.** (de *peste*). Infester d'une mauvaise odeur : *Cet égout bouché empeste tout le quartier* (syn. **empuantir**). ◆ **v.i. 1.** Exhaler une forte odeur de : *Ses vêtements empestent le tabac.* **2.** (Absol.). Dégager une mauvaise odeur : *Ce marécage empeste* (syn. **puer**).

empêtré, e [ɑ̃petre] **adj.** Qui manque d'aisance : *Il a l'air empêtré* (syn. **gauche, maladroit**).

empêtrer [ɑ̃petre] **v.t.** (lat. pop. **impastoriare,* entraver des animaux qui paissent, du class. *pastus,* pâturage) [conj. **4**]. **1.** Embarrasser dans des liens, un enchevêtrement : *Empêtrer un fil à pêche dans des branches.* **2.** Engager dans une situation périlleuse : *Son frère l'a empêtré dans une affaire douteuse.* ◆ **s'empêtrer v.pr. 1.** S'embarrasser dans qqch qui lie, retient : *Un des parachutistes s'est empêtré dans les cordes de son parachute* (syn. **s'entraver**). **2.** Se mettre dans une situation difficile : *Il s'est empêtré dans ses mensonges* (syn. **s'enferrer**).

emphase [ɑ̃faz] **n.f.** (lat. *emphasis,* mot gr. « expression forte »). Exagération pompeuse dans le ton, dans les termes employés, dans les manières (syn. **affectation, grandiloquence** ; contr. **simplicité**).

emphatique [ɑ̃fatik] **adj.** Empreint d'emphase : *Le discours emphatique du maire* (syn. **ampoulé, pompeux**).

emphatiquement [ɑ̃fatikmɑ̃] **adv.** Avec emphase (syn. **pompeusement, solennellement**).

emphysémateux, euse [ɑ̃fizematø, -øz] **adj.** et **n.** Qui présente les caractères de l'emphysème ; atteint d'emphysème.

emphysème [ɑ̃fizɛm] **n.m.** (gr. *emphusêma,* gonflement). MÉD. **1.** Gonflement du tissu cellulaire par introduction d'air, à la suite d'un traumatisme des voies respiratoires. **2. Emphysème pulmonaire,** dilatation excessive et permanente des alvéoles pulmonaires.

emphytéotique [ɑ̃fiteɔtik] **adj.** (lat. médiév. *emphyteoticus,* du gr. *emphutuein,* planter dans). DR. Se dit d'un bail à longue durée. ▸ La durée peut aller de 18 à 99 ans.

empiècement [ɑ̃pjɛsmɑ̃] **n.m.** Pièce rapportée dans le haut d'un vêtement : *Robe avec empiècement en dentelle.*

empierrement [ɑ̃pjɛrmɑ̃] **n.m. 1.** Action d'empierrer. **2.** Lit de pierres cassées dont on recouvre une route pour en faire la chaussée.

empierrer [ɑ̃pjere] **v.t.** Couvrir d'une couche de pierres : *Empierrer une cour, une route.*

empiétement [ɑ̃pjɛtmɑ̃] **n.m. 1.** Action d'empiéter ; ce qui empiète : *Les empiétements du pouvoir* (syn. **usurpation**). **2.** Extension graduelle d'une chose sur une autre : *L'empiétement de la mer sur les terres* (syn. **avancée**).

empiéter [ɑ̃pjete] **v.i.** (de *pied*) [conj. **18**]. **1.** S'arroger des droits qu'on n'a pas : *Vous empiétez sur mes attributions.* **2.** S'étendre sur le domaine occupé par qqch : *La mer empiète chaque année sur la côte* (syn. **gagner**).

s'**empiffrer** [ɑ̃pifre] **v.pr.** (anc. fr. *pifre,* gros individu). *FAM.* Manger avidement et gloutonnement (syn. **se gaver**).

empilable [ɑ̃pilabl] **adj.** Conçu pour pouvoir être empilé : *Tasses à café empilables.*

empilage [ɑ̃pilaʒ] et **empilement** [ɑ̃pilmɑ̃] **n.m.** Action d'empiler ; ensemble de choses empilées.

empiler [ɑ̃pile] **v.t.** Mettre en pile : *Empiler des livres* (syn. **amonceler, entasser**). ◆ **s'empiler v.pr.** Être mis en pile : *La vaisselle sale s'empilait dans l'évier* (syn. **s'amonceler**).

empire [ɑ̃pir] **n.m.** (lat. *imperium,* propr. « commandement, ordre », de *imperare,* commander, ordonner). **1.** Régime dans lequel l'autorité politique souveraine est exercée par un empereur ; État ou ensemble d'États soumis à un tel régime : *L'Empire japonais. L'empire de Charlemagne.* **2.** Ensemble d'États gouvernés par une autorité unique : *Les grands empires coloniaux du début du XX*e *siècle.* **3.** Groupe industriel, commercial, financier puissant et très étendu : *Les empires de l'automobile* (syn. **consortium, multinationale**). **4.** (Avec une majuscule). Période durant laquelle Napoléon Ier gouverna la France (on dit aussi *premier Empire,* par opp. à *second Empire,* période durant laquelle Napoléon III gouverna la France). **5.** (Avec une majuscule). Le Saint Empire romain germanique. **6.** *LITT.* Ascendant moral, influence exercés sur une personne par qqn ou qqch : *Il a pris sur eux beaucoup d'empire* (syn. **autorité**). *Elle a agi sous l'empire de la colère* (syn. **domination**). **7.** HIST. **Le Céleste Empire,** nom donné autref. à la Chine (dont l'empereur était appelé « Fils du ciel »). / **Pas pour un empire,** pour rien au monde ; en aucune façon. ◆ **adj. inv.** (Avec une majuscule). Se dit du style décoratif en vogue sous Napoléon Ier : *Un salon Empire.*

Empire (premier), régime politique de la France de mai 1804 à avril 1814.

L'organisation du régime

18 mai 1804. Le sénatus-consulte (décret du Sénat) du 28 floréal an XII, ratifié par un plébiscite, confie le gouvernement de la république au Premier consul, Napoléon Bonaparte, avec le titre d'empereur des Français.

2 déc. 1804. Napoléon est sacré empereur par le pape Pie VII à Notre-Dame de Paris.

L'Empire apparaît comme un compromis entre la Révolution (égalité civile, respect de la propriété, abolition de la féodalité) et l'Ancien Régime (création d'une cour avec sa hiérarchie [grands dignitaires, grands officiers civils et militaires] et d'une noblesse d'Empire). Les assemblées législatives, issues du Consulat, perdent tout pouvoir. Celui-ci est concentré dans les mains de l'Empereur, dont la police (confiée à Fouché jusqu'en 1810) est puissante. La France connaît une période de prospérité. D'importants travaux sont entrepris à Paris (canal Saint-Martin, temple de la Gloire [la Madeleine], colonne Vendôme) et en province (routes et canaux). L'Empereur impose sa tutelle sur les lettres et protège les sciences et les arts (style Empire).

La politique extérieure. Elle est dominée par les ambitions de Napoléon qui l'entraînent toujours plus loin dans ses conquêtes et dressent finalement contre lui la plupart des pays européens.

1805. Après le désastre naval de Trafalgar (21 oct.), la Grande Armée remporte la bataille d'Austerlitz (2 déc.) contre l'Autriche et la Russie.

1806. Victoire de Iéna, sur la Prusse.

1807. Victoire de Friedland, sur la Russie.

La France applique le Blocus continental, système économique destiné à fermer le continent aux Anglais, et s'allie à la Russie, tandis que le territoire de la Prusse est démembré.

1809. Victoire de Wagram, sur les Autrichiens.

1810. Mariage de Napoléon avec Marie-Louise d'Autriche, suivi de la naissance de leur fils, le roi de Rome (1811).

Le régime est alors à son apogée : le Grand Empire (130 départements) s'étend du Danemark aux États pontificaux. L'Empereur a installé ses proches à la tête des royaumes vassaux de Hollande, d'Espagne, de Westphalie et de Naples. Le Code civil régit une grande partie de l'Europe.

La chute de l'Empire. À partir de 1811, Napoléon doit faire face à l'éveil des nationalismes dans les États vassaux, particulièrement en Espagne, où la population reçoit l'appui des troupes anglaises commandées par Wellington. À l'intérieur, l'Empereur est confronté à l'opposition de la bourgeoisie à la guerre et à l'hostilité des catholiques à sa politique religieuse (incarcération du pape Pie VII).

1812. Le tsar rompt son alliance avec l'Empereur, qui entreprend la désastreuse campagne de Russie.

1813. La défaite de Napoléon à Leipzig provoque la désagrégation de la Confédération du Rhin.

1814. La France est envahie par les coalisés. L'Empereur abdique le 6 avril.

1815. La défaite de Waterloo (18 juin) met fin à la période des Cent-Jours (20 mars-22 juin) marquée par le retour au pouvoir de Napoléon.

Empire (second), régime politique de la France de 1852 à 1870. Après le coup d'État du 2 décembre 1851, Louis Napoléon Bonaparte fait rétablir à son profit, par plébiscite, la dignité impériale (nov. 1852), mettant fin à la IIe République.

2 déc. 1852. Louis Napoléon est proclamé empereur sous le nom de Napoléon III.

L'Empire autoritaire (1852-1860). L'empereur détient l'essentiel du pouvoir ; le suffrage universel est limité et la presse étroitement surveillée. Soutenu par la bourgeoisie, les masses rurales et l'armée, le régime ne rencontre alors que peu d'opposition. La France connaît une conjoncture économique favorable et s'industrialise rapidement. Les communications se modernisent, en particulier les chemins de fer, et Paris est transformé par les travaux d'Haussmann. À l'extérieur,

le régime cherche à affirmer le prestige de la France sur plusieurs fronts. Il commence la mise en valeur de l'Algérie tandis que des expéditions au Sénégal et en Cochinchine jettent les bases de l'empire colonial.
1856. Le traité de Paris met fin à la guerre de Crimée, remportée sur la Russie.
1858. L'attentat manqué d'Orsini fournit le prétexte d'une répression contre les républicains.
1859. Favorable à l'unité italienne, Napoléon III remporte contre les Autrichiens les victoires de Magenta et de Solferino, en Italie.
1860. Un plébiscite réunit Nice et la Savoie à la France.
Cependant, cette politique italienne, opposée aux intérêts du pape, éloigne de Napoléon III les catholiques, tandis que le traité de commerce avec l'Angleterre (1860), abaissant les droits de douane, mécontente la bourgeoisie d'affaires. Pour obtenir de nouveaux appuis, l'empereur est alors contraint de faire des concessions.
L'Empire libéral (1860-1870). Les réformes politiques de 1860 donnent un rôle accru au corps législatif et favorisent le réveil de la vie politique.
1864. Les ouvriers, en liaison avec l'Internationale, obtiennent la reconnaissance du droit de grève.
1867. Échec de l'expédition du Mexique entreprise en 1862.
L'opposition tire parti des réformes qui rendent aux Français la plupart de leurs libertés politiques (liberté de réunion et assouplissement du régime de la presse, 1868 ; initiative des lois rendue au Corps législatif, 1869). Elle triomphe aux élections de 1869. Émile Ollivier, chef du « tiers parti », favorable à un Empire parlementaire, est chargé de former un gouvernement libéral.
1870. Établissement d'un régime semi-parlementaire, qui semble consolidé par le plébiscite du 8 mai. Mais les événements extérieurs révèlent la faiblesse profonde du régime. Six semaines après la déclaration de guerre à la Prusse, la capitulation de Sedan (2 sept.) entraîne la chute de l'Empire et la formation d'un gouvernement de la Défense nationale.

empirer [ɑ̃pire] **v.i.** (réfection d'apr. *pire,* de l'anc. fr. *empeirier,* lat. pop. **impejorare,* du class. *pejor,* pire). Devenir pire, plus grave : *Son état a empiré pendant la nuit* (syn. **s'aggraver**).

empirique [ɑ̃pirik] **adj.** (lat. *empiricus,* gr. *empeirikos,* de *empeiros,* qui a de l'expérience). Qui ne s'appuie que sur l'expérience, l'observation : *Une méthode empirique.*

empiriquement [ɑ̃pirikmɑ̃] **adv.** De façon empirique.

empirisme [ɑ̃pirism] **n.m.** Méthode qui repose uniquement sur l'expérience et exclut les systèmes a priori.

emplacement [ɑ̃plasmɑ̃] **n.m.** (de l'anc. fr. *emplacer*). Place, lieu occupé par qqch, ou qui lui est réservé : *On a construit un parking sur l'emplacement de l'ancien théâtre.*

emplâtre [ɑ̃platr] **n.m.** (lat. *emplastrum,* gr. *emplastron,* de *emplassein,* façonner). PHARM. Préparation thérapeutique adhésive destinée à l'usage externe.

emplette [ɑ̃plɛt] **n.f.** (anc. fr. *emploite,* du lat. pop. **implic[i]ta,* de *implicare ;* v. *employer*). **1.** Achat d'objets ou de marchandises d'un usage courant : *Faire des emplettes* (syn. **courses**). *Faire l'emplette de qqch* (syn. **acquisition**). **2.** Objet acheté : *Montre-nous tes emplettes* (syn. **achat**).

emplir [ɑ̃plir] **v.t.** (lat. *implere*) [conj. **32**]. *LITT.* **1.** Rendre plein : *La foule emplit les rues* (syn. **remplir**). **2.** Occuper entièrement le cœur, l'esprit de : *La nouvelle nous a emplis de joie* (syn. **combler**).

emploi [ɑ̃plwa] **n.m.** (de *employer*). **1.** Action, manière d'employer une chose : *Elle a fait bon emploi de ce tissu* (syn. **usage**). **2.** Destination réservée à une chose : *Cette armoire fait double emploi avec la commode* (= elle a le même usage). **3.** Occupation confiée à une personne ; travail : *Pour cet emploi, il faut une personne expérimentée* (syn. **fonction, poste**). *Les jeunes à la recherche d'un emploi* (syn. **place, situation**). **4.** Dans les arts du spectacle, type de rôle qui peut être attribué à un acteur, à un danseur, en fonction de son physique, de sa sensibilité, etc. : *Avoir des emplois d'ingénue.* **5. Emploi du temps,** distribution des occupations pour une période déterminée. / **Mode d'emploi,** notice expliquant la manière d'utiliser un appareil, un produit, etc. / **Offre d'emploi,** annonce proposant un travail rémunéré. **6. Demandeur d'emploi,** personne qui cherche un travail rémunéré ; chômeur.

employé, e [ɑ̃plwaje] **n. 1.** Personne salariée qui travaille dans un bureau, une administration, un magasin ou chez un particulier, sans avoir de responsabilité d'encadrement. **2. Employé, employée de maison,** domestique.

employer [ɑ̃plwaje] **v.t.** (lat. *implicare,* plier dedans, puis « engager dans ») [conj. **13**]. **1.** Faire usage de ; se servir de : *Employer un marteau pour enfoncer un clou* (syn. **utiliser**). *Employer la force* (syn. **recourir à**). **2.** Faire travailler pour son compte : *Employer qqn comme secrétaire.* ◆ **s'employer v.pr. 1.** Être utilisé : *Ce mot ne s'emploie plus.* **2. [à].** Consacrer ses efforts à : *Elle s'est employée de son mieux à réparer les dégâts* (syn. **s'appliquer**).

employeur, euse [ɑ̃plwajœr, -øz] **n.** Personne qui emploie du personnel salarié.

empocher [ɑ̃pɔʃe] **v.t. 1.** Mettre dans sa poche : *Il empocha la lettre sans un mot.* **2.** Percevoir, toucher : *Empocher de l'argent.*

empoignade [ɑ̃pwaɲad] **n.f.** Querelle, discussion violente : *Le débat a donné lieu à quelques empoignades* (syn. **altercation**).

empoigne [ɑ̃pwaɲ] **n.f.** (de *empoigner*). *FAM.* **Foire d'empoigne,** situation où chacun cherche à obtenir le plus possible : *Le partage de l'héritage avait des airs de foire d'empoigne.*

empoigner [ɑ̃pwaɲe] **v.t.** (de *poing*). **1.** Saisir en serrant fortement avec la main : *Elle empoigna la rampe* (syn. **agripper**). **2.** *FAM.* Se saisir de : *Le policier empoigna le malfaiteur.* **3.** *SOUT.* Émouvoir fortement : *Le dénouement empoignait les spectateurs.* ◆ **s'empoigner v.pr. 1.** Se saisir l'un l'autre, en venir aux mains (syn. **se colleter**). **2.** Se quereller, se disputer.

empois [ɑ̃pwa] **n.m.** (de *empeser*). Apprêt à base d'amidon destiné à donner de la raideur au linge.

empoisonnant, e [ɑ̃pwazɔnɑ̃, -ɑ̃t] **adj.** *FAM.* Ennuyeux, contrariant : *Un élève empoisonnant* (syn. **insupportable**).

empoisonnement [ɑ̃pwazɔnmɑ̃] **n.m. 1.** Action sur l'organisme d'une dose de toute substance capable de causer la mort ou d'altérer gravement les fonctions vitales : *Un empoisonnement dû à des champignons* (syn. **intoxication**). **2.** Crime consistant à administrer une substance toxique à qqn avec l'intention de lui donner la mort. **3.** *FAM.* Ennui, tracas (syn. **souci**).

empoisonner [ɑ̃pwazɔne] **v.t. 1.** Faire mourir ou intoxiquer par le poison : *Il a été empoisonné par des champignons* (syn. **intoxiquer**). **2.** Mettre du poison dans, sur : *Certains Indiens empoisonnent leurs flèches.* **3.** Infecter d'une odeur désagréable : *Il empoisonne toute la maison avec son tabac* (= il nous incommode). **4.** *FAM.* Importuner vivement : *Il m'empoisonne avec ses récriminations* (syn. **ennuyer**). ◆ **s'empoisonner v.pr. 1.** Absorber du poison (syn. **s'intoxiquer**). **2.** *FAM.* S'ennuyer : *Je m'empoisonne toujours chez eux.*

empoisonneur, euse [ɑ̃pwazɔnœr, -øz] **n. 1.** Personne qui prépare, administre du poison. **2.** *FAM.* Personne qui ennuie, dérange (syn. **importun**).

empoissonnement [ɑ̃pwasɔnmɑ̃] **n.m.** Action d'empoissonner ; son résultat : *L'empoissonnement d'un étang.*

empoissonner [ɑ̃pwasɔne] **v.t.** Peupler de poissons : *Empoissonner un lac.*

emporium [ɑ̃pɔrjɔm] **n.m.** (mot lat.). ANTIQ. ROM. Comptoir commercial à l'étranger. ***Rem.*** Pluriel savant *emporia.*

emporté, e [ɑ̃pɔrte] **adj.** et **n.** Facilement irritable ; de tempérament violent (syn. **fougueux, irascible**).

emportement [ɑ̃pɔrtəmɑ̃] **n.m.** Vif accès de colère : *Être sujet à l'emportement, à des emportements* (syn. **colère**).

emporte-pièce [ɑ̃pɔrtəpjɛs] **n.m.** (pl. *emporte-pièces* ou inv.). **1.** Instrument en acier dur, pour trouer ou découper sous l'effet du choc ou de la pression. **2. À l'emporte-pièce,**

en parlant de qqn, sans nuance et d'un naturel acerbe ; en parlant de paroles, d'un style, tranchés, incisifs : *Des propos à l'emporte-pièce* (syn. **caustique**).

emporter [ɑ̃pɔrte] **v.t.** (de *porter*). **1.** Prendre avec soi en quittant un lieu : *N'oublie pas d'emporter ton parapluie.* **2.** Enlever de façon violente et rapide ; arracher : *Le vent a emporté des toitures* (syn. **arracher**). **3.** Entraîner dans son mouvement : *Le courant emporte le radeau.* **4.** Entraîner à un comportement excessif : *La colère l'emporte.* **5. L'emporter, l'emporter sur,** avoir la supériorité sur ; prévaloir sur ; être victorieux de : *Le plus athlétique l'emporta bientôt. L'emporter sur son adversaire* (= triompher de lui). ◆ **s'emporter v.pr.** Se laisser aller à la colère : *Il s'emporte pour des riens.*

empoté, e [ɑ̃pɔte] **adj.** et **n.** (de l'anc. fr. *poe, pote,* patte, d'orig. préceltique). FAM. Qui a des gestes maladroits ; qui manque d'initiative (syn. **gauche** ; contr. **dégourdi**).

empoter [ɑ̃pɔte] **v.t.** (de *pot*). Mettre en pot une plante.

empourprer [ɑ̃purpre] **v.t.** Colorer de pourpre, de rouge : *Le soleil couchant empourpre le ciel.* ◆ **s'empourprer v.pr.** Devenir rouge : *Son visage s'empourpra* (syn. **rougir**).

s'**empoussiérer** [ɑ̃pusjere] **v.pr.** [conj. **18**]. LITT. Se couvrir de poussière : *Meubles qui s'empoussièrent au grenier.*

empreindre [ɑ̃prɛ̃dr] **v.t.** (lat. *imprimere*) [conj. **81**]. Marquer : *Son visage était empreint de tristesse.* ◆ **s'empreindre v.pr. [de].** LITT. Laisser paraître la marque de : *Son visage s'empreignit de la plus franche gaieté.*

empreinte [ɑ̃prɛ̃t] **n.f.** (de *empreindre*). **1.** Marque en creux ou en relief obtenue par pression : *L'empreinte d'un pied dans le sable.* **2.** Marque durable, profonde, distinctive, laissée par une personne, une idée : *L'empreinte du catholicisme dans les œuvres d'un écrivain.* **3. Empreinte écologique,** évaluation de l'impact humain sur l'environnement, indiquant quelle superficie agricole permettrait de subvenir à l'ensemble des besoins et à l'absorption des déchets d'un individu, d'une population, d'une usine, etc. / **Empreinte génétique,** ensemble des caractéristiques génétiques singulières de tout être humain, qui permettent d'identifier avec certitude un individu à partir de l'ADN provenant d'échantillons même infimes de ses productions corporelles (sang, cheveux, sperme, etc.). ▸ Cette technique d'identification est de plus en plus utilisée en criminologie, en partic. dans les cas de viol. **4. Empreintes (digitales),** marques laissées par les sillons de la peau des doigts ; ces sillons : *Y a-t-il des empreintes sur l'arme ?*

empressé, e [ɑ̃prese] **adj.** et **n.** Qui manifeste des prévenances, du dévouement (syn. **attentionné, dévoué**).

empressement [ɑ̃presmɑ̃] **n.m.** Ardeur à faire qqch. : *Elle a fait ce qu'on lui avait demandé avec un grand empressement* (syn. **diligence**).

s'**empresser** [ɑ̃prese] **v.pr. 1.** Montrer du zèle, de la prévenance à l'égard de qqn : *S'empresser auprès d'un client.* **2.** Se hâter de : *S'empresser de partir* (syn. **se dépêcher**).

emprise [ɑ̃priz] **n.f.** (de l'anc. fr. *emprendre,* entreprendre). Domination morale, intellectuelle : *Professeur qui a beaucoup d'emprise sur sa classe* (syn. **autorité, influence**).

emprisonnement [ɑ̃prizɔnmɑ̃] **n.m. 1.** Action de mettre en prison (syn. **incarcération**). **2.** Peine consistant à demeurer enfermé en prison : *Délit passible de deux mois d'emprisonnement.*

emprisonner [ɑ̃prizɔne] **v.t. 1.** Mettre en prison : *On a emprisonné tous ses complices* (syn. **incarcérer**). **2.** Tenir à l'étroit : *Un col qui emprisonne le cou* (syn. **serrer**).

emprunt [ɑ̃prœ̃] **n.m.** (de *emprunter*). **1.** Action d'emprunter : *Recourir à un emprunt pour acheter une maison.* **2.** Somme empruntée : *Rembourser un emprunt.* **3.** Action d'employer ou d'imiter ce qui appartient à un autre : *Les emprunts d'un écrivain aux classiques* (syn. **plagiat**). **4.** LING. Élément, mot pris à une autre langue : *Le mot « football » est un emprunt à l'anglais.* **5. D'emprunt,** qui n'appartient pas en propre à : *Nom d'emprunt* (= pseudonyme). / **Emprunt public,** dette contractée sur le marché des capitaux par l'État ou par une collectivité publique.

emprunté, e [ɑ̃prœ̃te] **adj.** (de *emprunter*). Qui manque d'aisance, de naturel : *Il s'adresse à nous d'un air emprunté* (syn. **embarrassé, gauche**).

emprunter [ɑ̃prœ̃te] **v.t.** (lat. pop. **impromutare,* du class. *mutuari,* de *mutuum,* emprunt, réciprocité). **1.** Se faire prêter : *Emprunter de l'argent à un ami.* **2.** Prendre qqch à autrui pour le reproduire, l'imiter ou se l'approprier : *Le français a emprunté beaucoup de mots à l'anglais.* **3.** Prendre, suivre une voie : *Emprunter une route, un chemin.*

emprunteur, euse [ɑ̃prœ̃tœr, -øz] **n.** Personne qui emprunte (contr. **prêteur**).

empuantir [ɑ̃pyɑ̃tir] **v.t.** [conj. **32**]. Emplir d'une mauvaise odeur ; rendre puant : *Des vapeurs de solvant empuantissent la pièce* (syn. **empester**).

empuantissement [ɑ̃pyɑ̃tismɑ̃] **n.m.** Action d'empuantir ; état de ce qui est empuanti.

empyrée [ɑ̃pire] **n.m.** (lat. *empyrius,* gr. *empurios,* qui est en feu). **1.** ANTIQ. GR. Partie la plus élevée du ciel habitée par les dieux. **2.** LITT. Ciel, paradis.

Ems, auj. **Bad Ems,** v. d'Allemagne (Rhénanie-Palatinat), près de Coblence ; 9 153 hab. Station thermale. On appelle *dépêche d'Ems* la version publiée par Bismarck, le 13 juill. 1870, des informations que Guillaume Ier lui avait télégraphiées d'Ems. L'empereur refusait de recevoir l'ambassadeur de France pour lui confirmer le retrait de la candidature d'un Hohenzollern au trône d'Espagne. Cette dépêche est à l'origine du déclenchement de la guerre franco-allemande.

E.M.S. (échelle) [échelle macrosismique européenne]. Échelle de mesure de l'intensité des séismes par appréciation des dégâts qu'ils occasionnent, établie à partir de l'échelle MSK, et tenant compte de la structure des bâtiments. ▸ L'E.M.S. est divisée en douze degrés, notés de I (secousse imperceptible) à XII (catastrophe généralisée). Utilisée dans l'Union européenne, elle a pour but de mettre au point des constructions résistant aux séismes.

ému, e [emy] **adj.** (p. passé de *émouvoir*). Qui éprouve ou manifeste de l'émotion : *Elle était très émue* (syn. **bouleversé**).

émulation [emylasjɔ̃] **n.f.** (lat. *æmulatio*). Sentiment qui porte à égaler ou à surpasser qqn : *Il a créé une saine émulation entre ses élèves* (= esprit de compétition).

émule [emyl] **n.** (lat. *æmulus,* rival). Personne qui cherche à en égaler, à en surpasser une autre : *Il est devenu l'émule de son maître.*

émulsif, ive [emylsif, -iv], **émulsifiant, e** [emylsifjɑ̃, -ɑ̃t] et **émulsionnant, e** [emylsjɔnɑ̃, -ɑ̃t] **adj.** et **n.m.** Se dit d'un produit qui favorise la formation d'une émulsion ou sa conservation.

émulsifier v.t. → **émulsionner.**

émulsion [emylsjɔ̃] **n.f.** (du lat. *emulsum,* extrait). **1.** Particules très fines d'un liquide en suspension dans un autre liquide : *Une émulsion d'huile dans l'eau.* **2.** PHOT. Préparation sensible à la lumière dont sont enduits les films et les papiers photographiques.

émulsionnant, e adj. et **n.m.** → **émulsif.**

émulsionner [emylsjɔne] et **émulsifier** [emylsifje] **v.t.** [conj. **9**]. Mettre à l'état d'émulsion.

1. en [ɑ̃] **prép.** (lat. *in,* dans, sur, en). [Génér. non suivie d'un article]. **1.** Introduit certains noms de lieux : *Une promenade en forêt. On l'a mis en prison. Je vais en Angleterre, en Uruguay.* **2.** Introduit une date, une période : *La Révolution française a débuté en 1789. En janvier. En automne. Le vol a eu lieu en l'absence des locataires* (syn. **durant, pendant**). **3.** Introduit certains compléments d'objet indirect : *Croire en Dieu. J'ai confiance en toi.* **4.** Introduit le gérondif en *-ant* : *Elle répondit en souriant. En montant sur l'escabeau, elle a glissé.* **5.** Indique la durée d'une période nécessaire à l'accomplissement d'une action ou au cours de laquelle il se produit certains événements : *J'ai fait cent kilomètres en une heure. En vingt ans, le monde s'est complètement transformé. En deux mois, il n'a pas plu une seule fois* (syn. **pendant**). **6.** Exprime la manière d'être, l'état : *Elle parle en femme du monde. Elle est en blanc* (= habillée de blanc). *Ils sont en vacances. La maison est en flammes.* **7.** Désigne la matière, la structure : *Une montre en or. Une pièce en cinq actes.* **8.** Indique la transformation : *L'eau s'est transformée en glace. Convertir des euros en dollars.*

2. en [ɑ̃] **adv.** (lat. *inde,* de là). Indique le lieu d'où l'on vient : *Vous avez été chez lui ? — J'en reviens* (= de là). ◆ **pron. pers. 1.** Remplace un pron. (représentant le plus souvent une chose) qui serait précédé de la prép. *de : Prête-moi ta voiture, j'en ai besoin. Je m'en souviendrai. J'ai réussi et j'en suis fier* (= je suis fier de cela). **2.** Remplace un nom de chose qui serait précédé des art. partitifs *de la* ou *du : Voulez-vous du beurre ? — Oui, j'en veux.* **3.** Remplace le compl. partitif de certains mots indiquant une quantité : *J'en veux une. Il en manque deux, beaucoup.*

E.N.A. (École nationale d'administration), établissement public créé en 1945, placé sous l'autorité du Premier ministre et chargé de recruter et de former les membres des différents corps de l'État : Conseil d'État, Cour des comptes, Inspection des finances, corps préfectoral, corps diplomatique, corps des administrateurs civils des différents ministères, conseillers de tribunaux administratifs et de cour d'appel et conseillers de chambres régionales des comptes. Longtemps installée à Paris, l'E.N.A. a été transférée progressivement (entre 1993 et 2005) à Strasbourg.

s'**enamourer** [ɑ̃namure] ou s'**énamourer** [enamure] **v.pr.** *LITT.* Devenir amoureux.

énarque [enark] **n.** (de *E.N.A.* et *-arque*). Ancien élève de l'E.N.A. (École nationale d'administration).

en-avant [ɑ̃navɑ̃] **n.m. inv.** Au rugby, faute commise par un joueur qui lâche le ballon ou l'envoie à la main vers le but adverse.

en-but [ɑ̃byt] **n.m. inv.** Au rugby, surface située derrière la ligne du but, où doit être marqué l'essai.

encablure [ɑ̃kablyr] **n.f.** (de *câble*). MAR. Mesure de longueur de 120 brasses, soit env. 200 m, pour évaluer les courtes distances.

encadré [ɑ̃kadre] **n.m.** ARTS GRAPH. Dans une page, texte entouré d'un filet qui le met en valeur.

encadrement [ɑ̃kadrəmɑ̃] **n.m. 1.** Action d'encadrer : *Procéder à l'encadrement d'un tableau.* **2.** Ce qui encadre : *Encadrement mouluré et doré* (syn. **cadre**). **3.** Ce qui entoure une ouverture, une baie : *Elle se tenait dans l'encadrement de la porte* (syn. **embrasure**). **4.** Ensemble des cadres d'une entreprise, d'une troupe : *Personnel d'encadrement.* **5.** Ensemble de personnes qui ont la responsabilité d'un groupe : *Encadrement d'une colonie de vacances.* **6.** Ensemble des mesures prises par les pouvoirs publics pour limiter la hausse des prix ou l'attribution de crédits bancaires aux entreprises ou aux particuliers. **7.** MATH. **Encadrement d'un nombre réel x,** intervalle $[a, b]$ tel que $a \leq x \leq b$.

encadrer [ɑ̃kadre] **v.t. 1.** Entourer d'un cadre, mettre dans un cadre : *Encadrer une photographie.* **2.** Entourer d'une bordure semblable à un cadre pour mettre en valeur, faire ressortir : *Encadrer un mot d'un trait rouge.* **3.** Former comme un cadre autour de qqch : *Cheveux noirs encadrant le visage* (syn. **entourer**). **4.** Entourer, flanquer de manière à garder, à surveiller : *Deux gendarmes encadrent le prévenu.* **5.** Assurer auprès de personnes un rôle de direction, de formation : *Des moniteurs encadrent les enfants* (syn. **surveiller**). **6.** *FAM.* Percuter, heurter : *La voiture a encadré le platane.* **7.** *FAM.* **Ne pas pouvoir encadrer qqn,** ne pas pouvoir le supporter ; le détester / MATH. **Encadrer un nombre réel x,** trouver un couple (a, b) tel que $[a, b]$ soit un encadrement de x.

encadreur, euse [ɑ̃kadrœr, -øz] **n.** Personne qui fabrique et pose des cadres de tableaux, de dessins, etc.

encaissable [ɑ̃kesabl] **adj.** Qui peut être encaissé : *Somme immédiatement encaissable.*

encaisse [ɑ̃kɛs] **n.f.** (de *encaisser*). **1.** Argent, valeurs que l'on a en caisse. **2. Encaisse métallique,** valeurs en or ou en argent qui, dans une banque d'émission, servent de garantie aux billets.

encaissé, e [ɑ̃kese] **adj.** (p. passé de *encaisser*). Resserré entre des montagnes ou des parois escarpées : *Une rivière, une route encaissée.*

encaissement [ɑ̃kɛsmɑ̃] **n.m. 1.** Action d'encaisser de l'argent : *L'encaissement des dividendes.* **2.** Fait d'être encaissé, resserré : *L'encaissement d'une vallée.*

encaisser [ɑ̃kese] **v.t. 1.** Mettre en caisse : *Encaisser des oranges.* **2.** Toucher de l'argent, des valeurs : *Encaisser un chèque.* **3.** *FAM.* Subir sans être ébranlé, sans sourciller : *Encaisser des coups, des critiques.* **4.** Resserrer un lieu entre deux versants abrupts : *Les montagnes qui encaissent la vallée.* **5.** *FAM.* **Ne pas pouvoir encaisser qqn, qqch,** ne pas supporter ; détester.

encaisseur [ɑ̃kesœr] **n.m.** Employé, en partic. employé de banque, qui encaisse de l'argent.

encalminé, e [ɑ̃kalmine] **adj.** (de *1. calme*). MAR. Arrêté du fait de l'absence de vent : *Bateau encalminé.*

à l'**encan** [ɑ̃kɑ̃] **loc. adv.** (du lat. *inquantum,* pour combien). Aux enchères ; au plus offrant : *Vendre des meubles à l'encan.*

s'**encanailler** [ɑ̃kanaje] **v.pr.** (de *canaille*). Déchoir de son rang en fréquentant des gens jugés méprisables ou douteux ou en les imitant : *Ils allaient s'encanailler à Pigalle.*

encart [ɑ̃kar] **n.m.** (de *encarter*). Feuille, cahier insérés entre les feuillets d'un cahier, d'un livre, d'une revue, etc. : *Encart publicitaire.*

encarter [ɑ̃karte] **v.t.** (de *carte*). **1.** Insérer un encart entre les pages d'un livre, d'une revue, etc. : *Encarter un prospectus dans un magazine.* **2.** Fixer sur une carte de menus objets pour les vendre : *Encarter des boutons.*

en-cas ou **encas** [ɑ̃ka] **n.m. inv.** (ellipse de *en cas [de besoin]*). Repas léger préparé en cas de besoin.

encastrable [ɑ̃kastrabl] **adj.** Qui peut être encastré.

encastrement [ɑ̃kastrəmɑ̃] **n.m. 1.** Action d'encastrer : *L'encastrement d'un lave-vaisselle.* **2.** TECHN. Entaille dans une pièce, destinée à recevoir une autre pièce.

encastrer [ɑ̃kastre] **v.t.** (it. *incastrare,* mot du bas lat.). Insérer dans une cavité prévue à cet effet, sans aucun jeu : *Encastrer un four dans le mur* (syn. **emboîter**). ◆ **s'encastrer v.pr.** S'ajuster très exactement.

encaustique [ɑ̃kɔstik] **n.f.** (lat. *encaustica,* du gr. *egkaiein,* brûler). Produit à base de cire et d'essence pour faire briller le bois : *La maison sent bon l'encaustique* (syn. **cire**).

encaustiquer [ɑ̃kɔstike] **v.t.** Enduire d'encaustique : *Encaustiquer un parquet* (syn. **cirer**).

encaver [ɑ̃kave] **v.t.** Mettre en cave : *Encaver du vin.*

enceindre [ɑ̃sɛ̃dr] **v.t.** (lat. *incingere,* ceindre) [conj. **81**]. *LITT.* Entourer d'une enceinte : *Enceindre une ville de hautes murailles.*

1. enceinte [ɑ̃sɛ̃t] **n.f.** (de *enceindre*). **1.** Ce qui entoure un espace fermé, en interdit l'accès ; cet espace lui-même : *Une ville protégée par une enceinte fortifiée* (syn. **muraille**). **2.** Espace clos : *Enceinte d'un tribunal* (syn. **salle**). **3. Enceinte acoustique,** élément d'une chaîne de haute fidélité, comprenant un ou plusieurs haut-parleurs (syn. **baffle**).

2. enceinte [ɑ̃sɛ̃t] **adj.f.** (lat. *incincta,* p. passé de *incingere ;* v. *enceindre*). Se dit d'une femme en état de grossesse.

encens [ɑ̃sɑ̃] **n.m.** (du lat. ecclés. *incensum,* supin de *incendere,* brûler). Résine aromatique, tirée princ. du *boswellia,* plante d'Arabie et d'Abyssinie, et qui dégage par combustion une odeur agréable et forte.

encensement [ɑ̃sɑ̃smɑ̃] **n.m.** Action d'encenser.

encenser [ɑ̃sɑ̃se] **v.t. 1.** Honorer en brûlant de l'encens, en agitant l'encensoir : *Le prêtre encense l'autel.* **2.** LITT. Flatter avec excès : *La presse l'encense quotidiennement.*

encensoir [ɑ̃sɑ̃swar] **n.m.** Cassolette suspendue à des chaînes dans laquelle on brûle l'encens au cours de cérémonies religieuses.

encépagement [ɑ̃sepaʒmɑ̃] **n.m.** Ensemble des cépages constituant un vignoble.

encéphale [ɑ̃sefal] **n.m.** (gr. *egkephalos,* cervelle). Ensemble des centres nerveux, constitués du cerveau, du cervelet et du bulbe rachidien, contenus dans la boîte crânienne des vertébrés.

encéphalique [ɑ̃sefalik] **adj.** De l'encéphale.

encéphalite [ɑ̃sefalit] **n.f.** MÉD. Inflammation de l'encéphale due à une agression toxique ou infectieuse, laissant souvent des séquelles mentales.

encéphalogramme [ɑ̃sefalɔgram] **n.m.** (de *encephal[o]-* et *-gramme*). Abrév. de *électroencéphalogramme.*

encéphalographie [ɑ̃sefalɔgrafi] **n.f.** (de *encephal[o]-* et *-graphie*). MÉD. Radiographie de l'encéphale.

encéphalopathie [ɑ̃sefalɔpati] **n.f.** MÉD. **1.** Toute affection diffuse du cerveau. **2. Encéphalopathie spongiforme,** due à un prion et pouvant atteindre l'homme et les animaux (maladie de Creutzfeldt-Jakob, vache folle, tremblante du mouton).

encerclement [ɑ̃sɛrkləmɑ̃] **n.m.** Action d'encercler ; fait d'être encerclé : *Manœuvre d'encerclement. Essayer de briser l'encerclement d'une ville.*

encercler [ɑ̃sɛrkle] **v.t. 1.** Entourer d'un cercle ou comme d'un cercle : *Encercler un dessin d'un filet de couleur* (syn. **encadrer**). **2.** Entourer étroitement : *La police a encerclé le quartier* (syn. **boucler, cerner**). **3.** Former un cercle, une ligne courbe autour de : *Une ceinture d'atolls encercle l'île* (syn. **entourer**).

enchaînement [ɑ̃ʃɛnmɑ̃] **n.m. 1.** Suite de choses, succession de faits qui dépendent ou paraissent dépendre les uns des autres : *Un enchaînement de circonstances* (syn. **série**). **2.** Manière d'enchaîner, de s'enchaîner : *Enchaînement logique d'un exposé* (syn. **liaison**).

enchaîner [ɑ̃ʃene] **v.t.** [conj. **4**]. **1.** Attacher avec une chaîne : *Enchaîner un chien à sa niche.* **2.** Priver de liberté : *Enchaîner un peuple* (syn. **asservir, soumettre**). **3.** Lier par un rapport naturel ou logique : *Enchaîner des idées* (syn. **coordonner**). ◆ **v.i.** Reprendre rapidement la suite d'un dialogue, d'un discours, d'une action : *J'ai rapidement enchaîné pour éviter une querelle.* ◆ **s'enchaîner v.pr. [à].** Être lié à qqch par un rapport de dépendance logique : *Arguments qui s'enchaînent bien les uns aux autres. Tout s'enchaîne.*

enchanté, e [ɑ̃ʃɑ̃te] **adj. 1.** Qui est doté d'un pouvoir magique : *La princesse s'approcha de la rivière enchantée.* **2.** Extrêmement heureux : *Je suis enchanté de vous revoir* (syn. **ravi, charmé**).

enchantement [ɑ̃ʃɑ̃tmɑ̃] **n.m. 1.** Action d'enchanter, de soumettre à un pouvoir magique : *Faire cesser un enchantement* (syn. **ensorcellement**). **2.** Procédé magique (syn. **sortilège**). **3.** Ce qui charme, suscite un plaisir extrême : *Cette fête était un enchantement.* **4.** État de celui qui est enchanté (syn. **ravissement**). **5. Comme par enchantement,** de façon inattendue, quasi miraculeuse : *La douleur a disparu comme par enchantement.*

enchanter [ɑ̃ʃɑ̃te] **v.t.** (lat. *incantare,* prononcer des formules magiques, de *cantare,* chanter). **1.** Agir par des procédés magiques, des incantations sur : *Circé a enchanté Ulysse* (syn. **ensorceler**). **2.** Remplir d'un vif plaisir : *Cette bonne nouvelle m'enchante* (syn. **ravir**).

1. enchanteur, eresse [ɑ̃ʃɑ̃tœr, -trɛs] **adj.** (de *enchanter*). Qui enchante : *Voix enchanteresse* (syn. **envoûtant**).

2. enchanteur, eresse [ɑ̃ʃɑ̃tœr, -trɛs] **n.** (de *1. enchanteur*). Personne qui fait des enchantements : *L'enchanteur Merlin* (syn. **magicien**).

enchâssement [ɑ̃ʃɑsmɑ̃] **n.m.** Action d'enchâsser (syn. **sertissage**).

enchâsser [ɑ̃ʃɑse] **v.t.** (de *châsse*). **1.** Placer dans une châsse : *Enchâsser des reliques.* **2.** Fixer dans un support, une monture : *Enchâsser une pierre précieuse* (syn. **sertir**).

enchère [ɑ̃ʃɛr] **n.f.** (de *enchérir*). **1.** Dans une vente au plus offrant, offre d'un prix supérieur à celui qu'un autre propose : *Ils peuvent se permettre de faire monter très haut les enchères.* **2. Vente aux enchères,** vente publique au plus offrant, faite par un commissaire-priseur ou un notaire.

enchérir [ɑ̃ʃerir] **v.i.** (de *cher*) [conj. **32**]. **1.** Mettre une enchère : *Enchérir sur un prix.* **2.** LITT. Aller au-delà de ce qui a été dit ou fait : *Enchérir sur qqn* (syn. **renchérir**).

enchérisseur, euse [ɑ̃ʃerisœr, -øz] **n.** Personne qui fait une enchère : *Le lot est attribué au dernier enchérisseur* (= celui qui a proposé le prix le plus élevé).

enchevêtrement [ɑ̃ʃəvɛtrəmɑ̃] **n.m. 1.** Action d'enchevêtrer ; fait d'être enchevêtré : *L'enchevêtrement d'un écheveau.* **2.** Ensemble confus, incohérent et désordonné : *L'enchevêtrement de sa pensée* (syn. **confusion, désordre**).

enchevêtrer [ɑ̃ʃəvetre] **v.t.** (de *chevêtre,* pièce de bois) [conj. **4**]. Emmêler de façon indistincte et inextricable : *Il a enchevêtré sa ligne dans celle du pêcheur d'à côté* (syn. **entremêler**). ◆ **s'enchevêtrer v.pr.** S'engager les unes dans les autres, en parlant de choses : *Les branches des grands arbres s'enchevêtrent.*

enchifrené, e [ɑ̃ʃifrəne] **adj.** (de *chanfrein*). VIEILLI. Enrhumé.

enclave [ɑ̃klav] **n.f.** (de *enclaver*). Portion de propriété ou de territoire entièrement entourée par une autre propriété ou le territoire d'un autre pays : *Le Vatican est une enclave dans la ville de Rome.*

enclavement [ɑ̃klavmɑ̃] **n.m.** Action d'enclaver ; fait d'être enclavé : *L'enclavement de la Suisse.*

enclaver [ɑ̃klave] **v.t.** (lat. pop. **inclavare,* fermer avec une clé, du class. *clavis,* clef). **1.** Contenir comme enclave : *Leur propriété enclave un terrain communal.* **2.** Placer entre : *Enclaver un adjectif entre l'article et le nom* (syn. **insérer**).

enclenchement [ɑ̃klɑ̃ʃmɑ̃] **n.m. 1.** Action d'enclencher ; mise en train : *Son refus a eu pour résultat l'enclenchement de la crise.* **2.** Dispositif mécanique, électrique, permettant de rendre solidaires les pièces d'un mécanisme.

enclencher [ɑ̃klɑ̃ʃe] **v.t.** (de *clenche*). **1.** Mettre en marche au moyen d'un enclenchement : *Enclencher la marche arrière.* **2.** Faire démarrer, commencer : *Cette vérification fiscale a enclenché toute l'affaire.* ◆ **s'enclencher v.pr.** Se mettre en marche ; commencer à fonctionner : *La roue dentée s'enclenche par l'abaissement du levier.*

enclin, e [ɑ̃klɛ̃, -in] **adj.** (de l'anc. fr. *encliner,* saluer en s'inclinant, du lat. *inclinare,* pencher vers). Porté naturellement à ; sujet à : *Enclin à la colère, à la paresse.*

enclitique [ɑ̃klitik] **adj.** et **n.m.** (bas lat. *encliticus,* gr. *egklitikos,* penché). LING. Mot privé d'accent tonique qui constitue avec le mot précédent une seule unité accentuelle. (Ex. : *je* dans *sais-je, ce* dans *est-ce*).

enclore [ɑ̃klɔr] **v.t.** (lat. pop. **inclaudere,* réfection du class. *includere,* d'apr. *claudere,* clore) [conj. **113**]. Entourer d'une clôture, etc. : *Enclore un jardin* (syn. **clôturer**).

enclos [ɑ̃klo] **n.m.** (p. passé de *enclore*). Espace contenu dans une clôture ; la clôture elle-même : *Réparer l'enclos.*

enclume [ɑ̃klym] **n.f.** (bas lat. *incudo, -inis,* altéré p.-ê. d'apr. *includere,* enclore). **1.** Masse métallique destinée à supporter les chocs dans diverses opérations qui se font par frappe : *Enclume de forgeron, de serrurier.* **2.** ANAT. Deuxième osselet de l'oreille moyenne. **3. Être entre l'enclume et le marteau,** se trouver entre deux partis opposés, avec la perspective d'être victime dans tous les cas.

encoche [ɑ̃kɔʃ] **n.f.** (de *encocher,* pratiquer une entaille, une coche). Petite entaille faite sur un bâton, une flèche, etc.

encoignure [ɑ̃kɔɲyr] **n.f.** (de l'anc. v. *encoigner,* serrer dans un coin). Angle intérieur formé par deux murs qui se rencontrent : *Se dissimuler dans une encoignure* (syn. **coin**).

encollage [ɑ̃kɔlaʒ] **n.m. 1.** Action d'encoller. **2.** Préparation pour encoller.

encoller [ɑ̃kɔle] **v.t.** Enduire une surface de colle, de gomme, etc. : *Encoller du papier peint.*

encolleuse [ɑ̃kɔløz] **n.f.** Machine à encoller.

encolure [ɑ̃kɔlyr] **n.f.** (de *col,* forme anc. de *cou*). **1.** Partie du corps du cheval qui s'étend depuis la tête jusqu'au garrot et au poitrail. **2.** Dimension du tour de cou d'un homme : *Une forte encolure.* **3.** Partie du vêtement échancrée autour du cou : *Encolure bateau.* **4.** Partie du vêtement qui soutient le col : *L'encolure d'une chemise.*

encombrant, e [ɑ̃kɔ̃brɑ̃, -ɑ̃t] **adj.** Qui encombre : *Colis encombrant* (syn. **embarrassant**).

sans **encombre** [ɑ̃kɔ̃br] **loc. adv.** (de *encombrer*). Sans rencontrer d'obstacle ; sans incident, sans ennui : *Le voyage s'est déroulé sans encombre.*

encombré, e [ɑ̃kɔ̃bre] **adj.** Se dit d'une voie de communication empruntée par trop de véhicules en même temps : *L'autoroute est très encombrée.*

encombrement [ɑ̃kɔ̃brəmɑ̃] **n.m. 1.** Action d'encombrer ; état de ce qui est encombré. **2.** Affluence excessive de véhicules gênant la circulation : *Un encombrement sur l'autoroute* (syn. **embouteillage**). **3.** Place, volume qu'occupe qqch : *Meuble de faible encombrement.*

encombrer [ɑ̃kɔ̃bre] **v.t.** (de l'anc. fr. *combre,* barrage de rivière, lat. médiév. *combrus,* abattis d'arbres, d'orig. celt.). **1.** Obstruer, embarrasser un lieu, qqch, par accumulation : *Valises qui encombrent le couloir. Ne restez pas là, vous encombrez le passage.* **2.** Saturer une ligne téléphonique, un standard par des appels trop nombreux. **3.** Constituer pour qqn une présence inutile, gênante : *Ce collaborateur m'encombre plus qu'il ne m'aide* (syn. **embarrasser, gêner**). **4.** Occuper à l'excès : *Il encombre sa mémoire de détails inutiles* (syn. **surcharger**). ◆ **s'encombrer v.pr. [de].** Prendre ou garder avec soi qqn, qqch qui gêne.

à l'**encontre de** [ɑ̃kɔ̃trə] **loc. prép.** (du bas lat. *incontra,* du class. *contra,* contre). En s'opposant à qqch ; en y faisant obstacle : *Tous ces événements vont à l'encontre de mes projets.*

encorbellement [ɑ̃kɔrbɛlmɑ̃] **n.m.** (de *corbel,* forme anc. de *corbeau*). ARCHIT. Construction établie en surplomb sur le plan d'un mur.

s'**encorder** [ɑ̃kɔrde] **v.pr.** S'attacher les uns aux autres avec une corde, en parlant des alpinistes.

encore [ɑ̃kɔr] **adv.** (du lat. pop. **hinc ad horam,* de là jusqu'à cette heure). Indique : **1.** La persistance d'une action ou d'un état à un moment donné : *La boutique est encore ouverte.* **2.** (En tournure nég.). L'absence de réalisation, à un moment donné, de ce qui doit arriver : *Elle ne parle pas encore.* **3.** La répétition d'une action : *Prenez encore du poulet* (= de nouveau). **4.** L'addition, l'ajout : *Il ne suffit pas de parler, il faut encore agir* (syn. **aussi**). **5.** (Suivi d'un comparatif). Le renforcement : *Il fait encore plus chaud qu'hier.* **6.** (En tête de proposition, avec inversion du sujet). La restriction, la réserve : *Elle a promis ; encore faut-il qu'elle s'exécute.* **7. Et encore,** indique qu'on est probabl. en deçà de la vérité : *Il lui faudra des mois pour rembourser, et encore.* / **Mais encore,** souvent en corrélation avec *non seulement,* indique un renforcement, une addition : *Non seulement c'est inutile, mais encore c'est dangereux ;* utilisé de manière isolée et sous une forme interr., demande des précisions supplémentaires : *Tu lui as dit avoir besoin d'argent, mais encore ?* (= combien exactement ?). / **Si encore** ou **encore si,** exprime une condition dont on constate ou suppose, génér. avec regret, la non-réalisation : *Si encore elle m'avait prévenu, j'aurais pu tout arranger.* ◆ **encore que loc. conj.** LITT. Bien que, quoique : *Encore qu'il soit jeune, il est difficilement excusable.* **Rem.** S'écrit parfois *encor* en poésie.

encorné, e [ɑ̃kɔrne] **adj.** LITT. Qui a des cornes : *Diable encorné.*

encorner [ɑ̃kɔrne] **v.t.** Percer, blesser d'un coup de corne : *Il s'est fait encorner par un taureau.*

encornet [ɑ̃kɔrnɛ] **n.m.** (de *cornet*). Calmar.

encourageant, e [ɑ̃kuraʒɑ̃, -ɑ̃t] **adj.** Qui encourage : *Des résultats encourageants.*

encouragement [ɑ̃kuraʒmɑ̃] **n.m.** Action d'encourager ; acte, parole qui encourage : *Prodiguer des encouragements.*

encourager [ɑ̃kuraʒe] **v.t.** [conj. **17**]. **1.** Donner du courage à ; porter à agir : *Encourager qqn à partir* (syn. **inciter**). **2.** Favoriser la réalisation, le développement : *Encourager l'industrie* (syn. **stimuler**).

encourir [ɑ̃kurir] **v.t.** (lat. *incurrere,* propr. « courir contre ») [conj. **45**]. LITT. S'exposer à ; attirer à soi qqch de fâcheux : *Encourir la réprobation générale.*

encrage [ɑ̃kraʒ] **n.m.** Action d'encrer, partic. les rouleaux d'une presse d'imprimerie.

encrassement [ɑ̃krasmɑ̃] **n.m.** Action d'encrasser ; fait de s'encrasser.

encrasser [ɑ̃krase] **v.t.** Salir de crasse : *La poussière encrasse les vêtements.* ◆ **s'encrasser v.pr.** Se couvrir de crasse, de saleté : *Le moteur s'encrasse.*

encre [ɑ̃kr] **n.f.** (bas lat. *encaustum,* gr. *egkauston,* de *egkaiein,* brûler). **1.** Préparation colorée liquide ou pâteuse dont on se sert pour écrire, pour imprimer, etc. **2.** Liquide noir et épais sécrété par certains céphalopodes et qui leur permet, en cas de danger, de troubler l'eau pour cacher leur fuite. **3. Faire couler de l'encre,** être le sujet de nombreux articles, pamphlets, études, etc. : *Le scandale financier a fait couler de l'encre.* **4. Encre de Chine,** mélange de noir de fumée, de gélatine et de camphre, utilisé pour le dessin au lavis ou au trait. / **Encre sympathique,** encre incolore qui apparaît sur le papier sous l'action de certains produits chimiques ou de la chaleur.

encrer [ɑ̃kre] **v.t.** Enduire d'encre : *Encrer un tampon.*

encreur [ɑ̃krœr] **adj.m.** Qui sert à encrer : *Rouleau encreur d'une presse d'imprimerie.*

encrier [ɑ̃krije] **n.m.** Petit récipient destiné à contenir de l'encre.

encroûté, e [ɑ̃krute] **adj.** Obstiné dans son ignorance, sa routine : *Être encroûté dans ses préjugés.*

encroûtement [ɑ̃krutmɑ̃] **n.m.** Fait de s'encroûter.

s'**encroûter** [ɑ̃krute] **v.pr.** Se laisser dominer par une routine qui appauvrit l'esprit ; refuser les idées nouvelles.

encuvage [ɑ̃kyvaʒ] **n.m.** VITIC. Action d'encuver.

encuver [ɑ̃kyve] **v.t.** Mettre du vin en cuve.

encyclique [ɑ̃siklik] **n.f.** (lat. chrét. *encyclica,* du gr. *egkuklios,* circulaire). Lettre solennelle adressée par le pape aux évêques (et par eux aux fidèles) du monde entier ou d'une région. ▸ Elle est désignée par les premiers mots du texte.

encyclopédie [ɑ̃siklɔpedi] **n.f.** (lat. savant *encyclopaedia,* de la loc. gr. *egkuklios paideia,* ensemble des sciences constituant une éducation complète). Ouvrage où l'on expose méthodiquement les résultats et les principes des sciences, des techniques, des connaissances en général.

Encyclopédie ou **Dictionnaire raisonné des sciences, des arts et des métiers,** ouvrage collectif dirigé par Diderot et d'Alembert (1751-1772). Inspirée par un ouvrage similaire de l'Anglais Chambers (1729), rédigée par 150 savants, philosophes et spécialistes de toutes les disciplines (Voltaire, Montesquieu, Rousseau, Condillac, le baron d'Holbach, Daubenton, Marmontel, Quesnay, Turgot, le chevalier de Jaucourt, etc.), l'*Encyclopédie* avait pour but de faire connaître les progrès de la science et de la pensée dans tous les domaines, avec leurs conséquences économiques et techniques ; elle dévoilait les secrets du monde du travail et des corporations. Sa publication, à laquelle s'opposèrent le clergé et la noblesse de cour, fut menée à terme grâce au sens des affaires du libraire Le Breton et à l'énergie de Diderot. Le *Discours préliminaire*, rédigé par d'Alembert, est un tableau synthétique des connaissances du siècle des Lumières.

encyclopédique [ɑ̃siklɔpedik] **adj. 1.** Qui relève de l'encyclopédie : *Dictionnaire encyclopédique.* **2.** Qui est d'une érudition étendue : *Esprit encyclopédique.*

encyclopédiste [ɑ̃siklɔpedist] **n. 1.** Auteur d'une encyclopédie. **2. Les Encyclopédistes,** les collaborateurs de l'*Encyclopédie* de Diderot et d'Alembert.

endémie [ɑ̃demi] **n.f.** (du gr. *endêmon [nosêma]*, maladie [fixée dans un pays]). Maladie particulière à une région donnée, et y existant de façon quasi permanente.

endémique [ɑ̃demik] **adj. 1.** Qui présente les caractères de l'endémie : *Une maladie endémique.* **2.** Qui sévit de façon permanente : *Chômage endémique.*

endettement [ɑ̃dɛtmɑ̃] **n.m.** Action de s'endetter ; fait d'être endetté.

endetter [ɑ̃dete] **v.t.** Charger de dettes : *Ses dépenses l'ont endetté.* ◆ **s'endetter v.pr.** Contracter des dettes.

endeuiller [ɑ̃dœje] **v.t.** Plonger dans le deuil, la tristesse, en parlant du décès de qqn.

endiablé, e [ɑ̃djable] **adj.** (de *diable*). **1.** Qui ne cesse de s'agiter ; insupportable : *Un enfant endiablé* (syn. **infernal**). **2.** Vif, impétueux : *Un rythme endiablé* (syn. **effréné**).

endiguer [ɑ̃dige] **v.t. 1.** Contenir par des digues : *Endiguer un fleuve.* **2.** Faire obstacle à qqch : *Endiguer la marche du progrès* (syn. **freiner**).

endimanché, e [ɑ̃dimɑ̃ʃe] **adj.** (de *dimanche*). Qui a revêtu ses habits du dimanche ; qui s'habille d'une façon plus soignée que d'habitude.

endive [ɑ̃div] **n.f.** (lat. médiév. *endivia*, du gr. byzantin *endivi*). Espèce cultivée de chicorée, blanchie à l'obscurité et dont on mange les pousses feuillues.

endoblaste [ɑ̃dɔblast] et **endoderme** [ɑ̃dɔdɛrm] **n.m.** (de *endo-* et *-blaste* ou *-derme*). BIOL. Feuillet embryonnaire interne tapissant les appareils digestif et respiratoire.

endocarde [ɑ̃dɔkard] **n.m.** (de *endo-* et *kardia*, cœur). ANAT. Membrane qui tapisse la cavité du cœur.

endocardite [ɑ̃dɔkardit] **n.f.** Inflammation de l'endocarde.

endocarpe [ɑ̃dɔkarp] **n.m.** (de *endo-* et *-carpe*). BOT. Partie la plus interne du fruit. ▸ Dans la prune, la cerise, l'endocarpe forme le *noyau* autour de la graine.

endocrine [ɑ̃dɔkrin] **adj.** (de *endo-* et *krinein*, sécréter). ANAT. **Glandes endocrines,** glandes telles que la thyroïde, l'hypophyse, qui déversent le produit de leur sécrétion, l'hormone, directement dans le sang (contr. **exocrine**).

endocrinien, enne [ɑ̃dɔkrinjɛ̃, -ɛn] **adj.** Relatif aux glandes endocrines.

endocrinologie [ɑ̃dɔkrinɔlɔʒi] **n.f.** Partie de la biologie et de la médecine qui étudie le développement, les fonctions et les maladies des glandes endocrines. ◆ **endocrinologue** et **endocrinologiste n.** Noms du spécialiste.

endoctrinement [ɑ̃dɔktrinmɑ̃] **n.m.** Action d'endoctriner ; fait d'être endoctriné : *L'endoctrinement des foules.*

endoctriner [ɑ̃dɔktrine] **v.t.** Faire adopter ou imposer une doctrine, des idées à qqn : *Endoctriner la jeunesse.*

endoderme n.m. → endoblaste.

endogame [ɑ̃dɔgam] **adj.** et **n.** Qui pratique l'endogamie (par opp. à *exogame*).

endogamie [ɑ̃dɔgami] **n.f.** (de *endo-* et *-gamie*). ANTHROP. Obligation pour un membre d'un groupe social de se marier avec un membre du même groupe (par opp. à *exogamie*).

endogamique [ɑ̃dɔgamik] **adj.** Relatif à l'endogamie (par opp. à *exogamique*).

endogène [ɑ̃dɔʒɛn] **adj.** (de *endo-* et *-gène*). **1.** DIDACT. Qui est produit par qqch en dehors de tout apport extérieur (par opp. à *exogène*). **2.** GÉOL. Se dit d'une roche qui se forme à l'intérieur de la terre (roches volcaniques, plutoniques, métamorphiques) [par opp. à *exogène*].

endolori, e [ɑ̃dɔlɔri] **adj.** (du lat. *dolor*, douleur). Qui est douloureux, meurtri : *Pieds endoloris.*

endomètre [ɑ̃dɔmɛtr] **n.m.** (de *endo-* et du gr. *mêtra*, matrice). Muqueuse interne de l'utérus.

endométriose [ɑ̃dɔmetrijoz] **n.f.** Affection gynécologique caractérisée par la présence de muqueuse utérine en dehors de la cavité de l'utérus, par ex. dans une trompe de Fallope.

endommager [ɑ̃dɔmaʒe] **v.t.** (de *dommage*) [conj. **17**]. Mettre qqch en mauvais état : *L'accident a endommagé la voiture* (syn. **abîmer, détériorer**).

endoplasme [ɑ̃dɔplasm] **n.m.** (de *endo-* et *[cyto]plasme*). BIOL. Partie centrale du cytoplasme des êtres unicellulaires.

endoréique [ɑ̃dɔreik] **adj.** (du gr. *rhein*, couler). Se dit d'une région dont les cours d'eau n'atteignent pas la mer et se perdent dans les dépressions intérieures (par opp. à *exoréique*).

endormant, e [ɑ̃dɔrmɑ̃, -ɑ̃t] **adj.** Qui endort ; qui provoque le sommeil par l'ennui.

endormi, e [ɑ̃dɔrmi] **adj. 1.** Qui dort. **2.** Où tout semble en sommeil : *Une campagne endormie.* **3.** Qui manque de vivacité : *Élève endormi* (syn. **apathique**).

endormir [ɑ̃dɔrmir] **v.t.** (lat. *indormire*) [conj. **36**]. **1.** Faire dormir ; provoquer le sommeil naturel ou artificiel : *Endormir un enfant en le berçant. Faire une piqûre à un malade pour l'endormir* (syn. **anesthésier**). **2.** Ennuyer par la monotonie, le manque d'intérêt : *Ses discours m'endorment.* **3.** Faire perdre à un sentiment, à une sensation son acuité : *Le froid a un peu endormi la douleur.* **4.** Bercer qqn de vaines espérances. ◆ **s'endormir v.pr. 1.** Se laisser aller au sommeil : *L'enfant a fini par s'endormir.* **2.** FAM. Ralentir son activité ; manquer de vigilance : *Dépêche-toi, il ne s'agit pas de s'endormir.*

endormissement [ɑ̃dɔrmismɑ̃] **n.m.** Fait de s'endormir ; passage de l'état de veille à l'état de sommeil.

endorphine [ɑ̃dɔrfin] **n.f.** (de *endo-* et *[m]orphine*). Hormone sécrétée par l'hypothalamus et présentant les propriétés antalgiques de la morphine.

endos n.m. → endossement.

endoscope [ɑ̃dɔskɔp] **n.m.** (de *endo-* et *-scope*). MÉD. Appareil optique muni d'un dispositif d'éclairage, destiné à être introduit dans une cavité de l'organisme afin de l'examiner.

endoscopie [ɑ̃dɔskɔpi] **n.f.** (de *endo-* et *-scopie*). Examen d'une cavité interne du corps, avec un endoscope. ▸ L'endoscopie permet, outre le diagnostic des lésions, certains traitements tels que l'extraction de corps étrangers, la destruction de tumeurs, l'introduction de médicaments ou de substances opaques aux rayons X.

endoscopique [ɑ̃dɔskɔpik] **adj.** Relatif à l'endoscopie.

endosmose [ɑ̃dɔsmoz] **n.f.** (de *endo-* et du gr. *ôsmos*, poussée). PHYS. Courant qui s'établit, lorsque deux solutions de concentrations différentes sont séparées par une membrane poreuse, de la solution la moins concentrée vers la solution la plus concentrée (par opp. à *exosmose*).

endossable [ɑ̃dɔsabl] **adj.** Se dit d'un chèque qui peut être endossé.

endossement [ɑ̃dosmɑ̃] et **endos** [ɑ̃do] **n.m.** Transmission des effets de commerce ou des chèques au moyen d'une signature apposée au verso, par laquelle le bénéficiaire, l'*endosseur*, donne l'ordre à son débiteur d'en payer le montant à un nouveau bénéficiaire, l'*endossateur*.

endosser [ɑ̃dɔse] **v.t.** (de *dos*). **1.** Revêtir, mettre sur soi : *Endosser son manteau.* **2.** Prendre la responsabilité de : *Endosser les conséquences d'une erreur* (syn. **assumer**). **3.** Opérer l'endossement de : *Veuillez endosser le chèque.*

endothélial, e, aux [ɑ̃dɔteljal, -o] **adj.** Relatif à un endothélium.

endothélium [ɑ̃dɔteljɔm] **n.m.** (de *endo-* et du gr. *thelê*, mamelon) [pl. *endothéliums*]. HISTOL. Tissu formé de cellules plates, qui tapisse les vaisseaux, les cavités internes du cœur.

endroit [ɑ̃drwa] **n.m.** (de *2. droit*). **1.** Lieu, place déterminés : *On ne peut être à deux endroits à la fois.* **2.** Localité où l'on habite : *Les gens de l'endroit sont aimables* (syn. **lieu**). **3.** Passage d'un texte, d'un livre. **4.** Le côté à présenter d'une chose à deux faces (par opp. *envers*). **5. À l'endroit,** du bon côté (par opp. à *à l'envers*).

enduire [ɑ̃dɥir] **v.t.** (lat. *inducere,* appliquer sur) [conj. **98**]. Recouvrir d'un enduit.

enduit [ɑ̃dɥi] **n.m. 1.** Mince couche de mortier appliquée sur un mur. **2.** Préparation pâteuse ou semi-fluide appliquée en couche continue sur une surface : *Passer une couche d'enduit avant de repeindre un plafond.*

endurance [ɑ̃dyrɑ̃s] **n.f.** (de *endurer*). Aptitude à résister aux fatigues physiques, à la souffrance : *Course d'endurance.*

endurant, e [ɑ̃dyrɑ̃, -ɑ̃t] **adj.** Qui a de l'endurance : *Il faut être endurant pour vivre sous un pareil climat* (syn. **résistant**).

endurci, e [ɑ̃dyrsi] **adj.** (p. passé de *endurcir*). **1.** Qui est devenu dur, insensible : *Cœur endurci.* **2.** Qui a pris des habitudes invétérées : *Célibataire endurci.*

endurcir [ɑ̃dyrsir] **v.t.** [conj. **32**]. **1.** Rendre dur : *Le gel endurcit le sol* (syn. **durcir**). **2.** Rendre résistant : *Le sport endurcit* (syn. **aguerrir**). **3.** Rendre moins sensible : *Ces moments pénibles l'ont endurci* (syn. **cuirasser**). ◆ **s'endurcir v.pr.** Devenir dur, insensible ; s'aguerrir.

endurcissement [ɑ̃dyrsismɑ̃] **n.m.** Fait de s'endurcir : *Endurcissement à la douleur* (syn. **résistance**).

endurer [ɑ̃dyre] **v.t.** (lat. *indurare,* rendre dur). Supporter ce qui est dur, pénible : *Endurer le froid, la faim* (syn. **subir**).

enduro [ɑ̃dyro] **n.m.** Compétition de motocyclisme ; épreuve d'endurance et de régularité en terrain varié.

Énée, héros troyen, fils d'Anchise et d'Aphrodite, dont Virgile a fait le personnage central de son *Énéide*. Fuyant la ville de Troie livrée aux flammes, il aborde après un long voyage, accompagné de son fils Ascagne, l'embouchure du Tibre, où il fonde la ville de Lavinium et où il établit ses pénates. Cette légende fut adoptée par les Étrusques, puis par les Romains. Elle procurait à ceux-ci des lettres de noblesse en les faisant remonter jusqu'à la race divine de Troie, leur ancêtre Romulus figurant dans cette histoire comme un descendant d'Énée.

en effet [ɑ̃nefɛ] **adv. 1.** Marque une articulation logique de cause : *Impossible de venir, en effet mon travail me retient encore quelque temps* (syn. **car, parce que**). **2.** Exprime une affirmation, un assentiment : *N'étiez-vous pas à Cannes cet été ? — En effet, j'y étais* (syn. **effectivement**). *Cette soirée était complètement ratée. — En effet !*

énergétique [enɛrʒetik] **adj.** (gr. *energêtikos*). Relatif à l'énergie, aux sources d'énergie : *Un aliment énergétique.*

énergie [enɛrʒi] **n.f.** (bas lat. *energia,* gr. *energeia,* force en action). **1.** Force morale, fermeté, puissance : *Faire preuve d'énergie dans une épreuve difficile* (syn. **courage**). **2.** Vigueur dans la manière de s'exprimer : *Protester avec énergie* (syn. **détermination**). **3.** Force physique : *Une femme pleine d'énergie* (syn. **vitalité**). **4.** PHYS. Grandeur caractérisant un système et exprimant sa capacité à modifier l'état d'autres systèmes avec lesquels il entre en interaction (unité : le joule) ; chacun des modes que peut présenter un tel système : *Énergie mécanique, nucléaire.* **5. Sources d'énergie,** ensemble des matières premières ou des phénomènes naturels utilisés pour la production d'énergie (charbon, hydrocarbures, uranium, marées, vent, Soleil, etc.). ▸ *Dossier page suivante.*

■ L'énergie est l'un des concepts de base de la physique, lié à une propriété fondamentale : un système isolé a une énergie totale constante. Il ne peut donc y avoir création ou disparition d'énergie, mais simplement transformation d'une forme d'énergie d'un système à un autre.

L'énergie peut se présenter sous diverses formes : énergie lumineuse (ou rayonnante), chimique, thermique, hydraulique, mécanique (cinétique ou potentielle), électrique ou nucléaire. Ainsi, sur la Terre, l'énergie lumineuse (ou électromagnétique) provenant du Soleil est à la base de presque toutes les formes d'énergie actuellement disponibles. Elle est nécessaire pour entretenir les réactions biochimiques de la vie végétale ou animale.

Conversion. Les formes sous lesquelles l'énergie se présente dans la nature conviennent rarement telles quelles aux besoins. Il faut donc la transformer en une forme plus appropriée. À toute conversion d'énergie correspondent des pertes qui peuvent être très importantes. C'est le cas de la conversion d'énergie dite « dégradée » (énergie thermique) en des formes d'énergie plus nobles (énergie mécanique, par exemple), qui se fait avec de mauvais rendements, dont Carnot a fixé le maximum théorique.

Production, utilisation et stockage d'énergie. L'énergie n'étant pas toujours utilisable, transportable ou stockable sous sa forme primaire, l'homme doit disposer de formes d'énergie secondaires commodes dites « vecteurs énergétiques » (électricité, hydrogène, gaz, fluides transporteurs de chaleur). La production et les besoins d'énergie étant variables, il faut *stocker* l'énergie quand la production l'emporte, de façon à pouvoir *déstocker* quand les besoins sont supérieurs. Le stockage est facile pour les combustibles fossiles mais problématique (pompage hydraulique, stockage thermique) pour les nouvelles formes d'énergie.

Économies d'énergie. Pour réaliser des économies d'énergie, de nouvelles technologies sont mises en œuvre. On peut citer : l'énergie totale, ou production simultanée de chaleur et d'énergie mécanique ou électrique à partir d'un seul combustible, et les pompes à chaleur, qui extraient la chaleur du milieu extérieur (air, eau) à partir d'énergie mécanique de compression. Mais bien des technologies classiques peuvent aussi être perfectionnées : isolation renforcée, diminution des frottements, etc.

Production et consommation d'énergie. L'énergie a des sources et des formes variées, et sa mesure globale nécessite d'utiliser une unité commune : la tonne équivalent pétrole (tep). L'équivalence de 1 t de pétrole (tep) se situe à 1,5 t pour la houille, à près de 4 t pour le lignite, à 1 100 m^3 pour le gaz naturel, à 4 500 kWh pour l'électricité primaire. La production mondiale s'élevait à 500 Mtep vers 1900, environ 1 500 Mtep à la veille de la Seconde Guerre mondiale, s'accroissant rapidement après celle-ci, jusqu'en 1974 (6 000 Mtep). La progression s'est ralentie avec les chocs pétroliers et la crise des années 1980, mais est repartie à la hausse pour atteindre 12 milliards de tep en 2011. Le charbon (houille et, accessoirement, lignite) a été longtemps prépondérant, et représentait encore 75 % de la production énergétique mondiale en 1937. Il a été supplanté dans les années 1960 par le pétrole : 45 % de la production totale en 1973. La part du pétrole est de 32 % aujourd'hui, celle du charbon est remontée à 31,5 %. Le poids du gaz naturel s'accroît grâce aux nouvelles techniques d'extraction : il satisfait aujourd'hui environ 23,5 % des besoins énergétiques. La part de l'électricité primaire issue du nucléaire est de 4,7 % tandis que l'ensemble des énergies renouvelables atteint maintenant 8 % au total.

Une grande partie de la production d'énergie provient d'un petit nombre de pays ou régions : les États-Unis (qui commencent à combler leur déficit par l'exploitation des hydrocarbures non conventionnels comme le gaz de schiste), la Russie (un potentiel énorme), et le Moyen-Orient (pétrole essentiellement). Entre 1973 et 2011, la part des pays de l'O.C.D.E. dans la consommation totale est passée de 61,7 % à 45 %, tandis que celle de l'ensemble Asie-Pacifique est désormais de 39 % (21 % pour la Chine) contre environ 15 % il y a trente ans. ■

Quelle énergie pour demain ?

Le pétrole est aujourd'hui la première source énergétique utilisée dans le monde. Dépendance énergétique vis-à-vis des pays producteurs, pénurie inéluctable et combustion libérant du CO_2 qui contribue au réchauffement de la planète : toutes ces raisons conduisent à chercher des alternatives énergétiques. Mais quelles sont les solutions crédibles pour remplacer les énergies fossiles ?

▶ **Des énergies non renouvelables.** Les sources d'énergie actuellement utilisées dans le monde sont essentiellement des combustibles fossiles : le pétrole, le charbon et le gaz naturel. Ils proviennent tous de la lente décomposition, il y a des millions d'années, de matières organiques ; ils sont à la base de la société industrielle et se sont imposés pour les transports, le chauffage et la production d'électricité. Aujourd'hui, la consommation mondiale est en moyenne de 1,7 tonne d'équivalent pétrole (tep) par habitant et par an (une tep correspond à l'énergie fournie par la combustion d'une tonne de pétrole). Mais cette consommation ne cesse de croître : on prévoit que, par le simple fait de l'augmentation de la population et de la croissance économique, la demande mondiale de pétrole pourrait avoir doublé d'ici 2050.

▶ **Un problème à venir.** Les sources d'énergie fossiles ne sont ni intarissables ni renouvelables. Et même si le niveau des réserves fluctue selon les années, voire tend à augmenter du fait de la découverte de nouveaux gisements et de l'amélioration des technologies d'extraction, la réduction de la part du pétrole dans la production mondiale d'énergie est une perspective inéluctable, sinon dans l'immédiat, du moins à moyen terme. Il existe en revanche des sources d'énergie renouvelables — telle la biomasse —, voire inépuisables — comme le vent et le Soleil. Pour l'heure peu utilisées car diffuses et difficiles à mettre en œuvre à l'échelle industrielle, elles représentent probablement l'avenir énergétique.

▶ **L'énergie du vent et du Soleil.** L'énergie éolienne est celle qui connaît la plus forte croissance chaque année. Si les éoliennes, qui transforment l'énergie cinétique du vent en énergie électrique, sont des machines non polluantes, elles sont cependant peu adaptées à une production massive d'électricité. Le Soleil fournit quant à lui une énergie considérable, qui dépasse de très loin nos besoins, sous la forme de rayonnements. Mais c'est probablement la plus coûteuse à mettre en œuvre, et les moyens actuels permettant de l'utiliser sont peu nombreux. Son avenir est peut-être lié à sa possible transformation directe en énergie électrique.

▶ **Les biocarburants.** Par la photosynthèse, les plantes concentrent l'énergie solaire, dont il est possible de récupérer une partie, soit par combustion, soit par fermentation. Les végétaux de l'agriculture constituent donc, en théorie, une source d'énergie non négligeable pour produire de la chaleur et des carburants de substitution. À partir de plantes comme le colza, le tournesol, la betterave à sucre, on peut ainsi produire des carburants « verts » (le Diester et l'éthanol), dont la combustion dégage moins de CO_2 que celle des carburants « classiques ». Cependant, faire « pousser des carburants » mobilise des terres agricoles, qui ne sont alors plus disponibles pour les cultures alimentaires, et consomme des quantités massives d'eau douce et d'engrais. Aussi des biocarburants dits de « deuxième génération » sont-ils à l'étude (culture de microalgues ou de plantes de milieux arides).

▶ **Et le nucléaire ?** Les réserves en uranium sont largement suffisantes pour plus d'un siècle, et les centrales nucléaires n'émettent pas de gaz à effet de serre contribuant au réchauffement de la planète. Cependant, l'utilisation du nucléaire pose le problème important du stockage des combustibles irradiés, dont certains resteront radioactifs pendant des millénaires. C'est la raison pour laquelle divers pays, comme le Canada par exemple, ont renoncé à utiliser cette énergie. Par ailleurs, à la suite de l'accident de la centrale japonaise de Fukushima, en 2011, la Suisse, l'Allemagne et le Japon ont programmé l'arrêt total de leur production nucléaire.

Les énergies alternatives aux combustibles fossiles devront être en quantité suffisante, respectueuses de l'environnement et d'un coût raisonnable. Aujourd'hui, aucune source d'énergie connue ne répond à l'ensemble de ces trois critères. Faire face aux problèmes énergétiques nous imposera donc d'apprendre à modifier nos comportements et nos habitudes, pour économiser les ressources existantes.

Voir aussi : carburant ; charbon ; pétrole.

énergique [enɛrʒik] **adj.** Qui manifeste de l'énergie : *Visage énergique. Protestation énergique* (syn. **vigoureux**).

énergiquement [enɛrʒikmɑ̃] **adv.** Avec énergie.

énergumène [enɛrgymɛn] **n.** (lat. chrét. *energumenos,* possédé du démon, gr. *energoumenos,* de *energein,* influencer). Personne exaltée, qui parle, gesticule avec véhémence.

énervant, e [enɛrvɑ̃, -ɑ̃t] **adj.** Qui irrite les nerfs : *Un bruit énervant* (syn. **agaçant**). *Il est énervant avec ses questions* (syn. **irritant, exaspérant**).

énervation [enɛrvasjɔ̃] **n.f.** (lat. *enervatio,* de *enervare* propr. « retirer les nerfs »). **1.** Au Moyen Âge, supplice qui consistait à brûler les tendons des jarrets et des genoux. **2.** MÉD. Ablation ou section des nerfs d'un muscle ou d'un organe.

énervé, e [enɛrve] **adj.** Qui est dans un état de nervosité ; agacé, irrité : *Des enfants très énervés* (syn. **excité**).

énervement [enɛrvəmɑ̃] **n.m.** État d'une personne énervée : *Avoir un moment d'énervement* (syn. **agacement**).

énerver [enɛrve] **v.t.** (lat. *enervare,* affaiblir). Provoquer l'irritation de qqn ; surexciter qqn : *Un bruit qui énerve* (syn. **agacer**). ◆ **s'énerver v.pr.** Perdre le contrôle de soi-même.

enfance [ɑ̃fɑ̃s] **n.f.** (lat. *infantia* propr. « incapacité de parler »). **1.** Période de la vie humaine depuis la naissance jusqu'à la puberté. **2.** (Collect.). Les enfants : *L'enfance délinquante.* **3.** LITT. Commencement de ce qui se développe : *L'enfance de l'humanité* (syn. **début, origine**). **4. C'est l'enfance de l'art,** c'est la chose la plus facile. / **Petite enfance,** période de la vie qui va de la naissance à l'âge d'acquisition de la marche. / **Retomber en enfance,** devenir gâteux.

enfant [ɑ̃fɑ̃] **n.** (lat. *infans,* qui ne parle pas). **1.** Garçon, fille dans l'âge de l'enfance. ***Rem.*** Ce mot est *féminin* quand il désigne une fille : *une charmante enfant.* **2.** Fils ou fille, quel que soit l'âge : *Cet homme a quatre enfants.* **3.** Personne originaire de : *Un enfant du pays.* **4.** Ce que l'on a conçu : *Cette loi, c'est son enfant.* **5. Enfant de Marie,** personne chaste ou naïve. / **Faire l'enfant,** s'amuser à des choses puériles.

enfant-soldat [ɑ̃fɑ̃sɔlda] **n.m.** (pl. *enfants-soldats*). Fille ou garçon de moins de 18 ans enrôlés dans des forces militaires ou paramilitaires au mépris du droit international.

enfantement [ɑ̃fɑ̃tmɑ̃] **n.m.** LITT. **1.** Accouchement. **2.** Production, élaboration, création d'une œuvre.

enfanter [ɑ̃fɑ̃te] **v.t.** LITT. **1.** Accoucher. **2.** Produire, créer : *Enfanter un projet.*

enfantillage [ɑ̃fɑ̃tijaʒ] **n.m.** (de l'anc. adj. *enfantil,* enfantin). Parole, action qui manifeste un manque de maturité : *Perdre son temps en enfantillages* (syn. **gaminerie**).

enfantin, e [ɑ̃fɑ̃tɛ̃, -in] **adj. 1.** Relatif à l'enfant : *Rire enfantin.* **2.** Peu compliqué : *Question enfantine* (syn. **puéril**). **3.** HELV. **École enfantine,** école maternelle.

enfariné, e [ɑ̃farine] **adj. 1.** Couvert de farine, de poudre blanche : *Visage enfariné d'un Pierrot.* **2.** FAM. **Le bec enfariné,** avec une confiance niaise, ridicule.

enfer [ɑ̃fɛr] **n.m.** (lat. ecclés. *infernum,* lieu d'en bas). **1.** RELIG. CHRÉT. Séjour et lieu de supplice des damnés après la mort. **2.** Situation extrêmement pénible : *Sa vie est un enfer.* **3. D'enfer,** horrible, infernal : *Feu d'enfer. Bruit d'enfer.* ◆ **enfers n.m. pl.** MYTH. **Les Enfers,** séjour des défunts après leur mort.

enfermement [ɑ̃fɛrməmɑ̃] **n.m.** Action d'enfermer.

enfermer [ɑ̃fɛrme] **v.t.** (de *fermer*). **1.** Mettre dans un lieu que l'on ferme, d'où l'on ne peut sortir : *Enfermer qqn dans une pièce.* **2.** Mettre à l'abri, en sûreté : *Enfermer des bijoux dans un coffre.* **3.** Placer, maintenir dans d'étroites limites qui empêchent de se développer librement : *Enfermer la poésie dans des règles trop strictes.* ◆ **s'enfermer v.pr. 1.** S'installer dans un endroit fermé et isolé : *Il s'enferme dans son bureau et ne veut voir personne.* **2.** Se maintenir avec obstination dans un état, une situation, une attitude : *S'enfermer dans le mutisme.*

s'enferrer [ɑ̃fere] **v.pr. 1.** Se jeter sur l'épée de son adversaire. **2.** Se prendre à l'hameçon, en parlant d'un poisson. **3.** Se prendre au piège de ses propres mensonges : *Le témoin s'est enferré dans sa déposition* (syn. **s'empêtrer, s'enfoncer**).

enfiévrer [ɑ̃fjevre] **v.t.** [conj. **18**]. **1.** LITT. Donner la fièvre : *Cet effort a enfiévré le malade.* **2.** Jeter dans l'exaltation : *Discours qui enfièvre l'assistance* (syn. **enflammer**).

enfilade [ɑ̃filad] **n.f.** (de *enfiler*). Ensemble de choses disposées, situées les unes à la suite des autres : *Une enfilade de maisons* (syn. **rangée**). *Pièces en enfilade.*

enfilage [ɑ̃filaʒ] **n.m.** Action de passer un fil : *L'enfilage des perles d'un collier.*

enfiler [ɑ̃file] **v.t.** (de *fil*). **1.** Passer un fil dans le chas d'une aiguille, le trou d'une perle, etc. **2.** FAM. Passer rapidement un vêtement : *Enfiler une veste.* **3.** S'engager rapidement dans une voie : *Le voleur enfila la ruelle.*

enfin [ɑ̃fɛ̃] **adv.** (de *en* et *fin*). **1.** Introduit le dernier terme d'une série, d'une énumération : *Il regarda dans sa direction, s'approcha, et enfin la salua avec courtoisie. Il y avait là Pierre, Jacques, François et enfin Féthi.* **2.** Indique qu'un événement se produit après avoir été longtemps attendu : *Enfin, tu as compris !* **3.** Introduit une conclusion récapitulative : *Des arbres arrachés, des moissons perdues, des routes inondées, enfin un vrai désastre.* **4.** Indique un correctif apporté à une affirmation : *C'est un mensonge, enfin, une vérité incomplète.* **5.** Indique une concession : *Cela me paraît difficile ; enfin, vous pouvez toujours essayer* (syn. **néanmoins, toutefois**). **6.** Exprime la résignation : *Enfin, que voulez-vous, c'était inévitable !*

enflammé, e [ɑ̃flame] **adj. 1.** Plein d'ardeur, de passion : *Discours enflammé* (syn. **exalté**). **2.** En état d'inflammation : *Plaie enflammée* (syn. **irrité**).

enflammer [ɑ̃flame] **v.t.** (lat. *inflammare*). **1.** Mettre en flammes ; embraser. **2.** Causer l'inflammation de. **3.** Exciter, exalter : *Déclarations qui enflamment l'auditoire.*

enfler [ɑ̃fle] **v.t.** (lat. *inflare,* souffler dans). **1.** Faire augmenter de volume : *La fonte des neiges enfle les rivières* (syn. **gonfler, grossir**). **2.** Gonfler en remplissant d'air, de gaz : *Enfler ses joues.* **3. Être enflé de,** rempli de : *Il est enflé d'orgueil.* ◆ **v.i.** Augmenter de volume : *Ses jambes enflent* (syn. **gonfler**).

enflure [ɑ̃flyr] **n.f. 1.** Gonflement, boursouflure : *L'enflure de ses jambes commence à diminuer* (syn. **tuméfaction**). **2.** Exagération, emphase : *Enflure d'un style.*

enfoncé, e [ɑ̃fɔ̃se] **adj.** Dans le fond ; à l'intérieur de : *Yeux enfoncés dans leurs orbites.*

enfoncement [ɑ̃fɔ̃smɑ̃] **n.m. 1.** Action d'enfoncer ; fait de s'enfoncer : *L'enfoncement d'un clou.* **2.** Partie en retrait ou en creux : *L'enfoncement du sol* (syn. **cavité, dépression**).

enfoncer [ɑ̃fɔ̃se] **v.t.** (de *fond*) [conj. **16**]. **1.** Pousser vers le fond ; faire pénétrer profondément dans : *Enfoncer un clou dans un mur* (syn. **planter**). **2.** Faire céder par une pression ou un choc : *Enfoncer une porte* (syn. **défoncer**). **3.** Vaincre, défaire une armée : *Enfoncer les lignes adverses.* ◆ **v.i.** Aller vers le fond : *Enfoncer dans la neige.* ◆ **s'enfoncer v.pr. 1.** Aller au fond de, vers le fond : *S'enfoncer dans l'eau.* **2.** Céder sous un choc ou une pression : *Plancher qui s'enfonce* (syn. **s'affaisser**). **3.** FAM. Aggraver son état, sa situation : *Il s'enfonce en cherchant à se justifier.*

enfouir [ɑ̃fwir] **v.t.** (lat. pop. **infodire,* class. « creuser ») [conj. **32**]. **1.** Mettre en terre : *Enfouir des graines* (syn. **enterrer**). **2.** Cacher, enterrer sous : *Enfouir sa trouvaille dans sa poche* (syn. **dissimuler**). ◆ **s'enfouir v.pr.** S'enfoncer, se blottir : *S'enfouir dans le sable, sous ses couvertures.*

enfouissement [ɑ̃fwismɑ̃] **n.m.** Action d'enfouir ; fait d'être enfoui.

enfourcher [ɑ̃furʃe] **v.t.** (de *fourche*). **1.** Se mettre, monter à califourchon sur : *Enfourcher un cheval, une moto.* **2.** FAM. **Enfourcher son cheval de bataille, son dada,** parler de son sujet de prédilection.

enfournage [ɑ̃furnaʒ] et **enfournement** [ɑ̃furnəmɑ̃] **n.m.** Action, manière d'enfourner.

enfourner [ɑ̃furne] **v.t.** (de *four*). **1.** Mettre dans un four. **2.** *FAM.* Mettre dans sa bouche par grandes quantités : *Enfourner une assiette de petits fours* (syn. **engloutir**).

enfreindre [ɑ̃frɛ̃dr] **v.t.** (lat. *infringere*, briser) [conj. **81**]. *LITT.* Ne pas respecter : *Enfreindre la loi* (syn. **transgresser**).

s'**enfuir** [ɑ̃fɥir] **v.pr.** [conj. **35**]. Fuir ; s'en aller à la hâte ; disparaître : *Le prisonnier s'est enfui* (syn. **s'évader**). *Les années de ma jeunesse se sont enfuies.*

enfumage [ɑ̃fymaʒ] **n.m.** Action d'enfumer : *L'enfumage des abeilles.*

enfumer [ɑ̃fyme] **v.t. 1.** Remplir un lieu de fumée. **2.** Déloger ou neutraliser un animal en l'incommodant par la fumée : *Enfumer un renard dans son terrier.*

Engadine, partie suisse (Grisons) de la vallée de l'Inn. Tourisme.

engagé, e [ɑ̃gaʒe] **adj.** Qui traduit, exprime un engagement, notamm. politique : *Littérature engagée. Écrivain engagé.* ◆ **n.** et **adj.** Personne qui a contracté un engagement volontaire dans l'armée.

engageant, e [ɑ̃gaʒɑ̃, -ɑ̃t] **adj.** Qui attire, séduit : *Un sourire engageant. Des paroles engageantes.*

engagement [ɑ̃gaʒmɑ̃] **n.m. 1.** Action d'engager, d'embaucher qqn ; accord écrit ou verbal qui l'atteste : *L'engagement du personnel* (syn. **embauche**). *Chanteur qui signe un engagement* (syn. **contrat**). **2.** MIL. Contrat par lequel qqn déclare vouloir servir dans l'armée pour une durée déterminée. **3.** Fait de s'engager à qqch, par une promesse, un contrat, etc. : *Faire honneur à, respecter ses engagements.* **4.** Action d'engager qqn, qqch dans une entreprise, une action : *L'engagement de nouvelles troupes dans la guerre.* **5.** Fait de prendre parti et d'intervenir publiquement sur les problèmes sociaux, politiques, etc., de son époque. **6.** MÉD. Première phase de l'accouchement. **7.** Action de mettre le ballon en jeu en début de partie ; coup d'envoi. **8.** MIL. Action offensive ; combat localisé et de courte durée (syn. **escarmouche**).

engager [ɑ̃gaʒe] **v.t.** (de *gage*) [conj. **17**]. **1.** Lier, attacher (qqn) par une promesse, une obligation : *Ce serment vous engage.* **2.** Embaucher, recruter : *Engager un assistant.* **3.** Mettre en gage pour obtenir un prêt : *Engager ses bijoux.* **4.** Introduire, faire pénétrer, diriger qqch dans : *Engager sa voiture dans une ruelle.* **5.** Faire participer à ; affecter à un usage précis : *Engager une division dans un combat.* **6.** Commencer : *Engager des pourparlers* (syn. **entamer**). **7.** Exhorter, inciter qqn à : *Je vous engage à la plus grande prudence* (syn. **inviter**). ◆ **s'engager v.pr. 1.** Contracter un engagement professionnel ou militaire ; s'inscrire à une compétition. **2.** S'avancer, pénétrer : *S'engager dans un passage étroit.* **3.** Commencer : *La discussion s'engage mal.* **4.** Exprimer publiquement par ses actes ou ses paroles une prise de position sur les problèmes sociaux, politiques : *Sur un problème aussi délicat, beaucoup préféreraient ne pas s'engager.* **5.** **[à].** Se lier verbalement ou par un contrat : *Il s'est engagé à rembourser la somme en deux ans* (syn. **promettre de**). **6. S'engager dans qqch,** s'y consacrer très activement (syn. **s'impliquer**).

engainant, e [ɑ̃genɑ̃, -ɑ̃t] **adj.** (de *gaine*). BOT. Dont la gaine entoure la tige : *Feuille engainante.*

engazonnement [ɑ̃gazɔnmɑ̃] **n.m.** Action d'engazonner ; son résultat.

engazonner [ɑ̃gazɔne] **v.t.** Semer, garnir de gazon.

engeance [ɑ̃ʒɑ̃s] **n.f.** (anc. fr. *enger*, du lat. *indicare*, dénoncer). *LITT.* ou *PAR PLAIS.* Catégorie de personnes qu'on méprise.

Engels (Friedrich), théoricien socialiste allemand (Barmen, auj. intégré à Wuppertal, 1820 - Londres 1895), ami de K. Marx. Il écrit *la Situation de la classe laborieuse en Angleterre* (1845), où s'élaborent quelques idées-forces du marxisme. Il rédige, en commun avec Marx, *la Sainte Famille* (1845), *l'Idéologie allemande* (1845-1846), où ils jettent les bases du matérialisme historique, et le *Manifeste du parti communiste* (1848). Il attaque les thèses de E. Dühring dans *l'Anti-Dühring* (1878), et analyse le matérialisme dialectique (*la Dialectique de la nature*, 1873-1883 ; publiée en 1925). Il assure la publication du *Capital* après la mort de Marx. Il poursuit la réflexion historique du marxisme dans *l'Origine de la famille, de la propriété privée et de l'État* (1884). Il est au centre de la création de la IIe Internationale.

engelure [ɑ̃ʒlyr] **n.f.** (de l'anc. fr. *engeler*, de *gel*). Lésion inflammatoire des extrémités (mains, pieds, nez et oreilles) provoquée par le froid.

engendrer [ɑ̃ʒɑ̃dre] **v.t.** (lat. *ingenerare*, de *genus*, race). **1.** Reproduire par génération, en parlant de l'homme et des animaux mâles (syn. **procréer**). **2.** Être à l'origine de ; provoquer : *Un accident peut en engendrer un autre.*

Enghien (Louis Antoine Henri de Bourbon-Condé, *duc* **d'),** dernier héritier des Condés (Chantilly 1772 - Vincennes 1804). Prince de Condé, il émigra en 1789. Bonaparte le fit enlever en territoire allemand et transférer à Vincennes, où il fut fusillé dans les fossés du château afin de briser tout espoir de restauration des Bourbons.

engin [ɑ̃ʒɛ̃] **n.m.** (lat. *ingenium*, intelligence). **1.** Appareil, instrument, machine destinés à un usage particulier. **2.** MIL. Matériel de guerre : *Engin mécanique du génie.*

engineering [ɛndʒiniriŋ] ou [ɛ̃ʒiniriŋ] **n.m.** (mot angl.). [Anglic. déconseillé]. Ingénierie.

englober [ɑ̃glɔbe] **v.t.** (de *globe*). Réunir en un tout ; contenir : *Cette critique vous englobe tous* (syn. **comprendre**).

engloutir [ɑ̃glutir] **v.t.** (bas lat. *ingluttire*, avaler) [conj. **32**]. **1.** Absorber, avaler gloutonnement de la nourriture : *Il a englouti cinq tartines à son petit déjeuner* (syn. **dévorer**). **2.** Faire disparaître brutalement : *La tempête a englouti le navire.* **3. Engloutir sa fortune,** la dépenser complètement. ◆ **s'engloutir v.pr.** Disparaître : *Le bateau s'est englouti dans la mer* (syn. **s'abîmer, sombrer**).

engloutissement [ɑ̃glutismɑ̃] **n.m.** Action d'engloutir ; fait d'être englouti.

engluement [ɑ̃glymɑ̃] **n.m.** Action d'engluer.

engluer [ɑ̃glye] **v.t. 1.** Couvrir, enduire de glu ou de matière gluante : *La confiture engluait ses doigts* (syn. **poisser**). **2. Être englué dans qqch,** pris dans une situation complexe qui paraît sans issue.

engoncer [ɑ̃gɔ̃se] **v.t.** (de *gons*, anc. forme du plur. de *gond*) [conj. **16**]. Déformer la silhouette en faisant paraître le cou enfoncé dans les épaules, en parlant d'un vêtement.

engorgement [ɑ̃gɔrʒəmɑ̃] **n.m.** Action d'engorger ; fait d'être engorgé : *L'engorgement des canalisations a provoqué une inondation* (syn. **obstruction**).

engorger [ɑ̃gɔrʒe] **v.t.** (de *gorge*) [conj. **17**]. **1.** Embarrasser, obstruer, par accumulation de matière : *Engorger un tuyau* (syn. **boucher**). **2.** Encombrer, saturer : *L'affluence de véhicules engorge l'autoroute* (syn. **embouteiller**).

engouement [ɑ̃gumɑ̃] **n.m.** Fait de s'engouer ; goût très vif et soudain pour qqn, qqch : *Son engouement pour la guitare a été de courte durée* (syn. **passade**).

s'**engouer** [ɑ̃gwe] **v.pr.** (d'une var. dial. de *joue*) [conj. **6**]. Se prendre d'une admiration, d'un enthousiasme excessifs et subits pour qqn, qqch : *S'engouer d'un chanteur* (syn. **s'enticher**).

engouffrer [ɑ̃gufre] **v.t.** (de *gouffre*). **1.** Manger, avaler des aliments goulûment : *Engouffrer son repas* (syn. **dévorer**). **2.** Dépenser totalement une somme d'argent, génér. importante : *Engouffrer sa fortune dans une affaire* (syn. **engloutir**). ◆ **s'engouffrer v.pr.** Entrer rapidement ou en masse dans un lieu : *Vent qui s'engouffre dans une rue. Elle s'est engouffrée dans un taxi.*

engoulevent [ɑ̃gulvɑ̃] **n.m.** (de l'anc. fr. *engouler*, avaler). Oiseau d'Eurasie et d'Afrique du Nord-Ouest, au plumage brun-roux, qui, la nuit, chasse les insectes en volant le bec grand ouvert. ▸ Long. 30 cm env.

engourdir [ɑ̃gurdir] **v.t.** (de *gourd*) [conj. **32**]. **1.** Rendre insensible, paralyser qqn, une partie du corps : *Froid qui engourdit les mains* (syn. **ankyloser**). **2.** Ralentir le mouvement, l'activité de : *La fatigue engourdissait son esprit.*

engourdissement [ɑ̃gurdismɑ̃] **n.m.** Action d'engourdir ; fait d'être engourdi : *Des alpinistes qui réagissent contre l'engourdissement* (syn. **ankylose**).

engrais [ɑ̃grɛ] **n.m.** (de *engraisser*). Produit organique ou minéral incorporé au sol pour en maintenir ou en accroître la fertilité.

engraissement [ɑ̃grɛsmɑ̃] et **engraissage** [ɑ̃gresaʒ] **n.m.** Action d'engraisser un animal ; fait d'être engraissé.

engraisser [ɑ̃grese] **v.t.** (lat. pop. **ingrassiare*, bas lat. *incrassare* ; v. *graisse*) [conj. **4**]. **1.** Faire grossir, rendre gras un animal : *Engraisser une oie.* **2.** Fertiliser une terre par un engrais. ◆ **v.i.** Prendre du poids : *J'ai engraissé de trois kilos* (syn. **grossir**).

engranger [ɑ̃grɑ̃ʒe] **v.t.** [conj. **17**]. **1.** Mettre (du foin, des céréales, etc.) dans une grange. **2.** *LITT.* Accumuler en vue d'une utilisation ultérieure : *Engranger des données dans un ordinateur.*

engrenage [ɑ̃grənaʒ] **n.m.** (de *2. engrener*). **1.** Mécanisme formé de roues dentées en contact, se transmettant un mouvement de rotation. **2.** Enchaînement inéluctable de faits dont on ne peut se dégager : *L'engrenage de la violence.* **3. Mettre le doigt dans l'engrenage,** s'engager imprudemment dans une affaire dans laquelle on se trouve pris.

1. engrener [ɑ̃grəne] **v.t.** (du lat. *granum*, grain) [conj. **19**]. Alimenter en grain le réservoir d'un moulin ; alimenter en épis une batteuse.

2. engrener [ɑ̃grəne] **v.t.** (de *1. engrener*, avec infl. de *cran*) [conj. **19**]. Mettre en prise un élément d'un engrenage dans l'autre élément : *Engrener une roue dentée.* ◆ **v.i.** Être en prise, en parlant des éléments d'un engrenage.

engrosser [ɑ̃grose] **v.t.** (de l'anc. fr. *groisse*, grosseur, du bat lat. *grossus*, gros). *FAM.* Rendre enceinte une femme.

engueulade [ɑ̃gœlad] **n.f.** *FAM.* Action d'engueuler, de s'engueuler (syn. **altercation, dispute**).

engueuler [ɑ̃gœle] **v.t.** *FAM.* Accabler de reproches ; réprimander durement : *Il engueule tout le monde* (syn. **houspiller, tancer**). ◆ **s'engueuler** **v.pr.** *FAM.* Se disputer violemment avec qqn.

enguirlander [ɑ̃girlɑ̃de] **v.t.** (de *guirlande*). **1.** *FAM.* Invectiver ; faire de vifs reproches à. **2.** *LITT.* Orner de guirlandes.

enhardir [ɑ̃ardir] **v.t.** [conj. **32**]. Rendre hardi ; donner de l'assurance à. ◆ **s'enhardir** **v.pr.** Devenir hardi : *Il s'est enhardi à lui parler de son amour pour elle* (syn. **oser**).

enharmonie [ɑ̃narmɔni] **n.f.** MUS. Rapport entre deux notes consécutives (par ex. : *do* dièse et *ré* bémol) que l'audition ne permet pas de distinguer.

enharmonique [ɑ̃narmɔnik] **adj.** MUS. Qui forme une enharmonie.

énième [enjɛm] **adj.** et **n.** (de *n* et *[deux]ième*, *[trois]ième*, etc.). *FAM.* Qui occupe un rang indéterminé, mais très grand : *Je te le répète pour la énième fois.* (On écrit aussi $n^{ième}$.)

énigmatique [enigmatik] **adj.** **1.** Qui renferme une énigme : *Une réponse énigmatique* (syn. **sibyllin**). **2.** Dont le comportement, le caractère sont mystérieux : *Un personnage énigmatique* (syn. **impénétrable**).

énigme [enigm] **n.f.** (lat. *aenigma*, gr. *ainigma*, parole obscure). **1.** Jeu d'esprit où l'on donne à deviner une chose en la décrivant en termes obscurs, souvent à double sens : *Résoudre une énigme.* **2.** Problème difficile à résoudre ; chose ou personne difficile à comprendre : *Le mobile du crime reste une énigme* (syn. **mystère**).

enivrant, e [ɑ̃nivrɑ̃, -ɑ̃t] **adj.** Qui enivre : *Un parfum enivrant* (syn. **capiteux**). *Un triomphe enivrant* (syn. **grisant**).

enivrement [ɑ̃nivrəmɑ̃] **n.m.** **1.** Fait de s'enivrer ; état d'une personne ivre (syn. **ivresse**). **2.** Euphorie, exaltation : *L'enivrement de la victoire* (syn. **transport**).

enivrer [ɑ̃nivre] **v.t.** **1.** Rendre ivre (syn. **griser**). **2.** Exalter, exciter : *La victoire l'enivre* (syn. **étourdir**).

enjambée [ɑ̃ʒɑ̃be] **n.f.** Action d'enjamber ; espace que l'on enjambe : *Marcher à grandes enjambées* (syn. **pas**).

enjambement [ɑ̃ʒɑ̃bmɑ̃] **n.m.** (de *enjamber*). MÉTR. Rejet au vers suivant d'un ou de plusieurs mots étroitement unis par le sens à ceux du vers précédent. (Ex. : *« Un astrologue, un jour, se laissa choir / Au fond d'un puits »* [La Fontaine].)

enjamber [ɑ̃ʒɑ̃be] **v.t.** Passer par-dessus (un obstacle) en étendant la jambe avant de poser le pied : *Enjamber un fossé* (syn. **franchir**).

enjeu [ɑ̃ʒø] **n.m.** (de *jeu*). **1.** Somme d'argent, objet que l'on risque dans une partie de jeu et qui revient au gagnant (syn. **mise**). **2.** Ce que l'on peut gagner ou perdre dans une entreprise : *L'enjeu d'une guerre.*

enjoindre [ɑ̃ʒwɛ̃dr] **v.t.** (lat. *injungere*, retirer à, avec infl. de *joindre*) [conj. **82**]. *LITT.* Ordonner, mettre en demeure de : *Je lui ai enjoint de se taire* (syn. **sommer**).

enjôlement [ɑ̃ʒolmɑ̃] **n.m.** Action d'enjôler.

enjôler [ɑ̃ʒole] **v.t.** (de *geôle*, prison). Séduire par des flatteries, des promesses, génér. dans un but intéressé.

enjôleur, euse [ɑ̃ʒolœr, -øz] **n.** et **adj.** Personne qui enjôle.

enjolivement [ɑ̃ʒɔlivmɑ̃] **n.m.** et **enjolivure** [ɑ̃ʒɔlivyr] **n.f.** Ornement qui enjolive : *Les enjolivures du style* (syn. **fioriture**).

enjoliver [ɑ̃ʒɔlive] **v.t.** Rendre joli, plus joli, en ajoutant des ornements : *Des moulures qui enjolivent le plafond* (syn. **embellir**). *Enjoliver un récit* (syn. **agrémenter**).

enjoliveur [ɑ̃ʒɔlivœr] **n.m.** Pièce d'ornementation d'une carrosserie ou des roues d'une automobile.

enjolivure n.f. → **enjolivement.**

enjoué, e [ɑ̃ʒwe] **adj.** (de *en* et *jeu*). Qui exprime de l'enjouement : *Elle souriait d'un air enjoué* (syn. **gai** ; contr. **renfrogné**).

enjouement [ɑ̃ʒumɑ̃] **n.m.** (de *enjoué*). Bonne humeur ; gaieté aimable et souriante (syn. **jovialité**).

s'**enkyster** [ɑ̃kiste] **v.pr.** MÉD. S'envelopper d'une coque de tissu conjonctif : *Tumeur qui s'enkyste.*

enlacement [ɑ̃lasmɑ̃] **n.m.** **1.** Action d'enlacer ; disposition de choses enlacées : *L'enlacement des lierres.* **2.** Fait de s'enlacer : *De tendres enlacements* (syn. **étreinte**).

enlacer [ɑ̃lase] **v.t.** (de *lacer*) [conj. **16**]. **1.** Entourer qqch plusieurs fois : *Le lierre enlace le poteau.* **2.** Serrer contre soi en entourant de ses bras : *Enlacer son adversaire dans un match de lutte.* ◆ **s'enlacer** **v.pr.** Se prendre mutuellement dans les bras.

enlaidir [ɑ̃ledir] **v.t.** [conj. **32**]. Rendre laid : *Les panneaux publicitaires enlaidissent le paysage* (contr. **embellir**). ◆ **v.i.** Devenir laid : *Le littoral enlaidit tous les ans.*

enlaidissement [ɑ̃ledismɑ̃] **n.m.** Action d'enlaidir ; fait de devenir laid.

enlevé, e [ɑ̃lve] **adj.** (p. passé de *enlever*). Exécuté avec facilité, avec brio : *Portrait enlevé. Morceau de musique enlevé.*

enlèvement [ɑ̃lɛvmɑ̃] **n.m.** Action d'enlever qqn, qqch : *L'enlèvement d'un enfant* (syn. **kidnapping, rapt**). *L'enlèvement des ordures ménagères.*

enlever [ɑ̃lve] **v.t.** (de *lever*) [conj. **19**]. **1.** Hisser, porter vers le haut : *Enlever sans effort un poids de cinquante kilos* (syn. **soulever**). **2.** Retirer de la place occupée pour le porter à un autre endroit ou le supprimer : *Enlever les placards de la cuisine* (syn. **ôter**). *Enlever les meubles* (syn. **déplacer**). **3.** Faire disparaître : *Enlever une tache sur un vêtement. Son attitude à mon égard m'enlève tout scrupule* (syn. **libérer de**). **4.** Faire perdre ; priver de : *On lui a enlevé la garde de l'enfant* (syn. **retirer**).

5. Gagner, remporter : *Enlever la victoire.* **6.** Prendre, s'emparer d'une position militaire. **7.** Prendre par force ou par ruse : *Enlever un enfant* (syn. **kidnapper**). **8.** Priver de la présence de qqn, en parlant de la mort, de la maladie, etc. : *Un accident l'a enlevé prématurément à l'affection des siens* (syn. **arracher, ravir**).

enlisement [ɑ̃lizmɑ̃] **n.m.** Fait de s'enliser : *Des sables mouvants où on risque l'enlisement. Une crise économique qui provoque l'enlisement de certaines entreprises.*

enliser [ɑ̃lize] **v.t.** (normand *lize,* sable mouvant). **1.** Enfoncer qqn, qqch, dans un sol sans consistance (syn. **embourber, ensabler**). **2.** Mettre qqn, qqch, dans une situation difficile, dangereuse : *Enliser un parti dans la bureaucratie* (syn. **paralyser**). ◆ **s'enliser v.pr. 1.** S'enfoncer dans : *La voiture s'est enlisée dans les marécages* (syn. **s'embourber**). **2.** Être plus ou moins arrêté par des difficultés, des obstacles : *Ce pays s'enlise dans le marasme* (syn. **s'enfoncer**). *La discussion s'enlise dans des arguties.*

enluminer [ɑ̃lymine] **v.t.** (de *en-*, et du lat. *[il]luminare,* propr. « éclairer »). **1.** Orner d'enluminures : *Enluminer un missel.* **2.** LITT. (Surtout au p. passé). Colorer vivement : *La figure enluminée d'un ivrogne.*

enlumineur, euse [ɑ̃lyminœr, -øz] **n.** Artiste qui fait des enluminures.

enluminure [ɑ̃lyminyr] **n.f.** Art de décorer et d'illustrer les livres, les manuscrits, etc., de lettrines et d'initiales colorées et ornées, d'encadrements, de miniatures, etc. ; la décoration ainsi réalisée.

ennéasyllabe [eneasilab] **adj.** et **n.m.** (du gr. *ennea,* neuf, et de *syllabe*). Se dit d'un vers qui a neuf syllabes.

enneigé, e [ɑ̃neʒe] **adj.** Couvert de neige.

enneigement [ɑ̃nɛʒmɑ̃] **n.m.** État d'un endroit enneigé ; épaisseur de la couche de neige : *Un enneigement insuffisant pour les skieurs. Le bulletin d'enneigement à la radio.*

ennemi, e [ɛnmi] **n.** et **adj.** (lat. *inimicus,* de *im-* priv., et *amicus,* ami). **1.** Personne qui veut du mal à qqn, qui cherche à lui nuire : *On ne lui connaît pas d'ennemi* (contr. **ami**). **2.** (Au pl. ou au sing. collect.). Groupe, pays, etc., à qui l'on s'oppose, notamm. en temps de guerre : *Nos troupes ont capturé de nombreux ennemis. L'ennemi a déclenché l'offensive* (syn. **adversaire**). **3.** Personne qui s'oppose à, qui a de l'aversion pour qqch : *Un ennemi de l'injustice* (contr. **partisan**). ◆ **ennemi n.m. 1.** Ce qui est contraire, ce qui s'oppose à qqch : *Le mieux est l'ennemi du bien.* **2. Ennemi public,** malfaiteur jugé particulièrement dangereux. / **Passer à l'ennemi,** dans le camp adverse ; trahir.

ennoblir [ɑ̃nɔblir] **v.t.** [conj. **32**]. Rendre noble, digne ; élever moralement : *C'est l'intention qui ennoblit certains actes.*

ennoblissement [ɑ̃nɔblismɑ̃] **n.m.** Action d'ennoblir, de rendre digne, noble.

ennui [ɑ̃nɥi] **n.m.** (de *ennuyer*). **1.** Désagrément, problème, souci : *Des ennuis de santé. Il n'est pas au bout de ses ennuis* (syn. **tracas**). **2.** Lassitude, abattement provoqués par l'inaction et le désintérêt : *L'ennui le mine depuis des semaines* (syn. **mélancolie**).

ennuyer [ɑ̃nɥije] **v.t.** (bas lat. *inodiare,* du class. *in odio esse,* être un objet de haine) [conj. **14**]. **1.** Causer de la contrariété, du souci à : *Cela m'ennuie de vous faire attendre* (syn. **contrarier**). *Tout irait bien, sans ce détail qui m'ennuie* (syn. **tracasser**). **2.** Lasser, par manque d'intérêt, monotonie, etc. : *Ce livre m'a ennuyé* (syn. **rebuter**). ◆ **s'ennuyer v.pr.** Éprouver de l'ennui (syn. **se morfondre**).

ennuyeux, euse [ɑ̃nɥijø, -øz] **adj.** Qui cause de l'ennui, des soucis : *Un voisin ennuyeux* (syn. **désagréable**). *Un spectacle ennuyeux* (syn. **fastidieux, rebutant**).

énoncé [enɔ̃se] **n.m. 1.** Action d'énoncer : *À l'énoncé du jugement, les réactions furent mitigées* (syn. **énonciation**). **2.** Texte à la formulation précise, requise par son caractère officiel, scientifique, etc. : *Lire l'énoncé d'un problème.* **3.** LING. Séquence de paroles émises par un locuteur, délimitée par des silences ou par les interventions d'un autre locuteur.

énoncer [enɔ̃se] **v.t.** (lat. *enuntiare*) [conj. **16**]. Exprimer par des paroles ou par écrit : *Énoncer un jugement* (syn. **prononcer**). *Énoncer une requête* (syn. **formuler**).

énonciation [enɔ̃sjasjɔ̃] **n.f. 1.** Action d'énoncer, de formuler oralement : *L'énonciation d'un fait* (syn. **énoncé**). **2.** LING. Production individuelle d'un énoncé envisagée du point de vue de la situation dans laquelle il est émis (lieu, temps, attitude du locuteur, etc.).

S'**enorgueillir** [ɑ̃nɔrgœjir] **v.pr. [de]** (de *orgueil*) [conj. **32**]. Tirer orgueil de : *S'enorgueillir de ses relations* (syn. **se glorifier**).

énorme [enɔrm] **adj.** (lat. *enormis,* de *norma,* règle). **1.** Très grand, excessif, en quantité ou en qualité : *Une baleine énorme* (syn. **gigantesque**). *Un rocher énorme obstruait la route* (syn. **colossal**). **2.** FAM. Incroyable, extraordinaire : *Cette histoire est énorme ! je ne te crois pas* (syn. **effarant, stupéfiant**).

énormément [enɔrmemɑ̃] **adv.** Excessivement : *Elle a énormément grossi* (syn. **beaucoup**).

énormité [enɔrmite] **n.f.** (lat. *enormitas ;* v. *énorme*). **1.** Caractère de ce qui est énorme : *L'énormité d'une tâche* (syn. **immensité**). **2.** Caractère de ce qui impressionne par son importance, ses conséquences : *Vous rendez-vous compte de l'énormité de vos propos ?* (syn. **gravité**). **3.** Parole ou action extravagante : *Tout le monde critique ses énormités.*

S'**enquérir** [ɑ̃kerir] **v.pr.** (lat. pop. **inquaerere,* class. *inquirere,* rechercher) [conj. **39**]. S'informer avec soin de qqch ; faire des recherches sur qqch : *S'enquérir de la santé de qqn* (syn. **s'inquiéter, se renseigner**).

enquête [ɑ̃kɛt] **n.f.** (lat. pop. **inquaesita,* de **inquaerere ;* v. *s'enquérir*). **1.** Étude d'une question réunissant des témoignages, des expériences, des documents : *Faire une enquête sur les opinions des lecteurs* (syn. **sondage**). **2.** Recherches ordonnées par une autorité administrative ou judiciaire : *Le tribunal a ordonné une enquête.*

enquêter [ɑ̃kete] **v.i.** [conj. **4**]. Faire, conduire une enquête : *La police enquête sur le crime. Enquêter sur les conditions de vie des immigrés.*

enquêteur, euse ou **trice** [ɑ̃ketœr, -øz] ou [-tris] **n.** Personne qui mène une enquête.

enquiquinement [ɑ̃kikinmɑ̃] **n.m.** FAM. Ennui.

enquiquiner [ɑ̃kikine] **v.t.** (probabl. du rad. onomat. *kik-,* qu'on retrouve dans le mot fam. *kiki,* cou). FAM. Ennuyer, importuner.

enquiquineur, euse [ɑ̃kikinœr, -øz] **n.** et **adj.** FAM. Personne qui importune.

enracinement [ɑ̃rasinmɑ̃] **n.m.** Action de s'enraciner ; fait de s'enraciner.

enraciner [ɑ̃rasine] **v.t. 1.** Faire prendre racine à : *Enraciner un arbre.* **2.** Fixer profondément dans l'esprit, le cœur : *Le temps a enraciné cette idée* (syn. **ancrer**). ◆ **s'enraciner v.pr. 1.** Prendre racine. **2.** Se fixer dans l'esprit : *Préjugé qui s'enracine facilement.*

enragé, e [ɑ̃raʒe] **adj.** et **n.** Fanatique, passionné : *C'est un chasseur enragé* (syn. **acharné**). *C'est un enragé au jeu.* ◆ **adj.** Atteint de la maladie de la rage : *Un chien enragé.* ◆ **enragés n.m. pl.** HIST. Fraction la plus radicale des sans-culottes, pendant la Révolution française.

enrageant, e [ɑ̃raʒɑ̃, -ɑ̃t] **adj.** Qui cause du dépit, de l'irritation.

enrager [ɑ̃raʒe] **v.i.** [conj. **17**]. **1.** Éprouver un violent dépit ; être vexé, furieux. **2. Faire enrager,** tourmenter, taquiner.

enraiement [ɑ̃remɑ̃] ou **enrayement** [ɑ̃rɛjmɑ̃] **n.m. 1.** Action d'enrayer ; fait d'être enrayé : *L'enraiement d'une épidémie.* **2.** Enrayage.

enrayage [ɑ̃rejaʒ] **n.m. 1.** Action d'entraver le mouvement d'une roue, de le bloquer accidentellement ou volontairement. **2.** Accident qui se produit dans le fonctionnement d'une arme à feu et en interdit momentanément l'emploi (syn. **enraiement**).

enrayer [ɑ̃reje] **v.t.** (propr. « arrêter une roue par les rayons », de *rai*) [conj. **11**]. **1.** Entraver le mouvement, le fonctionnement de : *Enrayer un mécanisme.* **2.** Suspendre l'action, le cours de : *Enrayer l'inflation* (syn. **juguler**). ◆ **s'enrayer v.pr.** Cesser accidentellement de fonctionner, en parlant d'une arme, d'un mécanisme.

enrégimenter [ɑ̃reʒimɑ̃te] **v.t. 1.** Grouper des unités militaires par régiment. **2.** Faire entrer qqn dans un groupe, un parti, etc., dont la discipline et la hiérarchie évoquent celles d'un régiment (péjor.).

enregistrement [ɑ̃rəʒistrəmɑ̃] **n.m. 1.** Action de consigner sur un registre : *Enregistrement d'une commande.* **2.** Formalité fiscale consistant en l'inscription de certains actes sur des registres officiels, moyennant le paiement des droits correspondants ; administration chargée de cette fonction. **3.** Ensemble des techniques permettant de fixer, de conserver et éventuellement de reproduire des sons et des images : *Enregistrement optique, vidéo.* **4.** Le son, les images ainsi enregistrés. **5.** Diagramme tracé par un appareil enregistreur.

enregistrer [ɑ̃rəʒistre] **v.t.** (de *registre*). **1.** Consigner par écrit une information en vue de la conserver : *La police a enregistré la déclaration d'un témoin* (syn. **consigner, noter**). **2.** Constater objectivement un phénomène, un état, etc. : *On enregistre d'abondantes pluies.* **3.** Noter ou faire noter le dépôt de : *Enregistrer des bagages à l'aéroport.* **4.** Prendre mentalement bonne note de : *Vous venez lundi, je l'ai bien enregistré* (syn. **mémoriser**). **5.** Procéder à l'enregistrement d'un acte juridique. **6.** Transcrire et fixer une information sur un support matériel : *Le baromètre enregistre les variations de la pression atmosphérique.* **7.** Transcrire et fixer un son, une image sur un support matériel sensible (disque, film, bande magnétique, CD-Rom, etc.) afin de les conserver et de pouvoir les reproduire. **8.** En parlant d'un artiste, faire un album ; en parlant d'un réalisateur, d'un technicien, procéder à l'enregistrement d'une émission.

enregistreur, euse [ɑ̃rəʒistrœr, -øz] **adj.** et **n.m.** Se dit d'un appareil qui enregistre un phénomène physique, une mesure, une somme, etc. : *Caisse enregistreuse. Un enregistreur de vitesse.*

enrhumer [ɑ̃ryme] **v.t.** Causer un rhume à (qqn). ◆ **s'enrhumer v.pr.** Attraper un rhume.

enrichi, e [ɑ̃riʃi] **adj. 1.** Qui a fait fortune ; dont la fortune est récente. **2.** Qui s'est accru d'éléments nouveaux : *Édition enrichie.* **3.** MIN., PHYS. NUCL. Qui a subi l'enrichissement : *Uranium enrichi.*

enrichir [ɑ̃riʃir] **v.t.** [conj. **32**]. **1.** Rendre riche ou plus riche : *Le commerce l'a enrichi très rapidement.* **2.** Augmenter la richesse, l'importance, la valeur de qqch en ajoutant des éléments : *Il a enrichi sa collection de timbres* (syn. **accroître, augmenter**). *Texte enrichi d'illustrations* (syn. **embellir, rehausser**). **3.** Augmenter la teneur en un élément, en une substance : *Enrichir une terre d'engrais.* ◆ **s'enrichir v. pr.** Devenir riche.

enrichissant, e [ɑ̃riʃisɑ̃, -ɑ̃t] **adj.** Qui enrichit l'esprit : *Activités enrichissantes.*

enrichissement [ɑ̃riʃismɑ̃] **n.m. 1.** Action d'enrichir ; fait de devenir riche : *Un enrichissement dû à d'habiles spéculations* (contr. **appauvrissement**). **2.** Fait d'être enrichi par l'addition de nouveaux éléments : *L'enrichissement de l'esprit par des lectures* (syn. **développement**). **3.** MIN. Augmentation de la concentration utile des minerais par divers procédés mécaniques, physiques ou physico-chimiques. **4.** PHYS. NUCL. Augmentation de la teneur d'un élément en un isotope déterminé (isotope radioactif, en partic.), obtenue par différents procédés physiques et physico-chimiques.

enrobage [ɑ̃rɔbaʒ] et **enrobement** [ɑ̃rɔbmɑ̃] **n.m. 1.** Action d'enrober ; fait d'être enrobé. **2.** Couche qui enrobe.

enrobé, e [ɑ̃rɔbe] **adj.** (p. passé de *enrober*). *FAM.* Grassouillet, rondelet.

enrober [ɑ̃rɔbe] **v.t.** (de *robe*). **1.** Recouvrir d'une enveloppe, d'une couche qui dissimule ou protège : *Bonbon enrobé de chocolat.* **2.** Déguiser, notamm. pour atténuer : *Enrober des reproches de termes affectueux* (syn. **masquer**).

enrochement [ɑ̃rɔʃmɑ̃] **n.m.** TR. PUBL. Ensemble de gros blocs de roche utilisés pour la protection des parties immergées des ouvrages d'art.

enrôlé, e [ɑ̃role] **n.** Personne incorporée dans l'armée.

enrôlement [ɑ̃rolmɑ̃] **n.m.** Action d'enrôler, de s'enrôler.

enrôler [ɑ̃role] **v.t. 1.** Incorporer une personne dans l'armée. **2.** Faire adhérer à un parti ; faire entrer dans un groupe : *On l'a enrôlé dans la nouvelle équipe de football* (syn. **engager**). ◆ **s'enrôler v.pr. 1.** S'engager dans l'armée. **2.** Se faire admettre dans un groupe.

enrouement [ɑ̃rumɑ̃] **n.m.** Altération de la voix, rendue rauque par une atteinte du larynx.

enrouer [ɑ̃rwe] **v.t.** (de l'anc. fr. *roi*, lat. *raucus*, rauque) [conj. **6**]. Causer l'enrouement de qqn, de sa voix : *Ses cris l'ont enroué. Appeler d'une voix enrouée.*

enroulement [ɑ̃rulmɑ̃] **n.m.** Action d'enrouler, de s'enrouler ; disposition de ce qui est enroulé : *L'enroulement d'une bande magnétique.*

enrouler [ɑ̃rule] **v.t. 1.** Rouler une chose autour d'une autre ou sur elle-même : *Enrouler une corde. Enrouler un drapeau autour de sa hampe.* **2.** Envelopper dans qqch en tournant : *Enrouler un blessé dans une couverture.* ◆ **s'enrouler v.pr. 1.** Se disposer en spirale : *Le film s'enroule mal.* **2. S'enrouler dans qqch,** le mettre autour de soi : *S'enrouler dans un châle* (syn. **s'envelopper**).

enrouleur [ɑ̃rulœr] **n.m.** Système servant à enrouler : *Des ceintures de sécurité à enrouleurs.*

enrubanner [ɑ̃rybane] **v.t.** (Surtout au p. passé). Orner de rubans : *Des jeunes filles aux cheveux enrubannés.*

ensablement [ɑ̃sabləmɑ̃] **n.m.** Action d'ensabler ; fait de s'ensabler : *L'ensablement d'une voiture dans les dunes* (syn. **enlisement**). *L'ensablement d'une crique.*

ensabler [ɑ̃sable] **v.t. 1.** Couvrir, engorger de sable : *Une canalisation ensablée. La marée a partiellement ensablé l'épave.* **2.** Faire échouer une embarcation sur le sable. **3.** Immobiliser un véhicule dans le sable : *Le paysan a ensablé sa charrette.* ◆ **s'ensabler v.pr. 1.** S'échouer sur le sable. **2.** Être obstrué par le sable : *La rade s'ensable.*

ensachage [ɑ̃saʃaʒ] **n.m.** Action d'ensacher.

ensacher [ɑ̃saʃe] **v.t.** Mettre en sac, en sachet.

ensanglanter [ɑ̃sɑ̃glɑ̃te] **v.t. 1.** Tacher, couvrir de sang : *Un mouchoir ensanglanté.* **2.** *LITT.* Faire couler le sang ; provoquer des combats sanglants : *Guerres qui ensanglantent un pays.*

enseignant, e [ɑ̃sɛɲɑ̃, -ɑ̃t] **adj.** et **n.** Qui donne un enseignement : *Le personnel enseignant d'un lycée.*

1. enseigne [ɑ̃sɛɲ] **n.f.** (lat. *insignia*, insignes d'une fonction). **1.** Marque distinctive placée sur la façade d'une maison de commerce : *Enseigne lumineuse.* **2.** *LITT.* Signe de ralliement pour une troupe : *Marcher enseignes déployées* (syn. **drapeau, étendard**). **3. À telle enseigne que,** à tel point que. / **Être logé à la même enseigne,** être dans le même cas.

2. enseigne [ɑ̃sɛɲ] **n.m.** (de *1. enseigne*). **1.** Nom donné autref. à l'officier porte-drapeau. **2. Enseigne de vaisseau de 1re, de 2e classe,** officier de marine dont le grade correspond à celui de lieutenant ou de sous-lieutenant des armées de terre et de l'air.

enseignement [ɑ̃sɛɲmɑ̃] **n.m. 1.** Action, manière d'enseigner, de transmettre des connaissances. **2.** Chacune des branches de l'organisation scolaire et universitaire : *Enseignement primaire, secondaire, supérieur.* **3.** Profession, activité de celui qui enseigne : *Entrer dans l'enseignement.* **4.** Ce qui est enseigné ; leçon donnée par les faits, par l'expérience : *Professeur qui donne un enseignement remarquable. Tirer les enseignements d'un échec.* **5. Enseignement assisté**

par ordinateur (E.A.O.), méthode d'enseignement utilisant l'informatique. / **Enseignement privé** (ou **libre**), dispensé dans des établissements qui ne relèvent pas de l'État (par opp. à *enseignement public*). / **Enseignement technique, professionnel,** pour la formation d'ouvriers et d'employés qualifiés et spécialisés, et de techniciens supérieurs.

enseigner [ɑ̃seɲe] **v.t.** (lat. pop. **insigniare*, indiquer, class. *insignire*, mettre une marque). **1.** Faire acquérir la connaissance ou la pratique de : *Enseigner les mathématiques.* **2.** Apprendre, inculquer, montrer : *L'histoire nous enseigne que tout est recommencement* (syn. **prouver**). *Cela vous enseignera à être plus prudent* (syn. **inciter, inviter**). **3.** LITT. Instruire : *Enseigner des jeunes enfants.*

1. ensemble [ɑ̃sɑ̃bl] **adv.** (lat. *insimul*, à la fois, en même temps). **1.** L'un avec l'autre, les uns avec les autres : *Aller dîner tous ensemble.* **2.** En même temps : *Au signal, vous tirez ensemble* (syn. **simultanément**). **3. Aller ensemble,** s'harmoniser : *Des meubles qui vont bien ensemble.*

2. ensemble [ɑ̃sɑ̃bl] **n.m.** (de *1. ensemble*). **1.** Réunion d'éléments formant un tout que l'on considère en lui-même : *L'ensemble du personnel* (syn. **totalité**). **2.** Unité résultant du concours harmonieux des diverses parties d'un tout : *Former un bel ensemble* (syn. **cohésion**). **3.** Simultanéité d'action ; parfaite synchronisation : *Le chœur chante avec un ensemble parfait* (syn. **concordance**). **4.** MATH., LOG., STAT. Collection d'éléments ou de nombres ayant en commun une ou plusieurs propriétés qui les caractérisent. **5.** Collection d'éléments harmonisés, assortis : *Ensemble mobilier.* **6.** Costume féminin composé de deux ou trois pièces : *Ensemble pantalon.* **7.** Groupe de musiciens, de chanteurs, etc. ; formation : *Ensemble vocal, instrumental.* **8. Dans l'ensemble,** en général. / **Dans son ensemble,** dans les grandes lignes ; entièrement. / **D'ensemble,** général : *Vue d'ensemble.* / MATH. **Ensemble fini,** dont le nombre d'éléments est un entier définissable. / MATH. **Ensemble infini,** formé d'un nombre illimité d'éléments. / MATH. **Théorie des ensembles,** système d'énoncés définissant le cadre opérationnel de la notion d'ensemble. **9. Grand ensemble,** groupe important d'immeubles d'habitation bénéficiant de certains équipements collectifs.

ensemblier [ɑ̃sɑ̃blije] **n.m.** Professionnel qui compose des ensembles mobiliers ou l'ameublement des décors au cinéma, à la télévision.

ensemencement [ɑ̃səmɑ̃smɑ̃] **n.m.** Action d'ensemencer ; fait d'être ensemencé : *L'ensemencement d'une pelouse.*

ensemencer [ɑ̃səmɑ̃se] **v.t.** [conj. **16**]. **1.** Pourvoir de semences : *Ensemencer une terre.* **2.** Introduire des germes bactériens dans un milieu de culture pour les faire proliférer.

enserrer [ɑ̃sere] **v.t.** (de *serrer*). **1.** Entourer en serrant étroitement : *Une ficelle enserre le paquet de livres. Le corset lui enserrait le buste* (syn. **emprisonner**). **2.** (Surtout au p. passé). Enfermer, contenir dans des limites étroites : *Une petite cour enserrée entre des immeubles.*

ensevelir [ɑ̃səvlir] **v.t.** (anc. fr. *sevelir*, lat. *sepelire*) [conj. **32**]. LITT. **1.** Envelopper un cadavre dans un linceul ; enterrer un mort : *Être enseveli dans son village natal* (syn. **enterrer, inhumer**). **2.** Faire disparaître sous un amoncellement : *Village enseveli sous la neige* (syn. **engloutir**). **3.** Cacher, garder secret ; plonger dans l'oubli : *Ensevelir un souvenir.*

ensevelissement [ɑ̃səvlismɑ̃] **n.m.** LITT. Action d'ensevelir ; fait d'être enseveli : *Un village menacé d'ensevelissement par un glissement de terrain.*

ensilage [ɑ̃silaʒ] **n.m.** (de *silo*). AGRIC. **1.** Méthode de conservation des produits végétaux consistant à les placer dans des silos. **2.** Fourrage conservé en silo.

ensoleillé, e [ɑ̃sɔleje] **adj. 1.** Exposé au soleil : *Pièce ensoleillée.* **2.** Où brille le soleil : *Journée ensoleillée.*

ensoleillement [ɑ̃sɔlɛjmɑ̃] **n.m. 1.** État de ce qui reçoit la lumière du soleil : *L'ensoleillement d'une vallée.* **2.** MÉTÉOR. Temps pendant lequel un lieu est ensoleillé : *Taux d'ensoleillement d'une région.*

ensoleiller [ɑ̃sɔleje] **v.t. 1.** Remplir de la lumière du soleil. **2.** LITT. Rendre particulièrement joyeux, radieux : *Ce souvenir ensoleille sa vie* (syn. **illuminer**).

ensommeillé, e [ɑ̃sɔmeje] **adj. 1.** Qui reste sous l'effet du sommeil ; mal réveillé : *Enfants aux yeux ensommeillés.* **2.** LITT. Dont l'activité est ralentie : *Une ville ensommeillée.*

Ensor (James), peintre et graveur belge (Ostende 1860 - *id.* 1949). Tour à tour impressionniste, réaliste, expressionniste et visionnaire, il est considéré comme un des grands précurseurs de l'art du XXe s. (*le Chou*, 1880, Bruxelles ; *l'Entrée du Christ à Bruxelles*, 1888, Malibu [Californie] ; *l'Étonnement du masque Wouse*, 1889 ; et *Squelettes se disputant un pendu*, 1892, Anvers).

ensorcelant, e [ɑ̃sɔrsəlɑ̃, -ɑ̃t] **adj.** Qui ensorcelle : *Une beauté ensorcelante* (syn. **fascinant**).

ensorceler [ɑ̃sɔrsəle] **v.t.** (anc. fr. *ensorcerer*, de *sorcier*) [conj. **24**]. **1.** Soumettre à une influence magique par un sortilège (syn. **enchanter, envoûter**). **2.** Exercer un charme irrésistible : *Sa beauté m'ensorcelle* (syn. **charmer, séduire**).

ensorceleur, euse [ɑ̃sɔrsəlœr, -øz] **adj.** et **n.** Qui ensorcelle : *Sourire, regard ensorceleur* (syn. **charmeur**). *C'est une ensorceleuse* (syn. **séducteur**).

ensorcellement [ɑ̃sɔrsɛlmɑ̃] **n.m. 1.** Action d'ensorceler ; état d'une personne ensorcelée. **2.** Charme irrésistible ; séduction.

ensuite [ɑ̃sɥit] **adv.** (de *en* et *suite*). **1.** Indique une succession dans le temps : *L'orateur s'arrêta un instant, but un peu d'eau et reprit ensuite son exposé* (= puis il le reprit). *Fais tes devoirs, ensuite tu joueras* (syn. **après** ; contr. **d'abord**). **2.** Indique une succession dans l'espace : *On entre dans le vestibule, ensuite c'est le salon* (syn. **puis**). **3. Ensuite de quoi,** indique une conséquence immédiate : *Documentez-vous d'abord sur le sujet, ensuite de quoi vous pourrez présenter un plan de travail.*

s'ensuivre [ɑ̃sɥivr] **v.pr.** (lat. *insequi*, propr. « venir immédiatement après ») [conj. **89** ; seul. inf. et 3e pers. du sing. et du pl.]. **1.** Survenir comme conséquence : *La phrase était ambiguë, une longue discussion s'ensuivit.* **2.** Suivre : *Les jours qui s'ensuivirent furent des jours de morosité.* ***Rem.*** Aux temps composés, le préfixe *en-* est auj. séparé du p. passé par l'auxil. : *Il s'en est suivi un débat.*

entablement [ɑ̃tabləmɑ̃] **n.m.** (de *table*). **1.** Partie supérieure en saillie d'un édifice, comprenant génér. architrave, frise et corniche. **2.** Couronnement orné de moulures d'un meuble, d'une porte, d'une fenêtre, etc.

entacher [ɑ̃taʃe] **v.t.** (de *tache*). **1.** Souiller moralement : *Entacher l'honneur de qqn.* **2.** DR. **Entaché de nullité,** frappé de nullité, en parlant d'un contrat, d'un texte.

entaille [ɑ̃taj] **n.f.** (de *entailler*). **1.** Coupure avec enlèvement de matière : *Faire des entailles dans le bois* (syn. **encoche**). **2.** Blessure faite avec un instrument tranchant : *Une entaille au visage* (syn. **balafre, estafilade**).

entailler [ɑ̃taje] **v.t.** (de *tailler*). Faire une entaille : *Entailler du marbre* (syn. **creuser, inciser**). *Le tesson lui a entaillé le pied* (syn. **taillader**).

entame [ɑ̃tam] **n.f. 1.** Premier morceau que l'on coupe d'un pain, d'un rôti, etc. **2.** Première carte jouée dans une partie.

entamer [ɑ̃tame] **v.t.** (bas lat. *intaminare*, souiller, sur le rad. du class. *tangere*, toucher). **1.** Couper, retrancher le premier morceau, la première partie de qqch qui était entier : *Entamer un pain. Entamer son capital* (syn. **écorner**). **2.** Commencer, entreprendre : *Entamer des négociations* (syn. **engager**). **3.** Couper, écorcher ; attaquer : *Entamer la peau. La rouille entame le fer* (syn. **ronger**). **4.** Porter atteinte à : *Entamer la réputation de qqn.*

entartrage [ɑ̃tartraʒ] **n.m.** Formation de tartre ; état de ce qui est entartré.

entartrer [ɑ̃tartre] **v.t.** Encrasser de tartre : *L'eau calcaire a entartré cette chaudière.*

entassement [ɑ̃tasmɑ̃] **n.m.** Action d'entasser ; accumulation qui en résulte : *Elle a toujours un entassement de papiers sur son bureau* (syn. **amoncellement**).

entasser [ɑ̃tase] **v.t. 1.** Mettre en tas ; réunir en grande quantité : *Entasser des caisses* (syn. **empiler**). *Entasser des provisions* (syn. **accumuler**). **2.** Assembler des personnes en grand nombre dans un lieu trop étroit : *Voyageurs entassés* (syn. **tasser, serrer**). **3.** Multiplier, accumuler : *Entasser sottise sur sottise.* ◆ **s'entasser v.pr.** Être en tas, en grand nombre ou en grande quantité : *Les spectateurs s'étaient entassés dans la petite salle.*

entendement [ɑ̃tɑ̃dmɑ̃] **n.m. 1.** Aptitude à comprendre ; bon sens ; raisonnement, jugement : *Cela dépasse l'entendement* (= c'est incompréhensible). **2.** PHILOS. Faculté de comprendre, distincte de la sensibilité.

entendeur [ɑ̃tɑ̃dœr] **n.m. À bon entendeur salut,** que celui qui comprend en fasse son profit.

entendre [ɑ̃tɑ̃dr] **v.t.** (lat. *intendere,* appliquer son esprit) [conj. **73**]. **1.** Percevoir par l'ouïe : *Entendre le sifflement de la bouilloire.* **2.** (Absol.). Posséder une certaine capacité auditive : *Elle entend mal. Il n'entend pas* (= il est sourd). **3.** Prêter une oreille attentive à ; partic., recueillir une déposition : *Entendre des témoins* (syn. **écouter**). **4.** LITT. Consentir à écouter, à suivre un conseil : *Il n'a rien voulu entendre. Entendre raison.* **5.** LITT. Percevoir par l'esprit ; comprendre : *Entendez-moi bien. Comment entendez-vous ce passage du poème ?* (syn. **interpréter**). **6.** Vouloir dire : *Qu'entendez-vous par là ?* **7.** LITT. Connaître ; savoir : *Elle n'entend rien à la mécanique* (syn. **comprendre**). **8.** Exiger, vouloir ; être déterminé à : *J'entends qu'on m'obéisse. J'entends bien partir demain.* **9. À l'entendre,** si on l'en croit, si on l'écoute : *À l'entendre, il sait tout faire.* / **Donner à entendre, laisser entendre,** insinuer. / **Faites comme vous l'entendez,** à votre guise. ◆ **s'entendre v.pr. 1.** Avoir les mêmes idées, les mêmes goûts ; être d'accord : *Elle s'entend avec tout le monde* (syn. **sympathiser**). *Ils s'entendent à demi-mot* (syn. **se comprendre**). **2.** Se mettre d'accord : *Entendez-vous sur la façon d'agir.* **3.** Avoir des connaissances, de l'habileté en qqch : *Elle s'y entend, en cuisine.* **4. Cela s'entend,** c'est évident.

entendu, e [ɑ̃tɑ̃dy] **adj. 1.** Décidé, convenu, réglé : *C'est une affaire entendue.* **2. Bien entendu,** naturellement, assurément. / FAM. **Entendu !,** c'est d'accord. / **Prendre un air entendu,** jouer celui qui comprend parfaitement, qui est informé.

entente [ɑ̃tɑ̃t] **n.f.** (lat. pop. **intendita,* du class. *intendere ;* v. *entendre*). **1.** Action de s'entendre, de se mettre d'accord : *Parvenir à une entente* (syn. **accord**). **2.** Relations amicales entre des personnes : *Vivre en bonne entente* (syn. **compréhension, harmonie**). **3. À double entente,** à double sens, ambigu.

Entente (Triple-), système d'alliance fondé sur les accords bilatéraux conclus à partir de 1907 entre la France, la Grande-Bretagne et la Russie en vue de contrebalancer la Triple-Alliance.

enter [ɑ̃te] **v.t.** (lat. pop. **imputare,* de *impotus,* greffe, du gr. *emphutos,* implanté). **1.** Greffer : *Enter un sauvageon.* **2.** TECHN. Assembler par une entaille deux pièces de bois bout à bout.

entérinement [ɑ̃terinmɑ̃] **n.m.** DR. Action d'entériner : *Entérinement d'une loi* (syn. **ratification**).

entériner [ɑ̃terine] **v.t.** (de l'anc. fr. *enterin,* complet, intégré, de *entier*). **1.** Rendre valable : *Entériner une décision politique* (syn. **homologuer, valider**). **2.** Donner confirmation à un acte dont la validité dépend de cette formalité : *Entériner un jugement* (syn. **justifier, ratifier**).

entérite [ɑ̃terit] **n.f.** (de *entéro-*). Inflammation de l'intestin grêle, génér. accompagnée de diarrhée.

enterrement [ɑ̃tɛrmɑ̃] **n.m. 1.** Action de mettre un mort en terre : *L'enterrement aura lieu dans sa ville natale* (syn. **inhumation**). **2.** Cérémonie qui accompagne la mise en terre : *L'enterrement d'un homme d'État* (syn. **funérailles, obsèques**). **3.** Convoi funèbre : *Suivre un enterrement.* **4.** Action d'abandonner définitivement (un projet, un espoir, etc.) : *Enterrement d'une loi.* FAM. **Tête, figure d'enterrement,** air triste, sombre, lugubre.

enterrer [ɑ̃tere] **v.t. 1.** Mettre en terre : *Enterrer des armes dans le jardin* (syn. **enfouir**). **2.** Mettre un mort en terre (syn. **ensevelir, inhumer**). **3.** Survivre à : *Vous nous enterrerez tous !* **4.** Cesser de s'occuper de : *Enterrer un projet* (syn. **abandonner**).

entêtant, e [ɑ̃tetɑ̃, -ɑ̃t] **adj.** Qui entête : *Un parfum entêtant* (syn. **enivrant**).

en-tête [ɑ̃tɛt] **n.m.** (pl. *en-têtes*). Ce qui est imprimé, écrit ou gravé en tête d'une lettre, d'une feuille : *Écrire sur du papier à en-tête de l'université.*

entêté, e [ɑ̃tete] **adj.** et **n.** Qui manifeste de l'entêtement : *Un enfant entêté* (syn. **têtu**). *Une volonté entêtée de réussir* (syn. **obstiné, opiniâtre**).

entêtement [ɑ̃tɛtmɑ̃] **n.m.** Attachement obstiné à ses idées, à ses goûts, etc. : *Son entêtement le perdra* (syn. **obstination**).

entêter [ɑ̃tete] **v.t.** (de *tête*). Porter à la tête, étourdir, griser qqn : *Ce parfum capiteux m'entête* (syn. **enivrer**). ◆ **s'entêter v.pr. [à, dans].** S'obstiner avec ténacité : *Il s'entête à vouloir démontrer qu'il a raison* (syn. **s'acharner**).

enthousiasmant, e [ɑ̃tuzjasmɑ̃, -ɑ̃t] **adj.** Qui enthousiasme.

enthousiasme [ɑ̃tuzjasm] **n.m.** (gr. *enthousiasmos,* de *entheos,* inspiré par les dieux). **1.** Admiration passionnée : *Parler d'un auteur avec enthousiasme* (syn. **ardeur**). **2.** Exaltation joyeuse ; excitation, passion : *L'enthousiasme d'un auditoire* (syn. **délire, transport**).

enthousiasmer [ɑ̃tuzjasme] **v.t.** Remplir d'enthousiasme : *Enthousiasmer la foule* (syn. **transporter**). ◆ **s'enthousiasmer v.pr.** Se passionner pour qqn, qqch : *Il s'enthousiasme pour tout ce qui est nouveau* (syn. **s'engouer**).

enthousiaste [ɑ̃tuzjast] **adj.** et **n.** Qui ressent ou manifeste de l'enthousiasme.

entichement [ɑ̃tiʃmɑ̃] **n.m.** LITT. Action de s'enticher : *Son entichement pour la philosophie a été éphémère* (syn. **engouement**).

s'**enticher** [ɑ̃tiʃe] **v.pr. [de]** (anc. fr. *entechier,* pourvoir d'une qualité, d'un défaut, de *teche,* var. de *tache*). S'attacher à qqn, qqch dans un engouement irréfléchi : *Elle s'est entichée de cet acteur* (syn. **s'amouracher**).

1. entier, ère [ɑ̃tje, -ɛr] **adj.** (lat. *integer,* intact). **1.** Dont on n'a rien retranché : *Il reste un pain entier* (syn. **complet**). *Éditer l'œuvre entière d'un écrivain* (syn. **intégral**). **2.** Se dit d'un animal non castré. **3.** Total ; absolu, sans restriction : *Une entière liberté* (syn. **illimité**). **4.** Sans changement : *La question reste entière.* **5.** Qui ne supporte pas la compromission : *Un caractère entier* (syn. **intransigeant**). **6. Nombre entier,** élément de l'ensemble $\mathbb{N}$ (des entiers naturels) ou de l'ensemble $\mathbb{Z}$ (des entiers relatifs) ; s'oppose à nombre fractionnaire ou décimal (on dit aussi *un entier*).

2. entier [ɑ̃tje] **n.m.** (de *1. entier*). **1.** Totalité : *Lisez-le dans son entier* (syn. **intégralité**). **2. En entier,** complètement : *Écouter un opéra en entier* (syn. **in extenso**).

entièrement [ɑ̃tjɛrmɑ̃] **adv.** En entier, totalement ; tout à fait, absolument : *Entièrement d'accord.*

entité [ɑ̃tite] **n.f.** (du lat. *ens, entis,* p. présent du v. *esse,* être). **1.** Réalité abstraite qui n'est conçue que par l'esprit. **2.** PHILOS. Essence d'un être, ensemble exhaustif des propriétés qui le constituent.

entoilage [ɑ̃twalaʒ] **n.m. 1.** Action d'entoiler ; fait d'être entoilé. **2.** REL., COUT. Toile pour entoiler.

entoiler [ɑ̃twale] **v.t. 1.** Renforcer en fixant qqch sur une toile par son envers : *Entoiler une estampe.* **2.** Recouvrir de toile : *Entoiler l'empennage d'un planeur.*

entolome [ɑ̃tɔlɔm] **n.m.** (lat. scientif. *entoloma,* du gr. *entos,* à l'intérieur, et *loma,* frange). Champignon des bois, à lames roses : *L'entolome livide est vénéneux.* ▸ Classe des basidiomycètes ; famille des agaricacées.

entomologie [ɑ̃tɔmɔlɔʒi] **n.f.** (du gr. *entomon,* insecte, et de *-logie*). Étude scientifique des insectes. ◆ **entomologiste n.** Nom du spécialiste.

1. entonner [ɑ̃tɔne] **v.t.** (de *tonne*). Mettre un liquide en tonneau : *Entonner du cidre, de la bière.*

2. entonner [ɑ̃tɔne] **v.t.** (de *ton*). **1.** Commencer à chanter : *Le président entonna « la Marseillaise ».* **2.** Prononcer, célébrer : *Entonner les louanges de qqn* (= le louer).

entonnoir [ɑ̃tɔnwar] **n.m.** (de *1. entonner*). Ustensile conique servant à transvaser des liquides.

entorse [ɑ̃tɔrs] **n.f.** (de l'anc. fr. *entors,* tordu, du lat. *torquere,* tordre). **1.** Distension violente d'une articulation avec élongation des muscles et rupture des ligaments, sans déplacement des surfaces articulaires (syn. **foulure**). **2. Faire une entorse à,** ne pas se conformer à ; porter atteinte à : *Faire une entorse au règlement.*

entortiller [ɑ̃tɔrtije] **v.t.** (de *entort,* var. de *entors ;* v. *entorse*). **1.** Envelopper dans qqch que l'on tortille pour serrer ou fermer : *Entortiller des nougats dans un papier argenté.* **2.** Tourner plusieurs fois qqch autour d'un objet, en envelopper cet objet : *Entortiller son mouchoir autour de son doigt blessé.* **3.** Amener une personne à ce que l'on désire par des paroles flatteuses : *Elle l'a si bien entortillé qu'il a fini par signer cette renonciation* (syn. fam. **embobiner, enjôler**). ◆ **s'entortiller v.pr. 1.** S'enrouler plusieurs fois autour de qqch : *Le lierre s'entortille autour de l'arbre* (syn. **s'enrouler**). **2.** S'embrouiller dans ses propos, ses explications (syn. **s'emmêler, s'empêtrer**).

entourage [ɑ̃turaʒ] **n.m. 1.** Ce qui entoure qqch, partic. pour orner : *Les portes avaient un entourage de chêne clair* (syn. **encadrement**). **2. L'entourage de qqn,** ensemble des personnes qui vivent habituellement auprès de lui : *Vivre dans l'entourage d'un homme politique.*

entourer [ɑ̃ture] **v.t.** (de *entour,* entourage). **1.** Placer, disposer autour de : *Entourer de rouge un mot du texte* (syn. **encercler**). **2.** Être placé autour de : *Des murs entourent le jardin* (syn. **enclore**). **3.** Être attentif, prévenant à l'égard de : *Ses enfants l'entourent beaucoup depuis la mort de son mari.* ◆ **s'entourer v.pr. [de]. 1.** Mettre, susciter autour de soi : *S'entourer de mystère.* **2.** Réunir, grouper autour de soi : *S'entourer de collaborateurs compétents.*

entourloupe [ɑ̃turlup] **n.f.** (de *tour,* tromperie, avec p.-ê. infl. de *turlupiner*). *FAM.* Manœuvre hypocrite ; mauvais tour : *Faire une entourloupe à qqn.* (On dit aussi *une entourloupette.*)

entournure [ɑ̃turnyr] **n.f.** (de l'anc. fr. *entourner,* se tenir autour). **1.** Syn. de *1. emmanchure.* **2.** *FAM.* **Gêné aux entournures,** se dit de qqn qui est dans une situation gênante, qui a des embarras d'argent.

entracte [ɑ̃trakt] **n.m.** (de *entre* et *acte*). **1.** Intervalle entre les actes d'une pièce de théâtre, entre les différentes parties d'un spectacle. **2.** Période de répit : *Ce n'est qu'un entracte dans le conflit* (syn. **accalmie, trêve**).

entraide [ɑ̃trɛd] **n.f.** (de *s'entraider*). Aide mutuelle : *Un service d'entraide s'est mis en place dans la cité.*

s'entraider [ɑ̃trede] **v.pr.** (de *entre* et *aider*). S'aider mutuellement : *Entre voisins, il est naturel de s'entraider.*

entrailles [ɑ̃traj] **n.f. pl.** (bas lat. *intralia,* class. *interanea,* qui est à l'intérieur). **1.** Ensemble des viscères et organes contenus dans les cages abdominale et thoracique. **2.** *LITT.* Ventre maternel : *L'enfant de mes entrailles* (syn. **sein**). **3.** *LITT.* Profondeur : *Les entrailles de la terre.* **4.** *LITT.* Siège des émotions, des sentiments : *Ce drame m'a pris aux entrailles* (syn. **cœur, ventre**).

entrain [ɑ̃trɛ̃] **n.m.** (de la loc. *être en train*). Vivacité joyeuse ; bonne humeur entraînante : *Je travaille toujours avec entrain* (syn. **enthousiasme, fougue**).

entraînant, e [ɑ̃trenɑ̃, -ɑ̃t] **adj.** Qui entraîne, stimule : *Musique entraînante.*

entraînement [ɑ̃trɛnmɑ̃] **n.m. 1.** Dispositif mécanique assurant une transmission ; cette transmission : *Courroie d'entraînement.* **2.** *LITT.* Fait de se laisser entraîner par un mouvement irréfléchi ; passion, force qui entraîne : *Dans l'entraînement de la discussion, mes paroles ont dépassé ma pensée* (syn. **chaleur, feu**). **3.** Préparation à une compétition, un concours, au combat, etc. ; fait d'être entraîné : *Athlète qui s'impose un entraînement quotidien.*

entraîner [ɑ̃trene] **v.t.** (de *traîner*). **1.** Emporter, traîner avec, derrière soi : *En tombant, le vase a entraîné des bibelots.* **2.** Emmener à sa suite ; amener avec force : *Il m'entraîna dans un coin du salon* (syn. **conduire**). *Les agents l'entraînèrent vers le car de police* (syn. **tirer, traîner**). **3.** Attirer par une pression morale : *Entraîner qqn dans une affaire douteuse* (syn. **engager**). **4.** Pousser comme sous l'effet d'une influence irrésistible : *Orateur qui entraîne les foules.* **5.** Transmettre le mouvement à une autre pièce d'un mécanisme : *Moteur qui entraîne une pompe* (syn. **actionner**). **6.** Provoquer, avoir pour conséquence : *La guerre entraîne bien des maux* (syn. **engendrer, occasionner**). **7.** Faire acquérir l'habitude, la pratique de qqch, par une préparation systématique : *Entraîner un boxeur.* **8. Entraîner qqn à,** le mettre à même de : *Entraîner des élèves à la dissertation* (syn. **former**). ◆ **s'entraîner v.pr. [à].** Se préparer par des exercices à une compétition, un exercice, un combat, etc. : *Il ne s'entraîne pas assez.*

entraîneur, euse [ɑ̃trenœr, -øz] **n. 1.** Personne qui entraîne des sportifs, des chevaux de course, etc. : *Entraîneuse de l'équipe de basket.* **2.** *LITT.* Personne qui communique son entrain aux autres : *Un entraîneur d'hommes* (syn. **meneur**). ◆ **entraîneuse n.f.** Jeune femme employée dans un cabaret, un établissement de nuit pour engager les clients à danser et à consommer.

entrant, e [ɑ̃trɑ̃, -ɑ̃t] **n.** et **adj. 1.** (Surtout au pl.). Personne qui entre : *Il y a eu trois entrants aux urgences. Les élèves entrants.* **2.** Qui prend son tour dans l'exercice temporaire d'une fonction (par opp. à *sortant*) : *Les députés entrants.* **3.** Dans les sports collectifs, joueur qui en remplace un autre en cours de partie.

entrapercevoir ou **entr'apercevoir** [ɑ̃trapɛrsəvwar] **v.t.** [conj. **52**]. Apercevoir à peine ou un court instant : *Je n'ai pu que l'entrapercevoir* (syn. **entrevoir**).

entrave [ɑ̃trav] **n.f.** (de *entraver*). **1.** Lien que l'on fixe aux pieds d'un animal domestique pour gêner sa marche et l'empêcher de s'enfuir. **2.** Ce qui gêne, embarrasse, retient : *Cette loi est une entrave à la liberté* (syn. **obstacle**).

entraver [ɑ̃trave] **v.t.** (de l'anc. fr. *tref,* poutre, du lat. *trabs, trabis*). **1.** Mettre une entrave à un animal : *Entraver un cheval.* **2.** Gêner, embarrasser dans ses mouvements, ses actes : *Entraver la marche d'une armée* (syn. **freiner**). **3.** Mettre des obstacles, des empêchements à l'action de qqn : *Entraver une négociation* (syn. **bloquer, paralyser**).

1. entre [ɑ̃tr] **prép.** (lat. *inter*). S'emploie en corrélation avec *et* ou suivi d'un n. ou d'un pron. au pl. **1.** Désigne l'espace qui sépare des choses ou des personnes : *Elle était assise entre eux. Tomber en panne entre Blois et Orléans.* **2.** Indique un intervalle de temps entre deux moments : *Entre midi et deux heures.* **3.** Indique un état intermédiaire : *Une couleur entre le jaune et le vert.* **4.** Désigne une accumulation : *Entre son emploi et ses recherches, elle est débordée.* **5.** Indique l'ensemble au sein duquel une possibilité de choix est offerte : *Choisir entre plusieurs candidats.* **6.** Indique un rapport de réciprocité, de similitude ou de différence : *L'égalité entre les hommes. Une grande analogie entre deux situations.* **7.** Indique un ensemble défini de personnes excluant tout élément extérieur : *Une soirée entre nous, entre amis, entre médecins.* **8. D'entre,** parmi : *Certains d'entre eux étaient blessés.* / **Entre nous, soit dit entre nous,** je vous le dis en toute confidence. / **Entre tous,** par-dessus tous les autres : *Un film de Besson qu'elle affectionne entre tous.*

2. entre- [ɑ̃tr] **préfixe** (lat. *inter*). S'emploie en composition pour indiquer la réciprocité ou une position intermédiaire : *S'entraider. Entre-temps.*

entrebâillement [ɑ̃trəbajmɑ̃] **n.m.** Ouverture étroite laissée par ce qui est légèrement entrouvert : *Je l'ai aperçu dans l'entrebâillement de la porte.*

entrebâiller [ɑ̃trəbaje] **v.t.** Entrouvrir légèrement : *Elle entrebâilla la fenêtre.*

entrechat [ɑ̃trəʃa] **n.m.** (it. [*capriola*] *intrecciata*, [saut] entrelacé). CHORÉGR. Saut vertical au cours duquel le danseur fait passer ses pointes baissées l'une devant l'autre, une ou plusieurs fois avant de retomber sur le sol.

entrechoquer [ɑ̃trəʃɔke] **v.t.** Heurter, faire se heurter l'un contre l'autre : *Entrechoquer des verres.*

entrecôte [ɑ̃trəkot] **n.f.** Tranche de bœuf prélevée dans la région des côtes.

entrecouper [ɑ̃trəkupe] **v.t.** Interrompre par intervalles : *Elle entrecoupait son récit de profonds soupirs.* ◆ **s'entrecouper v.pr.** Se croiser : *Routes qui s'entrecoupent.*

entrecroisement [ɑ̃trəkrwazmɑ̃] **n.m.** Disposition de choses qui s'entrecroisent : *À l'entrecroisement des deux rues* (syn. **croisée, croisement**).

entrecroiser [ɑ̃trəkrwaze] **v.t.** Croiser en divers sens ou à plusieurs reprises : *Entrecroiser des brins d'osier pour faire une corbeille* (syn. **entrelacer**). ◆ **s'entrecroiser v.pr.** Se croiser en divers sens : *Voies ferrées qui s'entrecroisent.*

entrecuisse [ɑ̃trəkɥis] **n.m.** Partie du corps située entre les cuisses.

s'**entre-déchirer** [ɑ̃trədeʃire] **v.pr. 1.** Se déchirer mutuellement : *Des chiens furieux prêts à s'entre-déchirer.* **2.** Se faire souffrir mutuellement : *Un couple qui s'entre-déchire.*

entre-deux [ɑ̃trədø] **n.m. inv. 1.** Partie située au milieu de deux choses ; état intermédiaire entre deux extrêmes : *Il n'y avait plus d'entre-deux entre l'aristocratie et le prolétariat.* **2.** Jet du ballon par l'arbitre entre deux joueurs pour une remise en jeu (au basket-ball, notamm.).

entre-deux-guerres [ɑ̃trədøgɛr] **n.f.** ou **n.m. inv.** Période située entre deux guerres, partic. entre 1918 et 1939.

entrée [ɑ̃tre] **n.f.** (de *entrer*). **1.** Action, fait d'entrer : *À son entrée, la salle se leva* (syn. **apparition**). *Faire une entrée bruyante. L'entrée du bateau dans le port* (syn. **arrivée**). **2.** Faculté d'entrer : *Refuser à qqn l'entrée d'une salle* (syn. **accès**). *Concours d'entrée aux grandes écoles.* **3.** Accès à un spectacle ; somme payée pour entrer : *Elle a payé son entrée* (syn. **place**). **4.** Lieu par où on entre, voie d'accès ; première pièce de passage d'un appartement : *L'entrée du stade est surveillée* (syn. **accès**). *Attendez dans l'entrée* (syn. **vestibule**). **5.** Moment où une période commence : *Son entrée en fonctions. À l'entrée de l'hiver.* **6.** Plat chaud ou froid, servi avant le plat principal : *En entrée, nous avons eu des tomates.* **7.** LING. Dans un dictionnaire, mot, terme mis en vedette et qui fait l'objet d'un article : *Ce dictionnaire contient 46 000 entrées .* **8. D'entrée de jeu,** dès le début, dès le commencement. / **Tableau, table à double entrée,** dont chaque terme appartient à une ligne et à une colonne. **9. Entrée libre,** faculté d'entrer quelque part sans avoir à payer ou à acheter. ◆ **entrées n.f. pl. Avoir ses entrées quelque part,** y être reçu facilement et à tout moment : *Il a ses entrées au ministère.*

entrefaites [ɑ̃trəfɛt] **n.f. pl.** (p. passé de l'anc. fr. *entrefaire*). **Sur ces entrefaites,** dans un récit, indique le moment où qqch se produit : *Sur ces entrefaites, le médecin entra.*

entrefer [ɑ̃trəfɛr] **n.m.** (de *entre-* et *fer*). Partie d'un circuit magnétique où le flux d'induction ne circule pas dans le fer : *L'entrefer d'un électroaimant.*

entrefilet [ɑ̃trəfilɛ] **n.m.** (de *filet*). Petit article dans un journal.

entregent [ɑ̃trəʒɑ̃] **n.m.** (de *gent*). Habileté, adresse à se conduire, à se faire valoir : *Avoir de l'entregent.*

entrejambe [ɑ̃trəʒɑ̃b] **n.m.** Partie de la culotte ou du pantalon située entre les jambes.

entrelacement [ɑ̃trəlasmɑ̃] **n.m.** Action d'entrelacer ; état de choses entrelacées : *Un entrelacement de branches.*

entrelacer [ɑ̃trəlase] **v.t.** [conj. **16**]. Enlacer l'un dans l'autre : *Entrelacer des fleurs pour faire des guirlandes* (syn. **tresser**). ◆ **s'entrelacer v.pr.** S'entremêler : *Leurs initiales s'entrelacent sur le faire-part.*

entrelacs [ɑ̃trəla] **n.m.** (Surtout au pl.). Ornement composé de motifs entrelacés formant une suite continue : *Des entrelacs en marbre au fronton d'un palais.*

entrelardé, e [ɑ̃trəlarde] **adj.** Se dit d'une viande qui présente des parties grasses et des parties maigres.

entrelarder [ɑ̃trəlarde] **v.t. 1.** Piquer une viande avec du lard avant la cuisson. **2.** Entremêler, parsemer d'éléments disparates : *Entrelarder un discours de citations.*

entremêler [ɑ̃trəmele] **v.t. 1.** Mêler plusieurs choses entre elles, avec d'autres : *Entremêler des épisodes comiques et pathétiques dans un récit.* **2.** Entrecouper : *Un sommeil agité, entremêlé de cauchemars.* ◆ **s'entremêler v.pr.** Se mélanger : *Les rameaux de la glycine s'entremêlent.*

entremets [ɑ̃trəmɛ] **n.m.** (de *mets*). Plat sucré que l'on sert après le fromage et avant les fruits, ou comme dessert.

entremetteur, euse [ɑ̃trəmɛtœr, -øz] **n.** Personne qui s'entremet pour de l'argent dans des affaires galantes (péjor.). ***Rem.*** Le féminin est plus usité que le masculin.

s'**entremettre** [ɑ̃trəmɛtr] **v.pr.** [conj. **84**]. Intervenir activement dans une affaire pour mettre en relation plusieurs personnes, pour leur permettre de rapprocher leurs points de vue : *S'entremettre dans un différend* (syn. **s'interposer**).

entremise [ɑ̃trəmiz] **n.f. 1.** Action de s'entremettre : *L'entremise d'un médiateur* (syn. **intervention**). **2. Par l'entremise de,** par l'intermédiaire de.

entrepont [ɑ̃trəpɔ̃] **n.m.** Espace compris entre deux ponts d'un bateau.

entreposer [ɑ̃trəpoze] **v.t.** (de *poser*). **1.** Mettre des marchandises en entrepôt. **2.** Déposer provisoirement : *Il a entreposé des livres chez nous.*

entrepôt [ɑ̃trəpo] **n.m.** (de *entreposer*, d'apr. *dépôt*). Lieu, bâtiment, hangar où sont déposées des marchandises pour un temps limité.

entreprenant, e [ɑ̃trəprənɑ̃, -ɑ̃t] **adj. 1.** Hardi à entreprendre ; plein d'allant : *Un homme actif et entreprenant* (syn. **audacieux, dynamique**). **2.** Qui fait preuve d'une galanterie excessive (syn. **séducteur**).

entreprendre [ɑ̃trəprɑ̃dr] **v.t.** (de *prendre*) [conj. **79**]. **1.** Commencer à exécuter : *Entreprendre un travail* (syn. **entamer**). **2.** *FAM.* Tenter de convaincre, de persuader qqn, de connaître son avis : *Entreprendre un ami sur un sujet.*

entrepreneur, euse [ɑ̃trəprənœr, -øz] **n.** Chef d'une entreprise et partic. d'une entreprise de bâtiment ou de travaux publics.

entreprise [ɑ̃trəpriz] **n.f. 1.** Ce qu'on entreprend : *Une entreprise périlleuse* (syn. **opération**). **2.** Affaire commerciale ou industrielle ; unité économique de production : *Travailler dans une entreprise* (syn. **firme, société**). **3. Libre entreprise,** liberté de créer des entreprises.

■ SCIENCE ÉCONOMIQUE. L'entreprise est une organisation économique qui produit et vend des biens ou des services ; elle dispose d'un ou de plusieurs établissements (sites ou unités de production). D'un point de vue juridique, on distingue les *entreprises privées* (individuelles, propriété d'un seul individu, ou en sociétés qui réunissent les apports de capitaux de plusieurs personnes privées) et les *entreprises publiques* ou *semi-publiques* dont le capital est détenu en totalité ou en partie par l'État. On classe également les entreprises selon leur taille : très petites entreprises (moins de 20 personnes), petites et moyennes entreprises (de 20 à 150 salariés), entreprises de taille intermédiaire (de 250 à 5 000 salariés) et grandes entreprises (plus de 5 000 salariés). Les entreprises sont des multinationales lorsqu'elles ont des filiales hors de leur pays d'origine. ■

entrer [ɑ̃tre] **v.i.** (lat. *intrare*) [auxil. *être*]. **1.** Aller de l'extérieur à l'intérieur d'un lieu : *Il entra dans le salon* (syn. **pénétrer**). *Le train entre en gare* (syn. **arriver**). **2.** S'engager dans une profession, un état ; commencer à faire partie d'un groupe : *Entrer dans la police* (= embrasser la carrière de policier). *Elle est entrée au conservatoire* (= elle a été reçue au concours d'entrée). *Entrer en religion* (= se faire religieux). **3.** Commencer à examiner ; aborder : *Entrer dans le vif du sujet.* **4.** Être au début de : *Nous entrons dans l'ère de l'informatique. Entrer dans l'hiver.* **5.** Prendre part à : *Entrer dans une combine* (syn. **tremper**). *Entrer dans la danse.* **6.** Être un élément composant de ; faire partie d'un ensemble : *Les ingrédients qui entrent dans cette sauce. Ce travail n'entre pas dans mes attributions.* **7. Entrer en,** commencer à être dans un état donné : *Entrer en ébullition. Entrer en action. Loi qui entre en vigueur* (= est désormais appliquée). ◆ **v.t.** [auxil. *avoir*]. Faire pénétrer : *Entrer des marchandises en fraude* (syn. **introduire**).

entresol [ɑ̃trəsɔl] **n.m.** (esp. *entresuelo,* de *suelo,* sol). Étage situé entre le rez-de-chaussée et le premier étage de certains immeubles.

entre-temps [ɑ̃trətɑ̃] **adv.** (de l'anc. fr. *entretant,* de *tant,* avec infl. de *temps*). Dans cet intervalle de temps : *Entre-temps, il est arrivé.*

entretenir [ɑ̃trətnir] **v.t.** (de *tenir*) [conj. **40**]. **1.** Maintenir dans le même état, faire durer : *Entretenir un feu* (syn. **alimenter**). *Les attentions entretiennent l'amitié* (syn. **préserver**). **2.** Conserver en bon état : *Entretenir sa maison, sa voiture.* **3.** Pourvoir à la subsistance de : *Il arrive à peine à entretenir sa famille* (syn. **élever, nourrir**). **4. Entretenir qqn de qqch,** avoir avec lui une conversation sur un sujet : *Elle m'a longuement entretenu de ses intentions.* / **Se faire entretenir par qqn,** vivre à ses frais. ◆ **s'entretenir v.pr.** Échanger des propos sur un sujet : *Nous nous sommes entretenus de cette question* (syn. **dialoguer**).

entretenu, e [ɑ̃trətny] **adj. 1.** Tenu en état : *Maison bien, mal entretenue.* **2.** Qui vit de l'argent reçu d'un amant ou d'une maîtresse.

entretien [ɑ̃trətjɛ̃] **n.m.** (de *entretenir*). **1.** Action de tenir une chose en bon état, de fournir ce qui est nécessaire pour y parvenir : *L'entretien d'un moteur. Frais d'entretien.* **2.** Service d'une entreprise chargé de maintenir les performances des équipements et des matériels (syn. **maintenance**). **3.** Conversation suivie : *Solliciter un entretien* (syn. **audience, entrevue**).

s'**entre-tuer** [ɑ̃trətɥe] **v.pr.** Se tuer l'un l'autre, les uns les autres.

entrevoir [ɑ̃trəvwar] **v.t.** [conj. **62**]. **1.** Voir à demi, rapidement ou confusément : *Entrevoir une silhouette dans la brume* (syn. **apercevoir, deviner**). **2.** Se faire une idée encore imprécise de qqch : *Entrevoir la vérité, un malheur* (syn. **pressentir, soupçonner**).

entrevue [ɑ̃trəvy] **n.f.** (de *entrevoir*). Rencontre concertée entre deux ou plusieurs personnes : *Demander une entrevue à un ministre* (syn. **entretien, tête-à-tête**).

entrisme [ɑ̃trism] **n.m.** Introduction systématique dans un parti, dans une organisation syndicale, de nouveaux militants venant d'une autre organisation, en vue d'en modifier la ligne politique.

entropie [ɑ̃trɔpi] **n.f.** (gr. *entropê,* retour en arrière). PHYS. Grandeur qui, en thermodynamique, permet d'évaluer la dégradation de l'énergie d'un système.

entrouvert, e [ɑ̃truvɛr, -ɛrt] **adj.** Ouvert à demi : *Une fenêtre entrouverte.*

entrouvrir [ɑ̃truvrir] **v.t.** [conj. **34**]. **1.** Ouvrir en écartant : *Entrouvrir les rideaux d'une fenêtre.* **2.** Ouvrir un peu : *Entrouvrir une fenêtre* (syn. **entrebâiller**).

énucléation [enykleasjɔ̃] **n.f.** En chirurgie, extirpation d'un organe, d'une tumeur et spécial. du globe de l'œil.

énucléer [enyklee] **v.t.** (lat. *enucleare,* de *nucleus,* noyau) [conj. **15**]. Extirper par énucléation.

énumération [enymerasjɔ̃] **n.f.** Action d'énumérer ; suite de ce qui est énuméré : *Une énumération des tâches à accomplir* (syn. **inventaire, liste**).

énumérer [enymere] **v.t.** (lat. *enumerare,* de *numerus,* nombre) [conj. **18**]. Énoncer successivement les parties d'un tout ; passer en revue : *Énumérer les titres des romans d'un auteur* (syn. **citer**).

énurésie [enyrezi] **n.f.** (du gr. *en,* dans, et *ourein,* uriner). Émission involontaire d'urine, génér. nocturne, à un âge où la propreté est habituellement acquise.

envahir [ɑ̃vair] **v.t.** (lat. pop. **invadire,* class. *invadere,* pénétrer dans) [conj. **32**]. **1.** Pénétrer par la force et en nombre dans un pays, une région, et l'occuper : *L'armée ennemie a envahi le nord du pays* (syn. **conquérir**). **2.** Remplir, se répandre dans ou sur : *La foule envahissait les rues.* **3.** Gagner l'esprit de qqn : *Le doute l'envahit* (syn. **submerger**).

envahissant, e [ɑ̃vaisɑ̃, -ɑ̃t] **adj. 1.** Qui envahit : *Herbes envahissantes* (syn. **prolifique**). **2.** Qui s'impose sans discrétion : *Voisin envahissant* (syn. **importun, indiscret**).

envahissement [ɑ̃vaismɑ̃] **n.m.** Action d'envahir ; son résultat : *L'envahissement d'un pays* (syn. **invasion**).

envahisseur [ɑ̃vaisœr] **n.m.** Celui qui envahit un territoire, un autre pays, etc. : *Se dresser contre l'envahisseur.*

envasement [ɑ̃vazmɑ̃] **n.m.** Fait de s'envaser ; état de ce qui est envasé : *L'envasement d'un étang.*

s'**envaser** [ɑ̃vaze] **v.pr. 1.** Se remplir de vase : *Un canal qui s'envase.* **2.** S'enfoncer dans la vase, la boue : *La Jeep s'est envasée* (syn. **s'enliser, s'embourber**).

enveloppant, e [ɑ̃vlɔpɑ̃, -ɑ̃t] **adj.** Qui enveloppe, entoure : *Un manteau très enveloppant. Un mouvement enveloppant* (= qui vise à encercler l'adversaire).

enveloppe [ɑ̃vlɔp] **n.f.** (de *envelopper*). **1.** Ce qui sert à envelopper : *Un colis dans son enveloppe de plastique* (syn. **emballage**). **2.** Morceau de papier plié de manière à former une pochette, et destiné à contenir une lettre, une carte, etc. **3.** Somme d'argent remise à qqn dans une enveloppe en échange d'un service : *Donner une enveloppe au gardien.* **4.** Membrane enveloppant un organe : *L'enveloppe des petits pois.* **5.** MATH. Courbe, ou surface, à laquelle chaque élément d'une famille de courbes, ou de surfaces, est tangent. **6. Enveloppe budgétaire,** limite supérieure de dépenses autorisées dans un budget, dont la répartition peut varier ; ensemble de crédits affectés à quelque chose.

enveloppé, e [ɑ̃vlɔpe] **adj.** (p. passé de *envelopper*). *FAM.* Se dit par euphémisme d'une personne un peu grosse.

enveloppement [ɑ̃vlɔpmɑ̃] **n.m. 1.** Action d'envelopper ; fait d'être enveloppé : *L'enveloppement de bibelots* (syn. **emballage**). **2.** MIL. Action d'encercler l'ennemi.

envelopper [ɑ̃vlɔpe] **v.t.** (de l'anc. fr. *voloper,* envelopper, probabl. du lat pop. *faluppa,* balle de blé). **1.** Couvrir, entourer complètement d'un tissu, d'un papier, d'une matière quelconque : *Envelopper des fruits dans du papier* (syn. **emballer**). **2.** Se développer autour de : *Envelopper l'ennemi* (syn. **cerner, encercler**). **3. Envelopper qqn, qqch du regard,** le contempler longuement. ◆ **s'envelopper v.pr. S'envelopper dans qqch,** s'y enrouler ; au fig., afficher un sentiment, un comportement destiné à écarter toute agression : *S'envelopper dans sa dignité* (syn. **se draper**).

envenimé, e [ɑ̃vnime] **adj. 1.** Gagné par l'infection : *Blessure envenimée.* **2.** Plein d'aigreur, de virulence : *Propos envenimés* (syn. **fielleux**).

envenimement [ɑ̃vnimmɑ̃] **n.m.** Action d'envenimer ; fait de s'envenimer.

envenimer [ɑ̃vnime] **v.t.** (de *venin*). **1.** Provoquer l'irritation, l'infection de : *Envenimer une plaie en la grattant* (syn. **infecter**). **2.** Rendre virulent ; mettre de l'animosité dans : *Envenimer une discussion.* ◆ **s'envenimer v.pr. 1.** S'infecter. **2.** Se détériorer ; devenir hostile : *Les relations entre les époux se sont envenimées.*

envergure [ɑ̃vɛrgyr] **n.f.** (de *enverguer,* fixer à une vergue). **1.** Dimension d'une aile d'avion, mesurée perpendiculairement à son axe de déplacement. **2.** Distance entre les extrémités des ailes déployées d'un oiseau. **3.** Ampleur de l'intelligence, de la volonté : *Esprit d'une grande envergure.* **4.** Importance d'une action, ampleur d'un projet : *Son entreprise a pris de l'envergure* (= s'est développée). **5.** MAR. Longueur du côté par lequel une voile est fixée à la vergue.

1. envers [ɑ̃vɛr] **prép.** (de *en* et *vers*). **1.** À l'égard de qqn, d'un groupe ; vis-à-vis de : *Il est très bien disposé envers nous.* **2. Envers et contre tous, tout,** malgré l'opposition de tous ; en dépit de tous les obstacles.

2. envers [ɑ̃vɛr] **n.m.** (de l'anc. adj. *envers,* lat. *inversus,* de *invertere,* retourner). **1.** Face par laquelle il est moins fréquent de regarder qqch : *L'envers d'une feuille* (syn. **dos, verso**). *L'envers d'une étoffe* (par opp. à *endroit*). **2.** Aspect opposé, contraire à qqch : *C'est l'envers de la vérité* (syn. **contraire, inverse**). **3.** GÉOGR. Syn. de *ubac.* **4. À l'envers,** du mauvais côté ; en dépit du bon sens : *Mettre son pull à l'envers* (par opp. à *à l'endroit*). *Faire le travail à l'envers* (= de travers).

à l'envi [ɑ̃vi] **loc. adv.** (de l'anc. fr. *envier,* inviter, provoquer au jeu). LITT. Avec émulation ; en rivalisant : *Chacun lui déclarait à l'envi son amour* (= à qui mieux mieux).

enviable [ɑ̃vjabl] **adj.** Digne d'être envié : *Situation enviable* (syn. **tentant**). *Sort peu enviable* (syn. **souhaitable**).

envie [ɑ̃vi] **n.f.** (lat. *invidia,* jalousie, désir). **1.** Sentiment de convoitise à la vue du bonheur, des avantages d'autrui : *Sa promotion a suscité bien des envies* (syn. **jalousie**). **2.** Désir soudain et vif d'avoir, de faire qqch : *Je meurs d'envie de tout vous raconter.* **3.** Besoin qu'on a le désir de satisfaire : *Avoir envie de manger.* **4.** Tache rouge sur la peau que présentent certains enfants à la naissance. **5.** (Surtout au pl.). Petite pellicule de peau qui se détache près des ongles.

envier [ɑ̃vje] **v.t.** (de *envie*) [conj. **9**]. **1.** Éprouver de l'envie envers qqn : *Je vous envie d'avoir gagné* (syn. **jalouser**). **2.** Désirer, convoiter ce que qqn d'autre possède : *Envier la place de qqn.*

envieux, euse [ɑ̃vjø, -øz] **adj.** et **n.** Tourmenté par l'envie : *Son succès va faire des envieux* (syn. **jaloux**). ◆ **adj.** Qui exprime l'envie : *Regards envieux* (= de convoitise).

environ [ɑ̃virɔ̃] **adv.** (de *en,* et de l'anc. fr. *viron,* tour). Indique une approximation : *Parcourir environ cent kilomètres* (= à peu près). *Je serai de retour à dix heures environ* (= vers dix heures).

environnant, e [ɑ̃virɔnɑ̃, -ɑ̃t] **adj.** Qui environne ; proche, voisin : *Le village et la campagne environnante* (syn. **avoisinant**).

environnement [ɑ̃virɔnmɑ̃] **n.m. 1.** Ce qui entoure, ce qui constitue le voisinage : *Mon environnement immédiat.* **2.** Ensemble des éléments naturels et artificiels qui entourent un individu ou une espèce : *Défense de l'environnement* (syn. **milieu**). **3.** Ensemble des éléments objectifs et subjectifs qui constituent le cadre de vie d'un individu (syn. **entourage**).
▶ *Dossier page suivante.*

environner [ɑ̃virɔne] **v.t.** (de *environ*). Entourer, constituer le voisinage de : *Les dangers qui l'environnent. La ville est environnée de montagnes* (syn. **entourer**).

environs [ɑ̃virɔ̃] **n.m. pl.** (de *environ*). **1.** Lieux qui sont alentour : *Les environs de Lyon* (syn. **alentours**). **2. Aux environs de,** indique la proximité dans l'espace, le temps, la quantité : *Aux environs de Tours* (syn. **abords**). *Aux environs de midi* (syn. **vers**). *Aux environs de dix euros* (= près de).

envisageable [ɑ̃vizaʒabl] **adj.** Qui peut être envisagé : *Les solutions envisageables.*

envisager [ɑ̃vizaʒe] **v.t.** (de *visage*) [conj. **17**]. **1.** Prendre en considération ; tenir compte de : *Envisageons cette question* (syn. **considérer**). **2.** Former le projet de : *Ils envisagent de quitter Paris* (syn. **projeter**).

envoi [ɑ̃vwa] **n.m.** (de *envoyer*). **1.** Action d'envoyer : *L'envoi de troupes. L'envoi d'une lettre* (syn. **expédition**). **2.** Chose qu'on envoie : *J'attends ton envoi* (syn. **colis**). **3.** LITTÉR. Vers placés à la fin d'une ballade pour en faire hommage à qqn.

envol [ɑ̃vɔl] **n.m.** (de *s'envoler*). Action de s'envoler, de décoller : *Les hirondelles prennent leur envol.*

envolée [ɑ̃vɔle] **n.f.** (de *s'envoler*). **1.** Élan oratoire ou poétique : *Une envolée lyrique.* **2.** Montée brutale d'une valeur : *L'envolée du dollar.*

s'**envoler** [ɑ̃vɔle] **v.pr.** (de *voler*). **1.** Prendre son vol ; s'échapper : *L'oiseau s'envole.* **2.** Décoller : *L'avion s'envola.* **3.** LITT. Passer rapidement : *Le temps s'envole* (syn. **s'enfuir**).

envoûtant, e [ɑ̃vutɑ̃, -ɑ̃t] **adj.** Qui envoûte, captive, séduit : *Une musique envoûtante* (syn. **enchanteur**). *Un sourire envoûtant* (syn. **ensorcelant**).

envoûtement [ɑ̃vutmɑ̃] **n.m. 1.** Pratique magique censée opérer, à distance, une action sur un être animé, par le moyen d'une figurine le représentant, à laquelle on inflige les maux et les atteintes dont on souhaite que cet être souffre. **2.** Action de subjuguer qqn ; état de celui qui subit le charme, la séduction de qqn ou qqch (syn. **fascination**).

envoûter [ɑ̃vute] **v.t.** (de l'anc. fr. *volt, vout,* visage, du lat. *vultus*). **1.** Pratiquer un envoûtement. **2.** Séduire comme par magie ; exercer un attrait irrésistible sur : *Cette femme l'a envoûté* (syn. **ensorceler, subjuguer**).

envoyé, e [ɑ̃vwaje] **n. 1.** Personne envoyée quelque part pour y remplir une mission : *Un envoyé de l'O.N.U.* (syn. **ambassadeur, messager**). **2. Envoyé spécial,** journaliste chargé de recueillir sur place l'information.

envoyer [ɑ̃vwaje] **v.t.** (lat. *inviare,* parcourir, de *via,* route) [conj. **30**]. **1.** Faire partir qqn pour une destination donnée : *Envoyer un enfant à l'école. Envoyer un expert sur place* (syn. **détacher**). **2.** Faire parvenir, expédier qqch : *Envoyer une lettre.* **3.** Projeter vivement : *Envoyer une balle* (syn. **jeter, lancer**). **4. Ne pas envoyer dire qqch (à qqn),** le dire soi-même, face à face, sans ménagement. **5.** MIL. **Envoyer les couleurs,** hisser le pavillon national pour lui rendre les honneurs. ◆ **s'envoyer v.pr.** FAM. **S'envoyer qqch,** l'avaler : *Il s'est envoyé une bouteille de whisky ;* se charger de, assumer une obligation contraignante, une tâche pénible : *C'est moi qui m'envoie tout le boulot.*

envoyeur, euse [ɑ̃vwajœr, -øz] **n.** Personne qui fait un envoi postal : *Retour à l'envoyeur* (syn. **expéditeur**).

enzyme [ɑ̃zim] **n.f.** ou **m.** (de gr. *en,* dans, et *zumê,* levain). Protéine de l'organisme qui catalyse spécifiquement une réaction biochimique.

■ Les enzymes sont des catalyseurs biochimiques, synthétisés par les cellules et fonctionnels en petite quantité. Elles abaissent le seuil d'énergie nécessaire aux réactions biochimiques, augmentent leur vitesse et leur permettent ainsi d'avoir lieu dans les conditions de température compatibles avec la vie. Les enzymes agissent en se fixant à une molécule avec laquelle elles vont réagir, le substrat, formant un complexe enzyme-substrat. Cette liaison n'est possible que s'il existe une complémentarité de forme entre les deux molécules, ce qui explique que chaque enzyme soit spécifique à un substrat. Après la fixation puis la réaction, l'enzyme est libérée et peut aller catalyser une autre molécule. L'activité de l'enzyme se mesure par la vitesse de la réaction catalysée et dépend de la température, du pH et de la quantité de substrat.
On classe les enzymes selon le type de réaction catalysée. Les *hydrolases* catalysent l'hydrolyse, ou coupure de molécules avec fixation d'une molécule d'eau, et interviennent dans la digestion ; les *ligases* catalysent les réactions de synthèse dans l'organisme, par exemple pendant la croissance ou pour l'édification de réserves. Les *oxydoréductases,* les *isomérases* et les *transférases* catalysent respectivement des réactions d'oxydoréduction, de réarrangement moléculaire et de transfert d'un groupe fonctionnel d'une molécule à une autre.

→

L'homme surexploite-t-il la planète ?

Petite planète bleue du Système solaire, entourée par la fine couche de l'atmosphère, la Terre abrite des millions d'espèces végétales et animales. Les activités de milliards d'êtres humains ont, durant les dernières décennies, largement contribué à dégrader l'environnement.

▶ **Pollution sans frontières.** On sait que les zones urbaines et industrielles sont particulièrement polluées. Mais avec les vents et les déplacements des masses atmosphériques, la pollution de l'air voyage et menace les régions les plus reculées de la planète. Outre le CO_2 (dioxyde de carbone) responsable du réchauffement climatique, de nombreux autres polluants (dioxyde de soufre, dioxyde d'azote, ozone, etc.) s'accumulent dans l'air, entraînant, en particulier dans les villes, une augmentation de l'asthme, des bronchites chroniques, des allergies, etc. Au niveau de la stratosphère, la couche d'ozone qui protège la Terre des rayons ultraviolets nocifs s'appauvrit, attaquée par divers gaz (CFC notamment). Ce phénomène accroît les risques de brûlures superficielles (coups de soleil) et d'apparition de cancers de la peau. Les écosystèmes aquatiques sont souillés par une pollution qui circule partout... avec le cycle de l'eau.

▶ **1 % d'eau disponible.** Depuis 1950, la consommation d'eau à l'échelle planétaire a plus que triplé. Elle atteint aujourd'hui 700 litres par habitant et par jour aux États-Unis et entre 250 et 300 l en Europe. L'eau douce est pourtant une ressource précieuse : bien que la surface de la Terre soit couverte aux trois quarts d'eau, l'eau douce n'en représente que 2,8 %, et seul 1 % est accessible à l'homme ! Dans le monde, plus de 400 millions de personnes réparties dans plus de 20 pays sont touchées par la pénurie d'eau, et dans les pays en développement la consommation ne dépasse pas 10 à 20 l par personne et par jour. Parallèlement, 2,4 milliards de personnes n'ont accès qu'à une eau de mauvaise qualité et polluée en raison de systèmes d'assainissement défectueux ou même absents.

▶ **Les ressources s'épuisent.** Au rythme où elles sont exploitées dans la majorité des cas, de nombreuses ressources, même renouvelables (forêts tropicales, espèces pêchées de façon intensive, etc.) n'ont plus le temps de se reconstituer. La planète perd 10 hectares de forêt chaque minute ; pour de nombreuses espèces de poissons, les stocks sont en voie d'effondrement. Les lacs et les mers intérieures s'assèchent, les nappes phréatiques se vident et sont de plus en plus polluées. Parallèlement, l'épuisement des réserves d'énergies fossiles, non renouvelables (tel le pétrole), est inéluctable, et aucune énergie renouvelable (éolienne, solaire) ne semble pour l'instant pouvoir remplacer à elle seule les énergies fossiles.

▶ **Combien de planètes ?** L'« empreinte écologique » calcule la surface terrestre nécessaire à la production des ressources utilisées par l'homme (nourriture, matières premières, etc.) et à l'absorption des déchets rejetés par ses activités. En d'autres termes, elle indique la capacité des écosystèmes à supporter les activités humaines. Or, l'empreinte écologique des pays développés dépasse largement leur superficie : par exemple, si tous les pays de la Terre avaient le niveau de vie des États-Unis, il faudrait 5,3 planètes pour continuer d'assurer les mêmes conditions d'existence.

▶ **Développement durable ?** Essayer de trouver des solutions en matière d'environnement implique d'oublier les frontières, de partager les ressources de façon équitable, de limiter la pollution et de lutter contre le gaspillage. « Assurer un environnement durable » est l'un des *Objectifs du millénaire pour le développement* de l'O.N.U., adoptés en 2000. Mais élaborer des solutions n'est pas si simple : ainsi, grâce au protocole de Montréal (signé en 1987), tous les gaz nocifs pour la couche d'ozone doivent cesser d'être produits... mais leurs gaz de remplacement sont de puissants gaz à effet de serre !

Aujourd'hui, à l'échelle mondiale, les ressources s'épuisent. Si l'on ne parvient pas à inverser la tendance, l'environnement pourrait se dégrader jusqu'à ne plus pouvoir assurer les besoins de l'humanité. Ce sont les mesures prises aujourd'hui qui décideront de l'avenir de notre planète.

Voir aussi : atmosphère ; développement ; eau ; énergie.

L'essor des biotechnologies a généralisé l'usage industriel de certaines enzymes. Après avoir été isolées de leur cellule d'origine, les enzymes peuvent être placées dans de grandes cuves, appelées *bioréacteurs,* où elles transforment des produits dans des conditions étroitement contrôlées. On peut aussi les fixer sur des membranes à travers lesquelles s'écoulent les produits de la réaction qu'on peut ainsi facilement récupérer. Une catégorie particulière d'enzymes, appelées *enzymes de restriction,* permet de couper et d'insérer des gènes dans une molécule d'ADN. C'est grâce à elles que l'on peut aujourd'hui modifier le génome (patrimoine génétique) des plantes et des animaux. ■

éocène [eɔsɛn] **n.m.** et **adj.** (du gr. *eôs,* aurore, et *kainos,* récent). GÉOL. Période de l'ère tertiaire, marquée par la diversification des mammifères et le début de la formation des Alpes.

Éole, dieu des Vents dans la mythologie grecque. Il les tient enfermés dans une outre ou dans une caverne et les libère au gré des volontés de Zeus.

éolien, enne [eɔljɛ̃, -ɛn] **adj.** (de *Éole,* n. du dieu des Vents). **1.** Mû par le vent : *Moteur éolien.* **2.** Provoqué par le vent : *Érosion éolienne.* ◆ **éolienne n.f.** Machine composée d'une roue à pales montée sur un support et qui tourne sous l'action du vent en entraînant un moteur, un mécanisme.

Éoliennes *(îles),* archipel italien de la mer Tyrrhénienne, au nord de la Sicile, comprenant notamment les îles Lipari, Vulcano et Stromboli ; 14 141 hab.

Éon (Charles de Beaumont, *chevalier* **d'),** officier et agent secret de Louis XV (Tonnerre 1728 - Londres 1810). Chargé de mission à la cour de Russie, puis à Londres, il est célèbre pour ses Mémoires (*Loisirs du chevalier d'Éon,* 1774) et pour le mystère qu'il laissa planer quant à son sexe (il portait souvent des habits de femme).

éosine [eɔzin] **n.f.** (du gr. *eôs,* aurore, à cause de la couleur). Matière colorante rouge, utilisée comme pigment dans les encres et les fards ou comme désinfectant en dermatologie.

éosinophile [eɔzinɔfil] **adj.** (de *éosine,* et *-phile*). Se dit d'un composant cellulaire ou tissulaire qui se colore facilement par l'éosine.

épagneul, e [epaɲœl] **n.** (de [*chien*] *espagnol*). Chien d'arrêt ou d'agrément à poil long et à oreilles pendantes.

épais, aisse [epɛ, -ɛs] **adj.** (anc. fr. *espois,* altér. de *espes,* lat. *spissus*). **1.** Qui a de l'épaisseur, une épaisseur de tant : *Un mur épais, épais de un mètre.* **2.** Massif, ramassé sur soi-même : *Un homme épais* (syn. **trapu**). **3.** Grossier, qui manque de finesse : *Plaisanterie épaisse* (syn. **lourd**). *Esprit épais* (syn. **obtus**). **4.** Dense, serré, compact, consistant : *Brouillard épais. Encre épaisse* (syn. **pâteux**).

épaisseur [epɛsœr] **n.f.** (de *épais*). **1.** Troisième dimension d'un solide, les deux autres étant la longueur ou la hauteur et la largeur : *Un mur de un mètre d'épaisseur. L'épaisseur d'une planche.* **2.** État de ce qui est massif : *L'épaisseur de la taille* (syn. **empâtement**). **3.** État de ce qui est dense, serré : *L'épaisseur d'un feuillage* (syn. **densité**). **4.** Profondeur : *L'épaisseur de la nuit* (syn. **opacité**).

épaissir [epesir] **v.t.** [conj. **32**]. Rendre plus épais : *Épaissir une sauce.* ◆ **v.i.** ou **s'épaissir v.pr.** Devenir plus épais, plus consistant : *Il a commencé à épaissir* (syn. **engraisser, grossir**). *Le brouillard s'épaissit* (= devient plus dense).

épaississant, e [epesisɑ̃, -ɑ̃t] **adj.** et **n.m.** Se dit d'une matière qui augmente la viscosité d'un liquide.

épaississement [epesismɑ̃] **n.m.** Action d'épaissir, son résultat ; fait de s'épaissir : *L'épaississement d'une sauce.*

Épaminondas, général et homme d'État béotien (Thèbes v. 418 - Mantinée 362 av. J.-C.). Il réorganisa l'armée thébaine et écrasa les Spartiates à Leuctres (371). Sa mort mit fin à l'hégémonie de Thèbes.

épamprer [epɑ̃pre] **v.t.** (de *pampre*). Débarrasser un cep de vigne des jeunes pousses inutiles.

épanchement [epɑ̃ʃmɑ̃] **n.m. 1.** MÉD. Accumulation pathologique d'un liquide de l'organisme hors des cavités qui le contiennent : *Un épanchement de synovie.* **2.** Fait de s'épancher ; effusion de sentiments, de pensées intimes (syn. **confidence**).

épancher [epɑ̃ʃe] **v.t.** (lat pop. **expandicare,* du class. *expandere*). LITT. Donner libre cours à un sentiment : *Épancher son cœur* (= se confier avec sincérité). ◆ **s'épancher v.pr. 1.** En parlant d'un liquide de l'organisme, se répandre dans une cavité qui n'est pas destinée à le recevoir : *Le sang s'est épanché dans l'estomac.* **2.** En parlant d'une personne, se confier librement : *S'épancher auprès d'un ami* (syn. **s'abandonner, s'ouvrir**).

épandage [epɑ̃daʒ] **n.m. 1.** Action d'épandre : *L'épandage du fumier dans les champs.* **2. Champ d'épandage,** terrain destiné à l'épuration des eaux par filtrage à travers le sol.

épandre [epɑ̃dr] **v.t.** (lat. *expandere,* de *pandere,* étendre) [conj. **74**]. Étendre en dispersant : *Épandre des engrais.*

épanoui, e [epanwi] **adj. 1.** Qui manifeste de la joie et de la sérénité : *Visage épanoui* (syn. **radieux**). **2.** Dont les formes sont pleines et harmonieuses : *Les femmes épanouies des tableaux de Rubens.*

épanouir [epanwir] **v.t.** (altér. sous l'infl. de *évanouir,* de l'anc. fr. *espenir,* s'ouvrir, du frq. **spannjan,* étendre) [conj. **32**]. **1.** LITT. Faire ouvrir une fleur : *La chaleur épanouit les roses.* **2.** Rendre heureux : *La maternité l'a épanouie.* ◆ **s'épanouir v.pr. 1.** En parlant d'une fleur, s'ouvrir largement. **2.** Être, se sentir bien, physiquement, affectivement, intellectuellement : *Cet enfant s'épanouit chez ses grands-parents.* **3.** Exprimer, manifester une joie sereine : *Son visage s'épanouit à la nouvelle* (syn. **se détendre, se dérider**). **4.** Se développer dans toutes ses potentialités : *Il s'épanouit dans son nouveau travail.*

épanouissant, e [epanwisɑ̃, -ɑ̃t] **adj.** Où qqn s'épanouit, en parlant d'un métier, d'une activité.

épanouissement [epanwismɑ̃] **n.m.** Fait de s'épanouir ; état de ce qui est épanoui : *L'épanouissement d'une rose* (syn. **éclosion**). *L'épanouissement d'un visage* (syn. **rayonnement**).

épargnant, e [eparɲɑ̃, -ɑ̃t] **n.** et **adj.** Personne qui économise, épargne : *Les petits épargnants.*

épargne [eparɲ] **n.f.** (de *épargner*). **1.** Action d'épargner, d'économiser : *Mesures qui tendent à encourager l'épargne.* **2.** Mise en réserve d'une somme d'argent, fraction du revenu individuel ou national qui n'est pas affectée à la consommation : *Le volume de l'épargne nationale* (= des sommes épargnées par les particuliers ou les entreprises d'un pays). **3.** Économie dans l'emploi ou l'usage de qqch : *Une épargne de temps considérable* (syn. **économie, gain**). **4. Épargne(-)logement, épargne(-)retraite,** systèmes d'encouragement à l'épargne des particuliers en vue de l'acquisition, de la construction ou de l'aménagement d'un logement ou en vue de leurs pensions de retraite. **5. Caisse d'épargne,** établissement financier dont l'activité consiste notamm. à recevoir des particuliers des dépôts en numéraire dont les intérêts sont capitalisés en fin d'année. **6.** GRAV. **Taille d'épargne,** taille de la surface d'un matériau conduite de façon à former un dessin avec les parties réservées, non attaquées.

épargner [eparɲe] **v.t.** (germ. **sparanjan,* de **sparon,* épargner). **1.** Mettre en réserve, accumuler : *Épargner centime après centime* (syn. **économiser**). **2.** Faire l'économie de : *Épargner ses forces* (syn. **ménager**). **3.** Traiter avec ménagement ; laisser la vie sauve à : *Épargner qqn* (= faire grâce à). **4.** Ne pas endommager ; ne pas détruire : *La sécheresse a épargné cette région.* **5. Épargner qqch à qqn,** l'en dispenser, le lui éviter : *Épargnez-nous les explications inutiles* (= faire grâce de). ◆ **s'épargner v.pr. S'épargner qqch,** se dispenser de : *Épargnez-vous cette peine.*

éparpillement [eparpijmɑ̃] **n.m.** Action d'éparpiller ; état de ce qui est éparpillé : *L'éparpillement des feuilles mortes par le vent* (syn. **dispersion**).

éparpiller [eparpije] **v.t.** (de l'anc. fr. *desparpeillier,* lat. pop. **disparpaliare,* du class. *dispare,* inégalement, et *palare,* répartir). **1.** Disperser, répandre de tous côtés : *Éparpiller des papiers.*

2. Éparpiller ses forces, son talent, son attention, les partager entre des activités trop diverses et trop nombreuses (syn. **gaspiller**). ◆ **s'éparpiller** **v.pr. 1.** Se disperser de tous côtés : *Les manifestants se sont éparpillés* (syn. **s'égailler**). **2.** Se partager entre des activités trop nombreuses et trop diverses : *Élève qui s'éparpille.*

épars, e [epar, -ars] **adj.** (p. passé de l'anc. v. *espardre,* répandre, du lat. *spargere*). Dispersé ; en désordre : *Les débris épars d'un avion accidenté* (syn. **disséminé**).

épatant, e [epatɑ̃, -ɑ̃t] **adj.** FAM. Qui épate : *Un temps épatant* (syn. **splendide**). *Un ami épatant* (syn. **formidable**).

épaté, e [epate] **adj.** (de *épater*). **Nez épaté,** nez court, gros et large.

épatement [epatmɑ̃] **n.m. 1.** État de ce qui est épaté, écrasé. **2.** FAM. Surprise, stupéfaction.

épater [epate] **v.t.** (de *patte,* pied). FAM. Remplir d'une surprise admirative : *Là, il m'a épaté* (syn. **ébahir, stupéfier**).

épaulard [epolar] **n.m.** (de *épaule*). Cétacé cosmopolite, voisin des dauphins (syn. **orque**). ▸ Long. du mâle : 9 m ; poids : 3,6 t. Très vorace, l'épaulard s'attaque même aux baleines.

épaule [epol] **n.f.** (bas lat. *spathula,* épaule, omoplate, de *spatha,* épée). **1.** Articulation qui unit le bras au thorax ; espace compris entre ces deux articulations (au pl.) : *Il s'est démis l'épaule* (= il s'est déboîté l'humérus). *Une veste trop large d'épaules.* **2.** Partie supérieure du membre antérieur des animaux : *Une épaule de mouton.* **3. Avoir la tête sur les épaules,** être plein de bon sens. / FAM. **Par-dessus l'épaule,** avec négligence : *Traiter qqn par-dessus l'épaule* (= avec désinvolture).

épaulé, e [epole] **adj.** Se dit d'un vêtement qui comporte une épaulette de rembourrage : *Une veste très épaulée.*

épaulé-jeté [epoleʒəte] **n.m.** (de *épaulé* et *jeté,* mouvements d'haltérophilie) [pl. *épaulés-jetés*]. Mouvement d'haltérophilie qui consiste, après avoir amené la barre en un seul temps à hauteur d'épaules, à la soulever d'une seule détente à bout de bras.

épaulement [epolmɑ̃] **n.m.** (de *épauler*). **1.** MIL. Terrassement protégeant un canon, un lance-roquette et ses servants contre les coups adverses. **2.** Mur de soutènement.

épauler [epole] **v.t. 1.** Appuyer contre l'épaule : *Épauler son fusil pour tirer* (= mettre en joue). **2.** Appuyer, soutenir qqn dans une épreuve : *Il a besoin de se sentir épaulé.*

épaulette [epolɛt] **n.f. 1.** Patte que certains militaires portent sur chaque épaule, et qui sert souvent à désigner leur grade ; symbole du grade d'officier. **2.** Rembourrage dont la forme épouse le haut de l'épaule et qui sert à élargir la carrure d'un vêtement.

épave [epav] **n.f.** (du lat. *expavidus,* épouvanté). **1.** Navire, marchandise, objet abandonnés à la mer ou rejetés sur le rivage après un naufrage. **2.** Voiture accidentée irréparable ou vieille voiture hors d'usage. **3.** FAM. Personne qui, à la suite de malheurs, de revers, est tombée dans un état extrême de misère ou d'abandon (syn. **loque**).

épée [epe] **n.f.** (lat. *spatha,* du gr.). **1.** Arme faite d'une lame d'acier pointue fixée à une poignée munie d'une garde. **2.** SPORTS. L'une des trois armes de l'escrime ; discipline utilisant cette arme. ▸ Long. max. 1,10 m, dont 90 cm pour la lame. **3. Coup d'épée dans l'eau,** effort sans résultat. / **Épée de Damoclès,** danger qui peut s'abattre sur qqn d'un moment à l'autre.

Épée (Charles Michel, *abbé* **de L'),** pédagogue et bienfaiteur français (Versailles 1712 - Paris 1789). Il fonda une école pour les sourds-muets, auxquels il apprit à se faire comprendre au moyen d'un langage par signes.

épeire [epɛr] **n.f.** (lat. scientif. *epeira*). Araignée à abdomen diversement coloré, qui construit de grandes toiles verticales et régulières dans les jardins, les bois.

épéiste [epeist] **n.** Escrimeur à l'épée.

épeler [eple] **v.t.** (frq. **spellôn,* expliquer) [conj. **24**]. Nommer successivement les lettres composant un mot : *Chaque élève épelle son nom.*

épellation [epelasjɔ̃] **n.f.** Action, manière d'épeler.

épenthèse [epɑ̃tɛz] **n.f.** (gr. *epenthesis,* intercalation). LING. Apparition d'une voyelle ou d'une consonne non étymologique dans un mot. (Ex. le *b* de *chambre,* qui vient du lat. *camera.*)

épenthétique [epɑ̃tetik] **adj.** Ajouté par épenthèse.

épépiner [epepine] **v.t.** Enlever les pépins de : *Épépiner des grains de raisin.*

éperdu, e [epɛrdy] **adj.** (de l'anc. v. *esperdre,* perdre complètement). **1.** Égaré sous l'effet d'une émotion violente : *Une veuve éperdue* (syn. **égaré**). **2.** Violent, passionné : *Amour éperdu* (syn. **ardent, frénétique**). **3. Éperdu de,** qui éprouve très vivement un sentiment : *Éperdu de joie, de reconnaissance, d'admiration.*

éperdument [epɛrdymɑ̃] **adv.** D'une manière éperdue : *Elle est éperdument amoureuse* (syn. **follement**).

éperlan [epɛrlɑ̃] **n.m.** (néerl. *spierlinc*). Poisson de l'Atlantique, à chair délicate, qui pond au printemps dans les embouchures des fleuves. ▸ Long. env. 25 cm.

Épernay, ch.-l. d'arr. de la Marne, sur la Marne ; 24 232 hab. *(Sparnaciens).* Vins de Champagne. Musée municipal (préhistoire et archéologie ; travail de la vigne et du vin).

éperon [eprɔ̃] **n.m.** (bas lat. *sporonus,* du frq. **sporo*). **1.** Arceau de métal, terminé par un ergot ou une molette, que le cavalier fixe à la partie postérieure de ses bottes pour piquer son cheval et activer son allure. **2.** Partie saillante, avancée d'un contrefort montagneux, d'un coteau, d'un littoral : *Château bâti sur un éperon rocheux.*

éperonner [eprɔne] **v.t. 1.** Piquer avec l'éperon : *Éperonner un cheval.* **2.** LITT. Exciter, stimuler : *Être éperonné par la faim, par l'ambition* (syn. **aiguillonner**). **3. Éperonner un navire,** l'aborder avec l'étrave.

épervier [epɛrvje] **n.m.** (frq. **sparwâri*). **1.** Oiseau rapace diurne, commun dans les bois, où il chasse les petits oiseaux. ▸ Long. 30 à 40 cm. **2.** Filet de pêche de forme conique, garni de plomb, qu'on lance à la main.

épervière [epɛrvjɛr] **n.f.** (de *épervier,* l'oiseau, dont cette plante fortifiait la vue). Plante herbacée à fleurs jaunes, à poils laineux. ▸ Famille des composées.

éphèbe [efɛb] **n.m.** (gr. *ephêbos,* de *hêbê,* jeunesse). **1.** ANTIQ. GR. Adolescent de 18 à 20 ans, soumis par la cité à certaines obligations. **2.** (Par plais.). Jeune homme d'une grande beauté (syn. litt. **adonis**).

éphémère [efemɛr] **adj.** (gr. *ephêmeros,* qui dure un jour). **1.** Qui ne vit que très peu de temps : *Insecte éphémère.* **2.** De très courte durée : *Bonheur éphémère* (syn. **fugitif, passager**). ◆ **n.m.** Insecte qui, à l'état adulte, ne vit qu'un à trois jours, mais dont la larve, aquatique, peut survivre plusieurs années. ▸ Ordre des éphéméroptères. Long. de 14 à 25 mm.

éphéméride [efemerid] **n.f.** (lat. *ephemeris,* récit d'événements quotidiens, du gr. *hêmera,* jour). **1.** Livre ou notice qui contient les événements accomplis dans un même jour à des époques différentes. **2.** Calendrier dont on retire chaque jour une feuille.

Éphèse, ville grecque d'Ionie, fondée v. 1000 av. J.-C., elle devint un des grands centres commerciaux et financiers de la côte de l'Asie Mineure. Son importance religieuse fut considérable (temple d'Artémis, ancienne communauté chrétienne). Le temple d'Artémis *(Artémision)* fut élevé avec l'aide de Crésus, entre 570 et 560 av. J.-C. ; il marque une étape importante de l'architecture. Il a été détruit au IIIe s. av. J.-C. ; seul son plan a pu être restitué. Importants vestiges hellénistiques, romains et byzantins.

épi [epi] **n.m.** (lat. *spica,* pointe). **1.** Partie terminale de la tige du blé, et en général des céréales, portant les graines groupées autour de l'axe : *Des épis de seigle, de maïs.* **2.** Mèche de cheveux qui poussent en sens contraire de celui des autres :

Avoir un épi sur le sommet de la tête. **3. En épi,** se dit d'objets, de véhicules disposés parallèlement les uns aux autres, mais en oblique : *Stationnement en épi ;* se dit d'une cloison ou d'éléments de mobilier perpendiculaires au mur et séparant deux zones à l'intérieur d'une pièce : *Une bibliothèque en épi.*

épice [epis] **n.f.** (lat. *species,* espèce, puis « marchandise »). Substance aromatique d'origine végétale pour l'assaisonnement des mets : *Le poivre et la cannelle sont des épices.*

épicé, e [epise] **adj. 1.** Dont le goût est relevé par des épices : *Un plat très épicé* (syn. **relevé**). **2.** Qui contient des traits égrillards, grivois : *Un récit épicé* (syn. **leste, osé**).

épicéa [episea] **n.m.** (du lat. *picea,* pin). Grand conifère voisin du sapin, mais qui s'en distingue par un tronc plus roux, des aiguilles uniformément vertes, des cônes pendants. ▶ Haut. max. 50 m ; on l'utilise dans les reboisements.

épicène [episɛn] **adj.** (gr. *epikoinos,* commun). LING. **1.** Se dit d'un nom commun au mâle et à la femelle d'une espèce, comme l'aigle, la souris, le crapaud. **2.** Se dit d'un nom, d'un pronom, d'un adjectif qui ne varie pas selon le genre (ex. : *élève, enfant, toi* ou *jaune*).

épicentre [episɑ̃tr] **n.m.** (de *épi-* et *centre*). GÉOL. Point de la surface terrestre où un séisme a été le plus intense.

épicer [epise] **v.t.** [conj. **16**]. **1.** Assaisonner avec des épices : *Épicer une sauce* (syn. **relever**). **2.** Additionner de traits égrillards : *Épicer un récit* (syn. **pimenter**).

épicerie [episri] **n.f.** (de *épicier*). **1.** Ensemble de produits de consommation courante, comestibles et ménagers, vendus par certains commerçants. **2.** Commerce, magasin de l'épicier.

épicier, ère [episje, -ɛr] **n.** (de *épice*). Personne qui vend des produits comestibles ou ménagers.

épicondyle [epikɔ̃dil] **n.m.** (de *épi-* et du gr. *kondulos,* articulation). ANAT. Apophyse de l'extrémité inférieure de l'humérus.

Épictète, philosophe latin de langue grecque (Hiérapolis, Phrygie, v. 50 - Nicopolis, Épire, v. 125). Esclave à Rome, affranchi, puis banni, il réduit le stoïcisme à une morale fondée sur la seule pratique, sans référence théorique, principalement sur la distinction de ce qui dépend de l'individu et ce qui n'en dépend pas ; ses *Entretiens* et son *Manuel* ont été rédigés par son disciple Arrien.

Épicure, philosophe grec (Samos ou Athènes 341 - 270 av. J.-C.). Il fonda à Athènes une école, le Jardin. Connue par Diogène Laërce et Lucrèce, sa pensée fait des sensations le critère des connaissances et de la morale, et des plaisirs qu'elles procurent le principe du bonheur, à condition d'en rester maître. Sa philosophie est comme celle de Démocrite un matérialisme complet, reposant sur une doctrine atomiste. De son œuvre, il ne reste que trois lettres : *Lettre à Ménécée, Lettre à Hérodote et Lettre à Pythoclès.*

épicurien, enne [epikyrjɛ̃, -ɛn] **adj.** et **n.** (de *Épicure,* n.pr.). **1.** De la philosophie d'Épicure et de ses disciples. **2.** Qui ne pense qu'au plaisir : *Un épicurien* (= un bon vivant) [syn. **jouisseur**].

épicurisme [epikyrism] **n.m.** Doctrine d'Épicure et des épicuriens.

Épidaure, ancienne cité d'Argolide, célèbre par son temple d'Asclépios et les guérisons qui s'y opéraient. Le sanctuaire du dieu Asclépios se développe surtout au IVe s. en provoquant l'essor de la ville, dont le magnifique théâtre reste un des principaux témoins. Vestiges divers (tholos...) et nombreux ex-voto.

épidémie [epidemi] **n.f.** (lat. médiév. *epidemia,* du gr. *epidêmios,* qui séjourne dans un pays). **1.** Atteinte simultanée d'un grand nombre d'individus d'un pays ou d'une région par une maladie contagieuse : *Une épidémie de grippe.* **2.** Phénomène pernicieux, nuisible qui atteint un grand nombre d'individus : *Une épidémie de faillites.*

épidémiologie [epidemjɔlɔʒi] **n.f.** (de *épidémie* et *-logie*). Discipline qui étudie les différents facteurs intervenant dans l'apparition des maladies ainsi que leur fréquence, leur évolution et les moyens nécessaires à leur prévention. ◆ **épidémiologiste n.** Nom du spécialiste.

épidémique [epidemik] **adj. 1.** Qui tient de l'épidémie : *Maladie épidémique.* **2.** Qui se répand à la façon d'une épidémie : *Un besoin épidémique de liberté* (syn. **communicatif, contagieux**).

épiderme [epidɛrm] **n.m.** (bas lat. *epidermis,* du gr.). **1.** Partie externe de la peau constituée de plusieurs couches de cellules dont la plus superficielle est cornée et desquamée : *La coupure n'a entamé que l'épiderme.* **2. Avoir l'épiderme sensible,** être susceptible.

épidermique [epidɛrmik] **adj. 1.** Relatif à l'épiderme : *Les tissus épidermiques.* **2. Réaction épidermique,** réaction vive mais qui n'a rien de profond : *C'est une réaction épidermique* (syn. **superficiel ;** contr. **viscéral**).

épididyme [epididim] **n.m.** (gr. *epi,* sur, et *didumos,* testicule). ANAT. Organe situé le long du testicule, contenant un canal par où passent les spermatozoïdes.

épier [epje] **v.t.** (frq. **spehôn*) [conj. **9**]. Observer, surveiller attentivement et secrètement : *Épier les allées et venues de qqn* (syn. **espionner**).

épierrer [epjere] **v.t.** [conj. **4**]. Enlever les pierres de : *Épierrer un champ, un jardin.*

épieu [epjø] **n.m.** (altér. sous l'infl. de *pieu,* de l'anc. fr. *inspieth,* du frq. **speot*) [pl. *épieux*]. Bâton garni de fer, qu'on utilisait pour chasser le gros gibier.

épigastre [epigastr] **n.m.** (gr. *epigastrion,* de *epi,* au-dessus, et *gastêr,* ventre). ANAT. Partie supérieure de l'abdomen comprise entre l'ombilic et le sternum.

épigastrique [epigastrik] **adj.** Qui se rapporte à l'épigastre : *Douleurs épigastriques.*

épiglotte [epiglɔt] **n.f.** (gr. *epiglôttis,* de *epi,* au-dessus, et *glôtta,* langue). ANAT. Languette cartilagineuse qui ferme la glotte au moment de la déglutition.

épigone [epigɔn] **n.m.** (gr. *epigonos,* descendant). LITT. Successeur, disciple sans originalité personnelle : *Les épigones de Rimbaud.*

épigramme [epigram] **n.f.** (gr. *epigramma,* inscription). **1.** Petite pièce de vers du genre satirique, se terminant par un trait piquant. **2.** LITT. Mot satirique, raillerie mordante : *Décocher des épigrammes à ses collègues* (syn. **sarcasme,** litt. **brocard**).

épigraphe [epigraf] **n.f.** (gr. *epigraphê,* inscription). **1.** Inscription gravée sur un édifice et indiquant sa date de construction, l'intention des constructeurs, etc. **2.** Citation placée en tête d'un livre, d'un chapitre, pour en indiquer l'objet ou l'esprit.

épigraphie [epigrafi] **n.f.** (de *épigraphe*). Science auxiliaire de l'histoire, qui étudie les inscriptions sur des matières durables, comme la pierre et le métal. ◆ **épigraphiste n.** Nom du spécialiste.

épigraphique [epigrafik] **adj.** Qui se rapporte à l'épigraphie.

épilation [epilasjɔ̃] **n.f.** Action d'épiler : *Épilation à la cire.*

épilatoire [epilatwar] **adj.** et **n.m.** Qui sert à épiler : *Un produit épilatoire* (syn. **dépilatoire**).

épilepsie [epilɛpsi] **n.f.** (gr. *epilêpsia,* attaque). Maladie qui se manifeste sous forme de crises violentes avec des convulsions, et pouvant s'accompagner de pertes de conscience ou d'hallucinations.

épileptique [epilɛptik] **adj.** et **n.** Qui relève de l'épilepsie ; qui y est sujet.

épiler [epile] **v.t.** (du lat. *pilus,* poil). Arracher, faire tomber les poils de : *Pince à épiler. Épiler ses sourcils.*

épilogue [epilɔg] **n. m.** (lat. *epilogus,* du gr.). **1.** Conclusion d'un ouvrage littéraire : *L'épilogue d'un roman.* **2.** Fin, conclusion d'une histoire, d'une affaire : *L'épilogue d'une affaire judiciaire* (syn. **dénouement**).

épiloguer [epilɔge] **v.t. ind. [sur]** (de *épilogue*). Donner des explications, faire des commentaires sans fin et plus ou moins oiseux sur : *L'incident est clos, inutile d'épiloguer.*

Épinal, ch.-l. du dép. des Vosges, à 372 km à l'est de Paris, sur la Moselle ; 34 249 hab. *(Spinaliens).* Foire internationale forestière. Textile. Caoutchouc. Constructions mécaniques. Basilique romane et gothique. Musée départemental. Centre d'imagerie à partir de la fin du XVIIIe s.

épinard [epinar] **n.m.** (lat. médiév. *spinarchia,* ar. d'Espagne *isbimāh,* du persan). Plante potagère, dont on consomme les feuilles de forme allongée, vert foncé. ▸ Famille des chénopodiacées. ◆ **épinards n.m. pl. 1.** Feuilles d'épinard : *Épinards à la crème.* **2.** FAM. **Mettre du beurre dans les épinards,** améliorer ses revenus.

épine [epin] **n.f.** (lat. *spina*). **1.** Excroissance dure et pointue qui naît sur certains végétaux et animaux : *Les épines d'un cactus* (syn. **piquant**). *La vive a des épines venimeuses.* **2. Enlever, tirer une épine du pied à qqn,** le soulager d'un grand souci ; lui permettre de sortir d'une grave difficulté. **3.** ANAT. **Épine dorsale,** colonne vertébrale.

1. épinette [epinɛt] **n.f.** (de *pin*). Petit clavecin.

2. épinette [epinɛt] **n.f.** (de *épine*). QUÉBEC. Épicéa.

épineux, euse [epinø, -øz] **adj.** (lat. *spinosus*). **1.** Qui porte des épines : *La tige épineuse du rosier.* **2.** Très embarrassant ; plein de difficultés : *Une question épineuse* (syn. **ardu, délicat**). ◆ **épineux n.m.** Arbuste épineux.

épine-vinette [epinvinɛt] **n.f.** (de *épine* et *vin,* à cause de la couleur des baies) [pl. *épines-vinettes*]. Arbrisseau épineux à fleurs jaunes et baies rouges. ▸ Famille des berbéridacées.

épingle [epɛ̃gl] **n.f.** (lat. pop. **spingula,* croisement du lat. class. *spinula,* petite épine, et du bas lat. *spicula,* petit épi). **1.** Petite tige métallique pointue à un bout et garnie d'une tête à l'autre bout : *Deux feuilles de papier attachées par une épingle.* **2.** Bijou en forme d'épingle, à tête ornée : *Épingle de cravate en or.* **3. Chercher une épingle dans une meule, une botte de foin,** chercher une chose introuvable. / **Coup d'épingle,** blessure d'amour-propre. / **Monter qqch en épingle,** le faire valoir exagérément ; lui donner une importance excessive. / **Tiré à quatre épingles,** habillé avec beaucoup de soin. / **Tirer son épingle du jeu,** se tirer adroitement d'une affaire difficile. / **Virage en épingle à cheveux,** virage brusque et très serré. **4. Épingle à cheveux,** petite tige recourbée à deux branches pour tenir les cheveux. / **Épingle de sûreté, épingle double, épingle de nourrice, épingle anglaise,** petite tige de métal recourbée sur elle-même et formant ressort, dont la pointe est maintenue par un crochet plat.

épingler [epɛ̃gle] **v.t. 1.** Attacher, fixer avec une ou des épingles : *Épingler un ourlet.* **2.** FAM. Arrêter une personne, la prendre sur le fait : *Ils n'ont jamais pu l'épingler* (syn. **appréhender, attraper**).

épinière [epinjɛr] **adj.f. Moelle épinière ⟶ moelle.**

épinoche [epinɔʃ] **n.f.** (de *épine*). Petit poisson marin ou d'eau douce, portant des épines sur le dos. ▸ L'épinoche d'eau douce atteint 8 cm de long.

Épiphanie [epifani] **n.f.** (lat. ecclés. *epiphania,* gr. *epiphaneia,* apparition). RELIG. CHRÉT. Fête célébrée le premier dimanche de janvier pour commémorer la manifestation du Christ aux Mages venus pour l'adorer, et appelée pour cette raison *jour* ou *fête des Rois.* ▸ Dans les églises orientales, cette fête est centrée sur le baptême du Christ.

épiphénomène [epifenɔmɛn] **n.m.** Phénomène secondaire, sans importance par rapport à un autre.

épiphyse [epifiz] **n.f.** (gr. *epiphusis,* excroissance). ANAT. Extrémité d'un os long, contenant de la moelle rouge.

épiphyte [epifit] **adj.** et **n.m.** (du gr. *epi,* sur, et *phuton,* plante). BOT. Se dit d'un végétal qui vit fixé sur un autre végétal, mais sans le parasiter.

épique [epik] **adj.** (lat. *epicus,* du gr.). **1.** Qui est propre à l'épopée : *Poème, style, héroïne épique.* **2.** Mémorable par son caractère pittoresque, extraordinaire : *Avoir des démêlés épiques avec ses voisins* (syn. **fabuleux, homérique**).

Épire, région aux confins de la Grèce et de l'Albanie. Le royaume d'Épire, constitué à la fin du Ve s. av. J.-C., prit de l'importance avec Pyrrhos II (295-272) ; il fut soumis par les Romains en 168 av. J.-C. Dans l'Empire byzantin, un *despotat d'Épire* (1204-1318) fut constitué au profit des Comnènes.

épiscopal, e, aux [episkɔpal, -o] **adj.** (lat. ecclés. *episcopalis,* de *episcopus,* évêque). **1.** Qui appartient, qui est propre à l'évêque : *Palais épiscopal.* **2. Église épiscopale,** église anglicane.

épiscopat [episkɔpa] **n.m.** (lat. *episcopatus,* de *episcopus ;* v. *évêque*). **1.** Dignité d'évêque ; temps pendant lequel un évêque occupe son siège. **2.** Ensemble des évêques : *L'épiscopat français.*

épisiotomie [epizjɔtɔmi] **n.f.** (gr. *epeision,* pénil et *tomê,* section). Incision de la vulve et des muscles du périnée, pratiquée pour faciliter certains accouchements.

épisode [epizɔd] **n.m.** (gr. *epeisodion,* incident). **1.** Division d'un roman, d'un film : *Feuilleton en neuf épisodes.* **2.** Partie d'une œuvre narrative ou dramatique s'intégrant à un ensemble mais ayant ses caractéristiques propres : *Un épisode célèbre de « l'Iliade ».* **3.** Circonstance appartenant à une série d'événements formant un ensemble : *Les épisodes de la Révolution française* (syn. **péripétie**).

épisodique [epizɔdik] **adj. 1.** Qui n'est pas nécessaire ou essentiel au déroulement d'une action : *Événement épisodique* (syn. **accessoire**). *Avoir un rôle épisodique* (syn. **secondaire**). **2.** Qui ne se produit que de temps en temps : *Faire des séjours épisodiques à la montagne* (syn. **intermittent**).

épisodiquement [epizɔdikmɑ̃] **adv.** De façon épisodique : *Il nous écrit épisodiquement* (= de temps à autre).

épisser [epise] **v.t.** (du néerl. *splissen*). **1.** Assembler deux cordages en entrelaçant les torons. **2.** Assembler deux bouts de câble ou de fil électrique.

épissure [episyr] **n.f.** Réunion de deux cordages, de deux câbles ou fils électriques par l'entrelacement des torons qui les composent.

épistémologie [epistemɔlɔʒi] **n.f.** (gr. *epistêmê,* science, et *-logie*). Partie de la philosophie qui étudie l'histoire, les méthodes, les principes des sciences. ◆ **épistémologiste** et **épistémologue n.** Noms du spécialiste.

épistémologique [epistemɔlɔʒik] **adj.** Qui se rapporte à l'épistémologie.

épistolaire [epistɔlɛr] **adj.** (lat. *epistolaris,* de *epistola,* lettre). **1.** Qui se rapporte à la correspondance, aux lettres : *Ils sont en relations épistolaires* (= ils s'écrivent régulièrement). **2. Roman épistolaire,** roman dont l'action se développe dans une correspondance échangée par les personnages.

épistolier, ère [epistɔlje, -ɛr] **n.** (du lat. *epistola,* lettre). Personne qui écrit beaucoup de lettres ou qui excelle dans la façon de les écrire.

épitaphe [epitaf] **n.f.** (bas lat. *epitaphium,* du gr. *epitaphios,* propr. « sur le tombeau »). Inscription gravée sur un tombeau.

épithalame [epitalam] **n.m.** (lat. *epithalamium,* du gr.). LITTÉR. Poème lyrique composé pour un mariage.

épithélial, e, aux [epiteljal, -o] **adj.** Qui se rapporte, qui appartient à un épithélium.

épithélium [epiteljɔm] **n.m.** (du gr. *epi,* sur, et *thêlê,* bout du sein). HISTOL. Tissu recouvrant les surfaces de l'organisme, à l'extérieur (peau notamm.) ou à l'intérieur (cavité du cœur, du tube digestif, etc.), ou constituant des glandes. ▸ Un épithélium est formé de cellules serrées les unes contre les autres, de nombre et de forme variables. L'épiderme de la peau est un épithélium.

épithète [epitɛt] **n.f.** (lat. *epithetum*, du gr. *epithetos*, ajouté). **1.** Mot, génér. un adjectif, employé pour qualifier qqn, qqch. **2.** GRAMM. Fonction de l'adjectif qualificatif qui détermine le nom sans l'intermédiaire d'un verbe (par opp. à *attribut*).

épitoge [epitɔʒ] **n.f.** (lat. *epitogium*). Bande d'étoffe distinctive portée sur l'épaule gauche par les recteurs et inspecteurs d'académie, les avocats, les magistrats.

épître [epitr] **n.f.** (lat. *epistola*, gr. *epistolê*, de *stellein*, envoyer). **1.** LITTÉR. Lettre en vers traitant de sujets philosophiques, moraux ou politiques : *Une épître de Boileau.* **2.** *LITT.* Lettre, génér. longue ou ayant une certaine solennité : *Écrire une épître de six pages.* **3.** RELIG. CHRÉT. Chacune des lettres envoyées par les Apôtres aux premières communautés chrétiennes, et réunies dans le Nouveau Testament ; fragment du Nouveau Testament lu à la messe avant l'Évangile : *Les Épîtres aux Corinthiens.*

épizootie [epizɔɔti] **n.f.** (du gr. *zôotês*, nature animale, d'apr. *épidémie*). Maladie contagieuse qui atteint un grand nombre d'animaux dans une même région.

épizootique [epizɔɔtik] **adj.** Qui se rapporte à l'épizootie.

éploré, e [eplɔre] **adj.** (de *plor*, forme anc. de *pleur*). Qui est en pleurs, qui a du chagrin : *Une veuve éplorée.*

épluchage [eplyʃaʒ] **n.m. 1.** Action d'éplucher un légume, un fruit : *L'épluchage des pommes de terre.* **2.** Examen minutieux d'un texte, d'un ouvrage.

éplucher [eplyʃe] **v.t.** (de l'anc. fr. *peluchier*, lat. pop. **piluccare*, peler, de *pilus*, poil). **1.** Enlever la peau, les parties non comestibles ou moins bonnes d'un légume, d'un fruit : *Éplucher une pomme, des oignons.* **2.** Lire attentivement pour trouver une faute ou un détail passé inaperçu : *Éplucher une comptabilité* (= passer au crible).

éplucheur [eplyʃœr] **n.m.** Couteau à éplucher les légumes, les fruits, etc., dont la lame comporte deux petites fentes tranchantes.

épluchure [eplyʃyr] **n.f.** Déchet qu'on enlève en épluchant : *Épluchures de pommes de terre.*

épode [epɔd] **n.f.** (lat. *epodos*, mot gr., de *epi*, auprès, et *ôdê*, chant). **1.** Couplet lyrique formé de deux vers iambiques de longueur inégale. **2.** Poème lyrique composé d'une suite de ces couplets : *Épodes satiriques d'Horace.* **3.** Troisième partie lyrique dans les chœurs des tragédies grecques.

épointer [epwɛ̃te] **v.t.** Casser ou user la pointe de : *Épointer un crayon en appuyant trop fort* (= en casser la mine).

éponge [epɔ̃ʒ] **n.f.** (lat. pop. **sponga*, class. *spongia*, du gr.). **1.** Spongiaire. **2.** Substance fibreuse, légère et poreuse, formant le squelette de certains spongiaires et employée à divers usages domestiques à cause de sa propriété de retenir les liquides. **3.** Objet plus ou moins spongieux qu'on utilise pour essuyer, nettoyer, etc. : *Éponge synthétique.* **4. Jeter l'éponge,** abandonner le combat, la partie. / *FAM.* **Passer l'éponge,** pardonner, oublier une erreur.

éponger [epɔ̃ʒe] **v.t.** [conj. **17**]. **1.** Étancher un liquide avec une éponge ou un objet spongieux ; sécher qqch avec une éponge ou un tissu : *Éponger l'eau qui a débordé. Éponger le carrelage.* **2.** Résorber un excédent : *Éponger un stock avant inventaire.* **3. Éponger une dette,** la payer. ◆ **s'éponger v.pr.** S'essuyer : *S'éponger le front.*

éponyme [epɔnim] **adj.** (gr. *epônumos*, de *epi*, à la suite de, et *onuma*, nom). **1.** Qui donne son nom à qqch : *Athéna, déesse éponyme d'Athènes.* **2.** (Par ext., abusif). Qui tire son nom de : Les Misérables, *film éponyme du roman de Victor Hugo.* **3.** ANTIQ. **Magistrat éponyme,** à Athènes, l'un des neuf archontes qui donnait son nom à l'année.

épopée [epɔpe] **n.f.** (gr. *epopoiia*). **1.** Récit poétique en vers ou en prose, qui raconte les exploits d'un héros et où intervient le merveilleux : *« La Chanson de Roland » est une épopée.* **2.** Suite d'actions réelles mais très extraordinaires ou héroïques : *L'épopée napoléonienne.* ▶ *Dossier page suivante.*

■ Aux origines de toute littérature, les épopées transmettent un corps de récits traditionnels relatifs à l'ordre du monde et de la communauté, ordre dont l'existence et la stabilité sont le fruit d'exploits des dieux ou de héros exceptionnels. Telles sont l'épopée sumérienne *Gilgamesh* (XVIIIe s. av. J.-C.), *l'Iliade* et *l'Odyssée* (VIIIe s. av. J.-C.), les épopées sanskrites *Ramayana, Mahabharata.* Cette présence d'éléments surnaturels, du merveilleux – qui donne à des divinités primitives le statut de héros littéraires ou, inversement, à des figures historiques des dimensions légendaires (Charlemagne dans les chansons de geste françaises) – n'est pas un ornement artificiel ; ce grossissement est une nécessité d'un récit qui ne se veut pas une reconstitution historique, mais a valeur de modèle de comportement. Présente dans toutes les cultures, l'épopée semble apparaître dans les moments où le sentiment de quitter un « âge d'or » débouche sur une volonté de récupérer la totalité du passé perdu (*Sagas* scandinaves, *la Divine Comédie* de Dante). Les époques de « renaissance », de conquête ont encore ce besoin épique (le *Roland furieux* de l'Arioste, *la Jérusalem délivrée* du Tasse, *le Paradis perdu* de Milton). Le romantisme, par son goût des traditions populaires et la primauté qu'il accorde à l'imagination, a pu recréer un climat favorable à l'épopée (*la Légende des siècles* de Hugo). L'inspiration épique subsiste au XXe s. dans une forme critique et parodique (*Ulysse* de Joyce). ■

époque [epɔk] **n.f.** (gr. *epokhê*, interruption). **1.** Moment de l'histoire marquée par des événements ou des personnages très importants : *L'époque des guerres de Religion* (syn. **période**). *L'époque de Jules César.* **2.** Moment déterminé de l'année, de la vie de qqn ou d'un groupe : *L'époque des vendanges* (syn. **saison, temps**). *L'année dernière à pareille époque* (= à cette date). **3. D'époque,** qui date réellement de l'époque à laquelle correspond son style, en parlant d'un objet, d'un meuble. / **Faire époque,** laisser un souvenir durable dans la mémoire des hommes. / **La Belle Époque,** celle des premières années du XXe s., considérées comme particulièrement heureuses.

épouillage [epujaʒ] **n.m.** Action d'épouiller.

épouiller [epuje] **v.t.** (de *pouil*, anc. forme de *pou*). Débarrasser qqn, qqch de ses poux : *Épouiller la tête d'un enfant.*

s'**époumoner** [epumɔne] **v.pr.** (de *poumon*). Se fatiguer à force de parler, de crier : *S'époumoner à appeler qqn* (syn. **s'égosiller**).

épousailles [epuzaj] **n.f. pl.** (lat. *sponsalia*, fiançailles). *VIEILLI.* Célébration du mariage.

épouse n.f. ⟶ **époux.**

épouser [epuze] **v.t.** (lat. pop. **sposare*, du class. *sponsare*, de *sponsus*, époux). **1.** Prendre pour mari, pour femme : *Il a épousé une amie d'enfance* (= s'est marié avec). **2.** S'adapter exactement à la forme de : *Une housse qui épouse parfaitement le galbe d'un fauteuil.* **3.** *LITT.* Rallier, partager : *Épouser les idées de qqn* (syn. **embrasser**).

époussetage [epustaʒ] **n.m.** Action d'épousseter.

épousseter [epuste] **v.t.** (du rad. de *poussière*) [conj. **27**]. Ôter la poussière de : *Épousseter un meuble.*

époustouflant, e [epustuflɑ̃, -ɑ̃t] **adj.** *FAM.* Étonnant, extraordinaire : *Nouvelle époustouflante* (syn. **stupéfiant**).

époustoufler [epustufle] **v.t.** (orig. incert., p.-ê. de l'anc. fr. *soi espousser*, perdre haleine, de *pousser* ; v. *poussif*). *FAM.* Surprendre, stupéfier par son caractère inattendu : *Sa réponse m'a époustouflé* (syn. **méduser, sidérer**).

épouvantable [epuvɑ̃tabl] **adj. 1.** Qui cause de l'épouvante, qui est atroce, difficilement soutenable : *Des cris épouvantables* (syn. **effroyable, horrifiant**). **2.** Très désagréable : *Un temps épouvantable* (syn. **affreux, exécrable**).

L'épopée est l'une des formes littéraires les plus anciennes et les plus universelles. Pourquoi ce genre considéré comme archaïque continue-t-il aujourd'hui à susciter l'intérêt ?

Un genre ancien, universel… et actuel

▶ **La mémoire d'un peuple.** Récits épiques antiques, *l'Iliade* et *l'Odyssée*, traduits du grec en latin, servaient de support à l'enseignement au Moyen Âge. On apprenait à lire et à écrire à l'aide des récits mythiques grecs en pleine chrétienté, comme si ces textes d'un autre temps avaient un message à transmettre. Proche de la tradition épique antique, *la Chanson de Roland* est l'épopée française la plus ancienne : sa mise en forme date du XIe s. Loin de disparaître, le genre est pratiqué encore aux siècles suivants (Agrippa d'Aubigné, *les Tragiques*, 1616 ; Hugo, *la Légende des siècles*, 1859-1883) et même jusqu'à l'aube du XXe s. : c'est en effet grâce à l'épopée que des civilisations africaines font perdurer la mémoire des ancêtres.

▶ **La transmission des valeurs morales.** L'épopée enseigne les valeurs morales d'une société. L'amitié guerrière est au centre des grands récits. *L'Iliade* rapporte l'amitié d'Achille et de Patrocle. Dans *la Chanson de Roland*, Roland assiste à la mort de son ami Olivier. Au début du XXe s., une épopée du peuple peul transmet ces mêmes valeurs à travers l'Afrique noire : Silâmaka le noble et Poullôri, son captif, sont liés comme deux frères. L'audace du « preux » Roland s'oppose à la prudence du « sage » Olivier ; la fierté de Silâmaka contraste avec la clairvoyance de Poullôri. Mais tous sont animés de la même vaillance.

▶ **L'expression d'un destin.** L'épopée est l'expression d'un destin. Troie doit être détruite pour que naisse, un jour, Rome et que le voyage d'Énée ait un sens (Virgile, *l'Énéide*, Ier s. après J.-C.). Parfois, le destin montre l'impuissance des hommes face à la volonté des dieux. Tandis que les vautours lacèrent les cadavres sur le champ des victoires de Silâmaka, ce noble guerrier meurt de la main d'un enfant. Nul n'échappe à son destin. Alors pour perpétuer la mémoire des peuples, il ne reste aux hommes qu'à trouver des listes de noms sur des boucliers (*l'Iliade* et la guerre de Troie) ou à chanter la fin dérisoire des hommes. Même au XXIe s., l'épopée reste instructive car elle transmet le récit symbolique des épreuves que l'homme doit affronter pour grandir.

▶ **Une poésie rythmée.** Les récits épiques sont avant tout des souffles qui sont portés par des voix : l'épopée est un acte de parole. La laisse, ou strophe, de *la Chanson de Roland* est une sorte d'unité de mesure à répéter à l'infini sur un ton proche de la prière. Lorsque le griot Boûbacar Tinguidji, porte-parole de la culture peule au XXe s., conte l'épopée de *Silâmaka et Poullôri*, il n'y a pas une seule phrase qui ne soit chantée. Le rythme musical annonce l'événement comme un signe prémonitoire. La musique descriptive dessine les enroulements du serpent. L'intermède musical, sans paroles, raconte l'ensemble de la scène aux initiés, au son du *hoddu* (nom du genre épique et de l'instrument de musique à cordes qui l'accompagne). La sonorité même importe plus que le sens des mots. Dans ces civilisations, les griots continuent à « dire » des épopées. Dans des sociétés de castes, le conteur-chanteur attaché à une famille royale est à la fois chargé de la mémoire des ancêtres et de la valorisation des prouesses royales, tandis que le conteur-diseur fait le lien entre les villages en perpétuant la tradition comme un rituel magique. L'épopée transmet le modèle élaboré par la tradition et l'éducation : celui de l'héroïsme des ancêtres. Le héros invite chacun à suivre la gloire de ses aïeux dans la voie du courage. Mais l'épopée exprime ces valeurs humaines dans une langue codée dont les générations ne comprennent plus les symboles. Et la transmission écrite ne permet pas de conserver l'élément essentiel : la musique.

En littérature, le genre épique risque de disparaître si on le cantonne à une lecture silencieuse et individuelle. Peut-être le cinéma est-il l'art le plus à même, aujourd'hui, de redonner le souffle épique des grandes œuvres du passé (voir la trilogie du *Seigneur des anneaux*, de J.R.R. Tolkien, adaptée avec succès par Peter Jackson de 2001 à 2003). L'épopée est un art populaire et ses récits ont besoin d'une voix d'un genre nouveau pour porter et transmettre leur message.

Voir aussi : Chanson de Roland (la) ; Gilgamesh ; Homère ; Hugo ; Nibelungen (Chanson des) ; Virgile.

épouvantablement [epuvɑ̃tabləmɑ̃] **adv.** De façon épouvantable : *Épouvantablement mutilé* (syn. **atrocement**).

épouvantail [epuvɑ̃taj] **n.m.** (de *épouvanter*). **1.** Mannequin grossier recouvert de haillons flottants, qui est placé dans un champ ou un jardin pour effrayer les oiseaux. **2.** Ce qui effraie sans raison : *Agiter l'épouvantail de la guerre civile.*

épouvante [epuvɑ̃t] **n.f.** (de *épouvanter*). **1.** Terreur profonde et soudaine, capable d'égarer l'esprit, d'empêcher d'agir : *Être saisi d'épouvante* (syn. **effroi, horreur**). **2. Film d'épouvante,** film destiné à provoquer chez le spectateur un vif sentiment d'effroi, d'horreur.

épouvanter [epuvɑ̃te] **v.t.** (lat. pop. **expaventare,* class. *expavere,* de *pavere,* avoir peur). Remplir d'épouvante ; impressionner vivement : *Ce cri m'a épouvanté* (syn. **horrifier, terroriser**). *Cette perspective l'épouvante* (syn. **effrayer**).

époux, épouse [epu, -uz] **n.** (lat. *sponsus, sponsa*). **1.** Personne unie à une autre par le mariage ; conjoint : *Il marchait au bras de son épouse* (syn. **femme**). *Elle admire son époux* (syn. **mari**). **2. Les époux,** le mari et la femme : *Le maire a félicité les nouveaux époux.*

EPR [øpeɛr] **n.m.** (sigle de l'angl. *European Pressurized water Reactor*). Réacteur nucléaire de troisième génération, à eau ordinaire sous pression. ▸ Il se caractérise par une puissance accrue (1 650 MW), une meilleure gestion du combustible nucléaire, une sécurité renforcée et une réduction des déchets radioactifs.

s'**éprendre** [eprɑ̃dr] **v.pr. [de]** (de *prendre*) [conj. **79**]. LITT. Concevoir un vif attachement pour ; se mettre à aimer : *S'éprendre d'archéologie. Elle s'est éprise d'un de ses collègues* (syn. **s'amouracher, s'enticher**).

épreuve [eprœv] **n.f.** (de *éprouver*). **1.** Ce qu'on impose à qqn pour connaître sa valeur, sa résistance : *Soumettre un chanteur à l'épreuve du direct de la télévision.* **2.** Adversité qui frappe qqn : *La mort de leur fils a été une terrible épreuve* (syn. **douleur, souffrance**). **3.** Compétition sportive : *Des épreuves d'athlétisme.* **4.** Composition, interrogation faisant partie d'un examen, d'un concours : *Les épreuves écrites* (= l'écrit). *Les épreuves orales* (= l'oral). **5.** Essai par lequel on éprouve la qualité d'une chose : *Soumettre une voiture à l'épreuve du désert.* **6.** Texte imprimé tel qu'il sort de la composition : *Corriger les premières épreuves d'un livre* (syn. **placard**). **7.** PHOT. Image obtenue par tirage d'après un cliché : *Des épreuves en noir et blanc* (syn. **tirage**). **8. À l'épreuve de,** en état de résister à : *Un blindage à l'épreuve des balles.* / **À toute épreuve,** capable de résister à tout. / **Épreuve de force,** affrontement de deux adversaires après l'échec de négociations : *C'est l'épreuve de force entre le ministre et les syndicats.* / **Mettre à l'épreuve,** essayer la résistance de qqch ; éprouver les qualités de qqn, tester.

épris, e [epri, -iz] **adj.** (de *s'éprendre*). **1.** Pris de passion pour qqn : *Il est très épris de sa femme* (syn. **amoureux**). **2.** Très attaché à qqch : *Un peuple épris de liberté.*

éprouvant, e [epruvɑ̃, -ɑ̃t] **adj.** (de *éprouver*). Pénible à supporter : *Une semaine éprouvante* (syn. **exténuant**).

éprouvé, e [epruve] **adj. 1.** Qui a souffert ; qui a subi une douloureuse épreuve morale : *Un homme très éprouvé.* **2.** Dont la qualité, la valeur sont reconnues : *Un ami éprouvé* (syn. **sûr**). *Du matériel éprouvé* (syn. **fiable**).

éprouver [epruve] **v.t.** (anc. fr. *esprover,* mettre à l'épreuve). **1.** Soumettre une personne, une chose à des expériences, des essais pour en apprécier les qualités ou la valeur : *Éprouver l'honnêteté de qqn* (= la mettre à l'épreuve). *Éprouver la solidité d'un pont* (syn. **tester**). **2.** Faire souffrir : *Ce deuil l'a durement éprouvé.* **3.** Constater par l'expérience : *Il a éprouvé bien des difficultés avant de réussir* (syn. **rencontrer**). **4.** Ressentir : *Éprouver de la joie.*

éprouvette [epruvɛt] **n.f.** (de *épreuve,* avec infl. de *éprouver*). Tube de verre fermé à un bout, destiné à des expériences chimiques : *Une éprouvette graduée.*

epsilon [ɛpsilɔn] **n.m. inv.** Cinquième lettre de l'alphabet grec (E, ε).

Epsom, v. de Grande-Bretagne, au sud de Londres ; 64 493 hab. Depuis 1780 y a lieu une célèbre course de chevaux (le *Derby*).

épucer [epyse] **v.t.** [conj. **16**]. Débarrasser de ses puces.

épuisant, e [epɥizɑ̃, -ɑ̃t] **adj.** Qui fatigue beaucoup ; qui épuise : *Une marche épuisante* (syn. **harassant**).

épuisé, e [epɥize] **adj. 1.** Très fatigué ; à bout de forces (syn. **fourbu**). **2.** Entièrement vendu : *Livre épuisé.*

épuisement [epɥizmɑ̃] **n.m. 1.** Action d'épuiser ; état de ce qui est épuisé. **2.** État de fatigue extrême.

épuiser [epɥize] **v.t.** (de *puits*). **1.** Fatiguer, affaiblir énormément : *Ce travail de nuit l'épuise* (syn. **exténuer**). **2.** Lasser : *Tu m'épuises avec tes questions !* (syn. **excéder**). **3.** Utiliser, consommer complètement : *Épuiser les munitions.* **4.** Rendre improductif : *Épuiser un sol.* **5.** Vider entièrement ; extraire en totalité : *Épuiser une citerne* (syn. **tarir**). **6.** Traiter à fond, de manière exhaustive : *On a épuisé le sujet.* ◆ **s'épuiser v.pr. 1.** Être consommé : *Nos réserves s'épuisent* (syn. **baisser**). **2. S'épuiser à** (+ inf.), se fatiguer : *Je me suis épuisé à les convaincre* (syn. **s'échiner**).

épuisette [epɥizɛt] **n.f.** (de *épuiser*). Petit filet en forme de poche, fixé à l'extrémité d'un manche, et qui sert à sortir de l'eau les poissons pris à la ligne.

épurateur [epyratœr] **n.m.** Appareil pour éliminer les impuretés d'un produit : *Un épurateur d'eau.*

épuration [epyrasjɔ̃] **n.f. 1.** Action d'épurer, de purifier qqch ; résultat de cette action : *Épuration d'une huile.* **2.** Action d'exclure d'une administration, d'un parti les personnes dont la conduite est jugée répréhensible, condamnable ou indigne (syn. **purge**). **3.** HIST. À la fin de la Seconde Guerre mondiale, action de répression légale (procès) ou sommaire (exécutions) exercée contre les collaborateurs.

épure [epyr] **n.f.** (de *épurer*). **1.** Dessin fini (par opp. à *croquis*). **2.** Dessin représentant sur un ou plusieurs plans les projections d'un objet à trois dimensions.

épurer [epyre] **v.t.** (de *pur*). **1.** Rendre pur, plus pur : *Épurer de l'eau* (syn. **clarifier, dépurer**). **2.** Rendre sa pureté, son homogénéité à : *Épurer son style* (syn. **élaguer**). **3.** Expulser d'un corps social les membres jugés indésirables : *Épurer une administration* (syn. **purger**).

équarrir [ekarir] **v.t.** (anc. fr. *escarrer,* lat. pop. **exquadrare,* rendre carré) [conj. **32**]. **1.** Tailler une pierre, une pièce de bois de façon à lui donner une forme se rapprochant d'un parallélépipède à section carrée ou rectangulaire. **2.** Dépecer un animal de boucherie pour en tirer la peau, les os, les graisses, etc.

équarrissage [ekarisaʒ] **n.m. 1.** Action d'équarrir les animaux. **2.** Action d'équarrir une pièce de bois, un bloc de pierre. (On dit aussi *équarrissement.*)

équarrisseur [ekarisœr] **n.m. 1.** Personne qui équarrit le bois, la pierre. **2.** Personne qui équarrit les animaux.

équateur [ekwatœr] **n.m.** (du lat. *aequare,* rendre égal). Grand cercle imaginaire tracé autour de la Terre à égale distance des deux pôles ; région terrestre qui avoisine cette ligne.

Équateur, en esp. **Ecuador,** république de l'Amérique du Sud, sur le Pacifique ; 270 670 km² ; 15 738 000 hab. *(Équatoriens).* CAP. *Quito.* V. princ. *Guayaquil.* LANGUE : *espagnol.* MONNAIE : *dollar des États-Unis.*

GÉOGRAPHIE

Du Pacifique vers l'intérieur se succèdent les trois grands ensembles naturels : la plaine côtière *(la Costa),* les Andes et la plaine amazonienne (l'*Oriente*). Sous un climat chaud et humide, la forêt occupe la moitié de la superficie (nord de la plaine côtière, basses pentes andines, région amazonienne). Mais l'altitude abaisse les températures dans les Andes (14 °C de moyenne annuelle à Quito), et le courant froid du Pérou explique le caractère semi-aride du sud du littoral.

La Costa, qui regroupe aujourd'hui la moitié d'une population à la croissance encore soutenue, est le domaine des plantations (banane, cacao, café, coton), les hauts bassins andins cultivant céréales et légumes et pratiquant l'élevage. Pourtant, l'agriculture assure moins de 7 % du P.I.B. Le pétrole de l'Oriente, transporté par oléoduc jusqu'au port d'Esmeraldas, assure près de la moitié des exportations en valeur, à égalité avec les produits agricoles (bananes, café, cacao). L'industrie est implantée surtout à Quito et à Guayaquil (principal port), qui regroupent ensemble 25 % de la population équatorienne. Les États-Unis sont le principal partenaire commercial d'un pays encore très endetté.

HISTOIRE

Fin du XVe s. Les Incas conquièrent la région qui prend le nom de royaume de Quito.

1532. Conquête de l'Empire inca par l'Espagnol Pizarro. L'Équateur devient une colonie de l'Espagne, administrée à partir du Pérou.

1822. Les armées de Bolívar libèrent le pays de la domination espagnole.

1830. Création de la république d'Équateur, dont la vie politique est, dès cette date, dominée par les militaires. Devenu le premier exportateur mondial de cacao, le pays est profondément marqué par la crise de 1929.

1934. J. M. Velasco Ibarra devient président. Incarnant les aspirations des classes populaires, il revient à plusieurs reprises au pouvoir jusqu'en 1972.

1942. Déjà amputé de territoires au profit de la Colombie et du Brésil, l'Équateur doit céder sa province amazonienne, à l'issue d'une guerre avec le Pérou.

1972. Coup d'État militaire.

1979. Les civils reviennent au pouvoir. Sociaux-démocrates et chrétiens-démocrates y alternent.

À partir de 1996. Le pays est marqué par une forte instabilité politique : succession de présidents rapidement destitués (Abdalá Bucaram, 1996-1997 ; Jamil Mahuad, 1998-2000 ; Lucio Gutiérrez, 2003-2005), avec autant d'intermèdes de pouvoir intérimaire.

1998. Un accord règle le litige frontalier opposant depuis plusieurs décennies l'Équateur au Pérou.

2007. Rafael Correa, nationaliste de gauche, accède à la tête de l'État. Réélu en 2009, il rejoint l'« Alternative bolivarienne pour les Amériques », formée principalement par le Venezuela, Cuba, la Bolivie et le Nicaragua.

équation [ekwasjɔ̃] **n.f.** (lat. *aequatio,* égalisation). **1.** MATH. Égalité conditionnelle, vérifiée par la spécification de paramètres indéterminés, ou inconnues : *Équation à deux, trois inconnues.* **2.** CHIM. Écriture symbolique d'une réaction chimique.

équatorial, e, aux [ekwatɔrjal, -o] **adj. 1.** De l'équateur ; relatif à l'équateur. **2. Climat équatorial,** climat des régions proches de l'équateur. ▸ Ce climat est caractérisé par une chaleur constante (de l'ordre de 25 °C) et des pluies régulières.

équerrage [ekeraʒ] **n.m.** (de *équerre*). TECHN. Mise à angle droit ou vérification de la perpendicularité et du parallélisme des divers éléments d'une pièce de bois, d'un mécanisme, d'une structure.

équerre [ekɛr] **n.f.** (lat. pop. **exquadra,* de *exquadrare,* rendre carré). **1.** Pièce de bois ou de métal dont la forme présente un angle droit. **2.** Pièce métallique en forme de T ou de L servant à consolider des assemblages de charpente, de menuiserie. **3.** Instrument en forme de T ou de triangle rectangle, pour tracer des angles droits : *Équerre à dessin.* **4. À l'équerre,** se dit de deux lignes, deux plans dont on a vérifié avec une équerre qu'ils étaient perpendiculaires. / **D'équerre,** à angle droit.

équestre [ekɛstr] **adj.** (lat. *equestris,* de *equus,* cheval). **1.** Relatif à l'équitation : *Centre équestre.* **2. Statue équestre,** statue représentant un personnage à cheval. **3.** ANTIQ. ROM. **Ordre équestre,** ordre des chevaliers romains.

■ Les sports équestres comportent trois disciplines : le concours de saut d'obstacles, le concours complet, et le dressage, qui fait partie des épreuves olympiques. Le *concours de saut d'obstacles* (ou jumping) consiste, sur un parcours clos, dans le franchissement d'obstacles de nombre et de hauteur variés, le classement s'effectuant généralement en tenant compte à la fois des obstacles renversés (amenant une pénalisation) et du temps réalisé. Le *concours complet* associe le même cavalier et le même cheval dans trois épreuves : dressage, parcours de fond (plusieurs kilomètres, souvent sur un terrain accidenté) et épreuve d'obstacles (qui est un concours de saut d'obstacles normal) ; un système de notation permet d'additionner les points acquis dans chacune des trois épreuves, faisant du concours complet l'épreuve la plus probante pour le cavalier et le cheval. Le *dressage,* pratiqué sur un terrain rectangulaire, est constitué de plusieurs figures imposées, les *reprises.* Par ailleurs, l'équitation se pratique de plus en plus dans le cadre des loisirs sportifs (randonnée, polo, attelage, horse-ball [sorte de football à cheval]). ■

équeutage [ekøtaʒ] **n.m.** Action d'équeuter.

équeuter [ekøte] **v.t.** (de *queue*). Dépouiller un fruit de sa queue : *Équeuter des cerises.*

équidé [ekide] ou [ekɥide] **n.m.** (du lat. *equus,* cheval). **Équidés,** famille de mammifères ongulés à un seul doigt par patte, comme le cheval, le zèbre et l'âne.

équidistance [ekɥidistɑ̃s] **n.f.** Qualité de ce qui est équidistant.

équidistant, e [ekɥidistɑ̃, -ɑ̃t] **adj.** Situé à égale distance de points donnés : *Les points du cercle sont équidistants du centre.*

équilatéral, e, aux [ekɥilateral, -o] **adj.** (bas lat. *aequilateralis,* de *aequus,* égal, et *latus, lateris,* côté). Dont les côtés sont égaux : *Triangle équilatéral.*

équilibrage [ekilibraʒ] **n.m.** Action d'équilibrer ; son résultat : *Faire vérifier l'équilibrage des roues d'une voiture.*

équilibration [ekilibrasjɔ̃] **n.f.** PHYSIOL. Fonction qui assure le maintien du corps en équilibre et dont le centre principal est le cervelet, lequel réagit aux messages de l'oreille interne.

équilibre [ekilibr] **n.m.** (lat. *aequilibrium,* de *aequus,* égal et *libra,* balance). **1.** État de repos résultant de l'action de forces qui s'annulent : *Mettre les plateaux de la balance en équilibre. Un vase en équilibre instable* (= qui risque de tomber). **2.** État de qqn, au repos ou en mouvement, qui se tient debout, qui ne tombe pas : *Il s'est trop penché et il a perdu l'équilibre.* **3.** Juste combinaison de forces opposées ; répartition harmonieuse, bien réglée : *Une Constitution fondée sur l'équilibre des pouvoirs législatif, exécutif et judiciaire.* **4.** CHORÉGR. Maintien du corps en position stable sur un ou deux pieds. **5.** Bon fonctionnement de l'organisme ; pondération dans le comportement : *Retrouver son équilibre* (syn. **calme, sérénité**).

équilibré, e [ekilibre] **adj. 1.** Formé d'éléments en équilibre sur le plan de la quantité ou de la qualité : *Une alimentation équilibrée.* **2.** Dont les diverses facultés sont dans un rapport harmonieux : *C'est une fille très équilibrée.*

équilibrer [ekilibre] **v.t.** Mettre en équilibre : *Équilibrer un budget.* ◆ **s'équilibrer v.pr.** Être équivalent, en équilibre : *Les avantages et les inconvénients s'équilibrent.*

équilibriste [ekilibrist] **n.** Personne dont le métier est de faire des tours d'adresse ou d'équilibre acrobatique.

équille [ekij] **n.f.** (mot normand, d'orig. obsc.). Poisson osseux long et mince, à dos vert ou bleu sombre, s'enfouissant avec agilité dans les sables de la Manche et de l'Atlantique (syn. **lançon**). ▸ Long. de 20 à 30 cm.

équin, ine [ekɛ̃, -in] **adj.** (lat. *equinus,* de *equus,* cheval). Relatif au cheval : *Variole équine.*

équinoxe [ekinɔks] **n.m.** (du lat. *aequinoctium,* de *aequus,* égal, et *nox,* nuit). Époque de l'année où le jour et la nuit ont la même durée : *L'équinoxe de printemps a lieu le 20 ou le 21 mars, celui d'automne le 22 ou le 23 septembre.*

équinoxial, e, aux [ekinɔksjal, -o] **adj.** Relatif à l'équinoxe.

équipage [ekipaʒ] **n.m.** (de *équiper*). **1.** Ensemble du personnel embarqué sur un navire, un avion, un char, etc., dont il assure la manœuvre et le service : *Un capitaine et son équipage.* **2.** LITT. Ensemble de tout ce qui est nécessaire à qqn pour voyager ; suite d'un particulier qui donne du faste à ses déplacements : *Arriver en somptueux équipage.* **3.** LITT. Attelage d'une voiture de maître.

équipe [ekip] **n.f.** (de *équiper*). **1.** Groupe de personnes travaillant à une même tâche ou unissant leurs efforts dans le même dessein : *Les chercheurs de l'équipe ont contribué à cette découverte.* **2.** Groupe de joueurs, de sportifs associés en nombre déterminé pour participer à des matchs, à des compétitions. **3. Esprit d'équipe,** esprit de solidarité qui anime les membres d'un même groupe. / **Faire équipe avec qqn,** mener un travail en commun avec.

équipée [ekipe] **n.f.** (de *équiper*). **1.** Aventure dans laquelle on se lance, souvent à la légère : *Une folle équipée.* **2.** Promenade, sortie : *Nos équipées du dimanche.*

équipement [ekipmɑ̃] **n.m. 1.** Action d'équiper, de pourvoir du matériel, des installations nécessaires : *L'équipement d'un terrain de jeux* (syn. **aménagement, installation**). **2.** Ensemble du matériel nécessaire à une activité : *Renouveler l'équipement d'une usine.* **3. Bien d'équipement,** bien destiné à la production d'autres biens. / **Équipements collectifs,** ensemble de réalisations (routes, hôpitaux, écoles, etc.) effectuées pour satisfaire les besoins de la population, génér. grâce à un financement public. / **Équipements spéciaux,** accessoires automobiles nécessaires en cas de neige ou de verglas (chaînes, pneus cloutés).

équiper [ekipe] **v.t.** (anc. nordique *skipa,* installer, de *skip,* navire). Pourvoir du nécessaire en vue d'une activité déterminée, d'une utilisation : *Équiper un enfant pour aller en colonie. Équiper sa voiture de phares antibrouillard* (syn. **munir**). ◆ **s'équiper** **v.pr.** Se munir du nécessaire : *S'équiper pour le ski.*

équipier, ère [ekipje, -ɛr] **n.** (de *équipe*). Membre d'une équipe sportive, de l'équipage d'un voilier, d'une voiture de course.

équipollence [ekipɔlɑ̃s] **n.f.** (lat. *aequipollentia,* équivalence). GÉOM. Relation définie entre deux bipoints équipollents.

équipollent, e [ekipɔlɑ̃, -ɑ̃t] **adj.** GÉOM. **Bipoints équipollents,** bipoints (A, B) et (C, D) tels que les segments [AD] et [BC] ont le même milieu.

équitable [ekitabl] **adj. 1.** Qui agit selon l'équité : *Juge équitable* (syn. **impartial** ; contr. **inique**). **2.** Conforme aux règles de l'équité : *Décision équitable* (contr. **partial**). **3.** Se dit d'un produit issu du commerce équitable : *Du café équitable.* **4. Commerce équitable,** échanges commerciaux fondés sur la solidarité Nord-Sud, dans le respect des droits de l'homme et la perspective du développement durable.

équitablement [ekitabləmɑ̃] **adv.** De façon équitable : *Le partage a été équitablement fait* (= avec équité).

équitation [ekitasjɔ̃] **n.f.** (du lat. *equitare,* aller à cheval). Action, art de monter à cheval. (⟶ équestre.)

équité [ekite] **n.f.** (lat. *aequitas,* égalité). **1.** Vertu de celui qui possède un sens naturel de la justice, respecte les droits de chacun : *Décider en toute équité* (syn. **impartialité**). **2.** Justice naturelle ou morale, considérée indépendamment du droit en vigueur : *Équité d'un partage.*

équivalence [ekivalɑ̃s] **n.f.** (lat. médiév. *aequivalentia*). **1.** Qualité de ce qui est équivalent : *Équivalence de diplômes. Équivalence de salaires* (syn. **égalité**). **2. Relation d'équivalence,** relation binaire dans un ensemble E, qui est réflexive, symétrique et transitive.

1. équivalent, e [ekivalɑ̃, -ɑ̃t] **adj.** (lat. *aequivalens,* de *aequivalere* ; v. *équivaloir*). **1.** Qui a la même valeur : *Quantités, expressions équivalentes* (syn. **égal**). **2.** MATH. **Éléments équivalents,** éléments liés par une relation d'équivalence. / **Équations équivalentes,** équations ayant le même ensemble de solutions.

2. équivalent [ekivalɑ̃] **n.m.** (de *1. équivalent*). **1.** Ce qui équivaut, chose équivalente : *Rendre l'équivalent de ce qu'on a reçu. Trouver un équivalent pour ne pas répéter le même mot* (syn. **synonyme**). **2.** PHYS. **Équivalent mécanique de la calorie,** valeur en joules d'une calorie, soit 4,185 5 joules.

équivaloir [ekivalwar] **v.t. ind. [à]** (bas lat. *aequivalere*) [conj. **60**]. Être de même valeur, de même importance, de même effet qu'autre chose : *Le mille marin équivaut à 1 852 mètres* (syn. **valoir, correspondre**).

équivoque [ekivɔk] **adj.** (bas lat. *aequivocus,* à double sens, de *vox, vocis,* voix). **1.** Qui a un double sens ; dont l'interprétation n'est pas claire : *Une réponse équivoque* (syn. **ambigu, obscur** ; contr. **clair, précis**). **2.** Qui est d'une nature suspecte : *Une attitude équivoque* (syn. **douteux** ; contr. **irréprochable**). *Une personne équivoque.* ◆ **n.f.** Situation, expression qui laisse dans l'incertitude : *Dissiper l'équivoque* (syn. **malentendu**). *Ne laisser subsister aucune équivoque dans un texte juridique* (syn. **ambiguïté**).

érable [erabl] **n.m.** (bas lat. *acerabulus,* du class. *acer, aceris,* et p.-ê. d'un second élément gaul.). Arbre des forêts tempérées, à fruits secs munis d'une paire d'ailes et dispersés par le vent, dont le bois est apprécié en ébénisterie. ▸ Famille des acéracées. L'érable du Canada est exploité pour sa sève sucrée et pour les produits qui en dérivent *(acériculture).*

érablière [erablijɛr] **n.f. 1.** Lieu planté d'érables. **2.** QUÉBÉC. Plantation d'érables à sucre exploitée industriellement.

éradication [eradikasjɔ̃] **n.f.** Action d'éradiquer : *L'éradication de la lèpre* (syn. **extirpation**).

éradiquer [eradike] **v.t.** (lat. *eradicare,* déraciner, de *radix, -icis,* racine). Faire disparaître une maladie, un mal.

érafler [erafle] **v.t.** (de *rafler*). Entamer superficiellement : *Érafler la peau* (syn. **écorcher, égratigner**). *Érafler la peinture d'une voiture* (syn. **rayer**).

éraflure [eraflyr] **n.f.** Écorchure légère ; entaille superficielle.

éraillé, e [eraje] **adj.** (de [œil] *éraillé,* [œil] injecté de sang, propr. « retourné », du lat. pop. **roticulare,* du class. *rotare,* rouler). **Voix éraillée,** voix rauque.

Érasme, en lat. **Desiderius Erasmus Roterodamus,** humaniste hollandais d'expression latine (Rotterdam v. 1469 - Bâle 1536). Esprit indépendant et satirique, comme le montrent ses deux ouvrages, l'*Éloge de la folie* (1511), les *Colloques* (1518), il reçoit des subsides du pape pour lutter contre la Réforme. Mais il refuse la pourpre cardinalice. Cependant, il n'aime guère non plus Luther et écrit contre lui un traité (*Traité du libre arbitre,* 1524) qui lui vaut les foudres du grand Réformateur. Quand la Réforme gagne Bâle, Érasme part pour Fribourg-en-Brisgau, restée fidèle au catholicisme tout en vivant en bonne intelligence avec la Réforme. Hostile à tout fanatisme, Érasme cherche à définir un idéal de paix et de tolérance et un humanisme chrétien (*Institution du prince chrétien,* 1515).

Erasmus (en référence à Érasme et acronyme de **European Community Action Scheme for the Mobility of University Students**), programme d'éducation de l'Union européenne, lancé en 1987. Il vise à développer la mobilité des étudiants, enseignants et personnels universitaires, ainsi que la coopération entre établissements d'enseignement supérieur, au sein de l'espace communautaire.

Ératosthène, mathématicien, astronome et philosophe grec de l'école d'Alexandrie (Cyrène v. 284 - Alexandrie v. 192 av. J.-C.). Grâce à la mesure ingénieuse d'un arc de méridien, il fut le premier à évaluer correctement la circonférence de la Terre. On lui doit aussi une méthode permettant de trouver les nombres premiers *(crible d'Ératosthène).*

Erckmann-Chatrian, nom sous lequel ont publié leurs œuvres deux écrivains français : **Émile Erckmann** (Phalsbourg 1822 - Lunéville 1899) et **Alexandre Chatrian** (Abreschviller, Moselle, 1826 - Villemomble 1890). Ils ont écrit ensemble un grand nombre de contes, de romans et d'œuvres dramatiques *(l'Ami Fritz, Histoire d'un conscrit de 1813, les Rantzau),* qui forment une sorte d'épopée populaire de l'ancienne Alsace.

ère [ɛr] **n.f.** (bas lat. *aera,* nombre, chiffre). **1.** Période historique correspondant à une chronologie particulière : *Ère chrétienne. En l'an 622 de notre ère.* **2.** Période caractérisée par certains faits de civilisation ou marquée par un état particulier : *Ère industrielle. Ère de prospérité.* **3.** GÉOL. Principale division chronologique de l'histoire de la Terre : *Nous sommes au début de l'ère quaternaire.*

Erebus, volcan actif de l'Antarctique, dans l'île de Ross ; 3 794 m.

érectile [erɛktil] **adj.** (de *erectus,* p. passé de *erigere ;* v. *ériger*). PHYSIOL. Capable de se redresser en devenant raide, dur et gonflé, en parlant d'un tissu ou d'un organe. ▸ Les organes et les tissus érectiles se rencontrent presque exclusivement dans l'appareil génital.

érection [erɛksjɔ̃] **n.f. 1.** *LITT.* Action d'ériger une statue, un bâtiment, un monument (syn. **construction, édification**). **2.** *LITT.* Action de créer, d'instituer ou de promouvoir : *L'érection d'un tribunal.* **3.** PHYSIOL. Gonflement de certains tissus organiques, spécial., du pénis en état de turgescence.

éreintant, e [erɛ̃tɑ̃, -ɑ̃t] **adj.** *FAM.* Qui éreinte, brise de fatigue : *Travail éreintant* (syn. **épuisant**).

éreintement [erɛ̃tmɑ̃] **n.m. 1.** Action d'éreinter, de fatiguer ; fait d'être éreinté : *Il travaille jusqu'à l'éreintement* (syn. **épuisement**). **2.** *FAM.* Critique violente : *L'éreintement d'un film.*

éreinter [erɛ̃te] **v.t.** (propr. « briser les reins », de *rein*). **1.** Briser de fatigue : *Cette marche m'a éreinté* (syn. **épuiser**). **2.** *FAM.* Critiquer avec violence : *Éreinter un auteur* (syn. **dénigrer**).

érémitique [eremitik] **adj.** (lat. *eremeticus*). Relatif aux ermites : *Vie érémitique.*

érésipèle n.m. ⟶ **érysipèle.**

Erevan, cap. de la république d'Arménie ; 1 116 380 hab. Musées et bibliothèque. Centre d'une région de riches cultures (coton, vignobles et vergers). Constructions mécaniques et électriques.

Erfurt, v. d'Allemagne, cap. de la Thuringe, sur la Gera ; 200 868 hab. Centre industriel. Cathédrale gothique et autres témoignages médiévaux. Napoléon y eut avec Alexandre Ier une entrevue (27 sept. - 14 oct. 1808), au cours de laquelle fut renouvelée l'alliance avec la Russie conclue à Tilsit.

erg [ɛrg] **n.m.** (mot ar.). Vaste étendue couverte de dunes dans les déserts de sable.

ergatif [ɛrgatif] **n.m.** GRAMM. Cas indiquant l'agent dans certaines langues à déclinaison comme le basque ou le tibétain.

ergol [ɛrgɔl] **n.m.** (de [*prop*]*ergol*). Carburant ou combustible entrant dans la composition d'un propergol.

ergonomie [ɛrgɔnɔmi] **n.f.** (de *ergo-* et *-nomie*). **1.** Étude quantitative et qualitative du travail dans l'entreprise, visant à améliorer les conditions de travail et à accroître la productivité. **2.** Recherche d'une meilleure adaptation entre une fonction, un matériel et son utilisateur ; qualité d'un matériel ainsi conçu.

ergonomique [ɛrgɔnɔmik] **adj. 1.** Relatif à l'ergonomie. **2.** Qui se caractérise par une bonne ergonomie.

ergot [ɛrgo] **n.m.** (orig. obsc.). **1.** Pointe de corne située derrière la patte de certains animaux : *Ergots du coq, du chien.* **2.** BOT. Petit corps oblong, vénéneux, maladie cryptogamique des céréales, en partic. du seigle. **3.** TECHN. Saillie d'une pièce servant de butée, de clavette, etc. **4. Se dresser sur ses ergots,** prendre une attitude hautaine et menaçante.

ergotage [ɛrgɔtaʒ] **n.m.** Manie d'ergoter, de chicaner ; chicane, discussion pointilleuse et stérile.

ergotamine [ɛrgɔtamin] **n.f.** Alcaloïde de l'ergot de seigle utilisé en médecine comme vasoconstricteur.

ergoter [ɛrgɔte] **v.i.** (du lat. *ergo,* donc). Chicaner sur des riens ; contester mal à propos : *Ergoter sur des détails.*

ergoteur, euse [ɛrgɔtœr, -øz] **adj.** et **n.** Qui aime à ergoter.

ergothérapie [ɛrgɔterapi] **n.f.** (de *ergo-* et *thérapie*). Thérapeutique par l'activité physique, manuelle, spécial. utilisée dans les affections mentales comme moyen de réadaptation sociale.

éricacée [erikase] **n.f.** (du lat. scientif. *erica,* class. *erice,* bruyère). **Éricacées,** famille de plantes ligneuses, à fleurs à pétales soudés, comprenant notamm. la bruyère, la myrtille, l'azalée et le rhododendron.

Érié ***(lac),*** l'un des cinq grands lacs américains (25 900 km²), entre les lacs Huron et Ontario.

Érigène (Jean Scot) ⟶ **Scot Érigène.**

ériger [eriʒe] **v.t.** (lat. *erigere,* dresser) [conj. **17**]. **1.** *SOUT.* Élever, construire : *Ériger un monument* (syn. **bâtir**). **2.** *LITT.* Créer, instituer : *Ériger un tribunal* (syn. **établir**). **3.** Élever au rang de, donner le caractère de : *Ériger une église en cathédrale.* ◆ **s'ériger v.pr. [en].** *LITT.* S'attribuer un rôle : *S'ériger en juge* (syn. **se poser en**).

Erik le Rouge, explorateur norvégien (Jaeren v. 940 - v. 1010). Parti d'Islande, il découvrit le Groenland vers 985 et y installa des colons en 988.

Érinyes (les), déesses grecques de la Vengeance, qu'on retrouve dans la mythologie romaine sous le nom de *Furies.* Elles étaient trois (Alecto, Tisiphoné et Mégère) et châtiaient sans pitié toute transgression des lois morales. Comme pour exorciser leur pouvoir maléfique et terrifiant, on les appelait par antiphrase *les Euménides* (les Bienveillantes).

ermitage [ɛrmitaʒ] **n.m. 1.** Lieu solitaire habité par un ermite. **2.** Couvent de religieux ermites. **3.** *LITT.* Maison de campagne retirée.

Ermitage (l'), à Saint-Pétersbourg, ensemble de palais construits pour abriter les collections de Catherine II et devenus, réunis au palais d'Hiver, un vaste musée (archéologie, arts décoratifs, riche galerie de peinture occidentale).

ermite [ɛrmit] **n.m.** (lat. chrét. *eremita,* du gr. *erêmitês,* qui vit dans la solitude, de *erêmos,* désert). **1.** Moine qui vit dans la solitude pour prier et faire pénitence ; anachorète, ascète. **2.** Membre de certains ordres religieux qui vivent en communauté mais isolés dans des cellules. **3.** Personne qui vit retirée : *Vivre en ermite.*

Ernaux (Annie), écrivaine française (Lillebonne 1940). Ses récits minutieux et dépouillés – dont *Écrire la vie* (2012) constitue une anthologie – évoquent, à partir d'un matériau autobiographique, le poids des différences sociales, les blessures de l'âge adulte ou le tourment amoureux (*la Place,* 1983 ; *Une femme,* 1987 ; *Passion simple,* 1991 ; *l'Événement,* 2000 ; *les Années,* 2008).

Ernst (Max), peintre allemand naturalisé français (Brühl 1891 - Paris 1976). Les collages de son époque dadaïste (1919) le firent remarquer par les surréalistes, auxquels il se joignit à Paris en 1922. Également graveur, sculpteur, écrivain, il a apporté au surréalisme une contribution poétique et technique de première importance (toiles exploitant des procédés de « frottage », « grattage », « décalcomanie » ; « romans-collages » comme *la Femme 100 têtes,* 1929). Parmi ses peintures : *Œdipus Rex,* 1922, coll. priv. ; *la Grande Forêt,* 1927, musée de Bâle ; *Loplop, le Supérieur des oiseaux,* 1928, coll. priv. ; *l'Europe après la pluie II,* 1940-1942, Hartford, Connecticut ; *Painting for Young People,* 1943, coll. Ménil, Houston.

éroder [erɔde] **v.t.** (lat. *erodere,* ronger). **1.** User par frottement ; ronger lentement : *L'eau érode les roches* (syn. **creuser, saper**). **2.** Détériorer lentement la valeur de : *La crise économique érode le pouvoir d'achat* (syn. **grignoter**).

érogène [erɔgɛn] **adj.** (du gr. *erôs,* amour, et de *-gène*). Se dit d'une partie du corps susceptible de provoquer une excitation sexuelle : *Zone érogène.*

Éros, dieu de l'Amour dans la mythologie grecque. Les plus anciennes cosmogonies le considéraient comme un dieu créateur, né du chaos primitif, et comme l'un des éléments primordiaux du monde. À partir du VIe s. av. J.-C., il est le dieu de la Passion amoureuse, puis le plus jeune des dieux, intermédiaire entre ceux-ci et les hommes, marqué par la pauvreté et l'inquiétude. Sous sa forme romaine, il est un enfant, souvent pourvu d'ailes, qui enflamme les cœurs de sa torche ou les atteint de ses flèches.

érosif, ive [erɔzif, -iv] **adj.** Qui produit l'érosion : *L'action érosive de la mer.*

érosion [erɔzjɔ̃] **n.f. 1.** Action d'une substance, d'un agent qui érode ; fait d'être érodé ; corrosion. **2.** Ensemble des actions externes (des eaux, des glaciers, des agents atmosphériques, etc.) qui provoquent la dégradation du relief : *Érosion pluviale.* **3.** Usure progressive ; lente détérioration : *L'érosion d'un parti. L'érosion monétaire.*

■ On distingue trois processus principaux caractérisant l'activité érosive : l'ablation, le transport et l'accumulation. L'érosion n'est donc pas seulement un enlèvement de matière.

Mécanique de l'érosion. Le vent et la pluie sont d'importants agents d'érosion des roches et des sols. Leur action se trouve plus ou moins favorisée par l'inclinaison et la nature du substrat, par la végétation qui le recouvre et le protège. Sur un sol, l'érosion pluviale, due à l'eau qui ne s'est pas infiltrée et qui ruisselle, arrache au passage les particules qui la constituent, parfois en grandes quantités. Elle affecte de différentes façons les sols cultivables. L'eau peut décaper la terre assez uniformément sur toute une surface (érosion en couche ou en nappe) ou, si elle converge en filets, creuser le sol plus profondément (érosion en griffes et en rigoles). La terre ainsi déplacée se dépose plus loin, formant parfois une nappe qui recouvre les jeunes cultures et les asphyxie. Le transfert et la stagnation d'eaux boueuses, en provenance de terres agricoles subissant l'érosion, provoque, à l'occasion, dans les zones habitées avoisinantes, de nombreuses nuisances : boue dans les habitations et sur les chaussées, comblement des fossés ou des retenues, etc.

Conséquences et prévention. Une érosion accentuée entraîne un appauvrissement du sol et peut provoquer sa disparition totale. Les sols les plus fragiles sont ceux dont les agglomérats terreux sont les moins aptes à résister à la désagrégation sous l'action du ruissellement (sols limoneux), la stabilité de structure d'une terre dépendant essentiellement du maintien de sa matière organique (fraction d'origine animale ou végétale).

La lutte contre l'érosion implique l'abandon de certaines pratiques agricoles, qui contribuent à appauvrir le sol en matière organique et, dans les cas d'érosion accentuée, la création de terrasses avec murs de soutènement, ainsi que le maintien d'une couverture permanente du sol, qui peut être constituée, dans les cas extrêmes, par une forêt. ■

érotique [erɔtik] **adj.** (lat. *eroticus*, gr. *erôtikos*, de *erôs*, amour). Relatif à l'amour sexuel, à la sexualité : *Littérature érotique. Rêve érotique.*

érotisation [erɔtizasjɔ̃] **n.f.** Action d'érotiser.

érotiser [erɔtize] **v.t.** Donner un caractère érotique à : *Érotiser la publicité.*

érotisme [erɔtism] **n.m. 1.** Caractère érotique ; évocation de l'amour sensuel : *L'érotisme d'un film.* **2.** Recherche du plaisir sexuel, de la sensualité, de la volupté.

erpétologie ou **herpétologie** [ɛrpetɔlɔʒi] **n.f.** (du gr. *herpeton*, reptile, et de *-logie*). ZOOL. Étude scientifique des reptiles et des batraciens. ◆ **erpétologiste** ou **herpétologiste n.** Noms du spécialiste.

errance [erɑ̃s] **n.f.** *LITT.* Action d'errer.

errant, e [erɑ̃, -ɑ̃t] **adj.** (p. présent des deux v. *errer* de l'anc. fr., l'un signifiant « voyager » [bas lat. *iterare*, du class. *iter*, voyage], et l'autre « faire fausse route » [lat. *errare* ; v. *errer*]). **1.** Qui erre ; qui n'a pas de demeure fixe : *Un chien errant* (syn. **perdu, abandonné**). **2.** Qui est propre aux personnes nomades : *Vie errante. Tribus errantes.* **3.** Qui ne peut se fixer, est sans but : *Regard errant* (syn. **vague**). *Pensée errante* (syn. **vagabond**). **4. Chevalier errant,** chevalier du Moyen Âge qui allait de pays en pays pour chercher des aventures et redresser les torts.

erratique [ɛratik] **adj.** (lat. *erraticus*, errant, vagabond, de *errare* ; v. *errer*). *SOUT.* Qui est instable, inconstant : *Fièvre erratique* (syn. **intermittent**).

erratum [eratɔm] **n.m.** (mot lat. « erreur », de *errare* ; v. *errer*) [pl. *errata*]. Erreur ou faute d'impression d'un ouvrage.

erre [ɛr] **n.f.** (de l'anc. fr. *errer*, voyager [v. *errant*] ou du lat. *iter*, chemin, voyage). MAR. Vitesse résiduelle d'un navire sur lequel n'agit plus le dispositif propulseur.

errements [ɛrmɑ̃] **n.m. pl.** (de l'anc. fr. *errer*, voyager, se conduire ; v. *errant*). Manière d'agir considérée comme blâmable : *Retomber dans ses errements* (syn. **égarement, erreur**).

errer [ere] **v.i.** (lat. *errare*, marcher à l'aventure, faire fausse route). **1.** Aller çà et là, à l'aventure, sans but (syn. **vagabonder**). **2.** Passer d'une chose à l'autre sans se fixer : *Laisser errer son imagination* (syn. **vaguer**).

erreur [erœr] **n.f.** (lat. *error*, de *errare* ; v. *errer*). **1.** Action de se tromper, de s'écarter de la vérité ; faute commise en se trompant : *Il y a erreur sur la personne* (syn. **méprise**). *Vous faites erreur. Rectifier une erreur* (syn. **inexactitude**). *Cette bataille a eu lieu, sauf erreur, en 1745* (= si je ne me trompe). *Faire une erreur de calcul* (syn. **inexactitude**). *Induire qqn en erreur.* **2.** État de qqn qui se trompe : *Vous êtes dans l'erreur* (= votre opinion est fausse) [syn. **fourvoiement**]. **3.** Action inconsidérée, regrettable : *C'est une erreur de le licencier* (syn. **aberration**). *Une erreur de jeunesse* (syn. **égarement**). **4. Erreur judiciaire,** erreur d'une juridiction portant sur la culpabilité d'une personne et entraînant sa condamnation. / **Erreur relative,** rapport de l'erreur absolue à la valeur de la grandeur mesurée. / MÉTROL. **Erreur absolue,** différence entre la valeur exacte d'une grandeur et la valeur donnée par la mesure.

erroné, e [erɔne] **adj.** (lat. *erroneus*, de *errare* ; v. *errer*). Qui contient des erreurs : *Adresse erronée* (syn. **faux** ; contr. **exact**). *Un calcul erroné* (syn. **inexact** ; contr. **juste**).

ersatz [ɛrzats] **n.m.** (mot all. « objet de remplacement »). Produit de remplacement de moindre qualité : *Ersatz de café* (syn. **succédané**).

erse [ɛrs] **n.f.** (autre forme de *herse*). MAR. Anneau de cordage.

éructation [eryktasjɔ̃] **n.f.** Émission bruyante, par la bouche, de gaz accumulés dans l'estomac (syn. **rot**).

éructer [erykte] **v.i.** (lat. *eructare*, vomir). Rejeter par la bouche et avec bruit les gaz contenus dans l'estomac. ◆ **v.t.** *LITT.* **Éructer des injures, des menaces,** les proférer avec violence (syn. **vociférer**).

érudit, e [erydi, -it] **adj.** et **n.** (lat. *eruditus*, instruit ; v. *érudition*). Qui manifeste des connaissances approfondies dans une matière : *Être érudit en histoire ancienne* (syn. **savant**).

érudition [erydisjɔ̃] **n.f.** (lat. *eruditio*, enseignement, de *erudire*, propr. « dégrossir, façonner »). Connaissance approfondie de ce qui concerne telle ou telle branche de la science : *Il a une grande érudition* (syn. **science, savoir**).

éruptif, ive [eryptif, -iv] **adj.** (du lat. *eruptus*, sorti brusquement). **1.** MÉD. Qui a lieu par éruption : *Fièvre éruptive.* **2.** GÉOL. Relatif à une éruption volcanique : *Roches éruptives* (syn. **magmatique, volcanique**).

éruption [erypsjɔ̃] **n.f.** (lat. *eruptio*). **1.** Apparition subite de papules, de taches, de rougeurs, de vésicules sur la peau : *Éruption cutanée. Éruption de boutons.* **2.** Émission de matériaux volcaniques à la surface de la Terre (scories, laves, gaz). **3.** Poussée rapide, apparition d'une chose qui se développe : *L'éruption des bourgeons* (syn. **éclosion**). *Éruption dentaire* (syn. **poussée**). **4.** ASTRON. **Éruption solaire,** accroissement brutal et temporaire de l'intensité du rayonnement dans une région du Soleil, constituant une manifestation de l'activité solaire.

érysipèle [erizipɛl] et **érésipèle** [erezipɛl] **n.m.** (lat. médic. *erysipelas*, mot gr.). Maladie infectieuse, due à un streptocoque, caractérisée par une inflammation de la peau siégeant surtout sur le visage, et de la fièvre.

érythème [eritɛm] **n.m.** (gr. *eruthêma*, rougeur de la peau). MÉD. Congestion de la peau ou des muqueuses qui provoque une rougeur : *Érythème solaire* (= coup de soleil).

Érythrée, État d'Afrique orientale, sur la mer Rouge ; 120 000 km^2 ; 6 333 000 hab. *(Érythréens).* CAP. *Asmara.* LANGUES : *tigrigna* et *arabe.* MONNAIE : *nakfa.*

GÉOGRAPHIE

C'est un pays aride (un peu plus arrosé sur les hauteurs de l'intérieur), où l'élevage demeure la principale ressource.

HISTOIRE

Colonie italienne depuis 1890, l'Érythrée fut occupée par les Britanniques (1940-1941), qui l'administrent jusqu'en 1952. Fédérée avec l'Éthiopie (1952), elle devient une province éthiopienne en 1962.
Au terme de trente années de luttes contre le pouvoir central éthiopien, l'Érythrée obtient, après un référendum d'autodétermination, son indépendance en 1993. De 1998 à 2000, un conflit frontalier oppose l'Érythrée à l'Éthiopie avec laquelle les relations restent très tendues.

Erzgebirge, en fr. **monts Métallifères,** en tchèque **Krušné Hory,** massif montagneux des confins de l'Allemagne et de la République tchèque (Bohême), qui fut le siège d'exploitations minières (plomb, zinc, cuivre, argent) ; 1 244 m.

ès [ɛs] **prép.** (contraction de *en les*). S'emploie après un titre et devant un nom au pl. pour indiquer le domaine de référence : *Docteur ès sciences.*

ESA [eza] (European Space Agency), agence spatiale européenne, créée en 1975. Son siège est à Paris.

Ésaü, fils d'Isaac et de Rébecca, frère jumeau de Jacob et considéré comme son aîné. Il vendit à ce dernier son droit d'aînesse pour un plat de lentilles.

esbroufe [ɛsbruf] **n.f.** (du prov. *esbroufa*, s'ébrouer). *FAM.* Action d'en imposer à qqn par des manières hardies, insolentes : *Faire de l'esbroufe* (= jeter de la poudre aux yeux).

escabeau [ɛskabo] **n.m.** (lat. *scabellum*). **1.** *VIEILLI.* Tabouret. **2.** Petite échelle pliante, à marches plates et assez larges.

escabèche [ɛskabɛʃ] **n.f.** (du prov. *escabassa*, préparer les sardines en leur coupant la tête, de *cabessa*, tête [lat. pop. **capitia*, class. *caput, itis*]). Préparation froide de poissons étêtés et macérés dans une marinade aromatisée.

escadre [ɛskadr] **n.f.** (esp. *escuadra*, it. *squadra*, propr. « équerre »). **1.** MAR. MIL. Force navale commandée par un vice-amiral. **2.** AVIAT. Unité de combat constituée de deux ou trois escadrons et commandée par un colonel.

escadrille [ɛskadrij] **n.f.** (esp. *escuadrilla*). AVIAT. Unité élémentaire de combat de l'armée de l'air jusqu'en 1977. (On dit aujourd'hui *escadron.*)

escadron [ɛskadrɔ̃] **n.m.** (it. *squadrone*, d'apr. *squadra*). **1.** Unité de la cavalerie, de l'arme blindée ou de la gendarmerie, analogue à la compagnie d'infanterie. **2.** AVIAT. Unité de l'armée de l'air depuis 1977, analogue au bataillon. **3. Chef d'escadron,** suivant les armes, capitaine ou commandant à la tête d'un ou de plusieurs escadrons.

escalade [ɛskalad] **n.f.** (it. *scalata*, de *scala*, échelle). **1.** Action d'escalader, de grimper en s'aidant des pieds et des mains : *Faire l'escalade d'un mur.* **2.** ALP. Ascension d'une montagne, au cours de laquelle le grimpeur progresse en utilisant les prises et les appuis qu'offre le rocher ou des points d'appui, pitons notamm., dans le rocher (syn. **varappe**). **3.** Aggravation, accélération d'un phénomène, d'un conflit, etc. : *Escalade de la violence* (syn. **montée**). **4.** En stratégie militaire, processus qui conduit à utiliser des moyens offensifs de plus en plus destructeurs.

escalader [ɛskalade] **v.t. 1.** Franchir en passant par-dessus : *Escalader une grille.* **2.** Gravir une hauteur avec effort : *Escalader un sommet, un pic.*

Escalator [ɛskalatɔr] **n.m.** (nom déposé, mot anglo-amér.). Escalier mécanique.

escale [ɛskal] **n.f.** (it. *scala*, propr. « échelle permettant de débarquer » ; v. *échelle*). **1.** En parlant d'un avion ou d'un navire, action de s'arrêter pour se ravitailler, pour embarquer ou débarquer des passagers ; temps d'arrêt : *Faire escale à Pointe-à-Pitre* (syn. **relâche**). *Vol sans escale* (syn. **halte**). **2.** Lieu de relâche : *Arriver à l'escale* (syn. **port**).

escalier [ɛskalje] **n.m.** (lat. *scalaria*, de *scala*, échelle). **1.** Ensemble de marches échelonnées qui permettent de monter ou de descendre : *Monter l'escalier. Escalier en colimaçon* (= en spirale). *Cage d'escalier.* **2.** *FAM.* **Avoir l'esprit de l'escalier,** ne trouver ses reparties que trop tard, lorsque l'occasion est passée. / **Escalier roulant, mécanique,** escalier dont les marches articulées sont entraînées mécaniquement. **3.** MATH. **Application en escalier,** application dont la représentation dans un plan muni d'un repère cartésien fait apparaître, sur son intervalle de définition, une succession de segments parallèles à l'axe des abscisses.

escalope [ɛskalɔp] **n.f.** (anc. fr. *eschalope*, coquille de noix). Tranche mince de viande blanche ou de poisson : *Escalope de veau, de thon.*

escamotable [ɛskamɔtabl] **adj. 1.** Qui peut être escamoté, replié : *Train d'atterrisage escamotable* (syn. **rentrant**). **2. Meuble escamotable,** meuble qu'on peut rabattre contre un mur ou dans un placard pour le dissimuler.

escamotage [ɛskamɔtaʒ] **n.m.** Action d'escamoter : *L'escamotage d'un foulard par un prestidigitateur.*

escamoter [ɛskamɔte] **v.t.** (prov. *escamotar*, de *escamar*, effilocher et p.-ê. « écailler », du lat. *squama*, écaille). **1.** Faire disparaître qqch par une manœuvre habile : *Escamoter une carte à jouer.* **2.** *VIEILLI.* Dérober subtilement : *Escamoter un portefeuille* (syn. **subtiliser**). **3.** TECHN. Faire disparaître automatiquement un organe saillant d'un appareil : *Escamoter le train d'atterrissage d'un avion* (syn. **replier**). **4.** Éviter ce qui est difficile : *Escamoter une question* (syn. **éluder**). **5. Escamoter un mot, une note,** faire en sorte qu'on ne les entende pas, les éviter ou les sauter.

escampette [ɛskɑ̃pɛt] **n.f.** (de l'anc. fr. *escamper*, s'enfuir, l'it. *scampare*, échapper). *FAM.* **Prendre la poudre d'escampette,** s'enfuir sans demander son reste ; déguerpir.

escapade [ɛskapad] **n.f.** (esp. *escapada*, de *escapar*, échapper). Action de quitter un lieu pour se soustraire momentanément à des obligations, à la routine : *Faire une escapade.*

escarbille [ɛskarbij] **n.f.** (mot wallon, du moy. néerl. *schrabben*, gratter). Petit fragment de charbon ou de bois incandescent qui s'échappe d'un foyer.

escarboucle [ɛskarbukl] **n.f.** (anc. fr. *escarbacle* [lat. *carbunculus*, petit charbon], altéré d'apr. *boucle*). Gemme rouge d'un vif éclat. ***Rem.*** C'est le nom anc. des grenats rouges et du rubis.

escarcelle [ɛskarsɛl] **n.f.** (it. *scarsella*, petite avare). **1.** Au Moyen Âge, bourse suspendue à la ceinture. **2.** *LITT.* Bourse ; porte-monnaie : *C'est autant de rentré dans mon escarcelle.*

escargot [ɛskargo] **n.m.** (prov. *escaragol*, du lat. *conchylium*, coquillage, par croisement avec *scarabaeus*). **1.** Mollusque gastéropode pulmoné, dont certaines espèces sont comestibles, et qui se nourrit des feuilles de plantes : *L'escargot de Bourgogne et le petit-gris sont les plus couramment cuisinés.* ***Rem.*** L'escargot est aussi appelé *colimaçon* ou *limaçon.* **2. Aller, marcher comme un escargot,** très lentement. **3. Escargot de mer,** bigorneau.

escargotière [ɛskargɔtjɛr] **n.f. 1.** Lieu où l'on élève les escargots. **2.** Plat présentant de petits creux, utilisé pour servir les escargots.

escarmouche [ɛskarmuʃ] **n.f.** (p.-ê. de l'it. *scaramuccia*, d'orig. obsc.). **1.** Combat localisé, de courte durée, entre de petits groupes armés ; engagement, accrochage. **2.** Vif échange de propos entre deux adversaires : *Escarmouche parlementaire avant le débat décisif* (syn. **joute**).

escarpe [ɛskarp] **n.f.** (it. *scarpa,* propr. « chaussure » [probabl. par analogie de forme] ; v. *escarpin*). Talus intérieur du fossé d'un ouvrage fortifié.

escarpé, e [ɛskarpe] **adj.** (de *escarpe*). Qui présente une pente raide ; qui est d'accès difficile : *Chemin escarpé* (syn. **raide**). *Montagne escarpée* (syn. **abrupt**).

escarpement [ɛskarpəmɑ̃] **n.m.** État de ce qui est escarpé ; pente raide : *Escarpement d'une montagne.*

escarpin [ɛskarpɛ̃] **n.m.** (it. *scarpino,* de *scarpa,* chaussure, gothique **skarpô,* objet pointu). Soulier élégant, découvert, à semelle mince, avec ou sans talon.

escarpolette [ɛskarpɔlɛt] **n.f.** (orig. incert., p.-ê. dimin. de *escarpe*). VIEILLI. Siège ou planchette suspendus par deux cordes sur lesquels on se place pour se balancer (syn. **balançoire**).

escarre ou **escharre** [ɛskar] **n.f.** (bas lat. *eschara,* gr. *eskhara,* foyer, brasier). MÉD. Croûte noirâtre qui se forme sur la peau, les plaies, etc., par la nécrose des tissus.

Escaut, en néerl. **Schelde,** fl. de France, de Belgique et des Pays-Bas, né dans le dép. de l'Aisne. Il passe à Cambrai, Valenciennes, Tournai, Gand et rejoint la mer du Nord par un long estuaire *(bouches de l'Escaut),* à la tête duquel est établie Anvers ; 430 km. C'est, en aval, une importante voie navigable.

eschatologie [ɛskatɔlɔʒi] **n.f.** (du gr. *eschatos,* dernier, et de *-logie*). Ensemble de doctrines et de croyances portant sur le sort ultime de l'homme *(eschatologie individuelle)* et de l'Univers *(eschatologie universelle).*

eschatologique [ɛskatɔlɔʒik] **adj.** Qui concerne l'eschatologie.

esche [ɛʃ] **n.f.** (lat. *esca,* nourriture). PÊCHE. Appât que le pêcheur à la ligne fixe à l'hameçon.

Eschine, orateur athénien (v. 390 - 314 av. J.-C.). D'abord adversaire de Philippe de Macédoine, il devint partisan de la paix et s'opposa à Démosthène. Il dut s'exiler à la suite du procès qu'il intenta contre Démosthène mais qu'il perdit (330 av. J.-C.). Ses discours *(Sur l'ambition infidèle, Contre Ctésiphon)* sont des exemples d'élégance attique.

Eschyle, poète tragique grec (Éleusis v. 525 - Gela, Sicile, 456 av. J.-C.). Des nombreux drames qu'il écrivit, il nous en reste sept : *les Suppliantes* (v. 463), *les Perses* (472), *les Sept contre Thèbes* (467), *Prométhée enchaîné* et les trois pièces constituant la trilogie de l'*Orestie (Agamemnon, les Choéphores, les Euménides).* Véritable fondateur de la tragédie grecque, il lui a donné sa forme (introduction d'un second acteur, alternance du dialogue et des parties chantées par le chœur, détermination des costumes) et son esprit : la démesure *(hybris)* conduit l'homme à l'erreur, mais la vengeance divine *(némésis)* rétablit la justice, garant de l'équilibre naturel et social. Le lyrisme d'Eschyle excite chez le spectateur un sentiment d'angoisse, mais vient ensuite la solution harmonieuse des conflits, qui réside dans la modération, fondement de la morale athénienne.

escient [esjɑ̃] **n.m.** (du lat. *me sciente,* moi le sachant, p. présent, de *scire,* savoir). **À bon escient,** avec discernement, avec la conscience d'agir à propos : *Intervenir à bon escient dans un débat* (= à propos) [syn. **opportunément**].

s'esclaffer [ɛsklafe] **v.pr.** (du prov. *esclafa,* éclater). Partir d'un éclat de rire (syn. **pouffer**).

esclandre [ɛsklɑ̃dr] **n.m.** (lat. *scandalum*). Tapage provoqué par un événement fâcheux : *Faire un esclandre au restaurant* (syn. **scène**). *Faire de l'esclandre* (syn. **scandale**).

esclavage [ɛsklavaʒ] **n.m. 1.** État, condition d'esclave ; état de ceux qui sont sous une domination tyrannique : *Réduire un peuple en esclavage. L'esclavage fut aboli en 1848 en France, en 1865 aux États-Unis.* **2.** Dépendance étroite de qqn à l'égard de qqch ou de qqn : *L'esclavage des ouvriers au XIXe siècle* (syn. **servitude, asservissement**).

■ La pratique de l'esclavage remonte à l'Antiquité. Main-d'œuvre indispensable à l'exploitation des domaines du souverain et des temples, particulièrement en Mésopotamie, les esclaves sont des prisonniers de guerre et les individus les plus pauvres de la société, forcés d'abandonner leur liberté afin de subsister.

Dans la Grèce antique. Le recrutement des esclaves est assuré par les guerres entre cités et surtout par la piraterie et les achats faits auprès des peuples barbares. Les esclaves sont susceptibles d'être achetés, vendus et utilisés au gré de leurs maîtres. Encore faible à la fin du Ve s. av. J.-C., leur nombre s'accroît à l'époque hellénistique, où ils sont utilisés dans les ateliers, les mines et sur les grands domaines.

Dans l'Empire romain. Les conquêtes provoquent à partir du IIIe s. av. J.-C. un afflux massif d'esclaves, qui entraîne la désagrégation de la petite propriété en Italie et son remplacement par de vastes propriétés foncières. La misère des masses serviles déclenche de véritables guerres, notamment en Sicile à la fin du IIe s. av. J.-C. La révolte de Spartacus date de 73 av. J.-C. Sur le plan culturel, ce sont les esclaves grecs, les plus instruits, qui exerceront une influence durable. La pratique régulière de l'affranchissement permet l'intégration progressive dans la société romaine d'un nombre considérable d'esclaves, dont le recrutement est freiné par l'arrêt des conquêtes. Sous le Bas-Empire, ils sont concurrencés dans le monde rural par d'autres catégories sociales, les colons, hommes libres attachés héréditairement au sol qu'ils cultivent.

Au Moyen Âge. L'esclavage se maintient en Occident jusqu'à l'an mille. Il disparaît alors sous la pression conjuguée de la christianisation des campagnes et des conditions économiques et politiques. À la même époque, les États musulmans ont à leur service de nombreux esclaves originaires de l'Europe centrale et orientale (Slaves), des steppes d'Asie centrale (Turcs) et d'Afrique noire.

À l'époque moderne. La découverte de l'Amérique et son exploitation économique (mines, plantations) entraînent au XVIe s. un développement considérable de la traite des Noirs. Portugais, Espagnols, Français et Anglais vont, pendant plus de deux siècles, vider l'Afrique d'une partie de sa population (de 2 à 3 millions de personnes), assurant la prospérité des États esclavagistes des côtes africaines. Échangés contre des produits manufacturés de faible valeur, les Noirs sont transportés dans le Nouveau Monde, où ils sont dépouillés de la personnalité politique et juridique et de la responsabilité civile.

L'abolition de l'esclavage. Au XVIIIe s., l'esclavage est violemment remis en question par les philosophes, qui en dénoncent l'inhumanité, et par les économistes libéraux, qui en soulignent l'archaïsme improductif. Prenant la tête du mouvement abolitionniste, la Grande-Bretagne fait condamner la traite au congrès de Vienne (1815) et interdit l'esclavage en 1833. La France le supprime définitivement en 1848, tandis qu'aux États-Unis la guerre de Sécession aboutit à la victoire des abolitionnistes (1865). L'esclavage est dès lors aboli dans la plupart des pays, et la pression internationale (Déclaration universelle des droits de l'homme, 1948) a imposé aux derniers États esclavagistes d'aligner leur législation sur le droit commun.

Survivance de l'esclavage : le travail forcé. Les régimes totalitaires ont eu recours au travail forcé : le système concentrationnaire nazi utilisait les détenus des camps pour fournir à l'économie allemande une main-d'œuvre corvéable à merci ; le régime stalinien a inscrit le goulag dans une planification de développement économique de l'Union soviétique. D'autres régimes, se réclamant du communisme, ont organisé des camps de « rééducation » (Cambodge, Viêt Nam). En République populaire de Chine, la réforme par le travail, le laogai, a atteint son grand développement dans les années 1958-1971. En Corée du Nord, plus de 200 000 personnes sont actuellement enfermées dans de vastes prisons. Aujourd'hui, le travail forcé subsiste dans nombre de régions ; il s'agit essentiellement d'esclavage pour dettes et d'exploitation de femmes et d'enfants pour la prostitution. Dans certaines régions d'Afrique et du Moyen-Orient, la servitude financière, le servage sous →

couvert de contrats de travail, les fausses adoptions et l'asservissement imposé aux femmes mariées sont encore responsables de l'assujettissement de plusieurs millions d'êtres humains. Il existe aussi des personnes vivant dans la misère qui se vendent ou qui vendent leurs enfants comme esclaves. ■

esclavagisme [ɛsklavaʒism] **n.m.** Doctrine qui admet l'esclavage (par opp. à *abolitionnisme*) ; système social et économique fondé sur l'esclavage.

esclavagiste [ɛsklavaʒist] **adj.** et **n.** Qui est partisan de l'esclavage ; qui admet l'esclavage : *Les États esclavagistes du sud des États-Unis s'opposent aux abolitionnistes du nord.*

esclave [ɛsklav] **n.** (lat. médiév. *sclavus,* de *slavus,* slave, les Germains ayant réduit de nombreux Slaves en esclavage). **1.** Personne de condition non libre, considérée comme un instrument économique pouvant être vendu ou acheté, et qui est sous la dépendance d'un maître. **2.** Personne qui est sous l'entière dépendance d'une autre : *Il est l'esclave de ses enfants* (syn. **valet, domestique**). *Être l'esclave d'une femme* (syn. **jouet**). **3.** Personne entièrement soumise à qqch : *Les esclaves de l'argent.* ◆ **adj. 1.** Qui est soumis à l'esclavage : *Peuple esclave.* **2.** Qui est sous la dépendance complète de qqch : *Être esclave de ses préjugés.*

Esclaves *(Grand lac des),* lac du Canada, alimenté par la *rivière des Esclaves,* section du fleuve Mackenzie ; 28 930 km^2.

escogriffe [ɛskɔgrif] **n.m.** (orig. incert., p.-ê. de *griffer* au sens de « ravir, emporter »). *FAM.* Homme de grande taille, mal bâti, à l'allure dégingandée.

escompte [ɛskɔ̃t] **n.m.** (it. *sconto,* décompte). **1.** BANQUE. Opération de crédit à court terme qui consiste à acheter un effet de commerce avant son échéance, déduction faite d'un intérêt proportionnel au temps que l'effet a à courir ; cet intérêt : *Faire un escompte à 2 %.* **2.** COMM. Réduction consentie à un acheteur qui paie comptant ou avant l'échéance (syn. **remise**).

escompter [ɛskɔ̃te] **v.t.** (it. *scontare,* décompter). **1.** Compter sur ; espérer : *Escompter la réussite d'un projet* (syn. **prévoir**). **2.** BANQUE. Faire une opération d'escompte ; payer un effet de commerce non échu, déduction faite de l'escompte.

escorte [ɛskɔrt] **n.f.** (it. *scorta,* action de guider). **1.** Formation militaire terrestre, aérienne ou navale chargée d'escorter : *Escadron, avion, bâtiment d'escorte. Donner une escorte à un personnage officiel.* **2.** Suite de personnes qui accompagnent une personnalité dans ses déplacements. **3. Faire escorte à qqn,** l'accompagner (syn. **escorter**).

escorter [ɛskɔrte] **v.t.** Accompagner pour protéger, surveiller ou faire honneur : *Escorter un convoi, un député.*

escorteur [ɛskɔrtœr] **n.m.** Bâtiment de guerre spécial. équipé pour la protection des communications et la lutte anti-sous-marine. (On dit aussi *un navire convoyeur.*)

escouade [ɛskwad] **n.f.** (autre forme de *escadre*). **1.** Petit groupe de fantassins ou de cavaliers placés sous les ordres d'un caporal ou d'un brigadier. **2.** Petit groupe de personnes formant une équipe : *Une escouade d'ouvriers.*

escrime [ɛskrim] **n.f.** (anc. it. *scrima,* du frq. **skirmjan,* protéger). Sport opposant deux adversaires au fleuret, au sabre, à l'épée.

s'**escrimer** [ɛskrime] **v.pr. [à]** (de *escrime*). Faire tous ses efforts en vue d'un résultat difficile à atteindre : *Il s'escrime à lui expliquer un problème* (syn. **s'évertuer**).

escrimeur, euse [ɛskrimœr, -øz] **n.** Personne qui pratique l'escrime.

escroc [ɛskro] **n.m.** (it. *scrocco ;* v. *escroquer*). Personne qui escroque, qui trompe : *Être victime d'un escroc* (syn. **voleur**).

escroquer [ɛskrɔke] **v.t.** (it. *scroccare,* décrocher, de *crocco,* croc, crochet). **1.** Soutirer de l'argent par tromperie : *Escroquer des millions* (syn. **extorquer**). *Escroquer sa grand-tante* (syn. **dépouiller**). **2.** Extorquer par ruse ou par surprise : *Escroquer un héritage.*

escroquerie [ɛskrɔkri] **n.f. 1.** Action d'escroquer : *Ses escroqueries l'ont conduit en prison* (syn. **vol, malversation**). **2.** Délit consistant à s'approprier le bien d'autrui par des manœuvres frauduleuses : *Escroquerie à l'assurance.*

escudo [ɛskudo] **n.m.** Anc. unité monétaire principale du Portugal. (Devenu, dès le 1er janv. 1999, une subdivision de l'euro, l'escudo a cessé d'exister, au profit de la monnaie unique européenne, en 2002.)

Esculape, dieu romain de la Médecine, identifié à l'Asclépios de la mythologie grecque.

Escurial (l'), en esp. **el Escorial,** palais et monastère d'Espagne, au pied de la sierra de Guadarrama, au nord-ouest de Madrid. Accomplissement d'un vœu de Philippe II après la victoire de Saint-Quentin, conçu comme nécropole royale et centre d'études au service de la Contre-Réforme, il fut élevé de 1563 à 1584 par Juan Bautista de Toledo, l'Italien Giambattista Castello et Juan de Herrera dans un style classique sévère. Nombreuses œuvres d'art : bronzes des Leoni père et fils (Leone et Pompeo), peintures de primitifs flamands, de Titien, du Greco, de Ribera, de Velázquez, fresques de L. Giordano, tapisseries de Goya, etc.

Esdras ou **Ezra,** prêtre juif (Ve s. av. J.-C.) qui restaura la vie religieuse et le Temple après l'exil de Babylone. Il a joué un rôle capital dans la fixation de la loi mosaïque et fut, avec Néhémie, un des fondateurs du judaïsme.

Eskimo → Inuits.

Esnault-Pelterie (Robert), ingénieur français (Paris 1881 - Nice 1957). On lui doit le premier moteur d'avion en étoile à nombre impair de cylindres et le dispositif de commande d'avion appelé *manche à balai* (1906). À partir de 1912, il développa la théorie de la navigation interplanétaire au moyen de fusées.

Ésope, fabuliste grec (VIIe-VIe s. av. J.-C.). On attribue à ce personnage à demi légendaire un ensemble de *Fables,* connues dès la fin du Ve s. av. J.-C., qui exercèrent une grande influence, notamm. sur La Fontaine.
Une circonstance de sa vie a donné naissance à cette expression passée dans la langue courante : *la langue d'Ésope.* Son maître Xanthus lui ayant donné l'ordre de n'acheter au marché que ce qu'il y aurait de meilleur, Ésope n'acheta que des langues, qu'il fit accommoder à toutes les sauces. Les convives en jugèrent le goût détestable. « Hé ? qu'y a-t-il de meilleur que la langue ? répondit Ésope ; c'est le lien de la vie civile, la clef des sciences, l'organe de la vérité et de la raison ; par elle, on bâtit les villes et on les police, on instruit, on persuade, on règne dans les assemblées ; on s'acquitte du premier de tous les devoirs, qui est de louer les dieux. – Eh bien, reprit Xanthus, qui prétendait l'embarrasser, achète-moi demain ce qu'il y a de pire. » Le lendemain, Ésope ne fit encore servir que des langues, disant que la langue est la pire chose qui soit au monde : « C'est la mère de tous les débats, la nourrice de tous les procès, la source des divisions et des guerres ; si elle est l'organe de la vérité, c'est aussi celui de l'erreur et, qui pis est, de la calomnie. Par elle on détruit les villes ; si, d'un côté, elle loue les dieux, de l'autre elle est l'organe du blasphème et de l'impiété. » *La langue d'Ésope* est restée célèbre pour désigner ce qui, pouvant être envisagé sous deux aspects opposés, donne prise également à la louange ou à la critique.

ésotérique [ezɔterik] **adj.** (gr. *esôterikos,* de l'intérieur). **1.** Qui est réservé aux seuls initiés : *Les secrets ésotériques de la cabale.* **2.** Peu compréhensible par ceux qui ne sont pas instruits d'un art, d'une technique particulière : *Un poème symboliste ésotérique* (syn. **hermétique, obscur**).

ésotérisme [ezɔterism] **n.m. 1.** Partie de certaines philosophies anciennes qui devait rester inconnue des non-initiés. **2.** Caractère ésotérique, obscur de qqch : *L'ésotérisme d'une œuvre d'art* (syn. **hermétisme**).

espace [ɛspas] **n.m.** (lat. *spatium,* propr. « arène, champ de courses »). **1.** Étendue indéfinie qui contient tous les objets ; étendue disponible : *Les oiseaux volent dans l'espace* (syn. **air**). *Manquer d'espace.* **2.** MATH. Ensemble de points, de vecteurs, etc., muni d'une structure ; spécial., un tel ensemble, de dimension trois (par opp. au *plan,* de dimension deux) : *Espace à deux et à trois dimensions dans la géométrie euclidienne. Géométrie dans l'espace.* **3.** Volume occupé par qqch : *Ce meuble occupe peu d'espace* (syn. **place**). *Ces plantations couvrent un espace important* (syn. **superficie**). **4.** Distance entre deux points, deux objets : *Laisser un espace entre chaque mot* (syn. **intervalle, écartement**). **5.** Durée qui sépare deux moments : *Il a fait cela en l'espace d'un an.* **6.** Surface, milieu affectés à une activité, à un usage particulier : *Espace de loisirs.* **7.** Étendue dans laquelle se meuvent les astres. **8.** Milieu extraterrestre : *Conquête de l'espace.* **9. Espaces verts,** jardins, parcs d'une agglomération. / **Espace vital,** territoire qu'une nation juge nécessaire pour vivre ; espace dont on a besoin pour ne pas se sentir gêné par les autres.

Espace économique européen (E.E.E.), zone de libre-échange en Europe. Institué par le traité de Porto (1992), il comprend 30 États : les 27 membres de l'Union européenne, l'Islande, le Liechtenstein et la Norvège.

espacement [ɛspasmɑ̃] **n.m. 1.** Action d'espacer ou de s'espacer : *L'espacement des paiements* (syn. **échelonnement**). **2.** Disposition des choses espacées, séparées : *L'espacement des mots dans un livre* (syn. **écartement**).

espacer [ɛspase] **v.t.** [conj. **16**]. Séparer par un espace, une durée, un intervalle : *Espacer ses visites.*

espace-temps [ɛspastɑ̃] **n.m.** (pl. *espaces-temps*). PHYS. Espace à quatre dimensions, les trois premières étant celles de l'espace ordinaire et la quatrième étant le temps, nécessaires à un observateur donné, selon la théorie de la relativité, pour situer un événement.

espadon [ɛspadɔ̃] **n.m.** (it. *spadone,* augment. de *spada,* épée). Poisson téléostéen des mers chaudes et tempérées, dont la mâchoire supérieure est allongée comme une lame d'épée. ▶ Ordre des perciformes ; long. 6 m.

espadrille [ɛspadrij] **n.f.** (dial. pyrénéen *espardillo*). Chaussure à tige de toile et semelle de corde.

Espagne, en esp. **España,** État du sud-ouest de l'Europe ; 505 000 km² (y compris les Canaries ; 497 500 km² en les excluant) ; 46 927 000 hab. *(Espagnols).* CAP. *Madrid* (autres grandes villes : *Barcelone, Valence, Séville, Saragosse, Málaga*). LANGUE OFFICIELLE : *espagnol.* MONNAIE : *euro.*

GÉOGRAPHIE

Entrée dans la C.E.E. seulement en 1986, l'Espagne, au-delà des Pyrénées, appartient bien à l'Europe, mais à sa frange méditerranéenne, moins développée économiquement et au niveau de vie plus bas que dans le nord-ouest du continent. Du début des années 1960 au milieu des années 1970, l'essor de l'économie a cependant été spectaculaire grâce au développement de l'industrie et du tourisme. Après quelques années moins prospères, l'intégration européenne a catalysé les mutations et soutenu la croissance économique.

Relief et climat. Au centre, la *Meseta,* correspondant essentiellement à la Castille et à la Manche historiques, est un plateau souvent aride, froid en hiver, torride en été, coupé de chaînons plus élevés ou profondément entaillé par des vallées (Tage, Duero). Elle est bordée de hauteurs notables (cordillères Cantabrique et Ibérique au N., sierra Morena au S.). Celles-ci sont séparées des hauts reliefs périphériques (Pyrénées au N., chaînes Bétiques au S.) par les seules grandes dépressions du pays, les bassins ouverts par l'Èbre et le Guadalquivir. Le climat, rude en altitude, s'adoucit notamment au N. sur la façade atlantique, de type océanique, couverte de forêts ou de prairies. Il devient méditerranéen sur le littoral oriental, avec des nuances semi-désertiques, localement combattues par l'irrigation.

Démographie. La population est urbanisée (77 % de la population totale, comme en France). Une quarantaine de villes ont plus de 100 000 hab., dominées par les pôles de Madrid et Barcelone. Cette population, longtemps prolifique, ne s'accroît plus. Le taux de natalité est tombé à 10 ‰ (inférieur même à celui de la France). L'Espagne, pays traditionnel d'émigration (vers l'Amérique du Sud, la France), est devenue auj. une terre d'immigration.

Agriculture. L'irrigation, concernant environ 15 % des superficies cultivées, est parfois ancienne (huertas du Levant et de l'Andalousie), souvent assez récente (bassins de l'Èbre, du Guadiana et du Guadalquivir). Elle explique largement, avec parfois les conditions thermiques, responsables de l'extension de l'olivier fournisseur d'huile, l'importance des productions d'agrumes, d'autres fruits et des légumes, de la vigne. La Meseta est le domaine de l'élevage ovin et de cultures céréalières (blé, orge) souvent extensives. L'élevage bovin et le maïs sont développés dans le Nord-Ouest, plus humide. L'agriculture (avec la pêche, active) ne fournit guère que 6 % du P.I.B., et n'emploie plus que 7 % de la population active.

Industrie. Un tiers de cette population active est occupé par l'industrie (qui assure une part équivalente du P.I.B.). Le sous-sol fournit houille et lignite, complétés par un apport hydroélectrique et nucléaire, mais la quasi-totalité du pétrole traité est importée. On extrait encore des minerais métalliques (plomb, zinc, cuivre) et du fer, celui-ci pour une sidérurgie développée alimentant notamment les chantiers navals (en crise) et la construction automobile. Le textile, l'agroalimentaire et la chimie sont les autres grands secteurs, avec le bâtiment (auj. gravement touché) et les travaux publics.

Les services et les échanges. Ils emploient plus de 60 % des actifs, proportion partiellement liée à l'essor du tourisme. Celui-ci est plus balnéaire (sur la Méditerranée) que culturel (villes historiques de l'intérieur). Les infrastructures routières et ferroviaires ont été améliorées pour 1992 (jeux Olympiques de Barcelone, Exposition universelle à Séville). Les apports du tourisme atténuent le déficit de la balance des paiements, le commerce extérieur étant déficitaire de façon chronique. L'entrée dans l'Europe communautaire a posé au départ des problèmes d'adaptation, dans un pays qui souffrait d'un important chômage, mais elle a considérablement accéléré la modernisation de l'économie. L'Espagne a connu une croissance soutenue, portée surtout par les secteurs du bâtiment et des services (tourisme), et une amélioration spectaculaire de la situation de l'emploi. Mais cet élan a été stoppé par la crise financière et économique mondiale apparue en 2007-2008, qui a entraîné une brusque et importante remontée du chômage. Le pays reste par ailleurs confronté à des problèmes d'inégalités sociales et régionales.

HISTOIRE

Les origines. Durant la préhistoire, l'Espagne connaît des civilisations paléolithiques (grottes d'Altamira), puis néolithiques (peintures et gravures rupestres, dolmens du Levant). Dès la fin du IIe millénaire, Grecs et Phéniciens établissent des comptoirs sur les côtes. Les Ibères, premiers habitants du pays, fusionnent au VIe s. av. J.-C. avec les envahisseurs celtes pour donner les Celtibères. Au IIIe s. av. J.-C., Carthage établit sa prépondérance sur le sud et l'est de la Péninsule. Les guerres puniques font passer l'Espagne dans l'orbite de Rome. Mais la conquête du pays par les Romains ne devient effective que sous Auguste (Ier s. av. J.-C.). Au Ve s. apr. J.-C., les Vandales envahissent le pays.

412. Les Wisigoths pénètrent en Espagne.

Ils y établissent une monarchie brillante, catholique à partir de 587, détruite par les Arabes en 711.

L'islam et la Reconquista

756. L'émirat de Cordoue se proclame indépendant.

Califat en 929, il se maintient jusqu'en 1031. Son émiettement favorise ensuite la reconquête depuis le Nord, où subsistaient des États chrétiens.

1085. Alphonse VI, roi de León et de Castille, prend Tolède.

1212. Les Arabes sont vaincus à Las Navas de Tolosa.

1248. Prise de Séville par Ferdinand III.

Au milieu du XIIIe s., les musulmans, refoulés dans le Sud, sont réduits au royaume de Grenade, tandis que l'Aragon chrétien fonde un Empire méditerranéen.

1469. Le mariage de Ferdinand d'Aragon et d'Isabelle de Castille prépare la réunion des deux royaumes.

1492. Les Rois Catholiques s'emparent de Grenade, achevant la Reconquête. La même année, Christophe Colomb découvre l'Amérique, que les Espagnols vont conquérir.

L'apogée et le déclin
1519. Charles Ier d'Espagne devient l'empereur Charles Quint. Il incorpore à ses domaines d'Espagne et d'Amérique les territoires autrichiens des Habsbourg : c'est l'apogée de la monarchie espagnole.
1556. Philippe II, fils de Charles Quint, lui succède.
Il ne garde que l'Espagne et ses colonies, mais hérite du Portugal (1580). Au cours de la guerre contre l'Angleterre, l'Invincible Armada est détruite (1588). Le règne de Philippe II, qui s'achève en 1598, voit naître le siècle d'or des arts et des lettres espagnols. Mais le XVIIe s. est pour l'Espagne une période de décadence, due à la faiblesse démographique, à l'inflation, à l'unité artificielle du pays, à l'incapacité des trois derniers rois Habsbourg et aussi à l'opposition des autres puissances européennes (Angleterre, Provinces-Unies et France).
1640. Le Portugal se détache de l'Espagne.
1700. À l'extinction de la maison de Habsbourg, le duc d'Anjou, petit-fils de Louis XIV, devient roi d'Espagne sous le nom de Philippe V de Bourbon, ouvrant la guerre de la Succession d'Espagne (1701-1714).
1759-1788. Charles III règne en « despote éclairé » et s'efforce de redresser le pays.
1808. Charles IV est contraint d'abdiquer par Napoléon Ier qui donne la couronne d'Espagne à son frère Joseph. Une émeute *(Dos de Mayo)* et sa répression *(Tres de Mayo)* marquent le début de la guerre d'indépendance.
1814. Les Bourbons sont restaurés après l'effondrement de l'Empire napoléonien.
1820. Une révolution oblige Ferdinand VII à accepter une Constitution.
1823. Une expédition française rétablit la monarchie absolue.
1824. La domination espagnole sur les territoires américains continentaux prend fin. L'empire espagnol est pratiquement anéanti.
Les temps troublés. Le XIXe s. espagnol est jalonné de guerres civiles et de révolutions opposant libéraux, traditionalistes et carlistes (partisans de don Carlos contre sa nièce, la reine Isabelle).
1874. Le retour des Bourbons suit la proclamation d'une éphémère république.
1898. L'Espagne perd Cuba, les Philippines et Porto Rico, au terme de la guerre contre les États-Unis.
L'Espagne contemporaine. Elle est dès lors confrontée à une grave crise économique et sociale tandis que se réveillent les régionalismes (basque et catalan surtout). Le roi Alphonse XIII perd tout pouvoir réel.
1923. Le général Primo de Rivera établit une dictature.
1931. Après la victoire républicaine aux élections, Alphonse XIII quitte l'Espagne. La république est proclamée.
1936. De nouvelles élections consacrent la victoire du Front populaire. Le soulèvement du général Franco marque le début de la guerre civile d'Espagne (v. art. suiv.).
1939. Franco devient le chef suprême *(caudillo)* de l'Espagne. Il organise un État autoritaire, qui, sans s'engager dans la Seconde Guerre mondiale, est toutefois favorable aux puissances de l'Axe.
1947. Une loi de succession réaffirme le principe de la monarchie. À partir de 1953, l'Espagne retrouve une place importante sur la scène internationale grâce à sa position stratégique (bases américaines), à son entrée à l'O.N.U. (1955), ainsi qu'à son développement touristique, à partir de 1960.
1969. Le prince don Juan Carlos est officiellement désigné comme successeur du général Franco.
1970. Une grave crise marque le réveil du nationalisme basque.
1973. L. Carrero Blanco, chef du gouvernement, est assassiné.
1975. Mort de Franco. Avènement de Juan Carlos au trône. Le roi et le chef du gouvernement Adolfo Suárez entreprennent la démocratisation du régime.
1978. Une nouvelle Constitution démocratique est approuvée par référendum. Cette Constitution instaure un système semi-fédéral d'administration régionale : 17 communautés autonomes sont mises en place progressivement jusqu'en 1983 (Pays basque et Catalogne dès 1979).
1982. Le socialiste Felipe González devient président du gouvernement (reconduit après les élections de 1986, 1989 et 1993). L'Espagne adhère à l'O.T.A.N.
1986. Entrée de l'Espagne dans la C.E.E.
1996. Le parti populaire (droite) remporte les élections. José Maria Aznar devient président du gouvernement (reconduit après les élections de 2000). Mais le pays est confronté à la multiplication des attentats terroristes des nationalistes extrémistes basques (organisation E.T.A.).
2004. Le 11 mars, Madrid est frappée par des attentats (près de 200 morts) revendiqués par un groupe islamiste se réclamant de la mouvance d'al-Qaida. Trois jours plus tard, le parti socialiste gagne les élections : son secrétaire général, José Luis Rodríguez Zapatero, accède à la présidence du gouvernement (reconduit après les élections de 2008, il est confronté à un grave retournement de la conjoncture économique suivi d'une crise politique et sociale).
2011-2012. Après la victoire du parti populaire, le gouvernement de Mariano Rajoy adopte un plan très sévère d'austérité.

Espagne ***(guerre civile d')*** [1936-1939], conflit qui opposa le gouvernement républicain du Front populaire espagnol à une insurrection militaire et nationaliste, dirigée par Franco. Meurtrière (600 000 morts), cette guerre mit aux prises près de 800 000 nationalistes et un nombre équivalent de républicains. Les nationalistes, aidés par l'Allemagne hitlérienne et l'Italie fasciste, l'emportèrent sur les républicains, aux côtés desquels luttèrent les Brigades internationales (35 000 volontaires venus de 50 nations).

espagnol, e [ɛspaɲɔl] **adj.** et **n.** (lat. pop. **hispaniolus*, class. *hispanus*). De l'Espagne. ◆ **espagnol n.m.** Langue romane parlée en Espagne (castillan) et en Amérique latine (sauf au Brésil et en Guyane).

espagnol ***(Empire colonial)***, ensemble des territoires colonisés par l'Espagne. Après la reconquête du royaume de Grenade (1492), prélude à l'établissement de postes militaires en Afrique du Nord, la Couronne espagnole encourage la recherche d'une route occidentale des Indes lui permettant de rivaliser avec le Portugal.
1492. C. Colomb découvre Hispaniola (Saint-Domingue).
1494. Traité de Tordesillas délimitant les domaines espagnols et portugais.
Dans la première moitié du XVIe s., les conquistadors (Cortés, Pizarro) effectuent la conquête des Grandes Antilles, du Mexique, de l'Amérique centrale et de la Cordillère andine.
1521. Effondrement de l'Empire aztèque.
1532. Victoire de Pizarro sur les Incas.
1571. Occupation de Manille.
Étendue de la Floride et du Nouveau-Mexique au Río de la Plata, l'Amérique espagnole est divisée en vice-royautés et ne peut commercer qu'avec la métropole, conformément au principe de l'« exclusif ». Décimés par les guerres de conquête, les épidémies et le travail dans les mines d'or et d'argent, les Indiens sont remplacés par des esclaves africains, dont le commerce constitue la traite des Noirs. Tandis que l'Espagne procède à l'évangélisation de ses colonies, l'économie s'organise sur la base de grandes propriétés *(haciendas)* contrôlées par une riche aristocratie créole et principalement tournées vers l'exportation de cultures tropicales. L'Empire connaît son apogée au XVIIIe s., mais les revenus de la Couronne souffrent de la contrebande (favorisée par les colons) et de la confiscation du monopole de la traite par les autres puissances coloniales.
1778. Acquisition de Fernando Poo, prémices de la Guinée espagnole.
Le soulèvement des colonies anglaises d'Amérique, les guerres de la Révolution et de l'Empire et l'invasion de l'Espagne par la France favorisent l'essor du mouvement d'indépendance en Amérique. À partir de 1809, les patriotes proclament l'indépendance dans tous les territoires, mais partout (à l'exception des Provinces-Unies du Río de la Plata) la Couronne espagnole rétablit son autorité. Le soulèvement de Cadix (1820) est à l'origine d'une deuxième vague révolutionnaire aboutissant à la libération des colonies espagnoles.
1817. Libération du Chili par San Martín.
1819. Fondation de la République de Grande-Colombie par S. Bolívar.

1821. Indépendance du Mexique proclamée par Iturbide. Chassée du continent américain, l'Espagne s'engage dans la colonisation de l'Afrique.
1860. Acquisition de l'Ifni au Maroc.
1884-1886. Occupation du Río de Oro.
1898. Guerre hispano-américaine. À l'issue de cette guerre, les États-Unis acquièrent Porto Rico et Cuba, puis achètent l'île de Guam et les Philippines. L'Espagne reporte sa politique coloniale sur le Maroc.
1912. Protectorat espagnol sur le Rif.
1956. Indépendance du Maroc.
1968. Indépendance de la Guinée équatoriale.
1976. Retrait de l'Espagne du Sahara occidental (anc. Río de Oro).

espagnolette [ɛspaɲɔlɛt] **n.f.** (dimin. de *espagnol*). **1.** CONSTR. Mécanisme de fermeture d'une croisée ou d'un châssis, constitué par une tige métallique munie de crochets à ses extrémités et manœuvrée par une poignée. **2. Fermer une fenêtre à l'espagnolette,** maintenir la fenêtre entrouverte au moyen de la poignée.

espalier [ɛspalje] **n.m.** (it. *spalliera,* pièce de soutien, de *spalla,* épaule). **1.** Rangée d'arbres, génér. fruitiers, palissés dans un plan vertical : *Poiriers en espalier.* **2.** Échelle fixée à un mur et dont les barreaux servent à divers mouvements de gymnastique.

espar [ɛspar] **n.m.** (anc. fr. *esparre,* poutre, frq. **sparra*). MAR. Longue pièce de bois, de métal ou de plastique du gréement d'un bateau destinée à remplacer éventuellement un mât, une vergue, etc.

espèce [ɛspɛs] **n.f.** (lat. *species,* apparence). **1.** Ensemble d'êtres animés ou de choses qu'un caractère commun distingue des autres du même genre ; catégorie, sorte : *Espèce minérale. Espèce humaine* (= les êtres humains). **2.** BIOL. Ensemble d'individus animaux ou végétaux semblables par leur aspect, leur habitat, féconds entre eux : *Il existe de nombreuses espèces de rongeurs. L'espèce canine regroupe plusieurs races.* **3.** Catégorie d'êtres ou de choses (souvent péjor.) : *Je n'aime pas les paresseux de son espèce* (syn. **acabit, genre**). *Un menteur de la plus belle espèce* (= un fieffé menteur). **4.** *SOUT.* **En l'espèce,** en l'occurrence, en la circonstance : *Il a gagné le premier prix, en l'espèce une voiture.* / **Une espèce de** (+ n.), une personne, une chose définie, faute de précision, par assimilation à une autre : *Une espèce de marchand* (= genre de). *Une espèce de comédie* (= sorte de). / **Espèce de** (+ n.), renforce une injure adressée à qqn : *Espèce d'imbécile.* ◆ **espèces n.f. pl. 1.** Monnaie, argent : *Payer en espèces* (= en argent liquide ; par opp. à *chèque,* à *carte de crédit*). **2.** THÉOL. Apparences du pain et du vin, selon la théorie de la transsubstantiation : *Communier sous les deux espèces.*

Espelette, commune des Pyrénées-Atlantiques ; 2 080 hab. Piment. Église et maisons basques typiques.

espérance [ɛsperɑ̃s] **n.f. 1.** Sentiment qui porte à considérer ce que l'on désire comme réalisable ; attente confiante : *Avoir le cœur rempli d'espérance* (syn. **espoir**). *Le vert est la couleur de l'espérance.* **2.** Objet de ce sentiment : *Il est toute mon espérance* (syn. **espoir**). **3.** THÉOL. Vertu théologale du christianisme par laquelle on espère avec confiance la grâce de Dieu et la vie éternelle. **4. Espérance de vie,** durée moyenne de vie attendue, dans un groupe humain déterminé. ◆ **espérances n.f. pl.** *VIEILLI* et *FAM.* Héritage possible : *Avoir des espérances.*

espéranto [ɛsperɑ̃to] **n.m.** (de *esperanto,* celui qui espère, pseudonyme dans cette langue de Zamenhof). Langue internationale artificielle, créée en 1887 par Zamenhof à partir de racines appartenant essentiellement aux langues romanes.

espérer [ɛspere] **v.t.** (lat. *sperare,* propr. « attendre, s'attendre à ») [conj. **18**]. **1.** Considérer ce qu'on désire comme capable de se réaliser ; attendre avec confiance : *Espérer une récompense* (syn. **escompter**). *J'espère que vous réussirez. Ne vous découragez pas, il faut espérer.* **2. On ne l'espérait plus,** on ne l'attendait plus. ◆ **v.t. ind. [en].** Mettre sa confiance en : *Espérer en Dieu, en l'avenir.*

esperluette [ɛspɛrlɥɛt] **n.f.** (orig. obsc.). Signe typographique (&) représentant le mot *et* : *Dubois & Fils.* (On dit aussi *et commercial.*)

espiègle [ɛspjɛgl] **adj.** et **n.** (de *Ulespiegle,* n. francisé du néerl. *Till Uilenspiegel,* personnage facétieux d'un roman). Vif et malicieux sans méchanceté : *Sourire espiègle* (syn. **malin, coquin**). *Enfant espiègle* syn. **malicieux,** litt. **mutin**).

espièglerie [ɛspjɛgləri] **n.f.** Caractère d'une personne, d'une chose espiègle ; action espiègle : *Espiègleries d'enfant* (syn. **facétie**).

espion, onne [ɛspjɔ̃, -ɔn] **n.** (it. *spione,* de *spiare,* épier). **1.** Agent secret chargé d'espionner, de recueillir des renseignements, de surprendre des secrets, pour le compte de son pays. **2.** Personne qui guette les actions de qqn pour essayer de surprendre ses secrets.

espionnage [ɛspjɔnaʒ] **n.m. 1.** Action d'espionner ; surveillance clandestine. **2.** Activité des espions, ayant pour but de nuire à la sécurité d'une entreprise ou d'un pays au profit d'un autre : *Un réseau d'espionnage.* **3. Espionnage industriel,** recherche de renseignements concernant l'industrie, et, notamm., les procédés de fabrication.

espionner [ɛspjɔne] **v.t.** Surveiller secrètement, pour son compte personnel ou celui d'un autre, dans le but de nuire : *Espionner pour le compte d'une puissance étrangère. Espionner qqn, ses allées et venues* (syn. **épier, guetter**).

esplanade [ɛsplanad] **n.f.** (it. *spianata,* de *spianare,* aplanir, lat. *explanare,* étendre, étaler). Terrain plat, uni et découvert, en avant d'une fortification ou devant un édifice.

espoir [ɛspwar] **n.m.** (de *espérer*). **1.** Fait d'espérer ; état d'attente confiante : *Les sauveteurs conservent l'espoir de le sauver* (syn. **espérance**). *Elle a l'espoir chevillé au corps* (= rien ne peut la décourager). *Dans l'espoir de vous revoir...* (syn. **attente**). *Dans l'espoir que vous m'accorderez une entrevue... Cette nouvelle a ruiné tous nos espoirs.* **2.** Objet de ce sentiment ; personne en qui l'on espère : *Elle est notre unique espoir* (syn. **espérance**). *C'est un des espoirs du cinéma français* (= un débutant prometteur). **3. Il n'y a plus d'espoir,** se dit en parlant d'une personne qui va mourir.

espressivo [ɛsprɛsivo] **adv.** (mot it. « expressif »). MUS. De manière expressive, chaleureuse.

esprit [ɛspri] **n.m.** (lat. *spiritus,* souffle). **1.** Principe immatériel vital, substance incorporelle ; âme (par opp. à *corps,* à *matière*) : *Dans la Bible, « esprit » signifie « souffle de vie ».* **2.** Être incorporel ou imaginaire qui est supposé se manifester sur terre : *Croire aux esprits* (syn. **fantôme, revenant**). **3.** Principe de la pensée ; siège des idées ; activité intellectuelle : *Cultiver son esprit* (syn. **intelligence**). *Une idée me vient à l'esprit. Ce détail m'est sorti de l'esprit* (syn. **pensée, tête**). *Dans mon esprit* (= selon moi). *Perdre l'esprit* (= devenir fou). *Reprendre ses esprits* (= revenir à soi ; retrouver son calme). **4.** Manière de penser ; disposition particulière ; comportement : *Avoir l'esprit d'équipe* (syn. **sens**). *Faire du mauvais esprit* (= critiquer, dénigrer systématiquement). **5.** Sens général, intentions profondes qui résultent d'un texte, d'un propos, etc. (souvent par opp. à *lettre*) : *S'attacher à l'esprit d'un texte de loi.* **6.** Caractère essentiel ; idée directrice : *L'esprit d'une époque.* **7.** Manière originale d'envisager les choses : *Faire de l'esprit. Une remarque pleine d'esprit* (syn. **humour, ironie**). *Cet homme a de l'esprit.* **8.** Personne considérée sur le plan de son activité intellectuelle : *Un esprit avisé. Les grands esprits se rencontrent.* **9.** Nom donné autref. à des corps facilement volatils : *Esprit de bois* (= méthanol). *Esprit de sel* (= acide chlorhydrique). *Esprit de vin* (= alcool éthylique). **10. Esprit rude,** en grec ancien, signe qui marque une attaque aspirée du mot commençant par une voyelle ou par un rhô (par opp. à l'*esprit doux,* qui affecte les voyelles initiales en l'absence d'aspiration). / **Mot d'esprit,** répartie piquante. / **Présence d'esprit,** promptitude à dire ou à faire ce qui est le plus à propos. / **Rendre l'esprit,** mourir. / **Trait d'esprit,** remarque fine, ingénieuse, brillante. **11. Vue de l'esprit,** idée chimérique, utopique.

esquif [ɛskif] **n.m.** (anc. it. *schifo*). *LITT.* Embarcation légère.

Esquilin ***(mont),*** une des sept collines de Rome, à l'est de la ville, sur la rive gauche du Tibre.

esquille [ɛskij] **n.f.** (lat. *schidia,* copeau, gr. *skhidion,* de *skhizein,* fendre). Petit fragment d'un os fracturé.

1. esquimau, aude [ɛskimo, -od] **adj.** et **n.** (de l'esquimau, *Eskimo*). Qui appartient au peuple des Esquimaux ; inuit : *Un igloo esquimau. Les Esquimaux se nomment eux-mêmes « Inuits ».* ***Rem.*** On rencontre parfois la graphie *eskimo* et l'adj. fém. *esquimau.* ◆ **esquimau n.m.** Langue parlée par les Esquimaux.

2. Esquimau [ɛskimo] **n.m.** (nom déposé). Crème glacée enrobée de chocolat, fixée sur un bâtonnet.

Esquimaux ou **Eskimo** ⟶ **Inuits.**

esquinter [ɛskɛ̃te] **v.t.** (prov. *esquinta,* lat pop. **exquintare,* mettre en cinq morceaux, du class. *quintus,* cinquième). *FAM.* **1.** Fatiguer beaucoup : *Ce voyage m'a esquinté* (syn. **épuiser, exténuer**). **2.** Détériorer, endommager : *Esquinter sa voiture* (syn. **abîmer**). **3.** Critiquer sévèrement : *Esquinter un auteur* (syn. **éreinter**).

Esquirol (Jean Étienne Dominique), médecin français (Toulouse 1772 - Paris 1840). Disciple de Pinel, il poursuivit le travail de celui-ci en délimitant idiotie et démence, hallucinations et illusions, et créa la classe des monomanies. Il considère l'aliénation mentale comme résultant de causes physiques ou morales, mais accorde à ces dernières une fonction prépondérante. Il a joué un rôle fondamental dans la mise en place en France des institutions psychiatriques.

esquisse [ɛskis] **n.f.** (it. *schizzo,* dessin). **1.** Première forme, traitée à grands traits et génér. en dimensions réduites, du projet d'une œuvre plastique, d'une œuvre d'art appliqué ou d'une construction. **2.** Indication sommaire de l'ensemble d'une œuvre littéraire et de ses parties : *L'esquisse d'un roman* (syn. **plan**). **3.** Recomm. off. pour *rough.* **4.** Commencement : *Esquisse d'un sourire* (syn. **ébauche, amorce**).

esquisser [ɛskise] **v.t.** (it. *schizzare,* dessiner). **1.** Faire l'esquisse de qqch, décrire à grands traits : *Esquisser un portrait, le plan d'un roman* (syn. **ébaucher**). **2.** Commencer à faire : *Esquisser un geste de défense* (syn. **amorcer**).

esquive [ɛskiv] **n.f.** (de *esquiver*). Action d'éviter un coup par un déplacement du corps.

esquiver [ɛskive] **v.t.** (it. *schivare,* de *schivo,* dédaigneux). **1.** Éviter adroitement un coup, une attaque. **2.** Se soustraire habilement à une difficulté : *Esquiver une question gênante* (syn. **éluder, éviter**). ◆ **s'esquiver v.pr.** Se retirer furtivement.

essai [esɛ] **n.m.** (lat. *exagium,* pesée). **1.** Action d'essayer, de tester les qualités de qqn, qqch : *Faire l'essai d'une machine* (syn. **expérimentation**). *Mettre qqn à l'essai* (syn. **épreuve**). **2.** DR. Période prévue dans le contrat de travail et préalable à l'engagement définitif : *Engager un collaborateur à l'essai.* **3.** Effort fait pour réussir qqch : *Pour un coup d'essai, ce fut un coup de maître. Le champion a battu le record au deuxième essai* (syn. **tentative**). **4.** MIN. Recherche rapide des métaux dans les minerais. **5.** LITTÉR. Ouvrage en prose regroupant des réflexions diverses, ou traitant un sujet sans l'épuiser : *Les « Essais » de Montaigne.* **6.** Au rugby, action de déposer ou de plaquer au sol le ballon dans l'en-but adverse : *Marquer, transformer un essai.*

essaim [esɛ̃] **n.m.** (lat. *examen,* de *exigere,* pousser dehors). **1.** Groupe d'abeilles, comportant une reine et plusieurs dizaines de milliers d'ouvrières qui, à la belle saison, abandonne une ruche surpeuplée en vue de fonder une nouvelle ruche. **2.** *LITT.* Multitude, foule : *Un essaim d'écoliers se répand dans la rue* (syn. **nuée**).

essaimage [esemaʒ] **n.m.** Action d'essaimer, en parlant des abeilles ; époque où les abeilles essaiment.

essaimer [eseme] **v.i. 1.** Se disperser en formant un essaim pour fonder une nouvelle colonie : *Les abeilles essaiment au printemps.* **2.** *SOUT.* Se disperser pour former de nouveaux groupes : *Les Irlandais ont essaimé aux États-Unis.*

essarter [esarte] **v.t.** (de *essart,* déboisement en vue d'une culture, bas lat. *exartum,* du class. *sarrire,* sarcler). AGRIC. Arracher et brûler les broussailles d'un terrain, afin de le cultiver.

essayage [esejaʒ] **n.m.** Action d'essayer un vêtement : *Salon, cabine d'essayage.*

essayer [eseje] **v.t.** (lat. pop. **exagiare,* de *exagium,* pesée) [conj. **11**]. **1.** Utiliser qqch pour en éprouver les qualités, pour vérifier son fonctionnement, ses mesures, son efficacité : *Essayer une voiture* (syn. **tester**). *Essayer une robe* (= la passer sur soi). **2.** *FAM.* Avoir recours aux services de qqn pour la première fois : *Essayer un nouveau coiffeur.* **3. Essayer de,** faire des efforts, des tentatives en vue de : *Essayez de le persuader* (syn. **s'efforcer de, tenter de**). ◆ **s'essayer v.pr. [à].** S'exercer à : *S'essayer à monter à cheval.*

essayeur, euse [esejœr, -øz] **n.** Personne qui procède à l'essayage d'un vêtement, chez un tailleur, un couturier.

essayiste [esejist] **n.** (angl. *essayist*). Auteur d'essais littéraires.

esse [ɛs] **n.f.** (de la lettre *S*). **1.** Crochet en forme de S. **2.** Ouïe du violon.

Essen, v. d'Allemagne (Rhénanie-du-Nord-Westphalie), dans la Ruhr ; 566 201 hab. Centre métallurgique. Cathédrale, anc. abbatiale, à deux chœurs opposés (massif occidental du milieu du XIe s.). Musée Folkwang (art des XIXe et XXe s.).

essence [esɑ̃s] **n.f.** (lat. *essentia,* de *esse,* être). **1.** PHILOS. Ce qui constitue le caractère fondamental, la réalité permanente d'une chose (par opp. à *accident*) ; nature d'un être, indépendamment de son existence. **2.** Nature intime, caractère propre à une chose, à un être : *Essence divine. On touche à l'essence même de l'homme. Un postulat est, par essence, indémontrable* (= par nature). **3.** SYLV. Espèce d'arbre : *Les essences résineuses.* **4.** Liquide pétrolier léger, à odeur caractéristique, distillant entre 40 °C et 210 °C environ, utilisé comme carburant, comme solvant ou pour divers usages industriels. **5.** Extrait, concentré de certaines substances aromatiques ou alimentaires obtenu par distillation : *Essence de rose, de café.*

essentiel, elle [esɑ̃sjɛl] **adj. 1.** PHILOS. Relatif à l'essence, à la nature intime d'une chose ou d'un être (par opp. à *accidentel*). **2.** Nécessaire ou très important : *La pièce essentielle d'un mécanisme* (syn. **principal**). *C'est un point essentiel* (syn. **capital** ; contr. **secondaire**). **3.** MÉD. Se dit d'une maladie dont la cause est inconnue. **4.** Relatif à une essence alimentaire ou aromatique : *Huile essentielle.* ◆ **essentiel n.m. 1.** Le point le plus important ; le principal : *L'essentiel est d'être en bonne santé.* **2.** Objets nécessaires, indispensables : *Emporter l'essentiel.* **3.** La plus grande partie de : *Passer l'essentiel de son temps à travailler.*

essentiellement [esɑ̃sjɛlmɑ̃] **adv.** Par-dessus tout ; principalement.

esseulé, e [esœle] **adj.** *LITT.* Laissé seul ; abandonné (syn. **délaissé, solitaire**).

Essex, comté d'Angleterre, sur l'estuaire de la Tamise ; 1 393 587 hab. ; ch.-l. *Chelmsford.* Anc. royaume saxon fondé au VIe s., il fut réuni au Wessex en 825 ; cap. *Lunden (Londres).*

essieu [esjø] **n.m.** (lat. pop. **axilis,* du class. *axis,* axe). Axe placé sous un véhicule pour en supporter le poids, et dont les extrémités entrent dans le moyeu des roues.

Essonne [91], dép. de la Région Île-de-France, créé en 1964 ; ch.-l. de dép. *Évry ;* ch.-l. d'arr. *Étampes, Palaiseau ;* 3 arr., 21 cant., 196 comm. ; 1 804 km^2 ; 1 257 065 hab.

essor [esɔr] **n.m.** (de l'anc. fr. *s'essorer,* voler). **1.** Développement, progrès de qqch : *Une industrie en plein essor. Le tourisme connaît un nouvel essor dans cette région* (syn. **élan**). **2.** *LITT.* **Donner l'essor à son imagination,** lui donner libre cours. **3. Prendre son essor,** s'envoler, en parlant d'un oiseau ; au fig., commencer à se développer.

essorage [esɔraʒ] **n.m.** Action d'essorer : *Ne pas ouvrir la machine avant la fin de l'essorage.*

essoré, e [esɔre] **adj.** *FAM.* À bout de forces : *Sortir essoré d'une campagne électorale* ; ruiné : *Il a été complètement essoré par cet escroc.*

essorer [esɔre] **v.t.** (lat. pop. **exaurare,* exposer à l'air, du class. *aura,* vent). Débarrasser le linge, un aliment, un produit de l'eau dont il est imprégné : *Essorer un pull à la main* (syn. **tordre**). *Essorer un chou après l'avoir blanchi.*

essoreuse [esɔrøz] **n.f. 1.** Appareil ménager servant à essorer le linge en le faisant tourner dans un tambour. **2.** Ustensile de ménage constitué d'une cuve cylindrique à l'intérieur de laquelle tourne un panier percé de trous, utilisé pour essorer la salade.

essoriller [esɔrije] **v.t.** (de *oreille*). Couper, raccourcir (génér. dans un but esthétique) les oreilles d'un animal : *Essoriller un chien.*

essoucher [esuʃe] **v.t.** (de *souche*). Enlever d'un terrain les souches qui sont restées après l'abattage des arbres.

essoufflement [esufləmɑ̃] **n.m. 1.** État de qqn qui est essoufflé ; respiration gênée, difficile : *L'essoufflement d'un asthmatique* (syn. **dyspnée**). **2.** Incapacité à suivre le rythme d'une progression : *L'essoufflement de l'industrie textile.*

essouffler [esufle] **v.t.** Faire perdre le souffle normal à : *Cette course l'a essoufflé* (= l'a mis hors d'haleine). *Être essoufflé* (= être à bout de souffle). ◆ **s'essouffler v.pr. 1.** Perdre son souffle ; perdre haleine : *Il s'essouffle vite* (syn. **haleter, souffler**). **2.** Avoir de la peine à poursuivre une action entreprise ; ne plus pouvoir suivre un rythme de croissance : *La vogue des films catastrophe s'essouffle.*

essuie-glace [esɥiglas] **n.m.** (pl. *essuie-glaces*). Dispositif, formé d'un balai muni d'une lame de caoutchouc, destiné à essuyer le pare-brise ou la vitre arrière mouillés d'un véhicule.

essuie-mains [esɥimɛ̃] **n.m. inv.** Linge pour s'essuyer les mains.

essuyage [esɥijaʒ] **n.m.** Action ou manière d'essuyer : *Un torchon fin pour l'essuyage des verres.*

essuyer [esɥije] **v.t.** (bas lat. *exsucare,* de *sucus,* sève) [conj. **14**]. **1.** Débarrasser qqch d'un liquide, de la poussière, etc., dont il était couvert : *Essuyer la vaisselle. Essuyer les meubles* (syn. **épousseter**). *Essuyez vos pieds avant d'entrer.* **2.** Avoir à supporter qqch de pénible, de fâcheux, de désagréable : *Nous avons essuyé une tempête au large des Bermudes* (syn. **subir**). *Essuyer un échec. Elle a essuyé mon refus sans broncher* (syn. **endurer**). **3. Essuyer les plâtres,** habiter le premier une maison nouvellement construite ; au fig., fam., être le premier à subir les inconvénients d'une affaire, d'une entreprise : *Ils ont essuyé les plâtres de la nouvelle méthode.* ◆ **s'essuyer v.pr. S'essuyer qqch** (une partie du corps) ou **s'essuyer** (absol.), frotter une partie de son corps pour la sécher, ou en ôter la poussière, etc. : *S'essuyer le visage, les mains.*

est [ɛst] **n.m. inv.** (angl. *east*). **1.** L'un des quatre points cardinaux, situé du côté de l'horizon où le soleil se lève : *La Pologne se trouve à l'est de la France. Faire route vers l'est* (syn. litt. **orient, levant**). **2.** (Avec une majuscule). Partie d'un territoire située vers ce point : *Prendre des vacances dans l'Est.* **3.** (Avec une majuscule). Ensemble des pays d'Europe qui appartenaient au bloc socialiste. ◆ **adj. inv.** Situé à l'est : *La côte est des États-Unis* (syn. **oriental**).

establishment [ɛstabliʃmɛnt] **n.m.** (mot angl.). Groupe puissant de gens en place qui défendent leurs privilèges, l'ordre établi.

estafette [ɛstafɛt] **n.f.** (it. *staffetta,* petit étrier). Militaire chargé de transmettre les dépêches.

estafilade [ɛstafilad] **n.f.** (it. *staffilata,* coup de fouet). Entaille faite avec un instrument tranchant, princ. au visage : *Une estafilade barrait sa joue gauche* (syn. **balafre, entaille**).

est-allemand, e [ɛstalmɑ̃, -ɑ̃d] **adj.** (pl. *est-allemands, es*). De l'ancienne République démocratique allemande, dite *Allemagne de l'Est.*

estaminet [ɛstaminɛ] **n.m.** (wallon *staminê,* de *stamon,* poteau). *VX.* Petit café ; débit de boissons.

estampage [ɛstɑ̃paʒ] **n.m.** (de *estamper*). **1.** Façonnage, par déformation plastique, d'une masse de métal à l'aide de matrices, permettant de lui donner une forme et des dimensions très proches de celles de la pièce finie. **2.** *FAM.* Action d'escroquer qqn en lui soutirant de l'argent (syn. **escroquerie**).

estampe [ɛstɑ̃p] **n.f.** (de *estamper*). Image imprimée, le plus souvent sur papier, après avoir été gravée sur métal, bois, etc., ou dessinée sur support lithographique.

■ **XVe et XVIe siècles.** Les *xylographies* (images religieuses avec texte, livres de piété, cartes à jouer, etc., gravés sur bois de fil en *taille d'épargne* [en relief]) sont répandues au XVe s. dans les pays germaniques, où s'imposent la verve et la technique, en Italie, où domine un souci de beauté formelle, et en France, où ces influences se mêlent. La *taille-douce* (gravure en creux sur métal obtenue par divers moyens : burin, pointe sèche, eau-forte, plus tard manière noire, aquatinte, vernis mou...) apparaît au milieu du XVe s., et va faire de la gravure un art de la Renaissance. En Italie, à l'orfèvre Maso Finiguerra succèdent Mantegna puis le Parmesan, tandis que Marcantonio Raimondi donne ses lettres de noblesse à la gravure de reproduction (peintures de Raphaël) ; en Allemagne, Schongauer est suivi par Dürer, dont la perfection retentit dans l'œuvre des Altdorfer, Cranach, H. Baldung ; aux Pays-Bas, Lucas de Leyde précède la virtuosité maniériste d'un Hendrick Goltzius. En France, à côté de J. Cousin le Père, de nombreux graveurs, tel Étienne Delaune, diffusent l'art de l'école de Fontainebleau.

XVIIe et XVIIIe siècles. L'école française s'affirme au XVIIe s. avec les portraitistes comme Robert Nanteuil, le précis et foisonnant Callot (*les Misères et malheurs de la guerre,* 1633), les interprètes du « grand goût » royal tel Gérard Audran, et au XVIIIe s. avec de nombreux artistes aussi virtuoses dans le portrait et la reproduction (œuvres de Watteau, Chardin, Boucher...) que dans l'illustration d'ouvrages littéraires ou scientifiques (l'*Encyclopédie*). Dans le même temps, Van Dyck et les graveurs de Rubens en Flandres, Hercules Seghers et Rembrandt en Hollande, puis les Italiens Tiepolo (*Caprices,* v. 1740) et Piranèse (*Prisons,* v. 1745) apparaissent comme des figures dominantes. À côté de la gravure néoclassique, à laquelle convient la rigueur du burin, l'eau-forte s'accorde à la violence inquiète de Goya (*Caprices,* 1799), mais aussi à l'acuité des satiristes anglais (Hogarth, Thomas Rowlandson...).

XIXe siècle. La *lithographie* attire les artistes romantiques (Géricault, Delacroix), mais ce sont surtout Daumier, maître de la satire politique et sociale, Toulouse-Lautrec avec ses estampes et affiches en couleurs, Redon avec ses « noirs » mystérieux qui en tirent le meilleur parti. Toutefois, l'eau-forte garde son importance avec Millet, les vues de Paris de Charles Méryon, etc., tandis que l'estampe japonaise influence Degas, Van Gogh, Gauguin et Toulouse-Lautrec par son absence de modelé, son jeu de lignes et de plans. Tout au long du siècle, lithographie et gravure sur bois de bout servent à illustrer journaux et livres.

XXe siècle. De nos jours, l'estampe est supplantée comme moyen de reproduction par la photographie et appartient surtout, désormais, aux créateurs. Presque tous les artistes importants ont fait appel à sa force d'expression, à son caractère direct, à sa diversité, que ce soit Picasso ou Villon, Rouault ou Chagall, ou encore les expressionnistes allemands. Mais, tandis que la gravure et la lithographie constituent une partie notable de l'œuvre de nombreux peintres (Miró, Hartung, les artistes de Cobra, etc.), qu'un Stanley William Hayter diffuse les procédés (aquatinte en couleurs...) aptes à transmettre la sensibilité de l'art abstrait lyrique, une nouvelle technique, la *sérigraphie,* se montre particulièrement adaptée aux aplats de couleurs d'un artiste cinétique comme Vasarely ou aux reports photographiques d'un Rauschenberg, d'un Warhol. ■

estamper [ɛstɑ̃pe] **v.t.** (it. *stampare,* frq. **stampôn,* fouler, piler). **1.** TECHN. Mettre en forme par estampage. **2.** *FAM.* Faire payer qqch trop cher à qqn : *Le voyagiste nous a estampés* (syn. **escroquer, voler**).

estampeur, euse [ɛstɑ̃pœr, -øz] **n. 1.** TECHN. Personne qui pratique l'estampage. **2.** *FAM.* Escroc.

estampillage [ɛstɑ̃pijaʒ] **n.m.** Action d'estampiller : *L'estampillage de marchandises avant leur chargement.*

estampille [ɛstɑ̃pij] **n.f.** (esp. *estampilla,* de *estampar,* graver). Marque appliquée sur un objet d'art en guise de signature ou sur un produit industriel comme garantie d'authenticité : *Vérifier que les estampilles nécessaires ont été apposées sur des statuettes* (syn. **cachet, sceau**).

estampiller [ɛstɑ̃pije] **v.t.** Marquer d'une estampille : *Estampiller les coffrets avant de les mettre dans des caisses.*

Estanguet (Tony), canoéiste français (Pau 1978). Seul Français sacré champion olympique dans trois J.O. (2000, 2004 et 2012), dans l'épreuve de slalom en canoë monoplace, il a aussi été triple champion d'Europe (2000, 2006, 2011) et du monde (2006, 2009, 2010) dans cette discipline.

est-ce que [ɛskə] **adv. interr.** S'emploie à la place de l'inversion du sujet et du verbe : **1.** En tête de phrase lorsque la question appelle une réponse par oui ou par non : *Est-ce que tu viens demain ?* (= viens-tu demain ?). *Est-ce qu'il pleut beaucoup ?* (= pleut-il beaucoup ?). **2.** *FAM.* Après un adverbe ou un pronom interrogatif : *Quand est-ce qu'il vient ?* (= quand vient-il ?).

Este (*maison* **d'),** famille princière d'Italie, qui gouverna longtemps Ferrare, Modène et Reggio et protégea des artistes et écrivains de la Renaissance tels que l'Arioste et le Tasse.

1. ester [ɛste] **v.i.** (lat. *stare,* se tenir debout). [Seul. à l'inf.]. DR. **Ester en justice,** exercer une action en justice.

2. ester [ɛstɛr] **n.m.** (mot créé par le chimiste all. Gmeltin, d'apr. *éther*). CHIM. Nom générique des composés résultant de l'action d'un oxacide sur un alcool, avec élimination d'eau.

Esther, héroïne du livre biblique qui porte son nom, composé dans les communautés de la Diaspora v. le IIe s. av. J.-C. Elle y est présentée comme une jeune fille juive d'une grande beauté déportée dans l'Empire perse. L'ayant remarquée, le roi Assuérus l'épousa. Devenue reine des Perses, Esther sauva ses compatriotes d'un massacre ordonné par son époux. Les juifs, qui en font le dernier des Cinq Rouleaux (Megillot), lisent le livre d'Esther lors de la fête de Pourim.

esthète [ɛstɛt] **n.** et **adj.** (du gr. *aisthêtês,* qui perçoit par les sens). **1.** Personne qui aime l'art et le considère comme une valeur essentielle. **2.** Personne qui affecte le culte du beau, au détriment de toute autre valeur (péjor.).

esthéticien, enne [ɛstetisjɛ̃, -ɛn] **n. 1.** Écrivain, philosophe qui s'occupe d'esthétique. **2.** (Surtout au fém.). Spécialiste des soins du corps et du visage dans un institut de beauté.

1. esthétique [ɛstetik] **adj.** (gr. *aisthêtikos,* sensible, perceptible, de *aisthanesthai,* percevoir par les sens). **1.** Qui a rapport au sens du beau, à la perception du beau : *Il n'a pas le sens esthétique.* **2.** Qui a une certaine beauté, de la grâce : *Coiffure très esthétique* (syn. **joli**). *Ce tas d'ordures n'a rien d'esthétique* (syn. **décoratif**). **3.** Qui entretient la beauté du corps : *Soins esthétiques.* **4. Chirurgie esthétique,** partie de la chirurgie plastique destinée à améliorer l'aspect du corps, et plus spécial. du visage.

2. esthétique [ɛstetik] **n.f.** (de *1. esthétique*). **1.** Théorie du beau, de la beauté en général et du sentiment qu'elle fait naître en nous. **2.** Ensemble des principes à la base d'une expression artistique, littéraire, etc., visant à la rendre conforme à un idéal de beauté : *L'esthétique classique.* **3.** Harmonie, beauté d'une forme d'art quelconque : *L'esthétique d'une construction.*

esthétiquement [ɛstetikmɑ̃] **adv.** De façon esthétique : *Des fleurs esthétiquement disposées* (syn. **artistiquement**).

esthétisant, e [ɛstetizɑ̃, -ɑ̃t] **adj.** Qui privilégie le jeu raffiné des valeurs formelles : *Écrivain esthétisant.*

esthétisme [ɛstetism] **n.m.** Doctrine ou attitude artistique qui met au premier plan le raffinement ou la virtuosité formels.

Estienne, famille d'humanistes français, imprimeurs et éditeurs. • **Robert Ier** (Paris 1503 - Genève 1559), auteur d'un *Dictionnaire latin-français* (1538), est le père de la lexicographie française. • **Henri II** (Paris 1528 ? - Lyon 1598), son fils, helléniste, auteur d'un *Thesaurus graecae linguae,* défendit l'emploi de la langue nationale dans *De la précellence du langage français* (1579).

Estienne d'Orves (Honoré d'), officier de marine français (Verrières-le-Buisson 1901 - mont Valérien 1941). Résistant de la première heure, il fut fusillé par les Allemands.

estimable [ɛstimabl] **adj. 1.** Qui est digne d'estime : *Un homme fort estimable* (syn. **honorable, respectable**). **2.** Qui a de la valeur sans être remarquable : *Son dernier film est estimable.* **3.** Qu'on peut évaluer : *Fortune difficilement estimable* (syn. **calculable, chiffrable**).

estimatif, ive [ɛstimatif, -iv] **adj.** Qui constitue une estimation : *Devis estimatif des travaux.*

estimation [ɛstimasjɔ̃] **n.f.** (lat. *aestimatio,* évaluation ; v. *estimer*). Détermination exacte ou approximative de la valeur de qqch : *L'estimation des dégâts* (syn. **évaluation**).

estime [ɛstim] **n.f.** (de *estimer*). **1.** Bonne opinion que l'on porte sur qqn ou qqch : *Sa droiture lui a valu l'estime de tous* (syn. **respect, considération**). **2.** MAR. Détermination de la position d'un navire, en tenant compte des courants de la dérive : *Naviguer à l'estime.* **3. À l'estime,** au juger : *Évaluer le poids d'un colis à l'estime.* / **Succès d'estime,** demi-succès d'une œuvre, accueillie favorablement par la critique mais boudée par le grand public.

estimer [ɛstime] **v.t.** (lat. *aestimare,* juger). **1.** Déterminer la valeur d'un bien, le prix d'un objet : *Faire estimer un tableau* (syn. **coter, expertiser**). **2.** Calculer approximativement : *Estimer une distance* (syn. **évaluer**). **3.** Avoir une bonne opinion de qqn, reconnaître sa valeur : *J'estime beaucoup votre père* (syn. **respecter**). **4.** Être d'avis ; avoir pour opinion : *J'estime que tu peux mieux faire* (syn. **considérer, penser**). *Il a estimé inutile de nous en parler* (syn. **juger**). ◆ **s'estimer v.pr.** Se considérer comme, se croire : *S'estimer satisfait. Estimez-vous heureux* (= réjouissez-vous).

estivage [ɛstivaʒ] **n.m.** (mot prov., de *estivar,* transhumer). Migration des troupeaux dans les pâturages d'été.

estival, e, aux [ɛstival, -o] **adj.** (bas lat. *aestivalis,* de l'été). Relatif à l'été ; qui a lieu en été : *Tenue estivale. Travail estival.*

estivant, e [ɛstivɑ̃, -ɑ̃t] **n.** (du prov. *estiva,* lat. *aestivare,* passer l'été, de *aestas ;* v. *été*). Personne qui passe ses vacances d'été dans un lieu de villégiature : *En juillet, les estivants affluent sur les plages* (syn. **vacancier**).

estoc [ɛstɔk] **n.m.** (de l'anc. fr. *estochier,* frapper, moyen néerl. *stoken,* du frq. **stok,* bâton avec l'infl. de l'it. *stocco,* épée). **1.** Épée d'armes frappant de pointe (XVe-XVIe s.). **2. Frapper d'estoc et de taille,** frapper en se servant de la pointe et du tranchant d'une arme blanche.

estocade [ɛstɔkad] **n.f.** (it. *stoccata,* coup de bâton, de *stocco,* épée). **1.** *VX.* Coup donné avec la pointe de l'épée. **2.** Coup d'épée porté par le matador pour achever le taureau : *Donner l'estocade.* **3.** *LITT.* Attaque violente et soudaine : *Un témoin désarçonné par les estocades de l'avocat.*

estomac [ɛstɔma] **n.m.** (lat. *stomachus,* gr. *stomakhos,* de *stoma,* bouche). **1.** Chez l'homme, partie du tube digestif renflée en poche et située sous le diaphragme, entre l'œsophage et l'intestin grêle, où les aliments sont brassés et imprégnés de suc gastrique : *Avoir l'estomac barbouillé.* **2.** Chez les animaux, partie renflée du tube digestif, formée de quatre poches chez les ruminants. **3.** Partie du corps qui correspond à l'estomac : *Recevoir un coup dans l'estomac.* **4.** *FAM.* **À l'estomac,** par une audace qui en impose : *Y aller à l'estomac* (= au culot). / *FAM.* **Avoir de l'estomac,** avoir de la hardiesse ou de l'audace. / *FAM.* **Avoir l'estomac dans les talons,** avoir très faim.

estomaquer [ɛstɔmake] **v.t.** (lat. *stomachari,* s'irriter, de *stomachus*). FAM. Causer à qqn une vive surprise, agréable ou désagréable : *Sa réponse m'a estomaqué* (syn. **stupéfier**).

estompe [ɛstɔ̃p] **n.f.** (néerl. *stomp,* bout). Peau, papier roulés et terminés en pointe servant à étaler le crayon, le fusain, le pastel sur un dessin ; dessin ainsi obtenu.

estomper [ɛstɔ̃pe] **v.t.** (de *estompe*). **1.** Adoucir ou ombrer un dessin avec l'estompe : *Estomper un pastel.* **2.** Couvrir qqch d'une ombre légèrement dégradée ; atténuer la rudesse, l'acuité de qqch : *Brouillard qui estompe le paysage* (syn. **voiler**). *Estomper les difficultés* (syn. **adoucir**). ◆ **s'estomper** **v.pr.** Devenir moins marqué, moins fort : *Cicatrice qui s'estompe* (syn. **s'effacer**). *Souvenirs qui s'estompent* (= qui deviennent flous). *Sa rancœur s'estompera avec le temps* (syn. **s'atténuer**).

Estonie, en estonien **Eesti,** État d'Europe, sur la Baltique ; 45 000 km² ; 1 287 000 hab. *(Estoniens).* CAP. *Tallinn.* LANGUE : *estonien.* MONNAIE : *euro.*

GÉOGRAPHIE

Fortement urbanisée (Tallinn, Tartu, Narva sont les principales villes), peuplée pour près des deux tiers d'Estoniens (mais comptant près de 30 % de Russes), l'Estonie est la plus petite des Républiques baltes. Elle associe élevage (développé sous un climat humide et sur des sols peu fertiles), sylviculture, exploitation du sous-sol (schistes bitumineux) et industries diversifiées (engrais, textile, travail du bois et du cuir, constructions mécaniques et électriques).

HISTOIRE

D'origine finno-ougrienne, les Estoniens s'unissent contre les envahisseurs vikings (IXe s.), russes (XIe-XIIe s.), puis sont écrasés en 1217 par les Danois et les Allemands (chevaliers Porte-Glaive).

1346-1561. La région est gouvernée par les chevaliers Porte-Glaive.

1629. Elle passe sous domination suédoise.

1721. Elle est intégrée à l'Empire russe.

1920. La Russie soviétique reconnaît son indépendance.

1940. Elle est, conformément au pacte germano-soviétique, intégrée à l'U.R.S.S.

1941-1944. Elle est occupée par les Allemands.

1944. Elle redevient une république soviétique.

1991. L'indépendance est restaurée (sept.).

2004. L'Estonie adhère à l'Union européenne et est intégrée dans l'O.T.A.N.

2011. Elle est le premier État balte à pouvoir entrer dans la zone euro.

estonien, enne [ɛstɔnjɛ̃, -ɛn] **adj.** et **n.** De l'Estonie. ◆ **estonien** **n.m.** Langue finno-ougrienne parlée en Estonie.

estourbir [ɛsturbir] **v.t.** (de l'all. *gestorben,* mort) [conj. **32**]. FAM. Assommer, tuer ; étourdir par un coup.

estrade [ɛstrad] **n.f.** (esp. *estrado,* lat. *stratum,* plate-forme). Petit plancher surélevé destiné à recevoir des sièges, une tribune, etc. : *Le bureau est placé sur une estrade.*

estragon [ɛstragɔ̃] **n.m.** (altér. de l'anc. mot *targon,* du lat. *tarchon,* de l'ar. *tarkhoûn*). Plante potagère aromatique utilisée comme condiment. ▸ Famille des composées.

estrapade [ɛstrapad] **n.f.** (it. *strappata,* de *strappare,* arracher, gotique **strappan,* atteler). HIST. Supplice qui consistait à hisser le coupable à une certaine hauteur, puis à le laisser tomber plusieurs fois ; mât, potence servant à ce supplice.

Estrées (*maison* **d'**), famille française, qui compte parmi ses membres plusieurs maréchaux ainsi que **Gabrielle** (Cœuvres, Aisne, 1571 - Paris 1599), favorite d'Henri IV.

Estrela ***(serra da),*** chaîne de montagnes du Portugal central ; 1 991 m (point culminant du pays).

Estrémadure, région de la péninsule Ibérique (Espagne et Portugal).

Estrémadure, en esp. **Extremadura,** communauté autonome d' Espagne ; 41 602 km² ; 1 104 499 hab. CAP. *Mérida.* 2 prov. (*Badajoz* et *Cáceres*).

Estrémadure, en port. **Estremadura,** région du Portugal. Elle correspond partiellement aux districts de Leiria, Santarém et Lisbonne.

Estrie ou **Cantons de l'Est,** région du Canada (Québec), à l'E. de Montréal, limitrophe des États-Unis ; 10 698 km² ; 302 161 hab.

estropié, e [ɛstrɔpje] **adj.** et **n.** Se dit de qqn privé de l'usage normal d'un ou de plusieurs membres : *Rester estropié à la suite d'un accident* (syn. **infirme**).

estropier [ɛstrɔpje] **v.t.** (it. *stroppiare,* probabl. du lat. pop. **exturpiare,* du class. *turpis,* laid, difforme) [conj. **9**]. **1.** Priver de l'usage normal d'un ou de plusieurs membres : *Il a été estropié* (syn. **mutiler**). **2.** Déformer dans la prononciation ou l'orthographe : *Estropier un nom* (syn. **écorcher**).

estuaire [ɛstɥɛr] **n.m.** (lat. *aestuarium,* de *aestus,* agitation de la mer). Embouchure d'un fleuve sur une mer ouverte et où se font sentir les marées : *L'estuaire de la Gironde.*

estudiantin, e [ɛstydjɑ̃tɛ̃, -in] **adj.** (esp. *estudiantino,* de *estudiante,* étudiant). Relatif aux étudiants : *Vie estudiantine* (syn. **étudiant**).

esturgeon [ɛstyrʒɔ̃] **n.m.** (frq. **sturjo*). Grand poisson des régions tempérées de l'hémisphère Nord qui passe un ou deux ans dans les estuaires avant d'achever sa croissance en mer. ▸ Chaque femelle, qui peut atteindre 6 m de long et 200 kg, pond en eau douce de 3 à 4 millions d'œufs qui constituent le *caviar.*

et [e] **conj. coord.** (mot lat.). Indique : **1.** L'adjonction, qui peut avoir valeur d'addition, de comparaison ou d'opposition : *Il faut agir vite et bien. Le vin de table français et le vin de table espagnol n'ont pas la même teneur en alcool. Tu viens d'arriver et tu veux déjà repartir ?* **2.** En tête d'énoncé, un renforcement emphatique : *Et moi, vous ne me demandez pas mon avis ? Et voilà, nous sommes arrivés.*

E.T.A. (sigle de **Euskadi ta Askatasuna,** en fr. **Pays basque et liberté**), organisation armée clandestine séparatiste basque issue en 1959 de l'aile extrémiste du mouvement nationaliste basque. Revendiquant l'indépendance du Pays basque, elle mène de nombreuses actions violentes (attentats) avant d'annoncer, en 2011, qu'elle renonce à la lutte armée.

êta [ɛta] **n.m. inv.** Septième lettre de l'alphabet grec (Η, η).

étable [etabl] **n.f.** (lat. pop. **stabula,* du class. *stabulum,* lieu où l'on séjourne). Bâtiment destiné au logement des bestiaux, en partic. des bovins.

1. établi, e [etabli] **adj.** (p. passé de *établir*). **1.** Qui est solide et durable : *Réputation établie* (syn. **assis, stable**). **2.** Qui est admis, ancré, respecté comme tel : *Les usages établis.* **3.** Qui est instauré de manière durable : *Pouvoir établi* (= en place). *Ordre établi* (= en vigueur).

2. établi [etabli] **n.m.** (de *établir*). Table de travail des menuisiers, des ajusteurs, des tailleurs, etc.

établir [etablir] **v.t.** (lat. *stabilire,* de *stabilis,* stable, solide) [conj. **32**]. **1.** Fixer dans un lieu, une position : *Établir son domicile à Paris* (syn. **installer**). **2.** Fonder : *Établir une théorie* (syn. **créer**). *Établir un usage, un règlement* (syn. **instituer, instaurer**). **3.** Rédiger une liste, un inventaire, une facture, etc. : *Établir un planning, un devis* (syn. **dresser**). **4.** LITT. Pourvoir d'une situation sociale, d'un emploi : *Établir ses enfants* (syn. **installer**). **5.** Démontrer la réalité de : *Établir l'innocence d'un accusé* (syn. **prouver**). ◆ **s'établir** **v.pr.** Fixer sa demeure, son commerce, son activité : *S'établir en province* (syn. **s'implanter**).

établissement [etablismɑ̃] **n.m.** **1.** Action d'établir, de s'établir : *L'établissement d'un barrage* (syn. **construction**). *L'établissement d'immigrants dans leur patrie d'adoption* (syn. **implantation**). **2.** Maison où se donne un enseignement (école, collège ou lycée) : *Chef d'établissement.* **3.** Entreprise commerciale ou industrielle : *Le siège social d'un établissement de transports* (syn. **maison**). **4. Établissement financier,** entreprise qui, sans posséder la qualification de banque, participe à certaines opérations financières. / **Établissement public,**

personne morale de droit public, ayant l'autonomie financière, génér. chargée d'assurer un service public, ou d'exercer des activités industrielles ou commerciales.

étage [etaʒ] **n.m.** (lat. pop. **staticum,* class. *statio,* de *stare,* être debout). **1.** Chacun des intervalles compris entre deux planchers d'un bâtiment : *Immeuble de dix étages.* **2.** Chacun des niveaux d'une chose formée de parties superposées ou hiérarchisées : *Une fusée à trois étages.* **3.** Division d'une période géologique, correspondant à un ensemble de terrains de même âge. **4. De bas étage,** de qualité médiocre ; de mauvais goût : *Plaisanterie de bas étage.* / **Étages de végétation,** types successifs de végétation qui se répartissent sur le flanc d'une montagne suivant l'altitude : *Étages montagnard, subalpin, alpin, nival, etc.*

étagement [etaʒmɑ̃] **n.m.** Action d'étager ; disposition en étages : *L'étagement des prix* (syn. **échelonnement**). *L'étagement des couches géologiques* (syn. **superposition**).

étager [etaʒe] **v.t.** [conj. **17**]. Disposer par étages ; mettre à des niveaux différents : *Étager des livres dans une bibliothèque* (syn. **superposer**). *Étager des prix* (syn. **échelonner**). ◆ **s'étager v.pr.** Être disposé en rangs superposés : *Maisons qui s'étagent à flanc de colline.*

étagère [etaʒɛr] **n.f. 1.** Tablette fixée horizontalement sur un mur. **2.** Meuble formé de tablettes superposées : *Étagère à tablettes amovibles* (syn. **rayonnage**).

1. étai [etɛ] **n.m.** (frq. **staka,* soutien). Pièce de charpente servant à soutenir provisoirement un plancher, un mur, etc. (syn. **étançon**).

2. étai [etɛ] **n.m.** (anc. angl. *staeg*). MAR. Câble métallique ou cordage destiné à maintenir en place un mât.

étaiement [etemɑ̃] et **étayage** [etejaʒ] **n.m. 1.** Action d'étayer ; son résultat : *L'étayage d'un plafond.* **2.** Ouvrage provisoire en charpente, destiné à soutenir ou à épauler une construction.

étain [etɛ̃] **n.m.** (bas lat. *stagnum,* class. *stannum,* plomb argentifère). **1.** Métal blanc, brillant, très malléable et qui fond à 232 °C. ▸ Symb. Sn ; densité 7,2. **2.** Pièce de vaisselle, objet en étain : *De beaux étains.*

étal [etal] **n.m.** (frq **stal*) [pl. *étals*]. **1.** Table sur laquelle sont exposées les denrées, sur un marché. **2.** Table sur laquelle les bouchers débitent la viande.

étalage [etalaʒ] **n.m.** (de *1. étaler*). **1.** Exposition de marchandises offertes à la vente. **2.** Lieu où sont exposées les marchandises ; ensemble de ces marchandises : *Mettre des vêtements à l'étalage* (syn. **devanture, vitrine**). **3.** Action d'exposer avec ostentation : *Faire étalage de ses succès.*

étalager [etalaʒe] **v.t.** [conj. **17**]. COMM. Disposer (des marchandises) à l'étalage.

étalagiste [etalaʒist] **n.** Décorateur spécialisé dans la présentation des étalages : *Une étalagiste de renom.*

étale [etal] **adj.** (de *1. étaler*). **1.** Sans mouvement : *Navire étale* (syn. **immobile**). **2. Mer, cours d'eau étale,** mer, cours d'eau qui ne monte ni ne descend. ◆ **n.m.** Moment où le niveau de la mer est stable entre le flux et le jusant (ou inversement).

étalement [etalmɑ̃] **n.m.** (de *1. étaler*). **1.** Action de déployer : *L'étalement du plan d'une ville* (syn. **déploiement**). **2.** Action de répartir dans le temps : *L'étalement des départs en vacances* (syn. **échelonnement**).

1. étaler [etale] **v.t.** (de *étal*). **1.** Disposer des objets les uns à côté des autres sur une surface : *Photos étalées sur une table* (syn. **disséminer, semer**). **2.** Disposer à plat une chose pliée, roulée : *Étaler une nappe* (syn. **déplier, étendre**). **3.** Appliquer une couche de matière sur qqch : *Étaler du beurre sur du pain* (syn. **tartiner**). *Une peinture facile à étaler.* **4.** Montrer avec ostentation ; faire étalage de : *Étaler sa science* (syn. **afficher, arborer**). **5.** Répartir qqch, une action sur une période plus longue qu'il n'était prévu : *Étaler des paiements* (syn. **échelonner**). **6. Étaler son jeu, ses cartes,** montrer ses cartes en les déposant sur le tapis, abattre son jeu. ◆ **s'étaler v.pr. 1.** FAM. Prendre beaucoup de place en se tenant mal : *S'étaler sur le canapé* (syn. **se vautrer**). **2.** FAM. Tomber : *S'étaler de tout son long.*

2. étaler [etale] **v.t.** (de *étale*). MAR. **Étaler le vent, le courant,** pouvoir leur résister ou faire route contre eux.

1. étalon [etalɔ̃] **n.m.** (frq. **stallo,* de **stal,* écurie). **1.** Cheval destiné à la reproduction (contr. **hongre**). **2.** Mâle reproducteur d'une espèce domestique (âne, chien, etc.).

2. étalon [etalɔ̃] **n.m.** (frq. **stalo,* pieu et « modèle de mesure »). **1.** Objet ou instrument qui matérialise une unité de mesure et sert de référence, de modèle légal : *L'étalon de masse, de longueur. Mètre étalon.* **2.** ÉCON. **Étalon monétaire,** valeur ou métal retenu par un ou plusieurs pays comme référence de leur système monétaire.

étalonnage [etalɔnaʒ] et **étalonnement** [etalɔnmɑ̃] **n.m.** Action d'étalonner.

étalonner [etalɔne] **v.t.** (de *2. étalon*). **1.** Vérifier une mesure en la comparant à un étalon ; en garantir la conformité. **2.** Graduer un instrument conformément à l'étalon. **3.** PSYCHOL. **Étalonner un test,** faire passer un test à un groupe de référence pour utiliser ses résultats à l'évaluation des réponses individuelles ultérieures.

étamage [etamaʒ] **n.m.** (de *étamer*). Action d'étamer ; état de ce qui est étamé : *L'étamage est à refaire.*

étambot [etɑ̃bo] **n.m.** (anc. scand. **stafnbord,* planche de l'étrave). MAR. Pièce de bois ou de métal formant la limite arrière de la carène.

étamer [etame] **v.t.** (de *étain*). **1.** Recouvrir une pièce métallique d'une couche d'étain qui la préserve de l'oxydation. **2.** Recouvrir de tain une glace, un miroir.

étameur [etamœr] **n.m.** Ouvrier qui étame.

1. étamine [etamin] **n.f.** (lat médiév. *staminea,* du class. *stamen,* tissu). **1.** Étoffe très légère et non croisée : *Des rideaux en étamine de coton.* **2.** Carré de toile ou de laine servant à filtrer une préparation.

2. étamine [etamin] **n.f.** (lat. *stamina,* pl. de *stamen,* fil). Organe mâle des plantes à fleurs, formé d'une partie mince, le *filet,* et d'une partie renflée, l'*anthère,* qui renferme le pollen.

étampe [etɑ̃p] **n.f.** (de *étamper*). Matrice en acier servant à rectifier la forme de pièces métalliques.

étamper [etɑ̃pe] **v.t.** (var. de *estamper*). Modifier la forme d'une pièce métallique à l'aide d'une étampe.

Étampes, ch.-l. d'arr. de l'Essonne, à l'extrémité nord-est de la Beauce ; 24 764 hab. *(Étampois).* Églises médiévales ; ancien donjon royal, quadrilobé, du XIIe s.

étanche [etɑ̃ʃ] **adj.** (de *étancher*). **1.** Qui retient bien les fluides, qui ne les laisse pas pénétrer ou s'écouler : *Un réservoir étanche* (syn. **hermétique**). *Des chaussures étanches* (syn. **imperméable**). **2.** FIG. **Cloison étanche,** séparation infranchissable entre deux personnes, deux organismes, deux groupes, etc.

étanchéité [etɑ̃ʃeite] **n.f.** (de *étanche*). Caractère de ce qui est étanche : *L'étanchéité d'une montre.*

étanchement [etɑ̃ʃmɑ̃] **n.m.** LITT. Action d'étancher la soif de qqn.

étancher [etɑ̃ʃe] **v.t.** (p.-ê. du lat. pop. **stanticare,* du class. *stare,* se tenir debout). **1.** Arrêter l'écoulement d'un liquide : *Étancher le sang d'une plaie* (syn. **éponger, tamponner**). *Étancher ses larmes* (syn. **sécher**). **2.** TECHN. Rendre étanche en calfatant ou en asséchant (syn. **calfeutrer, étouper**). **3. Étancher sa soif,** se désaltérer.

étançon [etɑ̃sɔ̃] **n.m.** (de l'anc. fr. *estance,* de *1. ester,* au sens anc. de « être debout »). CONSTR. Étai qui soutient un mur, un plancher, etc.

étançonner [etɑ̃sɔne] **v.t.** TECHN. Soutenir un mur, un plancher, etc., par des étançons ; étayer.

étang [etɑ̃] **n.m.** (de l'anc. fr. *estanchier,* arrêter l'eau). Étendue d'eau stagnante, naturelle ou artificielle.

étant donné (que) [etɑ̃dɔne] **loc. prép.** ou **loc. conj.** Introduit une cause, un motif : *Étant donné les circonstances* (syn. **vu**). *Étant donné qu'il pleut, nous resterons à la maison* (syn. **puisque**).

étape [etap] **n.f.** (anc. fr. *estaple*, moyen néerl. *stapel*, entrepôt). **1.** Lieu où l'on s'arrête au cours d'un voyage, d'une course, etc., pour prendre du repos : *Arriver à l'étape* (syn. **halte**). **2.** Distance d'un lieu d'arrêt à un autre ; épreuve sportive consistant à franchir cette distance : *L'étape a été longue* (syn. **route, trajet**). *Remporter une étape.* **3.** Période, phase d'une évolution : *Réformer l'industrie par étapes* (syn. **palier**). *Les étapes d'une carrière* (syn. **stade**).

étarquer [etarke] **v.t.** (moyen néerl. *sterken*). MAR. Raidir, tendre un cordage, une voile.

1. état [eta] **n.m.** (lat. *status*, de *stare*, être debout, être établi, fixé). **1.** Manière d'être d'une chose : *Voiture en état de marche. Laisser un appartement en l'état* (= tel qu'on l'a trouvé quand on en a pris possession). *Remettre qqch en état* (= le réparer). *Remédier à un état de choses déplorable* (= à une situation). **2.** PHYS., CHIM. Manière d'être d'un corps : *État solide, liquide, gazeux, cristallin, ionisé.* **3.** Condition physique ; manière d'être morale d'une personne : *Son état de santé s'améliore. Être dans un état second* (= n'avoir pas une claire conscience de ce qu'on fait). *L'annonce de sa mort m'a mise en état de choc* (= m'a profondément bouleversée). *Ne pas tenir compte des états d'âme de qqn* (= des sentiments). **4.** Situation d'une personne au regard du droit, de la religion : *Être en état d'arrestation. État de péché.* **5.** LITT. Condition sociale, profession : *Elle est avocate de son état* (syn. **métier**). **6.** Situation dans laquelle se trouve une collectivité : *État de paix.* **7.** Liste énumérative de choses, de personnes ; description par écrit d'une situation : *Dresser l'état des dépenses. Figurer sur les états du personnel d'une entreprise* (syn. **fichier**). *Procéder à un état du matériel disponible* (syn. **inventaire**). *Les états de service d'un militaire, d'un fonctionnaire* (= la carrière). **8.** HIST. En France, au Moyen Âge et sous l'Ancien Régime, chacune des trois catégories sociales : *La société française était composée de trois états : le clergé, la noblesse et le tiers état* (syn. **classe**). **9. État civil,** situation sociale d'une personne sous le rapport de sa naissance, de ses liens de parenté, de sa nationalité, de son domicile, etc. ; service public chargé de l'établissement des actes qui recueillent ces données : *Les registres d'état civil sont tenus dans les mairies.* / **État de nature,** état hypothétique de l'humanité, antérieur à la vie en société. / **État des lieux,** description par écrit d'un logement et de son contenu avant ou après location. / **État d'esprit,** disposition d'esprit : *Réponse qui témoigne d'un curieux état d'esprit* (= mentalité). / FAM. **Être dans tous ses états,** être très énervé, profondément troublé. / **Être en état, hors d'état de,** être capable, incapable de faire qqch : *Être en état de juger d'une question* (= à même). *Je suis hors d'état de partir ce soir* (= je suis dans l'incapacité de). / **Faire état de,** mentionner ; tenir compte de, se fonder sur qqch : *Ne pas faire état d'un témoignage. Faire état de ses diplômes pour obtenir un poste.* / GRAMM. **Verbe d'état,** verbe exprimant que le sujet est dans un état donné (par opp. à *verbe d'action*) : *Les verbes « être », « devenir », « paraître » sont des verbes d'état.* **10. État de siège,** restriction des libertés individuelles en temps de guerre ou pendant une insurrection. ◆ **états n.m. pl.** HIST. **Les états généraux** ⟶ **états généraux.**

2. État [eta] **n.m.** (de *1. état*). **1.** Entité politique constituée d'un territoire délimité par des frontières, d'une population et d'un pouvoir institutionnalisé : *Chef d'État* (syn. **nation, pays**). *Religion d'État* (= religion officielle). *Secret d'État.* **2.** Ensemble des pouvoirs publics, des organismes qui dirigent un pays : *Les chemins de fer de l'État.* **3.** Communauté établie sur un territoire défini et formant une unité politique ; division territoriale dans certains pays : *État fédéral. L'État du Montana, aux États-Unis.* **4. Affaire d'État,** qui concerne l'intérêt public ; au fig., affaire importante. / **État providence,** État qui intervient activement dans les domaines économique et social, pour assurer des prestations aux citoyens. / **Homme, femme d'État,** homme, femme politique qui exerce ou a exercé des fonctions à la tête du pouvoir exécutif d'un État. / **Raison d'État,** considération de l'intérêt public au nom duquel est justifiée une action. **5. Coup d'État** ⟶ **coup.**

■ Un État est constitué d'une population, d'un territoire et d'une organisation politique : l'absence de l'un de ces éléments invalide le concept d'*État* et en fait un *pays.* Juridiquement, l'État est l'institution qui détient le pouvoir politique sur la population et son (ou ses) territoire(s). Ni la langue ni la religion ne constituent des éléments définissant l'État, même s'ils en sont, dans certains cas, des éléments particulièrement distinctifs.

Les formes d'État. L'*État fédéral* est un État constitué de plusieurs États membres, régis entre eux par une loi interne et non internationale. Cette disposition suppose que chaque État membre participe à l'élaboration des décisions applicables à l'État fédéral, que chaque État conserve une unité constitutionnelle complète et enfin que la Constitution de l'État fédéral fixe les compétences de chaque État membre et les compétences communes. Sont dans ce cas les États-Unis, l'Allemagne, la Suisse (malgré son nom de « Confédération »).

L'*État confédéral* est une association d'États indépendants qui délèguent certaines de leurs compétences à un pouvoir central commun, dont les décisions doivent être prises à l'unanimité (par différence avec l'État fédéral). Telle était la Suisse à ses origines. La complexité d'un État moderne fait évoluer la forme « confédérale » vers la forme « fédérale ».

L'*État unitaire centralisé* est celui dont les mêmes lois sont appliquées à tous les citoyens : « La République est une et indivisible », proclame la Constitution française de 1791.

L'*État unitaire décentralisé* relève de la même définition que la précédente, mais la décentralisation peut être *territoriale*, comme dans le cas des « Régions » de la France, ou des « communautés autonomes » de l'Espagne ; elle peut être encore *fonctionnelle :* par exemple, l'Université française jouit d'une certaine autonomie depuis la loi de décentralisation de 1968, et plus encore depuis la loi relative aux libertés et responsabilités des universités (dite loi L.R.U.) de 2007. Dans le secondaire, certaines compétences relèvent des collectivités locales. ■

État français, régime politique de la France de juill. 1940 à août 1944. Il fut établi après la défaite de juin 1940 par le maréchal Pétain, dont le gouvernement siégea à Vichy (gouvernement de Vichy). Il prit fin à la libération de Paris.

étatique [etatik] **adj.** De l'État : *Pouvoir étatique.*

étatisation [etatizasjɔ̃] **n.f.** Action d'étatiser (syn. **nationalisation**).

étatiser [etatize] **v.t.** Transférer à l'État des propriétés, des actions privées ; faire contrôler, gérer par l'État (syn. **collectiviser, nationaliser**).

étatisme [etatism] **n.m.** Doctrine préconisant l'intervention de l'État dans les domaines économique et social ; système qui applique cette doctrine (syn. **dirigisme ;** contr. **libéralisme**).

État libre, anc. **État libre d'Orange,** prov. d'Afrique du Sud ; 129 437 km^2 ; 2 745 590 hab. ; ch.-l. *Bloemfontein.*

état-major [etamaʒɔr] **n.m.** (pl. *états-majors*). **1.** Groupe d'officiers chargé d'assister un chef militaire dans l'exercice de son commandement. **2.** Ensemble des proches collaborateurs d'un chef, des personnes les plus importantes d'un groupe : *L'état-major d'un parti* (syn. **direction**).

État-nation [etanasjɔ̃] **n.m.** (pl. *États-nations*). État dont les citoyens forment un peuple ou un ensemble de populations se reconnaissant comme ressortissant essentiellement d'un pouvoir souverain qui émane d'eux et qui les exprime.

États de l'Église ou **États pontificaux,** noms donnés à la partie centrale de l'Italie tant qu'elle fut sous la domination des papes (756-1870). Le noyau primitif de ces États, qui comprenait le « Patrimoine de Saint-Pierre » constitué par Grégoire Ier le Grand, fut concédé par les Lombards à la papauté sous la pression du roi des Francs, Pépin le Bref.

Progressivement agrandis, ils reçurent leurs limites définitives au début du XVIe s. sous le pape Jules II. Un moment démembrés sous la Révolution française et l'Empire, ils furent amputés à partir de 1860 au profit du Piémont. Ils furent annexés en 1870 au royaume d'Italie. Les accords du Latran (1929) mirent fin au différend entre le gouvernement italien et le pape en créant le petit État du Vatican, dernier vestige de la puissance temporelle du Saint-Siège.

états généraux (les), en France, sous l'Ancien Régime, assemblée convoquée par le roi pour traiter des grandes affaires concernant le royaume et réunissant les députés des trois états (clergé, noblesse et tiers état) de toutes les provinces. La première assemblée répondant à cette définition se réunit à Paris en 1347. Devenant un rouage administratif destiné à obtenir des subsides pour la royauté, les états généraux, toujours réunis en période de crise, tentèrent d'exercer un contrôle du pouvoir monarchique mais se heurtèrent à l'absolutisme des Bourbons. La dernière assemblée, tenue à Versailles en 1789, eut une importance capitale : elle préluda à la Révolution française. (Les États généraux, sans précision de date, désignent toujours ceux de 1789.)

États-Unis, en angl. **United States of America** (en abrégé **USA**), république fédérale de l'Amérique du Nord, limitée par le Canada et le Mexique, l'Atlantique et le Pacifique. Elle groupe 50 États avec l'Alaska et les îles Hawaii, auxquels il faut joindre le district fédéral de Columbia et les territoires extérieurs : État associé de Porto Rico et divers îles ou archipels du Pacifique ; 9 364 000 km^2 (sans les territoires extérieurs) ; 320 051 000 hab. *(Américains).* CAP. *Washington.* LANGUE : *anglais.* MONNAIE : *dollar des États-Unis.* ► *Dossier page suivante.*

GÉOGRAPHIE

Les États-Unis viennent au troisième rang mondial pour la population, au quatrième pour la superficie. Le territoire, s'étendant sur 4 000 km d'O. en E. (quatre fuseaux horaires) et plus de 2 500 km (25° de latitude) du N. au S., est le support de la première économie mondiale.

Le milieu naturel. Les types de paysages sont à l'échelle d'un continent. À l'O., le système des Rocheuses occupe une superficie égale à cinq fois celle de la France. Il est formé de séries de chaînes N.-S., dominant de hauts plateaux ou bassins intérieurs. C'est, en retrait d'une plaine pacifique, étroite et discontinue, une barrière climatique, réduisant surtout les précipitations vers l'E., vers les Grandes Plaines. Celles-ci, correspondant approximativement au bassin de l'ensemble Mississippi-Missouri, constituent un domaine encore plus vaste, étiré des Grands Lacs au golfe du Mexique, atteignant les Appalaches à l'E. Les Grandes Plaines ont un climat continental aux hivers de plus en plus froids vers le N. et aux étés parfois torrides, avec des précipitations croissant vers l'E. Des pluies abondantes (liées parfois au passage de cyclones), associées à des températures élevées, caractérisent le Sud-Est, subtropical. Rigueur de l'hiver et chaleur de l'été sont associées aussi au N.-E., dans le nord de la plaine atlantique, berceau de la nation et de la civilisation américaines.

La population. L'histoire et les conditions du milieu en expliquent la composition et la répartition, altérées toutefois par des évolutions récentes. Le Nord-Est demeure la région la plus densément habitée, mais la Californie est aujourd'hui l'État le plus peuplé. La population s'accroît rapidement dans les États du Sud et aussi du Sud-Ouest intérieur (Arizona, Nouveau-Mexique) au climat ensoleillé. Le fonds d'origine européenne (surtout britannique) domine toujours largement, mais les Noirs représentent environ 12 % de la population. Plus de la moitié sont encore concentrés dans le Sud historique. Les Hispano-Américains, pas toujours comptabilisés (nombreux Mexicains entrés illégalement), sont auj. aussi, voire plus, nombreux, présents surtout dans l'Ouest et le Sud-Ouest (principal domaine des Indiens). Les 3 millions d'Asiatiques sont concentrés dans l'Ouest. Globalement, la population s'accroît à un rythme d'environ 1,5 million d'unités par an, qui a été réduit par la baisse sensible du taux de natalité (15 ‰). L'immigration a amené 50 millions de personnes entre 1820 et 1980, mais le quota annuel est aujourd'hui limité. Cependant, l'immigration clandestine reste importante. 75 % de la population vivent dans les agglomérations (aires métropolitaines), souvent démesurément étendues, comptant parfois de 3 à 15 millions d'habitants (New York, Philadelphie, Washington sur la côte atlantique ; Chicago et Détroit dans la région des Grands Lacs ; Los Angeles et San Francisco en Californie). Au total, plus de 200 villes dépassent 100 000 habitants.

L'économie. Elle demeure, et de loin, la plus puissante du monde, fondée sur un potentiel naturel considérable et surtout sur des disponibilités humaines, techniques et financières exceptionnelles.

Le sous-sol fournit en abondance du charbon et des hydrocarbures (pétrole et gaz naturel), de l'uranium, à la base d'une production d'électricité nucléaire supérieure à l'apport d'origine hydraulique et représentant près de 15 % de la production totale d'électricité. Toutefois, si les États-Unis assurent près de 25 % de la production énergétique mondiale, ils en absorbent encore plus. Le déficit est comblé par des importations de pétrole brut et raffiné, accessoirement de gaz naturel. Le sous-sol recèle aussi de nombreux minerais (fer, cuivre) et des phosphates.

Les disponibilités agricoles sont liées à l'étendue des surfaces, à la modernisation des exploitations de plus en plus concentrées (5 millions en 1950, 2 millions aujourd'hui et plus de 150 ha en moyenne). Le caractère spéculatif explique souvent (plus que les aléas climatiques) les variations des productions. Les États-Unis viennent au premier rang pour le maïs, le soja, au deuxième pour les agrumes, le coton et le tabac, au troisième pour le blé, le troupeau bovin, le bois et au quatrième pour la pêche. L'agriculture emploie moins de 3 % d'une population active d'environ 125 millions de personnes.

L'industrie (autre qu'extractive) en occupe environ 23 %. Sectoriellement et régionalement parfois en crise (comme l'agriculture d'ailleurs), souvent de plus en plus concurrencée sur les marchés extérieur et même intérieur (malgré un protectionnisme mal déguisé), elle demeure toutefois exceptionnellement puissante (tant par le volume des productions que par le poids des grandes entreprises aux intérêts mondiaux) et diversifiée. Les États-Unis sont devancés par le Japon dans la sidérurgie et la construction automobile. Mais ils conservent la suprématie pour la construction aéronautique, la métallurgie de l'aluminium et du cuivre, le raffinage du pétrole et, plus généralement (et plus nettement), pour la chimie (pharmacie, caoutchouc, plastiques, textiles synthétiques, etc.), l'ensemble des constructions électriques et électroniques, l'agroalimentaire, l'édition, etc.

La production est servie par un secteur tertiaire (totalisant 74 % de la population active) remarquablement développé, qu'il s'agisse des transports classiques (env. 85 000 km d'autoroutes, 350 000 km de voies ferrées, plus de 12 000 aéroports, un réseau exceptionnel d'oléoducs et de gazoducs) et des télécommunications, de l'infrastructure commerciale et surtout financière (15 000 banques, Bourse de Wall Street) et technologique (laboratoires et centres de recherches parfois liés aux puissantes universités).

Le commerce extérieur se caractérise par sa faible part dans le P.I.B. (dont les exportations représentent 7 %). Cependant, les États-Unis, grâce au volume et à la valeur de la production, comptent parmi les tout premiers exportateurs mondiaux (produits agricoles et surtout industriels [très diversifiés]). Ils sont aussi, et plus nettement, le premier importateur, achetant notamment un complément d'hydrocarbures et de minerais (cobalt, nickel, chrome, bauxite) dont ils ne sont pas ou peu producteurs. Le solde de la balance commerciale est lourdement négatif et le déficit budgétaire s'est creusé. Après avoir connu à la fin des années 1990 une phase de croissance soutenue, l'économie américaine a enregistré un net ralentissement, aggravé par les événements du 11 septembre 2001. Surtout, elle est touchée aujourd'hui par une crise majeure (qui, née en 2007 de la crise financière des *subprimes* [crédits immobiliers à risque], s'est aggravée en 2008 et étendue à toute l'économie mondiale), menaçant des secteurs entiers, comme l'industrie automobile, et destructrice d'emplois.

La confirmation d'une superpuissance ?

À l'échelle mondiale, les États-Unis sont devenus première puissance économique en 1918 et première puissance armée en 1945. Depuis la disparition de l'U.R.S.S. en 1991, ils allient supériorité militaire, leadership économique et domination culturelle. Pourquoi et comment ce pays est-il devenu la superpuissance que l'on connaît ?

▶**Victorieux des deux guerres mondiales.** En 1914, les États-Unis ont déjà pris le relais de leur ancienne métropole anglaise dans les classements de la production industrielle. Une hausse de la production du charbon, une main-d'œuvre dynamique et sans cesse renouvelée, l'esprit pionnier d'un pays encore en construction favorisent le développement de la sidérurgie et de la métallurgie américaines. Dès le début de la Première Guerre mondiale, l'économie américaine se trouve dopée grâce aux divers besoins des Alliés (munitions, acier, etc.). Au moment de leur entrée en guerre, en avril 1917, les États-Unis favorisent la victoire des Alliés grâce à leur aide immédiate sur les plans naval, économique et financier et à leurs soldats (200 000). Contrairement aux pays européens, ruinés par la guerre, le continent américain s'en sort bien : le pourcentage de morts est moindre et le territoire, totalement épargné. Les années 1920 voient éclore la « prospérité » américaine, et les classes moyennes entrent dans une société de consommation qui stimule tous les secteurs de l'économie. La grande crise économique des années 1930 (causée par le krach boursier de Wall Street du 24 octobre 1929, le « jeudi noir ») souligne paradoxalement la surpuissance économique des États-Unis, puisque la crise américaine a résonné dans le monde entier. La Seconde Guerre mondiale est l'occasion pour les États-Unis de sortir de cette crise : une fois encore, ils développent une formidable machine de guerre, fournissant des millions de combattants contre l'Allemagne et le Japon, et un arsenal supérieur à celui de l'ennemi. La bombe atomique est une démonstration de force de l'armée américaine, témoin de l'avance technologique du pays, de sa puissance industrielle et de sa volonté politique de vaincre par tous les moyens.

▶**Vainqueurs de la « guerre froide ».** Entre 1945 et 1990, l'opposition entre l'U.R.S.S. (l'autre grand vainqueur de la Seconde Guerre mondiale) et les États-Unis divise l'Europe et le monde. Avec le plan Marshall, les États-Unis aident à la reconstruction de leurs alliés en Europe. En assurant le commandement des forces occidentales, notamment dans le cadre de l'O.T.A.N., et en tissant des alliances partout dans le monde (Australie, Japon, Amérique latine), les États-Unis deviennent le seul pays capable de protéger ceux qui craignent la puissance soviétique communiste. La politique américaine connaît des échecs cinglants (la Chine, Cuba, le Viêt Nam), mais le pays reste dominant sur le plan idéologique (malgré le soutien qu'il apporte aux dictatures d'extrême droite), économique (malgré le choc pétrolier de 1973) et technologique (malgré les succès soviétiques dans l'espace). De son côté, le modèle soviétique n'offre ni les libertés nécessaires ni le niveau de vie suffisant. Les États-Unis épuisent l'économie soviétique dans la course aux armements, et l'U.R.S.S., incapable de mener à bien des réformes entreprises trop tard, disparaît en 1991.

▶**Une hégémonie aux multiples facettes.** Tout au long du XXe s. et au début du XXIe s., les nombreuses innovations des États-Unis séduisent les autres pays ; ce qui permet aux produits américains de se vendre dans le monde entier et d'enrichir les grandes multinationales. L'investissement d'une part des profits dans la recherche-développement permet aux États-Unis de conserver une avance technologique. L'existence d'un énorme secteur militaro-industriel, qui répond aux commandes de l'État fédéral, procure à l'armée les équipements les plus sophistiqués.

Les États-Unis sont encore aujourd'hui la première superpuissance à la fois économique et militaire. Depuis 2001, les difficultés rencontrées au Moyen-Orient, l'affaiblissement de la puissance européenne et la montée des pays émergents les poussent à maintenir leurs alliances avec l'Amérique latine (Mexique, Brésil) et à développer leur influence dans la région Asie-Pacifique en consolidant leurs relations avec la Chine aussi bien qu'avec Taïwan, le Japon, la Corée du Sud, l'Australie, les Philippines, l'Indonésie et jusqu'à l'Inde.

Voir aussi : Chine ; industrialisé (nouveaux pays industrialisés) ; Union européenne.

HISTOIRE

La période coloniale. À partir du XVIe s., le territoire des États-Unis, occupé par des Amérindiens semi-nomades, est exploré par des navigateurs français, espagnols, puis anglais.

Dès le début du XVIIe s., les Anglais y émigrent en masse, fuyant les bouleversements politiques et religieux de leur pays. Quelques Allemands et Hollandais s'ajoutent à leur nombre. Ces immigrants s'installent sur la côte est du territoire.

1607-1733. La colonisation anglaise s'effectue alors que les Français poursuivent leur expansion le long du Mississippi, fondant la Louisiane. Création de treize colonies anglaises. Le Sud (Virginie, Maryland), dominé par une société de planteurs propriétaires de grands domaines, exploités à l'aide d'esclaves noirs, s'oppose au Nord (Nouvelle-Angleterre), bourgeois et mercantile, d'un puritanisme rigoureux. Au XVIIIe s., colonies et métropole sont unies dans la lutte contre les Indiens et surtout contre la France.

1763. Le traité de Paris écarte définitivement la menace française et ouvre l'Ouest aux colons britanniques.

Cependant, les colonies supportent mal l'autorité de la Grande-Bretagne et se révoltent contre les monopoles commerciaux de la métropole.

1774. Le premier congrès continental se réunit à Philadelphie.

La rupture avec la Grande-Bretagne et l'indépendance

1775-1783. Cette attitude de résistance des colonies face à la Grande-Bretagne aboutit à la guerre de l'Indépendance, dont les buts sont précisés dans la Déclaration d'indépendance (4 juillet 1776). Les colonies sont commandées par Washington. À partir de 1778, elles obtiennent le soutien officiel de la France.

1783. La paix de Paris reconnaît l'existence de la République fédérée des États-Unis.

1787. Une Constitution fédérale, toujours en vigueur, est élaborée par la convention de Philadelphie.

George Washington devient le premier président des États-Unis (1789-1797).

Pendant la première moitié du XIXe s., l'expansion vers l'Ouest continue et de nombreux États sont créés à mesure que s'accroît le peuplement. Les États-Unis achètent la Louisiane à la France (1803) et la Floride aux Espagnols (1819).

1812-1815. Les Américains sortent victorieux de la seconde guerre de l'Indépendance, suscitée par la Grande- Bretagne.

1823. Le président Monroe réaffirme la volonté de neutralité des États-Unis et leur opposition à toute ingérence européenne dans le continent américain (doctrine de Monroe).

1846-1848. Guerre contre le Mexique. À l'issue du conflit, les États-Unis annexent le Texas, le Nouveau-Mexique et la Californie.

L'antagonisme entre le Sud, agricole et libre-échangiste, et le Nord, en voie d'industrialisation et protectionniste, est aggravé par le problème de l'esclavage, désavoué par le Nord.

La sécession du Sud et la reconstruction

1860. Le républicain Abraham Lincoln, résolument antiesclavagiste, est élu à la présidence. Les sudistes font alors sécession et se constituent en États confédérés d'Amérique.

1861-1865. Les nordistes l'emportent dans la guerre de Sécession.

1865-1871. Par trois amendements successifs, la Constitution fédérale abolit l'esclavage, impose la reconnaissance de la citoyenneté aux Noirs et interdit toute discrimination raciale. En 1871, tous les États du Sud ont réintégré l'Union après avoir ratifié ces amendements.

L'essor des États-Unis. Le rapide développement des chemins de fer joue un rôle capital dans la construction de l'unité nationale et dans la progression vers l'Ouest.

1867. Les États-Unis achètent l'Alaska à la Russie.

1890. Le territoire américain est occupé de l'Atlantique au Pacifique.

Une forte immigration, venue de tous les pays d'Europe, favorise le redressement de l'économie ; la mécanisation et la monoculture sur de très grandes surfaces permettent l'essor de la production agricole et industrielle.

Les républicains, le plus souvent au pouvoir durant cette période, maintiennent un strict protectionnisme douanier et s'opposent aux monopoles des trusts, notamment sous la présidence de Theodore Roosevelt ; mais leur politique rencontre l'opposition des fermiers de l'Ouest, démocrates, cependant que les premières organisations syndicales apparaissent.

À partir de 1895, les États-Unis manifestent leur volonté d'expansion, notamment en Amérique latine : annexion de Porto Rico, des Philippines et de l'île de Guam à la suite d'une guerre avec l'Espagne (1898) ; implantation à Cuba (1901) et à Saint-Domingue (1905) ; acquisition de la zone du canal de Panama (1903).

1917. Les États-Unis déclarent la guerre à l'Allemagne et fournissent dès lors une aide considérable aux Alliés. Mais le démocrate Theodore W. Wilson ne peut faire ratifier par le Sénat les traités de paix et l'entrée des États-Unis à la Société des Nations.

L'entre-deux-guerres. En faisant des États-Unis les fournisseurs des Alliés, la guerre a provoqué un développement rapide de la production industrielle et agricole et gonflé considérablement le stock d'or américain. Le niveau de vie s'accroît alors fortement, tandis que le gouvernement poursuit sa politique protectionniste, met un frein à l'immigration et instaure la prohibition (1919).

1929-1933. Grave crise économique.

Elle est due à la surproduction et à la spéculation et se répercute dans tous les États industriels du monde. De nombreuses faillites bancaires et industrielles entraînent un chômage catastrophique.

1933-1945. Le démocrate Franklin D. Roosevelt accède à la présidence. Sa politique de *New Deal* (« Nouvelle Donne ») s'efforce de porter remède par des mesures dirigistes aux maux de l'économie américaine. En politique extérieure, il pratique une politique de retrait en Amérique latine et soutient les démocraties européennes par la vente (1937) puis le prêt (1941) de matériel de guerre.

7 déc. 1941. L'attaque japonaise contre la base américaine de Pearl Harbor provoque l'entrée en guerre des États-Unis.

1941-1945. Les États-Unis accomplissent un formidable effort économique et militaire.

Les États-Unis depuis 1945. Dès 1943, Roosevelt a multiplié les conférences pour organiser le monde de « l'après-guerre » et établir les fondements de l'Organisation des Nations unies (O.N.U.), dont la Charte est signée en 1945. Après la victoire, les États-Unis doivent faire face à des difficultés intérieures dues au retour à une économie de temps de paix et à la démobilisation.

1945-1953. Début de la guerre froide avec l'U.R.S.S.

Sous la présidence du démocrate Truman, les États-Unis affirment leur volonté de s'opposer à l'expansion soviétique. En 1948, un plan d'aide économique à l'Europe (plan Marshall) est adopté, tandis que la signature du traité de l'Atlantique Nord (O.T.A.N.) renforce l'alliance des puissances occidentales (1949).

1950-1953. Les États-Unis s'engagent dans la guerre de Corée, pour contrer l'expansion du communisme.

En même temps, ils renforcent leur politique d'alliance en Asie (pacte avec le Japon, 1951 ; création de l'Organisation du traité de l'Asie du Sud-Est [O.T.A.S.E.], 1954).

Après la mort de Staline (1953), une relative détente s'instaure.

1953-1961. Le républicain Eisenhower pratique une politique énergique au Moyen-Orient.

1961-1963. L'administration démocrate du président Kennedy lutte contre la misère et la ségrégation raciale et inaugure une politique d'intervention armée au Viêt Nam.

Des programmes d'aide à certains États américains sont mis au point (1961). Après une période au cours de laquelle les crises se sont multipliées (Cuba, 1962), les relations des États-Unis avec l'U.R.S.S. s'améliorent (accords de Moscou, 1963).

À partir de 1963, sous la présidence de L. Johnson (qui succède à Kennedy, assassiné), du républicain Richard Nixon (qui démissionne en 1974), puis de Gerald Ford, les États-Unis doivent faire face, à l'intérieur, à de multiples difficultés dues en particulier au problème noir (qui n'est pas résolu malgré la loi de 1964 affirmant l'égalité civique entre Noirs et Blancs) et à des problèmes économiques et sociaux.

1964. Les États-Unis s'engagent au Viêt Nam.

Après un renforcement de l'intervention militaire américaine en Indochine (bombardements systématiques sur le Viêt Nam

du Nord, intensification des actions au Viêt Nam du Sud), la période est marquée par le rapprochement des États-Unis avec la Chine (voyage de Nixon à Pékin, 1972), par le désengagement des Américains au Viêt Nam (1973) et par la défaite de leurs alliés du Viêt Nam du Sud (1975).
1977-1981. Présidence du démocrate Jimmy Carter.
1979. Signature d'un traité de paix israélo-égyptien grâce à la médiation de Carter dans le conflit du Proche-Orient.
1981. Accession à la présidence du républicain Ronald Reagan (réélu triomphalement en 1984).
1985. La rencontre de Reagan et de Gorbatchev marque l'amorce d'une détente dans les relations avec l'U.R.S.S.
1987. La popularité du président Reagan est entamée par le scandale de l'« Irangate » (vente secrète d'armes à l'Iran) et par les difficultés économiques et financières. Reagan et Gorbatchev signent en décembre un accord sur l'élimination des missiles de moyenne portée en Europe.
1989-1993. Présidence du républicain George Bush. Il mène parallèlement une politique de fermeté (intervention au Panama [1989], engagement dans la guerre du Golfe [1991]) et d'ouverture (dialogue avec l'U.R.S.S.).
1993. Accession à la présidence du démocrate Bill Clinton. Il développe une diplomatie active (Bosnie [accord de 1995], action en faveur de la paix au Moyen-Orient) et bénéficie d'une conjoncture économique très favorable.
2001. Le républicain George W. Bush, fils du président George Bush, succède à Bill Clinton (janv.). Le 11 sept., quatre avions de ligne américains sont détournés par des commandos-suicides ; deux sont précipités sur les tours jumelles du World Trade Center (qui s'effondrent), à New York, un – dont la cible demeure inconnue – s'écrase en Pennsylvanie, et un autre, sur le Pentagone, à Washington, faisant au total environ 3 000 victimes. Ces attaques, imputées à l'homme d'affaires saoudien O. Ben Laden, réfugié en Afghanistan, et à son réseau terroriste islamiste al-Qaida, provoquent un grave traumatisme dans le pays et dans le monde entier. Les États-Unis ripostent par une intervention militaire en Afghanistan.
2003. Les États-Unis, appuyés surtout par la Grande-Bretagne, mènent une offensive en Iraq, qui conduit à l'effondrement du régime de Saddam Husayn.
2004. Réélection de George W. Bush.
2005. Un ouragan dévaste la Louisiane.
À partir de 2007. Les États-Unis sont confrontés à une crise financière, économique et sociale majeure.
2009. Le démocrate Barack Obama (élu en nov. 2008) accède à la présidence. Il est le premier Afro-Américain à parvenir à la fonction suprême dans l'histoire de ce pays.
2010. Victoire des républicains à la Chambre des représentants (confirmée en 2012).
2012. La réforme de l'assurance-maladie est validée par la Cour suprême. En novembre, B. Obama est réélu pour un second mandat face au républicain Mitt Romney.

étau [eto] **n.m.** (anc. fr. *estoc*, frq. **stok*, bâton) [pl. *étaux*]. Appareil formé de deux mâchoires dont le serrage permet d'assujettir la pièce que l'on veut travailler.

étayage **n.m.** ⟶ **étaiement.**

étayer [eteje] **v.t.** (de *1. étai*) [conj. **11**]. **1.** Soutenir par des étais, un mur, un plafond, etc. (syn. **étançonner**). **2.** Renforcer, soutenir une idée : *Il étaie sa thèse sur les recherches les plus récentes* (syn. **appuyer**).

et cetera ou **et cætera** [ɛtsetera] **loc. adv.** (loc. lat. « et les autres choses »). Et le reste. (Abrév. à l'écrit *etc.*)

été [ete] **n.m.** (lat. *aestas*). **1.** Saison qui succède au printemps et précède l'automne et qui, dans l'hémisphère boréal, commence le 21 ou le 22 juin et finit le 22 ou le 23 septembre ; période la plus chaude de l'année : *En été, je prends un mois de vacances. Nous n'avons pas eu d'été cette année.* **2. Été de la Saint-Martin,** derniers beaux jours, vers le 11 novembre, jour de la Saint-Martin. / **Été indien,** période de beaux jours tardifs, au début de l'automne.

éteignoir [eteɲwar] **n.m.** Petit cône métallique dont on coiffe les bougies ou les chandelles pour les éteindre.

éteindre [etɛ̃dr] **v.t.** (lat. pop. **extingere*, class. *extinguere*) [conj. **81**]. **1.** Faire cesser une combustion : *Éteindre le feu.* **2.** Interrompre un système d'éclairage ; rendre un lieu obscur en coupant les lumières : *Éteindre une lampe. Éteins le salon.* **3.** Interrompre le fonctionnement d'un appareil : *Éteindre le chauffage, la radio.* **4.** LITT. Faire cesser, atténuer ou effacer une sensation, un sentiment, un état : *Éteindre la soif de qqn* (syn. **assouvir, étancher**). ◆ **s'éteindre v.pr. 1.** Cesser de brûler. **2.** Cesser d'éclairer. **3.** Mourir doucement, expirer.

éteint, e [etɛ̃, -ɛ̃t] **adj.** Qui a perdu son éclat, sa vivacité : *Regard éteint.* (V. aussi *éteindre.*)

étendage [etɑ̃daʒ] **n.m.** Action d'étendre du linge.

étendard [etɑ̃dar] **n.m.** (frq. **standhard*, de **stand*, action de se tenir debout, et de l'adj. **hard*, ferme, dur). **1.** Enseigne de guerre et, notamm., drapeau de troupes autref. à cheval. **2.** Symbole d'une cause pour laquelle on combat ; signe de ralliement : *L'étendard de la liberté.* **3. Lever, arborer l'étendard de la révolte,** se révolter.

étendoir [etɑ̃dwar] **n.m.** Corde, fil ou dispositif pour étendre du linge (= séchoir à linge).

étendre [etɑ̃dr] **v.t.** (lat. *extendere*) [conj. **73**]. **1.** Déployer en long et en large : *Étendre du linge pour le faire sécher.* **2.** Donner toute son étendue à une partie du corps : *Étendre les bras* (syn. **étirer, ouvrir**). **3.** Coucher qqn tout du long : *Étendre un blessé sur un lit* (syn. **allonger**). **4.** Faire tomber qqn à terre ; le battre à plate couture lors d'un combat : *Étendre son adversaire d'un coup de poing* (syn. **terrasser**). **5.** Appliquer une couche de matière de façon qu'elle couvre une surface plus grande : *Étendre un enduit sur un mur.* **6.** Diluer : *Étendre du vin en y ajoutant de l'eau* (syn. **allonger**). **7.** Agrandir, accroître, développer : *Étendre sa propriété. Étendre les clauses d'un contrat.* **8.** FAM. Recaler qqn à un examen. ◆ **s'étendre v.pr. 1.** S'allonger, se coucher. **2.** Avoir une certaine étendue dans l'espace ou le temps : *Forêt qui s'étend sur des kilomètres.* **3.** Augmenter en importance, en ampleur : *L'épidémie s'étend progressivement* (syn. **s'intensifier**). **4. S'étendre sur un sujet,** le développer longuement.

étendu, e [etɑ̃dy] **adj. 1.** D'une grande superficie : *Lac très étendu* (syn. **large, vaste**). **2.** D'une grande importance : *Il a des pouvoirs étendus.* **3.** Déplié : *Bras étendus.*

étendue [etɑ̃dy] **n.f. 1.** Espace occupé par qqch : *Un pays d'une grande étendue* (syn. **superficie**). **2.** Portée dans l'espace ou dans le temps : *L'étendue du tir d'un fusil.* **3.** Importance : *Mesurer toute l'étendue du désastre* (syn. **ampleur**). **4.** STAT. Différence entre la plus grande et la plus petite valeur d'une série statistique.

éternel, elle [etɛrnɛl] **adj.** (lat. *aeternalis*, de *aeternus*, de même sens). **1.** Qui n'a ni commencement ni fin : *Croire en un Dieu éternel.* **2.** Qui dure très longtemps ; dont on ne peut imaginer la fin : *Je lui garde une reconnaissance éternelle* (syn. **indestructible, infini**). **3.** Qui ne semble pas devoir se terminer ; qui lasse par la répétition : *Encore ces éternelles discussions* (syn. **continuel, perpétuel**). **4.** (Avant le n.). Ce qui est associé continuellement à qqn, à qqch : *Son éternelle casquette sur la tête.* **5. La Ville éternelle,** Rome. ◆ **Éternel n.m. L'Éternel,** Dieu.

éternellement [etɛrnɛlmɑ̃] **adv. 1.** De tout temps ; de toute éternité. **2.** Sans cesse, continuellement : *Il est éternellement en retard* (syn. **toujours**).

éterniser [etɛrnize] **v.t.** Faire durer trop longtemps, faire traîner en longueur : *Des discussions qui éternisent le débat.* ◆ **s'éterniser v.pr. 1.** Durer très longtemps ; trop longtemps : *La crise s'éternise.* **2.** FAM. Rester trop longtemps dans un lieu, chez qqn (syn. **s'attarder**).

éternité [etɛrnite] **n.f.** (lat. *aeternitas*). **1.** Durée sans commencement ni fin. **2.** Dans certaines religions, la vie après la mort (syn. **immortalité**). **3.** Durée indéfinie, temps très long : *Je l'attends depuis une éternité.* **4. De toute éternité,** de temps immémorial.

éternuement [etɛrnymɑ̃] **n.m.** Expulsion réflexe brusque d'air par le nez et la bouche, provoquée par une excitation de la muqueuse nasale.

éternuer [etɛrnɥe] **v.i.** (lat. *sternutare,* fréquentatif de *sternuere*) [conj. **7**]. Produire un éternuement.

étêtage [etetaʒ] et **étêtement** [etɛtmɑ̃] **n.m.** Opération par laquelle on étête un arbre.

étêter [etete] **v.t.** [conj. **4**]. **1.** Couper la cime d'un arbre (syn. **écimer**). **2.** Enlever la tête de : *Étêter un poisson, un clou.*

éteule [etœl] **n.f.** (lat. *stipula,* de *stipare,* entasser). LITT. Chaume qui reste sur place après la moisson.

éthane [etan] **n.m.** (de *éther*). CHIM. Hydrocarbure saturé et gazeux, utilisé comme combustible. ▸ Formule C_2H_6.

éthanol [etanɔl] **n.m.** CHIM. Composé organique oxygéné (alcool) dérivé de l'éthane, appelé aussi *alcool éthylique.* ▸ Formule C_2H_5OH.

éther [etɛr] **n.m.** (lat. *aether,* gr. *aithêr*). **1.** Fluide subtil qui, selon les Anciens, emplissait les espaces situés au-delà de l'atmosphère. **2.** En poésie, syn. de *ciel, air.* **3.** Liquide très volatil et inflammable, employé comme solvant, antiseptique et anesthésique.

éthéré, e [etere] **adj. 1.** LITT. Impalpable, aérien ; très pur : *Un amour éthéré.* **2.** Qui a la nature ou l'odeur de l'éther.

éthéromane [eterɔman] **n.** et **adj.** (de *éther* et *-mane*). Toxicomane qui absorbe régulièrement de l'éther.

Éthiopie, État d'Afrique orientale ; 1 100 000 km^2 ; 95 045 679 hab. *(Éthiopiens).* CAP. *Addis-Abeba.* LANGUE : *amharique.* MONNAIE : *birr.*

GÉOGRAPHIE

L'un des pays les plus pauvres du monde, l'Éthiopie est formée de hautes terres centrales (le *Massif éthiopien*), coupées de profondes vallées (dont celles du Nil Bleu, de l'Aouach, de l'Omo), bien arrosées et entourées de régions basses, plus sèches, parfois arides (Ogaden). Ce pays ne présente aucune unité ethnique (une quarantaine de groupes), linguistique (70 langues et 200 dialectes) ou religieuse (au centre, chrétiens amhara, agriculteurs sédentaires, groupe traditionnellement dominant ayant imposé l'amharique comme langue officielle ; dans le Nord et l'Est, musulmans [dont les Galla], souvent encore pasteurs ; animistes « soudanais » dans le Sud-Ouest).

L'industrie est pratiquement inexistante. Les cultures sont étagées selon le relief (céréales autour de 2 000 m, plantations à vocation commerciale [canne à sucre, coton et surtout café] au-dessous de 1 500 m). L'élevage est diversifié, exclusif (ovins surtout) dans les régions arides.

La guerre civile, les récentes périodes de sécheresse ont entraîné d'importants transferts de populations (du nord vers le sud et l'ouest), décimé le bétail. La famine a causé la perte de nombreuses vies humaines. L'économie est désorganisée, la production de café (principal produit d'exportation) a régressé et l'aide internationale (alimentaire en premier lieu) reste indispensable. Les conflits ethniques ont d'ailleurs entraîné la sécession de l'Érythrée.

HISTOIRE

L'Éthiopie ancienne. Avant l'ère chrétienne, la région est en contact avec le royaume de Saba.

Ier-IXe s. Le royaume d'Aksoum étend sa domination jusqu'au Nil Bleu. Christianisé par l'Église égyptienne (copte) au IVe s., il connaît sa période la plus faste au VIe s. L'expansion de l'islam au VIIe s. entraîne l'isolement progressif du royaume.

Fin du XIIIe s.-XVIe s. Le pays connaît une brillante renaissance. Ses rois luttent contre les musulmans des États voisins. Les Portugais identifient l'Éthiopie au royaume fabuleux du « Prêtre Jean » et l'aident à se libérer de l'occupation musulmane imposée en 1527.

XVIIe-XVIIIe s. Des populations païennes, les Galla, s'établissent au cœur du pays. La capitale est transférée plus au nord à Gondar (v. 1636).

L'Éthiopie contemporaine

1855-1868. Théodoros II, qui a brisé la puissance des seigneurs féodaux, modernise le pays.

Après l'ouverture du canal de Suez (1869), l'Éthiopie est convoitée par les puissances européennes.

1889. Ménélik II, fondateur d'Addis-Abeba, devient négus, « roi des rois ». Il doit abandonner aux Italiens la région bordant la mer Rouge, l'Érythrée.

1896. Les Italiens sont battus à Adoua.

1906. Ménélik II, tout en préservant l'indépendance nominale de son pays, doit accepter le partage d'influence anglo-franco-italien.

1930. Hailé Sélassié Ier devient empereur d'Éthiopie. Il donne à son pays une Constitution de type occidental.

1935-1936. Guerre contre l'Italie. Vaincue, l'Éthiopie constitue, avec l'Érythrée et la Somalie, l'Afrique-Orientale italienne.

1941. Le pays est libéré par les troupes franco-britanniques.

1962. L'Érythrée, réunie à l'Éthiopie en 1952, avec le statut d'État fédéré, en devient une province.

La guérilla s'y développe.

1974. L'armée dépose Hailé Sélassié et instaure un régime de type socialiste.

Dirigée, à partir de 1977, par le colonel Hailé Mariam Mengistu et soutenue par l'U.R.S.S. et Cuba, l'Éthiopie est engagée dans un conflit frontalier (région de l'Ogaden) avec la Somalie.

1987. L'Éthiopie devient une république populaire et démocratique, à parti unique.

1988. Fin du conflit avec la Somalie.

1989-1990. Désengagement de l'U.R.S.S. et de Cuba.

1991. Mengistu est chassé du pouvoir par les mouvements de libération de l'Érythrée et du Tigré. Un nouveau gouvernement est mis en place, dominé par les représentants du Tigré (conduits par Meles Zenawi).

1993. L'Érythrée accède à l'indépendance. De 1998 à 2000, un conflit frontalier oppose l'Éthiopie à l'Érythrée.

Déc. 2006 - janv. 2009. L'Éthiopie est engagée militairement en Somalie. Elle intervient de nouveau en 2011-2012.

2012. La mort du Premier ministre Meles Zenawi, au pouvoir depuis 1991, ouvre une période d'incertitude.

éthiopien, enne [etjɔpjɛ̃, -ɛn] **adj.** et **n. 1.** D'Éthiopie. **2. Langues éthiopiennes,** groupe de langues sémitiques parlées en Éthiopie. (On dit aussi *l'éthiopien.*)

éthique [etik] **adj.** (lat. *ethicus,* du gr.). Qui concerne les principes de la morale : *Jugement éthique.* ◆ **n.f. 1.** Partie de la philosophie qui étudie les fondements de la morale. **2.** Ensemble de règles de conduite ; morale. **3. Éthique médicale,** syn. de *bioéthique.* / ÉCON. **Fonds éthique,** portefeuille de valeurs mobilières investies dans des entreprises respectant une série de critères sociaux, environnementaux et financiers.

ethnie [ɛtni] **n.f.** (du gr. *ethnos,* peuple). Groupement humain qui possède une structure familiale, économique et sociale homogène et dont l'unité repose sur une communauté de langue et de culture.

ethnique [ɛtnik] **adj. 1.** Relatif à l'ethnie, aux ethnies : *La diversité ethnique de l'Inde.* **2.** Qui désigne une population. **3.** Se dit de ce qui relève, par sa nature ou son inspiration, d'une culture autre qu'occidentale : *Cuisine, musique ethnique.* **4. Nom, adjectif ethnique,** dérivés d'un nom de pays, de région ou de ville ; ethnonyme. / **Purification** ou **épuration ethnique,** noms donnés à l'entreprise d'appropriation exclusive d'un territoire par une population au détriment d'une ou plusieurs autres populations occupantes auxquelles elle fait subir des violences physiques ou psychologiques.

ethnocentrique [ɛtnɔsɑ̃trik] **adj.** Caractérisé par l'ethnocentrisme : *Une attitude ethnocentrique.*

ethnocentrisme [ɛtnɔsɑ̃trism] **n.m.** (de *ethno-* et *centre*). Tendance à considérer sa propre culture comme la norme de toutes les autres.

ethnocide [ɛtnɔsid] **n.m.** (de *ethno-* et *-cide*). Destruction de la culture d'un peuple, d'une société.

ethnographie [ɛtnɔgrafi] **n.f.** (de *ethno-* et *-graphie*). Branche des sciences humaines qui a pour objet l'étude descriptive des ethnies. ◆ **ethnographe n.** Nom du spécialiste.

ethnographique [ɛtnɔgrafik] **adj.** De l'ethnographie : *Une étude ethnographique.*

ethnologie [ɛtnɔlɔʒi] **n.f.** (de *ethno-* et *-logie*). Étude scientifique des ethnies, dans l'unité de la structure linguistique, économique et sociale de chacune, dans leurs liens de civilisation propres et dans leur évolution. ◆ **ethnologue n.** Nom du spécialiste.

ethnologique [ɛtnɔlɔʒik] **adj.** De l'ethnologie : *Une étude ethnologique.*

ethnonyme [ɛtnɔnim] **n.m.** LING. Nom ou adjectif ethnique.

éthologie [etɔlɔʒi] **n.f.** (de *étho-* et *-logie*). Étude scientifique du comportement des animaux dans leur milieu naturel. ◆ **éthologiste** et **éthologue n.** Noms du spécialiste.

■ Le terme d'éthologie a été introduit à la fin du XIXe s. par Geoffroy Saint-Hilaire. Mais cette science ne prend véritablement naissance que dans les années 1930, avec les travaux de K. Lorenz (qui travaille en particulier sur les oies), N. Tinbergen (sur les mouettes) et K. von Frisch (qui met en évidence la danse des abeilles). Ceux-ci pensent que les comportements animaux sont essentiellement innés (« instinctifs »). Ils s'opposent alors aux béhavioristes, pour qui c'est le milieu, l'environnement, qui joue un rôle déterminant. Pour l'école de K. Lorenz, les comportements à l'intérieur d'une espèce sont le résultat d'une évolution, c'est-à-dire qu'ils sont déterminés de façon génétique, sans que, toutefois, cela exclue l'acquis (l'enrichissement des comportements au cours de l'existence, par apprentissage). Entre tenants de l'inné et tenants de l'acquis, il y a eu de nombreuses controverses. Aujourd'hui, la plupart des éthologues sont d'accord pour concilier inné et acquis. Basée sur l'observation des animaux et des sociétés animales (y compris l'espèce humaine, à laquelle l'éthologie s'est intéressée à partir des années 1970), ainsi que sur l'expérimentation, l'éthologie s'attache à étudier les différents types de comportements (de reproduction, de communication, de territorialité, de dominance, d'agressivité, etc.), la cause de leur déclenchement (stimuli, c'est-à-dire déclencheurs, externes ou internes) et leur origine (innée et/ou acquise). ■

éthylène [etilɛn] **n.m.** (de *éthyle* [n. d'un radical dérivé de l'éthane], de *éth[er]*, et du gr. *hulê*, bois, matière). Hydrocarbure gazeux incolore légèrement odorant, produit à partir du pétrole et qui est à la base de nombreuses synthèses. ▸ Formule $CH_2{=}CH_2$.

éthylique [etilik] **adj.** (de *éthyle* ; v. *éthylène*). **Alcool éthylique,** syn. de *éthanol.* ◆ **adj.** et **n.** Se dit d'une personne alcoolique.

éthylisme [etilism] **n.m.** (de *éthyl[ique]*). Alcoolisme.

étiage [etjaʒ] **n.m.** (de *étier*). Niveau moyen le plus bas d'un cours d'eau.

Étienne *(saint)*, un des sept diacres de la première communauté chrétienne de Jérusalem. Membre influent de la fraction des hellénistes (ou juifs convertis venant de la Diaspora et parlant grec), il était accusé de critiquer le Temple et de donner la primauté à la foi sur la loi ; il fut condamné par le sanhédrin et mourut lapidé v. 37.

Étienne Ier *(saint)* [970 - Esztergom 1038], duc (997-1000), puis roi de Hongrie (1000-1038). Il fit évangéliser la Hongrie et fut couronné roi par le pape Sylvestre II en l'an 1000. Il développa dans son pays une administration centralisée et s'allia avec Byzance contre les Bulgares.

Étienne-Martin (Étienne Martin, dit), sculpteur français (Loriol-sur-Drôme 1913 - Paris 1995). Ses « Demeures », en bois (souches retravaillées) ou en bronze, évoquent un fond primitif de l'être et de la civilisation.

étier [etje] **n.m.** (lat. *aestuarium,* bassin littoral). Canal qui amène l'eau de mer dans les marais salants.

étincelant, e [etɛ̃slɑ̃, -ɑ̃t] **adj.** Qui étincelle : *Couleurs étincelantes* (syn. **vif**). *Esprit étincelant* (syn. **brillant**).

étinceler [etɛ̃sle] **v.i.** (de *étincelle*) [conj. **24**]. Briller d'un vif éclat : *Les étoiles étincellent* (syn. **scintiller**). *La surface de la mer étincelle au soleil* (syn. **miroiter**).

étincelle [etɛ̃sɛl] **n.f.** (lat. pop. **stincilla,* du class. *scintilla*). **1.** Parcelle incandescente qui se détache d'un corps enflammé ou qui jaillit du frottement ou du choc de deux corps. **2.** Manifestation brillante et fugitive : *Étincelle de génie* (syn. **éclair, lueur**). **3.** *FAM.* **Faire des étincelles,** être brillant en parlant de qqn ; faire du bruit, du scandale, en parlant de qqch.

étincellement [etɛ̃sɛlmɑ̃] **n.m.** Fait d'étinceler : *L'étincellement des pierres précieuses* (syn. **éclat, scintillement**).

étiolement [etjɔlmɑ̃] **n.m. 1.** AGRIC. Action d'étioler une plante ; fait d'être étiolé. **2.** Appauvrissement, affaiblissement : *L'étiolement de l'esprit* (syn. **dépérissement**).

étioler [etjɔle] **v.t.** (orig. incert., p.-ê. d'une var. de *éteule*). AGRIC. Priver un végétal de lumière (partic. certains légumes, pour les faire blanchir). ◆ **s'étioler v.pr.** Devenir malingre, chétif : *Cet enfant s'étiole* (syn. **s'affaiblir**).

étiologie [etjɔlɔʒi] **n.f.** (gr. *aitiologia,* de *aitia,* cause, et de *-logie*). MÉD. Recherche des causes d'une maladie.

étiologique [etjɔlɔʒik] **adj. 1.** MÉD. Relatif à l'étiologie. **2.** ANTHROP. Se dit d'un récit qui vise à expliquer, par certains faits réels ou mythiques, les origines, la signification d'un phénomène naturel, d'un nom, etc.

étique [etik] **adj.** (bas lat. *hecticus,* gr. *hektikos,* habituel). *LITT.* Décharné, très maigre : *Un chariot tiré par deux vaches étiques* (syn. **squelettique, famélique**).

étiquetage [etiktaʒ] **n.m.** Action d'étiqueter.

étiqueter [etikte] **v.t.** [conj. **27**]. **1.** Marquer d'une étiquette : *Étiqueter une bouteille de vin.* **2.** Classer qqn d'une manière plus ou moins arbitraire : *On l'a étiqueté comme socialiste* (syn. **cataloguer**).

étiqueteuse [etiktøz] **n.f.** Machine à étiqueter.

étiquette [etikɛt] **n.f.** (du picard *estiquier* [anc. fr. *estechier*], attacher, frq. **stikkjan, *stikkan,* piquer). **1.** Petit écriteau qu'on fixe à un objet pour en indiquer la nature, le prix, le contenu, etc. **2.** Ordre de préséance, cérémonial et usage dans une cour, dans une réception officielle : *Observer l'étiquette* (syn. **protocole**).

étirage [etiraʒ] **n.m. 1.** Action d'étirer un métal, du verre, un textile, etc. **2.** TEXT. **Banc d'étirage,** machine à étirer les fibres textiles.

étirement [etirmɑ̃] **n.m.** Action d'étirer, de s'étirer ; fait d'être étiré : *L'étirement des bras.*

étirer [etire] **v.t. 1.** Allonger, étendre par traction : *Étirer ses jambes.* **2.** MÉTALL. Amener une barre à une longueur plus grande et à une section plus réduite, par passage à froid à travers une filière. **3.** TEXT. En filature, réduire la section des rubans et des mèches de fibres textiles. **4.** Former en continu une feuille de verre plat ou une fibre de verre. ◆ **s'étirer v.pr.** Étendre ses membres.

Etna, volcan actif du nord-est de la Sicile ; 3 345 m.

étoc [etɔk] **n.m.** (de *estoc*). Tête de rocher émergeant à marée basse.

étoffe [etɔf] **n.f.** (de *étoffer*). **1.** Article textile ayant une certaine cohésion et destiné à l'habillement, l'ameublement. **2. Avoir de l'étoffe,** de grandes capacités.

étoffé, e [etɔfe] **adj. 1.** Riche de matière : *Devoir bien étoffé.* **2. Voix étoffée,** voix pleine et sonore.

étoffer [etɔfe] **v.t.** (anc. fr. *estofer,* rembourrer, frq. **stopfôn*). **1.** Garnir d'étoffe. **2.** Enrichir de matière, de faits : *Étoffer un roman* (syn. **développer, enrichir**).

étoile [etwal] **n.f.** (lat. pop. **stela*, class. *stella*). **1.** Tout astre qui brille dans le ciel nocturne. **2.** ASTRON. Astre doué d'un éclat propre dû aux réactions thermonucléaires dont il est le siège. **3.** Astre considéré comme influençant la destinée humaine : *Être né sous une bonne étoile.* **4.** Ce qui, par sa forme, rappelle une étoile. **5.** Fêlure à fentes rayonnantes : *Une vitre brisée en étoile.* **6.** Rond-point à plus de quatre voies. **7.** Décoration en forme d'étoile à cinq branches. **8.** En France, insigne du grade des officiers généraux. **9.** MATH. Polygone régulier non convexe. **10.** Indice de classement attribué à certains sites, hôtels, restaurants, produits : *Un hôtel trois étoiles.* **11.** COMM. Unité de froid équivalant à - 6 °C et qui, multipliée, indique le degré maximal de réfrigération d'un conservateur ou d'un congélateur. **12.** Artiste célèbre au théâtre, au cinéma, etc. (syn. **star**). **13.** Échelon suprême dans la hiérarchie de certains corps de ballet (Opéra de Paris). **14. À la belle étoile,** en plein air, la nuit. / **Étoile de David,** symbole judaïque constitué par une étoile à six branches. / **Étoile filante,** météore. / **Étoile polaire,** l'étoile visible à l'œil nu la plus proche du pôle Nord de la sphère céleste. / **Étoile double, géante, naine, variable ⟶ double, géant, nain, variable. 15. Étoile de mer,** échinoderme en forme d'étoile à cinq branches, carnassier, aux bras souples (syn. **astérie**). ▸ Classe des astérides ; diamètre max. 50 cm.

■ **La vie des étoiles.** Les étoiles naissent de la contraction de vastes nuages de matière interstellaire (nébuleuses). Cette contraction s'accompagne d'un accroissement de la température. Lorsque leur température devient suffisante (environ 10 millions de degrés), des réactions thermonucléaires s'amorcent dans leurs régions centrales et leur permettent de rayonner. Leur évolution comporte une succession de périodes durant lesquelles elles se contractent sous l'effet de leur propre gravitation : la matière qui les constitue subit ainsi un échauffement de plus en plus intense, qui autorise le déclenchement de réactions nucléaires entre éléments de plus en plus lourds. Pendant la majeure partie de leur vie, les étoiles tirent leur énergie de la transformation d'hydrogène en hélium (cas du Soleil actuel). Lorsque l'hydrogène s'épuise au cœur de l'étoile, celle-ci se contracte. L'hydrogène brûle alors sur des couches moins profondes, pendant que l'enveloppe stellaire se dilate : c'est la phase dite de la *géante rouge* (c'est ce qui arrivera au Soleil dans environ 5 milliards d'années). Par la suite, l'étoile subit de nouvelles transformations, différentes selon sa masse. Si l'étoile est peu massive (de masse inférieure à 1,4 fois celle du Soleil), elle subit une dernière contraction, qui la transforme en *naine blanche,* peu lumineuse. La naine blanche s'éteint ensuite progressivement *(naine noire).* Mais si l'étoile est massive, elle explose complètement et devient de 10 à 100 millions de fois plus brillante : c'est une *supernova.* Ensuite, elle décline, et seul subsiste son cœur, très dense. Celui-ci se contracte et donne soit une *étoile à neutrons,* soit un *trou noir.*

Observer les étoiles. C'est grâce à l'enregistrement et à l'analyse de leurs spectres que l'on parvient à déterminer la composition chimique des étoiles, les conditions physiques (température et pression) régnant dans leurs atmosphères, leurs mouvements, etc.

À l'œil nu, on peut distinguer sur l'ensemble du ciel quelque 6 000 étoiles, réparties en 88 constellations et, suivant leur éclat apparent, en six magnitudes. Mais notre galaxie en renferme env. 100 milliards. ■

Étoile *(place de l')* ⟶ Charles-de-Gaulle *(place).*

étoilé, e [etwale] **adj. 1.** Semé d'étoiles, d'objets en forme d'étoiles : *Ciel étoilé.* **2. Bannière étoilée,** drapeau des États-Unis.

étoiler [etwale] **v.t. 1.** Fêler en étoile : *Le choc a étoilé la vitre.* **2.** *LITT.* Semer d'étoiles ou d'objets en forme d'étoiles : *La nuit étoile le ciel. Étoiler une étoffe de paillettes d'or* (syn. **émailler, consteller**).

étole [etɔl] **n.f.** (lat. *stola,* gr. *stolê,* longue robe). **1.** Insigne liturgique formé d'une large bande d'étoffe et porté par l'évêque, le prêtre et le diacre. **2.** Large écharpe en fourrure : *Une étole de vison.*

étonnamment [etɔnamɑ̃] **adv.** De façon étonnante : *Enfant étonnamment précoce.*

étonnant, e [etɔnɑ̃, -ɑ̃t] **adj. 1.** Qui frappe par son caractère inattendu, étrange : *De sa part, c'est une démarche étonnante* (syn. **surprenant**). **2.** Prodigieux, extraordinaire : *Mémoire étonnante* (syn. **remarquable**).

étonnement [etɔnmɑ̃] **n.m.** Surprise causée par qqch d'extraordinaire, d'inattendu.

étonner [etɔne] **v.t.** (lat. pop. **extonare,* class. *attonare,* de *tonus,* tonnerre). Surprendre par qqch d'extraordinaire, d'inattendu : *Il est très étonné de ne pas l'avoir vu à la réunion* (syn. **déconcerter, interloquer**). *Il est étonné de sa vivacité d'esprit* (syn. **stupéfier, abasourdir**). ◆ **s'étonner v.pr. [de].** Trouver étrange, être surpris de : *Je m'étonne de son absence.*

étouffant, e [etufɑ̃, -ɑ̃t] **adj. 1.** Qui rend la respiration difficile : *La chaleur étouffante d'une salle bondée* (syn. **suffocant**). **2.** Qui met mal à l'aise : *Une atmosphère familiale étouffante* (syn. **pesant**).

étouffé, e [etufe] **adj. 1.** Décédé par étouffement. **2.** Dont on assourdit l'éclat : *Bruit, rires étouffés* (syn. **feutré, sourd**).

étouffe-chrétien [etufkretjɛ̃] **n.m. inv.** *FAM.* Aliment de consistance épaisse ou farineuse et difficile à avaler.

à l'étouffée [etufe] **loc. adv.** et **loc. adj.** Se dit d'un mode de cuisson des viandes ou des légumes à la vapeur, en vase clos (syn. **à l'étuvée**).

étouffement [etufmɑ̃] **n.m. 1.** Action d'étouffer ; fait d'être étouffé : *Mourir par étouffement* (syn. **asphyxie**). *L'étouffement d'une révolte* (syn. **écrasement, répression**). **2.** Grande difficulté à respirer : *Éprouver une sensation d'étouffement* (syn. **suffocation**).

étouffer [etufe] **v.t.** (croisement de l'anc. fr. *estofer,* rembourrer [v. *étoffer*], et *estoper,* étouper, obstruer). **1.** Faire mourir par asphyxie (syn. **asphyxier**). **2.** Gêner en rendant la respiration difficile : *Chaleur qui étouffe* (syn. **oppresser**). **3.** Arrêter la combustion de : *Étouffer le feu avec une couverture* (syn. **éteindre**). **4.** Rendre moins sonore : *Tapis qui étouffe les pas* (syn. **amortir, assourdir**). **5.** Empêcher la propagation, le développement de : *Étouffer une révolte* (syn. **mater, réprimer**). *Étouffer un sentiment* (syn. **endiguer, juguler**). ◆ **v.i. 1.** Mourir par asphyxie. **2.** Respirer avec peine : *On étouffe ici* (syn. **suffoquer**). **3.** Être mal à l'aise : *J'étouffe dans cette atmosphère familiale.* ◆ **s'étouffer v.pr.** Perdre la respiration.

étouffoir [etufwar] **n.m. 1.** MUS. Pièce de bois garnie de feutre permettant l'arrêt des vibrations d'une corde de clavecin ou de piano. **2.** *FAM.* Local dont l'atmosphère est chaude et confinée (syn. **étuve**).

étoupe [etup] **n.f.** (lat. *stuppa,* du gr.). Composante fibreuse produite lors du peignage du lin, du chanvre.

étouper [etupe] **v.t.** Boucher avec de l'étoupe : *Étouper les fentes d'un tonneau* (syn. **calfater, étancher**).

étourderie [eturdəri] **n.f. 1.** Caractère d'une personne étourdie : *Agir par étourderie* (syn. **distraction, inattention**). **2.** Acte irréfléchi : *Commettre des étourderies* (syn. **bévue, maladresse**).

étourdi, e [eturdi] **adj.** et **n.** Qui agit ou parle sans réflexion, sans attention : *Un enfant étourdi* (syn. **distrait**). ◆ **adj.** Qui est fait ou dit par étourderie : *Une remarque étourdie* (syn. **inconsidéré, malavisé**).

étourdiment [eturdimɑ̃] **adv.** Comme un étourdi ; de façon étourdie : *Répondre étourdiment* (syn. **inconsidérément**). *Agir étourdiment* (syn. **imprudemment**).

étourdir [eturdir] **v.t.** (lat. pop. **exturdire,* class. *turdus,* grive) [conj. **32**]. **1.** Faire perdre à demi connaissance à : *Étourdir qqn d'un coup de bâton* (syn. **assommer**). **2.** Causer une sorte de griserie à : *Le vin l'étourdit un peu* (syn. **griser**). **3.** Fatiguer, importuner par le bruit, les paroles : *Ce vacarme m'étourdit* (syn. **abrutir, assourdir**). ◆ **s'étourdir v.pr.** S'efforcer de perdre conscience des réalités : *Il s'étourdit dans la boisson pour oublier ses déboires.*

étourdissant, e [eturdisɑ̃, -ɑ̃t] **adj. 1.** Qui étourdit par son bruit : *Explosion étourdissante* (syn. **assourdissant**). **2.** Qui stupéfie par son caractère extraordinaire : *Un récital étourdissant de brio* (syn. **éblouissant, prodigieux**).

étourdissement [eturdismɑ̃] **n.m. 1.** Perte momentanée de conscience : *Avoir un étourdissement en se levant* (syn. **vertige**). **2.** État d'exaltation : *L'étourdissement dû à un premier grand succès* (syn. **griserie**).

étourneau [eturno] **n.m.** (lat. pop. **sturnellus,* du class. *sturnus*). **1.** Passereau à plumage sombre tacheté de blanc, insectivore et frugivore (syn. **sansonnet**). ▸ Famille des sturnidés ; long. 20 cm. **2.** Personne étourdie.

étrange [etrɑ̃ʒ] **adj.** (lat. *extraneus,* extérieur). Qui sort de l'ordinaire : *Une nouvelle étrange* (syn. **singulier, bizarre**).

étrangement [etrɑ̃ʒmɑ̃] **adv.** De façon étrange : *Une comédienne étrangement habillée* (syn. **bizarrement**). *Un raisonnement étrangement compliqué* (syn. **singulièrement**).

1. étranger, ère [etrɑ̃ʒe, -ɛr] **adj.** et **n.** (de *étrange*). **1.** Qui est d'une autre nation que celle dont on est ressortissant : *Touristes étrangers* (contr. **autochtone**). *Disposition concernant les étrangers.* **2.** Qui n'appartient pas à une famille, un groupe, une ville : *Loger les étrangers de passage.* ◆ **adj. 1.** Qui n'appartient pas à la nation où l'on vit : *Langue étrangère.* **2.** Qui n'appartient pas à un organisme, une entreprise : *Personne étrangère au service* (syn. **extérieur**). **3.** Qui est sans rapport, sans relation avec : *Étranger à une affaire.* **4.** Qui n'est pas connu : *Visage étranger* (syn. **inconnu**).

2. étranger [etrɑ̃ʒe] **n.m.** (de *1. étranger*). Pays autre que celui dont on est citoyen : *Vivre à l'étranger.*

étrangeté [etrɑ̃ʒte] **n.f. 1.** Caractère de ce qui est étrange : *L'étrangeté de leur rencontre* (syn. **singularité**). **2.** LITT. Action, chose étrange : *Il est coutumier de telles étrangetés* (syn. **bizarrerie**).

étranglé, e [etrɑ̃gle] **adj. 1.** Resserré, trop étroit : *Un passage étranglé entre deux rangées de maisons.* **2. Voix étranglée,** étouffée, en partic. sous l'effet de l'émotion.

étranglement [etrɑ̃gləmɑ̃] **n.m. 1.** Action d'étrangler ; fait d'être étranglé : *Mort par étranglement* (syn. **strangulation**). **2.** Rétrécissement : *L'étranglement d'une vallée.* **3. Goulot** ou **goulet d'étranglement** ⟶ **goulot.**

étrangler [etrɑ̃gle] **v.t.** (lat. *strangulare*). **1.** Faire mourir qqn, un animal en lui serrant le cou. **2.** Gêner la respiration de qqn, lui serrer la gorge, le cou : *Son col de chemise l'étrangle* (syn. **brider**). **3.** Resserrer, comprimer pour diminuer la largeur, l'ouverture : *Un corset qui étrangle la taille.* **4.** Empêcher de se manifester, de s'exprimer : *Étrangler la presse, les libertés* (syn. **museler**).

étrangleur, euse [etrɑ̃glœr, -øz] **n.** Personne qui étrangle.

étrave [etrav] **n.f.** (anc. scand. *stafn,* proue). MAR. Pièce massive qui forme la limite avant de la carène d'un navire.

1. être [ɛtr] **v.i.** (lat. pop. **essere,* substitué au class. *esse* ; certaines formes remontent au lat. *stare,* se tenir debout) [conj. **2**]. **1.** Exister, avoir une réalité : *Je pense donc je suis. Il est indiscutable que cela est.* **2.** (Aux temps composés). Aller : *J'ai été en Allemagne, à Hambourg, la semaine dernière.* ***Rem.*** Cette construction est correcte. **3.** Sert de copule entre le sujet (réel ou apparent) et son attribut : *La neige est blanche. Il est important de guérir, que tu guérisses vite.* **4.** Sert à indiquer le lieu, le moment, l'état, la situation, etc. : *Elle est au Portugal* (syn. **se trouver**). *La séance est à 3 heures* (= a lieu) [syn. **commencer**]. *Nous sommes le 15 février. Il était dans la confidence* (= au courant). *Elle est avec des amis* (syn. **se trouver**). *Être sans le sou* (= manquer d'argent). *Être pour, contre qqch.* **5.** Suivi d'un participe passé, forme le passif des verbes transitifs, ainsi que les temps composés des pronominaux, de certains intransitifs et de certains impersonnels : *Il sera pendu. Elle s'est promenée. Elles se sont succédé. Nous sommes venus. Il en est résulté que...* **6. En être à,** être parvenu à un certain point, un certain résultat : *Où en êtes-vous ? Il en est à demander l'aumône.* / **Être à qqn,** appartenir à qqn : *À qui est ce sac ?* / **Être de,** être originaire de : *Il est du Midi* ; participer à : *Être de la fête.* / **Être en,** être vêtu de : *Être en smoking.* / **Être sur qqch,** s'occuper de qqch ; être concerné par qqch : *Il paraît qu'elle est sur une bonne affaire.* / **Être (tout) à qqch,** être absorbé par qqch, s'y consacrer : *Il est tout à sa prochaine mise en scène.* / **N'être plus,** avoir cessé de vivre, être mort : *Cela fait trois ans que mon mari n'est plus.* / **Y être,** être chez soi ; au fig., comprendre : *Je n'y suis pour personne. Et maintenant, y êtes-vous ?* (= avez-vous saisi ?). ◆ **v. impers. 1.** Indique l'heure, le moment : *Il est 4 heures. Il est trop tôt.* **2.** LITT. Indique l'existence : *Il était une fois...* (= il y avait). **3. C'est, ce sont,** sert à présenter qqn, qqch : *C'est moi. C'était nous. Ce sont nos amis* ; sert à mettre en relief un mot de la phrase (v. *ce*). ***Rem.*** L'accord au pluriel, facultatif, ne se fait qu'à la troisième personne. / **C'est à qqn de** (+ inf.), c'est au tour de qqn de : *C'est à toi de jouer.* / **C'est que** (+ ind.), **ce n'est pas que** (+ subj.), introduisent une cause, une explication affirmée ou niée : *Si elle ne vient pas, c'est qu'elle est malade. Ce n'est pas qu'il soit paresseux, mais il est lent.*

2. être [ɛtr] **n.m.** (de *1. être*). **1.** Le fait d'être, l'existence. **2.** Ce qui possède l'existence, la vie : *Les êtres vivants* (syn. **créature**). **3.** Personne, individu : *Un être détestable.* **4. L'Être suprême,** Dieu, spécial. dans le culte déiste organisé par Robespierre en mai-juin 1794.

étreindre [etrɛ̃dr] **v.t.** (lat. *stringere,* serrer) [conj. **81**]. **1.** Serrer fortement avec ses membres : *Lutteur qui étreint son adversaire.* **2.** Serrer dans ses bras en témoignage d'affection. **3.** Oppresser, en parlant d'un sentiment, d'un souvenir : *L'émotion nous étreignait* (syn. **tenailler**).

étreinte [etrɛ̃t] **n.f.** Action d'étreindre, de serrer dans ses bras : *L'étreinte des amants.*

étrenne [etrɛn] **n.f.** (lat. *strena,* cadeau servant d'heureux présage). [Surtout au pl.]. Cadeau, gratification offerts à l'occasion du premier jour de l'année : *Donner des étrennes à la gardienne de son immeuble.*

étrenner [etrene] **v.t.** Utiliser pour la première fois : *Étrenner une robe.*

êtres [ɛtr] **n.m. pl.** (lat. *extera,* ce qui est à l'extérieur). LITT. Disposition des diverses parties d'une habitation.

étrier [etrije] **n.m.** (anc. fr. *estreu,* frq. **streup*). **1.** Arceau en métal, suspendu par une courroie de chaque côté de la selle, et sur lequel le cavalier appuie le pied. **2.** Pièce métallique pour renforcer une pièce de charpente ou pour la lier à une autre. **3. Avoir le pied à l'étrier,** être prêt à monter à cheval, à partir ; au fig., être en bonne voie pour. / **Coup de l'étrier,** verre que l'on boit avant de partir. / **Vider les étriers,** tomber de cheval.

étrille [etrij] **n.f.** (lat. pop. **strigila,* class. *strigilis,* racloir, de *stringere,* serrer). **1.** Instrument formé de petites lames dentelées, pour nettoyer le poil des chevaux. **2.** Petit crabe du littoral atlantique, comestible. ▸ Famille des portunidés ; long. 6 cm.

étriller [etrije] **v.t. 1.** Frotter avec l'étrille : *Étriller un cheval.* **2.** Battre, malmener fortement ; réprimander : *Étriller un adversaire* (syn. **molester**). **3.** LITT. et FIG. Critiquer vivement : *La critique a étrillé son film.* **4.** FAM. Faire payer trop cher à qqn : *Se faire étriller par un restaurateur.*

étriper [etripe] **v.t. 1.** Enlever les tripes, les entrailles de : *Étriper un lapin* (syn. **vider**). **2.** FAM. Blesser sauvagement ; tuer à l'arme blanche.

étriqué, e [etrike] **adj.** (du néerl. *strijken,* amincir, frq. **strîkan,* étendre). **1.** Qui manque d'ampleur, trop serré : *Une robe étriquée* (syn. **étroit** ; contr. **ample**). **2.** Qui manque d'envergure ; qui est médiocre : *Une vie étriquée* (syn. **mesquin**). *Un esprit étriqué* (syn. **borné**).

étrivière [etrivjɛr] **n.f.** (de *étrier*). Courroie par laquelle un étrier est suspendu à la selle.

étroit, e [etrwa, -at] **adj.** (lat. *strictus,* p. passé de *stringere,* serrer). **1.** Qui a peu de largeur : *Chemin étroit.* **2.** Qui manque d'envergure : *Esprit étroit* (syn. **borné, mesquin**). **3.** Qui tient serré : *Nœud étroit.* **4.** Qui lie fortement : *Étroite amitié.* **5.** Qui contraint fortement : *Étroite obligation* (syn. **rigoureux, strict**). **6. À l'étroit,** dans un espace trop petit : *Être logé à l'étroit.*

étroitement [etrwatmɑ̃] **adv. 1.** À l'étroit. **2.** Intimement : *Amis étroitement unis.* **3.** Strictement, rigoureusement : *Appliquer étroitement les ordres.*

étroitesse [etrwatɛs] **n.f. 1.** Caractère de ce qui est peu large, qui manque d'espace : *L'étroitesse de cet appartement* (syn. **exiguïté**). **2.** FIG. Manque de largeur d'esprit, de générosité : *Étroitesse de vues* (syn. **mesquinerie**).

étron [etrɔ̃] **n.m.** (frq. **strunt*). Matière fécale consistante de forme moulée de l'homme et de quelques animaux.

Étrurie, anc. région de l'Italie, correspondant approximativement à l'actuelle Toscane.

étrusque [etrysk] **adj.** et **n.** (lat. *Etruscus*). D'Étrurie. ◆ **n.m.** Langue sans parenté connue, parlée par les Étrusques.

Étrusques, peuple apparu à la fin du VIIIe s. av. J.-C. en Toscane et dont l'origine est controversée. Les Étrusques fondèrent de puissantes et riches cités (Tarquinia, Véies, etc.), groupées en confédérations, gouvernées par des rois puis, vers la fin du VIe s. av. J.-C., par des oligarchies. Du VIIe au VIe s. av. J.-C., ils étendirent leur domination jusqu'à la Campanie et à la plaine du Pô et ils donnèrent à Rome ses premiers monuments (règnes de Servius Tullius et des Tarquin). Le particularisme de chaque cité les rendit vulnérables face aux Grecs, aux Samnites, aux Gaulois et surtout aux Romains, qui, du IVe s. au milieu du IIIe s. av. J.-C., s'emparèrent de la totalité de la Toscane. La civilisation étrusque, qui survécut à ces défaites, influença profondément la religion et les institutions romaines.

étude [etyd] **n.f.** (lat. *studium,* zèle, de *studere ;* v. *étudier*). **1.** Travail de l'esprit qui s'applique à apprendre ou à approfondir : *L'étude des sciences. Aimer l'étude.* **2.** Ensemble des travaux qui précèdent, préparent l'exécution d'un projet : *Ce projet est à l'étude. Bureau d'études.* **3.** Ouvrage exposant les résultats d'une recherche : *Publier une étude sur Proust.* **4.** BX-A. Dessin, peinture ou modelage exécuté d'après nature, souvent comme préparation d'une œuvre plus élaborée **5.** MUS. Morceau composé en principe dans un dessein didactique. **6.** Salle où les élèves travaillent en dehors des heures de cours ; temps qu'ils y passent. **7.** Local de travail d'un officier ministériel et de ses clercs : *Une étude de notaire.* **8.** Charge, personnel, clientèle de cet officier ministériel. ◆ **études n.f. pl.** Ensemble des cours suivis dans un établissement scolaire ou universitaire ; temps de cette activité : *Faire des études de lettres. Je l'ai connu pendant mes études. Études supérieures* (= suivies dans une université ou une grande école).

étudiant, e [etydjɑ̃, -ɑ̃t] **n.** Personne qui suit des études supérieures. ◆ **adj.** Des étudiants ; relatif aux étudiants : *Le syndicalisme étudiant.*

étudié, e [etydje] **adj. 1.** Préparé avec soin : *Discours étudié.* **2.** Volontairement composé, affecté : *Des gestes étudiés.* **3. Prix étudié,** prix aussi bas que possible.

étudier [etydje] **v.t.** (lat. *studere,* propr. « s'appliquer à ») [conj. **9**]. **1.** Chercher à acquérir la connaissance ou la technique de : *Étudier le droit* (syn. **apprendre**). **2.** (Absol.). Faire des études : *J'ai étudié à la Sorbonne.* **3.** Examiner attentivement : *Étudier un projet* (syn. **analyser**). ◆ **s'étudier v.pr.** S'observer soi-même avec attention.

étui [etɥi] **n.m.** (de l'anc. fr. *estuier,* mettre dans sa gaine, p.-ê. du lat. pop. **studiare,* de *studium,* application, soin). **1.** Boîte, enveloppe destinée à contenir un objet ou à le recouvrir, et ayant grossièrement la même forme que lui : *Étui à lunettes. Étui d'un violon* (syn. **boîte, fourreau**). **2.** ARM. Cylindre qui contient la charge d'une cartouche et auquel est fixé le projectile (syn. **douille**).

étuve [etyv] **n.f.** (lat. pop. **extupa,* du gr. *tuphein,* faire fumer). **1.** Local de bains dont on élève la température pour provoquer la transpiration. **2.** Pièce où il fait très chaud. **3.** TECHNOL. Enceinte où l'on traite à la chaleur et à la vapeur certains produits (aliments, bois, peaux, textiles). **4.** Appareil pour la désinfection ou la stérilisation par la chaleur. **5.** Appareil utilisé en microbiologie pour maintenir les cultures à une température constante.

à l'étuvée [etyve] **loc. adv.** et **loc. adj.** À l'étouffée.

étuver [etyve] **v.t. 1.** Traiter à l'étuve. **2.** Cuire à l'étouffée.

étymologie [etimɔlɔʒi] **n.f.** (lat. *etymologia,* du gr. *etumos,* vrai). **1.** Étude scientifique de l'origine des mots. **2.** Origine ou filiation d'un mot. ◆ **étymologiste n.** Nom du spécialiste.

étymologique [etimɔlɔʒik] **adj. 1.** Relatif à l'étymologie ; conforme à l'étymologie. **2. Sens étymologique d'un mot,** qui est le plus proche du sens de son étymon.

étymologiquement [etimɔlɔʒikmɑ̃] **adv.** D'après l'étymologie.

étymon [etimɔ̃] **n.m.** (gr. *etumon,* sens véritable). LING. Forme attestée ou reconstituée dont on fait dériver un mot : *Le mot turc « tchaqal » est l'étymon de « chacal ».*

eucalyptol [økaliptɔl] **n.m.** Huile essentielle retirée des feuilles d'eucalyptus et utilisée en médecine.

eucalyptus [økaliptys] **n.m.** (du gr. *eu,* bien, *kaluptos,* couvert, le limbe du calice restant fermé jusqu'après la floraison). Arbre originaire d'Australie, qui pousse surtout dans les régions chaudes et dont les feuilles sont très odorantes. ▸ Famille des myrtacées ; haut. plus de 100 m en Australie, env. 30 m dans le midi de la France.

eucaryote [økarjɔt] **n.m.et adj.** (du gr. *eu,* bien, et *karuon,* noyau). BIOL. Être vivant dont les cellules ont un noyau entouré par une membrane (par opp. à *procaryote*).

eucharistie [økaristi] **n.f.** (lat. ecclés. *eucharistia,* gr. *eukharistia,* de *eu,* bien, et *kharis,* faveur, grâce). RELIG. CHRÉT. **1.** (Parfois avec une majuscule). Sacrement institué par le Christ lors de la Cène : *Célébrer l'eucharistie.* ▸ Pour les catholiques, l'eucharistie assure la présence réelle et substantielle du Christ sous la double apparence du pain et du vin *(transsubstantiation) ;* pour les luthériens, le pain et le vin subsistent dans leur réalité avec la substance du corps et du sang du Christ *(consubstantiation).* **2.** Communion au pain et au vin consacrés : *Recevoir l'eucharistie.*

Euclide, mathématicien grec, qui aurait vécu au IIIe s. av. J.-C. à Alexandrie. Son œuvre majeure, les *Éléments,* est une vaste synthèse des mathématiques classiques grecques, et notamment de la géométrie. Euclide y déduit des propositions de plus en plus complexes de quelques définitions, postulats et axiomes, notions communes évidentes. L'ensemble porte la marque d'un grand souci de rigueur et d'enchaînement logique. La formulation explicite des postulats note la volonté d'Euclide de faire abstraction de la réalité sensible et marque la première apparition de la méthode axiomatique. Sa géométrie est fondée sur cinq postulats, dont le cinquième énonce que « par un point d'un plan, on ne peut mener qu'une parallèle à une droite donnée ». Il faudra attendre le XIXe s. pour assister à une remise en cause partielle de certains fondements de son œuvre.

euclidien, enne [øklidjɛ̃, -ɛn] **adj. 1.** Relatif à Euclide et à sa méthode. **2. Division euclidienne ⟶ division. / Géométrie euclidienne,** qui repose sur le postulat des parallèles d'Euclide. **/ Géométries non euclidiennes,** géométries dans lesquelles l'axiome correspondant à l'ancien postulat des parallèles est remplacé par un autre.

Eugène de Savoie-Carignan, dit **le Prince Eugène,** homme de guerre au service de l'Autriche (Paris 1663 - Vienne 1736). Lors de la guerre de la Succession d'Espagne, il vainquit l'armée de Louis XIV à Malplaquet (1709), mais fut battu à Denain par Villars (1712). En 1717, il enleva Belgrade aux Turcs.

Eugénie (Eugenia María de Montijo de Guzmán, *impératrice***),** impératrice des Français (Grenade 1826 - Madrid 1920). Elle épousa Napoléon III (1853), sur qui elle eut une grande influence. Elle s'opposa à sa politique italienne, qui portait atteinte aux intérêts de la papauté, et favorisa l'expédition du Mexique.

eugénisme [øʒenism] **n.m.** et **eugénique** [øʒenik] **n.f.** (angl. *eugenism, eugenics,* du gr. *eu,* bien, et *genos,* naissance, race). Ensemble des méthodes qui visent à améliorer le patrimoine génétique de groupes humains ; théorie qui préconise leur application. ◆ **eugéniste n.** Personne favorable à l'eugénisme.

■ Outre le fait qu'il implique un jugement de valeur forcément discutable sur les caractères à favoriser et ceux à éliminer, l'eugénisme se heurte à la complexité de la transmission héréditaire des caractères physiques et mentaux, qui rend contestables ses fondements scientifiques et l'efficacité potentielle de ses méthodes. Apparu à la fin du XIXe s., l'eugénisme a inspiré les pires formes de répression et de discrimination, partic. dans l'Allemagne nazie. Les progrès des biotechnologies ont réactualisé la question du risque de l'eugénisme, en soulevant des débats éthiques autour, notamm., de l'usage du diagnostic prénatal (qui permet de dépister des anomalies génétiques chez le fœtus pendant la grossesse) et du diagnostic préimplantatoire (qui permet, dans le cadre de la fécondation in vitro, d'éliminer les embryons porteurs d'une maladie génétique). ■

euh [ø] **interj.** (onomat.). Marque l'étonnement, le doute, l'embarras : *Viendrez-vous demain ? – Euh ! je ne sais pas.*

Euler (Leonhard), mathématicien suisse (Bâle 1707 - Saint-Pétersbourg 1783). Il a consacré près de 900 mémoires aux mathématiques, à la musique, la mécanique, l'astronomie, l'optique, la théorie des assurances, etc. En mathématiques, il est l'un des principaux artisans de l'essor de l'analyse au XVIIIe s., faisant de la fonction le concept fondamental de toute construction mathématique. Confiant dans les résultats élaborés au XVIIe s., il en dégage des méthodes générales et les rassemble dans des théories globales tout en imprimant aux mathématiques une marque nouvelle et formaliste. Il est l'auteur d'un *Traité complet de mécanique* (1736), premier grand ouvrage où l'analyse soit appliquée à la science du mouvement. Il a transformé le calcul différentiel et intégral en une théorie formelle des fonctions ne faisant plus appel à des conceptions géométriques, et appliqué le calcul infinitésimal à de nombreux problèmes de physique.

eunuque [ønyk] **n.m.** (lat. *eunuchus,* gr. *eunoukhos,* propr. « qui garde le lit [des femmes] », de *eunê,* lit, et *ekhein,* garder). **1.** Homme castré à qui étaient confiées, dans l'Antiquité, des charges administratives importantes, puis, dans l'Empire ottoman, la garde du harem impérial. **2.** *LITT.* Homme sans énergie, dépourvu de toute virilité.

euphémique [øfemik] **adj.** Qui relève de l'euphémisme ; qui constitue un euphémisme.

euphémisme [øfemism] **n.m.** (gr. *euphêmismos,* de *eu,* bien, et *phêmê,* parole, augure). Adoucissement d'une expression jugée trop crue, trop choquante : *Par euphémisme, on dit « il nous a quittés » pour « il est mort ».*

euphonie [øfɔni] **n.f.** (bas lat. *euphonia,* gr. *euphônia,* de *eu,* bien, et *phônê,* voix). Qualité des sons agréables à entendre ; résultat harmonieux de leur combinaison, en partic. dans le mot ou la phrase (par opp. à *cacophonie*).

euphonique [øfɔnik] **adj.** Qui produit l'euphonie : *Le « t » euphonique de « chantera-t-elle ».*

euphorbe [øfɔrb] **n.f.** (lat. *euphorbia,* gr. *euphorbion,* de *euphorbos,* bien nourri). Plante très commune, à latex blanc. ▸ Type de la famille des euphorbiacées.

euphorie [øfɔri] **n.f.** (gr. *euphoria,* de *euphoros,* facile à supporter). Sensation intense de bien-être, de grande joie intérieure, de satisfaction, de plénitude : *L'euphorie que procure un succès bien mérité* (syn. **béatitude, félicité**).

euphorique [øfɔrik] **adj.** Qui relève de l'euphorie, qui exprime cette sensation : *Être dans un état euphorique.*

euphorisant, e [øfɔrizɑ̃, -ɑ̃t] **adj.** et **n.m.** Se dit d'une substance qui procure l'euphorie (syn. **tranquillisant**). ◆ **adj.** Qui provoque l'euphorie : *Succès euphorisants* (syn. **grisant, enivrant**).

Euphrate, fl. d'Asie, qui naît en Turquie, traverse la Syrie et se réunit au Tigre, en Iraq, pour former le Chatt al-Arab ; 2 780 km.

Eurasie, nom donné quelquefois à l'ensemble de l'Europe et de l'Asie.

eurasien, enne [ørazjɛ̃, -ɛn] **n.** et **adj.** Métis d'Européen et d'Asiatique, partic. au Viêt Nam, en Inde et en Indonésie.

Euratom, autre nom de la *Communauté européenne de l'énergie atomique.* Le traité instituant la Communauté européenne de l'énergie atomique (traité C.E.E.A. ou Euratom, signé à Rome le 25 mars 1957) est l'un des trois traités fondateurs des Communautés européennes. En 1967, ses organes ont fusionné avec ceux de la C.E.E. et de la C.E.C.A.

Eure, riv. née dans le Perche, affl. de la Seine (r. g.) ; 225 km. Elle passe à Chartres.

Eure [27], dép. de la Région Normandie ; ch.-l. de dép. *Évreux ;* ch.-l. d'arr. *Les Andelys, Bernay ;* 3 arr., 23 cant., 675 comm. ; 6 040 km^2 ; 609 226 hab.

Eure-et-Loir [28], dép. de la Région Centre-Val de Loire ; ch.-l. de dép. *Chartres ;* ch.-l. d'arr. *Châteaudun, Dreux, Nogent-le-Rotrou ;* 4 arr., 15 cant., 401 comm. ; 5 880 km^2 ; 443 490 hab.

eurêka [øreka] **interj.** (gr. *hêurêka,* j'ai trouvé). Parole de contentement qu'on emploie lorsqu'on trouve brusquement une solution : *Eurêka ! j'ai trouvé !*

Euripide, poète tragique grec (Salamine 480 - Pella 406 av. J.-C.). Marqué par les troubles de la guerre du Péloponnèse, profondément pessimiste, il exprime dans son théâtre son goût du pathétique et de l'horreur (*Alceste,* 438 ; *Médée,* 431 ; *Hippolyte,* 428 ; *Andromaque,* v. 425 ; *les Suppliantes,* 422 ; *les Troyennes,* 415 ; *Électre,* 413 ; *Oreste,* 408 ; *les Bacchantes* et *Iphigénie à Aulis,* représentées en 405). S'il déconcerta ses contemporains par ses innovations dramatiques (importance de l'analyse psychologique, rajeunissement des mythes, indépendance des chœurs par rapport à l'action), il gagna l'admiration de la postérité et influença profondément les écrivains classiques français (en particulier Racine).

euro [ørɔ] **n.m.** Unité monétaire principale de 17 des 27 pays de l'Union européenne : Allemagne, Autriche, Belgique, Chypre, Espagne, Estonie, Finlande, France, Grèce, Irlande, Italie, Luxembourg, Malte, Pays-Bas, Portugal, Slovaquie et Slovénie (symb. €), divisée en 100 cents. ▸ L'euro, monnaie européenne, a été mis en circulation le 1er janv. 2002. Un euro équivaut à 6,55957 francs (0,152 euro pour 1 franc). L'euro a un cours légal à Monaco, à Saint-Marin, au Vatican, en Andorre, au Monténégro et au Kosovo.

eurocrate [ørɔkrat] **n.** (d'apr. *technocrate*). *FAM.* Fonctionnaire des institutions européennes.

eurodéputé, e [ørɔdepyte] **n.** Député au Parlement européen.

eurodevise [ørɔdəviz] **n.f.** Devise détenue par un non-résident et placée, en Europe, dans une banque d'un pays différent du pays d'origine de la devise.

eurodollar [ørɔdɔlar] **n.m.** Dollar déposé, à l'extérieur des États-Unis, dans une banque européenne.

euroméditerranéen, enne [ørɔmediteraneɛ̃, -ɛn] **adj.** Qui concerne à la fois l'Union européenne et les pays du sud et de l'est de la Méditerranée.

euromissile [ørɔmisil] **n.m.** Nom donné aux missiles nucléaires américains de moyenne portée installés de 1983 à 1988 dans certains pays de l'O.T.A.N. afin de contrebalancer la puissance des missiles soviétiques.

Europa, îlot français de l'océan Indien, à l'E. de Madagascar.

Europe, une des cinq parties du monde ; 10,5 millions de km². L'Europe, limitée à l'Oural, est le plus petit continent, couvrant 7 % des terres émergées, mais le plus densément peuplé, concentrant 732 millions d'hab., quelque 15 % de la population mondiale. Cette part toutefois décroît, du fait de l'effondrement des taux de natalité. La population y est vieillie. La forte densité du peuplement est naturellement liée à l'histoire, à l'ancienneté et à l'intensité de la mise en valeur, mais aussi à des conditions naturelles globalement favorables. L'Europe se situe presque entièrement dans la zone tempérée, au-dessus du 35° de latitude, avec seulement une étroite frange au-delà du cercle polaire. Les plaines et plateaux y dominent largement.
La quasi-totalité du continent appartient au monde développé. L'agriculture mécanisée n'y emploie plus guère que 10 % de la population active, l'industrie, approximativement le tiers, la majeure partie étant désormais engagée dans le tertiaire. Les ressources en matières premières (en énergie fossile notamm.) sont souvent limitées. Les industries paient parfois la précocité de leur développement (charbon et textile depuis longtemps déjà et auj. sidérurgie et même automobile). Un certain retard, face aux États-Unis et aussi au Japon, est lié en partie au morcellement politique, dont les conséquences économiques sont cependant en partie palliées par la constitution d'ensembles plus vastes (l'Union européenne, en particulier). Mais la désintégration de l'U.R.S.S., l'éclatement de la Yougoslavie, la partition de la Tchécoslovaquie ont, au moins localement, ravivé des tensions ethniques, sources de conflits latents ou ouverts.

européaniser [ørɔpeanize] **v.t. 1.** Faire adhérer au mode de vie européen ; rendre européen par les habitudes, la manière d'être, de penser. **2.** Considérer, envisager un problème, une question à l'échelle de l'Europe.

européen, enne [ørɔpeɛ̃, -ɛn] **adj.** et **n. 1.** D'Europe. **2.** Relatif à la communauté économique ou politique de l'Europe.

Europoort, avant-port de Rotterdam (Pays-Bas). Raffinage du pétrole et pétrochimie.

eurosceptique [ørɔsɛptik] **n.** et **adj.** Personne qui doute de la viabilité ou de l'utilité de la construction de l'Union européenne.

Eurydice, nymphe de la mythologie grecque, épouse d'Orphée. Poursuivie par le berger Aristée, elle fut mordue mortellement par un serpent. Orphée alla la chercher jusqu'aux Enfers et obtint de la ramener, mais à la condition qu'il marchât devant elle sans se retourner. Il oublia cette convention et Eurydice lui fut ravie définitivement.

eurythmie [øritmi] **n.f.** (lat. *eurhythmia,* gr. *euruthmia,* de *eu,* bien, et *rhuthmos,* mouvement réglé, rythme). **1.** Combinaison harmonieuse des proportions, des couleurs, etc. **2.** MÉD. Parfaite régularité du pouls.

Eusèbe de Césarée, évêque et écrivain grec (Palestine v. 265 - *id.* 340). Élu évêque de Césarée, il fut mêlé aux controverses sur l'arianisme, adoptant une position moyenne qui le mit en conflit avec Athanase. Il est un important écrivain chrétien de l'Antiquité, notamment avec son *Histoire ecclésiastique* (sur les débuts du christianisme jusqu'en 323), sa *Vie de Constantin* (l'empereur dont il était le protégé) et une *Préparation évangélique.*

euskera [œskera] et **euskara** [œskara] **n.m.** Nom que les Basques donnent à leur langue.

euskérien, enne [œskerjɛ̃, -ɛn] et **euskarien, enne** [œskarjɛ̃, -ɛn] **n.** et **adj.** Basque.

eustatisme [østatism] **n.m.** (du gr. *eu,* bien, et *stasis,* niveau). GÉOL. Variation du niveau général des océans.

eusthenopteron [østenɔptɛrɔ̃] **n.m.** (gr. *eusthenês,* vigoureux, et *pteron,* aile, nageoire). Poisson fossile du dévonien, dont le squelette des nageoires paires annonce celui des membres des premiers vertébrés terrestres. ▸ Sous-classe des crossoptérygiens dont le cœlacanthe est un représentant actuel.

euthanasie [øtanazi] **n.f.** (gr. *euthanasia,* de *eu,* bien, et *thanatos,* mort). Ensemble des méthodes qui procurent une mort sans souffrance, afin d'abréger une longue agonie ou une maladie très douloureuse à l'issue fatale.

eux [ø] **pron. pers.** (lat. *illos,* de *ille,* celui-là). Désigne la 3ᵉ pers. du pl., au masc., dans les fonctions de : **1.** Compl. prépositif : *J'ai enregisté ce film pour eux.* **2.** Apposition au pron. sujet ou compl. dans des formules d'insistance : *Ils le savent bien, eux !*

évacuateur, trice [evakɥatœr, -tris] **adj.** Qui sert à l'évacuation : *Un conduit évacuateur.* ◆ **évacuateur n.m.** **Évacuateur de crues,** dispositif assurant l'évacuation des eaux surabondantes d'un barrage.

évacuation [evakɥasjɔ̃] **n.f. 1.** Action d'évacuer : *L'évacuation des eaux usées* (syn. **écoulement**). *La police procéda à l'évacuation de la salle.* **2.** MÉD. Rejet par voie naturelle ou artificielle de matières nuisibles ou trop abondantes, accumulées dans une partie du corps.

évacué, e [evakɥe] **n.** et **adj.** Habitant d'une zone de combat, d'une zone sinistrée ou dangereuse, contraint de quitter son domicile.

évacuer [evakɥe] **v.t.** (lat. *evacuare,* de *vacuare,* de *vacuus,* vide) [conj. 7]. **1.** Expulser, rejeter, éliminer des matières accumulées dans une partie du corps : *Évacuer le pus d'un abcès.* **2.** Déverser, vider, rejeter à l'extérieur : *Évacuer l'eau d'une citerne* (syn. **vidanger**). **3.** Faire sortir, transporter qqn dans un autre endroit : *Évacuer les blessés.* **4.** Faire sortir les occupants d'un lieu : *Évacuer un théâtre.* **5.** Cesser d'occuper un lieu : *Les troupes ont évacué le pays* (syn. **abandonner, quitter**).

évadé, e [evade] **adj.** et **n.** Qui s'est échappé de l'endroit où il était détenu.

s'évader [evade] **v.pr.** (lat. *evadere,* de *vadere,* marcher). **1.** Se sauver, s'enfuir d'un lieu où l'on était enfermé, détenu : *Trois prisonniers se sont évadés* (syn. **s'échapper**). **2.** Échapper à l'emprise des soucis ; se libérer des contraintes quotidiennes : *Aller au cinéma pour s'évader* (syn. **se distraire**).

évaluable [evalɥabl] **adj.** Qui peut être évalué : *Une foule difficilement évaluable.*

évaluatif, ive [evalɥatif, -iv] **adj.** Qui contient ou qui constitue une évaluation : *Devis évaluatif.*

évaluation [evalɥasjɔ̃] **n.f. 1.** Action d'évaluer : *Faire l'évaluation d'une fortune* (syn. **estimation**). **2.** Quantité évaluée : *Des évaluations approximatives.*

évaluer [evalɥe] **v.t.** (de l'anc. fr. *value,* valeur) [conj. 7]. Déterminer la valeur, le prix, l'importance de : *Évaluer un héritage* (syn. **chiffrer**).

évanescence [evanesɑ̃s] **n.f.** LITT. Caractère de ce qui est évanescent : *L'évanescence d'un rêve.*

évanescent, e [evanesɑ̃, -ɑ̃t] **adj.** (lat. *evanescens,* qui disparaît par degrés). LITT. Qui s'efface peu à peu ; qui ne dure pas : *Des souvenirs évanescents* (syn. **fugace**).

évangélique [evɑ̃ʒelik] **adj. 1.** Relatif à l'Évangile ; contenu dans l'Évangile ; conforme aux préceptes de l'Évangile. **2.** Qui appartient à une Église protestante : *Églises évangéliques.* ▸ Depuis le début du XXᵉ s., ce terme s'applique à des groupes, surtout implantés aux États-Unis, qui prêchent la conversion et font une lecture littérale de la Bible.

évangélisateur, trice [evɑ̃ʒelizatœr, -tris] **adj.** et **n.** Qui évangélise.

évangélisation [evɑ̃ʒelizasjɔ̃] **n.f.** Action d'évangéliser.

évangéliser [evɑ̃ʒelize] **v.t.** (lat. ecclés. *evangelizare*). Prêcher l'Évangile à ; convertir au christianisme.

évangélisme [evɑ̃ʒelism] **n.m. 1.** Aspiration ou tendance à retourner à une vie religieuse selon l'esprit évangélique. **2.** Doctrine des Églises évangéliques.

évangéliste [evɑ̃ʒelist] **n.m.** (lat. ecclés. *evangelista*). **1.** Auteur d'un des quatre Évangiles. **2.** Prédicateur laïc, dans certaines Églises protestantes.

évangile [evɑ̃ʒil] **n.m.** (lat. *evangelium,* gr. *euaggelion,* bonne nouvelle). [Avec une majuscule dans les sens religieux]. **1.** Message, enseignement de Jésus-Christ. **2.** Ensemble des quatre livres où sont consignées la vie et les paroles de Jésus-Christ ; chacun de ces livres. **3.** Passage de ces livres lu durant la messe, l'office ; moment de cette lecture. **4.** Texte, document qui sert de fondement à une doctrine, qui contient les règles d'un art : *« L'Art poétique » de Boileau, évangile de la littérature classique.* **5. Parole, vérité d'évangile,** dont on est certain, à laquelle on peut se fier.

Évangile, mot qui, d'après son étymologie grecque, signifie « bonne nouvelle » et dont Jésus avait repris l'équivalent hébreu pour caractériser son message porteur de l'annonce du règne de Dieu. Ce terme a été ensuite utilisé pour désigner les écrits du Nouveau Testament relatifs à cette annonce faite par Jésus-Christ. Ce sont les Évangiles attribués à Matthieu, à Marc, à Luc et à Jean. L'Évangile dit « de Marc » serait le plus ancien et aurait servi à Luc et à Matthieu, qui avaient néanmoins leurs sources propres. L'Évangile de Jean se distingue des trois autres, qui pour leurs similitudes sont appelés « synoptiques », par une composition et une tonalité particulières. Il aurait été rédigé vers l'an 100 et les Évangiles synoptiques après 70 ou 80.

s'évanouir [evanwir] **v.pr.** (altér. d'apr. le lat. *evanuit* [parfait de *evanescere*], de l'anc. fr. *esvanir,* du lat. pop. **exvanire,* disparaître). **1.** Perdre connaissance ; tomber en syncope (syn. **défaillir,** litt. **se pâmer**). **2.** Disparaître : *Mes craintes s'évanouirent aussitôt* (syn. **se dissiper**). *Mes dernières illusions se sont évanouies* (syn. **s'envoler**).

évanouissement [evanwismɑ̃] **n.m. 1.** Fait de s'évanouir ; perte de connaissance : *Il a été long à revenir de son évanouissement* (syn. **défaillance, syncope**). **2.** LITT. Disparition, effacement : *L'évanouissement d'un rêve.*

Evans (*sir* **Arthur John),** archéologue britannique (Nash Mills, Hertfordshire, 1851 - Youlbury, Oxfordshire, 1941). Ses fouilles, entreprises en 1900, ont révélé la civilisation minoenne dont il a fourni les premières structures chronologiques. Bien que discutée, son œuvre de restauration à Cnossos restitue les volumes et les proportions de l'immense palais.

Evans (Walker), photographe américain (Saint-Louis 1903 - New Haven 1975). Sa vision statique et brutale de la réalité (reportages [1935-1940] sur la misère rurale aux États-Unis), son écriture précise et dépouillée, exemplaire du style documentaire, ont influencé fortement le langage photographique.

Evans-Pritchard (Edward), anthropologue britannique (Crowborough, Sussex, 1902 - Oxford 1973). Ses études constituent une importante contribution à l'étude de l'organisation sociale et de la religion des peuples africains, notamment des Nuer (*Systèmes politiques africains,* 1940 ; en collab. avec Fortes).

évaporateur [evapɔratœr] **n.m.** Appareil servant à la dessiccation des fruits, des légumes, du lait, etc.

évaporation [evapɔrasjɔ̃] **n.f.** (lat. *evaporatio ;* v. *évaporer*). Transformation sans ébullition d'un liquide en vapeur : *Obtenir du sel par évaporation de l'eau de mer.*

évaporé, e [evapɔre] **adj.** et **n.** Étourdi, léger : *Une personne évaporée* (syn. **écervelé**).

évaporer [evapɔre] **v.t.** (lat. *evaporare,* de *vapor,* vapeur). Produire l'évaporation d'un liquide. ◆ **s'évaporer v.pr. 1.** Se transformer en vapeur par évaporation (syn. **se volatiliser**). **2.** LITT. Disparaître, cesser d'être : *Soudain, sa colère s'évapora* (syn. **s'évanouir**). **3.** FAM. **S'être évaporé,** avoir brusquement disparu : *Ses ciseaux se sont évaporés.*

évaporite [evapɔrit] **n.f.** Dépôts (sel gemme, chlorure de potassium, gypse, etc.) résultant d'une évaporation de l'eau de mers fermées, de lagunes ou de lacs salés et de l'accumulation des sels précipités.

évasé, e [evaze] **adj.** Large ; bien ouvert.

évasement [evazmɑ̃] **n.m.** État de ce qui est évasé ; orifice ou sommet élargi : *L'évasement d'un entonnoir* (syn. **élargissement**).

évaser [evaze] **v.t.** (du lat. *vas, vasis,* vase). **1.** Agrandir l'orifice, l'ouverture de : *Évaser un tuyau.* **2.** Élargir un vêtement par le bas : *Évaser une jupe.* ◆ **s'évaser v.pr.** Être largement ouvert ; être plus large à une extrémité.

évasif, ive [evazif, -iv] **adj.** (de *évasion*). Qui est suffisamment ambigu pour ne pas pouvoir être interprété ou compris : *Une réponse évasive* (syn. **imprécis, vague**).

évasion [evazjɔ̃] **n.f. 1.** Action de s'évader, de s'échapper d'un lieu où l'on était enfermé (syn. **fuite**). **2.** Distraction, changement : *La lecture lui procure quelques heures d'évasion* (syn. **délassement, détente**). **3. Évasion de capitaux,** exportation, souvent clandestine, de capitaux que leur détenteur souhaite soustraire aux conditions économiques ou fiscales de son pays. (On dit aussi *fuite de capitaux.*) / **Évasion fiscale,** fait de parvenir, par des moyens légaux, à ne pas payer l'impôt auquel on est assujetti.

évasivement [evazivmɑ̃] **adv.** De façon évasive : *Répondre évasivement aux questions de la police* (syn. **vaguement**).

Ève, nom que le livre biblique de la Genèse attribue à la première femme, épouse d'Adam et mère du genre humain. Donnée par Dieu à Adam comme compagne, elle exerce sur celui-ci un ascendant que souligne le récit de la chute. Coupable de l'avoir poussé au péché, elle est condamnée à le désirer en subissant sa domination et à « enfanter dans la douleur ». La tradition chrétienne a opposé l'Ève des origines, dont la désobéissance aurait perdu le genre humain, à Marie, la « Nouvelle Ève », qui par sa foi a permis la rédemption de celui-ci.

évêché [eveʃe] **n.m.** (lat. *episcopatus,* épiscopat). **1.** Territoire soumis à la juridiction d'un évêque (syn. **diocèse**). **2.** Siège, palais épiscopal.

évection [evɛksjɔ̃] **n.f.** (lat. *evectio,* de *evehere,* élever). ASTRON. Inégalité périodique dans le mouvement de la Lune.

éveil [evɛj] **n.m.** (de *éveiller*). **1.** Fait de s'éveiller, de sortir du sommeil ; action d'éveiller, de réveiller qqn (syn. **réveil**). **2.** Fait de sortir de son sommeil, de son engourdissement : *L'éveil de la nature.* **3.** Action d'éveiller, de sensibiliser qqn à qqch : *L'éveil des enfants à la lecture.* **4.** Fait de s'éveiller à qqch, de se manifester, d'apparaître : *Éveil de la sensibilité.* **5. Disciplines d'éveil,** destinées à développer, chez les enfants de l'école élémentaire, le goût de l'observation, la curiosité intellectuelle, etc. ▸ Ce sont l'histoire, la géographie, les sciences d'observation et les activités artistiques. / **Donner l'éveil à qqn,** le mettre en garde, attirer son attention. / **En éveil,** attentif, aux aguets.

éveillé, e [eveje] **adj.** Dont l'esprit est en éveil ; dont l'intelligence est vive, alerte : *Un enfant éveillé.*

éveiller [eveje] **v.t.** (lat. pop. **exvigilare,* de *vigilare,* veiller). **1.** LITT. Tirer du sommeil (syn. **réveiller**). **2.** Exciter, développer une faculté, un sentiment ; provoquer une réaction : *Son succès a éveillé la jalousie de ses pairs* (syn. **susciter**). ◆ **s'éveiller v.pr.** Cesser de dormir (syn. **se réveiller**).

éveinage [evɛnaʒ] **n.m.** MÉD. Ablation des veines variqueuses des membres inférieurs (syn. **stripping** [anglic. déconseillé]).

événement ou **évènement** [evɛnmɑ̃] **n.m.** (du lat. *evenire,* se produire, d'apr. *avènement*). **1.** Ce qui se produit, arrive ou apparaît ; fait, circonstance : *Quels sont les principaux événements de la journée ?* **2.** Fait important, marquant : *Cet assassinat a été l'événement du mois.* **3. Attendre un heureux événement,** être enceinte. ◆ **événements n.m. pl.** Ensemble de faits marquants, exceptionnels : *Les événements de mai 68.*

événementiel, elle ou **évènementiel, elle** [evɛnmɑ̃sjɛl] **adj. 1.** Qui narre des événements en suivant le seul ordre chronologique : *Histoire événementielle.* **2.** Relatif à un événement particulier.

évent [evɑ̃] **n.m.** (de *éventer*). **1.** Altération des aliments ou des boissons causée par l'action de l'air. **2.** ZOOL. Narine simple ou double des cétacés.

éventail [evɑ̃taj] **n.m.** (de *éventer*) [pl. *éventails*]. **1.** Accessoire portatif, constitué essentiellement d'un demi-cercle de tissu ou de papier ajusté à une monture repliable, dont on se sert pour s'éventer. **2.** Grand choix de choses, d'articles de même catégorie : *L'éventail des salaires* (syn. **gamme, palette**).

éventaire [evɑ̃tɛr] **n.m.** (orig. obsc.). Étalage de marchandises, à l'extérieur d'une boutique (syn. **étal**).

éventé, e [evɑ̃te] **adj. 1.** Altéré par l'air : *Vin éventé.* **2.** Divulgué : *Secret éventé.*

éventer [evɑ̃te] **v.t.** (lat. pop. **exventare*, du class. *ventus*, vent). **1.** Divulguer, révéler : *Éventer un secret.* **2.** Exposer au vent, à l'air (syn. **aérer**). **3.** Donner du vent, de l'air à qqn. **4. Éventer le grain,** le remuer pour éviter la fermentation. ◆ **s'éventer v.pr. 1.** S'altérer au contact de l'air : *Parfum qui s'évente.* **2.** Se rafraîchir en agitant l'air, en partic. avec un éventail.

éventration [evɑ̃trasjɔ̃] **n.f.** Rupture congénitale ou accidentelle de la paroi musculaire de l'abdomen, qui laisse les viscères en contact direct avec la peau.

éventrer [evɑ̃tre] **v.t. 1.** Ouvrir le ventre à qqn, un animal (syn. **étriper**). **2.** Ouvrir qqch de force en le déchirant, en le défonçant, en y faisant une brèche : *Éventrer un sac de blé en le faisant tomber* (syn. **crever**). *Un mur éventré par un obus* (syn. **démolir, percer**).

éventualité [evɑ̃tɥalite] **n.f. 1.** Fait qui peut se réaliser : *Parer à toute éventualité.* **2.** Caractère de ce qui est éventuel : *Considérer l'éventualité d'une guerre* (syn. **possibilité**).

éventuel, elle [evɑ̃tɥɛl] **adj.** (lat. *eventus*, événement). Qui dépend des circonstances ; hypothétique, possible.

éventuellement [evɑ̃tɥɛlmɑ̃] **adv.** Selon les circonstances ; s'il y a lieu : *Tu peux éventuellement le lui dire* (= le cas échéant).

évêque [evɛk] **n.m.** (lat. *episcopus*, gr. *episkopos*, propr. « gardien, surveillant »). **1.** Prêtre qui a reçu la plénitude du sacerdoce et qui a la direction spirituelle d'un diocèse, dans l'Église catholique romaine et dans les Églises de rite oriental. **2.** Dignitaire ecclésiastique, dans plusieurs Églises protestantes.

Everest *(mont)*, point culminant du globe (8 848 m [alt. traditionnellement admise ; d'autres mesures ont été effectuées : 8 846 m en 1993, 8 850 m en 1999]), dans le massif de l'Himalaya, à la frontière du Népal et du Tibet. Son sommet a été atteint en 1953 par le Néo-Zélandais E. Hillary et le sherpa Tenzing Norgay.

Everglades (les), région marécageuse de la Floride méridionale. Parc national.

s'**évertuer** [evɛrtɥe] **v.pr. [à]** (de *vertu*, courage). Faire des efforts pour : *Il s'est évertué à me convaincre* (syn. **s'efforcer de**).

Évian-les-Bains, ch.-l. de c. de la Haute-Savoie, sur le lac Léman ; 8 745 hab. *(Évianais).* Station thermale. Eaux minérales. Casino. Les accords signés en 1962 à Évian entre la France et le F.L.N. mirent fin à la guerre d'Algérie.

éviction [eviksjɔ̃] **n.f.** (bas lat. *evictio*, du class. *evincere* ; v. *évincer*). **1.** Action d'évincer ; fait d'être évincé ; expulsion par force ou par manœuvre : *Demander l'éviction d'un élève* (syn. **renvoi**). **2. Éviction scolaire,** interdiction faite à un enfant contagieux de se rendre à l'école.

évidage [evidaʒ] **n.m.** Action d'évider.

évidement [evidmɑ̃] **n.m.** Action d'évider ; partie évidée.

évidemment [evidamɑ̃] **adv. 1.** Certainement ; sans aucun doute : *Cela signifie évidemment qu'elle refuse* (syn. **indubitablement**). **2.** De façon évidente : *Il s'est évidemment trompé d'adresse* (syn. **immanquablement**). **3.** Sert à renforcer une affirmation : *Évidemment, j'aurais préféré être dispensé de ce travail* (syn. **certes, naturellement**).

évidence [evidɑ̃s] **n.f.** (lat. *evidentia*, de *evidens* ; v. *évident*). **1.** Chose évidente : *Démontrer une évidence* (syn. **lapalissade, truisme**). **2.** Caractère de ce qui est évident : *L'évidence d'une théorie.* **3. De toute évidence, à l'évidence,** sûrement. / **Mettre en évidence,** mettre en lumière, souligner. / **Se mettre en évidence,** se faire remarquer.

évident, e [evidɑ̃, -ɑ̃t] **adj.** (lat. *evidens*, de *videre*, voir). **1.** Qui s'impose à l'esprit ; d'une certitude absolue : *Cet élève fait des progrès évidents* (syn. **manifeste, indiscutable**). **2.** FAM. **Ne pas être évident,** ne pas être facile à faire.

évider [evide] **v.t.** (de *vide*). **1.** Enlever de la matière à un objet : *Évider un bloc de pierre pour en faire une auge* (syn. **creuser**). **2.** Pratiquer une échancrure dans le contour de : *Évider une encolure* (syn. **échancrer**).

évier [evje] **n.m.** (lat. pop. **aquarium*, égout, class. *aquarius*, relatif à l'eau). Cuve munie d'une alimentation en eau et d'une vidange, dans laquelle on lave notamm. la vaisselle.

évincement [evɛ̃smɑ̃] **n.m.** Action d'évincer.

évincer [evɛ̃se] **v.t.** (lat. *evincere*, triompher, de *vincere*, vaincre) [conj. **16**]. Éloigner, écarter qqn par intrigue : *Évincer un concurrent* (syn. **supplanter**).

éviscération [eviserasjɔ̃] **n.f.** MÉD. Sortie des viscères hors de l'abdomen, due à la désunion d'une plaie opératoire.

éviscérer [evisere] **v.t.** (lat. *eviscerare*, éventrer) [conj. **18**]. Enlever les viscères, les entrailles de : *Éviscérer un cadavre.*

évitable [evitabl] **adj.** Qui peut être évité.

évitement [evitmɑ̃] **n.m.** CH. DE F. **Voie d'évitement,** voie doublant une voie principale permettant le garage momentané d'un train.

éviter [evite] **v.t.** (lat. *evitare*, échapper à, de *vitare*, éviter, se garder de). **1.** Échapper, parer à qqch de nuisible ou de désagréable : *Éviter un accident de justesse.* **2.** Permettre à qqn d'échapper à qqch de dangereux ou de pénible : *Éviter une corvée à un ami* (syn. **épargner**). **3.** S'abstenir, se garder de : *Veuillez éviter de me déranger quand je travaille.* **4.** S'efforcer de ne pas rencontrer qqn : *C'est un bavard que j'évite désormais* (syn. **fuir**).

évocateur, trice [evɔkatœr, -tris] **adj.** Qui évoque, qui a le pouvoir d'évoquer qqn, qqch : *Une phrase évocatrice* (syn. **suggestif**).

évocation [evɔkasjɔ̃] **n.f. 1.** Action d'évoquer ; ce qui est évoqué : *Il s'attendrissait à cette évocation. L'exposé a été consacré à l'évocation de ses besoins* (syn. **rappel**). **2.** PSYCHOL. Fonction de la mémoire par laquelle les souvenirs sont rappelés à la conscience. **3.** DR. Pouvoir d'évoquer d'une cour d'appel ; fait d'évoquer.

évolué, e [evɔlɥe] **adj.** Qui atteint un certain degré d'évolution ou de culture : *Un esprit évolué* (syn. **cultivé**).

évoluer [evɔlɥe] **v.i.** (de *évolution*) [conj. **7**]. **1.** Se modifier, se transformer progressivement : *La société évolue sans cesse.* **2.** Modifier sa manière de penser, de se conduire : *Il a beaucoup évolué depuis son séjour à l'étranger* (syn. **changer**). **3.** Exécuter une, des évolutions : *Patineurs qui évoluent gracieusement sur la glace.* ◆ **v.t. ind.** SPORTS. Appartenir à telle équipe, à telle catégorie : *Footballeur qui évolue dans un club de seconde division.*

évolutif, ive [evɔlytif, -iv] **adj. 1.** Susceptible d'évolution ; qui produit cette évolution. **2.** MÉD. Dont les symptômes ou les manifestations changent d'aspect rapidement et évoluent génér. vers une aggravation.

évolution [evɔlysjɔ̃] **n.f.** (lat. *evolutio*, déroulement, de *volvere*, rouler). **1.** Transformation graduelle et continuelle : *L'évolution des mœurs* (syn. **changement**). *Une civilisation en pleine évolution* (syn. **développement**). **2.** Succession des phases d'une maladie : *Cancer à évolution lente* (syn. **progression**). **3.** Ensemble des changements subis au cours des temps géologiques par les lignées animales et végétales, ayant eu pour résultat l'apparition de formes nouvelles. **4.** (Souvent au pl.). Mouvement ou ensemble de mouvements divers et coordonnés : *Les évolutions d'un acrobate.* **5.** Mouvement ordonné exécuté par une troupe, des véhicules, des navires, des avions, dans une formation précise fixée d'avance.

■ Jusqu'au XIXe s., la conception dominante en biologie est celle d'une création originelle des espèces conforme au mythe biblique de la Genèse, chacune étant invariable (théorie fixiste ou fixisme). Les bases de l'évolutionnisme sont posées dès le XVIIIe s. par Buffon. Charles Darwin apporte en 1859 une contribution fondamentale à la compréhension des mécanismes évolutifs avec l'ouvrage *De l'origine des espèces par voie de sélection naturelle.*

Les théories évolutionnistes. Le premier véritable théoricien de l'évolution est, au début du XIXe s., Jean-Baptiste Lamarck. Ultérieurement, Charles Darwin explique l'évolution par le jeu de la sélection naturelle opérant sur les variations dues au hasard : celles qui se révèlent favorables aux individus sont préservées au travers de leur descendance, les défavorables sont éliminées. Pour Darwin, ces variations sont de faible ampleur et leur accumulation graduelle est responsable de l'évolution. Au début du XXe s., le Néerlandais Hugo De Vries avance, quant à lui, une théorie de l'évolution dite *mutationniste,* dans laquelle les variations aléatoires consistent en mutations importantes, dont la sélection provoquerait une évolution par sauts brusques, plutôt que par de petites modifications graduelles. Lamarck, Darwin et De Vries ont eu et ont encore aujourd'hui des continuateurs, dont on connaît les théories sous les noms de *néolamarckisme,* de *néodarwinisme* et de *néomutationnisme.*

Le néolamarckisme. De la théorie de Lamarck, on n'a guère retenu de nos jours que le concept d'hérédité des caractères acquis comme mécanisme de l'évolution (bien que la théorie du zoologiste français soit plus large que cela et vise notamment à expliquer la complexification progressive des espèces). Le cou des girafes sert d'illustration classique, bien que caricaturale, à ce concept. Les représentants de cette espèce seraient dotés d'un long cou parce que leurs ancêtres n'avaient cessé d'étirer leur cou pour manger les feuillages des arbres élevés, tout en transmettant à leurs descendants les changements provoqués dans leur anatomie. Pour les néolamarckiens, l'évolution des espèces pourrait s'expliquer par ce modèle, de nouvelles espèces naissant grâce à la transmission de caractères acquis par les individus d'espèces antérieures pour répondre aux contraintes de l'environnement.

Le néodarwinisme. À l'époque de Darwin, le point faible de sa théorie provient de l'absence d'explication quant à l'apparition et à la transmission héréditaire des variations spontanées observées dans les populations naturelles.

La redécouverte des lois de Mendel, en 1900, permet de reformuler la théorie de Darwin. L'évolution peut être interprétée en termes de changements de proportion entre les différentes versions (ou *allèles*) des gènes dans les populations, ces changements étant conservés ou non par la sélection naturelle. Le généticien américain T. Dobzhansky rapporte en 1937 que les différentes populations d'une espèce (races, variétés, etc.) observées dans la nature diffèrent les unes des autres par les proportions des allèles d'un même gène. Il montre aussi, sur la base d'expériences en laboratoire, que ces différences peuvent s'expliquer par la sélection naturelle. Au total, il estime que cette *microévolution* des variantes génétiques, au sein d'une espèce, est responsable de la *macroévolution,* c'est-à-dire de la naissance de nouvelles espèces. Une population devenant de plus en plus modifiée génétiquement doit certainement conduire à une espèce nouvelle. Cependant, le rôle essentiel de la sélection naturelle ainsi que l'idée d'une évolution nécessairement graduelle sont remis en question par les approches dites *néomutationnistes.*

Le néomutationnisme. Sans être en rupture totale avec le darwinisme, le néomutationnisme tend à réduire l'importance de la sélection naturelle.

C'est au début des années 1970 que le Japonais Kimura propose la théorie dite *neutraliste,* selon laquelle beaucoup de mutations génétiques s'avèrent neutres vis-à-vis de la sélection naturelle : elles n'ont pas d'effet (favorable ou défavorable) sur la survie des individus qui les portent. Ignorées par la sélection naturelle, ces modifications génétiques se maintiennent au cours des générations et constituent ainsi un facteur d'évolution.

Dans les années 1970, les Américains S. J. Gould et N. Eldredge observent, notamment chez les trilobites (arthropodes marins de l'ère primaire), des espèces nouvelles sans qu'il y ait trace de transformation graduelle d'espèces antérieures. Il y aurait donc des « équilibres ponctués » caractérisés par de longues périodes de stabilité des espèces, interrompues par des phases de remplacement brutal, sous l'effet de transformations génétiques importantes. Ces mutations, si elles se révèlent favorables et se produisent au sein de petites populations isolées, peuvent conduire au remplacement rapide (à l'échelle des temps géologiques) de la population d'origine.

Selon le néomutationnisme, l'essentiel de l'évolution se situerait donc plus dans la variation génétique, du fait de sa neutralité ou de son ampleur, que dans la sélection naturelle. ■

évolutionnisme [evɔlysjɔnism] **n.m. 1.** BIOL. Ensemble des théories explicatives de l'évolution des espèces au cours des âges. **2.** ANTHROP., SOCIOL. Doctrine selon laquelle l'histoire des sociétés se déroule de façon progressive et sans discontinuité. ◆ **évolutionniste adj.** et **n.** Relatif à l'évolutionnisme ; qui en est partisan.

évolutivité [evɔlytivite] **n.f.** MÉD. Potentiel évolutif d'une affection ou d'une tumeur.

évoquer [evɔke] **v.t.** (lat. *evocare,* de *vocare,* appeler, de *vox, vocis,* voix). **1.** Faire penser à ; rappeler : *Son nom t'évoque-t-il quelque chose ?* (syn. **remémorer**). **2.** Rappeler qqch de passé à la mémoire : *Nous évoquions des souvenirs de jeunesse.* **3.** Faire allusion à ; rendre présent à l'esprit : *Évoquer le problème de la faim dans le monde* (syn. **mentionner**). **4.** Faire songer à : *Un rocher qui évoque vaguement une forme humaine* (syn. **suggérer**). *Un dessin qui évoque des scènes rustiques* (syn. **représenter**). **5.** Faire apparaître (des esprits, etc.) par la magie. **6.** DR. En parlant d'une cour d'appel, statuer sur l'appel et sur les points non jugés en première instance.

Évora, v. du Portugal (Alentejo) ; 56 596 hab. Derrière ses murailles des XIVe-XVe s., la ville ancienne est un musée d'architecture : temple romain du IIe s., couvents et palais médiévaux ou classiques, cathédrale de granite des XIIe-XIIIe s. ; intérieurs parés d'*azulejos,* carreaux de faïence à décors bleus ou polychromes. Musée dans l'anc. palais archiépiscopal (XVIe-XVIIe s.).

Évreux, ch.-l. du dép. de l'Eure, sur l'Iton, à 102 km à l'ouest de Paris ; 52 414 hab. *(Ébroïciens).* Évêché. Base aérienne. Constructions électriques. Disques. Imprimerie. Belle cathédrale des XIIe-XVIIe s., ornée d'importants vitraux des XIVe et XVe s. Musée dans l'anc. palais épiscopal (préhistoire, archéologie gallo-romaine, art médiéval, etc.).

Évry, anc. **Évry-Petit-Bourg,** ch.-l. du dép. de l'Essonne, sur la Seine, à 27 km au sud de Paris ; 53 221 hab. *(Évryens).* Noyau d'une ville nouvelle. Industries électriques et mécaniques. Alimentation. À l'O., hippodrome.

ex- (lat. *ex,* hors de), particule inv. qui, préfixée à un nom auquel elle est reliée par un trait d'union, indique un état, une situation révolus : *Un ex-ministre. Son ex-mari.*

ex abrupto [ɛksabrypto] **loc. adv.** (du lat. *abruptus,* abrupt). Brusquement ; sans préparation : *Lancer une controverse ex abrupto* (syn. **à brûle-pourpoint**).

exacerbation [egzasɛrbasjɔ̃] **n.f.** (lat. *exacerbatio ;* v. *exacerber*). Paroxysme d'un sentiment, d'une sensation, etc.

exacerber [egzasɛrbe] **v.t.** (lat. *exacerbare,* de *acerbus,* pénible). Pousser un sentiment, un état à un très haut degré, à son paroxysme : *Exacerber la colère de qqn* (syn. **attiser, aviver**).

exact, e [egzakt] ou [egza, -akt] **adj.** (lat. *exactus,* p. passé de *exigere,* achever). **1.** Qui ne comporte pas d'erreur : *Calcul exact* (syn. **correct, juste**). *Donne-moi la mesure exacte de ce* *meuble* (syn. **précis**). **2.** Qui respecte l'horaire : *Fonctionnaire exact* (syn. **ponctuel**). **3.** Qui respecte la vérité : *Je dirai, pour être exact, que...* (syn. **scrupuleux, véridique**).

exactement [egzaktəmɑ̃] **adv.** Précisément, rigoureusement ; avec exactitude : *J'ai exactement le même stylo.*

exaction [egzaksjɔ̃] **n.f.** (lat. *exactio*, action d'exiger le recouvrement d'impôts). LITT. Action d'exiger plus qu'il n'est dû ou ce qui n'est pas dû, notamm. par abus de pouvoir : *Agents du fisc coupables d'exaction* (syn. **concussion, malversation**). ◆ **exactions n.f. pl.** Sévices, actes de violence, de pillage commis contre des populations.

exactitude [egzaktityd] **n.f. 1.** Caractère de ce qui est juste, rigoureux, conforme à la logique : *L'exactitude de ses prévisions a été confirmée par les faits* (syn. **justesse**). **2.** Qualité d'une personne exacte, ponctuelle : *Une employée d'une grande exactitude* (syn. **ponctualité**).

ex aequo [egzeko] **loc. adj. inv.** et **loc. adv.** (loc. lat. « à égalité »). Qui est sur le même rang : *Deux candidats classés ex aequo.* ◆ **n. inv.** Situation de personnes qui ont obtenu le même rang ; ces personnes : *Départager les ex aequo.*

exagération [egzaʒerasjɔ̃] **n.f.** Action d'exagérer ; excès : *Tomber dans l'exagération* (syn. **démesure, outrance**).

exagéré, e [egzaʒere] **adj.** Où il y a de l'exagération : *Ces estimations sont très exagérées* (syn. **excessif**).

exagérément [egzaʒeremɑ̃] **adv.** De façon exagérée.

exagérer [egzaʒere] **v.t.** (lat. *exaggerare*, de *aggerare*, accumuler) [conj. **18**]. Accentuer à l'excès, outrer : *Exagérer un détail* (syn. **grossir**). ◆ **s'exagérer v.pr.** Donner trop d'importance à qqch : *Il s'exagère la gravité de la situation.*

exaltant, e [egzaltɑ̃, -ɑ̃t] **adj.** Qui provoque de l'exaltation ; qui stimule : *Un travail exaltant* (syn. **enthousiasmant, passionnant**).

exaltation [egzaltasjɔ̃] **n.f.** (lat. *exaltatio*, élévation ; v. *exalter*). **1.** Surexcitation intellectuelle et affective, emportement euphorique (syn. **excitation, fièvre**). **2.** LITT. Élévation à un très haut degré d'un sentiment, d'un état affectif : *L'exaltation du sentiment religieux.* **3.** LITT. Action de vanter hautement qqn, qqch : *L'exaltation du travail* (syn. **glorification**).

exalté, e [egzalte] **adj.** et **n.** Empreint d'exaltation, passionné : *C'est un exalté* (syn. **enragé, fanatique**).

exalter [egzalte] **v.t.** (lat. *exaltare*, de *altus*, haut). **1.** Provoquer l'exaltation de ; enthousiasmer, exciter : *Récit qui exalte l'imagination* (syn. **enflammer**). **2.** LITT. Faire l'éloge de, célébrer qqn, qqch : *Poème qui exalte la beauté de la nature* (syn. **glorifier**). ◆ **s'exalter v.pr.** Céder à l'exaltation ; s'enthousiasmer : *Il s'exaltait en racontant ses exploits.*

examen [egzamɛ̃] **n.m.** (mot lat. « languette d'une balance », de *exigere*, mesurer, peser). **1.** Observation attentive ; étude minutieuse : *Examen d'une question.* **2.** Ensemble des investigations cliniques et techniques effectuées par un médecin pour apprécier l'état de santé de qqn : *Examen médical.* **3.** Épreuve ou ensemble d'épreuves que subit un candidat : *Passer un examen.* (Abrév. fam. *exam.*) **4. Examen de conscience,** examen critique de sa propre conduite. / **Libre examen,** fait de ne croire que ce que la raison individuelle peut contrôler. **5.** DR. **Mise en examen,** acte de procédure par lequel le juge d'instruction fait connaître à qqn les faits qui lui sont pénalement reprochés. (On disait autref. *inculpation.*)

examinateur, trice [egzaminatœr, -tris] **n.** (bas lat. *examinator*). Personne chargée de faire passer un examen à un candidat.

examiner [egzamine] **v.t.** (lat. *examinare*, peser). **1.** Observer attentivement, minutieusement : *Examiner un nouveau logement* (syn. **explorer, inspecter**). **2.** Faire subir un examen médical : *Examiner un malade* (syn. **ausculter**).

exanthème [egzɑ̃tɛm] **n.m.** (gr. *exanthêma*, efflorescence). MÉD. Éruption cutanée accompagnant certaines maladies infectieuses (rubéole, scarlatine, rougeole, etc.).

exarque [egzark] **n.m.** (lat. *exarchus*, gr. *exarkhos*, de *arkhein*, commander). **1.** HIST. Dignitaire gouvernant en Italie et en Afrique pour les empereurs byzantins. **2.** Prélat de l'Église orientale qui a juridiction épiscopale.

exaspérant, e [egzasperɑ̃, -ɑ̃t] **adj.** Qui exaspère.

exaspération [egzasperasjɔ̃] **n.f. 1.** Fait de s'exaspérer, d'être exaspéré (syn. **irritation, rage**). **2.** LITT. Exacerbation.

exaspérer [egzaspere] **v.t.** (lat. *exasperare*, rendre raboteux, de *asper*, rude) [conj. **18**]. **1.** Mettre au comble de l'irritation, de l'énervement : *Ces critiques l'ont exaspéré* (syn. **irriter**). **2.** LITT. Exacerber un sentiment, un désir, etc. : *Cet échec exaspéra sa rancœur* (syn. **aviver, intensifier**).

exaucement [egzosmɑ̃] **n.m.** Action d'exaucer : *L'exaucement d'une prière.*

exaucer [egzose] **v. t.** (var. graphique de *exhausser*, écouter une prière, d'apr. le lat. *exaudire*) [conj. **16**]. **1.** En parlant d'une divinité, écouter qqn et lui accorder ce qu'il demande. **2.** Satisfaire qqn en lui accordant ce qu'il demande ; accueillir favorablement une demande : *Exaucer un désir* (syn. **combler, satisfaire**).

ex cathedra [ɛkskatedra] **loc. adv.** (mots lat. « du haut de la chaire »). **1.** CATH. Se dit du pape lorsque, en tant que chef de l'Église, il proclame une vérité de foi. **2.** LITT. D'un ton doctoral, dogmatique : *Faire un cours ex cathedra.*

excavateur [ɛkskavatœr] **n.m.** et **excavatrice** [ɛkskavatris] **n.f.** (anglo-amér. *excavator* ; v. *excaver*). TR. PUBL. Engin de terrassement.

excavation [ɛkskavasjɔ̃] **n.f.** (lat. *excavatio* ; v. *excaver*). **1.** Action de creuser dans le sol : *L'excavation d'un puits* (syn. **creusement**). **2.** Creux, cavité (syn. **trou**).

excaver [ɛkskave] **v.t.** (lat. *excavare*, de *cavus*, creux). TR. PUBL. Creuser dans la terre (syn. **forer**).

excédant, e [ɛksedɑ̃, -ɑ̃t] **adj.** Qui excède ; qui fatigue ou importune extrêmement.

excédent [ɛksedɑ̃] **n.m.** (lat. *excedens, -entis*, p. passé de *excedere* ; v. *excéder*). **1.** Ce qui excède en quantité : *Excédent de bagages* (syn. **supplément**). *Écouler l'excédent d'une production* (syn. **surplus**). **2.** ÉCON. Solde positif (par opp. à *déficit*). **3. Excédent de la balance commerciale,** solde positif de celle-ci, réalisé lorsque les exportations dépassent en valeur le montant des importations.

excédentaire [ɛksedɑ̃tɛr] **adj.** Qui est en excédent : *Une production excédentaire de beurre* (syn. **surabondant**).

excéder [ɛksede] **v.t.** (lat. *excedere*, dépasser, de *cedere*, marcher) [conj. **18**]. **1.** Dépasser en nombre, en quantité, en durée la limite fixée : *Les dépenses excèdent les recettes* (= l'emporte sur) [syn. **passer**]. **2.** LITT. Aller au-delà de la limite autorisée : *Excéder son pouvoir* (syn. **outrepasser**). **3.** Importuner, exaspérer : *Ce bruit m'excède.*

excellemment [ɛkselamɑ̃] **adv.** LITT. De façon excellente : *Réussir excellemment* (syn. **parfaitement**).

excellence [ɛkselɑ̃s] **n.f.** (lat. *excellentia*). **1.** Caractère excellent de qqn, de qqch : *Apprécier l'excellence des vins* (syn. **perfection, qualité**). **2.** (Avec une majuscule). Titre donné notamm. aux ambassadeurs, aux ministres, aux évêques : *Votre, Son Excellence.* **3. Par excellence,** au plus haut point ; tout particulièrement. / **Prix d'excellence,** prix accordé au meilleur élève d'une classe.

excellent, e [ɛkselɑ̃, -ɑ̃t] **adj.** (lat. *excellens, -entis*, p. présent de *excellere*). Supérieur dans son genre ; très bon, parfait : *Plat excellent* (syn. **exquis**). *Élève excellent* (syn. **remarquable**).

exceller [ɛksele] **v.i.** (lat. *excellere*). Être supérieur en son genre ; l'emporter sur les autres : *Exceller en mathématiques* (syn. **briller**).

excentré, e [ɛksɑ̃tre] **adj.** Loin du centre : *Région excentrée* (syn. **excentrique**).

excentrer [ɛksɑ̃tre] **v.t.** MÉCAN. Déplacer le centre, l'axe de : *Excentrer une roue.*

1. excentricité [eksɑ̃trisite] **n.f.** (de *1. excentrique*). État de ce qui est situé loin du centre (syn. **éloignement**).

2. excentricité [eksɑ̃trisite] **n.f.** (de *2. excentrique*). Extravagance d'une personne excentrique ; acte excentrique : *L'excentricité de ses vêtements* (syn. **bizarrerie, originalité**). *On ne compte plus ses excentricités* (syn. **extravagance**).

1. excentrique [eksɑ̃trik] **adj.** (lat. médiév. *excentricus,* du class. *centrum,* centre). **1.** Situé loin du centre : *Quartier excentrique* (syn. **excentré, périphérique**). **2.** MATH. Se dit de figures dont les centres ne coïncident pas (par opp. à *concentrique*) : *Cercles, sphères excentriques.*

2. excentrique [eksɑ̃trik] **adj.** et **n.** (de *1. excentrique*). Qui est en opposition avec les usages reçus : *Conduite excentrique* (syn. **bizarre, extravagant**).

excepté [eksɛpte] **prép.** (p. passé de *excepter*). **1.** Indique ce que l'on met à part, ce que l'on ne comprend pas dans un ensemble : *Tout le monde était là excepté toi* (syn. **à part, en dehors de**). *Elle avait tout prévu excepté ce cas* (syn. **à l'exception de, sauf,** litt. **hormis**). **2. Excepté que,** si ce n'est que, à cela près que : *Ils se ressemblent beaucoup, excepté que l'un est brun et l'autre roux.*

excepter [eksɛpte] **v.t.** (lat. *exceptare,* retirer). Ne pas comprendre dans un ensemble : *Excepter certains condamnés d'une amnistie* (syn. **exclure**).

exception [eksɛpsjɔ̃] **n.f.** (lat. *exceptio,* de *excipere,* retirer). **1.** Ce qui est hors de la règle commune : *La neige est une exception en cette saison* (syn. **anomalie, singularité**). *Faire une exception en faveur de qqn.* **2.** DR. Tout moyen qui tend soit à déclarer une procédure irrégulière, soit à en suspendre le cours. **3. À l'exception de,** sauf. / **Faire exception,** échapper à la règle. / DR. **Loi, tribunal d'exception,** en dehors du droit commun.

exceptionnel, elle [eksɛpsjɔnɛl] **adj. 1.** Qui forme exception ; qui n'est pas ordinaire : *Réunion exceptionnelle* (syn. **extraordinaire**). **2.** Qui se distingue par ses mérites, sa valeur : *Pianiste exceptionnel* (syn. **remarquable**).

exceptionnellement [eksɛpsjɔnɛlmɑ̃] **adv.** De façon exceptionnelle ; par exception : *Un enfant exceptionnellement doué* (syn. **extrêmement**). *Exceptionnellement, je viendrai.*

excès [eksɛ] **n.m.** (bas lat. *excessus,* du class. *excedere,* dépasser). **1.** Quantité qui se trouve en plus : *L'excès d'un nombre sur un autre.* **2.** Ce qui dépasse la mesure normale : *Un excès de vitesse* (syn. **dépassement**). **3.** Dérèglement de conduite, abus. **4. Excès de langage,** propos discourtois, injurieux. / DR. **Excès de pouvoir,** acte qui dépasse la compétence d'une autorité, et en partic. celle d'une autorité administrative. / MATH. **Par excès,** se dit d'une approximation donnée par valeur supérieure (par opp. à *par défaut*). ◆ **n.m. pl.** Actes de violence, de démesure : *Les excès des soldats* (syn. **exactions, sévices**). *Se livrer à des excès* (syn. **débordements**).

excessif, ive [eksesif, -iv] **adj. 1.** Qui excède la mesure : *Une rigueur excessive* (syn. **exagéré**). *Un prix excessif* (syn. **exorbitant**). **2.** Qui pousse les choses à l'excès : *Elle nous a reçus avec une excessive bonté* (syn. **extraordinaire, infini**).

excessivement [eksesivmɑ̃] **adv. 1.** Avec excès : *Boire excessivement* (syn. **trop**). **2.** Extrêmement ; tout à fait : *Cela me déplaît excessivement* (syn. **énormément**).

exciper [eksipe] **v.t. ind. [de]** (lat. *excipere,* excepter). DR. Alléguer une exception, une excuse : *Exciper de sa bonne foi.*

excipient [eksipjɑ̃] **n.m.** (lat. *excipiens, -entis,* de *excipere,* recevoir). PHARM. Substance neutre dans laquelle on incorpore un médicament pour permettre son absorption.

exciser [eksize] **v.t.** (de *excision*). Enlever avec un instrument tranchant : *Exciser une tumeur.*

excision [eksizjɔ̃] **n.f.** (lat. *excisio,* de *excidere,* enlever en coupant). **1.** Action d'exciser, de couper : *L'excision d'un abcès.* **2.** Mutilation consistant en une ablation rituelle du clitoris et parfois des petites lèvres de la vulve, pratiquée chez certains peuples sur les petites filles. ▸ En France, l'excision est un crime puni par la loi.

excitabilité [eksitabilite] **n.f.** Propriété de ce qui est excitable : *L'excitabilité d'un muscle.*

excitable [eksitabl] **adj.** (lat. *excitabilis*). **1.** Prompt à s'exciter ; irritable. **2.** BIOL. Qui peut être excité.

1. excitant, e [eksitɑ̃, -ɑ̃t] **adj.** Qui inspire l'intérêt, suscite l'émotion ou le désir : *Une musique excitante* (syn. **émoustillant, grisant**).

2. excitant, e [eksitɑ̃, -ɑ̃t] **adj.** et **n.m.** Se dit d'une substance propre à augmenter le niveau d'éveil et l'activité motrice : *Le café est excitant* (syn. **stimulant, tonique**).

excitateur, trice [eksitatœr, -tris] **adj.** et **n.** Qui excite : *Militants excitateurs* (syn. **agitateur, provocateur**).

excitation [eksitasjɔ̃] **n.f. 1.** Action d'exciter ; ce qui excite : *L'excitation à la lutte* (syn. **encouragement**). *L'excitation à la violence* (syn. **provocation**). **2.** État d'agitation, d'énervement, d'enthousiasme : *Être en proie à une grande excitation* (syn. **fébrilité** ; contr. **calme, sérénité**).

excité, e [eksite] **adj.** et **n.** Qui est énervé, agité. (V. aussi *exciter.*)

exciter [eksite] **v.t.** (lat. *excitare,* propr. « faire sortir »). **1.** Donner de la vivacité, de l'énergie à ; mettre dans un état de tension : *Exciter des manifestants à crier des slogans* (syn. **stimuler**). *Exciter le public d'un spectacle* (syn. **électriser, enfiévrer**). **2.** Provoquer, faire naître : *Exciter le rire* (syn. **susciter**). ◆ **s'exciter v.pr. 1.** S'énerver. **2.** Prendre un très vif intérêt à, s'enthousiasmer pour : *S'exciter sur un projet* (syn. **se passionner pour**).

exclamatif, ive [eksklamatif, -iv] **adj.** Qui marque l'exclamation : *Phrase exclamative.*

exclamation [eksklamasjɔ̃] **n.f.** (lat. *exclamatio ;* v. *s'exclamer*). **1.** Cri de joie, de surprise, d'indignation, etc. **2.** GRAMM. Phrase, parfois réduite à une interjection, exprimant une émotion vive ou un jugement affectif. **3. Point d'exclamation,** signe de ponctuation (!) que l'on met après une phrase exclamative ou une interjection.

s'**exclamer** [eksklame] **v.pr.** (lat. *exclamare,* de *clamare,* crier). Pousser une exclamation : *« N'y comptez pas ! » s'exclama-t-elle* (syn. **s'écrier, se récrier**).

exclu, e [ekskly] **adj.** et **n.** Qui a été rejeté, chassé d'un groupe : *Les exclus du système* (syn. **laissé-pour-compte**).

exclure [eksklyr] **v.t.** (lat. *excludere,* de *claudere,* fermer) [conj. **96**]. **1.** Renvoyer, mettre dehors qqn : *Exclure de la salle les perturbateurs* (syn. **expulser**). *Exclure qqn d'un parti politique* (syn. **radier**). **2.** Ne pas compter qqch dans un ensemble : *Exclure les dépenses personnelles de la note de frais* (syn. **retrancher**). **3.** Être incompatible avec une chose éventuelle : *L'amitié exclut la dissimulation* (syn. **empêcher, interdire**). **4.** Ne pas admettre l'éventualité d'un fait, la véracité de : *Il exclut l'hypothèse d'un suicide* (syn. **écarter, éliminer**). **5. Il n'est pas exclu que,** il est possible que.

exclusif, ive [eksklyzif, -iv] **adj.** (lat. médiév. *exclusivus ;* v. *exclure*). **1.** Qui appartient à un seul par privilège spécial : *Droit exclusif* (syn. **particulier, propre**). **2.** Qui repousse tout ce qui est étranger : *Amour exclusif* (syn. **absolu, égoïste**). **3.** De parti pris : *Un homme exclusif dans ses idées* (syn. **entier, intransigeant**). **4.** LOG. **Ou exclusif,** relation logique indiquée par *ou* qui exclut la réunion des deux éléments ainsi reliés (*a ou b* représente soit *a,* soit *b,* et exclut *a et b*) [par opp. à *ou inclusif*].

exclusion [eksklyzjɔ̃] **n.f. 1.** Action d'exclure : *Depuis son exclusion du parti* (syn. **expulsion, renvoi**). **2.** Situation d'une personne, d'un groupe exclus : *Associations qui luttent contre l'exclusion* (syn. **marginalisation** ; contr. **intégration**). **3.** LOG. Relation entre deux classes non vides dans lesquelles aucun élément de l'une n'appartient à l'autre, et réciproquement. **4. À l'exclusion de,** à l'exception de.

exclusive [eksklyziv] **n.f.** Mesure d'exclusion : *Prononcer l'exclusive contre qqn.*

exclusivement [eksklyzivmɑ̃] **adv. 1.** En excluant, non compris la partie donnée comme limite : *Lisez jusqu'à la page 500 exclusivement.* **2.** Uniquement : *Il se consacre exclusivement à son roman* (syn. **seulement**).

exclusivisme [eksklysivizm] **n.m.** Caractère des gens exclusifs.

exclusivité [eksklyzivite] **n.f. 1.** Caractère d'un sentiment exclusif, consacré à un seul objet : *L'exclusivité d'une passion.* **2.** Droit exclusif de publier un article, de vendre un produit, un livre, de projeter un film ; produit, film bénéficiant de ce droit.

excommunication [ekskɔmynikasjɔ̃] **n.f.** (lat. ecclés. *excommunicatio* ; v. *excommunier*). **1.** Censure ecclésiastique qui exclut qqn de la communion des fidèles (syn. **anathème**). **2.** Exclusion d'un groupe (syn. **expulsion, radiation**).

excommunié, e [ekskɔmynje] **adj.** et **n.** Frappé d'excommunication.

excommunier [ekskɔmynje] **v.t.** (lat. ecclés. *excommunicare,* mettre hors de la communauté, de *communis,* commun) [conj. **9**]. **1.** Frapper qqn d'excommunication. **2.** Exclure d'un groupe (syn. **bannir, expulser**).

excoriation [ekskɔrjasjɔ̃] **n.f.** Légère écorchure (syn. **égratignure, éraflure**).

excorier [ekskɔrje] **v.t.** (bas lat. *excoriare,* de *corium,* cuir) [conj. **9**]. Écorcher légèrement la peau (syn. **érafler**).

excrément [ekskremɑ̃] **n.m.** (lat. *excrementum,* sécrétion, de *excernere,* rendre par évacuation). [Souvent au pl.]. Matière évacuée du corps par les voies naturelles, et partic. résidus solides de la digestion évacués par le rectum (syn. **fèces**).

excrémentiel, elle [ekskremɑ̃sjɛl] **adj.** De la nature de l'excrément.

excréter [ekskrete] **v.t.** [conj. **18**]. Évacuer par excrétion.

excréteur, trice [ekskretœr, -tris] et **excrétoire** [ekskretwar] **adj.** Qui sert à l'excrétion : *Conduit excréteur.*

excrétion [ekskresjɔ̃] **n.f.** (lat. *excretio,* de *excernere* ; v. *excrément*). PHYSIOL. **1.** Fonction organique assurant le rejet des constituants inutiles ou nuisibles du milieu intérieur, sous forme gazeuse (air expiré), liquide (urine, sueur) ou solide (chez certains animaux des déserts) [syn. **élimination**]. **2.** Évacuation par une glande de ses produits de sécrétion.

excroissance [ekskrwasɑ̃s] **n.f.** (lat. *excrescentia,* de *excrescere,* croître, d'apr. *croissance*). **1.** MÉD. Tumeur superficielle bénigne de la peau (verrue, polype, loupe, etc.). **2.** BOT. Développement anormal d'un tissu végétal comme les bourrelets de l'orme. **3.** Développement parasitaire de qqch : *Ce comité est une excroissance bureaucratique du projet initial.*

excursion [ekskyrsjɔ̃] **n.f.** (lat. *excursio,* de *excurrere,* courir hors de). Voyage ou promenade d'agrément, de recherche (syn. **randonnée, tour**).

excursionniste [ekskyrsjɔnist] **n.** Personne qui fait une excursion (syn. **promeneur, touriste**).

excusable [ekskyzabl] **adj.** Qui peut être excusé : *Une erreur excusable* (syn. **pardonnable**).

excuse [ɛkskyz] **n.f. 1.** Raison que l'on donne pour se disculper ou disculper autrui : *Fournir une excuse* (syn. **défense, justification**). **2.** Raison invoquée pour se soustraire à une obligation : *Se trouver de bonnes excuses pour ne rien faire* (syn. **prétexte**). **3.** Carte du jeu de tarot, qui joue un rôle important dans les enchères. ◆ **excuses n.f. pl.** Expression du regret d'avoir commis une faute ou offensé qqn : *Faire des excuses* (= demander pardon).

excuser [ekskyze] **v.t.** (lat. *excusare,* mettre hors de cause, de *causa,* cause, procès). **1.** Disculper qqn d'une faute, d'une erreur commise (syn. **absoudre, pardonner**). **2.** Pardonner qqch ; tolérer par indulgence : *Excuser une incartade* (syn. **admettre, passer**). **3.** Servir d'excuse à qqn : *Rien ne peut excuser votre retard* (syn. **justifier**). **4.** Accepter les excuses de qqn : *Veuillez m'excuser.* ◆ **s'excuser v.pr.** Présenter ses excuses ; exprimer des regrets.

exeat [ɛgzeat] **n.m. inv.** (du lat. *exeat,* qu'il sorte). Pour certains fonctionnaires, autorisation donnée d'exercer dans un autre ressort (par ex., pour un enseignant, changement d'académie) ; par ext., autorisation de sortie.

exécrable [egzekrabl] **adj.** (lat. *execrabilis*). **1.** Très mauvais : *Humeur, temps exécrables.* **2.** LITT. Qui excite l'horreur : *Crime exécrable* (syn. **abominable, monstrueux**).

exécration [egzekrasjɔ̃] **n.f.** (lat. *execratio* ; v. *exécrer*). LITT. Sentiment d'horreur extrême ; objet de ce sentiment : *Un crime qui suscite l'exécration* (syn. **aversion, répulsion**).

exécrer [egzekre] ou [eksekre] **v.t.** (lat. *execrerari,* maudire, de *sacer, sacrum,* sacré) [conj. **18**]. LITT. Avoir en exécration, en horreur ; avoir de l'aversion pour : *Exécrer l'injustice* (syn. litt. **abhorrer, abominer**).

exécutable [egzekytabl] **adj.** Qui peut être exécuté.

exécutant, e [egzekytɑ̃, -ɑ̃t] **n. 1.** Personne qui exécute une tâche, un ordre. **2.** Musicien, musicienne qui exécute sa partie dans un concert.

exécuter [egzekyte] **v.t.** (de *exécution*). **1.** Mettre en application un ordre, un règlement : *Exécuter les consignes* (syn. **accomplir**). **2.** Mener à bien un projet, un plan, etc. : *Une mission difficile à exécuter* (syn. **réaliser**). **3.** Réaliser un objet, un travail : *Exécuter une statue* (syn. **confectionner**). **4.** Interpréter une pièce musicale : *Exécuter une sonate* (syn. **jouer**). **5.** Mettre à mort un condamné. ◆ **s'exécuter v.pr.** Se résoudre à agir ; obéir.

exécuteur, trice [egzekytœr, -tris] **n. Exécuteur des hautes œuvres,** expression désignant autref. le bourreau. / **Exécuteur testamentaire,** personne à laquelle le testateur a confié le soin d'exécuter son testament.

exécutif, ive [egzekytif, -iv] **adj.** Se dit du pouvoir chargé d'appliquer les lois, de définir la politique de la nation. ◆ **exécutif n.m.** Organe exerçant le pouvoir exécutif dans un État : *Cela concerne l'exécutif.*

exécution [egzekysjɔ̃] **n.f.** (lat. *executio,* de *exesequi,* propr. « suivre jusqu'au bout »). **1.** Action, manière d'exécuter, d'accomplir : *L'exécution d'un plan* (syn. **accomplissement, réalisation**). *L'exécution d'un pont* (syn. **construction**). **2.** Action de jouer une œuvre musicale (syn. **interprétation**). **3. Exécution capitale,** mise à mort d'un condamné. / **Mettre à exécution,** réaliser.

exécutoire [egzekytwar] **adj.** et **n.m.** DR. Qui donne pouvoir de procéder à une exécution.

exégèse [egzeʒɛz] **n.f.** (gr. *exêgêsis,* explication). **1.** Science qui consiste à établir, selon les normes de la critique scientifique, le sens d'un texte ou d'une œuvre littéraire. *Rem.* Terme surtout appliqué à l'interprétation des textes bibliques. **2.** Interprétation, notamm. sur des bases philologiques, d'un texte.

exégète [egzeʒɛt] **n.** (gr. *exêgêtês*). Spécialiste de l'exégèse.

1. exemplaire [egzɑ̃plɛr] **adj.** (lat. *exemplaris*). **1.** Qui peut servir d'exemple : *Conduite exemplaire* (syn. **irréprochable**). **2.** Qui peut servir de leçon, d'avertissement : *Punition exemplaire* (syn. **édifiant**).

2. exemplaire [egzɑ̃plɛr] **n.m.** (bas lat. *exemplarium,* class. *exemplar*). **1.** Chacun des objets (livres, gravures, etc.) produits d'après un type commun. **2.** Individu d'une espèce minérale, végétale ou animale.

exemplairement [egzɑ̃plɛrmɑ̃] **adv.** De manière à servir de modèle ; de façon à servir de leçon.

exemplarité [egzɑ̃plarite] **n.f.** Caractère de ce qui est exemplaire : *L'exemplarité de la peine.*

exemple [egzɑ̃pl] **n.m.** (lat. *exemplum*). **1.** Personne, action digne d'être imitée : *Exemple à suivre* (syn. **modèle**). **2.** Ce qui peut servir de leçon, d'avertissement ou de mise en garde : *Que cela vous serve d'exemple !* (syn. **leçon**). **3.** Fait antérieur analogue au fait en question et considéré par rapport à lui : *Bêtise sans exemple* (syn. **précédent**). **4.** Chose précise, événement, phrase qui sert à illustrer, prouver, éclairer : *Un* *bon exemple.* **5. À l'exemple de,** à l'imitation de. **/ Faire un exemple,** punir sévèrement qqn pour dissuader les autres de l'imiter. ◆ **interj.** FAM. **(Ça,) par exemple !,** exprime la surprise, le mécontentement.

exemplifier [egzɑ̃plifje] **v.t.** [conj. **9**]. Expliquer, illustrer par des exemples.

exempt, e [egzɑ̃, -ɑ̃t] **adj.** (lat. *exemptus,* de *eximere,* tirer de, affranchir). **1.** Qui n'est pas assujetti à une charge : *Exempt de service* (syn. **dispensé**). **2.** Qui est à l'abri de : *Exempt de soucis.* **3.** Dépourvu de : *Exempt d'erreurs.*

exempté, e [egzɑ̃te] ou [egzɑ̃pte] **adj.** et **n.** Dispensé d'une obligation, partic. des obligations militaires.

exempter [egzɑ̃te] ou [egzɑ̃pte] **v.t.** Rendre exempt ; dispenser d'une charge.

exemption [egzɑ̃psjɔ̃] **n.f.** Action d'exempter ; fait d'être exempté ; privilège qui décharge, dispense d'une obligation : *Ces produits bénéficient d'une exemption de taxes* (syn. **exonération**).

exercé, e [egzɛrse] **adj.** Devenu habile à la suite d'une certaine pratique : *Oreille exercée* (syn. **entraîné, expert**).

exercer [egzɛrse] **v.t.** (lat. *exercere,* propr. « tenir en haleine ») [conj. **16**]. **1.** Soumettre à un entraînement méthodique ; former : *Exercer des soldats au tir* (syn. **entraîner**). **2.** LITT. Mettre à l'épreuve : *Exercer sa patience* (syn. **éprouver**). **3.** Mettre en usage, faire agir ; faire usage de : *Exercer un droit.* **4.** Pratiquer ; s'acquitter de : *Exercer la médecine.* ◆ **s'exercer v.pr. 1.** S'entraîner. **2.** LITT. Se manifester ; agir : *La fascination qui s'exerçait sur eux.*

exercice [egzɛrsis] **n.m.** (lat. *exercitium*). **1.** Action de s'exercer : *Cela ne s'apprend que par un long exercice* (syn. **entraînement**). **2.** Travail, devoir donné à un élève en application de ce qui a été appris précédemment dans un cours, une leçon. **3.** Séance d'instruction militaire pratique : *Aller à l'exercice* (syn. **instruction**). **4.** Dépense physique, activité sportive : *Faire, prendre de l'exercice.* **5.** Action, fait de pratiquer une activité, un métier : *L'exercice de la médecine* (syn. **pratique**). **6.** Période comprise entre deux inventaires comptables ou deux budgets. **7. En exercice,** en fonction, en activité : *Le directeur en exercice.* **/ Exercices spirituels,** pratiques de dévotion.

exérèse [egzerɛz] **n.f.** (gr. *exairesis,* de *exairein,* enlever). CHIR. Opération par laquelle on retranche du corps ce qui lui est étranger ou nuisible ; ablation.

exergue [egzɛrg] **n.m.** (lat. scientif. *exergum,* du gr. *ergon,* œuvre). **1.** Espace au bas d'une monnaie, d'une médaille ; inscription qui y est gravée. **2.** Inscription en tête d'un ouvrage. **3. Mettre en exergue,** en évidence.

exfoliant, e [ɛksfɔljɑ̃, -ɑ̃t] **adj.** Qui provoque une exfoliation de la peau : *Crème exfoliante.*

exfoliation [ɛksfɔljasjɔ̃] **n.f.** (lat. *exfoliatio,* de *exfoliare,* effeuiller, de *folium,* feuille). PHYSIOL. Séparation des parties mortes qui se détachent d'un tissu, partic. de l'épiderme ou d'une muqueuse, sous forme de petites lames.

exhalaison [egzalɛzɔ̃] **n.f.** Gaz ou odeur qui s'exhale d'un corps (syn. **effluve, émanation**).

exhalation [egzalasjɔ̃] **n.f. 1.** Fait de s'exhaler. **2.** MÉD. Élimination des produits volatils par la respiration, par la peau.

exhaler [egzale] **v.t.** (lat. *exhalare,* de *halare*). **1.** Pousser hors de soi, répandre des vapeurs, des odeurs : *Ces roses exhalent une odeur agréable* (syn. **dégager, répandre**). **2.** LITT. Donner libre cours à ; exprimer : *Exhaler sa colère.* ◆ **s'exhaler v.pr. 1.** Se répandre dans l'atmosphère. **2.** LITT. Se manifester : *Une plainte s'exhala de ses lèvres.*

exhaussement [egzosmɑ̃] **n.m.** Action d'exhausser ; état de ce qui est exhaussé.

exhausser [egzose] **v.t.** Augmenter en hauteur ; rendre plus élevé : *Exhausser un mur* (syn. **hausser, surélever**).

exhaustif, ive [egzostif, -iv] **adj.** (angl. *exhaustive,* de *to exhaust,* épuiser). Qui traite à fond un sujet : *Étude exhaustive.*

exhaustivement [egzostivmɑ̃] **adv.** De façon exhaustive.

exhaustivité [egzostivite] **n.f.** Caractère de ce qui est exhaustif.

exhiber [egzibe] **v.t.** (lat. *exhibere*). **1.** Présenter un document officiel (syn. **montrer, produire**). **2.** Arborer, faire étalage de : *Exhiber ses décorations* (syn. **afficher, étaler**). ◆ **s'exhiber v.pr.** Se montrer en public de manière ostentatoire, provocante : *S'exhiber dans une tenue extravagante* (syn. **s'afficher**).

exhibition [egzibisjɔ̃] **n.f.** (lat. *exhibitio*). **1.** Action d'exhiber, de faire voir, de présenter. **2.** Spectacle, présentation de choses spectaculaires : *Un cirque qui fait une exhibition de chiens savants* (syn. **numéro**). **3.** Étalage impudent de qqch qui ne devrait être montré qu'avec discrétion, réserve : *Faire exhibition de ses succès* (syn. **parade**).

exhibitionnisme [egzibisjɔnism] **n.m. 1.** Perversion de l'exhibitionniste. **2.** Attitude ostentatoire.

exhibitionniste [egzibisjɔnist] **n. 1.** Pervers sexuel qui exhibe ses organes génitaux. **2.** Personne qui aime à s'exhiber.

exhortation [egzɔrtasjɔ̃] **n.f.** (lat. *exhortatio*). Discours, paroles par lesquels on exhorte, on encourage qqn à faire qqch : *Une exhortation à la modération* (syn. **invitation**).

exhorter [egzɔrte] **v.t.** (lat. *exhortari*). Exciter, encourager par ses paroles : *Exhorter qqn à la patience* (syn. **engager, inciter**).

exhumation [egzymasjɔ̃] **n.f.** Action d'exhumer.

exhumer [egzyme] **v.t.** (lat. médiév. *exhumare,* d'apr. le class. *inhumare,* de *humus,* terre). **1.** Extraire de la terre : *Exhumer un cadavre* (syn. **déterrer**). *Exhumer un trésor* (contr. **enfouir**). **2.** Tirer de l'oubli ; rappeler : *Exhumer le passé* (syn. **ressusciter, réveiller**).

exigeant, e [egziʒɑ̃, -ɑ̃t] **adj.** Difficile à contenter : *Un chef de service exigeant* (syn. **pointilleux**).

exigence [egziʒɑ̃s] **n.f.** (bas lat. *exigentia,* du class. *exigere* ; v. *exiger*). **1.** Ce qu'une personne exige, réclame à une autre : *Satisfaire les exigences des grévistes* (syn. **prétention, revendication**). **2.** Caractère d'une personne exigeante : *Faire preuve d'une exigence tatillonne.* **3.** Ce qui est commandé par qqch ; nécessité, obligation : *Exigences de la profession* (syn. **impératif**).

exiger [egziʒe] **v.t.** (lat. *exigere,* propr. « pousser dehors ») [conj. **17**]. **1.** Demander impérativement ce qui est considéré comme un dû : *Exiger des excuses* (syn. **ordonner, réclamer**). **2.** Nécessiter, réclamer : *Son état exige des soins* (syn. **demander**).

exigibilité [egziʒibilite] **n.f.** Caractère de ce qui est exigible : *Exigibilité d'une créance.*

exigible [egziʒibl] **adj.** Qui peut être exigé.

exigu, uë [egzigy] **adj.** (lat. *exiguus,* pesé d'une manière stricte, de *exigere,* peser). Qui est très petit, trop petit.

exiguïté [egzigɥite] **n.f.** (lat. *exiguitas*). Petitesse, étroitesse : *Exiguïté d'un appartement.*

exil [egzil] **n.m.** (lat. *exsilium*). **1.** Mesure qui consiste à expulser qqn hors de son pays avec interdiction d'y revenir ; état qui en résulte : *Être condamné à l'exil* (syn. **bannissement, expatriation**). **2.** Situation de qqn qui est obligé de vivre ailleurs que là où il est habituellement, où il aime vivre : *Un provincial en exil à Paris.* **3.** Lieu où réside une personne exilée : *Lettres écrites de son exil.*

exilé, e [egzile] **n.** Personne condamnée à l'exil ou qui vit dans l'exil (syn. **banni, proscrit**).

exiler [egzile] **v.t. 1.** Frapper qqn d'exil (syn. **bannir, proscrire**). **2.** Obliger qqn à vivre loin d'un lieu où il aurait aimé être. ◆ **s'exiler v.pr. 1.** Quitter volontairement son pays (syn. **émigrer, s'expatrier**). **2.** Se retirer pour vivre à l'écart.

exinscrit, e [egzɛ̃skri, -it] **adj.** (de *ex-* et *inscrit*). MATH. **Cercle exinscrit à un triangle,** tangent à un côté de ce triangle et aux prolongements des deux autres.

existant, e [egzistɑ̃, -ɑ̃t] **adj.** Qui existe ; actuel : *Les lois existantes* (= en vigueur).

existence [egzistɑ̃s] **n.f.** (lat. *existentia,* choses existantes, de *existere ;* v. *exister*). **1.** Fait d'exister : *L'existence d'un traité.* **2.** Vie, manière de vivre : *Mener une paisible existence.* **3.** Durée : *Gouvernement qui a trois mois d'existence.*

existentialisme [egzistɑ̃sjalism] **n.m.** Mouvement philosophique qui s'interroge sur l'Être en général à partir de l'existence vécue par l'homme. ► L'existentialisme s'inspire surtout de Heidegger et de Kierkegaard ; son principal représentant en France a été J.-P. Sartre.

existentialiste [egzistɑ̃sjalist] **adj.** et **n.** Relatif à l'existentialisme ; qui en est partisan.

existentiel, elle [egzistɑ̃sjɛl] **adj. 1.** PHILOS. Relatif à l'existence. **2.** LOG. **Quantificateur existentiel** ⟶ **quantificateur.**

exister [egziste] **v.i.** (lat. *existere,* de *sistere,* dér. de *stare,* se tenir debout). **1.** Être actuellement en vie ; vivre : *Tant qu'il existera des hommes.* **2.** Être en réalité ; durer, subsister : *Cette coutume n'existe plus.* **3.** Être important ; compter : *Cet échec n'existait pas pour lui.* **4. Il existe,** il y a : *Il existe forcément une solution à ce problème.*

exit [egzit] **loc. verb.** (mot lat. « il sort »). Indication scénique de la sortie d'un acteur.

ex-libris [ɛkslibris] **n.m.** (mots lat. « parmi les livres [de...] »). **1.** Formule qui, apposée sur un livre et suivie d'un nom propre, indique que le volume appartient à la personne nommée. **2.** Vignette que les bibliophiles collent au revers des reliures de leurs livres et qui porte leur nom, leur devise, etc.

ex nihilo [ɛksniilo] **loc. adv.** (abrév. du lat. *ex nihilo nihil,* rien ne vient de rien). En partant de rien : *Il a créé son entreprise ex nihilo.*

exobiologie [egzɔbjɔlɔʒi] **n.f.** Science qui étudie les possibilités d'existence de la vie dans l'Univers (syn. **bioastronomie**).

exocet [egzɔsɛ] **n.m.** (lat. *exocetus,* gr. *exôkoitos,* de *exô,* hors de, et *koitê,* gîte). Poisson des mers chaudes, aux nageoires pectorales développées en forme d'ailes lui permettant d'effectuer de très longs sauts planés (près de 200 m) hors de l'eau. (On dit aussi *un poisson volant.*)

exocrine [egzɔkrin] **adj.** (de *exo-* et du gr. *krinein,* sécréter). **Glande exocrine,** glande qui déverse ses produits de sécrétion sur la peau ou dans une cavité naturelle communiquant avec le milieu extérieur (glandes sébacées, mammaires, digestives, etc.) [contr. **endocrine**].

exode [egzɔd] **n.m.** (lat. *Exodus,* l'Exode [livre de la Bible], gr. *exodos,* propr. « sortie »). **1.** Émigration en masse d'un peuple. **2.** Départ en foule : *L'exode des vacanciers* (syn. **évasion, migration**). **3.** Fuite des populations civiles françaises devant la progression de l'armée allemande en mai et juin 1940. **4. Exode des capitaux,** déplacement des capitaux vers l'étranger. / **Exode rural,** migration définitive des habitants des campagnes vers les villes.

Exode (l'), sortie d'Égypte des Hébreux sous la conduite de Moïse. Ces événements, que les historiens situent vers 1250 av. J.-C., sont rapportés dans la Bible, dans le livre de l'Exode.

Exodus, navire chargé de 4 500 émigrants juifs, que la marine britannique empêcha en juill. 1947 d'atteindre la côte palestinienne. Ses passagers furent débarqués à Hambourg.

exogame [egzɔgam] **adj.** et **n.** Qui pratique l'exogamie (par opp. à *endogame*).

exogamie [egzɔgami] **n.f.** (de *exo-* et *-gamie*). ANTHROP. Règle contraignant un membre d'un groupe social à choisir son conjoint en dehors de ce groupe (par opp. à *endogamie*).

exogamique [egzɔgamik] **adj.** Relatif à l'exogamie : *Un mariage exogamique* (par opp. à *endogamique*).

exogène [egzɔʒɛn] **adj.** (de *exo-* et *-gène*). **1.** *DIDACT.* Qui provient du dehors, de l'extérieur (par opp. à *endogène*). **2.** GÉOL. **Roche exogène,** formée à la surface de la Terre (par opp. à *endogène*).

exonération [egzɔnerasjɔ̃] **n.f.** Action d'exonérer : *Obtenir une exonération d'impôts* (syn. **dégrèvement**).

exonérer [egzɔnere] **v.t.** (lat. *exonerare,* décharger, de *onus, oneris,* fardeau) [conj. **18**]. Dispenser totalement ou en partie d'une charge, d'une obligation, fiscale en partic. : *Exonérer qqn de droits d'inscription* (syn. **exempter**).

exorbitant, e [egzɔrbitɑ̃, -ɑ̃t] **adj.** (bas lat. *exorbitans, -antis,* qui dévie, de *orbita,* trace d'une roue, orbite [d'un astre]). Qui dépasse la mesure : *Prix exorbitant* (syn. **excessif**).

exorbité, e [egzɔrbite] **adj. Yeux exorbités,** qui semblent sortir de leurs orbites.

exorcisation [egzɔrsizasjɔ̃] **n.f.** Action d'exorciser.

exorciser [egzɔrsize] **v.t.** (lat. chrét. *exorcisare,* gr. *exorkizein,* faire prêter serment, de *horkos,* serment). **1.** Conjurer le démon, le chasser par les prières spéciales du rituel. **2.** Soumettre qqn, un lieu à des exorcismes pour le délivrer du démon : *Exorciser un possédé.*

exorcisme [egzɔrsism] **n.m. 1.** Cérémonie au cours de laquelle on exorcise. **2.** Prière destinée à exorciser.

exorciste [egzɔrsist] **n.** Personne qui exorcise, conjure les démons.

exorde [egzɔrd] **n.m.** (lat. *exordium,* de *exordiri,* commencer). Première partie d'un discours oratoire (syn. **introduction, préambule**).

exoréique [egzɔreik] **adj.** (de *exo-,* et du gr. *rhein,* couler). GÉOGR. Se dit des régions dont les eaux courantes rejoignent la mer (par opp. à *endoréique*).

exosmose [egzɔsmoz] **n.f.** (de *exo-,* et du gr. *ôsmos,* poussée). PHYS. Courant de liquide qui s'établit d'un système fermé (une cellule, par ex.) vers l'extérieur, à travers une membrane semi-perméable, lorsque le milieu extérieur est plus concentré (par opp. à *endosmose*).

exosphère [egzɔsfɛr] **n.f.** (de *exo-* et [*atmo*]*sphère*). Zone de l'atmosphère d'une planète (au-dessus de 1 000 km pour la Terre), où les atomes légers échappent à la pesanteur et s'évadent vers l'espace interplanétaire.

exothermique [egzɔtɛrmik] **adj.** (de *exo-* et *thermique*). CHIM. Se dit d'une transformation qui dégage de la chaleur : *Réaction exothermique.*

exotique [egzɔtik] **adj.** (lat. *exoticus,* gr. *exôtikos,* étranger). Qui appartient aux pays étrangers lointains ; qui en provient.

exotisme [egzɔtism] **n.m. 1.** Caractère de ce qui est exotique : *Un roman plein d'exotisme.* **2.** Goût pour ce qui est exotique.

expansé, e [ekspɑ̃se] **adj.** (de *expansion*). Se dit de certaines matières plastiques possédant une structure cellulaire, utilisées pour leur légèreté et leurs propriétés isolantes.

expansibilité [ekspɑ̃sibilite] **n.f.** Tendance qu'ont les corps gazeux à occuper la totalité du volume qui leur est offert.

expansible [ekspɑ̃sibl] **adj.** Capable d'expansion : *Les gaz sont expansibles.*

expansif, ive [ekspɑ̃sif, -iv] **adj.** (du rad. de *expansion*). **1.** Qui aime à communiquer ses sentiments : *Une collègue expansive* (syn. **communicatif, démonstratif**). **2.** TECHN. Se dit d'un ciment dont la prise s'accompagne d'une légère augmentation de volume.

expansion [ekspɑ̃sjɔ̃] **n.f.** (lat. *expansio,* de *expandere,* déployer). **1.** Développement d'un corps en volume ou en surface ; dilatation : *L'expansion des gaz.* **2.** ANAT. Développement de certains organes. **3.** Mouvement de ce qui se développe, s'accroît ; tendance à s'agrandir : *Expansion industrielle* (syn. **essor, extension**). **4.** *LITT.* Action de s'épancher ; mouvement qui pousse à communiquer ses sentiments : *Besoin d'expansion* (syn. **effusion, épanchement**). **5.** LING. Constituant d'une phrase qui n'est pas indispensable ou qui peut être enlevé sans que la phrase cesse d'être une phrase. **6. Expansion économique,** accroissement du revenu national, de l'activité économique. / ASTRON. **Théorie de l'expansion de l'Univers,**

théorie selon laquelle les différentes galaxies de l'Univers s'écartent les unes des autres à une vitesse proportionnelle à leur distance mutuelle.

expansionnisme [ekspɑ̃sjɔnism] **n.m. 1.** Attitude politique visant à l'expansion d'un pays au-delà de ses limites. **2.** Tendance d'un pays où l'accroissement de la puissance économique est systématiquement encouragé par l'État. ◆ **expansionniste adj.** et **n.** Qui vise à l'expansion ; partisan de l'expansionnisme.

expatriation [ekspatrijasjɔ̃] **n.f.** Action d'expatrier ou de s'expatrier ; état de celui qui est expatrié : *Condamnés à l'expatriation* (syn. **émigration, exil**).

expatrié, e [ekspatrije] **adj.** et **n.** Qui a quitté sa patrie, s'est expatrié (syn. **émigré, exilé**).

expatrier [ekspatrije] **v.t.** [conj. **10**]. Obliger qqn à quitter sa patrie (syn. **exiler**). ◆ **s'expatrier v.pr.** Quitter sa patrie pour s'établir ailleurs (syn. **émigrer, s'exiler**).

expectative [ekspɛktativ] **n.f.** (du lat. *expectare,* attendre, de *spectare,* observer). Attitude prudente de qqn qui attend pour se décider : *Rester dans l'expectative.*

expectorant, e [ekspɛktɔrɑ̃, -ɑ̃t] **adj.** et **n.m.** Se dit d'un remède qui aide à l'expectoration.

expectoration [ekspɛktɔrasjɔ̃] **n.f.** Action d'expectorer ; ce qui est expectoré ; crachat.

expectorer [ekspɛktɔre] **v.t.** (lat. *expectorare,* de *pectus, pectoris,* poitrine). Rejeter par la bouche les substances contenues dans les bronches (syn. **cracher**).

expédient [ekspedjɑ̃] **n.m.** (lat. *expediens, -entis,* qui débarrasse, qui est avantageux). **1.** Moyen ingénieux et rapide d'arriver à ses fins. **2.** Moyen de résoudre momentanément une difficulté, de se tirer d'embarras (péjor.) : *User d'expédients.* **3. Vivre d'expédients,** recourir à toutes sortes de moyens, licites ou non, pour subsister.

expédier [ekspedje] **v.t.** (de *expédient*) [conj. **9**]. **1.** Envoyer à destination : *Expédier des marchandises* (syn. **acheminer, adresser**). **2.** En terminer avec, se débarrasser de qqn : *Expédier un importun.* **3.** Faire promptement qqch pour s'en débarrasser : *Expédier un travail* (syn. **bâcler**).

expéditeur, trice [ekspeditœr, -tris] **n.** et **adj.** Personne qui fait un envoi par la poste, le chemin de fer, etc. (syn. **envoyeur** ; contr. **destinataire**).

expéditif, ive [ekspeditif, -iv] **adj. 1.** Qui agit promptement, qui expédie vivement un travail (syn. **diligent, vif**). **2.** Qui permet de faire vite : *Procédé expéditif* (syn. **rapide**).

expédition [ekspedisjɔ̃] **n.f.** (lat. *expeditio*). **1.** Action d'accomplir rapidement qqch, de l'achever ; exécution : *Expédition des affaires courantes.* **2.** Action d'expédier ; envoi. **3.** Opération militaire en dehors du territoire national : *L'expédition d'Égypte* (syn. **campagne**). **4.** Voyage, mission de recherche, d'exploration : *Une expédition polaire.* **5.** FAM. Équipée, excursion (iron.) : *C'est vraiment une expédition d'aller chez eux.*

expéditionnaire [ekspedisjɔnɛr] **n. 1.** Employé d'administration chargé de recopier les états, les actes. **2.** Expéditeur de marchandises. ◆ **adj. Corps expéditionnaire,** ensemble des troupes d'une expédition militaire.

expérience [eksperjɑ̃s] **n.f.** (lat. *experientia,* de *experiri,* faire l'essai de). **1.** Connaissance acquise par une longue pratique jointe à l'observation : *Avoir de l'expérience.* **2.** PHILOS. Tout ce qui est appréhendé par les sens et constitue la matière de la connaissance humaine ; ensemble des phénomènes connus ou qui peuvent l'être. **3.** Épreuve, essai effectués pour étudier un phénomène : *Faire une expérience de chimie* (syn. **expérimentation, test**). **4.** Matériel utilisé pour une telle étude et, spécial., matériel scientifique embarqué à bord d'un engin spatial. **5.** Mise à l'essai : *Une expérience de vie commune* (syn. **tentative**).

expérimental, e, aux [eksperimɑ̃tal, -o] **adj.** (bas lat. *experimentalis*). **1.** Qui est fondé sur l'expérience scientifique : *La méthode expérimentale.* **2.** Qui sert à expérimenter : *Avion expérimental.*

expérimentalement [eksperimɑ̃talmɑ̃] **adv.** En se fondant sur l'expérimentation.

expérimentateur, trice [eksperimɑ̃tatœr, -tris] **n.** et **adj.** Personne qui recourt à l'expérimentation scientifique ; personne qui tente une expérience.

expérimentation [eksperimɑ̃tasjɔ̃] **n.f.** Action d'expérimenter : *L'expérimentation d'un médicament.*

expérimenté, e [eksperimɑ̃te] **adj.** Instruit par l'expérience (syn. **chevronné, expert**).

expérimenter [eksperimɑ̃te] **v.t.** (bas lat. *experimentare*). Soumettre à des expériences : *Expérimenter un nouveau médicament* (syn. **contrôler, tester**).

1. expert, e [ekspɛr, -ɛrt] **adj.** (lat. *expertus,* éprouvé, qui a fait ses preuves, de *experiri* ; v. *expérience*). **1.** Qui a une parfaite connaissance d'une chose due à une longue pratique. **2.** Qui témoigne d'une telle connaissance ; excercé, habile : *Un ouvrier expert* (syn. **compétent, expérimenté**). *Une main experte* (syn. **habile, sûr**).

2. expert, e [ekspɛr, -ɛrt] **n.** (de *1. expert*). **1.** Personne apte à juger de qqch ; connaisseur. **2.** Personne qui fait une expertise. **3.** DR. **Expert judiciaire,** spécialiste agréé par les tribunaux et désigné pour effectuer une expertise.

expert-comptable, experte-comptable [ekspɛrkɔ̃tabl, ekspɛrt-] **n.** (pl. *experts-comptables, expertes-*). Personne faisant profession d'analyser, de contrôler ou d'organiser des comptabilités.

expertise [ekspɛrtiz] **n.f.** (de *2. expert*). **1.** Constatation ou estimation effectuée par un expert : *Faire une expertise.* **2.** Rapport d'un expert : *Attaquer une expertise.* **3. Expertise judiciaire,** examen de questions purement techniques confié par le juge à un expert ; rapport établi par cet expert. / **Expertise médicale et psychiatrique,** effectuée par un psychiatre pour évaluer l'état mental d'un inculpé.

expertiser [ekspɛrtize] **v.t.** Soumettre à une expertise : *Expertiser un mobilier, un tableau* (syn. **estimer, évaluer**).

expiable [ekspjabl] **adj.** Qui peut être expié : *Un mensonge expiable.*

expiateur, trice [ɛkspjatœr, -tris] **adj.** LITT. Qui permet d'expier : *Victime expiatrice.*

expiation [ɛkspjasjɔ̃] **n.f.** Fait d'expier ; châtiment, peine par lesquels on expie (syn. **rachat**).

expiatoire [ɛkspjatwar] **adj.** Qui sert à expier : *Sacrifice expiatoire.*

expier [ɛkspje] **v.t.** (lat. *expiare,* de *piare,* rendre propice) [conj. **9**]. **1.** Réparer une faute, un crime, etc., en subissant une peine imposée. **2.** RELIG. Réparer un péché par la pénitence. **3.** Subir une peine, une souffrance en conséquence d'un acte ressenti ou considéré comme coupable : *Il a expié chèrement à l'hôpital ses excès de vitesse* (syn. **payer**).

expiration [ɛkspirasjɔ̃] **n.f. 1.** Action de chasser hors de la poitrine l'air qu'on a inspiré. **2.** Fin d'un temps prescrit ou convenu : *Expiration d'un bail* (syn. **échéance**). *La validité du billet vient à expiration à la fin de la semaine.*

expiratoire [ɛkspiratwar] **adj.** Qui se rapporte à l'expiration de l'air pulmonaire : *Difficulté expiratoire.*

expirer [ɛkspire] **v.t.** (lat. *expirare,* souffler). Expulser par une contraction de la poitrine l'air inspiré (par opp. à *inspirer*) : *Expirer l'air des poumons* (syn. **souffler**). ◆ **v.i. 1.** Mourir (syn. **décéder,** litt. **trépasser**). **2.** Arriver à son terme ; prendre fin : *Son bail expire à la mi-janvier* (syn. **finir, se terminer**).

explétif, ive [ekspletif, -iv] **adj.** et **n.m.** (bas lat. *expletivus,* de *explere,* remplir). GRAMM. Se dit d'un mot qui n'est pas nécessaire au sens de la phrase ou qui n'est pas exigé par la syntaxe (ex. : *ne* dans *je crains qu'il ne vienne*).

explicable [eksplikabl] **adj.** Que l'on peut expliquer : *Son dépit est bien explicable* (syn. **compréhensible**).

explicatif, ive [eksplikatif, -iv] **adj.** Qui sert à expliquer : *Une notice explicative est jointe à l'appareil.*

explication [eksplikasjɔ̃] **n.f. 1.** Action d'expliquer ; développement destiné à faire comprendre qqch : *L'explication d'une énigme* (syn. **éclaircissement**). *Il s'est lancé dans de longues explications* (syn. **commentaire**). **2.** Ce qui rend compte de qqch : *Voilà l'explication de ce retard* (syn. **cause, raison**). **3.** Éclaircissement touchant les actes, la conduite de qqn : *Exiger une explication* (syn. **justification**). **4.** Discussion, querelle touchant la conduite de qqn : *Avoir une explication avec qqn* (syn. **dispute**).

explicite [eksplisit] **adj.** (lat. médiév. *explicitus,* de *explicare ;* v. *expliquer*). **1.** Qui est sans ambiguïté : *Réponse explicite* (syn. **clair** ; contr. **implicite**). **2.** DR. Énoncé formellement, complètement : *Clause explicite.*

explicitement [eksplisitmɑ̃] **adv.** En termes clairs, sans équivoque : *Clause explicitement formulée* (contr. **implicitement**).

expliciter [eksplisite] **v.t.** (de *explicite*). Rendre explicite, plus clair ; formuler en détail : *Expliciter sa pensée.*

expliquer [eksplike] **v.t.** (lat. *explicare,* de *plicare,* plier). **1.** Faire comprendre ou faire connaître en détail par un développement oral ou écrit : *Expliquer un problème, un projet. Ce qu'on ne peut pas expliquer demeure mystérieux* (syn. **éclaircir**). *Elle m'a expliqué ses projets* (syn. **exposer**). *Il m'a expliqué longuement les problèmes que l'on pouvait rencontrer* (syn. **développer**). **2.** Commenter : *Expliquer un auteur, un texte* (syn. **paraphraser**). **3.** Constituer une justification ; apparaître comme une cause : *La grève des postiers explique le retard du courrier* (syn. **justifier, motiver**). ◆ **s'expliquer v.pr. 1.** Exprimer sa pensée, son opinion. **2.** Comprendre la cause, la raison, le bien-fondé de : *Je m'explique mal sa présence ici.* **3.** Avoir une discussion avec qqn : *Je tiens à m'expliquer avec lui* (syn. **discuter**). **4.** FAM. Se battre pour vider une querelle : *Viens, on va s'expliquer dehors !* **5.** Devenir, être intelligible, compréhensible : *Sa réaction s'explique très bien.*

exploit [eksplwa] **n.m.** (réfection, d'apr. le lat. *explicare,* accomplir, de l'anc. fr. *espleit*). **1.** Coup d'éclat ; action mémorable (syn. **performance, prouesse**). **2.** Action inconsidérée (iron.) : *Elle a réussi l'exploit de se mettre tout le monde à dos* (syn. **maladresse**). **3.** DR. **Exploit d'huissier,** acte de procédure rédigé et signifié par un huissier.

exploitable [eksplwatabl] **adj.** Qui peut être exploité, cultivé : *Gisement de pétrole facilement exploitable.*

exploitant, e [eksplwatɑ̃, -ɑ̃t] **n. 1.** Personne qui met en valeur un bien productif de richesse : *Les exploitants agricoles.* **2.** Personne physique ou morale qui exploite une salle de cinéma.

exploitation [eksplwatasjɔ̃] **n.f. 1.** Action d'exploiter, de mettre en valeur en vue d'un profit : *Exploitation d'une mine.* **2.** Affaire qu'on exploite ; lieu où l'on exploite : *Exploitation agricole.* **3.** Branche de l'économie du cinéma relative à l'activité des exploitants. **4.** Mise à profit, utilisation méthodique de qqch : *L'exploitation d'un succès.* **5.** Action de tirer un profit abusif de qqn ou de qqch (péjor.) : *Exploitation de l'homme par l'homme.*

exploité, e [eksplwate] **adj.** et **n.** Se dit d'une personne dont on tire un profit abusif.

exploiter [eksplwate] **v.t.** (lat. pop. **explicitare,* class. *explicare,* accomplir). **1.** Faire valoir une chose, en tirer du profit : *Exploiter une ferme* (syn. **cultiver**). *Exploiter un brevet.* **2.** Tirer parti, user à propos de : *Exploiter la situation* (syn. **utiliser**). **3.** Profiter abusivement de qqn ; faire travailler qqn à bas salaire (syn. **pressurer**).

exploiteur, euse [eksplwatœr, -øz] **n. 1.** Personne qui exploite qqch à son profit et d'une manière abusive : *Exploiteur de la misère humaine* (syn. **profiteur**). **2.** Personne qui tire un profit illégitime ou excessif du travail d'autrui (syn. **spoliateur**).

explorateur, trice [eksplɔratœr, -tris] **n.** (lat. *explorator*). **1.** Personne qui fait un voyage de découverte dans un pays lointain, une région inconnue. **2.** Personne qui se livre à des recherches dans un domaine particulier.

exploration [eksplɔrasjɔ̃] **n.f.** (lat. *exploratio*). **1.** Action d'explorer ; fait d'être exploré : *L'exploration de l'Amazonie. Une exploration rapide de l'appartement* (syn. **examen, inspection**). **2. Exploration fonctionnelle,** ensemble d'examens biologiques ou cliniques permettant d'apprécier l'état de fonctionnement d'un organe.

exploratoire [eksplɔratwar] **adj.** Qui a pour but de rechercher les possibilités ultérieures de négociations ; qui vise à explorer un domaine avant intervention : *Entretien exploratoire* (syn. **préliminaire, préparatoire**).

explorer [eksplɔre] **v.t.** (lat. *explorare*). **1.** Parcourir un lieu inconnu ou peu connu en l'étudiant avec soin : *Explorer la zone polaire* (syn. **reconnaître**). **2.** MÉD. Procéder à l'exploration d'un organe à l'aide d'instruments spéciaux (syn. **sonder**). **3.** Examiner les différents aspects d'une question, un texte, etc. : *Explorer les possibilités d'un accord* (syn. **étudier**).

exploser [eksploze] **v.i.** (de *explosion*). **1.** Faire explosion : *La nitroglycérine explose facilement* (syn. **détoner, sauter**). **2.** Se manifester spontanément et violemment : *Sa colère a explosé* (syn. **éclater**). **3.** FAM. Ne plus pouvoir se contenir ; laisser se déchaîner sa colère, son mécontentement : *Arrête, ou il va exploser !* (syn. **se déchaîner**). **4.** FAM. Se révéler, s'affirmer brusquement : *Cet athlète a explosé.* **5.** FAM. S'accroître brutalement : *Les prix ont explosé.*

1. explosif, ive [eksplozif, -iv] **adj.** (de *explosion*). **1.** Qui est de nature à provoquer des réactions brutales : *Situation explosive* (syn. **critique, tendu**). **2.** Qui peut exploser : *Mélange explosif* (syn. **détonant**).

2. explosif [eksplozif] **n.m.** (de *1. explosif*). Corps ou mélange de corps apte à subir une explosion.

explosion [eksplozjɔ̃] **n.f.** (lat. *explosio,* de *explodere,* huer). **1.** Fait d'éclater violemment ; bruit qui accompagne cet éclatement : *L'explosion d'une bombe* (syn. **déflagration**). **2.** Phénomène au cours duquel des gaz sous pression sont libérés ou engendrés en un temps extrêmement court. **3.** Troisième temps de fonctionnement d'un moteur à quatre temps, correspondant à la combustion et à la détente : *Moteur à explosion* (= actionné par l'expansion des gaz de combustion). **4.** Manifestation vive et soudaine : *L'explosion de la colère* (syn. **déchaînement**). *Une explosion de joie* (syn. **débordement**). **5.** Apparition brusque d'un événement ; développement, accroissement brutal d'un phénomène : *L'explosion démographique.* **6.** PHON. Dernière phase de l'émission d'une consonne occlusive caractérisée par la libération soudaine du volume d'air comprimé dans le conduit expiratoire par la fermeture des organes de l'articulation (par opp. à *implosion*).

exponentiel, elle [ɛkspɔnɑ̃sjɛl] **adj.** (du lat. *exponens, -entis,* exposant). **1.** MATH. **Fonction exponentielle de base** a (a réel positif) : fonction réelle continue telle que $f(x) \cdot f(x') = f(x + x')$ et $f(1) = a$. (Pour $a = 1$, on a la fonction exponentielle naturelle.) [On dit aussi *une exponentielle.*] **2.** Qui se fait de façon rapide et continue : *Montée exponentielle du chômage.*

exportable [eksportabl] **adj.** Que l'on peut exporter.

exportateur, trice [eksportatœr, -tris] **adj.** et **n.** Qui exporte.

exportation [eksportasjɔ̃] **n.f. 1.** Action d'exporter ; marchandises exportées : *L'exportation de produits. Quel est le volume des exportations ?* (contr. **importation**). **2.** Action de diffuser à l'étranger des idées, une mode, etc.

exporter [eksporte] **v.t.** (lat. *exportare,* avec l'infl. de l'angl. *to export,* porter dehors). **1.** Transporter, vendre à l'étranger les produits de l'activité nationale : *Exporter du vin* (contr. **importer**). **2.** Répandre à l'étranger : *Exporter une idéologie.* **3.** INFORM. Transférer un fichier vers un autre support ou le sauvegarder sous un autre format. **4. Exporter des capitaux,** les placer à l'étranger.

1. exposant, e [ekspozɑ̃, -ɑ̃t] **n.** (de *exposer*). **1.** Personne qui présente ses produits, ses œuvres dans une exposition publique. **2.** DR. Personne qui énonce ses prétentions dans une requête.

2. exposant [ekspozɑ̃] **n.m.** (de *exposer*). MATH. Nombre *b* qui figure en haut et à droite de la notation a^b d'une puissance : *Dans* $4^3 = 4 \times 4 \times 4$, *3 est l'exposant.*

exposé [ekspoze] **n.m.** (de *exposer*). **1.** Développement explicatif dans lequel on présente, par écrit ou oralement, des faits ou des idées : *Un exposé de la situation* (syn. **compte-rendu, relation**). **2.** DR. **Exposé des motifs,** remarques qui précèdent le dispositif d'un projet ou d'une proposition de loi et qui expliquent les raisons qui sont à son origine.

exposer [ekspoze] **v.t.** (réfection de l'anc. fr. *espondre* [lat. *exponere*], d'apr. *poser*). **1.** Mettre en vue ; présenter au regard : *Exposer des produits* (syn. **montrer, offrir**). **2.** Placer, tourner d'un certain côté (souvent p. passé) : *Une maison exposée à l'est* (syn. **orienter**). **3.** Soumettre à l'action de : *Exposer des plantes à la lumière* (syn. **présenter, tourner**). **4.** Mettre en péril ; faire courir un risque à : *Exposer sa vie* (syn. **risquer**). **5.** Expliquer, faire connaître : *Exposer une théorie* (syn. **développer, présenter**). **6.** PHOT. Soumettre une surface sensible à un rayonnement. ◆ **s'exposer v.pr.** Courir le risque de : *S'exposer aux critiques.*

exposition [ekspozisjɔ̃] **n.f. 1.** Action d'exposer, de placer sous le regard du public des objets divers, des œuvres d'art, des produits industriels ou agricoles, etc. ; lieu où on les expose : *Visiter une exposition* (syn. **foire, salon**). **2.** Action de faire connaître, d'expliquer : *Exposition d'un fait* (syn. **exposé, explication**). **3.** Partie initiale d'une œuvre littéraire (en partic. d'une œuvre dramatique) ou musicale, dans laquelle on expose le sujet, on énonce le thème (syn. **introduction, prélude**). **4.** Situation d'un bâtiment, d'un local, etc., par rapport à une direction, à la lumière : *Exposition au nord, au soleil* (syn. **orientation**). **5.** PHOT. Action d'exposer une surface sensible.

1. exprès, esse [ekspres] **adj.** (lat. *expressus*, de *exprimere*, exprimer). Précis, nettement exprimé : *Ordre exprès* (syn. **catégorique, impératif**). *Défense expresse* (syn. **formel, absolu**). ◆ **exprès adj. inv.** et **n.m.** Remis sans délai au destinataire : *Lettre exprès. Envoi par exprès.*

2. exprès [ɛksprɛ] **adv.** (de *1. exprès*). **1.** À dessein ; avec intention : *Il est venu tout exprès pour vous voir* (syn. **spécialement**). **2. Fait exprès,** coïncidence curieuse et plus ou moins fâcheuse.

1. express [ekspres] **adj.** et **n.m.** (mot angl., de *1. exprès*). **1.** Qui assure un service, une liaison rapide : *Une voie express.* **2. Train express,** train de voyageurs à vitesse accélérée, ne s'arrêtant que dans les gares importantes et dont l'horaire est étudié pour assurer les principales correspondances. (On dit aussi *un express.*)

2. express [ekspres] **adj.** (de l'ital. *[caffè] espresso*). **Café express,** café plus ou moins concentré obtenu par le passage de vapeur d'eau sous pression à travers de la poudre de café. (On dit aussi *un express.*)

expressément [ekspresemɑ̃] **adv.** (de *1. exprès*). En termes exprès ; d'une façon nette, précise : *Expressément défendu* (syn. **formellement**).

expressif, ive [ekspresif, -iv] **adj.** (de *expression*). Qui exprime avec force une pensée, un sentiment, une émotion : *Un geste expressif* (syn. **éloquent, parlant**).

expression [ekspresjɔ̃] **n.f.** (lat. *expressio*). **1.** Action d'exprimer qqch par le langage. **2.** Manière de s'exprimer par le langage ; mot ou groupe de mots de la langue parlée ou écrite : *Expression démodée* (syn. **tournure**). *Une expression figée* (= locution). *Une expression toute faite* (= une expression banale). **3.** Expressivité d'une œuvre d'art, partic. musicale. **4.** Ensemble des signes extérieurs qui traduisent un sentiment, une émotion, etc. : *L'expression de la joie* (syn. **manifestation**). **5.** LOG. Ensemble graphique formalisé se référant à un objet réel. **6.** LOG. **Expression bien formée (e.b.f.),** assemblage de symboles obtenus, dans un système logique, à l'aide de règles de formation explicites. / **Expression corporelle,** ensemble d'attitudes et de gestes susceptibles de traduire des situations émotionnelles ou physiques. / MATH. **Réduire une fraction à sa plus simple expression,** trouver une fonction égale à la fraction donnée et ayant les termes les plus simples possibles. / AU FIG., **réduire à sa plus simple expression,** amener à sa forme la plus simple ou supprimer totalement : *Un repas réduit à sa plus simple expression.* **7.** MATH. **Expression algébrique,** juxtaposition de symboles numériques, de symboles opératoires et de parenthèses.

expressionnisme [ekspresjɔnism] **n.m.** (de *expression*). Tendance artistique et littéraire du XXe s. qui s'attache à l'intensité de l'expression. ◆ **expressionniste adj.** et **n.** Qui se rapporte, se rattache à l'expressionnisme ; artiste appartenant à cette tendance : *La peinture expressionniste.*

■ Les précurseurs sont, à la fin du XIXe s., Van Gogh, Munch, Ensor, dans la peinture desquels la vigueur de la touche, les rapports de couleurs insolites sont au service de l'intensité expressive et d'une conception généralement pessimiste de la destinée humaine. Profondément nordique (mais présentant de nombreux points communs avec le fauvisme français), ce courant se développe en Allemagne avec les peintres du groupe « Die Brücke » (Dresde, puis Berlin, 1905-1913), Kirchner, Nolde, Max Pechstein, Karl Schmidt-Rottluff, etc., imprégnés de primitivisme, cultivant les simplifications formelles, la violence graphique, l'irréalisme de la couleur. À Munich, le groupe « Der Blaue Reiter » (1911-1914) évolue vers l'abstraction lyrique.

La Première Guerre mondiale suscite l'expression pathétique de Kokoschka, la critique sociale sarcastique de Max Beckmann, Otto Dix et Georg Grosz (mouvement de la « Nouvelle Objectivité »), tandis qu'un robuste courant flamand est illustré par les peintres de l'école de Laethem-Saint-Martin (v. ce nom), tels Permeke, Gustave De Smet, F. Van den Berghe. Au Mexique se développe l'expressionnisme, issu de la révolution, des *muralistes* (réalisant de grandes fresques murales) José Clemente Orozco ou David Alfaro Siqueiros. L'école française offre des individualités puissantes comme celles de Rouault et de Soutine.

Après 1945, l'expressionnisme connaît un regain dans des courants qui combinent une volonté primitiviste avec la spontanéité gestuelle apprise des surréalistes : ainsi, en Europe, le mouvement Cobra, aux États-Unis l'expressionnisme abstrait, l'*action painting* (fondée sur le geste) de Pollock, De Kooning, Franz Kline ou l'abstraction chromatique d'un Newman ou d'un Mark Rothko.

À l'expressionnisme appartiennent des sculpteurs comme les Allemands Ernst Barlach et Käte Kollwitz (également graveur), comme Ossip Zadkine dans une certaine mesure, suivis après 1945 par de nombreux artistes, tels l'Américain Theodore Roszak ou la Française G. Richier.

En Allemagne, encore, apparaît vers la fin des années 1970 le courant des « nouveaux fauves » (« Neue Wilde ») : peintres (pour la plupart également sculpteurs) dont l'expressionnisme semble nourri par une conscience tourmentée de leur pays : Georg Baselitz, A. R. Penck, Markus Lüpertz, Jörg Immendorf, Anselm Kiefer. ■

expressivement [ekspresivmɑ̃] **adv.** De façon expressive : *Regarder expressivement qqn* (syn. **significativement**).

expressivité [ekspresivite] **n.f.** Caractère de ce qui est expressif : *L'expressivité d'un visage* (syn. **mobilité**).

exprimable [eksprimabl] **adj.** Qui peut être exprimé, énoncé, traduit : *Sentiment difficilement exprimable* (syn. **traduisible**).

exprimer [eksprime] **v.t.** (lat. *exprimere*, de *premere*, presser). **1.** Faire sortir un liquide par pression. **2.** Manifester sa pensée, ses impressions par le geste, la parole, le visage : *Exprimer sa douleur par des larmes* (syn. **manifester**). **3.** Rendre visible, sensible à autrui : *Son regard exprimait toute la douleur du monde* (syn. **dire, révéler**). ◆ **s'exprimer v.pr.** Se faire comprendre, exprimer sa pensée : *S'exprimer avec élégance* (syn. **parler**).

A B C D E F G H I J K L M N O P Q R S T U V W X Y Z

expropriation [eksprɔprijasjɔ̃] **n.f. 1.** Action d'exproprier. **2. Expropriation forcée,** saisie immobilière suivie d'une vente par adjudication.

exproprier [eksprɔprije] **v.t.** (du lat. *proprium,* propriété, d'apr. *approprier*) [conj. **10**]. Déposséder qqn de sa propriété, dans un but d'utilité générale, suivant des formes légales accompagnées d'indemnités.

expulser [ekspylse] **v.t.** (lat. *expulsare*). **1.** Chasser qqn avec violence ou par une décision de l'autorité du lieu où il était établi : *Expulser un élève du lycée* (syn. **renvoyer**). **2.** Rejeter de l'organisme : *Expulser le mucus des bronches* (syn. **évacuer**).

expulsion [ekspylsjɔ̃] **n.f. 1.** Action d'expulser, d'exclure : *L'expulsion des rebelles arrêtés* (syn. **bannissement, exil**). **2.** DR. Mesure administrative obligeant un étranger en situation irrégulière ou dont la présence peut constituer une menace pour l'ordre public à quitter le territoire national (syn. **éviction**). **3.** Procédure qui a pour but de libérer des locaux occupés sans droit ni titre ou sans droit au maintien dans les lieux. **4.** MÉD. Période terminale de l'accouchement.

expurger [ekspyrʒe] **v.t.** (lat. *expurgare,* de *purgare,* nettoyer) [conj. **17**]. Retrancher d'un écrit ce que l'on juge contraire à la morale, aux convenances, etc. : *Lire une édition expurgée d'un roman* (syn. **censurer**).

exquis, e [ekski, -iz] **adj.** (réfection de l'anc. fr. *esquis,* raffiné, d'apr. le lat. *exquisitus,* recherché). **1.** Très bon, délicieux, en partic. dans le domaine du goût : *Vin exquis* (syn. **délicieux, excellent**). **2.** Délicat, distingué : *Politesse exquise.* **3.** D'un charme particulier : *Une journée exquise* (syn. **enchanteur, merveilleux**). **4.** Charmant, adorable : *Un enfant exquis.*

exsangue [ekzɑ̃g] **adj.** (lat. *exsanguis*). Qui a perdu beaucoup de sang ; très pâle : *Un blessé exsangue. Un visage exsangue* (syn. **livide, blême**).

exsudation [eksydasjɔ̃] **n.f. 1.** MÉD. Suintement pathologique. **2.** MÉTALL. Présence anormale, en surface d'un alliage, d'un de ses constituants.

exsuder [eksyde] **v.i.** (lat. *exsudare,* de *sudare,* suer). **1.** Sortir comme la sueur. **2.** MÉTALL. Présenter une exsudation. ◆ **v.t.** MÉD. Produire un suintement pathologique.

extase [ekstaz] **n.f.** (bas lat. *extasis,* du gr. *ekstasis,* action d'être hors de soi). **1.** État d'une personne qui se trouve comme transportée hors du monde sensible par l'intensité d'un sentiment mystique (syn. **transe**). **2.** Vive admiration, plaisir extrême causé par une personne ou par une chose : *Tomber en extase devant qqn* (syn **émerveillement**).

extasié, e [ekstasje] **adj.** Rempli d'admiration ; admiratif, ravi : *Regard extasié* (syn. **enchanté**).

s'**extasier** [ekstazje] **v.pr. [devant, sur]** (de *extase*) [conj. **9**]. Manifester son ravissement, son admiration : *S'extasier devant un paysage.*

extatique [ekstatik] **adj.** (gr. *ekstatikos*). Causé par l'extase : *Transport extatique.* ◆ **n.** Personne sujette à l'extase mystique.

1. extenseur [ekstɑ̃sœr] **adj.m.** et **n.m.** (de *extension*). Qui provoque l'extension d'un segment de membre : *Muscles extenseurs* (par opp. à *fléchisseur*).

2. extenseur [ekstɑ̃sœr] **n.m.** (de *1. extenseur*). Appareil de gymnastique servant à développer les muscles.

extensibilité [ekstɑ̃sibilite] **n.f.** Propriété de ce qui est extensible : *L'extensibilité des muscles.*

extensible [ekstɑ̃sibl] **adj. 1.** Qui peut être étiré, allongé, étendu (syn. **ductile, élastique**). **2.** Qui peut s'appliquer, s'étendre à d'autres choses ou personnes : *Liste extensible.*

extensif, ive [ekstɑ̃sif, -iv] **adj. 1.** Qui produit l'extension : *Force extensive.* **2. Culture extensive, élevage extensif,** pratiqués sur de vastes superficies et à rendement en général faible (par opp. à *intensif*).

extension [ekstɑ̃sjɔ̃] **n.f.** (lat. *extensio,* de *extendere,* allonger). **1.** Action d'étendre ou de s'étendre : *L'extension du bras.* **2.** Allongement d'un corps soumis à une traction : *L'extension d'une plaque de métal en laminoir.* **3.** Fait de s'étendre, de s'accroître : *L'extension du commerce* (syn. **accroissement**). *L'extension des pouvoirs du président* (syn. **développement**). **4.** Modification du sens d'un mot qui, par analogie, s'applique à davantage d'objets : *Le mot « bureau » désigne, par extension de sens, la pièce où se trouve le meuble.* **5.** INFORM. Augmentation de la capacité d'un organe (mémoire, notamm.) d'un système informatique. **6.** LOG. **Ensemble défini en extension,** ensemble défini par l'énumération de tous ses éléments (par oppos. à *ensemble défini en compréhension*). / (Souvent pl.). **Extension (de cheveux),** mèche de cheveux que l'on fixe à la chevelure pour lui donner longueur et volume.

exténuant, e [ekstenɥɑ̃, -ɑ̃t] **adj.** Qui exténue, épuise : *Une randonnée exténuante* (syn. **harassant**).

exténuation [ekstenɥasjɔ̃] **n.f.** Affaiblissement extrême (syn. **asthénie, épuisement**).

exténuer [ekstenɥe] **v.t.** (lat. *extenuare,* de *tenuis,* léger) [conj. **7**]. Épuiser les forces de : *Monter des escaliers exténue certaines personnes* (syn. **éreinter** ; contr. **revigorer**). ◆ **s'exténuer v.pr.** Se fatiguer extrêmement.

1. extérieur, e [eksterjœr] **adj.** (lat. *exterior,* comparatif de *exter,* externe). **1.** Qui est en dehors d'un lieu donné : *Quartiers extérieurs de la ville* (syn. **périphérique**). **2.** Qui n'est pas dans un lieu clos : *Escalier extérieur. Température extérieure.* **3.** Qui n'appartient pas à qqch ; étranger : *Propos extérieurs au sujet* (syn. **extrinsèque**). **4.** Qui existe en dehors de l'individu : *Le monde extérieur.* **5.** Qui concerne les pays étrangers : *Politique extérieure* (syn. **étranger**). **6.** Qui se voit du dehors ; visible, manifeste : *Signes extérieurs de richesse* (syn. **apparent, tangible**). *Sa gaieté est toute extérieure* (= de façade).

2. extérieur [eksterjœr] **n.m.** (de *1. extérieur*). **1.** Ce qui est au-dehors, à la surface : *L'extérieur d'une maison* (syn. **dehors**). **2.** Pays étrangers : *Nouvelles de l'extérieur* (syn. **étranger**). ◆ **extérieurs n.m. pl.** CIN. Scènes tournées hors du studio.

extérieurement [eksterjœrmɑ̃] **adv. 1.** À l'extérieur : *La maison a été endommagée extérieurement.* **2.** En apparence : *Une personne extérieurement respectable.*

extériorisation [eksterjɔrizasjɔ̃] **n.f.** Action d'extérioriser ; fait de s'extérioriser : *L'extériorisation de ses sentiments.*

extérioriser [eksterjɔrize] **v.t.** (de *extérieur*). Exprimer, manifester par son comportement : *Extérioriser sa joie* (syn. **montrer**). ◆ **s'extérioriser v.pr.** Manifester ses sentiments, son caractère.

exterminateur, trice [eksterminatœr, -tris] **adj.** et **n. 1.** Qui extermine : *Une espèce animale exterminatrice* (syn. **destructeur**). **2. L'ange exterminateur,** dans la Bible, ange chargé de porter la mort parmi les Égyptiens, qui persécutaient les Hébreux.

extermination [eksterminasjɔ̃] **n.f. 1.** Action d'exterminer : *L'extermination des nuisibles* (syn. **anéantissement, destruction**). **2.** HIST. **Camp d'extermination,** durant la Seconde Guerre mondiale, camp organisé par les nazis en Europe centrale et destiné à éliminer physiquement les populations juive, slave et tsigane. (⟶ concentration.)

exterminer [ekstermine] **v.t.** (lat. *exterminare,* chasser, de *terminus,* frontière). Massacrer, faire périr entièrement ou en grand nombre : *Exterminer les opposants* (syn. **décimer**).

externat [eksterna] **n.m. 1.** Maison d'éducation qui n'admet que des élèves externes (par opp. à *internat*). **2.** Situation de celui qui est externe dans un établissement scolaire (par opp. à *internat*). **3.** Fonction d'externe dans un hôpital (avant la réforme de 1968).

1. externe [ekstern] **adj.** (lat. *externus*). **1.** Qui est au-dehors : *Face externe* (contr. **interne**). **2.** Qui vient du dehors : *Cause externe d'une maladie* (syn. **extrinsèque**).

2. externe [ekstern] **n.** (de *1. externe*). **1.** Élève qui suit les cours d'un établissement scolaire sans y coucher et sans y prendre ses repas (contr. **interne**). **2.** Étudiant en médecine qui participe au fonctionnement d'un service hospitalier sous l'autorité du médecin chef de service et de l'interne. ▸ Depuis 1968, tous les étudiants en médecine font fonction d'externes à partir de la troisième année.

exterritorialité [ɛksteritɔrjalite] **n.f.** DR. Immunité qui soustrait certaines personnes (diplomates notamm.) à la juridiction de l'État sur le territoire duquel elles se trouvent.

extincteur, trice [ɛkstɛ̃ktœr, -tris] **adj.** et **n.m.** Se dit d'un appareil qui sert à éteindre les incendies ou les commencements d'incendie : *Voiture équipée d'un extincteur.*

extinction [ɛkstɛ̃ksjɔ̃] **n.f.** (lat. *exstinctio*, de *extingere*, éteindre). **1.** Action d'éteindre ce qui était allumé : *L'extinction d'un incendie.* **2.** Affaiblissement, cessation de qqch : *Lutter jusqu'à l'extinction de ses forces* (syn. **épuisement**). **3.** Suppression, anéantissement : *L'extinction d'une espèce* (syn. **disparition**). **4. Extinction des feux,** sonnerie, batterie enjoignant à des militaires, des internes, etc., d'éteindre les lumières. / **Extinction de voix,** affaiblissement de la voix qui fait qu'on devient aphone.

extirpation [ɛkstirpasjɔ̃] **n.f.** Action d'extirper.

extirper [ɛkstirpe] **v.t.** (lat. *extirpare*, de *stirps, stirpis*, racine). **1.** Arracher avec la racine ; enlever complètement : *Extirper une tumeur* (syn. **extraire**). **2.** Anéantir ; faire cesser : *Extirper les préjugés* (syn. **supprimer**). **3.** Sortir qqn d'un lieu avec difficulté : *Extirper les passagers d'une voiture accidentée* (syn. **extraire**). ◆ **s'extirper** **v.pr.** *FAM.* Sortir d'un lieu avec difficulté, lentement, etc. : *Il a fini par s'extirper du sac de couchage.*

extorquer [ɛkstɔrke] **v.t.** (lat. *extorquere*, de *torquere*, tordre). Obtenir par force, violence, menace, ruse : *Extorquer de l'argent à qqn* (syn. **soutirer**).

extorsion [ɛkstɔrsjɔ̃] **n.f.** Action d'extorquer : *L'extorsion d'une signature à qqn.* ▸ *L'extorsion de fonds* sous la menace de révélations scandaleuses constitue le délit de chantage.

extra-, préfixe, du lat. *extra*, en dehors, exprimant une situation extérieure *(extrascolaire, extra-utérin)* ou indiquant un superlatif *(extrafin).*

1. extra [ɛkstra] **n.m.** (mot lat. « en dehors »). **1.** Ce qui est en dehors des habitudes courantes (dépenses, repas, etc.) : *Faire un petit extra pour des invités.* **2.** Service occasionnel supplémentaire ; personne qui fait ce service : *Faire un extra* (syn. **supplément**). *Engager des extras pour une réception.*

2. extra [ɛkstra] **adj. inv.** (de *extraordinaire*). **1.** De qualité supérieure : *Des fruits extra* (syn. **excellent**). **2.** *FAM.* Merveilleux, remarquable, exceptionnel : *Une femme extra.*

extraconjugal, e, aux [ɛkstrakɔ̃ʒygal, -o] **adj.** Qui existe en dehors des relations conjugales.

extracteur [ɛkstraktœr] **n.m. 1.** CHIR. Instrument pour extraire des corps étrangers de l'organisme. **2.** Pièce de la culasse mobile d'une arme à feu pour retirer l'étui vide d'une cartouche après le départ du coup. **3.** Appareil pour séparer le miel des rayons de cire, utilisant la force centrifuge. **4.** Appareil accélérant la circulation d'un fluide. **5.** CHIM. Appareil pour extraire une substance d'une matière première végétale ou animale.

extractible [ɛkstraktibl] **adj.** Qui peut être extrait : *Jus extractible par pression.*

extractif, ive [ɛkstraktif, -iv] **adj.** Qui se rapporte à l'extraction des minerais : *Industrie extractive.*

extraction [ɛkstraksjɔ̃] **n.f.** (du lat. *extractus*, de *extrahere*, extraire). **1.** Action d'extraire, d'arracher : *Extraction d'une dent* (syn. **arrachement**). **2.** MATH. Opération pour trouver la racine d'un nombre : *Extraction d'une racine carrée.* **3.** *LITT.* Origine sociale : *Il est d'extraction très modeste* (syn. **souche**).

extrader [ɛkstrade] **v.t.** Livrer par extradition.

extradition [ɛkstradisjɔ̃] **n.f.** (du lat. *ex*, hors de, et *traditio*, action de livrer). Action de livrer l'auteur d'une infraction à l'État étranger qui le réclame, pour qu'il puisse y être jugé et subir sa peine.

extrados [ɛkstrado] **n.m.** (de *dos*). **1.** ARCHIT. Face extérieure d'une voûte (par opp. à *intrados*). **2.** Face supérieure d'une aile d'avion (par opp. à *intrados*).

extrafin, e [ɛkstrafɛ̃, -in] **adj. 1.** Très fin : *Chemise extrafine.* **2.** De qualité supérieure (syn. **extra**). **3.** De très petit calibre : *Haricots extrafins* (par opp. à *fin, à très fin*).

1. extrafort, e [ɛkstrafɔr, -ɔrt] **adj. 1.** Très résistant, très épais : *Carton extrafort.* **2.** Très fort de goût, très relevé : *Moutarde extraforte.*

2. extrafort [ɛkstrafɔr] **n.m.** (de *1. extrafort*). Ruban tissé utilisé pour renforcer le bord d'un ourlet.

extraire [ɛkstrɛr] **v.t.** (lat. pop. **extragere*, class. *extrahere*) [conj. **112**]. **1.** Tirer, retirer d'un corps ou d'un ensemble : *Extraire une balle, une dent* (syn. **arracher, extirper**). *Extraire un passage d'un livre* (syn. **détacher, prélever**). **2.** MATH. Calculer la racine d'un nombre. **3.** Séparer une substance d'un corps par voie physique ou chimique. **4.** Remonter les produits d'une mine : *Extraire du charbon* (syn. **enlever, retirer**). **5.** Faire sortir : *On a eu du mal à l'extraire de sa voiture après l'accident* (syn. **extirper**). ◆ **s'extraire** **v.pr. [de].** Sortir, se dégager d'un lieu avec difficulté.

extrait [ɛkstrɛ] **n.m.** (de *extraire*). **1.** Passage tiré d'un livre, d'un discours, d'un film. **2.** Copie littérale de l'original d'un acte : *Extrait d'acte de naissance.* **3.** Substance extraite d'un corps par une opération physique et chimique : *Extrait de quinquina* (syn. **essence**). **4.** Parfum concentré. **5.** Préparation soluble et concentrée obtenue à partir d'un aliment : *Extrait de viande.*

extralucide [ɛkstralysid] **adj.** et **n.** Qui est doué d'un pouvoir de voyance.

extra-muros [ɛkstramyros] **adv.** et **adj. inv.** (mots lat. « hors des murs »). À l'extérieur d'une ville : *Travailler extra-muros* (par opp. à *intra-muros*).

extranéité [ɛkstraneite] **n.f.** (du lat. *extraneus*, étranger). DR. Qualité d'étranger.

extraordinaire [ɛkstraɔrdinɛr] **adj. 1.** Qui sort de l'usage ordinaire ; inhabituel : *Une assemblée générale extraordinaire* (syn. **exceptionnel**). **2.** Qui étonne par sa bizarrerie : *Il vient de lui arriver une extraordinaire aventure* (syn. **insolite, singulier**). **3.** Hors du commun : *Un personnage extraordinaire* (syn. **remarquable, exceptionnel**). **4.** Très grand, intense, immense : *Une fortune extraordinaire* (syn. **fabuleux**). **5. Par extraordinaire,** par une éventualité peu probable : *Si, par extraordinaire, un incident devait se produire, j'interviendrais.*

extraordinairement [ɛkstraɔrdinɛrmɑ̃] **adv.** D'une manière extrême : *Ils sont extraordinairement agités* (syn. **prodigieusement, très**).

extrapolation [ɛkstrapɔlasjɔ̃] **n.f. 1.** Action de passer d'une idée à une autre plus générale : *Gardons-nous d'une extrapolation hâtive* (syn. **généralisation**). **2.** SC. Procédé pour prolonger une série statistique ou la validité d'une loi scientifique au-delà des limites dans lesquelles celles-ci sont connues.

extrapoler [ɛkstrapɔle] **v.t.** et **v.i.** (du lat. *polare*, tourner, d'apr. *interpoler*). **1.** Tirer une conclusion de données partielles ou incomplètes : *Il ne faut pas extrapoler, ce cas est exceptionnel.* **2.** Généraliser à partir de données fragmentaires. **3.** SC. Pratiquer l'extrapolation de.

extrascolaire [ɛkstraskɔlɛr] **adj.** Qui a lieu en dehors du cadre scolaire : *Des activités extrascolaires.*

extrasystole [ɛkstrasistɔl] **n.f.** Contraction prématurée du cœur, causant parfois une légère douleur.

extraterrestre [ɛkstraterɛstr] **adj.** Situé à l'extérieur de la Terre. ◆ **n.** Habitant supposé d'une planète autre que la Terre.

extra-utérin, e [ɛkstrayterɛ̃, -in] **adj.** (pl. *extra-utérins, es*). Qui est ou qui évolue en dehors de l'utérus : *Grossesse extra-utérine.*

extravagance [ɛkstravagɑ̃s] **n.f.** (de *extravagant*). **1.** Comportement de qqn qui est extravagant (syn. **excentri-**

cité, originalité). 2. Caractère de ce qui est extravagant, excentrique : *L'extravagance d'un projet* (syn. **bizarrerie**). **3.** Idée, action extravagante : *On peut craindre une extravagance de sa part* (syn. **fantaisie, lubie**).

extravagant, e [ɛkstravagɑ̃, -ɑ̃t] **adj.** (lat. ecclés. *extravagans, -antis,* du class. *vagari,* errer). **1.** Déraisonnable, bizarre : *Une tenue extravagante* (syn. **insolite**). *Des propos extravagants* (syn. **incroyable**). **2.** Qui dépasse la mesure : *Des prix extravagants* (syn. **abusif**). ◆ **adj.** et **n.** Qui se comporte d'une manière bizarre, excentrique.

extraversion [ɛkstravɛrsjɔ̃] **n.f.** (du lat. *vertere,* tourner, d'apr. *introversion*). PSYCHOL. Caractéristique d'une personne qui extériorise facilement ses sentiments et qui est réceptive au comportement des autres (par opp. à *introversion*).

extraverti, e [ɛkstravɛrti] **adj.** et **n.** Qui manifeste de l'extraversion (par opp. à *introverti*).

1. extrême [ɛkstrɛm] **adj.** (lat. *extremus,* superlatif de *exter,* extérieur). **1.** Qui est tout à fait au bout, au terme : *Date extrême* (syn. **ultime**). **2.** Qui est au degré le plus intense : *Froid extrême.* **3.** Sans mesure ; excessif : *Moyens extrêmes.*

2. extrême [ɛkstrɛm] **n.m.** (de *1. extrême*). **1.** Ce qui est opposé ; contraire : *Passer d'un extrême à l'autre.* **2. À l'extrême,** au-delà de toute mesure. ◆ **extrêmes n.m. pl.** MATH. Le premier et le dernier terme d'une proportion. ▸ Dans une proportion $a/b = c/d$, le produit des extrêmes ($a \cdot d$) est égal à celui des moyens ($b \cdot c$).

extrêmement [ɛkstrɛmmɑ̃] **adv.** À un très haut degré : *Être extrêmement déçu* (syn. **infiniment, très**).

extrême-onction [ɛkstrɛmɔ̃ksjɔ̃] **n.f.** (pl. *extrêmes-onctions*). CATH. Sacrement administré à un malade en danger de mort par l'application des saintes huiles sur le front et les mains. (On dit auj. *sacrement des malades.*)

Extrême-Orient, ensemble des pays de l'Asie orientale (Chine, Japon, Corée, États de l'Indochine et de l'Insulinde, extrémité orientale de la Russie).

extrême-oriental, e, aux [ɛkstrɛmɔrjɑ̃tal, -o] **adj.** Qui se rapporte à l'Extrême-Orient.

extrémisme [ɛkstremism] **n.m.** Tendance à recourir à des moyens extrêmes, violents dans la lutte politique : *L'extrémisme de gauche, de droite.* ◆ **extrémiste adj.** et **n.** Qui fait preuve d'extrémisme ; qui en est partisan.

extrémité [ɛkstremite] **n.f.** (lat. *extremitas*). **1.** Bout, fin de qqch : *À l'extrémité de la rue.* **2.** Attitude, action extrême : *Il tombe d'une extrémité dans l'autre.* **3. Être à la dernière extrémité,** être à l'agonie. / **Être réduit à la dernière extrémité,** être très misérable. ◆ **extrémités n.f. pl. 1.** Mains, pieds. **2.** Actes de violence ; voies de fait : *Se laisser aller à des extrémités regrettables.*

extrinsèque [ɛkstrɛ̃sɛk] **adj.** (lat. *extrinsecus,* en dehors). **1.** Qui vient du dehors : *Causes extrinsèques* (par opp. à *intrinsèque*). **2. Valeur extrinsèque d'une monnaie,** sa valeur légale, conventionnelle. (On dit aussi *valeur faciale.*)

extrusif, ive [ɛkstryzif, -iv] **adj.** GÉOL. Qui se rapporte à une extrusion.

extrusion [ɛkstryzjɔ̃] **n.f.** (du lat. *extrudere,* pousser dehors, d'apr. *intrusion*). **1.** GÉOL. Éruption de roches volcaniques sous forme d'aiguille ou de cône. **2.** TECHN. Procédé de mise en forme des matières plastiques, qui consiste à pousser la matière à fluidifier à travers une filière.

exubérance [ɛgzyberɑ̃s] **n.f.** (lat. *exuberantia*). **1.** Tendance à manifester ses sentiments par des démonstrations bruyantes, excessives. **2.** Surabondance, grande profusion de qqch : *L'exubérance de la végétation* (syn. **luxuriance**).

exubérant, e [ɛgzyberɑ̃, -ɑ̃t] **adj.** (lat. *exuberans,* de *exuberare,* regorger, de *uber,* abondant). **1.** Qui s'exprime avec exubérance (syn. **démonstratif, expansif**). **2.** Caractérisé par une abondance excessive : *Imagination exubérante* (syn. **débordant, débridé**).

exultation [ɛgzyltasjɔ̃] **n.f.** (lat. *exultatio*). LITT. Très grande joie ; allégresse.

exulter [ɛgzylte] **v.i.** (lat. *exultare,* de *saltare,* danser). Éprouver une joie très intense.

exutoire [ɛgzytwar] **n.m.** (du lat. *exutus,* de *exuere,* dépouiller). **1.** Moyen de se débarrasser de qqch : *Elle n'a pas trouvé d'exutoire à sa colère* (syn. **dérivatif**). **2.** Ouverture, tube pour l'écoulement des eaux.

exuvie [ɛgzyvi] **n.f.** (lat. *exuviae,* dépouilles). Peau rejetée par un arthropode ou un serpent lors de chaque mue.

ex-voto [ɛksvɔto] **n.m. inv.** (du lat. *ex voto suscepto,* selon le vœu fait). Tableau, objet ou plaque gravée qu'on suspend dans une église ou un lieu vénéré à la suite d'un vœu ou en mémoire d'une grâce obtenue.

eye-liner [ajlajnœr] **n.m.** (mot angl. « qui borde l'œil ») [pl. *eye-liners*]. Liquide coloré employé dans le maquillage des yeux pour souligner le bord des paupières.

Eylau ***(bataille d')*** [8 févr. 1807], bataille à l'issue indécise de Napoléon Ier contre les Russes à Eylau, près de Kaliningrad.

Eyre ***(lac),*** grande lagune salée (env. 10 000 km²) du sud de l'Australie, au nord de la *péninsule d'Eyre.*

Eyzies-de-Tayac-Sireuil (Les), comm. de la Dordogne, sur la Vézère, à 21 km au N.-O. de Sarlat-la-Canéda ; 836 hab. Haut lieu de la préhistoire ; dans les environs, gisements de Cro-Magnon, des Combarelles et de Font-de-Gaume, abritant des ensembles de gravures et de peintures pariétales. Musée national de Préhistoire.

Ézéchiel, le troisième des grands prophètes de la Bible (VIe s. av. J.-C.). Prêtre exilé à Babylone en 598 lors de la première déportation des Juifs, il aura pour mission de soutenir ses compatriotes et de ranimer leur espérance dans la restauration du peuple élu. Il se révèle être un poète et un visionnaire d'une puissance extraordinaire. Ses oracles et interventions, consignés dans le livre biblique qui porte son nom, auront une grande influence sur l'orientation du judaïsme après l'Exil.

F

f [ɛf] **n.m. inv. 1.** Sixième lettre (consonne) de l'alphabet. **2.** MUS. **F,** la note *fa* dans la notation en usage dans les pays anglo-saxons et germaniques.

fa [fa] **n.m. inv.** (première syllabe de *famuli,* au 4e vers de l'hymne de saint Jean-Baptiste). **1.** Note de musique, quatrième degré de la gamme de *do.* **2. Clef de « fa »,** clef représentée par un C retourné suivi de deux points, indiquant l'emplacement de cette note sur la quatrième ligne de la portée.

Fabius (Laurent), homme politique français (Paris 1946). Membre du parti socialiste (dont il fut le premier secrétaire en 1992-1993), il est Premier ministre de 1984 à 1986. Il est ensuite président de l'Assemblée nationale (1988-1992 et 1997-2000) et ministre de l'Économie, des Finances et de l'Industrie (2000-2002). Il revient au gouvernement en 2012 comme ministre des Affaires étrangères.

fable [fabl] **n.f.** (lat. *fabula,* de *fari,* dire). **1.** Court récit allégorique, en vers ou en prose, contenant une moralité : *Fables de La Fontaine* (syn. **apologue**). **2.** LITT. Récit, propos mensonger ; histoire inventée de toutes pièces. **3.** LITT. Personne qui est l'objet de propos railleurs : *Être la fable du quartier.*

fabliau [fablijo] **n.m.** (forme picarde de l'anc. fr. *fableau,* petite fable). LITTÉR. Conte satirique en vers (XIIe-XIIIe s.).

Fabre (Jean Henri), entomologiste français (Saint-Léons, Aveyron, 1823 - Sérignan-du-Comtat 1915). Ses observations et ses études expérimentales sur le comportement des insectes dans leur milieu naturel ont été en partie à l'origine du développement de la science du comportement animal. Il a réuni ses observations dans une série de 10 volumes de *Souvenirs entomologiques* (1879 à 1907).

Fabre d'Églantine (Philippe Fabre, dit), poète et homme politique français (Carcassonne 1750 - Paris 1794). Auteur de chansons sentimentales *(Il pleut, il pleut, bergère),* il donna leurs noms aux mois du calendrier républicain. Il fut guillotiné avec les dantonistes.

fabricant, e [fabrikɑ̃, -ɑ̃t] **n. 1.** Propriétaire d'une entreprise qui fabrique des objets, des produits, etc. (syn. **industriel**). **2.** Personne qui fabrique elle-même ou fait fabriquer pour vendre (syn. **artisan**).

fabrication [fabrikasjɔ̃] **n.f.** (lat. *fabricatio*). Action ou manière de fabriquer : *Un défaut de fabrication.*

fabrique [fabrik] **n.f.** (lat. *fabrica,* métier d'artisan, atelier). **1.** Établissement industriel où sont transformés des matières premières ou des produits semi-finis en produits destinés à la consommation (syn. **manufacture, usine**). **2.** HIST. Dans l'Ancien Régime, biens, revenus d'une église. **3. Conseil de fabrique,** groupe de clercs ou de laïcs administrant les biens d'une église (on dit aussi *la fabrique*).

fabriquer [fabrike] **v.t.** (lat. *fabricare ;* v. *fabrique*). **1.** Faire, confectionner, élaborer qqch (en partic. un objet d'usage courant) à partir d'une matière première : *Fabriquer des meubles, des outils* (syn. **façonner, produire**). **2.** FAM. Faire, avoir telle ou telle occupation : *Qu'est-ce que tu fabriques ?* **3.** Inventer de toutes pièces : *Fabriquer un alibi* (syn. **forger**).

Fabry (Charles), physicien français (Marseille 1867 - Paris 1945). Il a étudié les interférences à ondes multiples, créé un interféromètre pour l'étude des raies spectrales et établi un système international de longueurs d'onde. Il a découvert l'ozone de la haute atmosphère et vérifié l'effet Doppler-Fizeau en optique.

fabulateur, trice [fabylatœr, -tris] **n.** et **adj.** (lat. *fabulator,* conteur). Personne qui raconte des histoires imaginaires qu'elle présente comme vraies (syn. **mythomane**).

fabulation [fabylasjɔ̃] **n.f.** (lat. *fabulatio,* discours, conversation, de *fari,* parler). Action de présenter comme réels des faits purement imaginaires (syn. **affabulation**).

fabuler [fabyle] **v.i.** (de *fabulation*). Inventer de toutes pièces une histoire, présentée comme réelle (syn. **affabuler**).

fabuleusement [fabyløzmɑ̃] **adv.** De façon fabuleuse : *Être fabuleusement riche* (syn. **prodigieusement**).

fabuleux, euse [fabylø, -øz] **adj.** (lat. *fabulosus*). **1.** Étonnant, extraordinaire : *Une fortune fabuleuse* (syn. **colossal**). **2.** LITT. Qui appartient à la légende, à l'imagination : *Animal fabuleux* (syn. **chimérique, légendaire**).

fabuliste [fabylist] **n.** (esp. *fabulista*). Auteur de fables.

façade [fasad] **n.f.** (it. *facciata,* de *faccia,* face). **1.** Chacune des faces extérieures d'un bâtiment : *Façade principale. Façades latérales.* **2.** Face d'un bâtiment sur laquelle s'ouvre l'entrée principale : *Les fenêtres de la façade* (syn. **devant**). **3.** Apparence trompeuse d'une personne : *Sa gentillesse n'est qu'une façade.* **4. De façade,** qui n'est pas réel ; simulé : *Un optimisme de façade.*

face [fas] **n.f.** (bas lat. *facia,* class. *facies*). **1.** Partie antérieure de la tête humaine ; visage. **2.** Partie antérieure de la tête de certains animaux ; mufle, museau. **3.** Chacun des côtés d'une chose : *Faire l'ascension de la face nord d'une montagne* (syn. **versant**). *L'autre face des cartes est blanche.* **4.** LITT. Aspect sous lequel se présente qqch : *Examiner la question sous toutes ses faces.* **5.** MATH. Chacun des polygones limitant un polyèdre. **6.** MATH. Chacun des demi-plans limitant un dièdre. **7.** Côté d'une monnaie portant l'effigie du souverain ou l'image personnifiant l'autorité au nom de laquelle la pièce est émise (syn. **avers ;** contr. **revers**). **8. À la face de qqn, de qqch,** ouvertement : *Il proclame son désespoir à la face du monde.* / **De face,** du côté où l'on voit toute la face : *Photographie prise de face.* / **En face,** vis-à-vis, par-devant ; fixement : *Il s'est assis en face de moi. J'ai le soleil en face. Regarder qqn en face.* / **Face à face,** en présence l'un de l'autre : *Les deux adversaires se retrouvèrent face à face.* / **Faire face à,** être tourné du côté de ; faire front à : *Un appartement qui fait face à la mer. Faire face au danger.* / **Perdre la face,** perdre tout prestige, tout crédit. / **Sauver la face,** préserver sa dignité.

face-à-face [fasafas] **n.m. inv.** Débat public entre deux personnalités : *Face-à-face télévisé.*

face-à-main [fasamɛ̃] **n.m.** (pl. *faces-à-main*). Lorgnon muni d'un manche, que l'on tient à la main.

Facebook, réseau social sur Internet, créé en 2004 par Mark Zuckerberg (White Plains, État de New York, 1984). Conçu à l'origine pour permettre aux étudiants de l'université Harvard d'échanger entre eux des informations personnelles, il s'est rapidement étendu au monde entier.

facétie [fasesi] **n.f.** (lat. *facetia,* de *facetus,* plaisant). Plaisanterie ; action burlesque, farce.

facétieux, euse [fasesjø, -øz] **adj.** et **n.** Qui aime à faire des facéties ; farceur. ◆ **adj.** Qui tient de la facétie.

facette [fasɛt] **n.f.** (dimin. de *face*). **1.** Chacune des petites faces planes formant la surface d'un objet et séparées les unes des autres par des arêtes vives : *Facettes d'un diamant.* **2. À facettes,** se dit d'une personne qui peut avoir des aspects, des comportements très différents. / ZOOL. **Œil à facettes,** œil des arthropodes, dont la surface est formée d'éléments en forme de polygone.

fâché, e [faʃe] **adj. 1.** En colère. **2.** Contrarié, agacé : *Je suis fâché de ce contretemps.*

fâcher [faʃe] **v.t.** (mot région., du lat. pop. **fasticare,* class. *fastidire,* avoir du dégoût). Mécontenter, mettre en colère : *Il a été très fâché de ce contretemps* (syn. **exaspérer, courroucer**). ◆ **se fâcher v.pr. 1.** Se brouiller : *Il s'est fâché avec tous ses proches.* **2.** S'emporter : *Attention, je vais me fâcher !*

fâcherie [faʃri] **n.f.** Brouille, désaccord souvent passagers.

fâcheusement [faʃøzmɑ̃] **adv.** De façon fâcheuse : *Être fâcheusement impressionné par les paroles de qqn* (syn. **désagréablement**).

1. fâcheux, euse [faʃø, -øz] **adj.** (de *fâcher*). Qui entraîne des conséquences ennuyeuses, désagréables : *Une fâcheuse initiative* (syn. **malencontreux**).

2. fâcheux, euse [faʃø, -øz] **n.** (de *1. fâcheux*). LITT. Personne importune, gênante.

facho [faʃo] **adj.** et **n.** (abrév.). FAM. Fasciste.

Fachoda *(affaire de),* incident qui mit face à face en 1898 à Fachoda (auj. *Kodok,* Soudan du Sud) la mission française de Marchand et l'expédition anglaise de Kitchener. Sommée d'évacuer la ville, la France s'inclina et dut reconnaître l'autorité britannique sur la totalité du bassin du Nil (1899). L'incident altéra sérieusement les relations entre les deux pays.

facial, e, aux [fasjal, -o] **adj. 1.** Qui appartient à la face, qui concerne la face : *Chirurgie faciale.* **2. Nerf facial,** septième paire de nerfs crâniens innervant les muscles du visage et intervenant dans le goût. / **Valeur faciale d'une monnaie,** sa valeur extrinsèque.

faciès [fasjɛs] **n.m.** (lat. *facies,* face). **1.** Aspect général du visage ; physionomie (souvent péjor.) : *Un faciès simiesque.* **2.** PRÉHIST. Ensemble des traits composant un aspect particulier d'une période culturelle. **3.** GÉOL. Ensemble des caractères d'une roche, considérés du point de vue de leur genèse. **4. Délit de faciès,** fait pour qqn d'être présumé délinquant à la seule vue de son visage.

facile [fasil] **adj.** (lat. *facilis,* de *facere,* faire). **1.** Qui se fait sans peine, sans difficulté : *Facile à trouver, à comprendre* (syn. **simple** ; contr. **difficile**). **2.** Qui n'a exigé aucun effort, aucune recherche : *Ironie facile. C'est un peu facile !* **3.** Conciliant, accommodant : *Un caractère facile. Il est facile à vivre.* **4. Femme, fille facile,** dont on obtient sans peine les faveurs (péjor.).

facilement [fasilmɑ̃] **adv.** Avec facilité : *Il a trouvé son chemin facilement* (= sans peine) [syn. **aisément**].

facilitation [fasilitasjɔ̃] **n.f.** Action de faciliter : *Ces contraintes ne contribuent pas à la facilitation de la tâche.*

facilité [fasilite] **n.f.** (lat. *facilitas*). **1.** Qualité d'une chose facile à faire, à comprendre : *La facilité d'un problème de géométrie* (syn. **simplicité**). **2.** Aptitude à faire qqch sans peine : *Il a beaucoup de facilité pour les langues* (syn. **capacités**). **3.** Moyen de faire sans peine ; occasion, possibilité : *J'ai eu toute facilité pour le rencontrer.* **4. Se laisser aller à la facilité, choisir la facilité,** aller vers ce qui demande le moins d'énergie, d'effort. ◆ **facilités n.f. pl. 1.** Commodités accordées pour faire qqch : *Facilités de transport.* **2. Facilités de paiement,** délai accordé pour le règlement d'une dette.

faciliter [fasilite] **v.t.** (it. *facilitare*). Rendre facile : *Tu ne me facilites pas le travail !*

façon [fasɔ̃] **n.f.** (lat. *factio, -onis,* manière de faire, de *facere,* faire). **1.** Manière d'être ou d'agir : *Tu t'y es pris d'une drôle de façon ! La façon de s'exprimer.* **2.** Main-d'œuvre, travail d'un artisan. **3.** Travail du sol : *Donner une première façon à la vigne.* **4.** Forme donnée à un objet par le travail de l'ouvrier, notamm. dans le domaine de la mode : *La façon d'un manteau* (syn. **coupe**). **5.** Imitation : *Un châle façon cachemire.* **6. C'est une façon de parler,** il ne faut pas le prendre au pied de la lettre. / **De toute façon,** quoi qu'il arrive : *De toute façon, j'arrive demain.* / **En aucune façon,** pas du tout : *Vous ne me dérangez en aucune façon.* / **Travail à façon,** exécuté sans fournir la matière première. / **Sans façon(s),** sans cérémonie : *Venez manger sans façon demain à midi.* ◆ **façons n.f. pl. 1.** Comportement à l'égard des autres : *Ses façons sont très déplaisantes* (syn. **manière**). **2.** Politesses hypocrites : *Il fait beaucoup de façons* (syn. **simagrées**). ◆ **de façon à loc. prép.** Suivi de l'inf., indique le but, la conséquence prévue : *Travailler de façon à réussir* (syn. **de manière à**). ◆ **de façon que loc. conj. 1.** Suivi du subj., indique le but : *Elle accélère de façon que personne ne la suive* (syn. **de manière que**). **2.** Suivi de l'ind., indique la conséquence réalisée : *Il a agi avec prévoyance, de façon que maintenant tout va bien* (syn. **de sorte que**).

faconde [fakɔ̃d] **n.f.** (lat. *facundia,* éloquence, de *fari,* parler). LITT. Grande facilité à parler ; abondance de paroles : *Sa faconde a séduit l'auditoire* (syn. **éloquence, verve**).

façonnage [fasɔnaʒ] **n.m. 1.** Action de façonner qqch : *Le façonnage du cuir.* **2.** Ensemble des opérations (coupe, pliage, brochage, reliure) qui terminent la fabrication d'un livre, d'un imprimé.

façonnement [fasɔnmɑ̃] **n.m.** Action, manière de façonner ; façonnage.

façonner [fasɔne] **v.t.** (de *façon*). **1.** Travailler une matière solide pour lui donner une certaine forme : *Façonner du métal* (syn. **ouvrer**). **2.** Faire ; fabriquer : *Façonner des clés, des tabourets* (syn. **confectionner**). **3.** LITT. Former par l'expérience, l'habitude : *Ces années de collège ont façonné son caractère* (syn. **pétrir**).

façonnier, ère [fasɔnje, -ɛr] **n.** et **adj.** Personne qui travaille à façon.

fac-similé [faksimile] **n.m.** (lat. *fac simile,* fais une chose semblable) [pl. *fac-similés*]. **1.** Reproduction exacte d'une peinture, d'un dessin, d'un objet d'art, etc. **2.** Reproduction d'un écrit, en partic. par procédé photographique : *Réédition en fac-similé d'un ouvrage ancien.* **3.** MATH. Procédé de transmission à distance, par ligne téléphonique ou ondes courtes, des pages d'un journal pour une impression simultanée en plusieurs endroits.

1. facteur, trice [faktœr, -tris] **n.** (lat. *factor,* celui qui fait, de *facere,* faire). Employé de la poste qui distribue le courrier à domicile (syn. administratif **préposé**). ◆ **facteur n.m. 1.** Employé de messageries ou de chemin de fer chargé de la manutention des marchandises, des bagages. **2.** Fabricant d'instruments de musique autres que les instruments de la famille du luth et les instruments de la famille du violon (pour lesquels on parle de *luthier*) : *Facteur d'orgues, de clavecins, de pianos.*

2. facteur [faktœr] **n.m.** (de *1. facteur*). **1.** Agent, élément qui concourt à un résultat : *Un facteur de succès.* **2.** MATH. Chacun des nombres figurant dans un produit. **3.** MATH. **Facteurs premiers d'un nombre,** nombres premiers, distincts ou non, dont le produit est égal à ce nombre. ▸ Un nombre admet une décomposition unique en facteurs premiers. / **Facteur Rhésus ⟶ Rhésus.**

factice [faktis] **adj.** (lat. *facticius,* de *facere,* fabriquer). **1.** Qui est faux, imité : *Fleurs factices* (syn. **artificiel ; contr. naturel**). **2.** Forcé ; simulé : *Gaieté, sourire factices* (syn. **contraint**).

◆ **n.m.** Reproduction factice d'un objet de consommation destiné aux vitrines des magasins : *Ces emballages sont des factices* (= ils sont vides).

factieux, euse [faksjø, -øz] **adj.** et **n.** (lat. *factiosus*). Qui prépare une action violente contre le pouvoir établi : *Lutter contre les factieux* (syn. **rebelle**). *Des propos factieux* (syn. **séditieux, subversif**).

faction [faksjɔ̃] **n.f.** (lat. *factio*, groupement, de *facere*, faire). **1.** Service de surveillance ou de garde dont est chargé un militaire : *Être de faction* (syn. **garde, quart, veille**). **2.** Attente, surveillance prolongée : *Je suis resté en faction devant la gare toute la matinée pour ne pas la manquer.* **3.** Groupe ou parti menant une action fractionnelle ou subversive à l'intérieur d'un groupe plus important : *Ce parti politique tend à se diviser en factions* (syn. **clan**). **4.** Chacune des trois tranches de huit heures entre lesquelles sont réparties les trois équipes assurant un travail industriel continu.

factionnaire [faksjɔnɛr] **n.m.** Militaire en faction. ◆ **n.** Ouvrier, ouvrière qui assure une faction de huit heures.

factitif, ive [faktitif, -iv] **adj.** et **n.m.** (du lat. *factitare*, fréquentatif de *facere*, faire). LING. Se dit d'un verbe qui indique que le sujet fait faire l'action. (Ex. Le verbe *faire* dans : *elle a fait couper ses cheveux.*)

factoriel, elle [faktɔrjɛl] **adj.** (de *2. facteur*). **Analyse factorielle,** méthode statistique ayant pour but de chercher les facteurs communs à un ensemble de variables qui ont entre elles de fortes corrélations. ◆ **factorielle n.f. Factorielle *n*,** produit (noté *n !*) des *n* premiers nombres entiers : *La factorielle de 5 est 5 ! = 5 × 4 × 3 × 2 × 1 = 120.*

factorisation [faktɔrizasjɔ̃] **n.f.** MATH. Écriture d'une somme sous forme de produit de facteurs.

factoriser [faktɔrize] **v.t.** MATH. Effectuer une factorisation.

factotum [faktɔtɔm] **n.m.** (de la loc. lat. *fac totum*, fais tout) [pl. *factotums*]. LITT. Personne qui s'occupe un peu de tout, notamm. des travaux mineurs.

factuel, elle [faktɥɛl] **adj.** (de *fait*, d'apr. l'angl. *factual*). Qui s'en tient aux faits : *Information factuelle.*

factum [faktɔm] **n.m.** (mot lat. « chose faite ») [pl. *factums*]. LITT. Écrit publié dans un dessein polémique (syn. **libelle, pamphlet**).

facturation [faktyrasjɔ̃] **n.f. 1.** Action de facturer. **2.** Service où l'on fait les factures.

1. facture [faktyr] **n.f.** (lat. *factura*, fabrication, de *facere*, faire). **1.** LITT. Manière dont une chose est exécutée : *Un tableau de bonne facture* (syn. **style, technique**). **2.** Construction des instruments de musique autres que les violons et les luths ; travail, métier du facteur : *La facture des pianos.*

2. facture [faktyr] **n.f.** (de *facteur*, agent commercial). Note détaillée des marchandises vendues, des services exécutés.

facturer [faktyre] **v.t.** (de *2. facture*). **1.** Établir la facture de ce qui a été vendu ; porter un prix sur une facture : *Facturer une livraison.* **2.** Faire payer qqch à qqn : *Facturer la pose d'une plinthe.*

facturette [faktyrɛt] **n.f.** Reçu remis par le commerçant au client qui paie avec une carte de crédit.

facturier, ère [faktyrje, -ɛr] **n.** et **adj.** (de *2. facture*). Employé(e) qui établit les factures : *Secrétaire facturière.*

facule [fakyl] **n.f.** (lat. *facula*, petite torche). ASTRON. Zone brillante du disque solaire, dont l'apparition précède souvent celle d'une tache.

facultatif, ive [fakyltatif, -iv] **adj.** (de *faculté*). Qu'on peut, au choix, faire ou ne pas faire : *Un travail facultatif* (contr. **obligatoire**).

facultativement [fakyltativmɑ̃] **adv.** De façon facultative.

faculté [fakylte] **n.f.** (lat. *facultas*, de *facere*, faire). **1.** LITT. Possibilité, capacité physique, morale ou intellectuelle : *La faculté de courir, de choisir, de prévoir* (syn. **aptitude**). **2.** Droit de faire qqch : *Avoir la faculté de vendre ses biens* (syn. **latitude, liberté**). **3.** Ancien nom des établissements d'enseignement supérieur, remplacés auj. par les universités : *Facultés de lettres, de droit, de sciences, de pharmacie.* **Rem.** On utilise cour. l'abrév. *fac.* **4.** VIEILLI. **La faculté de médecine** ou **la Faculté,** les médecins : *La Faculté lui a interdit le tabac.* ◆ **facultés n.f. pl. 1.** Aptitudes d'une personne : *Les facultés intellectuelles.* **2. Ne pas avoir, ne pas jouir de toutes ses facultés,** être un peu déséquilibré ou diminué physiquement.

fada [fada] **adj.** et **n.** (prov. *fadas*, de *fat*, sot). FAM., RÉGION. Dans le Midi, un peu fou, niais.

fadaise [fadɛz] **n.f.** (prov. *fadeza*). Niaiserie, plaisanterie stupide ; propos sans intérêt : *Débiter des fadaises* (syn. **faribole, sornette**).

fadasse [fadas] **adj.** FAM. Très fade : *Une sauce fadasse* (syn. **insipide**).

fade [fad] **adj.** (lat. pop. **fatidus*, croisement du class. *fatuus*, fade, et *sapidus*, qui a du goût). **1.** Qui manque de saveur : *Sa cuisine est très fade* (syn. **insipide** ; contr. **épicé**). **2.** Sans caractère, sans intérêt : *Une beauté fade* (syn. **quelconque**). *Un roman vraiment fade* (syn. **banal, plat**).

fadeur [fadœr] **n.f.** Caractère de ce qui est fade : *La fadeur d'un plat* (syn. **insipidité**). *La fadeur d'un discours* (syn. **banalité**).

fado [fado] **n.m.** (mot port. « destin »). Chanson populaire du Portugal, au thème souvent mélancolique.

faena [faena] **n.f.** (mot esp. « travail »). Travail à la muleta, dans une corrida.

Fagnes *(Hautes)*, plateau de l'Ardenne belge, portant le point culminant du massif et de la Belgique (694 m au *signal de Botrange*).

fagot [fago] **n.m.** (orig. obsc.). **1.** Faisceau de petites branches liées par le milieu et servant à faire du feu. **2.** FAM. **De derrière les fagots,** de qualité excellente et mis en réserve pour une grande occasion : *Sortir une bouteille de vin de derrière les fagots.* / **Sentir le fagot,** être soupçonné d'hérésie.

fagoter [fagɔte] **v.t.** (de *fagot*). **1.** Mettre en fagot. **2.** FAM. Habiller qqn sans goût, sans élégance : *Tu as vu comment elle fagote sa fille !* (syn. **accoutrer, affubler**).

Fahrenheit (degré), unité de mesure de température anglo-saxonne équivalant à la 180ᵉ partie de l'écart entre la température de fusion de la glace et celle d'ébullition de l'eau à la pression atmosphérique normale, respectivement 32 F et 212 F, soit 0 °C et 100 °C (degrés Celsius). Symb. °F.

Fahrenheit (Daniel Gabriel), physicien allemand (Dantzig 1686 - La Haye 1736). Il construisit des aréomètres et des thermomètres à alcool, puis à mercure, pour lesquels il imagina la graduation qui porte son nom. On convertit les températures t_F de l'échelle Fahrenheit, encore utilisée dans les pays anglo-saxons, en températures Celsius t à l'aide de la formule : $t = 5/9\ (t_F - 32)$.

faiblard, e [feblar, -ard] **adj.** FAM. Un peu faible : *Un éclairage faiblard* (syn. **insuffisant**).

1. faible [fɛbl] **adj.** (lat. pop. **febilis*, class. *flebilis*, de *flere*, pleurer). **1.** Qui manque de vigueur, de force physique ou morale : *Un homme de faible constitution physique* (syn. **chétif** ; contr. **vigoureux**). *Il est trop faible pour prendre une décision* (syn. **indécis** ; contr. **énergique**). **2.** Qui manque de capacités intellectuelles, de savoir : *Un élève faible en mathématiques* (syn. **médiocre** ; contr. **fort**). **3.** Qui manque de solidité, de résistance : *Poutre trop faible pour supporter un tel poids* (syn. **fragile** ; contr. **solide**). **4.** Qui manque d'intensité, d'acuité : *Avoir une vue faible* (syn. **bas**). *Une lumière faible* (syn. **insuffisant**). **5.** Qui n'est pas d'un niveau élevé ; qui a peu de valeur : *Je n'ai qu'une faible idée des conséquences de cet acte* (syn. **vague, petit**). *Il n'a tiré qu'un faible avantage de sa promotion* (syn. **maigre**). **6.** Peu considérable : *Avoir de faibles revenus* (syn. **modeste, modique**). **7. Point faible de qqn,** faiblesse, défaut : *Les mathématiques sont le point faible de cet élève.* ◆ **n. 1.** Personne dépourvue de ressources, de moyens de défense : *Un lâche qui ne s'en prend qu'aux faibles* (contr. **fort**). **2.** Personne sans volonté :

C'est un faible, il cède tout à ses enfants. **3. Faible d'esprit,** débile, simple d'esprit ; personne dont les facultés intellectuelles sont peu développées ou amoindries.

2. faible [fɛbl] **n.m.** (de *1. faible*). **1.** Attirance particulière ; penchant : *Le jeu est son faible* (syn. **faiblesse, vice**). **2. Avoir un faible pour,** une attirance, un goût marqués pour : *Il a un faible pour cette fille* (syn. **inclination**).

faiblement [fɛbləmɑ̃] **adv.** De façon faible : *Pièce faiblement éclairée* (syn. **peu**). *Le blessé gémissait faiblement* (syn. **doucement**).

faiblesse [feblɛs] **n.f. 1.** Manque de vigueur ; état de ce qui est faible : *Faiblesse de constitution. Faiblesse d'un son.* **2.** Perte subite de ses forces : *Avoir une faiblesse* (syn. **malaise**). **3.** Goût excessif pour qqch : *Sa faiblesse, c'est la boisson* (syn. **faible, vice**). **4. Faire preuve de faiblesse envers qqn,** d'une trop grande indulgence.

faiblir [feblir] **v.i.** [conj. **32**]. Perdre de ses forces, de sa capacité, de sa fermeté : *Le bruit faiblissait en s'éloignant* (syn. **s'atténuer**).

faiblissant, e [feblisɑ̃, -ɑ̃t] **adj.** Qui faiblit : *La voix faiblissante d'un malade* (syn. **défaillant, déclinant**).

Faidherbe (Louis), général français (Lille 1818 - Paris 1889). Gouverneur du Sénégal (1854-1861 et 1863-1865), il créa le port de Dakar (1857). Sa résistance à la tête de l'armée du Nord, en 1870, épargna l'occupation allemande aux départements du Nord et du Pas-de-Calais.

faïence [fajɑ̃s] **n.f.** (de *Faenza,* v. d'Italie). **1.** Céramique à pâte argileuse, tendre, poreuse, recouverte d'un enduit imperméable et opaque. **2. Faïence fine,** revêtue d'un vernis transparent.

faïencerie [fajɑ̃sri] **n.f. 1.** Fabrique ou commerce de faïence. **2.** Ensemble d'ouvrages en faïence.

faïencier, ère [fajɑ̃sje, -ɛr] **n.** Personne qui fabrique ou vend des objets en faïence.

faignant, e adj. et **n.** ⟶ **feignant.**

1. faille [faj] **n.f.** (de *faillir,* mensonge, erreur). **1.** Point de faiblesse, de rupture : *Faille d'un raisonnement* (syn. **défaut**). **2.** GÉOL. Cassure des couches géologiques, accompagnée d'un déplacement latéral ou vertical des blocs séparés (syn. **fracture**).

2. faille [faj] **n.f.** (orig. obsc.). TEXT. Tissu de soie à gros grains formant des côtes.

failli, e [faji] **adj.** et **n.** (it. *fallito,* d'apr. *faillir*). Qui est déclaré en redressement ou en liquidation judiciaire.

faillible [fajibl] **adj.** (lat. médiév. *faillibilis*). Qui peut se tromper : *Le juge ne sait pas tout, il est faillible.*

faillir [fajir] **v.i.** (lat. pop. **fallire,* class. *fallere,* tromper, manquer) [conj. **46**]. (Suivi d'un inf.). Être sur le point de : *J'ai failli tomber.* ◆ **v.t. ind.** [**à**]. *LITT.* Ne pas tenir ce qu'on doit faire, ce qu'on s'est engagé à faire : *Faillir à une promesse, à un engagement* (syn. **manquer à**).

faillite [fajit] **n.f.** (de l'it. *faillita,* d'apr. *faillir*). **1.** État d'un débiteur qui ne peut plus payer ses créanciers : *Être en faillite. Faire faillite.* **2.** Échec complet d'une entreprise, d'un système, etc. : *Faillite d'une politique* (syn. **fiasco**).

faim [fɛ̃] **n.f.** (lat. *fames*). **1.** Vif besoin de manger, rendu sensible par des contractions de l'estomac vide : *La promenade m'a donné faim.* **2.** Situation de disette, de famine : *La faim dans le monde. Avoir connu la faim.* **3. Faim de,** désir ardent de, ambition pour : *Avoir faim de richesses.* / **Faim de loup,** faim très vive.

faine [fɛn] **n.f.** (lat. pop. **fagina,* de *fagus,* hêtre). Fruit du hêtre.

fainéant, e [feneɑ̃, -ɑ̃t] **adj.** et **n.** (de *fais* et *néant,* altér. de *faignant,* de *feindre,* paresser). **1.** Qui ne veut rien faire ; paresseux. **2.** HIST. **Les rois fainéants,** les derniers rois mérovingiens. ▸ Du fait de leur grande jeunesse, ils durent abandonner le gouvernement aux maires du palais à partir de Thierry III (675).

fainéanter [feneɑ̃te] **v.i.** (de *fainéant*). Ne rien faire ; se livrer à la paresse (syn. **paresser**).

fainéantise [feneɑ̃tiz] **n.f.** Caractère du fainéant : *Ses mauvais résultats sont dus à sa fainéantise* (syn. **paresse**).

faire [fɛr] **v.t.** (lat. *facere*) [conj. **109**]. **1.** Réaliser par un travail, une action ; produire : *On fait du pain avec de la farine* (syn. **confectionner**). *Dans cette usine on fait des meubles* (syn. **fabriquer**). *Faire un film* (syn. **réaliser**). **2.** Accomplir un geste, un acte, une action : *Faire un faux mouvement. Faire une erreur* (syn. **commettre**). **3.** Se livrer à une occupation : *Faire ses courses. Faire de l'anglais* (= l'étudier). *Faire du tennis* (= le pratiquer). *Je n'ai rien à faire.* **4.** (Absol.). Agir : *Bien faire et laisser dire. Comment faire ?* **5.** Soumettre à une préparation : *Faire la chambre* (= la nettoyer). *Faire le lit* (= l'arranger). **6.** Proposer à ses clients ; avoir à vendre : *Ici, nous ne faisons pas les locations. Ils font tous les articles de bureau.* **7.** Adopter l'attitude de ; jouer le rôle de ; assurer la fonction de : *Faire le mort. Faire l'idiot, le malin. Elle a fait celle qui n'était pas prévenue. Le tabac fait aussi épicerie.* **8.** S'emploie dans des constructions familières pour indiquer une action dont la nature est donnée par le nom : *Faire une machine à laver.* **9.** S'engager dans une activité, des études : *Faire médecine. Faire (du) droit.* **10.** (Suivi d'un attribut du compl. d'objet dir.). Nommer qqn dans une fonction, un grade : *Il a été fait maréchal* (syn. **promouvoir**). **11.** (Avec un compl. d'origine). Transformer en qqn, qqch d'autre ; rendre tel : *Elle a voulu faire de lui son ami.* **12.** Produire, être à l'origine de ; avoir pour effet essentiel : *Le bois fait de la fumée en brûlant. Cela fera une marque, un pli. La richesse ne fait pas le bonheur. Le cyclone a fait des ravages. Qu'est-ce que ça peut te faire ?* (= que t'importe ?). **13.** Être affecté, marqué par un événement, un état pathologique : *Faire une rougeole. Il fait une dépression.* **14.** Prendre telle forme (physique, morphologique, etc.) : *Ta jupe fait un faux pli. « Bon » fait « bonne » au féminin.* **15.** (+ inf.). Charger qqn de faire qqch : *Elle lui a fait remplir un questionnaire. Faites-lui faire des exercices.* **16.** (+ inf.). Obtenir que ; aboutir à ce que qqch se produise : *Faire bouillir du lait. La frayeur les fit pâlir. Tu me fais rire. Fais-moi entrer.* **17.** Parcourir : *Nous avons fait 30 km aujourd'hui. Faire le chemin à pied.* **18.** Égaler : *Quatre et quatre font huit.* **19.** *FAM.* Vendre à tel prix : *À combien faites-vous les tomates ?* **20.** *FAM.* ou *LITT.* Substitut de *dire* (en incise dans l'usage litt.) : *Alors il me fait : « Et toi, qu'est-ce que tu en penses ? » Assurément, fit-elle, vous avez raison.* **21.** Substitut de n'importe quel verbe ou syntagme verbal déjà exprimé : *« As-tu posté la lettre ? – Oui, je l'ai fait. » Ils ont remporté la victoire, comme l'ont fait aussi leurs coéquipiers.* **22.** Noyau de loc. verbales auxquelles on peut éventuellement substituer un verbe précis : *Faire peur* (= effrayer). *Faire plaisir. Faire envie. Faire pitié. Faire du tort* (= nuire). *Faire de la peine* (= peiner). **23. Faire qqch à** (une situation, un état), les modifier par son intervention : *Je ne peux rien faire à cela. Que veux-tu qu'elle y fasse ?* / **Faire que** (+ subj.), faire en sorte que, avoir telle action : *Fasse le ciel que tu réussisses.* / **N'avoir que faire, rien à faire de qqch,** ne pas être affecté, intéressé par qqch : *Ses problèmes, je n'en ai que faire.* **24. Ne faire que** (+ inf.), être sans cesse en train de : *Il ne fait que crier.* ◆ **v.i. 1.** Introduit une dimension, une taille, un poids, une vitesse, un prix : *Le mur fait 3 m* (syn. **mesurer**). *Ta valise fait bien 15 kg* (syn. **peser**). *Faire du 60 km à l'heure* (= rouler à). *Combien fait cet ensemble ?* (syn. **coûter, valoir**). **2.** (Suivi d'un adv. ou d'un adj.). Produire un certain effet : *Avec ce foulard, ça fait mieux. Cette coiffure fait très jeune* (= donne l'air jeune). **3.** (Suivi d'un adj.). Paraître : *Il fait vieux pour son âge.* **4. Avoir fort à faire,** avoir beaucoup de mal à mener à bien une tâche, à surmonter une difficulté. ◆ **v. impers. 1.** Indique un état du ciel, de l'atmosphère : *Il fait nuit. Il fait beau, froid. Il fait du vent. Quel temps fait-il ?* **2. Cela, ça fait… que,** indique une durée écoulée : *Cela fera bientôt deux mois que j'ai terminé.* ◆ **se faire v.pr. 1.** (Suivi d'un attribut). Devenir : *Se faire vieux.* **2.** (Suivi d'un attribut). Faire en sorte d'être : *Se faire tout petit* (= être discret, ne pas intervenir). *Se faire avocat* (syn. **devenir**). **3.** (Suivi d'un compl. d'objet dir.). Élaborer, provoquer en soi qqch ; être affecté par qqch : *Se faire une opinion* (syn. **se forger**). *Se faire du souci. Elle s'est fait mal.* **4.** (Absol.). S'améliorer : *Ce vin se fera.* **5. Cela, ça**

se fait, c'est l'usage, la mode, etc. / **Il se fait que,** il se produit, il arrive que : *Comment se fait-il que tu sois là ?* / **Se faire** (+ inf.), équivaut à un passif : *Se faire surprendre.* / **Se faire à qqch, qqn,** s'habituer à qqn, s'adapter à qqch. / **S'en faire (pour qqch, qqn),** s'inquiéter ; se soucier de : *Il n'y a pas de raison de s'en faire.* ***Rem.*** Le p. passé *fait* est invariable lorsqu'il est suivi d'un inf. : *La voiture qu'il a fait repeindre. Elle s'est fait mordre par un chien.*

faire-part [fɛrpar] **n.m. inv.** Lettre annonçant une naissance, un mariage, un décès.

faire-valoir [fɛrvalwar] **n.m. inv. 1.** Personnage de second plan qui sert à mettre en valeur l'acteur principal. **2.** Personne, groupe qui sert à mettre qqn en valeur.

fair-play [fɛrplɛ] **n.m. inv.** (mots angl. « jeu loyal »). **1.** Pratique du sport dans le respect des règles, de l'esprit du jeu et de l'adversaire. (Recomm. off. *franc-jeu.*) **2.** Comportement loyal et élégant, dans une lutte, une compétition quelconque. ◆ **adj. inv.** Qui se montre beau joueur ; qui agit avec loyauté et franchise.

faisabilité [fəzabilite] **n.f.** (angl. *feasibility,* d'apr. *faisable*). DIDACT. Caractère de ce qui est faisable dans des conditions techniques, financières et de délai définies.

faisable [fəzabl] **adj.** Qui peut être fait : *Est-ce faisable pour demain ?* (syn. **exécutable, réalisable**).

Faisalabad, anc. **Lyallpur,** v. du Pakistan (Pendjab) ; 2 008 861 hab. (2 947 029 hab. dans l'agglomération). Textile.

faisan [fəzɑ̃] **n.m.** (anc. prov. *faisan,* bas lat. *phasianus,* du gr. *phasianos,* [oiseau] du Phase). **1.** Oiseau originaire d'Asie, à plumage éclatant chez le mâle et à chair estimée. ▸ Ordre des gallinacés. Une espèce, le faisan de Colchide, a été acclimatée en Europe et en Amérique du Nord comme gibier. Le faisan criaille. **2.** FAM. Homme malhonnête ; escroc.

faisandeau [fəzɑ̃do] **n.m.** Jeune faisan.

faisander [fəzɑ̃de] **v.t.** (de *faisan*). Donner à un gibier un fumet accentué en lui faisant subir un commencement de décomposition. ◆ **se faisander v.pr.** Subir un début de décomposition qui donne un fumet accentué évoquant le faisan, en parlant d'un gibier.

faisanderie [fəzɑ̃dri] **n.f.** Lieu où l'on élève les faisans.

faisane [fəzan] **adj.f.** et **n.f. Poule faisane,** faisan femelle.

faisceau [fɛso] **n.m.** (lat. pop. **fascellus,* class. *fascis*). **1.** Réunion d'objets minces et allongés liés ensemble : *Faisceau de brindilles.* **2.** ANTIQ. ROM. Paquet de verges liées par une courroie de cuir que les licteurs portaient lorsqu'ils précédaient un magistrat revêtu de l'*imperium* (puissance publique). **3.** Emblème du fascisme (par référence à la Rome antique). **4.** ARM. Assemblage de trois fusils ou de trois armes à feu analogues qui ne reposent sur le sol que par la crosse et qui se soutiennent les uns les autres. **5.** ANAT. Ensemble des fibres nerveuses parallèles ayant toutes la même origine et la même destination. **6.** BOT. Groupe de tubes conducteurs de la sève. **7.** Ensemble de rayons lumineux émanant d'une même source : *Le faisceau d'un projecteur.* **8.** PHYS. Ensemble d'ondes, de particules qui se propagent dans une même direction : *Un faisceau électronique.* **9.** Ensemble cohérent d'éléments abstraits qui concourent au même résultat : *Un faisceau de preuves.* **10.** PHYS. **Faisceau hertzien,** groupe d'ondes électromagnétiques confiné dans un cône de très faible ouverture, servant à transmettre des signaux radioélectriques. **11.** MATH. **Faisceau de droites,** ensemble de droites passant par le même point. / MATH. **Faisceau de plans,** ensemble de plans contenant la même droite.

faiseur, euse [fəzœr, -øz] **n. 1.** Personne qui fait habituellement qqch : *Faiseur de meubles. Faiseur d'embarras.* **2.** (Sans compl.). Personne qui cherche à se faire valoir (syn. **fanfaron, hâbleur**).

faisselle [fɛsɛl] **n.f.** (lat. *fiscella,* petit panier, dimin. de *fiscus,* corbeille). Récipient à parois perforées pour l'égouttage des fromages frais.

1. fait, e [fɛ, -ɛt] **adj.** (p. passé de *faire*). **1.** Qui est accompli, constitué de telle façon : *Travail mal fait. Homme bien fait.* **2.** Complètement développé : *Homme fait* (syn. **mûr**). **3.** Être parvenu à maturité, en parlant d'un fromage : *Fromage bien fait, fait à cœur.* **4. Bien fait, c'est bien fait,** cette punition est méritée : *C'est bien fait pour eux.* / **C'en est fait de** (+ n.), tout est perdu ; il n'y a plus d'espoir de sauver qqn, de retrouver qqch : *C'en est fait de lui.* / **Être fait,** être pris, piégé. / **Fait à,** habitué à : *Fait à la fatigue.* / **Fait pour,** destiné à ; particulièrement apte à : *Aménagements faits pour faciliter la circulation.* / **Tout fait,** préparé à l'avance : *Plats tout faits ;* au fig., sans originalité : *Idée toute faite.*

2. fait [fɛ] **n.m.** (lat. *factum,* de *facere,* faire). **1.** Action de faire ; événement, acte : *Le fait de parler. Nier un fait. Un fait singulier.* **2.** Ce qui est fait, ce qui existe : *Le fait et la théorie* (syn. **réalité**). **3. Aller au fait,** à l'essentiel. / **Au fait,** à propos, à ce sujet : *Au fait, lui as-tu téléphoné ?* / **C'est un fait,** cela existe réellement. / **De fait, en fait, par le fait,** en réalité, effectivement : *De fait, il est complètement incompétent.* / **Dire son fait à qqn,** lui dire la vérité à son sujet. / **Du fait de,** par suite de : *Du fait de ma maladie, j'ai manqué plusieurs cours.* / **En fait de,** en matière de : *En fait de nourriture, il n'est pas exigeant.* / **État de fait,** réalité. / **Être sûr de son fait,** de ce qu'on avance. / **Haut fait,** exploit. / **Le fait est que...,** introduit l'exposé d'un fait. / **Mettre au fait,** instruire. / **Prendre (qqn) sur le fait,** le surprendre au moment où il agit. / **Tout à fait,** v. à son ordre alphabétique.

faîtage [fɛtaʒ] **n.m.** (de *faîte*). Pièce maîtresse de charpente sur laquelle s'appuient les chevrons.

fait divers ou **fait-divers** [fedivɛr] **n.m.** (pl. *faits divers* ou *faits-divers*). Événement sans portée générale qui appartient à la vie quotidienne. ◆ **faits divers** ou **faits-divers n.m. pl.** Rubrique de presse comportant des informations sans portée générale, relatives à des faits quotidiens (tels qu'accidents, crimes, etc.) : *Je l'ai lu dans les faits divers.*

faîte [fɛt] **n.m.** (réfection, d'apr. le lat. *fastigium,* toit à deux pentes, de l'anc. fr. *feste,* du frq. **first*). **1.** Partie la plus élevée d'une construction, d'un arbre, d'une montagne : *Le faîte d'une toiture. Le faîte d'un arbre* (syn. **cime**). **2.** LITT. Le plus haut degré : *Le faîte de la gloire* (syn. **apogée, zénith**).

faîtière [fɛtjɛr] **adj.f.** (de *faîte*). **Tuile faîtière,** tuile courbe dont on recouvre l'arête supérieure d'un toit.

fait-tout n.m. inv. ou **faitout** [fɛtu] **n.m.** Marmite basse en métal ou en terre vernissée.

faix [fɛ] **n.m.** (lat. *fascis,* botte, paquet). LITT. Charge, fardeau : *Ployer sous le faix.*

fakir [fakir] **n.m.** (ar. *faqīr,* pauvre). **1.** Ascète musulman ou hindou. **2.** Personne qui exécute en public des tours de diverses sortes (voyance, hypnose, etc.).

falaise [falɛz] **n.f.** (frq. **falisa*). **1.** Escarpement littoral plus ou moins abrupt dû à l'action érosive de la mer. **2. Falaise morte,** ancienne falaise qui est située en retrait du trait de côte et qui est protégée de la mer par des sédiments.

falbalas [falbala] **n.m. pl.** (franco-prov. *farbella,* frange). Ornements surchargés et de mauvais goût d'un vêtement : *Robe à falbalas.*

Falconet (Étienne), sculpteur et théoricien français (Paris 1716 - *id.* 1791). Il travailla pour Mme de Pompadour et fournit à la manufacture de Sèvres les modèles de nombreux petits groupes. Son œuvre majeure est la statue équestre de Pierre le Grand, qu'il alla ériger à Saint-Pétersbourg (bronze, 1767-1778).

falconidé [falkɔnide] **n.m.** (du lat. *falco,* faucon). **Falconidés,** famille d'oiseaux rapaces diurnes au bec pourvu d'un crochet supérieur, aux ailes et à la queue pointues, chasseurs habiles au vol, tels l'aigle, le milan, le faucon.

Falkland *(îles)*, anc. en fr. **Malouines,** en esp. **Malvinas,** îles de l'Atlantique, au large de l'Argentine ; 2 841 hab. Occupées par l'Angleterre depuis 1832, elles sont revendiquées par l'Argentine, qui tenta en vain de s'en emparer au cours d'un bref conflit armé (1982).

Falla (Manuel de), compositeur espagnol (Cadix 1876 - Alta Gracia, Argentine, 1946). Son art, issu de la musique populaire espagnole, s'est élargi au contact des influences françaises (Debussy, Ravel). Il est l'auteur de deux opéras *(la Vie brève, le Retable de maître Pierre),* de ballets (*l'Amour sorcier,* 1915 ; *le Tricorne,* 1919), de pages de musique de chambre, etc. Son style sobre et dépouillé confère à ses œuvres une vitalité peu commune.

fallacieusement [falasjøzmɑ̃] **adv.** De façon fallacieuse.

fallacieux, euse [falasjø, -øz] **adj.** (lat. *fallaciosus*). Qui trompe : *Arguments fallacieux* (syn. **trompeur, spécieux**).

Fallières (Armand), homme d'État français (Mézin 1841 - *id.* 1931). Plusieurs fois ministre de 1882 à 1892 et président du Conseil en 1883, il fut président de la République de 1906 à 1913.

falloir [falwar] **v. impers.** (réfection, d'apr. *valoir,* de *faillir*) [conj. **69**]. **1.** Être nécessaire, obligatoire : *Il faut manger pour vivre. Il lui faudrait du repos.* **2. Comme il faut,** convenablement : *Mets ta cravate comme il faut.* / **Il faut que** (+ subj.), **il faut** (+ inf.), exprime une supposition, une hypothèse : *Il faut qu'il soit fou pour agir ainsi.* ◆ **s'en falloir v.pr. impers. 1.** Manquer ; être en moins : *Il s'en faut de trois mètres pour que l'échelle atteigne la fenêtre.* **2. Il s'en faut de beaucoup, de peu que...,** on est loin, proche d'un résultat escompté. / **Il s'en est fallu de peu,** cela a bien failli arriver.

Falloux (Frédéric, *comte* **de),** homme politique français (Angers 1811 - *id.* 1886). Ministre de l'Instruction publique (1848-1849), il élabora la loi scolaire, votée en 1850, qui porte son nom. D'inspiration cléricale, cette loi soumettait notamment les instituteurs aux autorités religieuses et favorisait les collèges et institutions ecclésiastiques.

1. falot [falo] **n.m.** (it. *falo,* du gr. *pharos,* phare). Grande lanterne portative.

2. falot, e [falo, -ɔt] **adj.** (moyen angl. *fellow,* compagnon). Terne, effacé : *Personnage falot.*

falsificateur, trice [falsifikatœr, -tris] **n.** Personne qui falsifie.

falsification [falsifikasjɔ̃] **n.f.** Action de falsifier.

falsifier [falsifje] **v.t.** (bas lat. *falsificare,* de *falsus,* faux) [conj. **9**]. Altérer, dénaturer en vue de tromper : *Falsifier du vin* (syn. **frelater**). *Falsifier un document* (syn. **truquer**).

Falster, île danoise de la Baltique, au sud de Sjaelland ; 43 530 hab. Ch.-l. *Nykøbing Falster.*

famé, e [fame] **adj.** (du lat. *fama,* renommée). **Mal famé** ⟶ **malfamé.**

famélique [famelik] **adj.** (lat. *famelicus,* de *fames,* faim). Amaigri par le manque de nourriture ; affamé : *Des chats faméliques* (syn. **décharné**).

Famenne (la), petite région de Belgique, entre l'Ardenne et le Condroz.

fameusement [famøzmɑ̃] **adv.** *FAM.* De façon remarquable : *Un vin fameusement bon* (syn. **très**).

fameux, euse [famø, -øz] **adj.** (lat. *famosus,* de *fama,* renommée). **1.** Dont on a parlé en bien ou en mal : *Le fameux héros de Cervantès* (syn. **célèbre**). **2.** *FAM.* Supérieur ; remarquable en son genre : *Un vin fameux* (syn. **excellent**). **3. Pas fameux,** médiocre.

familial, e, aux [familjal, -o] **adj. 1.** Qui concerne la famille : *Réunion familiale. Allocations familiales.* **2. Maladie familiale,** maladie héréditaire qui touche plusieurs membres de la même famille.

familiale [familjal] **n.f.** Voiture automobile de tourisme, carrossée de manière à admettre de 6 à 9 passagers.

familiarisation [familjarizasjɔ̃] **n.f.** Action de familiariser ; fait de se familiariser.

familiariser [familjarize] **v.t.** Rendre familier : *Familiariser qqn avec la montagne* (syn. **accoutumer, habituer**). ◆ **se familiariser v.pr. [avec].** Se rendre une chose familière par la pratique : *Se familiariser avec le bruit* (syn. **s'accoutumer**).

familiarité [familjarite] **n.f.** Grande intimité ; connaissance approfondie de qqch : *Familiarité avec les auteurs classiques.* ◆ **familiarités n.f. pl.** Manières trop libres : *Prendre des familiarités avec qqn* (syn. **libertés, privautés**).

1. familier, ère [familje, -ɛr] **adj.** (lat. *familiaris*). **1.** Qui a des manières libres : *Être familier avec les femmes* (syn. **cavalier, désinvolte**). **2.** Que l'on sait, que l'on connaît bien ; que l'on fait bien par habitude : *Une voix familière. Cette question lui est familière* (syn. **connu**). **3.** Se dit d'un mot, d'une expression employés couramment, mais pouvant être ressentis comme incongrus dans certaines relations sociales ou dans des écrits de style sérieux ou soutenu : *« Balade » ou « se balader » sont familiers par rapport à « promenade » ou « se promener ».*

2. familier [familje] **n.m.** (de *1. familier*). Celui qui vit dans l'intimité d'une personne, qui fréquente habituellement un lieu : *Les familiers d'une maison, d'un café* (syn. **habitué**).

familièrement [familjɛrmɑ̃] **adv.** De façon familière : *Parler trop familièrement à son chef* (syn. **cavalièrement**).

famille [famij] **n.f.** (lat. *familia*). **1.** Ensemble formé par le père, la mère et les enfants : *Chef de famille. Fonder une famille* (syn. **foyer, ménage**). **2.** Les enfants d'un couple : *Famille nombreuse.* **3.** Ensemble de personnes qui ont des liens de parenté par le sang ou par alliance : *Recevoir la famille à dîner. La famille proche, éloignée* (syn. **parenté**). **4.** Groupe d'êtres ou de choses présentant des caractères communs : *Famille politique, spirituelle.* **5.** MATH. Ensemble d'éléments appartenant à un ensemble donné. **6.** BIOL. Division systématique d'un ordre ou d'un sous-ordre qui regroupe les genres ayant de nombreux caractères communs. ***Rem.*** Les noms scientifiques internationaux des familles sont latins, leur désinence française est *-idés* en zoologie, *-acées* en botanique. Leur désinence reste libre lorsque le nom de la famille ne dérive pas de celui d'un genre : *Graminées, ombellifères.* **7. Air de famille,** ressemblance marquée entre les personnes de même sang. / **Famille de mots,** ensemble de mots qui dérivent d'une même racine. (Ex. *prison, prisonnier, emprisonnement, emprisonner.*) / LING. **Famille de langues,** ensemble de langues ayant une origine commune.

famine [famin] **n.f.** (de *faim*). **1.** Manque d'aliments par lequel une population souffre de la faim (syn. **disette**). **2. Salaire de famine,** salaire très bas.

fan [fan] **n.** (mot angl., abrév. de *fanatic,* fanatique). *FAM.* Admirateur enthousiaste de qqch ou de qqn : *Les fans d'un chanteur de variétés* (syn. **groupie**).

fana [fana] **adj.** et **n.** (abrév. de *fanatique*). *FAM.* Enthousiaste, passionné : *C'est un fana de rugby* (syn. **fervent**).

fanage [fanaʒ] **n.m.** Action de faner l'herbe coupée.

fanal [fanal] **n.m.** (it. *fanale,* du gr. *phanos,* lanterne) [pl. *fanaux*]. **1.** Lanterne quelconque. **2.** Lanterne ou feu employés à bord des navires et pour le balisage des côtes.

fanatique [fanatik] **adj.** et **n.** (lat. *fanaticus,* inspiré, exalté, de *fanum,* temple). **1.** Qui est animé d'un zèle aveugle et intransigeant pour une doctrine, une opinion : *Un militant fanatique* (syn. **intolérant, sectaire**). **2.** Qui voue une passion, une admiration excessive à qqn ou à qqch : *Un fanatique de peinture* (syn. **passionné**). ◆ **adj.** Qui relève du fanatisme : *Article fanatique.*

fanatiquement [fanatikmɑ̃] **adv.** Avec fanatisme : *Répéter fanatiquement des slogans.*

fanatisation [fanatizasjɔ̃] **n.f.** Action de fanatiser ; fait d'être fanatisé.

fanatiser [fanatize] **v.t.** Rendre fanatique : *Fanatiser les foules* (syn. **enflammer, exciter**).

fanatisme [fanatism] **n.m.** Esprit, comportement de fanatique : *Le fanatisme religieux* (syn. **intolérance**).

fan-club [fanklœb] **n.m** (mot angl.) [pl. *fans-clubs*]. Association regroupant les fans d'un chanteur, d'une vedette.

fandango [fɑ̃dɑ̃go] **n.m.** (mot esp.). Danse et air de danse espagnols de rythme assez vif avec accompagnement de guitare et de castagnettes.

fane [fan] **n.f.** (de *faner*). Tiges et feuilles de certaines plantes herbacées : *Fanes de radis, de carottes.*

faner [fane] **v.t.** (altér. de l'anc. fr. *fener*, de *fein*, forme anc. de *foin*). **1.** Retourner et remuer l'herbe fraîchement coupée pour la faire sécher et la transformer en foin. **2.** Faire perdre sa fraîcheur à une plante, une fleur : *La chaleur fane les roses* (syn. **dessécher, flétrir**). **3.** Altérer l'éclat, la fraîcheur d'une couleur, d'un teint : *Les années ont fané son visage.* ◆ **se faner v.pr. 1.** Sécher, se flétrir, en parlant d'une fleur, d'une plante. **2.** Perdre son éclat, sa fraîcheur, en parlant d'une personne, d'une chose : *La couleur du papier peint s'est fanée* (syn. **passer**).

faneur, euse [fanœr, -øz] **n.** Personne qui fane l'herbe fauchée.

fanfare [fɑ̃far] **n.f.** (orig. probabl. onomat.). **1.** Orchestre composé de cuivres. **2.** Concert de trompettes, de clairons, etc. **3.** Musique militaire à base d'instruments de cuivre. **4.** VÉN. Air pour débusquer le cerf. **5. Annoncer qqch en fanfare,** avec éclat.

fanfaron, onne [fɑ̃farɔ̃, -ɔn] **adj.** et **n.** (esp. *fanfarrón*, de l'ar. *farfar*, bavard, léger). Qui vante exagérément ses qualités, ses réussites : *Faire le fanfaron* (syn. **matamore, prétentieux**). ◆ **adj.** Qui témoigne de ce caractère : *Attitude fanfaronne* (syn. **vantard** ; contr. **modeste**).

fanfaronnade [fɑ̃farɔnad] **n.f.** Action, parole de fanfaron (syn. litt. **forfanterie, rodomontade**).

fanfaronner [fɑ̃farɔne] **v.i.** Faire, dire des fanfaronnades.

fanfreluche [fɑ̃frəlyʃ] **n.f.** (anc. fr. *fanfelue*, bagatelle, bas lat. *famfaluca*, du gr. *pompholux*, bulle d'air). Ornement de peu de prix pour la toilette féminine.

Fang, Fan ou **Pahouins,** peuple du Gabon, de la Guinée équatoriale et du Cameroun. Ils parlent une langue bantoue. Les Fang sont principalement des agriculteurs (cacao, arachide, palmier, manioc) ; ils pratiquent également la chasse et la pêche.

fange [fɑ̃ʒ] **n.f.** (germ. **fanga*, limon). *LITT.* **1.** Boue épaisse ; vase : *Marcher dans la fange.* **2.** Condition abjecte ; vie de débauche : *Se vautrer dans la fange.*

fangeux, euse [fɑ̃ʒø, -øz] **adj.** *LITT.* **1.** Plein de fange ; vaseux : *Eau fangeuse.* **2.** Abject : *Une âme fangeuse.*

Fangio (Juan Manuel), coureur automobile argentin (Balcarce, près de Mar del Plata, 1911 - Buenos Aires 1995), cinq fois champion du monde des conducteurs (1951, 1954 à 1957).

fanion [fanjɔ̃] **n.m.** (de *fanon*). Petit drapeau servant d'emblème ou de signe de ralliement à une unité militaire, une organisation sportive, etc.

fanon [fanɔ̃] **n.m.** (frq. **fano*, pièce de tissu). **1.** Repli de la peau qui pend sous le cou de certains animaux (bœufs, dindons, etc.). **2.** Touffe de crins derrière le boulet du cheval. **3.** Lame de corne atteignant 2 m de long, effilée sur son bord interne et fixée à la mâchoire supérieure de la baleine, qui en possède plusieurs centaines.

Fanon (Frantz), psychiatre et théoricien politique français (Fort-de-France 1925 - Bethesda, Maryland, 1961). Médecin à Blida, en Algérie, il quitta son poste en 1956 pour rejoindre le F.L.N. et s'affirma comme l'un des principaux idéologues de l'anticolonialisme (*Peau noire, masques blancs*, 1952 ; *les Damnés de la terre*, 1961).

fantaisie [fɑ̃tezi] **n.f.** (lat. *fantasia, phantasia*, mot gr. « imagination »). **1.** Créativité libre et imprévisible : *Donner libre cours à sa fantaisie* (syn. **imagination**). **2.** Goût, désir bizarre et passager ne correspondant à aucun besoin essentiel : *Se plier aux fantaisies de qqn* (syn. **lubie**). *Agir selon sa fantaisie* (syn. **caprice**). **3.** Tendance à prendre des initiatives imprévues ; ensemble de choses imprévues et agréables : *Être plein de fantaisie* (syn. **originalité**). *Sa vie manque de fantaisie.* **4.** Œuvre d'imagination ; création qui ne suit pas les règles, les modèles. **5.** MUS. Pièce instrumentale de création très libre, qui ne suit pas les règles préétablies d'un genre : *Une fantaisie de Chopin.* **6. À, selon ma, ta, etc., fantaisie,** comme il me, te plaît ; selon mon, ton humeur du moment. / **Bijou (de) fantaisie,** bijou qui n'est pas en matière précieuse.

fantaisiste [fɑ̃tezist] **adj.** et **n. 1.** Qui n'obéit qu'aux caprices de son imagination (syn. **capricieux**). **2.** Qui agit à sa guise, qui manque de sérieux : *Un étudiant fantaisiste* (syn. **dilettante**). ◆ **n.** Artiste de music-hall qui chante ou raconte des histoires.

fantasmagorie [fɑ̃tasmagɔri] **n.f.** (du grec *phantasma*, apparition, et *agoreuein*, parler en public, avec infl. d'*allégorie*). **1.** *VX.* Procédé qui consiste à faire apparaître des figures irréelles dans une salle obscure, à l'aide d'effets optiques. **2.** Spectacle enchanteur, féerique. **3.** LITTÉR. Présence, dans une œuvre, de nombreux thèmes et motifs fantastiques propres à créer une atmosphère surnaturelle.

fantasmagorique [fɑ̃tasmagɔrik] **adj.** Qui appartient à la fantasmagorie : *Spectacle fantasmagorique* (syn. **féerique**).

fantasmatique [fɑ̃tasmatik] **adj.** Relatif au fantasme.

fantasme ou, *VX*, **phantasme** [fɑ̃tasm] **n.m.** (lat. *phantasma*, mot gr. « apparition »). Représentation imaginaire traduisant des désirs plus ou moins conscients. ▸ Les fantasmes peuvent être conscients (rêveries diurnes, projets) ou inconscients (rêves).

fantasmer [fɑ̃tasme] **v.i.** et **v.t. ind. [sur].** Avoir des fantasmes, s'abandonner à des fantasmes (concernant qqn, qqch) : *Il fantasmait sur la nouvelle vie qu'il allait mener.*

fantasque [fɑ̃task] **adj.** (réfection, d'apr. *fantastique*, du moyen fr. *fantaste*, lui-même abrév. de *fantastique*). Sujet à des caprices, à des fantaisies bizarres : *Un esprit fantasque* (syn. **capricieux, lunatique**).

fantassin [fɑ̃tasɛ̃] **n.m.** (it. *fantaccino*, jeune soldat à pied). Militaire de l'infanterie.

fantastique [fɑ̃tastik] **adj.** (lat. *fantasticus*, gr. *phantastikos*, qui concerne l'imagination). **1.** Créé par l'imagination : *La licorne est un animal fantastique* (syn. **chimérique, surnaturel**). **2.** Qui utilise le fantastique comme mode d'expression, en littérature et dans les arts : *Conte fantastique.* **3.** Extraordinaire, incroyable : *Idée fantastique* (syn. **inimaginable, inouï**). ◆ **n.m.** Forme artistique et littéraire qui reprend les éléments traditionnels du merveilleux et qui met en évidence l'irruption de l'irrationnel dans la vie individuelle ou collective.

■ LITTÉRATURE. Le genre fantastique se caractérise par la mise en scène d'une réalité quotidienne brutalement déchirée par des manifestations surnaturelles inquiétantes et qui demeurent mystérieuses.

Plongeant aux sources du « merveilleux » et des « histoires prodigieuses » des siècles anciens, le genre fantastique apparaît vers 1770, à contre-pied de l'esprit rationaliste des Lumières, avec les textes fondateurs de Cazotte *(le Diable amoureux)*, Beckford *(Vathek)*, Potocki *(Manuscrit trouvé à Saragosse)* et Walpole *(le Château d'Otrante)*.

En quelques années, le genre s'épanouit en Angleterre avec le roman noir (Ann Radcliffe : *les Mystères d'Udolphe*, 1794 ; M. G. Lewis : *le Moine*, 1796) et en Allemagne, où l'intérêt pour les « Märchen », les anciens contes germaniques (Brentano, Arnim), débouche sur l'œuvre de E. T. A. Hoffmann (*Contes des frères Sérapion*, 1819-1821).

À travers ce dernier, le goût du fantastique touche les romantiques et gagne toute la littérature occidentale : citons en France Nodier, fondateur de l'« école frénétique » en 1820, Hugo, Balzac (*la Peau de chagrin*, 1831), Gautier (*la Morte amoureuse*, 1836), Mérimée (*la Vénus d'Ille*, 1837) et Maupassant (*le Horla*, 1887) ; en Russie, Gogol (*les Veillées du hameau*, 1831) ; aux États-Unis, Hawthorne (*la Maison aux sept pignons*, 1851) et surtout Edgar Allan Poe (*Histoires extraordinaires*, 1840). Parallèlement, la révolution industrielle et le progrès de

→

la science donnent au fantastique de nouvelles sources d'inspiration, du *Frankenstein* (1818) de Mary Shelley au *Docteur Jekyll et Mister Hyde* (1886) de Stevenson.

Le climat « fin de siècle » est encore favorable au genre, avec Oscar Wilde (*le Portrait de Dorian Gray,* 1891), Bram Stoker (*Dracula,* 1897), Henry James (*le Tour d'écrou,* 1898) ou Gustav Meyrink (*le Golem,* 1915).

Le fantastique connaît un regain dans l'Allemagne expressionniste des années 1920, puis autour de Lovecraft (*le Cauchemar d'Innsmouth,* 1936) et de la revue *Weird Tales* (1923-1954) aux États-Unis.

L'« inquiétante étrangeté » *(das Unheimliche),* caractéristique, selon Freud, du fantastique, semble d'abord mise à mal par l'effort de clarification inhérent à la psychanalyse, mais elle resurgit avec une force renouvelée dans les œuvres de Kafka (*la Métamorphose,* 1915), Borges (*Fictions,* 1944 ; *le Livre de sable,* 1975) ou plus récemment Murakami Haruki (*1Q84,* trilogie, 2009-2010). ■

■ CINÉMA. Le fantastique au cinéma est un genre difficile à cerner car il se démarque mal des genres voisins comme l'horreur ou l'épouvante, le trait commun de ces divers courants étant toujours un déséquilibre ou une transgression du réel. Il puise son inspiration dans la littérature ou dans la tradition populaire (légendes historiques, monstres, vampires, voyage au-delà de la mort) ou génère ses propres mythes (King Kong). Mais, si ses pères sont français (G. Méliès) et allemands ou autrichiens (F. Lang, P. Leni, F. W. Murnau), le fantastique s'est structuré et épanoui à Hollywood à partir des années 1930 avec notamment T. Browning (*Dracula,* 1931), J. Whale (*Frankenstein,* 1931), E. B. Schoedsack et M. C. Cooper (*King Kong,* 1933) ainsi que J. Tourneur (*la Féline,* 1942). Au début des années 1960, alors que ce genre ne connaît plus que quelques succès, R. Corman s'impose avec *la Tombe de Ligeia* et sera bientôt imité par d'autres réalisateurs. À la même époque, en Grande-Bretagne, la Hammer Film donne un nouvel essor à ce genre en introduisant la couleur. Vers le début des années 1970, l'énorme succès du film de R. Polanski, *Rosemary's Baby* (1968), suscite une vague d'œuvres influencées par le satanisme (*l'Exorciste,* W. Friedkin ; *Shining,* S. Kubrick) et qui tendront de plus en plus vers l'épouvante et l'horreur. Enfin sont apparus des cinéastes tels que S. Spielberg (*les Dents de la mer,* 1975 ; *E.T., l'extraterrestre,* 1982), J. Carpenter (*Halloween : la Nuit des masques,* 1978 ; *The Thing,* 1982) et D. Cronenberg (*la Mouche,* 1986 ; *Spider,* 2002), qui reviennent aux sources du genre, aidés parfois par les effets spéciaux. Les images de synthèse et la technique de la 3D ont donné un élan neuf à ce style : la trilogie du *Seigneur des anneaux,* P. Jackson, 2001-2003 ; *Avatar,* J. Cameron, 2009. Le genre a, en France, son festival annuel, à Gérardmer (après Avoriaz, de 1973 à 1993). ■

fantasy [fɑ̃tezi] **n.f. inv.** (mot anglo-amér., *fantaisie*). Genre littéraire qui mêle, dans une atmosphère d'épopée, les mythes, les légendes et les thèmes du fantastique et du merveilleux. (On dit aussi *heroic fantasy.*) Recomm. off. : *fantasie.*

fantoche [fɑ̃tɔʃ] **n.m.** (it. *fantoccio,* poupée). **1.** *VX.* Marionnette mue à l'aide d'un fil. **2.** Individu sans consistance, qui ne mérite pas d'être pris au sérieux (syn. **pantin, polichinelle**). **3.** (En appos.). **Gouvernement fantoche,** gouvernement qui se maintient au pouvoir grâce au soutien d'une puissance étrangère.

fantomatique [fɑ̃tɔmatik] **adj.** Qui tient du fantôme : *Une vision fantomatique* (syn. **spectral**).

fantôme [fɑ̃tom] **n.m.** (gr. **phantauma,* altér. de *phantasma,* apparition). **1.** Apparition d'un défunt sous l'aspect d'un être réel : *Croire aux fantômes* (syn. **revenant, spectre**). **2.** (Souvent en appos.). Personne, chose qui n'a guère de réalité ou qui ne joue pas son rôle : *Un fantôme de directeur. Un directeur fantôme.* **3.** Feuille, carton que l'on met à la place d'un livre sorti d'un rayon de bibliothèque, d'un document emprunté, etc. **4.** MÉD. **Membre fantôme,** membre que certains amputés ont la sensation de posséder encore, traduisant la persistance de la conscience du corps dans sa totalité.

FAO (**Food and Agriculture Organization,** en fr. **Organisation pour l'alimentation et l'agriculture**), institution spécialisée de l'O.N.U. Créée en 1945, elle a pour but de mener une action internationale contre la faim et pour l'amélioration des conditions de vie. Son siège est à Rome.

faon [fɑ̃] **n.m.** (lat. pop. **feto, -onis,* du class. *fetus* ou *fœtus,* enfantement, portée d'animaux). Petit de la biche et du cerf, ou d'espèces voisines. ▸ Le faon râle.

faquin [fakɛ̃] **n.m.** (du moyen fr. *facque,* poche, sac, d'où le sens premier de « portefaix » ; moyen néerl. *fac,* espace clos). *LITT.* Homme méprisable et impertinent.

far [far] **n.m.** (région. breton, probabl. du lat. *far,* blé). Flan breton aux raisins secs ou aux pruneaux.

farad [farad] **n.m.** (de *Faraday,* n.pr.). Unité de mesure de capacité électrique équivalant à la capacité d'un condensateur électrique entre les armatures duquel apparaît une différence de potentiel de 1 volt lorsqu'il est chargé d'une quantité d'électricité de 1 coulomb. ▸ Symb. F.

faraday [faradɛ] **n.m.** (de M. Faraday). PHYS. Quantité d'électricité égale, en valeur absolue, à celle d'une mole d'électrons. ▸ C'est le produit de la charge élémentaire par le nombre d'Avogadro, soit env. 96 500 coulombs.

Faraday (Michael), chimiste et physicien britannique (Newington, Surrey, auj. Southwark, 1791 - Hampton Court 1867). Après avoir découvert le benzène et liquéfié presque tous les gaz connus à son époque, Faraday étudia l'action des aimants sur les courants et donna le principe du moteur électrique. Il découvrit en 1831 l'induction électromagnétique et établit peu après la théorie de l'électrolyse ; il donna aussi la théorie de l'électrisation par influence.

faramineux, euse [faraminø, -øz] **adj.** (de [*bête*] *faramine,* n. d'un animal fabuleux dans l'Ouest, du prov. *feram,* bête féroce, du lat. *ferus,* sauvage). *FAM.* Étonnant, extraordinaire : *Prix faramineux* (syn. **excessif**).

farandole [farɑ̃dɔl] **n.f.** (prov. *farandoulo,* d'orig. obsc.). Danse provençale à 6/8, exécutée par une chaîne alternée de danseurs et de danseuses, au son de galoubets et de tambourins.

faraud, e [faro, -od] **adj.** et **n.** (esp. *faraute,* propr. « messager de guerre », fr. *héraut*). *FAM.* Fanfaron, prétentieux.

farce [fars] **n.f.** (du bas lat. *farsus,* farci, du class. *farcire,* farcir). **1.** Hachis d'herbes, de légumes et de viande qu'on met à l'intérieur d'une volaille, d'un poisson, d'un légume. **2.** Bon tour joué à qqn pour se divertir : *On lui a caché ses dossiers pour lui faire une farce.* **3.** LITTÉR. Au Moyen Âge, intermède comique dans la représentation d'un mystère ; à partir du XIIIe s., petite pièce comique qui présente une peinture satirique des mœurs et de la vie quotidienne.

farceur, euse [farsœr, -øz] **n.** et **adj. 1.** Personne qui fait rire par ses propos, ses bouffonneries (syn. **plaisantin**). **2.** Personne qui fait des farces : *Un petit farceur. Elle est très farceuse.* ◆ **n.** Personne qui n'agit pas sérieusement : *Ne leur faites pas confiance, ce sont des farceurs* (syn. **charlatan**).

farci, e [farsi] **adj.** Garni de farce : *Tomates farcies.*

farcir [farsir] **v.t.** (lat. *farcire*) [conj. **32**]. **1.** Remplir un mets de farce : *Farcir un poulet.* **2.** Bourrer, surcharger de : *Farcir un discours de citations.* ◆ **se farcir v.pr.** *FAM.* **Se farcir qqch, qqn,** faire avec déplaisir une chose désagréable ; supporter une personne désagréable : *Je me suis farci tout le travail.*

fard [far] **n.m.** (de *farder*). **1.** Composition cosmétique de maquillage destinée à masquer certains défauts de la peau, à rehausser l'éclat du teint ou à en modifier la couleur. **2.** *LITT.* **Parler sans fard,** sans feinte, directement. / *FAM.* **Piquer un fard,** rougir d'émotion, de confusion.

fardeau [fardo] **n.m.** (de l'anc. fr. *farde,* ar. *farda,* demi-charge d'un animal, balle de marchandise). **1.** Charge pesante qu'il faut lever ou transporter : *Porter un fardeau.* **2.** Charge difficile à supporter : *Le fardeau des impôts* (syn. **poids**). **3.** LITT. **Le fardeau des ans,** la vieillesse.

farder [farde] **v.t.** (frq. **farwidon,* teindre). **1.** Mettre du fard sur : *Farder le visage de qqn* (syn. **maquiller**). **2. Farder la vérité,** cacher ce qui peut déplaire (syn. **déguiser, travestir**). ◆ **se farder v.pr.** Se mettre du fard sur le visage.

farfadet [farfadɛ] **n.m.** (mot prov., altér. de *fadet,* de *falo,* fée). Petit personnage des contes populaires, taquin et malicieux (syn. **lutin**).

farfelu, e [farfəly] **adj.** (mot expressif de la famille de *fanfreluche,* ou formé sur le rad. *faf-,* dodu). FAM. Bizarre, extravagant, fantasque : *Projet farfelu* (syn. **saugrenu**). *Un type complètement farfelu* (syn. **insensé**).

farfouiller [farfuje] **v.i.** (de *fouiller*). FAM. Fouiller en mettant tout sens dessus dessous : *Cesse de farfouiller dans mes affaires !* (syn. **fureter**).

faribole [faribɔl] **n.f.** (mot dialect. en relation avec l'anc. fr. *falourde,* tromperie, et avec le mot *frivole*). FAM. (Surtout au pl.). Propos sans valeur ; fadaise : *Elle me conte des fariboles* (syn. **baliverne, sornette**).

farine [farin] **n.f.** (lat. *farina,* de *far,* blé). **1.** Poudre provenant de la mouture des grains de céréales et de certaines légumineuses. **2.** Poudre obtenue par broyage de certains produits d'origine animale (déchets d'équarrissage, poissons, etc.). **3. Farine de bois,** produit obtenu par la fragmentation de copeaux et de sciure, utilisé comme abrasif, comme produit de nettoyage, etc.

fariner [farine] **v.t.** Saupoudrer de farine.

farineux, euse [farinø, -øz] **adj. 1.** Qui contient de la farine ou de la fécule : *Un aliment farineux* (syn. **féculent**). **2.** Qui est ou qui semble couvert de farine. **3.** Qui a l'aspect ou le goût de la farine : *Une sauce légèrement farineuse.* ◆ **farineux n.m.** Végétal alimentaire pouvant fournir une farine (graines de céréales, de légumineuses, etc.).

Farnèse, famille romaine originaire des environs d'Orvieto, qui fut à la tête des duchés de Parme et de Plaisance de 1545 à 1731. Ses membres les plus célèbres sont le pape Paul III et Alexandre Farnèse (⟶ **Alexandre**).

farniente [farnjɛnte] ou [farnjɛ̃t] **n.m.** (mot it. « ne rien faire »). FAM. Douce oisiveté.

farouche [faruʃ] **adj.** (de l'anc. fr. *forasche,* bas lat. *forasticus,* étranger). **1.** Qui fuit quand on l'approche : *Animal farouche* (syn. **sauvage**). **2.** Peu sociable, dont l'abord est difficile, en parlant d'une personne : *Enfant farouche.* **3.** Violent ou qui exprime la violence : *Haine, air farouche* (syn. **sauvage**). *Une volonté farouche* (syn. **tenace**).

farouchement [faruʃmɑ̃] **adv.** D'une manière farouche : *Se défendre farouchement* (syn. **violemment**).

farsi [farsi] **n.m.** LING. Persan.

fart [fart] **n.m.** (mot scand.). Produit dont on enduit les semelles des skis pour en améliorer la glisse.

fartage [fartaʒ] **n.m.** Action de farter.

farter [farte] **v.t.** Enduire de fart.

Far West, nom donné, aux États-Unis, pendant le XIXe s., aux territoires situés au-delà du Mississippi.

fascicule [fasikyl] **n.m.** (lat. *fasciculus,* petit paquet). Chacune des livraisons d'un ouvrage publié par parties successives : *Une histoire de France publiée en fascicules.*

fascinant, e [fasinɑ̃, -ɑ̃t] **adj.** Qui exerce un charme puissant : *Un sourire fascinant* (syn. **ensorcelant, envoûtant**).

fascination [fasinasjɔ̃] **n.f. 1.** Action de fasciner : *La fascination qu'exerce la flûte sur les serpents.* **2.** Attrait irrésistible : *La fascination du pouvoir* (syn. **attraction, séduction**).

fascine [fasin] **n.f.** (lat. *fascina,* fagot). Assemblage de branchages pour combler les fossés, empêcher l'érosion des rives d'un cours d'eau ou l'éboulement des terres d'une tranchée.

fasciner [fasine] **v.t.** (lat. *fascinare,* de *fascinum,* enchantement). **1.** Attirer, dominer, immobiliser un être vivant en le privant de réaction défensive par la seule puissance du regard : *Le serpent fascine l'oiseau.* **2.** Attirer irrésistiblement l'attention par sa beauté, son charme ; exercer une attraction très puissante sur : *Il a fasciné l'auditoire* (syn. **captiver, subjuguer**).

fascisant, e [faʃizɑ̃, -ɑ̃t] **adj.** Qui tend vers le fascisme : *La dérive fascisante d'un gouvernement.*

fascisation [faʃizasjɔ̃] **n.f.** Introduction de méthodes fascistes : *Tentative de fascisation de l'armée.*

fascisme [faʃism] **n.m.** (it. *fascismo,* de *fascio,* faisceau). **1.** Régime établi en Italie de 1922 à 1945, instauré par Mussolini et fondé sur la dictature d'un parti unique, l'exaltation nationaliste et le corporatisme. (⟶ national-socialisme.) **2.** Doctrine et pratique visant à établir un régime autoritaire, corporatiste et nationaliste.

■ **Le fascisme italien.** Le régime fasciste instauré en Italie en 1922 se caractérise par une concentration des pouvoirs autour d'un homme providentiel auquel l'Italie doit une obéissance absolue, le *Duce,* titre que prend Mussolini. Antiparlementaire, le régime repose également sur un parti unique, le parti fasciste, lequel est officiellement dirigé par le Grand Conseil du fascisme et est chargé de la propagande et du maintien de l'ordre, confié à la milice. Dans un souci d'endoctrinement, l'État met en place de multiples organisations chargées d'encadrer la société italienne, notamment la jeunesse. Le régime oriente, par ailleurs, l'économie vers l'autarcie, institue des corporations regroupant patrons et ouvriers sous le contrôle de l'État et entreprend la réalisation d'un programme d'industrialisation et de grands travaux. À l'extérieur, le fascisme se veut conquérant et donne à l'Italie un empire colonial (conquête de l'Éthiopie, 1935-1936). Proche des autres régimes autoritaires, il apporte une aide militaire au général Franco dans la guerre civile d'Espagne, lie son sort à celui du national-socialisme et intervient en juin 1940 aux côtés de Hitler. À la suite des défaites militaires, le régime s'effondre à Rome en juill. 1943 et survit jusqu'en 1945 dans le nord de l'Italie.

Les régimes fascistes. Le terme « fascisme » a été appliqué à d'autres régimes qu'à celui de l'Italie de Mussolini, notamment à ceux mis en place pendant l'entre-deux-guerres par Hitler (→ national-socialisme) et Franco. Le fascisme se caractérise par le rejet des institutions démocratiques et l'obéissance absolue de la nation à un chef suprême. L'État fasciste se donne pour but principal le renforcement de la puissance militaire du pays et l'exaltation du sentiment national, pouvant aller jusqu'à une politique de conquêtes territoriales. Il se caractérise enfin, à des degrés divers, par un encadrement très strict de la société. Tous les aspects de la vie politique, économique et sociale sont ainsi rigoureusement réglementés, sous l'autorité d'un État centralisé s'appuyant sur un parti unique et un système policier répressif et possédant le monopole des moyens d'expression. Individus, catégories socioprofessionnelles et groupes d'opposition y sont étroitement contrôlés au nom de la collectivité. Cependant, la notion de fascisme ne s'applique pas aux régimes autoritaires se donnant pour but la construction du socialisme. On le distingue également du totalitarisme qui repose sur une idéologie totalisante alors que le fascisme est avant tout une exaltation de la force et du destin national. ■

fasciste [faʃist] **adj.** et **n.** (it. *fascista*). **1.** Qui appartient au fascisme. **2.** Partisan d'un régime fasciste (abrév. fam. *facho*).

faseyer [faseje] **v.i.** (moyen néerl. *faselen,* agiter violemment) [conj. **12**]. MAR. Flotter, battre au vent, en parlant d'une voile.

Fassbinder (Rainer Werner), cinéaste allemand (Bad Wörishofen 1945 - Munich 1982). Fondateur en 1968 de l'« Antitheater » de Munich, il s'impose dans les années 1970 comme l'un des réalisateurs allemands les plus novateurs : *les Larmes amères de Petra von Kant* (1972), *le Mariage de Maria Braun* (1979), *Querelle* (1982).

1. faste [fast] **adj.** (lat. *fastus,* de *fas,* ce qui est permis). **1.** ANTIQ. ROM. Se dit de jours où il était permis aux Romains de se livrer à certains actes publics ou privés (par opp. à *néfaste*). **2.** Se dit d'un jour, d'une période favorable : *Une année faste pour les affaires* (syn. **propice ;** contr. **défavorable, néfaste**).

2. faste [fast] **n.m.** (lat. *fastus,* orgueil). Déploiement de magnificence, de luxe : *Le faste d'une cérémonie* (syn. **apparat, pompe**).

fast-food [fastfud] **n.m.** (mot anglo-amér. « nourriture rapide ») [pl. *fast-foods*]. **1.** Type de restauration fondé sur la distribution, à toute heure et pour un prix peu élevé, de quelques produits dont la préparation est entièrement automatisée et qui peuvent être consommés sur place ou emportés sous emballage. (Recomm. off. *restauration rapide.*) **2.** Restaurant où l'on sert ces produits.

fastidieux, euse [fastidjø, -øz] **adj.** (lat. *fastidiosus,* dégoûté). Qui cause de l'ennui, du dégoût par sa monotonie : *Travail fastidieux* (syn. **ennuyeux, monotone**).

Fastnet, îlot de la côte sud-ouest de l'Irlande. Il a donné son nom à une grande compétition de yachting.

fastueusement [fastɥøzmɑ̃] **adv.** Avec faste : *Vivre fastueusement* (syn. **luxueusement, richement**).

fastueux, euse [fastɥø, -øz] **adj.** Qui étale un grand faste : *Un dîner fastueux* (syn. **somptueux**).

fat, e [fat] ou [fa, fat] **n.** et **adj.** (mot prov., lat. *fatuus,* fade puis « insensé »). *LITT.* Personne vaniteuse, satisfaite d'elle-même.

Fatah, en ar. **al-Fatah** ou **al-Fath** (« conquête », acronyme inversé de Mouvement de libération nationale de la Palestine), organisation palestinienne créée dans la clandestinité en 1959. Le Fatah est la principale composante de l'O.L.P.

fatal, e, als [fatal] **adj.** (lat. *fatalis,* de *fatum,* destin). **1.** Fixé d'avance par le sort ; qui doit immanquablement arriver : *Il était fatal que ça finisse comme ça* (syn. **inévitable**). **2.** Qui est une cause de malheur ; qui entraîne la ruine, la mort : *Une erreur fatale* (= qui a des conséquences très graves). *Maladie qui a une issue fatale* (= qui aboutit à la mort). *Porter un coup fatal à qqn* (syn. **mortel**). **3. Femme fatale,** femme d'une beauté irrésistible, qui semble envoyée par le destin pour perdre ceux qui s'éprennent d'elle.

fatalement [fatalmɑ̃] **adv.** Nécessairement ; selon une logique sans faille : *Les premiers résultats sont fatalement insuffisants* (syn. **forcément, inévitablement**).

fatalisme [fatalism] **n.m.** Doctrine considérant tous les événements comme irrévocablement fixés d'avance par une cause unique et surnaturelle.

fataliste [fatalist] **adj.** et **n.** Qui s'abandonne sans réaction aux événements : *Il est devenu fataliste* (syn. **résigné**).

fatalité [fatalite] **n.f.** (lat. *fatalitas*). **1.** Force surnaturelle qui semble déterminer d'avance le cours des événements. **2.** Suite de coïncidences inexplicables, cause de malheurs continuels : *Elle est poursuivie par la fatalité* (syn. **malheur**). *Victime de la fatalité* (syn. **destin**).

fatidique [fatidik] **adj.** (lat. *fatidicus,* qui prédit le destin, de *fatum,* destin). Dont l'arrivée est prévue et inéluctable : *Le jour fatidique est arrivé.*

fatigant, e [fatigɑ̃, -ɑ̃t] **adj. 1.** Qui cause de la fatigue : *Marche au soleil fatigante* (syn. **exténuant, harassant**). **2.** Qui ennuie ; qui importune : *Il est fatigant avec ses récriminations* (syn. **ennuyeux, lassant**).

fatigue [fatig] **n.f.** (de *fatiguer*). **1.** Chez un être vivant, diminution des forces de l'organisme causée par l'effort, l'excès de dépense physique ou intellectuelle : *Je voudrais t'épargner cette fatigue. Je tombe de fatigue* (syn. **épuisement**). **2.** TECHN. Détérioration interne d'un matériau soumis à des efforts répétés supérieurs à la limite d'endurance, inférieurs à la limite d'élasticité.

fatigué, e [fatige] **adj. 1.** Qui marque la fatigue : *Traits fatigués.* **2.** *FAM.* Usé, défraîchi : *Vêtements fatigués.*

fatiguer [fatige] **v.t.** (lat. *fatigare*). **1.** Causer de la lassitude, de la fatigue physique ou intellectuelle à : *Cette course m'a fatiguée* (syn. **épuiser, exténuer**). **2.** Altérer le fonctionnement de : *Le soleil fatigue la vue* (syn. **abîmer**). **3.** Ennuyer, importuner : *Ses questions me fatiguent* (syn. **exaspérer, lasser**). **4.** *FAM.* **Fatiguer la salade,** la remuer longuement après l'avoir assaisonnée. ◆ **v.i. 1.** Éprouver de la fatigue : *Remplace-moi, je fatigue !* **2.** TECHN. Avoir à supporter un trop gros effort : *Poutre qui fatigue.* ◆ **se fatiguer v.pr. 1.** Éprouver ou se donner de la fatigue : *Il n'aime pas se fatiguer* (syn. **se remuer, travailler**). **2. Se fatiguer de,** se lasser de qqn, de qqch : *Elle s'est fatiguée de lui.*

Fátima, ville du centre-ouest du Portugal, au N.-E. de Lisbonne, qui est un lieu de pèlerinage très fréquenté depuis que, en 1917, trois jeunes bergers déclarèrent y avoir été témoins de six apparitions successives de la Vierge Marie. Vingt ans après ces événements, une relation écrite en fut faite qui pose à la critique de délicats problèmes.

Fatima, fille du prophète Mahomet et de Khadidja (La Mecque v. 616 - Médine 633). Épouse d'Ali, quatrième calife, et mère de Hasan et de Husayn, elle n'a pas joué un rôle important en ce temps de la naissance de l'islam, mais tous les musulmans, et surtout les chiites, la vénèrent avec une grande dévotion.

Fatimides, dynastie chiite ismaélienne qui régna en Afrique du Nord-Est aux Xᵉ-XIᵉ s., puis en Égypte de 969 à 1171. Fondée par Ubayd Allah à Kairouan (909-910), elle conquit l'Égypte (969) et créa la ville du Caire, où elle s'établit (973). Elle ne put s'implanter solidement en Palestine et en Syrie du Sud et fut chassée du Maghreb au milieu du XIᵉ s. ; mais elle favorisa en Égypte un remarquable essor économique et culturel. Le dernier calife fatimide fut renversé par son vizir, Saladin, en 1171.

fatma [fatma] **n.f.** (mot ar.). Femme musulmane.

fatras [fatra] **n.m.** (orig. incert., p.-ê. bas lat. *farsura,* remplissage). **1.** Amas confus, hétéroclite de choses : *Un fatras de livres* (syn. **entassement, monceau**). **2.** Ensemble incohérent d'idées, de paroles, etc. : *Un fatras de préjugés* (syn. **ramassis**).

fatuité [fatɥite] **n.f.** (lat. *fatuitas*). Caractère de celui qui est fat : *Il est plein de fatuité* (syn. **prétention, vanité**).

fatum [fatɔm] **n.m.** (mot lat.). *LITT.* Destin, fatalité.

faubourg [fobur] **n.m.** (altér., par croisement avec l'adj. *faux,* de l'anc. fr. *forboc, forbours,* du lat. *foris,* hors de, et *burgus,* bourg). **1.** Partie d'une ville située à la périphérie : *Nous entrons dans les faubourgs de Marseille* (syn. **banlieue**). **2.** Nom conservé par certains quartiers de Paris : *Le faubourg Saint-Antoine, Saint-Honoré.* ► Ces quartiers étaient situés jadis hors de l'enceinte de la ville.

faubourien, enne [foburjɛ̃, -ɛn] **adj.** Qui a rapport aux faubourgs, aux quartiers populaires : *Accent faubourien.*

fauchage [foʃaʒ] **n.m.** Action de faucher.

fauché, e [foʃe] **adj.** et **n.** (de *faucher*). *FAM.* Démuni d'argent.

faucher [foʃe] **v.t.** (lat. pop. **falcare,* de *falx, falcis,* faux). **1.** Couper avec une faux ou une faucheuse : *Faucher l'herbe.* **2.** Abattre ; détruire : *Un tir de mitrailleuse les a fauchés* (syn. **décimer, exterminer**). *La grêle a fauché les blés* (syn. **coucher**). **3.** Renverser avec violence : *Une voiture a fauché les cyclistes.* **4.** *FAM.* S'emparer d'une chose appartenant à autrui : *Faucher une montre* (syn. **dérober, voler**).

1. faucheur, euse [foʃœr, -øz] **n.** Personne qui fauche les herbes, les céréales.

2. faucheur [foʃœr] ou **faucheux** [foʃø] **n.m.** (de *faucher*). Arachnide aux pattes très longues et grêles, commun dans les prés et les bois et qui se distingue des araignées par l'absence de venin et de soie. ► Sous-classe des opilions.

faucheuse [foʃøz] **n.f.** Machine pour faucher.

faucille [fosij] **n.f.** (lat. *falcicula,* petite faux). Instrument constitué d'une lame métallique courbée en demi-cercle et montée sur un manche en bois très court, qui sert à couper l'herbe, les céréales, etc.

faucon [fokɔ̃] **n.m.** (lat. *falco, -onis*). **1.** Oiseau rapace diurne, puissant et rapide, parfois domestiqué pour la chasse. ▸ Long. max. 50 cm. **2.** Celui qui, dans un conflit, dans les relations internationales, est partisan de l'usage de la force (par opp. à *colombe*).

fauconnerie [fokɔnri] **n.f.** (de *faucon*). Art d'élever et de dresser les oiseaux de proie pour la chasse.

fauconnier [fokɔnje] **n.m.** (de *faucon*). Celui qui dresse les oiseaux de proie pour la chasse.

faufil [fofil] **n.m.** (de *faufiler*). COUT. **1.** Fil utilisé pour faufiler. **2.** Fil passé en faufilant (syn. **bâti**).

faufiler [fofile] **v.t.** (altér., d'apr. *faux*, de l'anc. fr. *fourfiler*, de *fors*, en dehors, et *filer*). COUT. Coudre provisoirement à longs points : *Faufiler un ourlet* (syn. **bâtir**).

se **faufiler** [fofile] **v.pr.** (de *faufiler*). S'introduire, passer ou se glisser adroitement : *Se faufiler dans la foule, entre les voitures* (syn. **se couler, se glisser**).

Faulkner (William Harrison Falkner, dit **William),** écrivain américain (New Albany 1897 - Oxford, Mississippi, 1962). Issu d'une vieille famille du sud des États-Unis, il fait de son sol natal la matière d'une épopée : le comté imaginaire de Yoknapatawpha, où la fatalité est le moteur essentiel de cet univers tragique. Les personnages, frappés par la malédiction du Sud, marqués par l'emprise du passé, l'hérédité, les préjugés de race, n'échappent pas à la déchéance, à l'inceste, au meurtre. Chaque aventure individuelle est le symbole du drame collectif (*le Bruit et la Fureur,* 1929 ; *Sanctuaire,* 1931 ; *Lumière d'août,* 1932 ; *Absalon ! Absalon !,* 1936). [Prix Nobel 1949.]

1. faune [fon] **n.m.** (lat. *Faunus*, n. du dieu champêtre). Chez les Romains, divinité champêtre représentée avec un corps velu, des cornes et des pieds de chèvre.

2. faune [fon] **n.f.** (de *1. faune*). **1.** Ensemble des espèces animales vivant dans un espace géographique ou un habitat déterminé : *La faune alpestre.* **2.** *FAM.* Ensemble de personnes très caractéristiques qui fréquentent un même lieu (péjor.) : *La faune de Saint-Tropez.*

Faure (Élie), historien de l'art et essayiste français (Sainte-Foy-la-Grande 1873 - Paris 1937). Sur un ton lyrique, il procède à une lecture de l'œuvre d'art non seulement en tant que création esthétique, mais aussi comme moment d'une civilisation (*Histoire de l'art,* 1909-1921 ; *l'Esprit des formes,* 1927).

Faure (Félix), homme d'État français (Paris 1841 - *id.* 1899). Président de la République (1895-1899), il contribua au renforcement de l'alliance franco-russe.

Fauré (Gabriel), compositeur français (Pamiers 1845 - Paris 1924). Maître de chapelle puis organiste à la Madeleine, il fut nommé professeur de composition (1896), puis directeur du Conservatoire de Paris (1905-1920). Avec Debussy et Ravel, Fauré domine la musique française au début du XXe s. Il a excellé dans la mélodie, le piano et la musique de chambre. Ses œuvres vocales les plus célèbres sont ses cycles de mélodies (*la Bonne Chanson,* 1894) et un *Requiem* (soli, chœurs et orchestre, 1877-1900). Son œuvre instrumentale compte surtout des compositions pour piano (13 nocturnes), des *Élégies* pour violoncelle (v. 1896), de la musique de chambre et des musiques de scène (*Masques et Bergamasques,* 1919). Il composa également des opéras (*Prométhée,* 1900 ; *Pénélope,* 1913).

faussaire [fosɛr] **n.** (lat. *falsarius*). Personne qui commet, fabrique un faux, une contrefaçon (syn. **contrefacteur**).

faussement [fosmɑ̃] **adv. 1.** D'une manière fausse, injuste : *Être faussement accusé.* **2.** De façon hypocrite, affectée : *Un air faussement repenti.*

fausser [fose] **v.t.** (bas lat. *falsere*). **1.** Déformer par un effort excessif : *Fausser une clef* (syn. **tordre**). **2.** Donner une fausse interprétation de qqch ; rendre faux : *Fausser un résultat* (syn. **altérer, dénaturer**). **3.** Détruire la justesse, l'exactitude de ; altérer : *Fausser le jugement. Fausser l'esprit de qqn* (= lui inculquer des raisonnements faux).

fausse-route [fosrut] **n.f.** (pl. *fausses-routes*). MÉD. Passage d'aliments dans la trachée.

fausset [fosɛ] **n.m.** (de *2. faux*). **Voix de fausset,** registre de la voix humaine utilisant uniquement les résonances de tête, dans l'aigu. (On dit aussi *voix de tête.*)

fausseté [foste] **n.f.** (bas lat. *falsitas*). **1.** Caractère de ce qui est faux : *La fausseté d'un raisonnement.* **2.** Manque de franchise ; hypocrisie : *Accuser qqn de fausseté* (syn. **duplicité, hypocrisie**).

faute [fot] **n.f.** (lat. pop. **fallita,* du class. *fallere,* faillir). **1.** Manquement à une règle morale, aux prescriptions d'une religion : *Se repentir de ses fautes* (syn. **errements, péché**). **2.** Manquement à une norme, aux règles d'une science, d'un art, d'une technique ; erreur : *Faute d'orthographe. Faute de frappe.* **3.** Manquement à un règlement, à une règle de jeu : *Faute de conduite. Faute de service au tennis.* **4.** Manière d'agir maladroite ou fâcheuse : *Des fautes de jeunesse* (syn. **écart**). **5.** Responsabilité de qqn ou de qqch dans un acte : *C'est ta faute si nous sommes en retard.* **6.** DR. Acte ou omission qui cause un dommage à autrui : *Salarié licencié pour faute grave.* **7. Faute de,** par manque de : *Je n'ai pu achever faute de temps.* / **Ne pas se faire faute de,** ne pas s'abstenir de : *Elle ne s'est pas fait faute de me reprocher mon retard.* / **Sans faute,** à coup sûr, immanquablement : *J'y serai lundi sans faute.* **8. Double faute,** fait de manquer deux services consécutifs au tennis.

fauter [fote] **v.i.** (de *faute*). **1.** *FAM., VIEILLI.* Se laisser séduire, avoir des relations sexuelles en dehors du mariage, en parlant d'une femme. **2.** *AFR.* Commettre une faute d'orthographe, de français.

fauteuil [fotœj] **n.m.** (frq. **faldistôl,* siège pliant). **1.** Siège individuel à dossier et à bras. **2.** *FAM.* **Arriver dans un fauteuil,** arriver en tête sans difficulté dans une compétition.

fauteur, trice [fotœr, -tris] **n.** (lat. *fautor,* qui favorise). **Fauteur de troubles, de guerre,** personne qui provoque des troubles, une guerre. ***Rem.*** Le féminin est rare.

fautif, ive [fotif, -iv] **adj.** et **n.** Qui est en faute, coupable : *Se sentir fautif* (syn. **responsable**). ◆ **adj.** Qui comporte des erreurs : *Liste fautive* (syn. **erroné, incorrect**).

fautivement [fotivmɑ̃] **adv.** D'une manière fautive, erronée : *Un compte rendu établi fautivement.*

Fautrier (Jean), peintre français (Paris 1898 - Châtenay- Malabry 1964). Artiste raffiné, il est passé d'un réalisme sombre (*Sanglier écorché,* 1927, M.N.A.M.) à l'informel et au matiérisme (« Otages », 1943-1945).

fauve [fov] **adj.** (germ. occidental **falwa*). **1.** D'une couleur tirant sur le roux : *Une mallette en cuir fauve.* **2. Bête fauve,** ruminant dont le pelage tire sur le roux, comme le cerf ou le daim, et qui vit à l'état sauvage dans les bois ; grand félin, comme le tigre ou le lion. ◆ **n.m. 1.** Couleur fauve. **2.** Mammifère carnivore sauvage, au pelage fauve, tel que le lion, le tigre, la panthère, etc. **3.** Peintre appartenant au courant du fauvisme.

fauvette [fovɛt] **n.f.** (de *fauve*). Oiseau passereau au plumage fauve, au chant agréable, insectivore, commun dans les buissons. ▸ Famille des sylviidés ; long. 15 cm.

fauvisme [fovism] **n.m.** (de *fauve*). Mouvement pictural français du début du XXe s.

■ En 1905, à Paris, un critique qualifia de « cage aux fauves » une salle du Salon d'automne, dans laquelle étaient réunis un ensemble de peintres dont l'art semblait d'un modernisme agressif. Rejet de la perspective classique et simplification des formes, le fauvisme s'exprime avant tout par une exaltation des couleurs pures ordonnées dans chaque toile de façon autonome, présentant ainsi une proximité avec l'expressionnisme allemand. Il ne s'agit pas de donner une transcription fidèle du monde, mais d'exprimer les sensations et émotions de l'artiste. Les fauves comprennent certains élèves de l'atelier de Gustave Moreau : Matisse, Albert Marquet, Charles Camoin, Henri Manguin ; deux autodidactes qui communient dans leur amour pour Van Gogh et travaillent ensemble à Chatou : Vlaminck et Derain ; →

un Normand, Othon Friesz, que suivent Dufy et Braque. Matisse et Vlaminck étaient déjà « fauves » avant 1905, de même que Van Dongen et un autre précurseur, Louis Valtat. Vers 1908, les audaces du fauvisme s'estompent chez certains peintres, tandis que Matisse, Derain et Braque commencèrent à explorer de nouvelles voies. ■

1. faux [fo] **n.f.** (lat. *falx, falcis*). Instrument tranchant constitué d'une lame d'acier recourbée et fixée à un long manche, qui sert à couper l'herbe, les céréales, etc.

2. faux, fausse [fo, fos] **adj.** (lat. *falsus*, de *fallere*, tromper). **1.** Contraire à ce qui est vrai ou juste, à l'exactitude, à la logique : *Addition fausse* (contr. **juste**). *Raisonnement faux* (syn. **illogique** ; contr. **correct**). **2.** Qui n'est pas justifié par les faits ; qui est sans fondement : *Une fausse nouvelle* (syn. **inexact, mensonger** ; contr. **authentique**). *Fausse alerte* (= qui n'était pas justifiée par une cause réelle). **3.** Qui n'est qu'une imitation ; qui n'est pas original ou authentique : *Fausses perles* (syn. **artificiel**). *Faux billets* (syn. **contrefait**). **4.** Qui n'est pas réellement ce qu'on le nomme : *Faux acacia.* **5.** Qui a l'apparence d'un objet sans en avoir la fonction : *Fausse porte* (= décor qui simule une porte là où il n'y en a pas). **6.** Qui se fait passer pour ce qu'il n'est pas : *Un faux inspecteur* (syn. **prétendu, soi-disant**). **7.** Qui n'est pas réellement éprouvé ; feint, simulé : *Fausse pudeur. Une fausse modestie* (syn. **affecté** ; contr. **authentique**). **8.** Qui trompe ou dissimule ses sentiments : *Un homme faux* (syn. **hypocrite** ; contr. **sincère**). *Regard faux* (syn. **fourbe** ; contr. **franc**). **9.** Qui n'est pas conforme aux exigences de l'harmonie musicale : *Son piano est faux* (= désaccordé). *Voix fausse.* **10. Fausse note,** note exécutée à la place de la note voulue par le compositeur, mais qui existe dans la tonalité ; au fig., détail qui rompt l'harmonie d'un ensemble : *Une cravate à pois fait une fausse note avec une chemise écossaise.* ◆ **faux adv.** De façon fausse : *Chanter, jouer faux* (contr. **juste**).

3. faux [fo] **n.m.** (de *2. faux*). **1.** Ce qui est contraire à la vérité ; mensonge : *Plaider le faux pour savoir le vrai* (= dire une contrevérité pour inciter qqn à se confier). **2.** Altération frauduleuse de la vérité par la fabrication ou l'usage d'une pièce, d'un objet, etc. : *Ce testament est un faux.* **3.** Copie frauduleuse d'une œuvre d'art originale : *Ses tableaux sont des faux* (syn. **contrefaçon**). **4.** Imitation d'une matière, d'une pierre précieuse, etc. : *Ce bijou, c'est du faux.*

faux-bourdon [foburdɔ̃] **n.m.** (pl. *faux-bourdons*). **1.** Contrepoint à trois voix note contre note, en usage en Angleterre. **2.** Nom donné à tout chant d'église.

faux-filet [fofilɛ] **n.m.** (pl. *faux-filets*). BOUCH. Contre-filet.

faux-fuyant [fofɥijɑ̃] **n.m.** (altér., d'apr. *faux*, de l'anc. fr. *forsfuyant*, de *fors*, hors de, et de *fuir*) [pl. *faux-fuyants*]. Moyen détourné par lequel on évite de s'engager, on élude une question : *Elle a immédiatement trouvé un faux-fuyant* (syn. **échappatoire, subterfuge**).

faux-monnayeur [fomɔnɛjœr] **n.m.** (pl. *faux-monnayeurs*). Personne qui fabrique de la fausse monnaie, des faux billets de banque.

faux-semblant [fosɑ̃blɑ̃] **n.m.** (pl. *faux-semblants*). Ruse, prétexte mensonger : *User de faux-semblants pour tromper.*

faux-sens [fosɑ̃s] **n.m.** Erreur consistant à interpréter d'une manière erronée le sens précis d'un mot dans un texte.

favela [favela] **n.f.** (mot port. du Brésil). Au Brésil, nom donné aux bidonvilles.

faveur [favœr] **n.f.** (lat. *favor*, de *favere*, favoriser). **1.** Disposition à traiter qqn avec bienveillance, à lui accorder une aide, une préférence ; cette bienveillance elle-même : *Solliciter la faveur d'un ministre. Un traitement de faveur* (= réservé spécial. à qqn pour l'avantager). **2.** Décision indulgente qui avantage qqn : *Obtenir qqch par faveur. C'est une faveur d'avoir été invité* (syn. **privilège**). **3.** Crédit, popularité que l'on a auprès de qqn, d'un groupe : *Avoir la faveur du public* (= être très populaire). **4.** VIEILLI. Bande de soie étroite qui sert d'ornement (syn. **ruban**). **5. À la faveur de qqch,** en profitant de qqch : *S'évader à la faveur de la nuit* (= grâce à). **/ En faveur de qqn,** à son profit, à son bénéfice : *Je voterai en sa faveur* (= pour lui). *Vous êtes prévenu en sa faveur* (= vous avez un préjugé favorable à son égard). ◆ **faveurs n.f. pl.** LITT. Marques d'amour données par une femme à un homme : *Accorder, refuser ses faveurs.*

favorable [favɔrabl] **adj. 1.** Animé de dispositions bienveillantes en faveur de qqn, de qqch : *Être favorable à un projet.* **2.** Qui est à l'avantage de qqn ; propice pour qqch : *Occasion favorable* (syn. **opportun**). *Mesures favorables à la paix* (syn. **bénéfique**).

favorablement [favɔrabləmɑ̃] **adv.** D'une manière favorable : *Proposition favorablement accueillie.*

1. favori, ite [favɔri, -it] **adj.** (p. passé de l'anc. v. *favorir*, favoriser, d'apr. l'it. *favorito*). Qui est l'objet de la préférence de qqn : *C'est sa lecture favorite* (syn. **préféré**). ◆ **adj.** et **n. 1.** Qui jouit de la prédilection de qqn : *Il est le favori de ses parents* (syn. **préféré**). *Ce chanteur est le favori du public* (syn. **idole**). **2.** Se dit d'un concurrent, d'une équipe qui a le plus de chances de gagner une compétition : *Les Français partent favoris.* ◆ **favori n.m.** Homme qui jouit des bonnes grâces d'un personnage puissant, d'un roi. ◆ **favorite n.f.** Maîtresse préférée d'un roi.

2. favori [favɔri] **n.m.** (de *1. favori*). [Surtout au pl.]. Touffe de barbe sur chaque côté du visage : *Se laisser pousser des favoris* (syn. **patte**).

favoriser [favɔrize] **v.t.** (du lat. *favor*, faveur). **1.** Traiter de façon à avantager : *Favoriser un débutant* (syn. **appuyer, soutenir**). **2.** Contribuer au développement de : *Favoriser les arts* (syn. **aider, avantager**). **3.** LITT. Faciliter, aider à accomplir : *L'obscurité favorisa sa fuite.*

favoritisme [favɔritism] **n.m.** Tendance à accorder des faveurs injustes ou illégales (syn. **népotisme**).

Favre (Jules), homme politique et avocat français (Lyon 1809 - Versailles 1880). Ministre des Affaires étrangères dans le gouvernement de la Défense nationale, il négocia avec Bismarck l'armistice du 28 janv. 1871 et le traité de Francfort (10 mai).

fax [faks] **n.m.** (abrév. de *Téléfax*, empr. à l'anglo-amér., de *fac s[imile machine]*, télécopieur). **1.** Télécopie. **2.** Télécopieur.

faxer [fakse] **v.t.** (de *fax*). Envoyer un document par télécopie.

fayot [fajo] **n.m.** (prov. *faiol*, lat. *fasiolus*). FAM. Haricot sec. ◆ **fayot, otte n.** FAM. Personne qui fait du zèle auprès de ses supérieurs : *On va le coincer, ce fayot !* (syn. **flagorneur**).

fayoter [fajɔte] **v.i.** (de *fayot*). FAM. Faire du zèle pour se faire bien voir de ses supérieurs.

Fayoum, prov. d'Égypte, au sud-ouest du Caire ; 3 072 000 hab. Célèbre pour ses gisements paléontologiques et ses vestiges archéologiques : système d'irrigation, temples, etc., de la XIIe dynastie, villes ptolémaïques et surtout nécropoles, qui ont livré de nombreux portraits funéraires (Ier-IVe s.).

Faysal Ier (Taif, Arabie saoudite, 1883 - Berne 1933), roi d'Iraq (1921-1933). Prince de la dynastie hachémite, il dirigea la révolte arabe contre les Ottomans (1916). Roi de Syrie (1920), il fut expulsé par les Français et devint roi d'Iraq (1921) avec l'appui de la Grande-Bretagne.

FBI (Federal Bureau of Investigation), service chargé, aux États-Unis, de la police fédérale.

féal, e, aux [feal, -o] **adj.** (anc. fr. *feal*, de *fei*, foi). LITT. Loyal, fidèle : *Bayard était un féal chevalier.*

fébrifuge [febrifyʒ] **adj.** et **n.m.** (lat. *febrifugia*, de *febris*, fièvre, et *fugare*, mettre en fuite). Syn. de *antipyrétique.*

fébrile [febril] **adj.** (lat. *febrilis*, de *febris*, fièvre). **1.** Qui a de la fièvre : *Un enfant fébrile* (syn. **fiévreux**). **2.** Qui manifeste une agitation excessive : *Faire preuve d'une impatience fébrile. Une personne fébrile* (syn. **agité**).

fébrilement [febrilmɑ̃] **adv.** De façon fébrile : *Elle se rongeait fébrilement les ongles* (syn. **nerveusement**).

fébrilité [febrilite] **n.f.** (de *fébrile*). **1.** État d'une personne qui a la fièvre. **2.** Agitation analogue à celle que donne la fièvre : *Sa fébrilité montrait à quel point elle avait été secouée* (syn. **exaltation, nervosité**).

Febvre (Lucien), historien français (Nancy 1878 - Saint-Amour, Jura, 1956). Fondateur en 1929, avec Marc Bloch, des *Annales d'histoire économique et sociale,* revue qui a bouleversé la conception de l'histoire (« école des Annales »), il est aussi l'auteur du *Problème de l'incroyance au XVIe siècle. La Religion de Rabelais* (1942). Il prôna une histoire prenant en compte les aspects politiques, économiques, sociaux et les représentations mentales des sociétés et des hommes.

fécal, e, aux [fekal, -o] **adj.** (lat. *faex, faecis,* lie, excrément). **Matières fécales,** résidus de la digestion éliminés par l'anus ; déjections, excréments.

Fécamp, ch.-l. de c. de la Seine-Maritime ; 19 656 hab. *(Fécampois).* Port de pêche. Liqueurs. Électronique. Station balnéaire. Église de la Trinité, anc. abbatiale de la fin du XIIe s., qui est un remarquable exemple du style gothique normand primitif. Musées.

fèces [fɛs] ou [fɛsɛs] **n.f. pl.** (lat. *faeces,* de *faex,* lie, excrément). PHYSIOL. Matières fécales.

fécond, e [fekɔ̃, -ɔ̃d] **adj.** (lat. *fecundus*). **1.** Propre à la reproduction de l'espèce : *Les mulets ne sont pas féconds* (contr. **stérile**). **2.** Capable d'avoir beaucoup d'enfants ou de petits : *Une espèce féconde* (syn. **prolifique**). **3.** Qui produit beaucoup : *Écrivain fécond. Terre féconde* (syn. **fertile, riche** ; contr. **improductif, stérile**). **4. Fécond en,** riche, fertile en : *Journée féconde en événements.*

fécondable [fekɔ̃dabl] **adj.** Qui peut être fécondé : *L'ovule est fécondable par le spermatozoïde.*

fécondant, e [fekɔ̃dɑ̃, -ɑ̃t] **adj.** Qui féconde, rend fécond : *Des engrais fécondants* (syn. **fertilisant**).

fécondateur, trice [fekɔ̃datœr, -tris] **adj.** et **n.** Qui a le pouvoir de féconder : *Spermatozoïde fécondateur.*

fécondation [fekɔ̃dasjɔ̃] **n.f. 1.** Action de féconder ; son résultat : *La fécondation dite « in vitro » est une méthode de fécondation artificielle.* **2.** BIOL. Union du gamète mâle avec le gamète femelle, contenant chacun un exemplaire de chacun des *n* chromosomes, pour former un œuf, ou zygote, qui contient 2 *n* chromosomes et dont le développement donne un nouvel individu.

■ La fécondation, fusion d'un gamète mâle (spermatozoïde) et d'un gamète femelle (ovule) pour donner une cellule-œuf, est le point de départ de la formation d'un nouvel individu chez tous les êtres vivants qui pratiquent la reproduction sexuée. Chez les animaux, la fécondation peut être *externe,* c'est-à-dire se produire dans le milieu extérieur (c'est le cas chez les échinodermes, la plupart des poissons, les amphibiens, etc.), ou bien *interne,* à l'intérieur des voies génitales de la femelle (il faut alors qu'il y ait copulation ; c'est le cas des mammifères, des oiseaux, des requins, etc.).

Le spermatozoïde possède dans sa tête des enzymes capables de perforer la membrane de l'ovule. Son noyau pénètre alors dans l'ovule, où il fusionne avec le noyau de celui-ci. Ces deux noyaux à *n* chromosomes (haploïdes) forment grâce à cette fusion un noyau à 2 *n* chromosomes (diploïde), qui va aussitôt commencer à se diviser. De façon générale, un ovule ne peut être fécondé que par un seul spermatozoïde.

Chez l'espèce humaine, lors d'un rapport sexuel, environ 250 millions de spermatozoïdes (dans environ 3 ml de sperme) sont déposés dans le vagin. Seulement 1 % d'entre eux (2,5 millions) gagnent l'utérus, où ils survivent 3 à 4 jours. De là, à peine quelques milliers parviennent aux trompes de Fallope, où peut se trouver un ovule, qu'un seul spermatozoïde peut féconder. ■

féconder [fekɔ̃de] **v.t.** (lat. *fecundare*). **1.** Réaliser la fécondation de ; transformer un œuf en embryon : *Certains poissons ne fécondent leurs œufs qu'après la ponte.* **2.** Rendre une femelle pleine, une femme enceinte. **3.** LITT. Rendre fécond, fertile : *Les pluies fécondent la terre* (syn. **fertiliser**).

fécondité [fekɔ̃dite] **n.f. 1.** Aptitude d'un être vivant à se reproduire : *Le taux de fécondité d'un pays.* **2.** Aptitude à produire beaucoup : *Fécondité d'un sol* (syn. **richesse**). *La fécondité d'un écrivain* (syn. **abondance**).

fécule [fekyl] **n.f.** (lat. *faecula,* tartre, de *faex, faecis,* lie). Amidon contenu dans certaines racines ou certains tubercules comme la pomme de terre, le manioc, etc., d'où on l'extrait sous forme de fine poudre blanche.

féculent [fekylɑ̃] **n.m.** Graine, fruit, tubercule alimentaires riches en amidon : *Les pommes de terre, les lentilles, les haricots, le manioc et l'igname sont des féculents.*

fedayin [fedajin] ou [fedain] **n.m.** (mot ar., pl. de *fedaï,* celui qui se sacrifie). Résistant, spécial. résistant palestinien, qui mène une action de guérilla. ***Rem.*** La forme *fedayin* s'est imposée dans l'usage comme singulier alors qu'il s'agit d'un pluriel en arabe. La forme savante *fedaï* (pl. *fedayine*) reste peu usitée.

fédéral, e, aux [federal, -o] **adj.** (lat. *foedus, -eris,* alliance). **1.** Qui constitue une fédération : *Une république fédérale* (= composée de plusieurs unités territoriales). **2.** Qui appartient à une fédération : *Troupes fédérales.* **3.** Qui relève du pouvoir central d'un État fédéral : *Police fédérale.* **4.** HELV. Relatif à la Confédération helvétique.

fédéralisme [federalism] **n.m. 1.** Mode de regroupement de collectivités politiques tendant à accroître leur solidarité tout en préservant leur particularisme. **2.** HELV. Doctrine qui défend l'autonomie des cantons par rapport au pouvoir fédéral. ◆ **fédéraliste n.** Nom du partisan.

fédéralistes *(Insurrections),* soulèvements qui éclatèrent dans plusieurs départements français pendant la Révolution. Elles furent fomentées après le 2 juin 1793 par les Girondins, hostiles à la prédominance politique de Paris et à la conception centralisatrice de la République.

fédérateur, trice [federatœr, -tris] **adj.** et **n.** Qui organise ou favorise une fédération : *Des tendances fédératrices.*

fédératif, ive [federatif, -iv] **adj.** Qui constitue une fédération ou un État fédéral ; relatif à une fédération : *Une Constitution fédérative.*

fédération [federasjɔ̃] **n.f.** (bas lat. *foederatio,* de *foederare*). **1.** État fédéral. **2.** Groupement organique de partis, de mouvements ou clubs politiques, d'associations, de syndicats, etc. : *Une fédération ouvrière. La Fédération française de football.* **3.** HIST. Association formée, en 1789, par les patriotes pour défendre les acquis de la Révolution française. **4.** HIST. **Fête de la Fédération,** fête nationale organisée le 14 juill. 1790 à Paris, qui rassembla les délégués des fédérations provinciales.

fédéraux [federo] **n.m. pl.** HIST. Soldats américains des États du Nord, pendant la guerre de Sécession (1861-1865), qui luttaient pour le maintien de l'Union fédérale.

1. fédéré, e [federe] **adj.** Qui fait partie d'une fédération : *États fédérés.*

2. fédéré [federe] **n.m.** HIST. **1.** Délégué à la fête de la Fédération en 1790. **2.** Soldat au service de la Commune de Paris en 1871.

fédérer [federe] **v.t.** [conj. **18**]. Former, grouper en fédération : *Fédérer de petits États.* ◆ **se fédérer v.pr.** Se grouper en une fédération.

Federer (Roger), joueur de tennis suisse (Bâle 1981). Ayant remporté sept titres à Wimbledon (2003 à 2007, 2009, 2012), cinq à Flushing Meadow (2004 à 2008), quatre aux Internationaux d'Australie (2004, 2006, 2007, 2010) et un à Roland-Garros (2009), il détient le record du nombre de victoires en tournois du Grand Chelem (17). Il possède aussi, avec six titres (2003, 2004, 2006, 2007, 2010, 2011), le record du nombre de victoires aux « Masters », compétition opposant, à chaque fin de saison, les meilleurs joueurs du circuit.

Fédérés ***(mur des),*** mur du cimetière du Père-Lachaise, à Paris, devant lequel furent exécutés les derniers défenseurs de la Commune (mai 1871).

fée [fe] **n.f.** (bas lat. *Fata,* déesse de la Destinée). **1.** Être imaginaire représenté sous les traits d'une femme douée d'un pouvoir surnaturel : *D'un coup de sa baguette, la fée transforma le crapaud en prince.* **2.** LITT. Femme remarquable par sa grâce, son esprit, sa bonté, son adresse : *Ma grand-mère est une fée.* **3. Conte de fées,** récit merveilleux dans lequel les fées interviennent. / **Doigts de fée,** qui exécutent à la perfection des travaux délicats.

feed-back [fidbak] **n.m. inv.** (mot angl., de *to feed,* nourrir, et *back,* en arrière). **1.** TECHN. Processus par lequel les informations fournies en sortie d'un système sont prises en compte en entrée par ce dernier, afin de réguler son fonctionnement (syn. **rétroaction**). **2.** PHYSIOL. Autorégulation automatique et permanente du système endocrinien (syn. **rétrocontrôle**).

feeling [filiŋ] **n.m.** (mot angl. « sentiment », de *to feel,* sentir). **1.** MUS. Qualité d'émotion et de sensibilité manifestée dans une interprétation. **2.** FAM. Manière de ressentir une situation : *Vas-y au feeling.*

féerie [feri] ou [feeri] **n.f. 1.** Monde fantastique des fées. **2.** Spectacle d'une merveilleuse beauté : *Le feu d'artifice fut une féerie* (syn. **fantasmagorie**). **3.** Pièce de théâtre fondée sur le merveilleux, la magie.

féerique [ferik] ou [feerik] **adj.** Qui tient de la féerie : *Un monde féerique* (syn. **fantastique, irréel**).

Fehling (liqueur de), réactif utilisé en chimie dans le dosage du glucose.

feignant, e ou **faignant, e** [feɲɑ̃, -ɑ̃t] **adj.** et **n.** (de *feindre,* rester inactif). FAM. Peu enclin à travailler : *Quel feignant !* (syn. **fainéant, paresseux**).

feindre [fɛ̃dr] **v.t.** (lat. *fingere,* façonner) [conj. **81**]. Simuler pour tromper : *Feindre la colère* (syn. **affecter, simuler**). **Feindre de,** faire semblant de : *Elle a feint de s'attendrir.*

feinte [fɛ̃t] **n.f.** (de *feindre*). **1.** Manœuvre, geste, coup destiné à tromper l'adversaire : *Admirer les feintes d'un boxeur.* **2.** FAM. Acte destiné à tromper : *Son départ n'était qu'une feinte* (syn. **manège, manigance, ruse**).

feinter [fɛ̃te] **v.t.** (de *feinte*). **1.** SPORTS. Simuler un coup pour tromper l'adversaire : *Un escrimeur habile à feinter les bottes de son adversaire* (syn. **esquiver**). *Feinter la passe* (= la simuler). **2.** FAM. Surprendre par une ruse : *Je l'ai bien feinté* (syn. **duper, tromper**). ◆ **v.i.** Faire une feinte : *Un bon joueur de football doit savoir feinter.*

feldspath [fɛldspat] **n.m.** (mot all.). MINÉR. Nom donné à plusieurs minéraux de couleur claire, constituants essentiels des roches éruptives et métamorphiques.

fêlé, e [fele] **adj.** Qui présente une fêlure : *La vitrine est fêlée.* ◆ **adj.** et **n.** FAM. Un peu fou.

fêler [fele] **v.t.** (contract. de l'anc. fr. **faieler, faeler,* fendre, lat. class. *flagellare,* fouetter) [conj. **4**]. Fendre légèrement un objet sans que les parties se séparent : *Fêler une tasse.*

félicitations [felisitasjɔ̃] **n.f. pl.** (de *féliciter*). **1.** Compliments qu'on adresse à qqn à l'occasion d'un événement heureux : *Présenter ses félicitations aux jeunes mariés.* **2.** Vives approbations adressées à qqn : *Il a reçu les félicitations du maire pour son acte de courage* (syn. **éloges**).

félicité [felisite] **n.f.** (lat. *felicitas*). LITT. Grand bonheur ; contentement intérieur : *Visage qui exprime une félicité sans mélange* (syn. **béatitude**).

féliciter [felisite] **v.t.** (lat. *felicitare,* rendre heureux). **1.** Complimenter qqn sur sa conduite ; congratuler : *Je vous félicite de votre courage.* **2.** Témoigner à qqn que l'on partage la joie que lui cause un événement heureux : *Féliciter des jeunes mariés* (syn. **complimenter**). ◆ **se féliciter v.pr.** [**de**]. Être satisfait d'avoir fait qqch : *Je me félicite de l'avoir écouté* (syn. **se louer, se réjouir**).

félidé [felide] et **félin** [felɛ̃] **n.m.** (lat. *felis,* chat). **Félidés** ou **félins,** famille de mammifères carnivores digitigrades à griffes général. rétractiles et à molaires coupantes, tels que le chat, le lion, le guépard, etc. ▸ Ordre des carnivores.

félin, e [felɛ̃, -in] **adj.** (bas lat. *felinus*). Qui tient du chat, qui en a la souplesse et la grâce : *Allure féline.*

fellaga ou **fellagha** [felaga] **n.m.** (pl. de l'ar. *fellāg,* coupeur de route). HIST. Partisan algérien ou tunisien soulevé contre l'autorité française pour obtenir l'indépendance de son pays. *Rem.* L'usage a consacré la forme *fellaga* ou *fellagha* au sing. bien qu'il s'agisse d'un pl. en arabe.

fellah [fela] **n.m.** (mot ar. « laboureur »). Paysan, dans les pays arabes.

fellation [felasjɔ̃] **n.f.** (du lat. *fellare,* sucer). Excitation buccale du sexe de l'homme.

Fellini (Federico), cinéaste italien (Rimini 1920 - Rome 1993). Scénariste, collaborateur de R. Rosselini, notamment pour *Rome, ville ouverte* (1945), et de A. Lattuada, il s'émancipe dès ses premiers films (*le Sheik blanc,* 1952 ; *les Vitelloni,* 1953) et connaît un grand succès avec *La Strada* (1954). Ses films suivants, *Il Bidone* (1955) et *les Nuits de Cabiria* (1957), le placent parmi les meilleurs réalisateurs de son pays. Il obtient la consécration mondiale avec *La Dolce Vita* (1960) : à travers les errances d'un journaliste (M. Mastroianni) dans le monde du cinéma et de l'aristocratie romaine, il y fait le portrait au vitriol d'une société décadente. Désormais, ce poète visionnaire, ironique, se détache de plus en plus de sa vision humaniste du monde ; il se lance dans de vastes fresques baroques et tumultueuses, où il se fait l'analyste lucide, parfois cynique, pessimiste ou nostalgique, de son époque (*Huit et demi,* 1963 ; *Roma,* 1972 ; *Amarcord,* 1973 ; *Casanova,* 1976 ; *la Cité des femmes,* 1980 ; *Et vogue le navire,* 1983 ; *Intervista,* 1987 ; *La Voce della luna,* 1990).

félon, onne [felɔ̃, -ɔn] **adj.** et **n.** (bas lat. *fello,* frq. **fillo,* équarrisseur). **1.** FÉOD. Déloyal envers son seigneur : *Vassal félon.* **2.** LITT. Déloyal : *Un officier félon* (syn. **traître**).

félonie [felɔni] **n.f.** (de *félon*). **1.** FÉOD. Manque de loyauté, offense ou trahison d'un vassal envers son seigneur. **2.** LITT. Acte déloyal : *Commettre une félonie* (syn. **trahison, traîtrise**).

felouque [fəluk] **n.f.** (catalan *faluca, falua,* ar. *falūwa,* propr. « pouliche » puis « petit navire »). MAR. Petit bâtiment de la Méditerranée, long, léger et étroit, à voiles et à rames.

fêlure [felyr] **n.f.** Fente d'une chose fêlée : *La fêlure du vase est peu visible.*

femelle [fəmɛl] **adj.** (lat. *femella,* petite femme). **1.** BIOL. Se dit d'un individu ou d'un organe animal ou végétal appartenant au sexe apte à produire des cellules fécondables et, souvent, à abriter le développement du produit de la fécondation (par opp. à *mâle*) ; se dit de ce sexe : *Un canari femelle. Gamète femelle.* **2.** DR. Qui est du sexe féminin : *Les héritiers mâles et femelles.* **3.** TECHN. Se dit d'un élément, d'un instrument dans lequel entre la partie saillante d'un autre, qualifié de *mâle* : *Prise femelle.* **4. Fleur femelle,** fleur qui ne porte pas d'étamines. ◆ **n.f.** Individu du règne animal de sexe femelle : *La brebis est la femelle de l'espèce ovine.*

féminin, e [feminɛ̃, -in] **adj.** (lat. *femininus,* de *femina,* femme). **1.** Propre à la femme : *Le charme féminin.* **2.** Qui évoque la femme : *Des manières féminines.* **3.** Qui a rapport aux femmes, qui les concerne : *La mode féminine. Revendications féminines.* **4.** Qui est composé de femmes : *Orchestre féminin.* **5.** Qui appartient au genre dit *féminin* : *« Idée » est un nom féminin.* **6. Rime féminine,** rime que termine une syllabe muette. ◆ **féminin n.m.** GRAMM. Un des genres grammaticaux, qui s'applique, en français, aux noms d'êtres femelles et à une partie des noms désignant des choses (par opp. à *masculin*).

féminisation [feminizasjɔ̃] **n.f. 1.** Fait de se féminiser, en parlant d'un milieu : *La féminisation du corps enseignant* (= l'augmentation du nombre des femmes dans cette profession). **2.** MÉD. Processus, pathologique ou artificiellement provoqué, se caractérisant par l'apparition de caractères sexuels secondaires féminins chez un homme. **3.** LING. Passage d'un mot au genre féminin.

féminiser [feminize] **v.t. 1.** Donner un caractère féminin ou efféminé à. **2.** MÉD. Provoquer la féminisation. **3.** LING. Mettre au féminin ; donner à un mot les marques du genre féminin : *Féminiser les noms de métier.* ◆ **se féminiser v.pr. 1.** Prendre un aspect plus féminin. **2.** Comprendre un plus grand nombre de femmes qu'auparavant, en parlant d'un milieu : *Le métier d'ingénieur se féminise.*

féminisme [feminism] **n.m.** Doctrine qui préconise l'amélioration et l'extension du rôle et des droits des femmes dans la société ; mouvement qui milite dans ce sens.

féministe [feminist] **adj.** et **n.** Relatif au féminisme ; qui est partisan, qui se réclame du féminisme.

féminité [feminite] **n.f.** Caractère féminin ; ensemble des caractères propres à la femme : *Une robe vaporeuse accentuait sa féminité.*

femme [fam] **n.f.** (lat. *femina*). **1.** Être humain du sexe féminin (par opp. à *homme, à mâle*) : *La loi salique excluait les femmes de la possession de la terre.* **2.** Adulte du sexe féminin (par opp. à *fille, à jeune fille*) : *C'est une femme maintenant.* **3.** Épouse : *Il nous a présenté sa femme. Prendre femme* (= se marier, en parlant d'un homme). **4.** Adulte de sexe féminin considéré par rapport à ses qualités, à son activité, à son origine : *Une femme de tête. Une femme politique. Une femme du monde.* **5.** Peut être suivi ou précédé d'un nom de profession du genre masculin : *Une femme médecin.* **6. Bonne femme** ⟶ **1. bonhomme.**

femmelette [famlɛt] **n.f.** Homme faible, sans énergie (péjor.).

fémoral, e, aux [femɔral, -o] **adj.** Relatif au fémur ou aux régions voisines : *Artère fémorale.*

fémur [femyr] **n.m.** (lat. *femur*, cuisse). Os de la cuisse, le plus fort de tous les os du corps : *Se casser le col du fémur.*

fenaison [fənɛzɔ̃] **n.f.** (de *fener*, anc. forme de *faner*). Coupe et récolte des foins ; période où elles se font.

fendillement [fɑ̃dijmɑ̃] **n.m.** Fait de se fendiller ; fente légère : *Des fendillements sur une mosaïque antique* (syn. **craquelure**).

fendiller [fɑ̃dije] **v.t.** (de *fendre*). Produire de petites fentes dans : *L'humidité a fendillé les vieux cadres dorés.* ◆ **se fendiller v.pr.** Être sillonné de petites fentes : *Le plâtre se fendille de-ci de-là* (syn. **se craqueler, se crevasser**).

fendre [fɑ̃dr] **v.t.** (lat. *findere*) [conj. **73**]. **1.** Couper dans le sens de la longueur : *Fendre du bois.* **2.** Provoquer des fentes, des crevasses dans qqch : *La sécheresse fend la terre* (syn. **crevasser, fissurer**). **3.** *LITT.* Se frayer un passage dans : *Fendre la foule* (syn. **écarter**). **4. Fendre le cœur,** causer une vive affliction. / **Geler à pierre fendre,** geler très fort. ◆ **se fendre v.pr. 1.** Se crevasser : *La terre se fend avec la sécheresse* (syn. **se craqueler, se fissurer**). **2. [en].** Se séparer en fragments dans le sens de la longueur ou selon un plan de clivage : *L'ardoise se fend en lames minces.* **3.** *FAM.* **Se fendre de,** donner, offrir avec une prodigalité inhabituelle : *Il s'est fendu d'un gros pourboire.*

Fénelon (François de Salignac de La Mothe-), prélat et écrivain français (château de Fénelon, Périgord, 1651 - Cambrai 1715). Il écrivit pour le duc de Bourgogne (petit-fils de Louis XIV), dont il fut le précepteur, les *Dialogues des morts* (publiés en 1712) et les *Aventures de Télémaque* (1699), dont le sujet est emprunté à *l'Odyssée* d'Homère. Cet ouvrage, plein de critiques indirectes contre la politique de Louis XIV, lui valut la disgrâce. En même temps, son *Explication des maximes des saints* (1697), favorable à la doctrine quiétiste, était condamnée par l'Église. Fénelon acheva sa vie dans son évêché de Cambrai sans interrompre sa réflexion politique et esthétique, qui annonce l'esprit du XVIIIe s.

fenêtre [fənɛtr] **n.f.** (lat. *fenestra*). **1.** Baie munie d'une fermeture vitrée, pratiquée dans le mur d'un bâtiment pour y laisser pénétrer l'air et la lumière ; cette fermeture vitrée : *Regarder par la fenêtre.* **2.** Ouverture pratiquée dans un matériau : *Enveloppes à fenêtre* (= avec une partie transparente). **3.** INFORM. Zone rectangulaire d'un écran de visualisation dans laquelle s'inscrivent des informations graphiques ou alphanumériques. **4. Jeter l'argent par les fenêtres,** dépenser exagérément.

fenil [fənil] ou [fəni] **n.m.** (lat. *fenile*, de *fenum*, foin). Local où l'on rentre le foin pour le conserver.

fennec [fenɛk] **n.m.** (ar. *fanak*). Petit renard du Sahara et de l'Arabie, à longues oreilles. ▶ Long. 60 cm ; famille des canidés.

fenouil [fənuj] **n.m.** (lat. *feniculum*, petit foin). Plante aromatique, à feuilles divisées en fines lanières, dont on consomme la base des pétioles charnus comme légume. ▶ Famille des ombellifères.

fente [fɑ̃t] **n.f.** (lat. pop. **findita*, du class. *findere*, fendre). **1.** Action de fendre : *La fente est une des opérations de la taille des ardoises.* **2.** Fissure plus ou moins profonde à la surface de qqch : *Boucher les fentes d'un mur* (syn. **crevasse, lézarde**). **3.** Ouverture étroite et longue : *Regarder à travers les fentes d'un store* (syn. **interstice**).

féodal, e, aux [feɔdal, -o] **adj.** (lat. médiév. *feodalis*). Relatif à la féodalité : *Château féodal. Institutions féodales.*

féodalité [feɔdalite] **n.f.** (de *féodal*). **1.** Ensemble des lois et coutumes qui régirent l'ordre politique et social dans une partie de l'Europe de la fin de l'époque carolingienne à la fin du Moyen Âge et qui impliquaient d'une part la prédominance d'une classe de guerriers et, d'autre part, des liens de dépendance d'homme à homme. (⟶ servage.) **2.** Puissance économique ou sociale qui rappelle l'organisation féodale (péjor.) : *Les féodalités financières, pétrolières.*

■ **Seigneur et vassal.** Apparue en Europe occidentale à la fin de l'époque mérovingienne, la féodalité s'épanouit à partir de la fin du IXe s. tandis que se désagrège l'Empire carolingien. Le haut Moyen Âge a vu en effet se développer des liens de vassalité entre les seigneurs : le suzerain doit protection et justice à son vassal, lui assure nourriture, logement et lui concède un bénéfice (appelé *fief* à partir du XIe s.), une terre généralement, en échange de divers services (conseil, aide financière et militaire).

La mise en place de la féodalité. La vassalité est d'abord développée par les Carolingiens, qui s'assurent la fidélité de leurs plus lointains sujets par le biais d'une pyramide de serments remontant jusqu'à eux. Mais, avec l'effondrement de l'Empire, le pouvoir monarchique se morcelle au profit des princes territoriaux (comtes, ducs, marquis) et, plus tardivement, des châtelains. Le château devient alors le centre unique de la seigneurie qui absorbe tous les pouvoirs : économiques, judiciaires, politiques et militaires. Sur son domaine, le seigneur soumet la population à toute une série de redevances en travail, en part de récolte ou en argent. (→ servage.) À l'État carolingien succède ainsi le monde féodal proprement dit, caractérisé par l'émiettement du pouvoir et fondé sur les liens personnels unissant entre eux, dans une hiérarchie, les membres des couches dominantes de la société, possesseurs d'un fief. Ceux-ci forment la chevalerie, à laquelle l'Église impose une discipline qui est à la base de la morale chevaleresque.

Expansion et déclin. D'abord implantée dans les régions entre Loire et Meuse, la féodalité s'étend, à des degrés divers, à tous les pays d'Europe occidentale et est introduite, par la conquête, en Angleterre, en Italie du Sud et en Syrie (États latins du Levant, créés par les croisés). Son déclin s'amorce au XIIIe s., époque où elle est victime à la fois d'une évolution économique qui appauvrit la petite chevalerie et, plus encore, de la restauration du pouvoir monarchique, le souverain s'appuyant à la fois sur le droit romain et la notion de suzeraineté pour recouvrer son autorité. Sous l'Ancien Régime, certains droits féodaux exercés par les nobles sur les paysans se maintiennent en France jusqu'à la Révolution. ■

fer [fɛr] **n.m.** (lat. *ferrum*). **1.** Métal tenace et malléable, d'un gris bleuâtre, fondant à 1 535 °C, largement utilisé dans la technologie et l'industrie sous forme d'alliages, d'aciers et de fontes : *Un pays producteur de fer.* ▸ Symb. Fe ; densité 7,87. **2.** Substance ferrugineuse : *Les lentilles contiennent du fer.* **3.** Barre d'acier utilisée dans les charpentes ou servant d'armature dans le béton armé : *Fer en U, en T.* **4.** Demi-cercle de fer placé sous le sabot des animaux de monte ou de trait comme le cheval, la mule, le bœuf : *Un fer à cheval.* **5.** Lame d'acier servant à renforcer les bouts de la semelle d'une chaussure. **6.** Nom donné à divers outils, instruments ou appareils utilisés pour la chaleur qu'ils conduisent : *Fer à repasser. Fer à souder. Fer à friser.* **7.** Transport par chemin de fer, par le rail : *Acheminer des marchandises par fer.* **8. Âge du fer,** période de la protohistoire caractérisée par une généralisation de l'usage du fer. / LITT. **Croiser le fer avec qqn,** se battre à l'épée contre lui ; au fig., échanger avec lui des arguments polémiques. / **De fer,** résistant, robuste ; inébranlable, inflexible : *Une santé de fer. Une volonté, une discipline de fer.* / **Fer de lance,** pointe en fer au bout d'une lance ; au fig., élément, groupe le plus efficace ou le plus avancé dans un domaine : *L'Airbus est le fer de lance de l'industrie aéronautique.* / **Fer doux,** acier à très basse teneur en carbone, utilisé pour les noyaux de circuits magnétiques. / **Fer forgé,** fer travaillé au marteau sur l'enclume : *Un balcon en fer forgé.* / FAM. **Tomber les quatre fers en l'air,** tomber à la renverse, sur le dos. ◆ **fers n.m. pl. 1.** Chaînes avec lesquelles on attachait un prisonnier : *Mettre qqn aux fers.* **2.** LITT. Esclavage, sujétion. **3.** VX. Forceps.

■ **L'âge du fer.** Entre 1200 et 1000 av. J.-C., l'industrie du fer connaît un brusque accroissement en Iran, en Transcaucasie, en Syrie et en Palestine, puis en Mésopotamie, dans le Caucase, à Chypre et en Crète. En Europe occidentale, l'âge du fer occupe le Ier millénaire av. J.-C. Le premier âge du fer (Hallstatt) s'étend de l'an 900 jusqu'après 500 av. J.-C. ; le second âge du fer (La Tène) se poursuit en trois périodes jusqu'à la conquête romaine et même se prolonge, en Irlande, en Scandinavie et dans la Germanie non romanisée, jusqu'à la christianisation de ces pays.
Traits culturels et artistiques. Les échanges commerciaux à très longues distances sont courants tant avec le monde étrusque ou grec qu'avec celui des cavaliers scythes par la voie du Danube, ou celui des producteurs d'ambre de la Baltique. Ainsi, dans la sépulture de Hochdorf (Bade-Wurtemberg), on a recueilli un fragment de soie venu d'Extrême-Orient et, dans celle de Vix (en Bourgogne), des vases attiques et un cratère en bronze grec. L'habitat est souvent fortifié (oppidums de Bibracte, d'Ensérune, de La Heuneburg en Allemagne) et les sépultures sous tumulus abritent un char d'apparat à quatre roues pour les dignitaires (Vix) ; puis, à l'époque de La Tène, les tombes à incinération sont plates et contiennent un char de combat à deux roues. Autre caractéristique majeure, la qualité de la métallurgie du fer avec des épées moins larges et plus longues retrouvées dans chaque sépulture de guerrier. Cela suppose une production quasi industrielle liée à l'accroissement démographique de ces populations gouvernées par une aristocratie guerrière. Le répertoire décoratif est celui, cher au monde celte, d'un fantastique qui transpose faune et flore en géométrisme curviligne. ■

féra [fera] **n.f.** (orig. obsc.). Poisson des lacs alpins, apprécié pour sa chair. ▸ Genre *Coregonus* ; long. 50 cm.

fer-blanc [fɛrblɑ̃] **n.m.** (pl. *fers-blancs*). Tôle fine en acier doux, recouverte d'étain.

ferblanterie [fɛrblɑ̃tri] **n.f. 1.** VX. Métier, boutique, commerce du ferblantier. **2.** Ustensiles en fer-blanc.

ferblantier, ère [fɛrblɑ̃tje, -ɛr] **n.** Personne qui fabrique, vend des objets en fer-blanc.

Ferdinand Ier de Habsbourg (Alcalá de Henares 1503 - Vienne 1564), roi de Bohême et de Hongrie (1526), roi des Romains (1531), empereur germanique (1556-1564). Frère cadet de Charles Quint, il reçut de lui les possessions héréditaires des Habsbourg en Autriche (1521). Marié à Anne de Hongrie, il se fit élire roi de Bohême et de Hongrie en 1526. Il lutta contre les Ottomans et s'efforça de préserver la paix religieuse (paix d'Augsbourg, 1555). Il succéda à Charles Quint à la tête de l'Empire après l'abdication de ce dernier (1556). • **Ferdinand II de Habsbourg** (Graz 1578 - Vienne 1637), roi de Bohême (1617) et de Hongrie (1618), empereur germanique (1619-1637). Champion de la Réforme catholique et partisan de l'absolutisme, il se heurta à la rébellion des nobles protestants de Bohême, qui déclencha la guerre de Trente Ans (1618-1648). Il infligea de sévères défaites aux insurgés et à leurs alliés (Danemark) mais ne put terminer victorieusement la guerre. • **Ferdinand III de Habsbourg** (Graz 1608 - Vienne 1657), roi de Hongrie (1625) et de Bohême (1627), empereur germanique (1637-1657). Fils de Ferdinand II, il poursuivit sa politique. Vaincu par les armées françaises et suédoises, il dut signer en 1648 les traités de Westphalie mettant fin à la guerre de Trente Ans.

Ferdinand II le Catholique (Sos, Saragosse, 1452 - Madrigalejo 1516), roi de Sicile (1468-1516), roi d'Aragon (Ferdinand V) [1479-1516], roi de Castille (1474-1504), puis de Naples (Ferdinand III) [1504-1516]. Par son mariage avec Isabelle de Castille (1469), il prépara l'unité de la Péninsule. Avec la reine, il renforça l'autorité monarchique, acheva la Reconquista (prise de Grenade, 1492) et travailla à l'unité religieuse de l'Espagne (expulsion des Juifs et des Maures). À l'extérieur, il s'opposa aux ambitions françaises en Italie et acquit Naples et le Milanais. À sa mort, il laissa à son petit-fils (Charles Quint) le royaume d'Aragon, auquel il avait annexé la Navarre.

Ferdinand VII (Escurial 1784 - Madrid 1833), roi d'Espagne (1808 et 1814-1833). Fils de Charles IV, qui abdiqua en sa faveur en 1808, il fut relégué par Napoléon au château de Valençay (Indre), mais fut rétabli en 1814. Son absolutisme rétrograde provoqua en Espagne une révolution, que seule l'intervention française (1823) permit de réprimer. Il ne put en revanche s'opposer à l'émancipation des colonies d'Amérique. À sa mort, il légua son royaume à sa fille (Isabelle II), ce qui déclencha la première guerre carliste.

Ferdowsi ou **Firdusi,** poète épique persan (près de Tus, Khorasan, v. 932 - *id.* 1020). Il est l'auteur de l'épopée héroïque du *Chah-namè (le Livre des rois).*

feria [ferja] **n.f.** (mot esp.). RÉGION. Grande fête annuelle, dans le Midi.

férié, e [ferje] **adj.** (lat. *feriatus*). **Jour férié,** jour de repos prescrit par la loi ou par la religion : *Le 1er Mai est un jour férié* (syn. **chômé**).

férir [ferir] **v.t.** (lat. *ferire,* frapper) [usité seul. à l'inf. et au p. passé *féru*]. LITT. **Sans coup férir,** sans combattre ; au fig., sans difficulté.

ferler [fɛrle] **v.t.** (anc. fr. *fresler,* de l'angl. *to furl*). MAR. Serrer pli sur pli une voile contre un espar et l'y assujettir.

fermage [fɛrmaʒ] **n.m.** (de *2. ferme*). Mode d'exploitation agricole dans lequel l'exploitant verse une redevance annuelle au propriétaire du domaine ; cette redevance.

Fermat (Pierre de), mathématicien français (Beaumont-de-Lomagne 1601 - Castres 1665). Il fonda en même temps que Descartes la géométrie analytique. Précurseur du calcul différentiel, il apporta une contribution essentielle à la théorie des nombres. Enfin, il fut avec Pascal à l'origine du calcul des probabilités. Son « grand théorème » n'a été démontré qu'en 1993-1994.

1. ferme [fɛrm] **adj.** (lat. *firmus*). **1.** Qui offre une certaine résistance à la pression : *Passez par ici, le sol est ferme* (syn. **consistant** ; contr. **mou**). **2.** Qui n'est pas ébranlé facilement ; qui ne tremble pas : *Marcher d'un pas ferme* (syn. **décidé**). *Écrire d'une main ferme* (syn. **assuré**). **3.** Qui ne faiblit pas, ne fléchit pas : *Être ferme dans ses résolutions* (syn. **inébranlable**). *Ton ferme, voix ferme* (= pleins d'assurance). **4.** Définitif : *Achat, vente ferme.* **5.** BOURSE. Dont le cours est stable ou en hausse : *L'euro s'est montré ferme par rapport au dollar.* **6. Terre ferme,** sol du rivage, du continent (par opp. à l'*eau* ou à l'*air*). ◆ **adv. 1.** Avec assurance : *Parler ferme* (= sans admettre de réplique). **2.** Fermement ; beaucoup : *Souquer ferme* (= avec vigueur).

S'ennuyer ferme (syn. **énormément**). **3.** D'une manière définitive et sans possibilité de se dédire : *Vendre ferme.* **4.** Sans sursis : *Être condamné à deux ans de prison ferme.*

2. ferme [fɛrm] **n.f.** (bas lat. *firma,* convention, de *firmus,* ferme, convenu). **1.** Maison d'habitation et bâtiments annexes situés sur une exploitation agricole : *La cour de la ferme.* **2.** Domaine agricole donné en fermage. **3.** Exploitation agricole en général.

fermé, e [fɛrme] **adj.** (de *fermer*). **1.** Qui ne comporte pas de solution de continuité ; entièrement clos : *Le cercle est une courbe fermée.* **2.** Où il est difficile de s'introduire : *Société fermée.* **3.** Qui ne laisse rien transparaître ; peu expansif : *Visage fermé* (syn. **impénétrable**). **4.** Insensible, inaccessible à qqch, à un sentiment : *Cœur fermé à la pitié* (syn. **sourd**). *Esprit fermé à l'algèbre* (syn. **réfractaire**). **5.** PHON. Se dit d'une voyelle prononcée avec une fermeture partielle ou totale du canal vocal : *« é » fermé noté* [e]. **6. Syllabe fermée,** terminée par une consonne prononcée. / MATH. **Ensemble fermé,** ensemble qui englobe les valeurs qui le limitent.

fermement [fɛrməmɑ̃] **adv. 1.** D'une manière ferme, solide : *S'appuyer fermement sur qqn.* **2.** Avec volonté, assurance : *Avis fermement exprimé.*

ferment [fɛrmɑ̃] **n.m.** (lat. *fermentum,* du rad. de *fervere,* bouillir). **1.** Agent produisant la fermentation d'une substance : *Ferment lactique.* **2.** LITT. Ce qui fait naître ou entretient une passion, une agitation : *Un ferment de haine, de discorde* (syn. **levain**).

fermentation [fɛrmɑ̃tasjɔ̃] **n.f. 1.** Transformation de certaines substances organiques sous l'action d'enzymes sécrétées par des micro-organismes : *La fermentation des sucres sous l'influence des levures donne de l'alcool.* **2.** LITT. Agitation ; sourde effervescence : *Les grandes fermentations révolutionnaires du XIXe s.* (syn. **bouillonnement, remous**).

■ Tout comme la photosynthèse et la respiration cellulaire, la fermentation désigne un ensemble de réactions biochimiques qui permettent à un organisme de produire de l'énergie. Cependant, elle a un faible rendement énergétique ; la plupart des animaux ne l'utilisent qu'en cas d'activité musculaire intense, quand la respiration ne fournit plus un apport suffisant d'oxygène. La fermentation est cependant pratiquée de façon exclusive par quelques êtres vivants : des micro-organismes comme les levures, les bactéries et certains protozoaires, et quelques vers.
On distingue deux grands types de fermentation : la fermentation *aérobie,* dans laquelle la présence d'oxygène est indispensable (c'est le cas de la fermentation acétique qui transforme le vin en vinaigre), et la fermentation *anaérobie,* qui se produit en l'absence d'oxygène (par exemple la fermentation alcoolique, qui transforme les jus sucrés des fruits en alcool, et la fermentation lactique, qui entraîne la coagulation du lait).
La fermentation est utilisée dans le domaine agroalimentaire pour produire les boissons alcoolisées, le vinaigre et le fromage, mais aussi en industrie pour fabriquer certains produits chimiques (acide citrique, glycérol, enzymes, alcaloïdes, antibiotiques, etc.). ■

fermenter [fɛrmɑ̃te] **v.i.** (lat. *fermentare,* de *fervere,* bouillir). **1.** Être en fermentation : *Laisser fermenter le jus de raisin.* **2.** LITT. Être dans un état d'agitation, d'effervescence : *Les esprits fermentent* (syn. **bouillonner, s'échauffer**).

fermenteur [fɛrmɑ̃tœr] **n.m.** Appareil dans lequel on effectue une fermentation, notamm. en biotechnologie.

fermer [fɛrme] **v.t.** (lat. *firmare,* rendre ferme, de *firmus*). **1.** Actionner un dispositif mobile pour obstruer une ouverture, un passage : *Fermer une porte, les volets.* **2.** Rapprocher, réunir les éléments d'un ensemble de telle sorte qu'il n'y ait plus d'intervalle, d'écart, d'ouverture : *Fermer les yeux. Ferme ton manteau* (syn. **boutonner**). **3.** Interdire le passage par : *Fermer la frontière* (syn. **barrer, condamner**). **4.** Isoler l'intérieur d'un lieu, d'un contenant en rabattant la porte, le couvercle : *Fermer son magasin, une valise.* **5.** Faire cesser le fonctionnement de : *Fermer la radio* (syn. **éteindre**). *Fermer l'eau, le gaz* (syn. **couper**). **6.** ÉLECTR. Établir une communication conductrice permettant le passage du courant dans un circuit. **7. Fermer la marche,** marcher le dernier. / FAM. **La fermer,** se taire. ◆ **v.i. 1.** Être, rester fermé : *Le musée ferme le mardi.* **2.** Pouvoir être fermé : *Cette porte ferme mal.* ◆ **se fermer v.pr.** Cesser d'être ouvert : *Ses yeux se ferment. La blessure s'est fermée très vite* (syn. **se cicatriser**).

fermeté [fɛrməte] **n.f.** (lat. *firmitas*). **1.** État de ce qui est ferme, solide : *Fermeté d'un sol* (syn. **consistance**). **2.** Assurance ; précision : *Fermeté du jugement, du geste* (syn. **maîtrise**). **3.** Énergie morale ; courage : *Supporter le malheur avec fermeté* (syn. **détermination**). **4.** Autorité ; rigueur : *Montrer de la fermeté.*

fermette [fɛrmɛt] **n.f.** (de *2. ferme*). **1.** Petite ferme. **2.** Petite maison rurale.

fermeture [fɛrmətyr] **n.f. 1.** Action de fermer : *La fermeture des portes est automatique.* **2.** Fait d'être fermé ; cessation d'activité : *La fermeture des théâtres* (syn. **clôture**). **3.** Dispositif qui sert à fermer : *La fermeture de sûreté n'a pas fonctionné.* **4. Fermeture à glissière** ou **fermeture Éclair** (nom déposé), constituée de deux chaînes souples, à dents, qui s'engrènent au moyen d'un curseur.

Fermi (Enrico), physicien italien (Rome 1901 - Chicago 1954). Il créa, en 1927, avec Dirac, une théorie statistique permettant d'expliquer le comportement des électrons et des nucléons *(statistique de Fermi-Dirac),* et donna, en 1932, la première théorie quantique de l'interaction faible, expliquant ainsi la radioactivité β. Il a aussi développé la physique des réactions nucléaires à l'aide des neutrons lents. En 1938, il passa aux États-Unis. Il fut responsable de la première « pile atomique » à uranium et graphite réalisée à Chicago en 1942 et joua un rôle majeur dans le projet Manhattan, qui aboutit à la mise au point des armes nucléaires. Après la guerre, il fut l'un des initiateurs de la physique des particules. (Prix Nobel 1938.)

fermier, ère [fɛrmje, -ɛr] **n.** (de *2. ferme*). **1.** Personne qui loue les terres qu'elle cultive. **2.** Agriculteur, propriétaire ou non des terres qu'il cultive. **3.** HIST. **Fermier général,** financier qui, sous l'Ancien Régime, au XVIIe et au XVIIIe s., percevait les impôts indirects et s'engageait à verser à l'État une somme forfaitaire. ◆ **adj.** De ferme : *Poulet fermier* (= élevé traditionnellement).

fermoir [fɛrmwar] **n.m.** (de *fermer*). Attache ou dispositif pour tenir fermé un livre, un collier, un sac.

Fernandel (Fernand Contandin, dit), acteur français (Marseille 1903 - Paris 1971). Il débuta au café-concert avant de devenir l'un des comiques les plus populaires de l'écran : *Angèle* (M. Pagnol, 1934), la série des *Don Camillo* (J. Duvivier, 1951-1955).

féroce [ferɔs] **adj.** (lat. *ferox, -ocis,* de *ferus,* sauvage). **1.** En parlant d'un animal, qui tue par instinct : *Bête féroce* (syn. **sauvage**). **2.** Qui ne manifeste aucune compassion : *Envahisseurs féroces* (syn. **barbare, cruel**). **3.** Impitoyable, rigoureux ; qui révèle un tel comportement : *Examinateur féroce* (syn. **sévère**). *Regard féroce* (syn. **méchant**). **4.** D'un degré extrême : *Appétit féroce* (syn. **effréné**).

férocement [ferɔsmɑ̃] **adv.** Avec férocité : *Elle nous a critiqués férocement* (syn. **durement**).

férocité [ferɔsite] **n.f.** (lat. *ferocitas,* fougue, fierté). **1.** Nature d'un animal féroce : *Férocité du tigre.* **2.** Caractère cruel, sanguinaire de qqn : *La férocité de l'occupant* (syn. **barbarie, cruauté**). **3.** Violence extrême : *La férocité d'un combat* (syn. **sauvagerie**).

Féroé, archipel danois, au nord de l'Écosse ; 48 308 hab. (*Féroïens* ou *Féringiens*). Ch.-l. *Thorshavn.* Pêche. Autonome depuis 1948.

ferrage [fɛraʒ] **n.m.** Action de ferrer : *Le ferrage d'une roue de charrette, d'un cheval.*

ferraille [fɛraj] **n.f.** (de *fer*). **1.** Débris de pièces de fer, de fonte ou d'acier ; vieux fers hors d'usage : *Un tas de ferraille.* **2.** Objet, machine métallique hors d'usage : *Sa voiture est bonne pour la ferraille.* **3.** FAM. Menue monnaie.

ferrailler [fɛraje] **v.i.** (de *ferraille*). **1.** Se battre au sabre ou à l'épée. **2.** Faire un bruit de ferraille entrechoquée : *Le tramway s'éloignait en ferraillant.* ◆ **v.t.** Disposer le fer dans une construction en béton armé.

ferrailleur [fɛrajœr] **n.m. 1.** Commerçant en ferraille. **2.** CONSTR. Ouvrier chargé de la mise en place des fers d'un ouvrage en béton armé.

Ferrare, v. d'Italie (Émilie), ch.-l. de prov., sur le Pô ; 133 005 hab. Cathédrale des XIIe-XVIe s., avec musée de l'Œuvre (peintures de C. Tura, sculptures, etc.) ; château d'Este, des XIVe-XVIe s. ; palais Schifanoia (fresques des Mois avec les signes du zodiaque par Francesco del Cossa et Ercole de' Roberti [XVe s.] ; musée) ; palais de Ludovic le More (musée gréco-étrusque), des Diamants (pinacothèque). Concile en 1438, transféré à Florence en 1439. Ville très brillante aux XVe et XVIe s. sous les princes d'Este, érigée en duché en 1471, Ferrare fut rattachée aux États de l'Église de 1598 à 1796.

Ferrari (Enzo), pilote et constructeur automobile italien (Modène 1898 - *id.* 1988). Son nom est lié à l'histoire du sport automobile et à la construction de voitures prestigieuses de tourisme.

Ferrassie (la), grotte et abris-sous-roche de la comm. de Savignac-de-Miremont (Dordogne). Important gisement préhistorique qui au paléolithique supérieur a été occupé plus de 10 000 ans. Cette longue séquence a permis de suivre l'évolution des techniques de taille des outils, d'en établir une typologie et une chronologie qui désormais servent de référence pour la France et l'Europe. D'autre part, plusieurs sépultures de néandertaliens attestent des pratiques funéraires remontant à 40 000 ans.

ferré, e [fere] **adj. 1.** Garni de fer : *Une canne à bout ferré.* **2.** *FAM.* **Être ferré en qqch,** être savant, habile dans une matière, une activité : *Il est ferré en maths* (syn. **fort en, versé dans**). ⁄ **Voie ferrée** ⟶ **voie.**

Ferré (Léo), auteur-compositeur et chanteur français (Monte-Carlo 1916 - Castellina in Chianti, Toscane, 1993). Il apparut au début des années 1950, avec des chansons à tonalité anarchisante ou poétique interprétées avec une grande expressivité, qui lui valurent quelques scandales *(les Anarchistes, Jolie Môme, Avec le temps).* Il a aussi écrit des mélodies sur des textes de grands poètes (Rimbaud, Verlaine, Apollinaire, Aragon en partic.).

ferrement [fɛrmɑ̃] **n.m.** CONSTR. Objet ou garniture en fer qui sert à renforcer un ouvrage de maçonnerie.

ferrer [fere] **v.t. 1.** Garnir de fer, de ferrures : *Ferrer une roue.* **2.** Clouer des fers aux sabots de : *Ferrer un cheval.* **3.** PÊCHE. **Ferrer un poisson,** accrocher à l'hameçon un poisson qui vient de mordre l'appât en donnant une secousse à la ligne.

ferreux, euse [ferø, -øz] **adj. 1.** Qui contient du fer : *Minerai ferreux.* **2.** CHIM. Se dit d'un composé dans lequel le fer est bivalent : *Chlorure ferreux.*

ferrique [ferik] **adj.** CHIM. Se dit d'un composé dans lequel le fer est trivalent : *Chlorure ferrique. Oxyde ferrique.*

ferrite [ferit] **n.f.** MÉTALL. Variété allotropique de fer pur présente dans des alliages ferreux.

ferromagnétisme [ferɔmaɲetism] **n.m.** PHYS. Propriété de certaines substances, telles que le fer, le cobalt et le nickel, de prendre une forte aimantation.

ferronnerie [ferɔnri] **n.f.** (de l'anc. fr. *ferron,* marchand de fer). **1.** Travail artistique du fer. **2.** Ouvrages qui en résultent. **3.** Atelier, commerce du ferronnier.

ferronnier, ère [ferɔnje, -ɛr] **n.** Spécialiste de la ferronnerie : *Un ferronnier d'art.*

ferroutage [fɛrutaʒ] **n.m.** (de *[chemin de] fer,* et *routage*). Moyen de transport des marchandises combinant le rail et la route, les remorques routières étant acheminées par train.

ferroviaire [ferɔvjɛr] **adj.** (it. *ferroviario,* de *ferrovia,* chemin de fer). Propre au chemin de fer ; qui concerne le transport par chemin de fer : *Réseau ferroviaire.*

ferrugineux, euse [feryʒinø, -øz] **adj.** (lat. *ferrugo, -ginis,* rouille). Qui contient du fer ou l'un de ses composés : *De l'eau ferrugineuse.*

ferrure [feryr] **n.f.** (de *ferrer*). **1.** Garniture de fer d'une porte, d'une fenêtre, etc. : *Les ferrures d'un coffre.* **2.** Action ou manière de ferrer un cheval, un bœuf, etc. **3.** Ensemble des fers placés aux pieds d'un animal.

ferry [feri] **n.m.** (abrév.) [pl. *ferrys*]. Car-ferry ; ferry-boat.

Ferry (Jules), avocat et homme politique français (Saint-Dié 1832 - Paris 1893). Député républicain à la fin de l'Empire (1869), il entra en 1870 dans le gouvernement de la Défense nationale et devint maire de Paris, ville qu'il dut quitter au moment de la Commune (1871). Ministre de l'Instruction publique (1879-1883), président du Conseil (1880-1881, 1883-1885), il fit voter les lois relatives aux libertés de réunion, de la presse et des syndicats et attacha son nom à une législation scolaire : obligation, gratuité et laïcité de l'enseignement primaire. Sa politique coloniale (conquête du Tonkin), violemment combattue par les radicaux, provoqua sa chute.

ferry-boat [feribot] **n.m.** (de l'angl. *ferry,* passage, et *boat,* bateau) [pl. *ferry-boats*]. Navire aménagé pour le transport des trains ou des véhicules routiers et de leurs passagers. (Recomm. off. *[navire] transbordeur.*)

fertile [fɛrtil] **adj.** (lat. *fertilis*). **1.** Se dit d'un sol, d'une région, etc., qui peut donner d'abondantes récoltes : *La Beauce est très fertile* (syn. **riche ;** contr. **stérile**). **2.** Inventif, fécond : *Esprit fertile* (syn. **ingénieux, productif**). **3.** Se dit d'une femelle capable de procréer (syn. **fécond**). **4. Fertile en,** qui abonde en : *Un voyage fertile en péripéties.*

fertilisant, e [fɛrtilizɑ̃, -ɑ̃t] **adj.** et **n.m.** Qui fertilise : *On utilise trop de produits fertilisants.*

fertilisation [fɛrtilizasjɔ̃] **n.f.** Action de fertiliser : *La fertilisation d'une région désertique* (syn. **bonification**).

fertiliser [fɛrtilize] **v.t.** Rendre fertile : *Fertiliser les champs avec des engrais* (syn. **amender, bonifier**).

fertilité [fɛrtilite] **n.f. 1.** Qualité d'une terre fertile. **2.** Capacité de qqn à créer : *La fertilité d'esprit de qqn* (syn. **créativité**).

féru, e [fery] **adj.** (p. passé de *férir*). Pris d'un intérêt passionné pour : *Féru d'histoire, de romans* (= grand amateur).

férule [feryl] **n.f.** (lat. *ferula*). **1.** Palette de bois ou de cuir avec laquelle on frappait la main des écoliers en faute. **2. Sous la férule de qqn,** sous son autorité, sous sa direction sévère.

fervent, e [fɛrvɑ̃, -ɑ̃t] **adj.** (lat. *fervens, -entis,* échauffé, emporté). Rempli de ferveur, ardent : *Prière fervente. Disciple fervent* (syn. **enthousiaste**). ◆ **adj.** et **n.** Passionné pour : *Les fervents du football* (syn. **fanatique, passionné**).

ferveur [fɛrvœr] **n.f.** (lat. *fervor,* bouillonnement). Sentiment d'une grande intensité : *Prier avec ferveur* (syn. **dévotion, piété**). *Écouter qqn avec ferveur* (syn. **enthousiasme**).

Fès, v. du Maroc, anc. cap. du pays, sur l'*oued Fès,* affl. du Sebou ; 1 150 131 hab. dans l'agglomération. Centre religieux, touristique et universitaire. Artisanat dans la pittoresque médina. La ville a été fondée par les Idrisides à la charnière des VIIIe et IXe s. Nombreux monuments, dont la mosquée Qarawiyyin (IXe-XIIe s.) et, à l'intérieur de l'enceinte percée de portes monumentales, quelques-uns des plus beaux exemples d'art hispano-mauresque (madrasa Bu-Inaniyya, 1350-1357).

fesse [fɛs] **n.f.** (lat. pop. **fissa,* class. *fissum,* fente). **1.** Chacune des deux parties charnues qui forment le derrière de l'homme et de certains animaux. **2.** *FAM.* **Serrer les fesses,** avoir peur.

fessée [fese] **n.f. 1.** Série de coups sur les fesses : *Donner, recevoir une fessée.* **2.** *FAM.* Défaite humiliante.

fesser [fese] **v.t.** Donner une fessée à : *À cette époque-là, on fessait souvent les enfants.*

fessier, ère [fesje, -ɛr] **adj.** Qui appartient aux fesses : *Muscles fessiers.* ◆ **fessier n.m.** *FAM.* Ensemble des deux fesses.

fessu, e [fesy] **adj.** *FAM.* Qui a de grosses fesses.

festif, ive [fɛstif, -iv] **adj.** (lat. *festivus*, de fête). *SOUT.* Qui a trait à la fête en tant que réjouissance collective : *L'ambiance festive qui régnait dans les rues.*

festin [fɛstɛ̃] **n.m.** (it. *festino*, dimin. de *festa*, fête). Repas d'apparat, banquet somptueux : *Un festin de noces.*

festival [fɛstival] **n.m.** (mot angl. « jour de fête ») [pl. *festivals*]. **1.** Série périodique de manifestations artistiques appartenant à un genre donné et se déroulant habituellement dans un endroit précis : *Festival international du cinéma.* **2.** Brillante démonstration ; ensemble remarquable : *Un festival de bons mots.*

festivalier, ère [fɛstivalje, -ɛr] **adj.** De festival : *La presse festivalière* (= les journalistes qui couvrent un festival). ◆ **n.** Personne qui participe ou qui assiste à un festival.

festivité [fɛstivite] **n.f.** (lat. *festivitas*, gaieté). [Surtout au pl.]. Fête, réjouissances : *Les festivités du carnaval.*

feston [fɛstɔ̃] **n.m.** (it. *festone*, de *festa*, fête). **1.** ARCHIT. Ornement en forme de guirlande ou de petits lobes répétés : *Un feston de pierre.* **2.** Point de broderie dont le dessin forme des dents arrondies ou pointues qui terminent génér. un bord du tissu.

festonner [fɛstɔne] **v.t.** Garnir de festons : *Festonner un rideau.*

festoyer [fɛstwaje] **v.i.** (de *fête*) [conj. 13]. Faire bombance, bonne chère ; prendre part à un festin (syn. **banqueter**).

fêtard, e [fetar, -ard] **n.** *FAM.* Personne qui fait la fête : *Une bande de joyeux fêtards* (syn. **viveur**). ***Rem.*** Le fém. est rare.

fête [fɛt] **n.f.** (du lat. *festa dies*, jour de fête). **1.** Solennité religieuse ou civile, en commémoration d'un fait important : *Le 14 Juillet est la fête nationale* (= qui est célébrée par la nation tout entière). **2.** Réjouissances organisées par une collectivité ou un particulier : *Une fête de famille. La fête des Mères.* **3.** Jour de fête du saint dont on porte le nom : *Le 22 octobre est la fête des Élodie.* **4. Air de fête,** aspect riant, gai : *La ville a un air de fête.* / *FAM.* **Ça va être sa fête,** il va être malmené ou réprimandé. / **Faire fête à qqn,** l'accueillir avec des démonstrations de joie. / **Faire la fête,** participer à une fête ; mener une vie de plaisir. / **Ne pas être à la fête,** être dans une situation désagréable. / **Se faire une fête de,** se réjouir beaucoup à l'idée de. ◆ **fêtes n.f. pl.** Période de Noël et du jour de l'An : *Après les fêtes.*

Fête-Dieu [fɛtdjø] **n.f.** (pl. *Fêtes-Dieu*). CATH. Fête de l'Eucharistie, instituée en 1264 par Urbain IV, appelée aujourd'hui fête du Saint-Sacrement et célébrée le deuxième dimanche après la Pentecôte.

fêter [fete] **v.t.** [conj. 4]. **1.** Célébrer par une fête : *Fêter un anniversaire.* **2.** Accueillir qqn avec joie : *Fêter un ami.*

fétiche [fetiʃ] **n.m.** (port. *feitiço*, sortilège, du lat. *facticius* ; v. *factice*). Objet ou animal auquel sont attribuées des propriétés magiques, bénéfiques (syn. **amulette, gri-gri**).

fétichisme [fetiʃism] **n.m. 1.** Culte des fétiches. **2.** Vénération outrée, superstitieuse pour qqch, qqn : *Il a le fétichisme du règlement* (syn. **culte**). **3.** PSYCHAN. Trouble du comportement sexuel consistant à lier la jouissance à la vue ou au toucher d'objets déterminés.

fétichiste [fetiʃist] **adj.** et **n.** Qui appartient au fétichisme ; qui pratique le fétichisme.

fétide [fetid] **adj.** (lat. *foetidus*, de *foetere*, puer). Se dit d'une odeur forte et répugnante ; se dit de ce qui a cette odeur : *L'odeur fétide des marais* (syn. **infect, nauséabond**). *Une haleine fétide* (syn. **malodorant, puant**).

fétu [fety] **n.m.** (lat. pop. **festucum*, class. *festuca*). Brin de paille.

1. feu [fø] **n.m.** (lat. *focus*, foyer, feu). **1.** Dégagement simultané de chaleur, de lumière et de flamme produit par la combustion vive de certains corps comme le bois et le charbon : *Faire un bon feu* (syn. **flambée**). *Un feu de camp* (= réjouissances organisées le soir autour d'un feu de bois). **2.** Destruction par les flammes, la combustion : *Mettre le feu à un tas de feuilles mortes. Le feu a détruit la grange* (syn. **incendie**). **3.** Source de chaleur utilisée pour le chauffage ou la cuisson des aliments : *Mettre le ragoût au feu. Cuire à feu doux, à feu vif.* **4.** Lieu où l'on fait le feu : *Veillée au coin du feu* (syn. **âtre, cheminée, foyer**). **5.** Ce qui est nécessaire pour allumer une cigarette : *Auriez-vous du feu ?* (= allumettes, briquet). *Donner du feu à qqn.* **6.** (Au pl.). Source d'éclairage : *Extinction des feux à vingt-deux heures* (syn. **lumière**). *Les feux de la rampe* (= l'éclairage placé sur le devant d'une scène de théâtre). **7.** Dispositif lumineux que tout avion, tout navire doit arborer de nuit : *Feux clignotants. Feux de navigation.* **8.** Dispositif lumineux destiné à l'éclairage et à la signalisation nocturnes d'un véhicule automobile : *Feux de croisement* (= codes). *Feux de position* (= ceux qui définissent le gabarit du véhicule). *Feux de route* (= phares). *Feux de détresse* (syn. [anglic.] **warning**). **9.** Éclat : *Les feux d'un diamant* (syn. **scintillement**). **10.** Décharge d'une arme au cours de laquelle un projectile est lancé sous l'effet de la combustion de la poudre : *Ouvrir le feu* (syn. **tir**). *Feu nourri* (= tir rapide et abondant). **11.** Combat : *Aller au feu.* **12.** Sensation de chaleur, de brûlure : *Lotion pour calmer le feu du rasoir.* **13.** Ardeur des sentiments : *Parler avec feu* (syn. **fougue, passion**). **14.** HIST. Ensemble des personnes regroupées autour du même foyer, qui constituait, en France avant 1789, l'unité de base pour la répartition de l'impôt. **15. Coup de feu,** décharge d'une arme à feu ; au fig., moment de presse, d'agitation, génér. dans un restaurant à l'heure des repas. / **Donner, obtenir le feu vert,** donner, obtenir l'autorisation d'agir, d'entreprendre. / **En feu,** en train de brûler : *La maison est en feu* ; irrité sous l'effet d'une cause physique : *Un plat trop épicé qui vous met la bouche en feu.* / **Être pris entre deux feux,** se trouver attaqué de deux côtés à la fois ; au fig., recevoir en même temps les critiques de gens d'opinions contraires. / **Être sans feu ni lieu,** être sans domicile. / **Être tout feu tout flamme,** montrer un grand enthousiasme ; s'emballer. / **Faire feu,** tirer avec une arme à feu. / **Faire long feu,** en parlant d'un projectile, partir avec retard ; au fig., ne pas réussir : *Son projet a fait long feu* (= a échoué). / **Faire mourir qqn à petit feu,** le tourmenter sans cesse, le laisser intentionnellement dans une cruelle incertitude. / **Feu !,** ordre par lequel un chef militaire fait tirer sur l'ennemi. / **Feu de paille,** ardeur très passagère ; activité sans lendemain. / **Feu sacré,** zèle, enthousiasme durables. / **Feu tricolore,** feu de signalisation d'un croisement, qui est tantôt rouge pour indiquer que les automobilistes doivent stopper, tantôt orange pour leur signaler qu'ils doivent ralentir, tantôt vert pour leur annoncer que le passage est libre. / **Il n'y a pas de fumée sans feu,** toute rumeur repose sur une parcelle de vérité (proverbe). / **Jouer avec le feu,** s'exposer témérairement à un danger. / **Ne pas faire long feu,** ne pas durer longtemps ; être vite terminé : *Son engagement politique n'a pas fait long feu.* / **N'y voir que du feu,** ne pas s'apercevoir qu'on est victime d'une supercherie. / **Prendre feu,** s'enflammer, en parlant d'une substance, d'un objet ; au fig., s'enthousiasmer ou s'emporter. **16. Feu de Bengale,** pièce de feu d'artifice donnant une flamme colorée.

2. feu, e [fø] **adj.** (lat. pop. **fatutus*, qui a une bonne ou mauvaise destinée, d'où « qui a accompli son destin », de *fatum*) [pl. *feus, feues*]. *LITT.* Décédé depuis peu : *Ma feue tante. Feu ma tante.* ***Rem.*** *Feu* est inv. quand il précède l'art. ou le poss.

feudataire [fødatɛr] **n.** et **adj.** (du lat. médiév. *feudum*, fief). Possesseur d'un fief ; vassal : *Les princes feudataires de l'Inde.*

Feuerbach (Ludwig), philosophe allemand (Landshut, 1804 - Rechenberg, près de Nuremberg, 1872). Il se détacha de l'idéalisme hégélien et développa une philosophie matérialiste à partir d'une critique de l'idée de Dieu et de la religion (*L'Essence du christianisme*,1841).

feuil [fœj] **n.m.** (lat. *folia*, feuille). TECHN. Pellicule, couche très mince recouvrant qqch (syn. **film**).

Feuillade (Louis), cinéaste français (Lunel 1873 - Nice 1925). Il est l'un des maîtres du film à épisodes : *Fantômas* (1913-1914), *les Vampires* (1915), *Judex* (1917).

feuillage [fœjaʒ] **n.m. 1.** Ensemble des feuilles d'un arbre, persistant chez certaines espèces, tels le pin, le sapin, le laurier, annuellement caduc chez d'autres, tels le chêne, le hêtre, etc. (syn. **frondaison, ramure**). **2.** Branches coupées, chargées de feuilles : *Se faire un lit de feuillage.*

feuillaison [fœjɛzɔ̃] **n.f.** (de *feuiller,* se couvrir de feuilles). Renouvellement annuel des feuilles (syn. **foliation**).

feuillant, ine [fœjɑ̃, -in] **n.** (du n. de Notre-Dame de Feuillans, en Haute-Garonne). Religieux, religieuse appartenant à une branche de l'ordre cistercien réformée en 1577 et disparue en 1789.

Feuillants *(club des),* club révolutionnaire (1791-1792) fréquenté par des partisans de la monarchie constitutionnelle (notamm. La Fayette) et qui siégeait à Paris dans l'ancien couvent des Feuillants, près des Tuileries.

feuille [fœj] **n.f.** (bas lat. *folia,* du class. *folium*). **1.** Expansion latérale de la tige d'une plante, caractérisée par sa forme aplatie et sa symétrie bilatérale : *Certains arbres perdent leurs feuilles en automne. Des feuilles mortes.* **2.** Organe végétal rappelant la forme d'une feuille : *Feuille d'artichaut* (syn. **bractée**). *Un trèfle à quatre feuilles* (syn. **foliole**). **3.** Mince plaque de bois, de métal, de minéral, de carton, etc. : *Feuille d'or, d'ardoise* (syn. **lame, plaque**). **4.** Morceau de papier d'une certaine grandeur susceptible de recevoir un texte écrit ou imprimé : *Écrire sur des feuilles volantes* (syn. **page**). **5.** Imprimé, document comportant des indications d'ordre administratif : *Remplir sa feuille d'impôts, une feuille maladie* (syn. **formulaire**). **6. Feuille de paie, de salaire,** syn. de *bulletin de paie, de salaire.*

■ La feuille est un organe végétal chlorophyllien fixé sur une tige ou un rameau. Sa fonction fondamentale est d'absorber l'énergie lumineuse.

Description. La feuille peut être décomposée en trois parties : une partie terminale aplatie et de forme variable, le *limbe,* puis une partie moyenne allongée soutenant le limbe, le *pétiole,* et enfin une partie basale formée de deux appendices, les *stipules,* qui rattachent la feuille au reste du végétal. Le limbe, parcouru par des nervures à l'intérieur desquelles circule la sève, se caractérise par une grande variété morphologique. Lorsque le limbe est fractionné en plages séparées, ou *folioles,* on dit que la feuille est composée (palmée ou pennée). Par réduction ou par transformation, une feuille ou une foliole peut devenir une écaille, une épine, une vrille, une ventouse, une urne ou tout autre organe spécialisé.

Rôle. Le rôle de la feuille est de synthétiser les molécules organiques pour le végétal tout entier. Pour cela, elle capte la lumière par la chlorophylle, qu'elle contient en abondance (dans les chloroplastes de ses cellules). Le gaz carbonique nécessaire à la synthèse de matière organique est absorbé au niveau de petits orifices situés sur la face inférieure de la feuille, les *stomates,* qui laissent passer l'air et s'évaporer la transpiration.

En automne, chez certains végétaux, la feuille entre en sénescence. La chlorophylle est dégradée, laissant apparaître des pigments bruns et des pigments jaunes, auparavant masqués par la chlorophylle. La feuille tombe : ces végétaux sont dits *à feuilles caduques.* D'autres végétaux gardent leurs feuilles pendant plusieurs années (pin, houx, buis). Ils sont dits *à feuilles persistantes.* Chez les espèces tropicales, la chute des feuilles est étalée sur toute l'année, raison pour laquelle la forêt est toujours verte. ■

feuillée [fœje] **n.f.** LITT. Feuillage d'un arbre ; abri formé de branches garnies de feuilles.

feuillet [fœjɛ] **n.m.** (de *feuille*). **1.** Ensemble de deux pages recto et verso d'un livre ou d'un cahier. **2.** Troisième poche de l'estomac des ruminants, aux parois feuilletées. **3.** BIOL. Chacun des constituants fondamentaux, disposés en lames, de l'ébauche embryonnaire, engendrant une série d'organes.

feuilletage [fœjtaʒ] **n.m.** Pâte feuilletée*.

feuilleté, e [fœjte] **adj.** (de *feuilleter*). **1.** Constitué de lames minces superposées : *Roche feuilletée.* **2. Pâte feuilletée,** pâte à base de farine et de beurre, repliée plusieurs fois sur elle-même de manière à se séparer en feuilles à la cuisson (on dit aussi *un feuilletage*). ◆ **feuilleté n.m.** CUIS. Feuilletage garni d'un apprêt salé ou sucré : *Le vol-au-vent est un feuilleté salé. Le mille-feuille est un feuilleté sucré.*

feuilleter [fœjte] **v.t.** (de *feuillet*) [conj. **27**]. Tourner les pages d'un livre, d'une revue, etc., en les parcourant rapidement et au hasard.

feuilleton [fœjtɔ̃] **n.m.** (de *feuillet*). **1.** Œuvre romanesque publiée par épisodes successifs dans un journal : *« Les Mystères de Paris » parurent d'abord en feuilleton* (syn. **roman-feuilleton**). **2.** Émission dramatique radiodiffusée ou télévisée dont l'histoire est fractionnée en épisodes de même durée.

feuilletoniste [fœjtɔnist] **n.** Auteur de feuilletons ou de romans-feuilletons.

feuillu, e [fœjy] **adj.** Qui a beaucoup de feuilles.

feuillu n.m. BOT. Arbre qui possède des feuilles à limbe déployé (par opp. à *résineux*).

feuillure [fœjyr] **n.f.** (de *fueiller,* entailler). MENUIS. Angle rentrant, le plus souvent d'équerre, ménagé le long d'un élément de construction pour recevoir une partie de menuiserie fixe ou mobile (syn. **rainure**).

feulement [følmɑ̃] **n.m.** Cri du tigre.

feuler [føle] **v.i.** (orig. onomat.). Émettre un feulement, en parlant du tigre.

feutrage [føtraʒ] **n.m.** Fait de feutrer, de se feutrer.

feutre [føtr] **n.m.** (frq. **filtir*). **1.** Étoffe obtenue par agrégation de poils ou de filaments de laine isolés. **2.** Chapeau de feutre. **3.** Instrument pour écrire, pour marquer, dont le corps renferme un réservoir poreux imprégné d'encre et relié à une pointe en matériau synthétique ; spécial., stylo-feutre.

feutré, e [føtre] **adj. 1.** Qui a la contexture, l'aspect du feutre : *Un tricot feutré* (= abîmé par le lavage). **2.** Où les bruits sont étouffés : *Salon à l'atmosphère feutrée* (syn. **ouaté**). **3. Marcher à pas feutrés,** sans faire de bruit.

feutrer [føtre] **v.t. 1.** Transformer des poils, de la laine en feutre. **2.** Faire perdre de sa souplesse à un lainage : *J'ai feutré mon chandail.* **3.** Garnir de feutre : *Feutrer une selle de bicyclette.* ◆ **v.i.** ou **se feutrer v.pr.** Prendre la contexture, l'aspect du feutre : *Se feutrer au lavage.*

feutrine [føtrin] **n.f.** Feutre léger, très serré.

Féval (Paul), écrivain français (Rennes 1816 - Paris 1887). Il est l'auteur de mélodrames et de romans d'aventures (*le Bossu,* 1858).

fève [fɛv] **n.f.** (lat. *faba*). **1.** Légumineuse annuelle cultivée pour sa graine, destinée à l'alimentation humaine ou animale. ▸ Famille des papilionacées. **2.** Graine de cette plante. **3.** Figurine placée à l'intérieur de la galette des Rois.

février [fevrije] **n.m.** (lat. *februarius,* de *februum,* moyen de purifier). Deuxième mois de l'année, qui a 28 jours, 29 dans les années bissextiles.

février 1934 *(le 6),* journée d'émeute provoquée par l'affaire Stavisky (scandale financier) et dont le prétexte fut la mutation du préfet de police Chiappe. Elle opposa aux forces de l'ordre les ligues de droite et les associations d'anciens combattants, hostiles à un régime parlementaire affaibli par les scandales et l'instabilité ministérielle. L'émeute (20 morts et 2 000 blessés) entraîna la chute du gouvernement Daladier et encouragea la gauche à s'unir.

Feydeau (Georges), auteur dramatique français (Paris 1862 - Rueil 1921). Il triompha dans les vaudevilles, sachant puiser dans la vie quotidienne les traits d'un comique de situation irrésistible (*Un fil à la patte,* 1894 ; *le Dindon,* 1896 ; *la Dame de chez Maxim,* 1899).

Feyder (Jacques Frédérix, dit **Jacques),** cinéaste français d'origine belge (Ixelles 1885 - Rives-de-Prangins, Suisse, 1948). Il fut l'un des précurseurs de l'école réaliste poétique française des années 1930 et réalisa notamment *Pension Mimosas* (1935) et *la Kermesse héroïque* (1935).

fez [fɛz] **n.m.** (du n. de la ville de *Fes*). Calotte tronconique en laine, portée naguère en Afrique du Nord et au Proche-Orient.

Fezzan, région désertique du sud-ouest de la Libye, parsemée d'oasis (palmeraies). V. princ. *Sebha.* Conquis par les Français de Leclerc en 1941-1942, il fut évacué par la France en 1955.

F.F.I. → Forces françaises de l'intérieur.

F.F.L. → Forces françaises libres.

fi [fi] **interj.** (onomat.). *LITT.* **1.** Exprime le dégoût, la désapprobation : *Fi ! La vilaine action !* **2. Faire fi de,** ne pas attacher d'importance ou de valeur à : *Faire fi des honneurs et de l'argent* (= les mépriser, les dédaigner).

fiabiliser [fjabilize] **v.t.** Rendre plus fiable : *Fiabiliser un dispositif.*

fiabilité [fjabilite] **n.f.** (de *fiable*). Probabilité de fonctionnement sans défaillance d'un dispositif dans des conditions spécifiées et pendant une période de temps déterminée.

fiable [fjabl] **adj.** (de [*se*] *fier*). **1.** Doué de fiabilité : *Machine fiable.* **2.** À qui on peut se fier : *Personne fiable.*

fiacre [fjakr] **n.m.** (de [*saint*] *Fiacre,* dont l'effigie ornait l'enseigne d'un bureau de voitures de louage à Paris). Voiture hippomobile à quatre roues et à quatre places.

fiançailles [fijɑ̃saj] **n.f. pl.** (de *fiancer*). **1.** Promesse mutuelle de mariage ; cérémonie qui l'accompagne : *Une bague de fiançailles.* **2.** Temps qui s'écoule entre cette promesse et le mariage : *De longues fiançailles.*

fiancé, e [fijɑ̃se] **n.** Personne qui s'est fiancée.

fiancer [fijɑ̃se] **v.t.** (de l'anc. fr. *fiance,* engagement) [conj. **16**]. Célébrer les fiançailles de : *Ils fiancent leur fils.* ◆ **se fiancer v.pr. [à, avec].** S'engager à épouser qqn : *Il s'est fiancé avec une amie d'enfance. Ils se sont fiancés dimanche.*

fiasco [fjasko] **n.m.** (de l'it. *far fiasco,* échouer). *FAM.* Échec complet : *Son tour de chant a été un fiasco total.*

fiasque [fjask] **n.f.** (it. *fiasco,* du germ. **flaska*). Bouteille à col long et à large panse garnie de paille, employée en Italie.

fibre [fibr] **n.f.** (lat. *fibra*). **1.** Filament ou cellule filamenteuse, constituant certains tissus animaux ou végétaux, certaines substances minérales : *Fibre musculaire. Fibre de bois.* **2.** Tout élément filamenteux allongé, d'origine naturelle ou non, constitutif d'un fil, d'une feuille de papier, etc. : *Fibre textile. La fibre de verre est employée comme isolant.* **3.** (Génér. suivi d'un adj.). Sensibilité particulière de qqn : *Avoir la fibre paternelle.* **4. Fibre alimentaire,** substance glucidique non digestible contenue dans les végétaux alimentaires. / **Fibre optique,** filament de verre extrêmement pur qui sert notamm. à la transmission de l'information numérisée sur les réseaux informatiques.

fibreux, euse [fibrø, -øz] **adj.** Qui contient des fibres ; qui est formé de fibres : *Une viande fibreuse.*

fibrillation [fibrijasjɔ̃] ou [fibrilasjɔ̃] **n.f.** (de *fibrille*). MÉD. Série de contractions violentes et désordonnées des fibres du muscle cardiaque.

fibrille [fibrij] ou [fibril] **n.f.** (de *fibre*). Petite fibre.

fibrine [fibrin] **n.f.** (de *fibre*). BIOL. Substance qui apparaît dans le sang au cours de la coagulation et qui constitue les filaments du caillot.

Fibrociment [fibrosimɑ̃] **n.m.** (nom déposé). CONSTR. Matériau constitué de ciment renforcé de fibres synthétiques ou naturelles.

fibromateux, euse [fibromatø, -øz] **adj.** Qui est de la nature d'un fibrome.

fibrome [fibrom] **n.m.** (de *fibre*). MÉD. Tumeur bénigne constituée par du tissu fibreux.

fibroscope [fibrɔskɔp] **n.m.** (de *fibre* et [*endo*]*scope*). MÉD. Endoscope flexible dans lequel la lumière est canalisée par un réseau de fibres de verre.

fibroscopie [fibrɔskɔpi] **n.f.** MÉD. Endoscopie réalisée au moyen d'un fibroscope.

fibule [fibyl] **n.f.** (lat. *fibula*). ANTIQ. Épingle de sûreté en métal servant à fixer les vêtements.

ficaire [fikɛr] **n.f.** (lat. scientif. *ficaria,* de *ficus,* figue). Petite plante qui épanouit ses fleurs jaunes au début du printemps (syn. **fausse renoncule**). ▸ Famille des renonculacées

ficelage [fislaʒ] **n.m.** Action de ficeler ; son résultat.

ficeler [fisle] **v.t.** (de *ficelle*) [conj. **24**]. **1.** Lier, attacher avec de la ficelle : *Ficeler un rôti.* **2.** *FAM.* Élaborer, construire avec astuce : *Il a bien ficelé son scénario.* **3.** *FAM.* Habiller : *Elle est toujours mal ficelée* (syn. **vêtir**).

ficelle [fisɛl] **n.f.** (lat. pop. **funicella,* du class. *funis,* corde, avec infl. de *fil*). **1.** Corde très mince constituée de fils retordus ou câblés, pour lier, retenir, etc. : *Une pelote de ficelle.* **2.** (Souvent au pl.). Procédé, truc utilisé dans un métier, un art : *Elle connaît toutes les ficelles du métier.* **3.** Pain fantaisie mince et allongé pesant le poids d'une demi-baguette. **4. Tenir, tirer les ficelles,** faire agir les autres sans être vu, comme le montreur de marionnettes.

fichage [fiʃaʒ] **n.m.** Action de ficher, d'inscrire sur une, des fiches : *Le fichage des suspects.*

fiche [fiʃ] **n.f.** (propr. « tige enfoncée dans qqch », de *1. ficher*). **1.** Feuille cartonnée, plus ou moins grande, pour noter, enregistrer qqch, souvent destinée à être classée dans un fichier : *Consulter les fiches d'une bibliothèque. Faire des fiches* (= les rédiger). **2.** Imprimé de format variable, souvent détachable d'un magazine et qui comporte des indications pratiques : *Fiche cuisine. Fiche bricolage.* **3.** ÉLECTR. Pièce amovible destinée à être engagée dans une alvéole pour établir un contact : *Fiche simple, multiple.*

1. ficher [fiʃe] **v.t.** (lat. pop. **figicare,* du class. *figere,* attacher). Faire entrer, enfoncer qqch par la pointe : *Ficher un pieu en terre* (syn. **planter**).

2. ficher [fiʃe] **v.t.** (de *fiche*). **Ficher qqn,** l'inscrire dans un fichier (manuel ou électronique) en vue de surveiller son comportement.

3. ficher [fiʃe] ou **fiche** [fiʃ] **v.t.** (de *fichu,* réfection, d'apr. *foutu,* du p. passé de *1. ficher*). *FAM.* **1.** Faire : *Qu'est-ce que tu fiches ici ?* **2.** Mettre, jeter dehors, hors de : *Ficher qqn à la porte.* **3.** Donner, envoyer : *Ficher une gifle.* ◆ **se ficher** ou **se fiche v.pr. [de]. 1.** *FAM.* Se moquer : *Il s'est fichu de nous* (syn. **se jouer**). **2.** Se mettre, se jeter : *Se fiche à l'eau. Se ficher par terre* (= tomber). ***Rem.*** Ce verbe a deux infinitifs : *ficher* et *fiche* (ce dernier sous l'infl. de *foutre*). La forme *ficher* est plus fréquemment utilisée que l'autre dans l'emploi transitif. Les deux formes sont indifféremment utilisées dans l'emploi pronominal.

fichier [fiʃje] **n.m. 1.** Collection de fiches ; boîte, meuble à fiches. **2.** INFORM. Collection organisée d'informations de même nature, regroupées en une unité indépendante de traitement ; support matériel de ces informations.

Fichte (Johann Gottlieb), philosophe allemand (Rammenau, Saxe, 1762 - Berlin 1814). Disciple de Kant et maître de Schelling, il a fondé dans son œuvre majeure, *Théorie de la science* (1801-1804), le *principe de l'intersubjectivité,* qui pose comme point de départ les relations qu'une conscience entretient avec une autre conscience et, selon lui, qui seul rend possible la détermination du monde à partir de soi. Son système est un idéalisme absolu. Ayant quitté Iéna sous l'accusation d'athéisme, Fichte rejoignit Berlin, où il trouva des accents enflammés pour appeler à lutter contre l'envahisseur français : *Discours à la nation allemande* (1807-1808).

fichtre [fiʃtr] **interj.** (croisement de *3. ficher* et *foutre*). *FAM.* Marquant l'étonnement, l'admiration : *Fichtre ! Ce n'est pas une mince affaire !*

1. fichu [fiʃy] **n.m.** (de *2. fichu* au sens de « mis précipitamment »). Triangle d'étoffe, dont les femmes se couvrent les épaules ou la tête (syn. **châle, foulard**).

2. fichu, e [fiʃy] **adj.** (p. passé de *3. ficher*). *FAM.* **1.** (Avant le n.). Pénible, désagréable : *Un fichu caractère* (syn. **mauvais**). **2.** (Après le n.). Irrémédiablement perdu ou compromis : *Une voiture complètement fichue.* **3. Bien, mal fichu,** bien, mal fait ; en bonne, en mauvaise santé. ▸ **Être fichu de,** capable de : *Il n'est pas fichu de gagner sa vie.*

Ficin (Marsile), en ital. **Ficino** (Marsilio), humaniste italien (Figline Valdarno, Toscane, 1433 - Carregi, près de Florence, 1499). Il contribua à réunir à Florence autour de Cosme puis de Laurent de Médicis les humanistes italiens. Il diffusa la pensée de Platon et développa un système unissant théologie et philosophie, au nom de l'amour et de la liberté (*De vita,* 1489).

fictif, ive [fiktif, -iv] **adj.** (du rad. du lat. *fictus,* inventé ; v. *fiction*). **1.** Produit par l'imagination : *Personnage fictif* (syn. **imaginaire**). **2.** Qui n'existe que par convention : *La valeur fictive des billets de banque* (syn. **conventionnel**).

fiction [fiksjɔ̃] **n.f.** (lat. *fictio,* de *fingere,* feindre). Création, invention de choses imaginaires, irréelles ; œuvre ainsi créée : *Un héros de fiction devenu légendaire.*

fictivement [fiktivmɑ̃] **adv.** De façon fictive : *Transportons-nous fictivement à l'époque des Gaulois* (= par la pensée).

ficus [fikys] **n.m.** (mot lat. « figuier »). Plante d'appartement d'origine tropicale.

1. fidèle [fidɛl] **adj.** (lat. *fidelis,* de *fides,* foi). **1.** Constant dans son attachement, ses relations : *Fidèle camarade. Chien fidèle.* **2.** Qui n'a de relations amoureuses qu'avec son conjoint : *Une femme fidèle* (contr. **inconstant, infidèle**). **3.** À qui on peut se fier ; loyal, scrupuleux : *Un témoin fidèle. Traducteur fidèle.* **4.** Qui dénote un attachement durable : *Amitié fidèle* (syn. **durable**). **5.** Exact, sûr ; conforme à : *Mémoire fidèle. Faire un récit fidèle* (contr. **falsifié, mensonger**). **6.** Qui donne toujours la même indication quand on répète la mesure, en parlant d'un instrument : *Une balance fidèle* (syn. **fiable** ; contr. **faux**). **7.** Qui ne varie pas, qui ne s'écarte pas de : *Fidèle à ses promesses, à sa parole* (contr. **traître**).

2. fidèle [fidɛl] **n.** (de *1. fidèle*). **1.** Personne qui pratique une religion. **2.** Personne qui fréquente habituellement un groupe quelconque : *Un fidèle des concerts pop.*

fidèlement [fidɛlmɑ̃] **adv. 1.** D'une manière constante : *Elle vient fidèlement nous voir* (syn. **régulièrement**). **2.** Avec exactitude : *Raconter fidèlement ce qui est arrivé* (syn. **scrupuleusement**).

fidélisation [fidelizasjɔ̃] **n.f.** Action de fidéliser une clientèle, un public.

fidéliser [fidelize] **v.t.** Rendre fidèle, s'attacher durablement une clientèle, un public, par des moyens appropriés : *La pratique de rabais aide à fidéliser les clients.*

fidélité [fidelite] **n.f. 1.** Qualité d'une personne fidèle : *Fidélité à sa femme, à ses amis.* **2.** Qualité de ce qui est exact, sûr : *La fidélité de sa mémoire* (= exactitude et précision). *La fidélité d'une reproduction* (syn. **justesse**).

Fidji ***(îles),*** État de l'Océanie, formé par un archipel souvent montagneux dont les îles principales sont Viti Levu et Vanua Levu ; 18 300 km² ; 881 000 hab. *(Fidjiens).* CAP. *Suva* (sur Viti Levu). LANGUES : *anglais, fidjien* et *hindoustani.* MONNAIE : *dollar fidjien.* La population, comprenant des Mélanésiens, des autochtones et une communauté d'origine indienne, vit de l'agriculture vivrière, de la production du sucre de canne et du tourisme, favorisé par la situation au cœur du Pacifique et un climat tropical, toujours chaud et souvent humide. Annexées par les Britanniques en 1874, les îles Fidji sont devenues indépendantes en 1970, dans le cadre du Commonwealth.

fiduciaire [fidysjɛr] **adj.** (lat. *fiduciarius,* de *fiducia,* confiance). ÉCON. Se dit de valeurs fictives, fondées sur la confiance accordée à qui les émet : *Le billet de banque est une monnaie fiduciaire.*

fief [fjɛf] **n.m.** (anc. fr. *fieu,* lat. médiév. *feus,* frq. **fehu,* bétail, d'où probabl. « biens, possessions »). **1.** FÉOD. Terre, droit ou revenu qu'un vassal tenait de son seigneur et en échange desquels il devait accomplir le service dû à celui-ci. **2.** Zone d'influence prépondérante ; secteur réservé : *Le député sortant a été battu dans son fief électoral.*

fieffé, e [fjefe] **adj.** (de l'anc. fr. *fieffer,* pourvoir d'un fief). *FAM.* Qui a atteint le dernier degré d'un défaut, d'un vice : *Fieffé menteur* (= un menteur achevé) [syn. **parfait**].

fiel [fjɛl] **n.m.** (lat. *fel,* colère). **1.** Bile des animaux. **2.** *LITT.* Amertume, animosité à l'égard de qqn ou de qqch : *Un discours plein de fiel* (syn. **acrimonie, aigreur, haine**).

Fielding (Henry), écrivain britannique (Sharpham Park, Somersetshire, 1707 - Lisbonne 1754). Il est l'auteur de comédies satiriques *(la Tragédie de Tom Pouce le Grand)* et d'un des grands récits réalistes modernes (*Histoire de Tom Jones, enfant trouvé,* 1749).

Fields ***(médaille),*** médaille d'or, créée à l'initiative et grâce à un legs du mathématicien canadien John Charles Fields (1863-1932), qui, depuis 1936, récompense des travaux de mathématiques d'une qualité exceptionnelle. Les médailles sont décernées tous les quatre ans, lors d'un congrès international des mathématiciens, à des mathématiciens âgés de moins de quarante ans.

Fields (William Claude Dukinfield, dit **W. C.),** acteur américain (Philadelphie 1879 - Pasadena 1946). Vedette de music-hall, il fut l'un des créateurs les plus inventifs du cinéma burlesque (*les Joies de la famille,* 1935 ; *Passez muscade,* 1941).

fielleux, euse [fjelø, -øz] **adj.** *LITT.* Plein de fiel, d'animosité : *Des propos fielleux* (syn. **acrimonieux, aigre**).

fiente [fjɑ̃t] **n.f.** (lat. pop. **femita,* du class. *fimus,* fumier). Excrément de certains animaux, partic. des oiseaux.

fier, fière [fjɛr] **adj.** (lat. *ferus,* sauvage). **1.** Qui a de la dignité, des sentiments nobles, élevés : *Elle est trop fière pour accepter de l'argent* (syn. **digne**). **2.** Hautain, méprisant par son attitude, ses paroles, etc. : *Son succès l'a rendu fier* (syn. **arrogant, dédaigneux**). **3.** *FAM.* Remarquable en son genre : *Un fier imbécile* (syn. **fameux**). **4.** Qui dénote de la fierté : *Un regard fier* (syn. **altier**). **5. Être fier de,** tirer un légitime orgueil, une vive satisfaction de : *Être fier de ses enfants, de sa réussite.*

se **fier** [fje] **v.pr. [à]** (lat. pop. **fidare,* confier, de *fidus,* fidèle) [conj. **9**]. Mettre sa confiance en : *Ne vous fiez pas à lui* (= ne comptez pas sur lui).

fier-à-bras [fjɛrabra] **n.m.** (de *Fierabras,* n. d'un géant sarrasin des chansons de geste, d'apr. *fier*) [pl. *fiers-à-bras*]. Celui qui affiche une bravoure ou de hautes qualités qu'il n'a pas : *Faire le fier-à-bras* (syn. **fanfaron, matamore**).

fièrement [fjɛrmɑ̃] **adv.** De façon fière : *Il a fièrement répondu à ses détracteurs* (syn. **courageusement, crânement**).

fierté [fjɛrte] **n.f. 1.** Qualité, caractère d'une personne fière : *Un homme d'une grande fierté* (syn. **arrogance**). **2.** Sentiment d'orgueil, de satisfaction légitime de soi : *Ils tirent fierté de la réussite de leurs enfants* (syn. **contentement**).

fiesta [fjɛsta] **n.f.** (mot esp. « fête »). *FAM.* Réjouissance collective animée : *Faire la fiesta* (syn. **fête**).

fièvre [fjɛvr] **n.f.** (lat. *febris*). **1.** Élévation anormale de la température constante du corps, souvent accompagnée d'un malaise général : *Avoir de la fièvre* (syn. **température**). *Faire tomber la fièvre.* **2.** État de tension, d'agitation d'un individu ou d'un groupe : *Dans la fièvre du départ* (syn. **fébrilité**). *La fièvre des élections.* **3.** Nom donné à certaines maladies accompagnées de fièvre : *Fièvre typhoïde.*

fiévreusement [fjevrøzmɑ̃] **adv.** De façon fiévreuse, agitée : *Préparer fiévreusement ses examens* (syn. **fébrilement**).

fiévreux, euse [fjevrø, -øz] **adj. 1.** Qui a ou qui dénote la fièvre : *Yeux fiévreux.* **2.** Inquiet, agité : *Attente fiévreuse.*

fifre [fifr] **n.m.** (suisse all. *Pfifer,* qui joue du fifre). **1.** Petite flûte traversière en bois, au son aigu, utilisée autref. notamm. dans les fanfares militaires. **2.** Celui qui en joue.

fifty-fifty [fiftififti] **adv.** (mot angl. « cinquante-cinquante »). FAM. Moitié-moitié : *Partager fifty-fifty.*

figer [fiʒe] **v.t.** (lat. pop. **feticare,* de **feticum,* class. *ficatus,* foie) [conj. **17**]. **1.** Épaissir, solidifier un corps gras : *Le froid a figé l'huile dans la bouteille* (syn. **geler**). **2.** Causer un grand saisissement à : *Son arrivée a figé tout le monde* (syn. **pétrifier**). ◆ **se figer v.pr. 1.** Se solidifier sous l'effet d'un abaissement de la température : *L'huile s'est figée.* **2.** S'immobiliser sous le coup d'une émotion : *Il se figea sur place en voyant la scène* (syn. **se pétrifier**).

fignolage [fiɲɔlaʒ] **n.m.** Action de fignoler.

fignoler [fiɲɔle] **v.t.** et **v.i.** (de *2. fin*). FAM. Achever, parfaire avec soin, minutie : *Fignoler un texte* (syn. **lécher, parachever**). *Vous fignolez trop.*

figue [fig] **n.f.** (anc. prov. *figa,* du lat. *ficus*). **1.** Fruit comestible du figuier, formé par toute l'inflorescence, qui devient charnue après la fécondation. **2. Figue de Barbarie,** fruit charnu et sucré de l'opuntia. / **Mi-figue, mi-raisin,** qui n'est ni tout à fait agréable, bon, plaisant, ni tout à fait le contraire : *Un sourire mi-figue, mi-raisin* (= ambigu, mitigé).

figuier [figje] **n.m. 1.** Arbre originaire du Moyen-Orient, dont le fruit est la figue. ▶ Famille des moracées. **2. Figuier de Barbarie,** nom usuel de l'opuntia.

figurant, e [figyrɑ̃, -ɑ̃t] **n.** (de *figurer*). **1.** Acteur, actrice qui a un rôle peu important, génér. muet, dans un film, une pièce de théâtre, un ballet. **2.** Personne qui assiste à une négociation, une réunion, etc., sans y participer activement : *Être réduit au rôle de figurant dans une négociation.*

figuratif, ive [figyratif, -iv] **adj. 1.** Qui figure, représente la forme réelle des choses : *Plan figuratif.* **2.** ART CONTEMP. **Art figuratif,** syn. de *figuration.* ◆ **figuratif n.m.** Peintre ou sculpteur qui pratique l'art figuratif.

figuration [figyrasjɔ̃] **n.f. 1.** Action de figurer qqn, qqch ; résultat de cette action : *La figuration des océans en bleu sur une carte* (syn. **représentation**). **2.** ART CONTEMP. Art qui s'attache à représenter les formes du monde visible ou prend ces formes, nettement identifiables, comme matériau (par opp. à *art abstrait,* ou *non figuratif*) ; art figuratif. (→ expressionnisme.) **3.** Métier ou rôle de figurant : *Faire de la figuration.* **4.** Ensemble des figurants d'un film, d'une pièce de théâtre : *Un film comportant une nombreuse figuration.*

■ ART CONTEMPORAIN. Au moment où, après la Seconde Guerre mondiale, l'art abstrait bouleverse les données esthétiques modernes, la figuration devient, pour certains artistes classés dans l'« avant-garde », un choix déterminé : manifestation d'un rapport subjectif à la réalité (groupe Cobra, Bacon, Dubuffet, etc.), volonté politique (l'Italien Renato Guttuso), investigation poétique (les surréalistes, Balthus) ; parfois même, elle apparaît comme l'aboutissement d'une démarche d'abord abstraite (le Français Jean Hélion).

Les années 1960 et 1970. À partir des années 1960 s'affirme, en Europe, une quête d'images significatives du monde d'aujourd'hui sous l'aspect iconographique, sociologique et idéologique. Dans cette voie, où se situent des peintres comme le Suédois Öyvind Fahlström, l'Islandais Erró, proche du pop art, l'Italien Leonardo Cremonini, adepte d'un réalisme halluciné, ou le Serbe Vladimir Veličković, héritier du surréalisme et de l'expressionnisme, la « nouvelle figuration » s'impose durant les années 1960. Elle se développe suivant deux axes principaux (avec de multiples interférences) : d'une part, l'analyse de l'image et de ses structures (M. Raysse, Michelangelo Pistoletto, Valerio Adami, Peter Klasen, Hervé Télémaque, etc.) ; d'autre part, l'affirmation d'un contenu en prise sur la réalité sociale contemporaine et débouchant sur la « figuration narrative », plus politique (les Espagnols Juan Genovés, Rafael Canogar, Eduardo Arroyo ; les Français Jacques Monory, Gilles Aillaud, Bernard Rancillac, Gérard Fromanger, Ernest Pignon-Ernest...). Souvent d'exécution froide (comme un peu plus tard chez les *hyperréalistes* américains), cette figuration témoigne parfois aussi d'un regain d'intérêt pour le « métier », notamment dans le dessin (Gérard Titus-Carmel, Bernard Moninot, par exemple).

Des années 1980 à nos jours. Toute différente est, de la fin des années 1970 aux années 1990, la figuration puissante et exubérante du « néoexpressionnisme », volontiers chargée de références historiques et culturelles. Elle trouve ses représentants en Allemagne avec les « nouveaux fauves » (Georg Baselitz, Anselm Kiefer) ; en Italie avec la « trans-avant-garde » d'Enzo Cucchi ou de Francesco Clemente ; en France, à côté des références classiques de Gérard Garouste, ou de la brutalité raffinée de Jean-Charles Blais, s'impose avec Robert Combas la « figuration libre », au graphisme joyeux et coloré issu de la bande dessinée, de la science-fiction et de l'art populaire, tandis qu'aux États-Unis Julian Schnabel, Jean-Michel Basquiat et Keith Haring opèrent une puissante synthèse entre peinture et graffiti. Aujourd'hui, la figuration, parce qu'elle a assimilé les apports de l'art abstrait en termes de composition, de supports et de matières employées, n'est plus revendiquée par les artistes dans une opposition à l'abstraction. ■

figure [figyr] **n.f.** (lat. *figura,* de *fingere,* représenter). **1.** Partie antérieure de la tête d'une personne : *Avoir la figure rouge* (syn. **face**). *Se laver la figure et les mains* (syn. **visage**). **2.** Expression particulière de qqn, de son visage : *Une figure joyeuse* (syn. **air**). *À cette nouvelle, elle a changé de figure* (syn. **mine, tête**). **3.** Personnalité marquante : *Les grandes figures du passé* (syn. **personnage**). *C'est une figure de notre ville* (syn. **notabilité**). **4.** Tout dessin, schéma, photo, servant à illustrer un ouvrage : *Voir la figure page suivante* (syn. **illustration**). **5.** MATH. Ensemble de points ; dessin servant à la représentation d'entités mathématiques : *Une figure géométrique.* **6.** JEUX. Carte sur laquelle est représenté un personnage : *Le roi, la dame et le valet sont les figures d'un jeu de cartes.* **7.** SPORTS. Exercice au programme de certaines compétitions de patinage, de ski, de natation, etc. : *Figures libres, imposées.* **8. Cas de figure** → **cas.** / FAM. **Casser la figure à qqn,** lui infliger une correction, en partic. en le frappant au visage. / **Faire figure de,** apparaître comme, passer pour : *Faire figure d'excentrique.* / **Figure de style,** procédé littéraire par lequel l'idée exprimée reçoit une forme particulière visant à produire un certain effet. / **Prendre figure,** commencer à se réaliser (= prendre forme).

figuré, e [figyre] **adj.** LING. **Sens figuré,** signification d'un mot passé d'une application concrète, matérielle, au domaine des idées ou des sentiments : *Dans l'expression « fendre le cœur », le verbe « fendre » a un sens figuré* (par opp. à *sens propre*).

figurer [figyre] **v.t.** (lat. *figurare*). **1.** Représenter par la peinture, la sculpture, etc. **2.** Représenter, par un signe conventionnel : *Les villes de plus de 30 000 habitants sont figurées par un point rouge* (syn. **symboliser**). ◆ **v.i.** Être présent, se trouver dans un ensemble, un groupe, etc. : *Figurer sur une liste* (= être mentionné). ◆ **se figurer v.pr. Se figurer qqch,** se le représenter par l'imagination : *Te figures-tu que le train va t'attendre ?* (syn. **croire**). *Figurez-vous un homme seul sur une île déserte* (syn. **s'imaginer**).

figurine [figyrin] **n.f.** (it. *figurina,* de *figura,* figure). Très petite statuette : *Les figurines de Noël* (= les santons).

fil [fil] **n.m.** (lat. *filum*). **1.** Brin long et fin d'une matière textile, naturelle ou pas : *Fil de soie, de Nylon. Une bobine de fil rouge.* **2.** Matière filamenteuse sécrétée par les araignées et certaines chenilles. **3.** Cylindre de faible section obtenu par l'étirage d'une matière métallique : *Fil de cuivre.* **4.** Conducteur électrique constitué d'un ou de plusieurs brins métalliques et entouré d'une gaine isolante : *Acheter du fil électrique pour faire une rallonge. L'Internet sans fil* (= le Wi-Fi). **5.** Sens dans lequel s'écoule une eau courante : *Une barque qui suit le fil d'une rivière* (syn. **courant**). **6.** Enchaînement logique, progression continue de : *Ne pas perdre le fil d'un discours.* **7.** Partie tranchante d'une lame : *Le fil d'un rasoir, d'un couteau* (syn. **tranchant**). **8. Au bout du fil,** au téléphone : *Je l'ai eu au bout du fil.* / **Au fil de,** tout le long de : *Au fil des heures, son inquiétude augmentait.* / **Coup de fil,** coup de téléphone : *Donner, passer,* *recevoir un coup de fil.* / **Donner du fil à retordre,** causer beaucoup de problèmes, d'ennuis. / **Être sur le fil du rasoir,** dans une situation instable, dangereuse. / **Ne pas avoir inventé le fil à couper le beurre,** ne pas être très malin. / **Ne tenir qu'à un fil,** être fragile, précaire : *Sa vie ne tenait qu'à un fil.* **9. Fil à plomb,** fil muni, à une extrémité, d'un morceau de métal lourd pour matérialiser la verticale. / **Fil de fer,** pièce métallique cylindrique de grande longueur et de faible section.

fil-à-fil [filafil] **n.m. inv.** Tissu chiné, obtenu en ourdissant et en tramant successivement un fil clair, un fil foncé.

filage [filaʒ] **n.m.** Transformation des fibres textiles en fils ; travail du fileur.

1. filaire [filɛr] **adj.** (de *fil*). Se dit des télécommunications, technologies ou appareils qui nécessitent une connexion à un câble (par oppos. à *sans-fil*).

2. filaire [filɛr] **n.f.** (lat. scientif. *filario,* de *filum,* fil). Ver parasite des régions chaudes, mince comme un fil, vivant sous la peau ou dans le système lymphatique de divers vertébrés. ▸ Classe des nématodes. Certaines filaires provoquent chez l'homme des filarioses.

filament [filamɑ̃] **n.m.** (lat. *filamentum,* de *filum,* fil). **1.** Élément de forme fine et allongée qui compose certains tissus animaux ou végétaux : *Des filaments nerveux* (syn. **fibre**). **2.** Fibre textile de très grande longueur. **3.** Fil conducteur d'une lampe électrique, rendu incandescent par le passage du courant.

filamenteux, euse [filamɑ̃tø, -øz] **adj.** DIDACT. Qui présente des filaments ; formé de filaments : *Des champignons filamenteux.*

filandreux, euse [filɑ̃drø, -øz] **adj.** (de *filandre,* fibre naturelle, de *filer*). **1.** Rempli de fibres longues et coriaces : *Viande filandreuse. Haricots verts filandreux.* **2.** Qui abonde en détails inutiles et peu clairs : *Explications filandreuses* (syn. **confus, embarrassé**).

filant, e [filɑ̃, -ɑ̃t] **adj. 1.** Qui file, coule sans se diviser en gouttes : *Un sirop filant.* **2. Étoile filante** ⟶ **étoile.**

filariose [filarjoz] **n.f.** MÉD. Maladie parasitaire causée par une filaire.

filasse [filas] **n.f.** (lat. pop. *filacea,* de *filum,* fil). Matière que constituent les filaments tirés de la tige des végétaux textiles : *Filasse de chanvre, de lin* (syn. **étoupe**). ◆ **adj. inv. Cheveux filasse,** cheveux d'un blond pâle.

filature [filatyr] **n.f.** (de *filer*). **1.** Ensemble des opérations de transformation des fibres textiles en fils : *La filature du coton, de la soie.* **2.** Établissement industriel de filage des matières textiles : *Les grandes filatures du Nord.* **3.** Action de suivre qqn à son insu pour noter ses faits et gestes : *Prendre qqn en filature.*

file [fil] **n.f.** (de *filer*). **1.** Suite de personnes ou de choses placées les unes derrière les autres : *Une file de voitures* (syn. **colonne**). *Une file d'attente* (syn. **queue**). **2. À la file, en file, en file indienne,** l'un derrière l'autre. / **Prendre la file,** se mettre à la suite de qqn, dans une file d'attente.

filer [file] **v.t.** (bas lat. *filare,* de *filum,* fil). **1.** Travailler des fibres textiles de manière à obtenir un fil : *Filer la laine.* **2.** Sécréter un fil de soie, en parlant de certaines araignées et chenilles. **3.** Dérouler un câble, une amarre, etc., de façon continue, en laissant glisser (syn. **dévider**). **4.** Suivre qqn secrètement afin de le surveiller : *Filer un suspect.* **5.** FAM. Donner, prêter : *File-moi un peu d'argent.* **6.** MAR. **Filer n nœuds,** avoir une vitesse de *n* milles marins à l'heure, en parlant d'un bateau. / **Filer une note,** la tenir longuement avec la voix ou l'instrument. ◆ **v.i. 1.** S'allonger, couler de façon filiforme : *Le gruyère fondu file.* **2.** Aller, partir très vite : *Elle fila vers la sortie* (syn. **se précipiter**). *Un cheval qui file bon train.* **3.** Disparaître rapidement, être consommé : *Tout mon argent a filé* (= a été dépensé). **4.** En parlant du temps, passer très vite : *La matinée a filé.* **5.** En parlant des mailles d'un bas, d'un collant, se défaire sur une certaine longueur.

filet [filɛ] **n.m.** (dimin. de *fil*). **1.** Écoulement fin d'un liquide, d'un gaz : *Un filet d'eau, de fumée. Un filet de vinaigre.* **2.** TECHN. Rainure en hélice d'une vis, d'un boulon. **3.** IMPR. Trait d'épaisseur variable, pour séparer ou encadrer des textes, des illustrations, etc. **4.** Réseau, objet composé de mailles entrecroisées, servant pour divers usages : *Filet à provisions. Filet de pêche. Filet à papillons.* **5.** Réseau de fils ou de cordages tendu au milieu d'une table (tennis de table) ou d'un terrain de sports (tennis par ex.) ou attaché derrière les poteaux de buts (football, handball, etc.). **6.** BOUCH. Morceau tendre et charnu de bœuf, de veau, de mouton, qui se trouve au-dessous des vertèbres lombaires. **7. Coup de filet,** opération de police au cours de laquelle sont effectuées plusieurs arrestations. / **Filet !,** au tennis, recomm. off. pour *net.* / **Filet de poisson,** bande de chair prélevée de part et d'autre de l'arête dorsale. / **Travailler sans filet,** exécuter un numéro d'équilibre, d'acrobatie sans filet de protection ; au fig., prendre des risques. / **Un filet de voix,** une voix très faible, ténue.

filetage [filtaʒ] **n.m.** (de *fileter*). **1.** Opération consistant à creuser une rainure hélicoïdale le long d'une surface cylindrique. **2.** Ensemble des filets d'une vis, d'un écrou.

fileter [filte] **v.t.** (de *filet*) [conj. **28**]. Pratiquer le filetage de : *Fileter une vis, un écrou, un boulon.*

filial, e, aux [filjal, -o] **adj.** (bas lat. *filialis,* du class. *filius,* fils). Qui caractérise l'attitude d'un fils, d'une fille à l'égard de ses parents : *Amour filial.*

filiale [filjal] **n.f.** (de *filial*). Entreprise créée et contrôlée par une société mère.

filialiser [filjalize] **v.t.** Donner à une entreprise le statut de filiale.

filiation [filjasjɔ̃] **n.f.** (bas lat. *filiatio,* de *filius,* fils). **1.** Suite d'individus directement issus les uns des autres : *Descendre par filiation directe d'un personnage célèbre* (syn. **ascendance, lignée**). **2.** Suite, liaison de choses résultant l'une de l'autre, s'engendrant l'une l'autre : *La filiation des événements* (syn. **enchaînement**).

filicale [filikal] **n.f.** (du lat. *filix, filicis,* fougère). **Filicales,** ordre des fougères.

filière [filjɛr] **n.f.** (de *fil*). **1.** Succession de degrés à franchir, de formalités à remplir avant de parvenir à un certain résultat : *Filière administrative. Passer par la filière pour obtenir un visa.* **2.** Outil servant à mettre en forme un métal, une matière plastique, à les étirer en fils ou à les transformer en un profilé. **3.** Outil servant à fileter une vis. **4.** ZOOL. Orifice par lequel une araignée émet les fils qu'elle produit.

filiforme [filifɔrm] **adj.** Mince, grêle, délié comme un fil : *Des jambes filiformes.*

filigrane [filigran] **n.m.** (it. *filigrana,* de *filo,* fil, et *grana,* grain). **1.** Marque, dessin se trouvant dans le corps d'un papier et que l'on peut voir par transparence : *Le filigrane d'un billet de banque.* **2.** Ouvrage de bijouterie ajouré fait de bandes ou de fils métalliques fins entrelacés et soudés. **3. En filigrane,** dont on devine la présence, à l'arrière-plan ; qui n'est pas explicite : *Son ambition apparaît en filigrane dans toutes ses actions.*

filin [filɛ̃] **n.m.** (de *fil*). Cordage : *Filin d'acier, de chanvre.*

fille [fij] **n.f.** (lat. *filia*). **1.** Personne du sexe féminin considérée par rapport à son père ou à sa mère (par opp. à *fils*) : *Leur fille aînée vit à Paris.* **2.** Enfant du sexe féminin (par opp. à *garçon*) : *Ils ont deux filles et un garçon. École de filles. Petite fille.* **3.** Jeune femme ; femme : *Une chic fille.* **4.** Femme non mariée ; célibataire (VIEILLI, sauf dans l'express. *vieille fille*) : *Elle est restée fille.* **5.** Avec un compl. de nom indiquant la fonction, désigne une employée subalterne : *Fille de cuisine, de ferme.* **6.** Femme de mauvaise vie (péjor.) : *Fille de joie* (= prostituée). **7. Fille de salle,** femme salariée chargée des travaux de ménage et de nettoyage dans un hôpital ou une clinique. / FAM. **Jouer la fille de l'air,** partir sans prévenir.

fillette [fijɛt] **n.f.** Petite fille.

filleul, e [fijœl] **n.** (lat. *filiolus,* dimin. de *filius,* fils). Celui, celle dont on est le parrain, la marraine.

Fillon (François), homme politique français (Le Mans 1954). Membre de l'U.M.P. (Union pour un mouvement populaire), ministre de l'Enseignement supérieur et de la Recherche (1993-1995), ministre en charge de la Poste, des Télécommunications et de l'Espace (1995-1997), ministre des Affaires sociales, du Travail et de la Solidarité (2002-2004), puis ministre de l'Éducation nationale, de l'Enseignement supérieur et de la Recherche (2004-2005), il a été Premier ministre de 2007 à 2012.

film [film] **n.m.** (mot angl. « pellicule »). **1.** Pellicule recouverte d'une émulsion sensible à la lumière, et sur laquelle s'enregistrent les images en photographie et en cinématographie. **2.** Document, œuvre cinématographique. **3.** Déroulement continu d'événements : *Revoir en pensée le film de sa vie.* **4.** TECHN. Fine pellicule d'un produit, d'une substance recouvrant une surface (syn. **feuil**). **5.** Bande souple de matière plastique transparente, destinée à protéger les aliments.

filmer [filme] **v.t.** Enregistrer sur un film cinématographique ; prendre en film : *Filmer une scène* (syn. **tourner**).

filmique [filmik] **adj.** Relatif au film cinématographique, au cinéma : *L'œuvre filmique de Hitchcock.*

filmographie [filmɔgrafi] **n.f.** Liste des films d'un réalisateur, d'un comédien, d'un producteur ; films relevant d'un genre donné.

filon [filɔ̃] **n.m.** (it. *filone*, de *filo*, fil). **1.** MINÉR. Suite ininterrompue d'une même matière, recoupant des couches de nature différente : *Exploiter un filon aurifère* (syn. **veine**). **2.** *FAM.* Moyen, source de réussite ; situation lucrative et peu fatigante : *Avec cet emploi, il a trouvé le bon filon.*

filou [filu] **n.m.** (forme dial. de *fileur*, dér. de *filer*). *FAM.* Personne malhonnête, qui cherche à voler les autres : *Ce sont des filous* (syn. **aigrefin, escroc**).

filouter [filute] **v.t.** (de *filou*). *FAM.* Voler avec adresse : *Il nous a filoutés* (syn. **escroquer**).

filouterie [filutri] **n.f.** *FAM.* et *VX.* Acte de filou ; malhonnêteté (syn. **escroquerie, indélicatesse**).

fils [fis] **n.m.** (lat. *filius*). **1.** Personne du sexe masculin considérée par rapport à son père ou à sa mère (par opp. à *fille*) : *Le fils cadet n'a hérité de rien. Tel père, tel fils.* **2. Fils de famille,** garçon né dans une famille aisée. / **Fils spirituel,** celui qui est le dépositaire unique ou principal de la pensée d'un maître : *Les fils spirituels de Sartre* (= continuateur, disciple).

filtrage [filtraʒ] **n.m. 1.** Action de filtrer ; fait d'être filtré : *Le filtrage d'un vin.* **2.** Contrôle minutieux : *Filtrage des éléments suspects.* **3.** Fait de filtrer, de se répandre subrepticement : *Le filtrage d'une nouvelle* (syn. **divulgation, ébruitement**).

filtrant, e [filtrɑ̃, -ɑ̃t] **adj. 1.** Qui sert à filtrer : *Papier filtrant.* **2. Verres filtrants,** verres qui ne laissent pas passer certaines radiations lumineuses. / **Virus filtrant,** virus qui traverse les filtres les plus fins et n'est perceptible qu'au microscope électronique.

filtrat [filtra] **n.m.** Liquide filtré dans lequel ne subsiste aucune matière en suspension.

filtre [filtr] **n.m.** (bas lat. *filtrum*, frq. **filtir*). **1.** Corps poreux, dispositif à travers lequel on fait passer un fluide pour le débarrasser des particules qui s'y trouvent en suspension ou pour l'extraire de matières auxquelles il est mélangé. **2.** Dispositif permettant de faire passer l'eau à travers le café qu'il contient : *Café filtre* (= café ainsi obtenu). **3.** PHOT. Dispositif placé devant l'objectif d'un appareil et qui intercepte certains rayons lumineux.

filtrer [filtre] **v.t. 1.** Faire passer à travers un filtre. **2.** Soumettre à un contrôle sévère de passage : *Filtrer des passants, des nouvelles.* ◆ **v.i. 1.** Pénétrer : *L'eau filtre à travers la toile.* **2.** Passer subrepticement en dépit des obstacles : *L'information a filtré.*

1. fin [fɛ̃] **n.f.** (lat. *finis*, limite, frontière). **1.** Moment où se termine, s'achève qqch : *La fin de l'année* (syn. **terme**). **2.** Endroit où se termine qqch : *Arriver à la fin du chapitre* (syn. **bout**). **3.** Période, partie terminale : *Avoir des fins de mois difficiles.* **4.** Complet achèvement : *Mener un projet à sa fin.* **5.** Arrêt, cessation : *La fin d'une amitié.* **6.** Mort : *Sentir sa fin prochaine.* **7.** But, objectif auquel on tend ; intention : *Parvenir à ses fins* (= atteindre le but qu'on s'était fixé). **8. À toutes fins utiles,** pour servir si nécessaire : *À toutes fins utiles, prenez votre passeport.* / **En fin de compte,** en définitive, pour conclure (= finalement). / **Fin en soi,** résultat recherché pour lui-même. / **Mener qqch à bonne fin,** le terminer de façon satisfaisante. / **Mettre fin à qqch,** le faire cesser. / **Mettre fin à ses jours,** se suicider. / **Mot de la fin,** parole qui clôt un débat, une question. / **Prendre fin** ou **tirer, toucher à sa fin,** se terminer, s'achever. / **Sans fin,** sans cesse (= continuellement).

2. fin, e [fɛ̃, fin] **adj.** (de *1. fin*). **1.** Extrêmement petit, dont les éléments sont très petits : *Sable fin. Sel fin* (contr. **gros**). **2.** Extrêmement mince : *Cheveux fins.* **3.** Très aigu ; effilé : *Pointe fine.* **4.** Très mince ; élancé : *Taille fine* (contr. **épais**). *Attaches fines* (syn. **délié**). **5.** Délicat ; peu marqué : *Traits fins* (contr. **grossier**). **6.** Qui a peu d'épaisseur ; léger, délicat : *Tissu fin.* **7.** Très pur : *Or fin.* **8.** De la qualité la meilleure : *Porcelaine fine. Vins fins.* **9.** D'une grande acuité ; qui perçoit les moindres rapports, les nuances les plus délicates : *Avoir l'ouïe fine. Un homme très fin.* **10.** Qui témoigne d'une intelligence subtile, d'un goût délicat : *Une plaisanterie fine* (contr. **lourd**). **11.** Qui excelle dans une activité donnée ; subtil, raffiné : *Un fin limier* (syn. **habile**). *Un fin gourmet.* **12. Le fin fond,** l'endroit le plus reculé. ◆ **fin n.m. Le fin du fin,** ce qu'il y a de plus accompli, de plus raffiné. ◆ **fin adv. 1.** Finement : *Moudre fin.* **2.** Complètement : *Elle est fin prête.*

1. final, e, als ou **aux** [final, -o] **adj.** (bas lat. *finalis*). **1.** Qui finit, termine : *Point final.* **2.** Qui constitue ou exprime la fin, le but : *Cause finale.* **3.** GRAMM. **Proposition finale,** proposition subordonnée de but. (On dit aussi *une finale.*)

2. final ou **finale** [final] **n.m.** (it. *finale*, de *fine*, fin) [pl. *finals, finales*]. MUS. Morceau qui termine une symphonie, un acte d'opéra, etc.

finale [final] **n.f.** (de *1. final*). **1.** Dernière syllabe ou dernière lettre d'un mot : *Accent placé sur la finale.* **2.** Dernière épreuve d'une compétition par élimination.

finalement [finalmɑ̃] **adv.** À la fin, pour en finir : *Il a longtemps hésité et a finalement décidé de partir.*

finaliser [finalize] **v.t. 1.** Orienter vers un objectif précis, donner une finalité à : *Finaliser une recherche.* **2.** Achever, mettre au point dans les derniers détails : *Un projet finalisé.*

1. finaliste [finalist] **adj.** et **n.** (de *finale*). Qui est qualifié pour disputer une finale.

2. finaliste [finalist] **adj.** et **n.** (de *1. final*). PHILOS. Syn. de *téléologique.*

finalité [finalite] **n.f.** Caractère d'un fait, d'un enchaînement d'événements où l'on voit un but, une évolution orientée : *Croire à la finalité de l'histoire.*

finance [finɑ̃s] **n.f.** (de l'anc. fr. *finer*, mener à bien, payer). **1.** Ensemble des professions qui ont pour objet l'argent et ses modes de représentation, notamm. les valeurs mobilières : *Le monde de la finance.* **2. Moyennant finance,** en échange d'argent comptant : *Il a été livré à domicile moyennant finance* (contr. **gratuitement**). ◆ **finances n.f. pl. 1.** Deniers publics ; ensemble des charges et des ressources de l'État ou d'une collectivité territoriale ; ensemble des activités qui ont trait à leur gestion, à leur utilisation : *Finances publiques. Inspecteur des finances.* **2.** *FAM.* Ressources pécuniaires d'un particulier : *Mes finances sont au plus bas.* **3. Loi de finances,** loi par laquelle le gouvernement est autorisé annuellement à engager des dépenses et à recouvrer les recettes.

financement [finɑ̃smɑ̃] **n.m.** Action de financer : *Dresser un plan de financement.*

financer [finɑ̃se] **v.t.** (de *finance*) [conj. **16**]. Fournir des capitaux à : *Financer une entreprise.*

1. financier, ère [finɑ̃sje, -ɛr] **adj.** Relatif aux finances : *Bilan financier. Problèmes financiers* (syn. **pécuniaire**).

2. financier [finɑ̃sje] **n.m.** Spécialiste des opérations financières et de gestion de patrimoines privés ou publics.

financièrement [finɑ̃sjɛrmɑ̃] **adv.** Sur le plan financier : *Projet financièrement réalisable.*

finasser [finase] **v.i.** (de *finesse*). FAM. User de subterfuges, de finesses plus ou moins bien intentionnées : *N'essaie pas de finasser, tu ne m'auras pas* (syn. **biaiser, tergiverser**).

finasserie [finasri] **n.f.** FAM. Finesse mêlée de ruse : *Je ne suis pas dupe de ses finasseries.*

finaud, e [fino, -od] **adj.** et **n.** (de *2. fin*). Rusé, sous un air de simplicité : *Un paysan finaud* (syn. **matois**).

fine [fin] **n.f.** (de *[eau-de-vie] fine*). **1.** Eau-de-vie naturelle de qualité supérieure. **2. Fine de claire** ⟶ **claire.**

finement [finmɑ̃] **adv.** De façon fine : *Étoffe finement brodée* (syn. **délicatement**). *Une affaire finement menée* (syn. **habilement**).

finesse [finɛs] **n.f.** (de *2. fin*). **1.** Caractère de ce qui est fin, ténu, mince, léger : *La finesse d'un fil, d'une poudre. La finesse d'une taille.* **2.** Délicatesse des formes, de la matière : *Finesse d'un visage. Finesse d'un bijou. Finesse d'un parfum. Travail exécuté avec finesse* **3.** Acuité des sens : *Finesse de l'ouïe, de l'odorat* (syn. **sensibilité**). **4.** Qualité de ce qui est pénétrant, subtil, spirituel : *Faire preuve de finesse* (syn. **pénétration, discernement**). *La finesse d'un raisonnement, d'une observation* (syn. **justesse**). *La finesse d'une plaisanterie.* **5.** (Surtout au pl.). Nuance délicate ; subtilité : *Comprendre les finesses d'une langue. Les finesses de la diplomatie.*

1. fini, e [fini] **adj.** (de *finir*). **1.** Limité ; qui a des bornes : *Grandeur finie* (contr. **infini**). **2.** Terminé ; révolu : *Son travail est fini. Ce temps-là est bien fini.* **3.** Parfaitement achevé, accompli ; dont la finition est soignée : *Cette voiture a été mal finie.* **4.** Achevé ; parfait en son genre (péjor.) : *Un menteur fini* (syn. **fieffé**). **5.** Usé : *Un homme fini.* **6. Produit fini,** produit industriel propre à l'utilisation.

2. fini [fini] **n.m.** (de *1. fini*). **1.** Ce qui est limité : *Le fini et l'infini.* **2.** Qualité de ce qui est achevé, parfait : *Admirer le fini d'un ouvrage.*

finir [finir] **v.t.** (lat. *finire*) [conj. **32**]. **1.** Mener à son terme : *Finir une tâche* (syn. **achever**). *Finir de parler* (syn. **cesser**). **2.** Terminer une période de temps ; consommer dans sa totalité : *Finir ses jours à la campagne. Finir son assiette.* **3.** Constituer la fin, se situer à la fin de : *La phrase qui finit le chapitre.* **4. En finir avec qqch, qqn,** mettre fin à qqch de long, de fâcheux ou d'intolérable ; se débarrasser de : *Décidez-vous, il faut en finir ! En divorçant elle croyait en finir avec lui.* ⁄ **N'en pas finir de,** accomplir qqch avec une extrême lenteur : *Elle n'en finit pas de se préparer.* ◆ **v.i. 1.** Arriver à son terme : *Son bail finit à Pâques* (syn. **expirer**). **2.** Se terminer d'une certaine façon : *Roman qui finit bien* (syn. **s'achever**). *Finir en pointe.* **3.** Mourir : *Finir dans la misère.* **4. Finir par,** réussir finalement à : *Finir par trouver.* ⁄ **N'en pas finir, n'en plus finir,** s'accomplir avec une extrême lenteur : *Des travaux qui n'en finissent pas. Des discussions à n'en plus finir* (= interminables).

finish [finiʃ] **n.m. inv.** (mot angl. « fin »). Dernier effort d'un concurrent à la fin d'une épreuve ; capacité à fournir cet effort : *L'emporter au finish.*

finissage [finisaʒ] **n.m.** (de *finir*). TECHN. Dernière opération destinée à rendre un travail parfait ; finition.

finisseur, euse [finisœr, -øz] **n.** (de *finir*). **1.** Personne qui effectue la dernière opération d'un travail. **2.** Athlète qui termine très bien les compétitions.

Finistère [29], dép. de la Région Bretagne ; ch.-l. de dép. *Quimper ;* ch.-l. d'arr. *Brest, Châteaulin, Morlaix ;* 4 arr., 27 cant., 283 comm. ; 6 733 km^2 ; 932 896 hab. *(Finistériens).*

Finisterre *(cap)*, promontoire situé à l'extrémité nord-ouest de l'Espagne.

finition [finisjɔ̃] **n.f.** (de *finir*). **1.** Action de finir avec soin ; opération ou ensemble d'opérations qui terminent l'exécution d'un ouvrage, d'une pièce : *Travaux de finition. Finitions soignées.* **2.** Caractère de ce qui est achevé de façon soignée : *Une robe qui manque de finition.*

finitude [finityd] **n.f.** PHILOS. Caractère de ce qui est fini : *La finitude de l'homme* (= le fait notamm. qu'il est mortel).

Finlande, en finnois **Suomi,** État de l'Europe du Nord, sur la Baltique ; 338 000 km^2 ; 5 426 000 hab. *(Finlandais).* CAP. *Helsinki.* LANGUES : *finnois* et *suédois.* MONNAIE : *euro.*

GÉOGRAPHIE

Entre la Suède et la Russie, la Finlande est le pays le plus septentrional d'Europe (avec le quart du territoire au-delà du cercle polaire). Le climat est rude dans le Nord et le Centre, au paysage confus (collines, buttes allongées, nombreux lacs), héritage des glaciations ayant raboté le socle scandinave. Il explique la faible densité moyenne (15 hab. au km^2) d'une population urbanisée à 67 % et concentrée dans les villes du Sud-Ouest (Helsinki, Turku, Tampere) ou jalonnant le golfe de Botnie (Pori, Vaasa, Oulu), régions au climat plus clément (hivers atténués), plus humide aussi. Climat et sols expliquent l'extension de la forêt (70 % du territoire). Les dérivés du bois (pâte et papier journal en tête) assurent d'ailleurs plus du tiers des exportations. Les autres branches industrielles notables sont la métallurgie, avec les chantiers navals, puis le textile. Le nucléaire fournit près du tiers de l'électricité. Le pétrole doit être importé, ainsi que le charbon nécessaire au développement de la sidérurgie. Mais le commerce extérieur, important, est globalement équilibré. Il s'effectue en priorité avec la Suède, l'Allemagne et les pays de l'Europe orientale.

HISTOIRE

Les dominations suédoise et russe

Iᵉʳ s. av. J.-C. - Iᵉʳ s. apr. J.-C. Les Finnois occupent progressivement le sol finlandais.

1157. Le roi de Suède Erik IX organise une croisade contre la Finlande.

1353. Les Suédois érigent la Finlande en duché.

Au XVIᵉ s., la réforme luthérienne s'établit en Finlande.

1550. Gustave Vasa fonde Helsinki. Les guerres reprennent entre la Suède et la Russie, qui se disputent la possession de la Finlande (XVIᵉ-XVIIIᵉ s.).

1721. À l'issue des campagnes de Pierre le Grand, la Finlande cède la Carélie à la Russie.

1809. La Finlande devient un grand-duché de l'Empire russe, doté d'une certaine autonomie.

L'indépendance

1917. À la suite de la révolution russe, la Finlande proclame son indépendance.

1918. Une guerre civile oppose les partisans du régime soviétique à la garde civique de Carl Gustaf Mannerheim, qui l'emporte.

1920. La Russie soviétique reconnaît la nouvelle république de Finlande.

1939-1940. Après l'offensive victorieuse soviétique, la Finlande doit accepter l'annexion de la Carélie.

1941-1944. La Finlande combat l'U.R.S.S. avec le Reich.

1947. La paix avec les Alliés est signée à Paris.

Présidée par J. K. Paasikivi (1946-1956), U. K. Kekkonen (1956-1981) puis par M. Koivisto (1982-1994), la Finlande mène une politique de coopération avec les pays nordiques et d'amitié avec l'U.R.S.S. (traité d'assistance mutuelle de 1948, prorogé jusqu'à la dissolution de l'U.R.S.S.).

1994. M. Ahtisaari est élu président de la République.

1995. La Finlande entre dans l'Union européenne.

2000. Tarja Halonen est élue présidente de la République (elle a été réélue en 2006).

2011. Le parti des Vrais Finlandais, populiste et eurosceptique, progresse fortement aux élections.

2012. Sauli Niinistö est élu président de la République.

Finlande *(golfe de)*, golfe formé par la Baltique, entre la Finlande, la Russie et l'Estonie, sur lequel sont établis Helsinki et Saint-Pétersbourg.

finnois, e [finwa, -az] **adj.** et **n.** Se dit d'un peuple qui habite l'extrémité nord-ouest de la Russie d'Europe et surtout la Finlande. ◆ **finnois n.m.** Langue finno-ougrienne parlée princ. en Finlande, où elle a statut de langue officielle. (On dit aussi *le finlandais.*)

finno-ougrien, enne [finɔugrijɛ̃, -ɛn] **adj.** et **n.m.** (pl. *finno-ougriens, ennes*). Se dit d'un groupe linguistique de la famille ouralienne comprenant notamm. le finnois, le lapon, le hongrois.

fiole [fjɔl] **n.f.** (lat. *phiala,* du gr.). Petit flacon de verre.

Fionie, île du Danemark, séparée du Jylland par le Petit-Belt, de Sjaelland par le Grand-Belt ; 453 700 hab. V. princ. *Odense.*

fioriture [fjɔrityr] **n.f.** (it. *fioritura,* de *fiorire,* fleurir). [Surtout au pl.]. Ornement compliqué ou en nombre excessif : *Un dessin chargé de fioritures. Parler sans fioritures.*

fioul ou **fuel** [fjul] **n.m.** (de l'angl. *fuel [oil]*, [huile] combustible). **1.** Combustible liquide, brun foncé ou noir, plus ou moins visqueux, provenant du pétrole. **2. Fioul domestique,** gazole de chauffage teinté en rouge pour le distinguer du carburant (syn. **mazout**).

Firdusi → Ferdowsi.

firmament [firmamɑ̃] **n.m.** (lat. *firmamentum,* de *firmare,* rendre solide). *LITT.* Voûte céleste sur laquelle apparaissent les étoiles.

firme [firm] **n.f.** (angl. *firm,* de même orig. que *2. ferme*). Entreprise industrielle ou commerciale (syn. **société**).

fisc [fisk] **n.m.** (lat. *fiscus,* panier). Administration chargée de calculer et de percevoir les impôts.

fiscal, e, aux [fiskal, -o] **adj.** Relatif au fisc, à l'impôt : *Réforme fiscale.*

fiscalement [fiskalmɑ̃] **adv.** Du point de vue fiscal.

fiscalisation [fiskalizasjɔ̃] **n.f. 1.** Action de fiscaliser : *Les bas salaires ne sont pas soumis à la fiscalisation* (syn . **imposition**). **2.** Part de l'impôt dans le total des ressources d'une collectivité publique.

fiscaliser [fiskalize] **v.t.** (de *fiscal*). **1.** Soumettre à l'impôt : *Fiscaliser les bénéfices d'une entreprise* (syn. **imposer**). *Fiscaliser des ménages.* **2.** Financer par l'impôt : *Fiscaliser un déficit budgétaire.*

fiscalité [fiskalite] **n.f.** (de *fiscal*). Système de perception des impôts ; ensemble des lois qui s'y rapportent : *La fiscalité française se caractérise par la prédominance de la fiscalité indirecte par rapport à la fiscalité directe.*

Fischer von Erlach (Johann Bernhard), architecte autrichien (Graz 1656 - Vienne 1723). Dans un style qui associe le baroque romain à une tendance classique majestueuse, il a construit à Salzbourg (trois églises), à Prague (palais) et surtout à Vienne : divers palais ; l'église St-Charles-Borromée (1716) et la Bibliothèque impériale (1723), deux édifices qu'achèvera son fils **Joseph Emmanuel** (1693-1742).

Fisher (Irving), économiste américain (Saugerties, État de New York, 1867 - New York 1947). Spécialiste des questions monétaires, il a établi une relation entre la quantité de monnaie en circulation, la vitesse de circulation de celle-ci et le niveau des prix. Il est également connu pour sa théorie de l'intérêt et son analyse statistique.

fish-eye [fiʃaj] **n.m.** (mot angl. « œil de poisson ») [pl. *fish-eyes*]. PHOT. Objectif à très grand angle (de 160 à 200°).

fissile [fisil] **adj.** (lat. *fissilis*). **1.** *DIDACT.* Qui se divise facilement en feuillets ou en lames minces : *L'ardoise est fissile.* **2.** PHYS. Susceptible de subir la fission nucléaire. (On dit aussi *fissible.*)

fission [fisjɔ̃] **n.f.** (mot angl., lat. *fissio*). PHYS. Division d'un noyau d'atome lourd (uranium, plutonium, etc.) libérant une énorme quantité d'énergie. (→ nucléaire.)

fissure [fisyr] **n.f.** (lat. *fissura,* de *findere,* fendre). **1.** Petite crevasse ; fente légère : *Un vase dont l'émail est couvert de fissures* (syn. **craquelure**). *Il y a une fissure au plafond.* **2.** Point faible dans un raisonnement : *Démonstration qui comporte une fissure* (syn. **faille**).

fissurer [fisyre] **v.t.** (de *fissure*). Crevasser, fendre. ◆ **se fissurer v.pr.** Se fendre : *Un mur qui se fissure. Une amitié qui se fissure* (syn. **se désagréger**).

fiston [fistɔ̃] **n.m.** (de *fils*). *FAM.* Fils.

fistule [fistyl] **n.f.** (lat. *fistula,* conduit). MÉD. Canal pathologique qui met en communication directe et anormale deux viscères ou un viscère avec la peau.

Fitzgerald (Ella), chanteuse de jazz américaine (Newport News, Virginie, 1917 - Beverly Hills 1996). Elle interpréta et enregistra des ballades et des romances, mais aussi des pièces de swing et des dialogues en scat avec les meilleurs solistes instrumentaux ou vocaux.

Fitzgerald (Francis Scott), écrivain américain (Saint Paul, Minnesota, 1896 - Hollywood 1940). Ses romans expriment le désenchantement de la « génération perdue » (*Gatsby le Magnifique,* 1925 ; *Tendre est la nuit,* 1934 ; *le Dernier Nabab,* 1941).

fivete [fivɛt] **n.f.** (sigle de *fécondation in vitro et transfert embryonnaire*). Méthode de procréation médicalement assistée, consistant en une fécondation in vitro suivie d'une transplantation de l'embryon.

fixage [fiksaʒ] **n.m. 1.** Action de fixer : *Fixage d'une couleur sur une étoffe.* **2.** Opération par laquelle une image photographique est rendue inaltérable à la lumière. **3.** BOURSE. Cotation effectuée pour fixer le cours de produits financiers entre eux à un moment précis ; cotation de base de la barre d'or sur le marché boursier.

fixateur, trice [fiksatœr, -tris] **adj.** Qui a la propriété de fixer. ◆ **fixateur n.m. 1.** Vaporisateur servant à projeter un fixatif sur un dessin. **2.** Bain utilisé pour le fixage d'une photographie.

fixatif [fiksatif] **n.m.** Préparation pour fixer, stabiliser sur le papier les dessins au fusain, au pastel, au crayon.

fixation [fiksasjɔ̃] **n.f. 1.** Action de fixer, d'assujettir solidement : *Fixation d'un clou. Mode de fixation.* **2.** Attache, dispositif servant à fixer : *Fixation de ski.* **3.** Action de déterminer, de régler de façon précise : *Fixation de l'impôt* (syn. **détermination, établissement**). **4.** Fait de se fixer, de s'établir quelque part : *La fixation des tribus nomades* (syn. **implantation, sédentarisation**). **5.** *FAM.* **Faire une fixation sur qqch, sur qqn,** attacher une importance excessive à qqch, à qqn : *Elle fait une fixation sur la mode.*

1. fixe [fiks] **adj.** (lat. *fixus,* de *figere,* fixer). **1.** Qui reste à la même place, ne bouge pas : *Point fixe. Un regard fixe* (= qui reste dirigé vers un même point). **2.** Qui se maintient dans le même état, ne varie pas : *Des effectifs fixes* (contr. **flottant, variable**). *Le temps est au beau fixe. Idée fixe.* **3.** Qui est réglé, déterminé d'avance : *Manger à heures fixes* (syn. **régulier**). *Menu à prix fixe.* **4. Virgule fixe → virgule.** ◆ **interj.** Donne l'ordre de se mettre au garde-à-vous : *À vos rangs, fixe !*

2. fixe [fiks] **n.m.** (de *1. fixe*). Fraction invariable d'une rémunération (par opp. à *prime, commission,* etc.) : *Outre ses commissions, le vendeur touche un fixe mensuel.*

fixé, e [fikse] **adj.** (de *fixer*). **Être fixé (sur qqn, qqch),** savoir à quoi s'en tenir sur qqn, qqch : *S'il ne sait pas ce que je pense de lui, il va être fixé.* / **N'être pas fixé,** ne pas savoir exactement ce qu'on veut, ce qu'on doit faire.

fixement [fiksəmɑ̃] **adv.** Avec fixité : *Regarder fixement.*

fixer [fikse] **v.t.** (de *fixe*). **1.** Établir dans une position, un lieu fixe : *Fixer un tableau sur le mur* (syn. **accrocher**). *Dans les bateaux, le mobilier est fixé au sol* (syn. **assujettir**). *Fixer un souvenir dans son esprit* (syn. **graver**). **2.** Rendre fixe, stable ; empêcher de varier, d'évoluer, de s'altérer : *Fixer la langue* (= arrêter son évolution). *Fixer une couleur* (syn. **stabiliser**). *Fixer un dessin, une photographie.* **3.** Déterminer, définir précisément : *Fixer une date, un délai* (syn. **assigner**). *Fixer un rendez-vous. Le gouvernement fixe le montant des importations* (syn. **réglementer**). *Fixer des règles* (syn. **formuler**). *Fixer son choix* (syn. **arrêter**). **4.** Regarder de façon continue ou insistante ; appliquer son attention sur qqn, qqch : *Fixer qqn. Les yeux, le regard fixés sur l'horizon. Fixer son attention sur un problème* (= se concentrer). ◆ **se fixer v.pr. 1.** S'établir d'une façon permanente : *Il s'est fixé dans le Midi.* **2.** Choisir en définitive : *Se fixer sur une cravate bleue.* **3. Se fixer un but, un objectif,** le décider de manière précise et durable.

fixité [fiksite] **n.f.** Qualité, état de ce qui est fixe : *Fixité du regard.*

Fizeau (Armand Hippolyte Louis), physicien français (Paris 1819 - château de Venteuil, près de La Ferté-sous-Jouarre, 1896). Il effectua, en 1849, la première mesure directe de la vitesse de la lumière dans l'air. En 1848, il découvrit, indépendamment de Doppler, que le mouvement d'une source de vibrations par rapport à un observateur provoque un déplacement des fréquences perçues par celui-ci *(effet Doppler-Fizeau).* Il eut l'idée d'utiliser les longueurs d'onde lumineuses comme étalons de longueur.

fjord [fjɔrd] **n.m.** (mot norvég.). Ancienne auge glaciaire envahie par la mer : *Les fjords norvégiens.*

flac [flak] **interj.** (onomat.). Sert à imiter le bruit de qqch qui tombe dans l'eau ou de l'eau qui tombe.

flaccidité [flaksidite] **n.f.** (du lat. *flaccidus,* flasque). État de ce qui est flasque : *La flaccidité de la peau* (syn. **relâchement**).

flacon [flakɔ̃] **n.m.** (bas lat. *flasco, -onis,* du germ.). Petite bouteille de verre, de cristal munie d'un bouchon de même matière ou de métal ; son contenu : *Un flacon de parfum.*

flagellation [flaʒelasjɔ̃] **n.f.** Action de flageller ; fait d'être flagellé.

flagelle [flaʒel] **n.m.** (lat. *flagellum,* fouet). BIOL. Filament mobile, long et souvent unique, servant d'organe locomoteur à certains protozoaires et aux spermatozoïdes.

flagellé, e [flaʒele] **adj.** Muni d'un flagelle. ◆ **flagellé n.m. Flagellés,** embranchement des protozoaires flagellés, pourvus ou non de chlorophylle.

flageller [flaʒele] **v.t.** (lat. *flagellare,* de *flagellum,* fouet) [conj. **4**]. *LITT.* Battre de coups de fouet, de verges : *Flageller qqn* (syn. **fouetter**).

flageolant, e [flaʒɔlɑ̃, -ɑ̃t] **adj.** Qui flageole : *Jambes flageolantes* (syn. **chancelant, vacillant**).

flageoler [flaʒɔle] **v.i.** (p.-ê. de *flageolet,* jambe grêle). Trembler et vaciller à la suite d'une émotion, d'une fatigue, en parlant de qqn, d'un animal, de ses membres inférieurs : *Le malade s'est senti flageoler* (syn. **chanceler**).

1. flageolet [flaʒɔlɛ] **n.m.** (dimin. de l'anc. fr. *flageol,* lat. pop. **flabeolum,* du class. *flabrum,* souffle). Flûte à bec, en bois, à six trous.

2. flageolet [flaʒɔlɛ] **n.m.** (dimin. de *flageolle,* de même sens, it. *fagiuolo* [v. *fayot*], avec infl. de *1. flageolet* par analogie de forme). Petit haricot : *Gigot aux flageolets.*

flagorner [flagɔrne] **v.t.** (orig. obsc.). Flatter bassement, outrageusement.

flagornerie [flagɔrnəri] **n.f.** Basse flatterie, génér. intéressée : *Obtenir des avantages en usant de flagornerie.*

flagorneur, euse [flagɔrnœr, -øz] **adj.** et **n.** Qui use de flagornerie : *Vil flagorneur.*

flagrant, e [flagrɑ̃, -ɑ̃t] **adj.** (lat. *flagrans,* brûlant). **1.** Évident ; incontestable : *Une erreur flagrante* (syn. **indéniable, patent**). **2.** DR. **Flagrant délit,** délit commis sous les yeux de ceux qui le constatent : *Tribunal des flagrants délits.*

Flaherty (Robert), cinéaste américain (Iron Mountain, Michigan, 1884 - Dummerston, Vermont, 1951). Véritable créateur du genre documentaire, il réalisa *Nanouk l'Esquimau* (1922), *Moana* (1926), *Louisiana Story* (1948) et, en collaboration avec F. W. Murnau, *Tabou* (1931). Il a influencé toutes les écoles documentaristes.

flair [flɛr] **n.m.** (de *flairer*). **1.** Odorat du chien. **2.** Aptitude à pressentir, à deviner intuitivement qqch : *Un détective doit avoir du flair* (syn. **perspicacité**).

flairer [flere] **v.t.** (lat. pop. **flagrare,* class. *fragrare*). **1.** Humer l'odeur de (qqch) ; reconnaître par l'odeur : *Le chien flaire le gibier.* **2.** Pressentir ; deviner par intuition : *Flairer un danger* (syn. **soupçonner**).

flamand, e [flamɑ̃, -ɑ̃d] **adj.** et **n. 1.** De la Flandre. **2. École flamande,** ensemble des artistes et de la production artistique des pays de langue flamande, notamm. avant la constitution de l'actuelle Belgique. ◆ **flamand n.m.** Ensemble des parlers néerlandais utilisés en Belgique et dans la région de Dunkerque.

flamant [flamɑ̃] **n.m.** (prov. *flamenc,* du lat. *flamma,* flamme). Oiseau de grande taille au plumage rose, écarlate ou blanc, aux grandes pattes palmées, à long cou souple et à gros bec lamelleux. ▸ Famille des phœnicoptéridés ; haut. 1,50 m env.

flambant [flɑ̃bɑ̃] **adv. Flambant neuf,** absolument neuf : *Une voiture flambant neuve* ou *flambant neuf.*

flambeau [flɑ̃bo] **n.m.** (de *flambe,* flamme). **1.** Torche qu'on porte à la main : *Retraite aux flambeaux. Le flambeau olympique.* **2.** Grand chandelier : *Un flambeau d'argent* (syn. **candélabre**). **3. Transmettre, passer le flambeau,** confier la continuation d'une œuvre, d'une tradition.

flambée [flɑ̃be] **n.f.** (de *flamber*). **1.** Feu clair, que l'on allume pour se réchauffer : *Faire une flambée dans la cheminée.* **2.** Brusque manifestation, montée soudaine : *Flambée de violence* (syn. **explosion**). *Flambée des prix.*

flamber [flɑ̃be] **v.i.** (de *flambe,* flamme, a remplacé *flammer,* du lat. *flammare*). **1.** Brûler en faisant une flamme claire : *La maison flambe.* **2.** *FAM.* Augmenter brutalement, en parlant des prix : *Les loyers flambent.* **3.** *FAM.* Jouer gros jeu ; dépenser beaucoup d'argent. ◆ **v.t. 1.** Passer à la flamme : *Flamber une aiguille pour la stériliser.* **2.** Arroser un mets d'un alcool que l'on fait brûler : *Bananes flambées.* **3.** *FAM.* **Être flambé,** être perdu, ruiné.

flamberge [flɑ̃bɛrʒ] **n.f.** (n. de l'épée de Renaud de Montauban). Longue épée de duel très légère, aux XVIIe et XVIIIe s. : *Mettre flamberge au vent.*

flambeur, euse [flɑ̃bœr, -øz] **n.** (de *flamber*). *FAM.* Personne qui joue gros jeu.

flamboiement [flɑ̃bwamɑ̃] **n.m.** *SOUT.* Éclat de ce qui flamboie : *Le flamboiement d'un incendie* (syn. **rougeoiement**). *Le flamboiement d'un coucher de soleil.*

1. flamboyant, e [flɑ̃bwajɑ̃, -ɑ̃t] **adj.** Qui flamboie : *Feux flamboyants. Une chevelure flamboyante* (= rousse, qui a des reflets roux). ◆ **adj.** et **n.m.** ARCHIT. Se dit de la dernière période de l'art gothique, caractérisée par des lignes ondoyantes : *Gothique flamboyant. Architecture flamboyante.*

2. flamboyant [flɑ̃bwajɑ̃] **n.m.** (de *1. flamboyant*). Arbre des régions tropicales, cultivé pour ses belles fleurs rouges. ▸ Famille des césalpiniacées.

flamboyer [flɑ̃bwaje] **v.i.** (de *flambe,* flamme) [conj. **13**]. **1.** Jeter une flamme brillante : *On voyait flamboyer l'incendie au loin* (syn. **rougeoyer**). **2.** *SOUT.* Briller comme une flamme : *Des yeux qui flamboient de colère* (syn. **étinceler**).

flamenco, ca [flamɛnko, -ka] **adj.** et **n.m.** (mot esp. « flamand » [n. donné aux Gitans venus de Flandre], néerl. *flaming*). Se dit de la musique, de la danse et du chant populaires nés de la fusion d'éléments traditionnels gitans et du folklore andalou.

flamiche [flamiʃ] **n.f.** (de *flamme*). Tarte aux poireaux, spécialité du nord de la France.

flamingant, e [flamɛ̃gɑ̃, -ɑ̃t] **adj.** et **n.** (de *flameng,* anc. forme de *flamand*). **1.** Qui parle flamand. **2.** Partisan du nationalisme flamand.

Flammarion (Camille), astronome français (Montigny-le-Roi, Haute-Marne, 1842 - Juvisy-sur-Orge 1925), auteur de nombreux ouvrages de vulgarisation, parmi lesquels une célèbre *Astronomie populaire* (1879), et fondateur de la Société astronomique de France (1887).

flamme [flam] **n.f.** (lat. *flamma*). **1.** Phénomène lumineux, gaz incandescent produit par une substance en combustion :

La flamme bleue d'un brûleur à gaz. **2.** LITT. Éclat du regard : *Une flamme inhabituelle brillait dans ses yeux* (syn. **lueur**). **3.** SOUT. Vive ardeur ; enthousiasme ; passion amoureuse : *Discours plein de flamme* (syn. **feu, fièvre**). *Déclarer sa flamme* (syn. **amour**). **4.** Petit drapeau long et étroit à une ou deux pointes (syn. **fanion, oriflamme**). **5.** Marque postale apposée sur les lettres à côté du timbre dateur. ◆ **flammes n.f. pl. 1.** Incendie, feu : *Toute la forêt était la proie des flammes* (syn. **brasier, fournaise**). **2. Les flammes éternelles,** les peines de l'enfer.

flammé, e [flame] **adj.** (de *flamme*). Se dit d'une pièce de céramique sur laquelle le feu a produit des colorations variées : *Grès flammé.*

flammèche [flamɛʃ] **n.f.** (du germ. **falawiska,* cendre, croisé avec *flamme*). Parcelle de matière embrasée qui s'élève d'un foyer (syn. **brandon, étincelle**).

flan [flɑ̃] **n.m.** (frq.* *flado*). **1.** Tarte garnie d'une crème à base d'œufs et passée au four. **2.** Crème renversée : *Flan au caramel.* **3.** Disque de métal prêt pour la frappe d'une monnaie, d'une médaille. **4.** FAM. **Au flan,** à tout hasard : *Il a agi au flan, et ça a réussi.* / FAM. **C'est du flan,** ce n'est pas vrai, c'est une plaisanterie : *Son aventure, c'est du flan !* / FAM. **En être, en rester comme deux ronds de flan,** être ébahi, stupéfait.

flanc [flɑ̃] **n.m.** (frq. **hlanka,* hanche). **1.** Chacune des parties latérales du corps, chez l'homme et chez l'animal, entre les côtes et le bassin : *Se coucher sur le flanc* (syn. **côté**). **2.** LITT. Entrailles maternelles : *Porter un enfant dans ses flancs.* **3.** Partie latérale d'une chose : *Les flancs d'un vaisseau, d'une montagne. Attaquer une troupe par le flanc.* **4. À flanc de,** sur la pente de : *Maison construite à flanc de coteau.* / FAM. **Être sur le flanc,** alité ; exténué. / LITT. **Prêter le flanc à,** donner lieu, s'exposer à qqch de désagréable : *Prêter le flanc à la critique, à la moquerie.*

flancher [flɑ̃ʃe] **v.i.** (var. de l'anc. fr. *flenchir,* détourner, frq. **hlankjan,* plier). FAM. **1.** Ne pas persévérer dans une intention, un effort : *Ressaisis-toi, ce n'est pas le moment de flancher !* (syn. **mollir, se décourager**). **2.** Cesser de fonctionner, de résister : *Le cœur a flanché* (syn. **défaillir**).

Flandre (la) ou **Flandres (les),** région de France et de Belgique, sur la mer du Nord, entre les hauteurs de l'Artois et les bouches de l'Escaut. (Hab. *Flamands.*)

GÉOGRAPHIE

C'est une plaine qui s'élève insensiblement vers l'intérieur et qui est accidentée de buttes sableuses. La Flandre produit des cultures céréalières, fourragères, maraîchères et industrielles (betterave, lin, houblon), mais est aussi une importante région industrielle (textile, métallurgie), fortement peuplée et urbanisée (Bruges et Gand, agglomération de Lille). Le littoral, bordé de dunes, est jalonné par quelques ports et stations balnéaires (Dunkerque, Ostende).

HISTOIRE

Intégrée à la province romaine de Belgique puis envahie par les Francs au Ve s., la région est attribuée par Charles le Chauve à Baudouin Ier en 864. Le comté de Flandre, dont la majeure partie relève de la suzeraineté française, est étendu aux IXe-Xe s. jusqu'à l'Escaut. Au XIe s., l'essor de l'industrie drapière assure le développement de Douai, Lille, Gand et Bruges, qui obtiennent des chartes d'affranchissement au XIIe s. (mouvement communal). L'oligarchie urbaine, à laquelle s'opposent les rois de France, se tourne vers le roi d'Angleterre afin de s'assurer des exportations de laine anglaise dont dépend l'industrie flamande. Intégrée en 1384 aux domaines du duc de Bourgogne Philippe le Hardi, la Flandre passe aux Habsbourg à la mort de Charles le Téméraire (1477) puis devient possession des Habsbourg d'Espagne en 1526. Louis XIV annexe de nombreuses villes flamandes au XVIIe s. En 1713, la Flandre passe à l'Autriche. Envahie par les Français sous la Révolution, elle forme deux départements français en 1794. Mais, en 1815, la France ne garde de la Flandre que les conquêtes de Louis XIV (correspondant approximativement au département du Nord). Le reste fait partie du royaume des Pays-Bas, puis, après 1830, du royaume de Belgique.

Flandre-Occidentale, prov. de Belgique, correspondant à la partie nord-ouest de la Flandre ; 3 134 km^2 ; 1 173 019 hab. Ch.-l. *Bruges.*

Flandre-Orientale, prov. de Belgique, correspondant à la partie nord-est de la Flandre ; 2 982 km^2 ; 1 460 944 hab. Ch.-l. *Gand.*

flanelle [flanɛl] **n.f.** (angl. *flannel,* d'orig. galloise). Tissu fait ordinairement de laine cardée ; vêtement fait dans ce tissu.

flâner [flɑne] **v.i.** (anc. scand. *flana,* courir çà et là). **1.** Se promener sans but, au hasard ; avancer sans se presser : *Flâner sur les boulevards* (syn. **déambuler**). **2.** Paresser ; perdre son temps : *Rester chez soi à flâner* (syn. **musarder**).

flânerie [flɑnri] **n.f.** Action, habitude de flâner : *Une belle journée d'automne qui invite à la flânerie.*

flâneur, euse [flɑnœr, -øz] **n.** Personne qui flâne : *Trottoirs pleins de flâneurs* (syn. **promeneur**).

1. flanquer [flɑ̃ke] **v.t.** (de *flanc*). **1.** Être disposé, placé de part et d'autre de qqch ; être ajouté à : *Un garage flanque la maison à droite* (syn. **border**). *Deux chaises flanquent le fauteuil présidentiel* (syn. **encadrer**). **2.** Accompagner : *Il est toujours flanqué de son ami* (syn. **escorter**). **3.** MIL. Appuyer ou défendre le flanc d'une unité ou d'une position par des troupes ou par des tirs (syn. **couvrir, protéger**).

2. flanquer [flɑ̃ke] **v.t.** (p.-ê. propr. « attaquer sur le flanc », de *1. flanquer*). FAM. **1.** Lancer, appliquer brutalement : *Flanquer son livre par la fenêtre* (syn. **jeter**). *Flanquer une gifle* (syn. **donner**). *Flanquer qqn dehors, à la porte* (= le congédier, le renvoyer). **2.** Provoquer brutalement : *Flanquer la frousse* (syn. **communiquer**).

flapi, e [flapi] **adj.** (mot lyonnais, de *flapir,* flétrir). FAM. Abattu, épuisé : *J'ai fait des courses toute la journée ; je suis flapie* (syn. **exténué, fourbu**).

flaque [flak] **n.f.** (forme picarde de *flache,* creux rempli d'eau, du lat. *flaccus,* mou). Petite mare d'eau ; petite nappe de liquide stagnant.

flash [flaʃ] **n.m.** (mot anglo-amér.) [pl. *flashs* ou *flashes*]. **1.** Éclair très bref et très intense nécessaire à une prise de vues quand l'éclairage est insuffisant ; dispositif produisant cet éclair : *Être ébloui par les flashes des photographes. Appareil photographique équipé d'un flash.* **2.** Information importante transmise en priorité : *Flash d'information.* **3.** ARG. Sensation brutale et courte après une injection intraveineuse de drogue. **4.** COMM. **Vente flash,** vente promotionnelle ponctuelle de certains articles, dans les grands magasins.

flash-back [flaʃbak] **n.m. inv.** (mot anglo-amér.). Séquence cinématographique retraçant une action passée par rapport à la narration. (Recomm. off. *retour en arrière.*)

1. flasque [flask] **adj.** (de l'anc. fr. *flache,* mou). Dépourvu de fermeté, de consistance, de tonus ; mollasse : *Des chairs flasques* (syn. **avachi, mou**).

2. flasque [flask] **n.f.** (it. *fiasco,* du germ. *flaska*). Flacon plat.

flatter [flate] **v.t.** (du frq. **flat,* plat de la main). **1.** Chercher à plaire à qqn par des louanges fausses ou exagérées : *Il ne cesse de flatter le directeur* (syn. **courtiser**). **2.** Éveiller, entretenir avec complaisance une passion, un sentiment bas : *Flatter les vices de qqn* (syn. **encourager**). **3.** Présenter qqn sous une apparence qui l'avantage : *Cette photo vous flatte* (syn. **embellir**). **4.** Charmer, affecter agréablement un sens, l'esprit : *Ce vin flatte le palais. Votre visite me flatte et m'honore grandement* (= me fait plaisir). **5. Flatter un animal,** le caresser. ◆ **se flatter v.pr. [de].** Se vanter, prétendre : *Se flatter d'être habile* (syn. **se prévaloir, se targuer**).

flatterie [flatri] **n.f.** Action de flatter ; propos qui flatte : *Être sensible à la flatterie* (syn. **éloge, flagornerie**).

A B C D E F G H I J K L M N O P Q R S T U V W X Y Z

flatteur, euse [flatœr, -øz] **adj.** et **n.** Qui flatte ; qui loue avec exagération : *Un vil flatteur* (syn. **flagorneur**). ◆ **adj. 1.** Qui plaît à l'amour-propre : *Éloge flatteur.* **2.** Qui tend à idéaliser : *Portrait flatteur* (syn. **avantageux**).

flatteusement [flatøzmɑ̃] **adv.** De façon flatteuse : *Parler flatteusement de qqn* (syn. **élogieusement**).

flatulence [flatylɑ̃s] et **flatuosité** [flatɥozite] **n.f.** (du lat. *flatus,* vent). MÉD. Accumulation de gaz dans une cavité naturelle (estomac ou intestin) : *L'aérophagie donne des flatulences.*

flatulent, e [flatylɑ̃, -ɑ̃t] **adj.** MÉD. Qui s'accompagne de flatulence : *Affection flatulente.*

Flaubert (Gustave), romancier français (Rouen 1821 - Croisset, près de Rouen, 1880). Artisan du style, maître malgré lui du mouvement réaliste et naturaliste, précurseur du roman moderne et ancêtre du « nouveau roman », Flaubert est aujourd'hui l'une des figures mythiques de la littérature. De sa jeunesse passée dans le milieu médical (son père est chirurgien), il garde un sens aigu de l'observation. Arrivé en 1841 à Paris pour étudier le droit, il se lie notamment avec Hugo, Louis Bouilhet, Maxime Du Camp. Il entretient avec ses proches une volumineuse *Correspondance* (de 1830 à 1880). Sujet à des troubles nerveux, il se retire dès 1844 à Croisset, qu'il ne quitte que pour retrouver à Paris son amie Louise Colet et pour voyager, avec Du Camp le plus souvent : voyages en Bretagne (1847), en Orient (1849-1851), en Algérie et en Tunisie (1858). Après plusieurs tentatives littéraires non publiées, dont la première version de *la Tentation de saint Antoine,* il rompt définitivement avec le lyrisme romantique et adopte dans *Madame Bovary* (1857), roman qui obtient un succès de scandale, une narration omnisciente, pleine d'ironie envers ses personnages. Pour son second roman, *Salammbô* (1862), il se livre à des enquêtes livresques afin de trouver la matière nécessaire à son tableau tout à la fois ciselé, onirique et violent de la Carthage ancienne. En 1869, il publie *l'Éducation sentimentale,* où il fait le récit de l'amour platonique du jeune Frédéric Moreau pour Mme Arnoux, tout en reconstituant sur le mode de la dérision l'atmosphère de l'époque de la révolution de 1848. En 1874 paraît la version définitive de *la Tentation de saint Antoine,* dont le thème l'aura hanté sa vie durant. Il écrit ses *Trois Contes* (*la Légende de saint Julien l'Hospitalier, Hérodias, Un cœur simple,* 1877) pendant la longue période de rédaction de *Bouvard et Pécuchet* (posthume, 1881), inséparable du *Dictionnaire des idées reçues* (posthume, 1911), deux œuvres laissées en chantier où il résume la bêtise et la prétention de l'esprit « bourgeois ». Proust fut l'un des premiers à souligner les procédés qui permettent à la phrase de Flaubert de transfigurer la réalité la plus triviale en vision artistique. • **Madame Bovary** (1857) : Emma Bovary, fille d'un paysan aisé et épouse d'un médecin médiocre, Charles Bovary, nourrie de lectures romanesques et méprisant son propre milieu, cherche à échapper à la platitude de son existence en prenant des amants. Mais, couverte de dettes et désespérée, elle s'empoisonne. Flaubert compose une peinture féroce de la bourgeoisie provinciale du XIXe s. et forge une « épopée » de la médiocrité.

flaveur [flavœr] **n.f.** (angl. *flavour*). Ensemble des sensations (odeur, goût, etc.) ressenties lors de la dégustation d'un aliment.

Flaviens, dynastie qui gouverna l'Empire romain de 69 à 96, avec Vespasien, Titus et Domitien.

Flavius Josèphe, historien juif (Jérusalem v. 37 - Rome apr. 100). Lors de la guerre contre Rome, il est chargé du commandement de la Galilée. Convaincu, en fait, de l'inutilité de cette guerre désespérée, il est contraint à la capitulation après une défense héroïque (67) et conduit auprès de Vespasien, dont il sait conquérir la protection et qui l'affranchit. Ainsi assiste-t-il aux côtés de Titus à la prise de Jérusalem (70). Il s'installe ensuite à Rome, où il rédige en grec *la Guerre des Juifs, les Antiquités judaïques* et le *Contre Apion* (plaidoyer contre l'antisémitisme gréco-romain).

fléau [fleo] **n.m.** (du lat. *flagellum,* fouet). **1.** Outil constitué d'un manche et d'un battoir en bois, reliés par des courroies, utilisé pour battre les céréales. **2.** Tige horizontale d'une balance, aux extrémités de laquelle sont suspendus ou fixés les plateaux. **3.** Grande calamité publique ; personne, chose funeste, néfaste : *La guerre constitue un fléau* (syn. **désastre, malheur**). *Attila, le fléau de Dieu.* **4. Fléau d'armes,** arme formée d'une ou deux masses reliées à un manche par une chaîne.

fléchage [fleʃaʒ] **n.m.** Action de flécher : *Fléchage d'un itinéraire.*

flèche [flɛʃ] **n.f.** (frq. **fliukka*). **1.** Projectile formé d'une hampe en bois armée d'une pointe, et lancé par un arc ou une arbalète : *Tirer des flèches.* **2.** Représentation schématique d'une flèche, pour indiquer un sens, une direction ou symboliser un vecteur : *Des flèches lumineuses indiquent la sortie.* **3.** Trait d'esprit ; raillerie ou critique acerbe : *Lancer, décocher une flèche à qqn.* **4.** Extrémité longue et effilée du clocher d'une église, du toit d'un bâtiment : *Les flèches d'une cathédrale.* **5.** ARCHIT. Hauteur d'un arc, d'une clef de voûte. **6.** AÉRON. Inclinaison donnée au bord d'attaque d'une aile pour faciliter sa pénétration dans l'air. **7.** GÉOM. Segment joignant le milieu d'un arc de cercle et le milieu de la corde qui le sous-tend. **8. En flèche, comme une flèche,** en ligne droite ; très rapidement : *Chevaux attelés en flèche* (= l'un derrière l'autre). *Partir comme une flèche. Prix qui montent en flèche.* / LITT. **La flèche du Parthe,** mot acerbe, trait ironique qu'on dit à qqn au moment de le quitter. **9.** AÉRON. **Avion à flèche variable,** avion dont la flèche des ailes peut varier en fonction de la vitesse de vol (on dit aussi *à géométrie variable*). / BOT. **Flèche d'eau,** syn. de : *sagittaire.* / GÉOGR. **Flèche littorale,** cordon littoral.

fléché, e [fleʃe] **adj.** Balisé par des flèches : *Itinéraire fléché.*

flécher [fleʃe] **v.t.** (de *flèche*) [conj. **18**]. Marquer de flèches pour indiquer une direction : *Flécher un parcours, une route.*

fléchette [fleʃɛt] **n.f.** (de *flèche*). Petit projectile muni d'une pointe que l'on jette à la main contre une cible : *Jouer aux fléchettes.*

fléchi, e [fleʃi] **adj.** (p. passé de *fléchir,* mis en rapport avec *flexion*). LING. **Forme fléchie,** dans les langues flexionnelles, mot pourvu d'une désinence qui exprime la fonction grammaticale ou syntaxique : *Les formes fléchies de l'adjectif « banal ».*

fléchir [fleʃir] **v.t.** (anc. fr. *flechier,* bas lat. *flecticare,* du class. *flectere*) [conj. **32**]. **1.** Ployer peu à peu ; rendre courbe ce qui était droit : *Fléchir une barre* (syn. **incurver**). *Fléchir le corps en avant* (syn. **courber**). *Se pencher sans fléchir les genoux* (syn. **plier**). **2.** Faire céder peu à peu ; amener à l'indulgence, à l'obéissance : *Fléchir ses parents* (syn. **ébranler**). ◆ **v.i. 1.** Se courber, plier sous la charge : *Poutre qui fléchit* (syn. **ployer**). **2.** Baisser, diminuer : *Les prix ont fléchi.* **3.** Faiblir ; cesser de résister : *L'ennemi fléchit* (syn. **mollir**).

fléchissement [fleʃismɑ̃] **n.m.** Action de fléchir ; fait de fléchir : *Le fléchissement d'une poutre* (syn. **courbure, flexion**). *Le fléchissement de la natalité* (syn. **baisse, diminution**). *Le moindre fléchissement entamerait son autorité* (syn. **indulgence, faiblesse**).

fléchisseur [fleʃisœr] **adj.m.** et **n.m.** ANAT. Se dit de tout muscle destiné à faire fléchir certaines parties du corps (par opp. à *extenseur*).

flegmatique [flɛgmatik] **adj.** et **n.** (bas lat. *phlegmaticus ;* v. *flegme*). Se dit d'une personne calme, peu émotive, qui domine toujours ses réactions : *Un garçon flegmatique* (syn. **posé, placide**).

flegme [flɛgm] **n.m.** (bas lat. *phlegma,* humeur, du gr.). Comportement d'un homme qui garde son sang-froid : *Flegme imperturbable* (syn. **placidité, retenue**).

flegmon **n.m.** → **phlegmon.**

Flémalle ***(Maître de),*** nom de commodité donné à un peintre des Pays-Bas du Sud (1er tiers du XVe s.) auquel on attribue un ensemble de panneaux religieux conservés à Francfort, à Londres, à New York (triptyque de l'*Annonciation*), à Dijon *(Nativité),* etc. L'ampleur novatrice du style, la vigueur de l'expression réaliste caractérisent cet artiste, que l'on tend à identifier à Robert Campin, maître à Tournai en 1406 et mort en 1444.

Fleming (*sir* **Alexander**), médecin et bactériologiste (Darvel, Ayrshire, 1881 - Londres 1955). En étudiant les propriétés d'une moisissure du genre *Penicillium*, il observa qu'elle sécrétait une substance, la pénicilline, très diffusible et inhibitrice pour le streptocoque. Il confirmait ainsi les travaux du médecin français E. Duchesne (1897) sur l'activité antimicrobienne des moisissures. En 1939, H. W. Florey et E. B. Chain (avec qui il partage le prix Nobel de médecine en 1945) reprirent ses travaux, isolèrent chimiquement la pénicilline, en firent l'étude pharmacologique et clinique, permettant ainsi la production industrielle de cet antibiotique.

flemmard, e [flemar, -ard] **adj.** et **n.** (de *flemme*). FAM. Qui répugne à l'effort ; paresseux.

flemme [flɛm] **n.f.** (it. *flemma*, du lat. *phlegma* ; v. *flegme*). **1.** FAM. Grande paresse ; envie de ne rien faire : *J'ai la flemme de répondre à cette lettre ; on verra ça demain.* **2.** FAM. **Tirer sa flemme,** s'abandonner à la paresse.

flétan [fletɑ̃] **n.m.** (néerl. *vleting*). Poisson plat des mers froides, dont le foie est riche en vitamines A et D. ▸ Famille des pleuronectidés ; long. de 2 à 3 m ; poids 250 kg.

1. flétrir [fletrir] **v.t.** (de l'anc. fr. *flestre*, lat. *flaccidus*, flasque) [conj. **32**]. Faner ; ôter son éclat, sa fraîcheur à : *Le vent flétrit les fleurs* (syn. **dessécher, sécher**). *L'âge a flétri son visage* (syn. **friper**). *Peau flétrie* (= ridée). ◆ **se flétrir v.pr.** Perdre sa fraîcheur : *Les roses se sont flétries dans le vase* (syn. **se faner**). *Sa beauté s'est lentement flétrie* (syn. **passer**).

2. flétrir [fletrir] **v.t.** (altér., p.-ê. sous l'infl. de *1. flétrir*, de l'anc. v. *flatir*, du frq. **flat*, plat) [conj. **32**]. **1.** Autref., marquer un condamné au fer rouge, sur l'épaule droite. **2.** LITT. Blâmer pour ce qu'il y a de mauvais : *Un crime que la loi flétrit* (syn. **réprouver**). **3.** LITT. Porter injustement atteinte à : *Flétrir qqn, la réputation de qqn.*

1. flétrissure [fletrisyr] **n.f.** (de *1. flétrir*). Altération de la fraîcheur des végétaux, de l'éclat du teint, de la beauté.

2. flétrissure [fletrisyr] **n.f.** (de *2. flétrir*). **1.** Marque au fer rouge sur l'épaule d'un condamné : *La flétrissure fut pratiquée jusqu'en 1832.* **2.** LITT. Atteinte ignominieuse à l'honneur, à la réputation : *Il a subi la flétrissure d'un blâme public* (syn. **déshonneur, opprobre**).

fleur [flœr] **n.f.** (lat. *flos, floris*). **1.** Partie souvent richement colorée et parfumée des plantes supérieures, contenant les organes reproducteurs : *Les fleurs de pêcher sont roses. Les cerisiers sont en fleur(s)* (= leurs fleurs sont épanouies). **2.** Plante à fleurs : *Bouquet de fleurs.* **3.** Objet, motif représentant une fleur : *Tissu à fleurs.* **4.** Partie la plus fine, la meilleure de qqch : *Fleur de farine* (= farine de blé très pure). *La fine fleur de la société* (syn. **élite**). **5.** Temps du plein épanouissement, de l'éclat : *À la fleur de l'âge. Jeunes filles en fleur.* **6.** Louange, éloge ; faveur : *Cessez de m'envoyer des fleurs, vous me faites rougir !* (syn. **compliment**). *Faire une fleur à qqn* (= octroyer un avantage). **7.** (Souvent au pl.). Moisissure qui se développe à la surface du vin, de la bière, etc. **8.** TECHN. Côté d'une peau tannée qui portait les poils (par opp. à *croûte*) : *Cuir pleine fleur.* **À fleur de,** presque au même niveau que : *À fleur d'eau. Avoir des yeux à fleur de tête* (= peu enfoncés dans les orbites, presque exorbités). / **À fleur de peau,** très sensible, à vif : *Sensibilité à fleur de peau. Avoir les nerfs à fleur de peau* (= être très irritable). / FAM. **Comme une fleur,** facilement ; ingénument. / LITT. **Fleurs de rhétorique,** ornements de style, poétiques ou conventionnels. **9. Fleur bleue,** sentimental et romanesque : *Elle est très fleur bleue.*

■ La fleur est l'organe reproducteur des plantes supérieures (*angiospermes*, ou plantes à fleurs).

Description. Une fleur complète (de plante dicotylédone, par exemple) est le sommet d'un rameau particulier, le pédoncule floral, à la base duquel se développe une ou plusieurs feuilles de taille réduite, les *bractées*. Ce sommet forme d'abord un bouton clos, qui ne laisse voir que les *sépales*, pièces vertes de l'enveloppe protectrice. Lors de l'éclosion, ou floraison, les sépales s'écartent et se disposent en *calice* pour soutenir une *corolle* parfumée et colorée, formée des pétales. L'ensemble du calice et de la corolle forme le *périanthe*. Au-dessus de cet ensemble se dressent une ou deux couronnes d'étamines (organes mâles, producteurs de pollen) entourant la partie supérieure de l'organe femelle, ou *pistil*. Celui-ci est, le plus souvent, formé d'une colonne *(style)* surmontée d'une ou de plusieurs surfaces réceptrices du pollen *(stigmates)*, et à la base de laquelle se trouve l'ovaire contenant les ovules. L'ovaire peut être implanté au-dessus de la zone d'insertion des autres pièces florales. Il est alors dit *libre*, ou *supère*. Il arrive aussi que les pièces qui l'entourent se soudent à ses parois et ne se séparent qu'au-dessus de lui. Il est alors *adhérent*, ou *infère*.

Types de fleurs. La fleur est soit symétrique par rapport à un axe (fleur dite *régulière :* rose, tulipe), soit symétrique par rapport à un plan (fleur dite *irrégulière :* orchidée, genêt). Il existe, en particulier chez les arbres, de nombreuses espèces aux fleurs très peu visibles, au périanthe réduit ou inexistant et souvent unisexuées, la pollinisation étant surtout assurée par le vent. Ce sont, au contraire, les insectes qui transportent le pollen des fleurs colorées et parfumées, dont la sécrétion sucrée *(nectar)* les attire. À la suite de la pollinisation, la fleur se fane : l'ensemble se dessèche, sauf l'ovaire (et parfois le réceptacle), qui deviendra le fruit. La manière dont sont groupées les fleurs d'un même pied constitue différents types d'*inflorescences*. ■

fleurdelisé, e [flœrdəlize] **adj.** Orné de fleurs de lis : *Étendard fleurdelisé.* ◆ **fleurdelisé n.m.** Nom du drapeau québécois.

fleurer [flœre] **v.t.** et **v.i.** (de l'anc. fr. *fleiur*, lat. pop. **flator*, odeur, du bas lat. *flatare*, class. *flare*, souffler, avec infl. de *fleur*). LITT. Répandre une odeur : *Cela fleure bon* (= cela embaume).

fleuret [flœrɛ] **n.m.** (it. *fioretto*, bouton du fleuret, de *fiore*, fleur). **1.** Épée fine et légère, sans tranchant, dont la pointe est mouchetée et qui sert à la pratique de l'escrime. **2.** Tige d'acier pointue ou tranchante qui constitue la partie utile des marteaux perforateurs, des marteaux pneumatiques.

fleurette [flœrɛt] **n.f.** (de *fleur*). **1.** Petite fleur. **2. Conter fleurette,** tenir des propos galants à une femme.

fleurettiste [flœretist] **n.** (de *fleuret*). Escrimeur tirant au fleuret.

fleuri, e [flœri] **adj. 1.** Orné, garni de fleurs : *Une table bien fleurie.* **2. Style fleuri,** style brillant et orné. / **Teint fleuri,** teint rougeaud, coloré.

fleurir [flœrir] **v.i.** (lat. pop. **florire*, class. *florere*) [conj. **32**]. **1.** Produire des fleurs, s'en couvrir en parlant d'une plante, d'un arbre : *Les pommiers fleurissent fin mars.* **2.** Être prospère, se développer : *Sous Louis XIV, les arts ont fleuri en France* (syn. **prospérer**). ***Rem.*** En ce sens, l'imp. de l'ind. est *je florissais*, etc., et le p. prés. *florissant*. ◆ **v.t.** Orner de fleurs : *Fleurir sa chambre.*

fleuriste [flœrist] **n.** (de *fleur*). Personne qui s'occupe de la culture ou du commerce des fleurs.

fleuron [flœrɔ̃] **n.m.** (de *fleur*, d'apr. l'it. *fiorone*). **1.** Ornement en forme de fleur ou de bouquet de feuilles stylisés. **2. Le plus beau fleuron de,** ce qu'il y a de plus précieux, de plus remarquable : *Une œuvre de Picasso constitue le plus beau fleuron de sa collection.*

Fleurus, comm. de Belgique (Hainaut), près de la Sambre ; 22 666 hab. Victoires françaises du maréchal de Luxembourg sur les troupes autrichiennes et hollandaises durant la guerre de la ligue d'Augsbourg (1er juill. 1690) et de Jourdan sur les Anglo-Hollandais (26 juin 1794).

Fleury (**André Hercule,** *cardinal* **de**), prélat et homme d'État français (Lodève 1653 - Issy-les-Moulineaux 1743). Aumônier de Louis XIV (1678), évêque de Fréjus (1698), précepteur de Louis XV (1716), il devint en 1726 ministre d'État et cardinal. Véritable Premier ministre de Louis XV, il assura le redressement intérieur de la France en restaurant les finances du royaume, en soumettant le parlement et en apaisant la querelle janséniste. Résolument pacifique, il fut entraîné dans la guerre de la Succession de Pologne et dans celle de la Succession d'Autriche.

fleuve [flœv] **n.m.** (lat. *fluvius*). **1.** Cours d'eau qui aboutit à la mer : *La Loire est le plus long fleuve français.* **2.** Masse en mouvement : *Fleuve de boue* (syn. **torrent**).

flexibilité [flɛksibilite] **n.f.** (de *flexible*). Qualité de ce qui est flexible : *La flexibilité de l'osier* (syn. **élasticité**). *La flexibilité de l'emploi* (syn. **souplesse**).

flexible [flɛksibl] **adj.** (lat. *flexibilis*, de *flexus*, p. passé de *flectere*, plier). **1.** Qui plie aisément : *Roseau flexible* (syn. **élastique**). **2.** Susceptible de s'adapter aux circonstances : *Horaire flexible* (syn. **souple**). *Caractère flexible* (syn. **conciliant**). ◆ **n.m.** Tuyau, conduite flexible ; organe de transmission flexible : *Le flexible d'un aspirateur.*

flexion [flɛksjɔ̃] **n.f.** (lat. *flexio, -onis* ; v. *flexible*). **1.** Action de fléchir : *Flexion du genou.* **2.** État de ce qui est fléchi : *Flexion d'un ressort* (syn. **courbure**). **3.** PHYS. Déformation d'un solide soumis à des forces transversales : *Résistance à la flexion.* **4.** LING. Procédé morphologique consistant à ajouter à la racine du mot des désinences exprimant des catégories grammaticales (genre, nombre, personne) ou des fonctions syntaxiques (cas) ; ensemble de ces formes pourvues de désinences : *Flexion nominale, ou déclinaison. Flexion verbale, ou conjugaison.*

flexionnel, elle [flɛksjɔnɛl] **adj.** LING. Qui possède des flexions : *Langues flexionnelles.*

flibustier [flibystje] **n.m.** (altér. du néerl. *vrijbuiter*, pirate). **1.** Pirate de la mer des Antilles, aux XVIIe et XVIIIe s. **2.** Filou : *Ce restaurateur est un véritable flibustier.*

flic [flik] **n.m.** (p.-ê. de l'all. *Fliege*, mouche, policier). *FAM.* Agent de police et, en génér., tout policier.

flingue [flɛ̃g] **n.m.** (all. dialect. *Flinke*, fusil, var. de *Flinte*). *FAM.* Revolver ; fusil.

flinguer [flɛ̃ge] **v.t.** (de *flingue*). *FAM.* Tirer avec une arme à feu sur qqn.

flip [flip] **n.m.** (abrév. de l'angl. *flip-flap*, de *to flip*, donner une chiquenaude, et *to flap*, claquer). SPORTS. En patinage artistique, saut consistant en une rotation d'un tour avec appel des deux pieds ; en gymnastique, saut périlleux avant ou arrière avec appui des mains au passage.

1. flipper [flipœr] **n.m.** (mot angl., de *to flip*, secouer). Jeu électrique constitué d'un plateau incliné sur lequel se trouvent des plots qu'il faut toucher avec des billes de métal. (On dit aussi *billard électrique*.)

2. flipper [flipe] **v.i.** (de l'angl. *to flip*, secouer). *FAM.* **1.** Éprouver un sentiment d'angoisse lié à l'état de manque, en parlant d'un toxicomane. **2.** Être déprimé ou excité ; être dans un état second.

flirt [flœrt] **n.m.** (mot angl., de *to flirt* ; v. *flirter*). **1.** Relation amoureuse passagère, plus ou moins platonique : *Un flirt sans lendemain* (syn. **amourette**). **2.** Personne avec qui l'on flirte : *C'est un de ses anciens flirts* (syn. **amoureux**).

flirter [flœrte] **v.i.** (angl. *to flirt*, jeter, puis « badiner, folâtrer »). **1.** Avoir un flirt avec qqn. **2.** *FAM.* Se rapprocher d'adversaires politiques, etc. : *Centriste qui flirte avec le socialisme.*

F.L.N. ⟶ Front de libération nationale.

flocage [flɔkaʒ] **n.m.** (de l'angl. *flock*, flocon). TEXT. Application de fibres plus ou moins longues de coton, de laine, etc., sur un support adhésif.

floche [flɔʃ] **adj.** (anc. fr. *floche*, flocon de laine). Se dit d'un fil à faible torsion, utilisé en bonneterie : *Soie floche.*

flocon [flɔkɔ̃] **n.m.** (lat. *floccus*). **1.** Amas léger de fibres, de neige, etc. : *Flocon de laine. Il neige à gros flocons.* **2.** Petite lamelle d'un aliment déshydraté : *Flocon d'avoine.*

floconneux, euse [flɔkɔnø, -øz] **adj.** Qui a la forme, l'aspect de flocons : *Nuages floconneux.*

floculation [flɔkylasjɔ̃] **n.f.** (du bas lat. *floccolus*, petit flocon). CHIM., PHYS. Transformation réversible que subissent les suspensions colloïdales par association des particules constituantes.

flonflon [flɔ̃flɔ̃] **n.m.** (onomat.). [Surtout au pl.]. Accents, airs bruyants de certaines musiques populaires : *Les flonflons du bal du 14 Juillet.*

flop [flɔp] **n.m.** (mot angl., onomat.). *FAM.* Échec, insuccès : *Son spectacle a fait un flop* (syn. **fiasco**).

flopée [flɔpe] **n.f.** (de *floper*, battre, du bas lat. *faluppa*, brin de paille). *FAM.* **Une flopée de,** une grande quantité de.

floraison [flɔrɛzɔ̃] **n.f.** (du lat. *flos, floris*, fleur). **1.** Épanouissement des fleurs ; temps de cet épanouissement : *Les rosiers remontants ont plusieurs floraisons.* **2.** Apparition simultanée d'un grand nombre de choses, de personnes remarquables : *Floraison de romans, de romanciers.*

floral, e, aux [flɔral, -o] **adj.** (lat. *floralis*, de *flos, floris*, fleur). Relatif à la fleur, aux fleurs : *L'art floral.*

floralies [flɔrali] **n.f. pl.** (lat. *floralia* [*loca*], [parterres] de fleurs). Exposition horticole où sont présentées de nombreuses plantes à fleurs.

flore [flɔr] **n.f.** (de *Flora*, n. lat. de la déesse des Fleurs). **1.** BOT. Ensemble des espèces végétales croissant dans une région, un milieu donnés : *Étudier la flore d'un étang* (syn. **végétation**). **2.** Ouvrage permettant la détermination et la classification de ces espèces. **3.** MÉD. **Flore microbienne** ou **bactérienne,** ensemble des micro-organismes vivant, à l'état normal ou pathologique, sur les tissus ou dans les cavités naturelles de l'organisme.

floréal [flɔreal] **n.m.** (du lat. *floreus*, fleuri) [pl. *floréals*]. HIST. Huitième mois du calendrier républicain, commençant le 20 ou le 21 avril et finissant le 19 ou le 20 mai.

Florence, en it. **Firenze,** v. d'Italie, cap. de la Toscane et ch.-l. de prov., sur l'Arno ; 355 342 hab. *(Florentins)* [778 000 hab. dans l'agglomération]. Grand centre touristique.

HISTOIRE

Ancien village étrusque devenu cité romaine, Florence se développe à partir du XIIe s. Elle devient au XIIIe s. une des cités les plus actives d'Italie. La conquête de Pise (1406) lui permet de devenir une puissance maritime. Parmi les grandes familles d'hommes d'affaires qui dominent la ville du XIVe au XVIIe s., la plus puissante est celle des Médicis*. Sous Laurent le Magnifique (1469-1492), qui s'entoure d'une cour de poètes, de musiciens, d'artistes, la Renaissance italienne est à son apogée.

Florence devient en 1569 capitale du grand-duché de Toscane puis celle du royaume d'Italie de 1865 à 1870.

BEAUX-ARTS

La ville est célèbre par son école de peinture et de sculpture, particulièrement novatrice du XIVe au XVIe s. (de Giotto à Michel-Ange), ses palais (Palazzo Vecchio, palais Médicis, Strozzi, Pitti, etc.), ses églises (cathédrale S. Maria del Fiore et baptistère, S. Miniato al Monte, S. Croce, S. Maria Novella, Orsammichele, S. Lorenzo...), ses anciens couvents (S. Marco), tous remplis d'œuvres d'art, ses bibliothèques, ses très riches musées (Offices [peinture], Bargello [sculpture], Pitti [peinture et objets d'art], galerie de l'Académie, Musée archéologique).

florès [flɔrɛs] **n.m.** (du prov. *faire flori*, lat. *floridus*, fleuri). *LITT., VIEILLI.* **Faire florès,** obtenir des succès ; réussir d'une manière éclatante : *Voilà une formule qui a fait florès.*

Florian (Jean-Pierre Claris de), écrivain français (Sauve 1755 - Sceaux 1794). Il est l'auteur de *Fables*, de chansons *(Plaisir d'amour)*, de pastorales et de comédies pour le Théâtre-Italien.

floriculture [flɔrikyltyr] **n.f.** (du lat. *flos, floris*, fleur). Branche de l'horticulture qui s'occupe spécial. de la culture des plantes à fleurs et, par ext., des plantes d'ornement.

Floride, État du sud-est des États-Unis (151 670 km^2) ; 19 552 860 hab. ; CAP. *Tallahassee,* formé par une péninsule basse et marécageuse, séparée de Cuba par le *canal* ou *détroit de Floride.* Agrumes. Phosphates. Tourisme (Miami, Palm Beach, parc des Everglades). Découverte en 1513 par les Espagnols, la Floride fut achetée en 1819 par les États-Unis et devint État de l'Union en 1845.

florifère [flɔrifɛr] **adj.** (du lat. *flos, floris,* fleur, et de *-fère*). BOT. Qui porte des fleurs : *Rameaux florifères.*

florilège [flɔrilɛʒ] **n.m.** (du lat. *florilegus,* qui choisit des fleurs). **1.** Recueil de poésies (syn. **anthologie**). **2.** Sélection de choses belles ou remarquables.

florin [flɔrɛ̃] **n.m.** (it. *fiorino,* de *fiore,* fleur). Anc. unité monétaire principale des Pays-Bas. (Devenu, dès le 1er janv. 1999, une subdivision de l'euro, le florin a cessé d'exister, au profit de la monnaie unique européenne, en 2002.)

florissant, e [flɔrisɑ̃, -ɑ̃t] **adj.** (de *florir,* forme anc. de *fleurir*). **1.** Qui est en pleine prospérité : *Pays florissant* (syn. **prospère**). **2.** Qui indique un parfait état de santé : *Mine florissante* (syn. **éclatant**).

flot [flo] **n.m.** (frq. **flot,* fait de monter). **1.** Masse liquide agitée de mouvements en sens divers : *Les flots de la mer, d'un lac* (syn. **vague**). **2.** Marée montante : *L'heure du flot* (contr. **jusant**). **3.** (Au pl.). *LITT.* La mer : *La fureur des flots.* **4.** Masse d'une matière évoquant le mouvement des flots ; grande quantité : *Sa chevelure tombait en flots sur ses épaules. Un flot de larmes* (syn. **torrent**). *Le flot des employés* (syn. **foule**). *Un flot de souvenirs.* **5. À flots,** abondamment : *Maison où l'argent coule à flots.* / **Être à flot,** flotter ; au fig., être sorti de difficultés financières. / **Remettre qqn, une entreprise à flot,** renflouer.

flottable [flɔtabl] **adj. 1.** Qui peut flotter : *Bois flottable.* **2.** Qui permet le flottage de trains de bois ou de radeaux : *Rivière flottable.*

flottage [flɔtaʒ] **n.m.** Transport de bois que l'on fait flotter sur un cours d'eau : *Grumes acheminées par flottage.*

flottaison [flɔtɛzɔ̃] **n.f.** (de *1. flotter*). **1.** Limite qui, dans un corps flottant sur une eau calme, sépare la partie immergée de celle qui émerge : *Ligne de flottaison d'un navire.* **2.** ÉCON. État d'une monnaie flottante (syn. **flottement**).

flottant, e [flɔtɑ̃, -ɑ̃t] **adj. 1.** Qui flotte à la surface d'un liquide : *Glaces flottantes.* **2.** Qui ne serre pas : *Robe flottante* (syn. **ample**). **3.** Qui n'est pas nettement fixé : *Effectifs flottants* (syn. **variable**). *Monnaie flottante. Esprit flottant* (syn. **indécis**). **4. Virgule flottante** ⟶ **virgule.**

1. flotte [flɔt] **n.f.** (anc. scand. *floti,* radeau, avec infl. de l'anc. fr. *flote,* troupe, multitude). **1.** Ensemble de navires dont les activités sont coordonnées par une même autorité ou opérant dans une zone déterminée : *La flotte des pêcheurs de Concarneau.* **2.** Ensemble des forces navales d'un pays ou d'une compagnie maritime. **3.** Importante formation d'aviation militaire ; ensemble des appareils d'une compagnie aérienne.

2. flotte [flɔt] **n.f.** (de *2. flotter*). *FAM.* Eau ; pluie : *Piquer une tête dans la flotte* (= plonger dans une piscine, une rivière, etc.). *Il est tombé beaucoup de flotte* (= il a beaucoup plu).

flottement [flɔtmɑ̃] **n.m. 1.** État d'un objet qui flotte ; mouvement d'ondulation, d'oscillation : *Le flottement d'un drapeau* (syn. **ondoiement**). **2.** Mouvement d'hésitation, d'incertitude : *Il se produisit un flottement dans l'assistance* (syn. **incertitude**). *Il eut un instant de flottement, puis il se reprit et répondit à son adversaire* (syn. **indécision, hésitation**). **3.** ÉCON. Flottaison d'une monnaie.

1. flotter [flɔte] **v.i.** (de *flot*). **1.** Être porté sur une surface liquide : *Le liège flotte bien sur l'eau* (syn. **nager, surnager**). **2.** Être en suspension dans l'air ; être porté de-ci de-là, bouger avec souplesse : *Un parfum flotte dans la pièce* (syn. **se répandre**). *Drapeau qui flotte au vent* (syn. **onduler, ondoyer**). *Son manteau flotte autour de lui.* **3.** Être indécis, irrésolu : *Flotter entre l'espérance et la crainte.* **4.** En parlant d'une monnaie, avoir une valeur variable par rapport à une autre monnaie. **5. Flotter dans un vêtement,** porter un vêtement trop grand ou trop large : *Il flotte dans son costume.* ◆ **v.t. Flotter du bois,** l'acheminer par flottage.

2. flotter [flɔte] **v. impers.** (probabl. de *1. flotter*). *FAM.* Pleuvoir : *Il a flotté toute la nuit.*

flotteur [flɔtœr] **n.m.** (de *1. flotter*). Dispositif permettant à un corps de se maintenir à la surface de l'eau ou entre deux eaux : *Flotteurs d'un hydravion. Flotteur d'une ligne de pêche* (syn. **bouchon**).

flottille [flɔtij] **n.f.** (esp. *flotilla,* du fr. *1. flotte*). **1.** Ensemble de petits navires se déplaçant ensemble : *Une flottille de pêche en partance.* **2.** Formation d'appareils de combat de l'aéronavale.

flou, e [flu] **adj.** (lat. *flavus,* jaune, fané). **1.** Qui manque de netteté, de précision : *Photographie floue* (contr. **net**). *Idées floues* (syn. **vague ;** contr. **clair**). **2.** BX-A. Se dit d'une œuvre dont les contours sont peu distincts : *Un dessin flou* (syn. **fondu, vaporeux**). **3.** COUT. Souple ; non ajusté : *Une robe floue.* ◆ **flou n.m. 1.** Caractère de ce qui est flou, de ce qui manque de netteté : *Un flou dans le regard dû à l'abus d'alcool.* **2. Flou artistique,** effet délibéré de flou ; au fig., ambiguïté dans le discours, l'attitude.

flouer [flue] **v.t.** (var. du moyen fr. *frouer,* tricher au jeu, lat. *fraudare*). *FAM.* Voler ; duper : *Se faire flouer.*

Flourens (Pierre), physiologiste français (Maureilhan 1794 - Montgeron 1867). Il démontra expérimentalement que la vision dépend de l'intégrité du cortex cérébral, mit en évidence le rôle du cervelet dans le maintien de l'équilibre et dans la coordination, et établit la localisation du centre respiratoire. Il a étudié la formation de l'os et l'utilisation du chloroforme comme anesthésique.

fluctuant, e [flyktɥɑ̃, -ɑ̃t] **adj.** Qui fluctue ; qui flotte : *Un homme fluctuant dans ses opinions* (syn. **indécis**). *Prix fluctuants* (syn. **variable**).

fluctuation [flyktɥasjɔ̃] **n.f.** (lat. *fluctuatio,* de *fluctuare,* flotter). **1.** (Souvent au pl.). Variation continuelle ; transformation alternative : *Suivre les fluctuations de la Bourse. Les fluctuations d'un esprit inquiet* (syn. **incertitude, irrésolution**). *Les fluctuations de l'opinion* (syn. **changement**). **2.** Variation d'une grandeur physique de part et d'autre d'une valeur moyenne.

fluctuer [flyktɥe] **v.i.** (lat. *fluctuare*). Ne pas être stable, fixé : *Une monnaie dont le cours fluctue* (syn. **varier**).

fluet, ette [flyɛ, -ɛt] **adj.** (altér. de *flouet,* de *flou*). **1.** Qui est mince et d'apparence délicate : *Jambes fluettes* (syn. **grêle**). *Un garçon fluet* (syn. **frêle, menu**). **2. Voix fluette,** qui manque de force.

1. fluide [flɥid] **adj.** (lat. *fluidus,* de *fluere,* couler). **1.** CHIM. Se dit d'un corps (liquide ou gaz) dont les molécules sont faiblement liées et qui peut ainsi prendre la forme du vase qui le contient. **2.** Qui coule, s'écoule facilement : *Huile très fluide* (syn. **liquide ;** contr. **épais**). *Circulation routière fluide* (= régulière et sans embouteillage). **3.** *SOUT.* Difficile à saisir, à fixer, à apprécier : *Une clientèle fluide* (syn. **fluctuant**).

2. fluide [flɥid] **n.m.** (de *1. fluide*). **1.** Corps fluide : *Les liquides et les gaz sont des fluides.* **2.** Énergie occulte, influence mystérieuse que dégageraient certaines personnes, certains objets : *Le fluide d'un magnétiseur.* **3. Mécanique des fluides,** partie de la mécanique qui étudie les fluides considérés comme des milieux continus déformables.

fluidifiant, e [flɥidifjɑ̃, -ɑ̃t] **adj.** et **n.m. 1.** MÉD. Se dit de substances qui fluidifient les sécrétions (bronchiques, biliaires, etc.) ou les épanchements : *Sirop fluidifiant.* **2.** PÉTR. Se dit d'un produit pétrolier employé pour diminuer la consistance des bitumes, des peintures ou des boues de forage.

fluidification [flɥidifikasjɔ̃] **n.f.** Action de fluidifier ; fait d'être fluidifié.

fluidifier [flɥidifje] **v.t.** [conj. **9**]. Rendre fluide ou plus fluide : *Fluidifier la circulation routière.*

fluidité [flɥidite] **n.f.** (de *fluide*). **1.** Caractère de ce qui est fluide, de ce qui s'écoule régulièrement : *Fluidité d'une crème,* *du trafic routier.* **2.** ÉCON. Situation d'un marché caractérisé par la libre circulation des facteurs de production (capital, travail) d'une activité ou d'un emploi à l'autre.

fluocompact, e [flyɔkɔ̃pakt] **adj.** (de *fluo[rescent]* et *compact*). Se dit d'une lampe fluorescente à basse consommation, dont le tube est plié ou enroulé pour permettre son installation dans des luminaires de faible encombrement.

fluor [flyɔr] **n.m.** (mot lat. « écoulement »). **1.** CHIM. Nom courant de la molécule de difluor, qui, à l'état gazeux, est jaune-vert et fortement réactif. **2.** CHIM. Élément chimique de symb. F.

fluoré, e [flyɔre] **adj.** Qui contient du fluor : *Eau fluorée.*

fluorescence [flyɔresɑ̃s] **n.f.** (mot angl., de *fluor,* d'apr. *phosphorescence*). OPT. Propriété qu'ont certains corps d'émettre de la lumière visible lorsqu'ils reçoivent un rayonnement, lequel peut être invisible (rayons ultraviolets, rayons X).

fluorescent, e [flyɔresɑ̃, -ɑ̃t] **adj. 1.** Doué de fluorescence : *Corps fluorescent.* **2.** Se dit d'une source de rayonnement produite par fluorescence : *Tube fluorescent.*

fluorure [flyɔryr] **n.m.** Composé binaire du fluor avec un autre élément.

Flushing Meadow Park, site des championnats internationaux de tennis des États-Unis, à New York (Queens).

flûte [flyt] **n.f.** (de la suite onomat. *a-u,* avec les consonnes initiales du lat. *flare,* souffler). **1.** Instrument de musique à vent, formé d'un tube creux en bois ou en métal, percé de trous et dans lequel on souffle par un orifice situé à une extrémité : *Jouer de la flûte à bec.* **2.** Verre à pied, étroit et haut : *Flûte à champagne.* **3.** Baguette de pain. **4.** (Au pl.). *FAM.* Jambes maigres. **5.** *FAM.* **Être du bois dont on fait les flûtes,** être souple, céder à tout sans résistance. / **Flûte traversière,** flûte en bois ou en métal dont l'embouchure est latérale. / *FAM.* **Jouer des flûtes,** se sauver. **6. Flûte de Pan,** instrument composé de tubes d'inégales longueurs sur lesquels le joueur promène les lèvres. ◆ **interj.** *FAM.* Exclamation marquant l'impatience, la déception : *Flûte ! J'ai oublié mon stylo.*

flûté, e [flyte] **adj.** (de *flûter,* jouer de la flûte). Se dit d'un son doux évoquant celui de la flûte : *Une voix flûtée.*

flûtiste [flytist] **n.** Instrumentiste qui joue de la flûte.

fluvial, e, aux [flyvjal, -o] **adj.** (lat. *fluvialis*). Relatif aux fleuves, aux cours d'eau : *Eaux fluviales. Navigation fluviale.*

fluvio-glaciaire [flyvjɔglasjɛr] **adj.** (pl. *fluvio-glaciaires*). Relatif à la fois aux fleuves et aux glaciers.

fluviométrique [flyvjɔmetrik] **adj.** (de *fluvial* et *-métrie*). Relatif à la mesure du niveau et du débit des cours d'eau.

flux [fly] **n.m.** (lat. *fluxus,* de *fluere,* couler). **1.** Écoulement d'un liquide organique ou de matières liquides en général : *Flux de sang.* **2.** Marée montante : *Le flux et le reflux* (syn. **flot**). **3.** Grande abondance : *Flux de paroles* (syn. **profusion**). **4.** ÉCON. Ensemble des échanges réels et monétaires se produisant entre les divers agents de la vie économique. **5.** PHYS. **Flux lumineux,** débit d'énergie rayonnante évalué d'après son action sur un récepteur déterminé. / PHYS. **Flux magnétique,** induction magnétique. / **Flux migratoire,** mouvement de population de grande ampleur.

fluxion [flyksjɔ̃] **n.f.** (lat. *fluxio,* de *fluere,* couler). **1.** Congestion dans une partie du corps, avec gonflement extérieur. **2.** *VX.* **Fluxion de poitrine,** congestion pulmonaire avec atteinte pleurale et réaction musculaire douloureuse.

Fluxus, mouvement artistique qui s'est développé aux États-Unis et en Europe à partir des années 1960. En liaison avec le courant du happening, opposant à la sacralisation de l'art un esprit de contestation ludique, il s'est manifesté par des concerts (J. Cage...), des environnements, des interventions variées. Citons notamment les Américains George Maciunas (1931-1978) et George Brecht (né en 1926), N. J. Paik (1932-2006), les Allemands Beuys et Wolf Vostell (1932-1998) et les Français Robert Filliou (1926-1987) et Benjamin Vautier, dit Ben (d'origine suisse, né en 1935).

flyer [flajœr] **n.m.** (mot angl.). **1.** Brochure, dépliant informatifs. **2.** Prospectus, tract annonçant une soirée culturelle, une rave, etc.

FM [ɛfɛm] **n.f.** (de l'angl. *frequency modulation*), sigle désignant la *modulation* de fréquence.*

F.M.I., sigle de *Fonds monétaire international.*

foc [fɔk] **n.m.** (néerl. *fok*). Voile triangulaire placée à l'avant d'un bateau à voiles.

focal, e, aux [fɔkal, -o] **adj.** (du lat. *focus,* foyer). **1.** OPT. Qui concerne le foyer des miroirs ou des lentilles. **2.** Qui est le plus important ; central : *Point focal d'un raisonnement* (syn. **crucial, fondamental**). **3. Distance focale,** distance du foyer principal à la surface réfléchissante ou réfringente. (On dit aussi *une focale.*)

focalisation [fɔkalizasjɔ̃] **n.f. 1.** Action de focaliser. **2.** LITTÉR. Point de vue adopté par un narrateur dans la conduite de son récit : *Focalisation interne* (= le narrateur est un personnage de l'histoire). *Focalisation externe* (= le narrateur n'a aucun rôle dans l'histoire).

focaliser [fɔkalize] **v.t.** (de *focal*). **1.** Faire converger en un point un faisceau lumineux, un flux de particules, etc. **2.** Concentrer sur un point précis : *Focaliser l'attention du public.*

Foch (Ferdinand), maréchal de France, de Grande-Bretagne et de Pologne (Tarbes 1851 - Paris 1929). Il commanda l'École de guerre (1907), contribua à la victoire de la Marne (1914) et dirigea les offensives de l'Artois (1915) et la bataille de la Somme (1916), puis commanda en chef les troupes alliées (1918), qu'il conduisit à la victoire.

Focillon (Henri), historien de l'art français (Dijon 1881 - New Haven 1943). Son enseignement et ses écrits (*l'Art des sculpteurs romans,* 1931 ; *Art d'Occident,* 1938 ; etc.) ont exercé une grande influence. Dans *Vie des formes* (1934), il définit l'œuvre d'art comme un fait historique à l'intérieur d'un mouvement de constantes métamorphoses.

fœhn ou **föhn** [føn] **n.m.** (mot suisse all., du lat. *favonius,* vent de S.-O.). Vent du sud, chaud et très sec, fréquent au printemps et en automne, qui souffle dans les vallées du versant nord des Alpes, en Suisse et au Tyrol.

fœtal, e, aux [fetal, -o] **adj.** Relatif au fœtus : *Être en position fœtale* (= replié sur soi-même).

fœtoscopie [fetɔskɔpi] **n.f.** Examen endoscopique du fœtus, pratiqué après incision de la paroi abdominale.

fœtus [fetys] **n.m.** (mot lat., var. de *fetus,* enfantement). Produit de la conception non encore arrivé à terme, mais présentant déjà les caractères distinctifs de l'espèce, chez les animaux vivipares. ▸ L'embryon humain prend le nom de *fœtus* du troisième mois de la grossesse à la naissance.

foi [fwa] **n.f.** (lat. *fides,* de *fidere,* se fier). **1.** Croyance en la vérité d'une religion, en son dieu, en ses dogmes ; doctrine religieuse : *Avoir la foi* (= croire en Dieu). *Foi chrétienne* (syn. **religion**). *Propagation de la foi.* **2.** Confiance en qqn ou qqch : *Témoin digne de foi. Avoir foi en l'avenir. Ajouter foi au propos de qqn* (= croire ce qu'il dit). **3.** *LITT.* Engagement qu'on prend d'être fidèle à une promesse ; garantie : *Violer la foi conjugale* (syn. **fidélité**). *Sous la foi du serment.* **4. Acte de foi,** pensée, parole ou acte qui exprime l'adhésion à une religion ou à une idée. / **Faire foi,** établir d'une façon indiscutable ; prouver. / **Ma foi,** formule usitée pour appuyer une affirmation, une négation : *C'est ma foi vrai !* / **Sans foi ni loi,** sans religion ni morale. **5. Bonne foi,** attitude de qqn qui parle ou agit selon ses convictions, avec l'intention d'être honnête : *Être de bonne foi.* / **Mauvaise foi,** malhonnêteté de qqn qui affirme des choses qu'il sait fausses ou qui feint l'ignorance.

foie [fwa] **n.m.** (lat. pop. **fecatum,* class. *[jecur] ficatum,* foie d'oie engraissée avec des figues, traduction du gr. *[hêpar] sukôton*). **1.** Viscère contenu dans l'abdomen, annexé au tube digestif, qui sécrète la bile et remplit de multiples fonctions dans le métabolisme des glucides, des lipides et des protides.

2. Foie de certains animaux employé comme aliment : *Une tranche de foie de veau.* **3. Foie gras,** foie d'oie ou de canard spécialement gavés.

■ Chez l'homme le foie est situé sous la coupole droite du diaphragme. C'est le plus volumineux de tous les viscères ; il pèse de 1,5 à 2 kg chez l'adulte. Il est irrigué par deux vaisseaux : la veine porte et l'artère hépatique. C'est une glande mixte, à la fois à sécrétion externe et à sécrétion interne.
Fonctions. Il remplit deux grandes fonctions : détoxication et épuration, d'une part ; synthèse et mise en réserve, de l'autre.
Sécrétion externe : le produit de sécrétion, la bile, utile à la digestion des graisses, est déversé à l'extérieur du foie, dans l'intestin, directement par le canal cholédoque ou après passage dans la vésicule biliaire.
Sécrétions internes : par la fonction dite *glycogénique,* le foie règle et maintient constante la quantité de glucose dans le sang, soit en arrêtant le glucose venant de l'intestin, s'il est en excès, et en le stockant sous forme de glycogène, soit en transformant de nouveau ce glycogène en glucose et en le déversant, si nécessaire, dans le sang. En outre, le foie peut assurer la synthèse du glucose, soit à partir d'un autre sucre (galactose), soit à partir de protides. Par la fonction dite *uropoïétique,* l'urée est formée aux dépens des acides aminés et des sels ammoniacaux. Le foie est le siège de la synthèse d'une grande partie des protéines du plasma sanguin. Il synthétise des enzymes, qui interviennent dans différents métabolismes, ainsi que différents facteurs de coagulation du sang.
Examens et maladies. Les moyens les plus courants d'exploration du foie sont, outre l'examen clinique, les dosages des enzymes hépatiques : transaminases (élevées notamm. en cas d'hépatite), bilirubine, phosphatases alcalines et gamma-glutamyl transpeptidases (élevées en cas de rétention biliaire). L'examen morphologique le plus habituel est l'échographie hépatique, qui détecte la présence de lésions dans le foie.
Les principales affections du foie sont les hépatites, aiguës ou chroniques, génér. dues à des virus, à des toxiques comme l'alcool ou à certains médicaments. Résultant d'une agression du foie par ces agents, les cirrhoses s'accompagnent de lésions fibreuses irréversibles. ■

1. foin [fwɛ̃] **n.m.** (lat. *fenum*). **1.** Herbe fauchée et séchée pour la nourriture du bétail : *Une meule de foin. Époque des foins* (= fenaison). **2.** Poils soyeux qui garnissent le fond d'un artichaut. **3.** FAM. **Faire du foin,** faire du bruit, causer du scandale.

2. foin [fwɛ̃] **interj.** (de *1. foin,* ou altér. de *fi*). LITT. Exprime le dégoût, le mépris : *Foin de votre conseil !*

foire [fwar] **n.f.** (bas lat. *feria,* class. *feriae,* jours de fête). **1.** Grand marché public se tenant à des époques fixes dans un même lieu. **2.** Fête foraine qui a lieu à une certaine époque de l'année : *La foire du Trône, à Paris.* **3.** Exposition commerciale périodique : *La foire de Lyon.* **4. Champ de foire,** emplacement où se tient une foire. / FAM. **Faire la foire,** mener une vie de plaisirs ; faire la fête.

foirer [fware] **v.i.** (de *foire,* diarrhée). FAM. Échouer, rater : *Affaire qui foire.*

foireux, euse [fwarø, -øz] **adj.** et **n.** FAM. Qui fonctionne mal ; dont l'échec est prévisible : *Un coup foireux.*

fois [fwa] **n.f.** (lat. *vices,* tours, successions). **1.** Avec un mot qui indique le nombre, marque l'unité ou la réitération d'un fait, la répétition ou la multiplication d'une quantité, l'intensité plus ou moins grande et relative d'une action, d'un état : *Il est venu trois fois. Trois fois deux font six.* **2. À la fois,** ensemble, en même temps. / FAM. **Des fois,** parfois. / FAM. **Des fois que,** peut-être que ; au cas où. / **Pour une fois,** marque l'exception. / **Une fois,** à une certaine époque : *Il était une fois...* / **Une fois pour toutes,** définitivement.

foison [fwazɔ̃] **n.f.** (lat. *fusio,* de *fundere,* verser, répandre). **1.** LITT. Grande abondance : *Commentaire illustré par une foison d'exemples* (syn. **foule, profusion**). **2. À foison,** en grande quantité.

foisonnant, e [fwazɔnɑ̃, -ɑ̃t] **adj.** Qui foisonne, abondant : *Végétation foisonnante* (syn. **surabondant**). *Poète foisonnant de trouvailles* (syn. **riche en**).

foisonnement [fwazɔnmɑ̃] **n.m. 1.** Fait de foisonner : *Un foisonnement d'idées* (syn. **profusion**). **2.** TECHN. Augmentation de volume d'une substance, due à son morcellement.

foisonner [fwazɔne] **v.i.** (de *foison*). **1.** Abonder ; pulluler : *Les lapins foisonnent en Australie* (syn. **fourmiller, grouiller**). **2.** Se multiplier ; se développer : *Les idées foisonnaient au XVIIIe siècle* (syn. **proliférer**). **3.** Augmenter de volume, en parlant d'une substance : *La chaux vive foisonne sous l'action de l'eau.* **4. Foisonner de, en,** être abondamment fourni en : *Ce romancier foisonne d'idées* (syn. **abonder en**). *Notre littérature foisonne en poètes* (syn. **regorger de**).

Foix, ch.-l. du dép. de l'Ariège, sur l'Ariège, à 761 km au sud de Paris ; 10 276 hab. *(Fuxéens).* Château fort abritant le musée de l'Ariège (préhistoire, archéologie, ethnographie).

Foix *(comté de),* ancien fief français, qui a formé le dép. de l'Ariège ; ch.-l. *Foix.* Érigé au début du XIe s., le comté fut réuni à la Couronne en 1607 par le dernier comte de Foix, Henri IV.

Fokine (Michel), danseur et chorégraphe russe (Saint-Pétersbourg 1880 - New York 1942). Formé à l'École impériale, soliste au Théâtre Marie de Saint-Pétersbourg (1898), il devient le chorégraphe des Ballets russes de Diaghilev (1909-1913 et 1914). Il crée une série de chefs-d'œuvre mettant en vedette Nijinski (*les Sylphides,* 1909 ; *Schéhérazade,* 1910 ; *le Spectre de la rose* et *Petrouchka,* 1911). Il quitte la Russie en 1918, travaille dans les pays scandinaves et se fixe aux États-Unis, mais sans jamais retrouver l'inspiration de l'époque des Ballets russes.

Fokker (Anthony), aviateur et industriel néerlandais (Kediri, Java, 1890 - New York 1939). Il créa l'une des firmes les plus importantes de l'industrie aéronautique allemande, réalisant notamm. des avions de chasse réputés.

fol adj.m. → fou.

folâtre [fɔlɑtr] **adj.** (de *fol*). D'une gaieté légère, un peu folle : *Se sentir d'humeur folâtre* (syn. **guilleret, espiègle**).

folâtrer [fɔlɑtre] **v.i.** (de *folâtre*). Jouer, s'ébattre gaiement et librement : *Nous n'avons plus le temps de folâtrer !*

foliation [fɔljasjɔ̃] **n.f.** (du lat. *folium,* feuille). **1.** Époque de l'année où les bourgeons commencent à développer leurs feuilles (syn. **feuillaison**). **2.** GÉOL. Ensemble de plans parallèles suivant lesquels cristallisent les minéraux nouveaux dans les roches métamorphiques.

folichon, onne [fɔliʃɔ̃, -ɔn] **adj.** (de *fol*). [Souvent en tournure nég.]. FAM. Divertissant, agréable : *Le spectacle n'est pas folichon* (syn. **amusant, plaisant**).

1. folie [fɔli] **n.f.** (de *fol*). **1.** Dérèglement mental : *Donner des signes de folie* (syn. **démence, aliénation**). *Avoir la folie de la persécution* (syn. **manie**). **2.** Caractère de ce qui échappe au contrôle de la raison, du bon sens : *C'est de la folie de sortir à cette heure-ci !* (syn. **délire**). *La folie d'un projet* (syn. **extravagance**). **3.** Acte, parole déraisonnables, passionnés, excessifs : *Faire des folies* (= dépenser inconsidérément). *Dire des folies* (syn. **ineptie**). **4.** Goût excessif, déréglé pour une chose : *Avoir la folie des vieux livres* (syn. **passion**). *Folie des grandeurs* (= mégalomanie). **5. À la folie,** éperdument : *Aimer qqn à la folie.*

2. folie [fɔli] **n.f.** (de *feuillée*). VX. Riche maison de plaisance à la campagne.

folié, e [fɔlje] **adj.** (lat. *foliatus* ; de *folium,* feuille). **1.** Qui a la forme d'une feuille. **2.** Garni de feuilles.

folio [fɔljo] **n.m.** (forme du lat. *folium,* feuille). **1.** Feuillet d'un registre, d'un livre : *Le folio 4 recto, verso.* **2.** Numéro de chaque page d'un livre.

foliole [fɔljɔl] **n.f.** (lat. *foliolum,* petite feuille). Chaque division du limbe d'une feuille composée : *Foliole de l'acacia.*

folioter [fɔljɔte] **v.t.** (de *folio*). Numéroter les pages d'un livre, d'un registre (syn. **paginer**).

folk [fɔlk] **n.m.** (abrév.). Folksong. ◆ **adj.** Relatif au folksong : *Musiciens folks.*

folklore [fɔlklɔr] **n.m.** (mot angl., de *folk,* peuple, et *lore,* science). **1.** Ensemble des productions culturelles non matérielles (croyances, rites, contes, légendes, fêtes, cultes, etc.) d'une société. **2.** Manifestation d'un pittoresque superficiel : *Le folklore des défilés de mode.*

folklorique [fɔlklɔrik] **adj. 1.** Relatif au folklore : *Danse folklorique.* **2.** *FAM.* Pittoresque, mais dépourvu de sérieux : *Personnage folklorique* (abrév. *folklo*).

folksong [fɔlksɔ̃g] **n.m.** (mot anglo-amér., de *folk[lore]* et *song,* chanson). Chant inspiré des chansons traditionnelles, américaines notamm., mais interprété avec la sensibilité et selon les techniques d'aujourd'hui : *Le folksong constitue l'un des aspects de la pop music* (abrév. *folk*).

follement [fɔlmɑ̃] **adv.** (de *fol*). Éperdument ; extrêmement : *Tomber follement amoureux. Une soirée follement drôle.*

follet [fɔlɛ] **adj.m.** (de *fol*). **1. Esprit follet,** lutin familier, dans les croyances populaires (on dit aussi *un follet*). ⁄ **Poil follet,** duvet des petits oiseaux ; premier duvet des adolescents. **2. Feu follet,** flamme légère et fugitive produite par la combustion spontanée de l'hydrogène phosphoré qui se dégage de matières organiques en décomposition.

folliculaire [fɔlikylɛr] **adj.** Relatif à un follicule.

follicule [fɔlikyl] **n.m.** (lat. *folliculus,* petit sac). **1.** BOT. Fruit sec dérivant d'un carpelle isolé et s'ouvrant par une seule fente. **2.** ANAT. Nom de divers petits organes en forme de sac ou constitué d'un amas de cellules : *Follicule pileux. Follicule ovarien.*

folliculine [fɔlikylin] **n.f.** PHYSIOL. Un des deux œstrogènes principaux (l'autre étant l'œstradiol) sécrétés par le follicule ovarien.

fomentation [fɔmɑ̃tasjɔ̃] **n.f.** *LITT.* Action de fomenter : *La fomentation des querelles* (syn. **excitation, provocation**).

fomenter [fɔmɑ̃te] **v.t.** (lat. médic. *fomentare,* du class. *fomentum,* calmant, de *fovere,* chauffer). *LITT.* Susciter, préparer secrètement : *Fomenter des troubles. Fomenter une rébellion* (syn. **tramer,** litt.**ourdir**).

foncé, e [fɔ̃se] **adj.** (de *fons,* anc. forme de *fond*). Sombre, en parlant des couleurs : *Vert foncé* (contr. **clair, pâle**).

1. foncer [fɔ̃se] **v.t.** (de *fons,* anc. forme de *fond*) [conj. **16**]. **1.** Mettre un fond à (un tonneau, une cuve, un siège). **2.** CUIS. Garnir de pâte ou de bardes de lard le fond de (une tourtière, une casserole, etc.). **3.** Creuser verticalement : *Foncer un puits.*

2. foncer [fɔ̃se] **v.t. ind. [sur]** (de *fondre [sur],* d'après *1. foncer*) [conj. **16**]. **1.** Se précipiter pour attaquer : *Foncer sur l'ennemi* (syn. **se ruer sur**). **2.** (Absol.). *FAM.* Aller très vite : *La voiture fonçait dans la nuit. Fonce, tu es en retard* (syn. **se dépêcher, se presser**). **3.** (Absol.). *FAM.* Ne pas hésiter à s'engager, à aller de l'avant : *Quand une idée lui tient à cœur, elle fonce.*

3. foncer [fɔ̃se] **v.t.** (de *foncé*) [conj. **16**]. Assombrir, rendre plus foncée une couleur. ◆ **v.i.** Prendre une couleur plus foncée : *Ses cheveux ont foncé.*

fonceur, euse [fɔ̃sœr, -øz] **adj.** et **n.** (de *2. foncer*). *FAM.* Personne qui fonce, qui n'hésite pas à aller de l'avant (syn. **battant**).

foncier, ère [fɔ̃sje, -ɛr] **adj.** (de *fonds*). **1.** Relatif à un fonds de terre, à son exploitation, à son imposition : *Propriété foncière. Propriétaire foncier* (= qui possède un bien foncier). **2.** Qui constitue le principal ; qui est fondamental : *Qualités foncières* (syn. **inné, naturel**). *Différence foncière* (syn. **fondamental**). **3. Taxe foncière,** impôt annuel qui frappe les propriétés, bâties ou non. ◆ **foncier n.m.** La propriété foncière ; impôt foncier.

foncièrement [fɔ̃sjɛrmɑ̃] **adv.** (de *foncier*). **1.** Complètement ; totalement : *Je suis foncièrement hostile à ce type de discussion* (syn. **absolument**). **2.** En soi ; par nature : *Un homme foncièrement bon* (syn. **naturellement**).

fonction [fɔ̃ksjɔ̃] **n.f.** (lat. *functio,* de *fungi,* s'acquitter de). **1.** Rôle, utilité d'un élément dans un ensemble : *Remplir une fonction.* **2.** Activité professionnelle ; exercice d'une charge, d'un emploi : *La fonction d'enseignant* (syn. **métier, profession**). *Être en fonction* (syn. **activité**). *Entrer en fonction ou en fonctions* (= s'installer dans un poste). *Quitter ses fonctions* (= prendre sa retraite). *S'acquitter de ses fonctions* (syn. **tâche**). **3.** LING. Rôle syntaxique d'un mot ou d'un groupe de mots dans une phrase : *Fonction de sujet, de complément.* **4.** Activité exercée par un élément vivant (appareil, organe ou cellule) et qu'étudie la physiologie : *La fonction crée l'organe. Fonctions de nutrition, de reproduction.* **5.** MATH. Correspondance d'un ensemble E vers un ensemble F qui, à tout élément de E, associe au plus un élément de F. **6.** CHIM. Ensemble de propriétés appartenant à un groupe de corps : *Fonction base, fonction sel. Un triacide possède trois fonctions acide.* **7. En fonction de,** en suivant les variations de ; par rapport à : *Dépenser en fonction de ses moyens.* ⁄ **Être fonction de,** dépendre de. ⁄ **Faire fonction de,** remplir l'emploi de : *Ce capitaine fait fonction de commandant sans en avoir le grade.* **8. Fonction publique,** ensemble des agents de l'État ; ensemble des fonctionnaires ; leur activité : *Le statut de la fonction publique.*

fonctionnaire [fɔ̃ksjɔnɛr] **n.** Agent public titulaire d'un emploi permanent dans un grade de la hiérarchie administrative ; titulaire d'une fonction publique.

fonctionnalisme [fɔ̃ksjɔnalism] **n.m.** (de *fonctionnel*). **1.** SOCIOL. Doctrine selon laquelle la société est un système dont l'équilibre dépend de l'intégration de ses diverses composantes. **2.** ARCHIT., ARTS DÉC. Doctrine du XXe s. selon laquelle la forme doit toujours être l'expression d'une fonction, être appropriée à un besoin. **3.** LING. Linguistique fonctionnelle. ◆ **fonctionnaliste adj.** et **n.** Relatif au fonctionnalisme ; qui en est partisan.

fonctionnalité [fɔ̃ksjɔnalite] **n.f.** Caractère de ce qui est fonctionnel, pratique : *La fonctionnalité d'un mobilier.* ◆ **fonctionnalités n.f. pl.** Ensemble des possibilités qu'offre un système informatique.

fonctionnariat [fɔ̃ksjɔnarja] **n.m.** Qualité, état de fonctionnaire.

fonctionnariser [fɔ̃ksjɔnarize] **v.t.** (de *fonctionnaire*). Transformer une entreprise en service public, une personne en employé de l'État : *Fonctionnariser une profession.*

fonctionnel, elle [fɔ̃ksjɔnɛl] **adj. 1.** Qui concerne une fonction particulière (par opp. à *organique*) : *Troubles fonctionnels.* **2.** Relatif aux fonctions mathématiques. **3.** Qui s'adapte exactement à une fonction déterminée ; bien adapté à son but : *Meubles fonctionnels* (syn. **pratique**). **4. Linguistique fonctionnelle,** étude des éléments de la langue du point de vue de leur fonction dans l'énoncé et dans la communication (= fonctionnalisme).

fonctionnellement [fɔ̃ksjɔnɛlmɑ̃] **adv.** Par rapport aux fonctions biologiques.

fonctionnement [fɔ̃ksjɔnmɑ̃] **n.m.** Manière dont qqch fonctionne : *Le fonctionnement normal des institutions* (syn. **jeu**). *Appareil en état de fonctionnement* (syn. **marche**).

fonctionner [fɔ̃ksjɔne] **v.i.** (de *fonction*). Remplir sa fonction ; être en état de marche : *Mémoire, imagination qui fonctionne. Bien, mal fonctionner* (syn. **marcher**). *Chez eux, la télévision fonctionne du matin au soir.*

fond [fɔ̃] **n.m.** (lat. *fundus*). **1.** Partie la plus basse, la plus profonde de qqch ; base solide établie en profondeur : *Le fond d'un puits, d'une mine. Les livres sont au fond de la malle. Draguer le fond d'un canal. Envoyer un navire par le fond* (= le couler). **2.** Ce qui est ou reste au fond de qqch : *Boire un fond de bouteille. Des fonds de tiroirs.* **3.** Le degré le plus bas : *Le fond de la misère, du désespoir.* **4.** Partie la plus éloignée de l'entrée ; partie la plus reculée d'un lieu : *Le fond d'une boutique, d'une armoire. Le fond d'une province.* **5.** Ce qu'il y a de plus caché, de plus secret : *Aller au fond des choses. Je vous remercie du fond du cœur* (= très sincèrement). **6.** Arrière-plan ; élément de base sur lequel se détache qqch : *Toile de fond.*

Fond sonore. Bruit de fond. Silhouette qui se détache sur un fond clair. **7.** Partie essentielle, fondamentale : *Il est coléreux mais il a bon fond* (= il est foncièrement bon). *Il y a un fond de vérité dans ce qu'il dit.* **8.** Ce qui fait la matière, l'essence d'une chose (par opp. à la *forme*, à l'*apparence*) : *Comédies qui diffèrent par le fond. Juger, plaider, statuer sur le fond* (= sur le contenu de l'acte juridique en cause). **9.** SPORTS. Discipline en athlétisme, en ski, en natation, etc., comportant des épreuves de longue distance : *Coureur de fond. Course de fond. Ski de fond.* **10. À fond,** jusqu'au bout ; entièrement : *Nettoyer à fond.* / **Au fond, dans le fond,** en réalité, en dernière analyse : *Au fond, tu n'as pas tort.* / **De fond,** qui porte sur l'essentiel ; de base : *Ouvrage de fond.* / *LITT.* **Faire fond sur,** mettre sa confiance en. **11. Fond de teint,** préparation semi-liquide teintée que l'on applique sur le visage comme maquillage. / MÉD **Fond d'œil,** partie de l'œil visible avec l'ophtalmoscope ; examen pratiqué au moyen de l'ophtalmoscope.

fondamental, e, aux [fɔ̃damɑ̃tal, -o] **adj.** (bas lat. *fundamentalis*, de *fundamentum*, fondement). **1.** Qui est à la base ; qui a un caractère déterminant, essentiel : *Principe fondamental* (syn. **constitutif, essentiel**). **2. Recherche fondamentale,** recherche théorique dont les applications pratiques ne sont pas immédiates. / MUS. **Note fondamentale,** note qui sert de base à un accord, quelle que soit sa place dans cet accord.

fondamentalement [fɔ̃damɑ̃talmɑ̃] **adv.** De façon fondamentale : *Idées fondamentalement opposées* (syn. **diamétralement, radicalement**). *Modifier fondamentalement une théorie* (syn. **complètement**).

fondamentalisme [fɔ̃damɑ̃talism] **n.m.** Tendance de certains adeptes d'une religion à prôner, avec un zèle touchant parfois au fanatisme, le retour à l'orthodoxie originelle ; intégrisme.

fondamentaliste [fɔ̃damɑ̃talist] **adj.** et **n. 1.** Qui appartient au fondamentalisme. **2.** Se dit d'un scientifique qui travaille en recherche fondamentale.

1. fondant, e [fɔ̃dɑ̃, -ɑ̃t] **adj. 1.** Qui fond : *Le zéro du thermomètre correspond à la température de la glace fondante.* **2.** Qui fond dans la bouche : *Biscuits fondants* (syn. **moelleux**). **3.** Qui s'amollit : *Une voix fondante.*

2. fondant [fɔ̃dɑ̃] **n.m.** (de *1. fondant*). **1.** Pâte glacée à base de sucre cuit ; bonbon fourré avec cette pâte. **2.** MÉTALL. Substance qui facilite la fusion d'un autre corps.

fondateur, trice [fɔ̃datœr, -tris] **n.** (de *fonder*). **1.** Personne qui a construit ou créé qqch : *Le fondateur d'une entreprise* (syn. **créateur, père**). **2.** DR. Personne qui crée une fondation.

fondation [fɔ̃dasjɔ̃] **n.f.** (lat. *fundatio*). **1.** Action de fonder : *La fondation de Rome* (syn. **édification**). **2.** DR. Création, par voie de donation ou de legs, d'un établissement d'intérêt général ; cet établissement : *La Fondation Thiers.* **3.** Attribution à une œuvre existante de fonds destinés à un usage précis : *Fondation d'un lit dans un hôpital.* **4.** (Souvent au pl.). Ensemble des parties inférieures d'une construction : *Les fondations d'un immeuble.*

fondé, e [fɔ̃de] **adj. 1.** Justifié, établi solidement : *Accusation fondée.* **2.** Autorisé : *Vous n'êtes pas fondé à décider.* ◆ **fondé n. Fondé de pouvoir,** personne dûment autorisée à agir au nom d'une autre ou d'une société.

fondement [fɔ̃dmɑ̃] **n.m.** (lat. *fundamentum*, de *fundare*, fonder). **1.** (Le plus souvent au pl.). Élément essentiel servant de base à qqch : *Les fondements de la société* (syn. **assise**). *Les fondements d'une théorie* (syn. **principe, postulat**). **2.** Raison solide, légitime : *Inquiétudes sans fondement* (syn. **cause, motif**). **3.** *FAM.* Anus ; fesses.

fonder [fɔ̃de] **v.t.** (lat. *fundare*, de *fundus*, fond). **1.** Prendre l'initiative de créer, d'établir : *Fonder une entreprise, un nouveau parti* (syn. **instituer**). *Einstein a fondé la relativité restreinte et généralisée* (syn. **inventer**). *Fonder un foyer* (= se marier). **2.** Donner de l'argent pour l'établissement de : *Fonder un hôpital, un prix littéraire* (syn. **créer, instaurer**). **3. Fonder qqch sur,** établir, justifier qqch en s'appuyant sur, faire reposer sur : *Fonder son pouvoir sur la force* (syn. **asseoir**). *Sur quoi fondes-tu tes soupçons ? Il fonde de grands espoirs sur son fils* (syn. **placer en**). ◆ **se fonder v.pr. [sur]. 1.** Avoir qqch pour fondement, pour base : *Son espoir se fondait sur un mensonge* (syn. **reposer sur**). **2.** S'appuyer sur qqch pour légitimer une opinion, un jugement : *Sur quoi te fondes-tu pour le critiquer ainsi ?* (syn. **se baser**).

fonderie [fɔ̃dri] **n.f. 1.** Fusion et purification des métaux et des alliages. **2.** Usine où l'on fond les métaux ou les alliages pour en faire des lingots ou pour leur donner la forme d'emploi.

1. fondeur, euse [fɔ̃dœr, -øz] **n.** (de *fondre*). **1.** Personne qui dirige une entreprise, un atelier de fonderie, ou qui y travaille. **2.** Sculpteur pratiquant la fonte, notamm. du bronze.

2. fondeur, euse [fɔ̃dœr, -øz] **n.** (de *[ski de] fond*). Skieur, skieuse pratiquant le ski de fond.

fondre [fɔ̃dr] **v.t.** (lat. *fundere*, faire couler) [conj. **75**]. **1.** Amener un solide à l'état liquide sous l'action de la chaleur : *Fondre du plomb.* **2.** Fabriquer un objet en coulant du métal en fusion dans un moule : *Fondre une cloche.* **3.** Dissoudre dans un liquide : *Fondre du sucre, du sel dans l'eau.* **4.** Combiner, mêler pour former un tout : *Fondre deux livres en un seul* syn. **réunir, amalgamer**). **5. Fondre des couleurs,** passer d'une couleur à l'autre en faisant des mélanges et des dégradés pour éviter les contrastes brutaux. ◆ **v.i. 1.** Devenir liquide sous l'action de la chaleur : *La glace fond au soleil* (syn. **se liquéfier**). **2.** Se dissoudre dans un liquide : *Faire fondre un morceau de sucre dans son café. Ces poires fondent dans la bouche.* **3.** Disparaître, diminuer rapidement : *Son capital a fondu en peu de temps.* **4.** *FAM.* Maigrir : *Tu as drôlement fondu !* **5.** S'attendrir d'un coup : *On ne peut que fondre devant tant de gentillesse.* **6. Fondre en larmes,** se mettre à pleurer abondamment. ◆ **v.t. ind. [sur].** Se précipiter, s'abattre : *L'aigle fond sur sa proie.* ◆ **se fondre v.pr.** Se mêler de manière à ne faire qu'un ; se confondre : *Se fondre dans la masse.*

fondrière [fɔ̃drijɛr] **n.f.** (du lat. pop. **fundus, -eris* ; v. *effondrer*). Crevasse dans le sol (syn. **ornière**).

fonds [fɔ̃] **n.m.** (réfection de l'anc. fr. *fons*, forme de *fond*). **1.** Sol de terre considéré comme moyen de production ; terrain sur lequel on bâtit : *Cultiver son fonds. Bâtir sur son fonds.* **2.** Capital en biens, en argent que l'on fait valoir ; somme d'argent et, notamm., somme d'argent affectée à un usage particulier : *Fonds de roulement. Fonds de solidarité.* **3.** Ensemble des livres, des manuscrits, des œuvres d'art, etc., qui, dans une bibliothèque, un musée, etc., sont d'une provenance déterminée ; totalité des œuvres détenues, de toutes origines : *Cette bibliothèque a un fonds très riche.* **4.** Ensemble de choses qui constituent un capital de base : *Emprunts et néologismes qui enrichissent le fonds de la langue* (syn. **patrimoine**). *Le fonds d'une maison d'édition* (= les ouvrages sur lesquels s'appuie son activité de base). **5.** Ensemble des qualités physiques, morales ou intellectuelles de qqn : *Un grand fonds d'énergie.* **6. À fonds perdu,** en renonçant à récupérer le capital : *Prêter à fonds perdu.* **7. Fonds de commerce,** ensemble des biens corporels et incorporels permettant à un commerçant d'exercer son activité. ◆ **n.m. pl. 1.** Argent disponible : *Trouver des fonds* (syn. **capitaux**). *Détournement de fonds. Mise de fonds* (= investissement). **2. Être en fonds,** avoir de l'argent. / **Fonds publics,** valeurs mobilières émises par l'État ; argent procuré par l'État. / **Fonds secrets** ou **spéciaux,** sommes mises à la disposition du gouvernement pour financer certaines dépenses dont le motif doit être tenu secret.

Fonds monétaire international (F.M.I.), organisme international créé à Bretton Woods en juill. 1944 et chargé de veiller au bon fonctionnement du système monétaire international, en particulier d'assurer la surveillance des politiques de change (stabilisation des changes et convertibilité des monnaies) et l'octroi de crédits, moyennant certaines garanties et dans certaines limites, aux pays rencontrant des difficultés dans leur balance des paiements. Siégeant à Washington, il regroupe la quasi-totalité des États. Chaque État membre verse, en fonction de ses capacités économiques, une quote-part qui sert à déterminer ses droits de vote et ses droits de tirage. En conséquence, la politique du F.M.I. est déterminée par les pays les plus riches (États-Unis, Japon, Allemagne, Grande-Bretagne et France). À la suite de la réforme des statuts de 1969, pour développer les liquidités et faciliter les règlements financiers internationaux, les droits de tirage ont été complétés par les droits de tirage spéciaux (D.T.S.), devenus, depuis les accords de la Jamaïque de 1976, le pivot du système monétaire international. Le Fonds s'efforce d'harmoniser les politiques des États membres en matière de change.

fondu, e [fɔ̃dy] **adj. 1.** Passé à l'état liquide, en parlant d'un corps solide : *De la neige fondue.* **2. Couleurs fondues,** couleurs obtenues en passant graduellement d'un ton à l'autre. ◆ **fondu n.m. 1.** Résultat obtenu en fondant les couleurs, les tons. **2.** CIN. Apparition ou disparition progressive de l'image sur l'écran : *Fondu enchaîné* (= disparition progressive de l'image tandis qu'apparaît la suivante en surimpression).

fondue [fɔ̃dy] **n.f.** (mot suisse, de *fondre*). **Fondue bourguignonne,** plat composé de petits dés de viande de bœuf qu'on plonge dans l'huile bouillante avec une fourchette et qu'on mange avec des sauces relevées. / **Fondue savoyarde,** plat composé de fromage que l'on fait fondre avec du vin blanc, et dans lequel on plonge des petits cubes de pain.

fongicide [fɔ̃ʒisid] **adj.** et **n.m.** (du lat. *fungus,* champignon). Se dit d'une substance propre à détruire les champignons, en partic. les champignons microscopiques.

fongique [fɔ̃ʒik] **adj.** (du lat. *fungus,* champignon). Relatif aux champignons : *Intoxication fongique* (= par des champignons vénéneux).

fontaine [fɔ̃tɛn] **n.f.** (bas lat. *fontana,* de *fons, fontis,* source). **1.** Source d'eau vive qui jaillit du sol naturellement ou artificiellement : *La fontaine de Vaucluse.* **2.** Édicule de distribution d'eau, comprenant une bouche d'où l'eau s'écoule dans une vasque ou un bassin : *Fontaine publique.*

Fontaine (Just), footballeur français (Marrakech 1933). Avant-centre, champion de France avec l'O.G.C. Nice (1956) et le Stade de Reims (1958, 1960, 1962), vainqueur de la Coupe de France avec ces mêmes clubs (respectivement en 1954 et 1958), il a été le meilleur buteur de la Coupe du monde en 1958 (13 buts, record à ce jour inégalé du nombre de buts marqués en une seule Coupe du monde).

Fontaine (Pierre), architecte français (Pontoise 1762 - Paris 1853). Ce néoclassique fut en faveur à la cour de Napoléon Ier (associé avec Percier), sous la Restauration et sous le règne de Louis-Philippe. On lui doit à Paris l'ouverture de la rue de Rivoli, l'arc de triomphe du Carrousel (1806-1808) et la Chapelle expiatoire. Il eut de nombreux élèves.

Fontainebleau, ch.-l. d'arr. de Seine-et-Marne ; 15 466 hab. *(Bellifontains).* Château royal d'origine médiévale reconstruit à partir de 1528 pour François Ier, qui en fit le centre de son mécénat, et encore augmenté du règne d'Henri II au second Empire (beaux décors, tels les stucs et fresques de la « galerie François-Ier », œuvre du Rosso ; musée Napoléon). – Napoléon Ier y signa son abdication (1814). – Grande forêt de chênes, de hêtres et de résineux (17 000 ha).

Fontainebleau *(école de),* école artistique animée par les Italiens que François Ier fit venir pour décorer le château de Fontainebleau (le Rosso, Primatice, Nicolo dell'Abate...), et qui influença de nombreux Français, tels J. Goujon et les Cousin. Une seconde école apparaît sous le règne d'Henri IV avec les peintres Ambrosius Bosschaert, dit Ambroise Dubois (d'Anvers), Toussaint Dubreuil et Martin Fréminet.

fontanelle [fɔ̃tanɛl] **n.f.** (réfection, d'apr. le lat. scientif. *fontanella,* de *fontenelle,* fontaine). ANAT. Chacun des espaces cartilagineux que présente la boîte crânienne avant son ossification complète, aux points de jonction des sutures osseuses : *La grande fontanelle se ferme à un an.*

1. fonte [fɔ̃t] **n.f.** (lat. pop. **fundita*). **1.** Fait de fondre : *Fonte des neiges.* **2.** Opération par laquelle une matière est fondue : *Fonte de l'acier.* **3.** Art, travail du fondeur : *Fonte d'une cloche.* **4.** ARTS GRAPH. Assortiment complet de caractères de même type. (On dit aussi *police de caractères.*)

2. fonte [fɔ̃t] **n.f.** (de *1. fonte*). Alliage de fer et de carbone dont la teneur en carbone est génér. supérieure à 2,5 % et qui est élaboré à l'état liquide directement à partir du minerai de fer.

3. fonte [fɔ̃t] **n.f.** (altér., sous l'infl. de *1. fonte,* de l'it. *fonda,* poche, lat. *funda*). Fourreau ou sacoche suspendus à la selle et contenant armes, munitions ou vivres.

Fontenay, hameau de la Côte-d'Or, près de Montbard. Ancienne abbaye fondée par Bernard de Clairvaux en 1119. C'est un exemple assez bien conservé de l'architecture cistercienne ; église couverte en berceau brisé.

Fontenay-sous-Bois, ch.-l. de c. du Val-de-Marne, à l'est de Paris ; 53 582 hab.

Fontenelle (Bernard Le Bovier de), écrivain français (Rouen 1657 - Paris 1757). Neveu de Corneille, il se fit une réputation de bel esprit et dut sa célébrité à ses traités de vulgarisation scientifique (*Entretiens sur la pluralité des mondes,* 1686). Dans sa *Digression sur les Anciens et les Modernes* (1688), il soutint la thèse du progrès continu contre les partisans des Anciens.

Fontenoy *(bataille de)* [11 mai 1745], bataille de la guerre de la Succession d'Autriche, au cours de laquelle le maréchal de Saxe battit à Fontenoy (S.-E. de Tournai) la Grande-Bretagne et les Provinces-Unies.

Fontevrault-l'Abbaye, comm. de Maine-et-Loire ; 1 577 hab. Une abbaye double (hommes, femmes) y fut fondée en 1101 par Robert d'Arbrissel. L'ensemble monastique (qui fut maison de détention de 1804 à 1963) est en grande partie conservé : église romane à quatre coupoles (gisants des Plantagenêts), cloître gothique et Renaissance, cuisines monumentales du XIIe s.

Font-Romeu-Odeillo-Via, comm. des Pyrénées-Orientales, en Cerdagne, à 1 800 m d'altitude ; 2 103 hab. *(Romeufontains).* Centre touristique. Lycée climatique. Centre d'entraînement sportif en altitude. Four et centrale solaires à Odeillo.

fonts [fɔ̃] **n.m. pl.** (lat. *fontes,* plur. de *fons,* fontaine). **Fonts baptismaux,** bassin contenant l'eau du baptême dans une église catholique.

football [futbol] **n.m.** (mot angl. « balle au pied »). **1.** Sport qui oppose deux équipes de onze joueurs, et qui consiste à envoyer un ballon rond dans le but du camp adverse sans l'intervention des mains. (Abrév. fam. *foot.*) **2. Football américain,** sport répandu princ. aux États-Unis, qui se joue avec un ballon ovale, entre deux équipes de onze joueurs, et dans lequel il est permis d'utiliser la main et le pied.

■ Un match, ou rencontre, de football oppose deux équipes de 11 joueurs chacune pendant deux mi-temps de 45 minutes, séparées par une pause (appelée aussi *mi-temps*) de 10 à 15 minutes. La partie est dirigée par un arbitre, aidé de deux arbitres assistants *(arbitres de touche).* L'objectif est de marquer plus de buts que l'adversaire, un score égal se traduisant par un match nul.

Parmi les plus grands joueurs de football, on peut citer : le Hongrois F. Puskas, le Brésilien Pelé, le Français R. Kopa, l'Espagnol A. Di Stefano, le Russe L. Yachine, l'Allemand F. Beckenbauer, le Néerlandais J. Cruyff, le Français M. Platini, l'Argentin D. Maradona et, plus récemment, le Brésilien Ronaldo, le Français Z. Zidane, le Portugais Cristiano Ronaldo et l'Argentin Lionel Messi.

Il existe, dans chaque pays, un championnat national (au cours duquel toutes les équipes se rencontrent) et généralement une coupe (épreuve éliminatoire), mais le football, aujourd'hui, tire surtout sa popularité d'épreuves internationales auxquelles les médias (télévision notamment) confèrent un grand retentissement.

Coupe du monde et Championnat d'Europe. Sous l'égide de la F.I.F.A. (Fédération internationale de football association), la plus célèbre épreuve est la Coupe du monde opposant, tous les quatre ans, les nations rescapées d'une longue épreuve éliminatoire. Peu de pays l'ont remportée depuis sa première édition, en 1930 : le Brésil (en 1958 en Suède, en 1962 au Chili, en 1970 au Mexique, en 1994 aux États-Unis et en 2002 au Japon et en Corée du Sud), l'Uruguay (en 1930 chez lui et en 1950 au Brésil), l'Italie (en 1934 chez elle, en 1938 en France, en 1982 en Espagne, en 2006 en Allemagne), l'Allemagne fédérale (en 1954 en Suisse, en 1974 chez elle et en 1990 en Italie), l'Angleterre (en 1966 chez elle), l'Argentine (en 1978 chez elle et en 1986 au Mexique), la France (en 1998 chez elle) et l'Espagne (en 2010 en Afrique du Sud). La Coupe (puis, à partir de 1968, le Championnat) d'Europe des nations se dispute également tous les quatre ans, en alternance. Elle a été remportée par l'U.R.S.S. (1960), l'Espagne (1964, 2008 et 2012), l'Italie (1968), l'Allemagne fédérale (1972, 1980 et 1996), la Tchécoslovaquie (1976), la France (1984 et 2000), les Pays-Bas (1988), le Danemark (1992) et la Grèce (2004). **Les Coupes d'Europe.** Disputées à des intervalles éloignés, les compétitions par équipes nationales sont parfois éclipsées par des épreuves annuelles opposant les meilleures équipes de club d'un même continent. La plus célèbre (en Europe) de ces épreuves est la Coupe d'Europe des clubs champions (auj. appelée *Ligue des champions*), opposant les clubs ayant remporté l'année précédente leurs championnats nationaux respectifs, ainsi que leurs dauphins. La première édition se déroula en 1955-1956. La Coupe d'Europe des vainqueurs de coupe, qui opposait chaque année les équipes ayant remporté leurs coupes nationales, a été supprimée. La coupe de l'U.E.F.A. (Union européenne de football association) [auj. appelée *Ligue Europa*] est disputée annuellement par les clubs ayant obtenu les places d'honneur dans leurs championnats respectifs ainsi que par les vainqueurs des coupes nationales. ■

footballeur, euse [futbɔlœr, -øz] **n.** Personne qui pratique le football.

footing [futiŋ] **n.m.** (mot angl. « action de poser le pied »). Course ou marche à pied pratiquée dans un but hygiénique.

for [fɔr] **n.m.** (lat. *forum,* place publique, tribunal). **En, dans mon (ton, son, etc.) for intérieur,** au plus profond de ma (ta, sa, etc.) conscience.

forage [fɔraʒ] **n.m.** Action de forer : *Forage d'un puits.*

forain, e [fɔrɛ̃, -ɛn] **adj.** (de *forain,* qui vient de l'extérieur, [lat. pop.* *foranus,* du class. *foris,* dehors], rapproché de *foire*). **1.** Qui a rapport aux foires, aux marchés. **2. Fête foraine,** fête publique organisée par des forains : *Manèges, attractions d'une fête foraine.* ◆ **n.** Personne qui exerce son activité dans les marchés, les foires et les fêtes foraines.

foraminifère [fɔraminifɛr] **n.m.** (de *foramen,* trou de petite dimension, et *-fère,* qui porte). **Foraminifères,** sous-classe de protozoaires marins du plancton dont la cellule est entourée d'une capsule calcaire perforée de minuscules orifices. ▸ Embranchement des rhizopodes.

Forbach, ch.-l. d'arr. de la Moselle ; 21 864 hab. *(Forbachois).* Ancien centre houiller. Constructions mécaniques. Défaite française le 6 août 1870.

forban [fɔrbɑ̃] **n.m.** (de l'anc. fr. *forbannir,* bannir à l'étranger). **1.** Pirate, bandit qui se livrait à des expéditions armées sur mer. **2.** Individu malhonnête, sans scrupule : *Avoir affaire à un forban* (syn. **bandit, escroc**).

forçage [fɔrsaʒ] **n.m.** (de *forcer*). AGRIC. Traitement que l'on fait subir à certaines plantes (plantes à fleurs, légumes) pour les obliger à se développer en dehors des périodes normales.

forçat [fɔrsa] **n.m.** (it. *forzato,* galérien, de *forzare,* forcer). **1.** Autref., homme condamné aux galères ou aux travaux forcés du bagne (syn. **galérien, bagnard**). **2. Travailler comme un forçat,** travailler très durement.

force [fɔrs] **n.f.** (bas lat. *fortia,* du class. *fortis,* fort). **1.** Capacité de faire un effort physique important ; capacité de résister à des épreuves morales : *Avoir de la force dans les bras* (syn. **puissance, vigueur**). *Frapper de toute sa force* (syn. **énergie**). *Force d'âme* (syn. **courage**). *Force de caractère* (syn. **fermeté**). **2.** Degré d'aptitude dans le domaine intellectuel ; habileté : *Joueurs de même force* (syn. **niveau**). *Il est de première force en anglais.* **3.** Caractère de ce qui est fort, intense, et capable de produire un effet ; degré de puissance, d'intensité : *La force d'une explosion* (syn. **violence**). *La force du courant, du vent. La force d'un remède* (syn. **efficacité**). *La force d'un mot. Argument qui a une grande force de persuasion.* **4.** PHYS. Toute cause capable de déformer un corps, d'en modifier l'état de repos ou de mouvement : *Équilibre des forces. Force d'inertie. Force centrifuge, force centripète.* **5.** Ce qui incite ou oblige à se comporter d'une certaine façon : *Une force mystérieuse le poussait à mentir. La force de l'habitude. Par la force des choses. Cas de force majeure.* **6.** Pouvoir, capacité que possède qqn ou une collectivité de s'imposer aux autres ; pouvoir effectif ; ascendant, autorité : *La discipline fait la force principale des armées. Être en position de force. La force des lois. Avoir force de loi.* **7.** Emploi de moyens violents pour contraindre une ou plusieurs personnes : *Céder à la force. Employer la force* (syn. **contrainte**). *Coup de force.* **8.** Ensemble de personnes armées et organisées, chargées d'une tâche de protection, de défense ou d'attaque ; ensemble de moyens militaires : *Force d'intervention. Force publique* (= les formations de police, de gendarmerie qui assurent le respect de la loi et le maintien de l'ordre). **9. À force de** (+ n.), **à force de** (+ inf.), par le fait répété ou intensif de : *Il m'a épuisée à force de paroles. À force de chercher, il finira bien par trouver.* / **De force,** en employant la violence, la contrainte. / **En force,** en grand nombre : *Arriver en force.* / **Force de frappe** ou **force de dissuasion** ou **force nucléaire stratégique,** en France, force militaire aux ordres directs de la plus haute instance politique d'un État, rassemblant la totalité de ses armements nucléaires stratégiques ; FAM., au fig., tout moyen permettant de triompher d'un adversaire, de frapper l'imagination, etc. / **Force de la nature,** personne d'une grande vigueur physique. / **Force électromotrice** ⟶ **électromotrice.** / **Par force,** sous l'effet de la contrainte. ◆ **forces n.f. pl. 1.** Capacités, ressources physiques ou intellectuelles : *Reprendre des forces* (syn. **vigueur, vitalité**). *Être à bout de forces* (= épuisé). *Ce travail est au-dessus de mes forces.* **2.** Ensemble des formations militaires d'un État et de son matériel de guerre ; potentiel militaire : *Forces aériennes, navales, terrestres.* (On dit aussi *forces armées.*) **3. Forces vives,** puissance physique, intellectuelle et morale : *Un homme atteint dans ses forces vives.*

forcé, e [fɔrse] **adj. 1.** Qui est imposé ; que l'on fait contre sa volonté : *Atterrissage forcé.* **2.** Qui manque de naturel : *Un rire forcé* (syn. **artificiel, factice**). **3.** FAM. Inévitable : *Elle gagnera, c'est forcé* (syn. **logique, immanquable**). **4.** AGRIC. Soumis au forçage : *Tomates forcées. Culture forcée.* **5. Avoir la main forcée,** agir malgré soi sous la pression d'autrui. / **Marche forcée,** marche dont la durée et la rapidité dépassent celles des marches ordinaires ; au fig., action longue et ardue entreprise pour atteindre un objectif.

forcement [fɔrsəmɑ̃] **n.m.** Action de forcer : *Forcement d'un coffre.*

forcément [fɔrsemɑ̃] **adv.** (de *forcé*). Fatalement ; par une conséquence inévitable : *Les débuts sont forcément longs et pénibles* (syn. **obligatoirement**).

forcené, e [fɔrsəne] **adj.** et **n.** (de l'anc. v. *forsener,* de *fors,* hors de, et *sen,* sens). Qui n'a plus le contrôle de soi ; fou furieux : *Maîtriser un forcené.* ◆ **adj.** Qui est l'indice d'une violente ardeur ; qui dépasse toute mesure : *Il continua son travail forcené jusqu'à l'aube* (syn. **acharné**). *Un partisan forcené de la peine de mort* (syn. **fanatique ; contr. tiède, mou**).

forceps [fɔrsɛps] **n.m.** (mot lat. « tenailles »). Instrument en forme de pince, destiné à saisir la tête de l'enfant pour en faciliter l'expulsion lors d'accouchements difficiles.

forcer [fɔrse] **v.t.** (lat. pop. **fortiare,* du bas lat. *fortia,* force) [conj. **16**]. **1.** Faire céder par force, enfoncer ; détériorer en exerçant une force excessive : *Forcer une porte, un coffre* (syn. **fracturer**). *Forcer une clé, une serrure* (syn. **crocheter**). **2.** Obliger qqn à faire qqch : *Ils l'ont forcé à partir* (syn. **contraindre**). **3.** Susciter de manière irrésistible : *Forcer l'admiration.* **4.** Pousser à un effort, à un rendement excessifs, au-delà des limites normales : *Forcer un moteur. Forcer sa voix. Forcer le pas, l'allure* (= accélérer). *Forcer la note* (syn. **exagérer**). *Forcer des légumes* (= hâter leur maturation). **5. Forcer la main à qqn,** amener qqn à céder. / **Forcer la porte de qqn,** entrer chez qqn contre sa volonté. / **Forcer le sens d'un mot, d'un texte,** lui faire dire autre chose que ce qu'il signifie. / **Forcer un animal,** le réduire aux abois. ◆ **v.i. 1.** Fournir un effort intense : *Il a fini la course sans forcer.* **2.** Agir avec trop de force : *Ne force pas, tu vas tout casser !* **3.** Supporter un effort excessif : *Cordage qui force trop.* ◆ **se forcer v.pr.** S'imposer une obligation plus ou moins pénible.

Forces françaises de l'intérieur (F.F.I.), nom donné en 1944 à l'ensemble des formations militaires de la Résistance engagées dans les combats de la Libération.

Forces françaises libres (F.F.L.), ensemble des formations militaires qui, après 1940, continuèrent, aux ordres de De Gaulle, à combattre l'Allemagne et l'Italie.

forcing [fɔrsiŋ] **n.m.** (mot angl., de *to force,* forcer). Accélération du rythme, de la cadence dans un exercice sportif ; effort violent et soutenu : *Boxeur qui fait le forcing pendant le dernier round. Faire le forcing avant un examen.*

forcir [fɔrsir] **v.i.** (de *fort*) [conj. **32**]. **1.** Grandir, devenir plus robuste, en parlant d'un enfant. **2.** Grossir, prendre de l'embonpoint : *Il a un peu forci.*

forclos, e [fɔrklo, -oz] **adj.** (de *forclore,* exclure). DR. Qui a laissé prescrire son droit : *Le plaignant est forclos.*

forclusion [fɔrklyzjɔ̃] **n.f.** (de *forclore,* exclure). DR. Perte de la faculté de faire valoir un droit, par l'expiration d'un délai.

Ford (Henry), industriel américain (Wayne County, près de Dearborn, Michigan, 1863 - Dearborn 1947). Fondateur, en 1903, de la Ford Motor Company, il lança en 1908 le fameux modèle « T », construit à 15 millions d'exemplaires. Il mit en œuvre la construction en série et imagina la standardisation des principales pièces, abaissant ainsi considérablement le prix des voitures. En 1914, il introduit dans son entreprise le principe de la participation du personnel aux bénéfices et, l'année suivante, un système permettant à chacun de ses employés d'acquérir une voiture Ford. Il fut partisan d'une politique des salaires élevés et créa une théorie d'action industrielle, le fordisme.

Ford (John), auteur dramatique anglais (Ilsington, Devon, 1586 - Devon apr. 1639). Il fut l'un des plus originaux représentants du théâtre élisabéthain *(Dommage qu'elle soit une putain, le Cœur brisé).*

Ford (Sean Aloysius O'Feeney ou **O'Fearna,** dit **John),** cinéaste américain (Cape Elizabeth, Maine, 1895 - Palm Desert, Californie, 1973). Reflétant dans ses aspects les plus divers la grande épopée du peuple américain, son œuvre (plus de cent films) a exalté l'héroïsme, la fraternité virile, l'esprit de justice et d'entreprise, la lutte en vue d'un idéal commun. Abordant tous les genres (même la comédie, où il a pu donner libre cours à un humour bourru, issu de ses origines irlandaises), John Ford a particulièrement brillé dans le western, auquel il a su donner ses lettres de noblesse en l'élevant parfois à la hauteur d'une tragédie antique. Parmi ses films : *le Cheval de fer* (1924), *le Mouchard* (1935), *la Chevauchée fantastique* (1939), *les Raisins de la colère* (1940), *la Poursuite infernale* (1946), *l'Homme tranquille* (1952), *l'Homme qui tua Liberty Valance* (1962).

fordisme [fɔrdism] **n.m.** (du n. de Henry *Ford*). Modèle de régulation économique apparu aux États-Unis, à l'instigation de Henry Ford, au début du XXe s. ▶ Il associe la production de masse (travail à la chaîne, standardisation des produits) à la consommation de masse (augmentation des salaires, recours à la publicité).

Foreign Office, ministère britannique des Affaires étrangères.

forer [fɔre] **v.t.** (lat. *forare*). **1.** Percer avec un instrument mécanique : *Forer une tôle.* **2.** Creuser une cavité dans une matière dure : *Forer un puits, un tunnel.*

foresterie [fɔrɛstəri] **n.f.** Ensemble des activités liées à la forêt et à son exploitation.

forestier, ère [fɔrɛstje, -ɛr] **adj.** Des forêts : *Code forestier.* ◆ **n.** et **adj.** Employé de l'administration forestière ; professionnel de la foresterie.

foret [fɔrɛ] **n.m.** (de *forer*). Outil à corps cylindrique servant à percer des trous dans le bois, le métal, la pierre.

forêt [fɔrɛ] **n.f.** (bas lat. [*silva*] *forestis,* [forêt] du tribunal royal, du class. *forum,* tribunal). **1.** Grande étendue de terrain couverte d'arbres ; ensemble des arbres qui la couvrent : *Une forêt de sapins.* **2.** Grande quantité de choses qui s'élèvent en hauteur : *Une forêt de mâts dans le port.* **3. Forêt dense,** forêt des régions tropicales humides, caractérisée par plusieurs étages de végétation et de nombreuses espèces. / **Forêt vierge** ou **forêt primaire,** forêt qui a évolué sans aucune intervention humaine.

Forêt-Noire, en all. **Schwarzwald,** massif montagneux d'Allemagne, en face des Vosges, dont il est séparé par la plaine du Rhin ; 1 493 m au Feldberg.

foreur [fɔrœr] **n.m.** et **adj.m.** Professionnel qui fore les trous de mine ; spécialiste du forage.

foreuse [fɔrøz] **n.f.** TECHN. Machine à forer.

Forez [-rɛ], région du Massif central, comprenant les *monts du Forez,* à l'est de la Dore, et la *plaine,* ou *bassin, du Forez,* traversée par la Loire. Parc naturel régional *(Livradois-Forez).*

forfaire [fɔrfɛr] **v.t. ind. [à]** (de *fors,* hors de, et *faire*) [conj. **109 ;** usité seul. à l'inf. prés., au sing. du prés. de l'ind. et aux temps composés]. LITT. Manquer gravement à des obligations morales impérieuses : *Forfaire à l'honneur* (syn. **faillir à**).

1. forfait [fɔrfɛ] **n.m.** (de *forfaire*). LITT. Crime abominable : *Commettre un forfait.*

2. forfait [fɔrfɛ] **n.m.** (de *for,* altér. de *fur,* taux, et *fait*). **1.** Clause d'un contrat fixant le prix d'une prestation à un montant global invariable : *Travail à forfait. Somme fixée par forfait.* **2.** Évaluation par le fisc des revenus ou du chiffre d'affaires de certains contribuables : *Régime du forfait.* **3.** Montant d'une somme fixée par forfait : *Représentant qui touche un forfait pour ses frais de déplacement.*

3. forfait [fɔrfɛ] **n.m.** (angl. *forfeit,* pénalité, amende, du fr. *forfait,* p. passé de *forfaire*). **1.** Somme fixée à l'avance et qui sanctionne l'inexécution d'un engagement ou d'une obligation quelconques dans une épreuve sportive et, spécial., somme due par le propriétaire d'un cheval engagé dans une course s'il ne le fait pas courir. **2.** Abandon d'un concurrent lors d'une épreuve sportive : *Ce joueur de tennis a été déclaré vainqueur par forfait de son adversaire.* **3. Déclarer forfait,** renoncer à participer à une compétition dans laquelle on était engagé ; au fig., renoncer à qqch. / **Être déclaré forfait** ou **être forfait,** être considéré comme ayant renoncé à participer à une compétition sportive : *Sportif déclaré forfait pour s'être présenté en retard à une compétition.*

forfaitaire [fɔrfɛtɛr] **adj.** Fixé, déterminé par forfait : *Payer une somme forfaitaire.*

forfaiture [fɔrfetyr] **n.f.** (de *forfaire*). SOUT. Crime commis par un fonctionnaire dans l'exercice de ses fonctions ; trahison.

forfanterie [fɔrfɑ̃tri] **n.f.** (du moyen fr. *forfant,* coquin, it. *furfante,* de *furfare,* fr. *forfaire*). LITT. Vantardise impudente : *Il a lancé ce défi par pure forfanterie* (syn. **hâblerie, fanfaronnade**).

forge [fɔrʒ] **n.f.** (lat. *fabrica ;* v. *fabrique*). **1.** Atelier où l'on travaille les métaux au feu et au marteau sur l'enclume. **2.** Fourneau à soufflerie pour le travail à chaud des métaux et des alliages. ◆ **forges n.f. pl.** (VX ou dans des noms propres). Usine sidérurgique : *Comité des forges de France.*

forger [fɔrʒe] **v.t.** (lat. *fabricare*) [conj. **17**]. **1.** Travailler (génér. à chaud) par déformation plastique un métal, un alliage, pour lui donner une forme, des dimensions et des caractéristiques définies ; fabriquer un objet : *Forger de l'or. Forger une barre de fer.* **2.** Créer par l'imagination : *Forger un mot* (syn. **créer**). *Forger une excuse* (syn. **inventer, imaginer**). **3. Forger un carac-**

tère, le former par des épreuves. ◆ **se forger** **v.pr.** Se **forger qqch,** l'élaborer, le construire en soi : *Se forger une opinion* (syn. **se faire**).

forgeron [fɔrʒərɔ̃] **n.m. 1.** Ouvrier qui forge du métal. **2.** Artisan qui façonne à la forge et au marteau des pièces de petites et de moyennes dimensions.

formage [fɔrmaʒ] **n.m.** (de *former*). TECHN. Action de donner sa forme à un objet manufacturé.

formalisation [fɔrmalizasjɔ̃] **n.f.** Action de formaliser : *La formalisation d'une théorie.*

formaliser [fɔrmalize] **v.t.** (de *formel*). LOG. Poser explicitement dans une théorie déductive les règles de formation des expressions, ou formules, ainsi que les règles d'inférence suivant lesquelles on raisonne.

se **formaliser** [fɔrmalize] **v.pr.** (de *formel,* d'apr. le lat. *formalis*). Être choqué par ce qu'on juge être un manquement aux règles, aux usages : *Se formaliser d'une plaisanterie* (syn. **s'offusquer, se vexer**).

formalisme [fɔrmalism] **n.m.** (de *formel*). **1.** Respect scrupuleux des formes, des formalités ; attachement excessif aux conventions sociales : *Le formalisme administratif.* **2.** Tendance artistique privilégiant les règles et les aspects formels au détriment du contenu. **3.** PHILOS. Thèse soutenant que la vérité des sciences ne dépend que des règles d'usage de symboles conventionnels.

formaliste [fɔrmalist] **adj.** et **n. 1.** Très attaché aux formes, à l'étiquette : *Un président de tribunal très formaliste* (syn. **pointilleux, scrupuleux**). *Ce sont des gens très formalistes* (syn. **conformiste**). *Une visite toute formaliste* (syn. **protocolaire**). **2.** Relatif au formalisme : *Un peintre formaliste.*

formalité [fɔrmalite] **n.f.** (du lat. *formalis,* formel). **1.** Opération obligatoire pour la validité de certains actes juridiques, judiciaires ou administratifs : *Remplir une formalité. Les formalités administratives.* **2.** Règle de conduite imposée par la civilité, les convenances : *Formalités d'usage.* **3.** Démarche, action à laquelle on n'attache pas véritablement d'importance ou qui ne présente aucune difficulté : *Cet examen n'est qu'une simple formalité.*

formant [fɔrmɑ̃] **n.m.** PHON. Chacune des fréquences de résonance du conduit vocal dont la combinaison caractérise une voyelle sur le plan acoustique : *Formant haut, bas.*

format [fɔrma] **n.m.** (de *forme,* ou de l'it. *formato*). **1.** Dimensions caractéristiques d'un objet : *Une valise d'un petit format.* **2.** Dimensions d'un livre établies à partir de la subdivision d'une feuille d'impression et pouvant indiquer le nombre de pages que représente cette feuille après pliure : *Format in-quarto.* **3.** INFORM. Structure caractérisant la disposition des données sur un support d'information, indépendamment de leur représentation codée. **4.** PHOT. **Petit format,** appareil permettant d'obtenir des photographies d'un format égal ou inférieur à 24 × 36 mm.

formatage [fɔrmataʒ] **n.m.** INFORM. Action de formater.

formater [fɔrmate] **v.t.** (de *format*). INFORM. Préparer (un support informatique) selon un format donné.

formateur, trice [fɔrmatœr, -tris] **adj.** (lat. *formator*). Qui développe les facultés intellectuelles et morales, les aptitudes : *Exercice formateur* (syn. **éducatif, instructif**). ◆ **n.** Personne chargée de former de futurs professionnels.

formation [fɔrmasjɔ̃] **n.f.** (lat. *formatio*). **1.** Action de former ; manière dont qqch se forme, apparaît. : *La formation d'une équipe. La formation d'un mot.* **2.** Développement des organes du corps et, spécial., puberté : *L'âge de la formation.* **3.** Éducation intellectuelle ou morale ; instruction : *La formation des esprits. La formation des cadres.* **4.** Ensemble des connaissances dans un domaine déterminé : *Formation littéraire* (syn. **culture**). *Il n'a aucune formation* (syn. **savoir, connaissances**). **5.** Groupement de personnes : *Formation syndicale* (syn. **association**). *Formation de jazz* (syn. **orchestre**). **6.** MIL. Détachement d'une force militaire : *Une formation de parachutistes.* **7.** Disposition prise par une troupe, une flotte, un groupe d'avions pour l'instruction, la manœuvre ou le combat : *Formation de combat.* **8.** Ordonnance particulière prise par des danseurs ou des gymnastes sur un lieu scénique. **9.** GÉOL. Ensemble de terrains de même nature : *Formation granitique.* **10. Formation permanente** ou **continue,** formation professionnelle destinée aux salariés des entreprises. / **Formation professionnelle,** ensemble des mesures adoptées pour la formation des travailleurs, prises en charge par l'État et les employeurs. / BOT. **Formation végétale,** association de végétaux présentant, malgré les différences des espèces, un caractère biologique et un faciès analogues (forêts, steppes, etc.).

forme [fɔrm] **n.f.** (lat. *forma,* moule, type, image, beauté). **1.** Aspect extérieur, matériel, configuration des corps, des objets ; aspect particulier pris par qqn, qqch : *La Terre a la forme d'une sphère* (syn. **apparence**). *Un crâne d'une forme anormale* (syn. **conformation**). *Tête en forme de poire.* **2.** Être indistinct ou objet aperçu confusément : *Distinguer une forme dans l'obscurité* (syn. **silhouette**). **3.** Manière dont qqch se matérialise, est matérialisé ; aspect, état sous lequel il apparaît : *La forme graphique et la forme phonique d'un mot* (syn. **représentation**). **4.** LING. Aspect sous lequel se présente un mot, une construction ; unité linguistique (morphème, syntagme, etc.) : *Les formes du futur.* **5.** Manière dont une idée est présentée : *Le fond et la forme* (syn. **style, expression**). *La forme classique d'une œuvre d'art* (syn. **facture**). **6.** Ensemble des moyens d'expression propres à un art, à une discipline ; type : *Inventer une forme d'expression nouvelle* (syn. **mode**). *Le roman épistolaire est une forme littéraire.* **7.** Caractère d'un gouvernement, d'un État, selon la Constitution : *La forme d'un gouvernement* (syn. **structure**). **8.** DR. Condition externe nécessaire à la validité d'un acte juridique ou d'un jugement : *Vice de forme. Respecter la forme légale.* **9.** Condition physique ou intellectuelle de qqn : *Être en forme. Ne pas avoir la forme.* **10.** Moule sur lequel on fait un chapeau, une chaussure, etc. **11.** IMPR. Composition typographique obtenue par imposition serrée dans un châssis ; planche ou cylindre servant à l'impression. **12. De pure forme,** qui ne concerne que l'apparence extérieure : *Observations de pure forme.* / **Pour la forme,** pour respecter les usages : *Vous devriez, pour la forme, la remercier par écrit.* / **Prendre forme,** commencer à avoir une apparence reconnaissable ou une structure spécifique : *Le projet prend forme.* ◆ **formes** **n.f. pl. 1.** Contours du corps humain : *Un pull serré qui met les formes en valeur* (syn. **ligne, silhouette**). **2.** Manières conformes aux règles de la politesse : *Respecter les formes* (syn. **usage, savoir-vivre, bienséance**). **3. Dans les formes,** selon les usages établis. / **Mettre les formes,** user de précautions oratoires pour ne blesser personne : *Critiquer qqn en y mettant les formes.*

formé, e [fɔrme] **adj. 1.** Qui a pris sa forme, achevé son développement : *Un épi formé.* **2. Jeune fille formée,** jeune fille nubile.

formel, elle [fɔrmɛl] **adj.** (lat. *formalis*). **1.** Qui est formulé avec précision ; qui n'est pas équivoque : *Un refus formel* (syn. **catégorique**). *Preuve formelle de la culpabilité d'un accusé* (syn. **indubitable, incontestable**). **2.** Qui s'attache à la forme, à l'aspect extérieur : *Politesse formelle* (syn. **formaliste, superficiel**). **3.** Qui se rapporte aux structures expressives, au style et non au contenu : *L'analyse formelle d'un texte* (syn. **stylistique**). **4. Logique formelle,** étude générale des raisonnements déductifs, abstraction faite de leur application à des cas particuliers.

formellement [fɔrmɛlmɑ̃] **adv.** De façon formelle : *Il est formellement interdit de fumer* (syn. **rigoureusement**).

former [fɔrme] **v.t.** (lat. *formare,* de *forma,* forme). **1.** Créer, réaliser, organiser : *Former un projet* (syn. **concevoir**). *Former un gouvernement* (syn. **constituer**). **2.** Façonner par l'instruction, l'éducation : *Elle a été formée dans les meilleures écoles* (syn. **éduquer, instruire**). *Le professeur forme ses élèves à l'informatique* (syn. **entraîner, initier**). *Former le caractère.* **3.** Prendre la forme, l'aspect de : *Collines qui forment un amphithéâtre.* **4.** Constituer, composer : *Éléments qui forment un tout.* ◆ **se former** **v.pr. 1.** Prendre forme, apparaître : *Une pellicule se* *forme à la surface du lait. Une minute après l'accident, un attroupement se formait déjà.* **2.** Acquérir de l'expérience, une formation : *Il s'est formé sur le tas.*

Formica [fɔrmika] **n.m.** (nom déposé ; mot angl.). Matériau stratifié revêtu de résine artificielle.

formidable [fɔrmidabl] **adj.** (lat. *formidabilis*, de *formidare*, craindre). **1.** *FAM.* Qui suscite de l'admiration ; remarquable : *C'est un type formidable* (syn. **sensationnel, épatant**). **2.** Qui sort de l'ordinaire par son importance, par sa force : *Un formidable travail* (syn. **colossal**). *Une énergie formidable* (syn. **extraordinaire, prodigieux**). **3.** *LITT.* D'une grandeur qui cause un sentiment de respect, de crainte : *Une puissance formidable.* **4.** Étonnant : *C'est quand même formidable que tu n'aies rien su* (syn. **incroyable**).

formidablement [fɔrmidabləmɑ̃] **adv.** De façon formidable : *Une idée formidablement intéressante.*

formique [fɔrmik] **adj.** (du lat. *formica*, fourmi). CHIM. **Acide formique,** acide existant dans les orties, le corps des fourmis, etc. ▸ Formule : HCOOH. ⁄ CHIM. **Aldéhyde formique,** gaz obtenu par oxydation ménagée de l'alcool méthylique. ▸ Formule : HCHO.

formol [fɔrmɔl] **n.m.** Solution aqueuse d'aldéhyde formique, employée comme antiseptique.

Formose → Taïwan.

formulable [fɔrmylabl] **adj.** Qui peut être formulé : *Un souhait à peine formulable.*

formulaire [fɔrmylɛr] **n.m.** (de *formule*). **1.** Imprimé administratif où figurent des questions auxquelles la personne intéressée doit répondre ; questionnaire : *Remplir un formulaire.* **2.** Recueil de formules : *Formulaire pharmaceutique.* **3.** DR. Recueil de modèles d'actes juridiques.

formulation [fɔrmylasjɔ̃] **n.f.** Action de formuler ; manière d'exprimer qqch : *Formulation d'une doctrine. Une formulation incorrecte.*

formule [fɔrmyl] **n.f.** (lat. *formula*, de *forma*, forme). **1.** Expression d'une idée au moyen de mots choisis intentionnellement ou ayant une certaine valeur ; expression consacrée par l'usage : *Tu as eu une formule heureuse. Formule de politesse.* **2.** Manière de concevoir, d'agencer, de présenter qqch, en partic. un service : *Une nouvelle formule de crédit* (syn. **mode, type**). **3.** Solution : *Nous avons trouvé la formule idéale* (syn. **système, procédé**). **4.** Expression concise et rigoureuse définissant les rapports essentiels qui existent entre les termes d'un ensemble ou traduisant une loi scientifique : *Formule algébrique.* **5.** DR. Modèle des termes formels de certains actes juridiques. **6.** Catégorie d'automobiles monoplaces destinées uniquement à la compétition, en circuit ou sur parcours fermé : *Voiture de formule 1.* **7.** CHIM. Ensemble de symboles chimiques et de nombres indiquant la composition d'une espèce chimique. **8.** MATH. Égalité ou inégalité remarquable définissant une identité, une relation, un algorithme : *La formule du binôme.* **9. Formule dentaire,** indication schématique du nombre et de l'emplacement des dents.

formuler [fɔrmyle] **v.t.** (de *formule*). **1.** Exprimer avec plus ou moins de précision : *Formuler ses revendications* (syn. **exposer**). *Formuler une question. Formuler un souhait* (syn. **émettre**). **2.** Mettre en formule ; rédiger la formule de : *Formuler un théorème.*

fornicateur, trice [fɔrnikatœr, -tris] **n.** Personne qui fornique.

fornication [fɔrnikasjɔ̃] **n.f. 1.** Terme biblique désignant le péché de la chair, relations charnelles entre personnes non mariées. **2.** *FAM.* Relations sexuelles.

forniquer [fɔrnike] **v.i.** (lat. *fornicari*, de *fornix, -icis*, lieu de prostitution). **1.** Commettre le péché de fornication. **2.** *FAM.* Avoir des relations sexuelles.

fors [fɔr] **prép.** (lat. *foris*, hors). *VX* et *LITT.* Hors, excepté : *« Tout est perdu, fors l'honneur »* (François Ier).

forsythia [fɔrsisja] **n.m.** (du n. de *Forsyth*, horticulteur écossais). Arbrisseau originaire d'Asie dont les fleurs, jaunes, apparaissent au début du printemps, avant les feuilles. ▸ Famille des oléacées ; haut. 2 à 4 m.

1. fort, e [fɔr, fɔrt] **adj.** (lat. *fortis*). **1.** Qui a beaucoup de force physique : *Un homme fort* (syn. **robuste, vigoureux**). **2.** Gros, corpulent : *Il est un peu trop fort. Être fort des hanches* (contr. **mince**). **3.** Qui a des capacités morales ou intellectuelles ; qui a des aptitudes, de l'habileté dans un domaine : *Demeurer fort dans l'adversité* (syn. **courageux, ferme**). *Être fort en maths* (syn. **doué**). *Il est très fort en ski.* **4.** Dont la puissance et les moyens d'action sont très développés ; qui s'impose aux autres : *Une armée forte.* **5.** Qui est très solide, résistant : *Carton fort* (syn. **épais, dur**). *Fil fort* (contr. **fin**). **6.** Qui est efficace, puissant : *Colle forte. Médicament fort.* **7.** Qui impressionne vivement le goût ou l'odorat : *Cigarettes, café forts* (contr. **léger**). *Moutarde forte* (syn. **épicé**). *Une odeur forte d'œuf pourri* (syn. **fétide, désagréable**). **8.** Qui a beaucoup de puissance, d'intensité, de force : *Une voix forte* (syn. **puissant**). *Une lumière forte* (syn. **intense**). *Sens fort d'un mot.* **9.** Qui est important, considérable : *Une forte somme* (syn. **gros**). *Une forte quantité de neige est tombée* (syn. **important** ; contr. **faible**). **10.** CHIM. Très dissocié, en parlant d'un électrolyte, d'un acide, d'une base. **11.** Qui témoigne d'une grande habileté ; difficile, en parlant d'une action, d'une activité : *Tour de prestidigitation très fort.* **12. C'est plus fort que moi,** je ne peux m'en empêcher. ⁄ *FAM.* **C'est un peu fort, c'est trop fort,** c'est difficile à croire, à accepter, à supporter. ⁄ **Esprit fort,** personne incrédule ou non conformiste. ⁄ **Homme fort,** personne qui dispose de la puissance, de l'autorité réelles et n'hésite pas à les employer : *L'homme fort du parti* (syn. **influent**). ⁄ **Prix fort,** prix sans réduction ; excessif : *Payer le prix fort.* ⁄ **Régime fort,** régime politique qui recourt à la contrainte et à des mesures d'autorité (syn. **autoritaire**). ⁄ **Se faire fort de,** se déclarer, se croire capable de : *Elle se fait fort de gagner au marathon.* ⁄ **Temps fort,** temps de la mesure où l'on renforce le son ; moment fort d'une action, d'un spectacle. **13. Forte tête,** personne rebelle à toute discipline. ◆ **fort adv. 1.** D'une manière forte, intense : *Parler, tirer fort* (contr. **doucement**). **2.** Beaucoup ; extrêmement : *Un livre fort intéressant* (syn. **très**). *Avoir fort à faire.*

2. fort [fɔr] **n.m.** (de *1. fort*). **1.** Personne qui a beaucoup d'énergie physique ou morale : *Le fort doit aider le faible.* **2.** Ce en quoi une personne excelle : *La générosité, ce n'est vraiment pas son fort.* **3.** *LITT.* **Au fort de qqch,** au plus haut degré, au cœur de : *Au fort de l'été* (= en plein été). *Au fort de la discussion.* **4. Fort des Halles,** autref., portefaix des Halles de Paris.

3. fort [fɔr] **n.m.** (de *1. fort*). Ouvrage de fortification : *Les forts de Metz.*

Fortaleza, port du Brésil, cap. de l'État de Ceará ; 2 315 116 hab. (3 519 526 hab. dans l'agglomération).

Fort-de-France, anc. **Fort-Royal,** ch.-l. du département de la Martinique ; 87 013 hab. (130 822 hab. dans l'agglomération). Musée archéologique (anciennes cultures arawak et caraïbe).

forte [fɔrte] **adv.** (mot it. « fortement »). MUS. En renforçant le son. (Abrév. *f.*) ◆ **n.m. inv.** Passage joué forte.

fortement [fɔrtəmɑ̃] **adv. 1.** Avec force : *Appuyer fortement* (syn. **vigoureusement**). **2.** Avec intensité : *Désirer fortement qqch* (syn. **intensément**). *Un gouvernement fortement ébranlé* (syn. **considérablement, extrêmement**).

forteresse [fɔrtərɛs] **n.f.** (lat. pop. **fortaricia*). **1.** Lieu fortifié, organisé pour la défense d'une ville, d'une région. **2.** Citadelle servant de prison d'État. **3.** Ce qui résiste aux atteintes ou aux influences extérieures : *Forteresse de préjugés* (syn. **rempart**). **4. Forteresse volante,** bombardier lourd américain créé en 1942.

fortifiant, e [fɔrtifjɑ̃, -ɑ̃t] **adj.** et **n.m.** Se dit d'un médicament ou d'une substance qui augmente les forces physiques : *Boisson fortifiante* (syn. **stimulant, tonique**). *Prendre un fortifiant* (syn. **remontant, reconstituant**).

fortification [fɔrtifikasjɔ̃] **n.f.** (bas lat. *fortificatio*, de *fortificare*). **1.** (Souvent au pl.). Ouvrage de défense militaire : *Les* *fortifications de Vauban.* **2.** Art, action d'organiser la défense d'une région, d'une place au moyen d'ouvrages militaires : *Entreprendre la fortification d'une frontière.*

fortifier [fɔrtifje] **v.t.** (bat lat. *fortificare,* de *fortis,* fort, et *facere,* faire) [conj. 9]. **1.** Donner plus de force physique à qqn, à qqch : *L'exercice fortifie les muscles* (syn. **développer**). *Fortifier son prestige* (syn. **renforcer**). **2.** Rendre plus solide ; affermir moralement : *Fortifier qqn dans une résolution* (syn. **confirmer**). **3.** Protéger une ville, une région par des fortifications.

fortin [fɔrtɛ̃] **n.m.** (it. *fortino*). Petit fort militaire.

fortissimo [fɔrtisimo] **adv.** (mot it.). MUS. Aussi fort que possible. (Abrév. *ff.*) ◆ **n.m.** Passage joué fortissimo.

fortran [fɔrtrɑ̃] **n.m.** (abrév. de l'angl. *for[mula] tran[slator]*). INFORM. Langage de programmation à usage scientifique.

fortuit, e [fɔrtɥi, -ɥit] **adj.** (lat. *fortuitus,* de *fors,* hasard). Qui arrive par hasard : *Événement fortuit* (syn. **imprévu, inattendu, inopiné** ; contr. **prévisible**). *Découverte fortuite* (syn. **accidentel**).

fortuitement [fɔrtɥitmɑ̃] **adv.** *SOUT.* Par hasard : *J'ai appris fortuitement la nouvelle* (syn. **incidemment**).

fortune [fɔrtyn] **n.f.** (lat. *fortuna,* sort). **1.** Ensemble des biens matériels, des richesses que possède qqn ou une collectivité : *Avoir de la fortune* (syn. **argent, biens**). *Augmenter sa fortune* (syn. **capital**). **2.** *LITT.* Ce qui est censé fixer le sort des êtres humains ; hasard : *Les coups de la fortune* (syn. **sort, destin**). **3.** *LITT.* Sort heureux ou malheureux destiné à qqch : *Souhaitons à ce film la meilleure fortune possible* (= qu'il obtienne beaucoup de succès) [syn. **destinée.**] **4.** MAR. Misaine carrée d'une goélette. **5. À la fortune du pot** ⟶ **pot.** / **Bonne, mauvaise fortune,** chance, malchance : *J'ai eu la bonne fortune de te rencontrer.* / **De fortune,** réalisé rapidement pour parer au plus pressé : *Installation de fortune* (syn. **improvisé**). / **Faire fortune,** devenir riche. / **La Fortune,** divinité romaine du Hasard. / **Revers de fortune,** événement brusque et fâcheux à l'occasion duquel on perd beaucoup d'argent. / *LITT.* **Tenter, chercher fortune quelque part,** commencer une vie, une carrière quelque part, ailleurs : *Leur fille est partie tenter fortune en Australie.* **6.** DR. MAR. **Fortune de mer,** ensemble des événements dus aux périls de la mer ou à des faits de guerre qui causent des dommages à un navire ou à sa cargaison.

fortuné, e [fɔrtyne] **adj.** (orig. incert., p.-ê. du lat. *fortunatus*). Qui a de la fortune ; qui est largement pourvu de biens matériels : *Nos voisins sont assez fortunés pour s'offrir une croisière* (syn. **riche, aisé**).

forum [fɔrɔm] **n.m.** (mot lat.). **1.** ANTIQ. (Avec une majuscule). Place de Rome où le peuple s'assemblait, qui était le centre religieux, politique, commercial et juridique de la cité. **2.** Place centrale des villes antiques d'origine romaine. **3.** Réunion accompagnée de débats : *Un forum sur la musique contemporaine* (syn. **colloque**). **4.** Sur l'Internet, espace public virtuel destiné à l'échange de messages sur un thème donné.

Fos [fɔs] ***(golfe de),*** golfe des Bouches-du-Rhône, près de Marseille. Ses rives constituent une grande zone industrielle (terminaux pétrolier et gazier et sidérurgie, notamment).

fosse [fos] **n.f.** (lat. *fossa,* de *fodere,* creuser). **1.** Excavation plus ou moins large et profonde dans le sol : *Fosse à purin.* **2.** Trou creusé pour inhumer un mort : *Recouvrir la fosse d'une dalle.* **3.** GÉOL. Dépression du fond des océans de plus de 5 000 m. **4.** ANAT. Cavité anatomique : *Fosses nasales.* **5.** MIN. Dans les houillères, ensemble d'une exploitation minière. **6. Fosse commune,** tranchée creusée dans un cimetière pour y placer les cercueils de ceux dont les familles n'ont pas de concession. / **Fosse d'aisances,** cavité destinée à la collecte des matières fécales d'une habitation et qui n'est pas reliée à un réseau d'assainissement. / **Fosse d'orchestre,** emplacement de l'orchestre dans un théâtre lyrique, un music-hall. / **Fosse septique,** fosse d'aisances où les matières fécales subissent une fermentation qui les liquéfie.

fossé [fose] **n.m.** (bas lat. *fossatum*). **1.** Fosse creusée en long pour délimiter des parcelles de terrain, pour faciliter l'écoulement des eaux ou pour servir de défense : *Voiture qui dérape dans un fossé le long de la route. Remparts et fossés d'un château.* **2.** Divergence de vues, désaccord profond : *Il y a un fossé entre nous.* **3.** GÉOL. **Fossé tectonique** ou **fossé d'effondrement,** compartiment de l'écorce terrestre affaissé entre des failles.

fossette [fosɛt] **n.f.** (de *fosse*). Léger creux au menton ou sur la joue quand on rit.

fossile [fɔsil] **n.m.** (lat. *fossilis*). Reste ou empreinte de plante ou d'animal qui ont été conservés dans des dépôts sédimentaires antérieurs à la période géologique actuelle : *La paléontologie est l'étude scientifique des fossiles.* ◆ **adj. 1.** Qui est à l'état de fossile : *Animaux, bois fossiles.* **2.** *FAM.* Vieux et sclérosé : *Institution fossile.* **3. Combustible fossile,** combustible qui s'est formé sur la Terre au cours des temps géologiques : *La houille, le lignite, le pétrole et le gaz naturel sont des combustibles fossiles.*

■ Les fossiles sont des restes d'organismes (squelettes, dents…) ou les empreintes qu'ils ont laissées dans les roches. Certains ont conservé la forme de l'organisme originel. Le terme de « fossile » s'applique aussi à leurs traces d'activité (pistes, terriers, déjections, graines ou pollens, pontes, etc.). La fossilisation est un phénomène rare, qui demande des conditions particulières. Seule une infime partie de la faune et de la flore des temps géologiques a pu être conservée, dans les terrains sédimentaires, sous forme de fossiles. Les informations qu'offrent ces derniers sur le passé de la Terre – ou plutôt sur l'évolution de sa surface – présentent donc d'énormes lacunes. La science qui étudie les fossiles est la *paléontologie.*

La fossilisation. Si un organisme se trouve, après sa mort, à l'abri de l'air, entouré de matière minérale (calcite et silice en particulier) qui pénètre ses tissus ou se dépose sur sa surface, sa substance peut être détruite en totalité ou en partie, mais il conservera sa forme et même, jusqu'à un certain point, sa structure : il sera devenu fossile. Souvent, le corps disparaît sans laisser d'autres traces que les empreintes, ou moules, de sa forme extérieure, parfois de sa forme interne et, beaucoup plus rarement, de ses parties molles. En effet, le plus souvent, ce sont les parties dures des organismes qui sont conservées (os, coquille), tandis que les parties molles sont détruites.

Les restes d'organismes sont fossilisés par le carbonate de calcium (calcite, dolomite, aragonite), la silice, le phosphate de calcium (ossements de vertébrés, dents), la pyrite, les oxydes de fer, parfois l'ambre ou l'asphalte. Les plantes, contrairement aux animaux, sont très souvent « carbonifiées ». L'accumulation de fossiles peut être à l'origine de roches sédimentaires telles que la craie, formée de *coccolites,* ou les *lumachelles,* constituées par exemple à partir de coquilles d'huîtres. Les roches calcaires sont, en général, issues de dépôts fossilifères.

Fossiles et stratigraphie. La *stratigraphie,* qui étudie la succession des couches géologiques, utilise les fossiles que certaines contiennent comme des « marqueurs » caractéristiques pour dater ces couches, les corréler entre elles et, donc, établir une chronologie. Les meilleurs marqueurs correspondent à des successions nettes de formes au sein d'une même espèce ou à des successions d'espèces rapidement disparues et, dans les deux cas, à large répartition dans l'espace. Avec les ammonites du mésozoïque, par exemple, on est parvenu à découper en tranches de 100 000 ans une ère qui a duré quelque 180 millions d'années. Tous les fossiles ne sont pas utilisables en stratigraphie : certaines espèces ont persisté pendant des millions d'années sans subir d'évolution notable. Les *fossiles chronostratigraphiques,* dits aussi « fossiles caractéristiques », ont au contraire évolué rapidement et, par conséquent, ont vécu pendant une durée limitée, et, par ailleurs, ont connu une grande extension géographique. Ce sont souvent des fossiles marins.

Certains fossiles non caractéristiques peuvent cependant être utiles, car ils sont à même de révéler la nature du milieu de sédimentation (continental, littoral, etc.) : ce sont des *fossiles de faciès.* ■

fossilifère [fɔsilifɛr] **adj.** Qui renferme des fossiles.

fossilisation [fɔsilizasjɔ̃] **n.f.** Passage d'un corps organisé à l'état de fossile.

fossiliser [fɔsilize] **v.t.** Amener à l'état de fossile. ◆ **se fossiliser v.pr. 1.** Devenir fossile. **2.** *FAM.* Cesser d'évoluer, n'être plus de son temps ; se scléroser.

fossoyeur, euse [fɔswajœr, -øz] **n.** (de *fossoyer,* creuser une fosse). **1.** Personne qui creuse les fosses pour enterrer les morts. **2.** *LITT.* Personne qui cause la ruine de qqch, qui l'anéantit : *Les fossoyeurs d'un régime.*

Foster (*lord* **Norman**), architecte britannique (Manchester 1935). Il s'est spécialisé depuis la fin des années 1960 dans une architecture métallique à hautes performances (Centre Sainsbury pour les arts visuels, à Norwich, 1974-1978 ; Carré d'art à Nîmes, 1984-1993 ; aéroport Chek Lap Kok, à Hongkong, 1992-1998 ; rénovation du Reichstag, à Berlin, 1995-1999 ; viaduc de Millau, 2001-2004 ; stade de Wembley, 2002-2007).

1. fou ou **fol, folle** [fu, fɔl] **adj.** et **n.** (lat. *follis,* outre gonflée, ballon). **1.** Qui est atteint de troubles mentaux : *Fou furieux en proie à une crise de démence.* **2.** Qui apparaît extravagant dans ses actes, ses paroles. **3.** *FAM.* **Faire le fou,** s'agiter gaiement. / **Fou de,** personne qui se passionne pour qqch : *C'est un fou de jazz* (syn. **fanatique**). / **Histoire de fou,** histoire incompréhensible et fantastique. ◆ **adj. 1.** Qui semble hors de soi, sous l'influence d'un sentiment extrême : *Fou de colère, de joie, de douleur* (syn. **éperdu**). **2.** Contraire à la raison, à la sagesse, à la prudence : *Un fol espoir.* **3.** Excessif et qu'on ne peut plus retenir : *Une gaieté folle* (syn. **débridé**). *Un fou rire.* **4.** Indique une quantité, une intensité, un degré extrêmes : *Un monde fou. Un succès fou* (syn. **considérable, prodigieux**). **5.** Dont le mouvement n'obéit à aucune loi : *Le camion fou dévalait la pente.* ***Rem.*** *Fol,* adj.m., est employé devant les mots commençant par une *voyelle* ou un *h muet.* **6. Fou de,** qui aime énormément qqn, qqch : *Elle est folle de lui.* / **Herbes folles,** qui croissent en abondance et au hasard.

2. fou [fu] **n.m.** (de *1. fou*). Grand oiseau marin, blanc, puissant voilier aux pattes palmées, à la queue pointue. ▸ Famille des sulidés ; ordre des pélécaniformes. L'espèce la plus commune est le *fou de Bassan.*

3. fou [fu] **n.m.** (de *1. fou*). **1.** Bouffon dont le rôle était d'amuser les princes, les rois. **2.** Pièce du jeu d'échecs. **3.** Au tarot, excuse.

fouace n.f. ⟶ **fougasse.**

foucade [fukad] **n.f.** (altér. de *fougade,* de *fougue*). *LITT.* Élan, emportement capricieux et passager.

Foucauld *(Charles, vicomte,* puis *Père* **de)**, explorateur et religieux français (Strasbourg 1858 - Tamanrasset 1916). Après une vie brillante et dissolue, il entreprend une mission scientifique d'exploration au Maroc (1883-1884) ; puis, ayant recouvré la foi chrétienne, il est ordonné prêtre (1901) et tente plusieurs expériences érémitiques avant de se fixer au Sahara, dans le Hoggar, à Tamanrasset, où il mène une vie d'étude et de prière. Vénéré comme un marabout par les Touareg qui l'entourent, il meurt assassiné par des pillards senousis. Son influence a été grande sur la spiritualité chrétienne du milieu du XXe s.

Foucault (Léon), physicien français (Paris 1819 - *id.* 1868). Il compara, en 1850, les vitesses de la lumière dans le vide, dans l'air et dans divers milieux transparents. Il montra l'existence des courants induits (dits *courants de Foucault*) dans les masses métalliques et mit en évidence le mouvement de rotation de la Terre grâce à sa fameuse expérience du pendule suspendu à la coupole du Panthéon. Il inventa le gyroscope (1852) et préconisa l'emploi de miroirs paraboliques de verre argenté pour les télescopes.

Foucault (Michel), philosophe français (Poitiers 1926 - Paris 1984). Son analyse des institutions répressives (l'asile, la prison) est étayée par une conception nouvelle de l'histoire selon laquelle celle-ci est marquée par des « coupures épistémologiques ». M. Foucault s'est également signalé par sa critique radicale des sciences humaines (*les Mots et les Choses,* 1966).

Fouché (Joseph), *duc* **d'Otrante,** homme politique français (Le Pellerin, près de Nantes, 1759 - Trieste 1820). Membre de la Convention, siégeant à la Montagne, chargé de mission dans les départements du Centre, il réprima brutalement l'insurrection de Lyon (1793) et mena une politique active de déchristianisation et d'action révolutionnaire. Ministre de la Police à la fin du Directoire (1799), sous le Consulat (1799-1802) puis, à partir de 1804 sous l'Empire, il fut disgracié par Napoléon en 1810. Il retrouva son poste lors des Cent-Jours et le conserva à la Restauration jusqu'en 1816.

1. foudre [fudr] **n.f.** (lat. pop. **fulgura,* class. *fulgur, -uris*). **1.** Décharge électrique aérienne, accompagnée d'une vive lumière *(éclair)* et d'une violente détonation *(tonnerre)* : *Arbre frappé par la foudre.* **2. Coup de foudre,** amour subit et violent. ◆ **foudres n.f. pl.** *LITT.* Grande colère ; vifs reproches : *S'attirer les foudres de la direction.*

2. foudre [fudr] **n.m.** (de *1. foudre*). **1.** MYTH. Faisceau de javelots de feu en zigzag, attribut de Jupiter. **2.** *LITT.* **Un foudre de guerre, d'éloquence,** un grand homme de guerre, un grand orateur.

3. foudre [fudr] **n.m.** (all. *Fuder*). Tonneau de grande capacité (de 50 à 300 hl).

foudroiement [fudrwamɑ̃] **n.m.** *LITT.* Action de foudroyer ; fait d'être foudroyé : *Le foudroiement des Titans par Jupiter.*

foudroyant, e [fudrwajɑ̃, -ɑ̃t] **adj. 1.** Qui frappe d'une mort soudaine et brutale : *Crise cardiaque foudroyante.* **2.** Qui cause une émotion violente ; qui frappe de stupeur : *Une révélation foudroyante.* **3.** Rapide et puissant : *Un démarrage foudroyant* (syn. **fulgurant**).

foudroyer [fudrwaje] **v.t.** (de *foudre*) [conj. **13**]. **1.** Frapper, en parlant de la foudre ou d'une décharge électrique : *L'orage a foudroyé deux enfants.* **2.** *LITT.* Tuer soudainement, brutalement : *Une congestion l'a foudroyé* (syn. **terrasser**). **3.** Anéantir moralement : *La nouvelle de sa mort l'a foudroyée* (syn. **briser**). **4. Foudroyer qqn du regard,** lui lancer un regard empli de colère, de hargne.

fouet [fwɛ] **n.m.** (dimin. de l'anc. fr. *fou,* hêtre, lat. *fagus*). **1.** Instrument fait d'une corde ou d'une lanière de cuir attachée à un manche, pour conduire ou exciter certains animaux. **2.** Châtiment infligé avec un fouet ou des verges : *Ça mérite le fouet.* **3.** Ustensile de cuisine pour battre les œufs, les crèmes, les sauces, etc. **4. Coup de fouet,** excitation, stimulation dont l'action est immédiate : *Son succès au concours de danse lui a donné un coup de fouet.* / **De plein fouet,** de face et violemment : *Les voitures se sont heurtées de plein fouet.*

fouetté [fwete] **n.m.** CHORÉGR. Tour à terre sur un pied, génér. exécuté en série avec une reprise d'appui et s'accompagnant d'un court rond de jambe de l'autre pied.

fouetter [fwete] **v.t. 1.** Donner des coups de fouet à qqn, un animal : *Fouetter son cheval.* **2.** Battre vivement avec un fouet de cuisine : *Fouetter des œufs.* **3.** Frapper violemment : *La pluie fouette les vitres* (syn. **cingler**).

fougasse [fugas] et **fouace** [fwas] **n.f.** (anc. prov. *fogasa,* lat. pop. **focacia,* de *focus,* foyer). Galette de froment non levée, cuite au four ou sous la cendre.

fougère [fuʒɛr] **n.f.** (lat. pop. **filicaria,* du class. *filix, -icis*). Plante vasculaire sans fleurs ni graines, dont les feuilles sont souvent très découpées, qui pousse dans les bois et les landes.

■ **Description.** Les fougères appartiennent à l'embranchement des ptéridophytes. Elles possèdent une tige aérienne, des feuilles et des racines. Elles sont également pourvues d'une tige souterraine, ou rhizome, qui donne naissance périodiquement à plusieurs feuilles aériennes appelées *frondes.* Quand elles sont jeunes, les frondes sont enroulées en *crosses ;* elles peuvent grandir pendant des années. Les fougères sont des végétaux vasculaires, c'est-à-dire possédant des vaisseaux conducteurs de la sève. La plupart des fougères sont terrestres ; certaines sont aquatiques (azolla). La chaleur et l'humidité sont deux facteurs importants du développement ; aussi la grande majorité des fougères se rencontre-t-elle en milieu tropical. On estime qu'il existe, en tout, plus de 10 000 espèces de fougères. **Développement et reproduction.** Une fougère passe obligatoirement par deux stades successifs : prothalle et plante à feuilles. Il y a alternance de ces deux générations. Sur la face inférieure des feuilles se trouvent des amas de petites sphères orangées : les sporanges. Chacun d'eux est un petit sac contenant des spores qui, libérées lorsque le sac se dessèche, sont dispersées par le vent, puis retombent au sol, où elles germent en une petite lame chlorophyllienne, le prothalle, sur lequel se forment les organes reproducteurs mâles et femelles. Pendant la période humide de l'année, les cellules reproductrices mâles « nagent » jusqu'aux cellules femelles pour assurer la fécondation. De la cellule œuf résultant de la fécondation naît une nouvelle plante à feuilles. ■

Fougères, ch.-l. d'arr. de l'Ille-et-Vilaine ; 20 907 hab. *(Fougerais).* Chaussures. Confection. Constructions électriques. Restes imposants du château fort des XIIe-XVe s. Église St-Sulpice, de style gothique flamboyant.

fougue [fug] **n.f.** (it. *foga,* du lat. *fuga,* fuite). Ardeur impétueuse, mouvement passionné qui anime qqn ou qqch : *La fougue de la jeunesse* (syn. **enthousiasme**). *Discuter avec fougue* (syn. **emportement, passion, véhémence**).

fougueusement [fugøzmɑ̃] **adv.** Avec fougue.

fougueux, euse [fugø, -øz] **adj.** Qui fait preuve de fougue : *Tempérament fougueux* (syn. **ardent, vif** ; contr. **calme, flegmatique**). *Cheval fougueux* (syn. **impétueux**).

fouille [fuj] **n.f.** (de *fouiller*). **1.** Action d'inspecter minutieusement pour trouver qqch de caché : *La fouille des bagages à la douane* (syn. **contrôle, inspection**). *Les suspects ont été soumis à la fouille.* **2.** Action de fouiller, de creuser le sol ; excavation : *Pratiquer la fouille d'un terrain pour établir les fondations d'un immeuble.* ◆ **fouilles n.f. pl.** Travaux entrepris par les archéologues pour mettre au jour des témoignages de l'activité humaine ensevelis au cours des siècles : *Faire des fouilles. Les fouilles de Pompéi.*

fouiller [fuje] **v.t.** (lat. pop. **fodiculare,* du class. *fodicare,* percer, de *fodere,* creuser). **1.** Explorer soigneusement un lieu, un local, une chose pour trouver ce que l'on cherche : *Fouiller un quartier, une maison* (syn. **inspecter, perquisitionner**). *Ses armoires ont été fouillées.* **2.** Creuser le sol, notamm. pour chercher des vestiges : *Fouiller un site archéologique.* **3.** Étudier à fond : *Fouiller une idée, une question.* **4. Fouiller qqn,** inspecter ses poches, ses vêtements. ◆ **v.i.** Faire des recherches en examinant à fond : *Qui a fouillé dans mon tiroir ?* (syn. **fouiner, fureter**). *Fouiller dans sa mémoire* (= y chercher minutieusement un souvenir oublié).

fouillis [fuji] **n.m.** (de *fouiller*). Accumulation de choses placées pêle-mêle : *Quel fouillis dans cette chambre !* (syn. **fatras, désordre**).

fouine [fwin] **n.f.** (lat. pop. **fagina [mustela],* « [belette] des hêtres », de *fagus,* hêtre, sous l'infl. de *fou*). Mammifère carnivore d'Eurasie au pelage gris-brun, court sur pattes, qui vit dans les bois. ▸ Famille des mustélidés ; long. 50 cm sans la queue.

fouiner [fwine] **v.i.** (de *fouine*). *FAM.* **1.** Se livrer à des recherches indiscrètes : *Fouiner dans la vie privée de qqn* (syn. **fouiller**). **2.** Explorer les moindres recoins pour découvrir qqch : *Fouiner dans la bibliothèque* (syn. **fureter**).

fouineur, euse [fwinœr, -øz] **adj.** et **n. 1.** *FAM.* Qui fouine : *Regard fouineur* (syn. **curieux, inquisiteur**). **2.** *INFORM.* Recomm. off. pour *hackeur.* ◆ **n.** Personne qui aime à chercher des objets chez les brocanteurs (syn. fam. **chineur**).

fouir [fwir] **v.t.** (lat. pop. **fodire,* class. *fodere*) [conj. 32]. Creuser le sol, surtout en parlant d'un animal.

fouisseur, euse [fwisœr, -øz] **adj.** Qui fouit : *Pattes fouisseuses.* ◆ **fouisseur n.m.** Animal qui creuse la terre, comme la taupe.

foulage [fulaʒ] **n.m.** Action de fouler : *Opérer le foulage du papier, des tissus.*

foulant, e [fulɑ̃, -ɑ̃t] **adj. 1.** TECHN. **Pompe foulante,** pompe qui élève l'eau au moyen de la pression exercée sur le liquide. **2.** *FAM.* **Ce n'est pas foulant,** ce n'est pas fatigant.

foulard [fular] **n.m.** (probabl. du prov. *foulat,* sorte de drap d'été, de *fouler*). **1.** Carré de soie ou de tissu léger que l'on met autour du cou ou sur la tête. **2.** Étoffe de soie légère ou de rayonne pour la confection de robes, de cravates, d'écharpes, etc. : *Robe de foulard.*

Foulbé → Peul.

foule [ful] **n.f.** (de *fouler*). **1.** Réunion, en un même lieu, d'un très grand nombre de personnes : *Il y a foule dans les magasins* (syn. **affluence**). *Les applaudissements de la foule* (syn. **public**). **2.** Le commun des hommes, pris collectivement : *Flatter la foule* (syn. **peuple**). *Le jugement des foules* (syn. **masse**). **3. En foule,** en grande quantité : *Les spectateurs sont venus en foule.* / **Une foule de,** un grand nombre de : *Une foule d'amis. Une foule d'idées* (syn. **tas**).

foulée [fule] **n.f.** (de *fouler*). **1.** Distance couverte dans la course entre deux appuis successifs : *Allonger la foulée.* **2.** Manière dont un cheval ou un coureur prend appui sur le sol à chaque pas : *Foulée souple.* **3. Dans la foulée,** dans le même mouvement, sans interruption : *Nous avons changé la moquette et, dans la foulée, tout repeint.* ◆ **foulées n.f. pl.** VÉN. Empreintes qu'une bête laisse sur le sol.

fouler [fule] **v.t.** (lat. pop. **fullare,* de *fullo,* foulon). **1.** Presser, écraser qqch avec les mains, les pieds ou par un moyen mécanique : *Fouler du feutre. Fouler le raisin dans les cuves.* **2.** *LITT.* Marcher sur : *Fouler le sol natal.* **3.** Travailler les peaux dans un foulon. **4.** *LITT.* **Fouler aux pieds,** traiter avec le plus grand mépris : *Fouler aux pieds les droits de l'homme* (syn. **bafouer, piétiner**). ◆ **se fouler v.pr. 1.** *FAM.* Se fatiguer : *Travailler sans se fouler. Pour le repas, elle ne s'est pas foulée.* **2. Se fouler qqch (une partie du corps),** se faire une foulure : *Se fouler le bras.*

foulon [fulɔ̃] **n.m.** (lat. *fullo*). **1.** Ouvrier conduisant une machine à fouler pour la fabrication du feutre. **2.** Machine utilisée pour la fabrication du feutre ou pour le foulage des tissus de laine. **3.** Grand tonneau tournant dans lequel sont réalisées diverses opérations du tannage des peaux. **4. Terre à foulon,** argile qui absorbe les graisses.

foulque [fulk] **n.f.** (anc. prov. *folca,* lat. *fulica*). Oiseau échassier à plumage sombre et à bec blanc, voisin de la poule d'eau, vivant dans les roseaux des lacs et des étangs (syn. **judelle**). ▸ Famille des rallidés ; long. 20 cm.

foulure [fulyr] **n.f.** (de *fouler*). Étirement accidentel des ligaments articulaires ; légère entorse.

Fouquet (Jean), peintre et miniaturiste français (Tours v. 1415/1420 - *id.* entre 1478 et 1481). Il s'initia aux nouveautés de la Renaissance italienne lors d'un séjour prolongé à Rome (v. 1445), où, déjà très estimé, il fit un portrait du pape Eugène IV. La maturité de son style, monumental et sensible, apparaît dans le diptyque, auj. démembré, comprenant la *Vierge* (peut-être sous les traits de A. Sorel, Anvers) et *Étienne Chevalier avec saint Étienne* (Berlin), ainsi que dans des miniatures comme celles des *Heures d'Étienne Chevalier* (av. 1460, Chantilly) ou des *Antiquités judaïques* (v. 1470, B.N.). Il est aussi l'auteur des portraits de *Charles VII* et de *Juvénal des Ursins* (Louvre), probablement du *Bouffon Gonella* (Vienne) et de la *Pietà* de l'église de Nouans (Indre-et-Loire).

Fouquet ou **Foucquet (Nicolas),** *vicomte* **de Vaux,** homme d'État français (Paris 1615 - Pignerol 1680). Procureur général au parlement de Paris (1650), il fut nommé par Mazarin surintendant général des Finances en 1653 et devint l'un des plus riches créanciers de l'État. Il employa son immense fortune au mécénat des artistes et des écrivains (Molière, La Fontaine) et construisit le château de Vaux, suscitant ainsi la jalousie de Louis XIV. Colbert établit le dossier qui permit au roi de faire arrêter Fouquet puis de le condamner (1664) à l'exil, peine qui fut transformée en une détention perpétuelle au fort de Pignerol (auj. dans le Piémont).

Fouquier-Tinville (Antoine Quentin), magistrat et homme politique français (Hérouel, Picardie, 1746 - Paris 1795). Accusateur public du Tribunal révolutionnaire (1793), il multiplia les condamnations à mort. Il fut exécuté lors de la réaction thermidorienne.

four [fur] **n.m.** (lat. *furnus*). **1.** Partie fermée d'une cuisinière, enveloppée d'un calorifuge, ou appareil indépendant et encastrable où l'on fait cuire ou réchauffer les aliments : *Mettre un soufflé au four. Four électrique, à gaz, à micro-ondes.* **2.** Appareil dans lequel on chauffe une matière en vue de lui faire subir des transformations physiques ou chimiques : *Four de boulanger, de verrier.* **3.** FAM. Insuccès, notamm. au théâtre : *Sa pièce a été un four* (syn. **échec, fiasco**). **4. Four à chaux, à ciment,** four vertical et fixe ou horizontal et rotatif pour fabriquer la chaux, le ciment. / **Four solaire,** miroir concave de grand diamètre qui concentre le rayonnement solaire et permet d'obtenir des températures très élevées, à usage expérimental ou industriel. **5. Petit-four,** V. à son ordre alphabétique.

Fourastié (Jean), sociologue et économiste français (Saint-Bénin, Nièvre, 1907 - Douelle, Lot, 1990). Ingénieur de l'École centrale des arts et manufactures, il enseigna au Conservatoire national des arts et métiers (1940-1978), à l'Institut d'études politiques de Paris (1945-1978) et à l'École pratique des hautes études (1949-1977). Observateur des bouleversements introduits dans la société par l'expansion industrielle, il s'interrogea aussi sur les fondements et les perspectives de notre civilisation (*le Grand Espoir du XX*[e] *siècle,* 1949 ; *les Trente Glorieuses,* 1979).

fourbe [furb] **adj.** et **n.** (de *fourbe* n.f. « fourberie », de *fourbir* au sens arg. de « dérober »). Qui trompe avec une adresse perfide : *Méfie-toi, ils sont fourbes* (syn. **hypocrite, sournois**).

fourberie [furbəri] **n.f.** Caractère d'une action, d'une personne fourbe : *Agir avec fourberie* (syn. **fausseté, duplicité**).

fourbi [furbi] **n.m.** (de *fourbir*). FAM. Ensemble d'objets, d'affaires de nature diverse, souvent désordonné : *Un fourbi de photographe* (syn. **attirail, matériel**).

fourbir [furbir] **v.t.** (frq. **furbjan,* nettoyer) [conj. 32]. **1.** Nettoyer, rendre brillant en frottant : *Fourbir des armes.* **2.** Préparer avec soin : *Fourbir ses arguments.*

fourbu, e [furby] **adj.** (p. passé de l'anc. v. *fourboire,* boire hors de propos, à l'excès ; se fatiguer à boire, de *fors* et *boire*). Harassé de fatigue : *Rentrer fourbu après une journée de marche* (syn. **épuisé, exténué**).

fourche [furʃ] **n.f.** (lat. *furca*). **1.** Instrument à deux ou à plusieurs dents, muni d'un long manche, utilisé pour divers travaux, surtout agricoles : *Retourner du foin à la fourche.* **2.** Endroit où un chemin, une voie se divise en plusieurs directions : *Suivre le chemin jusqu'à la fourche et tourner à droite* (syn. **bifurcation, embranchement**). **3.** Partie avant d'un deux-roues, sur le cadre, où se placent la roue avant et le guidon. **4. Passer sous les fourches Caudines,** subir des conditions très humiliantes (par allusion au défilé où une armée romaine se laissa enfermer par les Samnites et fut contrainte de passer sous le joug, en 321 av. J.-C.).

fourcher [furʃe] **v.i.** (de *fourche*). **1.** Se diviser en plusieurs branches, en plusieurs directions : *Chemin qui fourche. Avoir les cheveux qui fourchent* (= qui se divisent à leur extrémité). **2.** FAM. **La langue lui a fourché,** il a dit un mot à la place d'un autre.

Fourches Caudines, défilé d'Italie centrale. L'armée romaine, vaincue par les Samnites (321 av. J.-C.), dut y passer sous le joug.

fourchette [furʃɛt] **n.f.** (de *fourche*). **1.** Ustensile de table à dents pointues, dont on se sert pour piquer les aliments. **2.** STAT. Écart entre deux nombres, à l'intérieur duquel on fait une estimation ; écart entre deux valeurs extrêmes : *Candidat qui se situe dans une fourchette de 31 à 35 % des voix. Fourchette de prix.* **3.** TECHN. Pièce mécanique à deux branches. **4.** FAM. **Avoir un bon coup de fourchette,** être un gros mangeur.

fourchu, e [furʃy] **adj. 1.** Qui se divise à la manière d'une fourche : *Chemin fourchu.* **2. Pied fourchu,** pied de bouc qu'on attribue au diable et aux satyres.

fourgon [furgɔ̃] **n.m.** (orig. obsc.). **1.** VX. Véhicule long et couvert pour transporter les marchandises. **2.** Véhicule ferroviaire incorporé à certains trains de voyageurs et destiné au transport des bagages, du courrier, éventuellement des automobiles : *Fourgon postal.* **3. Fourgon mortuaire,** corbillard automobile.

fourgonnette [furgɔnɛt] **n.f.** Petite voiture commerciale qui s'ouvre par l'arrière.

fourguer [furge] **v.t.** (it. *frugare,* chercher avec minutie, lat. pop. **furicare,* class. *furari,* voler). ARG. Se débarrasser de qqch en le cédant à bas prix ou en le donnant : *J'ai réussi à fourguer mon vieux blouson.*

Fourier (Charles), théoricien socialiste et économiste français (Besançon 1772 - Paris 1837). Il préconisa une organisation sociale fondée sur de petites unités sociales autonomes, les *phalanstères,* coopératives de production et de consommation dont les membres sont solidaires, et composées d'hommes et de femmes de caractères et de passions opposés et complémentaires. Les revenus y sont répartis entre le travail, le talent et le capital. Il a exposé ses théories dans son livre *le Nouveau Monde industriel et sociétaire* (1829) et, de 1832 à 1849, dans la revue *la Réforme industrielle ou le Phalanstère,* devenue *la Phalange.*

Fourier (*baron* **Joseph),** mathématicien français (Auxerre 1768 - Paris 1830). Ses travaux sur la propagation de la chaleur, résumés dans *Théorie analytique de la chaleur* 1822, l'amenèrent à l'une des plus grandes découvertes mathématiques, celle des séries trigonométriques, dites *séries de Fourier,* qui jouent un grand rôle en physique, où elles permettent l'analyse harmonique des phénomènes. Il participa à la campagne d'Égypte et fut préfet de l'Isère.

fouriérisme [furjerism] **n.m.** Doctrine sociale de Charles Fourier, fondée sur les phalanstères.

fourmi [furmi] **n.f.** (lat. pop. **formicus,* du class. *formica*). **1.** Insecte vivant en sociétés *(fourmilières)* regroupant des reines fécondes et de nombreuses ouvrières sans ailes dont certaines, qui jouent le rôle de soldats, peuvent avoir une taille plus grande et de puissantes mandibules. Une colonie peut rassembler jusqu'à 50 000 fourmis. ▸ Ordre des hyménoptères ; env. 15 000 espèces. **2.** FAM. **Avoir des fourmis dans les jambes,** y ressentir des picotements nombreux ; au fig., avoir envie de se lever, de bouger.

fourmilier [furmilje] **n.m.** (de *fourmi*). **1.** Nom commun à plusieurs espèces de mammifères qui capturent les insectes avec leur longue langue visqueuse. **2. Grand fourmilier,** tamanoir.

fourmilière [furmiljɛr] **n.f.** (réfection de l'anc. fr. *fourmïere, formïere,* d'après *fourmiller*). **1.** Nid de fourmis ; ensemble des fourmis vivant dans un nid. **2.** Multitude de gens qui s'agitent.

fourmilion ou **fourmi-lion** [furmiljɔ̃] **n.m.** (lat. scientif. *formica-leo*) [pl. *fourmis-lions*]. Insecte ressemblant à une libellule, dont la larve dévore les fourmis, qu'elle capture en creusant des pièges en entonnoir dans le sable. ▸ Ordre des névroptères ; long. de la larve 1 cm env.

fourmillement [furmijmɑ̃] **n.m. 1.** Sensation de picotement, survenant spontanément ou après compression d'un nerf ou de vaisseaux sanguins. **2.** Mouvement d'êtres qui s'agitent comme des fourmis : *Le fourmillement de la foule* (syn. **grouillement**).

fourmiller [furmije] **v.i.** (de l'anc. fr. *fromier,* lat. *formicare*). **1.** Être le siège d'un fourmillement, en parlant d'une partie du corps : *Mes doigts fourmillent.* **2.** Se trouver en grand nombre : *Les fautes fourmillent dans ce texte* (syn. **abonder, pulluler**). **3.** S'agiter en grand nombre : *Vers qui fourmillent dans un fromage.* ◆ **v.t. ind. [de].** Abonder en êtres vivants, en choses qui s'agitent : *La rue fourmille de passants* (syn. **grouiller**).

fournaise [furnɛz] **n.f.** (anc. fr. *fornais*, lat. *fornax, -acis*, grand four). **1.** Lieu extrêmement chaud, surchauffé : *La véranda est une fournaise en été.* **2.** LITT. Feu, incendie violent : *Les pompiers pénètrent dans la fournaise.*

fourneau [furno] **n.m.** (dimin. de l'anc. fr. *forn*, four). **1.** Appareil en fonte pour la cuisson des aliments : *Fourneau à gaz.* **2.** Four dans lequel on soumet à l'action de la chaleur certaines substances qu'on veut fondre ou calciner : *Fourneau de verrier.* **3.** Partie de la pipe où brûle le tabac. **4. Bas fourneau,** four à cuve de faible hauteur pour l'élaboration de la fonte. **5. Haut-fourneau,** V. à son ordre alphabétique.

Fourneau (Ernest), pharmacologiste français (Biarritz 1872 - Paris 1949). Il dirigea le service de chimiothérapie de l'Institut Pasteur de sa création, en 1911, jusqu'en 1946. Ses nombreux travaux sont à l'origine de la découverte des sulfamides, des antipaludéens et des curarisants de synthèse (1947).

fournée [furne] **n.f.** (de l'anc. fr. *forn*, four). **1.** Quantité de pains, de pièces céramiques, etc., que l'on fait cuire à la fois dans un four : *Le boulanger va faire une deuxième fournée.* **2.** FAM. Ensemble de personnes nommées aux mêmes fonctions, aux mêmes dignités ou traitées de la même façon : *Les cars déversent des fournées d'enfants.*

fourni, e [furni] **adj.** (de *fournir*). **1.** Épais, touffu : *Barbe fournie* (syn. **dru**). **2.** Pourvu du nécessaire : *Magasin bien fourni* (syn. **approvisionné**).

fournil [furni] ou [furnil] **n.m.** (de l'anc. fr. *forn*, four). Local d'une boulangerie où se trouve le four et où l'on pétrit la pâte.

fourniment [furnimɑ̃] **n.m.** (de *fournir*, par l'it. *fornimento*). MIL. Ensemble des objets d'équipement d'un soldat.

fournir [furnir] **v.t.** (frq. **frumjan*, produire) [conj. 32]. **1.** Procurer, mettre à la disposition de qqn : *Fournir du travail* (syn. **donner**). **2.** Donner ce qui est demandé, exigé : *Fournir une preuve* (syn. **apporter**). **3.** Approvisionner : *Ce grossiste fournit de nombreux détaillants.* **4.** Produire : *Ce vignoble fournit un très bon vin.* **5.** Accomplir : *Fournir un gros effort.* ◆ **v.t. ind.** **[à].** VIEILLI. Contribuer totalement ou en partie à une charge : *Fournir aux besoins de qqn* (syn. **subvenir, pourvoir**). ◆ **se fournir v.pr.** S'approvisionner : *Je me fournis habituellement chez ce commerçant.*

fournisseur, euse [furnisœr, -øz] **n.** Personne ou établissement qui fournit habituellement certaines marchandises à un particulier, à une entreprise : *Trouver un produit chez son fournisseur habituel* (syn. **détaillant, commerçant**). ◆ **fournisseur n.m.** INFORM. **Fournisseur d'accès,** société qui assure l'accès au réseau Internet.

fourniture [furnityr] **n.f. 1.** Action de fournir : *Se charger de la fourniture du matériel* (syn. **approvisionnement**). **2.** (Surtout au pl.). Ce qui est fourni ; objets fournis : *Fournitures de bureau* (= petit matériel de bureau). **3.** Menues pièces, menus outils nécessaires à l'exercice d'un métier manuel : *Fournitures d'horlogerie.*

Fourons (les), en néerl. **Voeren,** petite région de Belgique (4 121 hab.) à majorité francophone, rattachée à la province néerlandophone du Limbourg. Depuis plus d'un quart de siècle, cette région est le terrain privilégié de la querelle linguistique entre Wallons et Flamands.

fourrage [furaʒ] **n.m.** (de l'anc. fr. *fuerre*, frq. **fodar*). Matière végétale servant à l'alimentation du bétail, constituée par la partie aérienne de certaines plantes.

fourrager [furaʒe] **v.i.** (de *fourrage*) [conj. **17**]. FAM. Chercher en mettant du désordre : *Fourrager dans une valise* (syn. **fouiller**).

fourrager, ère [furaʒe, -ɛr] **adj.** (de *fourrage*). Propre à être employé comme fourrage : *Betteraves fourragères.*

fourragère [furaʒɛr] **n.f.** (orig. incert., p.-ê. de *fourrage*). Cordon porté sur l'épaule, constituant une distinction conférée à certains corps de la police ou de l'armée.

1. fourré [fure] **n.m.** (de [*bois*] *fourré*). Massif de bois jeune et serré, dont les tiges sont encore garnies de leurs branches dès la base : *Se cacher derrière un fourré* (syn. **buisson, taillis**).

2. fourré, e [fure] **adj. 1.** Garni intérieurement d'une peau qui a encore son poil ; doublé d'un tissu chaud : *Gants fourrés. Veste fourrée* (syn. **molletonné**). **2.** Garni, rempli : *Gâteau fourré à la crème.* **3. Coup fourré,** entreprise menée perfidement contre qqn qui ne se méfie pas ; coup bas. / **Paix fourrée,** paix conclue avec mauvaise foi de part et d'autre.

fourreau [furo] **n.m.** (de l'anc. fr. *fuerre*, frq. **fodr*). **1.** Gaine allongée servant d'enveloppe à un objet de même forme : *Fourreau de parapluie* (syn. **étui**). **2.** Robe ajustée de forme étroite.

fourrer [fure] **v.t.** (de l'anc. fr. *fuerre* ; v. *fourreau*). **1.** Doubler, garnir intérieurement un vêtement avec de la fourrure ou une matière chaude : *Fourrer un manteau.* **2.** Remplir d'une garniture : *Fourrer des gâteaux à la pâte d'amandes.* **3.** FAM. Introduire qqch dans, sous qqch d'autre, l'y faire pénétrer : *Fourrer les mains dans ses poches.* **4.** FAM. Mettre, sans attention ou sans soin : *Où avez-vous fourré ce dossier ?* (syn. **déposer**). **5.** FAM. Faire entrer qqn sans ménagement quelque part : *On l'a fourré en prison* (syn. **jeter**). **6.** FAM. **Fourrer qqch dans le crâne, la tête de qqn,** lui faire comprendre, croire ou accepter qqch : *On lui a fourré dans le crâne de faire une école de commerce* (= on l'a persuadé). / FAM. **Fourrer son nez dans,** s'immiscer indiscrètement dans. ◆ **se fourrer v.pr.** FAM. Se mettre ; se placer : *La balle s'est fourrée sous l'armoire. Ne plus savoir où se fourrer* (= éprouver un vif sentiment de confusion, de honte).

fourre-tout [furtu] **n.m. inv. 1.** Petite pièce ou placard où l'on fourre toutes sortes de choses : *Pièce qui sert de fourre-tout* (syn. **débarras**). **2.** Sac de voyage souple sans compartiment ni division. **3.** Texte, œuvre, etc., contenant des idées diverses et désordonnées.

fourreur [furœr] **n.m.** (de *fourrer*). **1.** Marchand de fourrures. **2.** Professionnel qui travaille les peaux pour les transformer en fourrure.

fourrier [furje] **n.m.** (de l'anc. fr. *fuerre*, fourrage). **1.** MIL. Responsable du matériel d'une unité. **2.** LITT. Personne ou ensemble de circonstances préparant la survenue d'événements fâcheux, de gens hostiles, etc. : *Se faire le fourrier de la subversion.*

fourrière [furjɛr] **n.f.** (de l'anc. fr. *fuerre*, fourrage). Lieu de dépôt des animaux errants, des véhicules abandonnés sur la voie publique ou qui ont été saisis par la police : *Aller chercher sa voiture à la fourrière.*

fourrure [furyr] **n.f.** (de *fourrer*). **1.** Peau de mammifère avec son poil, préparée pour garnir, doubler ou constituer un vêtement ; ce vêtement lui-même : *Col de fourrure. Posséder une splendide fourrure.* **2.** Pelage fin et touffu de certains animaux : *La fourrure d'un saint-bernard.*

fourvoiement [furvwamɑ̃] **n.m.** (de *fourvoyer*). LITT. Erreur, méprise de qqn qui se fourvoie.

fourvoyer [furvwaje] **v.t.** (de *fors* et *voie*) [conj. **13**]. **1.** LITT. Égarer ; détourner du chemin : *Notre prétendu guide nous a complètement fourvoyés.* **2.** Mettre dans l'erreur : *Ce rapport trop optimiste nous a fourvoyés.* ◆ **se fourvoyer v.pr.** S'égarer, faire fausse route ; se tromper complètement : *Se fourvoyer en montagne* (syn. **se perdre**). *Je t'avais cru honnête, je m'étais fourvoyé* (= j'avais commis une erreur de jugement).

Fouta-Djalon, massif de Guinée, 1 515 m.

foutaise [futɛz] **n.f.** (de *foutre*). FAM. Chose sans importance, sans valeur, sans intérêt : *Raconter des foutaises.*

foutoir [futwar] **n.m.** (de *foutre*). FAM. Grand désordre : *Quel foutoir dans ce bureau* (syn. **fouillis**).

foutre [futr] **v.t.** (lat. *futuere*, avoir des rapports sexuels avec une femme) [conj. *je fous, il fout, nous foutons ; je foutais ; je foutrai ; je foutrais ; fous ; que je foute ; foutant ; foutu ;* inusité au passé simple]. T. FAM. **1.** Mettre, jeter violemment : *Foutre qqn par terre.* **2.** Faire ; travailler : *Ne rien foutre de toute la journée.*

3. **Ça la fout mal,** cela fait mauvais effet. ◆ **se foutre** **v.pr.** **[de].** *T. FAM.* Ne faire aucun cas de qqn, de qqch ; se moquer de qqn : *L'argent ? je m'en fous. Arrêtez de vous foutre d'elle.*

foutu, e [futy] **adj.** (de *foutre*). *FAM.* **1.** (Avant le n.). Mauvais ; détestable : *Un foutu caractère* (syn. **sale**). **2.** Qui a échoué ; ruiné, perdu : *Une affaire foutue* (syn. **raté, manqué**). *Après un tel scandale, c'est un homme foutu* (syn. **fini**). **3.** **Bien foutu, mal foutu,** bien, mal fait : *Un travail bien foutu* (syn. **exécuté**). *Une fille bien foutue* (= une belle fille). / **Être foutu de,** capable de : *Il est foutu de réussir son coup !* / **Être mal foutu,** être un peu souffrant.

fox-terrier [fɔksterje] **n.m.** (mots angl., « chien pour chasser le renard ») [pl. *fox-terriers*]. Chien terrier d'origine anglaise, dont la race comporte deux variétés, à poil dur et à poil lisse. (On dit aussi *un fox.*)

fox-trot [fɔkstrɔt] **n.m. inv.** (mots angl., « pas de renard »). Danse américaine en vogue vers 1920.

foyer [fwaje] **n.m.** (lat. pop. **focarium*, du class. *focus*). **1.** Lieu où l'on fait le feu ; le feu lui-même : *Mettre des bûches dans le foyer* (syn. **âtre, cheminée**). *Se chauffer au foyer.* **2.** Partie d'un appareil de chauffage domestique où a lieu la combustion : *Le foyer d'une chaudière.* **3.** Lieu où habite une famille ; la famille elle-même : *Quitter son foyer* (syn. **domicile**). *Fonder un foyer.* **4.** Maison d'habitation réservée à certaines catégories de personnes : *Foyer de jeunes travailleurs. Foyer d'étudiantes.* **5.** Local servant de lieu de réunion, de distraction : *Le foyer d'une caserne.* **6.** Salle, galerie d'un théâtre où le public peut se rendre pendant les entractes. **7.** Lieu d'où provient qqch : *Le foyer de la rébellion* (syn. **source**). *Le foyer d'un incendie* (syn. **centre**). *Le foyer d'un séisme* (syn. **hypocentre**). **8.** MÉD. Siège principal d'une maladie, de ses manifestations : *Foyer infectieux.* **9.** PHYS. Point où se rencontrent des rayons initialement parallèles, après réflexion ou réfraction : *Foyer d'une lentille.* **10.** **Femme, homme au foyer,** personne qui n'exerce pas d'activité professionnelle et s'occupe de sa famille. / **Foyer de population,** zone géographique densément peuplée. / **Foyer fiscal,** unité d'imposition (personne, ménage, communauté, etc.) établie sur les revenus propres et sur ceux des personnes à charge. **11.** MATH. **Foyer d'une conique,** point qui, associé à une droite (la *directrice*), permet de définir l'ensemble des points de la conique. ◆ **foyers** **n.m. pl.** Pays natal, demeure familiale : *Rentrer dans ses foyers.*

Fra Angelico → Angelico.

frac [frak] **n.m.** (angl. *frock*, du fr. *froc*). Habit masculin de cérémonie, noir, à basques étroites.

fracas [fraka] **n.m.** (it. *fracasso*). **1.** Bruit violent de qqch qui se brise, qui heurte autre chose, qui s'effondre, etc. : *Le fracas des vagues sur les rochers.* **2.** **Avec perte et fracas,** avec éclat et sans ménagement : *On a expulsé les chahuteurs avec perte et fracas* (= brutalement).

fracassant, e [frakasɑ̃, -ɑ̃t] **adj.** **1.** Qui fait du fracas ; qui produit un grand bruit : *Un coup de tonnerre fracassant* (syn. **assourdissant**). **2.** Qui vise à l'effet, au scandale : *Démission fracassante* (syn. **retentissant, éclatant**).

fracasser [frakase] **v.t.** (it. *fracassare*, du lat. *frangere*, briser, et *quassare*, secouer). Briser avec violence, mettre en pièces : *Fracasser une porte. Fracasser la mâchoire d'un adversaire* (syn. **casser**). ◆ **se fracasser** **v.pr.** Se briser en heurtant, en éclatant : *Le vase s'est fracassé sur le sol* (= s'est cassé en mille morceaux).

fraction [fraksjɔ̃] **n.f.** (bas lat. *fractio*, de *frangere*, briser). **1.** Partie d'un tout : *Une fraction de l'assemblée a voté pour lui* (syn. **portion**). *Fraction de seconde.* **2.** MATH. Notation d'un nombre rationnel sous la forme *a/b*, ce nombre étant le résultat de la division de *a (numérateur)* par *b (dénominateur)*, *a* et *b* étant des nombres entiers. **3.** PÉTR. Chacune des parties d'un mélange d'hydrocarbures obtenues par distillation fractionnée. **4.** **Fraction décimale,** fraction dont le dénominateur est une puissance de 10 : *23/100, ou 0,23, est une fraction décimale.*

fractionnaire [fraksjɔnɛr] **adj.** MATH. Qui a la forme d'une fraction : *Écriture fractionnaire d'un nombre décimal.*

fractionné, e [fraksjɔne] **adj.** **Distillation, congélation, cristallisation fractionnée,** permettant la séparation des constituants d'un mélange liquide grâce à leurs propriétés physiques différentes (solubilité, point d'ébullition, etc.).

fractionnel, elle [fraksjɔnɛl] **adj.** Qui vise à la désunion, au fractionnement d'un parti, d'un syndicat : *Menées fractionnelles.*

fractionnement [fraksjɔnmɑ̃] **n.m.** Action de fractionner ; fait d'être fractionné : *Le fractionnement d'un terrain* (syn. **division, morcellement**).

fractionner [fraksjɔne] **v.t.** Diviser en fractions, en parties : *Fractionner un domaine* (syn. **partager**). ◆ **se fractionner** **v.pr.** **[en].** Se diviser : *Le groupe s'est fractionné en plusieurs éléments* (syn. **se scinder**).

fracture [fraktyr] **n.f.** (lat. *fractura*, de *frangere*, briser). **1.** SOUT. Action de forcer ; effraction : *Fracture d'une porte.* **2.** CHIR. Rupture violente d'un os ou d'un cartilage dur : *Fracture du poignet.* **3.** GÉOL. Cassure de l'écorce terrestre.

■ On peut classer les fractures en fonction de leur cause. On distingue : les fractures *par choc direct* (à la suite d'un coup), *par choc indirect* (par exemple à la suite d'un mouvement forcé) et les *fractures pathologiques,* qui surviennent sur un os fragilisé par une autre lésion. Les fractures peuvent aussi être classées en fonction de leur aspect : une fracture est dite *ouverte* si un ou plusieurs fragments osseux ont traversé la peau (il y a alors un risque grave d'infection de l'os) ; elle est *fermée* si elle ne communique pas avec l'extérieur ; elle est *déplacée* si les fragments osseux sont éloignés l'un de l'autre.
Traitement. Les extrémités osseuses sont replacées l'une contre l'autre, en un alignement parfait (*réduction* de la fracture). L'os est ensuite immobilisé avec un plâtre et/ou du matériel interne (vis, plaque, clou, etc.). Les extrémités osseuses se soudent l'une à l'autre, puis l'os se reconstitue peu à peu. ■

fracturer [fraktyre] **v.t.** (de *fracture*). Endommager par une rupture violente : *Fracturer un coffre-fort* (syn. **forcer**). ◆ **se fracturer** **v.pr.** **Se fracturer qqch (une partie du corps),** se le rompre : *Se fracturer la jambe, le tibia* (syn. **se casser**).

fragile [fraʒil] **adj.** (lat. *fragilis*, de *frangere*, briser). **1.** Qui se casse, se détériore facilement : *Le verre est fragile* (syn. **cassant**). *Meuble fragile* (contr. **solide, résistant**). **2.** Qui est de faible constitution : *Un enfant fragile* (syn. **délicat, chétif**). **3.** Peu stable ; mal assuré ; sujet à disparaître : *Équilibre fragile* (syn. **précaire, instable**).

fragilisation [fraʒilizasjɔ̃] **n.f.** Action de fragiliser ; fait d'être fragilisé.

fragiliser [fraʒilize] **v.t.** Rendre fragile, plus fragile : *Sa maladie l'a fragilisé. Fragiliser un gouvernement* (contr. **consolider**).

fragilité [fraʒilite] **n.f.** (lat. *fragilitas*). **1.** Caractère de ce qui est fragile, de ce qui se brise ou se détériore facilement : *Fragilité du verre.* **2.** Caractère précaire ; manque de solidité : *Fragilité d'un gouvernement* (syn. **instabilité**). *La fragilité d'une théorie* (syn. **inconsistance**). **3.** Manque de robustesse physique ou morale : *La fragilité d'un convalescent* (syn. **faiblesse**). *La fragilité d'un adolescent* (syn. **vulnérabilité**).

fragment [fragmɑ̃] **n.m.** (lat. *fragmentum*, de *frangere*, briser). **1.** Morceau d'une chose cassée, déchirée : *Fragment de verre* (syn. **débris, morceau**). *Fragment d'étoffe.* **2.** Reste d'un ouvrage ancien : *Fragments d'une statue.* **3.** Passage d'une œuvre, d'un texte, etc. : *Étudier un fragment de « l'Odyssée »* (syn. **extrait**). **4.** Partie plus ou moins importante de qqch : *Fragments de vérité* (syn. **parcelle**). *Entendre des fragments de conversation* (syn. **bribe**).

fragmentaire [fragmɑ̃tɛr] **adj.** Qui constitue un fragment d'un tout et non sa totalité ; parcellaire : *Vue fragmentaire de la situation* (syn. **incomplet, partiel**).

fragmentation [fragmɑ̃tasjɔ̃] **n.f.** Action de fragmenter ; fait d'être fragmenté : *La fragmentation des roches sous l'effet du gel* (syn. **morcellement**).

fragmenter [fragmɑ̃te] **v.t.** Réduire, partager en fragments : *Fragmenter un bloc de pierre* (syn. **morceler**). *Fragmenter un film en épisodes* (syn. **diviser, découper**).

Fragonard (Jean Honoré), peintre et graveur français (Grasse 1732 - Paris 1806). L'œuvre de cet élève de Boucher est dédiée à l'amour, à la joie de vivre. Il est l'auteur de scènes galantes (série des *Progrès de l'amour,* coll. Frick, New York), de scènes de genre et de portraits (soit réels, soit « de fantaisie ») où la fougue, la saveur s'allient à la grâce. Un de ses chefs-d'œuvre est *la Fête à Saint-Cloud* (Banque de France, Paris). • Son fils, **Évariste** (Grasse 1780 - Paris 1850), fut un peintre de style troubadour.

fragrance [fragrɑ̃s] **n.f.** (lat. ecclés. *fragrantia,* de *fragrare,* exhaler fortement une odeur). *LITT.* Odeur suave ; parfum agréable : *La fragrance du lilas* (syn. **arôme, senteur**).

frai [frɛ] **n.m.** (de *frayer*). **1.** Rapprochement sexuel chez les poissons à fécondation externe ; époque à laquelle ce rapprochement a lieu : *Il est interdit de pêcher dans les rivières pendant le frai.* **2.** Œufs de poissons, de batraciens : *Du frai de tanche, de grenouille.* **3.** Très petits ou très jeunes poissons : *Vivier peuplé de frai.*

fraîchement [frɛʃmɑ̃] **adv. 1.** Depuis peu de temps : *Fraîchement arrivé* (syn. **récemment**). **2.** Avec froideur : *Être reçu fraîchement* (syn. **froidement**).

fraîcheur [frɛʃœr] **n.f.** (de *frais*). **1.** Caractère de ce qui est frais : *La fraîcheur du matin. La fraîcheur d'un entretien* (syn. **froideur**). **2.** Qualité qui n'est pas ternie par le temps ou par l'usage : *La fraîcheur du teint* (syn. **éclat**). *Tissu qui a gardé toute sa fraîcheur.* **3.** Qualité, état d'une chose périssable qui n'a pas eu le temps de s'altérer, de se gâter, de se flétrir : *La fraîcheur d'un poisson.* **4.** Qualité de ce qui demeure actuel, précis comme une chose récente : *La fraîcheur d'un souvenir* (syn. **vivacité**). **5.** Qualité de ce qui est spontané, pur, jeune : *Fraîcheur des sentiments* (syn. **candeur, pureté**). *Fraîcheur de style* (syn. **naturel**).

fraîchir [frɛʃir] **v.i.** (de *frais*) [conj. 32]. **1.** Devenir plus frais, en parlant de la température : *Le temps fraîchit, mets un pull* (syn. **se rafraîchir**). **2.** MAR. Augmenter d'intensité, en parlant du vent.

1. frais, fraîche [frɛ, frɛʃ] **adj.** (germ. **frisk*). **1.** Qui est légèrement froid ou qui procure une sensation de froid léger : *Vent frais. Boisson fraîche* (syn. **rafraîchissant**). **2.** Qui est empreint de froideur ; dépourvu de cordialité : *Un accueil plutôt frais* (syn. **réservé**). **3.** Qui vient d'apparaître ou de se produire : *Nouvelle de fraîche date* (= toute récente). **4.** Qui vient d'être appliqué et n'est pas encore sec : *Encre, peinture fraîche.* **5.** Nouvellement produit ou récolté ; qui n'est pas encore altéré, gâté, flétri : *Légumes frais et légumes secs. Poisson frais* (contr. **avarié**). *Pain frais* (contr. **rassis**). **6.** Qui n'est pas terni ; qui a conservé son éclat : *Teint frais* (syn. **éclatant** ; contr. **terne**). *Coloris frais* (contr. **passé**). **7.** Qui a conservé ou recouvré ses forces, sa vitalité ; qui n'est pas ou n'est plus fatigué : *Se sentir frais et dispos* (= reposé et en bonne forme). **8.** *FAM.* Se dit de qqn qui se trouve dans une situation fâcheuse : *Eh bien ! Te voilà frais !* **9. Argent frais,** nouvellement reçu et dont on peut disposer. / *FAM.* **Être frais comme un gardon, une rose,** être particulièrement dispos. ◆ **frais adv. 1.** (Avec un p. passé [accord au fém.]). Récemment : *Il est frais arrivé. Fleurs fraîches cueillies.* **2.** Légèrement froid : *Il fait frais.* **3. Boire frais,** boire un liquide frais. ◆ **frais n.m. 1.** Air frais : *Prendre le frais.* **2.** MAR. Vent assez fort : *Avis de grand frais.* **3. Au frais,** dans un endroit frais : *Mettre, tenir un aliment au frais.* / **De frais,** depuis peu : *Rasé de frais.* ◆ **fraîche n.f.** *FAM.* Moment du jour où il fait frais : *Arroser les fleurs à la fraîche.*

2. frais [frɛ] **n.m. pl.** (anc. fr. *fret, frait,* dommage causé en brisant qqch, lat. *fractum,* de *frangere,* briser). **1.** Dépenses d'argent pour une opération quelconque : *Voyager tous frais payés. Faire des frais* (= dépenser de l'argent). *Frais de justice.* **2.** Somme allouée pour compenser les dépenses occasionnées par un travail nécessitant un déplacement, obligeant à assurer un certain train de vie, etc. : *Frais de déplacement, de mission, de représentation.* **3. À grands frais,** en se donnant beaucoup de mal, en employant des moyens importants, disproportionnés : *Voyager à grands frais* (= en dépensant beaucoup d'argent). / **À moindres frais, à peu de frais,** en payant très peu ; en se donnant peu de mal : *Construire à peu de frais* (= économiquement). / *FAM.* **Arrêter les frais,** cesser de dépenser de l'argent ou de se donner du mal inutilement. / **En être pour ses frais,** ne tirer aucun profit de ses dépenses ; s'être donné de la peine pour rien. / **Faire les frais de qqch,** en supporter les désagréments. / **Faux frais,** petites dépenses imprévues. / **Rentrer dans ses frais,** être remboursé de ses dépenses. / *FAM.* **Se mettre en frais,** dépenser plus que de coutume ; prodiguer sa peine, ses efforts. **4. Frais financiers,** charge représentée, pour une entreprise, par le coût des capitaux empruntés. / **Frais généraux,** dépenses diverses engagées pour le fonctionnement d'une entreprise. / **Frais variables,** partie des charges dont le montant varie en fonction de l'activité de l'entreprise (par opp. à *frais fixes*).

fraisage [frezaʒ] **n.m.** Action de fraiser.

1. fraise [frɛz] **n.f.** (anc. fr. *fraie* [lat. pop. **fraga,* pl. du class. *fragum*], avec infl. de la finale de *framboise*). **1.** Fruit comestible du fraisier, réceptacle de la fleur devenant charnu et sucré après la fécondation. **2.** *FAM.* Figure, tête : *Se payer la fraise de qqn* (= se moquer de qqn). **3.** MÉD. Angiome tubéreux. **4.** *FAM.* **Ramener sa fraise,** donner son opinion à tout propos et avec impudence. / *FAM.* **Sucrer les fraises,** devenir gâteux.

2. fraise [frɛz] **n.f.** (de l'anc. fr. *fraiser, fraser,* peler, lat. pop. **fresare,* du class. *fresus,* de *frendere,* broyer). **1.** BOUCH. Intestin grêle de veau poché à l'eau bouillante, consommable comme abats ou utilisable en charcuterie. **2.** Chair rouge et plissée qui pend sous le bec des dindons ; caroncule, chez cet oiseau. **3.** Collerette de linon ou de dentelle empesée, portée aux XVIe et XVIIe s.

3. fraise [frɛz] **n.f.** (de *2. fraise*). **1.** Outil rotatif de coupe, comportant plusieurs arêtes tranchantes, régulièrement disposées autour d'un axe. **2.** Outil utilisé pour faire un forage. **3.** Instrument rotatif monté sur le tour du dentiste et servant aux interventions portant sur les lésions ou sur les tissus durs de la dent.

fraiser [freze] **v.t.** (de *3. fraise*). **1.** TECHN. Usiner une pièce au moyen d'une fraise. **2.** Évaser un trou, son orifice dans lequel une vis ou tout autre objet doit être inséré.

fraiseur, euse [frezœr, -øz] **n.** (de *3. fraise*). Ouvrier, ouvrière qui travaille sur une fraiseuse.

fraiseuse [frezøz] **n.f.** (de *3. fraise*). Machine-outil servant pour le fraisage.

fraisier [frezje] **n.m.** (de *1. fraise*). Plante rampante vivace cultivée, qui existe aussi dans les bois à l'état sauvage, et qui produit les fraises. ▸ Famille des rosacées.

framboise [frɑ̃bwaz] **n.f.** (frq. **brambasi,* mûre de ronce, avec infl. de l'anc. fr. *fraie,* fraise). Fruit parfumé et comestible du framboisier, composé de petites drupes.

framboisier [frɑ̃bwazje] **n.m.** Arbrisseau cultivé voisin de la ronce, qui existe à l'état sauvage, produisant les framboises. ▸ Famille des rosacées.

1. franc [frɑ̃] **n.m.** (orig. incert., p.-ê. de *Francorum* [*rex*], roi des Francs, effigie de certaines monnaies). **1.** Unité monétaire principale de la Suisse, de plusieurs pays d'Afrique francophone ainsi que de certains pays liés à la France par des accords monétaires. **2.** Anc. unité monétaire principale de la Belgique, de la France et du Luxembourg. (Devenus, dès le 1er janv. 1999, des subdivisions de l'euro, les francs belge, français et luxembourgeois ont cessé d'exister, au profit de la monnaie unique européenne, en 2002.)

■ Le franc français fut institué par la loi du 17 germinal an XI (7 avril 1803). Monnaie fondée à l'origine sur l'argent et l'or, puis sur l'or seul, et convertible, il jouit d'une stabilité quasi totale de 1803 à 1914, année où le gouvernement décréta l'inconvertibilité du franc-papier en or. Plusieurs

→

fois dévalué entre 1928 et 1958, il fut remplacé en 1960 par le « nouveau franc » (valant 100 francs anciens), qui fut lui aussi dévalué en 1969 et 1986. ■

2. franc, franche [frɑ̃, frɑ̃ʃ] **adj.** (bas lat. *Francus*, au sens de « homme libre » ; v. 3. *franc*). **1.** Qui ne dissimule aucune arrière-pensée : *C'est une personne franche* (syn. **droit, honnête** ; contr. **hypocrite, fourbe**). *Soyez franc, dites-moi tout* (syn. **sincère**). *Réponse franche* (syn. **direct, net**). *Visage franc* (syn. **ouvert**). *Jouer franc jeu* (= agir sans intention cachée). **2.** Pur, sans mélange : *Rouge franc.* **3.** Net, précis ; sans détour : *Montrer une franche hostilité* (= une hostilité déclarée). **4.** LITT. Qui est parfait, accompli dans son genre : *Une franche canaille* (syn. **véritable, fieffé**). **5.** Se dit d'un délai où l'on ne compte ni le jour du départ ni celui du terme : *Nous avons passé dix jours francs à Vienne.* **6.** Qui n'est pas soumis au paiement d'un droit, d'une imposition : *Autrefois, certaines villes étaient franches.* **7. Boutique franche,** magasin qui, dans certains emplacements (aéroports, etc.), bénéficie de l'exemption de taxes sur les produits qui y sont commercialisés. / **Franc de port,** franco. / **Port franc, zone franche,** port ou région frontière où les marchandises étrangères pénètrent librement, sans paiement de droits. ◆ **franc adv.** LITT. **Parler franc,** parler franchement, ouvertement.

3. franc, franque [frɑ̃, frɑ̃k] **adj.** (bas lat. *Francus*, frq. **frank*). Qui appartient aux Francs.

français, e [frɑ̃sɛ, -ɛz] **adj.** et **n.** (de *France*, bas lat. *Francia*, pays des Francs). De France : *Le peuple français. Les Français voyagent peu.* ◆ **français n.m. 1.** Langue romane parlée princ. en France, au Canada, en Belgique, en Suisse et en Afrique. **2. Vous ne comprenez pas le français ?,** se dit pour marquer l'impatience lorsqu'un ordre n'a pas été exécuté.

français *(Empire colonial)*, ensemble des pays d'outre-mer acquis et gouvernés par la France.

Le premier Empire colonial

1534-1542. Jacques Cartier, envoyé par François Ier, effectue trois voyages en Amérique. Il remonte le Saint-Laurent, future grande voie de pénétration française en Amérique.

1608. La fondation de Québec par Champlain amorce la colonisation de la Nouvelle-France (nom donné au Canada français).

1635. Les Français occupent la Guadeloupe et la Martinique.

1638. Premier comptoir français à l'île Bourbon (La Réunion).

1643. Les Français s'établissent à Madagascar (Fort-Dauphin).

1659. Fondation de Saint-Louis au Sénégal.

1664. Colbert crée la Compagnie des Indes occidentales (exploitant les domaines africain et américain) et la Compagnie des Indes orientales (exploitant le domaine de l'océan Indien et notamment les comptoirs fondés en Inde).

Les colonies ne commercent qu'avec la métropole, à laquelle elles vendent leurs matières premières (café, sucre) et dont elles reçoivent les produits fabriqués.

1665. La France acquiert la partie occidentale de Saint-Domingue.

1682. Cavelier de La Salle occupe la Louisiane au nom de la France.

1713. Par le traité d'Utrecht, la France doit abandonner à l'Angleterre l'Acadie, Terre-Neuve, la baie d'Hudson.

Elle s'établit à l'île de France (île Maurice) en 1715 et fonde en Louisiane La Nouvelle-Orléans (1718). À partir de 1741, elle étend son influence en Inde sous l'action de Dupleix.

1763. Au traité de Paris, la France cède à l'Angleterre le Canada, le Sénégal, plusieurs Antilles et renonce à toute domination dans l'Inde, où elle ne conserve que cinq comptoirs.

Le nouvel Empire colonial

1830. L'expédition d'Alger ouvre la voie à l'impérialisme français contemporain.

La France établit son autorité sur Tahiti (1842-1847) et annexe la Nouvelle-Calédonie (1853). Faidherbe soumet le Sénégal, où Dakar est fondée en 1857, et entreprend la pénétration vers le Soudan.

1859. Constitution des établissements français de la Côte-de-l'Or et du Gabon.

1862-1867. Les Français s'établissent en Cochinchine.

1863. Protectorat français sur le Cambodge.

La IIIe République est la grande époque de l'impérialisme français. Les expéditions entreprises par Brazza à partir de 1875 posent les bases du Congo français.

1881. Protectorat français sur la Tunisie.

1885. L'Annam, le Tonkin et Madagascar deviennent des protectorats.

1904. Organisation de l'Afrique-Occidentale française.

1910. Organisation de l'Afrique-Équatoriale française.

1912. La France établit un protectorat sur le Maroc.

Par le système des mandats, elle obtient le contrôle de la Syrie, du Liban, du Cameroun et du Togo. Mais l'empire est ébranlé par la crise économique mondiale, puis par la Seconde Guerre mondiale. C'est le début de la décolonisation.

1945. Déclenchement de la guerre d'Indochine après la proclamation d'indépendance du Viêt Nam.

Malgré les tentatives de réorganisation de l'empire (création, en 1946, de l'Union française, remplacée, en 1958, par la Communauté), la France doit accorder l'indépendance à la plupart de ses colonies.

1954. Elle reconnaît l'indépendance de l'Indochine.

1956. Indépendance du Maroc et de la Tunisie.

1960. La plupart des colonies africaines deviennent indépendantes.

1962. L'Algérie obtient son indépendance à l'issue d'une guerre meurtrière (1954-1962).

Francastel (Pierre), historien de l'art et esthéticien français (Paris 1900 - *id.* 1970). Professeur de sociologie de l'art, il a étudié la peinture comme système figuratif exprimant de façon autonome, à chaque époque, un certain état de civilisation (*Peinture et société*, 1952 ; *la Réalité figurative*, 1965). *Art et technique aux XIXe et XXe siècles* (1956) est une étude de la fonction moderne de l'art, de l'insertion de celui-ci dans notre société.

franc-comtois, e [frɑ̃kɔ̃twa, -az] **adj.** et **n.** (pl. *francs-comtois, franc-comtoises*). De Franche-Comté.

France, État de l'Europe occidentale ; 549 000 km^2 ; 66 317 994 habitants (64,2 millions en métropole) *[Français]*. CAP. *Paris.* Autres villes de plus de 200 000 hab. (dans l'ordre décroissant de la population de la commune seule) : *Marseille, Lyon, Toulouse, Nice, Nantes, Strasbourg, Montpellier, Bordeaux, Lille* et *Rennes.* LANGUE : *français.* MONNAIE : *euro.*

▶ *Dossier page suivante.*

INSTITUTIONS

La République a pour devise « Liberté, Égalité, Fraternité ». Elle est indivisible : ses lois sont les mêmes pour tous. Elle est démocratique : les élections donnent au pouvoir exécutif et au pouvoir législatif leur légitimité. La République est sociale : elle organise la solidarité entre les citoyens. La laïcité* de la République est un principe constitutionnel. Le français est la langue officielle. L'hymne de la *Marseillaise**, le drapeau bleu, blanc, rouge, Marianne* sont des symboles républicains. La Constitution a été adoptée en 1958 et plusieurs fois modifiée depuis. Le président de la République est élu pour cinq ans au suffrage universel direct. Il est le chef de l'État et le chef des armées. Il choisit le Premier ministre et, sur proposition de celui-ci, les membres du gouvernement. Assisté du Conseil supérieur de la magistrature, il garantit l'indépendance de la justice. Il promulgue les lois. Le Parlement* comprend l'Assemblée* nationale (que le président de la République a le droit de dissoudre) et le Sénat*. Les élections législatives permettent aux citoyens de choisir la coalition ou le parti politique qui gouverne le pays.

ADMINISTRATION DU TERRITOIRE

Le territoire est divisé en 13 Régions métropolitaines (divisées en 96 départements* et la métropole de Lyon), dont la Corse (collectivité territoriale à statut particulier), plus l'ensemble des territoires d'outre-mer*. La Guadeloupe, la Martinique, la Guyane, La Réunion et Mayotte sont à la fois des départements et des Régions. L'ensemble regroupe 101 départements.

Le conseil régional s'occupe de l'aménagement et du développement économique et culturel de la Région ; il est chargé de l'entretien des lycées. Le conseil départemental veille à l'entretien des routes départementales et des collèges ; il a le pouvoir

Un avenir aux couleurs de l'Europe ?

Quand on s'interroge sur la place de la France dans le monde, on soulève fréquemment quelques paradoxes. Pourquoi ce pays si performant semble-t-il parfois en déclin ? Pourquoi le chômage reste-t-il si élevé malgré la compétitivité des entreprises ? La France peut-elle encore affirmer seule des ambitions ou doit-elle rechercher son salut dans l'intégration à l'Union européenne ?

▶**Points forts et atouts.** La France compte parmi les dix plus grandes puissances économiques du monde : par son revenu national brut, elle occupe le sixième rang derrière les États-Unis, la Chine, le Japon, l'Allemagne et le Royaume-Uni, mais devant le Brésil, l'Italie et l'Inde. Même si le pays, d'un point de vue démographique, n'occupe que la 21e place mondiale avec quelque 66 millions d'habitants environ, il a pu conserver son rang grâce à sa situation géographique et à son histoire. En effet, la France bénéficie d'une double exposition maritime en métropole (Atlantique/Méditerranée) et possède le 3e domaine maritime mondial (avec les territoires d'outre-mer) ; ses réserves en eau sont abondantes et ses sols sont de bonne qualité. Si l'agriculture française emploie une part minime de sa population active, sa productivité est forte : le pays se place au premier rang de l'Union européenne pour la production agricole et au deuxième rang mondial en ce qui concerne les exportations (produits laitiers, viandes, céréales, vin...). Ce potentiel rend son secteur agroalimentaire très concurrentiel. Mais ce sont avant tout les produits manufacturés qui permettent à la France de détenir le sixième rang mondial dans l'exportation de marchandises.

▶**Des signes de déclin.** Avec un taux de chômage oscillant entre 9 et 10 % de la population active, l'économie française apparaît cependant en crise. Si cette détérioration de l'emploi a commencé après le premier choc pétrolier de 1973, les fluctuations des prix de l'« or noir », depuis le développement du nucléaire, ne suffisent pas à l'expliquer. La disparition de pans entiers de l'industrie (mines de charbon, usines sidérurgiques, chaînes d'assemblage automobile, filatures textiles) et leur restructuration (diminution du nombre d'ouvriers au profit du perfectionnement des machines et des ordinateurs, délocalisations à l'étranger) sont à l'origine de la perte de nombreux emplois. En outre, la faiblesse des ventes françaises vers les grands foyers de population asiatiques suscite des inquiétudes, d'autant que l'Asie est de plus en plus choisie comme lieu de délocalisation de la production, en raison d'un coût salarial moindre. Au cours des années 2000, la balance commerciale de la France s'est ainsi fortement détériorée (en grande partie en raison du renchérissement du pétrole importé) et, avec la mondialisation des échanges, la France est en perte de vitesse par rapport aux pays des autres continents.

▶**L'intégration dans l'Union européenne.** Les grandes réussites de l'industrie française reposent sur des projets réalisés avec les partenaires de l'Union européenne (Airbus, Ariane, laboratoires de recherche et d'expérimentation physique). C'est dans le cadre de l'Union européenne que les constructeurs français planifient leur production et dégagent une grande part de leurs profits grâce au libre déplacement des biens, des capitaux et des hommes. La P.A.C. (politique agricole commune) a fourni à la paysannerie française une part non négligeable de ses revenus. L'Union européenne doit accroître l'harmonisation des politiques économiques et sociales pour organiser la concurrence entre les entreprises européennes et leur permettre de mieux résister à celle des autres continents.

Face à la montée en puissance de nouveaux pays industriels plus peuplés et à l'hégémonie économique américaine, la France doit envisager son avenir à l'échelle de l'Union européenne. Le retour au « plein emploi » est une priorité, car le chômage, dont le traitement social pèse sur l'économie, se traduit aussi par une dégradation matérielle et morale des conditions de vie d'une partie grandissante de la population, qui, en situation d'exclusion durable, ne voit plus de raisons d'espérer en l'avenir.

Voir aussi : chômage ; crise ; Union européenne.

d'attribuer des aides sociales. La plus petite unité administrative est la commune ; on compte plus de 36 500 communes. Le maire et les conseillers municipaux sont responsables de l'aménagement de la commune et de divers services liés à la vie quotidienne des habitants, dont l'état civil. C'est aussi à la commune que revient l'entretien des écoles.

GÉOGRAPHIE

Les conditions naturelles. Le qualificatif d'« équilibré » pourrait s'appliquer au relief et au climat de la France. La haute montagne est présente, au S.-E. surtout (Alpes) et au S. (Pyrénées), mais elle est souvent aérée ou longée par des vallées (Rhône, Isère, Durance). Les paysages dominants sont ceux de plaines (Flandre et Picardie, Landes, Languedoc, etc.), de plateaux (Quercy et Périgord, bordure orientale du Bassin parisien, Bretagne, etc.), de moyennes montagnes (Ardennes, Vosges et aussi Massif central). Plus de 60 % du territoire sont au-dessous de 250 m d'altitude, 7 % seulement au-dessus de 1 000 m.

À mi-chemin entre le pôle et l'équateur, la France bénéficie d'un climat tempéré à dominante océanique, c'est-à-dire de températures généralement modérées (moyennes de janv. rarement inférieures à 0 °C, moyennes de juill. ne dépassant qu'exceptionnellement 22 °C). Les précipitations sont généralement comprises entre 500 et 1 000 mm, assez régulièrement réparties dans l'année. Ces caractéristiques générales sont régionalement à nuancer. L'hiver est plus rigoureux dans l'Est et naturellement en montagne, où, ici, l'altitude accroît souvent les précipitations (partiellement sous forme de neige). Les pluies sont abondantes et fréquentes en bordure de l'Atlantique (Bretagne, Pays basque), plus rares, mais plus violentes, sur le pourtour méditerranéen, marqué surtout par la chaleur et la sécheresse de l'été et par un fort ensoleillement.

La population. Elle représente moins de 1 % de la population mondiale, proportion d'ailleurs régulièrement décroissante. Entre 1950 et 2000, l'excédent naturel a fortement baissé mais le taux de natalité s'est stabilisé (autour de 12 ‰) au cours des dix dernières années, le nombre de naissances ayant augmenté de 9 %. Avec 2 enfants par femme en 2015, la France est, avec l'Irlande, le pays de l'Union européenne où la fécondité est la plus forte. La population étrangère représente environ 8 % de la population totale.

Les trois quarts des Français vivent dans des agglomérations (ou unités) urbaines, que domine l'agglomération parisienne. Après avoir marqué le pas de 1975 à 1982, la croissance des grandes agglomérations a repris. La moitié des citadins vivent dans la cinquantaine d'agglomérations de plus de 200 000 hab. Si la densité moyenne de la population métropolitaine avoisine 116 hab./km^2, dans les campagnes, elle est souvent de l'ordre de 20 hab./km^2, parfois davantage (Flandre, Normandie, Bretagne), souvent moins aussi (paradoxalement à la fois dans les régions de grande culture comme la Beauce et dans les régions les plus déshéritées comme le sud du Massif central ou des Alpes).

L'économie. La population active avoisine 28 millions de personnes. Elle s'est accrue récemment essentiellement par l'extension du travail des femmes. Ce trait est lié à l'évolution de l'emploi par secteurs. L'agriculture n'occupe plus qu'un peu moins de 3 % de la population active et l'industrie, environ 22 %. Plus des trois quarts des actifs travaillent donc dans le secteur tertiaire (commerce, transports, administrations...). Selon l'indicateur et le mode de calcul adoptés, la France est classée au cinquième, sixième ou huitième rang économique mondial mais toujours derrière les États-Unis, le Japon, la Chine et l'Allemagne. L'exode rural s'est traduit par une diminution sensible du nombre des exploitations (2,3 millions en 1955, à peine plus de 500 000 aujourd'hui), provoquant un net agrandissement de leur taille moyenne (25 ha aujourd'hui), la superficie agricole utilisée ne reculant que faiblement (environ la moitié de la superficie totale, ce qui place la France au premier rang des pays de l'Union européenne). Cette évolution, souvent humainement douloureuse, a cependant favorisé la modernisation du secteur (progrès de la mécanisation ajoutés à une utilisation croissante d'engrais), stimulée aussi par la mise en place du Marché commun, dont la France constitue, et de loin, la première puissance agricole. Les produits animaux représentent 37 % de la valeur de la production, qui utilise plus de la moitié de la superficie agricole utile. Parmi les produits végétaux émergent les céréales (blé, maïs), les fruits et légumes et naturellement le vin. L'apport de la pêche stagne, comme celui de la sylviculture (malgré un taux de boisement de 26 %). Il faut signaler l'essor récent des oléagineux (colza, tournesol et surtout soja). Toutefois, dans la formation du P.I.B., l'agriculture entre pour moins de 3 %, la part de l'industrie se situant à moins de 27 %.

L'insuffisance de la production d'énergie est ancienne. Le recul de l'extraction du charbon et du gaz naturel a toutefois été compensé par une lente progression de l'hydroélectricité et surtout par l'essor du nucléaire, favorisé par une relative richesse en uranium et qui assure aujourd'hui plus de 77 % de la production totale d'électricité. La France se situe ici au deuxième rang mondial et le taux d'indépendance énergétique a très nettement remonté (de 24,3 % en 1973 à 50,3 % en 2006, à 53,1 % en 2013).

Le sous-sol est plus riche en potasse et en bauxite (productions cependant en recul, de même que la production d'aluminium). Le minerai de fer est aussi présent, mais son extraction a fortement diminué en raison d'une faible teneur et aussi de la crise de la sidérurgie. Dans la métallurgie de transformation, la construction navale reste en difficulté, l'automobile peine pour se maintenir, l'aéronautique paraît en meilleure position (comme la chimie élaborée et surtout l'agroalimentaire). En revanche, le textile demeure une branche « sinistrée », comme l'est devenu plus récemment le bâtiment.

Dans le domaine du tertiaire, l'administration publique, l'enseignement, la santé et l'action sociale représentent près de 30 % de l'emploi salarié total. Le réseau routier (395 200 km de routes nationales et départementales, auxquelles s'ajoutent plus de 10 000 km d'autoroutes et de voies autoroutières) s'est adapté à un parc automobile accru. Les transports routiers assurent près de 80 % du trafic commercial intérieur, loin devant le rail (réseau de près de 30 000 km, dont plus de 14 000 km de lignes électrifiées), la navigation intérieure, les oléoducs et gazoducs. Le transport maritime de marchandises (344 millions de tonnes en 2010) est assuré pour plus de 60 % par les ports de Marseille, du Havre et de Dunkerque, encore dominé par les importations de pétrole. Les services marchands concernent en majeure partie encore le commerce de détail (malgré le développement des grandes surfaces). Le tourisme est devenu un secteur économique de première importance ; la France se situe au tout premier rang européen et mondial en nombre de visiteurs et au troisième rang pour les recettes (derrière les États-Unis et l'Espagne). Les revenus du tourisme ont ainsi un poids important dans la balance des paiements, qui est déficitaire depuis 2005. L'inflation est aujourd'hui très faible, voire négative, sans que cela s'accompagne toutefois d'un net accroissement de la compétitivité industrielle sur le plan international, alors que la concurrence est vive, venant des autres États développés, mais aussi de pays récemment industrialisés (Asie du Sud-Est et Chine notamm.). L'essentiel du commerce extérieur se fait avec les autres pays de l'Union européenne (Allemagne en tête), mais la France importe plus qu'elle n'exporte, et ce déficit commercial s'est fortement aggravé depuis 2004. Le niveau de vie moyen est élevé si l'on considère le taux d'équipement des ménages en automobiles, téléphones, téléviseurs, ordinateurs. Mais cela ne doit pas masquer la persistance d'inégalités sociales et régionales. Le problème de l'emploi reste une préoccupation majeure (le chômage touchant entre 9 et 10 % de la population active).

HISTOIRE

Les premiers occupants du territoire constituant la France actuelle apparaissent il y a environ un million d'années. Au cours du paléolithique puis du néolithique, leur culture se développe. Au début du Ier millénaire, les Celtes s'installent sur le sol gaulois, qui connaît alors l'âge de fer.

58-51 av. J.-C. La Gaule est conquise par les légions romaines de Jules César.

Le pays est christianisé dès la fin du Ier s. La Gaule subit les invasions barbares à partir du Ve s.

Les Mérovingiens (v. 481-751)
V. 481-508. Clovis, roi des Francs (v. 481-511), conquiert la Gaule et fonde le royaume franc.
Le partage de ses États entre ses fils après sa mort et de nouvelles conquêtes donnent naissance à trois royaumes rivaux (Austrasie, Neustrie, Bourgogne). L'aristocratie (notamm. les maires du palais) profite de cette rivalité pour s'affermir aux dépens du pouvoir royal : les rois mérovingiens sont réduits au rôle de « rois fainéants ».
732. Charles Martel, maire du palais des trois royaumes, arrête à Poitiers l'invasion musulmane.
Les Carolingiens (751-987)
751. Pépin le Bref, fils de Charles Martel, est couronné roi des Francs et fonde la dynastie des Carolingiens.
800. Charlemagne, fils de Pépin le Bref, est couronné empereur d'Occident et règne sur un vaste empire.
843. Au traité de Verdun, l'empire de Charlemagne est partagé entre ses trois petits-fils.
Charles II le Chauve reçoit la Francie occidentale (partie de l'empire située à l'O. de l'Escaut, de la Meuse, de la Saône et du Rhône), qui va devenir la France. Le pays traverse alors une période troublée (invasions normandes), pendant laquelle naît le régime féodal.
Les Capétiens (987-1328)
987. Hugues Capet monte sur le trône de France.
Les Capétiens agrandissent peu à peu le domaine royal. Philippe II Auguste conquiert sur le roi d'Angleterre la Normandie (1204) et l'Anjou.
1214. À Bouvines, Philippe II Auguste bat l'empereur germanique.
1229. Après la croisade contre les albigeois, le Languedoc est rattaché à la couronne de France.
Tandis que les Capétiens affermissent leur autorité, le monde féodal se désagrège peu à peu. Le renouveau commercial permet le développement du mouvement communal.
La fin du Moyen Âge (1328-1483)
1328. Philippe VI fonde la dynastie des Valois.
1337-1453. La guerre de Cent Ans oppose Français et Anglais.
1347-1349. La Peste noire ravage le pays.
1415. Victoire des Anglais à Azincourt.
1429. Jeanne d'Arc « délivre » Orléans.
1461-1483. Louis XI brise la puissance des grands vassaux (Charles le Téméraire).
La France s'agrandit du Dauphiné (1349), de la Bourgogne (1477) et de la Provence (1481).
La Renaissance (1483-1594)
1494. Les guerres d'Italie, engagées par Charles VIII (1483-1498), se poursuivent sous Louis XII (1498-1515) et sous François Ier (1515-1547).
La lutte menée par François Ier contre Charles Quint ne prend fin que sous Henri II (1547-1559). L'autorité royale se renforce (naissance de l'État moderne).
1532. Édit d'union de la Bretagne à la France.
1562-1593. Les guerres de Religion divisent la France sous les règnes des derniers Valois (François II, Charles IX, Henri III).
1572. Massacre de la Saint-Barthélemy.
Henri IV et Louis XIII (1594-1661)
1594. Le protestant Henri de Navarre succède à Henri III après s'être converti au catholicisme. Sacré roi sous le nom d'Henri IV, il fonde la dynastie des Bourbons.
1598. L'édit de Nantes rétablit la paix religieuse.
1610-1643. Sous le règne de Louis XIII, Richelieu soumet les nobles et les protestants et renforce l'absolutisme.
1635-1648. La France intervient directement dans la guerre de Trente Ans.
1648-1652. La Fronde menace l'autorité royale.
Le siècle de Louis XIV (1661-1715)
1661. À partir de la mort de Mazarin, Louis XIV (roi de 1643 à 1715) gouverne la France en maître absolu.
Son règne est une époque de gloire militaire, littéraire et artistique. Les institutions sont renforcées dans le sens de la centralisation. La politique coloniale de ses prédécesseurs est poursuivie.
Mais les guerres trop fréquentes (la dernière s'achève au traité d'Utrecht, en 1713) compromettent la situation de la France et de la royauté.
1678. Pleine souveraineté sur l'Alsace et annexion de la Franche-Comté (traité de Nimègue).
1685. Révocation de l'édit de Nantes.
Le siècle des Lumières (1715-1789)
1715-1774. Dès le règne de Louis XV, marqué par des échecs en politique extérieure (guerre de Sept Ans, perte de l'Inde et du Canada), la nécessité de réformes se fait sentir.
1768. Rattachement de la Corse.
1776. Rattachement de la Lorraine.
Le mouvement philosophique du XVIIIe s. contribue à saper les idées absolutistes ; la bourgeoisie, enrichie par l'expansion économique générale, n'accepte plus d'être écartée de la conduite du pays par l'aristocratie.
La Révolution et l'Empire (1789-1814)
1789. La Révolution est provoquée par la crise financière, politique et sociale née au début du règne de Louis XVI (1774-1792). Elle brise l'absolutisme royal, établit l'égalité civile (nuit du 4 août) et abolit les dernières traces de la féodalité.
1791-1792. Sous la Législative a lieu une tentative de monarchie constitutionnelle, qui échoue et entraîne la chute de la royauté (10 août 1792).
1792-1795. La Convention sauve la France de l'invasion étrangère.
1795-1799. Le Directoire succède à la Convention.
1799. Le coup d'État du 18 brumaire an VIII renverse le Directoire et installe le Consulat.
Bonaparte, Premier consul, affermit certaines conquêtes de la Révolution : le Code civil (1804) sanctionne les réformes sociales de 1789.
1804. La Constitution de l'an XII établit le premier Empire. Bonaparte est nommé empereur des Français sous le nom de Napoléon Ier.
La Restauration et le second Empire
1814. Avec le règne de Louis XVIII (1814-1824) puis celui de Charles X (1824-1830), les Bourbons gouvernent de nouveau la France.
Après la chute de Charles X (1830), le règne de Louis-Philippe (1830-1848) est marqué par l'essor de la bourgeoisie, qui détient la suprématie politique et économique.
1848. Les journées de février fondent la IIe République et établissent le suffrage universel.
La révolte ouvrière de juin rejette la république vers le conservatisme et le pouvoir personnel, qui s'installe avec le prince-président Louis Napoléon Bonaparte (coup d'État du 2 déc. 1851).
1852. Napoléon III fonde le second Empire.
1860. Cession de Nice et de la Savoie à la France.
De la IIIe République à nos jours
1870. Après l'échec de l'Empire dans la guerre franco-allemande, la IIIe République est proclamée.
1871. L'insurrection de la Commune (18 mars) se termine par un échec (27 mai).
1875-1885. Les républicains font adopter les lois organisant les pouvoirs politiques, l'enseignement obligatoire et laïque et autorisant les syndicats. La conquête coloniale reprend en Afrique et en Asie.
1894-1899. Affaire Dreyfus.
1914-1918. Première Guerre mondiale.
1932. La France, à son tour, est touchée par la crise économique mondiale de 1929.
1936. Le triomphe du Front populaire fait faire un grand progrès à la législation sociale (accords Matignon).
1939. La France est contrainte de déclarer la guerre à l'Allemagne, qui a envahi la Pologne. C'est le début de la Seconde Guerre mondiale.
1940-1944. La France est défaite et occupée. Après l'armistice, le gouvernement, présidé par le maréchal Pétain, est installé à Vichy.
1944. Le 6 juin, les Alliés débarquent en Normandie et libèrent Paris le 25 août. Gouvernement d'« unanimité nationale » dirigé par de Gaulle.
La IVe République (1944-1958) est une période d'instabilité politique.

1951. La France adhère à la C.E.C.A., créée à l'initiative de J. Monnet et R. Schuman, première étape vers l'Union européenne.
1946-1954. Guerre d'Indochine.
1954-1962. Guerre d'Algérie.
La France doit accepter l'indépendance des États qui constituaient son empire colonial.
Après une grave crise gouvernementale est instaurée en 1958 la Ve République, dont le général de Gaulle est élu président.
1969. Georges Pompidou est élu à la présidence de la République. Il meurt en cours de mandat.
1974. Valéry Giscard d'Estaing lui succède.
1981. L'élection de François Mitterrand à la présidence de la République marque le retour de la gauche au pouvoir après vingt-cinq ans d'absence.
1986-1988. La victoire de l'opposition aux élections législatives de mars 1986 crée une situation institutionnelle inédite, avec la « cohabitation » d'un président de gauche et d'un Premier ministre de droite (Jacques Chirac).
1988. F. Mitterrand est réélu à la tête de l'État.
1992. La ratification du traité de Maastricht sur l'Union européenne est approuvée par référendum (51,1 %).
1993-1995. F. Mitterrand connaît une deuxième période de cohabitation (Premier ministre : Édouard Balladur).
1995. Jacques Chirac est élu président de la République.
1997-2002. Il doit, après avoir dissous l'Assemblée nationale, cohabiter avec une majorité de gauche (Premier ministre : Lionel Jospin).
2002. J. Chirac est réélu avec 80 % des voix face à Jean-Marie Le Pen (Front national, extrême droite), la gauche ayant appelé au second tour à un « vote républicain ».
2007. Nicolas Sarkozy est élu président de la République.
2012. La gauche revient au pouvoir après la victoire de François Hollande et des socialistes aux élections présidentielle et législatives. ⟶ **République (Ve).**

France *(campagne de)* [10 mai-25 juin 1940], opérations qui opposèrent pendant la Seconde Guerre mondiale les armées françaises et alliées (britanniques, belges, néerlandaises) aux forces allemandes. La chute de Dunkerque (4 juin) et les percées allemandes sur la Somme (5 juin) et sur l'Aisne (10 juin) amenèrent la France à demander (17 juin) l'armistice (signé le 22).

France (Anatole François Thibault, dit **Anatole),** écrivain français (Paris 1844 - La Béchellerie, Saint-Cyr-sur-Loire, 1924). Il est l'auteur de romans historiques ou de mœurs, très variés, empreints de scepticisme et d'une ironie toute voltairienne : *le Crime de Sylvestre Bonnard, la Rôtisserie de la reine Pédauque, le Lys rouge, Les dieux ont soif.* (Prix Nobel 1921.)

France libre (la), nom donné au mouvement lancé en 1940 par le général de Gaulle. Il fut d'abord appliqué aux volontaires qui répondirent à l'appel du 18 juin 1940, puis à toutes les troupes et à tous les territoires qui continuèrent la lutte contre l'Allemagne malgré l'armistice. Le 14 juillet 1942, de Gaulle changea le nom de « France libre » en « France combattante ».

Francfort ou **Francfort-sur-le-Main,** en all. **Frankfurt am Main,** v. d'Allemagne (Hesse), sur le Main ; 667 925 hab. Centre financier (Bourse, Bundesbank, Banque centrale européenne) et industriel. Université. Important aéroport. Foire annuelle internationale du livre. Cathédrale des XIIIe-XVe s. et maisons gothiques. Nombreux et importants musées, dont celui de l'Institut Städel (beaux-arts européens, peinture surtout). Maison de Goethe. Déjà occupée par les Romains, la ville fut fréquemment le lieu de l'élection impériale depuis le XIIe s., puis devint celui du couronnement de l'empereur (1562-1792). Capitale de la Confédération du Rhin (1806-1813) puis de la Confédération germanique (1815), elle fut annexée par la Prusse en 1866. Le 10 mai 1871, le traité qui mettait fin à la guerre franco-allemande y fut signé.

Francfort *(école de),* école philosophique allemande qui, à partir de 1923, a constitué, sous l'impulsion de M. Horkheimer et de H. Marcuse, puis en 1950 avec T. Adorno et J. Habermas, une nouvelle école philosophique. Ils ont repensé un marxisme critique et proposé une appréhension nouvelle de la modernité.

Franche-Comté, anc. prov. de l'est de la France correspondant aux départements du Doubs, du Jura et de la Haute-Saône ainsi qu'au Territoire de Belfort. En 843, le traité de Verdun donne la région à la Lotharingie, annexée en 879 au royaume de Bourgogne. Érigée en comté de Bourgogne (XIe s.), elle devient terre du Saint Empire puis est rattachée au duché de Bourgogne (1384). Elle est, dès la fin du XVe s., disputée entre la France et le Saint Empire. En 1556, la Franche-Comté passe aux Habsbourg d'Espagne. Elle est cédée à la France par le traité de Nimègue (1678).

Franche-Comté, Région de l'est de la France et anc. Région administrative regroupant 4 dép. : Doubs, Jura, Haute-Saône et Territoire de Belfort. ⟶ Bourgogne-Franche-Comté.

franchement [frɑ̃ʃmɑ̃] **adv.** (de *2. franc*). **1.** De manière directe ; sans hésitation : *Parler franchement* (syn. **sincèrement, ouvertement**). **2.** Très : *C'est franchement désagréable* (syn. **vraiment, tout à fait**).

Franchet d'Espèrey (Louis), maréchal de France (Mostaganem 1856 - château de Saint-Amancet, Tarn, 1942). Après avoir servi au Maroc sous Lyautey (1912), il se distingua sur la Marne (1914). Commandant en chef les troupes alliées en Macédoine (1918), il contraignit la Bulgarie à cesser le combat.

franchir [frɑ̃ʃir] **v.t.** (de *2. franc*) [conj. **32**]. **1.** Passer un obstacle par un moyen quelconque : *Franchir un fossé* (= sauter par-dessus) [syn. **enjamber**]. **2.** Aller au-delà d'une limite : *Franchir clandestinement la frontière* (syn. **passer**). *Franchir le cap de la cinquantaine.* **3.** Parcourir une certaine distance : *Franchir les mers* (syn. **traverser**).

franchise [frɑ̃ʃiz] **n.f.** (de *2. franc*). **1.** Qualité d'une personne franche, d'un comportement franc : *Répondre avec franchise* (syn. **sincérité, loyauté**). **2.** Clause d'une assurance qui fixe une somme forfaitaire restant à la charge de l'assuré en cas de dommage ; cette somme. **3.** COMM. Droit d'exploiter une marque, une raison sociale, concédé par une entreprise à une autre sous certaines conditions. **4.** Exonération de certaines taxes, de certains droits : *Franchise postale, douanière.*

franchisé, e [frɑ̃ʃize] **n.** COMM. Bénéficiaire d'une franchise.

franchissable [frɑ̃ʃisabl] **adj.** Qui peut être franchi : *Une rivière franchissable à pied* (contr. **infranchissable**).

franchissement [frɑ̃ʃismɑ̃] **n.m.** Action de franchir : *Le franchissement d'une rivière* (syn. **traversée**).

francien [frɑ̃sjɛ̃] **n.m.** (de *France*). Dialecte de langue d'oïl, parlé en Île-de-France au Moyen Âge, à l'origine du français.

francilien, enne [frɑ̃siljɛ̃, -ɛn] **adj.** et **n.** De l'Île-de-France.

francique [frɑ̃sik] **n.m.** (bas lat. *francicus*). Langue des anciens Francs, faisant partie du germanique occidental, reconstituée de façon conjecturale. ◆ **adj.** Qui appartient à cette langue.

francisation [frɑ̃sizasjɔ̃] **n.f. 1.** Action de franciser : *La francisation des termes techniques d'origine anglaise.* **2.** MAR. **Acte de francisation,** document de bord attestant qu'un navire est dûment immatriculé aux registres français et l'autorisant à arborer le pavillon français.

franciscain, e [frɑ̃siskɛ̃, -ɛn] **n.** (lat. ecclés. *franciscanus*). Religieux, religieuse de l'ordre fondé par saint François d'Assise. ◆ **adj.** Relatif à saint François ou à son ordre.

franciser [frɑ̃size] **v.t.** (de *français*). Donner un caractère français, des manières françaises à qqn, une forme française à qqch : *Franciser un mot. Étranger que de fréquents séjours à Paris ont francisé.*

francisque [frɑ̃sisk] **n.f.** (bas lat. *francisca [securis]*, hache des Francs). **1.** Hache de guerre des Francs et des Germains. **2. Francisque gallique,** hache à deux fers, emblème adopté par le régime de Vichy (1940-1944).

francité [frɑ̃site] **n.f.** *SOUT.* Caractère de ce qui est français.

Franck (César), compositeur belge naturalisé français (Liège 1822 - Paris 1890). Professeur d'orgue au Conservatoire de Paris (1872), il forma une pléiade d'artistes de premier ordre, dont H. Duparc et V. d'Indy. Tout en s'inspirant d'une esthétique germanique, il a considérablement enrichi l'école française, insistant sur l'improvisation et l'écriture. Il se révéla avec le quintette avec piano et les *Béatitudes* (1879), puis écrivit ses chefs-d'œuvre, dont *Prélude, choral et fugue*, pour piano (1884), les *Variations symphoniques*, pour piano et orchestre (1885), la *Sonate* pour piano et violon (1886), la *Symphonie en « ré » mineur* (1888) et les *Trois Chorals*, pour orgue, considérés comme son testament musical (1890).

franc-maçon, onne [frɑ̃masɔ̃, -ɔn] **n.** et **adj.** (angl. *free mason*, maçon libre) [pl. *francs-maçons, franc-maçonnes*]. Qui appartient à la franc-maçonnerie.

franc-maçonnerie [frɑ̃masɔnri] **n.f.** (pl. *franc-maçonneries*). **1.** Association initiatique universelle qui n'est pas secrète mais fermée, fondée sur la fraternité et visant à réunir les hommes par-delà leurs différences : *La franc-maçonnerie comprend diverses obédiences.* **2.** Groupe à l'intérieur duquel se manifeste une solidarité agissante entre membres liés par des intérêts, des idées ou des goûts communs : *La franc-maçonnerie des anciens élèves d'une grande école.*

■ Ni Église ni secte, s'apparentant plus à une institution philosophique qu'à un mouvement de religiosité ésotérique, la franc-maçonnerie contemporaine, dite *spéculative*, se présente comme l'héritière de la franc-maçonnerie *opérative*, dont les membres étaient au Moyen Âge des professionnels du « franc-mestier », architectes et bâtisseurs des édifices religieux et civils. À partir du XVIe s. et d'abord en Angleterre, ces associations accueillirent des membres étrangers à l'art de bâtir et appartenant à la noblesse, au clergé ou à la bourgeoisie. Ainsi les loges, ou groupes de maçons, s'attachèrent-elles désormais à interpréter, selon des perspectives philosophique et scientifique ou morale et spirituelle, les rites et symboles de la maçonnerie traditionnelle. C'est dans cet esprit « spéculatif » qu'à Londres, en 1723, une « Grande Loge » se donne un code, les *Constitutions*, publiées par James Anderson (1662-1728). Celles-ci demeurent la charte de la franc-maçonnerie universelle et ont pour principes la croyance en Dieu, la pratique stricte de la morale, le respect des pouvoirs civils légitimes, mais aussi la liberté en matière de confession religieuse.
En France, la maçonnerie, introduite vers 1725 par des émigrés britanniques, se présente d'abord comme une version nettement chrétienne des *Constitutions* d'Anderson, puis, à la suite d'une scission, elle prend une forme nouvelle avec la création, en 1773, du Grand Orient. Cette dernière obédience en viendra peu à peu à abandonner la voie symbolique pour l'agnosticisme et à se préoccuper d'avoir une influence politique : en 1877, elle supprime de ses *Constitutions* la mention du Grand Architecte de l'Univers et, sous la IIIe République, elle se trouve à la pointe de l'anticléricalisme. À côté du Grand Orient, il existe en France une autre obédience maçonnique, la Grande Loge nationale, restée traditionnelle et reconnue par la Grande Loge d'Angleterre. À partir du XVIIIe s., la franc-maçonnerie s'implante dans d'autres pays d'Europe, contribuant à l'expansion de l'esprit des Lumières. ■

1. franco [frɑ̃ko] **adv.** (it. [*porto*] *franco*, [port] franc). Sans frais pour le destinataire : *Expédier un paquet franco* (= franc de port).

2. franco [frɑ̃ko] **adv.** (de *1. franco*). FAM. Sans hésiter : *Y aller franco* (syn. **carrément**).

Franco (Francisco), général et homme d'État espagnol (El Ferrol 1892 - Madrid 1975). Commandant la Légion étrangère au Maroc (1923-1927), chef d'état-major de l'armée (1933), il participe à la répression de la grève des mineurs des Asturies (1934). Écarté par le Front populaire, qui l'envoie aux Canaries comme commandant général des troupes (1936), il participe au soulèvement nationaliste de juill. 1936, puis est nommé généralissime et chef du gouvernement (29-30 sept. 1936) par la junte de Burgos. Proclamé « chef suprême » (Caudillo) puis chef de l'État, du gouvernement et de l'armée (30 janv. 1938), il instaure à l'issue de la guerre un régime autoritaire, théoriquement inspiré des principes de la Phalange, parti unique. Gouvernant avec l'appui de l'Église et de l'armée, il crée des Cortes (1942), dont les membres sont élus par les corporations ou nommés par le gouvernement. Pendant la Seconde Guerre mondiale, Franco proclame la neutralité de l'Espagne. En 1947, il fait voter une « loi de succession » stipulant que l'Espagne est une monarchie dont il est protecteur-régent, puis, en 1969, il choisit don Juan Carlos de Bourbon comme successeur avec le titre de roi. À l'extérieur, l'hostilité des vainqueurs de la Seconde Guerre mondiale à l'égard de son régime isole l'Espagne, qui ne peut entrer à l'O.N.U. qu'en 1955 et dans l'O.E.C.E. qu'en 1958.
Le régime que le général Franco a incarné est l'un des plus contestés tant à l'intérieur qu'à l'extérieur. Le général Franco est en effet considéré par les uns comme un dictateur pérennisant des méthodes condamnées par les démocraties, par les autres comme le seul homme capable d'assurer à l'Espagne, encore marquée par les séquelles d'une atroce guerre civile, son intégration dans l'Europe.

franco-allemande *(guerre)* [1870-1871], conflit qui opposa la Prusse et l'ensemble des États allemands à la France. Recherchée par Bismarck pour réaliser l'unité allemande, la guerre est provoquée par la dépêche d'Ems : la fausse version que donne Bismarck à la presse du message envoyé par Guillaume Ier à Napoléon III est injurieuse pour la France et l'oblige moralement à déclarer la guerre à la Prusse (19 juill. 1870). Devant l'armée prussienne très bien réorganisée et dirigée par un état-major compétent, l'armée française, mal préparée et mal commandée, est tout de suite contrainte à la retraite : du 4 au 12 août, elle perd la bataille des frontières et doit abandonner l'Alsace et une grande partie de la Lorraine.
2 sept. 1870. L'empereur capitule à Sedan.
Ce désastre entraîne la chute de l'Empire et la proclamation de la république (4 sept.). Le gouvernement de la Défense nationale de Gambetta tente en vain d'éviter la prise de Paris, puis organise la résistance en province.
28 janv. 1871. Malgré certains succès (défense héroïque de Belfort par Denfert-Rochereau), le gouvernement doit signer l'armistice.
10 mai 1871. Au traité de Francfort, la France perd l'Alsace (moins Belfort) et une partie de la Lorraine.
La guerre permet à l'Allemagne de réaliser son unité : pour la première fois, la totalité des États allemands se groupe autour de la Prusse contre la France et, le 18 janv. 1871, le roi de Prusse est proclamé empereur d'Allemagne à Versailles. En France, la défaite provoque l'insurrection de la Commune de Paris (18 mars 1871).

François d'Assise *(saint)*, fondateur des Frères mineurs (Assise v. 1182 - *id.* 1226). Fils d'un riche drapier, il quitte les siens en 1206 pour se consacrer à la solitude et à la prière. L'influence de celui qu'on appelle bientôt le Poverello (« Petit Pauvre ») lui attire des disciples désireux de partager son idéal de dénuement, de simplicité et d'apostolat. Ce groupe deviendra en 1209 un ordre religieux qui, par son souci de vie évangélique, se caractérise par une réforme spirituelle en profondeur. S'y adjoindront, en 1212, l'ordre féminin des Pauvres Dames, ou clarisses, fondé, avec François, par sainte Claire puis, en 1221, un « tiers ordre », association de laïcs qui veulent vivre l'idéal franciscain sans quitter le monde. Deux ans avant sa mort, François est marqué par les stigmates de la Passion du Christ. Son âme de poète s'est exprimée, en ce temps qui fut celui des troubadours, dans des textes qui, tel le *Cantique du soleil*, sont les premiers des lettres italiennes.

François de Sales *(saint)*, évêque de Genève-Annecy et écrivain (château de Sales, Savoie, 1567 - Lyon 1622). Devenu évêque en 1602 d'un diocèse qu'il administre tout en résidant à Annecy et dont la moitié de la population est calviniste, il se soucie moins de développer des controverses avec celle-ci que de promouvoir le renouveau spirituel des catholiques dans l'esprit de ce qu'on a appelé la Contre-Réforme : formation du clergé, rénovation des monastères, prédication. Il excelle personnellement dans la direction spirituelle, notamment auprès de Jeanne de Chantal, avec laquelle il fondera l'ordre féminin de la Visitation. La spiritualité à la fois souriante et exigeante de cet évêque humaniste s'exprime dans des ouvrages qui marqueront la piété catholique en France et s'imposeront par leur finesse et leur qualité littéraire : *Introduction à la vie dévote* (1609), *Traité de l'amour de Dieu* (1616), *Entretiens spirituels* (publiés en 1629).

François Xavier (**Francisco de Jaso,** dit [*saint*]), jésuite et missionnaire espagnol (château de Javier, près de Pampelune, 1506 - Chine 1552). Un des premiers membres de la Compagnie de Jésus, il évangélisa l'Inde portugaise et le Japon.

PAPE

François (**Jorge Mario Bergoglio**) [Buenos Aires 1936], pape depuis 2013. Jésuite, archevêque de Buenos Aires (à partir de 1998), nommé cardinal en 2001, il devient pape après la renonciation de Benoît XVI à sa charge. Il est le premier pape latino-américain de l'histoire.

SAINT-EMPIRE

François Ier de Habsbourg-Lorraine (Nancy 1708 - Innsbruck 1765), empereur germanique (1745-1765), duc de Lorraine (1729-1736), grand-duc de Toscane (1737-1765), fondateur de la maison des Habsbourg-Lorraine. Il épousa Marie-Thérèse d'Autriche en 1736.

FRANCE

François Ier (Cognac 1494-Rambouillet 1547), roi de France (1515-1547). Fils de Charles d'Orléans et de Louise de Savoie, il succède en 1515 à son cousin Louis XII, dont il a épousé la fille Claude. Veuf en 1524, il se remarie avec Éléonore de Habsbourg, sœur de Charles Quint (1530). « Roi-Chevalier », François Ier fut aussi, avec Louis XII et Henri II, un des bâtisseurs de l'État moderne en France. Sensible aux idées mercantilistes, François Ier favorise la métallurgie, les fabriques d'armes, les industries de luxe et développe le grand commerce maritime, fondant Le Havre, encourageant les explorations (J. Cartier, 1534-1542) et la colonisation. Poursuivant le renforcement de l'État, il gouverne avec un petit nombre de confidents, aidé de quatre secrétaires des finances (futurs secrétaires d'État), et brise les prétentions politiques du parlement. Il réunit à la France les fiefs du connétable de Bourbon (1531) et rattache définitivement la Bretagne au royaume (1532). Il réforme la justice par l'ordonnance de Villers-Cotterêts (1539), qui impose notamment la rédaction en français des actes judiciaires et notariés. Par le concordat de Bologne (1516), il s'assure de la nomination des archevêques, des évêques et des abbés du royaume. L'art de la Renaissance s'épanouit dans la construction et la décoration des demeures royales (Blois, Chambord, Fontainebleau). Le roi attire et fait travailler des artistes italiens (Léonard de Vinci, le Rosso, le Primatice). Il encourage les traductions des humanistes (G. Budé) et fonde le futur Collège de France (1530). D'abord tolérant à l'égard des réformés, il considère ensuite la Réforme comme un facteur de division et pratique une politique antiprotestante qui annonce les guerres de Religion.
La politique extérieure belliqueuse de François Ier débute par la victoire de Marignan (sept. 1515), par laquelle il reconquiert le Milanais. Lorsque Charles Ier d'Espagne accède (1519), sous le nom de Charles Quint, à la couronne impériale, qu'il convoitait, le roi, craignant l'encerclement du royaume par les possessions de son rival, engage les hostilités contre l'empereur après avoir vainement cherché l'appui d'Henri VIII d'Angleterre (entrevue du camp du Drap d'or, 1520). Fait prisonnier à Pavie (1525), il renonce à ses prétentions sur l'Italie, à sa suzeraineté sur la Flandre et l'Artois et abandonne la Bourgogne à Charles Quint (traité de Madrid, 1526). Libéré, il reprend la guerre en Italie (1527). En vertu du traité de Cambrai (ou paix des Dames, 1529), il garde la Bourgogne mais renonce de nouveau à l'Italie. De nouvelles alliances (avec les princes protestants allemands [1532], avec le souverain ottoman Soliman le Magnifique [1535]) et deux nouvelles guerres sans issue décisive conservent la Bourgogne à la France, la Flandre et l'Artois à l'Empire (traité de Crépy-en-Laonnois, 1544).
À sa mort (1547), François Ier est parvenu à limiter la puissance impériale, mais n'a pas réalisé son rêve italien. Prince de la Renaissance, il a contribué à l'essor de la monarchie française, qu'il a renforcée, en l'orientant vers l'absolutisme.

François II (Fontainebleau 1544 - Orléans 1560), roi de France (1559-1560), fils aîné d'Henri II et de Catherine de Médicis. Époux de Marie Ire Stuart, nièce des Guises, il subit l'influence de ces derniers, qui persécutèrent les protestants et réprimèrent avec cruauté la conjuration d'Amboise (mars 1560).

AUTRICHE

François-Ferdinand de Habsbourg, archiduc d'Autriche (Graz 1863 - Sarajevo 1914), neveu de l'empereur François-Joseph, héritier du trône à partir de 1889. Son assassinat, à Sarajevo, le 28 juin 1914, par un nationaliste serbe, préluda à la Première Guerre mondiale.

François-Joseph Ier (Schönbrunn 1830 - Vienne 1916), empereur d'Autriche (1848-1916) et roi de Hongrie (1867-1916), neveu et successeur de Ferdinand Ier. Avec l'appui de l'armée, il établit d'abord un régime autoritaire. Mais la perte de la Lombardie (1859) l'orienta vers une politique plus libérale. En guerre contre la Prusse (1866), et battu à Sadowa, il accepta le compromis austro-hongrois (1867) mettant le royaume de Hongrie sur un pied d'égalité avec l'empire d'Autriche. Il ne parvint cependant pas à enrayer l'exacerbation des passions nationales. Après s'être allié avec les empereurs de Russie et d'Allemagne (1873), il conclut avec l'Allemagne la Duplice (1879) et annexa la Bosnie-Herzégovine (1908). Il déclara la guerre à la Serbie (1914), déclenchant ainsi la Première Guerre mondiale.

francophilie [frɑ̃kɔfili] **n.f.** Sympathie pour la France, les Français. ◆ **francophile adj.** et **n.** Qui manifeste ce sentiment.

francophobie [frɑ̃kɔfɔbi] **n.f.** Hostilité envers la France, les Français. ◆ **francophobe adj.** et **n.** Qui manifeste ce sentiment.

francophone [frɑ̃kɔfɔn] **adj.** et **n.** De langue française ; qui parle le français : *L'Afrique francophone.*

francophonie [frɑ̃kɔfɔni] **n.f. 1.** Communauté de langue des pays francophones ; ensemble de ces pays. **2.** Collectivité que forment les peuples parlant le français.

franco-provençal, e, aux [frɑ̃koprɔvɑ̃sal, -o] **adj.** et **n.m.** Se dit des dialectes français intermédiaires entre la langue d'oïl et la langue d'oc : *Le franco-provençal est parlé en Suisse romande, dans le Val d'Aoste, en Savoie, dans le Dauphiné et le Lyonnais.*

franc-parler [frɑ̃parle] **n.m.** (de *2. franc* et *parler*) [pl. *francs-parlers*]. **1.** Absence de contrainte ou de réserve dans la façon de s'exprimer : *User de francs-parlers excessifs.* **2. Avoir son franc-parler**, dire très franchement, très directement ce que l'on pense, fût-ce en termes crus.

Francs, peuple germanique, originaire peut-être des pays de la Baltique, qui donna son nom à la Gaule romaine après l'avoir conquise aux Ve et VIe s. On a longtemps distingué deux ensembles de tribus : les Francs Saliens, établis sur l'IJssel, et les Francs du Rhin, installés sur la rive droite du Rhin (auxquels on a longtemps donné à tort le nom de *Francs Ripuaires*). Au Ve s., les Francs du Rhin occupent l'actuelle Rhénanie. Au VIe s., Clovis Ier unifie l'ensemble des Francs et conquiert la Gaule du Nord.

Francs-tireurs et partisans (F.T.P.), formations de combat créées en 1942, à l'initiative du Parti communiste français, et qui, dans le cadre des Forces françaises de l'intérieur, jouèrent un rôle important dans la Résistance.

franc-tireur [frɑ̃tirœr] **n.m.** (de *2. franc* et *tireur*) [pl. *francs-tireurs*]. **1.** MIL. Combattant qui ne fait pas partie d'une armée régulière : *Corps de francs-tireurs* (syn. **partisan**). **2.** Personne qui mène une action indépendante sans observer la discipline d'un groupe : *Agir en franc-tireur.*

frange [frɑ̃ʒ] **n.f.** (lat. pop. **frimbria,* du class. *fimbria,* bord d'un vêtement). **1.** Ornement d'une passementerie composé d'un galon et de fils retombants, utilisé en couture ou en décoration. **2.** Cheveux coupés de telle sorte qu'ils forment une bande plus ou moins large recouvrant le front. **3.** Ce qui forme une bordure : *Frange côtière. Frange d'écume.* **4.** Partie minoritaire plus ou moins marginale d'un groupe de personnes, d'une collectivité : *La frange des indécis* (syn. **minorité**). **5.** OPT. **Franges d'interférence,** bandes, alternativement brillantes et obscures, dues à l'interférence des radiations lumineuses.

franger [frɑ̃ʒe] **v.t.** [conj. **17**]. Garnir d'une frange, de franges : *Franger un rideau.*

frangin, e [frɑ̃ʒɛ̃, -in] **n.** (orig. incert., p.-ê. du rad. de *frère,* avec infl. de *2. franc*). *FAM.* Frère ; sœur.

frangipane [frɑ̃ʒipan] **n.f.** (de *Frangipani,* n. de l'inventeur romain du parfum). Crème pâtissière additionnée de poudre d'amandes, servant à garnir une pâtisserie : *Galette des Rois à la frangipane.*

franglais [frɑ̃glɛ] **n.m.** (de *fran[çais]* et *[an]glais*). Ensemble des néologismes et des tournures syntaxiques d'origine anglaise introduits dans la langue française.

Frank (Anne), auteur d'un célèbre *Journal* (Francfort-sur-le-Main 1929 - Bergen-Belsen 1945). Petite fille juive allemande émigrée avec sa famille aux Pays-Bas en 1933, elle a laissé par ce livre, écrit entre 1942 et 1944, un témoignage émouvant sur la clandestinité sous l'occupation hitlérienne.

Frankétienne (Franck Étienne, dit**),** écrivain haïtien (Ravine-Sèche, dép. de l'Artibonite, 1936). Créateur de la *spirale* (esthétique du chaos et de la vie en mouvement), il fait résonner l'âme de son pays dans une œuvre portée par l'énergie d'une écriture qui mêle français, créole et inventions verbales multiples (*Ultravocal,* 1972 ; *Dézafi,* 1975 ; *Kaselezo,* 1985 ; *l'Oiseau schizophone,* 1993 ; *H'Eros-chimères,* 2002). Il est aussi peintre.

Franklin (Benjamin), homme politique, physicien et publiciste américain (Boston 1706 - Philadelphie 1790). Partisan des Lumières, député au premier Congrès américain (1774), il rédigea avec Jefferson et Adams la Déclaration d'indépendance (1776), vint à Versailles négocier l'alliance française et signa avec les Britanniques la paix reconnaissant l'indépendance des États-Unis (1783). Il est l'inventeur du paratonnerre (1752).

Franklin (Rosalind Elsie), biophysicienne britannique (Londres 1920 - *id.* 1958). En 1951, elle réalise des clichés de la molécule d'ADN (par la méthode dite *de diffraction des rayons X*), qui contribuent à l'élucidation de sa structure en double hélice par J. Watson et F. Crick. « Oubliée » lors du prix Nobel qui a récompensé cette découverte (1962), l'importance de son travail n'a été reconnue que tardivement.

franquette [frɑ̃kɛt] **n.f.** (dimin. pop. de *2. franc*). *FAM.* **À la bonne franquette,** sans cérémonie : *Recevoir un ami à la bonne franquette* (= en toute simplicité).

franquisme [frɑ̃kism] **n.m.** (de *Franco,* n.pr.). Système de gouvernement instauré en Espagne par le général Franco à partir de 1936. ◆ **franquiste adj.** et **n.** Relatif au franquisme ; partisan du franquisme.

frappant, e [frapɑ̃, -ɑ̃t] **adj. 1.** Qui fait une vive impression : *Spectacle frappant* (syn. **saisissant, étonnant**). **2.** Qui saute aux yeux, qui est d'une évidence indiscutable : *Preuve frappante* (syn. **éclatant, indubitable**).

frappe [frap] **n.f.** (de *frapper*). **1.** Action, manière de dactylographier un texte ; copie, exemplaire dactylographiés : *Le manuscrit est à la frappe. Faire des fautes de frappe.* **2.** Opération de fabrication des monnaies et médailles consistant à imprimer l'empreinte des coins sur les deux faces d'une rondelle de métal, appelée *flan.* **3.** SPORTS. Qualité de l'attaque d'un boxeur ; manière d'attaquer, de frapper le ballon au football, la balle au tennis. **4.** MIL. Opération ponctuelle pouvant combiner des moyens terrestres, navals et aériens.

frappé, e [frape] **adj.** (de *frapper*). **1.** Rafraîchi dans la glace : *Champagne frappé.* **2.** Qui est plein de force expressive, qui sonne bien, en parlant d'une phrase, d'un vers, etc. : *Paroles bien frappées.* **3.** *FAM.* Fou : *Il est complètement frappé* (syn. **cinglé**). **4. Velours frappé,** orné de dessins que forment les poils couchés de l'étoffe.

frappement [frapmɑ̃] **n.m.** Action de frapper ; bruit produit par ce qui frappe.

frapper [frape] **v.t.** (d'un rad. onomat. *frap-,* marquant un choc violent). **1.** Donner un ou plusieurs coups à qqn, sur qqch : *Frapper un agresseur* (syn. **battre**). *Frapper du poing sur la table* (syn. **taper**). *Frapper un coup violent* (syn. **asséner**). **2.** Venir heurter : *La balle l'a frappé en plein front* (syn. **atteindre, toucher**). **3.** Donner, par l'opération de la frappe, une empreinte à : *Frapper une médaille, une monnaie.* **4.** Affliger d'un mal physique ou moral : *Le malheur l'a frappé de manière inattendue* (= s'est abattu sur lui). **5.** Retenir l'attention de ; faire une vive impression sur : *Leur ressemblance m'a frappé* (syn. **étonner, saisir**). *Spectacle qui frappe* (syn. **marquer, impressionner**). **6.** Assujettir à une contrainte, notamm. par décision judiciaire ou administrative ; imposer, taxer : *Frapper une marchandise de taxes.* **7.** Rafraîchir en plongeant dans la glace : *Frapper du champagne.* **8.** MAR. Assujettir un cordage à un point fixe. **9. Frapper un grand coup,** accomplir une action spectaculaire et décisive. ◆ **v.i. 1.** Donner des coups en produisant un bruit : *Frapper à la porte* (= en vue de se faire ouvrir). **2. Frapper à la porte de qqn, à toutes les portes,** solliciter qqn, de nombreuses personnes. ◆ **se frapper v.pr.** *FAM.* S'inquiéter, s'émouvoir outre mesure ; céder au pessimisme : *Ne te frappe pas, tu n'y changeras rien* (syn. **se tourmenter, se tracasser**).

frappeur [frapœr] **adj.m. Esprit frappeur,** esprit d'un mort qui, selon les spirites, se manifeste par des coups sur les meubles, les murs, etc.

Fraser (le), fl. du Canada, né dans les Rocheuses, qui coule dans des gorges profondes et se jette dans le Pacifique ; 1 200 km.

frasque [frask] **n.f.** (it. *frasca*). Écart de conduite : *Frasques de jeunesse* (syn. **incartade, fredaine**).

fraternel, elle [fratɛrnɛl] **adj.** (lat. *fraternus,* de *frater,* frère). **1.** Propre à des frères, à des frères et sœurs : *Amour fraternel.* **2.** Qui évoque l'attachement qui unit habituellement des frères, des frères et sœurs : *Amitié fraternelle* (syn. **affectueux**). *Salut fraternel* (syn. **amical**).

fraternellement [fratɛrnɛlmɑ̃] **adv.** De façon fraternelle : *Vivre fraternellement avec qqn* (= en bonne entente avec lui).

fraternisation [fratɛrnizasjɔ̃] **n.f.** Action de fraterniser ; son résultat : *La fraternisation des peuples* (syn. **entente, amitié** ; contr. **hostilité**).

fraterniser [fratɛrnize] **v.i. 1.** Se manifester des sentiments mutuels de fraternité, d'amitié : *Les enfants ont fraternisé avec leurs correspondants anglais* (syn. **sympathiser**). **2.** Cesser de se traiter en ennemis ; se réconcilier : *Soldats qui fraternisent.*

fraternité [fratɛrnite] **n.f.** (lat. *fraternitas*). **1.** Lien de parenté entre frères et sœurs. **2.** Lien de solidarité et d'amitié entre des êtres humains, entre les membres d'une société : *La fraternité des artistes* (syn. **solidarité**).

1. fratricide [fratrisid] **n.m.** (lat. *fratricidium*). Meurtre d'un frère ou d'une sœur : *Être jugé pour fratricide.*

2. fratricide [fratrisid] **n.** et **adj.** (lat. *fratricida*). Personne qui a commis un fratricide : *Comparution d'une fratricide.* ◆ **adj. 1.** *LITT.* Relatif au fratricide : *Bras fratricide.* **2.** Qui oppose des personnes qui devraient être solidaires : *Luttes fratricides.*

fratrie [fratri] **n.f.** (du lat. *frater,* frère). Ensemble des frères et sœurs d'une famille.

fraude [frod] **n.f.** (lat. *fraus, fraudis*). **1.** Acte de mauvaise foi accompli en contrevenant à la loi ou aux règlements et nuisant au droit d'autrui : *Fraude fiscale.* **2.** DR. **Fraude sur les produits,** tromperie sur la nature, l'origine, la qualité ou la quantité des marchandises. **3. En fraude,** frauduleusement : *Introduire des marchandises en fraude.*

frauder [frode] **v.t. ind. [à, dans, sur].** Commettre une fraude : *Frauder dans un examen* (syn. **tricher**). *Frauder sur le poids d'une marchandise.* ◆ **v.t.** Frustrer une administration, l'État par une fraude, échapper au paiement de ce qui lui est dû : *Frauder la douane. Frauder le fisc de plusieurs millions* (syn. **voler**).

fraudeur, euse [frodœr, -øz] **adj.** et **n.** Qui fraude.

frauduleusement [frodyløzmɑ̃] **adv.** De façon frauduleuse.

frauduleux, euse [frodylø, -øz] **adj.** Entaché de fraude : *Trafic, marché frauduleux* (syn. **illégal, illicite**).

frayer [freje] **v.t.** (lat. *fricare,* frotter) [conj. **11**]. **1.** Rendre praticable, tracer un chemin : *Frayer un sentier.* **2. Frayer le chemin, la voie à qqn, qqch,** faciliter la tâche à qqn, permettre la réalisation de qqch en le précédant : *Les travaux de Pasteur ont frayé la voie à la vaccination préventive* (syn. **ouvrir**). ◆ **se frayer v.pr. Se frayer une voie, un chemin, etc.,** s'ouvrir une voie : *Se frayer un passage dans la bousculade.* ◆ **v.t. ind. [avec].** LITT. Fréquenter qqn : *Nos voisins ne frayent avec personne.* ◆ **v.i.** Déposer ses œufs, en parlant d'un poisson femelle ; les féconder, en parlant du mâle.

frayeur [frejœr] **n.f.** (lat. *fragor,* fracas, avec infl. de *effrayer*). Peur soudaine et passagère causée par un danger : *Trembler de frayeur* (syn. **effroi, épouvante**).

Frazer (*sir* James George), anthropologue britannique (Glasgow 1854 - Cambridge 1941). Il a recueilli un nombre considérable de croyances et de rites des sociétés traditionnelles (*le Rameau d'or,* 1890-1915), et distingué une filiation entre la religion et la magie. Selon lui, l'histoire de la pensée humaine passerait par trois stades : magique, religieux et scientifique.

fredaine [frədɛn] **n.f.** (de l'anc. fr. *fredain,* mauvais, anc. prov. **fraidin,* scélérat, gotique **fra-aitheis,* qui renie son serment). Écart de conduite sans gravité : *On te pardonne ces fredaines* (syn. **peccadille, incartade**).

Frédégonde, reine de Neustrie (545-597), femme de Chilpéric Ier, qu'elle épousa après avoir fait étrangler sa femme Galswinthe. Elle lutta contre Brunehaut, sœur de Galswinthe et reine d'Austrasie, dont elle fit tuer l'époux Sigebert (575).

Frédéric Ier Barberousse (Waiblingen 1122 - dans le Cydnos 1190), empereur germanique (1155-1190). Chef de la maison des Hohenstaufen, il voulut restaurer l'autorité impériale. Il entra en conflit, en Italie, avec la papauté et les villes du Nord. Battu à Legnano (1176) par la Ligue lombarde, constituée en 1167 et alliée au pape Alexandre III, il dut reconnaître leurs prétentions. En Allemagne, il renforça, en revanche, l'administration impériale. Il se noya en Cilicie (Turquie) pendant la 3e croisade. Il devint à partir du XVIe s. une des figures mythiques de l'histoire allemande.

Frédéric II (Iesi, marche d'Ancône, 1194 - château de Fiorentino, près de Foggia, 1250), roi de Sicile (1197-1250) et empereur germanique (1220-1250), fils de Henri VI de Hohenstaufen et de Constance de Sicile. Proclamé roi de Sicile à l'âge de trois ans, il est élevé sous la tutelle du pape Innocent III. Celui-ci le fait élire roi de Germanie en 1212 afin de contrebalancer les menées de l'empereur germanique Otton IV. Après la défaite d'Otton IV contre le roi de France, Philippe Auguste, à Bouvines (1214), Frédéric II devient maître de l'Allemagne. Couronné empereur en 1220, il entre en conflit avec plusieurs villes italiennes, regroupées de nouveau en 1226 dans la Ligue lombarde, et avec le pape Grégoire IX, qui l'excommunie en 1227. Il se rend en Terre sainte et, ayant obtenu du sultan d'Égypte la cession de Jérusalem, il se couronne « roi de Jérusalem » (1229), puis se réconcilie avec le pape en 1230 (paix de San Germano). De nouveau confronté à la révolte des cités de la Ligue lombarde et de Toscane, il est excommunié une nouvelle fois en 1239. Puis le concile de 1245, convoqué par Innocent IV, le dépose. Il poursuit dès lors le combat sans arracher de victoire décisive.
Homme d'une grande ouverture d'esprit, il fait de Palerme une somptueuse capitale, où il attire de nombreux artistes, médecins, savants, juristes et philosophes, chrétiens et musulmans venus de tous les pays méditerranéens. Voulant faire du royaume de Sicile (l'île et l'Italie méridionale) un État moderne, il le dote d'une administration bureaucratique qui se heurte à une vive opposition. En revanche, en Allemagne, il accorde aux princes de telles libertés (en 1220 puis en 1231) que le royaume de Germanie devient une confédération d'États sous la direction lointaine de l'empereur.

Frédéric II le Grand (Berlin 1712 - Potsdam 1786), roi de Prusse (1740-1786), fils de Frédéric-Guillaume Ier. Il doit son surnom aux exceptionnelles qualités qu'il déploya en tant que monarque, chef de guerre et amateur des arts, des sciences et de la philosophie. Allié à la France lors de la guerre de la Succession d'Autriche, il obtient de l'impératrice Marie-Thérèse la cession de la Silésie en 1742. Il réussit, en dépit de graves revers essuyés pendant la guerre de Sept Ans, à conserver la Silésie. Il unit la Prusse royale au Brandebourg en obtenant la Prusse occidentale, à l'exception de Dantzig, lors du premier partage de la Pologne (1772). Ayant ainsi posé les bases territoriales qui font de son royaume une grande puissance, il prend en main l'administration du pays, développant le peuplement et la colonisation agricoles et favorisant l'industrie et le commerce. Il renforce son armée, avec laquelle il met en pratique ses inventions tactiques. Épris des lettres et de la philosophie françaises, grand amateur de musique (et virtuose de la flûte), il écrivit un *Anti-Machiavel* (1739), correspondit avec Voltaire, qu'il invita en Prusse, et s'acquit une réputation de « roi- philosophe ». Les théories de Frédéric II sur le pouvoir, sur l'autorité de l'État, qu'il veut fonder sur la raison et non sur la religion, font de lui le modèle du despote éclairé.

Frédéric-Guillaume Ier, surnommé **le Roi-Sergent** (Berlin 1688 - Potsdam 1740), roi de Prusse (1713-1740). Il poursuivit l'œuvre de centralisation et de développement économique de ses prédécesseurs et s'attacha à renforcer l'armée prussienne, ce qui lui valut son surnom. Il légua à son fils, Frédéric II, un royaume puissant.

Fredericton, v. du Canada, cap. du Nouveau-Brunswick ; 56 224 hab. Université.

fredonnement [frədɔnmɑ̃] **n.m.** (de *fredonner*). Action de fredonner ; chant de qqn qui fredonne.

fredonner [frədɔne] **v.t.** et **v.i.** (de *fredon,* chanson, refrain, du lat. *fritinnire,* gazouiller). Chanter à mi-voix, sans articuler les paroles : *Fredonner une chanson* (syn. **chantonner**).

free jazz [fridʒaz] **n.m. inv.** (mots amér. « jazz libre »). Style de jazz apparu aux États-Unis au début des années 1960, prônant l'improvisation totale, entièrement libérée des contraintes de la mélodie, de la trame harmonique et du tempo.

free-lance [frilɑ̃s] **adj. inv.** et **n.** (mot angl. « franc-tireur ») [pl. *free-lances*]. Se dit d'un professionnel qui effectue un travail à la commande, auprès de diverses entreprises dont il n'est pas un salarié : *Un styliste free-lance. Un, une free-lance.* ◆ **n.m.** Ce mode de travail : *Les photographes et les attachés de presse travaillent souvent en free-lance.*

freesia [frezja] **n.m.** (du n. du médecin all. *F. Freese*). Herbe ornementale bulbeuse, aux fleurs en grappes. ▸ Famille des iridacées.

Freetown, cap. de la Sierra Leone ; 940 683 hab. Port sur l'Atlantique.

freezer [frizœr] **n.m.** (de l'anglo-amér. *to freeze,* geler). Compartiment de congélation d'un réfrigérateur.

frégate [fregat] **n.f.** (it. *fregata*). **1.** MAR. Autref., bâtiment de guerre à trois mâts moins lourd et plus rapide que le vaisseau. **2.** Bâtiment de combat de moyen tonnage intermédiaire entre la corvette et le croiseur. **3.** Grand oiseau palmipède des mers tropicales au plumage sombre, au vol puissant et rapide. ▸ Famille des frégatidés.

Frege (Gottlob), logicien et mathématicien allemand (Wismar 1848 - Bad Kleinen, Mecklembourg, 1925). Il est à l'origine de la formalisation des mathématiques (*Begriffschrift,* 1879) et de la doctrine logiciste du fondement des mathématiques. Il est le premier à avoir présenté une théorie cohérente du calcul des prédicats et du calcul des propositions. Il est aussi à l'origine de la sémiologie par la distinction qu'il a établie entre le *sens* et la *signification*.

frein [frɛ̃] **n.m.** (lat. *frenum*). **1.** Organe destiné à ralentir ou à arrêter un ensemble mécanique doué de mouvement : *Frein hydraulique. Frein à main d'une voiture. Donner un coup de frein.* **2.** Ce qui retient, entrave : *Le manque d'investissement est un frein à l'expansion* (syn. **obstacle**). **3.** ANAT. Ce qui bride ou retient un organe : *Le frein de la langue, du prépuce.* **4.** Partie du mors qui se trouve dans la bouche du cheval. **5. Frein moteur,** action du moteur d'une automobile agissant comme frein quand on cesse d'accélérer. **6.** *LITT.* **Mettre un frein à qqch,** chercher à l'arrêter : *Mettre un frein à ses dépenses, à son ambition.* / **Ronger son frein,** supporter impatiemment l'inactivité, l'attente ou la contrainte : *Il ronge son frein depuis qu'il est à ce poste subalterne* (= bouillir d'impatience). / **Sans frein,** sans limites : *Une ambition sans frein.*

freinage [frenaʒ] **n.m.** Action de freiner : *Freinage brutal. Traces de freinage sur la route.*

freiner [frene] **v.t.** (de *frein*). **1.** Ralentir le mouvement de qqch, le cas échéant jusqu'à l'arrêter : *Le mauvais état des routes a freiné les secours.* **2.** Ralentir la progression, le développement de ; modérer : *Freiner l'inflation. Freiner son enthousiasme* (syn. **tempérer**). ◆ **v.i.** Ralentir son mouvement, s'arrêter, en parlant d'un véhicule, de son conducteur : *Le camion a freiné à temps.*

Freinet (Célestin), pédagogue français (Gars, Alpes-Maritimes, 1896 - Vence 1966). Il a développé une pédagogie fondée sur les groupes coopératifs au service de l'expression libre (création, impression de texte) et de la formation personnelle (*l'Éducation du travail,* 1947).

Fréjus, ch.-l. de c. du Var ; 53 298 hab. *(Fréjusiens)*. Évêché. Station balnéaire. Vestiges romains. Cathédrale et cloître romans et gothiques, avec baptistère du Vᵉ s. ; Musée archéologique.

frelaté, e [frəlate] **adj. 1.** Que l'on a frelaté : *Marchandises frelatées* (syn. **falsifié, trafiqué ;** contr. **pur**). **2.** Qui n'est pas naturel ; dont la pureté a été altérée : *Un mode de vie frelaté* (syn. **artificiel**). *Société frelatée* (syn. **corrompu**).

frelater [frəlate] **v.t.** (moyen néerl. *verlaten,* transvaser). Falsifier un produit, notamm. une denrée alimentaire, une boisson, en y mêlant des substances étrangères : *Frelater du vin* (syn. **dénaturer, trafiquer**).

frêle [frɛl] **adj.** (lat. *fragilis,* fragile). Qui manque de solidité, de force : *Un frêle esquif. Jeune fille frêle* (syn. **fluet, menu**). *De frêles épaules* (syn. **faible ;** contr. **solide**). *Un frêle espoir* (syn. **fragile**).

frelon [frəlɔ̃] **n.m.** (bas lat. *furlone,* frq. **hurslo*). Grosse guêpe dont la piqûre est très douloureuse : *Le nid du frelon peut atteindre 60 cm de diamètre.*

freluquet [frəlykɛ] **n.m.** (de *freluque,* mèche). **1.** *FAM.* Homme d'apparence chétive ; gringalet. **2.** *LITT.* Jeune homme frivole : *Un freluquet qui ne pense qu'à s'amuser.*

frémir [fremir] **v.i.** (lat. pop. **fremire,* class. *fremere*). **1.** Être agité d'un tremblement causé par le froid, le vent, la peur, la surprise, une émotion, etc. : *Frémir d'effroi* (syn. **trembler, frissonner**). **2.** Être agité d'un léger frissonnement qui précède l'ébullition, en parlant d'un liquide.

frémissant, e [fremisɑ̃, -ɑ̃t] **adj. 1.** Qui frémit. **2.** Se dit d'un sentiment particulièrement vif : *Une sensibilité frémissante* (= à fleur de peau) [syn. **ardent**].

frémissement [fremismɑ̃] **n.m. 1.** Mouvement de ce qui frémit : *Frémissement des lèvres* (syn. **tremblement**). **2.** Émotion qui se traduit par un tremblement : *Le frémissement d'une salle de théâtre* (syn. **agitation**). **3.** Léger mouvement dans un liquide près de bouillir.

frênaie [frenɛ] **n.f.** Lieu planté de frênes.

frénateur, trice [frenatœr, -tris] **adj.** (lat. *frenator,* de *frenere,* modérer, retenir, de *frenum,* frein). PHYSIOL. Qui freine l'activité d'un organe : *Nerfs frénateurs du cœur.*

Frenay (Henri), officier et homme politique français (Lyon, 1905 - Porto-Vecchio 1988). Chef du mouvement de résistance Combat et fondateur du journal du même nom, il organisa l'armée secrète et fut membre du Comité français de libération nationale (nov. 1943) ainsi que ministre dans le Gouvernement provisoire à la Libération.

french cancan [frɛnʃkɑ̃kɑ̃] **n.m.** (pl. *french cancans*) ⟶ **2. cancan.**

frêne [frɛn] **n.m.** (lat. *fraxinus*). Arbre des forêts tempérées, à bois clair, souple et résistant. ▸ Famille des oléacées ; haut. max. 40 m.

frénésie [frenezi] **n.f.** (lat. médic. *phrenesia,* gr. *phrenesis,* de *phrên,* pensée). Degré extrême atteint par une action, un sentiment ; état d'exaltation violent : *Aimer avec frénésie* (syn. **passion, ardeur**). *Applaudir avec frénésie* (syn. **enthousiasme**). *La frénésie d'une foule en colère* (syn. **fureur**).

frénétique [frenetik] **adj.** Poussé jusqu'à une exaltation extrême : *Rythme frénétique* (syn. **endiablé**). *Sentiments frénétiques* (syn. **passionné, exalté**).

frénétiquement [frenetikmɑ̃] **adv.** Avec frénésie : *Applaudir frénétiquement.*

Fréon [freɔ̃] **n.m.** (nom déposé). Dérivé chloré et fluoré du méthane ou de l'éthane, utilisé comme agent frigorifique.

fréquemment [frekamɑ̃] **adv.** Avec une grande fréquence : *Il est fréquemment malade* (syn. **souvent**).

fréquence [frekɑ̃s] **n.f.** (lat. *frequentia,* foule, affluence). **1.** Caractère de ce qui se reproduit à intervalles rapprochés, de ce qui se répète : *La fréquence de ses visites me fatigue un peu* (syn. **multiplicité, nombre**). **2.** Nombre de fois où une action, un événement, un fait est observé dans un temps donné : *La fréquence des trains sur une ligne.* **3.** PHYS. Nombre de vibrations par unité de temps dans un phénomène périodique. ▸ L'unité de fréquence est le hertz. (⟶ onde.) **4. Fréquence du pouls,** nombre de battements cardiaques par minute. / ACOUST., TÉLÉCOMM. **Bande, gamme de fréquence,** ensemble des fréquences comprises dans un intervalle donné. / ACOUST., TÉLÉCOMM. **Basse fréquence,** fréquence comprise entre 30 et 300 kHz. / ACOUST., TÉLÉCOMM. **Haute fréquence,** fréquence comprise entre 300 et 3 000 kHz.

fréquencemètre [frekɑ̃smɛtr] **n.m.** ÉLECTR. Appareil servant à mesurer la fréquence d'un courant alternatif.

fréquent, e [frekɑ̃, -ɑ̃t] **adj.** (lat. *frequens, -entis*). **1.** Qui se produit souvent ; qui se répète : *Un phénomène fréquent* (syn. **continuel, réitéré ;** contr. **rare, sporadique**). *Mots fréquents dans le vocabulaire actuel* (syn. **courant, usuel ;** contr. **rare, exceptionnel**). **2.** Se dit de ce qui arrive souvent, de ce qui est commun dans un cas, une circonstance donnés : *C'est un symptôme fréquent dans cette maladie* (syn. **habituel, ordinaire, attendu**).

fréquentable [frekɑ̃tabl] **adj.** (de *fréquenter*). Que l'on peut fréquenter : *Un individu, un quartier peu fréquentable.*

fréquentatif, ive [frekɑ̃tatif, -iv] **adj.** LING. Se dit d'une forme verbale ou d'un suffixe qui marque qu'une action se répète : *Forme fréquentative d'un verbe, en anglais. « Criailler », « clignoter » sont des verbes fréquentatifs* (syn. **itératif**). [On dit aussi *un fréquentatif.*]

fréquentation [frekɑ̃tasjɔ̃] **n.f. 1.** Action de fréquenter un lieu, une personne. **2.** Personne qu'on fréquente : *Avoir de mauvaises fréquentations* (syn. **relation**).

fréquenter [frekɑ̃te] **v.t.** (lat. *frequentare,* de *frequens*). **1.** Aller souvent, habituellement dans un lieu : *Fréquenter les cafés* (syn. litt. **hanter**). **2.** Avoir des relations suivies avec qqn : *Fréquenter ses voisins* (syn. litt. **frayer avec**).

fréquentiel, elle [frekɑ̃sjɛl] **adj.** Relatif à la fréquence d'un phénomène périodique.

frère [frɛr] **n.m.** (lat. *frater, fratris*). **1.** Garçon né du même père et de la même mère qu'un autre enfant. **2.** Celui avec qui on est uni par des liens quasi fraternels : *C'est un frère pour moi.* **3.** Celui qui appartient au même groupe que soi, groupe que l'on considère comme une famille : *Frères en tolérance. Frère* *de couleur.* **4.** Nom que se donnent entre eux les membres de certaines confréries ou associations : *Les francs-maçons s'appellent frères entre eux.* **5.** Titre donné aux membres de certains ordres religieux. **6. Faux frère,** hypocrite capable de trahir ses amis. / **Frères d'armes,** compagnons qui ont combattu ensemble pour la même cause. / **Frères ennemis,** hommes qui ne s'accordent pas, mais ne peuvent se séparer. ◆ **adj.m.** Uni par d'étroits rapports de solidarité : *Pays frères.*

frérot [frero] **n.m.** *FAM.* Petit frère.

Frescobaldi (Girolamo), compositeur italien (Ferrare 1583 - Rome 1643). Organiste de Saint-Pierre de Rome, il composa de très nombreuses œuvres vocales et instrumentales, dont un célèbre recueil de pièces d'orgue, *Fiori musicali* (1635).

Fresnay (Pierre Laudenbach, dit **Pierre),** acteur français (Paris 1897 - Neuilly-sur-Seine 1975). Comédien fin et racé, il s'affirma aussi bien au théâtre qu'au cinéma, dans la trilogie de Pagnol *(Marius, Fanny, César), la Grande Illusion* (J. Renoir, 1937), *le Corbeau* (H.-G. Clouzot, 1943).

Fresnel (Augustin), physicien français (Chambrais, auj. Broglie, Normandie, 1788 - Ville-d'Avray 1827). Il prouva que la théorie ondulatoire de la lumière était la seule capable d'expliquer les interférences lumineuses. Il étudia la polarisation, créa l'optique cristalline et inventa les lentilles à échelons pour phares.

fresque [frɛsk] **n.f.** (de la loc. it. [*dipingere a*] *fresco,* [peindre à] frais). **1.** BX-A. Peinture murale exécutée, à l'aide de couleurs délayées à l'eau, sur une couche de mortier frais à laquelle ces couleurs s'incorporent. **2.** Technique de la peinture des fresques : *Peindre à fresque.* **3.** Toute peinture murale. **4.** LITTÉR. Vaste composition littéraire peignant toute une époque, toute une société.

fresquiste [frɛskist] **n.** (de *fresque*). Peintre de fresques.

fressure [fresyr] **n.f.** (bas lat. *frixura,* rôtissage). Ensemble formé par le cœur, la rate, le foie et les poumons d'un animal de boucherie.

fret [frɛ] ou [frɛt] **n.m.** (moyen néerl. *vrecht,* cargaison). **1.** Rémunération due par l'affréteur, ou expéditeur de marchandises, pour le transport par navire, avion, ou camion. **2.** Cargaison : *Fret de bois, de cotonnades.*

fréter [frete] **v.t.** (de *fret*) [conj. **18**]. **1.** Donner un navire en location. **2.** Prendre en location un véhicule quelconque : *Fréter un car, un avion* (syn. **louer**).

fréteur [fretœr] **n.m.** Armateur qui s'engage à mettre un navire à la disposition d'un *affréteur,* lequel utilisera celui-ci moyennant une somme appelée *fret.*

frétillant, e [fretijɑ̃, -ɑ̃t] **adj.** Qui frétille : *Des goujons encore frétillants.*

frétillement [fretijmɑ̃] **n.m.** Mouvement de ce qui frétille.

frétiller [fretije] **v.i.** (orig. incert., p.-ê. de l'anc. v. *freter,* bas lat. *frictare,* frotter). **1.** S'agiter par des mouvements vifs et courts : *Les têtards frétillent dans la mare.* **2.** S'agiter sous l'effet d'un sentiment : *Frétiller de joie* (syn. **se trémousser**).

fretin [frətɛ̃] **n.m.** (de *frait,* p. passé de l'anc. v. *fraindre,* briser). **1.** Menu poisson. **2. Menu fretin,** personnes dont on fait peu de cas ; choses sans valeur, sans importance : *La police a relâché le menu fretin.*

Freud (Sigmund), médecin autrichien (Freiberg, auj. Příbor, Moravie, 1856 - Londres 1939). Fondateur de la psychanalyse, il pense qu'à l'origine des troubles névrotiques se trouvent des désirs oubliés en rapport avec le complexe d'Œdipe et inconciliables avec les autres désirs ou avec la morale. Ces désirs refoulés continuent à exister dans l'inconscient, mais ne peuvent faire irruption dans la conscience qu'à condition d'être défigurés. C'est ainsi que, outre les symptômes névrotiques, se forment les rêves et les actes manqués (*l'Interprétation des rêves,* 1900 ; *Trois Essais sur la théorie de la sexualité,* 1905). Freud énonce une théorie anthropologique qui permet de comprendre à la fois la constitution dans l'histoire de l'humanité du complexe d'Œdipe et la prédominance des systèmes patriarcaux dans les sociétés humaines (*Totem et tabou,* 1912). À partir de 1920, avec la publication d'*Au-delà du principe de plaisir,* il oppose pulsion de vie et pulsion de mort et propose un nouveau modèle de l'appareil psychique : le moi, le ça et le surmoi. Il se consacre davantage à partir de cette époque aux grands problèmes de la civilisation, auxquels il applique la technique analytique (*l'Avenir d'une illusion,* 1927 ; *Malaise dans la civilisation,* 1930 ; *Moïse et le monothéisme,* 1939). En 1910, il fonde l'International Psychoanalytical Association (IPA), institution par rapport à laquelle tous les mouvements, tendances et institutions nationales se situeront après lui.

freudien, enne [frødjɛ̃, -ɛn] **adj.** et **n.** Relatif au freudisme ; qui se réclame du freudisme.

freudisme [frødism] **n.m.** (de *Freud,* n. pr.). Théorie du fonctionnement psychique, normal et pathologique, développée par S. Freud.

freux [frø] **n.m.** (frq. **hrôk*). Oiseau voisin du corbeau.

Freyr, dieu de la Fécondité dans la mythologie des Germains. Fils de Njörd et frère de Freyja, déesse de la Magie, il personnifie la beauté. Époux de Gerd, la Terre, il préside à l'union sexuelle, à l'abondance, à la clarté du soleil.

friabilité [frijabilite] **n.f.** Caractère de ce qui est friable : *La friabilité d'une roche calcaire.*

friable [frijabl] **adj.** (du lat. *friare,* réduire en morceaux). Qui peut être aisément réduit en poussière : *Des cailloux crayeux et friables.*

1. friand, e [frijɑ̃, -ɑ̃d] **adj.** (anc. p. présent de *frire,* brûler d'envie). Qui est gourmand de, qui recherche avidement qqch : *Friand de chocolat. Friand de romans* (syn. **amateur**). *Friand de compliments* (syn. **avide**).

2. friand [frijɑ̃] **n.m.** (de *1. friand*). **1.** Petit pâté de charcuterie, fait de pâte feuilletée garnie d'un hachis de viande, de champignons, etc. **2.** Petit gâteau fait d'une pâte à biscuit aux amandes.

friandise [frijɑ̃diz] **n.f.** (de *1. friand*). **1.** Préparation sucrée ou salée de petite dimension, d'un goût délicat : *Vieille dame qui aime les friandises* (syn. **douceur, gâterie**). **2.** Sucrerie ou petite pièce de pâtisserie.

Fribourg, v. de Suisse, ch.-l. du cant. de Fribourg, sur la Sarine ; 34 897 hab. *(Fribourgeois)* [109 717 hab. dans l'agglomération.]. Université catholique. Constructions mécaniques. Industries alimentaires. Cathédrale surtout des XIIIe-XVe s. et autres monuments. Musée d'Art et d'Histoire.

Fribourg *(canton de)*, canton de Suisse ; 1 671 km^2 ; 278 493 hab. *(Fribourgeois)* ; ch.-l. *Fribourg.* Il entra dans la Confédération en 1481.

Fribourg-en-Brisgau, en all. **Freiburg im Breisgau,** v. d'Allemagne (Bade-Wurtemberg), anc. cap. du pays de Bade ; 209 628 hab. Université. Cathédrale des XIIIe-XVIe s. (retable de H. Baldung). Musée dans un ancien couvent.

fric [frik] **n.m.** (abrév. de *fricot*). *FAM.* Argent.

fricandeau [frikɑ̃do] **n.m.** (du rad. de *fricassée*). Tranche de veau piquée de menus morceaux de lard.

fricassée [frikase] **n.f.** (de *fricasser,* de *fri[re]* et *casser*). Ragoût de viande blanche ou de volaille coupée en morceaux et cuite dans une sauce.

fricatif, ive [frikatif, -iv] **adj.** (du lat. *fricatum,* de *fricare,* frotter). PHON. **Consonne fricative,** consonne caractérisée par un bruit de friction qui résulte du resserrement du conduit vocal : [f] *et* [s] *sont des consonnes fricatives* (syn. **constrictif**). [On dit aussi *une fricative.*]

fric-frac [frikfrak] **n.m. inv.** (onomat.). *FAM., VX.* Cambriolage avec effraction.

friche [friʃ] **n.f.** (moyen néerl. *versch,* frais). **1.** Terrain non cultivé et abandonné. **2. En friche,** qui n'est pas cultivé, développé : *Laisser des terres en friche* (= inculte). *Intelligence en friche.*

frichti [friʃti] **n.m.** (alsacien *fristick*, de l'all. *Frühstück*). *FAM.* Repas, mets que l'on prépare.

fricot [friko] **n.m.** (du rad. de *fricassée*). *FAM.* **1.** Ragoût préparé grossièrement. **2.** Plat cuisiné.

fricoter [frikɔte] **v.t.** (de *fricot*). *FAM.* **1.** Faire cuire, préparer : *Fricoter un bon dîner* (syn. **cuisiner**). **2.** Préparer secrètement qqch : *Qu'est-ce que tu fricotes encore dans ton coin ?* (syn. **manigancer**). ◆ **v.t. ind. [avec].** *FAM.* Avoir des relations avec qqn.

friction [friksjɔ̃] **n.f.** (lat. *frictio*, de *frictare*, frotter). **1.** Frottement que l'on fait sur une partie du corps ; spécial. nettoyage du cuir chevelu avec une lotion aromatique : *Friction au gant de crin. Friction à l'eau de Cologne.* **2.** (Surtout au pl.). Désaccord, heurt entre des personnes : *Il y a eu entre eux quelques frictions* (syn. **accrochage, tension**). **3.** MÉCAN. Résistance que présentent deux surfaces en contact à tout mouvement de l'une par rapport à l'autre : *Les phénomènes de friction sont surtout utilisés dans les embrayages* (syn. **frottement**).

frictionner [friksjɔne] **v.t.** Faire des frictions à : *Frictionner ses jambes* (syn. **frotter**).

Friedland ***(bataille de)*** [14 juin 1807], victoire de Napoléon Ier en Prusse-Orientale sur les Russes. (Auj. Pravdinsk, Russie.)

Friedman (Milton), économiste américain (New York 1912 - San Francisco 2006). Chef de l'école dite « de Chicago », il est promoteur d'un libéralisme renouvelé : *Capitalism and Freedom (Capitalisme et liberté)* [1962]. Pour ce monétariste néolibéral, l'État doit exercer un contrôle efficace sur la monnaie en circulation, celle-ci devant faire l'objet d'une expansion modérée et régulière pour appuyer la croissance économique. Friedman est l'héritier de Walras, dont il reprend le schéma de l'équilibre général. (Prix Nobel de sciences économiques 1976.)

Friedrich (Caspar David), peintre allemand (Greifswald, près de Stralsund, 1774 - Dresde 1840). Paysagiste, formé à Copenhague, il traite par excellence ce thème romantique qu'est le contraste de l'homme solitaire et de la nature immense, avec une prédilection pour les sujets hivernaux, les reliefs sauvages, les étendues marines, les ruines médiévales et les crépuscules (musées de Hambourg, Berlin, Dresde, etc.).

Frigidaire [friʒidɛr] **n.m.** (nom déposé). **1.** Réfrigérateur de la marque de ce nom. **2.** Par ext. et abusivement, tout réfrigérateur, quelle que soit sa marque.

frigide [friʒid] **adj.** (lat. *frigidus*, froid). Atteinte de frigidité, en parlant d'une femme.

frigidité [friʒidite] **n.f.** Absence d'orgasme chez la femme lors des rapports sexuels.

frigorifié, e [frigɔrifje] **adj.** *FAM.* Qui a très froid, en parlant de qqn : *J'étais frigorifiée à force d'attendre sous la pluie* (syn. **gelé, glacé**).

frigorifier [frigɔrifje] **v.t.** (du lat. *frigor*, froid, et de *-fier*) [conj. **9**]. Soumettre au froid pour conserver : *Frigorifier du poisson* (syn. **congeler, surgeler**).

frigorifique [frigɔrifik] **adj.** (lat. *frigorificus*). Qui produit du froid : *Armoire, vitrine, wagon frigorifiques.* ◆ **n.m. 1.** Établissement de froid industriel. **2.** Appareil frigorifique.

frileusement [friløzmɑ̃] **adv.** De façon frileuse.

frileux, euse [frilø, -øz] **adj.** et **n.** (bas lat. *frigorosus*). Qui est sensible au froid. ◆ **adj.** *SOUT.* Qui hésite à aller de l'avant ; qui manifeste une prudence jugée excessive : *Personne frileuse qui n'ose rien entreprendre* (syn. **timoré, craintif**). *Réformes frileuses.*

frilosité [frilozite] **n.f.** Comportement frileux, pusillanime : *La frilosité du marché bancaire.*

frimaire [frimɛr] **n.m.** (de *frimas*). HIST. Troisième mois du calendrier républicain, du 21, 22 ou 23 novembre au 20, 21 ou 22 décembre.

frimas [frima] **n.m.** (frq. **frim*). *LITT.* Brouillard froid et épais qui se glace en tombant : *Les frimas de l'hiver.*

frime [frim] **n.f.** (anc. fr. *frume*, mine). *FAM.* **1.** Apparence trompeuse destinée à faire illusion ou à impressionner les autres : *C'est de la frime* (syn. **bluff**). **2. Pour la frime,** pour étonner, pour se rendre intéressant ; en apparence seulement : *Ils vont divorcer mais ils sortent encore ensemble pour la frime* (= pour donner le change).

frimer [frime] **v.i.** (de *frime*). *FAM.* **1.** Prendre une attitude assurée pour faire illusion : *Ne te laisse pas impressionner, il frime* (syn. **bluffer**). **2.** Faire l'important pour attirer l'attention sur soi : *Arrête de frimer* (syn. **crâner**).

frimeur, euse [frimœr, -øz] **adj.** et **n.** *FAM.* Qui frime.

frimousse [frimus] **n.f.** (de *frime*). **1.** *FAM.* Visage d'un enfant ou d'une jeune personne : *Va te laver la frimousse* (syn. **figure**). *Elle a une jolie frimousse* (syn. **minois**). **2.** INFORM. Recomm. off. pour *smiley.*

fringale [frɛ̃gal] **n.f.** (altér. de *faim-valle*, boulimie des chevaux). *FAM.* **1.** Faim subite et pressante. **2.** Désir violent, irrésistible de qqch : *Une fringale de cinéma* (syn. **envie**).

fringant, e [frɛ̃gɑ̃, -ɑ̃t] **adj.** (du moyen fr. *fringuer*, gambader). **1.** *LITT.* Pétulant ; élégant ; de belle humeur : *Un fringant jeune homme* (syn. **sémillant**). *Hôtesse fringante* (syn. **pimpant**). **2.** Vif et de fière allure, en parlant d'un cheval.

fringue [frɛ̃g] **n.f.** (de *fringuer*). [Surtout au pl.]. *FAM.* Vêtement.

se **fringuer** [frɛ̃ge] **v.pr.** (de *fringuer*, gambader, puis « faire l'élégant »). *FAM.* S'habiller.

Frioul-Vénétie Julienne, région autonome du nord-est de l'Italie ; 1 220 078 hab. ; CAP. *Trieste* ; 4 prov. (*Gorizia, Trieste, Udine* et *Pordenone*). Pays de l'anc. Vénétie, incorporé au royaume lombard-vénitien en 1815, le Frioul fut annexé au royaume d'Italie en 1866 sauf la prov. de Gorizia, autrichienne jusqu'en 1919.

fripe [frip] **n.f.** (anc. fr. *frepe*, chiffon, du bas lat. *faluppa*, balle de blé, brin de paille). [Surtout au pl.]. *FAM.* Vêtement usé, d'occasion.

friper [fripe] **v.t.** (anc. fr. *freper*, de *frepe* ; v. *fripe*). **1.** Chiffonner : *Friper une robe* (syn. **froisser**). **2.** Rider : *Visage fripé* (syn. **flétrir**). ◆ **se friper v.pr. 1.** Devenir fripé. **2.** Se rider.

friperie [fripri] **n.f.** (de *fripe*). **1.** Commerce de vêtements usagés, d'occasion. **2.** Boutique où se tient ce commerce : *S'habiller dans les friperies.*

fripier, ère [fripje, -ɛr] **n.** (de *fripe*). Personne qui fait le commerce des vêtements d'occasion.

fripon, onne [fripɔ̃, -ɔn] **n.** (de l'anc. v. *friper*, avaler goulûment, dérober, p.-ê. de *friper*, chiffonner). **1.** *FAM.* Enfant espiègle : *Petit fripon* (syn. **coquin**). **2.** *VX.* Escroc. ◆ **adj.** Qui dénote une malice un peu provocante et sensuelle : *Air, œil fripon* (syn. **polisson**).

friponnerie [fripɔnri] **n.f.** Caractère ou acte de fripon : *Rire de la friponnerie d'un enfant* (syn. **espièglerie, malice**).

fripouille [fripuj] **n.f.** (de *fripon*). *FAM.* Personne d'une grande malhonnêteté, sans scrupule : *Cette vieille fripouille exploite son personnel* (syn. **canaille, crapule**).

frire [frir] **v.t.** (lat. *frigere*) [conj. **115**]. Faire cuire un aliment dans un corps gras bouillant : *Frire un poisson.* ◆ **v.i. 1.** Cuire dans un corps gras bouillant, en parlant d'un aliment : *Aubergine qui frit dans l'huile.* **2. Faire frire qqch,** le frire : *Faire frire des pommes de terre.*

frisant, e [frizɑ̃, -ɑ̃t] **adj.** (de *friser*). Se dit de la lumière qui frappe de biais une surface en l'effleurant : *La lumière frisante des premiers rayons de soleil* (syn. **rasant**).

Frisch (Karl von), zoologiste et éthologiste autrichien (Vienne 1886 - Munich 1982). Professeur de zoologie à l'université de Munich, il s'est consacré à l'étude du comportement animal. Il est célèbre par la découverte de la danse des abeilles. Il a écrit *le Professeur des abeilles* (1975). [Prix Nobel 1973.]

Frisch (Max), écrivain suisse d'expression allemande (Zurich 1911 - *id.* 1991). Il est l'auteur de romans (*Homo faber,* 1957) et de pièces de théâtre (*Biedermann et les incendiaires,* 1958 ; *Andorra,* 1961) marqués par Brecht et par l'existentialisme.

1. frise [friz] **n.f.** (lat. médiév. *frisium,* var. de *phrygium,* propr. « ouvrage phrygien », d'où « broderie »). **1.** ARCHIT. Partie de l'entablement comprise entre l'architrave et la corniche : *Les frises du Parthénon.* **2.** Bande continue et génér. décorée ornant un mur, un objet, etc. : *La frise d'un vase.* **3.** MENUIS. Planche étroite et courte utilisée pour fabriquer des lames de parquet, des tonneaux, etc. **4.** Bande de toile fixée au cintre d'un théâtre et complétant les décors.

2. frise [friz] **n.f.** (de *Frise,* n. d'une province hollandaise). **Cheval de frise** ⟶ **cheval.**

Frise, en néerl. et en all. **Friesland,** région de plaines bordant la mer du Nord, précédée d'îles *(archipel frison)* et partagée entre les Pays-Bas et l'Allemagne.

HISTOIRE
Habitée par les Frisons, peuple germanique, la région est conquise par les Romains puis par les Francs (IVe s.). Évangélisée sous les Carolingiens, elle est annexée à la Flandre au XIe s. En 1289, la Frise occidentale est intégrée au comté de Hollande. La Frise orientale, érigée en comté d'Empire (1464), passe à la Prusse au XVIIIe s. En 1523, la Frise centrale est annexée par Charles Quint avant de devenir un des États fondateurs des Provinces-Unies, en 1579.

frisé, e [frize] **adj. 1.** Qui forme des boucles : *Cheveux frisés* (syn. **bouclé**). **2.** Dont les feuilles sont finement dentelées : *Chicorée frisée.* ◆ **adj.** et **n.** Qui a les cheveux frisés : *Elle est frisée comme un mouton. Un petit frisé.*

frisée [frize] **n.f.** (de *frisé*). Chicorée d'une variété à feuilles dentelées, consommée en salade.

friselis [frizli] **n.m.** (d'un rad. onomat. *fri-,* évoquant le chant d'un oiseau). LITT. Frémissement doux : *Le friselis de l'eau sous la brise* (syn. **bruissement, murmure**).

friser [frize] **v.t.** (probabl. du rad. *fris-,* qu'on trouvait dans certaines formes du v. *frire*). **1.** Faire des boucles à qqch, à qqn : *Friser ses cheveux* (syn. **boucler**). *Se faire friser.* **2.** Raser, effleurer : *La balle a frisé le filet* (syn. **frôler**). **3.** Être tout près de qqch : *Friser la catastrophe.* ◆ **v.i. 1.** Former des boucles : *Ses cheveux frisent* (syn. **boucler**) **2.** Avoir les cheveux qui frisent : *Elle frise naturellement.*

1. frisette [frizɛt] **n.f.** (de *1. frise*). MENUIS. Petite frise de parquet, de boiserie.

2. frisette [frizɛt] **n.f.** et **frisottis** [frizɔti] **n.m.** FAM. Petite boucle de cheveux frisés (syn. **bouclette**).

frisotter [frizɔte] **v.t.** et **v.i.** Friser en petites boucles.

frisquet, ette [friskɛ, -ɛt] **adj.** (du wallon *frisque,* froid, flamand *frisch*). FAM. Légèrement froid : *Il fait plutôt frisquet aujourd'hui* (syn. **frais**).

frisson [frisɔ̃] **n.m.** (bas lat. *frictio,* probabl. du class. *frigere,* avoir froid). Tremblement passager et involontaire dû au froid, à un état fébrile ou à une émotion : *Un frisson de fièvre* (syn. **grelottement**). *Ton récit m'a donné le frisson* (= m'a épouvanté).

frissonnant, e [frisɔnɑ̃, -ɑ̃t] **adj.** Qui frissonne.

frissonnement [frisɔnmɑ̃] **n.m. 1.** Léger frisson. **2.** LITT. Léger tremblement : *Le frissonnement des feuilles* (syn. **frémissement**).

frissonner [frisɔne] **v.i. 1.** Avoir des frissons : *Frissonner de froid* (syn. **trembler**). *Frissonner d'enthousiasme, d'horreur* (syn. **frémir**). **2.** LITT. S'agiter légèrement, en parlant de qqch : *Le feuillage frissonne.*

frisure [frizyr] **n.f.** Action de friser ; façon d'être frisé : *Une frisure serrée.*

frite [frit] **n.f.** (du p. passé de *frire*). **1.** (Surtout au pl.). Bâtonnet de pomme de terre frit. **2.** FAM. Coup sur les fesses donné d'un geste vif du dos de la main. **3.** FAM. **Avoir la frite,** être en forme.

friterie [fritri] **n.f.** Local ou installation ambulante où l'on fait de la friture, des frites.

friteuse [fritøz] **n.f.** Récipient permettant de faire cuire un aliment dans un bain de friture.

friture [frityr] **n.f.** (bas lat. *frictura,* du class. *frigere,* frire). **1.** Action ou manière de frire un aliment : *Friture à l'huile.* **2.** Corps gras dont on se sert pour frire des aliments : *Plonger des beignets dans une friture bouillante.* **3.** Aliment frit ; spécial. petits poissons frits, ou à frire : *J'ai acheté de la friture pour midi.* **4.** Bruit parasite dans un appareil de radio, un téléphone : *La communication est mauvaise, il y a de la friture* (syn. **grésillement**).

frivole [frivɔl] **adj.** (lat. *frivolus*). **1.** Qui est peu sérieux : *Lectures frivoles. Avoir des pensées frivoles* (contr. **grave**). **2.** Qui ne s'occupe que de choses sans importance : *Esprit frivole* (syn. **futile, superficiel** ; contr. **profond**). **3.** Qui est inconstant dans ses attachements : *Amant frivole* (syn. **volage** ; contr. **fidèle**).

frivolement [frivɔlmɑ̃] **adv.** De façon frivole.

frivolité [frivɔlite] **n.f. 1.** Caractère frivole de qqn, de qqch : *La frivolité des mondains* (syn. **futilité** ; contr. **sérieux**). **2.** (Surtout au pl.). Occupation frivole : *Les frivolités le délassent.* ◆ **frivolités n.f. pl.** VX. Accessoires de mode féminine ; articles de fantaisie : *Une boutique de frivolités.*

froc [frɔk] **n.m.** (frq. **hrokk,* habit). **1.** Habit de moine. **2.** FAM. Pantalon.

1. froid, e [frwa, frwad] **adj.** (lat. *frigidus*). **1.** Qui est à basse température ; où la température est basse : *L'eau est trop froide pour se baigner. Aliments conservés en chambre froide* (syn. **réfrigéré**). **2.** Qui n'est plus chaud ; qui a refroidi : *Viande froide. Une odeur de tabac froid.* **3.** Qui dégage ou procure peu de chaleur : *Un froid soleil d'hiver.* **4.** Qui manifeste du sang-froid ; qui est maître de soi : *Rester froid devant le danger* (syn. **impassible**). *Colère froide* (syn. **contenu**). **5.** Qui manifeste de l'indifférence ; qui manque de chaleur humaine : *Les larmes de sa mère la laissent froide* (syn. **indifférent**). *Se montrer froid avec les nouveaux venus* (syn. **distant, réservé**). *Un accueil froid* (contr. **chaleureux**). **6. Couleurs froides,** couleurs du spectre dont la longueur d'onde est plus proche du bleu que du rouge : *Le vert, le violet sont des couleurs froides.* / **Garder la tête froide,** rester maître de soi, ne pas s'affoler. ◆ **froid adv. Battre froid à qqn,** le traiter avec froideur. / **Il fait froid,** la température ambiante est basse. / **Manger, boire froid,** absorber un aliment froid, une boisson froide.

2. froid [frwa] **n.m.** (de *1. froid*) **1.** Température basse ou très basse : *Une vague de froid.* **2.** Sensation que font éprouver l'absence ou la diminution de la chaleur : *Avoir froid.* **3.** Absence ou diminution d'affection, de cordialité : *Il y a un froid entre eux.* **4. À froid,** sans soumettre à la chaleur ; au fig., au dépourvu : *Battre du fer à froid. J'ai été pris à froid, je n'ai pas su répondre.* / **Attraper, prendre froid,** s'enrhumer. / **Faire froid dans le dos,** faire peur. / FAM. **Froid de canard, de loup,** froid très vif. / **Jeter un froid,** susciter une sensation de gêne. / **Opérer à froid,** pratiquer une intervention chirurgicale quand il n'y a pas de poussée inflammatoire.

■ On distingue le domaine du *froid industriel,* dans lequel on utilise des températures descendant jusqu'à - 150 °C environ, et celui de la *cryogénie,* pour les températures encore plus basses. La température minimale qu'on puisse concevoir est celle pour laquelle l'énergie cinétique des molécules est nulle. C'est le zéro absolu, qui correspond à - 273,15 °C.

L'industrie du froid. Née au XIXe s., elle est fondée sur l'effet Joule-Thomson, selon lequel un gaz qui se détend, à énergie interne constante, se refroidit légèrement. Son application a permis la liquéfaction, en 1883, de l'oxygène (- 183 °C) et de l'azote (- 196 °C) puis de l'hydrogène (- 253 °C) en 1898, et de l'hélium (- 269 °C) en 1908. Le froid est très utilisé dans les secteurs de l'agronomie et de l'alimentation, de la pharmacie et de la médecine. Il permet de contrôler et de ralentir les réactions biochimiques et les processus biologiques. La réfrigération et la congélation sont couramment employées pour la conservation

de denrées alimentaires. La *chaîne du froid* est la suite des installations frigorifiques dans lesquelles passe un produit alimentaire depuis sa production jusqu'à sa consommation. On y rencontre successivement les chambres froides des abattoirs, des stations fruitières et des usines laitières, les installations de congélation, les entrepôts frigorifiques, les transports frigorifiques (wagons, véhicules routiers, navires, conteneurs), l'équipement du commerce de distribution (chambres froides, vitrines de vente), l'équipement frigorifique ménager (réfrigérateurs, congélateurs).
Autres utilisations du froid. Les très basses températures rendent possible la longue conservation de souches animales pour améliorer la sélection, la congélation d'organes ou d'embryons, la lyophilisation de micro-organismes, de cellules, de tissus animaux ou végétaux.
Le froid intervient aussi dans de nombreux procédés de fabrication de l'industrie chimique. Par exemple, l'azote liquide durcit les balles de golf et aide à réduire en poudre des matériaux à broyer, comme le caoutchouc, pour les revêtements de sol.
On utilise aussi le froid dans les travaux publics (creusement de puits, de galeries), pour congeler le sol lorsque celui-ci n'est pas suffisamment stable. ■

froidement [frwadmɑ̃] **adv.** (de *1. froid*). **1.** Avec calme et lucidité : *Peser froidement le pour et le contre* (syn. **calmement, sereinement**). **2.** Avec réserve : *Accueillir froidement un projet* (syn. **fraîchement**). **3.** Avec une totale insensibilité ; sans aucun scrupule : *Abattre froidement qqn.*

froideur [frwadœr] **n.f.** (de *1. froid*). Absence de sensibilité, indifférence : *Répondre avec froideur* (syn. **sécheresse**).

froidure [frwadyr] **n.f.** LITT. Température basse ; saison froide : *Couper du bois en prévision de la froidure* (syn. **hiver**).

froissable [frwasabl] **adj.** Qui se froisse facilement.

Froissart (Jean), chroniqueur français (Valenciennes 1333 - Chimay apr. 1404). Ses *Chroniques* forment une peinture vivante du monde féodal entre 1325 et 1400.

froissement [frwasmɑ̃] **n.m. 1.** Bruit que produit qqch que l'on froisse : *Un froissement de papier de soie* (syn. **bruissement, froufrou**). **2.** Contusion due à un traumatisme ; claquage : *Froissement musculaire.*

froisser [frwase] **v.t.** (lat. pop. **frustiare,* de *frustum,* morceau). **1.** Faire prendre des faux plis ; friper : *Froisser un papier, sa robe* (syn. **chiffonner**). **2.** Meurtrir par une pression violente ; endommager par un choc : *Froisser un nerf* (syn. **contusionner**). *Froisser la carrosserie d'une voiture* (syn. **cabosser**). **3.** Heurter, blesser moralement : *Votre plaisanterie l'a froissée* (syn. **offenser**). ◆ **se froisser v.pr. 1.** Se vexer. **2. Se froisser qqch (un muscle, un nerf),** le distendre à l'occasion d'un effort, d'un faux mouvement.

frôlement [frolmɑ̃] **n.m.** Action de frôler ; bruit léger qui en résulte.

frôler [frole] **v.t.** (orig. probabl. onomat., à partir de la suite consonantique *f-r-l*, qui évoque le bourdonnement). **1.** Toucher légèrement en passant : *Sa main a frôlé la mienne* (syn. **effleurer**). **2.** Passer très près de qqn, de qqch sans le toucher : *Un avion qui frôle les montagnes* (syn. **raser**). **3.** Échapper de justesse à qqch : *Frôler la mort.*

fromage [frɔmaʒ] **n.m.** (bas lat. *formaticus,* fait dans une forme). **1.** Aliment obtenu par coagulation du lait, égouttage du caillé ainsi obtenu et, éventuellement, affinage : *Fromage à pâte molle, à pâte cuite.* **2.** FAM. **Faire (tout) un fromage de qqch,** donner une importance exagérée à un événement mineur : *J'ai eu tort, inutile d'en faire un fromage !* **3. Fromage de tête,** pâté fait de morceaux de tête de porc enrobés de gelée.

1. fromager [frɔmaʒe] **n.m.** (probabl. de *fromage,* à cause de son bois mou). Très grand arbre des régions tropicales, à bois blanc et tendre, dont les fruits fournissent le kapok. ▶ Famille des bombacacées ; haut. jusqu'à 70 m.

2. fromager, ère [frɔmaʒe, -ɛr] **adj. 1.** Relatif au fromage : *Industrie fromagère.* **2.** Qui contient du fromage : *Tourteau fromager.* ◆ **n.** Personne qui fabrique ou vend des fromages.

fromagerie [frɔmaʒri] **n.f.** Endroit où l'on fait, où l'on vend des fromages.

froment [frɔmɑ̃] **n.m.** (lat. *frumentum*). Blé tendre : *Farine de froment.*

Fromentin (Eugène), peintre et écrivain français (La Rochelle 1820 - *id.* 1876). Orientaliste, il a représenté des scènes et des paysages d'Afrique du Nord. Ses *Maîtres d'autrefois* (1876) sont une importante étude sur la peinture flamande et hollandaise. Il a donné avec *Dominique* (1863) un des chefs-d'œuvre du roman psychologique.

fronce [frɔ̃s] **n.f.** (frq. **hrunkja,* ride). Pli non aplati obtenu en resserrant le fil sur lequel on a coulissé un tissu.

froncement [frɔ̃smɑ̃] **n.m.** Action de froncer les sourcils, le front.

froncer [frɔ̃se] **v.t.** (de *fronce*) [conj. **16**]. **1.** Resserrer ou orner par des fronces un vêtement, un tissu : *Froncer une robe.* **2.** Plisser en contractant : *Froncer les sourcils.*

frondaison [frɔ̃dɛzɔ̃] **n.f.** (de *fronde*, feuille, du lat. *frons, frondis,* feuillage). **1.** Époque où paraissent les feuilles des arbres. **2.** (Surtout au pl.). Le feuillage lui-même : *Le vent bruit dans les frondaisons* (syn. **branchage, feuillée**).

1. fronde [frɔ̃d] **n.f.** (lat. pop. **fundula,* du class. *funda*). **1.** Arme de jet constituée d'une pièce de matière souple (cuir, etc.), attachée à deux lanières, dans laquelle est placé le projectile. **2.** Lance-pierres.

2. fronde [frɔ̃d] **n.f.** (de *1. fronde*). LITT. Révolte d'un groupe contre les institutions, la société, l'autorité : *Un vent de fronde souffle sur l'assemblée* (syn. **rébellion**).

Fronde (la), troubles qui éclatèrent en France entre 1648 et 1653 pendant la minorité de Louis XIV. Dirigée contre le cardinal Mazarin, impopulaire en raison de sa politique fiscale et centralisatrice, la Fronde connut deux phases. La première, dite *Fronde parlementaire* (1648-1649), fut marquée par l'arrestation de Broussel, membre du parlement de Paris, l'édification de barricades dans la capitale et la retraite de la Cour à Saint-Germain. Malgré l'appui d'une partie de la noblesse (prince de Conti), le parlement, inquiet de l'agitation populaire, fut contraint par l'armée de Condé de signer la paix. La seconde, dite *Fronde des princes,* fut déclenchée par l'arrestation de Condé et de Conti, dont les ambitions menaçaient le gouvernement. La haute noblesse souleva la province et, soutenue par l'Espagne, engagea une véritable campagne contre les troupes royales. Appuyés par les parlementaires, les princes obtinrent l'exil temporaire de Mazarin. Mais de profondes dissensions (notamm. le ralliement de Turenne à Louis XIV) affaiblirent les rebelles et Condé dut abandonner Paris, dont il s'était rendu maître. La royauté et la position de Mazarin sortirent renforcées de cette période troublée.

fronder [frɔ̃de] **v.t.** (de *1. fronde*). LITT. Critiquer, railler une personne détenant un pouvoir, une chose généralement respectée : *Fronder un professeur* (syn. **chahuter**).

frondeur, euse [frɔ̃dœr, -øz] **n.** (de *fronder*). Personne qui participa au mouvement de la Fronde. ◆ **adj.** et **n.** Qui est porté à la contradiction, à la critique, à l'insubordination : *Esprit frondeur* (syn. **contestataire**).

front [frɔ̃] **n.m.** (lat. *frons, frontis*). **1.** Partie antérieure du crâne des vertébrés allant, chez l'homme, de la racine des cheveux à l'arcade sourcilière. **2.** LITT. Audace, impudence : *Tu as le front de tenir ici de tels propos !* (syn. **effronterie**). **3.** Partie supérieure ou face antérieure de qqch : *Le front d'une montagne. Le front d'un monument* (syn. **façade**). **4.** MIL. Ligne présentée par une troupe en ordre de bataille (par opp. à *flanc*). **5.** MIL. Limite avant de la zone de combat ; cette zone de combat elle-même : *Monter au front.* **6.** Coalition d'organisations politiques ou d'individus : *Le Front populaire. Constituer un front contre le racisme* (syn. **bloc, union**). **7.** MIN. Partie d'un gisement en cours d'exploitation. **8.** MÉTÉOR. Zone de contact entre des masses d'air convergentes et de températures différentes. **9.** GÉOGR. Versant raide d'une cuesta. **10.** *LITT.* **Baisser, courber le front,** se soumettre : *Les insurgés ont dû baisser le front* (= ont dû s'incliner). / **De front,** de face, par-devant : *Attaquer de front* ; au fig., de façon directe, sans détours : *Aborder de front une question* ; côte à côte : *Cyclistes qui roulent de front.* / **Faire front,** tenir tête ; faire face : *Faire front aux assaillants. Faire front aux difficultés.* / **Mener de front (plusieurs activités),** avoir plusieurs activités en même temps ; s'occuper simultanément de plusieurs choses. **11. Front de mer,** avenue, promenade située en bordure de mer.

frontail [frɔ̃taj] **n.m.** (de *front*). Partie du harnais qui passe sur le front du cheval et se fixe sur la têtière.

frontal, e, aux [frɔ̃tal, -o] **adj.** (de *front*) **1.** Qui se fait de face, par-devant : *Attaque frontale.* **2.** ANAT. Qui appartient au front : *Muscle, os frontal.* **3. Lobe frontal,** partie des hémisphères cérébraux qui joue un rôle important dans la motricité, l'activité intellectuelle et la régulation de l'humeur.

frontalier, ère [frɔ̃talje, -ɛr] **adj.** et **n.** (prov. *frountalié,* limitrophe, du lat. *frons, frontis,* front). Qui habite une région voisine d'une frontière : *Un frontalier. Population frontalière.* ◆ **adj.** Situé à la frontière : *Ville frontalière.*

Front de libération nationale (F.L.N.), mouvement nationaliste, puis parti politique algérien. Formé en 1954, il encadra l'insurrection algérienne pendant la guerre d'Algérie (1954-1962) avant de constituer une composante majeure de la vie politique de ce pays (parti unique de 1963 à 1989).

frontière [frɔ̃tjɛr] **n.f.** (de *front*). **1.** Limite qui sépare deux États. **2.** (En appos.). Situé à la frontière : *Ville frontière* (syn. **frontalier**). **3.** Limite, lisière entre deux choses différentes : *Être à la frontière de la veille et du sommeil.* **4.** Ce qui délimite un champ d'action, un domaine : *Les frontières d'une discipline* (syn. **limite**). **5. Frontière naturelle,** formée par un élément du milieu naturel : *Fleuve qui constitue une frontière naturelle entre deux pays.*

frontispice [frɔ̃tispis] **n.m.** (bas lat. *frontispicium,* du class. *frons, frontis,* front, et *spicere,* regarder). **1.** *VX.* Façade principale d'un édifice. **2.** Titre d'un livre qui figure à sa première page et qui est accompagné d'ornements ou de vignettes. **3.** Illustration placée en regard de la page de titre d'un livre.

fronton [frɔ̃tɔ̃] **n.m.** (it. *frontone,* augment. de *fronte,* front). **1.** ARCHIT. Couronnement d'une façade, d'un meuble, qui repose sur une base horizontale : *Le fronton des temples grecs.* **2.** SPORTS. Mur contre lequel on joue à la pelote basque ; le terrain de jeu lui-même.

Front populaire, période pendant laquelle la France fut gouvernée par une coalition des partis de gauche (1936-1938). Formé par la coalition du parti communiste, de la S.F.I.O. et du parti radical, le Front populaire remporte les élections de mai 1936 et arrive au pouvoir avec Léon Blum. Il réalise d'importantes réformes sociales (semaine de quarante heures, relèvement des salaires, congés payés, conventions collectives, délégués ouvriers) dans le cadre des accords Matignon. Sous la pression des événements extérieurs (guerre d'Espagne), le Front populaire se disloque rapidement (démission du premier cabinet Blum, juin 1937). Il prend fin en avr. 1938 lors de l'accession au pouvoir de Daladier.

frottage [frɔtaʒ] **n.m.** Action de frotter.

frottement [frɔtmɑ̃] **n.m. 1.** Contact de deux corps dont l'un au moins est en mouvement par rapport à l'autre ; bruit qui en résulte : *Le frottement de deux silex l'un contre l'autre. Entendre le frottement des patins sur la glace.* **2.** (Souvent au pl.). Conflit, heurt entre des personnes : *Il y a des frottements continuels entre eux* (syn. **friction**).

frotter [frɔte] **v.t.** (bas lat. *frictare,* du class. *fricare*). **1.** Exercer une pression sur qqch tout en faisant des mouvements : *Frotter les cuivres* (syn. **astiquer**). *Frotte-moi le dos* (syn. **frictionner**). **2.** Enduire par frottement ou friction : *Frotter d'ail des croûtons.* **3. Frotter les oreilles à qqn,** le réprimander, le punir. ◆ **v.i.** Produire un frottement : *Roue qui frotte contre le garde-boue.* ◆ **se frotter v.pr.** [à]. **1.** *LITT.* Entrer en contact avec qqn : *Se frotter aux artistes* (syn. **fréquenter**). **2.** *FAM.* Provoquer, attaquer qqn : *Un homme auquel il vaut mieux ne pas se frotter.*

frottis [frɔti] **n.m.** (de *frotter*). **1.** BX-A. Couche de couleur, mince et transparente, appliquée sur une toile. **2.** MÉD. Préparation en couche mince, sur une lame de verre, d'un liquide organique ou de cellules, prélevés en vue d'un examen microscopique : *Frottis vaginal.*

frottoir [frɔtwar] **n.m. 1.** Outil dont on se sert pour frotter qqch. **2.** Surface enduite d'un produit permettant l'inflammation des allumettes par friction.

froufrou ou **frou-frou** [frufru] **n.m.** (onomat.) [pl. *froufrous* ou *frous-frous*]. **1.** Léger bruit que produit le froissement des étoffes, des feuilles, etc. (syn. **bruissement**). **2.** (Surtout au pl.). Ornement de tissu d'un vêtement féminin : *Robe à froufrous.*

froufroutant, e [frufrutɑ̃, -ɑ̃t] **adj.** Qui froufroute : *Soieries froufroutantes.*

froufroutement [frufrutmɑ̃] **n.m.** Action de froufrouter : *Froufroutement du feuillage* (syn. **bruissement**).

froufrouter [frufrute] **v.i.** (de *froufrou*). Faire un bruit léger semblable à un froissement.

Frounze ⟶ **Bichkek.**

froussard, e [frusar, -ard] **adj.** et **n.** (de *frousse*). *FAM.* Peureux, poltron.

frousse [frus] **n.f.** (orig. onomat.). *FAM.* Peur : *Avoir la frousse* (= avoir peur).

fructidor [fryktidɔr] **n.m.** (du lat. *fructus,* fruit, et du gr. *dôron,* don). HIST. Douzième mois du calendrier républicain, du 18 ou 19 août au 16 ou 17 septembre.

fructifère [fryktifɛr] **adj.** (du lat. *fructus,* fruit, et de *-fère*). BOT. Qui porte des fruits.

fructification [fryktifikasjɔ̃] **n.f.** (lat. *fructificatio,* de *fructificare* ; v. *fructifier*). **1.** BOT. Formation, production des fruits ; époque de cette formation. **2.** Ensemble des organes reproducteurs chez les cryptogames.

fructifier [fryktifje] **v.i.** (lat. *fructificare,* de *fructus,* fruit) [conj. **9**]. **1.** Porter des fruits ; produire des récoltes : *Mettre de l'engrais pour que la terre fructifie davantage* (syn. **donner**). **2.** Produire de bons résultats, des bénéfices : *L'entreprise fructifie* (syn. **prospérer**). *Faire fructifier son capital* (syn. **rapporter, travailler**).

fructose [fryktoz] **n.m.** (du lat. *fructus,* fruit). Sucre, isomère du glucose, contenu dans le miel et de nombreux fruits.

fructueusement [fryktɥøzmɑ̃] **adv.** De façon fructueuse, profitable : *Conduire fructueusement des recherches.*

fructueux, euse [fryktɥø, -øz] **adj.** (lat. *fructuosus,* de *fructus,* fruit, profit). **1.** Profitable, avantageux : *Commerce fructueux* (syn. **rentable, lucratif**). **2.** Qui donne un résultat utile : *Recherches fructueuses* (syn. **fécond**).

frugal, e, aux [frygal, -o] **adj.** (bas lat. *frugalis,* du class. *frux, frugis,* récolte). **1.** Qui consiste en aliments simples et peu abondants : *Repas frugal* (syn. **léger** ; contr. **copieux**). **2.** Qui vit, se nourrit d'une manière simple : *Une personne frugale* (syn. **sobre, tempérant**).

frugalement [frygalmɑ̃] **adv.** De façon frugale : *Vivre frugalement* (syn. **sobrement**).

frugalité [frygalite] **n.f.** Qualité de qqn, qqch de frugal : *Frugalité d'un ascète* (syn. **sobriété, tempérance** ; contr. **gloutonnerie**). *Frugalité d'une collation.*

frugivore [fryʒivɔr] **adj.** et **n.** (du lat. *frux, frugis,* fruit, et *-vore*). Qui se nourrit de fruits : *L'écureuil est frugivore.*

fruit [frɥi] **n.m.** (lat. *fructus,* de *frui,* jouir de). **1.** Organe contenant les graines et provenant génér. de l'ovaire de la fleur : *Fruits charnus et fruits secs.* **2.** Cet organe, en tant que produit comestible de certains végétaux, de saveur génér. sucrée : *Prendre un fruit au dessert.* **3.** Résultat, profit, avantage tiré de qqch : *Recueillir les fruits de son travail* (syn. **gain, rapport**). *Faire part du fruit de ses réflexions* (syn. **aboutissement, conclusion**). **4.** *LITT.* Enfant considéré comme le produit de la génération : *Elle est le fruit d'amours illégitimes.* **5. Fruit confit,** fruit cuit légèrement dans un sirop de sucre, puis séché lentement. / **Fruit défendu,** fruit dont Adam et Ève mangèrent malgré la défense de Dieu ; au fig., plaisir interdit, et d'autant plus désirable. / **Fruit sec,** fruit naturellement dépourvu de pulpe, ou que l'on a desséché ; au fig., personne qui a déçu toutes les espérances que l'on fondait sur elle. ◆ **fruits n.m. pl. 1.** *LITT.* Produits, récoltes : *Les fruits de la terre.* **2.** DR. Produits réguliers et périodiques qu'une chose mobilière ou immobilière donne sans altération de sa substance : *Fruits industriels* (= produits par le travail). **3. Fruits de mer,** crustacés et coquillages comestibles. / **Fruits rafraîchis,** salade de fruits frais au sucre, parfois arrosés d'alcool.

■ Seules les plantes à fleurs (angiospermes) donnent des fruits – en effet, les cônes femelles des conifères (gymnospermes), ou « pommes de pin », ne sont pas des fruits au sens botanique du terme. Certains fruits, qui se consomment plutôt en salade ou en plat, sont appelés légumes dans le langage culinaire (tomate, courgette, aubergine...).

Formation du fruit. Une fois la fleur fécondée, son pistil se transforme en fruit et ses ovules en graines. La paroi de l'ovaire devient la paroi du fruit, ou péricarpe, constituée de trois zones : l'épicarpe, externe, le mésocarpe, intermédiaire, et l'endocarpe, interne.

Fruits simples, multiples ou composés. Lorsque l'ovaire de la fleur possède une ou plusieurs loges soudées en un ovaire unique, il se forme un fruit simple (ex. : la cerise). Lorsque l'ovaire contient plusieurs loges indépendantes, il se forme un fruit multiple (ex. : la framboise). Il arrive aussi que plusieurs pistils de fleurs différentes se soudent ou se réunissent pour former un fruit composé (ex. : l'ananas).

Fruits charnus et fruits secs. Selon la nature du péricarpe, on distingue les fruits charnus et les fruits secs.

Les *fruits charnus,* riches en eau, comprennent les baies, ou fruits à pépins, et les drupes, ou fruits à noyau. Dans ce dernier type, l'endocarpe, au cours de la formation du fruit, s'épaissit et s'imprègne d'une substance rigide, la lignine, pour former le noyau, qui entoure la graine.

Les *fruits secs* ont une paroi peu charnue et se divisent en deux types : les fruits secs déhiscents et les fruits secs indéhiscents. Les premiers ont une paroi s'ouvrant à maturité, laissant s'échapper les graines. Ils comprennent les capsules (coquelicot), les follicules (ancolie), les gousses (haricot) et les siliques (giroflée). Les fruits secs indéhiscents ont une paroi qui ne s'ouvre pas à maturité. Ce sont notamm. les akènes (la noisette, la châtaigne, mais aussi chacun des petits grains à la surface d'une fraise).

Dispersion des fruits. Les fruits ont pour rôle d'assurer la dispersion des graines, afin qu'elles germent à distance de la plante mère. Ceux de la balsamine, par ex., explosent littéralement pour éparpiller les graines ; ceux du cocotier flottent et sont transportés par les courants. De nombreux fruits secs, comme celui de l'érable, portent des ailettes pour être emportés par le vent. D'autres (fruit de la carotte) ont des crochets pour s'accrocher au pelage ou au plumage des animaux. Souvent enfin, ce sont les animaux qui mangent les fruits qui assurent la dispersion des graines, en les rejetant avec leurs déjections.

Culture. La culture des fruits s'effectue dans des vergers (pomme, poire, prune, orange…), des plantations (banane, datte…), des champs (melon, pastèque, framboise, fraise...). Les fruits les plus cultivés dans le monde sont les agrumes (essentiellement les oranges), le raisin, la banane, la pomme, la mangue, l'ananas, la pêche et la nectarine.

La production mondiale de fruits est d'environ 603 millions de tonnes par an (source FAO). Les plus gros producteurs mondiaux sont la Chine, l'Inde, le Brésil et les États-Unis. Les Philippines et l'Inde sont les premiers producteurs de fruits exotiques frais ; la France le deuxième producteur de raisin. ■

fruité, e [frɥite] **adj.** Qui a l'odeur ou le goût d'un fruit frais : *Vin fruité. Parfum fruité.*

fruiterie [frɥitri] **n.f.** Magasin où l'on vend principalement des fruits et des légumes.

fruiticulteur, trice [frɥitikyltœr, -tris] **n.** Producteur de fruits.

fruitier, ère [frɥitje, -ɛr] **adj.** Qui produit des fruits comestibles : *Arbre fruitier.* ◆ **n.** Personne qui vend des fruits frais.

fruitière [frɥitjɛr] **n.f.** (de *fruit,* au sens suisse « produit laitier »). Petite coopérative de producteurs de lait pour la fabrication du fromage, notamm. du gruyère.

frusques [frysk] **n.f. pl.** (de *saint-frusquin*). *FAM.* Vêtements, en partic. vêtements de peu de valeur ou usagés : *Tu vas me faire le plaisir de ranger tes frusques !*

fruste [fryst] **adj.** (it. *frusto,* usé, du lat. *frustum,* morceau). Qui manque de finesse, d'élégance : *Homme fruste* (syn. **inculte, rude, rustre**). *Manières frustes* (syn. **grossier** ; contr. **délicat, raffiné**). *Procédés artistiques un peu frustes* (syn. **rudimentaire** ; contr. **sophistiqué**).

frustrant, e [frystrɑ̃, -ɑ̃t] **adj.** Qui frustre : *Une situation frustrante.*

frustration [frystrasjɔ̃] **n.f. 1.** Action de frustrer : *La frustration d'un héritier* (syn. **dépossession, spoliation**). **2.** Tension psychologique qui résulte de l'impossibilité de satisfaire son désir : *Éprouver un sentiment de frustration* (contr. **satisfaction**). *Endurer de nombreuses frustrations* (syn. **privation**).

frustré, e [frystre] **adj.** et **n.** Qui souffre de frustration.

frustrer [frystre] **v.t.** (lat. *frustrari,* tromper, décevoir). **1.** Priver qqn d'un bien, d'un avantage dont il croyait pouvoir disposer : *Frustrer un héritier de sa part* (syn. **déposséder, spolier**). **2.** Mettre qqn dans un état de frustration : *Frustrer continuellement ses enfants* (syn. **priver** ; contr. **combler**). **3.** Ne pas répondre à une attente : *Son échec a frustré nos espérances* (syn. **décevoir, tromper**).

fuchsia [fyʃja] ou [fyksja] **n.m.** (du n. de *Fuchs,* botaniste bavarois). Arbrisseau originaire d'Amérique, aux fleurs pendantes violacées. ▸ Famille des œnothéracées.

fucus [fykys] **n.m.** (mot lat.). Algue brune des côtes rocheuses, constituant important du varech.

Fuégiens, peuples qui habitaient la Terre de Feu : Alakaluf, Yamana, Ona, et qui ont aujourd'hui disparu.

fuel n.m. → **fioul.**

Fuentes (Carlos), écrivain mexicain (Panama 1928 - Mexico 2012). Ses romans, ancrés dans la réalité latino-américaine, témoignent d'un grand souci de recherches formelles (*la Plus Limpide Région,* 1958 ; *la Mort d'Artemio Cruz,* 1962 ; *Terra nostra,* 1975 ; *le Vieux Gringo,* 1985 ; *les Années avec Laura Diaz,* 1999).

fugace [fygas] **adj.** (lat. *fugax,* de *fugere,* fuir). Qui ne dure pas ; qui disparaît rapidement, facilement : *Souvenir fugace* (syn. **évanescent, fugitif** ; contr. **tenace**). *Douleur fugace* (syn. **passager** ; contr. **permanent**).

fugacité [fygasite] **n.f.** Caractère de ce qui est fugace : *La fugacité d'une sensation* (syn. **brièveté**).

Fugger (les), famille de banquiers d'Augsbourg, propriétaires de mines d'argent et de cuivre, qui accorda son appui financier aux Habsbourg (XVe et XVIe s.).

fugitif, ive [fyʒitif, -iv] **adj.** et **n.** (lat. *fugitivus*). Qui a pris la fuite : *Rattraper des fugitifs.* ◆ **adj.** Qui ne dure pas ; qui disparaît rapidement : *Impression fugitive* (syn. **évanescent, fugace**). *Bonheur fugitif* (syn. **éphémère, passager**).

fugitivement [fyʒitivmɑ̃] **adv.** De façon fugitive.

fugue [fyg] **n.f.** (it. *fuga,* fuite, lat. *fuga*). **1.** Fait de s'enfuir de son domicile : *Fugue d'un adolescent.* **2.** Fait de s'échapper temporairement de son cadre de vie habituel : *Faire une fugue à* *la campagne* (syn. **escapade**). **3.** MUS. Composition musicale qui donne l'impression d'une fuite et d'une poursuite par l'entrée successive des voix et la reprise d'un même thème.

■ Écrite à 2, 3, 4 voix ou plus, à partir d'un ou de plusieurs sujets, la fugue, forme suprême de l'écriture polyphonique, comprend trois parties : l'exposition (présentation successive du thème par chacune des voix), le développement et la strette (réexposition du thème sur des degrés différents). Illustrant l'art vocal et instrumental, la fugue atteint son apogée avec Bach. Beethoven en renouvellera l'esprit. ■

fuguer [fyge] **v.i.** Faire une fugue.

fugueur, euse [fygœr, -øz] **adj.** et **n.** (de *fugue*). Se dit d'un enfant ou d'un adolescent qui a tendance à faire des fugues : *Un fugueur systématique.*

führer [fyrœr] **n.m.** (mot all., « guide »). Titre porté par Adolf Hitler à partir de 1934.

fuir [fɥir] **v.i.** (lat. pop. **fugire*, class. *fugere*) [conj. **35**]. **1.** S'éloigner rapidement pour échapper à qqn, à qqch : *Fuir à toutes jambes* (syn. **s'enfuir, se sauver**). *Fuir devant le danger* (syn. **reculer, s'esquiver**). **2.** S'éloigner rapidement ; donner l'impression de s'éloigner : *Le temps fuit* (syn. **s'écouler, passer**). **3.** S'échapper par un orifice, une fissure : *Le gaz fuit du tuyau.* **4.** Laisser échapper son contenu : *Mon stylo fuit.* ◆ **v.t. 1.** Chercher à éviter qqn, à se soustraire à qqch : *Fuir le danger. Fuir les importuns. Fuir le regard de son interlocuteur* (syn. **éviter** ; contr. **rechercher**). **2.** LITT. En parlant de qqch, échapper à la possession, aux souhaits de qqn : *Le sommeil me fuit.*

fuite [fɥit] **n.f.** (lat. pop. **fugita*, de **fugire* ; v. *fuir*). **1.** Action de fuir qqch de pénible, de dangereux : *Prendre la fuite devant l'ennemi.* **2.** Écoulement d'un fluide, d'un gaz par une fissure ; la fissure elle-même : *Une fuite d'eau. Réparer une fuite.* **3.** Divulgation d'informations qui devaient rester secrètes : *Dans cette affaire, il est clair qu'il y a eu des fuites.* **4. Délit de fuite,** délit commis par le conducteur d'un véhicule qui, responsable d'un accident, ne s'arrête pas et tente ainsi d'échapper à sa responsabilité pénale ou civile. / **Fuite de capitaux,** évasion de capitaux. / **Fuite du temps,** écoulement rapide du temps. / BX-A. **Point de fuite,** point d'un dessin en perspective où convergent des lignes représentant des parallèles.

Fuji-Yama ou **Fuji-San,** point culminant du Japon (Honshu), constitué par un volcan éteint ; 3 776 m.

Fukuoka, port du Japon (Kyushu), sur le détroit de Corée ; 1 463 826 hab. (2 844 999 hab. dans l'agglomération). Musées.

Fukushima, v. du Japon, dans le nord de Honshu ; 292 280 hab.

Fukushima ***(centrales de),*** nom de deux centrales nucléaires du Japon, installées en bordure du Pacifique, à 60 km au S.-E. de Fukushima. La détérioration du système de refroidissement de l'une d'elles (*Fukushima-Daiichi*, dite *Fukushima I*) à la suite du séisme et du tsunami du 11 mars 2011 a entraîné un accident nucléaire majeur.

fulgurance [fylgyrɑ̃s] **n.f.** (de *fulgurer*). LITT. Caractère de ce qui est fulgurant : *Fulgurance d'une métaphore.*

fulgurant, e [fylgyrɑ̃, -ɑ̃t] **adj.** (du lat. *fulgurare*, de *fulgur*, éclair). **1.** LITT. Qui jette une lueur très vive : *Éclair fulgurant* (syn. **aveuglant**). **2.** LITT. Qui est lumineux, pénétrant : *Regard fulgurant* (syn. **foudroyant** ; contr. **éteint, morne**). **3.** Qui est très rapide : *Carrière fulgurante.* **4.** Qui survient brusquement et frappe vivement l'esprit : *Idée fulgurante.* **5. Douleur fulgurante,** douleur très intense mais brève.

fulguration [fylgyrasjɔ̃] **n.f.** (lat. *fulguratio* ; v. *fulgurant*). **1.** Éclair sans tonnerre. **2.** Accident mortel dû à la foudre. **3.** LITT. Illumination soudaine : *Fulguration qui traverse l'esprit.*

fulgurer [fylgyre] **v.i.** (de *fulgurant*). LITT. Briller d'un vif éclat : *Un éclair fulgura au faîte du sapin* (syn. **étinceler**).

fuligineux, euse [fyliʒinø, -øz] **adj.** (bas lat. *fuliginosus*, du class. *fuligo, -inis*, suie). **1.** Qui produit de la suie ; qui a la couleur de la suie ; noirâtre : *Flamme fuligineuse.* **2.** LITT. Obscur, confus : *Esprit fuligineux* (syn. **abscons** ; contr. **clair, lumineux**).

full [ful] **n.m.** (mot angl. « plein »). Au poker, aux dés, réunion d'un brelan et d'une paire.

Fuller (Samuel), cinéaste américain (Worcester, Massachusetts, 1911 - Hollywood 1997). Son œuvre est marquée par son anticonformisme, son goût d'une violence jamais gratuite et son éclectisme : *J'ai vécu l'enfer de Corée* (1950), *le Jugement des flèches* (1957), *Shock Corridor* (1963).

fulminant, e [fylminɑ̃, -ɑ̃t] **adj.** (de *fulminer*). **1.** LITT. Qui multiplie les menaces sous l'empire de la colère ; qui exprime une violente colère : *Regards fulminants* (syn. **menaçant**). **2.** Qui peut produire une détonation : *Poudre fulminante* (syn. **détonant, explosif**).

fulminer [fylmine] **v.i.** (lat. *fulminare*, de *fulmen, -inis*, foudre). SOUT. Entrer dans une violente colère souvent assortie de menaces : *Fulminer contre quelqu'un* (syn. **pester, tempêter, tonner**). ◆ **v.t.** LITT. Formuler avec véhémence : *Fulminer des reproches.*

Fulton (Robert), mécanicien américain (Little Britain, auj. Fulton, Pennsylvanie, 1765 - New York 1815). Il construisit le premier sous-marin à hélice, le *Nautulus* (plus tard *Nautilus*) [1800], et réalisa industriellement la propulsion des navires par la vapeur (1807).

fumable [fymabl] **adj.** Qui peut être fumé.

1. fumage [fymaʒ] **n.m.** (de *1. fumer*). Action de fumer une terre.

2. fumage [fymaʒ] **n.m.** et **fumaison** [fymezɔ̃] **n.f.** (de *2. fumer*). Action d'exposer à la fumée certaines denrées pour les conserver : *Fumage des saumons* (syn. **boucanage**).

fumant, e [fymɑ̃, -ɑ̃t] **adj.** (de *2. fumer*). **1.** Qui dégage de la fumée, de la vapeur : *Cendre, soupe fumante.* **2.** FAM. Extraordinaire : *Coup fumant* (syn. **sensationnel**).

fumé, e [fyme] **adj.** (de *2. fumer*). **1.** Qui a été soumis au fumage : *Lard fumé.* **2. Verre fumé,** verre de couleur sombre destiné à atténuer le rayonnement solaire.

fume-cigarette [fymsigarɛt] **n.m. inv.** Petit tuyau de bois, d'ambre, etc., auquel on adapte une cigarette pour la fumer.

fumée [fyme] **n.f.** (de *2. fumer*). **1.** Ensemble des produits gazeux plus ou moins opaques se dégageant des corps en combustion : *Fumée d'une cigarette.* **2.** Vapeur exhalée par un liquide, un corps humide chaud : *Fumée qui sort des naseaux d'un cheval* (syn. **buée**). **3. S'en aller, partir en fumée,** disparaître sans laisser de traces, sans résultat : *Projet qui part en fumée* (= qui reste sans lendemain). ◆ **fumées n.f. pl.** LITT. Trouble de l'esprit causé par l'alcool ; griserie : *Les fumées de l'ivresse* (syn. **vertige**).

1. fumer [fyme] **v.t.** (lat. pop. **femare*, du class. *fimus*, fumier). Fertiliser une terre par l'apport de fumier, d'engrais.

2. fumer [fyme] **v.i.** (lat. *fumare*, de *fumus*, fumée). **1.** Dégager de la fumée en se consumant ; émettre de la fumée : *Torche, cheminée qui fume.* **2.** Exhaler de la vapeur : *Soupe chaude qui fume.* ◆ **v.t. 1.** Aspirer la fumée dégagée par du tabac brûlant dans une cigarette, une pipe, etc. : *Fumer une blonde.* **2.** Exposer à la fumée pour sécher et conserver : *Fumer des jambons* (syn. **boucaner**).

fumerie [fymri] **n.f.** Lieu où l'on fume de l'opium.

fumerolle [fymrɔl] **n.f.** (it. *fumaruolo*, de *fumare*, fumer). Émission gazeuse d'un volcan.

fumet [fymɛ] **n.m.** (de *2. fumer*). **1.** Odeur agréable des viandes cuites, des vins : *Fumet d'un bourgogne* (syn. **bouquet**). **2.** Sauce à base de jus de viande, de poisson, etc. **3.** Odeur de certains animaux sauvages, du gibier.

fumeur, euse [fymœr, -øz] **n.** Personne qui a l'habitude de fumer du tabac.

fumeux, euse [fymø, -øz] **adj. 1.** Qui répand de la fumée. **2.** Peu clair ; peu net : *Idées fumeuses* (syn. **confus, nébuleux**).

fumier [fymje] **n.m.** (lat. pop. **femarium,* du class. *fimus*). **1.** Mélange fermenté des litières et des déjections des animaux, utilisé comme engrais. **2.** *T. FAM.* (Terme d'injure). Personne vile, méprisable : *Quel fumier !* (syn. **ordure**).

fumigateur [fymigatœr] **n.m.** (du lat. *fumigare,* de *fumus,* fumée). **1.** MÉD. Appareil destiné aux fumigations. **2.** AGRIC. Appareil produisant des fumées insecticides.

fumigation [fymigasjɔ̃] **n.f.** (du lat *fumigare,* de *fumus,* fumée). **1.** Opération consistant à produire des fumées, des vapeurs désinfectantes ou insecticides. **2.** MÉD. Exposition du corps, d'une partie du corps aux vapeurs qui se dégagent de certains médicaments brûlés ou chauffés : *Faire des fumigations contre le rhume* (syn. **inhalation**).

fumigène [fymiʒɛn] **adj.** et **n.m.** (du lat. *fumus,* fumée, et de *-gène*). Se dit de substances, d'armes, d'engins conçus pour produire de la fumée : *Obus fumigènes.*

fumiste [fymist] **n.** (de *2. fumer*). Professionnel de l'entretien des cheminées, de l'installation des appareils de chauffage. ◆ **adj.** et **n.** *FAM.* Qui ne prend pas son travail au sérieux ; paresseux : *Un élève intelligent, mais plutôt fumiste.*

fumisterie [fymistəri] **n.f. 1.** Profession, spécialité du fumiste. **2.** *FAM.* Action, chose dépourvue de sérieux : *Cette réforme n'est qu'une fumisterie* (syn. **supercherie, farce**).

fumoir [fymwar] **n.m. 1.** Local où l'on fume des aliments. **2.** Pièce où l'on se réunit pour fumer.

fumure [fymyr] **n.f.** (de *1. fumer*). Apport de fumier, d'engrais à un sol ; ensemble des produits utilisés pour cette opération.

fun [fœn] **adj.** et **n.m.** (mot angl.). *FAM.* Amusant ; drôle : *Faire qqch pour le fun* (= pour s'amuser).

funambule [fynɑ̃byl] **n.** (lat. *funambulus,* de *funis,* corde, et *ambulare,* marcher). Acrobate se déplaçant sur une corde tendue au-dessus du sol.

funboard [fœnbɔrd] ou **fun** [fœn] **n.m.** (de l'angl. *fun,* plaisir, amusement, et *board,* planche). **1.** Flotteur très court permettant la pratique la plus sportive de la planche à voile. **2.** Sport pratiqué avec ce flotteur.

Fundy ***(baie de),*** baie de l'Atlantique (Canada et États-Unis). Marées d'une grande amplitude.

funèbre [fynɛbr] **adj.** (lat. *funebris,* de *funus, -eris,* funérailles). **1.** Relatif aux funérailles : *Pompes funèbres.* **2.** Qui évoque la mort ; qui inspire un sentiment de tristesse : *Air funèbre* (syn. **macabre, sinistre** ; contr. **enjoué, gai**).

funérailles [fyneraj] **n.f. pl.** (lat. ecclés. *funeralia,* du bas lat. *funeralis,* funèbre). Ensemble des cérémonies solennelles organisées en l'honneur d'un mort : *Des funérailles nationales* (syn. **obsèques**).

funéraire [fynerɛr] **adj.** (bas lat. *funerarius,* de *funus, -eris,* funérailles). Relatif aux funérailles : *Art funéraire.*

funérarium [fynerarjɔm] **n.m.** (de *funérailles,* d'après *crematorium*). Lieu, salle où se réunit avant les obsèques la famille d'une personne décédée.

funeste [fynɛst] **adj.** (lat. *funestus,* de *funus, -eris,* funérailles, ruine). Qui annonce ou entraîne la mort, le malheur : *Funeste présage* (syn. **mauvais, sinistre** ; contr. **heureux**). *Conseil funeste* (syn. **néfaste, préjudiciable** ; contr. **salutaire**).

funiculaire [fynikylɛr] **n.m.** (du lat. *funiculus,* dimin. de *funis,* corde). Chemin de fer destiné à gravir de très fortes rampes et dont les convois sont mus par un câble.

funicule [fynikyl] **n.m.** (lat. *funiculus,* dimin. de *funis,* corde). BOT. Fin cordon qui relie l'ovule au placenta chez les plantes à graines.

Funk (Casimir), biochimiste américain d'origine polonaise (Varsovie, Pologne, 1884 - Albany, État de New York, 1967). Il est à l'origine de la découverte et de l'étude des vitamines ; il isole notamm., en 1926, la vitamine B1, dont la carence provoque le béribéri. C'est lui qui, en 1912, crée le terme de vitamine, à partir du latin *vita,* « vie », et de l'anglais *amine.*

furet [fyrɛ] **n.m.** (lat. pop. **furittus,* du class. *fur,* voleur). **1.** Mammifère carnivore très proche du putois, avec lequel il peut se reproduire, dont la fourrure est souvent blanche ou brune. ▸ Famille des mustélidés. **2.** Jeu de société dans lequel des joueurs se passent de main en main un objet (le *furet*) tandis qu'un autre joueur cherche à deviner où il se trouve.

furetage [fyrtaʒ] **n.m.** Action de fureter, de fouiller.

au **fur et à mesure** [fyreaməzyr] **loc. adv.** (*fur* vient du lat. *forum,* place puis « convention, loi »). En suivant le même rythme qu'une autre action : *Interrogez-moi et je vous répondrai au fur et à mesure.* ◆ **au fur et à mesure de loc. prép., au fur et à mesure que loc. conj.** Indique qu'une action suit le même rythme qu'une autre, qu'elle progresse de la même manière qu'autre chose : *Être approvisionné au fur et à mesure de ses besoins.*

fureter [fyrte] **v.i.** (de *furet*) [conj. **28**]. **1.** Chasser au furet. **2.** Fouiller partout, s'enquérir de tout afin de découvrir des choses cachées, les bonnes affaires : *Fureter dans les papiers de qqn. Fureter dans les brocantes* (syn. **chiner**).

fureteur, euse [fyrtœr, -øz] **adj.** et **n.** Qui furète ; qui manifeste une curiosité indiscrète.

Furetière (Antoine), écrivain français (Paris 1619 - *id.* 1688). Il peignit avec réalisme les mœurs du Palais de justice et de la bourgeoisie parisienne dans son *Roman bourgeois* (1666). Il rédigea un *Dictionnaire universel,* qui parut en 1690.

fureur [fyrœr] **n.f.** (lat. *furor,* délire). **1.** Colère violente ; furie : *Entrer dans une fureur noire.* **2.** Violence déchaînée de qqch : *Fureur des flots.* **3.** Passion démesurée : *Aimer qqch avec fureur* (= à la folie). **4.** *FAM.* **Faire fureur,** susciter de l'engouement ; être en vogue : *Tu vas faire fureur habillée comme ça.*

furibond, e [fyribɔ̃, -ɔ̃d] **adj.** (lat. *furibundus,* de *furor,* délire). Qui est très en colère ; qui exprime la fureur : *Regards furibonds* (syn. **furieux**).

furie [fyri] **n.f.** (lat. *Furia,* sing. de *Furiae,* les Furies, déesses de la Vengeance). **1.** Violente colère : *Ton attitude le met en furie* (syn. **fureur, rage**). **2.** *LITT.* Déchaînement des éléments : *Mer en furie.* **3.** Femme déchaînée que la colère, le ressentiment dominent : *Nul ne put arrêter cette mère blessée, cette furie qui bousculait tout le monde.*

furieusement [fyrjøzmɑ̃] **adv.** De façon furieuse ; avec furie.

furieux, euse [fyrjø, -øz] **adj.** (lat. *furiosus,* de *Furia ;* v. *furie*). **1.** Qui est en proie à une violente colère ; qui manifeste la fureur : *Être furieux contre qqn. Air furieux* (syn. **furibond**). **2.** Plein d'ardeur, d'impétuosité, de force : *Tempête furieuse* (syn. **violence**). *Un furieux appétit.* **3. Fou furieux,** en proie à une crise de démence s'accompagnant de violence ; au fig., dans un état de colère extrême : *À cette nouvelle, il est devenu fou furieux.*

furoncle [fyrɔ̃kl] **n.m.** (lat. *furunculus*). Inflammation sous-cutanée d'origine bactérienne.

furonculose [fyrɔ̃kyloz] **n.f.** Maladie caractérisée par des éruptions de furoncles.

furtif, ive [fyrtif, -iv] **adj.** (lat. *furtivus,* de *furtum,* vol). **1.** Qui se fait à la dérobée : *Lancer un regard furtif* (syn. **discret** ; contr. **appuyé**). **2. Avion furtif,** avion construit de manière à ne pas être détectable par les radars.

furtivement [fyrtivmɑ̃] **adv.** De manière furtive ; à la dérobée.

Furtwängler (Wilhelm), chef d'orchestre allemand (Berlin 1886 - Ebersteinburg, Baden-Baden, 1954). Chef des orchestres philharmoniques de Vienne et de Berlin, il excella dans le répertoire classique et romantique allemand, donnant une intensité émotionnelle exceptionnelle aux œuvres de Beethoven, de Brahms ou de Bruckner.

fusain [fyzɛ̃] **n.m.** (lat. pop. **fusaginem,* accusatif de **fusago,* du class. *fusus,* fuseau, en raison du recours au bois de fusain pour fabriquer des fuseaux). **1.** Arbrisseau ornemental à feuilles luisantes, originaire du Japon : *Une haie de fusains.* ▸ Genre

Euonymus ; famille des célastracées. **2.** Baguette de charbon de bois de fusain, servant à dessiner. **3.** Dessin exécuté avec un fusain : *Fusain travaillé à l'estompe.*

fuseau [fyzo] **n.m.** (de l'anc. fr. *fus,* de même sens, lat. *fusus*). **1.** Petite bobine galbée dont on se sert pour filer à la quenouille ou pour exécuter de la dentelle, des passements. **2.** TEXT. Broche conique autour de laquelle on enroule le fil de coton, de soie, etc. **3.** Pantalon dont les jambes vont se rétrécissant et se terminent par une bande de tissu passant sous le pied. **4.** ZOOL. Gastropode à coquille longue et pointue. **5.** CYTOL. Faisceau de filaments apparaissant pendant la division cellulaire. **6.** GÉOM. Portion d'une surface de révolution découpée par deux demi-plans passant par l'axe de cette surface. **7. En fuseau,** de forme allongée et aux extrémités fines : *Arbre taillé en fuseau.* / MYTH. **Fuseau des Parques,** fuseau sur lequel ces déesses filaient le destin de chaque homme. **8. Fuseau horaire,** chacune des 24 divisions imaginaires de la surface de la Terre en forme de fuseau, et dont tous les points ont en principe la même heure légale.

fusée [fyze] **n.f.** (de l'anc. fr. *fus* ; v. *fuseau*). **1.** Pièce de feu d'artifice se propulsant par réaction grâce à la combustion de la poudre : *Fusée éclairante.* **2.** Véhicule mû par un moteur à réaction et pouvant évoluer hors de l'atmosphère : *Fusée à étages.* (⟶ lanceur.) **3.** Chacune des extrémités d'un essieu supportant une roue et ses roulements.

fuselage [fyzlaʒ] **n.m.** (de *fuselé*). Corps d'un avion reliant les ailes à l'empennage, et qui contient l'habitacle.

fuselé, e [fyzle] **adj.** (de *fusel,* anc. forme de *fuseau*). Qui a la forme d'un fuseau ; mince et galbé : *Doigts fuselés* (syn. **effilé**). *Colonne fuselée.*

fuser [fyze] **v.i.** (du lat. *fusum,* de *fundere,* répandre, fondre). **1.** Se décomposer en éclatant avec une légère crépitation, en parlant de certains sels. **2.** Se décomposer sans détoner, en parlant de la poudre. **3.** (D'après *fusée*). Jaillir comme une fusée ; retentir : *Jet de vapeur qui fuse. Des rires fusèrent de tous côtés* (syn. **éclater**).

Fushun, v. de Chine (Liaoning) ; 1 377 336 hab. dans l'agglomération. Métallurgie.

fusible [fyzibl] **adj.** (du lat. *fusum,* de *fundere,* fondre). **1.** Susceptible de fondre. **2.** Dont le point de fusion est peu élevé. ◆ **n.m.** Fil d'alliage spécial qui, placé dans un circuit électrique, coupe le courant en fondant si l'intensité est trop forte.

fusil [fyzi] **n.m.** (lat. pop. **focilis,* du class. *focus,* feu). **1.** Arme à feu portative constituée d'un canon de petit calibre reposant sur une monture en bois (fût et crosse) et équipée de dispositifs de mise à feu et de visée : *Fusil de chasse, de guerre.* **2.** Le tireur lui-même : *Cet homme est un excellent fusil.* **3.** Aiguisoir constitué d'une tige d'acier dur ou d'une pierre. **4. Fusil sous-marin,** arme, le plus souvent à air comprimé, utilisée pour la pêche sous-marine et munie d'une flèche, d'un harpon reliés au fusil par un fil. **5. Changer son fusil d'épaule,** changer d'opinion, d'attitude. / *FAM.* **Coup de fusil,** note d'un montant excessif, au restaurant, à l'hôtel.

fusilier [fyzilje] **n.m. 1.** Soldat armé d'un fusil : *Fusilier de l'air.* **2. Fusilier marin,** militaire appartenant à la marine nationale et employé à terre.

fusillade [fyzijad] **n.f. 1.** Décharge simultanée de plusieurs fusils, de plusieurs armes à feu. **2.** Échange de coups de feu : *La fusillade a fait plusieurs morts.*

fusiller [fyzije] **v.t. 1.** Exécuter qqn à coups de fusil ; passer par les armes un condamné, un prisonnier : *Fusiller les rebelles.* **2. Fusiller qqn du regard,** lui adresser un regard dur, hostile, chargé de reproche.

fusil-mitrailleur [fyzimitrajœr] **n.m.** (pl. *fusils-mitrailleurs*). Arme automatique légère, pouvant tirer coup par coup ou par rafales. (Abrév. *F.-M.*)

fusion [fyzjɔ̃] **n.f.** (lat. *fusio,* de *fundere,* répandre, fondre). **1.** Passage d'un corps solide à l'état liquide sous l'action de la chaleur : *Métal en fusion.* **2.** PHYS. Union de plusieurs atomes légers en un atome plus lourd, se produisant à très haute température et s'accompagnant d'une grande libération d'énergie. (⟶ nucléaire.) **3.** Réunion, combinaison étroite d'êtres ou de choses : *Fusion de deux partis* (syn. **union** ; contr. **scission**). *Fusion de plusieurs sociétés* (syn. **fusionnement**).

fusionnel, elle [fyzjɔnɛl] **adj.** (de *fusion*). PSYCHAN. Se dit de la relation de deux individus qui sont proches au point de ne plus se distinguer l'un de l'autre.

fusionnement [fyzjɔnmɑ̃] **n.m.** Action, fait de fusionner : *Fusionnement de deux entreprises* (syn. **fusion**).

fusionner [fyzjɔne] **v.t.** (de *fusion*). Unir étroitement des êtres, des choses : *Fusionner des services administratifs* (syn. **fondre, réunir** ; contr. **scinder**). ◆ **v.i.** Se réunir, s'associer : *Firmes qui fusionnent* (syn. **s'allier**).

Füssli (Johann Heinrich), en angl. **Henry Fuseli,** peintre suisse (Zurich 1741 - Londres 1825), installé en Angleterre en 1779. Son goût du fantastique, joint à des sujets et à des effets théâtraux, fait déjà de lui un romantique (scènes tirées de Shakespeare, d'Homère ; *le Cauchemar,* 1781, Francfort).

fustigation [fystigasjɔ̃] **n.f. 1.** *VX.* Action de fustiger ; flagellation. **2.** Action de blâmer ; condamnation.

fustiger [fystiʒe] **v.t.** (bas lat. *fustigare,* du class. *fustis,* bâton) [conj. **17**]. **1.** *VX.* Donner des coups de bâton, de fouet. **2.** *LITT.* Critiquer vivement : *Fustiger ses adversaires* (syn. **stigmatiser**).

fût [fy] **n.m.** (lat. *fustis,* rondin, bâton). **1.** Partie du tronc d'un arbre dépourvue de rameaux. **2.** Partie d'une colonne comprise entre la base et le chapiteau : *Fût cannelé.* **3.** Tonneau : *Vin qui sent le fût* (syn. **barrique, futaille**). **4.** Monture servant de support : *Fût en bois d'un fusil, d'un rabot.* **5.** Corps en bois d'un meuble, d'un instrument : *Fût d'un tambour.*

futaie [fytɛ] **n.f.** (de *fût*). **1.** Forêt plantée en vue de la production d'arbres au fût élevé et droit. **2. Haute, vieille futaie,** futaie dont les arbres ont de cent vingt à deux cents ans.

futaille [fytaj] **n.f.** (de *fût*). **1.** Tonneau destiné à contenir du vin, des liqueurs, etc. (syn. **barrique, fût**). **2.** Ensemble de fûts.

futé, e [fyte] **adj.** et **n.** (de l'anc. v. *se futer,* fuir l'abord des filets des pêcheurs ou des chasseurs). *FAM.* Intelligent et malicieux : *Elle est très futée* (syn. **fin, malin** ; contr. **bête**).

futile [fytil] **adj.** (lat. *futilis,* qui fuit). **1.** Qui est sans intérêt, sans valeur : *Conversation futile* (syn. **oiseux** ; contr. **grave, sérieux**). **2.** Qui ne s'occupe que de choses sans importance : *Un esprit futile* (syn. **frivole, superficiel** ; contr. **profond**).

futilité [fytilite] **n.f.** (lat. *futilitas*). **1.** Caractère d'une personne futile : *Sa futilité m'exaspère* (syn. **frivolité** ; contr. **gravité, sérieux**). **2.** Caractère d'une chose dépourvue d'intérêt ; chose futile : *Futilité d'une distraction* (syn. **inanité, vanité**). *S'attacher à des futilités* (syn. **bagatelle, rien**).

Futuna, île française de la Mélanésie ; 3 613 hab. Avec Wallis, elle forme une collectivité d'outre-mer.

1. futur, e [fytyr] **adj.** (lat. *futurus,* qui sera). Qui est à venir ; qui n'existe pas encore ; qui doit être tel dans un proche avenir : *Les temps futurs* (syn. **ultérieur** ; contr. **antérieur, passé**). *La vie future* (= l'existence promise après la mort, selon certaines religions).

2. futur [fytyr] **n.m.** (de *1. futur*). **1.** Temps à venir : *S'inquiéter du futur* (syn. **avenir** ; contr. **passé**). **2.** GRAMM. Temps verbal qui situe dans l'avenir l'action, l'état exprimé par le verbe. **3.** GRAMM. **Futur antérieur,** temps verbal qui indique qu'une action future aura lieu avant une autre action future.

futurisme [fytyrism] **n.m.** (it. *futurismo,* de *futuro,* futur). Mouvement littéraire et artistique du début du XXe s., qui rejette la tradition esthétique et exalte le monde moderne, en partic. la civilisation urbaine et son dynamisme.

■ BEAUX-ARTS. Né en 1909 avec le premier *Manifeste du futurisme,* du poète Marinetti, ce mouvement va donner, à partir de l'Italie, une impulsion décisive à l'art du XXe s. (et particulièrement à l'avant-garde russe, illustrée par Maïakovski et le « cubo-futurisme » de Malevitch). Il exalte la vitesse, la machine, le dynamisme de la vie

moderne, avec l'« amour du danger », l'agressivité et la violence qui s'y rattachent. Les nombreuses manifestations futuristes, expositions ou manifestes, créent des scandales. Le *Manifeste des peintres futuristes,* de 1910, est signé, entre autres, par Boccioni, Giacomo Balla, Carlo Carrà, Gino Severini. Ces artistes, à la recherche de la « sensation dynamique » et des « lignes-forces », adoptent la technique divisionniste et une géométrisation inspirée du cubisme ; l'architecte Antonio Sant'Elia conçoit les plans de sa *Città Nuova* (1914) en fonction du mouvement et de la circulation.
Produit de l'essor de l'Italie au début du XXe siècle, le futurisme en a les contradictions, qu'il tente de dépasser dans son adhésion au fascisme. Un « second futurisme » (1918-1930) apporte un certain renouveau avec, notamment, les peintres Enrico Prampolini et Fortunato Depero. ■

futuriste [fytyrist] **adj.** et **n.** Qui se rattache au futurisme : *Un tableau futuriste. Un futuriste.* ◆ **adj.** Qui évoque la société, les techniques de l'avenir telles qu'on les imagine : *Une architecture futuriste.*

futurologie [fytyrɔlɔʒi] **n.f.** (de *futur* et *-logie*). Ensemble des recherches de prospective portant sur l'évolution scientifique, technique, économique, sociale, politique de nos sociétés. ◆ **futurologue n.** Nom du spécialiste.

fuyant, e [fɥijɑ̃, -ɑ̃t] **adj.** (de *fuir*) **1.** Qui se dérobe, manque de franchise : *Regard fuyant* (contr. **franc**). *Demeurer fuyant* (syn. **évasif, insaisissable**). **2.** Qui fuit, s'éloigne rapidement ; qui paraît s'éloigner par l'effet de la perspective : *Nuages fuyants. Horizon fuyant.* **3. Menton, front fuyant,** qui s'incurvent fortement vers l'arrière.

fuyard, e [fɥijar, -ard] **n.** (de *fuir*). Personne qui s'enfuit ; en partic. soldat qui fuit devant l'ennemi (péjor.) : *Rattraper les fuyards.*

Fyt ou **Fijt (Jan),** peintre flamand (Anvers 1611 - *id.* 1661). Ses natures mortes, ses animaux et ses fleurs sont remarquables par leur qualité proprement plastique et leur lyrisme (*le Paon mort,* Rotterdam ; *les Champignons,* Bruxelles).

G

g [ʒe] **n.m. inv. 1.** Septième lettre (consonne) de l'alphabet. **2.** MUS. **G,** la note *sol,* dans la notation en usage dans les pays anglo-saxons et germaniques.

G7 (Groupe des 7), groupe réunissant les sept pays les plus industrialisés du monde (Allemagne, Canada, États-Unis, France, Grande-Bretagne, Italie et Japon). Il organise, depuis 1975, des sommets annuels, consacrés essentiellement aux questions économiques. Depuis 1997, la Russie est très régulièrement associée à ses travaux ; on parle alors de **G8** (Groupe des 8).

G20 (Groupe des 20), forum économique rassemblant depuis 1999 les pays industrialisés du G8, 10 pays émergents (Afrique du Sud, Arabie saoudite, Argentine, Brésil, Chine, Corée du Sud, Inde, Indonésie, Mexique, Turquie), l'Australie et l'Union européenne, afin de favoriser le dialogue entre les acteurs de l'économie mondiale et d'assurer la stabilité du système financier et économique global.

gabardine [gabardin] **n.f.** (mot angl., moy. fr. *gaverdine,* jaquette, esp. *gabardina,* jaquette). **1.** Étoffe de laine croisée à côtes en relief. **2.** Manteau imperméable fait de cette étoffe.

gabare ou **gabarre** [gabar] **n.f.** (prov. *gabarra,* gr. byzantin **gabaros,* class. *karabos,* écrevisse). **1.** Grande embarcation pour le transport des marchandises sur les rivières et les estuaires. **2.** PÊCHE. Grande senne utilisée à l'embouchure des rivières.

gabarit [gabari] **n.m.** (prov. *gabarrit,* altér. de *garbi,* gotique **garwi,* modèle). **1.** Modèle sur lequel on façonne certaines pièces, notamm. dans la construction des navires et des pièces d'artillerie. **2.** Modèle, appareil de mesure utilisé pour contrôler le profil, les dimensions d'un objet. **3.** Dimension, forme réglementée (notamm. d'un véhicule) : *Accès interdit aux gros gabarits.* **4.** FAM. Dimensions physiques de qqn : *Personne d'un gabarit impressionnant* (syn. **carrure, corpulence, stature**). **5.** FAM. Aptitudes intellectuelles d'une personne : *Avoir le gabarit d'un homme d'État* (syn. **carrure, envergure**).

gabbro [gabro] **n.m.** (mot it.). MINÉR. Roche magmatique plutonique.

gabegie [gabʒi] **n.f.** (probabl. de l'anc. v. *gaber,* railler, anc. scand. *gabba*). Gaspillage provenant d'une gestion défectueuse ou malhonnête ; désordre, gâchis.

gabelle [gabɛl] **n.f.** (anc. prov. *gabela,* impôt, ar. *qabâla*). Impôt sur le sel, en vigueur en France sous l'Ancien Régime, aboli en 1790 ; l'administration chargée de percevoir cet impôt.

gabelou [gablu] **n.m. 1.** Autref., employé de la gabelle. **2.** FAM. Employé des douanes.

Gabès, port de Tunisie, sur le *golfe de Gabès ;* 145 787 hab. Palmeraie. Engrais.

gabier [gabje] **n.m.** (du moy. fr. *gabie,* hune, anc. prov. *gabia,* cage, lat. *cavea*). Matelot préposé à la manœuvre.

Gabin (Jean Alexis Moncorgé, dit **Jean),** acteur français (Paris 1904 - Neuilly-sur-Seine 1976). Vedette très populaire, il imposa dans près de cent films son personnage de cabochard au grand cœur puis de vieil homme bougon et autoritaire : *la Bandera* (J. Duvivier, 1935) ; *la Grande Illusion* (J. Renoir, 1937) ; *le Quai des brumes* (M. Carné, 1938) ; *Le jour se lève* (*id.,* 1939) ; *le Plaisir* (M. Ophuls, 1952) ; *Touchez pas au grisbi* (J. Becker, 1954) ; *Un singe en hiver* (H. Verneuil, 1962) ; *le Chat* (P. Granier-Deferre, 1971).

gabion [gabjɔ̃] **n.m.** (it. *gabbione,* augment. de *gabbia,* cage, lat. *cavea*). **1.** MIL. Autref., panier cylindrique sans fond, rempli de terre ou de cailloux et servant de protection dans la guerre de siège. **2.** Caisse à carcasse métallique, remplie de sable ou de cailloux et servant à protéger les berges d'un cours d'eau. **3.** Abri des chasseurs de gibier d'eau.

gâble ou **gable** [gɑbl] **n.m.** (bas lat. *gabulum,* mot d'orig. gaul.). ARCHIT. Fronton triangulaire, à côtés moulurés, qui couronne certains arcs (notamm. les portails gothiques).

Gabo (Naum) → Pevsner (les frères).

Gabon (le), estuaire de la côte d'Afrique, sur l'Atlantique, qui a donné son nom à la *république du Gabon.*

Gabon, État de l'Afrique équatoriale ; 268 000 km^2 ; 1 672 000 hab. *(Gabonais).* CAP. *Libreville.* LANGUE : *français.* MONNAIE : *franc C.F.A.*

GÉOGRAPHIE

Vaste comme la moitié de la France, le Gabon est faiblement peuplé. Les industries extractives sont, avec l'exploitation de la forêt (environ 80 % du territoire), les ressources essentielles de ce pays chaud et humide. Le sous-sol fournit du manganèse, de l'uranium et surtout du pétrole (toutefois en déclin). L'industrialisation, encore limitée, a accéléré l'exode rural et l'urbanisation et entraîné la stagnation de l'agriculture : le pays importe la majeure partie de son alimentation. Les revenus du pétrole expliquent un P.I.B. élevé, l'excédent du commerce extérieur, effectué surtout avec la France (de loin le premier fournisseur), et, finalement, le poids économique (sinon politique) du Gabon (malgré une dette notable).

HISTOIRE

Ses plus anciens habitants sont probablement les Pygmées, vivant dans l'arrière-pays.

XVe s. Les Portugais atteignent la côte. Aux XVIIe et XVIIIe s., les Européens exploitent les matières premières du pays et viennent y chercher de nombreux esclaves.

1843. La France crée le premier établissement permanent. Les Fang refoulent les populations autochtones vers la côte.

1886. Le Gabon est constitué en colonie.

1910. Il est intégré à l'Afrique-Équatoriale française.

1960. Le Gabon devient une république indépendante.

1967. Albert-Bernard (Omar à partir de 1973) Bongo dirige le pays. Il restera au pouvoir pendant 42 ans.

2009. À sa mort, son fils Ali Bongo est élu à la tête de l'État.

Gaborone, cap. du Botswana ; 227 333 hab.

Gabriel, ange figurant dans les classifications du judaïsme tardif ; il est, avec Michel et Raphaël, l'un des trois anges auxquels la Bible donne un nom propre. Dans l'Évangile de Luc, il annonce à Zacharie la naissance de Jean-Baptiste et à la Vierge Marie celle de Jésus. La tradition chrétienne a fait de lui un des sept archanges. Dans le Coran, Gabriel (Djabraïl) est l'intermédiaire par lequel la parole de Dieu est transmise au Prophète.

Gabriel, famille d'architectes français dont les principaux sont : • **Jacques V** (Paris 1667-*id.* 1742), disciple de J. H.-Mansart, qui travailla pour Paris, Orléans, Blois, Dijon, Rennes (hôtel de ville), Bordeaux (place Royale, auj. de la Bourse) ; • **Jacques Ange** (Paris 1698-*id.* 1782), son fils, dont les chefs-d'œuvre sont, à Versailles, l'Opéra et le Petit Trianon, à Paris, la place Louis-XV (auj. place de la Concorde) et l'École militaire. Bien qu'entièrement réalisée sous le règne du « Bien-Aimé » l'œuvre de Jacques Ange, harmonieuse et puissante, tourne le dos au rococo pour ouvrir la voie du néoclassicisme.

gâchage [gaʃaʒ] **n.m. 1.** Action de gâcher le plâtre, le mortier, etc. **2.** Action de gâcher qqch, de mal l'employer : *Quel gâchage de temps* (syn. **gaspillage**).

gâche [gaʃ] **n.f.** (frq. **gaspia,* boucle, crampon). Pièce métallique formant boîtier, fixée au chambranle d'une porte, et dans laquelle s'engage le pêne d'une serrure pour maintenir le battant fermé.

gâcher [gaʃe] **v.t.** (frq. **waskôn,* laver). **1.** Délayer dans de l'eau du plâtre, du mortier, etc. **2.** Faire un mauvais emploi de qqch qui aurait dû être utile : *Gâcher une occasion* (syn. **manquer, rater** ; contr. **exploiter**). *Gâcher son talent* (syn. **galvauder, gaspiller**). **3.** *FAM.* **Gâcher le métier,** travailler ou vendre à trop bon marché.

gâchette [gaʃɛt] **n.f.** (de *gâche*). **1.** Petite pièce d'une serrure qui se met sous le pêne pour lui servir d'arrêt à chaque tour de clef. **2.** ARM. Pièce d'acier solidaire de la détente, et commandant le départ du coup d'une arme à feu. **3.** (Emploi abusif mais cour.). Détente d'une arme à feu : *Appuyer sur la gâchette.*

gâcheur, euse [gaʃœr, -øz] **adj.** et **n.** Qui gâche, gaspille : *Un gâcheur de papier* (= un mauvais écrivain). ◆ **gâcheur n. m.** Ouvrier qui gâche du plâtre, du mortier, etc.

gâchis [gaʃi] **n.m. 1.** Gaspillage : *Détester le gâchis.* **2.** Situation confuse qui résulte d'une mauvaise organisation : *Un gâchis politique* (syn. **désordre**). **3.** Mortier fait de plâtre, de chaux, de sable et de ciment.

gadget [gadʒɛt] **n.m.** (mot anglo-amér.). **1.** Petit objet plus ou moins utile, amusant par son caractère de nouveauté : *Boutique de gadgets.* **2.** Objet, dispositif nouveau mais jugé peu utile : *Cette réforme n'est qu'un gadget.*

gadidé [gadide] **n.m.** (du gr. *gados,* morue). **Gadidés,** famille de poissons possédant souvent un barbillon tactile sous la mâchoire, et dont les espèces marines sont notamm. la morue, l'églefin, le merlan, le colin, le lieu. ▶ Ordre des gadiformes.

gadin [gadɛ̃] **n.m.** (orig. obsc.). *FAM.* Chute : *Ramasser, prendre un gadin* (= tomber).

gadoue [gadu] **n.f.** (orig. obsc.). Terre détrempée ; boue.

gaélique [gaelik] **adj.** Relatif aux Gaëls, habitants du nord de l'Écosse. ◆ **n.m.** LING. Branche du celtique qui comprend notamm. l'écossais et l'irlandais.

gaffe [gaf] **n.f.** (anc. prov. *gaf,* de *gafar,* saisir, gotique **gaffôn*). **1.** MAR. Perche munie d'un croc et d'une pointe métallique qui sert à accrocher, accoster, etc. **2.** *FAM.* Parole ou action maladroite, malencontreuse : *Faire une gaffe* (syn. **bévue, impair**). **3.** *FAM.* **Faire gaffe,** se méfier ; être sur ses gardes.

gaffer [gafe] **v.t.** MAR. Accrocher avec une gaffe : *Gaffer une bouée.* ◆ **v.i.** *FAM.* Commettre une gaffe, une maladresse : *Gaffer par manque de finesse.*

gaffeur, euse [gafœr, -øz] **adj.** et **n.** *FAM.* Qui commet facilement des gaffes, des maladresses : *Quel gaffeur tu fais !* (syn. **balourd, maladroit**).

Gafsa, v. de la Tunisie méridionale ; 95 242 hab. Phosphates.

gag [gag] **n.m.** (mot anglo-amér. « blague »). Jeu de scène, enchaînement de faits et gestes destiné à faire rire ; situation risible : *Un film plein de gags hilarants.*

gaga [gaga] **adj.** et **n.** (d'un rad. onomat. *gag-,* évoquant le bredouillement). *FAM.* Gâteux.

Gagarine (Iouri Alekseïevitch), pilote militaire et cosmonaute soviétique (Klouchino, près de Gjatsk [auj. Gagarine], 1934 - région de Vladimir 1968). Il fut le premier homme à accomplir un vol spatial, le 12 avr. 1961, à bord du vaisseau Vostok 1, au cours duquel, en 108 min, il effectua une révolution autour de la Terre.

gage [gaʒ] **n.m.** (frq. **waddi*). **1.** DR. Dépôt d'un objet mobilier destiné à garantir le paiement d'une dette ; contrat relatif à ce dépôt : *Prêteur sur gages. Mettre sa montre en gage au crédit municipal.* **2.** Garantie, assurance : *Donner des gages de sa bonne foi* (syn. **preuve**). *Gage de sympathie* (syn. **témoignage**). **3.** Dans certains jeux, pénitence choisie par les autres joueurs et qu'on doit accomplir lorsqu'on a perdu ou commis une faute. ◆ **gages n.m. pl. 1.** *VIEILLI.* Rémunération des domestiques : *Réclamer ses gages* (syn. **appointements**). **2. Tueur à gages,** homme payé pour assassiner qqn.

gagé, e [gaʒe] **adj.** DR. Se dit d'un objet saisi en garantie d'une dette : *Meubles gagés.*

gager [gaʒe] **v.t.** [conj. 17]. **1.** *VIEILLI.* Garantir par un gage : *Gager une monnaie par une réserve d'or.* **2.** *LITT.* Parier : *Je gage qu'il ment.*

gageure [gaʒyr] **n.f.** *LITT.* **1.** *VIEILLI.* Engagement à payer un gage si l'on perd un pari. **2.** Acte, projet qui semble irréalisable : *C'est une gageure que d'aller seul dans ce pays.*

gagnant, e [gaɲɑ̃, -ɑ̃t] **adj.** et **n. 1.** Qui gagne ou qui a gagné : *Numéro gagnant.* **2.** TURF. **Jouer un cheval gagnant,** parier qu'il arrivera premier.

gagne-pain [gaɲpɛ̃] **n.m. inv.** Ce qui permet à qqn de gagner sa vie ; emploi : *Ce job est son seul gagne-pain.*

gagne-petit [gaɲpəti] **n. inv.** Personne qui ne fait que de petits gains, qui n'a pas d'ambition.

gagner [gaɲe] **v.t.** (frq. **waidanjan,* se procurer de la nourriture, faire du butin). **1.** Obtenir un profit, un gain par son travail ou par le hasard : *Gagner une grosse somme au Loto* (syn. **empocher**). *Bien gagner sa vie* (= toucher un salaire élevé). **2.** Obtenir un avantage quelconque : *Gagner l'estime de qqn* (syn. **conquérir, s'attirer** ; contr. **perdre**). *Elle a bien gagné ses vacances* (syn. **mériter**). **3.** Être vainqueur de qqch : *Gagner une course* (syn. **remporter**). **4.** Atteindre un lieu : *Le feu gagne la pièce voisine* (syn. **s'étendre à**). **5.** S'emparer de qqn : *Le sommeil, la peur me gagne* (syn. **envahir**). **6.** Économiser qqch : *La nouvelle disposition des meubles permet de gagner de la place.* **7. Gagner du temps,** différer une échéance : *Chercher à gagner du temps en détournant la conversation.* / **Gagner du terrain,** avancer ; se propager : *Idées qui gagnent du terrain.* / **Gagner en,** s'améliorer d'un certain point de vue : *Par ce procédé, l'artiste gagne en vigueur ce qu'il perd en souplesse.* ◆ **v.i. 1.** Être le vainqueur ; l'emporter : *Ils ont gagné.* **2.** S'améliorer, en parlant de qqch : *Le vin gagne en vieillissant* (syn. **se bonifier**). **3. Gagner à** (+ inf.), tirer avantage de qqch : *Elle gagne à être connue.*

gagneur, euse [gaɲœr, -øz] **n.** Personne animée par la volonté de gagner : *Tempérament de gagneur* (syn. **battant**).

gai, e [gɛ] **adj.** (gotique **gâheis,* impétueux). **1.** Qui est de bonne humeur ; enjoué : *Être gai* (syn. **joyeux** ; contr. **triste, sombre**). **2.** Qui inspire ou évoque la gaieté, la bonne humeur : *Une soirée très gaie* (syn. **divertissant** ; contr. **ennuyeux**). *Une chambre gaie* (syn. **agréable**). *Des couleurs gaies* (syn. **lumineux, vif**). **3.** *FAM.* Un peu ivre. **4. Avoir le vin gai,** être euphorique quand on est ivre.

gaiement ou, *VIEILLI,* **gaîment** [gemɑ̃] **adv.** Avec gaieté.

gaieté ou, *VIEILLI,* **gaîté** [gete] **n.f. 1.** Bonne humeur, disposition à rire, à s'amuser : *Retrouver toute sa gaieté* (syn. **entrain, enjouement** ; contr. **tristesse**). *Visage rayonnant de gaieté* (syn. **allégresse, joie**). **2.** Caractère de ce qui est gai : *Gaieté des repas dominicaux.* **3. De gaieté de cœur,** de propos délibéré, sans y être contraint (souvent en tournure nég.) : *Ce n'est pas de gaieté de cœur qu'il est parti.*

Gaillac, ch.-l. de c. du Tarn, sur le Tarn ; 14 083 hab. *(Gaillacois).* Vins. Église St-Michel, surtout des XIIIe-XIVe s. Musées.

1. gaillard, e [gajar, -ard] **adj.** (du gaul. **galia,* force). **1.** Plein de vigueur et d'entrain : *Il est plus gaillard que jamais* (syn. **alerte, fringant** ; contr. **faible**). **2.** Leste, licencieux : *Une chanson gaillarde* (syn. **grivois, paillard**). ◆ **gaillard** n.m. **1.** (Souvent précédé d'un adj.). Homme robuste, vigoureux : *Un solide gaillard.* **2.** *FAM.* Individu adroit, malin (souvent péjor.) : *C'est un drôle de gaillard* (syn. **lascar**).

2. gaillard [gajar] **n.m.** (de *château gaillard,* château fort). MAR. Chacune des superstructures placées à l'avant et à l'arrière sur le pont supérieur d'un navire : *Gaillard d'avant. Gaillard d'arrière* (= dunette).

gaillarde [gajard] **n.f.** (de *1. gaillard*). Danse ou morceau instrumental (XVIe-XVIIe s.) à trois temps et de rythme vif.

gaillardement [gajardəmɑ̃] **adv.** De façon gaillarde : *Attaquer gaillardement son repas.*

gaillardise [gajardiz] **n.f.** *LITT.* **1.** Gaieté quelque peu licencieuse : *Propos pleins de gaillardise* (syn. **grivoiserie**). **2.** (Souvent au pl.). Écrits, propos gaillards : *Lancer des gaillardises* (syn. **gauloiserie, paillardise**).

gaîment **adv.** → **gaiement.**

gain [gɛ̃] **n.m.** (de *gagner*). **1.** Action de gagner, de remporter qqch ; avantage tiré de qqch : *Le gain d'un combat. Un gain de temps, de place. Le gain qu'on retire de l'étude d'une langue* (syn. **fruit**). **2.** Action de gagner de l'argent ; profit, bénéfice : *Réaliser des gains considérables* (contr. **perte**). *L'appât du gain.* **3. Avoir, obtenir gain de cause,** l'emporter, dans un procès, dans un débat quelconque.

gaine [gɛn] **n.f.** (lat. pop. **wagina,* class. *vagina,* fourreau). **1.** Étui qui recouvre, protège qqch : *Gaine d'une épée* (syn. **fourreau**). *Gaine de parapluie* (syn. **étui**). **2.** Sous-vêtement féminin en tissu élastique qui sert à maintenir le bassin. **3.** BOT. Base élargie par laquelle le pétiole d'une feuille s'insère sur la tige : *Gaine comestible de l'oignon, du fenouil.* **4.** Conduit plus ou moins large : *Gaine d'aération.* **5.** ARTS DÉC. Support vertical dont la base est plus étroite que le sommet et sur lequel on pose des objets d'art.

gainer [gene] **v.t.** Recouvrir d'une gaine : *Du fil électrique gainé.*

Gainsborough (Thomas), peintre anglais (Sudbury, Suffolk, 1727 - Londres 1788). Inspiré par les Hollandais et par Van Dyck, il est l'auteur de portraits aristocratiques ou familiers d'un charme frémissant, ainsi que d'amples paysages, peuplés de scènes rustiques, qu'admirèrent les impressionnistes.

Gainsbourg (Lucien Ginsburg, dit Serge), auteur-compositeur et chanteur français (Paris 1928 - *id.* 1991). Auteur de textes poétiques souvent désabusés ou érotiques, compositeur attentif aux sons nouveaux du jazz, du rock, du reggae, il a produit un grand nombre de chansons (*le Poinçonneur des Lilas ; Je t'aime moi non plus,* etc.). Il a imposé son personnage de dandy marginal, désinvolte et provocateur, suggérant une tendresse cachée. Il a aussi peint, réalisé des films et publié des textes.

gaîté n.f. → **gaieté.**

gal [gal] **n.m.** (de *Galilée,* du n. du physicien) [pl. *gals*]. Unité de mesure employée en géodésie et en géophysique pour exprimer l'accélération de la pesanteur et valant 10^{-2} m/s^2. ▸ Symb. Gal.

gala [gala] **n.m.** (mot esp., anc. fr. *gale,* de *galer,* s'amuser). Grande fête, le plus souvent de caractère officiel : *Gala de bienfaisance.*

galactique [galaktik] **adj.** (gr. *galaktikos,* blanc comme du lait ; v. *galaxie*). Relatif à la Galaxie ; relatif à une galaxie quelconque.

galamment [galamɑ̃] **adv.** De façon galante : *Un compliment galamment tourné.*

galant, e [galɑ̃, -ɑ̃t] **adj.** (de l'anc. fr. *galer,* s'amuser, lat. pop. **walare,* se la couler douce, du frq. **wala,* bien). **1.** Se dit d'un homme poli, prévenant avec les femmes : *Se conduire en galant homme.* **2.** *AFR.* Chic, à la mode. **3.** *LITT.* Qui a trait aux relations amoureuses : *Rendez-vous galant. Un conte galant* (syn. **libertin, grivois**). **4.** *LITT.* **Femme galante,** femme de mœurs légères ; femme entretenue. ◆ **galant** n.m. **1.** *VIEILLI.* Homme qui aime à courtiser les femmes ; amant : *Avoir de multiples galants* (syn. **amoureux, soupirant**). **2.** *LITT.* **Vert galant,** homme entreprenant avec les femmes : *Henri IV, dit « le Vert-Galant ».*

galanterie [galɑ̃tri] **n.f.** **1.** Politesse, courtoisie dont un homme fait preuve à l'égard des femmes. **2.** (Souvent au pl.). Parole flatteuse, compliment adressé à une femme : *Dire des galanteries.*

galantine [galɑ̃tin] **n.f.** (it. *galatina,* du lat. *gelare,* geler). Préparation de charcuterie cuite, composée de morceaux de viande maigre et de farce et enrobée de gelée.

Galápagos *(îles)*, archipel du Pacifique, à l'ouest de l'Équateur, dont il dépend depuis 1832 ; 8 010 km^2 ; 22 770 hab. Réserve de faune.

Galatie, anc. région du centre de l'Asie Mineure. Des populations d'origine celtique (en gr. *Galatai* « Gaulois ») venues d'Europe s'y installèrent au IIIe s. av. J.-C. Province romaine en 25 av. J.-C., la Galatie fut évangélisée par saint Paul (Épître aux Galates).

galaxie [galaksi] **n.f.** (gr. *galaxias,* voie lactée, de *gala, galaktos,* lait). **1.** Vaste ensemble d'étoiles, de poussières et de gaz interstellaires dont la cohésion est assurée par la gravitation. **2.** (Avec une majuscule et précédé de l'art. déf.). Galaxie dans laquelle est situé le Système solaire.

■ **La Galaxie.** La Galaxie se présente comme un disque très aplati d'environ 100 000 années-lumière de diamètre et de 5 000 années-lumière d'épaisseur, avec une grosse boursouflure centrale, le *bulbe.* Sa trace dans le ciel est la Voie lactée. Le centre est situé pour nous vers la constellation du Sagittaire. La position du Soleil y est excentrée aux deux tiers du rayon de la Galaxie. Autour du disque se répartissent des amas globulaires dans un halo sphéroïdal ainsi qu'une vaste couronne gazeuse. Le disque est animé d'une rotation d'ensemble, mais qui ne s'effectue pas comme celle d'un corps solide : c'est une rotation différentielle, où la vitesse de rotation varie en fonction de la distance au centre. Le Soleil et le Système solaire tournent à une vitesse d'environ 250 km.s^{-1} ; il leur faut environ 240 millions d'années pour effectuer le tour de la Galaxie.

Les galaxies. Des dizaines de millions de galaxies sont connues aujourd'hui ; elles apparaissent comme le constituant fondamental de l'Univers. On les classe en trois grandes catégories, d'après leur forme : elliptiques, spirales et irrégulières. Les galaxies apparaissent rarement isolées et leur distribution dans l'Univers n'est pas uniforme. La plupart sont associées en paires, triplets, groupes (jusqu'à quelques dizaines de membres) ou amas (jusqu'à plusieurs milliers de membres), dont la cohésion est assurée par la gravitation.

Les amas de galaxies eux-mêmes se concentrent souvent au sein de *superamas* répartis le long d'immenses filaments pouvant s'étendre sur 100 millions d'années-lumière ou plus et séparés par de vastes bulles quasiment vides de matière. L'Univers semble ainsi offrir, à très grande échelle, une structure en « mousse de savon ». Les galaxies se seraient formées de façon hiérarchique, de petites galaxies entrant en collision et s'assemblant pour en former de plus grandes. ■

galbe [galb] **n.m.** (it. *garbo,* grâce, du gotique **garwon,* arranger). Contour, profil gracieux et plus ou moins courbe d'une partie du corps humain, d'une œuvre d'art, d'un meuble, etc. : *Le galbe parfait d'une épaule. Le galbe d'une commode de style Louis XV.*

galbé, e [galbe] **adj.** **1.** Qui présente un galbe, une courbure : *Colonne, commode galbée.* **2.** Qui est pourvu d'un contour harmonieux : *Jambes bien galbées.*

galber [galbe] **v.t.** Donner du galbe à un objet, une œuvre d'art.

Galbraith (John Kenneth), économiste américain (Iona Station, Ontario, 1908 - Cambridge, Massachusetts 2006). Il est, en 1945, à la tête du Strategic Bombing Survey, chargé d'évaluer les effets des raids aériens sur les économies allemande et japonaise : il dressera les plans d'assistance à ces deux pays. Il publie, en 1958, *l'Ère de l'opulence,* véritable réquisitoire contre la société de consommation, puis, en 1967, *le Nouvel État industriel,* où, analysant les bouleversements du monde économique moderne, il met en avant l'existence d'une technostructure qui comprend l'ensemble des individus participant aux prises de décision.

gale [gal] **n.f.** (var. de *galle*). **1.** Affection cutanée contagieuse s'accompagnant de vives démangeaisons et qui est provoquée chez l'homme et chez les animaux par la présence sous la peau d'un acarien microscopique, le sarcopte. **2.** Maladie des végétaux produisant des pustules à la surface de la plante. **3.** *FAM.* **Méchant, mauvais comme la gale,** très méchant.

galéjade [galeʒad] **n.f.** (prov. *galejada,* de *galeja,* plaisanter, apparenté à l'anc. fr. *galer ;* v. *galant*). *FAM.* Histoire inventée ou déformée qui tient de la mystification : *C'est une galéjade !* (syn. **plaisanterie**).

galène [galɛn] **n.f.** (gr. *galênê,* plomb). MINÉR. Sulfure naturel de plomb, principal minerai de plomb. ▸ Formule PbS.

galère [galɛr] **n.f.** (catalan *galera,* gr. byzantin *galea*). **1.** Bâtiment de guerre ou de commerce à rames et à voiles, en usage de l'Antiquité au XVIIIe s. **2.** *FAM.* Situation désagréable ; travail pénible : *Quelle galère, ce voyage !* ◆ **galères n.f. pl.** HIST. Peine des criminels condamnés à ramer sur les galères du roi : *Être condamné aux galères.*

galerie [galri] **n.f.** (it. *galleria,* lat. médiév. *galeria*). **1.** Passage souterrain : *Galerie de mine* (syn. **boyau**). **2.** Couloir de communication creusé dans le sol par certains animaux : *Galeries de la taupe, d'une fourmilière.* **3.** Passage couvert, en longueur, destiné à la circulation ou à la promenade, soit à l'intérieur d'un bâtiment, soit à l'extérieur : *Galerie de cloître.* **4.** Grande salle d'apparat, souvent en longueur et parfois aménagée pour recevoir une collection d'œuvres d'art : *La galerie des Glaces du château de Versailles.* **5.** Lieu affecté à l'exposition d'une collection d'œuvres d'art, d'objets scientifiques ; cette collection elle-même : *Les galeries d'un musée.* **6.** Magasin d'exposition pour la vente des objets d'art, des œuvres d'art : *Une galerie d'art contemporain.* **7.** Dans une salle de spectacles, étage situé au-dessus du dernier balcon : *J'ai deux places à la galerie* (syn. **poulailler ;** vx **paradis**). **8.** Cadre métallique fixé sur le toit d'un véhicule qui sert au transport des bagages. **9.** *FAM.* **Amuser, épater la galerie,** amuser, épater les personnes alentour. / **Galerie marchande,** passage piétonnier couvert, bordé de commerces.

galérien [galerjɛ̃] **n.m. 1.** Homme condamné aux galères. **2. Vie de galérien,** vie très dure, très pénible.

galet [galɛ] **n.m.** (de l'anc. fr. *gal,* caillou, gaul. **gallos*). **1.** Caillou poli et arrondi par l'action de la mer, des torrents ou des glaciers. **2.** MÉCAN. Petite roue pleine destinée à diminuer le frottement et à permettre le roulement.

galetas [galta] **n.m.** (de *Galata,* n. d'une tour à Constantinople). *LITT.* Logement misérable, souvent dans les combles d'un immeuble ; taudis.

galette [galɛt] **n.f.** (de *galet*). **1.** Préparation culinaire plate et ronde, à base de farine ou de féculents, que l'on cuit au four ou à la poêle : *Galette de pommes de terre.* **2.** Gâteau rond et sucré, fait de farine, de beurre et d'œufs : *Galettes bretonnes.* **3.** Crêpe salée à base de farine de sarrasin ou de maïs. **4.** *FAM.* Argent : *Avoir de la galette.* **5. Galette des Rois,** galette de pâte feuilletée que l'on mange pour la fête des Rois et qui contient une fève permettant de désigner le « roi » ou la « reine » de l'assistance. / **Plat, aplati comme une galette,** très plat, très aplati.

galeux, euse [galø, -øz] **adj.** et **n. 1.** Atteint de la gale. **2. Brebis galeuse,** personne méprisée, rejetée par un groupe social qui la considère comme dangereuse : *Il est fui de tous comme une brebis galeuse.*

Galice, communauté autonome du nord-ouest de l'Espagne, formée des prov. de La Corogne, Lugo, Orense et Pontevedra ; 29 734 km^2 ; 2 772 928 hab. *(Galiciens).* CAP. *Saint-Jacques-de-Compostelle.*

Galicie, région de l'Europe centrale, au nord des Carpates, partagée entre la Pologne (v. princ. *Cracovie*) et l'Ukraine (v. princ. *Lvov*). Elle a appartenu à la Pologne, puis à l'Autriche (1772-1918). La Galicie orientale, attribuée à la Pologne (1923), fut annexée par l'U.R.S.S. (1939).

galicien, enne [galisjɛ̃, -ɛn] **adj.** et **n.** De la Galice (Espagne) ; de la Galicie (Europe centrale). ◆ **galicien n.m.** Langue romane, proche du portugais, parlée en Galice.

Galien (Claude), médecin grec (Pergame v. 131 - Rome ou Pergame v. 201). Il exerça à Pergame, puis à Rome. Il a régné, avec Aristote, sur toute la médecine jusqu'au milieu du XVIIe s. Sa physiologie et sa pathologie, reposant sur l'existence de quatre humeurs, dont deux hypothétiques, et de trois esprits purement imaginaires, n'ont aucune valeur scientifique. En revanche, ses dissections d'animaux lui ont permis de faire d'importantes découvertes en anatomie (en partic. sur le système nerveux et le cœur).

Galigaï (Leonora Dori, dite), épouse de Concini, favorite de Marie de Médicis (Florence v. 1571 - Paris 1617). Elle partagea la disgrâce de son mari et fut exécutée pour sorcellerie.

Galilée, province du nord de la Palestine. Les récits évangéliques mentionnent souvent les cités de cette région : Nazareth, où Jésus passa son enfance et sa jeunesse ; Tibériade, Cana et Capharnaüm, où il se déplaça au cours de la première période de sa prédication.

Galilée (Galileo Galilei, dit), physicien, astronome et écrivain italien (Pise 1564 - Arcetri 1642). Il est l'un des fondateurs de la science moderne et a joué un rôle majeur dans l'introduction des mathématiques pour formuler les lois de la physique et notamment de la mécanique. Il a découvert la loi de la chute des corps dans le vide, énoncé le principe de relativité, donné une première formulation de celui de l'inertie, pressenti celui de la composition des vitesses et mis en évidence l'isochronisme des oscillations du pendule.
En introduisant l'emploi de la lunette en astronomie (1609), il a été aussi à l'origine d'une révolution dans l'observation de l'Univers. Il découvrit notamment le relief de la Lune, les principaux satellites de Jupiter, les phases de Vénus et la présence d'étoiles dans la Voie lactée. Rallié au système du monde proposé par Copernic, il dut se rétracter devant l'Inquisition (1633). L'Église catholique l'a réhabilité en 1992.

galiléen, enne [galileɛ̃, -ɛn] **adj.** et **n. 1.** De Galilée, province de Palestine. **2. Le Galiléen,** nom donné à Jésus-Christ, qui fut élevé à Nazareth, en Galilée.

galimatias [galimatja] **n.m.** (orig. incert., p.-ê. du bas lat. *ballimathia,* chanson obscène). Discours ou écrit embrouillé et confus : *Quel galimatias !* (syn. **charabia, baragouin**).

galion [galjɔ̃] **n.m.** (de l'anc. fr. *galie,* galère). MAR. ANC. Grand navire armé en guerre, utilisé notamm. par les Espagnols à partir du XVIe s. pour rapporter l'or, l'argent et les marchandises précieuses de leurs colonies du Nouveau Monde.

galipette [galipɛt] **n.f.** (du rad. de l'anc. v. *galer,* s'amuser). *FAM.* Cabriole, culbute.

galle [gal] **n.f.** (lat. *galla*). Excroissance produite chez les végétaux sous l'influence de certains parasites (insectes, champignons, bactéries).

Gallé (Émile), verrier, céramiste et ébéniste français (Nancy 1846 - *id.* 1904). Animateur de l'école de Nancy, centre majeur de l'Art nouveau, il a orienté les arts décoratifs vers un symbolisme poétique.

Galles *(pays de),* en angl. **Wales,** région de l'ouest de la Grande-Bretagne ; 20 800 km^2 ; 3 063 456 hab. *(Gallois).* CAP. *Cardiff.*

GÉOGRAPHIE

Dans cette région de plateaux, au climat océanique, l'agriculture (élevage surtout) tient une place secondaire, mais l'industrie (métallurgie), née de la houille et implantée dans les villes qui jalonnent le canal de Bristol (Swansea, Port Talbot, Cardiff, Newport), a beaucoup décliné.

HISTOIRE

Occupé par une population de langue celtique, le pays est à peine touché par la conquête romaine. Après avoir résisté aux menaces des Irlandais, les Gallois repoussent les Anglo-Saxons. Malgré ses divisions, le pays de Galles réussit à contenir les raids scandinaves.

Aux XIe-XIIe s., les Normands conquièrent avec difficulté le sud du pays.

Au XIIIe s., le pays de Galles résiste aux ingérences anglaises. Édouard Ier d'Angleterre achève sa soumission en 1284. Le pays de Galles n'est incorporé à l'Angleterre que sous le règne d'Henri VIII, par les statuts de 1536 et 1542.

En 1997, le gouvernement britannique accorde au pays de Galles un statut d'autonomie (élection, en 1999, d'une Assemblée régionale).

Galles *(prince de),* titre britannique porté par le fils aîné du souverain, créé en 1301.

gallican, e [galikɑ̃, -an] **adj.** et **n.** (lat. *gallicanus,* de *Gallia,* Gaule). **1.** Relatif à l'Église de France. **2.** Qui concerne le gallicanisme ; qui en est partisan (par opp. à *ultramontain*).

gallicanisme [galikanism] **n.m.** HIST. Doctrine ayant pour objet la défense des libertés prises par l'Église de France (Église gallicane) à l'égard du Saint-Siège (par opp. à *ultramontanisme*).

gallicisme [galisism] **n.m.** (du lat. *gallicus,* de *gallus,* gaulois). Expression, tournure particulière à la langue française : *« Il y a » est un gallicisme.*

Gallieni (Joseph), maréchal de France (Saint-Béat 1849 - Versailles 1916). Après avoir servi au Soudan et au Tonkin, il pacifia et organisa Madagascar (1896-1905). Gouverneur de Paris en 1914, il participa à la victoire de la Marne. Ministre de la Guerre en 1915-1916, il fut fait maréchal à titre posthume en 1921.

gallinacé, e [galinase] **adj.** (lat. *gallinaceus,* de *gallina,* poule). Qui se rapporte aux poules et autres oiseaux omnivores au vol lourd (faisan, pintade, dinde, etc.). ◆ **gallinacé n.m.** Oiseau de cette famille.

gallium [galjɔm] **n.m.** (du lat. *gallus,* coq, du n. de celui qui l'a découvert, *Lecoq de Boisbaudran*). Métal proche de l'aluminium. ▶ Symb. Ga.

gallois, e [galwa, -az] **adj.** et **n.** (de *Galles,* angl. *Wales*). Du pays de Galles. ◆ **gallois n.m.** Langue celtique du pays de Galles.

gallon [galɔ̃] **n.m.** (mot angl.). Unité de capacité utilisée en Grande-Bretagne et, anc., au Canada (où il vaut 4,546 l), ainsi qu'aux États-Unis (où il vaut 3,785 l). ▶ Symb. gal.

gallo-romain, e [galɔrɔmɛ̃, -ɛn] **adj.** et **n.** (pl. *gallo-romains, es*). Qui appartient à la civilisation qui s'épanouit en Gaule du Ier s. av. J.-C. à la fin du Ve s. apr. J.-C.

gallo-roman, e [galɔrɔmɑ̃, -ɑ̃n] **adj.** et **n.m.** (pl. *gallo-romans, es*). Se dit des dialectes romans parlés dans l'ancienne Gaule.

Gallup (George Horace), journaliste et statisticien américain (Jefferson, Iowa, 1901 - Tschingel, Berne, 1984). Il a créé en 1935 un important institut de sondages d'opinion.

galoche [galɔʃ] **n.f.** (de l'anc. fr. *gal,* caillou, gaul. **gallos*). **1.** Chaussure de cuir à semelle de bois. **2.** MAR. Poulie longue et plate, ouverte sur l'une de ses faces. **3.** *FAM.* **Menton en galoche,** menton long et relevé vers l'avant.

Galois (Évariste), mathématicien français (Bourg-la-Reine 1811 - Paris 1832). Sa trop courte vie, à laquelle mit fin un duel, ne lui permit de poser que les fondements de la théorie des groupes appliquée à la résolution des équations algébriques, recherches d'une exceptionnelle fécondité.

galon [galɔ̃] **n.m.** (de *galonné*). **1.** Bande tissée ou tressée utilisée comme ornement dans l'habillement et l'ameublement : *Poser du galon sur les murs du salon.* **2.** MIL. Signe distinctif des grades porté génér. sur l'uniforme. **3. Prendre du galon,** monter en grade ; obtenir une promotion.

galonné, e [galɔne] **adj.** (orig. obsc.). **1.** Pourvu d'un galon : *Une robe galonnée.* **2.** Qui est gradé : *Un officier galonné.* ◆ **n.** *FAM.* Officier ou sous-officier.

galop [galo] **n.m.** (de *galoper*). **1.** La plus rapide des allures naturelles de certains équidés : *Mettre son cheval au galop.* **2.** Danse, musique très vive, à deux temps, en vogue au XIXe s. **3.** *FAM.* **Au galop,** très vite, rapidement : *Partir au galop.* **4. Galop d'essai,** épreuve, test probatoire.

galopade [galɔpad] **n.f. 1.** Course au galop. **2.** Course précipitée : *Cette galopade l'avait épuisé.*

galopant, e [galɔpɑ̃, -ɑ̃t] **adj.** Dont l'accroissement, l'évolution est très rapide ; qu'on ne peut maîtriser : *Inflation, phtisie galopante.*

galoper [galɔpe] **v.i.** (frq. **wala hlaupan,* bien sauter). **1.** Aller au galop : *Cheval qui galope ventre à terre.* **2.** Courir très vite : *Galoper d'un magasin à un autre.* **3.** Avoir une activité débordante : *Son imagination galope.*

galopin [galɔpɛ̃] **n.m.** (de *galoper*). *FAM.* Polisson ; garnement.

galoubet [galubɛ] **n.m.** (mot prov., p.-ê. dérivé de *galaubia,* gotique **galaubei,* grande valeur). Petite flûte à bec provençale, à trois trous, au son aigu et perçant.

Galvani (Luigi), physicien et médecin italien (Bologne 1737 - *id.* 1798). Ayant observé par hasard la contraction des muscles d'une grenouille sous l'effet du contact d'un scalpel, Galvani attribua le phénomène à une forme d'électricité animale. Cette interprétation fut combattue par Volta, qui émit l'hypothèse – dont devait découler l'invention de la pile électrique – d'une électricité née du contact de deux métaux différents.

galvanisation [galvanizasjɔ̃] **n.f.** Action de galvaniser.

galvaniser [galvanize] **v.t.** (de *galvanisme,* terme désignant l'action de l'électricité sur les organes, que découvrit le physicien *Galvani*). **1.** Donner une énergie soudaine à qqn : *Galvaniser une foule, les esprits* (syn. **électriser, enflammer** ; contr. **calmer**). **2.** MÉTALL. Recouvrir une pièce métallique d'une couche de zinc à chaud, par immersion dans un bain de zinc fondu.

galvanomètre [galvanɔmɛtr] **n.m.** (de *galvanisme* [v. *galvaniser*], et *-mètre*). Instrument qui sert à mesurer de petites intensités de courant en utilisant leurs actions électromagnétiques.

galvanoplastie [galvanɔplasti] **n.f.** (de *galvanisme* [v. *galvaniser*], et du gr. *plastos,* façonné, modelé). Procédé consistant à déposer par électrolyse une couche de métal sur un support, métallique ou non, pour le recouvrir.

galvauder [galvode] **v.t.** (probabl. de l'anc. fr. *galer,* s'amuser, et de *ravauder*). Compromettre un avantage, un don par un mauvais usage, en le prodiguant mal à propos : *Galvauder son talent* (syn. **gaspiller**).

Gama (Vasco de), navigateur portugais (Sines v. 1469 - Cochin 1524). D'origine noble, il se voit confier en 1497, par le roi de Portugal, la direction d'une grande expédition maritime devant ouvrir la route directe vers les terres orientales, productrices d'épices, dont le commerce est alors aux mains des marchands arabes. Parti de Lisbonne le 8 juill. 1497 avec quatre navires, il franchit le cap de Bonne-Espérance le 22 nov., aborde, à Noël, une terre qu'il baptise « Natal » et fait escale en divers autres points de la côte orientale de l'Afrique (auj. Mozambique et Kenya). Avec le concours d'un pilote arabe, il atteint l'Inde (mai 1498) à Calicut, dont le souverain lui accorde un traité de commerce. Malgré un retour difficile au Portugal, qu'il regagne en août 1499, son expédition est un succès commercial. Reparti pour l'Orient en 1502 avec 20 navires, il s'empare de villes africaines (auj. au Mozambique), élimine de ces régions les rivaux arabes et fonde, en Inde, à Cochin, le premier comptoir portugais d'Asie. Rentré à Lisbonne en 1503, il n'est nommé vice-roi des Indes qu'en 1524 et meurt l'année même de son retour à Cochin. Par ses voyages, Vasco de Gama a fait triompher les entreprises portugaises entamées au début du XVe s., en soustrayant aux Arabes le commerce des épices et en fondant en Inde et en Afrique les bases d'un puissant empire.

gamba [gɑ̃mba] ou [gɑ̃ba] **n.f.** (mot esp.). Grosse crevette des eaux profondes de la Méditerranée et de l'Atlantique.

gambade [gɑ̃bad] **n.f.** (prov. *cambado,* de *cambo,* jambe). Bond, saut léger et joyeux ; cabriole.

gambader [gɑ̃bade] **v.i.** Faire des gambades ; sautiller : *Gambader dans le jardin* (syn. **s'ébattre**).

gambe n.f. ⟶ **viole (de gambe).**

gamberger [gɑ̃bɛrʒe] **v.i.** et **v.t.** (var. de *comberger,* compter) [conj. **17**]. *FAM.* Réfléchir, donner libre cours à son imagination ; combiner : *C'est fou ce qu'elle peut gamberger ! Gamberger un casse* (syn. **organiser**).

Gambetta (Léon), avocat et homme politique français (Cahors 1838 - Ville-d'Avray 1882). Célèbre comme avocat pour ses opinions républicaines, il rédige le « programme démocratique radical » de Belleville, sur lequel il est élu député en 1869, et prend la tête de l'opposition contre l'Empire. Après la défaite de Sedan, il proclame la déchéance de Napoléon III et la république (4 sept. 1870). Ministre dans le gouvernement de la Défense nationale, partisan de la guerre à outrance, il quitte en ballon la capitale assiégée (oct.) et, depuis Tours, organise la résistance. À nouveau député à partir de juill. 1871, il fonde un journal *(la République française)* et se fait en province le « commis voyageur » de l'idée républicaine. Lorsque Mac-Mahon est porté au pouvoir par la coalition monarchiste de l'Ordre moral (1873), Gambetta réussit par son action à faire adopter les lois constitutionnelles fondant la république (1875).
Leader des républicains, il préconise l'impôt sur le revenu et se fait le pourfendeur du cléricalisme. Lors de la crise du 16 mai 1877, il est à la tête de l'opposition parlementaire et républicaine dirigée contre le président Mac-Mahon. La Chambre des députés ayant été dissoute, il engage le chef de l'État à « se soumettre ou se démettre » en cas de victoire républicaine aux élections. Cette victoire acquise, Mac-Mahon démissionne. Après avoir refusé la présidence de la République, Gambetta devient président de la Chambre (1879) avant de former en nov. 1881 son « grand ministère d'Union républicaine », composé d'hommes jeunes. Mais il se heurte à l'opposition de la droite, des revanchards, qui lui reprochent son manque de fermeté à l'égard de l'Allemagne et des radicaux, conduits par Clemenceau. En effet, Gambetta (comme Jules Ferry) fait partie des républicains opportunistes qui souhaitent réaliser progressivement des réformes (surtout politiques et scolaires) tandis que les radicaux voudraient les précipiter. Gambetta démissionne dès janv. 1882, après avoir tenté de transformer le mode de scrutin électoral. Il meurt accidentellement en déc. 1882. Principal chef du mouvement républicain, il n'a pas seulement contribué au rétablissement de la république ; il en a également forgé les caractéristiques fondamentales.

gambette [gɑ̃bɛt] **n.f.** (var. de *jambette,* dimin. de *jambe*). *FAM.* Jambe, en partic. jambe de femme.

Gambie (la), fl. d'Afrique occidentale traversant la Gambie, qui se jette dans l'Atlantique ; 1 100 km.

Gambie, État de l'Afrique occidentale, s'étendant de part et d'autre du cours inférieur de la *Gambie ;* 11 300 km^2 ; 1 849 000 hab. *(Gambiens).* CAP. *Banjul.* LANGUE : *anglais.* MONNAIE : *dalasi.*

GÉOGRAPHIE
Constitué d'une bande de terrain (20 à 50 km de largeur sur une longueur de 300 km) de part et d'autre du *fleuve Gambie,* peuplé surtout de Mandé, de Peuls et de Ouolof, le pays, pauvre, associe, aux cultures vivrières, l'arachide (base des exportations) et un tourisme naissant.

HISTOIRE
XIIIe-XVIe s. Vassale du Mali, l'actuelle Gambie est découverte par les Portugais en 1455-1456.
XVIIe s. Les marchands européens d'esclaves s'y installent.
1783. La Gambie devient possession britannique.
1965. Indépendance dans le cadre du Commonwealth.
1970. Le pays adopte une Constitution républicaine.
1981-1989. Confédération avec le Sénégal (Sénégambie).
1994. Coup d'État de Yahya Jammeh.
1996. Y. Jammeh est élu président de la République. (Réélu en 2001, 2006 et 2011.)

Gambier *(îles),* archipel de la Polynésie française ; 1 421 hab. Découvert en 1797 par les Anglais, il devint français de fait en 1844, en droit en 1881.

gambit [gɑ̃bi] ou [gɑ̃bit] **n.m.** (it. *gambetto,* croc-en-jambe). Aux échecs, sacrifice d'une pièce pour obtenir un avantage d'attaque, une supériorité de position.

gamelle [gamɛl] **n.f.** (it. *gamella,* lat. *camella,* écuelle). **1.** Récipient métallique, muni ou non d'un couvercle, pour faire la cuisine ou transporter des aliments préparés ; son contenu : *Préparer la gamelle d'un ouvrier, d'un soldat.* **2.** MIL. Sur un navire de guerre, ensemble des officiers qui prennent leurs repas à une même table.

gamète [gamɛt] **n.m.** (gr. *gametês,* de *gamos,* mariage). BIOL. Cellule reproductrice, mâle ou femelle, dont le noyau ne contient qu'un seul chromosome de chaque paire (noyau haploïde), et dont la fusion avec le gamète de sexe opposé (fécondation) donne naissance à un œuf (ou zygote).

gamin, e [gamɛ̃, -in] **n.** (orig. incert., p.-ê. d'un rad. all. *gamm-,* vaurien). **1.** Enfant : *Se conduire comme un gamin.* **2.** *FAM.* Fils ; fille : *Sa gamine.*

gaminerie [gaminri] **n.f.** Parole, action, comportement d'un gamin : *Ces gamineries ne sont plus de mise à ton âge* (syn. **enfantillage**).

gamma [gama] **n.m. inv.** (mot gr.). **1.** Troisième lettre de l'alphabet grec (Γ, γ). **2. Rayons gamma,** radiations émises par les corps radioactifs, analogues aux rayons X, mais beaucoup plus pénétrantes et de longueur d'onde plus petite, ayant une action biologique puissante.

gammaglobuline [gamaglɔbylin] **n.f.** (de *gamma* et *globuline,* protéine de poids moléculaire élevé). BIOCHIM. Protéine du plasma humain dont l'activité anticorps est utilisée en thérapeutique et en prophylaxie.

gammare [gamar] **n.m.** (lat. *gammarus,* écrevisse). Petit crustacé des eaux douces ou saumâtres, parfois improprement appelé *crevette d'eau douce.* ▸ Long. 1 cm ; ordre des amphipodes.

gamme [gam] **n.f.** (lat. médiév. *gamma,* du gr. *gamma,* première note de la gamme). **1.** MUS. Série de sons conjoints, ascendants ou descendants, disposés à des intervalles convenus, dans un système musical donné (par opp. à *échelle*) : *La gamme de* do *majeur est une gamme diatonique. Faire des gammes au piano.* **2.** Série de choses de même nature qui présentent diverses nuances, divers degrés : *Une gamme de beiges.* **3. Haut de gamme, bas de gamme,** qui se situe au niveau supérieur, inférieur, du point de vue du prix, de la qualité : *Une voiture haut de gamme.*

■ La gamme est un ensemble de notes bien déterminées qui s'étendent sur une octave. Dans la musique occidentale, les gammes se divisent en gammes diatoniques et en gammes chromatiques. Il y a deux sortes de gammes diatoniques : la gamme *majeure,* qui se compose de cinq tons et de deux demi-tons ; la gamme *mineure,* qui se compose de trois tons, d'un ton et demi, et de trois demi-tons. La gamme diatonique comporte 7 notes, c'est la gamme de base de la musique. Par exemple, DO RÉ MI FA SOL LA SI DO est la gamme diatonique de DO majeur. Toutes les gammes prennent le nom de la note par laquelle elles commencent. La gamme chromatique, exclusivement composée de demi-tons, comprend les douze sons de l'échelle tempérée (l'octave est divisée en douze intervalles [demi-tons] égaux). ■

gammée [game] **adj.f.** (de *gamma,* les branches de la croix gammée ayant la forme d'un gamma majuscule). **Croix gam-**

mée, croix dont les quatre branches sont coudées vers la droite ou vers la gauche (on l'appelle aussi le *svastika*) : *La croix gammée fut l'emblème du parti nazi.*

ganache [ganaʃ] **n.f.** (it. *ganascia,* mâchoire). **1.** ZOOL. Partie latérale et postérieure de la mâchoire inférieure des quadrupèdes. **2.** *FAM., VIEILLI.* Personne stupide et incapable : *C'est une vieille ganache.*

Gance (Abel), cinéaste français (Paris 1889 - *id.* 1981). Dès 1915, il expérimente certaines techniques cinématographiques nouvelles et tourne successivement *la Zone de la mort* (1917), *Mater Dolorosa* (1917), *la Dixième Symphonie* (1918 ; version sonore en 1932), *J'accuse* (1919 ; version sonore en 1937), *la Roue* (1923) et surtout *Napoléon* (1927), œuvre monumentale destinée à être projetée sur trois écrans. Gance, dont les projets sont souvent rejetés ou incompris, n'aura que peu d'occasions ultérieures de réaliser ses scénarios. Son goût de l'épopée, son lyrisme touffu, son sens visionnaire effraient les producteurs. Il doit se contenter de tourner des œuvres aux ambitions plus limitées (en 1935, il sonorise son *Napoléon* et signe *Lucrèce Borgia,* puis *la Tour de Nesle* [1954] et *Austerlitz* [1960]). Pionnier du langage cinématographique, il a aussi inventé plusieurs procédés techniques révolutionnaires tels que la *perspective sonore,* en 1929, le *Pictographe,* en 1938, et surtout la *polyvision* (1925) et le *triple écran,* qui influencera les inventeurs du CinémaScope.

Gand, en néerl. **Gent,** v. de Belgique, ch.-l. de la Flandre-Orientale, au confl. de l'Escaut et de la Lys ; 248 813 hab. *(Gantois).* Centre textile, métallurgique et chimique. Port relié à la mer du Nord par le canal de Terneuzen. Université. Château des comtes (surtout des XIe-XIIIe s., très restauré), cathédrale St-Bavon (XIIe-XVIe s. ; retable de *l'Agneau mystique* des Van Eyck), beffroi du XIVe s., nombreux autres monuments et maisons anciennes. Musées, dont celui des Beaux-Arts et celui de l'anc. abbaye de la Biloke. Au IXe s., la ville se constitue autour des abbayes de St-Bavon et de St-Pierre, et devient au XIIIe s. la première ville drapière d'Europe. La charte de 1277 marque la prépondérance du patriciat gantois. En 1302, ce dernier, allié aux rois de France, perd le gouvernement de la ville au profit des gens de métier. Le XIVe s. est caractérisé par des révoltes populaires. Au XVe s., Gand, ville bourguignonne, tente en vain de reconquérir son autonomie communale ; l'industrie drapière entre en décadence. Annexée par la France en 1794 et intégrée à la Belgique en 1830, Gand redevient au XIXe s. un grand centre textile.

Gandhi (Indira), femme politique indienne (Allahabad 1917 - Delhi 1984). Fille du Premier ministre Nehru, chef du gouvernement (1967-1977 ; 1980-1984), elle est assassinée par des extrémistes sikhs. • Son fils, **Rajiv,** homme politique indien (Bombay 1944 - près de Madras, 1991), Premier ministre (1984-1989), est assassiné par des Tamouls.

Gandhi (Mohandas Karamchand), surnommé **le Mahatma** (« la Grande Âme »). Apôtre national et religieux de l'Inde (Porbandar 1869 - Delhi 1948). Il étudie le droit en Inde, puis à Londres et devient avocat. Au cours de longs séjours en Afrique du Sud (entre 1893 et 1914), il défend les Indiens, hindouistes et musulmans, contre les discriminations raciales. Il élabore alors sa doctrine de l'action non violente, inspirée de l'hindouisme, du christianisme et de penseurs tels que Tolstoï. Revenu en Inde, il s'engage dans la lutte contre les Britanniques, qui l'emprisonnent à plusieurs reprises. En 1920, il devient le leader incontesté de la lutte nationale, dont il fait un mouvement de masse. Il prône le retour à un passé idéalisé, préconisant le filage et le tissage à la main. À partir de 1922, il se consacre à l'éducation du peuple et aux problèmes des intouchables. Le leadership du mouvement national étant assuré à partir de 1928 par J. Nehru, il n'intervient plus que comme caution morale pour des mouvements de masse (désobéissance civile de 1930, campagne *Quit India* de 1942) ou pour calmer les violences entre hindous et musulmans (1946-1947). Il est assassiné en 1948 par un extrémiste hindou.

gandin [gɑ̃dɛ̃] **n.m.** *LITT.* ou *VIEILLI.* Jeune élégant ridicule.

gandoura [gɑ̃dura] **n.f.** (ar. maghrébin *qandūr*). Tunique sans manches, portée sous le burnous ou la djellaba, notamm. en Afrique du Nord.

Ganesha ou **Ganapati,** dieu hindou représenté avec un corps d'homme ventru, une tête d'éléphant et quatre bras. Sa monture est un rat. Fils de Shiva et de Parvati, il est le « Seigneur des obstacles » et, à ce titre, le dieu du Savoir, de l'Intelligence, des Arts et du Commerce. Divinité secondaire, il fait cependant l'objet d'un culte très répandu.

gang [gɑ̃g] **n.m.** (mot angl. « bande »). Bande organisée de malfaiteurs.

Gange (le), fl. de l'Inde ; 3 090 km. Il descend de l'Himalaya, passe à Kanpur, Bénarès et Patna, et se jette dans le golfe du Bengale par un vaste delta couvert de rizières. Dans ce fleuve sacré se baignent les pèlerins.

gangétique [gɑ̃ʒetik] **adj.** Relatif au Gange.

ganglion [gɑ̃glijɔ̃] **n.m.** (gr. *gagglion,* tumeur sous-cutanée). Petit renflement situé sur le trajet de vaisseaux lymphatiques ou de nerfs. ▸ Les ganglions lymphatiques sont groupés dans le cou, les aisselles, l'aine, le thorax et l'abdomen ; ils interviennent dans les défenses immunitaires.

ganglionnaire [gɑ̃glijɔnɛr] **adj.** Relatif aux ganglions : *Chaîne ganglionnaire.*

gangrène [gɑ̃grɛn] **n.f.** (lat. *gangraena,* du gr.). **1.** MÉD. Nécrose des tissus, due à un arrêt circulatoire ou à une infection. **2.** *LITT.* Mal insidieux ; cause de destruction : *La jalousie, gangrène du cœur.*

gangrener [gɑ̃grəne] **v.t.** [conj. **19**]. *LITT.* Corrompre, vicier : *Une administration gangrenée.* ◆ **se gangrener v.pr.** Être atteint de gangrène, en parlant d'une partie du corps.

gangster [gɑ̃gstɛr] **n.m.** (mot anglo-amér., de *gang,* bande). Membre d'une bande de malfaiteurs, d'un gang.

gangue [gɑ̃g] **n.f.** (all. *Gang,* chemin, filon). **1.** Matière sans valeur associée au minéral utile dans un minerai ou qui entoure une pierre précieuse dans un gisement. **2.** Ce qui enveloppe, dénature qqch : *Débarrasser son esprit de la gangue des préjugés.*

ganse [gɑ̃s] **n.f.** (prov. *ganso,* gr. *gampsos,* recourbé). Cordonnet tressé qui sert à orner un vêtement, des tissus d'ameublement, etc.

ganser [gɑ̃se] **v.t.** Garnir d'une ganse.

Gansu, prov. de la Chine du Nord ; 25 575 263 hab. CAP. *Lanzhou.*

gant [gɑ̃] **n.m.** (frq. **want*). **1.** Partie de l'habillement qui couvre et protège la main au moins jusqu'au poignet ; accessoire analogue servant à diverses activités : *Mettre, retirer ses gants. Gants de ski, de boxe.* **2. Gant de crin,** moufle en crin tricoté qui sert à frictionner le corps. / **Gant de toilette,** poche de tissu éponge dont on se sert pour se laver. **3. Aller comme un gant,** convenir parfaitement. / **Jeter le gant à qqn, relever le gant,** défier qqn ; relever un défi. / **Prendre, mettre des gants,** agir avec ménagement, en y mettant des formes : *Prendre des gants pour annoncer une mauvaise nouvelle à qqn.* / **Retourner qqn comme un gant,** le faire complètement changer d'avis. / **Souple comme un gant,** docile, soumis.

gantelet [gɑ̃tlɛ] **n.m.** (dimin. de *gant*). Autref., gant couvert de lames de fer, qui faisait partie de l'armure.

ganter [gɑ̃te] **v.t.** Couvrir d'un gant ; mettre des gants à qqn : *Main gantée. Ganter qqn.*

ganterie [gɑ̃tri] **n.f. 1.** Lieu où l'on fabrique des gants. **2.** Profession, commerce du gantier.

gantier, ère [gɑ̃tje, -ɛr] **n.** Personne qui fabrique, qui vend des gants.

Gaoxiong → Kaohsiung.

Gap, ch.-l. du dép. des Hautes-Alpes, à 668 km au sud-est de Paris, à 733 m d'alt., dans le *Gapençais ;* 42 641 hab. *(Gapençais).* Évêché. Centre administratif et commercial. Musée.

garage [garaʒ] **n.m. 1.** Action de garer, de se garer : *Le garage est difficile par ici.* **2.** Lieu couvert qui sert d'abri aux véhicules : *Un garage souterrain* (= parc de stationnement) [syn. **parking**]. **3.** Entreprise de réparation et d'entretien des automobiles : *Être mécanicien dans un garage.* **4. Voie de garage,** voie destinée à garer des trains, des véhicules ferroviaires ; au fig., emploi secondaire sans possibilité d'avancement : *Reléguer un employé sur une voie de garage.*

garagiste [garaʒist] **n.** Exploitant d'un garage.

garance [garɑ̃s] **n.f.** (du frq. **wratja*). Plante herbacée dont une espèce était cultivée autref. dans le Midi pour sa racine, qui fournit l'*alizarine,* substance colorante rouge ; cette substance. ▸ Famille des rubiacées. ◆ **adj. inv.** De la couleur rouge vif de la garance : *Les pantalons garance des soldats de 1914.*

garant, e [garɑ̃, -ɑ̃t] **adj.** et **n.** (du frq. **warjan,* avérer). **1.** Qui sert de garantie à qqch, aux actes de qqn : *États garants d'un traité. Le garant d'une créance* (syn. **caution, répondant**). **2. Être, se porter garant de qqn, de qqch,** répondre de qqn, de qqch : *Se porter garant de l'innocence de qqn.*

garantie [garɑ̃ti] **n.f.** (de *garantir*). **1.** Ce qui assure l'exécution, le respect de qqch : *Prendre des garanties de la solvabilité d'un acheteur* (syn. **assurance**). *Demander des garanties de la bonne foi de qqn* (syn. **gage, preuve**). **2.** DR. ADM. Constatation légale du titre des matières et ouvrages de métal précieux. **3.** DR. Obligation incombant à l'une des parties d'un contrat d'assurer la jouissance de qqch ou la protection contre un dommage : *Appareil sous garantie.* **4. Contrat de garantie,** contrat par lequel une personne s'engage envers un créancier à se substituer à son débiteur en cas de défaillance de ce dernier.

garantir [garɑ̃tir] **v.t.** (de *garant*) [conj. **32**]. **1.** Assurer le maintien ou l'exécution de qqch ; constituer une garantie pour qqch : *Garantir une dette* (syn. **cautionner**). *Garantir un droit par une loi* (syn. **défendre**). **2.** Répondre de la qualité d'un objet vendu et s'engager à remédier à tout défaut ou panne constatés pendant un certain temps : *Lave-linge garanti deux ans par le constructeur.* **3.** Attester l'existence, la réalité de qqch : *Sa conduite vous garantit son honnêteté* (syn. **démontrer, prouver**). **4.** Donner qqch pour certain : *Je vous garantis qu'il viendra* (syn. **assurer, certifier**). **5.** Mettre à l'abri qqch, qqn de qqch : *Visière qui garantit du soleil* (syn. **préserver, protéger**).

Garbo (Greta Lovisa Gustafsson, dite **Greta),** actrice de cinéma suédoise, naturalisée américaine (Stockholm 1905 - New York 1990). Elle débute au cinéma dans *la Légende de Gösta Berling* (1924) de M. Stiller. Elle tourne en Allemagne *la Rue sans joie* de G. W. Pabst (1925), puis se fixe aux États-Unis, où elle conquiert la plus grande célébrité. La beauté de son visage, son étrange personnalité lui valent le surnom de « la Divine », et elle devient l'une des actrices les plus populaires dans le monde entier et l'un des grands mythes du septième art. Citons, parmi ses films : *la Chair et le Diable* (C. Brown, 1927), *Anna Christie* (C. Brown, 1930), *Grand Hôtel* (E. Goulding, 1932), *Mata-Hari* (G. Fitzmaurice, 1932), *la Reine Christine* (R. Mamoulian, 1933), *Anna Karenine* (C. Brown, 1935), *le Roman de Marguerite Gautier* (G. Cukor, 1937), *Ninotchka* (E. Lubitsch, 1939), *la Femme aux deux visages* (G. Cukor, 1941).

garce [gars] **n.f.** (fém. de *gars*). **1.** *FAM.* Femme, fille méchante, désagréable ; chipie. **2.** *FAM.* **Garce de** (+ n.f.), fichue, maudite : *Garce de vie* (= chienne de vie).

garcette [garsɛt] **n.f.** (de *garce,* pour des raisons obsc.). MAR. Petit cordage tressé : *Garcette de ris.*

García Lorca (Federico), écrivain espagnol (Fuente Vaqueros 1898 - Víznar 1936), auteur de poèmes (*Romancero gitan,* 1928) et de pièces de théâtre (*Noces de sang,* 1933 ; *Yerma,* 1934 ; *la Maison de Bernarda,* 1936). Il fut fusillé par les franquistes pendant la guerre civile.

García Márquez (Gabriel), écrivain colombien (Aracataca 1928 - Mexico 2014). Son œuvre compose une chronique à la fois réaliste et allégorique de l'Amérique latine (*Cent Ans de solitude,* 1967). [Prix Nobel 1982.]

garçon [garsɔ̃] **n.m.** (forme de *gars,* frq. **wrakjo,* valet). **1.** Enfant de sexe masculin (par opp. à *fille*) : *Ils ont un garçon et une fille.* **2.** Jeune homme ; homme : *Il est plutôt beau garçon.* **3.** Homme non marié, célibataire (vieilli, sauf dans l'express. *vieux garçon*) : *Il est resté garçon.* **4.** *VIEILLI.* Employé subalterne ; ouvrier travaillant chez un artisan : *Garçon de courses, garçon boucher.* **5.** Serveur dans un café, un restaurant : *Appeler le garçon.*

garçonne [garsɔn] **n.f.** (de *garçon*). **1.** *VIEILLI.* Jeune fille menant une vie émancipée. **2. À la garçonne,** se dit d'une coiffure féminine où les cheveux sont coupés court.

garçonnet [garsɔnɛ] **n.m.** Petit garçon ; jeune garçon.

garçonnière [garsɔnjɛr] **n.f.** (de *garçon*). Petit appartement de célibataire, de personne seule.

Gard ou **Gardon (le),** affl. du Rhône (r. dr.) ; 71 km. Il est formé de la réunion du *Gardon d'Alès* et du *Gardon d'Anduze.* Un célèbre aqueduc romain *(pont du Gard),* haut de 49 m, le franchit.

Gard [30], dép. de la Région Languedoc-Roussillon-Midi-Pyrénées ; ch.-l. de dép. *Nîmes ;* ch.-l. d'arr. *Alès, Le Vigan ;* 3 arr., 23 cant., 353 comm. ; 5 853 km^2 ; 742 441 hab. *(Gardois).*

1. garde [gard] **n.f.** (de *garder*). **1.** Action de veiller sur qqn pour le protéger, le défendre : *Prendre un enfant sous sa garde* (syn. **protection**). **2.** Action de surveiller qqch pour le conserver en bon état, le préserver : *La garde du magasin lui a été confiée. Chien de garde.* **3.** Action de surveiller qqn pour l'empêcher de fuir : *Être conduit chez le juge sous bonne garde* (syn. **escorte**). **4.** Service de surveillance, assuré à tour de rôle par plusieurs personnes : *Médecin de garde. Être de garde. Tour de garde.* **5.** Détachement de militaires qui gardent un poste ou assurent un service de sécurité : *Appeler la garde.* **6.** Position prise pour engager le combat et se protéger à l'escrime, en boxe, etc. : *Se mettre en garde. En garde !* (= ordre de se mettre en position de combat). **7.** Partie d'une arme blanche couvrant sa poignée et protégeant la main : *Garde d'une épée.* **8.** Feuillet blanc ou de couleur, placé au début et à la fin d'un livre. (On dit aussi *page, feuille de garde*). **9. La vieille garde,** les plus anciens partisans d'une personnalité, d'un mouvement politique : *La vieille garde d'un parti.* / **Mise en garde,** avertissement. / **Monter la garde,** être de faction. / **Prendre garde à qqch, qqn,** faire très attention à : *Prends bien garde à toi. Prenez garde à la marche.* / **Prendre garde de** (+ inf.), **que** (+ ne et le subj.), tâcher d'éviter de, que : *Prends garde de ne pas te salir. Prenez garde qu'on ne vous voie.* / **Se tenir, être sur ses gardes,** se méfier. **10.** BOURSE. **Droits de garde,** commission payée à un intermédiaire qui conserve les titres de son client et assure la garde et l'encaissement des coupons. / DR. **Droit de garde,** l'un des attributs essentiels de l'autorité parentale, qui confère au parent gardien un devoir de surveillance et d'éducation sur son enfant mineur, tenu d'habiter chez lui. / DR. **Garde juridique,** obligation légale, pour le possesseur d'un animal ou d'une chose, d'assumer la responsabilité des dommages causés. / **Garde à vue,** privation temporaire de liberté consistant à garder qqn dans les locaux de la police ou de la gendarmerie, pour les besoins d'une enquête. / **Garde nationale,** milice civique créée en 1789, préposée au maintien de l'ordre. / **Garde républicaine,** corps de la gendarmerie nationale, chargé d'assurer des missions de sécurité et des services d'honneur au profit des hautes autorités de l'État. ◆ **gardes n.f. pl.** Pièces intérieures d'une serrure qui empêchent qu'une clef quelconque puisse la manœuvrer.

2. garde [gard] **n.m.** (de *garder*). **1.** Personne chargée de la surveillance de qqn : *Échapper à ses gardes* (syn. **gardien, surveillant**). **2.** Soldat de la garde d'un souverain ou d'un corps spécial : *Garde républicain. Garde national mobile.* **3. Garde champêtre,** agent communal assermenté qui sanctionne les infractions aux règlements concernant la chasse et les zones rurales. / **Garde forestier,** employé chargé de la surveillance d'une certaine étendue de forêt. / HIST. **Garde rouge,** membre d'un mouvement de jeunesse chinois qui défendit la Révolution culturelle (1966-1976). **4. Garde du corps,** homme chargé de protéger une personnalité contre des agressions, des attentats éventuels. ◆ **n. Garde des Sceaux,** ministre de la Justice, en France.

3. garde [gard] **n.f.** (de *garder*). Femme qui a la charge de garder un malade, un enfant.

Garde *(lac de),* le plus oriental des grands lacs de l'Italie du Nord, traversé par le Mincio ; 370 km². Tourisme.

gardé, e [garde] **adj. Chasse, pêche gardée,** domaine, parfois placé sous la surveillance d'un garde, sur lequel le propriétaire se réserve le droit de chasse, de pêche.

garde-à-vous [gardavu] **n.m. inv.** (de *[prenez] garde à vous*). Position réglementaire (debout, immobile, les talons joints, les bras le long du corps) prise par les militaires en certaines occasions, notamm. au commandement d'un supérieur.

garde-barrière [gardbarjɛr] **n.** (pl. *gardes-barrière[s]*). Personne qui est préposée à la surveillance, à la manœuvre des barrières d'un passage à niveau.

garde-boue [gardəbu] **n.m. inv.** Pièce placée au-dessus des roues des cycles et des motocycles pour protéger des projections d'eau, de boue.

garde-chasse [gardaʃas] **n.m.** (pl. *gardes-chasse[s]*). Garde particulier chargé de veiller à la conservation du gibier et de réprimer les dommages causés aux propriétés dont il est responsable.

garde-chiourme [gardəʃjurm] **n.m.** (pl. *gardes-chiourme[s]*). **1.** Autref., surveillant des galériens, des forçats. **2.** Surveillant brutal.

garde-corps [gardəkɔr] **n.m. inv. 1.** Barrière à hauteur d'appui, formant protection devant un vide : *S'accouder au garde-corps* (syn. **garde-fou, parapet**). **2.** MAR. Rambarde ; bastingage.

garde-côte ou **garde-côtes** [gardəkot] **n.m.** (pl. *garde-côtes*). **1.** Autref., petit bâtiment de guerre conçu pour la défense des côtes. **2.** Embarcation affectée à la surveillance douanière ou à la surveillance de la pêche côtière.

garde-feu [gardəfø] **n.m.** (pl. *garde-feux* ou inv.). Grille, paravent de toile métallique que l'on place devant le foyer d'une cheminée.

garde-fou [gardəfu] **n.m.** (pl. *garde-fous*). **1.** Garde-corps, balustrade. **2.** Disposition, mesure, état de fait qui empêche de commettre des écarts, des erreurs : *Cette loi servira de garde-fou contre les abus* (syn. **rempart**).

garde-malade [gardmalad] **n.** (pl. *gardes-malade[s]*). Personne qui aide les malades dans les actes élémentaires de la vie sans donner les soins relevant des praticiens (infirmiers, infirmières, médecins).

garde-manger [gardmɑ̃ʒe] **n.m. inv.** Petite armoire formée de châssis garnis de toile métallique ou placard extérieur, servant à conserver les aliments.

garde-meuble ou **garde-meubles** [gardəmœbl] **n.m.** (pl. *garde-meubles*). Local spécialisé où l'on peut entreposer temporairement des meubles.

gardénia [gardenja] **n.m.** (du n. du botaniste *Garden*). Arbuste à fleurs blanches et odorantes, originaire de Chine. ▸ Famille des rubiacées.

garden-party [gardɛnparti] **n.f.** (mot angl., de *garden,* jardin, et *party,* réunion) [pl. *garden-partys* ou *garden-parties*]. Réception mondaine donnée dans un jardin, un parc.

garde-pêche [gardəpɛʃ] **n.m.** (pl. *gardes-pêche*). Agent chargé de la police de la pêche.

garder [garde] **v.t.** (du germ. **wardôn,* regarder). **1.** Surveiller un être pour le protéger, prendre soin de lui : *Garder des enfants.* **2.** Surveiller qqn pour l'empêcher de s'évader, de nuire : *Garder un suspect* (= le soumettre à une garde à vue). **3.** Surveiller un lieu, une issue, etc., pour en défendre l'accès : *Les entrées sont gardées par la police.* **4.** Ne pas quitter un lieu, rester chez soi, en parlant d'un malade : *Garder la chambre.* **5.** Conserver une denrée périssable ; mettre en réserve : *Garder des fruits tout l'hiver.* **6.** Conserver sur soi, près de soi : *Garder copie d'un document.* **7.** Conserver sur soi un vêtement : *Il fait froid ici, je vais garder mon manteau.* **8.** Conserver pour un temps limité ou en vue d'une utilisation ultérieure : *Je vous garde la place. Garder le meilleur pour la fin* (syn. **réserver**). **9.** Retenir qqn près de soi : *Garder un ami à dîner.* **10.** Continuer à employer, à fréquenter qqn : *Garder un collaborateur.* **11.** Conserver pour soi ; ne pas révéler : *Garder un secret.* **12.** Conserver tel sentiment ; rester dans tel état : *Garder rancune à qqn. Garder son sérieux.* **13. Garder le silence,** ne pas parler. ◆ **se garder v.pr. [de]. 1.** LITT. Prendre garde à, se méfier de : *Gardez-vous des flatteurs.* **2.** Éviter, s'abstenir de : *Il s'est bien gardé de nous prévenir.*

garderie [gardəri] **n.f.** Garde, surveillance collective de jeunes enfants ; lieu où s'effectue cette garde.

garde-robe [gardərɔb] **n.f.** (pl. *garde-robes*). **1.** VX. Petite pièce ou armoire où l'on range les vêtements ; penderie. **2.** Ensemble des vêtements d'une personne : *Renouveler sa garde-robe.*

garde-voie [gardəvwa] **n.m.** (pl. *gardes-voie[s]*). Agent, soldat qui surveille une voie ferrée.

gardian [gardjɑ̃] **n.m.** (de l'anc. prov. *gardar,* garder). Gardien à cheval d'un troupeau de taureaux, de chevaux, en Camargue.

gardien, enne [gardjɛ̃, -ɛn] **n.** (réfection de l'anc. fr. *guardenc,* de *garder*). **1.** Personne qui est chargée de garder qqn, un animal, qqch : *Gardien de square* (syn. **surveillant**). **2.** Préposé(e) à la garde d'un immeuble : *Donner ses clefs à la gardienne* (syn. **concierge**). **3.** Protecteur ; défenseur : *Un gardien des traditions.* **4. Gardien de but,** dernier défenseur du but d'une équipe de football, de hockey, de handball, etc. / **Gardien de la paix,** agent de police municipale. (On disait autref. *sergent de ville.*) ◆ **adj.** Qui garde, protège : *Ange gardien.*

gardiennage [gardjɛnaʒ] **n.m. 1.** Emploi, service de gardien. **2.** Service de garde et de surveillance.

gardienne [gardjɛn] **n.f.** Nourrice ; assistante maternelle.

gardon [gardɔ̃] **n.m.** (probabl. de *garder,* p.-ê. au sens de « regarder » par allusion aux yeux rouges du poisson). Poisson d'eau douce. ▸ Famille des cyprinidés ; long. de 15 à 30 cm.

1. gare [gar] **n.f.** (de *garer*). **1.** Ensemble des installations de chemin de fer où se font le transbordement des marchandises, l'embarquement et le débarquement des voyageurs : *Le train entre en gare.* **2. Gare fluviale,** bassin où se garent les bateaux sur un cours d'eau ou un canal. / **Gare maritime,** gare aménagée sur les quais d'un port pour faciliter le transbordement des voyageurs et des marchandises. / **Gare routière,** emplacement aménagé pour accueillir les véhicules routiers assurant le transport des voyageurs ou des marchandises.

2. gare [gar] **interj.** (impér. de *garer*). **1.** Exclamation avertissant de se garer, de prendre garde à soi : *Gare, devant !* **2. Sans crier gare,** sans prévenir.

garenne [garɛn] **n.f.** (lat. médiév. *warenna,* d'orig. incert. « réserve de petit gibier »). Lieu boisé où les lapins vivent à l'état sauvage.

garer [gare] **v.t.** (anc. scand. *vara,* avertir, rattaché au germ. **warôn,* protéger). **1.** Mettre un véhicule à l'écart de la circulation ou le rentrer dans une gare, un garage : *Je vais garer la voiture* (syn. **parquer**). **2.** FAM. Mettre à l'abri, en sûreté : *Garer sa fortune.* ◆ **se garer v.pr. 1.** Ranger la voiture que l'on conduit dans un lieu réservé au stationnement (syn. **stationner**). **2.** Se ranger de côté pour laisser passer : *Garez-vous, j'arrive !* **3. Se garer de qqch,** éviter, se préserver de : *Se garer des coups.*

gargantua [gargɑ̃tɥa] **n.m.** (n. d'un personnage de Rabelais). Gros mangeur (syn. **ogre**).

gargantuesque [gargɑ̃tɥɛsk] **adj.** Digne de Gargantua : *Un repas gargantuesque* (syn. **pantagruélique**).

se **gargariser** [gargarize] **v.pr.** (lat. *gargarizare,* gr. *gargarizein,* d'orig. onomat.). **1.** Se rincer la gorge et l'arrière-bouche avec un liquide, un antiseptique qu'on garde un moment avant de le rejeter. **2.** *FAM.* Se délecter avec suffisance de : *Se gargariser de son succès* (syn. **savourer**).

gargarisme [gargarism] **n.m.** (bas lat. *gargarisma,* du gr.). **1.** Médicament liquide pour se gargariser. **2.** Action de se gargariser.

gargote [gargɔt] **n.f.** (de l'anc. fr. *gargueter,* faire du bruit avec la gorge). Restaurant où l'on mange à bas prix une mauvaise nourriture (péjor.).

gargouille [garguj] **n.f.** (du rad. onomat. *garg-* et de *goule,* anc. forme de *gueule*). Conduit saillant, souvent orné d'une figure de fantaisie, adapté à une gouttière, et qui déverse les eaux de pluie loin des murs ; la figure elle-même.

gargouillement [gargujmɑ̃] et **gargouillis** [garguji] **n.m.** (de *gargouiller*). **1.** Bruit produit par un liquide agité de remous dans une canalisation, un récipient. **2.** Bruit d'un liquide, d'un gaz dans la gorge, l'estomac ou les entrailles (syn. **borborygme**).

gargouiller [garguje] **v.i.** (de *gargouille*). Faire entendre un gargouillement : *Mon estomac gargouille.*

gargoulette [gargulɛt] **n.f.** (de l'anc. fr. *gargoule,* petite gargouille). Cruche poreuse où l'eau se rafraîchit par évaporation.

Garibaldi (Giuseppe), patriote italien (Nice 1807 - Caprera 1882). Il lutta pour l'unification de l'Italie. Après avoir tenté de défendre à Rome la république (1849), il se rapprocha de Cavour, unissant le sort de l'Italie à celui de la monarchie piémontaise. Il combattit les troupes autrichiennes, puis organisa l'expédition des Mille (1860), qui permit la conquête du royaume des Deux-Siciles. Mais il ne parvint pas à faire de Rome la capitale de l'Italie. Il participa à la guerre franco-allemande (1870-1871) aux côtés de la France.

garibaldien, enne [garibaldjɛ̃, -ɛn] **n.** et **adj.** HIST. Partisan de Garibaldi ; qui a fait campagne sous ses ordres.

Garigliano (le), fl. d'Italie, entre le Latium et la Campanie, sur les bords duquel les Espagnols battirent les Français (1503), malgré les exploits du chevalier Bayard qui assura, seul, la défense d'un des ponts. Le corps expéditionnaire français du général Juin s'y illustra en mai 1944.

Garmisch-Partenkirchen, station d'altitude et de sports d'hiver (alt. 708-2 963 m) d'Allemagne (Bavière) ; 25 581 hab.

Garneau (Hector de Saint-Denys), écrivain canadien d'expression française (Montréal 1912 - Sainte-Catherine-de-la-Jacques-Cartier 1943). Il est l'auteur de recueils lyriques (*Regards et jeux dans l'espace,* 1937).

garnement [garnəmɑ̃] **n.m.** (de *garnir,* pour des raisons incert.). Enfant insupportable (syn. **coquin, polisson**).

garni, e [garni] **adj.** (p. passé de *garnir*). Se dit d'un plat de viande accompagné de légumes.

Garnier (Charles), architecte français (Paris 1825 - *id.* 1898). Prix de Rome, fasciné par l'Italie, il a donné son chef-d'œuvre avec l'Opéra de Paris (1862-1874), à la fois rationnel dans ses dispositions et d'un éclectisme exubérant dans les formes et le décor.

Garnier (Marie Joseph François, dit **Francis),** marin français (Saint-Étienne 1839 - Hanoï 1873). Explorateur du Mékong (1866), il conquit le delta du fleuve Rouge (1873), mais fut tué par les Pavillons-Noirs chinois.

garnir [garnir] **v.t.** (germ. **warnian,* prévenir, munir) [conj. **32**]. **1.** Remplir de ce qui est nécessaire ou adéquat : *Garnir le réfrigérateur.* **2.** Compléter d'éléments accessoires : *Garnir une étagère de bibelots* (syn. **orner**). **3.** Pourvoir d'éléments protecteurs : *Garnir une porte de plaques d'acier* (syn. **renforcer, blinder**). ◆ **se garnir v.pr.** Se remplir graduellement : *La salle se garnit.*

garnison [garnizɔ̃] **n.f.** (de *garnir*). Ensemble des troupes stationnées dans une ville ou dans un ouvrage fortifié ; la ville elle-même.

garnissage [garnisaʒ] **n.m. 1.** Action de garnir ; ce qui garnit : *Le garnissage d'un chapeau.* **2.** AUTOM., CH. DE F. Ensemble des travaux d'aménagement à l'intérieur d'un véhicule. **3.** Revêtement intérieur réfractaire d'un four, d'un creuset, etc.

garniture [garnityr] **n.f. 1.** Ce qui s'ajoute pour garnir, orner, embellir : *Garniture de dentelle d'une robe.* **2.** Ce qui accompagne la pièce principale d'un plat : *Garniture de riz* (syn. **accompagnement**). **3.** Aménagement intérieur destiné à rendre confortables ou à enjoliver une automobile, une voiture de chemin de fer (sièges, revêtement des portes, etc.) : *Garnitures des portières* (syn. **enjoliveur**). **4.** Ensemble d'objets assortis : *Garniture de boutons.* **5. Garniture de cheminée,** objets assortis décorant un dessus de cheminée.

Garonne (la), fl. du sud-ouest de la France, qui naît en Espagne et se jette dans l'Atlantique ; 650 km (575 en excluant la Gironde). Issue du val d'Aran, à 1 870 m d'alt., la Garonne sort des Pyrénées en aval de Saint-Gaudens. Elle traverse Toulouse et Bordeaux. Fleuve aux crues fréquentes (de l'automne au printemps) sur le cours supérieur, la Garonne a un rôle économique médiocre, en amont de Bordeaux.

Garonne (Haute-) [31], dép. de la Région Languedoc-Roussillon-Midi-Pyrénées ; ch.-l. de dép. *Toulouse ;* ch.-l. d'arr. *Muret, Saint-Gaudens ;* 3 arr., 27 cant., 589 comm. ; 6 309 km^2 ; 1 306 125 hab. *(Hauts-Garonnais).*

garrigue [garig] **n.f.** (anc. prov. *garriga*). Formation végétale secondaire (chênes verts mélangés à des buissons et à des plantes herbacées) qui apparaît sur les sols calcaires après destruction de la forêt, dans les pays méditerranéens.

1. garrot [garo] **n.m.** (prov. *garrot,* du gaul. **garra,* partie de la jambe). Région du corps des grands quadrupèdes, surmontant les épaules et délimitée par l'encolure, le dos et le plat des épaules.

2. garrot [garo] **n.m.** (anc. fr. *guaroc,* de *garochier,* frq. **wrokkôn,* tordre). **1.** Morceau de bois que l'on passe dans une corde pour la tendre en la tordant : *Garrot d'une scie.* **2.** Appareil, lien servant à comprimer un membre pour arrêter une hémorragie. **3. Supplice du garrot,** autref., torture par strangulation.

garrottage [garɔtaʒ] **n.m.** Action de garrotter ; fait d'être garrotté.

garrotter [garɔte] **v.t.** (de *2. garrot*). Lier qqn étroitement et fortement : *Ils avaient garrotté le gardien de nuit* (syn. **ligoter**).

gars [ga] **n.m.** (de *garçon,* domestique). *FAM.* Garçon ; homme : *C'est un brave gars.*

Gary (Romain Kacew, dit **Romain),** écrivain français (Vilna, auj. Vilnius, 1914 - Paris 1980). En quête de « valeurs vraies », il dénonça dans ses romans (*les Racines du ciel,* 1956 ; *les Cerfs-volants,* 1980) les mensonges du monde moderne. L'obsession de la vieillesse et l'impossible quête de son identité le conduisirent au suicide après s'être inventé un double littéraire, Émile **Ajar** (*la Vie devant soi,* 1975).

Gascogne, duché français situé entre Pyrénées, Atlantique et Garonne (en aval de Toulouse) ; cap. *Auch.* La région est occupée successivement par les Ibères, les Romains (à partir du Iᵉʳ s. av. J.-C.) qui la constituent au IIIᵉ s. en province de Novempopulanie, les Wisigoths au Vᵉ s., puis les Francs après 507. Elle est alors occupée en grande partie par les Vascons, Ibères non latinisés venus du sud, qui donnent leur nom à la région. Érigée en duché au IXᵉ s., elle est réunie en 1136 au duché d'Aquitaine. En 1154, la Gascogne devient anglaise après le mariage d'Aliénor d'Aquitaine avec Henri Plantagenêt. Comprise dans la Guyenne, la province redevient française en 1453.

Gascogne *(golfe de),* golfe de l'Atlantique, entre la France et l'Espagne.

gascon, onne [gaskɔ̃, -ɔn] **adj.** et **n.** (lat. pop. **Wasco, -onis,* class. *Vasco*). **1.** De la Gascogne. **2.** *LITT., VX.* Fanfaron, hâbleur.

3. **Offre de Gascon,** proposition qui n'est pas sérieuse. ◆ **gascon** **n.m.** Dialecte de langue d'oc parlé au sud-ouest de la Garonne.

gas-oil ou **gasoil** [gazɔjl] ou [gazwal] **n.m.** (mot anglo-amér., de *gas*, gaz, et *oil*, huile). [Anglic. déconseillé]. Gazole.

Gasparin (Adrien, *comte* **de),** agronome et homme politique français (Orange 1783 - *id.* 1862). Auteur d'un *Cours d'agriculture* qui fit longtemps autorité, il analysa l'économie agricole et contribua à l'application des sciences à l'agriculture.

Gaspésie, péninsule du Canada (Québec), entre le golfe du Saint-Laurent et la baie des Chaleurs. Parc provincial.

Gaspésie-Îles-de-la-Madeleine, région administrative du Québec, à l'extrémité est de la province ; 20 096 km^2 ; 94 079 hab.

gaspillage [gaspijaʒ] **n.m.** Action de gaspiller ; emploi abusif et désordonné de certains biens : *Ils ont horreur du gaspillage.*

gaspiller [gaspije] **v.t.** (croisement du terme de l'Ouest *gaspailler*, rejeter les balles de blé, avec le prov. *gaspilha*, grappiller, gaspiller). **1.** Dépenser avec profusion ; consommer sans discernement : *Gaspiller ses économies* (syn. **dilapider**). **2.** Faire un emploi désordonné et sans profit de ce qu'on possède : *Gaspiller son talent* (syn. **gâcher, galvauder**).

gaspilleur, euse [gaspijœr, -øz] **adj.** et **n.** Qui gaspille.

Gassendi (Pierre Gassend, dit**),** philosophe français (Champtercier, près de Digne, 1592 - Paris 1655). Entré dans les ordres en 1615, il enseigna les mathématiques au Collège royal (futur Collège de France). Ses travaux en mathématiques, en acoustique et en astronomie le conduisirent à critiquer Descartes, puis à chercher à concilier l'atomisme antique et la morale épicurienne avec le christianisme. Il a réalisé de nombreuses observations astronomiques.

Gassman (Vittorio), acteur italien (Gênes 1922 - Rome 2000). Il s'imposa comme un des grands acteurs du cinéma italien : *Riz amer* (G. De Santis, 1949), *le Fanfaron* (D. Risi, 1962), *Nous nous sommes tant aimés* (E. Scola, 1974), *Parfum de femme* (D. Risi, 1974).

gastéropode [gasterɔpɔd] et **gastropode** [gastrɔpɔd] **n.m.** (du gr. *gastêr*, ventre, et de *-pode*). **Gastéropodes,** classe de mollusques rampant sur un large pied ventral, souvent pourvus d'une coquille dorsale en forme de spirale et vivant dans les mers (buccin), en eau douce (limnée) ou dans les lieux humides (escargot, limace).

Gaston III de Foix, dit **Phébus** (1331-Orthez 1391), comte de Foix (1343-1391). La lutte qu'il mena contre l'Armagnac lui fit adopter une politique fluctuante à l'égard du roi de France. Fin lettré, auteur d'*Oraisons* et d'un *Livre de la chasse*, il entretint à Orthez, dans le Béarn, une cour fastueuse. Il légua ses biens au roi de France.

gastralgie [gastralʒi] **n.f.** (de *gastr[o]* et *-algie*). Douleur à l'estomac.

gastrique [gastrik] **adj.** (du gr. *gastêr*, ventre). **1.** Relatif à l'estomac : *Douleur gastrique.* **2.** **Suc gastrique,** liquide acide sécrété par l'estomac et qui contribue à la digestion.

gastrite [gastrit] **n.f.** (lat. scientif. *gastritis*, du gr. *gastêr*, ventre). Inflammation de la muqueuse de l'estomac.

gastro-entérite [gastrɔɑ̃terit] **n.f.** (pl. *gastro-entérites*). Inflammation simultanée de la muqueuse de l'estomac et de celle des intestins.

gastro-entérologie [gastrɔɑ̃terɔlɔʒi] **n.f.** (de *gastro-*, *entéro-* et *-logie*). MÉD. Spécialité consacrée aux maladies du tube digestif. ◆ **gastro-entérologue** **n.** (pl. *gastro-entérologues*). Nom du spécialiste.

gastro-intestinal, e, aux [gastrɔɛ̃tɛstinal, -o] **adj.** Qui concerne l'estomac et l'intestin.

gastronome [gastrɔnɔm] **n.** (de *gastronomie*). Personne qui aime et apprécie la bonne chère (syn. **gourmet**).

gastronomie [gastrɔnɔmi] **n.f.** (gr. *gastronomia*). Connaissance de tout ce qui se rapporte à la cuisine, à l'ordonnancement des repas, à l'art de déguster les mets.

gastronomique [gastrɔnɔmik] **adj.** **1.** Qui a rapport à la gastronomie : *Chronique gastronomique.* **2.** Se dit d'un repas, d'un menu présentant des mets soignés et abondants.

gastropode **n.m.** ⟶ **gastéropode.**

gâté, e [gɑte] **adj.** (de *gâter*). **1.** Détérioré, pourri : *Un fruit gâté.* **2.** **Enfant gâté,** élevé avec trop d'indulgence.

gâteau [gɑto] **n.m.** (lat. pop. **wastellum*, du frq. **wastil*). **1.** Tout apprêt de pâtisserie réalisé à partir d'une pâte de base employée seule ou agrémentée de crème, de fruits, etc. : *Des gâteaux secs* (= des biscuits). **2.** Ensemble des alvéoles en cire que construisent les abeilles pour conserver leur miel. **3.** FAM. **Avoir sa part du gâteau,** participer aux bénéfices d'une affaire. / FAM. **C'est du gâteau,** c'est qqch d'agréable, de facile. / **Papa, maman gâteau,** qui gâte ses enfants : *De vrais papas gâteaux.*

gâter [gɑte] **v.t.** (lat. *vastare*, devenu **wastare* sous l'influence du rad. germ. **wōst-*, exprimant la destruction). **1.** Altérer par putréfaction : *L'humidité gâte les fruits* (syn. **abîmer, pourrir**). **2.** Compromettre le résultat de qqch : *Tu as tout gâté* (syn. **gâcher**). **3.** Priver de son caractère agréable ; compromettre l'aspect de qqch : *Cet édifice gâte le paysage.* **4.** Combler de cadeaux, de choses agréables : *Il m'a gâtée à Noël.* **5.** **Gâter un enfant,** le traiter avec trop d'indulgence. ◆ **se gâter** **v.pr.** **1.** Devenir couvert, pluvieux, en parlant du temps (syn. **s'assombrir, se couvrir**). **2.** Prendre une mauvaise tournure : *La situation se gâte.*

gâterie [gɑtri] **n.f.** **1.** LITT. Action de gâter, de choyer à l'excès ; caresses, complaisances excessives. **2.** Petit présent ; friandise, douceur : *Apporter des gâteries aux enfants.*

Gates (William, dit **Bill),** informaticien et industriel américain (Seattle 1955). Il a fondé en 1975 la société Microsoft, leader mondial dans la fabrication de logiciels pour micro-ordinateurs.

gâteux, euse [gɑtø, -øz] **adj.** et **n.** (de *gâter* [de l'eau] « uriner involontairement »). **1.** MÉD. Atteint de gâtisme. **2.** FAM. Affaibli physiquement et intellectuellement ; qui radote : *Ne fais pas attention à elle, elle est gâteuse.*

Gâtinais, région du Bassin parisien, traversée par le Loing. Parc naturel régional *(Gâtinais français)*, couvrant env. 76 000 ha (Essonne et Seine-et-Marne).

gâtisme [gɑtism] **n.m.** (de *gâteux*). **1.** MÉD. VIEILLI. Trouble, décrépitude physique et mentale accompagnés d'incontinence, dans certaines maladies ou affections neurologiques. **2.** État d'une personne gâteuse.

GATT (sigle de *General Agreement on Tariffs and Trade*, en fr. *accord général sur les tarifs douaniers et le commerce*), accord, signé en 1947 à Genève, qui a fourni le cadre des grandes négociations commerciales internationales, mises en œuvre, depuis 1995, par l'Organisation mondiale du commerce (⟶ **O.M.C.**).

1. gauche [goʃ] **adj.** (de *gauchir*). **1.** Se dit du côté du corps de l'homme et des animaux où est placé le cœur : *Pied gauche.* **2.** En parlant de choses orientées, se dit de la partie située du côté gauche d'une personne qui aurait la même orientation : *Portière gauche d'une voiture.* **3.** En parlant de choses non orientées, se dit de la partie située du côté gauche de celui qui regarde : *La partie gauche de l'écran.* **4.** Maladroit, gêné : *Des manières gauches* (syn. **emprunté**). ◆ **gauche** **n.m.** **1.** Poing gauche, en boxe : *Crochet du gauche.* **2.** Pied gauche, au football, au rugby.

2. gauche [goʃ] **n.f.** (de *1. gauche*). **1.** Main, côté gauche d'une personne (par opp. à *droit*) : *Tourner sur sa gauche.* **2.** Poing gauche, en boxe ; coup porté avec ce poing : *Il a une gauche dévastatrice.* **3.** Partie des assemblées parlementaires, qui siège à la gauche du président et comprend les représentants des partis qui professent des opinions progressistes (par opp. à la *droite*, conservatrice) ; ces partis, les courants qu'ils incarnent, la fraction de l'opinion qui est en accord avec eux : *Voter pour la gauche.* **4. À gauche,** du côté gauche : *Prendre à gauche.* / **De gauche,** qui est situé sur le côté gauche : *Page de gauche ;* qui relève de la gauche en politique, qui la soutient : *Politique, homme de gauche.* / **Extrême gauche,** ensemble des mouvements politiques ayant des positions révolutionnaires ou plus radicalement progressistes que les partis communiste et socialiste.

gauchement [goʃmɑ̃] **adv.** De façon gauche : *Saisir gauchement un objet* (syn. **maladroitement**).

gaucher, ère [goʃe, -ɛr] **adj.** et **n.** Se dit d'une personne qui se sert ordinairement de la main gauche (par opp. à *droitier*).

gaucherie [goʃri] **n.f.** (de *1. gauche*). **1.** Manque d'aisance, d'adresse (syn. **embarras, gêne**). **2.** Acte, geste gauche : *Gaucherie commise par ignorance* (syn. **balourdise**). *La gaucherie d'une question* (syn. **maladresse**).

gauchir [goʃir] **v.i.** (du frq. **wenkjan,* faire des détours) [conj. **32**]. Subir une déviation ou une torsion ; perdre sa forme : *Cette planche gauchit* (syn. **se déformer, se voiler**). ◆ **v.t. 1.** Donner une déformation à qqch : *L'humidité a gauchi la porte* (syn. **déformer, voiler**). **2.** Détourner de sa direction première, ou de son sens véritable : *Gauchir un texte* (syn. **dénaturer, fausser**).

gauchisant, e [goʃizɑ̃, -ɑ̃t] **adj.** et **n.** Dont les sympathies politiques vont aux partis de gauche.

gauchisme [goʃism] **n.m. 1.** Attitude ou théorie politique de ceux qui privilégient le rôle révolutionnaire des masses par rapport à celui des partis ou des syndicats de la gauche traditionnelle. **2.** Tendance à défendre des positions d'extrême gauche. ◆ **gauchiste adj.** et **n.** Qui appartient au gauchisme ; qui en est partisan.

gauchissement [goʃismɑ̃] **n.m. 1.** Déformation d'une pièce qui a gauchi. **2.** Altération d'un fait : *Gauchissement de la réalité* (syn. **déformation**).

gaucho [goʃo] ou [gautʃo] **n.m.** (mot esp., quechua *wahca,* pauvre). Gardien de troupeaux de la pampa argentine.

Gaudí (Antoni ou **Antonio),** architecte et sculpteur espagnol (Reus 1852 - Barcelone 1926). Il s'est inspiré de l'art gothique pour pratiquer une architecture singulière et audacieuse, exemplaire du « modernisme catalan ». À côté de l'ensemble du parc Güell (1900-1914) et d'immeubles d'habitation d'une inventive diversité, son œuvre la plus célèbre, à Barcelone, est l'église de la Sagrada Familia (entreprise en 1883, inachevée).

gaudriole [godrijɔl] **n.f.** (de l'anc. v. *gaudir,* lat. *gaudere,* se réjouir, d'apr. *cabriole*). FAM. **1.** Propos ou plaisanterie d'une gaieté libre (syn. **gauloiserie, grivoiserie**). **2. La gaudriole,** les relations amoureuses, le libertinage : *Il ne pense qu'à la gaudriole* (syn. fam. **bagatelle**).

gaufrage [gofraʒ] **n.m. 1.** Action de gaufrer ; fait d'être gaufré. **2.** Relief obtenu sur le papier par impression d'une gravure en creux.

gaufre [gofr] **n.f.** (frq. **wafla,* rayon de miel). **1.** Gâteau formé d'alvéoles de cire que fabriquent les abeilles. **2.** Pâtisserie légère, ornée d'alvéoles, évoquant une gaufre d'abeilles : *Gaufre au sucre.*

gaufrer [gofre] **v.t.** (de *gaufre,* en raison des motifs qu'elle présente). Imprimer, au moyen de fers chauds ou de cylindres gravés, des motifs en relief sur des étoffes, du cuir, du papier, etc.

gaufrette [gofrɛt] **n.f.** (dimin. de *gaufre*). Petit biscuit sec feuilleté, parfois fourré de crème ou de confiture.

gaufrier [gofrije] **n.m.** (de *gaufre*). Moule formé de deux plaques alvéolées articulées entre lesquelles on cuit les gaufres.

Gauguin (Paul), peintre français (Paris 1848 - Atuona, îles Marquises, 1903). Issu de l'impressionnisme, il réagit contre celui-ci en procédant par larges aplats de couleurs sur un dessin également résumé. Il voulut aussi, en symboliste, conférer à ses tableaux un sens d'ordre spirituel. Anxieux de remonter aux sources de la création, il séjourna en Bretagne, à partir de 1886, avec Émile Bernard et quelques autres (école de Pont-Aven, naissance du *synthétisme*), rejoignit un moment à Arles son ami Van Gogh, puis, en 1891, s'installa en Polynésie (Tahiti, Hiva-Oa). Il a fortement influencé les nabis et les fauves. (*La Vision après le sermon,* 1888, Édimbourg ; *D'où venons-nous ? Que sommes-nous ? Où allons-nous ?,* 1897, Boston ; *Cavaliers sur la plage,* 1902, Essen.)

gaulage [golaʒ] **n.m.** Action de gauler.

gaule [gol] **n.f.** (frq. **walu,* bâton). **1.** Longue perche. **2.** Canne à pêche.

Gaule, nom donné dans l'Antiquité aux régions comprises entre le Rhin, les Alpes, la Méditerranée, les Pyrénées et l'Atlantique. Appelée par les Romains *Gaule Transalpine* (ou *Lyonnaise,* ou *Ultérieure*) par opp. à la Gaule Cisalpine (Italie continentale), elle comprenait, v. 60 av. J.-C., d'une part la Gaule chevelue, composée de la Gaule Belgique, de la Gaule Celtique et de l'Aquitaine, et d'autre part la Province *(Provincia),* ou Narbonnaise, soumise à Rome.

HISTOIRE

La Gaule indépendante. Au cours du Ier millénaire, les Celtes s'installent sur le sol gaulois. La Gaule est divisée en 90 peuples *(civitates),* dirigés par une aristocratie de grands propriétaires qui partagent le pouvoir avec les druides, dont le rôle dépasse les limites de la religion.

125-121 av. J.-C. Les Romains fondent une province *(Provincia)* dans le sud de la Gaule, avec Narbonne pour capitale.

La Gaule romaine

58-51 av. J.-C. Jules César conquiert la Gaule malgré la résistance de nombreux chefs, notamment de Vercingétorix, qui capitule à Alésia (52 av. J.-C.).

27 av. J.-C. La Gaule est divisée en quatre provinces, la Narbonnaise (anc. *Provincia*), l'Aquitaine, la Celtique ou Lyonnaise et la Belgique.

Sous l'Empire, la Gaule jouit d'une réelle prospérité.

Ier-IIIe s. La création d'un réseau routier, les défrichements et le développement de l'artisanat favorisent l'expansion économique. Le latin supplante les dialectes gaulois, tandis que le druidisme disparaît.

Au Ve s., les grandes invasions barbares affectent la Gaule (Wisigoths, Francs, Burgondes). En 486, Clovis restaure l'unité territoriale de la Gaule, que ses successeurs achèveront.

gauler [gole] **v.t.** (de *gaule*). **1.** Battre les branches d'un arbre avec une gaule pour en faire tomber les fruits : *Gauler les noix.* **2.** FAM. **Se faire gauler,** se faire prendre sur le fait : *Il s'est fait gauler par la police.*

Gaulle (Charles de), général et homme politique français (Lille 1890 - Colombey-les-Deux-Églises 1970). Officier durant la Première Guerre mondiale, il écrit plusieurs ouvrages de réflexion politique et de stratégie militaire (*le Fil de l'épée,* 1932 ; *Vers l'armée de métier,* 1934 ; *la France et son armée,* 1938), dans lesquels il préconise l'utilisation des blindés. Général de brigade au cours de la bataille de France (mai 1940), sous-secrétaire d'État à la Défense nationale dans le cabinet Reynaud (juin), il refuse l'armistice et lance, de Londres, le 18 juin, un appel invitant les Français à poursuivre le combat. Cette rébellion lui vaut d'être condamné à mort par contumace. Il réalise progressivement le ralliement des forces restées libres dans l'empire colonial français (1940-1943) et charge Jean Moulin d'unifier la Résistance en France (1942). Il obtient avec difficulté la reconnaissance par les Alliés de sa légitimité et fonde à Alger, avec Giraud, bientôt écarté, le Comité français de libération nationale (juin 1943). Ce comité devient, en juin 1944, le Gouvernement provisoire de la République française, qui s'installe en août à Paris. À la tête de ce gouvernement, de Gaulle rétablit la République dans la France libérée, amorce la reconstruction et accomplit d'importantes réformes (nationalisations, lois sociales, droit de vote pour les femmes). Hostile au projet de Constitution de la IVe République, il démissionne en janv. 1946 et manifeste, par le discours de Bayeux (16 juin), des conceptions favorables à un exécutif fort et à une limitation du rôle des partis. Fondateur et chef du Rassemblement du peuple français (R.P.F.), il se retire ensuite de la vie politique et se consacre à la rédaction de ses *Mémoires de guerre* (1954-1959). Rappelé au pouvoir à la faveur de la crise algérienne (mai 1958), il fait approuver une nouvelle Constitution, qui fonde la Ve République, et devient président de la République (1959). Après un temps d'ambiguïté, il résout la question algérienne en adoptant avec fermeté le principe d'autodétermination, cautionné par référendum en janv. 1961. Les accords d'Évian (mars 1962) aboutissent à l'indépendance de l'Algérie, malgré de nombreuses oppositions et de violentes péripéties (actions terroristes de l'O.A.S., putsch d'Alger d'avr. 1961). Le caractère présidentiel du régime s'affirme par l'adoption de l'élection du chef de l'État au suffrage universel (oct. 1962). De Gaulle est réélu en déc. 1965. Défenseur de l'indépendance nationale, il retire la France du commandement intégré de l'O.T.A.N. (1966), développe la force nucléaire et met en œuvre une politique de détente et de coopération face à l'U.R.S.S., la Chine et le tiers-monde. Après la réconciliation avec l'Allemagne (traité franco-allemand signé avec le chancelier Adenauer, 1963), il accepte l'œuvre économique du Marché commun mais refuse toute aliénation de la souveraineté française au profit d'institutions politiques communautaires. Un an après les événements de mai 1968, son projet de régionalisation et de réforme du Sénat étant repoussé par référendum, il démissionne (avr. 1969).

gaullisme [golism] **n.m.** Courant politique se réclamant de l'action et de la pensée du général de Gaulle. ◆ **gaulliste adj.** et **n.** Qui appartient au gaullisme ; qui en est partisan.

gaulois, e [golwa, -az] **adj.** et **n.** (frq. **walhisk*, de *Walha*, Romans). De la Gaule. ◆ **adj.** D'une gaieté libre et licencieuse (syn. **gaillard, leste**). ◆ **gaulois n.m.** Langue celtique parlée par les Gaulois.

gauloiserie [golwazri] **n.f. 1.** Caractère de ce qui est gaulois, exprimé de façon libre ou licencieuse. **2.** Propos libre ou licencieux : *Débiter des gauloiseries* (syn. **grivoiserie, paillardise**).

Gaume (la), partie de la Lorraine belge (prov. du Luxembourg), autour de Florenville et de Virton.

Gaumont (Léon), inventeur et industriel français (Paris 1863 - Sainte-Maxime 1946). Il crée les premières machines industrielles pour la préparation des films. Il installe aux Buttes-Chaumont des studios de prise de vues et crée aux États-Unis des studios et des laboratoires pour films sonores et parlants. Il est l'inventeur des premiers procédés de cinéma parlant (1902) et de cinéma en couleurs (1912), et a propagé, avec Charles Pathé, l'industrie française du film dans le monde.

Gauss (Carl Friedrich), astronome, mathématicien et physicien allemand (Brunswick 1777 - Göttingen 1855). Il est l'auteur d'importants travaux en mécanique céleste, en géodésie, sur le magnétisme, l'électromagnétisme et l'optique. Sa conception moderne de la nature abstraite des mathématiques lui permit d'étendre le champ de la théorie des nombres. Il fut le premier à proposer une géométrie non euclidienne hyperbolique.

se **gausser** [gose] **v.pr. [de]** (orig. obsc.). *LITT.* Se moquer ouvertement de qqn, de qqch.

Gauteng, prov. d'Afrique du Sud ; 18 760 km² ; 12 272 263 hab. Ch.-l. *Johannesburg.*

Gautier (Théophile), écrivain français (Tarbes 1811 - Neuilly 1872). Il se lie d'abord à la jeunesse romantique (notamm. à Gérard de Nerval) et se fait remarquer au premier rang des partisans de Hugo dans la bataille d'*Hernani* (1830). Puis il prend ses distances à l'égard des romantiques, et développe sa théorie de « l'art pour l'art » dans la préface de son premier roman : *Mademoiselle de Maupin* (1835). Il y déclare que l'art doit être cultivé pour lui-même en dehors de toute préoccupation utilitaire : seule la beauté, dans la vie et dans l'art, est éternelle. Ce culte de la beauté sera illustré par un recueil de poèmes : *Émaux et Camées* (1852). Gautier est également l'auteur de récits historiques (*le Roman de la momie,* 1858 ; *le Capitaine Fracasse,* 1863). À la fin de sa vie, il devint l'un des maîtres de l'école parnassienne.

gavage [gavaʒ] **n.m. 1.** Action de gaver : *Le gavage des oies.* **2.** MÉD. Alimentation artificielle (d'un malade, d'un nourrisson) au moyen d'une sonde.

Gavarnie *(cirque de)*, site touristique des Hautes-Pyrénées, au pied du Marboré et où naît le gave de Pau.

gaver [gave] **v.t.** (de l'anc. picard *gave*, jabot, gosier, var. dial. de *joue*). **1.** Alimenter de force une volaille en lui introduisant de la nourriture jusqu'au fond du gosier, à la main ou à l'aide d'un appareil. ▸ Ce sont surtout les oies et les canards que l'on gave, pour obtenir le foie gras. **2.** Faire manger avec excès : *Gaver un enfant de bonbons* (syn. **bourrer**). **3.** Bourrer, encombrer l'esprit de connaissances : *On les gave de mathématiques.* ◆ **se gaver v.pr. [de]. 1.** Manger à satiété, avec excès. **2.** *FAM.* Bourrer son esprit : *Il se gave de romans policiers* (syn. **se repaître**).

gavial [gavjal] **n.m.** (mot hindi) [pl. *gavials*]. Reptile crocodilien d'Inde et de Birmanie, à museau long et fin. ▸ Long. jusqu'à 7 m.

gavotte [gavɔt] **n.f.** (prov. *gavoto*, de *gavot*, montagnard provençal). Danse française ou morceau instrumental, d'allure modérée et de rythme binaire (XVIe-XVIIIe s.).

Gavrinis, île du golfe du Morbihan. Vaste dolmen à couloir, aux monolithes ornés de gravures en relief, remontant au IVe millénaire.

gavroche [gavrɔʃ] **n.m.** (n. d'un personnage des *Misérables*, de V. Hugo). *VIEILLI.* Gamin de Paris, malicieux et effronté ; titi. ◆ **adj.** Qui évoque ce gamin : *Air gavroche.*

gay [gɛ] **n.** (mot anglo-amér.). *FAM.* Homosexuel, ou, plus rarement, homosexuelle. ◆ **adj.** Relatif aux homosexuels. (On écrit aussi *gai, e.*)

gayal [gajal] **n.m.** (mot hindi) [pl. *gayals*]. Bœuf semi-domestique de l'Asie du Sud-Est, à bosses et à cornes courtes. ▸ Famille des bovidés.

Gay-Lussac (Louis Joseph), physicien et chimiste français (Saint-Léonard-de-Noblat 1778 - Paris 1850). Il découvrit, en 1802, la loi de la dilatation des gaz. En 1804, il fit deux ascensions en ballon pour étudier le magnétisme terrestre. Il énonça les lois de la combinaison des gaz en volume. Avec Thenard, il montra que le chlore est un corps simple. Il découvrit le bore, étudia l'iode et isola le cyanogène.

gaz [gaz] **n.m.** (mot créé par le chimiste Van Helmont, d'apr. le lat. *chaos*, gr. *khaos*, abîme, vide). **1.** Corps qui se trouve à l'état gazeux, en partic. à la température et à la pression ordinaires (par opp. à *solide* et à *liquide*) : *L'oxygène est un gaz.* **2.** (Surtout au pl.). Mélange d'air dégluti et de produits volatils des fermentations, dans le tube digestif : *Avoir des gaz.* **3.** (Précédé de l'art. déf.). Gaz naturel ou manufacturé employé notamment comme combustible ou carburant : *As-tu le gaz chez toi ?* ; la compagnie qui fabrique et distribue le gaz de ville : *Employé du gaz.* **4. Gaz à effet de serre** ⟶ **serre.** ⁄ **Gaz de combat,** substances chimiques gazeuses ou liquides employées comme arme. ⁄ **Gaz de houille,** obtenu par distillation de la houille dans des fours à coke. ⁄ **Gaz de ville,** gaz naturel ou gaz de houille distribué par des conduites (par opp. à *gaz en bouteille*). ⁄ **Gaz naturel,** mélange d'hydrocarbures saturés gazeux que l'on trouve dans les gisements souterrains, constituant un excellent combustible. ⁄ **Gaz permanent,** gaz que l'on ne peut liquéfier par simple augmentation de pression. ⁄ **Gaz rares,** hélium, néon, argon, krypton, xénon. **5.** *FAM.* **Il y a de l'eau dans le gaz,** il y a des difficultés, des désaccords. ⁄ **Mettre les gaz,** donner de la vitesse à un moteur en appuyant sur l'accélérateur ; au fig., *FAM.*, se hâter.

■ **Propriétés physiques des gaz.** La caractéristique essentielle d'un gaz est d'être un milieu extrêmement dilué. Les molécules qui le constituent se déplacent sans arrêt de façon erratique (« mouvement brownien ») à des vitesses de l'ordre de quelques milliers de km/h. La distance moyenne qu'elles parcourent avant de heurter une de leurs voisines est environ égale à 500 fois leur rayon, soit environ un dix-millième de millimètre. Au niveau microscopique, la pression d'un « gaz parfait » (supposé formé de molécules ponctuelles et sans interaction entre elles) résulte des chocs des molécules sur les parois du récipient qui les contient, tandis que sa température est directement liée à la vitesse de celles-ci. Les gaz peuvent être liquéfiés ou solidifiés.

Lois des gaz. Si la température ne varie pas, une relation simple, découverte il y a plus de trois siècles, la loi de Boyle-Mariotte, relie la pression P et le volume V d'un gaz parfait : PV = constante.

En accord avec l'expérience courante, toute augmentation de pression se traduit par une diminution de volume, et inversement. Si la température varie, la loi s'écrit : PV = *n*RT, où T est la température absolue, *n* le nombre de moles de gaz et R la constante des gaz parfaits (8,31 $J.mol^{-1}.K^{-1}$). Il en résulte qu'une mole de n'importe quel gaz (soit 2 g d'hydrogène, 32 g d'oxygène, 28 g d'azote, etc.) occupe toujours le même volume. Dans les conditions dites « normales » de température et de pression (0 °C et 1 atmosphère), ce volume vaut 22,4 litres. D'après la définition de la mole, il apparaît donc qu'un tel volume de gaz renferme $6{,}022.10^{23}$ molécules (nombre d'Avogadro), soit plus de six cent mille milliards de milliards...

Gaz naturel. Contenant surtout du méthane (70 à 95 % du volume total), il sert comme combustible et comme matière première pour la pétrochimie. Avant d'être utilisé, il est débarrassé des hydrocarbures lourds et d'autres composants (sulfure d'hydrogène, dioxyde de carbone, azote, hélium ou vapeur d'eau). Le gaz ainsi obtenu (méthane à peu près pur) a un pouvoir calorifique d'environ 40 MJ/m^3 (1 000 m^3 de gaz naturel ≈ 1 t de pétrole). Il peut être comprimé et transporté par bateaux (méthaniers) ou canalisations souterraines (gazoducs). Pour faire face à la demande, on le stocke dans des formations souterraines : couches aquifères ou dômes de sel. ■

Gaza, v. et territoire de la Palestine (dit aussi *bande de Gaza*) ; 363 km^2. Contesté entre Israël et l'Égypte, Gaza a vécu sous administration égyptienne (1948-1962) puis sous contrôle israélien (1967-1994), lequel a favorisé l'implantation de colonies juives. Théâtre, notamment à partir de 1987, d'un soulèvement populaire palestinien, le territoire a été doté en 1994 d'un régime d'autonomie, conformément à l'accord israélo-palestinien de 1993. À partir de 2000, le territoire connaît une nouvelle phase d'affrontements violents avec Israël. Mais, en 2004, le gouvernement israélien adopte unilatéralement un plan de retrait de la bande de Gaza (évacuation achevée en août 2005). À partir de 2006, Gaza est au cœur du conflit interpalestinien opposant les islamistes du Hamas au Fatah, le parti de Mahmud Abbas ; en juin 2007, le Hamas prend par les armes le contrôle du territoire, qui se trouve dès lors totalement isolé. Du 27 déc. 2008 au 18 janv. 2009, Israël – en riposte à des tirs de roquettes affectant la sécurité du sud de son territoire – mène une vaste opération militaire, meurtrière, dans la bande de Gaza.

gazage [gaza3] **n.m.** Action de gazer.

gaze [gaz] **n.f.** (orig. incert., p.-ê. ar. *quazz,* bourre de soie). **1.** Étoffe légère et transparente, de soie ou de coton, employée dans la mode ou la confection. **2.** PHARM. Simple tissu de coton très lâche, tissé en armure toile, utilisé pour les compresses, les pansements, les bandages.

gazé, e [gaze] **adj.** et **n.** Qui a subi l'action de gaz toxiques : *Les gazés de la Première Guerre mondiale.*

gazéification [gazeifikasjɔ̃] **n.f. 1.** Action de gazéifier ; transformation en gaz combustibles de produits carbonés. **2.** Adjonction de gaz carbonique à une boisson.

gazéifier [gazeifje] **v.t.** [conj. **9**]. **1.** Faire passer un corps à l'état gazeux. **2.** Dissoudre du gaz carbonique dans une boisson pour la rendre gazeuse : *Eau gazéifiée.*

gazelle [gazɛl] **n.f.** (ar. *gazel*). Petite antilope très rapide, aux cornes arquées en forme de lyre, vivant dans les steppes d'Afrique et d'Asie.

gazer [gaze] **v.t.** Soumettre à l'action de gaz toxiques ou asphyxiants. ◆ **v.i. 1.** FAM. Aller à toute vitesse. **2.** FAM. **Ça gaze,** ça va bien ; ça prend bonne tournure.

gazette [gazɛt] **n.f.** (it. *gazzetta*). Autref., écrit périodique, donnant des nouvelles politiques, littéraires, artistiques.

gazeux, euse [gazø, -øz] **adj. 1.** De la nature du gaz : *Un corps gazeux.* **2. Eau gazeuse,** eau qui contient du gaz carbonique dissous. / PHYS. **État gazeux,** état de la matière présenté par les corps qui n'ont pas de forme propre et qui occupent la totalité du volume de tout récipient les contenant.

gazinière [gazinjɛr] **n.f.** (croisement de *gaz* et *cuisinière*). Cuisinière à gaz.

gazoduc [gazɔdyk] **n.m.** (de *gaz,* d'apr. *oléoduc*). Canalisation destinée au transport à longue distance du gaz naturel.

gazogène [gazɔ3ɛn] **n.m.** (de *gaz* et *-gène*). Appareil transformant, par oxydation incomplète, le charbon ou le bois en gaz combustible.

gazole [gazɔl] **n.m.** (de *gas-oil*). Liquide pétrolier jaune clair, utilisé comme carburant et comme combustible. (On écrit aussi *gas-oil* ou *gasoil* [anglic. déconseillés].)

gazon [gazɔ̃] **n.m.** (frq. **waso,* motte de terre garnie d'herbe). **1.** Herbe courte et fine : *Semer du gazon.* **2.** Terrain couvert de gazon : *S'allonger sur le gazon.*

gazouillement [gazujmɑ̃] **n.m.** Petit bruit que font les oiseaux en chantant, les ruisseaux en coulant, etc.

gazouiller [gazuje] **v.i.** (d'un rad. onomat. *gas-*). **1.** En parlant des petits oiseaux, faire entendre un chant léger, doux et confus. **2.** En parlant de l'eau, produire un murmure. **3.** En parlant d'un bébé, émettre les premiers sons articulés : *Bébé qui gazouille dans son berceau* (syn. **babiller**).

gazouillis [gazuji] **n.m. 1.** Gazouillement léger, partic. de l'hirondelle. **2.** Émission vocale spontanée du nourrisson ; babil, lallation.

Gdańsk, en all. **Danzig,** en fr. **Dantzig,** port de la Pologne, sur la *baie de Gdańsk,* près de l'embouchure de la Vistule ; 460 276 hab. (854 000 hab. dans l'agglomération). Constructions navales. Nombreux monuments du XVIe au XVIIe s., restaurés ou reconstruits après 1945. Conquise par l'ordre Teutonique (1308), membre de la Hanse (1361), la ville jouit, sous les rois de Pologne, d'une quasi-autonomie (XVe-XVIIIe s.) ; elle fut annexée par la Prusse en 1793. Sous contrôle français (1807-1815), elle devint le chef-lieu de la Prusse-Occidentale (1815-1919) puis fut érigée en ville libre. Son incorporation au Reich le 1er sept. 1939 préluda au déclenchement de la Seconde Guerre mondiale. Elle fut rattachée à la Pologne en 1945. La ville fut le berceau du syndicat Solidarność, qui vit le jour à l'occasion des grèves dans les chantiers navals en 1980.

geai [3ɛ] **n.m.** (bas lat. *gaius*). Oiseau passereau à plumage brun clair tacheté de bleu, de blanc et de noir, commun dans les bois. ▸ Famille des corvidés ; long. de 5 à 25 cm en moy. Le geai cajole.

géant, e [3eɑ̃, -ɑ̃t] **n.** (lat. pop. **gagantem,* du class. *Gigas, -gantis,* Géant, chacun des êtres mythologiques monstrueux, fils de la Terre). **1.** Personne dont la taille est anormalement élevée ; personne très grande : *« La Géante », poème de Baudelaire.* **2.** Personne, entreprise ou pays qui dépasse de beaucoup les autres par son génie ou sa puissance : *Un géant de la littérature.* **3. À pas de géant,** très vite : *Elle progresse à pas de géant en anglais.* ◆ **adj. 1.** Dont les dimensions sont particulièrement importantes : *Cristaux géants. Ville géante* (syn. **colossal, gigantesque**). **2. Étoile géante** ou **géante,** étoile possédant une grande luminosité et une faible densité.

gecko [3eko] **n.m.** (malais *gêkoq*). Lézard des régions chaudes, très bruyant. ▸ Long. 5 à 25 cm en moy.

geek [gik] **n.** (mot anglo-amér.). Fan d'informatique, de science-fiction, de jeux vidéo, etc., toujours à l'affût des nouveautés et des améliorations à apporter aux technologies numériques.

géhenne [ʒeɛn] **n.f.** (bas lat. *gehenna*, de l'hébr. *ge-hinnon*, vallée de l'Hinnom). Enfer, dans les écrits bibliques.

Geiger (Hans), physicien allemand (Neustadt an der Weinstrasse 1882 - Potsdam 1945). Il a mesuré la charge et l'énergie des particules avec Rutherford, en 1908, et montré, en 1913, que le numéro atomique d'un élément chimique représente le nombre de charges portées par le noyau. Il est surtout connu pour l'invention du compteur de particules qui porte son nom (1913).

geignard, e [ʒɛɲar, -ard] **adj.** et **n.** (de *geindre*). *FAM.* Qui geint, qui pleurniche sans cesse : *C'est un geignard* (syn. **pleurnicheur**). *Une voix geignarde* (syn. **plaintif**).

geignement [ʒɛɲəmɑ̃] **n.m.** Action de geindre ; plainte.

geindre [ʒɛ̃dr] **v.i.** (lat. *gemere*, gémir) [conj. **81**]. **1.** Se plaindre d'une voix faible, sans articuler : *Geindre de douleur* (syn. **gémir**). **2.** *FAM.* Se lamenter à tout propos : *Tu passes ton temps à geindre* (syn. **pleurnicher**).

Geiséric ou **Genséric** (m. en 477), premier roi vandale d'Afrique (428-477). Il fonda en Afrique et dans les îles de la Méditerranée occidentale un État puissant. Il prit et pilla Rome en 455.

geisha [geʃa] ou [gɛjʃa] **n.f.** (mot jap.). Femme japonaise formée dès son jeune âge à la danse, au chant, à la conversation, et dont le rôle est celui d'une hôtesse dont on loue les services, dans les maisons de thé, les banquets.

gel [ʒɛl] **n.m.** (lat. *gelu*). **1.** Gelée des eaux : *Les dégâts causés par le gel.* **2.** Période de gelée : *Le gel persiste depuis trois jours.* **3.** Suspension d'une activité : *Gel des crédits* (syn. **blocage**). **4.** CHIM. Mélange d'une matière colloïdale et d'un liquide qui se forme spontanément par floculation et coagulation. **5.** Produit cosmétique ou thérapeutique génér. translucide et de consistance molle : *Gel dermique.*

gélatine [ʒelatin] **n.f.** (it. *gelatina*, du lat. *gelare*, geler). Protéine ayant l'aspect d'une gelée, fondant vers 25 °C, que l'on obtient par action de l'eau chaude sur le collagène de certains tissus animaux, comme les os, par ex. ▸ On l'emploie en microbiologie comme milieu de culture, dans l'industrie des colles, de la photographie, en cuisine (gelées), etc.

gélatineux, euse [ʒelatinø, -øz] **adj.** De la consistance de la gélatine ; qui ressemble à la gélatine : *Chair gélatineuse.*

gelée [ʒəle] **n.f.** (bas lat. *gelata*, du class. *gelare*, geler). **1.** Abaissement de la température au-dessous de zéro, provoquant la conversion de l'eau en glace : *Gelées à prévoir à partir de 800 mètres d'altitude.* **2.** Suc de viande clarifié et solidifié : *Poulet en gelée.* **3.** Jus de fruits cuits avec du sucre, qui se solidifie en se refroidissant : *Gelée de coing.* **4. Gelée blanche,** passage direct de la vapeur d'eau à l'état solide, par temps clair (à distinguer du *givre*). / **Gelée royale,** liquide sécrété par les glandes nourricières des abeilles, destiné à alimenter les jeunes larves.

geler [ʒəle] **v.t.** (lat. *gelare*) [conj. **25**]. **1.** Transformer en glace : *Le lac est gelé.* **2.** Atteindre, détériorer des organes, des tissus, en parlant du froid : *Le froid lui a gelé les pieds.* **3.** Interrompre une activité ; bloquer des mouvements de fonds : *Geler les négociations. Crédits gelés.* ◆ **v.i. 1.** Se transformer en glace. **2.** Être atteint, détérioré par le froid : *La vigne a gelé.* **3.** Avoir très froid : *On gèle ici.* ◆ **v. impers.** S'abaisser au-dessous de zéro, en parlant de la température : *Il va sûrement geler cette nuit.*

gélif, ive [ʒelif, -iv] **adj.** (de *geler*). Qui s'est fendu ou peut se fendre sous l'action du froid, en parlant des arbres, des roches.

gélifiant [ʒelifjɑ̃] **n.m.** Additif permettant de donner aux aliments la consistance d'un gel.

gélifier [ʒelifje] **v.t.** [conj. **9**]. Transformer en gel par addition d'une substance appropriée.

gelinotte ou **gélinotte** [ʒelinɔt] **n.f.** (de l'anc. fr. *geline*, lat. *gallina*, poule). Oiseau gallinacé à plumage roux, long de 35 cm et vivant dans les forêts montagneuses (syn. **poule des bois**). ▸ Famille des tétraonidés.

gélivité [ʒelivite] **n.f.** CONSTR. Défaut de certains matériaux qui se détériorent sous l'effet du gel.

Gellée (Claude) ⟶ Lorrain.

gélule [ʒelyl] **n.f.** (de *gél[atine]*, d'apr. *capsule*). PHARM. Capsule de gélatine de forme oblongue contenant génér. un médicament, un produit actif, en poudre ou sous forme de très petits granules.

gémeau, elle [ʒemo, -ɛl] **adj.** et **n.** (lat. *gemellus*). *VX.* Jumeau. ◆ **Gémeaux n. inv.** et **adj. inv.** Personne née sous le signe des Gémeaux : *Elle est Gémeaux.*

Gémeaux (les), constellation zodiacale dont les deux étoiles les plus brillantes sont *Castor* et *Pollux*. – Troisième signe du zodiaque, que le Soleil quitte au solstice d'été.

gémellaire [ʒemelɛr] **adj.** (du lat. *gemellus*, jumeau). Relatif aux jumeaux : *Une grossesse gémellaire.*

gémellipare [ʒemelipar] **adj.** (du lat. *gemellus*, jumeau, et de *-pare*). Qui accouche ou qui va accoucher de jumeaux.

gémellité [ʒemelite] **n.f.** (du lat. *gemellus*, jumeau). État d'enfants jumeaux.

gémination [ʒeminasjɔ̃] **n.f.** (lat. *geminatio*, répétition). **1.** État ou création de deux objets identiques ou symétriques. **2.** PHON. Réalisation d'une géminée : *Gémination d'une consonne.*

géminé, e [ʒemine] **adj.** (lat. *geminatus*, double). Disposé, groupé par deux, par paire : *Arcades géminées.* ◆ **géminée n.f.** PHON. Consonne longue perçue comme une suite de deux consonnes, phonétiquement identiques ; ces deux consonnes. (Ex. : *comme moi* [kɔmmwa].)

gémir [ʒemir] **v.i.** (lat. pop. **gemire*, class. *gemere*) [conj. **32**]. **1.** Exprimer sa peine, sa douleur par des sons inarticulés : *Il gémissait dans son sommeil* (syn. **geindre**). **2.** Faire entendre un bruit semblable à une plainte : *Le vent gémit dans les arbres.* **3.** *LITT.* Être accablé, oppressé : *Gémir sous le poids des années* (syn. **souffrir**).

gémissant, e [ʒemisɑ̃, -ɑ̃t] **adj.** Qui gémit : *Voix gémissante.*

gémissement [ʒemismɑ̃] **n.m. 1.** Son plaintif et inarticulé exprimant la douleur, la peine : *Pousser des gémissements.* **2.** *LITT.* Son qui a qqch de plaintif : *Le gémissement du vent dans la cheminée.*

gemmation [ʒemasjɔ̃] **n.f.** (de *gemme*). **1.** Développement de bourgeons, bourgeonnement ; époque à laquelle celui-ci se produit. **2.** Ensemble des bourgeons.

gemme [ʒɛm] **n.f.** (lat. *gemma*). **1.** Pierre précieuse ou pierre fine transparente. **2.** Bourgeon. **3.** Résine de pin. ◆ **adj. Sel gemme,** sel cristallisé qui se trouve dans le sous-sol.

gemmé, e [ʒeme] **adj.** Orné de gemmes, de pierres précieuses.

gemmer [ʒeme] **v.t.** (de *gemme*) [conj. **4**]. Inciser les pins pour en recueillir la résine.

gemmologie [ʒemɔlɔʒi] **n.f.** Science des pierreries.

gémonies [ʒemɔni] **n.f. pl.** (lat. *gemoniae [scalae]*, [escalier] des gémissements). **1.** ANTIQ. ROM. Escalier, au flanc nord-ouest du Capitole, où l'on exposait les corps des suppliciés avant qu'ils ne soient jetés dans le Tibre. **2. Vouer, traîner qqn, qqch aux gémonies,** les livrer au mépris public.

gênant, e [ʒenɑ̃, -ɑ̃t] **adj.** Qui gêne : *Cette armoire est gênante* (syn. **embarrassant, encombrant**). *Un regard gênant* (syn. **intimidant**).

gencive [ʒɑ̃siv] **n.f.** (lat. pop. **ginciva*, class. *gingiva*). Muqueuse entourant la base des dents et recouvrant le périoste des os maxillaires.

gendarme [ʒɑ̃darm] **n.** (contract. de *gens d'armes*). **1.** Militaire appartenant à un corps de la gendarmerie : *Intervention des gendarmes.* **2.** Grade de sous-officier, dans ce corps. ◆ **n.m. 1.** *FIG.* Instance jouant un rôle régulateur : *Le gendarme de la Bourse.* **2.** *FAM.* Personne autoritaire : *Ce directeur, c'est un gendarme.* **3.** ZOOL. Punaise des bois rouge et noir.

se **gendarmer** [ʒɑ̃darme] **v.pr.** (de *gendarme*). **1.** S'emporter, se mettre en colère : *Il faut toujours se gendarmer pour qu'ils obéissent.* **2.** Protester, réagir vivement : *Se gendarmer contre le gaspillage* (syn. **s'élever**).

gendarmerie [ʒɑ̃darməri] **n.f.** (de *gendarme*). **1.** Corps militaire chargé principalement d'assurer le maintien de l'ordre public et l'exécution des lois sur tout le territoire national. **2.** Caserne où sont logés les gendarmes ; bureaux où ils assurent leurs fonctions administratives : *Aller à la gendarmerie faire une déclaration.*

gendre [ʒɑ̃dr] **n.m.** (lat. *gener, -eris*). Époux de la fille, par rapport au père et à la mère de celle-ci.

gène [ʒɛn] **n.m.** (all. et angl. *gene*, sur le rad. du gr. *genos*, naissance). BIOL. Segment d'ADN transmis héréditairement et participant à la synthèse d'une protéine correspondant à un caractère déterminé. (⟶ biotechnologie et ⟶ génétique.)

gêne [ʒɛn] **n.f.** (altér., d'apr. *géhenne*, de l'anc. fr. *gehine*, torture, de *gehir*, avouer, du frq. **jehhjan*). **1.** État ou sensation de malaise éprouvés dans l'accomplissement de certaines actions ou fonctions : *Avoir de la gêne à respirer* (syn. **difficulté**). **2.** Impression désagréable qu'on éprouve quand on est mal à l'aise : *Son comportement montrait de la gêne* (syn. **confusion, trouble**). **3.** Situation pénible due à un manque d'argent : *Être dans la gêne* (syn. **besoin**). **4.** FAM. **Être sans gêne,** agir, prendre ses aises sans se préoccuper des autres.

gêné, e [ʒɛne] **adj.** (de *gêner*). **1.** Qui éprouve de la gêne ; qui manifeste une gêne : *Sourire gêné* (syn. **embarrassé**). **2. Être gêné,** être dans une situation financière difficile.

généalogie [ʒenealɔʒi] **n.f.** (bas lat. *genealogia*, mot gr., de *genos*, origine, et *logos*, science). **1.** Dénombrement, liste des membres d'une famille : *Établir sa généalogie.* **2.** Science qui a pour objet la recherche de l'origine et la composition des familles. ◆ **généalogiste n.** Nom du spécialiste.

généalogique [ʒenealɔʒik] **adj.** De la généalogie : *Un arbre généalogique.*

génépi [ʒenepi] **n.m.** (mot savoyard). **1.** Armoise des Alpes et des Pyrénées. **2.** Liqueur fabriquée avec cette plante.

gêner [ʒene] **v.t.** (de *gêne*). **1.** Causer à qqn une gêne physique ou morale : *La fumée me gêne* (syn. **incommoder**). *Tout ce matériel me gêne* (syn. **embarrasser, encombrer**). *Sa présence me gêne* (syn. **déranger, importuner**). **2.** Entraver, mettre des obstacles à l'action de qqn ; perturber le fonctionnement, le déroulement de qqch : *Pousse-toi, tu me gênes. Gêner la circulation* (syn. **entraver**). **3.** Mettre à court d'argent : *Cette dépense nous a gênés.* ◆ **se gêner v.pr.** S'imposer une contrainte par discrétion ou timidité (souvent iron.) : *Ne vous gênez pas !*

1. général, e, aux [ʒeneral, -o] **adj.** (lat. *generalis*, qui appartient à un genre). **1.** Qui s'applique à un ensemble de personnes, de choses : *Je n'ai qu'une idée générale de la question* (syn. **sommaire, superficiel**). *Des caractères généraux* (contr. **particulier**). *Un phénomène général* (syn. **courant, répandu**). **2.** Qui concerne la majorité ou la totalité d'un groupe : *Intérêt général* (syn. **commun**). *Grève générale* (= dans tous les secteurs d'activité). **3.** Dont le domaine englobe toutes les spécialités : *Culture générale. Médecine générale.* **4.** Qui est abstrait, vague, sans précision : *Considérations générales* (= d'ensemble). **5.** Se dit d'une personne, d'un organisme qui est à l'échelon le plus élevé : *Inspecteur général. Direction générale.* **6. Répétition générale,** dernière répétition d'une pièce de théâtre devant un public d'invités (on dit aussi *la générale*).

2. général [ʒeneral] **n.m.** (de *1. général*). **1.** Ensemble des principes généraux, par opp. aux cas particuliers : *Distinguons le général du particulier.* **2. En général,** le plus souvent, habituellement : *En général, elle est à l'heure.*

3. général, e, aux [ʒeneral, -o] **n.** (de *1. général*). Officier titulaire d'un des grades les plus élevés dans la hiérarchie des armées de terre, de l'air et dans la gendarmerie : *Un général quatre étoiles.* ◆ **général n.m.** Supérieur majeur de certains ordres religieux : *Le général des Jésuites.*

générale [ʒeneral] **n.f.** VIEILLI. Femme d'un général.

généralement [ʒeneralmɑ̃] **adv.** En général.

généralisable [ʒeneralizabl] **adj.** Qui peut être généralisé.

généralisation [ʒeneralizasjɔ̃] **n.f.** Action de généraliser.

généraliser [ʒeneralize] **v.t.** (de *1. général*). **1.** Rendre général ; étendre à tout un ensemble de personnes ou de choses : *Généraliser une méthode.* **2.** (Absol.). Raisonner, conclure du particulier au général : *C'est vrai pour quelques-uns mais il ne faut pas généraliser.* ◆ **se généraliser v.pr.** Devenir général ; s'étendre à un ensemble plus large : *Le recours à l'informatique se généralise* (syn. **se répandre**).

généralissime [ʒeneralisim] **n.m.** (it. *generalissimo*, de *generale*, général). Général investi du commandement suprême des troupes d'un État ou d'une coalition.

généraliste [ʒeneralist] **n.** et **adj. 1.** Praticien qui exerce la médecine générale (par opp. à *spécialiste*) : *Consulter un généraliste.* **2.** Personne ou entreprise qui n'est pas spécialisée dans un domaine particulier : *Chaîne de télévision généraliste* (= qui diffuse toutes sortes d'émissions).

généralité [ʒeneralite] **n.f.** (bas lat. *generalitas*). **1.** Caractère de ce qui est général : *Généralité des idées.* **2.** HIST. Circonscription financière de la France avant 1789, dirigée par un intendant. ◆ **généralités n.f. pl.** Notions, idées générales et lieux communs : *Se perdre dans des généralités* (syn. **banalité**).

1. générateur, trice [ʒeneratœr, -tris] **adj.** (lat. *generator*, de *generare*, engendrer). **1.** Qui engendre, produit, est la cause de : *Un mouvement générateur de désordres.* **2.** BIOL. Relatif à la reproduction. **3.** MATH. Qui engendre une droite, une surface, un groupe, un espace vectoriel.

2. générateur [ʒeneratœr] **n.m.** (de *1. générateur*). **1.** Appareil qui transforme l'énergie mécanique en énergie électrique. **2. Générateur de vapeur,** chaudière à vapeur.

génératif, ive [ʒeneratif, -iv] **adj.** (bas lat. *generation*, du class. *generare*, engendrer). **1.** Relatif à la génération. **2.** LING. **Grammaire générative,** grammaire formelle capable de générer l'ensemble infini des phrases d'une langue au moyen d'un ensemble fini de règles.

génération [ʒenerasjɔ̃] **n.f.** (lat. *generatio*, de *generare*, engendrer). **1.** VIEILLI. Fonction par laquelle les êtres se reproduisent : *Organes de la génération* (syn. cour. **reproduction**). **2.** Action d'engendrer, de générer ; fait de se former : *Génération de textes automatiques à l'aide de l'informatique.* **3.** Degré de filiation en ligne directe : *Entre le père et le fils, il y a une génération.* **4.** Ensemble de personnes qui descendent de qqn : *Quatre générations sont réunies ce soir.* **5.** Ensemble de personnes ayant à peu près le même âge à la même époque : *L'idole d'une génération* (= classe d'âge). **6.** Stade d'un progrès technique, dans certains domaines : *Téléphones mobiles de la troisième génération.* **7. Génération spontanée,** formation spontanée d'êtres vivants à partir de matières minérales ou de substances organiques en décomposition, selon une théorie admise pendant l'Antiquité et le Moyen Âge pour certains animaux et, jusqu'à Pasteur, pour les microbes.

génératrice [ʒeneratris] **n.f.** (de *1. générateur*). **1.** ÉLECTR. Machine dynamoélectrique ; dynamo. **2.** MATH. Droite dont le déplacement engendre une surface réglée.

générer [ʒenere] **v.t.** (lat. *generare*, engendrer) [conj. **18**]. Produire ; avoir pour conséquence : *La misère génère la délinquance* (syn. **engendrer**).

généreusement [ʒenerøzmɑ̃] **adv.** De façon généreuse.

généreux, euse [ʒenerø, -øz] **adj.** (lat. *generosus*, de bonne race, de *genus, -eris*, race). **1.** Qui donne largement ; désintéressé : *Se montrer généreux.* **2.** LITT. Fertile, fécond : *Sol généreux* (syn. **riche**). **3.** Abondant : *Repas généreux* (syn. **copieux**). **4. Formes généreuses,** rebondies, plantureuses. / **Vin généreux,** riche en goût et fort en alcool.

1. générique [ʒenerik] **adj.** (du lat. *genus, -eris*, race, genre). **1.** Qui appartient au genre, à tout un genre : *Caractère géné-*

rique (syn. **commun** ; contr. **spécifique**). **2.** Relatif à un type de produit, quelle qu'en soit la marque : *Publicité générique sur le sucre.* **3.** LING. Se dit d'un mot dont le sens englobe toute une catégorie d'êtres ou d'objets : *« Siège » est un terme générique pour « fauteuil », « chaise », etc.* **4.** BIOL. Se dit du nom commun à toutes les espèces du même genre : Felis *est le nom générique du chat, du tigre et du lion.* **5. Médicament générique,** dont la formule est tombée dans le domaine public, commercialisé sous la dénomination de son principe actif à un prix plus bas que celui produit par un laboratoire pharmaceutique (on dit aussi *un générique*).

2. générique [ʒenerik] **n.m.** (de *[image] générique*, image créée par superposition). Partie d'un film ou d'une émission de télévision où sont indiqués les noms de ceux qui y ont collaboré.

générosité [ʒenerɔzite] **n.f.** (lat. *generositas*, de *generosus* ; v. *généreux*). **1.** Qualité d'une personne, d'une action généreuse : *Avoir la générosité de ne pas profiter de ses avantages* (syn. **indulgence, magnanimité**). **2.** Disposition à donner avec largesse : *Faire preuve de générosité.* ◆ **générosités n.f. pl.** Dons, largesses : *Générosités d'un mécène.*

Gênes, en it. **Genova,** v. d'Italie, cap. de la Ligurie et ch.-l. de prov., sur le golfe de Gênes, que forme la Méditerranée ; 591 790 hab. *(Génois)* [847 000 hab. dans l'agglomération]. Principal port italien. Centre industriel (métallurgie, chimie). – Cathédrale et nombreuses églises, construites et décorées du Moyen Âge à l'époque baroque. Riches palais, dont les palais Rosso, Bianco et Spinola, auj. galeries d'art (peintures, notamm. de l'école génoise des XVIIe-XVIIIe s. : B. Strozzi, Giovanni Benedetto Castiglione, Gregorio De Ferrari, Alessandro Magansco...). – Gênes devint indépendante au XIIe s. Au XIIIe s., malgré la concurrence de Pise puis la rivalité de Venise, elle se créa un puissant empire maritime en Méditerranée orientale. Aux XIVe et XVe s., son empire fut détruit par Venise et par les Turcs. En 1768, elle céda la Corse à la France. Capitale de la République ligurienne en 1797, elle fut annexée à l'Empire français (1805), puis au royaume de Piémont-Sardaigne (1815).

Génésareth *(lac de),* nom donné par le texte grec des Évangiles au lac de Tibériade, appelé aussi *mer de Galilée.* Il constitue un cadre privilégié du ministère de Jésus (pêche miraculeuse, tempête apaisée, marche sur les eaux, apparition du Ressuscité...).

genèse [ʒənɛz] **n.f.** (lat. *genesis*, mot gr. « naissance, formation »). Processus de développement de qqch ; ensemble des faits qui ont concouru à la formation, la création de qqch : *La genèse d'un roman* (syn. **conception, élaboration**).

Genèse *(livre de la),* le premier livre de la Bible et, par conséquent, le premier des cinq livres qui forment le Pentateuque. On peut y distinguer deux parties. La première consiste, à travers un récit poético-mythique de la création, des premières générations et du déluge, en une réflexion religieuse sur les origines et le destin de l'humanité. La seconde rapporte les traditions relatives à l'épopée patriarcale (Abraham, Isaac, Jacob, Joseph) en des fresques illustrant une approche théologique des liens entre les malheurs présents des hommes et leurs péchés, entre les querelles des ancêtres et les conflits ultérieurs des clans, entre l'appel de Dieu et la réponse des croyants.

genêt [ʒənɛ] **n.m.** (lat. *genesta*). Arbrisseau à fleurs jaunes, commun dans certaines landes et formant de nombreuses espèces, parfois épineuses. ▸ Famille des papilionacées.

Genet (Jean), écrivain français (Paris 1910 - *id.* 1986). Ses romans (*Notre-Dame des Fleurs,* 1944), ses poèmes et son théâtre (*les Bonnes,* 1947 ; *le Balcon,* 1956 ; *les Paravents,* 1961) évoquent sa jeunesse abandonnée et délinquante, et fustigent les hypocrisies du monde contemporain.

généticien, enne [ʒenetisjɛ̃, -ɛn] **n.** Spécialiste de la génétique.

1. génétique [ʒenetik] **adj.** (gr. *gennêtikos*, de *gennan*, engendrer). **1.** Qui concerne les gènes, l'hérédité, la génétique : *Une mutation génétique.* **2.** Qui est dû aux gènes ; génique : *Maladie génétique.*

2. génétique [ʒenetik] **n.f.** (de *1. génétique*). Science de l'hérédité, dont les premières lois ont été dégagées par Mendel en 1865, et qui étudie la transmission des caractères anatomiques et fonctionnels entre les générations d'êtres vivants.

■ Des travaux de Gregor Mendel découlent deux lois fondamentales de la génétique :
– d'une part, celle distinguant le *phénotype* (ensemble des caractères physiques et biologiques d'un individu) et le *génotype* (ensemble des gènes, des caractères inscrits dans le patrimoine génétique d'un individu, qu'ils se traduisent ou non dans le phénotype) ;
– d'autre part, celle de caractère *dominant* (n'ayant besoin d'être transmis que par un seul parent pour apparaître chez la descendance) et de caractère *récessif* (devant être transmis par les deux parents).

La génétique a ensuite permis de découvrir et d'étudier les supports physiques de l'information héréditaire : les chromosomes, constitués d'ADN, qui portent les gènes. Elle s'intéresse aussi aux anomalies génétiques et aux mutations de l'ADN, à des fins médicales, mais aussi pour étudier les phénomènes d'évolution des espèces.

La génétique moléculaire. Le développement de la biologie moléculaire (qui étudie le vivant au niveau des molécules) et du génie génétique (manipulation des gènes) ont fourni de nouvelles techniques à la génétique : clonage, séquençage (détermination de l'ordre des bases qui composent l'ADN), etc.

Ainsi, la totalité des 3 milliards de bases (environ) qui composent le génome humain sont auj. connues. Ces techniques permettent d'étudier dans le détail la molécule d'ADN et les mécanismes qui contrôlent l'expression des gènes.

Les gènes de certaines maladies héréditaires (ex. : myopathie, mucoviscidose) ont pu être isolés. Cela conduit par exemple à proposer, aux couples concernés par ces maladies, une fécondation *in vitro* avec recherche de l'anomalie génétique chez les embryons *(diagnostic préimplantatoire)* de façon à ne sélectionner que les embryons sains.

En revanche, les techniques médicales consistant à remplacer chez une personne malade un gène défectueux par un gène sain *(clonage thérapeutique)* en sont toujours au stade de la recherche. ■

génétiquement [ʒenetikmɑ̃] **adv.** Du point de vue génétique.

gêneur, euse [ʒɛnœr, -øz] **n.** (de *gêner*). Importun, fâcheux.

Genève, v. de Suisse, ch.-l. du cant. de ce nom, à l'extrémité sud-ouest du lac Léman, à 526 km au sud-est de Paris ; 187 470 hab. *(Genevois)* [533 529 hab. dans l'agglomération]. Université fondée par Calvin. Centre bancaire et commercial. Horlogerie et mécanique de précision. Agroalimentaire. – Au cœur de la vieille ville est la cathédrale St-Pierre, remontant aux XIIe-XIIIe s. Musées, dont celui d'Art et d'Histoire, avec ses collections d'archéologie méditerranéenne, d'arts appliqués et de beaux-arts (peintures des écoles européennes, peinture suisse). – Intégrée au royaume de Bourgogne puis au Saint Empire (1032), la ville se heurta, à partir de 1290, à la puissance des comtes puis ducs de Savoie. Elle devint après 1536 le principal foyer du calvinisme puis la capitale du protestantisme. Elle entra dans la Confédération suisse en 1815 et fut, de 1920 à 1947, le siège de la Société des Nations ; elle est encore celui de la Croix-Rouge et de différentes organisations internationales.
Les *conventions de Genève* sur les blessés et prisonniers de guerre y furent signées (1864, 1907, 1929 et 1949).

Genève *(canton de),* canton de Suisse ; 282 km^2 ; 457 715 hab. *(Genevois).*

Genève *(lac de),* nom parfois donné à l'extrémité sud-ouest du lac Léman.

Geneviève ***(sainte),*** patronne de Paris (Nanterre v. 422 - Lutèce v. 502). Fille de paysans, elle mène avec d'autres jeunes filles une vie de prière et de pénitence. Lorsque, en 451, Attila menace Paris, elle ranime le courage des habitants puis organise le ravitaillement de la ville. La piété populaire en a fait une sainte et la protectrice de Paris.

Genevoix (Maurice), écrivain français (Decize 1890 - Alsudia-Cansades, Alicante, 1980). Marqué par la Première Guerre mondiale *(Ceux de 14),* il s'est fait le chantre de la forêt solognote (*Raboliot,* 1925). Apôtre de l'instinct animal, il a retrouvé dans l'enfance l'innocence qui, chez les bêtes, le fascinait (*Tendre Bestiaire,* 1969).

genévrier [ʒənevrije] **n.m.** (de *genièvre*). Arbuste à feuilles épineuses et à baies violettes (syn. **genièvre**). ▶ Famille des cupressacées ; haut. jusqu'à 6 m.

Gengis Khan, titre de **Temüdjin,** fondateur de l'Empire mongol (Delün Boldaq v. 1167 - Qingshui, Gansu, 1227). Devenu maître de toutes les tribus nomades de Mongolie, il réunit en 1206 une grande assemblée qui le proclama empereur (*Kagan* ou *Khan*), établit les fondements d'une législation mongole et organisa l'armée impériale. Il conquit la Chine du Nord (1211-1216) et une grande partie de l'Asie centrale : la Transoxiane (1219-1221), l'Afghanistan et l'Iran oriental (1221-1222). Il donna en apanage à ses fils les territoires conquis et à conquérir.

génial, e, aux [ʒenjal, -o] **adj. 1.** Qui a du génie : *Une artiste géniale* (syn. **talentueux**). **2.** Inspiré par le génie : *Une invention géniale.* **3.** FAM. Remarquable en son genre ; sensationnel : *Un film génial* (syn. **extraordinaire**).

génialement [ʒenjalmɑ̃] **adv.** De façon géniale : *Rôle génialement interprété.*

génialité [ʒenjalite] **n.f.** Caractère de ce qui est génial : *Génialité d'une intuition.*

génie [ʒeni] **n.m.** (lat. *genius,* démon tutélaire puis « caractère »). **1.** Être allégorique personnifiant une idée abstraite : *Le génie de la liberté.* **2.** Esprit ou être mythique détenteur de pouvoirs magiques : *Bon, mauvais génie.* **3.** Dans la mythologie gréco-romaine, esprit qui présidait à la destinée d'un être ou d'une collectivité ou qui protégeait un lieu : *Génie tutélaire.* **4.** Disposition, aptitude naturelle à créer des choses d'une qualité exceptionnelle : *Homme de génie.* **5.** Personne douée d'une telle aptitude : *Un génie méconnu.* **6.** Ensemble des connaissances et des techniques concernant la conception, la mise en œuvre et les applications de procédés, de dispositifs, de machines propres à un domaine déterminé : *Le génie rural concerne les constructions et les équipements agricoles.* **7.** MIL. Dans l'armée de terre, arme chargée des travaux relatifs aux voies de communication et à l'aménagement du terrain ; service assurant la gestion du domaine militaire. **8. Génie civil,** art des constructions civiles (par opp. à *génie militaire,* ou *génie*). / **Génie génétique,** ensemble des techniques de modification du programme génétique de certaines cellules vivantes (bactéries), destinées à leur faire fabriquer des substances utiles dont la synthèse est difficile ou impossible. (⟶ génétique.) **9. Le génie de** (+ n.), le talent, le goût, le penchant naturel pour une chose : *Avoir le génie des affaires.* ▶ *Dossier page suivante.*

genièvre [ʒənjɛvr] **n.m.** (lat. *juniperus*). **1.** Genévrier. **2.** Fruit du genévrier. (On dit aussi *baie de genièvre.*) **3.** Eau-de-vie obtenue par distillation de moûts de céréales en présence de baies de genévrier.

génique [ʒenik] **adj.** BIOL. Relatif aux gènes.

génisse [ʒenis] **n.f.** (lat. pop. **jenicia,* du class. *junix, -icis*). Jeune femelle de l'espèce bovine n'ayant pas encore vêlé (syn. région. **taure**).

génital, e, aux [ʒenital, -o] **adj.** (lat. *genitalis,* de *genitum,* supin de *genere,* engendrer). **1.** Relatif à la reproduction sexuée des animaux et de l'homme. **2.** Relatif aux organes génitaux. **3. Organes génitaux,** organes sexuels. / PSYCHAN. **Stade génital,** stade qui se caractérise par la subordination des pulsions partielles à la zone génitale et qui apparaît à la puberté.

■ **L'appareil génital.** Il assure la fonction de reproduction et la partie physique de la sexualité. Les organes reproducteurs, ou *gonades* (ovaires chez la femme, testicules chez l'homme), assurent la formation des cellules reproductrices (ovules et spermatozoïdes), ou *gamètes* (c'est la gamétogenèse), et produisent les hormones sexuelles. Les *voies génitales* sont les conduits dans lesquels cheminent les gamètes.

Chez la femme. Les ovaires (au nombre de deux) sont les organes qui produisent les ovules. Ils renferment une multitude de petites sphères, les *follicules ovariens,* qui contiennent chacun une cellule précurseur d'un ovule. À chaque milieu de cycle, entre deux menstruations (règles), un des follicules termine sa maturation ; il expulse un ovule (plus précisément un *ovocyte*) dans les trompes de Fallope : c'est l'*ovulation.* L'ovule gagne l'utérus, une cavité destinée à recevoir l'œuf s'il y a fécondation. L'utérus se termine par une courte portion rétrécie, le *col de l'utérus.* Autour du col s'attache la partie supérieure du *vagin,* qui s'ouvre à l'extérieur en arrière de la *vulve* (ensemble des organes génitaux externes). L'hymen, membrane séparant le vagin de la vulve, se rompt lors des premiers rapports sexuels. La vulve est limitée par des replis cutanés, les grandes lèvres et les petites lèvres. En avant se situe un petit organe érectile, le clitoris. Au milieu débouche l'orifice urinaire, qui termine l'urètre.

Chez l'homme. Le pénis est l'organe de la copulation. Il renferme l'urètre et des corps érectiles : l'afflux de sang dans les corps érectiles assure le gonflement et la rigidité du pénis lors de l'érection. Au-dessous se trouvent les *bourses,* qui enveloppent les *testicules.* Ceux-ci renferment un grand nombre de minuscules *tubes séminifères,* dans la paroi desquels se forment les spermatozoïdes. Entre ces tubes, des amas de cellules *(cellules de Leydig)* sécrètent les hormones sexuelles. Les canaux excréteurs des testicules sont reliés à l'*épididyme,* organe collecteur qui longe le bord du testicule. Les canaux déférents relient les deux épididymes à l'urètre. Sur chaque canal déférent est branchée une *vésicule séminale,* reliée à la *prostate.* Les vésicules séminales et la prostate secrètent les liquides qui diluent les spermatozoïdes lors de l'éjaculation, formant le *sperme.* ■

géniteur, trice [ʒenitœr, -tris] **n.** (lat. *genitor,* de *genere,* engendrer). Personne ou animal qui engendre ; parent.

génitif [ʒenitif] **n.m.** (lat. *genitivus,* de *genere,* engendrer). GRAMM. Cas exprimant un rapport de subordination entre deux noms (possession, dépendance, etc.) dans les langues à déclinaison.

Gennes (Pierre-Gilles de), physicien français (Paris 1932 - Orsay 2007). Spécialiste de la physique de la matière condensée, il a fourni des contributions théoriques marquantes dans des domaines très variés : semi-conducteurs, supraconductivité, cristaux liquides, polymères, etc. (Prix Nobel 1991.)

Gennevilliers, ch.-l. de c. des Hauts-de-Seine ; 43 212 hab. Port sur la Seine. Centre industriel.

génocidaire [ʒenɔsidɛr] **adj.** et **n.** Relatif à un génocide ; qui y prend part.

génocide [ʒenɔsid] **n.m.** (du gr. *genos,* race, et de *-cide*). Extermination systématique d'un groupe humain, national, ethnique ou religieux.

■ **Naissance du terme.** C'est au cours de la Seconde Guerre mondiale que naît le mot « génocide », forgé en 1944 par le juriste polonais Raphael Lemkin (1900-1959) pour caractériser « la pratique de l'extermination de nations et de groupes ethniques ». En 1948, l'O.N.U. adopte, grâce aux efforts de Lemkin, la convention sur le génocide, qui, entrée en vigueur en 1951, érige le génocide en crime.

Applications. Rétrospectivement, le terme « génocide » a été employé pour qualifier le massacre des Arméniens par les Turcs en 1915-1916, lorsque le gouvernement turc ⟶

Le génie est-il affaire de don ou de travail ?

La question du génie anime tous les débats autour de la création – création aussi bien picturale, littéraire, musicale que scientifique. Dans sa pièce *Amadeus* (1979), le dramaturge britannique Peter Shaffer aborde le problème du génie à travers la figure de Mozart. Jalousé par Antonio Salieri, Mozart serait doué de facultés intuitives, innées : ce serait là le véritable génie. À l'opposé, la musique de Salieri ne serait que l'aboutissement d'un long labeur. Le génie repose-t-il seulement sur des dispositions innées ou est-il le résultat d'un travail acharné ?

▶ **L'inspiration divine.** L'homme de génie serait-il un être inspiré par une force qu'il ne maîtriserait pas ? Telle est l'idée du philosophe grec Platon. Selon lui, le poète « ne peut créer avant de sentir l'inspiration, d'être hors de lui et de perdre l'usage de sa raison ». En somme, « les poètes ne sont que les interprètes des dieux, puisqu'ils sont possédés, quel que soit le dieu particulier qui les possède » *(Ion)*. Ainsi, le poète est en proie à l'enthousiasme, au sens étymologique de « transport divin ». Les poètes romantiques reprennent d'une certaine manière l'idée de Platon : n'invoquent-ils pas les muses quand ils sont en quête d'inspiration ?

▶ **Le don inné.** Pour les romantiques, l'homme de génie est celui qui possède un don naturel. Doté d'une inspiration surhumaine, il serait alors comparable à un dieu. Selon Baudelaire, l'être de génie est proche du démiurge. Le poète, éprouvant une fervente admiration pour le peintre Eugène Delacroix, voit en lui un créateur au sens pur : Delacroix est « quelquefois maladroit, mais essentiellement créateur ». Il peint « avec l'insolence accoutumée du génie » *(Salon de 1846)*. L'être génial, aux yeux de Baudelaire, n'est donc pas un simple technicien, mais un créateur à l'image de Dieu. La faculté créatrice du peintre, jugée « insolente », repose sur un penchant naturel. En somme, le génie semble désigner ici une aptitude innée et non pas acquise. Cependant, si le génie suppose une imagination hors du commun, cette disposition particulière n'exclut pas un travail personnel continu et difficile.

▶ **Le labeur de l'écrivain.** « Le génie, c'est 1 % d'inspiration et 99 % de transpiration. » La célèbre citation de l'inventeur Thomas Edison pourrait s'appliquer au travail de l'écrivain. « Écrire, réécrire, produire / Avec trois doigts / Rayer, raturer, recommencer / Quatre, cinq fois », confie l'auteure d'origine américaine Susie Morgenstern, dans un poème (*Lire et écrire*, 1999). Que de verbes pour exprimer l'idée du travail ! Il suffit de regarder les brouillons de Gustave Flaubert, romancier du XIXe s., pour se rendre compte qu'écrire est un acte difficile qui implique de nombreux remaniements avant qu'on parvienne à un texte digne d'être édité. À ce sujet, le brouillon de *l'Éducation sentimentale*, conservé au département des manuscrits de la Bibliothèque nationale de France, est édifiant : Flaubert rature pratiquement la moitié des mots de l'ouverture du chapitre VI. Il raie, ajoute des blocs compacts de mots qui se superposent aux phrases déjà écrites. Puis, il encercle dans la marge ce qu'il décide de garder après avoir hachuré les premiers ajouts. Finalement, il supprime tout le passage en le barrant d'une grande croix. Un bon brouillon dévoile les ébauches, les regrets, mais aussi les trouvailles de l'écrivain. Il a fallu cinq ans à Gustave Flaubert pour terminer *Madame Bovary*. L'auteur dit pratiquer le « gueuloir », c'est-à-dire qu'il prononce à voix très forte le passage achevé pour l'entendre résonner. Si les phrases écrites écorchent la bouche de celui qui les prononce, cela signifie qu'il faut les refaire. Maupassant disait de Flaubert, son aîné, qu'il était « acharné à son travail effrayant de colosse patient et minutieux qui bâtirait une pyramide avec des billes d'enfant » (*Étude sur Gustave Flaubert*, 1884). Sans cet acharnement-là, le génie pourrait-il s'exprimer ?

Même si le génie est à la source d'une œuvre, celle-ci mûrit avec le temps et peut n'être jamais totalement achevée. Montaigne, écrivain du XVIe s., reprend sans discontinuer ses *Essais*, qu'il augmente d'exemples, de citations en latin, de digressions, de réflexions complémentaires. Ainsi, l'œuvre devient l'entreprise d'une vie dans laquelle travail et don inné se conjuguent.

Voir aussi : Baudelaire ; Flaubert ; Maupassant ; Montaigne ; Mozart ; Salieri.

décida de déporter toute la population arménienne du pays en Syrie et en Iraq. Plus d'un million et demi d'Arméniens perdirent la vie.

Le terme a été également appliqué aux massacres perpétrés au Cambodge par la dictature meurtrière des Khmers rouges dans les années 1974 à 1979 (entre 250 000 et 3,5 millions de morts).

Plus récemment, l'O.N.U. a retenu la qualification de génocide pour inculper les auteurs des crimes commis dans l'ex-Yougoslavie (en particulier, la purification ethnique pratiquée en Bosnie) à partir de 1991, et lors de la guerre civile de 1994 au Rwanda qui fit plus de 800 000 victimes en majorité tutsi.

Le génocide de 1939-1945. Durant la Seconde Guerre mondiale, si le IIIe Reich a voulu d'abord et avant tout anéantir les Juifs, ces derniers ne furent pas ses seules victimes. Aux persécutions des opposants politiques au régime nazi s'ajoutèrent celles des minorités ethniques considérées par les nazis comme « racialement inférieures » comme les Tsiganes (environ 250 000 d'entre eux furent assassinés, soit le tiers de la population tsigane vivant en Europe en 1939) et les Slaves (Polonais, Serbes et prisonniers de guerre soviétiques). Les nazis assassinèrent également des homosexuels, des malades mentaux ou des personnes physiquement handicapées, qu'ils considéraient comme des « sous-hommes » *(Untermenschen).*

La Shoah. Néanmoins, les Juifs ont été, de loin, les principales victimes de la politique nazie d'extermination, et c'est pourquoi on utilise fréquemment, à côté du mot « génocide », les termes « Holocauste » ou « Shoah », ce dernier mot signifiant « anéantissement » en hébreu. En 1939, Göring ordonne l'émigration des Juifs hors d'Allemagne ; après avoir envahi la Pologne, les Juifs de ce pays sont regroupés dans des ghettos ou des camps de concentration* où ils sont soumis au travail forcé. Lors de l'invasion de l'Union soviétique en 1941, 750 000 Juifs sont fusillés par les nazis. Cette méthode, trop lente et fastidieuse, pousse Hitler, Göring et Himmler, à envisager la « solution finale », c'est-à-dire la liquidation systématique de la population juive d'Europe. À cette fin, au cours de la même année, des camps d'extermination sont créés en Pologne (Chełmno, Treblinka). À partir de 1942, cette extermination devient massive : dans les camps, une véritable industrie de la mort (chambres à gaz) fonctionne jour et nuit jusqu'en 1944. Sans doute ne connaîtra-t-on jamais le nombre des victimes avec une précision absolue, mais 6 millions de Juifs furent ainsi assassinés, soit les deux tiers des Juifs vivant en Europe en 1939. ■

génois [ʒenwa] **n.m.** (de *Gênes*). MAR. Grand foc dont le point d'écoute est reporté vers l'arrière du voilier.

génoise [ʒenwaz] **n.f.** (de *Gênes*). **1.** Pâte à biscuit légère qui sert à réaliser de nombreux gâteaux fourrés, glacés au fondant ou décorés à la pâte d'amandes. **2.** Frise composée de tuiles creuses superposées.

génome [ʒenom] **n.m.** (de *gène* et [*chromos*]*ome*). Ensemble du matériel génétique composé de l'ADN des chromosomes et de l'ADN provenant des mitochondries.

génotype [ʒenɔtip] **n.m.** (de *gène* et *-type*). Ensemble du matériel génétique porté par un individu et représentant sa formule héréditaire, fixée à la fécondation (que les gènes qu'il possède soient exprimés ou non) [par opp. à *phénotype*].

genou [ʒənu] **n.m.** (lat. pop. **genuculum,* class. *geniculum,* dimin. de *genu*) [pl. *genoux*]. **1.** Partie du corps où la jambe se joint à la cuisse. **2.** Chez les quadrupèdes, articulation des os carpiens et métacarpiens avec le radius. **3. À genoux,** les genoux sur le sol. / **Être à genoux devant qqn,** être en adoration devant lui ; lui être soumis. / *FAM.* **Être sur les genoux,** être très fatigué. / **Faire du genou à qqn,** lui toucher le genou avec son propre genou pour attirer son attention, en signe de connivence ou pour lui signifier une intention amoureuse.

genouillère [ʒənujɛr] **n.f. 1.** Objet servant à maintenir l'articulation du genou, ou à le protéger contre les chocs : *Genouillère de gardien de but.* **2.** Pièce de cuir placée au genou du cheval. **3.** Pièce de l'armure qui protégeait le genou.

genre [ʒɑ̃r] **n.m.** (lat. *genus, -eris*). **1.** Division fondée sur un ou plusieurs caractères communs : *Porter toujours le même genre de vêtements.* **2.** BIOL. Ensemble d'êtres vivants situés, dans la classification, entre la famille et l'espèce, et groupant des espèces très voisines : *Le chien et le loup appartiennent au genre* Canis. **3.** Catégorie d'œuvres littéraires ou artistiques définie par un ensemble de règles et de caractères communs : *Le genre romanesque. Le genre épistolaire.* **4.** Style, ton, manière de s'exprimer : *Le genre sublime.* **5.** Manière d'être de qqn ; comportement, attitude ; allure de qqch : *Quel genre d'homme est-il ?* (syn. **type**). *Elle se donne un genre* (= elle affecte une allure particulière). *Un hôtel d'un genre douteux.* **6.** Manière de vivre, de se comporter en société : *Avoir bon, mauvais genre.* **7.** GRAMM. Catégorie grammaticale fondée sur la distinction naturelle des sexes ou sur une distinction conventionnelle : *Le genre masculin, féminin, neutre. Un nom des deux genres.* **8. En tout genre, en tous genres,** de toute(s) sorte(s) : *Marchandises en tout genre.* / *FAM.* **Faire du genre,** avoir des manières affectées. / **Genre de vie,** ensemble des modes d'activité d'un individu, d'un groupe humain. / **Le genre humain,** l'ensemble des hommes. / **Peinture de genre,** peinture qui traite des scènes de caractère anecdotique, familier ou populaire. / **Un genre de** (+ n.), une espèce de : *C'était un genre d'aventurière.*

1. gens [gɛ̃s] ou [ʒɛ̃s] **n.f.** (mot lat.) [pl. *gentes* [gɛntɛs] ou [ʒɛ̃tɛs]]. Dans la Rome antique, groupe de familles se rattachant à un ancêtre commun et portant le même nom, le *gentilice.*

2. gens [ʒɑ̃] **n.m.** ou **f. pl.** (plur. de *gent*). **1.** Personnes en nombre indéterminé : *Les gens du village.* ***Rem.*** *Gens* est masculin *(des gens sots)* sauf dans le cas d'un adjectif épithète placé avant *(de vieilles gens).* **2. Gens d'armes,** au Moyen Âge, soldats, cavaliers (notamm. des compagnies d'ordonnance de Charles VII). / **Gens de lettres,** personnes qui font profession d'écrire. / **Gens de maison,** employés de maison. / *LITT.* **Gens de robe,** gens de justice (magistrats, avocats, etc.), opposés, sous l'Ancien Régime, aux *gens d'épée* (nobles, soldats).

Genséric → Geiséric.

gent [ʒɑ̃] **n.f. sing.** (lat. *gens, gentis,* famille, peuple). **1.** *LITT.* Race, espèce : *« La gent trotte-menu »* (La Fontaine) [= les souris]. **2.** Groupe de personne ayant le même métier, les mêmes goûts : *La gent journalistique.*

gentiane [ʒɑ̃sjan] **n.f.** (lat. *gentiana*). **1.** Plante des prés montagneux, à fleurs à pétales soudés, jaunes, bleues ou violettes suivant les espèces. ► La grande gentiane à fleurs jaunes fournit une racine amère et apéritive. **2.** Boisson obtenue par macération de cette racine dans l'alcool.

1. gentil [ʒɑ̃ti] **n.m.** (lat. *gentilis,* de la race puis « étranger, barbare »). **1.** Étranger, pour les anciens Hébreux. **2.** Païen, pour les premiers chrétiens.

2. gentil, ille [ʒɑ̃ti, -ij] **adj.** (lat. *gentilis,* de la race, de la famille). **1.** Agréable ; qui plaît par sa délicatesse, son charme : *Gentille petite fille* (syn. **mignon**). **2.** Aimable ; complaisant : *Être gentil avec qqn* (syn. **attentionné**). *C'est gentil à vous.* **3.** Dont on ne doit pas faire grand cas : *C'est un film gentil, sans plus* (syn. **acceptable, passable**). **4.** *FAM.* **Une gentille somme,** une somme importante.

Gentile da Fabriano, peintre italien (Fabriano, prov. d'Ancône, v. 1370 - Rome 1427). Maître plein d'élégance du style « courtois » (gothique international), héritier des miniaturistes, il travailla notamment à Venise, Brescia, Florence (*Adoration des mages,* 1423, Offices) et à Rome.

gentilhomme [ʒɑ̃tijɔm] **n.m.** (de *2. gentil* et *homme*) [pl. *gentilshommes* [ʒɑ̃tizɔm]]. **1.** Autref., homme noble de naissance. **2.** *LITT.* Homme qui fait preuve de distinction, de délicatesse dans sa conduite (syn. **gentleman**).

gentilhommière [ʒɑ̃tijɔmjɛr] **n.f.** (de *gentilhomme*). Petit château campagnard, coquettement aménagé (syn. **manoir**).

gentillesse [ʒɑ̃tijɛs] **n.f. 1.** Qualité d'une personne gentille : *Sa gentillesse est sans limites* (syn. **patience**). **2.** Action ou parole aimable, délicate : *Faire des gentillesses à qqn.*

gentillet, ette [ʒɑ̃tijɛ, -ɛt] **adj.** Assez gentil.

gentiment [ʒɑ̃timɑ̃] **adv.** De façon gentille, aimable.

gentleman [dʒɑ̃tləman] **n.m.** (mot angl.) [pl. *gentlemans* ou *gentlemen* [dʒɑ̃tləmɛn]]. Homme bien élevé et distingué (syn. litt. **gentilhomme**).

gentry [dʒɛntri] **n.f. sing.** (mot angl.). En Angleterre, ensemble des nobles non titrés ayant droit à des armoiries.

génuflexion [ʒenyflɛksjɔ̃] **n.f.** (lat. médiév. *genuflexio*). Flexion du genou en signe d'adoration, de respect, de soumission.

géochimie [ʒeɔʃimi] **n.f.** (de *géo-* et *chimie*). Étude de la répartition des éléments chimiques dans les roches, de leur origine, de leur nature et de leur comportement au cours des phénomènes géologiques.

géode [ʒeɔd] **n.f.** (gr. *geôdês,* terreux). Cavité intérieure d'une roche, tapissée de cristaux ou de concrétions.

géodésie [ʒeɔdezi] **n.f.** (de *géo-*, et du gr. *daiein,* diviser). Science de la forme et des dimensions de la Terre.

géodésique [ʒeɔdezik] **adj. 1.** Relatif à la géodésie : *Coordonnées géodésiques.* **2. Ligne géodésique,** courbe d'une surface telle que l'arc joignant deux des points de cette courbe soit le plus court de tous les arcs de cette surface joignant ces deux points (on dit aussi *une géodésique*).

Geoffroy Saint-Hilaire (Étienne), naturaliste français (Étampes 1772 - Paris 1844). Nommé en 1793 professeur de zoologie au Muséum national d'histoire naturelle de Paris, il y créa la ménagerie du Jardin des Plantes, enrichit les collections du Muséum par des échanges avec l'étranger, et participa à la commission scientifique qui accompagna Bonaparte dans sa campagne d'Égypte. Son œuvre est dominée par l'idée d'unité de composition organique de tous les animaux.

géographe [ʒeɔgraf] **n.** Spécialiste de géographie.

géographie [ʒeɔgrafi] **n.f.** (lat. *geographia,* mot gr.). **1.** Science qui a pour objet la description et l'explication de l'aspect actuel, naturel et humain, de la surface de la Terre : *Géographie physique. Géographie humaine.* **2.** Ensemble des caractères physiques et humains d'une région : *La géographie du Massif central.*

■ La géographie est la science de l'organisation de l'espace terrestre (continental et éventuellement maritime) par l'homme, aux points de vue de l'habitat et de la population (*géographie humaine* au sens strict), de la production, des transports et des échanges *(géographie économique).* Dans sa recherche explicative, elle fait appel à plusieurs disciplines. L'étude des conditions offertes par le milieu naturel a recours à la géomorphologie, à la climatologie, à la biogéographie, à la pédologie (spécialités parfois regroupées sous l'expression de *géographie physique*).
Dans l'Antiquité, Ératosthène (v. 284 - v. 192 av. J.-C.) inventa le mot « géographie » et Strabon (v. 58 av. J.-C. - 25 apr. J.-C.) présenta, dans sa *Géographie,* le monde antique au début de l'Empire romain. Puis vint la cartographie de Ptolémée (v. 100 - v. 170 apr. J.-C.) qui fit autorité jusqu'à la fin du Moyen Âge. Alexander von Humboldt (1769-1859) introduisit, à partir d'observations en géographie physique, la méthode comparative et la notion de causalité. Karl Ritter (1779-1859) fonda la géographie humaine sur un déterminisme du milieu naturel dont s'inspira l'école française, créée par Paul Vidal de La Blache (1845-1918), qui souligna la primauté de l'initiative humaine sur les déterminants naturels et fit progresser la géographie régionale.
Mais la compréhension de l'organisation de l'espace nécessite aussi le renfort de l'histoire, de la sociologie, de l'économie, de la démographie. Véritable écologie humaine, discipline de synthèse, la géographie apparaît ainsi au carrefour des sciences de la Terre et des classiques sciences humaines. Elle constitue une clé pour expliquer la complexité et la dynamique du monde contemporain. ■

géographique [ʒeɔgrafik] **adj.** (lat. *geographicus*). Relatif à la géographie : *Une carte géographique.*

géographiquement [ʒeɔgrafikmɑ̃] **adv.** Du point de vue géographique.

geôle [ʒol] **n.f.** (bas lat. *caveola,* dimin. du class. *cavea,* cage). LITT. Prison.

geôlier, ère [ʒolje, -ɛr] **n.** LITT. Personne qui garde des détenus dans une prison (syn. **gardien**).

géolocalisation [ʒeɔlɔkalizasjɔ̃] **n.f.** (de *géo-* et *localisation*). Technique de détermination de la situation géographique précise d'un lieu ou, à un instant donné, d'une personne, d'un véhicule, d'un objet, etc.

géologie [ʒeɔlɔʒi] **n.f.** (lat. médiév. *geologia,* du gr. *gê,* terre). **1.** Science qui a pour objet la description des matériaux qui constituent le globe terrestre et l'étude des transformations actuelles et passées subies par la Terre : *Géologie descriptive. Géologie appliquée* (= appliquée à la recherche minière, à l'étude des eaux, etc.). **2.** Ensemble des caractères du sous-sol d'une région : *La géologie des Alpes.*

■ **Histoire de la géologie.** C'est au XVIIIe s. que les bases scientifiques de la géologie sont solidement établies et que les différentes branches s'individualisent. Les sciences de la Terre sont étudiées dans toute l'Europe et quantité d'observations sont effectuées. Deux grandes théories sont alors en présence pour rendre compte de la formation de la Terre, sans faire intervenir la Bible ni le Déluge, comme c'est généralement le cas à cette époque. La doctrine de A. G. Werner, le *neptunisme,* affirme que toutes les roches ont été produites par la mer et ignore complètement l'activité interne du globe. Au contraire, J. Hutton, avec le *plutonisme,* voit dans la pression et la puissance expansive de la chaleur, provenant du centre de la Terre, la véritable origine du relief terrestre. Buffon, le premier, exprime l'idée qu'il existe une durée propre des temps géologiques, durant lesquels se sont sédimentées les roches, et que cette durée n'est pas réductible aux 40 jours du Déluge. Giraud-Soulavie, vers 1780, estime à plusieurs centaines de millions d'années la durée approximative des phénomènes géologiques, ce qui lui vaut la censure de l'Église. Il introduit l'idée que l'on peut dater les terrains d'après les fossiles qu'ils contiennent.
L'histoire de la Terre se trouve associée, dès le XIXe s., à l'essor de la science des êtres vivants disparus, la *paléontologie* (v. ce mot). La théorie de l'évolution de Darwin, qui admet l'idée d'une filiation entre les espèces passées et actuelles, donne aux tentatives de classification chronologique des terrains, en fonction de l'évolution de la faune et de la flore dans le temps et dans l'espace (paléontologie stratigraphique), un élan nouveau. A. d'Orbigny, en distinguant 28 étages géologiques, pose les bases de l'échelle stratigraphique. Des cartes, synthèses des connaissances et des idées, sont dressées, en particulier par L. Élie de Beaumont. En 1830-1833, C. Lyell publie ses *Principes de géologie,* texte fondateur de la discipline, dont l'un des points forts sera l'actualisme (les événements géologiques s'expliquent par les mêmes causes que les événements actuels).
Le XXe s. est marqué par la théorie de la dérive des continents de A. Wegener (1915). Des campagnes océanographiques révèlent, après la Seconde Guerre mondiale, que l'océan est parcouru de chaînes volcaniques dont les productions font réellement « bouger » l'écorce terrestre. La tectonique des plaques, dans les années 1960, apporte une explication globale à l'évolution de la Terre.
Les domaines de la géologie. La géologie se subdivise à présent en de nombreuses branches. La *pétrographie* étudie les roches en s'appuyant sur la *minéralogie* et la *cristallographie.* La *stratigraphie* est liée à l'étude des sédiments *(sédimentologie)* et à la paléontologie. La *géodynamique* (cinématique et dynamique du globe) s'appuie sur la *tectonique.*
La géologie appliquée regroupe les applications de la discipline à la recherche minière et pétrolière, l'étude des eaux, le génie civil, etc. Enfin, de nouvelles disciplines, telles que

la *géophysique* ou la *géochimie,* entretiennent des liens étroits avec les sciences exactes ou avec des techniques nées dans la seconde moitié du XXe s., comme la télédétection ou l'informatique géologique. ■

géologique [ʒeɔlɔʒik] **adj.** Relatif à la géologie.

géologiquement [ʒeɔlɔʒikmɑ̃] **adv.** Du point de vue géologique.

géologue [ʒeɔlɔg] **n.** Spécialiste de géologie.

géomagnétique [ʒeɔmaɲetik] **adj.** Relatif au géomagnétisme.

géomagnétisme [ʒeɔmaɲetism] **n.m.** (de *géo-* et *magnétisme*). Ensemble des phénomènes magnétiques liés au globe terrestre (syn. **magnétisme terrestre**).

■ En tout point de la Terre, l'aiguille aimantée d'une boussole est invariablement attirée dans une direction correspondant approximativement au nord géographique. Elle subit en effet l'action d'un champ magnétique créé par la Terre, qui se comporte comme un barreau aimanté, orienté à peu près parallèlement à son axe de rotation.

À l'extérieur du globe, le champ magnétique terrestre se trouve confiné dans la *magnétosphère,* comprimée par le vent solaire dans la direction du Soleil mais très étendue dans la direction opposée.

Origine et caractéristiques du champ magnétique terrestre. On l'attribue à l'existence de courants électriques dus à des mouvements de convection dans l'enveloppe externe du noyau, composée de fer en fusion.

En tout point du globe, le champ magnétique est caractérisé par son inclinaison, c'est-à-dire l'angle qu'il fait avec l'horizontale, sa déclinaison, ou angle qu'il fait avec le nord géographique, et son intensité. Les relevés montrent que ce champ n'est pas constant : il présente des variations régulières (séculaires, saisonnières et diurnes), ainsi que des variations brutales et inattendues, les orages magnétiques ; ces dernières sont attribuées à l'action de l'ionosphère et à l'activité solaire. Il existe par ailleurs des anomalies résultant de l'influence du sous-sol, c'est-à-dire de la présence de masses rocheuses aux propriétés magnétiques particulières. L'étude de ces anomalies, en relation avec les propriétés magnétiques des roches, apporte des renseignements sur la structure et l'évolution de la Terre.

Paléomagnétisme et dérive des continents. La mesure de l'aimantation de laves superposées a montré que le champ magnétique a vu son orientation s'inverser de nombreuses fois au cours des temps géologiques, étant alternativement positif (comme aujourd'hui) ou négatif. On reconstitue ainsi une échelle des inversions magnétiques, que l'on relie à l'échelle stratigraphique.

La cartographie du fond des océans a révélé, sur les enregistrements, des bandes alternativement positives et négatives parallèlement à l'axe des dorsales médio-océaniques, ce qui a fait naître l'idée de l'expansion des fonds océaniques, à la base de la tectonique des plaques. ■

1. géomètre [ʒeɔmɛtr] **n.** (lat. *geometres,* mot gr., de *gê,* terre, et *metrein,* mesurer). **1.** Mathématicien spécialiste de géométrie. **2.** Technicien procédant à des opérations de levés de terrain.

2. géomètre [ʒeɔmɛtr] **n.m.** ou **n.f.** (de *1. géomètre*). Papillon nocturne ou crépusculaire, dont les chenilles sont appelées *arpenteuses* à cause de leur manière de cheminer en rapprochant et en écartant tour à tour l'avant et l'arrière du corps (syn. **phalène**).

géométrie [ʒeɔmetri] **n.f.** (lat. *geometria,* mot gr. ; v. *géomètre*). **1.** Science mathématique qui étudie les relations entre points, droites, courbes, surfaces et volumes de l'espace : *Géométrie plane, dans l'espace.* **2.** Étude de certains aspects des courbes et des surfaces abstraites selon des méthodes particulières ou en vue d'applications déterminées : *Géométrie algébrique, vectorielle, différentielle.* **3. À géométrie variable,** se dit des avions à flèche* variable ; au fig., se dit de ce qui est susceptible d'évoluer, de s'adapter au gré des circonstances : *Un projet à géométrie variable.*

■ **Nature de la géométrie.** Étymologiquement, le mot « géométrie » signifie « mesure de la Terre ». Cette discipline a pour but initial l'étude des figures dans le plan et dans l'espace. Bien que celles-ci dérivent d'objets concrets, la géométrie s'est très tôt refusé l'usage de méthodes expérimentales. Elle s'est au contraire évertuée à réduire les figures à une version idéale des objets réels (le point, qui n'a pas de parties ; la droite, qui est semblable à elle-même en tous ses points). Elle fait aussi appel à un mode de démonstration qui n'utilise ni l'observation ni la mesure, mais qui fonctionne par postulats et conséquences.

La géométrie de l'Antiquité. Les Égyptiens et les Babyloniens ont eu une géométrie largement empirique, mais avec les Grecs s'est construite une véritable science de l'espace. L'œuvre la plus parfaite de cette science est constituée par les *Éléments* d'Euclide. Ainsi, parmi les treize livres, les quatre premiers sont consacrés au plan ; le sixième traite des équations du 2e degré dans une langue géométrique complètement différente de celle d'aujourd'hui ; le livre X étudie les grandeurs irrationnelles, abordées d'un point de vue géométrique ; enfin, les livres XI, XII et XIII concernent la géométrie dans l'espace. Certains fondements de cette synthèse (en particulier le postulat des parallèles) ne seront pas remis en cause avant le XIXe s.

Archimède étudie les corps solides ignorés en partie par Euclide. Il établit les propriétés stéréométriques de nombreux volumes. Apollonios de Perga découvre les sections planes du cône et crée les mots *ellipse, hyperbole* et *parabole.*

Les géométries modernes. Avec Descartes, au XVIIe s., qui utilise un mode de représentation fondé sur les coordonnées numériques, tout problème de géométrie plane se ramène à une succession d'équations. Cette démarche, dite *géométrie analytique,* connaît un grand essor. Au XVIIIe s., elle s'élargit à l'espace à trois dimensions et à la théorie des surfaces. Toutefois, cette écriture s'éloigne de la signification intuitive des figures, telle qu'elle émergeait dans la géométrie pure, encore appelée par opposition *géométrie synthétique.*

Au cours du XIXe s., on assiste à un retour de l'approche synthétique avec la *géométrie projective,* qui donne un contenu mathématique aux techniques de représentation explorées par les artistes depuis la Renaissance (perspective, etc.). Dans cette voie, des mathématiciens comme Chasles montrent l'importance du rôle des transformations, qui déforment les figures point par point, tout en en conservant certaines propriétés.

La découverte des *géométries non euclidiennes* par Gauss, Lobatchevski ou Riemann contribue à une nouvelle diversification de cette discipline et remet en question l'idée de distance. ■

géométrique [ʒeɔmetrik] **adj. 1.** Relatif à la géométrie : *Une figure géométrique.* **2.** Exact, rigoureux, précis comme une démonstration de géométrie. **3.** BX-A. **Abstraction géométrique,** tendance de l'art du XXe s. qui expérimente systématiquement le pouvoir esthétique ou expressif des lignes, des figures géométriques, des couleurs en aplats. / **Style géométrique,** période (v. 1050 - 725 av. J.-C.) de l'art grec qui est définie par le caractère géométrique du décor céramique.

géométriquement [ʒeɔmetrikmɑ̃] **adv.** Par la géométrie.

géomorphologie [ʒeɔmɔrfɔlɔʒi] **n.f.** (de *géo-* et *morphologie*). Discipline qui a pour objet la description et l'explication des formes du relief terrestre.

géophile [ʒeɔfil] **n.m.** (de *géo-* et *-phile*). Mille-pattes carnivore vivant dans l'humus et sous les mousses. ▶ Long. jusqu'à 5 cm ; classe des myriapodes.

géophysicien, enne [ʒeɔfizisjɛ̃, -ɛn] **n.** Spécialiste de géophysique.

géophysique [ʒeɔfizik] **n.f.** (de *géo-* et *physique*). Étude, par les moyens de la physique, de la structure d'ensemble du globe terrestre et des mouvements qui l'affectent (on dit aussi *physique du globe*). ◆ **adj.** Relatif à la géophysique.

géopolitique [ʒeɔpɔlitik] **n.f.** (all. *Geopolitik*). Science qui étudie les rapports entre la géographie des États et leur politique. ◆ **adj.** Relatif à la géopolitique.

George III (Londres 1738 - Windsor 1820), roi de Grande-Bretagne et d'Irlande (1760-1820). Électeur (1760-1815) puis roi (1815-1820) de Hanovre, petit-fils de George II. Premier roi de la dynastie de Hanovre à s'intéresser à l'Angleterre, il tenta de restaurer les prérogatives de la monarchie et s'opposa au parti whig. Son intransigeance provoqua la révolte des colonies d'Amérique, dont il dut reconnaître l'indépendance en 1783. Il conduisit la lutte contre la Révolution française. Atteint de folie, il fut remplacé en 1811 par son fils, le futur George IV, nommé régent.

George VI (Sandringham 1895 - *id.* 1952), roi de Grande- Bretagne et d'Irlande du Nord (1936-1952) et empereur des Indes (1936-1947). Sous son règne, la Grande-Bretagne participa victorieusement à la Seconde Guerre mondiale.

Georges *(saint)*, martyr (IVᵉ s.). L'histoire de ce personnage qu'on représente terrassant un dragon est pleine de légendes. Mais son tombeau à Lydda en Palestine fut vénéré très tôt et son culte se répandit largement en Occident et en Orient avant le XIIᵉ s. Il est le patron de l'Angleterre et de certains ordres de chevalerie.

Georges II (Tatói 1890 - Athènes 1947), roi de Grèce (1922-1924 et 1935-1947). Il s'exila en 1923, quelques mois avant la proclamation de la république. Rétabli sur son trône en 1935, il connut à nouveau l'exil à la suite de l'invasion allemande (1941) et revint en Grèce en 1946.

Georgetown, cap. et port du Guyana ; 118 363 hab.

Géorgie, État du Caucase, en bordure de la mer Noire ; 70 000 km^2 ; 4 329 000 hab. *(Géorgiens).* CAP. *Tbilissi.* LANGUE : *géorgien.* MONNAIE : *lari.*

GÉOGRAPHIE

Drainée par le Rioni et la haute Koura, protégée au N. par la barrière du Grand Caucase, la Géorgie a un climat subtropical surtout à l'O. (Colchide), ce qui permet les cultures des agrumes et du thé, de la vigne et du mûrier. Dans l'Est, plus élevé et plus sec, dominent les céréales, et, en altitude, l'élevage ovin. L'industrie, autre qu'extractive (manganèse, charbon), est représentée surtout par la métallurgie, l'agroalimentaire et le textile, et est implantée notamment à Tbilissi, Koutaïssi et Roustavi, les principales villes, ainsi que dans les ports de Batoumi et Soukhoumi, sur le littoral de la mer Noire (animé aussi par le tourisme balnéaire et climatique). La population, en accroissement rapide, est formée pour 70 % de Géorgiens de souche et comporte plusieurs minorités (Russes, Abkhazes, Adjars et Ossètes).

HISTOIRE

Après avoir été colonisée par les Grecs et les Romains (Colchide), et dominée par les Sassanides (Ibérie), la région est conquise par les Arabes (v. 650).

IXᵉ-XIIIᵉ s. Elle connaît une remarquable renaissance puis est ravagée par les Mongols.

XVIᵉ-XVIIIᵉ s. La Géorgie perd des territoires au profit de l'Iran et de l'Empire ottoman et se place sous la protection de la Russie (1783).

1801. Elle est annexée par la Russie.

1918. Une république indépendante est proclamée.

1921. L'Armée rouge intervient et un régime soviétique est instauré.

1922-1991. La Géorgie est intégrée à l'U.R.S.S.

1991. La Géorgie accède à l'indépendance.

1992. De violents combats éclatent en Ossétie du Sud et en Abkhazie, où se sont développés des mouvements séparatistes.

1993. La guerre civile est arrêtée avec l'aide de la Russie. La Géorgie rejoint la C.E.I.

1995. Après l'adoption d'une nouvelle Constitution, E. Chevardnadze est élu président de la République au suffrage universel.

2003. Au terme d'élections contestées, E. Chevardnadze doit démissionner.

2004. Mikhaïl Saakachvili est élu à la tête de l'État.

2008. Décidée à maintenir son influence dans le Caucase, la Russie provoque une guerre éclair en Ossétie du Sud dont elle reconnaît l'indépendance ainsi que celle de l'Abkhazie. À la suite de cet affrontement, qui cesse après une médiation européenne, la Géorgie quitte la C.E.I. en 2009 tandis que la présence militaire russe dans les deux provinces est maintenue. Les tensions entre les deux États restent vives.

Géorgie, en angl. **Georgia,** État des États-Unis, sur l'Atlantique ; 152 488 km^2 ; 9 992 167 hab. CAP. *Atlanta.* Culture du coton.

Géorgie *(détroit de)*, bras de mer séparant l'île de Vancouver du littoral continental.

Géorgie du Sud, île britannique de l'Atlantique sud, dépendance des Falkland.

géorgien, enne [ʒeɔrʒjɛ̃, -ɛn] **adj.** et **n.** De la Géorgie (État du Caucase). ◆ **géorgien n.m.** Langue caucasienne parlée principalement en Géorgie.

géoscience [ʒeosjɑ̃s] **n.f.** (de *géo-* et *science*). [Surtout au pl.]. Science de la Terre. ▸ La géologie, la géophysique, la météorologie font partie des géosciences.

géosphère [ʒeɔsfɛr] **n.f.** (de *géo-* et *sphère*). Partie solide constitutive de la Terre (syn. **lithosphère**).

géostationnaire [ʒeɔstasjɔnɛr] **adj.** (de *géo-* et *stationnaire*). Se dit d'un satellite artificiel dont la période de révolution est égale à celle de la rotation de la Terre et qui, gravitant sur une trajectoire équatoriale, paraît de ce fait immobile pour un observateur terrestre. ▸ L'orbite des satellites géostationnaires est unique ; son altitude est voisine de 35 800 km.

géostratégie [ʒeɔstrateʒi] **n.f.** (de *géo-* et *stratégie*). MIL. Étude des relations de force entre puissances, à partir de l'ensemble des données géographiques.

géosynclinal [ʒeɔsɛ̃klinal] **n.m.** (de *géo-* et *synclinal*). GÉOL. Dans les zones orogéniques, vaste fosse en bordure du continent, s'approfondissant sous le poids des dépôts qui s'y entassent et dont le plissement ultérieur aboutit à la formation d'une chaîne de montagnes.

géothermie [ʒeɔtɛrmi] **n.f.** (de *géo-* et *thermie*). **1.** Ensemble des phénomènes thermiques internes du globe terrestre. **2.** Étude scientifique de ces phénomènes, considérés comme une source d'énergie.

géothermique [ʒeɔtɛrmik] **adj. 1.** Relatif à la géothermie. **2. Énergie géothermique,** énergie extraite des eaux chaudes ou de la vapeur présente dans certaines zones à fort degré géothermique. / **Gradient** ou **degré géothermique,** mesure de l'augmentation de la température avec la profondeur. ▸ Cette température augmente en moyenne de 3,3 °C tous les 100 m dans les bassins sédimentaires.

géotropisme [ʒeɔtrɔpism] **n.m.** (de *géo-* et *tropisme*). **1.** BOT. Orientation imposée à la croissance d'un organe végétal par la pesanteur. ▸ Le géotropisme est positif pour les racines, qui croissent vers le bas, négatif pour les tiges dressées. **2.** ÉTHOL. Réaction locomotrice de certaines espèces animales, provoquée et orientée par la pesanteur.

gérance [ʒerɑ̃s] **n.f.** (de *gérant*). Fonction de gérant ; durée de cette fonction ; administration par un gérant.

géranium [ʒeranjɔm] **n.m.** (lat. *geranion,* du gr. *geranos,* grue, le fruit du géranium ressemblant au bec d'une grue). Plante sauvage très commune. ▸ Le géranium cultivé appartient au genre *Pélargonium.*

gérant, e [ʒerɑ̃, -ɑ̃t] **n.** (de *gérer*). Personne physique ou morale qui dirige et administre pour le compte d'autrui ou au nom d'une société : *Le gérant d'immeubles reçoit mandat.*

gerbe [ʒɛrb] **n.f.** (frq. *garba*). **1.** Botte d'épis, de fleurs, etc., coupés et disposés de sorte que les têtes sont rassemblées d'un même côté : *Gerbe de lis* (syn. **bouquet**). **2.** Forme prise par qqch qui jaillit et se disperse en faisceau : *Gerbe d'écume.* **3.** Faisceau d'éclats projetés par l'explosion d'un obus. **4.** PHYS. Groupe de particules chargées produites par l'interaction d'une particule de haute énergie avec la matière.

gerber [ʒɛrbe] **v.t.** Mettre en gerbes. ◆ **v.i. 1.** Éclater en formant une gerbe : *Fusée qui gerbe.* **2.** *T. FAM.* Vomir.

gerbera [ʒɛrbera] **n.m.** (du n. du naturaliste all. *T. Gerber*). Plante herbacée vivace d'Asie et d'Afrique dont de nombreux hybrides sont exploités en horticulture. ▸ Famille des composées.

gerboise [ʒɛrbwaz] **n.f.** (de l'ar. *djerbū*). Mammifère rongeur qui se déplace en sautant sur ses longues pattes postérieures, et qui creuse des terriers dans les plaines sablonneuses d'Europe, d'Asie, d'Am. du Nord et d'Afrique. ▸ Famille des dipodidés.

gercer [ʒɛrse] **v.t.** (bas lat. *charaxare*, sillonner, du gr. *kharassein*, blesser) [conj. **16**]. Faire de petites crevasses à la surface de la peau, d'un corps, d'une matière : *Le froid lui a gercé les lèvres.* ◆ **v.i.** ou **se gercer v.pr.** Se couvrir de petites crevasses : *Mes mains ont gercé.*

gerçure [ʒɛrsyr] **n.f.** (de *gercer*). **1.** Plaie linéaire de la peau ou des muqueuses due au froid ou à certains états morbides : *Avoir des gerçures aux lèvres.* **2.** Fendillement qui se produit sur une surface.

gérer [ʒere] **v.t.** (lat. *gerere*) [conj. **18**]. **1.** Administrer des intérêts, une entreprise, etc., pour son propre compte ou pour le compte d'autrui : *Gérer un portefeuille.* **2.** Assurer l'administration, l'organisation, le traitement d'un ensemble de marchandises, d'informations, de données, etc. : *Système qui gère une base de données.* **3.** Administrer au mieux malgré une situation difficile : *Gérer la crise.*

gerfaut [ʒɛrfo] **n.m.** (de l'anc. fr. *gir*, vautour, et *faus*, forme de *faucon*). Faucon à plumage clair vivant dans les régions arctiques, se nourrissant de rongeurs et d'oiseaux marins : « *Comme un vol de gerfauts hors du charnier natal...* » (J. M. de Heredia). ▸ Famille des falconidés ; long. 60 cm.

Gergovie, oppidum gaulois, à 6 km au sud de Clermont-Ferrand, dans le pays des Arvernes (Puy-de-Dôme). Vercingétorix le défendit avec succès contre César (52 av. J.-C.).

gériatrie [ʒerjatri] **n.f.** (du gr. *gerôn*, vieillard, et de *-iatrie*). Médecine de la vieillesse ; ensemble des moyens préconisés pour retarder l'apparition de la sénilité. ◆ **gériatre n.** Nom du spécialiste.

gériatrique [ʒerjatrik] **adj.** Qui relève de la gériatrie.

Géricault (Théodore), peintre et lithographe français (Rouen 1791 - Paris 1824). Artiste à la carrière fulgurante, il fut le premier des romantiques, mais aussi un précurseur du réalisme. L'audace de son dessin, de sa touche, de sa couleur, sa fougue, alliées à un souci de véracité et à une inclination vers le morbide, font de lui un pionnier. Son *Officier de chasseurs de la garde impériale chargeant* (auj. au Louvre) dérouta les visiteurs du Salon en 1812. Le cheval est un thème constant dans son œuvre (études pour le *Derby d'Epsom*). Il a aussi réalisé une série de portraits d'aliénés très réalistes (série des « Monomanes »). Mais son œuvre la plus ambitieuse reste *le Radeau de la Méduse* (1819, Louvre), vaste composition montrant toute la variété des attitudes humaines devant une mort qui paraît imminente.

germain, e [ʒɛrmɛ̃, -ɛn] **adj.** (lat. *germanus*, frère). **Cousin(e) germain(e)**, né(e) du frère ou de la sœur du père ou de la mère. ◆ **n. Cousin(e)s issu(e)s de germains,** personnes nées de cousins germains.

Germain, famille d'orfèvres parisiens, fournisseurs de la cour, dont les plus célèbres sont **Pierre** (v. 1645-1684) et surtout **Thomas** (1673-1748), dont Voltaire a vanté la « main divine », et **François Thomas** (1726-1791).

Germains, peuple indo-européen, issu de la Scandinavie méridionale et qui migra au Iᵉʳ millénaire av. J.-C. vers la grande plaine européenne. Les Germains (Goths, Vandales, Burgondes, Suèves, Francs, etc.) se stabilisèrent aux Iᵉʳ et IIᵉ s. apr. J.-C. au centre et au nord de l'Europe, établissant des rapports avec Rome à qui ils fournirent esclaves et mercenaires. Au milieu du IIᵉ s., les Germains envahirent le nord de l'Italie et des Balkans ; ce fut le prélude à plusieurs siècles d'invasions en Occident, où ils finirent par former de nombreux royaumes (Vᵉ s.).

RELIGIONS

Bien que la connaissance que nous en avons demeure très lacunaire, les religions des diverses peuplades que nous appelons germaniques ou nord-germaniques semblent s'être développées en plusieurs étapes. Dans leur période archaïque, elles étaient centrées sur le *culte des ancêtres* ou des grands morts, ce qui allait donner de manière durable à ces civilisations le sens de la prééminence de la famille et du clan. À travers la vénération des *ancêtres* s'exprime alors la croyance dans un monde double, à la fois spirituel et matériel, et dans la réincarnation, le plus souvent sous une forme animale (le loup, l'ours, puis le cheval). Dans une deuxième période, le culte des morts fait place à celui des grandes forces naturelles, telles que l'eau, l'air, la terre et surtout le soleil, qui, mis au féminin dans tous les idiomes germaniques, est divinisé et vénéré comme toujours fécond et bienfaisant. La religion, à ce stade, correspond à la fonction de la fertilité. Dans une dernière période, elle s'ouvre au *culte de divinités anthropomorphes et individualisées,* dont les premières apparues relèvent de la fonction juridique et magique et les suivantes de la force martiale. C'est le temps où apparaissent des triades dans lesquelles interviennent, avec des variantes, un dieu solaire, qui est aussi magicien et souverain (Tyr, puis Odin ou Wotan), un dieu de la Fécondité (Njörd) et un dieu de la Force (Thor, personnification du tonnerre). Toutes les divinités sont, comme les humains, soumises au Destin, sorte de « dieu oisif ». La personnalité la plus riche et la plus complexe du panthéon nord-germanique est celle d'Odin. À la fois poète, séducteur, maître de l'extase amoureuse et des secrets du destin, il est entouré par les Walkyries, ses messagères et les servantes de son paradis, le Walhalla (ou *Val-Hall*). Les Germains se représentent la création comme un affrontement, à partir du chaos originel, entre le monde obscur du froid et le monde lumineux du feu, le cosmos s'organisant de manière à être soutenu en son axe par le majestueux frêne Yggdrasil. Ainsi s'instaure un âge d'or, qui sera détruit par un parjure des dieux suivi d'une gigantesque bataille entre les Ases (Njörd avec ses deux enfants, Freyr et sa parèdre Freyja) et les Vanes (divinités agraires), ainsi que du meurtre de Baldr, le dieu bon. Le monde est alors emporté dans la catastrophe du Destin-des-Puissances ou *Ragnarök*. Mais celle-ci n'est pas définitive. Elle débouche sur une régénération universelle, sur la renaissance de Baldr et sur le retour d'un ordre impérissable.

Germanicus (Julius Caesar), général romain (Rome 15 av. J.-C. - Antioche 19 apr. J.-C.). Petit-neveu d'Auguste, adopté par Tibère, il fut vainqueur du Germain Arminius (16 apr. J.-C.). Il mourut peut-être empoisonné.

Germanie, contrée de l'Europe centrale ancienne, entre le Rhin et la Vistule, peuplée au cours du Iᵉʳ millénaire av. J.-C. par les Germains.

Germanie *(royaume de),* État constitué en 843 (traité de Verdun), formé de la partie orientale de l'Empire carolingien et attribué à Louis le Germanique. Le titre de roi de Germanie fut porté (jusqu'au XVᵉ s.) par les empereurs du Saint Empire élus, mais non encore couronnés par le pape.

germanique [ʒɛrmanik] **adj.** (lat. *Germanicus*). De la Germanie, de l'Allemagne ou de leurs habitants. ◆ **n.m.** Rameau de l'indo-européen dont sont issus l'anglais, l'allemand, le néerlandais et les langues nordiques.

germanisation [ʒɛrmanizasjɔ̃] **n.f.** Action de germaniser ; fait de se germaniser.

germaniser [ʒɛrmanize] **v.t.** (de *germain*, de Germanie ; v. *germanique*). **1.** Imposer à un peuple, un pays la langue allemande ; introduire dans un pays des colons allemands. **2.** Donner une forme allemande à : *Germaniser un mot.*

germanisme [ʒɛrmanism] **n.m.** (de *germanique*). **1.** Expression, tournure particulière à la langue allemande. **2.** Emprunt à l'allemand.

germaniste [ʒɛrmanist] **n.** Spécialiste de la langue et de la civilisation allemandes.

germanophilie [ʒɛrmanɔfili] **n.f.** (de *germano-* et *-philie*). Sympathie pour l'Allemagne et les Allemands. ◆ **germanophile adj.** et **n.** Qui manifeste ce sentiment.

germanophobie [ʒɛrmanɔfɔbi] **n.f.** (de *germano-* et *-phobie*). Hostilité à l'égard de l'Allemagne, des Allemands. ◆ **germanophobe adj.** et **n.** Qui manifeste ce sentiment.

germanophone [ʒɛrmanɔfɔn] **adj.** et **n.** (de *germano-* et *-phone*). De langue allemande ; qui parle l'allemand : *Les Suisses germanophones.*

germano-soviétique ***(pacte)*** [23 août 1939], traité de non-agression conclu entre l'Allemagne et l'U.R.S.S. Signé à Moscou par Ribbentrop et Molotov, il était accompagné d'un protocole secret qui prévoyait l'établissement des zones d'influence soviétique et allemande, et notamm. le partage de la Pologne.

germe [ʒɛrm] **n.m.** (lat. *germen*). **1.** Petite masse vivante peu organisée mais appelée à croître et à se différencier pour donner un être ou un organe : *Le germe donne naissance à l'embryon.* **2.** Embryon d'une plante contenu dans la graine, appelé aussi la *plantule.* **3.** Bourgeon rudimentaire qui se développe sur certains organes souterrains (pommes de terre, en partic.). **4.** MÉD. Microbe susceptible d'engendrer une maladie : *Les germes de la tuberculose.* **5.** Cause, origine de : *Un germe de discorde.*

germé, e [ʒɛrme] **adj.** Qui commence à développer son germe : *Pommes de terre germées.*

germer [ʒɛrme] **v.i.** (lat. *germinare*). **1.** Développer son germe, en parlant d'une graine, d'une pomme de terre. **2.** Commencer à se développer : *Une idée germa dans son esprit.*

germinal [ʒɛrminal] **n.m.** (du lat. *germen*, germe) [pl. *germinals*]. HIST. Septième mois du calendrier républicain, du 21 ou 22 mars au 19 ou 20 avril.

germination [ʒɛrminasjɔ̃] **n.f.** (lat. *germinatio*). BOT. Développement du germe contenu dans une graine, mettant fin à la période de vie latente.

germon [ʒɛrmɔ̃] **n.m.** (mot poitevin, d'orig. obsc., p.-ê. de *germe*). Grand thon pêché dans l'Atlantique en été, appelé aussi *thon blanc.* ▶ Long. de 60 cm à 1 m env.

gérondif [ʒerɔ̃dif] **n.m.** (du lat. *gerundium*, de *gerere*, faire). LING. **1.** En latin, forme verbale déclinable qui se substitue à l'infinitif dans certaines fonctions. **2.** En français, forme verbale terminée par *-ant* et précédée de la préposition *en*, qui sert à décrire certaines circonstances de l'action : *« En chantant » est le gérondif de « chanter ».*

Geronimo, chef apache (No-Doyohn Canyon, auj. Clifton, Arizona, 1829 - Fort-Sill, Oklahoma, 1908). Il mena des opérations de guérilla dans le sud-ouest des États-Unis (1882-1885) et obtint pour sa tribu un territoire dans l'Oklahoma.

gérontocratie [ʒerɔ̃tɔkrasi] **n.f.** (de *géronto-* et *-cratie*). Gouvernement exercé par les vieillards.

gérontologie [ʒerɔ̃tɔlɔʒi] **n.f.** (de *géronto-* et *-logie*). Étude de la vieillesse et des phénomènes de vieillissement sous leurs divers aspects, morphologiques, pathologiques (gériatrie), psychologiques, sociaux, etc. ◆ **gérontologue n.** Nom du spécialiste.

gerris [ʒeris] **n.m.** (lat. *gerres*). Insecte très svelte, à pattes longues et fines, qui court rapidement à la surface des eaux et est cour. appelé *araignée d'eau.* ▶ Ordre des hétéroptères.

Gers [ʒɛr] **(le),** riv. du Bassin aquitain, affl. de la Garonne (r. g.) ; 178 km.

Gers [32], dép. de la Région Languedoc-Roussillon-Midi-Pyrénées ; ch.-l. de dép. *Auch* ; ch.-l. d'arr. *Condom, Mirande* ; 3 arr., 17 cant., 463 comm. ; 6 257 km² ; 196 930 hab. *(Gersois).*

Gershwin (George), compositeur américain (Brooklyn 1898 - Hollywood 1937). Excellent pianiste, il mêle dans ses œuvres la musique populaire juive, le répertoire romantique européen et le jazz : *Rhapsody in Blue* (1924), *Concerto en « fa »* pour piano (1925), *Un Américain à Paris* (1928), *Porgy and Bess* (1935), un opéra dont l'action se situe dans le milieu noir américain.

G.E.S. [ʒeəɛs] **n. m.** (sigle). Gaz à effet de serre*.

Gesell (Arnold), psychologue américain (Alma, Wisconsin, 1880-New Haven, Connecticut, 1961). Ses travaux ont porté sur la psychologie de l'enfant, notamment sur la maturation neuropsychologique.

gésier [ʒezje] **n.m.** (lat. **gigerium*, sing. de *gigeria*, entrailles de volailles). Dernière poche de l'estomac des oiseaux, assurant le broyage des aliments grâce à son épaisse paroi musclée et aux petits cailloux qu'elle contient souvent.

gésine [ʒezin] **n.f.** (lat. pop. **jacina*, couché, du class. *jacere*, être étendu). LITT. **En gésine,** se dit d'une femme sur le point d'accoucher.

gésir [ʒezir] **v.i.** (lat. *jacere*, être étendu) [conj. **49**]. LITT. **1.** Être couché, étendu sans mouvement : *Il gisait sur le sol.* **2.** Consister en, résider en : *Là gît la difficulté.* **3. Ci-gît,** v. à son ordre alphabétique.

gesse [ʒɛs] **n.f.** (anc. prov. *geissa*, d'orig. obsc.). Plante grimpante dont certaines espèces sont cultivées comme fourragères *(jarosse)* ou comme ornementales (*pois de senteur*, ou *gesse odorante*). ▶ Famille des papilionacées.

Gestapo (abrév. de *GEheime STAatsPOlizei*, police secrète d'État), section de la police de sûreté du IIIe Reich. Elle fut de 1936 à 1945 l'instrument le plus redoutable du régime nazi.

gestation [ʒɛstasjɔ̃] **n.f.** (lat. *gestatio*, de *gestare*, porter). **1.** État d'une femelle vivipare, entre nidation et mise bas, chez les espèces qui nourrissent l'embryon, puis le fœtus, par voie placentaire (syn. **grossesse** [dans l'espèce humaine]). ▶ La durée de la gestation varie entre 13 jours chez l'opossum et 640 jours chez l'éléphant. **2.** Travail par lequel s'élabore une création de l'esprit : *La gestation d'un roman* (syn. **genèse**).

1. geste [ʒɛst] **n.m.** (lat. *gestus*, de *gerere*, faire). **1.** Mouvement du corps, principalement de la main, des bras, de la tête, porteur ou non de signification : *S'exprimer par gestes. Faire un geste de refus* (syn. **signe**). **2.** Action généreuse ; don, libéralité : *Il n'a pas fait un geste pour le secourir.*

2. geste [ʒɛst] **n.f.** (lat. *gesta*, actions, exploits, de *gerere*, faire). **1.** HIST. LITTÉR. Ensemble de poèmes épiques du Moyen Âge relatant les hauts faits de personnages historiques ou légendaires : *La geste de Charlemagne.* **2. Chanson de geste,** un des poèmes de cet ensemble. ◆ **gestes n.f. pl. Faits et gestes de qqn,** sa conduite considérée dans ses détails.

■ LITTÉRATURE. Les chansons de geste, dont les sources les plus lointaines sont peut-être carolingiennes, relèvent de la poésie épique. Elles se présentent comme une série de *laisses,* groupes de dix à douze décasyllabes, qui s'achèvent sur une voyelle accentuée (cette rime imparfaite s'appelle *assonance*). Le passage d'une laisse à l'autre est signalé, en plus des changements d'assonance, par une formule (reprise, parallélisme, etc.). Le rythme implique une déclaration solennelle et une intonation plus proche du récitatif que du chant.

Composées du XIe au XIVe s., les chansons de geste exaltent l'idéal d'un monde féodal et d'une civilisation chrétienne dominée par l'esprit de croisade contre les « infidèles ». Elles ont très tôt été regroupées en cycles ou gestes : la geste du roi de France, avec Charlemagne comme figure centrale ; celle de Doon de Mayence et celle de Garin de Monglane. Mais le caractère de la chanson de geste s'altère. L'habileté prend le pas sur l'inspiration. Les auteurs ont recours aux thèmes amoureux ; les héros se signalent moins par leur adhésion à une grande idée collective que par leur révolte ou leur brutalité anarchique. Les chansons de geste tournent alors au roman d'aventures sous l'influence de la littérature courtoise et survivent par les romans de chevalerie. ■

gesticulation [ʒɛstikylasjɔ̃] **n.f.** Action de gesticuler.

gesticuler [ʒɛstikyle] **v.i.** (lat. *gesticulari*, de *gesticulus*, petit geste). Faire de grands gestes en tous sens.

gestion [ʒɛstjɔ̃] **n.f.** (lat. *gestio*, de *gerere*, faire). Action ou manière de gérer, d'administrer, de diriger, d'organiser qqch : *Une gestion avisée. Une gestion imprévoyante.*

gestionnaire [ʒɛstjɔnɛr] **n.** et **adj.** Personne qui a la responsabilité de la gestion d'une affaire, d'un service, d'une administration, etc. ◆ **adj.** Relatif à une gestion.

gestuel, elle [ʒɛstɥɛl] **adj.** (de *geste*, d'apr. *manuel*). Qui concerne les gestes ; qui se fait avec des gestes : *Langage gestuel.* ◆ **gestuelle n.f.** Façon de se mouvoir caractéristique d'un acteur ou d'un style de jeu.

Gesualdo (Carlo), *prince* **de Venosa,** compositeur italien (Naples v. 1560 - *id.* v. 1614). Virtuose du luth, il composa plusieurs livres de madrigaux (dont certains sur des textes du Tasse). Son art raffiné de la polyphonie et son chromatisme audacieux soulignent l'intensité dramatique des textes.

Gethsémani (d'après l'étym., « pressoir à huile »), jardin des faubourgs de Jérusalem, au pied du mont des Oliviers. Jésus avait coutume d'y passer la nuit avec ses disciples ; c'est là que se déroula son « agonie » et qu'il fut arrêté.

Gettysburg ***(bataille de)*** [1er-3 juill. 1863], bataille de la guerre de Sécession qui vit la victoire des nordistes sur les sudistes du général Lee à Gettysburg (Pennsylvanie).

geyser [ʒezɛr] **n.m.** (mot angl., de l'island. *Geysir*, n. d'une source d'eau chaude). Source d'eau chaude ou de vapeur jaillissant par intermittence. ▸ Phénomènes volcaniques, les geysers s'accompagnent souvent de dégagements sulfureux et de dépôts minéraux.

Gezireh (la), région agricole (coton) du Soudan, partie vitale du pays, entre le Nil Blanc et le Nil Bleu.

Ghana, anc. État africain du Soudan occidental (Ve s. ?-XIe s.), situé entre les fleuves Sénégal et Niger, aux confins des États actuels du Sénégal, du Mali et de la Mauritanie. Le royaume tirait sa richesse du grand commerce, notamment avec le Maghreb, et atteignit son apogée au XIe s., où il fut détruit par les Almoravides (guerriers musulmans). Il passa sous le contrôle des Mandingues au XIIIe s.

Ghana, État de l'Afrique occidentale ; 240 000 km^2 ; 25 905 000 hab. *(Ghanéens)*. CAP. *Accra*. LANGUE : *anglais*. MONNAIE : *cedi*.

GÉOGRAPHIE

Pays de savanes dans le Nord et le Centre, forestier dans le Sud, proche de l'équateur et plus humide, le Ghana a connu, liés aux vicissitudes politiques intérieures, un déclin de ses productions agricoles et minières (fondements de l'économie) et une importante émigration. La production de cacao, dont le pays fut le premier producteur mondial jusqu'au milieu des années 1970, a diminué. Il en est de même de la production d'huile de palme, de bauxite (et donc d'aluminium), d'or et de diamants, etc. L'exploitation du pétrole a commencé en 2011. Plus dense dans le Sud, site de la capitale, des ports de Sekondi-Takoradi et de Tema (annexe industrielle d'Accra, utilisant l'électricité fournie par le barrage d'Akosombo), la population, majoritairement rurale, pratique une agriculture vivrière, l'élevage et la pêche.

HISTOIRE

Le nord du pays est sous la domination de royaumes africains dès la fin du XIVe s.

1471. Les Portugais s'établissent dans la région qui est appelée Côte-de-l'Or ou Gold Coast en raison du commerce de l'or. Aux XVIIe et XVIIIe s., le commerce des esclaves y attire les Anglais et les Hollandais. Au centre du pays se développe le royaume Ashanti.

1874. La Côte-de-l'Or devient une colonie britannique, dont la prospérité économique se fonde sur les ressources minières et sur le cacao.

1901. Annexion du territoire des Ashanti.

1957. La colonie devient indépendante sous le nom de Ghana.

1960. Instauration de la république du Ghana, dont K. Nkrumah est président jusqu'à sa chute en 1966.

Gouvernements civils et militaires se succèdent ; le capitaine Jerry Rawlings est au pouvoir de 1981 à 2001.

2001. John Kufuor est élu à la tête de l'État.

2009. John Atta Mills lui succède.

2012. À la suite de la mort de J. Atta Mills, le vice-président John Dramani Mahama est élu à la tête de l'État.

Ghazali ou **Rhazali (al-)** ou **Algazel,** philosophe et théologien de l'islam (Tus, Khorasan, 1058 - *id.* 1111). Son œuvre constitue une somme capitale de la pensée musulmane. Il rejette certaines philosophies grecques qui supposaient l'éternité du monde et donc sa non-création ; mais il ne refuse pas toute philosophie : par exemple, il donne au doute une valeur positive dans la recherche de Dieu et accorde à l'intuition une valeur supérieure à celle de l'intelligence rationnelle. Son principal ouvrage est *Reviviscence des sciences de la religion.*

Ghelderode (Michel de), auteur dramatique belge d'expression française (Ixelles 1898 - Schaerbeek 1962). Son théâtre expressionniste unit mysticisme et bouffonnerie carnavalesque (*Barrabas,* 1929 ; *Fastes d'enfer,* 1949 ; *Mademoiselle Jaïre,* 1949).

ghetto [geto] **n.m.** (mot it. désignant, au début du XVIe s., le quartier juif de Venise). **1.** Quartier habité par des communautés juives ou, autref., réservé aux Juifs : *Le ghetto de Varsovie.* **2.** Lieu où une minorité vit séparée du reste de la société : *Harlem, le ghetto noir de New York.* **3.** Milieu refermé sur lui-même ; condition marginale : *Ghetto culturel.*

■ C'est d'abord pour sauvegarder leur identité que, dans l'Antiquité, les communautés juives de la diaspora se sont d'elles-mêmes isolées au sein des cités. Mais, avec le triomphe du christianisme, cet isolement devient une ségrégation imposée. Celle-ci est édictée aussi bien par les empereurs byzantins qu'en Occident, où l'interdiction faite aux chrétiens de vivre parmi les Juifs renforce la réclusion de ceux-ci.

Du Moyen Âge à la Révolution. Paris, au XIIIe s., compte quatre *juiveries* bien délimitées. En Espagne, les *juderías* jouissent d'abord d'un régime privilégié, puis deviennent des quartiers que l'Inquisition peut facilement surveiller. À la fin du Moyen Âge, les Juifs sont refoulés en grand nombre en Europe orientale, où ils se maintiennent à la faveur du morcellement politique. En Avignon sont construits des quartiers où vivent les « Juifs du pape ». À Venise, où, comme dans les autres villes d'Italie, ils participaient librement à la vie économique, ils sont tous tenus, à partir de 1516, de vivre dans le ghetto. La Révolution française, avec le décret d'émancipation des Juifs, contribue puissamment à la transformation des ghettos européens.

Sous l'antisémitisme hitlérien. Pendant la Seconde Guerre mondiale, les nazis parquent les Juifs dans leurs quartiers d'habitation, coupés de tout contact avec l'extérieur, transformés en camps de travail et peu à peu vidés par l'évacuation de leurs habitants vers les camps d'extermination. C'est dans ce contexte que le ghetto de Varsovie, réduit de 500 000 à 40 000 résidents, sombra dans sa révolte héroïque d'avril-mai 1943. ■

Ghiberti (Lorenzo), sculpteur, orfèvre et architecte italien (Florence 1378 - *id.* 1455). Informé de l'antique, mais demeuré en partie fidèle à la culture médiévale, il a donné ses chefs-d'œuvre avec les deuxième et troisième portes de bronze du baptistère de Florence, garnies de reliefs narratifs (la troisième, achevée en 1452, aurait été jugée par Michel-Ange digne d'être la « porte du Paradis »). Il a rédigé à la fin de sa vie trois livres de *Commentaires*, dont le deuxième constitue une importante étude sur les artistes des XIVe et XVe s.

ghilde **n.f.** ⟶ **guilde.**

Ghirlandaio (Domenico Bigordi, dit **Domenico),** peintre italien (Florence 1449 - *id.* 1494). Il participa à la décoration de la chapelle Sixtine, et, dans ses compositions religieuses pour les églises de Florence (*Vie de la Vierge* à S. Maria Novella), donna aux personnages de l'histoire sainte l'apparence des bourgeois de la ville, ses clients. • Ses frères **David** (1452-1523) et **Benedetto** (1458-1497) le secondèrent. • Son fils **Ridolfo** (1483-1561) fut un bon portraitiste.

GI [dʒiaj] **n.m.** [sigle de l'anglo-amér. *Government Issue*] (pl. *GI* ou *GI's* [dʒiajz]). *FAM.* Soldat de l'armée américaine.

Giacometti (Alberto), sculpteur et peintre suisse (Stampa, Grisons, 1901 - Coire 1966). Il a travaillé essentiellement à Paris à partir de 1922. Une période surréaliste (1930-1935) montre ses dons de visionnaire (*l'Objet invisible,* célébré par A. Breton). Plus tard, il est l'auteur, expressionniste, de sculptures caractérisées par un allongement ou un amincissement extrêmes, figures de bronze au modelé vibrant baigné d'espace.

Gia Long (Huê 1762 - *id.* 1820), empereur du Viêt Nam (1802-1820). Le prince Nguyên Anh reconquit ses États sur les rebelles Tây Son avec l'aide de la France, leur donna le nom de Viêt Nam et se proclama empereur sous le nom de Gia Long (1802).

Giambologna (Jean Boulogne ou **Bologne,** dit**),** sculpteur flamand de l'école italienne (Douai 1529 - Florence 1608). Après avoir séjourné à Rome, il fit à Florence l'essentiel de sa carrière de maniériste abondant et divers (*Vénus* des jardins Boboli, v. 1573 ; *l'Enlèvement d'une Sabine,* loggia dei Lanzi, 1582). Il eut pour disciples Pietro Tacca, Adriaen De Vries, Pierre Francheville.

Giap (Vo Nguyên) ⟶ **Vo Nguyên Giap.**

gibbeux, euse [ʒibø, -øz] **adj.** (lat. *gibbosus,* de *gibbus,* bosse). **1.** *DIDACT.* Qui a la forme d'une bosse, qui porte une ou plusieurs bosses : *Dos gibbeux* (syn. cour. **bossu**). **2.** Se dit de l'aspect d'un astre à diamètre apparent sensible, dont la surface éclairée visible occupe plus de la moitié du disque : *Lune gibbeuse* (= entre le premier quartier et la pleine lune ou entre la pleine lune et le dernier quartier).

gibbon [ʒibɔ̃] **n.m.** (mot d'une langue de l'Inde). Singe anthropoïde de la péninsule indochinoise et des îles de la Sonde, grimpant avec agilité aux arbres grâce à ses bras très longs. ▸ Haut. env. 1 m.

gibbosité [ʒibozite] **n.f.** (lat. médiév. *gibbositas,* du class. *gibbosus ;* v. *gibbeux*). MÉD. Courbure anormale de l'épine dorsale, formant une bosse.

Gibbs (Willard), physicien américain (New Haven, Connecticut, 1839 - *id.* 1903). Il fonda la chimie physique en étendant la thermodynamique à la chimie. Il perfectionna la mécanique statistique de Boltzmann et énonça la *loi des phases,* base d'étude des équilibres physico-chimiques.

gibecière [ʒibsjɛr] **n.f.** (de *gibier*). **1.** Sac en toile ou en peau, à bretelle ou à poignée, servant au transport du gibier (syn. carnassière). **2.** Sac d'écolier, porté sur l'épaule ou dans le dos.

gibelin, e [ʒiblɛ̃, -in] **n.** et **adj.** (it. *ghibellino,* du n. de *Weibelingen,* empereur d'Allemagne). HIST. Dans l'Italie médiévale, partisan de l'empereur romain germanique (par opp. à *guelfe*).

gibelotte [ʒiblɔt] **n.f.** (de l'anc. fr. *gibelet,* plat préparé avec de petits oiseaux, de *gibier*). Fricassée de lapin au vin blanc.

giberne [ʒibɛrn] **n.f.** (probabl. du bas lat. *zaberna, gabarna,* espèce de bissac). **1.** Autref., boîte à cartouches des soldats (XVIIe-XIXe s.). **2. Avoir son bâton de maréchal dans sa giberne,** de simple soldat pouvoir devenir officier supérieur ; au fig., pouvoir accéder rapidement à des responsabilités importantes.

gibet [ʒibɛ] **n.m.** (du frq. **gibb,* bâton fourchu). Potence pour les condamnés à la pendaison ; lieu où elle est installée : *Le gibet de Montfaucon.*

gibier [ʒibje] **n.m.** (du frq. **gabaiti,* chasse au faucon). **1.** Ensemble des animaux que l'on chasse : *Gibier à poil, à plume(s).* **2.** Animal que l'on chasse ; viande de cet animal : *Le lièvre est un gibier apprécié. Faire faisander du gibier.* **3.** *FAM.* Personne que l'on poursuit ou que l'on cherche à prendre ou à duper : *Les policiers pistent leur gibier.* **4. Gibier de potence,** criminel méritant la potence.

giboulée [ʒibule] **n.f.** (orig. obsc.). Pluie, chute de grêle ou de neige, soudaine et de peu de durée.

giboyeux, euse [ʒibwajø, -øz] **adj.** (de *giboyer,* chasser, prendre du gibier). Abondant en gibier : *Région giboyeuse.*

Gibraltar, territoire britannique, sur le détroit du même nom, à l'extrémité méridionale de la péninsule Ibérique ; 6 km^2 ; 29 000 hab. Célèbre dès l'Antiquité (colonnes d'Hercule), Gibraltar fut le premier point de la conquête musulmane en Espagne (711) [*djabal al-Tariq,* du nom du chef berbère Tariq, a donné *Gibraltar*]. Pris en 1704 par les Anglais, à qui il est reconnu (traité d'Utrecht, 1713), devenu une puissante base aéronavale, Gibraltar est toujours revendiqué par l'Espagne.

Gibraltar *(détroit de),* entre l'Espagne et le Maroc, unissant la Méditerranée et l'Atlantique (15 km de large).

gibus [ʒibys] **n.m.** (n. du fabricant). Chapeau claque*.

G.I.C. [ʒeise] **n.** (sigle). Grand invalide civil.

giclée [ʒikle] **n.f.** (de *gicler*). Jet d'un liquide qui gicle : *J'ai reçu une giclée de sauce tomate.*

giclement [ʒikləmɑ̃] **n.m.** Fait de gicler.

gicler [ʒikle] **v.i.** (franco-prov. *jicler, gigler,* d'orig. incert., probabl. apparenté à l'anc. fr. *cisler,* fouetter). Jaillir ou rejaillir avec force, souvent en éclaboussant, en parlant d'un liquide : *Le sang a giclé. La pluie gicle sur les pavés.*

gicleur [ʒiklœr] **n.m.** (de *gicler*). Orifice calibré, amovible, servant à doser le débit du fluide carburant dans les canalisations d'un carburateur.

Gide (André), écrivain français (Paris 1869 - *id.* 1951). La réédition au lendemain de la Première Guerre mondiale d'un long poème en prose publié en 1897, *les Nourritures terrestres,* impose cet écrivain comme maître à penser de la jeunesse de l'époque, par son invitation à se libérer de toutes les contraintes. S'exprimant en un style classique dépouillé, il a abordé les problèmes moraux les plus graves et les plus délicats : s'efforçant d'écarter tout préjugé, tout conformisme, il a cherché à concilier la lucidité de l'intelligence et la vitalité des instincts. Ses principales œuvres sont : *l'Immoraliste* (1902), *la Porte étroite* (1909), *les Caves du Vatican* (1914) et *les Faux-Monnayeurs* (1926). Ses Mémoires, *Si le grain ne meurt* (1920-1924), son *Journal* et sa *Correspondance* nous renseignent sur les secrets d'une vie qui ne voulut rien dissimuler d'elle-même (Prix Nobel 1947). • **Les Faux-Monnayeurs.** Ce récit met en cause la structure romanesque traditionnelle, puisqu'il mêle à un roman d'aventures inspiré d'un fait divers une méditation morale et philosophique et le « journal de bord » du roman en train de se faire.

gifle [ʒifl] **n.f.** (frq. **kifel,* mâchoire). **1.** Coup donné sur la joue avec la main ouverte (syn. **claque**). **2.** Affront, humiliation : *Cet échec a été une gifle pour lui* (syn. **vexation**).

gifler [ʒifle] **v.t.** Frapper d'une gifle (syn. litt. **souffleter**).

G.I.G. [ʒeiʒe] **n.** (sigle). Grand invalide de guerre.

gigantesque [ʒigɑ̃tɛsk] **adj.** (it. *gigantesco,* de *gigante,* géant, lat. *gigas, -gantis ;* v. *géant*). **1.** Très grand par rapport à l'homme : *Taille gigantesque* (syn. **colossal**). **2.** De proportions énormes : *Tâche gigantesque* (syn. **démesuré**).

gigantisme [ʒigɑ̃tism] **n.m.** (du lat. *gigas, -gantis ;* v. *géant*). **1.** Exagération du développement du corps en général ou de certaines de ses parties : *Être atteint de gigantisme.* **2.** Développement excessif d'un organisme quelconque, de qqch qu'on met en œuvre : *Gigantisme d'un projet.*

gigogne [ʒigɔɲ] **adj.** (altér. probabl. de *cigogne*). Se dit d'objets qui s'emboîtent les uns dans les autres ou que leur taille décroissante permet de ranger en les incorporant les uns dans les autres : *Poupées, tables gigognes.*

gigolo [ʒigɔlo] **n.m.** (de *gigolette*, jeune fille délurée, de l'anc. fr. *giguer*, gambader, folâtrer). *FAM.* Jeune homme entretenu par une femme plus âgée que lui.

gigot [ʒigo] **n.m.** (de *gigue*, ancien instrument de musique qui ressemblait à un gigot, germ. **giga*). **1.** Cuisse de mouton, d'agneau ou de chevreuil, coupée pour la table : *Gigot à l'ail.* **2. Manche à gigot,** instrument qui emboîte l'os et qui permet de saisir le gigot pour le découper.

gigotement [ʒigɔtmɑ̃] **n.m.** *FAM.* Action de gigoter (syn. **trémoussement**).

gigoter [ʒigɔte] **v.i.** (de l'anc. v. *giguer*, sauter). *FAM.* Remuer sans cesse bras et jambes : *Bébé qui gigote* (syn. **se trémousser**).

1. gigue [ʒig] **n.f.** (germ. **giga*, violon). **1.** Cuisse de chevreuil. **2.** *FAM.* et *VX.* Jambe. **3.** *FAM.* **Grande gigue,** jeune fille, femme grande et maigre.

2. gigue [ʒig] **n.f.** (angl. *jig*). **1.** MUS. Danse vive de mesure ternaire, d'origine anglaise, servant souvent de mouvement final à la *suite*. **2.** Danse populaire exécutée sur le même rythme, caractérisée par des frappements vifs, et souvent alternés, des talons et des pointes.

Gilbert *(îles)* ⟶ Kiribati.

Gilbert & George, artistes britanniques (**Gilbert Proesch,** San Martino in Badia, Italie, 1943, et **George Passmore,** Plymouth 1942). Reconnus dès les années 1970 pour leurs performances de « sculptures vivantes », ils poursuivent la mise en scène de leur couple excentrique dans de grands photomontages empruntant à l'affiche et au vitrail, et souvent saturés de couleurs primaires, qui abordent tous les thèmes sans tabous.

gilet [ʒile] **n.m.** (de l'ar. *galīka*, casaque des chrétiens, turc *yelek*, camisole sans manches). **1.** Vêtement masculin court et sans manches, boutonné sur le devant, qui se porte sous le veston : *Faire refaire le gilet d'un costume.* **2.** Tricot ouvert sur le devant et à manches longues : *Gilet de laine* (syn. **cardigan**). **3. Gilet de sauvetage ⟶ sauvetage. / Gilet de sécurité,** vêtement réfléchissant la lumière des phares, permettant d'être vu dans l'obscurité. ▸ Le port du gilet de sécurité est obligatoire pour les automobilistes, en cas de panne, et pour les cyclistes qui circulent de nuit hors agglomération.

Gilgamesh, roi semi-légendaire d'Ourouk (XVIIIe s. av. J.-C.), héros de cycles épiques suméro-akkadiens. Sa légende a donné naissance à une série de poèmes disparates, à partir desquels les scribes akkadiens firent, au cours du IIe millénaire av. J.-C., une épopée en douze chants. Centrée sur le thème de la quête illusoire de l'immortalité, celle-ci comporte des épisodes qui, notamment à propos d'un déluge mésopotamien, présentent des ressemblances avec certains récits bibliques.

Gillespie (John Birks, dit **Dizzy),** trompettiste, chanteur et chef d'orchestre de jazz américain (Cheraw, Caroline du Sud, 1917 - Englewood, New Jersey, 1993). Avec Charlie Parker, il a jeté les bases harmoniques du be-bop. De 1946 à 1950, il a présenté son grand orchestre dans le monde entier, puis a poursuivi sa carrière avec des formations d'ampleur variée. Son jeu de trompette est brillant et coloré. Il a introduit les rythmes et les accents afro-cubains dans le jazz *(A Night in Tunisia, Tin Tin Deo).*

gin [dʒin] **n.m.** (mot angl. « genièvre »). Eau-de-vie de grain aromatisée avec des baies de genièvre.

gin-fizz [dʒinfiz] **n.m. inv.** (de l'angl. *gin*, gin, et *fizz*, boisson gazeuse). Cocktail constitué d'un mélange de gin et de jus de citron.

gingembre [ʒɛ̃ʒɑ̃br] **n.m.** (lat. *zingiber*, gr. *ziggiberis*, mot d'orig. probabl. extrême-orientale). Plante originaire d'Asie, à rhizome aromatique utilisé comme condiment. ▸ Famille des zingibéracées.

gingival, e, aux [ʒɛ̃ʒival, -o] **adj.** (du lat. *gingiva*, gencive). Relatif aux gencives : *Muqueuse gingivale.*

gingivite [ʒɛ̃ʒivit] **n.f.** (du lat. *gingiva*, gencive). Inflammation des gencives.

ginkgo [ʒɛ̃ko] ou [ʒinko] **n.m.** (mot chin.). Arbre de Chine à feuilles en éventail, cultivé comme arbre ornemental et considéré en Extrême-Orient comme un arbre sacré. ▸ Sous-embranchement des gymnospermes ; haut. env. 30 m.

ginseng [ʒinsɛ̃g] **n.m.** (chin. *gen-chen*, plante-homme). Racine d'une plante d'Asie et d'Amérique du Nord, utilisée contre la fatigue. ▸ Genre *Panax.*

Giono (Jean), écrivain français (Manosque 1895 - *id.* 1970). Il évoque dans ses romans les aspects les plus sauvages et les plus humains de sa Provence natale (*Colline,* 1929 ; *Un de Baumugnes,* 1929 ; *Regain,* 1930) et énonce une philosophie panthéiste d'harmonie entre les hommes et les éléments (*le Chant du monde,* 1934 ; *Que ma joie demeure,* 1935). Pacifiste, il est emprisonné en 1939, puis à nouveau en 1944. Il abandonne ensuite le lyrisme dans ses *Chroniques* (*Un roi sans divertissement,* 1947 ; *le Hussard sur le toit,* 1951) où sa ferveur épique et sensuelle s'exprime dans un art plus dépouillé.

Giordano (Luca), peintre italien (Naples 1634 - *id.* 1705). Influencé par Ribera, Véronèse, Pierre de Cortone, il est l'auteur d'innombrables tableaux d'église ainsi que de célèbres plafonds au palais Médicis (Florence) et à l'Escurial. Sa virtuosité dans le baroque et sa rapidité lui valurent le surnom de *Luca Fapresto.* Son style lumineux et aéré annonce le goût décoratif du XVIIIe s.

Giorgione (Giorgio Da Castelfranco, dit**),** peintre italien (Castelfranco Veneto v. 1477 - Venise 1510). Peut-être formé dans l'atelier de Giovanni Bellini, il est l'auteur de compositions où la lumière diffuse et la finesse du coloris créent une atmosphère de lyrisme discret et de recueillement (*la Tempête* ou *l'Orage,* Venise ; *les Trois Philosophes,* Vienne). Son influence fut grande, notamment sur Titien, qui aurait terminé sa *Vénus endormie* (Dresde).

Giotto di Bondone, peintre et architecte italien (dans le Mugello, prov. de Florence, 1266 ? - Florence 1337). Peut-être élève de Cimabue, et auteur probable du cycle de la *Vie de saint François* à Assise (basilique supérieure), il a exécuté les fresques de la *Vie de la Vierge et du Christ* à la chapelle Scrovegni de Padoue (v. 1303-1305), son chef-d'œuvre, des fresques à S. Croce de Florence, des retables, etc. Par l'ampleur de sa vision, par ses recherches de volume, d'espace et de chromatisme, il apparaît comme l'un des principaux créateurs de la peinture occidentale moderne. Il commença la construction du campanile de la cathédrale de Florence. Peintre, il eut des aides et des disciples nombreux, parfois en retrait sur ses innovations stylistiques.

Giovanni Pisano ⟶ Nicola Pisano.

girafe [ʒiraf] **n.f.** (it. *giraffa*, de l'ar. *zarāfa*). **1.** Grand mammifère ruminant d'Afrique, au cou très long. **2.** CIN., TÉLÉV. Perche fixée à un pied articulé et supportant un micro. **3.** *FAM.* **Peigner la girafe,** ne rien faire d'utile.

girafeau [ʒirafo] et **girafon** [ʒirafɔ̃] **n.m.** Petit de la girafe.

girandole [ʒirɑ̃dɔl] **n.f.** (it. *girandola*, dimin. de *giranda*, gerbe de feu). **1.** Partie supérieure d'un candélabre, portant les branches. **2.** Candélabre ou chandelier à plusieurs branches orné de pendeloques de cristal. **3.** Gerbe tournante de feu d'artifice.

Girardon (François), sculpteur français (Troyes 1628 - Paris 1715). Représentant par excellence du classicisme fastueux de Versailles, il a notamment donné, pour le parc du château, les groupes d'*Apollon servi par les nymphes* (1666-1673) et de *l'Enlèvement de Proserpine.*

giratoire [ʒiratwar] **adj.** (du lat. *gyrare*, faire tourner). Se dit d'un mouvement de rotation autour d'un axe ou d'un centre : *Sens giratoire.*

Giraud (Henri), général français (Paris 1879 - Dijon 1949). Commandant la VIIe armée en 1940, il fut fait prisonnier mais s'évada (1942). Coprésident du Comité français de libération nationale avec de Gaulle, il s'effaça devant ce dernier (1943).

Giraud (Jean), dessinateur et scénariste français de bandes dessinées (Nogent-sur-Marne 1938 - Montrouge 2012). Sous le pseudonyme de **Gir,** il dessine les aventures du *Lieutenant Blueberry* (à partir de 1963) et, sous celui de **Moebius,** de nombreuses séries de science-fiction où s'affirme un style dépouillé (*l'Incal, le Monde d'Edena*).

Giraudoux (Jean), écrivain français (Bellac 1882 - Paris 1944). Ses romans (*Suzanne et le Pacifique,* 1921 ; *Siegfried et le Limousin,* 1922 ; *Bella,* 1926) et son théâtre (*Amphitryon 38,* 1929 ; *Intermezzo,* 1933 ; *La guerre de Troie n'aura pas lieu,* 1935 ; *Électre,* 1937 ; *Ondine,* 1939 ; *la Folle de Chaillot,* jouée en 1945) unissent les grands thèmes classiques et les inquiétudes modernes dans un univers précieux, fait d'humour, de fantaisie et d'émotion.

girl [gœrl] **n.f.** (mot angl.). Danseuse qui fait partie d'une troupe de music-hall, de revue, de comédie musicale, etc.

Giro (le), tour cycliste d'Italie.

girofle [ʒirɔfl] **n.m.** (lat. *caryophyllon,* mot gr.). Bouton desséché des fleurs du giroflier (on dit aussi *clou de girofle*).

giroflée [ʒirɔfle] **n.f.** (de *giroflé,* parfumé au girofle). **1.** Plante vivace cultivée pour ses fleurs ornementales. ▸ Famille des crucifères. **2.** *FAM.* **Giroflée à cinq feuilles,** gifle laissant la marque des cinq doigts.

giroflier [ʒirɔflije] **n.m.** Arbre tropical originaire d'Indonésie et fournissant les clous de girofle. ▸ Famille des myrtacées.

girolle [ʒirɔl] **n.f.** (anc. prov. *giroilla,* de *gir,* tournoiement). Champignon jaune-orangé, comestible, appelé aussi *chanterelle.*

giron [ʒirɔ̃] **n.m.** (frq. **gêro*). **1.** Partie du corps qui s'étend de la ceinture aux genoux quand on est assis : *Un enfant blotti dans le giron de sa mère.* **2. Rentrer dans le giron de,** retourner dans un groupe, un parti, qu'on avait quitté : *Il a fini par rentrer dans le giron familial.*

Gironde (la), nom de l'estuaire (long de 75 km), sur l'Atlantique, formé en aval de la confluence de la Garonne et de la Dordogne. Centrale nucléaire près de Blaye.

Gironde, dép. de la Région Aquitaine-Limousin-Poitou-Charentes ; ch.-l. de dép. *Bordeaux ;* ch.-l. d'arr. *Blaye, Langon, Lesparre-Médoc, Libourne ;* 6 arr., 33 cant., 542 comm. ; 10 000 km^2 ; 1 514 870 hab. *(Girondins).*

Girondins, groupe politique, pendant la Révolution française. Formé en 1791 autour de Brissot (d'où son autre nom de **Brissotins**), ce groupe réunit plusieurs députés de la Gironde (dont Vergniaud) à l'Assemblée législative puis à la Convention. Acceptant une monarchie constitutionnelle faisant une place à la bourgeoisie cultivée, les Girondins furent appelés par Louis XVI à former un ministère (mars-juin 1792), dont furent membres Roland et Dumouriez. Acquis au fédéralisme, ils se heurtèrent à la Commune de Paris et aux Jacobins, défenseurs d'une république centralisatrice et populaire ; évincés, ils furent, pour la plupart, guillotinés (mai-oct. 1793).

girouette [ʒirwɛt] **n.f.** (anc. scand. *wirewite,* d'apr. l'anc. v. fr. *girer,* tourner). **1.** Plaque de forme variable, mobile autour d'un axe vertical et fixée au sommet d'un toit ou d'un mât pour indiquer la direction du vent : *La girouette du clocher grince tout le temps.* **2.** *FAM.* Personne qui change souvent d'opinion : *Ne compte pas sur lui, c'est une girouette.*

gisant [ʒizɑ̃] **n.m.** (de *gésir*). Sculpture funéraire représentant un personnage couché.

Giscard d'Estaing (Valéry), homme d'État français (Coblence 1926). Fondateur du groupe des Républicains indépendants (1962), ministre des Finances (1962-1966, 1969-1974), il est président de la République de 1974 à 1981. Fondateur de l'Union pour la démocratie française (U.D.F.) en 1978, il en est le président de 1988 à 1996. Il préside la Convention sur l'avenir de l'Europe (2002-2003), chargée de rédiger un projet de traité constitutionnel. Celui-ci est cependant rejeté par référendum par les Français et les Néerlandais en 2005.

gisement [ʒizmɑ̃] **n.m.** (de *gésir*). Accumulation naturelle, locale, de matière minérale, solide, liquide ou gazeuse, susceptible d'être exploitée : *Un gisement de gaz, de pétrole.*

gît [ʒi,] 3e pers. du sing. du prés. de l'ind. de *gésir.*

Gitan, e [ʒitɑ̃, -an] **n.** (esp. *gitano,* altér. de *Egiptano,* égyptien). Personne appartenant à l'un des groupes qui constituent l'ensemble des Tsiganes (on dit aussi un, des *Calo* ou *Calé*). ◆ **gitan, e adj.** Relatif aux Gitans, aux Tsiganes : *Folklore gitan. Danses gitanes.*

1. gîte [ʒit] **n.m.** (de *gésir*). **1.** *LITT.* Lieu où l'on trouve à se loger, où l'on couche habituellement ou temporairement : *Chercher un gîte pour la nuit. Rentrer au gîte* (= chez soi). **2.** Abri où vit le lièvre. **3.** BOUCH. Morceau de la jambe ou de l'avant-bras des bovins. **4. Gîte rural,** maison située à la campagne et aménagée selon certaines normes pour recevoir des hôtes payants.

2. gîte [ʒit] **n.f.** (de *1. gîte*). MAR. Inclinaison d'un navire sur un bord : *Donner de la gîte.*

1. gîter [ʒite] **v.i.** Avoir son gîte, en parlant d'un lièvre : *Le fossé où gîte un lièvre* (= où il se met à l'abri).

2. gîter [ʒite] **v.i.** MAR. Donner de la gîte, de la bande, en parlant d'un bateau.

givrant, e [ʒivrɑ̃, -ɑ̃t] **adj.** Qui provoque la formation de givre : *Brouillard givrant.*

givre [ʒivr] **n.m.** (orig. incert.). Fins cristaux de glace qui se déposent sur un corps solide, une surface, par suite de la condensation du brouillard, de la congélation de gouttelettes d'eau : *Des arbres blancs de givre.*

givré, e [ʒivre] **adj. 1.** Couvert de givre : *Les vitres de la voiture sont givrées.* **2.** Se dit d'une orange ou d'un citron dont l'intérieur est fourré de glace aromatisée avec la pulpe du fruit. **3.** *FAM.* Fou.

givrer [ʒivre] **v.t. 1.** Couvrir de givre : *La gelée matinale a givré le pare-brise de la voiture.* **2.** Saupoudrer d'une substance imitant le givre : *Givrer une bûche de Noël.*

givreux, euse [ʒivrø, -øz] **adj.** (de *givre*). Se dit d'une pierre précieuse défectueuse.

Gizeh ou **Guizèh,** v. d'Égypte, ch.-l. de prov., sur la rive gauche du Nil ; 2 572 581 hab. Immense nécropole et complexes funéraires, dont le Sphinx et les pyramides des pharaons de la IVe dynastie, Kheops, Khephren et Mykerinus. Alignés en rues régulières au pied des deux premières pyramides, les tombeaux de l'aristocratie (mastabas) constituent une véritable ville des morts.

glabre [glabr] **adj.** (lat. *glaber,* sans poil). **1.** Dépourvu de barbe et de moustache : *Un visage glabre* (syn. **imberbe**). **2.** BOT. Dépourvu de poils, de duvet : *Feuilles glabres.*

glaçage [glasaʒ] **n.m. 1.** Action de glacer (une étoffe, une photographie, une pâtisserie). **2.** Couche sucrée qu'on dépose sur un entremets, un gâteau lorsqu'on le glace.

glaçant, e [glasɑ̃, -ɑ̃t] **adj.** Qui décourage, rebute par sa froideur, sa sévérité : *Un accueil glaçant.*

1. glace [glas] **n.f.** (lat. pop.**glacia,* du class. *glacies*). **1.** Eau congelée par le froid : *Patiner sur la glace. Garçon, de la glace !* (syn. **glaçon**). **2.** Crème sucrée et aromatisée à base de lait ou de fruits que l'on congèle dans un moule : *Une glace au citron.* **3. Être, rester de glace,** se montrer insensible. / **Rompre la glace,** faire cesser la gêne qui paralyse un entretien : *Pour rompre la glace, j'ai parlé de cinéma.*

2. glace [glas] **n.f.** (de *1. glace*). **1.** Plaque de verre transparente et épaisse : *La glace d'une vitrine.* **2.** Plaque de verre rendue réfléchissante par une couche de tain : *Se regarder dans la glace* (syn. **miroir**). **3.** Vitre d'une voiture.

glacé, e [glase] **adj. 1.** Solidifié, durci par le froid : *La terre est glacée* (syn. **gelé**). **2.** Très froid : *Le lit était glacé. Un vent* *glacé.* **3.** Engourdi par le froid : *Avoir les mains glacées* (syn. **gourd**). **4.** Qui marque des dispositions hostiles ou du moins indifférentes : *Accueil glacé* (syn. **glacial**). **5.** CUIS. Recouvert d'un glaçage ou d'une glace ; confit dans du sucre : *Bombe glacée. Marrons glacés.* **6.** Qui a subi le glaçage brillant (par opp. à *mat*) : *Papier glacé.*

glacer [glase] **v.t.** (lat. *glaciare*) [conj. **16**]. **1.** Solidifier par le froid : *Le froid de la nuit a glacé les mares* (syn. **geler**). **2.** Rendre très froid : *Glacer un jus de fruit* (syn. **frapper, rafraîchir**). **3.** Causer une vive sensation de froid à : *Le vent m'a glacé* (syn. **transir**). **4.** Intimider ; remplir d'effroi : *Son aspect me glace* (syn. **paralyser**). *Un spectacle qui nous a glacés d'horreur* (syn. **pétrifier**). **5.** Donner du lustrage, du poli à une étoffe, un papier, etc. **6.** Donner à une photographie un aspect brillant en la passant à la glaceuse. **7.** CUIS. Couvrir de jus une pièce de viande ; recouvrir de sucre glace, de sirop, de blanc d'œuf un gâteau, un entremets, etc. : *Glacer une galantine, des fruits.*

glaceuse [glasøz] **n.f.** Machine qui permet d'effectuer le glaçage des épreuves photographiques.

glaciaire [glasjɛr] **adj. 1.** Qui concerne les glaciers : *Calotte, érosion glaciaire.* **2. Périodes glaciaires,** périodes géologiques marquées par le développement des glaciers. / **Régime glaciaire,** régime d'un cours d'eau caractérisé par de hautes eaux d'été et de basses eaux d'hiver.

glacial, e, als ou **aux** [glasjal, -o] **adj. 1.** Qui pénètre d'un froid vif : *Vent glacial.* **2.** Qui est d'une extrême froideur ; qui intimide : *Un air glacial* (syn. **dur, froid, glacé**).

glaciation [glasjasjɔ̃] **n.f.** GÉOL. Période durant laquelle une région a été recouverte par les glaciers.

1. glacier [glasje] **n.m.** Accumulation de neige transformée en glace, animée de mouvements lents, qui forme de vastes coupoles dans les régions polaires ou qui, dans les vallées de montagne, s'étend en aval du névé. ▶ Il existe deux types de glaciers : les *glaciers de coupoles,* ou *inlandsis,* dans les régions polaires, et les *glaciers de montagne.*

2. glacier [glasje] **n.m.** Personne qui prépare ou vend des glaces, des sorbets.

glacière [glasjɛr] **n.f. 1.** Garde-manger refroidi avec de la glace : *Une glacière pour pique-nique.* **2.** *FAM.* Lieu très froid : *Son bureau est une véritable glacière.*

glaciologie [glasjɔlɔʒi] **n.f.** Étude des glaciers, de la glace et des régions glaciaires. ◆ **glaciologue n.** Nom du spécialiste.

glacis [glasi] **n.m.** (de *glacer,* glisser). **1.** FORTIF. Terrain découvert aménagé en pente douce à partir des éléments extérieurs d'un ouvrage fortifié. **2.** Zone protectrice formée par des États dépendant militairement d'une autre puissance : *L'ancien glacis soviétique.* **3.** GÉOGR. Surface d'érosion, en pente douce, développée dans les régions semi-arides ou périglaciaires, au pied des reliefs.

glaçon [glasɔ̃] **n.m. 1.** Morceau de glace naturelle : *La rivière charrie des glaçons.* **2.** Petit cube de glace formé dans un réfrigérateur : *Mettre des glaçons dans un verre.* **3.** *FAM.* Personne froide, très distante.

glaçure [glasyr] **n.f.** (all. *Glasur*). Substance vitreuse transparente ou colorée appliquée sur certaines poteries pour les imperméabiliser.

gladiateur [gladjatœr] **n.m.** (lat. *gladiator,* de *gladius,* épée). Celui qui, à Rome, dans les jeux du cirque, combattait contre un autre homme ou contre une bête féroce.

Gladstone (William Ewart), homme politique britannique (Liverpool 1809 - Hawarden 1898). Favorable au libre-échange, il quitte le parti conservateur pour le parti libéral, dont il prend la tête en 1865. Trois fois Premier ministre (1868-1874, 1880-1885, 1892-1894), il accomplit de nombreuses réformes (notamm. électorales) et s'oppose à Disraeli, son principal adversaire politique. Sa campagne en faveur du *Home Rule* (1886), visant à accorder un statut d'autonomie à l'Irlande, provoque au sein du parti libéral la sécession des unionistes.

glaïeul [glajœl] **n.m.** (lat. *gladiolus,* épée courte). Plante bulbeuse cultivée pour ses fleurs aux coloris variés. ▶ Famille des iridacées.

glaire [glɛr] **n.f.** (lat. pop. **claria,* blanc d'œuf, du class. *clarus,* clair). **1.** Sécrétion blanchâtre et gluante d'une muqueuse, normale ou pathologique : *Cracher des glaires.* **2.** Blanc d'œuf cru.

glaireux, euse [glɛrø, -øz] **adj.** De la nature de la glaire ; visqueux.

glaise [glɛz] **n.f.** (gaul. **gliso,* attesté seul. dans un composé lat.). Terre grasse et compacte, très argileuse, dont on fait les tuiles et la poterie (on dit aussi *terre glaise*).

glaiseux, euse [glɛzø, -øz] **adj.** Qui contient de la glaise : *Des terres glaiseuses.*

glaive [glɛv] **n.m.** (lat. *gladius,* épée). **1.** Épée courte à deux tranchants. **2. Le glaive de la justice,** le pouvoir judiciaire.

glamour [glamur] **n.m.** (mot angl. « séduction »). [Anglic.]. Beauté sensuelle, pleine de charme et d'éclat, caractéristique des vedettes féminines d'Hollywood des années 1950-1960 : *Jeune vedette au glamour irrésistible* (syn. **charme**).

glanage [glanaʒ] **n.m.** Action de glaner.

gland [glɑ̃] **n.m.** (lat. *glans, glandis*). **1.** Fruit du chêne, enchâssé dans une cupule. **2.** Élément de passementerie, de forme ovoïde. **3.** Extrémité renflée du pénis.

glande [glɑ̃d] **n.f.** (lat. *glandula,* de *glans, glandis,* gland). Organe ayant pour fonction d'élaborer certaines substances et de les déverser soit à l'extérieur de l'organisme (ou dans une cavité de celui-ci), généralement par l'intermédiaire d'un canal excréteur, soit directement dans le sang : *Les glandes sudoripares et salivaires sont des glandes à sécrétion externe. La thyroïde et l'hypophyse sont des glandes à sécrétion interne.*

glander [glɑ̃de] **v.i.** *T. FAM.* Perdre son temps à ne rien faire ; n'avoir pas de but précis (syn. **paresser**).

glandulaire [glɑ̃dylɛr] et **glanduleux, euse** [glɑ̃dylø, -øz] **adj.** Relatif aux glandes : *Une maladie glandulaire.*

glaner [glane] **v.t.** (bas lat. *glenare*). **1.** Ramasser dans un champ les épis restés sur le sol après la moisson. **2.** Recueillir çà et là des connaissances fragmentaires pour en tirer parti : *Glaner des renseignements* (syn. **grappiller**).

glaneur, euse [glanœr, -øz] **n.** Personne qui glane.

Glanum, ville gallo-romaine, près de Saint-Rémy-de-Provence (Bouches-du-Rhône). Elle est en Gaule l'un des plus intéressants exemples de l'urbanisation à l'époque d'Auguste : quartiers d'habitations (certaines maisons rappelant celles de Délos sont ornées de peintures et de mosaïques), architecture publique dans la zone centrale, arc de triomphe municipal (6 av. J.-C.) et mausolée de la famille « Julii ».

glapir [glapir] **v.i.** (altér. de l'anc. fr. *glatir,* aboyer, glapir) [conj. **32**]. Émettre un glapissement, en parlant du chiot, du renard, de la grue. ◆ **v.i.** ou **v.t.** Crier d'une voix aiguë : *Un ivrogne qui glapit des injures.*

glapissant, e [glapisɑ̃, -ɑ̃t] **adj.** Qui glapit ; criard.

glapissement [glapismɑ̃] **n.m.** Cri aigu et bref du chiot, du renard, de la grue ; action de glapir.

glas [glɑ] **n.m.** (lat. pop. **classum,* du class. *classicum,* sonnerie de trompette). **1.** Tintement d'une cloche annonçant l'agonie, la mort ou les funérailles de qqn. **2. Sonner le glas de qqch,** annoncer sa fin : *Son échec sonne le glas de nos espérances.*

Glasgow, v. de Grande-Bretagne (Écosse), sur la Clyde ; 593 245 hab. (1 140 326 hab. dans l'agglomération). Université. Aéroport. Métropole commerciale et industrielle de l'Écosse. Foyer artistique à l'époque de C. R. Mackintosh. Musées (Art Gallery, riche en peinture européenne).

glatir [glatir] **v.i.** (lat. *glattire*) [conj. **32**]. Émettre un cri, en parlant de l'aigle.

glaucome [glokom] **n.m.** (lat. *glaucoma,* gr. *glaukôma,* de *glaukos ;* v. *glauque*). Maladie de l'œil caractérisée par une augmentation de la pression intérieure entraînant une atrophie de la tête du nerf optique et une diminution du champ visuel, pouvant aller jusqu'à la cécité.

glauque [glok] **adj.** (lat. *glaucus*, gr. *glaukos*). **1.** D'un vert tirant sur le bleu : *Mer glauque.* **2.** *FAM.* Terne, trouble, livide ; qui donne une impression de tristesse : *Eau, lumière glauque. Banlieues glauques* (syn. **lugubre, sinistre**).

glèbe [glɛb] **n.f.** (lat. *gleba*). **1.** *LITT.* Sol en culture (syn. **terre**). **2.** FÉOD. Sol auquel les serfs étaient attachés et qu'ils devaient cultiver.

Glénan ***(îles de),*** petit archipel de la côte sud du Finistère. Centre nautique.

Glières ***(plateau des),*** plateau situé dans le massif des Bornes ; 1 400 à 2 000 m d'alt. Théâtre, en 1944, de la lutte héroïque d'un groupe de la Résistance contre les Allemands.

Glinka (Mikhaïl Ivanovitch), compositeur russe (Novospasskoïe 1804 - Berlin 1857). Il s'inspira, dans ses opéras (*la Vie pour le tsar,* 1836 ; *Ruslan et Lioudmila,* 1842), de la tradition musicale de son pays. Il est considéré comme le père de la musique russe.

glissade [glisad] **n.f.** Action de glisser ; mouvement fait en glissant : *Faire des glissades sur un parquet ciré.*

glissando [glisɑ̃do] **n.m.** (mot it. « en glissant »). MUS. Procédé d'exécution vocale ou instrumentale consistant à faire entendre avec rapidité tous les sons compris entre deux notes.

glissant, e [glisɑ̃, -ɑ̃t] **adj. 1.** Sur quoi on glisse facilement ; qui fait glisser : *Route glissante.* **2.** Qui glisse des mains ; à quoi on ne peut se retenir : *Le savon mouillé est glissant.* **3. Terrain glissant,** affaire hasardeuse, risquée ; circonstance délicate et difficile.

glisse [glis] **n.f. 1.** Capacité d'un matériel ou d'un sportif à glisser sur une surface comme la neige, la glace, l'eau. **2. Sports de glisse,** ensemble des sports où l'on glisse sur la neige, sur la glace ou sur l'eau (ski de neige, bobsleigh, patinage, ski nautique, surf et planche à voile).

glissement [glismɑ̃] **n.m. 1.** Action de glisser, mouvement de ce qui glisse : *Le glissement d'une barque sur un lac.* **2.** Passage progressif, insensible d'un état à un autre : *On constate un certain glissement des électeurs vers les écologistes.* **3. Glissement de terrain,** déplacement de la couche superficielle d'un terrain sur un versant, sans bouleversement du relief, contrairement à ce qui se passe lors d'un éboulement.

glisser [glise] **v.i.** (croisement de l'anc. fr. *gliier*, frq. **glidan*, et de *glacier*, forme anc. de *glacer*). **1.** Se déplacer d'un mouvement continu sur une surface lisse, unie : *Les patineurs glissent sur le lac gelé. Descendre l'escalier en glissant sur la rampe.* **2.** Perdre soudain l'équilibre ou le contrôle de sa direction : *Glisser sur le verglas* (syn. **déraper**). **3.** Être glissant : *Attention, il a gelé cette nuit, ça glisse.* **4.** Passer graduellement, insensiblement d'un état à un autre : *Électorat qui glisse à gauche.* **5.** Passer légèrement et rapidement sur qqch : *Ses doigts glissent sur le clavier* (syn. **courir**). **6.** Ne pas insister sur qqch : *Glissons sur le passé.* **7.** Ne pas faire grande impression sur qqn : *Les injures glissent sur lui.* **8. Glisser des mains de qqn,** lui échapper accidentellement des mains : *Le vase m'a glissé des mains.* ◆ **v.t. 1.** Introduire adroitement ou furtivement qqch quelque part : *Glisser une lettre sous une porte.* **2.** Introduire habilement et furtivement une idée, une remarque dans un texte, un discours : *Glisser des critiques au milieu des louanges. Glisser une clause dans un contrat.* **3.** Dire furtivement qqch à qqn : *Glisser quelques mots à l'oreille de qqn.* ◆ **se glisser v.pr. 1.** Entrer, passer quelque part d'un mouvement adroit ou furtif : *L'enfant se glissa dans son lit. Le chat s'est glissé sous l'armoire* (syn. **se faufiler**). **2.** S'introduire malencontreusement quelque part : *Des fautes se sont glissées dans le texte.* **3.** Pénétrer insensiblement quelque part : *Le doute s'est glissé dans son cœur* (syn. **s'insinuer**).

glissière [glisjɛr] **n.f.** (de *glisser*). **1.** Pièce destinée à guider dans son mouvement, par l'intermédiaire d'une rainure, une pièce mobile : *Une porte à glissière.* **2. Glissière de sécurité,** forte bande métallique bordant une route ou une autoroute et destinée à maintenir sur la chaussée un véhicule dont le conducteur a perdu le contrôle.

global, e, aux [glɔbal, -o] **adj.** (de *globe*). **1.** Qui est considéré dans sa totalité, dans son ensemble : *Revenu global* (syn. **intégral, total**). **2.** ÉCON. Relatif à une activité exercée à l'échelle planétaire. **3. Méthode globale,** méthode d'apprentissage de la lecture, consistant à faire reconnaître aux enfants l'ensemble du mot avant d'en analyser les éléments.

globalement [glɔbalmɑ̃] **adv.** De façon globale : *Il faut condamner globalement leurs théories* (= en bloc).

globalisateur, trice [glɔbalizatœr, -tris] et **globalisant, e** [glɔbalizɑ̃, -ɑ̃t] **adj.** Qui tend à faire la synthèse d'éléments dispersés : *Une vue globalisante des problèmes économiques.*

globalisation [glɔbalizasjɔ̃] **n.f. 1.** Action de globaliser. **2.** (Calque de l'angl.). ÉCON. Mondialisation.

globaliser [glɔbalize] **v.t.** Réunir en un tout des éléments divers, les présenter d'une manière globale : *Globaliser les raisons d'insatisfaction des salariés.*

globalité [glɔbalite] **n.f.** Caractère global de qqch : *Envisager un processus dans sa globalité* (syn. **ensemble, intégralité**).

globe [glɔb] **n.m.** (lat. *globus,* rouleau). **1.** Corps sphérique (syn. **sphère**). **2.** Sphère ou demi-sphère en verre destinée à diffuser la lumière ou à recouvrir un objet : *Le globe d'une lampe. Pendule sous globe.* **3.** La Terre, le monde : *La surface du globe. Aller dans tous les coins du globe.* **4. Globe céleste,** sphère sur laquelle est dessinée une carte du ciel. / **Globe terrestre,** sphère sur laquelle est dessinée une carte de la Terre. / **Globe oculaire,** œil. **5. Mettre, garder sous globe,** mettre à l'abri de tout danger ; garder précieusement.

globe-trotteur, euse [glɔbtrɔtœr, -øz] **n.** (de l'angl.) [pl. *globe-trotteurs, euses*]. Personne qui parcourt le monde.

globulaire [glɔbylɛr] **adj. 1.** Qui est en forme de globe (syn. **sphérique**). **2.** Relatif aux globules du sang : *Anémie globulaire.* **3. Numération globulaire,** dénombrement des globules rouges et blancs contenus dans le sang.

globule [glɔbyl] **n.m.** (lat. *globulus,* dimin. de *globus,* globe). **1.** Petit corps ou cellule que l'on trouve en suspension dans divers liquides de l'organisme : *Les globules de la lymphe.* **2. Globule blanc,** nom usuel du *leucocyte.* / **Globule rouge,** nom usuel de l'*hématie.*

globuleux, euse [glɔbylø, -øz] **adj. 1.** Qui a la forme d'un globule : *Une particule globuleuse.* **2. Œil globuleux,** œil dont le globe est très saillant.

globuline [glɔbylin] **n.f.** (de *globule*). Protéine de poids moléculaire élevé, dont il existe plusieurs formes, présentes surtout dans le sang et les muscles.

glockenspiel [glɔkənʃpil] **n.m.** (mot all. « jeu de cloches »). MUS. Petit carillon.

gloire [glwar] **n.f.** (lat. *gloria*). **1.** Renommée, répandue dans un public très vaste, résultant des actions, des qualités de qqn : *Se couvrir de gloire. Il est au sommet de sa gloire* (syn. **célébrité**). **2.** Mérite, honneur qui revient à qqn : *On lui attribue la gloire de cette découverte.* **3.** Ce qui assure le renom, suscite la fierté : *Le musée est la gloire de la ville.* **4.** Personne illustre, dont la renommée est incontestée : *Une des gloires de l'époque.* **5.** THÉOL. Manifestation de la majesté, de la toute-puissance et de la sainteté de Dieu, telles qu'elles se reflètent dans sa création. **6. Pour la gloire,** sans espérer de profit matériel. / **Rendre gloire à,** rendre un hommage mêlé d'admiration à : *Le pays a rendu gloire à ses héros.* / **Se faire gloire, tirer gloire de,** tirer vanité, se vanter de : *Il se fait gloire d'écrire trois livres par an.*

gloméris [glɔmeris] **n.m.** (lat. *glomus, -eris,* boule). Mille-pattes court et bombé des milieux terrestres humides, qui se roule en boule lorsqu'il est dérangé. ▸ Long. 1 à 2 cm ; classe des myriapodes.

gloria [glɔrja] **n.m. inv.** (mot lat. « gloire »). CATH. Hymne de louange à Dieu faisant partie de la messe et commençant par les mots *Gloria in excelsis Deo... ;* ; musique composée sur cette hymne.

glorieusement [glɔrjøzmɑ̃] **adv.** De façon glorieuse : *Soldat mort glorieusement.*

Glorieuses *(îles)*, archipel français de l'océan Indien, au N. de Madagascar.

Glorieuses *(les Trois)* [27, 28, 29 juill. 1830], journées de la révolution de 1830 qui mirent fin au règne de Charles X.

glorieux, euse [glɔrjø, -øz] **adj.** (lat. *gloriosus*). **1.** Qui donne de la gloire : *Un exploit glorieux* (syn. **éclatant, retentissant**). **2.** Qui s'est acquis de la gloire, surtout militaire : *Les glorieux maréchaux de l'Empire.* **3.** *LITT.* Qui tire vanité de qqch : *Être glorieux de son rang* (syn. **fier de**).

glorification [glɔrifikasjɔ̃] **n.f.** Action de glorifier : *La glorification d'un héros, de la science.*

glorifier [glɔrifje] **v.t.** (lat. *glorificare*) [conj. **9**]. Honorer, rendre gloire à : *Glorifier la mémoire d'une héroïne* (syn. **chanter, exalter**). *Glorifier une découverte* (syn. **célébrer, vanter**). ◆ **se glorifier v.pr.** Tirer vanité de : *Il se glorifie de la réussite de son fils* (syn. **s'enorgueillir**).

gloriole [glɔrjɔl] **n.f.** (lat. *gloriola*, dimin. de *gloria*, gloire). Gloire tirée de petites choses : *Faire qqch par gloriole* (= par vanité mesquine) [syn. **suffisance, vanité**].

glose [gloz] **n.f.** (bas lat. *glosa*, mot qui a besoin d'être expliqué, gr. *glôssa*, langue). **1.** Annotation ajoutée à un texte pour en éclairer les mots ou les passages obscurs : *Écrire des gloses en marge d'un texte* (syn. **note**). **2.** (Surtout au pl.). *SOUT.* Critique, interprétation malveillante : *Faire des gloses sur tout le monde.*

gloser [gloze] **v.t. ind. [sur]** (de *glose*). *SOUT.* Faire des commentaires malveillants sur qqn, qqch : *Elle ne cesse de gloser sur ses voisins.* ◆ **v.t.** Éclaircir un texte par une glose, un commentaire : *Gloser un passage de la Bible.*

glossaire [glɔsɛr] **n.m.** (lat. *glossarium*). **1.** Liste alphabétique des mots d'une langue, d'une œuvre, d'un traité, qui sont considérés comme rares ou spécialisés et dont on donne l'explication, le sens (syn. **lexique**). **2.** Dictionnaire portant sur un domaine spécialisé.

glossolalie [glɔsɔlali] **n.f.** (de *glosso-*, et du gr. *lalein*, parler). PSYCHIATRIE. Chez certains malades mentaux, production d'un vocabulaire inventé accompagné d'une syntaxe déformée.

glottal, e, aux [glɔtal, -o] **adj.** PHON. Émis par la glotte : *Vibrations glottales.*

glotte [glɔt] **n.f.** (gr. *glôtta*, var. de *glôssa*, langue). **1.** ANAT. Partie du larynx comprise entre les deux cordes vocales inférieures, qui sert à l'émission de la voix. **2.** PHON. **Coup de glotte,** consonne occlusive produite au niveau de la glotte par l'accolement des cordes vocales l'une contre l'autre : *Le coup de glotte est fréquent en allemand.*

glouglou [gluglu] **n.m.** (onomat.). **1.** *FAM.* Bruit d'un liquide s'échappant d'une bouteille, d'un conduit, etc. **2.** Cri du dindon.

glouglouter [gluglute] **v.i. 1.** *FAM.* Produire un bruit de glouglou : *L'eau coule de la fontaine en glougloutant.* **2.** Émettre un cri, en parlant du dindon.

gloussement [glusmɑ̃] **n.m. 1.** Cri de la poule qui appelle ses petits. **2.** Petits cris ou rires étouffés : *Sa remarque provoqua des gloussements dans l'assistance.*

glousser [gluse] **v.i.** (lat. pop. **clociare*, class. *glocire*). **1.** En parlant de la poule, appeler ses petits. **2.** *FAM.* Rire en poussant des petits cris : *Quelques élèves gloussaient.*

glouton, onne [glutɔ̃, -ɔn] **adj.** et **n.** (lat. *glutto*, de *gluttus*, gosier). Qui mange beaucoup et avec avidité : *C'est un glouton* (syn. **goinfre**). *Un enfant glouton* (syn. **vorace**).

gloutonnement [glutɔnmɑ̃] **adv.** D'une manière gloutonne : *Se jeter gloutonnement sur son dessert* (syn. **avidement**).

gloutonnerie [glutɔnri] **n.f.** Avidité gloutonne : *Sa gloutonnerie lui a valu une indigestion* (syn. **goinfrerie, voracité**).

glu [gly] **n.f.** (lat. *glus*, colle). Matière visqueuse et tenace, extraite principalement de l'écorce intérieure du houx.

gluant, e [glyɑ̃, -ɑ̃t] **adj.** Qui a la consistance ou l'aspect de la glu ; collant : *Terre gluante. Liquide gluant* (syn. **poisseux, visqueux**).

gluau [glyo] **n.m.** (de *glu*). Petite branche frottée de glu, pour prendre les oiseaux. ▸ La chasse au gluau est interdite.

glucide [glysid] **n.m.** (de *gluc*[*o*]-). BIOCHIM. Composant fondamental de la matière vivante, constitué de carbone, d'hydrogène et d'oxygène, jouant dans l'organisme un rôle énergétique.

Gluck (Christoph Willibald, *chevalier* **von),** compositeur allemand (Erasbach, Haut-Palatinat, 1714 - Vienne 1787). Il est le type même du musicien international : d'origine allemande, il exerce surtout son métier en Italie, en Autriche, puis en France. Avec *Orfeo ed Euridice* (1762) commence ce qu'il appelle lui-même sa « réforme de l'opéra » (livret simplifié, ornements réduits à l'essentiel, récitatif humanisé, chœur participant à l'action), poursuivie avec *Alceste* (1767). En 1774, il présente à Paris *Iphigénie en Aulide* et des versions françaises d'*Orphée et Eurydice* puis d'*Alceste* (1776). C'est l'origine de la querelle des gluckistes et des piccinnistes, opposant les partisans de la musique française, soutenus par la cour, à ceux de la musique italienne. Il compose encore *Armide* (1777), *Iphigénie en Tauride* (1779), etc.

glucose [glykoz] **n.m.** (de *gluco-*). Glucide de saveur sucrée, contenu dans certains fruits comme le raisin et entrant dans la composition de presque tous les glucides. ▸ Synthétisé par les plantes vertes au cours de l'assimilation chlorophyllienne, le glucose joue un rôle fondamental dans la nutrition des êtres vivants.

glutamate [glytamat] **n.m.** (de *gluten* et *am*[*ide*]). BIOCHIM. Sel ou ester d'un acide aminé présent dans les tissus nerveux et qui joue un rôle important dans le métabolisme.

gluten [glytɛn] **n.m.** (mot lat. « colle »). Substance protéique visqueuse qui reste quand on a ôté l'amidon de la farine de céréale. ▸ Le gluten ne contient pas de glucides.

glycémie [glisemi] **n.f.** (de *glyc*[*e*]- et *-émie*). MÉD. Taux de glucose dans le sang. ▸ La glycémie normale est de 1 g par litre de sang ; elle augmente dans le diabète sucré.

glycérine [gliserin] **n.f.** (du gr. *glukeros*, doux). Liquide sirupeux, incolore, de saveur sucrée, extrait des corps gras par saponification.

glycérophtalique [gliseroftalik] **adj.** (de *glycérol*, glycérine, et [*na*]*phtaline*). **1.** Se dit d'une résine dérivée de la glycérine et d'un hydrocarbure composant de la naphtaline. **2. Peinture glycérophtalique,** peinture à base de résine glycérophtalique.

glycine [glisin] **n.f.** (du gr. *glukus*, doux). Arbuste grimpant originaire de Chine et cultivé pour ses longues grappes de fleurs mauves et odorantes. ▸ Famille des papilionacées.

glycogène [glikɔʒɛn] **n.m.** (de *glyco-* et *-gène*). Glucide complexe, constituant la principale réserve de glucose dans le foie et les muscles.

glycolyse [glikɔliz] **n.f.** (de *glyco-* et de *-lyse*). Dégradation du glucose dans les cellules.

■ La glycolyse est une suite complexe de réactions chimiques, chacune contrôlée par une enzyme spécifique. Elle conduit à la transformation du glucose en acide pyruvique, avec production d'énergie (sous forme de molécules d'A.T.P. [adénosine triphosphate]). Si la cellule est en aérobiose (présence d'oxygène en quantité normale), l'acide pyruvique est transformé en acétyl-coenzyme A (acétyl-CoA). Celui-ci entre alors dans le cycle de Krebs, une suite de réactions qui produit une quantité importante d'énergie sous forme d'A.T.P. Si la cellule est en anaérobiose (oxygène en quantité insuffisante), ce qui se produit dans le muscle →

au cours d'un effort intense ou trop prolongé, l'acide pyruvique est transformé en acide lactique, inutilisable pour la production d'énergie. ■

glycosurie [glikɔzyri] **n.f.** (de *glycose*, anc. forme de *glucose*, et *-urie*). MÉD. Présence de glucose dans l'urine, l'un des signes du diabète.

glyptique [gliptik] **n.f.** (gr. *gluptikos*, propre à graver). Art de tailler les pierres fines ou précieuses : *La glyptique produit les intailles et les camées.*

glyptodon [gliptodɔ̃] ou **glyptodonte** [gliptodɔ̃t] **n.m.** (du gr. *gluptos*, gravé). Mammifère édenté fossile, à carapace osseuse, qui a vécu au quaternaire en Amérique du Sud. ▸ Long. jusqu'à 4 m.

GMT [ʒeɛmte] (sigle de l'angl. *Greenwich Mean Time*, désignant le temps moyen de Greenwich). Échelle de temps où les jours sont comptés de 0 à 24 h avec changement de quantième à midi.

gnangnan [ɲɑ̃ɲɑ̃] **adj. inv.** (onomat.). FAM. **1.** Qui est mou et lent ; qui se plaint au moindre effort : *Qu'est-ce qu'elle est gnangnan* (syn. **indolent, lambin**). **2.** Qui ne présente ni intérêt ni agrément : *Un film gnangnan* (syn. **insipide, mièvre**).

gneiss [gnɛs] **n.m.** (mot all.). Roche métamorphique constituée de cristaux de mica, de quartz et de feldspath, disposés en lits.

gnocchi [ɲɔki] **n.m.** (mot it., d'orig. incert.). Boulette à base de semoule ou de pommes de terre, génér. pochée puis gratinée avec du fromage : *Des gnocchis.*

gnognote ou **gnognotte** [ɲɔɲɔt] **n.f.** (onomat.). FAM. **C'est de la gnognote**, c'est une chose de peu de valeur, négligeable.

gnole [ɲol] **n.f.** (mot franco-provençal, de *une yôle*, eau-de-vie de mauvaise qualité, var. dial. de *hièble*, sorte de sureau, lat. *ebulum*). FAM. Eau-de-vie. ***Rem.*** On écrit aussi *gnôle, gniole, gnaule.*

gnome [gnom] **n.m.** (lat. des alchimistes *gnomus*, d'orig. obsc.). **1.** Petit génie difforme qui habite à l'intérieur de la terre, dont il garde les richesses, dans la tradition kabbalistique. **2.** Homme petit et contrefait (syn. **nabot**).

gnomique [gnɔmik] **adj.** (gr. *gnômikos*, de *gnômê*, opinion, sentence). Qui s'exprime par sentences, proverbes ; qui contient des sentences : *Poésie gnomique.*

gnomon [gnɔmɔ̃] **n.m.** (lat. *gnomon*, aiguille de cadran, mot gr.). Cadran solaire primitif, constitué d'une simple tige dont l'ombre se projette sur une surface plane.

gnon [ɲɔ̃] **n.m.** (aphérèse d'*oignon*). FAM. Coup ; marque d'un coup : *Les bras couverts de gnons* (syn. **ecchymose, meurtrissure**). *Recevoir un gnon* (= un coup de poing).

gnose [gnoz] **n.f.** (gr. *gnôsis*, connaissance). Doctrine religieuse ésotérique qui se fonde sur une connaissance supérieure des choses divines et des mystères de la religion chrétienne.

gnou [gnu] **n.m.** (mot de la langue des Hottentots). Antilope d'Afrique, à grosse tête et à cornes recourbées, pourvue d'une crinière et d'une barbe. ▸ Haut. au garrot 1,20 m.

1. go [go] **n.m. inv.** (mot jap.). Jeu de stratégie d'origine chinoise, qui consiste, pour deux joueurs, à poser des pions respectivement noirs et blancs sur une grille, de manière à former des territoires aussi vastes que possible.

2. go ⟶ **tout de go.**

Goa, État de la côte occidentale de l'Inde ; 3 700 km^2 ; 1 457 723 hab. Occupé par les Portugais de 1510 à 1961-1962.

goal [gol] **n.m.** (mot angl.). Gardien de but.

goal-average [golaveraʒ] **n.m.** (mot angl., de *goal*, but, et *average*, moyenne) [pl. *goal-averages*]. Dans certains sports, décompte des buts ou points marqués et encaissés par une équipe, et destiné à départager deux équipes ex æquo à l'issue d'une compétition.

gobelet [gɔblɛ] **n.m.** (anc. fr. *gobel*). **1.** Récipient pour boire, généralement sans pied et sans anse ; son contenu : *Un gobelet d'étain.* **2.** Cornet tronconique servant à lancer les dés ou à faire des tours de prestidigitation.

Gobelins (les), anc. manufacture royale installée dans les ateliers des teinturiers *Gobelins*, au bord de la Bièvre, à Paris. Créée et dirigée par des tapissiers flamands, sous l'impulsion d'Henri IV (début du XVIIe s.), elle connaît son plein essor sous Louis XIV : Colbert lui donne le titre de *manufacture royale des meubles de la Couronne* en 1667. Ch. Le Brun dirige alors les ateliers de cartons de tapisseries, d'orfèvrerie, d'ébénisterie et de sculpture. Les Gobelins sont aujourd'hui manufacture nationale de tapisseries ; les mêmes locaux (XIIIe arr.) abritent les manufactures de Beauvais (tapisseries) et de la Savonnerie (tapis). Les collections et les créations de ces manufactures et du Mobilier national sont exposées dans la *Galerie des Gobelins.*

gobe-mouches [gɔbmuʃ] **n.m. inv.** Oiseau passereau qui capture des insectes au vol.

gober [gɔbe] **v.t.** (d'un rad. gaul. **gobbo-*, bec, bouche). **1.** Avaler en aspirant et sans mâcher : *Gober un œuf, une huître.* **2.** FAM. Croire sottement, naïvement ce qu'on entend raconter : *Elle gobe tout.*

se **goberger** [gɔbɛrʒe] **v.pr.** (probabl. du moyen fr. *goberge*, forfanterie, de *gobe*, orgueilleux, d'orig. gaul.) [conj. **17**]. FAM. **1.** Prendre ses aises, se prélasser. **2.** Faire bonne chère.

Gobi, désert de l'Asie centrale (Mongolie et Chine).

Gobineau (Joseph Arthur, *comte* **de),** diplomate et écrivain français (Ville-d'Avray 1816 - Turin 1882). Romancier (*les Pléiades*, 1874) et nouvelliste, il est l'auteur de l'*Essai sur l'inégalité des races humaines* (1853-1855), qui influa sur les théoriciens du racisme germanique.

godailler **v.i.** ⟶ **goder.**

Godard (Jean-Luc), cinéaste français et suisse (Paris 1930). Dès son premier film, *À bout de souffle* (1959), il donne le ton de la « nouvelle vague » : personnages romantiques, désinvolture et vivacité d'un récit truffé de citations littéraires, picturales, cinématographiques. Il réalise ensuite : *le Petit Soldat, Vivre sa vie, les Carabiniers.* Avec *le Mépris* (1963), il tire du roman de Moravia une tragédie superbe et implacable, qui met en question les rapports entre hommes et femmes, entre cinéastes et producteurs, entre cinéma et réalité. Cette première période se poursuit avec *Pierrot le Fou* (1965), *la Chinoise* (1967). Après 1968, il réalise surtout des films militants et des recherches sur la vidéo, mais revient à la fiction avec *Tout va bien* (1972), puis *Passion* (1982), *Je vous salue Marie* (1985), *Nouvelle Vague* (1990), *Allemagne année 90 neuf zéro* (1991), *Hélas pour moi* (1993), *Éloge de l'amour* (2001). Il a influencé une nouvelle génération du cinéma français.

godasse [gɔdas] **n.f.** (de *god[illot]*). FAM. Soulier.

Godbout (Jacques), écrivain et cinéaste canadien d'expression française (Montréal 1933). Son œuvre compose une quête de son identité d'homme et d'écrivain (*l'Aquarium*, 1962 ; *D'amour, P. Q.*, 1972 ; *Une histoire américaine*, 1986).

Godefroi de Bouillon (Baisy v. 1061 - Jérusalem 1100), duc de Basse-Lorraine (1089-1095). Principal chef de la première croisade, il fonda le royaume de Jérusalem (1099) après la prise de cette ville et le gouverna, jusqu'à sa mort, avec le titre d'« avoué du Saint-Sépulcre ».

Gödel (Kurt), logicien et mathématicien américain d'origine autrichienne (Brünn, auj. Brno, 1906 - Princeton 1978). Il est l'auteur de deux théorèmes en logique, pour lesquels il définit deux notions fondamentales de la logique moderne, « l'incomplétude » et « l'indécidabilité ». Ses travaux ont modifié durablement les conceptions des mathématiciens (*Sur les propositions indécidables des « Principia Mathematica »...*, 1931).

godelureau [gɔdlyro] **n.m.** (de l'onomat. *god-*, cri d'appel, par croisement avec l'anc. mot *galureau*, galant). FAM. Jeune homme qui fait le joli cœur auprès des femmes.

goder [gɔde] et **godailler** [gɔdaje] **v.i.** (de *godron,* pli rond). COUT. Faire des faux plis par suite d'une mauvaise coupe ou d'un mauvais assemblage : *Ta jupe godaille derrière* (syn. **grimacer**).

godet [gɔdɛ] **n.m.** (moyen néerl. *kodde*). **1.** Petit gobelet à boire (syn. **timbale**). **2.** Auge fixée sur une noria ou sur certains appareils de manutention ou de travaux publics : *Une drague, une pelleteuse à godets.* **3.** Petit récipient à usages divers : *Un godet à peinture.* **4.** COUT. Pli rond qui va en s'évasant, formé par un tissu coupé dans le biais : *Une jupe à godets.*

godiche [gɔdiʃ] **adj.** et **n.f.** (de *Godon,* dimin. de *Claude*). *FAM.* Gauche, maladroit, benêt : *Avoir l'air godiche* (syn. **niais, nigaud**).

godille [gɔdij] **n.f.** (mot dialect., d'orig. obsc.). **1.** Aviron placé à l'arrière d'une embarcation et permettant la propulsion par un mouvement hélicoïdal de la pelle. **2.** À skis, enchaînement de virages courts suivant la ligne de plus grande pente.

godiller [gɔdije] **v.i. 1.** Faire avancer une embarcation avec la godille. **2.** À skis, descendre en godille.

godillot [gɔdijo] **n.m.** (de *A. Godillot,* fabricant de brodequins militaires). **1.** Ancienne chaussure militaire à tige courte. **2.** *FAM.* Grosse chaussure de marche (syn. **croquenot**). **3.** *FAM.* Parlementaire inconditionnel d'un homme ou d'un parti politique : *Les godillots du pouvoir.*

Godoy Álvarez de Faria (Manuel), homme d'État espagnol (Badajoz 1767 - Paris 1851), ministre de Charles IV d'Espagne et amant de la reine Marie-Louise, il fut Premier ministre de 1792 à 1798 et de 1800 à 1808, et entraîna son pays dans une alliance avec la France, à l'époque de la Révolution française et de l'Empire.

Goebbels (Joseph Paul), homme politique allemand (Rheydt 1897 - Berlin 1945). Journaliste national-socialiste, ministre de la Propagande et de l'Information (1933-1945), il fut chargé par Hitler de la direction de la guerre totale (1944). Il se suicida avec toute sa famille.

goéland [gɔelɑ̃] **n.m.** (bas breton *gwelan,* mouette). Oiseau palmipède marin à plumage dorsal gris ou noir, cosmopolite sur les rivages, nichant en colonies. ▸ L'alimentation des goélands varie en fonction des ressources de leur milieu. Long. 40 à 80 cm selon l'espèce.

goélette [gɔelɛt] **n.f.** (de *goéland,* avec changement de suff.). MAR. Voilier à deux mâts, dont le grand mât est à l'arrière.

goémon [gɔemɔ̃] **n.m.** (bas breton *gwemon*). Nom donné au varech, récolté comme engrais, en Bretagne et en Normandie.

Goering (Hermann) ⟶ Göring.

Goethe (Johann Wolfgang von), écrivain allemand (Francfort-sur-le-Main 1749 - Weimar 1832). Il est l'un des chefs du « Sturm und Drang » avec son roman *les Souffrances du jeune Werther* (1774) et son drame *Götz von Berlichingen* (1774). À travers son expérience de l'Italie (*Torquato Tasso,* 1789), de la Révolution française et de la politique (il fut ministre du grand-duc de Weimar), son amitié avec Schiller (*Xénies,* 1796), et ses recherches scientifiques (*la Métamorphose des plantes,* 1790 ; *la Théorie des couleurs,* 1810), il évolua vers un art plus classique (*Wilhelm Meister,* 1796-1821 ; *Hermann et Dorothée,* 1797 ; *les Affinités électives,* 1809). Son œuvre prit ensuite une forme autobiographique (*Poésie et Vérité,* 1811-1833) et symbolique (*Divan occidental et oriental,* 1819 ; *Faust*). • **Faust.** Goethe travailla à ce drame de 1773 à 1832, s'inspirant d'une légende populaire. Le nœud de l'action est un pari engagé entre Méphistophélès, qui se fait fort de ravaler Faust au niveau de la brute, et le Seigneur, qui affirme que Faust résistera à la tentation. La première partie du drame, achevée en 1808, peint essentiellement la séduction et l'abandon de Marguerite, qui sera sauvée par son repentir. Dans la seconde partie, publiée en 1832, Faust, introduit dans le monde de l'Hellade mythique, prend Hélène comme épouse et obtient son salut, car il « n'a jamais cessé de tendre vers un idéal ».

Goffman (Erving), psychosociologue canadien (Manvine, Alberta, 1922-Philadelphie 1982). Il s'est tout d'abord intéressé aux formes d'organisation sociale, notamment « totalitaires » comme celle des lieux d'enfermement (*Asiles,* 1961). Puis il a étudié les comportements sociaux (*les Rites d'interaction,* 1967).

gogo [gogo] **n.m.** (de *Gogo,* n. d'un personnage de comédie). *FAM.* Personne crédule, facile à tromper (syn. **ingénu, naïf**).

à **gogo** [gogo] **loc. adv.** (de l'anc. fr. *gogue,* réjouissance). *FAM.* En abondance : *Il y avait à boire et à manger à gogo* (= à volonté) [syn. **abondamment**].

Gogol (Nikolaï Vassilievitch), écrivain russe (Sorotchintsy 1809 - Moscou 1852). Dans ses nouvelles *(Tarass Boulba, le Journal d'un fou)* et sa comédie *le Revizor* (1836), satire de la bureaucratie russe, il peint la grisaille quotidienne de vies médiocres en un récit à la fois ému et ironique, comique par tous les détails mais infiniment triste par l'impression d'ensemble. Son roman, *les Âmes mortes* (1842), décrit les malversations d'un aventurier qui obtient de l'argent de l'État sur des serfs morts après le dernier recensement mais toujours inscrits sur les listes du fisc. Visionnaire et mystique, Gogol a révélé le réalisme aux écrivains de son pays.

goguenard, e [gɔgnar, -ard] **adj.** (de l'anc. fr. *gogue,* réjouissance). Qui se moque ouvertement de qqn d'autre : *Elle nous regardait, goguenarde* (syn. **moqueur, narquois**).

goguenardise [gognardiz] **n.f.** Attitude moqueuse : *Sa goguenardise m'irrite* (syn. **ironie, moquerie**).

goguette [gɔgɛt] **n.f.** (de l'anc. fr. *gogue,* réjouissance). *FAM.* **Être en goguette,** être de belle humeur, un peu ivre ; être en gaieté et décidé à faire la fête, à s'amuser.

goï, goïm adj. et **n.** ⟶ **goy.**

goinfre [gwɛ̃fr] **adj.** et **n.** (orig. obsc.). Qui mange beaucoup, avidement et salement (syn. **glouton, goulu**).

se **goinfrer** [gwɛ̃fre] **v.pr. [de].** *FAM.* Manger beaucoup, gloutonnement et malproprement : *Se goinfrer de gâteaux* (syn. **se gaver**).

goinfrerie [gwɛ̃frəri] **n.f.** Comportement du goinfre : *Emporté par sa goinfrerie, il a tout dévoré* (syn. **voracité**).

goitre [gwatr] **n.m.** (de l'anc. fr. *goitron,* gosier, lat. pop. **gutturio,* du class. *guttur,* gorge). Grosseur au cou résultant d'une augmentation de volume de la glande thyroïde.

goitreux, euse [gwatrø, -øz] **adj.** et **n.** Atteint d'un goitre.

Golconde, forteresse et ville ruinée de l'Inde (Andhra Pradesh). Capitale depuis 1518 d'un sultanat musulman du Deccan, aux trésors légendaires, elle fut détruite par l'empereur moghol Aurangzeb en 1687. D'importantes fortifications, des palais et plusieurs tombeaux témoignent des fastes légendaires de la cité, dont les environs abritaient des mines d'où ont été extraites certaines des plus célèbres pierres précieuses.

Golding (William), écrivain britannique (Saint Columb Minor, Cornouailles, 1911 - Tulimar, près de Falmouth, Cornouailles, 1993). Son œuvre montre l'homme prêt, en toutes circonstances, à revenir à sa barbarie primitive (*Sa Majesté des Mouches,* 1954). [Prix Nobel 1983.]

Goldoni (Carlo), auteur dramatique italien (Venise 1707 - Paris 1793). Aux bouffonneries de la *commedia dell'arte,* il substitua la peinture des mœurs et des caractères (*le Serviteur de deux maîtres,* 1745 ; *la Locandiera,* 1753 ; *les Querelles de Chioggia,* 1762), puis il s'établit à Paris, où il poursuivit, en français, la défense et l'illustration de la comédie naturelle (*le Bourru bienfaisant,* 1771).

Goldsmith (Oliver), écrivain britannique (Pallasmore, Irlande, 1728 - Londres 1774). Il est l'auteur de romans (*le Vicaire de Wakefield,* 1766), de poèmes sentimentaux *(le Village abandonné)* et de pièces de théâtre *(Elle s'abaisse pour triompher).*

golf [gɔlf] **n.m.** (mot angl., du néerl. *kolf,* gourdin). **1.** Sport consistant à envoyer, en un minimum de coups, une balle, à l'aide de clubs, dans les dix-huit trous successifs d'un terrain coupé d'obstacles. **2.** Terrain de golf : *L'aménagement d'un golf.* **3. Golf miniature,** jeu imitant le golf sur un parcours très réduit.

golfe [gɔlf] **n.m.** (it. *golfo*, gr. *kolpos*, pli, sinuosité). Partie de mer avancée dans les terres, généralement suivant une large courbure du littoral : *Le golfe de Gascogne.*

Golfe ***(guerre du)***, conflit opposant l'Iraq (qui a envahi et annexé le Koweït en août 1990) à une coalition d'une trentaine de pays conduite par les États-Unis. L'O.N.U. ayant condamné l'annexion du Koweït, puis autorisé l'emploi de tous les moyens nécessaires pour libérer cet État, une force multinationale à prépondérance américaine et à participation arabe (Égypte, Syrie notamm.), déployée dans le Golfe et en Arabie saoudite, intervient contre l'Iraq (17 janv. 1991). Les forces alliées déclenchent une vaste offensive, qui se développe durant quarante jours, mettant en œuvre des moyens ultramodernes (missiles de croisière, avions furtifs, bombes à guidage laser). Le Koweït est libéré le 28 février.

golfeur, euse [gɔlfœr, -øz] **n.** Personne qui pratique le golf.

Golgi (Camillo), médecin et histologiste italien (Corteno, près de Brescia, 1844 - Pavie 1926). Professeur d'anatomie à Turin, puis à Sienne, professeur d'histologie, puis de pathologie générale à Pavie, il est l'auteur de remarquables travaux sur l'histologie du système nerveux (méthodes de coloration, découverte de récepteurs tactiles) et sur les fièvres paludéennes. (Prix Nobel de médecine, avec Ramón y Cajal, 1906.)

Golgotha (mot araméen signif. « crâne »), lieu proche de Jérusalem où, selon les Évangiles, Jésus fut crucifié. Les traductions latines en ont fait le Calvaire.

Goliath, Philistin dont le livre biblique de Samuel fait un guerrier redoutable par sa force et son armure, mais que le jeune David abat avec le seul secours d'une fronde et d'un caillou. Mais cette version de l'affrontement semble avoir glorifié des traditions qui attribuaient en fait au futur roi un rôle plus modeste.

Gombrich (*sir* Ernst Hans), historien de l'art britannique d'origine autrichienne (Vienne 1909 - Londres 2001). Dans *l'Art et l'Illusion* (1960), il a analysé les aspects techniques de la création ainsi que, chez le spectateur, le rôle de la psychologie de la perception. On lui doit aussi une *Histoire de l'art* (1950) et de nombreuses études d'iconologie.

Gombrowicz (Witold), écrivain polonais (Maloszyce 1904 - Vence 1969). Ses romans (*Ferdydurke,* 1938 ; *Transatlantique,* 1953 ; *la Pornographie,* 1960 ; *Cosmos,* 1965), son théâtre (*Yvonne, princesse de Bourgogne,* 1938, représentée en 1957 ; *le Mariage,* 1953, représenté en 1963) et son *Journal* (1957-1966) ont cherché à saisir, à travers les comportements stéréotypés et les pièges de la culture, la réalité intime des êtres.

gommage [gɔmaʒ] **n.m. 1.** Action de recouvrir de gomme arabique. **2.** Action d'effacer avec une gomme.

gomme [gɔm] **n.f.** (bas lat. *gumma*, class. *gummi*, gr. *kommi*). **1.** Substance visqueuse et transparente qui suinte du tronc de certains arbres. **2.** Petit bloc de caoutchouc servant à effacer le crayon, l'encre : *D'un coup de gomme, il a tout enlevé.* **3.** FAM. **À la gomme,** de mauvaise qualité : *Encore une de ses réparations à la gomme* (= qui ne tiendra pas longtemps). / **Gomme arabique,** fournie par certains acacias et d'abord récoltée en Arabie. / FAM. **Mettre (toute) la gomme,** accélérer l'allure, faire de grands efforts : *Il faudra mettre toute la gomme pour avoir terminé ce soir* (= se dépêcher).

gommé, e [gɔme] **adj.** Recouvert d'une couche de gomme adhésive sèche qu'on mouille pour coller : *Papier gommé. Enveloppe gommée.*

gommer [gɔme] **v.t. 1.** Enduire de gomme : *Gommer une étiquette.* **2.** Effacer avec une gomme : *Gommer un trait de crayon.* **3.** Atténuer, tendre à faire disparaître : *Gommer certains détails.*

gommette [gɔmɛt] **n.f.** Petit morceau de papier gommé, de couleur et de forme variées.

Gomorrhe, ville cananéenne qui, avec Sodome et d'autres villes du sud de la mer Morte, fut détruite par un cataclysme au XIXe s. av. J.-C. Le livre biblique de la Genèse y voit un châtiment pour l'infidélité et l'immoralité des habitants de ces cités.

Gomułka (Władysław), homme politique polonais (Krosno, Galicie, 1905 - Varsovie 1982). Secrétaire général du parti ouvrier (1943-1948), défenseur d'une « voie polonaise vers le socialisme », il est exclu par les staliniens en 1948-1949. Appelé à la tête du parti et de l'État (oct. 1956) après les émeutes de Poznań, il est destitué en 1970.

gonade [gɔnad] **n.f.** (du gr. *gonê*, semence). Glande sexuelle qui produit les gamètes et sécrète des hormones : *Le testicule est la gonade mâle, l'ovaire est la gonade femelle.*

gonadostimuline [gɔnadɔstimylin] et **gonadotrophine** [gɔnadɔtrɔfin] **n.f.** PHYSIOL. Hormone qui intervient dans le développement et le fonctionnement des organes génitaux des deux sexes. (On dit aussi *hormone gonadotrope.*)

Goncourt (Edmond Huot de) [Nancy 1822 - Champrosay, Essonne, 1896], et son frère **Jules** (Paris 1830 - *id.* 1870), écrivains français. Peintres de la vie dans ses états de crise physiologique ou sentimentale, ils usèrent d'une écriture « artiste » qui évolua du naturalisme (*Renée Mauperin,* 1864 ; *Madame Gervaisais,* 1869 ; *la Fille Élisa,* 1877) vers un impressionnisme raffiné influencé par leur passion de l'art du XVIIIe s. français et de la civilisation japonaise *(Journal).* Edmond réunit, dans son hôtel d'Auteuil, un cercle d'amis qui est à l'origine de l'*Académie des Goncourt.* Cette société littéraire, constituée officiellement en 1902, est composée de dix personnalités du monde des lettres, chargées de décerner chaque année un prix littéraire.

gond [gɔ̃] **n.m.** (lat. *gomphus*, cheville, gr. *gomphos*). **1.** Pièce métallique sur laquelle pivote un vantail de porte ou de fenêtre : *Graisser les gonds des volets.* **2. Sortir de ses gonds,** s'emporter.

gondolage [gɔ̃dɔlaʒ] et **gondolement** [gɔ̃dɔlmɑ̃] **n.m.** Action de gondoler ; fait de se gondoler, d'être gondolé.

gondole [gɔ̃dɔl] **n.f.** (it. *gondola*). **1.** Barque vénitienne longue et plate, aux extrémités relevées, mue par un seul aviron à l'arrière. **2.** Meuble à plateaux superposés utilisé dans les libres-services comme présentoir.

gondoler [gɔ̃dɔle] **v.t.** (de *gondole*). Déformer : *L'humidité a gondolé la porte* (syn. **gauchir**). ◆ **v.i.** ou **se gondoler v.pr.** Gauchir ; se courber : *Bois qui gondole, qui se gondole* (syn. **se déformer**).

gondolier [gɔ̃dɔlje] **n.m.** Batelier qui conduit une gondole.

Gondwana, région de l'Inde, dans le Deccan, habitée par les *Gond.* Elle a donné son nom à un continent qui a réuni, à l'ère primaire, l'Amérique méridionale, l'Afrique, l'Arabie, l'Inde (Deccan), l'Australie et l'Antarctique.

gonfalon [gɔ̃falɔ̃] et **gonfanon** [gɔ̃fanɔ̃] **n.m.** (frq. **gundfano*). HIST. Au Moyen Âge, étendard de guerre à plusieurs bandelettes sous lequel se rangeaient les vassaux.

gonfalonier [gɔ̃falɔnje] et **gonfanonier** [gɔ̃fanɔnje] **n.m.** HIST. Porteur de gonfalon.

gonflable [gɔ̃flabl] **adj. 1.** Qui prend sa forme véritable, utile, par gonflage : *Un matelas gonflable.* **2. Coussin gonflable,** recomm. off. pour *airbag.*

gonflage [gɔ̃flaʒ] **n.m.** Action de gonfler ; fait de se gonfler : *Le gonflage d'une montgolfière.*

gonflant, e [gɔ̃flɑ̃, -ɑ̃t] **adj.** Qui a ou peut prendre du volume : *Coiffure gonflante. La mousseline est un tissu gonflant.*

gonflé, e [gɔ̃fle] **adj. 1.** Rempli d'un gaz : *Le ballon est trop gonflé.* **2. Avoir le cœur gonflé,** être triste, accablé. / FAM. **Être gonflé,** être plein de courage, d'ardeur ou d'impudence.

gonflement [gɔ̃fləmɑ̃] **n.m. 1.** État de ce qui est gonflé : *Le gonflement du ballon est vérifié au début du match. Le gonflement de sa cheville a diminué* (syn. **enflure**). **2.** Augmentation exagérée : *Le gonflement des chiffres de vente.*

gonfler [gɔ̃fle] **v.t.** (lat. *conflare*, de *flare*, souffler). **1.** Rendre plus ample en dilatant : *Gonfler un ballon.* **2.** Augmenter le volume, l'importance de : *La pluie a gonflé le torrent* (syn. **grossir**). **3.** Remplir d'un sentiment qu'on a peine à contenir : *La joie gonfle son cœur.* **4.** Donner une importance exagérée à qqch : *Gonfler un incident* (syn. **dramatiser, exagérer**). ◆ **v.i.** Devenir plus ample, plus volumineux : *Le bois gonfle à l'humidité* (syn. **travailler**). *La pâte gonfle à la cuisson* (syn. **lever**). ◆ **se gonfler v.pr. 1.** Devenir gonflé, plus ample : *Les voiles se gonflent dans le vent.* **2. [de].** Être envahi par un sentiment : *Mon cœur se gonfle d'espoir.*

gonflette [gɔ̃flɛt] **n.f.** *FAM.* Musculation culturiste, visant à donner un important volume musculaire ; musculature ainsi développée (péjor.).

gonfleur [gɔ̃flœr] **n.m.** Appareil servant à gonfler : *Un gonfleur pour matelas pneumatique.*

gong [gɔ̃g] **n.m.** (mot malais). **1.** Instrument de musique ou d'appel, importé d'Extrême-Orient et fait d'un disque de métal bombé que l'on frappe avec un maillet recouvert de tissu. **2.** Timbre annonçant le début et la fin de chaque reprise d'un match de boxe.

Góngora y Argote (Luis de), poète espagnol (Cordoue 1561 - *id.* 1627). Son style précieux et recherché a fait école sous le nom de *gongorisme* ou *cultisme*.

goniomètre [gɔnjɔmɛtr] **n.m.** (du gr. *gônia*, angle, et de *-mètre*). Instrument servant à la mesure des angles, notamm. dans les opérations topographiques.

goniométrie [gɔnjɔmetri] **n.f. 1.** MÉTROL. Théorie et technique de la mesure des angles. **2.** Radiogoniométrie.

gonocoque [gɔnɔkɔk] **n.m.** (du gr. *gonos*, semence, et de *-coque*). Microbe pathogène spécifique de la blennorragie.

gonocyte [gɔnɔsit] **n.m.** (du gr. *gonos*, semence, et de *-cyte*). Cellule embryonnaire des animaux qui, selon le sexe, donne quatre spermatozoïdes ou un seul ovule.

González (Julio), sculpteur espagnol (Barcelone 1876 - Arcueil 1942). Installé à Paris, il a utilisé le fer soudé avec une grande liberté, à partir de 1927 (*Femme se coiffant*, 1931, M.N.A.M., Paris).

Goodyear (Charles), inventeur américain (New Haven, Connecticut, 1800 - New York 1860). En 1839, il a découvert la vulcanisation du caoutchouc, qui permet de rendre celui-ci insensible aux variations de température.

Google, moteur de recherche sur Internet, le plus utilisé au monde, conçu par la société américaine d'informatique du même nom, fondée en 1998. Cette société développe aussi des sites Web (Google Earth, Google Maps, YouTube, Gmail...).

Gorbatchev (Mikhaïl Sergueïevitch), homme d'État russe (Privolnoïe, région de Stavropol, 1931). Secrétaire général du parti communiste de l'Union soviétique (1985-1991), président du Praesidium du Soviet suprême (1988-1990), il met en œuvre un programme de réformes économiques et politiques (la perestroïka). Élu à la présidence de l'U.R.S.S. en 1990, il ne peut empêcher la dislocation de l'Union soviétique, qui suit le putsch manqué d'août 1991. Il démissionne en déc. 1991. (Prix Nobel de la paix 1990.)

gordien [gɔrdjɛ̃] **adj.m.** (du lat. *Gordius*, n. d'un roi ou d'une v. de Phrygie, du gr.). **Trancher le nœud gordien,** résoudre de manière violente, mais décisive, une difficulté ardue.

Gorée, île des côtes du Sénégal, en face de Dakar, qui fut un des principaux centres de la traite des esclaves.

goret [gɔrɛ] **n.m.** (dimin. de l'anc. fr. *gore*, truie, d'un rad. onomat. *gorr-* imitant le grognement du porc). Jeune porc (syn. **porcelet**).

gorge [gɔrʒ] **n.f.** (bas lat. *gurga*, class. *gurges*, tourbillon d'eau). **1.** Partie antérieure du cou : *Saisir qqn à la gorge.* **2.** Partie intérieure du cou : *Se racler la gorge* (syn. **gosier**). *Mal de gorge.* **3.** *LITT.* Seins d'une femme : *Une gorge opulente* (syn. **poitrine**). **4.** GÉOGR. Passage étroit entre deux montagnes ; vallée étroite et encaissée. **5.** Rainure concave placée à la circonférence d'une poulie et dans laquelle passe la corde. **6.** ARCHIT. Large moulure creuse arrondie. **7.** *FAM.* **Ça m'est resté en travers de la gorge,** je ne peux l'admettre ; je ne peux l'oublier. / *FAM.* **Faire des gorges chaudes de qqch, de qqn,** s'en moquer bruyamment et méchamment. / **Faire rentrer à qqn ses paroles dans la gorge,** l'obliger à les rétracter. / **Rendre gorge,** restituer par force ce qu'on a pris indûment.

gorge-de-pigeon [gɔrʒdəpiʒɔ̃] **adj. inv.** D'une couleur à reflets changeants.

gorgée [gɔrʒe] **n.f.** Quantité de liquide qu'on peut avaler en une seule fois : *Boire à grandes gorgées.*

gorger [gɔrʒe] **v.t.** [conj. **17**]. **1.** Faire manger avec excès : *Gorger un enfant de sucreries* (syn. **bourrer, gaver**). **2.** Remplir jusqu'à saturation : *Les pluies de la nuit ont gorgé d'eau les terres* (syn. **imprégner, saturer**). **3.** Donner avec excès à : *Gorger qqn de richesses* (syn. **combler**).

gorgone [gɔrgɔn] **n.f.** (du n. des *Gorgones*). Invertébré des mers chaudes dont les polypes forment des colonies en forme d'arbuste ou en éventail. ▸ Embranchement des cnidaires.

Gorgones, dans la mythologie grecque, monstres ailés au corps de femme et à la chevelure faite de serpents. Elles étaient trois sœurs, Sthéno, Euryale et Méduse. Celle-ci seule était dangereuse : son regard changeait en pierre ceux sur qui il se fixait.

gorille [gɔrij] **n.m.** (lat. scientif. *gorilla*, du gr.). **1.** Singe anthropoïde herbivore de l'Afrique équatoriale. ▸ C'est le plus grand de tous les singes ; sa taille atteint 2 m et son poids peut dépasser 200 kg ; famille des hominidés. **2.** *FAM.* Garde du corps d'un personnage officiel.

Göring ou **Goering (Hermann),** maréchal et homme politique allemand (Rosenheim 1893 - Nuremberg 1946). Après s'être illustré comme aviateur pendant la Première Guerre mondiale, il entra au parti nazi en 1922. Familier de Hitler, président du Reichstag (Parlement allemand) [1932], il se consacra à la création de la Luftwaffe (armée de l'air). Successeur désigné de Hitler (1939), qui le désavoua en 1945, condamné à mort à Nuremberg (1946), il se suicida.

Gorki → Nijni Novgorod.

Gorki (Alekseï Maksimovitch Pechkov, dit en fr. **Maxime),** écrivain soviétique (Nijni Novgorod 1868 - Moscou 1936). Peintre réaliste de son enfance difficile (*Enfance*, 1913-1914 ; *En gagnant mon pain* 1915-1916 ; *Mes universités*, 1923), des vagabonds et des déracinés (*Foma Gordeïv*, 1899 ; *les Bas-Fonds*, 1902), il est le créateur de la littérature sociale soviétique (*la Mère*, 1906 ; *les Artamonov*, 1925 ; *la Vie de Klim Samguine*, 1925-1936).

gosier [gozje] **n.m.** (bas lat. *geusiae*, joue, mot d'orig. gauloise). **1.** Partie interne du cou, comprenant le pharynx et l'entrée de l'œsophage et du larynx : *Une arête s'est plantée dans mon gosier* (syn. **gorge**). **2.** Siège de la voix ; canal par où sort la voix : *Chanter à plein gosier.*

gospel [gɔspɛl] **n.m.** (de l'anglo-amér. *gospel [song]*, de *gospel*, évangile, et *song*, chant). Chant religieux de la communauté noire des États-Unis (syn. **negro spiritual**).

Gossart (Jean) ou **Gossaert (Jan),** dit **Mabuse,** peintre des anc. Pays-Bas (Maubeuge ? v. 1478 - Middelburg ou Breda 1532). Sa production, complexe, est l'une de celles qui introduisirent l'italianisme (il alla à Rome en 1508) et les concepts de la Renaissance dans l'art du Nord. (*Neptune et Amphitrite*, Berlin ; diptyque de *Jean Carondelet priant la Vierge*, Louvre.)

gosse [gɔs] **n.** (orig. obsc.) **1.** *FAM.* Petit garçon ; petite fille : *Ce n'est encore qu'une gosse* (= elle est encore bien jeune). *Ils ont trois gosses* (syn. **enfant**). **2. Beau gosse, belle gosse,** beau garçon, belle fille.

Gossec (François Joseph Gossé, dit**),** compositeur français (Vergnies, Hainaut, 1734 - Paris 1829). Un des créateurs de la symphonie, auteur d'hymnes révolutionnaires, il fut l'un des fondateurs du Conservatoire national de Paris (1795).

Göteborg, port de Suède, sur le *Göta Älv* ; 493 502 hab. (827 000 hab. dans l'agglomération). Centre industriel. Université. Importants musées.

gotha [gɔta] **n.m.** (de *Gotha**, n. de la ville où était publié, depuis 1764, un almanach concernant l'aristocratie). Ensemble de personnalités du monde politique, culturel, médiatique, etc., considérées du point de vue de leur notoriété, de leur importance dans la vie sociale : *Tout le gotha du cinéma assistait à leur mariage.*

Gotha, v. d'Allemagne (Thuringe), au pied du Thüringerwald ; 44 322 hab. Édition. Château reconstruit au XVIIe s. (musées).

gothique [gɔtik] **adj.** (bas lat. *gothicus*, des Goths). **1.** Se dit d'une forme d'art, en partic. d'art architectural, qui s'est épanouie en Europe du XIIe s. à la Renaissance : *Les cathédrales gothiques.* **2.** Se dit d'une écriture, utilisée à partir du XIIe s., dans laquelle les traits courbes des lettres étaient remplacés par des traits droits formant des angles. ◆ **n.m.** Art gothique : *Le gothique flamboyant.* ◆ **n.f.** Écriture gothique.

■ **L'architecture.** Les conséquences, sur la structure de l'église, de l'usage rationnel de la voûte sur croisée d'ogives – le report des poussées sur les supports d'angles permettant l'allégement des murs et l'agrandissement des ouvertures – apparaissent clairement, vers 1140, dans le déambulatoire du chœur de la basilique de Saint-Denis. La cathédrale de Sens est le premier monument entièrement gothique. Celles de Noyon, Laon, Paris illustrent, dans la seconde moitié du XIIe s., le type complexe du *gothique primitif* : l'élévation de la nef se fait sur quatre niveaux (grandes arcades, tribunes, triforium et fenêtres hautes). Chartres, après 1194, définit un type classique, avec l'élévation à trois étages (grandes arcades, triforium, fenêtres hautes) et l'emploi systématique des arcs-boutants, qui remplacent la tribune dans sa fonction de contrebutement (poussée s'opposant à la poussée des voûtes). C'est encore à l'époque capétienne qu'apparaît, v. 1230-1240, le style *rayonnant,* que caractérisent une plus grande unité spatiale et un nouveau développement des vitrages (Saint-Denis, Amiens, Sainte-Chapelle de Paris). Ce style se répand dans le sud de la France (où il est concurrencé, au XIVe s., par un type méridional à nef unique) et en Europe. L'Espagne se distingue par le décor mudéjar (avec emprunt aux techniques islamiques) ; l'Angleterre connaît ses propres phases, originales, de gothique primitif, puis « décoré » (v. 1280) et « perpendiculaire » (v. 1350 : voûtes à complexes réseaux de nervures) ; l'Allemagne développe, au XIVe s., le type de *l'église-halle* (à plusieurs vaisseaux d'égale hauteur, ouverts les uns sur les autres) ; l'Italie est le pays qui accepte le moins bien le système gothique, son acuité, son élan vertical matérialisé par les faisceaux de colonnettes que l'œil voit s'épanouir dans les nervures des voûtes. L'accentuation de cet effet de continuité, allant jusqu'à la disparition des chapiteaux, l'effervescence graphique des voûtes, des fenêtres, des gâbles caractérisent l'art *flamboyant,* qui apparaît en France et en Allemagne à la fin du XIVe s.

L'architecture profane, surtout militaire aux XIIe et XIIIe s., ne cesse par la suite de s'enrichir dans les édifices publics d'Italie ou des Pays-Bas du Sud et dans certains châteaux de France.

La sculpture. Comme le vitrail et les autres arts décoratifs, la sculpture demeure longtemps soumise au primat de l'architecture. La façade occidentale de Saint-Denis (très mutilée) et celle de la cathédrale de Chartres manifestent d'emblée la rigueur – aussi bien plastique qu'iconographique – de la répartition de la statuaire et des reliefs sur les portails gothiques. À leur hiératisme encore proche de l'art roman succède, à Senlis, à la fin du XIIe s., puis à Chartres (transept), à Paris, à Reims, à Amiens, une tendance à la souplesse, à un naturalisme encore idéalisé qui évoluera vers plus d'expression et de mouvement (Reims, Amiens, Bourges, Strasbourg, Bamberg). Statues isolées, Vierges à l'élégant mouvement faisant saillir la hanche, aux beaux drapés, gisants se multiplient à partir du XIVe s. La puissance de Claus Sluter, en Bourgogne, transforme l'art du XVe s., où apparaissent des thèmes douloureux, comme celui de la Mise au tombeau. Détachée de l'architecture, la vogue des retables de bois sculpté se développe en Europe centrale, dans les Flandres et en Espagne.

La peinture. On donne le nom de « style gothique international » à une esthétique gracieuse, voire maniérée, qui se répand en Europe à la jonction des XIVe et XVe s., embrassant une grande partie de la sculpture, des arts décoratifs et surtout de la peinture (miniatures et panneaux). Préparé par le raffinement de l'enluminure parisienne ou anglaise, par l'évolution de la peinture en Italie (notamm. à Sienne : les Lorenzetti), ce style se rencontre en Bohême (le Maître du retable de Třeboň) et en Allemagne, en Catalogne, dans l'école franco-flamande (Melchior Broederlam, les Limbourg), à Paris (miniaturistes), en Italie (Lorenzo Monaco, Gentile da Fabriano, Pisanello, etc.). Le ton réaliste, les nouvelles valeurs spatiales d'un Masaccio ou des Van Eyck mettront fin à ce courant d'esprit aristocratique. ■

Goths [go], peuple de la Germanie ancienne. Venus de Scandinavie et établis au Ier s. av. J.-C. sur la basse Vistule, ils s'installèrent au IIIe s. au nord-ouest de la mer Noire. Établis entre Dniepr et Danube, ils se divisèrent en Ostrogoths (dans l'Est) et Wisigoths (dans l'Ouest). Au IVe s., l'évêque Ulfilas les convertit à l'arianisme et les dota d'une écriture et d'une langue littéraire. Sous la poussée des Huns (v. 375), ils s'établirent définitivement dans l'Empire romain.

gotique [gɔtik] **n.m.** (de *gothique*). Langue morte parlée par les Goths, branche orientale du germanique.

Gotland, île de Suède, dans la Baltique ; 57 122 hab. Ch.-l. *Visby* (nombreux vestiges médiévaux).

Gottwald (Klement), homme politique tchécoslovaque (Dědice 1896 - Prague 1953). Secrétaire général du parti communiste en 1929, il fut président du Conseil en 1946 et, après avoir éliminé du gouvernement les ministres non communistes (« coup de Prague »), président de la République (1948-1953).

gouache [gwaʃ] **n.f.** (it. *guazzo*, détrempé, propr. « lieu inondé », lat. *aquatio*, de *aqua*, eau). **1.** Peinture de consistance pâteuse, faite de couleurs détrempées à l'eau mêlée de gomme : *Un tube de gouache.* **2.** Œuvre, génér. sur papier, exécutée avec cette peinture : *Il nous a montré ses dernières gouaches.*

gouaille [gwaj] **n.f.** (de *gouailler*, plaisanter de façon vulgaire). Verve populaire moqueuse et insolente : *Une repartie pleine de gouaille* (syn. **sarcasme**).

gouailleur, euse [gwajœr, -øz] **adj.** FAM. Qui dénote la gouaille ; plein de gouaille : *Sourire, ton gouailleur* (syn. **ironique, moqueur**).

goualante [gwalɑ̃t] **n.f.** (de *goualer*, chanter, p.-ê de *gouailler*). FAM. et VX. Chanson, complainte populaire.

gouape [gwap] **n.f.** (arg. esp. *guapo*, brigand). FAM. Mauvais sujet, capable de grands méfaits (syn. **vaurien, voyou**).

goudron [gudrɔ̃] **n.m.** (ar. *qaṭrān*). **1.** Substance sombre et visqueuse, obtenue par distillation de divers produits. ▸ Le *goudron de houille* fournit de nombreux dérivés : benzène, toluène, phénol, etc. ; le *goudron végétal,* tiré du bois, contient de la paraffine. **2.** Revêtement de chaussée : *Recouvrir une route de goudron* (syn. **bitume**).

goudronnage [gudrɔnaʒ] **n.m.** Action de goudronner : *Interdiction de stationner pendant la durée du goudronnage.*

goudronner [gudrɔne] **v.t.** Recouvrir, enduire, imprégner de goudron : *Goudronner une chaussée.*

goudronneuse [gudrɔnøz] **n.f.** Machine à goudronner.

goudronneux, euse [gudrɔnø, -øz] **adj.** De la nature du goudron : *Un revêtement goudronneux.*

gouffre [gufr] **n.m.** (bas lat. *colpus*, golfe, gr. *kolpos*, pli, sinuosité). **1.** Cavité profonde et abrupte, fréquente dans les régions calcaires : *Un gouffre béant* (syn. **abîme, précipice**). *Un gouffre sous-marin* (syn. **fosse**). **2.** Ce qui semble insondable ; le niveau le plus bas du malheur : *Sombrer dans le gouffre de l'oubli.*

Tomber dans un gouffre de détresse. **3.** Ce qui fait dépenser beaucoup d'argent ; ce qui est ruineux : *L'entretien du château est un gouffre.* **4. Au bord du gouffre,** dans une situation morale ou matérielle inquiétante.

gouge [guʒ] **n.f.** (bas lat. *gubia*). Ciseau à tranchant courbe ou en V, servant à sculpter, à faire des moulures.

gougère [guʒɛr] **n.f.** (orig. obsc.). Pâtisserie au gruyère cuite au four.

Gouges (Marie Gouze, dite **Olympe de),** femme de lettres et révolutionnaire française (Montauban 1748 ou 1755 - Paris 1793). Elle réclama l'émancipation des femmes dans une *Déclaration des droits de la femme et de la citoyenne* et mourut guillotinée pour avoir pris la défense de Louis XVI.

Gouin (Félix), homme politique français (Peypin, Bouches-du-Rhône, 1884 - Nice 1977). Élu député socialiste en 1924, il rejoignit la « France libre » à Londres en 1942 et fut chef du Gouvernement provisoire de janvier à juin 1946.

goujat [guʒa] **n.m.** (anc. prov. *gojat,* jeune homme, de l'anc. gascon *gotya,* fille, hébr. *gōya,* femme, servante chrétienne [v. *goy*]). Homme mal élevé, grossier : *Se conduire comme un goujat* (syn. **mufle**).

goujaterie [guʒatri] **n.f.** Caractère, action de goujat (syn. **indélicatesse, muflerie**).

1. goujon [guʒɔ̃] **n.m.** (lat. *gobio, -onis*). Petit poisson d'eau douce. ▸ Famille des cyprinidés ; long. 15 cm.

2. goujon [guʒɔ̃] **n.m.** (de *gouge*). TECHN. Tige métallique servant à lier deux pièces et dont les extrémités sont filetées.

Goujon (Jean), sculpteur et architecte français (en Normandie ? v. 1510 - Bologne v. 1566). Il est à Rouen en 1541, à Paris en 1544, participe à l'illustration de la première traduction de Vitruve en 1547, aux décors de l'« entrée » d'Henri II en 1549 (fontaine des Innocents, avec les célèbres *Nymphes*), puis collabore avec Lescot au nouveau Louvre (façade sud-ouest de l'actuelle cour Carrée ; tribune des Caryatides). Son maniérisme raffiné tend à la pureté classique.

goujonner [guʒɔne] **v.t.** TECHN. Fixer par des goujons.

goulache ou **goulasch** [gulaʃ] **n.m.** (hongr. *gulyás*). Ragoût de bœuf mijoté avec des oignons, des pommes de terre et du paprika. ▸ Spécialité hongroise.

goulag [gulag] **n.m.** (du russe *Glavnoïe OUpravlenie LAGuereï,* direction générale des camps). HIST. Système concentrationnaire ou répressif de l'Union soviétique et de ses pays satellites.

goulasch n.m. → **goulache.**

Gould (Stephen Jay), paléontologiste américain (New York 1941 - *id.* 2002). Il est l'auteur, avec Niles Eldredge, d'une théorie de l'évolution, la *théorie des équilibres ponctués.* Vulgarisateur, il a écrit de nombreux ouvrages sur l'évolution et l'histoire de la vie sur terre.

goule [gul] **n.f.** (ar. *ghūl,* n. d'un démon du désert). Démon femelle qui, selon les superstitions orientales, dévore les cadavres dans les cimetières.

goulée [gule] **n.f.** (de *goule,* forme anc. de *gueule*). **1.** *FAM.* et *VX.* Grosse quantité de liquide avalée d'un coup (syn. **gorgée**). **2.** Quantité d'air qu'on peut aspirer en une fois : *Respirer une goulée d'air frais.*

goulet [gulɛ] **n.m.** (de *goule,* forme anc. de *gueule*). **1.** Passage étroit faisant communiquer un port ou une rade avec la haute mer : *Le goulet de Brest.* **2. Goulet d'étranglement,** syn. de *goulot* d'étranglement.*

gouleyant, e [gulejɑ̃, -ɑ̃t] **adj.** (de *goulée*). *FAM.* Se dit d'un vin, agréable, frais, léger.

goulot [gulo] **n.m.** (de *goule,* forme anc. de *gueule*). **1.** Col d'une bouteille, d'un vase, etc., à entrée étroite : *Boire au goulot* (= à même la bouteille). **2. Goulot d'étranglement,** rétrécissement qui provoque un ralentissement dans un processus : *L'abondance de la récolte a provoqué un goulot d'étranglement à la mise en conserve.* (On dit aussi *goulet d'étranglement.*)

goulu, e [guly] **adj.** et **n.** (de *goule,* forme anc. de *gueule*). Qui aime à manger et qui mange avec avidité : *Il est très goulu* (syn. **glouton, vorace**).

goulûment [gulymɑ̃] **adv.** De façon goulue ; avec avidité : *Avaler goulûment un gâteau* (syn. **gloutonnement**). *Elle lit goulûment tout ce qui paraît sur le sujet* (syn. **avidement**).

Gounod (Charles), compositeur français (Paris 1818 - Saint-Cloud 1893). Son talent de mélodiste s'affirme dans des opéras (*Faust,* 1859 ; *Mireille,* 1864 ; *Roméo et Juliette,* 1867) qui l'imposent comme un maître du chant et de la simplicité dramatique. Il se consacre ensuite à la musique religieuse (*Mors et Vita,* 1885 ; *Requiem,* posthume, 1895).

goupil [gupi] ou [gupil] **n.m.** (bas lat. *vulpiculus,* dimin. de *vulpes,* renard). Nom du renard au Moyen Âge.

goupille [gupij] **n.f.** (de *goupil*). Cheville ou broche métallique servant à assembler deux pièces percées d'un trou : *Goupille conique, cylindrique.*

goupiller [gupije] **v.t. 1.** Assembler à l'aide de goupilles. **2.** *FAM.* Arranger, combiner : *Elle a goupillé un rendez-vous pour toi* (syn. **organiser**). ◆ **se goupiller v.pr.** *FAM.* S'arranger, se dérouler : *Comment ça se goupille, cette affaire ?* (syn. **se passer**).

goupillon [gupijɔ̃] **n.m.** (mot d'orig. normande, de l'anc. nordique *vippa,* sobriquet indiquant un balancement). **1.** Instrument liturgique qui sert pour l'aspersion d'eau bénite. **2.** Symbole du parti clérical, des gens d'Église (souvent péjor.) : *L'alliance du sabre et du goupillon* (= l'alliance de l'armée et de l'Église). **3.** Brosse cylindrique à manche pour nettoyer les bouteilles.

gourbi [gurbi] **n.m.** (ar. d'Algérie *gūrbī,* habitation rudimentaire). **1.** Habitation rudimentaire traditionnelle, en Afrique du Nord. **2.** *FAM.* Habitation misérable, mal entretenue (syn. **galetas, taudis**).

gourd, e [gur, gurd] **adj.** (bas lat. *gurdus,* lourdaud). Engourdi par le froid : *Doigts gourds* (syn. **ankylosé**).

gourde [gurd] **n.f.** (lat. *cucurbita*). **1.** Plante grimpante dont le fruit vidé et séché peut servir de récipient pour la boisson ; le fruit lui-même (syn. **calebasse**). ▸ Famille des cucurbitacées. **2.** Récipient, souvent de forme ovoïde et plate, servant à conserver les boissons en voyage. **3.** *FAM.* Fille niaise, maladroite : *Quelle gourde !* (syn. **sotte**). ◆ **adj.** Se dit d'une personne un peu niaise et maladroite : *Ce qu'il peut avoir l'air gourde, ce garçon !* (syn. **nigaud**).

gourdin [gurdɛ̃] **n.m.** (it. *cordino,* petite corde). Bâton gros et court servant à frapper : *D'un coup de gourdin, il assomma le chien enragé* (syn. **massue, trique**).

se **gourer** [gure] **v.pr.** (sens propre probable « agir comme un porc », du rad. onomat. *gorr-* [v. *goret*]). *FAM.* Faire erreur : *Si tu crois que c'est moi qui ai fait le coup, tu te goures* (syn. **se tromper**).

gourgandine [gurgɑ̃din] **n.f.** (mot dialect. d'orig. incert., p.-ê. de *gourer*). *FAM.* et *VX.* Femme de mauvaise vie.

gourmand, e [gurmɑ̃, -ɑ̃d] **adj.** et **n.** (p.-ê. de même orig. que *gourmet*). **1.** Qui aime manger de bonnes choses ; qui en mange beaucoup : *Il est gourmand de gibier. Quelle gourmande, elle a tout dévoré !* (syn. **glouton, goinfre**). **2.** Avide de connaître ; amateur de : *Je suis gourmand de tous ses romans* (syn. **friand, passionné**). *Jeter des regards gourmands sur une belle moto* (syn. **avide**).

gourmander [gurmɑ̃de] **v.t.** (propr. « manger goulûment », de *gourmand,* avec infl. propable de *gourmer* [v. *gourmé*]). *LITT.* Réprimander sévèrement : *Gourmander un élève indiscipliné* (syn. **gronder, sermonner**).

gourmandise [gurmɑ̃diz] **n.f. 1.** Caractère, défaut du gourmand : *La gourmandise est un des sept péchés capitaux.* **2.** (Souvent pl.). Mets appétissant : *Offrir des gourmandises* (syn. **friandise**).

gourme [gurm] **n.f.** (frq. **worm,* pus). **1.** Maladie de la peau caractérisée par des croûtes (syn. **impétigo**). **2.** VÉTÉR.

Écoulement nasal contagieux qui atteint surtout les poulains. **3.** LITT. **Jeter sa gourme,** en parlant d'un jeune homme, se dévergonder, faire des fredaines.

gourmé, e [gurme] **adj.** (de *gourmer,* brider un cheval). LITT. Qui affecte un maintien grave et compassé : *Air gourmé* (syn. **affecté, guindé**).

gourmet [gurmɛ] **n.m.** (de l'anc. fr. *grommes,* valet, d'orig. angl. [v. *groom*]). Personne qui sait distinguer et apprécier la bonne cuisine et les bons vins.

gourmette [gurmɛt] **n.f.** (de *gourme,* au sens anc. de « chaînette »). **1.** Chaînette fixée de chaque côté du mors du cheval et passant sous la mâchoire inférieure. **2.** Bracelet formé d'une chaîne à maillons aplatis.

gourou ou **guru** [guru] **n.m.** (hindi *gurū,* du sanskrit *gurúh,* lourd, grave). **1.** Maître spirituel hindou. **2.** Guide spirituel (péjor.) : *Le gourou d'une secte.*

gousse [gus] **n.f.** (orig. obsc.). **1.** BOT. Fruit à deux valves, garnies d'une rangée de graines : *Une gousse de petits pois.* **2.** Tête ou partie de tête d'ail, d'échalote : *Éplucher deux gousses d'ail.*

gousset [gusɛ] **n.m.** (de *gousse*). Petite poche du gilet ou de l'intérieur de la ceinture du pantalon destinée à loger une montre.

goût [gu] **n.m.** (lat. *gustus*). **1.** Sens par lequel on reconnait les saveurs et qui est perçu par les papilles gustatives, situées princ., chez l'homme, sur la langue. **2.** Saveur d'un aliment : *Un goût sucré, poivré. Cette sauce a un goût* (= une saveur désagréable). **3.** Désir de certains aliments ou préférence dans leur choix : *Je n'ai aucun goût pour le poisson* (syn. litt. **appétence**). **4.** Discernement, sentiment de ce qui est bon, beau, etc. ; sens intuitif des valeurs esthétiques : *Homme de goût. Être habillé avec goût, sans goût. Elle a beaucoup de goût. N'avoir aucun goût. Une plaisanterie de mauvais goût.* **5.** Penchant particulier qui attire vers qqch : *Avoir du goût pour la peinture* (syn. **attirance, attrait**). *Faire qqch par goût* (syn. **passion, prédilection**). **6. Dans ce goût-là,** de cette sorte : *Elle s'appelle Dubois ou Dupont, enfin quelque chose dans ce goût-là* (= qui ressemble à ça). / **Dans le goût de,** dans le style de : *Des romans dans le goût du siècle dernier.* / FAM. **Faire passer le goût du pain à qqn,** le tuer.

■ Le goût permet de distinguer quatre saveurs fondamentales : le sucré, le salé, l'acide et l'amer. C'est par contre l'odorat qui est requis pour reconnaître les autres saveurs, telles que les arômes spécifiques à chaque aliment. Le goût permet également de reconnaître certains aliments toxiques ; il stimule l'appétit et commande le début de la digestion en activant la sécrétion salivaire et gastrique.

Les organes et la physiologie du goût. La langue et le palais, organes du goût, portent des cellules réceptrices sensibles aux quatre saveurs fondamentales. Appelées papilles gustatives, elles ont la forme de coupelles enfoncées dans les tissus et sont constituées de cellules sensorielles.

Le déclenchement de la sensation gustative se réalise par la liaison entre les récepteurs de la membrane de ces cellules et les molécules portant les saveurs. À la suite de cette stimulation chimique naît un message nerveux qui se propage par les nerfs jusqu'au cerveau.

Selon leur position sur la langue, les papilles gustatives ne sont pas sensibles aux mêmes types de sensations gustatives. La zone sensible au sucré est localisée à l'avant de la langue, celle de l'amer à l'arrière, celle de l'acide sur les bords latéraux. Celle du salé, plus diffuse, recouvre la zone du sucré et de l'acide.

Les cellules sensorielles permettent au cerveau de reconnaître une substance lorsque sa concentration dépasse un certain seuil dont la valeur est différente pour chacune. Ainsi l'amer est reconnu à partir d'une concentration environ 1 000 fois plus faible que celle du sucré. La concentration de chaque substance détermine si celle-ci sera reconnue comme agréable ou désagréable. L'amer et le salé sont rapidement perçus comme désagréables lorsque leur concentration augmente alors que l'on peut goûter des concentrations beaucoup plus fortes de solution acide et surtout sucrée en ressentant toujours une sensation agréable. ■

1. goûter [gute] **v.t.** (lat. *gustare,* de *gustus*). **1.** Tester la saveur de : *Veux-tu goûter cette salade, ce vin ?* **2.** Trouver bon ou agréable ; jouir de ; estimer : *Goûter la musique* (syn. **apprécier, aimer**). ◆ **v.t. ind. [à, de]. 1.** Manger ou boire pour la première fois ou en petite quantité : *Goûtez à ces gâteaux. Goûter d'un jus de fruit.* **2.** Essayer, expérimenter : *Goûter à la prison* (syn. **tâter**). ◆ **v.i.** Faire un léger repas dans l'après-midi : *Faire goûter les enfants.*

2. goûter [gute] **n.m.** (de *1. goûter*). Petit repas que l'on prend dans l'après-midi : *C'est l'heure du goûter !*

goûteur, euse [gutœr, -øz] **n.** Personne chargée de goûter une boisson, une préparation.

goûteux, euse [gutø, -øz] **adj.** Qui est bon à déguster : *Viande goûteuse* (syn. **délicieux, succulent**).

1. goutte [gut] **n.f.** (lat. *gutta*). **1.** Petite quantité de liquide se détachant d'une masse, sous forme plus ou moins sphérique, par condensation ou ruissellement : *Gouttes de pluie. Suer à grosses gouttes* (= abondamment). **2.** Petite quantité de boisson : *Boire une goutte de vin.* **3.** FAM. Petit verre d'eau-de-vie : *Boire la goutte. Un verre de goutte.* **4. C'est une goutte d'eau dans la mer,** un effort insignifiant, un apport insuffisant par rapport aux besoins. / **Goutte à goutte,** goutte après goutte ; au fig., petit à petit. / **La goutte d'eau qui fait déborder le vase,** ce qui, venant après bien d'autres choses, fait exploser la colère de qqn. / LITT. **Ne... goutte,** ne... rien, aucunement : *N'y voir goutte, n'entendre goutte* (= absolument rien). / **Se ressembler comme deux gouttes d'eau,** présenter une ressemblance parfaite. ◆ **gouttes n.f. pl.** Médicament à prendre sous forme de gouttes.

2. goutte [gut] **n.f.** (de *1. goutte*). Maladie due à l'accumulation de l'acide urique dans l'organisme et caractérisée par des douleurs articulaires siégeant en particulier dans le gros orteil.

goutte-à-goutte [gutagut] **n.m. inv.** Appareil médical permettant de régler le débit d'une perfusion ; la perfusion elle-même.

gouttelette [gutlɛt] **n.f.** Petite goutte : *Des gouttelettes de sueur perlaient sur son front.*

goutter [gute] **v.i.** Laisser tomber des gouttes ; tomber goutte à goutte : *Robinet qui goutte* (syn. **dégoutter**).

goutteux, euse [gutø, -øz] **adj.** et **n.** MÉD. Relatif à la goutte ; atteint de la goutte.

gouttière [gutjɛr] **n.f. 1.** Petit canal ouvert recevant les eaux de pluie à la base d'un toit. **2.** CHIR. Appareil employé pour maintenir un membre malade ou fracturé.

gouvernable [guvɛrnabl] **adj.** Que l'on peut gouverner : *Un peuple difficilement gouvernable.*

gouvernail [guvɛrnaj] **n.m.** (lat. *gubernaculum*). **1.** Appareil constitué d'une surface plane orientable solidaire d'un axe vertical, et servant à diriger un navire, un sous-marin. **2. Être au gouvernail,** diriger un processus, une entreprise (= être à la barre). / **Gouvernail automatique,** mécanisme qui, sous l'effet du vent, permet de maintenir un voilier au cap désiré sans intervention humaine.

gouvernant, e [guvɛrnɑ̃, -ɑ̃t] **adj.** et **n.** Qui a le pouvoir politique : *Classes gouvernantes. Les gouvernants.*

gouvernante [guvɛrnɑ̃t] **n.f.** (de *gouverner*). **1.** Femme à laquelle est confiée l'éducation d'un ou de plusieurs enfants. **2.** Femme qui a soin du ménage, de la maison d'un homme seul.

gouverne [guvɛrn] **n.f.** (de *gouverner*). **1.** Action de diriger une embarcation : *Aviron de gouverne.* **2.** LITT. **Pour ta, sa gouverne,** pour te, lui servir de règle de conduite : *Sache, pour ta gouverne, qu'il vaut mieux ne pas répliquer.*

gouvernement [guvɛrnəmɑ̃] **n.m. 1.** Action de gouverner, de diriger politiquement un pays : *Le gouvernement d'un* *pays déchiré par la guerre n'est pas facile* (syn. **administration, direction**). **2.** Forme politique qui régit un État : *Gouvernement démocratique* (syn. **régime, système**). **3.** Ensemble des membres d'un même ministère qui détient le pouvoir exécutif dans un État : *Les membres du gouvernement. Entrer au gouvernement.* **4.** Autorité politique qui gouverne un pays : *Le gouvernement français.*

gouvernemental, e, aux [guvɛrnəmɑ̃tal, -o] **adj. 1.** Relatif au gouvernement : *L'équipe gouvernementale.* **2.** Qui soutient le gouvernement : *Journal gouvernemental.*

gouverner [guvɛrne] **v.t.** (lat. *gubernare,* du gr. *kubernan*). **1.** Diriger à l'aide d'un gouvernail : *Gouverner une barque* (syn. **manœuvrer, piloter**). **2.** Diriger politiquement ; exercer le pouvoir exécutif : *Gouverner un État* (syn. **administrer, régir**). **3.** GRAMM. Régir : *Préposition gouvernant l'ablatif en latin.* **4.** (Absol.). Avoir entre ses mains l'autorité : *Gouverner sagement, en tyran* (syn. **diriger**).

gouverneur, e [guvɛrnœr] **n. 1.** Titulaire du pouvoir exécutif dans les Constitutions des États fédérés des États-Unis. **2.** Directeur d'un grand établissement public : *Gouverneur de la Banque de France.* ◆ **gouverneur n.m.** *ANC.* Personne placée à la tête d'une province, d'un territoire, d'une colonie : *Le gouverneur d'une province romaine.*

goy ou **goï** [gɔj] **adj.** et **n.** (mot hébr. « chrétien »). Terme par lequel les juifs désignent les non-juifs. ***Rem.*** Le pluriel savant est *goyim* ou *goïm.*

goyave [gɔjav] **n.f.** (de *guayaba,* mot d'une langue amérindienne des Antilles). Fruit comestible du goyavier.

goyavier [gɔjavje] **n.m.** Arbre cultivé en Amérique tropicale pour ses baies sucrées, les goyaves. ▸ Famille des myrtacées.

Goya y Lucientes (Francisco de), peintre espagnol (Fuendetodos, Saragosse, 1746 - Bordeaux 1828). Illustrateur de la vie populaire (cartons de tapisseries) et portraitiste brillant, premier peintre du roi Charles IV (1789), il acquiert, après une maladie qui le rend sourd (1793), un style incisif et sensuel, parfois brutal ou visionnaire, d'une liberté et d'une efficacité rares. Graveur, ses eaux-fortes des *Caprices* (publiées en 1799) satirisent l'éternelle misère humaine, celles des *Désastres de la guerre* (publiées en 1863 seulement) dénoncent la guerre napoléonienne. En 1824, fuyant l'absolutisme de Ferdinand VII, Goya s'établit à Bordeaux. Le musée du Prado montre un incomparable panorama de son œuvre : la *Pradera de San Isidro,* la *Maja vestida* et la *Maja desnuda,* les *Dos* et *Tres de Mayo 1808* (1814), les « peintures noires » de 1820-1823 (*Saturne dévorant un de ses enfants,* etc.), *la Laitière de Bordeaux.* L'artiste a exercé une grande influence sur l'art français du XIXe s., du romantisme à l'impressionnisme.

goyim adj. et **n.pl.** ⟶ **goy.**

G.P.L. [ʒepeɛl] **n.m.** (sigle de *gaz de pétrole liquéfiés*). Mélange liquide sous pression d'hydrocarbures légers (butane, propane, etc.), utilisé comme combustible (bouteilles de gaz) ou comme carburant automobile.

GPS [ʒepeɛs] **n.m.** (sigle de *global positioning system*). Appareil de géolocalisation par satellites utilisant le système GPS. ▸ Le système GPS est un système américain de navigation et de localisation par satellites. Il est pleinement opérationnel depuis 1992.

G.R. [ʒeɛr] **n.m.** (sigle de *grande randonnée*) [nom déposé]. Sentier de grande randonnée*.

Graal (le) ou **Saint-Graal (le),** vase qui aurait servi à Jésus-Christ pour la Cène, et dans lequel Joseph d'Arimathie aurait recueilli le sang qui coula de son flanc percé par le centurion. Aux XIIe et XIIIe s., de nombreux romans de chevalerie racontent la « quête » (recherche) du Graal par les chevaliers du roi Arthur. Les œuvres les plus connues sont dues à Chrétien de Troyes et à Wolfram von Eschenbach, qui inspira à Wagner son *Parsifal.*

grabat [graba] **n.m.** (lat. *grabatus,* gr. *krabbatos*). *LITT.* Lit misérable ; lit de malade : *Une infirme clouée sur son grabat.*

grabataire [grabatɛr] **adj.** et **n.** Se dit d'un malade qui ne quitte pas le lit : *Vieillard grabataire.*

grabuge [grabyʒ] **n.m.** (orig. incert., p.-ê. de l'it. *garbuglio,* désordre). *FAM.* Dispute bruyante ; dégâts qui en résultent : *Il va y avoir du grabuge* (syn. **altercation, scène**). *Faire du grabuge* (= de la casse) [syn. **dégâts**].

Gracchus (Tiberius et Caius) ⟶ **Gracques** (les).

grâce [gras] **n.f.** (lat. *gratia*). **1.** Faveur que l'on fait sans y être obligé ; bonne disposition, bienveillance : *Demander, accorder une grâce. Elle nous a fait la grâce d'accepter notre invitation* (syn. **honneur**). **2.** Remise partielle ou totale de la peine d'un condamné ou commutation en une peine plus légère ; mesure de clémence : *Demander la grâce d'un condamné* (syn. **pardon**). **3.** RELIG. Don surnaturel que Dieu accorde en vue du salut : *S'en remettre à la grâce de Dieu* (syn. **secours**). **4.** Remerciement d'un bienfait, d'une faveur : *Rendre grâce* ou *grâces à qqn* (= remercier qqn, être reconnaissant de qqch). **5.** Beauté, charme particulier : *Marcher, danser avec grâce* (syn. **élégance** ; contr. **lourdeur**). **6. Agir de bonne, de mauvaise grâce,** agir avec bonne, mauvaise volonté. / **Coup de grâce,** coup qui donne la mort, qui achève qqn alors qu'il était en difficulté : *Donner, porter le coup de grâce à qqn.* / **Crier grâce,** se déclarer vaincu. / **De grâce !,** par pitié ! / **État de grâce,** état de celui auquel Dieu accorde le salut ; au fig., période où tout semble favorable. / **Être en grâce auprès de qqn,** jouir de sa faveur. / **Faire grâce de,** dispenser : *Faire grâce à qqn de ses dettes.* / **Grâce !,** interjection pour demander à être épargné : *Grâce ! Laissez-nous la vie sauve !* / **Grâce à,** par l'action heureuse de, avec l'aide de : *J'ai réussi grâce à vous.* / **Grâce à Dieu,** par bonheur : *Grâce à Dieu, ils sont sains et saufs.* ◆ **grâces n.f. pl. 1.** Prière de remerciement après le repas : *Dire les grâces.* **2. Action de grâces,** prière adressée à Dieu en reconnaissance de ses dons : *Un cantique d'action de grâces.* / **Les bonnes grâces de qqn,** ses faveurs : *Rechercher, gagner, perdre les bonnes grâces de qqn.*

Grâces (les), divinités gréco-romaines de la Beauté dont le nom hellénique est celui de Charites. Au nombre de trois, Euphrosyne, Aglaé et Thalie, elles étaient filles de Zeus et présidaient à la conversation et aux travaux de l'esprit. On les représente nues et se tenant par le cou.

gracier [grasje] **v.t.** [conj. **9**]. Réduire ou supprimer la peine d'un condamné.

gracieusement [grasjøzmɑ̃] **adv. 1.** Avec grâce : *Elle salua gracieusement l'assistance* (syn. **aimablement, courtoisement**). **2.** À titre gracieux : *Un exemplaire du catalogue vous sera remis gracieusement à la sortie* (syn. **gratuitement**).

gracieuseté [grasjøzte] **n.f.** (de *gracieux*). *LITT.* et *VX.* **1.** Manière aimable d'agir : *Faire mille gracieusetés à qqn* (syn. **amabilité**). **2.** Gratification donnée en plus de ce qu'on doit.

gracieux, euse [grasjø, -øz] **adj.** (lat. *gratiosus,* qui accorde une faveur, qui est accordé par faveur). **1.** Qui a de la grâce, du charme : *Visage gracieux* (syn. **attrayant, charmant**). **2.** Qui est accordé de façon bénévole : *Apporter son concours gracieux à qqn* (= l'aider sans demander de contrepartie). **3. À titre gracieux,** gratuitement.

gracile [grasil] **adj.** (lat. *gracilis*). *LITT.* Mince, élancé et fragile : *Corps gracile* (syn. **frêle, menu** ; contr. **trapu**).

gracilité [grasilite] **n.f.** *LITT.* Caractère de ce qui est gracile.

Gracq (Louis Poirier, dit **Julien),** écrivain français (Saint-Florent-le-Vieil 1910 - Angers 2007). Ses récits romanesques (*Au château d'Argol,* 1938 ; *le Rivage des Syrtes,* 1951 ; *Un balcon en forêt,* 1958), marqués par le surréalisme, explorent les correspondances entre le rêve et le réel, tout en évoquant, à travers des situations quotidiennes ou symboliques, l'attente et l'angoisse humaines.

Gracques (les), nom donné à deux frères, tribuns de la plèbe : **Tiberius Sempronius Gracchus** (Rome 162 - *id.* 133 av. J.-C.) et **Caius Sempronius Gracchus** (Rome 154 - *id.* 121 av. J.-C.), qui tentèrent de réaliser à Rome une réforme agraire visant à redistribuer les terres conquises sur l'ennemi, et que l'aristocratie romaine s'était attribuées en quasi-totalité. Tous deux furent assassinés, victimes de l'opposition des grands propriétaires.

gradation [gradasjɔ̃] **n.f.** (lat. *gradatio*, de *gradus*, degré). Progression par degrés successifs, par valeurs croissantes ou décroissantes : *Gradation des efforts.*

grade [grad] **n.m.** (lat. *gradus*, degré). **1.** Degré, échelon d'une hiérarchie, en partic. de la hiérarchie militaire : *Le grade de lieutenant. Avancer, monter en grade.* **2.** Unité de mesure des angles géométriques et des arcs de cercle, telle que l'angle géométrique plat et un demi-cercle aient une mesure de 200 grades. ▸ Symb. gr. **3.** *FAM.* **En prendre pour son grade,** recevoir une vive remontrance. / **Grade universitaire,** titre sanctionné par un examen et attesté par un diplôme.

gradé, e [grade] **adj.** et **n.** Se dit d'un militaire non officier titulaire d'un grade supérieur à celui de soldat ou de matelot.

gradient [gradjɑ̃] **n.m.** (du lat. *gradus*, d'apr. *quotient*). Taux de variation d'un élément météorologique en fonction de la distance. ▸ Dans le sens vertical, le *gradient de température* s'exprime en °C par 100 m, c'est-à-dire que, en s'élevant, une particule d'air non saturé se refroidit de 1 °C tous les 100 m et que, en descendant, elle se réchauffe dans le même rapport. Dans le sens horizontal, le *gradient de pression* s'exprime en millibars par 100 km ou par degré géographique (111 km).

gradin [gradɛ̃] **n.m.** (it. *gradino*). **1.** Chacun des degrés, des bancs étagés et en retrait les uns par rapport aux autres d'un amphithéâtre, d'un stade : *Le public commence à remplir les gradins.* **2.** Chacun des degrés d'un terrain, d'une construction : *Des jardins qui s'étagent en gradins à flanc de colline* (syn. **degré**).

graduation [gradɥasjɔ̃] **n.f. 1.** Action de graduer, d'étalonner en degrés : *La graduation d'un thermomètre.* **2.** Chacune des divisions établies en graduant ; ensemble de ces divisions : *Une graduation centésimale.*

gradué, e [gradɥe] **adj. 1.** Divisé en degrés : *Une règle graduée.* **2.** Qui comporte des étapes, une progression : *Exercices gradués* (syn. **progressif**).

graduel, elle [gradɥɛl] **adj.** (lat. médiév. *gradualis*, du class. *gradus*, degré). Qui va par degrés : *Un réchauffement graduel* (syn. **progressif** ; contr. **brusque, soudain**).

graduellement [gradɥɛlmɑ̃] **adv.** Par degrés : *Les habitudes ont changé graduellement* (= peu à peu) [syn. **progressivement** ; contr. **brutalement**].

graduer [gradɥe] **v.t.** (lat. scolast. *graduare*, de *gradus*, degré) [conj. **7**]. **1.** Diviser en degrés : *Graduer un thermomètre.* **2.** Augmenter par degrés : *Graduer les difficultés.*

graff [graf] **n.m.** (de *graffiti*). Composition picturale à base calligraphique bombée sur un mur, une paroi.

graffer [grafe] **v.t.** (de *graff*). Exécuter des graffs sur un mur.

graffeur, euse [grafœr, -øz] **n.** Personne, artiste qui réalise des graffs à la bombe de peinture.

graffiti [grafiti] **n.m.** (pl. du mot it. *graffito*). Inscription, dessin griffonnés à la main sur un mur : *Murs couverts de graffitis.*

Graham ***(terre de),*** péninsule de l'Antarctique, au sud de l'Amérique du Sud. Elle est aussi appelée *péninsule de Palmer* ou *terre de O'Higgins.*

Graham (Martha), danseuse et chorégraphe américaine (Pittsburgh, Pennsylvanie, 1894 - New York 1991). Figure de proue de la modern dance, elle a été l'élève et l'interprète de R. Saint Denis et T. Shawn, et a présenté ses premières réalisations en 1926. Elle ouvre son école (New York, 1927), crée en 1930 son Dance Group (féminin), qui devient en 1938 la Martha Gaham Dance Company (mixte et multiraciale). Sa technique au vocabulaire élaboré et codifié – fondée sur la respiration, la tension et la détente du corps et sur la coordination de tous les mouvements – est aujourd'hui enseignée à travers le monde. Femme engagée, elle dénonce dans ses ballets tout ce qui lui semble inadmissible dans nos sociétés (*Lamentation*, 1930). Ses réalisations, réglées dans un style hautement symbolique, témoignent de sa fascination pour le primitivisme et le mysticisme (*Primitive Mysteries*, 1931 ; *The Rite of Spring*, 1984), de son attachement à l'Amérique et à l'exaltation de l'esprit pionnier (*Frontier*, 1935 ; *Appalachian Spring*, 1944) ainsi que de son intérêt pour les grands mythes antiques auxquels elle donne un éclairage psychanalytique (*Cave of the Heart*, 1946 ; *Phaedra*, 1962).

grailler [graje] **v.i.** (de *graille*, corneille, du lat. *gracula*). Émettre un cri, le *graillement*, en parlant de la corneille.

graillon [grajɔ̃] **n.m.** (de *graille*, anc. forme de *grille*). Odeur de graisse brûlée, de mauvaise cuisine : *La cage d'escalier sent le graillon.*

grain [grɛ̃] **n.m.** (lat. *granum*). **1.** Fruit ou semence d'une céréale : *Grain de blé. Poulet de grain* (= nourri exclusivement aux grains). **2.** Petit fruit rond provenant de certaines plantes : *Grain de raisin. Grains de poivre. Café en grains.* **3.** Petit corps sphérique : *Des grains d'ambre. Les grains d'un chapelet.* **4.** Élément minuscule de matière : *Grain de sable, de poussière.* **5.** Aspect d'une surface plus ou moins marqué d'aspérités : *Grain de la peau* (syn. **texture**). *Cuir à grain fin.* **6.** MAR. Coup de vent momentané de force et de direction variables : *Essuyer un grain.* **7.** Averse soudaine et brève, accompagnée de vent : *Surpris par un grain, ils se sont mis à l'abri* (syn. **giboulée, ondée**). **8.** *FAM.* **Avoir un grain,** être un peu fou. / *LITT.* **Le bon grain,** les hommes de bien. / *FAM.* **Mettre son grain de sel,** intervenir indiscrètement dans une conversation sans y être invité. / **Un grain de,** une toute petite quantité de : *Il n'a pas un grain de bon sens* (syn. **once**). *Un grain de folie.* / **Veiller au grain,** être sur ses gardes ; prendre ses précautions. **9. Grain de beauté,** petite tache brune de la peau. ◆ **grains n.m. pl.** Les grains récoltés des céréales.

graine [grɛn] **n.f.** (lat. *grana*, de *granum*, grain). **1.** Organe dormant enfermé dans un fruit et qui est destiné, après dispersion et germination, à assurer la reproduction de l'espèce : *Semer des graines d'œillets* (syn. **semence**). **2.** *FAM.* **En prendre de la graine,** prendre modèle, exemple sur. / **Graine d'assassin, de voyou,** individu qui prend le chemin d'être un assassin, un voyou. / *FAM.* **Mauvaise graine,** mauvais sujet. / **Monter en graine,** se développer jusqu'à la production des graines ; au fig., *FAM.*, grandir vite, en parlant d'un enfant, d'un adolescent.

■ « Nues » et portées sur des écailles chez les gymnospermes (comme dans les « pommes de pin »), les graines sont enfermées dans un fruit chez les angiospermes (plantes à fleurs) ; le nombre de graines dans un fruit varie selon les espèces.

Structure. La graine contient beaucoup de matières nutritives en réserve de manière à pouvoir fournir une alimentation suffisante à la survie de la plantule au moment de sa germination. Vue de l'extérieur, la graine se présente comme une enveloppe plus ou moins dure, pouvant être lisse (pommier), ridée (pêcher), alvéolée (coquelicot) ou velue (cotonnier). La graine peut être accompagnée d'une expansion charnue nommée « arille » (if, saule). Les *enveloppes*, ou *téguments*, ont un rôle protecteur. Elles recouvrent l'*amande*, partie comprenant à la fois l'albumen (réserve alimentaire) et l'embryon (future plante). Le point d'attache de la graine dans le fruit se caractérise par une petite dépression appelée « hile ». C'est, en quelque sorte, le « nombril » de la graine. Certaines graines ne possèdent pas d'albumen (haricot). Dans ce cas, les réserves sont concentrées dans le ou les cotylédons.

La dissémination. Les graines sont souvent dispersées par la dissémination des fruits. Le mode le plus simple est la chute sur le sol du fruit, qui s'ouvre (marronnier, châtaignier) ou pourrit (pomme, prune), voire accompagne la graine au moment de sa germination (blé). Le transport par le vent est le propre des fruits ailés. Le pissenlit possède une aigrette qui lui permet de voler plus loin (comme chez la laitue, certains chardons et peupliers). Les animaux servent souvent de véhicules, notamment aux fruits crochus (bardane, carotte), ou bien avalent les fruits mais n'en digèrent pas les graines, qui sont expulsées dans les excréments, où elles trouvent des conditions très favorables à leur germination (cerise, raisin).

Le développement. La graine renferme l'embryon, future plantule, au stade de vie ralentie. Cet état de latence (dormance) est principalement dû à sa déshydratation. En effet, la plupart des graines contiennent moins de 10 % d'eau, ce qui les rend résistantes aux excès de froid, de chaleur ou de sécheresse. Lorsque les conditions ambiantes d'humidité et de température deviennent favorables, la graine absorbe de l'eau, gonfle et, bientôt, rompt son enveloppe. La plantule reprend alors sa croissance, échappe au tégument, éclate et se développe dans deux directions : à l'air libre apparaît la *gemmule,* précurseur de la tige, alors que dans le sol se développe la *radicule,* précurseur du système des racines.
Avant la germination, certaines graines doivent passer par une phase de dormance correspondant souvent à l'hiver, le froid éliminant progressivement les substances inhibitrices qui empêchent la germination. D'autres dormances correspondent au délai nécessaire pour que l'enveloppe très épaisse de la graine se trouve détériorée et puisse s'ouvrir sous l'action des bactéries et des moisissures. ■

graineterie [grɛntri] **n.f.** Commerce, magasin du grainetier.

grainetier, ère [grɛntje, -ɛr] **n.** et **adj.** Personne qui vend des grains, des graines, des oignons, des bulbes, etc.

graissage [grɛsaʒ] **n.m.** Action de graisser un moteur, un mécanisme : *Faire faire le graissage de sa voiture.*

graisse [grɛs] **n.f.** (lat. pop. **crassia,* du class. *crassus,* gras). **1.** Substance onctueuse, constituée de lipides, présente dans les tissus sous la peau de l'homme et des animaux. **2.** Tout corps gras utilisé comme lubrifiant ou protection. **3.** Substance onctueuse, animale ou végétale, utilisée en cuisine : *Faire fondre de la graisse d'oie.* **4.** IMPR. Épaisseur des traits de la lettre : *Une graisse plus forte pour les titres.*

graisser [grese] **v.t. 1.** Frotter, enduire de graisse : *Graisser une machine* (syn. **lubrifier**). **2.** Tacher de graisse : *Graisser ses vêtements.* **3.** *FAM.* **Graisser la patte à qqn,** lui donner de l'argent pour obtenir un service, une faveur.

graisseur [grɛsœr] **n.m. 1.** Ouvrier qui effectue le graissage d'appareils mécaniques. **2.** Dispositif destiné à recevoir la graisse et à la distribuer dans un organe mécanique.

graisseux, euse [grɛsø, -øz] **adj. 1.** Qui contient de la graisse : *Tumeur graisseuse* (syn. **adipeux**). **2.** Taché de graisse : *Papiers graisseux* (syn. **gras**).

Gram (coloration de), coloration des bactéries au moyen d'une solution qui permet de les différencier selon qu'elles restent violettes *(Gram positif)* ou deviennent roses *(Gram négatif).*

graminée [gramine] **n.f.** (lat. *gramineus,* de gazon). **Graminées,** très importante famille de plantes monocotylédones aux épis de fleurs peu voyants, aux fruits farineux réduits à des grains, les caryopses, comprenant les céréales, les herbes des prairies, des steppes et des savanes, les bambous, la canne à sucre (syn. **poacée**).

grammage [gramaʒ] **n.m.** (de *gramme*). TECHN. Masse par unité de surface d'un papier, d'un carton, etc., exprimée en grammes par mètre carré.

grammaire [gramɛr] **n.f.** (lat. *grammatica*). **1.** Ensemble des règles phonétiques, morphologiques et syntaxiques, écrites et orales d'une langue ; étude et description de ces règles. **2.** Livre, manuel enseignant ces règles : *Une grammaire française, de l'anglais.*

grammairien, enne [gramerjɛ̃, -ɛn] **n.** Spécialiste de grammaire, de l'enseignement de la grammaire.

grammatical, e, aux [gramatikal, -o] **adj.** (bas lat. *grammaticalis*). **1.** Relatif à la grammaire : *Règle grammaticale.* **2.** Conforme aux règles de la grammaire : *Énoncé grammatical.* **3. Mots grammaticaux,** ceux qui, comme les conjonctions, prépositions, pronoms, dénotent les fonctions syntaxiques.

grammaticalement [gramatikalmɑ̃] **adv.** Selon les règles de la grammaire : *Ce texte est grammaticalement incorrect.*

grammaticaliser [gramatikalize] **v.t.** LING. Donner à un élément lexical une fonction grammaticale (ex. : le mot latin *mente* est devenu un suffixe d'adverbe dans *doucement, violemment,* etc.).

gramme [gram] **n.m.** (gr. *gramma,* petit poids). Unité de masse, valant un millième de kilogramme et représentant sensiblement la masse d'un centimètre cube d'eau pure à 4 °C.

Gramme (Zénobe), inventeur belge (Jehay-Bodegnée 1826 - Bois-Colombes 1901). Il mit au point le *collecteur* (1869), qui permet la réalisation de machines électriques à courant continu, et construisit la première dynamo industrielle (1871).

Gramsci (Antonio), philosophe et homme politique italien (Ales, Sardaigne, 1891 - Rome 1937). Avec Togliatti, il créa le journal *L'Ordine nuovo* (1919). Secrétaire du parti communiste italien (1924), il fut arrêté en 1926 et mourut quelques jours après sa libération. Dans ses *Cahiers de prison,* rédigés entre 1929 et 1935, il a substitué au concept de « dictature du prolétariat » celui d'« hégémonie du prolétariat », qui met l'accent sur la direction intellectuelle et morale du parti plus que sur ses formes répressives. Son influence dans le mouvement communiste a été à peu près nulle, mais ses écrits, surtout ses *Lettres de prison,* font de lui un très grand écrivain.

Granados y Campiña (Enrique), compositeur espagnol (Lérida 1867 - en mer 1916). Il fonda à Barcelone la Société de concert classique (1900) ainsi qu'une académie Granados (1901). Ses deux suites pour piano, *Goyescas,* triomphèrent à Paris en 1914. On lui doit également de la musique pour orchestre, comme le poème symphonique *Dante,* des suites *(Navidad, Elisenda)* et des opéras *(Petrarca).*

1. grand, e [grɑ̃, grɑ̃d] **adj.** (lat. *grandis*). **1.** Qui est de taille élevée : *Être grand pour son âge* (contr. **petit**). **2.** Qui a des dimensions étendues : *Une grande forêt* (syn. **vaste**). **3.** D'une taille, d'une intensité, d'une quantité supérieure à la moyenne : *Grand front* (syn. **haut**). *Grand vent* (syn. **fort**). *Grand bruit* (syn. **intense**). *Grand âge* (= âge avancé, vieillesse). **4.** Qui a atteint une certaine maturité : *Tu es grand maintenant* (= tu n'es plus un petit enfant). **5.** Qui l'emporte par sa naissance, sa fortune, sa position : *Un grand personnage de l'État* (syn. **influent**). **6.** S'ajoute au titre des premiers dignitaires d'un ordre : *Grand prêtre. Grand officier de la Légion d'honneur.* **7.** Qui est marquant, exceptionnel : *C'est un grand jour.* **8.** Qui se distingue par qqch de remarquable, par ses qualités, son talent, son haut niveau : *Un grand mathématicien* (syn. **prestigieux, talentueux**). *Un grand vin* (syn. **excellent**). **9.** En composition, indique en partic. un degré d'ascendance dans les liens de parenté (inv. en genre dans ce sens) : *Une grand-mère.* **10. Grand frère, grande sœur,** frère, sœur aînés. ◆ **adv. 1.** De façon large, spacieuse, vaste : *Voir grand* (= avoir des projets ambitieux, par opp. à *voir petit*). *Chausser grand.* **2. Faire qqch en grand,** sans rien ménager, sur une vaste échelle : *Faire le ménage en grand.* / **Grand ouvert,** tout à fait ouvert : *Il a les yeux grands ouverts* ou *grand ouverts. Les fenêtres sont grandes ouvertes* ou *grand ouvertes.*

2. grand, e [grɑ̃, grɑ̃d] **n.** (de *1. grand*). **1.** Personne de taille élevée : *Les grands se mettront derrière.* **2.** Personne adulte ; garçon ou fille déjà mûrs : *Les grands ne peuvent pas comprendre. C'est une grande qui me l'a dit.* ◆ **grand n.m. 1.** *LITT.* Personne importante par son rang, son influence : *Les grands de ce monde.* **2.** HIST. Membre de la plus haute noblesse dans la France de l'Ancien Régime et en Espagne : *Fils d'un grand d'Espagne.* **3. Les Grands,** les grandes puissances mondiales.

grand-angle [grɑ̃tɑ̃gl] **n.m.** (pl. *grands-angles*). Objectif photographique couvrant une grande largeur de champ.

Grand Canyon, nom des gorges du Colorado dans l'Arizona (États-Unis).

grand-chose [grɑ̃ʃoz] **pron. indéf. Pas grand-chose,** presque rien : *Je n'ai pas grand-chose à manger. Elle ne fait pas grand-chose.* ◆ **n. inv.** *FAM.* **Un, une pas-grand-chose,** une personne peu estimable : *Ce sont des pas-grand-chose.*

grand-duc [grɑ̃dyk] **n.m.** (pl. *grands-ducs*). **1.** Souverain d'un grand-duché. **2.** Dans la Russie tsariste, prince de la famille impériale. **3.** FAM. **Faire la tournée des grands-ducs,** faire la tournée des établissements de nuit.

grand-ducal, e, aux [grɑ̃dykal, -o] **adj.** Qui concerne un grand-duc ou un grand-duché : *Les traditions grand-ducales.*

grand-duché [grɑ̃dyʃe] **n.m.** (pl. *grands-duchés*). Pays où règne un grand-duc, une grande-duchesse.

Grande *(Rio)* → **Rio Grande.**

Grande *(rio),* riv. du Brésil, l'une des branches mères du Paraná ; 1 450 km. Hydroélectricité.

Grande-Bretagne et d'Irlande du Nord *(Royaume-Uni de),* État insulaire de l'Europe occidentale ; CAP. *Londres.* LANGUE : *anglais.* MONNAIE : *livre sterling.* Le Royaume-Uni comprend quatre parties principales : l'*Angleterre* proprement dite et le *pays de Galles,* l'*Écosse* et l'*Irlande du Nord* (avec l'Irlande du Sud, ou république d'Irlande, ces régions forment les îles Britanniques). Le Royaume-Uni a 253 500 km² (230 000 km² pour la Grande-Bretagne proprement dite : Angleterre, Écosse, pays de Galles) et 63 136 000 hab. *(Britanniques).*

GÉOGRAPHIE

Première puissance industrielle et commerciale dans le monde au XIXe s., la Grande-Bretagne n'est plus aujourd'hui qu'une puissance moyenne, intégrée depuis 1973 dans l'espace communautaire européen.

Le milieu naturel. La puissance passée devait peu au milieu naturel. La superficie moyenne (moins de la moitié de celle de la France) et les hautes terres prédominent dans le Centre et surtout le Nord. Le climat, souvent humide et frais, est peu favorable à l'agriculture, sauf à l'élevage. Cependant, le sous-sol recèle de riches dépôts de houille. Ce sont surtout l'histoire et l'esprit d'entreprise des Britanniques, la nécessité de faire vivre une population dense qui ont joué un rôle prépondérant.

La population. La Grande-Bretagne, avec 240 hab. au km² en moyenne, demeure un pays densément peuplé. Cette population connaît aujourd'hui un accroissement naturel quasi nul en raison de la chute du taux de natalité (11 %), à peine supérieur au taux de mortalité, en hausse avec le vieillissement. L'émigration, traditionnelle (à la base de l'Empire), n'a pas complètement disparu, mais elle a été compensée puis largement dépassée par une immigration en provenance des anciennes colonies (Asie méridionale, Antilles, Afrique) et, plus récemment, des nouveaux pays de l'Union européenne, posant parfois des problèmes d'intégration. L'urbanisation est ancienne et forte (plus de 90 % de citadins), avec, loin derrière Londres, quelques grandes villes (Birmingham, Glasgow, Liverpool, Manchester, Leeds, Sheffield, Édimbourg, Bristol, etc.).

L'économie. L'industrie emploie moins de 30 % de la population active. La Grande-Bretagne dispose (dans le cadre occidental) de solides bases énergétiques. L'extraction houillère a toutefois fortement reculé et le pétrole est devenu la première source énergétique, en partie exporté. S'y ajoute une notable production de gaz naturel. Le nucléaire, tôt développé, assure plus de 20 % de la production totale d'électricité. La sidérurgie, ancienne, a décliné de même que la construction navale, tandis que l'automobile est sous contrôle étranger (américain et surtout japonais). La métallurgie des non-ferreux s'est effondrée. Le textile traditionnel (coton, laine), depuis longtemps en crise, s'est restructuré, tandis que la chimie reste florissante et diversifiée. Les industries de pointe (pharmacie, électronique, biotechnologies) ont été développées dans la région londonienne et dans les Lowlands écossais (d'Édimbourg à Glasgow). L'agroalimentaire valorise les produits de la pêche et ceux d'une agriculture qui n'emploie que 2 % des actifs, mais satisfait environ la moitié des besoins nationaux. Les cultures, céréales, betterave à sucre, sont localisées dans le Sud-Est au climat abrité, plus favorable. L'élevage bovin lui est souvent juxtaposé, et l'important troupeau ovin est présent sur les terres moins fertiles (Écosse, pays de Galles, Pennines).

Les services occupent plus de 70 % des actifs et, malgré le déclin de la livre, la Grande-Bretagne conserve en ce domaine un rôle notable (marché boursier, courtage et assurance, transport maritime et aérien, tourisme). Le solde des revenus invisibles, positif, ne suffit pas néanmoins à combler le déficit de la balance commerciale. Aux importations dominent les matières premières et denrées alimentaires et aussi des produits élaborés concurrençant son industrie. Le recul de celle-ci a été partiellement la rançon de la précocité du développement industriel, de la vétusté de certaines branches et de certains équipements, de la mondialisation des échanges, avec un desserrement des liens privilégiés avec le Commonwealth (60 % des échanges se font avec l'Union européenne). Au cours des années 1990, le Royaume-Uni est parvenu à se moderniser au prix d'une forte déréglementation et d'une remise en cause du *Welfare State* (« État providence »). Mais la crise mondiale de 2007-2008 a frappé l'économie de plein fouet (secteurs financier et bancaire), entraînant récession et dégradation de la situation de l'emploi (déjà marqué par une précarité importante).

HISTOIRE

La Grande-Bretagne prend officiellement naissance en 1707 par l'acte d'Union des royaumes d'Angleterre et d'Écosse (*Angleterre, Écosse, Galles* [*pays de*], *Irlande*).

La montée de la prépondérance britannique

1714. Mort de la reine Anne, au pouvoir depuis 1702.

En vertu de l'acte d'Établissement de 1701, la Couronne passe des Stuarts aux Électeurs de Hanovre (George Ier), les descendants de Jacques II, catholiques, ayant été écartés du trône. L'arrivée au pouvoir d'une dynastie allemande, peu concernée par les affaires britanniques, renforce le rôle du Premier ministre (tel Walpole) et du Parlement. La vie politique est marquée par la lutte entre whigs, favorables au parlementarisme, et tories, et par la tentative de restauration des prérogatives royales menée par George III (1760-1820). L'expansion coloniale est réalisée au prix de nombreux conflits avec la France.

1763. Le traité de Paris, au terme de la guerre de Sept Ans, assure à la Grande-Bretagne la possession du Canada et de l'Inde.

1783. Après une guerre avec les colons américains, le traité de Versailles consacre l'indépendance des États-Unis.

À partir de 1793, le Premier ministre, le Second Pitt, combat la France révolutionnaire et napoléonienne, afin de préserver l'équilibre européen.

1800. Pitt intègre l'Irlande au royaume, qui prend le nom de Royaume-Uni de Grande-Bretagne et d'Irlande.

1805. La victoire de Nelson à la bataille navale de Trafalgar donne aux Anglais la suprématie maritime.

L'hégémonie britannique. Commencée dès le XVIIIe s., la révolution industrielle, fondée sur l'exploitation du charbon, et l'essor du capitalisme donnent au Royaume-Uni une formidable avance sur tous les autres États. Au lendemain du congrès de Vienne (1815), la Grande-Bretagne apparaît comme la principale puissance mondiale.

Des réformes électorales (1832) favorables aux grandes villes industrielles, des réformes religieuses (émancipation des catholiques, 1829), l'abrogation en 1824 de la loi contre les trade-unions (syndicats) et l'adoption du libre-échange introduisent partout le libéralisme.

1837. Avènement de la reine Victoria.

Son règne est caractérisé par la suprématie de l'économie et de la marine britanniques tandis que la diplomatie permet à la Grande-Bretagne d'éliminer ses rivaux politiques. Conservateurs (Disraeli) et libéraux (Gladstone) se succèdent au pouvoir, élargissant le droit de vote à deux reprises. Le chartisme (mouvement favorable au suffrage universel et aux réformes sociales) permet au syndicalisme de se développer. L'impérialisme britannique met le Royaume-Uni à la tête d'immenses colonies, dont certaines (dominions) se voient accorder un statut d'autonomie. (→ **Empire britannique.**)

1876. Victoria prend le titre d'« impératrice des Indes ».

En 1882, l'Égypte est sous contrôle britannique. Le Royaume-Uni se heurte en 1898 aux ambitions territoriales de la France (Fachoda).

1899-1902. Guerre des Boers.

L'accession au trône d'Édouard VII (1901-1910) permet un rapprochement avec la France (Entente cordiale, 1904).

1907. Signature de la « Triple-Entente » anglo-franco-russe.

La fin de cette période est marquée par une crise économique (concurrences américaine et allemande) et par le rebondissement de la question d'Irlande. Malgré les réformes cherchant à mettre fin à leur très difficile situation économique et sociale, les Irlandais réclament l'autonomie *(Home Rule)*, que Gladstone n'a pu leur accorder en 1886.

D'une guerre à l'autre

1914-1918. La Grande-Bretagne participe à la Première Guerre mondiale. Affaiblie par le conflit, distancée par les États-Unis, l'économie britannique connaît un déclin irréversible. Les femmes obtiennent le droit de vote, et le parti travailliste, en plein essor, remplace le parti libéral dans sa lutte contre le parti conservateur.

1921. L'État libre d'Irlande, ou Éire, est constitué.

Le pays prend le nom de Royaume-Uni de Grande-Bretagne (Angleterre, pays de Galles et Écosse) et d'Irlande du Nord (moitié des comtés de l'Ulster).

1924-1925. Les travaillistes accèdent au pouvoir (MacDonald).

1929. Revenus au pouvoir, ils se trouvent confrontés à la crise mondiale.

1931. Création du Commonwealth.

1936. Édouard VIII succède à George V mais abdique au bout de quelques mois au profit de son frère, George VI.

1939-1945. Engagé dans la Seconde Guerre mondiale, le Royaume-Uni, dirigé par W. Churchill, résiste victorieusement à l'invasion allemande (bataille d'Angleterre).

1945. Churchill participe avec Staline et Roosevelt à la conférence de Yalta.

La Grande-Bretagne depuis 1945

1945-1951. Le travailliste Clement Attlee réalise d'importantes réformes sociales et fait adhérer la Grande-Bretagne à l'O.T.A.N. La décolonisation est amorcée.

1952. Élisabeth II succède à George VI.

La vie politique est caractérisée par l'alternance au pouvoir des conservateurs (Churchill, Eden, Macmillan, Douglas-Home de 1951 à 1964 ; Heath de 1970 à 1974) et des travaillistes (Harold Wilson de 1964 à 1970, puis de 1974 à 1976 ; James Callaghan de 1976 à 1979).

1969. Début d'un affrontement ouvert entre catholiques et protestants en Irlande du Nord.

1973. La Grande-Bretagne entre dans le Marché commun.

1979-1990. Le Premier ministre conservateur, Margaret Thatcher, développe une politique de libéralisme strict, en rupture avec le passé. En politique extérieure, elle s'oppose à un renforcement de l'intégration européenne.

1990. Le conservateur John Major succède à M. Thatcher.

1997. Les travaillistes reviennent au pouvoir avec Tony Blair comme Premier ministre (reconduit au terme des élections de 2001 et de 2005). L'Écosse et le pays de Galles se voient accorder un statut de plus grande autonomie. Hongkong est rétrocédée à la Chine.

1998. Un accord est conclu en Irlande du Nord.

2003. La Grande-Bretagne appuie l'offensive militaire des États-Unis en Iraq.

2005. Le 7 juillet, Londres est frappée par des attentats terroristes (plus de 50 morts) attribués à al-Qaida.

2007. Gordon Brown remplace T. Blair à la tête du parti travailliste et du gouvernement. Il doit faire face aux difficultés liées à la crise économique mondiale.

2010. Retour au pouvoir des conservateurs en alliance avec les libéraux-démocrates. David Cameron devient Premier ministre.

grande-duchesse [grɑ̃dyʃɛs] **n.f.** (pl. *grandes-duchesses*). **1.** Femme ou fille d'un grand-duc. **2.** Souveraine d'un grand-duché.

Grande-Grèce → Grèce d'Occident.

grandelet, ette [grɑ̃dlɛ, -ɛt] **adj.** FAM. Qui commence à devenir grand : *Fille grandelette.*

grandement [grɑ̃dmɑ̃] **adv. 1.** Beaucoup, largement : *Se tromper grandement* (= de beaucoup) [syn. **énormément**]. **2.** Au-delà de ce qui est habituel : *Faire les choses grandement* (= sans regarder à la dépense). **3.** Avec grandeur d'âme : *Agir grandement* (syn. **noblement**).

Grande Rivière (La), fl. du Canada (Québec), tributaire de la baie James. Aménagements hydroélectriques.

Grandes Plaines, partie occidentale du Midwest (États-Unis), entre le Mississippi et les Rocheuses.

grandeur [grɑ̃dœr] **n.f. 1.** Dimension en hauteur, longueur, largeur : *La grandeur de certains arbres est surprenante. Une tache de la grandeur d'une pièce de deux euros.* **2.** Ce qui peut être estimé, mesuré : *Grandeur mesurable. Grandeur physique.* **3.** Qualité de qqn, qqch qui se distingue par son influence, son rang, sa valeur, son importance : *Une politique de grandeur* (syn. **puissance, suprématie**). **4. Folie des grandeurs,** ambition démesurée, goût de ce qui est grand (= mégalomanie). / **Grandeur nature,** qui représente qqch selon ses dimensions réelles : *Un dessin grandeur nature.* / **Ordre de grandeur,** dimension, quantité en valeur approximative : *Pouvez-vous nous donner un ordre de grandeur quant aux dépenses ?*

grand-guignol [grɑ̃giɲɔl] **n.m. sing.** (de *Grand-Guignol*, n. d'un théâtre montmartrois spécialisé dans les spectacles horrifiants). **C'est du grand-guignol,** cela s'apparente au mélodrame le plus outré.

grand-guignolesque [grɑ̃giɲɔlɛsk] **adj.** (pl. *grand-guignolesques*). Qui a le caractère d'horreur outrée et invraisemblable des spectacles du Grand-Guignol.

grandiloquence [grɑ̃dilɔkɑ̃s] **n.f.** (du lat. *grandiloquus*, au style pompeux, d'apr. *éloquence*). Caractère d'un discours grandiloquent (syn. **emphase, pompe**).

grandiloquent, e [grɑ̃dilɔkɑ̃, -ɑ̃t] **adj.** Plein d'emphase ; qui a un caractère affecté : *Discours grandiloquent* (syn. **emphatique, pompeux**).

grandiose [grɑ̃djoz] **adj.** (it. *grandioso*). Qui impressionne par sa grandeur, sa majesté : *Édifice grandiose* (syn. **imposant**). *Une cérémonie grandiose* (syn. **magnifique, splendide**).

grandir [grɑ̃dir] **v.i.** [conj. 32]. **1.** Devenir grand : *Il a beaucoup grandi, j'ai dû allonger ses pantalons. L'arbre a grandi* (syn. **pousser**). **2. Sortir grandi de qqch,** retirer un bénéfice moral de : *Notre profession sort grandie de ce conflit.* ◆ **v.t. 1.** Rendre ou faire paraître plus grand : *Ces chaussures la grandissent.* **2.** Donner plus de prestige : *Le succès l'a grandi à ses propres yeux.*

grandissant, e [grɑ̃disɑ̃, -ɑ̃t] **adj.** Qui va croissant : *Un bruit grandissant. Inquiétude grandissante* (syn. **croissant**).

grandissime [grɑ̃disim] **adj.** Très grand (par plais.) : *Ce fut un spectacle grandissime* (syn. **grandiose**).

Grand lac Salé, en angl. **Great Salt Lake,** marécage salé des États-Unis (Utah), près de Salt Lake City.

grand-livre [grɑ̃livr] **n.m.** (pl. *grands-livres*). **1.** COMPTAB. Registre dans lequel sont réunis tous les comptes ouverts dans la comptabilité d'une entreprise. **2.** Liste qui mentionne tous les créanciers de l'État. (On dit aussi *grand-livre de la dette publique.*)

grand-maman [grɑ̃mamɑ̃] **n.f.** (pl. *grand[s]-mamans*). Dans le langage enfantin, grand-mère.

grand-mère [grɑ̃mɛr] **n.f.** (pl. *grand[s]-mères*). **1.** Mère du père ou de la mère (syn. **aïeule**). **2.** FAM. Vieille femme.

grand-messe [grɑ̃mɛs] **n.f.** (pl. *grand[s]-messes*). **1.** Messe solennelle chantée. **2.** FAM. Manifestation spectaculaire visant à souder l'homogénéité d'un groupe, d'un parti, etc. : *La grand-messe du gouvernement.*

grand-oncle [grɑ̃tɔ̃kl] **n.m.** (pl. *grands-oncles*). Frère du grand-père ou de la grand-mère.

grand-papa [grɑ̃papa] **n.m.** (pl. *grands-papas*). [Souvent appellatif]. Dans le langage enfantin, grand-père.

à **grand-peine** [grɑ̃pɛn] **loc. adv.** Avec beaucoup de difficulté : *Ils ont réussi à grand-peine à hisser la malle sur le toit de la voiture.*

grand-père [grɑ̃pɛr] **n.m.** (pl. *grands-pères*). **1.** Père du père ou de la mère (syn. **aïeul**). **2.** FAM. Vieil homme.

Grands Lacs (Les), nom des cinq grands lacs américains : Supérieur, Michigan, Huron, Érié, Ontario.

grands-parents [grɑ̃parɑ̃] **n.m. pl.** Le grand-père et la grand-mère.

grand-tante [grɑ̃tɑ̃t] **n.f.** (pl. *grand[s]-tantes*). Sœur du grand-père ou de la grand-mère.

Grandville (Jean Ignace Isidore Gérard, dit), dessinateur et caricaturiste français (Nancy 1803 - Vanves 1847). La fantaisie imaginative de son style (métamorphoses réciproques entre hommes, animaux, objets, végétaux) a été célébrée par les surréalistes (illustrations, notamm. des *Fables* de La Fontaine, 1838 ; albums : *Un autre monde*, 1844, *les Fleurs animées*, 1847).

grand-voile [grɑ̃vwal] **n.f.** (pl. *grand[s]-voiles*). Voile carrée inférieure du grand mât des gréements carrés.

grange [grɑ̃ʒ] **n.f.** (lat. pop. **granica*, du class. *granum*, grain). Bâtiment d'une exploitation agricole où sont entreposées les récoltes de paille, de foin, etc.

granite ou **granit** [granit] **n.m.** (it. *granito*, à grains). Roche magmatique plutonique, formée principalement de quartz, de feldspath et de mica, et constituant l'essentiel de la croûte continentale.

■ Avec les roches de type basaltique, que l'on rencontre en particulier dans les fonds océaniques, celles de type granitique constituent l'essentiel de la croûte terrestre. Les granites proviennent de la fusion partielle de la croûte continentale ou de la différenciation (cristallisation fractionnée) de magmas issus du manteau. Ce sont les roches plutoniques les plus répandues : elles sont présentes aussi bien dans les vieux socles précambriens (boucliers [ou cratons] canadien, baltique, africain, etc.) que dans des massifs beaucoup plus jeunes (Alpes, Himalaya, etc.). Les granites présentent une grande diversité. ■

granité, e [granite] **adj. 1.** Qui présente des grains, des petits reliefs rappelant le granite. **2.** Peint, moucheté d'une manière qui rappelle le granite : *Papier peint granité* (syn. **grenu**).

graniteux, euse [granitø, -øz] **adj.** Qui contient du granite : *Sol graniteux.*

granitique [granitik] **adj.** De la nature du granite : *Roche granitique.*

granivore [granivɔr] **adj.** et **n.** (du lat. *granum*, grain, et de *-vore*). Qui se nourrit de graines : *Oiseaux granivores.*

Grant (Ulysses), général et homme d'État américain (Point Pleasant, Ohio, 1822 - Mount McGregor, État de New York, 1885). Après avoir combattu victorieusement les confédérés, il devint commandant des forces fédérales à la fin de la guerre de Sécession (1864-1865). Il fut élu président des États-Unis en 1868 et réélu en 1872.

granulaire [granylɛr] **adj.** (de *granule*). Qui se compose de petits grains : *Roche granulaire.*

granulat [granyla] **n.m.** (de *granule*). Ensemble des constituants inertes, tels que les sables, graviers, cailloux, des mortiers et des bétons.

granulation [granylasjɔ̃] **n.f.** (de *granule*). **1.** Agglomération d'une substance en petits grains : *La granulation d'un revêtement routier.* **2.** MÉD. Petit grain normal ou pathologique, dans une cellule, un tissu.

granule [granyl] **n.m.** (bas lat. *granulum*, dimin. du class. *granum*, grain). **1.** Petit grain d'une matière quelconque. **2.** PHARM. Petite pilule renfermant une quantité infime mais rigoureusement dosée d'une substance très active : *Des granules homéopathiques.*

granulé, e [granyle] **adj. 1.** Qui se présente sous forme de grains (syn. **granuleux**). **2.** Réduit en granules : *Préparation pharmaceutique granulée.* ◆ **granulé n.m. 1.** PHARM. Médicament en forme de grain constitué d'une substance active et de sucre qui le rend agréable à absorber : *Prendre une cuillerée à soupe de granulés avant chaque repas.* **2. Granulé (de bois),** petit tube de bois, composé de sciure et de copeaux séchés et compactés sous haute pression, utilisé comme combustible.

granuleux, euse [granylø, -øz] **adj. 1.** Divisé en petits grains : *Terre granuleuse.* **2.** Qui présente des granulations (syn. **granulé**).

granulocyte [granylɔsit] **n.m.** (de *granule*, et *-cyte*). HISTOL. Globule blanc du sang caractérisé par des granulations neutrophiles, éosinophiles ou basophiles et par un noyau polylobé.

granulome [granylom] **n.m.** (du bas lat. *granulum* ; v. *granule*). MÉD. Petite tumeur cutanée arrondie.

grapheur [grafœr] **n.m.** (de *graphique*). INFORM. Logiciel de gestion de graphiques.

graphie [grafi] **n.f.** (du gr. *graphein*, écrire). LING. Représentation écrite des éléments du langage ; manière d'écrire un mot : *Écrire un mot sans fautes de graphie* (syn. **orthographe**).

1. graphique [grafik] **adj.** (gr. *graphikos*). **1.** Qui représente par des dessins, des signes écrits : *L'alphabet est un système graphique.* **2.** Qui se rapporte aux procédés d'impression et aux arts de l'imprimerie : *Arts et industries graphiques.* **3. Roman graphique,** bande dessinée, génér. pour adultes, d'une longueur comparable à celle d'un roman, caractérisée par la grande place accordée au texte.

2. graphique [grafik] **n.m.** (de *1. graphique*). Tracé ou courbe représentant les variations d'une grandeur : *Un graphique de la température d'un malade.*

graphiquement [grafikmɑ̃] **adv. 1.** Par l'écrit. **2.** Par des procédés graphiques : *Enregistrer graphiquement les battements du cœur d'un malade.*

graphisme [grafism] **n.m.** (du gr. *graphein*, écrire). **1.** Caractère particulier d'une écriture ; manière d'écrire individuelle : *Son graphisme est très reconnaissable* (syn. **écriture**). **2.** Manière de tracer une ligne, de dessiner : *Le graphisme de Jacques Callot.*

graphiste [grafist] **n.** Professionnel des arts et industries graphiques.

graphite [grafit] **n.m.** (du gr. *graphein*, écrire). Carbone naturel ou artificiel cristallisé, presque pur, gris-noir, tendre et friable (syn. **plombagine**). ▶ Le graphite est utilisé dans des mines de crayons et dans certains lubrifiants.

graphiteux, euse [grafitø, -øz] et **graphitique** [grafitik] **adj.** Qui contient du graphite.

graphologie [grafɔlɔʒi] **n.f.** (de *grapho-* et *-logie*). Technique de l'interprétation de l'écriture considérée comme une expression de la personnalité. ◆ **graphologue n.** Nom du spécialiste.

graphologique [grafɔlɔʒik] **adj.** Relatif à la graphologie : *Analyse, expertise graphologique.*

grappe [grap] **n.f.** (germ. **krappa*, crochet). **1.** Assemblage étagé et conique de fleurs, de fruits autour d'une tige commune : *Grappe de raisin, de fleurs de lilas.* **2.** Assemblage d'objets imitant la forme d'une grappe : *Les fourmis déposent leurs œufs en grappes.* **3.** Groupe de personnes serrées les unes contre les autres : *Des grappes de curieux s'accrochaient aux grilles* (syn. **essaim**).

grappillage [grapijaʒ] **n.m.** Action de grappiller : *Après la vendange, les enfants font du grappillage.*

grappiller [grapije] **v.t.** (de *grappe*). **1.** Cueillir de côté et d'autre des restes épars : *Grappiller ce qui a été laissé sur les ceps.* **2.** Prendre en petite quantité, au hasard ou illégalement : *Grappiller des renseignements* (syn. **glaner**). *Grappiller de l'argent* (= faire de petits profits illicites). ◆ **v.i. 1.** Enlever les grappes laissées sur les ceps après la vendange. **2.** Faire de petits gains illicites : *Il grappille à droite et à gauche.*

grappilleur, euse [grapijœr, -øz] **n.** Personne qui grappille, qui fait des profits illicites.

grappin [grapɛ̃] **n.m.** (de *grappe*). **1.** MAR. Petite ancre, à quatre ou cinq crochets, pour les petites embarcations. **2.** Crochet d'abordage. **3.** Accessoire d'appareils de levage pour saisir des objets ou des matériaux : *Le grappin d'une grue.* **4.** FAM. **Mettre le grappin sur qqn, qqch,** accaparer qqn, s'emparer de qqch : *Mettre le grappin sur un héritage.*

1. gras, grasse [gra, gras] **adj.** (lat. *crassus,* épais, sous l'infl. de *grossus,* gros). **1.** Formé de graisse ; de la nature de la graisse : *L'huile et le beurre sont des matières grasses.* **2.** Qui contient plus ou moins de graisse, de matière grasse : *Ce bouillon est trop gras. Foie gras.* **3.** En parlant d'un être animé, qui a beaucoup de graisse : *Il a un visage gras* (syn. **adipeux**). *Un poulet trop gras.* **4.** Sali, taché de graisse : *Ramasser des papiers gras* (syn. **graisseux, huileux**). **5.** Qui a un aspect luisant, résultant des sécrétions graisseuses de la peau : *Peau grasse. Cheveux gras* (= atteints de séborrhée) [contr. **sec**]. **6.** Dont la consistance évoque celle de la graisse : *Boue grasse. Des terres grasses* (= argileuses et fertiles). **7.** Épais ; largement marqué : *Caractères typographiques gras* (contr. **maigre**). *Crayon gras* (contr. **dur**). **8.** Dont la surface est visqueuse, gluante : *La chaussée était grasse, la voiture a dérapé* (syn. **glissant**). **9.** LITT. Abondant, important : *De grasses récoltes.* **10.** Trop libre, cru, obscène, licencieux : *Une plaisanterie grasse* (syn. **graveleux, grossier**). **11.** FAM. **Ce n'est pas gras,** c'est peu ; c'est un profit médiocre. / **Corps gras,** substances d'origine organique, animale ou végétale, comprenant les huiles, beurres, graisses : *Les corps gras sont insolubles dans l'eau.* / **Jours gras,** jours où l'Église catholique permettait de manger de la viande, en partic. les trois jours précédant le mercredi des Cendres, début du carême : *Mardi gras.* / **Toux grasse,** toux suivie d'expectoration (par opp. à *toux sèche*). **12. Plantes grasses,** plantes à feuilles épaisses et charnues : *Les cactacées sont des plantes grasses.* ◆ **gras adv. 1.** D'une manière grasse, épaisse : *Peindre gras.* **2.** RELIG. **Faire gras,** manger de la viande (par opp. à *faire maigre*).

2. gras [gra] **n.m.** (de *1. gras*). **1.** Partie grasse d'une viande : *Le gras du jambon* (contr. **maigre**). **2. Au gras,** préparé avec de la viande ou de la graisse : *Du riz au gras.* / FAM. **Discuter le bout de gras,** bavarder un moment.

gras-double [gradubl] **n.m.** (pl. *gras-doubles*). Produit de triperie préparé à partir de la membrane de l'estomac du bœuf, échaudée et cuite à l'eau.

Grass (Günter), écrivain allemand (Dantzig 1927 - Lübeck 2015). Ses romans (*le Tambour,* 1959 ; *le Turbot,* 1977 ; *la Ratte,* 1986 ; *En crabe,* 2002) et son théâtre mêlent le réalisme et le fantastique dans la peinture satirique du monde contemporain. (Prix Nobel 1999.)

Grasse, ch.-l. d'arr. des Alpes-Maritimes ; 52 214 hab. *(Grassois).* Culture de fleurs. Parfumerie. Station hivernale. Anc. cathédrale d'un style roman dépouillé. Musées (d'Art et d'Histoire, Fragonard, de la Parfumerie, etc.).

grassement [grasmɑ̃] **adv. 1.** D'une voix grasse : *Rire grassement.* **2.** Largement ; abondamment : *Payer grassement un service* (syn. **généreusement**).

grasseyement [grasɛjmɑ̃] **n.m.** Prononciation d'une personne qui grasseye : *Elle parle avec un léger grasseyement.*

grasseyer [grasɛje] **v.i.** (de *[parler] gras*) [conj. **12**]. Prononcer de la gorge certaines consonnes, et partic. les *r.*

grassouillet, ette [grasujɛ, -ɛt] **adj.** FAM. Un peu gras : *Enfant grassouillet* (syn. **dodu, potelé**).

gratifiant, e [gratifjɑ̃, -ɑ̃t] **adj.** Qui procure une satisfaction psychologique : *Une promotion gratifiante* (contr. **frustrant**).

gratification [gratifikasjɔ̃] **n.f.** (lat. *gratificatio,* libéralité). **1.** Somme versée en plus de la rémunération régulière : *Donner une gratification à un porteur* (syn. **pourboire**). *Gratification de fin d'année* (syn. **prime**). **2.** Satisfaction psychologique : *Ces bons résultats nous apportent une gratification* (contr. **déception, frustration**).

gratifier [gratifje] **v.t.** (lat. *gratificari,* faire plaisir) [conj. **9**]. **1.** Accorder, octroyer un don, une faveur à : *Gratifier une serveuse d'un pourboire.* **2.** Procurer un plaisir, une satisfaction psychologique à : *Sa réussite à cet examen l'a beaucoup gratifié* (syn. **satisfaire ;** contr. **décevoir**). **3.** Donner en rétribution qqch de désagréable à (iron.) : *Elle m'a gratifié d'une paire de gifles.*

gratin [gratɛ̃] **n.m.** (de *gratter*). **1.** Préparation culinaire recouverte de chapelure ou de fromage râpé et cuite au four : *Gratin de pommes de terre.* **2.** Croûte qui se forme à la surface d'une telle préparation : *Le gratin des macaronis était desséché.* **3.** FAM. **Le gratin,** les personnes les plus en vue d'une société, d'un milieu : *Tout le gratin de la ville* (= la fine fleur) [syn. **élite**].

gratiné, e [gratine] **adj. 1.** Préparé, cuit au four, au gratin : *Du chou-fleur gratiné.* **2.** FAM. Qui sort de l'ordinaire ; remarquable dans son genre : *Le problème de maths était gratiné* (syn. **corsé, difficile**).

gratinée [gratine] **n.f.** Soupe à l'oignon, saupoudrée de fromage râpé, gratinée au four.

gratiner [gratine] **v.t.** Accommoder au gratin : *Gratiner des macaronis.* ◆ **v.i.** Former une croûte dorée : *Laisser gratiner les pommes de terre.*

gratis [gratis] **adv.** (mot lat. de *gratia,* faveur). FAM. Sans qu'il en coûte rien : *Nous avons déjeuné gratis* (syn. **gratuitement**).

gratitude [gratityd] **n.f.** (de *[in]gratitude*). Sentiment que l'on éprouve à l'égard de qqn qui vous a rendu service : *Témoigner sa gratitude à qqn* (syn. **reconnaissance**).

grattage [grataʒ] **n.m.** Action de gratter.

gratte [grat] **n.f.** (de *gratter*). FAM. **1.** Guitare. **2.** Petit profit plus ou moins illicite (syn. **grappillage**).

gratte-ciel [gratsjɛl] **n.m. inv.** (traduction de l'anglo-amér. *sky-scraper*). Immeuble de grande hauteur, à très nombreux étages : *Les gratte-ciel de Manhattan* (syn. **tour**).

grattement [gratmɑ̃] **n.m.** Bruit fait en grattant : *Un grattement à la porte m'a réveillé.*

gratte-papier [gratpapje] **n.m. inv.** FAM. Employé de bureau (péjor.) : *Un obscur gratte-papier* (syn. **rond-de-cuir**).

gratte-pieds [gratpje] **n.m. inv.** Claie de lames métalliques pour gratter les semelles de ses chaussures en entrant dans un bâtiment.

gratter [grate] **v.t.** (frq. **krattôn*). **1.** Racler en entamant superficiellement : *Gratter le parquet à la paille de fer* (syn. **frotter**). **2.** Faire disparaître en raclant : *Gratter la vieille peinture d'un mur.* **3.** Frotter une partie du corps avec les ongles pour faire cesser une démangeaison : *Ne gratte pas tes boutons.* **4.** Faire éprouver une démangeaison, une irritation de la peau : *Ce pull me gratte* (syn. **démanger, irriter**). **5.** FAM. Réaliser secrètement un petit profit, souvent de manière quelque peu indélicate : *Gratter quelques euros sur l'argent des courses* (syn. **grappiller**). **6.** FAM. Devancer un concurrent dans une compétition : *Il a gratté tous les autres dans la montée* (syn. **distancer, doubler**). ◆ **v.i. 1.** Frapper discrètement sur qqch pour avertir de sa présence : *Quelqu'un gratte au volet.* **2.** FAM. Travailler : *Elle gratte dans une agence de publicité* (= elle y est employée). **3.** FAM. Jouer médiocrement d'un instrument à cordes : *Gratter du violon, (de) la guitare.*

grattoir [gratwar] **n.m. 1.** Canif à large lame pour effacer en grattant le papier. **2.** Surface enduite de soufre des frottoirs de boîtes d'allumettes.

gratuit, e [gratɥi, -it] **adj.** (lat. *gratuitus,* de *gratis ;* v. *gratis*). **1.** Fait ou donné sans paiement en contrepartie ; dont on jouit sans payer : *Entrée gratuite* (syn. **libre ;** contr. **payant**). **2.** Sans fondement ; sans justification : *Supposition toute gratuite* (syn. **arbitraire ;** contr. **fondé**). **3. Acte gratuit,** acte étranger à tout système moral, qui n'a pour justification que lui-même (syn. **immotivé**).

gratuité [gratɥite] **n.f.** Caractère de ce qui est gratuit : *La gratuité de l'enseignement.*

gratuitement [gratɥitmɑ̃] **adv. 1.** Sans payer : *Soigner gratuitement des malades* (syn. **bénévolement, gracieusement**). **2.** Sans preuve ; sans motif : *Vous l'accusez gratuitement.*

grau [gro] **n.m.** (lat. *gradus,* degré). Chenal de communication entre un étang côtier et la mer, sur la côte du Languedoc.

gravats [grava] **n.m. pl.** (de *grave,* anc. forme de *1. grève*). Débris provenant d'une démolition : *Des tas de gravats restés sur un chantier* (syn. **décombres, éboulis**).

grave [grav] **adj.** (lat. *gravis,* propr. « lourd »). **1.** Qui a de l'importance ou qui peut avoir des conséquences fâcheuses : *La situation est grave* (syn. **alarmant, inquiétant**). *Une maladie grave* (syn. **dangereux**). **2.** Qui est d'une grande importance ; qui a du poids : *On ne peut s'abstenir que pour un motif grave* (syn. **sérieux**). **3.** Qui manifeste un très grand sérieux : *Visage grave. Il avait l'air grave* (syn. **compassé, solennel**). **4.** De faible fréquence, en parlant d'un son : *Une voix grave* (syn. **caverneux, sourd** ; contr. **aigu**). **5. Accent grave,** accent tourné de gauche à droite : *L'accent grave distingue* à de a. / DR. **Faute grave,** faute commise par un salarié et qui entraîne le licenciement sans préavis et sans indemnités : *L'absence injustifiée ou le refus de travail sont des fautes graves.* ◆ **n.m.** Son de faible fréquence : *Une voix qui passe aisément du grave à l'aigu. Les graves et les aigus.*

graveleux, euse [gravlø, -øz] **adj.** (de *gravelle*). **1.** Mêlé de gravier : *Sol graveleux.* **2.** Dont la chair contient de petits corps durs, en parlant d'un fruit : *Poire graveleuse.* **3.** Licencieux ; proche de l'obscénité : *Propos graveleux* (syn. **cru, égrillard, grivois**).

gravelle [gravɛl] **n.f.** (de *1. grève,* au sens anc. de « gravier »). *VX.* Lithiase urinaire.

gravement [gravmɑ̃] **adv.** (de *grave*). **1.** De façon importante ou dangereuse : *Tu t'es gravement trompé* (syn. **fortement, lourdement**). *Il est gravement blessé* (syn. **grièvement, sérieusement**). **2.** Avec gravité, sérieux : *Il me regarda gravement* (syn. **solennellement**).

graver [grave] **v.t.** (frq **graban*). **1.** Tracer des signes, une figure en creux sur une surface dure avec un instrument pointu ou par un procédé chimique : *Graver son nom sur un arbre avec un canif. Graver une pièce d'orfèvrerie. Graver un disque* (= l'enregistrer). **2.** Faire une empreinte qui servira à l'impression d'un texte, d'un dessin : *Graver un portrait, des faire-part.* ◆ **se graver v.pr.** S'imprimer durablement dans la mémoire, le cœur, etc. : *Cette scène s'est gravée dans mon esprit* (syn. **se fixer**).

graveur, euse [gravœr, -øz] **n.** (de *graver*). **1.** Artiste qui grave, réalise des gravures : *Graveur à l'eau-forte.* **2.** Personne dont le métier consiste à graver : *Graveur sur pierre, sur bois.*

gravide [gravid] **adj.** (lat. *gravidus*). Se dit d'un utérus contenant un embryon, d'une femme enceinte, d'une femelle pleine.

gravier [gravje] **n.m.** (de *grave,* anc. forme de *1. grève*). **1.** Matériau fait de petits cailloux, dont on recouvre les allées, les chaussées : *Une allée de gravier.* **2.** Très petit caillou : *Avoir un gravier dans sa chaussure.*

gravillon [gravijɔ̃] **n.m.** (de *gravier*). Petit gravier ; mélange de petits cailloux ou graviers pour le revêtement des chaussées : *Répandre du gravillon sur une route.*

gravimétrie [gravimetri] **n.f.** (du lat. *gravis,* lourd, et de *-métrie*). **1.** Partie de la géodésie qui a pour objet la mesure de la pesanteur. **2.** Analyse chimique quantitative effectuée par pesées.

gravimétrique [gravimetrik] **adj.** Qui concerne la gravimétrie.

gravir [gravir] **v.t.** (frq **krawjan,* de **krawa,* griffe) [conj. **32**]. **1.** Monter avec effort : *Gravir un escalier* (syn. **grimper**). *Gravir une muraille* (syn. **escalader**). **2.** Monter étape par étape : *Gravir les échelons de la hiérarchie* (syn. **franchir**).

gravissime [gravisim] **adj.** (lat. *gravissimus,* de *gravis,* lourd, grave). Extrêmement grave : *Situation gravissime.*

gravitation [gravitasjɔ̃] **n.f.** (lat. scientif. *gravitatio,* du class. *gravitas,* pesanteur). PHYS. Phénomène en vertu duquel tous les corps matériels s'attirent réciproquement en raison directe de leur masse et en raison inverse du carré de leur distance : *Les planètes tournent autour du Soleil sous l'effet de la gravitation.* ▸ C'est l'une des quatre interactions fondamentales de la physique, avec l'électromagnétisme et les interactions* forte et faible. (⟶ pesanteur.)

gravitationnel, elle [gravitasjɔnɛl] **adj.** PHYS. Qui concerne la gravitation : *Interaction gravitationnelle.*

1. gravité [gravite] **n.f.** (lat. *gravitas,* pesanteur). **1.** PHYS. Force de gravitation exercée par un astre sur un corps quelconque. **2. Centre de gravité,** point d'application de la résultante des actions de la pesanteur sur toutes les parties d'un corps (on dit aussi *centre d'inertie*).

2. gravité [gravite] **n.f.** (de *1. gravité*). **1.** Qualité d'une personne grave ou de son comportement, de ses paroles : *Personne d'une étonnante gravité* (syn. **dignité**). *La gravité de ses propros m'a inquiété* (syn. **solennité**). **2.** Caractère d'une chose importante ou dangereuse : *Tu ne mesures pas la gravité des événements* (syn. **poids, portée**). *Une maladie sans gravité* (= bénigne).

graviter [gravite] **v.i.** (lat. scientif. *gravitare,* du class. *gravitos,* pesanteur). **1.** PHYS. Décrire une trajectoire autour d'un point central, selon les lois de la gravitation : *La Terre gravite autour du Soleil.* **2.** Évoluer autour de, dans l'entourage de qqn ou de qqch : *Graviter autour du pouvoir.*

gravure [gravyr] **n.f.** (de *graver*). **1.** Manière, art ou action de graver ; son résultat : *La taille-douce est un procédé de gravure. La gravure d'une épitaphe.* **2.** Image, estampe obtenue à l'aide d'une planche gravée : *Une gravure de Dürer.* (⟶ estampe.) **3.** Toute reproduction d'un dessin, d'un tableau, etc. ; illustration de livre : *Accrocher des gravures au mur.* **4.** Action de creuser à la surface d'un disque un sillon portant l'enregistrement ; l'enregistrement lui-même : *La gravure de ce microsillon est excellente.*

gray [grɛ] **n.m.** (du n. de *L. H. Gray*). Unité de mesure de dose absorbée lors d'une irradiation par des rayonnements ionisants équivalant à la dose absorbée dans un élément de matière de masse 1 kilogramme auquel les rayonnements ionisants communiquent de façon uniforme une énergie de 1 joule. ▸ Symb. Gy.

Gray (Stephen), physicien anglais (Canterbury 1666 - Londres 1736). Il effectue des recherches en électricité pour le plaisir. Il essaye de faire circuler l'électricité dans de nombreux objets, dont le corps humain, et découvre ainsi la différence entre conducteurs et isolants.

Graz, v. d'Autriche, cap. de la Styrie, sur la Mur ; 261 726 hab. Monuments du XVᵉ au XVIIIᵉ s. ; musées.

gré [gre] **n.m.** (du lat. *gratus,* agréable). **Au gré de,** selon le caprice, en se laissant porter par ; selon le goût, l'opinion de : *Ses cheveux flottent au gré du vent. Laisser qqn agir à son gré* (= à sa guise). *Ce roman est trop long à mon gré* (= selon moi). / **Bon gré mal gré,** qu'on le veuille ou non : *Bon gré mal gré, il devra se soumettre.* / **Contre le gré de qqn,** contre sa volonté : *Je l'ai fait contre mon gré* (= à contrecœur, malgré moi). / **De bon gré,** volontiers : *Elle a accepté de bon gré.* / **De gré à gré,** en se mettant d'accord : *Marché de gré à gré* (= à l'amiable). / **De gré ou de force,** par tous les moyens. / **De mon, ton, etc., plein gré,** volontairement : *Êtes-vous venu de votre plein gré ?* (= sans qu'on vous y ait forcé). / **Savoir gré à qqn de qqch,** être reconnaissant à qqn de qqch : *Je vous sais gré de cette attention. Je vous saurais gré de bien vouloir me répondre.*

grèbe [grɛb] **n.m.** (mot savoyard, d'orig. obsc.). Oiseau palmipède des étangs et des marécages qui construit un nid flottant. ▸ Famille des podicipédidés.

grec, grecque [grɛk] **adj.** et **n.** De Grèce. ◆ **grec n.m.** Langue indo-européenne parlée en Grèce.

Grèce, en gr. **Ellás** ou **Hellas,** État du sud-est de l'Europe ; 132 000 km^2 ; 11 128 000 hab. *(Grecs).* CAP. *Athènes.* LANGUE : *grec.* MONNAIE : *euro.*

GÉOGRAPHIE

C'est un pays au relief contrasté, opposant massifs parfois élevés (Pinde, Olympe, etc.) et bassins intérieurs ou plaines ouvertes sur une mer omniprésente, parsemée d'archipels. Le climat n'est véritablement méditerranéen (étés chauds et secs, hivers doux) qu'à basse altitude, sur le littoral et dans les îles, où il favorise les cultures. Le secteur est cependant en voie de modernisation : irrigation, mécanisation, emploi d'engrais et spécialisation des régions. On cultive les fruits (agrumes), les légumes, la vigne (souvent associée à l'olivier et au blé). L'élevage ovin survit dans l'intérieur accidenté, aux hivers souvent rudes. L'agriculture emploie environ un quart de la population active. La proportion est la même pour l'industrie, qui comprend essentiellement des activités extractives (lignite, nickel et bauxite) et la production de biens de consommation, et qui est handicapée par l'émiettement des entreprises. Le taux de chômage est élevé. L'exode rural a été le principal moteur de l'urbanisation (60 % de la population totale), profitant surtout aux agglomérations de Thessalonique et d'Athènes. Le lourd déficit commercial n'est pas compensé par les revenus du tourisme ou par ceux de la flotte marchande. La gravité du déficit budgétaire et de l'endettement public (longtemps masquée dans les chiffres officiels) devient critique en 2010, contraignant la Grèce à mettre en œuvre un programme d'austérité draconien et à faire appel à la solidarité de ses partenaires de l'Union européenne.

HISTOIRE

La période achéenne et mycénienne. Au VIIe millénaire, les premiers établissements humains apparaissent. Les Grecs (ou Hellènes), peuple indo-européen venu du nord par invasions successives, s'installent dans le pays au IIe millénaire. Vers 1600 av. J.-C., ils dominent les populations primitives de la Grèce (Crétois et Égéens) et s'imprègnent de leur civilisation : ainsi naît la civilisation mycénienne développée par ces premiers Grecs (appelés aussi *Achéens*) au contact de la civilisation minoenne crétoise (Crète), autour des villes qu'ils ont fondées (Mycènes, Argos, Tirynthe...). Groupés par familles, elles-mêmes groupées en tribus, ils établissent en Grèce une forme d'organisation sociale, le « clan » (ou *genos*).

Le « Moyen Âge » grec (XIIe-VIIIe s. av. J.-C.). Au XIIe s., de nouveaux envahisseurs, les Doriens, détruisent les cités achéennes et chassent les anciens occupants de Grèce continentale ; ceux-ci fondent de nouvelles cités sur les côtes de l'Asie Mineure. L'invasion dorienne marque le début d'une période obscure, qui est surtout connue par les poèmes homériques, rédigés aux IXe-VIIIe s. Avec les Doriens apparaissent l'utilisation du fer et la pratique de l'incinération des morts. Le *genos* commence à se désagréger et la Grèce se morcelle en cités *(poleis)*. Cette période voit aussi l'élaboration d'une religion commune et la naissance de l'écriture.

La période archaïque (VIIIe-VIe s. av. J.-C.). Les institutions de la cité sont précisées, et l'activité intellectuelle et artistique prend son essor. L'aristocratie se substitue à la royauté à la tête de la cité.
À cette époque commence un vaste mouvement d'expansion et de colonisation. Des cités grecques sont fondées sur le pourtour de la Méditerranée et des mers voisines, du Pont-Euxin (mer Noire) à l'Espagne.
Ce mouvement entraîne l'essor économique de la Grèce et des transformations sociales qui menacent le régime oligarchique de l'aristocratie. Ces crises favorisent l'installation de monarques absolus, les tyrans, ou suscitent l'œuvre de législateurs comme Dracon, Solon (à Athènes). Dans certains cas, elles entraînent l'évolution de la cité vers la démocratie (Athènes, réformes de Clisthène, 508-507).

La période classique (Ve-IVe s. av. J.-C.). La Grèce ne forme jamais un grand État unifié, mais est constituée de centaines de cités ; trois d'entre elles dominent la vie grecque : Athènes, Sparte et Thèbes. Ces cités rivales sont momentanément unies contre les Perses.
490-479. Les guerres médiques opposent les Grecs et les Perses, qui doivent se retirer en Asie Mineure. Les Grecs sont victorieux à Marathon (490), Salamine (480), Platées (479).
476. La ligue de Délos, dirigée par Athènes, est créée pour chasser les Perses de la mer Égée.
449-448. La paix de Callias met fin aux hostilités avec les Perses.
La civilisation classique grecque s'épanouit dans l'Athènes de Périclès.
431-404. La guerre du Péloponnèse oppose Sparte et Athènes, qui capitule en 404.
Sparte, victorieuse, substitue son hégémonie à celle d'Athènes.
371. La bataille de Leuctres met fin à la prépondérance de Sparte, vaincue par les Thébains.
Thèbes établit à son tour son hégémonie sur la Grèce continentale.
362. Victorieuse à Mantinée, Thèbes doit cependant renoncer à ses prétentions sur le Péloponnèse.
Toutes ces intrigues affaiblissent les cités qui, au IVe s., connaissent une crise grave, caractérisée par l'indifférence des citoyens devant la vie politique et la multiplication des conflits sociaux.
359-336. Philippe II de Macédoine impose sa suprématie.
336-323. Alexandre le Grand, fils de Philippe II, achève la conquête de la Grèce.
Après avoir renversé l'Empire perse, il modifie, par ses conquêtes en Asie et en Afrique, les dimensions du monde grec : désormais, la Grèce n'est plus qu'une petite partie d'un grand empire.

La Grèce hellénistique (IVe-Ier s. av. J.-C.)
323-301. À la mort d'Alexandre (323), ses généraux se partagent son empire.
La Grèce n'arrive pas à s'affranchir de la domination étrangère et entre dans une longue période d'effacement politique, pendant laquelle elle sombre peu à peu dans l'anarchie. Mais sa civilisation demeure brillante et se répand dans tout l'Orient, dont elle subit en retour l'influence enrichissante. Athènes demeure un grand centre intellectuel. Dès la fin du IIIe s., les Romains interviennent progressivement en Grèce et luttent contre les rois macédoniens.

La Grèce romaine (146 av.-395 apr. J.-C.)
146. Les cités grecques coalisées sont vaincues par Rome ; Corinthe est détruite. La Grèce devient une province romaine. Après les échecs de Mithridate (88-84 av. J.-C.), elle perd tout espoir de retrouver son indépendance.
Pendant les guerres civiles romaines, le pays sert de champ de bataille, avant de devenir, sous Auguste, la province d'Achaïe. Le christianisme y pénètre dès le Ier s., mais la civilisation grecque survit à la conquête romaine et Rome bénéficie de son influence.
330. Constantinople est fondée et devient le nouveau centre culturel de l'Orient grec.

La Grèce byzantine
395 apr. J.-C. À la mort de Théodose, la Grèce fait partie de l'Empire romain d'Orient.
V. 630. Héraclius adopte le grec comme langue officielle de l'Empire byzantin.
1204. La quatrième croisade aboutit à la création de l'Empire latin de Constantinople, du royaume de Thessalonique, de la principauté d'Achaïe (ou Morée) et de divers duchés.
Aux XIVe-XVe s., Vénitiens, Génois et Catalans se disputent la possession de la Grèce, tandis que les Ottomans occupent la Thrace, la Thessalie et la Macédoine.
1456. Les Turcs conquièrent Athènes et le Péloponnèse.

La Grèce moderne. Les commerçants grecs forment une bourgeoisie influente au sein de l'Empire ottoman après la signature des capitulations. Le sentiment national se développe au XVIIIe s. en réaction contre la décadence turque et la volonté hégémonique de la Russie de prendre sous sa protection tous les orthodoxes.
1821-1822. L'insurrection éclate. Les Turcs réagissent par des massacres (dont celui de Chio).
1827. La Grande-Bretagne, la France et la Russie interviennent et battent les Ottomans et la flotte d'Ibrahim Pacha à Navarin.
1830. Le traité de Londres stipule la création d'un État grec indépendant sous la protection de la Grande-Bretagne, de la France et de la Russie.
1832-1862. Le royaume de Grèce est confié à Otton Ier de Bavière.
1863. Le roi Georges Ier est imposé par la Grande-Bretagne, qui cède à la Grèce les îles Ioniennes (1864).

La Grèce tente de récupérer les régions peuplées de Grecs mais est défaite par les Ottomans (1897) et se heurte aux aspirations des autres nations balkaniques.
1912-1913. À l'issue des guerres balkaniques, la Grèce obtient la plus grande partie de la Macédoine, le sud de l'Épire, la Crète et les îles de Samos, Chio, Mytilène et Lemnos.
1914-1917. Le gouvernement grec se partage entre germanophiles, groupés autour du roi, et partisans des Alliés, dirigés par Venizélos.
1917. La Grèce entre en guerre aux côtés des Alliés.
1921-1922. La guerre gréco-turque se solde par l'écrasement des Grecs. La Grèce, qui avait obtenu la Thrace et la région de Smyrne aux traités de Neuilly et de Sèvres, doit les céder à la Turquie.
1924. La république est proclamée. L'instabilité politique amène la restauration du roi Georges II (1935).
1940-1944. La Grèce est envahie par l'Italie (1940), puis par l'Allemagne (1941). Un puissant mouvement de résistance se développe.
1946-1949. Le pays est en proie à la guerre civile, qui se termine par la défaite des insurgés communistes.
1952. La Grèce est admise à l'O.T.A.N.
Entre 1955 et 1963, Konstandínos Karamanlís est Premier ministre à trois reprises.
1964. Constantin II devient roi.
1965. La crise de Chypre provoque la démission du Premier ministre socialiste Gheórghios Papandhréou, au pouvoir depuis 1963.
1967. Une junte d'officiers instaure le « régime des colonels ». Le roi s'exile.
1973. La république est proclamée.
1974. K. Karamanlís fonde la Nouvelle Démocratie et restaure les libertés. Il dirige le gouvernement jusqu'en 1980, avant d'être président (1980-1985 et 1990-1995).
1981. La Grèce adhère à la C.E.E. Andhréas Papandhréou (PASOK, socialiste) devient Premier ministre. Il démissionne en 1989 mais, après un retour au pouvoir de la Nouvelle Démocratie (avec Konstandínos Mitsotákis, 1990-1993), il dirige à nouveau le gouvernement de 1993 à 1996.
1996. Malade, il est remplacé par Kóstas Simítis.
2004. La Nouvelle Démocratie (N.D.) retrouve la direction du gouvernement avec Kóstas Karamanlís (neveu de Konstandínos K.), reconduit au terme des élections de 2007.
2009. Le PASOK remporte les élections. Gheórghios Papandhréou (fils d'Andhréas) devient Premier ministre.
2010-2012. La politique d'austérité exigée par l'U.E. conduit à des affrontements violents puis à la défaite (juin 2012) du PASOK et de la N.D., qui parvient toutefois à former un gouvernement pro-européen très fragile.

Grèce antique *(religions de la)*. Selon la version dominante qu'a donnée la *Théogonie* d'Hésiode (VIIIe s. av. J.-C.) sur l'origine des hommes et des dieux, ceux-ci sont nés, comme ceux-là, d'une seule mère, Gaïa, la Terre. Ainsi s'explique que, malgré leur différence radicale, il y ait entre les uns et les autres une certaine homogénéité.

Les habitants de l'Olympe. Les dieux grecs ne sont ni des puissances transcendant le monde ni des créateurs maîtrisant souverainement les occupants du ciel, de la terre ou de la mer. Bien qu'immortels et habitants d'une demeure, l'Olympe, qui est soustraite aux changements saisonniers et domine l'univers, ils frôlent parfois la mort et sont vulnérables dans leurs corps même. Quoique réputés bienheureux, ils sont constamment engagés dans les affaires des humains, ce qui les expose à la colère, à la pitié, au désir vis-à-vis de ces derniers. Formant entre eux une société, unis par de complexes relations de parenté, alliés par des mariages endogamiques, ils constituent, sur l'Olympe, un groupe fermé et distribué selon des générations différentes, que soulignent, par exemple, la barbe de Zeus, le maître du panthéon, et le visage imberbe du jeune Apollon.

Zeus et les siens. Zeus, qui est le père des dieux et des hommes, s'impose à ses congénères comme étant plus fort que tous ces derniers réunis. Il a pris le pouvoir contre son père, Cronos, lequel avait acquis le sien en dépossédant son propre père, Ouranos, le Ciel. Mais Zeus a des frères et des sœurs. Avec celles-ci, il noue des alliances, épousant l'une d'elles, Héra, et donnant à une autre, Déméter, une fille, Perséphone. Avec ses frères, il établit, par le sort, un partage du monde : il obtient le ciel, d'où il domine ; Hadès reçoit les Enfers, le royaume des morts, et Poséidon l'univers des eaux, des rivières et des mers. La génération suivante est celle des enfants de Zeus et de Léto : Apollon, prophète inspiré et maître de la parole exacte ; Artémis, vierge et chasseresse ; Athéna, la préférée de Zeus, née tout armée de sa tête et vouée, elle aussi, à une totale chasteté (ce qui sera le lot d'une troisième déesse, Hestia, sœur de Déméter et de Héra). D'Héra, Zeus eut encore Héphaïstos – maître du feu et des volcans, époux d'Aphrodite, laquelle soumet tous les êtres à l'Amour – et Arès, dieu de la Violence et de la Guerre, qui lui aussi fait couple avec Aphrodite. Parmi les bâtards de Zeus, il faut mentionner Hermès, le dieu des Marchands, des Voleurs, messager et conducteur des âmes des morts, et Dionysos, dieu du Vin, de la Fécondité et du Théâtre.

Des courants nouveaux. Le culte que les Grecs rendent à leurs dieux, et qui se déploie de manière spéciale dans des sanctuaires tels que Delphes, Olympie, Éleusis ou Épidaure, s'inscrit dans un système où le sacré est omniprésent, sans se distinguer vraiment de la sphère profane. À côté de ce culte civique, d'autres courants vont se développer qui, – comme les mystères d'Éleusis, le dionysisme et l'orphisme,– recherchent un contact plus intime avec les dieux.

Grèce d'Occident, nom donné aux terres de l'Italie du Sud et de la Sicile, colonisées par les Grecs à partir du VIIIe s. av. J.-C. (On dit aussi la *Grande-Grèce*.) Temples de style dorique parmi les plus parfaits (Paestum, Agrigente, Ségeste, Sélinonte), fortifications impressionnantes (Syracuse : château de l'Euryale ; Gela : muraille) témoignent de l'importance et de la qualité de la civilisation grecque, éclairée aussi par les arts plastiques, la céramique ou les monnaies conservées dans les musées de Paestum, Reggio di Calabria, Tarente, Gela ou Palerme.

Greco (Dhomínikos Theotokópoulos, dit **El,** en fr. **le),** peintre espagnol d'origine crétoise (Candie 1541 - Tolède 1614). Il passa quelques années à Venise, voyagea en Italie, subit l'influence de Bassano et du Tintoret, et travailla dans l'atelier de Titien avant de s'installer définitivement à Tolède (1577). Son style, maniériste et expressionniste, est caractérisé par l'élongation des figures, l'étrangeté de l'éclairage, l'irréalité de la composition, qui traduisent une exaltation mystique. Avec Velázquez et Goya, il domine la peinture espagnole (*Martyre de saint Maurice,* Escurial ; *l'Enterrement du comte d'Orgaz,* Tolède ; *le Christ au jardin des Oliviers,* diverses versions ; *Laocoon,* Washington ; *l'Adoration des bergers,* Prado).

gréco-latin, e [grekɔlatɛ̃, -in] **adj.** (pl. *gréco-latins, es*). Commun aux cultures grecque et latine : *Antiquité gréco-latine.*

gréco-romain, e [grekɔrɔmɛ̃, -ɛn] **adj.** (pl. *gréco-romains, es*). **1.** Relatif à la civilisation née de la rencontre des cultures grecque et latine : *Mythologie gréco-romaine.* ▸ Cette civilisation a existé de 146 av. J.-C. (conquête de la Grèce par les Romains) à la fin du Ve s. (chute de l'Empire d'Occident). **2.** SPORTS. **Lutte gréco-romaine,** lutte n'admettant les saisies qu'au-dessus de la ceinture et interdisant l'action des jambes pour porter des prises.

grecque [grɛk] **n.f. 1.** BX-A. Ornement fait de lignes brisées formant une combinaison d'angles droits, notamm. dans les décors grec et romain. **2.** REL. Entaille pratiquée au dos des cahiers assemblés pour loger la ficelle qui les reliera ; petite scie de relieur servant à pratiquer de telles entailles.

gredin, e [grədɛ̃, -in] **n.** (du moyen néerl. *gredich,* avide). **1.** Individu malhonnête : *Ce gredin de comptable a falsifié les chiffres* (syn. **canaille, bandit**). **2.** Mauvais garnement : *Le petit gredin a mangé tout le chocolat* (syn. **vaurien, fripon**).

gréement [gremɑ̃] **n.m.** (de *gréer*). Ensemble des cordages, manœuvres, poulies qui servent à l'établissement, à la tenue et à la manœuvre des voiles d'un bateau.

green [grin] **n.m.** (mot angl. « pelouse »). Espace gazonné, sur lequel les balles roulent facilement, aménagé autour de chaque trou d'un golf.

Green (Julien), écrivain américain d'expression française (Paris 1900 - *id.* 1998). Ses romans (*Adrienne Mesurat,* 1927 ; *Moïra,* 1950), son théâtre, son *Journal* expriment l'angoisse d'êtres partagés entre deux absolus, le désir de pureté et les réalités charnelles auxquelles ils se heurtent.

Greene (Graham), écrivain britannique (Berkhamsted 1904 - Vevey, Suisse, 1991). Il est l'auteur de romans d'inspiration chrétienne, mais où la foi se teinte d'ironie (*la Puissance et la Gloire,* 1940 ; *Voyage avec ma tante,* 1969 ; *le Dixième Homme,* 1985).

Greenwich, faubourg de Londres, sur la Tamise. Anc. observatoire, dont le méridien a été pris pour méridien d'origine. Musée national de la Marine.

gréer [gree] **v.t.** (anc. fr. *agreier,* anc. scand. *greita*) [conj. **15**]. MAR. Garnir un voilier, un mât de son gréement.

greffage [grefaʒ] **n.m.** Action ou manière de greffer : *Le greffage d'un arbre fruitier.*

1. greffe [grɛf] **n.m.** (lat. *graphium,* gr. *grapheion,* poinçon à écrire). Secrétariat d'une juridiction judiciaire chargé notamm. de la conservation des minutes, des pièces de procédure et de la délivrance des copies (on dit aussi un *secrétariat-greffe*) : *Être convoqué au greffe du palais de justice.*

2. greffe [grɛf] **n.f.** (de *1. greffe,* par métaphore du *poinçon* ou *greffon*). **1.** Opération qui permet la multiplication végétative des arbres à fruits et à fleurs par l'insertion sur une plante *(sujet)* d'une partie d'une autre *(greffon)* dont on désire développer les caractères ; le greffon lui-même. **2.** Opération chirurgicale consistant à transférer sur un individu *(receveur)* un organe, ou des parties de tissu ou d'organe, prélevés sur lui-même ou sur un autre individu *(donneur).* ▸ Lorsqu'il y a raccordement de vaisseaux et de conduits naturels pour la greffe d'un organe entier (cœur, rein, etc.), on parle plus précisement de *transplantation.*

greffé, e [grefe] **n.** Personne qui a subi une greffe d'organe : *Les greffés du cœur.*

greffer [grefe] **v.t. 1.** Soumettre un végétal à une greffe : *Greffer un pommier* (syn. **enter**). **2.** Soumettre un patient à une greffe ; implanter, transplanter un greffon : *Greffer un cardiaque. Greffer un rein sur un malade.* ◆ **se greffer v.pr. Se greffer sur qqch,** s'ajouter à qqch : *Sur cette affaire s'en est greffée une autre.*

greffier, ère [grefje, -ɛr] **n.** Officier public préposé au greffe : *Greffier du tribunal civil, du tribunal de commerce.*

greffoir [grefwar] **n.m.** Couteau à lame très tranchante servant à greffer.

greffon [grefɔ̃] **n.m.** (de *2. greffe*). **1.** Bourgeon ou jeune rameau destiné à être greffé (syn. **scion**). **2.** Organe ou partie de tissu ou d'organe prélevés afin d'être greffés.

grégaire [gregɛr] **adj.** (lat. *gregorios,* de *grex, gregis,* troupeau). **1.** Relatif à une espèce animale qui vit en groupe ou en communauté sans être sociale : *Le mouton est un animal grégaire.* **2. Instinct grégaire,** tendance qui pousse les êtres humains à former des groupes ou à adopter le même comportement ; grégarisme.

grégarisme [gregarism] **n.m. 1.** Tendance de certains animaux à vivre en groupe, partic. en dehors de la période de reproduction. **2.** Instinct grégaire.

grège [grɛʒ] **adj.f.** (de l'it. [*seta*] *greggia,* [soie] brute). **Soie grège,** soie brute obtenue par le dévidage du cocon. ◆ **adj.** et **n.m.** D'une couleur tenant du gris et du beige.

grégeois [greʒwa] **adj.m.** (anc. fr. *grezois,* lat. pop. **graeciscus,* du class. *graecus,* grec). HIST. **Feu grégeois,** composition incendiaire à base de salpêtre et de bitume, brûlant même au contact de l'eau.

Grégoire de Nazianze ***(saint),*** Père de l'Église grecque (Arianze, près de Nazianze, v. 335 - *id.* v. 390). Élu évêque de Constantinople en 379, il prend une part active, avec ses amis Basile et Grégoire de Nysse, au triomphe de la doctrine du concile de Nicée sur l'arianisme.

Grégoire de Nysse ***(saint),*** Père de l'Église grecque (Césarée de Cappadoce v. 335 - Nysse v. 394). Frère cadet de Basile, il devient en 371 évêque de Nysse. Théologien hardi, très influencé par la pensée d'Origène, il lutte vigoureusement contre l'arianisme et élabore une doctrine mystique par laquelle il se rattache au grand courant monastique du IVe s.

Grégoire de Tours ***(saint),*** prélat et historien français (Clermont-Ferrand v. 538 - Tours v. 594). Évêque de Tours (573-594), il joua un grand rôle dans la vie politique de la Gaule. Il est célèbre par son *Histoire des Francs,* chronique du haut Moyen Âge mérovingien.

Grégoire Ier le Grand ***(saint)*** [Rome v. 540 - *id.* 604], pape de 590 à 604. Nommé préfet de Rome en 572 et entré dans la vie monastique en 574, il est nonce à Constantinople de 579 à 585. En 590, le clergé et le peuple de Rome l'appellent pour succéder au pape Pélage II. Son pontificat est marqué par l'affirmation de la primauté romaine, par une profonde réforme disciplinaire et liturgique de l'Église et par une politique de conversion des ariens et d'évangélisation des populations d'Angleterre. La tradition lui attribue la réorganisation du chant liturgique de l'Église, ou plain-chant, qu'on appela pour cela « chant grégorien ». • **Grégoire VII** *(saint)* **[Hildebrand]** (Soana, Toscane, v. 1020 - Salerne 1085), pape de 1073 à 1085. Moine bénédictin, conseiller de cinq papes, il succède à Alexandre II et prend en main la réforme de l'Église, condamne la simonie et le relâchement des mœurs ecclésiastiques. Face à l'empereur Henri IV, il affirme l'indépendance de l'Église et, clôturant ainsi la première phase de la querelle des Investitures, obtient la soumission du souverain à Canossa (janv. 1077). Mais, avec la contre-attaque de celui-ci, qui fait nommer un antipape, Grégoire doit se réfugier pour le reste de ses jours en Sicile. L'importance de son action, qualifiée de « réforme grégorienne », sera reconnue quelques décennies plus tard. • **Grégoire IX** (Ugolino, *comte* **de Segni**) [Anagni v. 1170 - Rome 1241], pape de 1227 à 1241. Son pontificat est marqué par la lutte du Sacerdoce et de l'Empire : dès 1227, Grégoire excommunie Frédéric II. Après d'autres péripéties qui amènent le pape à délier les sujets de celui-ci de leur serment de fidélité et à envahir la Sicile, l'empereur reprend l'avantage et parvient aux portes de Rome lorsqu'on lui annonce la mort du pontife. La collection des *Décrétales* de Grégoire IX (1234) constitue une des parties essentielles du droit canonique. • **Grégoire XI** (Pierre **Roger de Beaufort**) [Rosiers-d'Égletons, Corrèze, 1329 - Rome 1378], pape de 1370 à 1378. Poussé par Catherine de Sienne et la population romaine, il se décide à quitter Avignon et à rétablir le siège de la papauté à Rome (1377). Il a été le dernier pape français. • **Grégoire XIII** (Ugo **Boncompagni**) [Bologne 1502 - Rome 1585], pape de 1572 à 1585. Il travaille à l'application des décrets du concile de Trente, se montre favorable à la politique espagnole, fait appel aux jésuites pour les missions et les collèges, favorise les séminaires et la formation intellectuelle du clergé. En 1582, il donne une édition du *Code de droit canonique* et promulgue la réforme du calendrier à laquelle son nom est resté attaché. • **Grégoire XVI** (Bartolomeo Alberto, puis Fra Mauro **Cappellari**) [Belluno 1765 - Rome 1846], pape de 1831 à 1846. Religieux camaldule, orientaliste et théologien distingué, il affronte une des grandes crises modernes avec un esprit défiant à l'égard des nouveautés. Il combat l'esprit révolutionnaire dans ses États en faisant appel notamment à la France et à l'Autriche. Par son encyclique *Mirari vos* (1832), il condamne La Mennais et dénonce les idées libérales.

Grégoire (Henri, dit l'abbé), prêtre catholique et homme politique français (Vého, près de Lunéville, 1750 - Paris 1831). Député du clergé aux états généraux de 1789, il prête serment à la Constitution civile du clergé (1790) et est à l'origine de l'émancipation des juifs français. Évêque constitutionnel de Loir-et-Cher (1791), député à la Convention, il réclame l'établissement de la république, mais s'oppose à la mort du roi. Il fait voter l'abolition de l'esclavage, question à laquelle il consacrera plusieurs ouvrages. Membre du Sénat en 1802, il s'oppose au despotisme napoléonien et doit quitter son évêché à la suite du Concordat. Ses cendres ont été transférées au Panthéon en 1989.

grégorien, enne [gregɔrjɛ̃, -ɛn] **adj.** (de *Gregorius,* Grégoire, n. lat. de plusieurs papes). **Calendrier grégorien,** calendrier tel qu'il a été réformé par le pape Grégoire XIII (v. *calendrier*). / **Chant grégorien,** chant rituel de l'Église latine, codifié par le pape Grégoire Ier, et qui a été à la base du chant ecclésiastique catholique.

1. grêle [grɛl] **adj.** (lat. *gracilis*). **1.** Long et menu : *Jambes grêles* (syn. **filiforme**). **2.** Dont la sonorité est faible et aiguë : *Voix grêle.* **3. Intestin grêle,** portion de l'intestin comprise entre l'estomac et le gros intestin.

2. grêle [grɛl] **n.f.** (de *grêler*). **1.** Précipitation météorologique formée de grains de glace appelés *grêlons.* **2.** Grande quantité de choses qui tombent dru : *Une grêle de pierres.*

grêlé, e [grele] **adj.** (de *grêler*). Criblé de petites cicatrices : *Visage grêlé.*

grêler [grele] **v. impers.** (frq. **grisilôn*) [conj. 4]. Tomber, en parlant de la grêle : *Il grêle.* ◆ **v.t.** Endommager par la grêle : *L'orage a grêlé les vignes.*

grelin [grəlɛ̃] **n.m.** (néerl. *greling*). MAR. Gros cordage pour l'amarrage ou le remorquage d'un navire.

grêlon [grelɔ̃] **n.m.** Grain de grêle.

grelot [grəlo] **n.m.** (du rad. germ. *grill-/grell-,* crier). Boule métallique creuse, contenant un morceau de métal qui la fait résonner dès qu'on l'agite : *Un tintement de grelots annonce l'arrivée du troupeau.*

grelottant, e [grəlɔtɑ̃, -ɑ̃t] **adj.** Qui grelotte.

grelottement [grəlɔtmɑ̃] **n.m.** Fait de grelotter.

grelotter [grəlɔte] **v.i.** (de la loc. *trembler le grelot*). Trembler fortement : *Grelotter de froid, de fièvre.*

1. grenade [grənad] **n.f.** (de l'anc. fr. *[pume] grenate,* [pomme] grenade, lat. *granatus,* de *granum,* grain). Fruit comestible du grenadier, de la grosseur d'une pomme et renfermant de nombreuses graines charnues, rouges et rosées, à la saveur aigrelette et agréable.

2. grenade [grənad] **n.f.** (de *1. grenade,* en raison de l'analogie de forme). **1.** MIL. Projectile léger qui peut être lancé à courte distance, à la main ou à l'aide d'un fusil : *Une grenade explosive, incendiaire, fumigène, lacrymogène.* **2.** Ornement militaire représentant une grenade allumée. ▸ La grenade est l'insigne de l'infanterie, du génie, etc. **3. Grenade sous-marine,** grenade conçue pour l'attaque des sous-marins en plongée.

Grenade, en esp. **Granada,** v. d'Espagne (Andalousie), ch.-l. de prov., au pied de la sierra Nevada ; 8 405 hab. Célèbre palais mauresque de l'Alhambra et jardins du Generalife, belle cathédrale de la Renaissance, chartreuse aux somptueux décors baroques et nombreux autres monuments. Musées. Le royaume arabe de Grenade fut fondé au XIe s. ; sa capitale fut prise en 1492 par les Rois Catholiques à l'issue de la Reconquista.

Grenade (la), État des Petites Antilles ; 344 km² ; 8 405 hab. CAP. *Saint George's.* LANGUE : *anglais.* MONNAIE : *dollar des Caraïbes orientales.* L'État est formé de l'île de la Grenade et d'îles des Grenadines. Tourisme. En 1983, l'intervention militaire des États-Unis met fin à un régime placé dans l'orbite de Cuba.

1. grenadier [grənadje] **n.m.** Arbre cultivé dans les pays méditerranéens, à fleurs rouge vif, et dont le fruit est la grenade. ▸ Famille des punicacées.

2. grenadier [grənadje] **n.m. 1.** Autref., soldat chargé de lancer des grenades. **2.** HIST. Soldat de certains corps d'élite : *Grenadier de la Garde impériale.*

grenadin [grənadɛ̃] **n.m.** (de *1. grenade,* en raison de l'analogie d'aspect). Tranche de veau peu épaisse piquée de lard.

grenadine [grənadin] **n.f.** (de *1. grenade*). Sirop à base d'extraits végétaux et de sucre dont la couleur rouge évoque la grenade.

Grenadines, îlots des Petites Antilles, dépendances de la Grenade et de l'État de *Saint-Vincent-et-les-Grenadines.*

grenaille [grənaj] **n.f.** (de *grain*). Métal réduit en menus grains : *Grenaille de plomb.*

grenat [grəna] **n.m.** (de l'anc. fr. *[pume] grenate ;* v. *1. grenade*). MINÉR. Silicate double de divers métaux, qui se rencontre dans les roches métamorphiques, et dont plusieurs variétés sont des pierres fines. ◆ **adj. inv.** D'une couleur rouge sombre : *Des velours grenat.*

Grenelle *(accords de),* accords sur le travail négociés pendant les événements de mai 1968 entre le gouvernement, le patronat et les organisations syndicales, au siège du ministère des Affaires sociales (rue de Grenelle, à Paris). Par ext., le terme désigne de grandes négociations sur des sujets majeurs (le Grenelle de l'environnement, 2007).

grenier [grənje] **n.m.** (lat. *granarium,* de *granum,* grain). **1.** Partie la plus haute d'un bâtiment, sous les combles : *Fouiller une maison de la cave au grenier.* **2.** Partie d'un bâtiment rural destinée à conserver les grains, le foin, etc : *Grenier à blé.* **3.** Région, pays très fertile, notamm. en blé : *La Beauce est le grenier de la France.*

Grenoble, ch.-l. du dép. de l'Isère, sur l'Isère, à 569 km au sud-est de Paris ; 161 071 hab. *(Grenoblois).* (504 734 hab. dans l'agglomération). Crypte St-Oyand, mérovingienne et carolingienne, sous l'église St-Laurent. Palais de justice, anc. parlement, des XVe et XVIe s. Musée dauphinois, musée Stendhal, musée de Grenoble (beaux-arts), Le Magasin (centre national d'art contemporain, dans une halle des ateliers Eiffel), Muséum d'histoire naturelle. Maison de la culture de l'architecte André Wogenscky (1968). L'agglomération est un grand centre industriel et scientifique.

grenouille [grənuj] **n.f.** (lat. pop. *ranucula,* dimin. du class. *rana*). **1.** Amphibien, sauteur et nageur à peau lisse, verte ou rousse, vivant au bord des mares et des étangs : *Le têtard est la larve de la grenouille.* ▸ Ordre des anoures. La grenouille coasse. **2.** FAM. **Grenouille de bénitier,** personne d'une dévotion outrée et souvent hypocrite.

grenouiller [grənuje] **v.i.** (de *grenouille*). FAM. Se livrer à des manœuvres peu honnêtes, notamm. dans le domaine politique.

grenouillère [grənujɛr] **n.f.** (de *grenouille*). **1.** Combinaison pour bébé avec jambes à chaussons. **2.** Lieu marécageux fréquenté par les grenouilles.

grenu, e [grəny] **adj.** (de *grain*). **1.** Couvert de petites saillies arrondies ayant la forme de grains : *Cuir grenu.* **2.** Se dit d'une roche éruptive formée de cristaux visibles à l'œil nu : *Le granite est une roche grenue.*

grès [grɛ] **n.m.** (frq. **greot*). **1.** Roche sédimentaire formée de grains de sable réunis par un ciment siliceux ou calcaire, utilisée pour la construction ou le pavage. **2.** Matériau céramique dont la dureté et l'imperméabilité caractéristiques sont dues à une vitrification partielle obtenue entre 1 150 et 1 300 °C (on dit parfois *grès cérame*) : *Un pot de grès.*

gréseux, euse [grezø, -øz] **adj.** De la nature du grès.

Gresham (*sir* **Thomas),** financier anglais (Londres 1519-*id.* 1579). Grand financier de la Couronne, il aide la reine Élisabeth Ire à restaurer sa monnaie. Il consacre sa fortune à la construction d'une Bourse pour les marchands de Londres, le « Royal Exchange ». Gresham a surtout attaché son nom à la loi économique d'après laquelle, lorsque dans un pays circulent deux monnaies dont l'une est considérée par le public comme bonne et l'autre comme mauvaise, la mauvaise monnaie chasse la bonne.

grésil [grezil] ou [grezi] **n.m.** (de *1. grésiller*). Pluie congelée formée de petits grains de glace friables et blancs.

grésillement [grezijmɑ̃] **n.m. 1.** Fait de grésiller ; ce qui grésille : *Entendre des grésillements dans la radio.* **2.** Cri du grillon.

1. grésiller [grezije] **v. impers.** (moyen néerl. *griselen*). Tomber, en parlant du grésil.

2. grésiller [grezije] **v.i.** (altér., d'apr. 1. *grésiller,* de l'anc. v. *gredelier,* de l'anc. fr. *gradil,* gril). **1.** Faire entendre un, des petits crépitements : *Huile chaude qui grésille.* **2.** Émettre des grésillements, en parlant du grillon.

gressin [gresɛ̃] **n.m.** (it. *grissino*). Petit pain fin et friable en forme de bâtonnet, fait avec une pâte à l'œuf.

Grétry (André Modeste), compositeur français d'origine liégeoise (Liège 1741 - Montmorency 1813). Il a surtout écrit des opéras-comiques qui connurent un succès international (*Richard Cœur de Lion,* 1784).

Greuze (Jean-Baptiste), peintre français (Tournus 1725 - Paris 1805). Il est l'auteur, célébré par Diderot, de compositions habiles sur des sujets propres à « élever l'âme » du spectateur (au Louvre : *l'Accordée de village, le Fils ingrat,* etc.) ainsi que de portraits. Son moralisme sentimental côtoie volontiers la sensualité (*la Cruche cassée,* Louvre).

1. grève [grɛv] **n.f.** (lat. pop. **grava,* gravier). Terrain plat et uni, couvert de gravier et de sable, le long de la mer ou d'un cours d'eau : *Les vagues déferlent sur la grève* (syn. **plage, rivage**).

2. grève [grɛv] **n.f.** (de la loc. *faire grève,* du n. de la *place de Grève,* à Paris, où se réunissaient les ouvriers au chômage). **1.** Cessation collective et concertée du travail décidée par des salariés : *Droit de grève. Être en grève. Faire (la) grève. Se mettre en grève. Grève générale.* **2. Grève de la faim,** refus de se nourrir afin d'attirer l'attention sur une revendication, en signe de protestation, etc. / **Grève du zèle,** mouvement revendicatif consistant, pour des salariés, à appliquer de manière exagérément scrupuleuse les consignes de travail en vue de bloquer l'activité de l'entreprise. / **Grève perlée,** succession de ralentissements du travail à différents postes. / **Grève sauvage,** grève décidée par la base en dehors de toute consigne syndicale. / **Grève sur le tas,** grève avec occupation du lieu de travail. / **Grève surprise,** qui n'a pas été précédée d'un préavis. / **Grève tournante,** qui affecte tour à tour certaines catégories du personnel ou certains secteurs d'activité d'une entreprise.

■ **Histoire.** Jusqu'au XIXe s., les grèves de l'Europe occidentale sont corporatives, c'est-à-dire le fait d'une catégorie précise d'artisans ou d'ouvriers. La floraison, dans le monde ouvrier et dans ses organisations, d'idéologies qui contestent la société dans son ensemble conduit, à partir du XIXe s., à envisager la grève comme un moment de la lutte ouvrière qui peut s'intégrer dans une stratégie politique.
Droit. Le droit de grève est devenu un droit constitutionnel en France depuis la Constitution de 1946. Il a donc fallu près d'un siècle et demi de luttes et de réformes (depuis la Déclaration des droits de l'homme et du citoyen de 1789) pour qu'il soit considéré comme un élément essentiel des libertés publiques. L'exercice de ce droit est cependant encadré : il est restreint pour certaines catégories de fonctionnaires (notamment dans la police et dans l'armée) et certaines limites y ont été apportées par la jurisprudence. ■

Grève *(place de),* place de Paris devenue en 1806 celle de l'Hôtel-de-Ville. Les ouvriers y venaient chercher de l'embauche. De 1310 à la Révolution, elle fut le lieu des exécutions capitales.

grever [grəve] **v.t.** (lat. *gravare,* alourdir) [conj. **19**]. Soumettre à de lourdes charges, notamm. financières : *Grever son budget. Être grevé d'impôts* (= être accablé).

gréviste [grevist] **n.** et **adj.** (de *2. grève*). Personne qui participe à une grève.

Grévy (Jules), homme politique français (Mont-sous-Vaudrey, Jura, 1807 - *id.* 1891). Député républicain sous la IIe République et le second Empire, président de la Chambre des députés (1876), il remplaça Mac-Mahon comme président de la République (1879). Réélu en 1885, il démissionna en 1887 à la suite du scandale (trafic de décorations) où fut impliqué son gendre Wilson.

gribouillage [gribujaʒ] et **gribouillis** [gribuji] **n.m.** Écriture illisible : *Ta dernière lettre est un gribouillage indéchiffrable* (syn. **griffonnage**).

gribouiller [gribuje] **v.t.** (néerl. *kriebelen*). Écrire d'une manière informe, confuse : *Gribouiller sur son cahier.*

gribouilleur, euse [gribujœr, -øz] **n.** Personne qui gribouille.

gribouillis n.m. → gribouillage.

grief [grijɛf] **n.m.** (de l'anc. adj. *grief,* accablant, pénible, lat. pop. **grevis,* class. *gravis*). **1.** Motif de plainte qu'on estime avoir contre qqn, qqch : *Exposer, formuler ses griefs* (syn. **doléances**). **2. Faire grief de qqch à qqn,** reprocher qqch à qqn, tenir rigueur de qqch à qqn.

Grieg (Edvard), pianiste et compositeur norvégien (Bergen 1843 - *id.* 1907). D'abord chef d'orchestre, il se consacra ensuite à la composition. Son œuvre comprend de la musique de chambre, des pages symphoniques, de la musique de scène, dont celle écrite pour *Peer Gynt,* drame d'Ibsen (1876), dont il tira deux suites d'orchestre. Il doit aussi sa renommée à son *Concerto pour piano et orchestre* en *la* mineur (1868).

grièvement [grijɛvmɑ̃] **adv.** (de *grief*). De façon grave : *Des passagers grièvement blessés* (syn. **gravement** ; contr. **légèrement**).

griffe [grif] **n.f.** (de *griffer*). **1.** Ongle de corne, pointu et courbe, porté par la phalange terminale des doigts de nombreux vertébrés (mammifères carnassiers et rongeurs, oiseaux, reptiles) : *Les oiseaux de proie ont des griffes acérées* (syn. **serre**). *Chat qui sort ses griffes.* **2.** Moyen d'attaque ou de défense : *Montrer les griffes* (= se montrer menaçant). **3.** Pouvoir dominateur et cruel : *Être, tomber sous la griffe de qqn* (syn. **coupe, domination**). **4.** Outil, instrument permettant de saisir : *Griffe de tapissier.* **5.** Crochet de métal qui maintient en place la pierre d'un bijou : *Faire réparer les griffes d'une bague.* **6.** Empreinte, cachet reproduisant une signature, destinés à authentifier qqch et à en éviter la contrefaçon : *Apposer sa griffe* (syn. **signature**). **7.** Nom, sigle propre à un créateur, à un fabricant : *La griffe d'un grand couturier* (syn. **marque**). **8.** Marque d'une personnalité, qui se reconnaît dans ses œuvres : *Reconnaître la griffe d'un écrivain* (syn. **patte**).

griffer [grife] **v.t.** (anc. haut all. *grîfan,* frq. **grîpan,* saisir). **1.** Donner un coup de griffe ou un coup d'ongle à ; déchirer superficiellement la peau comme avec une griffe ou un ongle : *Le chat l'a griffée. Ronces qui griffent les jambes* (syn. **égratigner, érafler**). **2.** Mettre une griffe à un vêtement : *Veste griffée.*

Griffith (David Wark), cinéaste américain (Floydsfork, Kentucky, 1875 - Hollywood 1948). Metteur en scène à la Biograph, il tourne plus de 450 courts-métrages de 1908 à 1913, posant les bases de la grammaire cinématographique : découpage préétabli, lumière artificielle, caméra mobile, plans variés, principes du montage alterné, « retour en arrière ». En 1915, *la Naissance d'une nation,* évocation grandiose de la guerre de Sécession, réalise une synthèse de sa vision cinématographique. En 1916, il tourne *Intolérance,* une deuxième superproduction sur le fanatisme, film dont l'audace déconcertera le public. Trois ans plus tard, avec Chaplin, Mary Pickford, Douglas Fairbanks, il fonde les Artistes associés.
Il a réalisé de nombreux films, passant de la comédie burlesque au western, de la parabole sociale (*le Lys brisé* 1919 ; *À travers l'orage,* 1920) à la reconstruction historique (*les Deux Orphelines,* 1922), adaptant aussi bien Jack London que Maupassant, Edgar Poe ou Dickens. Il tourne encore *Abraham Lincoln* (1930) et *The Struggle* (1931), films parlants.

griffon [grifɔ̃] **n.m.** (bas lat. *gryphus,* gr. *grups, grupos*). Animal fabuleux des mythologies antiques, doté du corps du lion et de la tête et des ailes de l'aigle.

griffonnage [grifɔnaʒ] **n.m.** Texte écrit en griffonnant : *Un griffonnage illisible* (syn. **gribouillage, gribouillis**).

griffonner [grifɔne] **v.t.** (de *griffe*). **1.** Écrire très mal ou hâtivement : *Griffonner son nom sur un bout de papier* (syn. **gribouiller**). **2.** BX-A. Réaliser une esquisse, une ébauche : *Griffonner des portraits de passants* (syn. **crayonner**).

griffu, e [grify] **adj.** Armé de griffes : *Pattes griffues.*

griffure [grifyr] **n.f.** Marque laissée par une griffe, un ongle ou une chose analogue : *Dos couvert de griffures* (syn. **éraflure, égratignure**).

grignotage [griɲɔtaʒ] **n.m. 1.** Action de grignoter, de manger par petites quantités (syn. **grignotement**). **2.** Destruction, consommation progressive : *Le grignotage d'un héritage.* **3.** Action de gagner peu à peu du terrain, de s'approprier progressivement qqch : *Le grignotage d'une circonscription par un parti politique.*

grignotement [griɲɔtmɑ̃] **n.m.** Action de grignoter, de ronger ; bruit fait en grignotant : *Entendre le grignotement du hamster dans sa cage.*

grignoter [griɲɔte] **v.t.** (de l'anc. fr. *grigner*). **1.** Manger du bout des dents, par petites quantités, partic. entre les repas : *Grignoter un quignon de pain.* **2.** Détruire, consommer progressivement : *Grignoter son capital* (= le dépenser peu à peu). **3.** Détruire ou s'approprier peu à peu, par empiétements successifs : *Dispositions juridiques qui grignotent d'anciens privilèges.*

Grigny (Nicolas de), compositeur et organiste français (Reims 1672 - *id.* 1703). Remarquable technicien, il est l'auteur d'un *Livre d'orgue* que recopia Bach.

grigou [grigu] **n.m.** (mot languedocien « gredin, filou », de *grec* pris dans le même sens). Homme d'une avarice sordide : *Un vieux grigou* (syn. **avare**).

gri-gri ou **grigri** [grigri] **n.m.** (mot d'une langue d'Afrique occidentale) [pl. *gris-gris* ou *grigris*]. FAM. Amulette, talisman, porte-bonheur.

gril [gril] **n.m.** (forme masc. de *grille*). **1.** Ustensile constitué de tiges métalliques parallèles ou d'une plaque de métal strié, pour faire cuire à vif un aliment : *Bifteck cuit sur le gril.* **2.** Plancher à claire-voie, situé au-dessus des cintres d'un théâtre, pour la manœuvre des décors. **3.** MAR. Plate-forme de carénage. **4.** FAM. **Être sur le gril,** être anxieux ou impatient.

grill [gril] **n.m.** (mot angl., abrév. de *grill-room*). Restaurant où l'on sert spécial. des grillades, souvent préparées devant les consommateurs.

grillade [grijad] **n.f.** Tranche de viande grillée ou à griller : *Acheter une grillade de porc.*

grillage [grijaʒ] **n.m.** (de *grille*). Treillis métallique utilisé pour protéger ou obstruer une ouverture ou pouvant servir de clôture : *Le grillage d'une cage.*

grillager [grijaʒe] **v.t.** [conj. **17**]. Garnir d'un grillage.

grille [grij] **n.f.** (lat. *craticula*, dimin. de *cratis*, treillis). **1.** Assemblage de barreaux fermant une ouverture ou établissant une séparation : *Grille d'un parloir, d'un guichet.* **2.** Clôture métallique plus ou moins ouvragée : *La grille d'un jardin.* **3.** Châssis métallique disposé pour recevoir le combustible solide d'un foyer. **4.** ÉLECTRON. Électrode formée d'une plaque ajourée, placée entre la cathode et l'anode de certains tubes électroniques. **5.** Quadrillage percé de trous conventionnels, pour écrire et lire des cryptogrammes. **6.** Figure divisée en cases, servant aux mots croisés : *Une grille particulièrement difficile.* **7.** Organisation et répartition susceptibles d'être représentées par un tableau ; ce tableau : *Grille des programmes de télévision, de radio.* **8.** Formulaire pour jouer au Loto national : *Remplir une grille.* **9. Grille des salaires,** ensemble hiérarchisé des salaires dans une convention collective, dans une branche professionnelle, dans la fonction publique.

grille-pain [grijpɛ̃] **n.m. inv.** Appareil pour griller des tranches de pain.

griller [grije] **v.t.** (de *grille*). **1.** Cuire au gril ; soumettre à sec à un feu vif : *Griller des côtelettes. Griller du café* (syn. **torréfier**). *Griller des cacahouètes.* **2.** TECHN. Porter un solide à température élevée, génér. en présence d'un gaz, pour l'utiliser en métallurgie ou pour l'épurer : *Griller du minerai.* **3.** Dessécher par un excès de chaleur ou de froid : *La gelée grille les bourgeons.* **4.** FAM. Mettre hors d'usage par une tension, un échauffement excessifs : *Griller une lampe, un moteur.* **5.** FAM. Dépasser, supplanter qqn : *Griller un concurrent* (syn. **devancer**). **6.** FAM. Démasquer qqn, l'empêchant ainsi de continuer son action : *Ce coup l'a grillé.* **7.** FAM. Franchir sans s'arrêter : *Griller un feu rouge* (syn. **brûler**). ◆ **v.i. 1.** Cuire ou dorer sous l'effet d'une chaleur vive : *Viande qui grille sur des braises.* **2. Faire griller qqch**, le griller : *Faire griller du maïs.* **3. [de].** Être très impatient de : *Il grille de vous rencontrer. Griller d'impatience* (syn. **brûler**).

grilloir [grijwar] **n.m.** (de *griller*). Dispositif d'un four destiné à cuire à feu vif.

grillon [grijɔ̃] **n.m.** (du lat. *grillus*). Insecte sauteur de couleur noire, dont une espèce peut vivre dans des lieux habités (cuisines, boulangeries) et une autre dans les champs. ▸ Ordre des orthoptères ; long. 3 cm. Le grillon grésille et stridule.

grimaçant, e [grimasɑ̃, -ɑ̃t] **adj.** Qui grimace : *Visage grimaçant.*

grimace [grimas] **n.f.** (de l'anc. fr. *grimuche*, du frq. **grīma*, masque). **1.** Contorsion du visage, volontaire ou non, due à la contraction de certains muscles de la face ; expression du visage qui traduit un sentiment de douleur, de dépit, de gêne, etc. : *Rire des grimaces d'un clown. Une grimace de désapprobation.* **2. Faire la grimace,** marquer du dégoût ou du mécontentement : *Quand il a appris qu'il était recalé, il a fait la grimace.* ◆ **grimaces n.f. pl.** LITT. Mines affectées, hypocrites : *Tes grimaces ne trompent personne* (syn. **simagrées**).

grimacer [grimase] **v.i.** [conj. **16**]. **1.** Faire une grimace, des grimaces : *Grimacer de douleur.* **2.** Faire un faux pli : *Cette manche tombe mal, elle grimace.*

grimacier, ère [grimasje, -ɛr] **adj.** et **n.** LITT. Qui fait des grimaces : *Bouffon grimacier. Cet individu aux manières affectées n'est qu'un grimacier* (syn. **hypocrite**).

grimage [grimaʒ] **n.m.** Action de grimer, de se grimer ; maquillage ainsi obtenu : *Le grimage d'un clown prend du temps* (syn. **maquillage**).

Grimaldi *(maison de)*, famille d'origine génoise, qui établit son autorité sur Monaco au XVe s. L'actuelle maison de Grimaldi est la troisième. Elle a été fondée par Rainier III (né en 1923), petit-fils de Louis II, ultime représentant de la deuxième maison de Grimaldi, fondée au XVIIIe s.

grimer [grime] **v.t.** (de *grimace*). Maquiller pour le théâtre, le cinéma, le music-hall : *Grimer un acteur* (syn. **farder, maquiller**). ◆ **se grimer v.pr.** Se maquiller pour interpréter un rôle.

Grimm (Jacob), linguiste et écrivain allemand (Hanau 1785 - Berlin 1863), fondateur de la philologie allemande. Il réunit, avec son frère **Wilhelm** (Hanau 1786 - Berlin 1859), de nombreux contes populaires germaniques *(Contes d'enfants et du foyer).*

Grimmelshausen (Hans Jakob Christoffel von), écrivain allemand (Gelnhausen v. 1622 - Renchen, Bade, 1676). Il est l'auteur du roman baroque *la Vie de l'aventurier Simplicius Simplicissimus* (1669), sur l'époque de la guerre de Trente Ans.

grimoire [grimwar] **n.m.** (de *grammaire*). **1.** Livre de magie ou de sorcellerie, à l'écriture et aux formules mystérieuses. **2.** LITT. Écrit indéchiffrable ou livre incompréhensible : *L'ordonnance de ce médecin est un vrai grimoire* (= est illisible).

grimpant, e [grɛ̃pɑ̃, -ɑ̃t] **adj.** Se dit des plantes qui montent le long des corps voisins, soit par enroulement de la tige (liseron, haricot), soit par des organes fixateurs (crampons du lierre, vrilles du pois).

1. grimper [grɛ̃pe] **v.i.** (forme nasalisée de *gripper*). **1.** Monter en s'agrippant, en s'aidant des pieds et des mains : *Grimper aux arbres.* **2.** Monter en s'accrochant, en s'enroulant, en parlant des plantes : *Le lierre grimpe sur la façade de la maison.* **3.** Monter, accéder à un point élevé ou peu commode d'accès : *Grimper au grenier, en haut d'une colline. Grimper sur un* *tabouret* (syn. **se hisser**). **4.** S'élever en pente raide : *Sentier qui grimpe dans la montagne* (syn. **monter**). **5.** FAM. Atteindre une valeur, un niveau plus élevé : *Les prix ont grimpé* (syn. **augmenter**). ◆ **v.t.** Escalader, gravir : *Grimper un escalier.*

2. grimper [grɛ̃pe] **n.m.** (de *1. grimper*). SPORTS. Exercice qui consiste à monter à la corde lisse ou à nœuds, ou à la perche.

grimpette [grɛ̃pɛt] **n.f.** (de *grimper*). FAM. Petit chemin en pente raide (syn. **raidillon**).

grimpeur, euse [grɛ̃pœr, -øz] **n. 1.** Coureur cycliste qui excelle à monter les côtes : *C'est plutôt un grimpeur qu'un rouleur.* **2.** Alpiniste. ◆ **grimpeurs n.m. pl.** Ancien nom d'un ordre d'oiseaux arboricoles à deux doigts antérieurs et deux doigts postérieurs à chaque patte, comme le pic, le coucou, le perroquet.

grinçant, e [grɛ̃sɑ̃, -ɑ̃t] **adj. 1.** Qui grince ; qui manque d'harmonie : *Poulies grinçantes. Une musique grinçante* (syn. **discordant**). **2.** Qui raille avec férocité ou aigreur : *Humour, rire grinçant.*

grincement [grɛ̃smɑ̃] **n.m.** (de *grincer*). **1.** Fait de grincer ; bruit désagréable produit par certains frottements : *Le grincement d'une porte mal huilée.* **2. Des grincements de dents,** du mécontentement, du dépit ou de la rage contenus : *Il y a eu des pleurs et des grincements de dents.*

grincer [grɛ̃se] **v.i.** (forme nasalisée de l'anc. v. *grisser*, frq. **krîskjan*) [conj. **16**]. **1.** Produire par frottement un bruit strident : *Roues qui grincent* (syn. **crisser**). **2. Grincer des dents,** faire entendre un crissement en frottant les dents d'en bas contre celles d'en haut ; au fig., éprouver du mécontentement, du dépit, etc. : *Mesure qui va faire grincer des dents.*

grincheux, euse [grɛ̃ʃø, -øz] **adj.** et **n.** (de *grincher*, var. dial. de *grincer*). Qui se plaint continuellement ; qui trouve à redire à tout : *Un vieillard grincheux* (syn. **acariâtre, grognon**).

gringalet [grɛ̃galɛ] **n.m.** (probabl. du suisse all. **gränggelli*, dimin. de *gränggel*, de même sens). FAM. Petit homme chétif.

griot, otte [grijo, -ɔt] **n.** (orig. incert., p.-ê. du port. *criado*, domestique, de *criar*, créer, élever). Poète musicien ambulant en Afrique noire, dépositaire de la culture orale, et réputé être en relation avec les esprits.

griotte [grijɔt] **n.f.** (prov. *agrioto*, de *agre*, aigre, lat. *acer, acris*). Cerise acidulée à queue courte.

grip [grip] **n.m.** (mot angl., de *to grip*, attacher, agripper). SPORTS. Revêtement qui permet d'assurer la prise, à l'endroit où le club, la raquette sont saisis.

Gripari (Pierre), écrivain français (Paris 1925 - *id.* 1990). Une veine fantastique, facétieuse, caustique traverse son œuvre abondante, et notamm. ses récits pour la jeunesse (*Contes de la rue Broca*, 1967 ; *les Contes de la Folie-Méricourt*, 1983).

grippage [gripaʒ] **n.m. 1.** MÉCAN. Effet d'adhérence, blocage de deux surfaces qui frottent l'une contre l'autre, dû à leur dilatation, à une mauvaise lubrification, à un ajustage défectueux, etc. **2.** Mauvais fonctionnement d'un système : *Le grippage d'un système économique.*

grippal, e, aux [gripal, -o] **adj.** Relatif à la grippe : *État grippal.*

grippe [grip] **n.f.** (de *gripper*, saisir, en raison de la soudaineté de la maladie). **1.** Maladie infectieuse épidémique due à un virus, caractérisée par une forte fièvre, des céphalées et des courbatures, et s'accompagnant souvent d'une rhinite et d'une bronchite : *Attraper la grippe.* **2. Grippe aviaire,** grippe des oiseaux, qui selon les formes du virus impliqué peut parfois se transmettre à l'espèce humaine. **3. Prendre qqn, qqch en grippe,** se mettre à éprouver de l'antipathie envers eux.

■ La grippe touche l'homme, divers autres mammifères (cheval, porc, félins, etc.) et de nombreux oiseaux *(grippe aviaire).* Elle peut être dangereuse, en particulier chez les personnes âgées. Le virus de la grippe existe sous de nombreuses formes (*types* et *sous-types*) ; il a la caractéristique de ne pas être stable, mais au contraire très variable dans le temps. Ce phénomène est dû à deux mécanismes. D'une part, le virus de la grippe a un *taux de mutations spontanées* très élevé (les virus en circulation se modifient donc fréquemment, c'est la raison pour laquelle un nouveau vaccin est fabriqué chaque année). D'autre part, deux sous-types différents du virus peuvent parfois se *recombiner* entre eux (échanger des morceaux de gènes).
La grippe engendre habituellement des *épidémies saisonnières* (en automne et en hiver dans l'hémisphère Nord), peu étendues. Mais deux à trois fois par siècle, un virus très différent de ceux déjà en circulation (souvent issu d'une recombinaison entre deux ou trois sous-types) fait son apparition. Ces nouveaux virus provoquent des épidémies très étendues dans le monde *(pandémies).* C'est ce qui s'est passé en 1918-1919, avec la « grippe espagnole » (due à un virus aviaire transmissible à l'homme), qui a fait env. 40 millions de morts, et c'est ce qui se produit encore aujourd'hui, à un degré considérablement moindre, avec des pandémies comme celles de la « grippe aviaire » (A/H5N1) en 2006 ou de la « grippe A » (A/H1N1) en 2009. ■

grippé, e [gripe] **adj.** et **n.** Atteint de la grippe.

gripper [gripe] **v.i.** (frq. **grîpan*, saisir). **1.** Adhérer fortement, se bloquer par grippage, en parlant de pièces mécaniques : *Les rouages grippent.* **2.** Fonctionner mal, se paralyser en parlant d'un processus : *Négociations qui grippent* (syn. **se bloquer**). ◆ **se gripper v.pr.** Se coincer.

grippe-sou [gripsu] **n.m.** (de *gripper*, saisir) [pl. *grippe-sous*]. FAM. Avare qui fait de petits gains sordides.

gris, e [gri, griz] **adj.** (frq. **gris*). **1.** De couleur intermédiaire entre le blanc et le noir : *Robe grise. Ciel gris* (syn. **couvert**). **2.** Se dit d'une chevelure, d'une barbe qui commence à blanchir ; se dit de qqn qui a de tels cheveux : *Il est gris aux tempes.* **3.** Sans éclat : *Teint gris* (syn. **terne** ; contr. **lumineux**). *Une vie grise* (syn. **morne**). **4.** FAM. À moitié ivre : *À la fin du banquet, les convives étaient un peu gris* (syn. **éméché**). **5.** FAM. **Matière grise,** intelligence, réflexion : *Faire travailler sa matière grise.* / ANAT. **Substance grise,** tissu gris rosé qui constitue en particulier la surface du cerveau et du cervelet. ◆ **gris n.m. 1.** Couleur grise. **2.** Tabac fort de qualité ordinaire : *Fumer du gris.* **3. Gris** (+ n.), exprime une nuance de gris : *Gris perle. Gris souris.* ◆ **gris adv. Il fait gris,** le temps est couvert.

Gris (Victoriano González, dit Juan), peintre espagnol (Madrid 1887 - Boulogne-sur-Seine 1927). Il s'installa à Paris en 1906. Son œuvre, cubiste à partir de 1911, souvent d'un éclat incisif, manifeste une grande rigueur de composition et de structure (collages et peintures relevant du cubisme synthétique, v. 1913-1917).

grisaille [grizaj] **n.f.** (de *gris*). **1.** Atmosphère triste et monotone ; caractère terne et sans intérêt : *La grisaille de la vie quotidienne* (syn. **monotonie**). **2.** BX-A. Peinture en camaïeu gris, pouvant donner l'illusion du relief.

grisant, e [grizɑ̃, -ɑ̃t] **adj.** (de *griser*). Qui grise, exalte : *Succès grisant* (syn. **étourdissant**). *Parfum grisant* (syn. **enivrant**).

grisâtre [grizɑtr] **adj.** (de *gris*). D'une couleur qui tire sur le gris : *Ciel grisâtre.*

grisé [grize] **n.m.** Teinte grise donnée à une partie d'un tableau, d'une gravure, d'un plan.

griser [grize] **v.t.** (de *gris*). **1.** Mettre dans un léger état d'ivresse : *Champagne qui grise rapidement* (syn. **enivrer**). **2.** Mettre dans un état d'excitation physique : *L'air vif m'a grisé* (syn. **étourdir**). **3.** Transporter d'enthousiasme : *Sa réussite soudaine l'a grisé* (= lui a tourné la tête).

griserie [grizri] **n.f. 1.** Excitation physique semblable à un début d'ivresse : *La griserie de l'action, du grand air, de la vitesse* (syn. **enivrement, étourdissement**). **2.** Excitation intellectuelle qui fait perdre le sens des réalités : *La griserie du succès* (syn. **vertige, ivresse**).

grisonnant, e [grizɔnɑ̃, -ɑ̃t] **adj.** (de *grisonner*). Qui grisonne : *Chevelure grisonnante.*

grisonner [grizɔne] **v.i.** (de *grison,* gris, en parlant des cheveux et de la barbe). Devenir gris, en parlant du poil, des cheveux ; commencer à avoir des cheveux gris.

Grisons, en all. **Graubünden,** canton de Suisse ; 7 106 km^2 ; 192 621 hab. Ch.-l. *Coire.* Grande région touristique (Saint-Moritz, Davos, etc.). Les Grisons, qui ont appartenu au Saint Empire de 916 à 1648, sont entrés dans la Confédération suisse en 1803.

grisou [grizu] **n.m.** (forme wallonne de *grégeois*). **1.** Gaz inflammable composé en grande partie de méthane, qui se dégage dans les mines de houille et qui, au contact de l'air, forme un mélange détonant. **2. Coup de grisou,** explosion de grisou.

grive [griv] **n.f.** (fém. de l'anc. fr. *griu,* grec [lat. *graecus*], en raison des migrations supposées de cet oiseau vers la Grèce). Oiseau passereau voisin du merle, à plumage brun et gris. ▸ Famille des turdidés.

grivèlerie [grivɛlri] **n.f.** (de *griveler,* consommer, au café, au restaurant, etc., sans avoir de quoi payer). DR. Délit qui consiste à consommer dans un café, un restaurant, etc., sans avoir les moyens de payer.

grivois, e [grivwa, -az] **adj.** (de *grive,* guerre). Libre et hardi, sans être obscène : *Raconter des histoires grivoises* (syn. **égrillard**).

grivoiserie [grivwazri] **n.f.** (de *grivois*). Caractère de ce qui est grivois ; geste ou propos grivois : *Dire des grivoiseries* (syn. **gaudriole**).

grizzli ou **grizzly** [grizli] **n.m.** (de l'anglo-amér. *grizzli* [*bear*], [ours] grisâtre). Grand ours de l'Amérique du Nord.

Groenland, île dépendant du Danemark, située au nord-est de l'Amérique, et en grande partie recouverte de glace *(inlandsis)* ; 2 186 000 km^2 ; 56 462 hab. *(Groenlandais).* CAP. *Nuuk.* Bases aériennes. Le Groenland fut découvert v. 985 par Erik le Rouge et redécouvert au XVIe s. par Davis et Hudson. Les Danois le colonisèrent à partir de 1721. Département danois depuis 1953, doté depuis 1979 d'un statut d'autonomie interne (autonomie élargie en 2008), le Groenland s'est retiré de la C.E.E. en 1985.

grog [grɔg] **n.m.** (mot angl., de *Old Grog,* surnom donné à l'amiral Vernon, qui était toujours habillé de gros-grain, *grogram*). Boisson composée d'eau-de-vie ou de rhum, d'eau chaude sucrée et de citron.

groggy [grɔgi] **adj. inv.** (mot angl. « ivre »). **1.** Se dit d'un boxeur qui a perdu conscience pendant quelques instants, mais qui tient encore debout. **2.** FAM. Étourdi, assommé par un choc physique ou moral : *La surprise l'a laissée complètement groggy* (syn. **abasourdi**).

grognard [grɔɲar] **n.m.** (de *grogner*). HIST. Soldat de la Vieille Garde de Napoléon Ier.

grogne [grɔɲ] **n.f.** (de *grogner*). FAM. Mécontentement ; expression de ce mécontentement : *La grogne des commerçants* (syn. **insatisfaction**).

grognement [grɔɲmɑ̃] **n.m. 1.** Cri du porc, du sanglier, de l'ours. **2.** Son, parole inintelligible exprimant divers sentiments ; murmure de mécontentement : *Un grognement accueillit les remontrances du directeur.*

grogner [grɔɲe] **v.i.** (anc. fr. *grunir,* lat. *grunnire*). **1.** Émettre un grognement, en parlant du porc, de l'ours, du sanglier. **2.** FAM. Manifester son mécontentement en protestant sourdement, par des paroles indistinctes : *Même sans raison, il grogne* (syn. **bougonner**).

grognon, onne [grɔɲɔ̃, -ɔn] **adj.** et **n.** FAM. Qui grogne ; de mauvaise humeur : *Un enfant grognon* (syn. **bougon**). *Rem.* Le fém. est rare. On dit *elle est grognon* plutôt que *elle est grognonne.*

groin [grwɛ̃] **n.m.** (bas lat. *grunium,* du class. *grunnire,* grogner). Museau du porc et du sanglier.

grommeler [grɔmle] **v.t.** et **v.i.** (de l'anc. fr. *grommer,* grogner, moyen néerl. *grommen*) [conj. **24**]. Se plaindre, protester en murmurant ; parler indistinctement : *Obéir en grommelant* (syn. **bougonner, grogner**). *Grommeler de vagues menaces* (syn. **marmonner**).

grommellement [grɔmɛlmɑ̃] **n.m.** Action de grommeler ; sons, paroles émis en grommelant.

grondant, e [grɔ̃dɑ̃, -ɑ̃t] **adj.** Qui produit un grondement : *Une foule grondante envahit la place.*

grondement [grɔ̃dmɑ̃] **n.m. 1.** Bruit sourd, ample et prolongé, plus ou moins inquiétant : *Le grondement du tonnerre, d'un torrent* (syn. **fracas**). **2.** Bruit sourd et menaçant de certains animaux : *Le grondement menaçant d'un chien de garde* (syn. **grognement**).

gronder [grɔ̃de] **v.i.** (anc. fr. *grondir,* lat. *grundire,* grogner). **1.** Faire entendre un bruit sourd et menaçant : *Chien qui gronde* (syn. **grogner**). **2.** Produire un bruit sourd, grave et prolongé : *Le tonnerre, le canon gronde.* **3.** Se manifester sourdement ; être menaçant, imminent : *L'émeute gronde.* **4.** LITT. Exprimer son mécontentement ; protester sourdement, d'une manière indistincte : *Gronder entre ses dents* (syn. **grommeler**). *La presse gronde contre le gouvernement* (syn. **maugréer**). ◆ **v.t.** Réprimander qqn avec qui l'on a des relations familières, en partic. un enfant : *Ne fais pas ça, il va te gronder.*

gronderie [grɔ̃dri] **n.f.** Action de gronder qqn ; réprimande : *Sa conduite lui a valu quelques gronderies* (syn. **observation, remontrance**).

grondeur, euse [grɔ̃dœr, -øz] **adj.** Qui gronde : *Voix grondeuse.*

grondin [grɔ̃dɛ̃] **n.m.** (de *gronder,* allusion au grognement émis par ce poisson quand il est pris). Poisson marin des fonds vaseux du plateau continental, à museau proéminent, appelé aussi *trigle.* ▸ Ordre des téléostéens ; long. max. 60 cm. Les individus roses sont les *rougets grondins.*

Groningue, en néerl. **Groningen,** v. des Pays-Bas, ch.-l. de la province du même nom, au nord-est de la Frise ; 195 418 hab.

Groningue, en néerl. **Groningen,** province du nord des Pays-Bas ; 2 300 km^2 ; 581 705 hab. ; ch.-l. *Groningue.* Importantes exploitations de gaz naturel. L'ancienne province de Groningue était soumise au Moyen Âge à l'autorité du Saint Empire, et lutta très tôt pour son indépendance. Annexée par Charles Quint (1536), elle fut définitivement rattachée aux Provinces-Unies (1594).

groom [grum] **n.m.** (mot angl.). Jeune employé en livrée dans un hôtel, un restaurant, etc. : *Faire appeler une voiture par le groom* (syn. **chasseur**).

Gropius (Walter), architecte et théoricien allemand (Berlin 1883 - Boston 1969). Fondateur du Bauhaus à Weimar en 1919, il joua un grand rôle dans la genèse de l'architecture moderne (locaux du Bauhaus à Dessau, 1925). Il s'installa en 1937 aux États-Unis, où il enseigna à Harvard et fonda en 1946 l'agence d'architecture TAC.

1. gros, grosse [gro, gros] **adj.** (bas lat. *grossus*). **1.** Qui a des dimensions importantes, en volume, en épaisseur : *Une grosse femme* (syn. **corpulent, fort ;** contr. **mince**). *Un gros livre* (syn. **volumineux**). **2.** Qui est d'une grande taille par rapport à d'autres de même nature : *Écrire en grosses lettres* (contr. **petit**). *Gros sel.* **3.** Important ; considérable : *Une grosse somme. Un gros industriel* (syn. **puissant**). **4.** D'une forte intensité : *Grosse chaleur* (syn. **étouffant**). *Gros rhume.* **5.** Qui manque de finesse, de délicatesse : *Avoir de gros traits* (syn. **grossier**). *Gros drap* (syn. **épais ;** contr. **fin**). *Une histoire un peu grosse* (syn. **exagéré**). **6.** FAM. **Avoir la grosse tête,** être gonflé du sentiment de sa propre importance, se croire plus que ce qu'on est. / **Faire les gros yeux,** menacer du regard. / **Grosse mer,** mer agitée. / **Grosse voix,** voix grave et forte ; voix menaçante : *Faire la grosse voix.* ◆ **gros adv. 1.** Beaucoup : *Risquer gros. Gagner gros* (= beaucoup d'argent). **2.** En grandes dimensions : *Écrire gros.* **3. En avoir gros sur le cœur,** avoir beaucoup de peine, de dépit ou de rancœur. ◆ **n. 1.** Personne corpulente : *Une bonne grosse.* **2.** (Surtout au pl.). Personne riche, influente : *Un projet qui vise à faire payer les gros.*

2. gros [gro] **n.m.** (de *1. gros*). **1.** Vente ou achat par grandes quantités (par opp. à *détail*) : *Prix de gros. Négociant en gros. Achat, vente en gros.* **2.** Gros poisson : *Pêche au gros.* **3. En gros,** sans entrer dans le détail : *En gros, voilà ce que je veux* (syn. **grosso modo**). / **Le gros de qqch,** la partie la plus considérable de qqch ; ce qu'il y a de plus important : *Le gros de l'armée. Faites le plus gros, laissez le reste* (= le travail le plus pénible).

Gros (Antoine, *baron***),** peintre français (Paris 1771 - Meudon 1835). Élève de David, il est l'auteur de grandes compositions qui annoncent le romantisme : *les Pestiférés de Jaffa* (1804, Louvre), *la Bataille d'Aboukir* (1807, Versailles), *le Champ de bataille d'Eylau* (1808, Louvre).

groseille [grozɛj] **n.f.** (frq. **krusil*). **1.** Fruit comestible du groseillier, petite baie rouge ou blanche qui vient par grappes : *Gelée, sirop de groseille.* **2. Groseille à maquereau,** grosse baie rouge, jaune ou verte, produite par le groseillier épineux. ◆ **adj. inv.** De couleur rouge clair : *Des foulards groseille.*

groseillier [grozeje] **n.m.** Arbrisseau des régions tempérées cultivé pour ses fruits, les groseilles. ▸ Famille des saxifragacées.

gros-grain [grogrɛ̃] **n.m.** (pl. *gros-grains*). **1.** Tissu de soie à grosses rayures transversales. **2.** Ruban sans lisière à côtes verticales : *Doubler une ceinture d'un gros-grain.*

gros-porteur [gropɔrtœr] **n.m.** (pl. *gros-porteurs*). Avion de grande capacité.

grosse [gros] **n.f.** (de *1. gros*). **1.** Douze douzaines de certaines marchandises : *Une grosse de boutons.* **2.** DR. Copie d'un acte authentique ou d'un jugement, revêtue de la formule exécutoire : *Délivrer la grosse d'un acte notarié.*

grossesse [grosɛs] **n.f.** (de *1. gros, grosse*). **1.** Ensemble des phénomènes se déroulant chez la femme entre la fécondation et l'accouchement ; état d'une femme enceinte. **2. Grossesse extra-utérine,** dans laquelle l'œuf fécondé se fixe et se développe hors de l'utérus. / **Grossesse nerveuse,** ensemble de manifestations somatiques évoquant une grossesse, sans qu'il y ait eu fécondation, et lié à des motivations inconscientes.

■ La grossesse commence par la fixation (nidation) dans l'utérus de l'œuf fécondé (provenant de la fusion du spermatozoïde et de l'ovule). Le développement de l'œuf, qu'on appelle *embryon* jusqu'au troisième mois, puis *fœtus*, entraîne des modifications dans l'organisme de la femme : son utérus augmente progressivement de volume, jusqu'à remplir, à neuf mois, toute la partie antérieure de l'abdomen. À partir du quatrième mois, la femme peut percevoir les mouvements du fœtus, baignant dans le liquide amniotique, et le médecin peut écouter les battements de son cœur. Au bout du neuvième mois, la grossesse est dite « à terme », et c'est l'« accouchement », c'est-à-dire l'expulsion du fœtus hors de l'utérus. ■

grosseur [grosœr] **n.f. 1.** État, volume de ce qui est gros : *Il est d'une grosseur maladive* (syn. **corpulence, embonpoint**). **2.** Volume, dimensions en général : *De la grosseur d'une noix* (syn. **taille**). **3.** Enflure, tuméfaction : *Une grosseur au bras* (syn. **boule, excroissance**).

Grossglockner, point culminant de l'Autriche, dans les Hohe Tauern ; 3 796 m. Route touristique jusqu'à 2 571 m.

grossier, ère [grosje, -ɛr] **adj.** (de *1. gros*). **1.** Épais ; rude ; sans finesse : *Étoffe grossière* (contr. **fin**). *Traits grossiers* (syn. **épais, lourd**). **2.** Qui est exécuté sans délicatesse, sans soin : *Travail grossier* (syn. **imparfait**). **3.** Rudimentaire, sommaire : *Description grossière* (syn. **approximatif**). **4.** Qui dénote de l'ignorance, un manque d'intelligence ou de culture : *Esprit grossier* (syn. **fruste, inculte**). *Une erreur grossière* (syn. **lourd, monumental**). **5.** Contraire à la bienséance, à la politesse, aux usages : *Faire un geste grossier* (syn. **inconvenant**). *Propos grossiers* (syn. **cru, ordurier, trivial**).

grossièrement [grosjɛrmɑ̃] **adv.** De façon grossière : *Voilà, grossièrement, le sujet de la pièce* (syn. **sommairement**). *Se tromper grossièrement* (syn. **lourdement**). *Répondre grossièrement* (syn. **impoliment**).

grossièreté [grosjɛrte] **n.f. 1.** Caractère de ce qui est grossier, de ce qui manque de finesse : *La grossièreté d'une étoffe.* **2.** Manque d'intelligence, de subtilité dont témoigne un comportement : *La grossièreté de ses manières me choque* (syn. **vulgarité** ; contr. **délicatesse**). **3.** Parole, action grossière : *Dire des grossièretés* (syn. **incongruité**).

grossir [grosir] **v.t.** [conj. **32**]. Rendre ou faire paraître plus gros, plus ample, plus volumineux, plus important : *Lunette qui grossit les objets. Les déserteurs vont grossir le nombre des insurgés* (syn. **accroître, renforcer**). *Les journaux grossissent l'affaire* (syn. **amplifier, exagérer**). ◆ **v.i. 1.** Devenir ou paraître plus gros ; augmenter de volume : *Il a grossi depuis l'an dernier* (syn. **engraisser, forcir** ; contr. **maigrir**). **2.** Devenir plus considérable : *La somme a grossi* (syn. **augmenter**).

grossissant, e [grosisɑ̃, -ɑ̃t] **adj. 1.** Qui fait paraître plus gros ; qui augmente les dimensions apparentes : *Verres grossissants.* **2.** Qui ne cesse de devenir plus gros, plus important : *Une foule grossissante envahissait la place.*

grossissement [grosismɑ̃] **n.m. 1.** Action de rendre plus gros, d'agrandir : *Le grossissement d'un point par une loupe.* **2.** Fait de devenir gros, de se développer : *Régime alimentaire contre le grossissement.* **3.** Amplification de qqch jusqu'à l'exagération, la déformation : *Le grossissement d'une affaire par les médias.* **4.** OPT. Rapport du diamètre apparent de l'image à celui de l'objet.

grossiste [grosist] **n.** (de *2. gros*). Commerçant qui sert d'intermédiaire entre le producteur et le détaillant.

grosso modo [grosomodo] **loc. adv.** (lat. scolast. « d'une manière grosse »). En gros ; sans entrer dans le détail : *Voici grosso modo de quoi il s'agit* (syn. **sommairement**).

grotesque [grɔtɛsk] **adj.** (it. *grottesca*, fresque de grotte puis « peinture ridicule »). Qui suscite le rire par son extravagance : *Personnage grotesque* (syn. **risible**). *Idée grotesque* (syn. **ridicule, burlesque**).

grotesques [grɔtɛsk] **n.f. pl.** (de *grotesque*). BX-A. Décors muraux, faits de motifs architecturaux de fantaisie et d'arabesques mêlées de petites figures, redécouverts à la Renaissance dans des vestiges enfouis de la Rome antique et dont s'inspirèrent de nombreux artistes et ornemanistes jusqu'au XIXe s.

Grotius (Hugo de Groot, dit**),** juriste et diplomate hollandais (Delft 1583 - Rostock 1645). Condamné à la prison perpétuelle en 1619 comme partisan d'Arminius et d'Oldenbarneveldt, il s'évade et se réfugie en France, où Louis XIII l'accueille, le pensionne et le nomme ambassadeur de Suède (1634-1645). Grotius était philologue, juriste, historien et théologien. Son plus célèbre ouvrage est le *De jure belli ac pacis* (1625), véritable code de droit international public, qui a valu à son auteur le titre de « Père du droit des gens ». Il y combat principalement l'esclavage et s'efforce de prévenir et de réglementer les guerres.

Grotowski (Jerzy), metteur en scène et directeur de théâtre polonais naturalisé français (Rzeszów 1933 - Pontedera, Italie, 1999), animateur du théâtre-laboratoire de Wrocław de 1965 à 1985. Partisan d'un « théâtre pauvre », il a concentré ses recherches sur le jeu de l'acteur et la communication directe avec les spectateurs.

grotte [grɔt] **n.f.** (it. *grotta*, lat. *crypta*, du gr.). **1.** Excavation naturelle dans la roche, ouverte à la surface du sol : *Une grotte préhistorique* (syn. **caverne**). **2.** Construction artificielle évoquant une grotte, très en vogue dans les jardins et les parcs aux XVIe et XVIIe s.

grouillant, e [grujɑ̃, -ɑ̃t] **adj.** Qui grouille : *Une foule grouillante.*

grouillement [grujmɑ̃] **n.m.** Mouvement et bruit de ce qui grouille : *Le grouillement de la foule* (syn. **fourmillement, pullulement**).

grouiller [gruje] **v.i. 1.** S'agiter ensemble et en grand nombre : *Les vers grouillent dans ce fromage* (syn. **fourmiller**). **2. Grouiller de** (+ n.), être plein d'une masse confuse en mouvement ; au fig., contenir en abondance : *La rue grouille de monde. Ce texte grouille d'idées intéressantes* (syn. **foisonner, regorger**). ◆ **se grouiller** v.pr. *FAM.* Se dépêcher : *Grouille-toi, on va être en retard* (syn. **se presser**).

grouillot [grujo] **n.m.** (de *grouiller*). *FAM.* Apprenti, employé qui fait les courses, porte les messages.

Groult (Benoîte et **Flora),** écrivaines françaises (**Benoîte G.,** Paris 1920, et sa sœur **Flora G.,** Paris 1924 - *id.* 2001). Leurs romans en commun les ont imposées en figures du féminisme (*Journal à quatre mains,* 1962 ; *le Féminin pluriel,* 1965). Benoîte G. poursuit son engagement dans des essais (*Ainsi soit-elle,* 1975), sans renoncer à la fiction (*la Touche étoile,* 2006).

groupage [grupaʒ] **n.m. 1.** Action de grouper des colis ayant une même destination : *Entreprise de groupage.* **2.** MÉD. Détermination du groupe sanguin.

groupe [grup] **n.m.** (it. *gruppo,* nœud, assemblage, du germ. **kruppa,* masse arrondie). **1.** Ensemble distinct de choses ou d'êtres de même nature, réunis dans un même endroit : *Un groupe de curieux* (syn. **attroupement, rassemblement**). *Un groupe de maisons* (syn. **ensemble**). **2.** Ensemble plus ou moins organisé de personnes liées par des activités, des objectifs communs : *Groupe politique* (syn. **organisation**). *Groupe culturel* (syn. **association**). **3.** Formation d'instrumentistes, de chanteurs, etc. ; petit orchestre : *Groupe pop.* **4.** MIL. Formation élémentaire du peloton ou de la section d'environ 12 hommes : *Groupe de combat.* **5.** Ensemble de choses, d'animaux ou de personnes défini par une caractéristique commune : *Groupe ethnique* (= ethnie). *Groupe linguistique* (syn. **communauté**). **6.** BX-A. Réunion de figures formant un ensemble, partic. dans la sculpture en ronde bosse : *Groupe des* Trois Grâces. **7.** MATH. Structure algébrique fondamentale, associant à un ensemble une loi de composition interne, associative, possédant un élément neutre et telle que tout élément admette un symétrique pour cette loi. ▸ Les entiers relatifs munis de l'addition forment un groupe additif. Les réels non nuls munis de la multiplication forment un groupe multiplicatif. **8. Groupe de presse,** ensemble de journaux qui appartiennent à un même propriétaire, une même société. / **Groupe parlementaire,** formation permanente réunissant des élus d'une même tendance au sein d'une assemblée : *Le groupe doit avoir au moins 15 membres à l'Assemblée nationale, 10 au Sénat.* **9.** DR. **Cabinet de groupe,** cabinet dans lequel deux ou plusieurs membres d'une profession libérale (médecins, avocats, etc.) exercent leur activité en partageant les mêmes locaux (on dit aussi *cabinet groupé*). / ÉTHOL. **Effet de groupe,** ensemble des modifications morphologiques, comportementales, etc., que provoque la proximité de plusieurs individus de la même espèce dans un espace restreint. / GRAMM. **Premier, deuxième, troisième groupe,** chacun des ensembles de verbes répartis selon la terminaison de leur infinitif et leur conjugaison. / MÉD. **Groupe sanguin,** ensemble d'antigènes portés par le sang, permettant de classer les individus et de régler la transfusion sanguine entre donneurs et receveurs compatibles. / MÉD. **Groupe tissulaire,** ensemble de propriétés analogues permettant de faire des transplantations d'organes. (V. système HLA*.) / PSYCHOL. **Groupe expérimental,** groupe constitué en vue d'une étude expérimentale, et dont on mesure les réactions à un stimulus par comparaison à un groupe analogue non soumis à ce stimulus.

Groupe des 20 ⟶ **G20.**

groupement [grupmɑ̃] **n.m. 1.** Action de grouper ; fait d'être groupé : *Procéder au groupement des enfants dans la cour* (syn. **rassemblement, réunion**). *Groupement de bâtiments administratifs autour de la mairie* (syn. **concentration**). **2.** Réunion de personnes groupées par des intérêts communs : *Groupement de consommateurs* (syn. **association**).

grouper [grupe] **v.t.** Assembler en groupe ; réunir en un lieu, dans un ensemble ou dans une même catégorie : *Grouper des élèves avant de traverser la rue* (syn. **réunir**). *Parti politique qui groupe tous les mécontents* (syn. **rassembler**). ◆ **se grouper** v.pr. Se réunir : *Se grouper autour d'un chef.*

groupie [grupi] **n.** (mot anglo-amér.). **1.** Personne, le plus souvent jeune fille, qui admire un musicien, un chanteur ou un groupe de musique pop ou rock et qui le suit dans ses déplacements. **2.** *FAM.* Partisan inconditionnel de qqn, d'un parti.

groupuscule [grupyskyl] **n.m.** *FAM.* Petit groupe politique plus ou moins organisé (péjor.) : *Groupuscules extrémistes.*

grouse [gruz] **n.f.** (mot angl., d'orig. obsc). Lagopède d'Écosse.

gruau [gryo] **n.m.** (de l'anc. fr. *gru,* frq. **grût,* de même sens). **1.** Partie granuleuse de l'amande du grain de blé, qui n'est ni la farine ni le son : *Farine de gruau* (syn. **semoule**). **2. Pain de gruau,** pain fait de fleur de farine.

1. grue [gry] **n.f.** (lat. pop. **grua,* class. *grus, gruis*). **1.** Oiseau échassier dont une espèce, gris cendré, traverse la France pour hiverner en Afrique. ▸ Long. 1,15 m ; la grue glapit, trompette, craque. **2. Faire le pied de grue,** attendre longtemps, debout, au même endroit.

2. grue [gry] **n.f.** (de *1. grue*). **1.** Appareil de levage formé d'un bras orientable monté sur un support de hauteur variable. **2.** CIN., TÉLÉV. Appareil permettant le déplacement vertical ou des mouvements combinés de la caméra : *Effectuer un travelling à la grue.*

gruger [gryʒe] **v.t.** (néerl. *gruizen,* broyer) [conj. **17**]. *LITT.* Tromper qqn : *Se faire gruger par un beau parleur* (syn. **duper**).

grume [grym] **n.f.** (bas lat. *gruma,* class. *gluma,* pellicule). Tronc d'arbre abattu, ébranché et recouvert de son écorce.

grumeau [grymo] **n.m.** (lat. pop. **grumellus,* class. *grumulus,* dimin. de *grumus,* tertre). Petite boule formée par un liquide coagulé (lait) ou une substance pulvérulente (farine) mal délayée : *Sauce pleine de grumeaux.*

grumeleux, euse [grymlø, -øz] **adj. 1.** Qui forme des grumeaux ; qui présente des grumeaux : *Bouillie grumeleuse.* **2.** Qui présente des aspérités semblables aux grumeaux : *Peau grumeleuse* (syn. **granuleux**).

Grünewald (Mathis Nithart ou **Gothart,** dit **Matthias),** peintre allemand, actif notamment à Aschaffenburg, sans doute mort à Halle en 1528. Son chef-d'œuvre est le grand retable des Antonins d'Issenheim (v. 1512-1516, musée d'Unterlinden, à Colmar), d'un art expressionniste et visionnaire. Selon ses diverses configurations (mouvements des volets), ce retable offre tour à tour au regard : une *Crucifixion ;* une *Nativité* encadrée de l'*Annonciation* et de la *Résurrection ;* la *Visite de saint Antoine à saint Paul l'Ermite au désert* avec, pour pendant, la *Tentation de saint Antoine.* Un climat fantastique, souvent, y traduit l'intention mystique.

Grunwald ou **Tannenberg** ***(bataille de)*** [15 juill. 1410], victoire des Polonais sur les chevaliers Teutoniques.

grutier, ère [grytje, -ɛr] **n.** (de *2. grue*). Conducteur d'une grue.

gruyère [gryjɛr] ou [grɥijɛr] **n.m.** (n. d'une région suisse). Fromage d'origine suisse au lait de vache, cuit, à pâte dure.

Guadalajara, v. du Mexique, la deuxième du pays ; 1 494 134 hab. (4 134 252 dans l'agglomération). Aéroport. Université. Métallurgie. Bel urbanisme d'époque coloniale, avec une cathédrale des XVIe-XVIIe s. Musées.

Guadalcanal, île volcanique de l'archipel des Salomon ; 60 275 hab. Occupée par les Japonais en juill. 1942, l'île fut reconquise par les Américains en févr. 1943.

Guadalquivir (le), fl. d'Espagne, qui passe à Cordoue, Séville et rejoint l'Atlantique ; 680 km.

Guadeloupe (la) [971], une des Petites Antilles, constituant un département d'outre-mer (ayant statut de Région) ; 1 703 km^2 et 410 335 hab. (avec les dépendances) [*Guadeloupéens*]. Ch.-l. de dép. *Basse-Terre ;* ch.-l. d'arr. *Pointe-à-Pitre ;* 2 arr., 21 cant., 32 comm.

GÉOGRAPHIE
La Guadeloupe est formée de deux îles, Basse-Terre et Grande-Terre, séparées par un bras de mer, la rivière Salée. Malgré son nom, Basse-Terre est la plus élevée (volcan de la Soufrière, 1 467 m) ; Grande-Terre est un plateau qui dépasse à peine 100 m. Plusieurs îles (la Désirade, les Saintes, Marie-Galante) dépendent de la Guadeloupe. Les principales productions (canne à sucre, rhum, bananes) sont insuffisantes pour équilibrer les importations et pour enrayer un fort sous-emploi (malgré l'émigration). Parc national sur l'île de Basse-Terre.
HISTOIRE
Découverte par Christophe Colomb en 1493, l'île est occupée par les Français en 1635. La culture de la canne à sucre se développe rapidement. La Guadeloupe devient un département d'outre-mer en 1946 et est dotée d'un conseil régional en 1983. En 2007, Saint-Barthélemy et Saint-Martin (partie française) cessent d'y être rattachées pour devenir des collectivités d'outre-mer.

guadeloupéen, enne [gwadlupeɛ̃, -ɛn] **adj.** et **n.** De la Guadeloupe.

Guadiana (le), fl. d'Espagne et du Portugal, qui se jette dans l'Atlantique ; 780 km.

Guam, île principale de l'archipel des Mariannes ; 159 358 hab. Ch.-l. *Agana.* Occupée par les Japonais de 1941 à 1944, Guam est devenue une puissante base américaine.

Guanajuato, v. du Mexique, cap. d'État au N.-O. de Mexico ; 171 623 hab. Ville singulière et pittoresque, anciennement minière, offrant de nombreux témoignages de l'art baroque colonial. Université.

Guangdong, prov. de la Chine du Sud ; 176 000 km^2 ; 104 320 459 hab. CAP. *Canton.*

Guangxi, région autonome de la Chine du Sud ; 230 000 km^2 ; 46 023 761 hab. CAP. *Nanning.*

Guangzhou → Canton.

guano [gwano] **n.m.** (mot esp., quechua *huanu,* engrais, fumier). **1.** Matière provenant de l'accumulation d'excréments et de cadavres d'oiseaux marins, et qu'on employait autref. comme engrais. **2.** Matière fertilisante d'origine animale, analogue au guano : *Guano de poisson.*

Guantánamo, v. de Cuba, près de la *baie de Guantánamo ;* 219 095 hab. Sur la baie, base navale concédée aux États-Unis en 1903 (lieu de détention, depuis 2001, de personnes soupçonnées de terrorisme).

guarani [gwarani] **n.m.** Langue indienne parlée principalement au Paraguay.

Guarani, Indiens de l'Amérique du Sud, parlant une langue tupi-guarani. Ils vivent dans la région du Paraná (Brésil), et pratiquent la chasse et la pêche.

Guardi (Francesco), peintre italien (Venise 1712 - *id.* 1793). Dans un style nerveux et scintillant, il a représenté Venise, ses monuments, ses fêtes ainsi que les jeux changeants de son ciel et de ses eaux (*Capriccio sur la lagune,* New York). • Son frère aîné, **Giovanni Antonio** (Vienne 1699 - Venise 1760), était également peintre.

Guarini (Guarino), architecte italien (Modène 1624 - Milan 1683). Moine théatin, philosophe et mathématicien, influencé par Borromini, il a donné à Turin ses œuvres les plus célèbres, dont l'église à plan central S. Lorenzo.

Guatemala, État de l'Amérique centrale, au sud-est du Mexique ; 109 000 km^2 ; 1 168 420 hab. *(Guatémaltèques).* CAP. *Guatemala.* LANGUE : *espagnol.* MONNAIE : *quetzal.*
GÉOGRAPHIE
Montagneux (en partie volcanique), en dehors du Nord (Petén) et de la plaine côtière pacifique, le pays a des paysages et des climats variés. L'agriculture domine, vivrière (maïs, haricots) chez les Indiens (plus de la moitié de la population), commerciale chez les *Ladinos* (de langue espagnole) : café, banane, coton, canne à sucre. Les plantations, contrôlées par des sociétés nord-américaines, assurent la moitié des exportations. Les cultures, illégales, du pavot et de la coca se sont développées. À une situation économique difficile (chômage, inflation) s'ajoute une forte pression démographique (accroissement annuel de 3 %).
HISTOIRE
Le territoire est, durant le Ier millénaire, l'un des lieux où s'épanouit la civilisation maya.
1524. Conquête du territoire par les Espagnols.
1821. Indépendance du Guatemala.
Uni au Mexique jusqu'en 1823, il se joint aux Provinces-Unies de l'Amérique centrale en 1824 et reprend son indépendance en 1839 sous la direction de Rafael Carrera. La vie politique est stable mais marquée par de longues dictatures. Les États-Unis renforcent leur emprise sur le pays par l'intermédiaire d'une compagnie bananière, la United Fruit, à la fin du XIXe s.
1954. Un coup d'État renverse le gouvernement progressiste de Jacobo Arbenz.
Dirigé par des militaires, le pays est en proie à une guerre civile opposant guérilleros d'extrême gauche et groupes paramilitaires d'extrême droite.
1985. Les civils reviennent au pouvoir.
1989. Des négociations s'engagent avec la guérilla.
1996. Álvaro Arzú est élu à la présidence de la République. Le pouvoir central et la guérilla mettent fin au conflit le plus meurtrier d'Amérique centrale.
2008. Première victoire de la gauche depuis 54 ans avec l'élection d'Álvaro Colom, qui ne parvient pas à combattre la très forte criminalité.
2011. L'ex-militaire Otto Pérez Molina est élu président de la République.

Guatemala, cap. de la république du Guatemala ; 1 168 420 hab.

Guayaquil, princ. ville et port de l'Équateur, sur le Pacifique ; 1 985 379 hab (2 291 158 hab. dans l'agglomération). Métropole économique du pays.

Guderian (Heinz), général allemand (Kulm, auj. Chelmno, 1888 - Schwangau, Bavière, 1954). Créateur de l'arme blindée allemande (1935-1939), il participa à l'élaboration de la doctrine de la « guerre éclair ». Il fut chef d'état-major de l'armée de terre (1944-1945).

gué [ge] **n.m.** (frq. **wad*). Endroit peu profond d'une rivière où l'on peut traverser à pied : *Passer à gué.*

guéable [geabl] **adj.** Qu'on peut passer à gué : *Fleuve qui n'est nulle part guéable.*

guéguerre [gegɛr] **n.f.** *FAM.* Petite guerre ; petite querelle : *Guéguerre entre hommes politiques.*

Gueldre, en néerl. **Gelderland,** prov. des Pays-Bas ; 2 015 791 hab. Ch.-l. *Arnhem.* Érigée en comté au XIe s., puis en duché (1339), la Gueldre passe à Charles le Téméraire en 1472, puis retrouve son indépendance en 1492. Charles Quint l'annexe aux États flamands, en 1543. Le Nord est rattaché aux Provinces-Unies en 1578, tandis que le Sud, partagé entre l'Autriche et la Prusse en 1713, est incorporé aux Provinces-Unies en 1814.

guelfe [gɛlf] **n.m.** et **adj.** (all. *Welf,* n. d'une puissante famille qui prit le parti des papes). HIST. Partisan des papes, ennemi des gibelins, dans l'Italie médiévale.

guelte [gɛlt] **n.f.** (all. *Geld,* argent). Pourcentage accordé à un vendeur sur ses ventes : *Le fixe qu'elle touche n'est pas gros, mais la guelte est importante* (syn. **commission**).

guenille [gənij] **n.f.** (dialect. de l'Ouest, p.-ê. rad. gaul. **wadana,* eau). Vêtement sale, en lambeaux : *Vêtu de guenilles* (syn. **haillon, harde**).

guenon [gənɔ̃] **n.f.** (p.-ê. même rad. que *guenille*). **1.** Singe femelle. **2.** ZOOL. Cercopithèque.

guépard [gepar] **n.m.** (it. *gattopardo,* de *gatto,* chat, et *pardo,* léopard). Mammifère carnivore d'Afrique et d'Asie, à la course très rapide : *Le guépard peut courir à plus de 100 km/h.* ▸ Famille des félidés ; long. 1 m env., sans la queue.

guêpe [gɛp] **n.f.** (lat. *vespa*). **1.** Insecte social à abdomen annelé de jaune et de noir construisant des nids *(guêpiers)* souterrains ou aériens, et dont la femelle est pourvue d'un aiguillon venimeux : *Être piqué par une guêpe.* ▸ Ordre des hyménoptères. **2. Taille de guêpe,** taille très fine.

Guépéou (GPU), administration politique chargée de la sécurité de l'État soviétique (1922-1934). Succédant à la Tcheka (1917-1922), elle joua un grand rôle dans le régime stalinien après 1929.

guêpier [gepje] **n.m. 1.** Nid de guêpes. **2.** Situation dangereuse, inextricable : *Tomber, se fourrer dans un guêpier* (syn. **bourbier**). **3.** Oiseau passereau se nourrissant d'abeilles et de guêpes.

guêpière [gepjɛr] **n.f.** (de [*taille de*] *guêpe*). Pièce de lingerie féminine, bustier qui descend au-dessous de la taille et l'enserre.

Guerchin (Giovanni Francesco Barbieri, dit il Guercino, en fr. le), peintre italien (Cento, près de Ferrare, 1591 - Bologne 1666). Influencé par Titien, les Carrache, le Caravage, il combine un penchant naturaliste foncier avec un élan déjà baroque, voire un frémissement préromantique (plafond de *l'Aurore* au casino Ludovisi, à Rome, 1621 ; *l'Ensevelissement de sainte Pétronille,* Rome ; *Et in Arcadia ego,* ibid.), pour aboutir, sous l'ascendant de G. Reni, à une idéalisation classique (*Mariage mystique de sainte Catherine,* Modène).

guère [gɛr] **adv.** (frq. **waigaro,* beaucoup). **1.** (En corrélation avec *ne*). Indique une quantité faible ou une fréquence minime : *Elle n'a guère d'argent* (= pas beaucoup). *Il ne va guère au cinéma* (= pas souvent). **2.** Indique une négation, dans les réponses : *Vous aimez les artichauts ? – Guère* (syn. **peu**).

guéret [gerɛ] **n.m.** (lat. *vervactum,* devenu sous l'infl. germ. **wervactum*). Terre non ensemencée, labourée au printemps et en été pour la préparer à recevoir les semailles d'automne.

Guéret, ch.-l. du dép. de la Creuse, à 327 km au sud de Paris ; 14 219 hab. *(Guérétois).* Centre administratif et commercial. Musée.

Guericke (Otto von) (Magdebourg 1602 - Hambourg 1686), physicien allemand. Il invente une machine pneumatique et entreprend une série d'expériences sur les effets du vide (entre autres, celle des *hémisphères de Magdebourg* en 1654).

guéridon [geridɔ̃] **n.m.** (de *Guéridon,* n. d'un personnage de farce). Table ronde, parfois ovale, à piétement central ou à trois ou à quatre pieds.

guérilla [gerija] **n.f.** (esp. *guerrilla,* dimin. de *guerra,* guerre). Guerre de harcèlement, d'embuscades, de coups de main menée par des unités régulières ou des troupes de partisans.

guérillero, a [gerijero, -a] **n.** (pl. *guérilleros, as*). Combattant de guérilla (syn. **maquisard, partisan**).

Guérin (Camille), vétérinaire et microbiologiste français (Poitiers 1872 - Paris 1961). Il a mis au point, avec A. Calmette, le vaccin contre la tuberculose (B.C.G.).

guérir [gerir] **v.t.** (frq. **warjan,* protéger) [conj. **32**]. **1.** Délivrer d'un mal physique, d'une maladie : *Le médecin m'a guéri de la grippe. Ce médicament vous guérira* (syn. **rétablir**). **2.** Faire cesser une maladie : *Guérir une angine.* **3.** Débarrasser d'un défaut, d'un mal moral ; les faire cesser : *Elle l'a guéri de son avarice* (syn. **corriger**). *Le temps guérira son chagrin* (syn. **apaiser, calmer**). ◆ **v.i.** ou **se guérir v.pr. 1.** Recouvrer la santé : *Si tu veux guérir, il faut te soigner* (syn. **se remettre, se rétablir**). **2.** Disparaître, cesser, en parlant d'une maladie : *Mon rhume a guéri.* **3.** Se débarrasser d'un défaut, d'une faiblesse : *Guérir, se guérir d'une mauvaise habitude* (syn. **se corriger**).

guérison [gerizɔ̃] **n.f.** Suppression, disparition d'un mal physique ou moral : *Malade en voie de guérison* (syn. **rétablissement**). *La guérison d'une maladie, d'un défaut.*

guérissable [gerisabl] **adj.** Que l'on peut guérir : *Une maladie guérissable* (syn. **curable** ; contr. **incurable**).

guérisseur, euse [gerisœr, -øz] **n.** Personne qui prétend guérir autrui en vertu de dons mystérieux ou à l'aide de procédés empiriques, en dehors de l'exercice légal de la médecine.

guérite [gerit] **n.f.** (de l'anc. fr. *garir,* protéger). **1.** Abri pour un homme debout, servant aux militaires de faction. **2.** Baraque de chantier servant de bureau.

Guernesey, une des îles Anglo-Normandes ; 63 km² ; 59 807 hab. *(Guernesiais).* Ch.-l. *Saint-Pierre.* Cultures florales. Tomates. Tourisme.

Guernica y Luno, v. d'Espagne (Biscaye) ; 16 727 hab. – La ville fut détruite par l'aviation allemande au service des franquistes pendant la guerre civile (1937) ; cet événement a inspiré à Picasso une toile monumentale célèbre *(Guernica).*

guerre [gɛr] **n.f.** (frq. **werra*). **1.** Lutte armée entre États ; situation de conflit qu'elle implique : *Déclaration de guerre. La guerre a débuté il y a six mois* (syn. **hostilités**). **2.** Conflit non armé : *Guerre économique.* **3.** Lutte entre personnes : *Entre eux, c'est la guerre* (syn. **mésentente**). **4.** Action entreprise pour supprimer, détruire qqch : *Faire la guerre aux préjugés* (= combattre). **5. De bonne guerre,** se dit d'un comportement, d'une réaction habile d'un adversaire et que l'on considère comme légitime. / **De guerre lasse,** en renonçant à la lutte par lassitude : *De guerre lasse, j'ai accepté sa proposition.* / **Faire la guerre à qqn,** lutter pour que qqn change sa conduite : *Je lui fais la guerre pour qu'il soit ponctuel.* / **Guerre chimique, nucléaire, biologique,** guerre où seraient employées les armes chimiques, nucléaires, biologiques. / **Guerre des étoiles,** nom communément donné à l'*initiative* de défense stratégique.* / **Guerre éclair,** guerre menée avec une rapidité foudroyante. ▸ Ce nom, calque de l'all. *Blitzkrieg,* a été donné la première fois pendant les opérations menées par la Wehrmacht en Europe en 1939-1941. / **Guerre froide,** hostilité latente, qui n'aboutit pas au conflit armé, dans les relations internationales, notamm. entre les grandes puissances. / **Guerre sainte,** guerre menée au nom de motifs religieux. / **Guerre totale,** forme de guerre dans laquelle on utilise tous les moyens de lutte, qui vise à l'anéantissement de l'adversaire et où la totalité des activités de la nation sont mobilisées et engagées (comme lors de la Première et de la Seconde Guerre mondiale). / **Nom de guerre,** nom que prenait autrefois un soldat en s'enrôlant ; pseudonyme : *Le nom de guerre d'un artiste.* / **Petite guerre,** guerre de harcèlement ; exercice, simulacre de combat : *Enfants qui jouent à la petite guerre.*

guerre froide, état de tension qui opposa, de 1945 à 1990, les États-Unis, l'U.R.S.S. et leurs alliés respectifs, qui formaient deux blocs dotés de moyens militaires considérables et défendant des systèmes idéologiques et économiques antinomiques.

Introduction

La guerre froide a pour conséquence un effet de bipolarisation dans la mesure où chacun des adversaires attire dans sa sphère d'influence les États moins puissants. Bien que ce phénomène affecte surtout l'Europe, enjeu principal, il se répercute également sur le processus de décolonisation, puis sur les affrontements régionaux qui se développent dans le tiers-monde. Dès 1949, les États-Unis et l'U.R.S.S. disposent de l'arme nucléaire et, dans les années suivantes, de vecteurs balistiques pouvant transporter cette arme à environ 8 000 km. Cette situation nouvelle, dans la mesure où elle crée pour chacun le risque de devoir subir des dommages intolérables, interdit que l'on recoure à la guerre directe pour dénouer la situation de rivalité. En revanche, les manœuvres indirectes (guerres périphériques par alliés interposés), les affrontements économiques et politico-idéologiques (guerre psychologique) prennent une importance accrue.

Engagement et formation des blocs (1945-1962)

La défaite de l'Allemagne, l'effondrement de la France et l'affaiblissement du Royaume-Uni créent, au lendemain de la Seconde Guerre mondiale, une rupture des équilibres traditionnels sur le continent. En dépit des immenses destructions qu'elle a subies, l'Union soviétique dispose désormais d'une écrasante suprématie. Ayant gagné 600 000 km² en Europe, elle dispose, à l'été 1946, d'une armée de 100 divisions, soit 4 millions d'hommes, et de 6 000 avions, tandis que les Anglo-Saxons procèdent à la démobilisation rapide de leurs forces et à la reconversion des industries de guerre. En mars 1946, Churchill, dans son discours de Fulton dit « du rideau de fer », met en garde contre le risque de domination communiste sur une Europe dont la division s'aggrave. En effet, une succession de crises d'intensité croissante (Iran, Turquie, Grèce) et la mise en place de régimes procommunistes dans les pays d'Europe orientale occupés par l'Armée rouge conduisent le nouveau président des États-Unis, Harry Truman, à réviser la traditionnelle politique isolationniste des États-Unis (doctrine Truman, mars 1947) et à adopter une stratégie d'« endiguement ».

1947. En juin, le général Marshall annonce un plan d'aide pour tous les pays européens qui en feront la demande. En Europe de l'Est, les partis communistes se regroupent dans le Kominform formé en septembre.

1948. La prise du pouvoir par les communistes en Tchécoslovaquie (« coup de Prague ») de février-mars 1948 qui voit basculer le dernier régime démocratique d'Europe centrale, provoque une intense anxiété chez les Européens de l'Ouest et conduit d'abord à la formation du pacte de Bruxelles (mars), puis à l'engagement de pourparlers en vue d'une alliance défensive avec les États-Unis.

1949. Le blocus de Berlin (juin 1948-mai 1949) aggrave la tension et favorise la conclusion rapide du traité de l'Atlantique Nord (O.T.A.N.) en avril 1949. La formation de deux États allemands antagonistes achève d'entériner la division de l'Europe. La victoire des communistes chinois et l'attaque de la Corée du Sud par Kim Il-sung, leader communiste de la Corée du Nord, confèrent au conflit sa dimension intercontinentale.

1955. L'intégration de l'Allemagne fédérale dans l'O.T.A.N. provoque la formation par les Soviétiques de l'Organisation du pacte de Varsovie.

1956. L'U.R.S.S. intervient en Hongrie. Les États-Unis intensifient leur production d'armements nucléaires.

1961-1963. La deuxième crise de Berlin (1961-1963) et la crise de Cuba (septembre 1962) se situent dans la perspective de cette compétition où chacun teste les capacités de l'autre et pousse le plus loin possible ses pions jusqu'à rencontrer les limites que son adversaire a décidé de fixer.

Stabilisation de l'affrontement (1963-1978)

À partir de 1965, Américains et Soviétiques se rencontrent régulièrement. Certaines de leurs négociations aboutissent, visant à réduire les risques de conflit nucléaire, particulièrement sur le théâtre majeur de la confrontation, l'Europe : la Conférence d'Helsinki sur la sécurité et la coopération en Europe (C.S.C.E.) constitue, en août 1975, une sorte de point d'orgue de ces manœuvres. Il en va tout autrement sur les périphéries, où se développe sous des formes variées une compétition violente bien qu'indirecte : en Indochine, au Moyen-Orient, en Afrique, par alliés interposés auxquels chacun apporte une assistance plus ou moins importante.

Intensification et dénouement (1979-1990)

L'affaiblissement des États-Unis dû à leur la défaite au Viêt Nam s'accompagne d'un développement croissant de la puissance militaire soviétique, qui culmine avec le déploiement des missiles balistiques SS-20 en Europe (1977) et l'invasion de l'Afghanistan (décembre 1979). Le refus du Congrès américain de ratifier le traité SALT II, signé en juin 1979 par Leonid Brejnev et Jimmy Carter, la relance des programmes de modernisation des forces nucléaires stratégiques des États-Unis et l'embargo céréalier à l'encontre de l'U.R.S.S. marquent le début d'une dégradation très forte des relations entre les deux Grands. Fin 1979, l'O.T.A.N. proclame son intention de riposter au déploiement des SS-20 par l'installation en Europe occidentale de missiles Pershing II. Le président Carter affirme le caractère vital du golfe Persique pour les États-Unis et leur détermination à s'y porter en force au cas où une puissance extérieure chercherait à en prendre le contrôle à son profit. L'arrivée à la présidence de Ronald Reagan (janvier 1981) ouvre une phase nouvelle : les États-Unis lancent l'Initiative de défense stratégique (I.D.S.) qui vise à placer l'Union soviétique devant une impasse : renoncer à faire jeu égal avec les États-Unis ou s'épuiser économiquement afin de rattraper son handicap dans la course technologique. Cette inflexion s'appuie sur une importante augmentation des dépenses militaires américaines entre 1979 et 1983.

1983. La tension monte considérablement tant sur le théâtre principal européen, fortement agité par la crise des euromissiles, que sur les périphéries. Les États-Unis interviennent violemment à la Grenade (Caraïbes) pour prévenir l'établissement d'un régime procastriste, tandis qu'ils soutiennent partout dans le monde les guérillas anticommunistes (Nicaragua, Afghanistan, Mozambique).

Sur fond de grave crise économique intérieure, Mikhaïl Gorbatchev, qui dirige l'Union soviétique à partir de 1985, décide de revenir à une forme de compétition stabilisée. Les effets de la fin de la guerre froide sont discernables entre novembre 1989 (démantèlement du mur de Berlin) et septembre 1990 (signature du traité d'unification allemande, le 12). Le communisme s'effondre en Europe orientale et entre en crise grave en U.R.S.S. même. Concrètement, la situation géostratégique issue de la Seconde Guerre mondiale, qui faisait du centre de l'Europe une base de départ pour les armées soviétiques, disparaît. En avril 1991, la dissolution de la composante militaire du traité de Varsovie entérine un état de fait.

Guerre mondiale ***(Première)*****,** conflit qui, de 1914 à 1918, opposa l'Allemagne et l'Autriche-Hongrie, rejointes par la Turquie (1914) et la Bulgarie (1915), aux « Alliés », c'est-à-dire à la Serbie, à la France, à la Russie, à la Belgique et à la Grande-Bretagne, alliées au Japon (1914), à l'Italie (1915), à la Roumanie et au Portugal (1916), enfin aux États-Unis, à la Grèce, à la Chine et à plusieurs États sud-américains (1917).

▸ *Dossier page suivante.*

Les origines de la guerre. La politique mondiale de l'Allemagne, son expansion économique et navale, notamment dans le Proche-Orient, l'antagonisme germano-slave dans les Balkans et la course aux armements conduite par les deux blocs de la Triple-Alliance (Allemagne, Autriche-Hongrie, Italie) et de la Triple-Entente (France, Grande-Bretagne, Russie) ont créé en Europe, au lendemain des guerres balkaniques (1912-1913), un état de tension que le moindre incident peut transformer en conflit armé.

L'assassinat de l'archiduc héritier, François-Ferdinand d'Autriche, le 28 juin 1914 à Sarajevo, est la cause immédiate de la guerre. Le 28 juillet, l'Autriche-Hongrie déclare la guerre à la Serbie. Le système des alliances entraîne successivement les différents pays dans la guerre : l'Allemagne déclare la guerre à la Russie (1er août) et à la France (3 août) ; l'Angleterre à l'Allemagne (4 août) ; le Japon à l'Allemagne (23 août) ; les Alliés à la Turquie (3 nov.). La guerre se déroule sur plusieurs fronts.

L'année 1914

Front ouest

Août. Les Allemands envahissent la Belgique et le nord de la France (retraite française).

6-13 sept. La bataille de la Marne permet à Joffre de stopper l'invasion.

Sept.-nov. Après la course à la mer des deux armées et la mêlée des Flandres, le front se stabilise de la mer du Nord à la Suisse.

La guerre de mouvement se transforme en guerre d'usure (guerre des tranchées).

Front est

26 août. Les offensives russes en Prusse-Orientale sont arrêtées à Tannenberg.

3 sept. En Galicie, les Russes s'emparent de Lvov.

Ils obligent les Austro-Hongrois à se replier sur les Carpates. Le front se stabilise en nov. du Niémen aux Carpates.

Autres fronts

Sept.-déc. Échecs autrichiens en Serbie.

Oct.-déc. Les Anglais débarquent dans le golfe Persique.

L'année 1915

23 mai. L'Italie déclare la guerre à l'Autriche-Hongrie, après avoir dénoncé la Triple-Alliance.

5 oct. La Bulgarie déclare la guerre aux Alliés.

Front ouest.

La guerre d'usure dans les tranchées se poursuit.

Févr.-sept. Toutes les attaques françaises (en Champagne, en Artois) échouent.

Avr. Les Allemands emploient des gaz pour la première fois.

Front est et Balkans

Févr.-mars. Échecs des Alliés aux Dardanelles.

Avr.-sept. Les offensives allemandes en Prusse-Orientale et en Pologne contraignent les Russes à se replier sur une ligne allant de Riga à la frontière roumaine.

À l'origine des maux du XXe siècle ?

Le grand conflit auquel on a donné le nom de Première Guerre mondiale a mis fin à la « Belle Époque », période prospère caractérisée par des progrès techniques, scientifiques et médicaux. Les peuples colonisés privés de liberté, les femmes privées de leur droit à l'égalité, les ouvriers et paysans en quête de fraternité espèrent des lendemains meilleurs grâce à la diffusion des idées démocratiques. La Première Guerre mondiale, en plongeant le monde dans l'horreur, n'a-t-elle pas ouvert la boîte de Pandore des tragédies du XXe siècle ?

▶ **La violence du conflit.** Entre août 1914 et novembre 1918, la Première Guerre mondiale a fait environ 10 millions de morts (1,5 million rien qu'en France). L'insalubrité et les destructions qu'elle a causées ont été aussi responsables de la propagation rapide de l'épidémie de « grippe espagnole » et de la famine en Russie. Pendant la guerre, le gouvernement turc, allié de l'Allemagne, a fait perpétrer le génocide des Arméniens. Jamais, dans l'histoire, un conflit n'avait été aussi meurtrier dans un laps de temps aussi court. Les écrivains Henri Barbusse dans *le Feu,* Maurice Genevoix dans *Ceux de 14* et Erich Maria Remarque dans *À l'Ouest rien de nouveau* ont raconté en détail les corps-à-corps sanglants, les gaz asphyxiants, les obus et les mitrailles déchiquetant les hommes et les animaux.

▶ **Une paix qui sème la discorde.** À la signature de l'armistice, le 11 novembre 1918, l'armée allemande est sur le point de s'effondrer, mais les Alliés n'ont pas encore franchi la frontière allemande. La révolution, qui a forcé l'empereur allemand Guillaume II à abdiquer deux jours avant l'armistice, est présentée, à tort, par les nationalistes allemands comme la cause de la défaite. Le traité de Versailles (28 juin 1919) fait endosser à l'Allemagne la responsabilité de la guerre : se sentant spoliée, elle considère ce traité comme un « diktat ». D'après le principe énoncé par le président américain Wilson, le « droit des peuples à disposer d'eux-mêmes » permet de délimiter de nouvelles frontières européennes. Mais de nombreux intérêts bafoués génèrent de la rancœur chez les minorités : germaniques en Pologne et Tchécoslovaquie, hongroises en Roumanie, en Italie, en Autriche, dans les États baltes ou slaves (frontières contestées), dans les pays arabes du Moyen-Orient (qui passent du joug turc à la domination française ou anglaise), dans les colonies allemandes. Demandées par Clemenceau, les clauses financières et militaires sont difficilement applicables en raison de la mésentente entre Français et Anglo-Américains.

▶ **L'émergence des totalitarismes.** La Première Guerre mondiale a engendré la radicalisation des mouvements nationalistes. Les groupes nationalistes italiens estiment que leur pays a été spolié de ses terres frontalières. Formés d'anciens combattants, ils agissent par la violence ; sous la conduite de Mussolini, ils reçoivent l'aide de grands propriétaires et de bourgeois qui ont peur de la révolution communiste, et annoncent le fascisme. En Russie, les militants ouvriers, écœurés par l'hécatombe de la Grande Guerre provoquée par les pays capitalistes, ne croient plus aux valeurs de la démocratie dite « bourgeoise », mais à celles de la « révolution prolétarienne ». Menée par Lénine, celle-ci est victorieuse en octobre 1917. Mais l'espoir d'une révolution internationale fait bientôt place à la dictature de Staline, qui se soldera par des millions de victimes. Les régimes autoritaires se multiplient en Europe. Ils s'alimentent de la xénophobie et des haines nées de la guerre. En 1933, l'arrivée au pouvoir de Hitler en est la plus cruelle illustration : le régime qu'il met en place et l'idéologie qui le sous-tend amèneront une nouvelle guerre mondiale et la Shoah, qui verra l'extermination de près de 6 millions de Juifs.

Si la violence de la Première Guerre mondiale est à l'origine d'un courant de pensée pacifiste, elle a aussi donné naissance à diverses formes de totalitarismes qui se nourrissent des peurs et des frustrations. Le nazisme aurait-il pu s'installer en Allemagne sans les horreurs de la Grande Guerre et la paix manquée de Versailles ?

Voir aussi : fascisme ; Hitler ; Mussolini ; nationalisme ; national-socialisme ; S.D.N. ; Wilson.

5 oct. Les Alliés débarquent à Salonique.
Oct.-nov. Conquête de la Serbie par les Allemands et les Bulgares.

Autres fronts
Juill. Offensives italiennes dans le Trentin et le Karst.
Les Britanniques occupent le Sud-Ouest africain allemand.

L'année 1916

Front ouest
21 févr.-déc. À la bataille de Verdun, l'armée française résiste victorieusement aux Allemands.
Juill.-oct. Offensive alliée sur la Somme.

Front est
Juin-août. Les Russes de Broussilov sont victorieux en Galicie et en Bucovine.
Oct.-déc. Les Allemands conquièrent la Roumanie.

Autres fronts
Janv. Les Alliés occupent le Cameroun.
Févr.-mars. Les Russes attaquent en Arménie.
31 mai. Bataille navale anglo-allemande du Jütland.
Sept. Offensive des Alliés en Macédoine.

L'année 1917

Mars-nov. Révolution russe.
2 avr. Les États-Unis entrent en guerre, à la suite d'une massive offensive sous-marine allemande.
Nov. En France, la crise politique et morale entraîne la formation du gouvernement Clemenceau.

Front ouest
16 avr. L'échec de l'offensive de Nivelle sur le Chemin des Dames provoque une très grave crise dans l'armée française. Pétain est nommé généralissime (mai). Il organise avec succès les attaques françaises devant Verdun (août).
Juin-nov. Offensive anglaise dans les Flandres et à Cambrai.

Front est.
Les Allemands prennent Riga (3 sept.) et occupent la Bucovine (juill.-sept.).
15 déc. Armistice russo-allemand de Brest-Litovsk.

Autres fronts
24 oct. Défaite italienne de Caporetto.
Au Moyen-Orient, les Britanniques prennent Bagdad (11 mars) et Jérusalem (9 déc.).

L'année 1918 : la victoire des Alliés. Les Alliés réalisent l'unité du commandement en nommant Foch commandant en chef et reprennent l'initiative sur tous les fronts.

Front ouest
21 mars-15 juill. Offensives allemandes en Picardie, sur la Marne, en Champagne.
18 juill.-sept. Les contre-offensives françaises en Champagne, en Picardie et de la Meuse à la mer obligent les Allemands à battre en retraite sur Gand, Cambrai et Sedan.
11 nov. L'armistice est signé à Rethondes.

Front est et Balkans
15 sept. Franchet d'Esperey prend l'offensive en Macédoine. Il contraint la Bulgarie à demander l'armistice (29 sept.). L'Autriche-Hongrie se disloque.

Autres fronts
Sept.-oct. Les Anglais prennent Beyrouth, Damas, Alep et obligent les Turcs à signer l'armistice de Moúdhros (30 oct.).
24 oct. Victoire italienne de Vittorio Veneto.
3 nov. Les Italiens contraignent l'Autriche à signer l'armistice de Padoue.
14 nov. Les Allemands déposent les armes en Afrique-Orientale.
La guerre a fait environ 8 millions de morts.

Les traités de paix

Traité de Versailles (28 juin 1919), traité conclu entre la France, ses alliés et l'Allemagne. Ses principales clauses étaient : la restitution de l'Alsace-Lorraine à la France ; l'administration de la Sarre par la S.D.N. ; l'organisation d'un plébiscite au Schleswig et en Silésie ; la création du « couloir de Dantzig » donnant à la Pologne un accès à la mer ; le versement par l'Allemagne de 20 milliards de marks-or au titre des réparations.
Traité de Saint-Germain-en-Laye (10 sept. 1919), traité signé entre les Alliés et l'Autriche ; il consacrait l'effondrement de la monarchie austro-hongroise.
Traité de Neuilly (27 nov. 1919), traité de paix signé entre les Alliés et la Bulgarie.
Traité de Trianon (4 juin 1920), traité qui consacra le démantèlement de la Hongrie.
Traité de Sèvres (10 août 1920), traité signé entre l'Empire ottoman et les Alliés, qui réduisait considérablement le territoire ottoman ; il fut révisé en 1923 par le traité de Lausanne, consécutif aux victoires turques.
Traité de Rapallo (12 nov. 1920), traité de paix signé à Rapallo (prov. de Gênes) entre l'Italie et la Yougoslavie.
Traité de Rapallo (16 avr. 1922), traité signé entre l'Allemagne et la Russie soviétique, qui prévoyait le rétablissement des relations diplomatiques et économiques entre les deux pays.

Guerre mondiale ***(Seconde),*** conflit qui, de 1939 à 1945, opposa les puissances alliées (Pologne, Grande-Bretagne et Commonwealth, France, Danemark, Norvège, Pays-Bas, Belgique, Yougoslavie, Grèce, puis U.R.S.S., États-Unis, Chine et la plupart des pays de l'Amérique latine) aux puissances totalitaires de l'Axe (Allemagne, Italie, Japon et leurs satellites, Hongrie, Slovaquie, etc.).

Les causes de la guerre. L'origine du conflit réside essentiellement dans la volonté de Hitler d'affranchir le IIIe Reich du « diktat » de Versailles (1919) et de dominer l'Europe. En 1938, Hitler annexe l'Autriche (Anschluss) et une partie de la Tchécoslovaquie. La France et la Grande-Bretagne reconnaissent le fait accompli à Munich. Peu après, Hitler s'empare du reste de la Tchécoslovaquie (mars 1939) et signe avec l'U.R.S.S. le pacte germano-soviétique (23 août 1939).

L'année 1939

1er sept. L'Allemagne envahit la Pologne.
3 sept. La Grande-Bretagne et la France déclarent la guerre à l'Allemagne (l'Italie proclame sa non-belligérance et les États-Unis leur neutralité).
28 sept. La Pologne est partagée entre l'Allemagne et l'U.R.S.S.
En Extrême-Orient, la guerre, qui dure depuis 1937, entre la Chine et le Japon se poursuit à l'avantage de ce dernier, qui contrôle la façade maritime de la Chine.

L'année 1940. En Europe occidentale, pendant la période de la « drôle de guerre » (oct. 1939 - 10 mai 1940), les armées françaises et allemandes sont immobilisées. Puis l'Allemagne bascule ses forces d'E. en O., envahissant le Danemark (avr.) et lançant la campagne de Norvège (9 avr.-10 juin).
10 mai. Hitler déclenche l'offensive générale contre les Pays-Bas, le Luxembourg, la Belgique et la France, dont les forces sont mises hors de combat (10 mai-25 juin).
14 mai. L'armée néerlandaise capitule.
28 mai. L'armée belge capitule.
28 mai-4 juin. L'armée allemande (Wehrmacht) encercle Dunkerque : 340 000 hommes sont évacués par la mer grâce aux marines anglaise et française.
10 juin. L'Italie déclare la guerre à la France et à la Grande-Bretagne.
14 juin. Les Allemands sont à Paris.
Le maréchal Pétain, nouveau chef du gouvernement français, demande alors l'armistice à l'Allemagne (17 juin).
18 juin. Le général de Gaulle, parti pour Londres, appelle les Français à refuser l'armistice et à continuer la guerre.
22 et 24 juin. Les armistices franco-allemand et franco-italien sont signés. La Grande-Bretagne reste seule en guerre face à l'Allemagne.
Août-oct. La Grande-Bretagne résiste victorieusement aux offensives aériennes allemandes (bataille d'Angleterre).
27 sept. L'Allemagne, l'Italie et le Japon signent un pacte tripartite.
À la fin de 1940, Hitler décide de briser la puissance soviétique. Mais, avant de déclencher son attaque à l'E., le Führer veut éliminer ses adversaires des Balkans et reprendre l'initiative perdue par l'Italie en Méditerranée.

L'année 1941
11 mars. La loi prêt-bail est promulguée par les États-Unis, en vue d'aider les nations en guerre contre l'Allemagne. La Wehrmacht occupe la Bulgarie (mars), s'empare de la Yougoslavie (6-18 avr.) et de la Grèce (mai).
8 juin-14 juill. Les Britanniques conquièrent la Syrie et le Liban contre les troupes fidèles à Pétain.
22 juin. Les Allemands lancent une offensive contre l'U.R.S.S. sur un front de près de 4 500 km.
La Wehrmacht arrive à 100 km de Moscou (17 nov.), mais la bataille pour la capitale se solde par un échec et, à la fin de 1941, pour la première fois depuis le début de la guerre, un front se consolide devant les armées du IIIe Reich.
7 déc. L'attaque japonaise sur Pearl Harbor provoque l'entrée en guerre des États-Unis, puis de la Chine, contre l'Allemagne, l'Italie et le Japon.
L'année 1942. Dans le Pacifique, les Japonais s'emparent de plusieurs bases alliées.
Mai-juin. Les Américains arrêtent l'expansion japonaise en direction de l'Australie dans la bataille aéronavale de la mer de Corail, puis triomphent à Midway (3-5 juin).
À partir d'août, ils contre-attaquent avec succès à Guadalcanal. Sur le front russe, les Allemands poursuivent leur offensive en Crimée, sur le Don et dans le Caucase (mai-juill.), mais restent bloqués devant Stalingrad (sept.).
Cependant, en attendant l'ouverture d'un second front dans l'Atlantique, où les Britanniques et les Américains doivent faire face à une puissante offensive des sous-marins allemands (6,5 millions de tonnes de navires alliés coulés), les Britanniques poursuivent leurs opérations en Afrique.
23 oct.-4 nov. Les Britanniques contre-attaquent Rommel et son Afrikakorps en Libye. Ils triomphent à El-Alamein (23 oct.).
8 nov. Les Alliés débarquent au Maroc et en Algérie.
Les armées de l'Axe se replient en Tunisie, tandis que l'armée française d'Afrique se range aux côtés des Alliés.
11 nov. Les Allemands envahissent la « zone libre » du sud de la France.
L'année 1943. La décision de faire capituler sans condition les puissances de l'Axe est prise par les Alliés à Casablanca (janv.). L'aviation anglo-américaine entame la destruction systématique du potentiel industriel allemand. Sur le front russe, les Soviétiques reprennent l'initiative.
2 févr. Les Allemands capitulent à Stalingrad.
Cette victoire permet aux Soviétiques de passer à l'offensive et de repousser les Allemands au-delà du Dniepr (févr.-nov.).
Mai. En France, le Conseil national de la Résistance est créé.
3 juin. À Alger, de Gaulle instaure le Comité français de libération nationale.
En Afrique, les Britanniques prennent Tripoli (23 janv.) et rejoignent les Franco-Américains en Tunisie (avr.).
7 mai. Tunis est libérée. La Wehrmacht est chassée d'Afrique. En Italie, les Alliés débarquent en Sicile (10 juill.), puis en Calabre (3 sept.).
Sept. L'Italie capitule. La Wehrmacht se replie sur une ligne fortifiée couvrant Rome.
En Extrême-Orient, les Alliés créent un front en Birmanie pour soutenir les Chinois et lancent une contre-offensive dans le Pacifique (juin-déc.).
L'année 1944
4 juin. Après la longue bataille de Cassino (janv.-mai), Rome est libérée.
En France, la Résistance multiplie ses actions : parallèlement, les Allemands accentuent leur répression (batailles des Glières et du Vercors).
6 juin. Les Alliés débarquent en Normandie.
15 août. Ils débarquent en Provence.
25 août. Paris est libéré.
Déc. Les Alliés atteignent la frontière allemande de Belgique et des Pays-Bas.
Sur le front oriental, l'Armée rouge, après avoir dégagé Leningrad (janv.), met hors de combat les alliés de l'Allemagne. L'U.R.S.S. signe des armistices avec la Bulgarie (le 11), la Roumanie (le 12) et la Finlande (le 19). L'Armée rouge pénètre en Yougoslavie, libérée par les partisans de Tito (oct.), tandis que les Britanniques débarquent en Grèce (oct.-déc.).
En Extrême-Orient, les Américains livrent aux Japonais, dans le Pacifique, les batailles de Nouvelle-Guinée (janv.-juill.), des îles Carolines, Mariannes, Philippines (mai-déc.). Les Britanniques lancent une offensive en Birmanie (sept.-déc.).
L'année 1945. Elle est marquée par l'effondrement de l'Allemagne et du Japon.
16 déc. 1944 - 16 janv. 1945. Une contre-offensive allemande dans les Ardennes menace le front allié, puis échoue.
11 févr. À la conférence de Yalta, Staline, Roosevelt et Churchill se réunissent en vue de régler les problèmes posés en Europe par la prochaine défaite de l'Allemagne. En mars, les Alliés franchissent le Rhin : l'invasion de l'Allemagne commence.
25 avr. Les troupes soviétiques et américaines font leur jonction sur l'Elbe à Torgau.
2 mai. Les Soviétiques prennent Berlin, où Hitler s'est suicidé (30 avr.).
7 et 8 mai. La Wehrmacht capitule à Reims et à Berlin.
17 juill.-2 août. La conférence de Potsdam réunit Staline, Truman et Churchill. Elle définit les principes politiques et économiques concernant le contrôle de l'Allemagne après sa capitulation.
En Extrême-Orient, les Américains achèvent la conquête des Philippines (janv.-mai) et portent la guerre dans l'île d'Okinawa (avr.-juin).
9 mars. Mainmise japonaise sur l'Indochine française.
3 mai. Les Britanniques occupent Rangoon, en Birmanie.
Mai-juill. Les Australiens débarquent à Bornéo.
8 août. L'U.R.S.S. déclare la guerre au Japon.
6 et 9 août. Les bombardements atomiques d'Hiroshima et de Nagasaki par les États-Unis entraînent la capitulation immédiate du Japon.
2 sept. Signature officielle de l'acte de reddition du Japon. La Seconde Guerre mondiale a provoqué la mort de 40 à 52 millions de personnes, dont les victimes du génocide nazi (v. génocide). Environ 7 millions de personnes sont mortes en déportation.
Les traités de paix. À la fin de la guerre, aucun traité n'a réglé le sort de l'Allemagne, qui demeure régie par les décisions prises à la conférence de Potsdam.
Traités de Paris (10 févr. 1947). Signés par les puissances victorieuses et les anciens alliés de l'Axe (Italie, Roumanie, Hongrie, Bulgarie, Finlande), ils comportent notamment des garanties pour la répression des crimes de guerre.
Traité de San Francisco (8 sept. 1951), traité conclu entre les États occidentaux et le Japon, que l'U.R.S.S. refuse de signer.

guerrier, ère [gɛrje, -ɛr] **n.** *LITT.* Personne qui fait la guerre : *De vaillants guerriers* (syn. **combattant, soldat**). ◆ **adj. 1.** *LITT.* Qui a trait à la guerre : *Chant guerrier* (syn. **militaire**). **2.** Porté à la guerre : *Tempérament guerrier* (syn. **belliqueux**).

guerroyer [gɛrwaje] **v.i.** [conj. **13**]. **1.** *LITT.* Faire la guerre : *Autrefois les seigneurs partaient souvent guerroyer* (syn. **se battre**). **2.** Partir en guerre contre qqch : *Guerroyer contre les abus* (syn. **lutter**).

Guesclin (**Bertrand Du**) ⟶ **Du Guesclin** (Bertrand).

Guesde (**Jules Basile,** dit **Jules**), homme politique français (Paris 1845 - Saint-Mandé 1922). Il introduisit les thèses marxistes au sein du mouvement ouvrier français et fonda en 1882 un parti ouvrier. Hostile, au contraire de Jaurès et de Millerand, à la collaboration avec les partis bourgeois, il fit triompher ses idées au congrès d'Am- sterdam (1904), mais fut supplanté par Jaurès dans le rôle de leader du parti socialiste. Il accepta, en 1914, d'entrer dans un gouvernement d'union nationale.

guet [gɛ] **n.m.** (de *guetter*). **1.** Surveillance destinée à surprendre qqn ou à éviter d'être pris : *Faire le guet.* **2.** HIST. Patrouille ou sentinelle chargée de la surveillance de nuit.

guet-apens [gɛtapɑ̃] **n.m.** (altér. de l'anc. fr. *en aguet apensé,* avec préméditation, de *apenser,* former un projet [de *penser*]) [pl. *guets-apens* [gɛtapɑ̃]]. **1.** Embuscade dressée contre qqn pour l'assassiner, lui faire subir des violences, le voler : *Attirer qqn dans un guet-apens.* **2.** Machination perfide tramée pour nuire à qqn : *Cette invitation était un guet-apens* (syn. **piège, traquenard**).

guêtre [gɛtr] **n.f.** (frq. **wrist*, cou de pied). **1.** Bande de cuir ou de tissu qui couvre le bas de la jambe et le dessus de la chaussure. **2.** *FAM.* **Traîner ses guêtres,** se promener sans but, en oisif : *Tu passes tes journées dehors à traîner tes guêtres* (syn. **flâner**).

guetter [gete] **v.t.** (frq. **wahtôn*). **1.** Surveiller pour surprendre ou pour ne pas être surpris : *Guetter l'ennemi* (syn. **épier**). **2.** Faire peser une menace imminente sur : *La maladie le guette* (syn. **menacer**). **3.** Attendre avec impatience : *Guetter l'arrivée du facteur.*

guetteur, euse [getœr, -øz] **n. 1.** Personne qui guette : *Les cambrioleurs avaient laissé un guetteur dans l'escalier.* **2.** Combattant ayant une mission de renseignement, d'alerte et de surveillance (syn. **sentinelle**).

gueulante [gœlɑ̃t] **n.f.** *FAM.* **1.** Clameur de joie : *Une gueulante d'étudiants* (syn. **acclamation**). **2.** Explosion de colère ; violente réprimande : *Le patron a poussé une gueulante.*

gueulard [gœlar] **n.m.** (de *gueule*). TECHN. Ouverture supérieure d'un haut-fourneau, par laquelle on verse le minerai, le fondant et le combustible.

gueule [gœl] **n.f.** (lat. *gula*). **1.** Bouche de certains animaux, quand elle peut s'ouvrir largement : *Le chien ouvre sa gueule.* **2.** *FAM.* Bouche de l'homme : *Se fendre la gueule* (= rire aux éclats). **3.** *FAM.* Figure, visage : *Avoir une bonne gueule* (= une tête sympathique). **4.** *FAM.* Allure d'une personne ; aspect d'une chose : *Ce chapeau a une drôle de gueule.* **5.** Ouverture béante : *Gueule d'un four, d'un canon.* **6.** *FAM.* **Casser la gueule à qqn,** infliger à qqn une correction, en partic. en le frappant au visage. / *FAM.* **C'est un fort en gueule, une grande gueule,** qqn qui parle haut et fort, mais qui n'agit guère. / *FAM.* **Faire la gueule,** bouder, être morose. / *FAM.* **Fine gueule,** gourmet. / **Gueule cassée,** grand blessé de la face, lors de la Première Guerre mondiale. / *FAM.* **Se casser la gueule,** tomber ; au fig., échouer : *Se casser la gueule sur le verglas. Son commerce va se casser la gueule* (= va à la faillite).

gueule-de-loup [gœldəlu] **n.f.** (pl. *gueules-de-loup*). Plante ornementale (syn. **muflier**).

gueuler [gœle] **v.i.** (de *gueule*). *FAM.* **1.** Parler, chanter très fort : *Tu ne chantes pas, tu gueules* (syn. **brailler**). **2.** Hurler de douleur ou de mécontentement : *Il gueulait tellement il avait mal.* **3.** Crier, protester contre qqn, qqch : *Elle n'est jamais contente et elle gueule tout le temps* (syn. **fulminer, vociférer**). ◆ **v.t.** *FAM.* Dire ou chanter qqch en criant : *Chanteuse qui gueule une rengaine.*

gueules [gœl] **n.m.** (du persan *ghul,* rouge, rattaché à *gueule,* gorge [d'un animal à fourrure rouge]). HÉRALD. Couleur rouge du blason, figurée par des hachures verticales.

gueuleton [gœltɔ̃] **n.m.** (de *gueule*). *FAM.* Repas excellent et abondant : *Faire un gueuleton.*

gueux, gueuse [gø, gøz] **n.** (moyen néerl. *guit,* coquin). **1.** *LITT.* Personne méprisable, vile : *Ces gens-là sont des gueux* (syn. **coquin, fripon**). **2.** *LITT., VX.* Personne réduite à la mendicité : *Un gueux qui mendie de maison en maison* (syn. **vagabond**). **3.** *VIEILLI.* **Courir la gueuse,** fréquenter les femmes de mauvaise vie ; rechercher les aventures galantes. ◆ **gueux n.m.** HIST. Dans les Pays-Bas espagnols, calviniste flamand, souvent gentilhomme, qui prit part à la lutte contre l'administration espagnole catholique après 1566.

Guevara (Ernesto, dit Che), homme politique cubain d'origine argentine (Rosario 1928 - La Higuera, région de Valle Grande, Bolivie, 1967). Médecin, acteur de la révolution cubaine aux côtés de Fidel Castro (1956-1959), il s'éloigna du régime, le jugeant trop proche du modèle soviétique. S'appliquant à définir une stratégie de la lutte anti-impérialiste, il chercha à développer des foyers révolutionnaires en Amérique latine et participa à la guérilla bolivienne mais, capturé, il fut exécuté. Ses restes ont été rapatriés à Cuba (Santa Clara) en 1997.

gui [gi] **n.m.** (lat. *viscum*). Plante à feuilles persistantes, qui vit en parasite sur les branches de certains arbres (peuplier, pommier surtout), et dont les baies blanches contiennent une substance visqueuse. ▶ Genre *Viscum* ; famille des loranthacées.

guibolle ou **guibole** [gibɔl] **n.f.** (du normand *guibon,* apparenté à *regimber*). *FAM.* Jambe.

guiche [giʃ] **n.f.** (orig. incert., de *guiche,* courroie, bande d'étoffe [frq. **whitig,* lien d'osier], ou du n. du marquis de *La Guiche,* qui en aurait lancé la mode). Accroche-cœur.

guichet [giʃɛ] **n.m.** (anc. scand. *vik,* cachette). **1.** Comptoir permettant au public de communiquer avec les employés d'un bureau de poste, d'une banque, d'un théâtre, d'une administration, etc. : *Faire la queue au guichet.* **2.** Ouverture pratiquée dans une porte, une cloison, un mur, génér. grillagée et à hauteur d'homme : *Guichet d'une cellule.* **3. Jouer à guichets fermés,** jouer en ayant vendu tous les billets avant une représentation, un match.

guichetier, ère [giʃtje, -ɛr] **n.** Personne préposée au guichet d'un bureau de poste, d'une banque, etc.

guidage [gidaʒ] **n.m. 1.** Action de guider : *Opération de guidage des automobilistes sur la route des vacances.* **2.** AÉRON. Processus visant à imposer une trajectoire donnée à un aéronef, un véhicule spatial ou un missile, par intervention humaine à distance *(téléguidage)* ou de façon automatique *(autoguidage) : Le guidage d'une fusée.* **3.** MÉCAN. Ensemble des dispositifs servant à guider une pièce, une machine en mouvement.

1. guide [gid] **n.m.** (prov. *guida,* d'orig. gotique). **1.** Ce qui sert de principe directeur : *La passion est mon seul guide.* **2.** Ouvrage qui donne des renseignements classés : *Guide gastronomique, touristique.* **3.** MÉCAN. Organe servant à diriger un élément mobile : *Guide d'une scie circulaire.*

2. guide [gid] **n.** (de *1. guide*). **1.** Personne qui guide, montre le chemin, fait visiter (syn. **cicérone**). **2.** Alpiniste professionnel diplômé qui conduit une ou plusieurs personnes en montagne. **3.** Personne qui donne une direction morale, intellectuelle à qqn, à un pays : *Prendre qqn pour guide* (syn. **mentor, conseiller**).

3. guide [gid] **n.f.** (de *1. guide*) [Surtout au pl.]. Lanière de cuir qu'on attache au mors d'un cheval attelé pour le diriger : *Tirer sur les guides* (syn. **rêne**).

Guide (le) ⟶ **Reni** (Guido).

guide-fil [gidfil] **n.m.** (pl. *guide-fils*). TECHN. Appareil qui distribue les fils sur certaines machines textiles.

guider [gide] **v.t.** (réfection, d'apr. *guide,* de l'anc. fr. *guier,* frq. **wîtan*). **1.** Accompagner qqn pour lui montrer le chemin : *Guider un voyageur* (syn. **piloter, conduire**). **2.** Éclairer qqn dans le choix d'une direction intellectuelle ou morale, d'une décision : *Guider un enfant dans ses études* (syn. **orienter, conseiller**). **3.** Montrer le chemin, la voie à : *C'est l'odeur qui vous a guidés jusqu'ici ?* (syn. **diriger**). **4.** Mener ; faire agir ; déterminer : *C'est l'intérêt qui le guide* (syn. **commander, gouverner**).

guidon [gidɔ̃] **n.m.** (de *guider*). **1.** Barre munie de poignées, commandant la direction d'un deux-roues. **2.** Petite pièce métallique fixée à l'avant du canon d'une arme à feu et servant à viser. **3.** MAR. Pavillon servant souvent d'insigne de commandement.

1. guigne [giɲ] **n.f.** (orig. obsc.). **1.** Cerise à chair ferme et sucrée, de couleur noire ou rouge foncé. **2.** *FAM.* **Se soucier de qqch comme d'une guigne,** se moquer complètement de qqch.

2. guigne [giɲ] **n.f.** (de *guignon* [de même sens], de *guigner* au sens de « regarder méchamment »). *FAM.* Malchance : *Avoir, porter la guigne.*

guigner [giɲe] **v.t.** (frq. **winkjan,* faire signe). **1.** Regarder du coin de l'œil, à la dérobée : *Guigner le jeu de son voisin* (syn. **lorgner**). **2.** Guetter avec envie : *Guigner un héritage* (syn. **convoiter**).

guignol [giɲɔl] **n.m.** (du n. de *Guignol*). **1.** Marionnette à gaine, animée par les doigts de l'opérateur. **2.** Théâtre de marionnettes à gaine : *Aller au guignol.* **3.** *FAM.* Personne peu sérieuse, en qui on ne peut avoir confiance : *Qu'est-ce que c'est que ce guignol ?* (syn. **pantin, marionnette**). **4. Faire le guignol,** faire le pitre, amuser les autres, volontairement ou non ; se conduire de manière ridicule.

Guignol, principal personnage français de marionnettes, qui date du début du XIXe s. D'origine lyonnaise, Guignol et son ami Gnafron symbolisent l'esprit populaire frondeur, en lutte contre les agents de l'autorité.

guilde ou **ghilde** [gild] **n.f.** (moyen néerl. *gilde,* corporation). **1.** Au Moyen Âge, association de marchands, d'artisans ou d'artistes dotée de juridictions et de privilèges codifiés dans un statut (XIe-XIVe s.). **2.** Association privée visant à procurer à ses adhérents de meilleures conditions d'achat : *La guilde du disque.*

ALLEMAGNE

Guillaume Ier (Berlin 1797 - *id.* 1888), roi de Prusse (1861-1888), empereur allemand (1871-1888). Régent à la place de son frère atteint de maladie mentale (1858), il lui succéda en 1861. Ne pouvant obtenir les crédits militaires pour la réforme de Moltke, il appela à la présidence du Conseil Bismarck (1862). Celui-ci détint dès lors le pouvoir réel. À l'issue de la guerre franco- allemande (1870-1871), Guillaume fut proclamé empereur allemand au château de Versailles, le 18 janv. 1871.

Guillaume II (château de Potsdam 1859 - Doorn, Pays-Bas, 1941), roi de Prusse et empereur d'Allemagne (1888-1918), petit-fils du précédent. Se débarrassant de Bismarck dès 1890, il conduisit lui-même les affaires, en s'appuyant sur le camp conservateur. Il lança à partir de 1898 un programme de construction navale afin de rivaliser avec la Grande-Bretagne. Il tenta contre la France une politique d'intimidation (Tanger, 1905 ; Agadir, 1911), et développa l'influence allemande dans l'Empire ottoman. Après la conclusion de la Triple-Entente (1907), il renforça ses liens avec l'Autriche et se lança en août 1914 dans la Première Guerre mondiale. Vaincu, il abdiqua après la proclamation de la République (1918) et s'exila.

ANGLETERRE

Guillaume Ier le Conquérant ou **le Bâtard** (Falaise ? v. 1028 - Rouen 1087), duc de Normandie (1035-1087) et roi d'Angleterre (1066-1087), fils illégitime du duc Robert le Diable, à qui il succéda. Aidé de son suzerain, le roi de France Henri Ier, Guillaume écrase la révolte des barons de basse Normandie au Val-ès-Dunes (1047) et rétablit l'ordre, appuyant son pouvoir sur l'armée de ses vassaux et sur l'Église, et favorisant la réforme clunisienne. Il affirme sa position en épousant Mathilde, fille du comte de Flandre Baudouin V (v. 1053). À la mort de son cousin Édouard le Confesseur, roi d'Angleterre (1066), qui lui avait promis sa succession, il s'oppose au comte Harold, qui s'était emparé de la Couronne. Il débarque en Angleterre et remporte la bataille d'Hastings (14 oct. 1066) où Harold est tué. Le jour de Noël, il est couronné à Westminster, selon les règles traditionnelles de la monarchie anglo-saxonne. La conquête achevée en 1070, il reçoit l'hommage du roi d'Écosse (1072), et déjoue une conspiration de nobles anglo-saxons. Dans les années qui suivent, il introduit en Angleterre un régime féodal rigoureusement organisé, et fait rédiger, en 1085, le *Domesday Book.* En Normandie, il doit faire face à la révolte de son fils Robert Courteheuse, puis à celle de son demi-frère Odon, évêque de Bayeux.
Ne tolérant en fait d'autre autorité que la sienne en Angleterre comme en Normandie, Guillaume jette les bases d'une puissante monarchie mi-continentale, mi-insulaire, que tout oppose à la monarchie capétienne avec laquelle elle engage un combat multiséculaire.

Guillaume III (La Haye 1650 - Kensington 1702), stathouder des Provinces-Unies (1672-1702), roi d'Angleterre, d'Écosse et d'Irlande (1689-1702), fils de Guillaume II de Nassau et de Marie, fille de Charles Ier Stuart. À la tête des Provinces-Unies avec le titre de stathouder (1672), il sauva sa patrie de l'invasion française en ouvrant les écluses afin d'inonder le pays, préserva l'intégrité du territoire néerlandais au traité de Nimègue (1678) et fut l'artisan de la coalition européenne dressée contre les armées de Louis XIV. Défenseur du protestantisme, il renversa du trône d'Angleterre son beau-père, Jacques II, converti au catholicisme (1689), et fut proclamé roi conjointement à son épouse, Marie II Stuart, après s'être engagé à respecter les droits du Parlement. Reconnu roi d'Angleterre par Louis XIV au traité de Ryswick (1697), il mourut au début de la guerre de la Succession d'Espagne.

HOLLANDE

Guillaume Ier de Nassau, dit **le Taciturne** (château de Dillenburg 1533 - Delft 1584), stathouder de Hollande (1559-1567, 1572-1584). Opposé à la politique absolutiste de Philippe II, il organisa le soulèvement des Provinces-Unies contre l'Espagne (1572), ce qui lui valut d'être reconnu stathouder des dix-sept Provinces-Unies (1576), mais il ne put empêcher les provinces méridionales, catholiques, de se replacer sous l'autorité des Espagnols (1579), qui le firent assassiner.

Guillaume de Machaut ou **de Machault,** poète et musicien français (Machault, près de Reims, v. 1300 - Reims 1377). Chanoine de Reims, il fut l'un des créateurs de l'école polyphonique française par ses motets, ses ballades et sa *Messe Notre-Dame.* Il a fixé les règles musicales et littéraires de l'art lyrique pour le lai, le virelai, la ballade, le rondeau.

Guillaume d'Occam ou **d'Ockham,** philosophe et théologien anglais (Ockham, Surrey, v. 1285 - Munich v. 1349). Franciscain, il émit des thèses qui déclenchèrent son excommunication devant le pape Jean XXII à Avignon et dut s'enfuir en Bavière. Son œuvre est considérable. Son grand mérite est d'avoir jeté les bases d'une logique qui distingue les objets de pensée des catégories de la connaissance *(Somma totius logicae).*

Guillaume Tell, héros légendaire helvétique (XIVe s.). Guillaume Tell ayant refusé de saluer le chapeau du bailli Gessler, représentant des Habsbourg, celui-ci le fit arrêter et, le sachant très habile arbalétrier, le condamna à traverser d'une flèche une pomme placée sur la tête de son jeune fils, épreuve dont Guillaume Tell sortit victorieux. Il fut cependant emprisonné, s'échappa et tua Gessler.

Guillaume (Gustave), linguiste français (Paris 1883 - *id.* 1960). Il a fondé une linguistique originale, qu'il a appelée « psychosystématique ». L'objectif principal de cette conception est d'établir des rapports entre la structure de la langue et la structure de la pensée, saisie notamment à travers la conception que le sujet parlant se fait du temps (*Temps et verbe,* 1929). D'importants articles de Guillaume ont été réunis sous le titre *Langage et science du langage* (1964).

guilledou [gijdu] **n.m.** (de l'anc. fr. *guiller,* tromper, et de *doux*). *FAM.* **Courir le guilledou,** chercher des aventures galantes.

guillemet [gijmɛ] **n.m.** (du n. de *Guillaume,* inventeur présumé de ce signe). [Souvent au pl.]. **1.** Signe double (« ») servant à isoler un mot ou un groupe de mots (citation, paroles rapportées, etc.) : *Ouvrir, fermer les guillemets.* **2. Entre guillemets,** se dit d'une phrase, d'un mot que l'on ne prend pas à son compte.

Guillemin (Roger), médecin américain d'origine française (Dijon 1924). Il a contribué à isoler et à déterminer la structure d'hormones présentes dans l'hypothalamus et d'autres glandes (pancréas). Il a aussi isolé plusieurs peptides capables de se lier aux récepteurs du cerveau : les endorphines. (Prix Nobel 1977.)

guilleret, ette [gijrɛ, -ɛt] **adj.** (sens propre probable « qui se moque », de l'anc. fr. *guiler,* tromper, de *guile,* ruse, frq. **wigila*). Vif et gai : *Être tout guilleret* (syn. **fringant**). *Avoir un air guilleret* (syn. **réjoui**).

Guillevic (Eugène), poète français (Carnac 1907 - Paris 1997). Sa poésie, au style elliptique, exprime sa sensibilité immédiate à la nature et aux objets quotidiens (*Terraqué,* 1942 ; *Euclidiennes,* 1968 ; *Requis,* 1983), ainsi que sa conscience aiguë des luttes sociales et politiques.

guillocher [gijɔʃe] **v.t.** (it. *ghiocciare,* lat. pop. **guttiare,* dégoutter, du class. *gutta,* goutte, ornement architectural). Orner une surface d'un décor gravé, appelé *le guillochis,* et qui dessine des lignes brisées ou onduleuses entrecroisées ou non.

guillotine [gijɔtin] **n.f.** (du n. du docteur *Guillotin,* qui en préconisa l'usage). **1.** Instrument qui servait à décapiter les condamnés à mort par la chute d'un couperet glissant entre deux montants verticaux. **2.** Peine de mort infligée au moyen de la guillotine : *Condamner à la guillotine.* **3. Fenêtre à guillotine,** fenêtre s'ouvrant verticalement au moyen d'un châssis glissant entre deux rainures.

guillotiner [gijɔtine] **v.t.** Exécuter au moyen de la guillotine.

Guilloux (Louis), écrivain français (Saint-Brieuc 1899 - *id.* 1980). D'inspiration populiste et sociale, il a peint dans de nombreux romans la vie quotidienne dans ses aspects les plus ternes *(le Sang noir, le Jeu de patience).*

Guimard (Hector), architecte français (Lyon 1867 - New York 1942). Rationaliste, mais aussi décorateur maniant l'ornement pseudo-végétal avec énergie et liberté, il fut, jusqu'en 1914, un des meilleurs représentants de l'Art nouveau (« castel Béranger », Paris, 1894 ; maison Coilliot, Lille, 1898 ; entrées du métro parisien, v. 1900).

guimauve [gimov] **n.f.** (du lat. *hibiscus,* mauve, croisé avec *gui,* et de *mauve,* pour éviter la confusion). **1.** Plante des marais ou des prés humides, qui possède des propriétés émollientes *(guimauve officinale),* et dont une variété est cultivée sous le nom de *rose trémière.* ▸ Famille des malvacées. **2.** Ce qui est douceâtre, fade, d'une sentimentalité mièvre : *Film, chanson à la guimauve.* **3.** Gomme, confiserie molle (on dit aussi *pâte de guimauve*).

guimbarde [gɛ̃bard] **n.f.** (prov. *guimbardo,* danse, de *guimba,* sauter). **1.** FAM. Vieille voiture : *Une guimbarde cahotante.* **2.** Danse populaire ancienne (XVIIe-XVIIIe s.). **3.** Instrument de musique composé d'une languette flexible fixée dans un cadre et que l'on fait vibrer, le son étant amplifié par la bouche de l'instrumentiste.

guimpe [gɛ̃p] **n.f.** (anc. fr. *guimple,* du frq. **wimpil,* all. *Wimpel,* banderole). **1.** Pièce de toile encadrant le visage et retombant sur le cou et la poitrine, conservée dans le costume de certains ordres religieux féminins. **2.** Petite chemisette en tissu léger qui se porte avec des robes très décolletées.

guindé, e [gɛ̃de] **adj.** (de *se guinder,* se hausser artificiellement à un certain niveau). **1.** Qui a un maintien raide, peu naturel, par affectation de dignité ou par embarras : *Jeune homme guindé* (syn. **gourmé, pincé**). **2.** Affecté ; emphatique : *Un style guindé* (syn. **ampoulé, pompeux**).

guindeau [gɛ̃do] **n.m.** MAR. Treuil à axe horizontal, servant notamm. à virer la chaîne d'ancre.

guinée [gine] **n.f.** (angl. *guinea*). Anc. monnaie de compte anglaise, valant 21 shillings.

Guinée, nom donné autrefois à la partie de l'Afrique comprise entre le Sénégal et le Congo, bordée par le golfe de Guinée ouvert sur l'Atlantique.

Guinée, État de l'Afrique occidentale ; 250 000 km² ; 11 745 000 hab. *(Guinéens).* CAP. *Conakry.* LANGUE : *français.* MONNAIE : *franc guinéen.*

GÉOGRAPHIE

Le massif du Fouta-Djalon sépare la plaine côtière, très humide, et la haute Guinée intérieure, juxtaposant région déprimée au N. (bassin de Siguiri) et moyennes montagnes au S.-E. (monts Nimba, Simandou). Le climat est chaud, mais parfois tempéré par l'altitude, et souvent avec une saison sèche marquée, expliquant la présence de la savane et l'extension de la forêt claire. La population, formée d'ethnies variées, est plus dense dans la moitié occidentale (Fouta-Djalon et, ponctuellement, sur le littoral). Malgré l'exode rural, elle est encore employée à près de 80 % dans l'agriculture ; les cultures vivrières (riz surtout) sont développées dans une perspective d'autosuffisance, tandis que les cultures de plantation (banane, café, ananas) fournissent quelques exportations. L'industrie, en dehors de l'agroalimentaire, se limite aux activités extractives (diamants, fer et surtout bauxite). Celle-ci, avec l'alumine, constitue l'essentiel des exportations.

HISTOIRE

La haute Guinée, peuplée de Malinké, appartient en partie à l'empire du Mali (XIIIe s.). Après l'arrivée des Portugais (1461-1462), la traite des Noirs s'y développe. Au XVIe s., les Peuls, venus des régions périphériques, instituent dans le centre du pays (Fouta-Djalon) un État théocratique. Dans la seconde moitié du XIXe s., les Français créent leurs premiers établissements dits « des Rivières du Sud ».

1889-1893. La Guinée devient une colonie française, englobée en 1895 dans l'Afrique-Occidentale française.

1958. La Guinée opte pour l'indépendance immédiate, rompant tout lien avec la France. Le président Sékou Touré impose un régime autoritaire.

1984. À la mort de Sékou Touré, le colonel Lansana Conté prend le pouvoir (il est confirmé à la tête de l'État par des élections présidentielles en 1993, 1998 et 2003).

Mais le pays est déstabilisé par l'impact des conflits régionaux (afflux de réfugiés du Liberia et de la Sierra Leone, troubles aux frontières).

2008. Le président L. Conté meurt (déc.). S'ensuit immédiatement un coup d'État militaire, dirigé par le capitaine Moussa Dadis Camara.

La dérive violente du nouveau pouvoir (sept. 2009) et la tentative d'assassinat de son chef (déc.) plongent un peu plus la Guinée dans la confusion.

2010. Les premières élections démocratiques depuis l'indépendance conduisent à la victoire d'Alpha Condé.

Guinée-Bissau, anc. **Guinée portugaise,** État de l'Afrique occidentale, au sud du Sénégal ; 36 125 km² ; 1 704 000 hab. *(Bissau-Guinéens).* CAP. *Bissau.* LANGUE : *portugais.* MONNAIE : *franc C.F.A.*

GÉOGRAPHIE

Une plaine littorale très découpée, marécageuse (mangrove), précède des plateaux et des collines, plus secs, domaines de l'élevage. L'agriculture vivrière (riz, mil, maïs) est insuffisante. Le pays (qui exporte un peu d'arachides), très pauvre, est dépendant de l'aide internationale.

HISTOIRE

Abordée par les Portugais en 1446, devenue colonie portugaise en 1879, la Guinée-Bissau proclame en 1973, à l'issue d'une guérilla nationaliste conduite par Amilcar Cabral, son indépendance (celle-ci est reconnue par le Portugal en 1974). Luís de Almeida Cabral – frère d'Amilcar, assassiné – en est le président.

1980. João Bernardo Vieira arrive au pouvoir au terme d'un putsch. Il est lui-même renversé en 1999.

2005. Après une période agitée, il revient à la tête du pays à la faveur d'une élection présidentielle.

2009. Il est tué par des militaires. Les conflits à la tête de l'État et de l'armée se poursuivent jusqu'à la formation d'un nouveau gouvernement de transition en 2012.

Guinée équatoriale, anc. **Guinée espagnole,** État du golfe de Guinée ; 28 100 km² ; 757 000 hab. *(Équato-Guinéens).* CAP. *Malabo.* LANGUES : *espagnol* et *français.* MONNAIE : *franc C.F.A.*

GÉOGRAPHIE

Composée d'une partie continentale, le Mbini, forestier, et de plusieurs îles (Bioko, Annobón), la Guinée équatoriale a pour ressources commerciales traditionnelles le café, le cacao et le bois. Elle est aussi désormais un important producteur de pétrole (gisements offshore au large de Bioko).

HISTOIRE

Noyau de la Guinée équatoriale, les îles sont cédées au XVIIIe s. à l'Espagne par le Portugal, qui les occupe depuis le XVe s. L'Espagne fixe avec la France les frontières du pays en 1900. Devenu indépendant en 1968, celui-ci est soumis à un régime autoritaire dirigé par Francisco Macías Nguema (1968-1979), puis par son neveu Teodoro Obiang Nguema Mbasogo (depuis 1979).

de **guingois** [gɛ̃gwa] **loc. adv.** (probabl. de l'anc. v. *giguer, guinguer,* sauter ; v. *gigoter*). FAM. De travers.

guinguette [gɛ̃gɛt] **n.f.** (de *guinguet,* var. de *ginguet,* aigre [en parlant de vin] puis « étroit », de l'anc. v. *giguer, ginguer,* sauter, en raison des effets du vin ; v. *gigoter*). Café populaire situé dans la banlieue d'une grande ville, où l'on peut danser, génér. en plein air.

Guinness (*sir* **Alec**), acteur britannique (Londres 1914 - Midhurst, Sussex, 2000). Remarquable acteur de composition, plein d'humour, il joua le répertoire shakespearien à l'Old Vic Theatre et interpréta de nombreux rôles au cinéma (*le Pont de la rivière Kwaï,* D. Lean, 1957).

guipure [gipyr] **n.f.** (de *guiper,* passer un fil de soie autour d'une torsade). Étoffe formant filet, imitant la dentelle, dont l'utilisation principale est la confection de rideaux et de stores d'ameublement.

Guipúzcoa, une des prov. basques d'Espagne ; 708 425 hab. Ch.-l. *Saint-Sébastien.*

guirlande [girlɑ̃d] **n.f.** (it. *ghirlanda*). **1.** Cordon ornemental de verdure, de fleurs, etc., souvent festonné : *Guirlande de roses.* **2.** Ruban de papier ou fil agrémenté d'ornements, servant à décorer : *Guirlande de Noël.*

guise [giz] **n.f.** (du germ. **wisa,* manière). **À ma (ta, sa, etc.) guise,** selon ma (ta, sa, etc.) manière d'agir, selon mon goût : *Elle n'en fait qu'à sa guise* (= elle agit comme il lui plaît). ⁄ **En guise de,** à la place de, en manière de : *Il lui a donné un cadeau en guise de consolation.*

Guise *(maison de),* branche cadette des ducs de Lorraine, lesquels possédaient depuis 1333 le comté de Guise, en Thiérache, érigé en duché en 1528. Les membres les plus importants de la première maison sont : **François Ier** (Bar 1519 - Saint-Mesmin 1563). Il défendit Metz contre Charles Quint et reprit Calais aux Anglais (1558). Chargé de gouverner le royaume au nom de François II (1559-1560), il poursuivit une politique de persécution du protestantisme. Chef des troupes catholiques au début des guerres de Religion, il fut assassiné par un protestant ; • **Henri Ier**, dit **le Balafré** (1549 - Blois 1588), fils aîné de François. Il fut un des instigateurs de la Saint-Barthélemy (1572) et devint le chef de la Ligue, mouvement politique catholique (1576). Très populaire, maître de Paris après la journée des Barricades (12 mai 1588), il fut assassiné, sur l'ordre de Henri III, aux états généraux de Blois.

guitare [gitar] **n.f.** (esp. *guitarra,* gr. *kithara*). **1.** Instrument de la famille du luth, à cordes pincées (six le plus souvent), caisse plate et long manche. **2. Guitare électrique,** guitare dont les sons sont captés par des micros et amplifiés.

guitariste [gitarist] **n.** Personne qui joue de la guitare.

guitoune [gitun] **n.f.** (ar. *gitun,* petite tente). ARG. Tente.

Guitry (Sacha), acteur, auteur dramatique et cinéaste français (Saint-Pétersbourg 1885 - Paris 1957), fils du comédien **Lucien Guitry** (Paris 1860 - *id.* 1925). Auteur de comédies (*Mon père avait raison,* 1919) et de films (*le Roman d'un tricheur,* 1936), il a incarné un certain esprit parisien, brillant et caustique.

Guiyang, v. de Chine, cap. du Guizhou ; 2 457 594 hab. dans l'agglomération.

Guizèh ⟶ **Gizeh.**

Guizhou, prov. de la Chine du Sud ; 170 000 km^2 ; 34 748 556 hab. CAP. *Guiyang.*

Guizot (François), homme politique et historien français (Nîmes 1787 - Val-Richer, Calvados, 1874). Protestant, professeur d'histoire moderne en Sorbonne (1812), il s'opposa à la politique réactionnaire de Charles X et contribua à l'établissement de la monarchie de Juillet (1830). Ministre de l'Instruction publique (1832-1837), il fit voter en 1833 une loi organisant l'enseignement primaire (loi Guizot). Ministre des Affaires étrangères (1840-1847), puis président du Conseil (1847-1848), il gouverna le pays de 1840 à 1848, en pratiquant une politique favorable à la bourgeoisie. Sa chute, le 23 févr. 1848, provoquée par son refus de toute réforme électorale et son conservatisme social, entraîna celle du régime et l'avènement de la IIe République.

Gujerat, État du nord-ouest de l'Inde ; 196 000 km^2 ; 60 383 628 hab. CAP. *Gandhinagar.*

Gulf Stream (« courant du Golfe »), courant chaud de l'Atlantique. Résultant de la réunion du courant des Antilles et du courant de Floride, il franchit le détroit de Floride et remonte jusqu'au sud de Terre-Neuve, en s'étalant et en déviant vers l'est. Devenu *courant nord-atlantique,* il se divise en branches multiples et se transforme en dérive diffuse. Il adoucit considérablement les climats littoraux de l'Europe du Nord-Ouest.

Guomindang ou **Kouo-min-tang** (« parti nationaliste »), parti politique chinois fondé en 1912 par Sun Yat-sen, au lendemain de la proclamation de la République et dirigé par Jiang Jieshi (Tchang Kaï-chek) à partir de 1925. Il eut des relations fluctuantes avec le parti communiste chinois, qui l'évinça en 1949, réduisant son influence à la seule île de Taïwan.

gustatif, ive [gystatif, -iv] **adj.** Qui a rapport au goût.

gustation [gystasjɔ̃] **n.f.** (du lat. *gustatio*). Action de goûter ; perception des saveurs : *Les papilles gustatives permettent la gustation.*

Gustave Ier Vasa (Lindholm 1496 - Stockholm 1560), roi de Suède (1523-1560), fondateur de la dynastie des Vasa. Il dirigea l'insurrection qui mit fin à la domination danoise en Suède (1521-1523). Proclamé roi, il favorisa le luthéranisme et s'empara des domaines du clergé. Pratiquant une politique centralisatrice, il encouragea le développement économique du pays, qu'il transforma en une puissance de premier plan.

Gustave II Adolphe (Stockholm 1594 - Lützen 1632), roi de Suède (1611-1632). Prince intelligent et ambitieux, il réforme l'État de Suède avec l'aide du chancelier Oxenstierna et de la noblesse. Il rénove les structures économiques et développe l'enseignement (création d'écoles gratuites et d'universités). Dans le même temps, il crée une armée nationale, la dote d'un matériel supérieur (artillerie) et développe une tactique qui fera école. Luthérien convaincu, il se veut le défenseur de la foi protestante contre un catholicisme conquérant. Après avoir achevé la guerre contre le Danemark (1613), il enlève l'Estonie, l'Ingrie et la Carélie orientale à la Russie (1617) avant de se tourner contre la Pologne (1621). Il s'empare de Riga, de Dorpat et des ports de la Prusse-Occidentale (1625). Devenu maître de la Baltique, allié à la France qui le soutient financièrement, il prend part à la guerre de Trente Ans contre les impériaux, occupe le Brandebourg et remporte les batailles de Breitenfeld (1631) et du Lech (1632). Il s'empare du Palatinat, occupe la Bavière, mais trouve la mort au cours de la bataille de Lützen (16 nov. 1632), qui voit la victoire des Suédois sur les impériaux de Wallenstein.

Gutenberg (Johannes Gensfleisch, dit**),** imprimeur allemand (Mayence entre 1397 et 1400 - *id.* 1468). Établi à Strasbourg en 1434, il s'intéresse, avec trois associés, à partir de 1438, à une technique entourée du plus rigoureux secret, mais que l'on peut identifier avec le procédé de composition en caractères mobiles fondus : des témoignages de la fin du XVe s. lui attribuent effectivement la découverte de la typographie vers 1440. Revenu à Mayence en 1448, il perfectionne son invention et, en 1450, s'associe avec l'imprimeur Johann Fust. Mais, en 1455, Fust lui intente un procès réclamant la restitution des sommes qu'il lui a versées pour non-paiement des intérêts convenus. La perte de ce procès prive Gutenberg de son matériel et aussi, très vraisemblablement, de sa première œuvre, terminée cette année-là : la Bible latine, dite « à quarante-deux lignes ».

Gutland, partie méridionale du Luxembourg.

gutta-percha [gytapɛrka] **n.f.** (mot angl., du malais) [pl. *guttas-perchas*]. Substance plastique et isolante, tirée du latex d'un arbre (famille des sapotacées) de Malaisie.

guttural, e, aux [gytyral, -o] **adj.** (du lat. *guttur,* gosier). **1.** Qui est émis du fond de la gorge, en parlant d'un son : *Voix gutturale* (syn. **rauque**). *« K » et « g » (de « gare ») sont des consonnes gutturales.* (On dit aussi *une gutturale.*) **2.** ANAT. Qui appartient au gosier : *Artère gutturale.*

Guyana, anc. **Guyane britannique,** État de l'Amérique du Sud ; 215 000 km² ; 747 884 hab. *(Guyaniens).* CAP. *Georgetown.* LANGUE : *anglais.* MONNAIE : *dollar du Guyana.*

GÉOGRAPHIE

Sous un climat équatorial, chaud et humide, le pays est aux trois quarts couvert de forêts, coupées de fleuves puissants, qui servent de voies de communication. L'altitude s'élève vers le S. (plus sec) et surtout dans l'Ouest (Roraima). La population, composée pour moitié d'Indiens et de près d'un tiers de Noirs (minorités de métis, d'Amérindiens et de Blancs), est concentrée pour le quart à Georgetown (pour plus de 75 % sur le littoral). En dehors de l'extraction de la bauxite, l'économie est presque exclusivement rurale : cultures céréalières (riz) et industrielles (canne à sucre), élevage bovin (dans le Sud). Le commerce extérieur (exportations de bauxite et d'alumine, de sucre) est déficitaire et le pays est lourdement endetté.

HISTOIRE

Explorée par les Anglais au XVIe s., la région est exploitée par les Hollandais aux XVIIe et XVIIIe s.

1814. La Grande-Bretagne reçoit la partie occidentale de la Guyane, bientôt baptisée British Guiana.

Le territoire se peuple de Noirs, d'Hindous et de Blancs.

1966. Le pays obtient son indépendance.

Forbes Burnham domine jusqu'à sa mort (1985) la vie politique du nouvel État, marquée par la fraude et les conflits ethniques.

1992. Première alternance démocratique.

2011. Donald Ramotar est élu à la présidence de la République.

Guyane (la) ou **Guyanes (les),** région de l'Amérique du Sud, en bordure de l'Atlantique, entre l'Orénoque et l'Amazone. Elle est partagée entre le Venezuela, le Guyana, le Suriname, la France et le Brésil.

Guyane [973], dép. français d'outre-mer (ayant le statut de Région), entre le Suriname et le Brésil ; 91 000 km² ; 241 922 hab. *(Guyanais).* Ch.-l. de dép. *Cayenne ;* ch.-l. d'arr. *Cayenne, Saint-Laurent-du-Maroni ;* 2 arr., 22 comm.

GÉOGRAPHIE

Presque sous l'équateur, le territoire a un climat constamment chaud et humide qui explique l'extension de la forêt dense (biotope équatorial unique, menacé par l'exploitation anarchique de l'or, génératrice de pollution au mercure ; parc national et parc naturel régional). Malgré un notable accroissement récent, lié partiellement à l'immigration de réfugiés indochinois et surtout haïtiens et surinamiens, la densité de population est faible. En fait, celle-ci se concentre ponctuellement sur le littoral, vers Cayenne et le centre spatial de Kourou ; l'intérieur est presque vide. Les revenus de la pêche (crevettes), de l'exploitation de la forêt et du tourisme ne compensent pas l'énorme déficit commercial, comblé par une aide massive de la métropole.

HISTOIRE

Cayenne fut fondée en 1643, et la région fut systématiquement colonisée sous l'impulsion de Colbert (1663). De 1794 à 1805, la Guyane servit de lieu de déportation politique (« guillotine sèche »). En 1848, l'esclavage y est aboli. Elle abrita un bagne de 1852 à 1946. En 1946, la Guyane devient un département d'outre-mer. Une base de lancement de fusées est installée à Kourou en 1968. En 1983, dans le cadre de la loi de décentralisation, un conseil régional est élu.

Guyenne, autre nom de la province d'Aquitaine, qui lui fut donné notamm. quand elle fut possession anglaise, de 1259 à 1453.

Guynemer (Georges), aviateur français ; (Paris 1894 - région de Pœlkapelle, Belgique, 1917). Commandant l'escadrille des « Cigognes », titulaire de 53 victoires, disparu au combat, c'est une figure légendaire de l'aviation française.

Gwalior, v. de l'Inde (Madhya Pradesh) ; 1 101 981 hab. dans l'agglomération. L'une des plus impressionnantes forteresses de l'Inde, englobant un très vaste palais du XVIe s., des temples des IXe et XIe s., etc.

gym [ʒim] **n.f.** (abrév.). *FAM.* Gymnastique.

gymkhana [ʒimkana] **n.m.** (mot angl., du hindi *gend khāna,* salle de jeu de balle). Ensemble d'épreuves en automobile ou à motocyclette, où les concurrents doivent suivre un parcours compliqué de chicanes, de barrières.

gymnase [ʒimnaz] **n.m.** (lat. *gymnasium,* gr. *gumnasion*). **1.** Établissement et salle où on se livre à des exercices sportifs. **2.** ANTIQ. GR. Édifice public d'abord destiné aux seuls exercices physiques et qui devint par la suite un centre de formation intellectuelle.

gymnaste [ʒimnast] **n.** Personne qui pratique la gymnastique sportive.

gymnastique [ʒimnastik] **n.f.** (du lat. *gymnasticus,* gr. *gumnastikos*). **1.** Ensemble des exercices physiques destinés à assouplir ou à développer le corps (abrév. fam. *gym*). **2.** Ensemble d'exercices qui visent à développer les facultés intellectuelles : *Casse-tête qui oblige à une gymnastique de l'esprit.* **3.** *FAM.* Ensemble de manœuvres plus ou moins compliquées, imposées par une situation : *Pour équilibrer le budget, ils ont dû faire une de ces gymnastiques !* (syn. **acrobatie**). **4. Pas (de) gymnastique,** pas de course régulier et cadencé. **5.** MÉD. **Gymnastique corrective,** ensemble de mouvements, d'exercices qui ont pour but la rééducation musculaire. / SPORTS. **Gymnastique artistique (G.A.),** gymnastique de compétition, masculine et féminine, réalisée sur des appareils (ou agrès). / SPORTS. **Gymnastique rythmique (G.R.),** gymnastique de compétition, exclusivement féminine, réalisée avec des engins légers. (On emploie généralement, pour la désigner, son abréviation : G.R.)

■ La *gymnastique artistique* (G.A.), exécutée sur des appareils (ou agrès), comprend six épreuves pour les hommes : les *exercices au sol* (pratiqués sur un tapis carré de 12 m de côté), le *cheval-d'arçons* (ou *cheval-arçons*), les *anneaux,* la *table de saut,* les *barres parallèles* et la *barre fixe,* et quatre épreuves pour les femmes : les *exercices au sol,* la *table de saut* (hauteur de 1,25 m contre 1,35 m pour les hommes), les *barres asymétriques* (la plus haute à 2,40 m, l'autre à 1,60 m) et la *poutre* (large de 10 cm). Les compétitions se déroulent en trois temps : le concours par équipes (sur tous les agrès), le concours général (individuel, sur tous les agrès) et les finales par agrès (individuel, par spécialité). La *gymnastique rythmique* (G.R.), dite à ses débuts *gymnastique moderne* et qui a connu un essor très rapide sous le nom (auj. officiellement abandonné) de *gymnastique rythmique et sportive* (G.R.S.), exclusivement féminine, se pratique avec des engins légers *(ballon, cerceau, corde, massues, ruban).*

La gymnastique artistique, la gymnastique rythmique et le trampoline sont des disciplines olympiques. Mais d'autres disciplines gymniques sont reconnues par les fédérations, comme le tumbling, la gymnastique acrobatique (appelée au début acrosport) ou la gymnastique aérobic. ■

gymnique [ʒimnik] **adj.** Relatif à la gymnastique : *Exercices gymniques.*

gymnosperme [ʒimnɔspɛrm] **n.f.** (gr. *gumnospermos,* de *gumnos,* nu, et *sperma,* semence). **Gymnospermes,** sous-embranchement de plantes, souvent arborescentes, dont les graines nues sont portées sur des écailles ouvertes : *Les pins, les ifs, les cyprès sont des gymnospermes.*

■ Les gymnospermes sont des plantes à graines dont l'ovule n'est pas contenu dans un ovaire. Chez les conifères, ou résineux, groupe le plus répandu, les feuilles sont réduites en écailles (cyprès) ou en aiguilles (pins). Elles

→

vivent plusieurs années, sans tomber en hiver : ces arbres sont à feuilles persistantes. On connaît env. 750 espèces de gymnospermes, ce qui est très peu par rapport à l'extrême diversité des angiospermes (plantes à fleurs). Toutefois, les conifères forment, dans l'hémisphère Nord, de vastes forêts sur les pentes des montagnes et dans les régions nordiques (taïgas).

Reproduction. Grâce à leur mode de reproduction, les gymnospermes sont le premier embranchement du règne végétal à s'être affranchi totalement du milieu aquatique. Les organes reproducteurs sont constitués de cônes mâles et femelles séparés, communément appelés « pommes » chez le pin. Recouvert d'écailles, chaque cône abrite les cellules reproductrices. Chez le mâle, une écaille porte deux sacs (dits « polliniques ») présentant une fente par laquelle le pollen s'échappe, transporté ensuite par le vent jusqu'aux ovules des cônes femelles. La germination du grain de pollen produit un tube à l'intérieur duquel se déplacent jusqu'à l'ovule les spermatozoïdes. Après fécondation, l'ovule se transforme en graine contenant un embryon qui se nourrit à partir de la plante mère. Protégé par des enveloppes rigides, dans un état de déshydratation poussé, l'embryon passe l'hiver en vie ralentie à l'intérieur de la graine enfouie dans le sol. Il attend le printemps et le retour de conditions extérieures favorables pour retrouver une vie active et se développer.

Quelques groupes particuliers. Le ginkgo, arbre à feuilles en forme d'éventail et vivant en Chine, présente des caractères archaïques par rapport au modèle précédent. Ses graines n'entrent pas en vie ralentie après la chute au sol. C'est également le cas chez les cycadales, arbustes tropicaux à port de palmier. À l'opposé de ceux-ci, primitifs, les gnétophytes forment un groupe intermédiaire avec les angiospermes : leur ovule est entouré par une enveloppe (ce qui préfigure l'ovaire) et les organes reproducteurs sont entourés de pièces protectrices rappelant les sépales et les pétales. ■

gymnote [ʒimnɔt] **n.m.** (lat. scientif. *gymnotus,* du gr. *nôtos,* dos). Poisson des eaux douces de l'Amérique du Sud, à aspect d'anguille, dont une espèce, atteignant 2,50 m de long, paralyse ses proies en produisant de puissantes décharges électriques.

gynécée [ʒinese] **n.m.** (lat. *gynaeceum,* gr. *gunaikeion,* de *gunê, gunaikos,* femme). **1.** Appartement réservé aux femmes, chez les Grecs anciens. **2.** BOT. Syn. de *pistil.*

gynécologie [ʒinekɔlɔʒi] **n.f.** (de *gynéco-* et *-logie*). Spécialité médicale consacrée à l'organisme de la femme et à son appareil génital. ◆ **gynécologue n.** Nom du spécialiste.

gynécologique [ʒinekɔlɔʒik] **adj.** Relatif à la gynécologie.

gypaète [ʒipaɛt] **n.m.** (du gr. *gups, gupos,* vautour, et *aetos,* aigle). Grand rapace diurne, vivant dans les hautes montagnes d'Afrique, d'Asie centrale et d'Europe du Sud, se nourrissant de charognes. ▸ Envergure : plus de 2,50 m.

gypse [ʒips] **n.m.** (lat. *gypsum,* gr. *gupsos,* plâtre). Roche sédimentaire formée de sulfate de calcium hydraté, cristallisé. ▸ On l'appelle souvent *pierre à plâtre,* car, chauffé entre 60 et 200 °C, le gypse perd de l'eau et se transforme en plâtre.

gypsophile [ʒipsɔfil] **n.f.** (de *gypse* et *-phile*). Plante herbacée voisine de l'œillet, parfois cultivée pour ses fleurs blanches. ▸ Famille des caryophyllacées.

gyromètre [ʒirɔmɛtr] **n.m.** (de *gyro-* et *mètre*). Appareil servant à indiquer les changements d'orientation d'un avion.

gyrophare [ʒirɔfar] **n.m.** (de *gyro-* et *phare*). Phare rotatif équipant le toit de certains véhicules prioritaires : *Les voitures de police, les ambulances sont équipées d'un gyrophare.*

gyroscope [ʒirɔskɔp] **n.m.** (de *gyro-* et *-scope*). Appareil qui fournit une direction invariable de référence grâce à la rotation rapide d'une lourde masse autour d'un axe.

gyrostat [ʒirɔsta] **n.m.** (de *gyro-* et du lat. *stare,* se tenir debout). Solide animé d'un mouvement de rotation rapide autour de son axe, et permettant la stabilisation en direction de cet axe.

H

h [aʃ] **n.m. inv. 1.** Huitième lettre (consonne) de l'alphabet. *Rem.* La lettre *h* initiale peut être *muette* ou *aspirée.* Dans les deux cas, elle ne représente aucun son. Si elle est muette, il y a élision ou liaison : *L'homme ; les hommes* [lezɔm]. Si elle est aspirée, il n'y a ni élision ni liaison : Le héros ; les héros [leero]. **2.** MUS. **H,** la note *si,* dans la notation en usage dans les pays anglo-saxons et germaniques. **3. Bombe H** ou **bombe à hydrogène,** bombe thermonucléaire. / **Heure H,** heure désignée pour l'attaque ; heure fixée à l'avance pour une opération quelconque : *Elle était au rendez-vous au jour J et à l'heure H.*

***ha** [a] **interj.** (onomat.). **1.** Marque la surprise : *Ha ! vous partez déjà ?* **2.** Répété, exprime le rire : *Ha ! ha ! que c'est drôle !*

Haarlem, v. des Pays-Bas, ch.-l. de la Hollande-Septentrionale ; 153 093 hab. Monuments anciens du Grote Markt. Musée, en grande partie consacré aux chefs-d'œuvre de Frans Hals, dans l'hospice des vieillards du XVIIe s.

habeas corpus [abeaskɔrpys] **n.m.** (mots lat. « que tu aies ton corps »). Institution anglo-saxonne qui, depuis 1679, garantit la liberté individuelle des citoyens et les protège contre les arrestations arbitraires.

habile [abil] **adj.** (lat. *habilis*). **1.** Qui agit avec adresse, avec ingéniosité ou ruse : *Un homme habile dans son métier* (syn. **compétent, capable ;** contr. **malhabile**). *Il est habile à tromper son monde* (syn. **malin, retors**). **2.** Qui est fait adroitement : *Une intrigue habile* (syn. **ingénieux ;** contr. **maladroit**). **3. Être habile à qqch, à** (+ inf.), exceller à : *Être habile à se décharger de ses responsabilités.*

habilement [abilmɑ̃] **adv.** Avec habileté : *Figure habilement dessinée* (syn. **adroitement**).

habileté [abilte] **n.f. 1.** Qualité d'une personne habile : *L'habileté d'un orfèvre, d'un chirurgien* (syn. **adresse, dextérité**). **2.** Qualité de ce qui est fait avec adresse, avec intelligence : *L'habileté d'une manœuvre* (syn. **finesse**).

habilitation [abilitasjɔ̃] **n.f.** DR. Action d'habiliter, de conférer une capacité juridique.

habilité [abilite] **n.f.** (lat. *habilitas,* aptitude). DR. Aptitude légale : *Habilité à tester* (syn. **capacité**).

habiliter [abilite] **v.t.** (lat. jur. *habilitare,* rendre apte). Rendre légalement apte à accomplir un acte.

habillage [abijaʒ] **n.m. 1.** Action d'habiller qqn, de s'habiller : *Salon d'habillage.* **2.** Action d'habiller qqch : *L'habillage d'un réfrigérateur, de sièges de voiture.*

habillé, e [abije] **adj. 1.** Vêtu (par opp. à *nu*) : *Se coucher tout habillé.* **2.** Revêtu d'une tenue de soirée. **3.** Qui convient à une réunion élégante, à une cérémonie : *Une robe très habillée* (syn. **élégant, chic**). **4.** Qui requiert une tenue élégante : *Soirée habillée.*

habillement [abijmɑ̃] **n.m. 1.** Action d'habiller, de s'habiller : *Habillement des troupes. Les dépenses d'habillement d'une famille.* **2.** Ensemble de vêtements dont on est vêtu ; manière de s'habiller : *Un habillement bizarre* (syn. **mise, tenue**). **3.** Profession du vêtement : *Syndicat de l'habillement.*

habiller [abije] **v.t.** (anc. fr. *abillier,* préparer une bille de bois, sous l'infl. de *habit*). **1.** Revêtir de vêtements ; fournir en vêtements : *Habiller les enfants* (syn. **vêtir**). **2.** Être seyant : *Cette robe vous habille bien* (syn. **aller**). **3.** Préparer (une volaille, une pièce de gibier, etc.) pour la vente, la cuisson. **4.** Garnir, couvrir pour décorer ou protéger : *Habiller des fauteuils de housses* (syn. **recouvrir**). **5.** LITT. Envelopper, arranger en présentant sous un aspect plus séduisant : *Habiller un refus de considérations élogieuses* (syn. **déguiser**). ◆ **s'habiller v.pr. 1.** Mettre ses vêtements sur soi. **2.** Se fournir en vêtements : *Elle s'habille chez un grand couturier.* **3.** Coordonner ses vêtements avec goût : *Cette femme ne sait pas s'habiller.* **4.** Revêtir une toilette élégante : *S'habiller pour une soirée.*

habilleur, euse [abijœr, -øz] **n.** Personne chargée d'aider les comédiens, les mannequins à s'habiller et qui assure l'entretien des costumes.

habit [abi] **n.m.** (lat. *habitus,* manière d'être, de *habere,* se tenir). **1.** Vêtement masculin de cérémonie en drap noir et dont les basques, arrondies à partir des hanches, pendent par-derrière : *Dîner officiel où l'habit est de rigueur.* **2.** Tenue particulière à une fonction, à une activité : *Garçon en habit de cow-boy* (syn. **costume**). **3. Habit vert,** habit de cérémonie des académiciens. / **Prise d'habit,** cérémonie qui marque l'entrée en religion. **4. Habit de lumière,** habit brodé de fils brillants que porte le torero consacré, le matador. ◆ **habits n.m. pl.** Ensemble des pièces de l'habillement : *Ôter ses habits* (syn. **vêtements**).

habitabilité [abitabilite] **n.f.** Qualité de ce qui est habitable : *L'habitabilité de la maison n'est pas satisfaisante en hiver.*

habitable [abitabl] **adj.** Où l'on peut habiter.

habitacle [abitakl] **n.m.** (lat. *habitaculum,* demeure, de *habere,* se tenir). **1.** AUTOM. Partie de la carrosserie d'un véhicule qui constitue l'espace réservé aux occupants. **2.** Partie d'un avion réservée à l'équipage. **3.** MAR. Boîte vitrée qui renferme un instrument de navigation, en partic. le compas.

habitant, e [abitɑ̃, -ɑ̃t] **n. 1.** Personne qui habite, vit ordinairement en un lieu : *Ville de cent mille habitants. Les habitants d'un pays* (syn. **population**). **2.** Être humain, animal qui s'établit dans un lieu : *Les habitants d'une forêt* (= les animaux qui peuplent une forêt).

habitat [abita] **n.m. 1.** Aire dans laquelle vit une espèce animale ou végétale particulière. **2.** GÉOGR. Mode de peuplement par l'homme des lieux où il vit : *Habitat rural, urbain.* **3.** Ensemble des conditions, des faits relatifs à l'habitation, au logement : *Amélioration de l'habitat.*

habitation [abitasjɔ̃] **n.f. 1.** Fait d'habiter un endroit de façon durable : *Local à usage d'habitation.* **2.** Lieu où l'on habite : *Changer d'habitation* (syn. **logement, domicile**). **3. Habitation à loyer modéré** ⟶ **H.L.M.** / **Taxe d'habitation,** impôt annuel dû par toute personne propriétaire ou locataire d'une habitation meublée.

habité, e [abite] **adj. 1.** Occupé par des habitants, des personnes : *Le château n'est plus habité.* **2.** ASTRONAUT. **Vol habité,** mission d'un vaisseau spatial transportant des êtres humains.

habiter [abite] **v.t.** et **v.i.** (lat. *habitare*). Avoir sa demeure, sa résidence en tel lieu : *Habiter une jolie maison. Habiter à Paris* (syn. **résider, vivre**).

habitude [abityd] **n.f.** (lat. *habitudo*, manière d'être, de *habere*, se trouver en tel ou tel état). **1.** Disposition, acquise par la répétition, à être, à agir fréquemment de la même façon : *Elle a l'habitude de prendre le thé à cinq heures* (= elle a coutume de). *Se conformer aux habitudes d'un pays* (syn. **usage, tradition**). **2.** Capacité, aptitude acquise par la répétition des mêmes actions : *Avoir l'habitude de la conduite de nuit* (syn. **expérience, pratique**). **3. D'habitude,** ordinairement, habituellement.

habitué, e [abitɥe] **n.** Personne qui fréquente habituellement un lieu : *Les habitués d'un café, d'une maison* (syn. **familier**).

habituel, elle [abitɥɛl] **adj. 1.** Passé en habitude : *Faire sa promenade habituelle* (contr. **exceptionnel, occasionnel**). **2.** Qui est normal ou devenu très fréquent : *Un froid habituel au mois de janvier* (syn. **courant**).

habituellement [abitɥɛlmɑ̃] **adv.** Par habitude ; de façon presque constante : *Il porte habituellement un costume bleu* (syn. **d'ordinaire, généralement**).

habituer [abitɥe] **v.t.** (bas lat. *habituari*, du class. *habitus*, manière d'être). Faire prendre l'habitude de : *Habituer un enfant à prendre des initiatives* (syn. **accoutumer, former**). ◆ **s'habituer v.pr. [à].** Prendre l'habitude de ; se familiariser avec : *Vous êtes-vous habitué à votre nouvel horaire de travail ?* (syn. **s'adapter, se faire à**).

***hâbleur, euse** [ablœr, -øz] **n.** et **adj.** (de *hâbler*, parler, esp. *hablar*). LITT. Personne qui aime à vanter ses mérites, ses actions (syn. **fanfaron, vantard**).

Habsbourg, maison qui régna sur le Saint Empire romain germanique (1273-1291 ; 1438-1740 ; 1765-1806), sur l'Autriche (1278-1918), sur l'Espagne (1516-1700) et sur la Bohême et la Hongrie (1526-1918). Ayant acquis au XIIe s. des territoires considérables en Suisse et en Alsace, les Habsbourg durent leur fortune à l'élection de Rodolphe Ier, roi des Romains (1273). Ils s'approprièrent la basse Autriche et la Styrie (1278), le Tyrol (1363) et prirent au XVe s. le nom de « maison d'Autriche ». Par le jeu des mariages et des héritages, celle-ci obtint de 1477 à 1526 les Pays-Bas, la Castille, l'Aragon, la Bohême et la Hongrie. À l'abdication de Charles Quint (1556), l'Empire fut partagé entre son fils, Philippe II (1556-1598), fondateur de la branche espagnole, qui s'éteignit en 1700, et son frère Ferdinand Ier (1556-1564), fondateur de la branche allemande. Avec Charles VI (1711-1740) s'éteignit la maison de Habsbourg, dont l'héritière, Marie-Thérèse (1740-1780), épousa, en 1736, François de Lorraine, fondateur de la maison des Habsbourg-Lorraine qui régna sur l'Autriche, la Bohême et la Hongrie jusqu'en 1918.

***hache** [aʃ] **n.f.** (frq. **hâppia*). Instrument formé d'un fer tranchant fixé à l'extrémité d'un manche, et qui sert à fendre, à couper.

***haché, e** [aʃe] **adj. 1.** Coupé en menus morceaux : *Viande hachée.* **2.** Entrecoupé, interrompu : *Style haché* (syn. **saccadé, heurté**). ◆ **haché n.m.** Viande hachée ; hachis.

Hachémites ou **Hachimites,** famille issue de Hachim, l'arrière-grand-père de Mahomet, illustrée par plusieurs princes musulmans (chérifs), souverains de La Mecque du Xe s. à 1924, et par les émirs ou rois qu'elle fournit au XXe s. au Hedjaz, dans la péninsule arabique (1908-1924), à l'Iraq (1921-1958) et à la Transjordanie (1921-1949) puis à la Jordanie (depuis 1949).

***hacher** [aʃe] **v.t.** (de l'anc. fr. *déhachier*, découper, de *hache*). **1.** Couper, réduire en menus morceaux avec un instrument tranchant : *Hacher de la viande.* **2.** Réduire en morceaux ; mettre en pièces : *La grêle a haché les blés.* **3.** Rompre la continuité : *Discours haché d'éclats de rire* (syn. **entrecouper**).

***hachette** [aʃɛt] **n.f.** Petite hache.

Hachette (Jeanne Laisné [ou Fourquet], dite **Jeanne),** héroïne française (Beauvais 1456 - *id.* ?). Elle défendit Beauvais, assiégée par Charles le Téméraire en 1472.

***hache-viande** [aʃvjɑ̃d] **n.m. inv.** Hachoir à viande.

***hachis** [aʃi] **n.m.** Préparation culinaire de viandes, poissons ou légumes hachés.

***hachoir** [aʃwar] **n.m. 1.** Ustensile mécanique ou électrique servant à hacher. **2.** Planche sur laquelle on hache des aliments.

***hachure** [aʃyr] **n.f.** (de *hacher*). **1.** Chacun des traits parallèles ou entrecroisés qui servent à marquer les volumes, les ombres, les demi-teintes d'un dessin. **2.** Fragment de ligne qui sert à représenter la pente d'un terrain sur une carte.

***hachurer** [aʃyre] **v.t.** Marquer de hachures : *Dessinateur qui hachure l'ombre de son personnage.*

hacienda [asjɛnda] **n.f.** (mot esp.). Grande propriété foncière, en Amérique latine.

hackeur, euse [akœr, -øz] **n.** ou ***hacker n.m.** (angl. *hacker*). Personne qui s'introduit frauduleusement dans un système ou un réseau informatique. (Recomm. off. *fouineur.*)

***hadal, e, aux** [adal, -o] **adj.** (du n. de *Hadès*). Se dit des profondeurs océaniques supérieures à 6 000 m.

***haddock** [adɔk] **n.m.** (mot angl.). Églefin fumé.

Hadès, dieu des Enfers, dans la mythologie grecque. Fils de Cronos et de Rhéa, frère de Zeus, il reçut en partage, après la victoire des dieux sur les Titans, le royaume souterrain où séjournent les morts. Dans la croyance populaire, il se confond avec Pluton.

***hadith** [adit] **n.m. pl.** (mot ar. « récit »). Recueil des actes et des paroles du prophète Mahomet et de ses compagnons à propos de commentaires du Coran ou de règles de conduite : *Les hadith font autorité immédiatement après le Coran.*

1. hadj ou **hadjdj** [adʒ] **n.m. inv.** (ar. *hajj*). Pèlerinage à La Mecque que tout musulman doit effectuer au moins une fois dans sa vie.

2. *hadj [adʒ] et ***hadji** [adʒi] **n.m. inv.** (mot ar.). Terme désignant tout musulman ayant effectué le hadj.

Hadramaout, région de l'Arabie (Yémen), sur le golfe d'Aden et la mer d'Oman.

Hadriana (villa), maison de plaisance élevée pour l'empereur Hadrien, entre 117 et 138, à Tibur (auj. Tivoli), à l'est de Rome. Cet ensemble, niché dans un vaste parc, témoigne des goûts éclectiques de l'empereur – qui y avait fait élever des maquettes de monuments qui l'avaient impressionné lors de ses voyages –, mais aussi de recherches architecturales nouvelles et très originales, qui influenceront le baroque italien.

Hadrien, en lat. **Publius Aelius Hadrianus** (Italica, Bétique, 76 - Baïes 138), empereur romain (117-138), successeur de Trajan, qui l'avait adopté. Il fit du Conseil du prince un organe de gouvernement, tendit à unifier la législation (Édit perpétuel, 131) et protégea l'Empire contre les Barbares au moyen de fortifications continues (mur d'Hadrien en Bretagne [Angleterre]). Prince lettré, grand voyageur, il aménagea près de Rome la vaste villa qui porte son nom. Avant sa mort, il adopta Antonin, son neveu par alliance, qui lui succéda. Son mausolée, à Rome, est devenu le château Saint-Ange.

Haeckel (Ernst), biologiste allemand (Potsdam 1834 - Iéna 1919). En 1866, il rendit visite à Darwin et devint l'un des partisans les plus fougueux de sa théorie. Il travailla à l'étude de l'embryologie comparée (comparaison du développement embryonnaire entre différents groupes animaux). Ses nombreux voyages lui permirent de se familiariser avec toutes les faunes marines du globe.

Haendel → Händel.

Hafez ou **Hafiz,** le plus grand poète lyrique persan (Chiraz v. 1325 - *id.* 1390). Il est l'auteur de poésies lyriques d'inspiration amoureuse ou mystique.

***hagard, e** [agar, -ard] **adj.** (orig. incert., p.-ê. du moyen angl. *hagger,* sauvage). Qui paraît en proie à un trouble violent ; qui a l'air bouleversé : *Visage hagard* (syn. **effaré**).

hagiographie [aʒjɔgrafi] **n.f.** (du gr. *hagios,* saint, sacré, et *-graphie*). **1.** Branche de l'histoire religieuse qui traite de la vie et du culte des saints. **2.** Ouvrage, récit de la vie des saints. **3.** Biographie excessivement embellie.

Hague (la), péninsule et cap formant l'extrémité nord-ouest de la presqu'île du Cotentin. Traitement des combustibles nucléaires irradiés.

Haguenau, ch.-l. d'arr. du Bas-Rhin, sur la Moder, au sud de la *forêt de Haguenau* (13 400 ha) ; 35 020 hab. *(Haguenoviens).* Constructions mécaniques et électriques. Église St-Georges, des XIIe-XVIIe s. Musée alsacien et Musée historique (mobilier des sépultures de l'âge du bronze et du fer fouillées dans la région ; archéologie gallo-romaine et médiévale, etc.).

Hahnemann (Christian Friedrich Samuel), médecin allemand (Meissen 1755 - Paris 1843), inventeur de l'homéopathie. Il publia en 1810 l'*Organon de l'art de guérir,* qui expose les règles de la théorie homéopathique. Devant l'hostilité de ses contemporains (procès, interdiction de préparer des remèdes), il s'installa, en 1835, à Paris, où il connut le succès.

***haie** [ɛ] **n.f.** (du frq. **hagja*). **1.** Clôture faite d'arbres et d'arbustes alignés et qui marque la limite entre deux parcelles, entre deux propriétés. **2.** Barrière que les chevaux, les athlètes doivent franchir : *Course de haies. Courir le 110 m haies.* **3.** Rangée de personnes alignées pour créer un obstacle le long d'une voie ou pour faire honneur à qqn : *Haie de policiers* (syn. **cordon**).

Haïfa ou **Haiffa,** port d'Israël, sur la Méditerranée ; 264 300 hab. (1 043 860 hab. dans l'agglomération). Raffinage du pétrole.

Haig (Douglas Haig, *1er comte***),** maréchal britannique (Édimbourg 1861 - Londres 1928). De 1915 à 1918, il commanda les troupes britanniques engagées sur le front français.

***haïku** [aiku] **n.m.** (mot jap.). LITTÉR. Petit poème japonais constitué d'un verset de 17 syllabes.

Hailé Sélassié Ier (Harar 1892 - Addis-Abeba 1975), empereur d'Éthiopie (1930-1974). Fils du ras Makonnen, le ras Tafari Makonnen, désigné comme régent et héritier, en 1916, fut proclamé roi (négus) en 1928 et couronné empereur, en 1930, sous le nom de Hailé Sélassié Ier. Lors de l'invasion italienne, il s'exila (1936) et gagna la Grande-Bretagne. Il revint en Éthiopie en 1941 avec les troupes alliées. L'armée le renversa en 1974.

***haillon** [ajɔ̃] **n.m.** (moyen haut all. *hadel,* chiffon). [Surtout au pl.]. Lambeau de vêtement : *Clochard vêtu de haillons* (syn. **guenilles**).

Hainan, île et province de la Chine du Sud ; 34 000 km^2 ; 8 671 485 hab. CAP. *Haikou.*

Hainaut, prov. de la Belgique méridionale ; 3 787 km^2 ; 1 328 760 hab. *(Hennuyers).* Ch.-l. *Mons.*

Hainaut, région historique, située partie en France, partie en Belgique. Comté fondé par Gilbert, gendre de l'empereur Lothaire Ier, au IXe s., fief d'empire, il passe à la maison de Flandre (1055), puis d'Avesnes (1256). Il est annexé en 1428 par Philippe II le Bon aux États bourguignons, dont il suit désormais le sort. Au traité de Nimègue (1678), la France acquiert le sud du pays (cap. Valenciennes).

***haine** [ɛn] **n.f.** (de *haïr*). **1.** Vive hostilité qui porte à souhaiter ou à faire du mal à qqn : *La haine d'un peuple pour les occupants* (syn. **inimitié, ressentiment**). **2.** Vive répugnance pour qqch : *La haine de la violence* (syn. **aversion**).

***haineusement** [ɛnøzmɑ̃] **adv.** Avec haine : *Regarder haineusement qqn.*

***haineux, euse** [ɛnø, -øz] **adj. 1.** Naturellement porté à la haine : *Des gens haineux* (syn. **malveillant, méchant**). **2.** Inspiré par la haine : *Des propos haineux* (syn. **venimeux**).

Haiphong, port et centre industriel du nord du Viêt Nam ; 888 963 hab. dans l'agglomération.

***haïr** [air] **v.t.** (frq. **hatjan*) [conj. **33**]. Avoir de la haine pour qqn, de la répugnance pour qqch : *Il la haïssait profondément* (syn. **détester**). *Haïr l'hypocrisie* (syn. litt. **exécrer**).

***haire** [ɛr] **n.f.** (frq. **harja*). Petite chemise en étoffe de crin ou de poil de chèvre portée autref. par les ascètes en signe de pénitence.

***haïssable** [aisabl] **adj.** Qui mérite d'être haï : *Un individu haïssable* (syn. **détestable**).

Haïti (« Pays montagneux »), l'une des Grandes Antilles, à l'est de Cuba, divisée en deux États indépendants : la *République dominicaine* et la *république d'Haïti.*

Haïti, État occupant l'ouest de l'île du même nom ; 27 750 km^2 ; 10 317 000 hab. *(Haïtiens).* CAP. *Port-au-Prince.* LANGUES : *créole* et *français.* MONNAIES : *gourde* et *dollar des États-Unis.*

GÉOGRAPHIE

Tropical, souvent ravagé par des cyclones, le pays est plus arrosé à l'E. qu'à l'O. Du N. au S. se succèdent chaînes montagneuses et fossés remplis d'alluvions. La pression démographique entraîne à la fois une émigration importante, liée aussi à des facteurs politiques, et une diminution et dégradation des terres cultivables (qui ne représentent que le tiers du territoire). En effet, l'agriculture occupe les deux tiers de la population active (la moitié des citadins vit à Port-au-Prince). En dehors de quelques grandes plantations (américaines) produisant de la canne à sucre et du sisal, les exploitations sont exiguës, consacrées à des cultures vivrières variées et à quelques cultures commerciales (café, canne à sucre, plantes à parfum). Le sous-sol fournit seulement de la bauxite (exportée aux États-Unis). L'industrie est peu développée. Le niveau de vie est très bas. La pauvreté, la malnutrition, l'analphabétisme et le chômage, générateurs de tensions sociales, sévissent dans le pays, frappé de surcroît, le 12 janv. 2010, par un séisme meurtrier et dévastateur dans la région de Port-au-Prince.

HISTOIRE

1492. Peuplée d'Indiens Arawak, l'île est découverte par Christophe Colomb, qui lui donne le nom de Hispaniola.
1697. L'occupation par la France de la partie occidentale de l'île est reconnue par le traité de Ryswick.
Au XVIIIe s., la colonie connaît une grande prospérité, grâce à sa production de sucre et de café. Elle est peuplée à 90 % d'esclaves noirs, d'affranchis et de mulâtres.
1791. Toussaint Louverture prend la tête de la révolte des esclaves.
1795. L'Espagne cède la partie orientale de l'île à la France.
1804. Un Noir, Jean-Jacques Dessalines, proclame l'indépendance d'Haïti, où il règne en empereur.
Après sa mort (1806), les Espagnols recouvrent l'est de l'île tandis qu'une sécession oppose, à l'ouest, le royaume du Nord à la République du Sud.
1822. Réunification de l'île d'Haïti.
1844. La partie orientale se libère, pour former la République dominicaine.
1915-1934. Occupation militaire du pays par les États-Unis.
1957-1971. François Duvalier, appelé « Papa Doc », exerce un pouvoir dictatorial.
1971-1986. Son fils Jean-Claude Duvalier lui succède.
Après l'exil de celui-ci, les militaires sont au pouvoir de façon presque ininterrompue.
1990. Le père Jean-Bertrand Aristide est élu à la présidence mais, à peine entré en fonctions (févr. 1991), il est renversé par un nouveau coup d'État militaire (sept.).
1994. Il est rétabli avec l'aide des États-Unis.
1996. René Préval lui succède à la tête de l'État.
2001. J.-B. Aristide revient au pouvoir mais, contesté pour la dérive autoritaire de son régime (menant à une quasi-guerre civile), il doit démissionner en 2004.
2006. R. Préval dirige à nouveau le pays, qui reste en proie à une situation chaotique (encore aggravée par les cyclones de 2008 et le séisme de 2010 à Port-au-Prince).

2011. Michel Martelly lui succède à la présidence de la République. La reconstruction du pays se heurte à la corruption et à la paralysie des institutions.

***halage** [alaʒ] **n.m. 1.** Action de haler un bateau : *Le halage d'une péniche.* **2. Chemin de halage,** chemin destiné au halage le long d'un cours d'eau, d'un canal.

***halal** [alal] **adj. inv.** (d'un mot ar. « licite »). Se dit de la viande d'un animal tué selon les rites prescrits et qui peut être consommée par les musulmans.

***halbran** [albrɑ̃] **n.m.** (moyen haut all. *halberant,* propr. « demi-canard »). Jeune canard sauvage.

Haldane (John), biologiste et mathématicien indien d'origine britannique (Oxford 1892 - Bhubaneswar 1964). C'est l'un des créateurs, avec Ronald Fisher et Sewall Wright, de la théorie synthétique de l'évolution, ou néodarwinisme. Il a écrit : *A Mathematical Theory of Natural and Artificial Selection* (1924-1928), *The Causes of Evolution* (1933), *The Biochemistry of Genetics* (1954).

***hâle** [al] **n.m.** (de *hâler*). Brunissement de la peau sous l'effet de l'air et du soleil.

***hâlé, e** [ale] **adj.** (de *hâler*). Bruni par le soleil et l'air : *Elle est revenue toute hâlée de la montagne* (syn. **bronzé**).

haleine [alɛn] **n.f.** (de *halener,* exhaler son haleine, refait d'apr. *halare,* souffler sur le lat. pop. **alenare,* class. *anhelare*). **1.** Air qui sort des poumons pendant l'expiration : *Par temps froid, l'haleine se transforme en buée au sortir de la bouche.* **2.** Respiration, souffle : *Une haleine paisible et régulière.* **3. À perdre haleine,** longuement, sans s'arrêter : *Courir, discuter à perdre haleine.* / **Être hors d'haleine,** être à bout de souffle. / **Reprendre haleine,** s'arrêter pour se reposer. / **Tenir en haleine,** retenir l'attention, maintenir l'incertitude : *Roman policier qui tient en haleine jusqu'à la dernière page.* / **Travail de longue haleine,** travail qui demande beaucoup de temps et d'efforts.

***haler** [ale] **v.t.** (germ. occidental *halôn,* amener). **1.** Faire effort en tirant sur : *Haler un cordage.* **2.** Remorquer un bateau à l'aide d'un câble à partir de la berge.

***hâler** [ale] **v.t.** (lat. pop. **assulare,* du class. *assare,* faire rôtir). Brunir la peau en parlant du soleil et du grand air.

***haletant, e** [altɑ̃, -ɑ̃t] **adj. 1.** Qui halète : *Être haletant d'avoir couru* (syn. **essoufflé, pantelant**). *Souffle haletant d'un malade* (syn. **court, précipité**). **2.** FIG. Qui tient en haleine : *Un livre au suspense haletant.*

***halètement** [alɛtmɑ̃] **n.m.** Action de haleter ; respiration forte et saccadée : *Le halètement d'un chien.*

***haleter** [alte] **v.i.** (orig. incert., p.-ê. d'un v. **haler,* souffler de l'anc. fr. [lat. *halare*], ou de *aile* avec sens propre de « battre des ailes ») [conj. **28**]. Respirer à un rythme précipité.

***half-pipe** [alfpajp] **n.m.** (mot angl.) [pl. *half-pipes*]. Piste, utilisée au skateboard et au snowboard, dont le profil transversal est en forme de demi-cylindre ; figures acrobatiques que l'on y effectue.

Halicarnasse, colonie grecque de Carie, en Asie Mineure (auj. *Bodrum*), patrie d'Hérodote. Soumise à la suzeraineté du roi des Perses, elle conserva toutefois une certaine autonomie. Elle fut modernisée par Mausole. – À la décoration du « mausolée » (IVe s. av. J.-C.), élevé par Artémise II, participèrent les plus grands sculpteurs grecs : Timothéos, Scopas, Bryaxis et Léocharès.

Halifax, port du Canada, cap. de la Nouvelle-Écosse ; 390 096 hab.

***hall** [ol] **n.m.** (mot angl. « vestibule », frq. **halla*). Salle de grandes dimensions et largement ouverte : *Hall d'une gare. Hall d'un hôtel* (syn. **vestibule**).

Halladj (Abu al-Mughith al-Husayn, dit **al-),** théologien, mystique, prédicateur et martyr musulman (Tur, Fars, 858 - Bagdad 922). Formé par les grands maîtres du soufisme, il se sépare d'eux pour prêcher une doctrine ésotérique au Khuzestan, au Khorasan, au Turkestan et en Inde. Revenu à Bagdad, il se heurte à l'hostilité de la cour abbasside et, après neuf ans d'emprisonnement, est torturé et mis à mort. Ses œuvres mystiques ont fait de lui une grande figure du soufisme et un maître spirituel pour d'autres traditions religieuses.

hallali [alali] **n.m.** (de l'anc. fr. *hare a li* [« à lui »], de *harer,* exciter les chiens ; v. *haro*). Cri des chasseurs ou sonnerie de trompe annonçant que le cerf est aux abois.

***halle** [al] **n.f.** (frq. **halla,* endroit couvert). Grande salle, ouverte plus ou moins largement sur l'extérieur, servant au commerce en gros d'une marchandise : *La halle aux vins.* ◆ **halles n.f. pl.** Bâtiment, place couverte où se tient le principal marché des denrées alimentaires d'une ville : *Les anciennes halles de Paris.*

Halle, v. d'Allemagne (Saxe-Anhalt), sur la Saale ; 229 153 hab. Université. Métallurgie. Églises des XIVe-XVIe s. Musées. Maison natale de Händel.

***hallebarde** [albard] **n.f.** (moyen haut all. *helmbarte,* de *helm,* poignée, et *barte,* hache). **1.** Arme d'infanterie, à fer pointu d'un côté et tranchant de l'autre (XIVe-XVIIe s.). **2.** FAM. **Il pleut des hallebardes,** il pleut à verse.

***hallebardier** [albardje] **n.m.** Militaire armé d'une hallebarde.

Halley (Edmond), astronome britannique (Haggerston, près de Londres, 1656 - Greenwich 1742). Auteur de nombreuses recherches concernant la géophysique, la météorologie et l'astronomie, il reste surtout connu pour son étude du mouvement des comètes (1705) et pour avoir, le premier, prédit par le calcul le retour de l'une d'entre elles près du Soleil (appelée auj. *comète de Halley*).

***hallier** [alje] **n.m.** (de l'anc. fr. *halot,* du frq. **hasal*). Gros buisson touffu où se réfugie le gibier.

***Halloween** [alɔwin] **n.f.** (mot angl., abrév. de *All Hallow Even,* veille de la Toussaint). Fête célébrée le 31 oct., dans certains pays anglo-saxons, au cours de laquelle les enfants, déguisés, placent devant la porte de chaque maison un panier, pour qu'on y dépose des friandises.

Hallstatt, bourg d'Autriche (Haute-Autriche), dans le Salzkammergut, au bord du *Hallstättersee ;* 799 hab. Petit centre de tourisme. Station de sports d'hiver (alt. 511 m). Importantes mines de sel exploitées dès la préhistoire. Musée préhistorique. La découverte (1846) d'une vaste nécropole en a fait le site de référence, qui a donné son nom au premier âge du fer, divisé en deux périodes : Hallstatt I (env. 900-600 av. J.-C.) et Hallstatt II (600-450 av. J.-C.). Des courants commerciaux actifs avec les pays méditerranéens sont attestés.

hallucinant, e [alysinɑ̃, -ɑ̃t] **adj.** Qui frappe de saisissement : *Ressemblance hallucinante* (syn. **extraordinaire**).

hallucination [alysinasjɔ̃] **n.f.** (lat. *hallucinatio,* de *hallucinari* propr. « errer, se tromper »). **1.** MÉD. Perception d'objets non réels mais ressentis par le sujet comme existants : *Au début de sa cure de désintoxication, il a eu des hallucinations* (syn. **vision**). **2.** Interprétation erronée d'une sensation : *J'ai cru le voir, j'ai dû être victime d'une hallucination* (syn. **illusion**).

hallucinatoire [alysinatwar] **adj.** Qui a le caractère de l'hallucination : *Vision hallucinatoire.*

halluciné, e [alysine] **adj.** et **n.** (lat. *hallucinatus*). **1.** Qui a des hallucinations. **2.** Qui est comme sous l'effet d'une hallucination : *Air halluciné* (syn. **égaré, hagard**).

hallucinogène [alysinɔʒɛn] **adj.** et **n.m.** (de *halluciner,* produire une hallucination, et *-gène*). Se dit d'une substance pharmacologique qui provoque des troubles de la perception et des hallucinations.

Hallyday (Jean-Philippe Smet, dit **Johnny),** chanteur français (Paris 1943). Propagateur du rock en France, il connaît rapidement une très large popularité dans les années 1960. Sachant résister aux vicissitudes des modes, il occupe une place privilégiée dans le monde de la variété.

***halo** [alo] **n.m.** (gr. *halôs,* disque). **1.** Zone circulaire diffuse autour d'une source lumineuse : *Le halo des réverbères.* **2.** Rayonnement de qqn : *Être entouré d'un halo de gloire* (syn.

auréole). **3.** Cercle lumineux légèrement irisé qui entoure quelquefois le Soleil ou la Lune, par suite de la réfraction de la lumière au sein de cristaux ou de nuages de glace. ▸ Rouge vers l'intérieur, violet vers l'extérieur, le halo présente un rayon de 22° ou, plus rarement, de 46°. **4.** PHOT. Auréole qui entoure parfois l'image photographique d'un point brillant.

halogène [alɔʒɛn] **adj.** et **n.m.** (du gr. *hals, halos,* sel, et de *-gène*). **1.** Se dit du chlore et des éléments qui figurent dans la même colonne de la classification périodique des éléments : *Le fluor, le brome, l'iode et l'astate sont des halogènes.* **2. Lampe halogène,** lampe à incandescence contenant un halogène qui améliore sa durée de vie et son efficacité lumineuse (on dit aussi *un halogène*).

Hals (Frans), peintre néerlandais (Anvers v. 1580/1585 - Haarlem 1666), auteur de portraits individuels ou collectifs et de sujets de genre. Il vécut à Haarlem, où sont conservés ses chefs-d'œuvre, du jovial *Banquet du corps des archers de Saint-Georges* (1616) aux *Régents* et *Régentes* [de l'hospice des vieillards], d'une causticité vengeresse (1664). Sa technique audacieuse, d'une liberté de touche inédite, a influencé des artistes du XIXe s., tel Manet. (Au Louvre : *Bouffon joueur de luth, la Bohémienne, Portrait de Paulus Van Beresteyn,* etc.)

***halte** [alt] **n.f.** (it. *alto,* all. **Halt*). **1.** Moment d'arrêt pendant une marche, un voyage : *Reprendre la route après une courte halte* (syn. **repos, pause**). **2.** Lieu où l'on s'arrête : *Atteindre la halte de bonne heure* (syn. **étape**). **3. Faire halte,** s'arrêter quelque part, en parlant de personnes ou de véhicules. ◆ **interj. Halte ! halte-là !,** arrêtez ! ; en voilà assez ! : *Halte ! ou je tire* (syn. **stop**).

***halte-garderie** [altgardəri] **n.f.** (pl. *haltes-garderies*). Petit établissement de quartier accueillant pour une durée limitée des enfants de trois mois à six ans.

haltère [altɛr] **n.m.** (lat. *halteres,* balanciers utilisés en gymnastique, du gr.). SPORTS. Instrument formé de deux masses métalliques sphériques ou de disques de fonte, réunis par une tige : *Faire des haltères* (= haltérophilie).

haltérophilie [alterɔfili] **n.f.** (de *haltère* et *-philie*). Sport consistant à soulever les haltères les plus lourds possibles. ◆ **haltérophile n.** Sportif qui pratique l'haltérophilie.

***halva** [alva] **n.m.** (mot turc). Confiserie orientale à base de graines de sésame et de sucre.

***hamac** [amak] **n.m.** (esp. *hamaca,* empr. au parler d'Haïti). Rectangle de toile ou de filet suspendu à ses deux extrémités, dans lequel on s'allonge pour se reposer.

***hamada** [amada] **n.f.** (mot ar.). GÉOMORPH. Au Sahara, plateau où affleurent de grandes dalles rocheuses.

Hambourg, en all. **Hamburg,** v. d'Allemagne, dont elle constitue un Land, sur l'Elbe ; 1 706 696 hab. *(Hambourgeois).* Hambourg constitue le principal débouché maritime de l'Allemagne et demeure l'un des plus grands ports européens et un grand centre industriel : métallurgie, chimie, agroalimentaire. Musées, dont la *Kunsthalle* (peinture allemande et européenne, notamm. du XIXe s.). – Dotée d'une charte et de privilèges de navigation (1189), Hambourg participa à la Hanse pour s'imposer grâce à elle sur les marchés étrangers et supplanta Lübeck au XVIe s. Elle fut gravement atteinte par les guerres napoléoniennes. Entrée, comme ville libre et souveraine, dans la Confédération germanique (1815), incorporée à l'Empire allemand (1871), elle obtint le statut de port franc (1881). Elle fut bombardée par les Alliés en 1943.

Hambourg, en all. **Hamburg,** Land d'Allemagne ; 753 km^2 ; 1 706 696 hab. CAP. *Hambourg.*

***hamburger** [ɑ̃bœrgœr] **n.m.** (mot anglo-amér., abrév. de *hamburger steak,* steak hambourgeois). Steak haché souvent servi dans un petit pain rond ou avec un œuf au plat.

Hamburger (Jean), médecin néphrologue français (Paris 1909 - *id.* 1992). Professeur à la faculté de médecine de Paris, il est l'auteur de travaux importants en néphrologie (étude du rein et de ses maladies). En 1959, il réalisa la première greffe de rein.

***hameau** [amo] **n.m.** (du frq. **haim*). Groupement de quelques maisons rurales situées en dehors de l'agglomération principale d'une commune.

hameçon [amsɔ̃] **n.m.** (de l'anc. fr. *ain,* lat. *hamus*). Crochet métallique placé au bout d'une ligne avec un appât pour prendre du poisson.

Hamilcar, surnommé **Barca** (« la Foudre »), chef carthaginois (v. 290 - Elche 229 av. J.-C.), père d'Hannibal. Après avoir combattu les Romains en Sicile, il réprima la révolte des mercenaires (240-238) et conquit l'Espagne méridionale (237-229).

Hamilton, v. du Canada (Ontario), à l'extrémité du lac Ontario ; 519 949 hab. (721 053 pour l'agglomération). Université. Sidérurgie. Constructions mécaniques et électriques.

Hamilton (*sir* **William Rowan),** mathématicien et physicien irlandais (Dublin 1805 - *id.* 1865). Devant l'impossibilité de trouver un équivalent algébrique aux vecteurs de l'espace à trois dimensions, il inventa, en 1843, les *quaternions,* premier exemple d'ensemble dans lequel la multiplication n'est pas commutative. Sa théorie mathématique et déductive de l'optique, transposée ensuite à la dynamique, fit progresser le calcul des variations et la résolution des équations différentielles.

***hammam** [amam] **n.m.** (mot ar. « bain »). Établissement où l'on prend des bains de vapeur.

Hammett (Dashiell), écrivain américain (dans le comté de Saint Marys, Maryland, 1891 - New York 1961), créateur du roman policier « noir » (*le Faucon maltais,* 1930).

Hammourabi, roi de Babylone (1793-1750 av. J.-C.). Fondateur du premier Empire babylonien, il créa une administration cohérente pour la gestion de son empire et fit rédiger un code, recueil de cas de jurisprudence. • **Code d'Hammourabi :** texte juridique babylonien gravé sur une stèle de basalte noir, découverte à Suse en 1901 et déposée au musée du Louvre. La majeure partie du texte, rédigé en écriture cunéiforme et en langue akkadienne, est constituée d'un ensemble de décisions de justice que le roi Hammourabi voulait ériger en modèle d'équité. Le texte couvre des domaines variés du droit : la famille (droit civil), le travail (réglementation agricole, professions artisanales, libérales, etc.), le droit pénal (faux témoignage, vol, enlèvement, etc.).

1. *hampe [ɑ̃p] **n.f.** (altér. de l'anc. fr. *hante,* croisement du lat. *hasta,* lance et du frq. **hant,* main). **1.** Manche en bois qui supporte un drapeau. **2.** Trait vertical des lettres *t, h, j,* etc. **3.** BOT. Axe florifère allongé, terminé par une fleur ou un groupe de fleurs.

2. *hampe [ɑ̃p] **n.f.** (anc. haut all. *wampa,* panse). BOUCH. Portion charnue située près du diaphragme du bœuf.

Hampton (Lionel), vibraphoniste, batteur et chef d'orchestre de jazz américain (Louisville, Kentucky, 1909 - New York 2002). Il s'imposa, dès 1936, comme le spécialiste du vibraphone en jazz. Grande figure du middle jazz, il fonda son propre big band en 1940.

***hamster** [amstɛr] **n.m.** (mot all.). Petit rongeur d'Europe qui transporte des aliments dans ses abajoues. ▸ Le hamster commun peut causer d'importants dégâts aux cultures ; le hamster doré est devenu un animal de laboratoire ou d'agrément.

Hamsun (Knut Pedersen, dit **Knut),** écrivain norvégien (Garmostraeet, près de Lom, 1859 - Nörholm 1952). Ses romans exaltent le sentiment de la nature et la libération de toutes les entraves sociales (*la Faim,* 1890 ; *Pan,* 1894 ; *Benoni,* 1908). [Prix Nobel 1920.]

Han, dynastie impériale chinoise (206 av. J.-C.-220 apr. J.-C.). Fondée par Han Gaozu (206-195 av. J.-C.), cette dynastie affermit le pouvoir central et présida à un grand essor économique ainsi qu'à l'expansion chinoise en Mandchourie, en Corée, en

Mongolie, au Viêt Nam et en Asie centrale. La dynastie Han fut à son apogée sous Han Wudi (140-87 av. J.-C.). L'usurpateur Wang Mang (9-23 apr. J.-C.) ne parvint pas à résoudre la crise agraire et, après 23, les empereurs tentèrent également de limiter la puissance des grands propriétaires.

***hanap** [anap] **n.m.** (frq. **hnapp,* écuelle). Vase à boire du Moyen Âge, en métal, souvent à pied et à couvercle.

***hanche** [ɑ̃ʃ] **n.f.** (germ. **hanka*). **1.** Région qui correspond à la jonction du membre inférieur avec le tronc : *Mesurer le tour de hanches de qqn.* **2.** Articulation du fémur avec l'os iliaque : *Luxation congénitale de la hanche.*

***handball** [ɑ̃dbal] **n.m.** (mot all., de *Hand,* main, et *Ball,* ballon). Sport d'équipe (sept joueurs chacune, dont un gardien de but) qui se joue avec un ballon rond et uniquement avec les mains.

***handballeur, euse** [ɑ̃dbalœr, -øz] **n.** Joueur, joueuse de handball.

Händel ou **Haendel (Georg Friedrich),** compositeur allemand naturalisé britannique en 1726 (Halle 1685 - Londres 1759). Contemporain exact de Bach, il séjourne en Italie (1706-1710), puis se fixe à Londres en 1712. Nommé en 1720, directeur de la Royal Academy of Music, il se consacre, pour l'essentiel, à l'opéra italien, qu'il tente d'imposer dans la capitale britannique. Devant son insuccès, Händel se tourne vers l'oratorio – en langue anglaise –, genre dans lequel il atteint le sommet de son art. Invité à Dublin, il y donne, en 1742, la première audition du *Messie.* Händel a su assimiler les diverses tendances françaises et italiennes et se créer un style personnel. Avec lui se termine l'âge du style baroque européen. Ses partitions importantes sont des oratorios *(Israël en Égypte, le Messie, Judas Maccabée),* des opéras italiens (*Giulio Cesare,* 1724 ; *Orlando,* 1733) et des œuvres instrumentales : suites ; sonates ; 6 concertos grossos pour orchestre ; 20 concertos pour orgue et orchestre ; *The Water Music* et *Music for the Royal Fireworks* pour orchestre (œuvres de circonstance).

***handicap** [ɑ̃dikap] **n.m.** (mot angl., altér. de *hand in cap,* main dans le chapeau). **1.** Désavantage quelconque, qui met en état d'infériorité : *L'absence de matières premières est un grand handicap pour ce pays.* **2.** SPORTS. Épreuve sportive dans laquelle on désavantage certains concurrents pour égaliser les chances de victoire ; désavantage de poids, de distance, etc., imposé à un concurrent.

***handicapant, e** [ɑ̃dikapɑ̃, -ɑ̃t] **adj.** Qui handicape : *Maladie handicapante.*

***handicapé, e** [ɑ̃dikape] **adj.** et **n.** Se dit d'une personne atteinte d'une infirmité ou souffrant d'un handicap quelconque : *Il travaille avec des handicapés mentaux.*

***handicaper** [ɑ̃dikape] **v.t.** Désavantager : *Sa grande timidité le handicape.*

***handisport** [ɑ̃dispɔr] **n.m.** (de *handi[capé]* et *sport*). Ensemble des sports pratiqués par les handicapés physiques.

Handke (Peter), écrivain autrichien (Griffen, Carinthie, 1942). Son œuvre dramatique (*la Chevauchée sur le lac de Constance,* 1971) et romanesque (*le Colporteur,* 1967 ; *Lent Retour,* 1979 ; *la Maladie de la mort,* 1985) traduit l'angoisse de la solitude et de l'incommunicabilité en un style soucieux d'originalité et de créations verbales. Ses poèmes allient l'expression du quotidien à une écriture quasi onirique (*Poème bleu,* 1973).

Haneke (Michael), cinéaste autrichien (Munich 1942). Ses films, d'une fascinante tension glaciale, restituent la violence des sociétés modernes et traitent de sujets qui interpellent les consciences (*Funny Games,* 1997 ; *la Pianiste,* 2001 ; *le Temps du loup,* 2003 ; *Caché,* 2005 ; *le Ruban blanc,* 2009 ; *Amour,* 2012).

***hangar** [ɑ̃gar] **n.m.** (du frq. **haimgard,* clôture autour de la maison). Abri ouvert ou fermé, et servant à divers usages : *Les hangars d'une ferme* (syn. **remise**). *Un hangar à bateaux.*

Hangzhou, v. de Chine, cap. du Zhejiang ; 2 451 319 hab. (5 189 275 hab. dans l'agglomération). Anc. capitale de la Chine, sous les Song du Sud (1127-1276). Pagode des Six Harmonies fondée en 970. Paysages lacustres et célèbres jardins.

***hanneton** [antɔ̃] **n.m.** (du frq. **hano,* coq). Insecte coléoptère d'Europe centrale et de l'O. ▸ L'adulte, qui apparaît entre avril et juin, et la larve (ver blanc), qui vit sous terre pendant trois ans, sont herbivores et très nuisibles.

Hannibal, général et homme d'État carthaginois (247 - Bithynie 183 av. J.-C.), fils d'Hamilcar Barca. Élevé dans la haine des Romains, il est proclamé chef par l'armée et accepté par le sénat de Carthage en 221. De 221 à 219, il élargit les conquêtes puniques à l'ouest de l'Èbre. Puis il attaque Sagonte, alliée de Rome (219 av. J.-C.), déclenchant la deuxième guerre punique (218-201 av. J.-C.). Hannibal, laissant son frère Hasdrubal en Espagne, gagne l'Italie avec une forte armée par voie de terre. Franchissant les Pyrénées et les Alpes, il perd la moitié de ses troupes et tous ses éléphants sauf un. Il bat pourtant les Romains au Tessin et à la Trébie (218), traverse l'Apennin et remporte les victoires de Trasimène (217) et de Cannes (216). Il tente vainement de surprendre Rome puis, après des combats dans le sud de l'Italie où il a soulevé les cités grecques contre Rome, il doit se rembarquer pour Carthage (203) à la suite de l'arrivée de Scipion en Afrique. Vaincu à Zama (202), Hannibal fait accepter par Carthage les propositions de paix de Scipion. Nommé suffète (magistrat suprême), il entreprend la restauration de l'État carthaginois et noue des alliances en Orient contre Rome. Dénoncé par ses ennemis politiques aux Romains, il s'enfuit et se réfugie d'abord à la cour d'Antiochos III, qu'il pousse à la guerre contre Rome. Après la défaite de ce dernier, il se rend finalement auprès de Prousias de Bithynie. Les Romains ayant obtenu qu'il leur soit livré, Hannibal s'empoisonne. Chef de guerre prestigieux, formé à l'école des tacticiens grecs, il fut aussi un grand politique qui tenta de démocratiser l'État punique.

Hannon, navigateur carthaginois, qui, v. 450 av. J.-C., aurait longé les côtes atlantiques du continent africain, jusqu'à la Guinée.

Hanoï, cap. du Viêt Nam, à la tête du delta du Tonkin, sur le fleuve Rouge ; 3 470 000 hab. dans l'agglomération. Centre industriel, commercial et culturel. Nombreux monuments ; riches musées. Principale ville du Tonkin sous domination chinoise au VIe s., Hanoï devient la capitale de la République démocratique du Viêt Nam (1954) puis celle du pays réunifié (1975).

Hanovre, en all. **Hannover,** anc. État allemand. En 1692, le duché de Hanovre devient un électorat (son duc est dès lors Électeur du Saint Empire). Érigé en royaume (1814), il est annexé par la Prusse en 1866.

Hanovre, en all. **Hannover,** v. d'Allemagne, cap. de la Basse-Saxe, sur la Leine ; 506 416 hab. (1 283 000 hab. dans l'agglomération). Centre commercial (foire internationale) et industriel. Musées de Basse-Saxe. Jardins de Herrenhausen. La ville adhéra à la Hanse en 1386 et fut à partir de 1636 la résidence des ducs puis des rois de Hanovre.

Hanovre *(dynastie de),* dynastie qui a régné sur l'électorat de Hanovre à partir de 1692 et conjointement sur la Grande-Bretagne à partir de 1714, lorsque l'Électeur de Hanovre, arrière-petit-fils par sa mère de Jacques Ier Stuart, devint roi de Grande-Bretagne sous le nom de George Ier. L'union personnelle des deux États cessa en 1837. En Grande-Bretagne, la maison royale prit en 1917 le nom de *dynastie de Windsor.*

***hanse** [ɑ̃s] **n.f.** (anc. haut all. *hansa,* troupe). HIST. Association de marchands, au Moyen Âge.

Hanse (la) ou **Hanse teutonique,** association des cités marchandes de la Baltique et de la mer du Nord (XIIe-XVIIe s.). Constituée d'abord par les marchands de Lübeck, Hambourg et Cologne, elle regroupait au XIVe s. 70 à 80 villes et possédait des comptoirs à Novgorod, Londres et Bruges. Elle imposa aux régions baltes son monopole et domina le commerce de la Russie et de la Scandinavie, échangeant les produits bruts de ces régions contre les produits manufacturés de l'Europe

*L'astérisque (*) indique que le mot commence par un **h** aspiré.*

occidentale. Elle déclina en raison de la faiblesse de son organisation politique, de la concurrence de l'Angleterre et des Pays-Bas et des ambitions du Danemark, qui lui infligea en 1534-1535 la défaite de Lübeck.

***hanséatique** [ɑ̃seatik] **adj.** Relatif à la Hanse.

***hanté, e** [ɑ̃te] **adj.** (angl. *haunted*). Visité par des esprits, des fantômes : *Maison hantée.*

***hanter** [ɑ̃te] **v.t.** (de l'anc. scand. *heimta*, frq. **haim*, hameau). **1.** Occuper entièrement l'esprit de qqn : *Son souvenir me hante* (syn. **obséder, poursuivre**). **2.** *LITT.* Fréquenter qqn, un lieu : *Il hante les galeries de peinture.* **3. Hanter un lieu,** y apparaître, en parlant d'esprits, de fantômes.

***hantise** [ɑ̃tiz] **n.f.** (de *hanter*). Obsession ; idée fixe : *Elle est poursuivie par la hantise de l'échec.*

Haoussa, peuple du Nigeria et du Niger, parlant une langue chamito-sémitique, et dont le mode de vie est fortement influencé par l'islam.

hapax [apaks] **n.m.** (abrév. du gr. *hapax legomenon*, chose dite une seule fois). LING. Mot ou expression qui n'apparaissent qu'une seule fois dans un corpus donné.

haploïde [aplɔid] **adj.** (de *haplo-* et *-oïde*). BIOL. Se dit d'une cellule dont le noyau ne contient qu'un seul chromosome de chaque paire, ainsi que des organes formés de telles cellules (par opp. à *diploïde*).

***happening** [apniŋ] **n.m.** (mot angl. « événement »). Événement artistique qui suppose la participation active du public et cherche à provoquer une création spontanée, dans une visée souvent contestatrice.

■ Dans la lignée des soirées publiques futuristes, dadaïstes ou surréalistes d'avant-guerre, le happening est apparu à New York dans les années 1950-1960. Se situant entre la peinture et le théâtre, proche de la *performance*, il fut pratiqué par différents mouvements et groupes d'artistes (pop art, Fluxus, situationnisme). Il inspire aujourd'hui de nouvelles formes artistiques engagées et militantes (désignées sous le nom d'« artivisme »). ■

***happer** [ape] **v.t.** (d'un rad. onomat. *happ-*, correspondant à une idée de saisie brutale). **1.** Saisir brusquement avec la gueule, le bec : *Le chat bondit et happa la souris.* **2.** Accrocher, saisir brusquement, avec violence : *Le train a happé le cycliste.*

***happy end** [apiɛnd] **n.m.** (mots angl. « fin heureuse ») [pl. *happy ends*]. Dénouement heureux d'un film, d'un roman ou d'une histoire quelconque.

hara-kiri** [arakiri] **n.m.** (mot jap. « ouverture du ventre ») [pl. *hara-kiris*]. Mode de suicide particulier au Japon, qui consiste à s'ouvrir le ventre. ***Rem. Les Japonais emploient le mot *seppuku*.

***harangue** [arɑ̃g] **n.f.** (probabl. de l'it. *aringo*, place publique, gotique **hring*, assemblée). **1.** Discours solennel prononcé devant une assemblée, des troupes, etc. **2.** Discours pompeux, ennuyeux : *Quand aura-t-il fini sa harangue ?*

***haranguer** [arɑ̃ge] **v.t.** Adresser une harangue à : *Haranguer la foule.*

Harare, anc. **Salisbury,** cap. du Zimbabwe, à 1 470 m d'alt. ; 1 541 570 hab.

***haras** [ara] **n.m.** (de l'anc. scand. *hârr*, au poil gris). Établissement où l'on entretient des étalons et des juments pour propager et améliorer la race chevaline.

***harassant, e** [arasɑ̃, -ɑ̃t] **adj.** (de *harasser*). Extrêmement fatigant : *Un travail harassant* (syn. **épuisant, exténuant**).

***harassement** [arasmɑ̃] **n.m.** (de *harasser*). *LITT.* Fatigue extrême.

***harasser** [arase] **v.t.** (de l'anc. fr. *harache*, de l'interj. *hare !*, cri poussé pour exciter les chiens). Fatiguer à l'extrême : *Cette longue marche m'a harassée* (syn. **épuiser, exténuer**).

Harbin ou **Kharbin,** v. de la Chine du Nord-Est, cap. du Heilongjiang ; 3 481 504 hab. (5 496 375 hab. dans l'agglomération). Centre industriel.

harcèlement** [arsɛlmɑ̃] **n.m. 1.** Action de harceler. **2. Harcèlement moral,** agissements malveillants et répétés à l'égard d'un subordonné, d'un collègue, d'un conjoint ou d'un concubin. / **Harcèlement sexuel,** fait d'imposer à qqn, de façon répétée, des propos ou des comportements à connotation sexuelle ; le fait, même non répété, de faire pression sur qqn dans le but réel ou apparent d'obtenir un acte de nature sexuelle. ***Rem. Pour le Code pénal, se servir de sa propre position hiérarchique ou de la vulnérabilité de l'autre (âge, maladie, etc.) est une circonstance aggravante.

***harceler** [arsəle] **v.t.** (de *herser*, frapper) [conj. **25**]. **1.** Soumettre à des attaques incessantes : *Harceler l'ennemi.* **2.** Soumettre à des critiques, à des moqueries répétées : *Harceler qqn de questions* (syn. **assaillir**).

***harceleur, euse** [arsəlœr, -øz] **n.** Personne qui pratique un harcèlement.

1. *harde [ard] **n.f.** (frq. **herda*, troupeau). VÉN. Troupeau de ruminants sauvages : *Une harde de cerfs.*

2. *harde [ard] **n.f.** (de *hart*, corde, frq. **hard*, filasse). VÉN. **1.** Lien avec lequel on attache les chiens quatre à quatre ou six à six. **2.** Réunion de plusieurs couples de chiens.

***hardes** [ard] **n.f. pl.** (mot gascon, aragonais *farda*, ar. *farda*, habillement). *LITT.* Vêtements usagés et misérables : *Il revint épuisé et vêtu de hardes* (syn. **loque**).

***hardi, e** [ardi] **adj.** (p. passé de l'anc. v. **hardir*, rendre dur, frq. **hardjan*). **1.** Qui manifeste de l'audace et de la décision en face d'un danger, d'une difficulté : *Des alpinistes hardis* (syn. **courageux, intrépide**). **2.** Qui agit délibérément et avec effronterie : *Vous êtes bien hardi de m'interrompre* (syn. **impudent, effronté**). **3.** Qui témoigne d'audace, d'originalité : *Imagination hardie* (syn. **novateur**). ◆ **hardi interj.** Sert à encourager dans l'effort : *Hardi, les gars !*

***hardiesse** [ardjɛs] **n.f.** (de *hardi*). **1.** Qualité d'une personne ou d'une chose hardie : *La hardiesse du dompteur* (syn. **bravoure, courage, intrépidité**). **2.** Originalité dans la conception et l'exécution d'une œuvre littéraire ou artistique : *Les hardiesses d'un metteur en scène* (syn. **audace**). **3.** *LITT.* Insolence ; effronterie : *La hardiesse de ses réponses* (syn. **aplomb, impertinence**). **4.** (Surtout au pl.). Action, manière, propos hardis : *Se permettre certaines hardiesses* (syn. **liberté, licence**).

***hardiment** [ardimɑ̃] **adv.** Avec hardiesse : *Nier hardiment l'évidence* (syn. **effrontément**).

Hardouin-Mansart (Jules) → Mansart.

***hardware** [ardwɛr] **n.m.** (mot anglo-amér. « quincaillerie », de *hard*, dur, et *ware*, marchandise). INFORM. (Anglic. déconseillé). Matériel (par opp. à *software, logiciel*). [Abrév. *hard.*]

Hardy (Thomas), écrivain britannique (Upper Bockhampton 1840 - Max Gate 1928). Ses poèmes et ses romans évoquent les mœurs provinciales à travers la peinture d'êtres soumis à un implacable destin (*Tess d'Urberville*, 1891 ; *Jude l'Obscur*, 1895).

***harem** [arɛm] **n.m.** (ar. *haram*, défendu, sacré). Appartements des femmes, chez les musulmans ; ensemble des femmes qui y habitent.

***hareng** [arɑ̃] **n.m.** (frq. **hâring*). Poisson à dos vert-bleu, à ventre argenté, abondant dans la Manche et la mer du Nord, et qui voyage par bancs. ▸ Famille des clupéidés ; long. de 20 à 30 cm env.

***harengère** [arɑ̃ʒɛr] **n.f. 1.** *FAM.* et *VIEILLI.* Femme querelleuse et grossière (syn. **mégère, virago**). **2.** *VX.* Marchande de harengs et autres poissons.

***hargne** [arɲ] **n.f.** (de l'anc. fr. *hergner*, frq. **harmjan*, injurier). Mauvaise humeur qui se manifeste par de l'agressivité : *Il m'a répondu avec hargne* (syn. **colère, acrimonie**).

***hargneusement** [arɲøzmɑ̃] **adv.** De façon hargneuse : *Les gens coincés dans l'embouteillage klaxonnaient hargneusement* (syn. **furieusement**).

***hargneux, euse** [arɲø, -øz] **adj.** Qui manifeste ou qui dénote de la hargne : *Un ton hargneux* (syn. **acrimonieux**).

***haricot** [ariko] **n.m.** (de l'anc. fr. *harigoter,* couper en morceaux, du frq. **harijôn*). **1.** Plante légumineuse annuelle, originaire d'Amérique, qui comprend de nombreuses variétés comestibles ou ornementales. **2.** Le fruit de cette plante, qui se mange soit en gousses, soit en grains. **3.** Petit bassin en forme de haricot, utilisé en chirurgie. **4.** *FAM.* **C'est la fin des haricots,** c'est la fin de tout, le désastre total. **5. Haricot de mouton,** ragoût de mouton aux pommes de terre et aux navets.

***haridelle** [aridɛl] **n.f.** (probabl. de l'anc. scand. *hârr,* au poil gris). Mauvais cheval, maigre et mal conformé.

Haring (Keith), artiste américain (Reading, Pennsylvanie, 1958 - New York 1990). Dans l'esprit du pop art, il privilégie les graffitis, sur supports multiples, en adoptant un graphisme stylisé et coloré. Ses peintures, dessins et sculptures (sur la guerre, le sida, la drogue) ont un caractère engagé.

***harissa** [arisa] **n.f.** (mot ar., de *harasa,* piler, broyer). Sauce forte, à base de piment et d'huile, d'origine nord-africaine.

***harki** [arki] **n.m.** (mot ar., de *harka,* mouvement). Militaire d'origine algérienne ayant servi comme supplétif dans l'armée française en Algérie de 1954 à 1962.

Harlem, quartier de New York, habité par une importante communauté noire.

harmattan [armatɑ̃] **n.m.** (de *haramata,* mot africain). Vent d'est, chaud et sec, originaire du Sahara et soufflant sur l'Afrique occidentale.

harmonica [armɔnika] **n.m.** (mot angl., du lat. *harmonicus,* harmonieux). Instrument de musique à anches libres logées dans les cavités d'un cadre, et mises en vibration par le souffle.

harmonie [armɔni] **n.f.** (lat. *harmonia,* du gr. *harmozein,* ajuster). **1.** Accord bien réglé entre les diverses parties d'un ensemble : *L'harmonie des couleurs dans un tableau* (syn. **équilibre**). **2.** Accord de sentiments, d'idées entre plusieurs personnes : *Vivre en harmonie* (syn. **entente, union**). **3.** Accord ou succession de sons agréables à l'oreille : *L'harmonie d'un vers* (syn. **mélodie**). **4.** MUS. Science de la formation et de l'enchaînement des accords. **5.** Orchestre composé uniquement d'instruments à vent et de percussions.

harmonieusement [armɔnjøzmɑ̃] **adv.** De façon harmonieuse : *Un salon harmonieusement décoré.*

harmonieux, euse [armɔnjø, -øz] **adj.** (de *harmonie*). **1.** Dont les parties forment un ensemble bien proportionné, agréable : *Architecture harmonieuse.* **2.** Qui produit des sons agréables à l'oreille : *Une voix harmonieuse* (syn. **mélodieux**).

harmonique [armɔnik] **adj. 1.** MUS. Qui utilise les lois de l'harmonie : *Échelle harmonique.* **2.** MATH. **Division harmonique,** quadruplet de 4 points alignés A, B, C, D tels que $\frac{\overline{CA}}{\overline{CB}} = \frac{\overline{DA}}{\overline{DB}}$ (C et D sont dits *conjugués harmoniques* de A et B). ◆ **n.m.** Son accessoire ayant des fréquences multiples de celles du son fondamental et qui, se surajoutant à celui-ci, contribue avec d'autres à former le timbre (on dit aussi *son harmonique*).

harmonisation [armɔnizasjɔ̃] **n.f.** Action d'harmoniser ; son résultat : *Harmonisation des diverses propositions* (syn. **ajustement, uniformisation**).

harmoniser [armɔnize] **v.t. 1.** Mettre en harmonie, en accord : *Harmoniser des intérêts opposés.* **2.** MUS. Ajouter à une mélodie une ou plusieurs parties harmoniques. **3.** MUS. Donner une sonorité équilibrée aux différents registres d'un instrument à clavier : *Harmoniser un clavecin, un piano, un orgue, etc.* ◆ **s'harmoniser** **v.pr.** Être en harmonie avec : *Sa tristesse s'harmonisait avec ce paysage d'automne* (syn. **correspondre à**). *Couleurs qui s'harmonisent* (contr. **détonner**).

harmoniste [armɔnist] **n.** MUS. **1.** Personne qui connaît et met en pratique les règles de l'harmonie. **2.** Personne qui harmonise un instrument.

harmonium [armɔnjɔm] **n.m.** (mot créé d'apr. *harmonie*). Instrument de musique à clavier, à anches libres mises en vibration par l'air d'une soufflerie commandée par un pédalier.

***harnachement** [arnaʃmɑ̃] **n.m. 1.** Action de harnacher. **2.** Ensemble des pièces qui composent le harnais. **3.** *FAM.* Équipement pesant et encombrant : *As-tu vu le harnachement de ces campeurs ?* (syn. **attirail**).

***harnacher** [arnaʃe] **v.t. 1.** Mettre le harnais à : *Harnacher un cheval.* **2. Être harnaché,** être accoutré d'une tenue lourde et grotesque, muni d'un équipement encombrant.

***harnais** [arnɛ] **n.m.** (anc. scand. **hernest,* provision de voyage). **1.** Équipement complet d'un cheval de selle ou de trait, constitué par un ensemble de pièces de cuir et souvent de bois ou de métal. **2.** Ensemble des sangles qui entourent un parachutiste, un alpiniste, un monteur de lignes téléphoniques, etc., et qui, attachées en un point, répartissent sur l'ensemble du corps la traction exercée en cas de chute.

***harnois** [arnwa] **n.m.** (forme anc. de *harnais,* encore employée dans quelques loc.). *LITT.* **Blanchi sous le harnois,** qui a vieilli dans son métier.

***haro** [aro] **n.m.** (de *hare,* cri pour exciter les chiens, frq. **hara,* ici, de ce côté). *LITT.* **Crier haro sur,** attirer sur qqn, qqch la colère et la réprobation d'autrui.

Harold II (v. 1022 - Hastings 1066), roi des Anglo-Saxons (1066). Vainqueur du roi de Norvège Harald III Hårdråde, il fut vaincu et tué à Hastings par les troupes de Guillaume le Conquérant (1066).

harpagon [arpagɔ̃] **n.m.** (du n. de *Harpagon,* type d'avare chez Molière). *LITT.* Homme très avare.

***harpe** [arp] **n.f.** (bas lat. *harpa,* mot germ.). Instrument de musique triangulaire monté de cordes de longueur inégale que l'on pince des deux mains.

***harpie** [arpi] **n.f.** (lat. *Harpyia,* mot gr.). **1.** Femme acariâtre (syn. **mégère, virago**). **2.** MYTH. GR. Monstre fabuleux à tête de femme et à corps d'oiseau.

***harpiste** [arpist] **n.** Instrumentiste qui joue de la harpe.

***harpon** [arpɔ̃] **n.m.** (de *harper,* empoigner, du lat. *harpe,* mot gr. « faucille, crochet », avec infl. de l'anc. scand. *harpa,* crampe). **1.** Instrument métallique, barbelé et acéré, emmanché, dont on se sert pour la pêche au gros et la chasse à la baleine. **2.** PRÉHIST. Instrument de pêche ou de chasse dont la pointe, faite d'os ou de bois de renne, est munie d'un ou de deux rangs d'aspérités disposés en barbe d'épi.

***harponnage** [arpɔnaʒ] et ***harponnement** [arpɔnmɑ̃] **n.m.** Action de harponner.

***harponner** [arpɔne] **v.t. 1.** Atteindre, saisir avec un harpon. **2.** *FAM.* Arrêter qqn au passage : *Se faire harponner par un importun* (syn. **accrocher**).

***harponneur** [arpɔnœr] **n.m.** Pêcheur qui lance le harpon.

Harris (Zellig), linguiste américain (Balta, Ukraine, 1909 - New York 1992). Il a d'abord étudié des langues très diverses (sémitiques, amérindiennes), ce qui lui a permis d'élaborer une théorie, le distributionnalisme, qui réalise une description générale des langues naturelles. Mais il s'est vite heurté aux limites de la méthode. Il a alors introduit la notion de « transformation », que son élève Chomsky reprit dans le cadre de la grammaire générative (*Structures mathématiques du langage,* 1968).

Harry Potter, personnage de roman pour la jeunesse créé par J.K. Rowling. Les aventures du jeune apprenti sorcier (7 vol.) ont été publiées de 1997 *(Harry Potter à l'école des sorciers)* à 2007 *(Harry Potter et les Reliques de la mort)* et adaptées au cinéma (2001-2011).

Hartmann (Nicolai), philosophe allemand (Riga 1882 - Göttingen 1950). Sa métaphysique procède du néokantisme et de la phénoménologie de Husserl. Il énonce une théorie de la connaissance qui repose sur l'affirmation selon laquelle l'essence des choses et leur existence se confondent, et que la connaissance que nous en avons peut être totale, dans la mesure où elle met en jeu notre conscient et notre inconscient (*les Fondements métaphysiques de la connaissance,* 1921).

Hartung (Hans), peintre français d'origine allemande (Leipzig 1904 - Antibes 1989), naturalisé français en 1946. Installé à Paris en 1935, il s'est rendu dès cette époque maître de son style propre, qui conjugue, dans la voie abstraite, spontanéité lyrique et strict contrôle intellectuel. Variant les formes d'expression (graphismes de toute sorte, tachisme, striures, halos de couleurs...), il a fait une brillante carrière à partir des années 1950.

Harun al-Rachid (Rey, Iran, 766 - Tus, Khorasan, 809) calife abbasside (786-809). Succédant à son frère al-Hadi en 786, il délègue les affaires de l'État à un vizir, Yahya, qu'il choisit dans la dynastie des Barmakides persans. Ce dernier exerce ainsi le pouvoir effectif, avec ses deux fils. Mais, en 803, Harun al-Rachid, avec l'appui de ses eunuques et des *mawali* (musulmans non arabes), se débarrasse des Barmakides. Son règne est d'abord marqué par de nombreux troubles, surtout en Perse, où les rivalités économiques et sociales se cristallisent en une agitation religieuse opposant sunnites et chiites. Mais le calife se rend populaire par la guerre contre les Byzantins, à qui il impose tribut à deux reprises, et par ses nombreux pèlerinages. Il meurt alors qu'il se rendait dans le Khorasan (N.-E. de l'Iran) pour lutter contre un rebelle de Transoxiane. Héros de nombreux contes des *Mille et Une Nuits,* le personnage d'Harun al-Rachid a vu son histoire déformée par la légende. Le règne de ce souverain fastueux appartient bien à l'âge d'or de l'islam classique (VIIIe-Xe s.), caractérisé par une grande prospérité commerciale et par un remarquable épanouissement des sciences, des lettres et des arts, dont Bagdad est alors le foyer. Mais l'œuvre du plus célèbre des califes abbassides reste controversée, certains historiens faisant notamment de lui le responsable de la dislocation de l'Empire abbasside, qu'il décide de partager entre trois de ses fils.

haruspice ou **aruspice** [aryspis] **n.m.** (lat. *haruspex*). Chez les Romains, devin qui interprétait la volonté des dieux, notamm. par l'examen des entrailles des victimes.

Harvey (William), médecin anglais (Folkestone 1578 - Londres 1657). Médecin des rois Charles Ier et Jacques Ier, il édifia, à partir des travaux fragmentaires de Michel Servet, de R. Colombo et G. C. Aranzi, la théorie complète de la circulation du sang. On lui doit l'énoncé du principe *omne vivum ex ovo* (« tout être vivant provient d'un germe »).

Harz (le), massif cristallin du centre de l'Allemagne, culminant au Brocken (1 142 m). Dans les légendes allemandes, le Brocken était le rendez-vous des sorcières, qui y célébraient la *nuit de Walpurgis*.

Hasan ou **Hassan,** deuxième imam des chiites (v. 624 - Médine 669). Fils d'Ali et de Fatima, il renonça en 661 au califat au profit de Muawiya, fondateur de la dynastie des Omeyyades.

Hasan II ou **Hassan II** (Rabat 1929 - *id.* 1999), roi du Maroc (1961-1999), fils de Muhammad V. Il opta pour une transition vers une certaine modernité tout en s'appuyant sur la tradition islamique.

***hasard** [azar] **n.m.** (esp. *azar,* ar. *az-zahr,* dé). **1.** Événement heureux ou fâcheux, dû à un ensemble de circonstances imprévues : *Profiter d'un hasard heureux* (syn. **chance, occasion**). *Les hasards de la guerre* (syn. **péril, risque**). **2.** Cause attribuée aux événements considérés comme inexplicables logiquement et soumis seulement à la loi des probabilités : *Le hasard fait parfois bien les choses* (syn. **sort**). **3. À tout hasard,** en prévision d'un événement possible. / **Au hasard,** à l'aventure. / **Par le plus grand des hasards,** d'une manière tout à fait imprévisible, par une coïncidence très improbable. **4. Jeu de hasard,** jeu où n'interviennent ni le calcul ni l'habileté du joueur.

***hasarder** [azarde] **v.t.** (de *hasard*). **1.** Entreprendre qqch, avancer une opinion, une idée en risquant d'échouer : *Hasarder une démarche auprès d'un ministre* (syn. **tenter**). *Je hasardai une explication de ce phénomène extraordinaire* (syn. **risquer**). **2.** LITT. Exposer qqch à un risque, à un danger : *Hasarder sa fortune dans des spéculations* (syn. **aventurer, jouer**). ◆ **se hasarder v.pr. 1.** S'exposer à un risque : *Se hasarder la nuit dans une rue obscure* (syn. **s'aventurer**). **2. Se hasarder à** (+ inf.), se décider à faire qqch en dépit du risque : *Malgré les détonations, elle se hasarda à sortir de son abri* (syn. **se risquer à**).

***hasardeux, euse** [azardø, -øz] **adj.** (de *hasarder*). Qui comporte des risques ; aléatoire : *Projet hasardeux* (syn. **dangereux, risqué**).

haschisch** [aʃiʃ] **n.m.** (ar. *hachich,* herbe). Résine psychotrope extraite des feuilles et des inflorescences du chanvre indien, consommée le plus souvent fumée et dont l'usage prolongé peut conduire à un état de dépendance psychique (abrév. fam. *hasch*). ***Rem. Il existe plusieurs variantes graphiques dont **haschich.*

Hasdrubal, nom porté par plusieurs généraux carthaginois (VIe-IIe s. av. J.-C.). Les deux principaux furent : • **Hasdrubal,** dit **le Beau** (v. 270 - 221 av. J.-C.), gendre d'Hamilcar, fondateur de Carthagène, en Espagne ; • **Hasdrubal Barca** (v. 245 - 207 av. J.-C.), frère d'Hannibal ; vaincu et tué en Italie sur le Métaure, il ne put rejoindre son frère à qui il amenait des renforts.

***hase** [az] **n.f.** (mot all. « lièvre »). Femelle du lièvre.

Hašek (Jaroslav), écrivain tchèque (Prague 1883 - Lipnice nad Sázavou 1923). Il est l'auteur du roman satirique *le Brave Soldat Chvéïk* (1921-1923).

Hassan → Hasan.

Hasselt, v. de Belgique, ch.-l. du Limbourg ; 75 579 hab.

Hastings *(bataille d')* [14 oct. 1066], bataille que remporta Guillaume le Conquérant sur le roi anglo-saxon Harold II à Hastings (Angleterre). Cette bataille donna l'Angleterre aux Normands.

***hâte** [at] **n.f.** (frq. **haist,* violence). **1.** Grande rapidité à faire qqch : *Mettre trop de hâte à faire qqch* (syn. **précipitation**). **2. À la hâte,** précipitamment. / **Avoir hâte de, que,** être pressé de, que : *J'ai hâte de partir. Avoir hâte que l'été arrive.* / **En (toute) hâte,** sans perdre de temps.

***hâter** [ate] **v.t.** (de *hâte*). **1.** Rendre plus rapide : *Hâter le pas* (syn. **presser**). **2.** Rapprocher dans le temps ; avancer : *Hâter son départ* (syn. **précipiter**). ◆ **se hâter v.pr. 1.** Aller plus vite : *Hâtez-vous, le spectacle va commencer* (syn. **se dépêcher**). **2. Se hâter de** (+ inf.), ne pas perdre de temps pour : *Se hâter de descendre du train* (syn. **se dépêcher, se presser**).

Hathor, déesse de l'ancienne Égypte dont le nom signifie « Demeure d'Horus [le Soleil] ». Elle est représentée sous la forme d'une vache ou celle d'une femme, la tête souvent coiffée de deux grandes cornes enserrant le disque solaire. Chaque matin, elle donnait naissance au Soleil, lequel, devenu à midi homme ou taureau, la fécondait et, le soir, disparaissait dans la bouche de celle qui était ainsi à la fois sa mère et son épouse. Hathor était vénérée particulièrement à Dendérah.

***hâtif, ive** [atif, -iv] **adj.** (de *hâte*). **1.** Qui vient avant le temps, précoce : *Fruit hâtif.* **2.** Fait trop vite, à la hâte : *Travail hâtif.*

***hâtivement** [ativmɑ̃] **adv.** En hâte ; avec précipitation : *Travail fait hâtivement et où les erreurs abondent* (syn. **à la va-vite**).

***hauban** [obɑ̃] **n.m.** (anc. scand. *höfudbenda,* lien du sommet). **1.** MAR. Chacun des cordages placés à poste fixe servant à soutenir et à assujettir les mâts par le travers et par l'arrière. **2.** Câble servant à maintenir ou à consolider : *Les haubans d'une grue, d'un pont.*

***haubaner** [obane] **v.t.** Fixer, assujettir, renforcer au moyen de haubans : *Haubaner un pylône.*

***haubert** [obɛr] **n.m.** (frq. **halsberg,* ce qui protège le cou). Longue cotte de mailles des hommes d'armes au Moyen Âge.

Haug (Émile), géologue français (Drusenheim 1861 - Niederbronn 1927). Auteur d'un *Traité de géologie,* il fut le premier à proposer une distinction claire entre les aires continentales, stables, et celles où se forment les futures montagnes.

***hausse** [os] **n.f.** (de *hausser*). **1.** Fait de s'accroître en hauteur, d'atteindre un niveau plus élevé : *La hausse des eaux d'un fleuve* (syn. **montée**). **2.** Augmentation de quantité, de valeur, de prix : *Hausse des températures* (syn. **élévation**). *Prix en hausse.* **3.** ARM. Appareil placé sur le canon d'une arme à feu et servant à son pointage.

***haussement** [osmɑ̃] **n.m.** Action de hausser : *Elle signifia son mépris d'un haussement d'épaules.*

***hausser** [ose] **v.t.** (lat. pop. **altiare,* de *altus,* haut). **1.** Élever, rendre plus haut : *Hausser un mur* (syn. **surélever**). **2.** Augmenter la valeur, l'importance de qqch : *Hausser les prix* (syn. **majorer, relever**). **3.** Augmenter l'intensité d'un son : *L'orateur devait hausser la voix pour couvrir les murmures* (syn. **enfler**). **4. Hausser les épaules,** faire le geste de les soulever rapidement en signe de doute ou de mépris. / **Hausser le ton,** prendre un ton de menace, de supériorité.

Haussmann (Georges, *baron***),** administrateur français (Paris 1809 - *id.* 1891). Préfet de la Seine (1853-1870), il dirigea l'ensemble immense de travaux qui firent de Paris une ville moderne (non sans qu'on lui ait reproché quelques dégâts, dont l'île de la Cité).

1. *haut, e [o, ot] **adj.** (lat. pop. **haltus,* altér. du class. *altus,* d'apr. le germ. **hôh,* de même sens). **1.** Qui a une dimension verticale importante par rapport à qqch de même nature pris comme référence : *Une haute montagne* (syn. **élevé**). **2.** Qui dépasse le niveau ordinaire : *La rivière est haute, on craint des inondations.* **3.** Qui occupe une position supérieure, éminente dans sa catégorie : *La haute société. La haute technologie* (syn. **avancé**). *De hauts faits d'armes.* **4.** Qui atteint un niveau élevé en intensité ; qui est très grand, à quelque titre que ce soit : *Objet cuit à haute température* (syn. **élevé**). *Calcul de haute précision* (syn. **grand**). **5.** Aigu : *Notes hautes.* **6.** Se dit de la partie d'un pays qui est la plus éloignée de la mer, de la partie d'un cours d'eau qui est la plus proche de sa source : *La haute Égypte.* **7.** Reculé dans le temps : *La haute antiquité.* **8. Haut de,** qui a une certaine dimension dans le sens vertical : *Une maison haute de 20 mètres.* / **Haut en couleur,** dont les couleurs sont très vives ; au fig., coloré, en parlant d'un style, d'un récit, etc. / **Marcher la tête haute,** sans honte, avec fierté. ◆ **haut adv. 1.** À haute altitude ; en un lieu élevé ; à un degré élevé : *Voler haut dans le ciel.* **2.** À haute voix : *Parler haut et fort.* **3. De haut,** d'un endroit élevé ; au fig., avec insolence, mépris : *Traiter qqn de haut.* / **D'en haut,** d'un endroit élevé ; d'un niveau élevé du pouvoir : *Des ordres venus d'en haut.* / **En haut,** dans un lieu élevé, plus élevé.

2. *haut [o] **n.m.** (de *1. haut*). **1.** Dimension verticale d'un corps : *Cette colonne a 20 mètres de haut* (syn. **hauteur**). **2.** Partie haute de qqch : *Le haut d'un arbre* (syn. **cime**). **3.** Partie de l'habillement féminin qui couvre le haut du corps, le buste. **4. Tomber de son haut,** de toute sa hauteur ; au fig., être extrêmement surpris.

***hautain, e** [otɛ̃, -ɛn] **adj.** (de *1. haut*). Qui montre un orgueil autoritaire à l'égard de ceux considérés comme inférieurs : *Une femme hautaine. Un regard hautain* (syn. **méprisant, condescendant**).

***hautbois** [obwa] **n.m.** (de *haut,* et *bois*). Instrument de musique à vent, à anche double.

***hautboïste** [obɔist] **n.** Instrumentiste qui joue du hautbois. (On dit aussi *un hautbois.*)

***haut-commissaire** [okɔmisɛr] **n.** (pl. *hauts-commissaires*). Titre donné à certains hauts fonctionnaires : *La haut-commissaire aux Réfugiés.*

L'astérisque (*) indique que le mot commence par un ***h*** *aspiré.*

***haut-commissariat** [okɔmisarja] **n.m.** (pl. *hauts-commissariats*). **1.** Fonction de haut-commissaire. **2.** Administration, services dépendant d'un haut-commissaire : *Le haut-commissariat à la Jeunesse et aux Sports.*

***haut-de-chausses** ou ***haut-de-chausse** [odʃos] **n.m.** (pl. *hauts-de-chausses, hauts-de-chausse*). Vêtement masculin, bouffant ou non, qui couvrait le corps de la ceinture aux genoux (fin du Moyen Âge - XVIIe s.).

***haut-de-forme** [odfɔrm] **n.m.** (pl. *hauts-de-forme*). Chapeau masculin de cérémonie, à calotte de soie haute et cylindrique et à bord étroit.

***haute** [ot] **n.f.** FAM. **La haute,** les hautes classes de la société.

***haute-contre** [otkɔ̃tr] **n.f.** (formation similaire à celle de *contralto,* avec *contre* indiquant un degré supérieur) [pl. *hautes-contre*]. MUS. Voix masculine située dans le registre aigu du ténor. ◆ **n.m.** Chanteur qui a cette voix.

***haute-fidélité** [otfidelite] **n.f.** (pl. *hautes-fidélités*). Ensemble des techniques visant à obtenir une grande qualité de reproduction du son.

***hautement** [otmɑ̃] **adv. 1.** À un haut degré : *Ouvrier hautement qualifié.* **2.** De façon ouverte, déclarée : *Se déclarer hautement pour la réforme* (syn. **ouvertement** ; contr. **mollement**).

***hauteur** [otœr] **n.f.** (de *haut*). **1.** Dimension de qqch de sa base à son sommet : *La hauteur du mât est de 7 mètres.* **2.** Élévation d'un corps au-dessus d'un plan de comparaison : *L'avion avait atteint la hauteur de 3 000 mètres* (syn. **altitude**). **3.** Qualité de ce qui est haut, élevé, d'une grande dimension verticale : *La hauteur impressionnante de ces montagnes.* **4.** SPORTS. (Précédé de l'art. déf.). Spécialité du saut en hauteur : *Un spécialiste de la hauteur.* **5.** Terrain ou lieu élevé : *Il y a de la neige sur les hauteurs* (syn. **sommet**). **6.** Qualité de ce qui est élevé, éminent dans l'ordre moral, intellectuel : *Hauteur de vues* (syn. **grandeur, noblesse**). **7.** Sentiment de supériorité condescendante : *Un refus plein de hauteur* (syn. **dédain, morgue**). **8.** Une des trois dimensions de l'espace, dans la géométrie euclidienne. **9.** Droite perpendiculaire à la base de certaines figures (triangle, pyramide, cône, tétraèdre), passant par le sommet opposé ; longueur du segment joignant ce sommet au pied de la perpendiculaire. **10.** Caractéristique liée à la fréquence de vibrations d'un son audible : *Hauteur d'un son.* **11.** Angle de la direction d'un astre avec le plan horizontal du lieu d'observation. **12.** FAM. **Être à la hauteur,** avoir les capacités nécessaires ; être au niveau.

Haute-Volta → Burkina.

***haut-fond** [ofɔ̃] **n.m.** (pl. *hauts-fonds*). Élévation du fond de la mer ou d'un cours d'eau, de moindre étendue qu'un banc, toujours recouverte d'eau, mais dangereuse pour la navigation.

***haut-fourneau** [ofurno] **n.m.** (pl. *hauts-fourneaux*). MÉTALL. Appareil à cuve, chauffé au coke, où s'effectuent la réduction puis la fusion réductrice des minerais de fer et l'élaboration de la fonte et des alliages contenant du fer.

***haut-le-cœur** [olkœr] **n.m. inv. 1.** Envie de vomir : *Cette boisson trop sucrée lui donnait des haut-le-cœur* (syn. **nausée**). **2.** Sentiment de dégoût, de répulsion : *Hypocrisie qui provoque un haut-le-cœur* (syn. **répugnance**).

***haut-le-corps** [olkɔr] **n.m. inv.** Brusque mouvement du corps, marquant la surprise, l'indignation, etc. : *Elle eut un haut-le-corps lorsque la porte claqua* (syn. **sursaut, tressaillement**).

***haut-parleur** [oparlœr] **n.m.** (traduction de l'angl. *loudspeaker*) [pl. *haut-parleurs*]. Appareil qui convertit en ondes acoustiques les courants électriques correspondant aux sons de la parole ou de la musique.

***haut-relief** [orəljɛf] **n.m.** (abrév. de *figure de haut-relief*) [pl. *hauts-reliefs*]. Groupe de sculptures où les figures n'ont que quelques points de contact avec la surface plane qui sert de fond.

Hauts-de-Seine [92], dép. de la Région Île-de-France, limitrophe de Paris ; ch.-l. de dép. *Nanterre ;* ch.-l. d'arr. *Antony* et *Boulogne-Billancourt ;* 3 arr., 23 cant., 36 comm. ; 176 km^2 ; 1 606 154 hab.

***hauturier, ère** [otyrje, -ɛr] **adj.** (de *hauteur* au sens de « haute mer »). MAR. Relatif à la haute mer.

Haüy (*abbé* **René Just),** cristallographe français (Saint-Just-en-Chaussée, Oise, 1743 - Paris 1822). Il a découvert l'anisotropie des cristaux ainsi que l'existence d'éléments de symétrie, montré que les divers cristaux d'une même espèce chimique dérivent d'une forme primitive sur laquelle ont été effectuées des troncatures. Il est considéré comme le créateur de la cristallographie.

***havane** [avan] **n.m.** Tabac ou cigare de La Havane. ◆ **adj. inv.** Marron clair : *Des cuirs havane.*

Havane (La), en esp. **La Habana,** cap. de Cuba ; 2 146 000 hab. dans l'agglomération *(Havanais).* Principal port et métropole économique de Cuba, plus grande ville des Antilles. Monuments du XVIIIe s. ; musées. Fondée en 1519 par Diego Velázquez, la ville a été pour l'Espagne, du XVIIe au XIXe s., une place forte et un entrepôt entre la métropole et ses colonies d'Amérique.

***hâve** [av] **adj.** (frq. **haswa,* gris comme le lièvre). LITT. D'une pâleur et d'une maigreur maladives : *Visage hâve.*

Havel (Václav), auteur dramatique et homme politique tchèque (Prague 1936 - Hrádeček, près de Trutnov, 2011). Opposant au régime communiste, notamment à travers son théâtre (*Audience, Vernissage, Pétition,* 1979-1981), il fut condamné à plusieurs reprises pour délit d'opinion. En 1989, il prit la tête du mouvement de contestation et devint président de la République tchécoslovaque. Il démissionna en 1992. De 1993, année de la partition de la Tchécoslovaquie, à 2003, il fut président de la République tchèque.

***havre** [avr] **n.m.** (moyen néerl. *havene*). LITT. **1.** Petit port bien abrité. **2.** Refuge sûr et tranquille : *Havre de bonheur* (syn. **abri, retraite**).

Havre (Le), ch.-l. d'arr. de la Seine-Maritime, à l'embouchure de la Seine ; 175 788 hab. *(Havrais)* [238 421 dans l'agglomération]. Évêché. Université. Port de voyageurs et, surtout, de commerce (importation de pétrole). L'industrie est partiellement liée à l'activité portuaire : métallurgie et chimie. Musées, dont celui des Beaux-Arts. Maison de la culture par Niemeyer. Fondée en 1517, très endommagée pendant la Seconde Guerre mondiale, la ville a été reconstruite sur les plans de A. Perret. Cette réhabilitation a permis à la ville d'être inscrite par l'Unesco dans la liste du patrimoine mondial en 2005.

***havresac** [avrəsak] **n.m.** (all. *Habersack,* propr. « sac à avoine »). VIEILLI. Sac porté derrière le dos par les militaires ou les campeurs, et contenant ce dont ils ont besoin.

Hawaii, la plus grande île de l'archipel des Hawaii : 10 400 km^2 ; 185 079 hab. Ses volcans sont parmi les plus grands du monde. Le Mauna Loa (4 168 m) et le Kilaunea sont actifs. Le Mauna Kea, éteint (site d'observatoires astronomiques), atteint 4 208 m. V. princ. *Hilo.*

Hawaii ***(îles),*** archipel volcanique de la Polynésie constituant un État des États-Unis ; 16 600 km^2 ; 1 404 054 hab. *(Hawaiiens).* CAP. *Honolulu,* dans l'île Oahu.

GÉOGRAPHIE

L'archipel compte huit îles principales, montagneuses et volcaniques. Le climat est tropical. Les côtes au vent (N.-E.), très arrosées, s'opposent aux côtes sous le vent (S.-O.), plus sèches. Dans la population, très mélangée, les autochtones sont en minorité. Les plantations (canne à sucre, ananas), l'activité de la base militaire de Pearl Harbor apportent moins de ressources que le tourisme.

HISTOIRE

Originaires de Tahiti, les Hawaiiens arrivent dans l'archipel vers l'an 1000. Visitées par Cook en 1778, les îles sont annexées par les États-Unis en 1898, avant de devenir en 1959 le 50e État de l'Union.

Hawkins (Coleman), saxophoniste de jazz américain (Saint Joseph, Missouri, 1904 - New York 1969). Par ses improvisations inspirées, il fut le plus important des saxophonistes ténors du middle jazz (*Body and Soul,* 1939) et influença de nombreux jazzmen.

Hawks (Howard), cinéaste américain (Goshen, Indiana, 1896 - Palm Springs 1977). Révélé dès 1928 par *Une fille dans chaque port,* il aborda avec brio tous les genres en vogue dans le cinéma américain et signa notamment *la Patrouille de l'aube* (1930), *Scarface* (1932), film qui ouvrit au cinéma un genre presque inexploré jusque-là, le film de gangsters. Il a également réalisé : *l'Impossible Monsieur Bébé* (1938), *le Port de l'angoisse* (1945), *le Grand Sommeil* (1946), *la Rivière rouge* (1948), *Rio Bravo* (1959). Il a eu une influence considérable sur la « nouvelle vague ».

Haydn (Joseph), compositeur autrichien (Rohrau, Basse-Autriche, 1732 - Vienne 1809). Sa longue carrière, durant laquelle il porta à son apogée la structure classique de la symphonie et du quatuor à cordes, le mena de la fin de l'ère baroque aux débuts du romantisme. Il écrivit vers 1757 ses premiers quatuors à cordes. Entré en 1761 au service des princes Esterházy, il resta jusqu'à sa mort attaché à cette famille, écrivant de nombreuses œuvres instrumentales (symphonies, concertos) et vocales (messes, opéras). Haydn acquit peu à peu une renommée internationale qui lui valut d'importantes commandes, dont celles des 6 symphonies dites *parisiennes* (nos 82-87, 1785-1786) et des *Sept Paroles du Christ* (1786-1787). Au cours de deux séjours à Londres (1791-1792 et 1794-1795), il composa ses 12 dernières symphonies (nos 93-104, dites *londoniennes*). À partir de 1795, il vécut à Vienne en musicien indépendant et couronna sa carrière par deux grands oratorios, *la Création* (1798) et *les Saisons* (1801).

Haye (La), v. des Pays-Bas, près de la mer du Nord, résidence de la Cour, du corps diplomatique et des pouvoirs publics ; 505 856 hab. (646 000 dans l'agglomération). Ville surtout résidentielle. Palais de la Paix et Cour de justice internationale. Nombreux monuments, du XIIIe au XVIIIe s. ; musées, dont le musée royal de Peinture du Mauritshuis, palais du XVIIe s. (chefs-d'œuvre de Rembrandt, Vermeer, etc.).

Hayek (Friedrich August von), économiste britannique d'origine autrichienne (Vienne 1899 - Fribourg-en-Brisgau 1992). Il est l'un des principaux représentants du courant libéral, et ses recherches ont été surtout axées sur la monnaie, les cycles économiques et les crises cycliques. En 1974, il partagea avec K. G. Myrdal le prix Nobel d'économie pour leurs travaux sur la théorie des fluctuations économiques et monétaires.

***hayon** [ajɔ̃] ou [ɛjɔ̃] **n.m.** (de *haie*). **1.** Porte de panneau arrière d'une automobile, s'ouvrant de bas en haut et permettant le chargement. **2.** Panneau de bois amovible à l'avant et à l'arrière d'une charrette.

***hé** [e] **interj.** (onomat.). **1.** Sert à appeler : *Hé ! Vous là-bas !* **2.** Exprime le regret, la surprise, l'étonnement : *Hé ! Par exemple ! qu'est-ce que tu fais là ?* **3.** Répété, marque diverses nuances d'approbation, d'ironie, etc. : *Hé ! hé ! Ça fera un joli bénéfice au bout de l'année !*

Heathrow, principal aéroport de Londres, à l'O. de la ville.

***heaume** [om] **n.m.** (frq. **helm,* casque). Grand casque, enveloppant toute la tête et le visage, que portaient les hommes d'armes au Moyen Âge.

1. hebdomadaire [ɛbdɔmadɛr] **adj.** (du lat. *hebdomas, -adis,* semaine, mot gr.). De la semaine, de chaque semaine : *Travail hebdomadaire.*

2. hebdomadaire [ɛbdɔmadɛr] **n.m.** (de *1. hebdomadaire*). Périodique qui paraît chaque semaine (abrév. fam. *hebdo*).

hebdomadairement [ɛbdɔmadɛrmɑ̃] **adv.** Une fois par semaine ; chaque semaine.

Hebei, prov. de la Chine du Nord, sur le golfe de Bohai ; 180 000 km^2 ; 71 854 210 hab. CAP. *Shijiazhuang.*

hébéphrénie [ebefreni] **n.f.** (du gr. *hêbê,* adolescence, et *phrên,* esprit). PSYCHIATRIE. Forme sévère de la schizophrénie, touchant principalement les adolescents, et où prédomine la dissociation.

hébergement [ebɛrʒəmɑ̃] **n.m.** Action d'héberger : *L'hébergement des touristes se fait en bungalow* (syn. **logement**). *Centre d'hébergement des réfugiés* (syn. **accueil**).

héberger [ebɛrʒe] **v.t.** (frq. **heribergôn*) [conj. **17**]. Loger ; servir de lieu de séjour à : *Héberger des amis* (syn. **accueillir, recevoir**). *Ils hébergeaient des maquisards* (syn. **cacher**).

Hébert (Anne), femme de lettres canadienne d'expression française (Sainte-Catherine-de-Fossambault 1916 - Montréal 2000). Elle est l'auteure de romans *(Kamouraska, les Fous de Bassan)* et de recueils lyriques *(le Tombeau des rois).*

Hébert (Jacques), publiciste et homme politique français (Alençon 1757-Paris 1794). Fondateur (1790) et directeur du journal *le Père Duchesne,* substitut du procureur de la Commune de Paris (1792), il fut le chef des révolutionnaires les plus radicaux, mena une lutte acharnée contre les Girondins (1793). Il fut éliminé, avec son groupe (les hébertistes), par Robespierre.

hébertiste [ebɛrtist] **n.** et **adj.** Partisan du révolutionnaire J. Hébert.

hébété, e [ebete] **adj.** (p. passé de *hébéter*). Dont les facultés intellectuelles ont été troublées : *Hébétée par la douleur, elle s'effondra* (syn. **égaré**).

hébétement [ebɛtmɑ̃] **n.m.** et, *LITT.,* **hébétude** [ebɛtyd] **n.f.** État d'une personne hébétée : *Sortir qqn de son hébétement* (syn. **abêtissement, abrutissement**).

hébéter [ebete] **v.t.** (lat. *hebetare,* émousser) [conj. **18**]. Faire perdre toute intelligence, toute volonté de réaction à ; rendre stupide : *Un ivrogne hébété par l'alcool* (syn. **abêtir, abrutir**).

hébraïque [ebraik] **adj.** (lat. *hebraicus*). Qui concerne les Hébreux ou leur langue : *Études hébraïques.*

hébreu [ebrø] **adj.m.** (lat. *hebraeus*). Qui concerne les Hébreux : *L'alphabet hébreu.* ***Rem.*** Au fém., on emploie *hébraïque.* ◆ **n.m. 1.** Langue sémitique parlée autrefois par les Hébreux, et, aujourd'hui, langue officielle de l'État d'Israël. **2.** *FAM.* ***C'est de l'hébreu,*** c'est incompréhensible (par allusion à la difficulté supposée de la langue hébraïque).

Hébreux, nom du peuple d'Israël à ses origines. Selon la Bible, il dériverait du nom de l'ancêtre éponyme, Eber, descendant de Sem, fils de Noé. Ce nom pourrait venir aussi de *Hapirou,* terme qui désignait des nomades envahisseurs de Canaan.

D'Abraham à Moïse. Vers 1760 av. J.-C., un petit clan conduit par Abraham quitte Our, en Mésopotamie, pour venir s'installer en Canaan, entre le Jourdain et la Méditerranée. L'histoire des Hébreux se terminera en 135 apr. J.-C., au terme d'une guerre sans merci contre l'Empire romain. Elle s'étendra donc sur deux millénaires, dans le cadre géographique de la Terre sainte. Après leur séjour en Canaan sous la conduite des « patriarches », Abraham et ses descendants Isaac et Jacob, les Hébreux, chassés par une famine, s'établissent en Égypte, bénéficiant des fonctions qu'exerce auprès du pharaon Joseph, l'un des fils de Jacob. Mais cette transplantation se change bientôt en un esclavage de plus en plus mal supporté. L'âme de la résistance est alors Moïse, qui sera l'instrument de la libération miraculeuse du peuple par Yahvé. Cette sortie d'Égypte, que l'on situe généralement vers le XIIIe s. av. J.-C. et qui restera dans la mémoire nationale comme une épopée à la gloire de Yahvé et de Moïse, est suivie d'une transhumance de plusieurs années dans la région du Sinaï, où le peuple hébreu va recevoir sa loi, la Torah, et contracter une alliance solennelle avec son Dieu.

La royauté, les prophètes, l'Exil. Sous la conduite de Josué, les Hébreux entreprennent la conquête de Canaan où, partageant le territoire entre les douze tribus, ils installent une démocratie tribale qui durera deux siècles et demi. Vers 1020, le peuple élu se donne un roi : d'abord Saül, puis David, qui réalise l'unité nationale, et surtout son fils Salomon (de 970 env. à 931), qui entreprend la construction du Temple de Jérusalem et dont le règne est une réussite économique et politique. Cette période de la monarchie est aussi celle des Prophètes qui, tels Isaïe, Jérémie, Ézéchiel, dénoncent les infidélités à l'alliance avec Yahvé. Bientôt, le royaume, divisé en deux – Israël au nord, Juda au sud –, connaît l'épreuve. En 721, le premier est détruit par les Assyriens ; en 587, le second tombe sous les coups des Babyloniens. Après la déportation et l'Exil, les Hébreux peuvent, en 538, rentrer en Palestine, où, sous la conduite de Néhémie et d'Esdras, ils reconstruisent Jérusalem et le Temple.

La lutte contre Rome. Ils resteront sous la tutelle perse puis hellénistique pour ne recouvrer l'indépendance que sous les Maccabées et les princes asmonéens (165-63 av. J.-C.). Mais la conquête romaine les soumet à une occupation militaire et à l'oppression politique, sans détruire toutefois leurs structures nationales. Ils luttent contre l'occupant par de multiples insurrections et au cours de deux guerres (66-73 et 132-135 apr. J.-C.), qui mettent fin à l'histoire de l'antique État hébreu : la première voit la destruction de Jérusalem par Titus en 70 et la seconde, l'échec de la révolte de Bar-Kokhba.

Hébrides *(îles),* archipel britannique à l'ouest de l'Écosse ; 53 138 hab. Ses principales îles sont *Lewis* et *Skye.*

Hécate, divinité lunaire, infernale et marine de la mythologie grecque. Elle assurait aux navigateurs de bonnes traversées. En revanche, elle tourmentait les humains par des terreurs nocturnes, des fantômes et des spectres. On la représentait souvent avec trois têtes ou trois corps, et suivie d'un chien.

hécatombe [ekatɔ̃b] **n.f.** (gr. *hekatombê,* de *hekaton,* cent, et *bous,* bœuf). **1.** Massacre d'un grand nombre de personnes ou d'animaux : *Les guerres provoquent d'atroces hécatombes* (syn. **carnage, tuerie**). **2.** Grand nombre de personnes refusées ou éliminées à un examen, un concours : *Une hécatombe de candidats.* **3.** ANTIQ. Sacrifice de cent bœufs.

hectare [ɛktar] **n.m.** (de *hect[o]-* et *are*). Unité de mesure d'aire ou de superficie valant 10 000 m^2. ▸ Symb. ha.

hectogramme [ɛktɔgram] **n.m.** Masse de cent grammes (abrév. *hecto*). ▸ Symb. hg.

hectolitre [ɛktɔlitr] **n.m.** Volume de cent litres (abrév. *hecto*). ▸ Symb. hl.

hectomètre [ɛktɔmɛtr] **n.m.** Longueur de cent mètres. ▸ Symb. hm.

hectométrique [ɛktɔmetrik] **adj.** Relatif à l'hectomètre : *Borne hectométrique.*

hectopascal [ɛktɔpaskal] **n.m.** (pl. *hectopascals*). Unité de mesure de pression, équivalant à cent pascals. ▸ Symb. hPa. L'hectopascal a remplacé le millibar pour la mesure de la pression atmosphérique.

Hector, héros troyen, fils de Priam et d'Hécube, époux d'Andromaque et père d'Astyanax. Chef de l'armée de Troie, il lutta contre Ajax et tua Patrocle. Pour venger celui-ci, qui était son ami, Achille combattit Hector et le tua.

hédéracée [ederase] **n.f.** (du lat. *hedera,* lierre). **Hédéracées,** famille de plantes telles que le lierre.

Hedjaz, région d'Arabie, le long de la mer Rouge. CAP. *La Mecque ;* v. princ. *Djedda, Médine.* Lieu de naissance de Mahomet et terre sainte des musulmans, le Hedjaz fut érigé en royaume indépendant en 1916 et devint une province de l'Arabie saoudite en 1932.

hédonisme [edɔnism] **n.m.** (du gr. *hedonê*, plaisir). Système moral qui fait du plaisir le principe ou le but de la vie. ◆ **hédoniste** **adj.** et **n.** Relatif à l'hédonisme ; qui en est partisan.

Hegel (Friedrich), philosophe allemand (Stuttgart 1770 - Berlin 1831). Il se fixa à Iéna en 1800, puis les guerres napoléoniennes le firent fuir et ce n'est qu'à Berlin, après 1818, qu'il trouva un poste stable. Sa philosophie constitue une sorte d'idéalisme absolu, qui identifie l'« Être » et la « Pensée » dans un principe unique, le « Concept ». Hegel décrit le développement de ce dernier au moyen de la *dialectique.* Non seulement la dialectique est pour lui une méthode rationnelle de pensée, mais, surtout, elle constitue la vie même du concept et de son histoire. Hegel a notamment écrit : *la Phénoménologie de l'esprit* (1807), *la Science de la logique* (1812-1816), *Principes de la philosophie du droit* (1821).

hégélianisme [egeljanism] **n.m.** Philosophie de Hegel et de ses continuateurs.

hégélien, enne [egeljɛ̃, -ɛn] **adj.** et **n.** Qui est partisan de Hegel ; qui relève de sa philosophie.

hégémonie [eʒemɔni] **n.f.** (gr. *hêgemonia*, de *hêgemôn*, chef). Suprématie, pouvoir prépondérant, dominateur, d'un État, d'un groupe social sur d'autres : *L'hégémonie de la France au XVIIᵉ siècle* (syn. **suprématie**).

hégémonique [eʒemɔnik] **adj.** Qui relève de l'hégémonie : *Le rôle hégémonique d'un parti* (syn. **dominateur**).

hégémonisme [eʒemɔnism] **n.m.** Tendance à l'hégémonie d'un État, d'un groupe.

hégire [eʒir] **n.f.** (it. *egira*, de l'ar. *hidjra*, fuite). Ère de l'islam, qui commence en 622 de l'ère chrétienne, date à laquelle Mahomet s'enfuit à Médine.

Heidegger (Martin), philosophe allemand (Messkirch, Bade, 1889 - *id.* 1976). Il a d'abord été l'élève de Husserl, auquel il succéda en 1928. En 1933, il adhéra au parti nazi, accepta un poste de recteur, dont il démissionna au bout d'un an. Sa carrière se poursuivit jusqu'en 1944 ; il fut interdit d'enseignement par les Alliés jusqu'en 1950, date à laquelle il reprit son enseignement à Fribourg. Selon Heidegger, seuls les philosophes grecs présocratiques savaient ce qu'était l'Être. La métaphysique qui leur a succédé pose la question de la vérité de l'essence, ce qui a pour conséquence de déconstruire la métaphysique. L'Être est un lieu de questionnement pour l'homme, et l'homme vit avec, enfouies en lui, la mort et l'angoisse. Heidegger préconise la lecture de Nietzsche, des présocratiques, des poètes tels que Hölderlin : elle permet de sortir du monde moderne, celui de la technique, où le langage est devenu « communication », et de redevenir accessible à la poésie primordiale. L'influence de Heidegger a été considérable en France (Merleau-Ponty, Sartre, Lacan, etc.) malgré ses options politiques et son silence à propos des camps nazis (*Être et Temps*, 1927 ; *Introduction à la métaphysique*, 1952).

Heidelberg, v. d'Allemagne (Bade-Wurtemberg), sur le Neckar ; 146 751 hab. Université fondée en 1386. Tourisme. Château des XIVᵉ-XVIIᵉ s. en partie ruiné. Musée.

Heilongjiang, prov. de la Chine du Nord-Est ; 460 000 km^2 ; 38 313 991 hab. CAP. *Harbin.*

***hein** [ɛ̃] **interj.** (onomat., lat. *hem*). *FAM.* **1.** *FAM.* Sert à solliciter une explication : *Hein ? Trois heures de retard ! Tu peux m'expliquer ?* **2.** Exprime la surprise : *Hein ! C'est lui qui a eu le prix ? Ça alors !*

Heine (Heinrich, en fr. **Henri),** écrivain allemand (Düsseldorf 1797 - Paris 1856). Auteur de poésies où l'inspiration romantique prend une tonalité politique ou ironique (*Intermezzo lyrique*, 1823 ; *le Livre des chants*, 1827-1844 ; *Romanzero*, 1851) et de récits de voyages (*Images de voyages*, 1826-1831), il joua le rôle d'un intermédiaire culturel entre la France et l'Allemagne.

Heisenberg (Werner), physicien allemand (Würzburg 1901 - Munich 1976). L'un des fondateurs de la théorie quantique, il en a donné un formalisme matriciel. Il a formulé en 1927 les inégalités qui portent son nom et qui stipulent qu'il est impossible de mesurer simultanément la position et la vitesse d'une particule quantique. (Prix Nobel 1932.)

***hélas** [elas] **interj.** (de *hé !* et *las*, malheureux). Exprime la plainte, le regret, la douleur, etc. : *Hélas, je n'ai pas pu la rencontrer !*

Hélène, héroïne de *l'Iliade*, femme de Ménélas, roi de Sparte. Célèbre par sa beauté, elle fut enlevée à celui-ci par Pâris, fils de Priam, roi de Troie. Ainsi commença la guerre entre Troyens et Grecs. Après la mort de Pâris, Ménélas reprit Hélène et revint avec elle à Sparte.

***héler** [ele] **v.t.** (angl. *to hail*, appeler) [conj. **18**]. Appeler de loin : *Héler un taxi. Quelqu'un me héla du trottoir d'en face* (syn. **apostropher, interpeller**).

hélianthe [eljɑ̃t] **n.m.** (lat. scientif. *helianthus*, du gr. *hêlios*, soleil, et *anthos*, fleur). Plante originaire d'Am. du Nord, à grands capitules jaunes, dont une espèce est le tournesol. ▸ Famille des composées.

hélianthine [eljɑ̃tin] **n.f.** (de *hélianthe*). CHIM. Indicateur coloré, jaune en milieu basique, rose en milieu acide.

hélice [elis] **n.f.** (lat. *helix*, mot gr. « spirale »). **1.** Appareil de propulsion, de traction ou de sustentation, constitué par des pales qui présentent des surfaces disposées régulièrement autour d'un moyeu actionné par un moteur. **2.** GÉOM. Courbe gauche dont la tangente en chaque point fait un angle constant avec une direction fixe. **3.** ARCHIT. Petite volute ou crosse du chapiteau corinthien. **4. Escalier en hélice,** escalier à vis.

héliciculture [elisikyltyr] **n.f.** (du lat. scientif. *helix*, escargot, mot gr. « spirale », et de *culture*). Élevage des escargots.

hélicoïdal, e, aux [elikɔidal, -o] **adj.** (de *hélice*). **1.** En forme d'hélice. **2.** MATH. **Déplacement hélicoïdal,** déplacement dans l'espace, produit d'une rotation autour d'un axe et d'une translation dont le vecteur a même direction que l'axe (syn. **vissage**).

hélicon [elikɔ̃] **n.m.** (du gr. *helicos*, qui s'enroule, se recourbe). Instrument de musique à vent et à embouchure, muni de pistons, contrebasse de la famille des tubas.

hélicoptère [elikɔptɛr] **n.m.** (du gr. *helix*, spirale, et *pteron*, aile). Appareil d'aviation dont les hélices assurent à la fois la sustentation et la translation pendant toute la durée du vol.

héliée [elje] **n.f.** (gr. *hêliaia*, de *hêlios*, soleil, parce que les audiences commençaient au lever du soleil). ANTIQ. GR. Assemblée du peuple dans certaines cités grecques ; à Athènes, tribunal populaire.

héliographie [eljɔgrafi] **n.f.** (de *hélio-* et *-graphie*). **1.** ARTS GRAPH. Reproduction d'originaux transparents ou translucides sur papier chimiquement sensibilisé. **2.** ASTRON. Description du Soleil.

héliogravure [eljɔgravyr] **n.f.** (de *hélio-* et *gravure*). Procédé d'obtention, par voie photomécanique, de formes d'impression gravées en creux ; procédé d'impression utilisant ces formes (abrév. *hélio*).

héliomarin, e [eljɔmarɛ̃, -in] **adj.** (de *hélio-* et *marin*). Qui combine l'héliothérapie et le séjour au bord de la mer.

Héliopolis, ville de l'Égypte ancienne, à l'extrémité sud du delta du Nil. Elle eut un grand rayonnement religieux et politique, grâce à la puissance du clergé desservant le temple du dieu Rê.

héliothérapie [eljɔterapi] **n.f.** (de *hélio-* et *-thérapie*). Traitement médical par la lumière solaire, active par ses rayons ultraviolets.

héliotrope [eljɔtrɔp] **n.m.** (lat. *heliotropium*, tournesol, du gr.). Plante à fleurs odorantes blanches, à feuilles entières. ▸ Famille des borraginacées. *L'héliotrope d'hiver*, à fleurs mauves, appartient à la famille des composées.

L'astérisque (*) indique que le mot commence par un ***h*** *aspiré.*

héliport [elipɔr] **n.m.** (de *héli[coptère]* et *port*, d'apr. *aéroport*). Aéroport pour hélicoptères.

héliportage [elipɔrtaʒ] **n.m.** (de *héliporté*). Transport de matériel ou de personnes par hélicoptère.

héliporté, e [elipɔrte] **adj.** (de *héli[coptère]* et *porté*). Effectué ou transporté par hélicoptère : *Troupes héliportées.*

hélitreuillage [elitrœjaʒ] **n.m.** (de *héli[coptère]* et *treuillage*). Treuillage à bord d'un hélicoptère en vol stationnaire.

hélium [eljɔm] **n.m.** (lat. scientif., du gr. *hêlios*, soleil). Corps simple gazeux très léger et ininflammable, découvert dans l'atmosphère solaire et existant en très petite quantité dans l'air, utilisé pour gonfler les ballons et les aérostats.

hélix [eliks] **n.m.** (mot gr. « spirale »). **1.** ANAT. Repli qui forme le tour du pavillon de l'oreille. **2.** ZOOL. Escargot.

Hellade, en gr. **Hellas,** le centre de la Grèce, par opp. à *Péloponnèse,* et plus tard, la Grèce entière.

hellébore ou **ellébore** [elebɔr] **n.m.** (lat. *hellebores,* du gr.). Plante vivace à feuilles en éventail, dont les fleurs s'épanouissent en hiver et dont la racine, toxique, était autref. utilisée comme purgatif. ▸ Famille des renonculacées. Une espèce, l'*hellébore noir,* est la rose de Noël.

hellène [elɛn] **adj.** et **n.** (lat. *Hellenes,* gr. *Hellên, -ênos,* Grec). **1.** De la Grèce ancienne. **2.** *LITT.* Hellénique, de la Grèce ancienne ou moderne.

hellénique [elenik] **adj.** Relatif à la Grèce.

helléniser [elenize] **v.t.** Donner un caractère hellénique à.

hellénisme [elenism] **n.m.** (gr. *hellênismos*). **1.** Civilisation grecque ; civilisation développée hors de Grèce sous l'influence de la culture grecque. **2.** LING. Mot, expression particuliers au grec.

helléniste [elenist] **n.** Spécialiste de la langue ou de la civilisation grecques.

hellénistique [elenistik] **adj.** Se dit de la période de la civilisation grecque allant de la conquête d'Alexandre (331 av. J.-C.) à la conquête romaine (31 av. J.-C.).

Hellespont, anc. nom des Dardanelles.

***hello** [ɛlo] **interj.** (mot angl.). Sert à appeler ou saluer qqn : *Hello ! ça va ?*

Helmholtz (Hermann Ludwig Ferdinand von), physicien et physiologiste allemand (Potsdam 1821 - Charlottenburg 1894). En 1847, il introduisit la notion d'énergie potentielle et donna l'énoncé du principe de conservation de l'énergie. En acoustique, il interpréta le timbre des sons par l'existence d'harmoniques superposés et imagina les résonateurs qui portent son nom, permettant de faire l'analyse et la synthèse des sons complexes. Ses travaux sur la physiologie de la vue et de l'ouïe l'amenèrent à mesurer la vitesse de l'influx nerveux (1850).

helminthe [ɛlmɛ̃t] **n.m.** (gr. *helmins, -inthos,* ver). ZOOL., MÉD. Ver parasite de l'homme et des vertébrés.

helminthiase [ɛlmɛ̃tjaz] **n.f.** Maladie parasitaire causée par des helminthes.

Héloïse, épouse d'Abélard (Paris 1101 - couvent du Paraclet, près de Nogent-sur-Seine, 1164). Confiée par son oncle, le chanoine Fulbert, à la tutelle professorale du théologien parisien Abélard, elle devient une intellectuelle brillante. Une passion violente unit bientôt le maître et l'élève, qui auront un enfant et se marieront secrètement. Leur amour, dont témoigne une admirable correspondance, survivra à l'émasculation d'Abélard par Fulbert et à la séparation forcée des deux époux, Héloïse étant devenue abbesse du Paraclet.

Helsinki, en suéd. **Helsingfors,** cap. de la Finlande, sur le golfe de Finlande ; 613 407 hab. (1 170 000 dans l'agglomération). Urbanisme moderne. Musées. Principal port et centre industriel du pays. Fondée en 1550 par les Suédois, Helsinki devint en 1829 la capitale du grand-duché de Finlande et en 1918 celle de la République finlandaise. En 1975, la C.S.C.E. y adopta l'Acte final de son premier sommet.

helvète [ɛlvɛt] **adj.** et **n.** De l'Helvétie ; suisse.

Helvétie, partie orientale de la Gaule, comprenant à peu près le territoire occupé auj. par la Suisse, habitée par le peuple celtique des Helvètes.

helvétique [ɛlvetik] **adj.** (lat. *helveticus,* relatif aux Helvètes [peuple de l'ancienne Gaule]). Relatif à la Suisse.

helvétisme [ɛlvetism] **n.m.** Mot, expression, tournure particuliers au français parlé en Suisse romande.

Helvétius (Claude Adrien), philosophe français (Paris 1715 - *id.* 1771), fermier général, auteur d'un système matérialiste et sensualiste (*De l'esprit,* 1758). Ce livre lui valut d'être condamné par le pape Clément XIII et de perdre sa charge à la cour ; mais l'importance d'Helvétius a été considérable dans la formation de l'esprit matérialiste au XIXe s.

hématie [emasi] **n.f.** (du gr. *haima,* sang). Globule rouge du sang coloré par l'hémoglobine, et dont le nombre par millimètre cube de sang est d'environ 5 millions.

hématite [ematit] **n.f.** (lat. *haematites,* mot gr. « sanguine »). MINÉR. Oxyde ferrique naturel de couleur rouge. ▸ Formule Fe_2O_3.

hématocrite [ematɔkrit] **n.m.** (de *hémato-,* et du gr. *kritos,* séparé). PHYSIOL. Volume occupé par les globules rouges dans un volume donné de sang, en pourcentage : *L'hématocrite normal est de 40 % environ.*

hématologie [ematɔlɔʒi] **n.f.** (de *hémato-* et *-logie*). Spécialité médicale qui étudie le sang et les affections qui y sont liées. ◆ **hématologiste** et **hématologue n.** Noms du spécialiste.

hématome [ematom] **n.m.** (de *hémat[o]-* et *-ome*). MÉD. Épanchement de sang dans une cavité naturelle ou sous la peau, consécutif à une rupture des vaisseaux. (On dit cour. un *bleu* pour l'hématome visible sur la peau.)

hématose [ematoz] **n.f.** (gr. *haimatôsis*). PHYSIOL. Transformation, dans l'appareil respiratoire, du sang veineux rouge sombre en sang artériel rouge vif par perte de gaz carbonique et enrichissement en oxygène.

hématozoaire [ematɔzɔɛr] **n.m.** (de *hémato-* et *[proto]zoaire*). Protozoaire parasite des globules rouges du sang, agent du paludisme.

hématurie [ematyri] **n.f.** (du gr. *haima,* sang, et *ouron,* urine). Émission de sang par les voies urinaires.

hémicycle [emisikl] **n.m.** (lat. *hemicyclium,* amphithéâtre, gr. *hêmikuklion,* demi-cercle). **1.** Tout espace ayant la forme d'un demi-cercle. **2.** Construction semi-circulaire à gradins, pour recevoir des spectateurs, des auditeurs, les membres d'une assemblée : *L'hémicycle de l'Assemblée nationale.*

Hemingway (Ernest Miller), écrivain américain (Oak Park, Illinois, 1899 - Ketchum, Idaho, 1961). Il est passé du désenchantement de la « génération perdue » à une glorification de la force morale de l'homme, qui se mesure au monde et aux êtres dans un corps à corps solitaire (*Le soleil se lève aussi,* 1926 ; *l'Adieu aux armes,* 1929 ; *Pour qui sonne le glas,* 1940 ; *le Vieil Homme et la mer,* 1952). [Prix Nobel 1954.]

hémione [emjɔn] **n.m.** (lat. scientif. *hemionius,* gr. *hêmionos,* mulet). Équidé sauvage d'Asie, d'aspect intermédiaire entre le cheval et l'âne.

hémiplégie [emipleʒi] **n.f.** (du gr. *hêmi,* à demi, et *plêgê,* coup). Paralysie d'une moitié du corps, due le plus souvent à une lésion cérébrale dans l'hémisphère opposé.

hémiplégique [emipleʒik] **adj.** et **n.** Atteint d'hémiplégie.

hémiptéroïde [emipterɔid] **n.m.** (du gr. *hêmi,* à demi, et *pteron,* aile). **Hémiptéroïdes,** superordre d'insectes aux pièces buccales piqueuses et suceuses. ▸ Les hémiptéroïdes se répartissent en deux ordres, celui des *homoptères* (pucerons, cigales) et celui des *hétéroptères* (punaises).

hémisphère [emisfɛr] **n.m.** (lat. *hemisphaerium,* du gr.). **1.** Chacune des deux moitiés du globe terrestre ou de la sphère céleste, séparées par un plan diamétral, en partic. l'équa-

*L'astérisque (*) indique que le mot commence par un **h** aspiré.*

teur : *Hémisphère Nord, septentrional* ou *boréal. Hémisphère Sud, méridional* ou *austral.* **2.** ANAT. Chacune des deux moitiés du cerveau antérieur. **3.** MATH. Portion de sphère limitée par un grand cercle. **4. Hémisphères de Magdebourg,** demi-sphères métalliques creuses dont Otto von Guericke se servit en 1654 pour mettre en évidence la pression atmosphérique.

hémisphérique [emisferik] **adj.** Qui a la forme d'un hémisphère.

hémistiche [emistiʃ] **n.m.** (lat. *hemistichium,* du gr. *hêmi,* à demi, et *stikhos,* ligne). **1.** Chacune des deux parties d'un vers coupé par la césure. **2.** La césure elle-même.

hémoculture [emɔkyltyr] **n.f.** (de *hémo-* et *-culture*). BACTÉR. Ensemencement d'un milieu de culture avec le sang d'un malade pour rechercher les microbes pathogènes et déterminer leur nature.

hémoglobine [emɔglɔbin] **n.f.** (de *hémo-* et du rad. de *globuline*). Pigment des globules rouges du sang, assurant le transport de l'oxygène et du gaz carbonique entre l'appareil respiratoire et les cellules de l'organisme.

hémoglobinurie [emɔglɔbinyri] **n.f.** (de *hémoglobin[e]* et *-urie*). Présence d'hémoglobine dans les urines.

hémogramme [emɔgram] **n.m.** [de *hémo-* et *gramme*]. Étude quantitative et qualitative des globules du sang, comprenant la numération globulaire et la formule leucocytaire.

hémolyse [emɔliz] **n.f.** (de *hémo-*, et du gr. *lusis,* destruction). Destruction des globules rouges du sang.

Hémon (Louis), écrivain français (Brest 1880 - Chapleau, Canada, 1913). Il séjourna au Canada, où il écrivit son roman *Maria Chapdelaine* (1916).

hémophilie [emɔfili] **n.f.** (de *hémo-* et *-philie*). Maladie caractérisée par une insuffisance ou une absence de coagulation du sang et dans laquelle la moindre blessure peut causer une hémorragie importante. ▸ Cette affection héréditaire est transmise par les femmes et n'atteint que les hommes. ◆ **hémophile adj.** et **n.** Atteint de cette maladie.

hémoptysie [emɔptizi] **n.f.** (du gr. *haimoptuikos,* de *haima,* sang, et *ptuein,* cracher). Crachement de sang provenant du poumon ou des bronches.

hémorragie [emɔraʒi] **n.f.** (gr. *haimorragia,* de *haima,* sang, et *rhêgnumai,* jaillir). **1.** PATHOL. Écoulement de sang hors des vaisseaux qui doivent le contenir : *Hémorragie interne, externe.* **2.** Perte importante en vies humaines : *Les guerres ont causé de graves hémorragies* (syn. **hécatombe**). **3.** Fuite, perte de qqch : *Une hémorragie de devises.*

■ En dehors des traumatismes (plaies, blessures) et des anomalies des vaisseaux (hémorragie cérébrale due à un anévrysme ou à l'hypertension), des hémorragies peuvent avoir pour cause un déficit de la coagulation (hémophilie, par exemple).
Les signes. Au cours d'une *hémorragie externe,* le sang se répand à l'extérieur du corps. Au cours d'une *hémorragie interne,* il se répand dans un organe (rate après un accident, tube digestif en cas d'ulcère) ou dans le péritoine (au cours d'une grossesse extra-utérine) ; il peut s'épancher à l'extérieur de façon secondaire, dans les urines, les crachats, les selles.
Le traitement. L'arrêt de l'hémorragie, suivant la gravité, se fait par les techniques simples du secourisme (essentiellement la compression) ou par la chirurgie. Parfois, il faut remplacer le volume de sang perdu dans le système circulatoire, tout en compensant le déficit en oxygène du sang (transfusion). ■

hémorragique [emɔraʒik] **adj.** Relatif à l'hémorragie.

hémorroïdaire [emɔrɔidɛr] **adj.** Relatif aux hémorroïdes.

hémorroïde [emɔrɔid] **n.f.** (gr. *haimorroïs, -ïdos,* de *haima,* sang, et *rhein,* couler). Varice des veines de l'anus.

hémostase [emɔstaz] **n.f.** (gr. *haimostasis,* de *haima,* sang, et *stasis,* stabilité). Arrêt d'une hémorragie.

hémostatique [emɔstatik] **adj.** et **n.m.** (gr. *haimostatikos ;* v. *hémostase*). Se dit d'un agent mécanique, physique ou médicamenteux arrêtant les hémorragies.

Henan, prov. de la Chine ; 167 000 km^2 ; 94 029 939 hab. CAP. *Zhengzhou.*

hendécasyllabe [ɛ̃dekasilab] **adj.** et **n.m.** (du gr. *hendeka,* onze, et de *syllabe*). Se dit d'un vers de onze syllabes.

Hendrix (Jimi), guitariste américain (Seattle 1942-Londres 1970). Son style révolutionna le blues et le rock (*Electric Ladyland,* album, 1968).

*henné [ene] **n.m.** (ar. *hinna*). Plante originaire d'Inde et d'Arabie, dont les feuilles fournissent une teinture rouge pour les cheveux et les ongles ; cette teinture.

*hennin [enɛ̃] **n.m.** (p.-ê. du néerl. *henninck,* coq). Haut bonnet de femme, de forme conique, porté au XVe s.

*hennir [enir] **v.i.** (lat. *hinnire*) [conj. **32**]. Émettre un hennissement, en parlant du cheval.

*hennissement [enismɑ̃] **n.m. 1.** Cri du cheval. **2.** Cri ressemblant à celui du cheval.

SAINT-EMPIRE

Henri IV (Goslar ? 1050 - Liège 1106), fils d'Henri III, empereur germanique (1084-1105). Roi de Germanie depuis 1056, il s'opposa au pape Grégoire VII lors de la querelle des Investitures, dont l'enjeu principal était la nomination des évêques. Après avoir destitué le pape, qui l'excommunia, il fut contraint par les princes allemands d'obtenir l'absolution du pontife à Canossa (1077). À la suite d'un nouveau conflit, il s'empara de Rome (1084) et s'y fit couronner empereur, mais dut abdiquer sous la contrainte de son fils (futur Henri V) en 1106.

ANGLETERRE ET GRANDE-BRETAGNE

Henri II Plantagenêt (Le Mans 1133 - Chinon 1189), roi d'Angleterre (1154-1189), fils de Geoffroi V Plantagenêt et de Mathilde ; duc de Normandie (1150-1189), comte d'Anjou (1151-1189) et duc d'Aquitaine (par son mariage avec Aliénor) [1152-1189]. Accédant au trône d'Angleterre à la mort d'Étienne de Blois, Henri II rétablit rapidement l'ordre et l'autorité monarchique, et entreprend de donner une certaine unité à ses vastes domaines. L'empire Plantagenêt comprend en effet le royaume d'Angleterre, la Normandie, le sud-ouest de la France et l'Anjou, qui en est la clef de voûte. Henri II recrute parmi les lettrés et surtout les clercs d'excellents collaborateurs qu'il déplace à travers ses provinces ; il ébauche une administration centrale et déploie une intense activité législatrice. Cette œuvre réformatrice heurte les privilèges des barons et de l'Église. Il lui faut sans cesse briser l'opposition féodale, tant en Angleterre qu'en France (particulièrement en Aquitaine, dont il a confié l'administration à la reine Aliénor). Il reprend l'Église en main, mais au prix d'un conflit dramatique avec l'archevêque de Canterbury, Thomas Becket, auparavant son meilleur ami, qui refuse d'approuver les constitutions de Clarendon (1164) régissant les rapports entre l'Église et l'État. Le prélat est assassiné dans sa cathédrale par des serviteurs d'Henri II (1170), et le roi est contraint de se soumettre à une pénitence publique. Du moins peut-il s'appuyer sur la bourgeoisie des villes, auxquelles il accorde des chartes de franchise.
À l'extérieur, le roi s'assure dès 1166 la maîtrise de la Bretagne. Il tente de conquérir l'Irlande (1170), neutralise les chefs gallois et oblige le roi d'Écosse à lui prêter hommage. Il lutte victorieusement contre le roi de France Louis VII et s'allie avec l'Empire, la Sicile et la Savoie. Ses plus graves difficultés surgissent des révoltes de ses fils, Henri, Geoffroi, Richard et Jean, qu'il brise d'abord facilement après avoir défait leur allié, le roi d'Écosse. Mais l'appui que Philippe Auguste donne aux princes révoltés, à partir de 1183, assombrit la fin de son règne. Héritier d'un empire disparate, Henri II s'est efforcé de l'unifier en substituant notamment aux règles féodales une législation issue en grande partie du droit romain. Il a paradoxalement joué un rôle important dans le processus d'unification du royaume de France.

Henri V (Monmouth 1387 - Vincennes 1422), roi d'Angleterre (1413-1422). Fils de Henri IV, fondateur de la dynastie des Lancastres, il reprit la guerre contre les Français, qu'il vainquit à Azincourt (1415), et obtint par le traité de Troyes (1420) la régence du royaume avec la promesse de succession pour le fils né de son mariage avec Catherine de France.

Henri VII (château de Pembroke 1457 - Richmond, Londres, 1509), roi d'Angleterre (1485-1509), le premier de la dynastie des Tudors. Il remporta en 1485 la bataille de Bosworth contre Richard III d'York. Descendant des Lancastres, il épousa l'héritière des Yorks, mettant ainsi un terme à la guerre des Deux-Roses. Il restaura l'autorité royale et assura la prospérité économique de l'Angleterre.

Henri VIII (Greenwich 1491 - Westminster 1547), roi d'Angleterre (1509-1547) et d'Irlande (1541-1547), deuxième fils et successeur de Henri VII. Peu après son avènement, il épouse Catherine d'Aragon, veuve de son frère aîné, Arthur. La première partie de son règne est dominée par la personnalité du cardinal Wolsey, qui mène une politique extérieure active, où s'esquisse une idée d'équilibre entre les grandes puissances continentales. Henri VIII se joint à la Sainte Ligue (1511), organisée par le pape contre le roi de France Louis XII, bat les Français à Guinegatte (1513), puis, la même année, écrase les Écossais, alliés de Louis XII, à Flodden. Le danger français écarté, il se retire de la Ligue (1514). Inquiet des ambitions de François Ier (entrevue du Camp du Drap d'or, 1520), il s'engage aux côtés de Charles Quint jusqu'en 1527, puis se tourne momentanément vers la France. À l'origine très attaché au catholicisme, mais décidé à répudier Catherine d'Aragon, qui ne lui a donné qu'une fille, Marie Tudor, il entre en lutte avec Rome. N'ayant pu obtenir du pape le divorce du roi, le cardinal Wolsey est disgracié (1529) et, sous l'influence de ses conseillers Thomas Cromwell et Cranmer, archevêque de Canterbury, le roi rompt avec la papauté et épouse Anne Boleyn (1533). En 1534, l'Acte de suprématie fait passer l'Église d'Angleterre sous l'autorité royale, ce qui provoque l'opposition des catholiques et des protestants, sévèrement réprimée. Dans le même temps, Henri VIII détruit les derniers vestiges d'indépendance féodale et rattache, en 1536, le pays de Galles à l'Angleterre. Il se fait proclamer roi d'Irlande en 1541 et vainc l'Écosse à Solway Moss (1542) sans parvenir à en évincer l'influence française. Son désir de donner un héritier à la Couronne explique en partie ses mariages successifs (après Catherine d'Aragon, répudiée en 1533, et Anne Boleyn, mère d'Élisabeth, décapitée en 1536, il a épousé Jeanne Seymour, Anne de Clèves, Catherine Howard, exécutée en 1542, et Catherine Parr). Très cultivé, théologien averti, athlète accompli et musicien, le roi incarne parfaitement l'idéal du souverain de la Renaissance. Son règne centralisateur a permis l'affermissement du pouvoir royal, et ses ambitions européennes, stimulant l'effort naval, font de lui le créateur de la puissance maritime anglaise.

FRANCE

Henri Ier (v. 1008 - Vitry-aux-Loges 1060), roi de France (1031-1060). Fils de Robert II. Il dut céder à son frère Robert le duché de Bourgogne (1032), lutter contre la maison de Blois-Champagne, puis contre Guillaume le Conquérant, qui le vainquit.

Henri II (Saint-Germain-en-Laye 1519 - Paris 1559), roi de France (1547-1559). Fils de François Ier et de Claude de France. Il épousa Catherine de Médicis en 1533 et fut partagé entre l'influence de l'entourage italien de sa femme et les intrigues des Guises, des Coligny et de Diane de Poitiers, sa maîtresse. Il renforça la monarchie en la dotant d'institutions centralisées et promulgua une législation rigoureuse contre les protestants français. À l'extérieur, il poursuivit la lutte contre Charles Quint et son union avec les protestants allemands lui permit de s'emparer des Trois-Évêchés : Metz, Toul et Verdun (1552). Battu par Philippe II à Saint-Quentin (1557) mais victorieux de l'Angleterre à Calais (1558), il mit fin aux guerres d'Italie par le traité du Cateau-Cambrésis (1559), renonçant ainsi aux prétentions des Valois sur l'Italie. Il fut mortellement blessé dans un tournoi.

Henri III (Fontainebleau 1551 - Saint-Cloud 1589), roi de France (1574-1589). Troisième fils d'Henri II et dernier Valois. Il venait d'être élu roi de Pologne lorsque la mort de son frère Charles IX le rappela en France. Partisan d'une politique de tolérance religieuse, il oscilla longtemps entre les protestants, soutenus par Henri de Navarre, et la Ligue catholique, dirigée par les Guises. Accusé par ces derniers de n'être pas un ardent défenseur du catholicisme et violemment critiqué pour les faveurs qu'il accordait à ses « mignons », il fut chassé de Paris (journée des Barricades, 12 mai 1588). Il convoqua alors les états généraux à Blois, où il fit assassiner Henri de Guise et son frère, le cardinal de Lorraine (déc. 1588). Il se réconcilia avec Henri de Navarre et entreprit le siège de Paris au cours duquel il fut poignardé par le moine Jacques Clément.

Henri IV (Pau 1553 - Paris 1610), roi de Navarre (Henri III), roi de France (1589-1610), second fils d'Antoine de Bourbon et de Jeanne III d'Albret. Chef du parti protestant dès l'âge de seize ans, il devient roi de Navarre à la mort de sa mère et épouse en 1572 Marguerite de Valois, fille d'Henri II et de Catherine de Médicis. Il échappe au massacre de la Saint-Barthélemy (24 août 1572) en abjurant le protestantisme. Après s'être échappé de la cour des Valois, il revient au calvinisme (1576) et reprend la tête du parti protestant. En 1584, le roi Henri III n'ayant pas d'enfant et son frère, le duc d'Anjou, dernier héritier en ligne directe, venant de mourir, Henri de Navarre devient l'héritier présomptif de la Couronne de France, en tant que chef de la maison de Bourbon et cousin au 21e degré d'Henri II. Mais la Ligue, conduite par le duc de Guise, lui oppose le cardinal de Bourbon. Allié aux puissances protestantes européennes (1584), il prend les armes contre les ligueurs et se rapproche d'Henri III qui assiège Paris avec lui et le reconnaît comme son successeur légitime à sa mort (août 1589).
Devenu roi de France, il poursuit la lutte contre les ligueurs, qu'il bat à Arques (1589) et à Ivry (mars 1590), mais échoue devant Paris (août 1590). Il abjure définitivement le protestantisme (juill. 1593), ce qui lui permet d'entrer dans Paris en 1594. La paix intérieure est scellée par l'édit de Nantes (13 avr. 1598), qui accorde aux protestants un statut de tolérance et met fin aux guerres de Religion. Le réalisme politique d'Henri IV le pousse à donner également des gages aux catholiques : il épouse Marie de Médicis (1600) et rappelle les jésuites (1603).
Le règne d'Henri IV est une étape décisive dans l'instauration de l'absolutisme. La haute noblesse est écartée du pouvoir et ses complots sont sévèrement réprimés. Le relèvement économique et financier est par ailleurs une tâche prioritaire du souverain. Une fois la paix revenue, Sully, principal ministre du roi, parvient à équilibrer le budget (1601-1610) et à constituer des réserves. La production agricole s'améliore grâce aux techniques préconisées par Olivier de Serres. Sous l'influence de Barthélemy de Laffemas, Henri IV prend des mesures protectionnistes, fonde des manufactures (dont celle des Gobelins) et perfectionne les voies de communication.
À l'extérieur, Henri IV jette les bases de la Nouvelle-France au Canada en soutenant Champlain, qui fonde Québec en 1608. Une courte guerre contre la Savoie lui permet de renforcer la frontière à l'Est. Voulant abaisser les Habsbourg, il s'allie aux princes protestants (1608) et prépare la guerre contre l'Autriche et l'Espagne catholiques. La perspective de cette guerre explique son assassinat par Ravaillac (mai 1610), probablement poussé par d'anciens ligueurs.
Fondateur de la dynastie des Bourbons, Henri IV a réussi à ramener la paix religieuse, rétablir l'autorité monarchique et assurer l'essor économique d'un pays ruiné par plus de trente années de guerres de Religion.

PORTUGAL

Henri le Navigateur, prince portugais (Porto 1394 - Sagres 1460), fils de Jean Ier de Portugal. Il fut l'instigateur de voyages d'exploration sur les côtes africaines et favorisa notamment la découverte des Açores et du Sénégal.

Henriette-Anne Stuart, dite **Henriette d'Angleterre,** duchesse d'Orléans (Exeter 1644 - Saint-Cloud 1670), fille du roi Charles Ier d'Angleterre et d'Henriette-Marie de France, et épouse (1661) de Philippe d'Orléans, frère de Louis XIV. Elle négocia avec son frère Charles II le traité de Douvres (1670). Bossuet prononça son oraison funèbre.

Henriette-Marie de France, reine d'Angleterre (Paris 1609 - Colombes 1669), fille du roi Henri IV et de Marie de Médicis, et épouse (1625) de Charles Ier d'Angleterre, dont elle soutint la politique intransigeante.

***hep** [ɛp] **interj.** (onomat.). Sert à héler, appeler : *Hep ! Taxi !*

héparine [eparin] **n.f.** (du gr. *hêpar,* foie). Substance anticoagulante extraite du foie et utilisée dans toutes les affections où une thrombose est à craindre.

hépatique [epatik] **adj.** (lat. *hepaticus,* gr. *hêpatikos,* de *hêpar, -atos,* foie). Relatif au foie : *Artère hépatique. Insuffisance hépatique.* ◆ **n.** Qui souffre du foie.

hépatite [epatit] **n.f.** (du gr. *hêpar,* foie). **1.** Inflammation du foie, d'origine toxique ou infectieuse. **2. Hépatite virale,** causée par un virus.

■ Une hépatite peut être *aiguë,* évoluant alors sur moins de trois mois, ou *chronique* (si elle dure plus de six mois). Il existe de nombreuses causes à l'apparition d'une hépatite : infection par un virus, intoxication médicamenteuse, intoxication par l'alcool (la première phase du développement d'une cirrhose est une hépatite), maladie auto-immune ou maladie bactérienne accompagnée d'une attaque du foie.

Les hépatites virales. Il existe plusieurs virus provoquant des hépatites. Ce sont princ. les virus A (transmis par les aliments et les boissons contaminés), B (l'hépatite B est une infection sexuellement transmissible ; le virus se transmet aussi par le sang), C (transmis par le sang et les liquides organiques), ainsi que les virus D, E et G, plus rares. Ce sont des hépatites aiguës, mais les hépatites B et C, notamm., peuvent devenir chroniques.

Symptômes. Il existe des symptômes communs à toutes les hépatites : ictère (jaunisse), urines foncées, selles claires, nausées et foie sensible à la palpation. Certains symptômes sont spécifiques de la cause, tandis que certaines hépatites virales (hépatite A notamm.) ne donnent que peu de symptômes ou passent inaperçues. ■

hépatopancréas [epatɔpɑ̃kreas] **n.m.** ZOOL. Organe de certains invertébrés, assurant à la fois les fonctions du foie et du pancréas.

Héphaïstos, dieu grec du Feu, fils d'Héra et de Zeus, maître de la forge et du travail des métaux. Boiteux, peut-être nain et sale, il eut le cruel destin d'aimer les créatures les plus belles, notamment Aphrodite, qui le trompa souvent. Chez les Romains, il s'appelait Vulcain.

heptasyllabe [ɛptasilab] **adj.** et **n.m.** (de *hepta-* et *syllabe*). Se dit d'un vers de sept syllabes.

Héra, déesse grecque du Mariage, symbolisant la grandeur et la souveraineté maternelles. Fille de Cronos et de Rhéa, elle épousa son frère Zeus, cette union devenant, malgré infidélités et querelles, le modèle des mariages humains. Héra était aussi une déesse de la Fécondité et de la Végétation. Les Romains l'identifièrent avec Junon.

Héraclès, héros grec, personnification de la Force, identifié à Rome avec Hercule. On le dit fils de Zeus et d'Alcmène, femme d'Amphitryon. Dans son berceau, il étouffa deux serpents qu'Héra avait chargés de le dévorer. En expiation d'un crime, il se vit imposer l'épreuve des « douze travaux » : tuer le lion de Némée ; tuer l'hydre de Lerne ; s'emparer de la biche de Cérynie ; capturer le sanglier d'Érymanthe ; abattre les oiseaux du lac Stymphale ; nettoyer les écuries d'Augias ; capturer le taureau crétois de Minos ; tuer Diomède ; s'emparer de la ceinture de l'Amazone Hyppolyté ; tuer Géryon ; cueillir les pommes d'or du jardin des Hespérides ; enchaîner Cerbère. Héraclès avait aussi participé à l'expédition des Argonautes, tué le centaure Nessos et soutenu le ciel sur les épaules pour soulager Atlas. Incarnant, en tout cela, un idéal de virilité et de ténacité, il reçut l'immortalité que les dieux accordent aux héros.

Héraclite, philosophe grec (Éphèse v. 550 - v. 480 av. J.-C.). Sa philosophie repose sur le concept du mouvement, résultant, selon lui, de la contradiction entre deux états de la matière. Elle s'exprime dans une métaphore célèbre, celle du flux incessant des choses : « On ne se baigne pas deux fois dans le même fleuve. »

Héraklion ou **Iráklion,** port sur la côte nord de la Crète ; 173 993 hab. Remarquable musée renfermant la quasi-totalité des pièces archéologiques découvertes dans l'île, notamment celles concernant la civilisation minoenne.

héraldique [eraldik] **adj.** (du bas lat. *heraldus,* héraut). Relatif au blason, aux armoiries : *Figure héraldique.* ◆ **n.f.** Discipline ayant pour objet la connaissance et l'étude des armoiries.

■ L'héraldique étudie les armoiries, qui sont les emblèmes de communautés ou de familles. Leur apparition en Occident au milieu du XIIe s. est liée à l'évolution des pratiques de la guerre. Rendus méconnaissables sous leur équipement, les combattants avaient pris l'habitude de faire peindre sur leur bouclier des figures – animales, végétales, géométriques – servant à les identifier au cœur de la mêlée. D'abord individuelles et réservées aux seuls chevaliers, les armoiries deviennent progressivement héréditaires. À partir du XIIIe s., leur emploi s'étend aux femmes, aux ecclésiastiques, aux bourgeois et aux paysans, enfin, par la suite, aux communautés civiles et religieuses et aux institutions. Utile pour l'historien et l'archéologue dans la mesure où elle permet de dater ou de connaître l'appartenance de tout objet ou de tout monument orné d'un blason, l'héraldique forme en elle-même un art par l'extrême richesse de son écriture et de sa symbolique. ■

héraldiste [eraldist] **n.** Spécialiste d'héraldique.

Hérault, fl. du Languedoc, issu de l'Aigoual, qui rejoint la Méditerranée en aval d'Agde ; 160 km.

Hérault [34], dép. de la Région Languedoc-Roussillon-Midi-Pyrénées ; ch.-l. de dép. *Montpellier ;* ch.-l. d'arr. *Béziers, Lodève ;* 3 arr., 25 cant., 343 comm. ; 6 101 km^2 ; 1 097 047 hab. *(Héraultais).*

***héraut** [ero] **n.m.** (frq. **heriwald,* de **hari,* armée, et **wald,* qui règne). **1.** Au Moyen Âge, officier public chargé de porter les déclarations de guerre, de régler les cérémonies et les jeux, de surveiller les blasons, etc. **2.** LITT. Celui qui annonce la venue de qqn ou de qqch : *Se faire le héraut de la paix* (syn. **messager, prophète**).

herbacé, e [ɛrbase] **adj.** (lat. *herbaceus,* de *herba,* herbe). **1.** BOT. Qui a l'aspect, qui est de la nature de l'herbe (par opp. à *ligneux*). **2. Plantes herbacées,** plantes frêles, non ligneuses, et dont les parties aériennes meurent après la fructification.

herbage [ɛrbaʒ] **n.m.** (de *herbe*). Prairie pâturée par le bétail (syn. **pré, prairie**).

herbe [ɛrb] **n.f.** (lat. *herba*). **1.** Plante non ligneuse dont les parties aériennes, y compris la tige, meurent chaque année. **2.** Ensemble de plantes herbacées diverses formant une végétation naturelle : *Dormir dans l'herbe* (syn. **gazon, verdure**). **3.** FAM. Marijuana : *Fumer de l'herbe.* **4. Couper l'herbe sous le pied de qqn,** le supplanter en le devançant. / **En herbe,** se dit d'une graminée qui n'a pas encore formé ses épis ; au fig., qui a des dispositions pour telle ou telle activité, en parlant de qqn de jeune : *Du blé en herbe. Un poète en herbe.* / **Herbe vivace,** qui conserve vivantes ses parties souterraines en hiver. / **Mauvaise herbe,** herbe sauvage nuisible aux cultures ; au fig., personne, génér. jeune, dont il n'y a rien à attendre de bon (= vaurien). / **Pousser comme de la mauvaise herbe,** pousser rapidement, facilement. **5. Fines herbes,** plantes odorantes et comestibles, employées comme assaisonnement (persil, estragon, ciboulette, etc.). / **Herbe aux écus,** nom usuel de la *lunaire,* appelée aussi *monnaie-du-pape.*

herbeux, euse [ɛrbø, -øz] **adj.** Où il pousse de l'herbe : *Talus herbeux.*

herbicide [ɛrbisid] **adj.** et **n.m.** (de *herbe* et *-cide*). Se dit d'un produit qui détruit les mauvaises herbes.

herbier [ɛrbje] **n.m.** (bas lat. *herbarium*, traité de botanique). Collection de plantes ou de parties de plantes, desséchées et conservées entre des feuilles de papier, servant aux études botaniques.

herbivore [ɛrbivɔr] **adj.** et **n.m.** (de *herbe* et *-vore*). Se dit d'un animal qui se nourrit d'herbes, de substances végétales : *Les chèvres sont des herbivores.*

herborisation [ɛrbɔrizasjɔ̃] **n.f.** Action d'herboriser.

herboriser [ɛrbɔrize] **v.i.** Recueillir des plantes dans la nature pour les étudier, pour en faire un herbier.

herboriste [ɛrbɔrist] **n.** (du lat. *herbula*, petite herbe). Personne qui vend des plantes médicinales.

herboristerie [ɛrbɔristəri] **n.f.** Commerce, boutique de l'herboriste.

herbu, e [ɛrby] **adj.** Couvert d'une herbe abondante.

Herculanum, v. de la Campanie antique, à l'E. de Naples, sur les pentes du Vésuve (auj. *Ercolano*). Elle a été, comme Pompéi, Stabies et Oplontis, détruite par l'éruption du Vésuve, le 24 août 79 apr. J.-C. Conquise par les Samnites depuis la fin du vᵉ s. av. J.-C., elle a été transformée en municipe romain en 89 av. J.-C. Le centre de l'agglomération est constitué par une large rue est-ouest, le *decumanus maximus,* donnant accès à plusieurs édifices publics. Les maisons, pour la plupart à atrium central, avaient gardé leur décoration de peinture et de mosaïque, et souvent leur mobilier de bois, préservé par la boue. De nombreuses œuvres d'art et peintures murales sont conservées au musée de Naples.

hercule [ɛrkyl] **n.m.** (de *Hercule,* n. d'un demi-dieu de la mythol., lat. *Hercules*, gr. *Hêraclês*). **1.** Homme d'une très grande force physique : *Être bâti en hercule* (syn. **colosse**). **2. Hercule de foire,** forain qui exécute des tours de force.

Hercule, demi-dieu romain, réplique de l'Héraclès grec venue par les Étrusques et les colonies helléniques de l'Italie méridionale. Il possède un caractère tutélaire propre : protecteur du sol, garant de l'honnêteté dans les transactions commerciales et symbole de la puissance militaire. (V. aussi *Héraclès.*)

herculéen, enne [ɛrkyleɛ̃, -ɛn] **adj.** Digne d'Hercule : *Force herculéenne* (syn. **colossal**).

hercynien, enne [ɛrsinjɛ̃, -ɛn] **adj.** (lat. *Hercynia* [*silva*], [forêt] hercynienne). GÉOL. Se dit du dernier plissement primaire qui eut lieu au carbonifère et créa toute une série de massifs (Appalaches, Europe et Asie centrale).

***hère** [ɛr] **n.m.** (probabl. de l'anc. adj. *haire,* malheureux, du subst. *haire* au sens de « tourment »). LITT. **Un pauvre hère,** un homme misérable, pitoyable.

Heredia (José Maria de), poète français (La Fortuna, Cuba, 1842 - près de Houdan 1905). Son unique recueil *les Trophées* (1893) constitue l'œuvre caractéristique de l'esthétique parnassienne.

héréditaire [erediter] **adj.** (lat. *hereditarius*). **1.** Qui se transmet selon les lois génétiques de l'hérédité : *Maladie héréditaire.* **2.** Transmis par voie de succession : *Titre héréditaire.*

héréditairement [ereditɛrmɑ̃] **adv.** De façon héréditaire : *Être héréditairement propriétaire d'un domaine.*

hérédité [eredite] **n.f.** (lat. *hereditas*, de *heres, -edis,* héritier). **1.** Transmission des caractères génétiques d'une génération aux suivantes : *Les lois de l'hérédité.* **2.** Ensemble des caractères physiques ou moraux transmis des parents aux enfants : *Avoir une lourde hérédité* (= des tares physiques et mentales). **3.** Caractère d'une possession, d'un titre transmis en vertu des liens du sang : *L'hérédité de la Couronne.*

hérésiarque [erezjark] **n.** (bas lat. *haeresiarcha,* du gr. ; v. *hérésie*). Auteur ou propagateur d'une hérésie.

hérésie [erezi] **n.f.** (lat. *haeresis,* opinion, doctrine puis « hérésie », gr. *hairesis*, action de choisir). **1.** RELIG. Doctrine d'origine chrétienne contraire à la foi catholique et condamnée par l'Église. **2.** Idée, conception jugée contraire aux idées, aux conceptions généralement admises : *Une hérésie scientifique.* **3.** Manière d'agir jugée aberrante, contraire au bon sens et aux usages : *Boire de l'orangeade avec un poulet rôti, c'est une hérésie !* (syn. **sacrilège**).

hérétique [eretik] **adj.** et **n.** Qui professe ou soutient une hérésie : *Les cathares, considérés comme des hérétiques, furent brûlés vifs.* ◆ **adj.** Qui tient de l'hérésie ; qui constitue une hérésie : *Doctrine hérétique.*

Hergé (Georges Rémi, dit**),** créateur belge de bandes dessinées (Etterbeek 1907 - Bruxelles 1983). Il a été, à partir de 1929, avec le récit des aventures de *Tintin et Milou,* un des maîtres de l'« école belge » de la bande dessinée.

***hérissement** [erismɑ̃] **n.m. 1.** Action de hérisser ; fait d'être hérissé : *Le hérissement des poils d'un chat.* **2.** LITT. Fait d'être irrité, en colère.

***hérisser** [erise] **v.t.** (lat pop. **hericiare*, du class. *ericius*, hérisson). **1.** Dresser son poil ou ses plumes, en parlant d'un animal : *Le chat hérisse ses poils.* **2.** Faire dresser les cheveux, les poils, les plumes : *Un grincement strident qui hérisse le poil.* **3.** Garnir d'objets en saillie, menaçants, dangereux : *Hérisser un mur de tessons de bouteilles.* **4.** Remplir, parsemer de choses difficiles, désagréables : *Un concours hérissé de difficultés.* ◆ **se hérisser v.pr. 1.** Devenir droit et raide, en parlant des poils, des cheveux, des plumes ; dresser son poil, ses plumes, en parlant d'un être animé : *Mes poils se hérissaient sur mes bras. L'oiseau se hérissait de peur.* **2.** S'irriter : *À la moindre remarque, elle se hérisse* (syn. **se cabrer, s'emporter**).

***hérisson** [erisɔ̃] **n.m.** (lat. pop. **hericio*, du class. *ericius*). **1.** Mammifère de l'Ancien Monde au dos recouvert de piquants, grand prédateur d'insectes, de vers, de mollusques et de reptiles. ▸ Long. 20 cm ; ordre des insectivores. **2.** FAM. Personne d'un abord difficile. **3.** Brosse métallique sphérique qui sert au ramonage des conduits de fumée : *Les ramoneurs manœuvrent leurs hérissons avec des filins.* **4.** Ensemble de couronnes de métal étagées et garnies de chevilles pour faire égoutter les bouteilles (syn. **égouttoir**). **5.** MIL. **Défense en hérisson,** point d'appui isolé capable de se défendre dans toutes les directions.

héritage [eritaʒ] **n.m.** (de *hériter*). **1.** Ensemble des biens acquis ou transmis par voie de succession : *Il a laissé un important héritage à ses enfants* (syn. **patrimoine**). **2.** Ce qu'on tient de ses parents, des générations précédentes : *L'héritage culturel* (syn. **tradition**).

hériter [erite] **v.t.** (bas lat. *hereditare*, du class. *heres, -redis*, héritier). **1.** Recevoir qqch de qqn par voie d'héritage : *Il a hérité de ses parents une maison en Bretagne* . **2.** Recevoir un trait de caractère, une disposition d'esprit par hérédité : *Elle a hérité de sa mère l'amour de la peinture.* **3.** (Absol.). Recueillir un héritage : *Il est riche parce qu'il a hérité. Elle va hériter de son oncle.* ◆ **v.t. ind. [de]. 1.** Recevoir par voie de succession : *Hériter d'une grande fortune.* **2.** Tenir qqch de ses parents ou des générations précédentes : *Il a hérité des yeux bleus de son père.* **3.** Être doté de qqch qui était auparavant affecté ailleurs : *J'hérite de tous ses vieux habits. Notre service a hérité des anciens ordinateurs.*

héritier, ère [eritje, -ɛr] **n.** (du lat. *hereditarius*, de l'héritage). **1.** Toute personne qui hérite des biens résultant d'une succession : *L'unique héritière d'un grand industriel.* **2.** FAM. Enfant : *Sa femme attend un héritier.* **3.** Personne qui recueille et continue une tradition : *Nous sommes les héritiers de la civilisation antique* (syn. **continuateur**).

hermaphrodisme [ɛrmafrɔdism] **n.m.** (de *hermaphrodite*). Présence, chez un même individu, des organes reproducteurs des deux sexes.

hermaphrodite [ɛrmafrɔdit] **adj.** et **n.** (lat. *Hermaphroditus*, gr. *Hermaphroditos*, fils d'*Hermès* et d'*Aphrodite*). Se dit d'un être vivant chez lequel se manifeste l'hermaphrodisme : *Les escargots sont hermaphrodites* (syn. **bisexué**).

herméneutique [ɛrmenøtik] **n.f.** (gr. *hermeneutikos*, de *hermeneuein*, interpréter). **1.** Science de la critique et de l'in-

L'astérisque (*) indique que le mot commence par un ***h*** *aspiré.*

terprétation des textes bibliques. **2.** PHILOS. Théorie de l'interprétation des signes comme éléments symboliques d'une culture. ◆ **adj.** Relatif à l'herméneutique.

hermès [ɛrmɛs] **n.m.** (du n. de *Hermès*). **1.** SCULPT. Buste ou tête d'un dieu (Hermès, à l'origine) ou d'un homme surmontant une gaine. **2. Buste en hermès,** dont les épaules, la poitrine, le dos sont coupés par des plans verticaux.

Hermès, dieu grec, qui veille sur les routes et sur ceux qui les sillonnent, voyageurs, hérauts, marchands et même voleurs. Protecteur du commerce et de l'activité urbaine, il est vénéré aussi comme conducteur des âmes des morts vers les Enfers et comme inventeur de toutes les sciences (écriture et magie, partic.). À l'époque hellénistique, les Grecs l'ont assimilé au dieu lunaire d'Égypte, Thot, ce qui le fit qualifier de « Trismégiste » (trois fois très grand).

hermétique [ɛrmetik] **adj.** (du n. de *Hermès* [*Trismégiste*], fondateur mythol. de l'alchimie, identifié par les Grecs au dieu égyptien Thot). **1.** Qui ferme parfaitement sans rien laisser passer : *La fermeture hermétique d'un bocal* (syn. **étanche**). *Une boîte hermétique.* **2.** Qui est difficile à comprendre : *Poésie hermétique* (syn. **abscons, obscur**). **3.** Relatif à l'hermétisme : *Textes hermétiques* (syn. **cabalistique, ésotérique**). **4. Visage hermétique,** qui ne laisse paraître aucun sentiment, aucune émotion (syn. **impénétrable, indéchiffrable**).

hermétiquement [ɛrmetikmɑ̃] **adv.** D'une manière hermétique : *Boîte hermétiquement fermée.*

hermétisme [ɛrmetism] **n.m. 1.** Caractère de ce qui est difficile à comprendre. **2.** Doctrine ésotérique fondée sur des écrits de l'époque gréco-romaine attribués à l'inspiration du dieu Hermès Trismégiste (n. donné par les Grecs au dieu égyptien Thot). **3.** Doctrine occulte des alchimistes, au Moyen Âge et à la Renaissance.

hermine [ɛrmin] **n.f.** (du lat. *Armenius mus,* rat d'Arménie). **1.** Mammifère carnivore proche de la belette, dont le pelage constitue une fourrure très appréciée. ▸ Long. env. 27 cm. **2.** Bande de fourrure d'hermine, fixée à certains costumes de cérémonie. **3.** HÉRALD. Fourrure à mouchetures de sable semées sur champ d'argent.

***herniaire** [ɛrnjɛr] **adj.** Relatif aux hernies : *Bandage herniaire. Étranglement herniaire.*

***hernie** [ɛrni] **n.f.** (lat. *hernia*). **1.** Sortie d'un organe ou d'une partie d'organe hors de la cavité où il se trouve normalement, par un orifice naturel ou accidentel ; tuméfaction ainsi formée : *Hernie inguinale, ombilicale, discale.* **2.** Saillie d'une chambre à air à travers la déchirure du pneu. **3.** MÉD. **Hernie étranglée,** qu'on ne peut faire rentrer par des moyens externes et qui, exposant à de graves complications comme l'occlusion, doit être opérée d'urgence.

Hérode Ier le Grand (Ascalon 73 av. J.-C. - Jéricho 4 av. J.-C.), roi des Juifs (37-4 av. J.-C.). Il imposa son pouvoir, qu'il tenait des Romains, avec une brutale énergie. Il fit reconstruire le Temple de Jérusalem. Les Évangiles lui attribuent le massacre des Innocents. • **Hérode Antipas** (v. 22 av. J.-C. - apr. 39 apr. J.-C.), tétrarque de Galilée et de Pérée (4 av. J.-C.- 39 apr. J.-C.). Il construisit Tibériade et fit décapiter Jean-Baptiste. C'est devant lui que comparut Jésus lors de son procès.

Hérodiade ou **Hérodias,** princesse juive (7 av. J.-C. - 39 apr. J.-C.). Petite-fille d'Hérode le Grand, elle épousa successivement deux de ses oncles, Hérode Philippe (dont elle eut Salomé) et Hérode Antipas. Les Évangiles font d'elle l'instigatrice du meurtre de Jean-Baptiste.

Hérodote, historien grec (Halicarnasse v. 484 - Thourioi v. 420 av. J.-C.). Il entreprit de grands voyages en Asie, en Afrique et en Europe. À Athènes, il fut l'ami de Périclès et de Sophocle. Ses *Histoires,* la source principale pour l'étude des guerres médiques, mettent en lumière l'opposition du monde barbare (Égyptiens, Mèdes, Perses) et de la civilisation grecque.

héroï-comique [erɔikɔmik] **adj.** (pl. *héroï-comiques*). **1.** Se dit d'une œuvre littéraire qui mêle l'héroïque et le comique, qui traite sur le ton de l'épopée un thème banal. **2.** Qui comporte des épisodes tragiques et cocasses : *L'accident tourna en aventure héroï-comique.*

1. héroïne n.f. ⟶ **2. héros.**

2. héroïne [erɔin] **n.f.** (all. *Heroin,* de *Heros,* héros, par allus. aux effets exaltants de cette drogue). Stupéfiant dérivé de la morphine, extrêmement toxique.

héroïnomane [erɔinɔman] **n.** Toxicomane à l'héroïne.

héroïque [erɔik] **adj.** (lat. *heroicus,* du gr.). **1.** Qui se conduit en héros : *Des soldats héroïques* (syn. **valeureux**). **2.** Digne d'un héros ; empreint d'héroïsme : *Résolution héroïque* (syn. **énergique**). **3.** Qui se rapporte aux héros de l'Antiquité : *Légendes héroïques.* **4. Temps héroïques,** époque reculée où se sont produits des faits remarquables, mémorables : *Les temps héroïques du début de l'aviation.*

héroïquement [erɔikmɑ̃] **adv.** Avec héroïsme : *Se conduire héroïquement.*

héroïsme [erɔism] **n.m.** (de *héros*). Courage exceptionnel ; grandeur d'âme hors du commun : *Acte d'héroïsme* (syn. **bravoure, vaillance**).

***héron** [erɔ̃] **n.m.** (frq. **haigro*). Grand oiseau échassier migrateur, à long bec, au cou long et grêle, vivant au bord des eaux où il pêche divers animaux aquatiques.

Héron l'Ancien ou **d'Alexandrie,** mathématicien et mécanicien grec du Ier s. apr. J.-C., né à Alexandrie. On lui attribue l'invention de plusieurs machines, dont la *fontaine de Héron* et l'*éolipile.* Il a étudié la réflexion de la lumière, tant sur les miroirs convexes ou concaves que sur les miroirs plans, et écrit des traités de mathématiques (mesure des aires et des volumes) et de mécanique.

1. *héros [ero] **n.m.** (lat. *heros,* mot gr.). **1.** MYTH. GR. Demi-dieu ou grand homme divinisé. **2.** Personnage légendaire à qui l'on prête des exploits extraordinaires : *Les héros de* l'Iliade.

2. *héros, héroïne [ero, erɔin] **n.** (de *1. héros*). **1.** Personne qui se distingue par des qualités ou des actions exceptionnelles : *Mourir en héros.* **2.** Personnage principal d'une œuvre de fiction : *Les héroïnes de Racine.* **3.** Personne qui tient le rôle principal dans un événement, qui s'y distingue : *Elle a été l'héroïne involontaire d'un fait divers* (syn. **protagoniste**).

herpès [ɛrpɛs] **n.m.** (lat. *herpes,* mot gr. « dartre »). Affection aiguë de la peau et des muqueuses, d'origine virale, caractérisée par une éruption de vésicules groupées en bouquet sur une base enflammée et précédée par une sensation de brûlure.

herpétique [ɛrpetik] **adj.** et **n.** Relatif à l'herpès ; qui souffre d'herpès.

herpétologie n.f., **herpétologiste** n. ⟶ **erpétologie, erpétologiste.**

Herriot (Édouard), homme politique français (Troyes 1872 - Saint-Genis-Laval 1957). Maire de Lyon (1905-1957), sénateur (1912) puis député (1919) du Rhône, président du parti radical (1919-1926 ; 1931-1935 ; 1945-1957), il constitua avec les socialistes le Cartel des gauches et fut président du Conseil avec le portefeuille des Affaires étrangères (1924-1925). Il fit évacuer la Ruhr, occupée par la France depuis 1923, et reconnaître l'U.R.S.S. Mais les oppositions suscitées par sa politique financière l'obligèrent à démissionner. Il présida la Chambre des députés (1936-1940) puis l'Assemblée nationale (1947-1955).

***hersage** [ɛrsaʒ] **n.m.** Action de herser.

Herschel (*sir* **William**), astronome britannique d'origine allemande (Hanovre 1738 - Slough 1822). Il réalisa, en amateur, de nombreux télescopes et découvrit la planète Uranus (1781) ainsi que deux de ses satellites (1787), puis deux satellites de Saturne (1789). Fondateur de l'astronomie stellaire, il fut le premier à étudier de façon systématique les étoiles doubles. Vers 1800, il découvrit les effets thermiques du rayonnement infrarouge.

***herse** [ɛrs] **n.f.** (lat. *hirpex, -icis*). **1.** Instrument agricole formé d'un châssis muni de dents métalliques, que l'on traîne sur le sol pour le travailler en surface. **2.** Pièce de bois munie de pointes servant à barrer une route. **3.** Grille coulissante armée de pointes à sa partie inférieure, que l'on abaissait pour interdire l'accès d'une forteresse : *Abaisser la herse d'un château fort.*

***herser** [ɛrse] **v.t.** AGRIC. Passer la herse sur un sol.

***hertz** [ɛrts] **n.m.** (du n. du physicien). Unité de mesure de fréquence ; fréquence d'un phénomène périodique dont la période est 1 seconde. ▸ Symb. Hz.

Hertz (Heinrich), physicien allemand (Hambourg 1857 - Bonn 1894). En 1887, il produisit des ondes électromagnétiques et montra qu'elles possédaient toutes les propriétés de la lumière, confirmant ainsi la théorie de Maxwell et ouvrant la voie à la télégraphie sans fil. Il découvrit la même année l'effet photoélectrique et observa, en 1892, que les rayons cathodiques pouvaient traverser de minces feuilles métalliques.

***hertzien, enne** [ɛrtsjɛ̃, -ɛn] **adj.** (de *hertz*). TÉLÉCOMM. **1.** Se dit des ondes et des phénomènes électromagnétiques (syn. **radioélectrique**). **2.** Qui utilise les ondes hertziennes : *Réseau hertzien.*

Herzégovine, région de Bosnie-Herzégovine.

Herzl (Theodor), écrivain hongrois (Budapest 1860 - Edlach, Autriche, 1904), promoteur du sionisme politique. Les persécutions envers les Juifs et les excès antisémites de l'affaire Dreyfus lui firent envisager la reconstitution d'un État juif indépendant en Palestine (*l'État juif,* 1896). Son œuvre trouvera son aboutissement en 1948, avec la création de l'État d'Israël.

Hesbaye (la), plaine de Belgique, au sud-est de la Campine. (Hab. *Hesbignons.*)

Hésiode, poète grec (Ascra, Béotie, milieu du VIIIe s. av. J.-C.). Tenu par les Grecs pour l'égal d'Homère et le père de la poésie didactique, il est l'auteur de la *Théogonie,* poème mythologique donnant une explication de l'origine du monde et des malheurs des hommes, et d'un recueil de pensées et de sentences morales, *les Travaux et les Jours,* destiné à montrer la vertu du travail agricole et de la justice.

hésitant, e [ezitɑ̃, -ɑ̃t] **adj.** et **n. 1.** Qui hésite ; qui a de la peine à se décider : *Un homme hésitant* (syn. **irrésolu, indécis**). **2.** Qui manque de sûreté, de fermeté : *Démarche hésitante* (syn. **chancelant, vacillant**).

hésitation [ezitasjɔ̃] **n.f.** Fait d'hésiter ; moment d'arrêt dans l'action qui marque l'indécision : *Votre réponse lève mes hésitations* (syn. **doute, incertitude**). *Après beaucoup d'hésitations, elle a enfin pris sa décision* (syn. **atermoiement, flottement**). *Accepter une offre sans hésitation* (syn. **réticence**). *S'exprimer avec des hésitations* (syn. **embarras**).

hésiter [ezite] **v.i.** (lat. *haesitare*). **1.** Être dans un état d'incertitude, d'irrésolution qui empêche ou retarde l'action, le choix : *Hésiter sur la route à suivre* (syn. **s'interroger**). *Hésiter à partir* (syn. **balancer, tergiverser**). **2.** Marquer son indécision, son embarras par un temps d'arrêt, un silence : *Parler en hésitant* (= en cherchant ses mots).

Hespérides, nymphes du couchant dans la mythologie grecque. Au nombre de trois, elles veillaient sur le jardin des dieux, dont les arbres produisaient des pommes d'or qui donnaient l'immortalité et qu'Héraclès déroba. Les Anciens situaient ce jardin au pied de l'Atlas.

Hesse, en all. **Hessen,** Land d'Allemagne ; 21 114 km^{2} ; 5 971 816 hab. CAP. *Wiesbaden.*

GÉOGRAPHIE

La Hesse, voie de passage entre la Rhénanie et l'Allemagne du Nord, est composée de plateaux boisés, de massifs volcaniques (Vogelsberg, Rhön) et de petites plaines fertiles.

HISTOIRE

Principauté de l'Empire germanique, la Hesse connaît de nombreux partages suivis de réunifications. En 1567, elle est divisée en deux principautés, la Hesse-Cassel au nord et la Hesse-Darmstadt au sud. Alliées à l'Autriche, les deux principautés sont vaincues par la Prusse (1866). La Hesse-Cassel est incorporée au royaume prussien (province de Hesse-Nassau). Réunifiée en 1945, la Hesse devient un des Länder de la République fédérale d'Allemagne.

Hesse (Hermann), romancier allemand naturalisé suisse en 1923 (Calw, Wurtemberg, 1877 - Montagnola, Tessin, 1962). Avec *Peter Camenzind* (1904), son premier roman, il développa le thème de la révolte des enfants contre leurs parents. Très affecté par la Première Guerre mondiale, en proie à de violents conflits intérieurs, il tenta de bâtir une nouvelle philosophie à partir d'une synthèse des systèmes de pensée occidentaux et orientaux dans *Siddharta* (1922), *le Loup des steppes* (1927), *Narcisse et Goldmund* (1930), *le Jeu des perles de verre* (1943). [Prix Nobel 1946.]

Hessel (Stéphane), résistant et diplomate français d'origine allemande (Berlin 1917 - Paris 2013). Déporté en 1944 à Buchenwald puis à Dora-Mittelbau, il fut l'un des coauteurs de la Déclaration universelle des droits de l'homme* (1948) et ne cessa jamais, par ses multiples engagements, d'œuvrer en faveur de la liberté, de la justice et de la paix (*Indignez-vous !*, 2010).

hétaïre [etair] **n.f.** (gr. *hetaira*). ANTIQ. GR. Courtisane d'un rang élevé.

hétérochromosome [eterokromozom] **n.m.** (de *hétéro-* et *chromosome*). BIOL. Chromosome dont dépend le sexe du zygote (XX chez la femme, XY chez l'homme). [On dit aussi *chromosome sexuel.*]

hétéroclite [eterɔklit] **adj.** (gr. *heteroklitos,* de *heteros,* autre, et *klinein,* incliner). **1.** Qui s'écarte des règles propres à son genre, des règles de l'art : *Bâtiment hétéroclite* (syn. **biscornu**). *Roman hétéroclite* (syn. **composite**). **2.** Fait de pièces et de morceaux d'origines diverses : *Accoutrement, mobilier hétéroclite* (syn. **disparate, composite**).

hétérodoxe [eterɔdɔks] **adj.** et **n.** (gr. *heterodoxos,* de *hétéro-* et *doxe*). **1.** RELIG. Qui s'écarte de l'orthodoxie : *Des théologiens hétérodoxes.* **2.** Qui s'oppose aux idées reçues : *Des idées hétérodoxes* (syn. **non conformiste, anticonformiste**).

hétérodoxie [eterɔdɔksi] **n.f. 1.** RELIG. Caractère de ce qui est hétérodoxe ; doctrine hétérodoxe. **2.** Non-conformisme : *L'hétérodoxie de ses ouvrages fut mal accueillie par ses contemporains.*

hétérodyne [eterɔdin] **n.f.** (de *hétéro-,* et du rad. gr. *dunamis,* force). Générateur d'oscillations électriques sinusoïdales, général. employé dans un récepteur radio-électrique pour effectuer un changement de fréquence.

hétérogamie [eterɔgami] **n.f.** (de *hétéro-* et *-gamie*). BIOL. Fusion de deux gamètes plus ou moins dissemblables (contr. **isogamie**).

hétérogène [eterɔʒɛn] **adj.** (gr. *heterogenês,* de *hétéro-* et *-gène*). Qui est formé d'éléments de nature différente ; disparate : *Population hétérogène* (syn. **composite, diversifié** ; contr. **homogène**).

hétérogénéité [eterɔʒeneite] **n.f.** Caractère de ce qui est hétérogène (syn. **disparité** ; contr. **homogénéité**).

hétérogreffe [eterɔgrɛf] **n.f.** (de *hétéro-* et *greffe*). CHIR. Greffe dans laquelle le greffon est emprunté à une espèce différente (par opp. à *homogreffe*).

hétéromorphe [eterɔmɔrf] **adj.** (de *hétéro-* et *-morphe*). Qui présente des formes très différentes chez une même espèce (syn. **polymorphe**).

hétérosexualité [eterɔsɛksɥalite] **n.f.** Sexualité de l'hétérosexuel (par opp. à *homosexualité*).

hétérosexuel, elle [eterɔsɛksɥɛl] **adj.** et **n.** (de *hétéro-* et *sexuel*). Qui éprouve une attirance sexuelle pour le sexe opposé (par opp. à *homosexuel*).

hétérotrophe [eterɔtrɔf] **adj.** (de *hétéro-* et du gr. *trophê,* nourriture). BIOL. Se dit d'un être vivant qui se nourrit de substances organiques, comme les animaux et la plupart des plantes dépourvues de chlorophylle (par opp. à *autotrophe*).

hétérozygote [eterɔzigɔt] **adj.** et **n.** (de *hétéro-* et *zygote*). BIOL. Se dit d'une cellule ou d'un organisme dont les gènes, responsables d'un caractère donné, possèdent des expressions différentes (par opp. à *homozygote*).

***hêtraie** [etrɛ] **n.f.** Lieu planté de hêtres.

***hêtre** [ɛtr] **n.m.** (du frq. **haistr*, rad. *haisi*, buisson). **1.** Arbre des forêts tempérées, à écorce lisse, à bois blanc, ferme et flexible, dont les fruits sont les faines. ▸ Famille des fagacées ; haut. max. 30 m env. **2.** Bois de cet arbre, utilisé en menuiserie.

***heu** [ø] **interj.** (onomat.). Sert à marquer le doute, l'hésitation, parfois le dédain : *Heu ! Voyons... quel jour était-ce donc ?*

heur [œr] **n.m.** (lat. pop. **agurium*, du class. *augurium*, présage). LITT. **Avoir l'heur de,** la chance de : *Je n'ai pas eu l'heur de lui plaire.*

heure [œr] **n.f.** (lat. *hora*). **1.** Unité de temps valant 3 600 secondes, soit 60 minutes, contenue vingt-quatre fois dans un jour. ▸ Symb. h. **2.** Période de temps correspondant approximativement à cette unité : *Ça fait une bonne heure que je vous attends.* **3.** Unité de travail ou de salaire correspondant approximativement à cette période de temps : *Être payé à l'heure. Elle fait des heures supplémentaires.* **4.** Mesure d'une distance en fonction de la durée du trajet correspondant : *Cette ville est à trois heures de Paris par le train.* **5.** Organisation temporelle de la journée, permettant, par référence à un système conventionnel, de situer précisément chacun des moments de la journée : *Avant de téléphoner, n'oubliez pas qu'ils n'ont pas la même heure que nous.* **6.** Moment précis du jour, déterminé par référence à ce système conventionnel : *Il est trois heures.* **7.** Moment, période quelconques dans le cours d'une vie, d'une entreprise, dans l'histoire d'un pays : *Il a eu son heure de gloire. Connaître des heures difficiles. La dernière heure* (= le moment de la mort). **8. À la bonne heure !,** voilà qui est bon, qui va bien. / **De bonne heure,** tôt. / **D'heure en heure,** à mesure que passent les heures. / **Être à l'heure,** donner l'heure juste, en parlant d'une montre, d'une pendule ; être exact, ponctuel, en parlant d'une personne. / **Sur l'heure,** à l'instant même. **9.** CATH. **Heures canoniales,** les diverses parties de l'ancien bréviaire, de l'office liturgique. / CATH. **Livre d'heures,** recueil de prières à l'usage de la dévotion personnelle des fidèles, à la fin du Moyen Âge. / DR. **Heure d'été,** adoptée au printemps et en été par de nombreux pays, en vue de réduire les dépenses d'énergie, et correspondant en général à une avance d'une heure sur l'heure en vigueur pendant le reste de l'année *(heure d'hiver)*. / DR. **Heure légale,** heure définie par les pouvoirs publics, qui règle la vie d'un pays. **10. Tout à l'heure,** dans un moment ; il y a un moment : *Je reviendrai tout à l'heure. Ça s'est passé tout à l'heure.*

heureusement [ørøzmɑ̃] **adv. 1.** De façon avantageuse, favorable : *Terminer heureusement une affaire* (syn. **avantageusement, victorieusement**). **2.** Harmonieusement ; de manière agréable : *Couleurs heureusement assorties* (syn. **élégamment**). **3.** Par bonheur : *Heureusement, le train avait du retard* (= par chance). **4. Heureusement que,** c'est une chance que : *Heureusement qu'il est guéri.*

heureux, euse [ørø, -øz] **adj.** (de *heur*). **1.** Qui jouit du bonheur ; qui est satisfait de son sort : *Un homme heureux* (syn. **comblé**). **2.** Qui procure du bonheur, ou qui le dénote : *Un mariage heureux. Un visage heureux* (syn. **épanoui, radieux**). **3.** Favorisé par le sort : *Si vous êtes assez heureux pour frapper à la bonne porte* (syn. **chanceux**). **4.** Qui a des suites favorables ; qui procure un avantage : *Circonstance heureuse* (syn. **propice**). **5.** Porté à l'optimisme ; gai de nature : *Un heureux caractère* (syn. **enjoué**). **6.** Particulièrement réussi, juste : *Une heureuse alliance de classicisme et de modernisme* (syn. **harmonieux**). ◆ **n. Faire un, des heureux,** procurer à une ou à plusieurs personnes un avantage inespéré.

heuristique [øristik] **adj.** (du gr. *heuriskein*, trouver). DIDACT. Qui a une utilité dans la recherche, notamm. la recherche scientifique et épistémologique : *Hypothèse heuristique.* ◆ **n.f.** Discipline qui se propose de dégager les règles de la recherche scientifique.

***heurt** [œr] **n.m.** (de *heurter*). **1.** Fait de heurter, de se heurter ; choc, coup qui en résulte : *Heurt de deux véhicules* (syn. **collision**). **2.** Opposition, contraste très forts, violents : *Heurt de sonorités, de couleurs.* **3.** Désaccord ; différend ; mésentente : *Il y a eu des heurts entre eux* (syn. **affrontement, conflit, friction**).

***heurté, e** [œrte] **adj. 1.** Qui contraste violemment : *Couleurs heurtées.* **2. Style heurté,** qui présente des oppositions marquées, des ruptures de construction.

***heurter** [œrte] **v.t.** (du frq. **hurt*, bélier). **1.** Entrer rudement en contact avec qqch, qqn ; frapper : *La voiture a heurté le mur* (syn. **percuter**). *La manivelle l'a heurté à la jambe* (syn. **cogner**). **2.** Cogner une chose contre une autre : *Heurter des verres pour trinquer* (syn. **choquer**). **3.** Contrarier vivement : *Sa grossièreté me heurte* (syn. **irriter, choquer**). **4.** Être en opposition complète avec : *Heurter les convenances* (syn. **bousculer**). ◆ **v.t. ind. [à]** LITT. Frapper : *Heurter à la porte.* ◆ **se heurter v.pr. 1.** Avoir des dissentiments violents : *Ils se heurtent fréquemment* (syn. **s'affronter, se quereller**). **2.** Contraster violemment : *Ces couleurs se heurtent* (syn. **détonner, jurer**). **3. Se heurter à qqch,** se cogner contre qqch ; au fig., rencontrer un obstacle, une difficulté : *Il s'est heurté à un lampadaire* (syn. **buter contre**). *Notre projet s'est heurté à de grosses difficultés, à l'incompréhension générale* (syn. **achopper sur**).

***heurtoir** [œrtwar] **n.m.** (de *heurter*). **1.** Marteau de porte monté sur une charnière, qui retombe sur une plaque de métal. **2.** CH. DE F. Butoir.

hévéa [evea] **n.m.** (quechua *hyeve*). Arbre des régions chaudes, cultivé surtout en Asie du Sud-Est pour son latex, dont on tire le caoutchouc. ▸ Famille des euphorbiacées.

hexachlorure [ɛgzaklɔryr] **n.m.** CHIM. Chlorure dont la molécule contient six atomes de chlore.

hexadécimal, e, aux [ɛgzadesimal, -o] **adj.** Se dit d'un système de numération de base 16.

hexaèdre [ɛgzaɛdr] **n.m.** et **adj.** (du gr. *hexa*, six, et *edra*, face). MATH. Polyèdre à six faces : *Le cube est un hexaèdre régulier. Prisme hexaèdre.*

hexaédrique [ɛgzaedrik] **adj.** Relatif à l'hexaèdre ; qui a la forme d'un hexaèdre.

hexagonal, e, aux [ɛgzagɔnal, -o] **adj. 1.** Qui a la forme d'un hexagone. **2.** Qui a pour base un hexagone. **3.** Qui concerne l'Hexagone, la France : *Une politique étroitement hexagonale.*

hexagone [ɛgzagon] **n.m.** (lat. *hexagonus*, du gr.). **1.** MATH. Polygone à six angles et six côtés. **2. L'Hexagone,** la France métropolitaine dont les contours évoquent grossièrement un hexagone.

hexamètre [ɛgzamɛtr] **adj.** et **n.m.** (lat. *hexametrus*, du gr.). MÉTR. Se dit d'un vers, en partic. d'un vers grec ou latin, qui a six mesures ou six pieds.

hexapode [ɛgzapɔd] **adj.** et **n.m.** (de *hexa-* et *-pode*). ZOOL. Qui possède trois paires de pattes : *Larve hexapode d'un insecte.*

hexasyllabe [ɛgzasilab] **adj.** et **n.m.** (de *hexa-* et *syllabe*). Se dit d'un vers de six syllabes.

***hi** [i] **interj.** (onomat.). Sert à exprimer le rire ou, plus rarement, les pleurs : *Hi ! hi ! que c'est drôle !*

hiatal, e, aux [jatal, -o] **adj. 1.** MÉD. Relatif à un hiatus ; d'un hiatus. **2. Hernie hiatale,** hernie de l'hiatus œsophagien.

hiatus [jatys] **n.m.** (mot lat. « ouverture »). **1.** LING. Succession de deux voyelles appartenant à des syllabes différentes, à l'intérieur d'un mot *(aorte)* ou à la frontière de deux mots *(il alla à Paris)*. **2.** ANAT. Orifice accidentel ou naturel : *Hiatus œsophagien* (= orifice du diaphragme par lequel l'œsophage passe du thorax dans l'abdomen). **3.** Manque de continuité, de cohérence ; interruption : *Hiatus entre la théorie et les faits* (syn. **décalage**).

hibernal, e, aux [ibɛrnal, -o] **adj.** (lat. *hibernalis*). Relatif à l'hibernation : *Sommeil hibernal.*

hibernation [ibɛrnasjɔ̃] **n.f.** (bas lat. *hibernatio*). **1.** État léthargique, dû à un abaissement de la température du corps, dans lequel certains mammifères (marmotte, loir, chauve-souris) passent l'hiver. **2.** État d'inertie, d'improductivité : *Industries en état d'hibernation* (syn. **stagnation**). **3. En hibernation,** en attente, en réserve : *Mettre un projet de loi en hibernation* (= geler). / MÉD. **Hibernation artificielle,** état de vie ralentie, provoqué par l'action de produits chimiques et la réfrigération du corps, et facilitant des interventions chirurgicales ou certains traitements.

■ L'hibernation ne se produit que chez les animaux homéothermes : de petits mammifères (insectivores comme le hérisson, rongeurs comme le loir et la marmotte, etc.) et quelques rares oiseaux (engoulevent de Nuttall). La période d'hibernation correspond à un abaissement de la température corporelle jusqu'au voisinage de celle du lieu (grotte ou terrier) dans lequel l'animal s'abrite (la température de la marmotte, par exemple, descend à 5 °C). L'animal entre dans un état de torpeur qui lui permet de réduire ses dépenses énergétiques. La plupart des fonctions de l'organisme sont ralenties (fréquences cardiaque et respiratoire, consommation d'oxygène, etc.). Ce « sommeil » est toujours entrecoupé de courtes périodes de réveil, dont les raisons sont mal définies. Le réveil définitif a lieu dès l'augmentation des températures extérieures à l'approche du printemps. Chez certains animaux, il existe non une hibernation véritable, mais un ralentissement des fonctions vitales, accompagné d'une légère hypothermie. C'est le cas de l'ours, chez qui la température interne ne descend pas au-dessous de 29 ou 30 °C. ■

hiberner [ibɛrne] **v.i.** (lat. *hibernare*). Passer l'hiver en hibernation : *La marmotte hiberne.*

hibiscus [ibiskys] **n.m.** (lat. *hibiscum,* sorte de mauve). Arbre tropical à fleurs ornementales, dont une espèce fournit un textile. ▶ Famille des malvacées.

***hibou** [ibu] **n.m.** (orig. incert., p.-ê. onomat.) [pl. *hiboux*]. **1.** Rapace nocturne, portant des aigrettes de plumes, prédateur de petits rongeurs. ▶ Le hibou ulule ou hue. **2.** FAM. **Vieux hibou,** homme âgé, solitaire et bourru.

***hic** [ik] **n.m. inv.** (de la phrase latine *hic est quaestio,* ici est la question). FAM. Difficulté principale d'une situation ; nœud d'une question : *Le hic, c'est que ça coûte beaucoup trop cher* (syn. **problème**).

***hic et nunc** [ikɛtnɔ̃k] **loc. adv.** (mots lat. « ici et maintenant »). Sans délai et dans ce lieu même.

hidalgo [idalgo] **n.m.** (mot esp., de *hi[jo] d[e] algo,* fils de quelque chose) [pl. *hidalgos*]. Noble espagnol appartenant au plus bas degré de la noblesse.

Hidalgo y Costilla (Miguel), prêtre mexicain (San Diego, Corralejo, 1753 - Chihuahua 1811). Il donna le signal des luttes pour l'indépendance du Mexique (1810) et fut fusillé par les Espagnols.

***hideusement** [idøzmɑ̃] **adv.** De façon hideuse : *Un blessé hideusement défiguré* (syn. **affreusement, atrocement**).

***hideux, euse** [idø, -øz] **adj.** (orig. incert., p.-ê. du lat. *hispidosus,* hérissé, ou de l'anc. fr. *hisde,* horreur, lui-même de *hispidosus* ou d'orig. germ.). **1.** Qui est d'une laideur repoussante : *Spectacle hideux* (syn. **affreux, horrible**). **2.** Qui provoque un dégoût moral : *Une hideuse hypocrisie* (syn. **ignoble**).

Hideyoshi → Toyotomi Hideyoshi.

***hie** [i] **n.f.** (moyen néerl. *heie*). TECHN. Outil à main, muni de deux anses, qui sert à enfoncer les pavés ou à compacter le sol (syn. **dame, demoiselle**).

hier [ijɛr] ou [jɛr] **adv.** (lat. *heri*). **1.** Le jour qui précède immédiatement celui où l'on est : *Elle est partie hier.* **2.** Dans un passé récent : *La jeunesse d'hier avait d'autres aspirations.* **3. Ne pas dater d'hier,** être ancien, ne pas être nouveau : *Cette théorie ne date pas d'hier.* / FAM. **N'être pas né d'hier,** avoir de l'expérience.

***hiérarchie** [jerarʃi] **n.f.** (lat. ecclés. *hierarchia,* du gr. *hieros,* sacré, et *arkhein,* commander). **1.** Classement des fonctions, des dignités, des pouvoirs dans un groupe social, selon un rapport de subordination et d'importance respectives : *Hiérarchie administrative.* **2.** Ensemble des personnes qui occupent des fonctions supérieures : *Décision de la hiérarchie.* **3.** Organisation en une série décroissante ou croissante d'éléments classés selon leur grandeur ou leur valeur : *Hiérarchie des salaires.*

***hiérarchique** [jerarʃik] **adj.** Relatif à la hiérarchie ; fondé sur la hiérarchie : *Passer par la voie hiérarchique. Organisation hiérarchique. Pouvoir hiérarchique.*

***hiérarchiquement** [jerarʃikmɑ̃] **adv.** De façon hiérarchique ; selon une hiérarchie : *Société hiérarchiquement organisée.*

***hiérarchisation** [jerarʃizasjɔ̃] **n.f.** Action de hiérarchiser ; organisation qui en résulte : *La hiérarchisation d'un service. Une hiérarchisation des informations.*

***hiérarchiser** [jerarʃize] **v.t. 1.** Soumettre à un ordre hiérarchique : *Hiérarchiser fortement un service.* **2.** Organiser en fonction d'une hiérarchie : *Hiérarchiser les problèmes* (syn. **ordonner, classer**).

***hiérarque** [jerark] **n.m.** (gr. ecclés. *hierarkhês,* grand prêtre ; v. *hiérarchie*). **1.** Titre donné à certains hauts dignitaires des Églises orientales. **2.** LITT. Chef, personnalité occupant une place importante au sein d'une hiérarchie.

hiératique [jeratik] **adj.** (gr. *hieratikos,* de *hieros,* sacré). **1.** Conforme aux normes d'une tradition liturgique : *Les gestes hiératiques d'un prêtre.* **2.** D'une majesté, d'une raideur solennelle : *L'attitude hiératique d'un haut magistrat* (syn. **grave**). **3. Écriture hiératique,** cursive égyptienne dérivée des hiéroglyphes monumentaux.

hiératisme [jeratism] **n.m.** DIDACT. Attitude, caractère hiératiques : *L'hiératisme des gestes d'un officiant.*

hiéroglyphe [jerɔglif] **n.m.** (du gr. *hieros,* sacré, et *gluphein,* graver). **1.** Chacun des signes du système d'écriture idéographique des anciens Égyptiens : *Champollion a déchiffré les hiéroglyphes.* **2.** (Souvent au pl.). FIG. Signe d'écriture impossible à déchiffrer : *Je ne peux pas lire tes hiéroglyphes.*

hiéroglyphique [jerɔglifik] **adj.** Relatif aux hiéroglyphes : *Signe hiéroglyphique.*

***hi-fi** [ifi] **n.f. inv.** (abrév. de l'angl. *high fidelity*). Haute-fidélité.

Higgs (Peter Ware), physicien britannique (Newcastle upon Tyne 1929). Il a proposé au milieu des années 1960, en même temps que plusieurs autres chercheurs dont les physiciens belges François **Englert** (Etterbeek 1932) et Robert **Brout** (New York 1928 - Bruxelles 2011), un mécanisme capable d'expliquer l'origine de la masse des particules, postulant notamm. l'existence d'un nouveau boson (dit *boson de Higgs* ou *de Brout-Englert-Higgs*). La découverte quasi certaine de ce boson faite dans le LHC du Cern en 2012 validerait le modèle standard de la physique des particules.

Highlands (« Hautes Terres »), région montagneuse du nord de l'Écosse. (Hab. *Highlanders.*)

Highsmith (Patricia), romancière américaine (Fort Worth, Texas, 1921 - Locarno, Suisse, 1995). Ses romans policiers sont centrés sur la psychologie du coupable (*l'Inconnu du Nord-Express,* 1950 ; *Monsieur Ripley,* 1955 ; *les Sirènes du golf,* 1984).

***high-tech** [ajtɛk] **adj. inv.** et **n.m. inv.** (abrév. de l'angl. *high technology,* haute technologie). **1.** Se dit de toute technologie avancée : *Recherche aérospatiale high-tech.* **2.** Se dit d'un style d'aménagement et de décoration caractérisé par l'intégration de matériaux, de meubles ou d'accessoires conçus pour un usage professionnel ou industriel, développé à partir de la fin des années 1970.

***hi-han** [iɑ̃] **interj.** Onomatopée conventionnelle imitant le cri de l'âne. ◆ **n.m. inv.** Braiment.

Hikmet (Nazim), écrivain turc (Salonique 1902 - Moscou 1963), d'inspiration révolutionnaire *(C'est un dur métier que l'exil).*

hilarant, e [ilarɑ̃, -ɑ̃t] **adj.** (de *hilare*). Qui provoque le rire : *Ce sketch est hilarant* (syn. **désopilant, drôle**).

hilare [ilar] **adj.** (lat. *hilaris,* du gr.). Qui montre une joie béate, un grand contentement : *Des spectateurs hilares* (syn. **réjoui**).

hilarité [ilarite] **n.f.** (lat. *hilaritas*). Gaieté subite ; explosion de rire : *Sa plaisanterie déclencha l'hilarité générale.*

Hilbert (David), mathématicien allemand (Königsberg 1862 - Göttingen 1943). Il fut le chef incontesté de l'école mathématique allemande du premier tiers du XXe s. Ses travaux portent sur : les invariants algébriques, dont il conçut une approche nouvelle et plus générale qui permet, sinon de les calculer, du moins de démontrer leur existence ; la théorie des nombres ; les fondements de la géométrie, qu'il chercha à établir à partir d'objets qui satisfont à des relations exprimées par des axiomes ; l'analyse, dont il établit certains résultats qu'il appliqua ensuite à la physique. Il est l'un des fondateurs de la méthode axiomatique.

Hildebrandt (Lukas von), architecte autrichien (Gênes 1668 - Vienne 1745). Baroque, rival de Fischer von Erlach, il a donné son chef-d'œuvre avec les deux palais du Belvédère à Vienne (pour le Prince Eugène, 1714-1723).

Hildesheim, v. d'Allemagne (Basse-Saxe) ; 99 554 hab. Églises romanes, dont la plus vénérable est S. Michael, des XIe-XIIe s. (très restaurée ; porte de bronze du XIe s., plafond en bois peint du XIIIe s.). Un trésor d'orfèvrerie romaine de l'époque d'Auguste y a été recueilli en 1868 (déposé au château de Charlottenburg, à Berlin).

***hile** [il] **n.m.** (lat. *hilum*). **1.** ANAT. Région en forme de sillon par laquelle les vaisseaux sanguins et les nerfs pénètrent dans un viscère : *Hile du foie.* **2.** BOT. Région par laquelle une graine est reliée au fruit et reçoit les sucs nourriciers.

hilote n.m., **hilotisme** n.m. → **ilote, ilotisme.**

Himalaya, la plus haute chaîne de montagnes du monde (8 848 m à l'Everest), en Asie, s'étendant sur 2 800 km, de l'Indus au Brahmapoutre, large en moyenne de 300 km entre le Tibet et la plaine indo-gangétique. Chaîne plissée, d'âge alpin, l'Himalaya est une importante barrière climatique et humaine.

himalayen, enne [imalajɛ̃, -ɛn] **adj.** De l'Himalaya.

Himes (Chester), écrivain américain (Jefferson City 1909 - Benisa, prov. d'Alicante, 1984). Il est l'auteur de romans policiers *(la Reine des pommes, l'Aveugle au pistolet).*

Himmler (Heinrich), homme politique allemand (Munich 1900 - Lüneburg 1945). Chef de la Gestapo (1934) et de la police du Reich (1938), puis ministre de l'Intérieur (1943), il dirigea la répression contre les adversaires du régime nazi et organisa les camps de concentration. Il se suicida.

Hindemith (Paul), compositeur allemand (Hanau 1895 - Francfort-sur-le-Main 1963). Il fut un des chefs de l'école allemande entre les deux guerres, tout en restant attaché à un certain esprit classique (*Mathis le peintre,* 1934 ; concerto pour violon ; sonates pour instruments solistes).

Hindenburg (Paul von Beneckendorff und von), maréchal allemand (Posen, auj. Poznán, 1847 - Neudeck, près de Gdańsk, 1934). Vainqueur des Russes à Tannenberg (1914), chef d'état-major général (1916), il dirigea, avec Ludendorff, la stratégie allemande jusqu'à la fin de la guerre. Président de la république de Weimar en 1925, réélu en 1932, il nomma Hitler chancelier (1933).

***hindi** [indi] **n.m.** (mot hindi). Langue indo-aryenne, parlée en Inde du Nord, et langue officielle de la république de l'Inde.

hindou, e [ɛ̃du] **adj.** et **n.** (altér. de *indou,* de *Inde*). Qui appartient à l'hindouisme ; adepte de l'hindouisme.

hindouisme [ɛ̃duism] **n.m.** (de *hindou*). Religion répandue surtout en Inde, dont la base philosophique est la thèse de l'identité du soi individuel au soi universel ou absolu. ◆ **hindouiste adj.** Qui concerne l'hindouisme.

■ L'hindouisme désigne, concurremment avec les termes de *védisme* et de *brahmanisme,* les différents courants de la religion traditionnelle de l'Inde. Celle-ci, contrairement à beaucoup d'autres, n'a pas de fondateur, mais seulement des Pères, les *Rishi* (« Ceux qui voient »). Elle n'a pas non plus d'autorité enseignante définissant une orthodoxie. Ses premiers textes sacrés, appelés *Veda,* c'est-à-dire le « Savoir », et datant de la seconde moitié du IIe millénaire av. J.-C., ont été complétés ensuite par la grande épopée du *Mahabharata* (qui inclut la *Bhagavad-Gita*), par le poème du *Ramayana* et par les *Upanishad,* lesquels commentent les textes les plus obscurs des quatre *Veda.* Ce travail d'interprétation des textes, qui est essentiellement l'affaire des brahmanes, a donné naissance au brahmanisme, lequel s'est exprimé ensuite sous diverses formes dans ce qu'on appelle l'hindouisme. Pendant l'époque védique (IIe millénaire av. J.-C.), les habitants de l'Inde vénéraient des divinités liées à la nature telles qu'Indra, le puissant dieu du Ciel, de la Foudre et des Pluies, et Varuna, qui règne sur l'ordre du monde. Plus tard, le panthéon hindou s'est organisé autour d'une sorte de trinité (la *trimurti*) comprenant Brahma, le créateur de l'Univers, Vishnou, qui en assure la conservation, et Shiva, qui en est le principe de destruction. Ces trois dieux sont entourés de nombreuses divinités, dont certaines sont très populaires, comme Krishna, le jeune dieu qui lutine les bergères *(gopi)* et qui est une des manifestations *(avatara)* de Vishnou. L'hindouisme propose moins des vérités à croire que des attitudes religieuses à adopter, notamment par rapport au *dharma,* qui est la loi du bon ordre de l'Univers et qui assigne à chaque être sa place, et par rapport au rite sacrificiel, qui est indispensable à la continuité et à la bonne marche du monde. ■

Hindoustan, région humaine de l'Inde, correspondant à la plaine indo-gangétique.

hindoustani [ɛ̃dustani] **n.m.** Ensemble des langues indo-aryennes parlées en Inde du Nord.

Hindu Kuch, massif de l'Asie centrale (Pakistan et surtout Afghanistan).

***hip-hop** [ipɔp] **n.m. inv.** et **adj. inv.** (mot anglo-amér.). Mouvement socioculturel contestataire apparu aux États-Unis dans les années 1980 chez les jeunes urbains et caractérisé par des modes d'expression comme le rap, la danse acrobatique, une tenue vestimentaire sportive et les graffs.

Hipparque, astronome grec du IIe s. av. J.-C. Il peut être considéré comme le fondateur de l'astronomie de position. Il découvrit la précession des équinoxes et réalisa le premier catalogue d'étoiles. Il jeta aussi les bases de la trigonométrie.

***hippie** ou ***hippy** [ipi] **n.** et **adj.** (mot anglo-amér., de l'arg. *hip,* qui désigna un certain rythme de jazz, puis un fumeur de marijuana) [pl. *hippies* ou *hippys*]. Adepte d'une éthique fondée sur la non-violence et l'hostilité à la société industrielle, et prônant la liberté en tous domaines et la vie en communauté. ► Le mouvement hippie est né à San Francisco dans les années 1960, s'est répandu en Europe à la fin des années 1960 et au début des années 1970. ◆ **adj.** Propre aux hippies : *La mode hippie.*

hippique [ipik] **adj.** (gr. *hippikos,* de *hippos,* cheval). Relatif aux chevaux, à l'hippisme : *Concours hippique.*

hippisme [ipism] **n.m.** (de *hippique*). Ensemble des activités sportives pratiquées à cheval.

hippocampe [ipɔkɑ̃p] **n.m.** (gr. *hippokampos,* de *hippos,* chevalet *kampê,* courbure). **1.** Poisson marin dont la tête, rappelant celle d'un cheval, est perpendiculaire au corps, qui est vertical et terminé par une queue préhensile. ► Long. 15 cm env. L'hippocampe mâle possède une poche dans laquelle il incube les œufs. **2.** ANAT. Cinquième circonvolution temporale située à la face inférieure du lobe temporal du cerveau. **3.** MYTH. Animal fabuleux de la mythologie grecque, mi-cheval, mi-poisson.

Hippocrate, médecin grec (île de Cos 460 - Larissa v. 377 av. J.-C.), qui exerça à l'époque de Périclès. Considéré comme le plus grand médecin de l'Antiquité, il est l'initiateur de l'ob-

*L'astérisque (*) indique que le mot commence par un **h** aspiré.*

servation clinique. Il a laissé de nombreux ouvrages, et sa doctrine a régné sans conteste durant des siècles. Il est à l'origine du serment que prêtent les médecins avant d'exercer leur art.

hippodrome [ipodrom] **n.m.** (lat. *hippodromus,* du gr.). Lieu aménagé pour les courses de chevaux.

hippogriffe [ipogrif] **n.m.** (it. *ippogrifo,* de *grifo,* griffon, et du gr. *hippos,* cheval). Animal fabuleux, mi-cheval, mi-griffon, des romans de chevalerie médiévaux.

hippologie [ipɔlɔʒi] **n.f.** (de *hippo-* et *-logie*). Science, étude du cheval.

hippomobile [ipomɔbil] **adj.** (de *hippo-* et *[auto]mobile*). Se dit d'un véhicule tiré par un ou plusieurs chevaux.

hippophagie [ipɔfaʒi] **n.f.** (de *hippo-* et *-phagie*). Usage de la viande de cheval comme aliment.

hippophagique [ipɔfaʒik] **adj. Boucherie hippophagique,** boucherie où l'on vend de la viande de cheval (on dit aussi *boucherie chevaline*).

hippopotame [ipɔpɔtam] **n.m.** (gr. *hippopotamos,* de *hippos,* chevalet *potamos,* fleuve). Mammifère massif vivant dans les fleuves africains et se nourrissant la nuit d'herbes fraîches. ▶ Recherché pour l'ivoire de ses défenses, l'hippopotame, proie facile pour les chasseurs, est en voie de disparition. Long. de 4 m ; poids de 3 à 4 t.

***hippy** **n.** et **adj.** ⟶ **hippie.**

hircin, e [irsɛ̃, -in] **adj.** (lat. *hircinus,* de *hircus,* bouc). Relatif au bouc ; qui rappelle le bouc : *Odeur hircine.*

Hirohito (Tokyo 1901 - *id.* 1989), empereur du Japon de 1926 à 1989. Il donna son aval à la politique expansionniste menée à partir de 1931. Après la capitulation du Japon (1945), il dut renoncer à ses prérogatives « divines » et accepter l'établissement d'une monarchie constitutionnelle.

hirondelle [irɔ̃dɛl] **n.f.** (anc. prov. *irondela,* dimin. de *irunda,* de même sens, lat. *hirundo*). **1.** Oiseau passereau à dos noir et ventre blanc, et à queue échancrée : *Les hirondelles se rassemblent sur les fils électriques.* ▶ Les hirondelles se nourrissent d'insectes par leur bec largement ouvert ; elles quittent les contrées tempérées en septembre-octobre pour le Sud et reviennent en mars-avril. Long. de 15 à 18 cm. L'hirondelle gazouille ou trisse. **2.** FAM., VIEILLI. Agent de police cycliste. **3. Hirondelle de mer,** nom usuel de la *sterne.* **4. Nid d'hirondelle,** nid de la salangane, que cet oiseau fabrique en régurgitant du jabot une substance gélatineuse provenant des algues absorbées, et constituant un mets très apprécié des Chinois.

Hiroshige (Ando Hiroshige, dit**),** dessinateur, graveur et peintre japonais (Edo, auj. Tokyo, 1797 - *id.* 1858). Les *Cinquante-Trois Relais du Tokaido* (1833-1834) lui valurent la célébrité. En Europe, il sera connu vers 1870 ; sa conception du paysage, sa maîtrise des effets atmosphériques exerceront une influence certaine sur les impressionnistes.

Hiroshima, port du Japon (Honshu), sur la mer Intérieure ; 1 174 209 hab. (2 103 497 hab. dans l'agglomération). Centre industriel. – Les Américains y lancèrent, le 6 août 1945, la première bombe atomique, qui fit environ 140 000 victimes (décédées en 1945).

Hirst (Damien), plasticien britannique (Bristol 1965). Inspirées des vanités classiques, des illustrations anatomiques et autres éléments d'histoire naturelle (animaux naturalisés), ses sculptures et ses installations font dialoguer l'art, la vie et la mort (*The Physical Impossibility of Death […],* 1991 ; *For the Love of God,* 2007 ; *Spot Paintings,* 1986-2011).

hirsute [irsyt] **adj.** (lat. *hirsutus*). Dont la chevelure ou la barbe très fournie est en désordre ; se dit des cheveux et des poils de barbe eux-mêmes.

hirsutisme [irsytism] **n.m.** MÉD. Syndrome caractérisé par la présence de poils dans des zones qui en sont normalement dépourvues.

hispanique [ispanik] **adj.** (lat. *hispanicus,* de *Hispania*). De l'Espagne. ◆ **adj.** et **n.** Aux États-Unis, personne originaire d'Amérique latine.

hispanisant, e [ispanizɑ̃, -ɑ̃t] **n.** et **adj.** et **hispaniste** [ispanist] **n.** Spécialiste de la langue ou de la littérature espagnoles.

hispanisme [ispanism] **n.m.** (du lat. *hispanus,* espagnol). **1.** Expression, tournure particulière à la langue espagnole. **2.** Emprunt à l'espagnol.

hispano-américain, e [ispanoamerikɛ̃, -ɛn] **adj.** et **n.** (pl. *hispano-américains, es*). De l'Amérique de langue espagnole.

hispano-américaine ***(guerre)*** [1898], conflit qui opposa les États-Unis à l'Espagne, en lutte contre ses colonies révoltées. À l'issue du conflit, l'Espagne perdit Cuba, devenue indépendante, et céda Porto Rico, les Philippines et l'île de Guam aux États-Unis.

hispano-arabe [ispanoarab] et **hispano-moresque** [ispanomɔrɛsk] ou **hispano-mauresque adj.** Se dit de l'art, de la civilisation islamiques à l'ouest du bassin méditerranéen, au temps où les califes de Cordoue réunissaient sous leur autorité le Maroc et l'Espagne : *Faïences hispano-mauresques.*

hispanophone [ispanɔfɔn] **adj.** et **n.** De langue espagnole ; qui parle l'espagnol : *Les pays hispanophones d'Amérique.*

***hisse** [is] **interj.** (impératif de *hisser*). Cri utilisé, notamm. en groupe, pour rythmer ou coordonner les gestes de personnes qui hissent, tirent : *Ho ! Hisse !*

***hisser** [ise] **v.t.** (bas all. *hissen*). **1.** Faire monter en tirant ou en soulevant avec effort : *Hisser un drapeau. Hisser les voiles* (syn. **monter**). *Il hissa son enfant sur ses épaules.* **2.** Faire accéder à un rang supérieur : *Hisser qqn à la présidence.* ◆ **se hisser v.pr.** S'élever avec effort ou difficulté : *Elle se hissa sur le parapet* (syn. **grimper**). *Se hisser aux premières places* (syn. **s'élever**).

histamine [istamin] **n.f.** (du gr. *histos,* tissu). BIOCHIM. Amine, présente dans les tissus animaux et dans l'ergot de seigle, provoquant la contraction des muscles lisses, la vasodilatation des capillaires, l'augmentation de sécrétion du suc gastrique et jouant un rôle important dans le mécanisme des réactions allergiques.

histaminique [istaminik] **adj.** Relatif à l'histamine.

histogenèse [istɔʒənɛz] **n.f.** (de *histo-* et *genèse*). **1.** Formation et développement des différents tissus de l'embryon. **2.** Remaniement des tissus qui, chez les insectes, s'opère à la fin des métamorphoses.

histogramme [istɔgram] **n.m.** (angl. *histogram,* du gr. *histos,* tissu, trame). Graphique utilisé en statistique et constitué par des rectangles de même base, placés à côté les uns des autres, et dont la hauteur est proportionnelle à la quantité à représenter.

histoire [istwar] **n.f.** (lat. *historia,* mot gr.). **1.** Ensemble des faits décisifs situés dans le passé concernant un sujet, une période, un domaine marquants pour l'humanité ; ouvrage relatant ces faits : *Histoire de France. Histoire de Louis XIV. Écrire une histoire de la Seconde Guerre mondiale.* **2.** Partie du passé connue principalement par des documents écrits (par opp. à *préhistoire*) : *La période intermédiaire entre la préhistoire et l'histoire est appelée la protohistoire.* **3.** Étude et science des événements passés : *Elle a une licence d'histoire.* **4.** Mémoire que la postérité garde du passé : *L'histoire jugera. Son nom restera dans l'histoire.* **5.** Suite des événements, des faits, des états qui ont marqué l'évolution d'une discipline, d'un domaine, d'un concept, etc. ; ouvrage décrivant cette évolution : *Histoire de l'art. L'histoire de la médecine. L'histoire d'un mot* (= son évolution phonétique et morphologique). **6.** Relation d'événements concernant un thème donné : *Histoire d'un procès.* **7.** Récit d'actions, de faits imaginaires : *Raconter une histoire à un enfant* (syn. **conte, légende**). **8.** Succession d'événements affectant qqn ou qqch : *Il m'est arrivé une histoire extraordinaire* (syn. **aventure**). *Elle est l'héroïne de toute l'histoire* (syn. **affaire**). *L'histoire de ce bijou est étonnante.* **9.** (Surtout au pl.). Propos mensongers : *Allons ! Ce sont des histoires, tout ça !* **10.** (Surtout au pl.). Incident, embarras, complications : *Chercher des histoires* (= chercher querelle). *Tu ne vas pas en faire toute une histoire !* (syn. **affaire, drame**). *Je ne veux pas d'histoires* (syn. **ennui**).

11. Conflit, désaccord à propos de qqch : *Ils se sont fâchés à cause d'une histoire d'argent.* **12. C'est toute une histoire,** c'est long à raconter. / *FAM.* **Histoire de** (+ inf.), dans l'intention de : *Histoire de rire.* / **Histoire drôle,** court récit décrivant une situation fictive et destiné à faire rire. / **La petite histoire,** les anecdotes concernant le passé ; les faits marginaux complémentaires qui se sont produits autour d'un événement quelconque : *Pour la petite histoire, ajoutons que...* **13. Histoire naturelle,** ancien nom des sciences naturelles : *Muséum d'histoire naturelle.* ▶ *Dossier page suivante.*

■ **L'Antiquité et le Moyen Âge.** Afin d'assurer la conservation des faits mémorables vécus par chaque génération, les scribes du Proche-Orient antique ou du monde gréco-romain, les clercs du Moyen Âge, les lettrés chinois, japonais ou musulmans ont rédigé des documents narratifs (annales, chroniques) et dressé des généalogies. Parallèlement, des auteurs, dont les premiers sont les Grecs Hérodote et Thucydide (Ve s. av. J.-C.), ont proposé sur des sujets historiques des exposés rationnels et cohérents, qui ont servi de modèle à des générations d'historiens. Parmi eux, citons l'historien chinois Sima Qian (v. 145-v. 86 av. J.-C.), Tite-Live, Tacite et Plutarque, illustres représentants de l'histoire romaine, Grégoire de Tours, Bède le Vénérable, Geoffroi de Villehardouin, Jean de Joinville, Jean Froissart, chroniqueurs de l'Occident médiéval, et Ibn Khaldun, aux vues novatrices sur l'histoire musulmane.
De l'érudition au positivisme. À la fin du XVe s. et au XVIe s., le développement de l'humanisme, l'étude des historiens de l'Antiquité, les réalisations artistiques de la Renaissance, la découverte des terres nouvelles et des peuples inconnus donnent une impulsion nouvelle à la recherche historique. Rompant avec la conception médiévale et chrétienne de l'histoire du monde, les historiens s'orientent vers l'érudition méthodique fondée sur la critique des sources.
À la fin du XVIIe s., grâce à l'œuvre des congrégations religieuses (jésuites, bénédictins de Saint-Maur) et aux progrès des sciences auxiliaires de l'histoire comme la diplomatique, étude de la façon dont sont établis actes et documents officiels, et la paléographie, les règles et les méthodes de l'histoire savante sont mises au point. Des ouvrages polémiques, ne répondant pas toujours aux normes de la critique historique, reflètent les grands débats de l'époque : Réforme (protestante) et Contre-Réforme (catholique), monarchie absolue et droits des nobles, foi dans le triomphe de la raison à l'époque des Lumières. Parmi les grands érudits de la Renaissance et de l'âge classique, citons Philippe de Commynes, Jean Bodin, Jean Mabillon, Bernard de Montfaucon, Giambattista Vico.
La mise à la disposition du public érudit des archives royales, seigneuriales et ecclésiastiques après la Révolution française permet, au XIXe s. et au début du XXe s., le perfectionnement des règles et des méthodes du travail historique. L'histoire « positiviste », qui les applique avec rigueur, prétend être une science capable de reconstituer le passé. Elle traite des seuls faits dont l'exactitude peut être établie : événements militaires, diplomatiques, institutions. Parmi les grands représentants du positivisme se sont illustrés des historiens allemands, notamment Theodor Mommsen.
La nouvelle histoire. Le positivisme est attaqué au nom de la sociologie de Durkheim, puis de la « nouvelle histoire » de l'école des Annales. Fondée par Marc Bloch et Lucien Febvre en 1929, cette dernière privilégie l'étude des structures socio-économiques, des phénomènes collectifs et non plus celle des événements. Désormais, l'histoire s'intéresse aux mouvements de longue durée, séculaires, ou pluriséculaires, à l'environnement naturel ou aménagé de l'homme : climat, végétation, habitat, vêtement, outillage, mouvement des prix et des salaires, mentalités et attitudes devant la vie et la mort, structures de parenté. Désormais, l'historien se sert des méthodes de la critique historique érudite et des techniques récentes (statistique, informatique, datation à l'aide du carbone 14...) pour répondre à des interrogations nouvelles. Parmi les historiens des dernières décennies, citons Arnold Toynbee, Fernand Braudel, Jacqueline de Romilly, Emmanuel Le Roy Ladurie, Alain Corbin et Georges Duby. ■

histologie [istɔlɔʒi] **n.f.** (de *histo-* et *-logie*). Partie de l'anatomie qui étudie la formation, l'évolution et la composition des tissus des êtres vivants.

histologique [istɔlɔʒik] **adj.** Relatif à l'histologie ; qui relève de l'histologie.

historicité [istɔrisite] **n.f.** Caractère de ce qui est historique, qui est attesté par l'histoire : *Prouver l'historicité d'un fait* (syn. **authenticité**).

historié, e [istɔrje] **adj.** (du lat. scolast. *historiare,* du class. *historia,* histoire). Décoré de scènes narratives, de vignettes : *Les chapiteaux historiés de l'art roman.*

historien, enne [istɔrjɛ̃, -ɛn] **n.** Spécialiste des études historiques ; auteur d'ouvrages historiques.

historiette [istɔrjɛt] **n.f.** (dimin. de *histoire,* d'apr. le lat. *historia*). Petit récit d'une aventure plaisante ; anecdote.

historiographe [istɔrjɔgraf] **n.** (bas lat. *historiographus*). Écrivain chargé officiellement d'écrire l'histoire de son temps ou d'un souverain : *Racine et Boileau étaient les historiographes du roi.*

historiographie [istɔrjɔgrafi] **n.f. 1.** Travail de l'historiographe. **2.** Ensemble des documents historiques relatifs à une question : *L'historiographie de la Révolution.*

historique [istɔrik] **adj.** (lat. *historicus*). **1.** Qui est relatif à l'histoire, à l'étude du passé de l'humanité ; qui est conforme à ses méthodes, à ses règles : *Recherches, travaux historiques.* **2.** Qui appartient à l'histoire, partie du passé de l'humanité dont l'existence est considérée comme objectivement établie : *Monument historique* (= qui présente un intérêt pour l'histoire). *Fait historique* (syn. **attesté**). *C'est historique* (= cela a vraiment existé). **3.** Qui appartient à une période sur laquelle on possède des documents écrits : *Temps historiques et temps préhistoriques.* **4.** Qui est resté célèbre dans l'histoire ; digne d'être conservé par l'histoire : *Mot historique. Record historique.* ◆ **n.m.** Exposé chronologique des faits : *L'historique d'une science. Faire l'historique des négociations* (syn. **chronologie**).

historiquement [istɔrikmɑ̃] **adv.** Du point de vue historique ; en historien : *Un fait historiquement établi.*

histrion [istrijɔ̃] **n.m.** (lat. *histrio,* mime). **1.** Dans l'Antiquité, acteur qui jouait des farces populaires ; baladin, jongleur. **2.** *LITT.* Personne qui se donne en spectacle : *Histrion politique* (syn. **bouffon**).

Hitchcock (Alfred), cinéaste américain d'origine britannique (Londres 1899 - Hollywood 1980). Il réalise son premier film muet dès 1925, mais sa personnalité n'éclatera de manière indiscutable qu'avec le cinéma parlant. Jusqu'en 1939, il tournera en Angleterre 15 films, dont *l'Homme qui en savait trop* (1934), *les 39 Marches* (1935), *Une femme disparaît* (1938), *l'Auberge* [ou *la Taverne*] *de la Jamaïque* (1939). Célèbre à la veille de la guerre, il part pour Hollywood et il s'y fixe. Dans la plupart de ses films, drames psychologiques (*la Maison du docteur Edwardes,* 1945 ; *Sueurs froides,* 1958), aventures policières (*Le crime était presque parfait,* 1954), histoires d'espionnage (*Cinquième Colonne,* 1942 ; *la Mort aux trousses,* 1959), le suspense fonctionne selon le même principe : un surcroît d'information crée une émotion chez le spectateur qui, en sachant plus que le héros lui-même, attend avec angoisse ou impatience la suite des événements. Hitchcock utilise ce procédé avec brio, mêlant humour et suspense et mettant la virtuosité de sa technique au service des intrigues criminelles les mieux agencées. De son abondante production, retenons encore : *Lifeboat* (1944), *les Enchaînés* (1946), *la Corde* (1948), *l'Inconnu du Nord-Express* (1951), *Fenêtre sur cour* (1954), *Psychose* (1960), *les Oiseaux* (1963), *Pas de printemps pour Marnie* (1964).

Hitler (Adolf), homme d'État allemand (Braunau, Haute-Autriche, 1889 - Berlin 1945). Fils d'un douanier autrichien, il est refusé par l'Académie des beaux-arts de Vienne, ville où il mène une existence misérable. Installé à Munich en 1913, il s'engage dans l'armée bavaroise pendant la Première Guerre mondiale. Il devient en 1921 le chef du parti ouvrier national-socialiste. Il crée alors l'organisation paramilitaire

Quelle dimension l'histoire apporte-t-elle à la fiction ?

L'historien considère que la vérité tient dans la réalité des faits. Il n'invente rien, mais reconstitue la réalité d'une époque grâce à des documents et des témoignages liés à une chronologie. L'auteur d'une fiction, quant à lui, invente des faits et se donne la liberté des enchaînements. Comment concilier deux démarches ainsi opposées ?

▶ **L'histoire comme cadre d'une fiction.** Pour son roman *Quo vadis ?* (1896), l'écrivain polonais Sienkiewicz emprunte aux historiens latins Tacite et Suétone. S'inspirant de l'incendie survenu à Rome sous le règne de Néron, l'auteur reconstitue le drame en plaçant son héros au cœur de l'événement : « L'incendie semblait le poursuivre de son souffle enflammé, tantôt le cernant de nuages de fumée, tantôt le couvrant d'étincelles qui lui tombaient sur les cheveux, le cou et les vêtements. Sa tunique commençait à brûler lentement à plusieurs endroits, mais il n'y prenait pas garde et continuait sa course dans la crainte d'être asphyxié. Dans la bouche, il avait le goût de la fumée et de la suie ; sa gorge et ses poumons étaient en feu. » Servant de fil conducteur à la narration, l'histoire nourrit l'imagination de l'écrivain et donne un aspect concret au drame. Aussi, si l'écrivain fait œuvre d'historien, c'est seulement dans la mesure où il s'intéresse aux événements marquants de l'histoire pour donner vie à ses héros.

▶ **L'histoire comme prétexte à la réflexion.** Les écrivains puisent leur inspiration dans un passé lointain pour parler plus librement du présent. Corneille trouve le sujet du *Cid* dans un Moyen Âge espagnol certainement assez différent de la réalité qu'il évoque. Il adapte à sa manière la légende du Cid Campeador. Son but n'est pas de reconstituer l'histoire, mais de défendre un point de vue. Alors que Louis XIII vient d'interdire le duel, qui décime la jeunesse dans la classe de la noblesse, Corneille met en scène le débat de l'époque dans une longue argumentation. La polémique est la suivante : comment défendre l'honneur de la famille sans désobéir au roi ? Le cadre historique médiéval permet de poser la question qui intéresse l'époque. Dans le même sens, à propos de sa tragédie *Cinna*, Corneille réorganise les données historiques de la Rome antique pour inciter à la réflexion.

▶ **La vérité historique reléguée au second plan.** Dans sa dimension documentaire et politique, la fiction entretient un rapport étroit avec l'histoire. Mais la fiction a parfois tendance à l'emporter sur les faits proprement historiques. En s'inspirant d'un événement du passé, l'auteur d'un roman historique, par exemple, peut ne pas le retranscrire de façon aussi scrupuleuse qu'un historien. En littérature, le but n'est pas forcément de reproduire la vérité, mais d'être vraisemblable, c'est-à-dire de « faire vrai », pour plaire au public. Dans la préface de *Polyeucte*, Corneille écrit : « Si j'ai ajouté ces incidents et ces particularités selon l'Art ou non, les savants en jugeront. » Ainsi, ce qui semble essentiel pour le dramaturge, ce n'est pas de recréer fidèlement une époque mais plutôt de « rendre la représentation agréable ».

Les écrivains procèdent parfois à des embellissements qui, sans contredire l'histoire, procurent un plaisir esthétique. Le charme de la fiction – roman, conte, nouvelle ou théâtre – repose sur cette liberté des auteurs à réinventer l'histoire, à se l'approprier.

Face aux faits historiques, l'historien ne tolère aucune inexactitude, tandis que l'écrivain se donne certaines libertés. Pour rendre son récit plus vivant, celui-ci peut inventer des épisodes et les mêler aux événements réels ou faire se rencontrer personnages fictifs et personnages historiques. Les lacunes de l'histoire offrent à l'auteur une plus grande liberté de mise en scène.

Voir aussi : Corneille ; Dumas ; Hugo ; Scott ; Sienkiewicz ; Suétone ; Tacite ; Tolstoï.

des sections d'assaut (S.A.). Le putsch qu'il tente à Munich (nov. 1923) échoue et fait interdire son parti ; il lui confère cependant une notoriété nationale. En prison durant neuf mois, Hitler y dicte à Rudolf Hess *Mein Kampf*, écrit biographique et politique où il développe les idées fondamentales du national-socialisme. Il se présente à l'élection présidentielle contre Hindenburg (1932) et échoue ; mais il est soutenu par 230 députés nazis élus cette année-là, et Hindenburg se résout à le nommer chancelier (janv. 1933). Hitler impose en une année la dictature national-socialiste.
L'ordre nouveau instauré en Allemagne repose sur l'esprit de revanche contre les puissances occidentales, sur la volonté de conquérir à l'E. l'espace vital nécessaire aux Allemands, considérés comme une race supérieure, et sur la haine du marxisme et des Juifs. Hitler parvient à faire adhérer à un consensus nationaliste et chauvin toutes les classes de la société et à obtenir la collaboration de la grande bourgeoisie industrielle et financière, à laquelle il sacrifie les S.A., qui représentaient encore la tendance socialiste de son parti et qui sont massacrés pendant la Nuit des longs couteaux (30 juin 1934). Il devient président du Reich en 1934 et, en tant que *Reichsführer,* assume tous les pouvoirs. Hitler impose aux puissances occidentales une série de coups de force, dont la réoccupation de la Rhénanie (1936). Fort de l'alliance avec l'Italie, il annexe l'Autriche (Anschluss, mars 1938) et contraint les dirigeants occidentaux à signer les accords de Munich (sept. 1938). Après la signature du pacte germano-soviétique (août 1939), il envahit la Pologne (1er sept.) et déclenche ainsi la Seconde Guerre mondiale. Servi par un état-major de grands stratèges, il remporte des succès rapides contre la Pologne, la Norvège, puis contre la France et dans les Balkans, et lance ses troupes contre l'Union soviétique (1941). Il contrôle alors la majeure partie de l'Europe, où sont organisés les camps de concentration et d'extermination. Mais le revers de Stalingrad (févr. 1943) et l'ouverture d'un second front en Normandie (juin 1944) sonnent le glas de cette domination. Usé nerveusement, Hitler est alors dans un état proche de la folie. Il réussit à échapper à l'attentat organisé par des militaires en juill. 1944. Encerclé par l'Armée rouge à Berlin, il se suicide en avril 1945.
Hitler a su utiliser la crise économique, l'humiliation de l'Allemagne par les vainqueurs de la Première Guerre mondiale et les faiblesses de la république de Weimar pour mettre en place une dictature fondée sur la terreur policière *(Gestapo),* la volonté de domination mondiale, et l'idéologie raciste et antisémite la plus meurtrière de l'histoire.

hitlérien, enne [itlerjɛ̃, -ɛn] **adj.** et **n.** Relatif à la doctrine de Hitler, au régime politique qu'il institua ; qui en est partisan.

hitlérisme [itlerism] **n.m.** Doctrine de Hitler ; national-socialisme, nazisme.

***hit-parade** [itparad] **n.m.** (de l'angl. *hit*, succès, et *parade*, défilé) [pl. *hit-parades*]. Palmarès de chansons, de films, de vedettes, etc., classés selon leur succès ; cote de popularité. (Recomm. off. *palmarès*.)

***hittite** [itit] **adj.** (mot angl., de l'hébreu *Hittim*). Relatif aux Hittites. ◆ **n.m.** Langue indo-européenne parlée par les Hittites.

Hittites, peuple indo-européen qui, entre les XXe et XIIe s. av. J.-C., constitua un puissant empire en Anatolie centrale. Cap. *Hattousa* (auj. Boğazköy). La puissance hittite, éclipsée au XVe s. par le royaume du Mitanni (Hourrites), atteignit son apogée aux XIVe-XIIIe s. (Nouvel Empire hittite) où elle équilibra celle de l'Égypte (bataille de Qadesh, v. 1299 av. J.-C.). L'Empire hittite disparut au XIIe s. avec l'invasion des Peuples de la Mer.

HIV [aʃive] **n.m.** (sigle de l'angl. *human immunodeficiency virus*). Dénomination internationale du VIH, virus responsable du sida.

hiver [ivɛr] **n.m.** (lat. *hibernum [tempus]*). Saison commençant le 21 ou le 22 décembre (au solstice) et se terminant le 20 ou le 21 mars (à l'équinoxe) dans l'hémisphère Nord ; période la plus froide de l'année : *L'hiver a été court. Nous n'avons pas eu d'hiver cette année. Prendre ses vacances en hiver.*

hivernage [ivɛrnaʒ] **n.m.** (de *hiverner*). **1.** AGRIC. Séjour des troupeaux à l'étable pendant l'hiver. **2.** AGRIC. Labour effectué en hiver. **3.** Saison des pluies dans les régions tropicales.

hivernal, e, aux [ivɛrnal, -o] **adj.** (bas lat. *hibernalis*, d'apr. *hiver*). Relatif à l'hiver : *Les températures hivernales* (contr. **estival**). *Station hivernale* (= de sports d'hiver).

hiverner [ivɛrne] **v.i.** (lat. *hibernare*, d'apr. *hiver*). **1.** Passer l'hiver à l'abri, en parlant de troupeaux ; passer l'hiver dans une région chaude, en parlant d'oiseaux migrateurs. **2.** Passer l'hiver à l'abri, dans les zones de grands froids : *L'expédition polaire hiverna deux ans de suite.* ◆ **v.t. 1.** Mettre le bétail à l'étable pour l'hiver : *Hiverner un troupeau.* **2.** Labourer une terre avant les grands froids de l'hiver : *Hiverner un champ.*

Hjelmslev (Louis Trolle), linguiste danois (Copenhague 1899 - *id.* 1965). Dans la lignée de Saussure, il envisage la langue comme une structure : sa théorie est une tentative de formalisation très rigoureuse des structures linguistiques. Son œuvre a eu une grande influence dans les domaines de la sémantique et de la sémiologie. Il est l'auteur de *Prolégomènes à une théorie du langage* (1943).

HLA (système), sigle de l'angl. *human leucocyte antigens,* ensemble d'antigènes communs aux leucocytes et aux plaquettes se répartissant en groupes tissulaires, et jouant un rôle essentiel dans les greffes et les transplantations d'organes.

***H.L.M.** [aʃɛlɛm] **n.m.** ou **n.f.** (sigle de *habitation à loyer modéré*). Immeuble construit sous l'impulsion des pouvoirs publics et dont les logements sont destinés aux familles à revenus modestes.

***ho** [o] **interj.** (onomat.). Sert à appeler ou à exprimer soit l'admiration, soit l'indignation : *Ho ! La belle bleue ! Ho ! Quelle horreur !*

Hobbes (Thomas), philosophe anglais (Wesport, Wiltshire, 1588 - Hardwick Hall 1679). Partisan de la monarchie absolue, effrayé par la révolution qui se préparait, il s'exila en France en 1640. C'est cependant à Londres, en 1651, qu'il fit paraître son ouvrage fondamental, *le Léviathan.* Sa conception de l'État ne peut être séparée de sa philosophie, un matérialisme mécaniste. L'homme à l'état de nature est uniquement mû par le désir et la crainte, d'où la guerre permanente entre les hommes. Pour vivre en société, l'homme doit donc, par un contrat passé avec les autres hommes, renoncer à ses droits au profit d'un souverain absolu qui fait régner l'ordre, l'État, baptisé « Léviathan ».

***hobby** [ɔbi] **n.m.** (mot angl. « petit cheval, dada ») [pl. *hobbys* ou *hobbies*]. Distraction, activité favorites servant de dérivatif aux occupations habituelles : *Mon hobby, c'est le modélisme* (= violon d'Ingres) [syn. **passe-temps**].

***hobereau** [ɔbro] **n.m.** (de l'anc. fr. *hobel*, n. d'un petit oiseau de proie, probabl. de *hobeler,* harceler, moyen néerl. *hobbelen,* tourner, rouler). Gentilhomme campagnard (souvent péjor.).

Hoche (Lazare), général français (Versailles 1768 - Wetzlar, Prusse, 1797). Engagé à 16 ans, commandant l'armée de Moselle en 1793, vainqueur des Autrichiens et des Prussiens, il fut dénoncé comme suspect et emprisonné jusqu'au 9 Thermidor (juill. 1794). Il écrasa les émigrés débarqués à Quiberon (1795) et pacifia la Vendée. Il fut ministre de la Guerre en 1797.

***hochement** [ɔʃmɑ̃] **n.m. Hochement de tête,** mouvement de la tête que l'on hoche : *Approuver d'un hochement de tête.*

***hochequeue** [ɔʃkø] **n.m.** (de *hocher* et *queue*). Autre nom de la *bergeronnette.*

***hocher** [ɔʃe] **v.t.** (frq. **hottisôn*, secouer). **Hocher la tête,** la secouer à plusieurs reprises : *Il hocha la tête pour marquer son approbation.*

***hochet** [ɔʃɛ] **n.m.** (de *hocher*). **1.** Petit jouet à grelots pour les bébés. **2.** *LITT.* Chose futile qui flatte : *Les hochets de la gloire, de la vanité* (syn. **frivolité, futilité**).

Hô Chi Minh (Nguyên Tat Thanh, dit **Nguyên Ai Quôc** ou), homme d'État vietnamien (Kiêm Liên 1890 - Hanoï 1969).

Fondateur du parti communiste indochinois (1930), puis du Viêt-minh (1941), il proclama en 1945 l'indépendance de la république du Viêt Nam, dont il devint le président. Il mena une lutte contre la France (jusqu'en 1954). Puis, à la tête d'une démocratie populaire, réduite à la moitié nord du pays, il joua un rôle essentiel dans la guerre qui opposa celle-ci, à partir de 1960, au Viêt Nam du Sud et aux États-Unis.

Hô Chi Minh-Ville, jusqu'en 1975 **Saigon,** principale v. du Viêt Nam ; 6 189 423 hab. dans l'agglomération. Saigon fut, après 1859, le siège du gouvernement de la Cochinchine française.

***hockey** [ɔkɛ] **n.m.** (mot angl. « crosse »). Sport d'équipe pratiqué avec une crosse, et dont il existe deux variantes, le hockey sur gazon et le hockey sur glace.

***hockeyeur, euse** [ɔkɛjœr, -øz] **n.** Joueur, joueuse de hockey.

Hodgkin (maladie de), sarcome à prédominance ganglionnaire d'abord localisée et qui peut toucher tous les organes.

Hodja (Enver) ⟶ Hoxha.

Hodler (Ferdinand), peintre suisse (Berne 1853 - Genève 1918). Il est l'auteur de compositions historiques fermement construites et rythmées (*la Retraite de Marignan,* 1900, Zurich ; *le Départ des étudiants d'Iéna,* 1908, Iéna), d'allégories (*la Nuit, le Jour,* Berne), de portraits, de paysages alpestres à la construction et aux cadrages inédits, au coloris intense (*Lac de Genève, Jungfrau,* diverses versions).

Hoffmann (Ernst Theodor Wilhelm, dit **Ernst Theodor Amadeus),** écrivain et compositeur allemand (Königsberg 1776 - Berlin 1822). Il est célèbre pour ses nouvelles fantastiques (*Contes des frères Sérapion,* 1819-1821), dont certaines inspirèrent à Offenbach son opéra (*les Contes d'Hoffmann*) et à Tchaïkovski un ballet (*Casse-Noisette,* 1892).

Hoffmann (Josef), architecte et designer autrichien (Pirnitz, Moravie, 1870 - Vienne 1956). Élève de O. Wagner et cofondateur, en 1897, de la Sécession viennoise (branche de l'Art nouveau européen), il brille par la sobre élégance de son style (palais Stoclet, Bruxelles, 1905).

Hoffmann (Jules), biologiste français d'origine luxembourgeoise (Echternach 1941). Les travaux qu'il a menés avec ses collaborateurs sur les mécanismes de défense antimicrobienne chez la drosophile ont permis des avancées majeures dans la connaissance de l'immunité innée, y compris chez l'homme. (Prix Nobel de physiologie ou médecine 2011, avec Bruce Alan Beutler et Ralph Marvin Steinman.) [Acad. fr.]

Hofmannsthal (Hugo von), écrivain autrichien (Vienne 1874 - Rodaun 1929). Il est l'auteur de drames qui analysent les problèmes du monde moderne à la lumière des mythes antiques et médiévaux (*Jedermann,* 1911), et de livrets d'opéra pour Richard Strauss (*le Chevalier à la rose, Ariane à Naxos*).

Hogarth (William), peintre et graveur britannique (Londres 1697 - *id.* 1764). Son œuvre inaugure l'âge d'or de la peinture anglaise : portraits d'une touche spontanée (*les Enfants Graham,* Tate Gallery, Londres ; *la Marchande de crevettes,* National Gallery) ; études de mœurs traitées sous forme de séries où la verve caricaturale s'allie au souci moralisateur, dans la ligne des romans de Fielding (« Rake's Progress » [la Carrière d'un roué], « Marriage à la Mode » [le Mariage à la mode]).

Hoggar, massif volcanique du Sahara algérien, moins aride que le reste du désert ; 2 918 m. Il est habité par les Touareg. V. princ. *Tamenghest.*

Hohenstaufen, dynastie germanique issue des ducs de Souabe, qui régna sur le Saint Empire de 1138 à 1254. La rivalité qui l'opposa aux ducs de Bavière fut à l'origine du conflit entre guelfes et gibelins. La dynastie fut représentée par Conrad III, Frédéric Ier Barberousse, Henri VI, Frédéric II et Conrad IV, dont le fils Conradin fut le dernier descendant mâle de la famille.

Hohenzollern, famille qui régna sur la Prusse (1701-1918), sur l'empire d'Allemagne (1871-1918) et sur la Roumanie (1866-1947). Cette famille descend de Frédéric, comte de Zollern (m. v. 1201), et se divisa en deux branches. La *branche de Souabe* se subdivisa elle-même en plusieurs rameaux, dont celui de Sigmaringen qui donna à la Roumanie sa maison princière puis royale. La *branche franconienne* dut sa fortune à Frédéric VI (m. v. 1440), qui acquit l'Électorat de Brandebourg (1417). Ayant hérité de la Prusse (1618), les Hohenzollern en devinrent rois (1701), renforcèrent leur puissance politique sous Frédéric II (1740-1786) et acquirent la dignité impériale en 1871 avec Guillaume Ier. Leur dernier représentant, Guillaume II, abdiqua en 1918.

***ho ! hisse !** [ɔis] **interj.** Sert à encourager une personne, un groupe de personnes qui hissent, tirent qqch.

hoirie [wari] **n.f.** (de *hoir,* héritier, du lat. *heres*). **1.** VX. Héritage. **2. Avance, avancement d'hoirie,** donation faite à un héritier présomptif par anticipation sur sa part successorale.

Hokkaido, île du nord du Japon ; 78 500 km^2 ; 5 507 456 hab. V. princ. *Sapporo.*

Hokusai Katsushika, peintre, dessinateur et graveur japonais (Edo 1760 - *id.* 1849). Il laisse une œuvre monumentale, composée de plusieurs milliers de pièces. Ses signatures (au moins trente) marquent chacune un style nouveau. Il connaît la perspective occidentale et adopte une perspective surbaissée et un point de fuite unique. Avec lui, l'estampe de paysage connaît un remarquable essor : les *Trente-Six Vues du mont Fuji* (1831-1833), le *Circuit des cascades de toutes les provinces* (1833) et, surtout, les grandioses *Cent Vues du mont Fuji* (1834), chefs-d'œuvre de dessin, de composition et d'impression. C'est par Hokusai que bien des artistes français connurent l'art japonais.

***holà** [ɔla] **interj.** (de *ho !* et *là*). Sert à appeler : *Holà ! Il y a quelqu'un ?* ◆ **n.m. inv.** FAM. **Mettre le holà à qqch,** arrêter le cours désordonné de qqch, y mettre fin : *Mettre le holà au gaspillage d'énergie.*

Holbach (Paul Henri Thiry, *baron* **d'),** philosophe français d'origine allemande (Edesheim, Palatinat, 1723 - Paris 1789). Collaborateur de l'*Encyclopédie,* matérialiste, athée, il attaqua l'Église et la monarchie de droit divin. Son rationalisme et son athéisme s'appuient sur les connaissances scientifiques de son temps.

Holbein l'Ancien ou **le Vieux (Hans),** peintre et dessinateur allemand (Augsbourg v. 1465 - Issenheim, Alsace, v. 1524). Influencé par l'art flamand, il est l'auteur de retables et de portraits.

Holbein le Jeune (Hans), peintre, dessinateur et graveur allemand (Augsbourg 1497/1498 - Londres 1543), un des fils du précédent. Attiré par l'humanisme, il s'installe à Bâle vers 1515 et affirme, notamment dans ses œuvres religieuses, un classicisme d'influence italienne (*Retable Gerster,* Soleure), non sans souvenirs de l'expressionnisme germanique (*Christ mort,* Bâle). Un réalisme sobre et pénétrant marque ses portraits, exécutés à Bâle (*Érasme,* diverses versions), puis en Angleterre, où il se fixe définitivement en 1532 et devient peintre de la cour londonienne (*les Ambassadeurs,* National Gallery).

Hölderlin (Friedrich), poète allemand (Lauffen 1770 - Tübingen 1843). Ses œuvres sont peu nombreuses (un roman, *Hyperion,* 1797-1799 ; une tragédie inachevée, *la Mort d'Empédocle ;* et surtout des poèmes), mais elles constituent un univers poétique très original où s'harmonisent la beauté de la Grèce antique et l'esprit de l'Allemagne, et où le romantisme s'élève jusqu'à un rêve mystique. Considéré aujourd'hui comme un des plus grands poètes allemands, il a exercé une influence capitale sur la poésie moderne.

***holding** [ɔldiŋ] **n.m.** ou **n.f.** (abrév. de l'angl. *holding company,* de *to hold,* tenir). Société financière détenant des participations dans d'autres sociétés dont elle assure l'unité de direction et le contrôle des activités.

***hold-up** [ɔldœp] **n.m. inv.** (mot anglo-amér., de *to hold up one's hands,* tenir les mains en l'air). Attaque à main armée, organisée en vue de dévaliser une banque, un bureau de poste, etc.

Holiday (Eleonora, dite **Billie),** surnommée **Lady Day,** chanteuse américaine (Baltimore 1915 - New York 1959). Elle débuta à New York en 1929 et se produisit en soliste à partir de 1939. De grands musiciens l'accompagnèrent, en particulier Lester Young. Son timbre acide et métallique, son phrasé nonchalant et sa souplesse rythmique firent d'elle une des plus grandes chanteuses de jazz.

Hollande, partie occidentale du royaume des Pays-Bas ; la plus peuplée du pays. Elle est divisée en deux provinces : *Hollande-Méridionale* et *Hollande-Septentrionale.*

HISTOIRE

Ancien territoire des Bataves, demeuré en marge de l'Empire romain et tardivement intégré dans le royaume franc, la Hollande n'est évangélisée qu'au VIIIe s. Érigée en comté v. 1015, elle est à la fin du XIIIe s. une importante puissance commerciale et industrielle (laine). Possession du duc de Bourgogne en 1428, elle passe à la maison de Habsbourg en 1477. En 1579, sous la direction du gouverneur de Hollande Guillaume d'Orange, est proclamée l'Union d'Utrecht. Celle-ci, regroupant les États protestants soulevés contre l'Espagne, donne naissance à la République des Provinces-Unies. Partie la plus riche et la plus peuplée du nouvel État, la Hollande y joue un rôle essentiel. Ainsi, les habitants des Provinces-Unies sont souvent désignés du nom de *Hollandais.*

Hollande (François), homme politique français (Rouen 1954). Socialiste, député de la Corrèze (1988-1993 et 1997-2012), maire de Tulle (2001-2008) et président du conseil général de la Corrèze (2008-2012), il a été premier secrétaire du Parti socialiste de 1997 à 2008. Il est élu président de la République en 2012.

Hollande-Méridionale, prov. des Pays-Bas ; 3 563 935 hab. Ch.-l. *La Haye.* V. princ. *Rotterdam.*

Hollande-Septentrionale, prov. des Pays-Bas ; 2 724 300 hab. Ch.-l. *Haarlem.* V. princ. *Amsterdam.*

Hollywood, quartier du N.-O. de Los Angeles (Californie), où plusieurs studios de cinéma vinrent s'établir vers 1910. Symbole de l'hégémonie du cinéma américain, Hollywood fut jusque dans les années 1950 le lieu d'une intense activité créatrice et économique (développement des grandes compagnies et du star-system).

***hollywoodien, enne** [ɔliwudjɛ̃, -ɛn] **adj.** De Hollywood ; relatif au cinéma de Hollywood : *Une superproduction hollywoodienne.*

holocauste [ɔlɔkost] **n.m.** (lat. *holocaustum,* gr. *holokauston,* de *holos,* tout, et *kaien,* brûler). **1.** Sacrifice dans lequel la victime était entièrement brûlée, chez les Hébreux et les Grecs ; victime ainsi sacrifiée. **2. L'Holocauste (dit *la Shoah* par les Juifs),** l'extermination des Juifs par les nazis entre 1939 et 1945, dans les pays occupés par les troupes du Reich hitlérien. (→ génocide.) **3.** *LITT.* **Offrir en holocauste,** sacrifier : *Offrir sa vie, s'offrir en holocauste.*

holocristallin, e [ɔlɔkristalɛ̃, -in] **adj.** (de *holo-* et *cristallin*). GÉOL. Se dit d'une roche magmatique entièrement cristallisée.

hologramme [ɔlɔgram] **n.m.** (de *holo-* et *-gramme*). Image obtenue par holographie.

holographe adj. → **olographe.**

holographie [ɔlɔgrafi] **n.f.** (de *holo-* et [*photo*]*graphie*). Méthode de photographie permettant la restitution en relief d'un objet, en utilisant les interférences produites par deux faisceaux laser, l'un provenant directement de l'appareil producteur, l'autre diffusé par l'objet.

holothurie [ɔlɔtyri] **n.f.** (lat. *holothuria,* du gr.). Échinoderme des fonds marins, à corps mou et allongé, atteignant jusqu'à 25 cm de long, appelé cour. *concombre de mer* et *bêche-de-mer.*

Holstein, anc. principauté allemande. Érigé en comté en 1110, puis en duché (1474), le Holstein est annexé, avec le Schleswig, à titre personnel par le roi de Danemark en 1640. À la suite de la guerre des Duchés (1865), le Holstein est attribué à l'Autriche, avant d'être incorporé à la Prusse en 1867. Il forme aujourd'hui avec la partie sud du Schleswig le Land de Schleswig-Holstein.

***homard** [ɔmar] **n.m.** (anc. scand. *humarr*). **1.** Crustacé décapode marin à grosses pinces, dont le corps bleu marbré de jaune devient rouge à la cuisson. ▸ Comestible très recherché ; il peut atteindre 50 cm de long. **2. Homard à l'américaine** ou **homard à l'armoricaine,** homard qu'on fait revenir dans de l'huile et cuire dans une préparation à base de vin blanc, de tomates et d'aromates.

***home** [om] **n.m.** (mot angl. « maison »). **Home d'enfants,** centre d'accueil pour enfants, en partic. pour des séjours de vacances.

homélie [ɔmeli] **n.f.** (lat. ecclés. *homilia,* mot gr. « réunion »). **1.** Instruction familière sur l'Évangile au cours de la messe : *Les homélies de saint Jean Chrysostome* (syn. **prêche, sermon**). **2.** Discours moralisateur (souvent péjor.) : *Subir les homélies d'un maître* (syn. **remontrance, sermon**).

homéopathie [ɔmeopati] **n.f.** (de *homéo-* et *-pathie*). Méthode thérapeutique qui consiste à traiter un malade à l'aide de doses infinitésimales de substances qui provoqueraient chez le sujet sain des troubles semblables à ceux que présente le malade (par opp. à *allopathie*). ◆ **homéopathe n.** Nom du spécialiste.

homéopathique [ɔmeopatik] **adj. 1.** Relatif à l'homéopathie : *Traitement homéopathique. Dose homéopathique* (syn. **infinitésimal**). **2. À dose homéopathique,** en très petite quantité : *Il ne supporte le rock qu'à dose homéopathique.*

homéotherme [ɔmeotɛrm] **adj.** et **n.m.** (de *homéo-* et *-therme*). Se dit d'un animal dont la température interne est constante (par opp. à *poïkilotherme*).

homéothermie [ɔmeotermi] **n.f.** Caractère des organismes homéothermes.

Homère, poète épique grec, regardé comme l'auteur de *l'Iliade* et de *l'Odyssée,* et dont l'existence problématique fut entourée de légendes dès le VIe s. av. J.-C. Hérodote le considérait comme un Ionien (Grec d'Asie Mineure) vivant v. 850 av. J.-C. La tradition le représentait vieux et aveugle, errant de ville en ville et déclamant ses vers. Établis sous forme d'édition écrite à la fin du VIe s., les poèmes homériques jouirent d'une immense popularité dans l'Antiquité, servirent de base à l'enseignement et constituèrent un exemple incontesté pour tous les poètes épiques grecs ou latins. À partir de là, Homère est resté, de Virgile à Joyce, une référence majeure pour les littératures occidentales, et l'on a pu dire (Queneau) qu'aux origines de toute création nationale ou personnelle il y a soit une *Iliade,* soit une *Odyssée.* • **L'Iliade,** poème épique en 24 chants, fait le récit d'un épisode de la guerre de Troie. L'action s'organise autour de la colère d'Achille, brouillé avec Agamemnon et les autres chefs grecs, qui lui ont enlevé sa captive, Briséis (chant I). Zeus, pour plaire à Thétis, la mère d'Achille, inflige une défaite aux Grecs. Après un dénombrement détaillé des forces en présence (« catalogue des vaisseaux », chant II), la lutte se déroule au rythme des combats singuliers et des mêlées générales auxquelles les dieux prennent une part active (chants III-XV). Alors que les Troyens sont sur le point d'incendier la flotte grecque, Achille prête ses armes à Patrocle, qui est tué par Hector (chant XVI). Pour venger son ami, Achille se fait forger par Héphaïstos de nouvelles armes (description du bouclier, chant XVIII), reprend le combat et tue Hector, puis traîne son cadavre sous les remparts de Troie (chant XXII). Les deux derniers chants sont consacrés aux funérailles de Patrocle et à celles d'Hector, dont Achille a rendu le cadavre au roi Priam. • **L'Odyssée,** poème en 24 chants, retrace le périple du héros, Ulysse (en grec : *Odusseus*), livré à l'arbitraire des dieux et aux caprices du destin. Tandis que son fils Télémaque part à sa recherche (chants I-IV), Ulysse, recueilli après un naufrage par Alcinoos, roi des Phéaciens, raconte ses aventures depuis son départ de Troie (chants V-XIII) : il est passé du pays des Lotophages à celui des Cyclopes, a séjourné dans l'île de la magicienne Circé, navigué dans la mer des Sirènes, entre Charybde et Scylla, a été pendant des années retenu par la nymphe Calypso. La troisième partie du poème (chants XIV-XXIV) raconte son arrivée à Ithaque et la ruse qu'il dut employer pour se débarrasser des prétendants qui courtisaient sa femme, Pénélope.

homérique [ɔmerik] **adj.** (gr. *homêrikos*). **1.** Relatif à l'œuvre d'Homère : *Poésie homérique.* **2.** Digne d'Homère : *Chahut homérique* (syn. **grandiose, épique, fabuleux**). **3. Rire homérique,** rire bruyant et inextinguible.

Home Rule (de l'angl. *home,* chez soi, et *rule,* gouvernement), régime d'autonomie revendiqué par les Irlandais à partir de 1870, dont le principe fut voté en 1912 et qui fut appliqué en 1914.

1. homicide [ɔmisid] **n.m.** (lat. *homicidium*). Action de tuer un être humain : *Être inculpé d'homicide involontaire.*

2. homicide [ɔmisid] **adj.** (lat. *homicida*). LITT. Qui sert à tuer, qui provoque la mort ; relatif à l'homicide : *Un fer homicide.*

hominidé [ɔminide] **n.m.** (du lat. *homo, -inis,* homme). Mammifère primate à locomotion partiellement ou totalement bipède, tel que l'homme actuel et, pour de nombreux scientifiques, le gorille et le chimpanzé. ▸ Les hominidés forment une famille.

hominien [ɔminjɛ̃] **n.m.** (du lat. *homo, -inis,* homme). VX. Mammifère primate de la lignée humaine, par opp. à celle des singes. ▸ La classification actuelle tend, au contraire, à réunir l'homme et les singes au sein du groupe des simiens.

hominisation [ɔminizasjɔ̃] **n.f.** Processus évolutif par l'effet duquel une lignée de primates a donné l'espèce humaine.

hommage [ɔmaʒ] **n.m.** (de *homme*). **1.** FÉOD. Cérémonie au cours de laquelle le vassal se déclarait l'homme de son suzerain. **2.** Témoignage de courtoisie, de respect ; don, offrande faits par estime, respect : *Recevoir l'hommage de nombreux admirateurs. Rendre hommage à qqn. Fuir les hommages* (syn. **honneurs**). *Faire hommage d'un livre* (= offrir un exemplaire dédicacé). ◆ **hommages n.m. pl.** Compliments adressés à qqn : *Mes hommages, madame ! Présentez nos hommages à votre mère* (syn. **civilités, respects**).

hommasse [ɔmas] **adj.** (de *homme*). Se dit d'une femme d'allure masculine (péjor.).

homme [ɔm] **n.m.** (lat. *homo, -inis*). **1.** Être humain considéré par rapport à son espèce ou aux autres espèces animales ; mammifère de l'ordre des primates, à locomotion bipède, doté de mains préhensiles, d'un langage articulé et d'un cerveau volumineux et complexe doué de la pensée abstraite, et vivant en sociétés très structurées. **2.** (Précédé de l'art. déf.). L'espèce humaine (par opp. à *animal, divinité*) ; membre de cette espèce : *Le rire est le propre de l'homme. L'origine de l'homme. « L'homme est un loup pour l'homme »* (T. Hobbes). **3.** Être humain de sexe masculin : *Vestiaire réservé aux hommes.* **4.** Être humain de sexe masculin, considéré du point de vue des qualités attribuées communément à ce sexe (virilité, courage, etc.) : *Défends-toi si tu es un homme !* **5.** Individu de sexe masculin considéré du point de vue de ses qualités et défauts propres ou sous l'angle de ses caractéristiques sociales, professionnelles, etc. : *Brave, méchant, honnête homme. Homme d'action. Homme d'État. Homme d'affaires. Homme de lettres* (= écrivain). *Homme de loi* (= légiste, magistrat, avocat). *Homme du rang* (= soldat). **6.** (Avec un poss.). Individu attaché au service d'un autre : *Le commissaire et ses hommes ont arrêté toute la bande.* **7. C'est, voilà votre homme,** c'est celui qu'il vous faut, dont vous avez besoin. / **Comme un seul homme,** tous ensemble, d'un commun accord : *L'assemblée s'est levée comme un seul homme.* / **D'homme à homme,** en toute franchise et sans intermédiaire. / **Grand homme,** homme remarquable par ses actions, son génie, etc. / **Homme de main,** personne qui effectue pour le compte d'une autre des actions répréhensibles. / **Jeune homme,** individu de sexe masculin entre l'adolescence et l'âge adulte. / **Le premier homme,** Adam.

■ La recherche des origines de la lignée humaine et l'étude de son histoire se fondent en particulier sur les ossements fossiles découverts dans les couches géologiques et les traces d'activités humaines, comme les outils.

Des australopithèques à l'homme moderne. Notre espèce, l'homme moderne, a pour nom scientifique *Homo sapiens* (« l'homme savant »). La lignée à laquelle elle appartient est issue de primates arboricoles d'Afrique. On en a découvert une vingtaine d'espèces fossiles, dont beaucoup se sont éteintes sans descendance. Son plus ancien représentant connu est Toumaï, trouvé au Tchad et âgé de 7 millions d'années.

Il y a 4,2 millions d'années apparaissent les australopithèques. Ils mesurent entre 1,10 et 1,40 m, et ont un petit cerveau (400 cm^3) ; ils sont en grande partie bipèdes, mais grimpent très bien aux arbres. Ils utilisent des outils (galets bruts ou grossièrement taillés). Ils ont pour descendants d'une part les paranthropes ou « australopithèques robustes » (apparus il y a 2,7 millions d'années et probablement éteints sans descendance), d'autre part les premiers hommes (genre *Homo*). Apparus il y a environ 2,5 millions d'années, ces derniers ont pour nom *Homo habilis* et *Homo rudolfensis*. Ils restent petits, mais leur cerveau (650 cm^3) est plus gros que celui des australopithèques, et leur dentition typiquement humaine. Ils sont à la fois terrestres et arboricoles, et utilisent et taillent des outils de pierre. Il y a 1,4 million d'années, *Homo erectus* (« l'homme droit ») cuit sa nourriture sur des feux naturels ; il y a 600 000 ans, il maîtrise le feu. Ses outils deviennent plus tranchants : il invente le biface, galet coupant sur les deux faces. D'Afrique, il part à la conquête de l'Europe et de l'Asie. Il y a plus de 200 000 ans, en Europe, apparaît l'homme de Neandertal, le premier à pratiquer des rites funéraires et à fabriquer des instruments de musique ; tandis qu'il y a environ 150 000 ans le premier *Homo sapiens* émerge, probablement en Afrique. Il colonise la planète, où il remplace progressivement les néandertaliens et les *Homo erectus*. Il y a 40 000 à 50 000 ans, il arrive en Europe (c'est l'« homme de Cro-Magnon »). « Inventeur » de l'art, *Homo sapiens* a laissé de nombreuses gravures et des peintures sur les parois des grottes. Ses outils se spécialisent, se perfectionnent et se diversifient (harpons, couteaux, sagaies, etc.). Un autre hominidé, l'homme de Flores *(Homo floresiensis),* découvert en Indonésie, se serait éteint il y a seulement 12 000 ans. On ne sait pas encore quelle est la place de ce petit homme (il mesure à peine 1 m de haut) dans l'histoire de la lignée humaine. ■

homme-grenouille [ɔmgrənuj] **n.m.** (pl. *hommes-grenouilles*). Plongeur équipé d'un scaphandre autonome.

homme-orchestre [ɔmɔrkɛstr] **n.m.** (pl. *hommes-orchestres*). **1.** Musicien ambulant qui jouait simultanément de plusieurs instruments. **2.** Personne ayant des compétences multiples.

homme-sandwich [ɔmsɑ̃dwitʃ] **n.m.** (pl. *hommes-sandwichs*). Homme qui promène deux panneaux publicitaires, l'un sur le dos, l'autre sur la poitrine.

homogène [ɔmɔʒɛn] **adj.** (gr. *homogenês ;* de *homo-* et *-gène*). **1.** Dont les éléments constitutifs sont de même nature (par opp. à *hétérogène*) : *Mélange homogène.* **2.** Qui présente une grande unité, une harmonie entre ses divers éléments : *Équipe homogène* (syn. **cohérent, uni**).

homogénéisation [ɔmɔʒeneizasjɔ̃] **n.f. 1.** Action de rendre homogène : *Homogénéisation des programmes scolaires* (syn. **harmonisation**). **2.** Traitement du lait qui réduit la dimension des globules gras, de telle sorte que, ne remontant plus à la surface, il ne se forme plus de crème.

homogénéisé, e [ɔmɔʒeneize] **adj. Lait homogénéisé,** lait ayant subi l'homogénéisation.

homogénéiser [ɔmɔʒeneize] **v.t.** Rendre homogène : *Homogénéiser les systèmes bancaires d'une communauté* (syn. **harmoniser, uniformiser**).

homogénéité [ɔmɔʒeneite] **n.f.** Qualité de ce qui est homogène : *L'homogénéité d'un parti politique* (syn. **cohérence, cohésion**).

homographe [ɔmɔgraf] **adj.** et **n.m.** (de *homo-* et *-graphe*). LING. Se dit d'homonymes ayant la même orthographe (ex. *cousin* [insecte] et *cousin* [parent]).

homogreffe [ɔmɔgrɛf] **n.f.** (de *homo-* et *greffe*). Greffe dans laquelle le greffon est pris sur un sujet de même espèce que le sujet greffé (par opp. à *hétérogreffe*).

homologation [ɔmɔlɔgasjɔ̃] **n.f.** Action d'homologuer, de ratifier : *L'homologation d'un record sportif.*

homologue [ɔmɔlɔg] **adj.** (gr. *homologos,* concordant, de *homos,* semblable, et *legein,* parler). Qui correspond à qqch d'autre ; qui a le même rôle, dans un système différent : *Enseigne de vaisseau est un grade homologue de celui de lieutenant* (syn. **équivalent, correspondant**). ◆ **n.** Personne qui occupe les mêmes fonctions qu'une autre : *Le ministre de l'Intérieur s'est entretenu avec son homologue allemand.*

homologuer [ɔmɔlɔge] **v.t.** (lat. médiév. *homologare,* du gr. ; v. *homologue*). **1.** Confirmer officiellement, approuver par décision de justice conférant force exécutoire : *Homologuer une cession de parts* (syn. **entériner, valider**). **2.** Reconnaître qqch conforme aux règlements en vigueur, à certaines normes ; autoriser : *Homologuer les tarifs des transports. Homologuer un record* (syn. **ratifier**).

homonyme [ɔmɔnim] **adj.** et **n.m.** (lat. *homonymus,* de *homo-* et *-onyme*). LING. Se dit d'un mot qui présente la même forme graphique (homographe) ou phonique (homophone) qu'un autre, mais qui en diffère par le sens : *« Sceau », « seau » et « sot » sont homonymes.* ◆ **n.** et **adj.** Personne, ville qui porte le même nom qu'une autre.

homonymie [ɔmɔnimi] **n.f.** Caractère des mots homonymes.

homophone [ɔmɔfɔn] **adj.** (gr. *homophônos,* de *homo-* et *-phone*). MUS. Se dit de ce qui a le même son : *« F » et « ph » sont homophones.* ◆ **adj.** et **n.m.** LING. Se dit d'homonymes ayant la même prononciation : *« Saint », « ceint », « sein », « seing » sont des homophones.*

homosexualité [ɔmɔsɛksɥalite] **n.f.** Sexualité des personnes homosexuelles (par opp. à *hétérosexualité*).

homosexuel, elle [ɔmɔsɛksɥɛl] **adj.** et **n.** (de *homo-* et *sexuel*). Qui éprouve une attirance sexuelle pour les personnes de son sexe (par opp. à *hétérosexuel*).

homothétie [ɔmɔtesi] **n.f.** (de *homo-,* et du gr. *thesis,* position). MATH. Transformation ponctuelle qui à un point M associe le point M′ tel que $\overrightarrow{OM'} = k\overrightarrow{OM}$, où O est un point (centre de l'homothétie) et *k* un réel (rapport de l'homothétie).

homothétique [ɔmɔtetik] **adj.** MATH. Se dit d'un point (ou d'une figure) obtenu par homothétie à partir d'un autre point (ou d'une autre figure).

homozygote [ɔmɔzigɔt] **adj.** et **n.** (de *homo-* et *zigote*). BIOL. Se dit d'une cellule ou d'un organisme dont chaque chromosome d'une même paire possède des gènes identiques (par opp. à *hétérozygote*) : *Des jumeaux homozygotes.*

Honduras, État d'Amérique centrale, sur la mer des Antilles ; 112 000 km^2 ; 8 098 000 hab. *(Honduriens).* CAP. *Tegucigalpa.* LANGUE : *espagnol.* MONNAIE : *lempira.*

GÉOGRAPHIE

Pays montagneux qui s'ouvre largement sur la mer des Antilles, le Honduras reste à dominante agricole. Le maïs est la principale culture vivrière, la banane et le café sont les bases des exportations, bien inférieures aux importations (rendues nécessaires par l'inexistence de l'industrialisation). La rapide croissance démographique aggrave les problèmes de ce pays, dont la situation économique a été en outre gravement affectée par le passage du cyclone Mitch en 1998 et pâtit aujourd'hui de l'instabilité politique.

HISTOIRE

Découvert par Christophe Colomb en 1502, le Honduras, peuplé d'Indiens Mosquito, est conquis par les Espagnols à partir de 1523.

1821. Incorporation du Honduras dans le Mexique jusqu'en 1823, puis membre des Provinces-Unies d'Amérique centrale (1824-1838), indépendant en 1838, il s'associe un temps au Salvador et au Nicaragua (1842-1844).

L'intégrité du Honduras est d'abord menacée par les Britanniques. Puis la compagnie américaine United Fruit prend une influence prépondérante dans la vie économique et politique du pays.

1932-1948. Dictature de Tiburcio Carías Andino.

Après le renversement en 1963 du régime libéral établi en 1957, le pays est dirigé par le colonel Osvaldo López Arellano (1965-1971 ; puis 1972-1975).

1969-1970. « Guerre du football » avec le Salvador.

1981. Reconquête du pouvoir par les civils.

1987-1989. Le Honduras signe avec le Costa Rica, le Guatemala, le Nicaragua et le Salvador des accords visant à rétablir la paix dans la région.

À partir de 1990. Les conservateurs du parti national (Rafael Callejas, 1990-1994 ; Ricardo Maduro, 2002-2006) et les libéraux (Carlos Roberto Reina, 1994-1998 ; Carlos Roberto Flores, 1998-2002 ; Manuel Zelaya, 2006-2009) alternent à la présidence de la République.

2009. M. Zelaya est renversé par un coup d'État (juin). Après des mois de crise politique, une élection controversée (nov.) porte à la tête du pays Porfirio Lobo (parti national), qui entre en fonctions en janv. 2010.

Honduras ***(golfe du),*** échancrure du littoral centre-américain sur la mer des Antilles.

Honduras britannique → Belize.

Honecker (Erich), homme politique allemand (Neunkirchen, Sarre, 1912 - Santiago, Chili, 1994). Secrétaire général du parti socialiste unifié (SED) à partir de 1971 et président du Conseil d'État de la R.D.A. à partir de 1976, il démissionne de ces deux fonctions en 1989.

Honegger (Arthur), compositeur suisse (Le Havre 1892 - Paris 1955). La puissance, mais aussi la finesse et la sensibilité sont les caractéristiques dominantes de son langage musical. Sous l'égide de son ami Jean Cocteau, il fut un des fondateurs du « groupe des Six ». Il connut le succès avec son oratorio *le Roi David* (1921). Ses œuvres les plus connues sont des opéras (*Judith* 1926 ; *Antigone,* 1927), des oratorios (*Jeanne d'Arc au bûcher ; la Danse des morts,* 1938) et un ballet-pantomime (*Sémiramis,* 1933). Honegger a composé encore des mélodies, diverses partitions instrumentales, dont *Pacific 231* (1923), et de la musique de films *(Angèle, Regain).*

Hongkong ou **Hong Kong,** région administrative spéciale de la Chine, au S.-E. de Canton, englobant notamm. la petite île de Hongkong ; 1 077 km^2 ; 7 260 000 hab. L'île fut cédée à la Grande-Bretagne en 1842 et restituée à la Chine (conformément à l'accord sino-britannique de 1984) en 1997. À une latitude tropicale, faisant partie de la Chine méridionale et ouverte sur la mer, Hongkong doit une part de sa fortune à son rôle d'intermédiaire entre la Chine communiste et le monde industrialisé. À la Chine, dont elle a reçu des émigrés (ou réfugiés) et d'où elle importe des compléments alimentaires, elle sert de port de transit, à la fois importateur et réexportateur. Ce rôle commercial est indissociable de l'essor d'une industrie de main-d'œuvre (habillement, jouets, horlogerie, électronique) stimulée par son poids accru de place financière ; 90 % de la production sont exportés.

***hongre** [ɔ̃gr] **adj.m.** et **n.m.** (de *hongrois,* l'usage de châtrer les chevaux étant originaire de Hongrie). Se dit d'un cheval châtré.

Hongrie, État de l'Europe centrale ; 93 000 km^2 ; 9 955 000 hab. *(Hongrois).* CAP. *Budapest.* LANGUE : *hongrois.* MONNAIE : *forint.*

GÉOGRAPHIE
Entre Alpes et Carpates, la Hongrie est un pays danubien. Le fleuve y sépare la grande plaine de l'Est, l'Alföld (où le paysage de *puszta* [steppe pastorale] a presque disparu), et la moitié occidentale (la Transdanubie), plus accidentée, notamment par les monts Bakony dominant le lac Balaton. Éloignée de l'océan, la Hongrie possède un climat continental aux hivers assez rigoureux mais aux étés chauds, finalement assez favorable à l'agriculture, qui bénéficie dans l'Est du secours de l'irrigation à partir du Danube et de la Tisza. Les céréales (blé et surtout maïs) sont associées à des élevages variés ; localement, la viticulture est présente. Le sous-sol fournit du lignite, du gaz naturel (mais peu de pétrole et de houille, importés) et de la bauxite. L'industrie est dominée par la métallurgie de transformation, la chimie et l'agroalimentaire, auxquelles s'ajoutent l'informatique, l'électronique et l'industrie pharmaceutique. L'industrie et plus encore les services sont présents à Budapest. La capitale concentre le cinquième d'une population caractérisée par un taux d'urbanisation moyen et une lente décroissance, tenant à la conjonction de la chute du taux de natalité et du vieillissement. Le tourisme culturel et climatique, développé, apporte un complément de ressources appréciable.

HISTOIRE
Les origines. Entre 35 av. J.-C. et 9 apr. J.-C., la région est conquise par Rome, qui en fait la province de Pannonie. Celle-ci est envahie par les Huns (IVe s.), les Ostrogoths, les Lombards puis par les Avars (568).
896. Les Hongrois (ou Magyars) arrivent dans la plaine danubienne, sous la conduite de leur chef Árpád.
La dynastie des Árpád (v. 904-1301) gouverne la Hongrie, la Slovaquie (ou Haute-Hongrie) et la Ruthénie subcarpatique, annexée au début du XIe s.
955. La victoire d'Otton Ier au Lechfeld met fin aux raids des Hongrois en Occident.
Le royaume de Hongrie
1000. Étienne Ier (997-1038) devient roi. Il impose le christianisme à ses sujets. Il maintient son royaume hors du Saint Empire.
1095-1116. Kálmán (Coloman) obtient le rattachement de la Croatie et de la Slavonie au royaume de Hongrie.
1172-1196. Sous Béla III, le pays est à son apogée.
1235-1270. Béla IV reconstruit le pays, ruiné par l'invasion mongole de 1241-1242.
1308-1342. Charles Ier Robert, de la maison d'Anjou, organise l'exploitation des mines d'argent, de cuivre et d'or de Slovaquie et de Transylvanie.
1342-1382. Louis Ier d'Anjou poursuit son œuvre.
À la fin du XIVe s. et au XVe s., le royaume de Hongrie est puissant et prend part aux croisades contre les Ottomans.
1456. Jean Hunyadi arrête les Turcs devant Belgrade.
1458-1490. Son fils, Mathias Corvin, conquiert la Moravie et la Silésie et s'installe à Vienne (1485). Il favorise la diffusion de la Renaissance italienne.
1526. Les Ottomans remportent la victoire de Mohács, où meurt Louis II Jagellon. Ferdinand Ier de Habsbourg (1526-1564) est élu par la Diète roi de Hongrie.
1540. Les Turcs occupent Buda et la Grande Plaine.
Dès lors et jusqu'en 1699, la Hongrie est divisée en trois : la Hongrie royale (capitale Presbourg), gouvernée par la maison d'Autriche, la Hongrie turque et la Transylvanie, vassale des Ottomans depuis 1568.
1687. La Diète de Hongrie doit reconnaître la monarchie héréditaire des Habsbourg.
1691. La Transylvanie est annexée par la maison d'Autriche.
1699. Les Habsbourg reconquièrent sur les Turcs la plaine hongroise (paix de Karlowitz).
Au XVIIIe s., les magnats (haute noblesse) luttent pour la restauration et le maintien des libertés hongroises au sein de la monarchie autrichienne. Marie-Thérèse (1740-1780) poursuit le repeuplement. Son fils Joseph II (1780-1790) tente d'imposer un régime centralisé.
1848. La Hongrie prend une part active au mouvement révolutionnaire.
1849. Kossuth proclame la déchéance des Habsbourg. Les insurgés sont défaits à Világos (août) par les Russes, appelés par François-Joseph Ier.
1867. Après la défaite de l'Autriche devant la Prusse (Sadowa, 1866), le compromis austro-hongrois instaure le dualisme. Au sein de l'Autriche-Hongrie, la Hongrie est à nouveau un État autonome ; elle récupère la Croatie, la Slavonie et la Transylvanie.
1914. L'Autriche-Hongrie entre dans la Première Guerre mondiale.
La Hongrie de 1918 à 1944. La défaite des empires centraux entraîne la dissolution de l'Autriche-Hongrie.
1918. Károlyi proclame l'indépendance de la Hongrie. Les Roumains occupent la Transylvanie ; les Tchèques, la Slovaquie.
1919. Les communistes, dirigés par B. Kun, instaurent la « république des Conseils », renversée par l'amiral Horthy.
1920. Horthy est élu régent. Il signe le traité de Trianon, qui enlève à la Hongrie les deux tiers de son territoire (Slovaquie, Ruthénie, Transylvanie, Banat et Croatie).
À partir de 1938, sous l'influence de l'extrême droite nationaliste, la Hongrie s'allie aux puissances de l'Axe et récupère des territoires perdus en 1918-1920.
1941. Elle entre en guerre contre l'U.R.S.S.
1944. Hitler fait occuper le pays, et le parti fasciste des Croix-Fléchées prend le pouvoir, éliminant Horthy.
1944-1945. L'armée soviétique occupe le pays.
1946-1947. Le traité de Paris rétablit les frontières de 1920.
Le régime communiste et la démocratisation
1949. M. Rákosi proclame la République populaire hongroise et impose un régime stalinien.
1953-1955. Imre Nagy, chef du gouvernement, amorce la déstalinisation.
1956. Insurrection pour la libéralisation du régime et la révision des relations avec l'U.R.S.S. Imre Nagy proclame la neutralité de la Hongrie. Les troupes soviétiques imposent un gouvernement dirigé par J. Kádár.
1968-1988. Tout en restant fidèle à l'alignement sur l'U.R.S.S., J. Kádár améliore le fonctionnement du système économique et développe le secteur privé.
1989. La Hongrie ouvre sa frontière avec l'Autriche. Le parti, désormais mené par des réformateurs, renonce à son rôle dirigeant. La République populaire hongroise devient officiellement la république de Hongrie.
1990. Après les premières élections libres, un parti de centre droit, dont le leader est J. Antall, dirige le pays.
1994. Les élections portent les socialistes au pouvoir.
1998. L'opposition démocrate remporte les élections.
1999. La Hongrie est intégrée dans l'O.T.A.N.
2002. Les socialistes reviennent au pouvoir (gouvernements dirigés par Péter Medgyessy [2002-2004], puis Ferenc Gyurcsány [2004-2009]).
2004. La Hongrie adhère à l'Union européenne.
2010-2012. La coalition de droite menée par Viktor Orbán remporte les élections et fait adopter une nouvelle Constitution très conservatrice, vivement contestée par l'opposition et le Conseil de l'Europe.

***hongrois, e** [ɔ̃grwa, -az] **adj.** et **n.** De la Hongrie. ◆ **hongrois n.m.** Langue finno-ougrienne parlée en Hongrie (syn. **magyar**).

honnête [ɔnɛt] **adj.** (lat. *honestus,* honorable). **1.** Qui est conforme ou qui se conforme aux règles de la morale, de la probité, de la loyauté : *Un homme honnête* (syn. **probe, droit**). *Un juge honnête* (syn. **incorruptible, intègre**). *Elle n'a pas une conduite très honnête* (syn. **moral, louable**). **2.** Qui ne s'écarte pas d'un niveau moyen et convenable : *Un travail honnête* (syn. **correct, honorable, passable**). **3.** *LITT.* **Honnête homme,** homme cultivé dont le langage et les manières répondaient à l'idéal du XVIIe et du XVIIIe s.

honnêtement [ɔnɛtmɑ̃] **adv. 1.** De façon honnête, conforme aux règles de la morale : *Gagner honnêtement sa vie* (syn. **honorablement**). **2.** De façon loyale : *Honnêtement, je ne l'ai pas fait exprès* (syn. **sincèrement**).

honnêteté [ɔnɛtte] **n.f.** (lat. *honestas*). Qualité d'une personne ou d'un comportement honnête : *Son honnêteté est connue de tous* (syn. **probité, loyauté**).

honneur [ɔnœr] **n.m.** (lat. *honor*). **1.** Sentiment que l'on a de sa dignité morale ; fierté vis-à-vis de soi et des autres : *Attaquer qqn dans son honneur. Cette réponse est toute à votre honneur. Un homme d'honneur* (= qui tient sa parole). **2.** Réputation ou gloire que donnent le mérite, le talent, etc. : *Mon honneur est en jeu* (syn. **dignité**). *L'honneur lui en revient* (syn. **mérite**). *Elle est l'honneur de la famille* (syn. **gloire**). **3.** Traitement particulier, privilège accordé afin de marquer la considération : *Je n'ai pas mérité cet honneur. La gagnante de la course a fait un tour d'honneur. Être à la place d'honneur.* **4. Avoir, faire l'honneur de,** avoir l'obligeance, faire le plaisir de : *Je n'ai pas l'honneur de vous connaître* (syn. **plaisir**). / **En l'honneur de,** en hommage à, pour célébrer : *Réception donnée en l'honneur d'un ami.* / **Être en honneur,** être au premier plan ; attirer l'attention, l'estime : *La valse était en honneur au XIXe siècle.* / **Faire honneur à,** rendre qqn fier de, attirer sa considération ; rester fidèle à qqch ou en user pleinement : *Ta réussite fera honneur à ta famille. Faire honneur à ses engagements* (= les respecter). *Faire honneur à un repas en reprenant de chaque plat.* / **Garde d'honneur,** troupe qui accompagne les hauts personnages, partic. dans les cérémonies officielles. / **Mettre son honneur, un point d'honneur à** (+ inf.), engager, mettre en jeu à ses propres yeux sa dignité, sa réputation : *Il met un point d'honneur à ne jamais être en retard.* / **Parole d'honneur,** parole qui engage la dignité de qqn : *Donner sa parole d'honneur. Je dis la vérité, parole d'honneur !* / **Pour l'honneur,** de façon désintéressée, sans aucune rémunération. **5. Dame d'honneur,** femme attachée au service d'une princesse, d'une reine. / **Garçon, demoiselle d'honneur,** jeunes gens qui accompagnent les mariés le jour du mariage. / **Légion d'honneur,** ordre national français attribué en récompense de services militaires ou civils. ◆ **honneurs n.m. pl. 1.** Marques d'intérêt ou de distinction accordées aux personnes que l'on veut honorer, célébrer ; fonctions ou titres qui donnent du prestige : *Aspirer aux honneurs. Avoir les honneurs de la presse. Rendre les honneurs à un chef militaire* (= le saluer). **2. Faire les honneurs d'un lieu,** le faire visiter avec une prévenance particulière. / **Honneurs de la guerre,** conditions honorables consenties par le vainqueur à une troupe qui a capitulé : *Se rendre avec les honneurs de la guerre.*

***honnir** [ɔnir] **v.t.** (frq. **haunjan*) [conj. **32**]. LITT. Vouer à l'exécration et au mépris publics en couvrant de honte (souvent au passif) : *Honnir la lâcheté* (syn. **vilipender**). *Honni soit qui mal y pense !* (= ne voyez là nulle intention douteuse [à l'orig., devise de l'ordre de la Jarretière, ordre anglais de chevalerie]).

Honolulu, cap. et port des îles Hawaii, dans l'île d'Oahu ; 337 256 hab. (953 207 hab. dans l'agglomération). Centre touristique.

honorabilité [ɔnɔrabilite] **n.f.** État, qualité d'une personne honorable : *L'honorabilité de ce commerçant est reconnue par tous* (syn. **probité**).

honorable [ɔnɔrabl] **adj.** (lat. *honorabilis*). **1.** Digne de considération, d'estime : *Homme honorable* (syn. **honnête**). *Exercer une profession honorable* (syn. **digne**). **2.** Dont la qualité, la quantité sont jugées suffisantes : *Fortune honorable* (syn. **honnête**). *Obtenir une note honorable* (syn. **convenable, moyen**). **3.** Qualificatif de politesse entre membres de certaines assemblées.

honorablement [ɔnɔrabləmɑ̃] **adv.** De façon honorable : *Remplir honorablement son rôle* (syn. **honnêtement**).

honoraire [ɔnɔrɛr] **adj.** (lat. *honorarius*). Qui a le titre, en n'exerçant pas ou en n'exerçant plus la fonction : *La présidente honoraire d'une société.*

honoraires [ɔnɔrɛr] **n.m. pl.** (lat. *honorarium*). Rétribution versée aux personnes qui exercent des professions libérales (médecin, avocat, etc.).

honorer [ɔnɔre] **v.t.** (lat. *honorare*). **1.** Traiter qqn avec respect, estime et considération ; rendre hommage au mérite de qqn : *Poète honoré après sa mort* (syn. **glorifier**). *Honorer la mémoire d'un savant* (syn. **célébrer**). **2.** Procurer de l'honneur, de la considération à : *Honorer son pays, sa famille. Ces scrupules l'honorent.* **3.** Accorder qqch comme une distinction (parfois iron.) : *Il a honoré cette réunion de sa présence* (= il nous a fait l'honneur d'être présent). **4.** Tenir un engagement, une promesse : *Honorer sa signature, son serment.* ◆ **s'honorer v.pr. [de].** Tirer fierté de : *Cette ville s'honore de ses monuments.*

honorifique [ɔnɔrifik] **adj.** (lat. *honorificus*). Qui procure des honneurs, de la considération, sans aucun avantage matériel : *Titre, fonction honorifiques.*

***honoris causa** [ɔnɔriskoza] **loc. adj.** (loc. lat. « pour marquer son respect à »). Se dit de grades universitaires conférés à titre honorifique et sans examen mais ne donnant aucun droit à occuper une chaire : *Recevoir le titre de docteur « honoris causa » d'une université canadienne.*

Honshu, anc. **Hondo,** la plus grande et la plus peuplée des îles constituant le Japon ; 230 000 km^2 ; 103 974 388 hab. V. princ. *Tokyo, Osaka, Yokohama, Kyoto, Kobe.*

***honte** [ɔ̃t] **n.f.** (frq. **haunita,* même rad. que *honnir*). **1.** Sentiment pénible provoqué par une faute commise, par une humiliation, par la crainte du déshonneur ou du ridicule : *Être rouge de honte* (= confus). *Elle a honte de venir vous parler* (= elle est embarrassée, gênée). *Éprouver de la honte.* **2.** Action, parole qui provoque un sentiment de honte : *Cette guerre est une honte* (syn. **ignominie**). *Il s'est couvert de honte en agissant ainsi* (syn. **déshonneur**). **3. Avoir perdu toute honte, avoir toute honte bue,** être sans scrupule, sans pudeur, être insensible au déshonneur. / **Faire honte à qqn,** être pour lui un sujet de déshonneur ; lui faire des reproches afin de lui donner du remords : *Elle lui a fait honte de ses mensonges.* / **Sans fausse honte,** sans gêne, embarras ou scrupule inutiles : *Acceptez ces remerciements sans fausse honte.*

***honteusement** [ɔ̃tøzmɑ̃] **adv. 1.** D'une façon qui entraîne le déshonneur : *Elle est honteusement payée pour ce qu'elle fait* (syn. **ignominieusement**). **2.** En éprouvant de la honte : *Il a honteusement répondu qu'il ne pouvait rien faire.*

***honteux, euse** [ɔ̃tø, -øz] **adj.** (de *honte*). **1.** Qui cause de la honte : *Une attitude honteuse* (syn. **ignoble, infâme**). *Il est honteux de se défier d'un ami* (syn. **vil, déshonorant**). **2.** Qui éprouve de la honte, un sentiment d'humiliation : *Il est honteux de sa conduite* (syn. **confus, consterné**). **3.** (Après le n.). Qui n'ose faire état de ses convictions, de ses opinions : *Un idéaliste honteux* (syn. **pusillanime**).

Hooch, Hooghe ou **Hoogh (Pieter de)** ⟶ **De Hooch.**

***hooligan** ou ***houligan** [uligan] **n.m.** (mot angl.). Voyou qui se livre à des actes de violence et de vandalisme, en partic. lors de compétitions sportives.

***hop** [ɔp] **interj.** (onomat.). Exprime un geste, un mouvement rapide ou sert à stimuler : *Et hop ! il a sauté.*

Hopi, peuple indien d'Amérique du Nord (Arizona). Leur mode de vie repose sur une organisation clanique, qui est à l'origine de leur conception du monde. Leur religion est particulièrement riche : les esprits des ancêtres, les *katchinas* (symbolisés par des masques et des poupées de bois peints), reviennent sur terre au cours de cérémonies qui rythment la vie du groupe.

hôpital [ɔpital] **n.m.** (du lat. *hospitalis,* hospitalier). **1.** Établissement, public ou privé, où sont effectués tous les soins médicaux et chirurgicaux : *Hôpital militaire. Hôpital de jour. Médecin des hôpitaux.* **2. Hôpital psychiatrique,** établissement hospitalier spécialisé dans le traitement des troubles mentaux. ▸ Avant 1938, on parlait d'*asile.* Auj., la désignation française officielle est centre hospitalier spécialisé *(C.H.S.)* ou *centre psychothérapique.*

hoplite [ɔplit] **n.m.** (lat. *hoplites,* mot gr., de *hoplon,* arme). ANTIQ. GR. Fantassin pesamment armé.

Hopper (Edward), peintre et graveur américain (Nyack, État de New York, 1882 - New York 1967). Par l'intensité des moyens plastiques, son réalisme épuré confère une dimension troublante à l'univers urbain (*Nighthawks,* 1942, Chicago).

***hoquet** [ɔkɛ] **n.m.** (orig. onomat.). **1.** Contraction brusque du diaphragme, accompagnée d'un bruit particulier dû au passage de l'air dans la glotte : *Avoir le hoquet.* **2.** Bruit produit par à-coups, en partic. dans un appareil : *Les hoquets d'un moteur.*

***hoqueter** [ɔkte] **v.i.** (de *hoquet*) [conj. **27**]. **1.** Avoir le hoquet. **2.** Être secoué comme par le hoquet : *Elle sanglotait en hoquetant.*

Horace, en lat. **Quintus Horatius Flaccus,** poète latin (Venusia 65 - 8 av. J.-C.). Il a doté les lettres latines d'une poésie à la fois familière et solennelle *(Odes, Épodes),* morale et littéraire (*Satires ; Épîtres,* dont la plus importante est l'*Épître aux Pisons,* ou *Art poétique*). Sa morale fonde le bonheur sur le juste milieu en toutes choses, ce qui lui valut de représenter, pour les écrivains de la Renaissance et du XVIIe s., le modèle parfait des vertus classiques.

Horaces (les trois), frères romains légendaires qui, sous le règne de Tullus Hostilius (VIIe s. av. J.-C.), combattirent pour Rome contre les trois Curiaces, champions de la ville d'Albe, afin de décider lequel des deux peuples commanderait à l'autre. Le dernier des Horaces, seul survivant, feignant de fuir, tua séparément les trois Curiaces blessés et assura le triomphe de sa patrie.

1. horaire [ɔrɛr] **adj.** (lat. *horarius,* de *hora,* heure). **1.** Relatif aux heures : *Tableau horaire.* **2.** Par heure : *Salaire horaire.*

2. horaire [ɔrɛr] **n.m.** (de *1. horaire*). **1.** Tableau des heures d'arrivée et de départ : *Horaire des trains.* **2.** Répartition des heures de travail ; emploi du temps : *Horaire flexible* ou *horaire à la carte. Avoir un horaire très chargé.* ◆ **n.** Personne rémunérée à l'heure.

***horde** [ɔrd] **n.f.** (tatar *[h]orda*). **1.** Troupe, groupe de personnes causant des dommages par sa violence : *Une horde de brigands.* **2.** Troupe nombreuse et indisciplinée : *Une horde de gamins* (syn. **bande**).

Horde d'Or, État mongol fondé au XIIIe s. par Batu Khan, petit-fils de Gengis Khan, et qui s'étendait sur la Sibérie méridionale, le sud de la Russie et la Crimée. Suzeraine des princes russes jusqu'en 1480, elle fut détruite en 1502 par les Tatars de Crimée.

***horion** [ɔrjɔ̃] **n.m.** (anc. fr. *oreillon,* coup sur l'oreille). LITT. Coup violent donné à qqn : *Échanger des horions.*

horizon [ɔrizɔ̃] **n.m.** (mot lat., du gr. *horizein,* borner). **1.** Ligne imaginaire circulaire dont l'observateur est le centre et où le ciel et la terre ou la mer semblent se joindre. **2.** Partie de la terre, de la mer ou du ciel que borne cette ligne : *Scruter l'horizon. De cette fenêtre, l'horizon est assez limité* (= point de vue) [syn. **panorama**]. **3.** Domaine d'une action ou d'une activité quelconque ; champ de réflexion : *L'horizon social, politique d'un pays* (syn. **perspective**). **4.** ASTRON. Grand cercle de la sphère céleste formé en un lieu donné par l'intersection de cette sphère et du plan horizontal. **5. À l'horizon,** dans un avenir proche : *La crise se profile à l'horizon.* / **Faire un tour d'horizon,** étudier succinctement tous les aspects d'une question, d'un sujet. / **Ouvrir des horizons,** créer de nouvelles perspectives ; susciter un nouveau champ de réflexion : *Cet entretien m'a ouvert des horizons.*

horizontal, e, aux [ɔrizɔ̃tal, -o] **adj.** (de *horizon*). **1.** Parallèle au plan de l'horizon, donc perpendiculaire à une direction qui représente conventionnellement la verticale. **2.** GÉOM. **Plan, droite horizontal(e),** plan ou droite parallèle au plan horizontal choisi comme référence. ◆ **horizontale n.f. 1.** Direction horizontale : *Tendre les bras à l'horizontale.* **2.** MATH. Droite horizontale.

horizontalement [ɔrizɔ̃talmɑ̃] **adv.** Parallèlement à l'horizon ; dans la direction horizontale : *La pluie tombait horizontalement* (contr. **verticalement**).

horizontalité [ɔrizɔ̃talite] **n.f.** Caractère, état de ce qui est horizontal : *Vérifier l'horizontalité d'une surface.*

horloge [ɔrlɔʒ] **n.f.** (lat. *horologium,* gr. *hôrologion,* qui dit l'heure). **1.** Appareil fixe de mesure du temps, de grandes dimensions, qui indique l'heure sur un cadran : *Horloge électrique, électronique.* **2. Horloge parlante,** horloge et service donnant l'heure par téléphone, de façon continue. / **Réglé comme une horloge,** extrêmement régulier, ponctuel dans ses habitudes, en parlant de qqn. **3. Horloge biologique,** ensemble des mécanismes biochimiques et physiologiques qui assurent la régulation des rythmes biologiques des êtres vivants.

horloger, ère [ɔrlɔʒe, -ɛr] **n.** Personne qui fabrique, répare ou vend des horloges, des montres, etc. ◆ **adj.** Relatif à l'horlogerie : *L'industrie horlogère.*

horlogerie [ɔrlɔʒri] **n.f. 1.** Technique de la fabrication ou de la réparation des horloges, des pendules, etc. **2.** Commerce de ces objets ; magasin de l'horloger.

***hormis** [ɔrmi] **prép.** (de *hors* et *mis,* part. passé de *mettre*). LITT. Indique ce qu'on met à part, ce qui n'est pas compris dans un ensemble : *Il n'y avait presque personne hormis la famille* (syn. **excepté, sauf**).

hormonal, e, aux [ɔrmɔnal, -o] **adj.** Relatif aux hormones : *Insuffisance hormonale.*

hormone [ɔrmɔn] **n.f.** (mot angl., du gr. *hormôn,* qui excite). **1.** Substance sécrétée par une glande endocrine ou élaborée par un tissu, déversée directement dans le sang et exerçant une action biologique spécifique sur le fonctionnement d'un organe ou sur un processus biochimique : *L'insuline et l'adrénaline sont des hormones.* **2.** BOT. Substance sécrétée par une plante et qui agit sur sa croissance, sa floraison, etc.

■ Chez les animaux et chez l'homme, les hormones sont le plus souvent sécrétées par des *glandes endocrines.* Elles sont déversées directement dans la circulation sanguine et agissent à distance sur leurs cellules cibles (ou récepteurs) en produisant des effets spécifiques, régulateurs physiologiques du métabolisme. Il existe deux grands types de régulations endocriniennes (où les hormones jouent le rôle de médiateur) : d'une part, celles, d'importance vitale, qui maintiennent le milieu intérieur et assurent la constance de sa teneur en eau, en sel, en potassium et en glucose, et, d'autre part, à moyen et à long terme, celles qui modulent la thermogenèse (production de chaleur), la croissance, la reproduction. L'hypophyse sécrète plusieurs hormones agissant sur la croissance et sur le fonctionnement des autres glandes endocrines (l'hormone gonadotrope, par exemple, agit notamment sur les fonctions sexuelles). La thyroïde sécrète la thyroxine, qui règle les combustions et la croissance ; les hormones corticosurrénales, nombreuses, interviennent dans les divers métabolismes et possèdent une action anti-inflammatoire et tonique ; les hormones sexuelles sont sécrétées par les gonades (testicules ou ovaires) ; l'insuline et le *glucagon* sont des sécrétions internes du pancréas et régulent notamment le taux de glucose sanguin. ■

Horn ***(cap),*** cap situé à l'extrémité sud de la Terre de Feu (Chili).

horodateur, trice [ɔrɔdatœr, -tris] **adj.** et **n.m.** (de *horo-* et *dateur*). Se dit d'un appareil imprimant la date et l'heure sur certains documents : *Machine horodatrice qui imprime la date et l'heure d'arrivée sur le courrier.*

horoscope [ɔrɔskɔp] **n.m.** (lat. *horoscopus,* gr. *hôroskopos,* qui considère le moment [de la naissance]). **1.** Carte du ciel tel qu'il est observé de la Terre lors d'un événement et, partic., lors d'une naissance. **2.** Ensemble des déductions et interprétations concernant l'avenir de qqn qu'on peut tirer de cette carte du ciel : *Dresser l'horoscope de qqn.*

Horowitz (Vladimir), pianiste américain d'origine russe (Kiev 1904 - New York 1989). Gendre de A. Toscanini, il s'est particulièrement illustré dans l'interprétation des œuvres de Chopin, Liszt, Scriabine, Debussy et Prokofiev.

horreur [ɔrœr] **n.f.** (lat. *horror,* de *horrere,* trembler). **1.** Sensation d'effroi, de répulsion causée par l'idée ou la vue d'une chose horrible, affreuse, repoussante : *Être saisi d'horreur. Pousser un cri d'horreur* (syn. **effroi, épouvante**). *Avoir horreur d'être contredit* (= détester). *Avoir les rats en horreur* (syn. **aversion, répugnance**). *Sa conduite me fait horreur* (= me dégoûte). **2.** Caractère de ce qui est horrible : *L'horreur d'un crime* (syn. **abjection, noirceur**). **3.** Ce qui inspire le dégoût ou l'effroi : *Cet article de journal est une horreur* (syn. **infamie**). ◆ **horreurs n.f. pl. 1.** Ce qui provoque le dégoût, l'effroi, etc. : *Les horreurs de la guerre* (syn. **atrocité, monstruosité**). **2.** Propos ou actes indécents, obscènes : *Dire des horreurs* (syn. **grossièretés**).

horrible [ɔribl] **adj.** (lat. *horribilis*). **1.** Qui fait horreur ; qui provoque la répulsion : *Spectacle horrible* (syn. **affreux, effrayant**). *Une horrible blessure* (syn. **atroce, épouvantable**). *Il fait un temps horrible* (syn. **exécrable**). **2.** Qui dépasse en intensité tout ce qu'on peut imaginer : *Un horrible mal de tête* (syn. **insupportable, terrible**).

horriblement [ɔribləmɑ̃] **adv.** De façon horrible : *Un homme horriblement défiguré* (syn. **affreusement, atrocement**). *C'est horriblement cher* (syn. **excessivement**).

horrifiant, e [ɔrifjɑ̃, -ɑ̃t] **adj.** Qui horrifie, remplit d'horreur : *Des cris horrifiants s'échappaient de la maison en feu* (syn. **effroyable, terrifiant**).

horrifier [ɔrifje] **v.t.** (lat. *horrificare*) [conj. **9**]. Remplir d'horreur ou d'effroi : *Ce spectacle l'a horrifié* (syn. **terrifier**). *Elle est horrifiée par la dépense* (syn. **scandaliser**).

horrifique [ɔrifik] **adj.** (lat. *horrificus*). LITT. Qui cause de l'horreur ou qui est énorme, stupéfiant : *Un vacarme horrifique* (syn. **épouvantable**).

horripilant, e [ɔripilɑ̃, -ɑ̃t] **adj.** FAM. Qui horripile, exaspère : *Un bruit horripilant* (syn. **agaçant**).

horripiler [ɔripile] **v.t.** (lat. *horripilare,* avoir le poil hérissé). FAM. Mettre hors de soi, énerver fortement : *Ses manières m'horripilent* (syn. **exaspérer, agacer**).

***hors** [ɔr] **prép.** (de *dehors*). **1.** LITT. Indique ce qui n'est pas compris dans un ensemble : *Hors son goût pour le jeu, vous ne trouverez guère de passion chez lui* (syn. **hormis, excepté**). **2.** S'emploie en composition avec certains noms pour indiquer une position extérieure, une situation marginale : *Hors-jeu. Hors-la-loi.* **3.** Suivi d'un nom sans article, indique l'extériorité, la supériorité, l'écart : *Hors commerce. Hors pair. Hors série.* ◆ **hors de loc. prép. 1.** Marque l'extériorité par rapport à un lieu : *Il habite hors de Montpellier. Elle se trouve hors de l'établissement* (= à l'extérieur) [syn. **en dehors de**]. **2.** Marque l'extériorité par rapport à une action, à une influence : *Il est hors de combat, de danger.* **3.** Marque un dépassement des normes par rapport à une donnée quantifiable : *Un produit hors de prix* (= très cher). *Un whisky hors d'âge* (= très vieux). **4. Hors de moi, de toi, etc.,** dans un état d'agitation ou de violence extrême. / **Hors de question,** que l'on ne peut envisager. / **Hors d'état de nuire,** qui ne peut plus nuire. / **Hors d'usage,** qui ne peut plus servir.

***hors-bord** [ɔrbɔr] **adj. inv.** (d'apr. l'angl. *out board,* à l'extérieur de la coque). Se dit d'un moteur fixé à l'arrière d'un bateau, à l'extérieur du bord. ◆ **n.m. inv.** Canot léger de plaisance ou de course, propulsé par un moteur hors-bord.

***hors-d'œuvre** [ɔrdœvr] **n.m. inv.** Mets servi au début du repas : *Hors-d'œuvre variés. Servir des radis en hors-d'œuvre.*

***hors jeu** [ɔrʒø] **loc. adj.** SPORTS. Se dit d'un joueur qui, dans un sport d'équipe, se place sur le terrain d'une manière interdite par les règles. ◆ **hors-jeu n.m. inv.** Faute commise par un joueur hors jeu.

***hors-la-loi** [ɔrlalwa] **n. inv.** (calque de l'angl. *outlaw*). Personne qui, par ses actions, se met hors la loi (syn. **proscrit**).

***hors-piste** ou ***hors-pistes** [ɔrpist] **n.m. inv.** Ski pratiqué en dehors des pistes balisées.

***hors-texte** [ɔrtɛkst] **n.m. inv.** Feuillet, le plus souvent illustré, non compris dans la pagination, que l'on intercale dans un livre.

Horta (Victor, *baron***),** architecte belge (Gand 1861 - Bruxelles 1947), pionnier de l'Art nouveau. Fervent de la ligne « coup de fouet », d'inspiration végétale, et du plan libre, qui détermine l'interpénétration des espaces, il a utilisé en virtuose la pierre, le fer, le verre, le béton (à Bruxelles : hôtels Tassel [1893], Solvay, Aubecq, maison Horta [1898], palais des Beaux-Arts [1922-1929]).

Hortense de Beauharnais, reine de Hollande (Paris 1783 - Arenenberg, Suisse, 1837), fille du vicomte de Beauharnais et de Joséphine Tascher de La Pagerie (future impératrice). Elle épousa en 1802 Louis Bonaparte, roi de Hollande, dont elle eut Charles Louis Napoléon, futur Napoléon III.

hortensia [ɔrtɑ̃sja] **n.m.** (lat. scientif., d'apr. le prénom *Hortense*). Arbrisseau originaire d'Extrême-Orient, cultivé pour ses fleurs ornementales blanches, roses ou bleues. ▸ Famille des saxifragacées.

Horthy de Nagybánya (Miklós), amiral et homme politique hongrois (Kenderes 1868 - Estoril, Portugal, 1957). Élu régent (1920), il institua un régime autoritaire et conservateur. Allié de l'Italie et de l'Allemagne, il annexa le sud de la Slovaquie, l'Ukraine subcarpatique et une partie de la Transylvanie (1938-1940). Il fut renversé par un coup d'État fasciste (oct. 1944).

horticole [ɔrtikɔl] **adj.** Relatif à l'horticulture.

horticulture [ɔrtikyltyr] **n.f.** (du lat. *hortus,* jardin, et *-culture*). Branche de l'agriculture comprenant la culture des légumes, des fleurs, des arbres et arbustes d'ornement. ◆ **horticulteur, trice n.** Nom du spécialiste.

Horus, dieu solaire de l'Égypte antique, symbolisé par un homme à tête de faucon ou par un disque solaire flanqué de deux grandes ailes d'oiseau. Il est confondu avec le Ciel et, plus tard, avec le Soleil lui-même, notamment à Edfou. Fils d'Osiris et d'Isis, Horus, appelé dans la légende d'Osiris *Horus l'enfant,* est promis à la succession de son père en tant que roi de la Terre. Dans la théologie d'Héliopolis, ce dieu incarne le Bien, face au dieu Seth, qui personnifie le Mal.

hosanna ou **hosannah** [ɔzana] **n.m.** (mot hébr. « sauve-nous, je t'en prie »). **1.** Acclamation de la liturgie juive passée dans la liturgie chrétienne. **2.** LITT. Chant, cri de joie, de triomphe (syn. **alléluia**).

hospice [ɔspis] **n.m.** (lat. *hospitium*). **1.** Maison d'assistance où l'on reçoit les enfants abandonnés, les vieillards démunis ou atteints de maladie chronique. **2.** Maison où des religieux donnent l'hospitalité aux pèlerins, aux voyageurs : *L'hospice du Grand-Saint-Bernard.*

hospitalier, ère [ɔspitalje, -ɛr] **adj.** (lat. médiév. *hospitalarius*). **1.** Relatif aux hôpitaux, aux cliniques, aux hospices : *Service hospitalier.* **2.** Qui exerce l'hospitalité, qui accueille volontiers les hôtes, les étrangers : *Peuple hospitalier* (syn. **accueillant**). **3.** Relatif aux ordres religieux militaires qui se vouaient au service des voyageurs, des pèlerins, des malades ou qui exercent encore une activité charitable : *L'ordre hospitalier de Malte.*

hospitalisation [ɔspitalizasjɔ̃] **n.f. 1.** Admission et séjour dans un établissement hospitalier : *L'état du malade nécessite son hospitalisation.* **2. Hospitalisation à domicile,** système de prise en charge permettant de soigner à domicile certains malades.

hospitaliser [ɔspitalize] **v.t.** (du lat. *hospitalis*). Faire entrer dans un établissement hospitalier : *Hospitaliser d'urgence un blessé.*

hospitalité [ɔspitalite] **n.f.** (lat. *hospitalitas*). **1.** Action de recevoir et d'héberger qqn chez soi, par charité, libéralité, amitié : *Offrir l'hospitalité pour une nuit* (syn. **accueil**). **2.** Asile accordé à qqn, à un groupe par un pays : *Donner l'hospita-*

*L'astérisque (*) indique que le mot commence par un **h** aspiré.*

lité à des réfugiés politiques. **3.** Bienveillance, cordialité dans la manière d'accueillir et de traiter ses hôtes : *Remercier qqn de sa charmante hospitalité* (syn. **réception**).

hospitalo-universitaire [ɔspitaloyniversitɛr] **adj.** (pl. *hospitalo-universitaires*). **Centre hospitalo-universitaire (C.H.U.),** centre hospitalier où, en relation avec une faculté de médecine, est dispensé l'enseignement médical en France.

hostellerie [ɔstɛlri] **n.f.** (forme archaïque de *hôtellerie*). Hôtel, restaurant de caractère élégant et traditionnel, souvent situé à la campagne (syn. **hôtellerie**).

hostie [ɔsti] **n.f.** (lat. *hostia,* victime). CATH. Pain eucharistique fait de farine sans levain (azyme), en forme de disque mince, et que le prêtre consacre à la messe, dans les Églises latine, arménienne et maronite.

hostile [ɔstil] **adj.** (lat. *hostilis,* de *hostis,* ennemi). **1.** Qui manifeste des intentions agressives, qui se conduit en ennemi : *Attitude hostile* (syn. **inamical**). *Être hostile au progrès.* **2.** Qui semble contraire à l'homme et à ses entreprises : *Milieu hostile* (syn. **défavorable, inhospitalier**).

hostilement [ɔstilmɑ̃] **adv.** De façon hostile : *Les gens nous regardaient hostilement.*

hostilité [ɔstilite] **n.f.** Attitude hostile ; sentiment d'inimitié ou d'opposition : *Regarder qqn avec hostilité* (syn. **antipathie, malveillance**). *Manifester son hostilité à un projet.* ◆ **hostilités n.f. pl.** Opérations de guerre ; état de guerre : *Engager, reprendre, cesser les hostilités.*

***hot dog** [ɔtdɔg] **n.m.** (mots amér. « chien chaud ») [pl. *hot dogs*]. Petit pain fourré d'une saucisse chaude.

1. hôte [ot] **n.m.** (lat. *hospes, hospitis*). **1.** Personne qui reçoit l'hospitalité, est reçue chez qqn : *Le Premier ministre du Canada est l'hôte de la France* (syn. **invité**). **2.** LITT. Être qui vit habituellement quelque part : *Les hôtes des bois.* **3.** BIOL. Organisme vivant qui héberge un parasite.

2. hôte, hôtesse [ot, otɛs] **n.** (lat. *hospes, hospitis*). Personne qui reçoit qqn chez elle, qui lui donne l'hospitalité : *Remercier ses hôtes de leur accueil.* (V. aussi *hôtesse*.)

hôtel [otɛl] **n.m.** (bas lat. *hospitale,* auberge). **1.** Établissement commercial qui loue des chambres ou des appartements meublés pour un prix journalier : *Descendre dans un hôtel 4 étoiles.* **2.** Édifice qui abrite certaines administrations : *L'hôtel de la Monnaie, à Paris.* **3. Hôtel particulier,** vaste maison citadine d'un particulier. / **Maître d'hôtel,** chef du service de la table dans une grande maison, un restaurant. **4. Hôtel de ville,** mairie d'une localité assez importante.

hôtelier, ère [otəlje, -ɛr] **n.** (de *hôtel*). Personne qui tient un hôtel, une hôtellerie, une auberge. ◆ **adj.** Relatif à l'hôtellerie : *Industrie hôtelière. École hôtelière.*

hôtellerie [otɛlri] **n.f.** (de *hôtel*). **1.** Profession de l'hôtelier. **2.** Syn. de *hostellerie*.

hôtesse [otɛs] **n.f.** (de *2. hôte*). **1.** Jeune femme chargée d'accueillir et d'informer les visiteurs ou les clients dans des lieux publics ou privés (expositions, entreprises, magasins, etc.) : *Hôtesse d'accueil.* **2. Hôtesse de l'air,** jeune femme chargée d'assurer, à bord des avions commerciaux, les différents services utiles au confort et à la sécurité des passagers.

***hotte** [ɔt] **n.f.** (frq. **hotta*). **1.** Grand panier que l'on porte sur le dos à l'aide de bretelles : *Hotte de vendangeur.* **2.** Construction en forme de tronc de pyramide reliée à un organe de tirage (cheminée ou aspirateur) : *La hotte d'une forge.* **3.** Appareil électroménager destiné à expulser ou à recycler l'air chargé de vapeurs grasses dans une cuisine : *Hotte aspirante.*

Hottentots, peuple nomade, vivant en Namibie et en Afrique du Sud, et parlant une langue à clic (groupe khoisan). Ils vivent d'élevage (moutons, chèvres).

***hou** [u] **interj.** (onomat.). **1.** Sert à faire peur, à faire honte, à conspuer : *Hou ! le vilain.* **2.** Répété, sert à interpeller : *Hou ! hou ! On est là !*

L'astérisque (*) indique que le mot commence par un ***h*** *aspiré.*

***houblon** [ublɔ̃] **n.m.** (anc. néerl. *hoppe,* avec infl. de l'anc. fr. *homlon,* frq. **humilio*). Plante grimpante cultivée pour ses cônes (inflorescences femelles), employés pour aromatiser et conserver la bière. ▸ Famille des cannabacées ; haut. jusqu'à 10 m.

Houdon (Jean Antoine), sculpteur français (Versailles 1741 - Paris 1828). Auteur de tombeaux et de figures mythologiques, il est admiré plus encore pour ses portraits d'enfants et pour ses bustes et statues des célébrités de son temps (J.-J. Rousseau, Voltaire, Diderot, B. Franklin, Washington), d'une vérité saisissante. Éloigné le plus souvent des grâces du rococo, son style est classique, puis néoclassique modéré.

***houe** [u] **n.f.** (frq. **hauwa*). Pioche à fer large et recourbé, servant à ameublir la terre.

Houellebecq (Michel Thomas, dit Michel), écrivain français (Saint-Pierre, La Réunion, 1956 ou 1958). Ses romans au pessimisme corrosif brossent le tableau désenchanté d'un monde en perdition (*Extension du domaine de la lutte,* 1994 ; *les Particules élémentaires,* 1998 ; *Plateforme,* 2001 ; *la Possibilité d'une île,* 2005 ; *la Carte et le Territoire,* 2010).

Hougue *(bataille de la)* [29 mai 1692], combat naval livré par Tourville contre une flotte anglo-hollandaise, et qui s'acheva par la destruction de la flotte française au large de Saint-Vaast-la-Hougue (N.-E. du Cotentin).

***houille** [uj] **n.f.** (wallon *hoye,* frq. **hukila,* tas). **1.** Combustible minéral fossile solide, provenant de végétaux ayant subi au cours des temps géologiques une transformation lui conférant un grand pouvoir calorifique. **2.** VIEILLI. **Houille blanche,** énergie obtenue à partir des chutes d'eau et des barrages.

***houiller, ère** [uje, -ɛr] **adj.** Relatif à la houille ; qui renferme de la houille : *Gisement houiller.* ◆ **houillère n.f.** Mine de houille.

***houle** [ul] **n.f.** (germ. *hol,* creux). Mouvement ondulatoire de la mer, sans déferlement des vagues.

***houlette** [ulɛt] **n.f.** (de l'anc. fr. *houler,* jeter, moyen néerl. *holler*). **1.** Bâton de berger. **2. Sous la houlette de qqn,** sous sa direction, sous son autorité.

***houleux, euse** [ulø, -øz] **adj. 1.** Agité par la houle : *Mer houleuse.* **2.** Se dit d'une assemblée agitée de sentiments contraires : *Séance houleuse* (syn. **mouvementé, orageux**).

***houligan n.m.** ⟶ **hooligan.**

Houphouët-Boigny (Félix), homme politique ivoirien (Yamoussoukro 1905 - *id.* 1993). Ministre des gouvernements français de 1956 à 1959, il devint président de la république de Côte d'Ivoire lors de l'indépendance (1960). Régulièrement réélu ensuite, il entretint avec la France des relations privilégiées.

***houppe** [up] **n.f.** (frq.* *huppo,* touffe). **1.** Touffe de brins de laine, de soie, de duvet : *Houppe à poudre de riz.* **2.** Touffe de cheveux (syn. **toupet**).

***houppelande** [uplɑ̃d] **n.f.** (probabl. anc. angl. *hoppâda,* pardessus). Manteau ample et long, sans manches : *Houppelande de berger.*

***houppette** [upɛt] **n.f.** Petite houppe.

***hourder** [urde] **v.t.** (de *hourd,* palissade, frq. **hurd*). Exécuter en hourdis ; maçonner grossièrement : *Hourder une cloison.*

***hourdis** [urdi] **n.m.** (de *hourder*). CONSTR. Corps de remplissage en aggloméré ou en terre cuite posé entre les solives, les poutrelles ou les nervures des planchers.

***hourra** [ura] **interj.** et **n.m.** (angl. *hurrah,* onomat.). Cri d'acclamation, d'enthousiasme : *Hip hip hip ! Hourra ! Être accueilli par des hourras* (syn. **acclamation, bravo**).

Hourrites, peuple attesté en Anatolie, en haute Mésopotamie ou en Syrie du XXIe au XIIe s. av. J.-C. Au XVIe s. av. J.-C., ils fondèrent le royaume du Mitanni, qui s'effondra aux XIVe-XIIIe s. sous la pression des Hittites et des Assyriens.

***houspiller** [uspije] **v.t.** (altér., d'apr. *piller,* de l'anc. v. *houcepignier*). Faire de vifs reproches à qqn : *Cet enfant va se faire houspiller par ses parents* (syn. **gronder, réprimander**).

***housse** [us] **n.f.** (frq. **hulftia*). Enveloppe qui sert à recouvrir et à protéger des meubles, des vêtements, etc.

Houston, port des États-Unis (Texas), sur la baie de Galveston ; 2 339 558 hab. (4 784 745 hab. dans l'agglomération). Musées. Centre spatial. Raffinage du pétrole. Métallurgie. Chimie.

***houx** [u] **n.m.** (frq. **hulis*). Arbuste des sous-bois, à feuilles luisantes, épineuses et persistantes, à baies rouges, et dont l'écorce sert à fabriquer la glu. ▸ Famille des aquifoliacées ; haut. jusqu'à 10 m ; longévité 300 ans.

hovercraft [ɔvœrkraft] **n.m.** (mot angl., de *to hover,* planer, et *craft,* embarcation). Aéroglisseur.

Hoxha ou **Hodja (Enver),** homme politique albanais (Gjirokastër 1908 - Tirana 1985). Chef de la résistance à l'occupation italienne et allemande, fondateur du parti communiste d'Albanie (1941), dont il est le secrétaire général de 1948 à sa mort, il instaure et maintient un régime communiste de style stalinien.

***H.Q.E.** [aʃkyø] **n.f.** (sigle). Haute Qualité* Environnementale.

***HTML** [aʃteɛmɛl] **n.m.** (sigle de l'angl. *hypertext markup language*). INFORM. Langage de description de documents servant à présenter des pages Web et à préciser à l'aide de balises les liens hypertextes avec d'autres documents.

Huang He, surnommé **fleuve Jaune,** fl. de la Chine du Nord, né au Qinghai, tributaire du golfe de Bohai ; 4 845 km (bassin de 745 000 km^2). Importants aménagements hydrauliques.

Hubble (Edwin Powell), astrophysicien américain (Marshfield, Missouri, 1889 - San Marino, Californie, 1953). Il établit l'existence de galaxies extérieures à celle qui abrite le Système solaire (1923-1924). Puis, se fondant sur le rougissement systématique de leur spectre, il formula une loi empirique selon laquelle les galaxies s'éloignent les unes des autres à une vitesse proportionnelle à leur distance (1929) et conforta ainsi la théorie de l'expansion de l'Univers.

Hubble *(télescope spatial),* télescope américano-européen de 2,40 m de diamètre mis en orbite autour de la Terre en 1990 et réparé dans l'espace à plusieurs reprises. Le lancement de son successeur, le James Webb Space Telescope (JWST), est prévu en 2018 environ.

Hubei, prov. du centre de la Chine ; 180 000 km^2 ; 57 237 727 hab. CAP. *Wuhan.*

Hubert *(saint),* évêque de Tongres, Maastricht et Liège (m. à Liège en 727). Ses reliques furent transférées dans un monastère de la forêt des Ardennes, ce qui lui valut de devenir le patron des chasseurs.

***hublot** [yblo] **n.m.** (altér. du moyen fr. *huvelot,* de l'anc. fr. *huve,* frq. **hûbo,* coiffe, bonnet). **1.** Ouverture pratiquée dans la coque d'un navire ou le fuselage d'un avion pour donner de la lumière ou de l'air, tout en permettant une fermeture étanche. **2.** Partie vitrée de la porte d'un four, d'un appareil ménager, permettant de surveiller l'opération en cours.

***huche** [yʃ] **n.f.** (bas lat. *hutica,* d'orig. germ.). Grand coffre de bois utilisé pour conserver le pain (syn. **maie**).

Hudson, fl. des États-Unis, qui se jette dans l'Atlantique à New York ; 500 km.

Hudson *(baie d'),* golfe du Canada pris par les glaces pendant sept mois par an et ouvert sur l'Atlantique par le *détroit d'Hudson.*

***hue** [y] **interj.** (onomat.). **1.** S'emploie pour inciter un cheval à avancer ou à tourner à droite (par opp. à *dia*) : *Allez, hue !* **2. À hue et à dia,** dans des directions opposées ; de manière contradictoire : *Tirer à hue et à dia.*

Huê, v. du Viêt Nam ; 302 983 hab. Elle fut la capitale du Viêt Nam unifié en 1802 (tombeaux des empereurs, palais, temples).

***huée** [ɥe] **n.f.** (de *huer*). [Surtout au pl.]. Cri hostile : *S'enfuir sous les huées de la foule* (syn. **sifflet**).

***huer** [ɥe] **v.t.** (de *hue*) [conj. 7]. Accueillir par des cris de dérision et d'hostilité : *Il s'est fait huer par la foule* (syn. **conspuer, siffler** ; contr. **applaudir**).

***huerta** [wɛrta] **n.f.** (mot esp., du lat. *hortus,* jardin). GÉOGR. Plaine irriguée couverte de riches cultures, en Espagne.

Hugo (Victor), écrivain français (Besançon 1802 - Paris 1885). Il fut le plus puissant, le plus fécond, le plus populaire des romantiques français, mais aussi le plus discuté. Fils d'un général du premier Empire, il est élevé par sa mère. Tout d'abord classique et monarchiste, influencé par Nodier et Chateaubriand, il publie son premier recueil, *Odes et Poésies diverses,* en 1822. Marié à Adèle Foucher (1822), il connaît bientôt le succès. Il écrit ses deux premiers romans, *Han d'Islande* (1823) et *Bug-Jargal* (1826), et, ayant rejoint le mouvement romantique, compose des recueils lyriques (*Odes et Ballades,* 1828 ; *les Orientales,* 1829) ainsi qu'un drame, *Cromwell* (1827), précédé d'une préface-manifeste où il définit une nouvelle conception du théâtre et prend Shakespeare pour modèle. Converti aux idées libérales et au culte napoléonien, il fait paraître son roman *le Dernier Jour d'un condamné* (1829), plaidoyer contre la peine de mort. En 1830, la représentation de son drame *Hernani* provoque une violente bataille littéraire entre les jeunes romantiques et les partisans du théâtre classique. À partir de cette date, Hugo s'affirme de plus en plus comme le chef du mouvement romantique. À cette époque, marquée par sa rencontre avec Juliette Drouet, il publie un roman historique (*Notre-Dame de Paris,* 1831), quatre recueils lyriques (*les Feuilles d'automne,* 1831 ; *les Chants du crépuscule,* 1835 ; *les Voix intérieures,* 1837 ; *les Rayons et les Ombres,* 1840) et plusieurs drames, représentés au théâtre (*Lucrèce Borgia,* 1833 ; *Ruy Blas,* 1838). Mais, après l'échec de son drame *les Burgraves* (1843) et la mort accidentelle de sa fille Léopoldine, il se consacre à la politique (il est élu député républicain en 1848). Son hostilité envers Charles Louis Napoléon Bonaparte l'oblige à s'exiler à Jersey puis à Guernesey après le coup d'État du 2 décembre 1851, qui lui inspire le pamphlet *Napoléon le Petit* (1852). De cette époque datent les trois grands monuments de son œuvre poétique (le recueil satirique des *Châtiments,* 1853 ; les poèmes métaphysiques des *Contemplations,* 1856 ; l'épopée de *la Légende des siècles,* 1859-1883) ainsi que trois romans (*les Misérables,* 1862 ; *les Travailleurs de la mer,* 1866 ; *l'Homme qui rit,* 1869). Dès la proclamation de la république en 1870, il revient à Paris. Il fait encore paraître un roman (*Quatrevingt-Treize,* 1874), des poèmes (*l'Art d'être grand-père,* 1877) et un récit politique (*Histoire d'un crime,* 1877). À sa mort, en 1885, il est devenu le symbole de l'idéal républicain : des funérailles nationales sont organisées. Victor Hugo domine le XIXe siècle par la profusion de ses écrits et par la diversité des thèmes qu'il a abordés : ceux de l'univers entier, de la nature et de l'homme, mais aussi des grands problèmes sociaux. Son sens des formules, sa liberté dans l'alexandrin et la richesse de son vocabulaire demeurent incomparables, de même que son art de la synthèse des contraires (sublime et grotesque, ombre et lumière), dont témoignent aussi ses nombreux dessins (sépia, encre de Chine), où l'on retrouve ses dons de visionnaire. • **Les Misérables (1862).** À travers ses personnages (le forçat Jean Valjean, qui se réhabilite par sa générosité et ses sacrifices, le gamin de Paris Gavroche, l'orpheline Cosette) et les événements qui lui servent de toile de fond (la bataille de Waterloo, l'émeute de 1832), ce récit forge une véritable épopée populaire. ▸ *Dossier page suivante.*

hugolien, enne [ygɔljɛ̃, -ɛn] **adj. 1.** Relatif à Victor Hugo, à son œuvre. **2.** Qui évoque le style parfois emphatique de Victor Hugo : *Un discours aux accents hugoliens.*

***huguenot, e** [ygno, -ɔt] **n.** et **adj.** (all. *Eidgenossen,* confédéré). Nom donné aux protestants français, pendant les guerres de Religion.

Hugues Ier Capet (v. 941 - 996), duc de France (956-987), puis roi de France (987-996). Soutenu par l'archevêque de Reims, il fut élu et sacré roi à la place du prétendant caro-

Une secousse dans la littérature

Au siècle du romantisme, le poète s'affranchit de la métrique classique, part à la découverte des richesses médiévales, ouvre la porte aux étrangetés germaniques et intègre la littérature dans l'actualité politique du temps. Comment Victor Hugo, qui s'inscrit au cœur de ce courant, conduit-il le lecteur à un regard nouveau ?

▶ **Une langue libre au service des idées.** « Le vers au théâtre doit dépouiller tout amour-propre, toute exigence, toute coquetterie. Il n'est là qu'une forme, et une forme qui doit tout admettre, qui n'a rien à imposer au drame, et au contraire doit tout recevoir de lui, pour tout transmettre au spectateur : français, latin, textes de lois, jurons royaux, locutions populaires, comédie, tragédie, rire, larmes, prose et poésie. Malheur au poète si son vers fait la petite bouche ! » Voilà ce à quoi doit ressembler le drame, selon ce qu'en dit Victor Hugo dans la Préface de *Cromwell*. Le poète revendique le droit d'employer des mots vulgaires si nécessaire, de mêler le rire aux larmes, d'employer la langue qu'il faut pour exprimer des idées sans souci des conventions. La démarche littéraire est une porte ouverte sur une démarche plus largement politique. La langue est au service d'un combat social et politique : « Tout ce qui existe dans le monde, dans l'histoire, dans la vie, dans l'homme, tout doit et peut s'y réfléchir [dans le théâtre], mais sous la baguette magique de l'art » (Victor Hugo, Préface de *Cromwell*). Cette conception du rôle de l'écrivain transforme le poète en une sorte de missionnaire, de « mage » puisque « le but de l'art est presque divin : ressusciter, s'il fait de l'histoire ; créer, s'il fait de la poésie ».

▶ **Un regard sur les petites gens.** Contrairement aux traditions littéraires de l'Antiquité puis du Moyen Âge, qui réservent le style épique aux héros d'exception, Victor Hugo honore, à travers l'épopée, ceux qui meurent dans l'anonymat. Ainsi va le marin : « Pluie ou bourrasque, il faut qu'il sorte, il faut qu'il aille, / Car les petits enfants ont faim » (*les Pauvres Gens*, in *la Légende des siècles*). Le poème a une dimension pathétique mais aussi épique : la mer et son immensité infinie dans la nuit des tempêtes accentuent l'aspect tragique de ce drame vécu dans une pauvre chaumière, tandis que l'homme « s'en va dans l'abîme », « s'en va dans la nuit ». La nuit n'est-elle pas propice au destin ? C'est dans la nuit, en effet, que Jean Valjean, dans le roman *les Misérables*, porte le seau de la petite Cosette, enfant qui lutte contre le froid, les ombres et la peur. Entre réalisme ou peinture de la triste réalité de l'époque et grandissement épique ou invention merveilleuse, Victor Hugo contribue à créer la littérature de la misère populaire.

▶ **Un engagement frondeur.** Victor Hugo joue sur les paradoxes pour choquer le lecteur. Alors que, par la transfiguration épique, les miséreux sont haussés au niveau des héros, des personnalités comme Napoléon III sont ravalées au rang de brigands.

Un brigand arrête une diligence au coin d'un bois.
Il est à la tête d'une bande déterminée.
Les voyageurs sont plus nombreux, mais ils sont séparés [...].
Le brigand leur ordonne de descendre [...].
Quelques-uns résistent, il leur brûle la cervelle. [...]
Les poches vidées, les malles pillées, le coup d'État fini, il leur dit :
– Maintenant, afin de me mettre en règle avec la justice, j'ai écrit sur un papier que vous reconnaissez que tout ce que j'ai pris m'appartenait et que vous me le concédez de votre plein gré. J'entends que ceci soit votre avis. On va vous mettre à chacun une plume dans la main, et sans dire un mot, sans faire un geste, sans quitter l'attitude où vous êtes...
Le ventre contre terre, la face dans la boue...
... Vous étendrez le bras droit, et vous signerez tous ce papier. Si quelqu'un bouge ou parle, voici la gueule de mon pistolet. Du reste, vous êtes libres.
Les voyageurs étendent le bras et signent.
Cela fait, le brigand relève la tête et dit :
– J'ai sept millions cinq cent mille voix.
(*Napoléon le Petit*, 1852)

Toute l'histoire d'un « coup d'État » est résumée en un conte populaire. Par le style et le ton adoptés, ce poème pourrait ressembler à un billet d'humeur journalistique dans la presse d'aujourd'hui.

La modernité de l'œuvre de Victor Hugo réside, en partie, dans la passion qui anime toutes les facettes d'un style varié au service d'un discours de la révolte et de l'indignation.

Voir aussi : Empire (second) ; Napoléon III ; romantisme.

lingien. Fondateur de la dynastie des Capétiens, il fit sacrer de son vivant son fils Robert (987), assurant ainsi le pouvoir héréditaire de sa maison.

huilage [ɥilaʒ] **n.m.** Action d'huiler : *L'huilage des pièces d'un moteur.*

huile [ɥil] **n.f.** (lat. *oleum,* de *olea,* olivier). **1.** Substance grasse, liquide et insoluble dans l'eau, d'origine végétale, animale ou minérale, employée à de nombreux usages (alimentaires, domestiques, industriels, pharmaceutiques, etc.) : *Huile de table. Huile d'arachide, d'olive, de foie de morue. Huile détergente.* **2. Peinture à l'huile,** peinture dont le liant contient une ou plusieurs huiles minérales ou végétales ; tableau fait avec cette peinture (on dit aussi *une huile*). **3.** TECHN. Combustible liquide obtenu à partir du pétrole *(huile lourde),* ou le pétrole lui-même *(huile minérale).* **4.** Produit obtenu en faisant macérer une substance végétale ou animale dans de l'huile : *Huile aromatique. Huile solaire.* **5.** *FAM.* Personnage important, influent, haut placé. **6. Faire tache d'huile,** s'étendre largement de proche en proche : *Conflit qui fait tache d'huile.* / *FAM.* **Huile de bras, de coude,** énergie, force physique déployée à faire qqch. / **Mer d'huile,** très calme. / **Verser, jeter de l'huile sur le feu,** attiser, envenimer une querelle. **7.** CATH. **Saintes huiles,** huiles utilisées pour les sacrements.

huiler [ɥile] **v.t.** Frotter, imprégner d'huile ; lubrifier avec de l'huile : *Huiler une poêle, des rouages* (syn. **graisser**).

huilerie [ɥilri] **n.f.** Fabrique ou magasin d'huile végétale.

huileux, euse [ɥilø, -øz] **adj. 1.** Qui est de la nature de l'huile. **2.** Qui est comme imbibé d'huile : *Cheveux huileux* (syn. **gras**).

huilier [ɥilje] **n.m.** Accessoire de table contenant les burettes d'huile et de vinaigre.

huis [ɥi] **n.m.** (bas lat. *ustium,* class. *ostium,* porte). *VX* ou *LITT.* Porte extérieure d'une maison.

***huis clos** [ɥiklo] **n.m. 1.** Débats judiciaires hors de la présence du public : *Le tribunal ordonna le huis clos.* **2. À huis clos,** toutes portes fermées, sans que le public soit admis ; en petit comité, en secret : *Audience à huis clos.*

huisserie [ɥisri] **n.f.** (de *huis*). CONSTR. Partie fixe en bois ou en métal formant les piédroits et le linteau d'une porte dans une cloison, un pan de bois, etc.

huissier, ère [ɥisje, -ɛr] **n.** (de *huis*). **1.** Gardien qui se tient à la porte d'un haut personnage pour annoncer et introduire les visiteurs ; employé chargé du service dans les assemblées, les administrations : *Les huissiers de l'Assemblée nationale* (syn. **appariteur**). **2. Huissier de justice,** officier ministériel chargé de signifier les actes de procédure et les décisions de justice, d'assurer l'exécution de ceux qui ont force exécutoire et de procéder à des constats.

***huit** [ɥit] devant une pause ou devant une voyelle ou un *h* muet, sinon [ɥi] **adj. num. card. inv.** (lat. *octo*). **1.** Sept plus un : *Journée de huit heures.* **2.** (En fonction d'ordinal). De rang numéro huit ; huitième : *Charles VIII.* **3. Huit jours,** une semaine. / **Les trois huit** ou **les trois-huit,** organisation du travail fondée sur la succession de trois équipes travaillant chacune huit heures sur un même poste, assurant ainsi un fonctionnement ininterrompu de vingt-quatre heures. / **Lundi, mardi, etc., en huit,** le lundi, mardi, etc., après celui qui arrive. ◆ **n.m. inv. 1.** Le nombre qui suit sept dans la série des entiers naturels ; le chiffre représentant ce nombre : *Deux fois huit, seize.* **2.** Dessin, mouvement en forme de 8 : *Le grand huit* (= attraction de fête foraine en forme de 8). **3.** En aviron, embarcation à huit rameurs et un barreur.

***huitaine** [ɥitɛn] **n.f. 1.** Ensemble de huit jours consécutifs : *Nous pourrions nous revoir dans une huitaine* (syn. **semaine**). **2.** Groupe d'environ huit unités : *Une huitaine de litres.* **3. À huitaine, sous huitaine,** à pareil jour la semaine suivante : *Remettre une réunion à huitaine.*

***huitième** [ɥitjɛm] **adj. num. ord. 1.** De rang numéro huit : *Habiter le, dans le huitième arrondissement. C'est au huitième* (= au huitième étage). **2. Le huitième art,** la télévision (la vidéo). ◆ **n.** Celui, celle qui occupe le huitième rang : *C'est la huitième de la classe.* ◆ **adj.** et **n.m.** Qui correspond à la division d'un tout en huit parties égales : *La huitième partie d'une somme. Consacrer le huitième de son budget à ses loisirs.*

***huitièmement** [ɥitjɛmmɑ̃] **adv.** En huitième lieu.

huître [ɥitr] **n.f.** (lat. *ostrea,* gr. *ostreon*). **1.** Mollusque bivalve comestible, fixé aux rochers marins par une valve de sa coquille : *L'élevage des huîtres, ou ostréiculture, se pratique dans des parcs.* **2. Huître perlière,** huître qui produit des perles fines, comme la *méléagrine* des mers chaudes.

1. huîtrier, ère [ɥitrije, -ɛr] **adj.** Relatif aux huîtres, à leur élevage, à leur vente.

2. huîtrier [ɥitrije] **n.m.** (de *huître*). Oiseau échassier vivant sur les côtes et se nourrissant de crustacés et de mollusques.

Hu Jintao, homme politique chinois (Jixi, Anhui, 1942). Secrétaire général du Parti communiste chinois (2002-2012), président de la République (depuis 2003) et président de la Commission militaire centrale (depuis 2005), il a pendant une décennie concentré entre ses mains l'essentiel du pouvoir politique dans son pays.

***hulotte** [ylɔt] **n.f.** (de l'anc. fr. *huller,* hurler). Oiseau rapace nocturne, commun dans les bois, appelé cour. chat-huant. ▶ Famille des strigidés ; long. 70 cm env. La hulotte hue.

***hululement** **n.m.**, ***hululer** **v.i.** → **ululement, ululer.**

***hum** [œm] **interj.** (onomat.). Sert à marquer le doute, l'impatience, la réticence : *Hum ! tout cela n'est pas clair.*

humain, e [ymɛ̃, -ɛn] **adj.** (lat. *humanus,* de *homo,* homme). **1.** Qui a les caractères, la nature de l'homme ; qui se compose d'hommes : *Être humain. Espèce humaine.* **2.** Qui est relatif à l'homme, qui lui est propre : *Corps humain. Nature humaine. L'erreur est humaine.* **3.** Qui concerne l'homme, qui a l'homme pour objet : *Sciences humaines.* **4.** Qui est à la mesure de l'homme : *Une ville à dimensions humaines.* **5.** Qui marque de la sensibilité, de la compassion, de la compréhension à l'égard d'autres hommes : *Un magistrat humain* (syn. **compatissant, compréhensif**). *Elle n'est pas humaine* (= elle est très dure, sans pitié). ◆ **humain** **n.m. 1.** *LITT.* Être humain : *Un humain ne peut qu'être choqué par un tel comportement* (syn. **homme**). **2.** Ce qui appartient en propre à l'homme : *Perdre le sens de l'humain.* ◆ **humains** **n.m. pl.** Les hommes, l'humanité.

humainement [ymɛnmɑ̃] **adv. 1.** En homme ; suivant les forces, les capacités de l'homme : *Elle a fait tout ce qui était humainement possible pour le sauver.* **2.** Avec humanité ; avec bonté : *Traiter humainement des prisonniers.*

humanisation [ymanizasjɔ̃] **n.f.** Action d'humaniser ; fait de s'humaniser : *L'humanisation des conditions de travail.*

humaniser [ymanize] **v.t.** (de *humain*). Donner un caractère plus humain, plus civilisé à ; rendre plus supportable à l'homme : *Humaniser les conditions de détention* (syn. **adoucir**). ◆ **s'humaniser** **v.pr.** Devenir plus humain, moins cruel, plus conciliant : *Il s'humanisera avec l'âge.*

humanisme [ymanism] **n.m.** (de *humaniste,* d'apr. l'all. *Humanismus*). **1.** Attitude philosophique qui met l'homme et les valeurs humaines au-dessus des autres valeurs : *L'humanisme de Camus.* **2.** Mouvement intellectuel qui s'épanouit surtout dans l'Europe du XVIe s. (Renaissance) et qui est marqué par le retour aux textes antiques, dont il tire ses méthodes et sa philosophie.

■ LITTÉRATURE. Rompant avec la tradition de l'enseignement du Moyen Âge, uniquement théologique, les *humanistes* pensent que la meilleure connaissance du monde et de l'homme se trouve chez les auteurs anciens.

Le retour à l'Antiquité. Aussi, ils en recherchent les manuscrits et les lisent dans la langue originale (latin, grec ou hébreu). De ce contact avec la culture antique naît un nouvel idéal de sagesse et une philosophie : les humanistes croient en la bonté de l'homme et en sa capacité de progrès. →

L'humanisme apparaît en Italie à la fin du Moyen Âge : Dante, dans sa *Divine Comédie,* fait une place importante aux écrivains antiques. Au XVe s., Pétrarque attire l'attention sur Homère et Platon, et les écrivains plagient Cicéron, Virgile ou Horace. Le premier centre de l'humanisme est Florence, où Marsile Ficin lit et commente les textes anciens dans son académie platonicienne, non plus par rapport à la religion, mais pour eux-mêmes.

La diffusion des idées. Puis l'invention de l'imprimerie (v. 1450) permet aux connaissances de se répandre largement, et, dès la fin du XVe s., l'humanisme se développe dans les centres d'imprimerie (Venise, Bâle) et dans les villes universitaires comme Lyon, Padoue, Louvain, Paris, où, à l'instigation de Guillaume Budé, François Ier crée en 1529 le Collège de France, spécialisé dans l'étude des disciplines nouvelles. De plus, les humanistes voyagent et correspondent beaucoup entre eux : ils forment une « république des lettres » qui diffuse leurs idées à travers l'Europe. Érasme, le plus célèbre d'entre eux, Thomas More, le Français Lefèvre d'Étaples critiquent l'Église et la société de leur temps et ne veulent étudier la religion que dans les Évangiles.

Pour atteindre un plus large public, les humanistes en viennent à utiliser leur propre langue et non plus le latin. Ainsi, l'humanisme est à l'origine de l'essor des littératures nationales. ■

humaniste [ymanist] **n.** (lat. de la Renaissance *humanista*). **1.** PHILOS. Partisan de l'humanisme. **2.** *VX.* Personne versée dans la connaissance des langues et des littératures anciennes. ◆ **adj.** Relatif à l'humanisme ; qui met l'homme, son épanouissement et son destin au centre de ses préoccupations.

humanitaire [ymanitɛr] **adj.** (de *humanité*). **1.** Qui recherche le bien de l'humanité ; qui vise à améliorer la condition des hommes : *Ces sentiments humanitaires vous honorent* (syn. **philanthropique**). **2.** Qui vise à sauver des vies, dans une situation de guerre ou de catastrophe naturelle : *L'aide humanitaire. Une organisation humanitaire.*

humanitarisme [ymanitarism] **n.m.** Ensemble de conceptions humanitaires jugées illusoires et utopiques (souvent péjor.).

humanité [ymanite] **n.f.** (lat. *humanitas*). **1.** Ensemble des hommes ; genre humain : *Évolution de l'humanité.* **2.** Essence de l'homme ; nature humaine : *Réveillons ce qui reste en lui d'humanité* (syn. **humain**). **3.** Bienveillance, compassion : *Traiter qqn avec humanité* (syn. **altruisme, bonté**). ◆ **humanités n.f. pl.** *VIEILLI.* Étude des lettres classiques (latin et grec).

humanoïde [ymanɔid] **adj.** et **n.** (du lat. *humanus,* humain, et de *-oïde*). Être ressemblant à l'homme (notamm. dans le langage de la science-fiction). ◆ **adj.** Qui présente des caractères humains ; à forme humaine.

humble [œbl] **adj.** (lat. *humilis,* près de la terre, de *humus,* terre). **1.** Qui manifeste une attitude volontairement modeste : *Un homme humble* (syn. **effacé**). **2.** *LITT.* De condition sociale modeste : *Un humble fonctionnaire* (syn. **obscur**). *Une humble demeure* (syn. **pauvre**). **3.** Sans éclat, sans prétention ou sans importance : *Humbles travaux* (syn. **modeste**). **4.** Qui dénote l'effacement, la déférence : *Se faire humble devant un supérieur* (syn. **servile, plat**). **5. À mon humble avis,** si je peux exprimer mon opinion (formule de courtoisie). ◆ **humbles n.m. pl.** *LITT.* Les pauvres, les petites gens.

humblement [œbləmɑ̃] **adv.** Avec humilité ; de façon humble : *Je vous fais humblement remarquer votre méprise. Vivre humblement* (syn. **modestement, pauvrement**).

Humboldt (Wilhelm, *baron* **von),** linguiste et homme politique allemand (Potsdam 1767 - Tegel 1835). Partant de l'étude de langues très diverses, il chercha à dépasser la grammaire comparée pour constituer une anthropologie générale, qui examinerait les rapports entre le langage et la pensée, les langues et les cultures. Selon lui, la langue est le reflet de l'esprit de chaque peuple, et l'âme d'un peuple s'exprime par la langue. Il affirme que le langage est une propriété de l'esprit humain (*Sur la différence de structure des langues humaines,* 1836). • **Alexander,** son frère (Berlin 1769 - Potsdam 1859), voyageur, explora l'Amérique tropicale et l'Asie centrale. Ses travaux considérables contribuèrent au développement tant des sciences naturelles et de la biogéographie que de la physique du globe (géologie, volcanologie, magnétisme) et de la géographie physique (climatologie, etc.).

Humboldt ***(courant de)*** **⟶ Pérou et du Chili** ***(courant du).***

Hume (David), philosophe et historien britannique (Édimbourg 1711 - *id.* 1776). Il tente plusieurs fois d'obtenir une chaire de philosophie, qui lui est refusée pour cause d'athéisme. Il devient alors avocat, secrétaire d'ambassade, séjourne en France et connaît enfin la gloire. Il prend le système de Newton comme modèle de pensée : pas de cause dernière, substituons le « comment » au « pourquoi », pense-t-il. Il s'intéresse à la croyance, dont la nature et le fonctionnement sont semblables, selon lui, à ceux de la certitude dans le domaine des connaissances scientifiques (*Enquête sur l'entendement humain,* 1748). Cette théorie empiriste lui sert à fonder une conception utilitariste de la vie sociale (*Essais moraux et politiques,* 1741-1742).

humecter [ymɛkte] **v.t.** (lat. *humectare*). Rendre humide ; mouiller légèrement : *Humecter ses doigts. L'herbe est humectée de rosée* (syn. **imprégner**).

***humer** [yme] **v.t.** (d'un rad. onomat.). Aspirer par le nez pour sentir : *Humer l'odeur d'une fleur.*

humérus [ymerys] **n.m.** (lat. *humerus,* épaule). Os du bras, qui s'articule à l'épaule et au coude.

humeur [ymœr] **n.f.** (lat. *humor,* liquide). **1.** Disposition affective dominante : *Incompatibilité d'humeur* (syn. **caractère**). **2.** Disposition affective passagère : *Elle est toujours de bonne humeur* (= gaie, pleine d'entrain). *Être de mauvaise humeur* (= irrité, morose). **3.** Disposition à l'irritation, à la colère : *Un mouvement d'humeur.* **4.** MÉD. Liquide organique : *Humeur vitrée, aqueuse.* **5.** *VIEILLI.* **Les humeurs,** le sang, la lymphe, la bile et la bile noire (ou *atrabile*), dont l'équilibre était censé déterminer la santé. **6. Être d'humeur à,** être dans de bonnes dispositions pour : *Je ne suis pas d'humeur à plaisanter* (= disposé à).

humide [ymid] **adj.** (lat. *humidus*). Chargé d'eau ou de vapeur d'eau : *Linge humide* (syn. **mouillé ;** contr. **sec**). *Avoir le front humide de sueur* (syn. **moite**).

humidificateur [ymidifikatœr] **n.m.** Appareil servant à augmenter l'humidité de l'air ou à maintenir son degré hygrométrique par humidification.

humidification [ymidifikasjɔ̃] **n.f.** Action d'humidifier ; son résultat : *L'humidification de l'air d'un local.*

humidifier [ymidifje] **v.t.** [conj. **9**]. Rendre humide : *Humidifier l'air d'un bureau.*

humidité [ymidite] **n.f.** (bas lat. *humiditas*). État de ce qui est humide : *L'hygromètre mesure l'humidité de l'air.*

humiliant, e [ymiljɑ̃, -ɑ̃t] **adj.** Qui humilie : *Un refus humiliant* (syn. **mortifiant**).

humiliation [ymiljasjɔ̃] **n.f. 1.** Acte, situation qui humilie : *Essuyer une humiliation* (syn. **affront**). **2.** État ou sentiment qui en résulte : *Éprouver de l'humiliation après un refus* (syn. **honte, mortification**).

humilié, e [ymilje] **adj.** et **n.** Qui a subi une humiliation : *Se sentir humilié après un échec* (syn. **honteux**).

humilier [ymilje] **v.t.** (bas lat. *humiliare*) [conj. **9**]. Rabaisser qqn en le faisant apparaître comme inférieur, méprisable, indigne de la valeur qu'on lui accordait : *Humilier un adversaire* (syn. **accabler, écraser**). *Il a été profondément humilié par ton indifférence* (syn. **mortifier, offenser, vexer**). ◆ **s'humilier v.pr.** Se rabaisser ; se faire humble : *Refuser de s'humilier devant un vainqueur* (syn. **s'abaisser**).

humilité [ymilite] **n.f.** (lat. *humilitas*). **1.** État d'esprit, attitude de qqn qui est humble, se considère sans indulgence, est porté à rabaisser ses propres mérites : *Une attitude pleine*

L'astérisque (*) indique que le mot commence par un ***h*** *aspiré.*

d'humilité (syn. **modestie** ; contr. **arrogance, fierté**). **2. En toute humilité,** très humblement, sans vanité aucune : *En toute humilité, je vous avoue mon ignorance.*

humoral, e, aux [ymɔral, -o] **adj.** MÉD. Relatif aux humeurs du corps : *L'immunité humorale est assurée par les anticorps, dans le sang.*

humoriste [ymɔrist] **n.** et **adj.** (angl. *humorist*). **1.** Personne qui a de l'humour. **2.** Auteur de dessins, d'écrits comiques ou satiriques.

humoristique [ymɔristik] **adj.** (angl. *humoristic*). **1.** Qui tient de l'humour, est empreint d'humour. **2.** Qui concerne le texte ou le dessin comique, satirique.

humour [ymur] **n.m.** (mot angl., du fr. *humeur*). Forme d'esprit qui cherche à mettre en valeur avec drôlerie le caractère ridicule, insolite ou absurde de certains aspects de la réalité ou de soi-même ; qualité de qqn qui peut comprendre cette forme d'esprit : *Manquer d'humour. Avoir le sens de l'humour. L'humour noir souligne avec cruauté l'absurdité du monde.*

Humphrey (Doris), danseuse, chorégraphe et pédagogue américaine (Oak Park, Illinois, 1895 - New York 1958). Une des pionnières de la modern dance, elle illustra ses conceptions sur des thèmes nouveaux (*New Dance Trilogy* 1935, *The Shakers, Lament for Ignacio Sánchez Mejías*) et fonda le Juilliard Dance Theatre (1955).

humus [ymys] **n.m.** (mot lat. « sol »). Terre brune ou noirâtre résultant de la décomposition partielle de déchets végétaux et animaux (= terre végétale).

Hunan, prov. de la Chine du Sud ; 210 000 km^2 ; 65 700 762 hab. CAP. *Changsha.*

***hune** [yn] **n.f.** (anc. scand. *hûnn*). MAR. ANC. Plate-forme fixée à l'extrémité supérieure du bas-mât, qui permettait de donner un écartement convenable aux haubans.

***hunier** [ynje] **n.m.** MAR. ANC. Voile carrée d'un mât de hune.

Huns, anc. peuple nomade de haute Asie, probablement d'origine mongole. Ce sont sans doute deux branches d'un même peuple, les Huns Blancs, ou Hephthalites, qui à la fin du IVe s. firent irruption en Europe et en Asie centrale. La première joua un rôle décisif dans le déclenchement des grandes invasions barbares ; elle créa au début du Ve s. un État dans les plaines du Danube. Attila (m. en 453) pilla l'Empire romain ; à sa mort, l'État hunnique se disloqua. L'autre branche s'établit au Ve s. en Sogdiane et en Bactriane, puis s'attaqua à l'Iran et pénétra en Inde du Nord, où elle se maintint jusqu'au début du VIe s.

***huppe** [yp] **n.f.** (lat. *upupa*). **1.** Touffe de plumes que certains oiseaux ont sur la tête. **2.** Oiseau passereau ayant une touffe de plumes sur la tête. ▸ Famille des upupidés.

***huppé, e** [ype] **adj. 1.** Qui porte une huppe, en parlant de certains oiseaux. **2.** FAM. D'un rang social élevé : *Il est d'une famille huppée* (syn. **fortuné**).

***hure** [yr] **n.f.** (probabl. d'orig. germ.). **1.** Tête de certains animaux : *Hure de sanglier, de saumon, de brochet.* **2.** Tête coupée de sanglier, formant trophée. **3.** Charcuterie cuite à base de tête de porc.

***hurlant, e** [yrlɑ̃, -ɑ̃t] **adj.** Qui hurle : *Sirène hurlante. Des couleurs hurlantes* (syn. **criard**).

***hurlement** [yrləmɑ̃] **n.m.** (de *hurler*). **1.** Cri prolongé, plaintif ou furieux, particulier au loup, au chien, à l'hyène. **2.** Cri aigu et prolongé que l'homme fait entendre dans la douleur, la colère, etc. : *Les hurlements de la foule* (syn. **cri, vocifération**).

***hurler** [yrle] **v.i.** (lat. *ululare*). **1.** Faire entendre des hurlements, des cris effrayants ou discordants : *Le loup hurle. Le blessé hurlait de douleur* (syn. **crier**). **2.** Faire un bruit épouvantable : *Le vent hurle dans la cheminée* (syn. **mugir**). **3.** Présenter une disparité choquante : *Couleurs qui hurlent ensemble* (syn. **jurer**). ◆ **v.t.** Dire, chanter en criant très fort : *Hurler des ordres* (syn. **vociférer**).

***hurleur** [yrlœr] **adj.m. Singe hurleur,** singe de l'Amérique du Sud (appelé aussi *alouate*), dont les cris s'entendent très loin (on dit aussi *un hurleur*).

hurluberlu, e [yrlybɛrly] **n.** (de l'anc. fr. *hurelu,* ébouriffé, et de *berlu,* homme léger). FAM. Personne qui se comporte avec extravagance : *Une hurluberlue nous a téléphoné à une heure du matin* (syn. **écervelé, farfelu**).

Huron *(lac),* lac de l'Amérique du Nord, entre le Canada et les États-Unis ; 59 800 km^2.

Hurons, Amérindiens de l'Amérique du Nord qui vivaient près du Saint-Laurent et qui furent les alliés des Français contre les Iroquois au XVIIe s.

Hus (Jan), prêtre et réformateur tchèque (Husinec, Bohême, v. 1370 - Constance 1415). Professeur puis recteur de l'université de Prague, il s'attire l'hostilité du haut clergé, dont il dénonce le relâchement. Ardent réformateur, il fait de l'église de Bethléem à Prague un centre de renouveau religieux et de patriotisme tchèque. Accusé de soutenir les thèses du réformateur anglais John Wycliffe, il est condamné par le concile de Constance, puis arrêté et brûlé. Il sera vénéré comme un martyr par le peuple de Bohême. Dès sa mort, ses partisans, les hussites, entrent en lutte contre Rome et contre l'empereur. Ils se partageront en modérés et en radicaux, entraînés les uns et les autres dans une longue guerre (1419-1436) contre le roi Sigismond. Les modérés acceptèrent en 1433 un compromis avec Rome, puis passèrent au luthéranisme ou revinrent au catholicisme, tandis que les plus radicaux entrèrent dans l'Union des frères moraves.

Husayn ou **Hussein,** troisième imam des chiites (Médine 626 - Karbala 680). Fils d'Ali et de Fatima, il fit valoir ses droits au califat et fut tué par les troupes omeyyades. Il devint le « prince des martyrs » de la tradition chiite.

Husayn ou **Hussein** (Amman 1935 - *id.* 1999), roi de Jordanie (1952-1999). Il engagea la Jordanie dans la troisième guerre israélo-arabe (1967), qui entraîna l'occupation de la Cisjordanie par Israël, et, en 1970-1971, il élimina les bases de la résistance palestinienne installées dans son pays. En 1988, il rompit les liens légaux et administratifs entre son pays et la Cisjordanie, et, en 1994, signa un traité de paix avec Israël.

Husayn ou **Hussein (Saddam),** homme politique irakien (Tikrit 1937 - Bagdad 2006). Président de la République, à la tête du Conseil de commandement de la révolution, du parti *Baath* et de l'armée depuis 1979, il mène une politique hégémonique (attaque de l'Iran, 1980 ; invasion du Koweït, 1990, à l'origine de la guerre du Golfe). Chassé du pouvoir par une intervention militaire américano-britannique en 2003, il est fait prisonnier. À la suite de son procès, il est condamné à mort et exécuté.

***husky** [œski] **n.m.** (mot angl., probabl. de *eskimo*) [pl. *huskies*]. Chien d'une race très utilisée pour la traction des traîneaux.

***hussard** [ysar] **n.m.** (hongr. *huszar*). Militaire d'un corps de cavalerie légère créé en France au XVIIe s., dont la tenue fut primitivement empruntée à la cavalerie hongroise.

***hussarde** [ysard] **n.f.** (de *hussard*). **À la hussarde,** avec brutalité, sans délicatesse : *Séduire une femme à la hussarde.*

Husserl (Edmund), philosophe allemand (Prossnitz, auj. Prostějov, Moravie, 1859 - Fribourg-en-Brisgau 1938). Élève du mathématicien Weierstrass et du psychologue Brentano, il mène une studieuse carrière d'enseignant. Sa formation lui permet de tracer une voie nouvelle, la phénoménologie, « science des phénomènes », qu'il a voulu constituer à la fois comme science rigoureuse et comme théorie de la connaissance au service des autres sciences. Il recherche ensuite les fondements de sa propre philosophie et constitue pour ce faire une *phénoménologie transcendantale.* Il a écrit *Recherches logiques* (1900-1901), *Idées directrices pour une phénoménologie* (1913) et *Méditations cartésiennes* (1931). Il a proposé une critique féconde de la logique contemporaine (*Logique formelle et logique transcendantale,* 1929). Son œuvre majeure est *la Crise des sciences européennes* (1935-1936 ; publiée en 1954).

Huston (John), cinéaste américain (Nevada, Missouri, 1906 - Middletown, Rhode Island, 1987). Il débute en 1941 en adaptant un « thriller » de Dashiell Hammett, *le Faucon maltais,* avec Humphrey Bogart, qui sera l'un de ses acteurs de prédilection. Dans ses films suivants, on retrouve un ton très personnel, une constante « méditation sur la validité de l'effort et la fatalité de l'échec ». On lui doit aussi : *le Trésor de la Sierra Madre* (1948), *Quand la ville dort* (1950), *African Queen* (1952), *les Misfits* (1961), *l'Homme qui voulut être roi* (1975), *Gens de Dublin* (1987).

***hutte** [yt] **n.f.** (frq. **hutta*). Abri sommaire ou habitation primitive faits de branchages, de paille, de terre, etc. (syn. **cabane, cahute**).

Hutton (James), chimiste et géologue britannique (Édimbourg 1726 - *id.* 1797). Docteur en médecine (1749), il découvre l'alcali minéral. Dans sa *Théorie de la Terre* (1785), il soutient, contre Werner et les neptuniens, la thèse vulcanienne : les roches sont des produits de l'activité des volcans. Par son œuvre il est l'un des fondateurs de la géologie moderne.

Huxley (Aldous), écrivain britannique (Godalming 1894 - Hollywood 1963). Il a publié de nombreux romans, parmi lesquels *le Meilleur des mondes* (1932), livre d'anticipation d'un pessimisme ironique et amer.

Huygens (Christiaan), mathématicien et astronome néerlandais (La Haye 1629 - *id.* 1695). En mathématiques, il composa le premier traité complet de calcul des probabilités et donna la théorie des développées et développantes. En astronomie, il inventa un oculaire éliminant l'aberration chromatique. Il découvrit l'anneau de Saturne et son premier satellite, Titan (1655), la rotation de Mars et sa période. Il fut l'un des premiers à indiquer que les étoiles sont d'autres soleils, extrêmement éloignés. En mécanique, il donna une théorie du pendule, qu'il utilisa comme régulateur du mouvement des horloges, imaginant l'échappement à ancre en 1657. Il introduisit les notions de forces vives (dont il montra la conservation lors des chocs), de force centrifuge et de moment d'inertie. En optique, il adopta une théorie ondulatoire (1678) où il supposa que la lumière était constituée par les vibrations d'un milieu matériel très ténu, l'éther. Il expliqua ainsi la réflexion et la réfraction, mais ne put rendre compte de la propagation rectiligne de la lumière, à l'encontre des théories corpusculaires de l'époque.

Huyghe (René), historien de l'art et esthéticien français (Arras 1906 - Paris 1997). Conservateur au Louvre, puis professeur au Collège de France (psychologie de l'art), il est l'auteur d'importants essais (*Dialogue avec le visible,* 1955) et a dirigé plusieurs ouvrages de synthèse, dont *l'Art et l'Homme* (1957-1961).

Huysmans (Georges Charles, dit **Joris-Karl),** écrivain français (Paris 1848 - *id.* 1907). Son premier essai poétique, le *Drageoir aux épices* (1874), et son roman *Marthe, histoire d'une fille* (1877) le font entrer en contact avec Zola et les naturalistes. Fidèle à cette tendance dans *les Sœurs Vatard* (1879), il se démarque avec *À rebours* (1884) de toute la littérature existante et définit l'esprit et l'esthétique décadents. Attiré par l'expérience mystique (*Là-bas,* 1891), il se convertit au catholicisme, traduisant dans ses dernières œuvres son besoin de surnaturel (*En route,* 1895 ; *la Cathédrale,* 1898 ; *l'Oblat,* 1903).

hyacinthe [jasɛ̃t] **n.f.** (lat. *hyacinthus,* du gr.). Pierre fine, variété de zircon d'une couleur brun orangé à rouge.

hyalin, e [jalɛ̃, -in] **adj.** (bas lat. *hyalinus,* du gr. *hualos,* verre). *DIDACT.* Qui a l'apparence du verre ; vitreux : *Quartz hyalin.*

hybridation [ibridasjɔ̃] **n.f.** (de *hybride*). Croisement entre deux variétés, deux races d'une même espèce ou entre deux espèces différentes : *Maïs obtenu par hybridation.*

*L'astérisque (*) indique que le mot commence par un **h** aspiré.*

hybride [ibrid] **adj.** et **n.m.** (lat. *hybrida,* de sang mêlé). **1.** Animal ou végétal résultant d'une hybridation : *Le mulet est un hybride de l'âne et de la jument.* **2.** Composé d'éléments disparates : *Architecture hybride* (syn. **composite**). *Solution hybride* (syn. **bâtard**). *« Automobile » est un mot hybride qui vient du grec « autos » et du latin « mobilis ».*

Hyderabad, v. de l'Inde, cap. de l'Andhra Pradesh, dans le Deccan ; 1 166 894 hab. (1 648 032 hab. dans l'agglomération). Monuments des XVIe-XVIIe s. Musées.

Hyderabad, v. du Pakistan, dans le Sind ; 1 166 894 hab. (1 648 032 hab. dans l'agglomération).

hydne [idn] **n.m.** (gr. *hudnon,* tubercule, truffe). Champignon comestible, à chapeau jaunâtre muni de pointes à la face inférieure, commun dans les bois (nom usuel *pied-de-mouton*). ▸ Classe des basidiomycètes.

hydratant, e [idratɑ̃, -ɑ̃t] **adj.** Qui produit une hydratation ; qui fournit de l'eau et, spécial., qui restitue à l'épiderme sa teneur en eau : *Crème, lotion hydratante.*

hydratation [idratasjɔ̃] **n.f.** (de *hydrater*). **1.** Introduction d'eau dans l'organisme, dans les tissus. **2.** CHIM. Fixation d'eau sur une espèce chimique ; transformation en hydrate.

hydrate [idrat] **n.m.** (du gr. *hudôr,* eau). **1.** CHIM. Combinaison d'un corps avec une ou plusieurs molécules d'eau. **2.** *VIEILLI.* **Hydrates de carbone,** glucides.

hydrater [idrate] **v.t.** (de *hydrate*). **1.** Procéder à l'hydratation d'un organisme, d'un tissu : *Crème pour hydrater la peau.* **2.** CHIM. Procéder à l'hydratation d'une espèce chimique : *Hydrater de la chaux vive.*

hydraulique [idrolik] **adj.** (lat. *hydraulicus,* gr. *hudraulikos,* de *hudôr,* eau, et *aulos,* tuyau). **1.** Relatif à la circulation de l'eau : *Installation hydraulique.* **2.** Qui durcit, prend sous l'eau : *Mortier hydraulique.* **3.** Qui met en jeu un liquide sous pression : *Frein hydraulique.* ◆ **n.f. 1.** Branche de la mécanique des fluides qui traite des lois régissant l'écoulement des liquides, notamm. de l'eau. **2.** Technique industrielle relative à la mise en œuvre de liquides sous pression.

hydravion [idravjɔ̃] **n.m.** (de *hydr*[*o*]- et *avion*). Avion conçu pour s'envoler de la surface de l'eau et pour s'y poser.

hydre [idr] **n.f.** (lat. *hydra,* gr. *hudra*). **1.** MYTH. GR. Animal fabuleux en forme de serpent d'eau : *Hercule triompha de l'hydre de Lerne en en tranchant les sept têtes d'un seul coup.* **2.** *LITT.* Mal qui se renouvelle constamment : *L'hydre du terrorisme.*

hydrique [idrik] **adj.** Qui concerne l'eau.

hydrocarboné, e [idrokarbɔne] **adj.** Qui contient de l'hydrogène et du carbone : *Composé hydrocarboné.*

hydrocarbure [idrɔkarbyr] **n.m.** Composé binaire de carbone et d'hydrogène : *Le pétrole et le gaz naturel sont des hydrocarbures.*

hydrocéphale [idrɔsefal] **adj.** et **n.** (gr. *hydrokephalon*). Atteint d'hydrocéphalie.

hydrocéphalie [idrɔsefali] **n.f.** Augmentation de volume du liquide céphalo-rachidien, entraînant, chez l'enfant, un gonflement de la boîte crânienne et une insuffisance du développement intellectuel.

hydrocortisone [idrokɔrtizɔn] **n.f.** (de *hydro-* et *cortisone*). Principale hormone corticosurrénale : *L'hydrocortisone de synthèse est un anti-inflammatoire.*

hydrocution [idrɔkysjɔ̃] **n.f.** (de *hydro-* et [*électro*]*cution*). Syncope due à un trouble vasomoteur réflexe, déclenchée par la température froide de l'eau et pouvant entraîner la mort par noyade.

hydrodynamique [idrodinamik] **n.f.** (de *hydro-* et *dynamique*). Partie de la mécanique des fluides qui s'applique aux liquides, étudie les lois régissant leurs mouvements et les résistances qu'ils opposent aux corps solides. ◆ **adj.** Relatif à l'hydrodynamique.

hydroélectricité [idroelɛktrisite] **n.f.** Énergie électrique obtenue par conversion de l'énergie hydraulique des rivières et des chutes d'eau.

hydroélectrique [idroelɛktrik] **adj.** Relatif à l'hydroélectricité ; qui en relève : *Centrale hydroélectrique.*

hydrofoil [idrofɔjl] **n.m.** (mot angl., de *hydro-* et de *foil,* feuille). Syn. de *hydroptère.*

hydrofuge [idrɔfyʒ] **adj.** et **n.m.** (de *hydro-* et *-fuge*). Se dit d'un produit qui préserve un matériau de l'humidité, par obturation des pores ou modification de l'état capillaire de la surface : *Enduit hydrofuge* (syn. **imperméable**).

hydrofuger [idrɔfyʒe] **v.t.** [conj. **17**]. Rendre hydrofuge.

hydrogénation [idrɔʒenasjɔ̃] **n.f.** (de *hydrogéner,* combiner avec l'hydrogène). CHIM. Fixation d'hydrogène sur un corps.

hydrogène [idrɔʒɛn] **n.m.** (de *hydro-* et *-gène*). **1.** CHIM. Nom courant de la molécule de dihydrogène (H^2). **2.** CHIM. Élément chimique de symbole H, de numéro atomique 1 et de masse atomique 1,008. **3. Bombe à hydrogène,** bombe thermonucléaire. (On dit aussi, par abrév., *bombe H.*)

■ Isolé par Cavendish en 1766, l'hydrogène a été ainsi nommé parce que, en se combinant avec l'oxygène, il forme de l'eau.
Propriétés. Cavendish a mis en évidence sa propriété d'être combustible et de détoner en présence de l'air. L'hydrogène brûle avec une flamme bleue, et son mélange avec l'oxygène est détonant au contact d'une étincelle. C'est le plus léger de tous les corps ; il est, notamment, 14 fois plus léger que l'air atmosphérique. Il traverse plus rapidement qu'aucun autre gaz les parois poreuses, et même certains métaux portés au rouge. Après l'hélium, c'est le gaz le plus difficile à liquéfier (- 253 °C).
Le noyau de l'atome d'hydrogène est constitué d'un unique proton, autour duquel gravite un unique électron. Il existe, dans la nature, deux isotopes de l'hydrogène, dont les noyaux sont plus lourds : le deutérium (1 proton et 1 neutron) et le tritium (1 proton et 2 neutrons). En solution, l'atome d'hydrogène s'ionise surtout sous la forme H^+, c'est-à-dire sous forme de proton. C'est donc un élément à caractère nettement électropositif.
Répartition. L'hydrogène est l'élément le plus abondant de l'Univers. C'est à partir de l'hydrogène que se forment tous les autres éléments plus lourds, dans les étoiles, lors des réactions thermonucléaires. Pour la Terre, il en va autrement. L'air atmosphérique n'en renferme qu'une petite quantité (3/10 000 en volume), et ce n'est qu'à l'état de combinaison qu'il figure dans l'eau, dans beaucoup de minéraux et dans tous les corps organiques.
Utilisations. On prépare l'hydrogène industriellement à partir de l'eau (électrolyse) ou de mélanges gazeux qui en contiennent (gaz naturel, gaz de pétrole). L'hydrogène est devenu un gaz industriel de première importance. À l'état libre, il fut longtemps utilisé pour le gonflement des aérostats. Il est aujourd'hui employé comme matière première dans un grand nombre d'opérations chimiques, par exemple pour la synthèse de l'ammoniac. Liquide, il sert de combustible pour la propulsion des lanceurs d'engins spatiaux. ■

hydrogéné, e [idrɔʒene] **adj. 1.** Combiné avec l'hydrogène. **2.** Qui contient de l'hydrogène.

hydroglisseur [idroglisœr] **n.m.** (de *hydro-* et *glisseur*). Bateau de faible tirant d'eau, génér. à fond plat, propulsé par une hélice aérienne ou un réacteur.

hydrographe [idrɔgraf] **n.** (de *hydro-* et [*géo*]*graphe*). Spécialiste en hydrographie.

hydrographie [idrɔgrafi] **n.f.** (de *hydrographe*). **1.** Partie de la géographie physique qui traite des eaux marines ou douces. **2.** Ensemble des eaux courantes ou stables d'un pays : *L'hydrographie de la France.*

hydrographique [idrɔgrafik] **adj.** Qui concerne l'hydrographie, qui en relève : *Service hydrographique de la Marine nationale. Le réseau hydrographique d'un pays.*

hydrolienne [idrɔljɛn] **n.f.** Convertisseur d'énergie actionné par les mouvements de l'eau (en mer ou sur des cours d'eau).

hydrologie [idrɔlɔʒi] **n.f.** (de *hydro-* et *-logie*). Science qui traite des propriétés mécaniques, physiques et chimiques des eaux marines (*hydrologie marine* ou *océanographie*) et continentales (*hydrologie fluviale* ou *potamologie ; hydrologie lacustre* ou *limnologie*). ◆ **hydrologiste** et **hydrologue n.** Noms des spécialistes.

hydrolyse [idrɔliz] **n.f.** (de *hydro-,* et du gr. *lusis,* destruction). Décomposition de certains composés chimiques par l'eau.

hydrolyser [idrɔlize] **v.t.** Effectuer une hydrolyse.

hydromécanique [idromekanik] **adj.** Se dit d'une installation mécanique dans laquelle un liquide, génér. de l'eau ou de l'huile sous pression, est employé comme organe de transmission de puissance.

hydromel [idrɔmɛl] **n.m.** (du gr. *hudôr,* eau, et *meli,* miel). Boisson, fermentée ou non, faite de miel et d'eau.

hydrophile [idrɔfil] **adj.** (lat. scientif. *hydrophilus*). **1.** Se dit d'une fibre apte à être mouillée par l'eau : *Coton hydrophile.* **2.** CHIM., BIOCHIM. Qui a de l'affinité pour l'eau (par opp. à *hydrophobe*).

hydrophobe [idrɔfɔb] **adj.** (lat. scientif. *hydrophobus*). **1.** Se dit d'une fibre qui ne se laisse pas mouiller par l'eau : *Le polyester est hydrophobe.* **2.** CHIM., BIOCHIM. Qui n'a pas d'affinité pour l'eau (par opp. à *hydrophile*).

hydropique [idrɔpik] **adj.** et **n.** (lat. *hydropicus,* du gr.). *VX.* Atteint d'hydropisie.

hydropisie [idrɔpizi] **n.f.** (lat. *hydropisis,* gr. *hudrôps*). *VIEILLI.* Accumulation pathologique de sérosité dans une partie du corps : *L'hydrocéphalie est une forme d'hydropisie.*

hydroptère [idrɔptɛr] **n.m.** (de *hydro-* et *-ptère*). Navire rapide muni d'ailes portantes reliées à la coque par des bras et capable, à partir d'une certaine vitesse, de s'élever sur l'eau (syn. **hydrofoil**).

hydrosphère [idrɔsfɛr] **n.f.** Partie liquide de la croûte terrestre (par opp. à *atmosphère* et à *lithosphère*).

hydrostatique [idrɔstatik] **n.f.** (de *hydro-* et *statique*). Étude des conditions d'équilibre des liquides. ◆ **adj.** Relatif à l'hydrostatique : *Pression hydrostatique sur un corps immergé.*

hydrothérapie [idroterapi] **n.f.** (de *hydro-* et *-thérapie*). **1.** Ensemble des soins mettant à profit les propriétés physiques ou chimiques de l'eau. **2.** Traitement par les bains, les douches, etc.

hydrothérapique [idroterapik] **adj.** Relatif à l'hydrothérapie : *Traitement hydrothérapique.*

hydrothermal, e, aux [idrotɛrmal, -o] **adj.** GÉOL. Relatif aux circulations d'eaux souterraines chaudes riches en fluides minéralisés.

hydroxyde [idrɔksid] **n.m.** (de *hydro-* et *oxyde*). CHIM. **1.** Base renfermant au moins un groupement OH^- (nom générique). **2.** Hydrate d'oxyde (ne contenant pas de groupements OH^-).

hydroxyle [idrɔksil] **n.m.** (de *hydr*[*ogène*] et *oxy*[*gène*]). CHIM. Radical —OH qui figure dans l'eau, les hydroxydes, les alcools, etc. (On dit aussi *un oxhydryle.*)

hyène [jɛn] **n.f.** (lat. *hyaena,* du gr.). Mammifère carnivore d'Afrique et d'Asie, à pelage gris ou fauve tacheté de brun, à l'arrière-train surbaissé, se nourrissant surtout de charognes. *Rem.* On dit *l'hyène* ou *la hyène.* Famille des hyénidés ; long. jusqu'à 1,40 m. L'hyène hurle, ricane.

Hyères, ch.-l. de c. du Var ; 56 603 hab. *(Hyérois).* Salines. Restes d'enceinte et monuments médiévaux.

Hyères *(îles d'),* petit archipel français de la Méditerranée, comprenant *Porquerolles, Port-Cros, l'île du Levant* et deux îlots. Stations touristiques et centre naturiste (à l'île du Levant).

Hygiaphone [iʒjafɔn] **n.m.** (nom déposé). Dispositif transparent et perforé équipant des guichets où des employés sont en contact avec le public (postes, banques, etc.).

hygiène [iʒjɛn] **n.f.** (gr. *hugieinon,* santé). **1.** Partie de la médecine qui traite des mesures propres à préserver ou à favoriser la santé en améliorant le milieu dans lequel vit l'homme ; principes et pratiques mis en œuvre : *Règles, mesures d'hygiène élémentaires* (syn. **salubrité**). *Manquer d'hygiène* (syn. **propreté, soin**). *Hygiène alimentaire* (= régime d'alimentation). **2.** Ensemble des conditions sanitaires d'un lieu : *Un local sans hygiène.*

hygiénique [iʒjenik] **adj. 1.** Relatif à l'hygiène : *Soins hygiéniques.* **2.** Favorable à la santé ; sain : *Promenade hygiénique.* **3.** Qui a trait à l'hygiène, à la propreté du corps, et particulièrement de ses parties intimes : *Papier hygiénique. Serviette, tampon hygiénique.*

hygiéniste [iʒjenist] **n.** Spécialiste de l'hygiène.

hygromètre [igrɔmɛtr] **n.m.** (de *hygro-* et *-mètre*). Appareil pour mesurer le degré d'humidité de l'air.

hygrométrie [igrɔmetri] **n.f.** (de *hygro-* et *-métrie*). **1.** Partie de la météorologie qui étudie la quantité de vapeur d'eau contenue dans l'air. **2.** Quantité de vapeur d'eau contenue dans l'air.

hygrométrique [igrɔmetrik] **adj.** Relatif à l'hygrométrie : *Degré hygrométrique de l'air.*

Hyksos, envahisseurs sémites qui conquirent l'Égypte de 1730 à 1580 av. J.-C. (XVe et XVIe dynasties). Ils furent chassés par les princes de Thèbes (XVIIe et XVIIIe dynasties).

1. hymen [imɛn] **n.m.** (gr. *humên,* membrane). Membrane qui ferme plus ou moins complètement l'entrée du vagin chez la femme vierge.

2. hymen [imɛn] et **hyménée** [imene] **n.m.** (du n. d'une divinité grecque qui présidait au mariage). *LITT.* Mariage : *Les fruits de l'hymen* (= les enfants).

hyménoptère [imenɔptɛr] **n.m.** et **adj.** (du gr. *humên,* membrane, et *pteron,* aile). **Hyménoptères,** ordre d'insectes à métamorphoses complètes, aux ailes membraneuses, comptant plus de 100 000 espèces (parmi lesquelles les abeilles, les guêpes et les fourmis).

Hymette ***(mont),*** montagne de l'Attique, au sud d'Athènes, renommée autrefois pour son miel et son marbre.

1. hymne [imn] **n.m.** (lat. *hymnus,* du gr.). **1.** Chez les Anciens, chant, poème à la gloire des dieux ou des héros, souvent associé à un rituel religieux : *Les hymnes de Pindare.* **2.** Chant, poème lyrique à la gloire d'un personnage, d'une grande idée, etc. : *Les hymnes révolutionnaires.* **3. Hymne national,** chant patriotique adopté par un pays et exécuté lors des cérémonies publiques.

2. hymne [imn] **n.f.** (de *1. hymne*). Chant latin divisé en strophes, poème religieux qui, dans la liturgie chrétienne, fait partie de l'office divin.

hypallage [ipalaʒ] **n.f.** (gr. *hupallagê,* échange). RHÉT. Figure consistant à attribuer à certains mots d'une phrase ce qui convient à d'autres mots de la même phrase. (Ex : « *Ce marchand accoudé sur son comptoir avide* » [V. Hugo].)

hyper-, préfixe, du gr. *huper,* au-dessus, exprimant soit une intensité, une qualité supérieure à la normale scientifique *(hypertendu, hyperémotivité),* soit une position supérieure dans l'espace *(hyperboréen)* ou dans une hiérarchie *(hypermarché).*

hyperbole [ipɛrbɔl] **n.f.** (gr. *huperbolê,* excès). **1.** RHÉT. Procédé qui consiste à exagérer l'expression pour produire une forte impression (ex. : *un géant* pour *un homme de haute taille*). **2.** MATH. Courbe décrite dans un plan par un point qui se déplace de sorte que la différence de ses distances à deux points fixes (foyers) de ce plan soit constante.

hyperbolique [ipɛrbɔlik] **adj. 1.** RHÉT. Se dit d'une expression qui a le caractère d'une hyperbole, d'un style qui contient des hyperboles, de l'emphase : *Adresser des louanges hyperboliques à qqn* (syn. **boursouflé, excessif**). **2.** MATH. Relatif à l'hyperbole ; en forme d'hyperbole : *Courbe hyperbolique. Miroir hyperbolique.*

hyperboréen, enne [ipɛrbɔreɛ̃, -ɛn] **adj.** (lat. *hyperboreus,* du gr. *Boreas,* vent du nord). *LITT.* De l'extrême nord.

hypercorrection [ipɛrkɔrɛksjɔ̃] **n.f.** LING. Phénomène consistant à reconstruire de manière erronée un mot en lui restituant un élément que l'on croit disparu dans l'évolution de la langue.

hyperémotivité [iperemɔtivite] **n.f.** PSYCHOL. Émotivité excessive et morbide (syn. **hypersensibilité**).

hyperesthésie [ipɛrɛstezi] **n.f.** (du gr. *aisthêsis,* sensibilité). NEUROL. Exagération de la sensibilité, tendant à transformer les sensations ordinaires en sensations douloureuses : *Hyperesthésie cutanée.*

hyperglycémie [ipɛrglisemi] **n.f.** Excès du taux de glucose dans le sang. ▸ La glycémie normale est de 1 g/l ; on dit qu'il y a hyperglycémie à partir de 1,2 g/l.

hypermarché [ipɛrmarʃe] **n.m.** (d'apr. *supermarché*). Magasin exploité en libre-service et présentant une superficie consacrée à la vente supérieure à 2 500 m^2.

hypermétrope [ipɛrmetrɔp] **adj.** et **n.** Atteint d'hypermétropie.

hypermétropie [ipɛrmetrɔpi] **n.f.** (du gr. *hupermetros,* excessif, et *ôps,* vue). Anomalie de la vision dans laquelle l'image se forme en arrière de la rétine. ▸ On corrige l'hypermétropie par des verres convergents.

hypernerveux, euse [ipɛrnɛrvø, -øz] **adj.** et **n.** D'une nervosité excessive.

hyperréalisme [ipɛrrealism] **n.m.** Courant des arts plastiques apparu aux États-Unis à la fin des années 1960 et caractérisé par une interprétation quasi photographique du visible.

hypersensibilité [ipɛrsɑ̃sibilite] **n.f.** Sensibilité extrême (syn. **hyperémotivité**).

hypersensible [ipɛrsɑ̃sibl] **adj.** et **n.** D'une sensibilité extrême : *Un enfant hypersensible.*

hypersonique [ipɛrsɔnik] **adj.** (d'apr. *supersonique*). AÉRON. Se dit des vitesses correspondant à un nombre de Mach égal ou supérieur à 5 (soit, à haute altitude, env. 5 000 km/h) ainsi que des engins se déplaçant à de telles vitesses.

hypertendu, e [ipɛrtɑ̃dy] **adj.** et **n.** (de *hypertension,* d'apr. *tendu*). Qui a une tension artérielle supérieure à la moyenne.

hypertenseur [ipɛrtɑ̃sœr] **adj.m.** et **n.m.** Se dit d'une substance qui provoque une hypertension artérielle, d'un médicament qui relève la tension artérielle.

hypertension [ipɛrtɑ̃sjɔ̃] **n.f.** (de *tension*). PATHOL. Augmentation anormale de la pression à l'intérieur d'une cavité ou d'un vaisseau : *Hypertension artérielle.*

hypertexte [ipɛrtɛkst] **n.m.** et **adj.** INFORM. Procédé qui permet, dans une base documentaire de textes, de passer en cliquant d'un document à un autre selon des chemins préétablis : *Liens hypertextes.*

hyperthyroïdie [ipɛrtirɔidi] **n.f.** Exagération de la sécrétion de la glande thyroïde avec, le plus souvent, hypertrophie de cet organe.

hypertonie [ipɛrtɔni] **n.f.** (du gr. *hupertonos,* tendu à l'excès). **1.** PATHOL. Exagération de la tonicité des tissus. **2.** NEUROL. Exagération du tonus musculaire.

hypertonique [ipɛrtɔnik] **adj.** et **n.** MÉD. Qui est relatif à l'hypertonie ; qui souffre d'hypertonie.

hypertrophie [ipɛrtrɔfi] **n.f.** (de *hyper-* et *[a]trophie*). **1.** PATHOL. Augmentation de volume d'un tissu, d'un organe, due à un développement excessif de la taille de ses constituants (contr. **atrophie**). **2.** Développement excessif, exagéré : *Hypertrophie de la sensibilité* (= hypersensibilité).

hypertrophié, e [ipɛrtrɔfje] **adj.** Atteint d'hypertrophie (contr. **atrophié**).

hypertrophier [ipɛrtrɔfje] **v.t.** [conj. **9**]. Produire l'hypertrophie d'un tissu, d'un organe : *Entraînement qui hypertrophie les muscles des athlètes.* ◆ **s'hypertrophier** **v.pr.** **1.** Augmenter de volume par hypertrophie : *Foie qui s'hypertrophie.* **2.** Se développer excessivement : *Cette administration s'est hypertrophiée.*

hypertrophique [ipɛrtrɔfik] **adj.** PATHOL. Qui a les caractères de l'hypertrophie, qui présente une hypertrophie.

hypne [ipn] **n.f.** (gr. *hupnon*). BOT. Mousse très commune dans les sous-bois, sur les troncs d'arbres. ▸ Embranchement des bryophytes.

hypnose [ipnoz] **n.f.** (du rad. de *hypnotique*). **1.** État de sommeil artificiel provoqué par suggestion. **2.** Technique de suggestion propre à provoquer cet état : *Au XIXe siècle, l'hypnose était utilisée à des fins thérapeutiques.*

hypnotique [ipnɔtik] **adj.** (gr. *hupnotikos*, de *hupnos*, sommeil). Relatif à l'hypnose, à l'hypnotisme : *Sommeil hypnotique.* ◆ **adj.** et **n.m.** Se dit de médicaments qui provoquent le sommeil ; somnifère : *Les tranquillisants et les sédatifs sont des hypnotiques.*

hypnotiser [ipnɔtize] **v.t.** (de *hypnotique*). **1.** Soumettre à l'hypnose : *Magicien qui hypnotise un spectateur.* **2.** Retenir l'attention au point d'empêcher d'agir, de réfléchir : *Professeur qui hypnotise son auditoire. Être hypnotisé par un problème* (syn. **obséder, obnubiler**).

hypnotiseur, euse [ipnɔtizœr, -øz] **n.** Personne qui hypnotise.

hypnotisme [ipnɔtism] **n.m.** (angl. *hypnotism*). Ensemble des phénomènes qui constituent l'hypnose et des techniques permettant de provoquer l'hypnose.

hypo-, préfixe, du gr. *hupo*, au-dessous, exprimant soit une intensité, une qualité inférieure à la normale scientifique *(hypotrophie)*, soit une position inférieure dans l'espace *(hypoderme)* ou dans une hiérarchie *(hypokhâgne)*.

hypoallergénique [ipoalɛrʒenik] **adj.** et **n.m.** Se dit d'une substance qui diminue les risques d'allergie.

hypocalorique [ipokalɔrik] **adj.** Se dit d'un régime alimentaire pauvre en calories.

hypocentre [iposɑ̃tr] **n.m.** GÉOL. Point souterrain, qui est l'origine d'un séisme (syn. **foyer**).

hypocondriaque [ipɔkɔ̃drijak] **adj.** et **n.** (gr. *hupokhondriakos*, malade des hypocondres [parties latérales de la région supérieure du ventre]). Qui souffre d'hypocondrie, est anxieux de sa santé.

hypocondrie [ipɔkɔ̃dri] **n.f.** État d'anxiété permanente, pathologique, concernant la santé, l'état et le fonctionnement de ses organes.

hypocoristique [ipɔkɔristik] **adj.** et **n.m.** (gr. *hupokoristikos*, caressant). LING. Se dit d'un mot qui exprime une intention affectueuse : *« Frérot », « bibiche » sont des hypocoristiques.*

hypocrisie [ipɔkrizi] **n.f.** (bas lat. *hypocrisis*, mimique, imitation, mot gr.). **1.** Défaut qui consiste à dissimuler sa véritable personnalité et à affecter des sentiments, des opinions et des vertus que l'on n'a pas : *Toute son attitude n'est que pure hypocrisie* (syn. **fausseté, fourberie** ; contr. **sincérité**). **2.** Caractère de ce qui est hypocrite : *L'hypocrisie d'une réponse* (syn. **duplicité**).

hypocrite [ipɔkrit] **adj.** et **n.** (lat. *hypocrita*, mime). Qui fait preuve d'hypocrisie ; qui dénote l'hypocrisie : *Un flatteur hypocrite* (syn. **menteur** ; contr. **sincère**). *Un air hypocrite* (syn. **dissimulé, sournois** ; contr. **franc**). *Verser des larmes hypocrites* (syn. **faux, affecté**).

hypocritement [ipɔkritmɑ̃] **adv.** De façon hypocrite : *Répondre hypocritement* (contr. **sincèrement**).

hypoderme [ipɔdɛrm] **n.m.** ANAT. Partie profonde de la peau, sous le derme, riche en tissu adipeux.

hypodermique [ipɔdɛrmik] **adj.** Relatif à l'hypoderme, au tissu sous-cutané : *Injection hypodermique.*

hypogée [ipɔʒe] **n.m.** (bas lat. *hypogeum*, gr. *hupogeion*, de *hupo*, dessous, et *gê*, terre). ARCHÉOL. **1.** Excavation creusée de main d'homme ; construction souterraine. **2.** Tombeau souterrain : *Les hypogées égyptiens.*

hypoglosse [ipɔglɔs] **adj.** (gr. *hupoglôssios*). ANAT. Se dit d'un nerf qui part du bulbe rachidien et innerve les muscles de la langue.

hypoglycémie [ipoglisemi] **n.f.** MÉD. Diminution, insuffisance du taux de glucose dans le sang. ▸ La glycémie normale est de 1 g/l ; on dit qu'il y a hypoglycémie au-dessous de 0,45 g/l.

hypokhâgne [ipɔkaɲ] **n.f.** *ARG. SCOL.* Première année de classe préparatoire au concours d'entrée à l'École normale supérieure (sections littéraires).

hypophyse [ipɔfiz] **n.f.** (gr. *hupophusis*). ANAT. Glande endocrine située sous l'encéphale et qui sécrète de nombreuses hormones, en partic. l'hormone de croissance.

hyposodé, e [iposɔde] **adj.** MÉD. Pauvre en sel : *Régime hyposodé.*

hypostase [ipɔstaz] **n.f.** (bas lat. *hypostasis*, substance, support, du gr.). THÉOL. Chacune des trois personnes divines considérées comme substantiellement distinctes.

hypostyle [ipɔstil] **adj.** (gr. *hupostulos*). ARCHIT. Dont le plafond est soutenu par des colonnes : *Salle, temple hypostyles.*

hypotendu, e [ipotɑ̃dy] **adj.** et **n.** Qui a une tension artérielle inférieure à la normale.

hypotenseur [ipotɑ̃sœr] **adj.m.** et **n.m.** Se dit d'un médicament qui diminue la tension artérielle.

hypotension [ipotɑ̃sjɔ̃] **n.f.** Tension artérielle inférieure à la normale.

hypoténuse [ipɔtenyz] **n.f.** (gr. *hupoteinousa* [*pleura*], [côté] se tendant sous les angles). MATH. Côté opposé à l'angle droit d'un triangle rectangle : *Le carré de l'hypoténuse est égal à la somme des carrés des deux autres côtés selon le théorème de Pythagore.*

hypothalamus [ipɔtalamys] **n.m.** Région du diencéphale située à la base du cerveau et où se trouvent de nombreux centres régulateurs des grandes fonctions (faim, soif, activité sexuelle, sommeil-éveil, thermorégulation).

hypothécable [ipɔtekabl] **adj.** Qui peut être hypothéqué : *Biens hypothécables.*

hypothécaire [ipɔtekɛr] **adj.** Relatif à l'hypothèque ; garanti par une hypothèque : *Prêt hypothécaire.*

hypothèque [ipɔtɛk] **n.f.** (gr. *hupothêkê*, gage). **1.** DR. Droit accordé à un créancier sur un bien immobilier pour garantir le paiement de sa créance : *Avoir une hypothèque sur une maison.* **2.** Obstacle qui empêche l'accomplissement de qqch : *Hypothèque qui pèse sur les relations entre les deux États.* **3. Prendre une hypothèque sur l'avenir,** disposer d'une chose avant de la posséder.

hypothéquer [ipɔteke] **v.t.** [conj. **18**]. **1.** Grever un bien d'une hypothèque pour garantir une créance : *Hypothéquer une terre.* **2.** Lier par qqch qui deviendra une difficulté : *Hypothéquer l'avenir* (syn. **engager**).

hypothermie [ipotɛrmi] **n.f.** Abaissement de la température du corps au-dessous de la normale.

hypothèse [ipɔtɛz] **n.f.** (gr. *hupothesis*, principe, supposition). **1.** LOG. Proposition à partir de laquelle on raisonne pour résoudre un problème, pour démontrer un théorème. **2.** Proposition résultant d'une observation et que l'on soumet au contrôle de l'expérience ou que l'on vérifie par déduction. **3.** Supposition destinée à expliquer ou à prévoir des faits : *Faire des hypothèses. Envisager l'hypothèse d'un accident* (syn. **éventualité, possibilité**). *Dans l'hypothèse où il reviendrait, que ferais-tu ?* (= au cas où). **4. En toute hypothèse,** en tout cas ; quoi qu'il arrive.

hypothétique [ipɔtetik] **adj. 1.** LOG. Fondé sur une hypothèse. **2.** Qui n'est pas certain ; qui repose sur une supposition : *Un accord hypothétique* (syn. **douteux, incertain ;** contr. **assuré, indubitable**).

hypotonie [ipɔtɔni] **n.f. 1.** BIOCHIM. État d'une solution hypotonique. **2.** MÉD. Diminution de la tonicité musculaire.

hypotonique [ipɔtɔnik] **adj. 1.** BIOCHIM. Se dit d'une solution saline dont la concentration moléculaire est inférieure à celle du plasma sanguin. **2.** MÉD. Qui présente une hypotonie, en parlant d'un organe.

hypotrophie [ipɔtrɔfi] **n.f.** (de *hypo-* et *[a]trophie*). PATHOL. Développement insuffisant du corps ; retard de la croissance.

hypsométrie [ipsɔmetri] **n.f.** (du gr. *hupsos,* hauteur, et de *-métrie*). Mesure et représentation cartographique du relief terrestre.

hysope [izɔp] **n.f.** (lat. *hyssopum,* du gr.). Arbrisseau des régions méditerranéennes et asiatiques, dont l'infusion des fleurs est stimulante. ▸ Famille des labiées.

hystérectomie [isterɛktɔmi] **n.f.** (de *hystéro-* et *-ectomie*). CHIR. Ablation de l'utérus.

hystérie [isteri] **n.f.** (gr. *hustera,* utérus, parce qu'on a cru que l'origine de cette maladie se trouvait dans cet organe). **1.** Névrose s'extériorisant sous forme de manifestations somatiques fonctionnelles, telles que crises de nerfs, contractures, paralysies, etc. **2.** Vive excitation poussée jusqu'au délire : *Hystérie collective* (syn. **folie**).

hystérique [isterik] **adj.** et **n.** (lat. impérial *hysterica*). Relatif à l'hystérie ; atteint d'hystérie.

hystérographie [isterɔgrafi] **n.f.** Radiographie de l'utérus après injection d'un liquide opaque aux rayons X.

I

i [i] **n.m. inv. 1.** Neuvième lettre (voyelle) de l'alphabet. **2. I,** chiffre romain représentant l'unité. **3. Mettre les points sur les « i »,** s'expliquer de façon claire et précise pour éviter les ambiguïtés.

Iakoutes ou **Yakoutes,** peuple de Russie (principalement dans la république de Sakha) [env. 380 000]. Issus du mélange de migrants turco-mongols avec les éléments autochtones (à partir du XIIIe s.), sédentarisés au XIXe s., les Iakoutes se sont constamment affirmés face à la colonisation russe. Ils parlent le *iakoute,* langue turque. Ils se reconnaissent sous le nom de *Sakha.*

Iakoutie → Sakha.

iambe ou **ïambe** [jɑ̃b] **n.m.** (lat. *iambus,* du gr.). MÉTR. ANC. Pied composé d'une syllabe brève et d'une syllabe longue accentuée.

iambique ou **ïambique** [jɑ̃bik] **adj.** MÉTR. ANC. Fondé sur l'iambe, composé d'iambes en parlant d'un vers, d'une pièce de vers : *Trimètre iambique.*

Iaroslavl, v. de Russie, sur la Volga supérieure ; 591 486 hab. Industries textiles, mécaniques et chimiques. Églises à cinq bulbes du XVIIe s.

Iaşi, v. de l'est de la Roumanie ; 263 410 hab. Université. Centre industriel. Deux églises d'un style byzantin original (XVIIe s.).

iatrogène [jatrɔʒɛn] **adj.** (du gr. *iatros,* médecin, et *-gène*). MÉD. Causé par les traitements médicaux ou les médicaments, en parlant d'une maladie, d'un accident morbide.

Ibadan, v. du sud-ouest du Nigeria ; 2 854 984 hab. dans l'agglomération. Université. Centre commercial.

Ibères, peuple, peut-être originaire du Sahara, qui occupait à la fin du néolithique la plus grande partie de la péninsule Ibérique. Au contact des Grecs et des Carthaginois, une brillante civilisation ibérique s'épanouit du VIe s. av. J.-C. à la conquête romaine.

ibérique [iberik] **adj.** Relatif à l'Espagne et au Portugal : *Les pays ibériques.*

Ibérique *(péninsule),* partie sud-ouest de l'Europe, partagée entre l'Espagne et le Portugal.

Ibériques (***chaînes*** ou ***monts***), massif d'Espagne, séparant la Castille du bassin de l'Èbre ; 2 393 m.

ibidem [ibidɛm] **adv.** (mot lat.). Au même endroit d'un texte déjà cité (abrév. *ibid.*).

ibis [ibis] **n.m.** (mot lat., du gr.). Oiseau échassier à bec long et courbé vers le bas. ▸ Famille des threskiornitidés.

Ibiza, une des îles Baléares, au sud-ouest de Majorque ; 134 460 hab. Ch.-l. *Ibiza* (49 388 hab.). Tourisme.

Ibn al-Arabi, philosophe arabe (Murcie 1165 - Damas 1240). Il affirme que l'idée de Dieu est tellement forte que l'affirmation de l'Être est corollaire de la négation du non-Être : il reprend l'idée grecque de la dialectique. Ainsi la multiplicité des êtres s'explique par l'unicité de Dieu. Ibn al-Arabi est l'auteur d'une conception mystique de la vie humaine, assimilée à un voyage vers Dieu et en Dieu.

Ibn al-Haytham, connu également sous le nom de **Alhazen,** mathématicien, physicien et astronome arabe (Bassora 965 - Le Caire 1039). Il obtint géométriquement des solutions de problèmes du 3e et du 4e degré, énonça, dans *les Trésors de l'optique,* les lois de la propagation rectiligne, de la réflexion et de la réfraction de la lumière. Il a écrit de nombreux traités d'astronomie.

Ibn Badjdja → Avempace.

Ibn Battuta, voyageur et géographe arabe (Tanger 1304 - au Maroc entre 1368 et 1377). Il visita le Moyen- et l'Extrême-Orient ainsi que le Sahara, le Soudan et le Niger, et écrivit un *Journal de route.*

Ibn Khaldun, historien et philosophe arabe (Tunis 1332 - Le Caire 1406). Il n'a cessé de voyager toute sa vie, au gré des faveurs et des disgrâces, à la cour de Grenade, auprès des nomades du Maghreb, pour finir comme *cadi* (juge) à la Grande Mosquée du Caire et conseiller des soufis. Sa grande originalité est d'avoir su tirer d'une vie fertile en rebondissements une vision novatrice des usages et des comportements : on a vu en lui le premier sociologue. Mais il n'est guère possible de séparer cette vision du jugement moral et théologique qui l'accompagne : c'est pourquoi il y a aussi un mystique en Ibn Khaldun. Il a laissé un récit pittoresque de sa vie, une immense *Chronique universelle,* précédée de *Prolégomènes* où il expose sa philosophie de l'histoire.

Ibn Tufayl, philosophe et médecin arabe (Wadi Ach, auj. Guadix, début du XIIe s. - Marrakech 1185). Il eut comme disciple Averroès, à qui il enseigna la médecine. Il s'intéressa ensuite à l'astronomie. Dans son roman, *Vivant, fils d'Éveillé,* il expose une philosophie mystique de l'ascension vers la connaissance de l'âme, montrant que Dieu peut être atteint par l'intuition.

Ibo, peuple du sud-est du Nigeria parlant une langue nigéro-congolaise. Leur organisation politique repose sur les classes d'âge et s'appuie sur un pouvoir situé au-dessus des villages. Ils furent appuyés par l'administration britannique, ce qui assura leur supériorité au moment de la guerre du Biafra en 1967.

Ibsen (Henrik), écrivain norvégien (Skien 1828 - Christiania 1906). Il est l'auteur de drames d'inspiration philosophique et sociale (*Brand,* 1866 ; *Peer Gynt,* 1867 ; *Maison de poupée,* 1879 ; *les Revenants,* 1881 ; *le Canard sauvage,* 1884 ; *Hedda Gabler,* 1890). Théâtre d'idées, mais intensément dramatique, l'œuvre d'Ibsen a profondément influencé l'évolution de la scène européenne.

Icare, héros de la mythologie grecque. Fils de Dédale, il s'envole avec celui-ci, au moyen d'ailes faites de plumes et fixées avec de la cire, hors du Labyrinthe où le roi Minos les avait enfermés. Négligeant les conseils de son père, il s'élève trop haut et tombe dans la mer, le Soleil ayant fait fondre la cire.

iceberg [isbɛrg] ou [ajsbɛrg] **n.m.** (mot angl., norvég. *ijsberg,* montagne de glace). **1.** Bloc de glace de très grande taille flottant à la surface de la mer. ▸ La portion émergée représente seulement un cinquième env. de la hauteur totale de l'iceberg. **2. La partie immergée de l'iceberg,** la partie cachée et souvent la plus importante d'une affaire.

ichtyologie [iktjɔlɔʒi] **n.f.** (du gr. *ikhthus,* poisson, et *-logie*). Étude scientifique des poissons. ◆ **ichtyologiste n.** Nom du spécialiste.

ichtyologique [iktjɔlɔʒik] **adj.** Qui appartient à l'ichtyologie.

ichtyornis [iktjɔrnis] **n.m.** (du gr. *ikhtus,* poisson, et *ornis,* oiseau). Oiseau marin fossile du crétacé, de la taille d'une mouette, dont le bec était muni de dents.

ichtyosaure [iktjɔzɔr] **n.m.** (du gr. *ikhthus,* poisson, et *sauros,* lézard). Reptile fossile ayant l'aspect d'un dauphin, qui vivait au trias et au début du crétacé. ▸ Long. de 1 à 14 m selon l'espèce.

ichtyostéga [iktjɔstega] **n.m.** (du gr. *ikhtus,* poisson, et *stegos,* toit). Amphibien fossile du dévonien du Groenland, tenu pour l'un des plus anciens vertébrés terrestres. ▸ Long. 1 m env.

ici [isi] **adv.** (lat. pop. *ecce hic,* voilà ici). **1.** Indique le lieu où l'on est : *Venez ici* (contr. **là-bas**). *Il n'habite plus ici* (syn. **là**). **2.** Indique un endroit précis connu de tous, ou que l'on désigne : *Arrêtons ici notre commentaire. Mettez votre signature ici* (syn. **là**). **3.** En tête de phrase, dans un message téléphonique ou diffusé par la radio, la télévision, pour en indiquer l'origine : *Ici Londres. Ici X depuis Washington.* **4. D'ici,** qui habite dans le pays, le lieu où l'on se trouve ; qui en provient : *Les gens d'ici. Les produits d'ici.* ⁄ **D'ici (à),** indique un laps de temps commençant au moment où l'on parle et se terminant à la date indiquée : *D'ici une semaine. D'ici (à) la fin du mois.* ⁄ **D'ici là,** entre le moment présent et la date dont il est question : *D'ici là tout sera terminé.* ⁄ **D'ici peu,** dans peu de temps : *D'ici peu, tu auras de mes nouvelles* (= sous peu). ⁄ **Par ici,** de ce côté-ci ; dans les environs : *Il n'y a pas de restaurant par ici ?*

ici-bas [isiba] **adv.** Sur la terre ; en ce monde (par opp. à *là-haut*) : *Les choses d'ici-bas.*

1. icône [ikon] **n.f.** (russe *ikona,* gr. byzantin *eikona,* image sainte). Image du Christ, de la Vierge, des saints, dans l'Église de rite chrétien oriental.

2. icône [ikon] **n.f.** (angl. *icon*). INFORM. Élément graphique apparaissant sur l'écran d'un ordinateur et sur lequel on peut cliquer pour activer une fonction, un programme.

iconoclaste [ikɔnɔklast] **n.** et **adj.** (gr. byzantin *eikonoklastês,* du class. *klân,* briser). **1.** HIST. Membre d'une secte religieuse du VIIIe s. qui proscrivait le culte des images dans l'Empire byzantin. **2.** Personne qui cherche à détruire tout ce qui est attaché au passé, à la tradition.

iconographie [ikɔnɔgrafi] **n.f.** (gr. *eikonographia*). **1.** Étude descriptive des différentes représentations figurées d'un même sujet ; ensemble classé des images correspondantes : *L'iconographie de l'enfance de Jésus.* **2.** Étude de la représentation figurée dans une œuvre particulière. **3.** Ensemble de l'illustration d'une publication : *Un ouvrage sur les animaux avec une riche iconographie.* ◆ **iconographe n.** Nom du spécialiste.

iconographique [ikɔnɔgrafik] **adj.** Relatif à l'iconographie : *Recherche iconographique* (= recherche d'illustrations pour un ouvrage).

iconostase [ikɔnɔstaz] **n.f.** (russe *ikonostas,* du gr. *stasis,* action de poser). Cloison couverte d'icônes, qui sépare la nef du sanctuaire dans les églises de rite chrétien oriental.

ictère [iktɛr] **n.m.** (lat. *icterus,* gr. *ikteros,* jaunisse). MÉD. Coloration jaune de la peau due à son imprégnation par des pigments biliaires : *Les ictères sont des maladies hépatiques* (syn. **jaunisse**).

ictus [iktys] **n.m.** Affection subite qui frappe une personne (syn. **attaque**).

ide [id] **n.m.** (lat. scientif. *idus,* suéd. *id*). Poisson d'eau douce de couleur rouge, élevé dans les étangs. ▸ Famille des cyprinidés ; long. 40 cm.

idéal, e, als ou **aux** [ideal, -o] **adj.** (bas lat. *idealis,* du class. *idea* ; v. *idée*). **1.** Qui n'existe que dans la pensée et non dans le réel : *Monde idéal* (syn. **imaginaire**). **2.** Qui possède toutes les qualités souhaitables ; qui tend à la perfection : *La beauté idéale* (syn. **parfait**). *Peut-on concevoir le bonheur idéal ?* (syn. **absolu**). *Nous avons passé des vacances idéales* (syn. **rêvé**). **3.** Qui convient le mieux, parfaitement adapté à : *C'est le lieu idéal pour se reposer.* ◆ **idéal n.m.** (pl. *idéals* ou *idéaux*). **1.** Modèle d'une perfection absolue, qui répond aux exigences esthétiques, morales, intellectuelles de qqn, d'un groupe : *Un idéal de beauté* (syn. **modèle**). *Réaliser son idéal* (syn. **rêve**). *Avoir des idéaux de justice* (syn. **utopie**). **2.** Ce qui donne entière satisfaction : *L'idéal serait que vous arriviez lundi* (= la meilleure solution).

idéalement [idealmɑ̃] **adv.** De façon idéale, qui réalise la perfection : *Elle est idéalement belle.*

idéalisation [idealizasjɔ̃] **n.f. 1.** Action d'idéaliser ; fait d'être idéalisé : *L'idéalisation du personnage de Napoléon* (syn. **embellissement**). **2.** PSYCHAN. Processus par lequel l'objet du désir est investi de qualités imaginaires.

idéaliser [idealize] **v.t.** Donner un caractère, une perfection idéals à : *Idéaliser un personnage historique* (syn. **magnifier**). *Vous idéalisez la situation* (syn. **embellir**).

idéalisme [idealism] **n.m. 1.** PHILOS. Système philosophique qui subordonne la réalité matérielle aux représentations que l'esprit en a : *Idéalisme kantien* (contr. **matérialisme**). **2.** Attitude, caractère d'une personne qui aspire à un idéal élevé, souvent utopique : *L'idéalisme de la jeunesse.*

idéaliste [idealist] **adj.** et **n. 1.** PHILOS. Qui défend l'idéalisme (contr. **matérialiste**). **2.** Qui a une conception idéale mais souvent utopique des valeurs sociales : *C'est un idéaliste* (syn. **utopiste**). *Une vue idéaliste de la situation.*

idéalité [idealite] **n.f.** Caractère de ce qui n'existe que dans la pensée : *Idéalité des notions abstraites.*

idée [ide] **n.f.** (lat. *idea,* mot gr. « apparence », de *idein,* voir). **1.** Représentation abstraite d'un être, d'un objet, etc., élaborée par la pensée : *L'idée du beau, du bien* (syn. **concept**). *Une idée générale* (syn. **notion**). **2.** Représentation sommaire de qqch : *Ces photos vous donneront une idée de la région* (syn. **aperçu, avant-goût**). *Tu n'as pas idée des difficultés que nous avons rencontrées* (= tu n'imagines pas). **3.** Manière de voir les choses : *Chacun exprimera ses idées* (syn. **point de vue**). *Avoir une haute idée de soi* (syn. **opinion**). *Laissez-la faire, c'est son idée* (syn. **dessein, projet**). *Qu'il fasse à son idée !* (syn. **fantaisie, guise**). *Nous ne partageons pas ses idées* (syn. **vue**). *Perdre, suivre le fil de ses idées* (syn. **raisonnement**). *Une idée de génie.* **4.** Siège de la pensée : *Cela ne m'est même pas venu à l'idée* (syn. **esprit**). *On ne m'ôtera pas de l'idée qu'elle nous a entendus* (syn. **tête**). **5. Avoir idée que, avoir dans l'idée que,** avoir l'impression que : *J'ai (dans l')idée qu'elle ne nous a pas tout dit.* ⁄ **Avoir l'idée de,** concevoir le projet de : *Il a eu l'idée du moteur à explosion* (= il l'a inventé). ⁄ **Idée fixe,** idée qui occupe l'esprit de manière tyrannique : *C'est chez elle une idée fixe* (syn. **manie, obsession**). ◆ **idées n.f. pl. 1.** Représentations liées à un état affectif : *Avoir des idées noires* (= être pessimiste). **2.** FAM. **Se faire des idées,** imaginer des choses fausses : *Vous vous faites des idées sur lui.*

idée-force [idefɔrs] **n.f.** (pl. *idées-forces*). Idée principale d'un raisonnement : *L'idée-force du discours du Premier ministre.*

idem [idɛm] **adv.** (mot lat.). De même (s'emploie, souvent dans des énumérations écrites, pour éviter des répétitions) [abrév. *id.*].

identifiable [idɑ̃tifjabl] **adj.** Qui peut être identifié : *Cadavre difficilement identifiable.*

identificateur [idɑ̃tifikatœr] **n.m.** INFORM. Symbole utilisé en programmation pour désigner une variable ou une fonction.

identification [idɑ̃tifikasjɔ̃] **n.f. 1.** Action d'identifier, d'établir l'identité de : *L'identification d'un malfaiteur.* **2.** Fait de s'identifier : *Le processus d'identification au père.*

identifier [idɑ̃tifje] **v.t.** (lat. scolast. *identificare,* du class. *idem,* le même) [conj. **9**]. **1.** Établir l'identité de : *L'anthropométrie permet d'identifier les criminels.* **2.** Déterminer la nature de qqch : *Pouvez-vous identifier ce parfum ?* (syn. **reconnaître**). **3.** Considérer, déclarer qqn, qqch identique à autre chose : *Identifier un homme politique à un régime* (syn. **assimiler**). ◆ **s'identifier v.pr. [à].** Se rendre, en pensée, identique à : *Une romancière qui s'identifie à son héroïne.*

identique [idɑ̃tik] **adj.** (lat. scolast. *identicus,* du class. *idem,* le même). **1.** Qui présente avec qqn, avec qqch une parfaite ressemblance : *Les deux vases sont identiques* (syn. **pareil**). *Mon opinion est identique à la vôtre* (syn. **semblable ;** contr. **différent**). **2.** Qui est unique, bien que se rapportant à deux choses différentes : *Deux mots d'origine identique.* **3.** MATH. **Application identique,** identité* sur un ensemble E.

identiquement [idɑ̃tikmɑ̃] **adv.** De façon identique : *Situations identiquement dramatiques* (syn. **également**).

identité [idɑ̃tite] **n.f.** (bas lat. *identitas,* du class. *idem,* le même). **1.** Ce qui fait qu'une chose est exactement de même nature qu'une autre : *Identité de goûts* (syn. **similitude ;** contr. **opposition**). **2.** Caractère permanent et fondamental de qqn, d'un groupe : *Affirmer son identité* (syn. **personnalité**). **3.** Ensemble des données de fait et de droit, tels la date et le lieu de naissance, le nom, le prénom, qui permettent d'affirmer que qqn est telle personne sans confusion possible avec une autre : *Vérifier l'identité de qqn. Se présenter sous une fausse identité. Papiers, carte d'identité.* **4.** MATH. Égalité vérifiée pour toutes les valeurs assignables aux termes indéterminés. **5. Identité judiciaire,** service de police chargé notamm. d'identifier les personnes et les objets, de relever des traces et indices sur les lieux d'une infraction. / MATH. **Identité sur un ensemble E,** application de E dans E qui, à tout élément, associe cet élément lui-même (on dit aussi *application identique*). / MATH. **Identités remarquables,** nom donné à diverses égalités algébriques permettant de factoriser ou de développer des expressions. ▸ Les principales sont : $a^2 - b^2 = (a + b)(a - b)$; $(a + b)^2 = a^2 + 2ab + b^2$; $(a - b)^2 = a^2 - 2ab + b^2$.

idéogramme [ideɔgram] **n.m.** (de *idéo-* et *-gramme*). LING. Signe graphique qui représente le sens du mot et non les sons : *Les idéogrammes chinois.*

idéographique [ideɔgrafik] **adj.** Qui concerne l'écriture par idéogrammes : *L'écriture idéographique représente l'objet, non le son.*

idéologie [ideɔlɔʒi] **n.f.** (de *idéo-* et *-logie*). Ensemble plus ou moins systématisé de croyances, d'idées, de doctrines influant sur le comportement individuel ou collectif : *L'idéologie nationaliste. L'idéologie dominante.*

idéologique [ideɔlɔʒik] **adj.** Relatif à l'idéologie : *Divergences idéologiques.*

idéologue [ideɔlɔg] **n.** Personne qui est à l'origine de la doctrine d'un groupe : *Les idéologues du marxisme.*

ides [id] **n.f. pl.** (lat. *idus*). ANTIQ. Quinzième jour des mois de mars, mai, juillet et octobre, et treizième jour des autres mois, dans le calendrier romain : *Les ides de mars.*

id est [idɛst] **loc. conj.** (loc. lat., par l'angl.). Syn. de *c'est-à-dire* (abrév. *i. e.*).

I.D.H. [ideaʃ] **n.m.** (sigle). Indice* de développement humain.

idiolecte [idjɔlɛkt] **n.m.** (de *idio-* et [*dia*]*lecte*). LING. Ensemble des particularités langagières propres à un individu donné.

idiomatique [idjɔmatik] **adj.** Caractéristique de tel ou tel idiome : *Une expression idiomatique* (= un idiotisme).

idiome [idjom] **n.m.** (lat. *idioma,* mot gr. « particularité propre à une langue »). Langue propre à une communauté : *L'alsacien est un idiome germanique. Les idiomes africains.*

idiosyncrasie [idjɔsɛ̃krazi] **n.f.** (de *idio-,* et du gr. *sugkrasis,* mélange). Manière d'être particulière à chaque individu qui l'amène à avoir des réactions, des comportements qui lui sont propres.

idiot, e [idjo, -ɔt] **adj.** et **n.** (lat. *idiotes,* du gr. *idios,* particulier puis « homme du commun, ignorant »). **1.** Dépourvu d'intelligence, de bon sens : *Tu me prends pour une idiote ?* (syn. **imbécile**). **2.** FAM. Étourdi ; irréfléchi : *Idiot, tu m'as marché sur les pieds !* (syn. **lourdaud, maladroit**). ◆ **adj.** Inepte, stupide : *Une histoire idiote* (syn. **absurde**).

idiotement [idjɔtmɑ̃] **adv.** De façon idiote : *Je suis tombée idiotement dans le panneau* (syn. **bêtement, sottement**).

idiotie [idjɔsi] **n.f.** (de *idiot*). **1.** Manque d'intelligence, de bon sens : *Faire preuve d'idiotie* (syn. **bêtise, inintelligence**). **2.** Caractère inepte, stupide de qqch : *L'idiotie des paroles d'une chanson* (syn. **ineptie**). **3.** Action, parole qui dénote un esprit obtus : *Faire, dire des idioties* (syn. **bêtise**). *C'était une idiotie de lui cacher ça* (syn. **maladresse**).

idiotisme [idjɔtism] **n.m.** (lat. *idiotismus,* gr. *idiotismos,* de *idios,* particulier). LING. Expression ou construction particulière à une langue donnée et qu'on ne peut traduire littéralement. ▸ On parle, selon la langue, de gallicisme, d'anglicisme, de germanisme, etc.

idoine [idwan] **adj.** (lat. *idoneus*). LITT. Convenable ; approprié : *Trouver une solution idoine* (syn. **adéquat**).

idolâtre [idɔlatr] **adj.** et **n.** (lat. *idolatres,* gr. *eidôlolatrês ;* v. *idole*). **1.** Qui adore les idoles : *Une tribu idolâtre.* **2.** Qui voue une sorte de culte à qqn ou qqch : *Manipuler une foule idolâtre* (syn. **fanatique**).

idolâtrer [idɔlatre] **v.t. 1.** Vouer un culte à : *Idolâtrer l'argent, le pouvoir.* **2.** Aimer avec passion : *Ils idolâtrent leur fils* (syn. **adorer**).

idolâtrie [idɔlatri] **n.f. 1.** Culte voué à des idoles : *L'idolâtrie des anciens peuples.* **2.** Passion pour qqn, qqch : *Elle est pour ses fans un objet d'idolâtrie* (syn. **adoration, culte**).

idole [idɔl] **n.f.** (lat. *idolum,* gr. *eidôlon,* de *eidos,* forme). **1.** Image ou représentation d'une divinité qui est l'objet d'un culte d'adoration : *Des idoles en bois peint.* **2.** Personne qui est l'objet d'une admiration passionnée : *Cette chanteuse est devenue l'idole des adolescents.*

idylle [idil] **n.f.** (it. *idillio,* lat. *idyllium,* gr. *eidullion*). **1.** LITTÉR. Petit poème chantant l'amour dans un décor champêtre. **2.** Relation amoureuse tendre : *Leur idylle n'a duré qu'un temps.* **3.** Relation harmonieuse entre individus ou groupes : *Entre le Parlement et le Premier ministre, ce n'est pas l'idylle.*

idyllique [idilik] **adj. 1.** LITTÉR. Relatif à l'idylle : *La poésie idyllique* (syn. **bucolique, pastoral**). **2.** Marqué par une entente parfaite : *Un amour idyllique* (= sans nuages). **3.** Merveilleux, idéal : *Avoir une vue idyllique de la situation.*

Iekaterinbourg, de 1924 à 1991 **Sverdlovsk,** v. de Russie, dans l'Oural ; 1 350 136 hab. Centre industriel.

Ieltsine → Eltsine.

Iéna, en all. **Jena,** v. d'Allemagne (Thuringe), sur la Saale ; 105 739 hab. Instruments de précision et d'optique.

Iéna *(bataille d')* [14 oct. 1806], victoire de Napoléon sur les Prussiens du prince de Hohenlohe, en Thuringe (Allemagne). Elle lui ouvrait la route de Berlin.

Ienisseï, fl. né en Mongolie, qui traverse la Sibérie centrale et rejoint l'océan Arctique (mer de Kara) ; 3 354 km (bassin de 2 600 000 km^2). Grandes centrales hydroélectriques.

if [if] **n.m.** (gaul. **ivos*). **1.** Arbre gymnosperme à feuillage persistant et à baies rouges, souvent cultivé et taillé pour l'ornementation des jardins. ▸ Il peut atteindre 15 m de haut et vivre plusieurs siècles. **2. If à bouteilles,** ustensile de forme conique, garni de pointes, pour égoutter les bouteilles après rinçage.

igloo [iglu] **n.m.** (angl. *igloo,* mot esquimau). Habitation en forme de coupole, faite de blocs de neige, que construisent les Esquimaux.

I.G.N. (Institut national de l'information géographique et forestière), établissement public, fondé en 1940, chargé de réaliser toutes les cartes officielles de la France, ainsi que les travaux de géodésie, de nivellement, de topographie et de photographie qui s'y rapportent.

Ignace de Loyola ***(saint),*** fondateur de la Compagnie de Jésus (près d'Azpeitia 1491 ? - Rome 1556). Gentilhomme basque au service de la Navarre, converti à une foi ardente, il étudie à Paris et, avec quelques compagnons, jette les bases de la Compagnie de Jésus, ordre original constitué juridiquement en 1540. Il en est le premier préposé général et rédige à son intention les *Exercices spirituels*. À sa mort, l'ordre des jésuites a déjà une extension considérable.

igname [iɲam] **n.f.** (port. *inhame*, mot d'orig. probabl. bantoue). Plante vivrière grimpante des régions chaudes, au gros rhizome riche en amidon et comestible. ▶ Famille des dioscoréacées.

ignare [iɲar] **adj.** et **n.** (lat. *ignarus*). Ignorant ; sans instruction : *Être ignare en musique* (syn. **inculte**).

igné, e [igne] ou [iɲe] **adj.** (lat. *igneus*, de *ignis*, feu). **1.** Qui est en feu : *La matière ignée qui constituerait les astres* (syn. **incandescent**). **2.** Produit par l'action de la chaleur : *Fusion ignée.*

ignifugation [ignifygasjɔ̃] ou [iɲifygasjɔ̃] **n.f.** Action d'ignifuger ; son résultat.

ignifuge [ignifyʒ] ou [iɲifyʒ] **adj.** et **n.m.** (du lat. *ignis*, feu, et de *-fuge*). Se dit d'une substance, d'un produit propre à ignifuger : *Un composé ignifuge.* (On dit aussi *ignifugeant, e.*)

ignifuger [ignifyʒe] ou [iɲifyʒe] **v.t.** [conj. **17**]. Traiter un matériau de telle sorte qu'il devienne peu ou difficilement inflammable : *Ignifuger tous les revêtements de sol.*

ignition [ignisjɔ̃] ou [iɲisjɔ̃] **n.f.** (du lat. *ignitio*, de *ignis*, feu). État des corps en combustion.

ignoble [iɲɔbl] **adj.** (lat. *ignobilis*, non noble). **1.** Qui est d'une bassesse écœurante : *Propos ignobles* (syn. **abject, vil**). *Un individu ignoble* (syn. **infâme**). **2.** Très laid ; très mauvais ; très sale : *Une nourriture ignoble* (syn. **infect**). *Un taudis ignoble* (syn. **sordide**).

ignoblement [iɲɔbləmɑ̃] **adv.** De façon ignoble : *Vous vous êtes conduits ignoblement* (syn. **indignement**).

ignominie [iɲɔmini] **n.f.** (lat. *ignominia*, de *nomen*, réputation). LITT. **1.** État de qqn qui a perdu tout honneur pour avoir commis une action infamante (syn. **abjection, infamie**). **2.** Action, parole infâme : *Dire des ignominies* (syn. **turpitude**).

ignominieusement [iɲɔminjøzmɑ̃] **adv.** LITT. Avec ignominie.

ignominieux, euse [iɲɔminjø, -øz] **adj.** LITT. Qui dénote de l'ignominie (syn. **abject, infâme, méprisable**).

ignorance [iɲɔrɑ̃s] **n.f.** (lat. *ignorantia*). **1.** Défaut général de connaissances ; manque d'instruction : *Faire reculer l'ignorance* (syn. **inculture**). **2.** Défaut de connaissance ou d'expérience dans un domaine déterminé : *J'avoue mon ignorance dans cette matière* (syn. **incompétence**).

ignorant, e [iɲɔrɑ̃, -ɑ̃t] **adj.** et **n. 1.** Qui manque de connaissances, de savoir : *Un être ignorant et borné* (syn. **inculte** ; contr. **instruit**). **2.** Qui n'est pas instruit de certaines choses : *Je suis ignorant en géographie* (syn. **ignare, incompétent**).

ignoré, e [iɲɔre] **adj. 1.** Dont l'existence, la nature n'est pas connue : *Phénomène dont la cause demeure ignorée* (syn. **inconnu**). **2.** Qui est peu connu : *Chef-d'œuvre ignoré* (syn. **inconnu**). *Poète ignoré* (syn. **méconnu, obscur**).

ignorer [iɲɔre] **v.t.** (lat. *ignorare*). **1.** Ne pas savoir ; ne pas connaître : *On ignore les raisons de son départ.* **2.** Ne pas connaître par expérience, par la pratique : *Ignorer les difficultés de la vie. Elle ignore le mensonge.* **3.** Manifester à l'égard de qqn une indifférence complète : *J'ai décidé de l'ignorer désormais.* **4.** Ne pas tenir compte de : *Ignorer un avertissement.* ◆ **s'ignorer v.pr. Qui s'ignore,** dont on n'a pas conscience, en parlant d'un sentiment ; qui n'est pas conscient de sa valeur, en parlant de qqn : *Une vocation qui s'ignore encore. Un musicien qui s'ignore.*

Iguaçu, en esp. **Iguazú,** riv. du Brésil, affl. du Paraná (r. g.), limite entre le Brésil et l'Argentine ; 1 045 km. Chutes.

iguane [igwan] **n.m.** (de *iguana*, mot d'une langue amérindienne des Antilles). Grand lézard herbivore de l'Amérique tropicale, portant une crête dorsale d'écailles pointues. ▶ Long. 1,50 m ; famille des iguanidés.

iguanodon [igwanɔdɔ̃] **n.m.** (mot angl., de *iguana*, iguane, et du gr. *odous, odontos*, dent). Dinosaure herbivore du crétacé, à démarche bipède ou quadrupède. ▶ Long. 10 m.

I.H.S. [iaʃɛs]. Monogramme grec de Jésus, que l'Église latine a interprété : *Iesus, Hominum Salvator* (« Jésus, sauveur des hommes »).

Ijevsk, v. de Russie, cap. de la République autonome des Oudmourtes ; 628 116 hab.

IJsselmeer ou **lac d'IJssel,** lac des Pays-Bas, formé par la partie du Zuiderzee qui n'a pas été asséchée.

ikebana [ikebana] **n.m.** (mot jap.). Art de la composition florale conforme aux traditions et à la philosophie japonaises et obéissant, depuis le VIIe s., à des règles et à une symbolique codifiées.

il, ils [il] **pron. pers.** (lat. *ille*, celui-là). Désigne la 3e pers. du masc. dans la fonction de sujet : *Il ira loin. Ils sont enthousiastes.* ◆ **il pron. indéf.** Sert à introduire des verbes impersonnels : *Il pleut. Il y a. Il faut.*

ilang-ilang ou **ylang-ylang** [ilɑ̃ilɑ̃] ou [ilɑ̃gilɑ̃g] **n.m.** (mot d'une langue des Moluques) [pl. *ilangs-ilangs, ylangs-ylangs*]. Arbre cultivé en Indonésie et à Madagascar pour ses fleurs très odorantes, utilisées en parfumerie. ▶ Famille des anonacées.

île [il] **n.f.** (lat. *insula*). **1.** Étendue de terre entourée d'eau de tous côtés : *Madagascar est une île.* **2.** CUIS. **Île flottante,** œufs à la neige dont les blancs sont cuits au bain-marie dans un moule.

Île-de-France, cœur du domaine royal des Capétiens, avec Paris pour capitale. L'Île-de-France fut constituée en 1519 en gouvernement (circonscription administrative de la France d'Ancien Régime). Elle occupait approximativement les territoires actuels de la Région Île-de-France et la moitié sud de la Picardie.

Île-de-France, Région administrative regroupant 8 dép. : Essonne, Hauts-de-Seine, Paris, Seine-et-Marne, Seine-Saint-Denis, Val-de-Marne, Val-d'Oise et Yvelines ; 12 012 km^2 ; 12 057 051 hab. [*Franciliens*]. Ch.-l. *Paris*. La Région, correspondant à la majeure partie de la province historique, se caractérise par un relief peu contrasté, formé de plaines et de bas plateaux entaillés de larges vallées. Occupant environ la moitié de la superficie du territoire, l'agriculture associe, sur les plateaux de la Beauce, de la Brie et du Vexin, la grande culture céréalière (blé, maïs) et betteravière, et dans les vallées, l'élevage, la polyculture et la petite exploitation maraîchère et fruitière. L'Île-de-France est la 1re région industrielle française (haute technologie, électronique, automobile…), mais c'est le secteur tertiaire qui domine (quartier d'affaires européen, grand pôle d'enseignement et de recherche, banques, commerce de luxe, administrations publiques). La Région est aujourd'hui au cœur des échanges européens et mondiaux grâce d'une part à d'excellentes structures autoroutières et ferroviaires à grande vitesse et d'autre part à une plateforme aéroportuaire et fluviale classée au 2e rang européen. Compte tenu de l'exceptionnelle richesse de son patrimoine, elle se classe au 1er rang des destinations touristiques mondiales. Avec 18 % de la population française sur 2,1 % du territoire national, l'Île-de-France est loin d'être entièrement urbanisée. La forêt couvre plus de 20 % du territoire (massifs de Fontainebleau, Rambouillet, Saint-Germain et nombreuses forêts privées). L'agglomération parisienne concentre 88 % de la population régionale, soit plus de 10 millions d'habitants.

iléon [ileɔ̃] **n.m.** (lat. médiév. *ileum*, du gr. *eilein*, enrouler). Troisième partie de l'intestin grêle, entre le jéjunum et le gros intestin.

iléus [ileys] **n.m.** (lat. *ileus*, gr. *eileos*, de *eilein*, enrouler). MÉD. Obstruction de l'intestin. (On dit cour. *une occlusion intestinale.*)

iliaque [iljak] **adj.** (lat. *iliacus*, de *ilia*, flanc). **1.** ANAT. Relatif aux flancs : *Les artères iliaques.* **2. Fosse iliaque,** chacune des deux régions latérales de la partie inférieure de l'abdomen. / **Os iliaque,** chacun des deux os pairs et symétriques formant le squelette du bassin.

îlien, enne [iljɛ̃, -ɛn] **adj.** et **n.** Qui habite une île.

Ill, riv. d'Alsace ; 208 km. Né dans le Jura septentrional, l'Ill passe à Mulhouse et Strasbourg, et se jette dans le Rhin (r. g.).

Ille-et-Vilaine [35], dép. de la Région Bretagne ; ch.-l. de dép. *Rennes ;* ch.-l. d'arr. *Fougères, Redon, Saint-Malo ;* 4 arr., 27 cant., 353 comm. ; 6 775 km^2 ; 1 036 181 hab.

illégal, e, aux [ilegal, -o] **adj.** (lat. *illegalis*, de *lex, legis*, loi). Contraire à une loi, aux lois : *Un contrat illégal* (syn. **illicite, irrégulier**).

illégalement [ilegalmɑ̃] **adv.** De façon illégale.

illégalité [ilegalite] **n.f. 1.** Caractère de ce qui est contraire à la loi : *L'illégalité d'une sanction* (syn. **irrégularité**). **2.** Acte illégal : *Commettre une illégalité* (syn. **iniquité**).

illégitime [ileʒitim] **adj. 1.** Qui se situe hors des institutions établies par la loi : *Union illégitime* (syn. **illégal, irrégulier**). **2.** Qui n'est pas fondé, justifié : *Prétention illégitime* (syn. **déraisonnable, injustifié**). **3. Enfant illégitime,** enfant né hors mariage et qui n'a pas été légitimé.

illégitimement [ileʒitimmɑ̃] **adv.** De façon illégitime.

illégitimité [ileʒitimite] **n.f.** Défaut de légitimité : *Illégitimité d'une demande.*

illettré, e [iletre] **adj.** et **n. 1.** Qui ne sait ni lire ni écrire : *Le pourcentage des illettrés dans le monde* (syn. **analphabète**). **2.** Qui n'est pas très instruit (syn. **inculte**).

illettrisme [iletrism] **n.m.** État des personnes qui, ayant appris à lire et à écrire, en ont complètement perdu la pratique.

illicite [ilisit] **adj.** Défendu par la morale ou par la loi : *Amour illicite* (syn. **interdit**). *Activité illicite* (syn. **illégal**).

illico [iliko] **adv.** (mot lat.). *FAM.* Sur-le-champ ; immédiatement : *Elle est partie illico* (syn. **aussitôt**).

illimité, e [ilimite] **adj.** Sans limites : *J'ai en lui une confiance illimitée* (syn. **absolu, total**). *Les ressources énergétiques ne sont pas illimitées* (syn. **immense, infini**).

Illinois, un des États unis d'Amérique (centre-nord-est) ; 146 075 km^2 ; 12 882 135 hab. CAP. *Springfield.* V. princ. *Chicago.*

illisible [ilizibl] **adj. 1.** Qu'on ne peut lire : *Écriture illisible* (syn. **indéchiffrable**). **2.** Dont la lecture est rebutante : *Roman confus, illisible* (syn. **incompréhensible**).

illogique [ilɔʒik] **adj.** Qui n'est pas logique : *Sa conduite est illogique* (syn. **incohérent, irrationnel**). *Tu es complètement illogique* (syn. **inconséquent**).

illogisme [ilɔʒism] **n.m.** Caractère de ce qui est illogique ; chose illogique : *L'illogisme de leur nouvelle stratégie saute aux yeux* (syn. **absurdité, incohérence**).

illumination [ilyminasjɔ̃] **n.f. 1.** Action d'illuminer : *L'illumination d'un monument historique.* **2.** Ensemble des lumières disposées pour décorer les rues ou éclairer les monuments publics : *Les illuminations de Noël.* **3.** Inspiration subite : *Soudain, elle a eu une illumination.*

illuminé, e [ilymine] **n.** et **adj.** Personne qui embrasse une idée ou soutient une doctrine avec une foi aveugle, un zèle fanatique (syn. **exalté, mystique**).

illuminer [ilymine] **v.t.** (lat. *illuminare*, de *lumen*, lumière). **1.** Éclairer d'une vive lumière : *Des éclairs illuminaient le ciel.* **2.** Donner un vif éclat à : *Un sourire illumina son visage* (syn. **éclairer**).

illusion [ilyzjɔ̃] **n.f.** (lat. *illusio*, de *illudere*, se jouer de). **1.** Erreur de perception qui fait prendre une apparence pour la réalité : *Vous avez été le jouet d'une illusion, ce n'était pas elle* (syn. **hallucination**). *Le décor donne l'illusion de la perspective.* **2.** Erreur de l'esprit : *Se nourrir d'illusions* (syn. **chimère, utopie**). **3. Illusion d'optique,** erreur relative à la forme, aux dimensions, etc., des objets : *Un mirage est une illusion d'optique.* / **Se faire des illusions,** se tromper : *Tu te fais des illusions si tu crois m'avoir persuadé.*

illusionner [ilyzjɔne] **v.t.** Tromper par une illusion ; créer des illusions chez : *Elle cherche à nous illusionner* (syn. **abuser, leurrer**). ◆ **s'illusionner v.pr.** Se tromper : *Il s'illusionne sur ses capacités* (syn. **s'abuser, se leurrer**).

illusionnisme [ilyzjɔnism] **n.m.** Technique de l'illusionniste (syn. **magie, prestidigitation**).

illusionniste [ilyzjɔnist] **n.** Artiste de variétés qui trompe le regard du public par dextérité manuelle ou à l'aide d'accessoires truqués (syn. **magicien, prestidigitateur**).

illusoire [ilyzwar] **adj.** (lat. *illusorius*, de *illusio ;* v. *illusion*). Propre à tromper par une fausse apparence : *Des promesses illusoires* (syn. **trompeur**).

illusoirement [ilyzwarmɑ̃] **adv.** *LITT.* D'une façon illusoire : *Une gloire illusoirement créée par les médias.*

illustrateur, trice [ilystratœr, -tris] **n.** Artiste qui exécute des illustrations : *Gustave Doré, l'illustrateur des fables de La Fontaine.*

illustratif, ive [ilystratif, -iv] **adj.** Qui sert d'exemple : *Donner des exemples illustratifs d'une démonstration* (= qui l'éclairent).

illustration [ilystrasjɔ̃] **n.f. 1.** Action d'illustrer un texte ; image figurant dans un texte : *Livre agrémenté de nombreuses illustrations.* **2.** Action d'illustrer, de rendre clair : *Cela peut servir d'illustration à sa thèse.*

illustre [ilystr] **adj.** (lat. *illustris*, de *illustrare*, éclairer). Dont le renom est éclatant : *Famille illustre* (syn. **célèbre ;** contr. **obscur**).

illustré, e [ilystre] **adj.** Orné de gravures, d'images, de photographies : *Livre illustré.* ◆ **illustré n.m.** Journal, revue contenant des récits accompagnés de dessins : *Abonner sa fille à un illustré.*

illustrer [ilystre] **v.t.** (lat. *illustrare*, propr. « éclairer »). **1.** Orner d'images, de dessins : *Illustrer abondamment un dictionnaire.* **2.** Rendre plus clair par des exemples ; mettre en lumière : *Pour illustrer mon raisonnement* (syn. **éclairer**). *Son intervention illustre bien sa manière d'agir* (syn. **révéler**). **3.** *LITT.* Rendre illustre, célèbre : *Il a illustré son pays par une importante découverte.* ◆ **s'illustrer v.pr.** *LITT.* Devenir illustre, célèbre : *S'illustrer par une victoire éclatante* (syn. **se distinguer**).

illustrissime [ilystrisim] **adj.** (de *illustre* et *-issime*). Titre donné à certains personnages, princ. à de hauts dignitaires ecclésiastiques.

Illyrie, région balkanique montagneuse, proche de l'Adriatique, comprenant l'Istrie, la Carinthie, la Carniole. Auj., l'Illyrie est partagée entre l'Italie, la Slovénie, la Croatie et l'Autriche. Colonisée par les Grecs (VIIe s. av. J.-C.), elle fut soumise à Rome à partir de la fin du IIIe s. av. J.-C.

îlot [ilo] **n.m.** (de *île* et *-ot*). **1.** Très petite île : *Les îlots sableux de la Loire.* **2.** Élément ayant une unité, un caractère particulier, mais isolé au sein d'un espace plus vaste : *Un désert parsemé d'îlots de végétation. Des îlots de résistance* (syn. **poche**). **3.** Groupe de maisons, d'immeubles délimité par des rues, dans une ville : *Raser des îlots insalubres dans le centre-ville* (syn. **bloc**).

ilote [ilɔt] **n.m.** (gr. *heilôs, -ôtos*). **1.** HIST. Esclave d'État, à Sparte (en ce sens, on écrit aussi *hilote*). **2.** *LITT.* Homme réduit au dernier degré de misère, de servilité ou d'ignorance : *Ses employés sont de véritables ilotes* (syn. **esclave**).

îlotier, ère [ilɔtje, -ɛr] **n.** Agent de police chargé de la surveillance d'un îlot d'habitations, d'une portion de quartier.

ilotisme [ilɔtism] **n.m. 1.** HIST. Condition d'ilote (en ce sens, on écrit aussi *hilotisme*). **2.** *LITT.* État de servilité et d'ignorance (syn. **esclavage, servitude**).

A B C D E F G H I J K L M N O P Q R S T U V W X Y Z

il y a [ilja] **loc. verb. 1.** Indique la durée écoulée depuis un événement donné ou depuis la fin d'un état : *Je l'ai croisée il y a six mois. Il y a sept heures, j'étais encore à New York.* **2.** (En corrélation avec *que*). Indique la durée d'une action depuis son origine, ou bien la durée écoulée depuis un événement donné dont on considère les suites : *Il y a cinq ans que je ne l'ai pas vu* (= cela fait cinq ans que je ne l'ai pas vu). *Il y a deux jours qu'elle est arrivée, et je ne l'ai pas encore appelée.* **Rem.** On utilise aussi *il y avait, il y aura, il y eut* (LITT.), *il y a eu* : *Il y aura demain deux ans que je n'ai pas fumé.*

image [imaʒ] **n.f.** (lat. *imago*). **1.** Représentation d'un être ou d'une chose par la photographie, le film, etc. : *Un livre d'images. Des images de Paris au siècle dernier* (syn. **dessin, gravure**). *Les dernières images du film sont bouleversantes.* **2.** Représentation de qqn, qqch par certains effets optiques : *Regarder son image dans la glace. L'image d'un téléviseur.* **3.** Ce qui reproduit, imite ou évoque qqn, qqch : *Il a donné une image fidèle de la situation* (syn. **description, tableau**). *Elle est l'image même de la réussite* (syn. **incarnation**). **4.** Représentation mentale d'un être ou d'une chose : *Il est poursuivi par l'image de son père à l'agonie* (syn. **souvenir**). **5.** Expression évoquant la réalité par analogie ou similitude avec un domaine autre que celui auquel elle s'applique : *S'exprimer par images* (syn. **métaphore**). **6.** MATH. Élément de l'ensemble dit « d'arrivée » associé à un élément de l'ensemble dit « de départ » dans le cadre d'une application du second ensemble dans le premier ; point du plan lié à un autre point de ce plan dans une transformation. **7.** DR. **Droit à l'image,** protection des personnes contre l'usage sans leur accord de photographies ou de films les représentant. / **Image d'Épinal,** gravure à usage populaire, de style naïf, dont Épinal (en France) a été le principal centre de fabrication au XIXe s. ; au fig., présentation naïve, simpliste d'un événement, d'un fait. / **Image de marque,** idée favorable ou défavorable que le public se fait d'une marque commerciale, des produits de cette marque ; au fig., opinion générale du public sur une personne, une institution : *Le président soigne son image de marque.*

imagé, e [imaʒe] **adj.** Orné d'images, de métaphores : *Style imagé* (syn. **coloré, métaphorique**).

imagerie [imaʒri] **n.f. 1.** Ensemble d'images représentant des faits, des personnages, etc. : *L'imagerie populaire a beaucoup enrichi l'épopée napoléonienne.* **2.** Technique permettant d'obtenir des images à partir de différents types de rayonnement, tels que la lumière, les rayons X, etc. : *Imagerie médicale, spatiale. Imagerie par résonance magnétique ou I.R.M.* (v. *résonance*).

1. imagier, ère [imaʒje, -ɛr] **n.** (de *image*). Au Moyen Âge, sculpteur en figures, plus rarement miniaturiste.

2. Imagier [imaʒje] **n.m.** (nom déposé). Livre d'images : *Un Imagier pour enfants.*

imaginable [imaʒinabl] **adj.** Qui peut être imaginé : *Dénouement à peine imaginable* (syn. **concevable**).

imaginaire [imaʒinɛr] **adj.** (lat. *imaginarius*). Qui n'existe que dans l'esprit : *Une crainte purement imaginaire* (syn. **chimérique** ; contr. **réel**). *Personnage imaginaire* (syn. **fictif, légendaire** ; contr. **historique**). *Elle vit dans un monde imaginaire* (syn. **irréel** ; contr. **réel, vrai**). ◆ **n.m.** Domaine de l'imagination, des choses créées par l'imagination : *Vivre dans l'imaginaire* (contr. **réel**).

imaginatif, ive [imaʒinatif, -iv] **adj.** et **n.** (bas lat. *imaginativus*). Qui a l'imagination fertile : *Un esprit imaginatif* (syn. **inventif**).

imagination [imaʒinasjɔ̃] **n.f.** (lat. *imaginatio*, image, vision). **1.** Faculté de se représenter par l'esprit des objets ou des faits irréels ou jamais perçus, de restituer à la mémoire des perceptions ou des expériences antérieures : *S'évader par l'imagination* (syn. **rêve**). *Revoir en imagination la maison de son enfance.* **2.** Faculté d'inventer, de créer, de concevoir : *Artiste qui fait preuve d'imagination* (syn. **créativité, inventivité**). **3.** LITT. Construction plus ou moins chimérique de l'esprit : *C'est le fruit de votre imagination* (syn. **invention**).

imaginer [imaʒine] **v.t.** (lat. *imaginari*). **1.** Se représenter mentalement : *Imaginer le monde au XXIe s.* (syn. **concevoir, envisager**). *Imaginons que je finisse par accepter* (syn. **supposer**). **2.** Avoir l'idée d'une chose ingénieuse : *Torricelli imagina le baromètre* (syn. **inventer**). *Qu'est-ce qu'elle va encore imaginer pour refuser ?* (syn. **trouver**). ◆ **s'imaginer v.pr. 1.** Se représenter par l'esprit ; concevoir : *Je me l'imaginais très différent* (syn. **se figurer, se représenter**). *Ne t'imagine pas que nous ferons le travail à ta place* (syn. **croire, penser**). **2.** Se représenter soi-même en esprit : *Elle s'imagine être une star* (syn. **se figurer**). *Je m'imagine déjà sur la plage au soleil* (syn. **se voir**).

imago [imago] **n.m.** (mot lat. « image »). Insecte adulte, arrivé à son complet développement et apte à se reproduire.

imam [imam] **n.m.** (mot ar.). Chef religieux musulman.

imbattable [ɛ̃batabl] **adj.** Qui ne peut être surpassé : *Coureur imbattable* (syn. **invincible**).

imbécile [ɛ̃besil] **adj.** et **n.** (lat. *imbecillus*, faible). Dépourvu d'intelligence : *Un comportement imbécile* (syn. **sot, stupide**). *Passer pour un imbécile* (syn. **idiot**).

imbécillité [ɛ̃besilite] **n.f.** Comportement, acte stupide : *Son imbécillité est flagrante* (syn. **stupidité**). *Dire des imbécillités* (syn. **sottise**).

imberbe [ɛ̃bɛrb] **adj.** (lat. *imberbis*). Qui est sans barbe : *Un visage imberbe* (syn. **glabre**).

imbiber [ɛ̃bibe] **v.t.** (lat. *imbibere*, propr. « boire, absorber »). Mouiller d'un liquide : *Imbiber d'eau une éponge* (syn. **imprégner**). ◆ **s'imbiber v.pr. [de].** Absorber un liquide, en parlant de qqch : *La terre s'est imbibée d'eau pendant l'averse* (syn. **s'imprégner**).

imbrication [ɛ̃brikasjɔ̃] **n.f. 1.** État de choses imbriquées : *L'imbrication des écailles d'un poisson.* **2.** Liaison étroite, intime : *L'imbrication des éléments d'un récit.*

imbriquer [ɛ̃brike] **v.t.** (lat. *imbricare*, couvrir de tuiles, de *imbrex*, tuile). **1.** Faire se chevaucher des choses. **2.** Engager un objet dans un autre : *Imbriquer deux cubes l'un dans l'autre* syn. **ajuster, emboîter**). ◆ **s'imbriquer v.pr. 1.** Se chevaucher. **2.** S'ajuster : *Pièces d'un jeu de construction qui s'imbriquent.* **3.** Être lié de manière étroite : *Des questions économiques s'imbriquent dans les problèmes politiques* (syn. **se combiner, s'entremêler**).

imbroglio [ɛ̃brɔljo] ou [ɛ̃brɔglijo] **n.m.** (mot it., de *imbrogliare*, embrouiller). Situation confuse et d'une grande complexité : *L'imbroglio politique créé par le résultat des élections* (syn. **confusion, désordre**).

imbu, e [ɛ̃by] **adj.** (lat. *imbutus*, de *imbuere*, imbiber). **1.** Imprégné, pénétré profondément d'une idée, d'un sentiment : *Imbu de préjugés* (syn. **plein, rempli**). **2. Être imbu de soi-même,** être intimement persuadé de sa supériorité, être prétentieux.

imbuvable [ɛ̃byvabl] **adj. 1.** Qu'on ne peut pas boire : *L'eau de mer est imbuvable.* **2.** FAM. Qu'on ne peut accepter : *Un type imbuvable* (syn. **odieux, détestable**).

I.M.G. [iɛmʒe] **n.f.** (sigle). Interruption* médicale de grossesse.

Imhotep, architecte égyptien, qui fut Premier ministre du pharaon Djoser (IIIe dynastie). Il inaugura l'architecture de pierre, qui remplaça celle de brique et de bois, en créant la pyramide à degrés de Saqqarah et le complexe funéraire qui l'entoure. À la Basse Époque, Imhotep devint un dieu guérisseur, identifié à Asclépios.

imitable [imitabl] **adj.** Qui peut être imité : *Une signature aisément imitable.*

imitateur, trice [imitatœr, -tris] **adj.** et **n.** Qui imite : *Cet écrivain est un imitateur sans talent* (syn. **plagiaire**). ◆ **n.** Artiste de music-hall dont la spécialité est l'imitation : *Un homme politique qui est la cible des imitateurs.*

imitatif, ive [imitatif, -iv] **adj.** De la nature de l'imitation : *Le pouvoir imitatif des enfants.*

imitation [imitasjɔ̃] **n.f. 1.** Action d'imiter qqn ou d'évoquer qqch ; son résultat : *Elle fait une imitation irrésistible du Premier ministre. Ses romans sont de pâles imitations de ceux de Mauriac* (syn. **copie, démarquage**). **2.** Action de reproduire artificiellement une matière, un objet ; cette reproduction, cette copie : *Bijoux en imitation. Un sac en imitation cuir.* **3. À l'imitation de,** à la manière de ; sur le modèle de : *Concerto à l'imitation de Mozart.*

imiter [imite] **v.t.** (lat. *imitari*). **1.** Reproduire l'allure, le comportement de qqn, d'un animal, le bruit, le mouvement de qqch : *Il imite à la perfection le directeur* (syn. **mimer, singer**). **2.** Reproduire exactement ; copier : *Imiter une signature* (syn. **contrefaire**). **3.** Prendre pour modèle : *Imiter un romancier* (syn. **calquer**). **4.** Être une imitation de ; présenter le même aspect que : *Un stratifié qui imite le bois* (syn. **rappeler, ressembler à**).

immaculé, e [imakyle] **adj.** (lat. *immaculatus,* de *macula,* tache). **1.** Qui n'a pas la moindre tache ou qui est d'une blancheur absolue : *Sa chemise était immaculée.* **2.** Qui est sans souillure morale : *Une âme immaculée* (syn. **pur**). **3. Immaculée Conception,** privilège selon lequel la Vierge Marie a été préservée du péché originel, dogme défini par Pie IX le 8 déc. 1854.

immanence [imanɑ̃s] **n.f. 1.** État de ce qui est immanent. **2.** PHILOS. Présence en l'homme même de sa finalité, de ses fins morales (par opp. à *transcendance*).

immanent, e [imanɑ̃, -ɑ̃t] **adj.** (lat. scolast. *immanens,* de *immanere,* de *manere,* rester). **1.** PHILOS. Qui est contenu dans un être ; qui résulte de la nature même de cet être. **2.** PHILOS. Qui relève du monde sensible, du monde de l'expérience (par opp. à *transcendant*). **3. Justice immanente,** justice qui découle naturellement des actes accomplis, qui frappe le coupable sans intervention d'un agent extérieur.

immangeable [ɛ̃mɑ̃ʒabl] **adj.** Qui n'est pas bon à manger : *Soupe immangeable* (= très mauvaise) [syn. **infect**].

immanquable [ɛ̃mɑ̃kabl] **adj. 1.** Qui ne peut manquer d'arriver : *L'échec était immanquable* (syn. **inéluctable**). **2.** Que l'on ne peut manquer, rater : *Une cible immanquable.*

immanquablement [ɛ̃mɑ̃kabləmɑ̃] **adv.** De façon inévitable ; à coup sûr : *En agissant ainsi, tu vas immanquablement te faire remarquer* (syn. **infailliblement, inévitablement**).

immatérialité [imaterjalite] **n.f.** Qualité, état de ce qui est immatériel : *L'immatérialité de l'âme.*

immatériel, elle [imaterjɛl] **adj.** Qui n'a pas de consistance corporelle : *Les fantômes sont des êtres immatériels.*

immatriculation [imatrikylasjɔ̃] **n.f.** Action d'immatriculer ; fait d'être immatriculé ; numéro ainsi attribué : *Immatriculation d'un soldat, d'une automobile.*

immatriculer [imatrikyle] **v.t.** (bas lat. *immatriculare,* de *matricula,* registre). Inscrire sur la matricule, sur un registre public : *Immatriculer un étudiant, une voiture.*

immature [imatyr] **adj.** Qui n'a pas encore atteint la maturité intellectuelle, affective : *Adolescent immature.*

immaturité [imatyrite] **n.f.** Caractère immature : *L'immaturité est très perceptible dans ses premiers romans.*

immédiat, e [imedja, -at] **adj.** (bas lat. *immediatus,* de *medius,* central). **1.** Qui précède ou qui suit sans qu'il y ait d'intermédiaire : *Successeur immédiat* (syn. **direct**). *Soulagement immédiat* (syn. **instantané**). **2.** PHILOS. **Connaissance immédiate,** connaissance par intuition (par opp. à la *connaissance discursive,* qu'on acquiert par l'intermédiaire d'un raisonnement). ◆ **immédiat n.m. Dans l'immédiat,** pour le moment : *Dans l'immédiat, je n'ai rien à ajouter.*

immédiatement [imedjatmɑ̃] **adv.** À l'instant même : *Sortez immédiatement* (syn. **sur-le-champ**).

immémorial, e, aux [imemɔrjal, -o] **adj.** (lat. médiév. *immemorialis*). Qui est si ancien qu'on n'en connaît plus l'origine : *Tradition immémoriale.*

immense [imɑ̃s] **adj.** (lat. *immensus,* qui ne peut être mesuré). Qui présente une étendue, une valeur considérables : *Un salon immense* (syn. **vaste, spacieux**). *Ils ont une immense fortune* (syn. **colossal**). *Un immense succès* (syn. **énorme**).

immensément [imɑ̃semɑ̃] **adv.** De façon immense : *Être immensément riche* (syn. **extrêmement, infiniment**).

immensité [imɑ̃site] **n.f. 1.** Caractère de ce qui est immense ; étendue très vaste : *L'immensité de la forêt amazonienne.* **2.** Caractère de ce qui est considérable en grandeur, en intensité : *L'immensité d'une tâche* (syn. **ampleur, énormité**).

immergé, e [imɛrʒe] **adj.** Qui est sous l'eau : *Les terres immergées. La partie immergée d'un iceberg.*

immerger [imɛrʒe] **v.t.** (lat. *immergere,* de *mergere,* plonger) [conj. **17**]. Plonger entièrement dans un liquide, partic. dans la mer : *Immerger des blocs de béton pour bâtir une digue.* ◆ **s'immerger v.pr.** Se plonger totalement dans un milieu différent de son milieu habituel : *Faire un séjour à Londres pour s'immerger dans la langue anglaise.*

immérité, e [imerite] **adj.** Qui n'est pas mérité, en bien ou en mal : *Des félicitations, une punition imméritées* (syn. **injustifié, injuste**).

immersion [imɛrsjɔ̃] **n.f.** (lat. *immersio,* de *immergere ;* v. *immerger*). **1.** Action de plonger un corps dans un liquide : *L'immersion d'un câble téléphonique.* **2.** Fait de se retrouver dans un milieu étranger sans contact direct avec son milieu d'origine : *Séjour linguistique en immersion.*

immettable [ɛ̃metabl] **adj.** Qu'on ne peut pas ou qu'on n'ose pas porter : *Costume immettable.*

1. immeuble [imœbl] **adj.** et **n.m.** (lat. *immobilis,* immobile). DR. Se dit d'un bien qui ne peut être déplacé : *Une maison, un terrain sont des biens immeubles.*

2. immeuble [imœbl] **n.m.** (de *1. immeuble*). Bâtiment d'une certaine importance, en partic. bâtiment divisé en appartements pour particuliers ou aménagé à usage de bureaux : *Adressez-vous au gardien de l'immeuble.*

immigrant, e [imigrɑ̃, -ɑ̃t] **adj.** et **n.** Qui immigre : *Un service d'accueil pour les immigrants.*

immigration [imigrasjɔ̃] **n.f.** Arrivée, dans un pays, d'étrangers venus s'y installer et y travailler ; ensemble des immigrés : *L'immigration portugaise en France.*

immigré, e [imigre] **adj.** et **n.** Qui a immigré : *Des travailleurs immigrés. L'intégration des immigrés.*

immigrer [imigre] **v.i.** (lat. *immigrare,* propr. « passer dans »). Venir se fixer dans un pays étranger au sien : *De nombreux Irlandais ont immigré aux États-Unis.*

imminence [iminɑ̃s] **n.f.** Caractère de ce qui est imminent : *L'imminence de son départ* (syn. **proximité**).

imminent, e [iminɑ̃, -ɑ̃t] **adj.** (lat. *imminens,* de *imminere,* menacer). Qui est sur le point de se produire : *Son arrivée est imminente* (syn. **proche ;** contr. **lointain**).

s'**immiscer** [imise] **v.pr. [dans]** (lat. *immiscere,* de *miscere,* mêler) [conj. **16**]. Intervenir indûment et indiscrètement dans ce qui est de la compétence d'autrui : *Cessez de vous immiscer dans leurs affaires* (syn. **s'ingérer, se mêler de**).

immixtion [imiksjɔ̃] **n.f.** (bas lat. *immixtio ;* v. *s'immiscer*). Action de s'immiscer dans les affaires d'autrui : *Nous ne tolérerons aucune immixtion dans notre politique intérieure* (syn. **ingérence, intervention**).

immobile [imɔbil] **adj.** (lat. *immobilis*). Qui ne se meut pas ; qui demeure fixe : *Elle est restée immobile à la fenêtre.*

immobilier, ère [imɔbilje, -ɛr] **adj.** (de *1. immeuble*). **1.** Qui est composé de biens immeubles : *Propriétés immobilières.* **2.** Relatif à un immeuble : *Société immobilière. Crédit immobilier.* ◆ **immobilier n.m.** Ensemble des professions intervenant dans la commercialisation des immeubles : *Les professionnels de l'immobilier.*

immobilisation [imɔbilizasjɔ̃] **n.f.** Action d'immobiliser ; fait d'être immobilisé : *Restez à vos places jusqu'à l'immobilisation complète du véhicule* (syn. **arrêt**).

immobiliser [imɔbilize] **v.t. 1.** Rendre immobile ; empêcher ou arrêter le mouvement de : *D'importantes chutes de neige ont immobilisé la colonne de secours* (syn. **bloquer, stopper**). **2. Immobiliser des capitaux,** les utiliser à des investissements qui les rendent indisponibles pour un autre objectif. ◆ **s'immobiliser v.pr.** S'arrêter dans sa progression : *L'avion va s'immobiliser devant l'aérogare.*

immobilisme [imɔbilism] **n.m.** Disposition à se satisfaire de l'état politique, social, etc., présent : *Protester contre l'immobilisme du gouvernement* (syn. **inertie**).

immobiliste [imɔbilist] **adj.** et **n.** Qui fait preuve d'immobilisme : *Une politique immobiliste.*

immobilité [imɔbilite] **n.f.** État d'un être, d'une chose qui sont ou paraissent sans mouvement : *L'immobilité des eaux d'un lac* (contr. **agitation, mouvement**).

immodéré, e [imɔdere] **adj.** Qui dépasse la mesure : *Prétentions immodérées* (syn. **exagéré**).

immodérément [imɔderemɑ̃] **adv.** De façon immodérée : *Il buvait immodérément* (syn. **excessivement**).

immodeste [imɔdɛst] **adj.** *LITT.* Qui manque de modestie, de pudeur : *Une satisfaction immodeste* (contr. **réservé**).

immodestie [imɔdɛsti] **n.f.** *LITT.* Manque de pudeur, de réserve.

immolation [imɔlasjɔ̃] **n.f.** Action d'immoler, de s'immoler : *L'immolation d'un agneau* (syn. **sacrifice**).

immoler [imɔle] **v.t.** (lat. *immolare*). **1.** Tuer pour offrir en sacrifice à une divinité : *Agamemnon immola sa fille* (syn. **sacrifier**). **2.** *LITT.* Sacrifier qqn, qqch pour satisfaire une exigence morale, passionnelle, etc. : *Immoler sa liberté à ses intérêts matériels.* ◆ **s'immoler v.pr. [à].** Faire le sacrifice de sa fortune, de ses intérêts, etc., en considération de : *S'immoler à son devoir, à sa foi.*

immonde [imɔ̃d] **adj.** (lat. *immundus,* de *mundus,* net). **1.** D'une saleté qui provoque le dégoût : *Un taudis immonde* (syn. **ignoble, infect**). **2.** D'une bassesse qui écœure : *Des propos immondes* (syn. **abject, répugnant**).

immondices [imɔ̃dis] **n.f. pl.** (lat. *immunditia*). Ordures ménagères ; déchets de toutes sortes : *Des immondices puantes s'accumulaient dans les rues.*

immoral, e, aux [imɔral, -o] **adj.** Qui agit contrairement à la morale établie ; qui est contraire à cette morale : *Un individu profondément immoral* (syn. **dépravé**). *Une conduite immorale* (syn. **dissolu**).

immoralisme [imɔralism] **n.m.** Doctrine qui nie toute obligation morale.

immoraliste [imɔralist] **adj.** et **n.** Qui concerne l'immoralisme ; partisan de l'immoralisme.

immoralité [imɔralite] **n.f.** Caractère de qqn, qqch qui est immoral : *L'immoralité d'une conduite, d'une œuvre.*

immortaliser [imɔrtalize] **v.t.** Rendre immortel dans la mémoire des hommes : *Cette découverte l'a immortalisé.*

immortalité [imɔrtalite] **n.f.** (lat. *immortalitas,* de *mors, mortis,* mort). **1.** Qualité, état de ce qui est immortel, d'un être immortel : *L'immortalité de l'âme.* **2.** Survivance éternelle dans le souvenir des hommes : *L'immortalité de la musique de Mozart.*

immortel, elle [imɔrtɛl] **adj.** (lat. *immortalis*). **1.** Qui n'est pas sujet à la mort : *Dieux immortels* (syn. **éternel**). **2.** Qu'on suppose devoir durer toujours : *Rêver d'un amour immortel* (syn. **éternel** ; contr. **éphémère**). **3.** Dont le souvenir reste dans la mémoire des hommes : *Gloire immortelle.* ◆ **n. 1.** Dieu, déesse dans la mythologie antique. **2.** *FAM.* Membre de l'Académie française.

immortelle [imɔrtɛl] **n.f. Immortelles,** plantes à fleurs persistantes, dont il existe 4 genres et près de 400 espèces, dont 8 en France.

immotivé, e [imɔtive] **adj. 1.** Sans motif : *Des craintes immotivées* (syn. **injustifié, infondé**). **2.** LING. Se dit d'un signe linguistique dont le signifiant ne possède pas de motivation par rapport au signifié (syn. **arbitraire**).

immuable [imɥabl] **adj.** (de l'anc. adj. *muable,* qui bouge, qui change, d'après le lat. *immutabilis*). Qui n'est pas sujet à changer ; constant : *Un horaire immuable. Son immuable sourire* (syn. **éternel**).

immuablement [imɥabləmɑ̃] **adv.** De façon immuable : *Son visage immuablement triste* (syn. **invariablement**).

immunisant, e [imynizɑ̃, -ɑ̃t] **adj.** Qui immunise : *L'action immunisante d'un vaccin.*

immunisation [imynizasjɔ̃] **n.f.** Action d'immuniser ; fait d'être immunisé : *Le vaccin confère une immunisation temporaire.*

immuniser [imynize] **v.t.** (du lat. *immunis,* exempt). **1.** Rendre réfractaire à une maladie : *Vaccin qui immunise les enfants contre la rougeole.* **2.** Mettre à l'abri d'un mal, d'une influence nocive : *Cette mésaventure l'a immunisé contre l'envie de recommencer* (syn. **préserver**).

immunitaire [imynitɛr] **adj. 1.** MÉD. Relatif à l'immunité d'un organisme : *Stimuler les réactions immunitaires.* **2. Système immunitaire,** ensemble des cellules, des tissus et des organes qui assurent la défense de l'organisme (aussi bien contre les micro-organismes pathogènes que contre les organes greffés).

immunité [imynite] **n.f.** (lat. *immunitas,* de *munus, -eris,* charge). **1.** BIOL. Ensemble des mécanismes de défense d'un organisme vivant contre les agents étrangers (antigènes), notamm. infectieux ; état d'un organisme protégé par ces mécanismes contre une maladie donnée. **2. Immunité diplomatique,** privilège des agents diplomatiques en vertu duquel, notamm., ceux-ci ne peuvent être déférés aux juridictions de l'État dans lequel ils sont en poste. / **Immunité parlementaire,** privilège selon lequel les parlementaires ne peuvent être poursuivis sans l'autorisation de l'assemblée à laquelle ils appartiennent.

■ BIOLOGIE. L'organisme sait distinguer les éléments qui lui appartiennent (le « soi ») des éléments qui lui sont étrangers (le « non-soi »). C'est la base de l'immunité. Cette discrimination est possible en raison de marqueurs de nature moléculaire portés à la surface des cellules, spécifiques à chaque individu et déterminés génétiquement.

L'immunité non spécifique ou naturelle. Ce sont les mécanismes de défense naturels, présents chez tous les individus, qui agissent de façon immédiate. La peau, le mucus des muqueuses, les enzymes et les sucs digestifs acides sont les premières barrières naturelles, physiques, de l'organisme. Si un micro-organisme parvient à les franchir et à pénétrer dans le corps, des cellules sanguines, les macrophages et les polynucléaires, vont s'employer à le détruire en l'« ingérant » : c'est la *phagocytose* (réaction identique quel que soit l'agent infectieux). Le système du complément, une cascade de protéines qui facilite la phagocytose ou conduit à la destruction des cellules étrangères, joue également un rôle important dans l'immunité naturelle.

L'immunité spécifique ou acquise. Plus efficace que l'immunité naturelle, elle la suit et la renforce ; elle est spécifiquement dirigée contre l'agent pathogène impliqué. Elle est réalisée par les globules blancs appelés *lymphocytes.* Chaque lymphocyte ne réagit qu'à un seul antigène. Les lymphocytes T-CD4 (ou lymphocytes T auxiliaires) reconnaissent les antigènes qui restent à la surface des cellules qui ont pratiqué la phagocytose *(cellules présentatrices de l'antigène).* Ils déclenchent alors la réaction immunitaire en activant d'autres cellules (ce sont les « chefs d'orchestre » de l'immunité) : les lymphocytes B, qui fabriquent des *anticorps* dirigés contre l'agent agresseur

(c'est l'*immunité humorale*), les lymphocytes T-CD8 (ou lymphocytes cytotoxiques), capables de détruire les cellules étrangères ou anormales (c'est l'*immunité à médiation cellulaire*), ainsi que d'autres lymphocytes T-CD4, ce qui amplifie la réponse immunitaire.
En même temps sont produites des *cellules mémoires* (lymphocytes T et B mémoires) spécifiques de l'agent pathogène impliqué dans l'infection. Elles restent très longtemps dans l'organisme (toute la vie dans certains cas) : si l'organisme rencontre à nouveau le même agent, elles vont déclencher une réponse immunitaire spécifique très efficace et beaucoup plus rapide que lors de la première rencontre. La vaccination se fonde sur cette propriété.
Les dérèglements de l'immunité. Il arrive que le système immunitaire ne sache plus différencier le soi et le non-soi : il se retourne alors contre les propres cellules de l'organisme, provoquant les *maladies auto-immunes*. Chez les personnes allergiques, le système immunitaire réagit de façon excessive *(hypersensibilité)* à des antigènes normalement inoffensifs. ■

immunodéficient, e [imynɔdefisjɑ̃, -ɑ̃t] **adj.** MÉD. Qui souffre d'une déficience des mécanismes immunitaires.

immunodéficitaire [imynɔdefisitɛr] **adj.** MÉD. Relatif à la déficience des mécanismes immunitaires : *Syndrome immunodéficitaire acquis (sida).*

immunodépresseur [imynɔdepresœr] et **immunosuppresseur** [imynɔsypresœr] **n.m.** Médicament ou traitement capable de diminuer ou de supprimer les réactions immunitaires d'un organisme. ▸ Ce type de médicament est utilisé en partic. lors des greffes d'organes pour limiter les risques de rejet.

immunoglobuline [imynɔglɔbylin] **n.f.** Anticorps qui assure l'immunité humorale, protéine présente dans le sang et les sécrétions capable de se combiner spécifiquement à l'antigène qui est à l'origine de sa production.

immunologie [imynɔlɔʒi] **n.f.** (de *immunité* et *-logie*). Partie de la biologie et de la médecine qui étudie les phénomènes d'immunité. ◆ **immunologiste n.** Nom du spécialiste.

immunologique [imynɔlɔʒik] **adj.** Relatif à l'immunologie.

immunosuppresseur n.m. ⟶ **immunodépresseur.**

immutabilité [imytabilite] **n.f.** (lat. *immutabilitas*, de *mutare*, changer). DR. Caractère des conventions juridiques qui ne peuvent être modifiées par la volonté des contractants : *L'immutabilité d'un contrat.*

impact [ɛ̃pakt] **n.m.** (lat. *impactus*, de *impingere*, heurter). **1.** Fait pour un corps, un projectile de venir en frapper un autre : *L'impact a été très violent* (syn. **choc**). **2.** Effet produit par qqch ; influence qui en résulte : *L'impact de la publicité.* **3.** Influence exercée par qqn, par ses idées : *L'impact d'un écrivain.* **4. Point d'impact,** endroit où a frappé un projectile : *Points d'impact sur un mur.*

1. impair, e [ɛ̃pɛr] **adj.** (lat. *impar*, de *par*, égal). **1.** Se dit d'un nombre qui n'est pas divisible par deux (par opp. à *pair*) : *Neuf est un nombre impair.* **2.** Qui est exprimé par un nombre, un chiffre impair : *Les nombres impairs se terminent par 1, 3, 5, 7 et 9.* **3.** ANAT. **Organes impairs,** organes qui n'ont pas de symétrique : *L'estomac et le foie sont des organes impairs.* ⁄ MATH. **Fonction impaire,** fonction f telle que $f(-x) = -f(x)$.

2. impair [ɛ̃pɛr] **n.m.** (de *1. impair*, p.-ê. par opp. à *parler pair, parler sans équivoque*). Maladresse choquante ; faute de tact : *Commettre un impair* (syn. **balourdise**).

impala [impala] **n.m.** (mot de la langue des Zoulous). Antilope d'Afrique australe et orientale, vivant en grands troupeaux et dont le mâle porte des cornes en forme de lyre.

impalpable [ɛ̃palpabl] **adj.** Si fin, si ténu qu'on ne le sent pas au toucher : *Poussière impalpable.*

imparable [ɛ̃parabl] **adj.** Impossible à parer, à contrer : *Le coup était imparable. Un argument imparable.*

impardonnable [ɛ̃pardɔnabl] **adj.** Qui ne peut ou ne doit pas être pardonné : *Vous êtes impardonnable d'avoir agi ainsi. Une étourderie impardonnable* (syn. **inexcusable**).

1. imparfait, e [ɛ̃parfɛ, -ɛt] **adj.** (lat. *imperfectus*, de *perficere*, achever, accomplir). **1.** Qui présente des lacunes ; qui n'est pas achevé : *Connaissance imparfaite d'une langue* (syn. **partiel, rudimentaire**). **2.** Qui n'atteint pas la perfection absolue ; qui présente des défauts : *Son documentaire donne une idée imparfaite de la situation* (syn. **approximatif, inexact**).

2. imparfait [ɛ̃parfɛ] **n.m.** (de *1. imparfait*). GRAMM. Système de formes verbales constituées d'une racine verbale et d'un affixe exprimant le passé et situant l'énoncé dans un moment indéterminé avant le moment présent ou avant le moment du récit.

imparfaitement [ɛ̃parfɛtmɑ̃] **adv.** De façon imparfaite : *Elle a imparfaitement rendu ma pensée.*

imparisyllabique [ɛ̃parisilabik] **adj.** et **n.m.** (de *1. impair* et *syllabique*). LING. Se dit des mots latins qui ont au génitif singulier une syllabe de plus qu'au nominatif singulier (par opp. à *parisyllabique*).

impartial, e, aux [ɛ̃parsjal, -o] **adj.** Qui ne favorise pas l'un aux dépens de l'autre ; qui n'exprime aucun parti pris : *Avis impartial* (syn. **objectif**). *Juge impartial* (syn. **équitable**).

impartialement [ɛ̃parsjalmɑ̃] **adv.** Avec équité ; sans parti pris : *Se prononcer impartialement* (syn. **équitablement, objectivement**).

impartialité [ɛ̃parsjalite] **n.f.** Caractère, qualité de qqn qui est impartial ou de ce qui est juste, équitable : *Voici mon avis en toute impartialité* (syn. **équité, objectivité**).

impartir [ɛ̃partir] **v.t.** (bas lat. *impartire*, accorder, de *pars, partis*, partie) [conj. **32**]. DR. ou *LITT.* Attribuer ; accorder : *Impartir un délai pour le paiement d'une dette.*

impasse [ɛ̃pas] **n.f.** (de *in-* et *passer*). **1.** Rue, ruelle sans issue : *Habiter au fond d'une impasse* (syn. **cul-de-sac**). **2.** Situation ne présentant pas d'issue favorable : *La négociation est dans l'impasse.* **3.** JEUX. Tentative de faire une levée avec la plus basse de deux cartes non successives d'une même couleur en spéculant sur la répartition des cartes chez les adversaires. **4.** *FAM.* **Faire une, des impasse(s),** négliger d'étudier une partie d'un programme d'examen en espérant être interrogé sur les autres. ⁄ **Impasse budgétaire,** fraction des dépenses de l'État qu'on espère couvrir non par des ressources budgétaires, mais par des ressources de trésorerie ou un recours à un emprunt.

impassibilité [ɛ̃pasibilite] **n.f.** Caractère ou état d'une personne impassible (syn. **flegme, sang-froid**).

impassible [ɛ̃pasibl] **adj.** (lat. ecclés. *impassibilis*, de *pati*, souffrir). Qui ne manifeste aucun trouble, aucune émotion : *Un air impassible. Rester impassible devant le danger* (= maître de soi) [syn. **calme, imperturbable**].

impassiblement [ɛ̃pasibləmɑ̃] **adv.** Avec impassibilité : *Écouter impassiblement les critiques* (syn. **sereinement**).

impatiemment [ɛ̃pasjamɑ̃] **adv.** Avec impatience : *Les enfants attendent impatiemment leurs cadeaux.*

impatience [ɛ̃pasjɑ̃s] **n.f.** Manque de patience ; incapacité à se contraindre ou à attendre : *Apprendre à maîtriser son impatience* (syn. **énervement, irritation**).

impatient, e [ɛ̃pasjɑ̃, -ɑ̃t] **adj.** (lat. *impatiens, -entis*). Qui manque de patience ; qui désire avec un empressement inquiet : *Être impatient de partir* (syn. **pressé**). ◆ **n.** Personne impatiente : *Un jeune impatient.*

impatiente [ɛ̃pasjɑ̃t] et **impatiens** [ɛ̃pasjɑ̃s] **n.f.** (du lat. *impatiens* [v. *impatient*], en raison de la réaction du fruit). BOT. Balsamine, dont le fruit s'ouvre au moindre contact.

impatienter [ɛ̃pasjɑ̃te] **v.t.** Faire perdre patience à : *Sa lenteur m'impatiente* (syn. **énerver, irriter**). ◆ **s'impatienter v.pr.** Perdre patience ; marquer son impatience : *Le train est en retard et les voyageurs commencent à s'impatienter.*

impavide [ɛ̃pavid] **adj.** (lat. *impavidus,* de *pavor,* peur). LITT. Qui n'éprouve ou ne manifeste aucune peur : *Rester impavide dans le tumulte* (syn. **imperturbable**).

impayable [ɛ̃pɛjabl] **adj.** (propr. « qu'on ne saurait payer trop cher », d'où « admirable » avec évolution vers un sens iron.). FAM. Incroyablement risible : *Vous êtes impayable avec ce chapeau. Une aventure impayable* (syn. **cocasse**).

impayé, e [ɛ̃peje] **adj.** Qui n'a pas été payé : *Trop de factures restent impayées.* ◆ **impayé n.m.** Dette, traite, effet non payés : *Recouvrement des impayés.*

impeccable [ɛ̃pekabl] **adj.** (lat. *impeccabilis,* incapable de faute, de *peccare,* pécher). **1.** Qui est sans défaut : *Parler un français impeccable* (syn. **excellent, parfait, pur**). **2.** Parfaitement propre, net : *Uniformes impeccables.*

impeccablement [ɛ̃pekabləmɑ̃] **adv.** De façon impeccable : *Chaussures impeccablement cirées* (syn. **parfaitement**).

impécunieux, euse [ɛ̃pekynjø, -øz] **adj.** (du lat. *pecunia,* argent). LITT. Qui manque d'argent : *Des familles impécunieuses* (syn. **démuni, pauvre**).

impédance [ɛ̃pedɑ̃s] **n.f.** (mot angl., de *to impede,* empêcher, lat. *impedire,* entraver). PHYS. Quotient de la tension aux bornes d'un circuit par le courant alternatif qui le parcourt.

impedimenta [ɛ̃pedimɛ̃ta] **n.m. pl.** (mot lat. « bagages »). LITT. Ce qui entrave l'activité, le mouvement : *Une femme et des enfants sont des impedimenta pour un carriériste* (syn. **obstacle**).

impénétrabilité [ɛ̃penetrabilite] **n.f.** Caractère impénétrable : *L'impénétrabilité d'un mystère, d'une forêt.*

impénétrable [ɛ̃penetrabl] **adj. 1.** Qui ne peut être pénétré, traversé : *Un maquis impénétrable* (syn. **dense**). **2.** Impossible à comprendre : *Desseins impénétrables* (syn. **mystérieux**). *Elle est impénétrable* (syn. **énigmatique**).

impénitent, e [ɛ̃penitɑ̃, -ɑ̃t] **adj.** (lat. *impaenitens,* de *paenitere,* se repentir). **1.** Qui persiste dans une habitude : *Un buveur impénitent* (syn. **invétéré**). **2.** THÉOL. Qui refuse de se repentir : *Un pécheur impénitent.*

impensable [ɛ̃pɑ̃sabl] **adj.** Qui dépasse l'imagination : *Il est impensable qu'elle ait pu oublier* (syn. **inconcevable**).

impenses [ɛ̃pɑ̃s] **n.f. pl.** (lat. *impensa*). DR. Dépense faite pour l'entretien ou l'amélioration d'un bien, notamm. d'un bien immeuble.

imper [ɛ̃pɛr] **n.m.** (abrév.). FAM. Imperméable.

1. impératif, ive [ɛ̃peratif, -iv] **adj.** (lat. *imperativus,* de *imperare,* commander). **1.** Qui a le caractère du commandement ; qui exprime un ordre absolu : *Ton impératif* (syn. **autoritaire, péremptoire**). *Consigne impérative* (syn. **incontournable**). **2.** Qui s'impose comme une nécessité absolue : *Des besoins impératifs* (syn. **pressant, urgent**).

2. impératif [ɛ̃peratif] **n.m.** (de *1. impératif* et du bas lat. *imperativus [modus]*). **1.** Nécessité absolue qui impose certaines actions comme un ordre : *Les impératifs du moment, de la situation politique* (syn. **exigence**). **2.** GRAMM. Mode du verbe caractérisé par l'absence de pronoms de conjugaison et qui exprime un ordre ou une défense.

impérativement [ɛ̃perativmɑ̃] **adv.** De façon impérative : *Vous devez impérativement répondre avant mardi* (syn. **obligatoirement**).

impératrice [ɛ̃peratris] **n.f.** (lat. *imperatrix,* de *imperare,* commander). **1.** Femme d'un empereur. **2.** Femme qui gouverne un empire.

imperceptibilité [ɛ̃pɛrsɛptibilite] **n.f.** Caractère de ce qui est imperceptible : *L'imperceptibilité des infrasons.*

imperceptible [ɛ̃pɛrsɛptibl] **adj. 1.** Qui échappe à nos sens : *Ultrason imperceptible à l'oreille* (= inaudible). *Microbes imperceptibles à l'œil* (= invisible). **2.** Qui échappe à l'attention : *Progrès, changement imperceptible* (syn. **infime, insensible**).

imperceptiblement [ɛ̃pɛrsɛptibləmɑ̃] **adv.** De façon imperceptible.

imperfectible [ɛ̃pɛrfɛktibl] **adj.** Qui n'est pas perfectible.

imperfectif, ive [ɛ̃pɛrfɛktif, -iv] **adj.** (de *perfectif*). LING. Se dit de l'aspect verbal qui envisage une action comme non achevée et dans son déroulement (syn. **inaccompli, non accompli**). ◆ **imperfectif n.m.** LING. Aspect imperfectif ; ensemble des formes verbales imperfectives.

imperfection [ɛ̃pɛrfɛksjɔ̃] **n.f. 1.** État d'une personne ou d'une chose imparfaite : *L'imperfection des moyens techniques* (syn. **défectuosité, médiocrité**). **2.** Ce qui rend qqn ou qqch imparfait : *Ouvrage qui souffre de menues imperfections* (syn. **défaut, faute**).

impérial, e, aux [ɛ̃perjal, -o] **adj.** (lat. *imperialis*). **1.** Qui appartient ou se rapporte à un empereur ou à un empire : *La garde impériale. La Rome impériale.* **2.** LITT. Qui montre beaucoup d'autorité : *Allure impériale* (syn. **majestueux, souverain**).

impériale [ɛ̃perjal] **n.f.** (de *impérial,* par analogie de forme avec une couronne impériale pour le sens 1). **1.** Étage supérieur d'une diligence, d'un tramway, d'un autobus, d'un train. **2.** Autref., petite touffe de barbe sous la lèvre inférieure, mise à la mode par Napoléon III.

impérialement [ɛ̃perjalmɑ̃] **adv.** De façon impériale ; en souverain : *Il a impérialement dominé ses adversaires.*

impérialisme [ɛ̃perjalism] **n.m.** (angl. *imperialism*). **1.** Domination culturelle, économique, etc., d'un État ou d'un groupe d'États sur un autre État ou groupe d'États : *Les pays qui ont souffert de l'impérialisme* (syn. **colonialisme**). **2.** Volonté d'expansion et de domination : *L'impérialisme d'une école littéraire* (syn. **domination**).

impérialiste [ɛ̃perjalist] **adj.** et **n.** Qui relève de l'impérialisme : *Des visées impérialistes.*

impérieusement [ɛ̃perjøzmɑ̃] **adv.** De façon impérieuse : *Parler impérieusement* (syn. **autoritairement**).

impérieux, euse [ɛ̃perjø, -øz] **adj.** (lat. *imperiosus,* de *imperium,* empire). **1.** Qui commande avec énergie : *Prendre un ton impérieux* (syn. **cassant, péremptoire, tranchant**). **2.** Qui oblige à céder ; qui s'impose sans qu'on puisse résister : *Nécessité impérieuse* (syn. **pressant**).

impérissable [ɛ̃perisabl] **adj.** Qui ne saurait périr : *Ce film ne m'a pas laissé un souvenir impérissable* (syn. **éternel**). *Un chef-d'œuvre impérissable* (syn. **immortel**).

impéritie [ɛ̃perisi] **n.f.** (lat. *imperitia,* de *peritus,* expérimenté). LITT. Manque de capacité dans la fonction que l'on exerce : *L'impéritie d'un ministre* (syn. **incapacité**).

imperméabilisant, e [ɛ̃pɛrmeabilizɑ̃, -ɑ̃t] **adj.** et **n.m.** Se dit d'un produit qui, pulvérisé sur le cuir ou le tissu, le rend imperméable.

imperméabiliser [ɛ̃pɛrmeabilize] **v.t.** Rendre imperméable : *Imperméabiliser une paire de chaussures.*

imperméabilité [ɛ̃pɛrmeabilite] **n.f.** Qualité de ce qui est imperméable : *L'imperméabilité des sols argileux.*

imperméable [ɛ̃pɛrmeabl] **adj. 1.** Qui ne se laisse pas traverser par les liquides : *Le caoutchouc est imperméable* (syn. **étanche**). **2.** GRAMM. **Imperméable à,** inaccessible à certains sentiments, certaines idées : *Être imperméable au modernisme* (syn. **insensible**). *Il est imperméable à tout conseil* (syn. **réfractaire**). ◆ **n.m.** Vêtement de pluie imperméable (abrév. fam. *imper*).

impersonnel, elle [ɛ̃pɛrsɔnɛl] **adj. 1.** Qui n'appartient ou n'est destiné à personne en propre : *La loi est impersonnelle.* **2.** Qui n'a aucun caractère personnel : *Style impersonnel* (syn. **fade, plat**). *Un décor impersonnel* (syn. **quelconque** ; contr. **original**). **3.** GRAMM. **Modes impersonnels,** modes du verbe qui n'expriment pas la personne grammaticale : *L'infinitif et le participe sont des modes impersonnels.* / **Phrase impersonnelle,** phrase dans laquelle le sujet, placé après le verbe, est remplacé devant le verbe par le pronom neutre *il* : (ex. : *« Il est arrivé un paquet »*). / **Verbe impersonnel,** verbe qui n'a que la 3e pers. du sing., représentant un sujet neutre indéterminé : *« Falloir (il faut), pleuvoir (il pleut) » sont des verbes impersonnels.*

impersonnellement [ɛ̃pɛrsɔnɛlmɑ̃] **adv.** De façon impersonnelle : *Verbe employé impersonnellement.*

impertinence [ɛ̃pɛrtinɑ̃s] **n.f. 1.** Manière arrogante de parler, d'agir : *Elle nous a toisés avec impertinence* (syn. **effronterie**). **2.** Parole, action déplacée ou offensante : *Vos impertinences sont intolérables* (syn. **insolence**).

impertinent, e [ɛ̃pɛrtinɑ̃, -ɑ̃t] **adj.** et **n.** (bas lat. *impertinens,* qui ne convient pas). Qui parle, agit d'une manière blessante : *Une réplique impertinente* (syn. **irrévérencieux**). *C'est une impertinente* (syn. **insolent**).

imperturbabilité [ɛ̃pɛrtyrbabilite] **n.f.** État, caractère d'une personne imperturbable : *Rien ne m'irrite plus que son imperturbabilité* (syn. **flegme, placidité, sang-froid**).

imperturbable [ɛ̃pɛrtyrbabl] **adj.** Que rien ne peut troubler : *Elle a su rester imperturbable* (syn. **calme, impassible**).

imperturbablement [ɛ̃pɛrtyrbabləmɑ̃] **adv.** De façon imperturbable ; sans se troubler.

impétigo [ɛ̃petigo] **n.m.** (mot lat., de *impetere,* attaquer). Affection contagieuse de la peau, due à un streptocoque ou à un staphylocoque, caractérisée par une éruption de pustules qui, en se desséchant, forment des croûtes épaisses.

impétrant, e [ɛ̃petrɑ̃, -ɑ̃t] **n.** (du lat. *impetrare,* obtenir). DR. Personne qui obtient de l'autorité compétente qqch qu'elle a sollicité, comme un diplôme, une charge, un titre.

impétueusement [ɛ̃petɥøzmɑ̃] **adv.** Avec impétuosité.

impétueux, euse [ɛ̃petɥø, -øz] **adj.** (bas lat. *impetuosus,* de *impetus,* impulsion). **1.** Qui est animé d'un mouvement puissant, rapide : *Torrent impétueux* (syn. **tumultueux**). **2.** Qui est vif, emporté, en parlant de qqn : *Un adolescent impétueux* (syn. **ardent, bouillant ;** contr. **nonchalant**).

impétuosité [ɛ̃petɥozite] **n.f. 1.** *LITT.* Caractère, nature de ce qui est impétueux : *L'impétuosité des flots* (syn. **fureur, violence**). **2.** Caractère passionné d'une personne : *Elle a défendu sa cause avec impétuosité* (syn. **ardeur, fougue**).

impie [ɛ̃pi] **adj.** et **n.** (lat. *impius,* de *pius,* pieux). *LITT.* Qui méprise la religion : *Les impies* (syn. **athée, incroyant**). *Un livre impie* (syn. **sacrilège**).

impiété [ɛ̃pjete] **n.f.** (lat. *impietas,* de *impius ;* v. *impie*). *LITT.* **1.** Mépris pour les choses religieuses (syn. **irréligion**). **2.** Parole, action impie (syn. **blasphème, sacrilège**).

impitoyable [ɛ̃pitwajabl] **adj. 1.** Qui est sans pitié : *Juge impitoyable* (syn. **implacable**). **2.** Qui ne fait grâce de rien : *Un critique impitoyable* (syn. **intransigeant, sévère**).

impitoyablement [ɛ̃pitwajabləmɑ̃] **adv.** Sans pitié : *Il a impitoyablement rejeté toutes les demandes.*

implacable [ɛ̃plakabl] **adj.** (lat. *implacabilis,* de *placare,* apaiser). **1.** Dont on ne peut apaiser la violence, la dureté : *Haine implacable* (syn. **acharné**). *Un ennemi implacable* (syn. **impitoyable**). **2.** À quoi on ne peut échapper : *Une logique implacable* (syn. **imparable**).

implacablement [ɛ̃plakabləmɑ̃] **adv.** De façon implacable : *Répression menée implacablement* (syn. **impitoyablement**).

implant [ɛ̃plɑ̃] **n.m.** (de *implanter*). **1.** MÉD. Pastille chargée d'une substance active, telle que médicament, hormone, etc., que l'on place dans le tissu cellulaire sous-cutané, où elle se résorbe lentement. **2. Implant dentaire,** plaque ou grille introduite au contact de l'os maxillaire pour soutenir une prothèse dentaire.

implantable [ɛ̃plɑ̃tabl] **adj.** MÉD. **1.** Se dit d'un organe qui peut être implanté. **2.** Se dit d'un sujet sur lequel on peut pratiquer une implantation.

implantation [ɛ̃plɑ̃tasjɔ̃] **n.f. 1.** Action d'implanter ; fait d'être implanté : *L'implantation d'une usine dans une région* (syn. **installation**). **2.** Manière dont les cheveux sont plantés. **3.** MÉD., CHIR. Intervention ayant pour but d'insérer un implant sous la peau.

implanter [ɛ̃plɑ̃te] **v.t.** (it. *impiantare,* bas lat. *implantare,* planter dans). **1.** Fixer, introduire, planter dans qqch : *Le lierre implante ses crampons dans les fissures de la muraille.* **2.** Établir qqn, qqch quelque part de façon durable : *Implanter un centre commercial près d'une ville* (syn. **construire, installer**). **3.** CHIR. Pratiquer l'implantation de. ◆ **s'implanter v.pr.** Se fixer ; s'installer durablement : *Le parti n'a pas réussi à s'implanter dans la région.*

implication [ɛ̃plikasjɔ̃] **n.f. 1.** État d'une personne impliquée dans une affaire : *Son implication dans ce scandale n'a jamais été prouvée* (syn. **complicité, participation**). **2.** (Surtout au pl.). Ce qui est impliqué par qqch ; conséquence attendue : *Implications politiques d'une décision économique* (syn. **conséquence, effet**).

implicite [ɛ̃plisit] **adj.** (lat. *implicitus,* p. passé de *implicare,* envelopper ; v. *impliquer*). Qui est contenu dans une proposition sans être exprimé en termes précis, formels : *Clause, condition, volonté implicite* (syn. **tacite ;** contr. **explicite**).

implicitement [ɛ̃plisitmɑ̃] **adv.** De façon implicite : *Son silence constitue implicitement une acceptation.*

impliquer [ɛ̃plike] **v.t.** (lat. *implicare,* de *plicare,* plier). **1.** Mettre en cause : *Il a été impliqué dans une affaire de fausses factures* (syn. **compromettre, mêler**). **2.** Avoir pour conséquence logique ou inéluctable : *Ces propos impliquent un refus de votre part* (syn. **signifier**). *Le travail en équipe implique la confiance réciproque* (syn. **supposer**). ◆ **s'impliquer v.pr. [dans].** Se consacrer très activement à qqch : *Il s'est beaucoup impliqué dans le projet* (syn. **s'engager**).

implorant, e [ɛ̃plɔrɑ̃, -ɑ̃t] **adj.** *LITT.* Qui implore : *Voix implorante* (syn. **suppliant**).

imploration [ɛ̃plɔrasjɔ̃] **n.f.** Action d'implorer (syn. **prière, supplication**).

implorer [ɛ̃plɔre] **v.t.** (lat. *implorare,* de *plorare,* pleurer). *LITT.* **1.** Supplier avec insistance, en faisant appel à la pitié : *Implorer Dieu, ses juges* (syn. **adjurer, conjurer**). **2.** Demander en suppliant, d'une manière pressante : *Implorer le pardon de qqn* (syn. **quémander, solliciter**).

imploser [ɛ̃ploze] **v.i.** Faire implosion : *Le téléviseur a implosé.*

implosif, ive [ɛ̃plozif, -iv] **adj.** PHON. Se dit d'une consonne dépourvue de sa phase d'explosion : *Dans le mot « aptitude », la consonne « p » est implosive.*

implosion [ɛ̃plozjɔ̃] **n.f.** (de *[ex]plosion*). **1.** Irruption brutale et rapide d'un fluide dans une enceinte qui se trouve à une pression nettement moindre que la pression du milieu extérieur : *Implosion d'un tube à vide de téléviseur.* **2.** PHON. Première phase de l'émission d'une consonne occlusive, caractérisée par la fermeture du conduit expiratoire et de l'articulation (par opp. à *explosion*).

impluvium [ɛ̃plyvjɔm] **n.m.** (mot lat.). ANTIQ. Espace découvert au milieu de l'atrium des maisons romaines et qui contenait un bassin pour recevoir les eaux de pluie ; ce bassin lui-même.

impoli, e [ɛ̃pɔli] **adj.** et **n.** Qui manque de politesse : *Un homme impoli* (syn. **grossier, malpoli**). *Une demande impolie* (syn. **discourtois, incorrect**).

impoliment [ɛ̃pɔlimɑ̃] **adv.** Avec impolitesse.

impolitesse [ɛ̃pɔlitɛs] **n.f. 1.** Manque de politesse : *Se conduire avec impolitesse* (syn. **grossièreté**). **2.** Action, parole impolie : *C'est une impolitesse de ne pas l'avoir remercié* (syn. **incorrection, inconvenance**).

impondérable [ɛ̃pɔ̃derabl] **adj.** (de *pondérable*). *LITT.* Dont l'importance peut difficilement être évaluée : *Facteurs impondérables* (syn. **imprévisible**). ◆ **n.m.** (Surtout au pl.). Élément imprévisible qui influe sur la détermination des événements : *Les impondérables de la politique* (syn. **imprévu**).

impopulaire [ɛ̃pɔpylɛr] **adj.** Qui n'est pas conforme aux désirs de la population ; qui n'est pas aimé du grand nombre : *Loi très impopulaire.*

impopularité [ɛ̃pɔpylarite] **n.f.** Manque de popularité ; caractère de ce qui est impopulaire : *L'impopularité d'un gouvernement, d'une loi.*

1. importable [ɛ̃pɔrtabl] **adj.** (de *importer*). Qu'il est permis ou possible d'importer : *Liste des marchandises importables.*

2. importable [ɛ̃pɔrtabl] **adj.** (de *porter*). Se dit d'un vêtement que l'on ne peut ou que l'on n'ose pas porter : *Ce chemisier est importable* (syn. **immettable**).

importance [ɛ̃pɔrtɑ̃s] **n.f.** (it. *importanza,* du lat. *importare,* propr. « porter dans »). **1.** Caractère de ce qui importe par sa valeur, par son intérêt, par son rôle : *Attacher, donner beaucoup d'importance à qqch. Une décision de la plus haute importance* (syn. **conséquence, portée**). **2.** Caractère de ce qui est considérable par la force, le nombre, la quantité : *Une agglomération d'importance moyenne* (syn. **taille**). **3.** Autorité, influence que confère un rang élevé dans la société, un talent reconnu, etc. : *Il a pris de l'importance dans l'entreprise* (syn. **crédit**). **4. D'importance,** important, considérable : *L'affaire est d'importance.*

important, e [ɛ̃pɔrtɑ̃, -ɑ̃t] **adj.** (it. *importante ;* v. 2. *importer*). **1.** Qui a une valeur, un intérêt, un rôle considérable : *Une déclaration importante* (syn. **capital**). **2.** Considérable par ses proportions, sa quantité : *Un investissement assez important* (syn. **considérable**). ◆ **adj.** et **n.** Qui témoigne une prétention à paraître plus qu'il n'est (péjor.) : *Vouloir faire l'important.* ◆ **important n.m.** Point essentiel : *L'important, c'est de guérir* (syn. **essentiel, principal**).

importateur, trice [ɛ̃pɔrtatœr, -tris] **adj.** et **n.** Qui fait des importations : *Pays importateur de céréales. Un gros importateur de voitures.*

importation [ɛ̃pɔrtasjɔ̃] **n.f. 1.** Action d'importer : *Importation d'objets manufacturés* (contr. **exportation**). **2.** (Surtout au pl.). Ce qui est importé : *L'excédent des importations* (contr. **exportation**).

1. importer [ɛ̃pɔrte] **v.t.** (lat. *importare,* porter dans). **1.** Faire entrer dans un pays des marchandises provenant de l'étranger : *Importer du bois, du charbon* (contr. **exporter**). **2.** Introduire dans son pays, dans son milieu qqch qui vient de l'étranger : *Importer une danse, une mode* (syn. **acclimater**).

2. importer [ɛ̃pɔrte] **v.i.** et **v.t. ind. [à]** (it. *importare,* mot lat. « porter dans, susciter »). **1.** Avoir de l'importance ; présenter de l'intérêt : *Gagner, voilà ce qui importe* (syn. **compter**). *Vos histoires m'importent peu* (syn. **intéresser**). **2. Il importe de, que,** il est nécessaire de, que : *Il importe de faire parvenir votre réponse (que votre réponse nous parvienne) sous huitaine.* / **N'importe, il n'importe ⟶ n'importe.** / **N'importe qui, quel, où, etc. ⟶ n'importe.** / **Peu importe, qu'importe,** cela n'a aucune importance : *Peu importe qu'elle soit là ou non. Qu'importent vos protestations.* ***Rem.*** Ce verbe ne s'emploie qu'à l'inf. et aux 3ᵉ pers.

import-export [ɛ̃pɔrɛkspɔr] **n.m.** (pl. *imports-exports*). Commerce de produits importés et exportés.

importun, e [ɛ̃pɔrtœ̃, -yn] **adj.** et **n.** (lat. *importunus,* inabordable). **1.** Qui ennuie, qui gêne par une insistance répétée ou hors de propos : *Des visiteurs importuns* (syn. **fâcheux**). **2.** Qui irrite par sa continuité ou sa répétition : *Ses plaintes sont importunes en la circonstance* (syn. **inopportun, intempestif**). **3.** Qui incommode par son caractère déplacé : *Une question importune* (syn. **gênant**).

importuner [ɛ̃pɔrtyne] **v.t.** Causer du désagrément à : *Vous importunez les autres par vos bavardages incessants* (syn. **déranger, gêner**).

imposable [ɛ̃pozabl] **adj.** (de *imposer*). Soumis à l'impôt ; assujetti à l'impôt : *Revenu imposable. Personnes imposables.*

imposant, e [ɛ̃pozɑ̃, -ɑ̃t] **adj.** Qui impressionne par la grandeur, le nombre, la force : *Une foule imposante* (syn. **énorme**). *Un film à la mise en scène imposante* (syn. **grandiose**).

imposé, e [ɛ̃poze] **adj. 1.** Qui est obligatoire : *Se plier aux règles imposées.* **2.** SPORTS. **Exercices imposés, figures imposées,** exercices, figures obligatoires dans certains concours, comme le patinage, la gymnastique, etc. (on dit aussi *les imposés, les imposées*). ◆ **adj.** et **n.** Soumis à l'impôt ; assujetti à l'impôt : *Revenus imposés.*

imposer [ɛ̃poze] **v.t.** (lat. *imponere,* placer sur). **1.** Obliger à accepter, à faire, à subir : *Imposer sa volonté* (syn. **dicter**). *Imposer des restrictions* (syn. **infliger**). **2.** Faire accepter par une pression morale : *Elle a su imposer ses idées.* **3.** Charger qqn d'un impôt : *Imposer les contribuables* (contr. **exonérer**). **4.** Frapper qqch d'un impôt, d'une taxe : *Imposer les boissons alcoolisées* (syn. **taxer** ; contr. **dégrever**). **5. Imposer le respect,** inspirer un sentiment de respect. / **Imposer silence,** faire taire. / CATH. **Imposer les mains,** mettre les mains sur qqn pour le bénir. ◆ **v.t. ind. En imposer à qqn,** lui inspirer du respect, de l'admiration, de la crainte. / **S'en laisser imposer,** se laisser impressionner par des apparences faussement remarquables. ◆ **s'imposer v.pr. 1.** Imposer sa présence : *Il a réussi à s'imposer dans l'entourage du directeur.* **2.** Se faire accepter par le respect que l'on inspire ou par sa valeur : *S'imposer comme la meilleure joueuse de tennis du moment.* **3.** Avoir un caractère de nécessité ; devenir une obligation : *Des réformes s'imposent. La plus grande prudence s'impose* (= est de rigueur).

imposition [ɛ̃pozisjɔ̃] **n.f.** (lat. *impositio,* de *imponere,* imposer). **1.** Impôt ; procédé de fixation de l'assiette et de liquidation d'un impôt : *Réformer les conditions générales de l'imposition.* **2.** IMPR. Mise en place des pages de composition, en ménageant des blancs déterminés, de sorte qu'après pliage de la feuille imprimée les pages du cahier obtenu se suivent dans l'ordre de la pagination. **3.** CATH. **Imposition des mains,** geste du prêtre ou de l'évêque qui impose les mains pour bénir.

impossibilité [ɛ̃posibilite] **n.f. 1.** Caractère de ce qui est impossible à faire, à concevoir logiquement : *Démontrer l'impossibilité d'une hypothèse.* **2.** Chose impossible : *Se heurter à une impossibilité matérielle* (syn. **obstacle**).

impossible [ɛ̃posibl] **adj.** (lat. *impossibilis,* de *posse,* pouvoir). **1.** Qui ne peut pas être ; qui ne peut pas se faire : *Une tâche impossible* (syn. **infaisable, irréalisable**). **2.** *FAM.* Très difficile à faire, à concevoir, à endurer, etc. : *La vie ici est devenue impossible* (syn. **insupportable**). **3.** *FAM.* Avec qui il est difficile de vivre, d'entretenir des relations : *Des gens impossibles* (syn. **invivable**). **4.** Jugé bizarre ou extravagant : *Avoir un nom impossible* (syn. **inouï, invraisemblable**). ◆ **n.m. 1.** Ce qui ne saurait exister, se produire, être réalisé : *Vous demandez l'impossible.* **2. Faire l'impossible,** recourir à tous les moyens pour : *Les médecins ont fait l'impossible pour la sauver.* / **Par impossible,** en envisageant une éventualité des plus improbables : *Si, par impossible, ta proposition était acceptée...*

imposte [ɛ̃pɔst] **n.f.** (it. *imposta,* du lat. *imponere,* placer sur). **1.** MENUIS. Partie fixe ou mobile, vitrée ou non, occupant le haut d'une baie au-dessus du ou des battants qui constituent la porte ou la fenêtre proprement dite. **2.** ARCHIT. Pierre en saillie, supportant le cintre d'une arcade.

imposteur [ɛ̃pɔstœr] **n.m.** (lat. *impostor,* de *imponere,* en imposer à qqn, l'abuser). *LITT.* Personne qui trompe par de fausses apparences, qui se fait passer pour qqn d'autre : *Démasquer un imposteur* (syn. **mystificateur**).

imposture [ɛ̃pɔstyr] **n.f.** (lat. *impostura ;* v. *imposteur*). *LITT.* Action de tromper par de fausses apparences ou des allégations mensongères, notamm. en usurpant une qualité, un titre, une identité : *Dénoncer les impostures d'un escroc* (syn. **mensonge, tromperie**). *Sa renommée repose sur une imposture* (syn. **mystification**).

impôt [ɛ̃po] **n.m.** (du lat. *impositum,* p. passé de *imponere,* imposer). **1.** Prélèvement effectué d'autorité sur les ressources ou les biens des individus ou des collectivités et payé en argent pour subvenir aux dépenses d'intérêt général de l'État ou des collectivités locales : *Impôt sur le revenu.* **2. Impôt direct,** perçu directement par l'Administration sur les revenus des personnes physiques, sur les bénéfices industriels, commerciaux. / **Impôt indirect,** perçu, notamm., sur les biens de consommation comme les carburants, les alcools, les tabacs.

impotence [ɛ̃pɔtɑ̃s] **n.f.** (lat. *impotentia*). État d'une personne ou d'un membre impotent : *Son impotence le cloue à la maison* (syn. **infirmité, invalidité**).

impotent, e [ɛ̃pɔtɑ̃, -ɑ̃t] **adj.** et **n.** (lat. *impotens*, impuissant, de *posse*, pouvoir). **1.** Qui éprouve de grandes difficultés à se mouvoir : *Un vieillard impotent* (syn. **infirme, invalide**). **2.** Se dit d'un membre qui est dans l'impossibilité d'accomplir les mouvements qui lui sont propres : *Elle a le bras droit impotent* (syn. **paralysé**).

impraticabilité [ɛ̃pratikabilite] **n.f.** Caractère, état de ce qui est impraticable : *L'impraticabilité des chemins.*

impraticable [ɛ̃pratikabl] **adj. 1.** Où l'on ne peut pas passer : *Chemins impraticables.* **2.** Qu'on ne peut mettre à exécution : *Projet impraticable* (syn. **irréalisable**).

imprécateur, trice [ɛ̃prekatœr, -tris] **n.** *LITT.* Personne qui profère des imprécations.

imprécation [ɛ̃prekasjɔ̃] **n.f.** (lat. *imprecatio*, de *precari*, prier). *LITT.* Malédiction proférée contre qqn ; parole ou souhait appelant le malheur sur qqn : *Se répandre en imprécations contre qqn* (syn. **anathème, malédiction**).

imprécatoire [ɛ̃prekatwar] **adj.** *LITT.* Qui a la forme d'une imprécation : *Des formules imprécatoires.*

imprécis, e [ɛ̃presi, -iz] **adj.** Qui manque de précision : *C'est une évaluation très imprécise* (syn. **approximatif**). *Je n'ai que des notions très imprécises sur cette question* (syn. **vague**).

imprécision [ɛ̃presizjɔ̃] **n.f.** Manque de précision ; élément imprécis : *Son projet est d'une grande imprécision. Il y a plusieurs imprécisions dans ce compte rendu* (syn. **inexactitude**).

imprédictible [ɛ̃prediktibl] **adj.** Qui échappe à la prévision (syn. **imprévisible**).

imprégnation [ɛ̃preɲasjɔ̃] **n.f. 1.** Action d'imprégner ; fait d'être imprégné : *L'imprégnation d'un tissu.* **2.** Pénétration lente : *L'imprégnation des esprits par la publicité.*

imprégner [ɛ̃preɲe] **v.t.** (bas lat. *impraegnare*, féconder) [conj. **18**]. **1.** Faire pénétrer un liquide, une odeur dans : *Imprégner une étoffe d'un liquide* (syn. **imbiber**). *Le tabac imprègne les vêtements de son odeur* (syn. **envahir**). **2.** Pénétrer de façon insidieuse et profonde, en parlant d'une influence : *Son éducation l'a imprégné de préjugés* (syn. **remplir**). ◆ **s'imprégner v.pr. [de].** S'imbiber ; au fig., faire pénétrer qqch dans son esprit par un contact étroit : *Les terres se sont imprégnées de pluie. Un séjour à l'étranger destiné à s'imprégner d'une langue* (syn. **assimiler**).

imprenable [ɛ̃prənabl] **adj. 1.** Qui ne peut être pris : *Citadelle imprenable* (syn. **inexpugnable**). **2. Vue imprenable,** qui ne peut être masquée par des constructions nouvelles.

imprésario [ɛ̃presarjo] **n.m.** (mot it., de *impresa*, entreprise). Personne qui négocie, moyennant rémunération, les engagements et les contrats d'un artiste du spectacle.

imprescriptibilité [ɛ̃prɛskriptibilite] **n.f.** Caractère de ce qui est imprescriptible : *L'imprescriptibilité des crimes contre l'humanité.*

imprescriptible [ɛ̃prɛskriptibl] **adj. 1.** DR. Qui ne peut être atteint par la prescription : *Les biens du domaine public sont inaliénables et imprescriptibles.* **2.** Qui ne peut être effacé par le temps : *Les droits imprescriptibles de l'homme* (syn. **immuable**).

impression [ɛ̃presjɔ̃] **n.f.** (lat. *impressio*, de *imprimere*, propr. « appuyer sur »). **1.** Marque laissée par un objet qui appuie ou est pressé sur une substance : *L'impression d'un cachet dans la cire* (syn. **empreinte**). **2.** Opération par laquelle on transfère sur un support (papier, étoffe, etc.) les caractères disposés dans des formes, les dessins préparés sur les planches, les cylindres ou les pierres lithographiques ; dessin, motif ainsi reproduit : *Impression en relief. Impression offset.* **3.** *VIEILLI.* Édition : *La dernière impression d'un livre.* **4.** Première couche de peinture, de colle, etc., appliquée sur un support destiné à la peinture pour réduire le pouvoir absorbant de celui-ci (syn. **apprêt**). **5.** PHOT. Action d'impressionner une surface sensible. **6.** Sentiment ou sensation résultant de l'effet d'un agent extérieur : *Éprouver une impression d'étouffement.* **7.** Sentiment, opinion qui naît d'un premier contact : *Faire bonne, mauvaise impression sur un jury* (= bon, mauvais effet). **8. Avoir l'impression de, que,** croire, s'imaginer que : *Avoir l'impression de tomber, que l'on tombe.* / **Faire impression,** provoquer l'admiration, l'étonnement : *Sa déclaration a fait impression.*

impressionnable [ɛ̃presjɔnabl] **adj. 1.** Facile à impressionner, à émouvoir : *Cet enfant est très impressionnable* (syn. **émotif, sensible**). **2.** PHOT. Qui peut être impressionné par un rayonnement ; sensible.

impressionnant, e [ɛ̃presjɔnɑ̃, -ɑ̃t] **adj. 1.** Qui produit une forte impression sur l'esprit : *Une scène impressionnante* (syn. **frappant, saisissant**). **2.** Qui atteint une importance, un nombre considérables : *Le nombre des votants a été impressionnant* (syn. **imposant**).

impressionner [ɛ̃presjɔne] **v.t. 1.** Produire une vive impression sur : *La menace ne les impressionnera pas* (syn. **intimider, émouvoir**). *Ce film risque d'impressionner les enfants* (syn. **affecter, frapper**). **2.** PHOT. Laisser une trace sur un support sensible, en parlant d'un rayonnement.

impressionnisme [ɛ̃presjɔnism] **n.m.** (de *impression*). **1.** École picturale française qui se manifesta notamm., de 1874 à 1886, par huit expositions publiques à Paris et qui marqua la rupture de l'art moderne avec l'académisme. **2.** Tendance générale, en art, à noter les impressions fugitives, la mobilité des phénomènes plutôt que l'aspect stable et conceptuel des choses.

■ **Les principaux impressionnistes.** Historiquement défini par huit expositions parisiennes entre 1874 et 1886, l'impressionnisme dépasse néanmoins une telle délimitation. En effet, dès 1860, des peintres tentent de sortir de l'académisme ambiant et de ses règles perçues comme trop rigides et trop normatives. Si Manet joue un rôle important dans la genèse de cette nouvelle peinture, les impressionnistes au sens strict sont Monet ainsi que Pissarro et Sisley, qu'accompagnent d'autres artistes dont les personnalités respectives évolueront de façon nettement distincte : A. Renoir, Cézanne, Degas, Morisot, Armand Guillaumin, l'Américaine Mary Cassatt, etc. L'impressionnisme est un point de départ pour Seurat et Signac, maîtres du *néo-impressionnisme,* pour Gauguin, Toulouse-Lautrec, Van Gogh ainsi que pour de nombreux « postimpressionnistes », en France et à l'étranger.

Le nom du nouveau courant provient du tableau de Monet intitulé *Impression, soleil levant,* lequel, exposé en 1874, fait scandale. Son aspect non fini, ses contours flous, son absence de volume et de profondeur suscitent l'ironie d'un critique qui voit « de l'impression là-dedans »… Monet et ses amis adoptent la formule. Mais de quelles « impressions » ces peintres veulent-ils rendre compte ?

Une primauté donnée aux sensations. Quittant leurs ateliers pour travailler « sur le motif », c'est-à-dire en plein air, ils suivent en cela les peintres de Barbizon, certains paysagistes anglais, Boudin ou le Néerlandais Johan Barthold Jongkind. Ce travail est facilité par quelques innovations (chevalet léger, peinture en tube, notamment). Les artistes peignent une nature en mouvement constant, tentent d'immobiliser des instants fugitifs. Ils cherchent à fixer les manifestations fugaces de l'atmosphère en recueillant les mouvements légers du paysage de diverses façons : touches horizontales suggérant le clapotis des flots, séries de bâtonnets évoquant les brins d'herbe. Ils retranscrivent une perception de la réalité immédiate et des sensations éphémères.

Le souci, chez le peintre, de traduire les divers aspects de sa sensibilité l'emporte largement sur la simple représentation de la nature. Auguste Renoir donne la définition suivante de l'impressionnisme : « Traiter un sujet pour les tons et non pour le sujet lui-même, voilà ce qui distingue les impressionnistes des autres peintres. » L'utilisation de la touche impressionniste permet à l'artiste d'exprimer pleinement les sensations que lui procure le monde environnant dans toute sa variété et dans sa modernité : chemins de fer, guinguettes, paysages ruraux ou maritimes, etc.

→

Une palette lumineuse. Les impressionnistes font de la lumière l'élément essentiel de leur peinture. Bannissant de leur palette les teintes sombres (le gris et le noir), ils privilégient les couleurs pures et claires. Leurs compositions sont dominées par le mouvement et la lumière. Les ombres colorées remplacent le clair-obscur traditionnel. Les impressionnistes ne mélangent pas les couleurs sur leur palette. Ils étalent les tons clairs sur la toile en les juxtaposant. Cette fragmentation des couleurs produit une sorte de papillotement lumineux, qui touche le spectateur.
Un cadrage particulier. L'essor de la photographie a bouleversé la vision des peintres. Ceux-ci adoptent une prise de vue typiquement photographique (notamment des plans en plongée et en contre-plongée). Le tableau n'est plus une construction obéissant à des règles académiques mais un cadrage subjectif dans un espace. Edgar Degas, par exemple, coupe les corps de ses danseuses sur le bord de ses compositions. D'autres jouent sur le flou photographique en représentant à l'arrière-plan du tableau des personnages à peine discernables. ■

impressionniste [ɛ̃presjɔnist] **adj.** et **n. 1.** Relatif à l'impressionnisme en peinture ; qui s'en réclame : *Exposition des impressionnistes.* **2.** Qui procède par petites touches : *Une description impressionniste.*

imprévisibilité [ɛ̃previzibilite] **n.f.** Caractère de ce qui est imprévisible : *L'imprévisibilité de la vie.*

imprévisible [ɛ̃previzibl] **adj.** Qu'on ne peut prévoir : *Elle a des réactions tout à fait imprévisibles.*

imprévoyance [ɛ̃prevwajɑ̃s] **n.f.** Défaut, manque de prévoyance : *Faire preuve d'imprévoyance* (syn. **négligence**).

imprévoyant, e [ɛ̃prevwajɑ̃, -ɑ̃t] **adj.** et **n.** Qui manque de prévoyance (syn. **insouciant, négligent**).

imprévu, e [ɛ̃prevy] **adj.** Qui arrive sans avoir été prévu : *Incident imprévu* (syn. **inattendu, inopiné**). ◆ **imprévu n.m.** Ce qui n'a pas été prévu : *Faire face aux imprévus.*

imprimable [ɛ̃primabl] **adj.** Qui peut être imprimé ; qui mérite de l'être.

imprimante [ɛ̃primɑ̃t] **n.f.** Organe périphérique d'un ordinateur servant à éditer sur papier les résultats du travail effectué à l'écran : *Imprimante à laser, à jet d'encre.*

imprimatur [ɛ̃primatyr] **n.m. inv.** (mot lat. « qu'il soit imprimé », de *imprimere* ; v. *imprimer*). Permission d'imprimer donnée par l'autorité ecclésiastique.

imprimé [ɛ̃prime] **n.m. 1.** Livre, journal, brochure imprimés : *Ma boîte aux lettres est envahie par les imprimés.* **2.** Papier ou tissu à motifs imprimés : *Faire des rideaux dans un imprimé à fleurs.*

imprimer [ɛ̃prime] **v.t.** (lat. *imprimere,* de *premere,* presser). **1.** LITT. Laisser une trace, une empreinte, par pression sur une surface : *Imprimer ses pas sur le sable.* **2.** Transmettre un mouvement à : *Les oscillations que la houle imprime à un navire.* **3.** LITT. Faire pénétrer dans l'esprit, dans le cœur : *Imprimer la crainte, le respect* (syn. **inspirer**). **4.** Reporter sur un support un dessin, des couleurs, un texte, etc., par pression d'une surface sur une autre : *Imprimer du papier, des tissus.* **5.** Reproduire des caractères graphiques, des gravures, etc., à un certain nombre d'exemplaires par les techniques de l'imprimerie : *Imprimer un texte, une illustration.* **6.** Faire paraître ; publier : *Un journal ne peut pas tout imprimer.*

imprimerie [ɛ̃primri] **n.f. 1.** Ensemble des techniques et des métiers qui concourent à la fabrication d'ouvrages imprimés : *Des caractères d'imprimerie.* **2.** Établissement où l'on imprime des livres, des journaux, des affiches, des prospectus, etc.

■ **Des origines à la typographie.** Le premier véritable procédé d'impression, la *xylographie,* est inventé par les Chinois au VIIIe siècle. C'est une technique qui utilise des planches en bois tendre sur lesquelles les caractères (pictogrammes, chiffres ou lettres) ou les dessins sont gravés et apparaissent ainsi en relief. Il suffit ensuite d'appliquer sur les parties encrées la feuille à imprimer. L'invention de caractères mobiles (en porcelaine et en bois) est attribuée au Chinois Bi Sheng. Cette technique, qui permet de composer et d'imprimer un texte sans avoir à graver une nouvelle plaque pour chaque page, est également inventée indépendamment par les Coréens au XIVe siècle.
En Europe, l'essor de la gravure artistique au burin, sur bois, au XVe siècle, conduit Johannes Gutenberg à l'idée de graver séparément chacune des vingt-cinq lettres de l'alphabet latin sur de petits blocs de métal, que l'on peut ainsi assembler pour l'impression, puis réutiliser pour un autre ouvrage. Tel est le premier principe de l'imprimerie *typographique* utilisant ces lettres mobiles, ou *caractères d'imprimerie.* L'ensemble du procédé typographique, conçu par Gutenberg, comprend la confection de matrices, la fonderie de caractères, la composition des textes, et l'impression sur presse à bras. Ainsi naît l'imprimerie moderne qui va connaître une succession d'améliorations techniques, en particulier une mécanisation de ses procédés. L'amélioration la plus marquante sera l'invention en 1884, par l'Américain d'origine allemande Ottmar Mergenthaler, de la *Linotype,* une machine permettant de mouler une ligne entière de caractères à la fois.
L'évolution des procédés d'impression. Après l'imprimerie typographique, avec éléments imprimants en relief, d'autres procédés sont nés : la *taille-douce* et *l'eau-forte,* techniques avec éléments imprimants en creux ; la *lithographie* (impression sur une pierre calcaire), avec éléments imprimants et non imprimants sur le même plan ; la *sérigraphie,* procédé exploitant le principe du pochoir.
La *photocomposition,* apparue dans les années 1950, constitue un jalon important de l'histoire de l'imprimerie. En effet, ce procédé permet de fabriquer les images photographiques des caractères au lieu de les mouler dans le métal ; les négatifs des films photographiques sont utilisés pour impressionner les plaques lithographiques. Cette technique, qui rend également possible l'impression d'illustrations, évolue jusque dans les années 1980 avec l'arrivée de l'ordinateur.
Parallèlement se développent les techniques actuelles de l'*offset* (procédé d'impression utilisant des plaques métalliques fixées sur un cylindre rotatif et un décalque intermédiaire en caoutchouc) et de l'*héliogravure* (procédé d'impression en creux, utilisant un cylindre métallique gravé qui est directement en contact avec le support à imprimer).
La chaîne graphique moderne. Les plus récentes évolutions intervenues dans la chaîne graphique se situent dans le domaine de la préparation et du traitement des textes et des illustrations ; l'ensemble de ces opérations représente la phase dite de *pré-presse.*
En effet, les auteurs fournissent désormais leurs textes et images aux éditeurs sous la forme de fichiers numériques. Ces contenus (textes et images) sont ensuite mis en page. Puis l'éditeur génère un fichier numérique (généralement au format PDF) qu'il envoie au service pré-presse de l'imprimerie, qui effectue la conversion numérique-analogique des données. Dans le cas le plus général de l'impression offset, les informations numériques sont ainsi gravées directement sur les plaques métalliques. Puis l'imprimeur effectue le réglage de l'impression et des couleurs (opération appelée *calage*) et veille à l'alimentation en papier (par des feuilles ou par des bobines) de la presse, qu'il gère à l'aide de systèmes automatiques de contrôle et de régulation, assistés par ordinateur. ■

imprimeur [ɛ̃primœr] **n.m. 1.** Entreprise d'imprimerie. **2.** Ouvrier, technicien qui travaille dans une imprimerie.

improbabilité [ɛ̃prɔbabilite] **n.f.** Caractère de ce qui est improbable : *L'improbabilité d'un conflit armé.*

improbable [ɛ̃prɔbabl] **adj.** Qui a peu de chances de se produire : *Succès improbable* (syn. **douteux**).

improductif, ive [ɛ̃prɔdyktif, -iv] **adj.** Qui ne produit rien : *Une journée improductive. Une terre improductive* (syn. **stérile**). ◆ **adj.** et **n.** Qui ne participe pas à la production.

improductivité [ɛ̃prɔdyktivite] **n.f.** Caractère, état de qqn, de ce qui est improductif.

1. impromptu, e [ɛ̃prɔ̃pty] **adj.** (du lat. *in promptu,* sous les yeux, sous la main). Fait sur-le-champ ; non préparé : *Dîner impromptu* (syn. **improvisé**). ◆ **adv.** À l'improviste : *Arriver impromptu chez des amis.*

2. impromptu [ɛ̃prɔ̃pty] **n.m.** (de *1. impromptu*). **1.** LITTÉR. Petite pièce de vers improvisée. **2.** MUS. Pièce instrumentale de forme libre, génér. pour piano.

imprononçable [ɛ̃prɔnɔ̃sabl] **adj.** Très difficile à prononcer.

impropre [ɛ̃prɔpr] **adj.** (lat. *improprius*). **1.** Qui ne convient pas : *Un terme impropre* (syn. **inadéquat**). **2. Impropre à,** qui ne convient pas pour tel usage : *Denrée impropre à la consommation.*

improprement [ɛ̃prɔprəmɑ̃] **adv.** De façon impropre : *Expression utilisée improprement.*

impropriété [ɛ̃prɔprijete] **n.f. 1.** Caractère d'un mot, d'une expression impropre : *Un texte truffé d'impropriétés.* **2.** Emploi impropre d'un mot : *Il lui a fait remarquer l'impropriété du terme* (syn. **incorrection**).

improuvable [ɛ̃pruvabl] **adj.** Qu'on ne peut prouver.

improvisateur, trice [ɛ̃prɔvizatœr, -tris] **n.** Personne qui a le talent d'improviser.

improvisation [ɛ̃prɔvizasjɔ̃] **n.f. 1.** Action, art d'improviser : *Orateur doué pour l'improvisation.* **2.** Ce que l'on improvise : *Une brillante improvisation.*

improviser [ɛ̃prɔvize] **v.t.** (it. *improvvisare,* du lat. *improvisus,* imprévu). **1.** Produire, composer sans préparation un discours, un morceau de musique, etc. : *Improviser une allocution* (contr. **préparer**). **2.** (Absol.). Interpréter un morceau de musique, un passage, sans suivre une partition précise : *Jazzman qui improvise au piano sur un standard.* **3.** Réaliser, organiser d'emblée, avec les moyens dont on se trouve disposer : *Improviser un repas.*

à l'improviste [ɛ̃prɔvist] **loc. adv.** (de l'it. *improvvisto,* imprévu). De façon inattendue ; sans prévenir : *Arriver chez qqn à l'improviste* (syn. **inopinément**).

imprudemment [ɛ̃prydamɑ̃] **adv.** Avec imprudence : *Conduire imprudemment.*

imprudence [ɛ̃prydɑ̃s] **n.f. 1.** Défaut d'une personne imprudente : *Il a été victime de son imprudence* (syn. **imprévoyance**). **2.** Caractère d'une action imprudente : *L'imprudence d'une parole.* **3.** Action imprudente, irréfléchie : *Ne faites pas d'imprudences au volant.*

imprudent, e [ɛ̃prydɑ̃, -ɑ̃t] **adj.** et **n.** Qui manque de prudence : *Quel imprudent tu fais !* (syn. **inconscient**). ◆ **adj.** Qui dénote l'absence de prudence : *Une déclaration imprudente* (syn. **dangereux, périlleux**).

impubère [ɛ̃pybɛr] **adj.** et **n.** (lat. *impubes, -eris*). Qui n'a pas atteint l'âge, l'état de puberté : *Enfant impubère.*

impubliable [ɛ̃pyblijabl] **adj.** Que l'on ne peut ou que l'on ne doit pas publier.

impudemment [ɛ̃pydamɑ̃] **adv.** Avec impudence : *Mentir impudemment* (syn. **effrontément**).

impudence [ɛ̃pydɑ̃s] **n.f. 1.** Caractère de qqn, de ce qui est impudent : *Il a eu l'impudence d'exiger des excuses* (syn. **effronterie**). **2.** Action, parole impudente : *Je ne pardonnerai pas ses impudences* (syn. **impertinence, insolence**).

impudent, e [ɛ̃pydɑ̃, -ɑ̃t] **adj.** et **n.** (lat. *impudens,* de *pudere,* avoir honte). Qui est d'une effronterie, d'une audace extrême : *Un mensonge impudent* (syn. **insolent**). *Un impudent qui ne rougit pas de se contredire* (syn. **effronté, cynique**).

impudeur [ɛ̃pydœr] **n.f.** Manque de pudeur, de retenue : *Dévoiler ses émois avec impudeur* (syn. **indécence**).

impudique [ɛ̃pydik] **adj.** Qui blesse la pudeur : *Une danseuse impudique. Un geste impudique* (syn. **indécent**).

impuissance [ɛ̃pɥisɑ̃s] **n.f. 1.** Manque de force, de moyens pour faire une chose : *Réduire qqn à l'impuissance.* **2. Impuissance sexuelle,** incapacité organique ou psychique pour l'homme à accomplir l'acte sexuel.

impuissant, e [ɛ̃pɥisɑ̃, -ɑ̃t] **adj.** Qui est réduit à l'impuissance ; qui manque du pouvoir, de la force nécessaire pour faire qqch : *Assister impuissant à un incendie.* ◆ **impuissant adj. m.** et **n.m.** Atteint d'impuissance sexuelle.

impulser [ɛ̃pylse] **v.t.** (de *impulsion*). Donner une impulsion à une ligne de conduite, la pousser à s'exprimer, à être active : *Impulser un mouvement de revendication* (syn. **lancer**).

impulsif, ive [ɛ̃pylsif, -iv] **adj.** et **n.** (bas lat. *impulsivus* ; v. *impulsion*). Qui cède à ses impulsions : *Une jeune femme impulsive* (syn. **fougueux**). *C'est un impulsif.* ◆ **adj.** Qui est fait par impulsion : *Geste impulsif* (= non contrôlé).

impulsion [ɛ̃pylsjɔ̃] **n.f.** (lat. *impulsio,* de *impellere,* pousser à). **1.** Action d'une force qui agit par poussée sur qqch et tend à lui imprimer un mouvement ; mouvement ainsi produit : *Transmettre une impulsion à un mécanisme.* **2.** PHYS. Variation brusque d'une grandeur physique suivie d'un retour rapide à sa valeur initiale. **3.** Action propre à accroître le développement, le dynamisme d'une activité, d'une entreprise ; effet qui en résulte : *Donner une impulsion au tourisme régional* (syn. **élan, essor**). **4.** Force, penchant qui pousse à agir : *Être mû par une impulsion généreuse* (syn. **mouvement**). **5.** Force incoercible et soudaine qui pousse à agir : *Céder à une impulsion violente.*

impulsivement [ɛ̃pylsivmɑ̃] **adv.** De façon impulsive : *Il réagit trop impulsivement aux critiques.*

impulsivité [ɛ̃pylsivite] **n.f.** Caractère impulsif.

impunément [ɛ̃pynemɑ̃] **adv. 1.** Sans subir ou sans encourir de punition : *Ces trafiquants agissent impunément.* **2.** Sans s'exposer à des conséquences fâcheuses : *On ne peut pas impunément se passer de repos des nuits durant.*

impuni, e [ɛ̃pyni] **adj.** Qui demeure sans punition : *Un coupable, un crime impuni.*

impunité [ɛ̃pynite] **n.f.** (lat. *impunitas*). **1.** Fait de ne pas risquer d'être puni, sanctionné : *Ses relations lui assurent l'impunité.* **2. En toute impunité,** impunément.

impur, e [ɛ̃pyr] **adj. 1.** Qui n'est pas pur ; qui est altéré par la présence d'éléments étrangers : *Une eau impure.* **2.** *LITT.* ou *VIEILLI.* Contraire à la chasteté : *Désirs impurs.*

impureté [ɛ̃pyrte] **n.f. 1.** État de ce qui est impur, altéré : *L'impureté de l'air* (syn. **pollution**). **2.** Ce qui salit, altère qqch : *Il reste encore quelques impuretés dans le métal* (syn. **scorie**).

imputable [ɛ̃pytabl] **adj. 1.** Qui peut, qui doit être imputé, attribué à qqch, à qqn : *Erreur imputable à l'étourderie.* **2.** Qui peut être prélevé sur un compte, un budget, etc. : *Frais de mission imputables sur les crédits.*

imputation [ɛ̃pytasjɔ̃] **n.f.** (bat lat. *imputatio*). **1.** Fait d'imputer une faute à qqn : *Imputation calomnieuse* (syn. **allégation**). **2.** Affectation d'une somme à un compte.

imputer [ɛ̃pyte] **v.t.** (lat. *imputare,* porter en compte, de *putare,* compter). **1.** Attribuer à qqn, à qqch la responsabilité de : *Imputer un vol à qqn.* **2.** Porter au compte de : *Imputer une dépense sur un chapitre du budget.*

imputrescible [ɛ̃pytresibl] **adj.** Qui ne peut se putréfier : *Le teck de Birmanie est un bois imputrescible.*

in [in] **adj. inv.** (mot angl. « dedans »). *FAM., VIEILLI.* À la mode ; branché.

in-, préfixe, de l'élément lat. *in-,* pouvant prendre par assimilation à la consonne suivante les formes *il-, ir-, im-,* et exprimant la privation, la négation, le contraire *(inachevé, illisible, irréfléchi, imbattable).*

I.N.A. (Institut national de l'audiovisuel), établissement public industriel et commercial français. Créé en 1974, il est chargé de la conservation des archives de la radiodiffusion et de la télévision, des recherches de création audiovisuelle et de la formation professionnelle.

inabordable [inabɔrdabl] **adj. 1.** Où l'on ne peut aborder : *Île inabordable* (syn. **inaccessible**). **2.** En parlant de personnes, qui est d'un abord difficile : *Le directeur est inabordable.* **3.** Dont le prix est trop élevé : *Dans ce quartier, les loyers sont inabordables* (syn. **exorbitant**).

inabouti, e [inabuti] **adj.** Qui n'a pu aboutir : *Projet inabouti.*

inaccentué, e [inaksɑ̃tɥe] **adj.** Qui ne porte pas d'accent (par opp. à *accentué*) : *Syllabe inaccentuée* (syn. **atone**).

inacceptable [inaksɛptabl] **adj.** Que l'on ne peut accepter : *Comportement inacceptable* (syn. **inadmissible**).

inaccessible [inaksesibl] **adj. 1.** Dont l'accès est impossible ; que l'on ne peut atteindre : *Île inaccessible* (syn. **inabordable**). *Se fixer un but inaccessible.* **2.** Que l'on ne peut comprendre, connaître : *Poème inaccessible* (syn. **incompréhensible**). **3.** Qui ne peut pas être touché par tel sentiment, telle manière de penser : *Être inaccessible à la pitié.*

inaccompli, e [inakɔ̃pli] **adj.** LITT. Non accompli. ◆ **adj.** et **n.m.** LING. Syn. de *imperfectif.*

inaccoutumé, e [inakutyme] **adj.** Inhabituel, insolite : *Un zèle inaccoutumé* (syn. **exceptionnel**).

inachevé, e [inaʃəve] **adj.** Qui n'est pas achevé.

inachèvement [inaʃɛvmɑ̃] **n.m.** État de ce qui n'est pas achevé : *L'inachèvement des travaux.*

inactif, ive [inaktif, -iv] **adj. 1.** Qui n'a pas d'activité : *Rester inactif* (syn. **désœuvré, oisif**). *Secteur inactif.* **2.** Qui n'a pas d'action, d'effet : *Remède inactif* (syn. **inefficace, inopérant**). ◆ **adj.** et **n.** Qui n'exerce pas d'activité professionnelle ; qui n'appartient pas à la population active.

inaction [inaksjɔ̃] **n.f.** Absence de travail, d'activité : *Son inaction commence à lui peser* (syn. **désœuvrement, oisiveté**).

inactiver [inaktive] **v.t.** MÉD. Détruire le pouvoir pathogène d'une substance ou d'un micro-organisme : *Inactiver un virus par l'action de la chaleur.*

inactivité [inaktivite] **n.f.** Absence d'activité ; état de qqn qui n'a pas d'occupation : *L'inactivité forcée d'un malade* (syn. **inaction**).

inadaptable [inadaptabl] **adj.** Qui n'est pas susceptible d'être adapté.

inadaptation [inadaptasjɔ̃] **n.f.** Manque, défaut d'adaptation : *Inadaptation au milieu professionnel. Inadaptation de l'offre à la demande* (syn. **inadéquation**).

inadapté, e [inadapte] **adj.** et **n.** Qui ne peut s'adapter à son milieu, à la société : *Enfant inadapté à la vie scolaire. Rééducation des inadaptés* (syn. **asocial**). ◆ **adj. 1.** Qui n'est pas adapté : *Matériel inadapté aux besoins.* **2.** PSYCHOL. **Enfance inadaptée,** ensemble des enfants qui justifient de mesures éducatives particulières en raison d'un handicap physique, d'une déficience intellectuelle, de troubles affectifs ou de difficultés liées au milieu.

inadéquat, e [inadekwa, -at] **adj.** Qui n'est pas adéquat (syn. **inapproprié, inadapté**).

inadéquation [inadekwasjɔ̃] **n.f.** Caractère de ce qui n'est pas adéquat.

inadmissible [inadmisibl] **adj.** Qui ne peut pas être admis ou toléré : *Erreur inadmissible* (syn. **inacceptable, inexcusable**).

inadvertance [inadvɛrtɑ̃s] **n.f.** (lat. médiév. *inadvertentia,* de *advertere,* tourner [son attention] vers). **1.** LITT. Inattention, étourderie ; faute qui en résulte. **2. Par inadvertance,** par inattention ; par mégarde.

inaliénabilité [inaljenabilite] **n.f.** DR. Caractère de ce qui est inaliénable : *L'inaliénabilité des biens du domaine public* (syn. **incessibilité**).

inaliénable [inaljenabl] **adj.** DR. Qui ne peut être aliéné, cédé : *Une propriété inaliénable* (syn. **incessible**).

inaltérabilité [inalterabilite] **n.f.** Caractère de ce qui est inaltérable : *L'inaltérabilité d'un métal.*

inaltérable [inalterabl] **adj. 1.** Qui ne peut être altéré : *Un métal inaltérable* (syn. **inoxydable**). **2.** Qui ne peut être amoindri : *Amitié inaltérable* (syn. **impérissable**).

inaltéré, e [inaltere] **adj.** Qui n'a subi aucune altération (syn. **intact**).

inamical, e, aux [inamikal, -o] **adj.** Qui témoigne de dispositions hostiles ou malveillantes : *Démarche inamicale.*

inamovibilité [inamɔvibilite] **n.f.** DR. Garantie statutaire de certains agents de l'État, en vertu de laquelle ils sont inamovibles.

inamovible [inamɔvibl] **adj.** Qui ne peut être révoqué, puni ou déplacé qu'en vertu d'une procédure spéciale offrant des garanties renforcées.

inanimé, e [inanime] **adj. 1.** Qui n'est pas doué de vie : *Objets inanimés* (contr. **animé**). **2.** Qui a perdu la vie ou qui semble privé de vie : *Corps inanimé* (syn. **inerte**). **3.** LING. Se dit des noms désignant des choses.

inanité [inanite] **n.f.** (lat. *inanitas,* de *inanis,* vide). Caractère de ce qui est vain, inutile : *L'inanité d'un effort* (syn. **inutilité**).

inanition [inanisjɔ̃] **n.f.** (lat. *inanitio,* de *inanire,* vider). Privation d'aliments : *Mourir, tomber d'inanition.*

inaperçu, e [inapɛrsy] **adj. Passer inaperçu,** échapper à l'attention, aux regards.

inappétence [inapetɑ̃s] **n.f.** (de *appétence*). **1.** DIDACT. Diminution d'un désir, d'une envie. **2.** Manque d'appétit ; dégoût pour les aliments (syn. **anorexie**).

inapplicable [inaplikabl] **adj.** Qui ne peut être appliqué : *Les mesures décidées se sont révélées inapplicables.*

inapplication [inaplikasjɔ̃] **n.f. 1.** Fait de ne pas mettre en application : *L'inapplication d'un plan.* **2.** Manque d'application dans ce que l'on fait (syn. **laisser-aller**).

inappliqué, e [inaplike] **adj.** Qui manque d'application, d'attention : *Un élève inappliqué* (syn. **négligent**).

inappréciable [inapresjabl] **adj.** Dont on ne saurait estimer la valeur : *Rendre un service inappréciable à qqn* (syn. **inestimable, précieux**).

inapprochable [inaprɔʃabl] **adj.** Que l'on ne peut approcher : *Une star inapprochable* (syn. **inabordable**).

inapproprié, e [inaprɔprije] **adj.** Qui n'est pas approprié : *Discours inapproprié aux circonstances* (syn. **inadapté**).

inapte [inapt] **adj. 1.** Qui n'est pas apte à telle activité : *Il est inapte aux affaires* (syn. **incompétent**). **2.** Qui n'est pas apte au service national : *Être déclaré inapte.*

inaptitude [inaptityd] **n.f.** Défaut d'aptitude : *Son inaptitude à raisonner me désole* (syn. **incapacité**).

inarticulé, e [inartikyle] **adj.** Qui n'est pas ou qui est mal articulé : *Cris inarticulés* (syn. **indistinct**).

inassimilable [inasimilabl] **adj. 1.** Qui ne peut être assimilé par l'organisme : *Aliment inassimilable.* **2.** Que l'on ne peut assimiler intellectuellement : *Notions inassimilables.* **3.** Qui ne peut s'assimiler à une communauté, notamm. nationale : *Minorité inassimilable.*

inassouvi, e [inasuvi] **adj.** LITT. Qui n'est pas assouvi : *Envie restée inassouvie* (syn. **insatisfait**).

inattaquable [inatakabl] **adj.** Que l'on ne peut attaquer : *Une argumentation inattaquable* (syn. **incontestable**).

inattendu, e [inatɑ̃dy] **adj.** Que l'on n'attendait pas : *Une visite inattendue* (syn. **imprévu**).

inattentif, ive [inatɑ̃tif, -iv] **adj.** Qui ne fait pas attention : *Un élève inattentif* (syn. **distrait, étourdi**).

inattention [inatɑ̃sjɔ̃] **n.f.** Manque d'attention : *J'ai eu un moment d'inattention* (syn. **distraction, étourderie**).

inaudible [inodibl] **adj. 1.** Qui ne peut être perçu par l'ouïe : *Vibrations inaudibles.* **2.** Dont on ne peut supporter l'audition : *Certains jugent cette musique inaudible.*

inaugural, e, aux [inogyral, -o] **adj.** Qui concerne une inauguration : *Séance inaugurale d'un congrès.*

inauguration [inogyrasjɔ̃] **n.f. 1.** Cérémonie par laquelle on procède officiellement à la mise en service d'un bâtiment, à l'ouverture d'une exposition, etc. **2.** *LITT.* Début, commencement : *L'inauguration d'une ère nouvelle.*

inaugurer [inogyre] **v.t.** (lat. *inaugurare,* prendre les augures, consacrer). **1.** Procéder à l'inauguration d'un monument, d'un établissement, d'une exposition, etc. **2.** Établir un usage, introduire une chose nouvelle : *Inaugurer un nouveau procédé de fabrication.* **3.** Marquer le début de : *Événement qui inaugura une ère de troubles.*

inavouable [inavwabl] **adj.** Qui ne peut être avoué : *Une faute inavouable.*

inavoué, e [inavwe] **adj.** Qui n'est pas avoué ou qu'on ne s'avoue pas : *Un désir inavoué* (syn. **caché, secret**).

in-bord [inbɔrd] **adj. inv.** (de l'angl. *inboard [motor],* de même sens, d'apr. *hors-bord*). Se dit d'un moteur fixé à l'intérieur de la coque d'un bateau, en motonautisme (par opp. à *hors-bord*). ◆ **n.m. inv.** Bateau à moteur in-bord.

inca ***(Empire),*** empire de l'Amérique précolombienne, constitué dans la région andine et dont le centre était Cuzco. L'autorité de l'Inca – Fils du Soleil – était absolue et s'appuyait sur la caste dirigeante des nobles et des prêtres. L'Empire inca connut son apogée au XVe s. et s'écroula en 1532 sous les coups de Francisco Pizarro.
Les traditions de civilisations anciennes (Chavín, Nazca, Paracas, Moche, Huari, etc.) sont nombreuses dans les régions où vont se déployer les Incas. L'expansion de l'Empire (v. 1438) coïncide avec une remarquable organisation (routes jalonnées de sortes de caravansérails et parcourues par des messagers rapides : les *chasqui ;* comptabilisation des richesses par un système décimal de calcul : le *quipu*). L'architecture est caractérisée par la forme trapézoïdale de ses ouvertures et par la perfection de son appareil de blocs irréguliers ajustés à joints vifs (Cuzco, Machu Picchu). Les Incas réutilisent et aménagent quantité d'installations hydrauliques. Fabriquée sans tour, leur céramique est ornée de motifs géométriques. Pour la parure, ils maîtrisent parfaitement la métallurgie de l'or, de l'argent, du cuivre et de l'étain, avec lesquels ils réalisent divers alliages mais ignorent le fer. Production quasi industrielle, le tissage est de belle qualité.

incalculable [ɛ̃kalkylabl] **adj. 1.** Que l'on ne peut calculer : *Le nombre des étoiles est incalculable.* **2.** Difficile ou impossible à évaluer : *Des pertes, des difficultés incalculables.*

incandescence [ɛ̃kɑ̃desɑ̃s] **n.f.** État d'un corps qu'une température élevée rend lumineux.

incandescent, e [ɛ̃kɑ̃desɑ̃, -ɑ̃t] **adj.** (lat. *incandescens,* p. présent de *incandescere,* s'embraser). Qui est en incandescence : *Des braises incandescentes.*

incantation [ɛ̃kɑ̃tasjɔ̃] **n.f.** (lat. *incantatio,* de *incantare,* prononcer des formules magiques). Formule magique, chantée ou récitée, pour obtenir un charme, un sortilège.

incantatoire [ɛ̃kɑ̃tatwar] **adj.** Propre à l'incantation ; qui constitue une incantation : *Des paroles incantatoires.*

incapable [ɛ̃kapabl] **adj. 1.** Qui n'est pas capable de faire qqch : *Il est incapable de marcher.* **2.** Qui est dans l'impossibilité morale de faire qqch : *Incapable de lâcheté.* ◆ **adj.** et **n. 1.** Qui manque de capacité, d'aptitude, d'habileté : *C'est un incapable, il ne fera jamais rien.* **2.** DR. Qui est frappé d'incapacité. **3. Incapable majeur,** personne majeure dont la capacité juridique est réduite ou supprimée du fait de l'altération de ses facultés mentales ou corporelles. ▸ L'incapable majeur peut être mis sous sauvegarde de justice, en tutelle ou en curatelle.

incapacitant, e [ɛ̃kapasitɑ̃, -ɑ̃t] **adj.** et **n.m.** MIL. Se dit d'un produit chimique qui provoque chez l'homme une incapacité immédiate et temporaire en paralysant certains organes ou en annihilant la volonté de combattre.

incapacité [ɛ̃kapasite] **n.f. 1.** État de qqn qui est incapable de faire qqch : *Licencié pour incapacité* (syn. **inaptitude, incompétence**). *Je suis dans l'incapacité de juger* (syn. **impossibilité**). **2.** DR. CIV. Inaptitude à jouir d'un droit ou à l'exercer. **3.** DR. **Incapacité de travail,** état d'une personne qu'un accident ou une maladie empêche de travailler.

incarcération [ɛ̃karserasjɔ̃] **n.f. 1.** Action d'incarcérer, d'écrouer : *L'incarcération d'un criminel* (syn. **emprisonnement**). **2.** Fait d'être enfermé, à la suite de la déformation de la carrosserie, dans un véhicule accidenté.

incarcérer [ɛ̃karsere] **v.t.** (lat. médiév. *incarcerare,* de *carcer,* prison) [conj. **18**]. Mettre en prison : *Incarcérer des voleurs* (syn. **écrouer, emprisonner**).

incarnat, e [ɛ̃karna, -at] **adj.** et **n.m.** (it. *incarnato,* de *carne,* chair). D'un rouge clair et vif.

incarnation [ɛ̃karnasjɔ̃] **n.f. 1.** Acte par lequel un être spirituel, une divinité s'incarne, prend les apparences d'un être animé ; forme sous laquelle cet être apparaît : *Les incarnations de Vishnou.* **2.** THÉOL. (Avec une majuscule). Mystère de Dieu fait homme en Jésus-Christ. **3.** Personne ou chose qui apparaît comme la représentation concrète d'une réalité abstraite : *C'est l'incarnation du mal* (syn. **image, personnification**).

1. incarné, e [ɛ̃karne] **adj.** (p. passé de *incarner*). **1.** THÉOL. Qui s'est fait homme : *Le Verbe incarné.* **2. C'est le diable incarné,** se dit d'une personne très méchante, d'un enfant très turbulent. / **C'est la jalousie, le vice, etc., incarnés,** se dit de qqn d'extrêmement jaloux, vicieux, etc.

2. incarné [ɛ̃karne] **adj.m.** (de *1. incarné*). **Ongle incarné,** qui s'enfonce dans la chair et y cause une plaie.

incarner [ɛ̃karne] **v.t.** (lat. médiév. *incarnare,* de *caro, carnis,* chair). **1.** Personnifier une réalité abstraite : *Magistrat qui incarne la justice* (syn. **représenter**). **2.** Interpréter un personnage à la scène, à l'écran (syn. **jouer**). ◆ **s'incarner v.pr. 1.** Prendre un corps de chair, en parlant d'une divinité, d'un être spirituel. **2.** Apparaître, se réaliser en : *Idéaux qui s'incarnent dans un tribun, un mouvement.*

incartade [ɛ̃kartad] **n.f.** (it. *inquartata,* terme d'escrime). Léger écart de conduite : *À la moindre incartade, vous serez puni. Faire mille incartades* (syn. **frasque**).

incassable [ɛ̃kasabl] **adj.** Qui ne peut se casser : *Des verres incassables.*

incendiaire [ɛ̃sɑ̃djɛr] **n.** Auteur volontaire d'un incendie (syn. **pyromane**). ◆ **adj. 1.** Destiné à provoquer un incendie : *Projectile incendiaire.* **2.** Qui manifeste de l'agressivité : *Des articles de presse incendiaires* (syn. **virulent**).

incendie [ɛ̃sɑ̃di] **n.m.** (lat. *incendium*). Grand feu qui, en se propageant, cause des dégâts importants : *Maîtriser un incendie* (syn. **sinistre**).

incendié, e [ɛ̃sɑ̃dje] **adj.** Détruit par un incendie : *Ville incendiée.*

incendier [ɛ̃sɑ̃dje] **v.t.** (de *incendie*) [conj. **9**]. **1.** Brûler, détruire par le feu : *Incendier une forêt.* **2.** *FAM.* Accabler qqn de reproches : *Son père l'a incendié* (syn. **réprimander**).

incertain, e [ɛ̃sɛrtɛ̃, -ɛn] **adj. 1.** Qui n'est pas certain : *Fait incertain* (syn. **douteux**). *Une couleur incertaine* (syn. **indéterminé, vague**). *Démarche incertaine* (syn. **hésitant**). **2.** Variable, dont on n'est pas sûr qu'il ne va pas se couvrir ou tourner à la pluie, en parlant du temps.

incertitude [ɛ̃sɛrtityd] **n.f. 1.** Caractère de ce qui est incertain : *L'incertitude d'une situation.* **2.** Ce qui ne peut être établi avec exactitude : *Un avenir plein d'incertitudes* (syn. **aléa, hasard**). **3.** État d'une personne incertaine : *Être dans l'incertitude* (syn. **indécision, doute**).

incessamment [ɛ̃sesamɑ̃] **adv.** (de *incessant*). Sans délai ; sous peu : *Nous aurons des nouvelles incessamment.*

incessant, e [ɛ̃sesɑ̃, -ɑ̃t] **adj.** Qui ne cesse pas : *Un bruit incessant* (syn. **continuel, ininterrompu**).

incessibilité [ɛ̃sesibilite] **n.f.** DR. Qualité des biens incorporels incessibles (syn. **inaliénabilité**).

incessible [ɛ̃sesibl] **adj.** DR. Qui ne peut être cédé (syn. **inaliénable**).

inceste [ɛ̃sɛst] **n.m.** (lat. *incestus,* impur, de *castus,* chaste). Relations sexuelles entre deux personnes unies par un lien de parenté étroit. ▸ Les liens de parenté définissant l'inceste dans une société donnée correspondent génér. à ceux qui entraînent la prohibition du mariage dans cette société.

incestueux, euse [ɛ̃sɛstɥø, -øz] **adj.** et **n.** Coupable d'inceste. ◆ **adj. 1.** Entaché d'inceste : *Union incestueuse.* **2.** Né d'un inceste : *Un enfant incestueux.*

inchangé, e [ɛ̃ʃɑ̃ʒe] **adj.** Qui n'a subi aucun changement : *Situation inchangée* (syn. **identique**).

inchiffrable [ɛ̃ʃifrabl] **adj.** Qui ne peut être chiffré, quantifié : *Pertes inchiffrables.*

inchoatif, ive [ɛ̃kɔatif, -iv] **adj.** et **n.m.** (lat. *inchoativus,* de *inchoare,* commencer). LING. Se dit d'une forme verbale qui indique que l'action est envisagée dans son commencement ou dans sa progression (ex. : *s'endormir, vieillir*).

Inchon, anc. **Chemulpo,** port de la Corée du Sud, sur la mer Jaune ; 2 638 000 hab. Centre industriel.

incidemment [ɛ̃sidamɑ̃] **adv.** De façon incidente : *Traiter incidemment une question* (= en passant) [syn. **accessoirement**]. *Apprendre incidemment une nouvelle* (= par hasard) [syn. **accidentellement**].

incidence [ɛ̃sidɑ̃s] **n.f.** (de *1. incident*). **1.** Conséquence plus ou moins directe de qqch : *L'incidence de la hausse des prix sur le pouvoir d'achat* (syn. **répercussion, effet**). **2.** PHYS. Caractéristique géométrique d'un corps ou d'un rayon se dirigeant vers une surface, mesurée par l'angle *(angle d'incidence)* que fait le vecteur vitesse du corps ou la direction du rayon avec la normale à la surface au point de rencontre *(point d'incidence).* **3. Incidence fiscale,** conséquences économiques de l'impôt, pour ceux qui le paient.

1. incident, e [ɛ̃sidɑ̃, -ɑ̃t] **adj.** (lat. *incidens,* de *incidere,* tomber sur). **1.** Qui interrompt le cours de qqch : *Remarque incidente.* **2.** PHYS. Se dit d'un corps, d'un rayonnement qui se dirige vers un autre corps, avec lequel il a une interaction. **3. Proposition incidente,** proposition incise (on dit aussi *une incidente*).

2. incident [ɛ̃sidɑ̃] **n.m.** (de *1. incident*). **1.** Événement, le plus souvent fâcheux, qui survient au cours d'une action : *Notre voyage a été interrompu par un incident* (syn. **anicroche**). **2.** Difficulté peu importante mais dont les conséquences peuvent être graves : *Incident diplomatique* (syn. **accroc**).

incinérateur [ɛ̃sineratœr] **n.m.** Appareil servant à incinérer : *Incinérateur d'ordures.*

incinération [ɛ̃sinerasjɔ̃] **n.f.** (lat. médiév. *incineratio*). **1.** Action d'incinérer, de réduire en cendres. **2.** Crémation.

incinérer [ɛ̃sinere] **v.t.** (lat. *incinerare,* de *cinis, cineris,* cendre) [conj. **18**]. Réduire en cendres : *Incinérer un mort.*

incipit [ɛ̃sipit] **n.m. inv.** (mot lat. « il commence »). *LITT.* Premiers mots d'un ouvrage.

incise [ɛ̃siz] **n.f.** (du lat. *incisa,* coupée). GRAMM. Proposition, génér. courte, insérée dans une autre : *Dans la phrase « L'homme, dit-on, est raisonnable », « dit-on » est une incise.* (On dit aussi une *incidente.*)

inciser [ɛ̃size] **v.t.** (lat. pop. **incisare* ; v. *incision*). Faire une incision à, dans : *Inciser l'écorce d'un arbre* (syn. **entailler, fendre**).

incisif, ive [ɛ̃sizif, -iv] **adj.** (lat. médiév. *incisivus* ; v. *incision*). Qui va droit au but : *Critique incisive* (syn. **mordant**).

incision [ɛ̃sizjɔ̃] **n.f.** (lat. *incisio,* de *incidere,* couper). Entaille faite par un instrument tranchant : *Faire une incision avec un bistouri.*

incisive [ɛ̃siziv] **n.f.** (de *incisif*). Dent des mammifères, aplatie, tranchante, pourvue d'une seule racine et située à la partie antérieure de chacun des deux maxillaires.

incitatif, ive [ɛ̃sitatif, -iv] **adj.** Qui incite ; propre à inciter : *Mesures incitatives.*

incitation [ɛ̃sitasjɔ̃] **n.f.** Action d'inciter ; ce qui incite : *Incitation au meurtre* (syn. **appel, encouragement**).

inciter [ɛ̃site] **v.t.** (lat. *incitare,* de *ciere,* mettre en mouvement). Pousser à : *Inciter le consommateur à acheter* (syn. **inviter**). *Inciter à la révolte* (syn. **exhorter**).

incivilité [ɛ̃sivilite] **n.f.** Manque de politesse ; acte, comportement impoli (syn. **incorrection**).

incivique [ɛ̃sivik] **adj.** Qui n'est pas civique, pas digne d'un citoyen : *Conduite incivique.*

inclassable [ɛ̃klasabl] **adj.** Qu'on ne peut pas classer : *Une œuvre inclassable.*

inclinable [ɛ̃klinabl] **adj.** Qui peut s'incliner : *Un fauteuil inclinable.*

inclinaison [ɛ̃klinezɔ̃] **n.f. 1.** État de ce qui est incliné par rapport à l'horizon : *L'inclinaison d'une route* (syn. **pente, déclivité**). **2.** Position inclinée du corps, d'une partie du corps par rapport à la verticale : *L'inclinaison de la tête.* **3.** ARM. Angle que fait la trajectoire d'un projectile en un de ses points avec le plan horizontal. **4.** ASTRON., ASTRONAUT. Angle formé par le plan de l'orbite d'une planète, d'un satellite, avec un plan de référence. ▸ Ce plan de référence est celui de l'écliptique pour une planète, celui de l'équateur de l'astre dont il est captif pour un satellite.

inclination [ɛ̃klinasjɔ̃] **n.f. 1.** Action de pencher la tête ou le corps en signe d'acquiescement ou de respect : *Il me salua d'une inclination du buste.* **2.** Disposition, tendance naturelle à qqch : *Avoir une inclination pour qqn* (syn. **penchant**). *Inclination à la paresse* (syn. **propension**).

incliné, e [ɛ̃kline] **adj. 1.** Qui s'incline ; oblique : *Terrain incliné.* **2. Plan incliné,** surface plane oblique, employée pour diminuer l'effort nécessaire à la montée d'un corps ou réduire la vitesse de sa descente.

incliner [ɛ̃kline] **v.t.** (lat. *inclinare,* pencher). Mettre qqch dans une position légèrement oblique : *Le vent incline la cime des arbres* (syn. **courber**). *Incliner la tête vers le sol* (syn. **baisser**). *Incliner la bouteille pour servir* (syn. **pencher**). ◆ **v.t. ind. [à].** Avoir du penchant pour ; être enclin à : *Incliner à la sévérité. J'incline à penser que.* ◆ **s'incliner v.pr. 1.** Se courber par respect, par crainte : *S'incliner profondément devant qqn.* **2.** Renoncer à la lutte en s'avouant vaincu : *Nous avons dû nous incliner* (syn. **céder**). **3.** Être dominé, dans une compétition sportive : *L'équipe des visiteurs s'est inclinée sur le score de 3 à 1* (syn. **perdre**).

inclure [ɛ̃klyr] **v.t.** (de *inclus,* d'apr. *exclure*) [conj. **96**]. **1.** Introduire dans : *Inclure une note dans une lettre* (syn. **insérer**). **2.** Comprendre, contenir : *Le contrat inclut cette condition* (syn. **comporter**).

inclus, e [ɛ̃kly, -yz] **adj.** (lat. *inclusus,* de *includere,* enfermer). **1.** Enfermé, contenu dans qqch : *Je pars en vacances jusqu'au dix inclus* (syn. **compris**). **2. Dent incluse,** qui reste enfouie dans le maxillaire ou dans les tissus environnants. **3.** MATH. **Ensemble A inclus dans un ensemble B,** ensemble A dont tous les éléments sont éléments de B. ▸ On le note $A \subset B$.

inclusif, ive [ɛ̃klyzif, -iv] **adj.** (lat. médiév. *inclusivus* ; v. *inclus*). **1.** *DIDACT.* Qui contient en soi qqch d'autre. **2.** LOG. **Ou inclusif,** relation logique indiquée par *ou* mais n'excluant pas la réunion des deux éléments ainsi reliés (*a ou b* représente soit *a,* soit *b,* soit *a et b*) [par opp. à *ou exclusif*].

inclusion [ɛ̃klyzjɔ̃] **n.f. 1.** Action d'inclure ; fait d'être inclus : *L'inclusion d'un nouveau paragraphe dans un texte* (syn. **introduction**). **2.** MATH. Relation binaire entre deux ensembles A et B, notée $\subset$, définie par $A \subset B$ si et seulement si A est inclus dans B. **3.** Particule se trouvant incluse dans un métal ou un alliage au cours de son élaboration ; corps étranger inclus dans une roche, un cristal. **4.** Insecte, fleur, etc., conservés dans un bloc de matière plastique transparente.

inclusivement [ɛ̃klyzivmɑ̃] **adv.** Y compris : *Jusqu'à telle date inclusivement.*

incoercible [ɛ̃kɔɛrsibl] **adj.** (de *coercible,* qu'on peut comprimer, du lat. *coercere,* contraindre). LITT. Qu'on ne peut réprimer : *Rire, toux incoercible* (syn. **irrépressible**).

incognito [ɛ̃kɔɲito] **adv.** (mot it. « inconnu », du lat. *incognitus*). Sans se faire connaître : *Voyager incognito.* ◆ **n.m.** Situation de qqn qui cache son identité : *Garder l'incognito.*

incohérence [ɛ̃kɔerɑ̃s] **n.f. 1.** Caractère de ce qui est incohérent : *L'incohérence d'un raisonnement* (contr. **logique**). **2.** Parole, action incohérente : *Dire des incohérences.*

incohérent, e [ɛ̃kɔerɑ̃, -ɑ̃t] **adj. 1.** Qui manque d'unité, de cohésion : *Une majorité parlementaire incohérente* (syn. **hétérogène**). **2.** Qui manque de suite, de logique : *Paroles incohérentes* (syn. **décousu**).

incollable [ɛ̃kɔlabl] **adj. 1.** Qui ne colle pas pendant la cuisson : *Un riz incollable.* **2.** FAM. Capable de répondre à toutes les questions : *Il est incollable sur le cinéma muet* (syn. **imbattable**).

incolore [ɛ̃kɔlɔr] **adj. 1.** Qui n'a pas de couleur : *L'eau est incolore.* **2.** Qui manque d'éclat : *Style incolore* (syn. **terne**).

incomber [ɛ̃kɔ̃be] **v.t. ind. [à]** (lat. *incumbere,* peser sur). Reposer sur ; revenir à : *Cette tâche lui incombe.*

incombustible [ɛ̃kɔ̃bystibl] **adj.** Qui ne brûle pas : *L'amiante est incombustible.*

incommensurable [ɛ̃kɔmɑ̃syrabl] **adj.** (bas lat. *incommensurabilis,* du class. *mensura,* mesure). **1.** D'une étendue, d'une grandeur telles qu'on ne peut les évaluer : *Une foule incommensurable* (syn. **innombrable**). **2.** MATH. Se dit de deux grandeurs dont le rapport des mesures est un nombre irrationnel : *Le périmètre du cercle est incommensurable avec son diamètre.*

incommodant, e [ɛ̃kɔmɔdɑ̃, -ɑ̃t] **adj.** Qui gêne, incommode : *Une odeur incommodante* (syn. **déplaisant, gênant**).

incommode [ɛ̃kɔmɔd] **adj. 1.** Qui n'est pas d'usage facile, pratique : *Outil incommode* (syn. **malcommode**). **2.** Qui cause de la gêne, du désagrément : *Être dans une position incommode* (syn. **inconfortable**).

incommoder [ɛ̃kɔmɔde] **v.t.** (lat. *incommodare,* gêner). Causer de la gêne, un malaise physique à : *L'odeur du tabac vous incommode-t-elle ?* (syn. **déranger**).

incommodité [ɛ̃kɔmɔdite] **n.f.** Caractère de ce qui est incommode, peu pratique.

incommunicabilité [ɛ̃kɔmynikabilite] **n.f. 1.** LITT. Caractère de ce qui ne peut pas être communiqué : *L'incommunicabilité d'une pensée.* **2.** Impossibilité de communiquer avec autrui.

incommunicable [ɛ̃kɔmynikabl] **adj. 1.** Qui n'est pas transmissible : *Biens incommunicables* (syn. **intransmissible**). **2.** Qui ne peut être exprimé : *Des sentiments incommunicables* (syn. **indicible, inexprimable**).

incomparable [ɛ̃kɔ̃parabl] **adj.** À qui ou à quoi rien ne peut être comparé : *Un spectacle d'une beauté incomparable* (syn. **inégalable, unique, remarquable**).

incomparablement [ɛ̃kɔ̃parabləmɑ̃] **adv.** Sans comparaison possible : *Incomparablement meilleur* (syn. **infiniment**).

incompatibilité [ɛ̃kɔ̃patibilite] **n.f. 1.** Impossibilité de s'accorder ; absence de compatibilité : *Incompatibilité entre un programme politique et les exigences budgétaires* (syn. **contradiction**). *Incompatibilité d'humeur.* **2.** DR. Impossibilité légale d'exercer simultanément certaines fonctions. **3.** MATH. Propriété d'un système d'équations qui n'a pas de solution. **4.** MÉD. Opposition entre les antigènes d'une personne et ceux d'une autre, qui interdit toute transfusion de sang ou greffe d'organe de l'une à l'autre.

incompatible [ɛ̃kɔ̃patibl] **adj. 1.** Qui n'est pas compatible, conciliable : *Ces solutions sont incompatibles* (syn. **inconciliable**). *Des dépenses incompatibles avec l'état des finances. Matériels, médicaments incompatibles* (= qui ne peuvent être utilisés simultanément). **2.** DR. Se dit des fonctions qui ne peuvent être exercées simultanément par une même personne. **3.** MATH. **Système d'équations incompatibles,** système n'ayant pas de solution.

incompétence [ɛ̃kɔ̃petɑ̃s] **n.f. 1.** Manque de connaissances pour faire qqch : *Un employé renvoyé pour incompétence* (syn. **incapacité**). **2.** DR. Inaptitude d'un juge, d'un tribunal à connaître d'une affaire, à juger.

incompétent, e [ɛ̃kɔ̃petɑ̃, -ɑ̃t] **adj. 1.** Qui n'a pas les connaissances voulues pour décider ou parler de qqch : *Un directeur incompétent* (syn. **incapable**). **2.** DR. Qui n'a pas qualité pour juger : *Le tribunal s'est déclaré incompétent.*

incomplet, ète [ɛ̃kɔ̃plɛ, -ɛt] **adj.** Qui n'est pas complet : *Des renseignements incomplets* (syn. **partiel, fragmentaire**).

incomplètement [ɛ̃kɔ̃plɛtmɑ̃] **adv.** De façon incomplète : *Bûches incomplètement consumées* (syn. **partiellement**).

incomplétude [ɛ̃kɔ̃pletyd] **n.f.** LOG. Propriété d'une théorie déductive dans laquelle il existe une formule indécidable (c'est-à-dire ni démontrable ni réfutable).

incompréhensible [ɛ̃kɔ̃preɑ̃sibl] **adj. 1.** Qu'on ne peut comprendre : *Texte incompréhensible* (syn. **inintelligible, obscur**). **2.** Qu'on ne peut expliquer : *Conduite incompréhensible* (syn. **déconcertant**).

incompréhension [ɛ̃kɔ̃preɑ̃sjɔ̃] **n.f.** Incapacité ou refus de comprendre qqn, qqch : *L'incompréhension du public.*

incompressible [ɛ̃kɔ̃presibl] **adj. 1.** Qui ne peut être réduit : *Dépenses incompressibles. Peine incompressible.* **2.** Se dit d'un corps dont le volume ne peut être diminué par augmentation de la pression : *L'eau est incompressible.*

incompris, e [ɛ̃kɔ̃pri, -iz] **adj.** et **n.** Qui n'est pas compris, apprécié à sa valeur : *Poète incompris. Jouer les incompris.*

inconcevable [ɛ̃kɔ̃svabl] **adj.** Qu'on ne peut concevoir, comprendre, admettre : *Vous avez agi avec une légèreté inconcevable* (syn. **inadmissible, inimaginable**).

inconciliable [ɛ̃kɔ̃siljabl] **adj.** Que l'on ne peut concilier avec qqch d'autre : *Ces deux points de vue sont inconciliables.*

inconditionnel, elle [ɛkɔ̃disjɔnɛl] **adj. 1.** Qui n'admet ou ne suppose aucune condition : *Elle lui a promis son appui inconditionnel* (= sans réserve) [syn. **absolu**]. **2.** PSYCHOL. Qui n'est lié à aucun conditionnement (par opp. à *conditionnel*) : *Réflexe inconditionnel.* ◆ **adj.** et **n.** Partisan sans réserve de qqch ou de qqn : *Un inconditionnel de l'Internet.*

inconduite [ɛ̃kɔ̃dɥit] **n.f.** Mauvaise conduite : *Son inconduite est notoire* (syn. **dévergondage, débauche**).

inconfort [ɛ̃kɔ̃fɔr] **n.m. 1.** Manque de confort : *L'inconfort d'un appartement trop petit.* **2.** Situation de malaise moral dans laquelle se trouve qqn (syn. **embarras**).

inconfortable [ɛ̃kɔ̃fɔrtabl] **adj.** Qui n'est pas confortable : *Un siège inconfortable. Une situation inconfortable* (syn. **embarrassant**).

incongru, e [ɛ̃kɔ̃gry] **adj.** (bas lat. *incongruus,* de *incongruens,* qui ne convient pas). Qui va contre les règles du savoir-vivre, de la bienséance : *Des propos incongrus* (syn. **déplacé, inconvenant**).

incongruité [ɛ̃kɔ̃grɥite] **n.f.** Caractère de ce qui est incongru ; action ou parole incongrue : *Dire des incongruités* (syn. **grossièreté**).

incongrûment [ɛ̃kɔ̃grymɑ̃] **adv.** De façon incongrue.

inconnu, e [ɛ̃kɔny] **adj.** et **n. 1.** Qui n'est pas connu : *Né de père inconnu. Un inconnu m'a adressé la parole* (syn. **étranger**). **2.** Qui n'est pas célèbre : *Auteur inconnu* (syn. **obscur**). ◆ **adj.** Qu'on ne connaît pas : *Une joie inconnue* (= qu'on n'a pas encore éprouvée). *Des terres inconnues* (syn. **inexploré**). ◆ **inconnu n.m.** Ce qui reste mystérieux : *Affronter l'inconnu.*

inconnue [ɛ̃kɔny] **n.f. 1.** Élément d'une question, d'une situation qui n'est pas connu : *La grande inconnue, c'est le* *coût du projet* (= le point d'interrogation). **2.** MATH. Élément indéterminé dont on se propose de trouver la ou les valeurs vérifiant une ou plusieurs relations d'égalité ou d'inégalité.

inconsciemment [ɛ̃kɔ̃sjamɑ̃] **adv.** De façon inconsciente : *Être inconsciemment complice d'une mauvaise action* (syn. **involontairement**).

inconscience [ɛ̃kɔ̃sjɑ̃s] **n.f. 1.** Perte de connaissance momentanée ou permanente : *Sombrer dans l'inconscience.* **2.** État de qqn qui agit sans comprendre la portée de ses actes : *Une telle légèreté frise l'inconscience* (syn. **folie**).

1. inconscient, e [ɛ̃kɔ̃sjɑ̃, -ɑ̃t] **adj.** (de *conscient*). **1.** Qui a perdu connaissance ; évanoui : *Rester inconscient quelques minutes.* **2.** Qui ne se rend pas compte de la portée de ses actes : *Il est inconscient des difficultés qui l'attendent.* **3.** Qui se produit sans qu'on en ait conscience : *Mouvement inconscient* (syn. **involontaire, machinal**). ◆ **adj.** et **n.** Qui agit de façon inconsidérée : *Il est un peu inconscient pour proposer une chose pareille.*

2. inconscient [ɛ̃kɔ̃sjɑ̃] **n.m.** (de *1. inconscient*). **1.** Ensemble des phénomènes psychiques qui échappent à la conscience. **2.** PSYCHAN. Dans le premier modèle freudien, instance psychique qui constitue essentiellement le lieu du refoulement (par opp. au *conscient*, au *préconscient*). **3. Inconscient collectif,** instance de la psyché commune à tous les individus et faite de la stratification des expériences millénaires de l'humanité. ▸ Cette notion est due à C. G. Jung.

inconséquence [ɛ̃kɔ̃sekɑ̃s] **n.f.** (bas lat. *inconsequentia*, défaut de liaison). **1.** Défaut de lien, de suite dans les idées ou les actes ; manque de réflexion : *Tous tes problèmes sont le résultat de ton inconséquence* (syn. **incohérence**). **2.** Chose dite ou faite sans réflexion : *Discours plein d'inconséquences* (syn. **incohérence**).

inconséquent, e [ɛ̃kɔ̃sekɑ̃, -ɑ̃t] **adj.** (lat. *inconsequens*, illogique). **1.** Qui parle, agit à la légère : *Un homme inconséquent* (syn. **irréfléchi**). **2.** Fait ou dit à la légère : *Démarche inconséquente* (syn. **déraisonnable**).

inconsidéré, e [ɛ̃kɔ̃sidere] **adj.** (lat. *inconsideratus*). Fait ou dit sans réflexion : *Remarque inconsidérée* (syn. **irréfléchi**).

inconsidérément [ɛ̃kɔ̃sideremɑ̃] **adv.** De manière inconsidérée : *Agir inconsidérément* (syn. **étourdiment**).

inconsistance [ɛ̃kɔ̃sistɑ̃s] **n.f. 1.** Manque de consistance, d'épaisseur : *L'inconsistance d'une pâte.* **2.** Manque de fermeté, de force de caractère : *L'inconsistance d'un homme politique.* **3.** Manque de logique : *L'inconsistance de ses idées.* **4.** LOG. Propriété d'une théorie déductive où une même formule est à la fois démontrable et réfutable.

inconsistant, e [ɛ̃kɔ̃sistɑ̃, -ɑ̃t] **adj. 1.** Qui manque de consistance, de solidité : *Un programme politique inconsistant* (syn. **vide**). **2.** Qui manque de logique, de cohérence : *Un esprit inconsistant* (syn. **incohérent**).

inconsolable [ɛ̃kɔ̃sɔlabl] **adj.** Qui ne peut se consoler : *Une veuve, une peine inconsolable.*

inconsommable [ɛ̃kɔ̃sɔmabl] **adj.** Qui ne peut être consommé : *Une denrée inconsommable* (syn. **immangeable**).

inconstance [ɛ̃kɔ̃stɑ̃s] **n.f. 1.** Tendance à changer facilement d'opinion, de résolution, de conduite : *Déplorer l'inconstance d'un ami* (syn. **infidélité, versatilité**). **2.** Instabilité, mobilité : *L'inconstance du temps* (syn. **précarité**).

inconstant, e [ɛ̃kɔ̃stɑ̃, -ɑ̃t] **adj.** et **n.** Sujet à changer : *Être inconstant dans ses résolutions* (syn. **instable**). *Être inconstant en amour* (syn. **infidèle**).

inconstitutionnalité [ɛ̃kɔ̃stitysjɔnalite] **n.f.** Caractère de ce qui est inconstitutionnel.

inconstitutionnel, elle [ɛ̃kɔ̃stitysjɔnɛl] **adj.** Non conforme à la Constitution (syn. **anticonstitutionnel**).

inconstructible [ɛ̃kɔ̃stryktibl] **adj.** Où l'on ne peut construire (par opp. à *constructible*) : *Zone inconstructible.*

incontestable [ɛ̃kɔ̃tɛstabl] **adj.** Qui ne peut être contesté, mis en doute : *Preuve incontestable* (syn. **indéniable**).

incontestablement [ɛ̃kɔ̃tɛstabləmɑ̃] **adv.** De façon incontestable (syn. **indéniablement, indiscutablement**).

incontesté, e [ɛ̃kɔ̃tɛste] **adj.** Qui n'est pas contesté, discuté : *Vainqueur incontesté* (syn. **reconnu**).

incontinence [ɛ̃kɔ̃tinɑ̃s] **n.f.** (lat. *incontinentia*). **1.** Manque de retenue en face des plaisirs de l'amour. **2.** Absence de modération dans les paroles : *Incontinence verbale.* **3.** MÉD. Altération ou perte du contrôle du sphincter anal ou de celui de la vessie.

1. incontinent, e [ɛ̃kɔ̃tinɑ̃, -ɑ̃t] **adj.** (lat. *incontinens, -entis*). **1.** Qui n'est pas chaste. **2.** Qui manque de modération dans ses paroles. **3.** MÉD. Atteint d'incontinence.

2. incontinent [ɛ̃kɔ̃tinɑ̃] **adv.** (lat. *in continenti [tempore]*, dans un [temps] continu). *LITT.* Aussitôt ; immédiatement : *Partir incontinent* (syn. **sur-le-champ**).

incontournable [ɛ̃kɔ̃turnabl] **adj.** Dont il faut tenir compte : *Argument incontournable* (syn. **imparable**).

incontrôlable [ɛ̃kɔ̃trolabl] **adj.** Qu'on ne peut contrôler : *Des rumeurs incontrôlables* (syn. **invérifiable**).

incontrôlé, e [ɛ̃kɔ̃trole] **adj.** Qui n'est pas contrôlé : *Des gestes incontrôlés. Des manifestants incontrôlés.*

inconvenance [ɛ̃kɔ̃vnɑ̃s] **n.f.** Caractère inconvenant de qqn, de qqch ; acte, propos inconvenants : *Il a eu l'inconvenance de revenir nous voir* (syn. **incorrection, grossièreté**).

inconvenant, e [ɛ̃kɔ̃vnɑ̃, -ɑ̃t] **adj.** Qui blesse les convenances : *Paroles inconvenantes* (syn. **déplacé, indécent**).

inconvénient [ɛ̃kɔ̃venjɑ̃] **n.m.** (lat. *inconveniens*, qui ne convient pas). **1.** Conséquence fâcheuse d'une situation, d'une action : *Je ne vois pas d'inconvénient à sa présence à la réunion* (syn. **mal, risque**). **2.** Désavantage ; défaut : *Avantages et inconvénients du métier* (syn. **désagrément**).

inconvertibilité [ɛ̃kɔ̃vɛrtibilite] **n.f.** Caractère de ce qui est inconvertible : *Inconvertibilité d'une monnaie.*

inconvertible [ɛ̃kɔ̃vɛrtibl] **adj.** Se dit d'une monnaie qui n'est pas convertible.

incorporable [ɛ̃kɔrpɔrabl] **adj.** Que l'on peut incorporer : *Soldat incorporable.*

incorporation [ɛ̃kɔrpɔrasjɔ̃] **n.f.** (bas lat. *incorporatio*). **1.** Action d'incorporer ; amalgame, intégration. **2.** MIL. Opération de prise en charge par une unité militaire des recrues ou des réservistes qui lui sont affectés.

incorporel, elle [ɛ̃kɔrpɔrɛl] **adj. 1.** Qui n'a pas de corps : *L'âme est incorporelle* (syn. **immatériel**). **2.** DR. **Biens incorporels,** qui n'ont pas d'existence matérielle (nom de société, marque, droits d'auteur, etc. [par opp. à *bien corporel*]).

incorporer [ɛ̃kɔrpɔre] **v.t.** (bas lat. *incorporare*, de *corpus, corporis*, corps). **1.** Mêler intimement une substance, une matière à une autre ; intégrer un élément dans un tout : *Incorporer des œufs à la farine* (syn. **mélanger**). *Incorporer un paragraphe dans un texte* (syn. **insérer**). **2.** Procéder à l'incorporation d'une recrue ou d'un réserviste.

incorrect, e [ɛ̃kɔrɛkt] **adj. 1.** Qui comporte des erreurs : *Une phrase incorrecte* (syn. **fautif**). **2.** Qui manque aux règles de la bienséance, de la politesse : *Il s'est montré très incorrect* (syn. **grossier**).

incorrectement [ɛ̃kɔrɛktəmɑ̃] **adv.** De façon incorrecte.

incorrection [ɛ̃kɔrɛksjɔ̃] **n.f. 1.** Faute de grammaire : *Texte plein d'incorrections* (syn. **impropriété**). **2.** Manquement aux règles de la correction, de la bienséance : *Son incorrection est choquante* (syn. **inconvenance**).

incorrigible [ɛ̃kɔriʒibl] **adj.** Qu'on ne peut corriger : *Paresse incorrigible.*

incorrigiblement [ɛ̃kɔriʒibləmɑ̃] **adv.** De façon incorrigible : *Il est incorrigiblement imprudent.*

incorruptibilité [ɛ̃kɔryptibilite] **n.f. 1.** Qualité de ce qui ne peut se corrompre : *Incorruptibilité de l'or* (syn. **inaltérabilité**). **2.** Qualité d'une personne incorruptible ; intégrité, probité.

incorruptible [ɛ̃kɔryptibl] **adj.** (bas lat. *incorruptibilis,* de *corrumpere,* gâter). **1.** Qui ne se corrompt pas : *Matière incorruptible à l'humidité* (syn. **inaltérable, imputrescible**). **2.** Incapable de se laisser corrompre pour agir contre son devoir : *Magistrat incorruptible* (syn. **intègre** ; contr. **vénal**).

incrédule [ɛ̃kredyl] **adj.** et **n.** (lat. *incredulus,* de *credere,* croire). **1.** Qui ne croit pas, ou qui met en doute les croyances religieuses (syn. **athée, irréligieux, incroyant**). **2.** Qui se laisse difficilement convaincre : *Tous ces raisonnements me laissent incrédule* (syn. **sceptique**).

incrédulité [ɛ̃kredylite] **n.f.** Attitude d'une personne qui ne se laisse pas facilement convaincre : *Ces preuves ne sont pas venues à bout de son incrédulité* (syn. **défiance, doute**).

incrément [ɛ̃kremɑ̃] **n.m.** (lat. *incrementum,* accroissement, avec infl. de l'angl. *increment*). INFORM. Quantité constante ajoutée à la valeur d'une variable à chaque exécution d'une instruction d'un programme.

incrémenter [ɛ̃kremɑ̃te] **v.t.** INFORM. Ajouter un incrément à : *Incrémenter une variable.*

increvable [ɛ̃krəvabl] **adj. 1.** Qui ne peut pas être crevé : *Pneu increvable.* **2.** *FAM.* Qui n'est jamais fatigué : *Un marcheur increvable* (syn. **infatigable**).

incrimination [ɛ̃kriminasjɔ̃] **n.f.** Action d'incriminer ; fait d'être incriminé.

incriminer [ɛ̃krimine] **v.t.** (lat. *incriminare,* de *crimen, -inis,* accusation). Mettre en cause ; rendre responsable d'un acte blâmable : *Incriminer qqn* (syn. **accuser, blâmer**). *La douane a saisi les produits incriminés* (= mis en cause).

incrochetable [ɛ̃krɔʃtabl] **adj.** Qu'on ne peut crocheter : *Serrure incrochetable.*

incroyable [ɛ̃krwajabl] **adj. 1.** À quoi il est difficile ou impossible d'ajouter foi : *Récit incroyable* (syn. **invraisemblable, rocambolesque**). **2.** Qui suscite l'étonnement par son caractère excessif ou insolite : *Une chance incroyable* (syn. **fantastique, inouï**). ◆ **n.m.** HIST. Au début du Directoire, élégant de la jeunesse dorée royaliste, à la tenue vestimentaire recherchée et excentrique et au langage affecté : *Les incroyables et les merveilleuses.*

incroyablement [ɛ̃krwajabləmɑ̃] **adv.** De façon incroyable : *Elle est incroyablement têtue* (syn. **extrêmement, très**).

incroyance [ɛ̃krwajɑ̃s] **n.f.** Absence de foi religieuse (syn. **athéisme, irréligion**).

incroyant, e [ɛ̃krwajɑ̃, -ɑ̃t] **adj.** et **n.** Qui n'a pas de foi religieuse (syn. **athée, irréligieux**).

incrustation [ɛ̃krystasjɔ̃] **n.f. 1.** Action d'incruster ; ce qui est incrusté : *Des incrustations d'or, de nacre, de dentelle.* **2.** Dépôt plus ou moins dur que laisse une eau chargée de sels calcaires (syn. **tartre**). **3.** Remplacement, par un procédé électronique, d'une partie d'une image de télévision par une autre ; image ainsi obtenue.

incruster [ɛ̃kryste] **v.t.** (lat. *incrustare,* de *crusta,* croûte). **1.** Insérer dans une matière des fragments d'une autre matière, génér. plus précieuse : *Incruster de la nacre dans l'ébène.* **2.** Couvrir d'un dépôt minéral adhérent : *Eaux qui incrustent les canalisations* (syn. **entartrer**). ◆ **s'incruster v.pr. 1.** Se déposer sur une matière en adhérant fortement. **2.** Se couvrir de dépôts : *Tuyaux qui s'incrustent de calcaire.* **3.** *FAM.* Imposer sa présence : *Il s'est incrusté à la maison toute la soirée.*

incubateur [ɛ̃kybatœr] **n.m.** (de *incuber*). Couveuse.

incubation [ɛ̃kybasjɔ̃] **n.f.** (lat. *incubatio* ; v. *incuber*). **1.** Couvaison ; développement de l'embryon dans son œuf : *Incubation naturelle, artificielle.* **2.** BIOL. Protection assurée aux œufs dans une cavité du corps de l'un des parents, chez de nombreux vertébrés. **3.** MÉD. Temps qui s'écoule entre l'introduction d'un agent infectieux dans un organisme et l'apparition des premiers symptômes de la maladie qu'il provoque (on dit aussi, de façon pléonastique, *durée, période, temps d'incubation*).

incube [ɛ̃kyb] **n.m.** (bas lat. *incubus,* cauchemar). Démon mâle qui, dans la tradition médiévale, abuse des femmes pendant leur sommeil (par opp. à *succube*).

incuber [ɛ̃kybe] **v.t.** (lat. *incubare,* être couché, couver). Opérer l'incubation de : *L'hippocampe mâle incube les œufs dans sa poche ventrale.*

inculpation [ɛ̃kylpasjɔ̃] **n.f.** Acte par lequel le juge d'instruction met en cause une personne présumée coupable d'un délit ou d'un crime (on dit auj. *mise en examen**).

inculpé, e [ɛ̃kylpe] **n.** et **adj.** Personne qui fait l'objet d'une inculpation, d'une mise en examen.

inculper [ɛ̃kylpe] **v.t.** (bas lat. *inculpare,* de *culpa,* faute). Mettre en cause dans une procédure d'instruction une personne présumée coupable d'un crime ou d'un délit ; mettre en examen.

inculquer [ɛ̃kylke] **v.t.** (lat. *inculcare,* fouler, presser). Faire entrer durablement qqch dans l'esprit de qqn : *Inculquer les bonnes manières à un enfant* (syn. **enseigner**).

inculte [ɛ̃kylt] **adj.** (lat. *incultus,* de *cultus* ; v. *cultiver*). **1.** Qui n'est pas cultivé : *Terrain inculte* (= en friche). **2.** Sans culture intellectuelle : *Esprit inculte* (contr. **cultivé**).

inculture [ɛ̃kyltyr] **n.f.** Manque de culture intellectuelle.

incunable [ɛ̃kynabl] **adj.** et **n.m.** (lat. *incunabula, -orum,* langes, berceau). Se dit d'un ouvrage qui date des origines de l'imprimerie (antérieur à 1500).

incurable [ɛ̃kyrabl] **adj.** et **n.** (bas lat. *incurabilis,* de *cura,* soin). Se dit d'un malade qui ne peut être guéri : *Salle réservée aux incurables.* ◆ **adj.** Qu'on ne peut guérir ; à quoi on ne peut remédier : *Une maladie incurable* (syn. **inguérissable**). *Une sottise incurable* (syn. **irrémédiable**).

incurablement [ɛ̃kyrabləmɑ̃] **adv.** De façon incurable : *Être incurablement atteint* (syn. **irrémédiablement**).

incurie [ɛ̃kyri] **n.f.** (lat. *incuria,* de *cura,* soin). Manque de soin ; laisser-aller (syn. **négligence**).

incuriosité [ɛ̃kyrjɔzite] **n.f.** *LITT.* Manque de curiosité intellectuelle.

incursion [ɛ̃kyrsjɔ̃] **n.f.** (lat. *incursio,* de *incurrere,* faire irruption). **1.** Invasion d'un groupe armé très mobile, génér. de courte durée (syn. **raid, razzia**). **2.** Entrée soudaine et jugée importune : *Votre incursion dans cette réunion a paru déplacée* (syn. **irruption**). **3.** Fait de s'intéresser à un domaine dans lequel on est profane : *Acteur qui fait une incursion dans la chanson.*

incurvation [ɛ̃kyrvasjɔ̃] **n.f.** Action d'incurver ; état de ce qui est incurvé.

incurver [ɛ̃kyrve] **v.t.** (lat. *incurvare,* de *curvus,* courbe). Courber de dehors en dedans ; rendre courbe : *Incurver une tige de fer* (syn. **courber**). *Fauteuil aux pieds incurvés.* ◆ **s'incurver v.pr.** Prendre une forme courbe.

Inde, région de l'Asie méridionale, constituée par un vaste triangle bordé, au nord, par l'Himalaya, qui la sépare du Tibet, et rattachée, à l'est, à la péninsule indochinoise. Elle comprend la *république de l'Inde,* le *Pakistan,* le *Bangladesh,* le *Bhoutan,* le *Népal.*

Inde *(république de l')*, État de l'Asie méridionale ; 3 268 000 km² ; 1 252 140 000 hab. *(Indiens).* CAP. *New Delhi.* La république est formée de 28 États (Andhra Pradesh, Arunachal Pradesh, Assam, Bengale-Occidental, Bihar, Chhattisgarh, Goa, Gujerat, Haryana, Himachal Pradesh, Jammu-et-Cachemire, Jharkhand, Karnataka, Kerala, Madhya Pradesh, Maharashtra, Manipur, Meghalaya, Mizoram, Nagaland, Orissa, Pendjab, Rajasthan, Sikkim, Tamil Nadu, Tripura, Uttarakhand, Uttar Pradesh), auxquels s'ajoutent 7 territoires. LANGUES OFFICIELLES : *anglais* et *hindi.* MONNAIE : *roupie indienne.*

GÉOGRAPHIE

Deuxième pays du monde par la population, l'Inde appartient toujours, globalement, au groupe des pays en voie de développement, avec une agriculture à prédominance vivrière occupant encore plus de la moitié des actifs, mais l'essor des services et de certaines industries, ainsi que l'engagement de réformes structurelles, ont entraîné le réveil du pays, qui devient aujourd'hui une puissance économique à l'échelle mondiale.

Le pays et l'économie. L'Inde atteint l'Himalaya au N., mais le cœur du pays est la vaste plaine gangétique, valorisée par les pluies de la mousson (de juin à septembre), moins abondantes vers le S. (au-delà du tropique) dans l'intérieur du Deccan protégé par la barrière des Ghats occidentaux. Plus de 50 % des terres sont cultivées et l'irrigation permet parfois une deuxième récolte. Le blé et surtout le riz sont les bases de l'alimentation ; le coton, le jute, le tabac et le thé (premier rang mondial) sont les grandes cultures commerciales. L'énorme troupeau bovin (premier rang mondial) est peu productif, en raison d'interdits religieux tenant à la prépondérance de l'hindouisme (plus de 80 % d'une population comptant aussi plus de 10 % de musulmans). La pêche, en revanche, apporte localement un complément de protéines. L'industrie bénéficie de ressources minérales et énergétiques notables : du charbon surtout, mais aussi du pétrole et du gaz naturel, un certain potentiel hydroélectrique et quelques centrales nucléaires. Le sous-sol fournit encore de la bauxite, du manganèse et surtout du fer, à la base (avec le charbon) d'une sidérurgie qui alimente la métallurgie de transformation, principale branche industrielle, avec le textile et devant la chimie. L'industrie (avec le secteur minier), qui emploie environ 25 % des actifs, est orientée presque exclusivement vers la fourniture de biens de consommation, mais se développe souvent à l'abri de barrières protectionnistes. Cependant, plusieurs secteurs à haute technologie sont en expansion : aéronautique, télécommunications, informatique.

La population et les échanges. Le problème de l'emploi, déjà ancien, s'aggrave en raison du maintien de la pression démographique. L'Inde compte chaque année environ 18 millions d'habitants de plus. Dans un pays surtout rural, cette évolution accentue la parcellisation de terres déjà morcelées (20 % des paysans seulement ont plus de 2 ha) et précipite l'exode vers les villes. Celles-ci regroupent plus de 25 % de la population totale, souvent dans des conditions désastreuses (multiplication des bidonvilles). Calcutta, Bombay, Delhi, Madras, Bangalore et Hyderabad sont les agglomérations les plus importantes parmi la quarantaine qui dépassent le million d'habitants. Les échanges ont fortement augmenté depuis la politique de libéralisation menée à partir des années 1990 (de moins de 15 % du P.I.B. avant 1989 à plus de 50 % après 2010). Les importations ont été dominées par le pétrole et les produits manufacturés. Ces derniers représentent désormais plus de 60 % des exportations, la part des produits agricoles n'étant plus que de 10 % environ. Le traditionnel et lourd déficit de la balance commerciale n'est pas comblé par les revenus du tourisme, ni par les envois d'argent des nombreux émigrés (souvent diplômés). Les stratifications sociales et même religieuses n'ont pas disparu, les inégalités régionales (parfois à base ethnique) demeurent et, malgré les progrès de l'alphabétisation, l'unification n'est pas véritablement achevée.

HISTOIRE

L'Inde ancienne. La plus ancienne civilisation connue en Inde se développa dans les sites de la vallée de l'Indus (7000-1800 av. J.-C.) et fut sans doute influencée par celle de la Mésopotamie.

L'Inde du Nord fut ensuite progressivement envahie au IIe millénaire par les Aryens, venus de l'O., qui introduisirent le cheval, la métallurgie du fer, une langue indo-européenne (le sanskrit) et un système social fondé sur les castes. C'est sous leur domination que furent rédigés les textes sacrés des *Veda* (à la base de l'hindouisme).

Au VIe s. av. J.-C. apparaissent deux religions nouvelles, le bouddhisme et le jaïnisme. À cette époque (VIe-IVe s. av. J.-C.), les Perses et les Grecs commencent à pénétrer en Inde : Cyrus, Darios Ier, qui occupe le bas Indus (fin du VIe s.), Alexandre le Grand.

V. 327 av. J.-C. Chandragupta fonde la dynastie des Maurya. Elle atteint son apogée sous le règne d'Ashoka (v. 269-232 av. J.-C.), qui constitue un vaste empire englobant pratiquement toute l'Inde. La disparition des Maurya (185 av. J.-C.) est suivie d'un nouveau morcellement du pays puis de l'invasion des Grecs de Bactriane et des Barbares dans le Nord-Ouest (160 av. J.-C. - 280 apr. J.-C.).

Au Ier s. apr. J.-C., l'influence de la culture indienne se répand dans l'Asie du Sud-Est. Le bouddhisme se diffuse dans l'Asie centrale et orientale (jusqu'en Chine).

V. 320 - v. 550. Les Gupta favorisent la renaissance de l'hindouisme.

Du VIIe au XIIe s., l'Inde est de nouveau morcelée. Établis en Inde du Sud, les Pallava (VIe-IXe s.) puis les Cola (Xe-XIIe s.) exportent la civilisation indienne en Asie du Sud-Est. Le Sind est dominé par les Arabes (VIIIe s.), et la vallée de l'Indus tombe aux mains des Ghaznévides (XIe s.), dynastie turque qui domine l'Afghanistan.

L'Inde musulmane. Des dynasties turques d'Afghanistan conquièrent tout le nord de l'Inde.

1192-1204. Conquête du bassin du Gange.

1206. Fondation du sultanat de Delhi.

1298-1310. Conquête du Gujerat et du Deccan.

1347-1526. Division de l'Inde en de multiples sultanats.

1526. Fondation de la dynastie des Grands Moghols par Baber.

Du XIVe au XVIe s., l'empire de Vijayanagar au sud se mobilise pour la défense de l'hindouisme. Puis l'Inde retrouve son unité dans le cadre de l'Empire moghol, qui atteint sa plus grande extension au XVIIe s. et décline au XVIIIe s. Les Moghols dominent l'Inde grâce à leur armée, à leur administration efficace et à leur attitude conciliante à l'égard de la majorité hindoue.

Après l'expédition de Vasco de Gama (1498), les Portugais s'assurent en Inde le monopole du commerce, qu'ils conservent au cours du XVIe s., puis sont concurrencés par les Hollandais, les Anglais et les Français, qui fondent des compagnies commerciales florissantes au XVIIe s.

1742-1754. Dupleix soumet à l'influence française le Carnatic et six provinces du Deccan.

1757. Clive remporte la victoire de Plassey sur le nabab du Bengale et fonde la puissance britannique en Inde.

1763. Le traité de Paris laisse à la France cinq comptoirs : Pondichéry, Chandernagor, Yanaon, Karikal et Mahé.

La domination britannique. La mainmise britannique se poursuit à la fin du XVIIIe s. et tout au long du XIXe s.

1772-1785. W. Hastings organise la colonisation du Bengale.

1799-1819. La Grande-Bretagne conquiert l'Inde du Sud, la vallée du Gange et Delhi.

1849. Elle annexe le royaume sikh du Pendjab.

1857-1858. Les cipayes (soldats autochtones au service des Britanniques) se révoltent. Le dernier empereur moghol est destitué, la Compagnie anglaise des Indes orientales supprimée et l'Inde est rattachée à la Couronne britannique.

1876. La reine Victoria est proclamée impératrice des Indes.

L'Empire britannique est rapidement troublé par les mouvements nationalistes et autonomistes qui sont violemment réprimés.

1885. Fondation du Congrès national indien.

1906. Fondation de la Ligue musulmane.

Entre les deux guerres mondiales, Gandhi devient le chef de la résistance à l'Angleterre et fonde son mouvement sur la non-violence.

1935. Les Britanniques accordent à l'Inde une Constitution qui lui confère une certaine autonomie.

1947. Le Royaume-Uni doit accepter la « partition » de l'Inde. L'Union indienne, hindouiste, et le Pakistan, musulman (séparé en deux parties), deviennent indépendants. Cette partition s'accompagne de massacres (de 300 000 à 500 000 victimes) et du déplacement de millions de personnes.

L'Inde indépendante. Sous le gouvernement de Nehru, Premier ministre de 1947 à 1964, l'Inde s'engage dans la voie de la modernisation et du non-alignement.

1947-1948. Le problème du Cachemire provoque un premier conflit avec le Pakistan.

1948. Gandhi est assassiné.

1950. La Constitution fait de l'Inde une fédération composée d'États organisés sur des bases ethniques et linguistiques.

1962. Un conflit oppose la Chine et l'Inde au Ladakh.
1965. Deuxième conflit avec le Pakistan à propos du Cachemire.
1966. Indira Gandhi, fille de Nehru, devient Premier ministre.
1971. Un nouveau conflit avec le Pakistan aboutit à l'intervention de l'armée indienne au Pakistan oriental, qui se constitue en République indépendante du Bangladesh.
1977. I. Gandhi est remplacée par Moraji Desai.
1980. I. Gandhi retrouve le pouvoir.
1984. Assassinat de I. Gandhi par des extrémistes sikhs. Son fils Rajiv lui succède.
1989. Après l'échec du parti du Congrès aux élections, Rajiv Gandhi démissionne et une coalition de partis de l'opposition accède au pouvoir.
1991. Assassinat de R. Gandhi. Après la victoire du Congrès aux élections, le nouveau leader du parti, Narasimha Rao, devient Premier ministre.
1996. Au terme d'élections marquées par la montée en puissance du parti nationaliste hindou, N. Rao démissionne. De fragiles coalitions de centre gauche se succèdent, soumises au soutien du Congrès.
1998. Le parti nationaliste hindou remporte une nouvelle fois les élections et accède au pouvoir.
L'Inde s'en tient au principe de la laïcité inscrit dans sa Constitution. Cependant, les partis de droite militent, parfois de façon violente, pour en faire un État hindou. Elle connaît de graves tensions régionalistes, notamm. en Assam, au Cachemire, au Kerala, au Pendjab (problème sikh) et en Uttar-Pradesh (mosquée d'Ayodhya, détruite en 1992 par les nationalistes hindous). Les relations avec le Pakistan demeurent tendues.
2004. Les élections ramènent au pouvoir le parti du Congrès, dirigé par Sonia Gandhi ; Manmohan Singh est Premier ministre. Il est confronté à un certain nombre de difficultés : tsunami meurtrier dans le sud du pays (26 déc. 2004), actes terroristes (attentats à Bombay, déc. 2008), effets de la crise économique mondiale.
2009. Le parti du Congrès gagne largement les élections. M. Singh est reconduit à la tête du gouvernement. Mais son autorité pâtit d'une atonie économique persistante, de l'existence d'inégalités de plus en plus criantes et de la multiplication d'affaires de corruption (2012).

indéboulonnable [ɛ̃debulɔnabl] **adj.** (de *déboulonner*). FAM. Se dit de qqn qui ne peut être destitué, révoqué : *Un chef de parti indéboulonnable* (syn. **intouchable**).

indécence [ɛ̃desɑ̃s] **n.f. 1.** Caractère d'une personne, d'une chose indécente : *L'indécence d'une robe. L'indécence d'un comportement* (syn. **impudeur**). **2.** Caractère de ce qui choque par son côté déplacé : *Cet étalage de luxe frise l'indécence.*

indécent, e [ɛ̃desɑ̃, -ɑ̃t] **adj.** (lat. *indecens, -entis,* de *decet,* il convient). **1.** Qui viole les règles de la pudeur : *Tenue indécente* (syn. **inconvenant**). **2.** Qui choque la morale : *Gaspillage indécent* (syn. **scandaleux**).

indéchiffrable [ɛ̃deʃifrabl] **adj. 1.** Qu'on ne peut déchiffrer : *Une écriture indéchiffrable* (syn. **illisible**). **2.** Qui est difficile à comprendre : *Elle a un regard indéchiffrable* (syn. **impénétrable**).

indéchirable [ɛ̃deʃirabl] **adj.** Qui ne peut être déchiré.

indécidable [ɛ̃desidabl] **adj.** LOG. Qui n'est ni démontrable ni réfutable dans une théorie déductive (par opp. à *décidable*) : *Proposition indécidable.*

indécis, e [ɛ̃desi, -iz] **adj.** et **n.** (bas lat. *indecisus,* non tranché). Qui ne sait pas se décider : *Rester indécis sur la solution à adopter* (syn. **perplexe, irrésolu**). ◆ **adj. 1.** Qui n'a pas de solution : *Une bataille dont l'issue reste indécise* (syn. **incertain**). **2.** Difficile à reconnaître : *Formes indécises* (syn. **indistinct, vague**).

indécision [ɛ̃desizjɔ̃] **n.f.** État, caractère d'une personne indécise : *Mettre fin à son indécision* (syn. **irrésolution**).

indéclinable [ɛ̃deklinabl] **adj.** LING. Qui ne se décline pas : *En français, les adverbes sont indéclinables.*

indécollable [ɛ̃dekɔlabl] **adj.** Impossible à décoller.

indécomposable [ɛ̃dekɔ̃pozabl] **adj.** Qui ne peut être décomposé, analysé : *Les corps simples sont indécomposables.*

indécrottable [ɛ̃dekrɔtabl] **adj.** (de *décrotter*). FAM. Impossible à améliorer : *Un paresseux indécrottable* (syn. **incorrigible**).

indéfectible [ɛ̃defɛktibl] **adj.** (du moyen fr. *défectible,* sujet à défaillance, du lat. *defectus,* qui fait défaut). Qui dure toujours : *Amitié indéfectible* (syn. **éternel** ; contr. **éphémère**).

indéfectiblement [ɛ̃defɛktibləmɑ̃] **adv.** De façon indéfectible (syn. **immuablement**).

indéfendable [ɛ̃defɑ̃dabl] **adj.** Qui ne peut être défendu : *Cause indéfendable* (syn. **insoutenable**).

indéfini, e [ɛ̃defini] **adj.** (lat. *indefinitus*). **1.** Qu'on ne peut délimiter : *Espace indéfini* (syn. **infini**). **2.** Qu'on ne peut définir : *Tristesse indéfinie* (syn. **vague**). **3.** GRAMM. Qui exprime une idée générale sans l'appliquer à un objet déterminé. **4.** GRAMM. **Article indéfini,** article qui présente l'être ou l'objet que le nom désigne avec une individualisation indéterminée (*un, une, des*). / **Adjectif, pronom indéfinis,** adjectif, pronom qui indiquent une indétermination : *« Quelque, chaque, etc. » sont des adjectifs indéfinis ; « quelqu'un, rien » sont des pronoms indéfinis.*

indéfiniment [ɛ̃definimɑ̃] **adv.** De façon indéfinie : *Il répète indéfiniment la même chose* (syn. **perpétuellement**).

indéfinissable [ɛ̃definisabl] **adj.** Qu'on ne saurait définir : *Trouble indéfinissable* (syn. **vague, confus**).

indéformable [ɛ̃defɔrmabl] **adj.** Qui ne peut être déformé.

indéhiscent, e [ɛ̃deisɑ̃, -ɑ̃t] **adj.** BOT. Qui ne s'ouvre pas, mais se détache en entier de la plante mère, en parlant de certains fruits secs, comme l'akène.

indélébile [ɛ̃delebil] **adj.** (lat. *indelebilis,* de *delere,* détruire). **1.** Qui ne peut être effacé : *Encre indélébile* (syn. **ineffaçable**). **2.** Dont la marque ne peut disparaître : *Souvenirs indélébiles* (syn. **impérissable**).

indélicat, e [ɛ̃delika, -at] **adj.** Qui manque d'honnêteté : *Un employé indélicat* (syn. **malhonnête**).

indélicatesse [ɛ̃delikatɛs] **n.f.** Malhonnêteté : *Commettre une indélicatesse* (syn. **escroquerie**).

indémaillable [ɛ̃demajabl] **adj.** Tissé de sorte que les mailles ne filent pas si l'une se défait : *Jersey indémaillable.*

indemne [ɛ̃dɛmn] **adj.** (lat. *indemnis,* de *damnum,* dommage). **1.** Qui n'a pas subi de dommage moral ou physique : *Sortir indemne d'un accident* (= sain et sauf). **2.** Qui n'est pas contaminé : *Être indemne de toute contagion.*

indemnisation [ɛ̃dɛmnizasjɔ̃] **n.f.** Action d'indemniser ; paiement d'une indemnité : *L'indemnisation des sinistrés.*

indemniser [ɛ̃dɛmnize] **v.t.** Dédommager qqn de ses frais, d'un préjudice : *Indemniser un propriétaire expulsé.*

indemnité [ɛ̃dɛmnite] **n.f.** (lat. *indemnitas,* salut, sûreté, de *indemnis* ; v. *indemne*). **1.** Somme allouée pour dédommager d'un préjudice : *Indemnité pour cause d'expropriation* (syn. **dédommagement**). **2.** Élément d'une rémunération ou d'un salaire destiné à compenser une augmentation du coût de la vie ou à rembourser une dépense imputable à l'exercice de la profession : *Indemnités de frais de déplacement* (syn. **allocation**). **3. Indemnité de licenciement,** somme versée par l'employeur à un salarié licencié sans faute grave et comptant une certaine ancienneté. / **Indemnité journalière,** somme versée à un assuré social incapable temporairement de travailler. / **Indemnité parlementaire,** émoluments des députés et des sénateurs.

indémodable [ɛ̃demɔdabl] **adj.** Qui ne risque pas de se démoder.

indémontable [ɛ̃demɔ̃tabl] **adj.** Qui ne peut être démonté : *Une serrure rouillée qui est indémontable.*

indémontrable [ɛ̃demɔ̃trabl] **adj.** Qu'on ne peut démontrer (syn. **improuvable, invérifiable**).

indéniable [ɛ̃denjabl] **adj.** Qu'on ne peut dénier : *Preuve indéniable* (syn. **certain, incontestable**).

indéniablement [ɛ̃denjabləmɑ̃] **adv.** De façon indéniable : *Elle a indéniablement raison* (syn. **indiscutablement**).

indentation [ɛ̃dɑ̃tasjɔ̃] **n.f.** (de *dent*). Échancrure d'une côte, d'un littoral (syn. **dentelure**).

indépassable [ɛ̃depasabl] **adj.** Que l'on ne peut dépasser, franchir : *Limite indépassable.*

indépendamment de [ɛ̃depɑ̃damɑ̃də] **loc. prép.** (de *indépendant*). **1.** En considérant à part chacun des éléments : *Il faut interpréter ces deux faits indépendamment l'un de l'autre.* **2.** En plus de ; par surcroît : *Indépendamment du confort, vous avez une vue superbe.*

indépendance [ɛ̃depɑ̃dɑ̃s] **n.f. 1.** État d'une personne indépendante, autonome : *Son salaire lui assure une totale indépendance* (syn. **autonomie**). **2.** Caractère, attitude d'une personne qui refuse les contraintes, les règles établies : *On lui reproche son indépendance de caractère* (syn. **individualisme**). **3.** Autonomie politique ; souveraineté nationale : *Proclamer l'indépendance d'une nation.* **4.** Absence de rapports entre plusieurs choses. **5.** LOG. Propriété d'un axiome qui ne peut être démontré à partir des autres axiomes de la théorie dans laquelle il figure.

indépendance américaine *(Déclaration d')* [4 juill. 1776], déclaration adoptée par le Congrès continental réuni à Philadelphie. Rédigée par Thomas Jefferson, la déclaration proclame l'indépendance des treize colonies vis-à-vis de l'Angleterre.

Indépendance américaine *(guerre de l')* [1775-1782], conflit qui opposa les colonies anglaises de l'Amérique du Nord à l'Angleterre, et qui aboutit à leur indépendance et à la fondation des États-Unis.

indépendant, e [ɛ̃depɑ̃dɑ̃, -ɑ̃t] **adj. 1.** Qui ne dépend d'aucune autorité ; libre : *Travailleur indépendant* (contr. **salarié**). **2.** Qui refuse la contrainte, la sujétion : *Elle est trop indépendante pour faire ce métier* (syn. **individualiste**). **3.** Qui jouit de l'autonomie politique : *Peuple indépendant* (syn. **autonome, souverain**). **4.** Qui n'a aucun rapport avec autre chose : *Point indépendant de la question* (syn. **distinct**). **5.** GRAMM. **Proposition indépendante,** proposition qui ne dépend d'aucune autre et dont aucune ne dépend (on dit aussi *une indépendante*). / MATH. **Variables aléatoires indépendantes,** telles que la probabilité pour que chacune prenne conjointement à l'autre une valeur donnée soit égale au produit des probabilités pour que chacune prenne séparément la valeur en question. / MATH. **Vecteurs (linéairement) indépendants,** vecteurs dont les seules combinaisons linéaires nulles sont celles pour lesquelles tous les coefficients sont nuls.

indépendantisme [ɛ̃depɑ̃dɑ̃tism] **n.m.** Revendication d'indépendance de la part d'un peuple. ◆ **indépendantiste adj.** et **n.** Partisan de l'indépendance.

indéracinable [ɛ̃derasinabl] **adj.** Qu'on ne peut déraciner : *Préjugés indéracinables* (syn. **inextirpable**).

Indes *(Compagnie des)*, nom de plusieurs compagnies créées en Europe, qui possédaient un monopole commercial avec certains territoires coloniaux (régime de l'exclusif) : la *Compagnie anglaise des Indes orientales,* fondée à Londres pour le commerce avec les pays de l'océan Indien (1600-1858) ; la *Compagnie hollandaise des Indes orientales,* fondée aux Provinces-Unies pour commercer avec les Indes (1602-1798) ; la *Compagnie française des Indes* (1719-1794), issue de la fusion entre l'ancienne *Compagnie des Indes orientales,* établie par Colbert, et la *Compagnie d'Occident,* créée par Law ; elle ne put se maintenir face à sa rivale, la Compagnie anglaise.

indescriptible [ɛ̃dɛskriptibl] **adj.** Qui ne peut être décrit, exprimé : *Joie indescriptible* (syn. **indicible**).

indésirable [ɛ̃dezirabl] **adj.** et **n.** (angl. *undesirable*). Qu'on n'accepte pas dans un pays, un milieu : *Individu indésirable. Sa présence est indésirable.*

Indes occidentales, nom donné à l'Amérique par Christophe Colomb, qui croyait avoir atteint l'Asie.

indestructibilité [ɛ̃dɛstryktibilite] **n.f.** Caractère de ce qui est indestructible.

indestructible [ɛ̃dɛstryktibl] **adj.** Qui ne peut être détruit, aboli : *Un bâtiment indestructible* (syn. **inaltérable**). *Une amitié indestructible* (syn. **indissoluble**).

indétectable [ɛ̃detɛktabl] **adj.** Impossible à détecter : *Avion indétectable.*

indéterminable [ɛ̃detɛrminabl] **adj.** Qui ne peut être déterminé : *Une couleur indéterminable* (syn. **indéfinissable**).

indétermination [ɛ̃detɛrminasjɔ̃] **n.f. 1.** Caractère de ce qui n'est pas déterminé, précisé : *L'indétermination d'une frontière* (syn. **imprécision**). **2.** Caractère hésitant, irrésolu de qqn : *Son indétermination lui a coûté cher* (syn. **indécision**).

indéterminé, e [ɛ̃detɛrmine] **adj. 1.** Qui n'est pas déterminé, précisé : *Somme d'un montant indéterminé* (syn. **indéfini**). **2.** MATH. **Équation indéterminée,** équation admettant une infinité de solutions.

index [ɛ̃dɛks] **n.m.** (mot lat. « indicateur »). **1.** Deuxième doigt de la main, le plus proche du pouce. **2.** Aiguille d'un cadran ; repère fixe ou mobile. **3.** Liste alphabétique des mots, des sujets, des noms apparaissant dans un ouvrage, une collection, etc., avec les références permettant de les retrouver. **4.** INFORM. Valeur fixe permettant de compléter ou de corriger les valeurs de certaines adresses lors de l'exécution d'une instruction. **5. Mettre qqn, qqch à l'index,** les exclure, les signaler comme dangereux (en référence au catalogue des livres dont l'Église catholique décida d'interdire la lecture à ses fidèles).

Index, catalogue des livres dont l'Église catholique décida, à partir du XVIe s., d'interdire la lecture à ses fidèles, en raison des dangers que ceux-ci auraient pu représenter pour la foi ou les mœurs. Cette censure, qu'administrait la Congrégation de l'Index rattachée au Saint-Office, a été abolie par Paul VI, en 1965.

indexation [ɛ̃dɛksasjɔ̃] **n.f.** Action d'indexer ; son résultat : *Indexation d'un prix, d'un livre.*

indexer [ɛ̃dɛkse] **v.t. 1.** Lier la variation d'un salaire, d'un prix, d'un loyer, d'une valeur à la variation d'une autre valeur prise comme référence : *Indexer une retraite sur le coût de la vie. Emprunt indexé sur l'or.* **2.** Réaliser l'index d'un ouvrage, d'une collection. **3.** Mettre à sa place dans un index : *Indexer un mot.* **4.** MÉCAN. Régler un mécanisme en plaçant un élément mobile en face d'un index. **5.** MATH. **Indexer les éléments d'un ensemble E par l'ensemble ordonné I,** établir une bijection entre E et I.

Indiana, un des États unis d'Amérique ; 94 000 km² ; 6 570 902 hab. ; CAP. *Indianapolis.*

Indianapolis, v. des États-Unis, cap. de l'Indiana ; 848 788 hab. (1 756 241 hab. dans l'agglomération). Université. Circuit automobile.

indianisme [ɛ̃djanism] **n.m.** (de *indien,* et *-isme*). Étude des langues et des civilisations de l'Inde. ◆ **indianiste n.** Nom du spécialiste.

1. indicateur, trice [ɛ̃dikatœr, -tris] **adj.** Qui indique, qui fait connaître : *Un poteau indicateur.*

2. indicateur [ɛ̃dikatœr] **n.m.** (de *1. indicateur*). **1.** Livre ou brochure qui sert de guide : *L'indicateur des rues de Paris* (syn. **guide**). **2.** Appareil qui sert à indiquer : *Un indicateur de vitesse, de pression.* **3.** Individu qui renseigne la police en échange d'un privilège ou d'une rémunération (abrév. fam. *indic*). **4.** ZOOL. Petit oiseau insectivore des régions chaudes, voisin du pic. **5.** CHIM. **Indicateur coloré,** substance qui indique, par un changement de couleur, la concentration d'un constituant d'une solution. / **Indicateur économique,** chiffre significatif de la situation économique pour une période donnée (produit national brut, commerce extérieur, taux de chômage, etc.). / BOURSE. **Indicateur de tendance,** série de chiffres exprimant les variations des cours de la Bourse et reflétant la tendance du marché financier.

1. indicatif, ive [ɛ̃dikatif, -iv] **adj.** Qui indique, annonce : *Prix communiqué à titre indicatif.*

2. indicatif [ɛ̃dikatif] **n.m.** (du bas lat. *indicativus* [*modus*] et de *1. indicatif*). **1.** GRAMM. Mode du verbe qui présente le procès de façon neutre, objective, sans interprétation. ▶ En français, l'indicatif comporte des temps simples : présent, futur, imparfait, passé simple, et des temps composés : passé composé, plus-que-parfait, passé antérieur, futur antérieur. **2.** Musique que répète une station de radio ou de télévision au début d'une émission, à fin d'identification.

indication [ɛ̃dikasjɔ̃] **n.f. 1.** Action d'indiquer : *Indication d'origine.* **2.** Ce qui indique, fait connaître ; ce qui est donné comme conseil : *Son embarras est une indication de son erreur* (syn. **indice, signe**). *Suivre les indications de son médecin* (syn. **avis, recommandation**). **3.** MÉD. Affection pour laquelle un médicament est recommandé (par opp. à *contre-indication*) : *Indication d'un antibiotique.*

indice [ɛ̃dis] **n.m.** (lat. *indicium,* indication). **1.** Objet, signe qui met sur la trace de qqch : *La police a trouvé des indices* (syn. **marque, trace**). **2.** Nombre exprimant un rapport entre deux grandeurs ; rapport entre des quantités ou des prix, qui en montre l'évolution : *L'indice des prix de détail.* **3.** MATH. Signe attribué à une lettre représentant les différents éléments d'un ensemble : *A indice* n *s'écrit* A_n. **4.** Nombre affecté à une catégorie d'emploi permettant de calculer la rémunération correspondante. **5. Indice d'écoute,** nombre des personnes, évalué en pourcentage, ayant écouté ou regardé une émission de radio, de télévision à un moment déterminé. / **Indice de développement humain (I.D.H.),** indicateur statistique mis au point par l'O.N.U. et publié chaque année dans les rapports du P.N.U.D. (Programme des Nations unies pour le développement), permettant d'évaluer le niveau de vie de la population d'un pays. ▶ Il prend en compte l'espérance de vie à la naissance, l'éducation (taux d'alphabétisation et de scolarisation) et le pouvoir d'achat.

indiciaire [ɛ̃disjɛr] **adj.** Rattaché à un indice : *Le classement indiciaire d'un fonctionnaire.*

indicible [ɛ̃disibl] **adj.** (lat. médiév. *indicibilis,* du class. *dicere,* dire). *LITT.* Qu'on ne peut exprimer : *Une joie indicible* (syn. **indescriptible, ineffable**).

indiciel, elle [ɛ̃disjɛl] **adj.** Relatif à un indice économique, statistique : *Courbe indicielle.*

indien, enne [ɛ̃djɛ̃, -ɛn] **adj.** et **n.** (bas lat. *indianus*). **1.** De l'Inde. **2.** Relatif aux autochtones de l'Amérique (les *Indes occidentales* des premiers navigateurs).

Indien *(océan),* océan situé entre l'Afrique, l'Asie et l'Australie ; 75 millions de km^2 env.

indienne [ɛ̃djɛn] **n.f.** (de [*toile*] *indienne*). Toile de coton légère colorée par impression.

Indiens, nom donné aux habitants de l'Inde et aux premiers habitants du Nouveau Continent (Amérindiens), vivant auj. généralement dans des réserves en Amérique du Nord, et pour la plupart en voie de disparition ou d'acculturation en Amérique centrale et en Amérique du Sud.

indifféremment [ɛ̃diferamɑ̃] **adv.** Sans faire de différence : *Tu peux prendre indifféremment l'un ou l'autre.*

indifférence [ɛ̃diferɑ̃s] **n.f.** État d'une personne indifférente ; absence d'intérêt pour qqch : *Marquer son indifférence par une attitude désinvolte* (syn. **détachement**). *Cette proposition a rencontré l'indifférence générale* (syn. **froideur**).

indifférenciation [ɛ̃diferɑ̃sjasjɔ̃] **n.f.** État de ce qui est indifférencié.

indifférencié, e [ɛ̃diferɑ̃sje] **adj. 1.** Se dit de ce qui ne présente pas de caractéristiques suffisantes pour être différencié. **2.** ANTHROP. **Filiation indifférenciée,** dans laquelle les lignées maternelle et paternelle ont socialement les mêmes fonctions.

indifférent, e [ɛ̃diferɑ̃, -ɑ̃t] **adj.** (lat. *indifferens, -entis*). **1.** Qui ne provoque ni attirance ni répulsion : *Un grand bâtiment indifférent* (syn. **quelconque**). **2.** Qui est de peu d'importance : *Parler de choses indifférentes* (syn. **banal, insignifiant**). **3.** Dont on ne se préoccupe pas : *La politique le laisse indifférent* (syn. **froid**). **4.** Qui ne tend pas vers un état plus que vers un autre : *Équilibre indifférent.* ◆ **adj.** et **n.** Individu que rien ne touche ni n'émeut : *Jouer les indifférents.*

indifférer [ɛ̃difere] **v.t.** [conj. **18**]. Être indifférent à qqn ; ne présenter aucun intérêt pour lui : *Cela m'indiffère.*

indigence [ɛ̃diʒɑ̃s] **n.f.** (lat. *indigentia,* besoin, de *indigens ;* v. *indigent*). **1.** État d'une personne qui vit dans la misère (syn. **dénuement**). **2.** Grande pauvreté intellectuelle ou morale : *L'indigence de sa pensée est affligeante.*

indigène [ɛ̃diʒɛn] **adj.** et **n.** (lat. *indigena*). **1.** Né dans le pays qu'il habite (syn. **aborigène, autochtone**). **2.** Se dit d'une plante originaire de la région où elle vit : *Essences indigènes et essences exotiques.* **3.** Originaire d'un pays d'outre-mer, avant la décolonisation.

indigent, e [ɛ̃diʒɑ̃, -ɑ̃t] **adj.** et **n.** (lat. *indigens,* de *indigere,* avoir besoin). Qui est privé de ressources suffisantes ; qui manque des choses les plus nécessaires : *Vieillard indigent* (syn. **nécessiteux**). ◆ **adj.** Qui manifeste une grande pauvreté de moyens : *Vocabulaire indigent* (syn. **pauvre**).

indigeste [ɛ̃diʒɛst] **adj. 1.** Difficile à digérer : *Mets indigeste* (syn. **lourd**). **2.** Difficile à assimiler par l'esprit : *Roman indigeste* (syn. **confus, pesant**).

indigestion [ɛ̃diʒɛstjɔ̃] **n.f. 1.** Indisposition provenant d'une digestion qui se fait mal, et aboutissant génér. au vomissement. **2.** *FAM.* **Avoir une indigestion de qqch,** en être lassé jusqu'au dégoût.

indignation [ɛ̃diɲasjɔ̃] **n.f.** (lat. *indignatio,* de *indignari*). Sentiment de colère que provoque qqn, qqch : *Arrestation qui soulève l'indignation de la population.*

indigne [ɛ̃diɲ] **adj.** (lat. *indignus*). **1.** Qui n'est pas digne de : *Indigne de confiance.* **2.** Qui inspire le mépris : *Conduite indigne* (syn. **abject, infâme**). **3.** Qui n'est pas digne de son rôle, de sa fonction : *Père indigne.*

indigné, e [ɛ̃diɲe] **adj.** Qui marque la colère, la révolte ; qui manifeste de l'indignation.

indignement [ɛ̃diɲəmɑ̃] **adv.** De façon indigne.

indigner [ɛ̃diɲe] **v.t.** (lat. *indignari,* s'indigner, de *indignus,* indigne). Exciter, provoquer la colère, la révolte de qqn : *Sa conduite indigne tout le monde* (syn. **scandaliser**). ◆ **s'indigner v.pr.** Éprouver un sentiment de colère, de révolte : *S'indigner contre l'injustice* (syn. **blâmer, vitupérer**).

indignité [ɛ̃diɲite] **n.f.** (de *indignitas,* de *indignus*). **1.** Caractère d'une personne, d'un acte indignes : *Commettre des indignités* (syn. **bassesse, infamie**). **2.** DR. **Indignité nationale,** peine comportant notamm. la privation des droits civiques.

indigo [ɛ̃digo] **n.m.** (mot port., du lat. *indicum,* de l'Inde). Matière colorante qui, dans sa forme première, est d'un bleu légèrement violacé. ▶ L'indigo, autref. extrait de l'indigotier, est auj. obtenu par synthèse. ◆ **adj. inv.** et **n.m.** D'une couleur bleu foncé légèrement violacé : *Des robes indigo.*

indigotier [ɛ̃digɔtje] **n.m.** Plante vivace des régions chaudes, autref. cultivée comme plante tinctoriale. ▶ Famille des papilionacées.

indiquer [ɛ̃dike] **v.t.** (lat. *indicare,* de *index*). **1.** Montrer, désigner qqn, qqch d'une manière précise : *Indiquer qqch du doigt.* **2.** Dénoter ; être l'indice de : *Cela indique une grande rouerie* (syn. **révéler**). *Ma montre indique neuf heures* (syn. **marquer**). **3.** Renseigner qqn : *Indiquer une rue à qqn.* **4. Être indiqué,** conseillé, recommandé : *L'usage de ce médicament n'est pas indiqué.*

indirect, e [ɛ̃dirɛkt] **adj. 1.** Qui ne conduit pas au but directement : *Itinéraire indirect* (syn. **détourné**). *Critique indirecte* (syn. **voilé**). **2.** GRAMM. Se dit d'une construction prépositive, spécial. de celle qui relie le verbe à son compl. d'objet (par opp. à *direct*) : *Verbe transitif indirect. Complément d'objet indirect.* **3.** GRAMM. **Discours, style indirect,** à l'intérieur d'un énoncé, manière de rapporter des paroles par l'intermédiaire d'un subordonnant présent (style indirect) ou sous-entendu (style indirect libre). [Ex. : Elle a dit *qu'elle viendrait*.] / MATH. **Sens indirect,** sens inverse du sens trigonométrique ou *sens direct.*

indirectement [ɛ̃dirɛktəmɑ̃] **adv.** De façon indirecte.

indiscernable [ɛ̃disɛrnabl] **adj.** Qu'on ne peut discerner : *Des nuances de sens indiscernables* (syn. **insaisissable**).

indiscipline [ɛ̃disiplin] **n.f.** Attitude de qqn qui ne se soumet pas à la discipline : *Faire preuve d'indiscipline* (syn. **désobéissance, indocilité**).

indiscipliné, e [ɛ̃disipline] **adj.** Rebelle à toute discipline : *Esprit indiscipliné* (syn. **indocile, rétif**).

indiscret, ète [ɛ̃diskrɛ, -ɛt] **adj.** et **n. 1.** Qui manque de discrétion ; qui dénote de l'indiscrétion : *Un indiscret qui cherche à savoir ce qui ne le regarde pas* (syn. **curieux**). *Une question indiscrète.* **2.** Qui révèle ce qu'on devrait taire : *Des propos indiscrets. Ne lui confie aucun secret, c'est un indiscret* (syn. **bavard, cancanier**).

indiscrètement [ɛ̃diskrɛtmɑ̃] **adv.** De façon indiscrète.

indiscrétion [ɛ̃diskresjɔ̃] **n.f.** Manque de discrétion ; acte, parole indiscrète : *Il a eu l'indiscrétion de m'interroger sur cette affaire* (syn. **curiosité**). *Commettre des indiscrétions.*

indiscutable [ɛ̃diskytabl] **adj.** Qui n'est pas discutable : *Une preuve indiscutable* (syn. **incontestable, irréfutable**).

indiscutablement [ɛ̃diskytabləmɑ̃] **adv.** De façon indiscutable : *Il est indiscutablement innocent* (syn. **incontestablement**).

indiscuté, e [ɛ̃diskyte] **adj.** Qui n'est pas mis en discussion ou en doute : *Un prestige indiscuté* (syn. **incontesté**).

indispensable [ɛ̃dispɑ̃sabl] **adj.** (de *dispenser*). Dont on ne peut se passer : *Les protéines sont indispensables à l'organisme* (syn. **essentiel, vital**). ◆ **n.m.** Ce dont on ne peut se passer : *N'emporter que l'indispensable* (contr. **superflu**).

indisponibilité [ɛ̃disponibilite] **n.f.** État de qqn ou de qqch qui est indisponible.

indisponible [ɛ̃disponibl] **adj. 1.** Dont on ne peut pas disposer : *De l'argent indisponible.* **2.** Qui est empêché de faire qqch : *Je suis indisponible aujourd'hui.*

indisposé, e [ɛ̃dispoze] **adj.** (lat. *indispositus,* de *disponere,* arranger). **1.** Légèrement malade : *Il est indisposé et ne reçoit personne* (syn. **souffrant**). **2.** FAM. Qui a ses règles, en parlant d'une femme.

indisposer [ɛ̃dispoze] **v.t.** (de *indisposé,* d'apr. *disposer*). **1.** Rendre un peu malade : *La fumée l'indispose* (syn. **gêner, incommoder**). **2.** Mécontenter : *Mon retard l'a indisposé* (syn. **déplaire, froisser**).

indisposition [ɛ̃dispozisjɔ̃] **n.f.** (de *indisposé,* d'apr. *disposition*). **1.** Léger malaise. **2.** État d'une femme indisposée.

indissociable [ɛ̃disɔsjabl] **adj. 1.** Qu'on ne peut dissocier d'une autre chose ou d'une autre personne : *Un élément indissociable d'un ensemble* (syn. **inséparable**). **2.** Qu'on ne peut diviser en parties : *Cela forme un tout indissociable* (syn. **indivisible**).

indissolubilité [ɛ̃disɔlybilite] **n.f.** Qualité de ce qui est indissoluble : *L'indissolubilité d'un serment.*

indissoluble [ɛ̃disɔlybl] **adj.** Qui ne peut être dissous : *Attachement indissoluble* (syn. **indéfectible**).

indissolublement [ɛ̃disɔlybləmɑ̃] **adv.** De façon indissoluble : *Deux êtres indissolublement liés.*

indistinct, e [ɛ̃distɛ̃, -ɛ̃kt] **adj.** Que l'on distingue mal : *Souvenir indistinct* (syn. **vague**). *Voix indistinctes* (syn. **confus**).

indistinctement [ɛ̃distɛ̃ktəmɑ̃] **adv. 1.** De façon indistincte : *Silhouettes qui apparaissent indistinctement dans la brume* (syn. **vaguement ;** contr. **nettement**). **2.** Sans faire de différence : *J'aime indistinctement tous les fruits* (syn. **indifféremment**).

individu [ɛ̃dividy] **n.m.** (lat. *individuum,* indivisible). **1.** Chaque spécimen vivant d'une espèce animale ou végétale, issu d'une cellule unique. **2.** Être humain, personne par opp. à la collectivité, à la société : *Le droit de l'individu.* **3.** Être humain indéterminé ; personne quelconque (souvent péjor.) : *Qui est cet individu ?* (syn. **personnage, quidam**). **4.** STAT. Chacun des éléments (être ou objet) d'un ensemble qui fait l'objet d'une étude.

individualisation [ɛ̃dividɥalizasjɔ̃] **n.f. 1.** Action d'individualiser ; son résultat : *Individualisation de la prime d'assurance automobile* (syn. **personnalisation**). **2.** Fait de s'individualiser.

individualisé, e [ɛ̃dividɥalize] **adj.** Qui possède les caractères propres d'un individu ; qui est distinct des autres êtres de la même espèce : *Groupe fortement individualisé.*

individualiser [ɛ̃dividɥalize] **v.t.** (de *individuel*). Rendre individuel, distinct des autres par des caractères propres : *Individualiser l'orientation scolaire en tenant compte des goûts de chaque élève.* ◆ **s'individualiser v.pr.** Se distinguer des autres en affirmant sa personnalité (syn. **se singulariser**).

individualisme [ɛ̃dividɥalism] **n.m.** (de *individuel*). **1.** Tendance à s'affirmer indépendamment des autres : *Faire preuve d'individualisme* (syn. **indépendance, non-conformisme**). **2.** Tendance à privilégier la valeur et les droits de l'individu contre les valeurs et les droits des groupes sociaux. **3.** PHILOS. Doctrine qui fait de l'individu la valeur suprême de la société.

individualiste [ɛ̃dividɥalist] **adj.** et **n. 1.** Qui tient à s'affirmer indépendamment des autres : *Un esprit individualiste, hostile aux idées toutes faites* (syn. **non conformiste, indépendant**). **2.** Qui ne songe qu'à soi (syn. **égoïste**). **3.** PHILOS. Partisan de l'individualisme.

individualité [ɛ̃dividɥalite] **n.f. 1.** Ensemble des caractères propres à un individu. **2.** Originalité propre à une personne : *L'individualité d'un artiste* (syn. **particularité**). **3.** VIEILLI. Personne douée d'un caractère particulièrement marqué et original : *Une forte individualité* (syn. **personnalité**).

individuel, elle [ɛ̃dividɥɛl] **adj.** (de *individu*). Qui concerne une seule personne : *Responsabilité individuelle* (syn. **personnel ;** contr. **collectif**). *Les cas individuels seront examinés* (syn. **particulier**).

individuellement [ɛ̃dividɥɛlmɑ̃] **adv.** De façon individuelle : *S'occuper de chaque enfant individuellement.*

indivis, e [ɛ̃divi, -iz] **adj.** (lat. *indivisus,* qui n'est pas séparé). DR. Qui n'est pas divisé, partagé : *Succession indivise.* ◆ **indivis n.m. Par indivis,** sans qu'il y ait eu partage : *Maison possédée par indivis* (= en commun).

indivisibilité [ɛ̃divizibilite] **n.f.** Caractère de ce qui est indivisible.

indivisible [ɛ̃divizibl] **adj.** Qui ne peut être divisé, séparé : *Famille qui forme un bloc indivisible* (syn. **indissociable**).

indivision [ɛ̃divizjɔ̃] **n.f.** (de *indivis,* d'apr. *division*). **1.** DR. État d'un bien indivis : *Le partage d'un bien met fin à l'indivision* (syn. **communauté**). **2.** DR. Situation de qqn qui possède de tels biens.

indo-aryen, enne [ɛ̃doarjɛ̃, -ɛn] **adj.** et **n.m.** Se dit des langues indo-européennes parlées en Inde. ▸ Les principales sont le sanskrit, le hindi, l'ourdou, le marathi, le bengali, le panjabi, le cinghalais.

Indochine, péninsule de l'Asie, entre l'Inde et la Chine, limitée au sud par le golfe du Bengale, le détroit de Malacca et la mer de Chine méridionale. Elle comprend la Birmanie, la Thaïlande, la Malaisie, le Cambodge, le Laos et le Viêt Nam.

Indochine *(guerres d')* [1946-1975], conflits qui eurent lieu au Viêt Nam, au Laos, en Thaïlande et au Cambodge, opposant la France au Viêt-minh (1946-1954), puis les États-Unis, engagés aux côtés du Viêt Nam du Sud, au Viêt Nam du Nord (1954-1975). En 1945, le départ des troupes japonaises provoqua l'insurrection des nationalistes vietnamiens (Viêt-minh), hostiles au retour de la colonisation française. Le conflit s'étendit bientôt à l'ensemble du Tonkin. À l'issue de la défaite française de Diên Biên Phu (1954), le Viêt Nam est divisé en deux zones, de part et d'autre du 17e parallèle (accords de Genève) avec, au nord, un pouvoir communiste et, au sud, une république soutenue par les États-Unis. Ainsi débute un nouveau conflit. Après une période de guérilla marquée par l'infiltration progressive des forces nord-vietnamiennes au sud, combattant aux côtés du Viêt-cong, le conflit se radicalise entre le Viêt Nam du Nord, soutenu par l'U.R.S.S. et la Chine populaire, et le Viêt Nam du Sud, appuyé à partir de 1962 de façon massive par les États-Unis. Un accord de cessez-le-feu au Viêt Nam et au Laos est suivi par le retrait des forces américaines (1973). En 1975, tandis que les Khmers rouges l'emportent au Cambodge, les troupes du Viêt Nam du Nord entrent à Saigon (avr. 1975), préludant à l'unification, en 1976, des deux États vietnamiens.

Indochine française, nom donné à l'ensemble territorial formé par la réunion, en 1887, des colonies ou protectorats français de Cochinchine, du Cambodge, de l'Annam et du Tonkin, auxquels fut ajouté en 1893 le Laos. Il disparut après les accords d'indépendance de 1949-1950.

indochinois, e [ɛ̃dɔʃinwa, -az] **adj.** et **n.** De l'Indochine.

indocile [ɛ̃dɔsil] **adj.** et **n.** Qui ne se laisse pas diriger, conduire : *Enfant indocile* (syn. **rebelle**).

indocilité [ɛ̃dɔsilite] **n.f.** Caractère de celui qui est indocile : *L'indocilité d'un enfant* (syn. **insubordination**).

indo-européen [ɛ̃dɔœrɔpeɛ̃, -ɛn] **n.m.** Langue non directement attestée mais reconstituée par comparaison des diverses langues à l'origine desquelles elle se trouve. ◆ **indo-européen, enne adj.** et **n.** Se dit des langues issues de l'indo-européen et des peuples qui les ont parlées : *Populations, langues indo-européennes.*

Indo-Gangétique *(plaine),* région formée par les plaines de l'Indus et du Gange.

indolemment [ɛ̃dɔlamɑ̃] **adv.** Avec indolence.

indolence [ɛ̃dɔlɑ̃s] **n.f.** (lat. *indolentia*). Comportement indolent : *Secouer l'indolence de qqn* (syn. **mollesse, apathie**).

indolent, e [ɛ̃dɔlɑ̃, -ɑ̃t] **adj.** et **n.** (lat. *indolens*, de *dolere*, souffrir). Qui évite de se donner de la peine : *C'est un jeune homme indolent* (syn. **mou, nonchalant, paresseux**).

indolore [ɛ̃dɔlɔr] **adj.** (bas lat. *indolorius*, du class. *dolor*, douleur). Qui ne cause aucune douleur : *Piqûre indolore* (contr. **douloureux**).

indomptable [ɛ̃dɔ̃tabl] **adj.** Qu'on ne peut dompter, maîtriser : *Orgueil indomptable* (syn. **inflexible, irréductible**).

indompté, e [ɛ̃dɔ̃te] **adj.** Qu'on n'a pu dompter, contenir, réprimer : *Colère indomptée.*

Indonésie, État de l'Asie du Sud-Est ; 1 885 000 km² ; 249 866 000 hab. *(Indonésiens).* CAP. *Jakarta.* LANGUE : *indonésien.* MONNAIE : *rupiah (roupie indonésienne).*

GÉOGRAPHIE

La population. Étirée sur près de 5 000 km d'O. en E., se développant, de part et d'autre de l'équateur (mais surtout au S.), sur plus de 1 500 km du N. au S., l'Indonésie vient au quatrième rang mondial pour la population. La densité moyenne (encore moins de 100 hab. au km²) n'a guère de signification. Les plus grandes îles sont très peu peuplées (Kalimantan, Irian Jaya, qui ne sont d'ailleurs que partiellement indonésiennes) ou assez peu (Sumatra, Célèbes). En revanche, 60 % de la population se concentrent à Java, sur moins de 7 % de la superficie totale. Le problème du surpeuplement y est aggravé par une croissance démographique de l'ordre de 2 % par an et par la prépondérance d'une agriculture encore étroitement dépendante des conditions naturelles. Avec 90 % de la population musulmane, l'Indonésie est le premier pays musulman au monde.

Le milieu naturel. La plupart des îles sont montagneuses, souvent volcaniques, et les plaines n'ont qu'une extension réduite. La latitude explique la chaleur constante (26-27 °C env.), la forte et presque permanente humidité (généralement plus de 3 000 mm de pluies par an). Ces deux facteurs ont provoqué le développement de la forêt dense qui recouvre plus de 60 % du territoire.

L'économie. Héritage de la colonisation néerlandaise, l'agriculture – où l'élevage tient une faible place alors que la pêche est relativement développée – juxtapose un secteur commercial et un secteur vivrier. Celui-ci est dominé par le riz (près de la moitié des terres cultivées). Parmi les cultures de plantation émergent le caoutchouc, puis la canne à sucre, le café, le thé, etc. Si l'agriculture occupe encore près de la moitié des actifs, c'est l'industrie qui assure désormais la majeure partie du P.I.B. Elle le doit à l'extraction du pétrole et du gaz naturel. La production industrielle s'est diversifiée, favorisée par des bas salaires. Mais, après plusieurs années de croissance soutenue, le pays, ravagé périodiquement par de gigantesques incendies, touché en 1997-1998 par une grave crise financière régionale, confronté aux séquelles du tsunami de déc. 2004 et aux violences du terrorisme islamiste (qui affectent le tourisme), connaît aujourd'hui de sérieuses difficultés.

HISTOIRE

Des origines aux Indes néerlandaises. La civilisation indienne pénètre très tôt dans les îles qui formeront l'Indonésie. Mais, à partir du XIIIe s., l'islam supplante l'hindouisme dans tout l'archipel, à l'exception de l'île de Bali. L'empire de Majapahit règne sur l'Indonésie aux XIVe-XVe s.

1511. Les Portugais prennent Malacca. Ils contrôlent le commerce des épices par l'intermédiaire de leurs comptoirs.

1602. Fondation de la Compagnie hollandaise des Indes orientales. Dès le milieu du XVIIe s., les Hollandais remplacent les Portugais.

1799. La Compagnie hollandaise perd son privilège.

Les Indes néerlandaises, principales colonies des Pays-Bas, sont administrées directement par la métropole. Celle-ci s'enrichit grâce au « système des cultures », reposant sur le travail forcé des autochtones.

L'indépendance. L'occupation japonaise (1942-1945) renforce les mouvements nationalistes.

1945. L'Indonésie se proclame république indépendante sous la présidence de Sukarno.

1949. L'indépendance est reconnue par les Pays-Bas.

Sukarno tente d'instituer un socialisme « à l'indonésienne » et se fait le champion de l'indépendance du tiers-monde (conférence de Bandung, 1955). Mais il doit lutter contre le séparatisme de certaines îles (Sumatra).

1963. Les Pays-Bas cèdent à l'Indonésie la Nouvelle-Guinée occidentale (ou Irian Jaya).

1965. Coup d'État, à la suite duquel Sukarno remet ses pouvoirs au général Suharto.

1966. L'Indonésie accepte la création de la Malaysia à laquelle elle s'était opposée.

Nommé président de la République en 1968, Suharto mène une politique anticommuniste et se rapproche de l'Occident.

1976. L'Indonésie annexe la partie orientale de Timor.

Les élections sont régulièrement remportées par le parti gouvernemental, le Golkar. L'ensemble des partis et des organisations socioreligieuses doit adhérer, à partir de 1982, à l'idéologie nationale, le *Pancasila.*

1998. Sous la pression d'une opposition renforcée par la crise économique, Suharto démissionne. Le vice-président, B. J. Habibie, lui succède à la tête de l'État.

1999. Abdurraham Wahid est élu président de la République. Mais le pays est en proie à des mouvements sécessionnistes (Aceh, Irian Jaya [auj. Papouasie], Moluques) et à des violences interreligieuses.

2001. A. Wahid est destitué par le Parlement. La vice-présidente, Megawati Sukarnoputri (fille de Sukarno), lui succède à la tête de l'État.

2002. L'indépendance du Timor oriental est proclamée.

2004. Susilo Bambang Yudhoyono devient président de la République (réélu en 2009). Un tsunami dévastateur atteint (26 déc.) l'Asie du Sud-Est et du Sud. Le bilan fait état d'environ 230 000 morts ou disparus, dont près de 170 000 en Indonésie (région d'Aceh surtout).

2005. Le gouvernement indonésien et les séparatistes de la province d'Aceh signent un traité de paix.

indonésien, enne [ɛ̃dɔnezjɛ̃, -ɛn] **adj.** et **n.** D'Indonésie. ◆ **indonésien n.m. 1.** Ensemble de langues constituant la branche occidentale de la famille malayo-polynésienne. **2.** Forme du malais, langue officielle de l'Indonésie.

Indra, le plus grand des dieux dans le védisme ; il détient la puissance symbolisée par le foudre *(vajra),* avec lequel il détruit les démons ; les libations de *soma* qui lui sont offertes sont destinées à accroître sa force, qui lui permet de mieux protéger l'humanité. Le bouddhisme tantrique lui confère une fonction ésotérique et érotique.

Indre [36], dép. de la Région Centre-Val de Loire ; ch.-l. de dép. Châteauroux ; ch.-l. d'arr. *Le Blanc, La Châtre, Issoudun ;* 4 arr., 13 cant., 247 comm. ; 6 791 km^2 ; 235 956 hab.

Indre-et-Loire [37], dép. de la Région Centre-Val de Loire ; ch.-l. de dép. *Tours ;* ch.-l. d'arr. *Chinon, Loches ;* 3 arr., 19 cant., 277 comm. ; 6 127 km^2 ; 612 305 hab.

indri [ɛ̃dri] **n.m.** (expression malgache « le voilà »). Grand lémurien arboricole des forêts pluvieuses de l'est de Madagascar, se nourrissant essentiel. de feuilles, qui pousse de longs cris plaintifs. ▸ Long. 1 m.

indu, e [ɛ̃dy] **adj.** (de *2. dû*). **Heure indue,** heure où il n'est pas convenable de faire telle ou telle chose : *Il m'a réveillé à une heure indue.*

indubitable [ɛ̃dybitabl] **adj.** (lat. *indubitabilis,* de *dubitare,* douter). Dont on ne peut douter : *Sa culpabilité est indubitable* (syn. **incontestable**).

indubitablement [ɛ̃dybitabləmɑ̃] **adv.** De manière indubitable ; sans aucun doute : *C'est indubitablement le plus intelligent* (syn. **indéniablement**).

inductance [ɛ̃dyktɑ̃s] **n.f.** (du rad. de *induction*). Quotient du flux d'induction à travers un circuit, créé par le courant traversant ce circuit, par l'intensité de ce courant.

inducteur, trice [ɛ̃dyktœr, -tris] **adj.** ÉLECTR. Se dit de ce qui produit le phénomène d'induction. ◆ **inducteur n.m. 1.** Aimant ou électroaimant destiné à fournir le champ magnétique créateur de l'induction. **2.** BIOL. Corps, molécule qui a la propriété d'induire une réaction biologique, un processus physiologique : *Inducteur de l'ovulation.*

inductif, ive [ɛ̃dyktif, -iv] **adj. 1.** Qui procède par induction : *Méthode inductive.* **2.** ÉLECTR. Qui possède une inductance.

induction [ɛ̃dyksjɔ̃] **n.f.** (lat. *inductio,* de *inducere ;* v. *induire*). **1.** Généralisation d'une observation ou d'un raisonnement établis à partir de cas singuliers. **2.** LOG. Syn. de *raisonnement par récurrence**. **3. Induction électromagnétique,** production de courants dans un circuit par suite de la variation du flux d'induction magnétique qui le traverse. / **Induction magnétique,** vecteur caractérisant la densité du flux magnétique qui traverse une substance.

induire [ɛ̃dɥir] **v.t.** (lat. *inducere,* de *ducere,* conduire) [conj. **98**]. **1.** *VIEILLI.* Conduire, mener qqn à une action, à un comportement : *Induire une personne au mal* (syn. **pousser**). **2.** Avoir pour conséquence : *Cette installation induira la création de nombreux emplois* (syn. **entraîner, occasionner**). **3.** Établir par voie de conséquence : *Que peut-on induire de faits aussi disparates ?* (syn. **inférer**). **4.** ÉLECTR. Produire les effets de l'induction. **5. Induire qqn en erreur,** l'amener à se tromper.

induit, e [ɛ̃dɥi, -it] **adj.** (p. passé de *induire*). Se dit d'un courant électrique produit par induction.

indulgence [ɛ̃dylʒɑ̃s] **n.f.** (lat. *indulgentia,* remise d'une peine). **1.** Facilité à excuser ou à pardonner les fautes d'autrui : *L'indulgence du jury* (syn. **clémence** ; contr. **sévérité**). **2.** CATH. Rémission totale ou partielle de la peine temporelle due pour les péchés déjà pardonnés.

Indulgences *(querelle des),* conflit religieux qui préluda à la révolte de Luther contre l'Église romaine. Dans les premiers temps du christianisme, la pénitence publique imposée aux pécheurs pouvait faire l'objet d'une remise partielle ou plénière, appelée *indulgence.* Par la suite, celle-ci était concédée en contrepartie d'aumônes. Ainsi, en 1515, le pape Léon X institua une indulgence en faveur de ceux qui verseraient des dons pour l'achèvement de la basilique Saint-Pierre de Rome. Luther choisit alors cette occasion pour attaquer le principe même de cette pratique dans ses 95 thèses, qui furent condamnées en 1519.

indulgent, e [ɛ̃dylʒɑ̃, -ɑ̃t] **adj.** (lat. *indulgens,* qui remet une peine). Qui est porté à excuser, à pardonner : *Parents indulgents* (syn. **compréhensif ;** contr. **sévère**).

indûment [ɛ̃dymɑ̃] **adv.** (de *indu*). De façon illégitime : *Détenir indûment de l'argent* (syn. **illégalement**).

induration [ɛ̃dyrasjɔ̃] **n.f.** (lat. *induratio*). PATHOL. Durcissement anormal d'un tissu ; partie indurée.

s'indurer [ɛ̃dyre] **v.pr.** (lat. *indurare,* de *durus,* dur). PATHOL. Devenir anormalement dur : *Lésion indurée.*

Indus, grand fl. d'Asie, né au Tibet, traversant le Cachemire et surtout le Pakistan, qui se jette dans la mer d'Oman en formant un vaste delta ; 3 040 km. Ses eaux sont utilisées pour l'irrigation. Les bords de l'Indus connurent une civilisation non indo-européenne dont les origines remontent au néolithique (v. 7000 av. J.-C.), qui est florissante au IIIe millénaire et s'éteint au milieu du IIe millénaire ; elle est notamment caractérisée par une architecture urbaine dégagée à Mohenjo-Daro (Sind), à Harappa (Pendjab), etc., et par une écriture pictographique indéchiffrée.

industrialisation [ɛ̃dystrijalizasjɔ̃] **n.f.** Action d'industrialiser ; fait d'être industrialisé : *Industrialisation de l'agriculture* (syn. **mécanisation**). *L'industrialisation d'un pays.*

industrialisé, e [ɛ̃dystrijalize] **adj. 1.** Où l'industrie tient une place prédominante. **2. Nouveaux pays industrialisés (N.P.I.),** pays en développement qui ont connu, à partir des années 1970, une croissance spectaculaire, notamm. sous l'effet de l'industrialisation de leur économie (Corée du Sud, Singapour, Taïwan).

industrialiser [ɛ̃dystrijalize] **v.t. 1.** Donner un caractère industriel à une activité. **2.** Équiper (une région, un pays) en usines, en industries.

industrialo-portuaire [ɛ̃dystrijalɔpɔrtɥɛr] **adj.** (pl. *industrialo-portuaires*). Se dit d'un espace ou d'un complexe aménagé industriellement pour traiter des produits livrés par bateau : *Construire une zone industrialo-portuaire.*

industrie [ɛ̃dystri] **n.f.** (lat. *industria,* activité). **1.** Ensemble des activités économiques qui produisent des biens matériels par la transformation de matières premières : *Industrie lourde* (= industrie qui met en œuvre directement les matières premières). *Industrie légère* (= industrie qui transforme les produits de l'industrie lourde). **2.** Chacune de ces activités économiques : *Industrie automobile. Industrie du vêtement.* **3.** Toute activité économique assimilable à l'industrie et organisée sur une grande échelle : *L'industrie du spectacle.* **4.** Établissement industriel : *Son père dirigeait une petite industrie textile.* **5.** *LITT.* **Chevalier d'industrie** ⟶ **chevalier.** / **Industries de la langue,** ensemble des activités liées aux applications de la recherche en linguistique, en informatique et en linguistique informatique.

1. industriel, elle [ɛ̃dystrijɛl] **adj. 1.** Relatif à l'industrie ; qui relève de l'industrie : *Fabrication industrielle. Produit industriel.* **2.** Relatif à un lieu où sont implantées des usines, des industries : *Zone industrielle.* **3.** *FAM.* **Quantité industrielle,** très grande quantité : *Elle possède une quantité industrielle de vêtements.* **4.** HIST. **Révolution industrielle,** ensemble des phénomènes qui ont accompagné, à partir du XVIIIe s., la transformation du monde moderne par le développement du capitalisme, de la technique, de la production et des communications.

■ **La première révolution industrielle**

Les conditions de la première révolution industrielle. L'industrialisation est le résultat d'une interaction entre différents facteurs : la croissance démographique de l'Europe à partir du XVIIIe s. ; les progrès de l'agriculture grâce à la généralisation des cultures fourragères, qui permettent d'éviter la jachère ; l'amélioration des voies de communication (canaux, routes) ; les progrès techniques à l'origine de la mécanisation de la production. Le développement du machinisme suppose, en outre, l'accumulation de capitaux : les entrepreneurs peuvent emprunter auprès des banques qui connaissent un important développement. Ces transformations sont elles-mêmes liées au rôle de l'État, qui préserve la liberté d'entreprendre et garantit la monnaie.

Les progrès techniques. Dès la fin du XVIIIe s., en Grande-Bretagne, diverses inventions permettent la mécanisation de la filature, puis du tissage, principalement du coton. La métallurgie prend son essor avec la découverte du procédé de la fonte au coke, qui évite de recourir au charbon. Mais l'invention décisive est celle de la machine à vapeur, mise au point par Watt entre 1760 et 1785. Source d'énergie capable de mettre en mouvement les machines, la vapeur est à l'origine, dans la première moitié du XIXe s., de l'essor de la production de charbon. L'apparition de la locomotive, mise au point par Stephenson en 1815, entraîne la construction de vastes réseaux de chemin de fer, dont les premières lignes apparaissent dans les années 1830.

Une industrialisation inégale. Elle a été marquée par des phases d'expansion, interrompues par des crises économiques, et n'a pas touché tous les pays à la même époque. La Grande-Bretagne connaît ainsi un démarrage précoce au XVIIIe s., qui lui permet de devancer très largement, jusque dans le dernier quart du XIXe s., les autres nations industrialisées. En France, la grande période d'industrialisation correspond à la monarchie de Juillet et au second Empire. En Allemagne, l'essor industriel date principalement de la seconde moitié du XIXe s., ainsi qu'en Autriche-Hongrie, où le développement économique reste cependant limité à certaines régions (Bohême). L'Europe méditerranéenne et orientale ne connaît, quant à elle, qu'une industrialisation marginale. En dehors de l'Europe, seuls les États-Unis seront touchés, dans la seconde moitié du XIXe s., par la première révolution industrielle.

Les conséquences de l'essor industriel. Cette première révolution s'est traduite par un formidable essor de la production industrielle et des usines, par un accroissement considérable de la population urbaine (alimentée par l'exode rural), par la concentration des activités industrielles, notamment près des gisements de matières premières. Les échanges commerciaux, intérieurs et internationaux, s'intensifient grâce à la construction d'un réseau de canaux européens, à l'ouverture du canal de Suez (1869). Par ailleurs, cette industrialisation s'est faite en exploitant une masse importante de main-d'œuvre marquée par le déracinement et dont les conditions de vie, très rudes, ne s'amélioreront que très progressivement au cours du siècle.

La deuxième révolution industrielle. Elle repose sur l'utilisation de nouvelles sources d'énergie : l'électricité, dont l'usage commence à se répandre dans les années 1880, le gaz et le pétrole (dont l'emploi est rendu possible par la mise au point du moteur à explosion à la fin du siècle). L'acier l'emporte sur le fer tandis que se développe la chimie de synthèse, productrice de colorants, de textiles artificiels et d'engrais. De nouvelles inventions transforment la vie quotidienne (bicyclette, téléphone, lampe à incandescence d'Edison). Puis l'automobile et l'avion révolutionnent les moyens de transport au début du XXe s. Cette deuxième révolution industrielle est marquée par la concentration des entreprises et par l'accroissement du rôle joué par la recherche et les capitaux. Elle coïncide également avec l'impérialisme colonial. ■

2. industriel [ɛ̃dystrijɛl] **n.m.** Propriétaire, dirigeant d'une usine, d'établissements industriels.

industriellement [ɛ̃dystrijɛlmɑ̃] **adv.** De façon industrielle : *Production organisée industriellement.*

industrieux, euse [ɛ̃dystrijø, -øz] **adj.** (bas lat. *industriosus*, actif). LITT. Qui a de l'adresse, de l'habileté : *Un ouvrier industrieux* (syn. **habile**).

Indy (Vincent d'), compositeur français (Paris 1851 - *id.* 1931). Disciple de C. Franck, auteur d'opéras *(Fervaal)*, de symphonies (*Symphonie sur un chant montagnard français* dite *cévenole*, 1886) et de musique de chambre, il fut un des fondateurs de la Schola cantorum. Son enseignement laissa une influence durable.

inébranlable [inebrɑ̃labl] **adj. 1.** Qui ne peut être ébranlé : *Mur inébranlable* (syn. **solide, résistant**). **2.** Qui ne se laisse pas abattre : *Rester inébranlable dans l'adversité* (syn. **ferme, imperturbable**). **3.** Qu'on ne peut pas fléchir : *Décision inébranlable* (syn. **inflexible**).

inédit, e [inedi, -it] **adj.** et **n.m.** (lat. *ineditus*). **1.** Qui n'a pas été imprimé, publié : *Poème inédit.* **2.** Que l'on n'a jamais vu ; original : *Spectacle inédit* (syn. **nouveau**).

ineffable [inefabl] **adj.** (lat. *ineffabilis*, de *effari*, dire). LITT. Qui ne peut être exprimé : *Joie ineffable* (syn. **indicible, inexprimable**).

ineffaçable [inefasabl] **adj.** Qui ne peut être effacé ; que l'on ne peut faire disparaître : *Encre ineffaçable* (syn. **indélébile**). *Souvenir ineffaçable* (syn. **impérissable**).

inefficace [inefikas] **adj.** Qui n'est pas efficace : *Moyen inefficace* (syn. **inopérant**). *Secrétaire inefficace.*

inefficacité [inefikasite] **n.f.** Manque d'efficacité : *L'inefficacité d'une cure thermale* (syn. **inutilité**).

inégal, e, aux [inegal, -o] **adj. 1.** Qui n'est pas égal, par rapport à qqch ou à qqn d'autre : *Segments inégaux* (syn. **dissemblable**). *Répartition inégale des biens* (syn. **inéquitable, injuste**). **2.** Qui n'est pas uni : *Terrain inégal* (syn. **accidenté, raboteux**). **3.** Dont le rythme n'est pas régulier : *Galop, pouls inégal* (syn. **irrégulier**). **4.** Dont la qualité n'est pas constante : *Roman d'un intérêt inégal* (syn. **variable**). *Cinéaste inégal.* **5.** Qui change rapidement, en parlant de qqn ou de son caractère : *Humeur inégale* (syn. **capricieux, changeant**).

inégalable [inegalabl] **adj.** Qui ne peut être égalé : *Un vin d'une qualité inégalable* (syn. **incomparable**).

inégalé, e [inegale] **adj.** Qui n'a pas été égalé ; qui n'a pas d'égal : *Record inégalé. Beauté inégalée* (= sans pareil) [syn. **unique**].

inégalement [inegalmɑ̃] **adv.** De façon inégale : *Ressources inégalement réparties.*

inégalitaire [inegalitɛr] **adj.** Fondé sur l'inégalité civile, politique et sociale : *Société inégalitaire.*

inégalité [inegalite] **n.f. 1.** Caractère, état de choses ou de personnes inégales entre elles : *L'inégalité des salaires* (syn. **disparité**). *Les inégalités sociales.* **2.** MATH. Expression indiquant que deux éléments d'un ensemble donné sont unis par une relation d'ordre. (Ex. : $a < b$ ou *a plus petit que b*.) **3.** Caractère de ce qui n'est pas égal, uni : *Inégalités de terrain* (syn. **accident**). **4.** Caractère de ce qui n'est pas constant : *Les inégalités du débit d'un fleuve* (syn. **irrégularité, variation**).

inélégance [inelegɑ̃s] **n.f.** Défaut d'élégance.

inélégant, e [inelegɑ̃, -ɑ̃t] **adj. 1.** Qui manque d'élégance vestimentaire : *Mise inélégante.* **2.** Qui manque de délicatesse de sentiments, de savoir-vivre : *Il serait inélégant d'insister* (syn. **discourtois, incorrect**).

inéligible [ineliʒibl] **adj.** Qui n'a pas les qualités requises pour être élu.

inéluctable [inelyktabl] **adj.** (lat. *ineluctabilis*, de *eluctari*, surmonter en luttant). Qui ne peut être évité, empêché : *Un changement inéluctable* (syn. **inévitable**).

inéluctablement [inelyktabləmɑ̃] **adv.** De façon inéluctable : *Elle court inéluctablement à sa perte* (syn. **immanquablement**).

inemployé, e [inɑ̃plwaje] **adj.** Qui n'est pas employé : *Forces inemployées* (syn. **inutilisé**).

inénarrable [inenarabl] **adj.** (lat. *inenarrabilis*, de *enarrare*, raconter en détail). D'une bizarrerie, d'un comique extraordinaires : *Aventure inénarrable.*

inepte [inɛpt] **adj.** (lat. *ineptus,* de *aptus,* approprié). Absurde, dépourvu de sens : *Réponse inepte* (syn. **stupide**).

ineptie [inɛpsi] **n.f.** (lat. *ineptia*). **1.** Caractère d'un comportement, d'un acte inepte : *L'ineptie d'un raisonnement* (syn. **inintelligence, stupidité**). **2.** Action ou parole stupide : *Dire des inepties* (syn. **insanité, sottise**).

inépuisable [inepɥizabl] **adj.** Qu'on ne peut épuiser : *Une source inépuisable* (syn. **intarissable**). *Une patience inépuisable* (syn. **infini**).

inéquation [inekwasjɔ̃] **n.f.** (de *équation*). MATH. Inégalité qui n'est satisfaite que pour certaines valeurs de paramètres indéterminés appelés *inconnues.*

inéquitable [inekitabl] **adj.** Qui n'est pas équitable : *Partage inéquitable* (syn. **inégal, injuste**).

inerte [inɛrt] **adj.** (lat. *iners, inertis,* inactif, de *ars, artis,* talent). **1.** Sans activité ni mouvement propre : *Matière inerte* (syn. **inanimé**). **2.** Sans mouvement : *Le blessé est inerte* (syn. **immobile**). **3.** Sans énergie ; sans réaction : *Réagis, ne reste pas inerte* (syn. **apathique, passif**).

inertie [inɛrsi] **n.f.** (lat. *inertia,* incapacité). **1.** Manque d'activité, d'énergie, d'initiative : *Tirer qqn de son inertie* (syn. **apathie, léthargie**). **2.** PHYS. Propriété de la matière qui fait que les corps ne peuvent d'eux-mêmes modifier leur état de mouvement. **3.** PHYS. **Force d'inertie,** résistance que les corps, en raison de leur masse, opposent au mouvement ; au fig., résistance passive de qqn qui consiste princ. à ne pas obéir. **/ Principe d'inertie,** principe au terme duquel tout point matériel qui n'est soumis à aucune force est soit au repos, soit animé d'un mouvement rectiligne uniforme.

inespéré, e [inɛspere] **adj.** Qu'on n'espérait pas : *Chance inespérée* (syn. **inattendu, imprévu**).

inesthétique [inɛstetik] **adj.** Qui n'est pas esthétique : *Construction inesthétique* (syn. **laid**). *Cicatrice inesthétique.*

inestimable [inɛstimabl] **adj.** Dont on ne saurait estimer la valeur : *Un objet inestimable. Votre aide est inestimable* (= très précieuse).

inévitable [inevitabl] **adj. 1.** Qu'on ne peut éviter : *Accident inévitable* (syn. **fatal**). *Il est inévitable que les mêmes causes produisent les mêmes effets* (syn. **inéluctable**). **2.** (Avant le n.). À qui ou à quoi l'on a forcément affaire : *Les inévitables histoires drôles de fin de soirée* (syn. **incontournable**).

inévitablement [inevitabləmɑ̃] **adv.** De façon inévitable : *Son attitude attire inévitablement l'attention sur lui* (syn. **immanquablement, infailliblement**).

inexact, e [inɛgzakt] ou [inɛgza, -akt] **adj. 1.** Qui contient des erreurs : *Calcul, renseignement inexact* (syn. **erroné, faux**). **2.** LITT. Qui manque de ponctualité : *Il est fort inexact à ses rendez-vous* (contr. **ponctuel**).

inexactitude [inɛgzaktityd] **n.f. 1.** Caractère de ce qui est inexact, erroné ; détail contraire à la vérité : *L'inexactitude d'une nouvelle* (syn. **fausseté**). *Une biographie remplie d'inexactitudes* (syn. **erreur**). **2.** Manque de ponctualité.

inexcusable [inɛkskyzabl] **adj.** Qui ne peut être excusé : *Faute inexcusable* (syn. **impardonnable**).

inexécution [inɛgzekysjɔ̃] **n.f.** DR. Absence ou défaut d'exécution : *L'inexécution d'un contrat* (syn. **inobservation**).

inexigible [inɛgziʒibl] **adj.** Qui ne peut être exigé : *Dette présentement inexigible.*

inexistant, e [inɛgzistɑ̃, -ɑ̃t] **adj. 1.** Qui n'existe pas : *Difficultés inexistantes* (syn. **imaginaire, fictif**). **2.** Qui n'a pas de poids ; qui ne compte pas : *Un appui inexistant* (syn. **insignifiant, négligeable**).

inexistence [inɛgzistɑ̃s] **n.f. 1.** Défaut d'existence : *L'inexistence de preuves certaines.* **2.** DR. Qualité d'un acte juridique auquel il manque un élément constitutif essentiel.

inexorable [inɛgzɔrabl] **adj.** (lat. *inexorabilis,* de *exorare,* obtenir par des prières). Qui ne peut être fléchi : *Juge inexorable* (syn. **impitoyable**). *Volonté inexorable* (syn. **inflexible**).

inexorablement [inɛgzɔrabləmɑ̃] **adv.** De façon inexorable : *Marcher inexorablement à sa perte* (syn. **inéluctablement**).

inexpérience [inɛksperjɑ̃s] **n.f.** Manque d'expérience.

inexpérimenté, e [inɛksperimɑ̃te] **adj.** Qui n'a pas d'expérience : *Pilote inexpérimenté* (syn. **novice**).

inexpiable [inɛkspjabl] **adj. 1.** Qui ne peut être expié : *Crime inexpiable* (syn. **impardonnable, monstrueux**). **2.** Qui est sans merci : *Lutte inexpiable* (syn. **implacable**).

inexplicable [inɛksplikabl] **adj.** et **n.m.** Qui ne peut être expliqué : *Sa disparition est inexplicable* (syn. **incompréhensible**). *Un comportement inexplicable* (syn. **déconcertant**).

inexplicablement [inɛksplikabləmɑ̃] **adv.** De façon inexplicable : *Un dossier qui a disparu inexplicablement* (syn. **mystérieusement**).

inexpliqué, e [inɛksplike] **adj.** et **n.m.** Qui n'a pas reçu d'explication satisfaisante : *Phénomène inexpliqué* (syn. **mystérieux**).

inexploitable [inɛksplwatabl] **adj.** Qui n'est pas susceptible d'être exploité : *Gisement inexploitable.*

inexploité, e [inɛksplwate] **adj.** Qui n'est pas exploité : *Ressources naturelles inexploitées. Idée inexploitée.*

inexploré, e [inɛksplɔre] **adj.** Qu'on n'a pas encore exploré : *Pays inexploré* (syn. **inconnu**).

inexpressif, ive [inɛkspresif, -iv] **adj.** Dépourvu d'expression : *Regard inexpressif* (syn. **éteint** ; contr. **vif**). *Style inexpressif* (syn. **terne** ; contr. **brillant**).

inexprimable [inɛksprimabl] **adj.** et **n.m.** Qu'on ne peut exprimer : *Bonheur inexprimable* (syn. **indicible, ineffable**).

inexprimé, e [inɛksprime] **adj.** Qui n'a pas été exprimé ou que l'on n'ose pas exprimer : *Rancœurs inexprimées* (= non dites ; tues).

inexpugnable [inɛkspyɲabl] **adj.** (lat. *inexpugnabilis,* de *expugnare,* prendre d'assaut). Qu'on ne peut prendre par la force : *Forteresse, position inexpugnable* (syn. **imprenable**).

inextensible [inɛkstɑ̃sibl] **adj.** Qui ne peut être allongé : *Tissu inextensible.*

in extenso [inɛkstɛ̃so] **loc. adv.** (mots lat. « dans toute son étendue »). Tout au long ; en entier : *Publier un discours in extenso* (syn. **intégralement, entièrement**).

inextinguible [inɛkstɛ̃gibl] **adj.** (lat. *inextinguibilis,* de *extinguere,* éteindre). Qu'on ne peut apaiser, arrêter : *Rire, soif inextinguibles. Désir inextinguible* (syn. **insatiable**).

inextirpable [inɛkstirpabl] **adj.** Qu'on ne peut extirper : *Tumeur inextirpable. Préjugé inextirpable* (syn. **indéracinable**).

in extremis [inɛkstremis] **loc. adv.** (mots lat. « à l'extrémité »). Au dernier moment ; à la dernière limite : *Sauvé in extremis.*

inextricable [inɛkstrikabl] **adj.** (lat. *inextricabilis,* de *extricare,* débarrasser). Qui ne peut être démêlé : *Affaire inextricable* (= imbroglio).

inextricablement [inɛkstrikabləmɑ̃] **adv.** De façon inextricable.

infaillibilité [ɛ̃fajibilite] **n.f. 1.** Qualité de qqn qui ne peut se tromper. **2.** Caractère de ce qui ne peut manquer de réussir : *L'infaillibilité d'un procédé* (syn. **fiabilité**). **3.** CATH. **Infaillibilité pontificale,** dogme d'après lequel le pape ne peut se tromper en matière de foi.

infaillible [ɛ̃fajibl] **adj. 1.** Qui ne peut se tromper : *Nul n'est infaillible.* **2.** Qui produit les résultats attendus : *Méthode infaillible* (syn. **sûr**).

infailliblement [ɛ̃fajibləmɑ̃] **adv.** De façon infaillible ; immanquablement : *Cela arrivera infailliblement* (= à coup sûr) [syn. **inévitablement**].

infaisable [ɛ̃fəzabl] **adj.** Qui ne peut être fait : *Un travail infaisable* (syn. **irréalisable**).

infalsifiable [ɛ̃falsifjabl] **adj.** Qui ne peut être falsifié : *Document infalsifiable.*

infamant, e [ɛ̃famɑ̃, -ɑ̃t] **adj.** (de l'anc. v. *infamer,* lat. *infamare,* déshonorer ; v. *infâme*). **1.** Qui déshonore : *Accusation infamante* (syn. **avilissant**). **2.** DR. **Peine infamante,** peine criminelle politique qui soumettait le condamné à la réprobation publique : *Le bannissement est une peine infamante.*

infâme [ɛ̃fam] **adj.** (lat. *infamis,* de *fama,* réputation). **1.** Qui avilit ou déshonore : *Mensonge infâme* (syn. **abject**). **2.** Qui provoque le dégoût : *Taudis infâme* (syn. **sordide**).

infamie [ɛ̃fami] **n.f.** (lat. *infamia ;* v. *infâme*). **1.** *LITT.* Grand déshonneur ; atteinte à la réputation de qqn. **2.** Caractère d'une personne ou d'une action infâme : *L'infamie d'un crime* (syn. **abjection, ignominie**). **3.** Action ou parole vile, honteuse : *Commettre une infamie* (syn. **bassesse**).

infant, e [ɛ̃fɑ̃, -ɑ̃t] **n.** (esp. *infante*). Titre des enfants puînés des rois de Portugal et d'Espagne.

infanterie [ɛ̃fɑ̃tri] **n.f.** (anc. it. *infanteria,* de *infante,* fantassin, du lat. *infans,* valet). Ensemble des troupes capables de combattre à pied. ▶ L'infanterie actuelle peut être *motorisée, mécanisée* (dotée de véhicules blindés), *aérotransportée, parachutée ;* elle assure la conquête, l'occupation et la défense du terrain, et sa position en fin de combat matérialise le succès ou l'échec d'une opération.

1. infanticide [ɛ̃fɑ̃tisid] **n.m.** (lat. *infanticidium*). Meurtre d'un enfant et, spécial., d'un nouveau-né ; meurtre d'un enfant dont on est le père ou la mère.

2. infanticide [ɛ̃fɑ̃tisid] **n.** et **adj.** (lat. *infanticida*). Personne qui a commis un infanticide.

infantile [ɛ̃fɑ̃til] **adj.** (bas lat. *infantilis,* de *infans,* enfant). **1.** Relatif à l'enfant en bas âge : *Maladie infantile.* **2.** Qui a gardé à l'âge adulte certains caractères, notamm. psychologiques, de l'enfant (péjor.) : *Comportement infantile* (syn. **puéril**).

infantiliser [ɛ̃fɑ̃tilize] **v.t.** Rendre infantile ; maintenir chez un adulte une mentalité infantile.

infantilisme [ɛ̃fɑ̃tilism] **n.m. 1.** Absence de maturité ; comportement infantile, irresponsable : *De tels caprices témoignent de son infantilisme* (syn. **puérilité**). **2.** Arrêt du développement d'un individu, dû à une insuffisance endocrinienne ou à une anomalie génétique.

infarctus [ɛ̃farktys] **n.m.** (du lat. *infarctus,* var. de *infartus,* de *infarcire,* farcir, bourrer). **1.** MÉD. Nécrose (mort) d'un tissu due à une diminution de son irrigation par le sang. ▶ La cause habituelle des infarctus est l'obstruction d'un vaisseau sanguin par artérite, par thrombose ou par embolie. **2. Infarctus du myocarde,** lésion du cœur de gravité variable, consécutive à l'obstruction d'une artère coronaire.

infatigable [ɛ̃fatigabl] **adj.** Que rien ne fatigue : *Un marcheur infatigable* (syn. **résistant**). *Une infatigable patience* (syn. **inlassable**).

infatigablement [ɛ̃fatigabləmɑ̃] **adv.** De façon infatigable ; sans se lasser (syn. **inlassablement**).

infatué, e [ɛ̃fatɥe] **adj.** (du lat. *infatuare,* de *fatuus,* sot). Qui a une trop bonne opinion de sa personne ; prétentieux.

infécond, e [ɛ̃fekɔ̃, -ɔ̃d] **adj.** *LITT.* Qui n'est pas fécond ; qui ne produit rien : *Femelle inféconde. Sol infécond* (syn. **stérile, improductif**).

infécondité [ɛ̃fekɔ̃dite] **n.f.** Caractère de qqn ou de qqch d'infécond ; stérilité : *L'infécondité des sables* (syn. **infertilité**).

infect, e [ɛ̃fɛkt] **adj.** (lat. *infectus,* de *inficere,* imprégner, souiller). **1.** *LITT.* Qui exhale de mauvaises odeurs : *Marais infect* (syn. **pestilentiel, putride**). **2.** *FAM.* Qui excite le dégoût : *Se montrer infect avec qqn* (syn. **abject**). **3.** *FAM.* Très mauvais : *Ce café est infect* (syn. **ignoble**).

infecter [ɛ̃fɛkte] **v.t.** (de *infect*). **1.** Contaminer par des germes infectieux : *Tu risques d'infecter ta blessure avec tes mains sales.* **2.** *LITT.* Remplir d'émanations puantes et malsaines : *Les voitures infectent l'air des grandes villes* (syn. **empester**). ◆ **s'infecter v.pr.** Être atteint par l'infection : *La plaie s'est infectée.*

infectieux, euse [ɛ̃fɛksjø, -øz] **adj.** (de *infection*). **1.** Qui produit ou communique l'infection : *Germe infectieux.* **2.** Qui résulte ou s'accompagne d'infection : *La rougeole est une maladie infectieuse.*

infection [ɛ̃fɛksjɔ̃] **n.f.** (bas lat. *infectio ;* v. *infect*). **1.** Pénétration et développement dans un être vivant de micro-organismes qui peuvent provoquer des lésions en se multipliant, et éventuellement en sécrétant des toxines ou en se propageant par voie sanguine. **2.** Odeur ou goût particulièrement mauvais : *C'est une infection, ici !* (syn. **puanteur**). **3. Infection sexuellement transmissible (I.S.T.),** infection se transmettant au cours d'un rapport sexuel. (Cette expression tend à remplacer celle de *maladie sexuellement transmissible [M.S.T.] ;* en effet, certaines I.S.T. peuvent, dans un premier temps, ne pas altérer la santé car elles ne provoquent pas de maladie au sens strict du terme.)

■ **Causes.** Les infections ont des causes multiples : elles peuvent être dues à des bactéries (choléra, tuberculose, etc.), à des virus (grippe, rhume, sida, etc.), à des champignons microscopiques (mycoses), à des protozoaires (maladies parasitaires comme le paludisme, les amibiases, etc.). Une infection se développe lorsque les défenses de l'organisme ne peuvent l'en empêcher. Les infections dites *opportunistes* se produisent chez des personnes dont le système immunitaire est défaillant ; elles sont dues à des micro-organismes qui ne provoquent pas de maladie chez les personnes dont les réponses immunitaires fonctionnent bien. On appelle infections *nosocomiales* les infections contractées lors d'un séjour en milieu hospitalier.

Étendue. Une infection peut être *locale* (limitée à la zone par laquelle a pénétré l'agent pathogène) ou *généralisée* (étendue à tout l'organisme). Lors d'une infection locale, une *inflammation* se développe dans la région infectée, qui devient rouge, chaude, tuméfiée et douloureuse. L'afflux de sang permet aux cellules de l'immunité de se masser sur les lieux pour éliminer l'agent infectieux. L'infection guérit normalement facilement avec quelques soins. Mais elle peut aussi s'étendre au voisinage et gagner les ganglions lymphatiques. Les micro-organismes sont généralement arrêtés par le système immunitaire, mais, s'ils sont très virulents, ils peuvent passer dans la circulation sanguine et infecter tout le corps : c'est la *septicémie* (très grave, elle nécessite l'hospitalisation). L'ensemble des réactions de défense de l'organisme à l'infection constitue l'*immunité.* ■

inféoder [ɛ̃feɔde] **v.t.** (lat. *infeodare*). **1.** Mettre qqn, qqch sous la dépendance de : *Petit pays inféodé à une grande puissance* (syn. **soumettre, asservir**). **2.** FÉOD. Donner une terre pour qu'elle soit tenue en fief.

inférence [ɛ̃ferɑ̃s] **n.f.** (de *inférer*). **1.** LOG. Opération intellectuelle par laquelle on passe d'une vérité à une autre vérité, jugée telle en raison de son lien avec la première : *La déduction est une inférence.* **2.** LOG. **Règles d'inférence,** règles qui permettent, dans une théorie déductive, de conclure à la vérité d'une proposition à partir d'une ou de plusieurs propositions, prises comme hypothèses. / INFORM. **Moteur d'inférence,** programme qui, partant de données d'un système expert, aboutit à des conclusions à l'aide d'inférences successives.

inférer [ɛ̃fere] **v.t.** (lat. *inferre,* porter dans) [conj. **18**]. Tirer une conséquence de qqch : *Peut-on inférer de ce témoignage que l'accusé est coupable ?* (syn. **déduire, conclure**).

inférieur, e [ɛ̃ferjœr] **adj.** (lat. *inferior,* comparatif de *inferus,* qui est au-dessous). **1.** Situé en bas, plus bas, au-dessous (par opp. à *supérieur*) : *Mâchoire inférieure.* **2.** Moindre en quantité, en importance : *La récolte est inférieure à celle de l'année passée. Jouer un rôle inférieur* (syn. **mineur, subalterne**). **3.** Se dit de la partie d'un fleuve la plus rapprochée de la mer (par opp. à *supérieur*) : *Loire inférieure.* **4.** BIOL. Moins avancé dans l'évolution : *Espèces animales inférieures.* **5.** MATH. **Élément *x* d'un ensemble ordonné, inférieur à un élément *y*,** élément x vérifiant la relation d'inégalité $x < y$. ◆ **n.** Personne qui occupe une position subalterne : *Il refuse de converser avec ses inférieurs* (syn. **subordonné ;** contr. **supérieur**).

inférioriser [ɛ̃ferjɔrize] **v.t.** Rendre inférieur ; sous-estimer la valeur de : *Sportif que la maladie a infériorisé.*

infériorité [ɛ̃ferjɔrite] **n.f.** (de *inférieur,* d'apr. le lat. *inferior*). **1.** Désavantage en ce qui concerne le rang, la force, le mérite, etc. : *Avoir une réelle infériorité intellectuelle* (syn. **faiblesse, handicap**). *Maintenir qqn en état d'infériorité* (syn. **subordination**). **2. Complexe d'infériorité,** sentiment morbide qui pousse le sujet, ayant la conviction intime d'être inférieur à ceux qui l'entourent, à se sous-estimer.

infernal, e, aux [ɛ̃fɛrnal, -o] **adj.** (bas lat. *infernalis,* du lat. ecclés. *infernum ;* v. *enfer*). **1.** LITT. Qui appartient à l'enfer ou aux Enfers : *Les puissances infernales.* **2.** Digne de l'enfer par son caractère horrible, désordonné : *Ruse infernale* (syn. **démoniaque, diabolique**). *Rythme infernal* (syn. **endiablé**). **3.** Difficile à supporter : *Vacarme infernal* (syn. **terrible**). *Enfant infernal* (syn. **insupportable**). **4. Machine infernale,** engin explosif.

infertile [ɛ̃fɛrtil] **adj.** LITT. Qui n'est pas fertile : *Terre infertile* (syn. **stérile**).

infertilité [ɛ̃fɛrtilite] **n.f.** LITT. Stérilité : *Infertilité du désert.*

infester [ɛ̃fɛste] **v.t.** (lat. *infestare,* de *infestus,* ennemi). **1.** Abonder dans un lieu, en parlant d'animaux nuisibles : *Les rats infestent certains navires* (syn. **envahir**). **2.** MÉD. Envahir un organisme, en parlant de parasites. **3.** LITT. Ravager par des actes de brigandage : *Les pirates infestaient ces côtes* (syn. **dévaster, saccager**).

infeutrable [ɛ̃føtrabl] **adj.** Qui ne se feutre pas.

infibulation [ɛ̃fibylasjɔ̃] **n.f.** (du lat. *infibulare,* attacher avec une agrafe). ETHNOL. Opération qui consiste à faire passer un anneau *(fibule)* à travers le prépuce chez l'homme, à travers les petites lèvres chez la femme ou à coudre partiellement celles-ci, afin d'empêcher les rapports sexuels. ▸ L'infibulation est encore pratiquée de nos jours sur les fillettes et les femmes, notamm. en Afrique.

infidèle [ɛ̃fidɛl] **adj. 1.** Qui n'est pas fidèle, en partic. dans le mariage : *Un mari infidèle* (syn. **inconstant, volage**). **2.** Qui ne respecte pas sa promesse : *Être infidèle à sa parole* (= parjure). **3.** Qui n'exprime pas la vérité, la réalité : *Récit infidèle* (syn. **inexact, mensonger**). ◆ **adj.** et **n.** VIEILLI. Qui ne croit pas au Dieu considéré comme le vrai Dieu : *Combattre les infidèles.*

infidélité [ɛ̃fidelite] **n.f. 1.** Manque de fidélité, en partic. dans le mariage : *L'infidélité d'une épouse.* **2.** Manque d'exactitude, de vérité : *L'infidélité d'une traduction* (syn. **inexactitude**).

infiltration [ɛ̃filtrasjɔ̃] **n.f.** (de *infiltrer*). **1.** Passage lent d'un liquide à travers les interstices d'un corps : *Des infiltrations se sont produites dans les fondations.* **2.** Action de s'insinuer dans l'esprit de qqn, de pénétrer furtivement quelque part : *L'infiltration des idées subversives* (syn. **pénétration**). *L'infiltration de la police dans les milieux de la drogue.* **3.** MIL. Mode de progression utilisant au maximum les accidents de terrain et les zones non touchées par le feu adverse. **4.** PATHOL. Envahissement d'un organe par un liquide organique (sang, urine, pus, etc.) ou par des cellules. **5.** THÉRAP. Injection d'un médicament destiné à se diffuser localement, notamm. dans une articulation. **6. Eaux d'infiltration,** eaux de pluie qui pénètrent dans le sol très lentement.

infiltrer [ɛ̃filtre] **v.t.** (de *filtrer*). **1.** MÉD. Introduire une substance dans un organe : *Infiltrer de la cortisone dans le genou.* **2.** Faire entrer des éléments clandestins dans un groupe à des fins de surveillance ou de provocation : *Infiltrer un réseau d'espionnage* (syn. **noyauter**). ◆ **s'infiltrer v.pr. 1.** Pénétrer peu à peu à travers les pores d'un corps solide : *L'eau s'infiltre dans le sable.* **2.** Pénétrer furtivement : *Ce pique-assiette s'infiltre partout* (syn. **se glisser, s'insinuer**). **3.** MIL. Progresser par infiltration.

infime [ɛ̃fim] **adj.** (lat. *infimus,* superlatif de *inferus,* placé dessous). Très petit, minime : *Une somme infime* (syn. **dérisoire**). *Un infime détail m'a échappé* (syn. **minuscule**).

infini, e [ɛ̃fini] **adj.** (lat. *infinitus*). **1.** Qui est sans limites : *L'espace est infini.* **2.** Très grand ; considérable : *Une plaine infinie* (syn. **illimité, immense**). *Cela a mis un temps infini* (syn. **interminable**). *Faire preuve d'une infinie patience* (syn. **extrême**). ◆ **infini n.m. 1.** Ce que l'on suppose sans limites : *L'infini des cieux.* **2. À l'infini,** à une distance infiniment grande ; d'un très grand nombre de manières : *Champs qui s'étendent à l'infini* (= à perte de vue). *On peut varier le procédé à l'infini* (syn. **indéfiniment**). ⁄ MATH. **Plus l'infini, moins l'infini,** éléments de l'ensemble des réels, notés respectivement $+\infty$ et $-\infty$, tels que tout nombre réel est inférieur à $+\infty$ et supérieur à $-\infty$.

infiniment [ɛ̃finimɑ̃] **adv.** (de *infini*). **1.** Extrêmement : *Je vous suis infiniment obligé* (syn. **très**). *Elle aime infiniment mieux ce nouveau travail* (syn. **incomparablement**). **2.** MATH. **Quantité infiniment grande,** quantité variable qui peut devenir, en valeur absolue, plus grande que tout nombre positif fixe, si grand soit-il. (On dit aussi *l'infiniment grand.*) ⁄ **Quantité infiniment petite,** quantité variable qui peut devenir, en valeur absolue, inférieure à tout nombre positif, si petit soit-il. (On dit aussi *l'infiniment petit.*)

infinité [ɛ̃finite] **n.f.** Très grand nombre : *Poser une infinité de questions* (syn. **multitude**).

infinitésimal, e, aux [ɛ̃finitezimal, -o] **adj.** (du lat. scientif. *infinitesimus,* de rang infini, du class. *infinitus,* infini). **1.** Extrêmement petit : *Une quantité infinitésimale* (syn. **infime**). **2. Calcul infinitésimal,** partie des mathématiques recouvrant princ. le calcul différentiel et le calcul intégral.

infinitif, ive [ɛ̃finitif, -iv] **adj.** (du bas lat. *infinitivus [modus]*). **1.** GRAMM. Caractérisé par l'emploi de l'infinitif : *Tournure infinitive.* **2. Proposition infinitive,** subordonnée complétive dont le verbe est à l'infinitif (on dit aussi *une infinitive*). ◆ **infinitif n.m. 1.** Forme nominale du verbe, ne portant pas de marque de nombre ni de personne. **2. Infinitif de narration,** tournure narrative utilisant l'infinitif précédé de la préposition « de » (ex. : *Et chacun de rire*).

infirmation [ɛ̃firmasjɔ̃] **n.f. 1.** DIDACT. Action d'infirmer : *Découverte qui tend à l'infirmation d'une théorie.* **2.** DR. Annulation en appel d'une décision.

infirme [ɛ̃firm] **adj.** et **n.** (lat. *infirmus,* faible). Qui ne jouit pas de toutes ses facultés physiques : *Rester infirme à la suite d'un accident* (syn. **handicapé, invalide**).

infirmer [ɛ̃firme] **v.t.** (lat. *infirmare,* affaiblir, de *firmus,* fort). **1.** Détruire la valeur, l'autorité de ; remettre totalement en question : *Hypothèse infirmée par les résultats* (syn. **démentir ;** contr. **valider**). *Infirmer un témoignage* (syn. **démolir, ruiner ;** contr. **confirmer**). **2.** DR. Déclarer nul : *Le jugement de la cour a été infirmé* (syn. **annuler, casser**).

infirmerie [ɛ̃firməri] **n.f.** (réfection, d'apr. *infirme,* de l'anc. fr. *enfermerie ;* v. *infirme*). Local d'un établissement scolaire ou militaire, d'une entreprise, etc., où sont reçues les personnes souffrant de troubles légers ou victimes d'accidents sans gravité.

infirmier, ère [ɛ̃firmje, -ɛr] **n.** (réfection, d'apr. *infirme,* de l'anc. fr. *enfermier ;* v. *infirme*). Personne habilitée à soigner les malades, sous la direction des médecins, dans les hôpitaux, les cliniques, etc., ou à domicile. ◆ **adj.** Relatif aux infirmières et aux infirmiers, aux soins qu'ils dispensent.

infirmité [ɛ̃firmite] **n.f.** (lat. *infirmitas*). Affection particulière qui atteint une partie du corps d'une manière chronique : *La surdité est une infirmité.*

inflammable [ɛ̃flamabl] **adj.** (du lat. *inflammare,* enflammer). Qui s'enflamme facilement : *L'essence est un liquide inflammable.*

inflammation [ɛ̃flamasjɔ̃] **n.f.** (lat. *inflammatio*). **1.** LITT. Fait de s'enflammer, pour une matière combustible. **2.** MÉD. Réaction consécutive à une agression traumatique, chimique ou microbienne de l'organisme, et qui se manifeste par divers symptômes (chaleur, rougeur, douleur, tuméfaction, etc.) : *Inflammation des bronches.* (⟶ infection.)

inflammatoire [ɛ̃flamatwar] **adj.** MÉD. Qui est caractérisé par une inflammation ; dont l'origine est une inflammation : *Maladie inflammatoire.*

inflation [ɛ̃flasjɔ̃] **n.f.** (lat. *inflatio*, dilatation, enflure). **1.** ÉCON. Situation ou phénomène caractérisé par une hausse généralisée, permanente et plus ou moins importante des prix : *Mesures économiques contre l'inflation* (contr. **déflation**). **2.** Augmentation, accroissement excessifs : *Inflation de personnel.*

■ Deux causes traditionnelles sont généralement attribuées à l'inflation. La première, primordiale, est l'intensification subite de la demande de biens ou de services face à une réponse de l'économie insuffisamment rapide. La seconde est l'élévation des coûts de production dans un secteur qui se propage dans tous les autres secteurs. La hausse brutale du prix du pétrole après 1973, créant une considérable inflation par les coûts, fut l'une des causes de la crise de la décennie 1970. ■

inflationniste [ɛ̃flasjɔnist] **adj.** Qui est cause ou signe d'inflation : *Politique inflationniste.*

infléchir [ɛ̃fleʃir] **v.t.** (de *fléchir*) [conj. **32**]. Modifier l'orientation de : *Infléchir une politique.* ◆ **s'infléchir v.pr.** Prendre une autre direction : *Le cours du fleuve s'infléchit vers le sud* (syn. **dévier**).

infléchissement [ɛ̃fleʃismɑ̃] **n.m.** (de *infléchir*). Modification peu accusée d'un processus, d'une évolution : *L'infléchissement d'une tendance.*

inflexibilité [ɛ̃flɛksibilite] **n.f.** Caractère, attitude d'une personne inflexible : *L'inflexibilité d'un juge* (syn. **sévérité**).

inflexible [ɛ̃flɛksibl] **adj. 1.** Que rien ne peut fléchir, vaincre ou émouvoir : *Se montrer inflexible* (syn. **impitoyable**). *Volonté inflexible* (syn. **inébranlable**). **2.** Dénué d'indulgence, de souplesse : *Une morale inflexible* (syn. **rigoureux, sévère**).

inflexion [ɛ̃flɛksjɔ̃] **n.f.** (lat. *inflexio*, de *inflectere*, plier). **1.** Action de plier légèrement, d'incliner : *Saluer d'une inflexion de la tête* (syn. **inclination**). **2.** Changement de direction : *L'inflexion brusque de la route* (syn. **courbe**). **3.** Changement dans la manière de conduire une affaire, de se comporter : *L'inflexion d'une attitude politique* (syn. **modification**). **4.** Changement d'accent ou d'intonation : *Des inflexions ironiques* (syn. **modulation**). **5.** PHON. Modification du timbre d'une voyelle sous l'influence d'une voyelle voisine. **6.** MATH. **Point d'inflexion**, point où une courbe traverse sa tangente.

infliger [ɛ̃fliʒe] **v.t.** (lat. *infligere*, frapper) [conj. **17**]. **1.** Frapper d'une peine pour une faute, une infraction : *Infliger un blâme* (syn. **donner**). **2.** Faire subir qqch de pénible à qqn : *Il nous a infligé le récit de ses exploits* (syn. **imposer**). *Les faits lui ont infligé un cruel démenti.*

inflorescence [ɛ̃flɔresɑ̃s] **n.f.** (du lat. *inflorescere*, commencer à fleurir). BOT. **1.** Mode de groupement des fleurs sur une plante. ▸ La grappe, l'épi, l'ombelle, le capitule sont des inflorescences. **2.** Ensemble de ces fleurs.

influençable [ɛ̃flyɑ̃sabl] **adj.** Qui se laisse influencer : *Cet enfant est influençable* (syn. **malléable**).

influence [ɛ̃flyɑ̃s] **n.f.** (lat. *influentia*, de *influere*, couler). **1.** Action qu'une personne exerce sur une autre : *Avoir une grande influence sur qqn* (syn. **emprise, ascendant**). **2.** Action qu'une chose exerce sur qqn ou sur qqch : *L'influence du tabac sur l'organisme* (syn. **effet**). **3.** PHYS. **Électrisation par influence**, charge électrique prise par un conducteur placé au voisinage d'un autre conducteur électrisé.

influencer [ɛ̃flyɑ̃se] **v.t.** [conj. **16**]. Exercer une influence sur : *La Lune influence les marées* (syn. **agir sur**). *Ne te laisse pas influencer par les autres* (syn. **entraîner**).

influent, e [ɛ̃flyɑ̃, -ɑ̃t] **adj.** Qui a de l'autorité, du prestige : *Personnage influent* (syn. **important, puissant**).

influenza [ɛ̃flyɑ̃za] ou [ɛ̃flyɛ̃za] **n.f.** (mot it., « influence, écoulement », d'où « épidémie »). VX. Grippe.

influer [ɛ̃flye] **v.t. ind. [sur]** (lat. *influere*, couler dans) [conj. **7**]. Exercer une action : *Le climat influe sur la santé* (syn. **agir**).

influx [ɛ̃fly] **n.m.** (lat. *influxus*, *influere* ; v. *influer*). NEUROL. **Influx nerveux**, phénomène de nature électrique par lequel l'excitation d'une fibre nerveuse se propage dans le nerf.

info [ɛ̃fo] **n.f.** (abrév.). FAM. Information.

in-folio [infɔljo] **adj. inv.** et **n.m. inv.** (mots lat. « en feuille »). Se dit du format déterminé par le pliage d'une feuille d'impression en 2 feuillets, soit 4 pages ; livre de ce format (on écrit aussi *in-f°*).

infondé, e [ɛ̃fɔ̃de] **adj.** Dénué de fondement : *Des craintes infondées* (syn. **injustifié**).

informateur, trice [ɛ̃fɔrmatœr, -tris] **n.** (de *informer*). Personne qui donne des informations à un enquêteur : *Un informateur bien renseigné.*

informaticien, enne [ɛ̃fɔrmatisjɛ̃, -ɛn] **n.** Spécialiste d'informatique.

informatif, ive [ɛ̃fɔrmatif, -iv] **adj.** Qui informe, explique : *Une publicité informative.*

information [ɛ̃fɔrmasjɔ̃] **n.f. 1.** Action d'informer, de s'informer : *L'information des lecteurs.* **2.** Renseignement : *Recueillir des informations utiles.* **3.** Nouvelle communiquée par une agence de presse, un média (abrév. fam. *info*). **4.** INFORM. Élément de connaissance susceptible d'être codé pour être conservé, traité ou communiqué. **5.** CYBERN. Facteur qualitatif désignant la position d'un système et éventuellement transmis par ce système à un autre : *Quantité d'information* (= mesure quantitative de l'incertitude d'un message). *Théorie de l'information* (= qui étudie et définit le codage de l'information et les quantités d'information). **6.** DR. Ensemble des actes d'instruction qui ont pour objet de faire la preuve d'une infraction et d'en connaître les auteurs. ◆ **informations n.f.pl.** Bulletin radiodiffusé ou télévisé qui donne des nouvelles du jour (abrév. fam. **infos** ; syn. **journal parlé, journal télévisé**).

informatique [ɛ̃fɔrmatik] **n.f.** (de *information*). Science du traitement automatique et rationnel de l'information en tant que support des connaissances et des communications ; ensemble des applications de cette science, mettant en œuvre des matériels (ordinateurs) et des programmes (logiciels). ◆ **adj. 1.** Qui a trait à l'informatique : *Matériel informatique.* **2. Système informatique,** ensemble formé par un ordinateur et les différents éléments qui lui sont rattachés.

■ **Une science très récente.** L'informatique peut être définie comme la science du traitement automatique de l'information par des ordinateurs. En effet, le terme « informatique » vient de la contraction des mots « information » et « automatique ». Il a été proposé en 1962 par Philippe Dreyfus et accepté par l'Académie française en 1966. L'informatique est véritablement née avec l'apparition des premiers ordinateurs à la fin de la Seconde Guerre mondiale, avec pour principal objectif de pallier les insuffisances humaines en matière de calcul numérique. Mais très vite, l'informatique va s'immiscer dans tous les domaines, de la recherche scientifique (physique, chimie, biologie, géologie, météorologie, médecine, etc.), l'économie (en particulier dans les systèmes bancaires), les loisirs (cinéma, jeux vidéo, etc.), jusqu'à la sphère privée (réseaux sociaux, etc.).

Historique et évolution de l'informatique. Les *bouliers* sont les plus anciennes machines à calculer. L'idée de fabriquer de tels instruments facilitant le calcul est née en Chine, au cours du Ier millénaire avant J.-C.

En 1642, le philosophe et mathématicien français Blaise Pascal construit la première machine à calculer (la *Pascaline*, aussi appelée *roue Pascal*), capable d'effectuer des additions et des soustractions.

Vers 1800, un autre Français, Joseph Marie Jacquard, met au point un métier à tisser qui utilise des cartons perforés pour commander les mouvements des aiguilles. Et un peu plus tard, en 1833, l'Anglais Charles Babbage reprend ce principe pour construire une machine capable d'exécuter →

toutes les opérations et de stocker les résultats. Son associée, la mathématicienne Ada Byron, posera par la suite les principes de base de la programmation.

Mais c'est aux États-Unis, en 1945, que naît le premier véritable ordinateur de l'histoire : l'ENIAC (*Electronic Numerator Integrator and Computer*). Celui-ci pèse 30 tonnes et occupe une surface d'environ 100 m^2. Il comporte 17 000 tubes à vide et, parfois, des cafards s'introduisent dans ces tubes, faussant les résultats. C'est pour cette raison que l'on parle aujourd'hui encore de « bug informatique » – ce mot provenant de l'anglais *bug*, qui signifie « cafard ».

L'invention du transistor en 1948 puis celle des circuits intégrés (souvent appelés *puces*) en 1964 permettent la miniaturisation des composants électroniques, ouvrant ainsi la voie à la micro-informatique. En 1971, le premier microprocesseur (Intel 4004) sort des ateliers de la société américaine Intel. Il contient 2 300 transistors et exécute 60 000 instructions par seconde. En comparaison, un microprocesseur commercialisé en 2010 comprend plus d'un milliard de transistors et exécute plus de 100 milliards d'instructions par seconde.

En 1981, la société américaine IBM lance le PC (*Personal Computer* ou « ordinateur personnel ») et révolutionne la micro-informatique. Parallèlement, de nombreux logiciels d'application (traitement de texte, gestion de base de données, etc.) voient le jour, parmi lesquels ceux de la société Microsoft de Bill Gates, fondée en 1975.

En 1984, les systèmes Macintosh d'Apple Computer sont les premiers, sous l'égide de Steve Jobs, à être dotés d'une interface graphique : l'utilisateur peut désormais se servir d'une souris et cliquer sur des icônes au lieu de taper les commandes au clavier. La première version de Windows, commercialisée par Microsoft en 1985, s'en inspire pour rendre l'utilisation des PC plus conviviale.

Depuis, les ordinateurs suivent la fameuse loi de Moore qui stipule que le nombre de transistors par circuit de même taille double, à prix constants, tous les 18 mois. La limite physique à cette augmentation exponentielle de la puissance des ordinateurs (dimension des puces réduite à la taille d'un atome) devrait toutefois être atteinte vers 2020. Une nouvelle révolution informatique est donc à prévoir.

Mais une autre a déjà eu lieu au début des années 1990 : la création du réseau Internet. Désormais, le monde entier est connecté et l'informatique est présente dans tous les domaines de la vie professionnelle, sociale et privée sur des formats variés (ordinateurs portables, Smartphones, tablettes, etc.). Par ailleurs, l'informatique (intimement liée aux mathématiques) est devenue une discipline à part entière, avec ses propres champs d'études en perpétuel développement (programmation, algorithmique, cryptographie, analyse numérique, démonstration automatique, etc.) et une discipline auxiliaire incontournable pour tous les autres domaines scientifiques (physique, chimie, biologie, géologie, météorologie, etc.). ■

informatique et des libertés (Commission nationale de l') [C.N.I.L.], autorité administrative française indépendante, instituée en 1978 pour protéger la vie privée et les libertés individuelles et publiques face aux dangers que peut présenter l'informatique. Il existe également aujourd'hui des autorités de contrôle à l'échelon communautaire, notamment le Contrôleur européen de la protection des données (depuis 2001).

informatisation [ɛ̃fɔrmatizasjɔ̃] **n.f.** Action d'informatiser ; fait d'être informatisé : *L'informatisation d'une maison d'édition.*

informatiser [ɛ̃fɔrmatize] **v.t.** (de *informatique*). **1.** Traiter par les procédés de l'informatique : *Informatiser une étude de marché.* **2.** Doter de moyens informatiques : *Informatiser une usine.*

informe [ɛ̃fɔrm] **adj.** (lat. *informis*). **1.** Qui n'a pas de forme nette, reconnaissable : *Masse informe.* **2.** Qui est insuffisamment élaboré, pensé : *Projet, ouvrage informe* (syn. **fragmentaire, imparfait**). **3.** Qui a une forme lourde et sans grâce : *Sculpture informe* (syn. **laid**). *Corps informe* (syn. **disgracieux**).

informé [ɛ̃fɔrme] **n.m.** (du p. passé de *informer*). **Jusqu'à plus ample informé,** jusqu'à la découverte d'un fait nouveau.

informel, elle [ɛ̃fɔrmɛl] **adj.** (de *forme*, d'apr. *formel*). **1.** Qui n'obéit pas à des règles déterminées ; qui n'a pas un caractère officiel : *Réunion informelle.* **2.** BX-A. Se dit d'une forme de peinture abstraite (à partir d'env. 1945) marquée par l'absence de composition organisée et traduisant la spontanéité de l'artiste.

informer [ɛ̃fɔrme] **v.t.** (lat. *informare*, donner une forme). **1.** Mettre qqn au courant de qqch : *Il m'a informé d'un changement* (syn. **aviser, avertir**). *Je vous informe que votre demande a été transmise* (syn. **signaler**). **2.** Donner des informations à ; renseigner : *La presse a le devoir d'informer le public.* ◆ **v.i.** DR. Procéder à une information : *Informer contre X* (syn. **instruire**). ◆ **s'informer v.pr. 1.** Recueillir des renseignements : *S'informer avant de prendre une décision.* **2. S'informer de, sur qqch,** interroger sur qqch : *S'informer de la santé d'un ami* (syn. **s'enquérir de**).

informulé, e [ɛ̃fɔrmyle] **adj.** Qui n'est pas formulé : *Une objection restée informulée* (syn. **inexprimé**).

infortune [ɛ̃fɔrtyn] **n.f.** (lat. *infortunium*). LITT. **1.** Mauvaise fortune ; adversité : *Son infortune fait peine à voir* (syn. **malheur**). **2.** (Souvent au pl.). Événement malheureux : *Subir un certain nombre d'infortunes* (syn. **revers**).

infortuné, e [ɛ̃fɔrtyne] **adj.** et **n.** (lat. *infortunatus*). LITT. Qui n'a pas de chance : *L'infortuné ne savait plus où s'adresser.*

infra [ɛ̃fra] **adv.** (mot lat.). Plus bas, ci-dessous, dans un texte (par opp. à *supra*).

infraction [ɛ̃fraksjɔ̃] **n.f.** (bas lat. *infractio*, de *frangere*, briser). **1.** Violation de ce qu'une institution a défini comme règle : *Infraction aux usages* (syn. **transgression**). **2.** DR. Action ou comportement défini par la loi et sanctionné par une peine. ▸ Il y a trois catégories d'infractions : les *contraventions*, les *délits* et les *crimes*.

infranchissable [ɛ̃frɑ̃ʃisabl] **adj.** Que l'on ne peut franchir : *Limites infranchissables* (syn. **indépassable**). *Difficultés infranchissables* (syn. **insurmontable**).

infrarouge [ɛ̃fraruʒ] **adj.** et **n.m.** (de *infra-* et *rouge*). PHYS. Se dit du rayonnement électromagnétique de longueur d'onde comprise entre 0,8 micromètre (lumière rouge) et 1 mm, émis par les corps chauds et utilisé pour le chauffage, la photographie aérienne, en thérapeutique, dans les armements, etc.

infrason [ɛ̃frasɔ̃] **n.m.** (de *infra-* et *son*). PHYS. Vibration de même nature que le son, mais de fréquence trop basse (inférieure à 15 Hz) pour être perçue par l'oreille humaine.

infrastructure [ɛ̃frastryktyr] **n.f.** (de *infra-* et *structure*). **1.** Ensemble des travaux et des ouvrages constituant la fondation d'une route, le remblai d'une voie ferrée, etc. **2.** Couche de matériau posée entre la couche de fondation et la plate-forme d'une route. **3.** Ensemble des installations, des équipements nécessaires à une collectivité, à une activité : *L'infrastructure commerciale, touristique d'une région.* **4.** Partie interne, sous-jacente à une structure abstraite ou matérielle : *L'infrastructure d'un roman.* **5.** Dans l'analyse marxiste, ensemble des moyens et des rapports de production qui sont à la base des formations sociales (par opp. à *superstructure*).

infréquentable [ɛ̃frekɑ̃tabl] **adj.** Qu'on ne peut pas fréquenter : *Un lieu, une personne infréquentables.*

infroissable [ɛ̃frwasabl] **adj.** Qui ne peut se froisser, se chiffonner : *Tissu infroissable.*

infructueux, euse [ɛ̃fryktɥø, -øz] **adj.** (lat. *infructuosus*, de *fructus*, revenu). Qui ne donne pas de résultat utile : *Effort infructueux* (syn. **vain, stérile**).

infuse [ɛ̃fyz] **adj.f.** (du lat. *infusus*, de *fundere*, répandre). **Avoir la science infuse,** prétendre tout savoir sans avoir besoin d'étudier.

infuser [ɛ̃fyze] **v.t.** (de *infus,* répandu). **1.** Faire macérer une plante aromatique dans un liquide bouillant afin que celui-ci en prenne l'arôme : *Infuser du thé.* **2.** *LITT.* Communiquer à qqn un sentiment : *Infuser le doute dans les esprits* (syn. **instiller**). *Infuser du courage à qqn* (syn. **insuffler**). ◆ **v.i.** Communiquer à un liquide ses sucs aromatiques : *La tisane infuse.*

infusible [ɛ̃fyzibl] **adj.** (de *fusible*). Qu'on ne peut fondre.

infusion [ɛ̃fyzjɔ̃] **n.f. 1.** Action d'infuser. **2.** Liquide dans lequel on a mis une plante aromatique à infuser : *Infusion de tilleul* (syn. **tisane**).

infusoire [ɛ̃fyzwar] **n.m.** (lat. scientif. *infusorius*). *VIEILLI.* Protozoaire cilié dont les colonies peuvent se développer dans des infusions végétales.

ingambe [ɛ̃gɑ̃b] **adj.** (it. *in gambe,* en jambe). *SOUT.* Qui se meut avec facilité : *Vieillard encore ingambe* (syn. **alerte, gaillard** ; contr. **impotent**).

s'ingénier [ɛ̃ʒenje] **v.pr. [à]** (du lat. *ingenium,* esprit) [conj. **9**]. Mettre en œuvre toutes les ressources de son esprit pour parvenir à son but : *S'ingénier à plaire* (syn. **s'évertuer à**).

ingénierie [ɛ̃ʒeniri] **n.f.** (de *ingénieur,* pour traduire l'angl. *engineering*). Étude d'un projet industriel sous tous ses aspects (techniques, financiers, sociaux, etc.) et qui nécessite un travail de synthèse coordonnant les travaux de plusieurs équipes de spécialistes ; discipline, spécialité que constitue le domaine de telles études (syn. **engineering** [anglic. déconseillé]).

ingénieur, e [ɛ̃ʒenjœr] **n.** (réfection, d'apr. *s'ingénier,* de l'anc. fr. *engeineor,* de *engin,* machine de guerre). **1.** Personne, génér. diplômée, que ses connaissances rendent apte à occuper des fonctions scientifiques ou techniques actives, en vue de créer, organiser ou diriger des travaux qui en découlent, ainsi qu'à y tenir un rôle de cadre : *Ingénieur agronome, des Ponts et Chaussées.* **2. Ingénieur du son,** ingénieur électricien spécialisé dans la technique du son, en partic. dans le tournage d'un film. / **Ingénieur système,** ingénieur informaticien spécialisé dans la conception, la production, l'utilisation et la maintenance de systèmes d'exploitation d'ordinateurs. ***Rem.*** Au fém., on rencontre aussi *une ingénieur.*

ingénieusement [ɛ̃ʒenjøzmɑ̃] **adv.** De façon ingénieuse.

ingénieux, euse [ɛ̃ʒenjø, -øz] **adj.** (anc. fr. *engignios,* lat. *ingeniosus,* de *ingenium,* esprit). Plein d'esprit d'invention ; qui manifeste un tel esprit : *Bricoleur ingénieux* (syn. **astucieux**). *Explication ingénieuse* (syn. **habile, subtil**).

ingéniosité [ɛ̃ʒenjozite] **n.f.** Qualité de qqn, de qqch qui est ingénieux : *L'ingéniosité d'un mécanisme. Faire preuve d'ingéniosité* (syn. **habileté, adresse, astuce**).

ingénu, e [ɛ̃ʒeny] **adj.** et **n.** (lat. *ingenuus,* né libre, puis « noble, franc »). *LITT.* Qui agit, parle avec une innocente franchise : *Un jeune homme ingénu* (syn. **candide**). *Faire l'ingénu* (syn. **innocent**). ◆ **adj.** Qui est d'une excessive naïveté : *Réponse ingénue* (syn. **naïf**). ◆ **ingénue n.f.** THÉÂTRE. Emploi de jeune fille simple et naïve.

ingénuité [ɛ̃ʒenɥite] **n.f.** (lat. *ingenuitas*). Sincérité excessive dans sa naïveté : *Avouer une faute avec une ingénuité désarmante* (syn. **candeur**).

ingénument [ɛ̃ʒenymɑ̃] **adv.** De façon ingénue : *Faire ingénument confiance à tout le monde* (syn. **naïvement**).

1. ingérable [ɛ̃ʒerabl] (de *ingérer*). Qui peut être ingéré, absorbé par la bouche : *Médicament ingérable.*

2. ingérable [ɛ̃ʒerabl] **adj.** (de *gérer*). Impossible à gérer : *Être à la tête d'une entreprise ingérable.*

ingérence [ɛ̃ʒerɑ̃s] **n.f.** Action de s'ingérer : *L'ingérence de l'État dans la gestion des entreprises* (syn. **intervention**).

ingérer [ɛ̃ʒere] **v.t.** (lat. *ingerere,* porter dans) [conj. **18**]. Introduire par la bouche dans l'estomac : *Ingérer des aliments* (syn. **absorber, avaler**). ◆ **s'ingérer v.pr. [dans].** Se mêler d'une chose indûment : *S'ingérer dans les affaires d'autrui* (syn. **s'immiscer, se mêler de**).

ingestion [ɛ̃ʒɛstjɔ̃] **n.f.** (bas lat. *ingestio*). Action d'ingérer : *Ingestion d'un médicament* (syn. **absorption**).

ingouvernable [ɛ̃guvɛrnabl] **adj.** Qu'on ne peut gouverner : *Pays ingouvernable.*

ingrat, e [ɛ̃gra, -at] **adj.** et **n.** (lat. *ingratus,* de *gratus,* agréable, reconnaissant). Qui n'a aucune reconnaissance pour les bienfaits ou les services reçus : *Un enfant ingrat envers ses parents* (contr. **reconnaissant**). ◆ **adj. 1.** Qui n'est pas agréable à l'œil : *Visage ingrat* (syn. **disgracieux**). **2.** Qui ne dédommage guère de la peine qu'il coûte : *Une terre ingrate* (syn. **aride, stérile**). **3.** Qui exige de gros efforts sans résultats appréciables : *Travail ingrat* (syn. **pénible**). **4. L'âge ingrat,** le début de l'adolescence, la puberté.

ingratitude [ɛ̃gratityd] **n.f. 1.** Caractère de qqn qui manque de reconnaissance : *Faire preuve d'ingratitude* (contr. **gratitude, reconnaissance**). **2.** Acte ou parole ingrate : *Payer qqn d'ingratitude.*

ingrédient [ɛ̃gredjɑ̃] **n.m.** (lat. *ingrediens,* de *ingredi,* entrer dans). Produit qui entre dans la composition d'un mélange : *Les ingrédients d'une sauce* (syn. **constituant**).

Ingres (Jean Auguste), peintre français (Montauban 1780 - Paris 1867). Élève de David, il se distingua par la pureté et le raffinement de son dessin. Professeur, devenu le chef de l'école classique face au romantisme, il a transcendé les règles académiques par un génie souvent étrange (*le Songe d'Ossian,* 1813, Montauban ; *la Grande Odalisque,* 1814, Louvre, à laquelle un critique reprocha « trois vertèbres de trop » ; *le Vœu de Louis XIII,* 1824, cathédrale de Montauban ; *l'Apothéose d'Homère,* 1827, Louvre ; *Stratonice,* 1840, Chantilly ; *le Bain turc,* 1859-1863, Louvre ; beaux portraits peints ou dessinés).

inguérissable [ɛ̃gerisabl] **adj.** Qui ne peut être guéri : *Maladie inguérissable* (syn. **incurable**).

inguinal, e, aux [ɛ̃gɥinal, -o] **adj.** (lat. *inguen, -inis,* aine). ANAT. Relatif à l'aine : *Canal inguinal.*

ingurgitation [ɛ̃gyrʒitasjɔ̃] **n.f.** Action d'ingurgiter.

ingurgiter [ɛ̃gyrʒite] **v.t.** (lat. *ingurgitare,* engouffrer, de *gurges, -itis,* gouffre). **1.** Avaler rapidement et souvent en grande quantité : *Ingurgiter un paquet de gâteaux en cinq minutes* (syn. **engloutir, engouffrer**). **2.** Acquérir massivement des connaissances, sans les assimiler : *Ingurgiter des mathématiques avant un examen.*

inhabile [inabil] **adj.** (lat. *inhabilis,* de *habilis,* apte à). **1.** Qui manque d'habileté : *Un ouvrier inhabile* (syn. **malhabile**). *Déclaration inhabile* (syn. **maladroit**). **2.** DR. Privé de certains droits.

inhabileté [inabilte] **n.f.** (de *inhabile*). Manque d'adresse : *Elle s'est montrée d'une grande inhabileté dans cette affaire* (syn. **maladresse, gaucherie**).

inhabilité [inabilite] **n.f.** (de *inhabile*). DR. Incapacité légale.

inhabitable [inabitabl] **adj.** Qui ne peut être habité : *Maison, pays inhabitables.*

inhabité, e [inabite] **adj.** Qui n'est pas habité : *Appartement inhabité* (syn. **inoccupé**). *Régions inhabitées* (syn. **désert**).

inhabituel, elle [inabitɥɛl] **adj.** Qui n'est pas habituel : *Un bruit inhabituel* (syn. **anormal, inaccoutumé, insolite**).

inhalateur [inalatœr] **n.m.** Appareil servant à prendre des inhalations.

inhalation [inalasjɔ̃] **n.f. 1.** Action, fait d'inhaler. **2.** Traitement qui consiste à inhaler des vapeurs d'eau chaude chargées de principes médicamenteux volatils, à l'aide d'un inhalateur.

inhaler [inale] **v.t.** (lat. *inhalare,* souffler sur). Absorber par les voies respiratoires : *Inhaler des gaz toxiques.*

inharmonieux, euse [inarmɔnjø, -øz] **adj.** *LITT.* Qui n'est pas harmonieux : *Sons inharmonieux* (syn. **désagréable**).

inhérent, e [inerɑ̃, -ɑ̃t] **adj.** (lat. *inhaerens, -entis*, de *inhaerere*, adhérer à). Lié d'une manière intime et nécessaire à qqch : *Responsabilité inhérente à une fonction.*

inhiber [inibe] **v.t.** (lat. *inhibere*, retenir). **1.** Supprimer ou ralentir toute possibilité de réaction, toute activité chez qqn : *Être inhibé par la peur* (syn. **paralyser**). **2.** Produire une ou des inhibitions chez qqn : *Mère qui ne critique jamais ses enfants de peur de les inhiber* (syn. **complexer**). **3.** Suspendre un processus physiologique.

inhibiteur, trice [inibitœr, -tris] **adj.** et **n.m.** Se dit d'une substance qui bloque ou retarde une réaction chimique ou biochimique : *Inhibiteur d'oxydation.*

inhibition [inibisjɔ̃] **n.f.** (lat. *inhibitio*). **1.** Phénomène d'arrêt ou de ralentissement d'un processus chimique, psychologique ou physiologique : *La timidité provoque chez lui une inhibition de la parole.* **2.** Blocage, complexe : *Elle est pleine d'inhibitions.* **3.** Diminution de l'activité d'un neurone, d'une fibre musculaire ou d'une cellule sécrétrice, sous l'action d'un influx nerveux ou d'une hormone.

inhospitalier, ère [inɔspitalje, -ɛr] **adj.** Qui n'est pas accueillant : *Personne inhospitalière* (syn. **froid, glacial**). *Rivage inhospitalier* (syn. **sauvage**).

inhumain, e [inymɛ̃, -ɛn] **adj. 1.** Qui ne semble pas appartenir à la nature ou à l'espèce humaine ; qui est perçu comme atroce : *Crime inhumain* (syn. **monstrueux**). **2.** Très pénible : *Travail inhumain* (syn. **insupportable**). **3.** Sans pitié : *Loi inhumaine* (syn. **barbare, cruel**).

inhumanité [inymanite] **n.f.** LITT. Manque d'humanité : *Massacre d'une impardonnable inhumanité* (syn. **barbarie, cruauté, férocité**).

inhumation [inymasjɔ̃] **n.f.** Action d'inhumer ; fait d'être inhumé : *L'inhumation du défunt aura lieu dans son village natal* (syn. **enterrement**).

inhumer [inyme] **v.t.** (du lat. *humus*, terre). Mettre en terre, avec les cérémonies d'usage, un corps humain : *Il est inhumé dans le caveau de famille* (syn. **enterrer, ensevelir**).

inimaginable [inimaʒinabl] **adj.** Qui dépasse tout ce qu'on pourrait imaginer : *Elle a un courage inimaginable* (syn. **extraordinaire, incroyable**).

inimitable [inimitabl] **adj.** Qui ne peut être imité : *Un artiste inimitable.*

inimité, e [inimite] **adj.** Qui n'a pas été imité : *Style inimité.*

inimitié [inimitje] **n.f.** (lat. *inimicitia*, de *in-* priv., et *amicitia*, amitié). Sentiment durable d'hostilité : *Encourir l'inimitié de qqn* (syn. **animosité, haine**).

ininflammable [inɛ̃flamabl] **adj.** Qui ne peut s'enflammer : *Gaz ininflammable.*

inintelligence [inɛ̃teliʒɑ̃s] **n.f.** Manque d'intelligence, de compréhension : *Conduite qui dénote une totale inintelligence* (syn. **ineptie, stupidité**).

inintelligent, e [inɛ̃teliʒɑ̃, -ɑ̃t] **adj.** Qui manque d'intelligence : *Faire une remarque inintelligente* (syn. **idiote, stupide**).

inintelligible [inɛ̃teliʒibl] **adj.** Qu'on ne peut comprendre : *Un texte inintelligible* (syn. **incompréhensible, obscur**).

inintéressant, e [inɛ̃terɛsɑ̃, -ɑ̃t] **adj.** Qui est sans intérêt : *Livre inintéressant* (syn. **banal, quelconque**).

inintérêt [inɛ̃terɛ] **n.m.** Absence d'intérêt.

ininterrompu, e [inɛ̃terɔ̃py] **adj.** Qui n'est pas interrompu dans l'espace ou le temps : *Un bruit ininterrompu* (syn. **continu, incessant**). *Flot ininterrompu de touristes.*

inique [inik] **adj.** (lat. *iniquus*, de *aequus*, équitable). LITT. Qui manque à l'équité ; contraire à l'équité : *Juge inique* (syn. **partial**). *Jugement inique* (syn. **inéquitable, injuste**).

iniquité [inikite] **n.f.** (lat. *iniquitas*). Injustice grave ; comportement inique : *Être victime d'une révoltante iniquité* (syn. **injustice**). *L'iniquité d'un arbitre* (syn. **partialité**).

initial, e, aux [inisjal, -o] **adj.** (lat. *initialis*, de *initium*, commencement). Qui est au commencement : *La cause initiale de son succès réside dans sa persévérance* (syn. **premier**). *L'état initial d'une œuvre* (syn. **originel, primitif**).

initiale [inisjal] **n.f.** (de [*lettre*] *initiale*). Première lettre d'un mot, du nom, du prénom d'une personne : *Signer un article de ses initiales.*

initialement [inisjalmɑ̃] **adv.** Au début ; à l'origine.

initialisation [inisjalizasjɔ̃] **n.f.** INFORM. Ensemble d'opérations précédant la mise en service d'un ordinateur.

initialiser [inisjalize] **v.t.** INFORM. Effectuer l'initialisation : *Initialiser un ordinateur.*

initiateur, trice [inisjatœr, -tris] **n. 1.** Personne qui initie qqn à qqch : *Il a été mon initiateur en musique baroque* (syn. **éducateur, maître**). **2.** Personne qui est à l'origine de qqch, qui ouvre une voie nouvelle : *Dans son domaine, c'est un véritable initiateur* (syn. **précurseur, novateur**). ◆ **adj.** Se dit du rôle, de la fonction de qqn qui initie.

initiation [inisjasjɔ̃] **n.f.** (lat. *initiatio*). **1.** Action de révéler ou de recevoir la connaissance d'une pratique, les premiers rudiments d'une discipline : *Initiation au latin* (syn. **introduction**). *Période d'initiation* (syn. **apprentissage**). **2.** Cérémonie qui fait accéder un individu à un nouveau groupe d'appartenance (classe d'âge, métier, etc.), dans les sociétés non industrielles. **3.** Cérémonie, rite par lequel on initie qqn, dans un culte, une société ésotérique : *Initiation maçonnique.*

initiatique [inisjatik] **adj.** Qui relève de l'initiation, de pratiques secrètes : *Rite initiatique.*

initiative [inisjativ] **n.f.** (de *initier*). **1.** Action de celui qui propose ou qui fait le premier qqch ; droit de proposer, de commencer qqch : *Prendre l'initiative d'une démarche* (= entreprendre). *Cela s'est fait sur, à son initiative* (= sur sa proposition). **2.** Qualité de celui qui sait prendre la décision nécessaire : *Faire preuve d'initiative.* **3. Initiative de défense stratégique** ou **I.D.S.**, programme d'études lancé par R. Reagan en 1983 et plus ou moins vidé de sa substance en 1993, qui visait à éliminer, notamm. à partir de systèmes spatiaux, la menace représentée par les missiles stratégiques. (On disait couramment *guerre des étoiles*.) / **Initiative législative**, droit de soumettre à la discussion et au vote des assemblées parlementaires le texte d'une proposition de loi *(initiative parlementaire)* ou un projet de loi *(initiative du gouvernement)*.

initié, e [inisje] **adj.** et **n. 1.** Qui a reçu une initiation ; instruit d'un secret, d'un art. **2.** DR. **Délit d'initié**, infraction commise par celui qui, disposant d'informations privilégiées, réalise en Bourse des opérations bénéficiaires.

initier [inisje] **v.t.** (lat. *initiare*) [conj. **9**]. **1.** Apprendre les rudiments d'une science, d'une technique à qqn : *Initier un apprenti à la mécanique* (syn. **former**). **2.** Mettre qqn au courant de choses secrètes ou connues d'un petit nombre : *Initier son fils aux arcanes de la politique* (= les révéler). **3.** Admettre qqn à la connaissance ou au culte d'un mystère religieux, aux pratiques d'une association : *Initier qqn à l'islam.* **4.** Révéler, être le premier à faire connaître qqch à qqn : *Initier ses étudiants à l'art roman.* **5.** (Emploi critiqué). Mettre en route, prendre l'initiative de qqch : *Initier une enquête* (syn. **lancer**). ◆ **s'initier v.pr.** [**à**]. Commencer à s'instruire dans une discipline, une activité : *S'initier à la peinture* (syn. **apprendre, étudier**).

injectable [ɛ̃ʒɛktabl] **adj.** Qui peut être injecté : *Solution injectable.*

injecté, e [ɛ̃ʒɛkte] **adj.** (p. passé de *injecter*). Coloré par l'afflux du sang : *Face injectée. Yeux injectés.*

injecter [ɛ̃ʒɛkte] **v.t.** (lat. *injectare*). **1.** Introduire sous pression un liquide, un gaz dans un corps : *Injecter du ciment dans un mur fissuré. Injecter un sérum par voie intraveineuse.* **2.** Fournir massivement des capitaux à une entreprise, une activité : *Injecter des milliards dans l'économie d'un pays.* ◆ **s'injecter v.pr.** Devenir injecté : *Sous le coup de la colère, ses yeux s'injectèrent.*

injecteur [ɛ̃ʒɛktœr] **n.m.** TECHN. Appareil au moyen duquel on opère l'introduction forcée d'un fluide dans une machine ou dans un mécanisme.

injectif, ive [ɛ̃ʒɛktif, -iv] **adj.** (du rad. de *injection*). MATH. Se dit d'une application dans laquelle tout élément de l'ensemble d'arrivée a au plus un antécédent dans l'ensemble de départ.

injection [ɛ̃ʒɛksjɔ̃] **n.f.** (lat. *injectio*). **1.** Opération qui consiste à injecter un produit ; substance ainsi introduite : *Injection de ciment. Injection de sérum* (syn. **piqûre**). **2.** Apport massif de capitaux : *Faire une injection d'argent frais dans une entreprise en difficulté.* **3.** MATH. Application injective. **4.** ASTRONAUT. **Injection sur orbite,** fait, pour un engin spatial, de passer de sa trajectoire de lancement à une trajectoire orbitale ; instant de ce passage. / AUTOM. **Moteur à injection,** moteur dans lequel un injecteur, souvent électronique, dose le mélange carburé sans l'intermédiaire d'un carburateur.

injoignable [ɛ̃ʒwaɲabl] **adj.** Que l'on ne peut joindre, contacter : *Un directeur débordé et injoignable.*

injonctif, ive [ɛ̃ʒɔ̃ktif, -iv] **adj.** (de *injonction*). Qui exprime un ordre : *Un règlement intérieur est un texte injonctif.*

injonction [ɛ̃ʒɔ̃ksjɔ̃] **n.f.** (bas lat. *injunctio*, de *injungere*, imposer). Ordre précis, formel d'obéir sur-le-champ : *Céder à l'injonction de la police* (syn. **sommation, commandement**).

injouable [ɛ̃ʒwabl] **adj.** Qui ne peut être joué : *Une pièce injouable.*

injure [ɛ̃ʒyr] **n.f.** (lat. *injuria*, injustice). **1.** Parole qui blesse d'une manière grave et consciente : *Proférer des injures* (syn. **insulte**). **2.** *LITT.* Action, procédé qui offense : *Il considère cet oubli comme une injure personnelle* (syn. **affront, outrage**). **3.** *LITT.* **Les injures du temps,** les dommages que le passage du temps provoque.

injurier [ɛ̃ʒyrje] **v.t.** [conj. **9**]. Offenser par des injures : *J'ai été injurié par un inconnu dans le métro* (syn. **insulter**).

injurieusement [ɛ̃ʒyrjøzmɑ̃] **adv.** De façon injurieuse.

injurieux, euse [ɛ̃ʒyrjø, -øz] **adj.** Qui constitue une injure ; qui porte atteinte à la réputation, à la dignité de qqn : *Propos injurieux* (syn. **insultant**). *Article injurieux* (syn. **outrageant, offensant**).

injuste [ɛ̃ʒyst] **adj. 1.** Qui n'est pas conforme à la justice, à l'équité : *Châtiment injuste* (syn. **arbitraire, inique**). **2.** Qui n'agit pas avec justice, équité : *Il est injuste avec elle. Un professeur injuste dans ses notations* (syn. **partial**).

injustement [ɛ̃ʒystəmɑ̃] **adv.** De façon injuste.

injustice [ɛ̃ʒystis] **n.f. 1.** Caractère de ce qui est injuste : *L'injustice d'une sanction* (syn. **arbitraire, partialité**). **2.** Acte injuste : *Réparer une injustice* (syn. **iniquité**).

injustifiable [ɛ̃ʒystifjabl] **adj.** Qu'on ne saurait justifier : *Une conduite injustifiable* (syn. **indéfendable**).

injustifié, e [ɛ̃ʒystifje] **adj.** Qui n'est pas justifié : *Des reproches injustifiés* (syn. **infondé, illégitime**).

inlandsis [inlɑ̃dsis] **n.m.** (mot scand., de *land*, pays, et *is*, glace). Glacier des hautes latitudes (Antarctique, Groenland) formant une vaste et épaisse coupole masquant le relief sous-jacent.

inlassable [ɛ̃lasabl] **adj.** Qui ne se lasse pas : *Un travailleur inlassable* (syn. **infatigable**).

inlassablement [ɛ̃lasabləmɑ̃] **adv.** Sans se lasser : *Répéter inlassablement la même chose* (= sans arrêt).

inlay [inlɛ] **n.m.** (mot angl. « incrustation »). Bloc métallique coulé, inclus dans une cavité dentaire qu'il sert à obturer, reconstituant ainsi la forme anatomique de la dent.

Inn, riv. alpestre de l'Europe centrale, affl. du Danube (r. dr.) ; 510 km. Née en Suisse (Grisons), elle traverse le Tyrol, passant à Innsbruck.

inné, e [ine] **adj.** (lat. *innatus*). **1.** Qui existe dès la naissance : *Elle a un don inné pour la musique* (syn. **naturel ;** contr. **acquis**). **2.** Qui appartient au caractère fondamental de qqn : *Avoir un sens inné de la justice.* **3.** PHILOS. **Idées innées,** chez Descartes, idées potentielles en notre esprit dès notre naissance, comme celles de Dieu, de l'âme ou du corps.

innéisme [ineism] **n.m.** *DIDACT.* Doctrine postulant l'innéité de certaines structures mentales. ◆ **innéiste n.** et **adj.** Partisan de l'innéisme.

innéité [ineite] **n.f.** *DIDACT.* Caractère de ce qui est inné.

innervation [inɛrvasjɔ̃] **n.f.** (du lat. *nervus*, nerf). Mode de distribution des nerfs dans un tissu ou dans un organe.

innerver [inɛrve] **v.t.** (du lat. *nervus*, nerf). Atteindre un organe, en parlant d'un nerf : *Le nerf hypoglosse innerve la langue.*

innocemment [inɔsamɑ̃] **adv.** Sans intention mauvaise : *Répéter innocemment une calomnie* (syn. **naïvement**).

innocence [inɔsɑ̃s] **n.f.** (lat. *innocentia*). **1.** Absence de culpabilité : *Proclamer l'innocence d'un accusé* (contr. **culpabilité**). **2.** Simplicité d'esprit ; niaiserie : *Abuser de l'innocence de qqn* (syn. **naïveté**). **3.** Pureté de qqn qui ignore le mal : *L'innocence d'un enfant* (syn. **candeur**). **4. En toute innocence,** en toute franchise, en toute simplicité.

innocent, e [inɔsɑ̃, -ɑ̃t] **adj.** et **n.** (lat. *innocens*, de *nocere*, nuire). **1.** Qui n'est pas coupable, responsable de ce dont on le soupçonne : *Il est innocent de ce meurtre. Condamner un innocent.* **2.** Qui n'est pour rien dans les événements dont il pâtit : *D'innocentes victimes.* **3.** Qui ignore les réalités de la vie : *Âme innocente* (syn. **pur**). **4.** Simple d'esprit : *C'est un innocent qui croit tout ce qu'on lui dit* (syn. **naïf, niais**). **5.** RELIG. CHRÉT. **Massacre des Innocents,** meurtre des enfants de Bethléem de moins de deux ans ordonné par Hérode par crainte de la rivalité d'un futur Messie. ◆ **adj.** Qui est fait sans intention maligne : *Innocente plaisanterie* (syn. **inoffensif ;** contr. **méchant**).

Innocent III (Giovanni **Lotario,** *comte* **di Segni**) [Anagni 1160 - Rome 1216], pape de 1198 à 1216. Partisan de la théocratie pontificale, il considère que le pape est l'intermédiaire entre Dieu et les rois, théorie qui le guide dans ses démêlés avec Philippe Auguste. Il lance la quatrième croisade, marquée par le sac de Constantinople (1204), et la croisade contre les albigeois. Comme pape réformateur, il encourage l'essor des ordres mendiants et convoque l'important quatrième concile du Latran (1215).

Innocent X (Giambattista **Pamphili**) [Rome 1574 - *id.* 1655], pape de 1644 à 1655. Adversaire de Mazarin, il tenta de ramener la cour pontificale à une plus grande austérité. C'est lui qui condamna les « cinq propositions » tirées de l'ouvrage de Jansénius, l'*Augustinus*.

innocenter [inɔsɑ̃te] **v.t. 1.** Déclarer innocent : *Les juges l'ont innocenté* (syn. **acquitter**). **2.** Établir l'innocence de : *Ce témoignage l'a innocenté* (syn. **disculper**).

innocuité [inɔkɥite] **n.f.** (lat. *innocuus*, inoffensif, de *nocere*, nuire). Qualité, caractère d'une chose qui n'est pas nuisible : *L'innocuité d'un produit nouveau* (contr. **nocivité**).

innombrable [inɔ̃brabl] **adj.** (lat. *innumerabilis*). Qui ne peut se compter ; très nombreux : *Une foule innombrable* (syn. **considérable**). *Des difficultés innombrables* (syn. **incalculable**).

innommable [inɔmabl] **adj.** Trop vil, trop détestable pour être nommé : *Crime innommable* (syn. **inqualifiable**).

innovateur, trice [inɔvatœr, -tris] **adj.** et **n.** Qui innove : *Méthode innovatrice* (syn. **révolutionnaire**).

innovation [inɔvasjɔ̃] **n.f. 1.** Action d'innover, d'inventer, de créer qqch de nouveau : *L'innovation artistique.* **2.** Ce qui est nouveau : *Détester les innovations* (syn. **changement, nouveauté**).

innover [inɔve] **v.i.** (lat. *innovare*, de *novus*, nouveau). Introduire qqch de nouveau dans un domaine particulier : *Innover en matière d'art* (syn. **inventer**).

Innsbruck, v. d'Autriche, ch.-l. du Tyrol, sur l'Inn ; 119 617 hab. Station touristique et de sports d'hiver. Université. Hofburg, château de Maximilien Ier et de l'impératrice Marie-Thérèse, et autres monuments (XVIe-XVIIIe s.). Musées.

inobservance [inɔpsɛrvɑ̃s] **n.f.** *SOUT.* Attitude d'une personne qui n'observe pas fidèlement des prescriptions religieuses ou morales.

inobservation [inɔpsɛrvasjɔ̃] **n.f.** Fait de ne pas observer une loi, un règlement, un engagement, etc. : *L'inobservation de cette directive entraînera des poursuites* (syn. **transgression, violation**).

inoccupation [inɔkypasjɔ̃] **n.f.** État d'une personne qui n'a ni travail ni activité : *L'inoccupation lui pèse* (syn. **oisiveté, désœuvrement**).

inoccupé, e [inɔkype] **adj. 1.** Sans occupation : *Il n'est jamais inoccupé* (syn. **oisif, désœuvré**). **2.** Qui n'est pas habité : *Logement inoccupé* (syn. **vide**).

in-octavo [inɔktavo] **adj. inv.** et **n.m. inv.** (mots lat. « en huitième »). Se dit du format déterminé par le pliage d'une feuille d'impression en 8 feuillets, soit 16 pages ; livre de ce format. (On écrit aussi *in-8°* ou *in-8*.)

inoculable [inɔkylabl] **adj.** Qui peut être inoculé : *La rage est inoculable.*

inoculation [inɔkylasjɔ̃] **n.f.** (lat. *inoculatio*). MÉD. Introduction volontaire ou pénétration accidentelle dans l'organisme d'un germe vivant (bactérie ou virus).

inoculer [inɔkyle] **v.t.** (angl. *to inoculate*, du lat. *inoculare*, de *oculus*, œil). **1.** Communiquer un virus, une maladie, etc., par inoculation. **2.** *LITT.* Transmettre par contagion morale : *Inoculer une idée à qqn* (syn. **communiquer**).

inocybe [inɔsib] **n.m.** (du gr. *is, inos*, fibre, et *kubê*, tête). Champignon basidiomycète, de couleur ocre.

inodore [inɔdɔr] **adj.** (lat. *inodorus*, de *odor*, odeur). Qui n'a pas d'odeur : *L'eau est inodore* (contr. **odorant**).

inoffensif, ive [inɔfɑ̃sif, -iv] **adj.** (de *offensif*). Qui ne présente pas de danger : *Animal inoffensif* (syn. **doux**). *Blague inoffensive* (syn. **anodin, bénin**).

inondable [inɔ̃dabl] **adj.** Qui peut être inondé : *Plaine inondable.*

inondation [inɔ̃dasjɔ̃] **n.f.** (lat. *inundatio*). **1.** Submersion des terrains avoisinant le lit d'un cours d'eau, due à une crue ; eaux qui inondent : *Les inondations du Gange lors des crues d'été.* **2.** Présence anormale d'une grosse quantité d'eau dans un local : *Il y a une inondation dans la salle de bain.* **3.** Afflux considérable de choses : *Une inondation de produits étrangers sur les marchés nationaux.*

inondé, e [inɔ̃de] **adj.** et **n.** Qui a souffert d'une inondation : *Terres inondées* (syn. **immergé**).

inonder [inɔ̃de] **v.t.** (lat. *inundare*, de *unda*, onde). **1.** Couvrir d'eau un terrain, un lieu : *À la fonte des neiges, les torrents de montagne inondent les terrains avoisinants* (syn. **noyer, submerger**). **2.** Mouiller, tremper : *Inonder la moquette en renversant un vase* (syn. **arroser**). **3.** Affluer au point d'envahir complètement : *La foule inonde la place* (syn. **envahir**). **4.** Répandre abondamment dans : *Inonder le marché d'articles à bas prix.*

Inönü (Mustafa Ismet, dit Ismet), général et homme d'État turc (Izmir 1884 - Ankara 1973). Collaborateur de Mustafa Kemal, il fut victorieux des Grecs à Inönü (1921). Il fut Premier ministre (1923-1937), puis président de la République (1938-1950) et du Parti républicain du peuple (1938-1972).

inopérable [inɔperabl] **adj.** Qui ne peut subir une opération chirurgicale : *Un malade, une maladie inopérables.*

inopérant, e [inɔperɑ̃, -ɑ̃t] **adj.** Qui est sans effet : *Mesures inopérantes* (syn. **inefficace**).

inopiné, e [inɔpine] **adj.** (lat. *inopinatus*, de *opinari*, conjecturer). Qui arrive sans qu'on y ait pensé : *Une nouvelle inopinée* (syn. **imprévu, inattendu** ; contr. **prévisible**). *Rencontre inopinée* (syn. **fortuit**).

inopinément [inɔpinemɑ̃] **adv.** De façon inopinée.

inopportun, e [inɔpɔrtœ̃, -yn] **adj.** Qui n'est pas opportun ; qui n'arrive pas à propos : *Une remarque inopportune* (syn. **déplacé, intempestif**).

inopportunément [inɔpɔrtynemɑ̃] **adv.** *LITT.* De façon inopportune : *Arriver inopportunément chez qqn.*

inopportunité [inɔpɔrtynite] **n.f.** *LITT.* Caractère de ce qui n'est pas opportun : *L'inopportunité d'une démarche* (contr. **à-propos**).

inorganique [inɔrganik] **adj. 1.** Se dit d'une maladie ou d'une affection qui ne comprend pas de lésion d'organes : *Troubles inorganiques* (syn. **fonctionnel**). **2. Chimie inorganique ⟶ chimie.**

inorganisation [inɔrganizasjɔ̃] **n.f.** État de ce qui n'est pas organisé : *Remédier à l'inorganisation d'un service administratif* (syn. **désordre**).

inorganisé, e [inɔrganize] **adj.** Qui n'est pas organisé : *Secteur de l'industrie encore inorganisé.* ◆ **adj.** et **n.** Qui n'appartient pas à un parti, à un syndicat : *Les ouvriers de cette usine sont inorganisés.*

inoubliable [inublijabl] **adj.** Que l'on ne peut oublier : *Souvenir inoubliable* (syn. **mémorable**).

inouï, e [inwi] **adj.** (de *ouï*, p. passé de *ouïr*). **1.** Tel qu'on n'a jamais rien vu de pareil ; qui est sans exemple : *Un homme d'une force inouïe* (syn. **incroyable, extraordinaire**). **2.** Qui étonne et qui irrite : *C'est inouï cette manie de me contredire systématiquement !* (syn. **invraisemblable**).

Inox [inɔks] **n.m.** (nom déposé). Acier, métal inoxydable.

inoxydable [inɔksidabl] **adj.** Qui résiste à l'oxydation : *L'or est un métal inoxydable* (syn. **inaltérable**).

in pace ou **in-pace** [inpatʃe] **n.m. inv.** (mots lat. « en paix »). HIST. Prison, souterrain d'un couvent où l'on enfermait les coupables scandaleux jusqu'à leur mort.

in petto [inpeto] **loc. adv.** (mots it. « dans le cœur »). À part soi ; en secret : *Protester in petto* (syn. **intérieurement**).

inqualifiable [ɛ̃kalifjabl] **adj.** Qui ne peut être qualifié assez sévèrement : *Procédé inqualifiable* (syn. **indigne, innommable**).

in-quarto [inkwarto] **adj. inv.** et **n.m. inv.** (mots lat. « en quart »). Se dit du format déterminé par le pliage d'une feuille d'impression en 4 feuillets, soit 8 pages ; livre de ce format. (On écrit aussi *in-4°*.)

inquiet, ète [ɛ̃kjɛ, -ɛt] **adj.** et **n.** (lat. *inquietus*, de *quies*, repos). Qui est agité par la crainte, l'incertitude : *Être inquiet au sujet de qqn* (syn. **soucieux, angoissé**). *C'est un inquiet qu'un rien émeut* (syn. **anxieux**). ◆ **adj.** Qui témoigne de l'appréhension : *Attente inquiète* (syn. **fébrile**).

inquiétant, e [ɛ̃kjetɑ̃, -ɑ̃t] **adj.** Qui cause de l'inquiétude : *Le malade est dans un état inquiétant* (syn. **alarmant, grave**). *L'avenir est inquiétant* (syn. **angoissant**).

inquiéter [ɛ̃kjete] **v.t.** (lat. *inquietare*) [conj. **18**]. **1.** Rendre inquiet ; alarmer : *Cette nouvelle m'inquiète* (syn. **tracasser, préoccuper**). **2.** Demander des comptes à qqn : *Après ce cambriolage, il a été inquiété par la police.* **3.** *FAM.* Porter atteinte à la suprématie de ; risquer de faire perdre sa place à : *La championne du monde n'a pas été inquiétée.* ◆ **s'inquiéter v.pr. 1.** Se préoccuper de qqn, de qqch ; se faire du souci : *S'inquiéter du sort de qqn* (syn. **se soucier**). *Il n'y a pas de quoi s'inquiéter* (syn. **s'alarmer**). **2. S'inquiéter de qqch,** prendre des renseignements sur : *Tu devrais t'inquiéter de l'horaire du train* (syn. **s'enquérir de**).

inquiétude [ɛ̃kjetyd] **n.f.** (lat. *inquietudo*). Trouble, état pénible causé par la crainte, l'appréhension d'un événement que l'on redoute : *La perspective du départ ne m'inspire aucune inquiétude* (syn. **souci, crainte**). *Elle l'a attendu des heures, folle d'inquiétude* (syn. **angoisse, anxiété**).

Le mémento encyclopédique
Spécial collège

1 FRANÇAIS
2 LATIN
3 ANGLAIS
4 MATHÉMATIQUES
5 SCIENCES DE LA VIE ET DE LA TERRE
6 PHYSIQUE - CHIMIE
7 HISTOIRE
8 CHRONOLOGIE
9 ÉDUCATION CIVIQUE
10 ARTS PLASTIQUES
11 MUSIQUE
12 GÉOGRAPHIE
13 ATLAS

Conforme aux programmes de l'Éducation nationale

FRANÇAIS

LATIN

ANGLAIS

MATHÉMATIQUES

SCIENCES DE LA VIE ET DE LA TERRE

PHYSIQUE - CHIMIE

HISTOIRE

CHRONOLOGIE

ÉDUCATION CIVIQUE

ARTS PLASTIQUES

MUSIQUE

GÉOGRAPHIE

ATLAS

LE DICTIONNAIRE

6e → 3e

❶ Comprendre la langue pour comprendre le monde

Le dictionnaire, qu'il soit imprimé ou numérique, est une porte d'entrée vers l'information, ordonnée sous forme de liste. Cette liste comprend soit des noms communs, soit des noms propres, soit un mélange des deux. À chaque mot en entrée correspondent des sens (dictionnaires monolingues), ou des traductions (dictionnaires bilingues). Le dictionnaire de langue s'attache plus à la forme du mot, graphique, phonétique, historique, et aux marqueurs d'usage (registres ou niveaux de langue).

Petite encyclopédie alphabétique, le dictionnaire encyclopédique comprend des noms propres et des noms communs, ainsi que des éclairages historiques, culturels, scientifiques sur des sujets-clés.

Pour les mots que vous ne comprenez pas, consultez ce dictionnaire !

❷ Quels mots dans le dictionnaire ?

Le dictionnaire observe son temps et fait rentrer les néologismes, à mesure que leur usage se répand, qu'ils sont partagés par un plus grand nombre de locuteurs.

Les noms propres aussi intègrent l'apport constant d'un monde qui bouge : personnes, œuvres et périodes célèbres, nouveaux pays, nouvelles organisations internationales...

❸ Dans quel ordre ?

Le dictionnaire général donne le plus souvent ses entrées dans l'ordre alphabétique, un ordre ainsi prévisible par tous. Retrouver un mot dans le fourmillement du dictionnaire implique donc une bonne connaissance de l'orthographe, ou des graphies possibles d'un mot.

Le dictionnaire range ensuite par homographes (avec des numéros devant les mots qui s'écrivent de la même façon) ou par catégories grammaticales (le nom avant l'adjectif, lui-même avant l'adverbe, par exemple).

▲ Pierre Larousse.

❹ Le dictionnaire aime les exemples et les renvois

Il donne le mot dans un contexte plausible :

se reproduire (se produire de nouveau)
Cet incident ne se reproduira plus.

... ou avéré (par une citation). Ou encore, il montre, par une illustration graphique ou textuelle, la réalité qu'il désigne :

anacoluthe
ex. *Rentré chez lui, sa femme était malade.*

Le dictionnaire lie les entrées entre elles, par le jeu des renvois : synonymes, antonymes, homophones, paronymes (*précepteur* [professeur] et *percepteur* [agent des impôts]). Un astérisque sur le papier, un lien cliquable dans une version électronique signalent une entrée pertinente.

❺ Un outil objectif ?

Le dictionnaire est le reflet des préoccupations et des mentalités de son époque. Prenons l'exemple d'un même nom commun, **femme** nf, à un siècle d'intervalle :

dans le *Petit Larousse 1905*
Compagne de l'homme ; épouse.
Celle qui est ou a été mariée. [...]

dans le *Petit Larousse 2005*
Être humain du sexe féminin.
Adulte du sexe féminin.
Épouse. [...]

Côté noms propres, remarquons que le *Petit Larousse 1905* n'a pas mis à sa nomenclature **Arthur Rimbaud**, qui à l'époque a déjà bouleversé Paul Claudel mais n'a pas encore inspiré les surréalistes. Relevons également l'absence, dans le même dictionnaire, du capitaine **Alfred Dreyfus** dont l'affaire vient de déchirer l'opinion publique en France, et auquel le *Larousse du Collège* consacre aujourd'hui un article de quinze lignes.

FIGURES DE STYLE 6e → 3e

▸ comparer, assimiler une chose à une autre, évoquer

antonomase	faire d'un nom propre un nom commun, ou le contraire : désigner qqn par une expression	- un harpagon [= un avare] - Et **ce petit archer** qui dompte tous les dieux [= Cupidon] (Corneille, *l'Illusion comique*)
métaphore	comparer implicitement, par l'emploi d'un mot hors de son sens propre	Oui, prince, je languis, je **brûle** pour Thésée [brûler = aimer] (Racine, *Phèdre*)
métonymie	nommer la cause et non l'effet, l'instrument plutôt que celui qui s'en sert	Je l'ai vu cette nuit, ce malheureux Sévère, **La vengeance** à la main, l'œil ardent de colère [= l'arme] (Corneille, *Polyeucte*)
synecdoque	relation d'inclusion : prendre le tout pour la partie, ou le contraire	Quand **ma bouche** implorait le nom de la déesse [= quand je priais] (Racine, *Phèdre*)

▸ opposer

antiphrase	dire le contraire de ce qu'on pense ; ici, antiphrase à valeur d'ironie	Bon appétit, messieurs ! - Ô ministres intègres ! Conseillers vertueux ! (Victor Hugo, *Ruy Blas*)
antithèse	faire voisiner deux notions inconciliables, ou présentées comme telles	L'avarice **perd** tout en voulant tout **gagner**. (La Fontaine, *Fables*, « la Poule aux œufs d'or »).
chiasme	figure de symétrie : opposer deux propositions, la deuxième en ordre inverse de la première	Il faut manger pour vivre, et non pas vivre pour manger (Molière, *l'Avare*)
oxymore	réunir dans une même expression deux notions a priori absolument inconciliables	Cette **obscure clarté** qui tombe des étoiles (Corneille, *le Cid*)

▸ omettre, sous-entendre

ellipse (grammaticale)	sous-entendre des mots que demanderait la syntaxe habituelle	Je t'aimais inconstant ; qu'aurais-je fait fidèle ? [= si tu avais été fidèle] (Racine, *Andromaque*)
prétérition	décrire ce que l'on prétend passer sous silence	**Je ne vous peindrai point** le tumulte et les cris, Le sang de tous côtés ruisselant dans Paris (Voltaire, *la Henriade*)
suspension	sous-entendre la suite (ici, le COD du verbe *épouser*) ; la suspension est donc une forme d'ellipse	M. de Lauzun épouse dimanche au Louvre, devinez qui ? je vous le donne en quatre, je vous le donne en dix, je vous le donne en cent (Mme de Sévigné)

▸ atténuer

euphémisme	atténuer pour émousser la douleur, ne pas heurter la morale ou la dignité d'autrui	Eh bien ! vous triomphez, et mon fils est **sans vie** ! [= mort] (Racine, *Phèdre*)
litote	dire moins pour faire entendre plus = atténuer pour amplifier	Va, **je ne te hais point** [= je t'aime] (Corneille, *le Cid*)

▸ insister, mettre en relief

anaphore	reprendre un ou plusieurs mots au début de phrases successives	**Viens**, mon fils, **viens**, mon sang, **viens** réparer ma honte (Corneille, *le Cid*)
apostrophe	interpeller, s'adresser à	**Homme libre**, toujours tu chériras la mer ! (Charles Baudelaire, *les Fleurs du mal*)
gradation	énumérer dans un ordre croissant d'intensité	va, cours, vole, et nous venge. (Corneille, *le Cid*)
hyperbole	exagérer de façon flagrante	**Mille mouraient** par jour à force de m'aimer (Corneille, *l'Illusion comique*)

LES GENRES LITTÉRAIRES 6e → 3e

1 La poésie

▸ Le genre poétique

La **poésie*** se caractérise, à l'origine, par des marques formelles héritées de ses relations avec la musique et la danse :
– **longueur du vers** (nombre des syllabes) et **rythme** (alternance de syllabes longues et brèves, ou accentuées et non accentuées) ;
– structure des **strophes** (ensembles de vers), unifiée par le système des **rimes** et/ou les reprises de vers de même forme.
La combinaison plus ou moins rigide d'une **forme** avec un **thème** et un **style** détermine le **genre** poétique.

▸ L'Antiquité

L'Antiquité distingue trois grands genres, à l'origine de la tradition occidentale :
– l'**épopée***, long poème narratif évoquant la légende de héros dans lesquels se reconnaît la société (**Homère**, *l'Iliade*, *l'Odyssée* ; **Virgile**, *l'Énéide* ; le genre sera repris ultérieurement, notamment au Moyen Âge : *la Chanson de Roland*) ;

▲ **Antiquité, l'épopée.** *Homère chantant ses vers* (1834), peinture de Paul Jourdy. (École nationale supérieure des beaux-arts, Paris. Ph. Coll. Archives Larousse.)

– la **poésie lyrique**, plus proche du chant, dont la forme la plus noble est l'**hymne**, chant rituel célébrant un dieu ou un héros (**Pindare**, **Horace**) ;
– la **poésie dramatique**, ou **tragédie*** (voir ci-dessous « Le théâtre »).

▸ Moyen Âge et Renaissance

Les troubadours du Moyen Âge élaboreront de nombreuses formes fixes (**rondeaux**, **ballades**).
La Renaissance valorisera le **sonnet** (**Ronsard**), mais innovera surtout par des genres imités de l'Antiquité :
– l'**ode**, s'inspirant du chant lyrique antique ;
– l'**élégie**, nostalgique et mélancolique ;
– le **madrigal**, léger et galant ;
– l'**épître**, adressée à un destinataire réel ou fictif ;
– la **satire**, portant une critique morale ou politique.

▲ **Moyen Âge, le troubadour.** Bernard de Ventadour (XIIIe s.), miniature extraite du recueil d'un chansonnier provençal. (Bibliothèque nationale de France, Paris. Ph. Coll. Archives Larbor.)

▸ Du classicisme à nos jours

Le XVIIe s. précisera les règles de la poésie classique (**Malherbe**), tandis que la **fable** (court récit allégorique suivi d'une moralité, le plus souvent en vers libres) connaîtra son apogée (**La Fontaine**).
Alors que la poésie narrative et didactique domine au XVIIIe s., le XIXe s. renoue avec les genres classiques pour les ouvrir à tous les aspects de la modernité, découvre de nouvelles contraintes formelles, tout en s'affranchissant de la métrique (**poème en prose** : **Baudelaire**, **Rimbaud**). Une évolution qui se poursuivra jusqu'à nos jours.

2 Le théâtre

▸ Une représentation

Le **théâtre*** est une forme de spectacle. Il se caractérise par de multiples éléments qui interviennent, en même temps, dans ce qu'on appelle la **représentation** (le moment où se joue la **pièce**) :
– le **texte de théâtre** ou **texte dramatique** : il est constitué de dialogues et peut contenir des didascalies (instructions de jeu données par l'**auteur**) ;
– les **comédiens** : ils incarnent les différents personnages de la pièce, après avoir répété sous la direction d'un **metteur en scène** ;
– un **public** composé d'un nombre variable de spectateurs ;

– une **salle de théâtre** où se font face la scène et la salle (où se tiennent les spectateurs).

▸ Les genres dramatiques

Il y a plusieurs genres dramatiques :

– la **tragédie*** : d'inspiration religieuse à l'origine, elle évoque le destin de l'homme et le mystère de son existence. La tragédie antique, illustrée par les Grecs **Eschyle**, **Sophocle** et **Euripide**, traite du rapport des hommes et des dieux. La tragédie classique française, illustrée par **Corneille** et **Racine**, cherche à tracer une leçon philosophique ou morale à travers l'évocation d'un fait historique ;

– la **comédie*** : elle cherche à susciter le rire chez les spectateurs. Qu'elle soit satirique ou qu'elle s'appuie sur des situations amusantes, elle n'est pas un genre sans profondeur. Au XVIIe s., **Molière** a porté à son sommet ce registre qui est généralement de nature plus populaire que le genre tragique ;

– le **drame*** : il privilégie un tragique davantage fondé sur le caractère romanesque des événements mis en scène que sur une vision métaphysique (**Hugo**).

▲ **Théâtre, le drame romantique.** *La Première d'Hernani* (1903), peinture d'Albert Besnard, figurant la première représentation du drame *Hernani* de Victor Hugo, le 25 février 1830 à la Comédie-Française. (Maison de Victor Hugo, Paris. Ph. Jeanbor © Archives Larbor.)

▸ Évolution des genres

Aux VIe et Ve s. avant J.-C., les auteurs grecs ont inventé les genres dramatiques. Depuis, ces catégories ont évolué et, à partir du XVIe s., avec l'œuvre de **Shakespeare** notamment, elles se sont mélangées. Il y a désormais des tragédies avec des scènes comiques et des comédies avec des résonances tragiques.

À partir de la fin du XXe s., le spectacle théâtral s'est transformé en intégrant des éléments auparavant réservés au cirque, à la danse et aux spectacles musicaux.

3 Le récit de fiction

Le récit de fiction – roman, conte, nouvelle – s'oppose au récit historique. Le **roman*** est une fiction dont la longueur n'est pas limitée – par opposition à la **nouvelle***, récit bref d'un seul événement, et au **conte***, également bref mais davantage rattaché à la tradition orale et ouvert sur le merveilleux.

Le roman reste cependant le moins défini de tous les genres littéraires. Il revêt ainsi d'innombrables formes et fait régulièrement l'objet de remises en question.

▸ Moyen Âge

Le terme « roman » désigne à l'origine un récit « en roman », la langue populaire du Moyen Âge, par opposition au latin, la langue savante (**Chrétien de Troyes**).

▸ De la Renaissance au XVIIIe siècle

À la Renaissance, **Rabelais** et **Cervantès** rompent avec les fictions médiévales. Le XVIIe s. voit le succès du **roman précieux**, racontant des aventures galantes sur le modèle des récits grecs antiques (Honoré d'**Urfé**), du **roman comique**, porté à la contestation sociale et religieuse (**Scarron**), ainsi que du **roman d'analyse**, consacré aux passions (Mme de **La Fayette**).

Le XVIIIe s. est marqué par le **roman picaresque** (**Lesage**), le **roman sentimental** (**Rousseau**) et le **roman satirique** (**Montesquieu**). Le genre fait par ailleurs l'objet d'une critique sur le mode parodique (**Diderot**).

▸ XIXe et XXe siècles

Le roman devient au XIXe s. le genre dominant. Il se ramifie en de nombreux sous-genres (**roman gothique**, **historique**, **fantastique**, **policier**, **d'anticipation**, puis, au XXe s., **de science-fiction**). Mais, dans la lignée du **roman de formation** (**Goethe**), il fait des trajectoires individuelles son principal objet.

Le **roman réaliste** ambitionne ainsi de rendre compte de toute la société de son temps, rivalisant avec l'histoire (**Balzac**), tandis que le **roman naturaliste** rivalise, lui, avec la science (**Zola**). Il se veut aussi, avec **Flaubert**, l'expression la plus aboutie du style, au-delà de l'histoire racontée.

Au début du XXe s., **Proust**, **Joyce** et Virginia **Woolf** renoncent au primat de l'histoire pour s'attacher à l'exploration de la conscience, souvent sous la forme du monologue intérieur. La contestation des conventions romanesques du XIXe s. culminera ensuite avec **Céline**, puis avec les écrivains du « nouveau roman » – même si une tradition romanesque toujours prolixe ne cesse de reconduire les formules anciennes.

4 L'argumentation

Les genres littéraires argumentatifs visent à convaincre le lecteur d'une idée ou d'une position particulière.

– L'**essai** est une réflexion développée reposant sur l'expérience et le point de vue particulier de l'auteur, qui s'y exprime à la première personne et ne prétend délivrer aucune thèse systématique ou définitive – à la différence du **traité**. Les *Essais* (1580) de **Montaigne** constituent le premier modèle du genre. L'essai devient plus politique et philosophique au siècle des Lumières et prend souvent, à partir du XIXe s., la forme de recueil d'articles critiques parus dans la presse. Il reste pratiqué aux XXe et XXIe s., qu'il soit philosophique (**Camus**, *l'Homme révolté*), proche des sciences humaines (**Barthes**, *Mythologies*) ou en forme de méditation libre (**Quignard**, *Dernier Royaume*).

– Autre genre argumentatif, les **pensées** (**Pascal**) se présentent sous une forme plus fragmentaire que l'essai et le *je* y intervient moins, de même que dans les **maximes** (**La Rochefoucauld**), qui cherchent à exprimer une vérité générale dans une formule concise.

– Le **pamphlet**, enfin, relève du genre polémique : l'auteur y défend sa position en s'attaquant à un adversaire par la satire, l'ironie ou la violence verbale (**Hugo**, *Napoléon le Petit* ; **Zola**, *J'accuse*).

Cinq Centimes

L'AURORE

Littéraire, Artistique, Sociale

J'Accuse...!

LETTRE AU PRÉSIDENT DE LA RÉPUBLIQUE

Par ÉMILE ZOLA

▲ **L'argumentation.** *J'accuse*, pamphlet d'Émile Zola, publié dans *l'Aurore* le 13 janvier 1898. Dans cette lettre ouverte au président de la République, Zola dénonce les forfaitures commises ou couvertes par l'état-major pour laisser Alfred Dreyfus au bagne. (Ph. Coll. Archives Larbor.)

5 Le genre épistolaire

Le genre épistolaire recouvre l'ensemble des pratiques impliquant l'échange de lettres.

– L'échange peut être réel : une **correspondance privée** entre deux personnes est rassemblée et publiée après coup, devenant ainsi une œuvre littéraire tout en constituant un document authentique (*Lettres* de Mme de **Sévigné**).

– L'échange peut aussi être fictif : le **roman par lettres**, en vogue au XVIIIe s., est une fiction présentée par le romancier comme une correspondance réelle qu'il ne ferait que porter à la connaissance du public. La lettre fictive est alors le moyen de la représentation immédiate et « sincère » de l'intimité, du trouble de la passion qui s'écrit en direct et à la première personne (**Rousseau**, *la Nouvelle Héloïse* ; **Laclos**, *les Liaisons dangereuses* ; **Goethe**, *les Souffrances du jeune Werther*). Elle peut aussi avoir une visée satirique (**Montesquieu**, *Lettres persanes*) ou didactique (**Voltaire**, *Lettres philosophiques*).

6 Les écrits personnels

Les écrits personnels sont ceux où l'auteur se présente à la fois comme le narrateur et comme le personnage de son récit.

– L'écriture peut être contemporaine des événements racontés et se faire au jour le jour : c'est le cas des **correspondances** et du **journal intime** (Mme de **Staël**, Anne **Frank**).

– L'écriture peut aussi intervenir rétrospectivement sous forme de souvenirs. Dans l'**autobiographie**, l'auteur fait le récit de sa vie et de l'histoire de sa personnalité (**Rousseau**, *les Confessions* ; **Sartre**, *les Mots*) ; il peut y entrer une part d'invention (**Perec**, *W ou le Souvenir d'enfance* ; l'**autofiction** actuelle). Dans ses **Mémoires**, l'auteur insiste davantage sur les événements extérieurs, voire historiques, auxquels il a participé (**Saint-Simon**, *Mémoires* ; **Chateaubriand**, *Mémoires d'outre-tombe*) ou dont il a été le témoin (Primo **Levi**, *Si c'est un homme*).

LES LITTÉRATURES GRECQUE ET LATINE 6e → 3^e

1 Chronologie de la littérature de la Grèce ancienne

Repères historiques	Auteurs	Œuvres	Genres		
			Poésie	Prose	Théâtre
Période archaïque	**Hésiode***	*Théogonie*	☆		
Domination de la Cité de **Sparte*** sur le Péloponnèse (VIIIe-Ve s. av. J.-C.)	**Ésope***	*Fables*	☆		
	Homère*	*l'Iliade, l'Odyssée*	☆		
Période classique	**Eschyle***	*Agamemnon*		◄ Eschyle	☆
Le siècle de **Périclès*** Domination d'**Athènes*** (495-429)	**Sophocle***	*Antigone*			☆
	Hérodote*	*Histoires*		☆	
	Euripide* 480-406	*Médée, Électre*		◄ Euripide	☆

2 Chronologie de la littérature de la Rome antique

Repères historiques	Auteurs	Œuvres	Genres		
			Poésie	Prose	Théâtre
Guerres puniques* (264-146 av. J.-C.)	**Plaute***	*Aulularia (la Marmite)*			☆
Conquête des **Gaules*** (58-51 av. J.-C.)	**Cicéron***	*l'Orateur* 	◄ Cicéron	☆	
	Lucrèce*	*De natura rerum (la Nature des choses)*	☆		◄ Lucrèce
	César*	*Commentaires de la guerre des Gaules*		☆	
Auguste* empereur (27 av. J.-C.-14 apr. J.-C.)	**Virgile***	*l'Énéide*	☆	Virgile ►	
	Tite-Live*	*Histoire de Rome*		☆	
	Ovide*	*les Métamorphoses*	☆		◄ Ovide
Claude* empereur (41-54)	**Phèdre***	*Fables*		☆	
Néron* empereur (54-68)	**Sénèque***	*Lettres à Lucilius*		☆	
Domitien* empereur (81-96)	**Tacite***	*Histoires, Annales*		☆	
	Pline* le Jeune	*Lettres*		☆	
Hadrien* empereur (117-138)	**Suétone***	*Vies des douze Césars*		☆	
Le Wisigoth **Alaric*** pille Rome (410)	Saint **Augustin***	*Confessions*		☆	

LA LITTÉRATURE AU MOYEN ÂGE 6e → 3e

Pour ce qui concerne la littérature en langue française, la période médiévale s'étend du XIe s. à la fin du XVe s., soit 400 ans d'évolution depuis la première œuvre importante : *la Chanson de Roland*.

1 Des influences

Les œuvres littéraires du Moyen Âge subissent trois influences majeures : la tradition orale, l'empreinte de la vie religieuse, l'enseignement en latin.

2 Des hommes

▸ Le conteur et l'écrivain public

L'analphabétisme impose la présence d'écrivains publics et de conteurs professionnels qui traduisent, adaptent, synthétisent, inventent, copient ou racontent.

▸ Le moine

Les copistes sont souvent des moines, et les couvents des bibliothèques où le savoir est constitué, conservé, transmis. La religion, omniprésente, marque les œuvres dans leurs thèmes comme dans la langue.

▸ Les auteurs latins

Une littérature en langue latine continue à se développer parallèlement à la littérature en langue française. L'enseignement universitaire se donne en latin (le Quartier latin à Paris est le quartier des étudiants depuis la création de la Sorbonne en 1257).

▸ Le public

Peu de gens savent bien lire, même dans les cours royales. Aussi existe-t-il deux types d'écrits : les écrits en latin pour une petite élite cultivée, et des textes en français plus accessibles.

3 Des idées

Trois objectifs expliquent l'orientation des œuvres écrites en langue vulgaire. L'expression *langue vulgaire* s'applique, sans valeur péjorative, à la langue parlée par la population par opposition à la langue écrite latine des érudits.

▸ Conserver une mémoire

Les chroniqueurs (historiens) rapportent les événements marquants de la vie des princes.

▸ Diffuser des idées

La chanson de geste incite la noblesse à partir en **croisade*** pour servir Dieu.

▸ Distraire

Les fabliaux, sous couvert de récit de la vie animale, font la satire de la vie sociale *(Roman de Renart)*.

4 Mots-clés

Chanson de geste : cette locution désigne un récit en vers ou en prose relatant des faits guerriers propres à provoquer l'admiration.

Roman courtois : le nom « roman » désigne ici un écrit en *langue romane* (par opposition à la *langue latine*), c'est-à-dire une langue dérivée du latin populaire comme le sont le français, le catalan, l'occitan, l'espagnol, l'italien, etc. L'adjectif « courtois » s'applique à la littérature médiévale qui se caractérise par la valorisation de la vaillance chevaleresque et du sentiment amoureux.

- **Histoire :** la *chronique*, les *Mémoires*.
- **Poésie :** le *lai*, la *ballade*. Troubadours, dans les pays de langue d'oc, et trouvères, dans ceux de la langue d'oïl, sont des chanteurs et des poètes médiévaux.
- **Satire :** les *fabliaux*, suite de récits.
- **Théâtre profane :** la *farce*, intermède comique qui venait s'insérer (d'où son nom) dans la représentation d'un mystère et qui désigna ensuite une petite œuvre satirique et comique.
- **Théâtre religieux :** le *mystère* et le *miracle*, drames religieux mettant en scène la vie des saints, la Passion du Christ ou l'intervention miraculeuse de la Vierge.

LA LITTÉRATURE AU MOYEN ÂGE 6e → 3e

Repères historiques	Auteurs	Genres					
		Épopée	Littérature courtoise	Satire	Chronique	Théâtre	Poésie lyrique
XIe siècle **1095-1099** 1re croisade	*la* **Chanson* de Roland**	☆					
XIIe siècle **1154 :** Aliénor d'Aquitaine, reine d'Angleterre	**Marie de France** *Lais*		☆				
	Béroul *Tristan**		☆				
1180-1223 Règne de Philippe II Auguste	**Chrétien* de Troyes** *Lancelot ou le Chevalier de la charrette*		☆				
	Roman de Renart			☆			
XIIIe siècle **1204** 4e croisade	**Jean Bodel** *le Jeu de saint Nicolas*					☆	
1226 Saint Louis	**Geoffroi de Villehardouin*** *Histoire de la conquête de Constantinople*				☆		
1270 8e croisade	**Rutebeuf*** *la Complainte Rutebeuf*						☆
	Guillaume de Lorris et Jean de Meung *Roman de la Rose*		☆				
XIVe siècle	**Jean, sire de Joinville*** *Vie de Saint Louis*				☆		
Guerre de Cent Ans (1337-1453)	**Jean Froissart*** *Chroniques*				☆		
	Guillaume* de Machaut *Ballades*						☆
	Eustache Deschamps *Art de dictier*						☆
XVe siècle **1453** Fin de la guerre de Cent Ans	*la Farce de Maître Pathelin*					☆	
	Charles d'Orléans* *Rondeaux*						☆
1461-1483 Règne de Louis XI	**François Villon*** *le Testament*						☆
	Philippe de Commynes* *Mémoires*				☆		

◄ Rutebeuf

◄ Charles d'Orléans

François Villon ►

LA LITTÉRATURE AU XVIe SIÈCLE

6e → 3e

Le XVIe s. se caractérise par une effervescence culturelle que l'on a appelée *Renaissance* : à la suite de l'invention du caractère typographique mobile par **Gutenberg*** vers 1440, la diffusion du **livre*** ouvre l'accès à la culture. L'imprimerie se développant, il devient impératif, pour faciliter le travail de la duplication, de codifier la langue française qui acquiert un statut de langue écrite : *Défense et illustration de la langue française* de Du Bellay peut être considéré comme une des premières grammaires françaises. Par ailleurs, **François Ier*** contribue à cet essor de la langue française grâce à une décision d'ordre politique : il impose l'usage du français qui remplace le latin dans tous les actes juridiques et administratifs (édit de Villers-Cotterêts, 1539). Mais, paradoxe, alors que la fréquentation de l'art italien et la découverte des terres nouvelles après les grands voyages de la fin du Moyen Âge favorisent une ouverture d'esprit et une réflexion sur l'homme chez ceux qui se réclament de l'humanisme, les guerres de Religion plongent la France dans la guerre civile durant des années.

1 Des influences

Le XVIe s. hérite du Moyen Âge une grande maîtrise de la versification grâce aux « rhétoriqueurs » (nom donné à l'époque aux spécialistes de la grammaire, de la poésie et de la construction du discours). L'attrait pour l'Antiquité grecque et romaine est renouvelé par les découvertes culturelles, réalisées à l'occasion des guerres d'Italie sous François Ier (1515). Avec la naissance du protestantisme, les questions religieuses sont une source de division entre les Français ; les réactions partisanes donnent naissance à une poésie engagée.

2 Des hommes

▸ Un roi

François Ier encourage les traductions des textes anciens en français de l'humaniste **Guillaume Budé*** et fonde en 1530 le Collège de France, qui propose un enseignement du latin, du grec et de l'hébreu, facilitant ainsi l'accès direct aux textes des Anciens, sans passer par les universités dirigées par l'Église. Les cours sont donnés en français par opposition aux habitudes de la faculté de la Sorbonne, où les cours sont alors dispensés en latin.

▸ Des poètes

Clément Marot continue à pratiquer tous les genres affinés par les rhétoriqueurs dont son père fait partie : des ballades, des rondeaux, des chansons. Parmi les poètes de l'école lyonnaise, **Louise Labé**, parmi ceux du groupe de la Pléiade, **Du Bellay** et **Ronsard** s'adonnent au sonnet, poème à forme fixe pratiqué par les poètes italiens comme **Pétrarque*** dans son *Canzoniere*.

▸ Les humanistes

Tandis que **Montaigne** dans ses *Essais* s'interroge sur l'éducation, la vie, la mort, **Rabelais** conçoit dans *Gargantua* la cité idéale en *l'abbaye de Thélème*, modèle communautaire imaginaire. (**Utopie*.**)

▸ Le public

Si peu de gens savent lire (2 % de la population), la création des librairies liée à la reconnaissance du français comme langue de communication et de culture ouvre un plus large public à l'échange des idées.

3 Des idées

Les œuvres révèlent deux soucis contradictoires : celui d'exprimer des sentiments conventionnels, et celui d'exprimer une pensée ou des émotions personnelles. C'est en poète de cour, et donc en répondant à une commande, que Ronsard rédige ses poèmes *les Amours*, mais c'est au nom de sa foi et de son engagement que, comme **Agrippa d'Aubigné**, il s'insurge contre la violence et la misère engendrées par les guerres de Religion.

4 Mot-clé

La Renaissance. Par convention, le mot désigne en France tous les mouvements de rénovation culturels, économiques et sociaux du XVIe s. En Italie, cette période s'ouvre dès le XVe s. *(quattrocento)*.

LA LITTÉRATURE AU XVIe SIÈCLE 6e → 3e

Repères historiques	Auteurs	Œuvres	Genres				
			Poésie				Prose philosophique
			Poètes de cour	Poètes de combat	La Pléiade	École lyonnaise	
1515 François Ier (bataille de Marignan)	Clément **Marot***	*Épîtres* (1518-1542)	☆				
	François **Rabelais***	*Gargantua* (1534)	 ◀ François Rabelais				☆
	Maurice **Scève***	*Délie* (1544)				☆	
1547 Début du règne d'Henri II							
La Pléiade	Joachim **Du Bellay***	*Défense et illustration de la langue française* (1549)	 ▲ Joachim Du Bellay		☆		
	Pierre de **Ronsard***	*les Amours* (1552)			☆	 ◀ Pierre de Ronsard	
1559 Début du règne de François II	Louise **Labé***	*Élégies et sonnets* (1555)				☆	
1560 Début du règne de Charles IX							
1562 Début des guerres de Religion	Agrippa d'**Aubigné***	*les Tragiques* (1577, début de la composition)		☆	 ◀ Agrippa d'Aubigné		
1574 Début du règne d'Henri III	Michel de **Montaigne***	*Essais* (1580, première édition)	 ◀ Michel de Montaigne				☆
1589 Début du règne d'Henri IV							
1598 Fin des guerres de Religion							

LA LITTÉRATURE AU XVIIe SIÈCLE

6e → 3e

FRANÇAIS

L'assassinat du roi **Henri IV***, en 1610, met fin à la période de conciliation ouverte par l'édit de Nantes (1598). Les auteurs subissent la censure religieuse et politique. L'Église catholique avait imposé progressivement depuis le concile de **Trente*** (1563) une morale et le modèle d'un parfait gentilhomme chrétien conciliant ses devoirs envers son roi et Dieu. En France, **Louis XIV*** exprime sa toute-puissance, en particulier après la mort de Mazarin (1661). Le château de Versailles, dont la construction commence à partir des années 1660, est le symbole de la domination royale.

1 Des influences

▸ La commedia dell'arte et la naissance de la comédie

Les comédiens italiens visitent Lyon, où Molière découvre dans leur jeu la vivacité que donne l'improvisation sur canevas et le comique de gestes.

2 Des hommes

▸ Les auteurs dramatiques de la tragédie

Corneille, sous Louis XIII, se fait l'écho avec *le Cid* du conflit déchirant la noblesse, partagée entre la morale féodale de l'honneur et le devoir d'obéissance au roi.

Racine, historien de Louis XIV, met en scène des héros antiques prisonniers de leur destin.

▸ Les moralistes

La Bruyère, La Fontaine, La Rochefoucauld dressent un tableau amusé ou amer de la société et des habitudes de leur temps. Pascal exprime la misère de la condition humaine et incite l'homme à faire « le pari » de l'existence de Dieu.

▸ Les prêtres

Fénelon s'interroge sur la place de l'homme dans la société et dans l'univers. Les fidèles attendent à l'entrée des églises, le jour de Pâques, écrit Mme de Sévigné dans ses *Lettres*, pour assister aux sermons des grands prêtres de l'époque (comme Bossuet, évêque de Meaux).

▸ Le public

Si la bourgeoisie se développe et offre aux artistes un public cultivé, si la noblesse ouvre ses salons, si le roi commande des divertissements, le public se réduit à une élite. Le paysan, pauvre, illettré, souffre des conflits de la noblesse, d'une lourde imposition, de mauvaises récoltes et de famines. C'est ce public que Molière découvre en parcourant les campagnes. C'est aussi le peuple parisien qui vient au théâtre pour suivre, debout, des représentations éclairées aux chandelles.

3 Des idées

▲ Perrault

Le développement de la vie de cour, la pression quotidienne de la religion, la permanence de la culture antique sont des thèmes qui marquent et irriguent les œuvres de cette période. À la fin du siècle, des auteurs souhaitent se libérer des règles classiques pour explorer de nouvelles voies, comme **Perrault*** qui fait se rencontrer l'écriture mondaine et la tradition orale (*Contes*, 1697).

4 Mots clés

Les écrits moraux : maxime, sentence, fable, moralité.

Le **moraliste** est un écrivain qui étudie les mœurs et les habitudes de son temps.

Les **caractères** sont des portraits.

La pensée : préciosité, **jansénisme***.

Le théâtre : alexandrin, comédie, tirade, tragi-comédie, tragédie.

L'intérêt dramatique concerne l'action. La règle des trois unités – de temps (un jour), de lieu (un site) et d'action (une intrigue) – est préconisée dans la tragédie classique.

Le mot **classicisme*** qui s'applique à cette période de l'histoire littéraire de la France fait référence à une imitation des Anciens (les écrivains de l'Antiquité).

LA LITTÉRATURE AU XVIIe SIÈCLE

Repères historiques	Auteurs	Œuvres	Genres		
			Poésie		Théâtre
1624 Richelieu entre au Conseil du roi (il fonde l'Académie française en 1635)	Pierre **Corneille***	*le Cid* (1637)			tragédie
1643 Avènement de Louis XIV (sous la régence d'Anne d'Autriche, Mazarin est le principal ministre)	**Bossuet***	*le Carême du Louvre* (1662)		discours (sermons)	
	Molière*	*le Tartuffe* (1664)		◄ Molière	comédie
	La Rochefoucauld*	*Maximes* (1665)		sentences, moralités, maximes	
	Jean **Racine***	*Andromaque* (1667)		◄ Racine	tragédie
1661 Début du règne personnel de Louis XIV	Jean de **La Fontaine***	*Fables* (I à VI) (1668)	fables à moralité		◄ La Fontaine
	Blaise **Pascal***	*Pensées* (1670)			
	Nicolas **Boileau***	*Art poétique* (1674)	art poétique (satires, épîtres)		◄ Boileau
	Mme de **Sévigné***	*Lettres* (1677)		◄ Mme de Sévigné	
	Mme de **La Fayette***	*la Princesse de Clèves* (1678)		Mme de La Fayette ►	
1715 Mort de Louis XIV	Jean de **La Bruyère***	*Caractères* (1688)	portraits		

LA LITTÉRATURE AU XVIIIe SIÈCLE 6e → 3^e

Avec la mort de Louis XIV, l'année 1715 voit s'achever une longue période de monarchie absolue. À l'autre bout du siècle, la prise de la Bastille marque l'année 1789. Entre ces deux dates symboliques, la littérature témoigne de l'évolution des esprits.

1 Des influences

▸ Esclavage ou liberté et utopie

La découverte et l'exploitation économique du Nouveau Monde entraînent deux attitudes contrastées : une réflexion sur la nature de l'homme (**Voltaire**, *Candide*, 1759) et un goût pour le sentimentalisme et l'exotisme, où des amours tumultueusement tragiques pourraient se nouer dans un univers de « bons sauvages » (**Bernardin de Saint-Pierre**, *Paul et Virginie*, 1788).

2 Des hommes

▸ Les auteurs

▸ Si **Montesquieu** vit de l'exploitation coloniale basée sur l'esclavage et le commerce triangulaire, il pose cependant dans ses écrits la question de la dignité humaine (« De l'esclavage des nègres » dans *De l'esprit des lois*, 1748).

▸ **Marivaux** avait déjà imaginé que les rôles pussent s'inverser, en 1725, dans la comédie *l'Île des esclaves* où le maître Iphicrate apprend à « servir », tandis que **Beaumarchais** met en scène le serviteur Figaro qui dénonce les prérogatives du seigneur, le comte Almaviva.

▸ **Voltaire**, à travers son œuvre féconde et variée (*Dictionnaire philosophique*, 1770), dénonce l'intolérance des religions et se montre hostile à l'influence de l'Église. Quant à **Rousseau**, il se fait remarquer par la nouveauté de sa réflexion en matière d'éducation (*Émile ou De l'éducation*, 1762) et de politique (*Du contrat social*, 1762). Il annonce aussi le mouvement romantique (*Confessions*, 1782-1789).

▸ Le public

La revendication des femmes au droit à l'instruction et l'élargissement d'une bourgeoisie cultivée renouvellent la réception des œuvres et étendent leur influence. Trois maîtres mots gouvernent la nouvelle société : jeu, argent et ascension sociale. Roman et théâtre trouvent matière dans cette actualité.

3 Des idées

Trois objectifs animent les écrits de cette époque : émouvoir, faire réfléchir sur les institutions, diffuser le savoir.

▸ L'Encyclopédie du siècle des Lumières

Le « grand œuvre » du XVIIIe s. est l'*Encyclopédie*, appelée aussi *Dictionnaire raisonné des sciences, des arts et des métiers* (1751-1772). **D'Alembert** et **Diderot**, entourés de plus de 250 collaborateurs, y dressent l'inventaire des connaissances. À travers un classement alphabétique des notions, les auteurs mènent une réflexion sur le savoir, la morale, l'organisation sociale et politique.
La démarche des Encyclopédistes inquiète les autorités politiques et religieuses.
Le privilège de publication est suspendu dès 1759, et c'est à l'étranger que le travail de publication se poursuit.

4 Mots-clés

Conte philosophique : s'appuyant sur le principe du conte, Voltaire invente le genre pour inciter le lecteur à la réflexion.

Dictionnaire philosophique : recueil alphabétique d'idées sur les sujets les plus divers et, parfois, les plus subversifs.

Lettres philosophiques : il s'agit d'écrits de réflexion.

Lumières : le mot désigne par analogie les penseurs et philosophes de cette époque qui remettent en cause les croyances du passé grâce à un point de vue « éclairé » par la raison.

Roman épistolaire : fiction se présentant sous la forme d'une correspondance.

Roman picaresque : histoire à épisodes dont le héros est un aventurier qui traverse une succession d'épreuves à valeur initiatique.
Ce genre littéraire apparaît en Espagne dès le XVIe s.

LA LITTÉRATURE AU XVIIIe SIÈCLE 6e → 3[e]

FRANÇAIS

Repères historiques	Auteurs	Œuvres	Genres		
			Poésie	Prose	Théâtre
1715 Avènement de Louis XV (régence de Philippe d'Orléans)	**Saint-Simon***	*Mémoires* (1694 à 1723)		observation des mœurs	
	Lesage*	*Gil Blas* (1715-1735)		roman picaresque	
	Montesquieu*	*Lettres persanes* (1721) Montesquieu ▶		fiction philosophique	
1723 Règne de Louis XV	**Marivaux***	*le Jeu de l'amour et du hasard* (1730)		 ▲ Marivaux	comédie
	Denis **Diderot***	*Encyclopédie* (1751-1772)		dictionnaire	
	Voltaire*	*Candide* (1759)  ▲ Voltaire		conte philosophique	
1774 Avènement de Louis XVI	Jean-Jacques **Rousseau***	*Confessions* (1782-1789)		autobiographie	 ▲ Rousseau
	Beaumarchais*	*le Mariage de Figaro* (1784)	Beaumarchais ▶		comédie
1789 Début de la Révolution française	André **Chénier***	*Bucoliques* (1785-1787)	poèmes		
	Henri **Bernardin* de Saint-Pierre**	*Paul et Virginie* (1788)		roman	
1799 Coup d'État de Napoléon Bonaparte (18 Brumaire)					

LA LITTÉRATURE AU XIXe SIÈCLE 6e → 3e

Avec le triomphe de la bourgeoisie, lié à la révolution industrielle, la classe ouvrière apparaît dans le monde du travail et celui de la littérature (**Zola***, *Germinal*).

▲ Zola

1 Des influences

▸ L'héritage

Les écrivains de la fin du XVIIIe s. ont fait éclore une sensibilité occultée par le classicisme. Ce sont notamment Bernardin de Saint-Pierre dans *Paul et Virginie*, le Rousseau de *la Nouvelle Héloïse* ou André Chénier avec les élégies plaintives de « la Jeune Captive ».

▸ Les avancées scientifiques

L'invention de la photographie, les recherches médicales (Claude Bernard), la mise au point du moteur et la circulation des premiers trains entretiennent une curiosité dont les œuvres se font l'écho (*le Horla* de **Maupassant***).

2 Des hommes

▸ Les romantiques

Chateaubriand*, **Vigny** et la génération des écrivains de 1820, avec **Lamartine** et **Hugo**, cultivent l'émotion et l'image d'un poète à la sensibilité triste et écorchée.

▸ Les écrivains engagés

Après la chute de Napoléon Ier, des œuvres expriment les désillusions d'une jeunesse qui avait vu dans l'avènement de l'Empereur la consécration de la valeur personnelle (**Balzac**, *Illusions perdues* ; **Stendhal**, *le Rouge et le Noir*). **Mérimée*** à travers *Tamango* s'insurge contre l'esclavagisme nourrissant l'empire colonial. Journaliste engagé, **Jules Vallès*** fait paraître *le Cri du peuple*. Zola prend parti contre l'injustice dans l'affaire Dreyfus avec *J'accuse*.

▸ Les parnassiens

Les parnassiens (**Théophile Gautier**) s'adonnent à l'art pour l'art, rompant avec la vision de Victor Hugo d'un poète « mage » de la société.

▸ Les « poètes maudits »

À la fin du siècle, vingt ans après **Baudelaire**, ses héritiers **Verlaine**, **Rimbaud** renouvellent la poésie dans ses thèmes, ses images, sa musicalité ; amers, ils sont rejetés par une société dont ils n'admettent pas les règles.

▸ Le public

L'analphabétisme recule grâce à Jules Ferry qui rend l'école obligatoire et gratuite ; le public des lecteurs s'élargit. Pierre Larousse conçoit son *Grand Dictionnaire universel du XIXe siècle* en quinze volumes. **Alexandre Dumas*** et Honoré de **Balzac** vivent de leur plume. Des romans sont publiés en feuilletons dans les journaux. Mais les lecteurs n'admettent ni la vulgarité, ni le sarcasme, ni les images audacieuses dans l'écriture. C'est pourquoi la sincérité de Baudelaire fait scandale (procès des *Fleurs du mal*). Si les siècles précédents avaient souffert de la censure politique, le XIXe s. souffre lui de la censure imposée par la morale publique.

3 Des idées

Touchés par la misère morale et physique, **Gustave Flaubert** *(Un cœur simple)*, **George Sand** *(la Mare au diable)*, **Victor Hugo** *(les Misérables)* sont les fondateurs d'une écriture réaliste. En journaliste, le romancier Émile Zola veut aller plus loin et décrire une réalité qui irait au-delà de la photographie, que l'on découvre alors. Son but est de rendre compte de la nature même de l'homme : ainsi s'élabore, à travers le cycle des *Rougon-Macquart*, l'esthétique naturaliste.

4 Mots-clés

Naturalisme* : mouvement littéraire et artistique visant à reproduire la réalité avec une objectivité parfaite et sous tous ses aspects.

Romantisme* : mouvement littéraire et artistique qui fait prévaloir la sensibilité individuelle sur la raison, et l'imaginaire sur la représentation classique de la nature humaine.

LA LITTÉRATURE AU XIXe SIÈCLE

Repères historiques	Auteurs	Œuvres	Genres		
			Poésie	Roman	Théâtre
Directoire **1799**	François René de **Chateaubriand***	*René* (1802)		☆	
1804 Premier Empire	Alphonse de **Lamartine***	*Méditations poétiques* (1820)	☆		
1814 Restauration	Alfred de **Vigny***	*Poèmes* (1822)	☆		
1824 Charles X	Victor **Hugo***	*la Légende des siècles* (1859, 1877, 1883)	☆		
		les Misérables (1862)		☆	
		Hernani (1830)			☆
1830 Avènement de Louis-Philippe	**Stendhal***	*le Rouge et le Noir* (1830)		☆	
	Alfred de **Musset***	*les Nuits* (1835-1841)	☆		
	Honoré de **Balzac***	*la Comédie humaine* (à partir de 1842)		☆	
1848 IIe République	George **Sand***	*la Petite Fadette* (1848)		☆	
1851 Coup d'État du 2 décembre	Théophile **Gautier***	*Émaux et Camées* (1852)	☆		
1852 Second Empire	Gérard de **Nerval***	*les Chimères* (1854)	☆		
	Gustave **Flaubert***	*Madame Bovary* (1857)		☆	
	Charles **Baudelaire***	*les Fleurs du mal* (1857)	☆		
	Paul **Verlaine***	*Poèmes saturniens* (1866)	☆		
1870 Guerre contre la Prusse, IIIe République	Alphonse **Daudet***	*Lettres de mon moulin* (1869)		☆ contes	
	Arthur **Rimbaud***	*le Bateau ivre* (1871)	☆		
1871 La Commune	Stéphane **Mallarmé***	*l'Après-midi d'un faune* (1876)	☆		

◀ Lamartine

Hugo ▶

Stendhal ▶

George Sand ▶

Flaubert ▶

Baudelaire ▶

Rimbaud ▶

LA LITTÉRATURE AU XXe SIÈCLE

6e → 3e

FRANÇAIS

Le XXe s. est marqué par les deux guerres mondiales, la montée des régimes totalitaires, la décolonisation, la construction de l'Europe. Sur le plan de l'art, cette période voit naître le cinéma et assiste à l'avènement de l'image avec la télévision, la bande dessinée, la publicité.

1 Des influences

▸ Deux guerres mondiales

Dans une série romanesque en huit volumes (1922-1940), **Roger Martin du Gard** retrace l'histoire d'une famille, *les Thibault*, du début du XXe siècle jusqu'à la fin de la Première Guerre mondiale. Conflit dont **Louis-Ferdinand Céline***, dans *Voyage au bout de la nuit*, dénonce les atrocités en 1932.
Vercors*, avec *le Silence de la mer*, signe en 1942, pendant la Seconde Guerre mondiale, un acte de foi en l'amitié franco-allemande par un récit publié sous un pseudonyme. **Jean Anouilh*** investit les mythes antiques, matière à réflexion sur le pouvoir (*Antigone*, 1944).

▸ La fin des empires coloniaux

De nombreux écrivains africains, comme l'homme d'État sénégalais **Léopold Sédar Senghor***, utilisent le français comme langue de diffusion d'une culture spécifique.

2 Des hommes et des femmes

▸ Les surréalistes

Poètes (**Paul Éluard***) et peintres (**Salvador Dalí***) mènent ensemble des recherches sur les images poétiques nourries par le rêve (**André Breton***).

▸ Les écrivains engagés

André Malraux*, **Jean-Paul Sartre*** et **Albert Camus*** utilisent roman et théâtre comme tribune politique ou philosophique.

▸ Les écrivains du « nouveau roman »

Voulant renouveler le genre romanesque, des romanciers (**Michel Butor***) expérimentent des voies formelles inexplorées : absence de chronologie, objet pour unique sujet de roman, roman sans verbe, récit d'une seule phrase (**Claude Simon***, *la Route des Flandres*, 1960).

▸ Les écrivaines

Marguerite Yourcenar * est la première femme élue à l'Académie française (1980). **Marguerite Duras***, dialoguiste du film *Hiroshima mon amour* (1959) d'Alain Resnais, connaît un succès mondial avec *l'Amant* (1984).

▸ Le public

Grâce à son nouveau format de poche, le livre devient un produit de consommation de masse. Les prix littéraires, qui rythment la vie des publications, deviennent les enjeux d'une guerre commerciale. Le cinéma et la télévision, dans une moindre mesure, servent de relais à la littérature par la transposition cinématographique des œuvres (la trilogie du *Seigneur des anneaux* [2001-2003] de Peter Jackson, d'après l'œuvre de J. R. R. Tolkien ; la série télévisée *Chez Maupassant*, 2007-2011). Enfin, avec l'avènement de « l'enfant roi », le genre de la littérature jeunesse prend son essor, consacrant notamment Susie Morgenstern (*la Sixième*, 1985), Bernard Friot (*Histoires pressées*, 1988), Jean-Claude Mourlevat (*la Balafre*, 1998), Marie-Aude Murail (*Oh, boy !*, 2000).

3 Mots-clés

Absurde : thème de l'absurdité du monde et de la destinée humaine, développé par certains auteurs, en philosophie (Albert Camus, Jean-Paul Sartre) et au théâtre (Eugène Ionesco, Samuel Beckett).

B.D. (bande* dessinée) : baptisée « 9e art », la B.D. raconte des histoires au fil de dessins où les dialogues et les bruits sont le plus souvent inscrits dans des bulles.

Littérature jeunesse : littérature spécifique s'adressant à un public d'enfants et d'adolescents.

Prix littéraire : récompense donnée à un auteur pour un écrit ou pour l'ensemble de son œuvre (prix Nobel de littérature, prix Goncourt...).

LA LITTÉRATURE AU XXe SIÈCLE 6e → 3e

Repères historiques		Auteurs	Œuvres	Genres		
				Poésie	Prose	Théâtre
Première Guerre mondiale : **1914-1918**	Roman autobiographique	Marcel **Proust***	*À la recherche du temps perdu* (1913, tome 1)		☆ **Proust ▶**	
		Alain-Fournier*	*le Grand Meaulnes* (1913)		☆	
	Cubisme (1908-1920)	Guillaume **Apollinaire***	*Alcools* (1913)			
	Roman historique	Roger **Martin* du Gard**	*les Thibault* (1922-1940)		☆	
	Surréalisme	André **Gide***	*les Faux-Monnayeurs* (1926)		☆ **Gide ▶**	
		André **Breton***	*Nadja* (1928) **Breton ▶**		☆	
		Louis-Ferdinand **Céline***	*Voyage au bout de la nuit* (1932)		☆	
Seconde Guerre mondiale : **1939-1945**	Littérature philosophique	Antoine de **Saint-Exupéry***	*le Petit Prince* (1943)		☆	
		Jean-Paul **Sartre***	*Huis clos* (1944) **Sartre ▶**			☆
		Albert **Camus***	*la Peste* (1947)		☆	
	Théâtre de l'absurde	Eugène **Ionesco***	*la Cantatrice chauve* (1950)	**Ionesco ▶**		☆
		Marguerite **Yourcenar***	*Mémoires d'Hadrien* (1951)		☆	
Ve République : **1958 à nos jours**	Expérimentation du langage	Julien **Gracq***	*le Rivage des Syrtes* (1951)		☆	
		Raymond **Queneau***	*Cent Mille Milliards de poèmes* (1961)	☆		
		Francis **Ponge***	*le Savon* (1967)	☆		
		Georges **Perec***	*la Vie, mode d'emploi* (1978)		☆	
		Marguerite **Duras***	*l'Amant* (1984)		☆	
		J.-M.G. **Le Clézio***	*Ourania* (2006)		☆	

À L'AUBE DU XXIe SIÈCLE

L'effondrement du monde communiste marque l'histoire culturelle des dix dernières années du XXe s. La mondialisation devient le maître mot du siècle naissant. Il désigne l'interdépendance des systèmes économiques et culturels.

1 Des influences

Alors que le champ de la communication s'étend au monde entier grâce à l'Internet (devenu public en 1991), l'ouverture des frontières dans la zone européenne et la tradition française de « terre d'asile » entraînent deux mouvements contradictoires : d'un côté un regard nouveau sur l'extérieur, de l'autre un repli sur ses racines.

2 Des hommes

▸ Les écrivains du terroir

Face au développement de l'urbanisation et à la disparition de la petite exploitation agricole, le roman historique et social exprime la volonté de conserver des valeurs traditionnelles et entretient la nostalgie d'un passé révolu (courant de l'école de Brive).

▸ Des plumes venues d'ailleurs

Des romanciers francophones d'Europe de l'Est (**Milan Kundera***), du Maghreb (**Tahar Ben Jelloun***), des Antilles (Patrick **Chamoiseau***) ou d'Haïti (**Dany Laferrière***) abordent de nouveaux thèmes qui portent sur l'identité, l'intégration, les conflits culturels. Fondé en 1990 par **Michel Le Bris**, romancier qui appelle de ses vœux une « littérature-monde en français », le festival international du livre de Saint-Malo « Étonnants voyageurs » se fait le prolongement de ces interrogations et de cette sensibilité.

▸ Le public

Tel un immense supermarché culturel, la « Toile » de l'Internet met à la disposition des plus jeunes enfants l'ensemble des connaissances.

3 Des idées

L'influence de l'anglais et la création de langages de communication rapide, phonétiques et synthétiques (messages e-mail, dits aussi « courriels »), ne sauraient être sans conséquence sur la langue et le style des nouvelles générations d'auteurs. Grâce aux nouveaux moyens de communication, le livre téléchargé, la vie littéraire par l'Internet (sites des éditeurs, des journaux nationaux, de l'Éducation nationale), les blogs des écrivains et des artistes, les forums de discussion permettent un contact à la fois direct et immédiat avec le monde culturel.

4 Communautés et réseaux

Chat : communication informelle entre plusieurs personnes sur le réseau Internet, par échange de messages électroniques.

Cyber- : préfixe désignant ce qui a trait à l'utilisation de l'Internet, par exemple cybercafé (lieu public [café] dans lequel sont mis à la disposition de la clientèle des ordinateurs permettant d'accéder au réseau) ; cybermonde, cybernaute (internaute).

Francophonie : communauté de langue des pays dont la langue officielle (ou une des langues officielles) est le français.

Internet : réseau télématique international ; tout utilisateur d'un micro-ordinateur muni d'un modem peut s'y connecter via un fournisseur d'accès.

Web : système permettant d'accéder aux ressources du réseau Internet.

REPÈRES LITTÉRAIRES EUROPÉENS 6e → 3e

	Germanique	Anglo-saxon	Espagnol	Italien	et aussi
Moyen Âge	Anonymes _Chanson des Nibelungen*,_ épopée du XIIe siècle	Geoffrey Chaucer* _Contes de Cantorbéry_		Dante* _la Divine Comédie_	Anonymes XIe siècle Sagas islandaises
				Pétrarque* _Canzoniere_	
XVIe siècle		 William Shakespeare* _Roméo et Juliette_	Miguel de Cervantès* _Don Quichotte de la Manche_	Le Tasse _la Jérusalem délivrée_	Érasme* Hollandais écrivant en latin _Éloge de la folie_
XVIIe siècle		John Milton* _le Paradis perdu_	Calderón* de la Barca _La vie est un songe_		
XVIIIe siècle	 Goethe* _les Souffrances du jeune Werther_	Daniel Defoe* _Robinson Crusoé_		Carlo Goldoni* _la Locandiera_	
		Jonathan Swift* _les Voyages de Gulliver_			
XIXe siècle	Les frères Grimm* (Jacob et Wilhelm) _Contes d'enfants et du foyer_	Mary Shelley* _Frankenstein ou le Prométhée moderne_ Robert Louis Stevenson* _Docteur Jekyll et Mister Hyde_ Charles Dickens* _David Copperfield_ Lewis Carroll* _Alice au pays des merveilles_		Carlo Collodi _les Aventures de Pinocchio_	Hans Christian Andersen* Danois _Contes_ Henrik Ibsen* Norvégien _Maison de poupée_ Fedor Dostoïevski* Russe _Crime et Châtiment_ Léon Tolstoï* Russe _Guerre et Paix_
XXe siècle	Thomas Mann* _la Mort à Venise_	George Orwell* _1984_	Federico García* Lorca _Romancero gitan_	Luigi Pirandello* _Six Personnages en quête d'auteur_	Anton Tchekhov* Russe _la Mouette_
	Franz Kafka* Écrivain tchèque d'expression allemande _la Métamorphose_			Dino Buzzati* _le Désert des Tartares_	Selma Lagerlöf* Suédoise _le Merveilleux Voyage de Nils Holgersson_
	Bertolt Brecht* _l'Opéra de quat'sous_				

❶ Définition et fonction

En latin, la terminaison d'un nom ou adjectif change selon sa fonction grammaticale. Les cas correspondent à ces différentes fonctions. Le latin comporte *six cas* : **le nominatif, le vocatif, l'accusatif, le génitif, le datif** et **l'ablatif.** Un *septième cas*, indiquant le lieu où l'on est, se trouve dans certaines expressions : c'est **le locatif.**

▶ **Le nominatif** est le cas du sujet, de l'attribut du sujet, de l'apposition au sujet et de l'épithète se rapportant aux mots employés dans ces fonctions :
C. Heius est Mamertinus omnibus rebus illa in civitate ornatissimus ; C. Heius est en tout le Mamertin le plus riche de la ville.

▶ **Le vocatif** est employé pour l'apostrophe (quand on s'adresse à quelqu'un) :
Quid enim postulas, Verres ?
Que demandes-tu, en effet, Verres ?

▶ **L'accusatif** est le cas du complément d'objet direct (C.O.D.) ; on le trouve également après certaines prépositions :
Amicum enim nostrum in judicium vocabas ; c'est en effet notre ami que tu appelais en justice.

▶ **Le génitif** est utilisé pour le complément du nom :
Tua te altera patria, Messana, circumvenit, tuorum adjutrix scelerum, libidinum testis, praedarum ac furtorum receptrix ! C'est ta seconde patrie, Messine, qui te traque, auxiliaire de tes crimes, témoin de tes désirs, receleuse de tes pillages et de tes larcins !

▶ **Le datif** sert à exprimer le complément d'objet second (ou d'attribution) : il se trouve également après des verbes ou adjectifs exprimant l'idée que l'on donne ou que l'on enlève quelque chose à quelqu'un, que l'on est favorable ou hostile à quelqu'un.
Tibi habe Canephoros, deorum simulacra restitue ! Garde pour toi les Canéphores, mais restitue les statues des dieux ! *Qui honos non homini solum habetur, sed primum populo Romano* ; cet honneur n'est pas rendu seulement à un homme, mais d'abord au peuple romain.

▶ **L'ablatif** correspond à nos compléments circonstanciels ; il peut être employé seul (C. de moyen, de cause, de manière, par ex.) ou avec diverses prépositions (C. de lieu, par ex.) :
In aperto loco signa duo sunt ; dans un lieu découvert se trouvent deux statues. *Erant aenea signa eximia venustate, virginali habitu atque vestitu* ; il y avait des statues de bronze d'une grâce exceptionnelle, avec une forme et un vêtement de jeune fille.

▲ Statue antique

▶ **Le locatif** est une survivance de l'indoeuropéen, langue très ancienne dont dérivent les langues européennes, en particulier le latin et le grec. Il indique le lieu où l'on est, mais ne peut être employé qu'au singulier, et seulement dans certaines déclinaisons :
Melitae multae divitiae erant ; il y avait beaucoup de richesses à Malte.

❷ L'intérêt de l'emploi des cas

▶ **La fonction des mots est très lisible** grâce aux désinences que chaque cas confère aux mots.

▶ **L'ordre des mots est beaucoup moins rigide qu'en français**, puisque le verbe se mettra généralement à la fin de la phrase et les compléments pourront très souvent précéder le sujet.

▶ **La phrase sera souvent plus dense qu'en français** : cela est très net quand on compare la longueur d'un texte français avec la longueur de sa traduction.

▶ La conjonction de ces différents facteurs fait de la phrase latine une phrase très différente de la phrase française malgré la ressemblance qui tient à la parenté des mots latins et français.

Remarques

▶ **Il y a trois genres en latin :** le masculin, le féminin et le neutre. Ce dernier est beaucoup plus développé qu'en français, où il n'existe plus qu'à l'état de survivance (cela, rien, quoi...).

▶ **Il n'a pas d'articles en latin,** et le traducteur doit choisir entre article défini ou indéfini.

LES DÉCLINAISONS 5e → 3e

1 Radical, terminaison et désinence

Le nom latin se décline, c'est-à-dire que la partie finale du nom change selon les cas. Il y a donc dans le nom une partie fixe, appelée **radical**, et une partie finale qui change, appelée **terminaison**.
Dans *ros-am*, nous pouvons distinguer le radical *ros-* et deux éléments dans la terminaison *-am* :

- la voyelle *-a-*, caractéristique de la 1re déclinaison,
- la consonne *-m*, caractéristique de l'accusatif singulier, et qui est appelée **désinence**.

2 Les cinq déclinaisons des noms

Il existe cinq déclinaisons distinguées par les terminaisons des **nominatif** et **génitif singuliers**

1re déclinaison : *-a, -ae.*	
Singulier	nominatif *rosa* (la rose) ; vocatif *rosa* ; accusatif *rosam* ; génitif *rosae* ; datif *rosae* ; ablatif *rosa*.
Pluriel	nom. *rosae* ; voc. *rosae* ; acc. *rosas* ; gén. *rosarum* ; dat. *rosis* ; abl. *rosis*.
2e déclinaison masculine : *-us, -i, -er, -i.*	
Singulier	nom. *dominus* (le maître) ; voc. *domine* ; acc. *dominum* ; gén.*domini* ; dat. *domino* ; abl. *domino*.
Pluriel	nom. *domini* ; voc. *domini* ; acc. *dominos* ; gén. *dominorum* ; dat. *dominis* ; abl. *dominis*.
2e déclinaison neutre : *-um, -i.*	
Singulier	nom. *templum* (le temple) ; voc. *templum* ; acc. *templum* ; gén. *templi* ; dat. *templo* ; abl. *templo*.
Pluriel	nom. *templa* ; **voc.***templa* ; acc. *templa* ; gén. *templorum* ; dat. *templis* ; abl. *templis*.
3e déclinaison masculine et féminine parisyllabique : désinence variable ; *-is.*	
Singulier	nom. *civis* (le citoyen) ; voc. *civis* ; acc. *civem* ; gén. *civis* ; dat. *civi* ; abl. *cive*.
Pluriel	nom. *cives* ; voc. *cives* ; acc. *cives* ; gén. *civium* ; dat. *civibus* ; abl. *civibus*.
3e déclinaison neutre parisyllabique : désinence variable ; *-is.*	
Singulier	nom. *mare* (la mer) ; voc. *mare* ; acc. *mare* ; gén. *maris* ; dat. *mari* ; abl. *mari*.
Pluriel	nom. *maria* ; voc. *maria* ; acc. *maria* ; gén. *marium* ; dat. *maribus* ; abl. *maribus*.
3e déclinaison masculine et féminine imparisyllabique : désinence variable ; *-is.*	
Singulier	nom. *dux* (le chef) ; voc. *dux* ; acc. *ducem* ; gén. *ducis* ; dat. *duci* ; abl. *duce*.
Pluriel	nom. *duces* ; voc. *duces* ; acc. *duces* ; gén. *ducum* ; dat. *ducibus* ; abl. *ducibus*.
3e déclinaison neutre imparisyllabique : désinence variable ; *-is.*	
Singulier	nom. *opus* (l'ouvrage) ; voc. *opus* ; acc. *opus* ; gén. *operis* ; dat. *operi* ; abl. *opere*.
Pluriel	nom. *opera* ; voc. *opera* ; acc. *opera* ; gén. *operum* ; dat. *operibus* ; abl. *operibus*.
4e déclinaison masculine et féminine : *-us, -us.*	
Singulier	nom. *manus* (la main) ; voc. *manus* ; acc. *manum* ; gén. *manus* ; dat. *manui* ; abl. *manu*.
Pluriel	nom. *manus* ; voc. *manus* ; acc. *manus* ; gén. *manuum* ; dat. *manibus* ; abl. *manibus*.
4e déclinaison neutre : *-u, -us.*	
Singulier	nom. *cornu* (la corne) ; voc. *cornu* ; acc. *cornu* ; gén. *cornus* ; dat. *cornui* ; abl. *cornu*.
Pluriel	nom. *cornua* ; voc. *cornua* ; acc. *cornua* ; gén. *cornuum* ; dat. *cornibus* ; abl. *cornibus*.
5e déclinaison : *-es, -ei.*	
Singulier	nom. *res* (la chose) ; voc. *res* ; acc. *rem* ; gén. *rei* ; dat. *rei* ; abl. *re*.
Pluriel	nom. *res* ; voc. *res* ; acc. *res* ; gén. *rerum* ; dat. *rebus* ; abl. *rebus*.

Remarques

Dans la 3e déclinaison, on distingue les noms parisyllabiques, dont le nombre de syllabes est le même au nominatif singulier et aux autres cas, des noms imparisyllabiques dont le nombre de syllabes est différent au nominatif singulier et aux autres cas.

3 Les deux classes d'adjectifs

- **Les adjectifs de la 1re classe** se déclinent comme la 1re et la 2e déclinaisons des noms : *bonus, bona, bonum* (bon, bonne).
- **Les adjectifs de la 2e classe** se modèlent sur la troisième déclinaison : *similis, similis, simile* (semblable) ; *vetus, eris* (vieux).

Maison à Pompéi. ▶

1 Temps primitifs, voix et modes

▸ **Le sujet est déjà contenu dans le verbe**, sauf si l'on veut préciser (à la troisième personne) ou si l'on veut insister par un pronom personnel (à la première ou à la deuxième personne) : *amas*, tu aimes.

▸ **On appelle temps primitifs** les formes données par le dictionnaire pour chaque verbe : *amo, amas* (présent), *amare* (infinitif), *amavi* (parfait), *amatum* (supin). De ces formes on tire trois radicaux d'où dérivent tous les temps : *ama-* (radical du présent) ; *amav-* (radical du parfait), *amat-* (radical du supin).

▸ **Les quatre conjugaisons** se reconnaissent aux trois premières terminaisons des temps primitifs :
- la première conjugaison se reconnaît à la voyelle *a (amo, -as, -are)* ;
- la deuxième à la voyelle *e (moneo, es, ere)* ;
- la troisième aux voyelles *i* et *e (lego, -is, -ere ; capio, -is,-ere)* ;
- la quatrième à la voyelle *i (audio, is, ire)*.

▸ **Les voix** sont **active, passive ou déponente** (sens actif, conjugaison passive).

▸ **Les modes** sont :
- **l'indicatif**
- **l'impératif**
- **le subjonctif**
- **l'infinitif**
- **le participe**
- **le gérondif et le supin (à l'actif)**
- **un adjectif verbal au passif.**

Il n'y a pas de conditionnel : c'est le subjonctif qui en tient lieu.

▸ **Les temps.** En plus des temps du français, le latin a un infinitif futur, un participe futur et un impératif futur (rare).

▸ **Les désinences des personnes**

Personne	Actif (sauf parfait)	Passif	Indicatif parfait actif
1re sing.	*o/-m*	*-or/-r*	*-i-*
2e sing.	*-s*	*-ris (-re)*	*-isti*
3e sing	*-t*	*-tur*	*-it*
1re pl.	*-mus*	*-mur*	*-imus*
2e pl.	*-tis*	*-mini*	*-istis*
3e pl.	*-nt*	*-ntur*	*-erunt (-ere)*

2 Exemples de conjugaison

▸ **1re conjugaison (voix active)**

Indicatif :
- **Présent :** *amo, amas, amat, amamus, amatis, amant.*
- **Imparfait :** *amabam, amabas, amabat, amabamus, amabatis, amabant.*
- **Futur :** *amabo, amabis, amabit, amabimus, amabitis, amabunt.*
- **Parfait :** *amavi, amavisti, amavit, amavimus, amavistis, amaverunt.*
- **Plus-que-parfait :** *amaveram, amaveras, amaverat, amaveramus, amaveratis, amaverant.*
- **Futur antérieur :** *amavero, amaveris, amaverit, amaverimus, amaveritis, amaverint.*

Impératif : *ama* (aime), *amate* (aimez).

Subjonctif :
- **Présent :** *amem, es...*
- **Imparfait :** *amarem, ares...*
- **Parfait :** *amaverim, eris...*
- **Plus-que-parfait :** *amavissem, isses....*

Infinitif :
- **Présent :** *amare*
- **Parfait :** *amavisse.*

Participe :
- **Présent :** *amans*
- **Futur :** *amaturus* (sur le point d'aimer).

Gérondif : *ad amandum* (pour aimer).

Supin : *amatum.*

▸ **3e conjugaison (voix passive)**

Indicatif :
- **Présent :** *legor, legeris, legitur, legimur, legimini, leguntur.*
- **Imparfait :** *legebar, legebaris, legebatur, legebamur, legebamini, legebantur.*
- **Futur :** *legar, legeris, legetur, legemur, legemini, legentur.*
- **Parfait :** *lectus sum* (j'ai été lu), *lectus es, lectus est, lecti sumus, lecti estis, lecti sunt.*
- **Plus-que-parfait :** *lectus eram, lectus eras, lectus erat, lecti eramus, lecti eratis, lecti erant.*
- **Futur antérieur :** *lectus ero, lectus eris, lectus erit, lecti erimus, lecti eritis, lecti erunt.*

Impératif : *legere* (sois lu), *legimini* (soyez lus).

Subjonctif :
- **Présent :** *legar, aris...*
- **Imparfait :** *legerer, ereris...*
- **Parfait :** *lectus sim, sis...*
- **Plus-que-parfait :** *lectus essem, esses...*

Infinitif :
- **Présent :** *legi* (être lu)
- **Parfait :** *lectum esse* (avoir été lu).

Participe : *lectus* (ayant été lu).

Adjectif verbal : *legendus* (devant être lu).

Le latin est une langue fortement structurée grammaticalement. Le modèle de la phrase latine est la période rhétorique : sur plusieurs lignes, elle déroule majestueusement une série de subordonnées qui dépendent syntaxiquement de la proposition principale. La phrase française classique du XVIIe siècle a été fortement influencée par ce modèle.
La phrase française moderne, plus courte et plus hachée s'en éloigne nettement.

1 Proposition infinitive

La proposition infinitive n'est introduite par aucun mot subordonnant. Son sujet est à l'accusatif, et il est obligatoirement exprimé. Son verbe est à l'infinitif.
Cicero respondet ***Catilinam hostem reipublicae esse*** ;
Cicéron répond que Catilina est l'ennemi de l'État.

2 Proposition interrogative indirecte

La proposition interrogative indirecte est introduite par un mot interrogatif (*cur*, pourquoi ; *quis*, qui...). Le verbe de la subordonnée est toujours au subjonctif.
Cives praetorem interrogabant ***cur*** *eam legem* ***tulisset***, les citoyens demandaient au préteur pourquoi il avait présenté cette loi.

3 Subordonnées complétives avec *ut* et *ne* + subjonctif

▸ **Après les verbes de volonté.**
La subordonnée est au subjonctif, et « commence par ***ut***, que, ou ***ne***, que... ne... pas :
- *suadeo* tibi ***ut*** *leg****as***, je te conseille de lire ;
- *suadeo tibi* ***ne*** *leg****as***, je te conseille de ne pas lire.

▸ **Après les verbes de crainte.**
La subordonnée est au subjonctif et commence par ***ne***, que, ou ***ne non***, que... ne... pas :
- *timeo* ***ne*** *veni****at***, je crains qu'il (ne) vienne ;
- *timeo* ***ne non*** *veni****at***, je crains qu'il ne vienne pas.

4 Subordonnée circonstancielle de conséquence

▸ La subordonnée circonstancielle de conséquence est introduite par ***ut***, de sorte que, si bien que, suivi du subjonctif : *tam prudens est hic homo* ***ut*** *decipi* ***non possit***, cet homme est si prudent qu'il ne peut pas être trompé.

5 Subordonnées circonstancielles de but

▸ La subordonnée circonstancielle de but est introduite par la conjonction ***ut***, pour que, suivie du **subjonctif** : *audi* ***ut*** *disc****as***, écoute pour apprendre.

▸ Quand la subordonnée de but est négative, le mot subordonnant est **ne**, pour que... ne... pas, de peur que : *hoc fecit* ***ne*** *poenas da****ret***, il fit cela pour ne pas être puni.

6 Subordonnées circonstancielles de temps

Certaines conjonctions sont suivies de l'indicatif, d'autres du subjonctif, avec des nuances diverses :
- ***postquam*** *Publius Curiam* ***invisit***, *in Capitolium conscendit*,
  après être allé voir la Curie, Publius monta sur le Capitole ;
- *Alexander,* ***cum*** *Clitum* ***interfecisset***, *magnitudinem facinoris perspexit*,
  après avoir tué Clitus, Alexandre mesura la grandeur de son forfait.

7 La concordance des temps dans les subordonnées au subjonctif

▸ **Si le verbe principal est au présent, le verbe subordonné est :**
- au présent pour une action simultanée, qui se passe en même temps :
  timeo *ne* ***veniat***, je crains qu'il ne vienne ;
  suadeo *tibi ut* ***legas***, je te conseille de lire ;
- au parfait pour une action antérieure, qui s'est passée avant l'action de la principale :
  quaero *quid* ***legerit***, je demande ce qu'il a lu.

▸ **Si le verbe principal est au passé** (imparfait, parfait, plus-que-parfait), **le verbe subordonné est :**
- à l'imparfait pour une action simultanée, qui se passe en même temps :
  timebam *ne* ***veniret***, je craignais qu'il ne vînt ;
- au plus-que-parfait pour une action antérieure, qui s'est passée avant l'action de la principale :
  quaerebam *quid* ***legisset***, je demandais ce qu'il avait lu.

LATIN

1 La place du verbe

▸ Le verbe est, le plus souvent, **à la fin de la phrase** ou **de la proposition** :

- *Multi jam menses* ***transierant****, et hiems* ***praecipitaverat****, neque Brindisio naves legionesque ad Caesarem* ***veniebant*** (César), beaucoup de mois s'étaient déjà écoulés, l'hiver tirait a sa fin, mais ni vaisseaux ni légions n'arrivaient à César depuis Brindes ;
- *Itaque tempore commutato tempestas et nostros* ***texit*** *et naves Rhodias* ***adflixit****, ita ut ad unam omnes constratae numero XVI* ***eliderentur*** *et naufragio* ***interirent*** (César), ainsi, avec ce changement de temps, la tempête protégea les nôtres et détruisit les navires rhodiens, au point que absolument tous les navires pontés, au nombre de 16, furent brisés et sombrèrent.

▸ Le verbe se trouvera **en début de phrase** ou **de proposition** :

- quand on veut insister dessus :
  Jactat *se jamdudum de Calidio ;* ***narrat*** *omnibus emisse se* (Cicéron) ; cela fait longtemps qu'il [Verres] se vante à propos de Calidius, et qu'il parle à tout le monde de son achat ! (Cicéron).
  Par la place des deux verbes, il s'agit de mettre en valeur l'attitude ridicule de Verrès ;
- quand c'est un verbe principal (penser, croire...) dont dépendent des subordonnées :
- ***Credo*** *tum cum Sicilia florebat opibus et copiis, magna artificia fuisse in ea insula* (Cicéron) ; je crois que, quand la Sicile était florissante par sa prospérité et sa richesse, il y eut beaucoup de chefs-d'œuvre dans cette île.

2 L'ordre des mots au sein de la proposition

▸ **Par suite de l'emploi des cas**, la fonction des mots est visible à travers leur désinence : cela permet un ordre des mots **beaucoup plus souple qu'en français**.

Superbum est enim, judices, et non ferendum dicere praetorem in provincia homini honesto, locupleti, splendido : « vende mihi vasa caelata ! » (Cicéron) ; C'est une façon de faire insolente et insupportable qu'un préteur dans sa province ose dire à un homme honorable, riche et brillant : « vends-moi des vases ciselés ! »
On remarquera la place du mot ***superbum*** mis en première place pour insister sur l'insolence de Verrès.

▸ L'usage montre que le latin adopte souvent l'ordre des mots suivant dans une proposition : compléments circonstanciels, compléments d'objet directs et indirects, sujet, verbe. Cet ordre peut être employé avec de multiples variantes :

▲ César. Musée archéologique national, Naples.

- *Haec eodem fere tempore Caesar atque Pompeius cognoscunt* (César) = *Haec* (C.O.D.) *eodem fere tempore* (C.C. de temps) *Caesar atque Pompeius* (sujets) *cognoscunt* (verbe) ; César et Pompée prennent connaissance de ces faits à peu près au même moment ;
- *Cognita re diversa sibi ambo consilia capiunt (César) = Cognita re* (ablatif absolu à valeur de C.C. de temps) *diversa* (épithète du C.O.D.) *sibi* (C.O.I.) *ambo* (sujet) *consilia* (C.O.D.) *capiunt* (verbe) ; une fois la chose connue, ils prennent tous deux, pour leur compte, des décisions opposées.
- **Le complément du nom au génitif** se place ordinairement **avant le nom** dont il est complément : ***Romanorum*** *leges*, les lois des Romains.

▸ **La place des adjectifs :**
- **l'adjectif épithète** est souvent avant le nom auquel il se rapporte : cela est vrai surtout **quand l'adjectif exprime une qualité :**
- ***pulchra*** *puella*, une belle jeune fille ; ***beatus*** *puer*, un enfant heureux.
- Cependant, certains adjectifs se placent après le nom **quand ils expriment une classification :**
- *rosa* ***alba***, une rose blanche ; *vas* ***aureum***, un vase en or ; *populus* ***Romanus***, le peuple romain.

❶ L'ablatif absolu

C'est une **proposition participiale à l'ablatif**, qui exprime une **circonstance** (temps, cause, opposition...) :

- ***Hac habita contione*** *nonnullos signiferos ignominia notavit* (César), après avoir prononcé ce discours, César taxa d'infamie certains porte-enseignes ;
- ***His expletis rebus*** *duas in castris legiones retinuit* (César) ; après avoir réglé ces affaires, il garda deux légions dans le camp.

❷ Le double datif

Cette tournure qui existait encore en français classique, et qui a complètement disparu aujourd'hui, explique que l'on aide quelqu'un ou que l'on nuit à quelqu'un : l'aide (ou la nuisance) est au datif, ainsi que l'objet de l'aide ou de la nuisance :

- ***Auxilio alicui*** *esse*, aider quelqu'un ; *dare* ***crimini alicui***, accuser quelqu'un ; *esse* ***gaudio alicui***, donner de la joie à quelqu'un ;
- *Si in Italiam transiret, conjuncto exercitu cum Domitio* ***Italiae subsidio*** *proficisceretur* (César) ; s'il passait en Italie, une fois sa jonction faite avec Domitius, César pourrait porter secours à l'Italie ;
- *His de causis uterque eorum celeritati studebat, et* ***suis*** *ut esset* ***auxilio***, *et ad opprimendos adversarios* (César) ; pour ces raisons chacun des deux chefs visait à la rapidité, et pour porter secours aux siens, et pour écraser les adversaires ;
- *Ad Scipionem Pompeiumque nuntios mittit, ut* ***sibi subsidio*** *veniant* (César) ; il envoie à Scipion et à Pompée des messagers pour qu'ils viennent à son aide.

❸ Le gérondif

En latin, on ne peut pas employer l'infinitif après une préposition. C'est le gérondif qui permet de décliner le verbe, en l'employant comme complément.

- *Locum se aequum* ***ad dimicandum*** *dedisse (César)* ; il leur avait donné un terrain favorable pour combattre ;
- *Cupidus* ***legendi*** *est* ; il est désireux de lire.

❹ L'adjectif verbal pour gérondif

Quand le gérondif doit lui-même être suivi d'un complément, il est usuel de transformer le gérondif en adjectif verbal : d'active, la tournure devient ainsi passive.

- ***In occupandis praesidiis*** *magna vi uterque nitebatur* (César) ; [chacun des deux camps] luttait avec beaucoup d'énergie pour occuper les places fortes ;
- ***Spatium interponendum ad recreandos animos*** *putabat* (César) ; il pensait qu'il fallait laisser passer du temps pour reposer les esprits ;
- ***Caesari ad saucios deponendos, stipendium exercitui dandum, socios confirmandos, praesidium urbibus reliquendum*** *necesse erat adire Apolloniam* (César) ; pour déposer les blessés, pour donner la solde à l'armée, pour raffermir les alliés, pour laisser une garnison dans les cités, il fallait que César aille à Apollonie.

❺ L'expression de la condition

► **Le potentiel** exprime la condition possible et réalisable : **présent du subjonctif** : *Si venias, laetus sim* ; si tu venais, je serais heureux (c'est possible).

► **L'irréel du présent** exprime la condition irréalisable dans le présent : **imparfait du subjonctif** : *Si venires, laetus essem* ; si tu venais, je serais heureux (mais ce n'est pas possible).

► **L'irréel du passé** exprime la condition irréalisable dans le passé : **plus-que-parfait du subjonctif** : *Si venisses, laetus fuissem* ; si tu étais venu, j'aurais été heureux.

▸**De 753** (date légendaire de la fondation de **Rome** * par **Romulus** *) **à 509 av. J.-C.** (expulsion de Rome de **Tarquin le Superbe** *), se succèdent **7 rois** à Rome : Romulus (le fondateur, auteur de l'enlèvement des Sabines), **Numa Pompilius** * (roi pieux, organisateur de la religion), Tullius Hostilius (roi guerrier, contemporain du combat des Horaces et des Curiaces), Ancus Martius (roi bâtisseur), **Tarquin l'Ancien** * (roi d'origine étrusque qui introduit des éléments étrusques dans la civilisation romaine), Servius Tullius (roi administrateur qui organise Rome et l'armée), Tarquin le Superbe (roi tyrannique qui finit par être chassé). C'est l'instauration de la République.

1 La République

▸**Ve siècle :** conflits entre les **patriciens** * et les **plébéiens** *.

▸**IVe siècle :** lutte contre les **Gaulois** * qui, venus du nord, s'emparent de Rome en 386. Après les avoir repoussés dans la plaine du Pô, Rome étend sa domination sur l'Italie centrale.

▸**IIIe siècle :**

- de 281 à 275, guerre contre le roi d'Épire **Pyrrhus** * ; Rome étend peu à peu sa domination sur toute l'Italie ;
- de 264 à 241, 1re guerre **punique** *, qui permet à Rome de conquérir la Sicile ;
- de 218 à 201, 2e guerre **punique** * ; quelques très graves défaites sont infligées à Rome par **Hannibal** *, mais Fabius Cunctator résiste, et **Scipion** * **l'Africain** finit par battre Hannibal à **Zama** *.

▲ Scipion l'Africain, Naples (Ier s. av. J.-C.).

▸**IIe siècle :** Rome peut maintenant entreprendre de conquérir le monde méditerranéen, en particulier la Grèce, l'Asie Mineure et Carthage. De 133 à 121, Rome est agitée par des troubles sociaux ; tentatives de réformes sociales sous l'impulsion de Tiberius et Caius Gracchus (les **Gracques** *), tous deux assassinés.

▸**Ier siècle :** agitation sociale et politique grandissante : guerre sociale (91-88), opposition de **Marius** * et de **Sulla** * (83-82), dictature de Sulla (82-79), révolte de **Spartacus** * (73-71), tentative de coup d'État par Catilina et ses conjurés (63) ; conquête de la **Gaule** * (58-51) par **César** * et opposition de César et de **Pompée** * ; en 49, César franchit le **Rubicon** * et, après une guerre civile, devient le maître de Rome ; il est assassiné le 15 mars 44 (aux ides de mars) ; en 43, triumvirat d'Octave, **Antoine** * et Lépide ; après la bataille d'**Actium** * (31), Octave reste seul maître de Rome ; en 27, il prend le nom d'**Auguste** * et devient empereur.

2 L'Empire

▸**L'Empire** est maintenant installé à Rome avec plusieurs dynasties successives : les *Julio-Claudiens* avec Auguste (mort en 14 apr. J.-C.), **Tibère** * (14-37), **Caligula** * (37-41), **Claude Ier** * (41-54), **Néron** * (54-68) ; les *Flaviens* (69-96) avec **Vespasien** *, **Titus** * et Domitien ; les *Antonins* (96-192) voient se succéder Nerva (96-98), **Trajan** * (98-117), **Hadrien** * (117-138), **Antonin** * (138-161), **Marc-Aurèle** * (161-180) et **Commode** * (180-192).

▸**Pendant la dynastie des** *Sévères* (193-235), en 212, l'édit de **Caracalla** * stipule que tous les hommes libres de l'Empire deviennent citoyens romains.

▸**Après les Sévères s'ouvre une période d'anarchie :** les frontières sont attaquées par des peuples barbares ; **Aurélien** * (270-275) redresse la situation ; **Dioclétien** * (284-305) fait de l'Empire une monarchie orientale absolue ; en 302-304, grande persécution des chrétiens.

▲ Constantin. Monnaie romaine en or.

▸**Constantin** (306-337) décrète la liberté de tous les cultes par l'édit de Milan, en 313 ; tentative de rénover le paganisme sous **Julien** * **l'Apostat** (361-363) ; mais en 394 le **christianisme** * devient religion d'État.

▸**Théodose Ier** * (379-395) règne encore sur l'ensemble de l'Empire, mais ses deux fils se partagent l'Empire, coupé administrativement en deux zones, orientale et occidentale. L'Empire résiste de plus en plus mal aux agressions de l'extérieur.

▸**En 476, la prise de Rome par les Barbares marque la fin de l'Empire romain.**

❶ Romulus et Rémus

(VIIIe siècle av. J.-C.). Ces jumeaux à la fois légendaires et historiques sont censés être les fils du dieu **Mars** * et de Rhea Silvia, qui, vestale, n'avait pas le droit d'avoir d'enfants. Abandonnés dans les eaux du Tibre, ils sont allaités par une louve puis recueillis par le berger Faustulus. Ayant eu la révélation de leur naissance, ils remettent sur le trône d'Albe leur grand-père Numitor, et décident de fonder une cité : ce sera Rome. Le vol des oiseaux sur le mont Aventin désigne Romulus comme fondateur ; mais Rémus franchit le sillon creusé par Romulus, qui tue son frère. Romulus est le premier roi de **Rome** *.

▲ Louve romaine.

❷ Scipion l'Africain

Publius Cornelius Scipio (235-183 av. J.-C.) est le vainqueur d'**Hannibal** * à l'issue de la deuxième guerre punique grâce à la victoire décisive de **Zama** * (202). Dans les années suivantes, il poursuit une carrière politique et militaire, et mène une campagne victorieuse contre **Antiochos III** * en 189. Attaqué à son retour à Rome pour sa gestion du butin, il se retire dans son domaine de Liternum.

❸ Les Gracques

Tiberius (162-133 av. J.-C.) et Caius (154-121 av. J.-C.) Sempronius Gracchus. Petits-fils de Scipion par leur mère Cornelia, ils tentèrent de réformer l'État romain, mais furent tous deux assassinés en raison de leurs réformes, jugées révolutionnaires par la noblesse romaine. Leur politique visait à reconstituer une classe moyenne en rétablissant la petite propriété grâce à des lois agraires et à la fondation de colonies. Caius chercha à augmenter les pouvoirs de la classe des chevaliers au détriment de ceux des sénateurs.

❹ César

(101 ou 100-44 av. J.-C.). Caius Julius Caesar est un aristocrate, issu de la grande famille de Julii, mais politiquement il sera démocrate.

▸ Imperator de la province d'Espagne en 62, et partisan de Catilina.

▸ En 60, il forme avec **Pompée** * et **Crassus** * le premier triumvirat, entente privée qui lui permet d'obtenir le consulat en 59.

▸ En 58, il obtient le gouvernement de la Gaule Cisalpine et de la Gaule Transalpine, ce qui lui permet de conquérir en 8 ans l'ensemble de la **Gaule** *. **Alésia** * est prise en 52.

▸ En 49, César franchit illégalement le petit fleuve Rubicon (frontière entre la Gaule cisalpine et l'Italie) avec ses armées : « **Alea jacta est** » (« Le sort en est jeté »). Il devient dictateur.

▸ César est consul en 48, et la guerre est ouverte avec Pompée qu'il vainc à **Pharsale** * (Grèce du Nord). Dans sa fuite, Pompée est assassiné en Égypte, où César rencontre **Cléopâtre** *, avec laquelle il a une idylle et un fils.

▸ Revenu en Italie, César installe son pouvoir : en février 44, il devient dictateur perpétuel. Soupçonné d'aspirer à la royauté, il est assassiné aux ides de mars (15 mars) 44.
César fut également un grand écrivain : il nous a laissé le récit de la guerre en Gaule dans ses *Commentaires sur la guerre des Gaules*, ainsi que ses *Commentaires sur la guerre civile*.

❺ Auguste

(63 av. J.-C.-14 apr. J.-C.). Octave, le futur Auguste, est le petit-neveu de Jules César dont il est l'héritier. Celui que **Cicéron** * surnommait ironiquement *puer* (le gamin) s'associe d'abord avec **Antoine** * et Lépide dans un triumvirat (43) : il vainc l'armée républicaine à Philippes (42) ; il s'oppose ensuite à Antoine qui contrôle la partie orientale des possessions romaines. Il vainc Antoine et **Cléopâtre*** à **Actium** * en 31. En 27, il prend le nom d'Auguste et devient empereur. Sa vie d'empereur est consacrée à une réorganisation pacifique de l'Empire : réorganisation politique, sociale, administrative, religieuse, culturelle. Les dernières années de sa vie sont endeuillées par la mort de ses successeurs potentiels, ce qui l'oblige à désigner comme tel **Tibère***, le fils de sa deuxième femme, Livie.

▲ Auguste.

LATIN

Plaute

(254 - 184 av. J.-C.). Il s'inspire des comédies grecques et d'un fonds comique italien pour écrire des comédies endiablées comme *Amphitryon, Aulularia* (la Marmite) : ces pièces ont inspiré Molière pour son *Amphitryon* et pour *l'Avare*.

Térence

(v. 190 - 159 av. J.-C.). Il utilise souvent deux comédies grecques pour les refondre en une seule pièce ; il s'intéresse aux problèmes moraux et à la psychologie de ses personnages.

Cicéron

(106 - 43 av. J.-C.). Natif d'Arpinum, d'une famille de chevaliers, il fait des études de rhétorique et de philosophie. Un long voyage en Grèce et en Asie lui permet d'approfondir sa culture. Cicéron est :

► **l'orateur** le plus brillant de son temps, qui déploie son talent dans des affaires privées et publiques, comme avec le fameux procès de **Verrès** *.

► **un homme politique :** en 63, Cicéron est consul ; il doit lutter contre les troubles fomentés par Catilina, dont il révèle le complot dans les fameuses *Catilinaires*. Dans les années suivantes, Cicéron est isolé, puis exilé en 58. Rappelé à Rome en 57, il va désormais vivre dans le souvenir de sa gloire passée. Dans cette période politique très troublée, il ne fait pas les bons choix : politiquement modéré, il préfère **Pompée** * alors que l'étoile montante est **César** * ; après la mort de César, il prononcera de violentes diatribes contre Antoine, ce qui lui vaudra d'être assassiné.

▲ Cicéron.
Galerie des Offices, Florence.

► **un philosophe :** Cicéron consacre la dernière partie de sa vie à la philosophie : il s'intéresse à la vieillesse *(De senectute)*, à l'amitié *(De amicitia)*, et introduit la philosophie grecque dans la littérature latine.

Salluste

(86 - v. 35 av. J.-C.). Contraint d'abandonner la politique en raison des scandales auxquels il a été mêlé, il se consacre alors à l'histoire. Sa *Conjuration de Catilina* et sa *Guerre de Jugurtha* sont des modèles d'intelligence et de concision stylistique.

Virgile

(70 av. J.-C. - 19 av. J.-C.). Il est le plus grand poète latin : auteur de la grande épopée de *l'Énéide*, des *Géorgiques* et des *Bucoliques*.

▲ Virgile.

Horace

(65 av. J.-C. - 8 av. J.-C.). Poète **épicurien** *, il chante la joie de vivre dans ses *Satires*, ses *Odes* et ses *Épîtres*.

Tite-Live

(59 av. J.-C. - 17 apr. J.-C.). Il a écrit une monumentale *Histoire de Rome* jusqu'à l'époque d'Auguste ; il s'inspire des anciennes annales pour les premiers siècles de l'histoire de Rome, puis diversifie ses sources, notamment en s'inspirant de **Polybe** *.

Ovide

(43 av. J.-C. - 17 ou 18 apr. J.-C.). Il est l'auteur des *Amours* et des *Métamorphoses* ; exilé à la fin de sa vie sur les bords de la mer Noire, il écrit *les Tristes* et *les Pontiques*.

Sénèque

(2 av. J.-C. - 65 apr. J.-C.). Philosophe **stoïcien** * qui a exprimé ses idées dans ses *Lettres à Lucilius* et dans de nombreux traités. Il fut le précepteur de **Néron** *, qui, devenu empereur, lui donnera l'ordre de se suicider.

Tacite

(55 - 120). Il est l'un des plus grands historiens romains ; ses *Histoires*, ses *Annales*, sa *Germanie* sont écrites dans un style sobre et s'efforcent de comprendre les causes et la succession des événements.

Pline le Jeune

(62 - 114). Ce brillant avocat est ami de l'empereur **Trajan** *. Ses nombreuses *Lettres*, écrites dans un style précieux, nous renseignent sur la vie de son époque.

1 Les dieux romains

Les Romains sont un peuple pieux et superstitieux : les dieux, les rites sont innombrables, et correspondent à tous les aspects de la réalité quotidienne. On retiendra surtout les douze grands dieux « olympiens » empruntés au panthéon grec :

▸**Jupiter = Zeus (chez les Grecs) :** dieu tout-puissant du Ciel, dont les attributs sont l'aigle, la foudre et le sceptre.

▸**Junon = Héra :** sœur-épouse de Jupiter, avec lequel elle entretient des rapports conflictuels. Elle protège les femmes et le mariage. Elle est accompagnée d'un paon.

▸**Neptune = Poséidon :** dieu de la Mer, frère de Jupiter. Il porte le trident.

▸**Pluton = Hadès :** dieu des Enfers, frère de Jupiter. Chez les Romains, il préside à la richesse agricole.

▸**Cérès = Déméter :** déesse des Moissons et de la Fécondité. Elle porte la faucille et l'épi de blé.

▸**Minerve = Athéna :** déesse de l'Intelligence et de la Sagesse. Elle est accompagnée de la chouette, et l'olivier est son emblème.

▸**Mars = Arès :** dieu de la Guerre. Il est amoureux de Vénus.

▸**Vénus = Aphrodite :** déesse de la Beauté et de l'Amour.

▸**Apollon (même nom en grec) :** dieu du Soleil, de la Lumière et des Arts. Il porte l'arc et la lyre. Il conduit le quadrige des chevaux du soleil.

▸**Diane = Artémis :** déesse de la Lune et de la Chasse, sœur d'Apollon. Elle porte un arc. Son front est souvent surmonté d'un croissant de lune. On la voit accompagnée d'une biche.

▸**Bacchus = Dionysos :** dieu du Vin.

▸**Vesta = Hestia :** déesse du Foyer, symbolisée par la flamme.

2 Les fêtes

Les Romains avaient des milliers de dieux et de divinités. **Les fêtes** qui leur étaient consacrées étaient fort nombreuses.
On en citera ici quelques-unes :

▸**15 février :** les *Lupercales* : on sacrifie des chèvres à Lupercus-Faunus, pour obtenir sa protection contre les loups. La cérémonie a lieu autour de la grotte du Lupercal, où la louve aurait allaité Romulus et Rémus. Après le sacrifice, les luperques courent dans les rues en frappant les femmes avec des lanières de peaux de bouc : ce rite était censé assurer la fécondité.

▸**17 février :** les *Quirinalia* : appelée également *stultorum feriae*, fête des fous ; c'est l'ancêtre de notre carnaval.

▸**1er mars :** les *Matronalia* : fête des mères, célébrée dans le temple de Junon.

▸**17 mars :** les *Liberalia* : fêtes de Liber-Bacchus, en l'honneur du dieu du vin. Les jeunes gens, âgés de 16 ans, passent à l'âge adulte, et ôtent de leur cou leur *bulla*, sorte de médaille en or ; ils quittent la toge prétexte pour la toge virile.

▸**28 avril - 3 mai :** les *Ludi Florales* : jeux floraux, chasses, spectacles divers, orgies souvent effrénées.

▸**Du 9 au 13 mai :** les *Lemuria* : fête des lémures, ou revenants.

▸**Au cours du mois de septembre :** *Ludi Magni*, Grands Jeux : jeux scéniques (du 4 au 12), et toutes les sortes de combats (du 14 au 18). Ces jeux d'origine étrusque sont essentiellement célébrés dans le Grand Cirque.

▸**Le mois de novembre** comporte aussi des Jeux : les *Ludi Plebei*, Jeux populaires.

▸**17 décembre :** les *Saturnalia*, ou Saturnales : fête d'allégresse générale, où le monde est renversé : les esclaves deviennent les maîtres, et vice versa. On se fait des cadeaux, on se reçoit, on défile dans les rues. La fête, sous le signe de Saturne, est un retour à l'âge d'or, où tout le monde est libre et où tout est permis.
Des **prêtres** sont chargés des cultes officiels. Ce sont en particulier : les 15 **pontifes**, qui dirigent la religion ; les 15 **flamines** au service des grandes divinités ; les 7 **vestales**, jeunes filles patriciennes consacrées pendant 30 ans à Vesta. Le collège des **augures** prédit l'avenir en observant le vol des oiseaux et l'appétit des poulets sacrés, le collège des **haruspices** fait de même en observant les entrailles des animaux.

▲ Les gymnastes. Villa Casale, Piazza Armerina, Sicile.

Dans chaque maison, on célèbre le culte des ancêtres, en vénérant les **dieux lares**.

1 La maison romaine

Les Romains sont de grands bâtisseurs, construisant routes, édifices, maisons publiques et privées. On distingue notamment trois sortes d'habitations : la domus, maison individuelle ; l'insula, immeuble locatif de rapport, occupé par des gens plus modestes ; la villa, maison de campagne.

▸ La domus

On pénètre dans la domus traditionnelle par un vestibule qui donne sur l'**atrium** * (1).
L'atrium est une pièce carrée comportant en son centre un bassin à ciel ouvert, destiné à recueillir l'eau de pluie, denrée précieuse dans le monde méditerranéen.
Tout autour de cette pièce se trouvent des chambres (les cubicula) et le **triclinium** * (salle à manger). Souvent, en face de l'entrée, et donc au fond de l'atrium, se trouve le tablinum, sorte de bureau où le *pater familias* (le père de famille) traite ses affaires et garde ses archives. À l'arrière de l'atrium se trouvent aussi une petite cuisine, des latrines, des pièces servant au stockage des provisions. Souvent, comme on peut le voir dans les ruines d'Ostie ou de Pompéi, les pièces donnant sur la rue sont transformées en boutiques, occupées par des locataires ou tenues par des esclaves de la maison.
Sur l'arrière de la maison, on trouve parfois de petits thermes privés et un jardin. Ce jardin, entouré d'une colonnade, d'où son nom de **péristyle** * (2), deviendra la règle pour les riches maisons de la fin de la République et celles de l'Empire.
Toute cette partie, calquée sur la maison grecque (ses pièces portent d'ailleurs des noms grecs) vient donc s'ajouter à la maison romaine traditionnelle et initiale. Un corridor (fauces) permet le passage d'une partie à l'autre. La partie traditionnelle, se trouvant sur la rue, est la partie mondaine et professionnelle, alors que la partie arrière est plus familiale et plus intime. Dans les riches demeures, le sol est souvent dallé de marbre ou paré de somptueuses mosaïques, et les murs sont revêtus de fresques. Même chez les riches (bien que le goût des meubles et des bois précieux se développe), l'ameublement reste relativement sommaire : tables, sièges, lits et coffres de rangement en constituent l'essentiel.

▸ L'insula

Mais la plupart des Romains vivaient dans des immeubles locatifs, appelés insulae (littéralement : « îles », ou « pâtés de maisons »). Ces immeubles nous sont bien connus, à la fois par l'archéologie (notamment ceux d'Ostie, le port de Rome) et par les textes littéraires (**Juvénal** *). Les insulae étaient de gros blocs de plusieurs étages, quatre ou cinq en général, parfois plus, qui empilaient les unités d'habitation les unes sur les autres. Il n'y avait ni chauffage collectif ni cheminée, ni, le plus souvent, canalisations. Pour se chauffer et faire sa cuisine, on utilisait des réchauds ou des braseros, d'où d'énormes risques d'incendie ; on allait chercher son eau à une fontaine et, la plupart du temps, on évacuait ses « eaux usées »... par la fenêtre. Ces fenêtres n'ont pas de vitres, mais on peut souvent les fermer par des volets de bois. Les insulae étaient construites au moindre coût, d'où de fréquents effondrements. Les loyers n'étaient même pas bon marché !

▸ La villa

Les Romains aisés quittaient Rome dès qu'ils le pouvaient pour aller dans leurs villae de la campagne. Le premier sens du mot « villa » est « ferme », et on possède quelques exemples archéologiques de ces fermes traditionnelles : on y trouve greniers, caves, étables, écuries, aires à battre le grain, pressoirs dans la ferme, à côté du logement de la famille du maître et de celui des esclaves.
Mais le terme de « villa », à l'apogée de Rome, désigne plus souvent une maison de plaisance située en bord de mer ou à la campagne, le sens actuel du mot, par conséquent. Pour éviter l'ambiguïté, on parlera de *villa rustica* (« ferme ») et de *villa urbana* (« villa de plaisance »). Certaines de ces villae, comme celles de l'avocat et « haut fonctionnaire » **Pline * le Jeune**, étaient de véritables

palais, avec portiques, hippodrome, salle à manger d'hiver, salle à manger d'été, viviers pour le poisson et volières pour les oiseaux.

2 Repas et nourriture

▸ **Les principaux repas sont :**

- le jentaculum, petit déjeuner frugal (pain, fromage) ;
- le prandium, repas frugal de midi (pain, viande froide, olives, oignons, fruits) souvent pris « sur le pouce » ;
- la cena, véritable repas de fin de journée.

Quand on évoque les repas romains, on cite souvent les excès délirants de certains banquets de l'Empire avec nourriture surabondante (d'où la nécessité d'aller périodiquement au vomitorium pour se faire vomir en s'enfonçant deux doigts dans la gorge), joueuses de flûte, danseuses, esclaves dans les cheveux desquels on s'essuyait les mains... Des festins de ce genre étaient effectivement offerts par les nouveaux riches. Nous lisons ainsi dans le *Satyricon* de Pétrone la description d'un sanglier rôti : « À ses défenses pendaient deux corbeilles en feuilles de palmier, pleines l'une de dattes, l'autre de figues. Tout autour de la bête se trouvaient de petits marcassins faits en pâte dure, qui semblaient suspendus à ses mamelles, et qui indiquaient que la bête était une laie. »

▸ **Mobilier et vaisselle**

Dans la bonne société, pour la *cena*, on s'étend sur des lits de table destinés à accueillir chacun trois convives. Le plus souvent, on dispose trois lits qui forment trois côtés d'un carré, d'où le nom de **triclinium** * (salle « à trois lits ») donné à la salle à manger. Par le côté resté libre, on sert et on dessert ; des tables sont placées au milieu, au centre de l'espace délimité par ces lits.

▲ Mosaïque représentant de la vaisselle.

En principe, les convives sont allongés en prenant appui sur le coude gauche et picorent avec la main droite dans les plats présentés. La nourriture est souvent présentée découpée en petits morceaux (il serait difficile de découper de la viande allongé dans cette position !).
Certains riches Romains possédaient plusieurs tonnes de vaisselle en métaux précieux, mais la vaisselle de base était constituée de plats et assiettes en terre cuite, de récipients en bronze pour la cuisson.

▸ **La nourriture**

Mais pour l'ensemble de la population, la nourriture est en fait toujours restée fort simple, à base de céréales (pain, galettes, gâteaux), de fromages (chèvre et brebis, notamment), de légumes (fèves, lentilles, pois chiches, oignons, poireaux, choux), salades, olives, fruits (pommes, poires, raisin, prunes, cerises, pêches). Les olives et les différents choux constituaient, pour **Caton * l'Ancien**, la base de l'alimentation. On confectionnait également d'énormes gâteaux à base de farine, de miel et de fromage frais, comme dans cette recette citée par Caton : « Arroser de moût une mesure de farine, ajouter anis, cumin, deux livres de graisse, une livre de fromage, et râper une branche de laurier. » Les Romains étaient grands amateurs de poissons (à tous les prix) et de fruits de mer, généralement onéreux, sauf certains coquillages ; ils consommaient aussi diverses viandes (porc, mouton, bœuf, chevreau, volaille), mais, naturellement, on n'en mangeait pas tous les jours. La viande se mangeait souvent salée ou séchée, comme dans cette recette : « Il convient de saler les jambons dans une jarre ou dans un pot de la façon suivante : vous achèterez des jambes de porc, vous couperez les pieds, et vous achèterez une demi-mesure de sel romain mou par jambon » (Caton). Les Romains étaient particulièrement friands de hachis, farces et saucisses en tout genre. L'eau et le vin constituaient les deux boissons essentielles, alors que le miel était le seul sucre connu des Romains.
Les Romains raffolaient du *garum*, sauce obtenue par la macération de poissons dans de la saumure et des épices. Ce condiment peut être comparé au nuoc-mâm vietnamien.

3 Hygiène et soins du corps

Les Romains ont le souci de l'hygiène corporelle. Si les riches possèdent des bains privés, les autres vont aux bains publics (il en existe dès le IIIe siècle av. J.-C.).

▸ Sous l'Empire, on assiste à la création d'édifices gigantesques où se mêlent toutes les classes sociales : on ne se contente pas de s'y baigner, on y discute, on y mange, on y fait de la gymnastique. De gigantesques canalisations font circuler l'eau et l'air chauds produits dans l'**hypocauste** *.

1 Transparence et ressemblance

▸ De très nombreux mots sont semblables en français et en anglais, il n'est donc pas très difficile de traduire une phrase comme :
Millions of Americans visit natural parks because of the great beauty of their sites.

▸ Certains mots français et anglais partagent la même origine et appartiennent donc à la même famille. Il y a parfois eu un glissement de sens, ou bien certaines différences sont apparues dans l'orthographe, mais l'on peut généralement s'appuyer sur cette ressemblance. En effet, on relève, entre les mots des deux langues, plus de « vrais amis » que de « faux amis » : *professor* = professeur (d'université), *damaged* = endommagé, *receive* = recevoir, **mais** *library* = bibliothèque (librairie se disant *bookshop*, qui est un nom composé).

2 La composition

▸ Ce procédé de formation des mots, très fréquent en anglais, permet d'associer deux éléments existant indépendamment l'un de l'autre afin de créer un mot nouveau :
*space + ship = **spaceship***
*home + town = **hometown***.

3 La dérivation

▸ Par l'ajout de préfixes ou de suffixes sont créés des mots de même famille, mais de catégories grammaticales différentes.
Les préfixes *(dis/un/in/im/il/ir...)* sont souvent utilisés pour former le contraire d'un mot : *respect → disrespect • logical → illogical.*

▸ Les suffixes, eux, peuvent modifier ou non la nature grammaticale d'un nom :
*race + ial = **racial*** (adjectif),
mais *king + dom = **kingdom*** (nom).

▸ De nombreux suffixes sont presque semblables dans les deux langues : *-ty, -tion, -(i)al, -ism, -ment, -(a/i)ble.*

▸ Parmi les autres suffixes que l'on rencontre en anglais dans la formation des mots, on peut citer *-ness, -dom, -acy, -ship* ou *-hood*.

4 Dénombrables et indénombrables

▸ Les noms dénombrables (qui représentent des choses que l'on peut compter) peuvent porter **la marque du pluriel** qui est généralement un **s**. Néanmoins, il existe des pluriels irréguliers : *man → men • child → children • foot → feet ; mouse → mice.*

▸ Certains noms sont **toujours au pluriel** (ceux qui désignent des choses qui vont par paire) : *shorts, glasses* ou *scissors...*

▸ D'autres **ne prennent pas la marque du pluriel (le s) mais le verbe qui les accompagne s'accorde au pluriel** : *People were so nice • The police are friendly.*

▸ Les noms de famille peuvent se mettre au pluriel : *Mr and Mrs Brown ? The Browns.*

▸ En revanche, les noms indénombrables, perçus sous l'aspect global, ne se mettent pas au pluriel : *fruit, toast, cheese, tea... ; happiness, humour* (comme noms *abstraits*)... ; *news, hair, luggage.*
Quand on veut les compter, on emploie d'autres mots : *a sort of a piece of, a cup of, a slice of...*

Attention !

Il ne faut surtout pas confondre le **s** du pluriel et le **'s** du **génitif**. Le rôle de cette structure (possesseur + 's + objet possédé) est avant tout d'établir un rapport de **possession**, mais elle peut servir à parler de **date**, de **distance**, de **durée**, ou encore, lorsqu'elle est incomplète, à parler d'un **lieu** (qui est sous-entendu) : *Leo's father is an English teacher • today's newspaper • a one hour's walk • She is at the butcher's (shop).*

Si le « possesseur » porte le **s du pluriel**, on ne mettra **que l'apostrophe** et **pas le s** du génitif : *I have a ten minutes' drive to work.*

L'ADJECTIF

▸En anglais, l'adjectif est **invariable en genre et en nombre** et se place **devant le nom** lorsqu'il est épithète : *a **black** cat* • ***serious** problems.*

▸Lorsque plusieurs adjectifs épithètes se suivent, il faut les énoncer dans l'ordre suivant sans employer *and* : opinion, taille, forme, âge, couleur, origine.
*I have just met a **nice tall young black American** boy.*

1 Le comparatif

Le comparatif de l'adjectif est utilisé pour mettre en relation deux éléments ou deux groupes d'éléments. Pour le comparatif de supériorité, on doit tenir compte de la longueur de l'adjectif : l'adjectif est **court** quand il compte une seule ou deux syllabes **et** quand il se termine par *y* ou *er* ; dans tous les autres cas, il est **long**.

▸**Comparatif d'égalité :**
- *as* + adjectif + *as*...

*She is **as** nice **as** her sister.*

▸**Comparatif de supériorité :**
- adj. court + ***er*** + ***than***...

*Alice is tall**er** and old**er than** Leo.*
- ***more*** + adj. long + ***than***...

*Cars are **more** expensive **than** bikes.*

▸**Comparatif d'infériorité (peu employé) :**
- ***less*** + adj. + ***than***...

*She is **less** rich **than** him.*

▸**Comparatifs irréguliers :**
- *good* → ***better than***...
- *bad* → ***worse than***...
- *far* (distance) → ***farther than***...
- *far* (éloignement temporel) → ***further than***...

2 Le superlatif

▸Il permet d'extraire d'un groupe un ou des élément(s) remarquable(s).
Dans ce cas aussi, on doit encore tenir compte de la longueur de l'adjectif pour la supériorité.

▸**Superlatif de supériorité (le plus...) :**
- ***the*** + adj. court + ***est***

***The** young**est** pupil.*
- ***the most*** + adj. long

***The most** pleasant thing.*

▸**Superlatif d'infériorité (le moins...) :**
- ***the least*** + adj.

***The least** expensive.*

▸**Superlatifs irréguliers :**
- *good* → ***the best***
- *bad* → ***the worst***
- *far* → ***the f(a/u)rthest.***

Attention !
Après un superlatif, le complément doit être introduit par ***in*** : *The tallest building **in** the world.*

3 Le double comparatif
(de plus en plus / de moins en moins)

▸Il suit les mêmes règles que le comparatif.
*It is getting cold**er and** cold**er**.*
*Food is becoming **more and more** expensive.*

4 L'adjectif nominalisé
(the + adjectif)

▸Il sert à désigner certaines catégories de personnes.

Attention !
L'accord du verbe est au pluriel, l'adjectif reste invariable. Pour extraire **un élément** d'une catégorie, on doit **ajouter un nom** :
*The handicapped **are** often lonely*
*I know **a** handicapped **girl**.*

5 L'adjectif composé
(très fréquent)

Il suit les mêmes règles que l'adjectif simple :

▸nom + participe passé :
*A **home-made** pie.*

▸adverbe + base verbale + ***-ing*** :
***Easy-going** people.*

▸adjectif + base verbale + ***-ing*** :
*A **good-looking** man.*

▸adjectif + adjectif :
***Dark-brown** sweaters.*

▸adjectif + nom + ***-ed*** :
*A **fair-haired**, **blue-eyed** lady.*

Attention !
Certains adjectifs ne peuvent être qu'attributs : *alone, asleep* ou *afraid.*
He was asleep when I arrived
They are afraid of failing.

ANGLAIS

LES DÉTERMINANTS 6e → 3e

ANGLAIS

1 L'article défini : *the*

Cet article est une forme affaiblie du démonstratif ***this***, qui est porteur d'une détermination très forte. Pour cette raison son emploi est beaucoup moins systématique qu'en français, il faut toujours y penser. Son absence est souvent représentée par Ø appelé article zéro (degré zéro de détermination).

On parle alors de catégories générales :

I love Ø animals. • I don't like Ø meat. • Ø Fruit is good for you.

The ne s'emploie que si l'on peut identifier ce dont on parle :

I like Ø Italian food, mais :

***The** Italian food **they serve here** is delicious.*

The s'emploie aussi pour parler de choses uniques : ***the** sun, **the** sky, **the** sea, **the** universe.*

Attention !

Les titres accompagnés d'un nom ne prennent pas l'article :

***The** Queen of England / Ø Queen Elizabeth*
***The** President / Ø President Lincoln.*

On n'emploie pas l'article avec les noms de pays, sauf s'ils sont formés à partir de noms communs :

***The** USA • **The** United Kingdom*, mais :

Ø England • Ø Germany • Ø France.

En revanche, on emploie l'article avec les noms de famille au pluriel, les noms de fleuves et ceux des chaînes de montagnes :

***The** Simpsons • **The** Mississippi • **The** Alps.*

Avec le verbe ***to play***, l'emploi de l'article n'est pas systématique :

To play Ø tennis • To play Ø cards, mais :

*To play **the** piano.*

2 L'article indéfini : *a* ou *an* (devant un son de voyelle pour faire la liaison)

Cet article ne s'emploie jamais avec un indénombrable et disparaît au pluriel :

***a** beautiful house → beautiful houses.*

On l'emploie avec l'attribut ou l'apposition :

*She is **a** dentist and he is **an** architect.*
*My cousin, **a** famous writer, lived here.*

Il a également une fonction de **distributivité** (... par...) :

*Three times **a** week.*
*Fifty miles **an** hour.*
*Five pounds **a** dozen.*

3 Les démonstratifs : *this/that* (singulier), *those/these* (pluriel)

Ces déterminants permettent de localiser **à proximité** *(this/these)*, **à distance** *(that/these).*

This permet de présenter quelqu'un ou d'introduire un sujet :

***This** is my neighbour Alex. • **These** new jeans are very comfortable.*

That permet de clore un sujet ou une énumération, ou renvoie à un thème déjà évoqué :

***That**'s all for now. • ... and **those** cost only 10 pence. • Oh, **that**'s very interesting.*

4 Les adjectifs possessifs

Quand ils s'accordent en genre, c'est avec le possesseur et non avec ce qui est possédé (c'est donc l'inverse de ce qui se fait en français) :

*Leo's book = **his** book • Alice's doll = **her** doll • the cat's bowl = **its (own)** bowl.*

Un possesseur → *my, your* et, selon le genre du possesseur, *his, her* ou *its*.

Plusieurs possesseurs → *our, your, their.*

1 Le pronom personnel

Le pronom personnel peut être sujet, complément ou réfléchi (il renvoie au sujet et montre qu'une action a lieu sur soi-même).
Le pronom personnel se place normalement **après le verbe** lorsqu'il est **complément** ou **réfléchi**, ou bien après le complément d'objet direct lorsqu'il est **réfléchi** :
*Look at **them**! • She enjoyed **herself**. • They cooked the meal **themselves**.*

Attention !

Beaucoup de verbes qui sont pronominaux en français ne le sont pas en anglais : *My father **washes, shaves, brushes his teeth** and **combs his hair**, then he **gets dressed**.*

Singulier			Pluriel		
I	*you*	*he/she/it*	*we*	*you*	*they*
me	*you*	*him/her/it*	*us*	*you*	*them*
myself	*yourself*	*himself/herself/itself*	*ourselves*	*yourselves*	*themselves*

2 Le pronom réciproque

Il sert à montrer qu'une action est accomplie par une ou plusieurs personnes sur une ou plusieurs autres et vice versa ; quand seulement deux personnes sont impliquées, on emploie ***each other*** ; sinon, pour plus de deux personnes en cause, c'est ***one another*** qui est utilisé : *Pat and Jill don't speak to **each other**. • They were all looking at **one another**.*

	Présence	Doute	Absence
Personne indéfinie	*somebody*	*anybody*	*nobody*
	someone	*anyone*	*no one*
Lieu indéfini	*somewhere*	*anywhere*	*nowhere*
Chose indéfinie	*something*	*anything*	*nothing*

3 Le pronom indéfini

C'est un pronom composé de ***some***, de ***any*** ou de ***no***.
On l'emploie pour parler de personnes, de lieux ou de choses indéfinis.

Attention !

Dans une phrase affirmative, ***anybody, anyone, anywhere, anything*** permettent de parcourir une catégorie et signifient **n'importe qui/où/quoi** :

*Whem I'm hungry I can go **anywhere** and eat **anything**.*

4 Le pronom possessif

Comme l'adjectif possessif, dans les cas où il s'accorde en genre, c'est avec le possesseur et non avec ce qui est possédé que s'accorde le pronom possessif ; il joue le rôle de complément ou de sujet d'un verbe :
mine, yours, his ou ***hers*** ou ***its*** (selon le genre du possesseur), ***ours, yours*** et ***theirs***.
*I haven't got my book, can you lend me **yours**? • **Theirs** is nicer than **ours**.*

Cas particuliers :

Dans les définitions de certains verbes rencontrées dans un dictionnaire, ***oneself*** ou ***one's*** s'accordent avec le sujet lorsque le verbe est conjugué :

*To enjoy **oneself** → **She** enjoys **herself**.*
*To brush **one's** hair → **They** brush **their** hair.*

One(s) peut être employé comme pronom de substitution pour éviter de se répéter :

*The red car is much faster than the blue **one**.*
*They're faster than the black **ones**.*

ANGLAIS

QUANTIFIEURS, PRÉPOSITIONS, ADVERBES 6e → 3e

ANGLAIS

1 Les quantifieurs

Les quantifieurs permettent d'exprimer une quantité non précisée ou, au contraire, précisent la totalité, l'excès et le fait qu'une quantité est suffisante.

▸ Quantité non précisée (du, de la, des...)
Si la présence d'une chose est certaine ou probable, on peut constater ou proposer :

There is some tea and there are some cakes. Would you like some (tea and cakes)?

On peut (s')interroger sur la présence :

Have we got any fruit or any sweets?
Is there any milk left?

On peut aussi constater l'absence de ce dont on parle :

I don't see any cheese on the table
→ There is no cheese.

▸ Quantité précise
En anglais, il y a une gradation dans l'expression de la quantité (du moins vers le plus) :

Presque pas
few spectators (dénombrables)
little meat (indénombrable)
Quantité minime
a few children (dénombrables)
a little money (indénombrable)
Quantité peu importante
not many men (dénombrables)
not much time (indénombrable)
Quantité importante
many animals (dénombrables)
much salad (indénombrable)

Attention !
À la place de **beaucoup** en tant qu'adverbe :
I like this singer very much. • *She slept much better last night.*

▸ La totalité
Il existe différentes façons de l'exprimer.

- *Both* = tous les deux : *They are both English. Both of them live here. I know them both.*
- *All* = tout/toute/tous/toutes : *We all study English = All of us study English because we don't know it all.*
- *Each/every* = chaque/tous/toutes : **l'accord se fait toujours au singulier.** *Each person has a right to happiness.* • *Every pupil is able to make efforts.*

▸ L'excès (trop)
I can't sleep, it's too hot.
There were too many tourists on the beach.
Don't waste too much time when you work.
He's fat because he eats too much.

▸ La quantité suffisante (assez)
On place *enough* **avant** un nom, mais **après** un adjectif ou un verbe :

I won't have enough time. • *My car is fast enough.*
I don't read enough.

2 Les prépositions

Les prépositions sont **suivies d'un complément**, ou rejetées **à la fin des questions** :

I'm writing to an old friend.
• *Who are you waiting for?*

Attention !
Certains verbes sont prépositionnels dans une langue mais pas dans l'autre :

attendre : *to wait for* • écouter : *to listen to* • regarder : *to look at*...

Les prépositions peuvent également varier d'une langue à l'autre :

se moquer **de** : *to laugh at* • être **à** l'heure : *to be on time*...

3 Les adverbes

- En **début de phrase** *(yesterday, today, tomorrow).*
- **Devant le nom ou l'adjectif** qu'ils modifient : *He is rather good at English.*
- **Devant le verbe**, sauf pour le verbe *to be* aux temps simples : *I never smoke*, mais *He's often late.*

L'adverbe de manière est souvent formé à l'aide de l'adjectif + *-ly* :

quick → quickly • *easy → easily* • *simple → simply* • *true → truly* • mais *well, fast, wrong*...

Infinitif, auxiliaires et temps

Le mode infinitif se présente toujours ainsi : ***to*** + **base verbale** (BV).

Les auxiliaires jouent un grand rôle. L'absence de l'auxiliaire est rare : aux temps simples et à toutes les formes pour ***to be*** ; aux mêmes temps mais seulement à la forme affirmative pour les autres verbes.

Règle générale pour les temps ou formes utilisant un auxiliaire :

forme affirmative :	sujet + **auxiliaire** + verbe (**BV**, **BV** + *-ing*, **BV** + *-ed*)
forme négative :	sujet + **auxiliaire** + *not* + verbe à la forme choisie
forme interrogative :	(interrogatif) + **auxiliaire** + **sujet** + **verbe** à la forme choisie + **?**

Temps	Valeur	Formation	Exemple
Présent simple (6e)	habitude, état de choses	BV [+ *(e/s)* à la 3e pers. du sing.]	*What **does** John **like**?* *He **likes** tea, he **doesn't like** milk.*
Présent progressif (6e)	action se déroulant au moment présent	*to be* + BV + *-ing*	***Is** he **playing**?* *He **is working**, he **isn't playing**.*
Prétérit simple (6e)	récit, action terminée que l'on peut dater	BV + *-ed* ou forme irrégulière	***Did** Tom **call**?* *No, **he didn't call**, he **came**.*
Prétérit progressif (5e)	action se déroulant à un moment passé	*to be* au prétérit + BV + *-ing*	***Were** they **eating**?* *They **weren't eating**, they **were cooking**.*
Futur proche (5e)	action imminente, intention	*to be going to* + BV	*It**'s going to rain**.* *I**'m going to wash**.*
Futur ordinaire (5e)	action future, prédiction, intention	*will* + BV *won't* + BV (forme négative)	*I**'ll be** fourteen soon.* *No, I **won't succeed**. I**'ll help** him.*
Conditionnel présent (4e)	condition, hypothèse	*would* + BV	*I **would come** if she invited me.*
« Present perfect » simple (4e)	bilan, action passée aux conséquences perçues dans le présent	*to have* + participe passé (= BV + *-ed*, ou forme irrégulière)	*I **have** already **seen** London but I **have** never **visited** New York.*
« Present perfect » progressif (3e)	action commencée dans le passé, se poursuivant dans le présent	*to have* au « present perfect » + BV + *-ing*	*He **has been trying** to do it for ten minutes but he still can't.*
Passé immédiat (4e)	action qui vient de se produire	*to have + just* + participe passé	*Jack **has just finished** doing his homework.*
« Past perfect » (3e)	antériorité dans le passé	*had* + participe passé	*He **had cooked** the meal when his guests arrived.*
Forme fréquentative (3e)	action habituelle dans le passé, ou notion de révolu	*would* + BV ou *used to* + BV	*He **would** always **be** late.* *They **used to live** here.*

Attention !

Dans les **subordonnées se référant au futur**, le verbe est au **présent** :
*I will buy a car **when/as soon as** I **am** eighteen.*

ANGLAIS

FORME PASSIVE, IMPÉRATIF, EMPHASE ET VERBES COMPOSÉS

6e → 3e

ANGLAIS

1 La forme passive

Cette forme est beaucoup plus courante en anglais qu'en français, mais elle a une structure identique :

be + **participe passé.**

Le passif sert notamment pour rendre les formes françaises en « **on** », où l'action importe plus que celui qui l'a entreprise. Le complément d'agent n'est alors pas exprimé :

*English **is spoken** here* (**On** parle...).

*She **was given** the job the next day* (**On** lui donna...).

Le complément d'agent n'est exprimé que s'il apporte un **renseignement important** ; il est alors introduit par la préposition ***by*** :

*This computer **is made by** a famous Californian company.*

Dans le cas des verbes à deux compléments, c'est le complément représentant un être animé qui devient sujet lors du passage de la forme active à la forme passive :

*A workmate told **me** that story → **I** was told the story by a workmate.*

Attention !

Lors d'un passage de la forme active à la forme passive, l'auxiliaire ***be*** prend le temps qu'avait le verbe lexical à la forme active :

*They **pulled** down the old cinema → The old cinema **was pulled** down.*

*I **will give** the Carters a Christmas present → The Carters **will be given** a Christmas present by me.*

Le passif peut être combiné à la modalité :

*We **must repair** the roof → The roof **must be repaired**.*

2 L'impératif

▸ La formation de l'impératif

La **2e personne** se forme de la façon suivante : **base verbale + !** (forme affirmative) ou ***don't*** **+ base verbale + !** (forme négative). Son ***« tag »*** (forme interrogative que l'anglais place à la fin des formes déclaratives) est ***will you?*** :

Learn** your lesson, **don't chat, will you?

À la **1re personne du pluriel**, on emploie ***Let's*** + **base verbale** (suggestion plutôt qu'ordre) :

***Let's have** a nice cup of tea instead of coffee.*

3 L'emphase

L'emphase permet d'insister auprès de son interlocuteur sur ce qu'on lui dit.

Elle se forme de la façon suivante : ***do*** + **base verbale** (même à la forme affirmative) :

*The boss thinks you don't like your job. – I **do** like it, he doesn't understand, that's all!*

4 Les verbes composés

Ils se construisent avec une préposition ou un adverbe qui en modifient le sens ou leur ajoutent une précision :

*They**'re looking for** someone who **will look after** their house when they are on holidays.*

***Drive up** to the top of the hill, then **drive down** for a hundred meters.*

(La préposition indique le sens du mouvement, le verbe indique le moyen de locomotion).

5 Le gérondif

Il se forme par l'adjonction de ***-ing*** à la base verbale.

Il représente un nom d'activité et, devenu nom, peut être sujet ou complément :

***Reading** is my favourite hobby = I like **reading** very much.*

LES QUESTIONS

6e → 3e

Il faut distinguer deux types de questions : les **questions fermées** (appelées aussi *Yes/No - questions*, et les **questions ouvertes** qui appellent un choix de réponses plus vaste et qui commencent par un interrogatif (appelées *Who/How - questions*).
Elles se construisent toutes selon le même schéma : (**interrogatif**, s'il y en a un) / **auxiliaire / sujet / verbe**. En retenant les quatre initiales (I)**ASV**, on est certain de respecter l'ordre voulu.

Deux exceptions :

be est employé comme verbe lexical à un temps simple ; on pratique une simple inversion : *Are you French?* • *Were they at home?*
Quand l'interrogatif est en même temps le sujet du verbe, on le place en première position, le reste de la phrase suit l'ordre d'une phrase affirmative :
Who is knocking at the door? (sujet) ; mais *Who are you talking to?* (pas sujet).

2 « Question-tags »

Le « **tag** » est une demande de confirmation que ce qui vient d'être dit est exact (= « n'est-ce pas ? »). Il s'ajoute à une principale et sa structure est la suivante : **auxiliaire** *(not)* + **pronom personnel sujet**.

Attention !

Il y a toujours **une négation et une seule**, soit dans la principale, soit dans le « tag ».

Si **l'auxiliaire n'est pas apparent**, on peut le trouver **en mettant la principale à la forme négative**.

Une virgule sépare le « tag » du reste de la phrase.

You are French, aren't you? • *Pamela likes pets, doesn't she?*

They won't do that, will they? • *You can't drive a car, can you?*

1 Pronoms interrogatifs

Whose?	possesseur	**Whose** *car is parked outside?*
Who?	personne	*Who is the man sitting next to you?*
Where? *Where... from?*	- lieu - origine	*Where is the station, please?* *Where are the Busbys from?*
When?	moment	*When is the next holiday?*
What?	chose (précisée ou non)	*What is this?* *What time is it?*
What... like?	- aspect - apparence	*What is the weather like today?* *What does he look like?*
Why?	cause	*Why are you smiling?*
How + to be?	état de forme/de santé	*How are you today?*
How + adjectif? ou + adverbe?	caractéristiques de l'adjectif ou de l'adverbe :	
	- âge - volume - hauteur - durée/longueur - fréquence - distance - vitesse, etc.	*How old is her younger sister?* *How big is their new house?* *How tall is the Eiffel tower?* *How long is the film/the bridge?* *How often do you go jogging?* *How far is it to the town center?* *How fast is a Ferrari?*
How well?	degré de compétence	*How well can you speak English?*
How much?	- quantité	*How much cake do you want?*
	- prix	*How much is a ticket?*
How many?	nombre	*How many pupils are there in the class?*

ANGLAIS

1 La modalité

C'est **une notion essentielle** qui met en relief le rôle fondamental de l'**auxiliaire**.
L'auxiliaire de modalité (ou le modal) permet non seulement de conjuguer un verbe, mais il lui ajoute (il module) une notion supplémentaire telle que **la capacité** ou **l'obligation**...
L'auxiliaire de modalité n'existe pas à tous les temps ; il faudra donc, si besoin est, utiliser un **équivalent** qui le remplacera en exprimant la **même notion**.

Attention !
L'auxiliaire de modalité ou son équivalent sont toujours **suivis de la base verbale.**

La modalité peut être également exprimée par des adjectifs ou des adverbes :
sûr/certain/possible/probable... → ***surely/certainly/possibly/probably***...
I am ***sure*** *he will win the race* → *He will* ***surely*** *win the race.*

Notions	Temps	Exemples
(in)capacité/ (im)possibilité	présent : ***can/can't*** passé : ***could/couldn't*** tous les temps : *(not)* ***be able to***	*I* ***can('t)*** *dance, it's (not) easy.* *Last summer I* ***could(n't)*** *swim.* *I* ***will/won't be able to*** *run.*
permission / autorisation	présent : ***can/may*** passé : ***could*** tous les temps : ***be allowed to***	***Can/May*** *I leave? Yes, you* ***can/may****.* *They* ***could*** *go out on Sundays.* *She* ***will be allowed to*** *help them.*
permission refusée / interdiction	présent : ***can't/mustn't/may not*** tous les temps : ***not be allowed to***	*You* ***cannot/mustn't/may not*** *do that.* *I* ***wasn't allowed to*** *leave early.* *We* ***won't be allowed to*** *go.*
obligation	présent : ***must*** (volonté du locuteur) ***have to*** (règle commune) passé : ***had to*** tous les temps : ***have to***	*He* ***must work****, I want him to.* *You* ***have to*** *work hard to succeed.* *I* ***had to*** *make lots of efforts.* *he* ***will have to*** *finish before leaving.*
absence d'obligation ou de nécessité	présent : ***needn't/don't have to/ don't need to*** tous les temps : ***not have to/ not need to***	*They* ***needn't*** *hurry.* *She* ***doesn't have/need to*** *stay.* *We* **didn't have/need to** *go home.* *They* ***won't have/need to*** *cook dinner.*
expression de la volonté (refus/ordre)		***Will*** *you hurry?* *Stop chatting,* ***will*** *you?* *She* ***won't*** *do it.*
degrés de certitude	du probable... ... à la quasi-certitude certitude négative	*They* ***might*** *refuse.* *He* ***could not*** *be on time.* *It* ***may*** *be interesting.* *She* ***must*** *be a nurse.* *It* ***can't*** *be ready.*

2 L'exclamation

Elle peut porter sur un nom, un adjectif, un verbe ou un adverbe. L'exclamation peut parfois prendre la forme d'une **interro-négation suivie d'un point d'exclamation.**
Isn't it *terrific!* • ***Aren't they*** *ridiculous!* • ***Doesn't she speak*** *English well!*

dénombrable singulier	***What a*** *gorgeous girl (she is)!*	*She is* ***such*** *a gorgeous girl!*
dénombrable pluriel	***What*** *tall buildings (they are)!*	*They are* ***such*** *tall buildings!*
indénombrable	***What*** *sunny weather (it is)!*	*It is* ***such*** *sunny weather!*
adjectif	***How*** *unpleasant (it was)!*	*It was* ***so*** *unpleasant!*
adverbe	***How*** *fast (she swims)!*	*She swims* ***so*** *fast!*
verbe	***How*** *I hate spinach!*	*I hate spinach* ***so*** *much!*

PROPOSITIONS SUBORDONNÉES ET STYLE INDIRECT

6e → 3e

1 Les propositions subordonnées

▸ Les propositions conditionnelles

Introduites par *if*, elles permettent d'évaluer les chances de réalisation de la **condition**.

Chances élevées de réalisation :
I will go to Pam's if I have time **(futur + présent)**
Faibles chances de réalisation (plus incertaines) :
I would go to Pam's if I had time **(conditionnel + prétérit)**

Pour une proposition de ce second modèle, *was* deviendra *were* dans la subordonnée :
If I\he were a horse I/he could run very fast.

Lorsqu'une action **n'a pas pu avoir lieu**, on utilise la construction suivante :
I would have been happy if I had succeeded
(would + infinitif passé ... + « past perfect »)

▸ Les propositions relatives

Le pronom relatif, qui les introduit, peut être sujet, complément ou complément du nom. Il peut avoir pour antécédent une personne ou un animal (antécédent **animé**), ou bien une chose, une idée (antécédent **inanimé**).

Le pronom relatif sujet ne peut pas être omis : *My uncle, who is a fireman, told me...*

Il l'est par contre souvent lorsqu'il est complément direct : *The tea (that) we had...*

Les interrogatifs ***who/whose, where, why*** peuvent être aussi pronoms relatifs :
The place where they live is far. • *One of the reasons why I think we can make it...*

> **Attention !**
> *What* correspond à « **ce que** » : *That's what I always say.*
> *Which* peut correspondre à « **ce qui** », avec pour antécédent la phrase entière :
> *She wasn't feeling well, which really worried me.*

▸ La proposition complétive

Dans le cas de cette proposition, la conjonction *that* est très souvent omise :
He knows (that) they'll come. • *He answered (that) he hadn't done it.*

Fonction du relatif	Antécédent animé	Antécédent inanimé
Sujet	*The Italians, who love singing...*	*Chips, which are good...*
Complément direct indirect	*My friends, (that/whom) I like visiting...* *John, (that/whom) we're waiting for...*	*The music (that/which) I like...* *The music (that/which) I listen to...*
Complément du nom	*My neighbour, whose son is an artist...*	*Oxford, whose colleges are famous...*

2 Le style indirect

Pour passer du style direct au style indirect, on doit utiliser un verbe introducteur : ***say/tell, ask, think, declare, wonder, answer, reply***... et supprimer les guillemets.

> **Attention !**
> Il faut employer *say* lorsque le verbe a **un** complément, et *tell* s'il en a **deux** : *He said he was late,* mais *He told Jim he was late.*

On omet très souvent la conjonction *that*.
Dans une question indirecte, l'ordre des mots demeure celui d'une phrase affirmative et on doit utiliser *if*, ou un pronom interrogatif.
"Can she understand?" he wondered
→ *He wondered if she could understand.*
"What time are they coming?, he asked
→ *He asked what time they were coming.*

Lorsque le **verbe introducteur** est au **prétérit**, il y a deux possibilités :
- **simultanéité des actions** → *They said (that) they didn't like the show.* **(même temps)**
- **antériorité d'une action** → *She declared she had already seen the show.* **(temps ≠)**

> **Attention !**
> Lors du passage du style direct au style indirect, il faut prendre garde aux changements de personne (pronoms personnels et adjectifs possessifs) :
> *"I am taking my car" said Terry* → *Terry said he was taking his car.*

ANGLAIS

1 La proposition infinitive

Cette structure permet d'exprimer la volonté, l'ordre ou le désir d'une personne sur une autre. On trouve un verbe introducteur :

want, tell, order, ask, expect, (would) like

suivi d'un second verbe à l'infinitif complet (***to*** + **base verbale**) :

Mary ***wants/asked/would like*** *John/him* ***to*** *come.*

> **Remarque :**
>
> John est le complément du verbe introducteur, et si on le remplace par un pronom, celui-ci sera un pronom personnel complément, *him*.

2 La structure causative

Elle correspond au français « faire faire quelque chose à quelqu'un » et est constituée de :

make **(conjugué) + nom/pronom personnel complément + base verbale** :

My parents ***make me work*** *a lot.*

That invention ***will make the world change****.*

3 How... ?

À une question concernant le moyen (correspondant au français « comment ? »), posée à l'aide de ***How***, on répond avec ***by*** + **gérondif** :

How *do you get good results at school?*

You get good results ***by working*** *seriously and regularly.*

4 What... for ?

À une question concernant le but (correspondant au français « pour quoi faire ? »), et posée à l'aide de ***What... for?***, la réponse est donnée par ***(in order) to*** + **base verbale** :

What *do people wear sunglasses* ***for****?*

They wear sunglasses ***to protect*** *their eyes.*

5 For, since, ago

For exprime une durée dans sa totalité et peut signifier **depuis** ou **pendant**.

Le verbe peut être à divers temps ; il faut donc tenir compte de leur valeur (v. tableau des verbes) :

I train ***for*** *an hour every day*
(action habituelle : je m'entraîne pendant...) ;

I have been training ***for*** *twenty minutes*
(action non achevée, encore en cours : je m'entraîne depuis.../ il y a... que je m'entraîne).

I trained with this coach ***for*** *several years*
(action achevée, sans lien avec le présent : je me suis entraîné(e) pendant...).

Since indique le point de départ d'une action. Le verbe est au *present perfect* ou au *past perfect* :

He has lived there ***since*** *1999/the end of the twentieth century.*

They had lived there ***since*** *March when they met their new neighbours.*

Ago correspond au français « il y a », et permet de dire combien de temps s'est écoulé entre le présent et un moment du passé. Le verbe est obligatoirement au prétérit et ***ago*** toujours placé en dernière position.

How long ago *did you go to London? I went here two years* ***ago****.*

> **Attention !**
>
> Il ne faut pas confondre ***ago*** (« il y a... » temporel) avec ***there + be*** (« il y a... » démonstratif).
>
> ***There is*** *a new house next to mine.*
>
> *It* ***was finished*** *building six months* ***ago****.*

6 Mots de liaison

Pour introduire (chronologiquement) :
first/then/after that/afterwards/finally /in the end/as a conclusion

Pour coordonner : ***and/or, but/whereas***

Pour subordonner : ***before/after/when/while*** (temps) ; ***because/since/as*** (cause) ; ***so/so that*** (conséquence) ; ***however, whereas*** (contraste) ; ***either... or/neither... nor*** (alternative).

Comment exprimer ?

Goûts, intérêts, répugnances :	*I like/love/enjoy* + nom/pronom ou gérondif *I am fond of/keen on/crazy about* + nom ou gérondif *I am interested in* + nom/pronom ou gérondif *I **like** going to the cinema and I'**m** really **crazy about** Harry Potter films.* *I dislike/hate/can't stand/can't bear* + nom/pronom ou gérondif *I **hate** violence so I **can't bear** watching war films.*
Préférence :	*I prefer* + nom/pronom ou gérondif... *to* + nom/pronom ou gérondif... *I'd rather* + base verbale... *than* + base verbale *I **prefer** watching comedies **to** watching science-fiction movies, so **I'd rather not come** with you.*
Indifférence :	*I don't mind* + gérondif *After all I **don't mind** seeing what you like, if it's not too violent.*
Souhait :	*I'd like/love to* + base verbale *I feel like* + gérondif *If only I* + verbe au prétérit *I wish I* + verbe au prétérit *What **do** you **feel** like doing? **I'd love to go** to the beach. **If only** I **had** enough time.*
Intention :	*I intend/plan to* + base verbale *I think of* + gérondif *What **do** you **think of** doing next summer? I **intend to visit** my cousins in Normandy.*
Regret :	*I am sorry I can't* + base verbale (regret concernant le présent) *If only* + verbe au *past perfect* (regret concernant un événement passé) *It's a pity ! What a pity !* ***If only** I **had known** it before. **What a pity!** It's too late now.*
Conseil :	**You could/should** + base verbale *I suggest/advise you to* + base verbale *You'd better* + base verbale *My best friend **suggests me to change** jobs. He thinks I **should** seriously **think of** it.*
Reproche :	*I reproach you with/for* + nom/pronom ou gérondif *I blame you for* + nom/pronom ou gérondif *I am fed up with* + nom/pronom ou gérondif *My teacher often **blames me for being** lazy. **I am fed up with** him.*
Suggestion :	*What about/How about* + nom/pronom ou gérondif + ? *Why not/Shall we/Let's/Why don't you* + base verbale *If I were you I would* + base verbale ***How about** going to the theatre tonight? No, **let's go** on Saturday night instead.*
Accord et désaccord :	*I agree/disagree with* + nom/pronom *This song is great! **You are** totally **right**, **I agree with you**.*
Point de vue :	*In my mind/I think.../Here's my point of view* ***In my mind** nobody can accept that. That's what **I think**.*
Opposition :	*On the one hand... on the other hand* ***On the one hand** it can be a good solution, but **on the other hand** it can make things more complicated.*

ANGLAIS

ÉLÉMENTS DE GÉOMÉTRIE

1 Segment et droite 6e

$[AB]$ est un segment d'extrémités A et B.

(CD) est une droite passant par C et D.

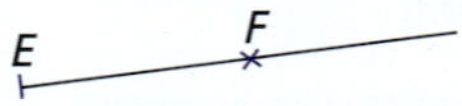

$[EF)$ est une demi-droite d'origine E passant par F.

2 Longueur 6e

La longueur d'un segment $[AB]$ est notée AB.

$AB = 2{,}25$ cm

Le milieu d'un segment $[CD]$ est le seul point M de ce segment tel que $CM = MD$.

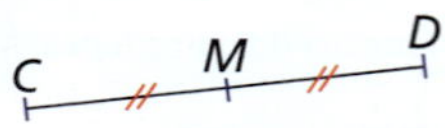

3 Droites sécantes 6e

Deux droites sont sécantes si elles se coupent en un seul point.

4 Perpendiculaires 6e

Deux droites sont perpendiculaires si elles sont sécantes en formant un angle droit.

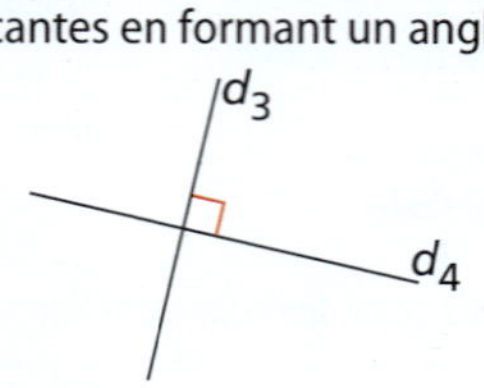

$d_3 \perp d_4$

5 Parallèles 6e

Deux droites sont parallèles si elles n'ont pas de point commun ou si elles sont égales.

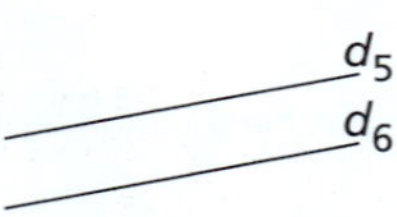

$d_5 \,//\, d_6$

6 Angles 6e

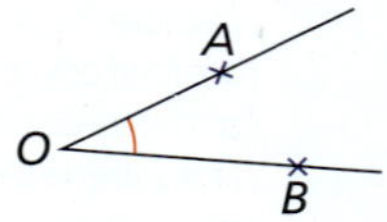

$\widehat{AOB} = 30°$

L'angle droit mesure 90°.

L'angle plat mesure 180°.

L'angle nul mesure 0°.

L'angle aigu mesure entre 0° et 90°.

L'angle obtus mesure entre 90° et 180°.

7 Bissectrice d'un angle 6e

La bissectrice d'un angle est la demi-droite qui partage cet angle en deux angles de même mesure.

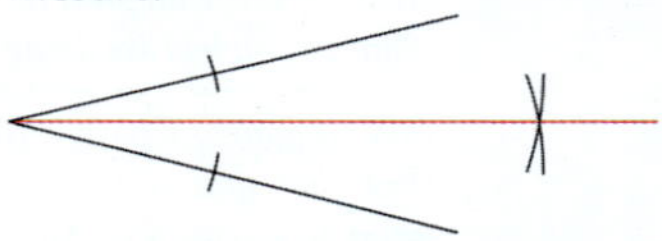

8 Positions de deux angles 5e

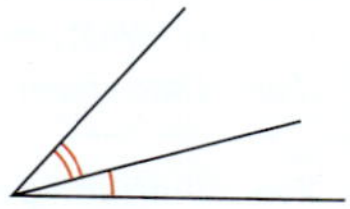

angles adjacents

angles complémentaires

$\alpha_1 + \alpha_2 = 90°$

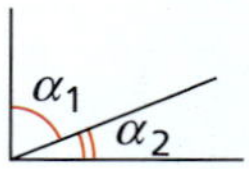

angles supplémentaires

$\alpha_3 + \alpha_4 = 180°$

angles correspondants

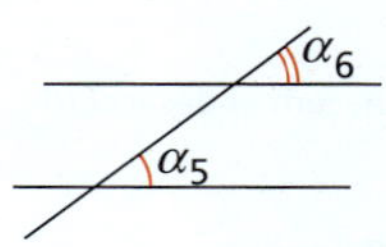

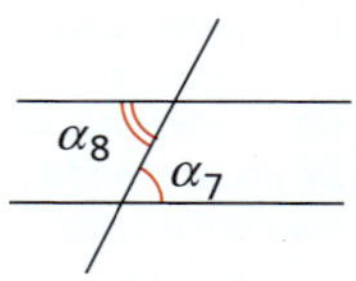

angles alternes-internes

TRIANGLES

❶ Triangle 6ᵉ

Un triangle est une figure fermée qui a trois côtés.

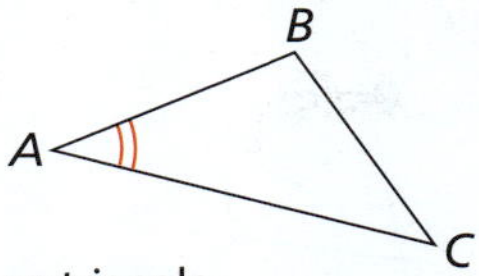

ABC est un triangle.

A, B et C sont des sommets.

$[AB]$ est un côté du triangle.

$\widehat{BAC}$ est un angle du triangle.

❷ Triangles particuliers 6ᵉ

Un triangle est **isocèle** s'il a deux côtés de même longueur.

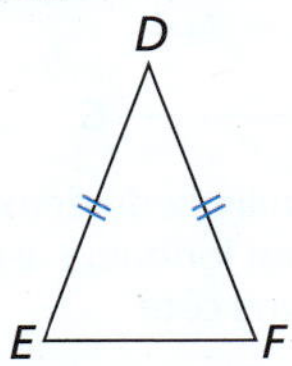

$DE = DF$
donc DEF est un triangle isocèle en D.

Un triangle est **équilatéral** s'il a trois côtés de même longueur.

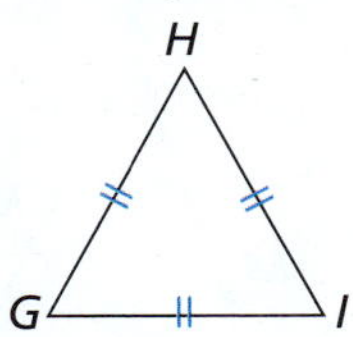

$GH = HI = GI$
donc GHI est un triangle équilatéral.

Un triangle est **rectangle** s'il a deux côtés perpendiculaires.

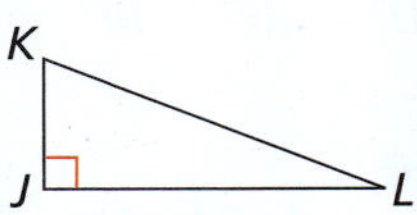

$(JK) \perp (JL)$
donc JKL est un triangle rectangle en J.

❸ Inégalité triangulaire 5ᵉ

Dans tout triangle, la longueur d'un côté est inférieure à la somme des longueurs des deux autres côtés.

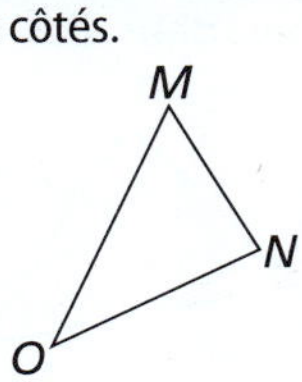

$MN \leqslant MO + ON$

$MO \leqslant MN + ON$

$ON \leqslant OM + MN$

❹ Angles et triangles 5ᵉ

La somme des angles d'un triangle est égale à 180°.

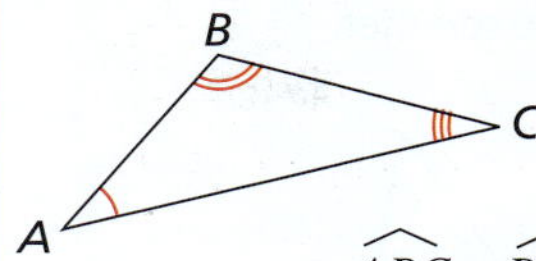

$\widehat{ABC} + \widehat{BCA} + \widehat{CAB} = 180°$

Un triangle est isocèle s'il a deux angles égaux.

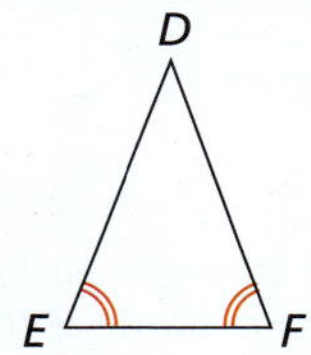

$\widehat{DEF} = \widehat{DFE}$

Un triangle est équilatéral s'il a trois angles égaux.

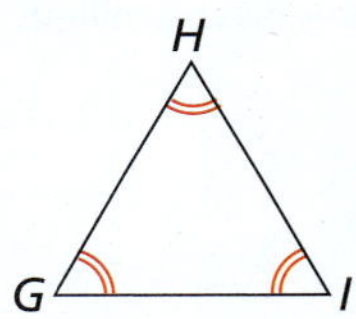

$\widehat{GHI} = \widehat{HIG} = \widehat{IGH} = 60°$

Un triangle est rectangle s'il a un angle droit.

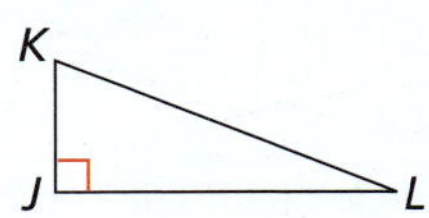

$\widehat{KJL} = 90°$

❺ Médiane d'un triangle 5ᵉ

Une médiane d'un triangle est une droite qui passe par un sommet et par le milieu du côté opposé à ce sommet.

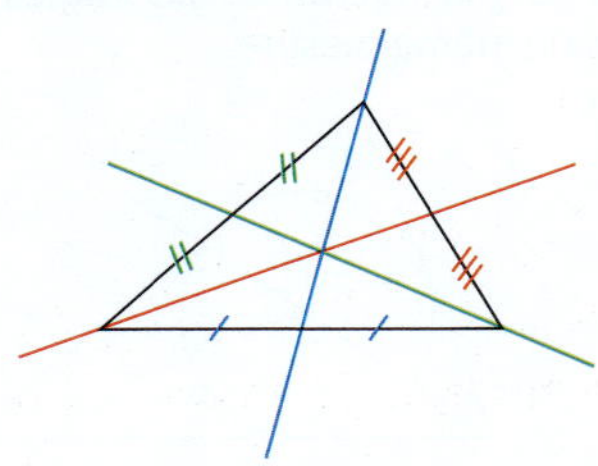

Le centre de gravité d'un triangle est le point de concours des trois médianes de ce triangle. Il est situé au tiers de chaque médiane.

6 Hauteur d'un triangle 5e

Une hauteur d'un triangle est une droite passant par un sommet et perpendiculaire au support du côté opposé à ce sommet.

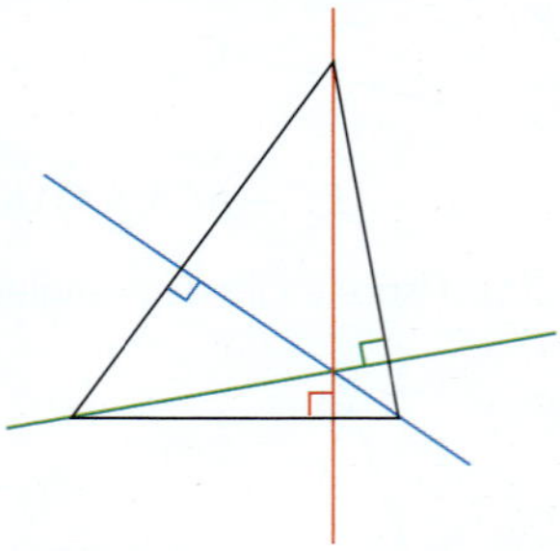

L'orthocentre d'un triangle est le point de concours des trois hauteurs de ce triangle.

7 Médiatrice d'un triangle 5e

Une médiatrice d'un triangle est une droite perpendiculaire à l'un de ses côtés en son milieu.

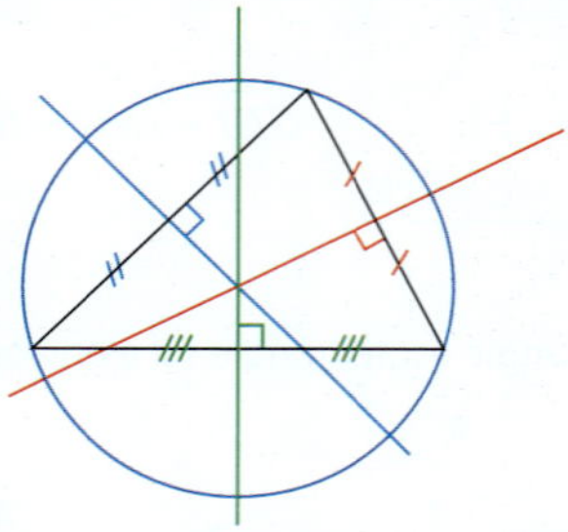

Le centre du cercle circonscrit à un triangle est le point de concours des trois médiatrices de ce triangle.

8 Bissectrice d'un triangle 4e

Une bissectrice d'un triangle est une demi-droite qui partage un de ses angles en deux angles de même mesure.

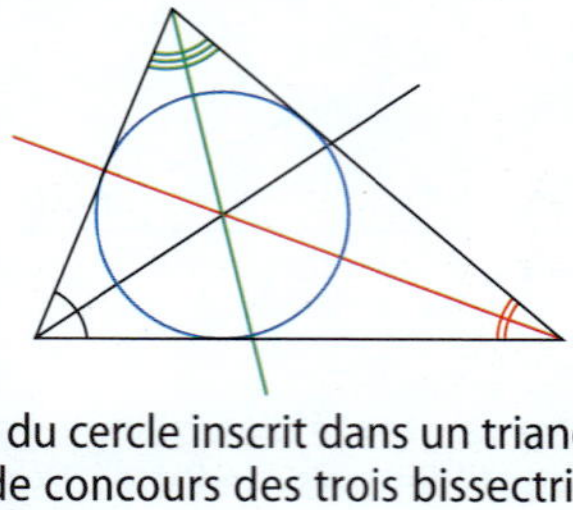

Le centre du cercle inscrit dans un triangle est le point de concours des trois bissectrices de ce triangle.

9 Propriétés des milieux 4e

Si une droite passe par les milieux de deux côtés d'un triangle, alors elle est parallèle au troisième côté.

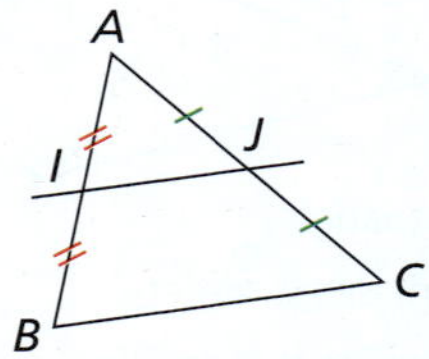

Réciproquement, si une droite passe par le milieu d'un côté d'un triangle en étant parallèle à un deuxième côté, alors elle coupe le troisième en son milieu.

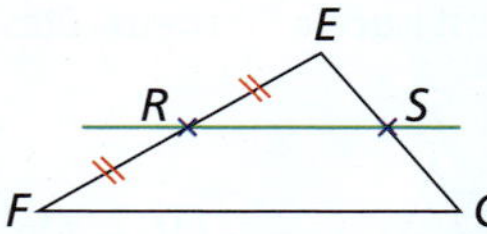

Si un segment relie les milieux de deux côtés d'un triangle, alors il a pour longueur la moitié de la longueur du troisième côté.

10 Théorème de Thalès* 4e 3e

Dans un triangle ABC

si $M \in (AB)$; $N \in (AC)$,

$(MN) // (BC)$,

alors $\frac{AM}{AB} = \frac{AN}{AC}$ et

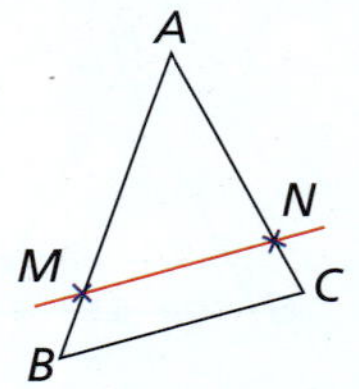

par conséquence $\frac{AM}{AB} = \frac{AN}{AC} = \frac{MN}{BC}$.

11 Réciproque du théorème de Thalès 3e

Dans un triangle DEF

si D, I et E sont alignés dans cet ordre,

D, J et F sont alignés dans cet ordre,

$\frac{DI}{DE} = \frac{DJ}{DF}$,

alors $(IJ) // (EF)$.

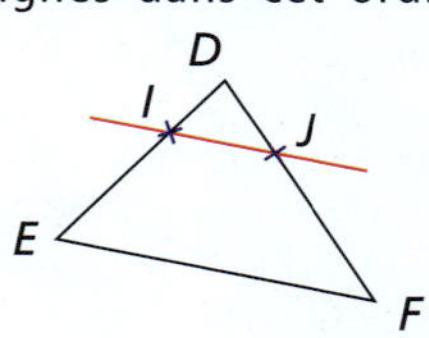

TRIANGLE RECTANGLE ET TRIGONOMÉTRIE

1 Triangle rectangle 6e

Un triangle est rectangle s'il a un angle droit.

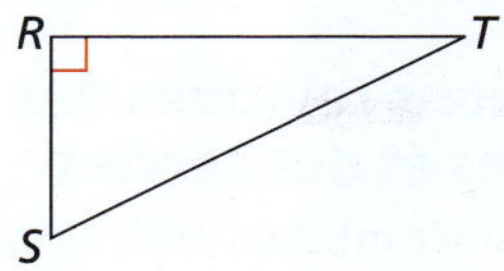

Le grand côté $[ST]$ s'appelle l'hypoténuse.

2 Cercle et triangle rectangle 4e

Le centre du cercle circonscrit à un triangle rectangle est le milieu de l'hypoténuse du triangle.

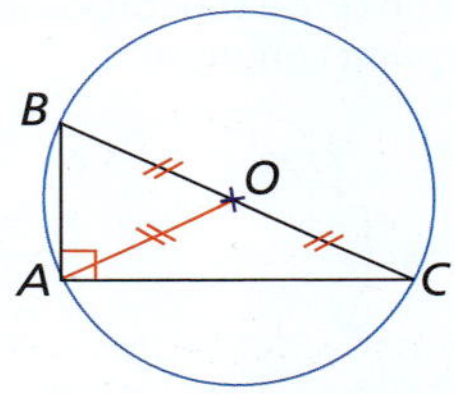

Le rayon est la moitié de la longueur de l'hypoténuse.
La médiane AO est égale à la moitié de l'hypoténuse. $AO = BC : 2$.
Réciproquement, un triangle ABC inscrit dans un cercle de diamètre $[BC]$ est rectangle en A.

3 Théorème de Pythagore* 4e

Le carré de l'hypoténuse est égal à la somme des carrés des deux autres côtés.

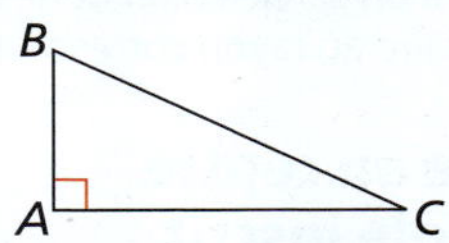

Si ABC est un triangle rectangle en A, alors $BC^2 = AB^2 + AC^2$.

4 Réciproque du théorème de Pythagore 4e

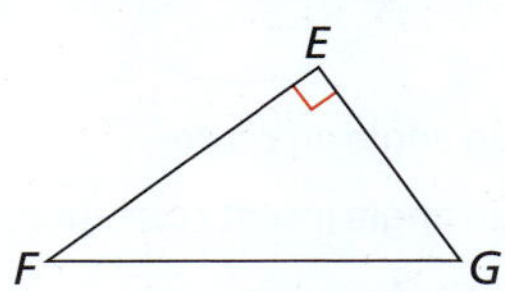

Si dans un triangle EFG, on a $FG^2 = EF^2 + EG^2$, alors EFG est un triangle rectangle en E.

5 Trigonométrie 4e 3e

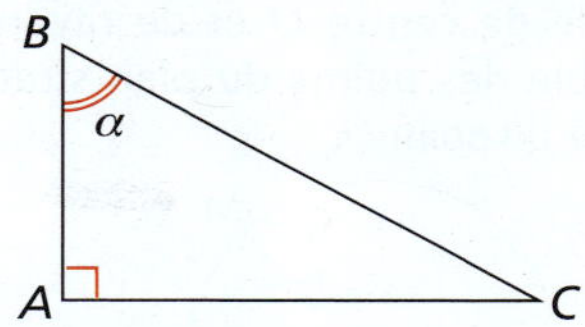

Dans le triangle rectangle ABC,
$[BC]$ est l'hypoténuse,
$[AC]$ est le côté opposé à l'angle α,
$[AB]$ est le côté adjacent à l'angle α.

Le **cosinus** d'un angle aigu est le rapport de la longueur du côté adjacent à l'angle sur la longueur de l'hypoténuse.

$$\cos \alpha = \frac{AB}{BC}.$$

Le **sinus** d'un angle aigu est le rapport de la longueur du côté opposé à l'angle sur la longueur de l'hypoténuse.

$$\sin \alpha = \frac{AC}{BC}.$$

La **tangente** d'un angle aigu est le rapport de la longueur du côté opposé à l'angle sur la longueur du côté adjacent à l'angle.

$$\tan \alpha = \frac{AC}{AB}.$$

Les cosinus et sinus d'un angle aigu sont des nombres compris entre 0 et 1.
La tangente d'un angle aigu est un nombre positif.

$\cos 0° = 1$; $\cos 45° \approx 0{,}707$; $\cos 90° = 0$.

$\sin 0° = 0$; $\sin 45° \approx 0{,}707$; $\sin 90° = 1$.

$\tan 0° = 0$; $\tan 45° = 1$;

$\tan 90°$ n'existe pas.

Dans le triangle ABC, on a en outre, pour tout angle aigu α, les formules fondamentales :

$$(\cos \alpha)^2 + (\sin \alpha)^2 = 1,$$

$$\tan \alpha = \frac{\sin \alpha}{\cos \alpha} \quad (\alpha \neq 90°).$$

MATHS

CERCLE ET MÉDIATRICE

1 Cercle 6e

Un cercle de centre O et de rayon r est l'ensemble des points du plan situés à la distance r du point O.

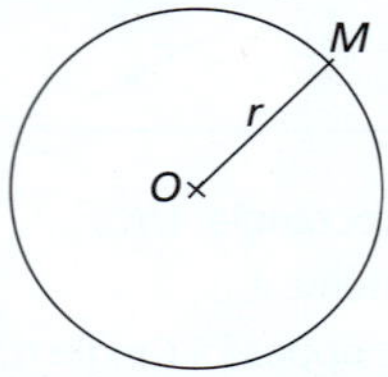

M appartient au cercle de centre O et de rayon r si $OM = r$.

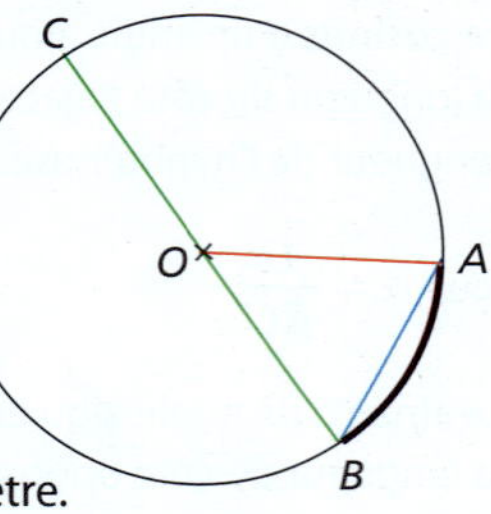

$[OA]$ est un rayon.
$[BC]$ est un diamètre.
$[AB]$ est une corde.

Le diamètre est égal au double du rayon. La portion du cercle limitée par les deux points A et B est un arc $\overset{\frown}{AB}$.

2 Disque 6e

Le disque de centre O et de rayon r est l'ensemble des points du plan situés à une distance inférieure à r du point O.

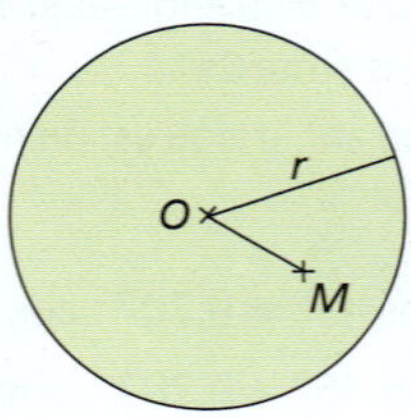

Un disque est l'intérieur d'un cercle.

3 Médiatrice d'un segment 6e 5e

La médiatrice d'un segment est la droite perpendiculaire à ce segment en son milieu.

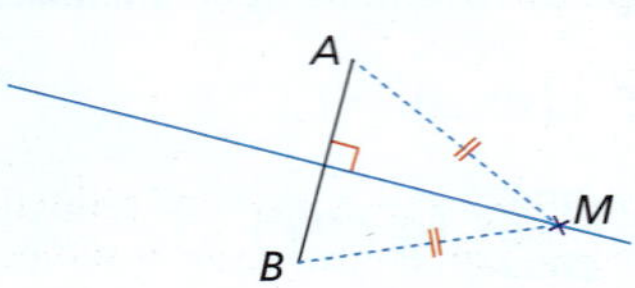

La médiatrice d'un segment est l'ensemble des points situés à égale distance des extrémités du segment. $MA = MB$.

4 Positions relatives des droites et des cercles 4e

Une droite est **sécante** à un cercle lorsqu'ils ont deux points communs.

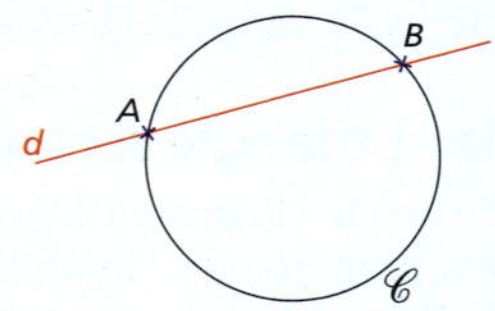

Une droite et un cercle sont **disjoints** lorsqu'ils n'ont pas de point commun.

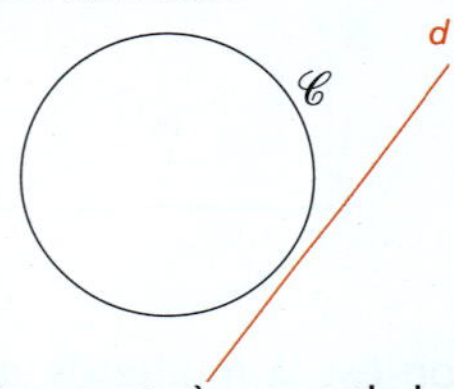

Une droite est **tangente** à un cercle lorsqu'ils ont un seul point commun.

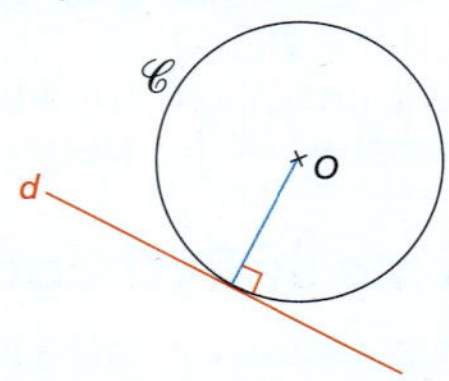

La tangente à un cercle en un de ses points est perpendiculaire au rayon correspondant.

5 Angle au centre et angle inscrit 3e

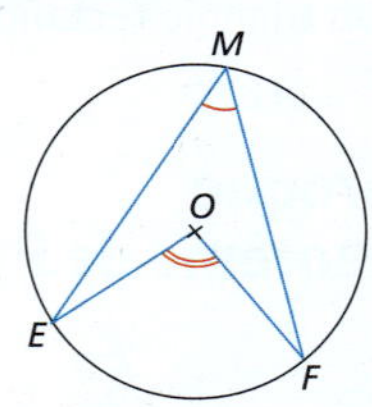

$\widehat{EOF}$ est un angle au centre.

$\widehat{EMF}$ est un angle inscrit correspondant.

$\widehat{EOF} = 2 \times \widehat{EMF}$.

La mesure d'un angle au centre est égale au double de celle de l'angle inscrit correspondant.

MATHS

SYMÉTRIES

❶ Symétrie orthogonale ou axiale 6ᵉ

A' est le symétrique de A par rapport à une droite d signifie que d est la médiatrice de $[AA']$.

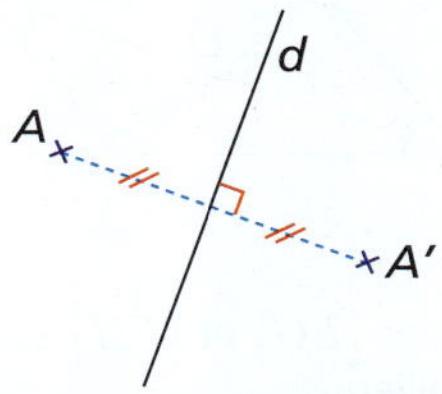

Le symétrique d'une figure par rapport à une droite d peut être obtenu par pliage autour de d.

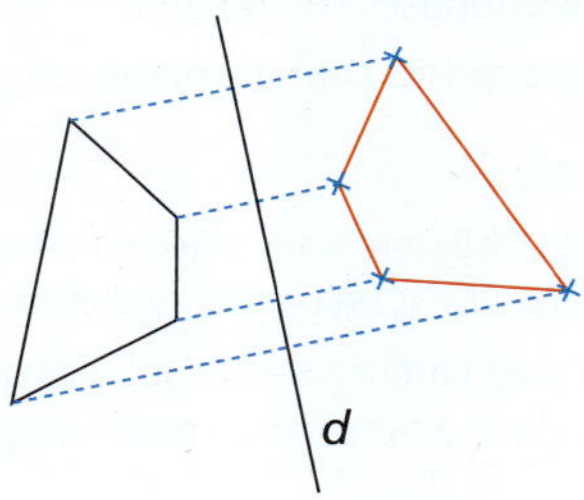

❷ Axe de symétrie d'une figure 6ᵉ

Une figure admet un axe de symétrie d si le symétrique de chacun de ses points par rapport à d est encore un point de cette figure.

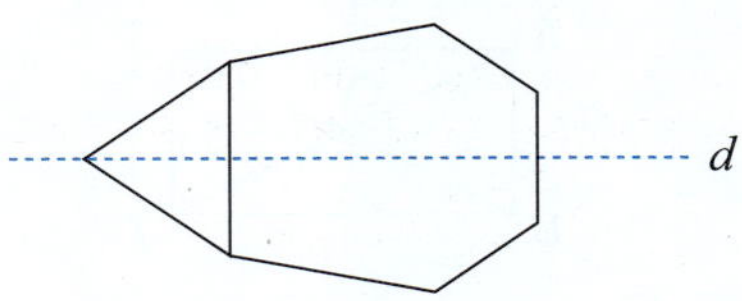

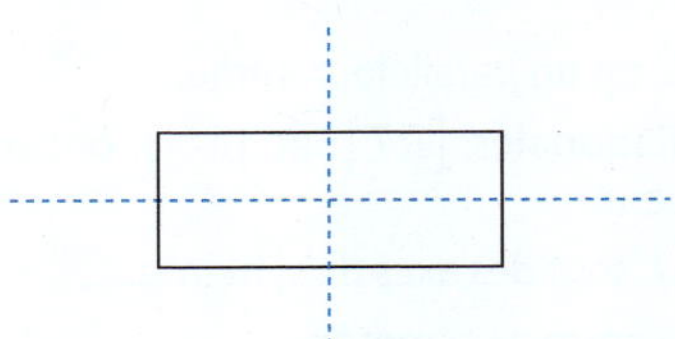

❸ Symétrie centrale 5ᵉ

B' est le symétrique de B par rapport à un point O signifie que O est le milieu de $[BB']$.

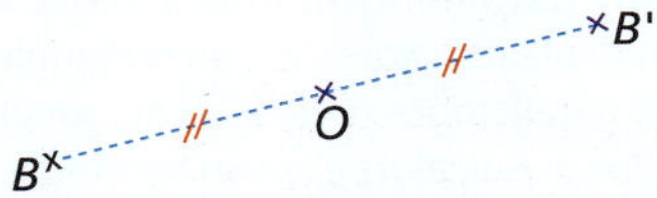

Le symétrique d'une figure par rapport à un point O peut être obtenu par demi-tour autour de O.

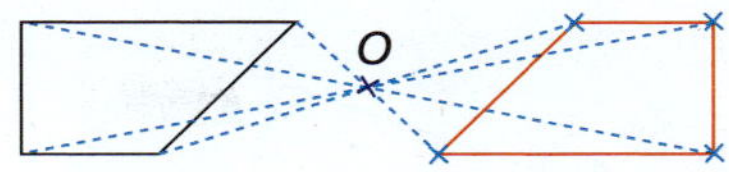

❹ Centre de symétrie d'une figure 5ᵉ

Une figure admet un centre de symétrie O si le symétrique de chacun de ses points par rapport à O est encore un point de cette figure.

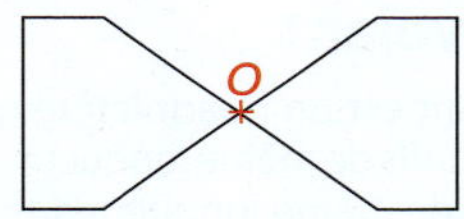

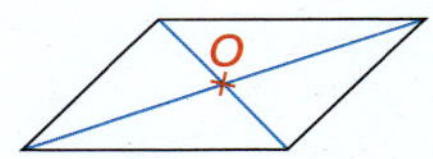

❺ Agrandissement et réduction 4ᵉ

Dans un agrandissement de rapport k $(k > 1)$, les longueurs de la figure sont multipliées par k.

Dans une réduction de rapport k $(k < 1)$, les longueurs sont multipliées par k et donc sont plus petites.

On peut faire un agrandissement de rapport 2 d'une figure de la manière suivante :

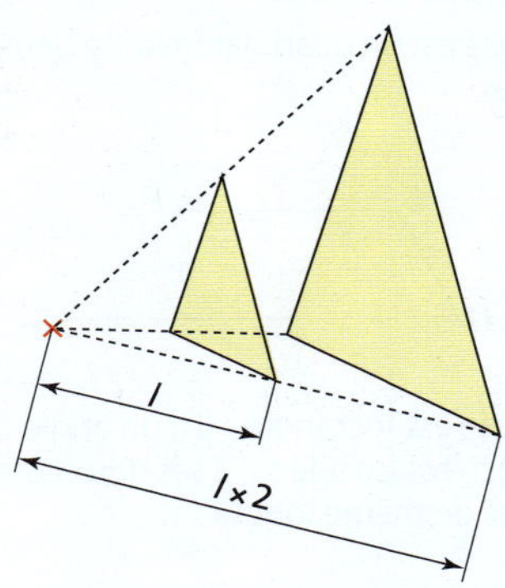

Dans un agrandissement ou une réduction, le parallélisme et les angles sont conservés.

MATHS

QUADRILATÈRES ET POLYGONES RÉGULIERS

1 Quadrilatère 6e

Un quadrilatère est une figure fermée qui a quatre côtés.

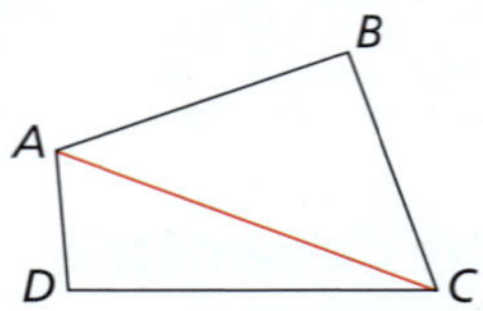

$[AC]$ est une diagonale.

2 Cerf-volant 6e

Un cerf-volant est un quadrilatère qui a deux côtés consécutifs de même longueur et les deux autres côtés de même longueur aussi.

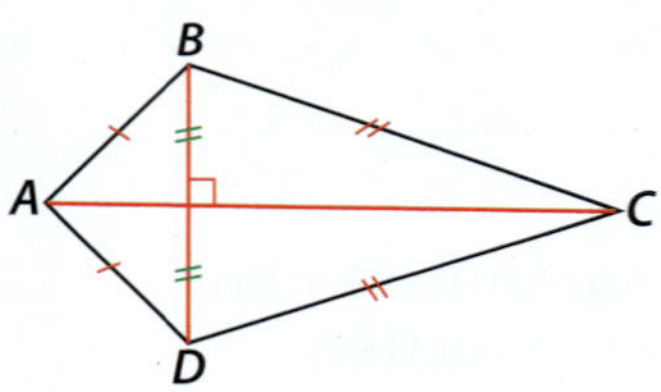

Les diagonales [AC] et [BD] sont perpendiculaires et l'une passe par le milieu de l'autre.

Une de ses diagonales est un axe de symétrie. Deux angles opposés sont de même mesure.

3 Trapèze 6e

Un trapèze est un quadrilatère qui a deux côtés parallèles.

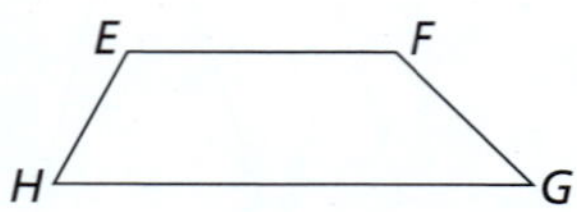

Un trapèze est rectangle s'il a un angle droit. Un trapèze est isocèle s'il a ses deux côtés non parallèles de même longueur.

Propriété :

Si un quadrilatère a deux côtés parallèles, alors c'est un trapèze.

4 Parallélogramme 5e

Un parallélogramme est un quadrilatère qui a ses côtés parallèles deux à deux.

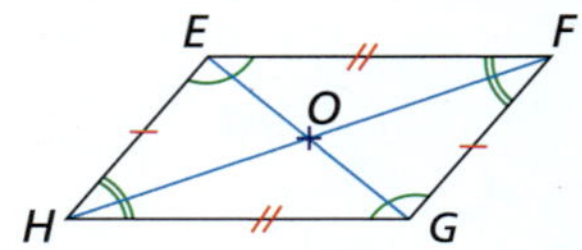

Les diagonales $[EG]$ et $[FH]$ se coupent en un même milieu.

O est centre de symétrie.

Les angles opposés sont égaux.

Les côtés opposés sont de même longueur.

Propriétés :

1) Si un quadrilatère a ses côtés parallèles deux à deux, alors c'est un parallélogramme.

2) Si un quadrilatère a ses diagonales qui ont le même milieu, alors c'est un parallélogramme.

5 Rectangle 6e 5e

Un rectangle est un quadrilatère qui a quatre angles droits.

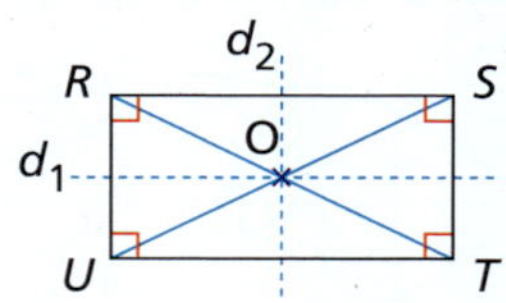

$RSTU$ est un parallélogramme.

Les diagonales $[RT]$ et $[SU]$ ont même longueur.

d_1 et d_2 sont des axes de symétrie.

O est centre de symétrie.

Propriétés :

1) Si un quadrilatère a quatre angles droits, alors c'est un rectangle.

2) Si un parallélogramme a deux côtés perpendiculaires, alors c'est un rectangle.

3) Si un parallélogramme a ses diagonales de même longueur, alors c'est un rectangle.

6 Losange 6e 5e

Un losange est un quadrilatère qui a quatre côtés de même longueur.

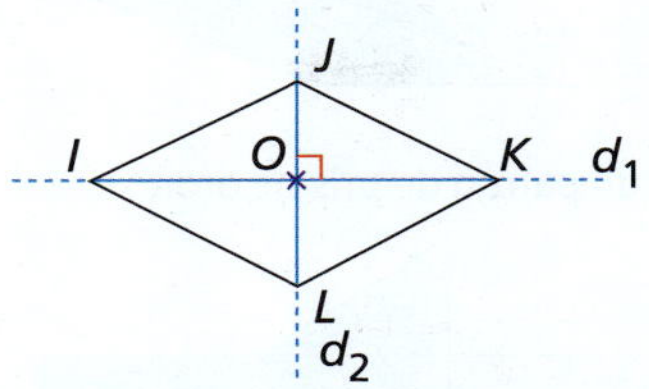

$IJKL$ est un parallélogramme. Les diagonales $[IK]$ et $[JL]$ sont perpendiculaires.

d_1 et d_2 sont des axes de symétrie.

O est centre de symétrie.

Propriétés :

1) Si un quadrilatère a quatre côtés de même longueur, alors c'est un losange.

2) Si un parallélogramme a deux côtés consécutifs de même longueur, alors c'est un losange.

3) Si un parallélogramme a ses diagonales perpendiculaires, alors c'est un losange.

7 Carré 6e 5e

Un carré est un quadrilatère qui a quatre angles droits et quatre côtés de même longueur.

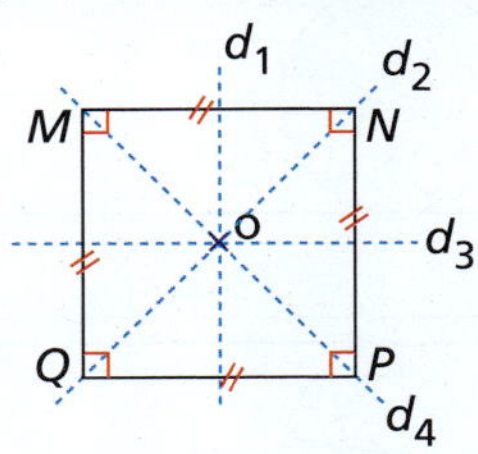

$MNPQ$ est un parallélogramme.

Les diagonales $[MP]$ et $[NQ]$ ont même longueur.

Les diagonales $[MP]$ et $[NQ]$ sont perpendiculaires.

d_1, d_2, d_3 et d_4 sont des axes de symétrie.
O est centre de symétrie.

Propriétés :

1) Si un parallélogramme a deux côtés perpendiculaires et de même longueur, alors c'est un carré.

2) Si un parallélogramme a ses diagonales perpendiculaires et de même longueur, alors c'est un carré.

8 Polygone 6e - 3e

Un polygone est une figure fermée qui a plusieurs côtés.

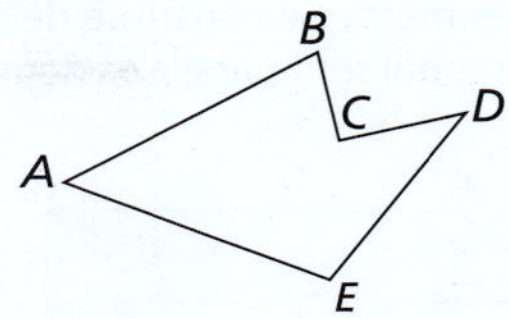

A est un sommet. $[BC]$ est un côté.

9 Polygones réguliers 3e

Un polygone régulier est un polygone qui a tous ses côtés de même longueur et tous ses angles intérieurs de même mesure.

Un triangle équilatéral est un polygone régulier à trois côtés.
Un carré est un polygone régulier à quatre côtés.

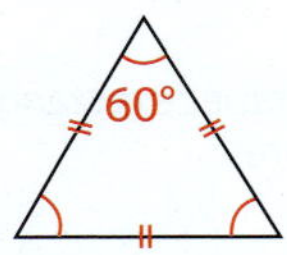

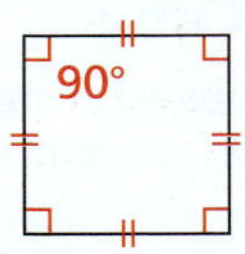

Un pentagone régulier est un polygone régulier à cinq côtés.

Un hexagone régulier est un polygone régulier à six côtés.

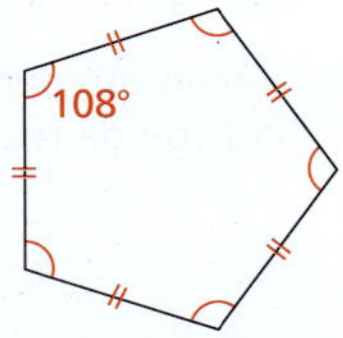

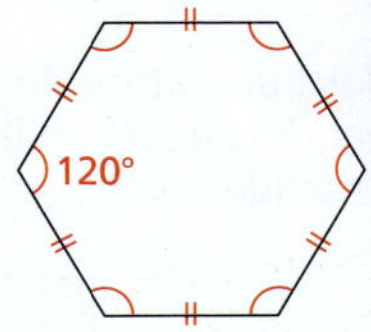

Un octogone régulier est un polygone régulier à huit côtés. (voir ci-dessous)

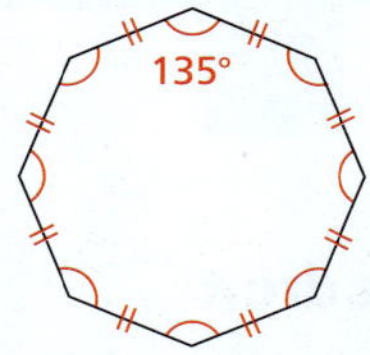

Un décagone régulier est un polygone régulier à dix côtés.

MATHS

GÉOMÉTRIE DANS L'ESPACE

1 Parallélépipède rectangle — 6e

Un parallélépipède rectangle (ou pavé droit) est un solide géométrique constitué de six faces rectangulaires qui sont parallèles deux à deux.

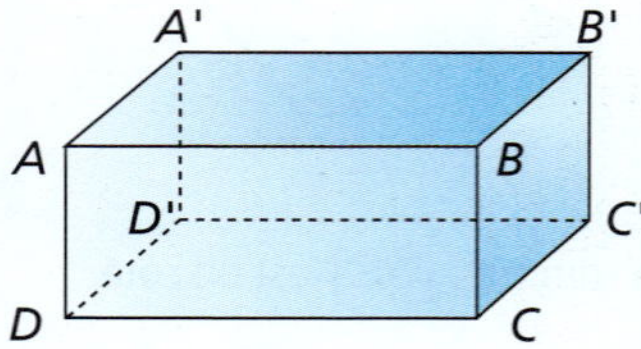

A est un sommet.

$ABCD$ est une face.

$[AB]$ est une arête.

Ce pavé droit a six faces, huit sommets et douze arêtes.

2 Cube — 6e

Un cube est un parallélépipède rectangle dont les six faces sont des carrés.

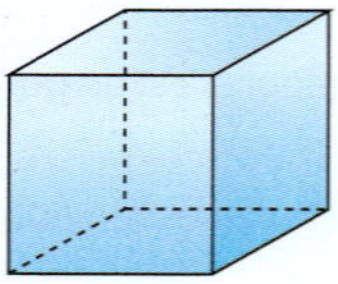

Voici un patron de cube (dessin qui permet par découpage, pliage et collage de réaliser ce solide) :

3 Prisme droit — 5e

Un prisme droit est un solide géométrique constitué de deux bases qui sont des polygones superposables, les autres faces étant des rectangles.

Prisme droit :

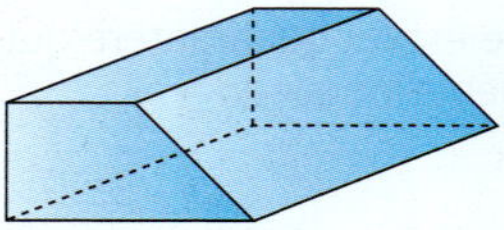

Voici un patron de prisme droit :

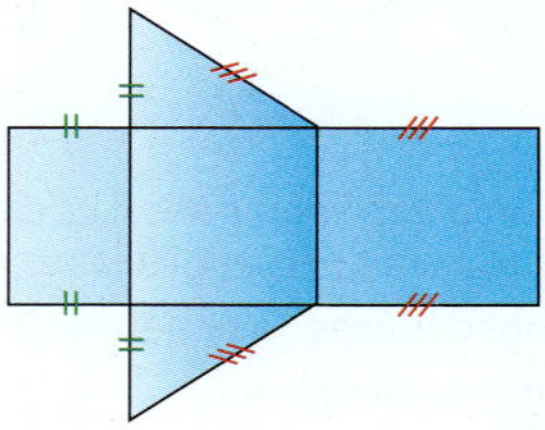

4 Cylindre de révolution — 5e

Un cylindre de révolution est un solide géométrique qui a deux faces superposables étant des disques de même axe de révolution.

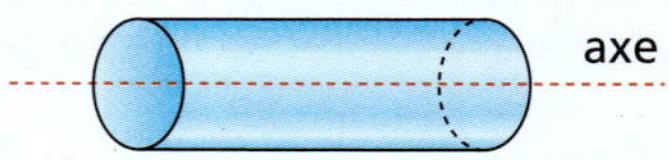

Voici un patron de cylindre :

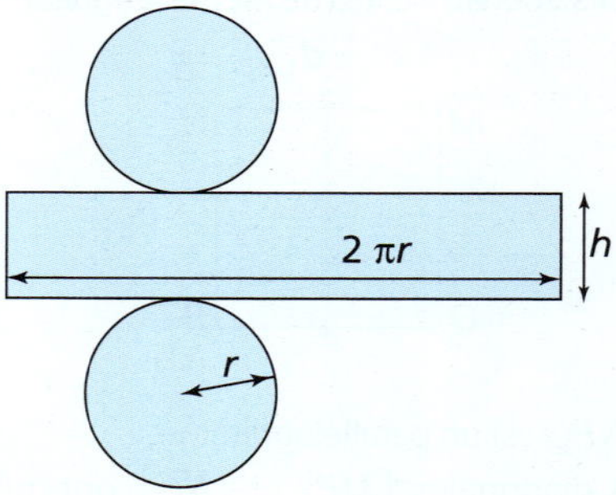

5 Cône de révolution — 4e

Un cône de révolution est un solide géométrique dont la base est un disque et dont le sommet se trouve sur l'axe du disque.

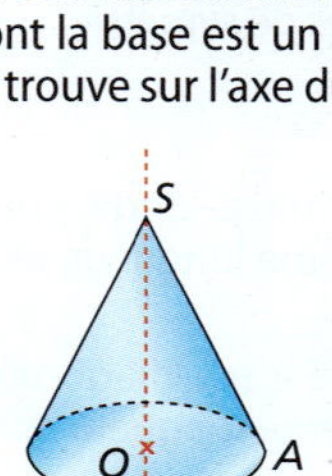

OS est la hauteur.

$[SA]$ est une génératrice.

6 Pyramide 4e

Une pyramide est un solide géométrique constitué d'une base polygonale reliée à un sommet qui n'appartient pas au plan de base. Elle a autant de faces latérales triangulaires que le polygone a de côtés.

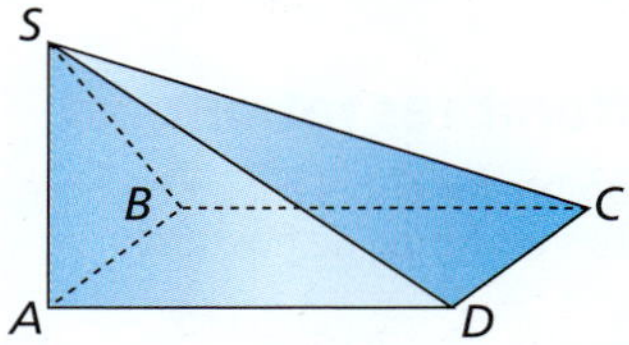

S est le sommet.

$ABCD$ est la base.

SAB est une face latérale.

Une pyramide régulière est une pyramide ayant pour base un polygone régulier, l'axe de ce polygone contenant le sommet de la pyramide.

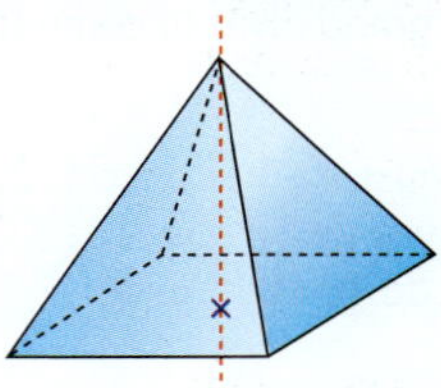

Un tétraèdre est une pyramide à base triangulaire et donc à quatre faces.

Voici un patron d'un tétraèdre régulier :

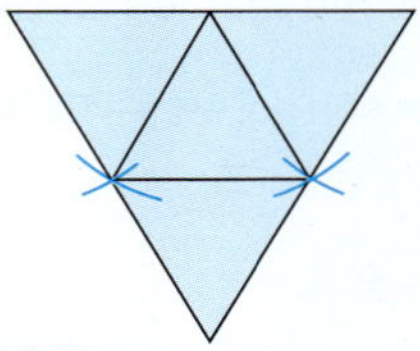

7 Sphère 3e

Une sphère de centre O et de rayon r est l'ensemble des points de l'espace situés à la distance r du point O.

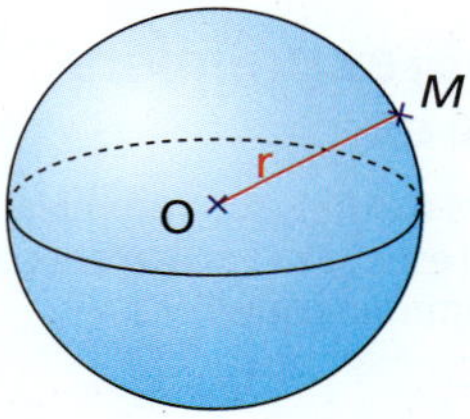

La boule est l'intérieur de la sphère.

8 Sections de solides 3e

La section d'un parallélépipède rectangle ou d'un cube par un plan parallèle à une face ou à une arête est un rectangle ou un carré.

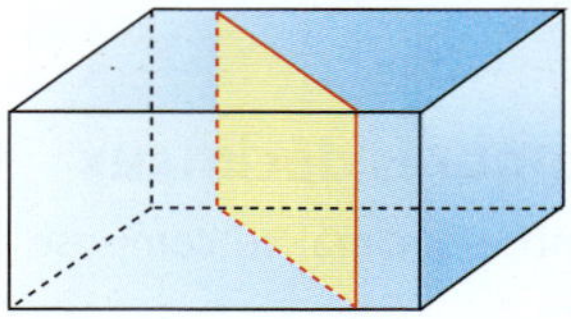

La section d'un cylindre de révolution par un plan perpendiculaire à son axe est un cercle.
La section d'un cylindre de révolution par un plan parallèle à son axe est un rectangle.

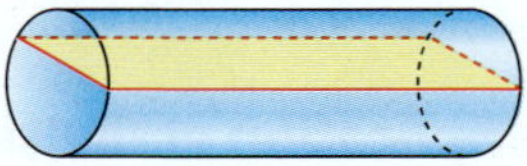

La section d'un cône ou d'une pyramide par un plan parallèle à sa base est une réduction de sa base.

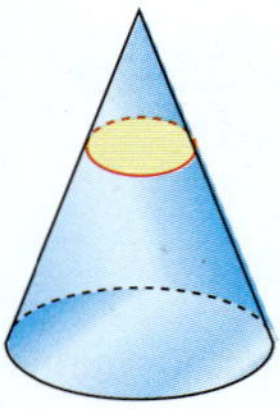

La section d'une sphère par un plan est un cercle.

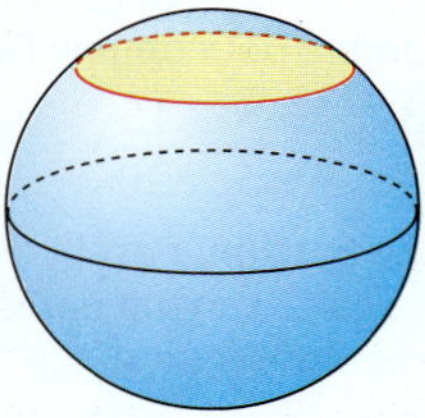

MATHS

1 Nombres entiers naturels 6e

Un nombre entier naturel est un nombre de la suite 0 ; 1 ; 2 ; 3 ; 4 ; .... 13 ; 14 ; 15 .... où chaque terme est obtenu en ajoutant 1 au précédent.

Exemple 17 548.

2 Nombres décimaux 6e

Un nombre décimal se compose de deux parties :

- la partie entière,
- la partie décimale.

Exemple
$$13,48 = 13 + 0,48 = 13 + \frac{4}{10} + \frac{8}{100}.$$

Un nombre entier est aussi décimal.

Exemple $78 = 78,0$.

3 Multiplication et division par 10, 100 ou 1 000 6e

Pour multiplier (ou diviser) un nombre décimal par 10, 100 ou 1 000, on décale la virgule respectivement de 1, 2 ou 3 rangs vers la droite (ou la gauche).

Exemples

$36,429 \times 100 = 3\,642,9$;
$51 : 1\,000 = 0,051$.

4 Fractions 6e

Une fraction $\frac{a}{b}$ a pour numérateur a et pour dénominateur b.

Exemple $\frac{3}{4}$.

Deux fractions sont égales s'il suffit de multiplier le numérateur et le dénominateur de l'une par un même nombre pour obtenir l'autre.

Exemple $\frac{3}{4} = \frac{3 \times 5}{4 \times 5} = \frac{15}{20}$.

Simplifier une fraction, c'est la remplacer par une fraction égale ayant un numérateur et un dénominateur plus simples.

Exemple $\frac{1\,800}{800} = \frac{18}{8} = \frac{18:2}{8:2} = \frac{9}{4}$.

5 Nombres relatifs 6e

Un nombre relatif est un nombre précédé d'un signe (+ ou –).

Exemple $-56,8$.

Un nombre positif est précédé d'un signe +.
Un nombre négatif est précédé d'un signe –.

6 Nombres rationnels 3e

Un nombre rationnel est un nombre qui peut s'écrire sous forme de fraction.

Exemples $\frac{2}{3}$; $3,15 = \frac{315}{100}$; $-8 = -\frac{8}{1}$.

$\sqrt{2}$; $\sqrt{3}$ et π ne sont pas des nombres rationnels.

7 PGCD 3e

Le PGCD de deux entiers naturels non nuls a et b est le plus grand diviseur commun à a et b.

Exemple

Les diviseurs de 10 sont : 1, 2, 5 et 10 ;
les diviseurs de 15 sont : 1, 3, 5 et 15 ;
le PGCD de 10 et 15 est 5.

L'algorithme d'**Euclide*** permet de déterminer le PGCD de a et b sans avoir à dresser la liste des diviseurs de a et de b. On divise a par b ; $a = b \times q_1 + r_1$; si $r_1 \neq 0$, on divise b par r_1 ; $b = r_1 \times q_2 + r_2$; etc... jusqu'à obtenir un reste nul.
Le dernier reste non nul est le PGCD.

Exemple

$15 = 10 \times 1 + 5$

$10 = 5 \times 2 + 0$

5 est le dernier reste non nul.

Le PGCD de 10 et 15 est 5.

8 Nombres premiers entre eux 3e

Deux entiers naturels sont premiers entre eux si leur PGCD est égal à 1 (s'ils n'ont pas d'autres diviseurs communs que 1).

Exemple
23 et 12 sont premiers entre eux.

MATHS

ADDITION ET SOUSTRACTION

1 Addition des décimaux 6e

Le résultat d'une addition est une somme. Les nombres que l'on ajoute sont des termes.

Exemple
$$\begin{array}{r} 83{,}28 \\ +\ \ 5{,}63 \\ \hline 88{,}91 \end{array}$$

2 Soustraction des décimaux 6e

Le résultat d'une soustraction est une différence. Les nombres que l'on soustrait sont des termes.

Exemple
$$\begin{array}{r} 18{,}9 \\ -\ \ 5{,}42 \\ \hline 13{,}48 \end{array}$$

3 Ordre de grandeur 6e

Un ordre de grandeur d'une somme ou d'une différence est une valeur approchée simple et significative du résultat de l'opération.

Exemple

4 023 est proche de 4 000 ;

304 est proche de 300 ;

un ordre de grandeur de $4\,023-304$ est $4\,000-300=3\,700$.

4 Addition et soustraction de fractions de même dénominateur 6e

Pour ajouter (ou soustraire) deux fractions de même dénominateur, on conserve ce dénominateur et on ajoute (ou soustrait) les numérateurs.

$$\frac{a}{d}+\frac{b}{d}=\frac{a+b}{d}\ ;\ \frac{a}{d}-\frac{b}{d}=\frac{a-b}{d}.$$

Exemples

$$\frac{5}{13}+\frac{9}{13}=\frac{5+9}{13}=\frac{14}{13}\ ;$$

$$\frac{61}{100}-\frac{20}{100}=\frac{61-20}{100}=\frac{41}{100}.$$

5 Addition et soustraction de fractions de dénominateurs différents 5e

Pour ajouter (ou soustraire) deux fractions de dénominateurs différents, on les réduit au même dénominateur et on applique la règle précédente.

Exemples

$$\frac{2}{5}+\frac{7}{10}=\frac{2\times 2}{5\times 2}+\frac{7}{10}=\frac{4}{10}+\frac{7}{10}=\frac{11}{10};$$

$$\frac{7}{2}-\frac{4}{3}=\frac{7\times 3}{2\times 3}-\frac{4\times 2}{3\times 2}=\frac{21}{6}-\frac{8}{6}=\frac{13}{6}.$$

6 Addition des nombres relatifs 5e

Pour additionner deux nombres relatifs,
- on conserve le signe de celui qui a la plus grande valeur numérique ;
- si les deux nombres sont de même signe, on fait la somme des valeurs numériques ;
- si les deux nombres sont de signes différents, on fait la différence des valeurs numériques.

Exemples

$-3+(-12)=-3-12=-15$

$-8+20=12$;

$6+(-13)=6-13=-7$;

$7+9=16$;

$5+(-2)=5-2=3$.

7 Soustraction des nombres relatifs 5e

L'opposé d'un nombre a la même valeur numérique, mais un signe contraire.

Exemple L'opposé de -7 est 7.

Soustraire un nombre, c'est ajouter son opposé.

Exemples

$18-(-7)=18+7=25$

$-10{,}4-(-9)=-10{,}4+9=-1{,}4$.

MATHS

MULTIPLICATION ET DIVISION

1 Multiplication des décimaux 6e

Le résultat d'une multiplication est un produit. Les nombres que l'on multiplie sont les facteurs.

Exemple

$$\begin{array}{r} 6{,}4 \\ \times\ 3{,}5 \\ \hline 320 \\ 192\ . \\ \hline 22{,}40 \end{array}$$

2 Division des décimaux 6e

Le résultat d'une division est un quotient.

Exemple

$$\begin{array}{r|l} 18{,}4 & 4 \\ \cline{2-2} 2\,4 & 4{,}6 \\ 0 & \end{array}$$

Une division est exacte quand le reste est nul.

3 Division euclidienne 6e

Une division euclidienne est une division entre nombres entiers. Elle est du type :

$$\begin{array}{r|l} a & b \\ \cline{2-2} r & q \end{array} \text{ (où } r < b \text{)}$$

a est le dividende, b est le diviseur, q est le quotient, r est le reste.

Exemple

$$\begin{array}{r|l} 37 & 5 \\ \cline{2-2} 2 & 7 \end{array}$$

L'égalité euclidienne associée à la division est $a = b \times q + r$.

Exemple $37 = 5 \times 7 + 2$.

4 Multiplication de fractions 6e 5e

Multiplier un nombre par $\frac{a}{b}$, c'est le multiplier par a et le diviser par b.

Exemple

$$28 \times \frac{3}{4} = (28 \times 3) : 4 = 84 : 4 = 21.$$

Pour multiplier deux fractions, on multiple leurs numérateurs entre eux et leurs dénominateurs entre eux.

$$\frac{a}{d} \times \frac{b}{d'} = \frac{a \times b}{d \times d'}$$

Exemple $\frac{7}{3} \times \frac{5}{4} = \frac{7 \times 5}{3 \times 4} = \frac{35}{12}$.

5 Division de fractions 4e

L'inverse d'un nombre non nul $\frac{a}{b}$ est le nombre non nul $\frac{b}{a}$.

Exemples L'inverse de $\frac{7}{2}$ est $\frac{2}{7}$;

l'inverse de 3 est $\frac{1}{3}$.

Diviser par une fraction, c'est multiplier par son inverse.

$$\frac{a}{b} : \frac{c}{d} = \frac{a}{b} \times \frac{d}{c} = \frac{a \times d}{b \times c}.$$

Exemple $\frac{5}{9} : \frac{7}{2} = \frac{5}{9} \times \frac{2}{7} = \frac{10}{63}$.

6 Multiplication et division des nombres relatifs 4e

Pour multiplier (ou diviser) deux nombres relatifs, on multiplie (ou divise) leurs valeurs numériques.

Si les deux nombres sont de même signe, le résultat est positif.

Si les deux nombres sont de signes différents, le résultat est négatif.

Exemples $-7 \times (-3) = 21$;

$5 \times (-4) = -20$;

$-2 \times 8 = -16$;

$18 : (-2) = -9$;

$-\frac{2}{3} \times \left(-\frac{2}{3}\right) = \frac{4}{9}$.

1 Puissances de 10 — 4e

$$10^n = \underbrace{10.......0}_{n \text{ zéros}} \; ; \; 10^{-n} = \underbrace{0{,}0.......01}_{n \text{ zéros}} \; ;$$

$10^1 = 10$; $10^{-1} = 0{,}1$; $10^0 = 1$.

Exemples $10^5 = 100\,000$;

$10^{-3} = 0{,}001$.

Les puissances de 10 permettent de simplifier l'écriture des grands nombres (en astronomie) ou des très petits nombres (en microbiologie par exemple).

On peut écrire un nombre sous forme décimale ou sous forme scientifique ($a \times 10^n$ où $1 < a \leqslant 10$ et n entier relatif).

Exemples

Écrivons sous forme décimale :

$4 \times 10^4 = 40\,000$;

$72 \times 10^{-3} = 0{,}072$.

Écrivons sous forme scientifique :

$0{,}0064 = 6{,}4 \times 10^{-3}$;

$293\,000 = 2{,}93 \times 10^5$.

2 Puissances — 4e

$$a^n = \underbrace{a \times a \times .... \times a}_{n \text{ fois}} \; ;$$

$$a^{-n} = \frac{1}{a^n} \; (a \neq 0).$$

$a^1 = a$; $a^0 = 1$.

a^n se dit « a puissance n » ou « a exposant n ».
a^2 se dit « a au carré ».
a^3 se dit « a au cube ».

Exemples $5^3 = 5 \times 5 \times 5 = 125$;

$(-3)^2 = (-3) \times (-3) = 9$;

$\left(-\frac{1}{2}\right)^2 = \left(-\frac{1}{2}\right) \times \left(-\frac{1}{2}\right) = \frac{1}{4}$;

$4^{-3} = \frac{1}{4^3} = \frac{1}{64}$.

3 Propriétés des puissances — 4e

$a^n \times a^p = a^{n+p}$; $\frac{a^n}{a^p} = a^{n-p}$ $(a \neq 0)$;

$(a^n)^p = a^{n \times p}$; $(a \times b)^n = a^n \times b^n$;

$10^n \times 10^p = 10^{n+p}$; $\frac{10^n}{10^p} = 10^{n-p}$;

$(10^n)^p = 10^{n \times p}$

Exemples

$$\frac{10x^5}{2x^2} = \frac{10}{2} \times \frac{x^5}{x^2} = 5 \times x^{5-2} = 5x^3.$$

$$8 \times 10^3 \times 2 \times 10^{-1} = 16 \times 10^{3-1} = 16 \times 10^2$$

4 Racines carrées — 3e

La racine carrée d'un nombre positif a est le seul nombre positif dont le carré est a.

On le note $\sqrt{a}$. $\left(\sqrt{a}\right)^2 = a$.

Le symbole $\sqrt{}$ est appelé radical.

Exemples

$\sqrt{81} = 9$; $\sqrt{20} \approx 4{,}47$; $\left(\sqrt{8}\right)^2 = 8$;

$3\sqrt{7} \times 2\sqrt{7} = 6 \times \left(\sqrt{7}\right)^2 = 6 \times 7 = 42$.

5 Produit et quotient de racines carrées — 3e

$\sqrt{a} \times \sqrt{b} = \sqrt{a \times b}$ $(a \geqslant 0 \; ; \; b \geqslant 0)$;

$\sqrt{\frac{a}{b}} = \frac{\sqrt{a}}{\sqrt{b}}$ $(a \geqslant 0 \; ; \; b > 0)$.

Exemples

$\sqrt{18} = \sqrt{9 \times 2} = \sqrt{9} \times \sqrt{2} = 3\sqrt{2}$;

$5\sqrt{3} \times 2\sqrt{7} = 10\sqrt{3 \times 7} = 10\sqrt{21}$;

$\sqrt{\frac{5}{9}} = \frac{\sqrt{5}}{\sqrt{9}} = \frac{\sqrt{5}}{3}$.

MATHS

SUITES D'OPÉRATIONS

1 Expressions sans parenthèses 5e 4e

Dans une suite d'opérations sans parenthèses, l'ordre de priorité des opérations est le suivant : 1) les puissances ; 2) les multiplications et divisions ; 3) les additions et soustractions.

Sans puissances : 5e

Exemple

$A = \underline{2\times 7} - \underline{8:4} + 3$; $A = \underline{14-2}+3$

$A = 12+3$; $A = 15$.

Avec des puissances et des relatifs : 4e

Exemple

$B = 5\times \underline{2^3} - 20:\underline{(-2)^2} + \underline{4^3}$

$B = \underline{5\times 8} - \underline{20:4} + 64$

$B = 40-5+64$

$B = 104-5$

$B = 99$.

2 Expressions avec parenthèses 5e 4e

Dans une suite d'opérations avec des parenthèses, on effectue d'abord les calculs entre parenthèses en respectant les priorités énoncées précédemment.

Sans puissances : 5e

Exemple

$C = 5\times \underline{(7-3)} - 18:\underline{(11-2)}$

$C = \underline{5\times 4} - \underline{18:9}$

$C = 20-2$

$C = 18$.

Avec des puissances et des relatifs : 5e

Exemple

$D = 3\times (4 - \underline{2^3}\times 5)$

$D = 3\times (4 - \underline{8\times 5})$

$D = 3\times \underline{(4-40)}$

$D = 3\times (-36)$

$D = -108$.

3 Utilisations d'expressions littérales 5e 4e

ab signifie $a\times b$;

$3a$ signifie $3\times a$;

$2(a+b)$ signifie $2\times(a+b)$;

$(a+b)(c+d)$ signifie $(a+b)\times(c+d)$.

Sans puissances : 5e

Exemple

$E = 5a+2$ pour $a=7$

$E = \underline{5\times 7}+2$

$E = 35+2$

$E = 37$.

Avec des puissances et des relatifs : 4e

Exemple

$F = 3x^2 - 2x$ pour $x=-2$

$F = 3\times \underline{(-2)^2} - 2\times(-2)$

$F = \underline{3\times 4} - \underline{2\times(-2)}$

$F = 12+4$

$F = 16$.

Avec des fractions : 4e

Exemple

$G = 5x^2$ pour $x = -\dfrac{3}{2}$

$G = 5\times \underline{\left(-\dfrac{3}{2}\right)^2}$

$G = 5\times \dfrac{9}{4}$

$G = \dfrac{45}{4}$.

4 Distributivité 5e

Pour a, b et k des nombres :

$k\times(a+b) = k\times a + k\times b$;

$k\times(a-b) = k\times a - k\times b$.

Exemple

$H = 5\times \underline{(7+13)}$ ou $H = \underline{5\times 7} + \underline{5\times 13}$

$H = 5\times 20$; $H = 35+65$

$H = 100$. ; $H = 100$.

MATHS

DÉVELOPPEMENTS ET FACTORISATIONS

❶ Réductions 4e

Réduire une expression, c'est regrouper ensemble les termes de même nature.

Exemple

$A = 5x^2 - 2x + 7 - 2x^2 - 10x + 11$

$A = 3x^2 - 12x + 18.$

❷ Développements 4e

Développer une expression, c'est supprimer ses parenthèses en respectant les règles suivantes :

$a + (b + c) = a + b + c$;
$a + (b - c) = a + b - c$;
$a - (b + c) = a - b - c$;
$a - (b - c) = a - b + c$.

Exemple 4e

$B = 5x + (3x - 2) - (4x + 3)$
$B = 5x + 3x - 2 - 4x - 3$
$B = 4x - 5.$

Autres règles :

$k(a + b) = k \times a + k \times b$;
$k(a - b) = k \times a - k \times b$.

Exemples 4e

$C = 3(2x - 9)$
$C = \underline{3 \times 2x} - \underline{3 \times 9}$
$C = 6x - 27.$

$D = 4x(1 + 2x)$
$D = \underline{4x \times 1} + \underline{4x \times 2x}$
$D = 4x + 8x^2.$

Règle :

$(a + b)(c + d) = ac + ad + bc + bd$.

Exemple 4e

$E = (4x + 3)(x - 2)$
$E = \underline{4x \times x} + \underline{4x \times (-2)} + \underline{3 \times x} + \underline{3 \times (-2)}$
$E = 4x^2 - 8x + 3x - 6$
$E = 4x^2 - 5x - 6.$

❸ Factorisations 4e 3e

Factoriser une expression, c'est transformer une somme ou une différence en un produit de facteurs.

$ka + kb = k(a + b)$; $ka - kb = k(a - b)$.

k est alors le facteur commun.

Exemple 4e

$F = 15x^2 - 20x$;
$F = 5x \times 3x - 5x \times 4.$
$5x$ est le facteur commun
$F = 5x(3x - 4).$

Exemple 3e

$G = (4x + 3)(5x - 1) - (4x + 3)(2x - 3)$
$(4x + 3)$ est le facteur commun
$G = (4x + 3)[(5x - 1) - (2x - 3)]$
$G = (4x + 3)(5x - 1 - 2x + 3)$
$G = (4x + 3)(3x + 2).$

❹ Égalités remarquables 3e

$(a + b)^2 = a^2 + 2ab + b^2$;
$(a - b)^2 = a^2 - 2ab + b^2$;
$(a + b)(a - b) = a^2 - b^2$.

Exemple Développons

$H = (5x - 3)^2$
$H = \underline{(5x)^2} - \underline{2 \times 5x \times 3} + \underline{3^2}$
$H = 25x^2 - 30x + 9.$

Exemple Factorisons

$I = 36x^2 - 25$
$I = (6x)^2 - 5^2$
$I = (6x + 5)(6x - 5).$

Exemple Calculons

$J = 103 \times 97$
$J = (100 + 3) \times (100 - 3)$
$J = 100^2 - 3^2$
$J = 10\,000 - 9$
$J = 9\,991.$

MATHS

ÉQUATIONS

❶ Équations 6e - 3e

Une équation à une inconnue est une égalité dans laquelle il y a un nombre inconnu.

Exemples $3+...=7$;
$5x=30$.

Résoudre une équation, c'est déterminer, si elles existent, les valeurs de ce nombre inconnu pour lesquelles l'égalité est vraie.
Ces valeurs sont alors les solutions de l'équation.

Exemple
$4\times6-3=24-3=21$
donc, 6 est solution de l'équation
$4x-3=21$.

❷ Égalités du type $a+...=b$ ou $a\times...=b$ 6e

L'égalité du type $a+...=b$ admet une seule solution $b-a$.

L'égalité du type $a\times...=b$ admet une seule solution $\frac{b}{a}(a\neq0)$.

Exemple
L'égalité $3+...=7$ admet pour solution $7-3=4$.

❸ Équations du type $x+a=b$ ou $ax=b$ 5e - 4e

L'équation du type $x+a=b$ admet une seule solution $x=b-a$.

L'équation du type $ax=b$ admet une seule solution $x=\frac{b}{a}(a\neq0)$.

Exemple 5e
L'équation $5x=30$ admet pour solution $x=\frac{30}{5}=6$.

Exemple 4e
$2(x+4)=15$
$2x+8=15$
$2x=15-8$
$2x=7$; $x=\frac{7}{2}$.

❹ Égalités de rapports 4e

Dans une égalité $\frac{a}{b}=\frac{c}{d}$ $(b\neq0\ ;\ d\neq0)$, on a : $a\times d=b\times c$.

Exemple $\frac{5}{x}=\frac{2}{7}$; $2\times x=5\times7$;
$2x=35$; $x=\frac{35}{2}$.

❺ Équation-produit 3e

Une équation-produit est une équation de la forme $(ax+b)(cx+d)=0$.

Ses solutions sont $x=-\frac{b}{a}$ et $x=-\frac{d}{c}$ $(a\neq0\ ;\ c\neq0)$.

❻ Équations du type $x^2=a$ 3e

Si $a=0$, l'équation $x^2=a$ admet une solution $x=0$.

Si $a>0$, l'équation $x^2=a$ admet deux solutions $x=\sqrt{a}$ et $x=-\sqrt{a}$.

❼ Équations à deux inconnues 3e

Une équation à deux inconnues est de la forme $ax+by+c=0$.

Exemple
$3x-5y+4=0$.

❽ Système de deux équations 3e

Un système de deux équations à deux inconnues est de la forme $\begin{cases}ax+by+c=0\\a'x+b'y+c'=0.\end{cases}$

Exemple $\begin{cases}3x-2y=10\\x+y=5.\end{cases}$

Les solutions d'un tel système sont les couples $(x\ ;\ y)$ qui vérifient à la fois les deux égalités.

Exemple
$(4\ ;1)$ est solution du système car
$3\times4-2\times1=12-2=10$
et $4+1=5$.

1 Comparaison de décimaux — 6e

Pour comparer deux nombres décimaux, on compare d'abord les parties entières de ces deux nombres, ensuite on compare les parties décimales en commençant par les dixièmes, puis les centièmes, etc.

On utilise les symboles <, >, ⩽ ou ⩾.

L'ordre croissant est l'ordre du plus petit au plus grand.

L'ordre décroissant est l'ordre du plus grand au plus petit.

Exemple $2{,}81 < 2{,}9 < 2{,}92 < 3$.

2 Comparaison de fractions — 5e - 4e

Pour comparer des fractions de même dénominateur, on compare leurs numérateurs.

Exemple $\dfrac{17}{100} < \dfrac{19}{100}$.

Pour comparer des fractions de dénominateurs différents, on les réduit au même dénominateur et on compare leurs numérateurs.

Exemple $\dfrac{4}{5} > \dfrac{7}{10}$ car $\dfrac{4}{5} = \dfrac{8}{10}$.

Autre méthode : on donne une valeur décimale exacte ou approchée de chaque fraction et on les compare.

Exemple $\dfrac{2}{3} < \dfrac{5}{6}$ car $\dfrac{2}{3} \approx 0{,}66$ et $\dfrac{5}{6} \approx 0{,}83$.

3 Encadrements — 4e

Si $a < x < b$, on dit que x est encadré par a et b.

L'amplitude de l'encadrement est $b - a$.

Exemple $3{,}1 < \pi < 3{,}2$.

4 Conservation de l'ordre — 4e - 3e

L'ordre entre deux nombres est conservé si on additionne ou si on soustrait un même nombre à chacun des deux.

Exemple
$2 < 7$ donc $2 + 4 < 7 + 4$.

L'ordre entre deux nombres est aussi conservé si on multiplie chacun des deux par un même nombre strictement positif.

Exemple
$2 < 7$ donc $2 \times 3 < 7 \times 3$.

Par contre, l'ordre entre deux nombres est inversé si on multiplie chacun des deux par un nombre strictement négatif.

Exemple
$2 < 7$ alors que $2 \times (-1) > 7 \times (-1)$.

5 Inéquations — 3e

Une inéquation à une inconnue est une inégalité dans laquelle figure un nombre inconnu.

Exemples

$x + 3 < 10$;

$5x - 3 > 4$.

Résoudre une inéquation, c'est déterminer, si elles existent, les valeurs de l'inconnue qui rendent vraie l'inégalité.
Ces valeurs sont alors les solutions de l'inéquation.

Exemple
Résolvons l'inéquation :

$$2(x-3) < 5$$
$$2x - 6 < 5$$
$$2x < 5 + 6$$
$$2x < 11$$
$$x < \frac{11}{2}$$

La représentation graphique est :

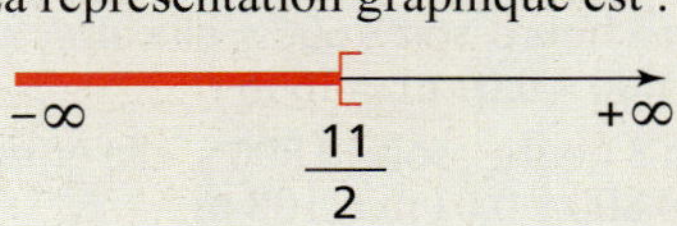

PROPORTIONNALITÉ ET POURCENTAGES

1 Pourcentages 6e - 5e

Un taux de pourcentage est une fraction dont le dénominateur est 100.

$t\,\% = \dfrac{t}{100}$.

Appliquer t % à un nombre n, c'est calculer $(n \times t) : 100$.

Exemple

$15 \times 20\,\% =$

$(15 \times 20) : 100 = 300 : 100 = 3$.

Soit deux nombres x et y, le pourcentage de x par rapport à y est $(x \times 100) : y$.

Exemple

Sur 25 élèves, 18 sont des filles.

$(18 \times 100) : 25 = 1\,800 : 24 = 72$

Il y a 72 % de filles dans la classe.

2 Proportionnalité 5e

Deux suites de nombres sont proportionnelles si pour passer d'une suite à une autre, il suffit de multiplier tous ses nombres par un même nombre appelé coefficient de proportionnalité.

Dans un tableau de proportionnalité tel que :

a	c
b	d

on a : $a \times d = b \times c$, cela permet de calculer un nombre connaissant les trois autres. On l'appelle la quatrième proportionnelle.

3 Mouvement uniforme 5e

Un mouvement est uniforme s'il y a proportionnalité entre la distance parcourue et la durée du parcours.

Exemple

Imaginons l'extrémité d'une aiguille d'horloge qui effectue son mouvement à la vitesse régulière de 0,01 m/s.

En 1 heure, soit 3 600 s, elle effectue : $3\,600 \times 0{,}01 \text{ m} = 36 \text{ m}$.

En 3 heures, soit 10 800 s, elle effectue : $10\,800 \times 0{,}01 \text{ m} = 108 \text{ m}$.

4 Échelles 5e

L'échelle e d'une représentation est le quotient de la dimension d sur le dessin par la dimension réelle D.

$e = \dfrac{d}{D}$.

On la convertit en général sous la forme d'une fraction dont le numérateur est 1.

Exemple

Soit la distance réelle de 16 m.

À l'échelle $\dfrac{1}{200}$, la distance réduite est $(16 \times 1) : 200 = 0{,}08 \text{ m}$ soit 8 cm.

5 Représentation graphique 4e

Les points de la représentation graphique d'une situation de proportionnalité sont tous alignés avec l'origine du repère (et réciproquement).

Exemple

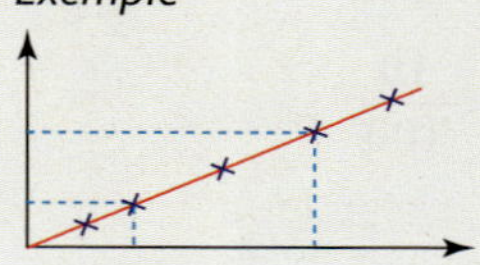

6 Grandeurs composées 3e

De $a = b \times c$, on déduit $b = \dfrac{a}{c}$ $(c \neq 0)$ ou $c = \dfrac{a}{b}$ $(b \neq 0)$ et réciproquement.

7 Augmentation et diminution en % 3e

Une valeur P augmentée de t % devient $P + (P \times t) : 100$.

Une valeur P diminuée de t % devient $P - (P \times t) : 100$.

Exemple

x est le prix d'un objet.

$f(x)$ est son prix réduit de 20 %.

$f(x) = x - (x \times 20) : 100 = x - 0{,}2x = 0{,}8x$

❶ Repérage sur une droite 5e

Sur une droite graduée, on repère un point par un nombre relatif appelé abscisse du point.

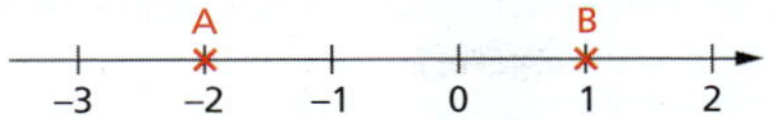

Exemple L'abscisse de A est -2.

La distance entre deux points sur une droite graduée est la différence entre la plus grande et la plus petite abscisse.

Exemple $AB = 1-(-2) = 1+2 = 3$.

❷ Repérage dans le plan 5e

Grâce à un repère du plan (constitué de deux droites graduées), on repère un point **M** par deux nombres relatifs x et y appelées **coordonnées**.

x est l'**abscisse** de M.

y est **l'ordonnée** de M.

On note : $M(x\,;\,y)$.

On utilise le repérage en géométrie, mais aussi en géographie, et particulièrement en navigation pour retrouver la position d'un bateau sur l'océan.

En général, au collège, on utilise un repère orthogonal, où les deux droites sont perpendiculaires, et même un repère orthonormal ou orthonormé, où les deux droites sont graduées suivant la même unité.

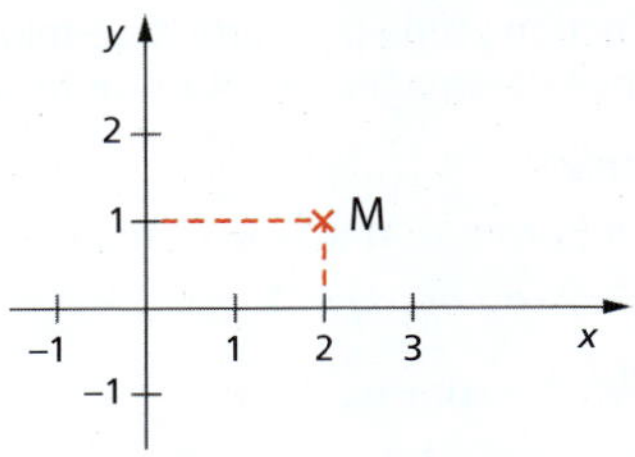

Exemple $M(2\,;1)$.
2 est l'abscisse de M.

1 est l'ordonnée de M.

❸ Notion de fonction 3e

Une fonction f est une relation qui associe à un nombre x son image $f(x)$.

On note $f : x \longrightarrow f(x)$.
L'antécédent de $f(x)$ est le nombre x.

Exemple $f(x) = 4x^2$.
$f(3) = 4 \times 3^2 = 4 \times 9 = 36$.
L'image de 3 par la fonction f est 36.

Exemple $g(x) = 4x - 1$.
On recherche le nombre x tel que $g(x) = -9$.

$4x-1=-9$; $4x=-9+1$

$4x=-8$; $x=-\frac{8}{4}=-2$

L'antécédent de - 9 par la fonction g est - 2.

❹ Représentation graphique d'une fonction 3e

Exemple : $h(x) = x^2 - 4x$. La fonction h est représentée graphiquement par une courbe C_h.

$h(-1) = (-1)^2 - 4 \times (-1) = 1 + 4 = 5$
$(-1\,;5)$ est un point de la courbe.

$h(0) = 0^2 - 4 \times 0 = 0 - 0 = 0$
$h(1) = 1^2 - 4 \times 1 = 1 - 4 = -3$
$h(2) = 2^2 - 4 \times 2 = 4 - 8 = -4$
$h(3) = 3^2 - 4 \times 3 = 9 - 12 = -3$
$h(4) = 4^2 - 4 \times 4 = 16 - 16 = 0$
$h(5) = 5^2 - 4 \times 5 = 25 - 20 = 5$

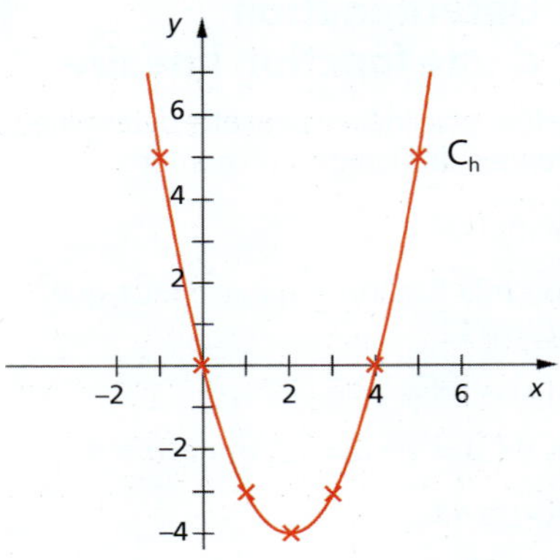

MATHS

FONCTIONS LINÉAIRES ET AFFINES

1 Fonctions linéaires 3e

Soit une expression $f(x) = ax$ où a est un nombre fixé.

f est appelée fonction linéaire de coefficient a.

$f : x \rightarrow ax$.

ax est l'image de x par f.

Exemple

Une baguette coûte 0,80 €.

Le prix de x baguettes est 0,80 x.

$p(x) = 0{,}80\,x$.

p est une fonction linéaire.

2 Représentation graphique d'une fonction linéaire 3e

La représentation graphique d'une fonction linéaire f telle que $f(x) = ax$ est une droite d_f. Cette droite passe par l'origine du repère.

Exemple $g(x) = -1{,}5x$.

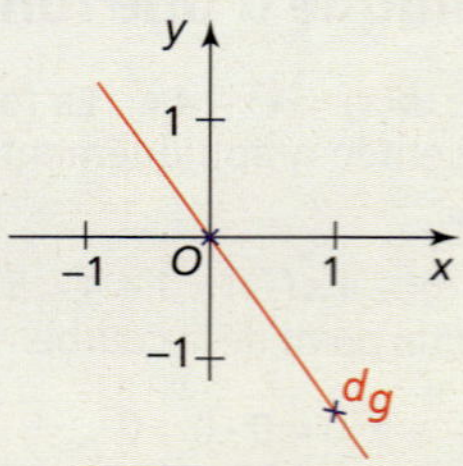

La représentation graphique est la droite passant par $(0\,;0)$ et $(1\,;-1{,}5)$.

Toute situation de proportionnalité peut être décrite par une fonction linéaire.

3 Détermination d'une fonction linéaire 3e

Une fonction linéaire peut être déterminée par la donnée de l'image d'un nombre.

Exemple

Soit *h* la fonction linéaire telle que $h(3) = 12$.

$h(x) = ax$;

or, $h(3) = 3 \times a = 12$ donc $a = 4$;

$h(x) = 4x$.

4 Fonctions affines 3e

Soit une expression $f(x) = ax + b$ où a et b sont des nombres fixés.

f est appelée fonction affine de coefficient a.

$f : x \rightarrow ax + b$.

$ax + b$ est l'image de x par f.

Exemple

$s(x) = 4x + 3$ où x est le nombre de km effectués et $s(x)$ la somme payée à une compagnie de transports en fonction de x.

5 Représentation graphique d'une fonction affine 3e

La représentation graphique d'une fonction affine f telle que $f(x) = ax + b$ est une droite d_f.

Cette droite passe par le point $(0\,;b)$.

Exemple $g(x) = 2x - 1$.

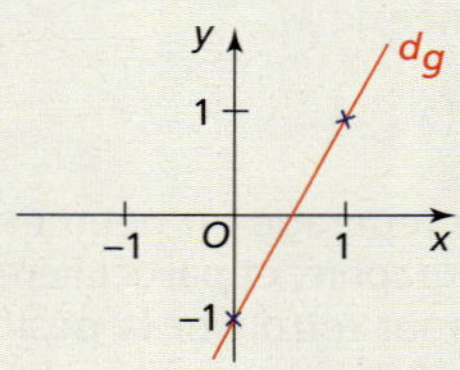

La représentation graphique est la droite passant par $(0\,;-1)$ et $(1\,;1)$.

6 Détermination d'une fonction affine 3e

Une fonction affine peut être déterminée par la donnée des images de deux nombres.

Exemple

Soit *h* la fonction affine telle que $h(1) = 2$ et $h(-1) = 4$.

Or, $h(x) = ax + b$, donc

$h(1) = a \times 1 + b = a + b = 2$ et

$h(-1) = a \times (-1) + b = -a + b = 4$.

On résout un système et on trouve $a = -1$ et $b = 3$.

$h(x) = -x + 3$.

STATISTIQUES ET GRAPHIQUES

❶ Tableau de données ; effectifs — 6e - 5e

On peut toujours résumer les données d'une série statistique dans un tableau.

L'effectif d'une classe est le nombre d'individus d'une classe.

L'effectif total est la somme des effectifs de chaque classe.

Exemple

Voici le tableau 1 donnant le type d'émission TV préféré par les élèves d'une classe :

émissions	TV-réalité	films	séries B	jeux TV
effectifs	10	8	5	2

$10 + 8 + 5 + 2 = 25$

L'effectif total est 25.

❷ Graphique — 6e

Un graphique permet de représenter l'évolution d'un phénomène.

Exemple

Le graphique suivant représente l'évolution de l'espérance de vie de la femme de 1950 à 2000 :
(source : TEF INSEE)

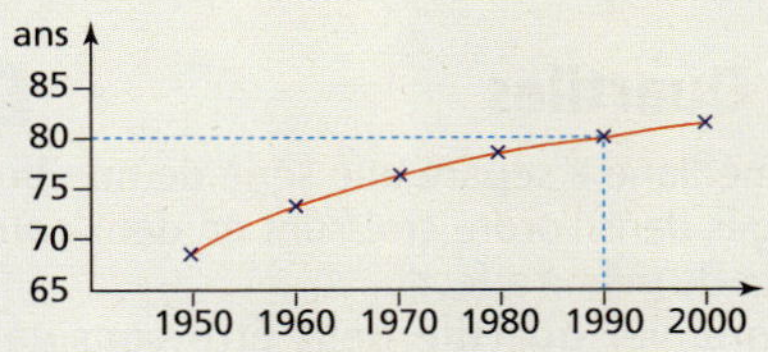

En 1990, l'espérance de vie était de 80 ans.

❸ Fréquences — 5e

La fréquence d'une valeur ou d'une classe est le quotient de l'effectif correspondant par l'effectif total.

Les fréquences sont des nombres compris entre 0 et 1, souvent exprimés en pourcentage.

Exemple

Dans le tableau 1 avec les types d'émission préférées, la fréquence correspondant à la TV-réalité est $10 : 25 = 0,4$ soit 40 %.

émissions	TV-réalité	films	séries B	jeux TV
effectifs	10	8	5	2
fréquences	40 %	32 %	20 %	8 %

❹ Représentations graphiques d'une série — 5e

Un **diagramme en bâtons** est une représentation d'une série statistique par des bâtons (segments) de hauteurs proportionnelles aux effectifs.

Exemple

Pour le tableau 1, un diagramme en bâtons est :

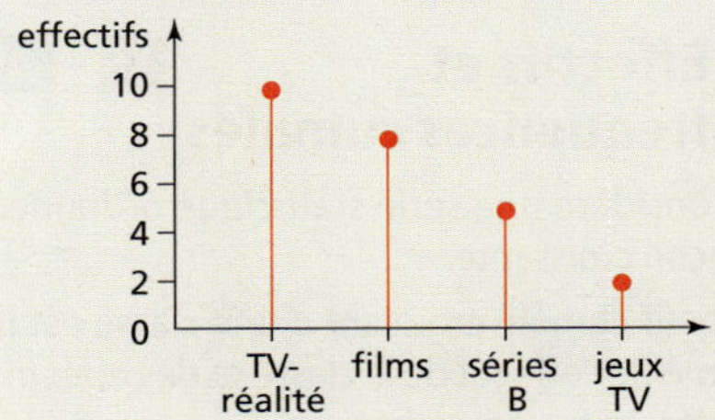

Un **diagramme circulaire** (ou **semi-circulaire**) est un disque (ou demi-disque) partagé en secteurs angulaires dont les mesures sont proportionnelles aux effectifs.

Exemple

Pour le tableau 1, un diagramme circulaire est :

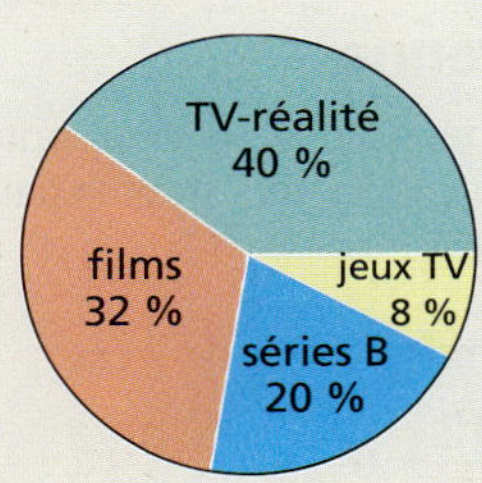

Un **histogramme** est une représentation d'une série statistique (exprimée en intervalles) par des rectangles dont les aires sont proportionnelles aux effectifs.

Exemple

Voici le tableau 2 donnant les masses de nos 25 élèves :

masses (kg)	[40 ; 50[	[50 ; 60[	[60 ; 70[
effectifs	8	12	5

Un histogramme correspondant est :

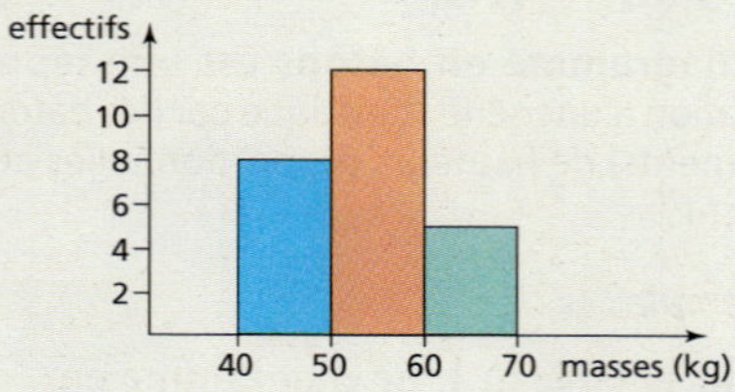

5 Effectifs et fréquences cumulés 5e - 4e

On considère une série statistique ordonnée de façon croissante.

L'effectif cumulé croissant d'une classe est la somme de l'effectif de la classe et des effectifs des classes qui précèdent.

Exemple

Dans le tableau 2, les effectifs cumulés sont : 8, 20 et 25.

20 élèves ont une masse de moins de 60 kg.

On définit de même les fréquences cumulées.

6 Moyenne 4e

La moyenne d'une série de n nombres est obtenue en divisant leur somme par n.

Exemple

La moyenne de 5 et de 7 est

$\frac{5+7}{2}=\frac{12}{2}=6$.

La moyenne pondérée des nombres x_1 ; x_2, ..., x_n affectés des coefficients respectifs e_1, e_2, ..., e_n est :

$$M=\frac{e_1\times x_1+e_2\times x_2+.........+e_n\times x_n}{e_1+e_2+.........+e_n}$$

Exemple

Calculons la moyenne des masses des 25 élèves dans le tableau 2.

Pour caractériser les intervalles, on prendra le centre des classes.

$$\mathrm{M}=\frac{8\times45+12\times55+5\times65}{8+12+5}$$

$$\mathrm{M}=\frac{360+660+325}{25}=\frac{1\,345}{25}=53{,}8.$$

La moyenne des masses est 53,8 kg.

7 Médiane 3e

La valeur médiane d'une série de nombres rangés dans l'ordre croissant est un nombre qui sépare la série en deux parties égales.

Exemple

Pour les nombres 7 ; 18 ; 5 ; 9 et 24, on a $5<7<9<18<24$.

La médiane est 9.

8 Quartiles 3e

La médiane a séparé une série de nombres rangés dans l'ordre croissant en deux sous-séries de même effectif.
Le premier quartile peut être considéré comme la médiane de la première sous-série.
Le troisième quartile peut être considéré comme la médiane de la deuxième sous-série.

9 Étendue 3e

L'étendue d'une série de valeurs est la différence entre la valeur maximale et la valeur minimale.

Exemple

Pour la série des nombres 7 ; 18 ; 5 ; 9 et 24, l'étendue est $24-5=19$.

MATHS

1 Probabilités simples 3e

Une expérience aléatoire (un lancer de dés, une distribution de cartes, un tournage de roue de loterie, un tirage de boules dans une urne) propose plusieurs éventualités dont le résultat est imprévisible.

La probabilité qu'une éventualité soit réalisée est un nombre compris entre 0 et 1 qui définit le fait de cette réalisation.

Un évènement peut être l'ensemble de plusieurs éventualités. La probabilité de l'évènement est définie de la même façon, c'est un nombre compris entre 0 et 1 qui caractérise le fait que ces éventualités soient réalisées.

Lorsqu'un évènement a une probabilité de 0, c'est qu'il est impossible.

Lorsqu'un évènement a une probabilité de 1, c'est qu'il est forcément réalisé.

Pour *n* éventualités possibles, on a donc *n* probabilités associées p_1, p_2, ...p_n.

On a : $p_1 + p_2 + ... + p_n = 1$.

On est en situation d'équiprobabilité lorsque chacune des éventualités a la même probabilité.

Soit A un évènement. On note p(A) sa probabilité.

$$p(A) = \frac{\text{nombre de cas favorables à A}}{\text{nombre de cas possibles}}.$$

Exemple

On lance un dé cubique classique (à six faces numérotées de 1 à 6).

La probabilité d'obtenir le nombre 3 est $\frac{1}{6}$.

Exemple

On tire au hasard une boule dans une urne qui contient 7 boules blanches, 3 noires et 6 bleues.

Il y a 16 boules en tout. La probabilité d'obtenir la couleur blanche est $\frac{7}{16}$.

2 Probabilités d'évènements à une ou deux épreuves 3e

Un évènement peut être à une épreuve (lancer d'un dé) ou à deux épreuves (deux lancers d'un dé).

On définira aussi un évènement A et son contraire $\overline{A}$ (qui contient les autres éventualités possibles que celles de A). $p(\overline{A}) = 1 - p(A)$.
D'autre part, pour les évènements à une épreuve un peu plus compliqués, on dressera des tableaux, et pour les évènements à deux épreuves, on pourra dessiner des arbres.

Exemple
On lance une pièce de monnaie deux fois de suite. Dresser un arbre des résultats possibles et en déduire la probabilité d'obtenir deux fois pile. On note P pour pile et F pour face.

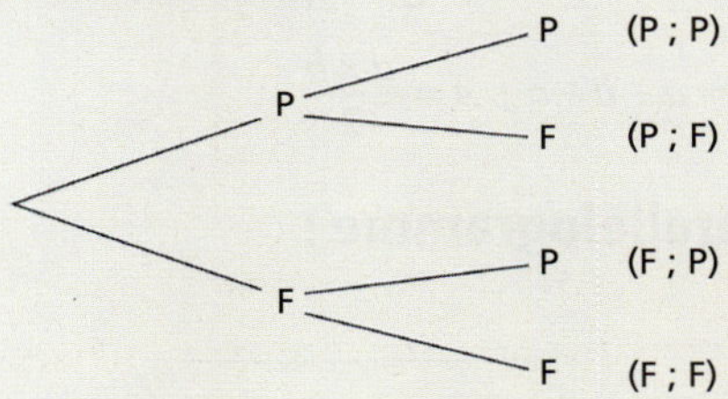

La probabilité d'obtenir deux fois pile est $\frac{1}{4}$.

Exemple
Dans une classe de 20 élèves, 12 font du dessin, 4 font de la musique alors que 5 ne pratiquent aucune de ces deux activités.
On note D : « l'élève pratique du dessin »
$\overline{D}$: « l'élève ne pratique pas de dessin »
M : « l'élève pratique de la musique »
$\overline{M}$: « l'élève ne pratique pas de musique »
Dresser un tableau.

	D	$\overline{D}$	total
M	1	3	4
$\overline{M}$	11	5	16
total	12	8	20

La probabilité qu'un élève pratique la musique est $\frac{4}{20} = \frac{1}{5}$.

PÉRIMÈTRES ET AIRES DES FIGURES USUELLES

On note P le périmètre de la figure et A son aire.

Rectangle :

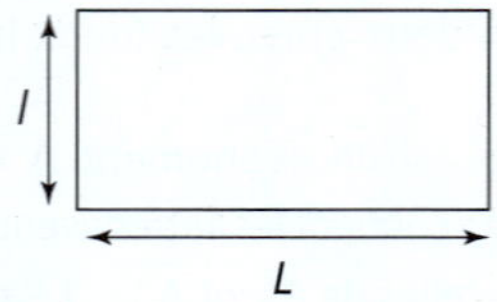

$P = 2(L + l)$; $A = L \times l$.

Carré :

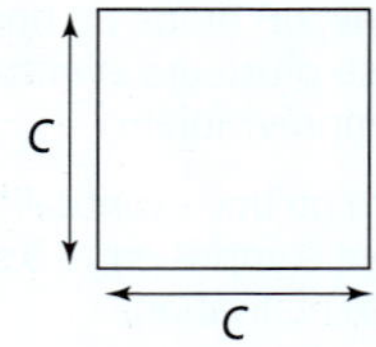

$P = 4 \times c$; $A = c^2$.

Triangle rectangle :

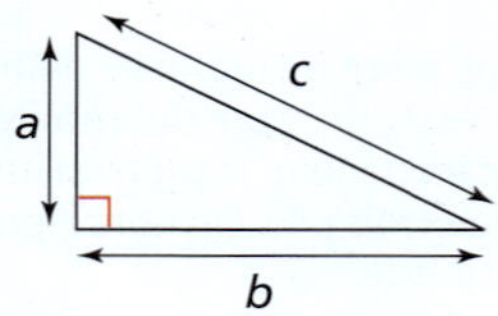

$P = a + b + c$; $A = \dfrac{a \times b}{2}$.

Triangle :

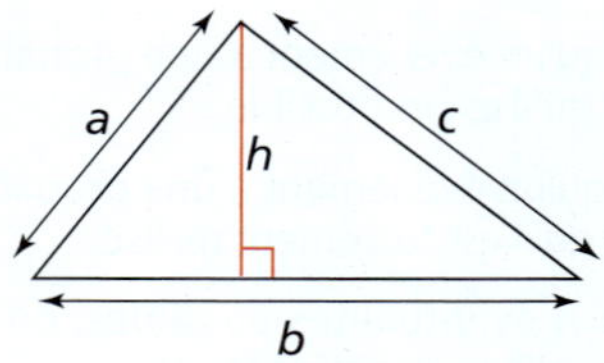

$P = a + b + c$; $A = \dfrac{b \times h}{2}$.

Parallélogramme :

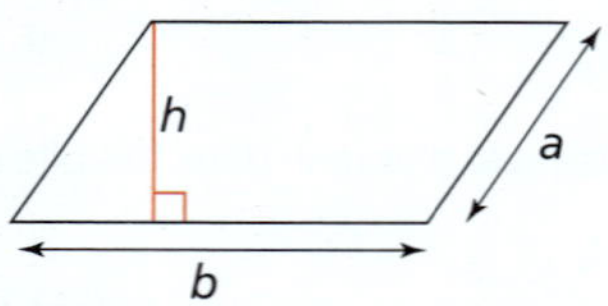

$P = 2(a + b)$; $A = b \times h$.

Trapèze :

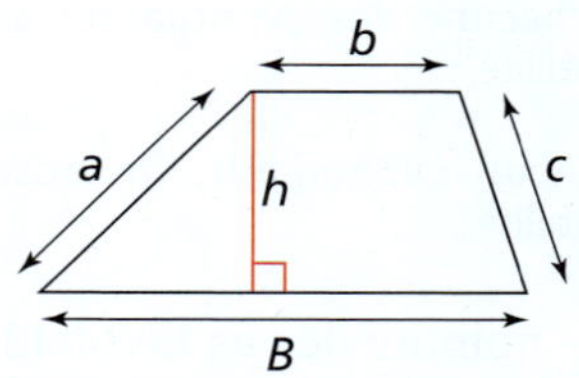

$P = a + b + c + B$; $A = \dfrac{(B + b) \times h}{2}$.

Losange :

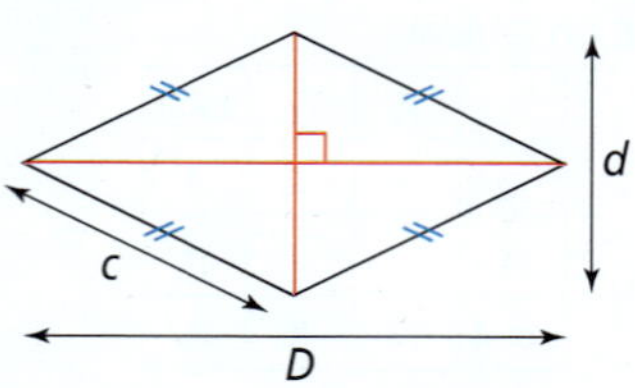

$P = 4 \times c$; $A = \dfrac{D \times d}{2}$.

Cercle et disque :

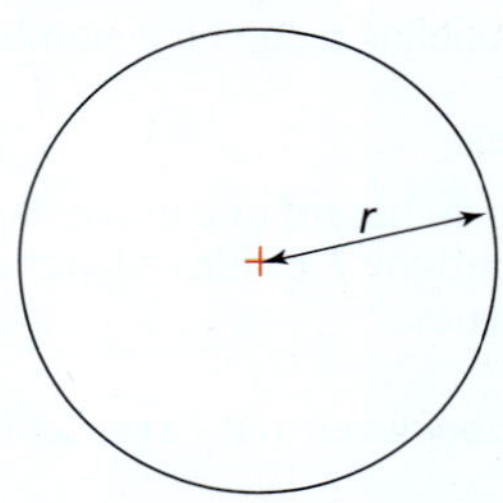

$P = 2 \times \pi \times r$; $A = \pi \times r^2$.

VOLUMES DES SOLIDES USUELS

On note V le volume du solide géométrique.

Parallélépipède rectangle :

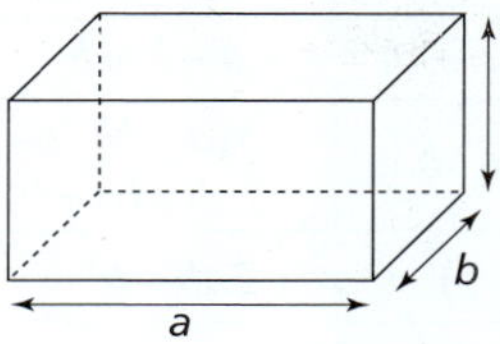

$V = a \times b \times c$.

Cube :

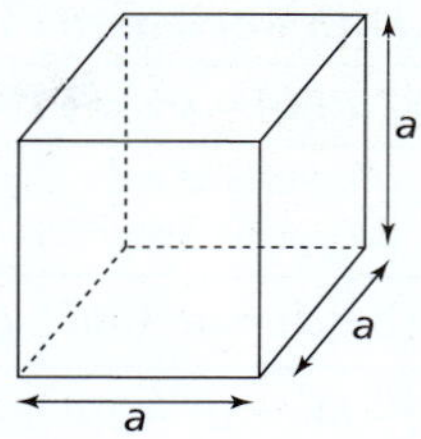

$V = a^3$.

Prisme droit :

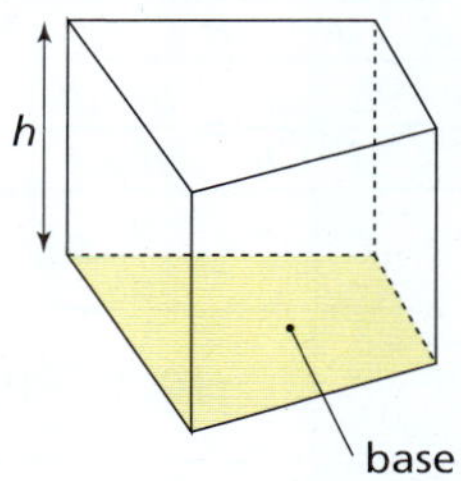

$V = A_b \times h$ où A_b est l'aire de base.

Cylindre de révolution :

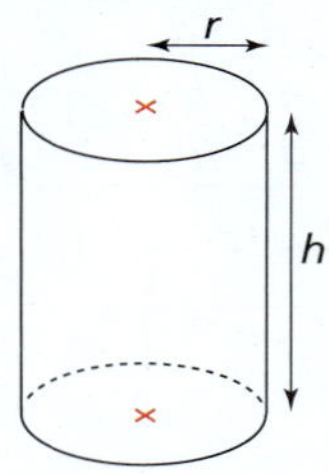

$V = \pi \times r^2 \times h$.

Pyramide :

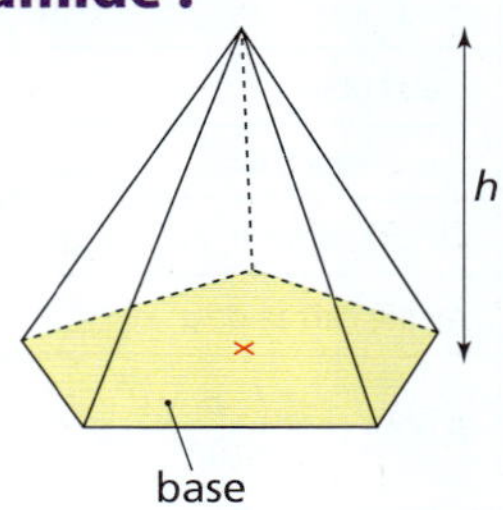

$V = \dfrac{A_b \times h}{3}$ où A_b est l'aire de base.

Pyramide à base carrée :

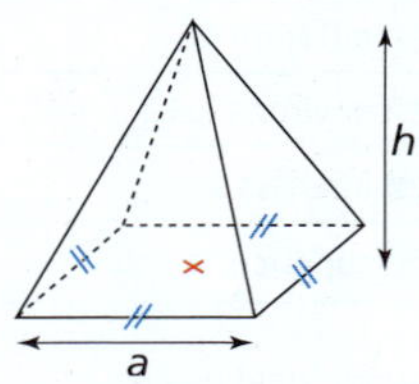

$V = \dfrac{a^2 \times h}{3}$.

Cône de révolution :

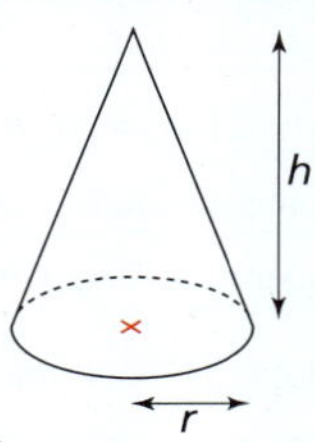

$V = \dfrac{\pi \times r^2 \times h}{3}$.

Boule :

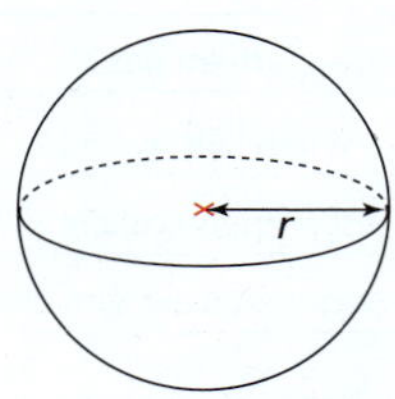

$V = \dfrac{4 \times \pi \times r^3}{3}$.

FORMULES D'ALGÈBRE ; SYMBOLES ET NOTATIONS

Dans ces formules d'algèbre, quand il y a des dénominateurs, on les suppose non nuls.

$a+(b+c)=a+b+c$		$a+(b-c)=a+b-c$	
$a-(b+c)=a-b-c$		$a-(b-c)=a-b+c$	
$k\times(a+b)=k\times a+k\times b$		$k\times(a-b)=k\times a-k\times b$	
ab signifie $a\times b$ $3a$ signifie $3\times a$		$\dfrac{a}{b}$ signifie $a:b$	$5(a+b)$ signifie $5\times(a+b)$
$(a+b)(c+d)=ac+ad+bc+bd$		$(a+b)^2=a^2+2ab+b^2$	
$(a-b)^2=a^2-2ab+b^2$		$(a+b)(a-b)=a^2-b^2$	
$\dfrac{a}{d}=\dfrac{a\times k}{d\times k}\quad(k\neq 0)$		$\dfrac{a}{d}=\dfrac{a:k}{d:k}\quad(k\neq 0)$	
$\dfrac{a}{d}+\dfrac{b}{d}=\dfrac{a+b}{d}$		$\dfrac{a}{d}-\dfrac{b}{d}=\dfrac{a-b}{d}$	
$\dfrac{a}{d}\times\dfrac{b}{d'}=\dfrac{a\times b}{d\times d'}$		$\dfrac{a}{d}:\dfrac{b}{d'}=\dfrac{a}{d}\times\dfrac{d'}{b}=\dfrac{a\times d'}{d\times b}$	
$a^n\times a^p=a^{n+p}$	$10^n \times 10^p=10^{n+p}$	$(a\times b)^n=a^n\times b^n$	$\dfrac{1}{a^n}=a^{-1}$
$\dfrac{a^n}{a^p}=a^{n-p}$	$\dfrac{10^n}{10^p}=10^{n-p}$	$(a^n)^p=a^{n\times p}$	$(10^n)^p=10^{n\times p}$
$\sqrt{ab}=\sqrt{a}\times\sqrt{b}\quad(a\geqslant 0\,;b\geqslant 0)$		$\sqrt{\dfrac{a}{b}}=\dfrac{\sqrt{a}}{\sqrt{b}}\quad(a\geqslant 0\,;b>0)$	

Symbole	Signification	Notation	Signification
$=$	est égal à	a^2	*a* au carré
$\neq$	est différent de	a^3	*a* au cube
$\approx$	est environ égal à	a^n	*a* puissance *n*
$<$	est inférieur à	10^n	10 puissance *n*
$>$	est supérieur à	$\sqrt{a}$	racine carrée de *a*
$\leqslant$	est inférieur ou égal à	$p\,\%$	*p* pour cent $\left(\dfrac{p}{100}\right)$
$\geqslant$	est supérieur ou égal à	$f(x)$	image de *x* par la fonction *f*

Symbole	Signification	Notation	Signification
$\in$	appartient à	$\overset{\frown}{AB}$	arc $\overset{\frown}{AB}$
$\notin$	n'appartient pas à	$\widehat{AOB}$	angle $\widehat{AOB}$
$//$	est parallèle à	$\sin\widehat{AOB}$	sinus de l'angle $\widehat{AOB}$
$\perp$	est perpendiculaire à	$\cos\widehat{AOB}$	cosinus de l'angle $\widehat{AOB}$
$[AB]$	segment d'extrémités *A* et *B*	$\tan\widehat{AOB}$	tangente de l'angle $\widehat{AOB}$
(AB)	droite passant par *A* et *B*	$M(x\,;y)$	point *M* de coordonnées *x* et *y*
$[AB)$	demi-droite d'origine *A* passant par *B*	AB	distance de A à B

1 La nécessité de « mettre de l'ordre » : la classification du vivant

Classer le vivant consiste à former des regroupements d'êtres vivants possédant des attributs en commun, pour rendre compte de leurs liens de parenté. En effet, tout ensemble d'êtres vivants possédant des caractères communs les a hérités d'un ancêtre commun. Il existe de nombreux niveaux de regroupements du plus petit (la variété ou la sous-espèce) au plus vaste (l'embranchement).

Historiquement, les classifications se fondaient sur des ressemblances morphologiques, anatomiques et comportementales. Aujourd'hui, elles prennent en compte des données génétiques, qui ont bouleversé bien des visions traditionnelles (par ex., on sait aujourd'hui que les reptiles ne forment pas un groupe homogène descendant d'un même ancêtre).

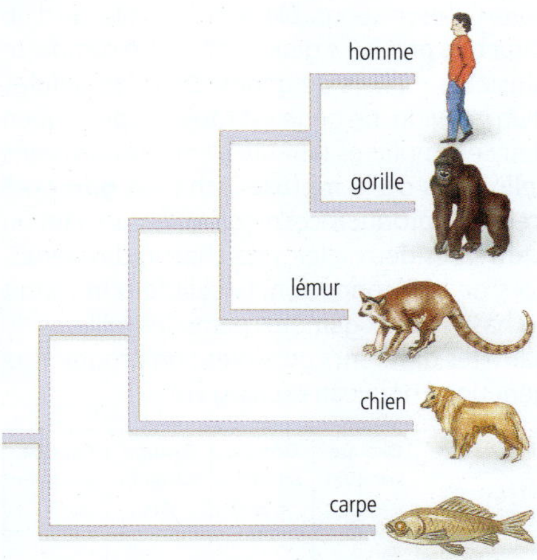

▲ Cladogramme simplifié montrant la répartition en grands groupes *(clades)* des êtres vivants représentés, en fonction des structures anatomiques homologues qu'ils possèdent en commun : colonne vertébrale, glandes mammaires, pouces opposables, queue non visible, 23 paires de chromosomes.

2 La cellule : l'unité de base du vivant

Tous les êtres vivants sont constitués d'éléments microscopiques appelés **cellules***, possédant un noyau (1), un cytoplasme (2), une membrane (3).

Certains êtres vivants ne sont constitués que d'une seule cellule (la cryptophycée, par ex.) : ce sont les organismes unicellulaires.

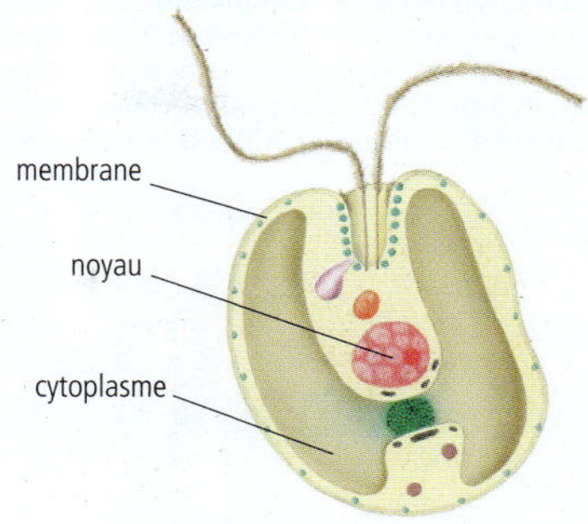

▲ La cryptophycée : une algue unicellulaire.

3 Pour voir l'infiniment petit

Le **microscope** est un instrument d'optique qui permet de grossir les objets observés de 15 à 1 800 fois ; mais ces objets doivent être très minces pour être traversés par la lumière.

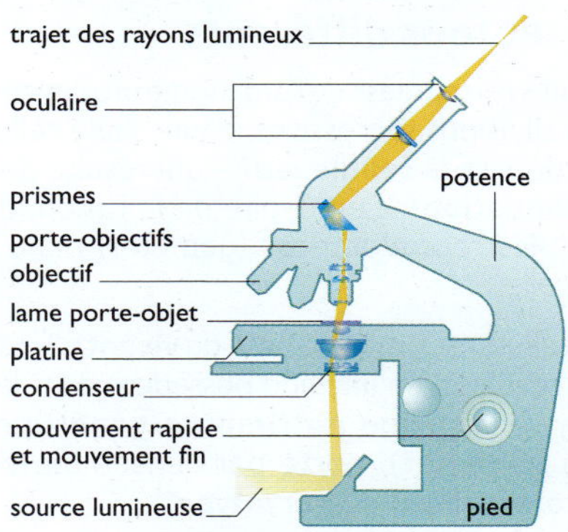

microscope optique

▼ Schéma type de la cellule animale (à gauche) et de la cellule végétale (à droite), avec noyau (1), cytoplasme (2) et membrane (3).

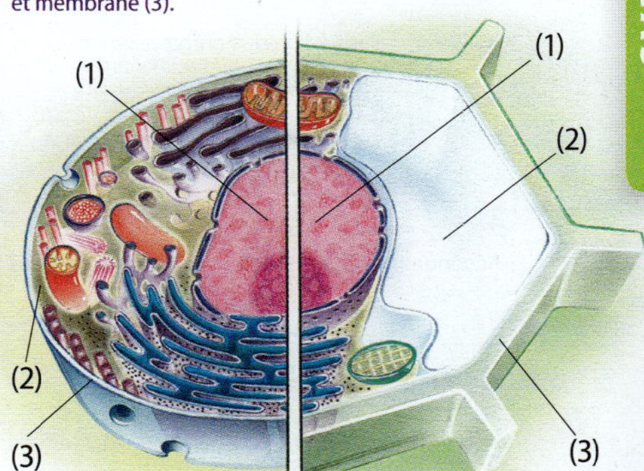

Le corps humain contient 100 000 milliards de cellules environ. Chacune d'entre elles contient, dans son noyau, un exemplaire du patrimoine génétique, réparti sur 46 chromosomes (groupés en 23 paires). Chaque chromosome est constitué d'un long filament d'ADN enroulé sur lui-même. Ce filament d'ADN est formé d'unités élémentaires, les nucléotides, qui se suivent le long de deux chaînes liées l'une à l'autre.
Certains segments de ce filament constituent une information dont la transmission est héréditaire : ce sont les gènes.

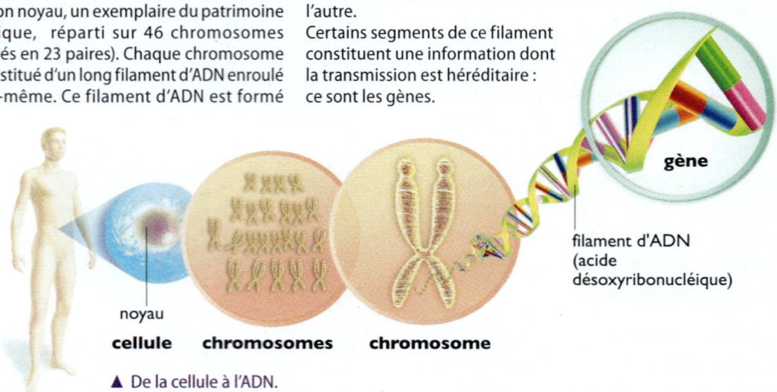

▲ De la cellule à l'ADN.

4 Un paradoxe apparent : à la fois tous semblables et tous différents

Toutes les **cellules*** de l'organisme proviennent, par divisions successives, d'une seule cellule de départ, la **cellule œuf** – qui résulte de la **fécondation***, c'est-à-dire de la fusion, des cellules reproductrices (gamètes) mâle et femelle.

La cellule est l'unité de base du **vivant***. Toutes les cellules d'un individu possèdent dans leur noyau le même **patrimoine génétique*** (ou **génome***), porté par l'ensemble des **chromosomes*** (ou **caryotype***).

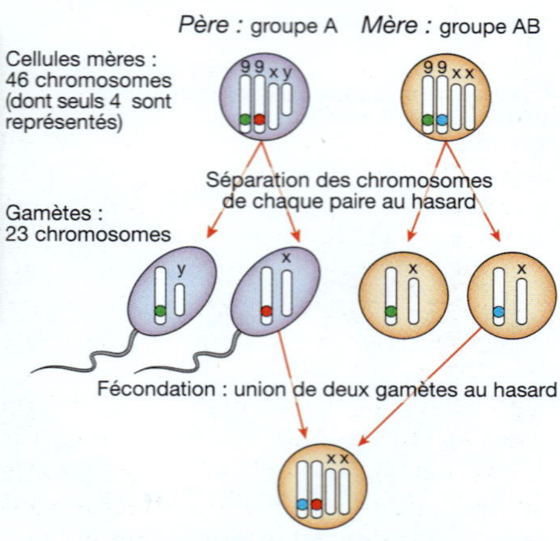

Un nouvel individu unique et original
(sexe féminin, groupe B)

5 Gène et patrimoine génétique

Les chromosomes, constitués d'ADN, sont le support de l'information génétique.
Chaque élément d'information s'appelle un **gène*** : il est responsable de la transmission d'un caractère précis. Le génome humain comporte plusieurs milliers de gènes. Dans les cellules d'un individu, un gène est toujours présent en deux exemplaires (**allèles**). Lors des divisions cellulaires de la **méiose***, chaque **gamète*** (cellule reproductrice) reçoit au hasard l'un ou l'autre des deux allèles de chacun des gènes. Lors de la fécondation, la cellule œuf réunit au hasard deux gamètes parmi les millions de gamètes différents possibles : un programme génétique nouveau est ainsi créé.

Groupe sanguin = un caractère de l'individu	**Groupe sanguin** A	**Groupe sanguin** B	**Groupe sanguin** AB	**Groupe sanguin** O
Molécules particulières au niveau de la membrane des hématies ▲ **Molécule A** ● **Molécule B**	hématies	hématies	hématies	hématies
Le gène responsable du groupe sanguin est situé sur les chromosomes n°9	n°9 n°9	n°9 n°9	n°9 n°9	n°9 n°9
Il existe 3 allèles de ce gène A ● B ● O ●	n°9 n°9	n°9 n°9		

Les appareils **digestif***, **respiratoire*** et **circulatoire*** contribuent à approvisionner les organes. Ils participent à la nutrition de l'organisme. Cet ensemble de fonctions permet aux êtres vivants d'absorber des éléments issus du milieu dans lequel ils vivent, afin d'assurer la croissance et/ou le fonctionnement de leur organisme.

1 L'alimentation

Les animaux ont des **régimes alimentaires** très divers :

- certains sont **carnivores*** (zoophages), se nourrissant surtout d'aliments d'origine animale, comme les félidés ou les canidés, par exemple ;
- d'autres sont **herbivores*** (phytophages) et se nourrissent surtout de végétaux, comme les ruminants ;
- d'autres enfin, parmi lesquels l'homme, sont **omnivores*** : ils se nourrissent d'aliments d'origine à la fois animale et végétale.

2 Les caractéristiques d'une bonne alimentation

Pour se maintenir en bonne santé, il est nécessaire d'avoir une alimentation suffisante en quantité et équilibrée en qualité. Elle doit être quantitativement suffisante pour compenser les dépenses et les besoins énergétiques de l'organisme. Ceux-ci sont variables selon l'activité, l'âge, le sexe de chaque individu et dépendent des conditions auxquelles il est confronté dans son environnement (comme la température extérieure, par ex.).

3 Dépenses énergétiques pour un adolescent de 55 kg

Activité	Coût énergétique
	(en kilojoules/heure)
allongé	310
assis	350
marche	1 200
vélo	1 400
football	1 800
natation	2 000

4 Les apports des aliments

Aliments bâtisseurs	Aliments riches en **protides*** (protéines) d'origine animale : viande, œufs, poisson
	Aliments riches en **calcium** et en protides d'origine animale : lait, fromages
Aliments fonctionnels	Aliments riches en **vitamines*** et en **fibres*** : fruits et légumes crus ou cuits
Aliments énergétiques	Aliments riches en **lipides*** (matières grasses) : beurre, huiles, charcuterie
	Aliments riches en **glucides*** (**amidon*** et **sucres***) : pain, pâtes, pommes de terre, riz, produits sucrés
Sans oublier surtout	L'**eau*** (y compris celle contenue dans les jus de fruits, les infusions, etc.)

Fotolia.com © S. Velusceac

▲ Aliments fonctionnels : des fruits et des légumes.

5 La digestion

La **digestion*** désigne l'ensemble des opérations qui transforment les aliments ingérés en molécules absorbables par l'organisme, ou **nutriments**. Ceux-ci sont utilisés en permanence par nos cellules (pour produire de l'énergie et pour fabriquer de la matière nouvelle conformément aux « plans de fabrication » que sont les gènes). Au cours de la digestion, la fragmentation de molécules complexes de grande taille (**glucides***, **protides***, **lipides***) contenues dans les aliments aboutit à un nombre réduit de molécules simples (glucose, acides aminés, glycérol, acides gras). Cette simplification moléculaire s'effectue sous l'action d'**enzymes** présentes dans les sucs digestifs.

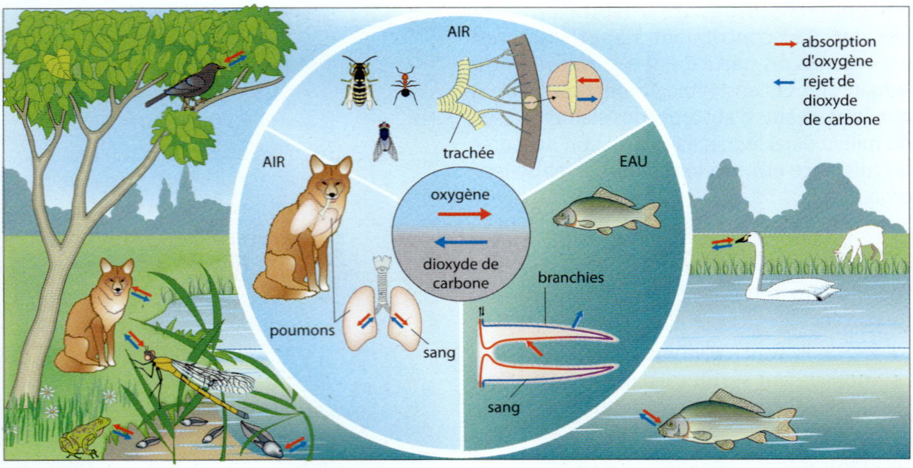

▲ Les différents systèmes respiratoires.

6 La respiration

Les êtres vivants – qu'ils soient animaux ou végétaux – respirent constamment. Ce phénomène vital se traduit par des échanges gazeux entre les organismes vivants et leur milieu de vie : **absorption de dioxygène** (**oxygène*** à l'état de gaz) et **rejet de dioxyde de carbone***. La diversité des organes respiratoires permet aux animaux d'occuper tous les milieux. Ces organes respiratoires (**poumons***, **branchies***, **trachées***) ont en commun la finesse des parois et l'étendue des surfaces d'échange.

Dans le cadre de la photosynthèse, les végétaux entretiennent, en plus de la respiration, des échanges gazeux inverses avec le milieu : absorption de dioxyde de carbone et rejet de dioxygène.

7 Un fragile équilibre à préserver

Contrairement à la teneur en dioxygène de l'air du milieu terrestre, celle de l'eau est faible et peut être modifiée par de nombreux facteurs : la température et l'agitation de l'eau, la présence de végétaux chlorophylliens (qui dégagent du dioxygène lorsqu'ils sont éclairés, c'est-à-dire le jour). Les espèces aquatiques occupent le milieu selon leurs exigences respiratoires et au gré des variations d'**oxygénation*** (journalières ou saisonnières). La responsabilité de l'homme est grande ; en effet, par ses activités et les pollutions qu'elles génèrent, il peut modifier les conditions d'oxygénation de l'eau. Ces variations de la teneur en dioxygène dissous sont un facteur déterminant de la présence et de la répartition des êtres vivants.

8 Le rôle du dioxygène

Le dioxygène absorbé dans le cadre de la respiration est utilisé au sein des cellules : il est consommé au cours d'un ensemble de réactions chimiques d'oxydation dans lesquelles les cellules dégradent des nutriments pour produire de l'**énergie**. L'énergie ainsi libérée est en partie consommée par l'activité cellulaire et en partie dissipée sous forme de chaleur. Cette dégradation des nutriments produit des déchets, notamment le **dioxyde de carbone**, qui devront être éliminés par l'organisme.

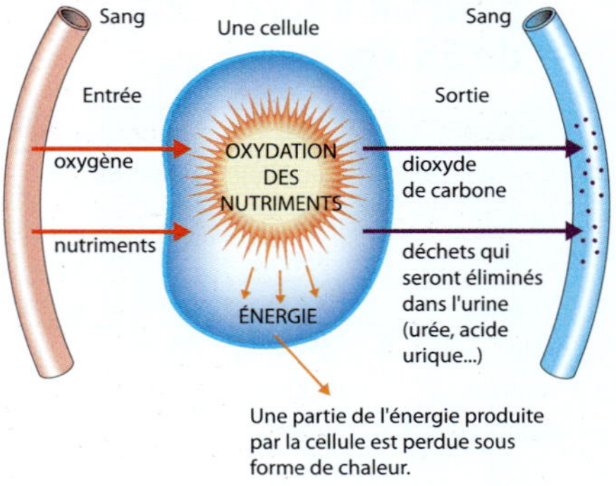

9 Les rôles du sang et de la lymphe

Le fonctionnement des cellules des organes nécessite des échanges incessants avec le milieu intérieur qui comprend deux liquides : le **sang*** et la **lymphe***. La lymphe interstitielle (celle qui baigne les cellules) est le véritable milieu d'échange avec les cellules. Elle se renouvelle à partir du sang qui arrive dans les capillaires sanguins.

10 La circulation sanguine

Le sang circule dans un système clos, formé de vaisseaux de calibres très différents : artères aux parois épaisses qui transportent le sang depuis le cœur vers les autres organes, veines aux parois plus fines qui conduisent le sang des organes vers le cœur et au niveau des cellules qui composent les différents organes, capillaires microscopiques (sanguins et lymphatiques), qui assurent les échanges de dioxygène, nutriments et déchets. La **circulation*** sanguine se fait à sens unique.

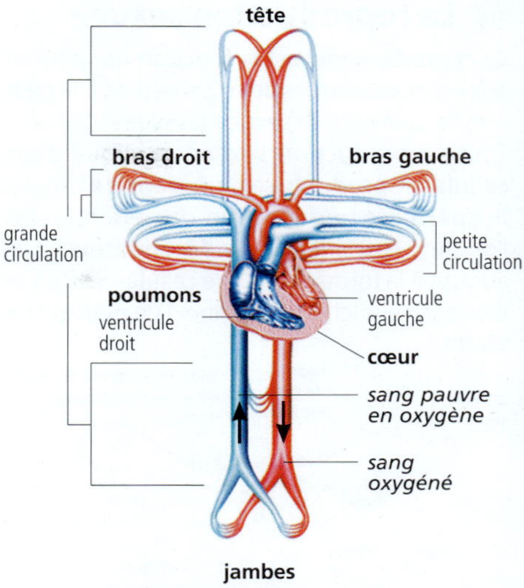

▲ La circulation du sang.

11 La « pompe » cardiaque

La circulation du sang dans notre organisme est mise en action par le **cœur*** qui joue le rôle d'une double pompe. Une cloison sépare le « cœur gauche » et le « cœur droit ». Les contractions rythmiques du muscle cardiaque, ou **myocarde**, propulsent le sang dans un sens imposé par des valvules. Si une des artères coronaires est rétrécie et se bouche, les cellules cardiaques normalement alimentées par cette artère sont privées de nutriments et de dioxygène et meurent : c'est l'**infarctus**. Un infarctus est en général la conséquence d'une maladie des parois des artères : l'**artériosclérose*** (durcissement et épaississement des parois). Elle est favorisée par trois principaux facteurs de risque : l'**hypertension***, l'**excès de poids** et le **tabagisme***, et s'accompagne fréquemment du dépôt de plaques de lipides (plaques d'athérome) sur les parois artérielles (c'est ce qu'on appelle l'athérosclérose).

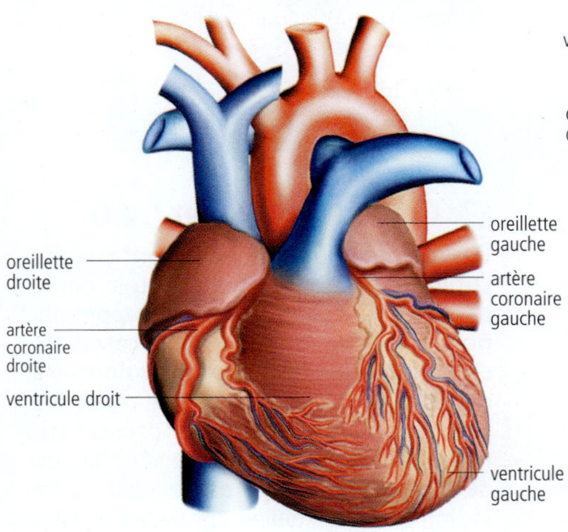

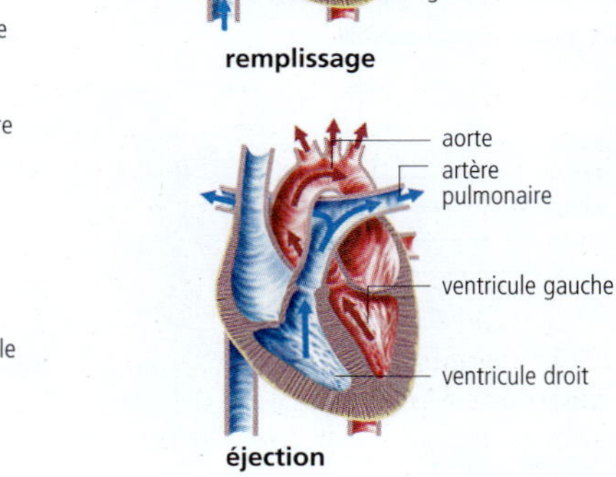

▲ Le cœur et son fonctionnement.

1 La reproduction sexuée

La **reproduction*** est la fonction qui permet aux espèces vivantes de se perpétuer. Elle peut être sexuée ou non sexuée (asexuée).

Toute reproduction sexuée implique deux cellules reproductrices, un **gamète*** mâle, le **spermatozoïde***, et un gamète femelle, l'**ovule*** : leur union est la **fécondation***. Elle aboutit à la formation d'une cellule-œuf. En se divisant, celle-ci est à l'origine d'un nouvel être vivant.

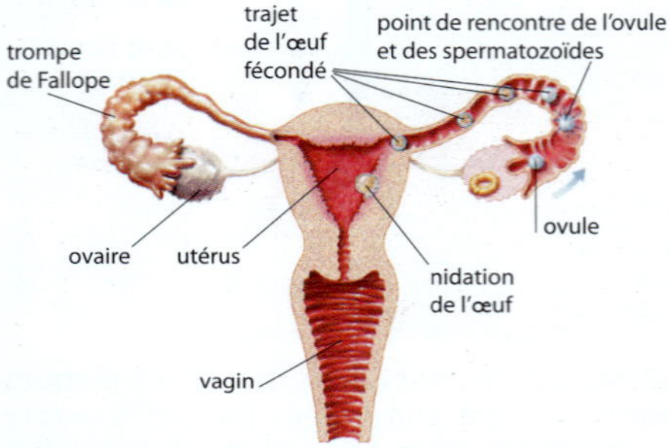

▲ Processus de la fécondation : le trajet de l'ovule, puis de l'œuf fécondé, depuis l'ovaire jusqu'à l'utérus où s'effectue la nidation. Pour atteindre l'ovule, les spermatozoïdes traversent le vagin, l'utérus et une partie d'une des deux trompes de Fallope.

2 Les appareils génitaux mâle et femelle

Les organes **génitaux*** assurent la production des gamètes et leur rencontre.

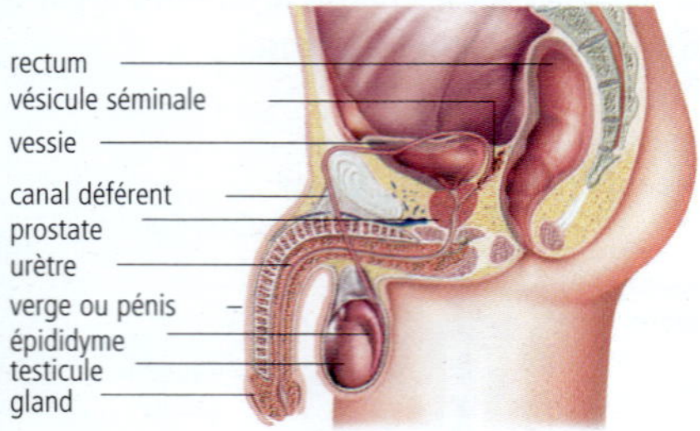

▲ L'appareil génital masculin.

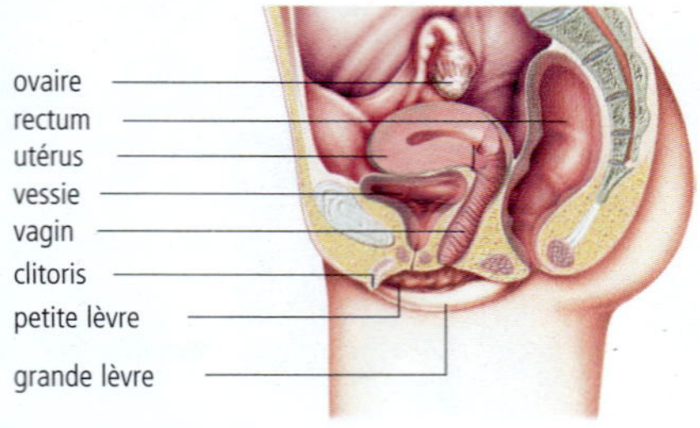

▲ L'appareil génital féminin.

3 La puberté

La **puberté*** marque le passage de l'état d'enfant à celui d'adulte : les caractères sexuels secondaires apparaissent et les organes génitaux des garçons et des filles commencent à fonctionner. Les **testicules*** des garçons produisent des spermatozoïdes ; les **ovaires*** des filles expulsent, de façon cyclique, des ovules (un ovule tous les 28 jours en moyenne).

4 La grossesse

Le mot **grossesse*** désigne l'ensemble des phénomènes qui se déroulent dans le corps de la femme entre la fécondation et l'accouchement. On distingue deux périodes au cours de la grossesse :

- la **vie embryonnaire**, qui dure 2 mois et correspond à la formation des différents organes (on parle à ce stade d'**embryon***) ;
- la **vie fœtale**, qui dure 7 mois et correspond surtout à une croissance accélérée du bébé (qu'on appelle alors **fœtus***). Les échanges alimentaires et respiratoires entre le fœtus et l'organisme maternel sont réalisés à travers le **placenta**, grâce au **cordon ombilical**.

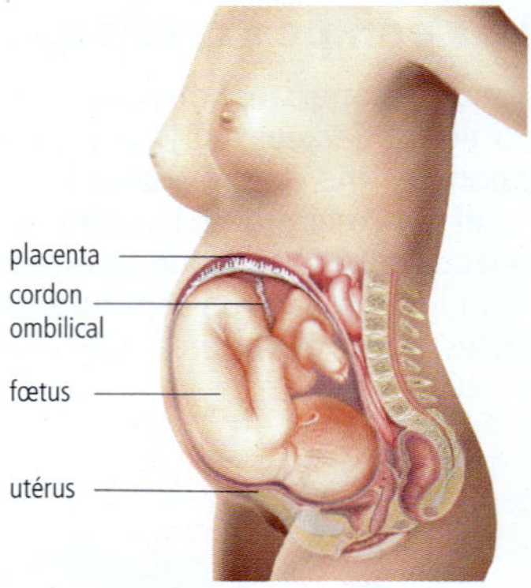

5 Contraception et I.V.G.

Des méthodes de **contraception*** comme l'utilisation du **préservatif*** ou la pilule permettent de choisir le moment approprié pour avoir un enfant. Dans certaines conditions, une **interruption volontaire de grossesse** (**I.V.G.***) peut être pratiquée sous contrôle médical. Le préservatif (masculin ou féminin) est le seul moyen de contraception qui protège aussi contre les infections sexuellement transmissibles (I.S.T.), dont le sida.

1 Les messages nerveux

L'organisme capte en permanence des informations en provenance de son environnement.

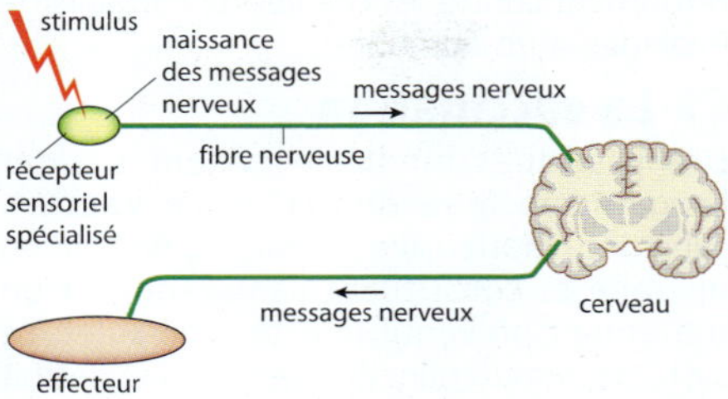

Les messages **nerveux*** sont des manifestations électriques enregistrables qui prennent naissance lors de la stimulation des récepteurs sensoriels des organes des sens (lumière/**œil***, vision ; vibrations sonores/**oreilles***, ouïe ; pression ou contact ou chaleur ou froid/**peau**, **toucher*** ; substances chimiques/langue et fosses nasales, **goût**, et **odorat***). Le récepteur sensoriel produit un message nerveux, qui est transmis au cerveau. Ce dernier l'interprète puis envoie à son tour un message à un organe **effecteur**, qui exécute une action (muscle qui se contracte, par ex.).
À partir des messages reçus au niveau du **cortex cérébral***, le cerveau construit sa perception de l'environnement et commande les mouvements volontaires.

2 Le cortex cérébral

Le cortex cérébral est une mosaïque de plusieurs dizaines de zones spécialisées. Ces différentes aires cérébrales sont interconnectées et « dialoguent » entre elles de façon quasi permanente.

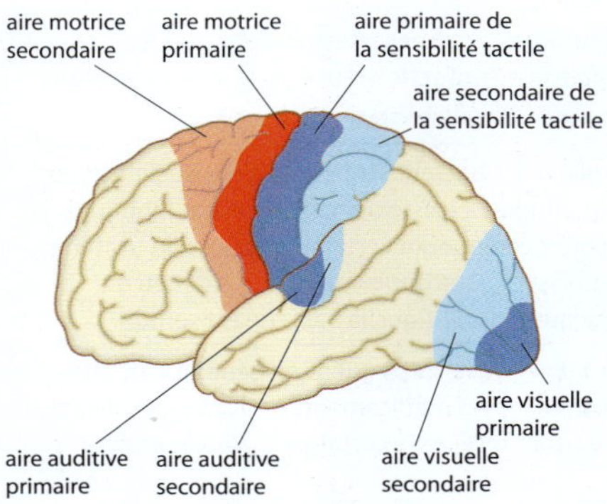

▲ Les aires cérébrales du cortex.

3 Le réseau de circulation des messages nerveux

Le fonctionnement du système nerveux est fondé sur la circulation de signaux dans un réseau de cellules spécialisées : les cellules nerveuses ou **neurones***. Un neurone est une unité de traitement de l'information, une cellule excitable qui reçoit, transmet et émet des signaux. D'un neurone à un autre le transfert se fait au niveau de dispositifs spécialisés, les **synapses***, par l'intermédiaire de messagers chimiques (les neurotransmetteurs ou neuromédiateurs). Des médicaments (les antidépresseurs, les tranquillisants) agissent au niveau des synapses ; ils modifient l'humeur et le comportement. Les **drogues*** ont également à ce niveau une action qui les rend dangereuses, car elles perturbent les relations de l'homme avec son environnement et créent une dépendance.

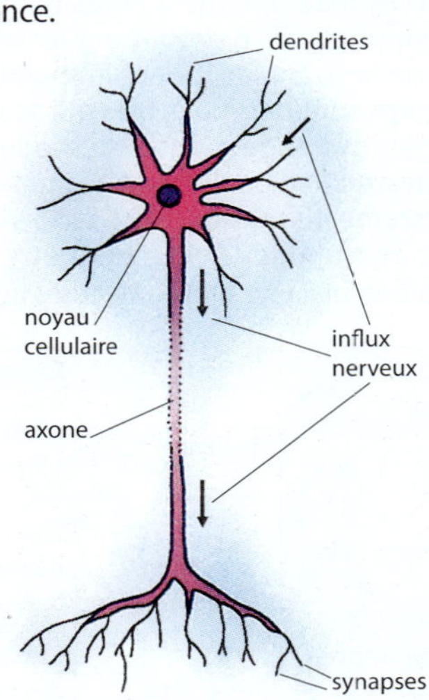

▲ Un neurone.

▲ Tranfert au niveau de deux synapses.

SVT

LA DÉFENSE DE L'ORGANISME 3e

1 Se défendre contre les microbes

Partout présents dans notre environnement, les **micro-organismes** (ou « microbes ») sont très variés : bactéries, virus, levures...
La **contamination***, c'est-à-dire l'entrée de microbes dans notre corps après franchissement de ses « barrières naturelles » (peau et muqueuses), est un risque permanent.
À l'intérieur de l'organisme, les microbes peuvent proliférer : c'est l'**infection***.
Certaines mesures permettent de limiter la contamination et de combattre les infections.

2 Le système immunitaire

Agressé, l'organisme se défend ! Ce sont les **globules blancs**, ou leucocytes, qui assurent les mécanismes de défense (ou **immunité***). Ils comprennent notamment les phagocytes (dont les macrophages) et les lymphocytes (les lymphocytes B produisent les anticorps ; les T orchestrent la réponse immunitaire). Les anticorps sont des molécules qui se fixent sur les agents étrangers (antigènes) pour faciliter leur destruction par le système immunitaire.
Le **système immunitaire** est parfois déficient. Cette immunodéficience peut être acquise, due à une maladie grave (malades atteints du sida, par ex.) ou se manifester dès la naissance. Parfois, il fonctionne de façon excessive, en réagissant à des substances inoffensives (il provoque alors des allergies) ou en se retournant contre les cellules de l'organisme (maladies auto-immunes).

3 La vaccination

Des pratiques médicales visent à aider l'organisme à se défendre. Le **vaccin***, substance inoffensive préparée à partir d'un microbe et constituant l'antigène, est un traitement préventif injecté à un sujet. Le système immunitaire du sujet vacciné détruit l'antigène et, surtout, le mémorise : il produit des cellules mémoires (lymphocytes mémoire B et T) qui circulent dans l'organisme pendant des années et, dans certains cas, toute la vie. S'ils rencontrent le microbe qui a servi à fabriquer le vaccin, ces lymphocytes seront alors capables de réagir de façon très rapide et efficace. Les **vaccinations*** évitent non seulement les maladies individuelles mais aussi les épidémies, et permettent même d'envisager la disparition définitive de certaines maladies de la surface de la Terre. La **sérothérapie*** est un traitement par injection d'**anticorps***, qui permet de lutter de façon immédiate (mais de courte durée), notamment contre des venins.

Objectif	Moyen	Commentaires
Prévenir la contamination	Hygiène	L'**hygiène** corporelle et alimentaire permet de limiter la propagation des micro-organismes.
	Asepsie	Ensemble des mesures prises pour empêcher la présence de microbes dans un lieu ou sur un objet : **stérilisation** des instruments chirurgicaux dans les salles d'opération, par exemple.
	Préservatif	L'**utilisation du préservatif** permet d'éviter la contamination lors des rapports sexuels (prévention contre les infections sexuellement transmissibles [I.S.T.] comme le sida, l'hépatite B...).
	Antisepsie	Mesures prises pour détruire des germes infectieux et éviter leur prolifération, par exemple la **désinfection** d'une plaie avec un **produit antiseptique** (Bétadine, eau oxygénée…).
Combattre l'infection interne	Antibiotiques	Médicaments qui détruisent les bactéries, mais qui n'ont aucune action sur les autres micro-organismes. Il existe de nombreux antibiotiques, chacun agissant de façon spécifique sur certaines espèces de bactéries. Le médecin peut faire réaliser un **antibiogramme** (un examen qui permet de déterminer à quel antibiotique la bactérie est sensible).
	Antiviraux	En cas de maladie due à un virus, le corps guérit en général tout seul grâce au système immunitaire. Les médicaments antiviraux, qui limitent la prolifération des virus, sont réservés à certaines maladies graves, comme le sida.
	Antiparasitaires	Médicaments qui détruisent les parasites responsables de maladies.

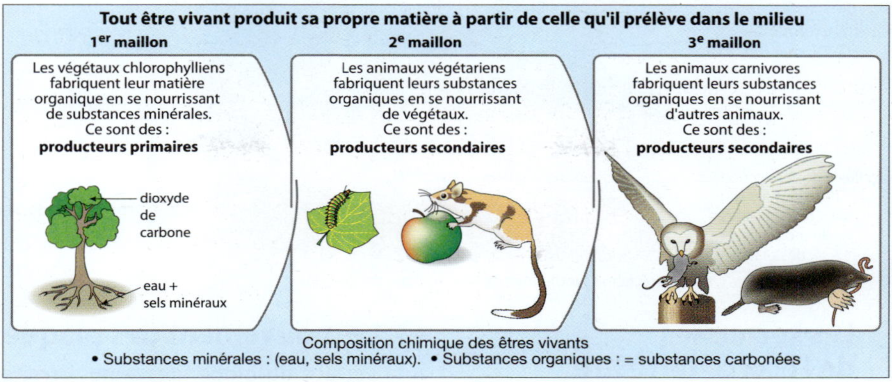

▲ La chaîne alimentaire.

1 Milieux et relations alimentaires

On appelle **biosphère*** l'ensemble des **écosystèmes*** de la Terre. Un écosystème est l'association d'une communauté d'espèces vivantes avec le milieu inerte (les conditions physico-chimiques) dans lequel elle vit.
Dans un environnement donné, on distingue donc deux grandes composantes :

- les êtres vivants (**animaux*** dont **l'homme***, **végétaux***, bactéries...), qui forment une communauté appelée biocénose,
- les facteurs *abiotiques* – c'est-à-dire les éléments non vivants – (l'air, l'eau, le climat, la lumière, les **roches***), auxquels s'ajoutent parfois des traces de l'homme (constructions, aménagements, rejet de déchets...), qui forment le **biotope**.

Dans un même milieu, les êtres vivants établissent entre eux des relations alimentaires, appelées **chaînes alimentaires**, qui s'organisent en réseaux (réseaux trophiques).

2 Le peuplement des milieux

Animaux et végétaux peuplent les milieux grâce à la reproduction.
Chez les animaux, le peuplement est assuré par les déplacements des adultes, des larves ou des jeunes.

Chez les végétaux, graines et spores sont les formes de dispersion permettant la conquête de nouveaux milieux. La colonisation de ces milieux est assurée par les **rhizomes***, les **stolons***, les **bulbes***, etc.

La face inférieure des feuilles de polypode (espèce de fougère) porte des sporanges qui, à maturité, libèrent de nombreuses spores microscopiques.

Légères et aériennes, les graines du pissenlit sont facilement dispersées par le vent.
Coloniser grâce à une tige rampante, le stolon : c'est ce que fait le fraisier.

▲ Fougère et ses sporanges.

▲ Pissenlit.

▲ Fraisier.

SVT

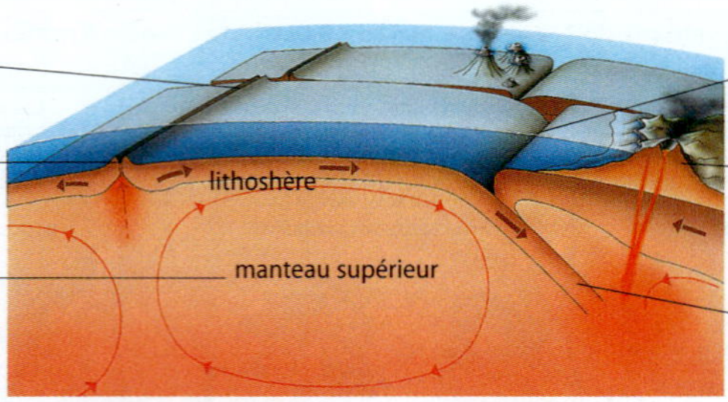

▲ Schéma synthétique de la tectonique des plaques.

1 Les secousses de l'écorce terrestre

Les **séismes*** sont des secousses (ou des séries de secousses) provoquées par des ruptures brutales de la couche rigide externe de la Terre (la lithosphère). Ces ruptures sont les conséquences des déplacements des plaques lithosphériques (les blocs qui forment la lithosphère) les unes par rapport aux autres. La magnitude est l'unité de mesure permettant d'évaluer l'énergie libérée au foyer de séisme.

2 Les volcans

Une éruption volcanique correspond à l'arrivée en surface de matières minérales, sous forme visqueuse : le **magma***. Celui-ci se forme, à plusieurs kilomètres de profondeur, à partir de la fusion d'un volume restreint de roches.

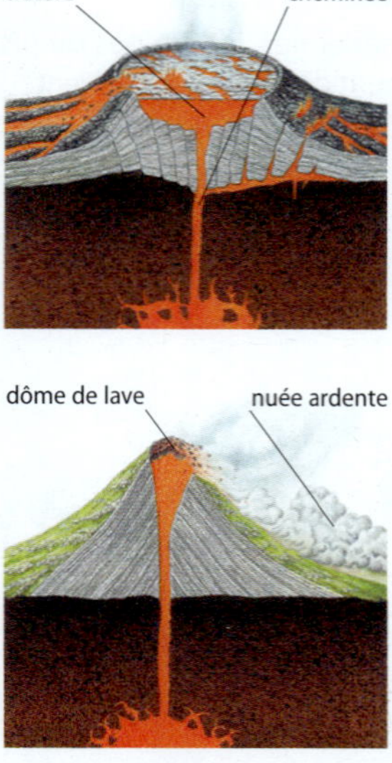

▲ Les deux grands types d'éruption volcanique.

3 Le mouvement des plaques

À la surface du globe, des zones étroites, marquées par une activité sismique et volcanique, représentent les frontières de zones beaucoup plus vastes, les **plaques***. Ces plaques sont constituées de lithosphère rigide (d'une épaisseur moyenne de 100 km) et reposent sur l'**asthénosphère***, partie du manteau terrestre chaude et déformable. Les plaques se déplacent lentement : de 1 ou 2 cm à 20 cm par an. Elles s'écartent au niveau des dorsales (où de la lithosphère se crée) et s'affrontent au niveau des zones de **subduction*** (où de la lithosphère disparaît).

4 Le déplacement des continents

Conséquence des mouvements des plaques, la géographie du globe s'est considérablement modifiée en quelque 250 millions d'années. Nos continents actuels étaient à l'origine réunis en une masse unique, la **Pangée***. Ce supercontinent s'est ensuite fracturé en morceaux qui se sont déplacés, créant ainsi les océans et les reliefs montagneux actuels du globe.

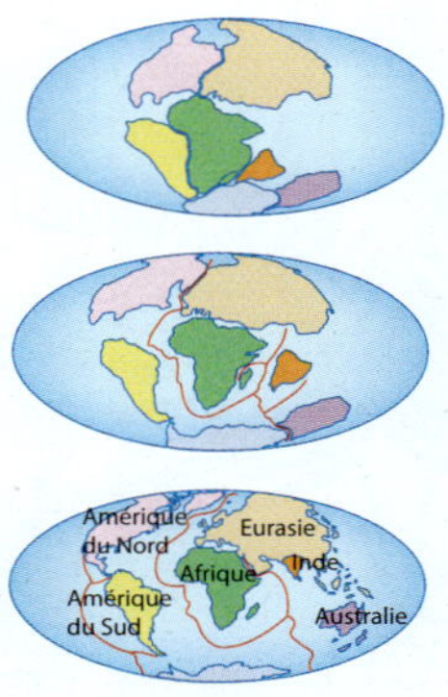

Ma = millions d'années

1 Comprendre le passé en observant le présent

Des roches sont actuellement en constante formation : les particules qui proviennent de l'érosion des continents finissent toujours par se déposer et former un sédiment : c'est la **sédimentation***. Par une suite de transformations (la **diagenèse**), les sédiments deviennent des roches qui emprisonnent des vestiges de la vie (les fossiles). Les strates successives de sédimentation constituent donc de véritables **archives de la Terre**, qui nous racontent les événements marquants de son histoire. La **stratigraphie***, c'est-à-dire l'observation et l'étude des strates, est d'une grande aide pour l'étude des êtres vivants ayant vécu sur la Terre (la **paléontologie***).

▲ Nautile (mollusque actuel).

2 Un principe fondamental : l'actualisme

L'**actualisme*** est un mode de raisonnement qui consiste à utiliser des observations actuelles pour reconstituer des faits passés. Pour comprendre les événements qui se sont déroulés dans un passé géologique parfois fort ancien, les géologues partent du principe que les phénomènes géologiques (par ex. la formation des roches) et les mécanismes de l'évolution y étaient les mêmes que ceux que l'on connaît aujourd'hui.

▲ Ammonite fossile.

3 Les fossiles

Les **fossiles*** sont des restes ou des traces d'êtres vivants conservés dans une roche. Ils témoignent des milieux de vie passés. Par exemple, on sait que les mollusques céphalopodes actuels sont tous marins : aussi, la découverte d'ammonites (céphalopodes fossiles de l'ère secondaire) dans une couche de sédimentation indique-t-elle qu'à cet endroit se trouvait jadis la mer. De même, la découverte en Antarctique de fossiles de plantes et de plancton caractéristiques des climats chauds actuels montre que le climat de cette région était subtropical il y a 55 millions d'années.

4 Chronologie du vivant

La combinaison des observations des géologues et de celles des paléontologues permet de reconstituer progressivement une histoire des milieux et des conditions de vie sur la Terre, depuis l'apparition de la vie il y a 3,8 milliards d'années.

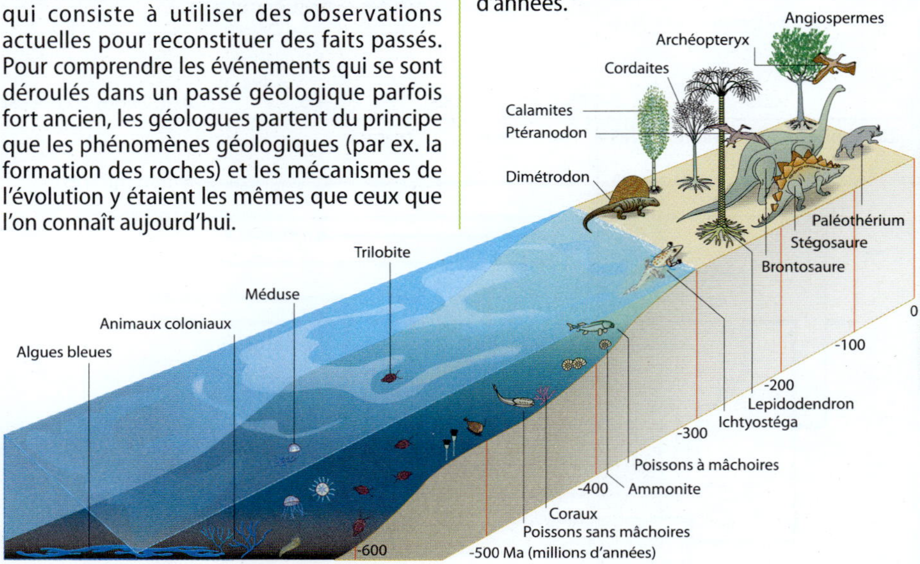

▲ L'évolution de la vie sur la Terre.

SVT

1 Le renouvellement des espèces

Le monde vivant s'est renouvelé au cours des temps géologiques : des peuplements animaux et végétaux d'espèces différentes se sont constitués d'une époque à l'autre avec l'apparition puis la disparition d'espèces et parfois de groupes entiers (comme ce fut le cas, par ex., pour les dinosaures). De nouvelles espèces ont dérivé des anciennes, résultant de la transformation de caractères appartenant à l'espèce ancêtre. On appelle **évolution*** ces changements subis au cours des temps géologiques par les espèces animales ou végétales.

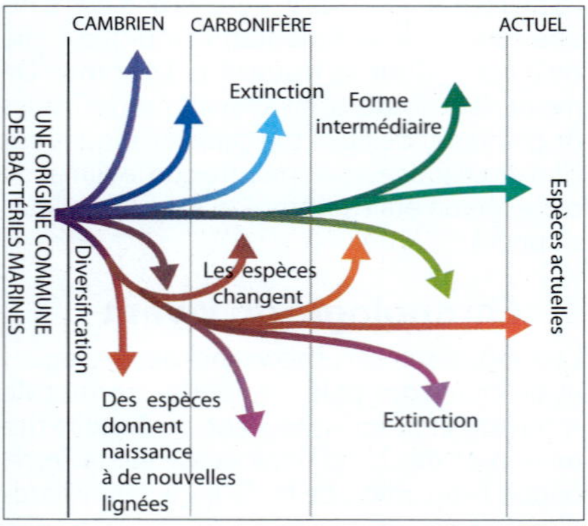

▲ L'évolution des espèces.

2 Arbre d'évolution et lien de parenté

Un arbre d'évolution récapitule les liens de parenté entre espèces et groupes : les groupes sont placés aux extrémités des branches ; deux groupes proches parents ne sont séparés que par un nœud. Un nœud représente un hypothétique ancêtre commun à plusieurs groupes ou espèces.

3 Terre, planète de la vie

L'histoire de la Terre et celle de la vie sont intimement liées. On situe à - 4,6 milliards d'années la formation de la Terre, mais il a fallu presque un milliard d'années pour que les conditions deviennent compatibles avec la vie.

Des **événements géologiques** survenus ensuite ont modifié les milieux et, par conséquent, les peuplements :

▸ la combinaison du **déplacement des continents** et des **fluctuations du climat** (périodes glaciaires, par exemple) a changé les conditions de vie en un milieu donné et a entraîné des changements locaux de la faune et de la flore ;

▸ de même, des **cataclysmes**, comme des chutes de météorites géantes, ont entraîné des changements des conditions de vie à l'échelle de la Terre entière, qui ont pu amener des extinctions massives.

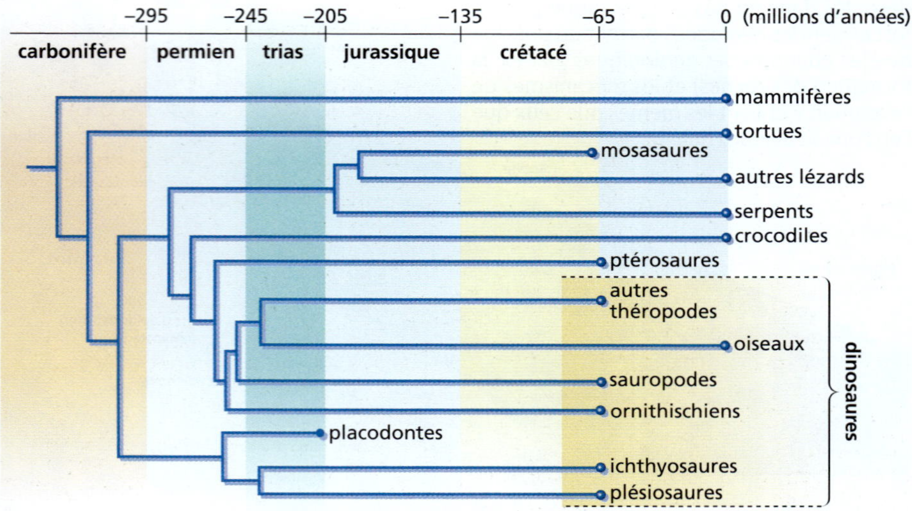

1 La matière

La **matière*** est tout ce qui forme le monde, tout ce qui nous entoure. Sur la Terre, on peut dire que la matière est constituée par tout ce qui est pesant.

Il y a vingt-cinq siècles, le philosophe Leucippe puis son disciple **Démocrite*** affirmèrent qu'elle était simplement constituée par une concentration de grains qu'ils appelèrent **atomes***.

2 Les atomes

▸ Description

Les atomes sont des particules très petites, de l'ordre de quelques dixièmes de nanomètre (1 nm = 10^{-9} m ; 1 nm est un milliardième de mètre). Ils sont composés d'un noyau, concentrant la presque totalité de leur matière, et d'**électrons*** (charges électriques élémentaires négatives) qui gravitent autour de ce noyau.

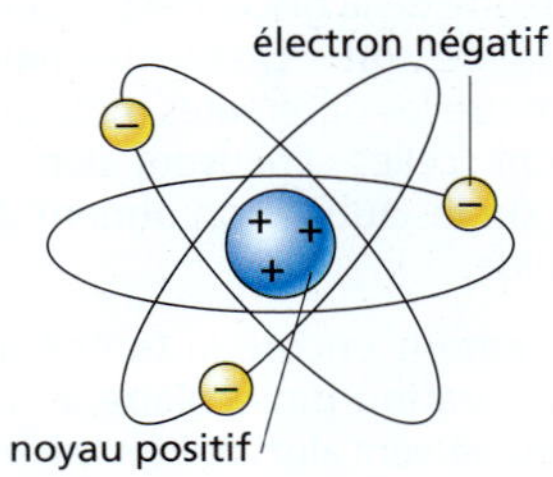

▲ Un exemple : l'atome de lithium.

Chaque atome est neutre du point de vue électrique car le noyau porte autant de charges positives (les protons) qu'il existe d'électrons. Dans la nature, il n'existe qu'une centaine de types d'atomes différents, classés selon le nombre d'électrons qu'ils possèdent. Ainsi, l'atome le plus simple, celui d'hydrogène, n'a qu'un seul électron, et l'un des plus lourds, l'atome d'uranium, en possède 92.

▸ Représentation

Chaque atome est représenté par un symbole : une lettre majuscule qui peut être suivie d'une deuxième lettre en écriture minuscule.

▸ Quelques exemples

Nom	Symbole	Nom	Symbole
Aluminium	Al	Hydrogène	H
Argent	Ag	Magnésium	Mg
Azote	N	Oxygène	O
Calcium	Ca	Sodium	Na
Carbone	C	Soufre	S
Cuivre	Cu	Uranium	U
Fer	Fe	Zinc	Zn

▸ Les molécules*

Les molécules sont des groupements d'atomes. Leurs formules renseignent sur la nature et le nombre de leurs constituants.

dihydrogène H_2 	eau H_2O 
dioxygène O_2 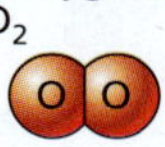	dioxyde de carbone (gaz carbonique) CO_2 

▸ Les ions*

Certains atomes peuvent, sous l'influence d'atomes voisins, perdre ou gagner des électrons. Ils deviennent alors, du point de vue électrique, des particules chargées : on les appelle des ions.

Les atomes qui perdent des électrons deviennent des ions positifs (les cations), qui sont donc chargés positivement.

Les atomes qui gagnent des électrons deviennent des ions négatifs (les anions), qui sont chargés négativement.

Cations	Formules	Anions	Formules
Calcium	Ca^{2+}	Hydrogéno-carbonate	HCO_3^-
Magnésium	Mg^{2+}	Chlorure	Cl^-
Potassium	K^+	Sulfate	SO_4^{2-}
Sodium	Na^+	Nitrate	NO_3^-

1 Les trois états de la matière

La matière se présente sous les états **solide***, **liquide*** et gazeux. Solides, liquides et **gaz*** font partie de notre environnement.

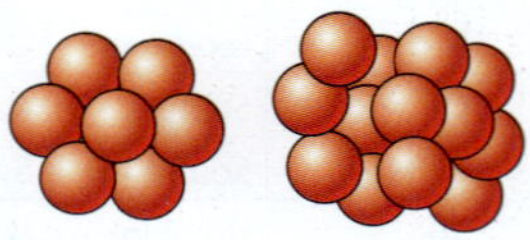

▸ L'état solide

Un corps solide possède une forme propre. Son volume, à température constante, est invariable. Les solides sont généralement constitués par des empilements d'atomes liés les uns aux autres et disposés régulièrement ; ils forment souvent des cristaux.

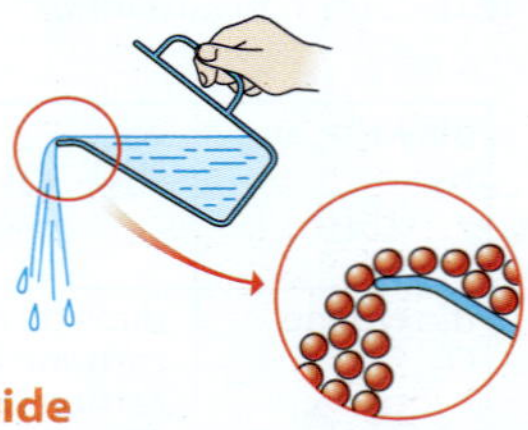

▸ L'état liquide

Un liquide ne possède pas de forme propre ; il prend la forme du récipient qui le contient. Son volume, comme celui d'un solide, ne varie pas si sa température ne change pas. Sa surface libre est plane et horizontale. Les particules qui le composent « glissent » librement les unes sur les autres.

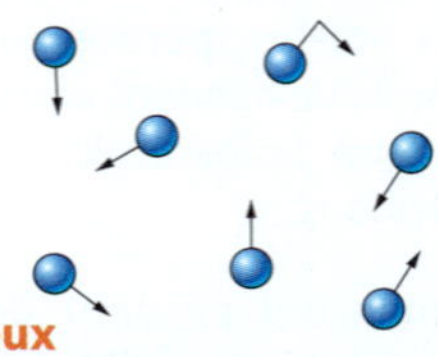

▸ L'état gazeux

Un gaz occupe tout l'espace qu'on lui offre. Il se dilate ou se comprime facilement. Il est généralement composé de molécules très dispersées, animées de grandes vitesses.

2 Les changements d'état

▸ Comment changer d'état ?

En chauffant ou en refroidissant une substance quelconque, il est possible de la faire passer d'un état à un autre.

Au cours de ces transformations, sa masse, contrairement à son volume, ne varie pas. Ces changements d'état mettent en jeu des transferts d'énergie.

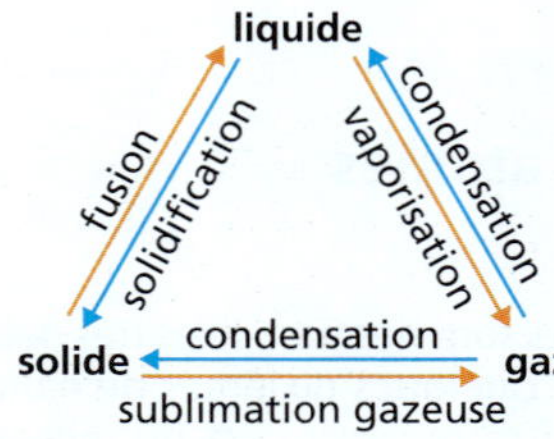

La température d'un changement d'état pour un corps pur est constante (à pression fixée). Elle est caractéristique de la substance.

▸ Comprendre les changements d'état de l'eau*

Si l'on chauffe de la glace (c'est-à-dire de l'eau à l'état solide), on « casse » les liaisons qui existent entre les différentes molécules qui la constituent ; celles-ci peuvent alors « glisser » les unes sur les autres : on obtient de l'eau à l'état liquide.

En augmentant encore la température, on accroît l'agitation moléculaire, et certaines molécules peuvent alors quitter le liquide pour donner de la vapeur d'eau (eau à l'état gazeux).

Inversement, si l'on refroidit de la vapeur d'eau, les molécules qui la composent deviennent de moins en moins mobiles, restent en contact les unes avec les autres, et l'on obtient de l'eau à l'état liquide. Si l'on refroidit davantage, des liaisons se forment : on obtient de la glace.

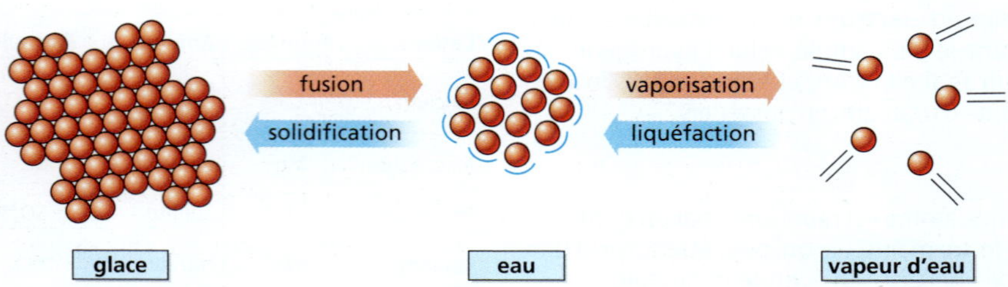

L'ÉQUATION D'UNE RÉACTION CHIMIQUE 4e → 3e

1 La réaction chimique

Une **réaction*** chimique est une transformation au cours de laquelle des corps disparaissent (les réactifs) et où d'autres apparaissent (les produits).

2 Comprendre une réaction chimique

Au cours d'une réaction chimique, les molécules qui composent les réactifs se cassent et libèrent leurs atomes. Ceux-ci se regroupent autrement et forment d'autres molécules qui constituent les produits. Au cours d'une réaction chimique, les atomes se conservent. Ainsi, la masse totale des produits est la même que celle des réactifs.

3 Écrire une équation chimique

▸ L'équation-bilan

Une réaction chimique se traduit par une équation-bilan.

A + B (réactifs)	→	C + D (produits)

Pour écrire une équation chimique, il faut :

- indiquer, à gauche de la flèche, les formules du ou des réactifs et, à droite, les formules du ou des produits formés ;
- équilibrer en plaçant des coefficients devant chaque formule afin que le nombre d'atomes de chaque espèce soit le même à droite et à gauche de la flèche.

▸ Deux exemples

Exemple n° 1 :

La combustion du **carbone***

Le charbon de bois, qui renferme en grande quantité du carbone, brûle dans le dioxygène pour donner du dioxyde de carbone :

carbone + dioxygène → dioxyde de carbone

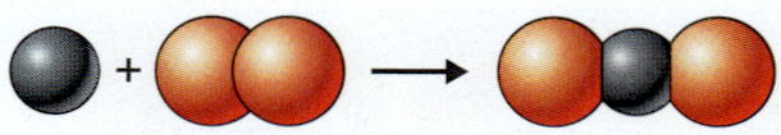

▲ La combustion du carbone.

En utilisant les formules des produits et des réactifs, le bilan se note :

$$C + O_2 \rightarrow CO_2$$

Remarque :

Le dioxyde de carbone est mis en évidence avec de l'eau de chaux, qu'il trouble.

Exemple n° 2 :

La combustion du **butane***

Cette réaction dans l'air ou dans le dioxygène dégage de grandes quantités de chaleur : elle est dite « exothermique ».

Selon les conditions expérimentales, la réaction peut être complète ou incomplète.

Combustion complète : si le mélange butane-air est suffisamment riche en dioxygène, les produits formés par la combustion sont du dioxyde de carbone et de l'eau. La réaction est alors très exothermique (la flamme obtenue est bleue).

▸ L'équation-bilan :

butane + dioxygène → dioxyde de carbone + eau

$$2C_4H_{10} + 13O_2 \rightarrow 8CO_2 + 10H_2O$$

Combustion incomplète : si le mélange butane-air est pauvre en dioxygène, la combustion produit en outre du carbone qui colore la flamme en jaune ; la réaction est polluante.

▸ L'équation-bilan :

butane + dioxygène → dioxyde de carbone + eau + carbone

$$2C_4H_{10} + 11O_2 \rightarrow 6CO_2 + 10H_2O + 2C$$

L'EAU

5e → 3e

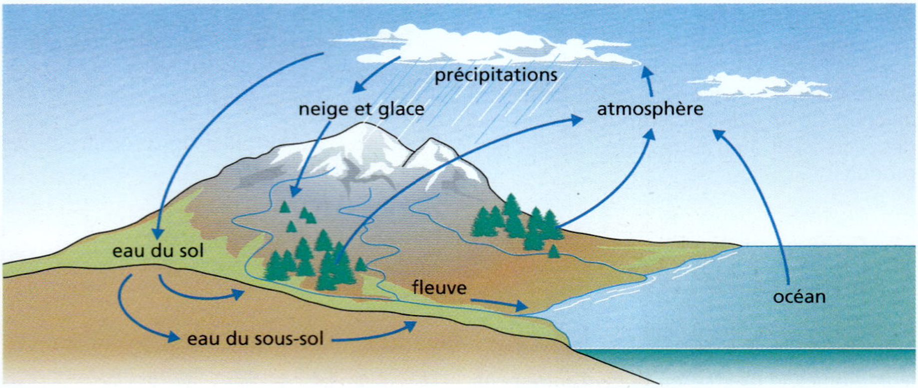

▲ Le cycle de l'eau dans la nature.

1 L'eau sur la Terre

L'**eau*** est présente partout sur la Terre, et sous toutes ses formes. Près des trois quarts de la surface du globe (océans, mers, lacs, rivières...) sont recouverts d'eau.

▸ Le cycle de l'eau dans la nature

L'eau existe sous ses trois états dans la nature. Les changements d'état s'effectuent constamment selon les conditions atmosphériques.

▸ Les eaux naturelles sont des mélanges

L'homme a besoin d'eau pour vivre. Il se la procure par l'intermédiaire des aliments et des boissons. Il existe une grande diversité d'eaux : eau minérale, eau du robinet, eau de source, eau de pluie, etc. ; toutes sont des mélanges d'eau pure avec d'autres constituants.

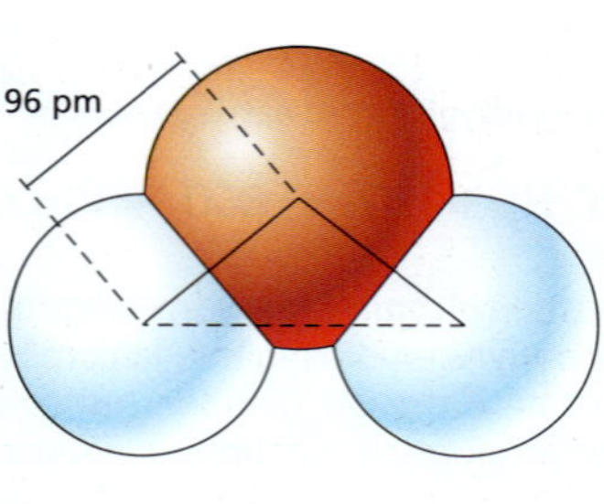

▲ La molécule d'eau. pm (picomètre) = 10^{-12} m.

2 L'eau pure

▸ La molécule d'eau

L'eau pure est une substance composée d'une seule sorte de molécules. On la représente par la formule brute H_2O.

▸ La préparation de l'eau pure

On peut obtenir de l'eau pure par distillation d'un mélange. En portant un mélange de liquides à ébullition, puis en refroidissant les vapeurs obtenues, on sépare ses constituants. La réfrigération est souvent réalisée grâce à un courant d'eau froide.

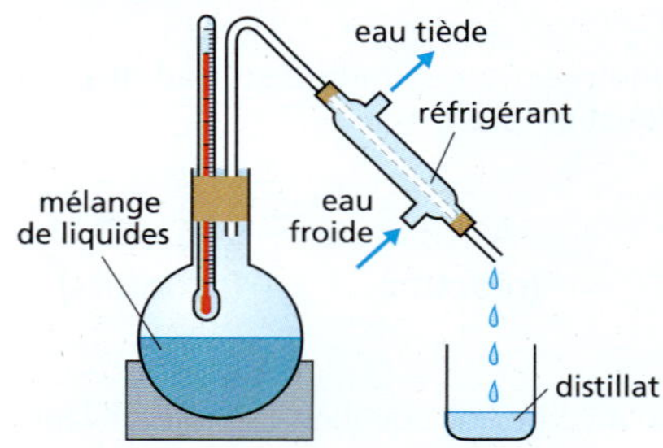

▲ La distillation d'un mélange.

3 Carte d'identité de l'eau pure

▸ L'eau pure est un liquide incolore, inodore et sans saveur.

▸ Un litre d'eau pure a une masse de 1 kg ; sa masse volumique est de 1 000 kg.m^{-3}, soit encore 1 g.cm^{-3} (1 g pour un volume de 1 cm^3).

▸ 1 l = 1 dm^3 ; 1 ml = 1 cm^3.

▸ La fusion et la solidification de l'eau pure s'effectuent à 0 °C.

▸ La condensation et la vaporisation de l'eau pure s'effectuent à 100 °C.

▸ L'eau pure est un solvant qui peut dissoudre de nombreux corps solides ou gazeux.

▸ L'eau pure colore en bleu des cristaux blancs de sulfate de cuivre.

1 L'atmosphère

▸ L'enveloppe gazeuse de la Terre

La Terre est entourée d'une couche gazeuse épaisse de 800 km, l'**atmosphère***.
L'atmosphère est constituée d'**air***, qui se raréfie progressivement avec l'altitude.

▸ Les zones de l'atmosphère

▸ La **troposphère***, où nous vivons.

▸ La **stratosphère***, très froide (– 50 °C), contient une fine couche d'ozone qui nous protège des rayons ultraviolets.

▸ La **mésosphère***, zone de transition où s'enflamment les météorites (« les étoiles filantes »).

▸ La **thermosphère***, zone où la température augmente avec l'altitude.

▸ L'**exosphère***, à la limite de l'espace interplanétaire.

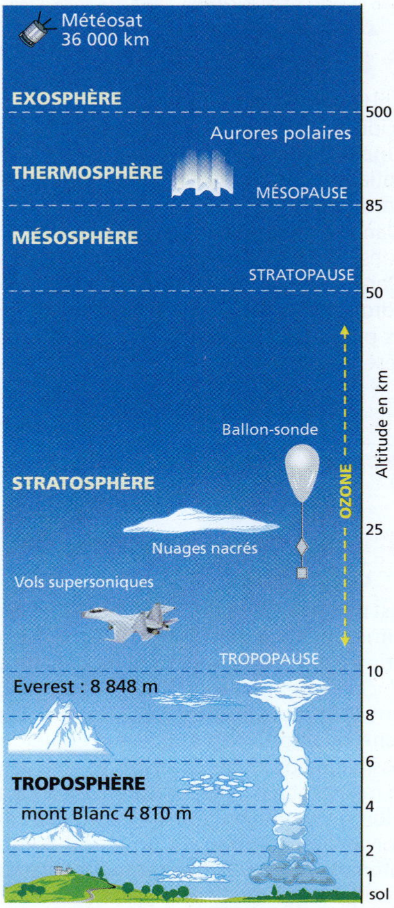

▲ La structure de l'atmosphère terrestre.

2 L'air

▸ La composition de l'air

L'air est un mélange de plusieurs gaz dont les principaux composants sont le dioxygène et le diazote, mis en évidence à la fin du XVIIIe s. par Antoine Laurent de **Lavoisier***, en France, et Joseph **Priestley***, en Angleterre. Les pourcentages, en volume, des constituants sont approximativement 78 % de diazote, 21 % de dioxygène et 1 % d'autres gaz (dioxyde de carbone, argon et autres gaz rares).

▸ La pression atmosphérique

L'air est pesant : 1 litre d'air a une masse de 1,3 g environ (elle dépend de la pression et de la température). L'air est élastique, car sa pression peut varier très facilement. Il suffit pour cela de modifier son volume. Si le volume augmente, la pression diminue : l'air est détendu. Si le volume diminue, la pression augmente : l'air est comprimé. La pression est une grandeur qui se mesure avec un manomètre. L'unité de pression est le pascal.

3 Le dioxygène

▸ Caractéristiques

Le dioxygène est un corps pur ; c'est un gaz incolore, inodore et sans saveur. Sa formule moléculaire est O_2.

▸ La préparation du dioxygène au laboratoire

On peut le préparer en faisant réagir de l'eau oxygénée avec du permanganate de potassium, en présence d'acide sulfurique. La réaction est assez vive.

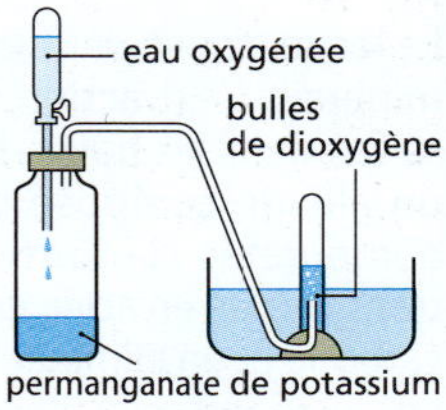

▸ Les propriétés chimiques du dioxygène

Le dioxygène est un gaz très réactif qui intervient dans toutes les combustions, lentes ou vives. Ainsi, par exemple, toute substance abandonnée à l'air libre, donc en contact avec le dioxygène, subit des transformations : le lait « tourne », la viande ou le poisson s'avarie, le fer rouille. Mais le dioxygène est indispensable à la vie. Tous les êtres vivants, animaux et végétaux, respirent : ils absorbent du dioxygène et rejettent du dioxyde de carbone.

4 Le diazote

C'est un corps simple et gazeux, de formule moléculaire N_2. Lorsqu'il est présent dans une réaction chimique, il ne réagit pas.

1 Les métaux

▸ Les métaux et les alliages

Les **métaux*** sont des corps simples. Les plus usuels sont le **fer***, l'**aluminium***, le **cuivre***, le **zinc*** et le **plomb***. Certains, comme l'**or*** ou l'**argent***, sont plus rares et précieux. Les **alliages***, comme les **aciers*** (fer et carbone), le **bronze*** (cuivre et étain), le **laiton*** (cuivre et zinc), sont des mélanges comprenant au moins un métal.

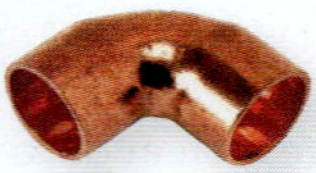

▲ Tuyau en cuivre.

▲ Lingots d'or.

▲ Bague en argent.

Les métaux possèdent tous certaines propriétés mécaniques comme la dureté, la plasticité et l'élasticité. Ils sont tous plus ou moins bons conducteurs de la chaleur et du courant électrique (les électrons peuvent se déplacer dans les métaux).

En versant de la soude dans des solutions contenant des ions métalliques, on caractérise les ions cuivre Cu^{2+} (précipité bleu), les ions fer (II) Fe^{2+} (précipité vert) et les ions fer (III) Fe^{3+} (précipité marron).

▸ Le fer

Le fer se trouve dans la nature sous forme de minerais. L'extraction du fer de ses minerais se fait dans les **hauts-fourneaux**. On obtient un alliage composé de fer, de carbone et d'impuretés : la **fonte***. Celle-ci est ensuite transformée en acier, en brûlant une partie du carbone et en éliminant les impuretés.

Le fer réagit avec l'acide chlorhydrique. La réaction produit du **dihydrogène*** que l'on peut mettre en évidence par la légère explosion qu'il produit si on le fait brûler.

Équation-bilan :

> **fer + acide chlorhydrique**
> **→ dihydrogène + chlorure de fer (II)**

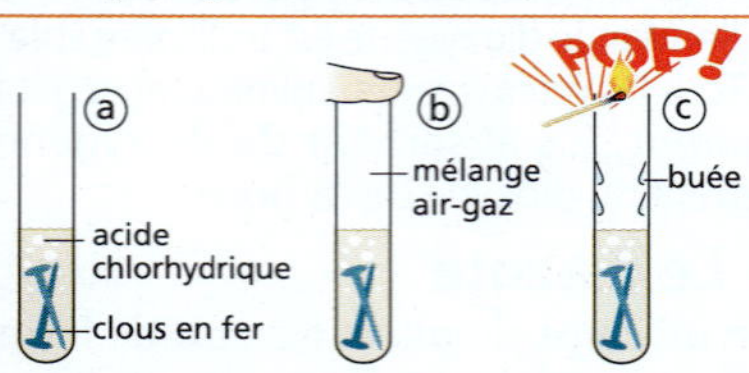

▲ Caractérisation du dihydrogène lors de la réaction avec l'acide chlorhydrique.

2 Conduction électrique dans les solutions aqueuses

Une eau salée peut conduire le courant électrique car elle contient des ions sodium positifs Na^+ et des ions chlorure négatifs Cl^- : c'est une solution ionique. Le courant électrique dans les solutions ioniques est dû à un déplacement des ions ; les ions positifs se déplacent dans le sens conventionnel du courant électrique et les ions négatifs se déplacent dans le sens inverse.

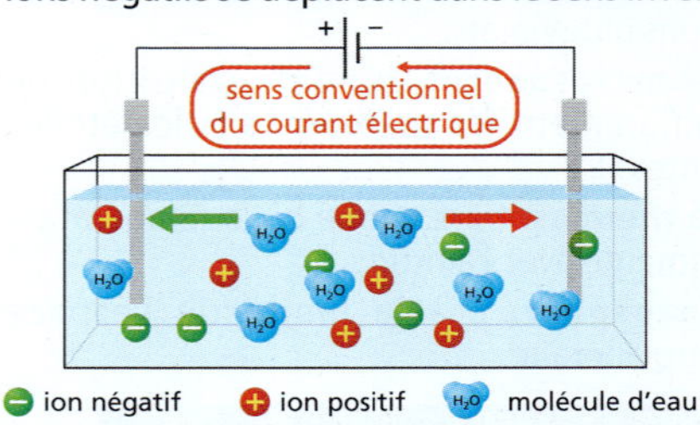

▲ Conduction électrique dans une solution ionique.

3 Le pH d'une solution

Le pH est un nombre qui permet de caractériser l'acidité ou la basicité d'une solution.

▸ Une solution aqueuse neutre (pH = 7) contient autant d'ions hydrogène H^+ que d'ions hydroxyde HO^-.

▸ Dans une solution acide (pH < 7), il y a plus d'ions hydrogène H^+ que d'ions hydroxyde HO^-.

▸ Dans une solution basique, il y a plus d'ions hydroxyde HO^- que d'ions hydrogène H^+.

Les produits acides ou basiques concentrés présentent un danger.

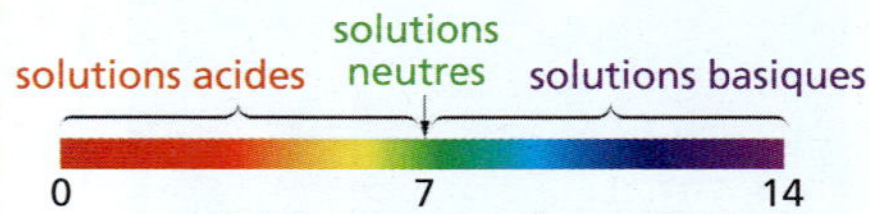

▲ Variations de couleur d'un papier pH.

4 La synthèse d'espèces chimiques

Il est possible de réaliser la synthèse d'espèces chimiques déjà existantes dans la nature. Par exemple, l'arôme naturel de banane est principalement dû à l'acétate d'isoamyle qui peut être reproduit en laboratoire à l'aide d'une réaction chimique. Il est également possible de produire des espèces chimiques qui n'existent pas dans la nature. C'est le cas du Nylon, un textile composé de macromolécules (polyamide) comportant un grand nombre d'atomes. Il est synthétisé, comme les matières plastiques, à partir de dérivés du pétrole.

1 L'éclairage solaire

Pendant des millénaires, le seul éclairage des hommes fut le feu, le Soleil et le clair de Lune ! Le **Soleil*** est une immense boule de gaz très chaude, située à 150 millions de kilomètres de la Terre. Sa température en surface est supérieure à 5 000 °C. C'est une **étoile*** ordinaire. Elles sont des milliards à former notre **galaxie***, dont la Voie lactée nous donne un aspect.

2 Sources de lumière

Tous les objets que l'on voit sont des sources lumineuses. Les unes, qui émettent leur propre lumière, sont dites primaires (Soleil, lampe, flamme...) ; les autres, qui rediffusent la lumière qu'elles reçoivent, sont dites secondaires (Lune, paysage...).

3 Propagation de la lumière

Dans un milieu transparent et homogène, la **lumière*** se propage en ligne droite. Dans le vide, sa vitesse de propagation est de 300 000 km/s. Dans les autres milieux transparents (air ou eau), la vitesse est plus faible. Un faisceau lumineux est un ensemble de rayons lumineux provenant d'une même source. Les **lentilles*** optiques, en verre taillé, permettent de dévier les rayons lumineux. Il existe des lentilles convergentes et des lentilles divergentes. La lentille convergente concentre, pour une source éloignée, l'énergie lumineuse en son foyer. Elle permet, par exemple, d'obtenir une image nette sur un écran. La lentille divergente produit l'effet inverse.

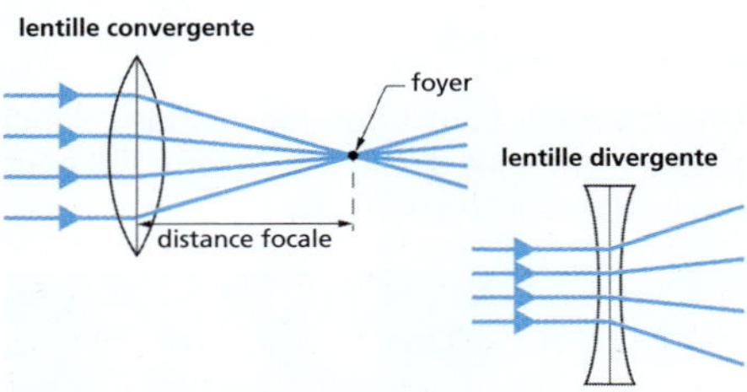

4 La lumière blanche et les couleurs

▸ La lumière blanche

La lumière blanche du Soleil est constituée d'un très grand nombre de lumières monochromatiques (radiations) que l'on découvre en réalisant son spectre à l'aide d'un prisme ou d'un réseau. Les radiations peuvent se classer en sept tendances de couleurs dominantes : les couleurs de l'**arc-en-ciel*** (violet, indigo, bleu, vert, jaune, orange, rouge).

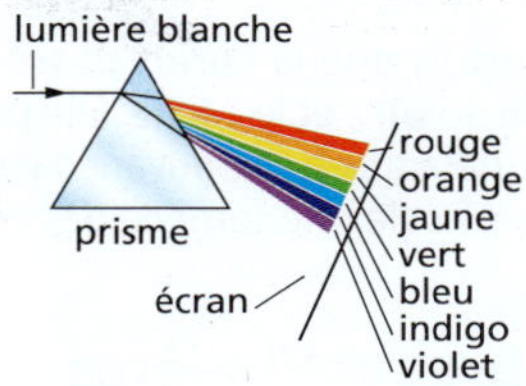

▸ La couleur des objets

La **couleur*** d'un objet dépend à la fois de la composition de la lumière qui l'éclaire et de ses propriétés propres concernant la transmission, l'absorption et la diffusion de certaines radiations.

Éclairés par la lumière du jour, certains matériaux rediffusent toutes les lumières monochromatiques reçues : ils apparaissent blancs. D'autres, au contraire, les absorbent toutes : ils sont perçus noirs. La majorité n'en rediffusent qu'une partie : ils apparaissent diversement colorés.

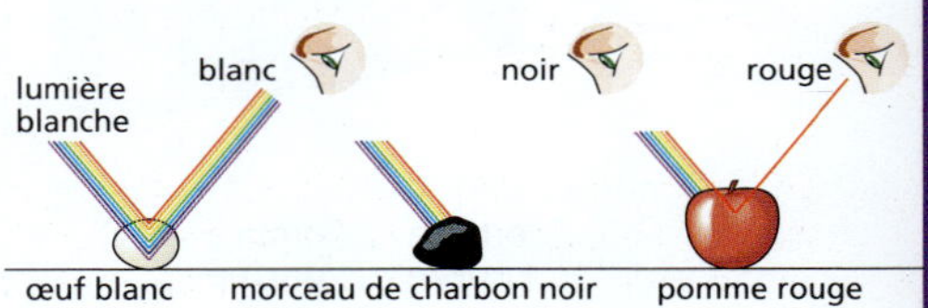

▸ La synthèse des couleurs

La synthèse additive des couleurs est l'addition des différentes lumières colorées sur un écran. Si on projette sur un écran blanc trois faisceaux de lumière colorés en rouge, vert et bleu, on obtient les couleurs de la figure ci-contre.

Ce procédé est utilisé pour la restitution de l'image couleur dans un téléviseur.

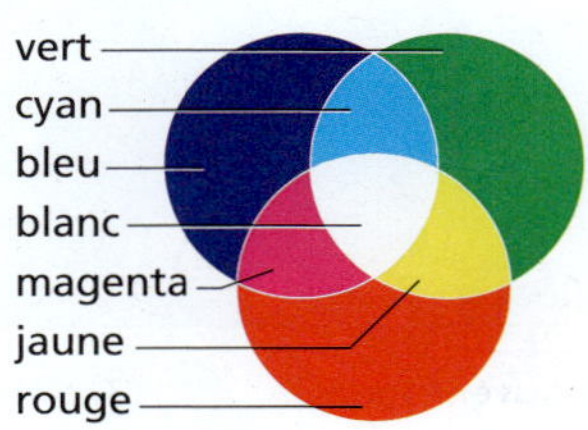

▲ Synthèse additive des couleurs.

LES OMBRES ET LES ÉCLIPSES 5e → 4e

1 Jeux d'ombres

La lumière se propage en ligne droite, sans contourner les obstacles. Derrière ces obstacles, il n'y a pas de lumière, mais de l'ombre.

Il arrive parfois que la **Lune*** passe entre la **Terre*** et le **Soleil***, et le cache. Elle peut aussi presque disparaître en se trouvant dans l'ombre de la Terre. C'est le phénomène des éclipses.

2 Ombres et lumières

La propagation rectiligne de la lumière explique la formation des **ombres***. Éclairé par une source ponctuelle, un objet opaque présente toujours une zone qui ne reçoit pas de lumière, c'est son ombre propre.

Un écran placé derrière l'objet présente aussi une zone obscure : c'est l'ombre portée.

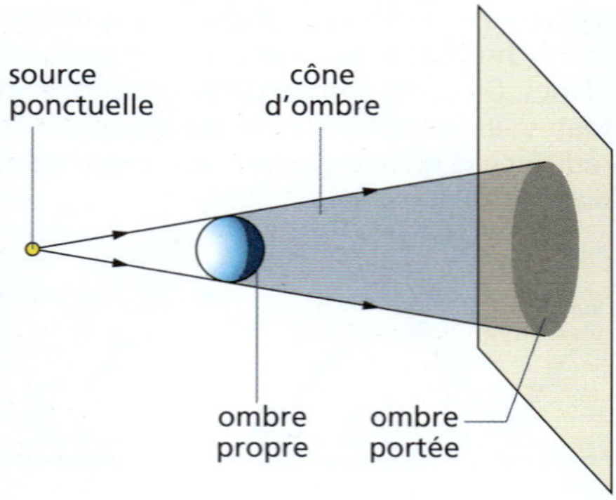

3 Les phases de la Lune

La **Lune*** est éclairée par le Soleil. Vue de la Terre, la forme de la partie éclairée change chaque jour : ce sont les phases de la Lune.

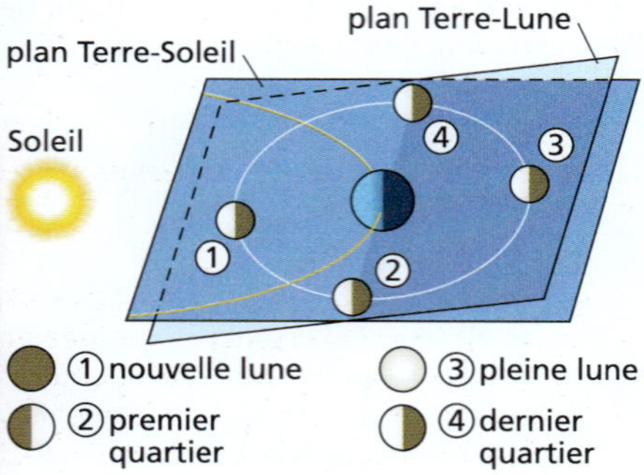

4 Les éclipses

▸ Éclipse de Soleil

Il se produit une **éclipse*** de Soleil lorsque la Terre passe dans le cône d'ombre de la Lune. Elle est totale si l'ensemble du disque solaire est masqué, partielle dans le cas où une partie seulement du disque solaire est masquée.

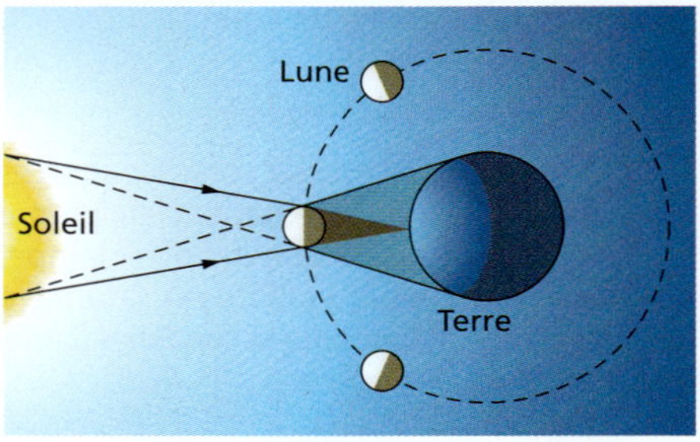

▲ Éclipse de Soleil.

▲ Éclipse totale de Soleil.

▸ Éclipse de Lune

Une éclipse de Lune s'observe lorsque celle-ci passe dans le cône d'ombre de la Terre. Elle peut aussi être totale ou partielle.

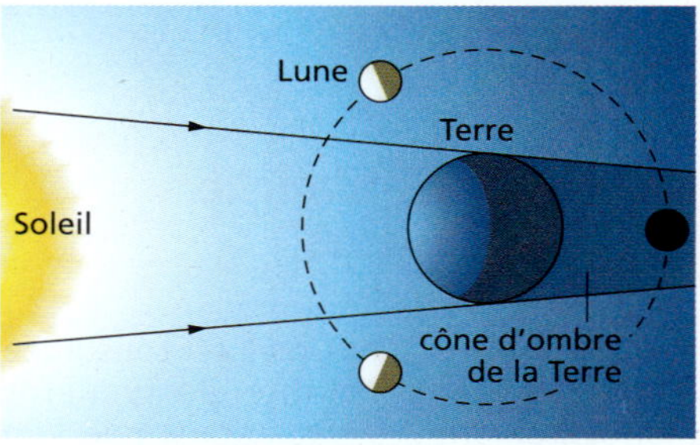

▲ Éclipse de Lune.

LA PILE ET LE COURANT CONTINU 5e → 3e

1 Les piles

La première **pile*** a été inventée par l'Italien **Volta*** en 1800. Elle était constituée d'un empilement de rondelles de cuivre, de drap mouillé d'eau acidulée, et de zinc. Les piles actuelles, appelées piles sèches, sont du type Leclanché. Une photopile convertit de l'énergie lumineuse en énergie électrique.

2 Le circuit électrique

▸ Composition d'un circuit

Un **circuit*** électrique est constitué par une chaîne fermée d'éléments (les **dipôles***) conducteurs (fils de connexion, interrupteurs...) comprenant au moins un générateur (pile, batterie...) qui produit le courant, et par différents récepteurs (lampes, moteurs...) qui l'utilisent.

Deux dipôles peuvent être reliés l'un à la suite de l'autre (on dit qu'ils sont branchés en série), ou reliés l'un à l'autre par leurs deux bornes (on dit qu'ils sont branchés en dérivation ou en parallèle).

Les montages ▶ en série et en parallèle.

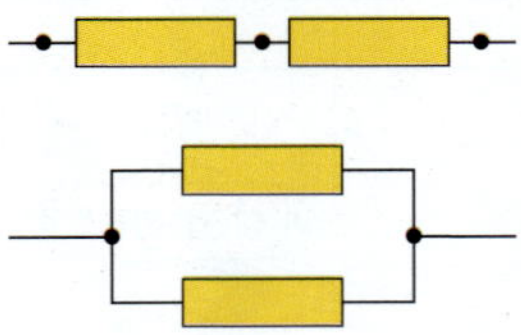

▸ Représentation d'un circuit

On schématise un circuit électrique en représentant chaque dipôle qui le constitue par un symbole normalisé.

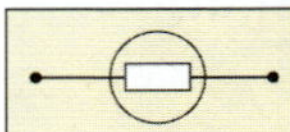	lampe
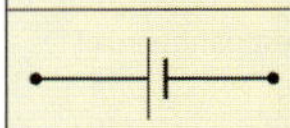	pile
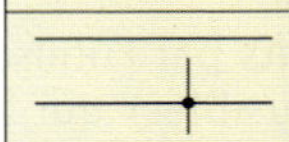	fil de connexion
	interrupteur ouvert
	interrupteur fermé
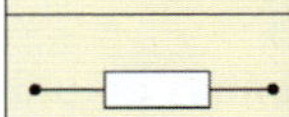	dipôle
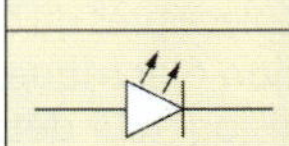	DEL

▲ Les symboles utilisés en électricité.

▸ Le courant électrique

Dans un circuit électrique fermé, composé de conducteurs métalliques, le **courant*** est constitué par un déplacement d'électrons assuré par le générateur. Si ce générateur est une pile, les charges électriques circulent toutes toujours dans le même sens ; le courant est dit continu.

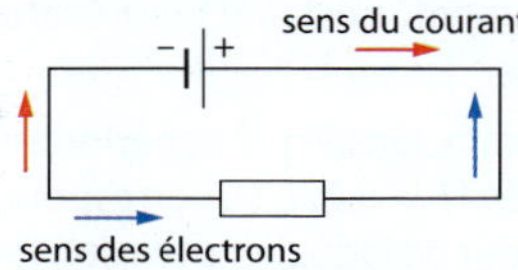

3 Les deux grandeurs électriques

▸ L'intensité* électrique

L'intensité d'un courant (I) se mesure avec un ampèremètre branché en série dans le circuit. Elle s'exprime en ampères (A) ou en milliampères (1 A = 1 000 mA).

Dans un circuit série, l'intensité est la même partout.

Dans un circuit avec des dérivations, l'intensité qui passe dans la branche principale est égale à la somme des intensités qui passent dans les branches dérivées.

Circuit série ▶

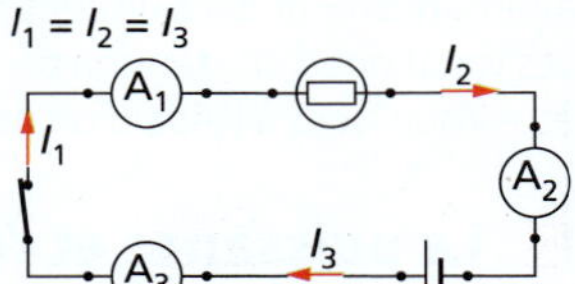

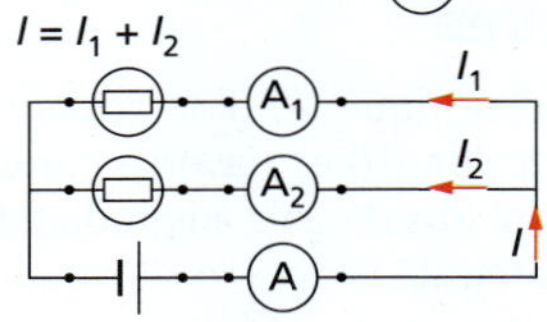

◀ Circuit avec des dérivations.

▸ La tension* électrique

La tension électrique entre deux points (U) se mesure avec un voltmètre que l'on branche en dérivation avec eux et s'exprime en volts (V).
Dans un circuit série, la tension du générateur se répartit entre les différents dipôles.
Les tensions aux bornes de dipôles branchés en dérivation sont identiques.

▸ La loi d'Ohm

Dans un circuit comprenant une résistance R, plus la valeur de la résistance (exprimée en ohms, Ω) est grande, plus l'intensité du courant est petite. La proportionnalité entre la tension U et l'intensité I est donnée par la relation $U = R \times I$.

PHYSIQUE-CHIMIE

LE COURANT ALTERNATIF 3e

1 La prise de courant et le courant alternatif

Contrairement à la tension existant entre les deux bornes d'une pile, qui est constante, la tension existant entre les deux bornes d'une prise de courant (tension du secteur) varie continuellement ; c'est une tension **alternative sinusoïdale**.

Celle-ci est caractérisée par sa **période** exprimée en secondes (T = 0,020 s), correspondant à la durée au bout de laquelle la tension reprend la même valeur, et par sa **fréquence*** exprimée en hertz (50 Hz), qui est le nombre de périodes par seconde.

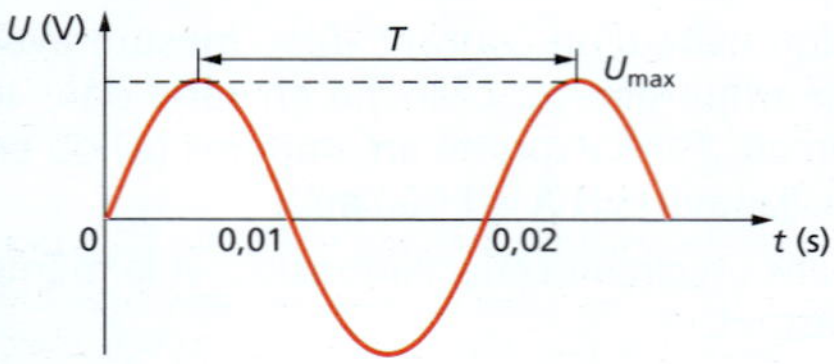

Une tension alternative appliquée aux bornes d'un conducteur électrique y crée un courant électrique alternatif ; les électrons se déplacent alternativement dans un sens puis dans l'autre. Les variations d'une tension périodique peuvent être visualisées à l'aide d'un **oscilloscope***.

2 La puissance et l'énergie électriques

La **puissance*** électrique (*P*) d'un appareil, soumis à une tension (*U*) et traversé par un courant d'intensité (*I*), est égale au produit de la tension par l'intensité.

$P = U \times I$
P est exprimée en watts (W),
U en volts (V) et I en ampères (A).

Un appareil plus puissant qu'un autre produira des effets plus importants. Ainsi, une lampe de 100 watts (100 W) éclairera mieux qu'une lampe de 75 W.

L'**énergie*** électrique (*E*) consommée par une installation et mesurée par le compteur électrique dépend de la puissance (*P*) des appareils en service, et de la durée (*t*) de leur fonctionnement.

$E = P \times t$
E est exprimée en joules (J),
P en watts (W), et t en secondes (s)

3 Assurer sa sécurité

▸ La phase, le neutre et la terre

Les prises de courant, reliées aux centrales électriques par l'intermédiaire de deux fils conducteurs, jouent pour l'usager le rôle de générateurs. Elles délivrent des tensions alternatives voisines de 220 V.
Les deux fils ne sont pas identiques ; l'un est isolé de la terre (c'est le fil de phase), et l'autre ne l'est pas (c'est le fil neutre).

▸ Les dangers du secteur

La tension du secteur peut provoquer des électrocutions. Ce risque existe si l'on touche en même temps le fil de phase et le fil neutre, ou le fil de phase et la terre.

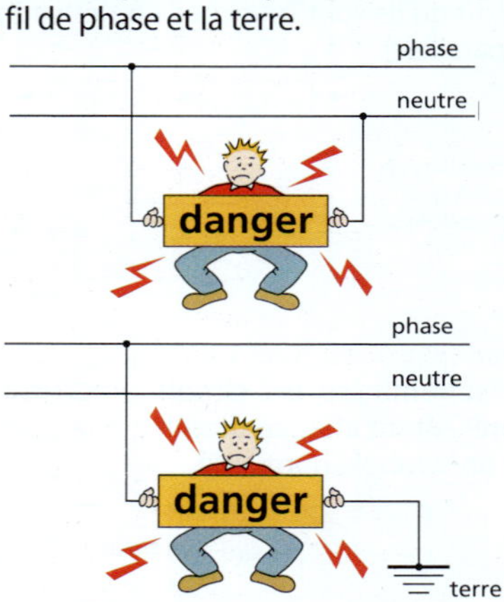

▲ L'électricité, c'est dangereux !

▸ Se protéger

On protège les circuits par l'utilisation de coupe-circuit (les fusibles) qui arrêtent automatiquement le courant en cas d'échauffement anormal. Ils sont constitués par des cartouches que l'on remplace lorsqu'elles sont « grillées ». Le choix du fusible se fait en fonction de la grosseur du fil de la ligne à protéger.

On protège les personnes en utilisant un disjoncteur différentiel, placé près du compteur au début de l'installation électrique, associé à un fil de terre. Si le disjoncteur détecte une anomalie, il coupe aussitôt le circuit.

❶ Comment produire une tension alternative ?

▸ La découverte de Faraday

Michael **Faraday*** a montré le premier que, lorsque l'on déplace un **aimant*** devant une bobine de fil de cuivre, ou l'inverse, il se crée entre les deux bornes de la bobine une **tension*** variable. C'est un phénomène d'**induction* électromagnétique**.

▸ L'alternateur

Construit à partir de la découverte de Faraday, l'**alternateur*** est une « machine tournante » composée d'un rotor, constitué par un aimant ou plus généralement un électroaimant, qui tourne à l'intérieur d'une bobine fixe appelée stator.

Lorsque le rotor tourne, il produit aux bornes du stator une tension électrique alternative. Le rotor est appelé « l'inducteur » et le stator « l'induit ».

La puissance des gros alternateurs industriels est généralement de 20 kW.

❷ Les centrales électriques

▸ Le principe

Pour obtenir de l'énergie électrique, il faut faire tourner un alternateur. Pour cela, on couple son rotor à une turbine, machine plus ou moins complexe capable de transformer l'énergie de l'eau courante, de la vapeur ou du vent en énergie disponible sur un arbre moteur.

▸ Les centrales* sont classées en différents types :

- les **centrales hydrauliques** ; en France, la puissance électrique des centrales hydrauliques varie de quelques milliers de watts, pour des installations personnelles, à 500 mégawatts (1 MW = 10^6 W) pour des barrages importants ;
- les **centrales thermiques** ; elles transforment de l'énergie thermique en énergie électrique. Une centrale thermique classique utilise l'énergie fournie par la combustion d'un combustible fossile (charbon, pétrole ou gaz naturel).
Une centrale nucléaire utilise l'énergie fournie par un réacteur nucléaire fonctionnant soit avec de l'uranium, soit avec du plutonium.

L'exploitation des **énergies* renouvelables** (centrales photovoltaïques, éoliennes, géothermiques, utilisation de la biomasse, etc.) est en pleine évolution car elle est plus respectueuse de l'environnement.

❸ Le transport du courant

▸ L'utilisation des transformateurs par E.D.F.

L'énergie électrique est souvent utilisée très loin des endroits où elle est produite, aussi faut-il la transporter par des « chemins » plus ou moins longs. Ces « chemins » sont constitués par toutes les lignes électriques qui forment les réseaux de transport et de distribution.

Au cours de ce transport une partie importante de l'énergie électrique se dissipe en chaleur et se perd dans l'atmosphère. Cette perte peut être diminuée si le transport se fait à très haute tension. À cette fin, on utilise des **transformateurs***.

▸ De l'alternateur à l'utilisateur

La tension électrique fournie par la centrale est tout d'abord élevée à une très haute tension (THT) pour pouvoir être transportée avec le minimum de pertes.
Elle est ensuite progressivement ramenée à une moyenne tension (MT) puis à une basse tension (BT) pour être enfin distribuée aux utilisateurs.

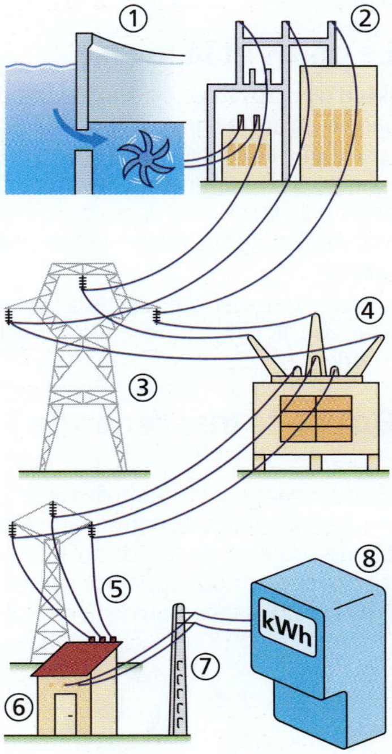

▲ Réseau de transport et de distribution E.D.F.

1) Centrale hydraulique ; 2) Transformateur 20 kV/400 kV ; 3) Lignes THT ; 4) Transformateur 400 kV/20 kV ; 5) Lignes MT ; 6) Transformateur 20 kV/220 V ; 7) Lignes BT ; 8) Utilisateur.

POIDS, MASSE ET ÉNERGIE

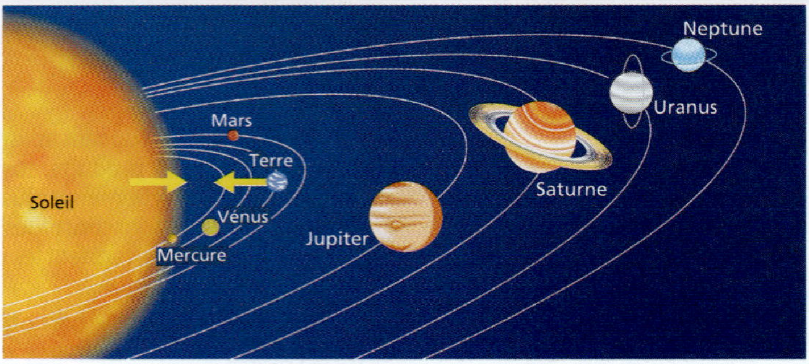

▲ Le Système solaire.

1 La gravitation

Le Système solaire est constitué d'une étoile, le Soleil, autour de laquelle tournent huit planètes. Le Soleil exerce à distance une attraction sur chacune des planètes. Chaque planète exerce également une attraction sur le Soleil et sur tout objet situé à proximité. La gravitation désigne cette interaction attractive entre deux objets qui ont une masse ; elle dépend de leur distance. La gravitation gouverne tout l'Univers, dans le Système solaire, mais aussi entre les étoiles et entre les galaxies.

2 Le poids et la masse

Le poids d'un corps résulte de la gravitation au voisinage d'un autre corps, en particulier d'un astre : c'est une action verticale et dirigée vers le bas. Le poids P (exprimé en newtons, N) est proportionnel à la masse m de ce corps (exprimé en kilogrammes, kg). La relation entre poids et masse est :

$P = m.g$, où g désigne l'intensité de la pesanteur. Sur Terre, g = 10 N/kg, tandis que sur la Lune g = 1,6 N/kg.

3 Qu'est-ce que l'énergie ?

▸ Force

Quand nous évoquons la notion de **force***, nous pensons par exemple à un homme très musclé, capable de soulever de lourds haltères. Mais dans ce cas, ce que nous appelons « force » est en fait de la « puissance » ou de l'« énergie ».

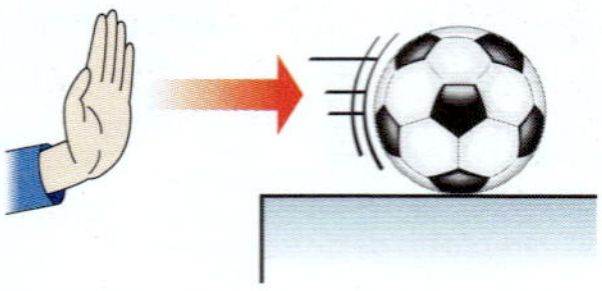

▲ Lorsque la main pousse le ballon, elle exerce une force dessus.

Supposons un ballon immobile sur un plan horizontal ; par une poussée de la main, nous le mettons en mouvement. Cette action qui a provoqué le mouvement est appelée « force ».

Une force est ce qui est capable, entre autres, de produire ou de modifier le mouvement d'un corps.

▸ Travail et énergie

Si une force, comme la poussée de la main sur le ballon par exemple, provoque un déplacement, on dit qu'elle effectue un **travail***.

On dit qu'un système possède de l'**énergie*** lorsqu'il est susceptible de produire du travail.

4 Quelques formes d'énergie

▸ L'énergie potentielle de pesanteur

Certains corps possèdent de l'énergie de par leur position. Ainsi, par exemple, la roche (dessin ci-dessous) possède de l'énergie car elle peut tomber et provoquer l'écrasement de la maison située au-dessous. Cette énergie est appelée énergie potentielle de **pesanteur***.

▲ La roche située sur la falaise peut tomber ; elle possède de l'énergie potentielle.

On montre que d'une façon générale, un corps de masse m, située à une altitude h au-dessus du sol possède une énergie potentielle E_p telle que

$$E_p = m.g.h$$

E_p est exprimée en joules (J), m en kilogrammes (kg) et g (intensité de la pesanteur) en newtons par kilogramme (N/kg).
Cette énergie se manifestera si le corps tombe.

PHYSIQUE-CHIMIE

▸ L'énergie cinétique

Une boule en **mouvement** est capable de renverser des quilles, elle possède donc de l'énergie appelée « énergie cinétique ».

L'énergie cinétique (E_c) est l'énergie que possède un corps en mouvement. Elle dépend de la masse (m) du corps et de sa vitesse (v).

$$E_c = \frac{1}{2} m v^2$$

E_c est exprimée en joules (J), m en kilogrammes (kg) et v en mètres par seconde (m/s).

5 Énergie cinétique et sécurité routière

Une voiture d'une tonne (10^3 kg) roulant à 45 km/h possède une énergie cinétique que l'on peut calculer :

$$E_c = \frac{1}{2} \times 10^3 \times \left(\frac{45 \times 10^3}{3\,600}\right)^2 = 78\,125 \text{ J}$$

Cette énergie considérable correspond à l'énergie potentielle que possède un objet d'une tonne suspendu à un peu plus de 7,5 mètres du sol.

$$E_p = 10^3 \times 9{,}81 \times 7{,}5 = 73\,575 \text{ J}$$

Si la voiture heurte un mur, les dégâts occasionnés par cet accident seront les mêmes que si la voiture chutait du troisième étage.

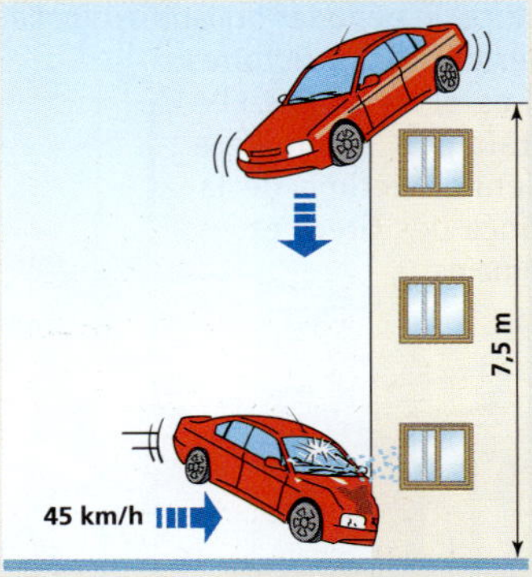

▲ Deux sources d'énergie : le soleil et le vent.

6 Quelques sources d'énergie

Il existe de très nombreuses sources d'**énergie***, comme le vent, qui peut faire tourner des moulins ou des éoliennes, ou l'eau courante, qui peut faire tourner les alternateurs des centrales électriques hydrauliques.

Ces sources sont multiples et peuvent être classées en deux catégories : les sources non renouvelables d'origine chimique (le charbon, le pétrole, le gaz naturel) ou nucléaire (l'uranium), et les sources inépuisables (le soleil, le vent, les plantes).

7 Conservation et transfert de l'énergie

L'énergie peut se transformer. Ainsi, pour accomplir ses diverses tâches, l'homme doit transformer l'énergie dont il dispose en une forme qu'il peut facilement utiliser.

Par exemple, il utilise l'énergie potentielle de l'eau située en haut des chutes, pour la transformer en énergie cinétique capable de faire tourner un alternateur qui la transforme ensuite en énergie électrique. Il réalise alors une « chaîne énergétique » (voir tableau ci-dessous).

La réalité montre cependant que toute l'énergie potentielle n'est pas transformée en énergie électrique ; une partie de celle-ci, notamment au niveau de l'alternateur, se dissipe en chaleur et est transférée à l'air.

Globalement, l'énergie se conserve. Dans un système donné, elle se transforme sous différentes formes à l'intérieur de celui-ci ou se transfère à un autre système.

Formes d'énergie	Énergie potentielle → Énergie cinétique → Énergie électrique	
« Transformateurs »	La chute	L'alternateur

▲ La chaîne énergétique.

1 De la naissance de l'agriculture à la naissance de l'histoire

Les hommes ont été des nomades vivant de la chasse, de la pêche et de la cueillette durant deux millions d'années. Vers 8000 av. J.-C., les habitants du « Croissant fertile », région du Moyen-Orient qui s'étend de la mer Morte au golfe Persique en passant par le sud de la Turquie, deviennent peu à peu des agriculteurs sédentaires. Ce changement de mode de vie entraîne la « révolution **néolithique*** », caractérisée par la naissance des premiers villages, l'essor de la poterie et du tissage, et les débuts de la métallurgie : les premiers échanges commerciaux s'ensuivront. Faire du commerce suppose de pouvoir conserver une trace écrite de la comptabilité. L'écriture **cunéiforme*** est inventée vers 3500 av. J.-C. en **Mésopotamie***.

◀ Tablette d'écriture picto-idéographique. Basse-Mésopotamie, IVe millénaire av. J.-C.

Contemporaine de la formation des premières grandes entités politiques, l'**écriture*** permet de glorifier les souverains, de garder la mémoire des relations diplomatiques et des batailles, d'édicter des lois (code d'**Hammourabi***). Vers 1200 av. J.-C., un peuple marchand, les **Phéniciens***, invente et diffuse le premier véritable alphabet ; la forme et le nombre de lettres (22 consonnes et aucune voyelle) est désormais fixée. Avec l'écriture, on est passé de la préhistoire à l'histoire.

2 L'Égypte ancienne

Vers 3000 av. J.-C., les **pharaons*** des premières dynasties unifient la Haute et la Basse-Égypte. Le pharaon est considéré comme un dieu vivant ; il est le chef religieux et le chef de l'armée et possède toutes les terres. Ses ordres sont transmis dans l'**Égypte*** tout entière grâce aux scribes, qui savent écrire les **hiéroglyphes***. Vingt-cinq siècles av. J.-C., les pharaons font édifier les **pyramides***, et, quinze siècles environ av. J.-C., les temples de **Karnak*** et de **Louqsor***. Ces constructions monumentales, nécropoles et lieux de culte, ont été édifiées au prix de nombreuses victimes parmi les esclaves et les pauvres.

Les Égyptiens sont polythéistes, mais privilégient le dieu-soleil (**Rê*** ou Râ). Chaque dieu, généralement représenté avec une tête d'animal, a une attribution particulière : ainsi, **Osiris*** assure la fertilité et Isis veille sur les morts. Les prêtres conseillent le pharaon et reçoivent de nombreuses offrandes. Des milliers d'artisans fabriquent les vêtements, les poteries, les armes, les demeures. Peintres, sculpteurs et orfèvres créent les œuvres d'art. 90 % des Égyptiens sont des paysans ; réduits à l'état de servitude, ils subissent des conditions de vie très pénibles – outils rudimentaires, maisons en boue séchée, maigres repas, lourds impôts et corvées dus aux puissants. Ils aménagent les canaux, les barrages, les réservoirs pour utiliser les eaux du **Nil*** – fleuve au limon fertile apporté par la crue d'été, sans lequel l'Égypte ne serait qu'un désert. L'Égypte des pharaons connaît une alternance de périodes brillantes, où elle tire sa prospérité de ses victoires militaires, et de déclins. Elle disparaît peu avant l'ère chrétienne, victime de la puissance des Grecs et des Romains.

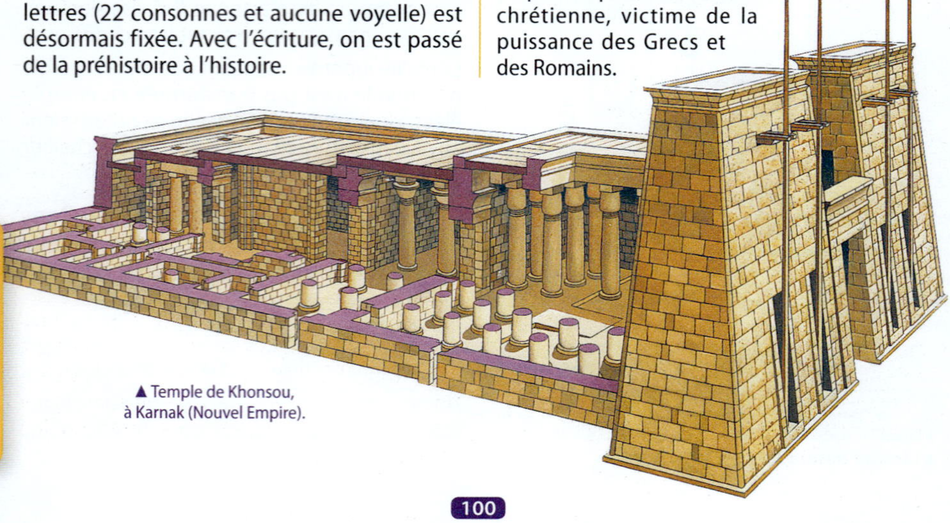

▲ Temple de Khonsou, à Karnak (Nouvel Empire).

HISTOIRE

1 Les Hébreux et la naissance du judaïsme

Les croyants des trois religions monothéistes – le **judaïsme***, le **christianisme*** et l'**islam*** – se proclament tous « fils d'**Abraham*** ». Abraham, né à **Our*** à l'embouchure de l'Euphrate, aurait, selon les textes religieux, entendu l'appel de Dieu lui demandant d'aller s'établir en terre de **Canaan***. La Bible évoque le parcours des Hébreux vers ce pays. Abraham aurait quitté la **Mésopotamie*** vers 1800 av. J.-C. pour marcher vers la « Terre promise ». Les traditions juive et musulmane font des deux fils d'Abraham, Ismaël et **Isaac***, les fondateurs des peuples arabe (Ismaël) et juif (Isaac). Selon la Bible, le peuple élu séjourne en Égypte pendant plusieurs générations pour fuir la famine. Le prophète Moïse conduit le peuple hébreu hors d'Égypte vers 1250 av. J.-C. C'est l'Exode, durant lequel il reçoit de Yahvé (Dieu) les Tables de la Loi, sur lesquelles sont gravés les dix commandements.

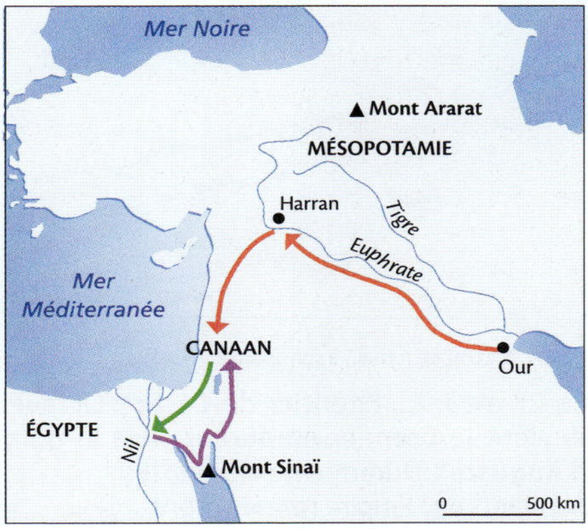

▲ Le long périple du peuple hébreu, d'après la Bible.

Ce texte est fondateur du monothéisme : Yahvé devient le Dieu unique des **Hébreux***. Leur religion, le judaïsme, se définit par l'engagement à respecter les lois contenues dans la **Torah*** (qui inclut les dix commandements), pour accéder à la vie éternelle. Du XIIe au VIIIe s. av. J.-C., le judaïsme se développe en Palestine. Au Xe s. av. J.-C., les règnes des rois David et Salomon marquent l'apogée des Hébreux et du royaume d'Israël. Salomon fait construire à Jérusalem le Temple, dont subsiste encore un vestige, le « mur des Lamentations ». Avec les guerres et les divisions, les Hébreux voient ensuite le déclin et la perte de leur indépendance. L'**Assyrie***, les Babyloniens, les Grecs et les Romains deviennent successivement les maîtres de la **Palestine***. Au cours des derniers siècles avant notre ère, les Hébreux se dispersent (**diaspora***) sur tout le pourtour de la Méditerranée. Au IIe s. de notre ère, la rigueur de l'occupation romaine met fin à la présence des Juifs en Palestine. Les juifs de la diaspora, dans le monde entier, conservent leur foi et leur identité religieuse.

▲ Chandelier à sept branches, bas-relief hébraïque. Musée du Louvre, Paris.

2 La naissance du christianisme

Le christianisme est né en Palestine à l'époque où elle était occupée par les Romains. Une partie du peuple juif reconnaît alors en **Jésus*** de Nazareth l'envoyé de Dieu (ou Messie) qu'ils attendent. Il est le Fils de Dieu selon les **Évangiles***, texte fondateur du christianisme. Formé de quatre récits, ce texte relate la vie et les enseignements de Jésus, envoyé par Dieu le Père pour sauver les hommes du péché et leur apporter la vie éternelle ; il rapporte non seulement les enseignements de Jésus mais aussi ses actions, ses miracles et sa résurrection après sa mort sur la Croix. Jésus et ses compagnons, les apôtres, qui sont les premiers chrétiens, font partie du peuple juif. Après sa mort, les disciples du Christ convertissent au christianisme non seulement de nombreux Juifs, mais aussi d'autres habitants de l'Empire romain – en **Asie* Mineure**, en **Grèce***, dans les villes portuaires et à **Rome***, notamment. L'apôtre **Paul*** joue dans ces premières conversions un rôle majeur ; dans ses **Épîtres***, il précise la doctrine du christianisme, qui doit s'adresser à tous les hommes, quelles que soient leur origine et leur religion.

1 La civilisation grecque

Au VIIIe s. av. J.-C. (celui d'**Homère***), les cités grecques se développent et implantent des colonies autour de la Méditerranée. Les citoyens grecs se sont émancipés du pouvoir des rois ; ils ont élaboré des systèmes de gouvernement, oligarchiques comme à Sparte, mais aussi démocratiques comme à **Athènes*** (la première cité démocratique). Les Grecs ont le sentiment d'appartenir à une nation, avec une langue et une religion communes. Les divinités (Zeus, Athéna...) sont représentées sous une forme humaine et sont honorées dans les temples, tel le Parthénon. Dans le sanctuaire d'**Olympie***, les athlètes grecs participent aux jeux **Olympiques***, qui ont lieu tous les quatre ans. En 490 av. J.-C.,

▲ Vestiges du temple d'Apollon à Corinthe, l'un des premiers temples doriques en Grèce continentale (550-525 av. J-C.).

Athènes prend la tête des cités grecques pour repousser l'envahisseur **perse***, vaincu à la bataille de Marathon. Athènes connaît alors son apogée politique, économique et culturel, sous la direction de Périclès, qui œuvre pour la démocratie. **Socrate*** et **Platon*** y développent la philosophie. Athènes fait figure d'« école de la Grèce », attirant penseurs, savants et artistes. L'art classique grec, avec ses sculptures et ses monuments à colonnes, est un art religieux dans lequel la recherche de l'harmonie des formes est prépondérante. Mais les cités grecques, usées par les guerres du **Péloponnèse*** (**Sparte*** contre Athènes), vont perdre leur indépendance. Vers 330 av. J.-C., les Macédoniens, ses voisins au nord, envahissent la Grèce, dont ils se rendent maîtres. Les conquérants vont cependant intégrer la culture grecque et la diffuser, notamment le roi **Alexandre* le Grand** (336 av. J.-C.). Après sa victoire sur les Perses, il conquiert un immense empire allant de la **Macédoine*** et de la **Grèce*** jusqu'au fleuve Indus et à l'Égypte. À sa mort, ses généraux, qui se partagent son empire, fondent les royaumes hellénistiques, creusets où fusionnent les civilisations grecque et orientale. La ville d'**Alexandrie***, en Égypte, représente le principal foyer de civilisation hellénistique, avec sa bibliothèque, la plus célèbre de l'Antiquité, et son phare (**Pharos***).

2 La civilisation romaine

La légende fait de **Romulus*** le fondateur de Rome, en 753 av. J.-C. Les archéologues datent du début du VIe s. av. J.-C. la fondation de la ville. Sous l'influence du modèle que représente la Grèce en matière culturelle, politique et religieuse, la république y est instaurée en 509 av. J.-C. Au IIIe s. av. J.-C., grâce à sa puissance militaire, **Rome*** soumet toute l'Italie ; au IIe s. av. J.-C., **Carthage***, la Grèce, l'Espagne et l'Asie Mineure ; et, au Ier s. av. J.-C., la **Gaule*** et le Proche-Orient. Les richesses des pays conquis (or, blé, esclaves...) font la fortune de Rome et d'une partie de ses citoyens.

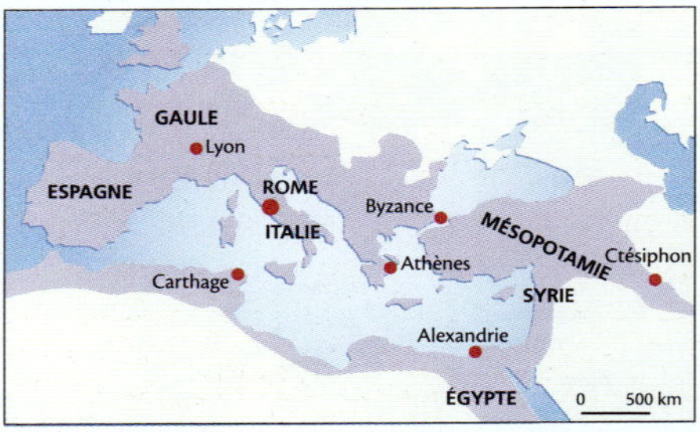

▲ L'Empire romain à son apogée (IIe s. apr. J.-C.).

En 27 av. J.-C., l'héritier de **César***, Octave, devient le premier empereur sous le nom d'**Auguste***. Durant cinq siècles, les habitants de l'Empire **romain*** sont tenus de célébrer le culte impérial. Les provinces sont administrées par des sénateurs ou par des chefs militaires. La « paix romaine » va permettre, grâce à la construction de voies, d'aqueducs, de thermes et de théâtres, l'essor de la civilisation urbaine et celui du commerce. La culture gréco-romaine est diffusée dans tout l'empire par la langue latine, écrite et parlée.

Toge romaine. ▶ En forme de segment de cercle, elle est ornée d'une bande de pourpre sur le bord.

1 La montée en force de l'Église

D'abord minoritaires et persécutés, les chrétiens d'Occident doivent célébrer leur culte dans la clandestinité. En 313, par l'édit de Milan, l'empereur **Constantin* le Grand** leur accorde la liberté de culte. En 392, le christianisme devient la religion officielle de l'Empire. Les chrétiens sont placés sous l'autorité de l'évêque de Rome, le **pape***. L'Église, c'est-à-dire la communauté formée par tous les chrétiens, calque son organisation et sa hiérarchie sur celles de l'administration de l'Empire romain. Les évêques nomment désormais les prêtres – jusqu'alors choisis par les fidèles. La construction de nombreux baptistères témoigne de la vitalité du christianisme. L'Église devient la seule force capable de maintenir l'unité de l'Occident lors des invasions. Majoritairement reconnue par les populations, elle est à même d'imposer la foi catholique chrétienne aux envahisseurs, ainsi qu'en témoigne le baptême du roi franc **Clovis***.

2 Des invasions barbares à l'Empire carolingien

Les invasions **barbares*** mettent fin à l'Empire romain. Dès le IIIe s. de notre ère, certains peuples germaniques s'installent en Gaule romaine dans le but de servir comme auxiliaires de l'armée romaine ou de cultiver les terres. Les vagues d'arrivants s'accentuent au cours des IVe et Ve s., sous la poussée d'envahisseurs venus d'Asie, parmi lesquels les terribles **Huns***. L'Empire romain est géographiquement partagé en deux parties (occidentale et orientale) pour mieux se défendre. Les peuples germaniques profitent de l'affaiblissement de l'Empire pour prendre le pouvoir dans la région occidentale. En 476, les Ostrogoths deviennent maîtres de l'Italie et détrônent le dernier empereur romain. Les historiens ont fait de cette date la fin de l'Antiquité et le début du Moyen Âge. Les **Francs*** en Gaule, les **Wisigoths*** en Espagne, les Angles et les Saxons en Grande-Bretagne établissent de nouveaux royaumes. Cette période, appelée « haut Moyen Âge », est marquée par un recul de la civilisation : dépeuplement des villes, abandon des aqueducs, dépérissement des voies, baisse des échanges commerciaux, raréfaction des documents écrits, repli des régions sur elles-mêmes, guerres entre clans. Au début du VIe s., les Francs deviennent maîtres de la Gaule. Le roi des Francs Clovis fonde la

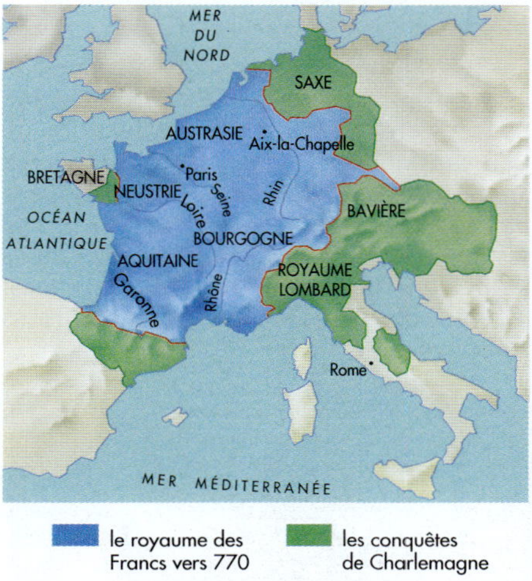

▲ L'empire de Charlemagne.

dynastie **mérovingienne***. En 732, **Charles Martel***, chef d'un clan et maire du palais, assure la défense de la Gaule face à l'invasion des Arabes. Son fils, **Pépin* le Bref**, devient roi et fonde la dynastie des **Carolingiens***. Son petit-fils **Charlemagne*** est sacré empereur d'Occident par le pape en 800. Il agrandit considérablement le territoire sous domination franque, soumet et christianise les peuples païens. De nombreux monastères sont fondés. Évêques et abbés des grands monastères administrent l'empire conjointement avec les comtes, qui ont des pouvoirs administratifs et militaires très étendus. L'écrit renaît, grâce à l'activité des moines copistes et à la création d'une nouvelle écriture, l'écriture caroline. Des écoles sont fondées, à destination de l'aristocratie. Le **latin*** est restauré. Le renouveau carolingien, tout en reprenant à son compte une partie de l'héritage antique, donne une nouvelle impulsion au **catholicisme*** en Occident.

Statuette équestre ▶ (présumée) de Charlemagne. Bronze des IX-Xe s.

1 L'Empire byzantin

En 395, l'Empire **romain*** est partagé, et l'Empire d'**Orient*** devient l'Empire **byzantin***. Sa capitale, Byzance, prend le nom de **Constantinople***. L'empereur romain d'Orient **Justinien*** (527-565) tente de reconquérir une partie de l'Empire romain, sans réussir à restaurer la puissance de Rome. Les Byzantins perpétuent l'héritage hellénistique ; le grec est la langue officielle. L'empereur byzantin a tous les pouvoirs.

Grand personnage byzantin. ▶ Il porte deux tuniques courtes superposées et le manteau *(chlamyde)* attaché sur l'épaule droite.

Patricienne byzantine. ▶ Elle porte la tenue du dessus ornée de *claves* (bandes colorées) avec une tunique en brocart entourant les épaules.

Le christianisme est diffusé chez les peuples slaves (Russes, Bulgares, Serbes…) par les moines, qui inventent l'écriture **cyrillique***. Justinien fait construire à Constantinople la basilique **Sainte-Sophie***. En 1054, un schisme sépare définitivement, après maintes querelles, le christianisme oriental (dit « orthodoxe ») du christianisme catholique romain. Le patriarche de Constantinople est excommunié par le **pape*** et devient le chef des chrétiens orthodoxes. En 1204, les croisés catholiques assiègent et pillent Constantinople. L'Empire byzantin, qui s'est peu à peu réduit, s'achève avec la prise de Constantinople par les **Turcs*** musulmans en 1453.

2 Naissance et essor de l'islam

À la fin du VIIe s., **La Mecque*** est un sanctuaire religieux (où se trouve la Kaaba) et un lieu de pèlerinage où les Bédouins, peuple nomade du désert, viennent vénérer de nombreuses divinités. En 612, **Mahomet*** (ou Mohammed) a la révélation de la parole de Dieu, et il commence à prêcher l'islam (« soumission à Dieu » en arabe). Pour les musulmans, il est le vingt-sixième et dernier prophète. La profession de foi de l'islam affirme : « Il n'y a d'autre Dieu qu'Allah et Mahomet est l'envoyé d'Allah. » Mahomet mène bataille contre les tribus bédouines, polythéistes et hostiles à l'islam. En 622, il est chassé de La Mecque. Cet événement, auquel on donne le nom d'« hégire », marque le début du calendrier musulman. Mahomet réunit ensuite les premiers musulmans à **Médine***, pour rentrer en 630 victorieux à La Mecque, où il détruit les idoles. À la mort du prophète, en 632, beaucoup d'Arabes ont adopté l'**islam***. Le **Coran*** est pour les musulmans la transcription exacte de la parole de Dieu révélée à Mahomet, son prophète. Rédigé une dizaine d'années après sa mort, le Coran établit les cinq grands « piliers » de l'islam : la profession de foi, les cinq prières quotidiennes, l'aumône, le jeûne durant le mois du ramadan, et le pèlerinage à La Mecque. Le Coran organise la société en en fixant les lois et les interdits. Les Arabes livrent des guerres saintes (**djihad***) et convertissent les vaincus. L'islam promet le paradis aux croyants. À la mort de Mahomet, la communauté musulmane perd son unité religieuse (elle se divise entre sunnites et chiites) et politique (division du pouvoir entre califes rivaux). Au VIIIe s., le monde musulman s'étend de l'Inde occidentale jusqu'en Espagne, en passant par l'Égypte, la Perse et le **Maghreb***, où les populations **berbères*** sont islamisées. La situation privilégiée de cet immense territoire, au carrefour de trois continents, est bénéfique pour l'essor du commerce et des échanges culturels.

Les musulmans ont une civilisation avancée dans de nombreux domaines : astronomie, mathématiques, médecine, poésie, philosophie… Ils inventent des techniques (comme l'irrigation), et contribuent particulièrement au développement de la navigation, de l'architecture et de l'urbanisme (**Damas***, **Bagdad***…).

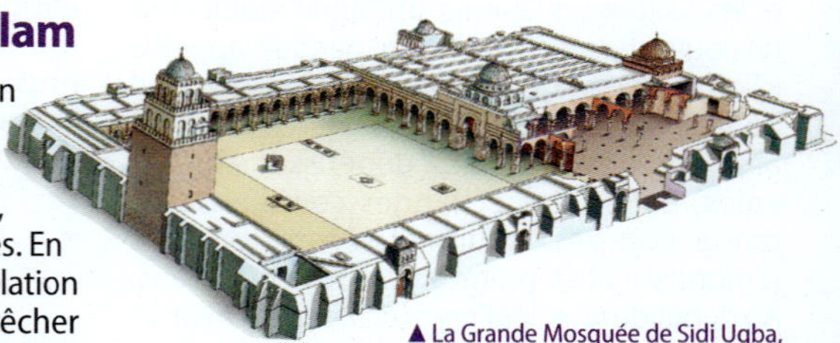

▲ La Grande Mosquée de Sidi Uqba, à Kairouan (VIIIe-IXe s.).

HISTOIRE

1 L'ordre seigneurial

En 843, le traité de **Verdun*** partage en trois l'Empire **franc***. **Charles* le Chauve** hérite de la partie occidentale (la France), où l'on parle majoritairement le **roman***, dérivé du latin – qui reste la langue écrite et parlée par l'élite intellectuelle. Les premiers rois de France sont incapables de protéger la population des pillages des **sarrasins*** ou des **Vikings*** (dits aussi « Normands »). Au xe s., le roi n'a plus d'autorité sur les comtes, auxquels les seigneurs eux-mêmes n'obéissent plus. Le pouvoir se répartit entre un certain nombre de grands seigneurs : ce sont eux qui organisent la défense des populations, moyennant un lourd tribut. Vers l'an mil, ils font construire des châteaux forts ; ils s'entourent de **chevaliers***.

▲ Le château fort des seigneurs de Coucy (deuxième quart du XIIIe s.).

Le territoire qui dépend du seigneur, la seigneurie, comprend les terres agricoles, les bois et les villages habités par les paysans. Le seigneur y est juge et perçoit les taxes. Les paysans sont astreints à des corvées pour entretenir la seigneurie. Leurs conditions de vie sont misérables. Les **serfs*** appartiennent à un maître et n'ont aucune liberté. Les seigneurs se livrent des guerres entre eux ; les moins puissants deviennent les vassaux des grands seigneurs. Le système féodal repose sur la seigneurie et sur l'institution du fief, domaine concédé par le seigneur à son vassal, dont il assure la protection en échange de son entier dévouement et de certains services. À partir de l'an mil les campagnes connaissent un essor : elles sont l'objet de grands défrichements ; l'utilisation des charrues, des colliers d'attelage, des moulins à eau et à vent se généralise. Le système féodal commence à décliner à la fin du viiie s. La **féodalité*** ne se terminera véritablement – ce sera la fin du **Moyen* Âge** – qu'une fois que le roi de France, suzerain de tous les seigneurs, aura repris par les armes le contrôle de son royaume, le château fort étant devenu vulnérable aux canons.

2 La puissance de l'Église

L'Église demeure alors en Occident la seule autorité respectée. Les ecclésiastiques, appelés « clercs », ont pour mission de guider les croyants vers le salut éternel. Dans les monastères, nombreux, les moines consacrent l'essentiel de leur temps à prier et à copier des manuscrits (textes sacrés et religieux, mais aussi profanes). Ils forment le clergé régulier, distinct du clergé séculier, non reclus dans les monastères. Le **pape***, élu par les cardinaux, nomme les hauts dignitaires de l'**Église*** avec l'accord des souverains. Les évêques dirigent leur diocèse et désignent les curés. L'Église rythme la vie des hommes, du baptême à l'extrême-onction. Le sacrifice du Christ est célébré à la messe par l'eucharistie. On construit des églises de plus en plus belles à la gloire de Dieu. Peintures et sculptures évoquent la vie et le message du Christ. L'art **gothique***, avec ses hautes cathédrales ornées de vitraux, succède à partir du xiie s. à l'art **roman***. Entre 1095 et 1291, huit **croisades***, à la fois pèlerinages et guerres, sont prêchées sur l'ordre de différents papes pour reconquérir la Terre sainte (Jérusalem et la Palestine), aux mains des infidèles (les musulmans). À la fin du xiiie s., ces derniers sont à nouveau maîtres de tous les territoires qui avaient été conquis par les croisés. En revanche, la **Reconquista***, menée par les royaumes chrétiens du nord de l'Espagne contre les musulmans, triomphera à la fin du xve s.

Cathédrale ▶ Notre-Dame d'Amiens (XIIIe s.), de style gothique. Façade occidentale.

HISTOIRE

1 La formation de l'État français

En 987, **Hugues* Capet** devient roi de France et fonde la dynastie des **Capétiens***. La Provence, le Dauphiné, le Lyonnais, la Franche-Comté, la Lorraine, les Ardennes ne font pas encore partie du royaume. Les premiers rois capétiens ne sont réellement maîtres que d'un domaine peu étendu, situé en Île-de-France. Ils n'ont aucune autorité sur les fiefs, dont les plus importants sont le comté de Bretagne, le duché de Normandie et le comté de Toulouse. Les Capétiens instaurent le principe de la monarchie héréditaire en désignant et faisant couronner leurs fils héritiers de leur vivant. Peu à peu, ils agrandissent le domaine royal en annexant la plupart des grands fiefs, grâce à des mariages, des héritages et des achats, ou encore par conquête. Le roi, sacré dans la cathédrale de Reims, est considéré comme l'« élu de Dieu ».

▲ Seigneur et dame du XVe s. Seigneur en jaquette plissée, manches pendantes et *maheutres* aux épaules ; dame coiffée du hennin.

Trois rois vont renforcer l'autorité de la royauté : **Philippe* II Auguste**, vainqueur à **Bouvines*** en 1214 ; **Louis* IX**, dit Saint Louis ; **Philippe* IV le Bel**.

En 1314, le domaine royal couvre la plus grande partie du royaume. Le roi d'Angleterre, ancien duc de Normandie, n'a plus qu'un fief autour de Bordeaux. L'ordre capétien règne dans le Languedoc et à Toulouse, depuis la « croisade » menée contre les **cathares***. Le roi dispose d'une cour dotée d'institutions politiques (le Conseil) et judiciaires (parlements de Paris et de province). Il lève l'impôt, bat la monnaie, rassemble l'ost et rend la justice dans tout le royaume avec le concours des baillis et des sénéchaux. Durant la guerre de **Cent* Ans** (1337-1453), la France est occupée à deux reprises par les Anglais. Cependant, le sacrifice de **Jeanne* d'Arc** (1431) et la libération totale du pays (1453) renforcent l'autorité du roi de France. La victoire de **Louis XI** (1461-1483) sur **Charles* le Téméraire**, duc de Bourgogne, contribue à l'agrandissement du territoire de la France. Louis XI ouvre la voie vers la monarchie absolue.

2 Essor, crises et reconstruction en Occident

Le XIIIe s. est marqué par l'essor croissant des villes et des échanges commerciaux, par le développement de la monnaie et de la production textile. De grandes foires rassemblent marchands des villes de la mer du Nord et de la Méditerranée ; les premiers vendent des pièces de drap, les seconds, des soieries et des épices ramenées d'Orient. Paris, les villes du nord de l'Italie (**Venise***, **Gênes***), celles des Flandres (**Bruges***, **Gand***) connaissent un grand essor. L'Église crée des universités. Les XIVe et XVe s. sont traversés par une série de troubles et de malheurs. Les guerres et les mauvaises récoltes entraînent hausse des prix et famine. En 1348 débute une terrible épidémie de **peste*** – dont sera victime un habitant sur trois ! La production agricole chute, le brigandage se généralise, de nombreux paysans se révoltent et forment des jacqueries. À la fin du XVe s., la conjoncture économique s'améliore : les seigneurs baissent le montant des redevances ; ils affranchissent de nombreux serfs pour attirer une main-d'œuvre devenue rare. L'utilisation de nouvelles teintures permet à la production textile de reprendre. Les bourgeois des villes s'enrichissent grâce au commerce et à la finance. En 1450, **Gutenberg*** invente la presse à imprimer et met au point le procédé typographique (**imprimerie***).

▲ Les principaux circuits commerciaux aux XIIIe et XIVe s.

HISTOIRE

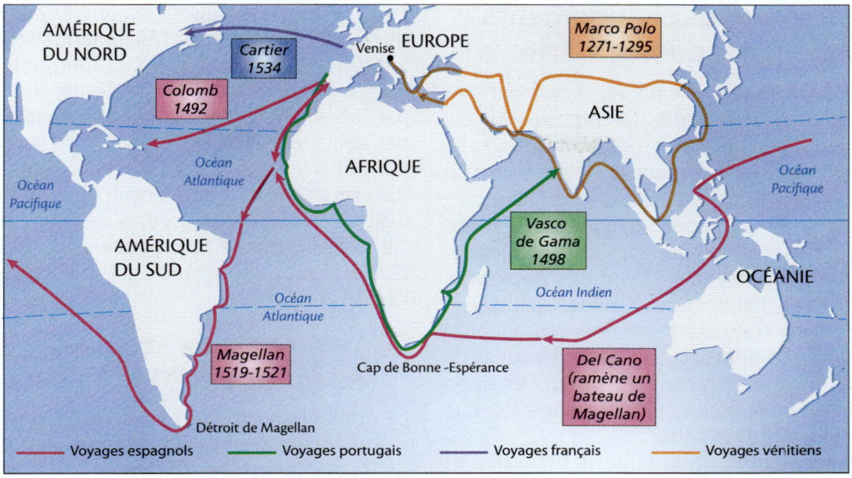

▲ Les grandes découvertes au XVIe s.

1 Les grandes découvertes

Épices, coton de l'**Inde***, soie et porcelaine de **Chine*** sont en Europe des denrées rares et prisées. Le Vénitien Marco **Polo*** (1254-1324) est le premier à donner de l'Orient (et de la Chine en particulier) une description précise. Entre l'Europe chrétienne et l'Asie orientale se dresse cependant le monde musulman. Pour éviter les risques que comportent les longs trajets terrestres, Portugais et Espagnols envisagent de rallier l'Asie par voie maritime. Trois instruments permettent alors aux marins de se repérer : la boussole, l'astrolabe et le portulan. En 1487, le Portugais **Dias*** atteint le cap de Bonne-Espérance. Le Génois Christophe **Colomb*** tente à son tour, au moyen de caravelles frétées par l'Espagne, d'arriver en Inde en empruntant cette fois la route de l'ouest : en 1492, il aborde en réalité les Antilles, puis le continent qu'on nommera plus tard l'Amérique. En 1498, le Portugais Vasco de **Gama*** atteint l'Inde en contournant l'Afrique. En 1498, l'Italien **Cabot*** (pour le compte de l'Angleterre) et, en 1534, le Français **Cartier*** explorent les rivages de l'Amérique du Nord. En 1500, le Portugais **Cabral*** atteint le Brésil. En 1522 s'achève l'expédition entreprise en 1519 par **Magellan***, qui réussit à doubler le cap Horn. Avec le premier tour du monde, preuve est désormais faite que la Terre est ronde.

2 Les empires coloniaux

Les Européens s'approprient ces nouvelles terres. Après arbitrage du pape, l'Espagne et le Portugal constituent aux XVe et XVIIe s. les plus grands empires coloniaux. L'Empire **portugais*** comprend des terres bordant l'océan Indien, ainsi que le **Brésil*** ; l'Empire **espagnol***, les Philippines et la plus grande partie de l'Amérique (de la Californie jusqu'au Chili). Les « conquistadores » détruisent au **Mexique*** la civilisation des **Aztèques***, et au **Pérou*** celle des **Incas***. Ils utilisent la main-d'œuvre amérindienne pour exploiter les plantations de canne à sucre et de tabac, les mines d'or et d'argent. De nombreux peuples subissent de véritables génocides, victimes de mauvais traitements ou de maladies. Les **Hollandais*** créent des comptoirs commerciaux en Indonésie et sur certaines côtes des Amériques. En Amérique du Nord, les Français et surtout les Anglais fondent leurs premières colonies. Les Européens créent également des comptoirs en Afrique, où ils vont développer la traite des esclaves (déjà pratiquée, avec infiniment moins d'ampleur, par les rois africains et les marchands arabes). La traite des Noirs s'intensifie au fur et à mesure que s'accroissent les besoins en main-d'œuvre. Des millions d'Africains sont déportés et réduits en **esclavage***. Les villes d'Europe s'enrichissent considérablement grâce au « commerce triangulaire » : en Afrique, les marchands européens échangent des produits de pacotille contre des esclaves ; ceux-ci sont transportés en Amérique dans des conditions inhumaines avant d'être vendus aux colons ; les navires rentrent en Europe chargés de produits agricoles ou de métaux précieux.

1 Les grands changements culturels du XVIe siècle

La **Renaissance*** est un vaste mouvement culturel et artistique qui débute à la fin du Moyen Âge. Elle commence en Italie, où elle se manifeste par un retour à l'art gréco-romain de l'Antiquité et par la recherche de l'harmonie des formes. La plupart des peintures et des sculptures représentent des scènes religieuses. **Michel-Ange*** excelle dans ces deux arts, ainsi qu'en architecture. Les guerres d'**Italie*** lancées par **François* Ier** ont pour conséquence favorable la diffusion en France des idées de la Renaissance. François Ier fait ainsi venir en France des architectes italiens pour construire les châteaux de la **Loire***.

L'**humanisme***, mouvement littéraire et scientifique, donne à l'homme et aux valeurs humaines une place prépondérante. Grâce au développement de l'imprimerie, les idées humanistes sont diffusées dans toute l'Europe par toutes sortes d'écrits : littéraires, historiques, philosophiques, scientifiques, religieux. Un moine allemand, Martin **Luther*** (1483-1546), est à l'initiative de la **Réforme***, schisme qui se produit au sein du christianisme, d'où naîtra le protestantisme. Luther dénonce certaines pratiques de l'Église comme les indulgences (rachat en argent des péchés), le culte de la Vierge et celui des saints. Il préconise l'étude personnelle de la Bible et autorise le mariage des prêtres. Luther est excommunié par le pape en 1520.

◀ Église S. Maria della Salute, de style baroque, à Venise (1631), par Baldassare Longhena.

Le protestantisme devient majoritaire au nord de l'Europe occidentale ; l'Allemagne se divise entre États catholiques et États protestants. En France, la montée du protestantisme, propagé par **Calvin***, est réfrénée de manière brutale lors des guerres de Religion (massacre de la Saint-Barthélemy en 1572). La Contre-Réforme (ou **Réforme* catholique**) s'ensuit, qui redéfinit (jusqu'à aujourd'hui) l'essentiel des dogmes du catholicisme romain ; elle coïncide avec l'essor d'un art **baroque*** magnifiant la puissance de l'Église et la piété.

2 La monarchie absolue en France au XVIIe siècle 4e

La première moitié du XVIIe s. en Europe est marquée par de nombreuses guerres. La guerre de **Trente* Ans** (1618-1648) fera 12 millions de morts en Allemagne. Elle oppose les puissances catholiques dirigées par les **Habsbourg*** d'Autriche et d'Espagne aux États protestants du nord de l'Europe, soutenus par la France – qui annexe à cette occasion l'Alsace. Avec 20 millions d'habitants, la France est alors l'État le plus peuplé d'Occident. Durant cette période, les rois de France ne cessent d'accroître leur autorité sur le royaume.

Henri* IV rétablit la paix civile en promulguant en 1598 l'édit de **Nantes***, qui reconnaît aux protestants la liberté de conscience. **Louis* XIII** et **Richelieu*** renforcent les prérogatives de l'État. **Louis* XIV**, à partir de 1661, concentre entre ses seules mains tous les pouvoirs : par lettre de cachet du roi, un sujet est emprisonné sans jugement.

▲ Costumes français vers 1660. Seigneur en rhingrave-jupon avec rabat au cou et canon de dentelle aux jambes. Dame en robe et manteau traînant.

Louis XIV persécute les protestants et révoque l'édit de Nantes en 1685. La société se divise alors en trois ordres : le clergé et la noblesse, qui disposent de nombreux privilèges, et le tiers état, qui rassemble les bourgeois et le peuple. La plus grande partie de la population française est paysanne. Pendant le « siècle de Louis XIV », l'art et la littérature classiques sont encouragés et s'épanouissent. La fin du règne du Roi-Soleil est assombrie par des années de grande disette, conséquence de défaites militaires aggravées par des hivers très rigoureux.

1 Le siècle des Lumières* : le XVIIIe siècle

À la fin du XVIIe s., en 1688, la révolution menée par le peuple anglais mettait un terme à la monarchie absolue. Au cours du siècle suivant, grâce à de nombreuses découvertes scientifiques, la connaissance et la compréhension du monde progressent considérablement. Les philosophes joueront un rôle majeur dans sa transformation : **Montesquieu*** prône la séparation des pouvoirs, **Voltaire*** la liberté d'opinion, **Rousseau*** la souveraineté du peuple. **Diderot*** dirige la rédaction d'une œuvre gigantesque, l'***Encyclopédie**** (1751-1772), dont les auteurs, au nom de la raison et du progrès, dénoncent l'absolutisme et les superstitions religieuses. Les idées et les connaissances sont diffusées dans les salons, dans les loges maçonniques. Les almanachs populaires, colportés dans les campagnes, s'en font l'écho. À l'issue de la guerre d'**Indépendance*** (1775-1782), les Américains s'affranchissent à leur tour, avec l'aide française, du joug des Anglais et imposent leur souveraineté – les femmes, les Indiens et les esclaves sont toutefois les grands absents de la Déclaration d'**indépendance***. Les deux États anglo-saxons, **Angleterre*** et **États-Unis***, constituent désormais des modèles politiques : un Parlement élu y vote les lois et décide des impôts ; les libertés y sont garanties.

2 La Révolution française

Le **tiers* état** représente 96 % de la société française, mais n'a aucun droit politique. La **bourgeoisie***, qui en forme l'élite, voit son ascension bloquée par toutes sortes d'archaïsmes. Les paysans sont révoltés par la domination exercée par les seigneurs et par les injustices qu'ils subissent – nobles et clercs sont par exemple dispensés de la taille. En mai 1789, devant les difficultés économiques et face au mécontentement grandissant de ses sujets, **Louis* XVI** réunit les **états* généraux** (rassemblant les représentants des trois ordres). Les députés du tiers état, majoritaires, se proclament Assemblée nationale constituante au nom de la souveraineté du peuple. Le 14 juillet 1789, le peuple parisien prend la Bastille ; dans toute la France, les paysans se révoltent contre les seigneurs. Le roi et la noblesse doivent accepter le drapeau tricolore, l'abolition des privilèges, la Déclaration des droits de l'homme affirmant les principes de

Un sans-culotte vers ▶ 1792. Il porte la carmagnole (veste courte), le pantalon de matelot et le bonnet révolutionnaire.

À droite, costume de la fin du XVIIIe s.

liberté et d'égalité, et le régime parlementaire. C'en est fini de la monarchie absolue et de l'**Ancien* Régime**. Le pape et les monarques européens condamnent la **Révolution***, qu'ils redoutent dans leur pays ; ils incitent Louis XVI à s'enfuir. En septembre 1792, sous la pression du peuple parisien, la république est proclamée. La patrie est sauvée de l'invasion autrichienne et prussienne grâce à une importante armée de volontaires (victoire de **Valmy*** ; création de **la Marseillaise***).

Une nouvelle assemblée, la **Convention***, abolit la royauté ; la République devient démocratique avec l'élection au suffrage universel masculin. En janvier 1793, Louis XVI est guillotiné. Les sans-culottes imposent des mesures d'égalité sociale. L'**esclavage*** est aboli dans les colonies. Face à la coalition des rois d'Europe, qui menace le pays, et pour mettre un terme à la guerre civile qui ravage l'ouest de la France, la **Terreur*** est imposée par le Comité de salut public. Les luttes politiques entre les différents groupes républicains mènent à la guillotine **Danton***, puis **Robespierre***. En juillet 1794, sa chute marque la fin de l'élan révolutionnaire. La république bourgeoise et modérée ne survit pas au coup d'État de Bonaparte en 1799.

▲ *Prise de la Bastille (14 juillet 1789)*. Peinture de Jean-Pierre Houël. Musée de la Préfecture de police, Paris.

HISTOIRE

◀ Crystal Palace, palais d'exposition en fonte et en verre édifié à Hyde Park pour abriter la première des expositions universelles en 1851.

1 La révolution industrielle

La révolution **industrielle*** débute en Angleterre au cours de la seconde moitié du XVIIe s. Elle est à la fois le fruit d'innovations techniques, des besoins croissants en charbon et de la croissance démographique – favorisée par les progrès de l'agriculture. Les réserves de bois s'épuisant, la sidérurgie a besoin de charbon pour chauffer les hauts-fourneaux. L'invention par **Watt*** de la machine à vapeur (1769) entraîne des progrès techniques considérables : grâce à elle, on peut extraire plus facilement le charbon dans les mines, actionner les machines dans les ateliers travaillant le textile ; la locomotive et le bateau à vapeur sont inventés. Les usines se multiplient. Les industries se développent dans les régions minières, en Europe et aux États-Unis. Au cours de la seconde moitié du XIXe s., une deuxième révolution industrielle commence avec l'invention de l'**électricité***, la découverte de la transformation de la fonte en **acier*** et les débuts de l'exploitation du pétrole.

2 Une nouvelle société

Les nouveaux modes de transport permettent aux hommes et aux marchandises de voyager bien plus rapidement. L'Europe occidentale se couvre de lignes de chemin de fer. La voie ferrée qui traverse les **États-Unis*** facilite la colonisation du « Far West ». Le bateau à vapeur favorise l'arrivée d'émigrants européens sur le continent américain. Avec l'essor des échanges commerciaux, de nombreuses régions se spécialisent dans un type de production spécifique. L'exode rural s'accélère : il y a trop de bouches à nourrir dans les campagnes, pas assez de bras pour travailler dans les villes. De nombreux artisans devenant ouvriers, la classe **ouvrière*** est en pleine expansion. Ses conditions de vie sont particulièrement rudes : longues journées de labeur, travail des enfants, logements exigus et insalubres, maladies et alcoolisme. Le XIXe s. connaît de nombreuses révoltes ouvrières, comme celles des canuts, à Lyon (1832). Des écrivains dénoncent les causes de la misère et proposent des modèles de société égalitaire ; ils sont les précurseurs de l'**anarchisme***, du **socialisme***, du **communisme***.

La Ire **Internationale***, fondée à Londres en 1864, est victime de ses divisions. Vers 1875, la doctrine de Karl **Marx*** s'impose dans le monde ouvrier européen ; la IIe Internationale, fondée en 1889, réaffirme la doctrine marxiste de la lutte des classes. Néanmoins, le XIXe s. voit le triomphe du système économique, du mode de vie et des idées d'une **bourgeoisie*** enrichie par la révolution industrielle. En Europe et aux États-Unis, patrons et financiers défendent le **libéralisme***, soit la liberté de créer des entreprises et de les exploiter à leur convenance pour faire des profits. Les ouvriers obtiennent cependant la reconnaissance du droit de grève et du droit syndical. Toute la société profite des progrès de la médecine, notamment dus à la découverte de vaccins (**Pasteur***, **Jenner***). Les gains de productivité permettent de réduire le coût de nombreux produits agricoles et de consommation. À la fin du siècle, la durée moyenne de vie a augmenté. La baisse de la mortalité a pour conséquence l'essor démographique de l'Europe.

▲ Karl Marx.

1 Napoléon Ier et l'Europe

En 1800, **Napoléon*** Bonaparte gouverne la France. Couronné empereur en 1804 sous le nom de Napoléon Ier, il exerce un pouvoir autoritaire et contrôle le pays avec l'aide des préfets. Il consolide les acquis de la Révolution, favorables aux bourgeois et aux propriétaires paysans. Il crée les lycées, réorganise les lois en promulguant un Code civil qui modifie profondément les structures juridiques du pays. Menant une politique expansionniste, il poursuit les guerres menées par la Révolution contre la coalition des monarques européens. Dans certains pays comme l'Italie ou la Pologne, l'armée française est accueillie en libératrice, ces peuples opprimés voyant dans les idéaux de 1789 un espoir d'émancipation. D'autres pays (Espagne, Russie, Allemagne), où la Grande Armée commet de nombreuses exactions, se soulèvent contre la France. En 1815, la défaite de **Waterloo*** signe la fin de l'**Empire*** de Napoléon, qui laisse une Europe ravagée par la guerre. Le congrès de **Vienne*** est réuni pour établir une paix durable après les guerres napoléoniennes : y assistent notamment les souverains ou représentants d'Angleterre, d'Autriche, de Russie, de Prusse et d'Espagne. Le congrès redessine la carte politique de l'Europe – mais sans tenir aucunement compte des aspirations et des droits des peuples, mis sous tutelle par la coalition des souverains.

▲ Costumes du premier Empire. Homme en habit dégagé ; dame en robe de mousseline à taille haute.

2 France, Italie et Allemagne au XIXe siècle

En France, la monarchie est restaurée en 1815. **Louis* XVIII**, frère de Louis XVI, prend le pouvoir. C'est le début de la **Restauration*** (qui s'achèvera en 1830), régime parlementaire non démocratique, dont l'Assemblée n'est élue qu'au suffrage censitaire. **Charles* X** succède en 1824 à Louis XVIII ; il est renversé par la révolution de 1830. **Louis-Philippe* Ier** devient roi des Français (1830-1848) ; le drapeau tricolore est rétabli. En février 1848, une nouvelle révolution éclate et chasse le dernier roi. La IIe **République*** est proclamée. L'esclavage est définitivement supprimé. Le « printemps des libertés » se termine en juin 1848 avec la répression brutale menée contre les ouvriers parisiens. Louis Napoléon Bonaparte, neveu de Napoléon Ier, est élu en décembre 1848 président de la République au suffrage universel (masculin). Après un coup d'État en 1851, suivi d'un plébiscite, il rétablit l'Empire (1852). Il règne sous le nom de **Napoléon* III** (1852-1870). Le second Empire est un régime autoritaire, mais qui conserve le suffrage universel ; il s'accompagne de transformations économiques ; Paris est rénové par le préfet **Haussmann***. L'Empire mène des expéditions militaires en Crimée et au Mexique, mais ne survit pas à la défaite de **Sedan*** (1870) que lui fait subir la Prusse. La IIIe **République*** (de 1870 à 1940) succède au second Empire. Elle doit assumer la perte de l'Alsace et d'une partie de la Lorraine. En mai 1871, elle réprime férocement la **Commune*** de Paris. Les républicains modérés puis radicaux réaffirment les grands principes de la république : suffrage universel, respect des libertés fondamentales, souveraineté du Parlement, école laïque, etc. L'Italie, divisée en principautés, réalise son unité sous l'impulsion du royaume du Piémont mené par **Cavour***. En 1859, la France intervient militairement contre l'Autriche pour favoriser cette unité. En 1870, le royaume d'Italie reprend Rome à la papauté, et en fait sa capitale. L'Allemagne, divisée en principautés, réalise son unité sous l'impulsion de la Prusse de **Bismarck***, qui défait l'Autriche en 1867. La Prusse triomphe militairement de la France et proclame l'Empire allemand à Versailles en 1871.

▲ *La Liberté guidant le peuple* (1830). Peinture de Delacroix. Musée du Louvre, Paris.

HISTOIRE

1 La Première Guerre mondiale ruine l'Europe

En 1900, la totalité du territoire de l'Afrique et une partie de celui de l'Asie sont des colonies européennes. La Chine et l'Amérique du Sud sont sous la dépendance économique de l'Europe. Les Européens investissent des capitaux aux États-Unis, qui accueillent chaque année un million de ressortissants issus de

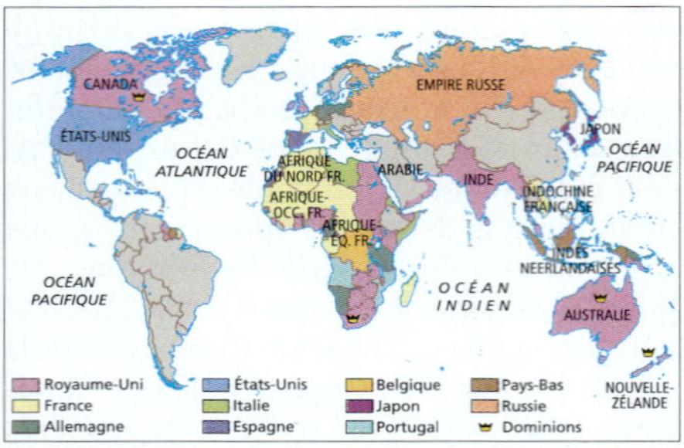

▲ Les empires coloniaux. En 1900, le partage du monde entre les grandes puissances est quasiment achevé.

différents pays d'Europe. Une forte rivalité divise les États européens sur le contrôle géographique et économique de différentes régions du monde. Quatre empires – allemand, austro-hongrois, russe et turc – se disputent l'Europe centrale et les Balkans. Le 28 juin 1914, l'assassinat à Sarajevo de l'héritier d'Autriche par un nationaliste serbe plonge l'Europe tout entière dans la guerre, par le jeu des alliances et des intérêts en vigueur. La Serbie, la Russie, la France, le Royaume-Uni, suivis en 1915 par l'Italie, s'opposent à l'**Autriche-Hongrie***, à l'**Allemagne*** et à la Turquie. L'Allemagne envahit le nord-est de la France. Les batailles de la Marne en 1914, celles de **Verdun*** en 1916 repoussent l'offensive allemande, mais les combats menés dans les tranchées sont horribles. En 1918, malgré le retrait de la Russie, la France et les Alliés l'emportent, grâce à leur supériorité numérique et industrielle. Ils ont bénéficié du renfort des États-Unis. Les vainqueurs imposent leurs conditions de paix. Le traité de **Versailles*** (1919) ampute l'Allemagne de territoires (dont l'Alsace-Lorraine, restituée à la France), lui impose de payer de lourdes réparations, et limite son potentiel militaire. La guerre a causé de part et d'autre 10 millions de morts et autant de blessés. Elle a dévasté de nombreuses régions et désorganisé l'économie. Les **Arméniens*** sont victimes d'un génocide commis par les Turcs. La Russie connaît une grande famine.

2 D'une guerre à l'autre

En 1917, deux révolutions ébranlent la **Russie***; le tsar est renversé en février ; en octobre, les communistes prennent le pouvoir et confisquent les usines et les terres des grands propriétaires. Le parti communiste de **Lénine*** et de **Trotski*** gagne la guerre civile, et crée l'**U.R.S.S.*** (Union des républiques socialistes soviétiques) en 1922. Après la mort de Lénine en 1924, **Staline*** engage l'U.R.S.S. dans une politique de collectivisation forcée des terres et des industries. Des millions de personnes sont déportées au goulag. L'U.R.S.S. devient une grande puissance industrielle et militaire.
En Allemagne, les nazis profitent de la rancœur suscitée par le traité de Versailles et de la hausse du chômage – conséquence de la crise économique mondiale de 1929 –, pour accéder en 1933 au pouvoir. Leur chef, **Hitler***, met en place une terrible dictature et exerce sa folie meurtrière contre les Juifs, les Tsiganes, les handicapés, les homosexuels, les opposants politiques.
L'Allemagne nazie s'allie avec l'Italie fasciste et avec le Japon – qui attaque la Chine en se livrant à des atrocités. En 1938, l'Allemagne annexe l'Autriche et la Tchécoslovaquie. Hitler et **Mussolini*** soutiennent la guerre de **Franco*** contre les républicains espagnols. En France, le **Front* populaire** gagne les élections en 1936, mais ne reste que deux ans au pouvoir ; il apporte une embellie dans la vie des travailleurs, en imposant notamment l'institution des congés payés. Cependant, la France de 1938 n'a pas surmonté la crise ; elle demeure divisée politiquement, et sans réactions face à la menace représentée par Hitler et le nazisme.

◀ Édouard Daladier, président du Conseil français, signant les accords de Munich le 30 septembre 1938 devant Hermann Göring (à g.) et Hitler (à d.).

1 La Seconde Guerre mondiale et ses conséquences

En septembre 1939, l'Allemagne nazie envahit la Pologne. La France est écrasée en un mois (mai-juin 1940), laissant le Royaume-Uni seul face à l'Allemagne et à l'Italie. Le général de **Gaulle***, depuis Londres, appelle à la résistance contre l'occupant, alors que le maréchal **Pétain*** et le régime de Vichy engagent une collaboration avec les nazis. En juin 1941, l'Allemagne, malgré un pacte de non-agression, attaque l'U.R.S.S. et menace Moscou. En décembre 1941, le **Japon*** attaque les **États-Unis*** à **Pearl* Harbor**. En 1942 et 1943 (victoire soviétique à Stalingrad), la « grande alliance » – U.R.S.S., États-Unis, Royaume-Uni – stoppe l'avancée des troupes de l'Axe – Allemagne, Japon, Italie. En juin 1944, le débarquement des Américains et des Anglais en Normandie permet, avec l'aide de la **Résistance***, la libération de la France. L'Allemagne, envahie de tous côtés, capitule le 8 mai 1945. La barbarie nazie est responsable de la mort de millions de personnes – dont six millions de Juifs (**génocide***), massacrés ou exterminés dans les chambres à gaz des **camps de concentration***. Les États-Unis lancent deux bombes atomiques sur le Japon, qui capitule en septembre 1945. La Seconde Guerre mondiale a causé 50 millions de morts.

▲ La conférence de Yalta (février 1945).
De g. à d. : W. Churchill, F. D. Roosevelt et Staline.

2 Guerre froide, décolonisation, construction de l'Europe

La guerre à peine finie, l'**O.N.U.*** est créée le 26 juin 1945 pour assurer un nouvel ordre mondial et garantir une paix durable. L'**U.R.S.S.*** et les **États-Unis*** imposent leurs vues à leurs alliés ; leur rivalité marque le début de la **guerre* froide**, marquée par des années conflictuelles (1948-1962), auxquelles succèdent une phase de détente (1963-1978) puis une nouvelle intensification des tensions (1979-1985), après l'intervention militaire soviétique en Afghanistan. Elle prend fin avec la chute du mur de Berlin en 1989 et l'effondrement du système communiste en Europe. Conscients de l'affaiblissement des puissances coloniales et encouragés par l'hostilité au système colonial des deux nouvelles puissances dominantes, les pays colonisés réclament l'application du droit des peuples à disposer d'eux-mêmes, proclamé par l'article 1er de la Charte des **Nations unies** en 1945. Leurs revendications conduisent à des indépendances (**Inde*** et **Pakistan***, 1947), menées parfois à l'issue de guerres de **décolonisation*** (**guerre d'Indochine***, **guerre d'Algérie***). Ces nouveaux États, souvent pauvres, mènent des politiques de développement et cherchent à s'affirmer sur la scène internationale : la conférence afro-asiatique de Bandung (18-24 avril 1955) marque l'émergence internationale du tiers-monde et prélude au non-alignement. Dès les années 1950, les États de l'Europe de l'Ouest coopèrent pour garantir la paix et le **développement*** économique du continent : en plus d'un demi-siècle et non sans mal, l'Europe s'est bâti un cadre institutionnel, économique et financier (**Union* européenne**).

3 Le monde depuis les années 1990

À partir de 1991, des guerres civiles aboutissent à l'éclatement du pays (**Yougoslavie***) et s'accompagnent de génocide (**Rwanda***). Après l'effondrement de l'U.R.S.S., les États-Unis restent la seule superpuissance capable de jouer les gendarmes du monde ; en accord avec l'O.N.U., ils prennent la tête d'une coalition internationale et repoussent l'armée irakienne du Koweït (guerre du Golfe). Les attentats qui frappent les États-Unis le 11 septembre 2001 font prendre conscience au monde qu'il est confronté à une nouvelle forme de guerre reposant sur le **terrorisme*** international. Les interventions armées américaines (en Afghanistan, 2001, Iraq, 2003) accentuent l'instabilité au Moyen-Orient. Les pays émergents, le Brésil, la Russie, la Chine, l'Inde et l'Afrique du Sud (BRICS), jouent un rôle international de plus en plus important.

HISTOIRE

– 13,7 milliards d'années DU BIG-BANG

Il y a près de 14 milliards d'années, le **big-bang** engendre à la fois l'espace, le temps et la matière. Puis les premières **galaxies** se forment. La **Terre** se modèle. La vapeur d'eau de son atmosphère est propice à l'apparition des **premières cellules vivantes**. L'ère primaire est marquée par la diversification de la vie. L'ère secondaire est celle de l'apogée des reptiles, et le tertiaire voit apparaître plantes à fleurs et oiseaux. Les mammifères (dont la **famille humaine**) se développent dès la fin du tertiaire. Vers le IXe millénaire av. J.-C., la révolution **néolithique** voit l'homme se sédentariser et passer de la chasse et de la cueillette à une agriculture de production. Les premières villes sont bientôt érigées dans l'Orient ancien. L'**écriture** est inventée au IVe millénaire. De grandes **civilisations** voient le jour au Moyen-Orient (Égypte, Mésopotamie), en Chine, mais aussi en Amérique du Sud.

Légende : ● Monde ; ● Afrique ; ● Amériques ; ● Asie ; ● Europe ; ● Océanie.

Les débuts de l'Univers et de la Terre

● **– 13 700 000 000.** Big*-bang : naissance de l'Univers tel que nous le découvrons aujourd'hui.

● **– 4 566 000 000.** Formation du Système solaire*.

● **– 3 700 000 000.** Premières traces de vie.

● **– 540 000 000.** Début de l'ère primaire*.

● **– 245 000 000.** Début de l'ère secondaire*.

● **– 65 000 000.** Début de l'ère tertiaire*.

L'apparition de l'homme (de – 4,5 millions d'années à – 10 000 ans)

● **V. – 4 500 000.** Les australopithèques* sont les premiers primates qui acquièrent la bipédie.

● **– 3 000 000.** Début du paléolithique*.

● **V. – 2 500 000.** L'homininé *Homo*habilis* s'outille (choppers).

● **De – 1 800 000 env. à – 1 300 000.** L'homininé *Homo erectus* quitte l'Afrique et se répand en Europe et en Asie.

● **– 1 640 000.** Début du quaternaire*.

● **V. – 450 000.** *Homo erectus* produit du feu à volonté.

● **– 200 000.** Culture de l'acheuléen*.

● ● **V. – 180 000.** *Homo sapiens,* espèce à laquelle se rattache l'homme actuel, proche de l'homme de Neandertal*, peuple l'Europe et le Proche-Orient.

● **– 70 000.** Culture du moustérien*.

● **V. – 70 000.** *Homo sapiens* colonise peu à peu toutes les terres.

● **V. – 40 000.** L'homme aurait pénétré en Amérique par le détroit de Béring, puis atteint l'Australie.

● **De – 33 000 à – 26 000.** Cultures de l'aurignacien* et du périgordien*.

● **De – 30 000 à – 12 000 env.** L'art fait son apparition : peintures murales de la grotte Chauvet*, de la grotte de Lascaux* et de la grotte d'Altamira*.

▲ Ours, peinture rupestre de la grotte Chauvet, France.

● **– 18 000.** Culture du solutréen*.

● **– 14 000.** Culture du magdalénien*.

Le Néolithique (de – 9000 à – 4000 ans)

● **V.– 9000.** En commençant à domestiquer des animaux et à cultiver des végétaux, l'homme se sédentarise.

● **VIIIe et VIIe millénaires.** Jéricho*, en Palestine, est la première ville de l'histoire. Puis Çatal* Höyük, en Turquie, sera une agglomération de 5 000 habitants environ.

● **V. – 8000.** Au Moyen-Orient, le besoin d'ustensiles et de récipients pour stocker les produits de l'agriculture et de l'élevage explique l'invention de la poterie.

● **De – 7500 à – 1800 env.** L'essor de l'art de la poterie est associé aux cultures néolithiques japonaise de Jomon* et chinoises de Yangshao* et de Longshan*.

● **De – 5500 à – 2000 env.** Présence humaine au Sahara à une époque où la région était moins aride.

● **V[e] millénaire.** La fabrication des premiers objets en cuivre fondu annonce le développement de l'usage des métaux.

● **– 4235.** Les Égyptiens seraient les premiers à reconnaître la durée approximative de l'année et à adopter un calendrier.

L'essor du Moyen-Orient (de – 4000 à – 2000 ans)

● **IVe millénaire.** Invention de l'écriture à Sumer*.

● **IVe et IIIe millénaires.** La basse Mésopotamie entre dans la civilisation urbaine. Ourouk puis Our sont les premiers foyers d'architecture religieuse.

● **V. – 3500.** Les Égyptiens naviguent en mer.

● **V. – 3500.** Au Moyen-Orient, l'araire* remplace la houe.

● **V. – 3500.** La roue permet d'abord l'avènement du tour et révolutionne ensuite les transports.

● **Av. – 3000.** Les besoins de l'économie et du commerce entraînent l'apparition des premiers systèmes de numération.

● **De – 3000 env. à – 2350.** Essor de Sumer*.

● **V. – 3000.** Début de l'âge du bronze*.

● **V. – 3000.** Ourouk*, berceau de la sculpture sur pierre.

● **IIIe millénaire.** Premier instrument de mesure du temps, le gnomon, cadran solaire primitif.

● **De – 2700 env. à – 2190.** En Égypte, Ancien Empire.

● **De – 2600 env. à – 1200.** Civilisation minoenne*.

● **De – 2550 env. à – 2450.** Pyramides de Gizeh*.

● **De – 2500 env. à – 1500.** Civilisation de l'Indus. Sites de Harappa et de Mohenjo-Daro.

● **De – 2400 env. à – 1700.** Stonehenge*.

● **De – 2350 env. à 2160.** La dynastie akkadienne fondée par Sargon* met fin au règne des Sumériens.

- **V. – 2205.** En Chine, première dynastie royale, les Xia*, qui aurait régné jusque v. – 1750.
- **De– 2160 env. à – 2060.** En Égypte, première période intermédiaire.
- **De – 2111 à – 2003.** À la fin de la dynastie akkadienne, Our* reprend la prépondérance à Sumer.
- **De – 2060 env. à – 1785.** En Égypte, période du Moyen Empire.
- **De – 2000 à – 1750 env.** Les Hébreux* migrent de Mésopotamie en Palestine (pays de Canaan).

De – 2000 à – 1000 ans

- **De – 2000 à – 1500 env.** Minoen*, civilisation crétoise de l'âge du bronze.
- **De – 1800 à – 1200 env.** Composition des premiers *Veda**.
- **De – 1793 à – 1750.** Hammourabi*, roi de Babylone*.
- **De – 1780 à – 1550 env.** En Égypte, seconde période intermédiaire.
- **V. – 1700.** *L'Épopée de Gilgamesh**.
- **Entre – 1600 et – 1200 env.** Les Hittites, peuple indo-européen, émigrent en Anatolie et y fondent un empire dont la capitale est Hattousa.
- **V. – 1600.** Mycènes* supplante la Crète.
- **Entre – 1580 et – 1085 env.** En Égypte, période du Nouvel Empire (Karnak*, Abou-Simbel*, Vallée des Rois*).
- **V. –1500.** Au Moyen-Orient et en Égypte, apparition d'articles en verre transparent et confection de récipients en verre creux.
- **Entre – 1500 et – 300 env.** Civilisation olmèque.
- **De – 1484 à – 1450.** Thoutmosis* III, pharaon.
- **V. – 1400.** Invention de l'horloge à eau, ou clepsydre.
- **De– 1372 à – 1354.** Aménophis* IV [Akhenaton], pharaon.
- **De – 1360 à – 1330 env.** Fondation du premier Empire assyrien.
- **De – 1304 à – 1236.** Ramsès* II, pharaon.
- **De – 1300 à – 1200 env.** Invasions doriennes.
- **De – 1275 à – 1245.** Salmanasar Ier, roi d'Assyrie.
- **V. – 1250.** Sortie d'Égypte : au mont Sinaï, Moïse aurait livré aux Hébreux les Tables de la Loi (Décalogue).
- **V. – 1230 à – 1191.** Invasions des Peuples* de la Mer.
- **– 1184.** Les Achéens* prennent Troie*.
- **V. – 1050.** Sous la poussée des Doriens, les Grecs colonisent le littoral asiatique de la mer Égée.
- **V. – 1025.** En Chine, les Zhou succèdent aux Shang.
- **V. – 1010.** Le roi David* unifie Israël.

De – 1000 à – 468 ans

- **De – 969 à – 962.** Le roi Salomon* fait construire à Jérusalem un temple qui soit digne de la maison de Dieu.
- **De – 900 à – 450 env.** Premier âge du fer*. La période dite « de Hallstatt » désigne la première phase de diffusion de la métallurgie du fer en Europe centrale et occidentale.
- **De – 883 à – 858.** Assournazirpal, roi d'Assyrie*.
- **De 858 à – 823.** Salmanasar* III, roi d'Assyrie.
- **– 814.** Les Phéniciens* fondent Carthage*.
- **V. – 800.** Début de la civilisation étrusque*.
- **De – 800 à – 700 env.** La culture de Chavín* donne naissance à la première grande civilisation andine.

▲ Tête sculptée ornant une pyramide, Chavín de Huantar, Pérou.

- **VIIIe s. av. J.-C.** *L'Iliade** et *l'Odyssée**, épopées attribuées à Homère*. Hésiode* fonde la poésie didactique.
- **– 776.** Premiers jeux Olympiques.
- **– 753.** Fondation de Rome.
- **De – 700 à – 300 env.** Les *Upanishad* transforment le védisme*.
- **Entre – 700 et – 200 env.** Les Scythes* s'installent en Crimée.
- **De – 669 à – 627.** Assourbanipal*, roi d'Assyrie.
- **V. – 630.** Les Lydiens sont les premiers à mettre en circulation des pièces faites d'un alliage d'or et d'argent.
- **V. – 630.** La poétesse Sappho* invente une forme de lyrisme. Après elle, Anacréon* et Pindare* feront la fortune de l'ode.
- **– 616.** Les Étrusques* règnent sur le Latium.
- **De – 605 à – 562.** À Babylone*, règne de Nabuchodonosor* II.
- **– 587.** Nabuchodonosor s'empare de Jérusalem et les Juifs sont déportés à Babylone.
- **V. – 560.** Construction du temple d'Artémis à Éphèse.
- **– 556.** En réalisant l'union des Perses et des Mèdes, Cyrus* II le Grand fonde un vaste empire entre océan Indien et mer Méditerranée.
- **– 534.** Naissance de la tragédie grecque.
- **De – 534 à – 509.** Tarquin* le Superbe, dernier roi étrusque.
- **– 523.** L'illumination que le prince Siddharta Gautama obtient vers l'âge de trente ans fait de lui le Bouddha*.
- **– 513.** Darios Ier, roi des Perses, conçoit les plans de Persépolis.
- **– 509.** Fondation de la République* romaine.
- **– 507.** Due à Clisthène*, la première Constitution démocratique d'Athènes institue la boulê, assemblée représentative de tous les citoyens.
- **V. – 500.** Hippocrate* fonde la médecine clinique. Leucippe* et Démocrite* envisagent les atomes.
- **Ve s. av. J.-C.** Naissance de l'histoire. Hérodote* mêle à l'histoire proprement dite la géographie et la mythologie. Naissance de la métaphysique.
- **De– 490 à – 479.** Guerres médiques*, opposant les Grecs à l'Empire perse.
- **De– 486 à – 465.** Xerxès Ier, roi des Perses.
- **De– 485.** Naissance de la comédie : Aristophane*.
- **De– 484 à – 406.** L'ère des grands tragiques : Eschyle* ouvre une ère de gloire pour la tragédie, genre théâtral qui prend fin avec la mort de Sophocle* et d'Euripide*.
- **– 483** Confucius* entreprend la compilation des cinq classiques de la pensée chinoise.
- **De – 481 à – 221.** En Chine, époque des Royaumes combattants.
- **De – 468 à – 456.** Le temple de Zeus édifié à Olympie.

– 461 DE LA DÉMOCRATIE ATHÉNIENNE

Europe. L'apparition de la **démocratie** en Grèce représente un moment privilégié de l'histoire de l'humanité. Ébranlée par la victoire de Sparte dans la guerre du Péloponnèse, elle disparaît quand Philippe II de Macédoine impose son hégémonie. Son fils **Alexandre** réussit en quelques années de conquêtes à constituer un immense empire. Sous la République, **Rome**, après être venue à bout de **Carthage,** poursuit son expansion en **Gaule** et au nord-ouest de l'Europe. L'Empire, qui fait suite à la République, connaît son apogée sous le règne des Antonins. Les deux siècles suivants sont témoins de l'effondrement de l'**Empire romain d'Occident**, sous la pression des invasions **barbares**.

Asie. La Chine voit, pendant la période des Royaumes combattants, la principauté de **Qin** dominer ses rivaux et constituer un puissant État unitaire. Vers 320 s'impose en Inde la dynastie des **Gupta**.

Amérique. Au sud du Mexique, la civilisation des **Mayas** connaît un grand essor.

De – 461 à – 300

- **De – 461 à – 429.** Périclès*, stratège d'Athènes*.
- **Entre – 450 et – 420.** Polyclète*, inventeur du canon de la sculpture de la Grèce classique, de même que Phidias* et Myron, privilégie la mesure et l'équilibre des formes.
- **De – 450 à – 25 env.** Second âge du fer : période, dite « de La Tène* », de l'expansion des Celtes* en Europe continentale.
- **De – 447 à – 406.** L'Acropole* d'Athènes couronnée de ses temples, dont le Parthénion, par Phidias* et l'architecte Ictinos* notamment.
- **De – 431 à – 404.** Guerre du Péloponnèse*.
- **IVe s. av. J.-C.** En Chine, des hauts-fourneaux produisent de la fonte.
- **IVe s. av. J.-C.** Le *Ramayana**, épopée indienne attribuée au sage Valmiki.
- **V. – 390.** Les Gaulois de Brennus s'emparent de Rome.
- **– 387.** Platon* fonde l'Académie*.
- **Entre – 360 et – 330 env.** Nombreux chefs-d'œuvre du sculpteur grec Praxitèle*.
- **V. – 360.** Des Gaulois s'emparent de Rome.
- **De – 356 à – 336.** Philippe* II, roi de Macédoine.
- **– 355.** Aristote* fonde le Lycée.
- **De – 351 à – 340.** Les *Philippiques* de Démosthène* contre Philippe* de Macédoine.
- **De – 336 à – 323.** Alexandre* le Grand, roi de Macédoine, fonde un empire allant de la Macédoine (au nord de la Grèce) au nord de l'Inde en passant par l'Asie Mineure, le Moyen-Orient et l'Égypte.
- **– 323** Les généraux d'Alexandre (les diadoques) se disputent l'immense empire qu'il a fondé.
- **De – 330 à – 100.** Période hellénistique* de domination de la civilisation grecque.
- **– 312.** Zénon* de Kition fonde l'école du Portique* : le stoïcisme* rayonnera durablement sur le monde antique. Épictète* et Marc* Aurèle en seront les principaux propagateurs.
- **– 306.** Épicure* fonde un courant de pensée qui s'apparente à une morale rationnelle du plaisir.
- **– 305.** Fondée par Ptolémée*, la dynastie des Lagides a pour capitale Alexandrie (Égypte).
- **IIIe s. av. J.-C.** Le secret de la fabrication du papier semble avoir été connu des Chinois dès cette époque.
- **IIIe s. av. J.-C.** Aristarque* de Samos fait l'hypothèse du mouvement de la Terre et des autres planètes autour du Soleil.
- **IIIe s. av. J.-C.** Ératosthène* parvient à évaluer les dimensions du globe terrestre.
- **IIIe s. av. J.-C.** Euclide* dresse, avec ses *Éléments,* une vaste synthèse de la géométrie grecque.
- **IIIe s. av. J.-C.** Archimède* énonce le théorème de l'hydrostatique portant son nom.
- **– 300.** Construction du théâtre d'Épidaure*.

De – 300 à – 100

- **V. – 280.** Construction de la statue de bronze du Colosse de Rhodes.
- **De – 269 à – 232.** L'Empire maurya s'étend à la quasi-totalité de l'Inde. Ashoka* y favorise le rayonnement du bouddhisme.
- **De – 264 à – 146.** Guerres puniques entre Rome et Carthage* : la deuxième guerre punique (de – 218 à – 201) est marquée par les exploits d'Hannibal*, qui a passé les Alpes.
- **– 250.** Les Parthes* règnent sur la Perse.
- **– 237.** Début de la construction du temple d'Horus à Edfou*.
- **– 221.** En Chine, le prince de Qin* prend le titre impérial et lance les travaux de la Grande Muraille*.
- **– 208.** Au Viêt Nam, émergence du premier royaume national, le Nam Viêt, qui a pour berceau le Tonkin.

▲ Monnaie carthaginoise de la famille d'Hannibal.

- **– 206.** Fondation de la dynastie des Han*.
- **IIe s. av. J.-C.** Hipparque* fonde l'astrométrie.
- **IIe s. av. J.-C.** Les Romains créent la route pavée, dont ils vont construire ensuite tout un réseau pour desservir leur empire.
- **– 197.** Victoire des légions romaines sur les phalanges de Philippe V de Macédoine : prémices de l'hégémonie romaine sur l'ensemble du monde méditerranéen.
- **Entre – 133 et – 123.** À Rome, les frères Gracques* incarnent la conscience de classe de la plèbe romaine face à l'aristocratie sénatoriale.
- **– 125.** En Chine, les Han instituent le mandarinat.
- **De – 107 à – 88.** À Rome, gouvernement de Marius*.
- **Ier s. av. J.-C.** Invention du moulin à eau, en Chine.
- **Ier s. av. J.-C.** Invention du verre soufflé, au Proche-Orient.

De – 100 à 0

- **De – 91 à – 89.** La « guerre sociale », soulèvement des alliés italiens de Rome pour obtenir de la République le droit de cité.
- **De – 82 à – 79.** À Rome, gouvernement de Sulla*.
- **– 73 à – 71.** Soulèvement des esclaves à Rome sous le commandement de Spartacus.
- **Entre – 80 et – 52.** Cicéron*, orateur à succès.
- **– 60.** À Rome, formation du premier triumvirat.
- **– 55.** À Rome, Jules César* prolonge vers le nord le vieux forum* romain, auquel s'ajouteront les forums d'Auguste, de Vespasien, de Nerva et de Trajan.
- **– 52.** La Gaule devient romaine : défaite de Vercingétorix* à Alésia.
- **De – 51 à – 30.** Cléopâtre* VII, reine d'Égypte.
- **– 44.** Assassinat de César.
- **– 43.** Formation du second triumvirat.
- **– 35.** Grand poète du siècle d'Auguste*, Horace* contribue, chez les Latins, à faire de la satire un genre littéraire accompli.
- **– 31.** Octave remporte la bataille d'Actium*, qui sonne le glas de l'indépendance égyptienne.
- **De – 29 à – 19.** *L'Énéide* de Virgile relie le destin de Rome à celui de la Grèce légendaire.
- **– 27.** Tite-Live* entreprend son *Histoire de Rome*.
- **De – 27 à 14 apr. J.-C.** Auguste, empereur.

De 0 à 100

- **Ier – IVe s. apr. J.-C.** Au Gandhara, berceau du bouddhisme du grand véhicule, se développe un art essentiellement sculptural.
- **30 (ou 33).** Jésus-Christ* meurt sur la Croix.
- **De 40 env. à 64.** L'œuvre philosophique de Sénèque* — traités, dialogues, *Lettres à Lucilius* — exprime l'essence même du stoïcisme latin.
- **V. 50.** La charrue remplace l'araire.
- **De 54 à 68.** Néron*, empereur romain.
- **70.** Destruction du Temple* de Jérusalem.
- **Entre 70 et 100 env.** Composition des quatre Évangiles*.
- **De 75 à 80.** À Rome, construction du Colisée*, ou « amphithéâtre Flavien ».
- **79.** L'éruption du Vésuve* détruit Pompéi*, Herculanum* et Stabies.
- **De 81 à 96.** Domitien*, empereur romain.
- **De 96 à 98.** Nerva, empereur romain.
- **De 96 à 192.** Les Antonins*— surtout de Trajan* à Marc* Aurèle — renforcent la grandeur et la prospérité de Rome. La « paix romaine » s'étend alors à l'ensemble du monde antique.
- **Fin du Ier s.** La Bible* juive est parachevée.

De 100 à 300

- **IIe s.** Jusqu'au Ve s, l'oasis du Fayoum* en Égypte est un grand foyer artistique.
- **113.** Consécration de la colonne Trajane*.
- **De 117 à 138.** Hadrien, empereur romain.
- **De 118 à 125.** À Rome, reconstruction du Panthéon*, temple « dédié à tous les dieux ». Sa coupole est la première qui fut bâtie dans le monde romain.
- **IIe – IIIe s.** La cité phénicienne de Baalbek*, devenue colonie romaine, est le foyer d'un culte à Jupiter, Vénus et Mercure.
- **Entre 130 et 150.** Claude Ptolémée* donne une représentation géocentrique de l'Univers.
- **De 161 à 180.** Marc-Aurèle, empereur romain.
- **De 220 à 265.** En Chine, période des Trois Royaumes.
- **250.** Ville du bassin de Mexico, Teotihuacán* exerce son rayonnement sur l'Amérique centrale.

▲ L'avenue des Morts, à Teotihuacán, Mexique.

- **Entre 250 et 950.** Apogée de l'Empire maya*.
- **De 267 à 272.** Palmyre* défie Rome.
- **293.** L'empereur romain Dioclétien* réforme les institutions. Le régime de la tétrarchie* instaure le gouvernement de l'Empire à quatre.

De 300 à 476

- **Entre 300 et 900.** Apogée de la civilisation zapotèque*.
- **IVe s.** En Inde, le *Mahabharata**, épopée qui mêle religion, mythologie et philosophie. La *Bhagavad-Gita,* qui lui est intégrée, est la principale source de la pensée indienne.
- **313.** L'empereur Constantin* le Grand favorise l'essor du christianisme.
- **320.** Les Gupta, maîtres de l'Inde du Nord.
- **324.** Constantinople* devient la capitale de l'Empire.
- **354.** Premier ouvrage enluminé : un calendrier, dont les miniatures seront copiées sur des manuscrits carolingiens.
- **De 379 à 395.** Théodose* Ier, empereur romain.
- **De 391 à 406.** Saint Jérôme* traduit la Bible* en latin.
- **395.** À la mort de Théodose Ier, l'Empire romain d'Orient prend le nom d'Empire byzantin. L'Empire romain d'Occident aura Ravenne pour capitale.
- **De 397 à 427.** Les *Confessions* et *la Cité de Dieu* font de saint Augustin* le premier grand maître à penser de l'Occident chrétien.
- **Ve s.** Le sanctuaire bouddhique d'Ajanta*, dans le Deccan, composé de vingt-neuf grottes creusées dans une falaise, offre un ensemble exceptionnel de peintures pariétales.
- **De 406 à 409.** En Gaule, invasions barbares*.
- **De 408 à 450.** Théodose* II, empereur.
- **410.** Sac de Rome par les Wisigoths d'Alaric*.
- **De 418 à 451.** Théodoric* Ier, roi des Wisigoths.
- **425.** Achèvement du Talmud* palestinien.
- **De 428 à 477.** Les Vandales* s'emparent de l'Afrique romaine. Geiséric* est le premier roi vandale d'Afrique.
- **451.** Après avoir franchi le Rhin à la tête des Huns*, Attila* est arrêté aux champs Catalauniques, en Champagne.
- **476.** Fin de l'Empire romain d'Occident. Le dernier empereur régnant sur l'Occident est déposé par les envahisseurs germains. Seuls les empereurs byzantins de Constantinople, empereurs d'Orient, représenteront désormais la puissance « romaine ».

481 ESSOR DE L'EMPIRE BYZANTIN

Europe. À la chute de l'Empire romain d'Occident, les souverains de l'Empire byzantin, qui siège à Constantinople, restaurent l'unité impériale qui va durer encore mille ans. Dans l'Europe occidentale, la Gaule est conquise par les **Francs**. L'Église poursuit sa mainmise avec le couronnement de **Charlemagne**, et cette alliance sert de creuset à la société médiévale, qui s'exprime dans le système féodal.

Asie. La prédication de l'**islam** et de la révélation faite à **Mahomet** lance les Arabes dans la conquête d'une partie de l'Empire byzantin, qui les mène, en un siècle, de l'Afghanistan à l'Espagne et au sud de la Gaule en passant par le Moyen-Orient, l'Afrique méditerranéenne, Maroc inclus. En Chine, la dynastie des **Tang** fait suite à celle des Sui. Les **Song** dirigent ensuite un territoire moins étendu que celui des Tang.

Amérique. Les **Toltèques** s'installent sur le haut plateau du Mexique, tandis que la civilisation maya s'effondre.

VIe siècle

- **De 481/482 à 511.** Clovis* Ier, roi des Francs.
- **De 493 à 526.** Théodoric* le Grand, roi des Ostrogoths.
- **498.** Baptême, à Reims, de Clovis, fondateur de la dynastie des Mérovingiens.
- **511.** En vertu de la loi salique*, Clovis laisse son royaume en partage à ses fils. Ceux-ci se concilient des partisans (les leudes) par l'octroi de terres publiques.
- **V. 520.** Bodhidharma introduit en Chine le bouddhisme zen, qui obtient aussitôt les faveurs de la dynastie Liang* régnante.
- **De 527 à 565.** Justinien* Ier, empereur byzantin, auteur du code qui porte son nom.
- **De 528 à 529 et 534.** Recueil rédigé en latin, le *Code Justinien** met de l'ordre dans toutes les lois promulguées depuis l'empereur Hadrien et les modernise parfois.
- **529.** Saint Benoît* de Nursie édicte la règle qui s'applique à l'ordre des Bénédictins.
- **De 532 à 537.** Édification de Sainte-Sophie* à Constantinople*, chef-d'œuvre de l'architecture byzantine.

▲ L'église byzantine Sainte-Sophie, devenue mosquée après 1453.

- **De 575 à 591.** Dans son *Histoire des Francs*, saint Grégoire* de Tours fait la relation du haut Moyen Âge mérovingien.
- **581.** En Chine, fondation de la dynastie des Sui.

VIIe siècle

- **Av. 600.** En Inde, découverte du système décimal et du zéro, transmis au monde islamique au IXe s. par le mathématicien persan al-Kharezmi .
- **V. 610.** Selon la tradition musulmane, premières révélations de l'archange Gabriel à Mahomet*.
- **618.** En Chine, fondation de la dynastie des Tang*.
- **622.** Début de l'hégire, point de départ du calendrier musulman : Mahomet* quitte La Mecque pour Médine.
- **De 629 à 638.** Dagobert* Ier, roi des Francs.
- **De 630 à 645.** La dynastie Tang incarne la toute-puissance de la Chine.
- **De 630 à 712.** Les Arabes* conquièrent la Palestine, la Syrie, l'Égypte, le Maghreb et l'Espagne.
- **De 642 à 661.** Les Arabes* font la conquête de l'Iran, qui est intégré à l'empire des Omeyyades*. L'islam s'impose et évince la religion zoroastrienne des Sassanides*.
- **De 644 à 656.** La version unique du Coran* est établie.
- **645.** Au Japon, l'ère Taika, dite « de la Grande Transformation », traduit l'influence de la Chine des Tang sur le Japon.
- **V. 650.** En Iran, premiers moulins à vent.
- **661.** La dynastie des Omeyyades* s'oppose à Ali, le quatrième calife de l'islam, dont les partisans donnent alors naissance à un courant dissident, le chiisme.
- **De 680 à 730.** La refonte du répertoire de chant d'église remontant au pape Grégoire* Ier donne naissance au chant grégorien.
- **691.** Construction à Jérusalem de la Coupole* du Rocher, premier monument de l'islam.

VIIIe siècle

- **De 710 à 794.** Au Japon, Nara* devient la capitale impériale.
- **711.** Après la conquête du Maroc (700 - 710), les Arabes franchissent le détroit de Gibraltar et éliminent la monarchie wisigothique d'Espagne.
- **De 712 à 720.** Shinto, religion originelle du Japon, antérieure au bouddhisme.
- **V. 715.** L'épopée anglo-saxonne le *Lai de Beowulf* est, en Europe, le premier ouvrage composé en langue vernaculaire.
- **De 717 à 741.** Léon* III, empereur byzantin.
- **De 721 à 737.** Thierry* IV, roi des Francs.
- **730.** La réforme religieuse de l'empereur byzantin Léon* III interdit le culte des icônes et déclenche un conflit avec Rome.
- **732.** Les Arabes pénètrent en Gaule et pillent Bordeaux. Charles* Martel les bloque à Poitiers.
- **735.** Des trois royaumes historiques de Corée, celui de Silla* l'emporte avec l'aide militaire de la Chine des Tang et unifie alors le territoire coréen.
- **750.** Les Abbassides*, califes de l'islam.
- **De 751 à 768.** Pépin* le Bref, roi des Francs, fonde la dynastie des Carolingiens*.
- **756.** À Cordoue, l'Omeyyade Abd al-Rahman fonde un émirat indépendant.
- **756.** Pépin* le Bref, roi des Francs, intervient pour chasser les Lombards des terres pontificales qu'ils ont investies et les rendre au pape.
- **762.** Fondation de Bagdad*, capitale de la dynastie des Abbassides*.

- **De 780 à 850 env.** À Java, construction de Barabudur*.
- **De 785 à 987.** Construction de la Grande Mosquée de Cordoue*.
- **De 786 à 809.** À Bagdad, califat abbasside d'Harun* al-Rachid.

IXe siècle

- **IXe s.** Al-Kharezmi fonde l'algèbre.
- **IXe - Xe s.** Al-Kindi, le « philosophe des Arabes », et al-Farabi*, le « philosophe des musulmans », sont les premiers commentateurs de Platon et d'Aristote.
- **800.** Charlemagne* empereur d'Occident.
- **V. 800.** En Allemagne, naissance de la poésie épique : *la Chanson de Hildebrand* ne comprend que 70 vers.
- **808.** Au Japon, le *Manyo-shu** rassemble 4 500 poèmes.
- **De 814 à 840.** Louis* Ier, empereur d'Occident.
- **842.** *Serments de Strasbourg**.
- **843.** L'Empire carolingien est partagé par le traité de Verdun* entre les petits-fils de Charlemagne.
- **De 843 à 877.** Charles* II, roi de France.
- **V. 850.** Venus du nord, les Toltèques* occupent le plateau central du Mexique ; leur capitale sera Tula.
- **V. 860.** Cyrille* et Méthode évangélisent les Slaves.
- **De 867 à 886.** Basile* Ier, empereur byzantin.
- **De 867 à 1057.** À Byzance, les empereurs luttent avec succès contre les Arabes, les Russes et les Bulgares.
- **868.** En Chine, premier livre imprimé connu : *le Sutra du diamant*, un rouleau de près de 5 m de long.
- **De 877 à 879.** Louis* II, roi de France.
- **878.** Vainqueur des Danois à Edington, le roi de Wessex Alfred* le Grand, roi des Anglo-Saxons.
- **De 879 à 882.** Louis* III, roi de France.
- **882.** Kiev*est la capitale du premier État russe, fondé par les Varègues* (Vikings immigrés).
- **885 - 886.** Les Vikings* assiègent Paris.
- **896.** Sous la conduite d'Árpád, les Hongrois (Magyars) chassés d'Oural passent les Carpates.
- **De 898 à 923.** Charles* III, roi de France.
- **IXe s.** Apparition de l'attelage moderne.

Xe siècle

- **911.** Le traité de Saint-Clair-sur-Epte reconnaît la possession de la Normandie aux Normands.
- **De 936 à 954.** Louis* IV, roi de France.
- **950.** Les Mayas* sont à l'origine de l'essor d'une civilisation dont les grands centres sont Palenque*, Copán* et Tikal*.

▲ Le temple du Soleil, à Palenque, Mexique.

- **V. 950.** *Les Mille et Une Nuits** : ce recueil de contes a nourri l'imaginaire arabo-persan.
- **960.** En Chine, les Song* reconstruisent l'unité.
- **962.** Institution du Saint Empire romain germanique par Otton* Ier le Grand, couronné empereur à Rome.
- **De 963 à 1025.** Basile* II, empereur byzantin.
- **966.** La dynastie des Piast* donne naissance au premier État polonais. Mieszko* Ier se fait baptiser.
- **De 973 à 983.** Otton* II, empereur germanique.
- **984.** Invention de l'écluse, en Chine.
- **985.** Le Viking Erik* le Rouge fonde une colonie au Groenland.
- **De 986 à 987.** Louis* V, roi de France.
- **987.** Hugues* Capet est sacré roi de France et fonde la dynastie des Capétiens.
- **De 996 à 1002.** Otton* III, empereur germanique.
- **Seconde moitié du Xe s.** L'art qui s'épanouit sous le règne d'Otton le Grand et de ses successeurs fait transition entre l'époque carolingienne et l'époque romane.
- **De 996 à 1031.** Robert* II, roi de France.

XIe siècle

- **1000.** Les croyances millénaristes s'alimentent à la lecture du livre de l'Apocalypse*. Les terreurs de l'an 1000 reflètent bien l'inquiétude religieuse qui traverse la société de cette époque.
- **De 1000 à 1038.** Étienne* Ier, roi de Hongrie.
- **Début du XIe s.** Le *Canon de la médecine* d'Avicenne* décrit avec précision de nombreuses maladies.
- **1007.** Au Japon, apothéose du roman classique*.
- **V. 1010.** Le poète persan Ferdowsi* écrit le *Chahnamè (« le Livre des rois »).*
- **De 1014 à 1024.** Henri* II, empereur germanique.
- **De 1016 à 1035.** En Angleterre, les Danois soumettent les Anglo-Saxons et confient la couronne à Knud* le Grand.
- **De 1031 à 1060.** Henri* Ier, roi de France.
- **De 1042 à 1066.** Édouard* le Confesseur, roi d'Angleterre.
- **1044.** En Chine, invention de la poudre.
- **De 1044 à 1077.** À l'époque du premier royaume birman, Pagan* se couvre d'édifices religieux.
- **De 1046 à 1056.** Henri* III, empereur germanique.
- **1051.** L'Iran tombe aux mains des Seldjoukides* du sultan Toghroul Beg. À Ispahan, ils enrichissent la Grande Mosquée du Vendredi de ses deux coupoles.
- **1054.** Consacrant l'opposition théologique entre Rome et Byzance, l'Église d'Orient provoque un schisme qui donne naissance à la religion orthodoxe*.
- **De 1060 à 1108.** Philippe* Ier, roi de France.
- **1063.** Construction de la basilique Saint-Marc* de Venise.
- **1066.** Vainqueur de la bataille d'Hastings*, le duc de Normandie se fait couronner à Westminster sous le nom de Guillaume *Ier le Conquérant.
- **1071.** La défaite des Byzantins à Mantzikert ouvre l'Empire aux invasions turques.
- **De 1073 à 1085.** Pontificat de Grégoire* VII.
- **1077.** La querelle des Investitures* amène le pape Grégoire VII à excommunier le futur empereur Henri* IV, qui fait pénitence à Canossa*.
- **De 1084 à 1106.** Henri IV, empereur germanique.
- **1088.** Construction de Cluny* (art roman bourguignon).
- **V. 1090.** *La Chanson* de Roland* donne naissance au genre épique français.

Europe. La **guerre de Cent Ans** oppose Français et Anglais, dans une Europe ravagée par la **Peste noire**. En Italie naît le mouvement artistique et intellectuel de la **Renaissance**.

Asie. Le Proche-Orient est le théâtre pendant deux siècles des huit **croisades** que l'**Église** d'Occident entreprend pour libérer le tombeau du Christ. En Asie centrale, le mongol **Gengis Khan** se lance dans une vaste entreprise de conquêtes. Tandis que l'Empire khmer s'effondre, **Tamerlan** instaure un immense Empire turc. Les **Ottomans** s'emparent de Constantinople.

Amérique. L'Empire **aztèque** s'étend entre le golfe du Mexique et l'océan Pacifique.

- **De 1096 à 1099.** Première croisade*. Les croisés s'emparent de Jérusalem en 1099 et en font la capitale d'un royaume latin.
- **XIIe s.** En Chine, dès la dynastie des Song* du Nord, les potiers impériaux se spécialisent dans la production de céramique verte (céladon).

XIIe siècle

- **XIIe au XIIIe s.** Construction des grandes cathédrales gothiques de Paris, Chartres, Amiens, Reims, Bourges...
- **De 1108 à 1137.** Louis* VI, roi de France.
- **De 1111 à 1125** Henri* V, empereur germanique.
- **1112.** Saint Bernard* et l'abbaye de Cîteaux.
- **De 1135 à 1144 env.** La basilique de Saint-Denis est le premier chef-d'œuvre de l'architecture gothique*.
- **De 1136 à 1155.** Issue d'une littérature orale transmise par des conteurs bretons, la légende arthurienne a pour héros les chevaliers de la Table ronde.
- **De 1137 à 1180.** Louis* VII, roi de France.
- **1139.** Alphonse* Ier Henriques est le fondateur de la monarchie portugaise.
- **De 1147 à 1149** Deuxième croisade.
- **1152.** L'Aquitaine de la duchesse Aliénor* échoit par mariage au futur roi d'Angleterre, Henri II, duc de Normandie et comte d'Anjou.
- **De 1154 à 1189.** Henri* II Plantagenêt, roi d'Angleterre.
- **De 1154 à 1250.** Lutte du Sacerdoce* et de l'Empire : l'enjeu est la suprématie temporelle sur le monde chrétien.
- **De 1155 à 1190.** Frédéric* Ier Barberousse, empereur germanique.
- **De 1157 à 1182.** Valdemar* Ier, roi de Danemark.
- **Entre 1160 et 1170.** Averroès* reprend l'idée qu'il faut concilier la philosophie d'Aristote avec le Dieu du Coran.
- **De 1170 à 1205.** Le *Roman* de Renart*, parodie de la chanson de geste et de la société chevaleresque.
- **De 1171 à 1193.** Saladin* fait l'unité politique et religieuse d'un territoire qui s'étend de l'Égypte à la Mésopotamie.
- **De 1180 à 1223.** Philippe* II Auguste, roi de France.
- **De 1189 à 1192.** Troisième croisade.
- **De 1189 à 1199.** Richard* Ier Cœur de Lion, roi d'Angleterre.
- **1190.** Maimonide*, philosophe juif nourri de pensée arabe, rédige le *Guide des égarés*.
- **1192.** Au Japon, instauration du shogunat*.
- **De 1198 à 1216.** Pontificat d'Innocent* III.
- **De 1199 à 1216.** Jean* sans Terre, roi d'Angleterre.
- **Fin du XIIe s.** La légende de Tristan et Yseut commence à se répandre dans des romans en vers composés en langue d'oïl.
- **XIIIe s.** La tradition de la statuaire en bronze est attestée chez les Yoruba* de l'actuel Nigeria.
- **XIIIe s.** *Chanson des Nibelungen**.

XIIIe siècle

- **V. 1200.** Le gouvernail améliore la navigation.
- **De 1202 à 1204.** Quatrième croisade.
- **De 1204 à 1261.** L'Empire latin* d'Orient s'édifie sur les ruines de l'Empire byzantin.
- **De 1204 à 1453.** La république de Venise* gère un empire maritime et continental.

▲ Venise, puissance politique et splendeur architecturale, miniature du XVe s.

- **1206.** Gengis* Khan fonde l'Empire mongol.
- **De 1209 à 1216.** Franciscains* et dominicains* aspirent à un retour à la pauvreté évangélique.
- **De 1212 à 1260.** En Espagne, les chrétiens remportent face aux Almohades* la bataille de Las Navas* de Tolosa.
- **1214.** Philippe* Auguste triomphe à Bouvines* face à Jean sans Terre.
- **1215.** Les barons d'Angleterre imposent la Grande Charte à Jean* sans Terre.
- **1215.** Les guelfes*, partisans du pape, et les gibelins*, partisans de l'empereur, s'opposent en Italie.
- **De 1217 à 1219.** Cinquième croisade.
- **De 1220 à 1250.** Frédéric* II, empereur germanique.
- **De 1223 à 1226.** Louis* VIII, roi de France.
- **De 1226 à 1244.** Croisade contre les albigeois*.
- **De 1226 à 1270.** Louis* IX [Saint Louis], roi de France.
- **De 1228 à 1229.** Sixième croisade.
- **De 1230 à 1275 env.** Le *Roman* de la Rose* transforme l'idéal courtois.
- **1232.** En Chine apparaît une arme nouvelle : la fusée.
- **De 1241 à 1248.** Saint Louis édifie la Sainte-Chapelle*.
- **De 1248 à 1254.** Septième croisade.
- **De 1250 à 1273.** Le Grand Interrègne* : à la mort du dernier Hohenstaufen, l'Empire entre en crise.
- **1257.** Paris se dote de sa future université : la Sorbonne*.
- **De 1266 à 1273.** La *Somme théologique* de saint Thomas* d'Aquin .
- **1270.** Huitième croisade. Mort de Saint Louis devant Tunis.
- **De 1270 à 1285.** Philippe* III, roi de France.

- **1279.** S'emparant de l'empire des Song*, le Mongol Kubilay* Khan règne sur toute la Chine.
- **V. 1280.** L'idée de corriger la vue par le port de lentilles se concrétise avec l'apparition des premières lunettes à lentilles convexes.
- **De 1285 à 1314.** Philippe* IV le Bel, roi de France.
- **1291.** Les cantons de Schwyz, Uri et Nidwald fondent la Confédération helvétique.
- **Entre 1296 et 1305.** Giotto* perfectionne l'art de la fresque.
- **De 1296 à 1316.** Le sultanat de Delhi* gouverne l'Inde.
- **1298.** Marco Polo* révèle les secrets de la Chine.
- **1299.** Le Turc Osman fonde la dynastie ottomane.
- **Fin du XIIIe s.** Apparition des premières horloges mécaniques à poids et foliot.

XIVe siècle

- **De 1300 env. à 1314.** L'*Ars nova* enrichit la polyphonie occidentale.
- **1306.** Champion du séparatisme écossais, Robert Bruce réussit à se faire couronner.
- **De 1307 à 1321.** Dante* écrit *la Divine Comédie*.
- **1309.** Philippe le Bel fait élire pape le Français Clément V en 1305. Ce dernier s'installe en Avignon.
- **De 1312 à 1337.** Chef d'un État musulman qui s'étend du moyen Niger à l'Atlantique, Kongo Moussa tire sa richesse de l'or.
- **1314.** L'ordre des Templiers* est brisé.
- **De 1314 à 1316.** Louis* X, roi de France.
- **De 1316 à 1322.** Philippe* V, roi de France.
- **1320.** Notre-Dame de Paris est achevée.
- **De 1322 à 1328.** Charles* IV, roi de France.
- **V. 1325.** L'Alhambra* de Grenade en chantier.
- **1327.** Pétrarque* dédie à Laure des poèmes qui seront réunis dans *le Canzionere*.
- **De 1327 à 1377.** Édouard* III, roi d'Angleterre.
- **De 1328 à 1350.** Philippe* VI de Valois, roi de France.
- **V. 1330.** Des bouches à feu sur les champs de bataille.
- **1337.** L'Aquitaine est l'enjeu à l'origine de la guerre de Cent* Ans.
- **1346.** Défaite de Crécy*.
- **Entre 1347 et 1351.** La Peste* noire en Europe.
- **De 1348 à 1353.** Boccace* écrit le *Décaméron*.
- **De 1350 à 1364.** Jean* II, roi de France.
- **Entre 1350 et 1450.** Zimbabwe, capitale du Monomotapa.
- **1356.** Défaite de Poitiers*.
- **1358.** Étienne Marcel* soulève Paris.
- **De 1359 à 1389.** Murad* Ier, sultan ottoman.
- **De 1364 à 1380.** Charles* V, roi de France. Redressement français avec les victoires de Du Guesclin*.
- **Entre 1368 et 1398.** La dynastie Ming* refait l'unité politique et morale de la Chine sous l'autorité du confucianisme.
- **1370.** Association de villes marchandes du nord de l'Europe, la Hanse* impose au Danemark le traité de Stralsund.
- **De 1375 à 1379.** La *chronique universelle* d'Ibn* Khaldun fait la somme des connaissances sur le monde arabo-berbère.
- **1376.** Le peintre Jean de Bruges réalise les cartons de la tenture de l'*Apocalypse**.
- **De 1378 à 1417.** Grand Schisme* d'Occident.
- **De 1380 à 1422.** Charles* VI, roi de France.
- **1386.** Le prince lituanien Jagellon* accède au trône de Pologne sous le nom de Ladislas II.
- **De 1389 à 1403.** Bayezid* Ier, sultan ottoman.
- **V. 1390.** *Contes de Cantorbéry* de Chaucer*.

XVe siècle

- **1402.** Timur* Lang [Tamerlan] défait les Ottomans.
- **Entre 1406 et 1452.** Les architectes Brunelleschi* et Alberti*, les sculpteurs Ghiberti* et Donatello*, les peintres Fra Angelico*, Masaccio* et Filippo Lippi* sont parmi les artistes qui font la primauté de Florence.
- **1406.** En Chine, à Pékin, la Cité* interdite est en construction.
- **1415.** Déroute de la chevalerie française à Azincourt*.
- **1419.** L'exécution, en 1415, du réformateur Jan Hus* provoque une guerre en Bohême.
- **De 1421 à 1451.** Murad II, sultan ottoman.
- **De 1422 à 1461.** Charles* VII, roi de France.
- **1428.** Les Aztèques*maîtres de la vallée de Mexico, où ils ont fondé Tenochtitlán*.
- **1430 - 1431.** Épopée militaire de Jeanne* d'Arc.
- **1432.** Les peintres de l'école de Bruges apprennent la technique de la peinture à l'huile. Leur maître est Jan Van Eyck*.
- **1432.** Au Cambodge, fin de la civilisation d'Angkor* .
- **De 1434 à 1492.** La banque fait la puissance des Médicis*, qui gouvernent Florence*.
- **V. 1440.** Gutenberg* invente la typographie.
- **1445.** Invention de la triangulation.
- **V. 1450.** Le *Mystère de la Passion* d'Arnoul Gréban, drame liturgique.
- **Entre 1450 et 1460.** Premières Bourses fondées à Bruges puis à Anvers.

▲ Une grue dans le port de Bruges, cité phare du commerce flamand, miniature du XVe s.

- **Entre 1452 et 1464.** Piero* della Francesca réalise le cycle de la *Légende de la Vraie Croix*.
- **1453.** Fin de la guerre de Cent* Ans.
- **1453.** Constantinople tombe aux mains des Ottomans*.
- **De 1455 à 1485.** La guerre des Deux-Roses* oppose les Yorks et les Lancastres.
- **De 1458 à 1490.** Mathias* Ier Corvin, roi de Hongrie.
- **1461.** François Villon* compose le *Testament*.
- **De 1461 à 1483.** Louis* XI, roi de France.
- **De 1462 à 1505.** Ivan* III, grand-prince de Moscou.
- **1469.** Mariage entre Ferdinand*, héritier de l'Aragon, et Isabelle*, héritière de la Castille.
- **De 1475 à 1509.** Ivan* III fait appel à des architectes italiens pour embellir le Kremlin.
- **1478.** Botticelli* peint le *Printemps*.
- **Entre 1482 et 1516.** Léonard* de Vinci propose une véritable méditation sur la représentation du visible. Il parachève la conquête du clair-obscur et invente le sfumato.
- **De 1483 à 1498.** Charles* VIII, roi de France.

1492 HUMANISME, DÉCOUVERTES

Afrique. L'**Empire songhaï** atteint son apogée, s'étendant du Sénégal à la boucle du Niger.

Amérique. La découverte du Nouveau Monde par **Christophe Colomb** initie des explorations et des conquêtes, qui se font aux dépens des **Aztèques, des Incas et des Mayas**. Français et Anglais s'implantent en Amérique du Nord.

Asie. Alors qu'en Chine règnent les Ming, puis les **Qing**, en Inde s'installe la dynastie des **Moghols**. Les Portugais créent des colonies, bientôt suivis par les Hollandais et les Anglais.

Europe. La **pensée humaniste**, née en Italie, se répand dans une Europe meurtrie par une longue période de guerres, de famines et d'épidémies. La **Réforme** protestante introduit une rupture décisive. Les **guerres de Religion** s'élargissent au Saint Empire (**guerre de Trente Ans**).

- **1492.** Christophe Colomb découvre le Nouveau Monde.
- **1492.** Victorieux du royaume de Grenade, les Castillans achèvent la Reconquista*.
- **De 1493 à 1525.** Apogée de l'Empire inca*.
- **1494.** Traité de Tordesillas*, qui fixe les limites des futurs empires portugais et espagnol.
- **1494.** Vasco de Gama* atteint les Indes en contournant le sud de l'Afrique.
- **De 1494 à 1559.** Guerres d'Italie*.
- **1498.** Dürer* grave l'*Apocalypse**.
- **De 1498 à 1515.** Louis* XII, roi de France.

XVIe siècle

- **Entre 1500 et 1505.** Jérôme Bosch* : *Jardin* des délices*.
- **De 1500 à 1510.** Le Portugais Cabral* atteint le Brésil. En Inde, avec Albuquerque* : Goa, centre de la colonisation portugaise.
- **De 1503 à 1506.** Léonard *de Vinci peint la Joconde.
- **De 1503 à 1513.** Pontificat de Jules* II, qui fait appel à de nombreux artistes pour embellir le Vatican.
- **XVIe s.** À Venise, Giorgione*, Titien*, Tintoret*, Jacopo Bassano* et Véronèse*.
- **De 1506 à 1546.** Construction de Saint-Pierre* de Rome : Bramante*, puis Raphaël*, Sangallo* et Michel-Ange* y participent.
- **De 1509 à 1547.** Henri* VIII, roi d'Angleterre.
- **1510.** Le chiisme* devient religion d'État en Iran.
- **1511.** Publication à Paris de l'*Éloge de la folie* d'Érasme*.
- **1513.** Balboa* traverse l'isthme de Panama.
- **1513.** À Florence, Machiavel* écrit *le Prince*.
- **1515.** Sacre de François* Ier, qui remporte Marignan.
- **Entre 1515 et 1516.** Thomas More* écrit *Utopie**.
- **1516 et 1532.** L'Arioste* publie le *Roland* furieux*.
- **1517.** Martin Luther* publie ses 95 thèses. Elles donneront naissance au mouvement de la Réforme*.
- **1517.** Fin du sultanat d'Égypte face aux Ottomans*.
- **1519.** Magellan* : premier voyage autour du monde.
- **1519.** Charles* Quint accède au Saint-Empire.
- **1520.** Soliman* le Magnifique, sultan ottoman.
- **1521.** Cortés* s'emparent de l'Empire aztèque.
- **1523.** Après Gustave* Vasa (1520), l'Union de Kalmar, liant la Suède au Danemark et à la Norvège, est rompue.
- **1525.** La guerre des Paysans*, qui s'appuie sur l'esprit de la Réforme, est cependant condamnée par Luther.
- **1526.** Victorieux à Mohács, les Ottomans de Soliman le Magnifique s'installent en Hongrie.
- **1526.** Baber* fonde la dynastie des Grands Moghols*.
- **1530.** *Confession d'Augsbourg*, par Melanchthon*.
- **1532 et 1534.** Rabelais* : *Pantagruel** et *Gargantua**.
- **1533.** Holbein* le Jeune : *les Ambassadeurs*.
- **1533.** Effondrement de l'Empire inca face à Pizarro*.
- **1534.** Cartier* prend possession du Canada.
- **1534.** Henri* VIII, chef unique de l'Église d'Angleterre.
- **1536.** À Genève, Jean Calvin* publie l'*Institution de la religion chrétienne*, manifeste de la religion réformée.
- **De 1536 à 1541.** Au Vatican, dans la chapelle Sixtine*, Michel-Ange* peint le *Jugement dernier*.
- **1539.** L'ordonnance de Villers-Cotterêts rend obligatoire l'usage du français dans les actes politiques et judiciaires.
- **De 1540 à 1546.** Les Espagnols soumettent les Mayas*.
- **1543.** Vésale* publie le premier traité d'anatomie humaine.
- **1543.** Le Polonais Copernic* réfute la conception géocentrique de l'Univers.
- **1545.** Ouverture du concile de Trente, qui va mettre en œuvre la Réforme* catholique.
- **1547.** Le Louvre* de Lescot* : le classicisme en France.
- **1547.** Ivan* IV le Terrible, tsar de Russie.
- **De 1547 à 1559.** Henri* II, roi de France.
- **1549.** *Défense et illustration de la langue française* de Du* Bellay, manifeste de l'école de Ronsard*.
- **1555.** Paix d'Augsbourg, signée par les catholiques et les luthériens.
- **1556.** Abdication de Charles Quint. Son frère Ferdinand de Habsbourg hérite de l'Empire.
- **De 1556 à 1605.** Akbar*, empereur moghol.
- **1558.** Élisabeth* Ire monte sur le trône d'Angleterre et d'Irlande.
- **1559.** Traités du Cateau-Cambrésis* : la France conserve Calais ; fin des guerres d'Italie.
- **De 1559 à 1560.** François* II, roi de France.
- **De 1560 à 1574.** Charles* IX, roi de France.
- **De 1562 à 1598.** Guerres de Religion* en France.

▲ Le massacre de la Saint-Barthélemy [1572], peinture de F. Dubois. Musée des Beaux-Arts, Lausanne.

- **1565.** Cycle des « mois » de Bruegel* l'Ancien.
- **Entre 1566 et 1569.** L'architecte Palladio* assume l'héritage classique tout en multipliant les innovations.

- **Entre 1569 et 1574.** L'architecte ottoman Sinan édifie la mosquée Selimiye à Édirne.
- **1571.** La Sainte Ligue vainc les Turcs à la bataille navale de Lépante*.
- **1571.** La Bourse de Londres est inaugurée.
- **1572.** Massacre de la Saint-Barthélemy*.
- **De 1574 à 1589.** Henri* III, roi de France.
- **1576.** Jean Bodin* publie son traité *la République**.
- **De 1577 à 1581.** Francis Drake* entreprend le premier voyage anglais de circumnavigation.
- **1579.** Union d'Utrecht : division des Pays-Bas espagnols entre provinces du Sud catholiques et provinces du Nord calvinistes.
- **1580.** En Argentine, fondation de Buenos Aires.
- **1580.** Montaigne* présente ses *Essais**.
- **1581.** Le poète italien le Tasse* publie *la Jérusalem délivrée*.
- **1584.** Philippe* II d'Espagne s'installe à l'Escurial*.
- **1586.** Le Greco* : *l'Enterrement du comte d'Orgaz**.
- **1587.** En Perse, Abbas* Ier le Grand devient chah.
- **1588.** L'« Invincible Armada », flotte de guerre espagnole, subit un désastre.
- **De 1589 à 1610.** Henri* IV, roi de France.
- **1591.** Le Maroc soumet l'Empire songhaï*.
- **1598.** Signature de l'édit de Nantes* par Henri IV.

XVIIe siècle

- **1600 et 1602.** Créations de la Compagnie anglaise des Indes orientales puis de la Compagnie hollandaise des Indes orientales.
- **Entre 1600 et 1622.** Lope de Vega* Carpio passe maître dans l'art de la *comedia* espagnole.
- **Entre 1601 et 1606.** Apogée de l'œuvre de W. Shakespeare*.
- **1603.** Au Japon, avènement des Tokugawa*, dynastie de shoguns.
- **1604.** Première « réduction* » jésuite au Paraguay.
- **Entre 1605 et 1615.** Cervantès* publie *Don Quichotte*.
- **1607.** Naissance de l'art lyrique avec l'œuvre de Monteverdi*.
- **1608.** Fondation de Québec par Samuel de Champlain*.
- **1609.** J. Kepler* énonce deux lois fondamentales du mouvement des planètes en s'aidant des travaux du Danois Tycho Brahe*.
- **Entre 1609 et 1610.** Galilée* introduit l'emploi de la lunette en astronomie.
- **1610.** Le roi de France Henri IV est assassiné. Louis* XIII lui succède.
- **1610.** Mort du Caravage*, considéré comme le fondateur de la peinture moderne.
- **1612.** La place Royale (future place des Vosges) est inaugurée à Paris.
- **Entre 1612 et 1613.** Œuvres majeures de Luis de Góngora* y Argote.
- **1613.** En Russie, les Romanov* accèdent au trône.
- **1614.** L'invention des logarithmes par J. Napier* simplifie les calculs de trigonométrie pour l'astronomie ou la navigation.
- **Entre 1615 et 1625.** Rubens* maître de la peinture baroque.
- **De 1618 à 1648.** Guerre de Trente* Ans.
- **1620.** Les « Pères pèlerins », puritains anglais, arrivés sur le *Mayflower,* fondent la colonie de Plymouth (Massachusetts) et créent la tradition du Thanksgiving Day.
- **1620 et 1623.** Le philosophe Bacon* publie le *Novum Organum* et l'*Instauratio magna*.
- **1623.** W. Schickard dessine et construit une machine à calculer.
- **1623.** T. Campanella* publie *la Cité du solei*l, utopie qui met l'accent sur l'égalité.
- **1624.** Richelieu* entre au Conseil du roi Louis XIII.
- **Entre 1624 et 1655.** En Italie, grande époque du baroque avec Bernin*.
- **V. 1625.** Tirso* de Molina crée le personnage de Don Juan.
- **1628.** W. Harvey* fournit une description exacte de la circulation du sang.
- **De 1631 à 1641.** Construction du Tadj* Mahall.

▲ Le mausolée du Tadj Mahall, chef-d'œuvre de l'architecture moghole, en marbre blanc incrusté de pierres de couleur.

- **1632.** Galilée* établit la loi de la chute des corps dans le vide.
- **1632.** Avènement de la reine Christine* de Suède.
- **1635.** Richelieu fonde l'Académie* française.
- **V. 1635.** Calderón* de la Barca écrit des pièces religieuses, les autos sacramentales.
- **1637.** Corneille* publie *le Cid**.
- **1641.** Descartes* publie *les Méditations métaphysiques*.
- **1642.** Rembrandt* peint *la Ronde de nuit*.
- **De 1642 à 1661.** En France, gouvernement de Mazarin*.
- **1643.** Louis XIV succède à Louis XIII.
- **1643.** Invention du baromètre par E. Torricelli*.
- **1644.** En Chine, les Qing, d'origine mandchoue, s'installent au pouvoir.
- **De 1645 à 1676.** Alexis Mikhaïlovitch, tsar de Russie.
- **1648.** Signature des traités de Westphalie*, qui mettent fin à la guerre de Trente Ans et créent un nouvel équilibre en Europe.
- **De 1648 à 1653.** En France, période de la Fronde*.

1649 ABSOLUTISME ET ÉMERGENCE

Europe. Le règne de **Louis XIV** consacre l'évolution de la monarchie française vers l'absolutisme et sa domination, après le **traité des Pyrénées**, dans une Europe qui voit le passage de l'**Angleterre** à la monarchie constitutionnelle et la naissance de l'**État prussien**. Les **Lumières** diffusent les savoirs, avec notamment l'*Encyclopédie*.

Amérique. Aux **États-Unis,** les insurgés proclament **l'Indépendance** et reçoivent l'aide de la France.

Asie. En Inde, l'avènement d'**Aurangzeb** porte l'**Empire moghol** à son apogée. Les Hollandais éliminent les Portugais de Ceylan. En Chine, les **Mandchous** établissent leur domination. Les empereurs Kangxi, Yongzheng et Qianlong étendent cette domination à la Corée, Formose, l'Asie centrale et le Tibet. **Afrique.** Les nations européennes prennent pied sur le continent (traite des Noirs entre Europe, Afrique et Amérique).

De 1649 à 1699

- **1649.** Exécution du roi Charles* Ier d'Angleterre ; dictature d'Oliver Cromwell*.
- **V. 1650.** Poussin* peint *Orphée et Eurydice*.
- **1651.** Hobbes* écrit *le Léviathan*.
- **1652.** Le kabuki*, art théâtral japonais, évolue en un genre pourvu d'une action dramatique.
- **1654.** P. de Fermat* et B. Pascal* fondent le calcul des probabilités.
- **De 1654 à 1660.** Charles* X Gustave, roi de Suède.
- **1656.** Velázquez* peint *les Ménines*.
- **1657.** C. Huygens* invente un nouveau type d'horloge mécanique, beaucoup plus précise : la pendule.
- **De 1658 à 1707.** Aurangzeb*, empereur moghol.
- **1659.** Par le traité des Pyrénées*, l'Espagne perd la suprématie en Europe.
- **De 1660 à 1697.** Au Pays-Bas, Vermeer* peint *Vue de Delft*.
- **1661.** En France, début du règne personnel de Louis* XIV.
- **De 1661 à 1683.** En France, gouvernement de Colbert*.
- **De 1662 à 1722.** Kangxi, empereur Qing.
- **1663.** Les terres françaises du Canada (Nouvelle-France) sont intégrées au domaine royal et dotées du statut de province.
- **1664.** La Nouvelle-Amsterdam, possession hollandaise, est annexée par les Anglais, qui la baptisent New York.
- **1664.** En Hollande, le peintre portraitiste Frans Hals* réalise *les Régents* et *les Régentes*.
- **1665.** La peste sévit à Londres et ne sera éradiquée que par le Grand Incendie de septembre 1666.
- **1666.** Au Maroc, avènement de la dynastie alawite*.
- **De 1666 à 1671.** Molière* donne ses plus grandes comédies.
- **De 1666 à 1709.** Après le Grand Incendie de Londres, Christopher Wren* est chargé de rebâtir les cinquante églises de la City.
- **1667.** Le traité de Breda* accorde aux Néerlandais la liberté du commerce dans les ports anglais.
- **1667 et 1671.** Milton* écrit *le Paradis perdu* et *le Paradis reconquis*.
- **1667 - 1668.** Guerre de Dévolution*, où se distinguent Condé* et Turenne*.
- **De 1667 à 1677.** De la création d'*Andromaque* à celle de *Phèdre,* Racine* se fait le peintre de la passion.
- **De 1668 à 1694.** La* Fontaine donne ses *Fables*.
- **1669.** Le Danois Sténon* pose les bases de la stratigraphie.
- **1670.** Pascal* publie les *Pensées**.
- **1670.** Insurrection des paysans russes ralliés au chef cosaque Stenka Razine*.
- **1672.** La Compagnie royale africaine se voue au commerce triangulaire.
- **De 1672 à 1679.** Guerre de Hollande*.
- **1673.** *Cadmus et Hermione,* de Lully*, premier opéra à la française.
- **1673.** A. Van Leeuwenhoek* découvre au microscope l'existence de micro-organismes.
- **V. 1675.** Indépendamment l'un de l'autre, G.W. Leibniz* et I. Newton* fondent le calcul infinitésimal.
- **1676.** Le Danois O. Römer établit que la lumière se propage à une vitesse finie.
- **1677.** Publication de l'*Éthique* de Spinoza*.
- **De 1678 à 1679.** La paix de Nimègue conclut la guerre de Hollande* déclenchée par Louis XIV.
- **1679.** Le Parlement anglais vote l'*Habeas* Corpus Act.*
- **De 1681 à 1713.** Corelli* parachève la forme de la sonate et invente celle du concerto grosso.
- **1682.** La France colonise la Louisiane*.
- **1682.** crise du gallicanisme*.
- **De 1682 à 1725.** Pierre* Ier, tsar de Russie.
- **1685.** En France, révocation de l'édit de Nantes*.
- **De 1685 à 1688.** Jacques* II, roi d'Angleterre et d'Irlande.
- **1687.** I. Newton formule la loi de la gravitation universelle et expose les fondements théoriques de la mécanique.
- **De 1687 à 1694.** En France, querelle des Anciens et des Modernes.
- **De 1688 à 1697.** Guerre de la ligue d'Augsbourg*.
- **1689.** La monarchie anglaise devient constitutionnelle : la seconde révolution* détrône le roi Jacques II.

▲ Le parlementarisme anglais : le roi Guillaume III est reçu au Parlement. MAAO, Paris.

- **1689.** Au Japon, Basho, maître du haïku.
- **De 1689 à 1695.** Purcell* compose sa musique de scène.
- **De 1690 à 1692.** Les corsaires Jean Bart* et René Duguay-Trouin* font la chasse aux navires de commerce.

• **1690 et 1740.** Les philosophes John Locke* et David Hume* fondent l'empirisme.

• **1695.** Peuple originaire de l'actuel Ghana, les Ashanti* fondent un État dont la capitale est Kumasi.

• **1697.** Les traités de Ryswick*, qui terminent la guerre de la ligue d'Augsbourg, amputent la France de nombreux territoires.

• **1699.** Paix de Karlowitz entre Habsbourg et Ottomans : la Hongrie n'est plus possession ottomane.

De 1700 à 1712

• **1700.** Le contrôle de la mer Baltique oppose la Suède au Danemark, à la Russie et à la Pologne.

• **1701.** Guerre de la Succession* d'Espagne.

• **De 1701 à 1713.** Frédéric* Ier, roi en Prusse.

• **De 1702 à 1714.** Anne* Stuart, reine de Grande-Bretagne et d'Irlande.

• **1705.** E. Halley* établit pour la première fois qu'une comète, observée en 1682, décrit une ellipse autour du Soleil et annonce son retour pour 1758 ou 1759.

• **De 1705 à 1711.** Joseph* Ier, empereur germanique.

• **1707.** Acte d'union* proclamé par Anne Stuart : naissance de la Grande-Bretagne.

• **1712.** T. Newcomen construit une machine à vapeur.

De 1714 à 1750

• **1714.** Leibniz publie *la Monadologie*.

• **1715.** En France, mort de Louis XIV : la Régence dure jusqu'à la majorité de Louis XV (1723).

• **1715.** Fondation de La Nouvelle-Orléans* par les Français.

• **1719 et 1726.** Defoe* (*Robinson Crusoé)* et Swift* (*les Voyages de Gulliver)* proposent un idéal de l'avenir de l'homme.

• **1720.** En France, banqueroute de John Law*.

• **1720.** Avènement de Frédéric II* de Prusse et de Marie-Thérèse* d'Autriche.

• **1721.** Pierre* Ier, dit le Grand, qui règne depuis 1682, se proclame « tsar de toutes les Russies ».

• **De 1723 à 1750.** L'œuvre de Jean-Sébastien Bach* prépare l'avènement de l'orchestre.

• **1725.** Les Peuls édifient au Fouta-Djalon un État qui témoigne de la force de l'islam.

• **1733.** Guerre de la Succession* de Pologne.

• **1733.** En Grande-Bretagne, invention de la navette volante.

• **1735.** John Harrison réalise des chronomètres de marine de plus en plus performants.

• **De 1736 à 1796.** En Chine, Qianlong, empereur Qing.

• **1738.** Daniel Bernoulli* fonde l'hydrodynamique.

• **1740.** Frédéric le Grand sur le trône de Prusse.

• **1740.** Guerre de la Succession* d'Autriche.

• **1742.** Celsius* crée une échelle thermométrique pratique.

• **1745.** Le Hollandais P. Van Musschenbroek et l'Allemand E.G. von Kleist réalisent un premier condensateur : la bouteille de Leyde.

• **De 1745 à 1780.** Marie-Thérèse* d'Autriche, impératrice.

• **1748.** Montesquieu* met en avant la théorie de la séparation des pouvoirs

• **1748.** L. Euler* développe l'analyse mathématique.

• **Entre 1748 et 1759.** Voltaire* s'impose avant tout à la postérité par ses contes philosophiques.

▲ « Le génie de Voltaire et de Rousseau les conduit au temple de la gloire et de l'immortalité », gravure coloriée.

• **Entre 1749 et 1804.** Buffon* : *Histoire naturelle*.

De 1751 à 1776

• **1751.** La Chine annexe le Tibet.

• **De 1751 à 1772.** Publication de l'*Encyclopédie*.

• **1752.** Benjamin Franklin* : premier paratonnerre.

• **De 1756 à 1763.** Guerre de Sept* Ans : la France perd le Canada et ses possessions en Inde.

• **1758.** Les physiocrates créent la science économique.

• **1758.** L'opticien britannique J. Dollond perfectionne la lunette astronomique.

• **1758.** Linné* crée la nomenclature des espèces.

• **De 1760 à 1820.** George* III, roi de Grande-Bretagne.

• **1762.** Catherine* II, impératrice de Russie.

• **Entre 1762 et 1778.** Penseur politique, Rousseau* est aussi l'auteur de romans et de *Confessions*.

• **1764.** Premier métier à tisser automatique.

• **Entre 1765 et 1784.** Watt* : machine à vapeur.

• **1766-1768.** Bougainville* : premier tour du monde français.

• **1769.** Hargreaves : premier métier à filer mécanique.

• **Entre 1772 et 1789.** Lavoisier* énonce les lois de conservation de la masse et des éléments.

• **1774.** James Cook* explore l'Antarctique.

• **1774.** Traité de Kutchuk-Kaïnardji : la Russie gagne sur la Turquie l'accès à la mer Noire.

• **De 1774 à 1792.** Louis* XVI, roi de France.

• **Entre 1774 et 1832.** Goethe*, précurseur du romantisme allemand, crée une nouvelle forme de roman.

• **1775.** L'Américain D. Bushnell : premier submersible.

• **De 1775 à 1784.** Les comédies de Beaumarchais* annoncent l'évolution des valeurs sociales qui prépare la Révolution française.

• **1776.** États-Unis : Déclaration d'indépendance*.

• **1776.** Adam Smith* formule les lois du marché.

• **1776.** *Contes de pluie et de lune* : conte fantastique *(yomi-kon)* du poète Ueda* Akinari.

1781 AU TEMPS DES RÉVOLUTIONS

Europe. En France, convoqués par le roi **Louis XVI**, les **États généraux** prennent le nom d'Assemblée nationale constituante. La monarchie parlementaire aboutit à la destitution du roi et la proclamation de la république, qui fait se dresser une vaste coalition face à la France. La Ire **République** est renversée par le coup d'État de **Bonaparte**. Consul, puis empereur des Français, celui-ci est finalement destitué en 1815. La **Restauration** rétablit la monarchie au pouvoir en France, jusqu'à ce que les révolutions de 1830 et 1848 ramènent la république et déclenchent dans l'Europe du **congrès de Vienne** une nouvelle flambée d'agitations. Partie d'Angleterre, la révolution industrielle gagne l'Europe. Elle est stimulée par les progrès techniques et engendre des transformations sociales.

Afrique. Un grand Empire **peul** se constitue. Le Soudan est conquis par l'Égypte. Les Français se lancent à la conquête de l'**Algérie**. L'Afrique du Sud est passée sous une administration britannique.

Amérique. L'émancipation des colonies espagnoles d'Amérique du Sud a lieu en un quart de siècle, et **Simón Bolívar** fonde la république de Grande-Colombie (Nouvelle-Grenade, Venezuela) à laquelle est annexé l'Équateur.

De 1781 à 1799

- **1781.** Kant* publie *Critique de la raison pure*.
- **1781.** Herschel* découvre Uranus.
- **1782.** À Bangkok, capitale du Siam, Rama* Ier donne naissance à la dynastie régnante de la future Thaïlande.
- **1782-1791.** Mozart* : e *Singspiel* (opéra lyrique).
- **1783.** Le traité de Versailles * reconnaît l'existence des États-Unis d'Amérique.
- **1783.** Pilâtre* de Rozier réussit à bord d'une montgolfière le premier vol humain dans l'atmosphère.
- **1783.** Le Français Claude François de Jouffroy* d'Abbans expérimente la navigation d'un bateau à vapeur.
- **1783-1801.** Le Second Pitt*, Premier ministre britannique.
- **1784.** *Le Serment des Horaces* de David* apparaît comme le manifeste du néoclassicisme.
- **1785.** Coulomb* étudie le magnétisme et l'électrostatique.
- **1788.** Colonisation de l'Australie par les Britanniques.
- **1789.** George Washington*, président des États-Unis.
- **1789.** En France, prise de la Bastille*, le 14 juillet. Premier acte populaire de la Révolution* française.
- **1791.** Révolte des esclaves en Haïti menée par Toussaint* Louverture.
- **1792.** Coalition des souverains européens contre la Révolution (bataille de Valmy*).
- **1792.** Le 22 septembre marque en France l'an I de la république, instituée par la Convention*.
- **1793.** Claude Chappe* crée la télégraphie aérienne.
- **1795.** Instauration en France du système métrique.
- **1795.** Démembrement de la Pologne au profit de la Prusse, de la Russie et de l'Autriche.
- **De 1795 à 1799.** En France, régime du Directoire*.
- **1796.** Laplace * : le Système solaire serait issu d'une nébuleuse en rotation.
- **1796.** Jenner* découvre le principe de la vaccination.
- **1798.** Naissance du romantisme anglais.
- **Entre 1798 et 1801.** L'œuvre de Haydn* contribue à fixer la structure classique de la symphonie et du quatuor.
- **1799.** Napoléon* Bonaparte renverse le Directoire.
- **1799.** Volta* invente la pile électrique.
- **De 1799 à 1804.** En France, régime du Consulat*.

De 1800 à 1811

- **1800.** Création du Royaume-Uni.
- **1800.** Herschel* découvre le rayonnement infrarouge.
- **1800 et 1802.** La parution des œuvres de Mme de Staël*, *De la littérature*, et de Chateaubriand*, *le Génie du christianisme*, consacre l'apogée du romantisme.
- **De 1800 à 1824.** Beethoven* écrit ses symphonies.
- **1801.** Bichat* fonde l'anatomie générale.
- **1801.** Jacquard* perfectionne le métier à tisser.
- **1801.** T. Young découvre le phénomène des interférences.
- **1801.** G. Piazzi, à Palerme, découvre Cérès, premier représentant d'une nombreuse famille d'astéroïdes.
- **De 1801 à 1809.** Jefferson*, président des États-Unis.
- **De 1801 à 1825.** Alexandre* Ier, empereur de Russie.
- **1802.** Fondation de l'empire du Viêt* Nam.
- **1803.** Supposant que chaque corps pur est formé d'atomes identiques, J. Dalton* explique les lois pondérales des combinaisons chimiques.
- **1803.** Locomotive à vapeur, réalisée par R. Trevithick*.
- **1803.** Say* : école française d'économie politique.

◀ Bonaparte au pont d'Arcole, pendant les campagnes d'Italie. Musée du Louvre, Paris.

- **1804-1814/1815.** Napoléon Ier, empereur des Français.
- **1804.** Fondé par le prédicateur musulman Ousmane* dan Fodio, l'Empire peul du Sokoto réunit des territoires faisant partie des actuels Niger et Nigeria.
- **1804.** N.T. de Saussure publie *Recherches chimiques sur la végétation* et fonde la physiologie végétale.
- **1805.** Méhémet-Ali*, vice-roi d'Égypte.
- **1806.** Le Saint Empire est dissous au lendemain de la création, sous le contrôle de Napoléon, de la Confédération du Rhin.
- **1807.** Hegel*: *la Phénoménologie de l'esprit*.
- **1809.** Lamarck* propose la première théorie explicative de l'évolution des espèces animales.
- **1810.** Le procédé de conservation des aliments de N. Appert* permet l'industrie des conserves alimentaires.
- **1811.** J. Fourier* découvre les séries trigonométriques qui portent à présent son nom.

De 1812 à 1830

- **1812.** Laplace* applique l'analyse mathématique aux lois du hasard et apporte une contribution théorique fondamentale au calcul statistique.
- **1812.** La campagne de Russie* marque un tournant de la politique européenne de Napoléon.
- **1814.** Fraunhofer* fonde la spectroscopie.
- **1814.** Les toiles de Goya* *Dos de mayo* et *Tres de mayo* dénoncent les atrocités commises par l'armée napoléonienne.
- **De 1814 à 1824.** Louis* XVIII, roi de France.
- **1814-1828.** Schubert* renouvelle la musique de chambre.
- **De 1814 à 1846.** A. Cauchy* fonde la théorie des fonctions d'une variable complexe.
- **1815.** Le congrès de Vienne* redessine l'Europe.
- **1815.** Restauration en France : après l'épisode des Cent-Jours*, Louis XVIII monte à nouveau sur le trône.
- **De 1816 à 1822.** Sous l'impulsion de S. Bolívar*, de nombreuses colonies espagnoles d'Amérique du Sud accèdent à l'indépendance.
- **Entre 1816 et 1826.** N. Niépce* obtient les premières images photographiques.
- **1818 et 1830.** Le romantisme, en peinture, affirme le primat du geste et de la matière : Constable*, Turner*, Géricault* et Delacroix* en sont des représentants.
- **1819.** A. Fresnel* attribue à la lumière une nature ondulatoire.
- **1820.** À la suite des observations faites par le Danois Œrsted*, le Français Ampère* développe la théorie de l'électromagnétisme.
- **1824.** Sadi Carnot* énonce l'un des principes de la thermodynamique.
- **De 1824 à 1830.** Charles* X, roi de France.
- **1825.** Première ligne commerciale de chemin de fer en Grande-Bretagne.
- **1825-1842.** L'Italie du Risorgimento* s'incarne en littérature dans la fresque *les Fiancés* de Manzoni*.
- **1826.** N. Lobatchevski* crée la première géométrie non euclidienne.
- **1827.** G.S. Ohm* établit la relation de proportionnalité existant entre la tension et l'intensité du courant dans un circuit électrique.
- **1827.** En France, mise au point, par B. Fourneyron, de la première turbine hydraulique moderne.

De 1830 à 1848

- **De 1830 à 1848.** Règne de Louis-Philippe* Ier.
- **1830.** Colonisation de l'Algérie* par les Français.
- **1830.** L'insurrection bruxelloise contre la tutelle néerlandaise conduit à la création d'un royaume belge indépendant.
- **1830.** *Hernani* de Victor Hugo* pousse à l'émeute les partisans du classicisme.
- **1830.** Après la bataille de Navarin* (1827), l'indépendance d'un État grec est reconnue.
- **1830 et 1857.** Stendhal* *(le Rouge et le Noir)* et Flaubert* *(Madame Bovary)* reflètent les tourments de leur époque.
- **1831.** Dernier des romantiques allemands, Heine* est l'auteur de *Tableaux de voyage*.
- **1831.** M. Faraday* découvre qu'un courant électrique peut être induit par les variations d'un champ magnétique.
- **1831.** C.H. McCormick* invente une moissonneuse.
- **1831-1832.** Galois* : fondements de la théorie des groupes.
- **1831-1833.** Les *Trente-Six Vues du mont Fuji* d'Hokusai* sont à l'origine du courant japoniste français.
- **De 1831 à 1836.** Pouchkine* domine les lettres russes.
- **1832.** Le ballet *la Sylphide* créé à l'Opéra de Paris innove par le recours au fantastique.
- **1833.** En Espagne, les partisans de Don Carlos* s'opposent à l'avènement de sa fille, la future Isabelle* II.
- **1834-1839.** En Afrique du Sud, Grand Trek des Boers*.
- **1835-1840.** Tocqueville* publie *De la démocratie en Amérique*, texte fondateur du libéralisme politique.
- **1837.** En Grande-Bretagne, Victoria* Ire couronnée.
- **1837.** Cooke et Wheatstone inventent le premier télégraphe électrique.
- **1838.** F.W. Bessel mesure la distance d'une étoile.
- **1838.** Charles Dickens* publie *Oliver Twist**.
- **Entre 1838 et 1839.** Les Allemands J. Schleiden et T. Schwann fondent la théorie cellulaire.
- **1839.** Goodyear* invente le procédé de vulcanisation.
- **De 1840 à 1845.** Poe* crée le fantastique moderne.
- **1841.** Énoncé de la loi de J.P. Joule*.
- **Entre 1841 et 1863.** Berlioz* développe une somptueuse écriture orchestrale.
- **1842.** Le traité de Nankin* cède Hongkong* à la Grande-Bretagne.
- **1842.** Honoré de Balzac* initie *la Comédie humaine*.
- **1842.** *Cours de philosophie positive* de A. Comte*.
- **Entre 1842 et 1846.** Premières opérations chirurgicales sous anesthésie par C.W. Long*.
- **1845.** Invention d'un nouveau type de presse à imprimer, la rotative, par R.M. Hoe.
- **1846.** Les États-Unis et le Mexique en guerre.
- **De 1846 à 1878.** Pontificat de Pie* IX.
- **1847.** G. Boole* fonde la logique mathématique moderne.
- **1847.** En Suisse, guerre du Sonderbund.
- **1848.** La révolution de février, en France, donne naissance à la IIe République*. Elle est suivie de soulèvements en Italie, en Autriche, en Allemagne, en Europe centrale et orientale. Victor Schoelcher* fait voter l'abolition de l'esclavage dans les colonies.

▲ Révolution de 1848 : estampe sur le suffrage universel.

- **1848.** En Grande-Bretagne, les peintres préraphaélites* veulent renouer avec la peinture médiévale antérieure à Raphaël*.

Europe. Dans la seconde moitié du XIXe s., les puissances européennes connaissent une forte **expansion coloniale.** Elles y trouvent l'occasion d'affirmer leur volonté de domination et leur prestige. Le partage du monde qui s'ensuit ne tarde pas à susciter des rivalités entre elles. En Europe, la misère ouvrière qui accompagne la **révolution industrielle** donne naissance aux **doctrines socialistes.**

Asie. Au Japon, tout le pouvoir revient à l'empereur. Bientôt devenu la première puissance asiatique, le Japon engage une politique d'expansion.

De 1849 à 1864

- **1849.** Courbet* peint *Un enterrement à Ornans*.
- **1851.** En Chine, révolte des Taiping*.
- **1851.** Première Exposition internationale et universelle, à Londres.
- **1851.** W. Thomson (futur lord Kelvin) propose le concept du zéro absolu (proche de – 273 °C).
- **1851.** Pose, entre Douvres et Calais, du premier câble télégraphique sous-marin.
- **De 1852 à 1870.** Second Empire : Napoléon III, empereur des Français.
- **1855 et 1856.** Invention, par l'Anglais H. Bessemer*, d'un procédé économique de conversion de la fonte en acier, puis, par les Allemands W. et F. Siemens, d'un four à récupération de chaleur.
- **1856.** À la suite de la guerre de Crimée, Napoléon* III réunit en triomphateur le congrès de Paris.
- **1857.** Baudelaire* : *les Fleurs du mal*.
- **1859.** G.R. Kirchhoff* et R.W. Bunsen* créent l'analyse spectrale.
- **1859.** Aux États-Unis, premier forage pétrolier, réalisé par E.L. Drake*.
- **1859.** Dans *De l'origine des espèces au moyen de la sélection naturelle,* C. Darwin* expose sa théorie de l'évolution des espèces.
- **1860.** Le Français É. Lenoir* fait breveter le premier moteur à combustion interne véritablement opérationnel.
- **1860.** Succès de l'expédition des Mille* : débarquement de Garibaldi* et de ses compagnons en Italie méridionale.
- **1861.** Abolition du servage en Russie.
- **De 1861 à 1865.** Lincoln*, président des États-Unis.
- **Entre 1861 et 1869.** P. et E. Michaux créent le vélocipède, puis Guilmet met au point la bicyclette.
- **De 1861 à 1878.** Victor-Emmanuel* II, roi d'Italie.
- **1862.** Pasteur* réfute l'hypothèse de la génération spontanée.
- **1862.** En Italie, naissance d'un mouvement pictural antiacadémique, les macchiaioli*.
- **De 1862 à 1890.** Gouvernement de Bismarck.*
- **1863.** Le métro est inauguré à Londres.
- **1863.** Création de la Croix-Rouge à l'initiative d'Henri Dunant*.
- **1864.** J.C. Maxwell* unifie les théories de l'électricité et du magnétisme.
- **1864.** Réunion de la Ire Internationale*.

De 1865 à 1874

- **1865.** Aux États-Unis, fin de la guerre de Sécession* et abolition de l'esclavage* par A. Lincoln*.
- **1865.** Lewis Carroll* publie *Alice au pays des merveilles*.
- **1865 et 1877.** Tolstoï* sonde la société russe *(Guerre et Paix, Anna Karenine).*
- **1866.** La Prusse triomphe de l'Autriche à Sadowa*.
- **1866.** G. Mendel* publie les lois de l'hybridation, l'un des fondements de la génétique.
- **1866-1868.** Dostoïevski* : *Crime et Châtiment ; l'Idiot.*
- **Entre 1866 et 1876.** En France, le Parnasse contemporain réunit des poètes autour de Théophile Gautier*.
- **1866-1886.** Sa rencontre foudroyante avec Rimbaud* *(Illuminations)* entraîne Verlaine* *(Poèmes saturniens)* vers le symbolisme.
- **1867.** L'Acte de l'Amérique du Nord britannique crée la Confédération du Canada.
- **1867.** J. Lister* introduit l'antisepsie en chirurgie.
- **1867.** Au Japon, début de l'ère Meiji*.

Meiji Tenno, premier empereur de l'ère Meiji, au Japon. ▶

▲ La fin des travaux de percement du canal de Suez.

- **1868.** Premier livre du *Capital* de Karl Marx*.
- **1869.** Inauguration du canal de Suez*.
- **1869.** Mendeleïev : classification périodique des éléments.
- **1870.** La prise de Rome et l'annexion des États de l'Église achèvent l'unification du royaume d'Italie.
- **1870 - 1871.** Guerre franco-allemande. Défaite française de Sedan. Proclamation de l'Empire allemand.
- **De 1870 à 1940.** IIIe République*.
- **1871.** Commune de Paris.
- **1871.** Construction, par Z. Gramme, de la première machine génératrice de courant continu utilisable à l'échelle industrielle.
- **1871.** A. Meucci* invente le téléphone.
- **1871.** Verdi compose *Aïda*.
- **De 1871 à 1873.** Thiers*, premier président de la IIIe République.
- **Entre 1871 et 1893.** Émile Zola* publie le cycle romanesque des Rougon-Macquart.
- **Entre 1872 et 1883.** Nietzsche* diffuse sa philosophie de la volonté de puissance.
- **1874.** Cantor* bâtit sa théorie des ensembles.

• **1874.** Le Français A. Le Bel et le Hollandais J. H. Van't Hoff jettent les bases de la stéréochimie.

• **Entre 1874 et 1886.** Des peintres tels que Monet, Pissarro et Sisley donnent naissance au courant de l'impressionnisme.

De 1876 à 1899

• **1876.** Victoria Ire devient impératrice des Indes.

• **1876.** À Bayreuth, Wagner* crée *la Tétralogie*.

• **1876.** N. Otto* réalise et fait breveter un moteur à gaz fonctionnant selon le cycle à quatre temps.

• **1876.** Le premier phonographe, fabriqué par Edison*.

• **1879.** Présentation de la première locomotive électrique, fabriquée par Siemens* et Halske.

• **1880.** Mise au point, grâce aux travaux de J.W. Swan* et de T. Edison*, de la lampe à incandescence.

• **1881.** H. Poincaré* fournit une méthode générale de résolution des équations différentielles linéaires.

• **1882.** Formation de la Triplice (Triple-Alliance*) entre l'Allemagne, l'Autriche-Hongrie et l'Italie.

• **1883.** Construction à Chicago du premier gratte-ciel (à ossature métallique).

• **1884.** Adoption du système des fuseaux horaires.

• **1885.** Le roi des Belges Léopold* II crée l'État indépendant du Congo (conférence de Berlin).

• **1885.** L. Pasteur applique à l'homme le vaccin antirabique qu'il a mis au point avec É. Roux*.

• **1885.** Lois sur l'instruction publique de Jules Ferry*.

• **Entre 1885 et 1888.** Premier moteur à courant alternatif mis au point aux États-Unis par N. Tesla*.

• **1886.** Le tricycle à pétrole de C. Benz* et la calèche équipée par G. Daimler* d'un moteur à essence léger marquent la naissance de l'automobile moderne.

• **1887-1889.** Construction de la tour Eiffel* à Paris.

• **1888.** J.B. Dunlop* met au point le pneumatique.

• **Entre 1888 et 1898.** Une toile du peintre Sérusier*, *le Talisman,* est à l'origine du groupe des nabis*.

• **De 1888 à 1918.** Guillaume II*, empereur d'Allemagne.

• **1889.** En Provence, Van Gogh* peint *la Nuit étoilée*.

• **1890.** Le massacre de Wounded* Knee scelle définitivement le sort des Indiens d'Amérique du Nord.

• **1890.** À Saint-Pétersbourg, le Français Marius Petipa* fait appel à Tchaïkovski* pour ses ballets.

• **Entre 1891 et 1898.** Rodin sculpte son *Balzac*.

• **Entre 1893 et 1897.** Conception par R. Diesel* d'un moteur à combustion interne.

• **1894.** A. et L. Lumière*inventent le Cinématographe*.

• **1894.** Durkheim* : *Règles de la méthode sociologique*.

• **1894 - 1895.** Guerre sino-japonaise*.

• **De 1894 à 1906.** Affaire Dreyfus*.

• **1895.** W. Röntgen* met en évidence les rayons X.

• **1895.** H. Poincaré* fonde la topologie algébrique.

• **1895.** Les frères Lumière* créent le cinéma.

• **1896.** H. Becquerel* découvre la radioactivité.

• **1896.** Rénovation des jeux Olympiques par le baron Pierre de Coubertin*.

• **1896.** L'Italien Marconi* invente la T.S.F.

• **1897.** Le peintre Gustav Klimt* est l'un des protagonistes de la Sécession* viennoise.

• **1898.** L'affaire de Fachoda*, au Soudan, se dénoue au bénéfice de la Grande-Bretagne face à la France.

• **1898.** Guerre hispano-américaine*.

• **1899.** Guerre des Boers*.

De 1900 à 1913

• **1900.** Planck* développe la théorie quantique.

• **1900.** Freud* découvre l'inconscient psychique.

• **1900.** La défaite chinoise face au Japon, lors de la guerre de 1894-1895, provoque une réaction nationale conduite par la société secrète des Boxers*.

• **1902.** Claude Debussy* crée *Pelléas et Mélisande*.

• **1902.** Georges Méliès* : *Voyage dans la Lune*.

• **Entre 1902 et 1905.** W.M. Bayliss et E.H. Starling établissent le rôle des hormones.

• **1903.** Le Panama concède aux États-Unis une zone large pour percer le canal transocéanique.

• **1903.** Wright* : premier vol propulsé d'un avion.

• **1903.** Tsiolkovski* : lois du mouvement des fusées.

• **Entre 1903 et 1906.** E. Rutherford* élabore le premier modèle de structure de l'atome.

• **1904 - 1905.** Guerre russo-japonaise*. La Russie subit un désastre, qui exaspère la crise intérieure, marquée par l'affaire du cuirassé *Potemkine**. Mais la première révolution menée par l'opposition au tsarisme échoue.

• **Entre 1904 et 1906.** Le Britannique J.A. Fleming* invente la diode.

• **1905.** Lois de séparation des Églises et de l'État.

• **1905.** Einstein* : théorie de la relativité restreinte.

• **1905.** Les « fauves », peintres français, font du dérèglement des formes la défense de la subjectivité de l'artiste.

• **1906.** En Suisse, le tunnel du Simplon* est en service.

• **1907.** *Les Demoiselles d'Avignon* peintes par Picasso* sont considérées comme le manifeste du cubisme*.

• **1909.** Aux États-Unis, la Bakélite est brevetée par le chimiste d'origine belge L. Baekeland*.

• **1909.** À l'initiative de Serge de Diaghilev*, les Ballets* russes se produisent au théâtre du Châtelet.

• **1909.** Manifeste du futurisme* de l'Italien Marinetti*.

• **Entre 1910 et 1915.** T.H. Morgan* montre que les chromosomes sont le support matériel des gènes de l'hérédité.

• **1911.** Fondé à Munich par Kandinsky*, Macke ou Jawlensky, le mouvement *Der Blaue* Reiter* constitue l'avant-garde de la peinture allemande.

• **1911.** H. Kamerlingh* Onnes découvre que la résistivité électrique de certains corps disparaît au-dessous d'une certaine température.

• **Entre 1911 et 1917.** Au Mexique la dictature du général Díaz* est écrasée. La révolution a pour principaux protagonistes Emiliano Zapata* et Pancho Villa*.

• **1912.** N. Bohr* propose un modèle quantique de la structure de l'atome, qui parvient à rendre compte de sa stabilité.

• **1912.** Hertzsprung et Russell établissent indépendamment une classification des étoiles.

• **1912.** Une substance est identifiée par E.V. McCollum et T.B. Osborne (vitamine A).

• **1912.** Première chaîne de montage d'automobiles aux usines Ford*, à Détroit.

• **1912.** C. Fabry* met en évidence dans la haute atmosphère terrestre une couche d'ozone.

• **1912 - 1913.** Guerres balkaniques.

• **1913.** Proust* commence *À la recherche du temps perdu*.

• **De 1913 à 1921.** Wilson*, président des États-Unis.

La **Première guerre mondiale** a pour conséquence l'effondrement de quatre empires (russe, allemand, austro-hongrois et ottoman). Les traités de paix qui s'ensuivent portent en eux les germes des **totalitarismes** et **nationalismes** qui engendreront le conflit mondial suivant. La reconstruction favorise d'abord la relance de l'activité et une certaine prospérité (aux États-Unis notamment). En 1929, une simple **crise boursière** se transforme en une crise mondiale. La création de l'**U.R.S.S.** et l'instauration de régimes ayant des arrière-pensées expansionnistes (forces de l'Axe) débouchent sur la **Seconde Guerre mondiale** déclenchée par l'invasion de la Pologne par l'Allemagne nazie. Quand le **Japon** attaque leur base navale de Pearl Harbor, les États-Unis entrent aussi dans la guerre, générant un second front en Extrême-Orient et dans le Pacifique. Le conflit le plus meurtrier de l'histoire, dans le cadre duquel les populations civiles ont été particulièrement touchées (massacres, bombardements, **Shoah**, répression), prend fin avec l'usage de l'arme atomique.

De 1914 à 1925

- **1914.** L'assassinat de l'archiduc François-Ferdinand d'Autriche à Sarajevo provoque l'entrée en guerre de l'Autriche contre la Serbie, puis, par le jeu des alliances, la Première Guerre* mondiale.
- **1915.** Génocide des Arméniens* en Turquie.
- **1915.** Théorie de Wegener* de dérive des continents.
- **1916.** Théorie de la relativité générale par A. Einstein*.
- **1916.** De février à décembre s'engage à Verdun* la bataille la plus meurtrière de la guerre.

◀ Tranchée occupée par les Français, à Verdun.

- **1916.** Le tank Mark 1 inaugure l'emploi des blindés.
- **1917.** Le peintre hollandais Piet Mondrian* lance, avec Theo Van Doesburg, la revue d'avant-garde *De Stijl*.
- **1917.** En Russie, la révolution* de Février renverse le tsar Nicolas* II. Puis le gouvernement républicain provisoire est ensuite balayé par la révolution* d'Octobre.
- **De 1917 à 1924.** En Russie, gouvernement de Lénine*.
- **1918.** Armistice du 11 novembre, fin de la guerre mondiale.
- **1919.** Walter Gropius* ouvre à Weimar une école d'art appliqués, le Bauhaus*.
- **1919.** *Le Cabinet du docteur Caligari* de Robert Wiene*, film manifeste du cinéma expressionniste.
- **1919.** Le traité de Versailles* rend l'Alsace-Lorraine à la France. Création de la S.D.N.*.
- **1919.** Parti de Zurich, le mouvement dada* se développe sous l'impulsion de l'écrivain Tristan Tzara*.
- **Entre 1920 et 1935.** Man* Ray s'installe à Paris et y découvre le photogramme (« rayogramme »).
- **1922.** Staudinger fonde la chimie des polymères.
- **1922.** James Joyce* publie le roman *Ulysse*.
- **1922.** Marche sur Rome : le parti fasciste de Mussolini* s'empare du pouvoir.
- **1922.** En s'appuyant sur la théorie de la relativité, A. Friedmann développe des modèles d'univers.
- **1922-1924.** Atatürk* instaure la république en Turquie.
- **1923.** Arnold Schoenberg* et ses disciples de l'école de Vienne* inventent la musique dodécaphonique.
- **1923.** Mise au point du B.C.G., vaccin antituberculeux, par A. Calmette* et C. Guérin*.
- **1924.** Hubble* établit l'existence d'autres galaxies.
- **1924.** De Broglie* développe la mécanique ondulatoire.
- **1924.** A.S. Eddington* élabore un modèle de la structure interne des étoiles.
- **1924-1930.** *Manifestes du surréalisme* par Breton*.
- **1925.** W. Heisenberg* développe la mécanique quantique.
- **1925.** Berg* compose le premier opéra atonal, *Wozzeck*.
- **De 1925 à 1934.** En Allemagne, Hindenburg*, président de la république de Weimar*.
- **De 1925 à 1945.** En Italie, gouvernement de Mussolini*.
- **1925 et 1926.** Franz Kafka* : *le Procès* et *le Château*.

De 1926 à 1936

- **1926.** R.H. Goddard procède au premier lancement d'une fusée à ergols liquides.
- **1926.** E. Freyssinet* invente le béton précontraint.
- **1926.** Diffusion publique d'images télévisées, à Londres, par J.L. Baird.
- **De 1926 à 1989.** Hirohito*, empereur du Japon.
- **1927.** M. Heidegger* publie *Être et Temps*.
- **1927.** L'Américain Lindbergh* réussit la traversée en avion sans escale de l'Atlantique nord.
- **1928.** Découverte, par A. Fleming*, du premier antibiotique, la pénicilline.
- **1928.** *La Passion de Jeanne d'Arc*, film de Dreyer.
- **1929.** Krach boursier du jeudi 24 octobre à New York.
- **De 1929 à 1953.** En U.R.S.S., gouvernement de Staline*.
- **1929 et 1939.** Tandis que les romans de William Faulkner* s'attachent au Sud mythique des États-Unis *(le Bruit et la Fureur)*, ceux de John Steinbeck* s'enracinent en Californie *(les Raisins de la colère)*.
- **1929.** À Bruxelles, Hergé* crée *Tintin et Milou*.
- **1930.** Buñuel* et Dalí* : *l'Âge d'or*, film surréaliste.
- **1931.** Le Japon envahit la Mandchourie.
- **1931.** Invention du microscope électronique par les Allemands E. Ruska* et M. Kroll.
- **1931 - 1932.** Aux États-Unis, découverte de l'émission radioélectrique du centre de la Galaxie par K.G. Jansky. Construction du cyclotron et de l'accélérateur électrostatique, construit par Van de Graaf*.
- **1932.** Georges Simenon* crée le commissaire Maigret.
- **1932.** Découverte, par le Britannique J. Chadwick*, du neutron et, par l'Américain C. Anderson, du positron (électron positif).

- **1932 et 1949.** Aldous Huxley* publie *le Meilleur des mondes* et George Orwell, *1984*.
- **1933.** A. Hitler* et le parti national-socialiste arrivent au pouvoir en Allemagne.
- **De 1933 à 1945.** F.D. Roosevelt*, président des États-Unis.
- **1934.** Aux États-Unis, V. Zworykin réalise un premier tube électronique de prise de vues, l'iconoscope, préfigurant la télévision.
- **1934.** Les Français I. et F. Joliot-Curie* découvrent la radioactivité artificielle.
- **1934 - 1935.** En Chine, les nationalistes de Jiang* Jieshi et les communistes de Mao* Zedong s'opposent.
- **1935.** La firme AEG réalise un appareil d'enregistrement magnétique du son, le magnétophone.
- **1935.** Invention du radar par R.A. Watson-Watt.
- **1936.** France : victoire électorale du Front* populaire, gouvernement de L. Blum*.

De 1936 à 1939

- **1936.** Keynes* justifie le recours à l'État pour suppléer, dans certains cas, les forces du marché.
- **De 1936 à 1939.** Guerre civile d'Espagne*.
- **Entre 1936 et 1940.** Charlie Chaplin* interprète le personnage de Charlot, vagabond aux mimiques bouleversantes d'humanité *(les Temps modernes ; le Dictateur).*
- **1937.** W. Disney* réalise son premier long-métrage : *Blanche-Neige et les sept nains.*
- **1937 et 1941.** Sergueï Prokofiev* *(Cantate pour le 20e anniversaire de la Révolution)* et Dmitri Chostakovitch* *(Symphonie Leningrad)* régénèrent la tradition classique russe.
- **1938.** En Allemagne, découverte de la fission de l'uranium par O. Hahn et F. Strassmann.
- **1938.** Découverte par H.A. Bethe et C. von Weizsäcker, du cycle de réactions thermonucléaires d'où les étoiles tirent leur énergie.
- **1938.** Premier concert de blues et de jazz au Carnegie Hall de New York, qui réunit notamment Count Basie* et Big Bill Broonzy.
- **1938.** Commercialisation du Nylon par la firme Du Pont de Nemours.
- **1938.** Hitler annexe l'Autriche *(Anschluss)* et impose à la Grande-Bretagne et à la France les accords de Munich.
- **1938 - 1939.** M. Carné* réalise sa trilogie : *Hôtel du Nord, Quai des brumes* et *Le jour se lève.*
- **1938 et 1946.** *Alexandre Nevski* et *Ivan le Terrible*, films d'Eisenstein, musique de Prokofiev*.
- **1938-1948.** Jean-Paul Sartre* définit une philosophie humaniste, qui prône la nécessité de l'engagement.
- **De 1939 à 1958.** Pontificat de Pie XII.
- **1939.** En Allemagne, premier vol d'un avion à réaction.
- **1939.** *La Chevauchée fantastique*, western de Ford*.
- **1939.** Bourbaki* : *Éléments de mathématiques.*
- **1939.** F. Joliot-Curie, H. Halban et L. Kowarski : la fission de l'uranium s'accompagne de l'émission de neutrons susceptibles d'être utilisés pour entretenir la réaction.
- **1939.** La Pologne est envahie sans déclaration de guerre par les troupes de l'Allemagne nazie, ce qui déclenche la Seconde Guerre* mondiale.

De 1940 à 1945

- **De 1940 à 1945 et de 1951 à 1955.** Churchill*, Premier ministre du Royaume-Uni.
- **1940.** Découverte des propriétés insecticides du D.D.T. par l'Allemand P. Müller*.
- **1940.** L'Allemagne poursuit son invasion de l'Europe ; l'Italie entre en guerre à ses côtés.
- **1940.** La France est occupée ; le 18 juin, le général de Gaulle* lance son appel à la résistance.

▲ De Gaulle et la Résistance : l'appel du 18 juin lancé à la BBC de Londres.

- **1941.** Aux États-Unis, découverte du plutonium par G.T. Seaborg* et E.M. McMillan.
- **1941.** L'attaque de Pearl* Harbor par l'aéronavale nipponne provoque l'entrée en guerre des États-Unis.
- **1942–1943.** Bataille de Stalingrad*.
- **De 1941 à 1945.** Les nazis adoptent le 20 janvier 1942 le principe de la solution finale : ordre est donné de déporter les Juifs en camps de concentration (cinq millions d'entre eux y seront voués à la mort).
- **1942.** Réacteur nucléaire expérimental construit par l'Italien E. Fermi*.
- **1944.** Production par les nazis du V2, sous la direction de W. von Braun*.
- **1944.** O.T. Avery, C. MacLeod et M. McCarty démontrent que la substance chimique constituant le patrimoine génétique est l'acide désoxyribonucléique (ADN).
- **1944.** Le 6 juin, les forces anglo-américaines commandées par le général Eisenhower* lancent l'opération Overlord (débarquement allié en Normandie).
- **1945.** Lors de la conférence de San Francisco, les émissaires de cinquante nations élaborent la Charte de l'O.N.U.*.
- **1945.** Le be-bop part à la conquête du monde sous l'égide du saxophoniste Charlie Parker*.
- **1945.** Churchill, Roosevelt et Staline signent les accords de Yalta*.
- **1945.** Capitulation de l'Allemagne nazie. Après l'explosion des bombes nucléaires américaines à Hiroshima* et Nagasaki*, capitulation du Japon.
- **1945.** M. Merleau-Ponty* publie *Phénoménologie de la perception.*
- **1945.** Si Luchino Visconti* ouvre la voie au courant néoréaliste (*Ossessione*, 1943), l'esthétique des films de Roberto Rossellini* *(Rome, ville ouverte)* en est le couronnement.
- **De 1945 à 1953.** H. Truman*, président des États-Unis.

1946 CROISSANCE, GUERRE FROIDE

L'après-guerre s'ouvre sur une période de reconstruction et de croissance d'environ trois décennies : les « **Trente Glorieuses** ».

L'**indépendance** des pays d'Afrique noire, tant anglophones que francophones, se déroule sans trop de heurts et de violences, mis à part au Congo belge. Celle de l'**Indochine** et celle de l'**Algérie** vont entraîner la France, qui veut maintenir sa domination, dans deux longues guerres, tout comme les Pays-Bas, en Indonésie, et le Portugal, plus tard, dans ses colonies africaines.

La **guerre froide**, qui voit d'abord les deux nouvelles grandes puissances (États-Unis et U.R.S.S.) s'affronter par procuration sur des champs de bataille extérieurs à leur propre territoire, évolue ensuite en une **coexistence pacifique**.

De 1946 à 1949

• **1946.** Mise en service de l'ENIAC, premier ordinateur entièrement électronique, construit par J. Eckert et J.W. Mauchly.

• **De 1946 à 1958.** En France, IVe République*.

• **De 1946 à 1955.** En Argentine, Juan Perón* associe dirigisme économique et justice sociale.

• **De 1946 à 1975.** Guerres d'Indochine*.

• **1947.** Le secrétaire d'État américain Marshall* propose un plan d'aide économique à la reconstruction des pays d'Europe.

• **1947.** L'Américain C. Yeager réussit le premier vol supersonique, à bord d'un avion Bell X-1.

• **1947.** Dior invente le « new look ».

• **1947.** Indépendance de l'Inde pour laquelle se bat le Mahatma Gandhi* ; partition de l'Inde et création du Pakistan.

• **1948.** Proclamation de l'État d'Israël*.

• **1948.** Adoption de la déclaration universelle des droits* de l'homme par l'O.N.U.

• **1948.** Le physicien P. Goldmark invente le disque microsillon en résine vinylique.

• **1948.** N. Wiener* fonde la cybernétique.

• **1948.** Mise en service, à l'observatoire du mont Palomar*, en Californie, d'un télescope de 5 m de diamètre.

• **1948.** R. Alpher, H. Bethe et G. Gamow proposent une nouvelle théorie cosmologique : le big bang*.

• **1948.** La mise au point du transistor par Bardeen, Brattain et Shockley ouvre l'ère de la microélectronique.

• **1948.** L'État d'Israël*est créé en Palestine* afin d'attribuer une terre aux Juifs de la Diaspora.

• • **1948.** Senghor* : l'*Anthologie de la nouvelle poésie nègre et malgache de langue française*.

• **1948.** À Prague, les communistes prennent le pouvoir.

• **1948 - 1949.** Blocus de Berlin.

• **1949.** Bertolt Brecht* fonde le Berliner Ensemble, qu'il inaugure par la création de *Maître Puntila et son valet Matti*.

• **1949.** Édith Piaf* crée *l'Hymne à l'amour*.

• **1949.** Avec *le Deuxième Sexe*, Simone de Beauvoir* inaugure l'écriture féminine engagée. Marguerite Duras* prolongera le mouvement, K. Millett, aux États-Unis, sera à la pointe du combat pour le féminisme.

• **De 1949 à 1963.** Adenauer*, chancelier de la République fédérale d'Allemagne.

• **De 1949 à 1976.** En Chine, gouvernement de Mao* Zedong.

De 1950 à 1957

• **De 1950 à 1953.** Guerre de Corée, premier conflit majeur de la guerre froide*.

• **De 1950 à 1954.** Aux États-Unis, mise en place du programme de « lutte contre les activités antiaméricaines » du sénateur McCarthy*.

• **1951 et 1952.** La comédie musicale est érigée en véritable genre cinématographique : *Un Américain à Paris* et *Chantons sous la pluie*, avec Gene Kelly.

• **De 1951 à 1993.** Baudouin* Ier, roi des Belges.

• **1952.** La première bombe thermonucléaire (américaine) est expérimentée dans le Pacifique sud.

• **1952.** Avènement d'Élisabeth* II.

• • **1953.** Watson* et Crick* découvrent la structure de l'ADN*.

• **1953.** Samuel Beckett* invente un théâtre qui met en scène la parole au profit du corps des comédiens.

• **1953-1954.** Mizoguchi* : *les Contes de la lune vague après la pluie*, Kurosawa* : *les Sept Samouraïs*.

• **De 1953 à 1961.** Eisenhower*, président des États-Unis.

• **De 1953 à 1964.** En U.R.S.S., gouvernement de N. Khrouchtchev*.

• **De 1954 à 1962.** Guerre d'Algérie*.

• **De 1954 à 1970.** En Égypte, gouvernement de Nasser*.

• **1954.** La pilule anticonceptionnelle est mise au point aux États-Unis par G. Pincus*.

• **1954.** Mise en service du premier sous-marin à propulsion nucléaire, le *Nautilus*.

• **1954.** À Diên* Biên Phu les forces françaises capitulent face aux troupes viêt-minh.

• **1955.** Première centrale nucléaire civile à Calder Hall, en Grande-Bretagne.

• **1955.** Conférence afro-asiatique de Bandung*, vingt-neuf pays se regroupent pour la voie du non-alignement entre les blocs occidental et soviétique.

• **Entre 1955 et 1966.** La Grande-Bretagne, la France et la Belgique se résolvent à accorder l'indépendance à leurs possessions d'Afrique noire.

• **1956.** Nasser* nationalise le canal de Suez.

• **1956.** Deux ans après *Rock Around The Clock* (Bill Haley), le rock prend la dimension d'une culture mondiale avec Elvis Presley*.

• **1956.** Au XXe Congrès du P.C.U.S., Nikita Khrouchtchev* présente un rapport où il dénonce le culte de la personnalité et prône la coexistence pacifique. La même année, il brise l'insurrection de Budapest.

• **1957.** Le romancier américain Jack Kerouac* publie *Sur la route*.

• **1957.** À Rome, deux traités sont signés par l'Allemagne fédérale, la Belgique, la France, l'Italie, le Luxembourg et les Pays-Bas. L'un crée l'Euratom ; l'autre donne naissance à la C.E.E.

▲ La construction de l'Europe : affiche de 1951 pour la C.E.C.A., organisation à la base de la C.E.E.

- **1957.** Le nouveau roman revendique la déconstruction du récit, l'abolition du temps et de la psychologie.

De 1957 à 1965

- **1957.** En U.R.S.S., lancement et mise en orbite du premier satellite artificiel de la Terre, *Spoutnik 1*.
- **De 1957 à 1987.** Bourguiba*, président de la république tunisienne.
- **De 1958 à 1961.** « Grand Bond en avant » : Mao* Zedong impose un programme de collectivisation des terres et de modernisation de la petite industrie.
- **De 1958 à 1963.** Pontificat de Jean* XXIII.
- **Entre 1958 et 1968.** Âge d'or de la soul music.
- **1959.** À Cuba, Fidel Castro* et ses partisans, les Barbudos, viennent à bout de la dictature de Batista.
- **1959 et 1960.** Chabrol* *(le Beau Serge)*, Truffaut* *(les Quatre Cents Coups)* et Godard* *(À bout de souffle)* incarnent la «nouvelle vague» du cinéma français.
- **1959-1969.** De Gaulle*, président de la Ve République.
- **Autour de 1960.** Indépendance de nombreux pays d'Afrique.
- **1960.** T.H. Maiman construit le premier laser (à rubis).
- **1960.** J. Piccard plonge à la profondeur record de 10 916 m dans la fosse des Mariannes, dans le Pacifique.
- **1961.** L'Américain Andy Warhol* crée des séries de la même image en se servant de la photographie ; il deviendra l'artiste le plus médiatisé du courant pop art.
- **1961.** Gagarine* accomplit un vol autour de la Terre.
- **1961-1963.** J.F. Kennedy*, président des États-Unis.
- **De 1961 à 1999.** Hasan* II, roi du Maroc.
- **1962.** Le satellite américain *Telstar 1*, premier satellite relais actif de télécommunications.
- **1962.** Accords d'Évian : fin de la guerre d'Algérie et indépendance de ce pays.
- **De 1962 à 1965.** Concile Vatican* II.
- **1963.** Schmidt, Greenstein et Matthews annoncent la découverte d'un nouveau type d'astres, les quasars.
- **De 1963 à 1969.** L.B Johnson*, président des États-Unis.
- **1963 à 1978.** Pontificat de Paul* VI.
- **1964.** Stockhausen* compose *Mikrophonie I*.
- **1964.** Le chorégraphe Merce Cunningham* est l'initiateur du postmodernisme. Avec le compositeur John Cage*, il renouvelle le rapport danse-musique.
- **1964.** M. Gell-Mann introduit le concept de quarks, particules élémentaires dont seraient constitués les protons et les neutrons.
- **De 1964 à 1971.** Claude Lévi-Strauss* montre, dans *Mythologiques,* que les mythes expriment les principes fondamentaux de la pensée humaine.

De 1965 à 1969

- **1965.** Penzias et Wilson découvrent un rayonnement radioélectrique, le plus ancien vestige du big- bang.
- **1966.** Mao* engage la Révolution culturelle.
- **1966.** Première exposition d'art conceptuel (New York).
- **1967.** En Afrique du Sud, C. Barnard* réalise la première transplantation cardiaque.
- **1967.** J. K. Galbraith* démontre que la politique économique des grandes firmes est génératrice d'inflation.
- **1967.** Hewish et Bell mettent en évidence les pulsars.
- **1967.** L'album *Sergeant Pepper's Lonely Hearts Club Band* porte à son zénith la carrière des Beatles*.
- **1967.** Guerre des Six-Jours* : Israël occupe le Sinaï, la Cisjordanie, la bande de Gaza et le Golan.
- **1967 - 1968.** Morgan, McKenzie et Le Pichon, développent la théorie de la tectonique des plaques.
- **1967 - 1968.** L'indigénisme et la dénonciation des dictatures sont les thèmes principaux de la littérature latino-américaine de l'après-guerre : *Cent Ans de solitude* de García* Marquez et *Terra nostra* de Fuentes*.
- **1968.** En France une crise universitaire se mue en mai en crise politique et sociale.
- **1968.** Printemps de Prague*, réprimé par les troupes du Pacte de Varsovie*.
- **1968.** Assassinat de M. L. King*.
- **1969.** Aux États-Unis, Ezra Pound* publie les *Cantos*.
- **1969.** Premiers hommes sur la Lune, Armstrong* et Aldrin*.

◀ E. Aldrin photographié sur la Lune par N. Armstrong.

- **1969.** Premier vol du Concorde*.
- **1969.** L'Ulster est en proie à une guerre civile, à la fois de religion et de libération nationale.
- **De 1969 à 1974.** R. Nixon*, président des États-Unis.
- **De 1969 à 1974.** G. Pompidou*, président de la République française.
- **De 1969 à 1974.** W. Brandt*, chancelier de la R.F.A.

1970 ORDRE ET

Les deux **chocs pétroliers** des années 1970 viennent altérer l'optimisme des années de croissance de l'après-guerre. L'économie des pays industrialisés s'en trouve pénalisée et ceux-ci entrent bientôt dans une période de crise, que, mis à part quelques embellies, ils ne quitteront plus (**chômage** récurrent, croissance plutôt faible). Ces événements ont néanmoins l'avantage de faire prendre conscience aux pays industrialisés de la nécessité de développer des formes d'énergie de substitution. Cette réflexion vient s'ajouter à celles auxquelles se livre le **courant écologiste** naissant sur l'urgence de mettre en œuvre un mode de développement durable de notre planète. Au lendemain de la guerre du Viêt Nam, dernier grand conflit lié à la décolonisation et qui voit les Américains enregistrer la première défaite militaire de leur histoire, c'est au tour du camp des pays de l'Est de ressentir les premières fissures dans ses fondements : les événements de **Pologne**, l'échec de l'intervention en **Afghanistan** et celui du mouvement de réformes initié par **Gorbatchev** aboutissent à l'effondrement du modèle soviétique, qui trouve son illustration symbolique dans la chute du **mur de Berlin**. Une à une, les nations européennes du **bloc de l'Est** se tournent vers l'Occident pour intégrer l'**Union européenne**. Alors que les États-Unis semblent sur le point de devenir la seule superpuissance, on assiste en fait à l'émergence de nouveaux géants (**Chine**, **Inde**, **Brésil**, etc.) dans un contexte de mondialisation de l'économie, de conflits locaux meurtriers et de montée du **terrorisme**.

De 1970 à 1978

- **1970 et 1972.** Luis Buñuel* : *Tristana* et Carlos Saura* : *Ana et les loups*.
- **1971.** Mise au point du premier microprocesseur.
- **1971.** Présomption de l'existence des trous noirs.
- **1971.** La station orbitale Saliout 1 est conçue pour des vols habités de longue durée.
- **1972 - 1973.** Des images fines des organes sont obtenues grâce au scanner et à la R.M.N.
- **1973.** Au Chili, coup d'État du général Pinochet*, chef de la junte militaire, et mort d'Allende*, président élu.
- **1973.** Cohen et Boyer réalisent la première transgenèse en greffant des gènes étrangers dans une bactérie.
- **Entre 1973 et 1974.** Affaire du Watergate* : Nixon* est contraint à démissionner.
- **1973 - 1976.** Avec *l'Archipel du Goulag*, Soljenitsyne* fournit à l'Occident une preuve supplémentaire de la nature du stalinisme.
- **1973 et 1979.** Chocs pétroliers qui pénalisent les économies des pays industrialisés.
- **1974.** L'automate programmable industriel, conçu par O. Struger, va devenir l'équipement de référence de nombreuses applications d'automatisme.
- **1974.** Le dictateur portugais Salazar* renversé, des élections en 1975 sont favorables à la gauche.
- **De 1974 à 1981.** Valéry Giscard* d'Estaing, président de la République française.
- **1975.** Mort de Franco* et avènement de Juan Carlos.
- **1975.** Fin de la guerre du Viêt Nam.
- **Entre 1975 et 1991.** Lacan* : *Séminaire*.
- **1976.** En Afrique du Sud, émeutes de Soweto*.
- **Entre 1976 et 1990.** Dans les villes du Liban, la guerre que se livrent les milices chrétiennes et les Palestiniens va provoquer les interventions de la Syrie et d'Israël.
- **1977.** Steven Spielberg* : *Rencontres du troisième type*. Les effets spéciaux deviennent un art à part entière dans *la Guerre des étoiles* de George Lucas*.
- **1978.** Les Vietnamiens envahissent le Cambodge et y découvrent l'ampleur des atrocités commises par les Khmers* rouges.
- **1978.** Naissance de Louise Brown, premier bébé issu d'une fécondation in vitro et d'une transplantation embryonnaire sur une femme stérile, réalisées par R.G. Edwards et P.C. Steptoe.
- **De 1978 à 2005.** Pontificat de Jean-Paul* II.

De 1979 à 1989

- **1979.** Avec la fusée Ariane, l'Europe devient une grande puissance spatiale.
- **1979.** Le chah d'Iran, Mohammad* Reza Pahlavi, doit se démettre sous la pression des manifestants. L'ayatollah Khomeyni* proclame la république islamique.
- **Entre 1979 et 1980.** Les premiers réseaux commerciaux de téléphonie mobile sont inaugurés.
- **De 1979 à 1990.** Margaret Thatcher*, Premier ministre du Royaume-Uni.
- **De 1980 à 1988.** Guerre Iran-Iraq.
- **1981.** Mise en service de la navette spatiale américaine.
- **1981.** Premier ordinateur* personnel : le PC.
- **1981.** Mise en service du T.G.V. (train à grande vitesse).
- **De 1981 à 1989.** R. Reagan*, président des États-Unis.
- **De 1981 à 1995.** François Mitterrand*, président de la République française.
- **1982.** Invention du disque compact audionumérique.
- **1982 - 1983.** Après la défaite de l'Argentin dans la guerre des Malouines, la junte militaire est déchue. Élection de R. Alfonsín*.
- **De 1982 à 1998.** Helmut Kohl*, chancelier de la R.F.A.
- **1983.** Découverte du virus du sida par l'équipe de L. Montagnier*.
- **1986.** Des équipes britanniques et japonaises détectent une importante diminution de la teneur en ozone de la stratosphère au-dessus du pôle Sud au printemps austral.
- **1986.** Catastrophe nucléaire de Tchernobyl*.
- **1987.** À Gaza et en Cisjordanie, début de l'Intifada*.
- **1988 - 1989.** Le chasseur Lockheed F-117A et le bombardier Northrop B-2A constituent les premiers spécimens d'avions furtifs.
- **De 1988 à 1991.** En U.R.S.S., gouvernement réformiste de M. Gorbatchev* (secrétaire général du P.C.U.S. depuis 1985).
- **1989.** Chute du mur de Berlin*, épisode de l'effondrement du système communiste en Europe centrale.

De 1989 à 2005

- **1989.** En Chine, répression du printemps de Pékin*.
- **1989-1993.** George Bush*, président des États-Unis.

1990. La Namibie devient indépendante.

1990. Libération de N. Mandela*.

1990. Mise en orbite du télescope spatial Hubble*.

1990. T. Berners-Lee met au point le World Wide Web (« Toile mondiale », WWW ou Web).

1990 - 1991. Guerre du Golfe*.

1991. Dissolution de l'U.R.S.S.

De 1991 à 1995. L'indépendance que proclament quatre des six républiques ex-yougoslaves est suivie de guerres en Croatie et en Bosnie-Herzégovine.

De 1991 à 1999. Boris Ieltsine*, président de la Russie.

1992. Les quinze États de la C.E.E. signent le traité de Maastricht* créant l'Union* européenne.

De 1993 à 2001. Bill Clinton*, président des États-Unis.

1993. L'Érythrée devient indépendante.

1993. L'Israélien Y. Rabin* et le Palestinien Y. Arafat* signent, sous l'égide des États-Unis, les accords de Washington, qui prévoient un régime d'autonomie pour les « territoires occupés ».

▲ Le processus de paix au Proche-Orient : les accords de Washington.

1994. Au Rwanda, le conflit entre Hutu et Tutsi dégénère en génocide.

1994. L'armée russe intervient pour briser la résistance de la Tchétchénie (qui s'est autoproclamée indépendante en 1991), ouvrant une guerre meurtrière.

1995. Les Suisses M. Mayor et D. Queloz mettent en évidence la première exoplanète.

De 1995 à 2007. Jacques Chirac*, président de la République française.

1998 - 1999. Guerre du Kosovo.

1999-2008. Vladimir Poutine, président de la Russie.

2000. En Yougoslavie, l'élection de Koštunica* met un terme au régime de Slobodan Milošević*.

2000. La Station spatiale internationale accueille ses premiers occupants, W. Shepherd (É-U), I. Guidzenko et S. Krikalev (Russie).

2001-2009. George W. Bush*, président des États-Unis.

2001. Première analyse du séquençage du génome humain complet.

2001. Quatre avions-suicides sont lancés contre des symboles de la puissance américaine. Les deux premiers percutent les tours jumelles du World Trade Center, à New York, et provoquent leur effondrement. Les États-Unis lancent une riposte armée en Afghanistan contre les réseaux terroristes islamistes d'al-Qaida et leur chef, Oussama Ben Laden, et contre le régime des talibans, accusé de les protéger.

2002. Mise en circulation de l'euro.

2002. Indépendance du Timor-Oriental.

2003. Invasion de l'Iraq par une coalition dirigée par les États-Unis : chute de Saddam Husayn*.

2004. Madrid frappée par des attentats meurtriers attribués à al-Qaida.

2004. Élargissement de l'U. E. à dix nouveaux États (Chypre, Estonie, Hongrie, Lettonie, Lituanie, Malte, Pologne, République tchèque, Slovaquie et Slovénie).

2004. Un tsunami dévaste l'Asie du Sud-Est et du Sud, faisant environ 230 000 victimes.

2004 - 2005. M. Abbas succède à Y. Arafat à la tête des instances palestiniennes.

2005. Angela Merkel* chancelière d'Allemagne.

De 2005 à 2013. Pontificat de Benoît* XVI.

De 2006 à 2013

2006. Propagation du virus de la grippe aviaire (A/H5N1), suivie en 2009 d'une pandémie de grippe de souche A/H1N1.

2006. Pluton perd le statut de planète et devient une planète naine.

2007. Élargissement de l'Union européenne à la Bulgarie et à la Roumanie.

De 2007 à 2012. Nicolas Sarkozy*, président de la République française.

2007 - 2008. La crise financière dite des *subprimes* (liée à des crédits immobiliers à risque), née aux États-Unis, évolue en une crise économique mondiale majeure.

2008 Indépendance du Kosovo.

2008. À Cuba, retrait de Fidel Castro*.

De 2008 à 2012. Dmitri Medvedev*, président de la Russie.

2008. Barack Obama*, élu président des États-Unis.

▲ Barack Obama, 44e président des États-Unis, prête serment sur la Bible de Lincoln.

2008 - 2009. Au Sri Lanka, la rébellion tamoule est écrasée dans le sang.

2010. Tremblement de terre meurtrier en Haïti (région de Port-au-Prince).

2010. L'éruption du volcan islandais Eyjafjöll répand un nuage de cendres dans le ciel du nord de l'Europe.

2010. Début de la crise de la dette souveraine dans plusieurs pays de la zone euro.

2010. L'explosion d'une plateforme pétrolière dans le golfe du Mexique provoque une gigantesque marée noire.

2010. La Chine devient la 2e économie mondiale.

2011. En Tunisie, le président Ben Ali quitte le pouvoir.

2011. En Libye, chute du régime du colonel Kadhafi.

2011. En Égypte, le président Moubarak démissionne.

2012. Vladimir Poutine, réélu président de la Russie.

2012. François Hollande* est élu président de la République française.

2012. Barack Obama*, réélu président des États-Unis.

2013. La France s'engage militairement au Mali pour contrer une nouvelle avancée des islamistes et libérer le nord du pays.

2013. Le pape Benoît XVI démissionne.

LA LIBERTÉ

6e → 3e

1 Libertés démocratiques

Au XVIIIe s., les philosophes des **Lumières*** définissent la liberté comme un principe lié nécessairement à la qualité d'être humain. On peut définir la **liberté*** comme l'état de quelqu'un qui n'est ni prisonnier ni esclave.

L'**esclavage*** est la négation totale de la liberté humaine. Le prisonnier est la personne condamnée à une peine dite précisément « privative de liberté » : le détenu perd la liberté d'aller et de venir à sa guise. Mais privation de liberté ne signifie pas privation des droits. En France aujourd'hui, par exemple, les prisonniers ont accès au **Défenseur* des droits**.

Pour la *Déclaration des droits* de l'homme et du citoyen* de 1789, la liberté est « l'exercice des droits naturels de chaque homme », et c'est à la loi de fixer ce qui assure aux autres membres de la société « la jouissance de ces mêmes droits ».

La liberté civile est le droit de faire ce qui n'est pas contraire à la loi et ne nuit pas à autrui. La liberté de conscience, la liberté d'expression, la liberté de résider à un endroit et de se déplacer sont des libertés individuelles, ainsi que la liberté d'association, que ce soit pour fonder une association, une entreprise, un parti politique ou un syndicat.

2 Libertés universelles

La *Déclaration universelle des droits de l'homme*, adoptée par l'O.N.U. (Organisation des Nations unies) en 1948, proclame « l'idéal commun à atteindre par tous les peuples et toutes les nations ». Elle condamne toute forme d'esclavage ou de servitude, toute atteinte aux droits de l'homme et aux libertés fondamentales. Elle défend par exemple la libre circulation des personnes (chacun doit pouvoir « quitter tout pays, y compris le sien » et y revenir s'il le souhaite) et l'exercice de la liberté politique, notamment des élections honnêtes, périodiques, au moyen du suffrage universel et du vote secret, donc non influençable.

Mais l'O.N.U. sait aussi que l'exercice réel de tous ces droits et libertés doit faire l'objet de son effort constant, partout dans le monde. De nombreux pays ont un régime politique non démocratique : qu'ils soient gouvernés par un dictateur, par un parti unique, par l'armée ou par des dirigeants religieux, les élections n'y sont pas libres, et aucune divergence d'opinion, aucune opposition politique ne peut s'y exprimer sans crainte de représailles. La liberté religieuse n'est pas respectée dans de nombreux pays : soit parce qu'une seule religion y est imposée, soit parce que toute religion y est interdite (Corée du Nord).

La liberté d'association, de réunion pacifique dans un but particulier, est souvent cruciale ; elle comprend le droit d'adhérer à l'**association*** de son choix mais aussi celui de n'adhérer à aucune. Or l'adhésion à un syndicat, par exemple, comprend des risques, parfois extrêmes, dans certains pays ; à l'inverse, l'adhésion peut être obtenue par la contrainte dans d'autres.

Dans les régimes dictatoriaux, les femmes subissent plus durement encore les atteintes aux libertés. Dans le cas extrême de l'Afghanistan des talibans, elles n'avaient aucune liberté : ni celle de s'instruire, ni de travailler, ni de se déplacer, ni de choisir leur vie sexuelle, ni de s'habiller librement. À l'image de **Aung* San Suu Kyi** en Birmanie, les femmes peuvent aussi être figures de proue de la lutte pour les libertés démocratiques.

Le Génie ▶ de la Liberté, sur la colonne de Juillet, place de la Bastille, à Paris.

L'ÉGALITÉ

6e → 3e

1 Vers une égalité de droit

Durant des millénaires, les sociétés humaines se sont organisées selon des principes inégalitaires, jugés alors naturels. Au XVIIIe s., Jean-Jacques **Rousseau*** défend l'idée que dans un état de société, et non plus de nature, il ne peut y avoir d'homme supérieur à un autre, et que tous doivent avoir les mêmes droits. La pensée des **Lumières*** pose l'égalité de tous devant la loi : quelles que soient les circonstances sociales, familiales, etc., tous les citoyens ont les mêmes droits et les mêmes devoirs. L'essor de ces idées aboutira à la **Révolution* française**. En 1789, les représentants de la Nation abolissent les privilèges, et votent la *Déclaration des droits* de l'homme et du citoyen*, qui affirme le principe d'égalité : « Les hommes naissent et demeurent libres et égaux en droits » et la loi est « la même pour tous, soit qu'elle protège, soit qu'elle punisse ».

L'année 1848 voit l'abolition définitive de l'esclavage en France. Les lois définissant le « statut des indigènes » dans les colonies françaises demeurent cependant contraires au principe d'égalité. La IIIe République établit l'égalité devant l'obligation militaire : le tirage au sort des soldats est remplacé par le service militaire pour tous.

La devise de la République française – « Liberté, Égalité, Fraternité » – n'est pas une simple juxtaposition d'idéaux ; elle répond à une logique rigoureuse : l'égalité est la condition de la liberté ; l'une ne va pas sans l'autre.

2 Les discriminations : des atteintes au principe de l'égalité

Les mêmes règles valent pour tous. Exercer une discrimination à l'encontre de quelqu'un, c'est ne pas lui donner la chance de jouir des mêmes droits que les autres, en vertu d'un préjugé.

Les discriminations sont interdites par la loi française et combattues notamment par le **Défenseur des droits*** et le Défenseur des enfants. Pour le code pénal français, le racisme et l'homophobie sont des circonstances aggravantes : la peine prévue est plus sévère. Le sexisme, discrimination exercée à l'encontre des femmes, est encore présent dans le monde entier. En France hier encore (jusqu'aux années 1960), une femme ne pouvait exercer un métier ni ouvrir un compte en banque sans l'accord de son mari ; elle n'est reconnue comme l'égale de l'homme pour diriger la famille que depuis 1970. Les personnes présentant un handicap physique ou mental subissent aussi trop souvent des discriminations.

L'histoire récente témoigne d'un nombre presque infini de discriminations. Le **racisme***, la xénophobie et l'antisémitisme ont atteint un sommet de barbarie avec les camps d'extermination nazis (**Shoah***). Certains hommes célèbres du XXe s. sont restés de grandes figures de la lutte pour l'égalité : le Mahatma **Gandhi*** (dans l'Inde sous colonisation britannique), le pasteur Martin Luther **King*** (contre la discrimination envers les Noirs aux États-Unis), ou Nelson **Mandela*** (contre la ségrégation de l'**apartheid***, en Afrique du Sud).

Allégorie de l'Égalité. ▶
Musée Carnavalet, Paris.

ÉDUCATION CIVIQUE

1 En France

La fraternité est le troisième terme de la devise de la République française. Elle est ce qui fonde l'idée de la solidarité dans la société moderne. L'aide mutuelle est inscrite dans la Constitution : l'État garantit « des moyens convenables d'existence » à toute personne qui, « en raison de son âge, de son état physique ou mental, de la situation économique, se trouve dans l'incapacité de travailler ».

Par la loi du 13 août 2004, la Nation affirmait encore récemment son « attachement au caractère universel, obligatoire et solidaire » de l'assurance maladie. La *Sécurité sociale* est inscrite dans le programme du Conseil national de la Résistance et créée en 1945. L'assurance maladie doit permettre à chacun, riche ou pauvre, de se faire soigner selon ses besoins ; il existe aussi notamment une assurance vieillesse et une assurance chômage. Tout assuré social contribue, selon ses ressources, au financement de la protection contre la maladie et aux pensions des retraités (solidarité entre les générations). Tous ceux qui travaillent ou qui emploient quelqu'un doivent cotiser, que l'employeur soit une association, une entreprise, l'État, ou un simple particulier. L'effort imposé est collectif et constitue donc une forme de la solidarité nationale.

Les mutuelles et les sociétés d'assurance privée bornent leur protection sociale à leurs adhérents.

Donner de son temps est aussi une forme de solidarité. De l'écrivain public aux associations de quartier et aux **O.N.G.***, les bénévoles pratiquent l'entraide sur tous les plans : repas gratuits, hébergement, réinsertion, défense des consommateurs, lutte contre le surendettement, la discrimination y compris raciste, l'illettrisme, etc.

◀ Affiche des Restaurants du cœur.

▲ Affiche de l'Unicef.

La solidarité peut prendre une forme professionnelle. Les syndicats défendent les intérêts des salariés [**syndicalisme***.]

2 La solidarité internationale

Pour sauvegarder la paix et la sécurité dans le monde, l'O.N.U. a depuis 1945 pour mission de renforcer la coopération entre les nations, notamment par ses institutions spécialisées, par exemple la F.A.O. (Organisation pour l'alimentation et l'agriculture), l'**O.M.S.*** (Organisation mondiale de la santé), l'**Unesco*** et l'**Unicef***.

La solidarité humanitaire internationale se manifeste aussi par l'action d'O.N.G. internationales, qui alertent l'opinion, apportent des secours d'urgence en cas de guerre, de famine ou de catastrophe naturelle, ou soutiennent des actions concertées en faveur de meilleures conditions de vie, comme l'accès à l'eau et à la santé des populations vulnérables. Des organisations telles que Human Rights Watch ou Amnesty International luttent pour les **droits* de l'homme** et contre la torture. La **Croix-Rouge*** et le **Croissant-Rouge** veillent à la protection de ceux qui ne participent pas ou ne participent plus aux combats (blessés, prisonniers de guerre, réfugiés...).

1 La sécurité : un droit et un devoir

La **sécurité***, appelée alors « sûreté », est un des droits inaliénables énoncés dans la *Déclaration des droits* de l'homme et du citoyen* de 1789.
La sécurité publique est l'ensemble des mesures de prévention et de secours que requiert, en toutes circonstances, la sauvegarde des populations. C'est l'une des missions essentielles de l'État.
La Constitution et l'ensemble des lois définissent, dans les pays démocratiques, le cadre d'exercice du pouvoir de ceux qui ont la charge de la sécurité nationale : chef de l'État, ministre de l'Intérieur... Au niveau local sur le territoire français, la sécurité publique relève du préfet (pour la Région et le département) ou du maire de la commune.
Les représentants de l'État doivent à tous les niveaux :

- évaluer les différents dangers ;
- réglementer pour diminuer les risques ;
- informer la population et la protéger en cas de danger ;
- dissuader, et éventuellement arrêter, ceux qui portent atteinte à la sécurité des biens, des personnes ou du pays.

Les collectivités (entreprises, écoles, régie de transports, etc.) ont le devoir d'établir des règlements, lesquels doivent notamment privilégier la sécurité.

◀ Sapeurs-pompiers.

Un exemple de sécurité internationale : la construction européenne

D'un simple accord de six pays sur la production du charbon et de l'acier (traités de Rome, 1957) à la pleine capacité juridique de l'Union européenne* qui peut signer des traités internationaux, la construction européenne est un exemple d'États qui se sont associés pour ne plus s'entre-déchirer et assurer leur sécurité commune.

La sécurité est aussi l'affaire de tous : les citoyens doivent être informés des risques et de la meilleure conduite à tenir en cas d'alerte ou d'accident [**secourisme***]. La capacité à porter secours fait partie des compétences évaluées au collège.

2 Différentes sécurités en France

La protection des personnes et des biens relève principalement de la **police*,** nationale ou municipale, et de la **gendarmerie*** nationale.
La Défense correspond aux moyens militaires qui assurent la protection du territoire, des institutions ou de la population contre une agression armée, ou la protection de ressortissants français pris dans un conflit armé en territoire étranger.
La *sécurité civile* est assurée par la police, la gendarmerie ou les pompiers. Ceux-ci sont notamment chargés de la lutte contre les incendies et des premiers secours aux victimes, en liaison avec les services hospitaliers du **S.A.M.U.*** Les pompiers sont, soit intégrés à l'armée (dans l'armée de terre à Paris, dans la marine à Marseille), soit des volontaires (qui ont un autre métier).
On appelle **sécurité* routière** les règles et les services visant à la protection des usagers de la route.
On appelle *sécurité sociale* l'assurance des individus, et plus spécialement des familles, contre des *risques* dits *sociaux* : les événements ou les périodes de la vie qui entraînent une diminution des revenus ou une augmentation des charges, et que la société est prête à compenser : la maternité, la maladie, l'infirmité, l'accident du travail...

LA LOI

6e → 3e

1 Le pouvoir législatif

Dans une **démocratie***, c'est le peuple qui est à l'origine des lois. La **loi*** est l'expression de la volonté générale : on parle alors de souveraineté nationale. Ce grand principe a d'abord été défendu par les philosophes des **Lumières*** (**Diderot*, Rousseau***).

La Constitution d'un pays rassemble ses lois fondamentales. Elle organise la séparation des trois pouvoirs – exécutif, législatif et judiciaire – et leurs rapports respectifs, dans le but de parer aux risques de dictature. Le pouvoir exécutif, chargé de faire exécuter les lois, appartient au gouvernement de l'État. Un gouvernement peut partager l'initiative des lois avec les élus de la nation ; mais le pouvoir législatif, chargé de proposer et de voter des lois, appartient aux élus de la nation, qui représentent le peuple. Enfin, le pouvoir judiciaire veille à l'application des lois et il règle, au nom de la loi, les conflits entre personnes. La loi, une fois votée, s'impose à tous : ceux qui étaient pour et ceux qui étaient contre.

▲ Allégorie de la Loi (1793).

2 Les lois de la République française

La **Constitution*** actuellement en vigueur est celle de la **Ve République***, établie en 1958 et modifiée plus de 20 fois depuis. D'après la Constitution, les lois sont à l'initiative du gouvernement ou du Parlement : on parle de *projet de loi* pour un projet venant du gouvernement ; de *proposition de loi*, pour un projet émanant des députés et sénateurs. Projets et propositions de loi sont votés par l'**Assemblée* nationale** (les députés) et par le **Sénat*** (les sénateurs). Les électeurs peuvent aussi approuver directement un projet de loi par référendum.

Les lois doivent, pour être obligatoires, avoir été portées à la connaissance des citoyens. Elles sont donc en principe en vigueur le lendemain de leur publication au **Journal* officiel**. On dit ensuite que « Nul n'est censé ignorer la loi ». Un décret est souvent nécessaire pour préciser exactement comment la loi doit s'appliquer.

Les règles relatives à la révision de la Constitution sont prévues par la Constitution elle-même. La Constitution a la primauté sur tous les autres textes officiels, c'est-à-dire, par ordre hiérarchique : les traités et les accords internationaux, les lois, les ordonnances, les décrets et les arrêtés. Le **Conseil* constitutionnel** veille à ce que tous ces textes soient conformes à la Constitution ; il peut annuler jusqu'à la totalité des articles d'une loi. Les traités et les accords internationaux, une fois approuvés par le Parlement, engagent la France.

Pendant l'examen d'une loi, les parlementaires (les députés et les sénateurs) peuvent modifier des articles du texte de la loi en y apportant des amendements. En cas de désaccord entre les deux chambres, l'Assemblée nationale a la prépondérance sur le Sénat. Le président de la République a quinze jours pour signer et promulguer la loi.

En France, les lois applicables à un domaine sont souvent rassemblées dans un code : Code civil, Code pénal, Code de l'éducation...
Chacun doit pouvoir y trouver les textes applicables, organisés selon un plan clair et rigoureux, et en déduire quels sont ses droits et obligations.

❶ Quelques principes

La **démocratie*** implique que le peuple, ou au moins une partie du peuple [**citoyenneté***], soit considéré comme le souverain légitime. Disposant du droit de vote, il l'exerce soit pour ou contre une loi *(démocratie directe)*, soit pour élire des représentants *(démocratie représentative)* qui s'en chargeront. Si tout le peuple a le droit de vote, on parle de *suffrage universel*. Élire, c'est choisir un candidat, un parti politique plutôt qu'un autre ; l'**élection*** démocratique implique le **multipartisme***. Pour que la démocratie soit réelle et complète, les idées et les informations doivent pouvoir circuler librement (**liberté de la presse***, donc possibilité pour l'opposition de s'exprimer dans les médias, libre accès à l'**information** - y compris sur **Internet**-, liberté de création artistique...), pour permettre au peuple de choisir en toute connaissance de cause. La démocratie implique la participation du citoyen à la vie politique.

▲ L'Assemblée nationale. Bâtiment du palais Bourbon, sur le quai d'Orsay, à Paris.

❷ Une démocratie : la République française

Selon la Constitution, « La souveraineté nationale appartient au peuple qui l'exerce par ses représentants et par la voie du référendum ». Le référendum est un exemple de démocratie directe. On soumet à référendum les questions pour lesquelles on veut le consentement explicite des citoyens eux-mêmes. En France, il peut s'agir : de la ratification d'un traité par la France, de la révision de la Constitution, de « tout projet de loi portant sur l'organisation des pouvoirs publics, sur des réformes relatives à la politique économique, sociale ou environnementale de la nation et aux services publics qui y concourent », ou encore d'un projet au niveau local, à l'échelon de la **collectivité* territoriale**. À défaut de référendum, le recours au Parlement réuni en Congrès est admis par la Constitution.
Une condition essentielle de la démocratie est le droit de vote : qui est éligible, qui peut élire, et comment (les conditions d'exercice du droit de vote).

❸ Élections et suffrage universel

Le suffrage en France a d'abord été masculin et censitaire, c'est-à-dire réservé aux hommes qui payaient un certain montant d'impôt. Le suffrage universel masculin est accordé définitivement en 1848. Le droit de vote est accordé aux femmes à la Libération, en 1944.
Le suffrage universel repose sur l'idée d'égalité des citoyens. Tout Français majeur, homme ou femme, peut voter, sauf si une décision de justice (notamment une condamnation) l'a privé de sa capacité électorale. Le vote de chacun a le même poids : on ne peut voter qu'une fois à un même tour de scrutin. Le vote est secret : personne n'a à connaître le choix de l'électeur. Le dépouillement est public : tous doivent pouvoir observer que, les bulletins de vote étant comptabilisés dans les règles, les résultats proclamés sont conformes à la volonté des électeurs.

Petit lexique du bureau de vote

Liste électorale : liste alphabétique des électeurs inscrits dans la commune.

Isoloir : lieu où l'électeur peut se soustraire aux regards pendant qu'il met (ou non) un bulletin dans l'enveloppe.

Urne : boîte (transparente, en France) dans laquelle l'électeur glisse son enveloppe.

1 Le pouvoir judiciaire

La **justice*** est une fonction souveraine de l'État consistant à interpréter, à appliquer le droit et à arbitrer les litiges. Elle punit celui qui enfreint la loi ; elle protège la société. Ses symboles traditionnels sont la balance (pour l'équité) et le glaive (pour la sanction), portés par une femme aux yeux bandés (pour l'impartialité). Le juge doit toujours, même en cas de silence des textes, rendre une décision (sinon, on parle de *déni de justice*).

On doit à l'*habeas corpus* britannique, qui remonte à 1679, le principe de protection contre l'arrestation et la détention arbitraires : dans un État de droit, l'arrestation, la garde à vue et la détention de quelqu'un ne peuvent avoir lieu qu'en vertu d'une loi déjà existante, et selon les formes *(la procédure)* prévues par la loi. En France, l'article 66 de la Constitution stipule : « *Nul ne peut être arbitrairement détenu. L'autorité judiciaire, gardienne de la liberté individuelle, assure le respect de ce principe dans les conditions prévues par la loi.* » Tout accusé a d'abord droit au bénéfice du doute *(la présomption d'innocence)* ; il a le droit d'avoir un procès et d'être défendu par un avocat ; les débats du procès doivent être contradictoires ; la défense et l'accusation doivent avoir accès au dossier qui explicite les charges retenues contre l'accusé ; les représentants de l'État sont tenus d'être impartiaux ; déclaré coupable, le condamné a le droit de faire appel. Un autre principe essentiel est celui de la *publicité des débats* lors du procès, c'est-à-dire l'accès du public à l'audience.

2 L'organisation de la justice en France

La spécificité française est la répartition entre deux ordres de juridiction : l'ordre judiciaire et l'ordre administratif. L'ordre administratif est chargé de régler les litiges entre les citoyens et l'Administration. L'ordre judiciaire est lui-même subdivisé en deux grandes branches : les juridictions civiles, qui tranchent les litiges entre les personnes, et les juridictions pénales, qui jugent les actes et les comportements interdits par la loi.

L'organisation des tribunaux est hiérarchisée, de façon que les justiciables puissent former des recours contre les jugements rendus en première instance. Le juge d'appel peut soit confirmer, soit infirmer, soit réformer (c'est-à-dire modifier), en tout ou en partie, le jugement rendu par les premiers juges. Une juridiction unique occupe le sommet de la pyramide : la **Cour* de cassation**, dans l'ordre judiciaire ; le **Conseil* d'État**, dans l'ordre administratif.

La justice pénale est organisée selon une gradation de l'infraction et de la peine encourue ; la peine est proportionnelle à la gravité de l'infraction. Le droit français distingue, en ordre croissant, les contraventions, les délits, les crimes. La peine de mort ayant été abolie en 1981, les peines prononcées peuvent aller jusqu'à la réclusion à perpétuité.

3 La justice des mineurs

L'ordonnance du 2 février 1945 régit toujours, en France, la justice pénale appliquée aux enfants et adolescents soupçonnés de contraventions, de délits ou de crimes. Cette ordonnance pose deux principes : la mesure éducative doit être la règle et la sanction répressive, l'exception ; la responsabilité pénale est atténuée et échelonnée en fonction de l'âge du mineur, qui est jugé par des juridictions spécialisées (juge des enfants, tribunal pour enfants, chambre spéciale de la cour d'appel, cour d'assises des mineurs).

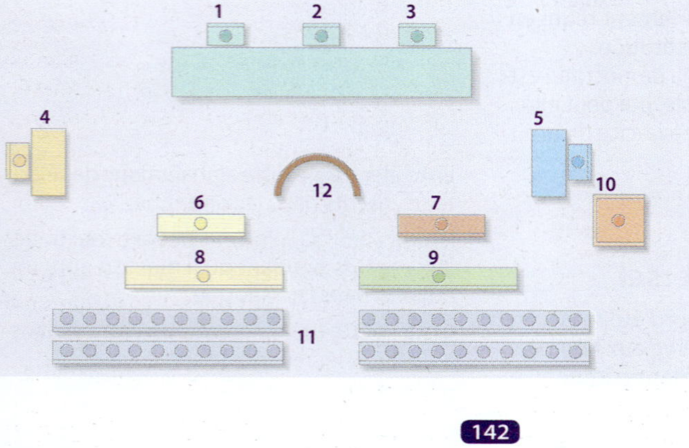

◀ Configuration et composition d'un tribunal correctionnel.
(**1**) et (**3**) Assesseurs.
(**2**) Président.
(**4**) Procureur de la République.
(**5**) Greffier.
(**6**) Partie civile.
(**7**) Prévenu [lorsqu'il a été laissé en liberté].
(**8**) Avocat en demande.
(**9**) Avocat en défense.
(**10**) Box du prévenu.
(**11**) Public.
(**12**) Barre, où sont appelés les témoins et où plaident les avocats.

1 Les grands principes de la citoyenneté

Le terme de **citoyenneté*** désigne la situation des personnes disposant dans un État de la plénitude de leurs droits civiques. L'âge de la **majorité*** civile est souvent fixé à 18 ans, comme c'est le cas en France depuis 1974. Le citoyen a le droit de voter et d'être lui-même éligible à une élection locale ou nationale. Il est pleinement responsable de ses actes ; une personne condamnée à une peine importante a un casier judiciaire et perd ses droits civiques. Si le citoyen a des droits, il a aussi des devoirs : il doit respecter les lois au nom de l'intérêt général, siéger en tant que juré dans un procès s'il est tiré au sort, payer ses impôts (« Chacun a le devoir de contribuer, selon ses capacités financières, aux dépenses de la Nation ») et aller voter : le vote, qui est un droit, est aussi un devoir civique. Dans la plupart des pays, la citoyenneté est liée à la nationalité. En général, dans les démocraties, les résidents étrangers bénéficient des droits individuels touchant aux libertés fondamentales (liberté de pensée, de se déplacer...) et des droits sociaux (législation du travail, sécurité sociale, droit syndical). Les droits des étrangers sont cependant restreints dans le domaine de l'expression politique.

▲ Le Parlement européen à Strasbourg.

Depuis l'entrée en vigueur (1993) du traité de **Maastricht***, la citoyenneté européenne est en train de se construire : les citoyens d'États membres de l'**Union* européenne** ont acquis des droits dans les autres pays de l'Union (y circuler librement, y postuler aux emplois de la fonction publique, y bénéficier d'équivalences pour valider ses diplômes universitaires). Quel que soit le pays de l'Union européenne dans lequel il réside, le ressortissant européen a le droit d'y voter et d'être élu aux élections municipales et européennes. Il peut aussi s'accorder avec de nombreux concitoyens européens pour être à l'origine d'une loi du Parlement européen *(initiative citoyenne européenne)*.

2 La nationalité française et la citoyenneté

La **nationalité*** française se transmet par filiation *(droit du sang)* quand au moins un des deux parents est français. Elle peut aussi être acquise par les jeunes nés en France de parents étrangers *(droit du sol)*, sous certaines conditions. On peut également obtenir la nationalité française par naturalisation. La qualité de citoyen français implique l'adhésion aux valeurs et principes essentiels de la République résultant de la Constitution ou de la loi.

◀ Buste de Marianne, allégorie de la République française.

Les citoyens et la défense nationale

L'Union européenne dispose d'une défense commune encore embryonnaire.

La souveraineté de la nation française est garantie par les forces armées de la défense nationale. La France dispose d'une armée de métier, mais les Français doivent participer à la défense nationale en cas de conflit. La France a supprimé le service militaire obligatoire pour les hommes mais considère encore que tout citoyen, homme ou femme, doit concourir à la défense et à la cohésion de la Nation, notamment par sa participation à la **journée* de défense et de citoyenneté**.

L'INFORMATION

6e → 3^{e}

« La libre communication des pensées et des opinions est un des droits les plus précieux de l'homme ; tout citoyen peut donc parler, écrire, imprimer librement, sauf à répondre de l'abus de cette liberté dans les cas déterminés par la loi. » C'est ainsi que la *Déclaration des droits* de l'homme et du citoyen* de 1789 définit le droit à l'information.

1 Informer, c'est raconter

L'information est le fait de rendre compte d'un événement par la parole (écrite ou orale) ou par l'image. Un événement tel qu'un accident de la circulation, par exemple, ne devient information que s'il est porté à la connaissance d'un public plus vaste que les simples acteurs de ce fait divers. Pour cela, il va donc falloir des médias et des professionnels du **journalisme***, qui vérifient l'exactitude des faits, décrivent et analysent l'événement. Les opinions (par les sondages d'opinion, notamment) peuvent aussi constituer des informations. Les principaux médias sont la **presse*** écrite (depuis le XVIIe s.), la **radio*** (depuis les années 1950), la **télévision*** (depuis les années 1960) et **Internet*** (depuis les années 1990).

2 Bien s'informer

Toute information bien sûr n'est pas bonne à croire d'emblée ; la vigilance et le recul s'imposent. Tout dépend de la source à l'origine de l'information, mais aussi de sa présentation. Le choix d'une photo oriente le texte qu'elle illustre, et la photo elle-même est plus ou moins fidèle

▲ Pluralisme et presse écrite.

à la réalité. Les médias sont, comme la langue dont parlait **Ésope*** à son maître, capables de véhiculer le meilleur comme le pire.

Internet est devenu un des moyens privilégiés d'information, qu'elle soit officielle ou officieuse, correcte ou douteuse. Il s'y dégage une sorte de codiffusion de l'information ; le lecteur devient journaliste amateur. L'utilisateur cherchant des informations sur Internet doit néanmoins savoir qu'il existe des aiguillages et des filtres entre sa requête et la réponse qui lui est donnée, qu'ils soient l'effet d'une censure politique ou de l'action d'un moteur de recherche dit « intelligent ». Et les moteurs de recherche ont tendance à mettre en avant ce qui est déjà le plus consulté, liant ainsi la valeur d'une information au nombre de recherches, et non à la pertinence.

◄ La conquête du pôle Nord, en couverture du supplément du *Petit Journal* (1909).

3 Quelle information ?

Le droit à l'information est le droit d'être informé par des médias libres, pluralistes, et non par une seule source qui serait en fait l'État. La liberté d'expression et le droit de recevoir des informations pluralistes sont des conditions essentielles qui définissent les États démocratiques. En France, la **liberté de la presse*** est régie par la loi du 29 juillet 1881 ; l'État propose un service public (Radio France, France Télévisions) et accorde les autorisations d'émettre aux radios et télévisions privées.

Toute information n'est pas forcément destinée à tous ; la loi restreint leur diffusion, si l'information touche à la sûreté de l'État (« secret défense ») ou à celle des citoyens (« secret de l'instruction », protection des mineurs, secret des sources d'un journaliste). La protection des données personnelles - autrement dit le frein à l'accès pur et simple aux informations permettant d'identifier quelqu'un - est une exigence française (**C.N.I.L.***) et européenne.

❶ Vers un patrimoine culturel et naturel

La volonté de préserver les vestiges du passé, déjà connue de l'Antiquité, nous vient plus récemment des XVIIIe et XIXe s. C'est en 1793, pendant la Révolution française, que l'on crée le musée du Louvre ; on ouvre sous le Consulat une quinzaine de musées en province. La notion de **patrimoine* culturel** prend naissance. Elle a tendance aujourd'hui à englober toutes les productions humaines, de l'aube de l'humanité (préhistoire) aux productions écrites (histoire) : outils et habitat préhistoriques, sites archéologiques, chefs-d'œuvre architecturaux, grands textes littéraires, compositions picturales ou musicales...
C'est aux États-Unis que les colons européens se préoccupent de pouvoir laisser une part de territoire naturel telle qu'ils l'ont trouvée, de la mettre à l'abri d'une exploitation de ses ressources agricoles ou minières et d'une installation humaine intensive. On cherche à préserver de la transformation et de l'altération définitive des paysages remarquables. Une loi fédérale crée en 1872 le premier parc national américain et du monde, Yellowstone, et l'idée fait des émules : des parcs, espaces protégés ou réserves, sont créés au Canada (1904), en Suède (1909), en France (1913), en Uruguay (1915), en Afrique du Sud (1926)...

❷ Une prise de conscience planétaire

L'idée d'un patrimoine commun, donc de la responsabilité commune de sa sauvegarde, prend corps lorsque la décision (1959) de construire le barrage d'Assouan, en Égypte, menace de faire disparaître sous les eaux les temples d'Abou-Simbel. La mobilisation de la communauté internationale permet que des mesures exceptionnelles soient prises en faveur du site.
Adoptée (1972) par l'**Unesco***, la *Convention pour la protection du patrimoine mondial, culturel et naturel* définit les sites (« œuvres de l'homme ou œuvres conjuguées de l'homme et de la nature ») à valeur universelle « du point de vue de l'histoire, de l'art ou de la science » et la nécessité de les préserver des guerres, des catastrophes naturelles, de l'urbanisme sauvage ou de la pollution. Parmi les motifs d'inscription sur la liste générale des sites, retenons : constituer une réalisation unique (jardins de Chalimar au Pakistan), ou encore apporter un témoignage sur une civilisation disparue (Machu Picchu au Pérou). Le patrimoine naturel doit, par exemple, illustrer les grandes étapes de l'évolution de la Terre (îles Galápagos), constituer des formations d'une beauté exceptionnelle (le Kilimandjaro en Tanzanie), ou contenir les habitats d'espèces menacées (préservation de la **biodiversité***).
Une autre convention a été adoptée par l'Unesco en 2003, pour la sauvegarde du **patrimoine* culturel immatériel**.
On peut parler aujourd'hui d'une conscience internationale et d'un devoir collectif de transmission. Cela consiste à se donner des contraintes aujourd'hui pour avoir un patrimoine à mettre en valeur demain.

La protection des trésors nationaux

En France, l'État protège les biens culturels qu'il a classés ou définis comme trésors nationaux. Les œuvres d'art ne peuvent pas forcément circuler librement ; un trésor national est interdit d'exportation. Quant aux biens culturels prêtés par un autre État, par exemple le temps d'une exposition, ils sont insaisissables.

▼ Abou-Simbel, le temple de Ramsès II, construit vers 1200 av. J.-C.

DROITS ET OBLIGATIONS AU COLLÈGE

6e → 3e

ÉDUCATION CIVIQUE

L'établissement scolaire est un lieu de **droit***, la Constitution et tous les textes officiels s'y appliquent. Personnels, parents et élèves ont des droits et des devoirs.

❶ Instruction obligatoire

En France, depuis Jules **Ferry*** (1882), l'école publique est gratuite, laïque et obligatoire.
La **laïcité*** de l'école publique est un principe de la République. Aucune instruction religieuse ne peut avoir lieu pendant les heures de cours ; l'école publique est neutre et respecte toutes les croyances, sans en privilégier aucune.
L'accueil d'un enfant dans un établissement scolaire doit être possible, pour les familles qui le souhaitent, dès l'âge de 3 ans, voire 2 ans dans certains cas ; la scolarisation n'est obligatoire que de 6 à 16 ans. Les parents ont alors l'obligation de dispenser ou de faire dispenser un enseignement à leur enfant ; ce devoir correspond au droit de l'enfant à l'instruction. Le contenu des connaissances requises des élèves est fixé par décret.

▲ Tableau représentant la Déclaration des droits de l'homme et du citoyen de 1789. Musée Carnavalet, Paris.

❷ Des règles à respecter

Lieu d'études, le collège est aussi un lieu d'apprentissage de la citoyenneté et du respect d'autrui. Son règlement intérieur doit être conforme aux lois de la République.
L'assiduité est une obligation de l'élève une fois inscrit dans un établissement. Autrement dit, l'assistance aux cours et la ponctualité sont exigées ; en cas de retard, les parents devront fournir une justification.
La violence, verbale ou physique, et le non-respect des obligations sont passibles de sanctions, disciplinaires (dans le cadre de l'établissement et dans le respect du règlement intérieur) ou pénales (poursuites devant les tribunaux). Les sanctions sont graduées selon la gravité de l'**infraction*** (dans les cas les plus graves, on peut risquer une peine de prison) ; le dialogue préalable est privilégié. Toute forme de discrimination raciale, sexiste ou exercée envers des handicapés est interdite. Chacun a le droit à son intégrité physique : il ne doit pas être blessé physiquement. Le bizutage est interdit, tout comme le harcèlement et le racket. Il est interdit d'agresser mais aussi de filmer et diffuser une agression physique. Le respect mutuel doit être la règle. L'attitude positive des élèves est valorisée, par la note de vie scolaire ou la reconnaissance d'actions méritoires.

❸ Droits et libertés

Les élèves bénéficient de la liberté d'information et de la liberté d'expression « dans le respect du pluralisme et du principe de neutralité » (Code de l'éducation). Le **droit à l'image*** s'applique.
Les parents d'élèves (sauf ceux à qui a été retirée l'autorité parentale) élisent leurs représentants au conseil de classe, au conseil de discipline et au conseil d'administration. Les élèves ont le droit d'élire des **délégués*** qui sont leurs porte-parole dans leurs relations avec les adultes, en particulier lors du conseil de classe. L'élection des délégués est un exemple, à l'échelle de l'établissement scolaire, du **suffrage*** universel direct, puis indirect, puisque les délégués de classe élisent à leur tour deux délégués représentant l'ensemble des collégiens au conseil d'administration ou au conseil de discipline. Les délégués peuvent demander à organiser une réunion avec leurs camarades pour bien préparer leurs interventions en conseil de classe. Au lycée, le droit de réunion des élèves sera plus large.

LA NAISSANCE DE L'ART

6e

(– 75 000 → Xe s. av. J.-C.)

❶ La préhistoire

Les plus anciens témoignages artistiques datent du **paléolithique*** moyen, il y a 75 000 ans (grotte de Blombos, Afrique du Sud). Au paléolithique supérieur se développe l'art **pariétal** (sur parois de grottes) dont le plus important foyer se situe dans le sud-ouest de la France et le nord-ouest de l'Espagne (grottes de **Lascaux***, **Niaux***, **Altamira***).

▲ Détail de la salle des taureaux, grotte de Lascaux, France (– 15 000 ans) : les peintures reproduisent des figures animales, d'un naturalisme puissant, associées à des signes symboliques dont le sens est encore incertain.

Parmi les sites remarquables ailleurs dans le monde, la grotte **Chauvet-Pont-d'Arc***, en Ardèche, renferme les plus anciennes peintures connues (– 32 000 ans). L'art paléolithique inclut aussi des statuettes (dont des figures nommées « **Vénus** »), des blocs gravés ou des ornements sur outils. Les techniques sont variées : peinture appliquée au doigt ou au pinceau, à travers des pochoirs ; pigments soufflés ; gravure au silex ; sculpture en bas relief ou modelée dans l'argile. Les représentations animales ou humaines, les empreintes de mains, les formes abstraites sont les motifs de cet art dont l'interprétation reste difficile.

Au **néolithique***, avec la sédentarisation, l'élevage et l'agriculture constituent de nouvelles sources d'inspiration : apparaissent des statuettes d'animaux domestiques ou de divinités de la fertilité (Proche-Orient, VIIIe millénaire)... L'architecture voit le jour (enceintes de Jéricho, VIIe millénaire ; **mégalithes*** en Europe occidentale, Ve millénaire) ; la **céramique*** également et, avec elle, les motifs purement décoratifs (Méditerranée et Danube, Ve millénaire). En Afrique, les arts rupestres s'épanouissent (Sahara, VIe millénaire).

❷ Protohistoire et grandes civilisations

Les métaux investissent l'art à partir de l'**âge du bronze*** à travers des parures, des ustensiles, des armes et des statuettes. Autour de la Méditerranée se développe l'art **minoen** (fresques en **Crète***), des **Cyclades*** (statuettes en marbre) ou de **Mycènes*** (masques en or). À l'est de l'Europe, les **Scythes*** pratiquent un art raffiné (objets décorés). Les grandes civilisations de **Mésopotamie*** et d'**Égypte*** élèvent de gigantesques réalisations architecturales (pyramides de **Gizeh***). L'art y est fondamentalement religieux : il a une fonction magique, en relation avec le monde des dieux. En Chine (dynastie des **Shang**), comme en Inde (civilisation de l'**Indus***), les empires naissants s'accompagnent d'un art prestigieux (orfèvrerie et sculpture). L'étude des temps protohistoriques ailleurs dans le monde (Afrique, monde précolombien, monde pacifique) dévoile peu à peu de riches univers artistiques.

▲ Le grand sphinx de Gizeh, Égypte (IIIe millénaire av. J.-C.) : ce gardien trône au sein d'un complexe funéraire monumental comprenant pyramides, tombeaux de reines et mastabas de nobles.

L'ANTIQUITÉ GRÉCO-ROMAINE

(IXe s. av. J.-C. → IVe s. apr. J.-C.)

1 Sculpture et peinture grecques

Le génie artistique de la **Grèce*** antique s'exprime de façon magistrale dans la sculpture, en pierre ou en bronze. L'être humain y occupe une place centrale : il est en soi un idéal et c'est à son image que les dieux sont représentés. La statuaire d'influence orientale fait place, à partir du VIe s., aux figures emblématiques de l'art **archaïque*** que sont le **kouros*** et la **korê***. Le **premier art classique** (Ve s.) – sculpteurs **Myron*** et **Phidias*** – définit et perfectionne les lignes d'une forme idéale du corps humain (le canon inventé par **Polyclète***). Le renouveau qui pointe au IVe s., période du **second art classique**, se caractérise par la recherche de réalisme dans les attitudes, les drapés ou l'expression (**Praxitèle***).

◀ Discobole décorant une amphore, Grèce (VIe s. av. J.-C.) : la technique de la céramique à figures noires est caractéristique de la période archaïque (Musée archéologique, Naples).

La **céramique*** est un support important de l'expression de l'art grec ancien. À partir du IXe s. av. J.-C. apparaît l'art **géométrique***, ainsi désigné d'après les motifs de ses peintures sur vases. Entre le VIIIe et le VIIe s., la technique de la **figure noire** sur fond clair est mise au point ; lui succède, entre – 530 et – 480 environ, le décor de **figures rouges** sur fond noir.

2 L'architecture de la Grèce antique

Au VIIe s., les Grecs, désireux peut-être de rivaliser avec les imposants temples orientaux et égyptiens, commencent à édifier de grands bâtiments religieux. Entre le VIe et le IVe s., l'architecture hellène s'épanouit (**Parthénon***) à travers les trois **ordres : dorique**, **ionique** et **corinthien**. Avec le Ve s. apparaît le souci d'un plan d'ensemble de la **cité*** : en plus des temples, de puissantes murailles et de vastes théâtres (**Épidaure***) sont édifiés. L'urbanisme fonctionnel est né ; avec Alexandre le Grand, au cours de la période **hellénistique*** (à partir de – 336), il prend un caractère monumental.

3 L'architecture à Rome

Très marquée par la Grèce en particulier, la civilisation de la **Rome*** antique présente toutefois une identité propre. Son génie créatif s'exprime en architecture, l'art roi de cette civilisation. De nouveaux types de bâtiments apparaissent (thermes, arc de triomphe) et des techniques sont mises au point (permettant l'usage de la **voûte,** par ex.). De nombreux édifices de la Rome impériale ont traversé les âges, parfois presque intacts, dans la capitale même (**Colisée***), ailleurs en Italie ou encore dans les provinces conquises. Les autres modes d'expression artistique se sont développés en marge ; la **mosaïque***, elle, a connu un extraordinaire épanouissement à partir du début du IIe s.

▼ Le Colisée (Ier s. apr. J.-C.), à Rome : ce grandiose amphithéâtre, qui pouvait contenir jusqu'à 100 000 spectateurs, est l'un des témoignages parvenus jusqu'à nous de la virtuosité de l'architecture romaine.

L'ART RELIGIEUX DU MOYEN ÂGE 6e → 5e

(Ve s. → XIVe s.)

1 L'art byzantin

L'Empire **byzantin*** (IVe-XVe s.) est le lieu où la spiritualité chrétienne va s'exprimer en particulier dans les arts figuratifs, notamment la **mosaïque*** et la peinture d'**icônes**. La civilisation byzantine élabore, à partir du plan des **basiliques** profanes romaines, le plan d'un sanctuaire marqué par le symbolisme religieux (coupole évocatrice du ciel, nefs représentant l'univers terrestre).

2 L'art de l'Islam

Au cours de ses conquêtes (VIIe-VIIIe s.), l'**Islam** côtoie des traditions aussi diverses que celles des chrétiens du Proche-Orient, de l'Iran sassanide, de l'Espagne wisigothique... L'art islamique puise son originalité dans la participation de ces multiples influences à l'élément fédérateur qu'est la religion musulmane. Un de ses caractères les plus visibles réside dans l'interdit de la représentation du vivant : il en résulte un art fondé sur le décor abstrait et sur la **calligraphie**, même si, localement, existent des **miniatures** ou des sculptures figuratives.

3 L'art roman

Le **roman*** (Xe-XIIe s.) est le premier style architectural original en Europe occidentale depuis l'Antiquité. En France, l'architecture religieuse offre une grande diversité régionale (**Autun***, **Vézelay***, Sainte-Foy de **Conques***) : d'abord sous l'influence de l'ordre de **Cluny***, elle est marquée ensuite par l'austérité **cistercienne*** (**Fontenay***, Le Thoronet). Les **églises*** romanes deviennent de grands édifices à partir du XIe s., avec portail sculpté, transept, chœur, déambulatoire. Le décor sculpté, ornemental ou figuratif, est parfois d'une exubérance fantastique, que l'on attribue à des influences orientales (**Moissac***). La peinture murale est très répandue en Italie, en France, en Catalogne, tandis que l'**enluminure** de manuscrits se pratique dans de nombreux monastères.

▲ Nef de l'église de l'abbaye de Fontenay, France (XIIe s.) : l'austère architecture de cette abbaye cistercienne est à l'image de la discipline qui y régnait.

▲ Chapelle haute de la Sainte-Chapelle, Paris (XIIIe s.) : si l'art du vitrail était connu dès l'Antiquité, ce sont les grandes verrières de l'art gothique qui lui ont donné tout son éclat.

4 L'architecture gothique

L'architecture **gothique*** (XIIe-XIVe s.) utilise dans ses **cathédrales** des dispositifs comme la voûte sur **croisée d'ogives** ou l'**arc brisé** pour mettre l'accent sur les structures (piliers), dont on découvre la capacité à répartir les forces de façon beaucoup plus efficace que dans la construction romane. Les murs cessent d'être porteurs et s'ouvrent pour accueillir les **vitraux**. Les édifices s'inondent de lumière et s'allègent en tendant symboliquement vers le ciel (cathédrales de **Saint-Denis***, de **Laon***, Notre-Dame de **Paris***). L'Angleterre connaît ses propres phases originales d'architecture gothique ; le style touche également d'autres régions en Europe (péninsule Ibérique, Scandinavie, etc.).

UN ART DE TRANSITION

6e → 5e

(XIVe s. → XVe s.)

❶ La peinture des primitifs

En parallèle de l'art du vitrail, qui demeure omniprésent sur la période médiévale tardive, se développe la peinture sur panneau de bois des **primitifs***. Au xive s., en Italie, les conventions de la peinture byzantine sont abandonnées par **Cimabue***, et surtout **Giotto***, qui établit les bases de la **figuration « moderne »** (volumes en trois dimensions, expressivité des personnages, etc.). Puis au xve s., à l'esthétique gracieuse de l'art **gothique international**, qui a essaimé un peu partout en Europe, s'oppose une peinture nordique de tendance **réaliste** (**Van Eyck***, **Van der Weyden***, **Van der Goes***...). Son influence s'exerce, à des degrés divers, sur de nombreux artistes européens (**Quarton***, **Bosch***, **Schongauer***, **Grünewald***). Durant cette période de transition entre le Moyen Âge et la Renaissance, la peinture a étendu son champ d'action : premier autoportrait avec **J. Fouquet*** ; profondeur due à la transparence des couches picturales chez Van Eyck, etc.

▲ *Arnolfini et sa femme* (1434), huile sur bois de Jan Van Eyck (National Gallery, Londres) : chez ce grand maître flamand de la technique à l'huile (le premier peut-être), l'attention portée aux détails concourt au réalisme des œuvres.

❷ La sculpture de la grâce

Les façades des **cathédrales** sont restées le lieu privilégié de la sculpture monumentale jusqu'à la fin du xiiie s. Puis, à partir du xive s., les statues isolées (Vierges aux beaux drapés, gisants qui tendent au portrait) se multiplient. La représentation, encore très idéalisée, évolue vers plus de souplesse, voire plus d'expression réaliste. Le sculpteur néerlandais **Sluter***, qui œuvre en Bourgogne, produit un art expressif et dramatique (thème de la Mise au tombeau, par ex.), qui influence fortement la sculpture française du xve s. La vogue des **retables** sculptés se développe en Europe centrale, dans les Flandres, en Espagne. Puis, en Italie, à l'aube du **quattrocento***, l'esprit de la Renaissance commence à se faire sentir dans la sculpture.

❸ Vers une nouvelle vision du monde

Une nouvelle représentation voit le jour en peinture, dont les éléments les plus significatifs sont l'esprit **humaniste*** et la traduction de l'espace. La conviction que la période antique a quelque chose d'essentiel à enseigner gagne les artistes au cours du xve s. En effet, au-delà des questions de style et de proportion, l'Antiquité païenne leur révèle que l'on peut placer l'homme, et non plus Dieu, au centre d'une vision du monde. Le but de la peinture n'est alors plus de figurer des vérités symboliques, mais de tenter de restituer un monde vu par l'œil humain. Un système est en conséquence mis au point pour représenter l'espace : celui de la **perspective géométrique linéaire** (**Uccello***).

◀ *La Bataille de San Romano* (vers 1438-1440), huile sur bois de Paolo Uccello (National Gallery, Londres) : dans cette composition, le traitement de la perspective, parfaitement maîtrisée, prend un caractère de jeu intellectuel.

(XVe s. → XVIe s.)

4 Naissance à Florence

Fondé en partie sur une redécouverte du grand art de l'Antiquité et, plus généralement, sur une effervescence intellectuelle qui remet en cause les vieilles certitudes, le mouvement de la **Renaissance*** naît, au début du XVe s., à Florence : la métropole toscane conjugue puissance économique et financière, pouvoir politique fort, mécénat (les Médicis) et présence de créateurs hors pair. En sculpture se détachent **Donatello***, **Ghiberti***, **Della Robbia***, **Verrocchio***, etc. Le génie de **Michel-Ange*** (sculpteur avant tout, même s'il fut aussi architecte, peintre et poète) domine le XVIe s.

▲ *Moïse* (statue destinée au tombeau du pape Jules II, vers 1515), marbre de Michel-Ange (église San Pietro in Vincoli, Rome) : la puissance et l'énergie caractérisent l'art de cet immense artiste, qui sait communiquer au marbre les passions de l'âme.

5 Grand style et maniérisme

Lorsque la papauté devient la principale puissance d'Italie, le foyer de la Renaissance se déplace de Florence à Rome. Pendant tout le XVIe s., la cité des papes est un gigantesque chantier : l'art s'y oriente vers l'expression de la grandeur. Avec **Léonard* de Vinci**, la peinture atteint une perfection sans précédent (maîtrise du **clair-obscur**, par ex.). Le « grand style » des maîtres de la Renaissance triomphante est un mélange d'harmonie et de solennité : Michel-Ange avec la chapelle Sixtine ; **Raphaël*** au Vatican, dans ses gigantesques travaux de décoration (les « loges » et les « chambres »), et **Titien*** à Venise – ces deux derniers s'orientant vers un premier **classicisme***.

Le triomphe artistique de la Renaissance essaime partout en Europe. Les artistes de l'Europe du Nord visitent l'Italie (**Bruegel* l'Ancien, Dürer***) et en rapportent des conceptions nouvelles non seulement sur l'art mais aussi sur le statut de l'artiste. L'expatriation d'artistes italiens en Angleterre, aux Pays-Bas, en Allemagne joue dans le même sens. En France, François Ier invite Léonard de Vinci, puis d'autres artistes italiens qui initieront l'école de **Fontainebleau*** (**le Primatice***, etc.). **Le Greco*** s'installe en Espagne (1577), où il introduit le **maniérisme*** acquis à Venise et à Rome, et vers lequel le « grand style » de la Renaissance a évolué.

6 L'architecture de la Renaissance

Brunelleschi*, qui a étudié les monuments antiques à Rome, est le promoteur de l'architecture de la Renaissance à Florence : il élabore un art fondé sur le système modulaire, la symétrie, la légèreté et l'harmonie. Ses successeurs, tel **Alberti***, ou **Bramante***, s'inspirent plus étroitement des exemples antiques, notamment dans l'usage des ordres. Après cette phase apparaît un mélange entre les règles du premier classicisme et leur transgression par le maniérisme (**Palladio***).

▲ *La Vierge à l'Enfant avec sainte Anne* (vers 1503-1519), huile sur bois de Léonard de Vinci (musée du Louvre, Paris) : la technique du *sfumato*, qui consiste à noyer les contours dans une brume vaporeuse pour lier les personnages au paysage qui les environne, applique les réflexions de l'artiste sur la représentation du visible.

ENTRE BAROQUE ET CLASSICISME

(XVIIe s.)

1 La peinture des formes et de la lumière

Héritier en partie du maniérisme, le **baroque*** donne au XVIIe s. son accent majeur. Ce grand courant est l'expression de la **Réforme catholique** (ou Contre-Réforme), qui veut éblouir, toucher les sens plus que la raison. La peinture en présente deux aspects principaux : d'une part, elle contribue à créer un **décor grandiose** en s'intégrant à l'architecture (la virtuosité des trompe-l'œil atteint alors ses sommets) ; d'autre part, la **lumière** devient pour les peintres un élément prépondérant, le révélateur des formes. La peinture baroque présente un grand sens du pathétique, du mouvement et des éclairages dramatiques. Plusieurs courants alimentent la production italienne : celui, réaliste, du **Caravage*** et des « caravagesques » (italiens ou étrangers passés par Rome) ; celui, académique, des peintres de Bologne (**Carrache***, **Reni***...). Les grands maîtres baroques du décor, comme **Pierre* de Cortone**, s'inspirent de **Titien*** ou de **Rubens***, lequel a ouvert une voie neuve par ses compositions tournoyantes, son espace ouvert. L'époque est un âge d'or pour la Flandre (**Van Dyck***), les Provinces-Unies (**Hals***, **Rembrandt***, **Vermeer*** et tous les maîtres de la peinture de chevalet à l'usage de la bourgeoisie), l'Espagne (**Velázquez***, **Zurbarán***, **Murillo***, **Ribera***...), voire la France (**Poussin***, **Lorrain***, **La Tour***, les frères **Le Nain***...).

▲ Façade du château de Versailles : commencé en 1662 par Louis Le Vau, continué à partir de 1678 par Hardouin-Mansart, le palais consacre le classicisme français et fournit un modèle de magnificence princière que l'Europe imitera.

▲ *L'Arrivée de Marie de Médicis* (1621-1625), huile sur toile de Petrus Paulus Rubens (musée du Louvre, Paris) : avec sa science du mouvement, l'ampleur de ses compositions, Rubens, formé en Italie, importe le baroque en Flandre.

2 L'architecture au XVIIe s.

À Rome, l'architecture baroque se caractérise par sa théâtralité, l'emploi de courbes et d'effets de surprise (**Bernin***, **Borromini***...). En France, les architectes (**Le Vau***, **Mansart***, **Perrault***, **Hardouin-Mansart***...) sont sensibles à cette révolution du goût tout en restant attachés à un art plus sévère, ainsi qu'à la tradition, exprimant pleinement l'esprit du **classicisme***. Les architectes anglais alternent références à Palladio et alliances entre baroque et classique (**Wren***), ce qui préfigure certains aspects du néoclassicisme. Dans l'Allemagne et l'Autriche affectées par les guerres, le baroque effectue ses premiers pas avant son plein épanouissement, au siècle suivant, en parallèle du rococo.

3 La sculpture entre violence et sérénité

Les formules classiques ou maniéristes sont bousculées, dans la première moitié du XVIIe s. à Rome, par l'impétuosité de la sculpture baroque, incarnée par Bernin. En France, le mouvement est représenté par **Puget*** ; pendant la même période, l'art versaillais (**Girardon***, **Coyzevox***...) réalise un compromis mesuré entre tradition et modernité.

VERS LE NÉOCLASSICISME (XVIIIe s.)

4e

❶ L'architecture au XVIIIe s.

Au XVIIIe s., si les Anglais pratiquent un baroque sévère (John Vanbrugh) ou restent dans l'inspiration de Palladio (William Kent), la première partie de la période est plutôt dédiée au **rococo**, dérivé gracieux et foisonnant du baroque. Il s'épanouit également en France (décor intérieur surtout), et dans d'autres pays catholiques comme la Bohême, l'Autriche (palais de Vienne), la Bavière (abbayes et « résidences » princières), l'Espagne et l'Amérique latine, mais aussi dans l'Allemagne protestante. À partir de 1760 environ, une mutation du goût, favorisée par les découvertes archéologiques (Grèce ; Pompéi), suscite un retour à l'antique et au **classicisme***, qu'illustrent Robert Adam en Grande-Bretagne ou le style Louis XVI en France (**Gabriel***, **Soufflot***, Victor Louis…).

▲ *La Gamme d'amour* (1715-1718), huile sur toile d'Antoine Watteau (National Gallery, Londres) : une atmosphère de fête galante où la vie mondaine est comme poétisée.

❷ La sculpture du XVIIIe s.

Au XVIIIe s., la sculpture française poursuit ses recherches dans une voie harmonieuse (**Coustou***, **Bouchardon***, **Pigalle***...), parfois teintée du style **rocaille** (la famille lorraine des Adam), en vogue dans la première moitié du siècle. Allègre et somptueusement décorative, la version rococo du baroque règne sur l'Autriche (Balthasar Permoser), l'Allemagne (les frères Asam, Ignaz Günther et de nombreux décorateurs de stuc), la Bohême. Avec la personnalité d'un **Houdon***, la fin du siècle marque un retour aux valeurs classiques, voire aux leçons de la statuaire antique redécouverte, qui conduisent au **néoclassicisme** inauguré par **Canova***.

❸ Les courants picturaux

Les écoles italiennes les plus brillantes du XVIIIe s. sont celles de Naples (Francesco Solimena…) et surtout l'école vénitienne (les **Tiepolo***, **Canaletto***, les **Guardi***...), dont la vitalité rococo se transmet aux décorateurs d'églises autrichiens et bavarois (**Zimmermann***...). La peinture française de chevalet montre une grande fécondité, cultivant successivement une certaine légèreté, tant dans la manière (**Watteau***) que dans les sujets (**Boucher***), en parallèle d'un traitement sérieux et moraliste (**Chardin***, **Greuze***). Alors que la Flandre et la Hollande sont moins productives, l'école britannique prend son essor (**Hogarth***, **Reynolds***) et tend à une sensibilité **préromantique** (**Gainsborough***, Henry Fuseli). La fin du siècle voit s'édifier la vogue du néoclassicisme (**David***), et, en Espagne, le génie de **Goya*** produit ses premiers fruits.

▲ *Le Serment des Horaces* (1784), huile sur toile de Louis David (musée du Louvre, Paris) : cette toile d'inspiration antique, peinte à Rome, apparut au Salon parisien de 1785 comme le manifeste de la jeune école néoclassique.

DU ROMANTISME À L'IMPRESSIONNISME 4e

(XIXe s.)

ARTS PLASTIQUES

❶ La leçon de David

Le retour à l'**antique**, caractéristique de la période révolutionnaire, a des conséquences tout au long du XIXe s. Les élèves de David répandent le style **néoclassique**, avec des sujets tirés de la mythologie ou de l'histoire gréco-romaine, mais aussi avec des scènes contemporaines (épopée napoléonienne chez **Gros***, thèmes orientalistes…). Le style, surtout, est significatif : solennel, recherchant la forme idéale au moyen d'un dessin linéaire, il procède de Raphaël et de Poussin autant que de l'antique. Le chef de file du mouvement est **Ingres***, dont l'exemple mal compris dégénère en **académisme**. C'est le style « **pompier** » des peintres officiels qui triomphe au **Salon** annuel jusqu'à la fin du siècle, au grand dam des artistes novateurs.

❷ La peinture romantique

En parallèle, les **romantiques*** retrouvent le sens du mouvement, de la couleur, de la lumière, de la touche libre et passionnée. Les paysagistes anglais (**Constable***, **Turner***) exercent de ce point de vue une influence considérable. Comme chez Goya au début du siècle, les convictions politiques s'expriment fortement (**Géricault***, **Delacroix***), ainsi que les tourments individuels (**Friedrich***). Les sujets se renouvellent par des emprunts à une littérature non classique (Shakespeare, Goethe), par des emprunts à l'histoire et par l'exotisme.

▼ *Le Téméraire remorqué à son dernier mouillage* (1839), huile sur toile de William Turner (National Gallery, Londres) : sujet moderne, flammes, incandescence… la matière picturale crée le paysage plus qu'elle ne le représente.

▲ *L'Angélus* (entre 1857 et 1859), huile sur toile de Jean-François Millet (musée d'Orsay, Paris) : ce tableau au réalisme austère et à la facture classique célèbre le monde paysan du XIXe s.

❸ Le réalisme

Après la révolution de 1848, des peintres comme **Millet*** ou **Courbet*** bousculent le sujet pictural. Délaissant les grandes émotions romantiques et les mythologies académiques, ils mettent le monde réel au cœur des préoccupations artistiques. La peinture est un « art concret » lié aux « choses existantes », explique Courbet, et un « art vivant », en prise sur la société. On traite le paysage avec **réalisme***, sans idéalisme (**Corot*** ; Millet et son groupe à **Barbizon*** ; **Boudin*** à Honfleur). Le travail (paysans, ouvriers) devient un thème central, et les artistes jettent un regard cru, souvent aiguisé par leur conscience politique, sur la société contemporaine. **Meunier*** représente le versant réaliste de la sculpture.

❹ De nouvelles images

Le XIXe s. est le siècle de l'**estampe*** : caricatures (**Daumier***), affiches (**Toulouse-Lautrec***, **Mucha***), gravures sur bois (**Doré***) illustrant la presse et les livres. Inventée dans la première moitié du siècle, la **photographie*** se développe surtout à partir des années 1850 ; elle devient un support de l'art, soit parce qu'elle reproduit des œuvres célèbres ou des modèles, soit parce qu'elle offre des œuvres d'art à part entière.

(XIXe s.)

1 La sculpture

En France, de nombreux sculpteurs suivent la doctrine néoclassique au début du siècle, combinant parfois la référence à l'art antique avec le **naturalisme** pittoresque. **Barye*** développe un art animalier ; **Rude*** donne une expression romantique aux valeurs nationales (*la Marseillaise*, arc de triomphe de l'Étoile) ; **Carpeaux*** introduit la sensualité (*la Danse*, palais Garnier). La fin du siècle est dominée par le génie de **Rodin***.

2 L'impressionnisme

Le groupe de peintres formé autour de **Manet***, puis de l'**impressionnisme***, présente un attachement commun au « réalisme ». Mais alors que les réalistes restaient imprégnés de la tradition des ateliers, les nouveaux peintres, travaillant volontiers en plein air (« sur le **motif** »), s'intéressent à la lumière et aux effets atmosphériques. Cela les conduit à une facture rapide, allusive, où la touche de couleur pure joue un rôle essentiel. L'espace, construit par la perspective depuis la Renaissance, se dissout en perceptions rétiniennes (**Monet***). Avec Manet et **Cézanne*** s'impose la surface du tableau, objet réduit à des surfaces colorées.

3 Postimpressionnisme et symbolisme

Les libertés conquises par les impressionnistes suscitent très vite, chez des peintres théoriciens, des exigences contraires (comme, par exemple,

▲ *L'Île des morts* (1886), huile sur bois d'Arnold Böcklin (musée des Beaux-Arts, Leipzig) : dans une immobilité et un silence quasi minéraux, ce paysage symboliste appartient tout aussi bien au monde du rêve qu'à celui du fantastique.

un retour à la rigueur de la composition). En systématisant la division de la touche, **Seurat*** retrouve l'intensité de la vision colorée. Il crée le **pointillisme**, qu'adoptent **Signac*** et, provisoirement, **Pissarro*** et **Van Gogh***. Aux sujets tirés de la vie quotidienne, il rend une grandeur classique. Une recherche de suggestions secrètes a fait appliquer à **Gauguin*** la qualité de représentant du **symbolisme***. Si d'autres symbolistes mettent des moyens plus traditionnels au service d'un imaginaire inquiétant (**G. Moreau***, **Redon***, **Ensor***, **Böcklin***), ses véritables disciples sont les **nabis*** (**M. Denis***).

4 L'architecture

La première moitié du siècle prolonge le mouvement néoclassique (**Percier***, **Fontaine***), avec toutefois, sous l'influence romantique, des incursions dans le Moyen Âge ou dans l'exotisme. La seconde moitié généralise le recours aux styles anciens plus ou moins mêlés (**Garnier***, **Viollet-le-Duc***). L'architecture du fer apparaît, ainsi que les premiers gratte-ciel aux États-Unis (**école de Chicago**). Enfin, l'**Art nouveau*** (**Horta***, **Guimard***) cherche une intégration des constructions et du mobilier dans une ambiance décorative où prime l'inspiration végétale.

◀ *Les Coquelicots* (1873), huile sur toile de Claude Monet (musée d'Orsay, Paris) : l'artiste s'efforce de capter les « impressions » lumineuses que lui livrent les rives de la Seine et la campagne environnante dans leur réalité changeante.

ARTS PLASTIQUES

L'ART CONTEMPORAIN

(XXe s. → XXIe s.)

1 Les avant-gardes

Débarrassée des académismes, la peinture du XXe s. explore deux grandes directions : l'expression, sous le signe de Van Gogh, et la construction, sous le signe de Cézanne. L'**expressionnisme*** se développe en Allemagne au début du siècle (**Kirchner***, **Nolde***). Les artistes introduisent dans la peinture des préoccupations psychologiques et sociales (dénonciation de la misère, de la guerre). En France, le **fauvisme*** (**Matisse***, **Vlaminck***, **Derain***) s'en rapproche par son usage de la couleur, mais sans dimension tragique. Le **cubisme*** (**Picasso***, **Braque***) consomme la rupture avec la représentation héritée de la Renaissance. Le tableau n'est plus une « fenêtre » ouverte sur le monde, mais une surface où l'artiste organise formes et couleurs. Du cubisme dérivent le **futurisme*** et toute l'abstraction géométrique. Le XXe s. voit en effet naître, à partir de 1910, un art « **abstrait*** », sans référence au monde visible. On y retrouve la tendance à l'expression et au lyrisme (le premier **Kandinsky***) et la tendance géométrique (**Malevitch***, **Mondrian***), représentée par le **constructivisme*** (que prolonge l'enseignement du **Bauhaus***).

ARTS PLASTIQUES

2 De dada au renouveau figuratif

Avant la guerre de 1914-1918, l'« **école de Paris*** » regroupe des artistes du monde entier dans la capitale (**Chagall***, **Soutine***, **Modigliani***). En pleine guerre, le mouvement **dada*** se manifeste à Zurich (**Arp***) et à New York (**Picabia***, **Duchamp***) comme une protestation de l'absurde contre l'absurde. Le mouvement, introduit à Paris, se développe ensuite dans le **surréalisme***, davantage tourné vers les expériences de dessin automatique, les images oniriques et l'érotisme (**Ernst***, **Miró***, **Magritte***, **Dalí***). L'entre-deux-guerres est une période d'un certain retour à l'ordre et du renouveau de la **figuration***, perceptible dans le réalisme américain (**Hopper***).

▶ *Composition suprématiste* (1915), huile sur toile de Kazimir Malevitch (Stedelijk Museum, Amsterdam) : le peintre illustre ici sa théorie de la souveraineté de la forme abstraite cantonnée au carré, au rectangle, au triangle, à la croix et au cercle.

▲ *La Tour rouge à Halle* (1915), huile sur toile d'Ernst Ludwig Kirchner (musée Folkwang, Essen) : un paysage urbain traité dans le style expressionniste – traits anguleux, couleurs dissonantes, touche nerveuse.

3 La sculpture moderne et contemporaine

La sculpture moderne s'est assez tôt écartée des apparences du réel. Les techniques traditionnelles (**Maillol***) sont concurrencés par des techniques d'**assemblage** telles que le fer soudé (**Calder***). L'épuration formelle de **Brancusi*** influence de nombreux sculpteurs (**H. Moore***). Lyrisme et expressionnisme sont très pratiqués à partir des années 1950 (**Giacometti***), avant d'être accompagnées par les assemblages du **nouveau réalisme** (**Tinguely***, **César***...) et les mises en scène expressives du monde contemporain (**hyperréalisme**). Aujourd'hui, la sculpture éclate en de nouveaux modes d'expression (**Serra***, **Kapoor***).

(XXe s. → XXIe s.)

4 La peinture de l'après-guerre

Après 1945, la scène artistique se déplace vers New York, où les peintres américains (**De Kooning***, **Pollock***, **Rothko***) y développent un **expressionnisme abstrait**.

▲ Jackson Pollock en train de peindre (1950) : dans la technique du *dripping* (peinture gouttant sur de grandes toiles posées au sol), les arabesques abstraites créées par les gestes de l'artiste incluent une part d'automatisme inconscient.

Les tendances européennes équivalentes (**Fautrier***, **Soulages***) offrent un style plus mesuré (**Hartung***, **Staël***). Une certaine violence picturale se manifeste également dans la peinture figurative (**Dubuffet*** et l'**art brut** ; groupe **Cobra*** ; écoles anglaises avec **Bacon***...). À l'opposé, des courants nés dans les années 1960 cherchent à traquer la peinture dans ce qu'elle a de plus essentiel : l'art **minimal*** qui offre de purs champs de couleur et des formes élémentaires (**Stella***) ; en France, le groupe **Support/Surface*** (**Buren***) ; l'art **cinétique*** et sa recherche d'effets optiques (**Vasarely***). Également apparues dans les années 1960, d'autres tendances rendent compte de la société contemporaine, avec des intentions tantôt dénonciatrices, tantôt ouvertement commerciales : **pop art*** anglo-américain (**Lichtenstein***, **Warhol***), **nouveau réalisme** français (**Raysse***, **Y. Klein***) et divers groupes de « **figuration narrative** », à contenu volontiers politique.

5 L'éclatement des modes d'expression

À partir du début du XXe s., en s'affranchissant des règles les artistes se sont aussi souvent écartés des strictes disciplines traditionnelles (peinture ou sculpture). Le cubisme, le futurisme, le dadaïsme ont inauguré les mélanges de matériaux (**collage***, **photomontage**, etc.). Des **assemblages***, **installations** et **environnements** divers sont produits à partir des années 1960 par des artistes plus ou moins liés au nouveau réalisme (**Christo et Jeanne-Claude***), au pop art (**Rauschenberg***), à l'art **pauvre***, au **land art**, à des formes variées d'art technologique et d'**art vidéo** (Nam June Paik).

6 L'architecture moderne et contemporaine

La rupture avec les formes du passé s'affirme au début du XXe s. avec l'école de Vienne (**O. Wagner***). Puis, deux grandes tendances d'avant-garde apparaissent à partir des années 1920 : la géométrie rigoureuse du style **international*** (ou « **mouvement moderne** ») de **Le Corbusier***, **Gropius***, **Mies van der Rohe*** ; et divers courants « organiques » aux structures plus souples (**F. L. Wright***, **Aalto***...). À partir de 1950, une sorte de lyrisme néobaroque caractérise certaines œuvres (**Niemeyer***) tandis qu'à une architecture métallique de haute technologie (**Foster***, **Piano***) s'oppose une attitude « **postmoderne** » renouant avec le patrimoine du passé (**Bofill***).

▶ *Voltaire* (1989), installation de Nam June Paik (musée Folkwang, Essen) : pionnier de l'art vidéo, il réalise des « collages » électroniques de sons et d'images (ici à l'aide de télévisions, moniteurs, lecteur laser).

1 Langage

Art des sons, la musique a un pouvoir expressif très fort : c'est une forme de langage, en relation avec la vie en société, le travail, la danse, d'autres formes d'art... avec tous les aspects de l'humanité, en somme.

► **Les voix.** Il existe deux genres de voix : les voix d'hommes ; les voix de femmes ou les voix d'enfants (plus aiguës d'une octave que les voix d'hommes).

Subdivision des voix

voix de femmes ou d'enfants	aiguë	soprano mezzo-soprano
	grave	contralto ou alto
voix d'hommes	aiguë	ténor (premier ténor ; second ténor)
	grave	baryton ou première basse basse-taille ou seconde basse

Les ensembles vocaux

quatuor	soprano, alto, ténor, basse
quintette	soprano, alto, ténor, basse et voix intermédiaires
chorale	mêmes voix ou voix mixtes
chœur	mêmes voix ou voix mixtes

► **Les notes.** Les sons sont définis par des notes – au nombre de sept. Matérialisées sur une portée, elles constituent une mélodie. Les notes sont écrites sur les lignes et dans les interlignes. Les lignes de la portée sont numérotées à partir du bas.

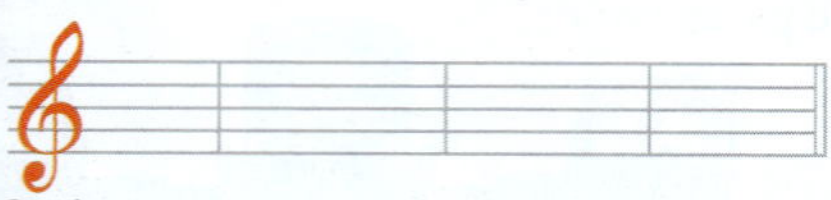

▲ Portée

Que l'on monte ou que l'on descende sur la portée, on retrouve les mêmes notes, mais à des hauteurs différentes. Cette série de notes, dites naturelles, forme une **gamme**.

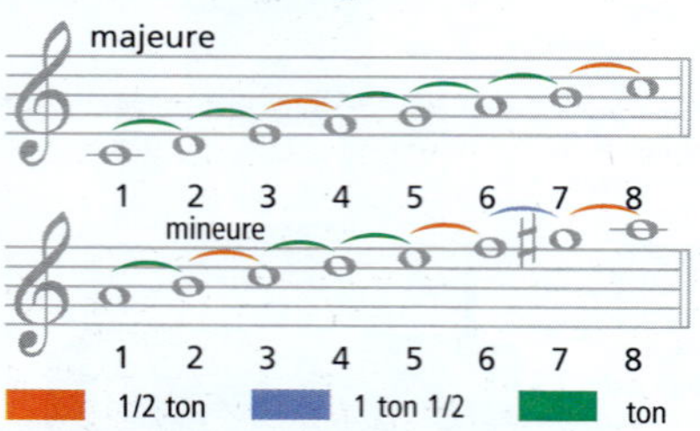

▲ Gammes mineure et majeure

► **Les clés.** Elles se placent au début de la portée. La clé donne son nom à la note placée sur la même ligne. Le nom de cette note étant connu, on peut en déduire le nom des autres notes de la gamme.

▲ Clés

► **Les altérations.** Dans une mélodie, certaines notes peuvent être altérées : le dièse (♯) hausse la note d'un demi-ton ; le bémol (♭) baisse la note d'un demi-ton ; le bécarre (♮) rétablit la note naturelle.

Dans certains morceaux, des altérations (des bémols et des dièses) sont placées à côté de la clé et données une fois pour toutes.

▲ Altérations

► **Les intervalles.** L'intervalle entre deux notes voisines représente un demi-ton. Deux demi-tons forment un ton.

► **Notes modales, notes tonales.** Une gamme se construit en respectant les intervalles entre les différents degrés. Les degrés sont composés par chacun des sept sons de l'échelle musicale. La variation des degrés détermine le mode. L'octave étant divisée en 7 intervalles irréguliers, 5 tons et 2 demi-tons diatoniques ; on appelle « mode » la façon de disposer les 2 demi-tons diatoniques à l'intérieur d'une gamme diatonique. Ces notes sont appelées « notes modales ». Les notes qui ne varient pas sont appelées « notes tonales ». Gamme, accords et degrés constituent la **tonalité**. Il existe deux types de tonalité : les tons **majeurs** (qui donnent une impression de gaieté), les tons **mineurs** (impression de tristesse).

② Rythme, durée et intensité

▸ **Le rythme.** Le rythme est une succession de sons courts et de sons longs, organisée suivant leur durée et leur intensité.

mot italien	traduction française	pulsations par minute
largo	large, ample, très lent	40 à 60
adagio	lent	60 à 80
andante	allant, sans traîner	80 à 120
allegro	vif, rapide	120 à 170
presto	très vif, très rapide	170 à 240

▸ **Le tempo.** Le tempo est la notation du mouvement dans lequel un morceau est écrit ou exécuté, indiquée en début de partition au moyen de termes italiens.

▸ **La mesure, les barres de mesure.** La mesure est la division d'un morceau de musique en parties égales. Cette division est indiquée sur la portée par des barres perpendiculaires.

▸ **Le temps.** Un temps est la division d'une mesure en deux, trois ou quatre parties, etc. Il existe donc : la mesure à deux temps, la mesure à trois temps, la mesure a quatre temps, etc. Pulsation, temps et tempo s'harmonisent à l'aide d'un métronome.

▸ **La valeur des notes**
On classe les notes selon leur durée : la ronde vaut deux blanches, qui valent chacune deux noires, qui valent chacune deux croches, etc.

▸ **Le point.** Le point se place après la note. Il augmente la valeur de cette note de la moitié de sa durée primitive.

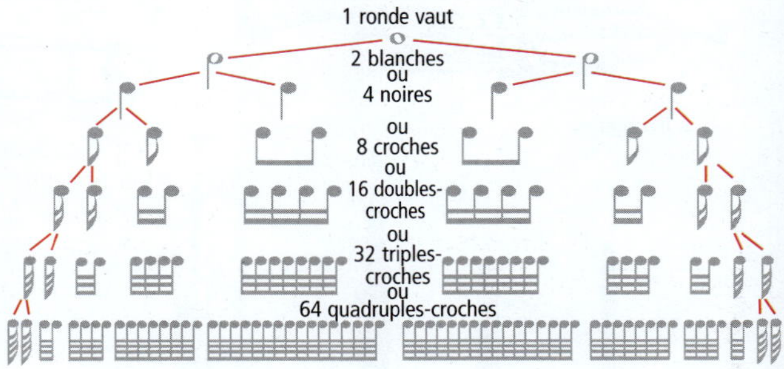

▲ Valeur des notes

note	valeur	note	valeur
ronde pointée	3 blanches	croche pointée	3 doubles-croches
blanche pointée	3 noires	double-croche pointée	3 triples-croches
noire pointée	3 croches	triple-croche pointée	3 quadruples-croches

▲ Valeur des notes pointées

▸ **Le silence.** Le silence est l'absence ou l'interruption du son. La pause ne vaut pas seulement la valeur d'une ronde : elle signifie également le silence d'une mesure entière, quelle que soit cette mesure.

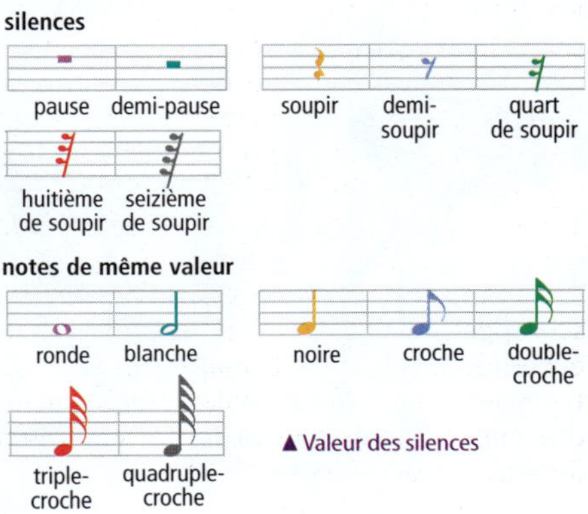

▲ Valeur des silences

▸ **L'intensité.** Les signes indiquant l'intensité sont placés sous la portée. Les signes des intensités stables – indiquant une intensité constante – sont représentés par les initiales de mots italiens :

	pp	*p*	*mf*	*f*	*ff*
italien	*pianissimo*	*piano*	*mezzo forte*	*forte*	*fortissimo*
français	*très faible*	*faible*	*moyennement fort*	*fort*	*très fort*

Les signes des intensités évolutives indiquent une intensité qui varie progressivement :

signe	<	>
italien	*crescendo*	*decrescendo*
français	de plus en plus fort	de plus en plus faible

LES FAMILLES D'INSTRUMENTS

6e → 3e

On classe traditionnellement les instruments en trois familles : les cordes, les vents et les percussions. La musique électronique représente une autre catégorie venue s'ajouter aux premières et qui regroupe les instruments nouveaux.

1 Les vents

On distingue les bois (hautbois) et les cuivres (trompette, cor) selon : leur facture (tuyau percé de trous pour les bois, colonne d'air allongée par des pistons ou par une coulisse pour les cuivres) ; le matériau dont ils sont faits (métal pour les cuivres, bois pour les bois, en général). Attention : quoique en métal, la flûte traversière et le saxophone sont des bois.

◀ Cor chromatique

▲ Trompette

◀ Trombone

▲ Flûte à bec

▲ Flûte traversière

▲ Clarinette

▲ Hautbois

▲ Basson

▼ Orgue

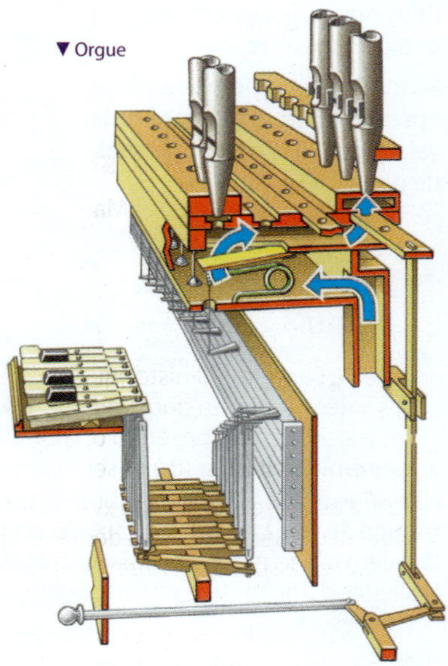

2 Les percussions

Les percussions comprennent les membranophones (tambours, timbales) et les idiophones. On préfère parfois les diviser en instruments produisant des sons assimilables aux notes de la gamme, et en instruments produisant un son complexe, proche du bruit.

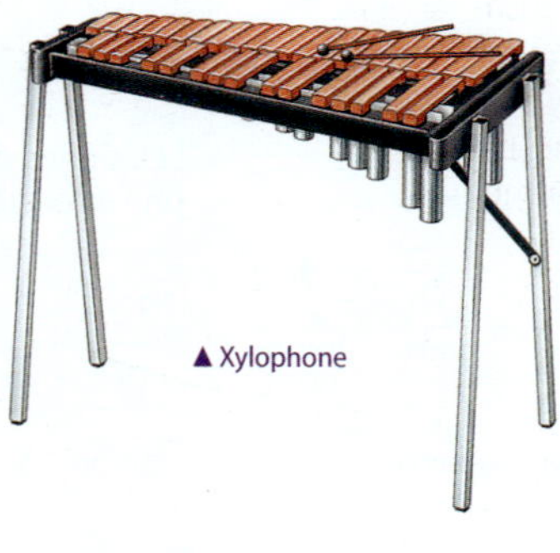

▲ Xylophone

▲ Timbale chromatique

LES FAMILLES D'INSTRUMENTS 6e → 3^{e}

1 Les cordes

On distingue : les instruments à cordes frottées (violon, viole, etc.) ; les instruments à cordes pincées (harpe, guitare, clavecin) ; les instruments à cordes frappées (piano).

▲ Clavecin

Guitare ▲

◀ Violon

◀ Harpe

2 Les nouveaux instruments

Ils comprennent : les ondes Martenot (oscillations électriques) ; le synthétiseur ; l'expandeur.

La disposition des instruments de l'orchestre

Cordes. Fondement historique de l'orchestre symphonique, les cordes forment un ensemble homogène, divisé en cinq parties : premiers et seconds violons, altos, violoncelles et contrebasses. Ces parties se composent d'un nombre d'instrumentistes variable selon les orchestres : 12 à 16 premiers violons, 10 à 14 seconds violons, 8 à 12 altos, 8 à 10 violoncelles, 6 à 8 contrebasses.

Bois. Par 2 jusqu'à la fin du XVIIIe s., les bois (flûtes, hautbois, clarinettes, bassons) sont le plus souvent groupés par 3 ou 4 depuis la fin du XIXe s. (dont flûte piccolo, cor anglais, clarinette basse et contrebasson). Ils forment un ensemble de 12 à 16 musiciens appelé « petite harmonie ».

Cuivres. Comme les bois, les cuivres, par 2 au XVIIIe s. (cors, trompettes), sont devenus nettement plus nombreux au XIXe s. L'orchestre moderne compte généralement 6 cors, 4 trompettes, 4 trombones, 1 tuba. Ils forment la « grande harmonie ».

Harpes. Depuis le romantisme, une ou deux harpes sont parfois intégrées à l'orchestre.

Percussions. Limitée jusqu'à la fin du XVIIe s. à une paire de timbales, la percussion s'est enrichie de nombreux instruments aux XIXe et XXe s. (caisse claire, cymbales, triangle, xylophone, cloches-tubes, gong...).

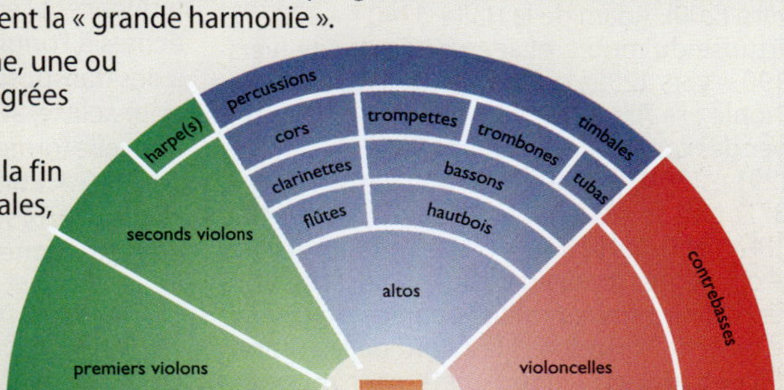

1 Le Moyen Âge (Ve – XVe s.)

▸ **Chant grégorien et plain-chant.** Le chant **grégorien*** est très pur, avec des mélodies nobles, souples, transparentes, élégantes. Son altération donnera le **plain-chant*** des paroisses villageoises, langage naïf et rustique, sans nuance, facile à retenir.

▸ **La polyphonie.** C'est une composition musicale, où plusieurs parties vocales sont superposées en contrepoint. On distingue :

- le **bourdon***, qui est une composition musicale avec une voix fixe chantée, une voix mélodique ;
- l'**organum***, dont l'origine est difficilement datable, qui a été codifié au IXe s. ; c'est une formule d'accompagnement d'une mélodie liturgique appelée « principale », accompagnée d'une voix « organale », le déchant ;
- le **motet***, enfin, qui apparaît au XIIe s. et dont la construction musicale présente une structure à quatre niveaux : au premier, le ténor, ou « teneur », chante gravement, en latin, un texte liturgique ; au deuxième, on célèbre, en français, les vertus d'un chevalier ; au troisième, on parle des charmes d'une aimable bergère ; et au dernier sont menées quelques réflexions morales et satiriques.

▸ **Les neumes.** Au Ve s., les notes étaient désignées par les lettres A, B, C, D, E, F et G (la, si, do, ré, mi, fa, sol). Puis on inventa une série de signes destinés à percevoir les déplacements ascendants ou descendants des notes, les intervalles et le chemin suivi par la phrase musicale : les neumes. Au IXe s., le principe essentiel de la portée (la ligne) et de la clé (la note) est découvert.

▸ **Compositeurs et écoles.** De cette période naissent une école et deux mouvements importants : l'**école de Notre-Dame** développera dès la fin du XIIe s. un idéal esthétique appelé « **Ars Antiqua** », avec des compositeurs comme Léonin (vers 1180), Pérotin, élève de Léonin (vers 1200), Adam de la Halle (1240 ? – 1287 ?), virtuose du motet, et Jean de Garlande (vers 1190 – vers 1255), qui écrira un traité de polyphonie ; l'« **Ars Nova** » lui fera suite au XIVe s., avec des compositeurs comme Philippe de Vitry (1291 – 1361), Guillaume de **Machaut*** (1300 – 1377), puis au XVe s. avec Guillaume **Dufay*** (1400 – 1474) et Gilles Binchois (1400 ? – 1460). À côté de ces genres musicaux religieux se diffuse un genre de musique profane appelée « chanson de geste ». **Trouvères*** (au nord de la France) et **troubadours*** (au sud) mettent en musique des poèmes racontant les exploits de valeureux héros.

▲ Troubadour toulousain (miniature du XIIIe siècle).

2 La Renaissance

▸ **Les grands genres musicaux.** Grâce à l'édition musicale, rendue possible par le développement des techniques d'imprimerie, trois grands genres musicaux s'affirment :

- la musique religieuse, avec la **messe**, vocale et instrumentale, composée sur des textes de l'ordinaire (ensemble de prières qui ne varient pas) et le **motet**, qui est devenu une composition libre sur des paroles latines. On trouve aussi le **cantique**, le **psaume** et le **choral**. Les principaux compositeurs en sont J. **Ockeghem*** (v. 1410 – 1497) et G. P. da **Palestrina*** (1525 – 1594) ;

- la musique instrumentale, qui voit la naissance de nombreux procédés et instruments inédits (des procédés comme pincer, gratter ou frapper une corde ; des instruments comme le clavecin, le violon, etc.) ; ces innovations influencent l'écriture musicale, et des œuvres, écrites à l'origine pour des voix, donnent lieu à des transpositions pour instruments (œuvres pour soliste, au clavier, ou pour quatuor) ; une nouvelle forme de notation apparaît : la **tablature*** ; G. **Gabrieli*** (1557 – 1612) et J. Dowland (1563 – 1626) sont les principaux compositeurs de cette forme musicale ;

- la musique profane, qui se développe dans toute l'Europe, dont on retiendra la **chanson** en France, avec notamment C. Janequin (1485 – 1558), le **madrigal** en Italie, le **lied** en Allemagne, le **song** en Angleterre.

3 L'époque baroque (1600 – 1750)

▸ La musique sacrée
La musique d'église conserve la messe et le motet de la Renaissance et voit se développer un genre appelé « **musique vocale sacrée** ». Elle s'enrichit de l'**oratorio***et de la **Passion***. Claudio **Monteverdi*** (1567 – 1643) et Henry **Purcell** (1659 – 1695) en sont les principaux représentants.

▸ La musique vocale profane
Partis du motet, du madrigal, de l'oratorio et de la cantate, les musiciens du XVIIe s., notamment en Italie, sont arrivés au seuil du théâtre lyrique : l'opéra. L'**opéra*** associe sur scène dramaturgie et musique et exprime les sentiments sur des sujets mythologiques. En Italie, on voit apparaître l'***opera seria*** (« opéra sérieux ») et l'***opera buffa*** (« opéra bouffe »), qui puise ses sources dans la commedia dell'arte et qui est à l'origine du **ballet**. Parmi les représentants de ce genre naissant, on trouve A. **Vivaldi*** (1678 – 1741) et J.-B. Lully (1632 – 1687).

▸ La musique instrumentale
Les instrumentistes cultivent la virtuosité, et leur personnalité s'affirme dans la nuance des interprétations : c'est la naissance de la **sonate***, œuvre composée pour piano seul ou pour deux instruments. Le violon se perfectionne et détrône les violes ; c'est l'époque des grands luthiers de Crémone : Amati, Guarneri et Stradivari. Les compositeurs importants de cette période sont J.-P. **Rameau*** (1683 – 1764), J.-S. **Bach*** (1685 – 1750) et G. F. **Händel*** (1685 – 1759). C'est en 1656 qu'a lieu le premier concert public payant, au Palais-Royal.

4 L'époque classique (1750 – 1830)

Les évolutions. En réaction au baroque, la musique veut maintenant émouvoir en profondeur. Elle n'est plus réservée à une élite. L'écriture musicale va jouer avec la tonalité, les oppositions entre les mouvements, les tensions, les détentes.

▸ La musique religieuse. Dans ce genre, où dominent l'oratorio et la messe, un compositeur est a distinguer : J. **Haydn*** (1732 – 1809).

▸ La musique profane. La **sonate** passe à quatre mouvements : allegro, adagio, menuet, allegro. Les formations en trio, quatuor et quintette apparaissent.

L'**opera buffa** trouve maintenant prétexte dans des histoires contemporaines. G. Rossini (1792 – 1868) en est un représentant, tandis que les deux grands compositeurs de cette époque riche de l'histoire de la musique sont W. A. **Mozart*** (1756 – 1791) et L. van **Beethoven*** (1770 – 1827), qui abordent toutes les formes musicales de leur époque. Celle-ci voit fleurir un genre particulier, les **chants patriotiques**, avec notamment J.-F. Lesueur (1760 – 1837).

◀ Décor de Pietro Tavaglio pour l'*Incontro improviso* de Haydn, 1775.

MUSIQUE

5 L'époque romantique (1830 – 1918)

▸ **Les caractéristiques de l'époque.** Le compositeur romantique exprime ses états d'âme et veut donner la priorité au sentiment et à l'idée. De son côté, l'orchestre s'agrandit : il passe de 90 à 120 musiciens et même plus ; il intègre de nouveaux instruments (clarinette basse, contrebasson...). Le romantisme adopte tous les genres de l'époque classique en les transformant et en les élargissant. Les principales nouveautés sont les suivantes :

• la **pièce brève,** poétique, pour piano, utilisé seul ou accompagné d'une voix ou de cordes, qui permet d'exprimer des sentiments extrêmes, comme dans le cas des *Nocturnes* de F. **Chopin*** (1810 – 1849) ;

• le **lied,** mélodie composée sur des poèmes, où excelle F. **Schubert*** (1797 – 1828) et aussi R. **Schumann*** (1810 – 1856) ;

◂ Portrait de Franz Schubert, 1875, par Wilhelm Rieder.

• le **poème symphonique,** œuvre pour orchestre qui allie l'inspiration poétique à la musique. Le récit y joue un rôle dramatique essentiel comme dans la *Symphonie fantastique* de H. **Berlioz*** (1803 – 1869). Les autres représentants importants en sont F. **Liszt*** (1811 – 1886), P. I. **Tchaïkovski*** (1840 – 1893), G. **Mahler*** (1860 – 1911), N. A. **Rimski-Korsakov*** (1844 – 1908) et M. P. **Moussorgski** (1839 – 1881) ;

• l'**opéra**. Il est conçu comme un drame musical à grand spectacle. Les sujets sont puisés dans les légendes populaires, les contes, etc. Alors que l'opéra italien se construit sur des formes imposées telles que le récitatif et l'aria, l'opéra allemand accorde une prépondérance au rôle de l'orchestre, à l'expression musicale et au mouvement dramatique.

Les principaux compositeurs de ce genre sont G. **Verdi*** (1813 – 1901), G. **Puccini*** (1858 – 1924) et R. **Wagner*** (1813 – 1883).

6 Du XXe siècle à nos jours

▸ **La musique avant 1950.** La musique de film apparaît avec l'invention du cinéma.

Des courants sont annonciateurs d'une rupture :

• l'**impressionnisme** ; essentiellement français, il exprime les états d'âme les plus subtils, sans lyrisme et avec de belles sonorités, raffinées et expressives : C. **Debussy*** (1862 – 1918) et M. **Ravel*** (1875 – 1937) ;

• l'**expressionnisme** ; venu des pays germaniques, il exprime le sentiment intérieur des détresses de l'humanité, sur la base d'une musique tonale et atonale : A. **Schönberg*** (1874 – 1951) et A. **Honegger*** (1892 – 1955) ;

• le **néoclassicisme** ; il opère un retour vers l'esthétique classique et les genres anciens, avec une écriture nouvelle : D. **Milhaud*** (1892 – 1974), I. **Stravinsky*** (1882 – 1971), S.S. **Prokofiev*** (1891 – 1953) et D. **Chostakovitch*** (1906 – 1975).

▸ **La musique après 1950.** L'Europe découvre le jazz, qui aura une grande influence sur des genres à venir (rock, musique pop, etc.). Les médias diffusent à grande échelle la musique de variétés et favorisent la découverte des musiques extra-européennes (musique africaine). L'électrification des instruments joue un rôle accru dans la création. Des genres nouveaux voient le jour avec les applications de l'électronique à la musique :

◂ Duke Ellington, pianiste et compositeur américain, au Bal Paré de Munich, en 1965.

• la **musique sérielle** développe un principe de composition reposant sur la série, où chaque note a un statut égal. Pierre **Boulez*** (né en 1925) est un représentant de ce genre ;

• la **musique électronique,** avec I. **Xenakis*** (19210 ou 1922 – 2001), utilise notamment les ressources offertes par l'informatique ;

• la **musique aléatoire,** où le hasard devient un principe de composition, avec J. **Cage*** (1912 – 1992) comme représentant majeur ;

• la **musique répétitive,** simple, courant d'origine américaine, dont Steve Reich (né en 1936) est un représentant.

LES GRANDS REPÈRES SUR LE PLANISPHÈRE

1 Des lignes remarquables

La **Terre*** est l'une des huit planètes du Système solaire appartenant à la Galaxie, dont la Voie lactée nous offre un aspect. La rotation de la Terre sur elle-même, en 24 heures, explique l'alternance du jour et de la nuit. La révolution de la Terre autour du **Soleil***, qui s'effectue en 365 jours et 6 heures, soit une année, explique l'alternance des **saisons***. Le planisphère est la représentation de notre **planète***, de forme presque sphérique, sur une surface plate, en deux dimensions (voir p. suiv.).

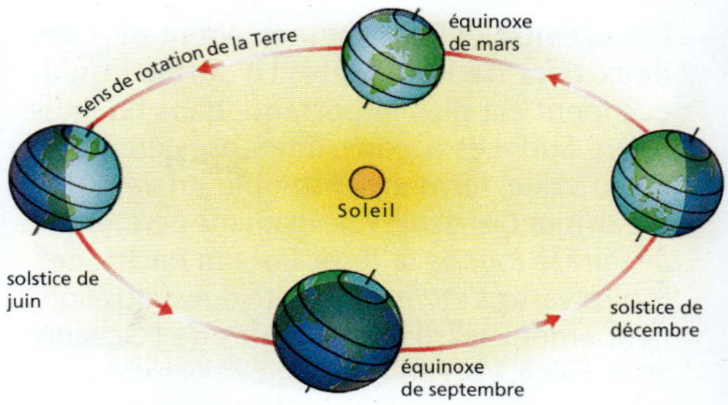

▲ Le principe des saisons.

▸ Équateur, tropique et cercles polaires

L'équateur, cercle imaginaire long de 40 000 kilomètres, sépare la Terre en deux parties égales : l'hémisphère Nord et l'hémisphère Sud. L'équateur est représenté sur le planisphère par une ligne médiane. Chaque hémisphère comporte deux lignes remarquables, parallèles à l'équateur : le tropique et le cercle polaire. Ces quatre parallèles ont été définies en fonction de phénomènes dus à l'inclinaison de l'axe de rotation de la Terre par rapport au plan de son orbite autour du Soleil. Les deux tropiques limitent la zone (intertropicale) où le Soleil peut se situer complètement à la verticale dans le ciel. Il est à son zénith au tropique du Cancer (dans l'hémisphère Nord) le 21 juin, et au tropique du Capricorne (dans l'hémisphère Sud) le 21 décembre. Ces deux journées marquent le début de l'été pour chaque hémisphère. Les deux cercles polaires tracent les limites des deux zones polaires (pôles Nord et Sud), qui ont au moins 24 heures de nuit continue en hiver, et 24 heures de jour continu en été : ainsi, le 21 décembre, le soleil ne se lève pas sur le cercle polaire nord et ne se couche pas sur le cercle polaire sud. La situation est inversée le 21 juin.

2 Les quatre points cardinaux

Le nord est généralement situé en haut du planisphère et de la plupart des cartes. À défaut d'une indication donnant un positionnement différent du nord sur une carte, l'ouest est à gauche, le sud en bas et l'est à droite. Le soleil se lève à l'est (orient) et se couche à l'ouest (occident). Dans l'hémisphère Nord, il est au sud à midi ; dans l'hémisphère Sud, il est au nord à midi.

▸ Latitude et longitude

Chaque point de la planète peut être situé précisément au moyen des coordonnées de latitude et de longitude. La latitude est la distance, exprimée en degrés, entre l'équateur et un point de la Terre ; elle permet de situer tous les points du globe par rapport à l'équateur (qui a une latitude de zéro degré) sur un axe nord/sud. Il y a une latitude de 90° (degrés) vers le nord et une latitude de 90° vers le sud. La latitude 90 degrés nord (90° lat. N.) donne la position du pôle Nord, la latitude 90° sud celle du pôle Sud. La latitude 45° nord est celle des points situés sur le parallèle 45° nord, à égale distance du pôle Nord et de l'équateur. La longitude permet de situer tous les points sur la Terre par rapport au méridien de Greenwich (longitude 0°) sur un axe ouest/est. Il y a 180° de longitude vers l'ouest et 180° de longitude vers l'est. L'antiméridien de Greenwich est le méridien le plus éloigné de celui de Greenwich. Il est situé à 180° de longitude (à la fois ouest et est, puisque la Terre est une sphère).

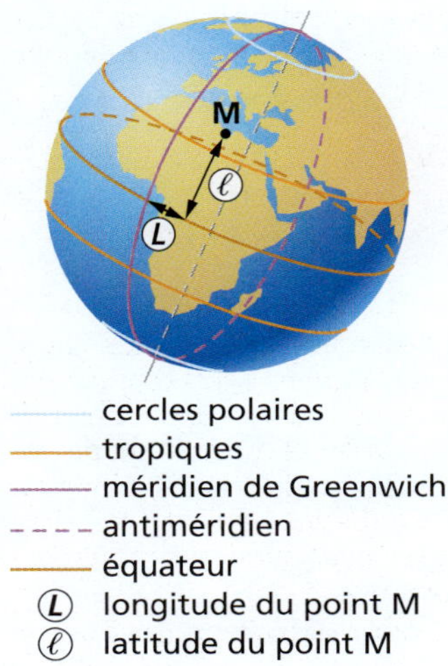

▲ Latitude, longitude et lignes remarquables.

LES OCÉANS ET LES CONTINENTS

1 La planète bleue

Les **océans*** et les mers recouvrent plus des deux tiers de la planète. La surface qu'ils occupent est plus importante dans l'hémisphère Sud. Les océans, immenses étendues d'eau salée, forment ensemble un véritable océan mondial, seule voie maritime permettant de faire le tour de la Terre. L'océan **Pacifique***, le plus vaste, s'étend de la côte ouest du continent américain jusqu'aux côtes de l'Océanie et de l'Asie. L'océan **Atlantique*** s'étend de la côte est de l'Amérique à celles de l'Europe et de l'Afrique. L'océan Indien s'étend de la côte est de l'Afrique à celles de l'Asie et de l'Océanie. L'océan **Arctique*** recouvre la zone polaire nord. L'océan **Antarctique*** entoure le continent Antarctique – son nom ne figure pas toujours sur les cartes, car il représente en fait le prolongement des océans Atlantique, Pacifique et Indien. Les mers sont des étendues d'eau salée plus petites, et plus ou moins fermées par des détroits. Le détroit de Gibraltar sépare ainsi l'océan Atlantique de la mer **Méditerranée***. La mer **Caspienne*** est la seule mer fermée d'importance. La mer d'Aral, autre mer intérieure, est en train de disparaître, en raison des nuisances causées par les aménagements apportés par les hommes.

2 Les continents

Un continent est une vaste étendue de terres, bordée par un ou plusieurs océans. Par convention, on a défini six continents : l'**Afrique***, l'**Amérique***, l'**Antarctique***, l'**Asie***, l'**Europe***, l'**Océanie***. L'Antarctique, situé tout au sud de la planète, est inhabité. Le plus grand continent est l'Asie, dont les limites avec l'Europe sont totalement arbitraires – de nombreux géographes préfèrent parler d'« Eurasie ». L'Europe, du point de vue de la géographie physique, est en quelque sorte un faux continent. L'Amérique est formée par les deux blocs de l'Amérique du Nord (à laquelle on ajoute le Groenland) et de l'Amérique du Sud, joints par l'isthme de Panama en Amérique centrale. L'Océanie est formée par l'Australie et par les îles qui l'environnent ; ses limites avec l'Asie sont, elles aussi, totalement arbitraires. Les limites de l'Afrique sont presque dessinées par ses côtes ; elle est reliée à l'Asie par l'isthme de Suez.

3 L'évolution des océans

Les océans ne sont pas des étendues d'eau immuables. Leur superficie varie dans le temps selon que les continents, portés par les plaques lithosphériques, se rapprochent ou s'éloignent. La mer Rouge est un océan jeune, né il y a seulement 20 millions d'années. L'océan Atlantique s'agrandit lentement. La mer Méditerranée se referme par rapprochement de l'Afrique et de l'Europe.

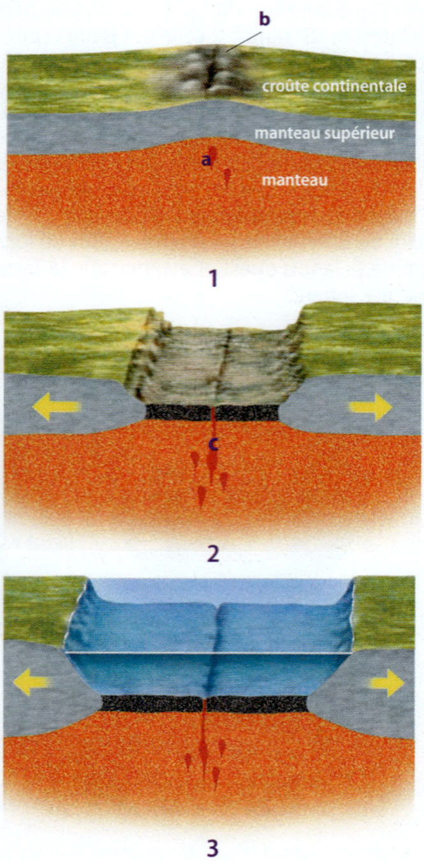

◀ La naissance d'un océan.

Un océan naît à l'intérieur d'un continent :

1. une montée de magma (a) bombe d'abord la croûte continentale, provoquant sa fissuration (b) ;
2. le magma basaltique parvient alors à s'infiltrer jusqu'en surface (c) tout en poussant les deux bords de l'ouverture ;
3. l'ouverture s'agrandit jusqu'à l'envahissement par la mer.

Les formes de relief

Le relief est constitué par l'ensemble des étendues et des dénivellations du sol à la surface de la Terre. L'altitude est calculée par rapport au niveau de la mer. Il existe des régions de basse altitude (moins de 500 mètres au-dessus du niveau de la mer), de moyenne altitude, et de haute altitude (plus de 2 000 mètres). On distingue trois grandes formes de relief : les plaines, les plateaux et les montagnes.

▸ Plaines et plateaux

Les plaines et les plateaux sont des étendues plates. Les plaines sont situées au niveau des grands cours d'eau (rivières ou fleuves) ; les plateaux surplombent ces grands cours d'eau. Certaines hautes plaines peuvent avoir une altitude plus élevée que les bas plateaux. Les plaines côtières sont situées à proximité du littoral ; les plaines fluviales sont situées de part et d'autre d'un grand cours d'eau. Une vallée est une plaine fluviale encaissée au pied d'un relief plus élevé. On appelle « bouclier » un plateau très étendu, situé au cœur d'un continent ; c'est une ancienne montagne aplatie par l'**érosion***.

▸ Montagnes

Les **montagnes*** sont des étendues de surfaces dénivelées. Les massifs anciens (montagnes dites « vieilles ») datent de plusieurs centaines de millions d'années. Leurs sommets ont été érodés par le vent et par les précipitations ; ils sont arrondis, et d'altitude moyenne. Les montagnes dites « jeunes », datant de plusieurs dizaines de millions d'années, forment de grandes chaînes aux sommets pointus et élevés.

Une plaine alluviale

Une rivière au tracé en méandres érode sa rive concave, tandis que des alluvions se déposent sur sa rive convexe. Une crue provoque le dépôt immédiat, de part et d'autre du lit mineur, des galets et des graviers qui forment ainsi des levées ou digues naturelles, tandis que l'inondation du fond de vallée permet la sédimentation par décantation des limons fins en suspension.

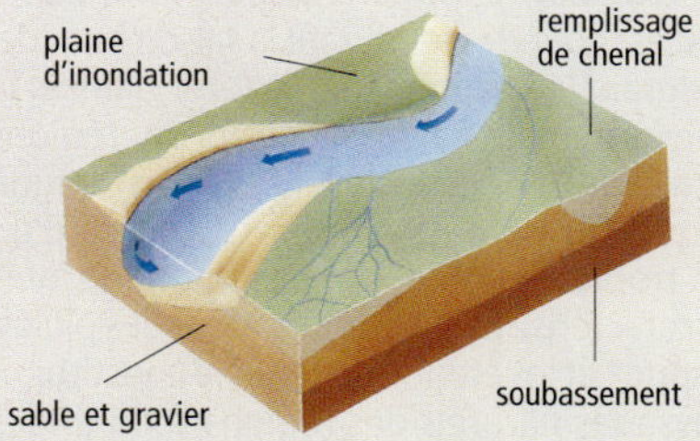

Les principaux sommets	
Asie	
Everest	8 848 m
K2	8611 m
Kangchenjunga	8 586 m
Amérique	
Aconcagua	6 959 m
McKinley (mont)	6 194 m
Afrique	
Kilimandjaro	5 895 m
Europe	
Elbrouz	5 642 m
Blanc (mont)	4 810 m

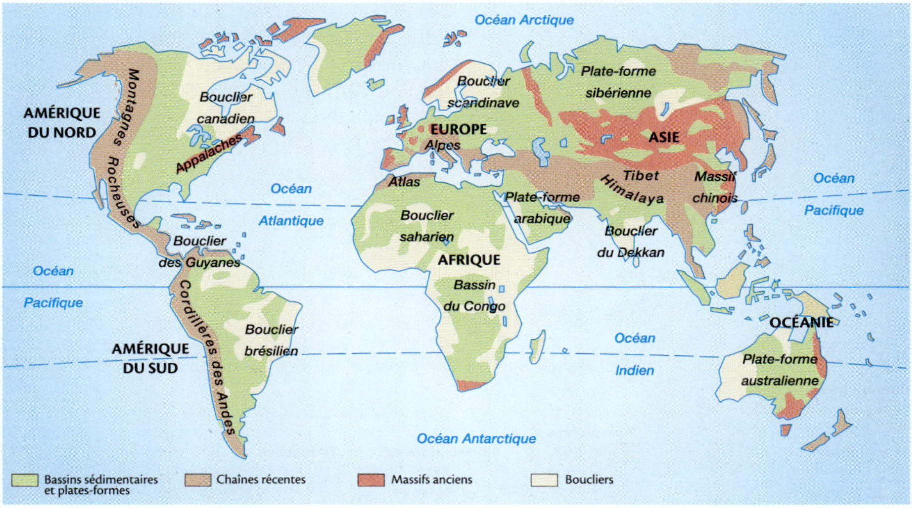

Les différents types de climats

▸ Les zones chaudes

Les zones chaudes de la Terre sont principalement localisées autour de l'équateur, entre les tropiques ou à proximité d'eux. Le Soleil y est toujours haut dans le ciel : il fait donc chaud toute l'année. Le climat **équatorial*** se caractérise par des pluies abondantes et régulières tout au long de l'année. La forêt dense constitue le paysage naturel des régions équatoriales. Le climat **tropical*** se caractérise par l'irrégularité des pluies : abondantes durant la saison humide, rares durant la saison sèche. La forêt claire et la savane forment le paysage naturel des régions tropicales. Au fur et à mesure qu'on s'éloigne de l'équateur, on passe progressivement d'un climat tropical sec à un climat semi-aride, puis aride, caractérisé par l'extrême rareté des pluies. La **steppe*** et les étendues de sable constituent les paysages naturels des régions semi-arides et arides.

▸ Les zones tempérées

Chacune des deux zones tempérées (une dans chaque hémisphère) se situe entre un tropique et un cercle polaire. Les températures baissent au fur et à mesure que l'on s'éloigne d'un tropique pour se rapprocher d'un cercle polaire. Les climats tempérés se caractérisent par l'existence de quatre saisons. Le soleil est haut dans le ciel en été, bas en hiver. Le climat tempéré qui caractérise la limite d'une zone chaude est dit « méditerranéen » : il est marqué par des hivers doux et des étés chauds et secs. Les paysages de **garrigue*** et de forêt claire constituent les paysages naturels des régions méditerranéennes. Le climat des régions tempérées situées près d'un océan aux forts courants est dit « océanique ». Les courants marins et les vents y ont un rôle modérateur : les hivers y sont moins froids, les étés moins chauds. Le climat océanique présente des pluies abondantes. Les paysages de prairies, de landes, de forêts de feuillus constituent les paysages naturels des régions océaniques. Au fur et à mesure qu'on s'éloigne de l'océan, on passe progressivement du climat océanique à un climat continental, en passant par un climat semi-continental. Les pluies deviennent moins importantes. Le climat des régions tempérées situées à l'intérieur d'un continent est dit « continental ». Les étés y sont chauds, mais les hivers, particulièrement rudes : l'amplitude entre les températures hivernales et estivales y est donc élevée. Dans les régions proches des cercles polaires et dans les montagnes, le froid et la neige deviennent des caractères dominants du climat continental. La prairie, la **steppe*** et la forêt de conifères (appelée « **taïga***») constituent les paysages naturels des régions continentales.

▸ Les zones froides

Deux zones froides s'étendent entre chaque pôle et chaque cercle polaire. Le soleil est bas dans le ciel, et le froid, permanent toute l'année. La « **toundra***» et les étendues de neige sont les paysages naturels des régions froides.

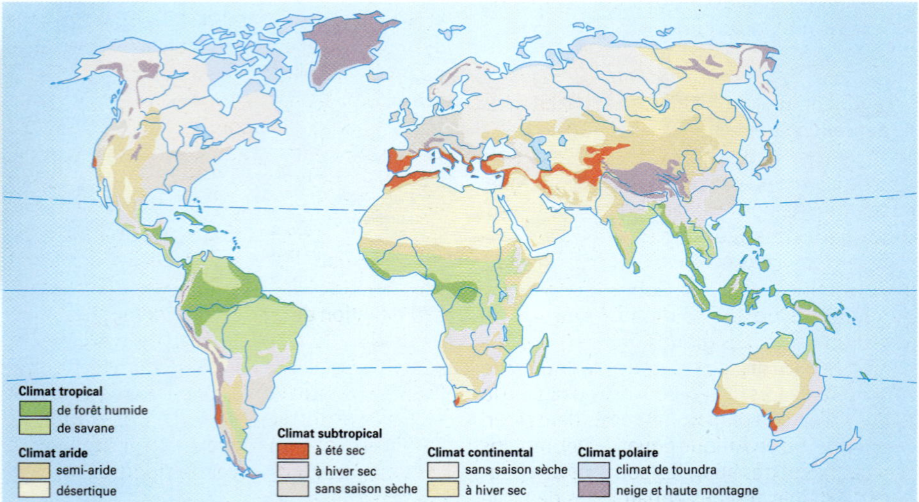

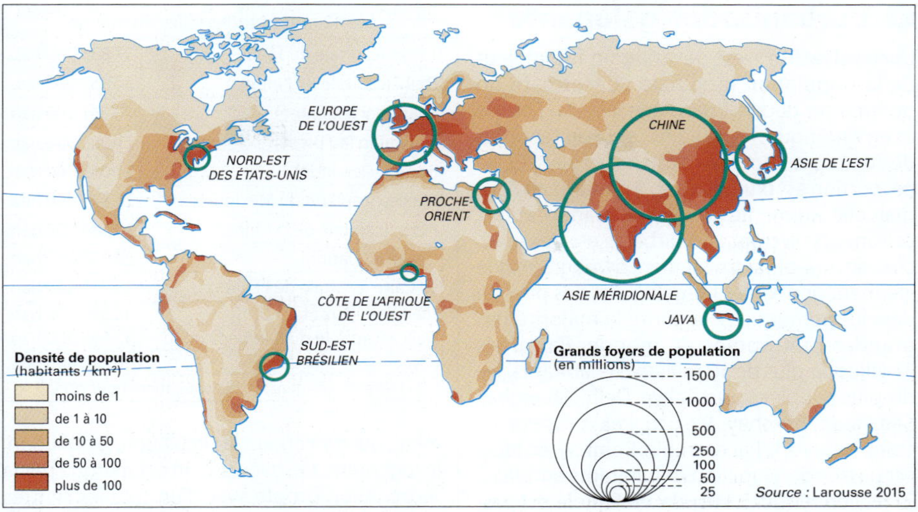

▲ Densités et foyers de peuplement.

Plus de sept milliards d'habitants mal répartis

▸ De grands écarts de densité

Le mot « densité » désigne en géographie le nombre d'habitants par km^2. Certaines régions du monde présentent de fortes densités (plus de 100 habitants au km^2), d'autres, de faibles densités (moins de 10 habitants au km^2). Ces différences s'expliquent soit par des causes naturelles, soit par des causes humaines, ou par le cumul de ces causes. On trouve les plus faibles densités dans les zones climatiques très froides ou très arides, milieux hostiles, impossibles ou difficiles à aménager pour y vivre.

▸ Données climatiques et action de l'homme

Le continent **Antarctique*** n'est pas habité. Les immenses espaces du Grand Nord du **Canada***, du **Groenland***, de la **Sibérie***, de l'extrême nord de l'Europe, l'extrême sud de l'Amérique, les hautes chaînes montagneuses (Himalaya, Andes...) sont très peu peuplés, à cause du froid et de la violence des vents. Certaines régions arides, comme le désert de Gobi ou la Mongolie, cumulent les obstacles d'un froid et d'une chaleur intenses. Les grands **déserts*** chauds comme le **Sahara*** ou le centre de l'Australie présentent de très faibles densités en raison du manque d'eau. La plupart des forêts denses (en **Amazonie*** ou en Afrique équatoriale), régions très chaudes et très humides, sont très peu peuplées. Certaines régions équatoriales de l'Asie sont cependant parmi les régions les plus densément peuplées : l'Indonésie, par exemple. L'action exercée par les hommes sur le milieu géographique a donc au moins autant d'importance que le climat dans la densité de la population.

▸ Les grands foyers de population

On recense neuf grandes zones de peuplement continu, ou foyers de population, supérieures à 100 millions d'habitants. Toutes sont situées en bordure d'un océan. Les quatre foyers de l'Asie concentrent plus de la moitié de la population mondiale. La permanence de civilisations et de pays qui ont aménagé l'espace depuis plusieurs millénaires, une natalité élevée, ainsi que la culture du riz expliquent ces fortes densités. L'histoire de l'Europe occidentale et son développement économique depuis plusieurs siècles en font un grand foyer de population. L'existence d'importantes zones de peuplement au nord-est des États-Unis, ou encore au sud-est du Brésil, est due aux arrivées successives, pendant les XIXe et XXe siècles, d'émigrés européens, suivies d'un fulgurant essor urbain. L'accélération de la croissance démographique, à partir de la seconde moitié du XIXe siècle, a fait du golfe de Guinée un nouveau grand foyer de population. L'histoire ancestrale du « Croissant fertile », la force des traditions natalistes font du Moyen-Orient, de l'Iran à l'Égypte, un grand foyer de population, malgré son climat aride.

GÉOGRAPHIE

1 L'urbanisation galopante

L'**urbanisation*** est devenue un fait majeur de la population mondiale : désormais, un homme sur deux vit dans une ville. En Europe et en Amérique, les citadins représentent plus de 70 % de la population totale des pays. Cette proportion est plus faible en Afrique et en Asie, mais elle augmente rapidement dans ces deux continents : la croissance urbaine est très forte. L'exode rural et l'accroissement démographique viennent gonfler les mégalopoles des pays en développement. L'Asie abrite la majorité des grandes métropoles du monde. Parmi les 21 villes de plus de 10 millions d'habitants, les dix plus peuplées sont Tokyo, Delhi, Shanghai, Sao Paulo, Bombay, Mexico, Pékin, Osaka, Le Caire, New York. Par exemple, Bombay, en Inde, est passée de 10 millions d'habitants en 1985 à 21 millions en 2015. Luanda, en Angola, est passée de 800 000 habitants au début des années 1980 à 5,5 millions aujourd'hui.

Les habitants des villes - les citadins - travaillent dans l'industrie et les services. Dans les métropoles très peuplées, de nombreux gratte-ciel ont été construits : ils permettent d'augmenter la densité de la population. La croissance des aires urbaines s'étend aussi sur les campagnes environnantes : c'est la périurbanisation. Cela entraîne de nouvelles difficultés : transports accrus, disparition des terres agricoles, nécessité de nouveaux services aux habitants.

Les 12 plus grandes villes du monde	
Tokyo (capitale du Japon)	37 833 000 hab.
Delhi (capitale de l'Inde)	24 953 000 hab.
Shanghai (en Chine)	23 741 000 hab.
Sao Paulo (au Brésil)	21 066 000 hab.
Bombay (en Inde)	21 043 000 hab.
Mexico (capitale du Mexique)	20 843 000 hab.
Pékin (capitale de la Chine)	20 384 000 hab.
Osaka (au Japon)	20 238 000 hab.
Le Caire (capitale de l'Égypte)	18 772 000 hab.
New York (aux États-Unis)	18 593 000 hab.
Dacca (capitale du Bangladesh)	17 598 000 hab.
Karachi (au Pakistan)	16 618 000 hab.
Les chiffres concernent les agglomérations pour 2015.	

2 Améliorer les villes

Pôles d'échanges et de richesses politique, économique et culturelle, les grandes agglomérations du monde sont confrontées à des questions majeures d'urbanisme et d'aménagement, qui concernent la circulation, la pollution, le logement. L'espace urbain est marqué par la ségrégation sociale avec d'un côté les centres d'affaires, les quartiers résidentiels bourgeois et de l'autre des zones de pauvreté. Aujourd'hui, près d'un milliard d'hommes, notamment dans des villes d'Afrique et d'Asie, s'entassent avec des revenus précaires dans des bidonvilles, qui manquent des équipements élémentaires : eau potable, électricité, voirie en état, assainissement. Beaucoup d'enfants sont livrés à eux-mêmes et vivent dans la rue. Certaines banlieues européennes, d'anciennes zones industrielles aux États-Unis ou des centres-villes déshérités sont ou deviennent des ghettos sociaux ou ethniques.

C'est pourquoi l'attention se porte aujourd'hui vers le **développement durable***, qui permettrait d'agir à la fois sur les déplacements en transports en commun, la construction de bâtiments à basse consommation, le tri sélectif des déchets, les écoquartiers.

◀ L'étalement urbain mange les terres agricoles.

GÉOGRAPHIE

1 Les grandes migrations de population

Le monde compte environ 230 millions de migrants internationaux (soit un peu plus de 3 % de la population mondiale). La plupart d'entre eux ont quitté leur pays dans l'espoir d'améliorer leur situation matérielle et celle de leur famille. Si les pays d'origine sont donc moins développés économiquement que les pays d'accueil, seuls 37 % des migrations dans le monde ont lieu d'un pays en développement vers un pays développé. La destination est ainsi moins souvent un pays développé qu'un autre pays en développement offrant un niveau de vie plus élevé ou davantage d'emplois. Par ailleurs, la majorité des mouvements migratoires sont internes aux différents continents. L'Asie vient en tête avec 30 % des migrants internationaux (dont 8 % dans les pays du Golfe), suivie de l'Amérique du Nord (26 %), de l'Europe (26 %) et de l'Afrique (10 %). En Europe (qui compte près de 9 % d'immigrants contre 3 % en 1960), environ 54 % sont originaires de ce même continent, 27 % d'Asie, et 12 % d'Afrique. En France (8 % d'immigrés), ces proportions sont respectivement autour de 40 %, 14 % et 43 % (30 % du Maghreb).

On estime à 14 millions le nombre de réfugiés ayant fui leur pays pour des raisons liées à des conflits ou à l'insécurité. Par ailleurs, beaucoup plus de personnes se déplacent à l'intérieur de leur pays que vers l'extérieur : ils seraient quelque 740 millions.

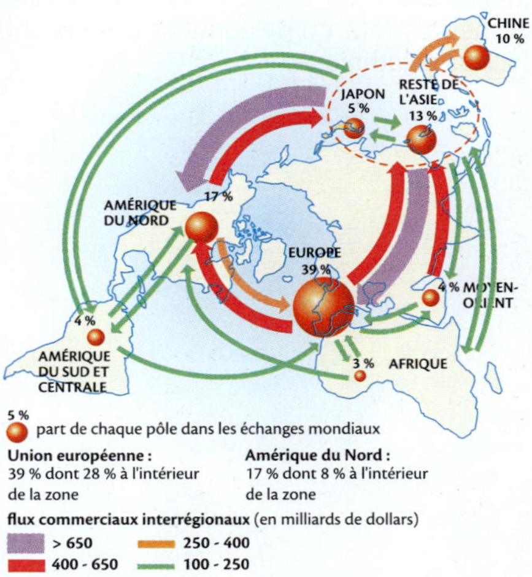

▲ Les échanges commerciaux internationaux.

Après une période de forte croissance pendant laquelle l'immigration a été favorisée, à partir de la crise économique de la fin des années 1970, les pays industrialisés ont multiplié les obstacles à l'entrée des ressortissants étrangers. Corrigeant quelques idées reçues sur cette question et montrant l'effet bénéfique de la mobilité internationale sur le développement économique et social, le Rapport mondial sur le développement humain préconise la levée des barrières avec des mesures d'accompagnement.

2 Les flux de marchandises, de capitaux et d'informations

Depuis le milieu des années 2000, la Chine a émergé dans le commerce international dominé jusqu'alors par la « triade » U.E./États-Unis/Japon. Les pays développés pratiquent entre eux des échanges commerciaux équilibrés, fondés sur la libre concurrence des entreprises et le libre choix des consommateurs. Les pays développés du Nord achètent aux pays en développement (P.E.D.) du Sud certaines denrées alimentaires (café, bananes...), des matières premières (caoutchouc, fer, phosphates...) et des sources d'énergie (hydrocarbures, uranium, charbon...) contre des produits finis à forte valeur marchande (automobiles, ordinateurs, machines agricoles) – qu'ils vendent aux pays du Sud. Mais, dans le cadre de cet échange, les pays du Sud accumulent de lourdes dettes envers les pays du Nord. En outre, les entreprises européennes et nord-américaines délocalisent de plus en plus une partie de leur production vers l'Asie, où elles bénéficient d'une main-d'œuvre à très bon marché.

Les flux d'argent sous toutes les formes (espèces, chèques, cartes de crédit...) s'intensifient. Le dollar reste la monnaie de référence internationale. Avec l'essor fulgurant des moyens de communication, toutes les informations (texte, image, son) circulent désormais en temps réel entre les continents. Le téléphone, la télévision par satellite, Internet rapprochent les hommes de la planète. Ils assurent aussi la domination des États-Unis, dont quelques entreprises possèdent la plupart des brevets d'invention et d'exploitation.

1 Richesse et pauvreté à l'échelle de la planète

Le revenu national brut par habitant mesure le niveau de vie moyen des habitants d'un pays. On classe les économies en quatre catégories : celles à faible revenu (autour de 700 dollars ou moins par habitant et par an) comprennent 20 pays dont 19 en Afrique et 1 en Asie. Celles à revenu moyen inférieur (de 700 à 3 000 dollars environ) incluent 41 pays d'Afrique noire (Burkina, Cameroun), du Maghreb (Tunisie), d'Asie – dont l'Inde – ainsi que d'Amérique centrale (Honduras, Nicaragua). Dans les 52 pays à revenu moyen supérieur (de 3 000 à 9 000 dollars), on trouve certains États d'Afrique (Angola), d'Amérique latine (Paraguay, Équateur, Pérou), d'Asie (Chine, Indonésie) mais aussi d'Europe comme l'Ukraine ou la Bulgarie. Enfin, le groupe à revenu élevé, supérieur à 9 000 euros, comprend tous les pays les plus développés (71) d'Amérique du Nord, d'Europe occidentale et du Moyen-Orient. Plus de 110 pays sont en développement. L'indicateur de développement humain (I.D.H.), qui combine l'espérance de vie, le niveau d'éducation et le revenu moyen par habitant, confirme les écarts entre pays riches et pays déshérités. La plus grande partie des populations des pays les plus pauvres n'ont pas accès à l'eau courante ni à des médicaments bon marché. La malnutrition touche plus d'un milliard d'êtres humains dans le monde et environ 700 millions d'adultes (15 ans et plus) sont analphabètes. L'éducation des populations, indispensable au développement économique, est une priorité encore insatisfaite dans de nombreux pays, notamment l'éducation des filles, trop souvent sacrifiée, alors que l'un de ses bénéfices est la baisse de la fécondité. Ainsi des pays d'Asie comme **Singapour***, la **Corée du Sud*** et **Taïwan***, dont la croissance démographique a baissé rapidement, ont-ils pu passer de la catégorie de pays en développement à celle de pays développés.

2 Richesse et pauvreté à l'intérieur des pays

Dans de nombreux pays en développement (P.E.D.), les richesses produites et les échanges avec les pays développés ne profitent qu'à une minorité. La majorité des personnes vivent dans des campagnes surpeuplées (en Asie) ou dans des bidonvilles, avec des revenus précaires. Le **chômage*** touche parfois plus de la moitié de la population active. Beaucoup d'enfants sont livrés à eux-mêmes et vivent dans la rue.

Dans les pays développés, la répartition des richesses est moins déséquilibrée, du fait de l'existence d'une importante classe moyenne, ayant accès aux études supérieures. Mais, dans les pays riches, on trouve aussi de nombreux exclus de la société de consommation. Depuis le milieu des années 1970, avec l'augmentation du chômage en particulier, les inégalités sociales ne cessent de s'accentuer dans les pays développés. Le nombre de personnes « sans domicile fixe » et privées de soins y a considérablement augmenté depuis vingt-cinq ans. Certaines banlieues européennes, d'anciennes zones industrielles aux États-Unis ou des centres-villes déshérités sont ou deviennent des ghettos sociaux ou ethniques.

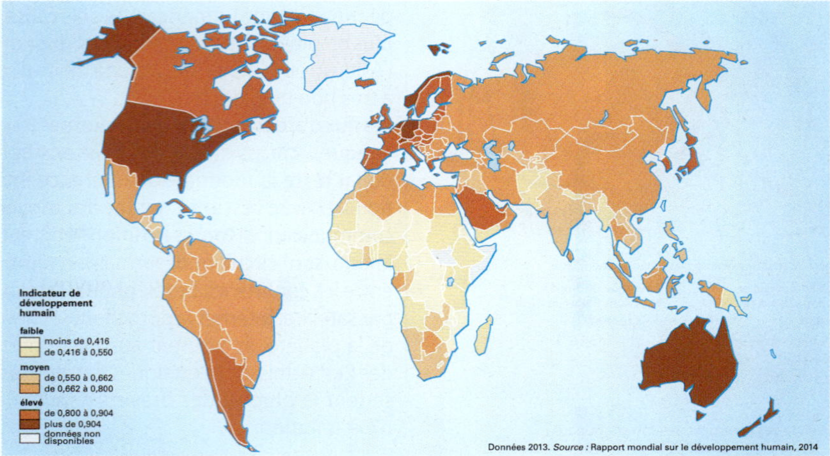

▲ Planisphère du développement.

La sécurité alimentaire mondiale dépend de l'augmentation des productions agricoles et de leur qualité pour éviter la sous-alimentation et les famines.

1 L'accès à l'eau

Ressource vitale, l'eau est une **ressource menacée**. L'eau douce est une ressource partiellement renouvelable et inégalement répartie. La consommation d'eau douce a été multipliée par 7 en 40 ans. Cette demande croissante entraîne une surexploitation des ressources qui a des conséquences néfastes sur l'environnement : assèchement des zones humides, épuisement des nappes phréatiques, désertification de certaines régions.

11 % de la population du monde n'a pas accès à l'eau potable. Parmi les pays qui y ont le moins accès figurent de nombreux pays d'Afrique, comme le Mali, l'Éthiopie. La rareté de l'eau peut engendrer des **conflits**. La consommation varie énormément selon les pays, de 20 litres par jour et par habitant à Haïti à 700 aux États-Unis. L'industrie est fortement consommatrice d'eau : il faut 80 litres d'eau pour fabriquer 1 kg de sucre, 300 litres pour 1 kg de papier.

2 Les océans

La gestion et le partage des ressources océaniques constituent un enjeu et une source de rivalités entre les États. La **surexploitation** des zones de pêche conduit à la très forte diminution du nombre de poissons comestibles.

◄ L'eau est une ressource menacée et la surpêche met les poissons en péril.

3 L'atmosphère

Les activités humaines et économiques ont un impact sur l'atmosphère, de l'échelle de la Terre (changement climatique) à l'échelle d'une ville (pollution de l'air urbain). La pollution de l'air provient des fumées industrielles, du chauffage, des gaz d'échappement des véhicules. Ces déchets produisent des hydrocarbures et des dioxydes d'azote.
Ces deux composants agissent à leur tour pour donner un polluant nocif pour la santé : **l'ozone**.

La Terre vue de l'espace. Photo prise par le satellite Météosat. ►

4 L'énergie

L'**énergie*** est utilisée pour l'industrie, les transports, pour s'éclairer, pour se chauffer. La consommation mondiale d'énergie connaît une hausse accélérée.

► Les énergies fossiles

Les énergies fossiles ne sont pas renouvelables (elles sont en quantité limitée sur la Terre et s'épuisent) : le pétrole, le charbon, le gaz naturel, l'énergie nucléaire. Le trafic de pétrole et de gaz se fait par bateau ou par conduites. L'éloignement entre les foyers de production d'énergie, principalement le Moyen-Orient, et les principales zones de production suscite des tensions et accélère la recherche d'autres sources d'énergie. L'énergie nucléaire peut être dangereuse et laisse des déchets radioactifs.

► Les énergies renouvelables

Les énergies renouvelables, qui proviennent du soleil, du vent, des marées, de la chaleur du sous-sol, ne couvrent qu'une petite partie de la consommation d'énergie. Leur utilisation s'effectue en lien avec le **développement durable***.

1 Les États-Unis et le monde

Les **États-Unis*** représentent l'unique « superpuissance » du monde. Leur hégémonie repose sur la puissance de leur armée, sur une technologie de très haut niveau et sur l'implantation de grandes multinationales (Coca-Cola, McDonald's, Disney, Microsoft...) dans le monde entier. Les États-Unis arrivent largement en tête de l'ensemble des pays, à la fois pour la production agricole et industrielle et pour les prestations de services. Leur immense territoire (9 millions de km²) bordé par deux grandes façades maritimes, recèle d'énormes ressources énergétiques et minières. Les richesses agricoles permettent de subvenir largement aux besoins des 316 millions d'habitants et de vendre les excédents dans le monde. L'économie américaine bénéficie de l'arrivée continuelle d'immigrants, ce qui permet d'augmenter la quantité et la qualité de la production. Les États-Unis se sont dotés d'un vaste réseau de voies de communication reliant de grandes agglomérations. Grâce à la mobilité de la population, les entreprises américaines peuvent se déployer sur l'ensemble du territoire. Si de nombreuses activités ont leur siège dans le Sud ou en **Californie***, la mégalopole de la région de New York concentre encore une grande part de la production. Une partie des États du Sud et de l'Ouest composent la *sun belt* (« ceinture du soleil »), qui attire les populations les plus aisées. New York fait toujours figure de « capitale du monde » ; son centre, Manhattan, qui est aussi le siège de l'**O.N.U.***, réunit tous les pouvoirs : économique (sièges sociaux des groupes internationaux), financier (Bourse de Wall Street, banques), scientifique et culturel (médias, universités, laboratoires, musées...). Les États-Unis favorisent le libre échange des produits (la « mondialisation ») parce qu'ils détiennent la suprématie dans le domaine des nouvelles technologies de la société postindustrielle.

2 La Chine et l'Inde

La **Chine*** et l'**Inde*** sont deux géants démographiques (respectivement 1,3 et 1,2 milliard d'habitants) et deux puissances nucléaires. Par le dynamisme de certains de leurs secteurs, leurs progrès technologiques et leur rang économique global (2e et 9e respectivement par leur revenu national brut, R.N.B.) elles peuvent être considérées comme des pays émergents mais leur revenu moyen par habitant les place encore parmi les pays en développement. La Chine s'est développée à un rythme très soutenu depuis qu'elle a rompu son isolement et en partie privatisé son économie à partir de la fin des années 1970 mais son développement rapide (1er exportateur mondial) reste contrôlé par le parti communiste toujours au pouvoir tandis que l'Inde, la « plus grande démocratie du monde » se modernise plus lentement et reste marquée par son système des castes dont seules les plus privilégiées peuvent accéder aux fruits de la croissance. Leur développement se concentre cependant dans certaines régions tandis que se creusent les inégalités entre les campagnes et les zones urbanisées.

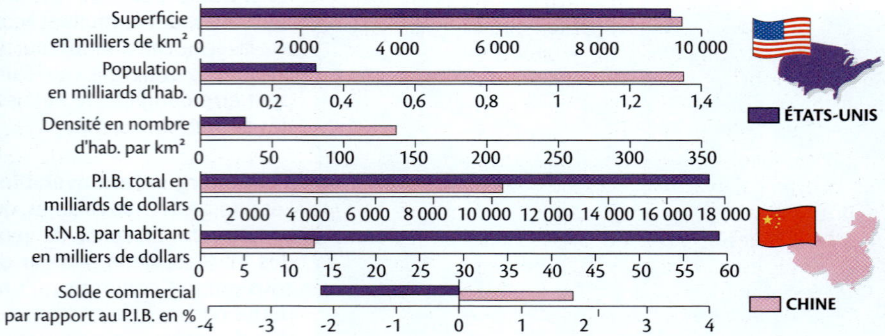

▲ D'une superficie à peu près équivalente à celle des États-Unis, la Chine est quatre fois plus peuplée, mais sa richesse produite est deux fois moindre globalement, et quatre fois moindre par habitant. Sa balance commerciale offre un solde positif, contrairement à celle des États-Unis, qui présente un déficit.

L'UNION EUROPÉENNE

◄ L'Union européenne en construction.

❶ De six pays à vingt-huit en un demi-siècle

En 1951, six pays (République fédérale d'Allemagne, Belgique, France, Italie, Luxembourg, Pays-Bas) décident de mettre en commun leur production de charbon et d'acier. En 1957, ils signent ensemble le traité de **Rome***, instituant la **Communauté économique européenne***, ou Marché commun, qui réduit en particulier les droits de douane entre ces pays. La C.E.E. développe une politique agricole commune. En 1992, le traité de **Maastricht*** est signé par douze pays : il renforce la cohésion de la C.E.E., qui devient désormais l'Union européenne. Aujourd'hui l'U.E. est un grand marché, formé par vingt-huit pays, où circulent librement les marchandises, les capitaux et les habitants de ses États membres. Le 1er janvier 1999, l'euro est devenu la monnaie officielle unique d'une grande partie des États de l'Union (mise en circulation des billets et des pièces le 1er janvier 2002). La production des vingt-huit pays fait de l'U.E. la première puissance économique mondiale. Une grande partie des législations nationales dépend désormais des décisions prises au niveau européen mais l'union politique reste cependant encore à construire. Après le rejet par les Français et les Néerlandais d'un projet constitutionnel en 2005, le traité de Lisbonne, signé en décembre 2007 et entré en vigueur, après ratification, le 1er décembre 2009, contribue notamment à étendre les attributions du Parlement européen (déjà élu au suffrage universel direct), à limiter les décisions prises à l'unanimité par les chefs d'État et de gouvernement (réduisant ainsi leur pouvoir de blocage) et à renforcer le rôle international de l'Union européenne.

❷ Le cœur économique de l'Union européenne

Le centre économique de l'U.E. va du sud du Royaume-Uni au nord de l'Italie, en englobant le Bénélux, l'ouest de l'Allemagne et l'est de la France. Cette zone, qui s'étend sur un peu plus d'un millier de kilomètres, cumule les plus fortes densités de population, les plus grandes concentrations industrielles, les plus grands centres financiers et tertiaires et les plus grands réseaux de communication. L'axe rhénan (ligne sur laquelle se trouvent les principales agglomérations, néerlandaises et allemandes) en constitue l'axe principal. L'Allemagne est le pays le plus peuplé (81 millions d'habitants) et la première puissance économique de l'U.E. La France (66 millions d'hab.), le Royaume-Uni (64 millions d'hab.) et l'Italie (61 millions d'hab.) ont une population équivalente. Les grands pays de l'U.E. sont à l'origine d'importants succès technologiques comme **Airbus*** et **Ariane***. Les pays de l'ouest de l'U.E. traditionnellement les moins développés, comme l'Espagne (46 millions d'habitants), le Portugal et l'Irlande, ont modernisé leur économie grâce à un afflux de capitaux. L'intégration à l'Union des pays du Nord (Danemark, Suède), dont les politiques sociales ont valeur de modèles, est encore inachevée.

1 Quelques grands repères

La **France***, avec 550 000 km², est le plus vaste des pays de l'Union européenne. Carrefour entre le nord et le sud de l'Europe, elle a le privilège d'avoir plusieurs façades maritimes : sur la Méditerranée, l'océan Atlantique, la Manche et la mer du Nord. La France a des frontières avec cinq pays de l'Union européenne et avec la Suisse. Les frontières terrestres s'étendent sur 2 970 kilomètres, dont 1 750 kilomètres de montagne (Alpes, Jura, Pyrénées). La France est principalement un pays de plaines (Bassin **parisien*** et Bassin **aquitain***) et de plateaux (plus des deux tiers du territoire sont en dessous de 250 m). On y trouve aussi des massifs anciens (**Massif central***, Massif **armoricain***, **Vosges***) et des montagnes jeunes (**Alpes*** et **Pyrénées***) – les plus élevées, dans la moitié sud. Ces montagnes sont souvent bordées ou pénétrées par des vallées (Rhône), voies de circulation et de peuplement. La forêt occupe environ le quart du territoire.

2 Le climat océanique domine

Située à mi-chemin entre le pôle et l'équateur, la France bénéficie d'un climat tempéré à dominante océanique. Les précipitations annuelles sont généralement comprises entre 500 et 1 000 mm, assez régulièrement réparties dans l'année. Ces caractéristiques sont à nuancer régionalement. Le climat est tempéré à l'ouest, avec des hivers frais, des étés doux et de faibles écarts de température, semi-continental à l'est, avec des hivers froids et des étés chauds et orageux, méditerranéens au sud-est, avec des hivers doux et des étés chauds et secs, et montagnard dans les zones situées à plus de 1 000 mètres d'altitude. Certains milieux présentent davantage de contraintes : l'irrigation est nécessaire autour de la Méditerranée, où la forêt est dégradée et menacée par les incendies et l'érosion, le milieu montagnard a de fortes pentes et des hivers froids et enneigés.

3 La France d'outre-mer

La France compte 80 000 km² de territoires ultramarins. Ces territoires sont répartis sur les cinq continents et les trois océans. Ils sont insulaires (sauf la Guyane), donc soumis aux contraintes de l'isolement, et tropicaux. Ils sont exposés aux risques : séismes, volcanisme, cyclones. La zone économique exclusive (Z.E.E.) de ces territoires ultramarins s'étend en mer sur 100 000 km².

Cours d'eau, îles, lacs, sommets français	
Cours d'eau	**longueur en km**
Rhin (190 km sur la frontière française)	1 320
Loire	1 020
Meuse (450 km en France)	950
Rhône (522 km en France)	812
Seine	776
Garonne	650
Moselle	550
Marne	525
Lot	480
Saône	480
Dordogne	472
Doubs	430
Allier	410
Tarn	375
Charente	360
Cher	350
Vienne	350
Lacs	**superficie en km²**
Lac Léman (partagé avec la Suisse)	582
Lac d'Hourtin-Carcan	58
Lac du Der-Chantecoq	48
Lac du Bourget	45
Lac de Grand-Lieu	37
Lac de Serre-Ponçon	30
Lac d'Annecy	27
Îles	**superficie en km²**
Corse	8 620
Oléron	175
Belle-Île	90
Ré	85
Noirmoutier	48
Sommets	**altitude en m**
Alpes	
Mont Blanc	4 810
Dôme du Goûter	4 304
Grandes Jorasses	4 208
Aiguille Verte	4 122
Barre des Écrins	4 102
Aiguille du Géant	4 013
Meije	3 983
Mont Pelvoux	3 946
Grande Casse	3 852
Ventoux	1 909
Pyrénées	
Pic de Vignemale	3 298
Pic du Marboré	3 253
Pic de Néouvielle	3 091
Jura	
Crêt de la Neige	1 718
Massif central	
Puy de Sancy	1 885
Plomb du Cantal	1 855
Puy Mary	1 787
Vosges	
Grand Ballon	1 424
Corse	
Monte Cinto	2 710

LA FRANCE HUMAINE

1 Quelques grands repères

Avec 66 millions d'habitants sur 550 000 km², la **France*** métropolitaine est assez peu densément peuplée. On trouve de fortes densités de population sur tous les littoraux et les vallées fluviales (Seine, Rhône, Loire, Garonne, Rhin). Les agglomérations industrialisées de longue date (Paris, Lyon, Marseille, Lille, bassins miniers du Nord et de Lorraine...) présentent les densités les plus importantes. Les régions à forte croissance dépendent de villes attractives ; elles sont situées dans le Sud-Est (Grenoble, Nice, Montpellier), dans le Sud-Ouest (Toulouse, Bordeaux) et dans l'Ouest (Nantes, Rennes).

60 % de la population vit sur 8 % du territoire. Des Ardennes, dans le Nord-Est, aux Pyrénées, dans le Sud-Ouest, les régions sont beaucoup moins peuplées. Le Sud et l'Ouest, au cadre de vie agréable et parfois ensoleillé, s'accroissent, au détriment du Centre, déjà peu peuplé, et du Nord. Les régions situées à l'écart des grandes agglomérations (dans le Massif central, par exemple) continuent de perdre des habitants.

2 Les grandes villes

78 % de la population française vit en ville. La croissance urbaine s'accompagne de l'étalement spatial des villes, qui grignotent les espaces ruraux proches : cette périurbanisation est faite de lotissements et de maisons individuelles, qui diminuent les terres agricoles. D'autre part, les Français sont de plus en plus mobiles.

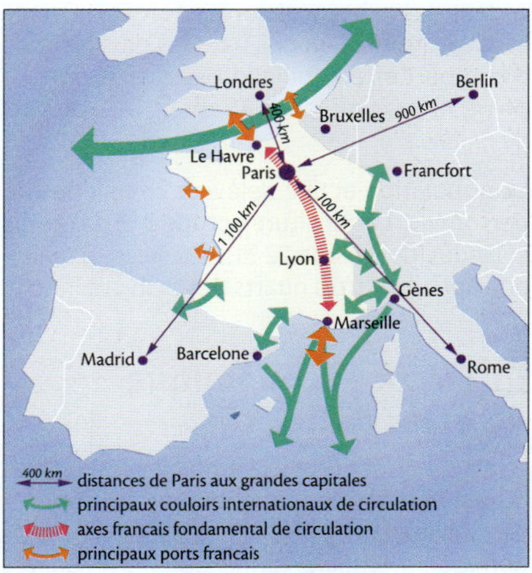

▲ La France, carrefour européen.

Les 15 plus grandes villes de France	
Paris	10 550 350 hab.
Lyon	1 584 738 hab.
Marseille	1 565 879 hab.
Lille	1 024 075 hab.
Nice	943 695 hab.
Toulouse	906 457 hab.
Bordeaux	863 391 hab.
Nantes	606 640 hab.
Toulon	561 155 hab.
Douai-Lens	506 097 hab.
Grenoble	504 734 hab.
Rouen	465 879 hab.
Strasbourg	454 475 hab.
Avignon	445 501 hab.
Montpellier	406 891 hab.
Les chiffres concernent les agglomérations.	

3 La domination de Paris

Malgré le rôle joué par la décentralisation administrative et le développement des autres grandes villes, **Paris*** concentre la plus grande partie du pouvoir de décision en matière politique et économique. Avec plus de 10 millions d'habitants, près d'un Français sur six vit dans l'agglomération parisienne. Lyon et Marseille sont loin derrière. Les villes de taille moyenne sont relativement nombreuses : une quarantaine dépassent 100 000 hab.

Paris est aussi l'une des villes les plus visitées au monde, notamment avec la tour Eiffel, le château de Versailles et Eurodisney.

4 Les espaces ruraux

Les espaces ruraux couvrent 60 % du territoire. Le nombre d'agriculteurs ne cesse de diminuer. Les paysans sont minoritaires dans l'espace rural. Les campagnes sont à la fois des espaces de vie, de travail (usines), de services (zones commerciales) et de loisir (parc de loisirs, tourisme vert). Elles se transforment et connaissent des conflits d'usage.

Le tourisme fragilise les écosystèmes (tourisme balnéaire, stations de ski). Les parcs nationaux et régionaux contribuent à la protection des paysages et des espèces animales et végétales.

LA FRANCE : UNE GRANDE PUISSANCE ÉCONOMIQUE

6e → 3e

La **France*** est la sixième puissance économique mondiale (derrière les États-Unis, la Chine, le Japon, l'Allemagne et la Grande-Bretagne). La force de son économie repose sur l'importance de sa population active (personnes ayant ou recherchant un emploi) et sur sa qualification. L'apport des travailleurs immigrés comble les déficits de main-d'œuvre liés à la baisse de la natalité ou à la pénibilité de certains emplois. La France possède peu de sources d'énergie exploitables : le pétrole et le gaz sont importés. L'électricité est à 80 % d'origine nucléaire.

1 L'agriculture

L'agriculture (secteur primaire) bénéficie d'une grande variété de sols et de climats. Productive, elle demeure, et de loin, la première de l'Union européenne. L'élevage et les céréales dominent. Largement mécanisée, elle emploie aujourd'hui moins d'un dixième de la population active. Les exportations agricoles et agroalimentaires sont largement supérieures aux importations.

2 L'industrie

L'industrie bénéficie d'un réseau de transport particulièrement dense. Les industries traditionnelles sont en crise (sidérurgie, textile) ou en reconversion (automobile, électromécanique...) ; elles ont perdu des millions d'emplois, mais assurent encore à la France une production de qualité. L'industrie agroalimentaire et la chimie sont dans une situation satisfaisante. Les industries de pointe (aéronautique, aérospatiale, armement, industrie nucléaire civile et militaire...) représentent les points forts et les principales exportations du secteur secondaire. Les usines les plus modernes se trouvent dans les technopoles (agglomérations de Paris, Lyon, Strasbourg, Toulouse, Grenoble, Nice...), à proximité des universités et des laboratoires de recherche. La compétitivité industrielle est insuffisante et entraîne des délocalisations.

▲ Les grandes zones d'activité.
Paris domine. Les régions dynamiques sont situées loin de la capitale et souvent à proximité des littoraux.

3 Le secteur tertiaire

Le secteur tertiaire – services publics (Administration, transports, hôpitaux...) et privés (commerces, banques, loisirs, professions libérales...) – fournit près des trois quarts de la totalité des emplois. Les achats de matières premières minérales et énergétiques (notamment de pétrole) pèsent sur la balance commerciale, largement déficitaire. Plus de la moitié du commerce extérieur s'effectue avec les partenaires de l'Union européenne, l'Allemagne venant en tête. Avec 84 millions de touristes par an, la France est le pays le plus visité du monde.

4 La population

La population s'accroît lentement, grâce à l'excédent des naissances sur les décès : la France est aujourd'hui l'un des pays les plus féconds d'Europe. Cette population est vieillissante : à peine 18 % de moins de 15 ans et 18 % de plus de 65 ans.

La population active s'élève à 28 millions de personnes. L'agriculture occupe 3 % des actifs et l'industrie environ 22 % ; le tertiaire emploie donc près des trois quarts des Français.

5 La crise économique et les difficultés

Le pays est très endetté. L'emploi et le maintien du pouvoir d'achat constituent des préoccupations majeures, amplifiées par la crise économique mondiale, tandis que les inégalités sociales et régionales persistent.

France

☆	site touristique important
200 · 500 · 1000 · 2000 m	altitudes
autoroute et voie express	
route	
voie ferrée	
aéroport	
limite de Région	
Orléans	chef-lieu de Région
Grenoble	chef-lieu de département
●	plus de 1 000 000 h.
●	de 500 000 à 1 000 000 h.
●	de 100 000 à 500 000 h.
•	moins de 100 000 h.

RUSSIE
120°
60°
0°
Mer de Beaufort
Yukon
Alaska (É.-U.)
Grand lac de l'Ours
Grand lac des Esclaves
Golfe de l'Alaska
CANADA
Baie d'Hudson
Nelson
Saskatchewan
L. Winnipeg
Baie de Baffin
Groenland (Dan.)
Svalbard
Mer du Groenland
Jan Mayen (Norv.)
Cercle Polaire Arctique
Mer du Labrador
ISLANDE
Reykjavik
Îles Féroé (Dan.)
SUÈDE
NORVÈGE
Oslo
Stockholm
Mer du Nord
GRANDE-BRETAGNE
DANEMARK
Copenhague
IRLANDE
Dublin
Londres
Berlin
POLOGNE
Varsovie
P.-B.
BELG.
ALLEMAGNE
LUX.
R. TCH.
Paris
FRANCE
SUISSE
AUTR.
HONGR.
SLOVA.
ITALIE
Rome
Missouri
L. Supérieur
L. Michigan
L. Huron
Montréal
Ottawa
St Laurent
L. Ontario
ÉTATS-UNIS
Chicago
L. Érié
New York
Washington
Colorado
Mississippi
Rio Grande
Los Angeles
St-Pierre-et-Miquelon (Fr.)
Açores (Port.)
PORTUGAL
Madrid
ESPAGNE
Lisbonne
Athènes
GRÈCE
Bermudes (G.-B.)
Alger
Tunis
MALTE
TUNISIE
Rabat
Madère (Port.)
Océan Atlantique
Golfe du Mexique
MEXIQUE
Tropique du Cancer
Nassau
BAHAMAS
La Havane
CUBA
Canaries (Esp.)
MAROC
Tripoli
ALGÉRIE
LIBYE
Sahara
Mexico
RÉP. DOMINICAINE
Porto-Rico (É.-U.)
JAMAÏQUE
HAÏTI
BELIZE
Port-au-Prince
Saint-Domingue
ST-KITTS-ET-NEVIS
ANTIGUA-ET-BARBUDA
Guadeloupe (Fr.)
DOMINIQUE
Martinique (Fr.)
MAURITANIE
Nouakchott
MALI
NIGER
TCHAD
GUATEMALA
Guatemala
San Salvador
SALVADOR
HONDURAS
NICARAGUA
Managua
Mer des Antilles
STE-LUCIE
ST-VINCENT-ET-LES-GRENADINES
BARBADE
CAP-VERT
Dakar
SÉNÉGAL
Banjul
GAMBIE
Bissau
GUINÉE-B.
Bamako
Niamey
BURKINA
Clipperton (Fr.)
San José
COSTA RICA
Panama
PANAMA
Caracas
TRINITÉ-ET-TOBAGO
Port of Spain
VENEZUELA
GUINÉE
Conakry
BÉNIN
NIGERIA
Abuja
Ndjamena
Georgetown
GUYANA
Paramaribo
SURINAME
Guyane (Fr.)
Bogota
COLOMBIE
Freetown
SIERRA LEONE
CÔTE D'IVOIRE
TOGO
GHANA
Porto-Novo
Monrovia
LIBERIA
Yamoussoukro
Accra
Lomé
RÉP. CENTRAFRICAINE
CAMEROUN
Bangui
Yaoundé
Équateur
Quito
ÉQUATEUR
Îles Galapagos (Éq.)
Amazone
SÃO TOMÉ-ET-PRINCIPE
G. ÉQ.
Libreville
GABON
CONGO
Congo
Brazzaville
Kinshasa
RÉP. DÉM. DU CONGO
PÉROU
Amazonie
Océan Pacifique
Ascension (G.-B.)
Luanda
ANGOLA
BRÉSIL
Lima
Brasilia
La Paz
BOLIVIE
Sucre
Ste-Hélène (G.-B.)
NAMIBIE
Windhoek
ZIMBA
BOTSWA
Gaborone
PARAGUAY
Rio de Janeiro
Asunción
Sao Paulo
Tropique du Capricorne
CHILI
Paraná
Océan Atlantique
AFRIQUE DU SUD
Le Cap
Sala y Gomez (Chili)
Île de Pâques (Chili)
URUGUAY
Montevideo
Buenos Aires
Santiago
Îles Juan Fernández (Chili)
ARGENTINE
Tristan da Cunha (G.-B.)
Falkland (G.-B.)
Géorgie du Sud (G.-B.)
Bouvet (Norv.)
Capitale d'État
Cercle Polaire Antarctique
120°
60°
0°

60°
120°
180°
Océan Glacial Arctique
Mer des Tchouktches
Alaska (É.-U.)
CANADA
Mer de Barents
Ienisseï
Lena
Sibérie
Mer de Béring
Ob
RUSSIE
Mer d'Okhotsk
Îles Aléoutiennes (É.-U.)
Moscou
Amour
L. Baïkal
Volga
Astana
Oulan-Bator
MONGOLIE
Kouriles (Russie)
KAZAKHSTAN
L. Balkhach
Mer d'Aral
Mer Caspienne
OUZBÉKISTAN
Tachkent
Bichkek
KIRGHIZISTAN
TADJIKISTAN
Douchanbe
TURKMÉNISTAN
Achgabat
GÉORGIE
ARMÉNIE
AZERB.
CHINE
Pékin
CORÉE DU NORD
Pyongyang
Séoul
CORÉE DU SUD
JAPON
Tokyo
Téhéran
SYRIE
Damas
Bagdad
IRAQ
Amman
JORDANIE
IRAN
Kaboul
AFGHANISTAN
Islamabad
Indus
PAKISTAN
Tibet
Huang He
Shanghai
Yangzi Jiang
Mer de Chine orientale
Midway (É.-U.)
KOWEÏT
BAHR.
QATAR
É.A.U.
ARABIE SAOUDITE
Riyad
New Delhi
Gange
NÉPAL
BHOUT.
Dacca
BANGLADESH
Calcutta
Mékong
Mascate
OMAN
INDE
Bombay
BIRMANIE
Nay Pyi Taw
LAOS
Hanoï
Vientiane
Mer de Chine méridionale
Mer des Philippines
Mariannes du Nord (É.-U.)
Wake (É.-U.)
Mer Rouge
Asmara
ÉRYTHRÉE
Sanaa
YÉMEN
Mer d'Oman
Golfe du Bengale
THAÏLANDE
Bangkok
VIÊT NAM
CAMBODGE
Phnom Penh
Manille
PHILIPPINES
Guam (É.-U.)
DJIBOUTI
Socotra (Y.)
Addis-Abeba
ÉTHIOPIE
SOMALIE
Muqdisho
SRI LANKA
Colombo
Sri Jayawardenepura Kotte
MALDIVES
BRUNEI
Kuala Lumpur
Putrajaya
MALAISIE
SINGAPOUR
Mer de Célèbes
PALAOS
ÉTATS FÉDÉRÉS DE MICRONÉSIE
MARSHALL
Océan Pacifique
KENYA
Nairobi
NAURU
KIRIBATI
Dodoma
Dar es Salam
SEYCHELLES
Océan Indien
Jakarta
INDONÉSIE
Dili
TIMOR ORIENTAL
PAPOUASIE-NLLE-GUINÉE
Port Moresby
ÎLES SALOMON
Honiara
TUVALU
COMORES
Mayotte (Fr.)
Îles Cocos (Austr.)
Î. Christmas (Austr.)
Wallis-et-Futuna (Fr.)
SAMOA
MOZAMBIQUE
Antananarivo
MADAGASCAR
MAURICE
La Réunion (Fr.)
Mer de Corail
VANUATU
Port-Vila
FIDJI
Suva
Nlle-Calédonie (Fr.)
AUSTRALIE
Darling
Murray
Sydney
Canberra
Amsterdam (Fr.)
St-Paul (Fr.)
Îles Kermadec (N.-Z.)
Îles du Prince-Édouard (Afr. du S.)
Îles Crozet (Fr.)
Mer de Tasman
Tasmanie
NOUVELLE-ZÉLANDE
Wellington
Kerguelen (Fr.)
Île Heard (Austr.)
Îles Chatham (N.-Z.)
Î. Bounty (N.-Z.)
Î. Antipodes (N.-Z.)
Î. Macquarie (Austr.)
Î. Auckland (N.-Z.)
Î. Campbell (N.-Z.)
Antarctique

ATLAS

Afrique

200	500	1000	2000	4000 m

- plus de 5 000 000 h.
- de 1 000 000 à 5 000 000 h.
- de 100 000 à 1 000 000 h.
- moins de 100 000 h.

ATLAS

AMÉRIQUE DU NORD

Amérique du Nord

200	500	1000	2000	4000 m

- plus de 5 000 000 h.
- de 1 000 000 à 5 000 000 h.
- de 100 000 à 1 000 000 h.
- moins de 100 000 h.

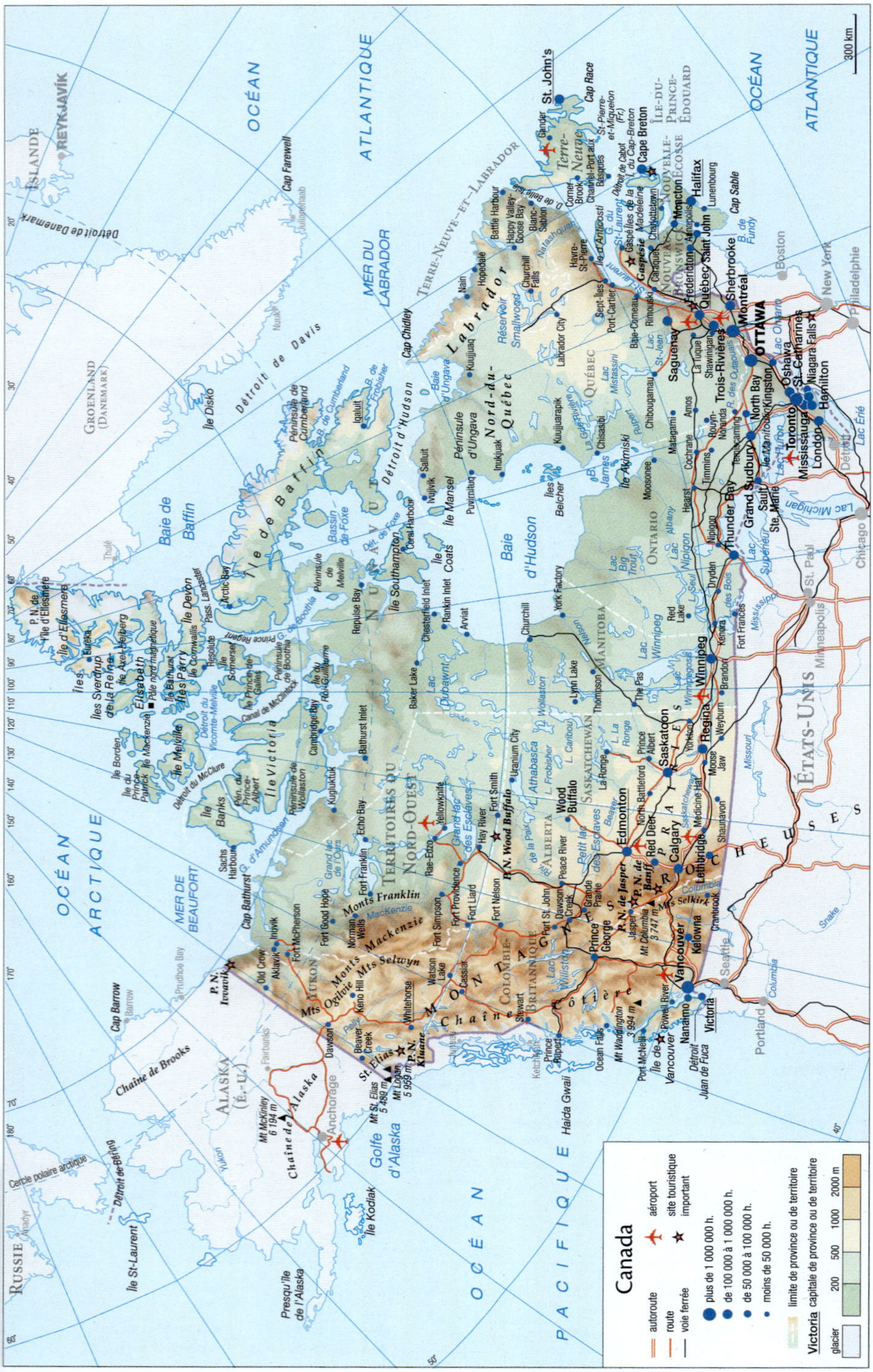
Canada
autoroute
route
voie ferrée
aéroport
site touristique important
plus de 1 000 000 h.
de 100 000 à 1 000 000 h.
de 50 000 à 100 000 h.
moins de 50 000 h.
limite de province ou de territoire
Victoria capitale de province ou de territoire
glacier
200
500
1000
2000 m
300 km
OCÉAN ARCTIQUE
OCÉAN ATLANTIQUE
OCÉAN PACIFIQUE
MER DE BEAUFORT
MER DU LABRADOR
Baie de Baffin
Baie d'Hudson
Golfe d'Alaska
Détroit de Davis
Détroit d'Hudson
GROENLAND (DANEMARK)
ISLANDE
RUSSIE
ALASKA (É.-U.)
ÉTATS-UNIS
YUKON
TERRITOIRES DU NORD-OUEST
NUNAVUT
COLOMBIE-BRITANNIQUE
ALBERTA
SASKATCHEWAN
MANITOBA
ONTARIO
QUÉBEC
TERRE-NEUVE-ET-LABRADOR
NOUVEAU-BRUNSWICK
NOUVELLE-ÉCOSSE
ÎLE-DU-PRINCE-ÉDOUARD
Île de Baffin
Île Victoria
Île d'Ellesmere
Labrador
Nord-du-Québec
Terre-Neuve
OTTAWA
Toronto
Montréal
Québec
Vancouver
Victoria
Edmonton
Calgary
Winnipeg
Regina
Saskatoon
Halifax
St. John's
Iqaluit
Yellowknife
Whitehorse
Anchorage
REYKJAVÍK
Chaîne Côtière
Monts Mackenzie
Montagnes Rocheuses
Chaîne de Brooks
Chaîne de l'Alaska
Mt McKinley 6 194 m
Mt Logan 5 959 m
Mt St. Elias 5 489 m
Mt Waddington 3 994 m
Mt Columbia 3 747 m
Cercle polaire arctique
Détroit de Béring
Détroit de Danemark

CANADA

OCÉAN ARCTIQUE
Mer de Beaufort
Baie de Baffin
Île de Baffin
Mer du Labrador
Baie d'Hudson
OCÉAN ATLANTIQUE
OCÉAN PACIFIQUE
ÉTATS-UNIS
ALASKA (ÉTATS-UNIS)
GROENLAND (DANEMARK)
Îles de la Reine-Élisabeth
YUKON
TERRITOIRES DU NORD-OUEST
NUNAVUT
COLOMBIE-BRITANNIQUE
ALBERTA
SASKATCHEWAN
MANITOBA
ONTARIO
QUÉBEC
TERRE-NEUVE-ET-LABRADOR
NOUVEAU-BRUNSWICK
ÎLE-DU-PRINCE-ÉDOUARD
NOUVELLE-ÉCOSSE
St-Pierre-et-Miquelon (FRANCE)
OTTAWA
Whitehorse
Yellowknife
Iqaluit
Victoria
Edmonton
Regina
Winnipeg
Toronto
Québec
Fredericton
Charlottetown
Halifax
St. John's
Limite de province ou de territoire
Capitale d'État
Capitale de province
Autoroute ou grande route
500 km

CANADA
Île de Vancouver
Détroit de Juan de Fuca
Vancouver
Edmonton
Calgary
Saskatoon
Regina
Winnipeg
Seattle
Tacoma
Olympia
Mt Rainier 4 392 m
Mt Saint Helens 2 549 m
Portland
Salem
Eugene
Chaîne des Cascades
Barr. de Grand Coulee
Grand Coulee
Spokane
WASHINGTON
Columbia
P. N. des Glaciers
MONTAGNES ROCHEUSES
Havre
Milk
Glasgow
Lac Sakakawea
Minot
Grand Forks
MINNESOTA
Duluth
Lewiston
Missoula
Great Falls
Missouri
Helena
Butte
MONTANA
DAKOTA DU NORD
Bismarck
Fargo
Côteau du Missouri
Blue Mountains
Baker
OREGON
Bassin Harney
Plateau de la Columbia
IDAHO
Boise
P. N. de Yellowstone
West Yellowstone
Yellowstone
Billings
Mts Big Horn
Sheridan
Grandes Plaines
Little Missouri
DAKOTA DU SUD
Minneapolis
St Paul
Lac Goose
Mts Sta Rosa
Idaho Falls
Snake
Pocatello
P. N. de Grand Teton
Black Hills
Rapid City
Cheyenne
Pierre
James R.
Rochester
Mississippi
Eureka
Cap Mendocino
Sacramento
Squaw Valley
Twin Falls
Grand lac Salé
Logan
WYOMING
Casper
Sioux Falls
Des Moines
IOWA
Cedar Rapids
Chaînes Côtières
Reno
Carson City
Grand Bassin
Désert du Grand lac Salé
Ogden
Salt Lake City
Provo
L. Utah
Monts Wasatch
Sand Hills
North Platte
Niobrara
NEBRASKA
Omaha
Des Moines
Napa Valley
Santa Rosa
Berkeley
Oakland
San Francisco
Palo Alto
Silicon Valley
San Jose
Stockton
Modesto
Salinas
Sierra Nevada
P. N. du Yosemite
Bassin
NEVADA
Cheyenne
Fort Collins
South Platte
Platte
Grand Island
Lincoln
St-Joseph
Fresno
CALIFORNIE
Mt Elbert 4 399 m
Denver
Lakewood
Colorado Springs
Pueblo
UTAH
Colorado
COLORADO
Kansas City
Kansas
Salina
Topeka
KANSAS
Jefferson City
MISSOURI
Mt Whitney 4 418 m
Vallée de la Mort
Las Vegas
Plateaux du Colorado
Lac Powell
Grand Canyon
Mts San Juan
Arkansas
Wichita
Springfield
Bakersfield
Santa Barbara
Désert Mohave
Barrage Hoover
P. N. du Grand Canyon
San Juan
Mts Sangre de Cristo
Santa Monica
Glendale
Los Angeles
Pasadena
Long Beach
San Bernardino
Flagstaff
Los Alamos
Torrance
Anaheim
Santa Ana
Huntington Beach
Oceanside
Mt Palomar (Observatoire)
San Diego
Tijuana
Mexicali
Yuma
ARIZONA
Phoenix
Mesa
Tempe
Gallup
Santa Fe
Albuquerque
Canadian
Amarillo
OKLAHOMA
Oklahoma City
Tulsa
Plateau Ozark
ARKANSAS
Little Rock
Désert de Sonora
NOUVEAU-MEXIQUE
Roswell
Llano Estacado
Lubbock
Red River
Wichita Falls
Mts Ouachita
Tucson
Carlsbad
Brazos
Fort Worth
Mesquite
Arlington
Dallas
Shreveport
OCÉAN PACIFIQUE
Péninsule de Basse-Californie
Golfe de Californie
Ciudad Juarez
El Paso
Midland
Odessa
Abilene
TEXAS
Waco
LOUISIANE
Plateau d'Edwards
Pecos
Austin
Beaumont
Houston
Port Arthur
Pasadena
Galveston
Hermosillo
Rio Grande
San Antonio
MEXIQUE
Chihuahua
Rio Bravo del Norte
Laredo
Corpus Christi
Nuevo Laredo
Brownsville
Monterrey
Sierra Madre Orientale
Ciudad Victoria
Tampico
MEXICO
Veracruz
Acapulco
RUSSIE
OCÉAN ARCTIQUE
MER DES TCHOUKTCHES
Pte Barrow
Barrow
Wainwright
Prudhoe Bay
Point Hope
Colville
Mt Doonerak 3 060 m
Chaîne de Brooks
Inuvik
Cercle polaire arctique
Golfe de l'Anadyr
Détroit de Béring
Péninsule Seeward
Teller
Nome
ALASKA
Porcupine
Fort Yukon
Mackenzie
CANADA
Yukon
Circle
Tanana
Fairbanks
Dawson
Île St-Laurent
Norton Sound
St. Michael
Mont McKinley 6 194 m
MER DE BÉRING
Île St-Matthew
Bethel
Kuskokwim
Chaîne de l'Alaska
Mt St Elias 6 050 m
Valdez
Cordova
Île Nunivak
Anchorage
Lac Illiamna
Seeward
Golfe de l'Alaska
Juneau
Archipel Alexandre
Îles Pribilof
Baie de Bristol
Kodiak
Sitka
Île Kodiak
Ketchikan
Îles Aléoutiennes
Île Unimak
Fort Rendall
Chaîne des Aléoutiennes
Péninsule de l'Alaska
Haida Gwaii
Îles Shumagin
Île Unalaska
OCÉAN PACIFIQUE
300 km

ÎLES HAWAII
Kauai
Hanalei
Kapaa
Lihue
Lehua
Niihau
Kaula
Détroit de Kaulakahi
Détroit de Kauai
Oahu
Waialua
Wahiawa
Kaneohe
Pearl Harbor
Honolulu
Kaiwi
Molokai
Halawa
Hooleha
Maui
Wailuku
Lanai
Détroit de
d'Alenuihaha
Kahoolawe
Pte Upolu
Kapaau
Honokaa
Détroit
Kiholo
Waimea
Mauna Kea 4 205 m
Hilo
Hawaii
Baie Kealakekua
Captain Cook
Cratère du Kilauea
Pahala
Ka Lae (Cap Sud)
OCÉAN PACIFIQUE
100 km
Île d'Anticosti
Golfe du St-Laurent
St-Laurent
Île du Prince-Édouard
Québec
St-Jean
Halifax
Baie de Fundy
Thunder Bay
Lac Supérieur
Sault-Ste. Marie
Grand Sudbury
Montréal
OTTAWA
Baie Géorgienne
Lac Huron
Lac Michigan
Marquette
WISCONSIN
Green Bay
Appleton
Madison
Milwaukee
Rockford
Racine
Chicago
ILLINOIS
Gary
MICHIGAN
Grand Rapids
Saginaw
Flint
Lansing
Ann Arbor
Warren
Détroit
Dearborn
L. St Clair
Lac Érié
Toronto
L. Ontario
Niagara Falls
Rochester
Buffalo
Syracuse
Lake Placid
Mts Adirondack
Saratoga Springs
Lac Champlain
Montpelier
Burlington
MAINE
Bangor
Augusta
Portland
NEW HAMPSHIRE
Concord
VERMONT
Golfe du Maine
MASSACHUSETTS
Worcester
Boston
Providence
RHODE ISLAND
CONNECTICUT
Albany
Springfield
Hartford
NEW YORK
PENNSYLVANIE
Érié
Scranton
Paterson
Newark
Long Island
New Haven
Bridgeport
New York
Bethlehem
Allentown
Trenton
NEW JERSEY
Harrisburg
Philadelphie
Atlantic City
Gettysburg
Pittsburgh
Cleveland
Akron
Toledo
S. Bend
Fort Wayne
OHIO
Columbus
Dayton
Cincinnati
Indianapolis
Champaign
Peoria
Springfield
Saint-Louis
INDIANA
Louisville
Frankfort
Lexington
Evansville
Owensboro
Ohio
KENTUCKY
VIRGINIE OCC.
Charleston
Mts Allegheny
Baltimore
Annapolis
Dover
DELAWARE
WASHINGTON
MARYLAND
B. de Chesapeake
Richmond
Appomattox
Yorktown
Norfolk
Newport News
Virginia Beach
Portsmouth
VIRGINIE
Cumberland
Plateau de Cumberland
Mammoth Cave
Oak Ridge
Greensboro
Durham
Raleigh
Cap Hatteras
Mt Mitchell 2 037 m
Winston-Salem
Fayetteville
CAROLINE DU NORD
Wilmington
Cap Fear
Knoxville
Nashville
TENNESSEE
Chattanooga
Appalaches
Charlotte
Greenville
Columbia
CAROLINE DU SUD
Charleston
Memphis
Huntsville
Tennessee
Atlanta
Augusta
West Point
Birmingham
Macon
Savannah
MISSISSIPPI
Vicksburg
Montgomery
Columbus
Jackson
ALABAMA
GÉORGIE
Brunswick
Alabama
Apala
Mobile
Pensacola
Jacksonville
Baton-Rouge
Tallahassee
FLORIDE
Daytona Beach
La Nouvelle-Orléans
Cap San Blas
Orlando
Cap Canaveral
Tampa
St Petersburg
Sarasota
L. Okeechobee
Palm Beach
Grand Bahama
Grand Abaco
Fort Lauderdale
Miami Beach
Miami
P. N. des Everglades
Eleuthera
Nassau
Cap Sable
Key West
Florida Keys
Andros
Détroit de Floride
BAHAMAS
Tropique du Cancer
OCÉAN ATLANTIQUE
Golfe du Mexique
Delta du Mississippi
LA HAVANE
Matanzas
Sta Clara
Pinar del Río
Cienfuegos
Camagüey
CUBA
Île de la Jeunesse
Canal du Yucatán
Mérida
Cancún
Péninsule du Yucatán
Îles Cayman (G.-B.)
MER DES ANTILLES
BELIZE
BELMOPAN
GUATEMALA
HONDURAS
150 km
États-Unis
plus de 5 000 000 h.
de 1 000 000 à 5 000 000 h.
de 100 000 à 1 000 000 h.
moins de 100 000 h.
route
frontière
voie ferrée
limite d'État
aéroport
oléoduc
Denver capitale d'État
site touristique important
0
200
500
1000
2000 m

ATLAS

Amérique du Sud

200 500 1000 2000 4000 m

- plus de 5 000 000 h.
- de 1 000 000 à 5 000 000 h.
- de 100 000 à 1 000 000 h.
- moins de 100 000 h.

Brésil

200 500 1000 m

- autoroute
- route
- voie ferrée
- aéroport
- site touristique important
- gazoduc
- limite d'État fédéré
- Manaus capitale d'État fédéré
- plus de 3 000 000 h.
- de 1 000 000 à 3 000 000 h.
- de 500 000 à 1 000 000 h.
- de 100 000 à 500 000 h.
- moins de 100 000 h.

ATLAS

Asie

200	500	1000	2000	4000 m

- plus de 5 000 000 h.
- de 1 000 000 à 5 000 000 h.
- de 100 000 à 1 000 000 h.
- moins de 100 000 h.

Chine
plus de 5 000 000 h.
de 1 000 000 à 5 000 000 h.
de 100 000 à 1 000 000 h.
moins de 100 000 h.
route
voie ferrée
aéroport
site touristique important
limite de région autonome ou de province
Tianjin capitale de région autonome ou de province
200
1000
2000
4000 m
250 km
MER DU JAPON
MER JAUNE
MER DE CHINE ORIENTALE
MER DE CHINE MÉRIDIONALE
Golfe du Bengale
PÉKIN
Shanghai
Hongkong
Canton
Tianjin
Chongqing
Désert de Gobi
Plateau du Tibet
Himalaya
Tian Shan
Kunlun Shan
Qinling
Plateau Mongol
Taïwan
Hainan

ATLAS

INDE

Inde
plus de 5 000 000 h.
de 1 000 000 à 5 000 000 h.
de 500 000 à 1 000 000 h.
de 100 000 à 500 000 h.
moins de 100 000 h.
site touristique important
route
voie ferrée
aéroport
200 500 1000 2000 3000 m
Karakorum
Himalaya
Siwalik
Ladakh
Cachemire
Srinagar
Jammu
Pakistan
Chine
Népal
Katmandou
Thimbu
Bhoutan
Bangladesh
Dacca
Lahore
Amritsar
Jullundur
Ludhiana
Moga
Patiala
Simla
Chandigarh
Dehra Dun
Nanda Devi 7 817 m
Saharanpur
Pendjab
Ganganagar
Bahawalpur
Indus
Sutlej
Ravi
Chenab
Rohtak
Meerut
Bhiwani
Delhi
NEW DELHI
Moradabad
Rampur
Bareilly
Ghaziabad
Faridabad
Aligarh
Shahjahanpur
Mathura
Agra
Sitapur
Lucknow
Gorakhpur
Annapurna 8 078 m
Everest 8 848 m
Kangchenjunga 8 586 m
Gangtok
Darjeeling
Siliguri
Désert de Thar
Bikaner
Jaisalmer
Jodhpur
Ajmer
Jaipur
Firozabad
Kanpur
Faizabad
Bénarès (Varanasi)
Chhapra
Darbhanga
Muzaffarpur
Gauhati
Brahmapoutre
Tonk
Beawar
Bhind
Gwalior
Chambal
Fatehpur
Allahabad
Arrah
Patna
Bhagalpur
Hyderabad
Barmer
Mont Abu
Bhilwara
Shivpuri
Jhansi
Khajuraho
Mirzapur
Gaya
Bodh-Gaya
Mts Aravalli
Udaipur
Kota
Guna
Betwa
Satna
Rewa
Son
Gange
Bengale
Bann de Kutch
Deesa
Patan
Mahesana
Gandhinagar
Ratlam
Sagar
Dhanbad
Asansol
Durgapur
Bokaro Steel City
Damodar
Padma
Tropique du Cancer
Golfe de Kutch
Ahmedabad
Ujjain
Mts Vindhya
Sanci
Bhopal
Plateau du Chota Nagpur
Ranchi
Chandernagor
Barddhaman
Bhatpara
Jamnagar
Péninsule de Kathiawar
Godhra
Dewas
Indore
Jabalpur
Jamshedpur
Howrah
Calcutta (Kolkata)
Rajkot
Bhavnagar
Vadodara
Narbada
Gondwana
Korba
Raurkela
Kharagpur
South Suburban
Porbandar
Mts Satpura
Bilaspur
Sambalpur
P. N. des Sundarbans
Bouches du Gange
Veraval
Diu
Surat
Dhulia
Tapti
Gondia
Raipur
Baleshwar
Hooghly
Golfe de Cambay
Malegaon
Jalgaon
Amravati
Nagpur
Bhilai Nagar
Daman
Nasik
Mts Ajanta
Ellora
Akola
Wardha
Mahanadi
Cuttack
Silvassa
Jalna
Yavatmal
Chandrapur
Bhubaneswar
Ulhasnagar
Thane
Aurangabad
Bhawanipatna
Puri
Bombay (Mumbai)
Elephanta
Parbhani
Ahmadnagar
Godavari
Jagdalpur
Jeypore
Rayagara
Berhampur
Nanded-Waghala
Nizamabad
Indravati
Karimnagar
Pune
Deccan
Vizianagaram
Visakhapatnam
Konkan
Bhima
Sholapur
Warangal
Kottagudem
Khammam
Golfe du Bengale
Ratnagiri
Sangli
Gulbarga
Hyderabad
Rajahmundry
Eluru
Kakinada
Ghats Orientaux
Mer d'Oman
Kolhapur
Bijapur
Raichur
Amaravati
Krishna
Vijayavada
Guntur
Belgaum
Goa
Panaji
Adoni
Kurnool
Ongole
Hubli-Dharwad
Bellary
Nandyal
Ghats Occidentaux
Proddatur
Davanagere
Anantapur
Cuddapah
Shimoga
Bhadravati
Nellore
Côte de Coromandel
Tirupati
Madras (Chennai)
Udupi
Bangalore
Kolar
Vellore
Mangalore
Mandya
Kolar Gold Fields
Kanchipuram
Mysore
Pondichéry (Puducherry)
Mahé
Mts Nilgiri
Erode
Salem
Cuddalore
Kozhikode (Calicut)
2 633 m
Tiruppur
Chidambaram
Karikal
Coimbatore
Kaveri
Thanjavur
Îles Laquedives
Kavaratti
Trichur
Dindigul
Tiruchirapalli
LAKSHADWEEP (Inde)
Cochin
Côte de Malabar
Mts des Cardamomes
Détroit de Palk
Jaffna
Alleppey
Madurai
Mer des Laquedives
Quilon
Tirunelveli
Tuticorin
Trincomalee
Trivandrum
Anuradhapura
Nagercoil
C. Comorin
Golfe de Mannar
Ceylan
Kandy
COLOMBO
SRI JAYAWARDENE-PURA KOTTE
Sri Lanka (Ceylan)
Maldives
Océan Indien
150 km
Lhassa
Brahmapoutre (Tsangpo)
Tibet
Kangto 7 047 m
Dibrugarh
Digboi
Itanagar
Jorhât
Alipur Duar
Dispur
Shillong
Mts Khasi
Cherrapunji
Mts Naga
Kohima
Chindwin
Myitkyina
Silchar
Imphal
Agartala
Aijal
Birmanie
Chittagong
Mandalay
États et Territoires
Cachemire sous administration militaire pakistanaise
Territoire administré par la Chine mais revendiqué par l'Inde
Ligne de contrôle
Afgh.
Jammu-et-Cachemire
Himachal Pradesh
Pendjab
Haryana
Uttarakhand
Sikkim
Arunachal Pradesh
Uttar Pradesh
Rajasthan
Bihar
Assam
Nagaland
Meghalaya
Manipur
Tripura
Mizoram
Gujerat
Madhya Pradesh
Jharkhand
Bengale Occidental
Chhattisgarh
Orissa
Maharashtra
Telangana
Karnataka
Andhra Pradesh
Tamil Nadu
Kerala
Lakshadweep
Îles Andaman
Port-Blair
Andaman-et-Nicobar
Îles Nicobar
1-Dadra-et-Nagar Haveli
2-Manipur
3-Meghalaya
4-Mizoram
5-Nagaland
6-Pondichéry
7-Tripura
8-Goa, Daman-et-Diu
9-Delhi
Kerala État
Delhi Territoire
* Hyderabad est la capitale du Telangana et reste celle de l'Andhra Pradesh jusqu'en 2024

Japon

200	1000	2000 m

- route et autoroute
- voie ferrée
- aéroport
- site touristique important
- plus de 5 000 000 h.
- de 1 000 000 à 5 000 000 h.
- de 500 000 à 1 000 000 h.
- de 100 000 à 500 000 h.
- moins de 100 000 h.

AUSTRALIE, OCÉANIE

Australie

200 500 1000 m

- route
- voie ferrée
- aéroport
- ★ site touristique important
- limite d'État
- Perth capitale d'État
- plus de 2 000 000 h.
- de 1 000 000 à 2 000 000 h.
- de 100 000 à 1 000 000 h.
- moins de 100 000 h.

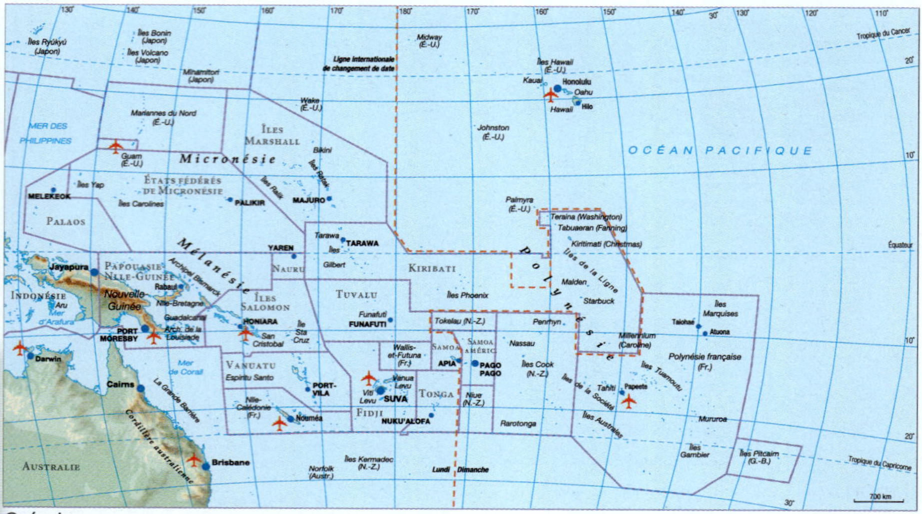

Océanie

100 200 400 600 1000 m

Villes principales

- plus de 100 000 h.
- de 50 000 à 100 000 h.
- moins de 50 000 h.
- Ligne internationale de changement de date
- aéroport

ATLAS

Europe

200 500 1000 2000 4000 m

- plus de 5 000 000 h.
- de 1 000 000 à 5 000 000 h.
- de 100 000 à 1 000 000 h.
- moins de 100 000 h.

Crimée* : annexion à la Russie, non reconnue par la communauté internationale.

ATLAS

Russie
plus de 5 000 000 h.
de 1 000 000 à 5 000 000 h.
de 100 000 à 1 000 000 h.
moins de 100 000 h.
gazoduc
route
voie ferrée
aéroport
limite de république
0 200 500 1000 2000 m
300 km
150 km
1 - Rép. des Adygués
2 - Rép. de l'Altaï
3 - Rép. du Bachkortostan
4 - Rép. de Bouriatie
5 - Rép. de Carélie
6 - Rép. du Daguestan
7 - Rép. d'Ingouchie
8 - Rép. de Kabardino-Balkarie
9 - Rép. de Kalmoukie
10 - Rép. des Karatchaïs-Tcherkesses
11 - Rép. de Khakassie
12 - Rép. des Komis
13 - Rép. des Maris
14 - Rép. de Mordovie
15 - Rép. d'Ossétie du Nord-Alanie
16 - Rép. d'Oudmourtie
17 - Rép. de Sakha (Iakoutie)
18 - Rép. du Tatarstan
19 - Rép. de Tchétchénie
20 - Rép. de Tchouvachie
21 - Rép. de Touva
22 - Rép. de Crimée (annexion à la Russie, non reconnue par la communauté internationale)

GRANDE-BRETAGNE

Grande-Bretagne

100	200	400 m

- autoroute
- route
- voie ferrée
- aéroport
- limite de région
- site touristique important
- plus de 1 000 000 h.
- de 500 000 à 1 000 000 h.
- de 100 000 à 500 000 h.
- moins de 100 000 h.

ATLAS

Irlande

- site touristique important
- 100 — 200 m
- autoroute
- route
- voie ferrée
- aéroport
- limite de province
- plus de 500 000 h.
- de 100 000 à 500 000 h.
- de 50 000 à 100 000 h.
- moins de 50 000 h.

Danemark

- 0 m
- site touristique important
- autoroute
- route
- voie ferrée
- aéroport
- plus de 1 000 000 h.
- de 100 000 à 1 000 000 h.
- de 50 000 à 100 000 h.
- moins de 50 000 h.

Suède

★ site touristique important

200	400	1000	1500 m

- autoroute
- route
- voie ferrée
- aéroport

- plus de 500 000 h.
- de 100 000 à 500 000 h.
- de 50 000 à 100 000 h.
- moins de 50 000 h.

FINLANDE ET ESTONIE

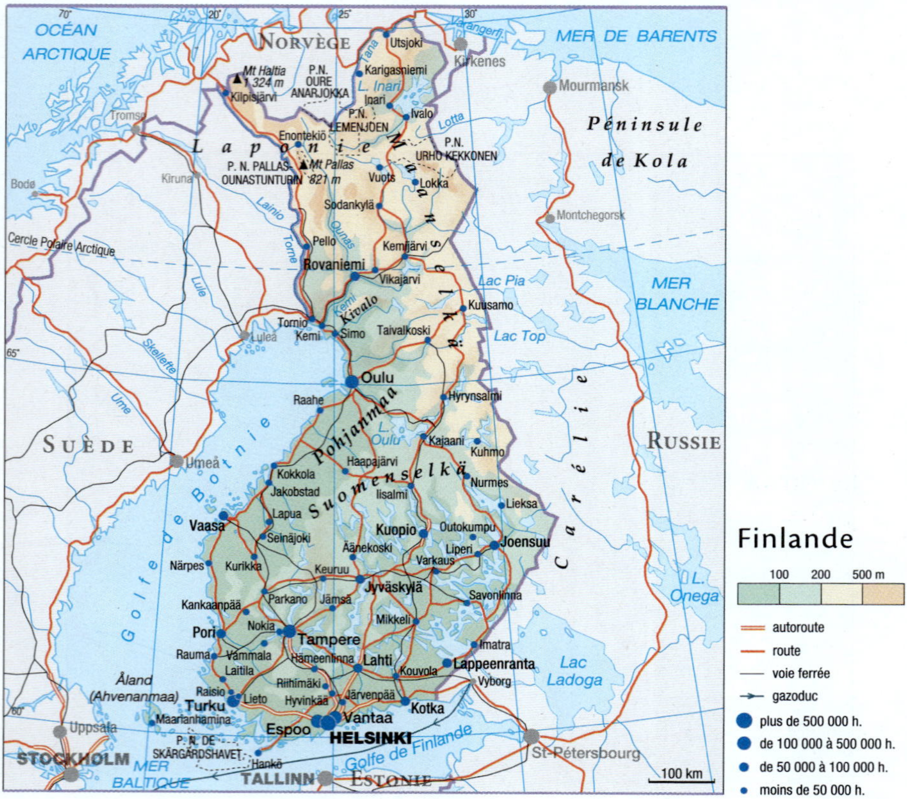

LETTONIE ET LITUANIE

Lettonie

★ site touristique important

100 200 m

autoroute
route
voie ferrée
aéroport

plus de 500 000 h.
de 100 000 à 500 000 h.
de 50 000 à 100 000 h.
moins de 50 000 h.

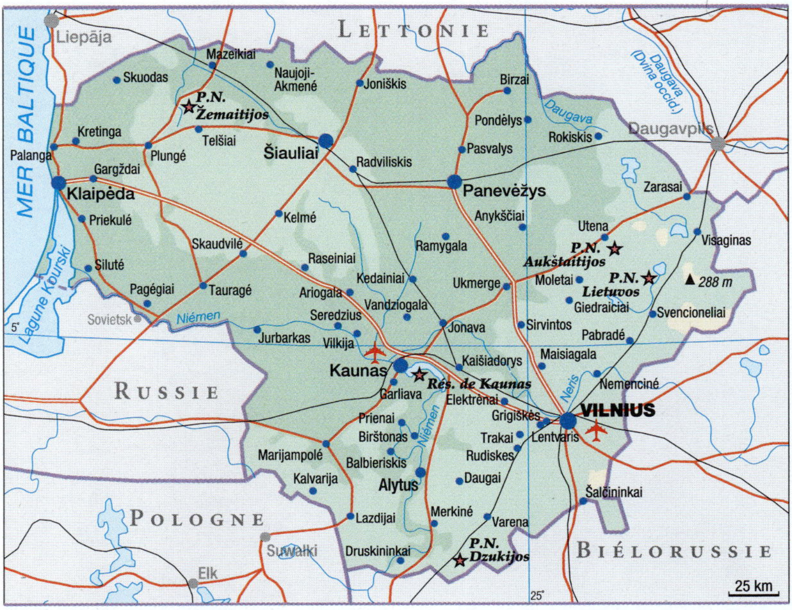

Lituanie

★ site touristique important

100 200 m

autoroute
route
voie ferrée
aéroport

plus de 500 000 h.
de 100 000 à 500 000 h.
de 50 000 à 100 000 h.
moins de 50 000 h.

GRANDE-BRETAGNE
Manche
Îles
Anglo-Normandes
OCÉAN
ATLANTIQUE
Ouessant
Roscoff
St-Pol-de-Léon
Morlaix
Perros-Guirec
Lannion
Guingamp
St-Quay-Portrieux
Brest
Landerneau
Finistère
29
Crozon
Île de Sein
Douarnenez
Audierne
Châteaulin
Quimper
Pont-l'Abbé
Guilvinec
Concarneau
Pont-Aven
Lorient
Île de Groix
St-Brieuc
Côtes-d'Armor
22
Rostrenen
BRETAGNE
Loudéac
Pontivy
Hennebont
Morbihan
56
Josselin
Ploërmel
Auray
Vannes
La Trinité-sur-Mer
Quiberon
Belle-Île
St-Malo
Dinard
Lamballe
Dinan
Le Mont-St-Michel
Combourg
Fougères
Ille-et-Vilaine
35
Rennes
Vitré
Bain-de-Bretagne
Redon
Cherbourg-Octeville
Valognes
Ste-Mère-Église
Carentan
Isigny-s/-Mer
Manche
50
St-Lô
Coutances
Granville
Villedieu-les-Poêles
Avranches
Mortain
Bayeux
Caen
Villers-Bocage
Calvados
14
BASSE-NORMANDIE
Vire
Falaise
Flers
Domfront
Orne
61
Argentan
Bagnoles-de-l'Orne
Sées
L'Aigle
Alençon
Mortagne-au-Perche
Bellême
Deauville
Cabourg
Honfleur
Lisieux
Le Havre
Fécamp
St-Valery-en-Caux
Dieppe
Bolbec
Yvetot
Seine-Mariti
76
HAUTE-
NORMAND
Pont-Audemer
Elbeuf
Louviers
Gaillon
Bernay
Eure
27
Évreu
Breteuil
Dreux
Le Trépor
Mayenne
Ernée
53
Laval
Sillé-le-Guillaume
Mamers
Bonnétable
Nogent-le-Rotrou
La Ferté-Bernard
Le Mans
Sarthe
72
Sablé-sur-Sarthe
PAYS DE LA LOIRE
Craon
Château-Gontier
Bazouges
La Flèche
Château-du-Loir
Le Lude
Baugé-en-Anjou
Segré
Angers
Maine-et-Loire
49
Saumur
Cholet
Montreuil-Bellay
Châteaubriant
Loire-Atlantique
44
Ancenis
Nantes
Rezé
Clisson
Donges
La Turballe
Saint-Nazaire
Paimbœuf
La Baule-Escoublac
Pornic
Île de Noirmoutier
Mortagne-sur-Sèvre
St-Jean-de-Monts
Vendée
85
Pouzauges
Île d'Yeu
St-Gilles-Croix-de-Vie
La Roche-sur-Yon
Les Sables-d'Olonne
Luçon
Fontenay-le-Comte
Thouars
Bressuire
Deux-Sèvres
79
Parthenay
Niort
St-Maixent-l'École
Melle
Loudun
Châtellerault
Vienne
86
Poitiers
Lusignan
St-Savin
Montmorillon
POITOU-CHARENTES
Civray
Île de Ré
La Rochelle
Surgères
Tonnay-Charente
Saint-Jean-d'Angély
Ruffec
Confolens
Île d'Oléron
Rochefort
Marennes
Saintes
Cognac
Charente
16
Charente-Maritime
17
Royan
Angoulême
Jonzac
Barbezieux-St-Hilaire
Lesparre-Médoc
Pauillac
Castelnau-de-Médoc
Blaye
Libourne
Mérignac
Pessac
Talence
Bordeaux
Gironde
Arcachon
Bergerac
Dordogne
24
Montpon-Ménestérol
Périgueux
Ribérac
Brantôme
Nontron
Sarlat-la-Canéda
Les Eyzies-de-Tayac-Sireuil
Gourdon
Indre-et-Loire
37
Tours
Amboise
Chenonceaux
Bourgueil
Azay-le-Rideau
Chinon
Loches
Descartes
Vendôme
Blois
Le Blanc
Haute-Vienne
87
Bellac
Oradour-sur-Glane
Rochechouart
Aixe-sur-Vienne
Limo
Brive-l
Uzer

BELGIQUE
PAYS-BAS
ALLEMAGNE
LUXEMBOURG
SUISSE
ITALIE
Dunkerque
NORD-
St-Omer
Armentières
Tourcoing
Roubaix
PAS-DE-CALAIS
Lille
Béthune
Montreuil
62
Liévin
Lens
Pas-de-Calais
Arras
Douai
Anzin
Valenciennes
Denain
Maubeuge
Nord
59
Cambrai
Avesnes-sur-Helpe
Doullens
80
Albert
Fourmies
Givet
Péronne
Somme
Amiens
St-Quentin
Guise
Rocroi
Revin
Hirson
Aisne
Vervins
Charleville-Mézières
Sedan
Montdidier
Roye
Tergnier
02
Breteuil
Oise
Noyon
Chauny
Laon
Sissonne
Ardennes
Montmédy
Longwy
08
Stenay
PICARDIE
Rethel
Clermont
Soissons
Vouziers
60
Compiègne
Reims
Creil
Villers-Cotterêts
Fismes
Étain
Briey
Thionville
Boulay-Moselle
Forbach
Chantilly
Senlis
Château-Thierry
51
Marne
Ste-Ménehould
Verdun
Pont-à-Mousson
Metz
St-Avold
Sarreguemines
Wissembourg
95
Bobigny
Meaux
Épernay
Châlons-en-Champagne
Meuse
Moselle
PARIS
Torcy
Montmirail
55
LORRAINE
57
Haguenau
Créteil
Seine-et-Marne
77
CHAMPAGNE-
St-Mihiel
Meurthe-
Château-Salins
Bas-Rhin
Sézanne
Fère-Champenoise
Bar-le-Duc
Commercy
Nancy
Sarrebourg
Saverne
Strasbourg
Évry
ÎLE-DE-FRANCE
Provins
Vitry-le-François
Toul
Lunéville
Ligny-en-Barrois
et-Moselle
Molsheim
St-Dizier
Essonne
Melun
Brienne-le-Château
54
Baccarat
67
91
Fontainebleau
Nogent-sur-Seine
ARDENNE
Marne
Neufchâteau
Saint-Dié-des-Vosges
ALSACE
Sélestat
Montereau-Fault-Yonne
10
Troyes
Aube
Bar-sur-Aube
Colombey-les-Deux-Églises
Vosges
Épinal
Ribeauvillé
Malesherbes
Nemours
Sens
Vittel
88
Gérardmer
Colmar
Pithiviers
Chaumont
Haut-Rhin
Loiret
Courtenay
Bar-sur-Seine
52
Remiremont
Guebwiller
Orléans
45
Montargis
Joigny
Haute-
Bourbonne-les-Bains
Luxeuil-les-Bains
Thann
68
Jargeau
Yonne
Tonnerre
Châtillon-sur-Seine
Langres
Marne
Haute-Saône
70
Lure
90
Mulhouse
La Ferté-St-Aubin
Auxerre
Chablis
St-Louis
Gien
89
Montbard
Vesoul
Ronchamp
Belfort
Altkirch
Briare
Côte-d'Or
FRANCHE-
Sochaux
Montbéliard
Avallon
Clamecy
Semur-en-Auxois
21
Gray
Baume-les-Dames
Sancerre
Vézelay
Cosne-Cours-sur-Loire
Dijon
Besançon
Doubs
Saulieu
Corbigny
Cher
Auxonne
BOURGOGNE
Nuits-St-Georges
COMTÉ
25
18
Nièvre
Dole
Arc-et-Senans
Vierzon
58
Bourges
Beaune
Pontarlier
Autun
Nevers
Château-Chinon (VILLE)
St-Florent-sur-Cher
Arbois
Chagny
Imphy
Le Creusot
Chalon-sur-Saône
Jura
Decize
71
39
St-Amand-Montrond
Saône-et-Loire
Montceau-les-Mines
Lons-le-Saunier
Louhans
Bourbon-l'Archambault
Morez
Tournus
Lac Léman
Évian-les-Bains
Allier
Moulins
Digoin
Charolles
Thonon-les-Bains
St-Claude
Paray-le-Monial
Cluny
03
Montluçon
St-Pourçain-sur-Sioule
Mâcon
Gex
Morzine
Creuse
Oyonnax
St-Julien-en-G.
Commentry
Bourg-en-Bresse
Ain
Nantua
Cluses
Gannat
Vichy
Roanne
Villefranche-sur-Saône
Bellegarde-sur-Valserine
Bonneville
23
Haute-Savoie
Chamonix
01
Trévoux
Annecy
Châtel-Guyon
74
Aubusson
63
Loire
Riom
Tarare
Megève
Volvic
Rhône
Belley
Ugine
Thiers
42
Villeurbanne
Clermont-Ferrand
Aix-les-Bains
Albertville
Lyon
69
Bourg-St-Maurice
Montbrison
Givors
Bourgoin-Jallieu
Puy-de-Dôme
Savoie
La Bourboule
Rive-de-Gier
La Tour-du-Pin
Chambéry
Val-d'Isère
Ussel
St-Chamond
Vienne
Moûtiers
Corrèze
Mont-Dore
Ambert
St-Étienne
Isère
Courchevel
Issoire
Firminy
73
Bort-les-Orgues
RHÔNE-ALPES
Modane
Brioude
La Chaise-Dieu
Annonay
St-Jean-de-Maurienne
Tulle
Yssingeaux
Grenoble
Mauriac
AUVERGNE
L'Alpe-d'Huez
Haute-Loire
Tournon-sur-Rhône
Romans-sur-Isère
Cantal
Langeac
38
Le Bourg-d'Oisans
Briançon
Le Puy-en-Velay
15
St-Flour
43
07
La Mure
Aurillac
Valence
05
Ardèche
St-Céré
St-Chély-d'Apcher
Langogne
Privas
Crest
Die
Hautes-Alpes
Vars
Lozère
Vals-les-Bains
Drôme
Allier
Loire
Yonne
Seine
Oise
Aisne
Meuse
Moselle
Meurthe
Rhin
Saône
Doubs
Rhône

OCÉAN
ATLANTIQUE
ESPAGNE
Morbihan
Loire-Atlantique
PAYS DE LA LOIRE
Maine-et-Loire
Sarthe
Indre-et-Loire
Vendée
Deux-Sèvres
Vienne
POITOU-CHARENTES
Charente
Charente-Maritime
Haute-Vienne
Dordogne
Gironde
AQUITAINE
Lot-et-Garonne
Landes
Gers
Pyrénées-Atlantiques
Hautes-Pyrénées
Haute-Garonne
Tarn-et-Garonne
Lot
MIDI-PYRÉNÉES
Guilvinec
Pont-Aven
Lorient
Hennebont
Ploërmel
Île de Groix
Auray
Vannes
La Trinité-sur-Mer
Quiberon
Belle-Île
La Turballe
Saint-Nazaire
Donges
Paimbœuf
La Baule-Escoublac
Pornic
Redon
Bain-de-Bretagne
Châteaubriant
Ancenis
Nantes
Rezé
Clisson
Île de Noirmoutier
St-Jean-de-Monts
Île d'Yeu
St-Gilles-Croix-de-Vie
La Roche-sur-Yon
Les Sables-d'Olonne
Luçon
Fontenay-le-Comte
Pouzauges
Mortagne-sur-Sèvre
Cholet
Laval
Craon
Château-Gontier
Segré
Angers
Sablé-sur-Sarthe
Bazouges
La Flèche
Le Mans
Baugé-en-Anjou
Le Lude
Château-du-Loir
Vendôme
Blois
Tours
Amboise
Chenonceaux
Bourgueil
Azay-le-Rideau
Chinon
Loches
Saumur
Montreuil-Bellay
Thouars
Bressuire
Loudun
Châtellerault
Descartes
Parthenay
Poitiers
St-Savin
Le Blanc
Lusignan
Montmorillon
St-Maixent-l'École
Niort
Melle
Civray
Île de Ré
La Rochelle
Surgères
Tonnay-Charente
Saint-Jean-d'Angély
Ruffec
Confolens
Île d'Oléron
Rochefort
Marennes
Saintes
Cognac
Royan
Angoulême
Rochechouart
Bellac
Oradour-sur-Glane
Aixe-sur-Vienne
Jonzac
Barbezieux-St-Hilaire
Nontron
Brantôme
Ribérac
Périgueux
Lesparre-Médoc
Pauillac
Castelnau-de-Médoc
Blaye
Libourne
Montpon-Ménestérol
Bergerac
Sarlat-la-Canéda
Les Eyzies-de-Tayac-Sireuil
Gourdon
Mérignac
Pessac
Talence
Bordeaux
Arcachon
Langon
Bazas
Marmande
Villeneuve-sur-Lot
Fumel
Cahors
Agen
Nérac
Castelsarrasin
Montauban
Mimizan
Labouheyre
Roquefort
Morcenx
Mont-de-Marsan
Tartas
St-Sever
Soustons
Hossegor
Capbreton
Dax
St-Vincent-de-Tyrosse
Hagetmau
Condom
Lectoure
Eauze
Vic-Fezensac
Fleurance
Auch
L'Isle-Jourdain
Toulouse
Mirande
Biarritz
Bayonne
St-Jean-de-Luz
Hendaye
Cambo-les-Bains
Orthez
Pau
St-Jean-Pied-de-Port
Oloron-Ste-Marie
Laruns
Argelès-Gazost
Tarbes
Bagnères-de-Bigorre
Cauterets
St-Lary-Soulan
Bagnères-de-Luchon
St-Gaudens
St-Girons
Loire
Charente
Gironde
Dordogne
Garonne
Adour
Gave de Pau
Vienne
Creuse
Isle
Vézère
Baïse
Gers
Limite de Région
Limite de département
Rouen Chef-lieu de Région
Chef-lieu de département
Chef-lieu d'arrondissement
Commune
Autoroute ou grande route
100 km

ATLAS

Orléans
Jargeau
La Ferté-St-Aubin
Montargis
Joigny
Yonne
Auxerre
Chablis
Tonnerre
Châtillon-sur-Seine
Langres
Haute-Marne
Bourbonne-les-Bains
Luxeuil-les-Bains
Remiremont
Thann
Guebwiller
Mulhouse
St-Louis
Altkirch
Belfort
Sochaux
Montbéliard
Lure
Ronchamp
Haute-Saône
Vesoul
Gray
Besançon
Baume-les-Dames
Doubs
FRANCHE-COMTÉ
Dole
Arc-et-Senans
Pontarlier
Arbois
Jura
Lons-le-Saunier
Morez
St-Claude
SUISSE
Lac Léman
Évian-les-Bains
Thonon-les-Bains
Morzine
Gex
Oyonnax
Nantua
St-Julien-en-G.
Cluses
Bonneville
Haute-Savoie
Chamonix
Annecy
Megève
Ugine
Albertville
Bourg-St-Maurice
Savoie
Moûtiers
Val-d'Isère
Courchevel
Modane
St-Jean-de-Maurienne
Chambéry
Aix-les-Bains
Belley
Bellegarde-sur-Valserine
Ain
Bourg-en-Bresse
Mâcon
Cluny
Tournus
Louhans
Chalon-sur-Saône
Saône-et-Loire
Le Creusot
Chagny
Beaune
Nuits-St-Georges
Dijon
Auxonne
Côte-d'Or
Montbard
Semur-en Auxois
Saulieu
BOURGOGNE
Autun
Château-Chinon (VILLE)
Nevers
Nièvre
Corbigny
Vézelay
Avallon
Clamecy
Cosne-Cours-sur-Loire
Sancerre
Gien
Briare
Cher
Vierzon
Bourges
St-Florent-sur-Cher
St-Amand Montrond
Salbris
Romorantin-Lanthenay
Imphy
Decize
Bourbon-l'Archambault
Moulins
Allier
Montceau-les-Mines
Digoin
Paray-le-Monial
Charolles
Montluçon
Commentry
St-Pourçain-sur-Sioule
Gannat
Vichy
Creuse
Aubusson
Châtel-Guyon
Riom
Volvic
Clermont-Ferrand
Thiers
Roanne
Loire
Villefranche-sur-Saône
Trévoux
Tarare
Rhône
Lyon
Villeurbanne
Puy-de-Dôme
La Bourboule
Mont-Dore
Issoire
Ambert
Montbrison
Givors
Rive-de-Gier
St-Chamond
St-Étienne
Firminy
Bourgoin-Jallieu
Vienne
La Tour-du-Pin
Isère
RHÔNE-ALPES
Grenoble
L'Alpe-d'Huez
Le Bourg-d'Oisans
Briançon
ITALIE
Ussel
Bort-les-Orgues
Tulle
Mauriac
AUVERGNE
Brioude
La Chaise-Dieu
Yssingeaux
Annonay
Haute-Loire
Langeac
Le Puy-en-Velay
Tournon-sur-Rhône
Romans-sur-Isère
Cantal
St-Flour
Aurillac
Argentat
Valence
Ardèche
Privas
Crest
Die
Drôme
La Mure
Hautes-Alpes
Gap
Embrun
Vars
Veynes
St-Chély-d'Apcher
Langogne
Lozère
Marvejols
Mende
Vals-les-Bains
Aubenas
Montélimar
Largentière
Conques
Laguiole
Decazeville
Espalion
Villefranche-de-Rouergue
Rodez
Aveyron
Najac
Florac
Valréas
Pierrelatte
Bollène
Nyons
Buis-les-Baronnies
Barcelonnette
Alpes-de-Haute-Provence
Sisteron
Digne-les-Bains
Forcalquier
Castellane
Tende
Puget-Théniers
Alpes-Maritimes
Menton
MONACO
Nice
Vence
Grasse
Antibes
Cannes
Carmaux
Albi
Tarn
St-Affrique
Millau
Roquefort-sur-Soulzon
Le Vigan
Alès
Gard
Uzès
Bagnols-sur-Cèze
Orange
Carpentras
Vaucluse
Avignon
Apt
Manosque
Ganges
LANGUEDOC-ROUSSILLON
Nîmes
PROVENCE-ALPES-CÔTE D'AZUR
Durance
Lavaur
Castres
Lacaune
Lodève
Lunel
Arles
Salon-de-Provence
Bouches-du-Rhône
Aix-en-Provence
Var
Draguignan
Bédarieux
Montpellier
Aigues-Mortes
Istres
Fréjus
St-Raphaël
Mazamet
St-Pons
Hérault
Palavas-les-Flots
Le Grau-du-Roi
Saintes-Maries-de-la-Mer
Fos-sur-Mer
Martigues
Marignane
Brignoles
Ste-Maxime
St-Tropez
Cavalaire-sur-Mer
Le Lavandou
Béziers
Sète
Agde
Marseille
Aubagne
La Ciotat
Toulon
Hyères
Carcassonne
Narbonne
Aude
Limoux
Quillan
Port-la-Nouvelle
Leucate
Ax-les-Thermes
Pyrénées-Orientales
Prades
Perpignan
Collioure
Port-Vendres
Banyuls-sur-Mer
Amélie-les-Bains
Céret
Bourg-Madame
Mer Méditerranée
Bastia
Calvi
Haute-Corse
Corte
Porto
CORSE
Aléria
Ajaccio
Corse-du-Sud
Propriano
Sartène
Porto-Vecchio
Bonifacio

ATLAS

FRANCE D'OUTRE-MER

Guadeloupe, Saint-Barthélemy et Saint-Martin

200 500 1000 m

- ch.-l. ou ch.-l. d'arrondissement
- ch.l. de canton
- commune
- route
- aéroport
- plus de 20 000 h.
- de 10 000 à 20 000 h.
- de 5 000 à 10 000 h.
- moins de 5 000 h.

Martinique

- plus de 50 000 h.
- de 10 000 à 50 000 h.
- de 5 000 à 10 000 h.
- moins de 5 000 h.
- ch.-l. d'arrond.
- commune

200 500 m

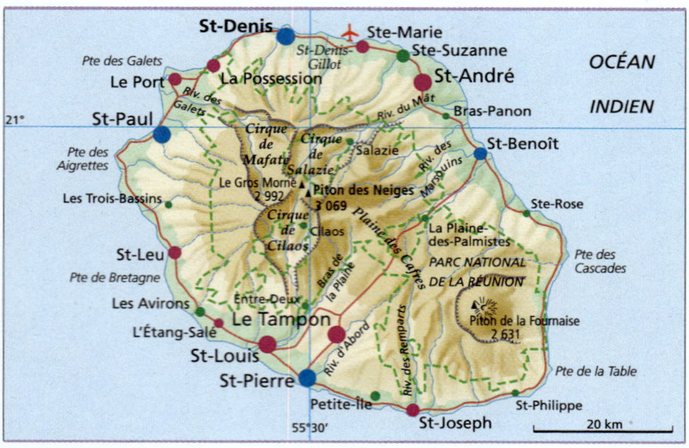

La Réunion

200 1000 2000 m

- plus de 50 000 h.
- de 20 000 à 50 000 h.
- de 10 000 à 20 000 h.
- moins de 10 000 h.
- ch.-l. d'arrondissement
- ch.l. de canton
- commune
- route
- aéroport

Guyane

- aéroport
- plus de 20 000 h.
- de 10 000 à 20 000 h.
- de 2 000 à 10 000 h.
- moins de 2 000 h.
- ch.-l. d'arrond.
- commune

100 200 m

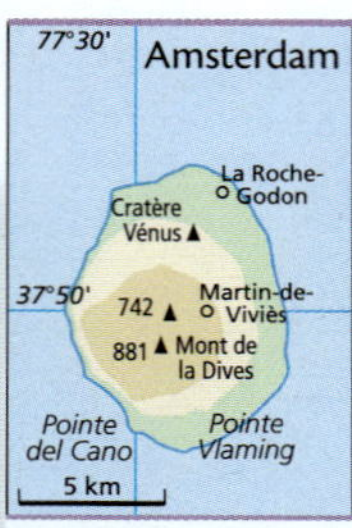

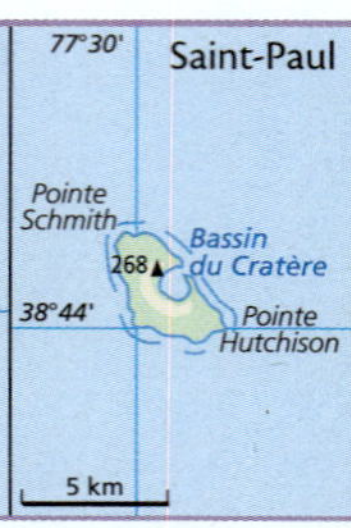

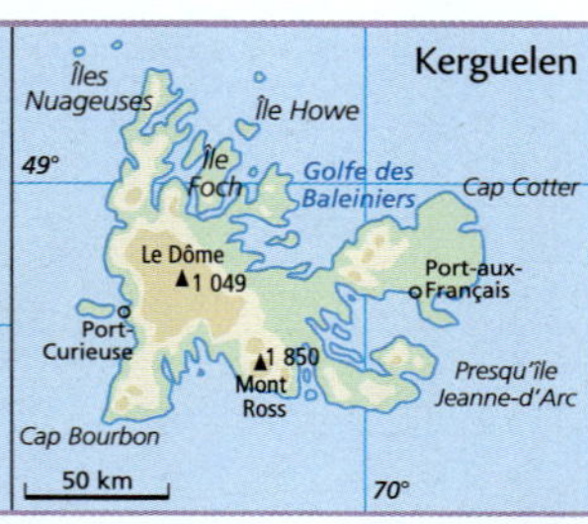

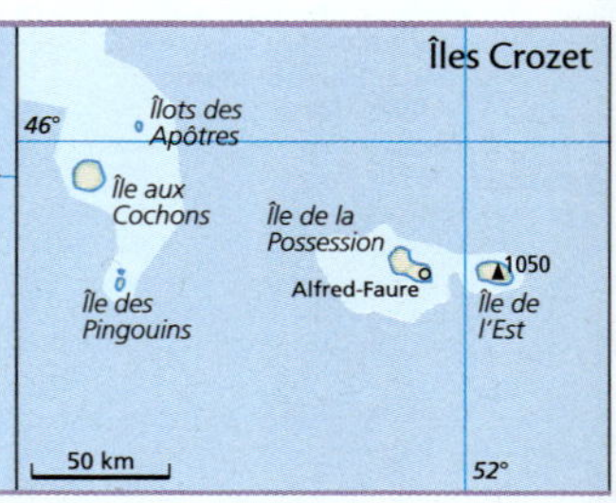

Terres Australes et Antarctiques françaises

200 500 1000 m

- récif-barrière

FRANCE D'OUTRE-MER

Nouvelle-Calédonie

200 500 m

- plus de 20 000 h.
- de 5 000 à 20 000 h.
- de 2 000 à 5 000 h.
- moins de 2 000 h.
- chef-lieu
- commune
- route
- récif-barrière

Mayotte

200 500

- ch.-l. d'arrond.
- plus de 10 000 h.
- moins de 5 000 h.
- route
- récif

Polynésie française

200 500 1000 m

- plus de 30 000 h.
- de 15 000 à 30 000 h.
- moins de 15 000 h.
- ch.-l. du territoire
- commune

au-dessous du niveau de la mer

200 3000 5000 m

Saint-Pierre-et-Miquelon

- plus de 5 000 h.
- moins de 5 000 h.
- ch.-l. de territoire
- commune
- route

200

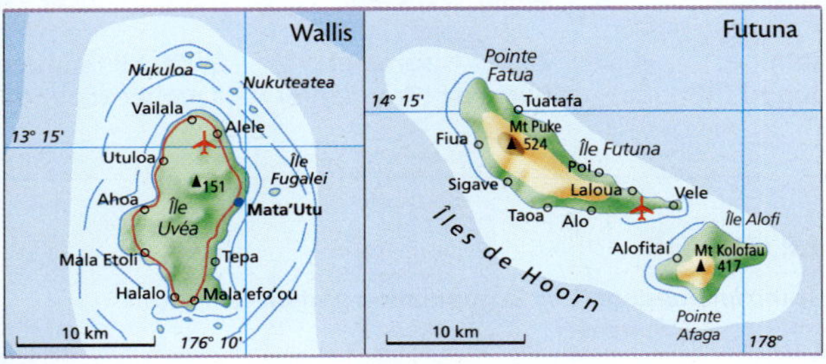

Wallis-et-Futuna

200 500

- moins de 5 000 h.
- ch.-l. de territoire
- route
- récif

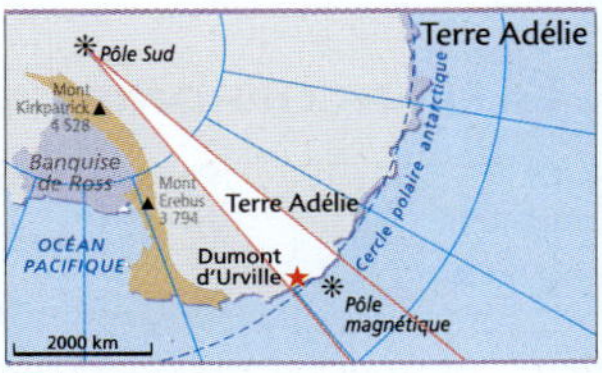

- banquise

ATLAS

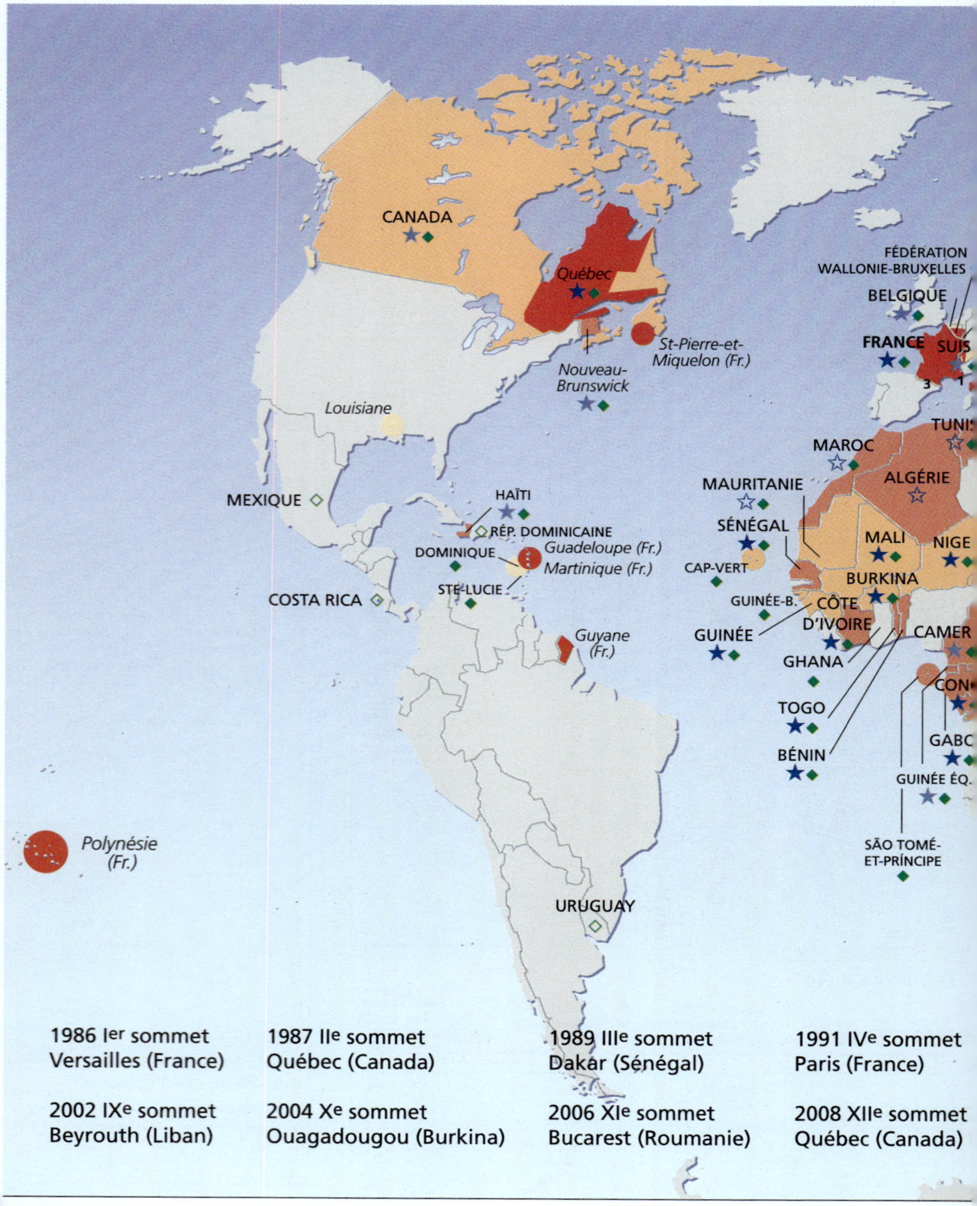

LA FRANCOPHONIE DANS LE MONDE

Pays ou régions francophones : part de la population parlant le français

- de 1 % à 10 %
- de 10 % à 25 %
- de 25 % à 75 %
- plus de 75 %

ATLAS

1993 Ve sommet
Grand Baie (Maurice)

1995 VIe sommet
Cotonou (Bénin)

1997 VIIe sommet
Hanoï (Viêt Nam)

1999 VIIIe sommet
Moncton (Canada)

2010 XIIIe sommet
Montreux (Suisse)

2012 XIVe sommet
Kinshasa (Rép. dém. du Congo)

2014 XVe sommet
Dakar (Sénégal)

2016 XVIe sommet
Antananarivo (Madagascar)

atut du français
langue officielle unique
une des langues officielles
langue véhiculaire

Organisation internationale de la francophonie
◆ pays membre ou membre associé
◇ pays observateur

1 MONACO ★ ◆
2 MACÉDOINE ◆
3 ANDORRE ◆
4 RÉP. TCHÈQUE ◇
5 SLOVAQUIE ◇
6 SLOVÉNIE ◇
7 AUTRICHE ◇
8 CROATIE ◇
9 HONGRIE ◇
10 SERBIE ◇
11 BOSNIE-H. ◇
12 MONTÉNÉGRO ◇
13 KOSOVO ◇

ATLAS

BELGIQUE

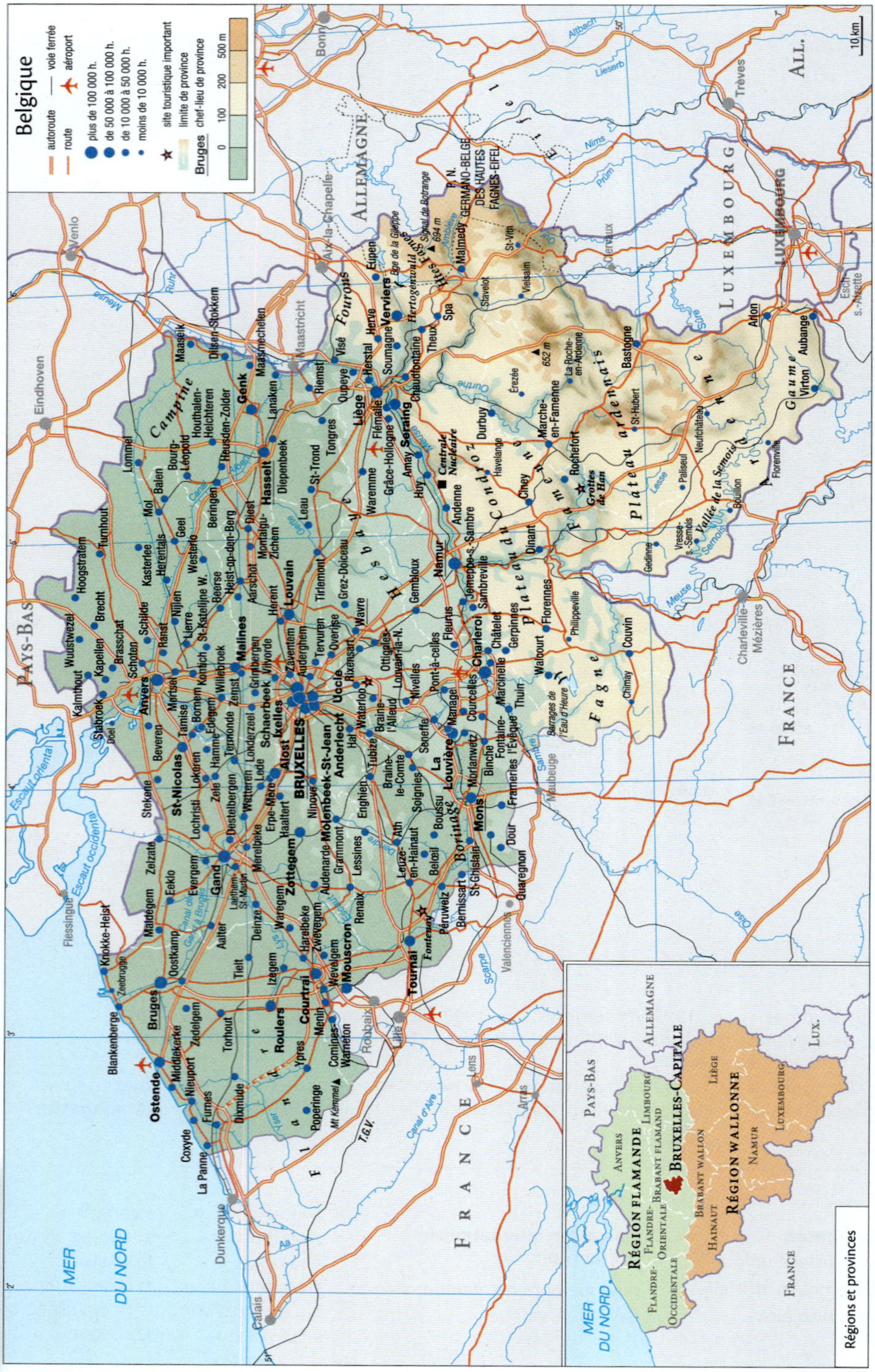

Belgique
autoroute
route
voie ferrée
aéroport
plus de 100 000 h.
de 50 000 à 100 000 h.
de 10 000 à 50 000 h.
moins de 10 000 h.
site touristique important
limite de province
Bruges chef-lieu de province
0 100 200 500 m
10 km
MER DU NORD
PAYS-BAS
ALLEMAGNE
LUXEMBOURG
FRANCE
ALL.
BRUXELLES
Anvers
Gand
Liège
Charleroi
Namur
Mons
Bruges
Ostende
Louvain
Malines
Hasselt
Arlon
Campine
Hesbaye
Condroz
Famenne
Fagne
Gaume
Plateau ardennais
Hautes Fagnes
Borinage
Régions et provinces
RÉGION FLAMANDE
RÉGION WALLONNE
BRUXELLES-CAPITALE
FLANDRE-OCCIDENTALE
FLANDRE-ORIENTALE
ANVERS
LIMBOURG
BRABANT FLAMAND
BRABANT WALLON
HAINAUT
NAMUR
LIÈGE
LUXEMBOURG
LUX.

PAYS-BAS
ALLEMAGNE
LUXEMBOURG
FRANCE
Mer du Nord
Escaut occidental
FLANDRE
WALLONIE
Flandre-Occidentale
Flandre-Orientale
Anvers
Limbourg
Brabant flamand
Brabant wallon
Hainaut
Namur
Liège
Luxembourg
BRUXELLES
Bruges
Gand
Anvers
Hasselt
Louvain
Wavre
Mons
Namur
Liège
Arlon
Ostende
Knokke-Heist
Zeebrugge
Blankenberge
Middelkerke
Coxyde
La Panne
Furnes
Dixmude
Ypres
Poperinge
Roulers
Courtrai
Menin
Wevelgem
Comines-Warneton
Tielt
Waregem
Izegem
Anzegem
Harelbeke
Zwevegem
Mouscron
Tournai
Escaut
Renaix
Audenarde
Gavere
Deinze
Nevele
Aalter
Eeklo
Maldegem
Oostkamp
Jabbeke
Zedelgem
Torhout
Evergem
St-Nicolas
Beveren
Tamise
Lokeren
Hamme
Termonde
Merelbeke
Zottegem
Herzele
Alost
Ninove
Dendre
Grammont
Brakel
Lessines
Enghien
Ath
Péruwelz
St-Ghislain
Dour
Quaregnon
Frameries
La Louvière
Soignies
Braine-le-Comte
Tubize
Hal
Braine-l'Alleud
Nivelles
Waterloo
Genappe
Ottignies-Louvain-la-Neuve
Overijse
Zaventem
Vilvorde
Grimbergen
Merchtem
Asse
Lebbeke
Zemst
Malines
Bornem
Hoboken
Boom
Mortsel
Edegem
Lierre
Nijlen
Schoten
Brasschaat
Kapellen
Kalmthout
Brecht
Hoogstraten
Turnhout
Lille
Herentals
Arendonk
Mol
Geel
Westerlo
Heist-op-den-Berg
Aarschot
Diest
Tessenderlo
Beringen
Balen
Lommel
Neerpelt
Houthalen-Helchteren
Heusden-Zolder
Genk
Maaseik
Maasmechelen
Lanaken
Bilzen
Tongres
St-Trond
Tirlemont
Riemst
Fourons
Visé
Oupeye
Herstal
Ans
Seraing
Flémalle
Waremme
Hannut
Amay
Huy
Esneux
Herve
Dison
Verviers
Eupen
Spa
Malmedy
Stavelot
St-Vith
Meuse
Eghezée
Andenne
Gembloux
Sambreville
Ohey
Ciney
Fleurus
Courcelles
Charleroi
Châtelet
Binche
Sambre
Thuin
Philippeville
Couvin
Chimay
Dinant
Beauraing
Gedinne
Rochefort
Marche-en-Famenne
Durbuy
Ourthe
La Roche-en-Ardenne
Houffalize
Bastogne
St-Hubert
Bertrix
Neufchâteau
Bouillon
Semois
Florenville
Virton
Aubange
Limite de région
Limite de province
Chef-lieu de province
Chef-lieu d'arrondissement
Autoroute ou grande route
25 km
BRUXELLES-CAPITALE
Evere
Schaerbeek
Woluwe-St-Lambert
Woluwe-St-Pierre
St-Josse-ten-Noode
BRUXELLES
Etterbeek
Auderghem
Watermael-Boitsfort
Koekelberg
Jette
Ganshoren
Berchem-Ste-Agathe
Molenbeek-St-Jean
Anderlecht
Ixelles
St-Gilles
Forest
Uccle
5 km

ATLAS

PAYS-BAS ET LUXEMBOURG

Pays-Bas

- aéroport
- 0 m
- autoroute
- route
- voie ferrée
- port pétrolier et complexe industriel
- site touristique important
- limite de province
- Zwolle capitale de province
- plus de 1 000 000 h.
- de 100 000 à 1 000 000 h.
- de 30 000 à 100 000 h.
- moins de 30 000 h.

Luxembourg

- 200
- 500 m
- autoroute
- route
- limite de district
- voie ferrée
- aéroport
- plus de 50 000 h.
- de 10 000 à 50 000 h.
- moins de 10 000 h.

ALLEMAGNE

Allemagne

200 500 1000 m

- autoroute
- route
- voie ferrée
- aéroport
- limite de Land
- Munich : capitale de Land
- gazoduc
- plus de 1 000 000 h.
- de 500 000 à 1 000 000 h.
- de 100 000 à 500 000 h.
- moins de 100 000 h.

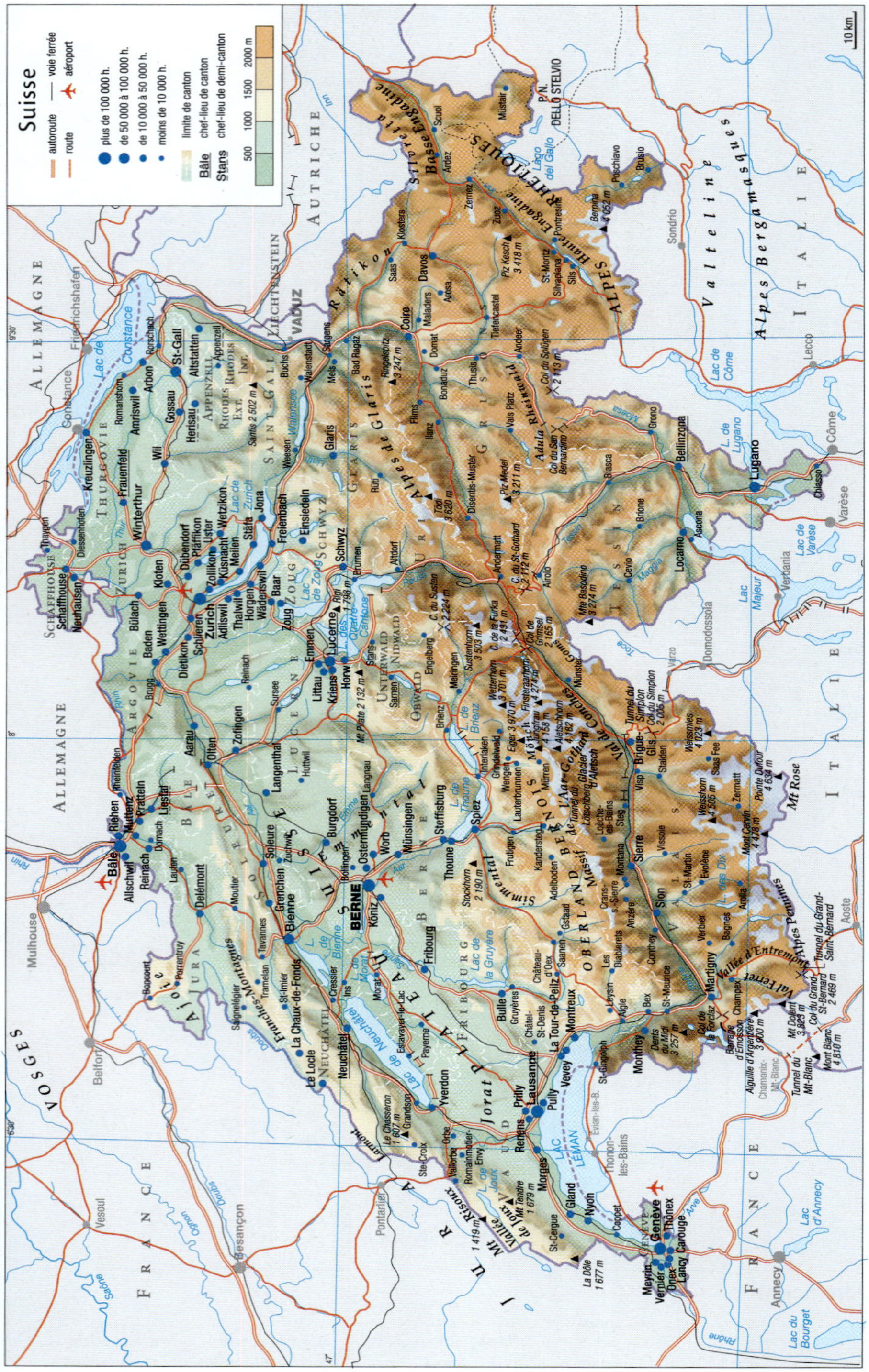
Suisse
autoroute
route
voie ferrée
aéroport
plus de 100 000 h.
de 50 000 à 100 000 h.
de 10 000 à 50 000 h.
moins de 10 000 h.
limite de canton
Bâle chef-lieu de canton
Stans chef-lieu de demi-canton
500
1000
1500
2000 m
10 km
ALLEMAGNE
AUTRICHE
FRANCE
ITALIE
LIECHTENSTEIN
VADUZ
BERNE
Zurich
Bâle
Genève
Lausanne
Lucerne
St-Gall
Lugano
Lac de Constance
LAC LÉMAN
L. de Neuchâtel
Lac Majeur
VOSGES
JURA
Alpes Bergamasques
Valteline
Mt Rose

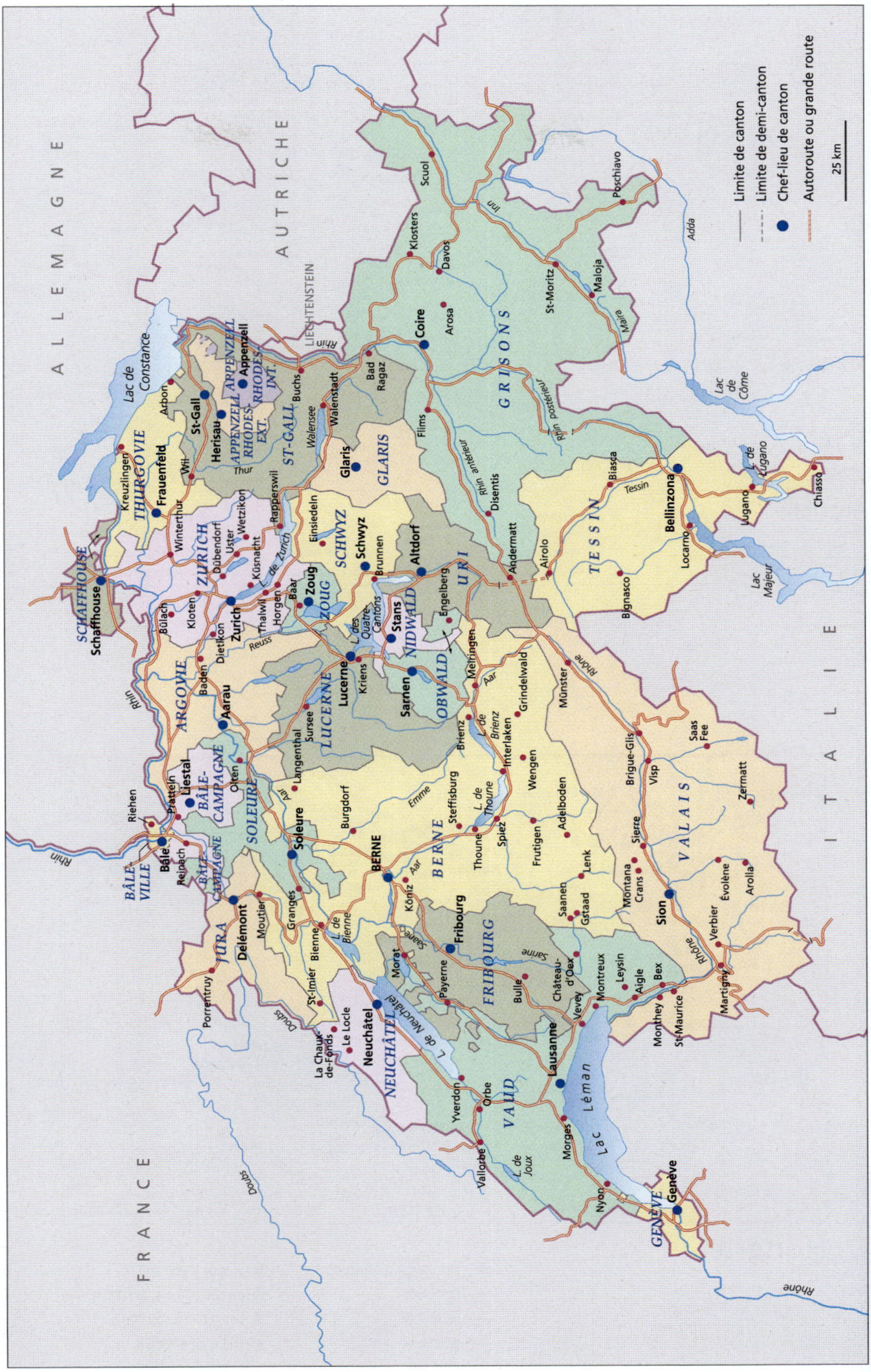
ALLEMAGNE
AUTRICHE
LIECHTENSTEIN
FRANCE
ITALIE
SCHAFFHOUSE
THURGOVIE
ZURICH
ARGOVIE
BÂLE-VILLE
BÂLE-CAMPAGNE
SOLEURE
JURA
NEUCHÂTEL
BERNE
FRIBOURG
VAUD
GENÈVE
VALAIS
LUCERNE
ZOUG
SCHWYZ
OBWALD
NIDWALD
URI
GLARIS
ST-GALL
APPENZELL RHODES-EXT.
APPENZELL RHODES-INT.
GRISONS
TESSIN
Lac de Constance
Léman
Lac Majeur
L. de Lugano
Lac de Côme
L. de Neuchâtel
L. de Bienne
L. de Thoune
L. de Brienz
L. des Quatre-Cantons
L. de Zurich
L. de Joux
Walensee
Rhin
Rhône
Aar
Reuss
Emme
Sarine
Doubs
Inn
Tessin
Adda
Maira
Rhin antérieur
Rhin postérieur
Thur
Schaffhouse
Frauenfeld
Kreuzlingen
Arbon
St-Gall
Herisau
Appenzell
Wil
Winterthur
Bülach
Kloten
Zurich
Dübendorf
Uster
Wetzikon
Küsnacht
Thalwil
Horgen
Rapperswil
Dietikon
Baden
Aarau
Bâle
Riehen
Pratteln
Liestal
Reinach
Olten
Soleure
Granges
Delémont
Moutier
Porrentruy
Bienne
St-Imier
La Chaux-de-Fonds
Le Locle
Neuchâtel
Yverdon
Orbe
Vallorbe
Morges
Lausanne
Nyon
Genève
Vevey
Montreux
Morat
Payerne
Fribourg
Bulle
Château-d'Oex
BERNE
Köniz
Burgdorf
Langenthal
Sursee
Lucerne
Kriens
Sarnen
Stans
Zoug
Baar
Schwyz
Brunnen
Einsiedeln
Altdorf
Engelberg
Meiringen
Brienz
Interlaken
Grindelwald
Wengen
Thoune
Steffisburg
Spiez
Frutigen
Adelboden
Lenk
Gstaad
Saanen
Leysin
Aigle
Bex
Monthey
St-Maurice
Martigny
Verbier
Sion
Montana
Crans
Sierre
Évolène
Arolla
Visp
Brigue-Glis
Zermatt
Saas Fee
Münster
Andermatt
Airolo
Bignasco
Locarno
Bellinzona
Biasca
Lugano
Chiasso
Disentis
Flims
Glaris
Walenstadt
Buchs
Bad Ragaz
Coire
Arosa
Davos
Klosters
Scuol
St-Moritz
Maloja
Poschiavo
Limite de canton
Limite de demi-canton
Chef-lieu de canton
Autoroute ou grande route
25 km

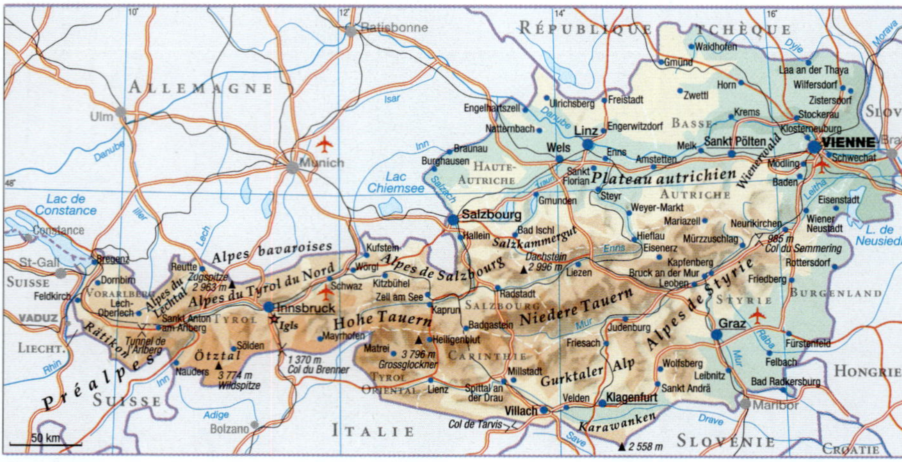

Autriche

200	500	1000	2000 m

- autoroute
- route
- aéroport
- voie ferrée
- limite d'État fédéré
- **Graz** capitale d'État fédéré
- plus de 1 000 000 h.
- de 100 000 à 1 000 000 h.
- de 50 000 à 100 000 h.
- moins de 50 000 h.

Hongrie

100	200	500 m

- ☆ site touristique important
- autoroute
- route
- voie ferrée
- plus de 1 000 000 h.
- de 100 000 à 1 000 000 h.
- de 50 000 à 100 000 h.
- moins de 50 000 h.

Pologne

★ site touristique important

200 500 1000 m

autoroute

route

voie ferrée

aéroport

- plus de 1 000 000 h.
- de 500 000 à 1 000 000 h.
- de 100 000 à 500 000 h.
- moins de 100 000 h.

République tchèque

200 500 1000 m

autoroute

route

voie ferrée

aéroport

- plus de 1 000 000 h.
- de 100 000 à 1 000 000 h.
- de 50 000 à 100 000 h.
- moins de 50 000 h.

ATLAS

Slovaquie

★ site touristique important

200 500 1000 2000 m

autoroute
route
voie ferrée
aéroport

plus de 100 000 h.
de 50 000 à 100 000 h.
de 10 000 à 50 000 h.
moins de 10 000 h.

Roumanie

★ site touristique important

200 500 1000 m

autoroute
route
voie ferrée
aéroport

plus de 1 000 000 h.
de 150 000 à 1 000 000 h.
de 50 000 à 150 000 h.
moins de 50 000 h.

ATLAS

Bulgarie

★ site touristique important

200 500 1000 2000 m

autoroute
route
voie ferrée
aéroport

plus de 1 000 000 h.
de 250 000 à 1 000 000 h.
de 100 000 à 250 000 h.
de 50 000 à 100 000 h.
moins de 50 000 h.

Turquie

200 1000 2000 m

autoroute
route
voie ferrée

aéroport
★ site touristique important
oléoduc

plus de 1 000 000 h.
de 500 000 à 1 000 000 h.
de 100 000 à 500 000 h.
moins de 100 000 h.

ATLAS

ESPAGNE

Espagne
200 500 1000 1500 m
autoroute
route
voie ferrée
aéroport
limite de communauté autonome
Valence capitale de communauté autonome
Oviedo chef-lieu de province
plus de 1 000 000 h.
de 500 000 à 1 000 000 h.
de 100 000 à 500 000 h.
de 50 000 à 100 000 h.
moins de 50 000 h.
site touristique important
OCÉAN
ATLANTIQUE
MER
MÉDITERRANÉE
FRANCE
PORTUGAL
MADRID
LISBONNE
Barcelone
Valence
Séville
Saragosse
Málaga
Bilbao
Golfe de Gascogne (Golfe de Biscaye)
Golfe du Lion
Golfe de Valence
Golfe de Cadix
Détroit de Gibraltar
ÎLES BALÉARES
Majorque
Minorque
Ibiza
Formentera
ÎLES CANARIES
Lanzarote
Fuerteventura
Grande Canarie
Las Palmas
Tenerife
Sta. Cruz de Tenerife
La Palma
Gomera
Hierro
COSTA BRAVA
COSTA DAURADA
COSTA BLANCA
COSTA CALIDA
COSTA DEL SOL
Pyrénées
Monts Cantabriques
Cordillère Centrale
Chaînes Ibériques
Sierra Morena
Chaînes Bétiques
Meseta
50 km

PORTUGAL ET MALTE

Portugal

★ site touristique important

✈ aéroport

200 500 1000 1500 m

autoroute

route

voie ferrée

limite de région

Braga chef-lieu de région

● plus de 500 000 h.

● de 100 000 à 500 000 h.

● de 50 000 à 100 000 h.

● moins de 50 000 h.

Malte

★ site touristique important

200 500 m

route

✈ aéroport

● plus de 10 000 h.

● moins de 10 000 h.

ATLAS

Italie

▲ volcan	200 · 400 · 1000 · 2000 m
autoroute	aéroport
route	site touristique important
voie ferrée	
limite de région	
Milan — capitale de région	Urbino — chef-lieu de province
plus de 1 000 000 h.	de 500 000 à 1 000 000 h.
de 100 000 à 500 000 h.	moins de 100 000 h.

ATLAS

Slovénie

200 | 1000 | 2000 | 3000 m

autoroute
route
voie ferrée
aéroport
site touristique important

plus de 250 000 h.
de 100 000 à 250 000 h.
de 30 000 à 100 000 h.
moins de 30 000 h.

Croatie

site touristique important

200 | 500 | 1000 m

autoroute
route
voie ferrée
aéroport

plus de 500 000 h.
de 100 000 à 500 000 h.
de 50 000 à 100 000 h.
moins de 50 000 h.

GRÈCE ET CHYPRE

Grèce

200	400	1000 m

- autoroute
- route
- voie ferrée
- site touristique important
- aéroport
- limite de région
- **Patras** capitale de région
- plus de 1 000 000 h.
- de 100 000 à 1 000 000 h.
- de 30 000 à 100 000 h.
- moins de 30 000 h.

Chypre

- route
- aéroport

200	500 m

- plus de 100 000 h.
- de 30 000 à 100 000 h.
- moins de 30 000 h.
- site touristique important
- ligne de cessez-le-feu (août 1974)

inquisiteur, trice [ɛ̃kizitœr, -tris] **adj.** (lat. *inquisitor,* de *inquirere,* chercher à découvrir). Qui marque une curiosité indiscrète : *Regard inquisiteur* (syn. **scrutateur, indiscret**). ◆ **inquisiteur n.m.** HIST. Membre d'un tribunal de l'Inquisition.

inquisition [ɛ̃kizisjɔ̃] **n.f.** (lat. *inquisitio,* recherche, investigation). **1.** LITT. Enquête considérée comme arbitraire et vexatoire. **2.** HIST. (Avec une majuscule). Tribunal ecclésiastique qui était chargé de lutter contre les hérésies par la voie d'une procédure d'enquête *(inquisitio).*

■ C'est le pape Innocent III qui, en 1199, fit adopter cette procédure par les tribunaux ecclésiastiques aux prises avec le mouvement cathare. Dans le Midi, cette forme de répression fut d'abord l'affaire des tribunaux ordinaires, puis celle des Dominicains, auxquels la papauté laissa une indépendance presque totale. Au cours de ses tournées inquisitoriales dans les paroisses, l'instance judiciaire procédait à l'interrogatoire systématique de la population, encourageait la délation et soumettait les suspects à la torture (ou *question*). La sentence, généralement sévère, allait de la peine de mort (souvent sur le bûcher) à l'emprisonnement temporaire ou perpétuel. L'Inquisition réduisit ainsi, au XIIIe s., les cathares et les vaudois. Ses méthodes provoquèrent toutefois au XIVe s. des troubles face auxquels la papauté dut intervenir en obligeant les inquisiteurs à collaborer avec les tribunaux ecclésiastiques ordinaires. L'Inquisition, qui se montra particulièrement active jusque dans l'Espagne du XVIe s., a été officiellement supprimée au début du XVIIIe s., l'Église romaine gardant toujours néanmoins une instance chargée spécialement de dépister l'hérésie et de la dénoncer, le Saint-Office, créé en 1542 par Paul III. ■

inquisitoire [ɛ̃kizitwar] **adj.** (du lat. médiév. *inquisitorius*). DR. Se dit du système de procédure où celle-ci est dirigée par le juge (par opp. à *accusatoire*).

inquisitorial, e, aux [ɛ̃kizitɔrjal, -o] **adj.** (du lat. médiév. *inquisitorius*). **1.** Se dit d'un acte arbitraire : *Mesure inquisitoriale.* **2.** Relatif à l'Inquisition.

I.N.R.A. (Institut national de la recherche agronomique), établissement public créé en 1946, ayant pour mission d'effectuer les travaux de la recherche scientifique concernant l'agriculture, les industries agroalimentaires et le monde rural.

inracontable [ɛ̃rakɔ̃tabl] et **irracontable** [irakɔ̃tabl] **adj.** Que l'on ne peut raconter : *Histoire inracontable devant des enfants.*

insaisissable [ɛ̃sezisabl] **adj. 1.** Qui ne peut être appréhendé : *Voleur insaisissable.* **2.** Qui ne peut être compris, apprécié, perçu : *Différence insaisissable* (syn. **imperceptible**). **3.** DR. Que la loi défend de saisir.

insalubre [ɛ̃salybr] **adj.** Malsain ; nuisible à la santé : *Logement insalubre.*

insalubrité [ɛ̃salybrite] **n.f.** État de ce qui est insalubre.

insanité [ɛ̃sanite] **n.f.** (angl. *insanity*). **1.** Manque de bon sens : *L'insanité de ses propos est révoltante* (syn. **démence, déraison**). **2.** Parole ou action déraisonnable : *Dire des insanités* (syn. **sottise, ineptie**).

insatiable [ɛ̃sasjabl] **adj.** (lat. *insatiabilis,* de *satiare,* rassasier). Qui ne peut être rassasié : *Une curiosité insatiable* (syn. **inextinguible**). *Un appétit insatiable* (syn. **vorace**).

insatisfaction [ɛ̃satisfaksjɔ̃] **n.f.** État de qqn qui n'est pas satisfait de ce qu'il a : *Un sentiment d'insatisfaction.*

insatisfaisant, e [ɛ̃satisfəzɑ̃, -ɑ̃t] **adj.** Qui ne satisfait pas : *Un résultat insatisfaisant* (syn. **insuffisant**).

insatisfait, e [ɛ̃satisfɛ, -ɛt] **adj.** et **n.** Qui n'est pas satisfait : *Un client insatisfait* (syn. **mécontent**). *Un besoin de tendresse insatisfait* (syn. **inassouvi**).

inscription [ɛ̃skripsjɔ̃] **n.f.** (lat. *inscriptio,* de *inscribere,* inscrire). **1.** Ensemble de caractères gravés ou écrits sur la pierre, le métal, etc., dans un but commémoratif : *Inscription hiéroglyphique.* **2.** Ce qui est inscrit quelque part : *Mur couvert d'inscriptions* (syn. **graffiti**). **3.** Action d'inscrire sur une liste, un registre officiel ou administratif : *Les inscriptions à l'université se feront à partir du 12.*

inscrire [ɛ̃skrir] **v.t.** (lat. *inscribere,* écrire sur) [conj. **99**]. **1.** Porter sur un registre, une liste le nom de : *Inscrire ses enfants dans une école du quartier* (syn. **enregistrer, immatriculer**). **2.** Écrire, graver sur le métal, la pierre, etc. : *Inscrire une épitaphe sur une tombe.* **3.** Noter ce qu'on ne veut pas oublier : *Inscrire une adresse sur un carnet* (syn. **noter**). **4.** Faire entrer qqch dans un ensemble : *Inscrire une question à l'ordre du jour* (syn. **inclure**). ◆ **s'inscrire v.pr. 1.** Écrire, faire enregistrer son nom sur une liste, un registre, etc. : *Vous devez vous inscrire avant la fin de la semaine.* **2.** Entrer dans un groupe, un parti, un établissement : *S'inscrire à un club de bridge* (syn. **adhérer, s'affilier**). **3.** Être placé au milieu d'autres éléments : *Les négociations s'inscrivent dans le cadre de la diplomatie secrète* (syn. **se situer**). **4. S'inscrire en faux contre qqch,** le nier : *Je m'inscris en faux contre vos insinuations* (= je démens formellement).

inscrit, e [ɛ̃skri, -it] **adj.** (p. passé de *inscrire*). MATH. Se dit d'une courbe, en partic. d'un cercle, tangente à chaque côté d'un polygone dont les sommets appartiennent tous à un autre cercle (appelé *cercle circonscrit au polygone*). ◆ **n.** Personne dont le nom est inscrit sur une liste, qui s'est inscrite dans une organisation.

insécable [ɛ̃sekabl] **adj.** (de *sécable*). Qui ne peut être coupé ou partagé : *« Oui » est un mot insécable* (syn. **indivisible**).

insectarium [ɛ̃sɛktarjɔm] **n.m.** Établissement où l'on élève et conserve les insectes.

insecte [ɛ̃sɛkt] **n.m.** (lat. *insectus,* traduction du gr. *entoma,* coupé à cause des étranglements du corps des insectes). **1.** ZOOL. Arthropode respirant par des trachées, dont le corps est divisé en trois segments (tête, thorax, abdomen), possédant 3 paires de pattes et général. 2 paires d'ailes. ► Les insectes forment une classe. Principaux ordres : hyménoptères, coléoptères, diptères, lépidoptères, hétéroptères, homoptères, odonates. **2.** (Abusif en zool.). Tout animal très petit, qui, au regard de la zoologie, peut être un insecte proprement dit, un arachnide, un myriapode, etc.

■ On a décrit environ 1 million d'espèces d'insectes, mais il en existerait en réalité plusieurs millions. Le corps des insectes est entouré d'une cuticule de chitine et formé de trois parties : la tête, avec deux antennes, deux yeux composés et des pièces buccales ; le thorax, avec trois paires de pattes et souvent deux paires d'ailes ; l'abdomen, annelé et portant les orifices respiratoires, les stigmates.

La conquête des milieux. Les insectes font partie des rares groupes d'invertébrés qui ont conquis le milieu aérien grâce à de remarquables adaptations. Leur cuticule, composée de substances hydrophobes, est parfaitement imperméable et empêche la déshydratation. Les produits d'excrétion sont constitués d'acide urique, composé azoté si pauvre en eau qu'il peut être rejeté sous forme de cristaux.

Des modes de locomotion divers ont permis aux insectes de peupler de nombreux milieux. Certaines espèces sont adaptées au saut par le développement des pattes postérieures (criquet) ou au fouissage avec des pattes antérieures aplaties et dentées (taupe-grillon).

Mais le vol, dont la plupart sont capables, reste sans doute le moyen de locomotion le plus fascinant de ces animaux (ce sont les seuls invertébrés ailés). Les ailes articulées au thorax sont reliées à de puissants muscles qui les actionnent soit directement, soit en bombant alternativement le thorax qui leur transmet son mouvement. Dans ce dernier cas, la fréquence peut atteindre 1 000 battements par seconde (puceron).

Certains insectes sont retournés au milieu aquatique, mais toujours de façon partielle chez l'adulte. Si quelques larves possèdent des branchies, les adultes dépendent de l'oxygène de l'air. Certains sont reliés à la surface par un siphon (ranatre), d'autres emportent une provision d'air sous leurs ailes (dytique) ou sur leur face ventrale grâce à un système de soies hydrofuges (notonecte). Le milieu terrestre étant →

beaucoup plus varié et changeant que le milieu aquatique, les insectes possèdent une grande diversité de récepteurs sensoriels capables de percevoir et de transmettre aux centres nerveux les stimuli les plus divers.
Vie sociale. La vie sociale atteint une incroyable complexité chez de nombreuses espèces d'insectes, appelés *insectes sociaux* (fourmis, abeilles, termites). Elle se caractérise par la division des individus en castes, par un partage des tâches ; elle se maintient par une intense communication entre les individus à l'aide de substances chimiques volatiles appelées *phéromones.*
Rôle écologique. Les insectes ont une importance écologique capitale. Beaucoup assurent la pollinisation des fleurs (abeilles, papillons, etc.) ; sans eux, la reproduction de beaucoup de plantes ne pourrait pas se faire. D'autres (les bousiers, par exemple) participent à l'équilibre des milieux en recyclant la matière organique morte.
Certains insectes sont en revanche des nuisibles qui peuvent détruire les cultures ou les peuplements forestiers (doryphores, hannetons), et parmi les insectes piqueurs, beaucoup transmettent des maladies aux animaux et à l'homme, comme le paludisme (moustique anophèle) ou la maladie du sommeil (mouche tsé-tsé). ■

insecticide [ɛ̃sɛktisid] **adj.** et **n.m.** Se dit d'un produit utilisé pour détruire les insectes nuisibles.

insectivore [ɛ̃sɛktivɔr] **adj.** Se dit d'un animal qui se nourrit principalement ou exclusivement d'insectes, comme le lézard, l'hirondelle. ◆ **n.m. Insectivores,** ordre de mammifères de petite taille, à nombreuses dents pointues et qui se nourrissent de petits animaux (insectes, mollusques, etc.) comme le hérisson, la taupe, la musaraigne.

insécurité [ɛ̃sekyrite] **n.f.** Manque de sécurité ; état de ce qui n'est pas sûr : *L'insécurité de certains quartiers la nuit* (syn. **danger**). *L'insécurité d'un emploi* (syn. **précarité**).

I.N.S.E.E. (Institut national de la statistique et des études économiques), organisme public français chargé de la publication des statistiques et de diverses enquêtes et études, notamm. de conjoncture économique. Il a pris en 1946 la suite du Service national des statistiques, créé en 1941.

insémination [ɛ̃seminasjɔ̃] **n.f.** (du lat. *inseminare,* semer). **1.** Dépôt de la semence du mâle dans les voies génitales de la femelle. **2.** ZOOL. **Insémination artificielle,** technique permettant la fécondation d'une femelle en dehors de tout rapport sexuel, par dépôt dans les voies génitales du sperme prélevé sur un mâle. ▸ C'est une des méthodes de la procréation médicalement assistée. Elle est en outre très utilisée dans l'élevage bovin.

inséminer [ɛ̃semine] **v.t.** Procéder à l'insémination artificielle de.

insensé, e [ɛ̃sɑ̃se] **adj.** et **n.** (lat. ecclés. *insensatus,* du class. *sensus ;* v. *sens*). Qui a perdu la raison. ◆ **adj.** Qui est contraire au bon sens : *Propos insensés* (syn. **extravagant**).

insensibilisation [ɛ̃sɑ̃sibilizasjɔ̃] **n.f. 1.** Action d'insensibiliser une partie du corps ; perte de la sensibilité. **2.** Anesthésie locale.

insensibiliser [ɛ̃sɑ̃sibilize] **v.t.** Rendre insensible : *Insensibiliser la gencive avant un soin dentaire.*

insensibilité [ɛ̃sɑ̃sibilite] **n.f.** Manque de sensibilité physique ou morale : *Insensibilité au froid. Son insensibilité me choque* (syn. **indifférence**).

insensible [ɛ̃sɑ̃sibl] **adj. 1.** Qui n'éprouve pas les sensations habituelles : *Être insensible au froid.* **2.** Qui n'est pas accessible à la pitié : *Cœur insensible* (syn. **indifférent, dur**). **3.** Difficile à percevoir : *Progrès insensibles* (syn. **imperceptible, léger**).

insensiblement [ɛ̃sɑ̃sibləmɑ̃] **adv.** De façon insensible : *Il a pris insensiblement une nouvelle position politique* (= peu à peu) [syn. **graduellement**].

inséparable [ɛ̃separabl] **adj.** Qui ne peut être séparé : *L'effet est inséparable de la cause* (syn. **indissociable**). ◆ **adj.** et **n.** Se dit de personnes qui sont presque toujours ensemble : *Deux inséparables.* ◆ **inséparables n.m. pl.** Perruches qui vivent en couples permanents.

inséparablement [ɛ̃separabləmɑ̃] **adv.** De façon à ne pouvoir être séparé : *Dans mon souvenir, ils sont inséparablement liés* (syn. **indissolublement**).

insérer [ɛ̃sere] **v.t.** (lat. *inserere,* introduire) [conj. **18**]. **1.** Introduire, faire entrer, placer une chose parmi d'autres : *Insérer une feuille dans un livre* (syn. **intercaler**). *Insérer une clause dans un contrat* (syn. **intégrer**). **2. Prière d'insérer,** formule imprimée qu'un éditeur envoie aux revues et journaux, et qui contient des indications relatives à un nouvel ouvrage. ◆ **s'insérer v.pr. 1.** Trouver place dans un ensemble : *Cette mesure s'insère dans un train de réformes* (syn. **s'inscrire, se situer**). **2.** S'intégrer dans un groupe : *Les nouveaux immigrés se sont bien insérés dans la population.* **3. S'insérer sur qqch,** être attaché sur qqch : *Muscle qui s'insère sur un os.*

insert [ɛ̃sɛr] **n.m.** (mot angl. « ajout »). **1.** CIN. Gros plan, génér. bref, destiné à mettre en valeur un détail utile à la compréhension de l'action (lettre, nom de rue, carte de visite, etc.). **2.** Brève séquence ou bref passage introduit dans un programme de télévision ou de radio en direct.

insertion [ɛ̃sɛrsjɔ̃] **n.f. 1.** Fait de s'insérer, de s'attacher sur, dans qqch : *L'insertion des feuilles sur la tige* (syn. **implantation**). **2.** Action d'insérer un texte dans un autre : *L'insertion d'une petite annonce dans le journal* (syn. **publication**). **3.** Action, manière de s'insérer dans un groupe : *L'insertion des immigrés* (syn. **intégration**).

insidieusement [ɛ̃sidjøzmɑ̃] **adv.** De façon insidieuse : *Glisser insidieusement une remarque désobligeante* (syn. **sournoisement**).

insidieux, euse [ɛ̃sidjø, -øz] **adj.** (lat. *insidiosus,* de *insidiae,* embûches). **1.** Qui constitue un piège ; qui cherche à tromper : *Question insidieuse* (syn. **sournois**). **2.** Qui se répand graduellement, insensiblement : *Une odeur insidieuse.*

1. insigne [ɛ̃siɲ] **adj.** (lat. *insignis,* qui porte une marque distinctive, de *signum,* marque, signe). LITT. Qui s'impose par sa grandeur, son éclat, son importance : *Faveur insigne* (syn. **remarquable**). *Les honneurs insignes qu'elle a reçus* (syn. **éclatant**).

2. insigne [ɛ̃siɲ] **n.m.** (lat. *insigne,* signe, marque, de *insignis ;* v. *1. insigne*). **1.** Marque distinctive d'une dignité, d'une fonction : *Insigne de garde-champêtre* (syn. **plaque**). **2.** Signe distinctif des membres d'une association : *Insigne d'un club sportif* (syn. **emblème**).

insignifiance [ɛ̃siɲifjɑ̃s] **n.f.** Caractère de ce qui est insignifiant, sans valeur : *Un livre d'une totale insignifiance* (syn. **banalité, médiocrité**).

insignifiant, e [ɛ̃siɲifjɑ̃, -ɑ̃t] **adj.** (de *signifier*). **1.** Qui ne présente pas d'intérêt ; qui a peu d'importance, peu de valeur : *Détail insignifiant* (syn. **négligeable**). *Somme insignifiante* (syn. **dérisoire**). **2.** Qui manque de personnalité, d'intérêt : *Acteur insignifiant* (syn. **médiocre**). *Film insignifiant* (syn. **banal, quelconque**).

insinuant, e [ɛ̃sinɥɑ̃, -ɑ̃t] **adj.** Qui s'impose par des manières adroites ou hypocrites : *Un homme insinuant* (syn. **artificieux, perfide**).

insinuation [ɛ̃sinɥasjɔ̃] **n.f. 1.** Manière sournoise de faire accepter sa pensée : *Procéder par insinuation* (syn. **sous-entendu**). **2.** Ce que l'on fait entendre en insinuant : *Une insinuation mensongère* (syn. **allusion**).

insinuer [ɛ̃sinɥe] **v.t.** (lat. *insinuare,* de *in,* dans, et *sinus,* repli) [conj. **7**]. Faire entendre d'une manière détournée, sans dire expressément : *Qu'insinuez-vous par là ?* (syn. **sous-entendre**). ◆ **s'insinuer v.pr. 1.** S'introduire, se faire admettre adroitement : *S'insinuer dans les bonnes grâces de qqn.* **2.** Pénétrer doucement quelque part : *L'eau s'est insinuée dans les fentes* (syn. **s'infiltrer**).

insipide [ɛ̃sipid] **adj.** (lat. *insipidus,* de *sapidus,* qui a du goût). **1.** Qui n'a pas de saveur, de goût : *L'eau est insipide* (syn. **fade**). **2.** Sans agrément ; ennuyeux : *Conversation insipide* (syn. **fastidieux**).

insipidité [ɛ̃sipidite] **n.f.** Caractère de ce qui est insipide : *L'insipidité d'une sauce* (contr. **saveur**). *L'insipidité d'un roman* (contr. **intérêt**).

insistance [ɛ̃sistɑ̃s] **n.f.** Action d'insister sur qqch : *Réclamer une chose avec insistance* (syn. **obstination**).

insistant, e [ɛ̃sistɑ̃, -ɑ̃t] **adj.** Qui insiste ; pressant : *Il se fait insistant. Un regard insistant.*

insister [ɛ̃siste] **v.i.** (lat. *insistere,* s'attacher à). **1.** Persévérer à demander qqch : *Insister pour être reçu* (syn. **s'acharner, persister**). **2.** Souligner qqch avec force : *Insister sur un point* (= mettre l'accent sur) [syn. **s'étendre sur**].

in situ [insity] **loc. adv.** (loc. lat.). Dans son milieu naturel : *Étudier une roche in situ.*

insolation [ɛ̃sɔlasjɔ̃] **n.f.** (lat. *insolatio,* de *sol, solis,* soleil). **1.** Action des rayons du soleil qui frappent un objet : *L'insolation est nécessaire à la photosynthèse.* **2.** MÉD. État pathologique provoqué par une exposition trop longue au soleil. **3.** MÉTÉOR. Syn. de *ensoleillement.* **4.** PHOT. Exposition d'une substance photosensible à la lumière.

insolemment [ɛ̃sɔlamɑ̃] **adv.** Avec insolence : *Répondre insolemment* (syn. **irrespectueusement**).

insolence [ɛ̃sɔlɑ̃s] **n.f.** (lat. *insolentia*). **1.** Effronterie ; manque de respect : *Réponse qui va jusqu'à l'insolence* (syn. **inconvenance, irrespect**). **2.** Parole, action insolente : *Ses insolences ne sont plus tolérables* (syn. **impertinence, impolitesse**).

insolent, e [ɛ̃sɔlɑ̃, -ɑ̃t] **adj.** et **n.** (lat. *insolens,* insolite, puis « excessif », d'où « effronté »). Qui manque de respect ; qui a une attitude effrontée : *Jeune personne insolente* (syn. **irrespectueux, irrévérencieux**). ◆ **adj. 1.** Qui dénote l'insolence : *Ton insolent* (syn. **arrogant**). **2.** Qui constitue une provocation, un défi : *Joie insolente* (syn. **indécent**).

insoler [ɛ̃sɔle] **v.t.** (lat. *insolare ;* v. *insolation*). Exposer une surface photosensible à la lumière.

insolite [ɛ̃sɔlit] **adj.** (lat. *insolitus,* de *solere,* être habitué). Qui est différent de l'habitude et qui surprend : *Question insolite* (syn. **déroutant**). *Bruits insolites* (syn. **étrange**).

insolubilité [ɛ̃sɔlybilite] **n.f.** Caractère de ce qui est insoluble : *L'insolubilité d'un corps dans l'eau.*

insoluble [ɛ̃sɔlybl] **adj. 1.** Qui ne peut pas être dissous : *La résine est insoluble dans l'eau.* **2.** Qu'on ne peut résoudre : *Problème insoluble.*

insolvabilité [ɛ̃sɔlvabilite] **n.f.** DR. État d'une personne ou d'une société qui ne peut pas payer ses dettes par insuffisance d'actif.

insolvable [ɛ̃sɔlvabl] **adj.** et **n.** Qui est en état d'insolvabilité : *Débiteur insolvable* (par opp. à *solvable*).

insomniaque [ɛ̃sɔmnjak] **adj.** et **n.** Qui souffre d'insomnie.

insomnie [ɛ̃sɔmni] **n.f.** (lat. *insomnia,* de *somnus,* sommeil). Impossibilité ou difficulté à s'endormir ou à dormir suffisamment : *Avoir des insomnies fréquentes.*

insondable [ɛ̃sɔ̃dabl] **adj. 1.** Qui ne peut être sondé : *Gouffre insondable.* **2.** Impossible à comprendre : *Mystère insondable* (syn. **impénétrable, inexplicable**).

insonore [ɛ̃sɔnɔr] **adj. 1.** Qui ne produit aucun son sous l'effet d'une percussion, d'un frottement : *Matériau insonore.* **2.** Qui transmet peu les sons, qui les amortit : *Cloison insonore.* **3.** Où l'on n'entend que peu de bruit : *Pièce insonore.*

insonorisation [ɛ̃sɔnɔrizasjɔ̃] **n.f.** Action d'insonoriser ; son résultat : *Effectuer l'insonorisation d'un bureau. L'insonorisation de leur chambre est insuffisante.*

insonoriser [ɛ̃sɔnɔrize] **v.t.** Rendre un local moins sonore ; l'aménager pour le soustraire aux bruits extérieurs : *Insonoriser une salle de cinéma.*

insouciance [ɛ̃susjɑ̃s] **n.f.** Caractère d'une personne insouciante : *L'insouciance de la jeunesse* (syn. **frivolité, imprévoyance**).

insouciant, e [ɛ̃susjɑ̃, -ɑ̃t] **adj.** et **n.** Qui ne se soucie de rien : *Un adolescent insouciant* (syn. **frivole, négligent**). ◆ **adj.** Qui témoigne que l'on ne se soucie de rien : *Air insouciant* (syn. **détaché, évaporé**).

insoucieux, euse [ɛ̃susjø, -øz] **adj.** *LITT.* Qui ne se soucie pas de qqch : *Insoucieux du lendemain* (contr. **soucieux**).

insoumis, e [ɛ̃sumi, -iz] **adj.** Qui refuse de se soumettre : *Des officiers insoumis* (syn. **insubordonné, rebelle**). ◆ **insoumis n.m.** Militaire en état d'insoumission.

insoumission [ɛ̃sumisjɔ̃] **n.f. 1.** Fait de ne pas se soumettre à l'autorité : *Poursuivi pour insoumission à la loi* (syn. **désobéissance, inobservation de**). *Esprit d'insoumission* (syn. **rébellion**). **2.** Délit commis par un militaire insoumis (syn. **désertion**).

insoupçonnable [ɛ̃supsɔnabl] **adj.** Que l'on ne peut soupçonner : *Un caissier insoupçonnable.*

insoupçonné, e [ɛ̃supsɔne] **adj.** Dont on ne peut estimer les limites ou entrevoir l'existence : *Des trésors d'une valeur insoupçonnée.*

insoutenable [ɛ̃sutnabl] **adj. 1.** Qu'on ne peut soutenir, supporter ou poursuivre sans fléchir : *Cadences insoutenables* (syn. **excessif**). *Douleur insoutenable* (syn. **insupportable**). **2.** Qu'on ne peut soutenir, défendre, justifier : *Théorie insoutenable* (syn. **indéfendable**).

inspecter [ɛ̃spɛkte] **v.t.** (lat. *inspectare,* examiner). **1.** Examiner avec soin pour contrôler, vérifier : *Les douaniers ont inspecté mes bagages* (syn. **fouiller**). **2.** Observer attentivement : *Inspecter l'horizon* (syn. **scruter**). *Inspecter tous les recoins de la maison* (syn. **explorer**).

inspecteur, trice [ɛ̃spɛktœr, -tris] **n. 1.** Titre donné aux agents de divers services publics et à certains officiers généraux chargés d'une mission de surveillance et de contrôle : *Inspecteur des Ponts et Chaussées. Inspecteur des impôts.* **2. Inspecteur de police,** *ANC.* officier de police. **/ Inspecteur du travail,** fonctionnaire qui est chargé de contrôler l'application de la législation du travail et de l'emploi.

inspection [ɛ̃spɛksjɔ̃] **n.f. 1.** Action de surveiller, de contrôler : *L'inspection des bagages* (syn. **contrôle, fouille**). **2.** Fonction d'inspecteur. **3.** Corps des inspecteurs : *Inspection générale des Finances, de la Sécurité sociale.*

1. inspirateur [ɛ̃spiratœr] **adj.m. Muscles inspirateurs,** qui servent à l'inspiration de l'air dans les poumons.

2. inspirateur, trice [ɛ̃spiratœr, -tris] **n. 1.** Personne qui inspire une action : *L'inspirateur de ce complot a été arrêté* (syn. **instigateur**). **2.** Auteur, œuvre dont s'inspire un auteur, un artiste, et qu'il prend comme modèle : *Le théâtre antique, inspirateur des écrivains classiques* (syn. **modèle**). ◆ **inspiratrice n.f.** Femme qui inspire un artiste : *L'inspiratrice de ses plus belles chansons* (syn. **égérie, muse**).

inspiration [ɛ̃spirasjɔ̃] **n.f. 1.** Action d'inspirer, de faire pénétrer l'air dans ses poumons : *La respiration se décompose en inspiration et expiration.* **2.** Influence divine ou surnaturelle par laquelle l'homme aurait la révélation de ce qu'il doit dire ou faire : *Inspiration divine* (syn. **grâce, illumination**). **3.** Enthousiasme créateur de l'artiste : *Poète sans inspiration* (syn. **créativité, souffle**). **4.** Idée soudaine : *Il agit selon l'inspiration du moment* (syn. **impulsion**). **5.** Influence exercée sur une œuvre artistique ou littéraire : *Château d'inspiration classique.*

inspiratoire [ɛ̃spiratwar] **adj.** Relatif à l'inspiration de l'air pulmonaire.

inspiré, e [ɛ̃spire] **adj.** et **n. 1.** Animé par l'inspiration divine ou créatrice : *Prophète inspiré* (syn. **illuminé, visionnaire**). **2.** Mû par un élan créateur : *Poète inspiré.* **3.** *FAM.* **Être bien, mal inspiré,** avoir une bonne, une mauvaise idée : *Il a été mal inspiré d'accepter cette proposition.*

inspirer [ɛ̃spire] **v.t.** (lat. *inspirare,* souffler dans). **1.** Faire pénétrer dans la poitrine : *Inspirer de l'air* (contr. **expirer**).

2. Faire naître dans le cœur, dans l'esprit un sentiment, une pensée, un dessein : *Inspirer le respect, la haine* (syn. **susciter**). *Ce projet lui a été inspiré par un de ses amis* (syn. **suggérer**). **3.** Faire naître l'enthousiasme créateur chez : *L'actualité inspire les romanciers.* ◆ **s'inspirer v.pr. [de].** Se servir des idées de qqn ; tirer ses idées de qqch : *Poète qui s'inspire du symbolisme* (syn. **imiter**).

instabilité [ɛ̃stabilite] **n.f.** Caractère de ce qui est instable : *L'instabilité des adolescents* (syn. **fragilité**). *L'instabilité d'un échafaudage* (syn. **déséquilibre**).

instable [ɛ̃stabl] **adj. 1.** Qui manque de stabilité : *Temps instable* (syn. **variable, changeant**). *Une paix instable* (syn. **fragile, précaire**). **2.** Se dit d'un équilibre détruit par la moindre perturbation d'une combinaison chimique pouvant se décomposer spontanément. ◆ **adj.** et **n.** Qui n'a pas de suite dans les idées : *C'est une personne instable* (syn. **inconstant, versatile**).

installateur, trice [ɛ̃stalatœr, -tris] **n.** Spécialiste assurant l'installation d'un appareil (chauffage central, appareils sanitaires, etc.).

installation [ɛ̃stalasjɔ̃] **n.f. 1.** Action par laquelle on installe ou on est installé : *Installation d'un magistrat* (syn. **investiture**). *L'installation de son cabinet médical est récente.* **2.** Mise en place d'un appareil, d'un réseau électrique, téléphonique, etc. : *Procéder à l'installation du chauffage central.* **3.** Ensemble de ces appareils, de ce réseau : *Réparer l'installation électrique* (syn. **équipement**). **4.** En art contemporain, œuvre composée d'éléments qui créent un environnement spatial pouvant être parcouru par le spectateur.

■ L'installation se situe dans la lignée des *ready-mades* de Duchamp et répond à la revendication dadaïste de fusion des arts et des matériaux, de sortie des limites institutionnelles de la galerie ou du musée, d'expérimentation physique de l'espace. Elle est mise en œuvre à partir des années 1960 (Edward Kienholz, groupe Fluxus), pouvant alors servir de cadre à la *performance* et au *happening.* L'installation peut intégrer peintures et sculptures, mais aussi des éléments sonores, des projections de films ou de vidéos. Parfois éphémère ou composée de matériaux fragiles, elle intègre les notions d'obsolescence, de disparition, de précarité. Monumentale et réalisée dans un milieu naturel, elle est caractéristique du *land art.* ■

installer [ɛ̃stale] **v.t.** (lat. médiév. *installare,* de *stallum,* stalle). **1.** Établir officiellement dans une charge : *Installer le président d'un tribunal.* **2.** Établir dans un lieu pour un certain temps : *Installer sa famille en province* (syn. **loger**). **3.** Placer un appareil, un circuit en effectuant certains travaux : *Installer le téléphone* (syn. **poser**). **4.** Aménager un local : *Installer un appartement* (syn. **agencer**). **5.** Mettre, disposer à une place déterminée : *Installer un fauteuil devant la fenêtre* (syn. **placer**). **6. Être installé,** être parvenu à une situation qui assure l'aisance et le confort. ◆ **s'installer v.pr.** S'établir dans un lieu, y établir sa résidence : *S'installer à Paris* (syn. **emménager**).

instamment [ɛ̃stamɑ̃] **adv.** De façon pressante : *Je vous prie instamment de renoncer à ce projet* (syn. **vivement**).

instance [ɛ̃stɑ̃s] **n.f.** (lat. *instantia,* de *instans* ; v. *1. instant*). **1.** (Au pl.). Demande pressante : *Céder aux instances de qqn* (syn. **sollicitation**). **2.** DR. Série des actes d'une procédure depuis la demande en justice jusqu'au jugement : *Introduire une instance.* **3.** Organisme, service qui exerce le pouvoir de décision : *Les instances du parti* (syn. **autorités**). **4.** PSYCHAN. Chacune des structures de l'appareil psychique (le *ça,* le *moi,* le *surmoi,* dans le second modèle freudien). **5. En instance,** en cours de discussion : *La ratification du traité est en instance.* / **En instance de,** près de, sur le point de : *Ils sont en instance de divorce.*

1. instant, e [ɛ̃stɑ̃, -ɑ̃t] **adj.** (lat. *instans, -antis,* de *instare,* serrer de près). SOUT. Qui est pressant, urgent : *Un instant besoin d'argent.*

2. instant [ɛ̃stɑ̃] **n.m.** (de *1. instant*). **1.** Moment très court : *Je ne resterai que quelques instants. Il revient dans un instant. Un instant !* (= attendez un peu). **2. À chaque instant,** continuellement : *Il me harcèle à chaque instant.* / **À l'instant, dans l'instant,** à l'heure même, tout de suite : *Il vient de partir à l'instant.* / **Dès l'instant que,** dans la mesure où, puisque : *Dès l'instant que vous êtes satisfait, c'est le principal.*

instantané, e [ɛ̃stɑ̃tane] **adj.** (de *2. instant,* d'apr. *momentané*). **1.** Qui se produit soudainement : *Mort presque instantanée* (syn. **immédiat**). **2.** Se dit d'un produit alimentaire déshydraté qui, après adjonction d'eau, est prêt à être consommé : *Un potage instantané.* ◆ **instantané n.m.** VIEILLI. Cliché photographique obtenu par une exposition de très courte durée.

instantanéité [ɛ̃stɑ̃taneite] **n.f.** Caractère de ce qui est instantané.

instantanément [ɛ̃stɑ̃tanemɑ̃] **adv.** De façon instantanée : *La foule se tut instantanément* (syn. **sur-le-champ**).

à l'instar de [ɛ̃stardə] **loc. prép.** (lat. *ad instar,* à la ressemblance de, de *instar,* valeur). LITT. À la manière de qqn, de qqch, à leur exemple : *À l'instar de ses parents, il sera enseignant* (= comme).

instauration [ɛ̃storasjɔ̃] **n.f.** Action d'instaurer qqch : *L'instauration d'un gouvernement* (syn. **établissement, intronisation**).

instaurer [ɛ̃store] **v.t.** (lat. *instaurare*). Établir les bases de ; fonder : *Instaurer un nouveau mode de scrutin* (syn. **organiser**). *Instaurer la république* (syn. **instituer**).

instigateur, trice [ɛ̃stigatœr, -tris] **n.** Personne qui pousse à faire qqch : *L'instigateur d'un crime* (syn. **inspirateur**).

instigation [ɛ̃stigasjɔ̃] **n.f.** (lat. *instigatio,* de *instigare,* pousser). **1.** Action de pousser qqn à faire qqch : *Suivre les instigations d'un meneur* (syn. **exhortation, incitation**). **2. Faire qqch à l'instigation de qqn,** sur ses conseils, sous son influence (syn. **suggestion**).

instillation [ɛ̃stilasjɔ̃] **n.f.** Action d'introduire goutte à goutte une substance médicamenteuse dans une cavité naturelle de l'organisme : *Instillations nasales, auriculaires.*

instiller [ɛ̃stile] **v.t.** (lat. *instillare,* de *stilla,* goutte). **1.** Pratiquer une instillation : *Instiller un médicament dans l'œil d'un patient.* **2.** LITT. Faire pénétrer lentement : *Instiller le doute dans l'esprit de qqn* (syn. **inoculer, infuser**).

instinct [ɛ̃stɛ̃] **n.m.** (lat. *instinctus,* impulsion). **1.** Part héréditaire et innée des tendances comportementales de l'homme et des animaux : *Instinct migratoire.* **2.** Tendance, impulsion souvent irraisonnée qui détermine l'homme dans ses actes, son comportement : *Pressentir par instinct un danger* (syn. **intuition**). **3.** Don, disposition naturelle pour qqch : *Instinct des affaires* (syn. **sens**). **4. D'instinct,** par un mouvement naturel, spontané : *D'instinct, elle prit à gauche* (= spontanément).

instinctif, ive [ɛ̃stɛ̃ktif, -iv] **adj.** et **n.** Qui est poussé par l'instinct : *Elle est plus instinctive que moi* (syn. **impulsif, spontané**). ◆ **adj.** Qui naît de l'instinct : *Dégoût instinctif* (syn. **irréfléchi, inconscient**).

instinctivement [ɛ̃stɛ̃ktivmɑ̃] **adv.** Par instinct : *Réagir instinctivement.*

instituer [ɛ̃stitɥe] **v.t.** (lat. *instituere,* établir) [conj. **7**]. **1.** Établir qqch de nouveau : *Instituer un comité d'orientation scolaire* (syn. **fonder, instaurer**). **2.** DR. Nommer un héritier par testament : *Instituer qqn son légataire universel* (syn. **désigner**).

institut [ɛ̃stity] **n.m.** (lat. *institutum,* de *instituere,* établir). **1.** Établissement de recherche scientifique, d'enseignement, etc. : *L'Institut Pasteur. Faire ses études dans un institut universitaire de technologie.* **2.** CATH. Congrégation de religieux non clercs ou de laïques : *Institut séculier.* **3. Institut de beauté,** établissement où l'on dispense des soins du visage et du corps à des fins esthétiques. / BANQUE. **Institut d'émission,** organisme chargé d'émettre la monnaie centrale (la Banque centrale européenne, pour l'euro).

Institut ***(palais de l'),*** édifice parisien, situé sur la rive gauche de la Seine, en face du Louvre. C'est l'ancien Collège des Quatre-Nations, élevé sous la direction de Le Vau à partir de 1663. Affecté à l'Institut de France depuis 1806, il accueille dans sa chapelle à coupole les séances publiques des Académies.

instituteur, trice [ɛ̃stitytœr, -tris] **n.** (lat. *institutor,* précepteur, de *instituere,* établir). Personne chargée de l'enseignement du premier degré, préélémentaire et élémentaire. (Dénomination off. depuis 1990 : *professeur des écoles*). [Abrév. fam. *instit.*].

institution [ɛ̃stitysjɔ̃] **n.f. 1.** Action d'instituer, d'établir : *L'institution d'un nouveau régime politique* (syn. **instauration**). **2.** Établissement d'enseignement privé : *Institution de jeunes filles* (syn. **école, collège**). **3.** DR. Ensemble des règles établies en vue de la satisfaction d'intérêts collectifs ; organisme visant à les maintenir : *L'État, le Parlement, le mariage, la famille sont des institutions.* ◆ **institutions n.f. pl.** Ensemble des formes ou des structures politiques établies par la loi ou la coutume et relevant du droit public : *Institutions démocratiques.*

institutionnalisation [ɛ̃stitysjɔnalizasjɔ̃] **n.f.** Action d'institutionnaliser : *L'institutionnalisation du contrôle des naissances.*

institutionnaliser [ɛ̃stitysjɔnalize] **v.t.** Transformer en institution : *Ce jugement risque d'institutionnaliser la fraude fiscale.*

institutionnel, elle [ɛ̃stitysjɔnɛl] **adj. 1.** Relatif aux institutions de l'État : *Une réforme institutionnelle.* **2.** PSYCHIATRIE. **Psychothérapie institutionnelle,** psychothérapie qui repose sur l'examen des relations d'interdépendance entre les membres d'une collectivité.

Institut national de l'information géographique et forestière (anc. **Institut géographique national**) ⟶ **I.G.N.**

instructeur, trice [ɛ̃stryktœr, -tris] **n.** Gradé chargé de faire l'instruction militaire. ◆ **adj.** DR. **Magistrat instructeur,** chargé d'instruire un procès.

instructif, ive [ɛ̃stryktif, -iv] **adj.** Qui instruit, informe : *Un livre instructif* (syn. **éducatif**).

instruction [ɛ̃stryksjɔ̃] **n.f.** (lat. *instructio*). **1.** Action d'instruire, de donner des connaissances nouvelles : *En France, l'instruction primaire est gratuite, laïque et obligatoire* (syn. **enseignement**). **2.** Savoir acquis par l'étude : *Avoir de l'instruction* (syn. **connaissances, érudition**). **3.** Ordre de service adressé par un supérieur à ses subordonnés : *Instruction préfectorale* (syn. **consigne, directive**). **4.** INFORM. Ordre exprimé en langage de programmation, dont l'interprétation entraîne l'exécution d'une opération élémentaire de type déterminé. ▸ Une suite d'instructions constitue un programme. **5.** DR. Phase de la procédure pénale pendant laquelle le juge d'instruction met une affaire en état d'être jugée (recherche des preuves d'une infraction, découverte de son auteur, etc.). **6. Instruction militaire,** formation donnée aux militaires et notamm. aux recrues. ◆ **instructions n.f. pl.** Explications pour l'utilisation d'un appareil, etc. : *Lire attentivement les instructions avant de brancher la machine* (= mode d'emploi).

instruire [ɛ̃strɥir] **v.t.** (lat. *instruere,* bâtir, équiper) [conj. **98**]. **1.** Former l'esprit de qqn en lui donnant des connaissances nouvelles : *Ce livre m'a beaucoup instruit.* **2.** LITT. Mettre qqn au courant : *Instruisez-moi de ce qui se passe* (syn. **informer**). **3.** DR. **Instruire une cause, une affaire,** la mettre en état d'être jugée. ◆ **s'instruire v.pr. 1.** Développer ses connaissances, étudier : *Elle lit pour s'instruire* (syn. **se cultiver**). **2.** LITT. S'informer : *S'instruire auprès d'un employé des formalités à accomplir* (syn. **se renseigner**).

instruit, e [ɛ̃strɥi, -ɥit] **adj.** Qui a des connaissances étendues : *Une personne instruite* (syn. **cultivé, érudit**).

instrument [ɛ̃strymɑ̃] **n.m.** (lat. *instrumentum,* de *instruere,* équiper). **1.** Outil, machine servant à accomplir une opération quelconque : *Instrument chirurgical. Instrument de mesure* (syn. **appareil**). **2.** MUS. Appareil propre à produire des sons musicaux : *Instrument à vent, à percussion, à cordes.* **3.** Personne ou chose qui est employée pour atteindre un résultat ; moyen : *Il n'est qu'un instrument au service de la direction* (syn. **exécutant**).

■ **Le développement des instruments de musique.** Accompagnant ou remplaçant la voix, la plupart des objets fabriqués par l'homme pour produire des sons musicaux ont pris naissance chez les peuples orientaux de la plus haute antiquité. Cependant, le Moyen Âge européen est la grande époque de l'élaboration des instruments de musique. Tous les procédés fondamentaux de résonance connus et employés depuis l'Antiquité sont alors repris (percussion, frottement, pincement ou percussion de cordes, insufflation d'air). La Renaissance et le XVIIe s. porteront la plupart d'entre eux à leur stade d'évolution actuel. À quelques exceptions près (invention du pianoforte et du saxophone), ils ne seront plus qu'améliorés aux XVIIIe et XIXe s. On crée, au XXe s., des instruments électriques et électroniques.

Les types d'instruments de musique. Les *instruments à cordes* (cordophones) comprennent : les *instruments à cordes frottées,* soit par un archet (famille des violons), soit par une roue (vielle à roue) ; les *instruments à cordes pincées,* par les doigts, sans manche (lyre et harpe), avec manche (luth et guitare), ou par un mécanisme (épinette, clavecin) ; les *instruments à cordes percutées,* à la main (cymbalum) ou par un mécanisme (clavicorde, piano).

Dans les *instruments à vent,* le son s'obtient soit par insufflation directe de l'air (flûte), soit par vibration, sous l'action de l'air, d'une languette de roseau, simple ou double, appelée « anche » (hautbois, cor anglais, clarinette, saxophone). Ces instruments forment la famille des « bois ». Tous les instruments métalliques à embouchure s'apparentent aux « cuivres » (cor, trompette, trombone), quoique fabriqués souvent avec du laiton, du maillechort et parfois de l'aluminium.

Dans les *instruments à vent et à clavier,* un réservoir d'air alimente, grâce à des soufflets, des tuyaux de bois et de métal qui entrent en vibration (orgue).

Dans les *instruments à percussion,* le son naît du frottement ou du frappement d'un objet sur un autre. Il en existe plusieurs sortes :

– ceux où l'on frappe avec les mains (tam-tam) ou avec des baguettes sur une peau d'animal tendue (tambour, grosse caisse, timbales) ;

– ceux où l'on frappe sur le métal (triangle, cloche, carillon, vibraphone) ou sur le bois (xylophone) ;

– ceux dans lesquels deux parties en bois se heurtent (castagnettes).

Les *instruments électriques* et *électroniques* (orgues électroniques, synthétiseurs, micro-informatique musicale, etc.) permettent d'imiter les instruments classiques, de transformer les sons de ces instruments ou de produire des sonorités nouvelles. ■

1. instrumental, e, aux [ɛ̃strymɑ̃tal, -o] **adj.** MUS. Qui se rapporte uniquement aux instruments, à l'orchestre (par opp. à *vocal*) : *Musique instrumentale.*

2. instrumental [ɛ̃strymɑ̃tal] **n.m.** GRAMM. Cas exprimant le moyen, l'instrument, dans certaines langues à déclinaison : *L'instrumental tchèque.*

instrumentation [ɛ̃strymɑ̃tasjɔ̃] **n.f.** MUS. Action d'attribuer à un instrument déterminé l'exécution d'une phrase musicale.

instrumenter [ɛ̃strymɑ̃te] **v.t.** MUS. Confier chaque partie d'une œuvre musicale à un instrument (syn. **orchestrer**). ◆ **v.i.** DR. Établir un acte authentique (procès-verbal, contrat, etc.) : *Huissier qui se prépare à instrumenter.*

instrumentiste [ɛ̃strymɑ̃tist] **n. 1.** Musicien qui joue d'un instrument. **2.** Membre d'une équipe chirurgicale qui prépare et présente au chirurgien les instruments nécessaires au cours de l'intervention.

insubmersible [ɛ̃sybmɛrsibl] **adj.** (de *submersible*). Qui ne peut pas couler : *Canot insubmersible.*

insubordination [ɛ̃sybɔrdinasjɔ̃] **n.f.** (de *subordination*). Refus d'obéir : *Il a été mis aux arrêts pour insubordination* (syn. **indiscipline, insoumission**).

insubordonné, e [ɛ̃sybɔrdɔne] **adj.** Qui fait preuve d'insubordination : *Adolescents insubordonnés* (syn. **insoumis, rebelle**).

insuccès [ɛ̃syksɛ] **n.m.** Manque de succès : *L'insuccès d'une entreprise* (syn. **échec**).

à l'insu de [ɛ̃sydə] **loc. prép.** (de *su*, p. passé de *savoir*). Sans qu'on le sache : *Sortir à l'insu de tous* (contr. **au vu et au su de**). *Elle l'a fait à mon insu.*

insuffisamment [ɛ̃syfizamɑ̃] **adv.** De façon insuffisante : *Travailler, manger insuffisamment.*

insuffisance [ɛ̃syfizɑ̃s] **n.f. 1.** Caractère de ce qui est insuffisant : *L'insuffisance d'une récolte* (syn. **pauvreté**). **2.** Incapacité ; infériorité : *Son insuffisance en anglais ne lui a pas permis d'obtenir ce poste* (syn. **défaillance, faiblesse**). **3.** MÉD. Diminution qualitative ou quantitative du fonctionnement d'un organe : *Insuffisance cardiaque.*

insuffisant, e [ɛ̃syfizɑ̃, -ɑ̃t] **adj. 1.** Qui ne suffit pas : *Résultats insuffisants en mathématique* (syn. **médiocre**). **2.** Qui n'a pas les aptitudes nécessaires : *Un chef insuffisant* (syn. **incapable**).

insufflation [ɛ̃syflasjɔ̃] **n.f.** MÉD. Action d'insuffler : *Insufflation d'oxygène à un noyé.*

insuffler [ɛ̃syfle] **v.t.** (lat. *insufflare*). **1.** MÉD. Introduire de l'air, du gaz à l'aide du souffle ou d'un appareil : *Insuffler de l'air dans les poumons d'un noyé.* **2.** Inspirer ; transmettre ; communiquer : *Insuffler du courage à ses troupes* (syn. **infuser, instiller**).

insula [insula] **n.f.** (mot lat. « île »). ANTIQ. ROM. Maison de rapport divisée en logements ; îlot urbain délimité par le réseau des rues.

insulaire [ɛ̃sylɛr] **adj.** et **n.** (bas lat. *insularis*, du class. *insula*, île). Qui habite une île, qui y vit : *Faune insulaire.* ◆ **adj.** Relatif à une île, aux îles.

insularité [ɛ̃sylarite] **n.f.** État, caractère d'un pays situé sur une ou plusieurs îles : *L'insularité de Tahiti.*

Insulinde, partie insulaire de l'Asie du Sud-Est (Indonésie et Philippines).

insuline [ɛ̃sylin] **n.f.** (angl. *insulin*, du lat. *insula*, île). Hormone sécrétée par les cellules des îlots de Langerhans du pancréas. ▸ L'insuffisance de la sécrétion d'insuline provoque le diabète sucré.

insulinémie [ɛ̃sylinemi] **n.f.** (de *insuline* et *-émie*). MÉD. Taux sanguin d'insuline.

insulinodépendance [ɛ̃sylinɔdepɑ̃dɑ̃s] **n.f.** MÉD. État d'un diabétique dont l'équilibre glucidique ne peut être assuré que par des injections d'insuline.

insultant, e [ɛ̃syltɑ̃, -ɑ̃t] **adj.** Qui constitue une insulte, une offense : *Des propos insultants* (syn. **injurieux**).

insulte [ɛ̃sylt] **n.f.** (bas lat. *insultus*). Parole ou acte qui outrage, blesse la dignité ou l'honneur : *Proférer des insultes* (syn. **injure**).

insulter [ɛ̃sylte] **v.t.** (lat. *insultare*, sauter sur). Offenser par des paroles blessantes ou des actes méprisants, injurieux : *Et, en plus, ce chauffard m'a insulté !* (syn. **injurier**).

insupportable [ɛ̃sypɔrtabl] **adj. 1.** Qu'on ne peut supporter : *Douleur insupportable* (syn. **intolérable**). **2.** Très turbulent : *Enfant insupportable* (syn. **infernal**).

insupporter [ɛ̃sypɔrte] **v.t.** FAM. (Critiqué par l'Acad.). Être insupportable à qqn : *C'est qqn qui m'insupporte* (syn. **exaspérer**).

insurgé, e [ɛ̃syrʒe] **n.** et **adj.** Personne qui participe à une insurrection : *Les insurgés ont été encerclés* (syn. **mutin, rebelle**).

s'insurger [ɛ̃syrʒe] **v.pr.** (lat. *insurgere*, se lever contre) [conj. 17]. **1.** Se révolter, se soulever contre une autorité, un pouvoir, etc. **2.** Marquer par son attitude ou ses paroles qu'on désapprouve qqch : *S'insurger contre les abus, la fraude fiscale* (syn. **se dresser, protester**).

insurmontable [ɛ̃syrmɔ̃tabl] **adj.** Qui ne peut être surmonté : *Il est en butte à des problèmes insurmontables.*

insurpassable [ɛ̃syrpasabl] **adj.** Qui ne peut être surpassé : *Un travail insurpassable.*

insurrection [ɛ̃syrɛksjɔ̃] **n.f.** Action de s'insurger, de se soulever contre le pouvoir établi : *Mater une insurrection* (syn. **révolte, soulèvement**).

insurrectionnel, elle [ɛ̃syrɛksjɔnɛl] **adj.** Qui tient de l'insurrection : *Mouvement insurrectionnel* (syn. **séditieux**).

intact, e [ɛ̃takt] **adj.** (lat. *intactus*, de *tangere*, toucher). **1.** À quoi l'on n'a pas touché ; dont on n'a rien retranché : *Somme intacte* (syn. **entier**). **2.** Qui n'a subi aucune atteinte : *Réputation intacte* (syn. **net, sauf**).

intaille [ɛ̃taj] **n.f.** (it. *intaglio*, entaille). Pierre fine gravée en creux (par opp. à *camée*).

intangibilité [ɛ̃tɑ̃ʒibilite] **n.f.** Caractère de ce qui est intangible : *L'intangibilité de la Constitution.*

intangible [ɛ̃tɑ̃ʒibl] **adj.** Qui doit rester intact : *Principes intangibles* (syn. **inviolable, sacré**).

intarissable [ɛ̃tarisabl] **adj. 1.** Qui ne peut être tari : *Source intarissable* (syn. **inépuisable**). **2.** Qui ne s'épuise pas : *Gaieté intarissable* (syn. **débordant**). **3.** Qui ne cesse pas de parler : *Causeur intarissable.*

intarissablement [ɛ̃tarisabləmɑ̃] **adv.** De façon intarissable : *Discourir intarissablement.*

intégrable [ɛ̃tegrabl] **adj.** MATH. Se dit d'une fonction qui admet une intégrale, d'une équation différentielle qui admet une solution.

intégral, e, aux [ɛ̃tegral, -o] **adj.** (bas lat. *integralis*, du class. *integer*, entier). **1.** Dont on n'a rien retiré : *Paiement intégral d'une dette* (syn. **complet, entier**). *L'édition intégrale d'un roman.* **2.** MATH. Relatif aux intégrales. **3. Calcul intégral,** ensemble des méthodes et des algorithmes relatifs au calcul des primitives, des intégrales et à la résolution des équations différentielles. / **Casque intégral,** casque de motocycliste, de coureur automobile, qui protège la boîte crânienne, le visage et les mâchoires.

intégrale [ɛ̃tegral] **n.f.** (de *intégral*). **1.** Œuvre complète d'un écrivain, d'un musicien : *L'intégrale des symphonies de Beethoven.* **2.** MATH. Fonction, solution d'une équation différentielle.

intégralement [ɛ̃tegralmɑ̃] **adv.** En totalité : *Dépenser intégralement une somme* (syn. **complètement, entièrement**).

intégralité [ɛ̃tegralite] **n.f.** État de ce qui est complet, de ce à quoi il ne manque rien : *Payer l'intégralité d'une somme* (syn. **totalité**).

intégrant, e [ɛ̃tegrɑ̃, -ɑ̃t] **adj.** (lat. *integrans, -antis* ; v. *intégrer*). **Partie intégrante,** élément constituant d'un tout et qui ne peut en être retiré : *Cela fait partie intégrante de nos prérogatives.*

intégration [ɛ̃tegrasjɔ̃] **n.f. 1.** Action d'intégrer ; fait de s'intégrer : *La politique d'intégration des immigrés* (syn. **assimilation, insertion**). **2.** ÉCON. Fusion d'entreprises situées à des stades différents du processus de production. **3.** MATH. Détermination de l'intégrale d'une fonction.

intègre [ɛ̃tɛgr] **adj.** (lat. *integer*, entier). D'une probité absolue : *Juge intègre.*

intégré, e [ɛ̃tegre] **adj.** (p. passé de *intégrer*). **1.** Se dit d'un circuit commercial caractérisé par l'absence de grossiste. **2.** Se dit d'un élément inclus dès le stade de la construction dans la structure ou l'ensemble dont il fait partie : *Chauffage électrique intégré.* **3.** Se dit d'un service spécialisé d'une administration, d'une entreprise, etc., assurant des tâches qui pourraient être confiées à des fournisseurs extérieurs : *Maison d'édition qui possède une imprimerie intégrée.* **4. Circuit intégré** ⟶ **circuit.**

intégrer [ɛ̃tegre] **v.t.** (lat. *integrare*, réparer, de *integer*, entier) [conj. 18]. **1.** Faire entrer dans un ensemble plus vaste : *Intégrer un nouveau paragraphe à un chapitre* (syn. **incorporer, inclure**).

2. FAM. Être reçu au concours d'entrée à une grande école : *Elle a intégré Polytechnique.* **3.** MATH. Déterminer l'intégrale d'une fonction. ◆ **s'intégrer** **v.pr.** S'assimiler entièrement à un groupe : *Le nouveau venu s'est bien intégré.*

intégrisme [ɛ̃tegrism] **n.m.** (esp. *integrismo,* de *integro,* intégral ; v. *intègre*). Attitude et disposition d'esprit de certains croyants qui, au nom d'un respect intransigeant de la tradition, se refusent à toute évolution : *Intégrisme catholique, juif, musulman.* ◆ **intégriste** **adj.** et **n.** Relatif à l'intégrisme ; qui en est partisan.

■ Le terme « intégrisme » est péjoratif. Employé par les partisans d'une adaptation de la religion à la société, il désigne le courant de pensée attaché à défendre l'intégrité de la doctrine. Les prises de positions antimodernistes des papes Pie IX et Pie X à la fin du XIXe s. sont souvent tenues pour emblématiques de cette résistance à la nouveauté. Depuis les années 1970, ce terme sert à désigner une attitude globale – y compris politique – de durcissement et d'intransigeance à l'intérieur de quelque religion que ce soit. Il est souvent utilisé comme synonyme de « fondamentalisme », bien que ce dernier terme caractérise très précisément la position de ceux qui s'attachent à une lecture à la lettre et figée des textes sacrés, et en refusent toute interprétation critique (par exemple à propos du récit de la Création dans le livre biblique de la Genèse ou du statut juridique de la femme dans le Coran). ■

intégrité [ɛ̃tegrite] **n.f.** **1.** État d'une chose qui a toutes ses parties, qui n'a pas subi d'altération : *Défendre l'intégrité d'un territoire. Malgré sa maladie, il a conservé l'intégrité de ses facultés intellectuelles* (syn. **plénitude**). **2.** Qualité d'une personne intègre : *L'intégrité de mon collaborateur ne fait aucun doute* (syn. **probité, honnêteté**).

intellect [ɛ̃telɛkt] **n.m.** (lat. *intellectus,* de *intellegere,* comprendre). Faculté de forger et de saisir des concepts (syn. **entendement, intelligence**).

intellectualisation [ɛ̃telɛktɥalizasjɔ̃] **n.f.** Action d'intellectualiser.

intellectualiser [ɛ̃telɛktɥalize] **v.t.** Donner un caractère intellectuel, abstrait à : *Intellectualiser une sensation.*

intellectualisme [ɛ̃telɛktɥalism] **n.m.** (de *intellectuel*). **1.** Doctrine philosophique qui affirme la prééminence de l'intelligence sur les sentiments et la volonté. **2.** Tendance d'une personne à donner la primauté à l'intelligence et aux facultés intellectuelles. **3.** Caractère d'une œuvre, d'un art où prédomine l'élément intellectuel. ◆ **intellectualiste** **adj.** et **n.** Relatif à l'intellectualisme ; qui en est partisan.

intellectualité [ɛ̃telɛktɥalite] **n.f.** Qualité de qqn, de ce qui est intellectuel : *Une femme d'une grande intellectualité.*

intellectuel, elle [ɛ̃telɛktɥɛl] **adj.** (bas lat. *intellectualis*). Qui appartient à l'intelligence ; qui fait appel à l'intelligence : *Quotient intellectuel. Un film intellectuel.* ◆ **n.** et **adj.** Personne dont la profession comporte essentiellement une activité de l'esprit (par opp. à *manuel*) ou qui a un goût affirmé pour les activités de l'esprit.

intellectuellement [ɛ̃telɛktɥɛlmɑ̃] **adv.** Du point de vue de l'intelligence : *Enfant intellectuellement retardé.*

intelligemment [ɛ̃teliʒamɑ̃] **adv.** Avec intelligence : *Se sortir intelligemment d'un mauvais pas* (syn. **habilement**).

intelligence [ɛ̃teliʒɑ̃s] **n.f.** (lat. *intelligentia* ; v. *intelligent*). **1.** Faculté de comprendre, de saisir par la pensée : *L'intelligence de cet enfant est grande.* **2.** Aptitude à s'adapter à une situation, à choisir en fonction des circonstances ; capacité de comprendre, de donner un sens à telle ou telle chose : *Faire preuve d'intelligence* (syn. **discernement** ; contr. **bêtise**). *Il a traité cette affaire difficile avec beaucoup d'intelligence* (syn. **clairvoyance, perspicacité**). **3.** Être humain considéré dans ses aptitudes intellectuelles : *C'est une intelligence supérieure* (syn. **esprit**). **4.** Entente plus ou moins secrète entre personnes : *Intelligence avec l'ennemi* (syn. **connivence**). **5.** Capacité ou action de saisir par la pensée : *Pour l'intelligence de ce qui va suivre, lisez la préface* (syn. **compréhension**). **6.** **Être d'intelligence avec qqn,** s'entendre secrètement avec lui (= être complice de). / **Vivre en bonne, en mauvaise intelligence avec qqn,** vivre en bons, en mauvais termes avec lui. **7.** **Intelligence artificielle (I.A.),** intelligence humaine simulée par une machine ; ensemble des théories et des techniques mises en œuvre pour réaliser de telles machines. ◆ **intelligences** **n.f. pl.** Entente, relations secrètes : *Avoir des intelligences dans la place* (syn. **complicités**).

■ L'intelligence n'est pas facile à définir ; elle peut être identifiée par des performances : la capacité à résoudre des énigmes, à trouver des solutions à de nouveaux problèmes. On a pu ainsi établir des classements entre les comportements humains en fonction de tâches de difficultés croissantes, en mettant en œuvre des fonctions telles que l'induction, l'intuition, la créativité, la reconnaissance, la rapidité de réaction, l'adaptabilité sociale, etc.
Dès le début du XXe s., les psychologues ont adopté le test de Binet-Simon, constitué d'épreuves concrètes, brèves et variées, faisant appel au jugement, à la compréhension, au raisonnement. Chaque épreuve et les types de réponse qu'elle suscite sont répertoriés et gradués, et correspondent à des individus dont l'âge va de 3 à 13 ans.
On a imaginé des épreuves collectives, dites « crayon-papier », qui, analysées à l'aide de méthodes statistiques fiables, ont fait évoluer les conceptions de l'intelligence. Spearman a mis en évidence le fait que certaines corrélations pouvaient s'expliquer par une seule source de variations entre individus, qu'il a appelé le « facteur *g* ». Ce facteur, qui n'est pas un « facteur d'intelligence », représente une sorte de tension ou d'*efficience* intellectuelle.
L'apport de Piaget a été considérable en ce qu'il a mis en évidence les étapes successives du développement de l'intelligence chez l'enfant. Les psychologues qui ont étudié les différences individuelles ont montré que les progrès de l'intelligence ne paraissent pas se faire suivant un processus unique, et que ces différences pourraient s'expliquer par l'interaction entre des domaines inégalement développés.
La psychologie cognitive a apporté de nombreuses précisions : le modèle de fonctionnement cognitif, à propos d'un test de compréhension verbale, par exemple, distingue la vitesse d'accès à la mémoire à long terme, la capacité de la mémoire à court terme, la conservation d'un ordre, etc. Les différences entre individus se marquent notamment dans le choix des stratégies pour les *résolutions de problèmes.* Ceux-ci peuvent se répartir en trois classes : ceux qui demandent une *induction de structure* (par exemple, identifier des relations qui caractérisent un ensemble d'éléments donnés) ; ceux qui demandent une *transformation* (à partir d'une situation initiale, parvenir à une situation-but en utilisant des opérateurs qui permettent de transformer cette situation) ; enfin, ceux qui demandent un *arrangement* (à partir d'un ensemble rangé d'une certaine manière, trouver un ou plusieurs autres arrangements qui satisfassent tel ou tel critère).
Nombre de problèmes appartiennent à deux, voire à trois de ces catégories. L'activité de résolutions de problèmes, application majeure de l'efficience intellectuelle, se situe dans trois directions : la compréhension, la recherche de solution et l'évaluation. L'aptitude individuelle à mettre en jeu les stratégies dépend d'un nombre élevé de facteurs, parmi lesquels jouent l'éducation, les facteurs génétiques, ainsi que la nature du problème posé. ■

intelligent, e [ɛ̃teliʒɑ̃, -ɑ̃t] **adj.** (lat. *intelligens, -entis,* var. de *intellegens, -entis,* de *intellegere,* comprendre). **1.** Doué d'intelligence ; capable de comprendre : *L'homme est un être intelligent* (syn. **raisonnable**). *Elle est intelligente* (syn. **brillant**). **2.** Qui dénote l'intelligence : *Réponse intelligente* (syn. **astucieux**).

intelligentsia [ɛ̃teliʒɛ̃sja] ou [inteligɛntsja] **n.f.** (mot russe). Ensemble des intellectuels d'un pays (parfois péjor.).

intelligibilité [ɛ̃teliʒibilite] **n.f.** Caractère d'une chose intelligible.

intelligible [ɛ̃teliʒibl] **adj.** (lat. *intelligibilis* ; v. *intelligent*). **1.** Qui peut être facilement compris : *Parler à haute et intelligible voix* (syn. **audible**). *Discours intelligible* (syn. **compréhensible** ; contr. **inintelligible**). **2.** PHILOS. Qui n'est connaissable que par l'entendement.

intelligiblement [ɛ̃teliʒibləmɑ̃] **adv.** De façon intelligible : *Parler intelligiblement* (syn. **clairement**).

intempérance [ɛ̃tɑ̃perɑ̃s] **n.f.** (lat. *intemperantia,* excès). **1.** *LITT.* Manque de modération dans un domaine quelconque : *Intempérance de langage* (syn. **outrance**). **2.** Manque de sobriété dans le manger ou le boire.

intempérant, e [ɛ̃tɑ̃perɑ̃, -ɑ̃t] **adj.** Qui fait preuve d'intempérance ; excessif (contr. **modéré, sobre**).

intempéries [ɛ̃tɑ̃peri] **n.f. pl.** (lat. *intemperies,* état déréglé, excessif, de *temperare,* être modéré). Mauvais temps ; rigueur du climat : *Braver les intempéries.*

intempestif, ive [ɛ̃tɑ̃pɛstif, -iv] **adj.** (lat. *intempestivus,* de *tempestivus,* à propos, de *tempus,* temps). Qui est fait à contretemps, se produit mal à propos : *Irruption intempestive* (syn. **inopportun**). *Une joie intempestive* (syn. **déplacé**).

intemporel, elle [ɛ̃tɑ̃pɔrɛl] **adj.** Qui est indépendant du temps qui passe : *Des vérités intemporelles* (syn. **immuable**).

intenable [ɛ̃tənabl] **adj. 1.** Qui n'est pas supportable : *Chaleur intenable* (syn. **insupportable**). **2.** Que l'on ne peut pas discipliner : *Ces enfants sont intenables* (syn. **infernal**). **3.** Qui ne peut être conservé, défendu militairement : *Position intenable* (syn. **indéfendable**).

intendance [ɛ̃tɑ̃dɑ̃s] **n.f. 1.** Fonction, service, bureaux de l'intendant (syn. **économat**). **2. Intendance militaire,** *ANC.* commissariat de l'armée de terre. / *FAM.* **L'intendance,** les questions matérielles et économiques : *Problèmes d'intendance.* / **L'intendance suivra,** les solutions économiques viendront en leur temps, une fois prises les décisions politiques.

intendant, e [ɛ̃tɑ̃dɑ̃, -ɑ̃t] **n.** (de l'anc. fr. *superintendant,* du bas lat. *superintendere,* surveiller). **1.** Fonctionnaire chargé de l'administration financière d'un établissement public ou d'enseignement : *L'intendante d'un pensionnat* (syn. **économe**). **2.** Personne chargée d'administrer les affaires, le patrimoine d'une collectivité ou d'un particulier (syn. **régisseur**). ◆ **intendant n.m. 1.** MIL. Officier de l'intendance militaire, auj. commissaire de l'armée de terre. **2.** HIST. Sous l'Ancien Régime, commissaire royal d'une circonscription financière.

intense [ɛ̃tɑ̃s] **adj.** (bas lat. *intensus,* tendu). D'une puissance, d'une force très grande : *Chaleur intense* (syn. **extrême**). *Activité économique intense* (syn. **fort, grand**).

intensément [ɛ̃tɑ̃semɑ̃] **adv.** De façon intense : *Elle a travaillé intensément à cet ouvrage* (syn. **activement**).

intensif, ive [ɛ̃tɑ̃sif, -iv] **adj.** (de *intense*). **1.** Qui met en œuvre des moyens importants : *Un entraînement sportif intensif.* **2.** LING. Qui renforce la notion exprimée : *Hyper- est un préfixe intensif* (on dit aussi *un intensif*). **3. Culture intensive, élevage intensif,** destinés à produire des rendements élevés (par opp. à *extensif*).

intensification [ɛ̃tɑ̃sifikasjɔ̃] **n.f.** Action d'intensifier : *L'intensification des efforts pour augmenter la production* (syn. **accroissement, augmentation**).

intensifier [ɛ̃tɑ̃sifje] **v.t.** [conj. **9**]. Rendre plus intense, plus fort, plus actif : *Intensifier ses efforts* (syn. **accentuer, augmenter**). ◆ **s'intensifier v.pr.** Devenir plus intense : *La charge de travail s'est intensifiée ces derniers mois* (syn. **s'accroître** ; contr. **diminuer**).

intensité [ɛ̃tɑ̃site] **n.f.** (de *intense*). **1.** Très haut degré d'énergie, de force, de puissance atteint par qqch : *La tempête perd de son intensité* (syn. **violence**). **2.** Expression de la valeur numérique d'une grandeur, génér. vectorielle : *Intensité d'une force.* **3.** Quantité d'électricité que débite un courant continu pendant l'unité de temps et que l'on exprime en ampère.

intensivement [ɛ̃tɑ̃sivmɑ̃] **adv.** De façon intensive : *Athlètes qui se préparent intensivement à une compétition.*

intenter [ɛ̃tɑ̃te] **v.t.** (lat. *intentare,* diriger). DR. Entreprendre contre qqn une action en justice.

intention [ɛ̃tɑ̃sjɔ̃] **n.f.** (lat. *intentio,* action de diriger). **1.** Dessein délibéré d'accomplir tel ou tel acte ; volonté : *Ce n'est pas mon intention de vous révéler ce secret* (syn. **dessein**). *Je n'ai aucun doute sur ses intentions* (syn. **objectif, projet**). **2. À l'intention de qqn,** spécialement pour lui : *La collation était préparée à votre intention.* **3. Procès d'intention,** procès fait non pour ce qui est dit expressément, mais pour les idées suggérées.

intentionné, e [ɛ̃tɑ̃sjɔne] **adj. Bien, mal intentionné,** qui a de bonnes, de mauvaises dispositions d'esprit à l'égard de qqn.

intentionnel, elle [ɛ̃tɑ̃sjɔnɛl] **adj.** Fait de propos délibéré, avec intention : *Oubli intentionnel* (syn. **volontaire**).

intentionnellement [ɛ̃tɑ̃sjɔnɛlmɑ̃] **adv.** De propos délibéré ; à dessein : *Il a intentionnellement omis de nous avertir* (syn. **exprès, volontairement**).

inter-, préfixe, du lat. *inter,* entre, exprimant soit la mise en relation, en commun *(interdépendant, interministériel),* soit l'intervalle spatial *(intersidéral)* ou temporel *(interclasse).*

interactif, ive [ɛ̃tɛraktif, -iv] **adj. 1.** Se dit de phénomènes qui réagissent les uns sur les autres. **2.** INFORM. Doué d'interactivité. **3.** Se dit d'un support de communication favorisant un échange avec le public : *Émission interactive.*

interaction [ɛ̃tɛraksjɔ̃] **n.f. 1.** Influence réciproque de deux phénomènes, de deux personnes. **2.** PHYS. Chacun des types d'action réciproque qui s'exercent entre particules élémentaires. ► Il s'agit des interactions gravitationnelle, électromagnétique, ainsi que des interactions dites *faible* (radioactivité et désintégration) et *forte* (force nucléaire).

interactivité [ɛ̃tɛraktivite] **n.f.** INFORM. Faculté d'échange entre l'utilisateur d'un système informatique et la machine, par l'intermédiaire d'un terminal doté d'un écran de visualisation.

interallié, e [ɛ̃tɛralje] **adj.** Commun à plusieurs alliés : *Les armées interalliées.*

interarmées [ɛ̃tɛrarme] **adj.** Commun à plusieurs armées (de terre, de mer ou de l'air).

interarmes [ɛ̃tɛrarm] **adj.** Commun à plusieurs armes (infanterie, artillerie, etc.) de l'armée de terre : *Manœuvres interarmes.*

intercalaire [ɛ̃tɛrkalɛr] **adj.** (lat. *intercalarius*). **1.** Inséré, ajouté entre d'autres choses de même nature : *Feuille intercalaire.* **2.** Se dit du jour ajouté au mois de février dans les années bissextiles (29 février). ◆ **n.m.** Feuille, feuillet intercalaires.

intercalation [ɛ̃tɛrkalasjɔ̃] **n.f.** Action d'intercaler ; ce qui est intercalé : *L'intercalation d'un paragraphe dans un texte* (syn. **insertion**).

intercaler [ɛ̃tɛrkale] **v.t.** (lat. *intercalare,* de *calare,* appeler). Insérer parmi d'autres choses, dans une série, un ensemble : *Intercaler un nom dans une liste* (syn. **incorporer**). ◆ **s'intercaler v.pr.** Se placer entre deux éléments : *L'arrière est venu s'intercaler dans la ligne d'attaque* (syn. **s'insérer, s'interposer**).

intercéder [ɛ̃tɛrsede] **v.i.** (lat. *intercedere*) [conj. **18**]. Intervenir en faveur de qqn : *Intercéder en faveur d'un condamné.*

intercepter [ɛ̃tɛrsɛpte] **v.t.** (de *interception*). **1.** Arrêter au passage : *Les nuages interceptent les rayons du soleil* (syn. **cacher, masquer**). **2.** S'emparer de qqch qui était destiné à autrui : *Intercepter une lettre.* **3.** SPORTS. Dans certains sports d'équipe, s'emparer du ballon au cours d'une passe entre deux adversaires. **4.** Arrêter qqn, un véhicule, en l'empêchant d'atteindre son but : *La police a intercepté le malfaiteur.*

interception [ɛ̃tɛrsɛpsjɔ̃] **n.f.** (lat. *interceptio,* de *intercipere,* de *capere,* prendre). **1.** Action d'intercepter ; fait d'être intercepté : *L'interception d'une lettre.* **2.** MIL. Action qui consiste, après détection et identification des appareils ou engins adverses, à diriger sur eux des avions de chasse ou des missiles. **3.** SPORTS. Action d'intercepter le ballon.

intercesseur [ɛ̃tɛrsesœr] **n.m.** LITT. Personne qui intercède en faveur d'une autre personne : *Se faire l'intercesseur de qqn* (syn. **avocat, défenseur**).

intercession [ɛ̃tɛrsesjɔ̃] **n.f.** Action d'intercéder en faveur de qqn : *Obtenir qqch par l'intercession de qqn* (syn. **entremise, médiation**).

interchangeable [ɛ̃tɛrʃɑ̃ʒabl] **adj.** (mot angl., de l'anc. fr. *entre changeable*, de *changer*). Se dit de choses, de personnes qui peuvent être mises à la place les unes des autres.

interclasse [ɛ̃tɛrklas] **n.m.** Intervalle qui sépare deux heures de classe.

interclubs [ɛ̃tɛrklœb] **adj.** Qui oppose les équipes de plusieurs clubs sportifs : *Compétition interclubs.*

intercommunal, e, aux [ɛ̃tɛrkɔmynal, -o] **adj.** Qui concerne plusieurs communes : *Hôpital intercommunal.*

intercommunautaire [ɛ̃tɛrkɔmynotɛr] **adj.** Qui concerne les relations entre plusieurs communautés.

intercompréhension [ɛ̃tɛrkɔ̃preɑ̃sjɔ̃] **n.f.** LING. Compréhension réciproque de sujets parlants.

interconnecter [ɛ̃tɛrkɔnɛkte] **v.t.** Associer, joindre par interconnexion : *Interconnecter des réseaux électriques.*

interconnexion [ɛ̃tɛrkɔnɛksjɔ̃] **n.f.** ÉLECTR. Association, par connexion, de réseaux distincts, pour assurer la continuité du service en cas de défaut, la mise en commun des réserves et une production plus économique.

intercontinental, e, aux [ɛ̃tɛrkɔ̃tinɑ̃tal, -o] **adj.** Qui est situé ou qui a lieu entre des continents : *Un vol intercontinental.*

intercostal, e, aux [ɛ̃tɛrkɔstal, -o] **adj.** ANAT. Qui se situe entre les côtes du thorax : *Muscles intercostaux.*

interculturel, elle [ɛ̃tɛrkyltyrɛl] **adj.** Qui concerne les contacts entre différentes cultures.

interdépartemental, e, aux [ɛ̃tɛrdepartəmɑ̃tal, -o] **adj.** Commun à plusieurs départements : *Une compétition sportive interdépartementale.*

interdépendance [ɛ̃tɛrdepɑ̃dɑ̃s] **n.f.** Dépendance mutuelle : *L'interdépendance des salaires et des prix.*

interdépendant, e [ɛ̃tɛrdepɑ̃dɑ̃, -ɑ̃t] **adj.** Se dit de personnes ou de choses dépendant les unes des autres.

interdiction [ɛ̃tɛrdiksjɔ̃] **n.f. 1.** Action d'interdire : *Interdiction de stationner* (syn. **défense** ; contr. **autorisation**). *Interdiction de sortir* (contr. **permission**). **2.** Défense perpétuelle ou temporaire faite à une personne de remplir ses fonctions : *Prêtre, fonctionnaire frappé d'interdiction.*

interdigital, e, aux [ɛ̃tɛrdiʒital, -o] **adj.** Situé entre les doigts : *Espace interdigital.*

interdire [ɛ̃tɛrdir] **v.t.** (lat. *interdicere*) [conj. **103**]. **1.** Défendre à qqn, empêcher qqn d'utiliser, de faire : *Le médecin lui a interdit l'alcool* (contr. **autoriser**). **2.** Frapper d'interdiction : *Interdire un prêtre. Le journal a été interdit pendant un mois* (= empêché de paraître). ◆ **s'interdire v.pr. S'interdire qqch, s'interdire de** (+ inf.), décider de ne pas avoir recours à qqch, de ne pas agir de telle manière : *Je me suis interdit d'intervenir dans la discussion.*

interdisciplinaire [ɛ̃tɛrdisiplinɛr] **adj.** Qui établit des relations entre plusieurs sciences ou disciplines : *Une recherche scientifique interdisciplinaire.*

interdisciplinarité [ɛ̃tɛrdisiplinarite] **n.f.** Caractère de ce qui est interdisciplinaire.

1. interdit, e [ɛ̃tɛrdi, -it] **adj.** et **n.** (p. passé de *interdire*). Qui est l'objet d'une interdiction : *Magistrat interdit. Un interdit de séjour.* ◆ **adj.** Qui ne sait que répondre ; déconcerté : *Demeurer interdit* (syn. **désemparé, pantois**). *La nouvelle les laissa interdits* (syn. **stupéfait**).

2. interdit [ɛ̃tɛrdi] **n.m.** (lat. *interdictum*). **1.** Condamnation absolue qui met qqn à l'écart d'un groupe : *Jeter l'interdit sur qqn* (syn. **exclusive**). *Lever un interdit.* **2.** Impératif institué par un groupe, une société et qui prohibe un acte, un comportement : *Transgression d'un interdit* (syn. **tabou**). **3.** DR. CAN. Censure qui prive les fidèles de certains biens spirituels (par ex. la célébration du culte) sans les exclure de la communauté des fidèles.

interentreprises [ɛ̃tɛrɑ̃trəpriz] **adj.** Qui concerne plusieurs entreprises.

intéressant, e [ɛ̃teresɑ̃, -ɑ̃t] **adj. 1.** Qui offre de l'intérêt ; digne d'attention : *Un livre intéressant* (syn. **captivant, prenant**). *Une conférencière intéressante.* **2.** Qui procure un avantage matériel : *Acheter à un prix intéressant* (syn. **avantageux** ; contr. **élevé**). **3.** Qui inspire de l'intérêt, excite la sympathie : *Ces gens ne sont vraiment pas intéressants.* ◆ **n. Faire l'intéressant, son intéressant,** chercher à se faire remarquer.

intéressé, e [ɛ̃terese] **adj.** et **n.** Qui est concerné par une chose : *Prévenir les intéressés.* ◆ **adj. 1.** Qui n'a en vue que son intérêt pécuniaire : *Un homme intéressé* (syn. **cupide**). **2.** Inspiré par l'intérêt : *Une action intéressée* (= faite pour en tirer avantage).

intéressement [ɛ̃terɛsmɑ̃] **n.m.** (de *intéresser*). Participation aux bénéfices d'une entreprise : *Intéressement des salariés.*

intéresser [ɛ̃terese] **v.t.** (lat. *interesse*, de *inter* et *esse*, être). **1.** Avoir de l'importance, de l'utilité pour : *Loi qui intéresse les industriels* (syn. **concerner**). **2.** Inspirer de l'intérêt ; retenir l'attention de : *Ce jeune homme m'intéresse* (syn. **plaire à**). *Ce livre vous intéressera* (syn. **passionner**). **3.** Attribuer une part des bénéfices d'une entreprise à : *Il est intéressé à l'affaire.* ◆ **s'intéresser v.pr. [à].** Avoir de l'intérêt pour : *Il ne s'intéresse pas à son avenir* (syn. **se préoccuper de**). *Il s'intéresse au cinéma* (syn. **se passionner pour**).

intérêt [ɛ̃terɛ] **n.m.** (du lat. *interest*, il importe). **1.** Ce qui importe, ce qui est avantageux : *Il trouve son intérêt dans cette affaire* (syn. **compte**). *Agir dans l'intérêt d'un ami* (syn. **profit**). **2.** Attachement à ce qui est avantageux pour soi, partic. à l'argent : *C'est l'intérêt qui le guide* (syn. **cupidité, égoïsme**). **3.** (Génér. au pl.). Somme d'argent qu'une personne a dans une affaire : *Avoir des intérêts dans une entreprise* (syn. **part**). **4.** Somme que le débiteur paie au créancier pour l'usage de l'argent prêté : *Percevoir les intérêts de son épargne* (syn. **bénéfice**). **5.** Sentiment de curiosité, de bienveillance à l'égard de qqch, de qqn : *Ressentir un vif intérêt pour qqn* (contr. **indifférence**). *Son intérêt fut éveillé par un petit détail* (syn. **attention**). **6.** Originalité, importance : *Une déclaration du plus haut intérêt* (syn. **poids, portée**).

interethnique [ɛ̃tɛrɛtnik] **adj.** Relatif aux rapports, aux échanges entre ethnies différentes.

interface [ɛ̃tɛrfas] **n.f.** (mot angl.). **1.** DIDACT. Limite commune à deux systèmes, permettant des échanges entre ceux-ci : *L'interface gaz-liquide. L'interface production-distribution.* **2.** INFORM. Frontière conventionnelle entre deux systèmes ou deux unités, permettant des échanges d'informations.

interférence [ɛ̃tɛrferɑ̃s] **n.f.** (angl. *interference* ; v. *interférer*). **1.** Rencontre, conjonction de deux séries de phénomènes distincts : *L'interférence des faits démographiques et politiques.* **2.** PHYS. Phénomène résultant de la superposition d'oscillations ou d'ondes de même nature et de fréquences égales ou voisines.

interférer [ɛ̃tɛrfere] **v.i.** (angl. *to interfere*, s'interposer, du lat. *ferire*, frapper) [conj. **18**]. **1.** Avoir, par son existence, une action sur : *Ces événements ont fini par interférer avec ma vie privée.* **2.** Produire des interférences : *Des rayons qui interfèrent.*

interféron [ɛ̃tɛrferɔ̃] **n.m.** (de *interférer*). Protéine produite par les cellules infectées par un virus et qui rend ces cellules, et les autres cellules dans lesquelles elle a diffusé, résistantes à toute autre infection virale.

intergalactique [ɛ̃tɛrgalaktik] **adj.** ASTRON. Situé entre des galaxies : *Espace intergalactique.*

interglaciaire [ɛ̃tɛrglasjɛr] **adj.** Se dit des périodes, et notamm. des périodes du quaternaire, comprises entre deux glaciations.

intergouvernemental, e, aux [ɛ̃tɛrguvɛrnəmɑ̃tal, -o] **adj.** Qui concerne plusieurs gouvernements.

intergroupe [ɛ̃tɛrgrup] **n.m.** Réunion de parlementaires de différents groupes politiques, formée pour étudier un problème déterminé.

1. intérieur, e [ɛ̃terjœr] **adj.** (lat. *interior*). **1.** Qui est au-dedans, dans l'espace compris entre les limites de qqch : *Cour intérieure.* **2.** Qui concerne la nature morale, psychologique de l'individu : *Vie intérieure* (syn. **psychique, spirituel**). **3.** Qui concerne un pays, un territoire : *Politique intérieure* (contr. **extérieur**). *Ligne aérienne intérieure* (contr. **international**).

2. intérieur [ɛ̃terjœr] **n.m.** (de *1. intérieur*). **1.** La partie de dedans : *L'intérieur du corps* (syn. **dedans**). **2.** Espace compris entre les frontières d'un pays ; le pays lui-même, ou sa partie centrale, par opp. aux frontières ou aux côtes : *Le climat de l'intérieur.* **3.** Endroit où l'on habite, maison, appartement : *Un intérieur confortable* (syn. **foyer**). **4. De l'intérieur,** en faisant partie d'un groupe, en participant à la chose même : *Juger de l'intérieur.* / **Femme, homme d'intérieur,** qui sait tenir sa maison. / **Robe, veste d'intérieur,** vêtement confortable que l'on porte chez soi. **5. Ministère de l'Intérieur,** administration chargée de la tutelle des collectivités locales et de la direction de la police.

Intérieure *(mer)*, partie du Pacifique, entre les îles japonaises de Honshu, Shikoku et Kyushu.

intérieurement [ɛ̃terjœrmɑ̃] **adv. 1.** Au-dedans : *Fruit gâté intérieurement.* **2.** En soi-même : *Se révolter intérieurement.*

intérim [ɛ̃terim] **n.m.** (mot lat. « pendant ce temps-là »). **1.** Temps pendant lequel une fonction est remplie par un autre que par le titulaire ; exercice de cette fonction. **2.** Activité des salariés intérimaires : *Faire de l'intérim. Société d'intérim.* **3. Par intérim,** pendant l'absence du titulaire ; provisoirement : *Ministre par intérim.*

intérimaire [ɛ̃terimɛr] **n.** et **adj. 1.** Personne qui, provisoirement, exerce des fonctions à la place du titulaire. **2.** Travailleur mis temporairement à la disposition d'une entreprise par une entreprise de travail temporaire pour qu'il occupe un emploi ponctuel (remplacement, surcroît de travail). ◆ **adj.** Qui a lieu, qui s'exerce par intérim : *Fonctions intérimaires.*

intériorisation [ɛ̃terjɔrizasjɔ̃] **n.f.** Action d'intérioriser.

intérioriser [ɛ̃terjɔrize] **v.t.** (de *intérieur,* d'apr. *extérioriser*). **1.** Garder pour soi ; contenir en son for intérieur : *Intérioriser sa colère* (syn. **cacher** ; contr. **extérioriser**). **2.** Faire siennes des opinions, des règles de conduite qui étaient jusque-là étrangères ou extérieures, au point de ne plus les distinguer comme acquises : *Il a complètement intériorisé les règles de fonctionnement de son parti.* **3.** Rendre plus intime, plus profond : *Intérioriser un rôle.*

interjectif, ive [ɛ̃tɛrʒɛktif, -iv] **adj.** (bas lat. *interjectus*). GRAMM. Qui exprime l'interjection : *Locution interjective.*

interjection [ɛ̃tɛrʒɛksjɔ̃] **n.f.** (lat. *interjectio,* parenthèse). GRAMM. Mot invariable, isolé qui exprime un sentiment violent, une émotion, un ordre (ex. : *ah !, hélas !, chut !*).

interjeter [ɛ̃tɛrʒəte] **v.t.** (de *inter* et *jeter,* d'apr. le lat. *interjicere*) [conj. **27**]. DR. **Interjeter appel,** faire appel d'une décision de justice rendue en premier ressort.

interlignage [ɛ̃tɛrliɲaʒ] **n.m.** Action ou manière d'interligner : *Un double interlignage.*

interligne [ɛ̃tɛrliɲ] **n.m.** Blanc séparant des lignes composées, écrites ou dactylographiées.

interligner [ɛ̃tɛrliɲe] **v.t.** Séparer par des interlignes.

interlocuteur, trice [ɛ̃tɛrlɔkytœr, -tris] **n.** (lat. de la Renaissance *interlocutor,* du class. *interloqui,* couper la parole à qqn, interrompre). **1.** Toute personne conversant avec une autre : *Il contredit systématiquement ses interlocuteurs.* **2.** Personne avec laquelle on engage des négociations, des pourparlers : *Interlocuteur valable.*

interlope [ɛ̃tɛrlɔp] **adj.** (angl. *interloper,* navire trafiquant en fraude). **1.** Qui est le lieu de trafics louches ; qui est suspect de combinaisons malhonnêtes : *Bar interlope. Personnage interlope* (syn. **douteux**). **2.** Qui se fait en fraude : *Commerce interlope* (syn. **illégal**).

interloquer [ɛ̃tɛrlɔke] **v.t.** (lat. *interloqui,* interrompre). Mettre dans l'embarras par un effet de surprise : *Cette réponse l'a interloqué* (syn. **déconcerter**).

interlude [ɛ̃tɛrlyd] **n.m.** (mot angl., du lat. *ludus,* jeu). Divertissement dramatique ou musical entre deux parties d'un spectacle, d'une émission de télévision, etc.

intermède [ɛ̃tɛrmɛd] **n.m.** (it. *intermedio,* lat. *intermedius*). **1.** Divertissement entre deux pièces ou deux actes d'une représentation théâtrale : *Intermède comique.* **2.** Temps pendant lequel une action s'interrompt ; période de temps entre deux événements : *Sa carrière professionnelle a été marquée par de longs intermèdes de chômage.*

intermédiaire [ɛ̃tɛrmedjɛr] **adj.** (du lat. *intermedius,* de *medius,* qui est au milieu). Qui est entre deux choses ; qui forme une transition entre deux termes : *Une période intermédiaire* (syn. **charnière**). *Une solution intermédiaire* (= de juste milieu). *Une couleur intermédiaire entre le jaune et l'orange.* ◆ **n. 1.** Personne qui sert de lien entre deux autres : *Servir d'intermédiaire dans une affaire* (syn. **médiateur**). **2.** Personne, entreprise, etc., qui, dans un circuit de distribution commerciale, se trouve entre le producteur et le consommateur, l'acheteur. **3. Par l'intermédiaire de,** grâce à l'entremise de qqn ; au moyen de qqch : *Apprendre une nouvelle par l'intermédiaire d'un correspondant.*

intermezzo [ɛ̃tɛrmedzo] **n.m.** (mot it. « intermède »). MUS. Divertissement musical intercalé entre les parties d'une œuvre théâtrale.

interminable [ɛ̃tɛrminabl] **adj.** Qui dure très longtemps : *Attente interminable* (syn. **long**).

interminablement [ɛ̃tɛrminabləmɑ̃] **adv.** De façon interminable : *Discuter interminablement* (= sans fin).

interministériel, elle [ɛ̃tɛrministerjɛl] **adj.** Relatif à plusieurs ministres ou ministères : *Mission interministérielle.*

intermittence [ɛ̃tɛrmitɑ̃s] **n.f. 1.** Caractère de ce qui est intermittent : *L'intermittence d'un signal lumineux* (syn. **discontinuité**). **2.** MÉD. Intervalle qui sépare deux accès de fièvre (syn. **rémission**). **3. Par intermittence,** par moments, de façon discontinue : *Elle travaille par intermittence.*

intermittent, e [ɛ̃tɛrmitɑ̃, -ɑ̃t] **adj.** (du lat. *intermittere,* discontinuer). Qui s'arrête et reprend par intervalles : *Efforts intermittents* (syn. **irrégulier**). *Un bruit intermittent* (syn. **discontinu** ; contr. **continu, permanent**). ◆ **n.** et **adj.** Personne dont l'activité comporte une alternance de périodes travaillées et non travaillées : *Les intermittents du spectacle.*

internat [ɛ̃tɛrna] **n.m. 1.** Situation d'un élève interne (par opp. à *externat*). **2.** Établissement où les élèves sont nourris et logés (syn. **pensionnat**) [par opp. à *externat*]. **3.** Concours permettant d'obtenir le titre d'interne des hôpitaux : *Passer l'internat.* **4.** Fonction d'interne des hôpitaux.

1. international, e, aux [ɛ̃tɛrnasjɔnal, -o] **adj. 1.** Qui concerne plusieurs nations : *Championnats internationaux. Politique internationale. Une renommée internationale* (syn. **mondial, universel**). **2. Style international,** se dit de l'architecture fonctionnelle, aux formes cubiques, sans ornements, créée par Le Corbusier, Gropius, Mies Van der Rohe, les architectes du groupe De Stijl, etc., et qui s'est répandue dans de nombreux pays au cours des années 1925-1935 (on dit aussi *mouvement moderne*). ◆ **international** **n.m.** Domaine des relations internationales, spécial. dans les échanges commerciaux ; dans une entreprise, secteur chargé de ce domaine : *Développer l'international.*

2. international, e, aux [ɛ̃tɛrnasjɔnal, -o] **n.** Sportif, sportive qui représente son pays dans des épreuves internationales.

Internationale, association rassemblant des travailleurs appartenant à diverses nations en vue d'une action visant à transformer la société. La Ire Internationale, fondée à Londres en 1864, disparut après 1876 du fait de l'opposition entre marxistes et anarchistes ; la IIe, fondée à Paris en 1889, resta fidèle à la social-démocratie et disparut en 1923. En sont issues : l'Internationale ouvrière socialiste (1923-1940), regroupant les partis ayant refusé le rattachement à la IIIe Internationale et l'Internationale ouvrière socialiste, créée en 1951. La IIIe Internationale communiste, ou Komintern, fondée à Moscou en 1919, rassembla autour de la Russie soviétique puis de l'U.R.S.S. la plupart des partis communistes et fut supprimée par Staline en 1943. La IVe, d'obédience trotskiste, fut fondée en 1938.

internationalisation [ɛ̃tɛrnasjɔnalizasjɔ̃] **n.f.** Action de rendre international : *L'internationalisation d'un conflit.*

internationaliser [ɛ̃tɛrnasjɔnalize] **v.t.** Rendre international ; porter sur le plan international.

internationalisme [ɛ̃tɛrnasjɔnalism] **n.m.** Doctrine favorable à la subordination des intérêts nationaux à un intérêt général supranational. ◆ **internationaliste adj.** et **n.** Relatif à l'internationalisme ; qui en est partisan.

internationalité [ɛ̃tɛrnasjɔnalite] **n.f.** État, caractère de ce qui est international : *L'internationalité d'un conflit.*

internaute [ɛ̃tɛrnot] **n.** (de *Internet,* et du gr. *nautês,* navigateur). Personne qui utilise l'Internet.

1. interne [ɛ̃tɛrn] **adj.** (lat. *internus*). **1.** Qui est au-dedans : *La paroi interne d'une cuve* (syn. **intérieur ;** contr. **externe**). **2.** Qui concerne la nature profonde de qqch : *Problème interne à l'entreprise* (syn. **intérieur, intrinsèque**).

2. interne [ɛ̃tɛrn] **n.** (de *1. interne*). **1.** Élève logé et nourri dans un établissement scolaire (par opp. à *demi-pensionnaire, externe*). **2. Interne des hôpitaux,** étudiant(e) en médecine, reçu(e) au concours de l'internat, qui seconde le chef de service dans un hôpital.

interné, e [ɛ̃tɛrne] **adj.** et **n.** (p. passé de *interner*). **1.** Enfermé dans un camp de concentration, une prison : *Les internés politiques.* **2.** *VIEILLI.* Qui est l'objet d'une mesure d'internement en milieu psychiatrique.

internement [ɛ̃tɛrnəmɑ̃] **n.m. 1.** Action d'interner ; fait d'être interné : *L'internement d'un suspect* (syn. **emprisonnement**). **2.** *VIEILLI.* Mesure d'hospitalisation forcée en hôpital psychiatrique (placement).

interner [ɛ̃tɛrne] **v.t.** (de *interne*). **1.** Enfermer dans un camp, une prison : *Ils internaient les dissidents* (syn. **emprisonner**). **2.** *VIEILLI.* Faire entrer un malade mental ou présumé tel dans un hôpital psychiatrique (syn. **enfermer**).

Internet ou **internet** [ɛ̃tɛrnɛt] **n.m.** (abrév. de l'anglo-amér. *international network,* réseau international). Réseau télématique international, issu du réseau militaire et universitaire américain Arpanet (conçu en 1969), qui résulte de l'interconnexion d'ordinateurs du monde entier utilisant un protocole commun d'échanges de données : *Acheter des livres sur Internet* ou *sur l'Internet.* **Rem.** On dit aussi *World Wide Web* ou *WWW* ou *Web,* « toile d'araignée mondiale », et, cour., « la Toile ». ► *Dossier page suivante.*

■ Tout utilisateur d'un micro-ordinateur, d'un Smartphone ou d'une tablette tactile peut s'y connecter via un fournisseur d'accès. Les services offerts comprennent la consultation d'informations (sites Web), la messagerie électronique, des forums, des blogs, le commerce électronique, etc. L'évolution en Web 2.0 au milieu des années 2000 a notamment facilité l'échange et la publication de données, favorisant le développement des réseaux sociaux. ■

interocéanique [ɛ̃tɛrɔseanik] **adj.** Qui sépare ou relie deux océans : *Isthme, canal interocéanique.*

interpellation [ɛ̃tɛrpelasjɔ̃] **n.f. 1.** Action d'interpeller : *Cette interpellation me surprit* (syn. **apostrophe**). **2.** Demande d'explication adressée à un ministre par un membre du Parlement : *Interpellation sur la politique agricole.* **3.** Sommation faite à qqn d'avoir à dire, à faire qqch ; action de poser des questions à qqn au cours d'un contrôle de police : *La police a procédé à plusieurs interpellations.*

interpeller [ɛ̃tɛrpəle] ou [ɛ̃tɛrpele] **v.t.** (lat. *interpellare,* interrompre, sommer) [conj. **26**]. **1.** Adresser la parole à qqn pour lui demander qqch : *Interpeller un passant* (syn. **apostropher, héler**). **2.** Sommer qqn de répondre, lui demander de s'expliquer sur un fait ; vérifier son identité, l'arrêter : *Interpeller un suspect.* **3.** Contraindre qqn à regarder en face une situation ; s'imposer à lui : *La misère du monde nous interpelle.*

interpénétration [ɛ̃tɛrpenetrasjɔ̃] **n.f.** Pénétration mutuelle : *L'interpénétration des cultures, des civilisations.*

s'interpénétrer [ɛ̃tɛrpenetre] **v.pr.** [conj. **18**]. Se pénétrer mutuellement : *La politique et l'économie s'interpénètrent* (syn. **s'imbriquer**).

interphase [ɛ̃tɛrfaz] **n.f.** BIOL. Période qui sépare deux divisions successives d'une cellule vivante, au cours de laquelle se déroule l'essentiel de l'activité cellulaire.

Interphone [ɛ̃tɛrfɔn] **n.m.** (nom déposé). Téléphone à haut-parleur permettant des communications à courte distance, génér. à l'intérieur du même bâtiment.

interplanétaire [ɛ̃tɛrplanetɛr] **adj.** ASTRON. Situé entre les planètes du Système solaire : *Voyage interplanétaire.*

Interpol, dénomination de l'Organisation internationale de police criminelle, créée en 1923. Son siège est à Lyon.

interpolation [ɛ̃tɛrpɔlasjɔ̃] **n.f. 1.** Action d'interpoler ; passage interpolé : *La dernière édition contient des interpolations* (syn. **ajout**). **2.** STAT. Intercalation, dans une suite de valeurs connues, d'une ou de plusieurs valeurs déterminées par le calcul et non par l'observation.

interpoler [ɛ̃tɛrpɔle] **v.t.** (lat. *interpolare,* réparer, d'où « falsifier »). Introduire dans un texte des passages qui n'en font pas partie et qui en changent le sens : *Copiste qui interpole son commentaire dans un texte* (syn. **ajouter**).

interposer [ɛ̃tɛrpoze] **v.t.** (lat. *interponere,* d'apr. *poser*). **1.** Placer entre deux choses : *Interposer un cordon de police entre deux groupes de manifestants* (syn. **intercaler**). **2.** Faire intervenir comme médiation entre deux personnes : *Interposer son autorité entre deux adversaires.* ◆ **s'interposer v.pr.** Se placer entre deux choses, deux personnes : *Des obstacles se sont interposés entre ses projets et leur réalisation* (syn. **se dresser, surgir**). *Des passants se sont interposés pour les séparer* (syn. **s'entremettre**).

interposition [ɛ̃tɛrpozisjɔ̃] **n.f. 1.** Action d'interposer ; fait de s'interposer : *L'interposition de l'O.N.U. dans un conflit* (syn. **entremise, médiation**). **2.** DR. **Interposition de personnes,** fait, pour qqn, de conclure un acte pour une autre personne, afin de lui faciliter l'octroi d'avantages que cette dernière ne pourrait pas obtenir directement.

interprétable [ɛ̃tɛrpretabl] **adj.** Qui peut être interprété.

interprétariat [ɛ̃tɛrpretarja] **n.m.** Métier, fonction d'interprète, de traducteur : *École d'interprétariat.*

interprétatif, ive [ɛ̃tɛrpretatif, -iv] **adj.** Qui contient une interprétation : *Jugement interprétatif* (syn. **explicatif**).

interprétation [ɛ̃tɛrpretasjɔ̃] **n.f. 1.** Action d'interpréter, de donner un sens à qqch : *Interprétation d'un texte, d'une œuvre* (syn. **explication, commentaire**). **2.** Action ou manière de représenter, de jouer, de danser une œuvre dramatique, musicale, chorégraphique, etc. : *Donner une nouvelle interprétation des « Indes galantes » de Rameau* (syn. **exécution, version**). **3.** PSYCHAN. Travail effectué par le patient, aidé par son analyste, pour dégager le désir inconscient qui anime certains de ses comportements.

interprète [ɛ̃tɛrprɛt] **n.** (lat. *interpres, -etis*). **1.** Personne qui traduit oralement une langue dans une autre. **2.** Personne qui est chargée de déclarer, de faire connaître les volontés, les intentions d'une autre : *Soyez mon interprète auprès de votre*

Internet

Peut-on maîtriser Internet ?

D'abord utilisé à des fins militaires (dès 1957), puis scientifiques, le réseau Internet ne s'est ouvert au grand public qu'en 1991. L'engouement qu'il suscite est extrême, notamment depuis l'évolution du Web vers plus d'interactivité (Web 2.0), permettant à chaque internaute d'alimenter le réseau sous les formes les plus diverses (forums, blogs, réseaux sociaux, etc.).

▶ **Multi-supports pour multi-usages.** Le temps de connexion des internautes, toujours croissant, est en lien avec la multiplication des supports donnant accès à Internet : ordinateur, télévision, console, téléphone, tablette… Être connecté en permanence devient vite une habitude, voire même une dépendance.

Les *forums* et les *chats* sont des usages courants d'Internet. Sur ces espaces de discussion, le plus souvent thématiques, l'usage de pseudonymes par les utilisateurs empêche de savoir avec qui s'établit le dialogue. Sur les *réseaux sociaux*, chaque membre est identifié par son *profil* (nom, photo, centres d'intérêt, amis…). Ces plateformes sont donc moins anonymes et permettent à leurs membres de créer des communautés d'internautes.

▶ **Responsabilités.** Les *blogs* (abréviation de *weblogs*) sont des sites personnels interactifs permettant à l'internaute de tenir une chronique au jour le jour grâce à des *posts*, billets dans lesquels il fait connaître ses opinions, publie des textes, des photos, des vidéos. Le propriétaire d'un blog est légalement responsable des propos qui y sont tenus (y compris dans les commentaires des visiteurs) et des images qui y sont publiées : les échanges ne doivent pas sortir du cadre de la légalité (insultes, diffamation, propos racistes...), et les personnes figurant sur les photos et vidéo doivent avoir donné leur accord (ou les parents pour les mineurs).

▶ **Internet et vie privée.** Avec Internet, tout est instantané... mais les contenus mis en ligne le sont pour toujours, ou presque. Aussi, il importe avant de publier un post de se demander ce qu'il en sera demain, dans un an ou plusieurs années. L'anonymat sur Internet n'est que de façade : adresse IP, historique de navigation, recherche de mots-clés, *cookies*... les activités numériques laissent des traces, et donnent accès à toutes sortes d'informations confidentielles. La *géolocalisation* permet via un smartphone de savoir à tout moment où se trouvent ses « amis », qu'ils soient réels ou virtuels.

▶ **Un média incontrôlable ?** Anonymat, dématérialisation des contenus, absence de frontières et flou juridique... Internet réunit toutes les caractéristiques d'un réseau incontrôlable. Espace de liberté, il peut cependant jouer un rôle majeur, notamment dans les pays non démocratiques où l'information est contrôlée et censurée (le printemps arabe de 2011 en est une illustration).

Mais il importe de toujours se demander qui est l'émetteur réel du message. La multiplication des *hoax* (informations fausses propagées par les internautes) et l'utilisation d'Internet par des organisations terroristes montrent à quel point le réseau permet de faire circuler tout type d'information à l'échelle de la planète. Contenus illégaux, propagande, incitation à la violence et à la guerre, mais aussi piratage de réseaux et d'informations sensibles par des *hackers* (pirates informatiques) dans tous les domaines (défense, finance, etc.), propagation de virus... C'est ce type d'infractions pénales que l'on désigne sous le nom de *cybercriminalité*.

▶ **Téléchargement et droits d'auteur.** Le *téléchargement* de biens culturels (musique, films) fait d'Internet un mode de diffusion très riche, mais crée des problèmes (téléchargements pirates, non-respect des droits d'auteur). Le téléchargement d'œuvres se fait sur des sites de partage (*peer-to-peer*, d'internaute à internaute). Or l'achat d'un morceau de musique ou d'un film ne donne pas le droit de le diffuser. Le téléchargement est en revanche légal s'il se fait avec l'accord des auteurs. Différentes solutions sont à ce jour envisagées pour rémunérer les auteurs.

Internet est aujourd'hui la source d'une information illimitée, accessible par les moteurs de recherche. Pour autant, la qualité de l'information varie selon la nature des sites : sites officiels (organismes d'État et institutionnels), sites d'information (journaux et magazines), sites d'associations, sites commerciaux (contenu à caractère publicitaire), blogs et sites personnels, encyclopédies participatives et wikis (information non contrôlée et pouvant être fausse ou biaisée).

Voir aussi : informatique.

ami (syn. **porte-parole**). **3.** Personne qui assure l'interprétation d'un rôle, d'une œuvre : *Les interprètes d'un film* (syn. **acteur**). *C'est une grande interprète de Mozart.*

interpréter [ɛ̃tɛrprete] **v.t.** (lat. *interpretari*) [conj. **18**]. **1.** Chercher à rendre compréhensible, à traduire, à donner un sens à : *Interpréter un rêve* (syn. **expliquer**). *Mal interpréter les intentions de qqn* (syn. **comprendre**). **2.** Jouer un rôle dans une pièce ou un film ; exécuter un morceau de musique ; danser une œuvre chorégraphique : *Interpréter le rôle d'une ingénue au théâtre* (syn. **incarner**). ◆ **s'interpréter v.pr.** Être compris, expliqué : *Cette réponse peut s'interpréter de plusieurs façons.*

interprofessionnel, elle [ɛ̃tɛrprɔfesjɔnɛl] **adj.** Qui groupe, concerne plusieurs professions : *Salaire minimum interprofessionnel de croissance (S.M.I.C.).*

interracial, e, aux [ɛ̃tɛrrasjal, -o] **adj.** Qui concerne les relations entre personnes, communautés distinguées selon l'origine, la couleur de la peau : *Des conflits interraciaux.*

interrégional, e, aux [ɛ̃tɛrreʒjɔnal, -o] **adj.** Qui concerne plusieurs régions : *Un réseau de transport interrégional.*

interrègne [ɛ̃tɛrrɛɲ] **n.m. 1.** Intervalle entre la mort d'un roi et le sacre de son successeur. **2.** Intervalle pendant lequel une fonction n'est pas assurée par un titulaire (syn. **vacance**).

interrogateur, trice [ɛ̃terɔgatœr, -tris] **adj.** et **n.** Qui interroge : *Regard interrogateur.*

interrogatif, ive [ɛ̃terɔgatif, -iv] **adj.** (bas lat. *interrogativus*). **1.** Qui exprime une interrogation : *Phrase interrogative. Intonation interrogative.* **2.** GRAMM. **Proposition interrogative indirecte,** proposition subordonnée complétive exprimant une interrogation (on dit aussi *une interrogative indirecte*). ◆ **adj.** et **n.m.** GRAMM. Se dit d'un mot (adjectif, pronom, adverbe) ou d'une locution qui marque l'interrogation directe ou indirecte : *« Comment », « pourquoi », « si » sont des adverbes interrogatifs.*

interrogation [ɛ̃terɔgasjɔ̃] **n.f.** (lat. *interrogatio*). **1.** Demande, question ou ensemble de questions : *Répondre à une interrogation. Donner aux élèves une interrogation écrite* (syn. **épreuve**). **2. Interrogation directe,** interrogation posée directement à l'interlocuteur, sans l'intermédiaire d'un verbe (ex. : *qui est venu ?*). ⁄ **Interrogation indirecte,** interrogation posée par l'intermédiaire d'un verbe comme *savoir, demander,* etc. (ex. : *je me demande qui est venu*). ⁄ **Point d'interrogation,** signe de ponctuation (?) placé à la fin d'une interrogative directe ; au fig., chose incertaine, imprévisible : *Le point d'interrogation, c'est sa réaction lorsqu'elle sera mise au courant.*

interrogatoire [ɛ̃terɔgatwar] **n.m.** (bas lat. *interrogatorius*). **1.** Ensemble des questions posées à qqn et des réponses qu'il y apporte au cours d'une enquête, d'une instruction : *Être soumis à un interrogatoire.* **2.** Procès-verbal consignant ces demandes et ces réponses.

interrogeable [ɛ̃terɔʒabl] **adj.** TÉLÉCOMM. Que l'on peut interroger : *Répondeur interrogeable à distance.*

interroger [ɛ̃terɔʒe] **v.t.** (lat. *interrogare*) [conj. **17**]. **1.** Adresser, poser des questions à : *On l'a interrogé sur ses nouveaux projets* (syn. **questionner, interviewer**). *La police l'a interrogé plus de trois heures* (= lui a fait subir un interrogatoire). **2.** Examiner avec attention : *Interroger l'histoire* (syn. **consulter, étudier**). *Interroger le ciel* (syn. **scruter**). **3.** INFORM., TÉLÉCOMM. Consulter, génér. à distance, une base de données pour obtenir un renseignement. ◆ **s'interroger v.pr.** Se poser des questions, être dans l'incertitude : *Il n'a pas donné de réponse, il s'interroge encore.*

interrompre [ɛ̃terɔ̃pr] **v.t.** (lat. *interrumpere*) [conj. **78**]. **1.** Rompre la continuité ou la continuation de : *Interrompre son travail* (syn. **arrêter**). *Interrompre un voyage* (syn. **suspendre**). **2.** Arrêter qqn dans son discours : *Arrête de m'interrompre quand je parle !* ◆ **s'interrompre v.pr.** Cesser de faire qqch ; s'arrêter au cours d'une action : *Elle s'interrompit pour saluer le nouveau venu* (= elle arrêta de parler).

interro-négatif, ive [ɛ̃terɔnegatif, -iv] **adj.** (pl. *interro-négatifs, ives*). Se dit d'une tournure, d'une phrase qui exprime une interrogation portant sur un énoncé négatif. (Ex. : *Tu ne veux pas répondre ?*)

interrupteur [ɛ̃teryptœr] **n.m.** Appareil qui sert à interrompre ou à rétablir un courant électrique en ouvrant ou en fermant son circuit (syn. **commutateur**).

interruption [ɛ̃terypsjɔ̃] **n.f.** (lat. *interruptio,* de *interrumpere,* interrompre). **1.** Action d'interrompre : *Travailler sans interruption* (syn. **arrêt**). *L'interruption des études* (syn. **suspension**). **2.** Paroles prononcées pour interrompre : *De bruyantes interruptions.* **3. Interruption médicale de grossesse (I.M.G.),** interruption de grossesse pratiquée lorsque la poursuite de la grossesse mettrait en péril la vie de la mère ou s'il existe une forte probabilité que l'enfant à naître soit atteint d'une affection très grave considérée comme incurable ; avortement thérapeutique. ⁄ **Interruption volontaire de grossesse (I.V.G.),** interruption de grossesse provoquée au début de la grossesse pour des raisons non thérapeutiques. ▸ Cette appellation est réservée à l'avortement provoqué légal (en France, avant 14 semaines d'aménorrhée).

intersaison [ɛ̃tɛrsezɔ̃] **n.f.** Période qui sépare deux saisons commerciales, touristiques, sportives, etc.

intersection [ɛ̃tɛrsɛksjɔ̃] **n.f.** (lat. *intersectio,* de *secare,* couper). **1.** Endroit où deux routes se croisent : *L'intersection de deux routes nationales* (syn. **carrefour, croisement**). **2.** MATH. Ensemble des points ou des éléments communs à deux ou à plusieurs lignes, surfaces ou volumes. **3.** LOG. **Intersection** ou **produit de deux relations,** jonction entre deux relations s'exprimant par « et », et qui se vérifie si – et seulement si – les deux relations se vérifient à la fois. ⁄ LOG. **Intersection** ou **produit des classes K et L,** classe constituée d'éléments appartenant à la fois à la classe K et à la classe L ; l'opération elle-même (symbolisée par $K \cap L$). ⁄ MATH. **Intersection de deux ensembles A et B,** ensemble des éléments communs à ces deux ensembles noté $A \cap B$ (A inter B).

intersidéral, e, aux [ɛ̃tɛrsideral, -o] **adj.** ASTRON. Situé entre les astres : *Les espaces intersidéraux.*

interstellaire [ɛ̃tɛrstelɛr] **adj.** (du lat. *stella,* étoile). **1.** ASTRON. Situé entre les étoiles. **2. Matière interstellaire,** ensemble des matériaux extrêmement diffus (gaz et poussières) existant dans l'espace situé entre les étoiles d'une galaxie.

interstice [ɛ̃tɛrstis] **n.m.** (du lat. *interstare,* se trouver entre). Petit espace vide entre les parties de qqch : *Les interstices des volets* (syn. **fente**).

interstitiel, elle [ɛ̃tɛrstisjɛl] **adj.** Situé dans les interstices de qqch.

intersubjectivité [ɛ̃tɛrsybʒɛktivite] **n.f.** (de *subjectivité*). Communication entre deux personnes, considérée sur le plan de l'échange de contenus.

intersyndical, e, aux [ɛ̃tɛrsɛ̃dikal, -o] **adj.** Qui concerne plusieurs syndicats : *Réunion intersyndicale.* ◆ **intersyndicale n.f.** Association de plusieurs sections syndicales, de plusieurs syndicats, pour des objectifs pratiques communs : *Communiqué de l'intersyndicale.*

intertextualité [ɛ̃tɛrtɛkstɥalite] **n.f.** (de *textuel*). LITTÉR. Ensemble des relations qu'un texte, et notamm. un texte littéraire, entretient avec un autre ou avec d'autres, tant au plan de sa création (par la citation, le plagiat, l'allusion, le pastiche, etc.) qu'au plan de sa lecture et de sa compréhension, par les rapprochements qu'opère le lecteur.

intertitre [ɛ̃tɛrtitr] **n.m. 1.** Titre secondaire annonçant une partie ou un paragraphe d'un article. **2.** CIN. Plan ne comportant que du texte, intercalé au montage à l'intérieur d'une scène : *Les intertitres indiquaient les dialogues dans le cinéma muet.*

intertrigo [ɛ̃tɛrtrigo] **n.m.** (mot lat., de *terere,* frotter). MÉD. Dermatose siégeant dans les plis de la peau.

intertropical, e, aux [ɛ̃tɛrtrɔpikal, -o] **adj.** Qui se trouve entre les tropiques : *Zone intertropicale.*

interurbain, e [ɛ̃tɛryrbɛ̃, -ɛn] **adj.** Établi entre des villes différentes : *Appel interurbain.* ◆ **interurbain n.m.** VIEILLI. Téléphone interurbain. (Abrév. fam. *l'inter.*)

intervalle [ɛ̃tɛrval] **n.m.** (lat. *intervallum,* espace entre deux palissades). **1.** Espace plus ou moins large entre deux corps ; distance d'un point à un autre : *Intervalle entre deux murs* (syn. **écart, espacement**). **2.** Temps séparant deux moments : *Les intervalles entre deux tirs* (syn. **pause, répit**). **3.** MUS. Distance qui sépare deux sons (seconde, tierce, quarte, etc.). **4.** PHYS. Rapport des fréquences de deux sons. **5.** MATH. Ensemble des nombres réels *x* compris entre deux nombres *a* et *b*. **6. Par intervalles,** de temps à autre. **7.** MATH. **Intervalle fermé** [*a*, *b*], ensemble des nombres *x* tels que $a \leq x \leq b$. / **Intervalle ouvert**]*a*, *b*[, ensemble des nombres *x* tels que $a < x < b$. / **Intervalle semi-ouvert** (ou **semi-fermé**), ensemble des nombres *x* tels que $a \leq x < b$ ou $a < x \leq b$.

intervenant, e [ɛ̃tɛrvənɑ̃, -ɑ̃t] **adj.** et **n.** Qui intervient dans un procès, dans une discussion, dans un processus économique, etc. : *Les intervenants à un congrès.*

intervenir [ɛ̃tɛrvənir] **v.i.** (lat. *intervenire*) [conj. **40** ; auxil. *être*]. **1.** Prendre part volontairement à une action pour en modifier le cours : *Intervenir dans une négociation* (syn. **s'entremettre**). **2.** Prendre la parole pour donner son avis : *Il est intervenu dans la conversation* (syn. **s'immiscer**). **3.** Procéder à une intervention chirurgicale (syn. **opérer**). **4.** Se produire, avoir lieu : *Un événement est intervenu* (syn. **advenir**). **5.** MIL. Engager des forces militaires : *Les Casques bleus sont intervenus.*

intervention [ɛ̃tɛrvɑ̃sjɔ̃] **n.f.** (de *intervenir,* d'apr. le lat. juridique *interventio*). **1.** Action d'intervenir dans une situation quelconque, un débat, une action, etc. : *Son intervention a été relatée dans la presse* (= ce qu'il a dit). *L'intervention du gouvernement pour maintenir les prix* (syn. **action**). *Je compte sur votre intervention en ma faveur* (syn. **intercession**). **2.** Acte opératoire ; opération chirurgicale : *Subir une intervention.* **3.** DR. INTERN. Action d'un État ou d'un groupe d'États s'ingérant dans la sphère de compétence d'un autre État : *Intervention dans la politique économique d'un autre pays* (syn. **immixtion, ingérence**).

interventionnisme [ɛ̃tɛrvɑ̃sjɔnism] **n.m. 1.** Doctrine préconisant l'intervention de l'État dans les affaires économiques. **2.** Doctrine préconisant l'intervention d'un État dans un conflit entre d'autres États. ◆ **interventionniste adj.** et **n.** Favorable à l'interventionnisme.

interversion [ɛ̃tɛrvɛrsjɔ̃] **n.f.** (bas lat. *interversio*). Modification, renversement de l'ordre habituel ou naturel : *Interversion des lettres dans un mot* (syn. **inversion**).

intervertébral, e, aux [ɛ̃tɛrvɛrtebral, -o] **adj.** Placé entre deux vertèbres : *Disque intervertébral.*

intervertir [ɛ̃tɛrvɛrtir] **v.t.** (lat. *intervertere,* de *vertere,* tourner) [conj. **32**]. Modifier, renverser l'ordre naturel ou habituel des choses : *Intervertir les mots d'une phrase* (syn. **inverser, permuter**). *Tu intervertis les rôles.*

interview [ɛ̃tɛrvju] **n.f.** ou **n.m.** (mot angl., du fr. *entrevue*). Entretien avec une personne pour l'interroger sur ses actes, ses idées, ses projets, afin d'en publier ou d'en diffuser le contenu, ou de l'utiliser aux fins d'analyse dans le cadre d'une enquête d'opinion : *Solliciter, accorder une interview.*

interviewer [ɛ̃tɛrvjuve] **v.t.** Soumettre à une interview : *Interviewer une artiste.*

intervieweur, euse [ɛ̃tɛrvjuvœr, -øz] **n.** Personne qui interviewe qqn.

intervocalique [ɛ̃tɛrvɔkalik] **adj.** Situé entre deux voyelles : *Consonne intervocalique.*

intestat [ɛ̃tɛsta] **adj. inv.** et **n.** (lat. *intestatus,* de *testari,* tester). Qui n'a pas fait de testament : *Mourir intestat.*

1. intestin, e [ɛ̃tɛstɛ̃, -in] **adj.** (lat. *intestinus,* intérieur). LITT. Qui se passe entre des adversaires appartenant à la même communauté : *Luttes intestines* (syn. **intérieur**).

2. intestin [ɛ̃tɛstɛ̃] **n.m.** (lat. *intestina,* de *intestinus,* intérieur). Viscère abdominal creux allant de l'estomac à l'anus, divisé en deux parties, *l'intestin grêle* et le *gros intestin* qui lui fait suite.

■ **Anatomie et physiologie.** L'intestin est un long « tube » creux. Sa paroi externe est constituée de deux couches de muscles lisses. Sa paroi interne, la muqueuse intestinale, est recouverte d'un épithélium et renferme des glandes qui sécrètent des sucs digestifs. L'intestin comprend deux parties : l'*intestin grêle* et le *côlon,* ou *gros intestin.*

L'intestin grêle mesure env. 7 m de long ; il forme des boucles appelées *anses intestinales.* Sa muqueuse est tapissée de *villosités* (replis en forme de doigts de gant) qui augmentent sa surface, à travers lesquelles s'effectue l'absorption des nutriments issus de la digestion. Il est divisé en duodénum, jéjunum et iléon.

Le côlon, qui poursuit l'intestin grêle, est long d'environ 1,4 m. Il a pour fonction d'absorber l'eau et les sels minéraux, et de concentrer les matières non digestibles, qui forment les *fèces.* L'accumulation des fèces dans la dernière partie du côlon, le *rectum* (qui se termine par l'anus), déclenche l'envie de déféquer.

Les troubles intestinaux. Les signes fonctionnels (perçus par le malade) des maladies intestinales sont des douleurs, des troubles du transit (diarrhée, constipation), des saignements rouges ou noirs dans les selles.

Les *maladies fonctionnelles* telles que la colopathie provoquent des douleurs et des troubles du transit, mais aucune lésion de la structure des organes.

Les *inflammations* peuvent être dues à des micro-organismes (gastro-entérite, dysenterie) ou être autonomes (colites). Les *tumeurs* sont bénignes ou malignes. Parmi elles, les polypes du côlon ou du rectum font saillie dans la lumière (la cavité) et sont de nature bénigne, mais on les retire pour éviter qu'ils ne se transforment en cancer. Une *occlusion intestinale* est une interruption brutale et grave du transit, qui peut avoir des causes multiples. ■

intestinal, e, aux [ɛ̃tɛstinal, -o] **adj. 1.** Qui concerne les intestins : *Occlusion intestinale.* **2. Suc intestinal,** suc digestif sécrété par les glandes du duodénum et du jéjunum, contenant des enzymes qui agissent sur les aliments.

Intifada (de l'arabe *intifāḍa,* soulèvement), soulèvement populaire palestinien, déclenché en 1987 dans les territoires occupés par Israël. Ayant connu une longue accalmie à la suite de la conclusion de l'accord israélo-palestinien de 1993, elle reprend, avec une violence accrue, en 2000.

intime [ɛ̃tim] **adj.** (lat. *intimus,* superlatif de *interior,* intérieur). **1.** LITT. Qui est au plus profond d'une chose, d'une personne, qui constitue l'essence d'un être, d'une chose : *Connaître la nature intime de qqn. Conviction intime* (syn. **profond**). **2.** Qui appartient à ce qu'il y a de tout à fait privé : *Sa vie intime ne nous regarde pas* (syn. **personnel, privé**). *Un journal intime.* **3.** Qui se passe entre des personnes étroitement liées : *Dîner intime. Cérémonie intime. Ambiance intime* (syn. **amical**). **4. Toilette intime,** toilette des organes génitaux. ◆ **adj.** et **n.** Avec qui on est étroitement lié : *Amie intime. Un dîner entre intimes* (syn. **familier**).

intimement [ɛ̃timmɑ̃] **adv.** De façon intime : *Intimement persuadé* (syn. **profondément**). *Connaître qqn intimement.*

intimer [ɛ̃time] **v.t.** (bas lat. *intimare,* faire connaître). **1.** Signifier, déclarer avec autorité : *Intimer à qqn l'ordre de partir* (syn. **enjoindre, notifier**). **2.** DR. Assigner en appel.

intimidable [ɛ̃timidabl] **adj.** Que l'on peut intimider (syn. **impressionnable**).

intimidant, e [ɛ̃timidɑ̃, -ɑ̃t] **adj.** Qui intimide : *Un silence intimidant.*

intimidateur, trice [ɛ̃timidatœr, -tris] **adj.** Propre à intimider : *Manœuvres intimidatrices.*

intimidation [ɛ̃timidasjɔ̃] **n.f.** Action d'intimider : *Agir par intimidation* (syn. **menace, pression**).

intimider [ɛ̃timide] **v.t.** (lat. médiév. *intimidare*, du class. *timidus* ; v. *timide*). **1.** Remplir de gêne, de timidité ; faire perdre son assurance à : *La solennité de l'endroit l'intimidait terriblement* (syn. **impressionner**). **2.** Inspirer de la crainte, de la peur à qqn pour faire pression sur lui : *Chercher à intimider la partie adverse* (syn. **inquiéter**).

intimisme [ɛ̃timism] **n.m.** Style, manière intimiste.

intimiste [ɛ̃timist] **adj.** Se dit d'une œuvre artistique, d'un style, d'un auteur qui représentent des scènes de caractère intime ou familier, qui expriment des sentiments intimes ou secrets : *Peinture, film intimiste.* ◆ **n.** Peintre intimiste : *Les intimistes de l'école hollandaise du XVII*[e] *siècle.*

intimité [ɛ̃timite] **n.f. 1.** *LITT.* Caractère de ce qui est intime : *Dans l'intimité de sa conscience* (syn. **tréfonds**). *L'intimité de leurs rapports* (syn. **familiarité**). **2.** Vie privée : *Dans l'intimité, c'est un homme charmant* (= en privé). *Vivre dans l'intimité de qqn* (= en étroites relations avec lui). **3.** *AFR.* Soirée dansante entre amis : *Nous organisons une intimité chez lui ce soir.*

intitulé [ɛ̃tityle] **n.m.** (de *intituler*). Titre d'un livre, d'un chapitre, d'une loi, d'un jugement, etc.

intituler [ɛ̃tityle] **v.t.** (bas lat. *intitulare*, de *titulus*, inscription). Désigner par un titre : *Il intitula son recueil de vers « Lointains ».* ◆ **s'intituler v.pr.** Avoir pour titre : *Le livre s'intitule « Histoires anecdotiques »* (syn. **s'appeler**).

intolérable [ɛ̃tɔlerabl] **adj. 1.** Qu'on ne peut pas tolérer, supporter : *Une douleur intolérable* (syn. **insupportable**). **2.** Qu'on ne peut pas admettre, accepter : *Une conduite intolérable* (syn. **inadmissible, inacceptable**).

intolérance [ɛ̃tɔlerɑ̃s] **n.f.** (de *tolérance*). **1.** Attitude hostile ou agressive à l'égard de ceux dont on ne partage pas les opinions, les croyances : *Intolérance religieuse* (syn. **fanatisme, sectarisme**). **2.** MÉD. Impossibilité, pour un organisme, de supporter certains médicaments ou certains aliments : *Intolérance aux antibiotiques* (syn. **allergie**).

intolérant, e [ɛ̃tɔlerɑ̃, -ɑ̃t] **adj.** et **n.** Qui fait preuve d'intolérance : *Un professeur intolérant* (syn. **intransigeant**). *Des idées intolérantes* (syn. **fanatique, sectaire**).

intonation [ɛ̃tɔnasjɔ̃] **n.f.** (lat. *intonare*, tonner). **1.** Mouvement mélodique de la voix, caractérisé par des variations de hauteur : *L'intonation montante de la phrase interrogative. Prendre une intonation tendre* (syn. **ton, inflexion**). **2.** MUS. Façon d'attaquer un son vocal permettant une émission juste.

intouchable [ɛ̃tuʃabl] **adj. 1.** Qui ne peut être touché ; qu'on ne doit pas toucher : *Objet sacré et intouchable* (syn. **tabou**). **2.** Que l'on ne peut toucher, joindre, contacter (syn. **injoignable**). **3.** Qu'on ne peut toucher, percevoir, encaisser. ◆ **adj.** et **n. 1.** Qui ne peut être l'objet d'aucune critique, d'aucune sanction ; sacro-saint **2.** En Inde, membre des castes les plus basses considérées comme impures ; hors caste, paria.

intoxicant, e [ɛ̃tɔksikɑ̃, -ɑ̃t] **adj.** Qui produit une intoxication : *Gaz intoxicant.*

intoxication [ɛ̃tɔksikasjɔ̃] **n.f.** (lat. médiév. *intoxicatio* ; v. *intoxiquer*). **1.** Introduction ou accumulation spontanée d'une substance toxique, d'un poison dans l'organisme : *Intoxication alimentaire* (syn. **empoisonnement**). **2.** Effet lent et insidieux sur l'esprit de certaines influences, qui émoussent le sens critique ou le sens moral : *L'intoxication des esprits par la publicité* (abrév. fam. *intox*).

intoxiqué, e [ɛ̃tɔksike] **adj.** et **n.** Qui a l'habitude d'absorber certaines substances toxiques : *Être intoxiqué par le tabac. C'est un intoxiqué* (syn. **drogué, toxicomane**).

intoxiquer [ɛ̃tɔksike] **v.t.** (lat. médiév. *intoxicare*, du class. *toxicum* ; v. *toxique*). **1.** Empoisonner, imprégner de substances toxiques : *Il a été intoxiqué par des champignons vénéneux* (syn. **empoisonner**). **2.** Influencer en faisant perdre tout sens critique : *Propagande qui intoxique les esprits.*

intra-, préfixe, du lat. *intra*, à l'intérieur, indiquant une situation interne *(intramusculaire).*

intracellulaire [ɛ̃traselylɛr] **adj.** Qui se trouve ou se produit à l'intérieur de la cellule vivante.

intradermique [ɛ̃tradɛrmik] **adj.** Qui est situé ou qui est pratiqué dans l'épaisseur du derme.

intradermo-réaction [ɛ̃tradɛrmɔreaksjɔ̃] **n.f.** (pl. *intradermo-réactions*). Injection intradermique d'une substance pour laquelle on veut étudier la sensibilité de l'organisme (abrév. *intradermo*).

intrados [ɛ̃trado] **n.m. 1.** ARCHIT. Surface intérieure ou inférieure d'un arc, d'une voûte (par opp. à *extrados*). **2.** Face inférieure d'une aile d'avion (par opp. à *extrados*).

intraduisible [ɛ̃tradɥizibl] **adj.** Qu'on ne peut traduire : *Un jeu de mots intraduisible.*

intraitable [ɛ̃tretabl] **adj.** (lat. *intractabilis*). Qui n'accepte aucun compromis : *Il est intraitable sur ce point* (syn. **inébranlable, inflexible**).

intra-muros [ɛ̃tramyros] **adv.** et **adj. inv.** (mots lat. « en dedans des murs »). Dans l'enceinte des fortifications, dans l'intérieur de la ville (par opp. à *extra-muros*).

intramusculaire [ɛ̃tramyskylɛr] **adj.** Qui est ou qui se fait à l'intérieur d'un muscle : *Injection intramusculaire.* (On dit aussi *une intramusculaire*.)

Intranet ou **intranet** [ɛ̃tranɛt] **n.m.** Réseau informatique interne à une entreprise, qui s'appuie sur les technologies d'Internet pour faciliter la communication et le partage du travail entre les collaborateurs.

intransigeance [ɛ̃trɑ̃ziʒɑ̃s] **n.f.** Caractère intransigeant : *L'intransigeance de la jeunesse* (contr. **souplesse**).

intransigeant, e [ɛ̃trɑ̃ziʒɑ̃, -ɑ̃t] **adj.** et **n.** (esp. *intransigente*, du lat. *transigere*, transiger). Qui ne fait aucune concession ; qui n'admet aucun compromis : *Être intransigeant sur les principes* (syn. **intraitable, inflexible**). *Une honnêteté intransigeante* (syn. **implacable**).

intransitif, ive [ɛ̃trɑ̃zitif, -iv] **adj.** et **n.m.** GRAMM. Se dit des verbes qui n'admettent pas de complément d'objet, comme *paraître, devenir, dîner, dormir*, etc.

intransitivement [ɛ̃trɑ̃zitivmɑ̃] **adv.** GRAMM. À la façon d'un verbe intransitif : *Verbe transitif employé intransitivement.*

intransmissibilité [ɛ̃trɑ̃smisibilite] **n.f.** Caractère de ce qui est intransmissible : *L'intransmissibilité du talent.*

intransmissible [ɛ̃trɑ̃smisibl] **adj.** Qui ne peut se transmettre : *Parts de société intransmissibles* (syn. **incessible**).

intransportable [ɛ̃trɑ̃spɔrtabl] **adj.** Que l'on ne peut transporter : *Blessé intransportable.*

intra-utérin, e [ɛ̃trayterɛ̃, -in] **adj.** (pl. *intra-utérins, es*). Qui est situé ou qui a lieu à l'intérieur de l'utérus : *Vie intra-utérine.*

intraveineux, euse [ɛ̃travenø, -øz] **adj.** Qui est ou qui se fait à l'intérieur d'une veine : *Une injection intraveineuse.* (On dit aussi *une intraveineuse*.)

intrépide [ɛ̃trepid] **adj.** et **n.** (lat. *intrepidus*, de *trepidus*, tremblant). Qui ne craint pas le danger et l'affronte volontiers : *Un navigateur intrépide* (syn. **audacieux, hardi**).

intrépidement [ɛ̃trepidmɑ̃] **adv.** Avec intrépidité : *Il s'est lancé intrépidement dans la mêlée* (syn. **audacieusement**).

intrépidité [ɛ̃trepidite] **n.f.** Caractère d'une personne intrépide : *Se lancer avec intrépidité dans une entreprise périlleuse* (syn. **audace, hardiesse**).

intrication [ɛ̃trikasjɔ̃] **n.f.** (lat. *intricatio*, de *intricare*, embrouiller). État de ce qui est intriqué, emmêlé : *L'intrication des branches, des racines* (syn. **enchevêtrement**). *L'intrication des événements* (syn. **interpénétration**).

intrigant, e [ɛ̃trigɑ̃, -ɑ̃t] **adj.** et **n.** Qui recourt à l'intrigue pour parvenir à ses fins (syn. **arriviste, aventurier**).

intrigue [ɛ̃trig] **n.f.** (it. *intrigo,* du lat. *intricare,* embrouiller). **1.** Machination secrète ou déloyale qu'on emploie pour obtenir quelque avantage ou pour nuire à qqn : *Déjouer une intrigue* (syn. **complot**). *Les intrigues parlementaires* (syn. **menées**). **2.** VIEILLI. Liaison amoureuse passagère : *Nouer une intrigue avec qqn.* **3.** Enchaînement de faits et d'actions formant la trame d'une pièce de théâtre, d'un roman, d'un film : *Suivre avec passion les rebondissements de l'intrigue* (syn. **action**).

intriguer [ɛ̃trige] **v.t.** (it. *intrigare,* du lat. *intricare,* embrouiller). Exciter vivement la curiosité de : *Sa conduite m'intrigue.* ◆ **v.i.** Se livrer à des intrigues : *Intriguer pour obtenir une place* (syn. **manœuvrer**).

intrinsèque [ɛ̃trɛ̃sɛk] **adj.** (lat. scolast. *intrinsecus,* au-dedans). Qui appartient à l'objet lui-même, indépendamment des facteurs extérieurs (par opp. à *extrinsèque*) : *Les inconvénients et les difficultés intrinsèques de l'entreprise* (syn. **inhérent à**). *Reconnaître la valeur intrinsèque d'une œuvre.*

intrinsèquement [ɛ̃trɛ̃sɛkmɑ̃] **adv.** De façon intrinsèque ; en soi.

intriquer [ɛ̃trike] **v.t.** (lat. *intricare*). [Souvent au pass.]. Rendre complexe, entremêler : *Des événements intriqués les uns dans les autres* (syn. **enchevêtrer**). ◆ **s'intriquer v.pr.** Se mêler ; s'enchevêtrer.

introducteur, trice [ɛ̃trɔdyktœr, -tris] **n. 1.** Personne qui introduit : *Il a été mon introducteur auprès du ministre.* **2.** Personne qui introduit quelque part une idée, un usage, une chose nouvelle : *Parmentier fut l'introducteur de la pomme de terre en France.*

introductif, ive [ɛ̃trɔdyktif, -iv] **adj. 1.** Qui sert à introduire une question : *Exposé introductif* (syn. **préalable**). **2.** DR. Qui sert de commencement à une procédure : *Requête introductive d'instance.*

introduction [ɛ̃trɔdyksjɔ̃] **n.f. 1.** Action d'introduire ; fait d'être introduit : *L'introduction de produits étrangers sur le marché français* (syn. **importation**). *L'introduction d'idées subversives* (syn. **pénétration**). **2.** Texte explicatif en tête d'un ouvrage ; entrée en matière d'un exposé, d'un discours : *L'introduction expose la conception de l'ouvrage et en donne le plan* (syn. **préface, avant-propos**). **3.** Ce qui introduit à la connaissance d'une étude ; ouvrage d'initiation à une science : *Introduction aux mathématiques modernes* (syn. **initiation**). **4. Lettre d'introduction,** lettre qui facilite à une personne l'accès auprès d'une autre.

introduire [ɛ̃trɔdɥir] **v.t.** (lat. *introducere,* francisé d'apr. *conduire*) [conj. **98**]. **1.** Faire entrer qqn, qqch dans un endroit déterminé : *Introduire un visiteur au salon* (syn. **conduire, mener**). *Introduire des marchandises en fraude* (syn. **importer**). **2.** Faire entrer, pénétrer une chose dans une autre : *Introduire la clé dans la serrure* (syn. **engager, enfoncer**). **3.** Faire adopter par l'usage : *Introduire une nouvelle mode* (syn. **implanter**). **4.** Faire admettre dans une société : *Introduire un ami dans la famille* (syn. **présenter**). *Introduire qqn dans un club* (syn. **parrainer**). *Se faire introduire auprès de qqn.* ◆ **s'introduire v.pr.** Entrer, pénétrer : *Voleurs qui s'introduisent dans une maison.*

introït [ɛ̃trɔit] **n.m.** (lat. *introitus,* entrée). RELIG. CHRÉT. Prière, chant d'entrée de la messe romaine.

intromission [ɛ̃trɔmisjɔ̃] **n.f.** (du lat. *intromittere,* mettre dedans). Introduction d'un corps ou d'un organe dans un autre ; introduction du pénis dans le vagin.

intronisation [ɛ̃trɔnizasjɔ̃] **n.f.** Action d'introniser.

introniser [ɛ̃trɔnize] **v.t.** (lat. ecclés. *inthronizare,* du gr. *thronos,* trône). **1.** Installer solennellement dans ses fonctions : *Introniser un empereur, un évêque, un pape* (syn. **couronner, sacrer, investir**). **2.** Établir d'une manière officielle et souveraine : *Introniser une mode* (syn. **instaurer**).

introspectif, ive [ɛ̃trɔspɛktif, -iv] **adj.** Fondé sur l'introspection ; relatif à l'introspection : *Psychologie introspective.*

introspection [ɛ̃trɔspɛksjɔ̃] **n.f.** (mot angl., du lat. *introspicere,* regarder dans). PSYCHOL. Observation méthodique, par le sujet lui-même, de ses états de conscience et de sa vie intérieure.

introuvable [ɛ̃truvabl] **adj.** Que l'on ne peut pas trouver : *Objet introuvable. Solution introuvable.*

introversion [ɛ̃trɔvɛrsjɔ̃] **n.f.** (mot all., du lat. *introversus,* vers l'intérieur). PSYCHOL. Attitude d'une personne qui est surtout attentive à son moi, à sa vie intérieure, à ses émotions, et qui a tendance à se détourner du monde extérieur et du milieu ambiant (par opp. à *extraversion*).

introverti, e [ɛ̃trɔvɛrti] **adj.** et **n.** Qui est porté à l'introversion, replié sur soi-même (par opp. à *extraverti*).

intrus, e [ɛ̃try, -yz] **adj.** et **n.** (lat. médiév. *intrusus,* de *intrudere,* du class. *introtrudere,* introduire sans droit). Qui s'introduit quelque part sans avoir qualité pour y être admis, sans y avoir été invité : *Être considéré comme un intrus* (syn. **indésirable**).

intrusion [ɛ̃tryzjɔ̃] **n.f.** (lat. médiév. *intrusio,* de *intrusus ;* v. *intrus*). **1.** Action de s'introduire sans y être invité, dans un lieu, dans une société, un groupe ; arrivée, intervention soudaine et intempestive : *Vouloir se protéger contre l'intrusion de visiteurs importuns.* **2.** Action d'intervenir dans un domaine où l'on n'a aucun titre à le faire : *L'intrusion d'un État dans les affaires intérieures de ses voisins* (syn. **immixtion, ingérence**). **3.** GÉOL. Pénétration d'un magma dans les formations préexistantes.

intubation [ɛ̃tybasjɔ̃] **n.f.** (mot angl., de *tube*). MÉD. Introduction, dans la trachée, d'un tube semi-rigide pour isoler les voies respiratoires des voies digestives et permettre la respiration artificielle en réanimation ou en anesthésie générale.

intuber [ɛ̃tybe] **v.t.** MÉD. Pratiquer une intubation sur un patient : *Intuber un asthmatique.*

intuitif, ive [ɛ̃tɥitif, -iv] **adj.** Que l'on a par intuition ; qui procède de l'intuition : *Avoir une réaction intuitive. Les philosophes opposent la connaissance intuitive à la connaissance discursive.* ◆ **adj.** et **n.** Doué d'intuition : *C'est un intuitif.*

intuition [ɛ̃tɥisjɔ̃] **n.f.** (lat. scolast. *intuitio,* de *intueri,* regarder attentivement). **1.** Saisie immédiate de la vérité sans l'aide du raisonnement : *Comprendre par intuition.* **2.** Faculté de prévoir, de deviner : *Avoir l'intuition d'un danger* (syn. **pressentiment**). *Avoir de l'intuition* (= du flair).

intuitivement [ɛ̃tɥitivmɑ̃] **adv.** Par intuition.

intumescence [ɛ̃tymesɑ̃s] **n.f.** (du lat. *intumescere,* gonfler). DIDACT. Gonflement : *L'intumescence de la rate.*

intumescent, e [ɛ̃tymesɑ̃, -ɑ̃t] **adj.** DIDACT. Qui commence à enfler.

inuit, e [inɥit] **adj.** (mot esquimau « être humain »). Relatif aux Inuits ou Esquimaux.

Inuits ou **Esquimaux,** populations des terres arctiques de l'Amérique, du Groenland et de Sibérie, vivant autrefois des produits de la chasse et de la pêche, fréquemment employées aujourd'hui dans les mines ou les centres administratifs. Aujourd'hui presque complètement christianisés, ils continuent de manifester dans leur vie quotidienne les traces de leur passé, dans leur art, dans leur pratique de la chasse, etc. Leur culture a été fortement agressée par l'arrivée des Européens. Après une longue période de flottement, une jeune élite politique s'est fait connaître en revendiquant l'exploitation des peaux et du pétrole et, en fin de compte, le contrôle des territoires. Les Inuits du Canada habitent essentiellement le Nunavut (territoire créé à leur intention en 1999, dans la partie orientale des Territoires du Nord-Ouest), les Territoires du Nord-Ouest, le Nunavik (dans le nord du Québec) et le Labrador. Leur langue est l'*inuktitut.*

inusable [inyzabl] **adj.** Qui ne peut s'user : *Tissu inusable* (syn. **inaltérable, indestructible**).

inusité, e [inyzite] **adj.** Qui n'est pas usité : *Terme inusité.*

in utero [inytero] **loc. adv.** et **adj. inv.** (mots lat. « dans l'utérus »). Qui se produit à l'intérieur de l'utérus, en partic. en parlant des phénomènes physiologiques et pathologiques qui affectent l'embryon et le fœtus : *Fécondation in utero* (contr. **in vitro**).

inutile [inytil] **adj.** Qui ne sert à rien : *Objet inutile* (syn. **superflu** ; contr. **indispensable**). *Paroles inutiles* (syn. **vain, oiseux**). *C'est inutile d'insister* (= ce n'est pas la peine). ◆ **n.** Personne qui n'a aucune fonction sociale (syn. **parasite**).

inutilement [inytilmɑ̃] **adv.** De façon inutile.

inutilisable [inytilizabl] **adj.** Impossible à utiliser.

inutilisé, e [inytilize] **adj.** Qu'on n'utilise pas.

inutilité [inytilite] **n.f.** Caractère de ce qui est inutile : *L'inutilité d'un remède* (syn. **inefficacité**).

invagination [ɛ̃vaʒinasjɔ̃] **n.f.** (du lat. *vagina,* gaine). MÉD. Repliement d'un organe creux sur lui-même, comme un doigt de gant retourné : *Invagination intestinale.*

invaincu, e [ɛ̃vɛ̃ky] **adj.** Qui n'a jamais été vaincu : *L'équipe reste invaincue depuis le début du championnat.*

invalidant, e [ɛ̃validɑ̃, -ɑ̃t] **adj.** (de *invalider*). Qui constitue une gêne importante, une entrave à l'activité habituelle : *Maladie, handicap invalidants.*

invalidation [ɛ̃validasjɔ̃] **n.f.** Action d'invalider ; décision par laquelle une assemblée annule l'élection d'un de ses membres (syn. **annulation**).

invalide [ɛ̃valid] **adj.** et **n.** (lat. *invalidus,* faible). Infirme, qui n'est pas en état d'avoir une vie active : *Il est invalide depuis son accident* (syn. **handicapé**). *Les invalides de guerre* (syn. **blessé, mutilé**). ◆ **adj.** DR. Qui n'est pas valable ; qui est légalement nul : *Testament invalide.*

invalider [ɛ̃valide] **v.t.** (de *invalide*). Déclarer nul ou non valable : *Invalider une élection* (syn. **annuler, casser**).

Invalides *(hôtel des),* monument de Paris (VIIe arr.), construit à partir de 1670 sur des plans de Libéral Bruant, achevé par J. H.-Mansart, pour abriter l'*Institution nationale des Invalides,* destinée par Louis XIV à recueillir des militaires invalides. Dans la chapelle St-Louis (Mansart, 1680), surmontée d'un célèbre dôme, ont été déposées en 1840 les cendres de Napoléon Ier. On y trouve aussi les tombeaux de son fils (depuis 1940) et de plusieurs maréchaux (dont Foch et Lyautey). L'hôtel abrite notamment le musée de l'Armée, le musée des Plans-Reliefs (série, commencée en 1668, de maquettes des places fortes françaises), le musée d'Histoire contemporaine et celui de l'ordre de la Libération.

invalidité [ɛ̃validite] **n.f. 1.** État d'une personne invalide ; diminution du potentiel physique : *Invalidité consécutive à un accident* (syn. **infirmité**). *Évaluer le degré d'invalidité de qqn* (syn. **incapacité**). **2.** DR. Manque de validité qui entraîne la nullité.

Invar [ɛ̃var] **n.m.** (nom déposé, de *invariable*). Alliage de fer à 36 % de nickel, caractérisé par un coefficient de dilatation négligeable.

invariabilité [ɛ̃varjabilite] **n.f.** État, caractère de ce qui est invariable : *Invariabilité d'un principe* (syn. **pérennité**).

invariable [ɛ̃varjabl] **adj. 1.** Qui ne change pas : *L'ordre invariable des saisons* (syn. **immuable, régulier**). **2.** GRAMM. Se dit d'un mot qui ne subit aucune modification morphologique : *Les adverbes sont invariables.*

invariablement [ɛ̃varjabləmɑ̃] **adv.** De façon invariable : *Il est invariablement en retard* (syn. **toujours**).

invariance [ɛ̃varjɑ̃s] **n.f. 1.** MATH. Caractère de ce qui est invariant. **2.** PHYS. Propriété de certaines grandeurs physiques qui sont régies par des lois de conservation.

invariant, e [ɛ̃varjɑ̃, -ɑ̃t] **adj.** (mot angl., de *varier*). **1.** MATH. Se dit d'un point, d'une figure qui sont leur propre image dans une transformation ponctuelle. **2.** CHIM., PHYS. **Système invariant,** système en équilibre dont la variance est nulle. ◆ **invariant n.m. 1.** Ce qui ne varie pas, ce qui est constant : *Un invariant économique.* **2.** MATH. Point, figure globalement invariants.

invasif, ive [ɛ̃vazif, -iv] **adj.** (de *invasion*). MÉD. **1.** Se dit du caractère d'une tumeur qui s'étend et envahit les tissus voisins. **2.** Se dit d'une méthode d'exploration ou de soins provoquant une lésion de l'organisme.

invasion [ɛ̃vazjɔ̃] **n.f.** (bas lat. *invasio,* de *invadere,* envahir). **1.** Action d'envahir un pays avec des forces armées : *Les grandes invasions du Ve siècle.* **2.** Arrivée massive d'animaux nuisibles : *Invasion de sauterelles* (syn. **déferlement**). **3.** Irruption de personnes ou de choses qui arrivent quelque part en grand nombre : *Invasion de touristes* (syn. **envahissement**). **4.** Diffusion soudaine et massive d'objets, d'idées, de comportements, etc., jugés négatifs : *L'invasion en français des mots d'origine anglo-saxonne* (syn. **propagation**). **5.** MÉD. **Période d'invasion,** période de début des maladies infectieuses correspondant à l'apparition des premiers signes cliniques.

invective [ɛ̃vɛktiv] **n.f.** (bas lat. *invectivae* [*orationes*], [discours] agressifs, de *invehi,* s'emporter). *SOUT.* Parole violente et injurieuse : *Proférer des invectives contre qqn* (syn. **insulte**).

invectiver [ɛ̃vɛktive] **v.t.** et **v.t. ind. [contre]** (de *invective*). Dire, lancer des invectives : *Invectiver contre qqn, qqch* (syn. **crier, fulminer**). *Invectiver qqn* (syn. **insulter, injurier**).

invendable [ɛ̃vɑ̃dabl] **adj.** Qu'on ne peut vendre : *Ce produit est invendable. Ce qui constitue notre patrimoine national est invendable* (syn. **inaliénable, incessible**).

invendu, e [ɛ̃vɑ̃dy] **adj.** et **n.m.** Qui n'a pas été vendu : *Liquider les invendus.*

inventaire [ɛ̃vɑ̃tɛr] **n.m.** (lat. juridique *inventarium,* de *invenire,* trouver). **1.** État, description et estimation des biens appartenant à qqn, à une collectivité : *Faire l'inventaire d'une succession.* **2.** État détaillé et estimatif des biens et droits que possède une entreprise, pour constater les profits ou les pertes : *Le commerçant fait un inventaire en fin d'année* (syn. **bilan**). **3.** Revue détaillée, minutieuse d'un ensemble : *Procéder à l'inventaire des ressources touristiques d'une région* (syn. **dénombrement, recensement**).

inventer [ɛ̃vɑ̃te] **v.t.** (de *inventeur*). **1.** Créer le premier, en faisant preuve d'ingéniosité, ce qui n'existait pas encore et dont personne n'avait eu l'idée : *Gutenberg inventa l'imprimerie* (syn. **concevoir**). **2.** Concevoir à des fins déterminées : *Il invente toujours quelque chose pour taquiner sa sœur* (syn. **imaginer, trouver**). **3.** Créer de toutes pièces, tirer de son imagination ce que l'on fait passer pour réel ou vrai : *Inventer une histoire, une excuse* (syn. **forger, fabriquer**).

inventeur, trice [ɛ̃vɑ̃tœr, -tris] **n.** (lat. *inventor,* de *invenire,* trouver). **1.** Personne qui invente : *L'inventeur du moteur à explosion* (syn. **père**). *Une inventrice de génie* (syn. **créateur**). **2.** DR. Personne qui découvre, retrouve un objet caché ou perdu, un trésor (syn. **découvreur**).

inventif, ive [ɛ̃vɑ̃tif, -iv] **adj.** Qui a le génie, le talent d'inventer : *Esprit inventif* (syn. **ingénieux**).

invention [ɛ̃vɑ̃sjɔ̃] **n.f.** (lat. *inventio,* de *invenire,* trouver). **1.** Action d'inventer, de créer qqch de nouveau : *L'invention du téléphone* (syn. **conception, création**). **2.** Chose inventée, imaginée : *Les grandes inventions* (syn. **découverte**). **3.** Faculté d'inventer ; don d'imagination : *Avoir l'esprit d'invention. Être à court d'invention* (syn. **inspiration**). **4.** Mensonge imaginé pour tromper : *C'est une pure invention, je n'ai jamais dit cela !* (syn. **fable, histoire**). **5.** MUS. Courte composition musicale de style contrapuntique, pour instruments à clavier : *Les « Inventions » de Bach.* **6.** DR. Découverte de choses cachées ; objet ainsi découvert : *L'invention d'un trésor, d'un gisement archéologique.*

inventivité [ɛ̃vɑ̃tivite] **n.f.** Qualité d'une personne inventive : *Faire preuve d'inventivité* (syn. **créativité, fertilité**).

inventorier [ɛ̃vɑ̃tɔrje] **v.t.** (de l'anc. fr. *inventoire,* registre, description) [conj. 9]. Faire l'inventaire de : *Inventorier des marchandises. Inventorier le contenu d'un meuble* (syn. **ordonner, trier**).

invérifiable [ɛ̃verifjabl] **adj.** Qui ne peut être vérifié : *Hypothèse invérifiable* (syn. **improuvable, indémontrable**).

inverse [ɛ̃vɛrs] **adj.** (lat. *inversus*, de *invertere*, retourner). **1.** Opposé exactement à la direction, à la fonction actuelle ou habituelle : *Sens, ordre inverse* (syn. **contraire**). *Faire l'opération inverse de celle qu'on avait prévue* (syn. **opposé**). **2. En raison inverse,** se dit d'une comparaison entre objets qui varient en proportion inverse l'un de l'autre. / **Figures inverses,** figures transformées l'une de l'autre par une inversion. / MATH. **Nombres inverses l'un de l'autre,** nombres dont le produit est égal à l'unité. ◆ **n.m. 1.** Contraire : *Faire l'inverse de ce qui est demandé. À l'inverse de sa sœur, elle aime la lecture* (= contrairement à). **2.** MATH. Élément ou nombre inverse d'un autre. ◆ **n.f.** MATH. Figure, application, fonction inverse d'une autre.

inversement [ɛ̃vɛrsəmɑ̃] **adv.** D'une manière inverse : *Vous pouvez l'aider et, inversement, il peut nous renseigner* (syn. **réciproquement, vice versa**).

inverser [ɛ̃vɛrse] **v.t.** (de *inverse*). **1.** Renverser la direction, la position relative de : *Inverser les propositions dans une phrase* (syn. **permuter**). *Inverser les rôles* (syn. **intervertir**). **2.** Changer le sens d'un courant électrique.

inverseur [ɛ̃vɛrsœr] **n.m.** Appareil pour inverser un courant électrique, le sens de marche d'un ensemble mécanique.

inversible [ɛ̃vɛrsibl] **adj. 1.** MATH. Se dit d'un élément d'un ensemble muni d'une loi de composition interne, admettant un inverse. **2.** PHOT. **Film inversible,** film dont le développement par inversion donne une image positive. (On dit aussi *un inversible*.)

inversion [ɛ̃vɛrsjɔ̃] **n.f.** (lat. *inversio*, de *invertere*, retourner). **1.** Action d'inverser, fait de s'inverser : *Inversion des rôles.* **2.** LING. Construction par laquelle on donne aux mots un ordre autre que l'ordre normal ou habituel : *L'inversion du sujet dans l'interrogation directe.* **3.** PATHOL. Retournement d'un organe creux : *Inversion de l'utérus après un accouchement.* **4.** CHIM. Transformation du saccharose en glucose et en lévulose par hydrolyse. **5.** MATH. Transformation ponctuelle qui, à tout point M (différent d'un point O appelé *pôle*), associe le point M' de la droite OM tel que le produit $\overline{OM} \times \overline{OM'}$ soit égal à une constante *k* (appelée *puissance*). **6.** PHOT. Suite d'opérations permettant d'obtenir directement une image positive sur la couche sensible employée à la prise de vue.

invertébré, e [ɛ̃vɛrtebre] **adj.** et **n.m.** Se dit des animaux pluricellulaires sans colonne vertébrale (par opp. à *vertébré*).

■ Les invertébrés ne représentent pas un groupe de la classification scientifique des animaux : le terme n'a pas de valeur taxinomique. Ils forment un vaste ensemble du règne animal comprenant plusieurs embranchements distincts : les spongiaires, les cnidaires, les plathelminthes (vers plats), les némathelminthes (vers ronds), les mollusques, les annélides, les arthropodes, les échinodermes (plus quelques autres petits embranchements). Ils peuplent tous les milieux, mais se retrouvent plus fréquemment en milieu aquatique, à l'exception des insectes. Les plus primitifs sont représentés par les spongiaires et les cnidaires, animaux à deux feuillets embryonnaires, qui possèdent déjà des cellules différenciées pour une fonction particulière : reproductrice, nutritive, de défense, etc. Avec l'acquisition d'un troisième feuillet intermédiaire, de véritables cellules musculaires apparaissent, rendant le mouvement plus efficace chez les plathelminthes et les némathelminthes. Le sang issu de ce feuillet permet le transport des nutriments, stockés dans des tissus de réserves (parenchymes). L'étape suivante de l'évolution voit apparaître chez tous les autres invertébrés une cavité générale, appelée *cœlome*, située autour du tube digestif et mise en place au cours de l'embryogenèse. En se cloisonnant en compartiments, ou métamères, le cœlome forme à l'intérieur de l'organisme des régions spécialisées dans une fonction devenue alors plus efficace. Les vertébrés s'annoncent lorsque apparaissent les chordés, animaux possédant un axe dorsal situé entre le tube digestif et le système nerveux, et qui préfigure la colonne vertébrale. ■

inverti, e [ɛ̃vɛrti] **n.** (p. passé de *invertir*). VIEILLI. Personne homosexuelle.

invertir [ɛ̃vɛrtir] **v.t.** (lat. *invertere*, retourner) [conj. **32**]. **1.** Renverser symétriquement : *Les miroirs invertissent l'image.* **2.** CHIM. Transformer le saccharose par inversion.

investigateur, trice [ɛ̃vɛstigatœr, -tris] **adj.** et **n.** Qui examine avec soin ; qui fait des investigations, des recherches suivies, minutieuses : *Regard investigateur* (syn. **curieux, inquisiteur**). *Un investigateur scrupuleux* (syn. **chercheur, enquêteur**).

investigation [ɛ̃vɛstigasjɔ̃] **n.f.** (lat. *investigatio*, de *investigare*, chercher, suivre à la trace, de *vestigium*, trace). Recherche attentive et suivie : *La police poursuit ses investigations* (= son enquête).

investiguer [ɛ̃vɛstige] **v.i.** (de *investigation*). Procéder à des investigations.

1. investir [ɛ̃vɛstir] **v.t.** (lat. *investire*, de *vestire*, habiller, entourer) [conj. **32**]. **1.** Charger solennellement, officiellement, d'un pouvoir, d'un droit, d'une dignité ; conférer l'investiture à : *On l'a investi de tous les pouvoirs* (syn. **doter**). *Investir le président de la République.* **2.** MIL. Encercler (une ville, une position militaire) pour couper les communications avec l'extérieur (syn. **assiéger, bloquer**). ◆ **v.i.** ou **s'investir v.pr.** Mettre toute son énergie dans une activité, un objet ; attacher des valeurs affectives à qqch : *S'investir dans son travail.*

2. investir [ɛ̃vɛstir] **v.t.** et **v.i.** (angl. *to invest*) [conj. **32**]. Placer des fonds en vue d'en retirer des bénéfices : *Investir des capitaux. Investir dans l'industrie chimique.*

1. investissement [ɛ̃vɛstismɑ̃] **n.m.** (de *1. investir*). **1.** Action d'entourer de troupes une ville, une position militaire (syn. **blocus, encerclement**). **2.** Action d'investir, de s'investir, de mettre de soi dans qqch.

2. investissement [ɛ̃vɛstismɑ̃] **n.m.** (de *2. investir*, d'apr. l'angl. *investment*). Emploi de capitaux visant à accroître la production d'une entreprise ou à améliorer son rendement ; placement de fonds : *Politique d'investissement. Tu as fait là un excellent investissement* (syn. **placement**).

investisseur, euse [ɛ̃vɛstisœr, -øz] **adj.** et **n.** (de *2. investir*). Qui pratique un ou des investissements : *Organisme investisseur.*

investiture [ɛ̃vɛstityr] **n.f.** (lat. médiév. *investitura*). **1.** Acte par lequel un parti politique désigne son ou ses candidats pour une élection. **2.** Cérémonie marquant l'entrée en fonctions officielle d'un nouveau chef d'État. **3.** Procédure qui tend, en régime parlementaire, à accorder à un nouveau chef de gouvernement la confiance du Parlement.

Investitures *(querelle des)*, conflit qui, de 1075 à 1122, opposa le Saint Empire à la papauté au sujet des nominations aux charges d'évêque et d'abbé. Les domaines et les droits politiques attachés à ces grandes charges ecclésiastiques avaient, en effet, fini par devenir des fiefs relevant du droit féodal. Aussi le seigneur féodal (l'empereur ou le roi) s'était-il arrogé le pouvoir de choisir lui-même les évêques et les abbés et de leur donner l'investiture pour la totalité de leurs charges. La réaction des papes contre cet usage prit un tour dramatique, notamment dans le conflit de Grégoire VII avec l'empereur Henri IV. Ce n'est qu'au concordat de Worms (1122) qu'un compromis fut trouvé : l'évêque ou l'abbé était élu librement et consacré par un prélat qui lui donnait l'investiture spirituelle (par la remise de l'anneau), tandis que le souverain lui conférait l'investiture temporelle, celle des droits de la puissance publique attachés à la charge épiscopale ou abbatiale.

invétéré, e [ɛ̃vetere] **adj.** (lat. *inveteratus*, de *inveterare*, faire vieillir). **1.** Fortifié, enraciné, par le temps : *Mal invétéré* (syn. **chronique**). **2.** Qui a laissé vieillir, s'enraciner en soi telle manière d'être, telle habitude : *Un buveur invétéré* (syn. **impénitent**).

invincibilité [ɛ̃vɛ̃sibilite] **n.f.** Caractère de qqn, de qqch d'invincible : *L'invincibilité d'une nation.*

invincible [ɛ̃vɛ̃sibl] **adj.** (bas lat. *invincibilis,* de *vincere,* vaincre). **1.** Qu'on ne peut vaincre : *Armée invincible* (syn. **imbattable**). **2.** Qu'on ne peut surmonter : *Peur invincible* (syn. **insurmontable**). **3.** Qu'on ne peut réfuter : *Argument invincible* (syn. **inattaquable**).

invinciblement [ɛ̃vɛ̃sibləmɑ̃] **adv.** De façon invincible.

inviolabilité [ɛ̃vjɔlabilite] **n.f. 1.** Caractère de ce qui est inviolable. **2.** DR. CONSTIT. Privilège de certaines personnes de ne pouvoir être poursuivies ou arrêtées : *Inviolabilité parlementaire, diplomatique* (syn. **immunité**).

inviolable [ɛ̃vjɔlabl] **adj.** (lat. *inviolabilis*). **1.** Qu'on ne doit jamais violer, enfreindre : *Serment, droit inviolable* (syn. **sacré**). **2.** Que la loi préserve de toute poursuite : *Sous l'Ancien Régime, la personne du roi était inviolable* (syn. **intangible**). **3.** Où l'on ne peut pénétrer ; que l'on ne peut forcer : *Citadelle inviolable. Serrure inviolable.*

inviolé, e [ɛ̃vjɔle] **adj.** Qui n'a pas été violé, outragé, enfreint : *Sanctuaire inviolé. Loi inviolée.*

invisibilité [ɛ̃vizibilite] **n.f.** Caractère de ce qui est invisible.

invisible [ɛ̃vizibl] **adj.** Qui ne peut pas être vu : *Réparation invisible* (syn. **indécelable**). *Certaines étoiles sont invisibles à l'œil nu* (syn. **imperceptible**).

invitation [ɛ̃vitasjɔ̃] **n.f. 1.** Action d'inviter ; fait d'être invité : *Lettre d'invitation.* **2.** Action d'engager à : *Cette musique est une invitation à la rêverie* (syn. **appel, incitation**).

invite [ɛ̃vit] **n.f.** (de *inviter*). Ce qui invite à faire qqch ; appel indirect, adroit : *Répondre aux invites de qqn.*

invité, e [ɛ̃vite] **n.** Personne que l'on invite à un repas, une cérémonie, une fête, etc.

inviter [ɛ̃vite] **v.t.** (lat. *invitare*). **1.** Prier qqn de venir en un lieu, d'assister, de participer à qqch : *Inviter qqn à dîner* (syn. **convier**). **2.** (Absol.). Payer le repas, la consommation, etc. : *Bois, c'est Paul qui invite.* **3.** Demander avec autorité, ordonner à qqn de faire qqch : *Inviter qqn à se taire* (syn. **enjoindre**). *Je vous invite à la modération* (syn. **conseiller**). **4.** Engager, inciter : *Le soleil les invite à la promenade.*

in vitro [invitro] **loc. adj.** et **loc. adv.** (mots lat. « dans le verre »). Se dit de toute exploration ou expérimentation biologique qui se fait en dehors de l'organisme (dans des tubes, des éprouvettes, etc.) [par opp. à *in vivo*] : *Fécondation in vitro* (contr. **in utero**).

invivable [ɛ̃vivabl] **adj.** Impossible à vivre ; très difficile à supporter : *Une personne invivable* (syn. **insupportable**). *Une maison invivable* (syn. **inhabitable**).

in vivo [invivo] **loc. adj.** et **loc. adv.** (mots lat. « dans le vivant »). Se dit d'une réaction physiologique, biochimique, etc., qui se fait dans l'organisme (par opp. à *in vitro*).

invocateur, trice [ɛ̃vɔkatœr, -tris] **n.** Personne qui invoque.

invocation [ɛ̃vɔkasjɔ̃] **n.f. 1.** Action d'invoquer : *Formule d'invocation* (syn. **prière**). **2.** CATH. Patronage ; protection ; dédicace : *Église placée sous l'invocation de la Vierge.*

invocatoire [ɛ̃vɔkatwar] **adj.** Qui sert à invoquer : *Formule invocatoire.*

involontaire [ɛ̃vɔlɔ̃tɛr] **adj. 1.** Qui échappe au contrôle de la volonté : *Geste involontaire* (syn. **instinctif** ; contr. **délibéré**). **2.** Qui agit sans le vouloir : *Auteur involontaire d'un accident.*

involontairement [ɛ̃vɔlɔ̃tɛrmɑ̃] **adv.** Sans le vouloir : *Blesser qqn involontairement.*

involutif, ive [ɛ̃vɔlytif, -iv] **adj. 1.** Qui se rapporte à une involution : *Processus involutif.* **2.** MÉD. Se dit des processus liés au vieillissement.

involution [ɛ̃vɔlysjɔ̃] **n.f.** (lat. *involutio,* de *involvere,* enrouler). **1.** BIOL. Régression d'un organe, soit chez un individu, soit dans une espèce, suivant un des mécanismes de l'évolution. **2.** BIOL. Transformation régressive de l'organisme entier ou d'un organe en particulier sous l'influence de la vieillesse ou d'une modification hormonale : *Involution sénile.* **3.** PHILOS. Passage de l'hétérogène à l'homogène, du multiple à l'un.

invoquer [ɛ̃vɔke] **v.t.** (lat. *invocare,* de *vox, vocis,* voix). **1.** Appeler à l'aide par des prières une puissance surnaturelle : *Invoquer Dieu, les saints* (syn. **implorer, supplier, prier**). **2.** Solliciter l'aide, le secours de qqn de plus puissant par des prières, des supplications : *Invoquer la clémence de qqn* (syn. **implorer, réclamer**). **3.** Avancer comme justification : *Invoquer un prétexte* (syn. **alléguer, arguer**).

invraisemblable [ɛ̃vrɛsɑ̃blabl] **adj. 1.** Qui ne semble pas vrai ou qui ne peut être vrai : *Une coïncidence invraisemblable* (syn. **inimaginable, stupéfiant**). **2.** Qui surprend par son côté extraordinaire, bizarre : *Un chapeau invraisemblable* (syn. **inénarrable**).

invraisemblance [ɛ̃vrɛsɑ̃blɑ̃s] **n.f.** Manque de vraisemblance ; fait invraisemblable.

invulnérabilité [ɛ̃vylnerabilite] **n.f.** Caractère de qqn qui est invulnérable ; fait d'être invulnérable.

invulnérable [ɛ̃vylnerabl] **adj.** (lat. *invulnerabilis,* de *vulnerare,* blesser). **1.** Qui ne peut être blessé : *Achille, selon la légende, était invulnérable, sauf au talon.* **2.** Qui résiste à toute atteinte morale : *Elle est invulnérable aux critiques* (syn. **insensible**). **3.** À l'abri de toute atteinte sociale : *Un haut fonctionnaire invulnérable* (syn. **intouchable**).

Io, prêtresse de la déesse Héra, dans la mythologie grecque. Séduite puis transformée en génisse par Zeus, qui voulait ainsi la soustraire à la jalousie d'Héra, elle arriva, poursuivie par un taon, jusqu'en Égypte, où elle mit au monde l'ancêtre de Danaos.

iode [jɔd] **n.m.** (gr. *iôdês,* violet). Corps simple fusible à 114 °C, qui se présente sous forme de paillettes grises à éclat métallique et répand, quand on le chauffe, des vapeurs violettes. ▸ Symb. I ; densité 4,93.

iodé, e [jɔde] **adj. 1.** Qui contient de l'iode : *Eau iodée.* **2.** Qui évoque l'iode, en partic. en parlant d'une odeur.

iodure [jɔdyr] **n.m.** Sel d'un acide formé par la combinaison d'iode et d'hydrogène, l'acide iodhydrique.

ion [jɔ̃] **n.m.** (mot angl., du gr. *ion,* p. présent de *ienai,* aller). Atome ou groupe d'atomes ayant gagné ou perdu un ou plusieurs électrons.

Ionesco (Eugène), écrivain français d'origine roumaine (Slatina 1909 - Paris 1994). Ses premières comédies, où un langage distendu démasque chez ses personnages le vide des idées, où les objets écrasent des êtres dérisoires incapables de dominer l'univers matériel, dévoilent l'absurdité de l'existence et des rapports sociaux (*la Cantatrice chauve,* 1950 ; *la Leçon,* 1951 ; *les Chaises,* 1952). Son exploration du langage se poursuit dans des pièces où la parodie s'inscrit dans une perspective pessimiste et symbolique (*Rhinocéros,* 1960 ; *Le roi se meurt,* 1962). [Acad. fr.]

Ionie, ancien nom de la région côtière de l'Asie Mineure, peuplée de Grecs venus d'Europe à la suite des invasions doriennes (XIIe-IXe s. av. J.-C.). V. princ. *Éphèse, Milet, Phocée.*

ionien, enne [jɔnjɛ̃, -ɛn] **adj.** et **n.** De l'Ionie. ◆ **ionien n.m.** Le dialecte principal du grec ancien, parlé en Ionie.

Ionienne *(mer),* partie de la Méditerranée entre l'Italie du Sud et la Grèce.

Ioniennes *(îles),* archipel grec de la mer Ionienne, englobant notamment les îles de Corfou, Ithaque et Cythère ; 212 984 hab. Conquises successivement à partir du XIe s. par les Normands de Sicile, par les rois de Naples et par Venise, elles furent occupées par la France (1797-1799) puis par la Grande-Bretagne (1809). Passées sous protectorat britannique (1815), elles furent rendues à la Grèce en 1864.

1. ionique [jɔnik] **adj.** Dû ou relatif à des ions.

2. ionique [jɔnik] **adj. 1.** De l'Ionie. **2. Ordre ionique,** ordre d'architecture grecque apparu v. 560 av. J.-C., caractérisé par une colonne cannelée, élancée, posée sur une base moulurée, et par un chapiteau flanqué de deux volutes. (On dit aussi *l'ionique.*)

ionisant, e [jɔnizɑ̃, -ɑ̃t] **adj.** Qui produit l'ionisation : *Radiations ionisantes* (= rayons X, alpha, bêta, gamma).

ionisation [jɔnizasjɔ̃] **n.f. 1.** CHIM. Transformation d'atomes, de molécules neutres en ions. **2.** MÉD. Action thérapeutique des radiations ionisantes.

ioniser [jɔnize] **v.t.** CHIM. Provoquer l'ionisation de.

ionosphère [jɔnɔsfɛr] **n.f.** Zone de la haute atmosphère d'une planète, caractérisée par la présence de particules chargées (électrons et ions), formées par ionisation sous l'effet du rayonnement solaire.

iota [jɔta] **n.m. inv. 1.** Neuvième lettre de l'alphabet grec (Ι, ι). **2.** La moindre chose ; le moindre détail : *J'ai lu votre rapport, n'y changez pas un iota.*

IP [ipe] **n.m.** (sigle de l'angl. *Internet protocol*). **1.** Protocole de communication utilisé sur Internet. **2. Adresse IP,** numéro permettant d'identifier un appareil connecté au réseau Internet : *Son adresse IP est 214.35.126.201.*

ipéca [ipeka] ou **ipécacuanha** [ipekakwana] **n.m.** (mot port., du tupi). Racine de différents arbrisseaux d'Amérique du Sud aux propriétés vomitives. ▸ Famille des rubiacées.

Iphigénie, fille d'Agamemnon et de Clytemnestre. Son père, qui, lors de l'embarquement pour Troie, avait encouru la colère d'Artémis, devait la sacrifier à la déesse. Selon la version la plus simple, celle-ci substitua à la victime une biche et transporta Iphigénie en Tauride, où elle fit d'elle sa prêtresse. Cette légende a fourni à Euripide le thème de deux tragédies : *Iphigénie à Aulis, Iphigénie en Tauride* ; c'est de la première que s'est inspiré Racine dans son *Iphigénie en Aulide* (1674). Au XVIIIe s., Gluck a écrit la musique d'une *Iphigénie en Aulide* (1774), tragédie lyrique (paroles de Du Roullet), et d'une *Iphigénie en Tauride* (1779) [paroles de Guillard]. Goethe a donné une tragédie classique intitulée *Iphigénie en Tauride* (1779-1787).

Ipousteguy (Jean Robert), sculpteur et dessinateur français (Dun-sur-Meuse 1920 - id. 2006). Il est le maître d'un expressionnisme angoissé, figuratif par des voies personnelles (*Alexandre devant Ecbatane,* bronze, 1965 ; *la Mort du père,* marbre et acier, 1968 ; *Val de Grâce,* 1977).

ipso facto [ipsofakto] **loc. adv.** (mots lat. « par le fait même »). Par une conséquence obligée ; automatiquement : *Signer ce traité, c'est reconnaître ipso facto cet État.*

IRA (*Irish Republican Army,* Armée républicaine irlandaise), force paramilitaire irlandaise formée en 1919 pour mener la guerre d'indépendance contre les Anglais. En 1921, une partie de l'IRA entra dans la nouvelle armée de l'État libre d'Irlande. Réactivée en 1969, elle mène une lutte armée pour défendre la minorité catholique de l'Irlande du Nord et obtenir la réunification de l'île. À partir de 1994, elle s'engage à travers le Sinn Féin dans une logique de négociations. Après la conclusion de l'accord de 1998, et plusieurs revirements, l'IRA annonce finalement en juillet 2005 l'abandon de la lutte armée.

Irak → Iraq.

Iráklion → Héraklion.

Iran, État de l'Asie occidentale ; 1 650 000 km^2 ; 77 447 000 hab. *(Iraniens).* CAP. *Téhéran.* LANGUE : *persan.* MONNAIE : *rial iranien.*

GÉOGRAPHIE

D'une superficie triple de celle de la France, l'Iran est un peu plus peuplé. Il est formé en majeure partie de hauts plateaux (souvent plus de 1 000 m), arides, parfois désertiques (Kavir et surtout Lut), aux hivers froids, aux étés torrides. Ces plateaux sont dominés, au N. et à l'O., par de puissants massifs (l'Elbourz, dépassant 5 600 m) et chaînes (le Zagros, étiré sur 1 800 km), plus humides et encore largement boisés. Dans le Nord et l'Ouest, l'agriculture pluviale est possible, quoique souvent aléatoire. Ailleurs domine un élevage ovin très extensif, largement lié à un nomadisme en recul. Le blé est la céréale dominante. Le thé, la canne à sucre, le coton, le tabac sont les principales cultures de plantation, mais sont destinés en priorité au marché intérieur. L'agriculture (avec l'élevage) occupe encore 20 % de la population active, malgré les progrès de l'urbanisation.

Cette population, constituée pour la moitié à peine de Persans (avec des minorités importantes à la périphérie, en Azerbaïdjan, au Kurdistan, au Khuzestan, au Baloutchistan), est urbanisée aujourd'hui à plus de 60 %. Ce chiffre est sans rapport avec l'industrialisation, qui demeure faible. L'ensemble de l'économie est toujours dominé par le secteur des hydrocarbures. L'Iran demeure un notable producteur de pétrole et de gaz, mais dispose surtout d'énormes réserves. Le pétrole nourrit presque à lui seul les exportations. Ses revenus ont favorisé une amorce d'industrialisation (chimie, métallurgie de transformation, etc.), que la révolution islamique et la guerre avec l'Iraq ont arrêtée. Le sous-emploi, qui n'est pas nouveau, touche plusieurs millions d'Iraniens, les pertes humaines de la guerre ont été énormes, les techniciens et capitaux étrangers sont partis.

HISTOIRE

L'Iran ancien. Au IIe millénaire av. J.-C., les Aryens, peuple indo-européen, s'installent sur le plateau iranien. Au IXe s. av. J.-C., leurs descendants, les Mèdes et les Perses, atteignent la chaîne du Zagros.

Fin du VIIe s. Les Mèdes posent les bases de la puissance iranienne.

550 av. J.-C. Cyrus le Grand, de la dynastie des Achéménides, détruit l'Empire mède et fonde l'Empire perse.

En vingt-cinq ans, Cyrus et son fils Cambyse conquièrent un immense territoire intégrant l'Asie Mineure (guerre contre Crésus, roi de Lydie, v. 546), la Mésopotamie (prise de Babylone, 539) et l'Égypte (525).

522-486. Darios Ier étend l'Empire de la Thrace au bassin de l'Indus.

Il le divise en provinces, les satrapies, liées par un réseau de routes royales et dirigées par des satrapes (gouverneurs). La civilisation perse connaît alors son apogée avec les monuments de Suse et de Persépolis, et la réforme de sa religion, le mazdéisme, par Zarathushtra au VIe s. Mais les guerres médiques, qui se prolongent sous le règne de Xerxès Ier (486-465), mettent un frein à l'expansion perse. L'Empire est par la suite affaibli par les luttes dynastiques et la révolte des satrapes.

331. Le dernier Achéménide, Darios III, est battu près d'Arbèles par Alexandre le Grand, qui annexe ses États. Après la mort d'Alexandre (323), Séleucos, un de ses généraux, fonde la dynastie des Séleucides, qui perd rapidement le contrôle de l'Iran.

250 av. J.-C. - 224 apr. J.-C. Les Parthes règnent sur l'Iran et mettent en échec les armées romaines.

226. Ardacher fonde l'État sassanide.

Redoutable adversaire de Rome puis de l'Empire byzantin, l'Empire sassanide a pour principaux souverains Chahpuhr Ier (241-272) et Khosro Ier (531-579). Le mazdéisme devient religion d'État.

L'Iran après la conquête arabe

642. Conquête arabe. Intégré à l'empire musulman des Omeyyades, puis, à partir de 750, des Abbassides, l'Iran est islamisé. Il passe par la suite aux mains de dynasties turques (Seldjoukides, XIe-XIIe s.) et mongoles (XIIIe-XVe s.).

1501-1736. La dynastie séfévide règne sur l'Iran et fait du chiisme duodécimain la religion d'État.

En conflit avec les Ottomans, elle est à son apogée sous Abbas Ier (1587-1629).

1796. La dynastie turque des Qadjar monte sur le trône.

L'Iran contemporain Au XIXe s., le territoire de l'Iran est amputé des provinces du Caucase, annexées par l'Empire russe, ainsi que de la région d'Harat (Afghanistan).

1906. L'opposition nationaliste, libérale et religieuse, obtient l'octroi d'une Constitution.

1907. Un accord anglo-russe divise l'Iran en deux zones. La découverte d'importantes réserves de pétrole accentue la dépendance du pays à l'égard de l'étranger.

1925. Le général Reza Khan, au pouvoir depuis 1921, se proclame chah et fonde la dynastie des Pahlavi. Il entreprend de moderniser et d'occidentaliser le pays.
1941. Soviétiques et britanniques occupent une partie de l'Iran (d'où l'essor d'un mouvement nationaliste). Reza Chah abdique en faveur de son fils Mohammad Reza.
1951. Mossadegh, chef du parti nationaliste et Premier ministre, nationalise les pétroles iraniens.
1953. Il est destitué par le chah.
Le chah entreprend de moderniser l'Iran (réformes agraire, administrative) tout en réprimant durement l'opposition. À la fin des années 1970, celle-ci devient de plus en plus violente sous la conduite de l'ayatollah Khomeyni, chef spirituel des chiites.
1979. Le départ du chah (janv.) est suivi par la création d'une République islamique (mars), dirigée par Khomeyni. Crise avec les États-Unis à la suite de la prise d'otages à l'ambassade américaine à Téhéran (nov.).
1980-1988. Guerre avec l'Iraq.
1989. Mort de Khomeyni. Ali Khamenei lui succède avec le titre de « guide ». Hachemi Rafsandjani est élu à la présidence de la République.
1997. Le réformateur Mohamad Khatami est élu à la tête de l'État. Il est réélu triomphalement en 2001, mais la vie politique demeure contrôlée par les conservateurs.
2005. L'accession de Mahmud Ahmadinejad, le maire ultraconservateur de Téhéran, à la présidence entraîne une radicalisation du régime et génère de fortes tensions à l'international (notamm. autour du dossier nucléaire).
2009. Sa réélection, au terme d'un scrutin dont les résultats sont contestés par ses adversaires (Mir Hossein Moussavi et Mehdi Karoubi en tête), est suivie de manifestations de grande ampleur, sévèrement réprimées. Dès lors, le pouvoir en place voit sa légitimité largement entamée.

iranien, enne [iranjɛ̃, -ɛn] **adj.** et **n.** De l'Iran. ◆ **iranien n.m.** LING. **1.** Groupe de langues indo-européennes parlées en Iran et dans les régions environnantes. **2.** Persan.

Iran-Iraq ***(guerre),*** guerre qui opposa l'Iran et l'Iraq de 1980 à 1988. L'Iraq attaqua pour récupérer le contrôle du Chatt al-Arab et annexer le Khuzestan, mais, devant la résistance iranienne, proposa un cessez-le-feu, refusé par l'Iran (1982). Les combats s'intensifièrent et le conflit s'internationalisa. Un cessez-le-feu entra en vigueur en août 1988. En 1990, l'Iraq accepta l'accord d'Alger de 1975 fixant la frontière avec l'Iran.

Iraq ou **Irak,** État de l'Asie occidentale ; 434 000 km^2 ; 33 765 000 hab. *(Irakiens* ou *Iraquiens).* CAP. *Bagdad.* LANGUES : *arabe* et *kurde.* MONNAIE : *dinar irakien.*

GÉOGRAPHIE

La Mésopotamie, avec la capitale, constitue le cœur du pays. Elle est bordée à l'O. par l'extrémité orientale du désert de Syrie, et au N., au-delà de la Djézireh, par la terminaison du Taurus, à laquelle succède le piémont du Zagros. L'ensemble du pays est aride et l'agriculture (mis à part un notable élevage ovin extensif) est tributaire de l'irrigation, tôt développée. Le blé et l'orge sont les principales céréales. Le pétrole demeure l'atout essentiel, dont les revenus pourraient seuls permettre la reconstruction et le développement de l'économie (ruinée par le conflit avec l'Iran et la guerre du Golfe). Mais son exploitation et son exportation ont été gravement perturbées par un embargo imposé en 1990 et par la situation chaotique du pays depuis 2003. La population croît à un rythme annuel de 3 %. À dominante arabe, elle comporte une forte minorité kurde. Au problème ethnique s'ajoute la division entre sunnites et chiites.

HISTOIRE

L'Iraq actuel est constitué par l'ancienne Mésopotamie, berceau des civilisations de Sumer, d'Akkad, de Babylone et de l'Assyrie.
224-633. Les Sassanides dominent le pays, où est située leur capitale, Ctésiphon.
633-642. Conquête du pays par les Arabes.
Islamisé, l'Iraq est le théâtre de la lutte entre les Omeyyades et les descendants d'Ali.
750. Les Abbassides succèdent aux Omeyyades.
L'Iraq devient le centre de leur empire, dont Bagdad, fondée en 762, est la capitale.
1055. Les Turcs Seldjoukides s'emparent de Bagdad.
1258. Destruction de Bagdad par les Mongols.
1515-1546. Les Ottomans conquièrent l'Iraq.
1920. Après l'occupation du pays par la Grande-Bretagne pendant la Première Guerre mondiale, l'Iraq est placé sous mandat britannique.
1921-1933. L'émir Faysal est roi d'Iraq. L'exploitation du pétrole est confiée à l'Iraq Petroleum Company.
1930. Le traité anglo-irakien accorde une indépendance nominale à l'Iraq.
1941. La Grande-Bretagne occupe le pays, qui entre en guerre aux côtés des Alliés.
1958. Coup d'État du général Kassem, qui proclame la république.
1961. La rébellion kurde éclate.
1963. Kassem est renversé.
1968. Un coup d'État militaire place le général Bakr à la présidence de la République.
1972. L'Iraq Petroleum Company est nationalisée.
1979. Saddam Husayn devient président de la République.
1980-1988. Guerre avec l'Iran.
1990. L'Iraq envahit et annexe le Koweït.
1991. Une force multinationale à prépondérance américaine attaque l'Iraq et libère le Koweït. L'Iraq est placé sous la surveillance étroite de l'O.N.U. (protection des Kurdes et des chiites du Sud) et soumis à un embargo.
1996. L'O.N.U. autorise une levée partielle de l'embargo sur le pétrole pour atténuer les pénuries frappant la population. Mais les relations avec la communauté internationale restent soumises à des crises.
2003. Le régime de S. Husayn est renversé à la suite de l'intervention militaire des États-Unis et de la Grande-Bretagne. S. Husayn est fait prisonnier.
2005. Victoire des chiites aux premières élections libres et adoption d'une nouvelle Constitution. Djalal Talabani (kurde) devient président et un gouvernement est installé (dirigé à partir de 2006 par Nuri al-Maliki).
2006-2007. Les antagonismes entre communautés s'aggravent (en partic. la lutte opposant les sunnites aux chiites, exacerbée par l'exécution de S. Husayn, en déc. 2006). Mais, à partir de la fin de 2007, la situation s'améliore.
2010. Les élections législatives (mars) sont marquées par le retour des sunnites dans le jeu politique et par le recul global du fondamentalisme religieux. Au terme de longues tractations, D. Talabani est réélu président et N. al-Maliki (dont la formation était arrivée en deuxième position) est reconduit au poste de Premier ministre (nov.).
2012. Le retrait des troupes américaines (effectif le 18 déc. 2011) s'accompagne d'un regain de violence et de luttes au sommet de l'État pour le partage du pouvoir après les élections générales de 2010.

irascibilité [irasibilite] **n.f.** *LITT.* Caractère d'une personne irascible (syn. **irritabilité**).

irascible [irasibl] **adj.** (bas lat. *irascibilis,* de *irasci,* se mettre en colère). Prompt à la colère, porté à la colère : *Individu irascible* (syn. **irritable, ombrageux**). *Humeur irascible.*

ire [ir] **n.f.** (lat. *ira*). *LITT.* et *VX.* Colère.

Irénée ***(saint),*** évêque de Lyon et Père de l'Église (Smyrne v. 130 - Lyon v. 202). Grec d'origine, il fut le disciple de Polycarpe, qui passait pour avoir été celui de Jean l'Évangéliste. Il succéda comme évêque de Lyon à saint Pothin, mort martyr durant la persécution de 177. Irénée a écrit plusieurs ouvrages, dont une réfutation des doctrines gnostiques, l'*Adversus haereses (Contre les hérésies).*

Irian, nom donné à la Nouvelle-Guinée par l'Indonésie, qui en possède la moitié occidentale (anc. *Irian Jaya,* depuis 2001 Papouasie ou Papouasie-Occidentale).

iridacée [iridase] **n.f.** (de *iris*). **Iridacées,** famille de plantes monocotylédones, aux fleurs souvent décoratives, comprenant notamm. l'iris, le glaïeul, le crocus.

iridié, e [iridje] **adj.** CHIM. Qui contient de l'iridium.

iridium [iridjɔm] **n.m.** (lat. *iris, iridis,* arc-en-ciel). Métal blanc extrêmement dur, résistant à l'action des agents chimiques, fondant vers 2 400 °C et contenu dans certains minerais de platine. ▸ Symb. Ir.

iris [iris] **n.m.** (mot gr.). **1.** Membrane circulaire, contractile, diversement colorée, occupant le centre antérieur de l'œil et percée en son milieu d'un orifice, la pupille : *L'iris est situé entre la cornée et le cristallin.* **2.** PHOT. Ouverture circulaire à diamètre variable utilisée comme diaphragme. **3.** Plante cultivée pour ses fleurs ornementales et odorantes et dont le rhizome est employé en parfumerie.

irisation [irizasjɔ̃] **n.f.** (de *iriser*). **1.** Propriété qu'ont certains corps de disperser la lumière en rayons colorés comme l'arc-en-ciel. **2.** Reflets ainsi produits.

irisé, e [irize] **adj.** Qui a les couleurs, les nuances de l'arc-en-ciel : *Verre irisé.*

iriser [irize] **v.t.** (de *iris,* arc-en-ciel). Donner les couleurs de l'arc-en-ciel à : *Les rayons du soleil irisent les facettes d'un bouchon de cristal.*

irish-coffee [ajriʃkɔfi] **n.m.** (mot angl. « café irlandais ») [pl. *irish-coffees*]. Boisson composée de café très chaud additionné de whisky et nappé de crème fraîche.

Irkoutsk, v. de Russie, en Sibérie orientale, sur l'Angara, près du lac Baïkal ; 587 225 hab. Centrale hydroélectrique. Aluminium. Chimie.

irlandais, e [irlɑ̃dɛ, -ɛz] **adj.** et **n.** De l'Irlande. ◆ **irlandais n.m.** Langue celtique parlée en Irlande.

Irlande, la plus occidentale des îles Britanniques, couvrant 84 000 km², divisée en *Irlande du Nord,* partie du Royaume-Uni, et en *république d'Irlande,* ou *Éire.*

HISTOIRE

Les origines. L'Irlande est envahie au IVe s. av. J.-C. par une population celtique, les Gaëls, qui y forment des royaumes dominés, à partir du IIe s. apr. J.-C., par celui de Connacht. Au Ve s., saint Patrick convertit l'île au christianisme. Aux VIe et VIIe s., la civilisation irlandaise connaît un brillant épanouissement et rayonne sur l'Europe occidentale par l'intermédiaire de moines missionnaires, tel saint Colomban. À partir de la fin du VIIe s. et jusqu'au début du XIe s., l'île est envahie par les Scandinaves.

La domination anglaise

1175. Henri II d'Angleterre fait reconnaître sa suzeraineté sur toute l'île, dont le sort est désormais lié à celui de l'Angleterre. Les Tudors pratiquent la « plantation », c'est-à-dire la colonisation rurale par des Anglais, dans le but de réduire les rébellions.

1541. Henri VIII prend le titre de roi d'Irlande.

La Réforme aggrave les antagonismes : l'Irlande catholique s'oppose à l'Angleterre anglicane. Aux XVIIe et XVIIIe s., les Irlandais multiplient les révoltes, en s'appuyant sur les adversaires de l'Angleterre : Espagnols et Français, puis partisans des Stuarts détrônés en Angleterre.

1649. Cromwell mène une sanglante répression contre les Irlandais (massacre de Drogheda).

1690. Jacques II est défait par Guillaume III à la Boyne.

1796-1798. Les Irlandais se révoltent sous l'influence des révolutions américaine et française.

1800. L'échec de la révolte autonomiste aboutit à l'acte d'Union avec la Grande-Bretagne, proclamée par Pitt.

L'Irlande est intégrée au Royaume-Uni et exploitée comme une véritable colonie par les propriétaires anglais. Au cours du XIXe s., les Irlandais obtiennent quelques concessions grâce à l'action d'O'Connell, de la société secrète des Fenians, et du ministre anglais Gladstone. Mais leurs revendications essentielles (un Parlement national et une large autonomie, ou *Home Rule*) demandées par Charles Parnell ne sont pas satisfaites. Les conditions lamentables de la vie économique (famine de 1846-1848) accélèrent l'émigration vers les États-Unis. À la fin du XIXe s., la lutte contre la Grande-Bretagne devient très aiguë avec l'organisation du parti du Sinn Féin, partisan de l'indépendance.

1916. Une insurrection nationaliste est réprimée (« Pâques sanglantes »).

1921. La Grande-Bretagne reconnaît l'indépendance de l'Irlande à l'exception de six comtés de l'Ulster.

Irlande, en gaélique **Éire,** État de l'Europe occidentale ; 70 000 km² ; 4 627 000 hab. *(Irlandais).* CAP. *Dublin.* LANGUES : *anglais* et *gaélique (irlandais).* MONNAIE : *euro.*

GÉOGRAPHIE

Terre au climat humide et aux sols souvent médiocres, et sans ressources énergétiques notables, l'Irlande a longtemps fait figure, à l'échelle ouest-européenne, de pays pauvre. L'agriculture, même si elle n'emploie plus guère que 6 % des actifs, demeure une ressource importante. Dominée par l'élevage (bovins, ovins, porcins), base de l'agroalimentaire, elle produit aussi du blé, de l'avoine, de l'orge (pour la bière). Bénéficiant d'aides européennes et d'investissements étrangers importants, l'industrie (constructions mécaniques et électriques, imprimerie, pharmacie, électronique, informatique) s'est développée, ainsi que les services (assurances, tourisme). Le pays a connu à partir des années 1990 une forte croissance, mise à mal par la crise économique mondiale de 2007-2008.

HISTOIRE

L'Irlande indépendante

1921. Après deux ans de guerre civile, l'Irlande obtient son autonomie et devient l'État libre d'Irlande, le nord-est du pays, composé des six comtés de l'Ulster à majorité protestante, restant lié à la Grande-Bretagne. Leader du Fianna Fáil, Eamon De Valera, au pouvoir de 1932 à 1948, rompt avec la Grande-Bretagne et mène contre elle une guerre économique.

1937. L'Irlande libre est dotée d'une Constitution et prend officiellement le nom gaélique de « Éire ».

1948. La république est proclamée. L'Irlande accède à l'indépendance totale et quitte le Commonwealth.

L'histoire politique est dominée par l'alternance au pouvoir du Fine Gael et du Fianna Fáil (avec pour Premiers ministres, notamment : E. De Valera, 1951-1954 et 1957-1959 ; Jack Lynch, 1966-1973 et 1977-1979 ; Charles Haughey, 1979-1981, 1982 et 1987-1992 ; Bertie Ahern, 1997-2008 ; Brian Cowen, 2008-2011 ; Enda Kenny, depuis 2011).

1959-1973. E. De Valera est président de la République.

1973. L'Irlande entre dans le Marché commun.

1976. Patrick Hillery accède à la tête de l'État.

1985. Un accord est signé entre Dublin et Londres sur la gestion des affaires de l'Irlande du Nord.

1990. Mary Robinson est élue à la présidence.

1997. Mary McAleese lui succède.

2011. Le Fine Gael remporte les élections tandis que l'Irlande reçoit une importante aide financière de l'U.E. et du F.M.I. en échange d'un plan d'austérité. Michael D. Higgins est élu président de la République.

Irlande *(mer d')*, bras de mer entre la Grande-Bretagne et l'Irlande.

Irlande du Nord, partie du Royaume-Uni dans le nord-est de l'île d'Irlande ; 14 000 km² ; 1 810 863 hab. CAP. *Belfast.*

HISTOIRE

1921. Six comtés de l'Ulster sont maintenus au sein du Royaume-Uni, avec un régime d'autonomie interne.

Les protestants doivent faire face au mécontentement et à l'agitation de la minorité catholique, sous-représentée dans les assemblées politiques.

1969. Troubles réprimés par l'armée britannique.

1972. Le gouvernement de Londres prend en main l'administration de la province. L'IRA multiplie les attentats. Des actions terroristes sont également menées du côté protestant.

1994. Cessez-le-feu des groupes armés des deux camps. Des négociations de fond s'engagent en 1997 sur l'avenir institutionnel de l'Irlande du Nord.

1998. Un accord est conclu à Belfast entre toutes les parties concernées par le conflit irlandais.

1999. Un gouvernement semi-autonome, multiconfessionnel, est mis en place (déc.), dirigé par le protestant David Trimble. Mais le fonctionnement des institutions s'avère difficile (plus de gouvernement à partir d'oct. 2002).

2005. L'IRA renonce officiellement à la lutte armée.
2006. Un nouvel accord politique est conclu.
2007. Les éléments radicaux des deux camps (protestants du parti unioniste démocrate [DUP] et catholiques du Sinn Féin) acceptent de gouverner ensemble. Ian Paisley (leader historique du DUP) devient Premier ministre.
2008. I. Paisley se retire ; Peter Robinson, un modéré, lui succède à la tête du parti unioniste et du gouvernement de coalition qui est reconduit en 2011.

I.R.M. [iɛrɛm] **n.f.** (sigle). Imagerie par résonance* magnétique.

ironie [irɔni] **n.f.** (lat. *ironia*, gr. *eirôneia*, interrogation). **1.** Raillerie consistant à ne pas donner aux mots leur valeur réelle ou complète ou à faire entendre le contraire de ce qu'on dit : *Des propos où perce l'ironie* (syn. **persiflage**). **2.** Contraste entre une réalité cruelle et ce que l'on pouvait attendre : *Ironie du sort* (= qui apparaît comme une moquerie du destin). **3. Ironie socratique,** manière d'interroger propre à Socrate et destinée à mettre l'interlocuteur en contradiction avec lui-même.

ironique [irɔnik] **adj. 1.** Qui manifeste de l'ironie : *Réponse ironique* (syn. **railleur**). *Un sourire ironique* (syn. **moqueur, narquois**). **2.** Qui emploie l'ironie : *Un écrivain ironique* (syn. **persifleur**). **3.** Qui fait un contraste étrange : *Un ironique retournement de situation.*

ironiquement [irɔnikmɑ̃] **adv.** De façon ironique.

ironiser [irɔnize] **v.i.** ou **v.t. ind. [sur].** User d'ironie ; traiter avec ironie : *Ironiser sur qqn, qqch* (syn. **se moquer de**).

ironiste [irɔnist] **n.** Personne, en partic. écrivain, qui use habituellement de l'ironie ; humoriste.

iroquois, e [irɔkwa, -waz] **adj.** Qui appartient aux Iroquois. ◆ **iroquois n.m.** Famille de langues parlées par les Iroquois.

Iroquois, Amérindiens qui peuplaient les rives des lacs Érié, Huron, du Saint-Laurent et de l'Ontario. Ils luttèrent jusqu'en 1701 aux côtés des Anglais contre les Français, alliés des Hurons. Ils étaient organisés en cinq tribus (confédération des Cinq-Nations).

irracontable adj. → **inracontable.**

irradiant, e [iradjɑ̃, -ɑ̃t] **adj.** Qui irradie.

irradiation [iradjasjɔ̃] **n.f. 1.** Fait de se propager par rayonnement à partir d'un centre d'émission : *L'irradiation de la lumière solaire* (syn. **rayonnement**). *Irradiation d'une douleur.* **2.** PHYS. Action d'un rayonnement ionisant sur une matière vivante ou inanimée ; fait d'être irradié.

irradier [iradje] **v.i.** (lat. *irradiare*, rayonner, de *radius*, rayon) [conj. **9**]. Se propager en s'écartant d'un centre, en rayonnant : *Les rayons d'un foyer lumineux irradient* (syn. **rayonner**). *La douleur irradie dans tout le bras* (syn. **se répandre**). ◆ **v.t.** Exposer à certaines radiations, notamm. à des radiations ionisantes : *Irradier une tumeur.*

irraisonné, e [irezɔne] **adj.** Qui n'est pas raisonné ; qui n'est pas contrôlé par la raison : *Crainte irraisonnée* (syn. **instinctif**).

irrationalité [irasjɔnalite] **n.f.** Caractère de ce qui est irrationnel : *L'irrationalité d'un comportement* (syn. **absurdité, incohérence**).

irrationnel, elle [irasjɔnɛl] **adj.** (lat. *irrationalis*, de *ratio*, raison). **1.** Contraire à la raison ; inaccessible à la raison : *Conduite irrationnelle* (syn. **absurde, incohérent**). **2.** MATH. **Nombre irrationnel,** nombre réel qui n'est pas un nombre rationnel, qui ne peut s'écrire comme quotient de deux entiers ($\sqrt{2}$, π, etc.).

irrattrapable [iratrapabl] **adj.** Qu'on ne peut pas rattraper, réparer : *Erreur irrattrapable* (syn. **irréparable**).

Irrawaddy, principal fl. de Birmanie, qui rejoint l'océan Indien ; 2 100 km.

irréalisable [irealizabl] **adj.** Qui ne peut être réalisé : *Plan irréalisable* (syn. **utopique**).

irréalisme [irealism] **n.m.** Manque de sens du réel.

irréaliste [irealist] **adj.** et **n.** Qui manque du sens du réel, de réalisme : *Projet irréaliste.*

irréalité [irealite] **n.f.** Caractère de ce qui est irréel.

irrecevabilité [irəsəvabilite] **n.f.** Caractère de ce qui n'est pas recevable : *L'irrecevabilité d'une demande.*

irrecevable [irəsəvabl] **adj.** Qui ne peut être pris en considération : *Témoignage irrecevable* (syn. **inacceptable, inadmissible**).

irréconciliable [irekɔ̃siljabl] **adj.** Qui ne peut être réconcilié : *Ennemis irréconciliables.*

irrécupérable [irekyperabl] **adj.** Qui n'est pas récupérable : *Des vieilleries irrécupérables.*

irrécusable [irekyzabl] **adj.** Qui ne peut être récusé : *Preuves irrécusables* (syn. **inattaquable**).

irrédentisme [iredɑ̃tism] **n.m.** (it. *irredentismo*, de *irredento*, non délivré). **1.** HIST. Après 1870, mouvement de revendication italien sur le Trentin, l'Istrie et la Dalmatie, puis sur l'ensemble des territoires considérés comme italiens. **2.** Aspiration et mouvement national visant à réunir à la mère patrie les territoires peuplés par le même groupe ethnique et qui se trouvent sous domination étrangère. ◆ **irrédentiste adj.** et **n.** Relatif à l'irrédentisme ; qui en est partisan.

irréductible [iredyktibl] **adj. 1.** Qui ne peut être réduit ; qui ne peut être simplifié. **2.** Qu'on ne peut résoudre, faire cesser : *Antagonismes irréductibles* (syn. **insoluble**). **3.** Qui ne transige pas ; qu'on ne peut fléchir : *Ennemi irréductible.* **4.** CHIR. Qui ne peut être remis en place : *Fracture irréductible.* **5.** MATH. **Fraction irréductible,** fraction dont le numérateur et le dénominateur n'ont pas de diviseur commun autre que 1 : *11/4 est irréductible.*

irréductiblement [iredyktibləmɑ̃] **adv.** De façon irréductible.

irréel, elle [ireɛl] **adj.** Qui n'est pas réel ; qui paraît en dehors de la réalité : *Paysage irréel* (syn. **fantasmagorique**).

irréfléchi, e [ireflefi] **adj. 1.** Qui est fait ou dit sans réflexion : *Action irréfléchie* (syn. **inconsidéré**). **2.** Qui agit sans réflexion : *Personne irréfléchie* (syn. **écervelé**).

irréflexion [ireflɛksjɔ̃] **n.f.** Défaut de réflexion ; étourderie : *Sottise commise par irréflexion* (syn. **inattention**).

irréfragable [irefragabl] **adj.** (bas lat. *irrefragabilis*, de *refragari*, s'opposer à). LITT. Qu'on ne peut récuser, contredire : *Autorité irréfragable* (syn. **inattaquable**).

irréfutabilité [irefytabilite] **n.f.** Caractère de ce qui est irréfutable.

irréfutable [irefytabl] **adj.** Qui ne peut être réfuté : *Preuve irréfutable* (syn. **irrécusable**).

irréfutablement [irefytabləmɑ̃] **adv.** De façon irréfutable.

irrégularité [iregylarite] **n.f. 1.** Manque de régularité, de symétrie, d'uniformité : *L'irrégularité des horaires. L'irrégularité des traits d'un visage* (syn. **asymétrie**). **2.** Caractère de ce qui n'est pas régulier, réglementaire, légal : *L'irrégularité d'une situation* (syn. **illégalité**). **3.** Action irrégulière, contraire à la loi, au règlement : *Commettre de graves irrégularités* (syn. **faute**). **4.** Chose, surface irrégulière : *Irrégularités de terrain* (syn. **inégalité**).

irrégulier, ère [iregylje, -ɛr] **adj. 1.** Qui n'est pas symétrique, uniforme : *Polygone irrégulier* (syn. **asymétrique**). **2.** Qui n'est pas régulier, constant dans son travail, ses résultats : *Athlète irrégulier* (syn. **inégal**). **3.** Non conforme à l'usage commun ; qui s'écarte d'un type considéré comme normal : *Situation irrégulière d'un couple* (syn. **illicite**). *Conjugaison irrégulière.* **4.** Non conforme à une réglementation : *Procédure irrégulière* (syn. **illégal**). ◆ **irrégulier n.m.** Partisan, franc-tireur qui coopère à l'action d'une armée régulière.

irrégulièrement [iregyljɛrmɑ̃] **adv.** De façon irrégulière : *Son pouls bat irrégulièrement.*

irréligieux, euse [irelizjø, -øz] **adj. 1.** Qui n'a pas de convictions religieuses (syn. **athée, incroyant**). **2.** Irrespectueux envers la religion : *Discours irréligieux* (syn. litt. **impie**).

irréligion [irelizjɔ̃] **n.f.** Absence de convictions religieuses (syn. **athéisme, incroyance**).

irrémédiable [iremedjabl] **adj.** À quoi on ne peut remédier : *Désastre irrémédiable* (syn. **irréparable**).

irrémédiablement [iremedjabləmɑ̃] **adv.** Sans recours ; sans remède : *Malade irrémédiablement perdu.*

irrémissible [iremisibl] **adj.** LITT. **1.** Qui ne mérite pas de pardon, de rémission : *Faute irrémissible* (syn. **impardonnable**). **2.** Implacable ; fatal : *Le cours irrémissible des événements* (syn. **irréversible**).

irremplaçable [irɑ̃plasabl] **adj.** Qui ne peut être remplacé : *Personne n'est irremplaçable* (syn. **indispensable**).

irréparable [ireparabl] **adj.** Qui ne peut être réparé : *Dommage, perte irréparables* (syn. **irrémédiable**).

irrépréhensible [irepreɑ̃sibl] **adj.** LITT. Que l'on ne saurait blâmer : *Conduite irrépréhensible* (syn. **irréprochable**).

irrépressible [irepresibl] **adj.** Qu'on ne peut réprimer : *Force irrépressible* (syn. **irrésistible**).

irréprochable [ireprɔʃabl] **adj.** Qui ne mérite pas de reproche ; qui ne présente pas de défaut : *Collaborateur, travail irréprochable* (syn. **inattaquable, parfait**).

irrésistible [irezistibl] **adj.** À qui ou à quoi l'on ne peut résister : *Une femme irrésistible. Charme irrésistible.*

irrésistiblement [irezistibləmɑ̃] **adv.** De façon irrésistible.

irrésolu, e [irezɔly] **adj.** et **n.** (de *résolu*). Qui a de la peine à se déterminer, à prendre parti : *Caractère irrésolu* (syn. **indécis, hésitant**). ◆ **adj.** Qui n'a pas reçu de solution : *Problème irrésolu.*

irrésolution [irezɔlysjɔ̃] **n.f.** Incertitude ; état d'une personne qui demeure irrésolue : *Son irrésolution l'empêche d'agir* (syn. **indécision**).

irrespect [irɛspɛ] **n.m.** Manque de respect : *Faire preuve d'irrespect* (syn. **incorrection, irrévérence**).

irrespectueusement [irɛspɛktɥøzmɑ̃] **adv.** De façon irrespectueuse : *Parler irrespectueusement à un supérieur* (syn. **insolemment, irrévérencieusement**).

irrespectueux, euse [irɛspɛktɥø, -øz] **adj.** Qui manque de respect ; qui blesse le respect : *Des propos irrespectueux* (syn. **incorrect, irrévérencieux**).

irrespirable [irɛspirabl] **adj. 1.** Non respirable ; empuanti : *L'air de cette pièce est irrespirable* (syn. **suffocant**). **2.** Difficile à supporter, en parlant d'un milieu : *Climat familial irrespirable* (syn. **étouffant, pesant**).

irresponsabilité [irɛspɔ̃sabilite] **n.f. 1.** État de celui qui n'est pas responsable de ses actes : *Plaider l'irresponsabilité d'un accusé.* **2.** Caractère de qqn qui agit à la légère (syn. **inconscience, légèreté**).

irresponsable [irɛspɔ̃sabl] **adj.** et **n. 1.** Qui n'est pas capable de répondre de ses actes, de sa conduite : *Sa maladie mentale le rend partiellement irresponsable.* **2.** Qui agit avec une légèreté coupable : *C'est un irresponsable qui vous conduira à la ruine* (syn. **inconscient**).

irrétrécissable [iretresisabl] **adj.** Qui ne peut rétrécir au lavage : *Tissu irrétrécissable.*

irrévérence [ireverɑ̃s] **n.f.** (lat. *irreverentia*, de *revereri*, révérer). Manque de respect ; insolence (syn. **irrespect**).

irrévérencieusement [ireverɑ̃sjøzmɑ̃] **adv.** LITT. De façon irrévérencieuse.

irrévérencieux, euse [ireverɑ̃sjø, -øz] **adj.** Qui manque de respect : *Des propos irrévérencieux* (syn. **irrespectueux**).

irréversibilité [ireversibilite] **n.f.** Caractère, propriété de ce qui est irréversible.

irréversible [ireversibl] **adj. 1.** Qui n'est pas réversible : *Mouvement irréversible.* **2.** Que l'on ne peut suivre que dans une seule direction, dans un seul sens : *Le temps est irréversible.* **3.** CHIM. Se dit d'une réaction qui se poursuit jusqu'à achèvement et qui n'est pas limitée par la réaction inverse.

irréversiblement [ireversibləmɑ̃] **adv.** De façon irréversible : *Processus engagé irréversiblement.*

irrévocable [irevɔkabl] **adj. 1.** Qui ne peut être révoqué : *Donation irrévocable* (syn. **définitif**). *Personne n'est irrévocable* (syn. **intangible**). **2.** Sur quoi il est impossible de revenir : *Décision irrévocable* (syn. **définitif**).

irrévocablement [irevɔkabləmɑ̃] **adv.** De façon irrévocable ; définitivement.

irrigable [irigabl] **adj.** Qui peut être irrigué.

irrigation [irigasjɔ̃] **n.f.** (lat. *irrigatio*). **1.** Apport d'eau sur un terrain cultivé ou une prairie en vue de compenser l'insuffisance des précipitations et de permettre le plein développement des plantes : *Canaux d'irrigation.* **2.** MÉD. Action de faire parvenir un liquide à une partie malade : *Irrigation d'une plaie.* **3.** PHYSIOL. Apport du sang dans les tissus par les vaisseaux sanguins : *L'irrigation du cerveau.*

■ Dans le monde, les superficies irriguées représentent moins de 20 % des terres cultivées (alors que plus de la moitié des surfaces de la Terre reçoivent moins de 500 mm de précipitations annuelles, et que 75 % en reçoivent moins de 1 000 mm). L'Asie méridionale et orientale rassemble près des deux tiers des terres irriguées ; il s'agit le plus souvent d'une irrigation traditionnelle consacrée au riz. L'irrigation peut être réalisée à partir de l'eau de ruissellement, de cours d'eau, de nappes phréatiques ou de barrages.
L'*irrigation par épandage* des crues ou de l'eau de pluie est la forme la plus ancienne. L'*irrigation par déversement*, utilisée pour arroser les prairies, consiste à amener l'eau captée en amont des cours d'eau dans des rigoles qui suivent les courbes de niveau jusqu'aux champs. L'*irrigation par submersion* permet de recouvrir les planches de culture légèrement en pente d'une fine lame d'eau dont on récupère en aval de la parcelle la partie qui ne s'est pas infiltrée dans le sol.
L'*irrigation par aspersion* s'est beaucoup développée grâce à des conduites légères et à des systèmes perfectionnés de jets rotatifs.
Enfin, on utilise de plus en plus une irrigation localisée au pied des plantations dans les cultures en verger ou sous serre (système dit « du goutte-à-goutte »), grâce à des conduits de faible diamètre percés de petits orifices. ■

irriguer [irige] **v.t.** (lat. *irrigare*, de *rigare*, arroser). Arroser par irrigation : *Irriguer des champs, des cultures.*

irritabilité [iritabilite] **n.f. 1.** Caractère, état d'une personne irritable (syn. **irascibilité**). **2.** Caractère d'un tissu, d'un organe qui s'irrite facilement.

irritable [iritabl] **adj.** (lat. *irritabilis*). **1.** Qui se met facilement en colère : *L'inactivité le rend irritable* (syn. **nerveux**). *Caractère irritable* (syn. **irascible**). **2.** Se dit d'un tissu, d'un organe qui s'irrite facilement : *Gorge irritable.*

irritant, e [iritɑ̃, -ɑ̃t] **adj. 1.** Qui met en colère, provoque un état d'irritation : *Ces hésitations sont irritantes* (syn. **agaçant, énervant**). **2.** Qui irrite les tissus, les organes ; qui provoque une inflammation : *Gaz irritants.*

irritation [iritasjɔ̃] **n.f.** (lat. *irritatio*). **1.** État de qqn qui est irrité, en colère : *Elle répondit avec une certaine irritation dans la voix* (syn. **exaspération**). **2.** Inflammation légère d'un tissu, d'un organe : *Irritation de la peau, des bronches.*

irriter [irite] **v.t.** (lat. *irritare*). **1.** Provoquer chez qqn un certain énervement, pouvant aller jusqu'à la colère : *Ce contretemps l'a beaucoup irrité* (syn. **agacer, contrarier**). *Tu l'irrites avec tes plaintes continuelles* (syn. **exaspérer, horripiler**). **2.** Enflammer légèrement la peau, un organe, en provoquant une sensation de douleur ou une réaction : *La fumée irrite les yeux.*

irruption [irypsjɔ̃] **n.f.** (lat. *irruptio,* de *irrumpere,* se précipiter). **1.** Entrée soudaine et violente de qqn dans un lieu : *L'irruption des manifestants dans l'hôtel de ville* (syn. **intrusion**). *Elle a fait irruption au beau milieu d'une réunion* (= elle a surgi brusquement dans la pièce). **2.** Envahissement brusque et violent de la mer, d'un fleuve : *Irruption des eaux dans la ville basse* (syn. **inondation**). **3.** Apparition soudaine d'éléments dans un domaine : *L'irruption de techniques nouvelles.*

Irtych, riv. de Sibérie, affl. de l'Ob (r. g.) ; 4 248 km (bassin de 1 643 000 km²).

Irving (Washington), écrivain américain (New York 1783 - Sunnyside 1859). Il fut l'un des créateurs de la littérature nord-américaine (*Histoire de New York par Diedrich Knickerbocker,* 1809 ; « Rip Van Winkle », dans *Esquisses,* 1819-1820).

Isaac, patriarche biblique, fils d'Abraham et de Sara, père d'Ésaü et de Jacob. La Genèse relate le sacrifice par lequel son père Abraham devait l'immoler à la demande de Yahvé et la bénédiction qu'il accorda à son fils Jacob, celui-ci ayant auparavant acheté à Ésaü son droit d'aînesse.

Isabeau ou **Isabelle de Bavière,** reine de France (Munich 1371 - Paris 1435). Mariée en 1385 à Charles VI, elle dirigea le Conseil de régence après que la folie du roi se fut déclarée. Elle passa des Armagnacs aux Bourguignons, favorables au parti anglais, et reconnut le roi d'Angleterre, son gendre, comme héritier du trône de France, au détriment de son fils Charles (traité de Troyes, 1420).

isabelle [izabɛl] **adj. inv.** (p.-ê. du n. d'*Isabelle la Catholique,* qui aurait fait vœu de ne pas changer de chemise tant que la ville de Grenade ne serait pas prise). Se dit d'un cheval ou de sa robe d'une couleur brun jaune clair : *Cheval isabelle.* (On dit aussi *un isabelle.*)

Isabelle Ire la Catholique (Madrigal de las Altas Torres 1451 - Medina del Campo 1504), reine de Castille (1474-1504). Fille de Jean II et d'Isabelle de Portugal, elle entre d'abord en conflit avec son frère, Henri IV, roi de Castille, qui prétend lui substituer comme héritière sa fille, Jeanne la Beltraneja. Mais ce dernier doit s'incliner et accepter le mariage d'Isabelle avec Ferdinand, héritier de la Couronne aragonaise (1469). Après la mort d'Henri IV, elle devient reine de Castille (1474). Son mari Ferdinand, roi d'Aragon en 1479, n'a aucune autorité officielle sur l'État de sa femme. Mais c'est avec son aide qu'Isabelle combat Alphonse V de Portugal, qui, soutenu par Louis XI, envahit la Castille en 1475. Par ses victoires, la reine contraint le roi de Portugal à renoncer à ses prétentions sur la Castille (traités d'Alcáçovas, 1479).
Isabelle s'attache alors à pacifier le pays et à soumettre la noblesse à l'autorité royale. Elle organise l'Administration centrale et les finances de la Couronne et encourage le renouveau culturel de l'Espagne par la création d'universités. Elle joue également un rôle prépondérant dans la réforme du clergé castillan, l'établissement de l'Inquisition (1478), l'expulsion des Juifs de Castille et dans l'achèvement de la Reconquista. En 1492, en effet, les armées d'Isabelle et de Ferdinand s'emparent du royaume de Grenade, dernier bastion de l'Espagne musulmane. La même année, la reine accorde son soutien à l'audacieuse entreprise de Christophe Colomb, qui atteint l'Amérique. En 1496, le pape Alexandre VI donne au couple royal le titre de « Rois Catholiques ».
Tout en sauvegardant jalousement l'autonomie de la Castille, Isabelle n'en a pas moins préparé, par son mariage et son étroite collaboration avec son mari, l'unification politique de l'Espagne dont elle a contribué à bâtir la future puissance coloniale.

Isaïe ou **Ésaïe,** prophète de la Bible, qui exerça son ministère dans le royaume de Juda entre 740 et 687 av. J.-C. Messager de la sainteté de Yahvé et de l'espérance messianique, il jouit d'une large audience auprès des rois Achaz (736-716) et Ézéchias (716-687), qu'il ne cesse de mettre en garde contre le danger assyrien. Le livre biblique qui porte le nom de ce grand prophète est un écrit, dont la première partie seul. (chap. I à XXXIX) contient les oracles d'Isaïe lui-même. Des prophéties ultérieures seront ajoutées aux siennes sous son propre nom. Ces ajouts sont appelés par les exégètes *Deutéro-Isaïe,* ou *Second Isaïe* (chap. XXX à LV), datant de la fin de l'Exil, et le *Trito-Isaïe,* ou *Troisième Isaïe* (chap. LVI à LXVI), écrit après le retour en Palestine.

isard [izar] **n.m.** (d'un mot ibérique prélatin). Chamois des Pyrénées.

isatis [izatis] **n.m.** (mot gr. « pastel »). **1.** BOT. Pastel. **2.** Renard des régions arctiques, appelé aussi *renard bleu* ou *renard polaire,* dont la fourrure d'hiver peut être gris bleuté ou blanche.

isba [isba] ou [izba] **n.f.** (mot russe « maison »). Habitation des paysans russes, faite de rondins de bois de sapin.

ischion [iskjɔ̃] **n.m.** (mot gr. « hanche »). ANAT. Un des trois os formant l'os iliaque.

Ise *(baie d'),* baie des côtes de Honshu (Japon), sur laquelle se trouve Nagoya et près de laquelle est située la ville d'*Ise* (130 228 hab.). Sanctuaires shintoïstes, parmi les plus anciens, dont la reconstruction rituelle, tous les vingt ans, perpétue l'architecture prébouddhique.

Isère, riv. des Alpes du Nord, affl. du Rhône (r. g.) ; 290 km. Elle draine la Tarentaise et la majeure partie du Sillon alpin et traverse Grenoble et Romans. Aménagements hydroélectriques.

Isère [38], dép. de la Région Auvergne-Rhône-Alpes ; ch.-l. de dép. *Grenoble ;* ch.-l. d'arr. *La Tour-du-Pin, Vienne ;* 3 arr., 29 cant., 532 comm. ; 7 431 km² ; 1 253 410 hab.

Ishtar, déesse du panthéon assyro-babylonien, à laquelle s'apparentera l'Ashtart, ou Astarté, cananéenne dont parle la Bible. À l'époque hellénistique, on la confondra avec l'Aphrodite grecque. Elle est considérée comme la fille de Sin, le dieu-Lune, et la sœur jumelle de Shamash, le Soleil. D'abord vénérée comme vierge, elle deviendra déesse-mère et symbole de toute féminité. Parèdre d'Assour, dieu des Assyriens, elle est, comme étoile du matin, la déesse de l'Élan du guerrier et, comme étoile du soir, celle de l'Éveil de l'amour. Ourouk, sa ville, est devenue la cité des prostituées.

Isis, déesse de la mythologie égyptienne. Épouse et sœur d'Osiris, mère d'Horus, elle est le modèle de l'amour conjugal et du dévouement maternel. Sa légende fut très populaire : elle rend la vie sur terre à Osiris, traîtreusement tué et dépecé par son frère Seth, et conçoit de lui un fils, qui régnera sur le trône de son père. Le culte d'Isis, fort important en Égypte, se répandit très vite dans le reste du bassin méditerranéen, jusqu'en Gaule, sur le Rhin et le Danube. Isis devint même, à l'époque hellénistique et romaine, la figure de la déesse universelle ; on célébrait en son honneur, outre des fêtes publiques, des cérémonies secrètes et des mystères initiatiques.

islam [islam] **n.m.** (mot ar. « soumission à Dieu »). **1.** Religion des musulmans. **2.** *L'Islam,* le monde musulman ; la civilisation qui le caractérise.

■ La religion islamique, qu'on appelle plus couramment « musulmane », a été fondée dans l'Arabie du VIIe s. par le prophète Mahomet (Muhammad). L'événement fondateur de l'islam est l'*hégire,* départ des compagnons de Mahomet de La Mecque vers Médine en 622. Celui-ci a reçu de Dieu la révélation qui a été consignée dans le Coran. Écrit dans la langue sacrée qu'est l'arabe, le Coran forme, avec les *hadith* (ce qu'on a retenu des propos du Prophète), la tradition *(sunna),* ensemble des règles s'imposant impérativement à la communauté *(umma)* des musulmans.

La doctrine. L'islam a pour doctrine essentielle l'affirmation de l'unicité et de la transcendance absolue de Dieu adoré sous le nom d'Allah. Par là, il affirme parachever de manière indépassable les révélations monothéistes du judaïsme et du christianisme. L'adhésion à cette religion repose sur cinq actes essentiels, ou « piliers » : 1er) la profession de foi *(chahada),* ou récitation de la formule : « Il n'y a d'autre divinité qu'Allah et Mahomet est l'envoyé d'Allah » ; 2e) la prière rituelle *(salat)* dont on s'acquitte, après des ablutions, avec des invocations et des prosternations →

A B C D E F G H I J K L M N O P Q R S T U V W X Y Z

strictement définies, cinq fois par jour, tourné en direction de La Mecque ; 3e) l'aumône « purificatrice » *(zakat)* que les plus riches versent aux plus pauvres ; 4e) le jeûne diurne *(sawn)* pendant le ramadan ; 5e) le pèlerinage à La Mecque *(hadj)* que tout fidèle valide doit accomplir au moins une fois dans sa vie. Toutes ces observances mettent le croyant en contact direct avec Dieu, sans la médiation d'un clergé. Cependant, des hommes instruits, juristes *(mufti)* ou juges *(cadi)*, veillent à l'application de la loi coranique *(charia)*.
Le développement de la communauté. La communauté primitive de Médine constitua un État dont le chef (calife ou imam) était chargé de faire respecter cette loi. Puis l'État musulman s'étendit grâce aux conquêtes de la guerre sainte *(djihad)* et devint un vaste empire à la tête duquel se succédèrent les dynasties des Omeyyades, des Abbassides et des Ottomans. Ainsi l'islam, qui a aujourd'hui près d'un milliard d'adeptes, a-t-il profondément marqué l'histoire de l'Asie, de l'Europe et du Maghreb. On y distingue deux groupes principaux issus d'un schisme ancien : les sunnites (environ 90 %) et les chiites (surtout en Iran), ou partisans d'Ali. ■

Islamabad, cap. du Pakistan, près de Rawalpindi ; 1 297 000 hab. dans l'agglomération.

islamique [islamik] **adj.** Relatif à l'islam.

islamisation [islamizasjɔ̃] **n.f.** Action d'islamiser.

islamiser [islamize] **v.t. 1.** Convertir à l'islam. **2.** Appliquer la loi islamique à un secteur, à un domaine.

islamisme [islamism] **n.m. 1.** *VIEILLI.* Religion musulmane ; islam. **2.** Mouvement politico-religieux préconisant l'islamisation complète, radicale, du droit, des institutions, du gouvernement, dans les pays islamiques. ◆ **islamiste adj.** et **n.** Relatif à l'islamisme ; qui en est partisan.

■ **L'idéologie.** Le terme *islamisme* est employé, depuis les années 1970, pour désigner les courants radicaux de l'islam politique contemporain. Ceux-ci doivent être distingués du fondamentalisme traditionnel qui, aussi vieux que l'islam, se contente d'exiger le respect de la loi musulmane par un pouvoir qui n'est pas remis en question. Au contraire, l'islamisme veut relever le défi moderniste posé par les sociétés occidentales en formulant la révélation divine en termes politiques définis grâce à un retour aux textes de base de l'islam et en établissant un État islamique. L'islamisme contemporain se divise en un courant modéré, qui poursuit un programme de réislamisation de la société par la prédication, en attendant d'accéder au pouvoir après s'être acquis la majorité de la population, et un courant radical (qualifié de « djihad mineur »), partisan de la prise du pouvoir d'État par la révolution et le terrorisme.
Les premiers mouvements. Le premier penseur islamiste est Djamal al-Din al-Afghani (seconde moitié du XIXe s.). L'islamisme s'incarnera dans la seconde moitié du XXe s. en trois mouvements : deux sunnites et un chiite. Les mouvements sunnites sont l'*Association des Frères musulmans,* fondée en Égypte en 1928 par Hasan al-Banna, et le *Djamaat-i Islami,* créé en 1941 dans l'Inde, alors britannique, par Abul-Ala Mawdudi. Dans le monde chiite, l'imam Khomeyni, alors en exil en Iraq, réclame, dès les années 1960, le pouvoir des religieux sur l'État.
Le développement contemporain. L'islamisme radical devient un véritable mouvement de masse en Iran, où la révolution islamique renverse le chah en 1979, alors que, à la même époque, il reste limité à des groupes épars dans le monde sunnite. Toutefois, à la fin des années 1980, il s'y développe considérablement, trouvant de nombreux militants parmi les jeunes. Les mouvements islamistes radicaux sont actifs en Afrique (Égypte, Maghreb, Somalie, Soudan, Sahel), au Proche-Orient (Gaza, Jordanie, Liban), en Asie (Afghanistan [berceau d'al-Qaida et des talibans], Indonésie, Pakistan,Philippines, Yémen) et au Caucase (Tchétchénie, Daguestan). ■

islandais, e [islɑ̃dɛ, -ɛz] **adj.** et **n.** D'Islande. ◆ **islandais n.m. 1.** En France, marin qui partait pêcher la morue sur les bancs d'Islande : *Les islandais de Paimpol.* **2.** LING. Langue nordique parlée en Islande.

Islande, île et République de l'Atlantique nord, au sud-est du Groenland ; 103 000 km^{2} ; 330 000 hab. *(Islandais).* CAP. *Reykjavík.* LANGUE : *islandais.* MONNAIE : *krona (couronne islandaise).*

GÉOGRAPHIE

L'île est soumise de façon continue aux phénomènes volcaniques qui l'ont constituée : éruptions, sources chaudes, geysers, etc. Sous l'influence des vents océaniques et de l'air polaire, le climat est venteux, humide et froid (5 °C en moyenne à Reykjavík). Les glaciers occupent plus de 10 % du territoire. La population, peu nombreuse, vit sur le littoral, surtout dans la capitale. Les cultures occupent une partie infime de la superficie totale (pommes de terre, fruits et légumes sous serres chauffées). L'élevage bovin laitier dans le Sud est moins important que l'élevage ovin. La pêche (morue, capelan, hareng) reste la base de la prospérité du pays. Les ressources énergétiques sont représentées par un fort potentiel hydroélectrique et par la géothermie. Le secteur industriel fournit aluminium (exporté), ferroalliages, engrais. Mais aujourd'hui, touchée de plein fouet par les aspects financiers de la crise économique mondiale, l'Islande est en grande difficulté.

HISTOIRE

Abordée par les moines irlandais (VIIIe s.), puis par les Vikings (IXe s.), l'Islande se peuple peu à peu grâce à l'émigration scandinave. Aux XIe et XIIe s., le christianisme s'impose progressivement.
1262. L'Islande passe sous la tutelle du roi de Norvège.
Devenue possession du Danemark (qui avait conquis la Norvège) en 1380, l'Islande connaît la réforme luthérienne (1550). Sa population est décimée au XVIIIe s. par les épidémies, les éruptions volcaniques et la famine.
1903. L'Islande obtient son autonomie.
1918. Elle est reconnue comme État indépendant tout en conservant le même roi que le Danemark.
1944. Indépendance du pays, qui devient une république.
1949. Adhésion à l'O.T.A.N.
1958-1961. Un conflit au sujet de la pêche l'oppose à la Grande-Bretagne.
1980. Mme Vigdís Finnbogadóttir devient présidente (première femme au monde élue chef de l'État au suffrage universel).
1996. Ólafur Grímsson lui succède. Il est reconduit dans ses fonctions pour un cinquième mandat en 2012.
2009-2010. Les sociaux-démocrates et les verts remportent une victoire historique. Sauvée de la faillite avec l'aide du F.M.I., l'Islande ouvre des négociations en vue de son adhésion à l'U.E.

Isle-d'Abeau (L'), comm. de l'Isère ; 16 314 hab. Cette commune a donné son nom à une ville nouvelle entre Lyon, Grenoble et Chambéry.

Ismaël, personnage biblique, fils d'Abraham et de sa servante égyptienne Agar. À la demande de sa femme, Sara, Abraham dut se séparer d'Agar et d'Ismaël. Une tradition consignée dans le livre de la Genèse fait de celui-ci l'ancêtre éponyme des Arabes du désert (ismaélites).

Ismaïlia, v. d'Égypte, sur le lac Timsah et le canal de Suez ; 293 184 hab.

isobare [izɔbar] **adj.** (de *iso-* et *-bare*). SC. **1.** D'égale pression atmosphérique : *Surface isobare.* **2.** Qui a lieu à une pression constante. ◆ **isobare n.f.** MÉTÉOR. Sur une carte météorologique, courbe qui joint les points de la Terre où la pression atmosphérique est la même.

isobathe [izɔbat] **adj.** et **n.f.** (de *iso-*, et du gr. *bathos,* profondeur). GÉOGR. Se dit d'une courbe reliant les points d'égale profondeur sous terre ou sous l'eau.

isocèle [izɔsɛl] **adj.** (lat. *isoceles,* de *iso-*, et du gr. *skelos,* jambe). GÉOM. Qui a deux côtés égaux : *Triangle isocèle. Trapèze isocèle* (= dont les côtés non parallèles sont égaux).

isochrone [izɔkron] et **isochronique** [izɔkrɔnik] **adj.** (de *iso-*, et du gr. *khronos,* temps). DIDACT. Qui s'effectue dans des intervalles de temps égaux : *Les oscillations isochrones du pendule.*

isoclinal, e, aux [izɔklinal, -o] **adj.** (de *isocline*). GÉOL. **Pli isoclinal,** pli dont les deux flancs sont parallèles. / **Structure isoclinale,** structure caractérisée par la répétition de plis isoclinaux.

isocline [izɔklin] **adj.** (gr. *isoklinês,* de *klinein,* pencher). **1.** Qui a la même inclinaison. **2.** GÉOPHYS. **Courbe, ligne isocline,** courbe reliant les points de la Terre où l'inclinaison magnétique est la même. (On dit aussi *une isocline.*)

isoédrique [izɔedrik] **adj.** (de *iso-* et *-èdre,* face). MINÉR. Dont les facettes sont semblables : *Cristal isoédrique.*

isogamie [izɔgami] **n.f.** (de *iso-* et *-gamie*). BIOL. Mode de reproduction sexuée dans lequel les deux gamètes sont semblables, et qui se réalise chez diverses espèces d'algues et de champignons inférieurs (par opp. à *hétérogamie*).

isogone [izɔgon] **adj.** (de *iso-* et *-gone*). Qui a des angles égaux.

isolable [izɔlabl] **adj.** Qui peut être isolé : *Éléments isolables d'un composé* (syn. **dissociable, séparable**).

isolant, e [izɔlɑ̃, -ɑ̃t] **adj.** (de *isoler*). **1.** Qui est mauvais conducteur de la chaleur, de l'électricité ou du son : *Matériau isolant.* **2.** LING. **Langue isolante,** langue dans laquelle les mots sont réduits à un radical sans variation morphologique et où les rapports grammaticaux sont marqués par la place des termes : *Le chinois, le tibétain sont des langues isolantes.* ◆ **isolant n.m.** Matériau isolant.

isolat [izɔla] **n. m.** (de *isoler,* d'apr. *habitat*). **1.** BIOL. Espèce complètement isolée, au sein de laquelle n'existe aucun échange génétique avec le reste du monde et menacée ainsi par le confinement. **2.** DÉMOGR. Groupe ethnique que son isolement géographique, social ou culturel contraint aux unions endogamiques.

isolateur [izɔlatœr] **n.m.** Support isolant d'un conducteur électrique.

isolation [izɔlasjɔ̃] **n.f.** Action de réaliser un isolement acoustique, électrique ou thermique : *Isolation acoustique* (= insonorisation). *Isolation thermique* (= climatisation).

isolationnisme [izɔlasjɔnism] **n.m.** (anglo-amér. *isolationism*). Politique extérieure d'un État qui reste volontairement à l'écart des affaires internationales, qui s'isole politiquement et économiquement des autres. ◆ **isolationniste adj.** et **n.** Relatif à l'isolationnisme ; qui en est partisan.

isolé, e [izɔle] **adj.** (it. *isolato,* séparé comme une île, de *isola,* île). **1.** Seul ; séparé des autres : *Vivre isolé* (syn. **solitaire**). *Se sentir isolé* (syn. **délaissé**). **2.** À l'écart, éloigné des autres habitations ou de toute activité : *Maison isolée* (syn. **écarté**). *Un endroit isolé* (syn. **reculé**). **3.** Rare ; unique : *Un cas isolé* (syn. **particulier**). *Une protestation isolée* (syn. **individuel ;** contr. **collectif**). **4.** Protégé du contact de tout corps conducteur de l'électricité, de la chaleur ou du son : *Appartement bien isolé* (= climatisé ou insonorisé).

isolement [izɔlmɑ̃] **n.m. 1.** État de qqch, de qqn d'isolé : *L'isolement d'un village. L'isolement des détenus dans une prison* (syn. **claustration**). *Se complaire dans son isolement* (syn. **solitude**). *Être tenu dans l'isolement* (syn. **abandon**). **2.** État d'un pays, d'une région sans relation politique ou économique, sans engagement avec les autres. **3.** État d'un corps isolé du point de vue électrique, calorifique ou phonique ; isolation. **4.** PSYCHIATRIE. Mesure thérapeutique qui vise à soustraire le sujet de son milieu familial et social (syn. **internement**).

isolément [izɔlemɑ̃] **adv.** De façon isolée ; à part, individuellement : *Agir isolément.*

isoler [izɔle] **v.t.** (de *isolé*). **1.** Séparer qqch, un lieu des objets environnants, de ce qui l'entoure : *Les inondations ont isolé le village.* **2.** Mettre qqn physiquement ou moralement à l'écart des autres, lui interdire toute relation avec les autres : *Isoler les malades contagieux. Ses idées l'isolent de son entourage* (syn. **couper, détacher**). **3.** Considérer qqch à part, le distinguer du reste : *Isoler une phrase de son contexte* (syn. **séparer, abstraire**). **4.** CHIM., BIOL. Dégager de ses combinaisons ; séparer de son milieu : *Isoler un métal. Isoler un virus.* **5.** Protéger des influences thermiques ou acoustiques : *Isoler un local.* **6.** ÉLECTR. Empêcher la conduction électrique entre des corps conducteurs, notamm. au moyen d'isolants ; déconnecter un circuit, un dispositif : *Isoler un câble.* ◆ **s'isoler v.pr.** Se mettre à l'écart ; se séparer des autres : *S'isoler pour méditer.*

isoloir [izɔlwar] **n.m.** Cabine où l'électeur met son bulletin sous enveloppe, et qui garantit le secret du vote.

isomère [izɔmɛr] **adj.** et **n.m.** (de *iso-*, et du gr. *meros,* partie). CHIM. Se dit de deux composés formés des mêmes éléments dans les mêmes proportions, mais présentant des propriétés différentes.

isométrie [izɔmetri] **n.f.** (de *iso-* et *-métrie*). MATH. Transformation ponctuelle conservant les distances : *Translations, symétries et rotations sont des isométries du plan ou de l'espace.*

isométrique [izɔmetrik] **adj. 1.** MATH. Se dit d'une transformation ponctuelle qui est une isométrie. **2.** CHIM. Dont les dimensions sont égales : *Cristaux isométriques.* **3. Figures isométriques,** figures qui s'échangent dans une isométrie.

isomorphe [izɔmɔrf] **adj.** (de *iso-* et *-morphe*). CHIM. Qui affecte la même forme cristalline.

isopet n.m. ⟶ **ysopet.**

isoséiste [izɔseist] et **isosiste** [izɔsist] **adj.** et **n.f.** (de *iso-* et du gr. *seistos,* secoué, ébranlé). GÉOPHYS. Se dit d'une courbe reliant les points où un séisme a été ressenti avec la même intensité.

isotherme [izɔtɛrm] **adj.** (de *iso-* et *-therme*). **1.** De même température. **2.** Qui se fait à une température constante : *Réaction isotherme.* **3.** Maintenu à une température constante ; isolé thermiquement : *Camion isotherme.* ◆ **n.f.** MÉTÉOR. Courbe qui joint les points de la Terre où la température est identique à un moment donné.

isotope [izɔtɔp] **n.m.** (mot angl., de *iso-*, et du gr. *topos,* lieu). **1.** PHYS. Chacun des différents types de noyaux atomiques d'un même élément, différant par leur nombre de neutrons mais ayant le même nombre de protons et d'électrons, et possédant donc les mêmes propriétés chimiques. **2. Isotope radioactif,** radio-isotope.

isotopique [izɔtɔpik] **adj.** Relatif aux isotopes.

isotrope [izɔtrɔp] **adj.** (de *iso-* et *-trope*). PHYS. Dont les propriétés physiques sont identiques dans toutes les directions.

Ispahan, v. d'Iran, au sud de Téhéran, anc. cap. du pays ; 1 266 072 hab. (4 168 219 hab. dans l'agglomération). Monuments du XIe au XVIIIe s., dont la Grande Mosquée, qui, remaniée jusqu'au XVIIIe s., comporte encore des salles élevées au XIe s. sous les Seldjoukides ; beaux monuments séfévides (pavillon d'Ali Qapu, mosquées royale et Lotfollah, etc.).

Israël, nom que la Bible donne à Jacob, fils d'Isaac, aux descendants de Jacob, aux Israélites en tant que peuple et, en un sens plus restreint, aux Israélites fidèles (« le véritable Israël »). Ce nom a désigné l'un des deux royaumes issus de la séparation des douze tribus à la mort de Salomon, le royaume du Nord (931-721 av. J.-C.), les tribus du Sud formant le royaume de Juda. La monarchie d'Israël a pour caractéristique son instabilité politique. En deux siècles, on y comptera une vingtaine de rois. Les plus importants furent Jéroboam (931-910), le premier d'entre eux, qui se donna pour capitale Sichem, Omri (885-874), qui fonda Samarie, Achab (874-853), Jéhu (841-814), Jéroboam II (783-743), qui fut le dernier grand monarque d'Israël. Ayant manqué de réalisme en politique étrangère, le royaume tombera sous les coups des Assyriens, avec la prise de Samarie par Sargon II en 721. L'élite de la population est alors déportée, tandis que des colons mésopotamiens s'installent dans le pays.

Israël, État du Proche-Orient ; 21 000 km^2 ; 7 733 000 hab. *(Israéliens).* CAP. *Jérusalem* (selon la Knesset). LANGUES : *hébreu, arabe.* MONNAIE : *shekel.*

GÉOGRAPHIE

De la Méditerranée au fossé du Jourdain et à la mer Morte se succèdent, en retrait d'un littoral rectiligne, une plaine côtière, puis une région de collines (« monts » de Galilée et de Judée). Le climat, méditerranéen au N., devient plus sec vers le S., semi-désertique même dans le Néguev, qui couvre plus de la moitié de la superficie. La densité moyenne apparaît exceptionnellement élevée (environ 300 hab. au km^2). Elle tient à une forte urbanisation (avec les deux pôles de Jérusalem et surtout de Tel-Aviv-Jaffa). À une majorité juive se juxtapose une minorité arabe notable (20 % du total).

L'agriculture emploie 2 % des actifs. Elle est caractérisée par une haute productivité, en partie liée à l'irrigation, qui permet la culture des agrumes, de la vigne, du coton ainsi qu'un élevage intensif. L'industrie, malgré la pauvreté du sous-sol, est active et orientée vers des branches élaborées (électronique, chimie). Le déficit de la balance commerciale n'est pas comblé par les apports des services et du tourisme. Les dépenses militaires pèsent lourdement.

HISTOIRE

L'État d'Israël a pour origine les efforts entrepris à la fin du XIXe s. pour soustraire les Juifs des divers pays européens aux attaques de l'antisémitisme. Fondateur du mouvement sioniste, Theodor Herzl propose en 1897 la création d'un État juif en Palestine.

1917. La déclaration Balfour préconise la création d'un « foyer national juif » dans cette région.

À la suite des persécutions du régime hitlérien, de nombreux Juifs émigrent en Palestine, placée sous mandat britannique. Devant l'opposition des Arabes, les Britanniques ont recours à l'O.N.U., qui, en nov. 1947, décide le partage de la région entre un État arabe et un État juif.

14 mai 1948. À la veille de l'expiration du mandat britannique en Palestine, les Juifs proclament l'indépendance d'Israël. Israël résiste à l'offensive des pays arabes voisins. Il est dirigé jusqu'en 1977 par les gouvernements d'inspiration travailliste, qui instaurent le système des kibboutz.

1948-1963. Ben Gourion, Premier ministre (sauf de 1953 à 1955), organise le nouvel État.

1956. À la suite de la fermeture du canal de Suez aux navires israéliens, Israël occupe le territoire égyptien jusqu'au canal. L'O.N.U. met fin à cette occupation.

1967. Guerre des Six-Jours. Israël occupe de nouveau Gaza, le Sinaï et la rive orientale du canal de Suez ainsi que la partie de la Jordanie située à l'ouest du Jourdain (Cisjordanie) et le Golan (au sud-ouest de la Syrie).

1969-1974. Golda Meir dirige le gouvernement.

1973. Guerre du Kippour, opposant de nouveau Israël aux pays arabes. Des accords aboutissent à la réouverture du canal de Suez en 1975.

1977. Après la victoire d'une coalition de partis de droite et du centre (le Likoud), Menahem Begin devient Premier ministre. Il reçoit la visite à Jérusalem du président égyptien Sadate.

1979. Traité de paix israélo-égyptien, qui prévoit la restitution du Sinaï (effective en 1982) ainsi que l'autonomie de Gaza et de la Cisjordanie.

1981. Annexion du Golan.

1982. Pour démanteler les forces palestiniennes, l'armée envahit le sud du Liban.

1983. Yitzhak Shamir succède à Menahem Begin.

De 1984 à 1990, des gouvernements d'union nationale se succèdent, dirigés en alternance par le travailliste Shimon Peres et le leader du Likoud, Y. Shamir.

1985. L'armée israélienne se retire du Liban (à l'exception d'une zone de sécurité au sud).

1987. Début du soulèvement populaire palestinien (Intifada) dans les territoires occupés (Gaza, Cisjordanie).

1990. Y. Shamir forme un gouvernement de coalition avec les partis religieux et l'extrême droite.

1991. Une conférence internationale réunit pour la première fois, à Madrid, les représentants d'Israël, des pays arabes limitrophes et des Palestiniens.

1992. Y. Rabin forme un gouvernement travailliste.

1993. Israël et l'O.L.P. signent, à Washington, un accord entérinant leur reconnaissance mutuelle et prévoyant un régime d'autonomie des territoires occupés.

1994. Israël et la Jordanie signent un traité de paix.

1995. L'autonomie est étendue aux grandes villes arabes de Cisjordanie. Y. Rabin est assassiné. S. Peres lui succède.

1996. Benyamin Netanyahou, leader du Likoud, est élu Premier ministre. Le raidissement de la politique israélienne entraîne un blocage du processus de paix.

1999. Ehoud Barak, leader du parti travailliste, est élu Premier ministre. Les négociations avec les Palestiniens et la Syrie sont relancées.

2000. L'armée israélienne se retire du Liban-Sud. Les relations israélo-palestiniennes connaissent un grave regain de tension (reprise de l'Intifada, sept.).

2001. Ariel Sharon, leader du Likoud, est élu Premier ministre. Il dirige plusieurs gouvernements d'union nationale (la participation du parti travailliste étant toutefois discontinue).

2002. Israël, invoquant la nécessité de se protéger des incursions terroristes, entreprend la construction d'un « mur de sécurité » à sa frontière avec la Cisjordanie.

2005. Les Israéliens évacuent la bande de Gaza. A. Sharon quitte le Likoud pour former un parti centriste, Kadima.

2006. Victime d'un grave accident de santé (janv.), A. Sharon est remplacé à la tête de Kadima et du gouvernement par Ehoud Olmert (nouvelle coalition avec les travaillistes). Pendant l'été, en riposte à une attaque du Hezbollah, Israël intervient militairement au Liban (opération qui se solde par un échec).

2007. Shimon Peres est élu président d'Israël.

2008. Fragilisé par des accusations de corruption, Olmert cède la direction de son parti à Tzipi Livni et annonce son intention de renoncer au poste de Premier ministre.

2009. Après une offensive militaire israélienne dans la bande de Gaza (27 déc. 2008-18 janv. 2009), destinée à faire cesser les tirs de roquettes sur le sud d'Israël, et malgré une courte victoire de Kadima aux élections (févr.), Benyamin Netanyahou – revenu à la tête du Likoud en 2005 – dirige de nouveau le gouvernement.

2012. Des affrontements opposent Israël et le territoire de Gaza. Un accord de cessez-le-feu est conclu avec la médiation de l'Égypte.

israélien, enne [israɛljɛ̃, -ɛn] **adj.** et **n.** De l'État d'Israël ; de ses habitants.

israélite [israelit] **adj.** et **n. 1.** Relatif à l'Israël biblique, à son peuple. **2.** Syn. de juif : *La communauté israélite.*

israélo-arabes *(guerres)* [1948-1973], les quatre conflits ouverts qui, depuis 1948, ont opposé l'État d'Israël à divers États arabes. La création en 1948 de l'État d'Israël, conformément au plan de partage de la Palestine adopté par l'O.N.U. en 1947, n'est pas acceptée par les États arabes. Il en résulte une tension permanente qui aboutit à plusieurs conflits armés. La première guerre (mai 1948-janv. 1949) s'achève par la défaite des États arabes. Des conventions d'armistice sont signées qui font des lignes de cessez-le-feu les nouvelles frontières d'Israël. La deuxième (oct.-nov. 1956) oppose Israël à l'Égypte dans le Sinaï, parallèlement à l'expédition franco-britannique sur le canal de Suez. L'O.N.U. rétablit la ligne d'armistice de 1949. La troisième (*guerre des Six-Jours,* juin 1967) se solde par une sévère défaite arabe et l'occupation par Israël de la Cisjordanie, de Gaza, du Golan et du Sinaï. La quatrième guerre (*guerre du Kippour,* oct. 1973) tourne, après des succès initiaux de l'Égypte et de la Syrie, à la faveur d'Israël. Le statu quo est maintenu. Un cinquième conflit se déroule en 1982-1983 au Liban, que l'armée israélienne envahit et dont elle chasse les combattants palestiniens. La résistance des chiites l'oblige à évacuer le pays à l'exception d'une zone dans le sud. Mais une dynamique de paix s'engage, qui aboutit à la signature, à Washington, d'un traité entre Israël et l'Égypte (1979), à laquelle est restitué le Sinaï en 1982, et à un accord entre Israël et l'O.L.P (1993).

issu, e [isy] **adj.** (p. passé de l'anc. fr. *issir,* lat. *exire,* sortir). Venu, né de : *Il est issu d'une famille d'agriculteurs.*

issue [isy] **n.f.** (de *issu*). **1.** Ouverture ou passage par où l'on peut sortir, s'échapper : *Issue de secours* (syn. **porte, sortie**). *Une voie sans issue* (= une impasse). **2.** Moyen de sortir d'une difficulté, d'un embarras ; échappatoire : *Situation sans issue. Il n'y a pas d'autre issue* (syn. **solution**). **3.** Manière dont une chose aboutit, dont une affaire se conclut : *L'issue du combat* (syn. **résultat**). *On craint l'issue fatale* (= la mort). **4. À l'issue de,** à la fin de.

Issy-les-Moulineaux, ch.-l. de c. des Hauts-de-Seine, au sud-ouest de Paris ; 66 166 hab. *(Isséens).*

I.S.T. [iɛste] **n.f.** (sigle). Infection* sexuellement transmissible.

Istanbul, anc. **Byzance,** puis **Constantinople,** principal port et ville de Turquie, sur le Bosphore et la mer de Marmara ; 8 803 468 hab. (11 253 297 hab. dans l'agglomération). Université. Musées. La ville est située de part et d'autre de la Corne d'Or, petite baie profonde de la rive européenne. Au sud se trouvent les principaux monuments (Ste-Sophie, mosquée du Sultan Ahmet, et plusieurs chefs-d'œuvre de Sinan, dont la mosquée Süleymaniye). Au nord s'étend la ville commerçante et cosmopolite (Beyoğlu). Des faubourgs asiatiques (Üsküdar) longent le Bosphore. Istanbul fut la capitale de l'Empire ottoman de 1453 à 1923 ; d'importantes communautés grecques, arméniennes et juives y vivaient.

isthme [ism] **n.m.** (lat. *isthmus,* du gr.). **1.** Bande de terre étroite, située entre deux mers et réunissant deux terres : *L'isthme de Suez.* **2.** ANAT. Partie rétrécie de certaines régions du corps, de certains organes : *Isthme du gosier.*

Istres, ch.-l. d'arr. des Bouches-du-Rhône, sur l'étang de Berre ; 44 122 hab. *(Istréens).* Base aérienne militaire.

Istrie, région de Slovénie et surtout de Croatie, en face de Venise, bordée par l'Adriatique. Vénitienne du XIIe s. à 1797, autrichienne de 1797 à 1805 puis en 1815, elle fut revendiquée comme « province irrédente » par l'Italie, qui l'annexa en 1920. En 1947, l'Istrie devint yougoslave, Trieste gardant un statut particulier.

italianisant, e [italjanizɑ̃, -ɑ̃t] **adj.** et **n. 1.** Spécialiste de la langue ou de la civilisation italiennes. (On dit aussi *un, une italianiste.*) **2.** BX-A. Se dit d'artistes, d'œuvres marqués par l'italianisme.

italianisme [italjanism] **n.m. 1.** Expression, tournure particulière à la langue italienne. **2.** Emprunt à l'italien. **3.** BX-A. Tendance, chez les artistes étrangers, à l'imitation de la manière italienne, de modèles italiens.

Italie, en it. **Italia,** État d'Europe ; 301 000 km^2 ; 60 990 000 hab. *(Italiens).* CAP. *Rome.* LANGUE : *italien.* MONNAIE : *euro.*

GÉOGRAPHIE

Les conditions naturelles. Étirée sur plus de 10° de latitude, l'Italie présente des paysages variés, avec prédominance des collines (42 % du territoire), devant la montagne (35 %) et la plaine (23 %). Trois ensembles naturels se dégagent. Au N., l'Italie possède le versant méridional de l'arc alpin, élevé mais coupé de nombreuses vallées. Il domine la plaine du Pô (50 000 km^2), qui s'évase vers l'Adriatique. Au S., enfin, de la Ligurie à la Calabre, l'Apennin forme l'ossature du pays ; en Italie centrale, il est bordé de collines, de plateaux et de plaines alluviales. Le climat méditerranéen ne se manifeste véritablement que sur l'Italie centrale et méridionale (îles incluses), les Alpes ayant un climat plus rude et la plaine du Pô un climat à tendance continentale.

La population. La population a subi des mutations importantes dans le dernier demi-siècle. Son dynamisme démographique s'est ralenti, avec un comportement proche des autres pays industrialisés : très faible natalité, vieillissement de la population. D'autre part, l'émigration s'est pratiquement arrêtée et, au contraire, un certain mouvement d'immigration s'est opéré (Égyptiens, Éthiopiens) ; mais les déplacements les plus significatifs ont eu lieu à l'intérieur même du pays, du sud vers le nord et des campagnes vers les villes (Rome, la Toscane et l'ensemble Milan-Turin-Gênes). Aujourd'hui, plus de la moitié de la population est urbanisée.

L'économie. L'industrialisation a été jusqu'à la fin des années 1960 le moteur d'une croissance économique spectaculaire. Cependant, malgré les efforts de développement concerté pour le Mezzogiorno, le déséquilibre a persisté entre le Nord, industrialisé, et le Sud, où quelques zones industrielles restent isolées au milieu de régions stériles et dépeuplées. Le sous-sol est pauvre en ressources : un peu de pétrole, davantage de gaz naturel. Les autres gisements miniers sont dispersés et peu abondants. L'énergie hydroélectrique (surtout dans les Alpes) fournit environ 15 % de l'électricité.

L'industrie emploie moins du tiers des actifs. Elle a longtemps comporté un secteur d'État puissant (aujourd'hui en phase de réduction drastique du fait des privatisations) et comprend à la fois de grands groupes (comme Fiat) et une myriade de petites et moyennes entreprises, souvent dynamiques. S'y ajoutent des ateliers clandestins, très importants dans certains secteurs (confection, cuir), entraînant une sous-estimation du P.I.B. officiel. Toutes les branches industrielles sont représentées, mais les plus importantes sont la mécanique, la chimie, le textile, l'agroalimentaire. La sidérurgie reste puissante. Les établissements se situent en majorité dans le nord du pays, de Milan, Turin et Gênes à Trieste et Ravenne.

L'agriculture n'occupe plus guère que 4 % des actifs pour fournir à peine 5 % du P.I.B. La taille moyenne des exploitations reste modeste. Cependant, la modernisation (mécanisation, engrais) a permis d'augmenter notablement les rendements. Le blé arrive en tête, suivi du maïs, de la betterave à sucre. La production de légumes et surtout de fruits (agrumes, principalement) s'est développée. La production de vin vient au deuxième rang mondial (non loin derrière la France). L'élevage est moins important et la pêche peu active.

Le secteur tertiaire occupe plus de 60 % des actifs, dont une part notable dans les activités liées à un tourisme varié, climatique et culturel, qui enregistre plus de 50 millions de visiteurs par an. Les commerces de détail sont nombreux et l'artisanat spécialisé encore vivace (Florence). Le réseau routier (7 000 km d'autoroutes), qui a exigé la construction de nombreux ouvrages d'art, est globalement meilleur que le réseau ferroviaire. Près de la moitié des échanges (importants, puisque 20 % de la production sont exportés) se font avec les partenaires de l'Union européenne. Bien que les produits industriels (mécanique, automobile, confection) représentent en valeur la majeure partie des exportations, ils ne sont pas toujours concurrentiels sur le marché international et la balance commerciale reste déficitaire. On observe de fortes importations de matières premières industrielles et de compléments alimentaires. Grâce au tourisme notamment, la balance des paiements est moins déséquilibrée. Cependant, le pays s'est lourdement endetté et le chômage reste important.

HISTOIRE

La préhistoire et l'Antiquité. Primitivement peuplée de Ligures (dans la péninsule) et de Sicanes puis de Sicules (en Sicile), l'Italie vit s'installer au IIe millénaire dans la plaine du Pô la civilisation dite « des terramares », qui apporta le bronze, puis celle des Villanoviens, qui diffusèrent l'emploi du fer.

À partir du VIIIe s. av. J.-C., les Grecs fondent des colonies en Sicile et en Italie du Sud (Grande-Grèce).

À la même époque, les Étrusques s'installent en Toscane. Leur empire, qui atteint son apogée aux VIe-Ve s. av. J.-C., s'étend à la Campanie.

Au IVe s. av. J.-C., les Celtes occupent la plaine du Pô. (C'est l'origine de la Gaule Cisalpine.) Puis Rome conquiert progressivement toute la péninsule et, du IVe au IIe s. av. J.-C., chasse les Carthaginois de Sardaigne et de Sicile.

42 av. J.-C. Avec l'incorporation de la Gaule Cisalpine, la conquête romaine est achevée.

L'histoire de l'Italie antique se confond désormais avec celle de Rome. (⟶ **Rome.**)

Les invasions barbares et la période carolingienne. Au Ve s., les Barbares (Wisigoths, Huns, Vandales) ravagent l'Italie (sac de Rome par Alaric en 410).

476. Odoacre dépose le dernier empereur d'Occident, Romulus Augustule.

493-526. Le roi ostrogoth Théodoric règne sur l'Italie entière. Mais son royaume se disloque après sa mort.

535-555. La péninsule est en grande partie reconquise par les armées de Justinien Ier, empereur d'Orient.
568. Les Lombards s'installent en Italie du Nord. Ils fondent au sud les duchés de Spolète et de Bénévent, et refoulent les Byzantins. L'Italie possède alors trois capitales : Rome, où siège le pape ; Ravenne, sous influence byzantine ; Pavie, résidence du roi lombard. Au VIIIe s., la papauté s'allie aux Carolingiens pour lutter contre les Lombards. C'est avec leur appui que sont constitués les États de l'Église.
774. Charlemagne se proclame roi des Lombards.
800. Charlemagne est sacré à Rome empereur d'Occident.
L'Italie passe alors sous l'influence carolingienne.
Au IXe s., les invasions normandes et sarrasines bouleversent l'Italie du Sud. Cette période est caractérisée par un profond morcellement politique lié au développement de la féodalité.

L'Italie impériale
962. Le roi de Germanie Otton Ier est couronné empereur à Rome. L'Italie est dès lors intégrée au Saint Empire romain germanique. Les empereurs cherchent à y renforcer leur autorité ainsi qu'à contrôler la papauté, avec laquelle ils entrent à plusieurs reprises en conflit.
1075-1122. Querelle des Investitures opposant notamm. le pape Grégoire VII à l'empereur Henri IV.
Alors que les Normands créent au XIe s. un royaume en Italie du Sud, une nouvelle force se constitue à partir du XIIe s., celle des cités, érigées en communes et enrichies principalement par le commerce (Pise, Gênes, Florence, Milan, Venise).
1154-1250. La lutte du Sacerdoce et de l'Empire oppose les guelfes (partisans du pape) aux gibelins (qui soutiennent l'empereur).
Elle se termine par le triomphe de la papauté.
1268. Charles d'Anjou devient roi de Sicile, éliminant de cette île les Hohenstaufen.

Républiques et seigneuries. L'Italie se trouve alors partagée entre des États régionaux, tandis que la papauté voit son rôle s'effacer.
1309-1376. Les papes sont installés en Avignon.
1378-1417. Le Grand Schisme divise la chrétienté.
En Italie du Nord, le pouvoir passe aux mains de grandes familles (Visconti puis Sforza à Milan, Médicis à Florence), Gênes et Venise restant des républiques aristocratiques. Ces villes sont les principaux foyers de la Renaissance italienne.
1442. Longtemps déchiré par des luttes entre Angevins et Aragonais, le royaume de Naples tombe entièrement sous le contrôle de la famille d'Aragon.
Au XVe s., une nouvelle puissance se forme au nord-ouest de l'Italie, le duché de Savoie.

La domination étrangère. Au XVIe s., l'Italie reste au centre du grand mouvement artistique et culturel de la Renaissance, inspiré de l'Antiquité gréco-latine. Mais, pendant cette période, affaiblie par son morcellement politique, elle subit les interventions continuelles de l'étranger.
1559. Le traité du Cateau-Cambrésis met fin aux guerres d'Italie au cours desquelles s'opposent depuis 1494 la France et l'Espagne.
Il confirme la prépondérance des Espagnols en Italie, qui va durer deux siècles (XVIIe-XVIIIe s.). La domination étrangère et le déplacement des voies maritimes vers l'Atlantique provoquent la décadence économique du pays. Les vieilles cités perdent progressivement de leur influence au profit du royaume de Piémont-Sardaigne (maison de Savoie).
1713. L'empereur Charles VI devient maître de Naples et du Milanais.
1734. Les Bourbons s'installent dans le royaume de Naples (puis à Parme en 1748).

Risorgimento et la marche vers l'unité. À partir de 1792, l'Italie passe sous l'influence de la France révolutionnaire.
1796-1797. Campagne d'Italie de Bonaparte.
D'éphémères républiques sœurs sont créées (républiques Cisalpine, Ligurienne, Parthénopéenne, Romaine).
1805. Napoléon se proclame souverain du royaume d'Italie, créé au nord de la péninsule.
L'Empereur étend la domination française au reste de l'Italie. En organisant le pays sur le modèle français, il prépare la voie à une révolution libérale et nationale.
1814-1815. Après l'effondrement du régime français, le congrès de Vienne restaure les anciennes monarchies.
L'influence autrichienne s'exerce de nouveau en Italie du Nord et du Centre, à l'exception du royaume de Piémont-Sardaigne, foyer du libéralisme et du nationalisme italien.
1820-1821. Des sociétés secrètes *(carbonari)* fomentent des complots contre le retour de l'absolutisme.
1831-1833. Nouvelles révoltes, inspirées par le républicain Mazzini.
1848-1849. Tentative de libération nationale. Depuis 1830, divers mouvements militent pour la renaissance *(Risorgimento)* et l'unité du pays. Victor-Emmanuel II et son ministre Cavour travaillent à faire l'unité italienne autour du Piémont avec l'appui de la France (bataille de Solferino, contre les Autrichiens, 1859).
1860. Expédition de Garibaldi dans le royaume des Deux-Siciles.
1861. Les différentes annexions aboutissent à la création du royaume d'Italie.
1866. L'Italie acquiert la Vénétie.
1870. L'unité italienne est achevée avec la prise de Rome, qui devient la capitale du royaume, malgré l'opposition de la papauté. Le pape interdit aux catholiques de prendre part à la vie politique.

L'Italie contemporaine. La fin du XIXe s. est marquée par une crise économique importante (notamm. dans le Sud), le développement de l'émigration et de nombreuses insurrections.
1882. L'Italie conclut la Triplice avec l'Allemagne et l'Autriche-Hongrie.
1887-1896. Crispi gouverne presque sans interruption.
1903-1914. Giolitti, président du Conseil, rétablit l'ordre et l'équilibre économique.
Une importante législation sociale est élaborée, et le suffrage universel est instauré. L'Italie se crée un empire colonial en Afrique (Érythrée, Somalie italienne, Libye).
1915-1918. L'Italie participe à la Première Guerre mondiale aux côtés des Alliés.
Elle acquiert le Trentin et Trieste, mais toutes ses revendications territoriales ne sont pas satisfaites.
1922. Mussolini s'empare du pouvoir et instaure le fascisme.
1929. Accords du Latran entre le pape et l'État italien.
1935-1936. Conquête de l'Éthiopie.
1940. L'Italie entre dans la Seconde Guerre mondiale aux côtés de l'Allemagne.
1943. Le débarquement anglo-américain en Sicile entraîne l'effondrement du régime fasciste.
Réfugié dans le nord de l'Italie, Mussolini est arrêté et exécuté en 1945.
1946. La république est proclamée.
De Gasperi, chef du parti démocrate-chrétien et président du Conseil (1945-1953), assure le relèvement politique et économique du pays.
1957. L'Italie adhère à la C.E.E.
Au pouvoir sans interruption de 1958 à 1968, les démocrates-chrétiens se rapprochent des socialistes (1963). En dépit du « miracle économique », le pays connaît une certaine instabilité politique et est troublé par le développement du terrorisme d'extrême-droite et d'extrême-gauche, notamment des Brigades rouges (assassinat d'Aldo Moro en 1978). Les partis réagissent en cherchant à réaliser la plus grande alliance possible (« compromis historique » établi entre le Parti communiste et la Démocratie chrétienne en 1978-1979). L'Italie est ensuite dirigée par des gouvernements de coalition présidés soit par des socialistes (B. Craxi de 1983 à 1987), soit par des démocrates-chrétiens (G. Andreotti, à la tête du gouvernement dans les années 1970, y revient de 1989 à 1992).
1992. Les élections législatives voient l'échec des partis traditionnels et l'émergence des Ligues (mouvements régionalistes et populistes) dans le Nord. La révision des institutions et la lutte contre la Mafia et la corruption deviennent les principaux enjeux politiques (opération « Mains propres »).
1994. Les élections législatives sont remportées par une coalition de droite et d'extrême droite. Silvio Berlusconi est nommé président du Conseil mais doit démissionner quelques mois plus tard.
1995-1996. Lamberto Dini assure la transition.

1996. Après la victoire aux élections législatives de l'Olivier, coalition de gauche et centre gauche, Romano Prodi est nommé président du Conseil.
1998. Massimo D'Alema, leader des Démocrates de gauche, lui succède à la tête du gouvernement.
2001. Après la victoire de la coalition réunie autour de son parti aux élections législatives, S. Berlusconi retrouve la présidence du Conseil.
2006. La coalition de gauche ayant gagné, de peu, les élections, R. Prodi revient à la tête du gouvernement.
2008. S. Berlusconi revient au pouvoir.
2011-2012. De plus en plus contesté et politiquement affaibli, il doit démissionner sous la pression de la crise financière et économique. Avec le soutien de la droite et de la gauche, Mario Monti devient président du Conseil avant de démissionner (déc. 2012). Un programme mêlant rigueur financière et encouragement à la croissance est adopté.
2013. Marquées par la percée du vote protestataire et l'absence de majorité claire, les élections sanctionnent la politique de M. Monti.

Italie *(campagnes d')*, opérations menées en 1796-1797 (qui prennent fin par le traité de Campoformio) et en 1800, par Bonaparte contre l'Autriche ; en 1859, par Napoléon III pour libérer l'Italie du Nord de la domination autrichienne ; de 1943 à 1945, par les Alliés contre les forces germano-italiennes.

Italie *(guerres d')*, conflits déclenchés par les expéditions militaires des rois de France en Italie. Dans la première période (1494-1516), ceux-ci guerroient en Italie pour la succession du royaume de Naples (Charles VIII et Louis XII), et du Milanais (Louis XII et François Ier). Ils ont pour adversaires le roi d'Aragon et le pape, à la tête de la Sainte Ligue ; les villes italiennes changent de camp au gré de leurs intérêts. Signé après la victoire française de Marignan (1515), le traité de Noyon donne le royaume de Naples à l'Espagne et le Milanais à la France. Dans la seconde période (1519-1559), l'Italie n'est qu'un des enjeux d'une lutte plus générale opposant les Valois (François Ier et Henri II) aux Habsbourg (Charles Quint et Philippe II), à laquelle participe l'Angleterre. Les traités du Cateau-Cambrésis (1559) mettent fin aux prétentions françaises en Italie, où l'Espagne devient prépondérante.

italien, enne [italjɛ̃, -ɛn] **adj.** et **n. 1.** D'Italie. **2. À l'italienne,** à la manière italienne. / **Format à l'italienne,** se dit d'un format de livre dans lequel la longueur est horizontale (par opp. à *format à la française,* plus haut que large). / **Théâtre à l'italienne,** se dit d'une salle de théâtre, le plus souvent semi-circulaire, constituée de plusieurs niveaux en partie divisés en loges. ◆ **italien n.m.** Langue romane parlée principalement en Italie.

1. italique [italik] **adj.** (lat. *Italicus*). Se dit des populations indo-européennes qui pénétrèrent en Italie au cours du IIe millénaire. ◆ **n.m.** Groupe de langues indo-européennes parlées par ces populations (latin, ombrien, etc.).

2. italique [italik] **adj.** et **n.m.** (de *1. italique*). Se dit du caractère d'imprimerie incliné vers la droite, créé à Venise vers 1500 par Alde Manuce.

1. item [itɛm] **adv.** (mot lat.). De même, en outre, de plus (s'emploie dans les comptes, les énumérations, etc.) : *Fourni une paire de souliers ; item, une paire de pantoufles.*

2. item [itɛm] **n.m.** (de *1. item*). **1.** LING. Tout élément d'un ensemble (grammatical, lexical, etc.) considéré en tant que terme particulier : *Les noms « père », « frère », « sœur » sont des items lexicaux ; « présent », « passé » sont des items grammaticaux.* **2.** PSYCHOL. Chacune des questions, chacun des éléments d'un test.

itératif, ive [iteratif, -iv] **adj.** (lat. *iterativus,* de *iterare,* recommencer). Qui est fait ou répété plusieurs fois : *Remontrances itératives.* ◆ **adj.** et **n.m.** LING. Fréquentatif.

itération [iterasjɔ̃] **n.f.** Action de répéter, de faire de nouveau.

itinéraire [itinerɛr] **n.m.** (lat. *iter, itineris,* chemin). Chemin à suivre ou suivi pour aller d'un lieu à un autre : *Itinéraire touristique* (syn. **circuit**). *Choisir l'itinéraire le plus court* (syn. **trajet, parcours**). ◆ **adj.** TOPOGR. **Mesure itinéraire,** évaluation d'une distance.

itinérant, e [itinerɑ̃, -ɑ̃t] **adj.** et **n.** (angl. *itinerant,* du lat. *itinerari,* voyager). Qui se déplace dans l'exercice de ses fonctions, de son métier : *Troupe itinérante de comédiens* (syn. **ambulant** ; contr. **sédentaire**). ◆ **adj. 1.** Qui exige des déplacements ; qui n'est pas sédentaire. **2.** GÉOGR. **Culture itinérante,** déplacement des zones de cultures et, souvent, de l'habitat, caractéristique des régions tropicales, où le sol s'épuise rapidement. ◆ **n.** *QUÉBEC.* Personne qui n'a pas de domicile fixe ; sans-abri.

itou [itu] **adv.** (altér. du moyen fr. *et tout,* aussi, d'apr. l'anc. fr. *itel,* pareillement). *FAM.* et *VIEILLI.* Aussi ; de même : *Et moi itou* (syn. **également**).

Iturbide (Agustín de), général mexicain (Valladolid, auj. Morelia, Mexique, 1783 - Padilla 1824). Général de l'armée espagnole, il combattit d'abord les insurgés Hidalgo et Morelos (1810-1815). En 1821, il imposa à l'Espagne le traité de Córdoba, qui reconnut l'indépendance du Mexique (1821). Proclamé empereur en 1822, il dut abdiquer (1823) devant le soulèvement républicain du général Santa Anna et fut fusillé.

iule [jyl] **n.m.** (gr. *ioulos,* fleur à duvet). Mille-pattes qui se nourrit de végétaux en décomposition et qui s'enroule en spirale quand on le touche.

I.U.T. [iyte] **n.m.** (sigle de *institut universitaire de technologie*). Établissement d'enseignement assurant la formation de techniciens supérieurs.

Ivan III le Grand (1440 - Moscou 1505), grand-prince de Vladimir et de Moscou (1462-1505). Il libéra la Russie de la suzeraineté mongole (1480) et adopta le titre d'autocrate (= souverain absolu). Marié à la nièce du dernier empereur byzantin, il se voulut l'héritier de Byzance.

Ivan IV le Terrible (Kolomenskoïe 1530 - Moscou 1584), grand-prince (1533), puis tsar (1547-1584) de Russie. Fils de Vassili III, il fut couronné « tsar et grand-prince de toute la Russie » en 1547. S'attachant à rétablir l'ordre menacé, après la régence de sa mère, par les ambitions de la noblesse (boyards), il poursuivit l'œuvre de centralisation de ses prédécesseurs, fit rédiger un nouveau Code (1550) et réorganisa l'Église orthodoxe. Menant la croisade contre les musulmans, il annexa le khanat de Kazan (1552) et celui d'Astrakhan (1556). À l'ouest, il chercha à conquérir les côtes de la Baltique et se lança à partir de 1558 dans la guerre de Livonie.
De caractère instable et violent, il laissa, après 1560, libre cours à ses tendances paranoïaques. À la fin de 1564, il annonça son intention d'abandonner le pouvoir à cause de la trahison et de l'infamie des grands. Alors, se faisant plébisciter par le « peuple orthodoxe » et confier des pouvoirs exceptionnels, il créa un territoire réservé, l'*opritchnina* (1565-1572), sur lequel il installa ses fidèles. Les anciens propriétaires et leurs paysans furent exterminés ou transférés. Au régime de terreur s'ajouta la désolation due aux raids des Tatars de Crimée (1571) et à la guerre de Livonie. Relancée en 1566, celle-ci aboutit à la reconquête par les Polono-Lituaniens et les Suédois, après 1575, de toute la côte baltique et de la Lituanie.
S'il a mérité le surnom de « terrible » qui lui fut donné, en raison des méthodes brutales qu'il employa pour gouverner, Ivan IV n'en a pas moins renforcé l'autorité du tsar et préparé l'expansion russe au-delà de l'Oural.

ive [iv] et **ivette** [ivɛt] **n.f.** (de *if*). BOT. Labiée à fleurs jaunes très odorantes, commune dans les jachères des régions tempérées.

Ives (Charles), compositeur américain (Danbury, Connecticut, 1874 - New York 1954). Il fut l'un des pionniers du langage musical actuel et est l'auteur notamm. de la *Concord Sonata* et de cinq symphonies.

I.V.G. [iveʒe] **n.f.** (sigle). Interruption* volontaire de grossesse.

ivoire [ivwar] **n.m.** (lat. pop. **eboreum,* de l'adj. class. *eboreus,* de *ebur, -oris*). **1.** Partie dure des dents de l'homme et des mammifères, recouverte d'émail au-dessus de la couronne. **2.** Substance osseuse et dure qui constitue les défenses de l'éléphant et de quelques autres animaux : *Trafiquants d'ivoire.* **3.** Objet fabriqué, sculpté dans de l'ivoire : *Des ivoires du Moyen Âge.*

ivoirin, e [ivwarɛ̃, -in] **adj.** *LITT.* Qui ressemble à l'ivoire par sa blancheur, son éclat : *Blancheur ivoirine* (syn. **éburnéen**).

ivraie [ivrɛ] **n.f.** (lat. pop. **ebriaca,* du class. *ebrius,* ivre). **1.** Graminée à graines toxiques, commune dans les prés et les cultures, où elle gêne la croissance des céréales. **2. Séparer le bon grain de l'ivraie,** séparer les bons des méchants, le bien du mal.

ivre [ivr] **adj.** (lat. *ebrius*). **1.** (Sans compl.). Qui a l'esprit troublé par l'effet du vin, de l'alcool : *Tituber comme un homme ivre* (syn. **soûl, gris**). **2.** Exalté par une passion, un sentiment, etc. : *Ivre d'amour* (syn. **fou de**). **3. Ivre mort, ivre morte,** ivre au point d'avoir perdu connaissance.

ivresse [ivrɛs] **n.f. 1.** État, marqué par une excitation psychique et une absence de coordination motrice, dû à l'ingestion massive d'alcool, ou, par ext., à l'absorption de certains stupéfiants : *Conduite en état d'ivresse* (syn. **ébriété**). *L'ivresse que procure l'opium.* **2.** État d'euphorie, d'excitation : *Dans l'ivresse du combat* (syn. **exaltation**). *L'ivresse de la victoire* (syn. **transport**).

ivrogne [ivrɔɲ] **n.** et **adj.** (du lat. pop. **ebrionia,* ivrognerie, du class. *ebrius,* ivre). Personne qui a l'habitude de s'enivrer : *Un ivrogne invétéré* (syn. **alcoolique**). ***Rem.*** Le fém. *ivrognesse* est vieilli.

ivrognerie [ivrɔɲri] **n.f.** Habitude de s'enivrer : *Sombrer dans l'ivrognerie* (syn. **alcoolisme**).

Ivry-sur-Seine, ch.-l. de c. du Val-de-Marne, sur la Seine ; 58 984 hab. *(Ivryens).* Centre industriel.

Izanagi et **Izanami,** dieu et déesse qui forment le couple créateur dans la mythologie du shinto japonais ; barattant la mer primordiale, ils firent prendre forme d'abord aux îles du Japon, puis aux divinités de la nature, aux *kami* du feu, des vents, du soleil, etc.

Izieu, comm. de l'Ain, dans le Bugey ; 213 hab. Le 6 avril 1944, au cours d'une rafle de la Gestapo de Lyon, 44 enfants juifs, réfugiés dans une maison d'accueil, ainsi que leurs 7 éducateurs, furent arrêtés. Excepté une adulte, qui put s'échapper, ils furent déportés et exterminés à Auschwitz et à Reval (auj. *Talinn*) [Estonie]. Musée-mémorial.

Izmir, anc. **Smyrne,** port de Turquie, sur la mer Égée ; 2 232 265 hab. (2 841 907 hab. dans l'agglomération). Foire internationale. Musée archéologique. Fondée au VIIe s. av. J.-C., annexée à l'Empire ottoman en 1424, elle fut occupée par les Grecs en 1919 et reprise par les Turcs en 1922.

J

j [ʒi] **n.m. inv. 1.** Dixième lettre (consonne) de l'alphabet. **2. Jour J,** jour où doit avoir lieu un événement important et prévu, et, en partic., où doit se déclencher une action militaire, une attaque.

Jabès (Edmond), poète français d'origine égyptienne (Le Caire 1912 - Paris 1991). Sa poésie (*Je bâtis ma demeure,* 1959) comme ses méditations (*le Livre des questions,* 1963-1973 ; *le Livre des ressemblances,* 1976-1980) interrogent les relations entre le judaïsme, l'écriture et l'exil.

jabot [ʒabo] **n.m.** (du prélatin **gaba,* gorge). **1.** Chez les oiseaux, poche formée par un renflement de l'œsophage, où la nourriture séjourne quelque temps avant de passer dans l'estomac et d'où elle peut être régurgitée. **2.** Renflement volumineux placé entre l'œsophage et le gésier des insectes. **3.** Ornement de dentelle ou de tissu léger fixé au plastron d'un vêtement : *Chemise à jabot.*

jacassement [ʒakasmɑ̃] **n.m. 1.** Cri de la pie et de quelques oiseaux. **2.** Bavardage continuel et bruyant.

jacasser [ʒakase] **v.i.** (altér. de *jaqueter* [v. *jacter*] ; d'apr. *coasser, agacer,* etc.). **1.** Crier, en parlant de la pie. **2.** FAM. Bavarder, parler avec volubilité.

jacasseur, euse [ʒakasœr, -øz] et **jacassier, ère** [ʒakasje, -ɛr] **n.** et **adj.** FAM. Celui, celle qui jacasse.

Jaccottet (Philippe), écrivain suisse d'expression française (Moudon 1925). Traducteur (Homère, R.M. Rilke, G. Ungaretti), poète lyrique discret (*Airs, À la lumière d'hiver, Ce peu de bruits*), il oppose dans ses carnets (*la Semaison*) la beauté des paysages à la hantise de la mort.

jachère [ʒaʃɛr] **n.f.** (bas lat. *gascaria,* gaul. **gansko,* terre labourée). **1.** Terre non ensemencée, subissant des labours de printemps et d'été pour préparer les semailles d'automne. **2.** Terre non cultivée temporairement pour permettre la reconstitution de la fertilité du sol ou pour limiter une production jugée trop abondante : *Laisser une terre en jachère* (syn. friche).

jacinthe [ʒasɛ̃t] **n.f.** (lat. *hyacinthus,* gr. *Huakinthos,* personnage mythol. changé en fleur). Plante bulbeuse dont on cultive une espèce d'Asie Mineure pour ses fleurs en grappes ornementales. ▸ Famille des liliacées.

jack [dʒak] **n.m.** (mot angl.). Fiche mâle ou, plus rarement, femelle, à deux conducteurs coaxiaux, utilisée notamm. en téléphonie.

jackpot [dʒakpɔt] **n.m.** (mot angl.). **1.** Dans certaines machines à sous, combinaison qui permet de remporter le gros lot ; montant en monnaie de ce gros lot. **2.** Grosse somme vite gagnée ; pactole.

Jackson (Andrew), homme d'État américain (Waxhaw, Caroline du Sud, 1767 - Hermitage, Tennessee, 1845), démocrate, président des États-Unis de 1829 à 1837. Il accrut l'autorité présidentielle et renforça la démocratie américaine.

Jackson (John Hughlings), neurologue britannique (Green Hammerton, Yorkshire, 1834 - Londres 1911). Considéré comme l'un des fondateurs de la neurologie moderne, il a introduit la notion de localisation lésionnelle et étudié notamment l'épilepsie.

Jackson (Mahalia), chanteuse américaine (La Nouvelle-Orléans 1911 - Chicago 1972). Après avoir chanté, dès 1927, dans les églises de Chicago, elle connut le succès à partir de 1946. Elle fut l'une des plus importantes chanteuses de negro spirituals et de gospels.

Jackson (Michael), chanteur de pop américain (Gary, Indiana, 1958 - Los Angeles 2009). Dernier-né des cinq frères qui formèrent le groupe de rhythm and blues des Jackson Five, il poursuivit en solo une des plus grandes carrières de la scène pop internationale *(Thriller, Bad).* Il fut aussi un danseur spectaculaire (breakdance).

Jacob, le dernier des patriarches de la Bible, fils d'Isaac et de Rébecca ; ses douze fils seront les ancêtres éponymes des tribus d'Israël. Frère jumeau d'Ésaü, qui est considéré comme né le premier, il lui dérobe par ruse le droit d'aînesse. Il mène avec sa famille une vie nomade et connaît une disette qui, grâce à la fortune de son onzième fils, Joseph, l'amène en Égypte, où il meurt. Il sera inhumé en Canaan auprès d'Abraham. Le nom d'Israël qui lui est donné parfois dans la Bible en est venu à désigner l'ensemble du peuple juif ainsi que le royaume du Nord lors du schisme consécutif à la mort de Salomon.

Jacob (François), médecin et biologiste français (Nancy 1920 - Paris 2013). Avec J. Monod, il a conçu et démontré l'existence de l'A.R.N. messager, puis il a étudié la régulation des gènes chez les bactéries. On lui doit notamment : *la Logique du vivant* (1970) et *le Jeu des possibles* (1981). [Prix Nobel 1965 avec A. Lwoff et J. Monod.]

Jacob (Georges), menuisier et ébéniste français (Cheny, Yonne, 1739 - Paris 1814). Maître à Paris en 1765, créateur de sièges originaux, il est le grand représentant du style « à la grecque » ; il a utilisé l'acajou à l'imitation de l'Angleterre. Son fils **François Honoré** (Paris 1770 - *id.* 1841) fonda, sous le nom de Jacob-Desmalter, une fabrique dont l'œuvre au service de l'Empire fut très importante (pour remeubler les anciens palais royaux).

jacobin, e [ʒakɔbɛ̃, -in] **n.** (du bas lat. *Jacobus,* Jacques). **1.** Autref., religieux, religieuse de la règle de saint Dominique, dont le premier couvent était situé rue Saint-Jacques à Paris. **2.** HIST. (Avec une majuscule). Membre du club des Jacobins. **3.** Républicain partisan d'une démocratie centralisée. ◆ **adj.** Propre aux Jacobins : *Opinions jacobines* (= révolutionnaires).

jacobinisme [ʒakɔbinism] **n.m. 1.** Doctrine démocratique et centralisatrice professée sous la Révolution par les Jacobins. **2.** Opinion préconisant le centralisme de l'État.

Jacobins *(club des)* [1789-1799], société politique créée à Versailles par des députés de la province et qui s'installa, peu après sa fondation, à Paris, dans l'ancien couvent des Jacobins. Privé de ses membres modérés (Lafayette, Sieyès), le club passa aux mains des révolutionnaires les plus radicaux (Montagnards) et fut dominé dès lors par la personnalité de

Robespierre. Fermé une première fois après Thermidor (1794), il fut reconstitué à deux reprises et définitivement dissous en 1799, sous le Directoire.

Jacopo della Quercia, sculpteur italien (Sienne v. 1374 - ? 1438). Combinant tradition gothique et affirmation d'un sentiment classique nouveau, il a travaillé, dans un style monumental, à Lucques (tombeau d'Ilaria Del Carretto), Sienne (fontaine Gaia), Bologne (reliefs du portail de S. Petronio).

jacquard [ʒakar] **n.m.** (n. de l'inventeur). **1.** Métier à tisser inventé par Joseph Jacquard. **2.** Tricot qui présente des bandes ornées de dessins géométriques sur un fond de couleur différente : *Un pull jacquard.*

Jacquard (Joseph Marie), mécanicien français (Lyon 1752 - Oullins, Rhône, 1834). Il est l'inventeur du métier à tisser qui porte son nom. Le jacquard est équipé d'un mécanisme qui permet la sélection des fils de chaîne par un programme inscrit sur des cartons perforés (1805).

jacquemart n.m. ⟶ **jaquemart.**

jacquerie [ʒakri] **n.f.** (de *jacques*). **1.** Révolte paysanne. **2.** HIST. (Avec une majuscule). Insurrection paysanne de 1358.

jacques [ʒak] **n.m.** (de *Jacques,* nom que, par dérision, les nobles donnaient aux paysans). **1.** HIST. (Souvent avec une majuscule). Membre de la Jacquerie. **2.** *FAM.* **Faire le jacques,** se livrer à des excentricités ; se donner en spectacle.

Jacques *(saint),* dit **le Majeur,** apôtre de Jésus, fils de Zébédée et frère de Jean l'Évangéliste, mort martyr à Jérusalem en 44, sous Hérode le Grand. Il est particulièrement honoré à Compostelle, mais c'est en fait sur des légendes hagiographiques que reposerait la relation de sa venue et de son apostolat en Espagne.

Jacques *(saint),* dit **le Mineur,** parent de Jésus, que le Nouveau Testament appelle le « frère du Seigneur » et qu'on trouve à la tête de la communauté chrétienne de Jérusalem. Selon Flavius Josèphe, il fut lapidé vers 62. On doit le distinguer du second apôtre Jacques, fils d'Alphée. L'épître « catholique » qui lui est attribuée est un écrit anonyme de la fin du Ier s., imprégné des idées judéo-chrétiennes dont la communauté de Jérusalem était le foyer.

Jacques Ier (Édimbourg 1566 - Theobaldo Park, Hertfordshire, 1625), roi d'Angleterre et d'Irlande (1603-1625) et, sous le nom de Jacques VI, roi d'Écosse (1567-1625), fils de Marie Stuart. Successeur d'Élisabeth Ire, il fut le premier Stuart à accéder au trône d'Angleterre (1603). Fidèle à la religion anglicane, il échappa à la Conspiration des poudres organisée par les catholiques (1605) et persécuta les puritains (protestants anglais), dont il accéléra ainsi l'émigration vers l'Amérique. Négligeant le Parlement, il donna sa confiance à son favori Buckingham et s'attira l'hostilité des Anglais. • **Jacques II** (Londres 1633 - Saint-Germain-en-Laye 1701), roi d'Angleterre, d'Irlande et, sous le nom de Jacques VII, d'Écosse (1685-1688). Frère de Charles II, il se convertit au catholicisme ; malgré le Test Act, imposant à tout détenteur d'un office public l'appartenance à la foi anglicane, il succéda à son frère en 1685. Mais son mépris du Parlement et la naissance d'un fils, héritier catholique, Jacques Édouard (1688), provoquèrent l'opposition whig, qui fit appel au gendre de Jacques II, Guillaume d'Orange. En débarquant en Angleterre, celui-ci obligea Jacques II à s'enfuir en France. Défait à la Boyne, en Irlande (1690), il ne parvint pas à reconquérir le pouvoir.

jacquet [ʒakɛ] **n.m.** (dimin. de *Jacques*). Jeu dérivé du trictrac, joué avec des pions et des dés sur une tablette divisée en quatre compartiments.

jacquier n.m. ⟶ **jaquier.**

1. jactance [ʒaktɑ̃s] **n.f.** (lat. *jactancia,* de *jactare,* lancer). *LITT.* Attitude arrogante qui se manifeste par l'emphase avec laquelle une personne parle d'elle-même, se vante : *La jactance d'un fanfaron* (syn. **vanité, suffisance**).

2. jactance [ʒaktɑ̃s] **n.f.** (de *jacter*). *FAM.* Bavardage ; bagou ; baratin.

jacter [ʒakte] **v.i.** (moyen fr. *jaqueter,* jacasser, parler, de *jacque, jaquette,* appellations dialect. de la pie). *FAM.* Parler ; bavarder.

jaculatoire [ʒakylatwar] **adj.** (du lat. *jaculari,* lancer). RELIG. **Oraison jaculatoire,** prière courte et fervente.

Jacuzzi [ʒakuzi] **n.m.** (nom déposé). Petit bassin équipé de jets d'eau sous pression destinés à créer des remous relaxants. (On dit aussi *bain à remous.*)

jade [ʒad] **n.m.** (de l'esp. [*piedra de la*] *ijada,* [pierre du] flanc, le jade passant pour guérir les coliques néphrétiques). **1.** Silicate naturel d'aluminium, de calcium et de magnésium, utilisé comme pierre fine, d'un vert plus ou moins foncé, à l'éclat laiteux, très employé en Chine : *Statuette de jade.* **2.** Objet en jade.

jadis [ʒadis] **adv.** (anc. fr. *ja a dis,* il y a déjà des jours). Autrefois ; dans le passé : *Mon grand-père l'a connu, jadis. Au temps jadis* (= dans l'ancien temps).

Jagellons, dynastie d'origine lituanienne qui régna en Pologne (1386-1572), sur le grand-duché de Lituanie (1377-1401 et 1440-1572), en Hongrie (1440-1444, 1490-1526) et en Bohême (1471-1526).

jaguar [ʒagwar] **n.m.** (port. *jaguarete,* empr. au tupi-guarani). Grand félin du Mexique et de l'Amérique du Sud, voisin de la panthère, à taches ocellées. ▸ Long. 1,80 m environ ; genre Panthera.

jaillir [ʒajir] **v.i.** (probabl. du lat. pop. **galire,* d'orig. gaul.) [conj. **32**]. **1.** Sortir impétueusement, en parlant d'un liquide, d'un gaz : *Le pétrole jaillit du sol* (syn. **gicler, sourdre**). **2.** *LITT.* Se manifester vivement ; sortir soudainement : *Les réponses jaillissent de tous côtés* (syn. **fuser, surgir**). *Du choc des opinions jaillit la vérité* (syn. **se dégager**).

jaillissant, e [ʒajisɑ̃, -ɑ̃t] **adj.** Qui jaillit : *Eau jaillissante.*

jaillissement [ʒajismɑ̃] **n.m.** Action, fait de jaillir : *Le jaillissement d'une source. Un jaillissement d'idées nouvelles.*

jaïnisme [ʒainism] **n.m.** (de *jaïn,* n. de l'adepte, mot du hindi, de *Jina,* n. du fondateur). Religion fondée en Inde au VIe s. av. J.-C., dont le principe fondamental est la non-violence envers toutes les créatures, et le but de conduire l'homme au nirvana. (On dit aussi *djaïnisme* ou *jinisme.*)

Jaipur, v. de l'Inde, cap. du Rajasthan ; 3 073 350 hab. Université. Plusieurs monuments (XVIe-XVIIIe s.), dont le palais fortifié d'Amber, rappellent les fastes de ce foyer de la civilisation rajpute.

jais [ʒɛ] **n.m.** (lat. *gagates,* pierre de Gagas [Lycie]). **1.** Lignite d'une variété d'un noir brillant. **2. De jais,** d'un noir brillant : *Des yeux de jais.*

Jakarta ou **Djakarta,** anc. **Batavia,** cap. de l'Indonésie, fondée en 1619, dans l'ouest de Java ; 9 588 198 hab. Plus grande ville de l'Asie du Sud-Est.

Jakobson (Roman), linguiste américain d'origine russe (Moscou 1896 - Boston 1982). Ses recherches ont porté sur la phonologie, la psycholinguistique, la théorie de la communication, la structure du langage et l'étude du langage poétique (*Essais de linguistique générale,* 1963-1973).

jalon [ʒalɔ̃] **n.m.** (probabl. du lat. pop. **galire ;* v. *jaillir*). **1.** Piquet servant à établir des alignements, à marquer des distances : *Placer des jalons pour tracer une rue.* **2.** Ce qui sert de point de repère, de marque pour suivre une voie déterminée : *Poser les jalons d'un travail futur.*

jalonnement [ʒalɔnmɑ̃] **n.m.** Action, manière de jalonner : *Le jalonnement d'un itinéraire.*

jalonner [ʒalɔne] **v.t.** (de *jalon*). **1.** Déterminer, matérialiser le parcours, la direction, l'alignement de : *Des bouées jalonnent le chenal.* **2.** Se succéder en marquant des étapes dans le temps, le cours de qqch : *Succès qui jalonnent la vie de qqn* (syn. **marquer**). *Route jalonnée d'obstacles.*

jalousement [ʒaluzmɑ̃] **adv.** De façon jalouse : *Garder jalousement un secret* (syn. **soigneusement**). *Regarder jalousement une rivale* (syn. **envieusement**).

jalouser [ʒaluze] **v.t.** Porter envie à, être jaloux de : *Jalouser ses camarades* (syn. **envier**).

1. jalousie [ʒaluzi] **n.f.** (de *jaloux*). **1.** Sentiment d'inquiétude douloureuse chez qqn qui éprouve un désir de possession exclusive envers la personne aimée et qui craint son éventuelle infidélité : *Cette coquetterie excitait sa jalousie.* **2.** Dépit envieux ressenti à la vue des avantages d'autrui : *Sa réussite a provoqué leur jalousie* (syn. **envie**).

2. jalousie [ʒaluzi] **n.f.** (it. *gelosia*). Dispositif de fermeture de fenêtre composé de lamelles mobiles, horizontales ou verticales.

jaloux, ouse [ʒalu, -uz] **adj.** et **n.** (lat. pop. **zelosus,* plein de zèle, du class. *zelus,* du gr.). **1.** Qui éprouve de la jalousie en amour : *Un mari jaloux* (syn. **exclusif, possessif**). **2.** Qui éprouve du dépit devant les avantages des autres : *Être jaloux du sort de qqn* (syn. **envieux**). ◆ **adj.** Très attaché à : *Se montrer jaloux de son autorité* (syn. **soucieux de**).

Jamaïque (la), en angl. **Jamaica,** État formé par l'une des Antilles, au sud de Cuba ; 11 425 km² ; 2 784 000 hab. (*Jamaïquains* ou *Jamaïcains*). CAP. *Kingston.* LANGUE : *anglais.* MONNAIE : *dollar de la Jamaïque.*

GÉOGRAPHIE

Île au climat tropical maritime constamment chaud, mais plus arrosée au nord qu'au sud et parfois ravagée par les cyclones, la Jamaïque est montagneuse dans sa partie orientale (2 467 m dans les Montagnes Bleues), formée de plateaux calcaires au centre et à l'ouest, parsemée de plaines alluviales, souvent littorales.

L'agriculture est dominée par les cultures de plantation (canne à sucre et bananiers surtout), alors que les productions vivrières (manioc, maïs, etc.) ne satisfont pas les besoins. Mais les ressources essentielles demeurent l'extraction de la bauxite (exportée brute ou sous forme d'alumine) et le tourisme international. Les revenus de ce dernier équilibrent la balance des paiements et comblent le traditionnel déficit commercial. Cela n'assure pas le plein-emploi dans un pays densément peuplé et à la croissance démographique encore notable, lourdement endetté, où l'influence des États-Unis reste prépondérante.

HISTOIRE

1494. La Jamaïque est découverte par Christophe Colomb. Les Espagnols occupent l'île, y introduisent des esclaves d'Afrique et exterminent les autochtones (Arawak).

1655. Conquête de l'île par les Anglais.

Ils y développent la culture de la canne à sucre et font de la Jamaïque le centre du trafic des esclaves noirs pour l'Amérique du Sud. Le début du XXᵉ s. voit l'installation dans l'île de grandes compagnies étrangères (United Fruit).

1938. Des émeutes marquent le début du mouvement autonomiste.

1962. L'île obtient son indépendance.

Jamaïque *(accords de la)*, accords monétaires signés les 7 et 8 janv. 1976 entre les pays membres du F.M.I. Remettant en cause le contenu des accords de Bretton Woods, ils légalisèrent le système des changes flexibles pratiqué depuis 1973, rendirent officielle la démonétisation de l'or et consacrèrent les droits de tirage spéciaux (D.T.S.), « numéraire de référence » international.

jamais [ʒamɛ] **adv.** (de l'anc. fr. *jà,* déjà [lat. *jam*], et *mais,* plus [lat. *magis*]). **1.** (En corrélation avec *ne* ou précédé de *sans*). Indique la continuité dans la négation, l'inexistence : *Elle n'en a jamais rien su. Je l'ai croisée cent fois sans jamais lui parler.* **2.** (Sans négation). Indique une référence quelconque, au passé ou au futur : *Si jamais je te revois* (= si un jour). *Elle est plus belle que jamais.* **3. À jamais, à tout jamais,** dans tout le temps à venir : *C'est à tout jamais fini entre nous* (= pour toujours). / **Jamais de la vie,** exprime un refus catégorique.

jambage [ʒɑ̃baʒ] **n.m.** (de *jambe*). **1.** Trait vertical ou légèrement incliné de certaines lettres : *Le « m » a trois jambages, le « n » n'en a que deux.* **2.** ARCHIT. Piédroit ou partie antérieure de piédroit.

jambe [ʒɑ̃b] **n.f.** (bas lat. *gamba,* jarret, patte de cheval, gr. *kampê*). **1.** Partie du membre inférieur comprise entre le genou et le cou-de-pied (par opp. à la *cuisse*) : *Le squelette de la jambe est formé du tibia et du péroné.* **2.** Le membre inférieur tout entier : *Avoir des jambes longues, maigres.* **3.** Partie du membre d'un quadrupède, et spécial. d'un cheval, correspondant à la jambe et à l'avant-bras de l'homme (syn. **patte**). **4.** Partie du pantalon recouvrant chacune des deux jambes. **5.** CONSTR. Pilier ou chaîne en pierre de taille que l'on intercale dans un mur en maçonnerie afin de le renforcer. **6. À toutes jambes,** en courant le plus vite possible : *S'enfuir à toutes jambes.* / FAM. **Ça lui (me, etc.) fait une belle jambe,** cela ne l'avance en rien, ne présente aucune utilité. / **Par-dessous, par-dessus la jambe,** avec désinvolture, sans soin : *Travail exécuté par-dessus la jambe.* / **Prendre ses jambes à son cou,** s'enfuir en courant. / FAM. **Tenir la jambe à qqn,** l'importuner par un long discours, souvent ennuyeux. / **Tirer dans les jambes de qqn,** l'attaquer d'une façon déloyale. **7.** CONSTR. **Jambe de force,** pièce de bois ou de fer oblique, posée vers l'extrémité d'une poutre pour la soulager en diminuant sa portée. / SPORTS. **Jeu de jambes,** manière de mouvoir les jambes : *Jeu de jambes d'un boxeur.*

jambière [ʒɑ̃bjɛr] **n.f. 1.** Morceau de tissu ou de cuir façonné pour envelopper et protéger la jambe : *Les hockeyeurs portent des jambières.* **2.** Partie d'une armure protégeant la jambe.

jambon [ʒɑ̃bɔ̃] **n.m.** (de *jambe*). Morceau du porc correspondant au membre postérieur, préparé cru, cuit ou fumé : *Une tranche de jambon.*

jambonneau [ʒɑ̃bɔno] **n.m.** (de *jambon*). Portion inférieure du membre antérieur ou du membre postérieur du porc.

jamboree [ʒɑ̃bɔri] **n.m.** (mot anglo-amér., du hindi). Réunion internationale des scouts.

James *(baie)*, vaste baie dans le prolongement de la baie d'Hudson (Canada). Aménagement hydroélectrique de ses cours d'eau tributaires.

James (Henry), romancier britannique d'origine américaine (New York 1843 - Londres 1916). Auteur d'une œuvre importante, il joue de son appartenance à deux mondes contrastés (l'Amérique et l'Europe) pour définir une philosophie de la vie qui s'achève en méditation sur l'art de vivre (*Daisy Miller,* 1878 ; *le Tour d'écrou,* 1898 ; *les Ailes de la colombe,* 1902 ; *les Ambassadeurs,* 1903).

James (William), philosophe américain (New York 1842 - Chocorua, New Hampshire, 1910), un des fondateurs du pragmatisme. Selon lui, rien n'est vrai en dehors de ce qui constitue le résultat perceptible de ce que l'on voit ou de ce que l'on éprouve. Il a énoncé une théorie anti-intellectualiste de la psychologie (*les Variétés de l'expérience religieuse,* 1902).

Jamna → Yamuna.

jam-session [dʒamseʃən] **n.f.** (mot angl.) [pl. *jam-sessions*]. Réunion de musiciens de jazz improvisant en toute liberté pour leur plaisir.

Janáček (Leoš), compositeur tchèque (château de Hukvaldy près de Sklenov, 1854 - Moravská Ostrava, Moravie, 1928). Inspirée des chants populaires, son œuvre ouvre des horizons nouveaux par son instrumentation colorée. Les opéras de Janáček sont imprégnés de l'idéologie socialiste, depuis le romantique *Šárka* (1887) jusqu'aux chefs-d'œuvre de la maturité : *Káta Kabanová* (1921), *Jenůfa* (1904). Janáček composa aussi de la musique religieuse, dont la *Messe glagolitique* (1926), de la musique orchestrale (*Tarass Boulba,* 1915) et deux importants quatuors à cordes.

Janet (Pierre), médecin et psychologue français (Paris 1859 - *id.* 1947). Fondateur de la psychologie clinique, il a étudié l'hystérie. Il a travaillé avec S. Freud pour essayer d'expliquer les troubles psychiques par des mécanismes psychologiques. Il a écrit *Névroses et idées fixes,* 1898 ; *De l'angoisse à l'extase,* 1927-1928.

janissaire [ʒanisɛr] **n.m.** (it. *giannizzero*, du turc anc. *yeni çeri*, nouvelle troupe). HIST. Soldat d'un corps d'infanterie ottoman recruté, à l'origine (XIVe-XVIe s.), parmi les enfants enlevés aux peuples soumis : *Les janissaires jouèrent un rôle déterminant dans les conquêtes de l'Empire ottoman.*

Jankélévitch (Vladimir), philosophe français (Bourges 1903 - Paris 1985). Il s'est intéressé aux problèmes posés par l'existentialisme (*la Mauvaise Conscience*, 1933 ; *Traité des vertus*, 1949) et à la musique (*Ravel*, 1939).

jansénisme [ʒɑ̃senism] **n.m.** (de *Jansénius*). Doctrine de Jansénius et de ses disciples ; mouvement religieux animé par ses partisans.

■ Le jansénisme est un mouvement religieux qui se développe au XVIIe s. et se prolonge au XVIIIe s. Il remonte aux débats théologiques du XVIe s. concernant la grâce divine et se développe autour des thèses de Jansénius (1585-1638). Deux écoles sont en présence : celle des disciples de saint Augustin, qui privilégie l'initiative divine face à la liberté humaine, et celle, représentée par les jésuites et spécialement Molina (1535-1601), qui accorde un plus grand pouvoir à la liberté en matière de mérite. D'âpres controverses se développent à partir de l'université de Louvain, où l'augustinisme a pour défenseur Jansénius, qui, dans son *Augustinus* (1640), en fournit une somme argumentée. Cet ouvrage trouve en France de fervents défenseurs, principalement les messieurs et les religieuses de Port-Royal, l'abbé de Saint-Cyran et la famille Arnauld. Le pape Innocent X intervient en 1653 pour condamner « cinq propositions » qu'un professeur de la Sorbonne a prétendu trouver dans l'*Augustinus*. Arnauld riposte en montrant que celles-ci sont hérétiques, et qu'elles ne figurent pas dans l'ouvrage incriminé. Pascal prend parti à son tour contre les molinistes dans ses fameuses *Provinciales* (1656). Mais la situation des jansénistes s'aggrave, tant à Rome, où la condamnation est réitérée, qu'à Paris, où Louis XIV s'en prend à l'abbaye de Port-Royal, qui, après une trêve dite « paix de l'Église » (1669-1679), sera finalement détruite. Un second jansénisme, plus ouvertement politique et parlementaire, apparaîtra plus tard en France (avec Pasquier Quesnel) et en Italie. Un dernier coup sera porté à ce mouvement d'austérité et d'antiabsolutisme par la bulle *Unigenitus* (1713) de Clément XI. ■

janséniste [ʒɑ̃senist] **adj.** et **n. 1.** Qui appartient au jansénisme. **2.** Qui manifeste une vertu austère évoquant celle des jansénistes.

Jansénius (Cornelius Jansen, dit**),** théologien dont le nom reste attaché à la doctrine et aux vicissitudes du jansénisme (Acquoy, Hollande, 1585 - Ypres 1638). À l'université de Louvain, il prend parti pour l'augustinisme contre les jésuites et se lie avec Du Vergier de Hauranne, futur abbé de Saint-Cyran. Il suit celui-ci en France (1604-1614) et, devenu évêque d'Ypres, travaille, encouragé par Saint-Cyran, à la rédaction de son traité sur la grâce, intitulé *Augustinus*. Cet ouvrage, publié deux ans après sa mort, déchaînera la grande querelle du jansénisme.

jante [ʒɑ̃t] **n.f.** (lat. pop. **cambita*, gaul. **cambo*, courbe). Cercle qui constitue la périphérie d'une roue de véhicule, d'un volant, d'une poulie : *Pneu monté sur jante en acier.*

Janus, l'un des dieux les plus anciens de la mythologie romaine. Il est le gardien des portes, surveillant entrées et sorties ; c'est pourquoi on le représente avec deux visages, l'un regardant devant, l'autre derrière, ce qui évoque les deux faces d'une porte (*janua* en lat.).

janvier [ʒɑ̃vje] **n.m.** (lat. *januarius*, mois consacré au dieu Janus). Premier mois de l'année.

japon [ʒapɔ̃] **n.m. 1.** Porcelaine, ivoire fabriqués au Japon. **2. Papier japon,** papier légèrement jaune, soyeux, satiné, nacré, fabriqué autref. au Japon avec l'écorce d'un mûrier et qui servait aux tirages de luxe ; papier fabriqué à l'imitation du papier japon (on dit aussi *du japon*).

Japon, en jap. **Nippon** (« pays du Soleil-Levant »), État de l'Asie orientale, formé essentiellement de quatre îles (*Honshu, Hokkaido, Shikoku* et *Kyushu*) ; 373 000 km^2 ; 127 144 000 hab. (*Japonais*). CAP. *Tokyo*. LANGUE : *japonais*. MONNAIE : *yen*.

GÉOGRAPHIE

Le milieu naturel et la population. Le Japon se situe au neuvième rang dans le monde pour la population, mais au troisième rang dans l'économie mondiale. Pourtant, il ne doit guère sa prospérité aux conditions offertes par le milieu. La montagne domine, les plaines ne couvrant que 16 % du territoire ; la forêt en occupe les deux tiers. Le pays n'est pas à l'abri des tremblements de terre, des éruptions volcaniques, des typhons et raz de marée. Dans le domaine de la mousson, le Japon a des étés chauds et humides, mais l'hiver est rigoureux dans le Nord, enneigé sur le versant ouest. En fait, à peine le quart du territoire est utilisé, si bien que le pays est l'un des plus densément peuplés du monde. Toutefois, en raison de la chute du taux de natalité et du vieillissement de la population (avec une espérance de vie avoisinant 78 ans pour les hommes et 85 ans pour les femmes), la population ne s'accroît plus, voire diminue. Cette population est fortement urbanisée (à env. 80 %), avec plusieurs villes qui dépassent le million d'habitants (dont Tokyo, Osaka, Yokohama, Nagoya).

L'économie. L'industrie, moteur de la croissance économique depuis 1950, occupe environ le tiers des actifs. Elle se caractérise, d'une part, par le volume des importations de matières premières et celui des exportations (95 % des produits manufacturés), et, d'autre part, par la juxtaposition d'énormes sociétés et de multiples petites entreprises (souvent sous-traitantes des premières). Toutes les branches sont représentées, et une recherche active permet la mise sur le marché de produits nouveaux. Le pays occupe le premier ou le deuxième rang mondial dans la sidérurgie, la construction automobile (véhicules utilitaires et motos) et navale, les constructions électriques et électroniques (téléviseurs et lecteurs de DVD), la chimie. L'énergie est importée, le sous-sol donnant très peu de charbon, et le nucléaire, développé, ne fournissant que 20 % de la production totale d'électricité avant la catastrophe de Fukushima en mars 2011.

L'agriculture emploie environ 5 % des actifs et satisfait moins de 75 % des besoins nationaux. Le riz demeure, et de loin, la principale culture. L'élevage (bovins et surtout porcins) occupe une place plus modeste, moindre que la pêche, qui est active sur toutes les mers du monde.

Les services occupent désormais plus de la moitié de la population active, mais le traditionnel et important excédent de la balance commerciale résulte essentiellement des exportations industrielles. Les ventes représentent 15 % du volume de la production, part relativement élevée compte tenu de la dimension du marché intérieur. Elles sont dirigées pour une bonne part vers les autres pays développés (Europe occidentale et surtout États-Unis), qui, en raison d'un protectionnisme déguisé, peinent à pénétrer sur le marché japonais. En outre, une stratégie d'implantation d'établissements industriels (surtout aux États-Unis et dans les pays de l'U.E., mais aussi dans les pays du Sud-Est asiatique) est mise en place. Les grands fournisseurs du Japon sont, après les États-Unis, les pays pétroliers. La balance des paiements est en partie rééquilibrée par les sorties de capitaux (investissements à l'étranger), destinés en fait à stimuler les exportations. Le Japon, par la structure de son économie, a bénéficié de la mondialisation de l'économie et du développement des échanges. Inversement, il subit les effets d'une succession de crises (crise asiatique de 1997-1998 et, aujourd'hui, crise mondiale de 2007-2008), génératrices de stagnation ou de récession. Il demeure confronté par ailleurs à de sérieux problèmes intérieurs : déséquilibres régionaux, pollution et montée du malaise social.

HISTOIRE

L'État antique. Selon la tradition, le Japon a été créé en 660 av. J.-C. par l'empereur Jimmu tenno, descendant de la déesse Amaterasu (le Soleil). Mais, en fait, ce n'est qu'à partir du Ve s. de notre ère qu'existe dans l'archipel nippon une confédération de « royaumes », organisés en clans très hiérarchisés. Aux VIe et VIIe s., l'État du Yamato s'impose en adoptant les prin-

cipes moraux et politiques du bouddhisme (introduit v. 538, date génér. admise comme début de la période historique du Japon) et du confucianisme, venus de Chine.
710-794. Période de Nara, ville où la Cour s'établit.
794-1185. Période de Heian (future Kyoto), où la Cour est désormais installée.
Cette période est marquée par l'affaiblissement progressif du clan des Fujiwara, qui, depuis 858, avaient en main tous les pouvoirs. Deux familles aristocratiques, les Taira et les Minamoto, s'opposent en une lutte acharnée, de laquelle les Minamoto sortent vainqueurs.
Le shogunat
1192. Yoritomo, le chef du clan Minamoto, établit un gouvernement militaire, le shogunat, à Kamakura.
Le gouvernement impérial se maintient, mais sans vrai pouvoir, à Kyoto, l'autorité réelle appartenant au *shogun* (général) et à son gouvernement.
1205-1333. Le clan des Hojo détient le pouvoir effectif. Il triomphe des deux invasions mongoles (1274-1281).
1338. Le clan Ashikaga s'empare du shogunat. Le shogunat des Ashikaga (1338-1573), établi à Kyoto, est une période d'anarchie politique au cours de laquelle la puissance croissante des grands *daimyo* (seigneurs féodaux) et des monastères bouddhiques provoque des luttes internes.
1542. L'archipel japonais est atteint pour la première fois par les Européens (Portugais puis Espagnols). Viennent ensuite les missionnaires catholiques, dont le plus célèbre est François Xavier.
1585-1598. Toyotomi Hideyoshi, Premier ministre de l'empereur, unifie le Japon.
1603-1605. Tokugawa Ieyasu s'installe à Edo (Tokyo), se déclare shogun héréditaire et dote le Japon d'institutions stables. Son accession au pouvoir inaugure la période d'Edo ou des Tokugawa (1603-1867). Le shogunat devient de plus en plus autoritaire. Après la rébellion de 1637, au cours de laquelle les chrétiens sont massacrés, le pays est fermé aux étrangers (sauf aux Chinois et aux Hollandais). Cette époque se caractérise par la montée rapide de la classe des commerçants.
1854. Le Japon est contraint par les armes de signer un accord de commerce avec les États-Unis. Des avantages semblables sont bientôt accordés à d'autres pays, ce qui provoque des mouvements xénophobes.
1867-1868. Le shogunat disparaît. L'empereur Mutsuhito détient seul le pouvoir. Commence alors l'ère Meiji ou « du gouvernement éclairé ».
L'ère Meiji (1868-1912) et l'expansion japonaise jusqu'en 1945. Le nouvel empereur s'installe à Tokyo. Le pays s'ouvre largement à l'influence occidentale.
1889. À l'exemple de l'Occident, une Constitution établit une monarchie parlementaire. La modernisation économique est très rapide. Des associations de marchands et de financiers *(zaibatsu)* procèdent à l'électrification de l'archipel, créent un réseau de voies ferrées et édifient de grandes industries. À l'extérieur, le Japon pratique une politique d'expansion.
1894-1895. Après une guerre victorieuse contre la Chine, le Japon annexe Formose (auj. Taïwan).
1904-1905. Guerre russo-japonaise. Le traité de Portsmouth (1905) qui met fin à cette guerre permet aux Japonais de s'installer en Corée, annexée en 1910, et leur donne la souveraineté sur une partie de l'île de Sakhaline ainsi que des droits sur la Mandchourie.
1912. Début du règne de l'empereur Taisho. Durant la Première Guerre mondiale, le Japon se range aux côtés des Alliés.
1919. Le traité de Versailles octroie au Japon un mandat sur les anciennes possessions allemandes en Extrême-Orient. Les années de guerre ont donné une grande impulsion à l'industrie et au commerce japonais.
1926. Hirohito, empereur, renforce le pouvoir central.
1931-1932. L'extrême droite nationaliste fait occuper toute la Mandchourie.
1937-1938. Le Japon occupe le nord-est de la Chine.
1940. Il signe le traité tripartite avec l'Allemagne et l'Italie. La Seconde Guerre mondiale lui permet de mettre pleinement en œuvre sa politique d'expansion.
Déc. 1941. L'aviation japonaise attaque la flotte américaine à Pearl Harbor.
1942. Les Japonais sont les maîtres du Sud-Est asiatique et d'une partie du Pacifique.
Août 1945. Les bombardements atomiques sur Hiroshima et Nagasaki contraignent le Japon à capituler.
Le Japon depuis la guerre. Le général MacArthur, commandant en chef des troupes d'occupation, impose au Japon, resté fidèle à l'empereur, une Constitution parlementaire (1946) et entreprend la démocratisation du pays.
1951. Le traité de paix de San Francisco redonne au Japon sa pleine souveraineté. Sur le plan intérieur, le gouvernement est dominé par le parti libéral-démocrate (P.L.D., conservateur). Sur le plan extérieur, l'entrée à l'O.N.U. (1956), le traité d'alliance militaire nippo-américain (1960) et le traité de paix et d'amitié avec la Chine (1978) renforcent la position du Japon dans le monde, qui devient une puissance économique de tout premier plan.
1982-1987. Nakasone Yasuhiro, Premier ministre, libéralise l'économie et pratique une politique favorable à un renouveau du nationalisme.
1989. À la mort de Hirohito, son fils Akihito lui succède.
1993. Les scandales politiques et le ralentissement de la croissance favorisent l'accès de l'opposition au pouvoir.
1994. Le P.L.D. retrouve sa position dominante.
2001. Koizumi Junichiro devient président du P.L.D. et Premier ministre (confirmé dans ses fonctions au terme des élections de 2003 et de 2005).
2006. Il se retire. Se succèdent alors à la tête du parti et du gouvernement Abe Shinzo (2006-2007), Fukuda Yasuo (2007-2008), puis Aso Taro (2008-2009).
2009. Défaite historique du P.L.D. et victoire du parti démocrate du Japon (P.D.J., centre gauche).
2011. Un fort séisme provoque un accident nucléaire majeur dans la centrale de Fukushima-Daiichi. L'abandon de cette source d'énergie est évoqué.
2012. Après avoir remporté la majorité absolue aux élections législatives anticipées, le P.L.D. retrouve le pouvoir. Abe Shinzo redevient Premier ministre.

Japon *(mer du),* dépendance de l'océan Pacifique, entre la Russie, la Corée et le Japon.

japonais, e [ʒapɔnɛ, -ɛz] **adj.** et **n.** Du Japon. ◆ **japonais n.m.** Langue parlée au Japon.

japonaiserie [ʒapɔnɛzri] et **japonerie** [ʒapɔnri] **n.f.** Objet d'art ou de curiosité originaire du Japon.

japonisant, e [ʒapɔnizɑ̃, -ɑ̃t] **n.** Spécialiste de la langue et de la civilisation japonaises.

jappement [ʒapmɑ̃] **n.m. 1.** Aboiement aigre et perçant des jeunes chiens. **2.** Cri du chacal.

japper [ʒape] **v.i.** (onomat.). **1.** Aboyer, en parlant des chiots. **2.** Émettre un jappement, en parlant du chacal.

jaquemart ou **jacquemart** [ʒakmar] **n.m.** (anc. prov. *Jaqueme*, de *Jacques*). Automate qui frappe sur le timbre ou la cloche de certaines horloges monumentales.

jaquette [ʒakɛt] **n.f.** (de *jaque,* justaucorps [de paysan], probabl. de *jacques*). **1.** Veste de cérémonie portée par les hommes et dont les pans ouverts se prolongent par-derrière. **2.** Veste de femme ajustée à la taille qui, avec la jupe assortie, compose le costume tailleur. **3.** Chemise de protection, souvent illustrée, sous laquelle un livre est présenté à la vente.

jaquier ou **jacquier** [ʒakje] **n.m.** (de *jaque,* n. du fruit de cet arbre, port. *jaca,* du tamoul). Arbre cultivé dans les régions tropicales pour ses fruits, les *jaques,* riches en amidon et pouvant peser plus de 30 kg. ▸ Famille des moracées ; genre *Artocarpus.*

jardin [ʒardɛ̃] **n.m.** (anc. fr. *jart*, frq. **gart* ou **gardo*). **1.** Terrain génér. clos où l'on cultive des végétaux utiles ou d'agrément : *Un jardin potager. Jardin à la française.* **2. Côté jardin,** partie de la scène d'un théâtre située à la gauche des spectateurs (par opp. à *côté cour*). **/ Jeter une pierre dans le jardin de qqn,** l'attaquer par un moyen détourné, le critiquer par une allusion voilée. **3. Jardin d'enfants,** établissement qui accueille les jeunes enfants entre la crèche et l'école maternelle, développant leurs capacités par des exercices et des jeux d'éveil. ⁄ **Jardin d'hiver,** pièce aménagée en serre pour la culture des plantes d'appartement.

■ **L'Antiquité.** Les jardins des temps historiques reculés (Égypte, Babylone, Assyrie, Perse)) nous sont connus grâce à quelques rares textes les mentionnant ; pour ce qui concerne l'Antiquité classique, il existe des relevés de plans au sol, depuis la Grèce (jardins bordés de portiques, à caractère à la fois public et sacré, avec statues, tombes ou petits temples) jusqu'à l'époque romaine (maisons intégrant progressivement des jardins à composition complexe, du type de celles qu'on trouve à Alexandrie). La maîtrise des eaux permet le développement des jardins de la Rome impériale, où s'imbriquent bâtiments et terrasses et où l'art *topiaire* (l'art de tailler les arbres et les arbustes selon des formes particulières) fait des buis et des ifs des sculptures végétales.

Islam et Moyen Âge occidental. L'Islam fait revivre à Damas, à Bagdad, au Caire, à Cordoue, à Grenade les anciens jardins perses, avec leurs allées d'eau disposées en croix, leurs automates, mais le caractère sacré disparaît. Textes et documents laissent deviner la diversité des jardins de l'Occident médiéval. Liés, dans le cas des demeures royales, à un parc de chasse, ils sont en général de plan quadrangulaire, entourés de murs, de tonnelles ou de berceaux, de haies, et comportent prés, fontaines, plantations d'arbres fruitiers, de fleurs et de simples. Le fameux parc de Hesdin, composé pour Robert d'Artois après son retour de Sicile, en 1289, s'organise, lui, en un bocage irrégulier avec ses petites constructions de fantaisie *(fabriques)* et ses automates facétieux ; quant aux jardins réalisés par le roi René en Anjou puis en Provence, ils tendaient au type *paysager,* naturel et pittoresque.

L'Extrême-Orient. Expression des valeurs taoïstes, le jardin chinois, monde clos, propice à la contemplation, se découvre le long de sentiers capricieux. Montagnes et eaux, à signification cosmique, sont accompagnées d'une végétation variée et de pittoresques *fabriques* (portiques, pavillons...). Cet art, élaboré au Xe s., connaît son apogée à l'époque Ming. Émanation du jardin chinois et, comme lui, microcosme idéalisé, le jardin japonais reste original, comme l'illustre le célèbre *Ryoan-ji* de Kyoto (1473), tout imprégné d'esprit zen.

De la Renaissance au XVIIIe siècle. Les Italiens de la Renaissance s'inspirent des thèmes romains, jouent des découvertes de la perspective, des dénivellations et d'une architecture végétale presque sans fleurs pour dilater l'espace, faire du jardin un balcon ouvert sur la campagne (villa d'Este à Tivoli, aux célèbres jeux d'eau, par l'architecte Pirro Ligorio). Les sites des châteaux français accueillent des « parterres de broderies » polychromes qui assurent une transition avec le cadre plus sombre du parc. Ce type du *jardin à la française* atteint au XVIIe s. sa plus haute expression avec le jeu des perspectives et des éléments fluides, lumières et eaux, dans l'œuvre de Le Nôtre. Au début du XVIIIe s., on revient aux antiques principes paysagers avec le *jardin anglais,* d'abord longtemps fidèle aux broderies, au boulingrin (parterre de gazon limité par un talus) et à l'art topiaire, et qui se transforme, avec William Kent en un véritable jardin paysager, où la raison se dissimule derrière les formes naturelles.

Du XIXe siècle à nos jours. Face à une civilisation industrielle oublieuse de la nature, le grand art des jardins se perd. La seconde moitié du XIXe s. voit la création de quelques parcs paysagers urbains (Paris, Lyon...), le début du XXe celle des *cités-jardins* anglaises, mais les « espaces verts » aménagés dans les villes et aux alentours sont généralement dépourvus de recherche botanique autant que formelle. Dans l'entre-deux-guerres, le *modernisme* conçoit le jardin en relation avec l'architecture de la villa (Gabriel Guévrékian, Le Corbusier, Mies van der Rohe) et inspirera certaines réalisations de l'après-guerre dans le contexte de la reconstruction : la disposition de l'espace et la réflexion sur les usages du jardin primeront dès lors sur son contenu végétal. Le *land art* accentuera la tendance en privilégiant l'harmonie avec la nature et sera source d'inspiration pour les nouveaux jardiniers paysagistes. À la fin du XXe s., le souci politique de la valorisation des paysages et la reconquête des friches industrielles entraînent de nouveaux changements, diversifiant les réalisations (parc de la Villette de Bernard Tschumi, créations de Pascal Cribier) et suscitant l'intérêt croissant de la population (festival des jardins de Chaumont-sur-Loire). Les préoccupations concernant l'environnement favorisent également le développement des jardins écologiques, tandis que l'art du jardin affecte de plus en plus les constructions (toitures et murs végétalisés). ■

jardinage [ʒardinaʒ] **n.m.** Culture et entretien des jardins.

jardiner [ʒardine] **v.i.** S'adonner au jardinage.

jardinet [ʒardinɛ] **n.m.** Petit jardin.

jardinier, ère [ʒardinje, -ɛr] **n.** Personne qui cultive les jardins. ◆ **adj.** Relatif aux jardins : *Cultures jardinières.*

jardinière [ʒardinjɛr] **n.f.** (de *jardinier*). **1.** Meuble, bac contenant une caisse ou des pots dans lesquels on cultive des fleurs, des plantes vertes, etc. : *Un balcon garni de jardinières de géraniums.* **2.** Assortiment de différents légumes coupés en petits morceaux : *Jardinière de légumes en salade.* **3. Jardinière d'enfants,** personne chargée des enfants dans un jardin d'enfants.

jargon [ʒargɔ̃] **n.m.** (du rad. onomat. *garg-*, gosier). **1.** Langage incorrect employé par qqn qui a une connaissance imparfaite, approximative d'une langue : *Il parle un jargon franco-italien et non un français correct.* **2.** FAM. Langue qu'on ne comprend pas : *Un étranger m'a interrogé dans son jargon* (syn. **baragouin, charabia**). **3.** Vocabulaire propre à une profession, une discipline, etc. ; argot de métier : *Le jargon judiciaire, médical.*

jargonner [ʒargɔne] **v.i.** (de *jargon,* avec infl. de *jars*). **1.** Émettre un cri, en parlant du jars. **2.** Parler en utilisant un jargon ; s'exprimer de façon peu claire.

jarre [ʒar] **n.f.** (prov. *jarra,* ar. *djarra,* vase de terre). Grand vase pansu en terre cuite, à large ouverture, anses et fond plat, servant à la conservation des aliments.

jarret [ʒarɛ] **n.m.** (gaul. **garra,* jambe). **1.** Partie de la jambe située derrière l'articulation du genou. **2.** Endroit où se plie la jambe de derrière des quadrupèdes. **3.** BOUCH. **Jarret de veau,** morceau du veau correspondant à la jambe et à l'avant-bras.

jarretelle [ʒartɛl] **n.f.** (de *jarretière*). Ruban élastique servant à maintenir le bas attaché à la gaine ou au porte-jarretelles.

jarretière [ʒartjɛr] **n.f.** (de *jarret*). Bande de tissu élastique entourant le bas et le maintenant tiré.

Jarretière *(très noble ordre de la),* ordre de chevalerie anglais, institué par Édouard III en 1348. Les dames ont accès à cette dignité. (Devise : « Honni soit qui mal y pense. »)

Jarry (Alfred), écrivain français (Laval 1873 - Paris 1907). Créateur du personnage du Père Ubu, caricature bouffonne de la stupidité bourgeoise et de la sauvagerie humaine (*Ubu roi,* 1896 ; *Ubu enchaîné,* 1900 ; *Ubu sur la butte,* 1901), et de la « pataphysique » *(Gestes et opinions du docteur Faustroll, pataphysicien),* il est l'un des ancêtres du surréalisme et du théâtre de l'absurde.

jars [ʒar] **n.m.** (du frq. **gard,* aiguillon). Mâle de l'oie. ▸ Le jars jargonne.

jas [ʒa] **n.m.** (lat. pop. **jacium,* du class. *jacere,* être couché). RÉGION. Bergerie, en Provence.

jaser [ʒaze] **v.i.** (du rad. onomat. *gas-*). **1.** Bavarder sans fin pour le plaisir de parler ou de dire des médisances : *On jase beaucoup à son propos* (syn. **gloser**). **2.** Trahir un secret en bavardant : *Faire jaser qqn* (syn. **parler**). **3.** Émettre des sons modulés, un babillage : *Bébé qui jase dans son berceau* (syn. **gazouiller**). **4.** Émettre un cri, en parlant des oiseaux parleurs, tels la pie, le merle, le perroquet, etc.

jasmin [ʒasmɛ̃] **n.m.** (ar. *yāsemīn*). **1.** Arbuste des régions méditerranéennes et d'Extrême-Orient aux fleurs très odorantes blanches ou jaunes. ▸ Famille des oléacées. **2.** Parfum que l'on tire de ces fleurs.

Jason, héros de la mythologie grecque qui organisa l'expédition des Argonautes pour conquérir la Toison d'or en Colchide ; il put y réussir grâce aux sortilèges de Médée, qu'il épousa et délaissa ensuite. Pour se venger, cette dernière égorgea leurs enfants et tua sa rivale.

jaspe [ʒasp] **n.m.** (lat. *jaspis,* mot gr.). Roche sédimentaire siliceuse, colorée en rouge, en jaune, en brun, en noir, par bandes ou par taches et employée en joaillerie.

jasper [ʒaspe] **v.t.** Bigarrer de diverses couleurs imitant le jaspe : *Jasper la tranche d'un livre.*

Jaspers (Karl), philosophe et psychiatre allemand (Oldenburg 1883 - Bâle 1969), l'un des principaux représentants de l'existentialisme chrétien. Il analyse la situation spirituelle de l'homme, telle qu'elle est déterminée par la technique et l'histoire. Selon lui, l'histoire et la politique manifestent la présence de l'être au monde et la voie concrète de la communication d'existence à existence. Il a écrit : *Philosophie de l'existence* (1938), *la Culpabilité allemande* (1946), *la Bombe atomique et l'avenir de l'humanité* (1958).

jaspure [ʒaspyr] **n.f.** Aspect jaspé : *Les jaspures d'une étoffe.*

jatte [ʒat] **n.f.** (lat. pop. **gabita,* class. *gabata,* plat). Récipient rond et sans rebord ; son contenu : *Une jatte en porcelaine. Boire une jatte de lait* (syn. **bolée**).

jauge [ʒoʒ] **n.f.** (frq. **galga,* perche). **1.** MAR. Capacité totale ou partielle d'un navire de commerce évaluée selon certaines règles précises. ▸ L'unité de jauge est le tonneau, qui vaut 2,83 m^3. **2.** TECHN. Instrument servant à contrôler ou à mesurer une cote intérieure, notamm. au cours des opérations d'alésage. **3.** AUTOM. **Jauge de niveau,** indicateur du niveau de l'essence dans le réservoir et de l'huile dans le carter du moteur.

jaugeage [ʒoʒaʒ] **n.m.** Action de jauger : *Le jaugeage d'un réservoir, d'un bateau.*

jauger [ʒoʒe] **v.t.** [conj. 17]. **1.** Mesurer avec une jauge la capacité, le volume de : *Jauger une barrique.* **2.** MAR. Mesurer la capacité d'un navire : *Jauger un bâtiment.* **3.** *LITT.* Apprécier qqn, qqch, les juger à leur valeur : *Jauger les qualités d'un concurrent.* ◆ **v.i.** MAR. Avoir une capacité de : *Navire qui jauge 1 200 tonneaux.*

jaunâtre [ʒonɑtr] **adj.** D'une couleur qui tire sur le jaune ; d'un jaune terne ou sale : *Une chemise au col jaunâtre.*

1. jaune [ʒon] **adj.** (lat. *galbinus*). **1.** De la couleur placée, dans le spectre solaire, entre le vert et l'orangé, qui évoque celle du citron ou du soufre : *Des renoncules jaunes.* **2.** PATHOL. **Fièvre jaune,** maladie contagieuse des pays tropicaux, due à un virus transmis par un moustique, la *stégomyie,* et caractérisée par la coloration jaune de la peau et par des vomissements de sang noir. **3.** JEUX. **Nain jaune,** jeu de cartes pour 3 à 8 joueurs, qui se joue avec 52 cartes : *Le sept de carreau représente le nain jaune.* **4.** SPORTS. **Maillot jaune,** premier du classement général, dans le Tour de France cycliste, et qui porte un maillot de cette couleur. ◆ **adv. Rire jaune,** rire avec contrainte, pour dissimuler son dépit ou sa gêne.

2. jaune [ʒon] **n.** (de *1. jaune*). **1.** (Avec une majuscule). *VIEILLI, PÉJOR.* Personne d'origine extrême-orientale. **2.** Ouvrier qui travaille quand les autres sont en grève (péjor.). [On dit aussi *briseur de grève*.].

3. jaune [ʒon] **n.m. 1.** Couleur jaune : *Étoffe d'un jaune clair. Jaune paille. Jaune d'or.* **2.** Partie jaune de l'œuf des oiseaux et des reptiles, surmontée par le germe et riche en protéine et en vitamines A et D (par opp. à *blanc*) : *Séparer les blancs des jaunes avant de verser la farine. Une tache de jaune d'œuf sur sa cravate.*

Jaune *(fleuve)* ⟶ Huang He.

Jaune *(mer),* dépendance de l'océan Pacifique, entre la Chine et la Corée.

jaunir [ʒonir] **v.t.** [conj. 32]. Teindre en jaune ; rendre jaune : *La sécheresse a jauni les pelouses. Avoir les doigts jaunis par le tabac.* ◆ **v.i.** Devenir jaune : *Le papier jaunit en vieillissant.*

jaunissant, e [ʒonisɑ̃, -ɑ̃t] **adj.** Qui jaunit : *Des feuilles jaunissantes.*

jaunisse [ʒonis] **n.f.** (de *jaune*). **1.** Syn. de *ictère.* **2.** *FAM.* **En faire une jaunisse,** éprouver un grand dépit à propos de qqch : *Quand il apprendra ta promotion, il va en faire une jaunisse.*

jaunissement [ʒonismɑ̃] **n.m.** Action de rendre jaune ; fait de devenir jaune : *Prévenir le jaunissement des dents.*

Jaurès (Jean), homme politique français (Castres 1859 - Paris 1914). Professeur de philosophie, journaliste et député républicain (1885-1889), il se fit à partir de 1892 le porte-parole des revendications ouvrières. Député socialiste de 1893 à 1898, puis de 1902 à sa mort, il s'engagea dans la défense de Dreyfus et se prononça en faveur de la participation des socialistes au gouvernement. Fondateur de *l'Humanité* (1904), historien (*Histoire socialiste de la Révolution française [1789-1900]*, 1901-1908), Jaurès fut le véritable leader du socialisme français, surtout après la création de la S.F.I.O. en 1905, mais il n'adhéra jamais à la totalité des thèses marxistes. Pacifiste militant, il s'attira l'hostilité des milieux nationalistes et fut assassiné en juill. 1914.

java [ʒava] **n.f.** (du n. de l'île de *Java*). **1.** Danse populaire à trois temps, typique des bals musettes et très en vogue au début du XXe s. **2.** *FAM.* **Faire la java,** s'amuser, faire la fête, en partic. de manière bruyante.

Java, île d'Indonésie, étirée sur 1 000 km entre les détroits de la Sonde et de Bali, et bordée au N. par la mer de Java, au S. par l'océan Indien ; 130 000 km^2 ; 136 563 142 d'hab.

GÉOGRAPHIE

Proche de l'équateur, Java possède un climat toujours chaud, constamment humide à l'ouest, relativement plus sec à l'est. Elle juxtapose plaines et plateaux littoraux et volcans (parfois actifs, comme le Semeru). Environ 60 % de la population du pays sont concentrés sur le quinzième de sa superficie, avec une densité moyenne de 770 hab. au km^2 pour un territoire partiellement montagneux et à dominante rurale. L'agriculture (souvent irriguée) y est évidemment intensive (avec souvent plusieurs récoltes annuelles), associant cultures vivrières (riz, maïs, manioc, etc.) et plantations (théiers, hévéas, tabac). Mais la pression démographique accélère l'exode rural vers des villes surpeuplées (Jakarta, Surabaya, Bandung), alors que l'industrie est peu active, à part l'agroalimentaire et l'extraction des hydrocarbures en mer de Java.

Java *(mer de),* dépendance du Pacifique, entre Java, Sumatra et Bornéo.

javanais, e [ʒavanɛ, -ɛz] **adj.** et **n.** De Java. ◆ **javanais n.m. 1.** Langue du groupe indonésien parlée à Java. **2.** Argot codé qui consiste à insérer après chaque consonne les syllabes *av* ou *va : En javanais, « bonjour » se dit « bavonjavour ».*

Javel (eau de) [ʒavɛl] **n.f.** (de *Javel,* n. d'un village devenu quartier de Paris). Solution aqueuse contenant du chlore, utilisée comme décolorant et désinfectant.

javeline [ʒavlin] **n.f.** (de *javel[ot]*). Javelot long et mince.

javelle [ʒavɛl] **n.f.** (lat. pop. **gabella,* mot gaul.). **1.** AGRIC. Dans la moisson à la main, petit tas de céréales coupées qu'on laisse sur place quelque temps avant la mise en gerbe. **2.** Petit tas de sel, dans les salins.

javellisation [ʒavelizasjɔ̃] **n.f.** Procédé de stérilisation de l'eau, à laquelle on ajoute la quantité juste suffisante d'eau de Javel pour oxyder les matières organiques.

javelliser [ʒavelize] **v.t.** Stériliser l'eau par addition d'eau de Javel.

javelot [ʒavlo] **n.m.** (gaul. **gabalaccos*). **1.** Lance courte qu'on projetait avec la main ou avec une machine. **2.** SPORTS. Instrument de lancer, en forme de lance, employé en athlétisme. ▸ La longueur et le poids minimaux du javelot sont de 2,60 m et 800 g pour les hommes, de 2,20 m et 600 g pour les femmes.

jazz [dʒaz] **n.m.** (de l'anglo-amér. *jazz-band*). Musique afro-américaine, créée au début du XXe s. par les communautés noire et créole du sud des États-Unis, et fondée pour une large part sur l'improvisation, un traitement original de la matière sonore et une mise en valeur spécifique du rythme, le swing : *Le jazz peut être vocal ou instrumental.*

■ **Des origines au classicisme.** Le jazz est tout d'abord répandu par des formations de danse qui ont intégré à leur répertoire des blues et des ragtimes (musique issue du folklore noir et des airs de danse blancs). Buddy Bolden, King Oliver et Sidney Bechet en sont les pionniers, à La Nouvelle-Orléans. À partir de 1917, les musiciens commencent à émigrer vers le nord, notamment à Chicago et à New York, en même temps que sont réalisés les premiers disques de jazz. Louis Armstrong s'impose bientôt comme la première grande figure internationale. Les années 1920 consacrent le talent de Jelly Roll Morton (pianiste et chef d'orchestre), de Bix Beiderbecke (trompettiste), de Johnny Dodds (clarinettiste). De 1930 à 1940, le jazz, parvenu au stade du classicisme, connaît une grande popularité mondiale, l'Amérique voit en lui une forme de joie de vivre après la crise de 1929. Les orchestres se multiplient (Fletcher Henderson, Count Basie, Jimmie Lunceford, Duke Ellington), et d'importants artistes se font connaître (Lionel Hampton, Billie Holiday, Ella Fitzgerald, Art Tatum, Fats Waller). En France, dans les années 1930, Django Reinhardt et Stéphane Grappelli inventent le *jazz manouche,* style musical d'origine tsigane mêlant le swing et le musette au jazz américain, rythmé principalement par une ou plusieurs guitares (absence de cuivres et de percussions).

Du be-bop à nos jours. À la fin de la Seconde Guerre mondiale, en rupture avec la période swing, se développe le style be-bop (Charlie Parker, Dizzy Gillespie, Thelonious Monk, Kenny Clarke, Max Roach) qui renouvelle le langage du jazz, aussi bien dans le domaine de l'harmonie que dans celui de la mélodie et du rythme. À partir de 1948, dans la lignée du saxophoniste Lester Young, le *jazz cool* entreprend de nouvelles recherches, sous l'impulsion de Miles Davis, Lee Konitz, Stan Getz. Le *hard bop* indique un retour aux sources du blues (Charlie Mingus, Dexter Gordon, Jazz Messengers), et le jazz vocal s'oriente vers le rhythm and blues (Ray Charles, Fats Domino), qui donnera naissance au rock and roll. À la fin des années 1950, le saxophoniste John Coltrane ouvre la voie du free-jazz (de 1960 au milieu des années 1970), qui privilégie le mode de l'improvisation (Ornette Coleman, Archie Shepp, Cecil Taylor, Sun Ra). Dans les années 1970, sous l'influence de la pop music, se développe le *jazz-rock* (Miles Davis, Herbie Hancock, John McLaughlin). Les années 1980 sont marquées par un grand éclectisme : pop, rock, funk, rap et jazz se mêlent tandis que l'on assiste à un retour du be-bop. ■

jazz-band [dʒazbɑ̃d] **n.m.** (mot anglo-amér., de *jazz* et *band,* orchestre) [pl. *jazz-bands*]. VIEILLI. Orchestre de jazz.

jazzique [dʒazik] et **jazzistique** [dʒazistik] **adj.** Relatif au jazz ; propre au jazz.

jazzman [dʒazman] **n.m.** (mot anglo-amér., de *jazz* et *man,* homme) [pl. *jazzmans* ou *jazzmen*]. Musicien de jazz.

J.D.C. [ʒidese] **n.f.** (sigle). Journée* défense et citoyenneté.

je [ʒə] **pron. pers.** (lat. *ego,* écrit *eo,* puis *jo*). [Lorsqu'il n'est pas inversé, le pron. *je* s'élide en *j'* devant un verbe commençant par une voyelle ou un *h* muet]. Pronom personnel de la 1re pers. du sing., des deux genres, assurant la fonction de sujet : *Je pars demain, j'ai quelques jours de congé.* ◆ **n.m. inv.** PHILOS. Principe métaphysique unique et immuable auquel l'individu attribue sa personnalité, par opp. au *moi,* qui peut être multiple et changeant.

jean [dʒin] et **jeans** [dʒins] **n.m.** (mot anglo-amér. « treillis »). **1.** Tissu de coton très serré, fabriqué à partir d'une chaîne teinte génér. en bleu et d'une trame écrue. **2.** Pantalon coupé dans ce tissu (syn. **blue-jean**). **3.** Pantalon de tissu quelconque, coupé comme un jean : *Jean de velours.*

SAINTS

Jean l'Évangéliste ***(saint),*** apôtre de Jésus auquel est attribuée la rédaction du quatrième Évangile, de trois épîtres et de l'Apocalypse. Pêcheur de Galilée, fils de Zébédée, frère de Jacques dit le Majeur, il est l'un des premiers disciples de Jésus. Il aurait évangélisé l'Asie Mineure et, après un temps d'exil dans l'île de Patmos, il serait mort à Éphèse v. 100, sous Trajan. L'Évangile qui lui est attribué se distingue par son goût pour les perspectives théologiques et pour la méditation sur le mystère de la personne de Jésus et la signification de sa mission dans l'histoire du salut.

Jean Bosco ***(saint),*** prêtre italien (Becchi, prov. d'Asti, 1815 - Turin 1888). Il se voua à l'éducation et à l'instruction professionnelle des enfants et adolescents pauvres, pour lesquels il fonda, en 1859, la congrégation des Prêtres de Saint-François-de-Sales, ou salésiens.

Jean Chrysostome ***(saint),*** Père de l'Église grecque (Antioche v. 344 - près de Comana, Cappadoce, 407). Prêtre d'Antioche, puis évêque de Constantinople de 397 à 404, il fut appelé *Chrysostome* (« Bouche d'or ») pour son éloquence. Sa rigueur touchant la discipline ecclésiastique et son zèle de réformateur lui attireront l'opposition du monde politique et religieux, ce qui entraînera sa déposition et son exil.

Jean de la Croix ***(saint),*** religieux et mystique espagnol, docteur de l'Église (Fontiveros, prov. d'Ávila, 1542 - Ubeda 1591). Promoteur, avec Thérèse d'Ávila, de la réforme de l'ordre du Carmel, il est l'auteur d'œuvres qui font de lui l'un des grands mystiques du christianisme : *la Montée du Carmel, la Nuit obscure, la Vive Flamme d'amour, le Cantique spirituel.*

PAPES

Jean XXIII ***(bienheureux)*** [Angelo **Roncalli**] (Sotto il Monte 1881 - Rome 1963), pape de 1958 à 1963. Après avoir occupé plusieurs postes diplomatiques (Ankara, Sofia, Paris), il est nommé patriarche de Venise et cardinal (1953), puis élu pape le 28 oct. 1958. Son court pontificat, voué à *l'aggiornamento* (mise à jour) de l'Église catholique, est surtout marqué par la convocation du deuxième concile du Vatican (1962), concile de l'ouverture au monde et de l'œcuménisme. Son influence s'exprimera aussi à travers deux encycliques : *Mater et Magistra* (1961), sur la question sociale, et *Pacem in terris* (1963), qui appelle tous les hommes de bonne volonté à travailler pour instaurer la paix sur terre.

BOURGOGNE

Jean sans Peur (Dijon 1371 - Montereau 1419), duc de Bourgogne (1404-1419). Fils et successeur de Philippe II le Hardi, il entra en lutte contre Louis Ier, duc d'Orléans, chef des Armagnacs, qu'il fit assassiner en 1407. Chef du parti bourguignon, il s'empara de Paris après s'être allié au roi d'Angleterre. Inquiet des succès anglais, il chercha à se rapprocher de Charles VI et le rencontra sur le pont de Montereau, où il fut assassiné.

ANGLETERRE

Jean sans Terre (Oxford 1167 - Newark, Nottinghamshire, 1216), roi d'Angleterre (1199-1216), cinquième fils d'Henri II, frère et successeur de Richard Cœur de Lion. Cité par Philippe Auguste devant la Cour des pairs pour avoir enlevé Isabelle d'Angoulême, il fut déclaré déchu de ses fiefs français (1202) et perdit la Normandie et la Touraine. Excommunié en 1209, il dut inféoder son royaume au Saint-Siège. En 1214, il fut défait par Philippe Auguste à La Roche-aux-Moines, puis avec ses alliés germaniques et flamands à Bouvines. Ces échecs provoquèrent une vive opposition en Angleterre, et la révolte des barons le contraignit à accepter en 1215 la Grande Charte, qui renforça le rôle du Parlement.

FRANCE

Jean II le Bon (château du Gué de Maulny, près du Mans, 1319 - Londres 1364), roi de France (1350-1364). Fils et successeur de Philippe VI de Valois, il reprit la lutte contre les Anglais. Vaincu et fait prisonnier à Poitiers par le Prince Noir (fils du roi d'Angleterre) en 1356, il fut emmené à Londres, laissant son fils Charles aux prises avec une grave crise politique. Il ne fut libéré qu'en 1362, après la signature du traité de Brétigny, ratifié en 1360, abandonnant l'Aquitaine aux

Anglais. Il donna en apanage à son fils Philippe II le Hardi le duché de Bourgogne, cœur du puissant État bourguignon. Incapable de payer sa rançon, il se constitua de nouveau prisonnier des Anglais (1364), après la fuite d'un de ses fils laissé en otage.

POLOGNE

Jean III Sobieski (Olesko 1629 - Wilanów 1696), roi de Pologne (1674-1696). Vainqueur des Ottomans à Chocim (auj. Khotine, Ukraine) en 1673, il libéra en 1683 la ville de Vienne assiégée par les Turcs.

Jean-Baptiste ***(saint),*** chef d'une secte juive du temps de Jésus, considéré par la tradition chrétienne comme le précurseur de celui-ci. Il prêchait sur les bords du Jourdain un « baptême de pénitence » et annonçait l'arrivée du Messie, dans un style eschatologique évoquant la mentalité religieuse d'autres groupes tels que les esséniens. Jean fut décapité sur l'ordre d'Hérode Antipas en 28 apr. J.-C. Sa prédication permet de comprendre bien des aspects de l'enseignement et de l'activité de Jésus lui-même.

Jean-Baptiste de La Salle ***(saint),*** prêtre français (Reims 1651 - Rouen 1719). Il fonda en 1682 l'institut des frères des Écoles chrétiennes qui se voua à l'éducation des enfants pauvres et qui fut le prototype des congrégations religieuses de laïques enseignants. Ses méthodes et ses ouvrages ont fait de lui une des figures marquantes de la pédagogie de l'époque.

Jean-Marie Vianney ***(saint),*** prêtre français (Dardilly, près de Lyon, 1786 - Ars-sur-Formans 1859). Curé du village d'Ars, dans les Dombes, il convertit par sa sainteté une population déshéritée et sa prédication attira tant d'étrangers qu'Ars devint, de son vivant, un lieu de pèlerinage.

Jeanne d'Arc ***(sainte),*** dite **la Pucelle d'Orléans,** héroïne française (Domrémy 1412 - Rouen 1431). Fille d'un laboureur aisé de Domrémy, elle témoigne très jeune d'une piété intense. À l'âge de 13 ans, elle entend des voix divines lui ordonnant de partir pour délivrer Orléans, assiégée par les Anglais. En 1429, elle parvient à convaincre le capitaine Robert de Baudricourt de lui donner une escorte pour se rendre à Chinon, où réside le roi Charles VII. Arrivée à la cour, elle reconnaît ce dernier, dissimulé parmi ses hôtes, et lui révèle qu'elle vient, au nom de Dieu, pour le faire sacrer à Reims légitime roi de France. L'authenticité de sa foi ayant été reconnue, elle reçoit un équipement de capitaine et une suite militaire. Avec l'armée de Charles VII, elle entre dans Orléans et joue un rôle décisif dans la délivrance de la ville (mai). Plusieurs victoires sur les armées anglo-bourguignonnes (dont celle de Patay) lui permettent de conduire Charles VII à Reims, où elle le fait sacrer (juill.). Mais les lenteurs calculées de la diplomatie royale entravent l'action de Jeanne, qui échoue devant Paris, où elle est blessée. Tentant de sauver Compiègne en 1430, elle y est capturée et remise aux Anglais. Déférée au tribunal d'Inquisition de Rouen, présidé par l'évêque de Beauvais, Pierre Cauchon, tout dévoué à la cause anglaise, elle subit, sans avocat, un long procès d'hérésie (janv.-mars 1431). Déclarée hérétique et relapse, elle est brûlée vive en mai 1431. À la suite d'une enquête décidée en 1450 par Charles VII, elle est solennellement réhabilitée en 1456. Jeanne d'Arc a su raviver le sentiment national et a largement contribué à la victoire définitive de la France sur l'Angleterre. Héroïne nationale, elle a été béatifiée en 1909 et canonisée en 1920. Sa fête, devenue fête nationale, a été fixée au dimanche suivant le 8 mai, jour anniversaire de la délivrance d'Orléans.

CASTILLE

Jeanne la Folle (Tolède 1479 - Tordesillas 1555), reine de Castille (1504-1555), épouse de l'archiduc d'Autriche Philippe le Beau et mère de Charles Quint. Elle perdit la raison à la mort de son mari (1506).

ANGLETERRE

Jeanne Seymour (1509 - Hampton Court 1537), troisième femme d'Henri VIII, roi d'Angleterre, mère du futur Édouard VI.

NAVARRE

Jeanne III d'Albret (Saint-Germain-en-Laye 1528 - Paris 1572), reine de Navarre (1555-1572), femme d'Antoine de Bourbon et mère d'Henri IV, roi de France. Elle fit du calvinisme la religion officielle de son royaume.

jeannette [ʒanɛt] **n.f.** (dimin. du prénom *Jeanne*). Petite planche à repasser montée sur un pied, utilisée notamm. pour le repassage des manches.

Jean-Paul ⟶ **Richter** (Johann Paul Friedrich).

Jean-Paul II (Karol **Wojtyła**) [Wadowice, Pologne, 1920-Rome, 2005], pape de 1978 à 2005. Ordonné prêtre en 1946, il devient évêque auxiliaire de Cracovie en 1958 et archevêque en 1964. Désigné cardinal en 1967, il est élu pape en 1978, après l'éphémère pontificat de Jean-Paul Ier. C'est le premier pape non italien depuis Adrien VI (1522-1523). Formé au sein d'un catholicisme attaché aux valeurs traditionnelles pour faire front au dogmatisme marxiste, Jean-Paul II s'impose immédiatement par son dynamisme et par ses voyages à travers le monde. Par ses liens avec le peuple polonais et par le soutien apporté à Solidarność, il contribue à la chute du communisme en Europe de l'Est. Son message cherche à rendre confiance aux chrétiens et à les mobiliser au service d'une « nouvelle évangélisation », notamment de l'Europe. Bien que ses interventions touchant la discipline ecclésiastique et la morale soient jugées conservatrices, il est pris à partie par de petits groupes de catholiques dits « traditionalistes ». Son pontificat a été l'un des plus longs de l'histoire de la papauté. Il est béatifié en 2011 et canonisé en 2014.

Jeep [dʒip] **n.f.** (nom déposé). Automobile tout-terrain à quatre roues motrices, d'un type mis au point pour l'armée américaine pendant la Seconde Guerre mondiale.

Jefferson (Thomas), homme d'État américain (Shadwell, Virginie, 1743 - Monticello, Virginie, 1826). Principal auteur de la Déclaration d'indépendance des États-Unis (1776), fondateur du parti antifédéraliste (1797), il préconisa une république très décentralisée, formée de petits agriculteurs. Vice-président (1797-1801), puis président des États-Unis (1801-1809), il acheta la Louisiane à la France.

Jéhovah, nom utilisé entre le XIIIe et le XIXe s. pour désigner le Dieu de la Bible, Yahvé, et qui provient de la transcription du nom divin par les massorètes. Ceux-ci, par respect pour ce nom que nul ne devait prononcer, ajoutèrent aux consonnes du tétragramme de *Yahvé* (YHWH) les voyelles *e, o* et *a* d'*Adonaï* (Edonaï) « Seigneur », de manière à se rappeler que le tétragramme se lisait seulement *Adonaï.* C'est une lecture combinant de façon aberrante les deux graphies qui donna *Jéhovah.*

Jéhovah ***(Témoins de),*** groupe religieux fondé aux États-Unis en 1874 par Charles Taze Russell, auquel succéda, de 1916 à 1942, Joseph Franklin Rutherford. Ce groupe est caractérisé par un prosélytisme agissant, par une lecture à la lettre de la Bible, par un prophétisme de type eschatologique annonçant le triomphe de « Jéhovah » sur Satan.

jéjunum [ʒeʒynɔm] **n.m.** (du lat. *jejunum* [*intestinum*], [intestin] à jeun). Partie de l'intestin grêle qui fait suite au duodénum.

Jellicoe (John, *comte***),** amiral britannique (Southampton 1859 - Londres 1935). Commandant la principale force navale britannique Grand Fleet (1914-1916), il livra la bataille du Jütland. Chef de l'Amirauté (1916-1917), il dirigea la lutte contre les sous-marins allemands.

Jemmapes ***(bataille de)*** [6 nov. 1792], victoire remportée, près de Mons, par Dumouriez sur les Autrichiens du duc Albert de Saxe-Teschen. Elle assura à la France la possession de la Belgique et de la Rhénanie.

je-ne-sais-quoi [ʒənsɛkwa] **n.m. inv.** Chose qu'on ne saurait définir ou exprimer : *Elle a un je-ne-sais-quoi qui la rend irrésistible.*

Jenner (Edward), médecin britannique (Berkeley 1749 - *id.* 1823). Il découvrit que l'inoculation du cow-pox (vaccine ou variole de la vache, bénigne) empêchait de contracter la variole. Il réalisa ainsi la première vaccination.

jérémiade [ʒeremjad] **n.f.** (par allusion aux Lamentations de *Jérémie*). FAM. (Surtout au pl.). Plainte, lamentation persistante, importune : *Qu'il est pénible avec ses jérémiades !* (syn. **gémissement, pleurnicherie**).

Jérémie, un des grands prophètes de la Bible (Anatot, près de Jérusalem, v. 650/645 av. J.-C. - en Égypte v. 580 av. J.-C.). Son ministère, qui commence vers - 627, se situe sous les derniers rois de Juda. Témoin de la fin de Jérusalem en - 587, il est contraint de se réfugier en Égypte, où il soutient de ses oracles des compatriotes exilés. Préparant la voie à une religion plus détachée du Temple et des rites, il donne au peuple élu l'orientation qui lui permettra de traverser l'épreuve de l'Exil en conservant sa cohésion et sa foi. Le livre prophétique dit « de Jérémie » est un recueil de ses oracles dû à divers compilateurs. Quant aux *Lamentations,* c'est une suite de complaintes sur la dévastation de Jérusalem composées par un Juif resté en Juda après - 587 et attribuées par la suite à Jérémie.

jerez n.m. ⟶ **xérès.**

Jéricho, en arabe, **Arīḥā,** ville de Palestine dans la vallée du Jourdain ; 18 346 hab. Les premiers établissements humains remontent au VIIIe millénaire. Vers - 6000, un épais rempart protège un village d'agriculteurs. Ville fortifiée au IIIe millénaire, elle fut un des premiers sites cananéens dont s'empareront les Hébreux lors de leur installation en Palestine (XIIIe s. av. J.-C.). Incluse dans la Cisjordanie occupée par Israël en 1967, la ville moderne de Jéricho bénéficie, conformément à l'accord israélo-palestinien de 1993, d'un régime d'autonomie.

jéroboam [ʒerɔbɔam] **n.m.** (mot angl., du n. d'un roi d'Israël). Grosse bouteille de champagne d'une contenance de plus de 3 litres.

Jéroboam Ier, fondateur et premier souverain du royaume d'Israël (931-910 av. J.-C.). Les tribus du Nord le prirent pour roi lors de la scission qui suivit la mort de Salomon. Il organisa habilement son État.

Jérôme ***(saint),*** écrivain ecclésiastique, Père et docteur de l'Église latine (Stridon, Dalmatie, v. 347 - Bethléem 419 ou 420). Hormis un séjour à Rome (382-385) auprès du pape Damase, il passe sa vie en Orient. Activement mêlé aux controverses théologiques du temps (pélagianisme et origénisme) et fort attaché à la propagation de l'idéal monastique, il se consacre surtout à l'étude de la Bible. Il en entreprend une traduction nouvelle à partir du texte hébreu. Cela aboutira à la Vulgate, qui sera pendant des siècles la version biblique officielle de l'Église latine.

jerrican ou **jerrycan** [ʒerikan] **n.m.** (mot anglo-amér., de *Jerry,* surnom donné aux Allemands par les Anglais, et *can,* bidon). Récipient métallique muni d'un bec verseur, d'une contenance d'env. 20 litres.

jersey [ʒɛrzɛ] **n.m.** (de l'île de *Jersey*). **1.** Tricot ne comportant que des mailles à l'endroit sur une même face. **2.** Vêtement, et en partic. chandail, en jersey. **3. Point de jersey,** point de tricot obtenu en alternant un rang de mailles à l'endroit et un rang de mailles à l'envers.

Jersey, la plus grande (116 km^2) et la plus peuplée (97 857 hab.) des îles Anglo-Normandes. Ch.-l. *Saint-Hélier.* Tourisme. Place financière. Cultures maraîchères et florales.

Jérusalem, ville de Palestine, proclamée capitale de l'État d'Israël par la Knesset en 1980 (statut non reconnu officiellement par la plupart des États). 790 719 hab. (*Hiérosolymitains* ou *Hiérosolymites*). Jérusalem est une vieille ville cananéenne dont David, au Xe s. av. J.-C., fit la capitale politique du royaume des Hébreux, tandis que son fils Salomon en fera aussi la capitale religieuse de l'État en y édifiant le Temple de Yahvé, ainsi qu'un palais pour lui-même. La scission entre les tribus du Nord et celles du Sud à la mort de Salomon réduit l'importance de Jérusalem, qui n'est plus que la capitale du royaume de Juda. Prise et incendiée en - 587 par Nabuchodonosor, la cité de David reprend vie en - 538 avec le retour des Juifs déportés à Babylone. L'autel est rétabli, le Temple reconstruit. Après la mort d'Alexandre, Lagides et Séleucides se disputent la ville, qui redevient capitale des rois asmonéens. Hérode le Grand tente de redonner au Second Temple la gloire qu'avait celui de Salomon ; cependant, la guerre avec les Romains entraîne en 70 apr. J.-C. la ruine de Jérusalem. Les Juifs réoccupent la ville lors de leur seconde révolte (132-135) animée par Bar-Kokhba, mais l'empereur Hadrien la fait raser entièrement. À l'époque byzantine, les chrétiens font revivre Jérusalem en y établissant des monastères et des églises. Passée aux mains des Arabes (638), elle est reconquise par les croisés et devient la capitale d'un royaume chrétien (1099-1187 puis 1229-1244), avant de repasser sous la domination musulmane (Mamelouks, de 1260 à 1517, puis Ottomans, de 1517 à 1917). Siège de l'administration de la Palestine placée en 1922 sous mandat britannique, la ville est partagée en 1948 entre le nouvel État d'Israël et la Transjordanie. Lors de la guerre des Six-Jours, en 1967, l'armée israélienne s'empare des quartiers arabes qui constituaient la « Vieille Ville ». Monuments célèbres : « mur des Lamentations » ; Coupole du Rocher, le plus ancien monument de l'islam (VIIe s.) ; mosquée al-Aqsa (XIe s.) ; édifices de l'époque des croisades. Musée national d'Israël (1965).

Jérusalem ***(royaume latin de),*** État latin du Levant fondé par les croisés, après la prise de Jérusalem, en 1099, et détruit en 1291 par les Mamelouks.

jésuite [ʒezɥit] **n.m.** (du n. de *Jésus*). Membre d'un ordre religieux, la Compagnie de Jésus, fondée par Ignace de Loyola en 1539 et approuvée par le pape en 1540. ◆ **adj.** et **n.** Qui agit de façon hypocrite (péjor.) : *Quel jésuite !* (syn. **fourbe** ; contr. **sincère**).

jésuitique [ʒezɥitik] **adj. 1.** Qui concerne les jésuites : *Une éducation jésuitique.* **2.** Qui évoque certains des travers traditionnellement attribués aux jésuites (péjor.) : *Un raisonnement jésuitique* (syn. **tortueux**).

jésuitisme [ʒezɥitism] **n.m. 1.** Système moral et religieux des jésuites. **2.** Hypocrisie doucereuse : *Le jésuitisme d'une réponse* (syn. **dissimulation, fourberie**).

jésus [ʒezy] **n.m.** (du n. de *Jésus* [par analogie avec un enfant emmailloté pour le sens 2]). **1.** Représentation de Jésus enfant. **2. Jésus (de Lyon),** saucisson sec de gros diamètre emballé sous cæcum de porc. ◆ **adj. Papier jésus,** papier (qui portait autref. en filigrane le monogramme I.H.S. de Jésus) présenté en format normalisé aux dimensions 56 × 72 cm. (On dit aussi *du jésus.*)

Jésus ou **Jésus-Christ,** Juif de Palestine qui vécut au début de l'ère définie par sa propre apparition dans l'histoire et dont la personne, le ministère, la prédication sont à l'origine de la religion chrétienne ; pour celle-ci, il est le fils de Dieu et le Messie (« oint », « consacré » – en grec *Khristos,* traduit par « Christ ») annoncé par les prophètes. Les sources principales dont on dispose à son sujet sont les quatre Évangiles ; mais ces textes ne sont pas véritablement une histoire de Jésus ; ce sont des documents prélevés sur une tradition orale et choisis en fonction d'une annonce de la foi ou d'une réflexion théologique. On ne peut donc y trouver une biographie de Jésus à proprement parler, mais seulement les traits majeurs de son existence et de son message.

Sa naissance peut être datée des années 7 ou 6 avant notre ère. Vers 27-28, il rencontre Jean-Baptiste et commence sa prédication, d'abord dans la partie septentrionale de la Palestine, la Galilée, d'où il était originaire. C'est là qu'il recrute ses premiers disciples et que son message est le mieux accueilli. Au terme de ce ministère galiléen, Jésus se heurte à ses compatriotes de moins en moins réceptifs et aux manœuvres hostiles des chefs religieux. L'impression se répand que l'annonce par ce Galiléen du royaume de Dieu ne fait que préparer un bouleversement politique radical. La tension est à son comble lorsque, à l'approche de la Pâque, Jésus se rend à Jérusalem. Arrêté à l'instigation des chefs juifs, il est condamné par l'autorité romaine d'occupation, que représente Ponce Pilate, et crucifié le 14 du mois de nisan en l'an 30. Apparemment achevée avec la mise au tombeau, l'histoire de Jésus prend un autre relief à travers celle de ses disciples, qui disent l'avoir vu vivant, et à travers l'Église, qui se définit comme son corps mystique. La Résurrection de Jésus-Christ signifie alors que le Christ de la foi prend le pas sur le Jésus de l'histoire.

Jésus *(Compagnie* ou *Société de),* ordre religieux fondé par Ignace de Loyola, qui le fit reconnaître par le pape en 1540 et qui en promulgua les *Constitutions* en 1551. Les membres de ce nouvel ordre, qu'on appela bientôt « les jésuites », se mettent à la totale disposition du pape, vis-à-vis duquel ils se lient par un vœu spécial d'obéissance ajouté aux trois vœux de religion classiques. La Compagnie de Jésus, qui a connu un rapide essor, a développé une activité multiforme (missions, enseignement, controverses théologiques, notamment sur la grâce) et suscité, par là, des hostilités qui ont même entraîné son interdiction par le pape Clément XIV en 1773. Elle fut rétablie par Pie VII en 1814.

1. jet [ʒɛ] **n. m.** (de *jeter*). **1.** Action de jeter, de lancer loin de soi : *Le jet d'une pierre* (syn. **lancement, projection**). *Un jet du javelot exceptionnel* (syn. **lancer**). **2.** Mouvement d'un fluide qui jaillit avec force et comme sous l'effet d'une pression : *Un jet de vapeur s'échappa du tuyau* (syn. **jaillissement**). *Un jet de salive.* **3.** Distance correspondant à la portée d'un jet : *À un jet de pierre.* **4.** Apparition, émission vive et soudaine : *Un jet de lumière éclaira la façade de l'immeuble. Un jet de flammes sortit du poêle.* **5.** Embout placé sur une arrivée d'eau et permettant de la projeter avec force ; eau ainsi projetée : *Passer sa voiture au jet.* **6. À jet continu,** sans interruption : *Débiter des sornettes à jet continu.* / **Arme de jet,** arme qui constitue elle-même un projectile, comme le javelot, ou qui le lance, comme l'arc. / **D'un jet, d'un seul jet, du premier jet,** en une seule fois, d'un seul coup : *Elle dit qu'elle écrit ses romans d'un seul jet* (= sans tâtonnements ni retouches). / **Jet d'eau,** filet ou gerbe d'eau qui jaillit d'une fontaine et retombe dans un bassin. / **Premier jet,** ébauche, esquisse d'une œuvre, notamm. littéraire : *Ce n'est qu'un premier jet* (= un brouillon).

2. jet [dʒɛt] **n.m.** (mot angl., propr. « jet, jaillissement », du fr. *jet*). Avion à réaction.

jetable [ʒətabl] **adj.** Se dit d'un objet destiné à être jeté après usage : *Rasoir, briquet jetable* (= non rechargeable).

jeté [ʒəte] **n.m.** (du p. passé de *jeter*). **1.** Bande d'étoffe placée sur un meuble comme ornement : *Jeté de table. Jeté de lit* (= couvre-lit). **2.** CHORÉGR. Saut lancé, exécuté d'une jambe sur l'autre.

jetée [ʒəte] **n.f.** (de *jeter*). **1.** Ouvrage enraciné dans le rivage et établi pour permettre l'accès à une installation portuaire, pour faciliter les manœuvres des bateaux et navires dans les chenaux d'accès à un port. **2.** Couloir reliant une aérogare à un satellite ou à un poste de stationnement d'avion.

jeter [ʒəte] **v.t.** (lat. pop. **jectare,* class. *jactare,* fréquentatif de *jacere*) [conj. **27**]. **1.** Envoyer loin en lançant : *Jeter une pierre* (syn. **lancer**). **2.** Porter vivement le corps ou une partie du corps dans une direction : *Jeter la jambe en avant. Jeter un coup d'œil à son voisin.* **3.** Se débarrasser de ; mettre aux ordures : *Jeter des fruits gâtés.* **4.** Mettre, poser rapidement ou sans précaution : *Jeter un châle sur ses épaules. Peux-tu jeter cette lettre dans la boîte en passant ?* (syn. **déposer**). **5.** Disposer ; mettre en place ; établir : *Jeter les fondations d'un immeuble. Jeter les bases d'une théorie* (= en fixer les grandes lignes). **6.** Produire une impression ; faire naître un sentiment : *Cette nouvelle jeta le trouble dans les esprits* (syn. **semer, susciter**). *Le crime a jeté l'effroi dans notre village* (syn. **causer**). **7.** Pousser avec violence : *Jeter qqn à terre* (= le faire tomber). *La tempête a jeté le navire sur les rochers* (syn. **précipiter, projeter**). **8.** Mettre brusquement dans un certain état d'esprit : *Sa question me jette dans l'embarras. Sa mort a jeté la famille dans le désespoir* (syn. **plonger**). **9.** Lancer, répandre hors de soi : *Animal qui jette son venin. Jeter un cri* (syn. **émettre, pousser**). *Jeter des injures à la tête de qqn* (syn. **proférer**). **10.** FAM. **En jeter,** avoir de l'allure, une apparence brillante qui impressionne : *Il en jette sur sa nouvelle moto !* / **Jeter les yeux, le regard sur qqn,** le regarder ; s'intéresser à lui. / **Jeter qqch à la face, à la figure, au visage de qqn,** le lui dire, le lui reprocher vivement. ◆ **se jeter v.pr. 1.** Se porter vivement ; se précipiter : *Se jeter contre un mur. Elle se jeta à l'eau pour le sauver. Il se jeta sur son frère pour le frapper.* **2.** S'engager, s'adonner complètement, avec passion : *Se jeter dans la politique* (syn. **se lancer**). **3.** Déverser ses eaux, en parlant d'un cours d'eau : *La Saône se jette dans le Rhône.* **4.** FAM. **S'en jeter un,** boire un verre.

jeteur, euse [ʒətœr, -øz] **n. Jeteur de sort,** personne qui lance des malédictions en usant de magie.

jeton [ʒətɔ̃] **n.m.** (de *jeter,* au sens anc. de « calculer »). **1.** Pièce ronde et plate en métal, en ivoire, en matière plastique, etc., utilisée pour faire fonctionner certains appareils, comme marque à certains jeux et à divers autres usages : *Jeton de téléphone.* **2.** FAM. Coup : *Prendre un jeton.* **3.** FAM. **Faux jeton,** personne à qui on ne peut se fier ; hypocrite. **4. Jeton de présence,** somme forfaitaire allouée aux membres des conseils d'administration.

jet-set [dʒɛtsɛt] **n.f.** ou, vieilli, **n.m.** (mot angl., de *jet,* avion à réaction, et *set,* groupe) [pl. *jet-sets*]. Ensemble des personnalités qui constituent un milieu riche et international habitué des voyages en jet (on dit aussi *la jet-society* [dʒɛtsɔsajti]).

jet-stream [dʒɛtstrim] **n.m.** (mot angl., de *jet,* avion à réaction, et *stream,* courant) [pl. *jet-streams*]. MÉTÉOR. Vent puissant circulant dans l'atmosphère à plus de 6 km d'altitude, dont les variations de trajectoire et d'intensité ont des répercussions importantes sur le temps à la surface de la planète (On dit aussi *courant-jet*[kurɑ̃dʒɛt]) ▸ Il fut découvert par des aviateurs américains pendant la Seconde Guerre mondiale.

jeu [ʒø] **n.m.** (lat. *jocus,* plaisanterie). **1.** Activité physique ou intellectuelle non imposée et gratuite, à laquelle on s'adonne pour se divertir, en tirer un plaisir : *Se livrer aux jeux de son âge* (syn. **amusement, divertissement**). *Elle essaie de résoudre ce problème par jeu* (syn. **plaisir**). **2.** Action, attitude de qqn qui n'agit pas sérieusement : *Dire qqch par jeu* (syn. **plaisanterie**). **3.** Au Moyen Âge, forme dramatique caractérisée par le mélange des tons et la variété des sujets : *Le Jeu de Robin et Marion.* **4.** Activité de loisir soumise à des règles conventionnelles, comportant gagnants et perdants, et où interviennent les qualités physiques ou intellectuelles, l'adresse, l'habileté ou le hasard : *Un jeu d'équipe. Le jeu d'échecs. Tricher au jeu.* **5.** Ensemble des règles d'après lesquelles on joue : *Respecter, jouer le jeu. Ce n'est pas du jeu* ou *de jeu* (= c'est irrégulier). **6.** Espace délimité à l'intérieur duquel une partie doit se dérouler : *La balle est sortie du jeu* (syn. **terrain**). *Un joueur mis hors jeu.* **7.** Au tennis, division d'un set correspondant, sauf dans le cas d'un *jeu décisif,* à une série de mises en service de la balle par un même joueur : *Perdre, remporter un jeu. Jeu blanc* (= dont le perdant n'a remporté aucun point). **8.** Ensemble des différents jeux de hasard, notamm. ceux où on risque de l'argent : *Se ruiner au jeu. Jouer gros jeu* (= miser beaucoup d'argent). **9.** Action, manière de jouer ; partie qui se joue : *Joueur de tennis qui a un jeu rapide et efficace.* **10.** Ensemble des éléments nécessaires à la pratique d'un jeu : *Acheter un jeu de 32, 54 cartes. Il manque une pièce au jeu de dames.* **11.** Ensemble des cartes, des jetons, etc., distribués à un joueur : *Avoir un bon jeu. N'avoir aucun jeu.* **12.** Série complète d'objets de même nature : *Un jeu de clefs.* **13.** Manière de jouer d'un instrument de musique ; manière de jouer, d'interpréter un rôle : *Le jeu brillant d'un pianiste. Actrice qui a un jeu sobre.* **14.** Manière d'agir : *Le jeu subtil d'un diplomate* (syn. **manège**). *J'ai lu dans son jeu* (= j'ai deviné ses intentions) [syn. **stratagème**]. **15.** Manière de bouger, de se mouvoir en vue d'obtenir un résultat : *Le jeu de jambes d'un boxeur.* **16.** LITT. Ensemble de mouvements produisant un effet esthétique : *Jeu d'ombre et de lumière dans le feuillage d'un arbre.* **17.** Mouvement régulier d'un mécanisme, d'un organe : *Jeu du piston dans le cylindre.* **18.** Fonctionnement normal d'un système, d'une organisation, des éléments d'un ensemble : *Le libre jeu des institutions.* **19.** MÉCAN. Intervalle laissé entre deux pièces, leur permettant de se mouvoir librement ; excès d'aisance dû à un défaut de serrage entre deux pièces en contact : *Laisser du jeu entre deux surfaces pour éviter un grippage. L'axe a pris du jeu.* **20. Avoir beau jeu de,** être dans des conditions favorables, avoir toute facilité pour : *Il a beau jeu de critiquer, lui qui ne fait rien !* / **Entrer dans le jeu de qqn,** faire cause commune avec lui, lui donner son appui. / **Entrer en jeu,** intervenir dans une affaire, une entreprise, un combat : *Des forces puissantes sont entrées en jeu pour étouffer l'affaire.* / **Être en jeu,** être mis en question, être menacé : *C'est mon honneur qui est en jeu* (= être en cause). / **Faire le jeu de qqn,** l'avantager, agir dans son intérêt, le plus souvent involontairement. / **Jeu décisif,** recomm. off. pour *tie-break.* / **Jeu de mots,** plaisanterie fondée sur la ressemblance des mots (= calembour). / **Jeu d'enfant,** chose très facile : *Ce n'est qu'un jeu d'enfant pour lui.* / **Jeu de physionomie,** mimique du visage exprimant tel ou tel sentiment. / **Jeu de scène,** au théâtre, attitude, déplacement concourant à un certain effet. / **Jouer double jeu,** avoir deux attitudes différentes pour tromper. / **Les jeux sont faits,** tout est décidé. / **Mettre en jeu,** employer dans une action déterminée : *Ils ont mis en jeu d'importants capitaux.* / **Mise en jeu,** emploi, usage : *La mise en jeu de forces nouvelles* (= entrée en action). / **Se faire un jeu de qqch,** le faire très facilement. / **Se prendre, se piquer au jeu,** se passionner pour une chose à laquelle on n'avait guère pris d'intérêt jusque-là. **21. Vieux jeu,** suranné ; d'une autre époque : *Ses parents sont vieux jeu. Ses vêtements sont vieux jeu* (syn. **démodé**). / COMPTAB. **Jeu d'écriture,** opération purement formelle, n'ayant aucune incidence sur l'équilibre des recettes et des dépenses. / MUS. **Jeu d'orgue,** suite, série de tuyaux d'un orgue correspondant à un même timbre. / SPORTS. **Jeu à XIII,** rugby à treize joueurs. ◆ **jeux n.m. pl.** Ensemble de compétitions regroupant plusieurs disciplines sportives, et auxquelles participent souvent les représentants de divers pays : *Jeux Olympiques.*

Jeu de paume ***(serment du)*** [20 juin 1789], serment prêté dans la salle du Jeu de paume à Versailles par les députés du tiers état, qui jurèrent de ne pas se séparer avant d'avoir donné une Constitution au royaume.

jeudi [ʒødi] **n.m.** (lat. *Jovis dies*, jour de Jupiter). **1.** Quatrième jour de la semaine. **2.** CATH. **Jeudi saint,** jeudi de la semaine sainte. / *FAM.* **La semaine des quatre jeudis,** à un moment qui n'arrivera jamais : *Ton vélo, tu l'auras la semaine des quatre jeudis* (= tu ne l'auras jamais).

à **jeun** [ʒɛ̃] **loc. adv.** (lat. *jejunus*). Sans avoir rien mangé ni bu depuis le réveil : *Être à jeun pour une prise de sang.*

jeune [ʒœn] **adj.** (lat. pop. **jovenis*, class. *juvenis*). **1.** Qui n'est pas avancé en âge : *Adèle, c'est la plus jeune des deux sœurs. Il s'est marié jeune. Jeune homme. Jeune fille.* **2.** Qui a encore la vigueur et le charme de la jeunesse : *À soixante ans, il est resté très jeune* (syn. **vert**). **3.** Qui existe depuis relativement peu de temps : *Un pays jeune* (syn. **neuf**). *La jeune industrie d'un pays* (syn. **récent**). **4.** Qui est moins âgé que les personnes de la même fonction, de la même profession : *Recherchons jeune ingénieur* (= ayant récemment obtenu son diplôme). *Une jeune ministre.* **5.** Qui n'a pas encore les qualités de la maturité : *Elle est encore bien jeune* (syn. **candide, naïf**). **6.** S'emploie pour distinguer deux homonymes d'âge ou d'époque différents (par opp. à *aîné, ancien, père*) : *Durand jeune et Cie* (syn. **cadet, fils, junior**). *Pline le Jeune.* **7.** Qui appartient à la jeunesse : *Jeune âge. Sa jeune expérience s'étoffera* (syn. **juvénile**). **8.** Se dit d'un vin auquel il manque encore les qualités qu'il peut acquérir par le vieillissement. **9.** Se dit d'un animal qui n'a pas fini sa croissance : *Un jeune chien.* **10.** Se dit d'un végétal qui n'a pas atteint son plein développement : *Les jeunes pousses craignent le gel.* **11.** *FAM.* **C'est un peu jeune,** c'est un peu insuffisant, un peu juste : *Un poulet pour dix personnes, c'est un peu jeune !* ◆ **adv. 1.** À la manière des personnes jeunes : *S'habiller jeune.* **2. Faire jeune,** paraître jeune. ◆ **n. 1.** Personne jeune : *C'est un(e) jeune qui conduisait.* **2.** Animal non encore adulte : *Une portée de cinq jeunes.* **3. Les jeunes,** la jeunesse : *Bande de jeunes.*

jeûne [ʒøn] **n.m.** (de *jeûner*). Privation d'aliments : *Un long jeûne affaiblit.*

jeûner [ʒøne] **v.i.** (lat. ecclés. *jejunare*, du class. *jejunus*, qui est à jeun). **1.** S'abstenir de manger ; pratiquer le jeûne, la diète. **2.** Pratiquer le jeûne pour des raisons religieuses.

jeunesse [ʒœnɛs] **n.f.** (de *jeune*). **1.** Période de la vie humaine comprise entre l'enfance et l'âge mûr : *L'éclat de la jeunesse* (contr. **vieillesse**). **2.** Fait d'être jeune ; ensemble des caractères physiques et moraux d'une personne jeune : *Cette erreur est due à son extrême jeunesse. Jeunesse de cœur, d'esprit.* **3.** Ensemble des jeunes, ou des enfants et des adolescents : *Émissions pour la jeunesse.* **4.** (En appos.) Se dit des publications ou des activités destinées aux enfants et aux adolescents : *La littérature jeunesse, les loisirs jeunesse.* **5.** Période de croissance, de développement ; état, caractère des choses nouvellement créées ou établies et qui n'ont pas encore atteint leur plénitude : *Science qui est dans sa jeunesse.* **6. N'être plus de la première jeunesse,** être déjà assez âgé. / *FAM., VIEILLI.* **Une jeunesse,** une jeune fille ou une très jeune femme. ◆ **jeunesses n.f. pl.** Mouvement, groupement de jeunes gens : *Les jeunesses musicales.*

Jeunesse ***(île de la)***, anc. **île des Pins,** dépendance de Cuba ; 2 199 km^2 ; 86 559 hab.

Jeunes-Turcs, groupe d'intellectuels et d'officiers ottomans, libéraux et réformateurs, d'abord rassemblés en diverses sociétés secrètes. Ils contraignirent le sultan Abdülhamid II à restaurer la Constitution (1908) puis à abdiquer (1909) et dominèrent la vie politique ottomane jusqu'en 1918, évoluant vers un régime autoritaire et ultranationaliste.

jeunet, ette [ʒœnɛ, -ɛt] **adj.** *FAM.* Très jeune ; un peu trop jeune : *Il est bien jeunet pour endosser de telles responsabilités.*

jeune-turc, jeune-turque [ʒœntyrk] **n.** (pl. *jeunes-turcs, -turques*). Personne, souvent assez jeune, qui, dans une organisation politique, est favorable à une action rapide, ferme et volontaire : *Les jeunes-turcs du parti.*

jeûneur, euse [ʒønœr, -øz] **n.** Personne qui jeûne.

jeunot, otte [ʒœno, -ɔt] **adj.** et **n.** *FAM.* Jeune et naïf.

Jevons (William Stanley), économiste et logicien britannique (Liverpool 1835 - Bexhill, près de Hastings, 1882). Cofondateur du courant marginaliste avec L. Walras et C. Menger, il introduit le concept de « degré final d'utilité ».

Jiang Jieshi, ou **Tchang Kaï-chek,** généralissime et homme d'État chinois (dans le Zhejiang 1887 - Taipei 1975). Il prit part à la révolution de 1911, qui instaura la république en Chine, dirigea après 1926 l'armée du parti au pouvoir, le Guomindang, et, rompant avec les communistes (1927), établit un gouvernement nationaliste à Nankin. Il lutta contre le parti communiste, qu'il contraignit à la Longue Marche (1934), avant de former avec lui un front commun contre le Japon (1936). Il combattit pendant la guerre civile (1946-1949) puis s'enfuit à Taïwan, où il présida le gouvernement jusqu'à sa mort.

Jiang Zemin, homme politique chinois (Yangzhon 1926). Président de la République (1993-2003), il a dominé la vie politique de son pays après la mort de Deng Xiaoping (1997).

Jiangsu, prov. de la Chine centrale ; 100 000 km^2 ; 78 660 941 hab. CAP. *Nankin.*

Jiangxi, prov. de la Chine méridionale ; 164 800 km^2 ; 44 567 797 hab. CAP. *Nanchang.*

jihad n.m. → **djihad.**

jihadisme n.m. → **djihadisme.**

Jilin, prov. de la Chine du Nord-Est ; 180 000 km^2 ; 27 452 815 hab. CAP. *Changchun.* Au centre de la prov., l'agglomération de *Jilin* a 1 888 948 hab.

Jinan, v. de Chine, cap. du Shandong, sur le Huang He ; 3 581 356 hab. dans l'agglomération. Centre industriel.

jingle [dʒingœl] **n.m.** (mot angl. « couplet »). Thème musical destiné à introduire ou à accompagner une émission ou un message publicitaire. (Recomm. off. *sonal.*)

Jinnah (Muhammad Ali), homme politique pakistanais (Karachi 1876 - *id.* 1948). Véritable créateur du Pakistan, il milita au sein de la Ligue musulmane pour sa création et devint son premier chef d'État (1947-1948).

jiu-jitsu [ʒjyʒitsy] **n.m. inv.** (mot jap. « art de la souplesse »). Art martial japonais, fondé sur les projections, les luxations, les étranglements et les coups frappés sur les points vitaux du corps, et qui, codifié, a donné naissance au judo.

Jivaro, Indiens d'Amazonie, qui parlent une langue qu'on rattache parfois à l'arawak. Leur organisation sociale repose sur la famille patrilinéaire. Ils habitent des « longues maisons ». Leurs croyances chamanistes sont à l'origine de la pratique qui les a amenés à couper les têtes de leurs ennemis morts et à les réduire.

joaillerie [ʒɔajri] **n.f. 1.** Art de mettre en valeur les pierres fines et précieuses. **2.** Commerce du joaillier. **3.** Articles vendus par le joaillier.

joaillier, ère [ʒɔaje, -ɛr] **n.** (de *joyau*). Personne qui crée, fabrique ou vend des joyaux.

job [dʒɔb] **n.m.** (mot angl. « besogne, tâche »). *FAM.* Emploi rémunéré : *Avoir un bon job* (syn. **métier, travail**).

Job *(livre de),* livre biblique composé au ve s. av. J.-C. C'est un poème complexe qui pose, en admettant qu'on ne peut le résoudre par la simple raison, le problème du mal, le fait que des justes soient malheureux et des méchants heureux. Il oscille entre une réflexion quasi désespérée et l'abandon à Dieu dans la foi.

jobard, e [ʒɔbar, -ard] **adj.** et **n.** (moyen fr. *jobe,* niais, sans doute de *Job,* personnage biblique). *FAM.* Très naïf ; qui se laisse duper facilement : *Il faut qu'il soit bien jobard pour t'avoir cru* (syn. **niais, simplet**).

Jocaste, héroïne du cycle thébain dans la mythologie grecque. Sœur de Créon, elle était la femme de Laïos, roi de Thèbes. Leur fils Œdipe, dans l'ignorance de son destin et conformément à un oracle, tua Laïos et épousa Jocaste. Quand l'inceste fut révélé, cette dernière se tua.

jockey [ʒɔkɛ] **n.** (mot angl., désignant d'abord un valet d'écurie, dimin. de *Jock,* forme écossaise du prénom *Jack*). Professionnel qui monte les chevaux de course.

jocrisse [ʒɔkris] **n.m.** (de *Jocrisse,* n. d'un personnage de théâtre). *LITT.* Benêt qui se laisse duper (syn. **niais, nigaud**).

jodhpurs [ʒɔdpyr] **n.m. pl.** (de *Jodhpur,* ville de l'Inde où l'on fabrique des cotonnades). Pantalon long, serré du genou à la cheville, utilisé pour monter à cheval.

Joffre (Joseph), maréchal de France (Rivesaltes 1852 - Paris 1931). Après s'être distingué au Tonkin (1885), au Soudan (1892), puis, sous Gallieni, à Madagascar (1900), il devint en 1911 chef d'état-major général. Commandant en chef des armées du Nord et du Nord-Est en 1914, il remporta la victoire décisive de la Marne ; commandant en chef des armées françaises (déc. 1915), il livra la bataille de la Somme ; il fut remplacé par Nivelle à la fin de 1916 et élevé à la dignité de maréchal.

joggeur, euse [dʒɔgœr, -øz] **n.** Personne qui pratique le jogging.

jogging [dʒɔgiŋ] **n.m.** (mot angl.). **1.** Course à pied pratiquée pour l'entretien de la forme physique, sur les terrains les plus variés, bois et campagne, routes, rues des villes. **2.** Survêtement utilisé pour cette activité.

Johannesburg, la plus grande ville de l'Afrique du Sud, ch.-l. du Gauteng, dans le Witwatersrand ; 922 613 hab. (4 434 827 hab. dans l'agglomération). Centre industriel, commercial et intellectuel. Zoo.

Johns (Jasper), peintre américain (Augusta, Géorgie, 1930). Représentant du courant « néodadaïste » à côté de Rauschenberg, il a exploré, depuis ses *Drapeaux* américains (1955), les relations d'ambiguïté entre l'objet et sa représentation, entre le signe et la matérialité de l'œuvre (série de « cibles », de « chiffres », d'« alphabets », simulacres d'objets en bronze peint...).

Johnson (Lyndon Baines), homme d'État américain (Stonewall, Texas, 1908 - Johnson City, près d'Austin, Texas, 1973). Démocrate, vice-président des États-Unis (1961), il devint président à la suite de l'assassinat de J. F. Kennedy (1963), puis fut président élu (1964-1968). Il dut faire face à de graves émeutes raciales et au développement de la guerre du Viêt Nam.

joie [ʒwa] **n.f.** (lat. *gaudia,* pl. de *gaudium,* de *gaudere,* se réjouir). **1.** Sentiment de bonheur intense, de plénitude, limité dans sa durée, éprouvé par une personne dont une aspiration, un désir est satisfait : *Ressentir une grande joie* (syn. **bonheur, satisfaction** ; contr. **tristesse**). **2.** État de satisfaction qui se manifeste par de la gaieté et de la bonne humeur ; ces manifestations elles-mêmes : *L'incident les a mis en joie* (syn. **gaieté**). **3.** Ce qui provoque chez qqn un sentiment de vif bonheur, de vif plaisir : *C'est une joie de les revoir.* **4. Feu de joie,** feu allumé dans les réjouissances publiques. **/ Les joies de,** les plaisirs, les bons moments que qqch procure ; par ironie, les ennuis, les désagréments de : *Les joies du mariage.* / *FAM.* **S'en donner à cœur joie,** profiter pleinement de l'agrément qui se présente : *Ils s'en donnent à cœur joie pendant les vacances.*

joignable [ʒwaɲabl] **adj.** Que l'on peut joindre, avec qui on peut entrer en contact, notamm. par téléphone : *À partir de quelle heure êtes-vous joignable ?*

joindre [ʒwɛ̃dr] **v.t.** (lat. *jungere*) [conj. **82**]. **1.** Rapprocher des choses de telle sorte qu'elles se touchent : *Joindre les deux bouts d'une ficelle par un nœud* (syn. **attacher**). *Elle s'agenouilla et joignit les mains* (= les unit en entrecroisant les doigts). **2.** Unir, assujettir : *Joindre des tôles par des rivets* (syn. **ajuster, sceller**). **3.** Établir une communication entre : *Le canal du Centre joint la Saône à la Loire* (syn. **relier**). **4.** Ajouter pour former un tout : *Joindre une pièce à un dossier* (syn. **insérer**). *Joignez ce témoignage aux autres* (syn. **adjoindre**). *Joindre l'utile à l'agréable* (syn. **associer**). **5.** Entrer en rapport, en communication avec : *Je l'ai joint par téléphone* (syn. **contacter, toucher**). **6.** *FAM.* **Joindre les deux bouts,** boucler son budget : *Avec des salaires pareils, on a du mal à joindre les deux bouts.* ◆ **v.i.** Être en contact étroit : *Les battants de la fenêtre joignent mal.* ◆ **se joindre v. pr. 1.** Être réuni en un tout : *Leurs mains se joignirent.* **2. Se joindre à,** s'associer à qqn, à un groupe ; participer à qqch : *Se joindre à la conversation* (syn. **se mêler**).

1. joint, e [ʒwɛ̃, -ɛ̃t] **adj.** (p. passé de *joindre*). Uni, lié ; qui est en contact : *Sauter à pieds joints.*

2. joint [ʒwɛ̃] **n.m.** (de *1. joint*). **1.** Point de raccordement de deux tuyaux, de deux rails : *La soudure du joint va lâcher.* **2.** CONSTR. Espace entre deux pierres garni de liant. **3.** Garniture assurant l'étanchéité d'un assemblage : *Changer le joint d'un robinet qui fuit.* **4.** MÉCAN. Articulation entre deux pièces : *Joint de cardan.* **5.** Intermédiaire : *Faire le joint entre deux personnes.* **6.** *FAM.* Moyen de résoudre une affaire, une difficulté : *Chercher, trouver un joint* (syn. **solution**). **7. Joint de culasse,** joint d'étanchéité interposé entre le bloc-cylindres et la culasse d'un moteur à combustion interne. **/ Joint de dilatation,** dispositif permettant la libre dilatation et la contraction d'une chaussée, d'un pont en fonction de la température.

3. joint [ʒwɛ̃] **n.m.** (mot anglo-amér.). *FAM.* Cigarette de haschisch ou de marijuana.

jointif, ive [ʒwɛ̃tif, -iv] **adj.** Qui joint sans laisser d'intervalle : *Les volets ne sont plus jointifs* (= ils ne se joignent plus bord à bord).

jointoyer [ʒwɛ̃twaje] **v.t.** (de *1. joint*) [conj. **13**]. Remplir avec du mortier ou une autre substance les joints d'une maçonnerie, d'un sol.

jointure [ʒwɛ̃tyr] **n.f.** (lat. *junctura*). **1.** Endroit où deux choses sont en contact : *La jointure de deux pierres* (syn. **assemblage**). **2.** Endroit où deux os se joignent : *La jointure du genou. Faire craquer ses jointures* (syn. **articulation**).

joint-venture [dʒɔjntvɛntʃər] **n.m.** (mot angl. « entreprise mixte ») [pl. *joint-ventures*]. DR. Filiale commune à deux ou plusieurs entreprises, dans le cadre d'une coopération économique internationale. (Recomm. off. *coentreprise*.)

Joinville (Jean, *sire* **de),** chroniqueur français (v. 1224 - 1317). Sénéchal de Champagne, il participa à la 7e croisade (1248), aux côtés de Saint Louis, dont il devint le confident. Son *Livre des saintes paroles et des bons faits de notre roi Louis* (v. 1309) est une source précieuse pour l'histoire de ce roi.

joker [ʒɔkɛr] **n.m.** (mot angl., propr. « farceur »). Carte portant la figure d'un bouffon et susceptible de prendre à certains jeux la valeur que lui donne celui qui la détient.

joli, e [ʒɔli] **adj.** (p.-ê. de l'anc. scand. *jôl*, n. d'une fête païenne). **1.** Qui séduit par sa grâce, son charme ; dont l'aspect extérieur présente de l'agrément : *Une jolie fille* (syn. **beau**). *Avoir un joli nez* (syn. **gracieux, mignon**). *Une jolie voix* (syn. **ravissant**). **2.** FAM. Qui mérite d'être considéré ; assez important : *Avoir une jolie situation* (syn. **intéressant, avantageux**). *C'est une jolie somme* (syn. **considérable**). **3.** Piquant ; amusant : *Jouer un joli tour à qqn* (syn. **bon, cocasse**). **4.** (Par antiphrase). Déplaisant ; laid : *Embarquez-moi tout ce joli monde !* (= peu recommandable). *C'est vraiment joli, ce que tu lui as fait !* (syn. **méchant, vilain**). **5. Faire le joli cœur,** agir avec une coquetterie exagérée. ◆ **n.** (Précédé d'un adj. possessif). Appellatif affectueux : *Mon joli, ma jolie.* ◆ **joli n.m.** FAM. **C'est du joli !,** quelle vilaine action !

joliesse [ʒɔljɛs] **n.f.** LITT. Caractère de ce qui est joli : *La joliesse d'un visage* (syn. **charme, grâce**).

joliment [ʒɔlimɑ̃] **adv. 1.** Bien ; de façon agréable, plaisante : *Maison joliment aménagée* (syn. **agréablement, délicieusement**). **2.** (Par antiphrase). Très mal ; sévèrement : *Se faire joliment recevoir* (= fortement tancer). **3.** FAM. Beaucoup ; très : *Être joliment content* (syn. **extrêmement**).

Joliot-Curie (Irène), physicienne française (Paris 1897 - *id.* 1956), fille de Pierre et de Marie Curie. Seule ou en collaboration avec son mari (1926), Jean Frédéric Joliot, elle effectua des travaux de physique nucléaire et des recherches sur la structure de l'atome qui conduisirent à la découverte du neutron (Chadwick, 1932) et de la radioactivité artificielle (1934). Elle fut sous-secrétaire d'État à la Recherche scientifique en 1936. (Prix Nobel de chimie 1935.)

Joliot-Curie (Jean Frédéric Joliot, dit**),** physicien français (Paris 1900 - *id.* 1958). En collaboration avec sa femme, Irène Curie, il découvrit la radioactivité artificielle (1934). Il apporta une preuve physique du phénomène de fission, puis étudia les réactions en chaîne et les conditions de réalisation d'une pile atomique, Zoé, qui fut construite en 1948. Il fut le premier haut-commissaire à l'Énergie atomique (1946-1950). [Prix Nobel de chimie 1935.]

Jolivet (André), compositeur français (Paris 1905 - *id.* 1974). Disciple d'Edgard Varèse, membre du groupe Jeune-France (1936), il fonda l'essentiel de son message sur deux sources fondamentales, la prière et la danse (*Mana, Cinq Danses rituelles,* deux sonates pour piano, trois symphonies, des concertos, *Épithalame* d'après le Cantique des cantiques.)

Jonas *(livre de),* écrit didactique (fin du IVe s. av. J.-C.) admis par une erreur d'interprétation dans le corps des livres prophétiques de la Bible. À travers des constructions fantastiques comme l'enfermement de Jonas dans le ventre d'une baleine pendant trois jours, il condamne l'attitude chauvine d'un prophète récalcitrant qui veut réserver au seul Israël les bienfaits de Dieu.

jonc [ʒɔ̃] **n.m.** (lat. *juncus*). **1.** Plante des lieux humides, à tiges et feuilles cylindriques. ▸ Famille des joncacées. **2.** Bague sans chaton ou bracelet dont le cercle est partout de même grosseur.

joncacée [ʒɔ̃kase] **n.f.** (de *jonc*). **Joncacées,** famille de plantes monocotylédones herbacées, à rhizome rampant, comme le jonc.

jonchée [ʒɔ̃ʃe] **n.f.** (de *joncher*). LITT. Quantité de choses qui jonchent le sol : *Une jonchée de feuilles* (syn. **amas, tapis**).

joncher [ʒɔ̃ʃe] **v.t.** (de *jonc*). **1.** Couvrir en répandant çà et là ; étendre : *Joncher le sol de fleurs avant le passage d'un cortège.* **2.** Être épars sur ; couvrir : *Ses vêtements jonchent le sol* (syn. **recouvrir, tapisser**).

jonchet [ʒɔ̃ʃɛ] **n.m.** (de *jonc*). Chacun des bâtonnets de bois, d'os, etc., mis en tas et qu'il faut, dans un jeu appelé *jonchets*, recueillir un à un sans faire bouger les autres.

jonction [ʒɔ̃ksjɔ̃] **n.f.** (lat. *junctio*). **1.** Action de joindre, d'unir ; fait de se joindre : *La jonction de deux lignes de chemin de fer* (syn. **raccordement**). *Opérer la jonction de deux armées* (syn. **fusion, réunion**). **2. Point de jonction,** endroit où deux choses se joignent, se rencontrent : *Au point de jonction de la nationale et de la départementale* (syn. **croisement, embranchement**).

jongler [ʒɔ̃gle] **v.i.** (lat. *joculari*, se jouer de, avec infl. de l'anc. fr. *jangler*, bavarder, du frq. **jangalôn*). **1.** Lancer en l'air, les uns après les autres, divers objets que l'on relance à mesure qu'on les reçoit : *Acrobate qui jongle avec des assiettes.* **2.** Manier avec une grande habileté, une grande aisance : *Jongler avec les chiffres. Elle a pris l'habitude de jongler avec les difficultés* (syn. **se jouer de**).

jonglerie [ʒɔ̃gləri] **n.f. 1.** Action de jongler ; art du jongleur. **2.** Habileté hypocrite par laquelle on cherche à donner le change : *Sa manière de présenter les faits est une simple jonglerie* (syn. **charlatanisme**).

jongleur, euse [ʒɔ̃glœr, -øz] **n.** (lat. *joculator,* homme qui plaisante, rieur). **1.** Artiste qui pratique l'art de jongler. **2.** Personne habile, qui jongle avec les idées, les mots : *Les jongleurs de la politique.* ◆ **jongleur n.m.** HIST. Poète et musicien ambulant du Moyen Âge (syn. **ménestrel, troubadour**).

jonque [ʒɔ̃k] **n.f.** (javanais *djong,* du chin. *chu'an*). Bateau à fond plat, à dérive, muni de deux ou trois mâts et gréé de voiles de toile ou de natte raidies par des lattes en bambou, qui sert au transport ou à la pêche, en Extrême-Orient.

jonquille [ʒɔ̃kij] **n.f.** (esp. *junquillo,* dimin. de *junco,* jonc). Narcisse à haute collerette, à feuilles cylindriques comme celles des joncs, cultivé pour ses fleurs jaunes. ◆ **adj. inv.** D'une couleur jaune clair.

Jonson (Benjamin, dit **Ben),** auteur dramatique anglais (Westminster 1572 ? - Londres 1637). Ami et rival de Shakespeare, il est l'auteur de tragédies et de comédies « de caractère » (*Volpone ou le Renard,* 1606).

Jooss (Kurt), danseur, chorégraphe et pédagogue allemand (Wasseralfingen, Wurtemberg, 1901 - Heilbronn 1979). Il est l'auteur de *la Table verte* (1932), œuvre caractéristique de l'expressionnisme d'avant-guerre.

Joplin (Janis), chanteuse de rock américaine (Port Arthur 1943 - Hollywood 1970). Personnalité tourmentée, douée d'une voix bouleversante, elle conjugua les accents du rock avec les inflexions et les thèmes du blues.

Jordaens (Jacob), peintre flamand (Anvers 1593 - *id.* 1678). Influencé par Rubens et par le caravagisme, il devint dans sa maturité le représentant par excellence d'un naturalisme opulent et sensuel (*Le roi boit, le Satyre et le Paysan,* diverses versions).

Jordanie, État de l'Asie occidentale, à l'est d'Israël ; 92 000 km² ; 7 274 000 hab. *(Jordaniens).* CAP. *Amman.* LANGUE : *arabe.* MONNAIE : *dinar jordanien.*

GÉOGRAPHIE

La majeure partie du pays est formée d'un plateau désertique parcouru par quelques nomades. Le Nord-Ouest, un peu moins aride, porte des céréales, mais le fossé du Jourdain irrigué (canal du Ghor oriental) a des cultures fruitières et légumières. Toutefois, une part notable de la population, rapidement croissante, est aujourd'hui urbanisée, concentrée surtout dans l'agglomération d'Amman. L'industrie, en dehors de l'agroalimentaire et surtout de l'extraction des phosphates (base des exportations), est peu développée. La balance commerciale est très lourdement déficitaire. Les revenus du tourisme et les envois des émigrés n'équilibrent pas la balance des paiements. Le pays, comptant une forte proportion de Palestiniens, malgré l'abandon de la Cisjordanie, doit faire face à un fort endettement.

HISTOIRE

La Jordanie est issue de l'émirat de Transjordanie créé en 1921 à l'est du Jourdain et placé sous tutelle britannique. Érigé en royaume en 1946, cet État prend une part active à la guerre opposant à partir de 1947 Arabes et Israéliens, et annexe la Cisjordanie (territoire situé à l'ouest du Jourdain et faisant partie de l'État arabe prévu par le plan de partage de la Palestine adopté par l'O.N.U.).

1949. Le nouvel État prend le nom de royaume hachémite de Jordanie.

1952. Husayn devient roi.

1967. Au terme de la troisième guerre israélo-arabe, la Cisjordanie est conquise et occupée par Israël.

1970. Les troupes royales interviennent contre les Palestiniens, qui sont expulsés vers la Syrie et le Liban. Après la guerre israélo-arabe d'oct. 1973, la Jordanie renoue progressivement avec les Palestiniens.

1988. Le roi Husayn proclame la rupture des liens légaux et administratifs entre la Jordanie et la Cisjordanie.

1994. La Jordanie signe un traité de paix avec Israël.

1999. Mort du roi Husayn. Son fils aîné lui succède sous le nom d'Abdallah (Abdullah) II.

2011-2012. Afin de prévenir une extension des révolutions populaires (« printemps arabes »), le roi affiche une volonté de réforme.

Jorn (Asger Jørgensen, dit **Asger),** peintre, graveur et écrivain danois (Vejrum 1914 - Århus 1973). Cofondateur de Cobra*, puis d'une des branches du mouvement contestataire « l'Internationale situationniste », il a laissé une œuvre plastique d'une grande liberté (*Atomisation imprévue,* 1958, musée Jorn à Silkeborg, Jylland).

Joseph, patriarche hébreu, l'avant-dernier des douze fils de Jacob. Ses frères l'ayant vendu à des caravaniers, il devint esclave en Égypte, puis ministre du pharaon. C'est là que ses frères et son père, poussés par une disette, le retrouvèrent, s'installant en Égypte sous sa protection en attendant d'y connaître l'esclavage.

Joseph *(saint),* époux de la Vierge Marie et père nourricier de Jésus. Son culte s'est développé tardivement en Orient à partir du VIIIe s. et il passa ensuite en Occident.

Joseph, roi d'Espagne ⟶ **Bonaparte.**

Joseph (François Joseph Le Clerc du Tremblay, dit **le Père),** surnommé **l'Éminence grise,** capucin français (Paris 1577 - Rueil 1638). Confident et conseiller de Richelieu, partisan de la lutte contre les Habsbourg, il eut une grande influence sur la politique extérieure menée par le cardinal.

Joseph II (Vienne 1741 - *id.* 1790), empereur germanique et corégent des États des Habsbourg (1765-1790), fils aîné de François Ier et de Marie-Thérèse. Devenu seul maître, à la mort de sa mère (1780), il voulut, en despote éclairé, rationaliser et moderniser le gouvernement de ses États et abolit le servage (1781). Il pratiqua à l'égard de l'Église une politique de surveillance et de contrôle (« joséphisme »). Sa politique centralisatrice provoqua le soulèvement de la Hongrie et des Pays-Bas (1789).

Joséphine (Marie-Josèphe **Tascher de La Pagerie**), impératrice des Français (Trois-Îlets, Martinique, 1763 - Malmaison 1814). Elle épousa en 1779 le vicomte de Beauharnais, dont elle eut deux enfants (Eugène et Hortense). Veuve en 1794, elle devint la femme du général Bonaparte (1796) et fut couronnée impératrice en 1804. N'ayant pu donner d'héritier à l'Empereur, elle fut répudiée en 1809 et se retira à la Malmaison.

Josephson (Brian David), physicien britannique (Cardiff 1940). Il a découvert en 1962 que, si deux matériaux supraconducteurs sont reliés par une jonction isolante mince, des électrons peuvent, sans chute de tension, franchir cette barrière tant que le courant reste inférieur à un certain seuil. On tire parti de ce phénomène *(effet Josephson)* en informatique et en métrologie de précision. (Prix Nobel 1973.)

Jospin (Lionel), homme politique français (Meudon 1937). Premier secrétaire du parti socialiste (1981-1988 et 1995-1997), ministre de l'Éducation nationale (1988-1992), il est Premier ministre, dans un contexte de cohabitation, de 1997 à 2002.

Josquin Des Prés, compositeur français (Beaurevoir, Picardie, v. 1440 - Condé-sur-l'Escaut v. 1521/1524). Attaché à la chapelle pontificale, il resta plus de vingt ans en Italie, avant de devenir musicien de Louis XII. Dans ses messes et motets, il a su joindre à l'écriture contrapuntique savante, telle qu'on la pratiquait dans les pays flamands, une effusion mélodique acquise au contact des musiciens qu'il a fréquentés en Italie. Il a été aussi l'un des créateurs de la chanson à une ou à plusieurs voix.

Josué, personnage biblique, qui succéda à Moïse et qui eut alors à conduire les Hébreux dans la conquête du pays de Canaan (fin du XIIIe s. av. J.-C.). Le livre biblique de Josué raconte, sur un mode épique, leur installation dans cette Terre promise, ainsi que les combats qu'ils eurent à y livrer, notamment celui au cours duquel Josué arrêta le soleil pour s'assurer la victoire.

jota [xɔta] **n.f.** (mot esp.). Chanson et danse populaires espagnoles à trois temps, avec accompagnement de castagnettes.

jouable [ʒwabl] **adj. 1.** Qui peut être joué, représenté : *Rôle jouable par un comédien chevronné. Sa dernière pièce n'est pas jouable.* **2.** Dans un jeu, un match, se dit d'un coup qu'on peut tenter pour remporter la victoire.

joual [ʒwal] **n.m. sing.** (de [*parler*] *joual,* prononciation canadienne de *cheval,* parler de manière relâchée). Parler québécois de certains milieux populaires.

joubarbe [ʒubarb] **n.f.** (lat. *Jovis barba,* barbe de Jupiter). Plante vivace poussant sur les toits, les murs, les rochers, et dont les rosettes de feuilles ressemblent à de petits artichauts. ▸ Famille des crassulacées ; genre *Sempervivum.*

joue [ʒu] **n.f.** (du prélatin **gaba,* jabot, gosier). **1.** Chacune des parties latérales du visage de l'homme, comprise entre la bouche, l'œil et l'oreille : *Embrasser qqn sur la joue, sur les joues. Un bébé aux joues roses.* **2.** Partie latérale de la tête de certains animaux. **3.** BOUCH. Morceau du bœuf correspondant à la région du maxillaire inférieur, servant à faire du pot-au-feu. **4.** MÉCAN. Pièce latérale servant de fermeture ou de support à un ensemble mécanique. **5. Mettre en joue,** viser avec une arme à feu pour tirer. / **Tendre l'autre joue,** s'exposer à être de nouveau outragé parce que l'on a pardonné une première offense.

jouer [ʒwe] **v.i.** (lat. *jocari,* badiner, plaisanter) [conj. **6**]. **1.** Se divertir ; se distraire ; se livrer à des jeux : *Les enfants jouent dans le jardin* (syn. **s'amuser**). **2.** Exercer le métier d'acteur ; tenir un rôle : *Jouer dans un film.* **3.** Fonctionner correctement : *Le piston joue dans le cylindre.* **4.** Changer de dimensions, de forme sous l'effet de l'humidité ; prendre du jeu, en parlant de ce qui est en bois : *La porte a joué* (syn. **gauchir**). **5.** Agir, produire un effet : *L'argument ne joue pas en votre faveur. Le contrat d'assurance ne joue pas en cas d'attentat.* ◆ **v.t. ind. [à]. 1.** Se divertir en pratiquant un jeu ; s'amuser avec un jeu, un jouet ; pratiquer un sport : *Jouer à la poupée. Jouer au football.* **2.** Engager de l'argent dans un jeu : *Jouer à la roulette.* **3.** Se livrer à des spéculations pour en tirer un profit : *Jouer à la Bourse, en Bourse* (syn. **spéculer**). **4. [avec].** Exposer à des risques par légèreté : *Jouer avec sa santé.* **5. [de].** Manier un instrument, une arme : *Jouer du couteau* (syn. **manier**). **6. [de].** Faire certains gestes, certains mouvements en vue du résultat à obtenir : *Jouer des coudes.* **7. [de].** Se servir ou savoir se servir d'un instrument de musique : *Jouer du violon.* **8. [de].** Tirer parti d'un avantage ou d'une faiblesse pour faire pression sur qqn : *Jouer de sa force, de son infirmité.* **9. [sur].** Risquer de perdre ; miser sur : *Ils ont joué sur la baisse du prix* *du pétrole.* **10.** **[à].** Chercher à paraître ce qu'on n'est pas : *Jouer à l'artiste incompris.* **11. Jouer à la hausse, à la baisse,** spéculer sur la hausse ou la baisse des cours des valeurs ou des marchandises, partic. sur les marchés à terme. / **Jouer au plus fin,** chercher à se duper l'un l'autre. / **Jouer de bonheur, de malchance,** avoir une chance, une malchance partic. remarquables ou durables. / **Jouer sur les mots,** tirer parti des équivoques qu'ils peuvent présenter. ◆ **v.t. 1.** Faire une partie de qqch que l'on considère comme un divertissement ; mettre en jeu, lancer, déplacer ce avec quoi on joue : *Jouer une partie d'échecs. Jouer une bille, une boule, une carte.* **2.** Mettre comme enjeu sur : *Jouer trente euros sur un cheval* (syn. **miser**). *Ils jouent des fortunes chaque soir au casino* (syn. **risquer**). **3.** Mettre en danger : *Jouer sa vie* (syn. **risquer**). *Jouer sa réputation dans une affaire* (syn. **aventurer, hasarder**). **4.** Exécuter sur un instrument : *Jouer une sonate, du Chopin* (syn. **interpréter**). **5.** Représenter au théâtre, au cinéma : *Cette salle joue Hamlet. Que joue-t-on au cinéma du coin ?* (syn. **donner, passer**). **6.** Interpréter une œuvre ; tenir le rôle de : *Il joue soit les gendarmes, soit les gangsters.* **7.** Faire semblant de ressentir tel ou tel sentiment : *Jouer la surprise* (syn. **feindre, simuler**). *Elle nous joue la comédie.* **8.** *LITT.* Tromper : *Un escroc qui a joué de nombreuses personnes âgées* (syn. **duper, mystifier**). **9. Jouer un rôle dans qqch,** se comporter de telle ou telle manière ; avoir une certaine importance : *Elle a joué un rôle ridicule dans cette affaire. Le riz joue un grand rôle dans leur alimentation.* ◆ **se jouer v.pr. 1.** Être joué : *Le bridge se joue à quatre.* **2.** Être en jeu : *C'est le sort de la paix qui se joue dans ces négociations.* **3.** Être représenté : *Ce film se joue dans vingt salles.* **4.** Être exécuté : *Ce morceau se joue à quatre mains.* **5. [de].** Ne pas se laisser arrêter par qqch ; n'en faire aucun cas : *Se jouer des difficultés* (= les surmonter, les vaincre). *Se jouer des lois* (syn. **ignorer, se moquer de**). **6. [de].** *LITT.* Tromper qqn, abuser de sa confiance : *Il s'est joué de vous* (syn. **duper**). **7. En se jouant,** aisément : *Il a triomphé de tous comme en se jouant.*

jouet [ʒwɛ] **n.m.** (de *jouer*). **1.** Objet conçu pour amuser un enfant : *Le rayon des jouets dans un magasin.* **2. Être le jouet de,** être victime de qqn, d'une volonté supérieure, de l'action d'éléments, etc. : *Chien qui est le jouet d'enfants cruels* (syn. **cible**). *Être le jouet d'une hallucination.*

joueur, euse [ʒwœr, ʒwøz] **n. 1.** Personne qui pratique un jeu, un sport : *Joueur d'échecs, de tennis.* **2.** Personne qui a la passion des jeux d'argent : *C'est une incorrigible joueuse, elle y laissera sa fortune.* **3.** Personne qui joue d'un instrument de musique : *Joueur de guitare.* ◆ **adj.** Qui aime jouer, s'amuser : *Un enfant joueur.*

joufflu, e [ʒufly] **adj.** (altér., d'apr. *joue*, du moyen fr. *giflu*, de *gifle*, joue). Qui a de grosses joues : *Un bébé joufflu.*

Jouffroy d'Abbans (Claude François, ***marquis*** **de),** ingénieur français (Roches-sur-Rognon, Champagne, 1751 - Paris 1832). Il est le premier à avoir fait fonctionner un bateau à vapeur (Lyon, 15 juill. 1783).

joug [ʒu] **n.m.** (lat. *jugum*). **1.** Pièce de bois utilisée pour atteler une paire d'animaux de trait. **2.** *LITT.* Contrainte matérielle ou morale exercée à l'encontre de qqn : *Tomber sous le joug de qqn* (syn. **domination**). *Secouer le joug des occupants.* **3.** Chez les Romains, javelot attaché horizontalement sur deux autres fichés en terre, et sous lequel le vainqueur faisait passer, en signe de soumission, les chefs et les soldats de l'armée vaincue.

Jouhaux (Léon), syndicaliste français (Paris 1879 - *id.* 1954). Secrétaire général de la Confédération générale du travail (C.G.T.) [1909-1940], il dirigea, à partir de 1948, la C.G.T. - F.O. (Force ouvrière), issue de la scission de la C.G.T. (Prix Nobel de la paix 1951.)

jouir [ʒwir] **v.t. ind. [de]** (lat. pop. **gaudire*, class. *gaudere*) [conj. **32**]. **1.** Tirer un vif plaisir, une grande joie de : *Jouir de sa victoire* (syn. **savourer**). *Savoir jouir de la vie* (syn. **profiter**). *Je voyais bien qu'elle jouissait de mon embarras* (syn. **se réjouir**). **2.** Avoir la possession de qqch dont on tire des avantages : *Jouir d'une bonne santé* (syn. **bénéficier**). *Leur famille jouit d'une immense fortune* (syn. **posséder**). ◆ **v.i.** Atteindre l'orgasme.

jouissance [ʒwisɑ̃s] **n.f.** (a remplacé *joiance*, lat. *gaudentia*). **1.** Plaisir intense tiré de la possession de qqch : *Ce succès lui a provoqué une vive jouissance* (syn. **satisfaction**). **2.** Plaisir physique intense ; plaisir sexuel (syn. **orgasme, volupté**). **3.** Libre disposition de qqch ; droit d'utiliser une chose, d'en jouir : *Il a la libre jouissance de la maison de ses parents* (syn. **usage**).

jouisseur, euse [ʒwisœr, -øz] **n.** Personne qui recherche les plaisirs matériels ou sensuels : *Un jouisseur toujours en quête d'une fête* (syn. **épicurien, viveur**).

jouissif, ive [ʒwisif, -iv] **adj.** *FAM.* Qui procure un plaisir intense.

joujou [ʒuʒu] **n.m.** (de *jouet, jouer*) [pl. *joujoux*]. **1.** (Surtout dans le langage enfantin.) Petit jouet d'enfant. **2. Faire joujou,** jouer : *Les enfants font joujou dans leur chambre* (syn. **s'amuser**).

Joukov (Gueorgui Konstantinovitch), maréchal soviétique (Strelkovka 1896 - Moscou 1974). Chargé de défendre Moscou (1941), il résista victorieusement puis il dirigea la défense de Leningrad (1943). Il conduisit ensuite un groupe d'armées de Varsovie à Berlin, où il reçut la capitulation de la Wehrmacht (1945). Disgracié par Staline, il fut, après la mort de ce dernier, ministre de la Défense (1955-1957).

joule [ʒul] **n.m.** (du n. du physicien angl. J. P. *Joule*). **1.** Unité de mesure de travail, d'énergie et de quantité de chaleur, équivalant au travail produit par une force de 1 newton dont le point d'application se déplace de 1 mètre dans la direction de la force. ▸ Symb. J. **2. Effet Joule,** dégagement de chaleur dans un conducteur homogène parcouru par un courant électrique.

Joule (James Prescott), physicien britannique (Salford, près de Manchester, 1818 - Sale, Cheshire, 1889). Il a formulé, en 1841, la loi, qui porte son nom, relative au dégagement de chaleur dans un conducteur par passage du courant électrique ; il a aussi déterminé, en 1843, l'équivalent mécanique de la calorie et étudié, avec W. Thomson, la détente des gaz dans le vide.

jour [ʒur] **n.m.** (bas lat. *diurnum*, du class. *diurnus*, de jour, de *dies*, jour). **1.** Clarté, lumière du soleil permettant de voir les objets : *En plein jour. Se placer face au jour* (syn. **lumière**). **2.** Ouverture, dans un espace plein, qui laisse passer la lumière : *Des jours entre des planches mal jointes* (syn. **fente, fissure**). **3.** BROD. Vide pratiqué dans une étoffe soit par le retrait des fils, soit par leur écartement à l'aide d'une grosse aiguille : *Des draps ornés de jours.* **4.** Intervalle de temps compris entre le lever et le coucher du soleil en un lieu donné : *Les jours diminuent. Une usine qui fonctionne jour et nuit.* **5.** Durée de la rotation de la Terre, d'une autre planète ou d'un satellite naturel autour de son axe : *Un mois de trente jours.* **6.** Période de 24 h, assimilée au jour civil, constituant une unité de temps et un repère dans le calendrier : *Quel jour sommes-nous ? Il y a plusieurs jours qu'il est parti.* **7.** Intervalle de 24 h considéré en fonction des circonstances qui le marquent : *Un jour de chaleur. Les jours de consultation d'un médecin. Un jour férié.* **8.** Période, moment indéterminé : *Un jour ou l'autre.* **9.** Moment présent ; époque actuelle : *Au goût du jour.* **10. À jour,** en conformité avec le moment présent : *Ses comptes ne sont jamais à jour* (= sont toujours en retard). *Mettre un dictionnaire à jour* (= le rendre actuel). / **Au grand jour,** au vu et au su de tous, ouvertement, sans rien dissimuler. / **Au jour le jour,** régulièrement, sans omettre un jour ; en ne considérant que le temps présent, sans se préoccuper du lendemain : *Noter au jour le jour les péripéties d'un voyage* (= au fur et à mesure). *Vivre au jour le jour.* / *FAM.* **Ce n'est pas mon jour,** se dit lorsque rien ne vous réussit. / **C'est le jour et la nuit,** se dit de deux choses ou de deux personnes totalement différentes ou qui s'opposent en tout. / **Dans un bon, un mauvais jour,** bien, mal disposé ; de bonne, de mauvaise humeur. / **De jour,** pendant le jour : *Travailler de jour. Être de jour* (= assurer un service pendant la journée). / **De jour en jour, jour après jour,** graduellement, peu à peu : *Sa santé s'améliore de jour en jour.* / **De tous les jours,** qui est utilisé ou fait chaque jour, qui est ordinaire, habituel : *Des vêtements de tous les jours.* / **Donner le jour à un enfant,** le mettre au monde. / **Du jour,** du jour présent, de la journée en cours ; de notre époque : *Des œufs du jour* (= pondus aujourd'hui). *L'homme du jour* (= le plus célèbre en ce moment). / **Du jour au lendemain,** brusquement, sans transition : *Devenir célèbre du jour au lendemain.* / **D'un jour,** très bref : *Ce fut un bonheur, un succès d'un jour* (= éphémère). / **D'un jour à l'autre,** à tout moment ; incessamment. / **Jeter un jour nouveau sur qqch,** le faire apparaître sous un aspect jusqu'alors inédit : *Jeter un jour nouveau sur une période historique.* / **Jour pour jour,** exactement, au jour près : *Dans un an jour pour jour.* / **Le petit jour, le point du jour,** le moment où le jour se lève, l'aube. / **Mettre au jour,** sortir de terre, dégager une chose enfouie : *Mettre au jour des vestiges mérovingiens.* / **Par jour,** indique que l'action se répète chaque intervalle de 24 h : *Gagner tant par jour. Je le lui répète plusieurs fois par jour* (= journellement). / **Percer qqn à jour,** découvrir sa nature cachée ; deviner ses intentions secrètes. / **Se faire jour,** finir par apparaître, par être connu, par devenir notoire : *Sa véritable personnalité s'est fait jour à cette occasion.* / **Sous un jour** (+ adj.), sous tel ou tel éclairage ; selon tel ou tel point de vue : *Présenter un projet sous un jour trop favorable. Montrer une question sous un jour nouveau.* / **Voir le jour,** venir au monde, naître ; être publié, édité : *Elle a vu le jour en Bretagne. Son roman n'a vu le jour que dix ans après avoir été écrit.* **11. Faux jour,** lumière mal dirigée sur un objet et qui l'éclaire imparfaitement. / **Jour civil,** jour solaire moyen dont la durée est de 24 h exactement et qui commence à minuit. / **Jour sidéral,** durée de la rotation de la Terre sur elle-même. ▸ Cette durée est d'env. 23 h 56 min 4 s. / **Jour solaire moyen,** durée moyenne, constante par définition, d'un jour solaire vrai, fixée à 24 h et commençant à midi. / **Jour solaire vrai,** durée variable, voisine de 24 h, séparant deux passages consécutifs du Soleil au méridien d'un lieu. ▸ Il est plus long que le jour sidéral en raison du mouvement de la Terre autour du Soleil. ◆ **jours n.m. pl. 1.** LITT. Époque : *Aux jours héroïques des débuts de l'aviation* (syn. **temps**). **2.** LITT. Vie, existence : *Finir ses jours à la campagne.* **3. De nos jours,** dans le temps où nous vivons. / **Les beaux jours,** le printemps, la belle saison. / **Les vieux jours,** la vieillesse.

Jourdain (le), fl. du Proche-Orient ; 360 km. Né au Liban, il traverse le lac de Tibériade et se jette dans la mer Morte. Il sépare Israël de la Syrie, puis de la Jordanie.

journal [ʒurnal] **n.m.** (bas lat. *diurnalis,* de *diurnum* ; v. *jour*). **1.** Publication, le plus souvent quotidienne, qui donne des informations politiques, littéraires, scientifiques, etc. : *Les journaux du matin, du soir* (syn. **quotidien**). *Je l'ai lu dans le journal.* **2.** Bulletin d'informations transmis par la radio, la télévision : *Le journal de vingt heures sur la deuxième chaîne* (= journal télévisé) [syn. **informations**]. *Écouter tous les matins le journal de sept heures à la radio* (= journal parlé) [syn. **informations**]. **3.** Direction et bureaux d'un jour-nal : *Écrire à un journal.* **4.** Écrit où l'on relate les faits jour par jour : *Tenir son journal. Un journal intime* (= où l'on note ses impressions personnelles). **5.** Ancienne mesure de superficie correspondant à la quantité de terrain qu'un homme pouvait labourer en un jour. **6. Journal interne d'entreprise,** publication réalisée par une entreprise et destinée à ses différents collaborateurs. / **Journal lumineux, journal électronique,** dispositif visible de la rue, faisant apparaître des annonces par un procédé électrique ou électronique.

1. journalier, ère [ʒurnalje, -ɛr] **adj.** (de *journal,* quotidien). Qui se fait chaque jour : *Accomplir sa tâche journalière* (syn. **quotidien**).

2. journalier, ère [ʒurnalje, -ɛr] **n.** (de *1. journalier*). Ouvrier agricole payé à la journée : *Les journaliers sont souvent des saisonniers.*

journalisme [ʒurnalism] **n.m.** (de *journal*). **1.** Profession de ceux qui écrivent dans les journaux, participent à la rédaction d'un journal parlé ou télévisé. **2.** Ensemble des journaux ou des journalistes. ▸ *Dossier page suivante.*

journaliste [ʒurnalist] **n.** Personne qui a pour occupation principale, régulière et rétribuée, l'exercice du journalisme dans un ou plusieurs organes de la presse écrite ou audiovisuelle : *Un journaliste sportif* (syn. **reporteur**). *Les journalistes littéraires, économiques* (syn. **chroniqueur**).

journalistique [ʒurnalistik] **adj.** Qui a trait au journalisme ou aux journalistes : *En style journalistique.*

Journal officiel de la République française (**J.O.R.F.**), publication officielle de la République française. Le *Journal officiel* (J.O.) publie chaque jour les lois, les décrets et divers textes administratifs. Le *Journal officiel électronique authentifié,* publié sous forme numérique le même jour que la version papier, a la même valeur légale.

Journal officiel de l'Union européenne, publication officielle périodique qui diffuse les textes informatifs et législatifs (règlements et directives) de l'Union européenne, dans toutes les langues officielles de l'U.E.

journée [ʒurne] **n.f.** (de *jorn,* forme anc. de *jour*). **1.** Espace de temps compris approximativement entre le lever et le coucher du soleil : *En fin de journée. J'ai perdu ma journée à l'écouter. Je ne l'ai pas vu de toute la journée. Bonne journée ! C'est une belle journée.* **2.** Durée imprécise, correspondant à un espace de temps de vingt-quatre heures : *Une journée bien remplie.* **3.** Travail, affaires que l'on fait ; rémunération, recette correspondante : *Être payé à la journée. Faire des journées de huit heures.* **4.** Jour marqué par un événement historique important : *Journée des Barricades.* **5.** MIL. **Journée défense et citoyenneté (J.D.C.),** journée destinée à présenter à tout jeune Français avant son dix-huitième anniversaire les enjeux et l'organisation de la défense nationale ainsi que les possibilités d'engagement dans les forces armées, le service civique ou d'autres formes de volontariat, et à le sensibiliser aux droits et devoirs liés à la citoyenneté.

journellement [ʒurnɛlmɑ̃] **adv.** (de *journel,* var. de *journal,* quotidien). **1.** Tous les jours : *Être tenu journellement au courant des progrès de la négociation* (syn. **quotidiennement**). **2.** De façon fréquente, continue : *Nous rencontrons journellement ce cas* (syn. **continuellement**).

joute [ʒut] **n.f.** (de *jouter*). **1.** HIST. Combat courtois à cheval, d'homme à homme, avec la lance. **2.** LITT. Lutte spectaculaire où l'on rivalise de talent : *Joute oratoire entre deux hommes politiques* (syn. **duel**). **3. Joute nautique, joute lyonnaise,** jeu où deux hommes, debout sur une barque, cherchent à se faire tomber à l'eau en se poussant avec une longue perche.

jouter [ʒute] **v.i.** (lat. pop. **juxtare,* toucher à, de *juxta,* près de). **1.** Pratiquer la joute à cheval ou la joute nautique. **2.** LITT. Se mesurer avec qqn : *Des rappeurs qui joutent d'inventivité* (syn. **rivaliser**).

jouteur, euse [ʒutœr, -øz] **n. 1.** Personne qui prend part à une joute. **2.** LITT. Personne qui rivalise avec une autre : *Un rude jouteur* (= un adversaire difficile).

jouvence [ʒuvɑ̃s] **n.f.** (altér., d'apr. *jouvenceau* et *adolescence,* de l'anc. fr. *jovente,* jeunesse, du lat. *juventa*). **Eau, bain de jouvence,** ce qui fait rajeunir qqn, lui redonne de la vitalité : *Ces vacances ont été un véritable bain de jouvence.*

jouvenceau, elle [ʒuvɑ̃so, -ɛl] **n.** (lat. pop. **juvencellus,* lat. ecclés. *juvenculus*). VX ou PAR PLAIS. Jeune homme, jeune fille (syn. **adolescent**).

Jouvenet (Jean), peintre français (Rouen 1644 - Paris 1717). Il exécuta des travaux décoratifs divers (notamm. à Versailles) et fut le meilleur peintre religieux de son temps (*Annonciation,* 1685, Rouen ; *Descente de Croix,* 1697, Louvre).

Jouvet (Louis), acteur et directeur de théâtre français (Crozon 1887 - Paris 1951). L'un des animateurs du Cartel, directeur de l'Athénée (1934), il s'est distingué par ses mises en scène et ses interprétations de J. Romains (*Knock,* 1923), Molière, Giraudoux. Il joua également plusieurs rôles importants au cinéma.

Des pouvoirs et des devoirs

Le titre de « journaliste » recouvre toutes sortes de fonctions : du secrétaire de rédaction au rédacteur en chef en passant par le pigiste, le reporter, l'enquêteur, le présentateur, etc. Le rôle principal du journaliste est de collecter l'information et de la synthétiser pour la rendre accessible. Libre de ses choix, le journaliste doit néanmoins respecter la charte de sa profession (la déontologie). Quelles limites doit-il respecter pour ne pas sombrer dans la provocation, la diffamation et la désinformation ?

▶ **Informer ou donner un point de vue ?** La presse écrite distingue nettement l'information objective relatant de manière impartiale les faits et les commentaires que l'on peut faire sur eux. Sous des formes diverses, ceux-ci sont l'expression de l'opinion du journaliste. Le *billet* – petit article d'humeur souvent impertinent ou sarcastique – est généralement signé et engage ainsi son auteur. La *chronique* – commentaire sur un thème qui paraît à intervalles réguliers – donne, elle aussi, la possibilité au signataire d'exprimer une opinion parfois très personnelle. L'*éditorial* reflète la *ligne éditoriale* définie par les responsables de la publication, et donne l'esprit du journal dans son ensemble. En le signant, le directeur ou le rédacteur en chef prend position et engage moralement, voire pénalement, son équipe. L'information objective – et en principe « neutre » – apparaît sous des formes diverses : simples entrefilets relatant des faits divers, articles, comptes rendus, etc. Le journaliste y rapporte l'information avec le maximum d'impartialité. S'il est amené à y exprimer son opinion, il la présente comme telle sans chercher à le dissimuler. Mais, même lorsque l'information paraît objective, le fait de traiter un sujet plutôt qu'un autre, d'y souligner un aspect plus qu'un autre, relève déjà d'un choix et donc souvent d'un parti pris.

▶ **Mobiliser ou provoquer ?** Le journaliste est au cœur de l'actualité ; il ne peut y être complètement indifférent. Cela peut le conduire à vouloir influer sur le cours de l'événement ou influencer l'opinion publique, ce qui n'est pas son rôle. La passion et le parti pris ne nuisent-ils pas en effet à l'esprit critique ? En révélant certains faits, les journalistes ont parfois un impact considérable sur les pouvoirs politiques. Ce fut le cas lors du « scandale du Watergate » qui, après la publication dans le *Washington Post* de l'enquête de deux de ses journalistes, amena le président américain Nixon à démissionner en 1974. C'est à ce titre qu'on parle parfois de « quatrième pouvoir » pour désigner les médias d'information. Dans l'exercice de la profession de journaliste, les dérives peuvent être nombreuses. Par exemple, alarmé par telle ou telle rumeur, le journaliste peut la colporter sans avoir pris la peine de vérifier ses sources. Ou encore, désireux de partager son ironie avec le lecteur, il peut abuser de la caricature et forcer le trait. La nouvelle tendant à devenir un produit commercial, il peut être tenté de la déformer pour la rendre plus apte à être utilisée comme une accroche pour vendre son sujet. La course effrénée des paparazzis après l'image à scandale, la recherche frénétique du « scoop », le goût du sensationnel ne sont-ils pas en contradiction avec l'idée d'informer ?

▶ **La difficulté du témoignage.** Le journaliste est un témoin de son temps. Mais, comme tout témoin, il n'a qu'une vision partielle et conjoncturelle des événements ; il ne peut délivrer qu'une information dans un état encore brut, car il ne dispose pas de suffisamment de recul pour juger de son importance, de ses tenants et de ses aboutissants. Seul le temps peut lui permettre de reconstituer l'enchaînement des faits et de donner son sens à l'histoire. Son témoignage est aussi tributaire de la liberté que lui laissent son journal et les lois du pays où il exerce. Dans certains États, on cherche souvent à le bâillonner par une censure directe ou par des pressions l'incitant à l'autocensure. Des journalistes paient cher, parfois même de leur vie lorsqu'il s'agit de reporters de guerre, leur souci d'informer.

Aujourd'hui, on assiste à la multiplication des sources d'information (journaux gratuits, Internet). En est-on pour autant mieux informé ? Cette abondance de biens ne finit-elle pas par nuire : Internet ne hiérarchise généralement pas strictement les données qu'il délivre et facilite même la circulation d'idées fausses et de faits erronés. Dans ce contexte, la profession de journaliste n'est-elle pas encore plus compliquée à exercer ?

Voir aussi : Internet ; presse.

Jouvet (Michel), médecin et neuro-physiologiste français (Lons-le-Saunier 1925). Il est connu pour la mise en évidence du sommeil paradoxal chez le chat, l'étude du cycle veille/sommeil/rêve et des recherches sur les fonctions du rêve.

jouxter [ʒukste] **v.t.** LITT. Être situé à côté de ; être contigu à : *Leur terrain jouxte le nôtre* (syn. **avoisiner**).

jovial, e, als ou **aux** [ʒɔvjal, -o] **adj.** (it. *gioviale,* bas lat. *jovialis,* né sous l'infl. de Jupiter). Qui est d'une gaieté simple et communicative ; qui exprime la gaieté : *C'est un homme jovial* (syn. **enjoué, gai** ; contr. **maussade**).

jovialement [ʒɔvjalmɑ̃] **adv.** De façon joviale : *Elle nous apostropha jovialement* (syn. **gaiement, joyeusement**).

jovialité [ʒɔvjalite] **n.f.** Humeur joviale : *La jovialité bien connue des Méridionaux* (syn. **enjouement, gaieté**).

joyau [ʒwajo] **n.m.** (de *jo, jou,* formes anc. de *jeu,* avec infl. de l'anc. fr. *joi,* joie, joyau, du lat. *gaudium*). **1.** Objet fait de matières précieuses, génér. destiné à la parure : *Les femmes étaient parées de leurs plus beaux joyaux* (syn. **bijou**). **2.** Chose très belle ou d'une grande valeur : *Un joyau de l'architecture gothique.*

Joyce (James), écrivain irlandais (Rathgar, près de Dublin, 1882 - Zurich 1941). Né dans une famille catholique, il fait ses études chez les jésuites, puis s'inscrit à l'université. À l'écart des luttes politiques – l'Irlande a trahi son héros, Parnell –, et fasciné par Ibsen, il publie des poèmes et des articles de revues (*le Nouveau Drame d'Ibsen,* 1900). Rejetant d'un seul coup sa famille, sa foi et les aspirations gaéliques de ses compatriotes, il quitte en 1904 l'Irlande, qui restera cependant toujours au cœur de son œuvre, pour s'établir successivement à Paris, à Trieste et à Zurich. D'abord poète (*Musique de chambre,* 1907), il passe à des nouvelles réalistes, pétries de compassion (*Gens de Dublin,* 1914 ; *Dedalus, portrait de l'artiste jeune par lui-même,* 1916), qui forment une introduction à son œuvre maîtresse *Ulysse* (1922), interdite en Grande-Bretagne et aux États-Unis pour pornographie. Récit d'une journée du courtier de Dublin Leopold Bloom, ce roman, version moderne et parodie de *l'Odyssée,* s'appuie sur la technique du monologue intérieur et tente d'unifier tous les procédés de style en un langage total. De 1922 à 1939, Joyce s'absorbe dans *Finnegans Wake,* doué comme *Ulysse* d'un symbolisme multiple et dont le personnage principal est en définitive le langage.

joyeusement [ʒwajøzmɑ̃] **adv.** Avec joie ; dans la joie : *Les cloches sonnent joyeusement* (syn. **allègrement, gaiement**).

joyeux, euse [ʒwajø, -øz] **adj. 1.** Qui éprouve de la joie : *Une joyeuse bande d'enfants* (syn. **enjoué, gai** ; contr. **maussade**). *Il est joyeux à l'idée de les revoir* (syn. **heureux** ; contr. **sombre, triste**). **2.** Qui exprime la joie : *Des cris joyeux* (syn. **enthousiaste**). **3.** Qui inspire la joie : *Une joyeuse nouvelle* (syn. **heureux** ; contr. **douloureux**).

József (Attila), poète hongrois (Budapest 1905 - Balatonszárszó 1937). Il laisse une œuvre d'inspiration sociale qui domine le lyrisme hongrois moderne (*le Mendiant de la beauté,* 1922).

J.T. [ʒite] **n.m.** (sigle). Journal télévisé.

Juan Carlos Ier de Bourbon (Rome 1938), roi d'Espagne. Petit-fils d'Alphonse XIII, il est désigné par Franco en 1969 comme héritier du trône d'Espagne. Après la mort de ce dernier (1975), il préside à la démocratisation du pays avec le chef du gouvernement Adolfo Suárez.

Juan d'Autriche *(don),* prince espagnol (Ratisbonne 1545 - Bouges, près de Namur, 1578), fils naturel de Charles Quint. Vainqueur des Turcs à Lépante (1571), il fut gouverneur des Pays-Bas (1576-1578), où il se livra à des excès contre les calvinistes.

Juan de Fuca, détroit qui sépare l'île de Vancouver (Canada) des États-Unis.

Juan de Nova, petite île française de l'océan Indien, dans le canal de Mozambique.

Juan Fernández *(îles),* archipel chilien du Pacifique ; 598 hab. Théâtre des aventures du matelot anglais A. Selkirk, qui y séjourna de 1704 à 1709, et qui a inspiré Defoe pour *Robinson Crusoé.*

jubé [ʒybe] **n.m.** (du premier mot lat. de la formule liturgique *Jube, Domine, benedicere*). Sorte de galerie transversale, entre le chœur et la nef principale de certaines églises, du haut de laquelle se faisait autref. la lecture de l'Évangile.

jubilaire [ʒybilɛr] **adj.** Relatif à un jubilé : *Les cérémonies jubilaires organisées en l'honneur de l'anniversaire de la reine.*

jubilation [ʒybilasjɔ̃] **n.f.** (lat. *jubilatio*). Joie intense et expansive : *Tout son visage exprimait la jubilation* (syn. **allégresse, gaieté**).

jubilatoire [ʒybilatwar] **adj.** FAM. Qui provoque la jubilation : *Un spectacle jubilatoire* (syn. **réjouissant** ; contr. **affligeant**).

jubilé [ʒybile] **n.m.** (lat. *jubilaeus,* de l'hébr. *yôbel,* sonnerie de cor). **1.** Dans la Bible, année privilégiée revenant tous les 50 ans et marquée par la redistribution égalitaire des terres. **2.** CATH. Année sainte, revenant avec une périodicité qui a varié selon les époques, où les pèlerins de Rome bénéficient d'une indulgence plénière. **3.** Anniversaire important, génér. cinquantenaire, d'un mariage, de l'exercice d'une fonction, etc., et partic. du début d'un règne : *Le jubilé de la reine d'Angleterre.*

jubiler [ʒybile] **v.i.** (lat. *jubilare*). FAM. Manifester une joie intense, souvent intérieure : *L'idée qu'on avait gagné me faisait jubiler* (syn. **se réjouir** ; contr. **se désoler**).

Juby *(cap),* promontoire du sud-ouest du Maroc.

jucher [ʒyʃe] **v.t.** (de l'anc. fr. *joc,* frq. **juk,* joug). Placer à une hauteur relativement grande par rapport à sa taille : *Jucher un enfant sur ses épaules.* ◆ **v.i.** Se mettre sur une branche, sur une perche pour dormir, en parlant des poules et de quelques oiseaux : *Les faisans juchent sur les arbres.* ◆ **se jucher v.pr.** Se placer, grimper en un lieu élevé : *Le chat se jucha en haut de l'escabeau* (syn. **se percher**).

Juda, personnage biblique. Son nom était primitivement le nom d'un pays : on dit *la montagne de Juda, le désert de Juda, Bethléem de Juda.* Puis le pays a donné son nom à une tribu, laquelle s'est trouvé un ancêtre éponyme dans la personne de Juda, fils de Jacob et de Lia. Cette tribu, établie dans le sud de la Palestine, a joué un rôle prépondérant dans l'histoire du peuple hébreu.

Juda *(royaume de),* entité nationale créée en Palestine, face au royaume rival d'Israël, par les tribus du Sud à la mort de Salomon. Les principaux souverains de ce royaume (931-587 av. J.-C.) furent Robam, Josapha, Athalie (dont le règne fut marqué par une grave crise politique et religieuse), Ozias, Achab, Ezéchias, Josias et Sédécias. Le royaume de Juda fut très affecté par l'effondrement de celui d'Israël lors de la chute de Samarie (721). Ezéchias (716-687) entreprit une profonde réforme religieuse et nationale ; mais, se rangeant du côté de l'Égypte pour éviter la domination de l'Assyrie, il dut payer à celle-ci un lourd tribut. Après la chute de Ninive, en 612, Babylone prit le relais de l'Assyrie et investit Jérusalem, qui tomba en 587 sous les coups de Nabuchodonosor. Le Temple fut détruit et l'élite de la population, déportée à Babylone.

judaïque [ʒydaik] **adj.** (lat. *judaicus*). Relatif au judaïsme : *La Loi judaïque.*

judaïser [ʒydaize] **v.t.** Rendre juif ; convertir au judaïsme.

judaïsme [ʒydaism] **n.m.** (lat. ecclés. *judaismus*). Ensemble de la pensée et des institutions religieuses du peuple d'Israël, des Juifs.

■ Le judaïsme est la première des trois grandes religions monothéistes, précédant le christianisme et l'islam. Bien que les termes « judaïsme » et « juif » soient apparus tardivement, le phénomène spirituel et social qu'ils recouvrent plonge ses racines dans l'histoire très ancienne du peuple hébreu. (→ Hébreux.)

Le peuple de l'Alliance. Cette histoire commence par l'appel adressé par le Dieu unique à Abraham (vers 1760 av. J.-C.). Ses principales étapes sont : l'installation en terre

→

promise, l'exil en Égypte où Joseph, vendu par ses frères, est devenu conseiller du pharaon, la sortie d'Égypte sous la conduite de Moïse (XIIIe s. av. J.-C.) ; l'inauguration de l'Alliance du peuple hébreu avec son Dieu (Yahvé) sur le mont Sinaï ; l'installation des descendants d'Abraham en Palestine (fin du XIIIe s. av. J.-C.) ; les grands règnes de David et de Salomon, l'apparition des prophètes d'Israël, les épreuves de l'exil chez les Assyriens (VIIIe s. av. J.-C.) et les Babyloniens (VIe s. av. J.-C.) ; enfin, la guerre avec les Romains (Ier-IIe s. apr. J.-C.) et la dispersion *(diaspora)* des Juifs dans divers pays, surtout à partir du IIe s. apr. J.-C. Ce sont ces derniers événements qui semblent avoir donné au judaïsme proprement dit sa pleine unité. En effet, dans les deux catastrophes nationales que furent, d'une part, la destruction, sous les coups des Babyloniens, du premier Temple puis de la ville de Jérusalem en 587 av. J.-C., d'autre part, celle du second Temple par Titus en 70 apr. J.-C., suivie de celle de Jérusalem par Hadrien en 135, le peuple juif a réagi en réaffirmant avec une vigueur particulière son adhésion à l'Alliance avec Yahvé. Ainsi montrait-il que son histoire depuis Abraham et Moïse est inexplicable sans ce sentiment d'une vocation et d'une responsabilité spécifiques.

Les Écritures et la Loi (Torah). Fondamentale pour le judaïsme est la Loi, avec sa double expression, écrite et orale. La Loi écrite est représentée par la Bible hébraïque, qui correspond à peu près à ce que les chrétiens appellent l'Ancien Testament et qui comprend : la Loi consignée, selon la tradition, par Moïse dans le Pentateuque ou *Torah* ; les Prophètes *(Nebiim)* et les Hagiographes ou Écrits *(Ketoubim)*. La Loi orale est formée par une importante masse de commentaires, achevée v. 220 par le rabbin Ha-Nassi. Le recueil de ceux-ci, la *Mishna*, a donné lieu à une prolifération d'interprétations complémentaires qui a abouti, d'une part au *Talmud de Jérusalem*, achevé en Palestine vers le milieu du IVe s., d'autre part, au *Talmud de Babylone*, qui date de 500 environ. Sur les deux sources que constituent la Loi écrite et la Loi orale, ou double Torah, s'est greffée une immense littérature mystique et philosophique marquée par des emprunts aux cultures environnantes.

La communauté juive et la Diaspora. Après la guerre avec les Romains, l'histoire du judaïsme se confond avec celle des communautés de la Diaspora dans de nombreux pays. Ces dernières, n'ayant plus de Temple, réaffirment leur fidélité à l'Alliance dans le cadre de la famille et à la synagogue. Elles sont souvent en butte aux persécutions et à l'antisémitisme, dont la forme la plus monstrueuse s'exprima, sous le nazisme, dans l'Holocauste ou *Shoah*. Le judaïsme de la Diaspora comprend deux grands courants qui ont chacun ses traditions : celui des Ashkénazes (Allemagne, Europe centrale et orientale) et celui des Séfarades (bassin méditerranéen). Il a connu parfois des expressions spirituelles et messianiques telles que le hassidisme, renouveau populaire de piété dans l'allégresse. Mais il garde comme constante le souci d'une pratique incluant un rituel minutieux, des observances riches de symboles et des fêtes à l'occasion desquelles se retrouvent des gens conscients d'appartenir à une même communauté, bien que n'interprétant pas tous de la même façon leur histoire commune. ■

judas [ʒyda] **n.m.** (du n. de *Judas*, disciple de Jésus). **1.** Traître : *Ce judas m'a trahi.* **2.** Petite ouverture ou appareil à lentille aménagé dans un vantail de porte, une cloison, etc., pour voir ce qui se passe de l'autre côté sans être vu : *Regarder par le judas.*

Judas dit **l'Iscariote,** un des douze apôtres de Jésus. Parmi eux, il est le traître, celui qui livra Jésus à ses ennemis. Ensuite il se donna la mort, selon Matthieu, et dans d'atroces conditions, selon les Actes des Apôtres.

Judas Maccabée → Maccabée.

Judée, province du sud de la Palestine à l'époque gréco-romaine.

judéité [ʒydeite] et **judaïté** [ʒydaite] **n.f.** Ensemble des caractères religieux, sociologiques et culturels qui constituent l'identité juive.

judéo-chrétien, enne [ʒydeokretjɛ̃, -ɛn] **adj.** (pl. *judéo-chrétiens, ennes*). Se dit des croyances et des valeurs morales communes au judaïsme et au christianisme.

judéo-espagnol [ʒydeoɛspaɲɔl] **n.m. sing.** LING. Ladino.

judiciaire [ʒydisjɛr] **adj.** (lat. *judicarius*). **1.** Qui relève de la justice, de son administration : *Police judiciaire* (= qui constate les infractions à la loi pénale). *Le pouvoir judiciaire est indépendant du pouvoir exécutif. Erreur judiciaire.* **2.** Qui se fait en justice, par autorité de justice : *Enquête judiciaire.*

judiciairement [ʒydisjɛrmɑ̃] **adv.** Par les voies de la justice ; selon les formes judiciaires : *Un conflit réglé judiciairement.*

judicieusement [ʒydisjøzmɑ̃] **adv.** De façon judicieuse ; avec pertinence : *Il m'a fait judicieusement remarquer que j'oubliais un point important* (syn. **intelligemment**).

judicieux, euse [ʒydisjø, -øz] **adj.** (du lat. *judicium*, jugement). **1.** Qui a le jugement bon, droit, juste : *Un esprit judicieux* (syn. **raisonnable, sensé**). **2.** Qui témoigne d'un jugement rationnel : *Remarque judicieuse* (syn. **pertinent** ; contr. **absurde**). *Faire un emploi judicieux de son argent* (syn. **rationnel**). *Il serait judicieux de la prévenir* (syn. **bon, sage**).

Judith *(livre de)*, livre de la Bible écrit vers le milieu du IIe s. av. J.-C. Avec les livres de Daniel et des Maccabées, il témoigne de l'affrontement d'alors entre le judaïsme et l'hellénisme. L'héroïne, Judith, dont le nom signifie « la Juive » et qui va tuer sous sa tente Holopherne, le général de Nabuchodonosor, symbolise l'action libératrice de Dieu par des intermédiaires fidèles à sa loi.

judo [ʒydo] **n.m.** (mot jap., de *ju*, souple, et *do*, méthode). Sport de combat, dérivé du jiu-jitsu, où la souplesse et la vitesse jouent un rôle prépondérant.

judoka [ʒydoka] **n.** (mot jap.). Personne qui pratique le judo.

juge [ʒyʒ] **n.** (lat. *judex, judicis*). **1.** Magistrat chargé de rendre la justice en appliquant les lois : *Une juge de cour d'assises.* **2.** Commissaire chargé, dans une course, un sport, de constater l'ordre des arrivées, de réprimer les irrégularités qui pourraient se produire au cours d'une épreuve. **3.** Personne qui est appelée à servir d'arbitre dans une contestation, à donner son avis : *Je vous fais juge de la situation* (= je vous laisse le soin de l'apprécier). **4. Juge aux affaires familiales (J.A.F.),** chargé des questions de filiation ou des problèmes liés à l'exercice de l'autorité parentale, à la séparation ou au divorce d'un couple. / **Juge de l'application des peines (J.A.P.),** chargé de suivre et d'individualiser l'exécution des peines des condamnés, en veillant notamm. à leur réinsertion. / **Juge des enfants,** chargé, en matière civile, de tout ce qui concerne l'assistance éducative et, en matière pénale, des délits commis par les mineurs. ▸ Le juge des enfants peut être saisi en cas d'infraction commise par un mineur ou pour le protéger si sa sécurité, sa santé, sa moralité semblent en danger. / **Juge d'instruction,** chargé de l'instruction préparatoire en matière pénale. ▸ Il est aussi officier de police judiciaire.

jugé [ʒyʒe] **n.m. → 2. juger.**

jugement [ʒyʒmɑ̃] **n.m. 1.** Action de juger une affaire selon le droit ; décision rendue par un tribunal, partic. par un tribunal d'instance, de grande instance, de commerce ou un conseil de prud'hommes : *Le jugement sera rendu sous huitaine* (syn. **arrêt, sentence, verdict**). **2.** Faculté de l'esprit qui permet de juger, d'apprécier : *Avoir du jugement* (syn. **intelligence, raison**). *Une grave erreur de jugement* (syn. **discernement, raisonnement**). **3.** Aptitude à bien juger : *Je m'en remets à votre jugement* (syn. **avis, sentiment**). **4.** Action de se faire une opinion ; manière de juger : *Écrivain qui porte un jugement sévère sur les mœurs de son temps* (syn. **appréciation, estimation**). **5. Jugement de Dieu,** volonté divine, décret de la Providence ; ensemble d'épreuves, appelées *ordalies,* auxquelles on soumettait autref. les accusés pour les innocenter ou démontrer leur culpabilité. / **Jugement par défaut,** prononcé contre une partie qui n'a pas comparu à l'audience. / RELIG. CHRÉT. **Jugement dernier,** acte par lequel Dieu, à la fin des temps, décidera du sort de tous les humains.

jugeote [ʒyʒɔt] **n.f.** *FAM.* Capacité de juger sainement des choses : *Il n'a pas pour deux sous de jugeote* (= bon sens).

1. juger [ʒyʒe] **v.t.** (lat. *judicare*) [conj. **17**]. **1.** Prononcer en qualité de juge une sentence sur : *Juger qqn, une affaire. Le tribunal a jugé* (syn. **statuer**). **2.** Prendre une décision en qualité d'arbitre : *Juger un litige* (syn. **régler**). **3.** Estimer la valeur de : *Juger un candidat* (syn. **apprécier**). **4.** Être d'avis ; penser : *Il a jugé nécessaire de protester* (syn. **estimer**). *Le président juge que la situation est grave* (syn. **considérer**). ◆ **v.t. ind. [de]. 1.** Porter une appréciation sur qqch : *Juger de la distance* (syn. **estimer, évaluer**). **2.** Se faire une idée de qqch ; imaginer qqch : *Jugez de ma surprise* (syn. **se représenter**). ◆ **se juger v.pr. 1.** Être soumis à la justice : *L'affaire se jugera à la rentrée.* **2. Se juger** (+ adj.), porter un jugement sur soi : *Se juger perdu* (syn. **s'estimer**).

2. juger ou **jugé** [ʒyʒe] **n.m. 1. Au juger** ou **au jugé,** d'après une appréciation rapide, une estimation sommaire de la situation : *Il jeta sa grenade au juger.* **2.** ARM. **Tir au juger,** exécuté sans épauler ni viser.

Juges, chefs temporaires et héros locaux qui, durant la période consécutive à l'installation des Hébreux en Canaan, exercèrent leur autorité sur un groupe de tribus rassemblées face à un danger extérieur. Les plus connus sont Gédéon, Jephté, Samson et une femme, Déborah. La période dite « des Juges » (de 1200 à 1030 env.) s'est achevée avec l'établissement de la monarchie. Le livre des Juges, rédigé vers la fin de la période monarchique (VIIe-VIe s.), évoque, dans le style pittoresque de la littérature populaire, l'action de ces administrateurs charismatiques ainsi que les grands événements d'alors.

Juglar (Clément), économiste français (Paris 1819 - *id.* 1905). Il a établi la périodicité des crises économiques et présenté les cycles comme une conséquence inéluctable du développement. Juglar a mis en valeur un cycle d'une durée de sept à huit années (auquel sera donné son nom) et éclairé le rôle de la monnaie dans la genèse des crises.

jugulaire [ʒygylɛr] **adj.** (du lat. *jugulum,* gorge). **1.** ANAT. Qui appartient à la gorge, au cou : *Des ganglions jugulaires.* **2. Veine jugulaire,** chacune des quatre grosses veines situées de chaque côté des parties latérales du cou (on dit aussi *une jugulaire*). ◆ **n.f.** Courroie de cuir ou bande métallique servant à assujettir un casque, un shako, une bombe, etc., sous le menton.

juguler [ʒygyle] **v.t.** (lat. *jugulare,* égorger). Arrêter dans son développement : *Juguler l'inflation* (syn. **enrayer, maîtriser**). *Juguler une rébellion* (syn. **étouffer, réprimer**).

Jugurtha (v. 160 av. J.-C. - Rome 104), roi de Numidie (118-105 av. J.-C.). Petit-fils de Masinissa, il lutta contre Rome, fut vaincu par Marius (107 av. J.-C.) et livré à Sulla (105), alors questeur de Marius. Il mourut en prison.

juif, juive [ʒɥif, ʒɥiv] **n.** (lat. *judaeus,* de Judée). **1.** (Avec une majuscule). Personne appartenant au peuple sémite qui habitait l'Israël biblique, à la communauté issue de ce peuple : *Un Juif polonais.* **2.** Personne qui professe le judaïsme : *Un juif pratiquant.* **3. Le Juif errant,** personnage légendaire condamné à marcher sans s'arrêter jusqu'à la fin du monde pour avoir injurié Jésus portant sa croix. ◆ **adj. 1.** Relatif aux Juifs, au judaïsme : *Le peuple juif. L'histoire juive.* **2.** Qui professe le judaïsme : *Jeune garçon juif qui fait sa bar-mitsva.*

juillet [ʒɥijɛ] **n.m.** (de l'anc. fr. *juil,* lat. *julius,* mois consacré à Jules César). Septième mois de l'année.

Juillet (monarchie de), régime politique de la France de 1830 à 1848. Issue des journées révolutionnaires de juillet 1830 qui portent Louis-Philippe sur le trône et mettent fin au règne de Charles X, la monarchie de Juillet est un régime parlementaire plus libéral que celui de la Restauration, bien que le roi y exerce une autorité croissante. La France s'industrialise mais l'agitation sociale (révolte des canuts de Lyon, 1831) prend un caractère aigu.

1832. Soulèvement des légitimistes, royalistes hostiles aux Orléans, en faveur du fils de la duchesse de Berry.

Après l'attentat de Fieschi contre le roi (1835), le régime se durcit : la presse est muselée et le parti républicain brisé.

1840-1848. Guizot est au pouvoir.

Hostile à tout abaissement du cens électoral, il s'appuie principalement sur la haute bourgeoisie du pays. À l'extérieur, la France se rapproche de la Grande-Bretagne et achève la conquête de l'Algérie (1847). L'opposition libérale à la politique poursuivie par le ministère Guizot déclenche une insurrection le 23 février 1848. Le 24, Louis-Philippe abdique et la république est proclamée.

juillet 1789 *(journée du 14),* première insurrection des Parisiens pendant la Révolution, qui aboutit à la prise de la Bastille.

juillettiste [ʒɥijɛtist] **n.** Personne qui prend ses vacances au mois de juillet.

juin [ʒɥɛ̃] **n.m.** (lat. *junius,* mois consacré à Junius Brutus). Sixième mois de l'année.

Juin (Alphonse), maréchal de France (Bône, auj. Annaba, 1888 - Paris 1967). Commandant le corps expéditionnaire français en Italie (1943), vainqueur au Garigliano (1944), il devint résident général au Maroc (1947-1951) et fut fait maréchal en 1952. De 1953 à 1956, il commanda les forces atlantiques du secteur Centre- Europe.

juin 1940 *(appel du 18),* discours prononcé par le général de Gaulle à la radio de Londres (B.B.C.), appelant les Français à refuser l'armistice et à combattre aux côtés de la Grande-Bretagne.

jujube [ʒyʒyb] **n.m.** (gr. *zizuphon*). **1.** Fruit du jujubier, drupe rouge à maturité, à pulpe blanche et sucrée, légèrement laxative, dont on fait des confitures et des pâtes de fruit. **2.** Suc, pâte extraits du jujube.

jujubier [ʒyʒybje] **n.m.** Arbre originaire d'Asie cultivé pour ses fruits (jujubes). ▸ Famille des rhamnacées ; haut. jusqu'à 8 m.

juke-box [dʒukbɔks] **n.m. inv.** (mot anglo-amér., de *juke,* terme d'argot signif. « bordel, désordre », et *box,* boîte). Électrophone automatique placé génér. dans un lieu public et permettant, après introduction d'une pièce ou d'un jeton, d'écouter un disque sélectionné.

jules [ʒyl] **n.m.** (du prénom *Jules*). *FAM.* Homme avec lequel une femme vit, maritalement ou non, ou avec lequel elle a une relation plus ou moins suivie : *Elle est venue avec son jules* (= petit ami) [syn. **amant**].

Jules II (Giuliano **Della Rovere**), pape de 1503 à 1513 (Albissola 1443 - Rome 1513). Désireux de faire du Saint- Siège la première puissance italienne, il guerroie, casqué et botté, notamment contre les Français. Mais il est aussi un mécène fastueux et le protecteur, par exemple, de Bramante et de Michel-Ange. À ce dernier, il commande son tombeau et le fameux *Jugement dernier* de la chapelle Sixtine.

Juliana (Louise Emma Marie Wilhelmine) [La Haye 1909 - Sœstdijk 2004], reine des Pays-Bas (1948-1980). En 1980, elle abdique en faveur de sa fille Béatrice.

julien, enne [ʒyljɛ̃, -ɛn] **adj.** (lat. *Julianus,* de Jules César). **Calendrier julien,** calendrier introduit par Jules César en 46 av. J.-C., qui comportait des années de 365 jours, pour 365 jours et quart en moyenne, et une année bissextile de 366 jours tous les quatre ans.

Julien, dit **l'Apostat,** en lat. **Flavius Claudius Julianus** (Constantinople 331 - en Mésopotamie 363), empereur romain (361-363). Neveu de Constantin, successeur de

Constance II, il abandonna la religion chrétienne et favorisa la renaissance du paganisme. Il fut tué lors d'une campagne contre les Perses.

julienne [ʒyljɛn] **n.f.** (du prénom *Julien* ou *Julienne*, par une évolution obsc.). **1.** Manière de tailler certains légumes en fins bâtonnets : *Préparer des carottes en julienne.* **2.** Potage fait et servi avec des légumes ainsi taillés.

Julio-Claudiens, membres de la première dynastie impériale romaine issue de César. Ce furent Auguste, Tibère, Caligula, Claude et Néron.

1. jumeau, elle [ʒymo, -ɛl] **adj.** (a remplacé *gémeau*, lat. *gemellus*). **1.** Se dit de deux enfants nés d'un même accouchement : *J'ai un frère jumeau, une sœur jumelle.* **2.** Se dit de deux choses semblables, symétriques ou faites pour aller ensemble : *Maisons jumelles. Lits jumeaux.* ◆ **n.** Frère jumeau ou sœur jumelle : *Je ne peux la distinguer de sa jumelle.* ◆ **jumeaux n.m. pl.** Enfants jumeaux : *Elle a eu des jumeaux, un garçon et une fille.*

2. jumeau [ʒymo] **n.m.** (de *1. jumeau*). ANAT. Chacun des quatre muscles pairs de la fesse et de la jambe.

jumelage [ʒymlaʒ] **n.m. 1.** Action de jumeler : *Le jumelage des roues arrière d'un véhicule.* **2.** Création et développement de liens entre des villes de pays différents : *Le jumelage de Nantes et de Cardiff.*

jumelé, e [ʒymle] **adj.** Disposé par couples : *Fenêtres jumelées. Roues jumelées.*

jumeler [ʒymle] **v.t.** (de *jumeau*) [conj. **24**]. **1.** Ajuster, accoupler côte à côte deux objets semblables et semblablement disposés : *Jumeler des poutres.* **2.** Associer des villes de pays différents en vue d'établir entre elles des liens et des échanges culturels et touristiques.

jumelle [ʒymɛl] **adj.f.** et **n.f.** ⟶ **1. jumeau.**

jumelles [ʒymɛl] **n.f. pl.** (de *jumelle* ; v. *1. jumeau*). Instrument d'optique formé de deux lunettes identiques accouplées de façon à permettre la vision binoculaire : *Des jumelles de théâtre.* ***Rem.*** S'emploie aussi au sing. : *une jumelle marine.*

jument [ʒymɑ̃] **n.f.** (lat. *jumentum*, bête de somme). Femelle adulte de l'espèce chevaline.

jumping [dʒœmpiŋ] **n.m.** (mot angl. « saut »). Concours hippique consistant en une succession de sauts d'obstacles.

Jung (Carl Gustav), psychiatre suisse (Kesswil, Thurgovie, 1875 - Küsnacht, près de Zurich, 1961). D'abord proche disciple de Freud, il fut le premier à s'écarter des thèses de ce dernier en créant la « psychologie analytique » : il désexualisa la libido, la considérant comme une forme d'énergie vitale, puis introduisit les concepts d'*inconscient collectif* et d'*archétype* (*Métamorphoses et symboles de la libido,* 1912 ; *les Types psychologiques,* 1920 ; *Psychologie et religion,* 1939 ; *Psychologie et alchimie,* 1944).

Jünger (Ernst), écrivain allemand (Heidelberg 1895 - Wilflingen, Bade-Wurtemberg, 1998). Il est passé d'une conception nietzschéenne de la vie (*Orages d'acier,* 1920) à un esthétisme éclectique (*Sur les falaises de marbre,* 1939 ; *Approches, drogues et ivresse,* 1970 ; *Eumeswil,* 1977).

Jungfrau (la), sommet des Alpes bernoises (4 158 m), en Suisse. Station d'altitude et de sports d'hiver sur le *plateau du Jungfraujoch* (3 457 m). Laboratoires de recherches scientifiques en haute montagne.

jungle [ʒœ̃gl] ou [ʒɔ̃gl] **n.f.** (mot angl., du hindi). **1.** En Inde, formation végétale très épaisse qui prospère sous un climat chaud et humide avec une courte saison sèche : *Les tigres vivent dans la jungle.* **2.** Milieu où l'individu ne peut compter que sur ses seules forces : *La jungle du monde des affaires.* **3. La loi de la jungle,** la loi du plus fort.

junior [ʒynjɔr] **adj.** (mot lat. « plus jeune »). **1.** Désigne le plus jeune d'une famille (par opp. à *aîné*) : *Dubois junior* (syn. **cadet, puîné**). **2.** Qui concerne les jeunes, qui leur est destiné : *La mode junior.* ◆ **adj.** et **n.** Se dit d'une catégorie d'âge, variable selon les sports ou les jeux, intermédiaire entre les cadets et les seniors (autour de 17 ans).

junkie ou **junky** [ʒœnki] **n.** (de l'arg. anglo-amér. *junk*, drogue dure) [pl. *junkies, junkys*]. FAM. Héroïnomane.

Junon, divinité italique puis romaine, femme de Jupiter et reine du Ciel, déesse de la Femme et du Mariage. Elle est associée à Jupiter et à Minerve dans la triade du Capitole. Vénérée sous divers noms correspondant à ses attributions, elle était assimilée à l'Héra des Grecs.

junte [ʒœ̃t] **n.f.** (esp. *junta*, fém. de *junto*, joint). **1.** Autref., conseil politique ou administratif dans les pays ibériques. **2.** Gouvernement à caractère autoritaire, le plus souvent militaire, issu d'un coup d'État.

jupe [ʒyp] **n.f.** (ar. *djoubba*). **1.** Vêtement féminin qui enserre la taille et descend jusqu'aux jambes. **2.** Dans les véhicules à coussin d'air, paroi souple limitant une chambre dans laquelle une certaine surpression permet la sustentation du véhicule. **3. Jupe portefeuille,** qui se croise largement par-devant.

jupe-culotte [ʒypkylɔt] **n.f.** (pl. *jupes-culottes*). Pantalon très ample coupé de manière à tomber comme une jupe.

jupette [ʒypɛt] **n.f.** Jupe très courte.

Jupiter, divinité romaine, fils de Saturne et de Rhéa, père et maître des dieux et dieu du Ciel. Devenu le dieu suprême, il fut assimilé au Zeus grec. Qualifié par des épithètes correspondant à divers pouvoirs, il était adoré avec Junon et Minerve dans le grand temple du Capitole.

Jupiter, la plus grosse et la plus massive des planètes du Système solaire (11,2 fois le diamètre équatorial de la Terre ; 317,9 fois sa masse). Elle est constituée essentiellement d'hydrogène et d'hélium. On lui connaît plus de 60 satellites, dont 4 ont des dimensions planétaires.

jupon [ʒypɔ̃] **n.m.** Pièce de lingerie qui soutient l'ampleur d'une jupe, d'une robe : *Un jupon de dentelle.*

Juppé (Alain), homme politique français (Mont-de-Marsan 1945). Président (1994-1997) du R.P.R. (Rassemblement pour la République), ministre du Budget (1986-1988), puis des Affaires étrangères (1993-1995), il est Premier ministre de 1995 à 1997. Il est aussi président (2002-2004) de l'U.M.P. (Union pour un mouvement populaire) et maire de Bordeaux (1995-2004 et depuis 2006). Nommé en mai 2007 ministre de l'Écologie, il doit, battu aux législatives, démissionner le mois suivant avant de revenir au gouvernement en 2010 jusqu'en mai 2012 comme ministre de la Défense puis des Affaires étrangères.

Jura, chaîne de montagnes de France et de Suisse, qui se prolonge en Allemagne par des plateaux calcaires ; 1 718 m au *crêt de la Neige.* Le *Jura franco-suisse* comprend un secteur oriental plissé, plus élevé au sud qu'au nord, et un secteur occidental tabulaire, au-dessus des plaines de la Saône. L'abondance des précipitations favorise l'extension des forêts et des prairies. Parc naturel régional du Haut-Jura (env. 165 000 ha, sur les dép. de l'Ain, du Doubs et du Jura). Le *Jura allemand* est formé d'un plateau calcaire, au climat rude, souvent recouvert par la lande et dont l'altitude s'abaisse du sud *(Jura souabe)* vers le nord *(Jura franconien).*

Jura [39], dép. de la Région Bourgogne-Franche-Comté ; ch.-l. de dép. *Lons-le-Saunier* ; ch.-l. d'arr. *Dole, Saint-Claude* ; 3 arr., 17 cant., 544 comm. ; 4 999 km^2 ; 271 439 hab. *(Jurassiens).*

Jura *(canton du),* canton de Suisse, créé en 1979, englobant trois districts francophones jurassiens appartenant auparavant au canton de Berne ; 837 km^2 ; 70 032 hab. Ch.-l. *Delémont.*

jurande [ʒyrɑ̃d] **n.f.** (de *jurer*). HIST. Sous l'Ancien Régime, groupement professionnel autonome, composé de membres égaux unis par un serment.

jurassien, enne [ʒyrasjɛ̃, -ɛn] **adj.** et **n. 1.** Du Jura : *Le climat jurassien.* **2.** GÉOGR. **Relief jurassien,** type de relief développé dans une structure sédimentaire régulièrement plissée, où alternent couches dures et couches tendres : *Le massif du Vercors est du type jurassien.*

jurassique [ʒyrasik] **n.m.** (de *Jura*). GÉOL. Deuxième période de l'ère secondaire, entre le trias et le crétacé, marquée par le dépôt d'épaisses couches calcaires, partic. dans le Jura.

1. juré, e [ʒyre] **adj.** (lat. *juratus*, de *jurare*, jurer). **1.** Qui a prêté serment : *Expert juré auprès des tribunaux.* **2. Ennemi juré,** adversaire acharné, implacable.

2. juré, e [ʒyre] **n.** (de *1. juré*). **1.** Citoyen désigné par voie de tirage au sort en vue de participer au jury d'une cour d'assises : *La défense a récusé deux jurés.* **2.** Membre d'un jury quelconque : *Les jurés d'un festival.*

1. jurer [ʒyre] **v.t.** (lat. *jurare*, de *jus, juris*, droit, justice). **1.** Prononcer solennellement un serment en engageant un être ou une chose que l'on tient pour sacré : *Jurer sur l'honneur de dire la vérité.* **2.** Affirmer avec vigueur : *Il jure qu'il ne ment pas* (syn. **prétendre, soutenir**). **3.** Prendre la ferme résolution de ; s'engager à : *Jurer la ruine d'un ennemi* (syn. **décider, décréter**). **4. Ne jurer que par qqn,** approuver tout ce qu'il fait, croire tout ce qu'il dit en raison de la vive admiration qu'on lui porte : *Elle ne jure que par son fils.* ◆ **se jurer v.pr. 1.** Se promettre réciproquement qqch : *Ils se sont juré fidélité.* **2.** Se promettre à soi-même de faire qqch : *Je me suis juré de ne plus y aller.*

2. jurer [ʒyre] **v.i.** (de *1. jurer*). Proférer des jurons : *Il faut l'entendre jurer !* (syn. **pester, sacrer**). ◆ **v.t. ind.** Être mal assorti avec qqch ; produire un effet discordant : *Ce vert jure avec cet orangé* (syn. **détonner**).

juridiction [ʒyridiksjɔ̃] **n.f.** (lat. *jurisdictio*, droit de rendre la justice). **1.** Pouvoir de juger, de rendre la justice ; étendue de territoire où s'exerce ce pouvoir : *Le tribunal exerce sa juridiction dans les limites du département.* **2.** Ensemble des tribunaux de même ordre, de même nature ou de même degré hiérarchique : *La juridiction criminelle.*

juridictionnel, elle [ʒyridiksjɔnɛl] **adj.** Relatif à une juridiction : *L'organisation juridictionnelle française.*

juridique [ʒyridik] **adj.** (lat. *juridicus*, de *jus, juris*, droit). Qui relève du droit : *Vocabulaire juridique. Il a une formation juridique* (= de juriste).

juridiquement [ʒyridikmɑ̃] **adv.** De façon juridique ; du point de vue du droit : *Sentence juridiquement motivée.*

jurisconsulte [ʒyriskɔ̃sylt] **n.m.** (lat. *juris consultus*, versé dans le droit). ANC. Spécialiste qui donne des consultations sur des questions de droit (syn. **juriste, légiste**).

jurisprudence [ʒyrisprydɑ̃s] **n.f.** (lat. *jurisprudentia*, science du droit). **1.** DR. Ensemble des décisions des tribunaux, qui constitue une source du droit : *La jurisprudence en matière de droit du travail.* **2. Faire jurisprudence,** faire autorité et servir d'exemple dans un cas déterminé ; créer un précédent : *La condamnation du violeur va faire jurisprudence.*

juriste [ʒyrist] **n.** (lat. médiév. *jurista*). Personne qui connaît, pratique le droit ; auteur d'ouvrages juridiques (syn. anc. **jurisconsulte, légiste**).

juron [ʒyrɔ̃] **n.m.** (de *jurer*). Expression grossière ou blasphématoire qui, sous forme d'interjection, traduit génér. un mouvement vif d'humeur ou de satisfaction : *Lâcher un chapelet de jurons* (syn. **blasphème, grossièreté**).

jury [ʒyri] **n.m.** (mot angl., de l'anc. fr. *jurée*, serment). **1.** Ensemble des jurés appelés à titre temporaire à participer à l'exercice de la justice en cour d'assises : *Le jury s'est retiré pour délibérer.* **2.** Commission d'examinateurs chargée d'un examen, d'un classement, d'un jugement : *Jury d'agrégation. Le jury du Festival de Cannes.*

jus [ʒy] **n.m.** (lat. *jus, juris*, sauce). **1.** Liquide extrait de la pulpe, de la chair de certains fruits ou légumes ; boisson constituée par ce liquide : *Ces oranges ont beaucoup de jus. Boire un jus de tomate.* **2.** Suc résultant de la cuisson d'une viande, d'une volaille : *Le jus d'un rôti.* **3.** FAM. Café noir : *Boire un bon jus.* **4.** FAM. Courant électrique : *Prendre le jus en changeant une ampoule* (= une décharge électrique). **5.** FAM. **Jus de chaussettes,** mauvais café.

jusant [ʒyzɑ̃] **n.m.** (de l'anc. adv. *jus*, en bas, lat. *deorsum*). MAR. Marée descendante (syn. **reflux**).

jusqu'au-boutisme [ʒyskobutism] **n.m.** (de *jusqu'au bout*). FAM. Comportement des jusqu'au-boutistes : *Le jusqu'au-boutisme de certains grévistes.*

jusqu'au-boutiste [ʒyskobutist] **n.** et **adj.** (de *jusqu'au bout*). FAM. Partisan d'une action poussée jusqu'à ses limites extrêmes, quelles qu'en soient les conséquences.

jusque [ʒysk] **prép.** (de l'anc. fr. *enjusque*, lat. pop. *inde usque*, de là jusqu'à) [Jusque s'élide en jusqu' devant un mot commençant par une voyelle ou un h muet]. **1.** Suivi d'une prép. (spécial. *à, en*) ou d'un adv. de lieu ou de temps, indique une limite spatiale ou temporelle, un point limite, un degré extrême : *Depuis Paris jusqu'à Rome. Je t'attendrai jusque vers midi. Il est allé jusqu'à le frapper. La fièvre est montée jusqu'à 40 °C. Elle est allée jusqu'en Amazonie. Jusqu'alors, il n'y avait eu aucun changement.* **2. Jusque-là, jusqu'ici,** indiquent une limite spatiale ou temporelle qu'on ne dépasse pas : *Jusqu'ici je n'ai pas eu de ses nouvelles. Le sentier va jusque-là.* ◆ **jusqu'à ce que loc. conj.** Indique la limite temporelle : *Restez jusqu'à ce que je revienne.* **Rem.** *Jusque* s'écrit parfois avec un *s* final, surtout en poésie : *Jusques à quand ?*

jussiée [ʒysje] **n.f.** (du n. de Bernard *Jussieu*). Plante exotique aquatique, employée comme plante ornementale. ▸ Famille des onagracées.

Jussieu (de), famille de botanistes français. • **Antoine** (Lyon 1686 - Paris 1758), dévoué médecin des pauvres, reçoit la direction du Jardin du roi (futur Muséum d'histoire naturelle) en 1708. Il réédite l'œuvre botanique de son prédécesseur, Tournefort, et publie un *Traité des vertus des plantes.* • **Bernard** (Lyon 1699 - Paris 1777), frère et assistant d'Antoine, dessine le jardin de Trianon pour Louis XV et y fait classer les plantes en 65 groupes naturels. On lui doit le rattachement au règne animal des coraux, polypiers et gorgones, tenus avant lui pour des plantes. • **Joseph** (Lyon 1704 - Paris 1779), frère des précédents, participe à l'expédition de La Condamine au Pérou et demeure pendant trente-six ans en Amérique du Sud, envoyant à ses frères de précieux échantillons botaniques. • **Antoine Laurent** (Lyon 1748 - Paris 1836), neveu des trois précédents, diffuse largement, en 1789, la classification botanique de son oncle Bernard, puis dirige, sous la Convention, l'ensemble des hôpitaux de Paris et fonde le Muséum national d'histoire naturelle, qu'il dote d'une magnifique bibliothèque. • **Adrien** (Paris 1797 - *id.* 1853), fils du précédent, spécialiste des plantes exotiques, a publié un *Cours élémentaire de botanique* (1842-1844).

justaucorps [ʒystokɔr] **n.m.** (de *juste, au* et *corps*). **1.** Pourpoint serré à la taille, à basques et à manches, en usage au XVIIe s. **2.** Sous-vêtement féminin d'un seul tenant, dont le bas se termine en slip. **3.** Vêtement collant d'une seule pièce utilisé pour la danse et certains sports.

juste [ʒyst] **adj.** (lat. *justus*). **1.** Qui juge et agit selon l'équité, en respectant les règles de la morale ou de la religion : *Un professeur juste dans ses notations* (syn. **impartial**). *Être juste avec ses subordonnés* (syn. **équitable** ; contr. **injuste**). **2.** Conforme à la justice, à la morale : *Sentence juste. La juste récompense des services que vous nous avez rendus* (syn. **légitime**). *Une juste colère* (syn. **fondé**). **3.** Conforme à la raison, à la vérité : *Son raisonnement est juste* (syn. **logique** ; contr. **boiteux**). *Je me suis fait une idée assez juste de la situation* (syn. **exact** ; contr. **faux**). **4.** Qui est exact, conforme à la réalité, à la règle ; qui est tel qu'il doit être ; qui fonctionne avec précision : *Note de musique juste* (contr. **faux**). *Balance juste* (syn. **exact, précis**). **5.** Étroit ; court : *Des chaussures trop justes* (syn. **petit, serré**). **6.** Qui suffit à peine : *Deux heures pour tout recopier, ce sera juste* (syn. **insuffisant**).

◆ **n. 1.** Personne qui observe la loi morale, agit avec droiture : *La souffrance du juste devant l'iniquité.* **2.** HIST. (De l'expression hébraïque tirée du Talmud, *juste [parmi les nations]*). Titre décerné par l'État d'Israël aux non-Juifs ayant fait preuve de bravoure pour soustraire des Juifs aux persécutions nazies, pendant la Seconde Guerre mondiale. **3. Dormir du sommeil du juste,** dormir d'un sommeil profond et tranquille, comme celui d'une personne qui n'a rien à se reprocher. ◆ **n.m. 1.** Ce qui est conforme au droit, à la justice : *Avoir la notion du juste et du bien.* **2. Au juste,** exactement : *Je voudrais savoir au juste quel âge il a* (syn. **précisément**). / **Comme de juste,** comme il se doit ; comme il fallait s'y attendre (iron.) : *Comme de juste, elle est entrée la première* (= naturellement). *Comme de juste, il a pris la plus grosse part* (= évidemment). ◆ **adv. 1.** Avec justesse : *Chanter juste* (contr. **faux**). **2.** Précisément : *Le café est juste au coin. Prenez juste ce qu'il vous faut* (syn. **exactement**). **3.** D'une manière insuffisante : *Prévoir trop juste. C'est tout juste si j'ai pu dire un mot* (= c'est à peine si). **4.** Seulement : *J'ai juste pris le temps de dîner.*

justement [ʒystəmɑ̃] **adv. 1.** De façon justifiée : *Être justement indigné* (syn. **dûment, légitimement**). **2.** De façon précise ; par coïncidence : *Nous parlions justement de vous* (syn. **précisément**). **3.** D'une manière exacte : *Comme on l'a dit si justement* (syn. **pertinemment**).

justesse [ʒystɛs] **n.f.** (de *juste*). **1.** Qualité d'une chose bien réglée, exacte et donc bien adaptée à sa fonction : *Justesse d'une montre* (syn. **précision**). **2.** Conformité à une norme ou à un modèle : *La justesse d'une comparaison* (syn. **correction, exactitude**). **3.** Manière de faire, de penser, etc., sans erreur ni écart : *Viser avec justesse* (syn. **précision, sûreté**). **4. De justesse,** de très peu : *Gagner de justesse.*

justice [ʒystis] **n.f.** (lat. *justicia*). **1.** Principe moral qui exige le respect du droit et de l'équité : *Faire régner la justice* (syn. **légalité**). **2.** Vertu, qualité morale qui consiste à être juste, à respecter les droits d'autrui : *Pratiquer la justice* (syn. **équité**). **3.** Caractère de ce qui est juste, impartial : *Il a perdu, certes, mais c'est justice* (= c'est légitime). **4.** Pouvoir de rendre le droit à chacun ; exercice de ce pouvoir : *Exercer la justice avec rigueur. Une cour de justice* (= où l'on rend la justice). **5.** Action par laquelle une autorité, un pouvoir judiciaire reconnaît le droit de chacun : *Demander, réclamer justice.* **6.** Acte par lequel s'exprime le pouvoir juridique de l'État, sa fonction souveraine à trancher les litiges : *Être condamné par décision de justice.* **7.** Institution qui exerce un pouvoir juridictionnel ; ensemble de ces institutions : *Justice civile, militaire. Justice administrative.* **8. Justice sociale,** qui exige des conditions de vie équitables pour chacun. / **Rendre, faire justice à qqn,** réparer le tort qu'il a subi ; reconnaître ses mérites. / **Se faire justice,** se venger ; se tuer, en parlant d'un coupable, en partic. d'un meurtrier. **9. Palais de justice,** édifice où siègent les tribunaux.

justiciable [ʒystisjabl] **adj.** et **n.** (de l'anc. v. *justicier*, punir). Qui relève de la justice, des tribunaux : *Un criminel justiciable de la cour d'assises.* ◆ **adj. 1.** Qui doit répondre de ses actes : *Le Premier ministre est justiciable de sa politique.* **2.** Qui relève de ; qui nécessite : *Maladie justiciable d'un traitement prolongé.*

justicier, ère [ʒystisje, -ɛr] **adj.** et **n.** (de *justice*). Qui agit en redresseur de torts sans en avoir reçu le pouvoir légal : *Un policier justicier. S'ériger en justicier.*

justifiable [ʒystifjabl] **adj.** Qui peut être justifié : *Son attitude est justifiable* (syn. **défendable, explicable**).

justifiant, e [ʒystifjɑ̃, -ɑ̃t] **adj.** (de *justifier*, replacer au nombre des justes). THÉOL. **Grâce justifiante,** qui rétablit le pécheur dans l'état de grâce.

justificateur, trice [ʒystifikatœr, -tris] **adj.** Qui apporte une justification : *Témoignage justificateur.*

justificatif, ive [ʒystifikatif, -iv] **adj.** Qui sert à justifier ou à prouver : *Pièces justificatives.* ◆ **justificatif n.m.** Document apportant la preuve que qqch a bien été fait : *N'oubliez pas de joindre le justificatif de paiement à votre lettre.*

justification [ʒystifikasjɔ̃] **n.f. 1.** Action de justifier, de se justifier : *Avancer des arguments pour sa justification* (syn. **décharge, défense**). **2.** Preuve d'une chose par titres ou par témoins : *Justification d'identité.* **3.** IMPR. Longueur d'une ligne pleine dans une page imprimée.

justifier [ʒystifje] **v.t.** (lat. ecclés. *justificare*) [conj. **9**]. **1.** Mettre hors de cause ; prouver l'innocence de : *Justifier un ami devant ses accusateurs* (syn. **disculper**). **2.** Faire admettre qqch, en établir le bien-fondé, la nécessité : *Le préjudice subi justifie le montant de l'indemnité* (syn. **expliquer, motiver**). *Ses craintes ne sont pas justifiées* (syn. **fonder, légitimer**). **3.** IMPR. Donner à une ligne la longueur requise en insérant des blancs. ◆ **v.t. ind. [de].** Apporter la preuve matérielle : *Quittance qui justifie du paiement.* ◆ **se justifier v.pr. 1.** Donner des preuves de son innocence ; dégager sa responsabilité : *Il n'a pu se justifier.* **2.** Être légitimé, fondé : *De tels propos ne se justifient guère.*

Justinien Ier (Tauresium ?, près de Skopje, 482 - Constantinople 565), empereur byzantin (527-565). Il collabore avec son oncle Justin dès 518 et lui succède en 527. Très secondé par l'impératrice Théodora, il entreprend de rétablir le territoire de l'ancien Empire romain, de faire de la Méditerranée un lac byzantin et d'extirper l'arianisme. En 532, il conclut avec le souverain perse Khosrô la « paix éternelle » et écrase à Byzance la sédition Nika. Il poursuit la réforme de l'État dans le sens de la centralisation et de l'absolutisme impérial : il fait réviser et classer, dans le *Code Justinien,* des lois promulguées depuis Hadrien (528-529 et 534) et fait reprendre et codifier la jurisprudence romaine dans le *Digeste.* Justinien impose également à l'Église l'autorité impériale. Il condamne d'abord le monophysisme (528) et ferme l'université d'Athènes, foyer de paganisme (529). Mais, sous l'influence de Théodora, favorable aux monophysites, il fait déporter le pape Silvère en Asie Mineure.
La reconquête de l'Occident sur les Barbares ariens est menée par ses grands généraux, Bélisaire puis Narsès. En Afrique, les Vandales sont vaincus et leur territoire est réuni à l'Empire romain en 534. La conquête de l'Italie sur les Ostrogoths demande des années de dures campagnes (535-561) ; aux Wisigoths est enlevé le sud-est de l'Espagne (v. 550-554). Mais l'engagement de Byzance en Occident a incité Khosrô à rompre la paix (540) ; les Perses envahissent la Syrie, et Justinien doit leur payer tribut (562). Il doit aussi payer pour le départ des Huns et des Slaves, qui ont plusieurs fois franchi la frontière du Danube.
Centre d'un actif trafic commercial entre l'Europe et l'Asie, Byzance devient aussi un remarquable foyer intellectuel et artistique, ainsi qu'en témoignent la basilique Sainte-Sophie, qu'il fait élever à Constantinople, et la pénétration de l'art byzantin en Occident (Ravenne).
Si Justinien n'a pu reconstituer qu'imparfaitement, et le temps de son règne seulement, l'unité du monde romain, il a su assimiler ce qu'il y avait de plus solide dans l'œuvre de Rome : le droit, grâce auquel il a renforcé l'autorité impériale. C'est aussi de son règne qu'il convient de dater la naissance d'une civilisation proprement byzantine.

jute [ʒyt] **n.m.** (mot angl., du bengali *jhuto*). **1.** Fibre textile extraite des tiges d'une plante cultivée principalement au Bangladesh. ▸ Famille des tiliacées. **2.** Étoffe grossière faite avec ces fibres : *Murs tendus de jute.*

juter [ʒyte] **v.i.** (de *jus*). *FAM.* Rendre du jus : *Oranges qui jutent.*

juteux, euse [ʒytø, -øz] **adj. 1.** Qui a beaucoup de jus : *Pêche juteuse* (syn. **fondant**). **2.** *FAM.* Qui rapporte beaucoup d'argent : *Affaire juteuse* (syn. **fructueux, lucratif, rentable**).

Jütland ⟶ **Jylland.**

Jütland ***(bataille du)*** [31 mai-1er juin 1916], seul grand choc naval de la Première Guerre mondiale, qui eut lieu au large des côtes du Danemark (Jylland). Bien que la flotte allemande soit apparue comme supérieure en qualité, les Britanniques, commandés par Jellicoe, restèrent maîtres du champ de bataille.

Juvénal, en lat. **Decimus Junius Juvenalis,** poète latin (Aquinum v. 60 - v. 130). Ses *Satires,* à la verve puissante, opposent à la Rome dissolue de son temps l'image de la République idéalisée par Cicéron et Tite-Live.

juvénile [ʒyvenil] **adj.** (lat. *juvenilis*). Qui appartient à la jeunesse, qui en a l'ardeur, la vivacité : *Enthousiasme juvénile.*

juvénilité [ʒyvenilite] **n.f.** *LITT.* Caractère de ce qui est juvénile : *La juvénilité d'un visage d'adolescente.*

juxtalinéaire [ʒykstalineɛr] **adj.** (de *juxta-* et *linéaire*). Se dit d'une traduction où le texte original et la version se correspondent ligne à ligne dans deux colonnes contiguës.

juxtaposable [ʒykstapozabl] **adj.** Que l'on peut juxtaposer : *Des éléments de bibliothèque juxtaposables.*

juxtaposé, e [ʒykstapoze] **adj.** GRAMM. Se dit d'éléments de la phrase qui ne sont liés par aucune coordination ou subordination : « *Je suis venu, j'ai vu, j'ai vaincu* » *sont des propositions juxtaposées.*

juxtaposer [ʒykstapoze] **v.t.** (de *juxta-* et *poser*). Poser, placer côte à côte, dans une proximité immédiate : *Juxtaposer deux petites tables pour en former une grande* (syn. **rapprocher, réunir**). *Les enfants qui commencent à parler se contentent de juxtaposer les mots* (syn. **accoler, joindre**).

juxtaposition [ʒykstapozisjɔ̃] **n.f. 1.** Action de juxtaposer : *Une dissertation ne consiste pas en une juxtaposition de paragraphes.* **2.** GRAMM. Situation d'éléments d'une phrase qui sont juxtaposés ; absence de coordination entre des éléments qui occupent le même plan.

Jylland, en all. **Jütland,** région continentale du Danemark ; 2 113 555 hab.

A B C D E F G H I J K L M N O P Q R S T U V W X Y Z

K

k [ka] **n.m. inv.** Onzième lettre (consonne) de l'alphabet.

K2, deuxième sommet du monde, dans l'Himalaya (Karakorum) ; 8 611 m.

kabbale ou *VX,* **cabale** [kabal] **n.f.** (hébr. *qabbalah,* tradition). [Souvent avec une majuscule]. Ensemble des commentaires mystiques et ésotériques juifs des textes bibliques et de leur tradition orale. ▸ Les adeptes des sciences occultes utilisent dans un sens magique les symboles de la kabbale.

kabig [kabig] et **kabic** [kabik] **n.m.** (mot breton). Veste à capuchon en drap de laine imperméable.

Kaboul, cap. de l'Afghanistan depuis 1774, sur la *rivière de Kaboul ;* 3 096 910 hab.

kabuki [kabuki] **n.m.** (mot jap.). Genre théâtral japonais où le dialogue alterne avec des parties psalmodiées ou chantées et avec des intermèdes de ballet.

kabyle [kabil] **adj.** et **n.** (ar. *kabaïlyy*). De Kabylie. ◆ **n.m.** Langue berbère parlée en Kabylie.

Kabyles, peuple berbère sédentaire de la Grande Kabylie (Algérie). Ils sont organisés en clans complémentaires avec des fonctions et des interdits spécifiques. Ils ont manifesté leur opposition à la colonisation française plusieurs fois au cours du XIXe s. et ont été le principal foyer de la lutte pour la libération de l'Algérie entre 1954 et 1962. En 2001, ils sont aussi au cœur de la révolte contre la détérioration de la situation économique et sociale du pays.

Kabylie, terme qui désigne plusieurs massifs du nord de l'Algérie. On distingue, de l'ouest à l'est : la *Grande Kabylie,* ou *Kabylie du Djurdjura* (2 308 m), la *Kabylie des Babors* et la *Kabylie d'El-Qoll.* (Hab. *Kabyles.*)

Kádár (János), homme politique hongrois (Fiume, auj. Rijeka, 1912 - Budapest 1989). Ministre de l'Intérieur (1948-1951), chef du gouvernement après l'écrasement de l'insurrection hongroise, de 1956 à 1958, puis de 1961 à 1965, il a dirigé le parti communiste de 1956 à 1988. Tout en maintenant l'alignement sur l'U.R.S.S., il a mis en œuvre une certaine libéralisation économique.

Kadaré (Ismaïl), écrivain albanais (Gjirokastër 1936). Il est un maître de la nouvelle et du roman *(le Général de l'armée morte, le Palais des rêves, le Concert, le Dîner de trop).* Entre 1990 et 1992, il s'est exilé en France.

Kadhafi ou **Qadhdhafi (Muammar al-),** homme d'État libyen (Qasr Abu Hadi, près de Syrte, 1942 - près de Syrte 2011). Principal instigateur du coup d'État qui renversa le roi Idris Ier (1969), président du Conseil de la révolution (1969-1977), il abandonna en 1979 ses fonctions officielles, mais demeura le véritable chef de l'État. Instigateur de la « révolution culturelle islamique », il poursuivit en vain une politique d'union (successivement avec l'Égypte, la Syrie, la Tunisie) et d'expansion (au Tchad), et appuya des actions terroristes. À partir de 2004, après renonciation au terrorisme, aux armes de destruction massive et à la suite de l'indemnisation des victimes des attentats dans lesquels ses agents étaient impliqués, il commença à normaliser ses relations avec la communauté internationale. Après avoir tenté en vain de réprimer l'insurrection populaire, il fut tué à l'issue de la guerre civile de 2011.

Kafka (Franz), écrivain pragois de langue allemande (Prague 1883 - sanatorium de Kierling, près de Vienne, 1924). Destin paradoxal que celui de cet homme qui réunit les caractéristiques de toutes les minorités (juif en pays chrétien ; écrivain dans une famille hostile à toute activité artistique, choisissant d'écrire en allemand dans la capitale tchèque de la Bohême) et dont le nom évoque aujourd'hui l'angoisse du monde moderne. Employé de bureau, rongé par la tuberculose, il laissera inachevée une grande partie de son œuvre, dans laquelle il décrit, passant du fantastique au réalisme, des parcours à l'origine et au but insaisissables. Le héros du *Procès* (1925), Joseph K., ignorera toujours le motif de son arrestation et de sa condamnation à mort ; l'arpenteur K. du *Château* (1926) s'épuisera en voulant percer le secret de la mystérieuse bureaucratie qui domine une communauté villageoise. Ces deux romans, ainsi qu'*Amérique* (1927), furent publiés après la mort de Kafka par son ami Max Brod : son œuvre acquit ainsi une immense célébrité, alors qu'il resta méconnu de son vivant (il fit paraître sans succès *la Métamorphose* en 1915 et *la Colonie pénitentiaire* en 1919). • **La Métamorphose** (1915) : le voyageur de commerce Gregor Samsa s'éveille un matin transformé en un « énorme cancrelat ». Objet de répulsion et de honte pour sa famille, il demeure enfermé dans sa chambre et se laisse mourir.

kafkaïen, enne [kafkajɛ̃, -ɛn] **adj. 1.** Relatif à Kafka, à son œuvre. **2.** Dont l'absurdité, l'illogisme rappellent l'atmosphère des romans de Kafka : *Situation kafkaïenne.*

Kagel (Mauricio), compositeur argentin (Buenos Aires 1931 - Cologne 2008). Il s'est consacré au « théâtre instrumental » (*Staatstheater,* 1971 ; *Mare nostrum,* 1975 ; *la Trahison orale,* 1983) en renouvelant le matériau sonore (sons électroacoustiques).

Kairouan, v. de la Tunisie centrale ; 139 070 hab. Fondée en 670, capitale de l'Ifriqiya (800-909), elle fut ruinée au XIe s. et reconstruite aux XVIIe-XVIIIe s. Grande Mosquée de Sidi Uqba fondée en 670 et dont les bâtiments actuels (VIIIe-IXe s.) comptent parmi les chefs-d'œuvre de l'art de l'islam. Beaux monuments anciens. Centre artisanal (tapis).

kaiser [kajzœr] ou [kezɛr] **n.m.** (mot all. « empereur », du lat. *Caesar*). Titre donné en France à l'empereur d'Allemagne Guillaume II, qui régna de 1888 à 1918.

kakatoès n.m. ⟶ **cacatoès.**

kakemono [kakemɔno] **n.m.** (mot jap. « chose suspendue »). Peinture ou calligraphie japonaise, sur soie ou papier, qui se déroule verticalement.

1. kaki [kaki] **n.m.** (mot jap.). Fruit à pulpe molle et sucrée, ayant l'aspect d'une tomate. ▸ Le kaki est le fruit du plaqueminier.

2. kaki [kaki] **adj. inv.** et **n.m. inv.** (angl. *khakee,* hindi *khākī,* couleur de poussière). D'une couleur verte, mêlée de brun clair : *Des uniformes kaki.* ▸ Le kaki est la couleur de la tenue de campagne de nombreuses armées.

Kalahari, désert de l'Afrique australe, entre les bassins du Zambèze et de l'Orange.

kaléidoscope [kaleidɔskɔp] **n.m.** (du gr. *kalos,* beau, *eidos,* aspect, et de *-scope*). Appareil formé d'un tube opaque contenant plusieurs miroirs disposés de façon que l'objet regardé ou les petits objets colorés placés dans le tube y produisent des dessins symétriques et constamment changeants lorsqu'on tourne ce dernier.

kaléidoscopique [kaleidɔskɔpik] **adj.** D'un kaléidoscope ; qui rappelle le kaléidoscope : *Des miroitements kaléidoscopiques.*

Kalimantan, nom indonésien de **Bornéo,** désignant parfois aussi seulement la partie administrativement indonésienne de l'île.

Kaliningrad, anc. **Königsberg,** port de la Russie, autref. en Prusse-Orientale, enclave russe entre la Pologne et la Lituanie ; 431 491 hab. Cathédrale du XIVe s.

Kalmar ***(Union de),*** union, sous un même sceptre, du Danemark, de la Suède et de la Norvège instaurée en 1397 et rompue par l'insurrection suédoise de Gustave Vasa (1521-1523).

Kalmouks, peuple mongol vivant en Russie, en Mongolie et dans le Xinjiang. Une de leurs tribus s'établit en 1643 sur la basse Volga. Les Soviétiques créèrent une République autonome de Kalmoukie ; 75 900 km^2 ; 315 700 hab. ; CAP. *Elista.*

Kama, dieu de l'Amour dans l'Inde ancienne. Le traité intitulé *Kama-sutra* et attribué à un certain Vatsyayana (entre le IVe et le VIIe s.) est consacré aux réalités humaines sur lesquelles règne ce dieu, l'érotique constituant ainsi l'une des disciplines du savoir traditionnel.

Kamakura, v. du Japon (Honshu) ; 174 354 hab. Statue colossale en bronze du bouddha Amida (XIIIe s.). Temples (XIIe-XIVe s.). Musée. La cité a donné son nom à une période (1185/1192-1333) marquée par le shogunat de Minamoto no Yoritomo et de ses fils, dont elle fut la capitale, puis par la régence des Hojo.

Kamerlingh Onnes (Heike), physicien néerlandais (Groningue 1853 - Leyde 1926). Il a créé le laboratoire du froid de l'université de Leyde, où il a réalisé, en 1908, la liquéfaction de l'hélium. Étudiant les phénomènes physiques au voisinage du zéro absolu, il découvrit la supraconductivité. (Prix Nobel 1913.)

kamikaze [kamikaz] ou [kamikaze] **n.m.** (mot jap. « vents divins »). En 1944-1945, pilote japonais volontaire pour écraser son avion chargé d'explosifs sur un objectif ; cet avion lui-même. ◆ **n.** Personne téméraire qui se sacrifie pour une cause : *Candidat kamikaze à une élection perdue d'avance.*

Kampala, cap. de l'Ouganda ; 1 516 210 hab. dans l'agglomération.

Kamtchatka, péninsule volcanique de la Russie, en Sibérie, entre les mers de Béring et d'Okhotsk. Pêcheries.

kanak, e ou **canaque** [kanak] **n.** et **adj.** (polynésien *kanaka,* homme). Mélanésien de Nouvelle-Calédonie.

Kanaks ou **Canaques,** peuple habitant essentiellement la Nouvelle-Calédonie, mais aussi Vanuatu, l'Australie et la Papouasie-Nouvelle-Guinée. Malgré une relative diversité linguistique, ils se caractérisent par une forte unité culturelle. Ayant été contraints d'abandonner leurs terres aux Français durant le XIXe s., ils ont créé des partis politiques dont certains demandent l'indépendance, d'autres réclament la récupération des terres.

Kananga, anc. **Luluabourg,** v. de la Rép. dém. du Congo (ex-Zaïre), sur la Lulua, affl. du Kasaï ; 1 061 181 hab. dans l'agglomération.

Kandinsky (Vassily ou **Wassily),** peintre russe naturalisé allemand, puis français (Moscou 1866 - Neuilly-sur-Seine 1944). L'un des fondateurs du Blaue Reiter à Munich et l'un des grands initiateurs de l'art abstrait (à partir de 1910), professeur au Bauhaus en 1922, il s'installa à Paris en 1933, fuyant le nazisme. Il a notamment écrit *Du spirituel dans l'art* (1911), qui fonde la liberté inventive de l'artiste sur la « nécessité intérieure ». Sa peinture, d'une grande richesse chromatique, passe par des phases successives de figuration symboliste puis expressionniste, d'abstraction lyrique (*Improvisation n° 35,* 1914, Bâle) puis géométrisante (*Jaune-Rouge-Bleu,* 1925, M.N.A.M., Paris).

Kandy, v. de Sri Lanka ; 109 343 hab. Anc. cap. (XVIe-XIXe s.). Jardin botanique. Pèlerinage bouddhique.

Kangchenjunga, troisième sommet du monde, dans l'Himalaya, entre le Sikkim et le Népal ; 8 586 m.

kangourou [kɑ̃guru] **n.m.** (angl. *kangaroo,* d'une langue indigène d'Australie). Mammifère herbivore d'Australie et de Nouvelle-Guinée aux membres postérieurs très longs, permettant le déplacement par bonds. ▸ Ordre des marsupiaux ; la femelle porte son petit pendant six mois env. dans une poche ventrale.

Kano, v. du nord du Nigeria, anc. cap. du royaume de Kano (Xe s.-début du XIXe s.) ; 3 270 799 hab. dans l'agglomération.

Kano, lignée de peintres japonais ayant travaillé entre le XVe et le XIXe s. et dont les principaux représentants sont : • **Kano Masanobu** (1434 - 1530), fondateur de l'école ; • **Kano Motonobu** (Kyoto 1476 - *id.* 1559), qui créa de vastes compositions murales aux lignes vigoureuses et au coloris brillant (Kyoto, temple du Daitoku-ji et du Myoshin-ji) ; • **Kano Eitoku** (Yamashiro 1543 - Kyoto 1590), petit-fils du précédent, qui eut, par son style grandiose et décoratif, une influence considérable, notamment sur son fils adoptif ; • **Sanraku** (Omi 1559 - Kyoto 1635), fils adoptif d'Eitoku, qui fut le dernier grand représentant de ce style brillant avec des œuvres (beautés de la nature, scènes historiques) témoignant de l'étendue de son talent, du lavis cursif à la grande composition décorative.

Kanpur ou **Cawnpore,** v. de l'Inde (Uttar Pradesh), sur le Gange ; 2 920 067 hab. dans l'agglomération.

Kansas, un des États unis d'Amérique ; 213 063 km^2 ; 2 893 957 hab. CAP. *Topeka.*

Kansas City, ville des États-Unis (Kansas) ; 149 636 hab. (1 576 595 hab. dans l'agglomération).

Kansas City, ville des États-Unis (Missouri), sur le Missouri, en face de Kansas City (Kansas) ; 470 800 hab. (1 576 595 hab. dans l'agglomération). Aéroport. Grand marché agricole. Musée d'art.

Kant (Immanuel, en fr. **Emmanuel),** philosophe allemand (Königsberg 1724 - *id.* 1804). Sa vie de professeur était réglée heure par heure, et le seul événement qui ait marqué sa vie a été l'annonce de la Révolution française, qu'il a vivement approuvée comme « le triomphe de la Raison ». Sa philosophie, qui prend la suite de Hume, de Leibniz et de Rousseau, tente de répondre aux questions : « Que puis-je savoir ? » ; « Que dois-je faire ? » ; « Que puis-je espérer ? ». Kant place la raison au centre du monde comme Copernic le Soleil au centre du système planétaire. Pour qu'une connaissance universelle et nécessaire soit possible, il faut que les objets de la connaissance se règlent sur la nature du sujet pensant et non sur l'expérience (*Critique de la raison pure,* 1781). L'entendement, en traçant les limites de la sensibilité et de la raison, rend possibles une physique a priori et le système des lois qui gouvernent la nature (*Premiers Principes métaphysiques de la science de la nature,* 1786). Et pour que l'homme ne soit pas plus déterminé dans son action morale que dans sa connaissance par les objets extérieurs, Kant forme l'hypothèse d'une âme libre animée d'une volonté autonome (*Critique de la raison pratique,* 1788). Tout principe d'action doit alors pouvoir être érigé en maxime universelle (*Critique du jugement,* 1790), le progrès de l'homme passe par la vertu individuelle et la liberté sociale est garantie par une constitution politique (*Métaphysique des mœurs,* 1797). La politique ne l'a intéressé qu'au plan universel : *Projet de paix perpétuelle* (1795).

kantien, enne [kɑ̃sjɛ̃, -ɛn] **adj.** Relatif au kantisme.

kantisme [kɑ̃tism] **n.m.** Philosophie de Kant.

Kaohsiung ou **Gaoxiong,** port de Taïwan ; 1 514 281 hab. dans l'agglomération. Centre industriel.

kaolin [kaɔlɛ̃] **n.m.** (chin. *kaoling,* propr. « colline élevée », n. du lieu d'où on l'extrayait). Roche argileuse, blanche et friable, provenant de l'altération du feldspath, qui entre dans la composition de la porcelaine dure.

Kapitsa (Petr Leonidovitch), physicien soviétique (Kronchtadt 1894 - Moscou 1984). Ses premiers travaux, sur la magnétostriction et la production de champs magnétiques intenses, le menèrent à des recherches sur la fusion thermonucléaire contrôlée. Il a aussi étudié les très basses températures et découvert la superfluidité de l'hélium liquide. (Prix Nobel 1978.)

kapok [kapɔk] **n.m.** (mot angl., du malais). Duvet végétal, très léger et imperméable, qui entoure les graines de certains arbres, tels le fromager et le kapokier, et que l'on utilise notamm. pour le rembourrage des coussins.

kapokier [kapɔkje] **n.m.** Arbre d'Asie tropicale produisant du kapok. ▸ Famille des bombacacées.

Kapoor (Anish), plasticien britannique d'origine indienne (Bombay 1954). Ses œuvres souvent monumentales, au biomorphisme épuré, monochromes ou miroitantes, jouent des rapports entre vide et plein, fini et infini, en interaction forte avec le lieu de leur exposition et le public (*At the Edge of the World,* 1998 ; *Taratantara,* 1999 ; *Cloud Gate,* 2004 ; *Leviathan,* 2011 ; *ArcelorMittal Orbit,* tour dans le parc olympique de Londres, 2012).

Kaposi (sarcome ou **syndrome de),** maladie maligne de type sarcomateux, observée en partic. au cours du sida.

kappa [kapa] **n.m. inv.** Dixième lettre de l'alphabet grec (Κ, κ).

Kara ***(mer de),*** mer de l'océan Arctique, entre la Nouvelle-Zemble et le continent, reliée à la mer de Barents par le *détroit de Kara.*

Karabakh (Haut-), région de l'Azerbaïdjan ; 4 400 km^2 ; 137 137 hab. Ch.-l. *Stepanakert.* Elle est peuplée majoritairement d'Arméniens qui revendiquent son rattachement à l'Arménie. Ils y proclament unilatéralement une république (1991). En 1993, leurs forces armées investissent le sud-ouest de l'Azerbaïdjan. Les combats cessent en 1994 mais le conflit reste en suspens.

Karachi, port et plus grande ville du Pakistan, sur la mer d'Oman ; 9 269 265 hab. (13 876 254 hab. dans l'agglomération). Centre industriel. Musée national du Pakistan. Cap. du pays jusqu'en 1959.

Karagandy, anc. **Karaganda,** v. du Kazakhstan, au cœur du *bassin houiller de Karaganda ;* 459 778 hab. Sidérurgie.

Karajan (Herbert von), chef d'orchestre autrichien (Salzbourg 1908 - *id.* 1989). Chef d'orchestre à vie de l'Orchestre philharmonique de Berlin (de 1954 à 1989), directeur artistique de l'Opéra de Vienne (1957-1964 et à partir de 1977), il a créé en 1967 le festival de Pâques de Salzbourg.

Karakorum ou **Karakoram,** massif du Cachemire, portant des sommets très élevés (K2, Gasherbrum) et de grands glaciers.

karakul ou **caracul** [karakyl] **n.m.** (de la ville de *Kara-Koul*). Mouton d'Asie centrale, d'une variété à toison longue et ondulée ; cette fourrure. ▸ Le karakul né avant terme fournit le *breitschwanz.*

karaoké [karaɔke] **n.m.** (du jap. *kara,* vide, et *oke,* orchestration). Divertissement collectif consistant à chanter sur une musique préenregistrée.

karaté [karate] **n.m.** (mot jap.). Sport de combat et art martial d'origine japonaise, dans lequel les adversaires arrêtent leurs coups avant de toucher.

karatéka [karateka] **n.** Personne qui pratique le karaté.

Karbala ou **Kerbela,** v. de l'Iraq, au sud-ouest de Bagdad ; 296 705 hab. Cité sainte chiite (tombeau de Husayn).

Karikal, port de l'Inde, sur le golfe du Bengale ; 74 333 hab. Anc. établissement français (1739-1954).

karité [karite] **n.m.** (mot ouolof). Arbre de l'Afrique tropicale dont les graines fournissent une matière grasse comestible, le beurre de karité.

Karl-Marx-Stadt → Chemnitz.

Karlsruhe, v. d'Allemagne (Bade-Wurtemberg) ; 289 173 hab. (977 000 hab. dans l'agglomération). Siège de la Cour suprême. Musée régional et riche musée des Beaux-Arts.

karma [karma] et **karman** [karmɑ̃] **n.m.** (mot sanskr. « acte »). Principe fondamental des religions indiennes qui repose sur la conception de la vie humaine comme maillon d'une chaîne de vies, chaque vie étant déterminée par les actes accomplis dans la vie précédente.

Karnak, site de Haute-Égypte, sur la rive est du Nil, à l'emplacement de l'ancienne Thèbes, l'une des capitales des pharaons. L'ensemble religieux – le plus grand d'Égypte – se compose de trois complexes, du nord au sud : l'enceinte du dieu Montou, dont le temple est l'œuvre d'Aménophis III ; l'enceinte du grand temple d'Amon, à l'extraordinaire enchevêtrement de constructions, rythmé de pylônes et d'obélisques, et où se décèle la marque de presque tous les souverains d'Égypte, jusqu'à l'époque romaine ; enfin l'enceinte de la déesse Mout, dont le temple, comme ceux d'Aménophis III et de Ramsès III, est en ruine. L'énorme salle hypostyle (102 x 53 m) du sanctuaire d'Amon, commencée sous Aménophis III, est l'œuvre majeure de la XIXe dynastie.

Karnataka, anc. **Mysore,** État du sud de l'Inde ; 192 000 km^2 ; 61 130 704 hab. CAP. *Bangalore.*

Karroo ou **Karoo,** ensemble de plateaux étagés de l'Afrique du Sud.

Karst, en ital. **Carso,** en slovène **Kras,** nom allemand d'une région de plateaux calcaires de Slovénie.

karst [karst] **n.m.** (de *Karst*). GÉOL. Région de relief karstique.

karstique [karstik] **adj.** (du n. de la région de *Karst*). **Relief karstique,** relief particulier aux régions dans lesquelles les roches calcaires forment d'épaisses assises, et résultant de l'action, en grande partie souterraine, d'eaux qui dissolvent le carbonate de calcium, ce qui provoque notamm. la création de dolines et de grottes (on dit aussi *relief calcaire*).

kart [kart] **n.m.** (mot angl.). Petit véhicule automobile de compétition, à embrayage automatique, sans boîte de vitesses, ni carrosserie, ni suspension.

karting [kartiŋ] **n.m.** Sport pratiqué avec le kart.

kasher et **cachère** [kaʃɛr] **adj.** (mot hébr. « conforme à la loi »). Se dit d'un aliment conforme aux prescriptions rituelles du judaïsme ainsi que du lieu où il est préparé ou vendu : *Une boucherie kasher.* ***Rem.*** On trouve d'autres graphies, dont *casher, kascher.* Le mot est génér. inv., sauf sous sa forme francisée *cachère,* accordée en nombre.

Kassel, v. d'Allemagne (Hesse), anc. cap. de la Hesse, sur la Fulda ; 190 765 hab. Musées, dont la riche Galerie de peinture ancienne. Exposition quinquennale d'art contemporain (« Documenta »), créée en 1955.

Kastler (Alfred), physicien français (Guebwiller 1902 - Bandol 1984). Spécialiste de l'électronique quantique et de l'optique physique, il est surtout connu pour avoir réalisé en 1950, avec son collaborateur Jean Brossel, l'inversion des populations d'électrons dans un atome. Ce procédé, dit « pompage optique », est à l'origine des masers et des lasers. (Prix Nobel 1966.)

Katanga, de 1972 à 1997 **Shaba,** région du sud de la Rép. dém. du Congo (ex-Zaïre) ; 6 059 063 hab. ; ch.-l. *Lubumbashi*. Gisements de cuivre, de plomb et d'uranium.

Kateb (Yacine), écrivain algérien d'expression française et arabe (Constantine 1929 - La Tronche 1989). Son œuvre poétique, romanesque *(Nedjma)* et dramatique *(le Cadavre encerclé, la Guerre de deux mille ans)* analyse le destin politique et humain de son pays.

Katmandou ou **Katmandu,** cap. du Népal à env. 1 300 m d'alt. ; 975 453 hab. Monuments (XVIe-XVIIIe s.).

Katowice, v. de Pologne (Silésie) ; 310 764 hab. (2 962 000 hab. dans l'agglomération). Centre industriel.

Katyn, village de Russie, à l'ouest de Smolensk. Les cadavres d'environ 4 500 officiers polonais abattus en 1940-1941 par les Soviétiques y furent découverts par les Allemands (1943). Ce massacre a été perpétré sur un ordre de Staline (mars 1940) en vertu duquel près de 26 000 Polonais, civils et militaires, furent exécutés.

Kaunas, v. de Lituanie, sur le Niémen ; 321 201 hab.

Kautsky (Karl), homme politique autrichien (Prague 1854 - Amsterdam 1938). Secrétaire d'Engels (1881), marxiste rigoureux, il s'opposa au théoricien Eduard Bernstein, puis se rallia aux sociaux-démocrates.

Kawabata Yasunari, écrivain japonais (Osaka 1899 - Zushi 1972). Son œuvre, qui mêle réalisme et fantastique, est une méditation sur la souffrance et la mort *(Pays de neige, Nuée d'oiseaux blancs, Kyoto)*. [Prix Nobel 1968.]

Kawasaki, port du Japon (Honshu) ; 1 425 678 hab. Centre industriel.

kayak [kajak] **n.m.** (mot esquimau). **1.** Embarcation individuelle des Inuits, dont la carcasse de bois est recouverte de peaux cousues qui entourent le siège du rameur. **2.** Embarcation de sport étanche et légère, inspirée du kayak inuit et propulsée par une pagaie double ; sport pratiqué avec cette embarcation.

kayakiste [kajakist] **n.** Sportif pratiquant le kayak.

Kazakhs, peuple turc et musulman vivant princ. au Kazakhstan, en Ouzbékistan et en Chine (Xinjiang).

Kazakhstan, État d'Asie centrale entre la mer Caspienne et la Chine ; 2 717 000 km^2 ; 16 441 000 hab. *(Kazakhs)*. CAP. *Astana*. LANGUES : *kazakh* et *russe*. MONNAIE : *tenge*.

GÉOGRAPHIE

Le pays est cinq fois plus vaste que la France, mais un climat à dominante semi-aride est la raison d'une faible densité moyenne de population. Grâce à la mise en valeur des terres vierges, c'est une grande région céréalière. Les secteurs industriel (métallurgie) et minier (minerais non ferreux, uranium, pétrole, houille) représentent plus de 40 % du P.I.B. L'urbanisation accélérée explique la présence d'une importante minorité de Russes.

HISTOIRE

La région est progressivement intégrée à l'Empire russe à partir du XVIIIe s.

1936. Elle devient une république fédérée de l'U.R.S.S.

1991. Elle accède à l'indépendance. Noursoultan Nazarbaev est élu à la présidence de la République. Depuis, il se maintient au pouvoir en étouffant toute contestation.

Kazan, v. de Russie, cap. du Tatarstan, sur la Volga ; 1 143 546 hab. Centre industriel. Kremlin de 1555. Musée central de Tatarie.

Kazan (Elia Kazanjoglous, dit Elia), cinéaste américain (Istanbul 1909 - New York 2003). Venu du théâtre, il a construit une œuvre lyrique et tourmentée, menant de front l'exploration des conflits intérieurs et la peinture de la société américaine : *Un tramway nommé désir* (1951), *Sur les quais* (1954), *À l'est d'Eden* (1955), *America America* (1963), *l'Arrangement* (1969), *le Dernier Nabab* (1976).

Kazantzákis (Níkos), écrivain grec (Héraklion 1883 - près de Fribourg-en-Brisgau 1957). Il use de thèmes antiques et populaires pour définir une sagesse moderne (*Alexis Zorba*, 1946 ; *le Christ recrucifié*, 1954).

Keaton (Joseph Francis Keaton, dit **Buster),** acteur et cinéaste américain (Piqua, Kansas, 1896 - Los Angeles 1966). Il a créé au cinéma muet un personnage faussement impassible devant l'adversité, ingénieux, déterminé, dynamique et poétique. Il s'est imposé dès *les Trois Âges* (1923) comme le plus inventif des acteurs burlesques américains. Il a réalisé *les Lois de l'hospitalité* (1923), *la Croisière du « Navigator »* (1924), *le Mécano de la « General »* (1926), *le Cameraman* (1928). Avec le cinéma parlant, sa carrière s'effaça devant celle de Charlie Chaplin.

Keats (John), poète britannique (Londres 1795 - Rome 1821). Il est l'un des grands poètes romantiques anglais, se distinguant par son sensualisme esthétique *(Endymion, Ode à un rossignol)*.

Keeling *(îles)* → Cocos.

Keewatin, district du Canada (Territoires du Nord-Ouest), au nord du Manitoba.

keffieh [kefje] **n.m.** (mot ar.). Coiffure traditionnelle des Bédouins, faite d'un morceau de tissu plié et maintenu sur la tête par un cordon, devenue l'emblème des Palestiniens.

kéfir n.m. **→ képhir.**

Keitel (Wilhelm), maréchal allemand (Helmscherode 1882 - Nuremberg 1946). L'un des artisans de la renaissance militaire allemande, chef du commandement suprême allemand de 1938 à 1945, il signa la capitulation de son pays à Berlin (8 mai 1945). Condamné à mort comme criminel de guerre à Nuremberg, il fut exécuté.

Kekulé von Stradonitz (August), chimiste allemand (Darmstadt 1829 - Bonn 1896). Il eut le premier l'idée d'employer des formules développées en chimie organique ; il créa en 1857 la théorie de la tétravalence du carbone, fit l'hypothèse des liaisons multiples du carbone et distingua entre composés à chaîne ouverte et composés cycliques. Il proposa en 1865 la formule hexagonale du benzène.

Keller (Gottfried), écrivain suisse d'expression allemande (Zurich 1819 - *id.* 1890). Il est l'auteur de poèmes, de nouvelles *(les Gens de Seldwyla)* et de romans qui marquent la liaison entre le romantisme et le réalisme (*Henri le Vert*, 1854-1855).

Kellermann (François Christophe), *duc* **de Valmy,** maréchal de France (Strasbourg 1735 - Paris 1820). Vainqueur à Valmy (1792), il commanda ensuite l'armée des Alpes et fut fait maréchal en 1804.

kelvin [kɛlvin] **n.m.** (du n. de *lord Kelvin*). Unité de mesure de température thermodynamique (symb. K), équivalant à 1/273,16 de la température du *point triple* de l'eau (point où les trois états - liquide, solide, gazeux - de l'eau sont en équilibre).

Kelvin *(lord)* → Thomson (*sir* William).

Kemal (Mustafa) **→ Atatürk.**

Kendall (Edward Calvin), biochimiste américain (South Norwalk, Connecticut, 1886 - Princeton 1972). Il a isolé plusieurs hormones : la thyroxine, produite par la thyroïde, et les hormones fabriquées par les glandes corticosurrénales. Il est à l'origine de l'utilisation de la cortisone comme médicament, ce qui lui a valu le prix Nobel de médecine en 1950.

kendo [kɛndo] **n.m.** (mot jap.). Art martial d'origine japonaise dans lequel les adversaires, protégés par un casque et un plastron, luttent avec un sabre de bambou.

Kennedy (John Fitzgerald), homme d'État américain (Brookline, près de Boston, 1917 - Dallas 1963). Député puis sénateur démocrate, il fut élu président des États- Unis en 1960. Il pratiqua une politique de relance économique, fut à l'origine d'une législation contre la discrimination raciale et proposa aux Américains le projet de « Nouvelle Frontière » comprenant une plus grande justice sociale et l'exploration de la Lune. Dans le domaine des relations extérieures, il oscilla entre un rapprochement avec l'U.R.S.S. et une politique de fermeté à l'égard des régimes communistes (dans la crise de Berlin en 1961 ; à Cuba, où il obtint en 1962 le retrait des missiles soviétiques ; au Viêt Nam, où il prépara l'intervention militaire américaine). Il fut assassiné à Dallas.

Kennedy ***(J. F.),*** aéroport international de New York, à Idlewild.

Kent, royaume jute fondé au Ve s. Il fut, jusqu'au VIIe s., le principal foyer de la civilisation anglo-saxonne (cap. *Canterbury*).

Kentucky, un des États unis d'Amérique ; 104 623 km^2 ; 4 395 295 hab. CAP. *Frankfort.*

Kenya, État de l'Afrique orientale ; 583 000 km^2 ; 44 354 000 hab. *(Kenyans).* CAP. *Nairobi.* LANGUES : *anglais* et *swahili.* MONNAIE : *shilling du Kenya.*

GÉOGRAPHIE

Le Kenya oppose les hauts massifs volcaniques du Sud-Ouest, bien peuplés, humides mais où l'altitude modère les températures à une latitude équatoriale, aux bas plateaux et plaines du Nord et du Nord-Est, steppiques, presque vides. Il est traversé par la zone d'effondrement de l'Afrique orientale (la Rift Valley), jalonnée de lacs. La population est formée de groupes variés parmi lesquels émergent les Masai et les Kikuyu. Elle s'accroît à un rythme annuel énorme, proche de 4 %. Elle vit pour les trois quarts d'une agriculture associant cultures vivrières (maïs surtout), élevage bovin et ovin (développé pour des raisons plus sociales qu'économiques) et plantations, café et thé principalement (base des exportations). L'industrie, peu développée, se limite pratiquement à quelques branches de consommation (agroalimentaire surtout). Elle est présente à Nairobi et surtout à Mombasa, les seules véritables villes. Sa faiblesse contribue à expliquer le lourd déficit commercial (que ne comblent pas les revenus du tourisme international), à la base d'un endettement extérieur notable.

HISTOIRE

Pays où ont été découverts les restes les plus anciens des préhominiens (ancêtres de l'espèce humaine), le Kenya est occupé, après des peuplements successifs, par les Bantous et les Nilotiques (dont font partie les Masai). Dominée depuis le VIIe s. par les Arabes, la côte du Kenya tombe sous le contrôle des Portugais à la fin du XVe s.

1888. La Grande-Bretagne obtient du sultan de Zanzibar une concession sur la majeure partie du pays.

1895. Création d'un protectorat britannique.

1920. Le Kenya devient une colonie britannique.

1952-1956. Révolte nationaliste des Mau-Mau.

1963. Le Kenya devient un État indépendant, membre du Commonwealth.

1964-1978. J. Kenyatta est président de la République.

1978. À sa mort, Daniel Arap Moi accède à la tête de l'État. Il instaure à partir de 1982 un régime de parti unique, avant de revenir au multipartisme en 1991.

2008. Le partage du pouvoir entre le président Mwai Kibaki (élu en 2002 et réélu en 2007) et Raila Odinga, chef de l'opposition, met fin aux violences post-électorales avant l'adoption d'une nouvelle Constitution plus démocratique en 2010.

2011-2012. Le Kenya intervient militairement en Somalie contre les milices islamistes.

Kenya ***(mont),*** sommet du centre du Kenya ; 5 199 m.

Kenyatta (Jomo), homme d'État kenyan (Ichaweri v. 1893 - Mombasa 1978). Il lutta dès 1925 contre le régime colonial et devint en 1963 Premier ministre du Kenya indépendant. Président de la République en 1964, il fut constamment réélu jusqu'à sa mort.

képhir ou **kéfir** [kefir] **n.m.** (mot du Caucase). Boisson gazeuse et acidulée, obtenue en faisant fermenter du petit-lait.

képi [kepi] **n.m.** (all. de Suisse *Käppi,* dimin. de *Kappe,* bonnet). Coiffure légère munie d'une visière et d'une fausse jugulaire en galon métallique, portée notamm. par les officiers de l'armée de terre française.

Kepler (Johannes), astronome allemand (Weil der Stadt, Wurtemberg, 1571 - Ratisbonne 1630). Partisan du système héliocentrique de Copernic, il découvrit, grâce aux observations précises de Tycho Brahe, dont il fut l'assistant puis le successeur, les lois du mouvement des planètes *(lois de Kepler) :* les orbites des planètes sont des ellipses dont le Soleil occupe l'un des foyers (1609) ; les aires balayées par le rayon vecteur joignant le centre du Soleil au centre d'une planète sont proportionnelles aux temps mis à les décrire (1609) ; les carrés des périodes de révolution sidérale des planètes sont proportionnels aux cubes des grands axes de leurs orbites (1619).

Kerala, État de l'Inde, sur la côte sud-ouest du Deccan ; 38 800 km^2 ; 33 387 677 hab. CAP. *Trivandrum.*

kératine [keratin] **n.f.** (du gr. *keras, -atos,* corne, cornée). Substance organique imperméable à l'eau, riche en soufre, qui est un constituant fondamental des poils, des ongles, des cornes, des sabots, des plumes.

kératite [keratit] **n.f.** (du gr. *keras, -atos,* corne, cornée). Inflammation de la cornée.

kératose [keratoz] **n.f.** (du gr. *keras, -atos,* corne, cornée). Affection de la peau formant un épaississement de la couche cornée.

Kerbela → Karbala.

Kerenski (Aleksandr Fedorovitch), homme politique russe (Simbirsk 1881 - New York 1970). Membre du parti social-révolutionnaire, il devint en 1917 ministre de la Justice, de la Guerre puis chef du gouvernement provisoire qui fut renversé par les bolcheviks en nov. (oct. dans le calendrier russe) 1917.

Kerguelen ***(îles),*** archipel français du sud de l'océan Indien ; env. 7 000 km^2. Station de recherches scientifiques.

kermès [kɛrmɛs] **n.m.** (mot ar., du persan). **1.** Cochenille nuisible qui se fixe sur certains arbres et y pond ses œufs. **2. Chêne kermès,** petit chêne méditerranéen à feuilles persistantes et épineuses.

kermesse [kɛrmɛs] **n.f.** (flamand *kerkmisse,* messe d'église). **1.** *RÉGION.* Dans les Flandres, fête patronale et foire annuelle. **2.** Fête en plein air comportant des jeux et des stands de vente, organisée le plus souvent au bénéfice d'une œuvre : *La kermesse de l'école, de la paroisse.*

kérosène [kerɔzɛn] **n.m.** (du gr. *kêros,* cire). Liquide pétrolier jaune pâle, distillé entre 175 et 250 °C, obtenu comme intermédiaire entre l'essence et le gazole à partir du pétrole brut, et utilisé comme carburant d'aviation.

Kerouac (Jack), écrivain américain (Lowell, Massachusetts, 1922 - Saint Petersburg, Floride, 1969). Il est considéré comme le chef de file de l'école littéraire de la « beat generation » (*Sur la route,* 1957 ; *les Anges vagabonds,* 1965).

Keroularios (Michel), en français **Cérulaire,** patriarche de Constantinople de 1043 à 1059 (Constantinople v. 1000 - *id.* 1059). Jouissant d'un grand crédit auprès de l'empereur et du peuple, il refuse de reconnaître la primauté de Rome. Excommunié par les légats du pape Léon IX (16 juill. 1054), il réunit un synode par lequel il fait prononcer l'anathème contre la bulle pontificale. Il consacre ainsi le schisme entre l'Église d'Orient et l'Église d'Occident.

Kertész (André), photographe américain d'origine hongroise (Budapest 1894 - New York 1985). Sensibilité poétique et sens de l'humour alliés à l'invention formelle dominent son œuvre, qui a profondément marqué le langage photographique (*Enfants,* 1933 ; *Paris vu par André Kertész,* 1934 ; *Soixante Ans de photographie, 1912-1972*).

Kessel (Joseph), écrivain et journaliste français (Clara, Argentine, 1898 - Avernes, Val-d'Oise, 1979). Grand reporter, il exalte, dans ses romans, la fraternité virile dans la guerre *(l'Équipage, l'Armée des ombres)* et dans l'aventure *(Fortune carrée, le Lion, les Cavaliers).* Il est l'auteur, avec son neveu Maurice Druon, du *Chant des partisans.*

ketch [kɛtʃ] **n.m.** (mot angl.). Voilier dont le grand mât est à l'avant et l'artimon implanté en avant de la barre, à la différence du yawl.

ketchup [kɛtʃœp] **n.m.** (mot angl. d'orig. probabl. chin.). Condiment d'origine anglaise, sauce épaisse à base de tomates, de saveur piquante et sucrée.

Keynes (John Maynard, *lord***)**, économiste britannique (Cambridge 1883 - Firle, Sussex, 1946). Élève de A. Marshall à Cambridge, puis conseiller du Trésor britannique, durant la Première Guerre mondiale, il étudie les *Conséquences économiques de la paix* (1919). Auteur d'un *Traité sur la monnaie* (1930), puis de *la Théorie générale de l'emploi, de l'intérêt et de la monnaie* (1936), Keynes s'attaque au problème du sous-emploi qui règne en Grande-Bretagne après 1930, dans lequel il voit un état de sous-équilibre permanent qu'aucun mécanisme automatique n'est appelé à corriger. Keynes prône en conséquence une relance de la consommation, une baisse du taux d'intérêt, un accroissement des investissements publics, toutes mesures impliquant l'intervention de l'État. Son rôle à la conférence de Bretton Woods (1944) sera très important. Sa doctrine a eu une influence considérable sur la pensée et les politiques économiques du XXe s.

KGB (sigle de *Komitet Gossoudarstvennoï Bezopasnosti*, Comité de sécurité de l'État), nom donné de 1954 à 1991 aux services chargés du renseignement et du contre-espionnage à l'intérieur et à l'extérieur de l'U.R.S.S.

Khabarovsk, v. de Russie, en Sibérie, sur l'Amour ; 577 668 hab. Centre administratif et industriel.

Khadidja, première femme de Mahomet et mère de Fatima. Deux fois veuve, elle prend Mahomet pour l'aider dans son commerce de caravanes, puis elle l'épouse, bien que de quinze ans plus âgée que lui. Elle mourut à La Mecque en 619 et elle est vénérée comme une des quatre saintes de l'islam.

khâgne [kaɲ] **n.f.** ARG. SCOL. Seconde année de classe préparatoire au concours d'entrée à l'École normale supérieure (sections littéraires).

Khajuraho, site de l'Inde centrale (Madhya Pradesh). Cette ancienne capitale de la dynastie Candella (IXe-XIIIe s.) possède l'un des ensembles de temples (brahmanique et jaïna) les mieux conservés de l'Inde. Véritables montagnes cosmiques, les tours-sanctuaires, à couverture curviligne, ont pour la plupart été élevées entre 950 et 1050. Foisonnante, leur décoration, sculptée en très haut relief, traduit une approche intellectuelle de l'érotisme.

khalife, khalifat n.m. → calife, califat.

khalkha [kalka] **n.m.** Langue officielle de la république de Mongolie (syn. **mongol**).

khamsin ou **chamsin** [kamsin] ou [xamsin] **n.m.** (ar. *khamsin*, propr. « cinquantaine », parce que ce vent souffle parfois pendant des périodes de cinquante jours). Vent de sable en Égypte, analogue au sirocco.

khan [kɑ̃] **n.m.** (mot turc). Titre turc équivalant à l'origine à celui d'empereur, et porté ensuite par des souverains vassaux ou des nobles du Moyen-Orient ou de l'Inde.

Kharg ***(île)***, île iranienne du golfe Persique. Terminal pétrolier.

kharidjisme [karidʒism] **n.m.** (de l'ar. *kharadja*, sortir). Doctrine religieuse et politique d'une secte musulmane qui fit dissidence en 657 et qui pratiquait un islam rigoriste.

kharidjite [karidʒit] **adj.** et **n.** Relatif au kharidjisme ; qui en est partisan.

Kharkiv ou **Kharkov,** v. de l'Ukraine, anc. cap. de l'Ukraine (1917-1934), sur un affl. du Donets ; 1 470 902 hab. Centre métallurgique. Textile.

Khartoum, cap. du Soudan, au confluent du Nil Blanc et du Nil Bleu ; 5 000 000 hab. dans l'agglomération. Musée. La ville, prise par les mahdistes en 1884-1885, fut reconquise par les Britanniques en 1898.

Khazars, peuple turc qui, du VIIe au Xe s., domina la région de la mer Caspienne puis de la Crimée et les steppes entre le Don et le Dniepr.

khédive [kediv] **n.m.** (du pers. *khadiv*, seigneur). Titre porté par le vice-roi d'Égypte de 1867 à 1914.

Kheops, roi d'Égypte de la IVe dynastie (v. 2600 av. J.-C). Il fit élever la grande pyramide de Gizeh.

Khephren, roi d'Égypte de la IVe dynastie (v. 2600 av. J.-C.). Successeur de Kheops, il fit construire la deuxième pyramide de Gizeh.

khi [ki] **n.m. inv.** Vingt-deuxième lettre de l'alphabet grec (Χ, χ).

Khingan (Grand), massif de Chine, entre le désert de Gobi et la plaine de la Chine du Nord-Est ; 2 091 m. Le **Petit Khingan** sépare cette plaine du bassin de l'Amour.

khmer, ère [kmɛr] **adj.** et **n.** (mot hindou). Des Khmers, peuple du Cambodge. ◆ **khmer n.m.** Langue officielle du Cambodge (syn. **cambodgien**).

Khmers, peuple majoritaire du Cambodge, habitant également la Thaïlande et le Viêt Nam. Riziculteurs et bouddhistes, ils ont formé un empire important (Angkor) qui fut réduit par les Thaïs et les Vietnamiens tout au long de leur histoire.

Khmers rouges, nom donné aux résistants communistes khmers dans les années 1960, puis aux partisans de Pol Pot et de Khieu Samphan qui, de 1975 à 1979, soumirent le Cambodge à un régime de terreur.

khoin [kwɛ̃] et **khoisan** [kwazɑ̃] **n.m.** (mot de la langue des Hottentots « homme »). Famille de langues parlées par quelques ethnies du sud de l'Afrique, comme les Bochimans et les Hottentots.

khôl [kol] **n.m.** (ar. *kuhl*, collyre d'antimoine). Fard noirâtre provenant de la carbonisation de substances grasses, utilisé pour le maquillage des yeux. (On écrit aussi *kohol*.)

Khomeyni (Ruhollah), chef religieux et homme politique iranien (Khomeyn 1902 - Téhéran 1989). Exilé en Iraq après 1964 puis en France (1978-1979), il canalisa l'opposition aux réformes du chah, qui triompha avec la révolution de févr. 1979, et instaura une république islamique. Détenteur de pouvoirs à la fois religieux et politiques, il s'érigea en guide de la révolution islamique à travers le monde.

Khouribga, v. du Maroc, sur les plateaux du Tadla ; 196 196 hab. Phosphates.

Khrouchtchev (Nikita Sergueïevitch), homme politique soviétique (Kalinovka, prov. de Koursk, 1894 - Moscou 1971). Premier secrétaire du parti communiste (1953-1964), président du Conseil des ministres de l'U.R.S.S. de 1958 à 1964, il se fit à partir du XXe Congrès (1956) le champion de la « déstalinisation » et de la coexistence pacifique (avec les États-Unis) et entreprit de vastes réformes économiques. Les revers de sa politique (crise de Cuba en 1962, difficultés agricoles) expliquent en partie sa destitution en 1964.

kibboutz [kibuts] **n.m.** (mot hébr. « collectivité »). En Israël, exploitation communautaire, le plus souvent agricole. *Rem.* Le pluriel savant est *kibboutzim*.

Kichinev → Chişinău.

kick [kik] **n.m.** (de l'angl. *to kick*, donner des coups de pied). Dispositif de mise en marche d'un moteur de motocyclette, à l'aide du pied.

kidnapper [kidnape] **v.t.** (angl. *to kidnap*, de *kid*, enfant, et *nap*, enlever). Enlever qqn pour obtenir une rançon ou pour faire pression sur qqn : *Les terroristes ont kidnappé un ambassadeur et demandent la libération de leur chef.*

kidnappeur, euse [kidnapœr, -øz] **n.** Personne qui commet un kidnapping.

kidnapping [kidnapiŋ] **n.m.** (mot angl. ; v. *kidnapper*). Enlèvement d'une personne, en partic. pour obtenir une rançon (syn. **rapt**).

Kiel, port d'Allemagne, cap. du Schleswig-Holstein, sur la Baltique ; 235 782 hab. Métallurgie. Le *canal de Kiel*, de Kiel à l'embouchure de l'Elbe, unit la Baltique à la mer du Nord.

Kienholz (Edward), artiste américain (Fairfield, État de Washington, 1927 - Hope, Idaho, 1994). Depuis la fin des années 1950, il a élaboré des installations-environnements grandeur nature (peuplés de figures mi-réalistes, mi-symboliques, associées à des objets de rebut), « tableaux » porteurs d'un constat sociologique (*Roxy's,* 1961 ; *The Art Show* [*l'Exposition*], 1967-1977).

Kierkegaard (Søren), philosophe et théologien danois (Copenhague 1813 - *id.* 1855). Après avoir rompu ses fiançailles, il consacre sa vie à la méditation religieuse. Il affirme que les chrétiens, notamment l'Église institutionnelle, caricaturent le vrai christianisme. Il s'oppose à l'idéalisme hégélien, cherche un mode de pensée radical, voire tragique, pour saisir, loin de toute voie tracée, l'expérience originelle faisant de l'homme un être « unique » en chacun de ses représentants. C'est pour Kierkegaard l'angoisse qui constitue l'expérience fondamentale de l'homme : c'est par elle que l'homme se découvre comme être unique, irréductible à tout système. Il a ainsi défini trois stades dans sa propre vie : esthétique, éthique et religieux, ce dernier étant l'expérience du divin à travers l'angoisse. Kierkegaard, malgré toutes les dénégations de ses successeurs, est à l'origine de l'existentialisme (*Crainte et Tremblement,* 1843 ; *Ou bien... ou bien,* 1843 ; *le Journal du séducteur,* 1843, *le Concept d'angoisse,* 1844).

Kiev, cap. de l'Ukraine, sur le Dniepr ; 2 829 300 hab. Université. Centre industriel. Cathédrale Ste-Sophie (XIe-XVIIIe s.). Laure (vaste ensemble monastique) des Grottes de Kiev remontant elle aussi au XIe s., avec plusieurs églises et musées. Capitale de la « Russie kiévienne » (IXe-XIIe s.), centre commercial prospère et métropole religieuse, Kiev fut conquise par les Mongols en 1240. Rattachée à la Lituanie (1362) puis à la Pologne (1569), elle revint à la Russie en 1654. Foyer du nationalisme ukrainien, elle devint en 1918 la capitale de la République indépendante d'Ukraine. Intégrée à la République soviétique d'Ukraine en 1920, elle devint sa capitale en 1934.

kif [kif] **n.m.** (ar. *kīf,* état agréable). Nom du haschisch en Afrique du Nord. (On écrit aussi *kief.*)

kif-kif [kifkif] **adj. inv.** (de l'ar. dialect.). FAM. **C'est kif-kif,** c'est pareil : *Que tu cries ou non, c'est kif-kif, il est sourd.*

Kigali, cap. du Rwanda ; 1 135 428 hab.

Kikuyu, peuple du Kenya, parlant une langue bantoue. Leur système social repose sur des clans et des lignages patrilinéaires correspondant à des unités territoriales.

Kilimandjaro, massif volcanique de l'Afrique (Tanzanie), portant le point culminant du continent ; 5 895 m.

Killy (Jean-Claude), skieur français (Saint-Cloud 1943). Il a remporté aux jeux Olympiques de Grenoble, en 1968, les trois titres olympiques du ski alpin.

kilo-, préfixe, du gr. *khilioi,* mille, qui multiplie l'unité devant laquelle il est placé par 1 000 : *kilogramme.* En informatique, il la multiplie par 2^{10}, ou 1 024 : *kilobit ; kilo-octet.* ▸ Symb. k (K, en informatique).

kilo [kilo] **n.m.** (de *kilo-*) [pl. *kilos*]. Kilogramme.

kiloeuro [kiloøro] **n.m.** Unité de compte équivalant à 1 000 euros. (Abrév. *k€.*)

kilofranc [kilofrɑ̃] **n.m.** Anc. unité de compte qui équivalait à 1 000 francs. (Abrév. *kF.*)

kilogramme [kilogram] **n.m.** Unité de mesure de masse équivalant à la masse du prototype en platine iridié qui a été homologué par la Conférence générale des poids et mesures tenue à Paris en 1889, et qui est déposé au Bureau international des poids et mesures. ▸ Symb. kg.

kilométrage [kilɔmetraʒ] **n.m. 1.** Action de kilométrer. **2.** Nombre de kilomètres parcourus.

kilomètre [kilɔmɛtr] **n.m. 1.** Unité de distance valant 1 000 m. ▸ Symb. km. **2. Kilomètre par heure** (cour. **kilomètre à l'heure, kilomètre heure**), unité de mesure de vitesse équivalant à la vitesse d'un mobile qui, animé d'un mouvement uniforme, parcourt un kilomètre en une heure. ▸ Symb. km/h.

kilométrer [kilɔmetre] **v.t.** [conj. **18**]. Marquer d'indications kilométriques : *Kilométrer une route.*

kilométrique [kilɔmetrik] **adj.** Relatif au kilomètre ; qui indique les kilomètres : *Borne kilométrique.*

kilotonne [kilotɔn] **n.f.** Unité servant à évaluer la puissance d'une charge nucléaire, équivalant à l'énergie dégagée par l'explosion de 1 000 tonnes de trinitrotoluène (T.N.T.).

kilowatt [kilowat] **n.m.** Unité de puissance égale à 1 000 watts. ▸ Symb. kW.

kilowattheure [kilowatœr] **n.m.** Unité d'énergie ou de travail, équivalant au travail exécuté pendant une heure par une machine dont la puissance est de 1 kilowatt. ▸ Symb. kWh.

kilt [kilt] **n.m.** (mot angl., de *to kilt,* retrousser). **1.** Jupe courte, en tartan, portée par les montagnards écossais. **2.** Jupe portefeuille plissée, en tissu écossais.

Kim Dae-jung, homme politique sud-coréen (Hugwang-ri, prov. de Cholla du Sud, 1924 ou 1925 - Séoul 2009). Leader historique de l'opposition, il fut président de la République de 1998 à 2003. Son combat pour la démocratie et son action en faveur de la réconciliation avec la Corée du Nord lui valurent l'attribution, en 2000, du prix Nobel de la paix.

Kim Il-sung ou **Kim Il-song,** maréchal et homme d'État nord-coréen (près de Pyongyang 1912 - Pyongyang 1994). Organisateur de l'armée de libération contre l'occupant japonais (1931-1945), fondateur du parti du Travail (1946), il est Premier ministre de la Corée du Nord à partir de 1948, puis chef de l'État de 1972 à sa mort. En 1998, il est déclaré dans la Constitution « président éternel » de la Corée du Nord.

kimono [kimɔno] **n.m.** (mot jap. « vêtement »). **1.** Tunique japonaise très ample, croisée devant et maintenue par une large ceinture appelée *obi ;* peignoir léger évoquant cette tunique. **2.** Tenue, composée d'une veste et d'un pantalon amples, portée par les judokas, les karatékas, etc.

Kimura Motoo, généticien japonais (Okazaki 1924 - Mishima 1994). Spécialiste de génétique des populations, il a élaboré la *théorie neutraliste* de l'évolution.

Kindi (al-), philosophe arabe (v. 800 - Bagdad v. 870). Il s'est efforcé d'accréditer les thèses des mutazilites, qu'il a pu faire ériger en religion d'État grâce à l'appui du calife Mamun, chez qui il vivait. Il croit à un accord fondamental entre la raison et la foi au sujet de l'existence de Dieu. Il a essayé de concilier philosophie et religion pour atteindre l'unité divine. Il s'est également intéressé aux problèmes de la traduction (grec-arabe) et a porté son attention sur de nombreux secteurs scientifiques : astronomie, météorologie, médecine et musique.

kinésithérapeute [kineziterapøt] **n.** Praticien exerçant le massage thérapeutique et la kinésithérapie. (Abrév. fam. *kiné* ou *kinési.*) ▸ En France, professionnel paramédical, titulaire d'un diplôme d'État.

kinésithérapie [kineziterapi] **n.f.** (du gr. *kinêsis,* mouvement, et de *-thérapie*). Ensemble des traitements qui utilisent la mobilisation active ou passive pour donner ou rendre à un malade, à un blessé le geste et la fonction des différentes parties du corps.

King (Martin Luther), pasteur américain (Atlanta 1929 - Memphis 1968). Prônant la non-violence, il fut l'un des principaux leaders du mouvement des droits civiques contre la discrimination raciale subie par la communauté afro-américaine. Il fut assassiné. (Prix Nobel de la paix 1964.)

King (William Lyon Mackenzie), homme politique canadien (Berlin, auj. Kitchener, Ontario, 1874 - Kingsmere, près d'Ottawa, 1950). Chef du parti libéral, Premier ministre de 1921 à 1930 et de 1935 à 1948, il renforça l'autonomie du Canada vis-à-vis de Londres.

Kingston, cap. et port de la Jamaïque, sur la côte sud de l'île ; 587 000 hab. dans l'agglomération.

Kinshasa, anc. **Léopoldville,** cap. de la Rép. dém. du Congo (ex-Zaïre), fondée en 1881 sur la rive sud du Congo ; 11 116 000 hab. dans l'agglomération.

kiosque [kjɔsk] **n.m.** (it. *chiosco,* pavillon de jardin, turc *kyöchk,* du persan). **1.** Pavillon ouvert de tous côtés, installé dans un jardin ou sur une promenade publique. **2.** Petite boutique sur la voie publique pour la vente de journaux, de fleurs, etc. **3.** Superstructure d'un sous-marin, servant d'abri de navigation pour la marche en surface et de logement pour les mâts pendant la plongée.

Kipling (Rudyard), écrivain britannique (Bombay 1865 - Londres 1936). Journaliste à Lahore, il s'inspira, dans ses premiers récits (*Simples Contes des collines,* 1887 ; *le Livre de la jungle,* 1894), de la vie et des paysages de l'Inde, puis il célébra dans ses poèmes et ses romans les qualités viriles et l'impérialisme anglo-saxon (*Capitaines courageux,* 1897 ; *Kim,* 1901). [Prix Nobel 1907.]

kippa [kipa] **n.f.** (mot hébr. « coupole »). Calotte que portent les juifs pratiquants.

Kippour **n.m.** → **Yom Kippour.**

Kir [kir] **n.m.** (nom déposé ; du n. du chanoine *Kir,* anc. maire et député de Dijon). Apéritif constitué par un mélange de liqueur de cassis et de vin blanc.

Kirchhoff (Gustav Robert), physicien allemand (Königsberg 1824 - Berlin 1887). Il imagina en 1859 le concept de « corps noir », corps capable d'absorber intégralement les radiations qu'il reçoit. Il inventa le spectroscope, qu'il utilisa, avec Bunsen, pour montrer que chaque élément chimique possède un spectre caractéristique, fondant ainsi l'analyse spectrale, grâce à laquelle il découvrit le césium et le rubidium (1861). En optique, il développa la théorie ondulatoire de Fresnel et, en électricité, énonça des lois applicables aux courants dérivés.

Kirchner (Ernst Ludwig), peintre et graveur allemand (Aschaffenburg 1880 - Frauenkirch 1938). Un des maîtres de l'expressionnisme, inspirateur de Die Brücke, il s'exprime par la couleur pure et par un trait aigu, nerveux (*Femme au miroir,* 1912, M.N.A.M., Paris ; *Scène de rue à Berlin,* 1913, Brücke-Museum, Berlin).

Kirghiz, peuple musulman de langue turque, vivant principalement au Kirghizistan et en Chine. Ils s'installèrent en Mongolie vers 920, puis furent refoulés en Sibérie.

Kirghizistan ou **Kirghizie,** État d'Asie centrale, à la frontière du Xinjiang chinois ; 199 000 km^2 ; 5 548 000 hab. *(Kirghiz).* CAP. *Bichkek.* LANGUES : *kirghiz* et *russe.* MONNAIE : *som.*

GÉOGRAPHIE

Presque entièrement montagneux (Tian Shan, Alataou), le pays est peuplé surtout de Kirghiz (mais avec de notables minorités d'Ouzbeks et surtout de Russes), maintenant sédentarisés et au fort dynamisme démographique. Les régions de Bichkek et d'Och sont des zones d'agriculture intensive et irriguée, à côté d'un élevage ovin extensif sur des terres arides.

HISTOIRE

Conquis par les Russes, le pays est intégré au Turkestan, organisé en 1865-1867.

1936. Il devient une république fédérée de l'U.R.S.S.

1991. Il accède à l'indépendance. Askar Akaïev est élu président.

2005. A. Akaïev est chassé du pouvoir. Kourmanbek Bakiev lui succède.

2010. K. Bakiev est renversé à son tour. Des affrontements meurtriers éclatent entre Ouzbeks et Kirghiz.

2011. Après l'adoption d'une Constitution parlementaire et des élections législatives, Almazbek Atambaïev est élu président.

Kiribati, anc. **îles Gilbert,** État de Micronésie ; 900 km^2 ; 102 000 hab. CAP. *Tarawa ;* (44 385 hab.). LANGUE : *anglais.* MONNAIE : *dollar australien.* Il comprend l'archipel principal des Gilbert (16 atolls), auquel s'ajoutent les îles de la Ligne, ou Line Islands (Christmas [auj. Kiritimati], Tabuseran et Teraina), l'archipel des Phoenix (atolls isolés) et l'île corallienne soulevée d'Ocean (ou Banaba).
Ancienne colonie britannique, il est devenu indépendant en 1979 et admis à l'O.N.U. en 1999.

Kiritimati, anc. **Christmas,** atoll du Pacifique, dépendance de Kiribati.

Kirkuk, v. du nord de l'Iraq ; 418 624 hab. Centre pétrolier.

Kirov → **Viatka.**

kirsch [kirʃ] **n.m.** (all. *Kirsch,* cerise). Eau-de-vie extraite de cerises ou de merises fermentées.

Kisangani, anc. **Stanleyville,** v. de la Rép. dém. du Congo (ex-Zaïre), sur le fleuve Congo ; 935 977 hab. dans l'agglomération.

kit [kit] **n.m.** (mot angl.). Ensemble d'éléments vendus avec un plan de montage et que l'on peut assembler soi-même : *Voilier vendu en kit.* (Recomm. off. *prêt-à-monter.*)

Kita-kyushu, port du Japon, dans le nord de l'île de Kyushu ; 977 288 hab. (2 800 000 hab. dans l'agglomération). Centre industriel.

Kitchener, v. du Canada (Ontario) ; 219 153 hab. (477 160 pour l'agglomération).

Kitchener (Herbert, *lord***),** maréchal britannique (Bally Longford 1850 - en mer 1916). Il reconquit le Soudan, occupant Khartoum et Fachoda (1898), et mit fin à la guerre des Boers (1902). Ministre de la Guerre en 1914, il organisa l'armée de volontaires envoyée en France.

kitchenette [kitʃənɛt] **n.f.** (abrév. de l'angl. *kitchen,* cuisine). Petite cuisine souvent intégrée à la salle de séjour. (Recomm. off. *cuisinette.*)

kitesurf [kajtsœrf] ou **kite** **n.m.** (anglo-amér. *kite surfing,* de l'angl. *kite* « cerf-volant » et de *surf*). Planche à voile mue par un cerf-volant ; sport ainsi pratiqué.

kitsch ou **kitch** [kitʃ] **adj. inv.** et **n.m. inv.** (mot all. « toc, camelote »). Se dit d'un objet, d'un décor, d'une œuvre d'art dont le mauvais goût, voire la vulgarité, voulus ou non, réjouissent les uns, rebutent les autres.

Kitzbühel, v. d'Autriche (Tyrol) ; 8 076 hab. Station de sports d'hiver (alt. 762-2 000 m).

Kivu *(lac),* lac d'Afrique, aux confins de la Rép. dém. du Congo (ex-Zaïre) et du Rwanda ; 2 700 km^2.

kiwi [kiwi] **n.m.** (mot angl.). **1.** Syn. de *aptéryx.* **2.** Fruit comestible d'un arbuste, *l'actinidia,* à peau couverte d'un duvet brun-roux.

Klaproth (Martin Heinrich), chimiste et minéralogiste allemand (Wernigerode 1743 - Berlin 1817). Ses analyses de minéraux l'ont conduit à la découverte du zirconium, de l'uranium (1789), du titane (1795) et du cérium (1803). Il identifia le strontium et étudia le tellure. Il propagea en Allemagne les théories de Lavoisier.

Klaxon [klaksɔn] **n.m.** (nom déposé ; du n. de l'inventeur). Avertisseur sonore pour les automobiles, les bateaux.

klaxonner [klaksɔne] **v.i.** Faire fonctionner un Klaxon, un avertisseur sonore : *Klaxonner dans un virage de montagne.* ◆ **v.t.** Attirer l'attention de qqn d'un coup de Klaxon.

Kléber (Jean-Baptiste), général français (Strasbourg 1753 - Le Caire 1800). Engagé volontaire en 1792, il participa activement à la défense de Mayence. Général en 1793, il commanda en Vendée, se battit à Fleurus (1794), puis dirigea l'armée de Sambre et Meuse. Successeur de Bonaparte en Égypte (1799), il défit les Turcs à Héliopolis (1800), mais fut assassiné au Caire.

Klee (Paul), peintre et théoricien allemand (Münchenbuchsee, près de Berne, 1879 - Muralto-Locarno 1940). Il exposa en 1912 avec le groupe du Blaue Reiter et professa de 1921 à 1930 au Bauhaus. Avec une invention formelle constante, ses aquarelles ou ses huiles créent un monde onirique et gracieux qui participe de l'abstraction et du surréalisme. Il a laissé un *Journal* et des écrits théoriques (*Confession créatrice,* 1920). Une importante partie de son œuvre est au Centre Paul-Klee, à Berne.

Kleenex [klinɛks] **n.m.** (mot anglo-amér., nom déposé). Mouchoir jetable en ouate de cellulose.

Klein (Melanie), psychanalyste britannique d'origine autrichienne (Vienne 1882 - Londres 1960). Pionnière de la psychanalyse des enfants, elle suppose dès la naissance un Moi beaucoup plus élaboré que ne le fait Freud, le complexe d'Œdipe se nouant plus tôt que ce dernier ne l'avait pensé. Le refoulement serait secondaire par rapport à l'Œdipe (*la Psychanalyse des enfants,* 1932 ; *Essai de psychanalyse,* 1947 ; *Envie de gratitude,* 1957).

Klein (William), photographe et cinéaste américain (New York 1928). Rapidité d'écriture, lecture multiple de l'image, flou font de lui l'un des rénovateurs du langage photographique.

Klein (Yves), peintre français (Nice 1928 - Paris 1962). Cherchant le *Dépassement de la problématique de l'art* (titre d'un écrit de 1959) et l'accès à une « sensibilité immatérielle » dans une libération de la couleur (*monochromes* bleus ou roses), dans une appropriation des énergies élémentaires (*peintures de feu, cosmogonies)* et vitales (*anthropométries :* empreintes de corps nus enduits de peinture) ou dans le rêve d'une *architecture de l'air,* il fut l'un des grands éveilleurs de l'avant-garde européenne.

Kleist (Heinrich von), écrivain allemand (Francfort-sur-l'Oder 1777 - Wannsee 1811). Épris d'idéalisme, influencé par Kant et par Rousseau, il fréquente les milieux romantiques. Il écrit des nouvelles, une comédie (*Amphitryon,* 1807), des tragédies (*Katherine de Heilbronn,* 1808-1810), deux drames inspirés des malheurs de sa patrie (*la Bataille d'Hermann,* 1808 ; *le Prince de Hombourg,* 1810), ainsi qu'un roman, *Histoire de Michel Kohlhaas,* réflexion sur le thème de l'injustice. Annonciateur d'un art réaliste, auteur d'une œuvre incomprise de son époque, Kleist est aujourd'hui reconnu comme l'un des grands classiques allemands.

kleptomanie ou **cleptomanie** [klɛptɔmani] **n.f.** (du gr. *kleptein,* voler, et de *-manie*). Impulsion pathologique qui pousse certaines personnes à voler. ◆ **kleptomane** ou **cleptomane n.** et **adj.** Personne atteinte de kleptomanie.

Klimt (Gustav), peintre autrichien (Vienne 1862 - *id.* 1918). Il est parmi les fondateurs de la Sécession viennoise en 1897, parvenant, au tournant du siècle, à un art spécifique qui associe réalisme et féerie ornementale au service de thèmes érotico-symbolistes (*le Baiser,* 1908, Vienne).

Klopstock (Friedrich Gottlieb), poète et auteur dramatique allemand (Quedlinburg 1724 - Hambourg 1803). Luthérien convaincu, il est l'auteur d'une vaste épopée biblique, *la Messiade.* Ses drames (*la Bataille d'Hermann,* 1769), inspirés des mythes de la vieille Germanie, font de lui l'initiateur d'une littérature puisant aux sources nationales.

knickers [nikœrs] **n.m. pl.** ou **knicker** [nikœr] **n.m.** (angl. *knickers,* abrév. de *knickerbockers,* du n. du héros d'un roman américain). Pantalon large et court, serré au-dessous du genou.

knock-down [nɔkdawn] **n.m. inv.** (mot angl., de *knock,* coup, et *down,* par terre). État d'un boxeur envoyé à terre, mais qui n'est pas encore mis hors de combat.

knock-out [nɔkawt] **n.m. inv.** (mot angl., de *knock,* coup, et *out,* dehors). Mise hors de combat d'un boxeur resté au moins dix secondes à terre : *Vaincu par knock-out.* ◆ **adj. inv. 1.** SPORTS. Se dit d'un boxeur vaincu par knock-out : *Des boxeurs knock-out.* **2.** Assommé : *Mettre qqn knock-out* (abrév. *K.-O.*).

knout [knut] **n.m.** (mot russe). **1.** Dans l'ancienne Russie, fouet à lanières de cuir. **2.** Châtiment qui consistait à frapper le dos avec un knout.

Knox (John), réformateur écossais (près de Haddington 1505 ou v. 1515 - Édimbourg 1572). Il établit la Réforme en Écosse en prenant pour référence la doctrine de Calvin. Contraint à l'exil à plusieurs reprises, notamment en 1554 par Marie Tudor, il rentre dans sa patrie en 1559, sous Élisabeth Ire, pour contribuer à y établir le presbytérianisme en rédigeant la *Confessio Scotica* et le *Book of Common Order.*

Knud ou **Knut le Grand** (995 - Shaftesbury 1035), roi d'Angleterre (1016-1035), de Danemark (1018-1035) et de Norvège (1028-1035). Respectueux des lois anglo-saxonnes, il favorisa la fusion entre Danois et Anglo-Saxons. Son empire se disloqua après sa mort.

K.-O. [kao] **n.m.** et **adj.** (sigle). Knock-out : *Être vainqueur par K.-O.* ◆ **adj.** Épuisé par un effort ou assommé par un choc violent : *Être K.-O. de fatigue.*

koala [kɔala] **n.m.** (mot d'une langue indigène d'Australie). Mammifère marsupial arboricole, aux oreilles rondes, vivant en Australie. ▸ Famille des phascolarctidés ; long. env. 80 cm. Le koala ne se nourrit que de feuilles d'eucalyptus.

Kobe, port du Japon (Honshu) ; 1 544 873 hab. (11 294 000 hab. dans l'agglomération). Centre industriel (chantiers navals). Séisme en 1995.

Koch [kɔk] **(bacille de),** bacille de la tuberculose.

Koch (Robert), médecin allemand (Clausthal, auj. Clausthal-Zellerfeld, 1843 - Baden-Baden 1910). Il découvrit, en 1882, le bacille tuberculeux, qui porte son nom, réussit à le cultiver et à reproduire la maladie chez l'animal. Il découvrit également le bacille-virgule, responsable du choléra. On lui doit aussi la tuberculine. (Prix Nobel 1905.)

Kodály (Zoltán), compositeur, folkloriste et pédagogue hongrois (Kecskemét 1882 - Budapest 1967). Il est l'auteur d'œuvres symphoniques et chorales (*Psalmus hungaricus,* 1923), et de musique de chambre, ainsi que d'une méthode d'enseignement musical fondée sur la pratique du chant populaire.

Koestler (Arthur), écrivain britannique d'origine hongroise (Budapest 1905 - Londres 1983). Ses romans peignent l'individu aux prises avec les systèmes politiques ou scientifiques modernes (*le Zéro et l'Infini,* 1940).

Kohl (Helmut), homme d'État allemand (Ludwigshafen 1930). Président de la CDU (Union chrétienne démocrate) de 1973 à 1998, il est chancelier de la République fédérale de 1982 à 1998. Il a fait proclamer la réunification de l'Allemagne en 1990.

koinè [kɔjnɛ] **n.f.** (du gr. *koinê [dialektos]*, [langue] commune). **1.** Dialecte attique mêlé d'éléments ioniques, qui est devenu la langue commune de tout le monde grec à l'époque hellénistique et romaine. **2.** Toute langue commune se superposant à un ensemble de dialectes ou de parlers sur une aire géographique donnée.

Kokoschka (Oskar), peintre et écrivain autrichien (Pöchlarn, Basse-Autriche, 1886 - Montreux 1980). D'un expressionnisme tourmenté dans ses figures (*la Fiancée du vent,* 1914, Bâle), il a exalté le lyrisme de la couleur dans ses vues urbaines et ses paysages.

kola ou **cola** [kɔla] **n.m.** (mot dialect. d'une langue d'Afrique occidentale). **1.** Arbre d'Afrique. **2.** Fruit de cet arbre (noix de kola), contenant des alcaloïdes stimulants.

Kola *(presqu'île de),* péninsule de Russie, au nord de la Carélie ; 796 117 hab. Fer. Nickel. Phosphates. Bases aérienne et sous-marine.

kolkhoze ou **kolkhoz** [kɔlkoz] **n.m.** (russe *kolchoz*). Dans l'ex-U.R.S.S., coopérative agricole de production, qui avait la jouissance de la terre qu'elle occupait et la propriété collective des moyens de production.

kolkhozien, enne [kɔlkozjɛ̃, -ɛn] **adj.** et **n.** Relatif à un kolkhoze ; membre d'un kolkhoze.

Kolwezi, v. de la Rép. dém. du Congo (ex-Zaïre), dans le Katanga ; 453 147 hab. dans l'agglomération. Centre minier (cuivre, cobalt).

Kolyma (la), fl. sibérien de la Russie, tributaire de l'océan Arctique ; 2 129 km.

Kominform (abrév. russe de *Bureau d'information des partis communistes et ouvriers*), organisation qui regroupa de 1947 à 1956 les partis communistes d'Europe de l'Est, de France et d'Italie.

Komintern (abrév. russe de *Internationale communiste*), nom russe de la IIIe Internationale (1919-1943).

Komis, peuple de Russie (principalement république des Komis) [env. 340 000]. Pêcheurs et éleveurs de rennes, christianisés au XIVe s., ils parlent une langue finno-ougrienne, le *komi*. Leur appellation russe de « Zyriènes » est vieillie.

Komis *(république des),* république de Russie, sur la bordure occidentale de l'Oural ; 901 642 ; CAP. *Syktyvkar.* La population comprend moins de 25 % de Komis de souche et près de 60 % de Russes.

komsomol [kɔmsɔmɔl] **n.** (mot russe). HIST. Membre d'une organisation de masse soviétique (le *Komsomol*) chargée de former la jeunesse dans l'esprit du communisme.

Kongo ou **Congo *(royaume du),*** anc. royaume africain aux confins du bas Congo et de l'Angola. Fondé au XIVe s., il accueillit à la fin du XVe s. les marins portugais, qui y diffusèrent le christianisme. Il déclina après 1568.

Koniev ou **Konev (Ivan Stepanovitch),** maréchal soviétique (Lodeïno 1897 - Moscou 1973). Il se distingua devant Moscou (1941) et s'empara de la Pologne méridionale (1944), avant de réaliser sa liaison avec les troupes américaines à Torgau (1945). Il fut commandant des forces du pacte de Varsovie (1955-1960).

Konya, v. de Turquie, au nord du Taurus ; 742 690 hab. (1 022 820 hab. dans l'agglomération). Musées. Anc. cap. d'une principauté seldjoukide au XIIIe s., elle conserve d'imposants monuments de cette époque.

Koons (Jeff), artiste américain (York, Pennsylvanie, 1955). Maître du kitsch, il transpose l'esprit provocateur du pop art dans des sculptures monumentales ludiques, en plastique ou en métal (fleurs, animaux gonflables, aux brillances colorées : *Inflatable Rabbit,* 1986 ; série des *Balloon Dogs*), ou encore recouvertes de fleurs (*Split-Rocker,* 2000).

kopeck [kɔpɛk] **n.m.** (mot russe). **1.** Unité monétaire divisionnaire de la Russie, valant 1/100 de rouble. **2.** FAM. **Pas un kopeck,** pas un sou.

Kordofan, région du Soudan, à l'ouest du Nil Blanc. V. princ. *El-Obeïd.*

korê ou **coré** [kɔrɛ] **n.f.** (gr. *korê,* jeune fille). Statue de jeune fille, typique de l'art grec archaïque, sculptée jusqu'au tout début du Ve s. av. J.-C. *Rem.* Pluriel savant : *korai.*

korrigan, e [kɔrigɑ̃, -an] **n.** (mot breton). Nain ou fée des légendes bretonnes ; lutin.

Kościuszko (Tadeusz), patriote polonais (Mereczowszczyźna 1746 - Soleure, Suisse, 1817). Il participa à la guerre de l'Indépendance américaine (1776-1783), s'illustra dans la guerre contre les Russes (1792), se réfugia en France, puis dirigea en 1794 l'insurrection polonaise contre la Russie, où il fut emprisonné jusqu'en 1796.

Kosovo, État de l'Europe balkanique ; 10 908 km^2 ; 1 733 872 hab. *(Kosovars),* d'origine albanaise à 85 %. CAP. *Pristina.* LANGUES : *albanais, serbe.* MONNAIE : *euro.* Après avoir fait partie de la Serbie à la fin du XIIe siècle, le Kosovo a été dominé par les Ottomans de 1389 à 1912. Reconquis par la Serbie, il y est intégré puis, en 1945-1946, est doté du statut de province autonome. Il est confronté dès la fin des années 1980 à la montée du nationalisme serbe. Pour mettre fin à l'offensive serbe contre les indépendantistes kosovars et la population albanaise, l'O.T.A.N. intervient militairement (1999), obligeant l'armée serbe à se retirer. Une force de paix est déployée dans la province, qui est placée sous administration internationale. Après l'échec de négociations avec la Serbie, le Kosovo proclame unilatéralement, en 2008, son indépendance. Récusée par la Serbie, cette indépendance est reconnue par un certain nombre d'États de l'Union européenne, dont la France, et par d'autres pays, dont les États-Unis.

Kossuth (Lajos), homme politique hongrois (Monok 1802 - Turin 1894). Pendant la révolution de 1848, il devint président du Comité de défense nationale et proclama la déchéance des Habsbourg et l'indépendance de la Hongrie (1849) ; vaincu par les Russes la même année, il fut contraint à l'exil (1849).

kouan-houa [kwanwa] **n.m.** (mot chin.). LING. Mandarin (langue).

kouglof [kuglɔf] **n.m.** (mot alsacien, de l'all. *Kugel,* boule). Brioche alsacienne en forme de couronne.

Kouïbychev → Samara.

koulak [kulak] **n.m.** (mot russe). HIST. Paysan enrichi de la Russie de la fin du XIXe s. et du début du XXe s.

Kouo-min-tang → Guomindang.

Kouriles (les), archipel russe en Asie (partiellement revendiqué par le Japon), longue chaîne d'îles, du Kamtchatka à l'île d'Hokkaido. Pêcheries et conserveries.

kouros ou **couros** [kurɔs] **n.m.** (gr. *kouros,* jeune homme). Statue représentant un jeune homme nu, typique de l'art grec archaïque. *Rem.* Pluriel savant : *kouroi.*

Kourou, comm. de la Guyane française ; 25 656 hab. Centre spatial du C.N.E.S. ; base de lancement des fusées Ariane.

Koutouzov ou **Koutousov (Mikhaïl Illarionovitch),** prince de Smolensk, feld-maréchal russe (Saint-Pétersbourg 1745 - Bunzlau, Silésie, 1813). Il prit part aux guerres de la fin du règne de Catherine II, en Pologne, en Turquie et en Crimée. Présent à Austerlitz (1805), il commanda victorieusement les forces opposées à Napoléon en Russie (1812).

Kouzbass, anc. **Kouznetsk,** importante région houillère et métallurgique de Russie, en Sibérie occidentale.

Koweït, État d'Arabie, sur la côte du golfe Persique ; 17 800 km^2 ; 3 369 000 hab. *(Koweïtiens).* CAP. *Koweït* (2 406 410 hab. dans l'agglomération). LANGUE : *arabe.* MONNAIE : *dinar koweïtien.*

GÉOGRAPHIE

L'extraction du pétrole (débutant en 1946) a fait de ce pays désertique un État très riche. Des industries, financées par les revenus des exportations pétrolières, se sont développées (raffinage et pétrochimie, engrais, cimenterie), employant une main-d'œuvre immigrée (surtout arabe). L'ampleur des réserves de pétrole a facilité la reconstruction d'une économie ruinée par l'occupation irakienne (1990-1991).

HISTOIRE

Protectorat britannique en 1914, le Koweït accède à l'indépendance en 1961. Dirigé à partir de 1977 par l'émir Djabir al-Ahmad al-Djabir al-Sabah, il est envahi par l'Iraq en août 1990 et libéré en février 1991 à l'issue de la guerre du Golfe*. À partir de 2003, une démocratisation partielle a lieu et, en 2005, le droit de vote et d'éligibilité est accordé aux femmes. Après la mort de l'émir (2006), le gouvernement connaît une forte instabilité et doit répondre aux pressions de l'opposition islamiste et libérale.

Kra, isthme de Thaïlande qui unit la péninsule de Malacca au continent.

krach [krak] **n.m.** (mot all. « effondrement »). **1.** Effondrement des cours des valeurs ou des marchandises, à la Bourse : *Les krachs boursiers du XXe siècle.* **2.** Débâcle financière, faillite brutale d'une entreprise.

Kraepelin (Emil), psychiatre allemand (Neustrelitz 1865 - Munich 1926). Auteur d'importants travaux sur la démence précoce et la psychose maniaco-dépressive.

Krafft-Ebing (Richard von), psychiatre allemand (Mannheim 1840 - Graz 1902), auteur d'études sur les perversions sexuelles et la criminologie (*Psychopathia sexualis,* 1886).

kraft [kraft] **n.m.** (all. *Kraft,* force). **Papier kraft,** papier d'emballage brun ou blanc très résistant.

Krasnoïarsk, v. de Russie, sur l'Ienisseï ; 973 891 hab. Centrale hydroélectrique. Métallurgie. Aluminium. Raffinage du pétrole.

Krebs (*sir* **Hans Adolf),** biochimiste britannique d'origine allemande (Hildesheim 1900 - Oxford 1981). Il a mené des recherches fondamentales sur le métabolisme du sucre. Il a notamm. décrit la série de réactions qui porte le nom de *cycle de Krebs* (prix Nobel de physiologie en 1953).

Kremlin (le), à Moscou, anc. forteresse et quartier central de la capitale russe, dominant la rive gauche de la Moskova.

krill [kril] **n.m.** (mot norvég.). Plancton des mers froides formé de petits crustacés transparents, et qui constitue la nourriture principale des baleines à fanons.

Krishna, une des divinités hindoues les plus populaires, vénérée en tant que huitième avatar du dieu Vishnou. Sa mythologie est particulièrement développée dans la *Bhagavad-Gita,* où, conduisant le char d'Arjuna, il enseigne à celui-ci le détachement des fruits de l'action.

kriss [kris] **n.m.** (malais *kris*). Poignard malais à lame ondulée en forme de flamme.

Kronchtadt ou **Kronstadt,** île et base navale de Russie, dans le golfe de Finlande, à l'ouest de Saint-Pétersbourg ; 42 999 hab. Insurrection de marins et d'ouvriers contre le gouvernement soviétique (févr.-mars 1921).

Kronecker (Leopold), mathématicien allemand (Liegnitz, auj. Legnica, 1823 - Berlin 1891). L'un des principaux algébristes du XIXe s. ; son apport a été fondamental pour la théorie des corps.

Kropotkine (Petr Alekseïevitch, *prince***),** révolutionnaire russe (Moscou 1842 - Dimitrov 1921), théoricien de l'anarchisme (*Paroles d'un révolté,* 1885 ; *la Conquête du pain,* 1888 ; *l'Anarchie, sa philosophie, son idéal,* 1896).

Kruger (Paul), homme d'État sud-africain (prov. du Cap 1825 - Clarens, Suisse, 1904). Fondateur du Transvaal (1852), il organisa la résistance aux Britanniques après l'annexion du pays par ces derniers (1877). Après la création de la république du Transvaal (1881), il fut président du nouvel État à partir de 1883. Il dirigea la guerre des Boers contre la Grande-Bretagne (1899-1902), puis, vaincu, se retira en Europe.

Krupp (Alfred), industriel allemand (Essen 1812 - *id.* 1887). Il mit au point un procédé de production de l'acier (1847), fabriqua les premiers canons lourds en acier dont le tube était coulé d'une seule pièce et introduisit le procédé Bessemer sur le continent européen (1862).

krypton [kriptɔ̃] **n.m.** (mot angl., du gr. *kruptos,* caché). Gaz rare de l'atmosphère, utilisé dans certaines ampoules électriques. ▸ Symb. Kr.

Kryvyï-Rih, v. de l'Ukraine, sur l'Ingoulets ; 668 980 hab. Importantes mines de fer. Sidérurgie et métallurgie. Les Allemands y soutinrent un siège de cinq mois (oct. 1943 - févr. 1944).

ksi ou **xi** [ksi] **n.m. inv.** Quatorzième lettre de l'alphabet grec (Ξ, ξ).

Kuala Lumpur, cap. de la Malaisie ; 1 555 910 hab.

Kubilay Khan (1214 - 1294), empereur mongol (1260-1294), petit-fils de Gengis Khan, fondateur de la dynastie des Yuan de Chine. Après avoir établi sa capitale à Pékin (1264), il acheva la conquête de la Chine (1279) et réorganisa l'administration du pays. Il se montra tolérant à l'égard du bouddhisme et du christianisme et encouragea la présence d'étrangers, tel Marco Polo.

Kubrick (Stanley), cinéaste américain (New York 1928 - Childwickbury, Hertfordshire, au nord de Londres, 1999). Après avoir dirigé *le Baiser du tueur* (1955) et *Ultime Razzia* (1956), il tourne *les Sentiers de la gloire* (1957) et *Spartacus* (1960). C'est à partir de *Lolita* (1962) et de *Docteur Folamour* (1963) qu'il devient l'un des cinéastes les plus originaux de son époque, ce que confirme *2001, l'Odyssée de l'espace* (1968), film qui a fait de la science-fiction un genre cinématographique majeur. On lui doit encore : *Orange mécanique* (1971), *Barry Lyndon* (1975), *Shining* (1979), *Full Metal Jacket* (1987), *Eyes Wide Shut* (1999).

Ku Klux Klan, société secrète nord-américaine, créée après la guerre de Sécession (1867) ; d'une xénophobie violente, cette société est essentiellement dirigée contre l'intégration des Noirs.

Kulturkampf (« combat pour la civilisation »), lutte menée, de 1871 à 1878, par Bismarck contre les catholiques allemands afin d'affaiblir le parti du Centre, accusé de favoriser le particularisme des États. Cette lutte s'exprima notamment par des lois d'inspiration anticléricale (1873-1875). Après l'avènement du pape Léon XIII (1878), Bismarck fit abroger ces mesures (1880-1887).

kumquat [kumkwat] **n.m.** (chin. cantonnais *kin kü,* propr. « orange d'or »). **1.** Arbuste voisin du mandarinier. ▸ Genre *Fortunella ;* famille des rutacées. **2.** Fruit de cet arbuste, ressemblant à une petite orange.

Kun (Béla), révolutionnaire hongrois (Szilágycseh 1886 - en U.R.S.S. 1938). Il instaura en Hongrie une république d'inspiration bolchevique (1919), qui ne put résister à l'invasion roumaine. Réfugié en U.R.S.S., il y fut exécuté. Il fut réhabilité en 1956.

Kundera (Milan), écrivain tchèque naturalisé français (Brno 1929). Il s'est imposé par la lucidité et l'humour de son théâtre, de ses romans (*la Plaisanterie,* 1967 ; *la Valse aux adieux,* 1973 ; *le Livre du rire et de l'oubli,* 1978) et de ses nouvelles (*Risibles Amours,* 1963-1969), se faisant l'analyste de la désagrégation des valeurs et des sentiments (*l'Insoutenable Légèreté de l'être,* 1984 ; *l'Immortalité,* 1990).

kung-fu [kuŋfu] **n.m. inv.** (mot chin.). Art martial chinois, assez proche du karaté.

Kunlun ou **K'ouen-louen,** massif de Chine, entre le Tibet et le Qinghai ; 7 724 m.

Kunming, v. de Chine, cap. du Yunnan ; 3 388 025 hab. dans l'agglomération. Plusieurs fois cap., notamm. au XIIIe s. Nombreux monuments anciens. Musée.

kurde [kyrd] **adj.** et **n.** Du Kurdistan. ◆ **n.m.** Langue du groupe iranien parlée par les Kurdes.

Kurdes, peuple de langue iranienne, musulman (sunnite) et habitant principalement la Turquie, l'Iran, l'Iraq et la Syrie. Les Kurdes furent privés en 1923 de l'État souverain que leur avait promis le traité de Sèvres (1920). Ils s'efforcent d'obtenir des États dont ils dépendent, par la négociation ou la guerre, une autonomie effective. Ils ont beaucoup souffert des conflits de la région (guerre Iran-Iraq, guerre du Golfe), mais le Kurdistan irakien est autonome depuis l'adoption de la nouvelle Constitution de 2005 tandis que les Kurdes syriens se mobilisent contre le régime de Bachar al-Asad en 2012.

Kurdistan, région d'Asie partagée entre la Turquie, l'Iran, l'Iraq et la Syrie et peuplée en majorité de Kurdes.

Kurosawa Akira, cinéaste japonais (Tokyo 1910 - *id.* 1998). Il signe son premier film en 1943 *(la Légende du Grand Judo),* puis réalise *l'Ange ivre* (1948), *Chien enragé* (1949). Révélé en Europe en 1951, année où son film *Rashomon* triomphe au festival de Venise, il apparaît bientôt comme le plus grand cinéaste japonais contemporain avec Mizoguchi et Ozu. Son œuvre, très abondante, a abordé avec un égal bonheur les « films-sabres » (*les Sept Samouraïs,* 1954 ; *Sanjuro,* 1961), les adaptations littéraires (*l'Idiot,* 1951 ; *les Bas-Fonds,* 1957 ; *le Château de l'araignée,* 1957 ; *Ran,* 1985), les sujets réalistes et sociaux (*Vivre,* 1952 ; *Dodes' Caden,* 1970), voire ethnographiques (*Dersou Ouzala,* 1975), et le film historique (*Kagemusha,* 1980). En 1990, il réalise *Rêves,* un film testament.

Kuroshio, courant chaud de l'océan Pacifique, qui longe la côte orientale du Japon.

kwashiorkor [kwaʃjɔrkɔr] **n.m.** (mot bantou « enfant rouge »). Grave maladie due à une carence alimentaire en protéines et en vitamines observée chez les enfants du tiers-monde.

K-way [kawɛ] **n.m. inv.** (nom déposé). Coupe-vent qui, replié dans une des poches prévues à cet effet, peut être porté en ceinture.

Kwazulu-Natal, prov. d'Afrique du Sud ; 91 481 km^2 ; 10 267 300 hab. Ch.-l. *Pietermaritzburg.*

Kyoto, v. du Japon (Honshu), anc. capitale fondée en 794 ; 1 474 473 hab. (1 804 361 hab. dans l'agglomération). Palais impérial, villas, jardins et plus de 200 temples, dont certains ornés de décors peints par les plus grands artistes japonais, en font une ville-musée qui présente tous les aspects culturels du Japon ancien.

Kyoto *(protocole de)* [10 déc. 1997], accord adopté au cours d'une conférence internationale tenue à Kyoto, fixant pour les pays industrialisés une réduction des émissions de gaz à effet de serre entre 2008 et 2012 (par rapport au niveau de 1990). Le protocole de Kyoto est entré en vigueur en 2005.

Kyrie [kirije] et **Kyrie eleison** [kirijeeleisɔn] **n.m. inv.** (du gr. *Kurie,* Seigneur, et *eleêson,* aie pitié). RELIG. CHRÉT. Invocation grecque en usage dans la liturgie romaine et dans de nombreuses liturgies orientales, située au début de la messe ; musique composée sur cette invocation.

kyrielle [kirjɛl] **n.f.** (de *Kyrie eleison*). *FAM.* Longue suite ininterrompue : *Une kyrielle d'injures* (syn. **chapelet**). *Elle a une kyrielle d'amis* (syn. **foule, quantité**).

kyste [kist] **n.m.** (gr. *kustis,* vessie). Cavité pathologique à contenu liquide ou semi-liquide : *Kyste de l'ovaire.*

kystique [kistik] **adj.** De la nature du kyste.

Kyushu, la plus méridionale des grandes îles du Japon ; 42 000 km^2 ; 13 216 568 hab. V. princ. *Kita-kyushu* et *Fukuoka.*

Kyzylkoum, désert aux confins du Kazakhstan et de l'Ouzbékistan.

L

l [ɛl] **n.m. inv. 1.** Douzième lettre (consonne) de l'alphabet. **2. L,** chiffre romain valant cinquante.

1. la [la] **art. déf.** ⟶ **1. le.**

2. la [la] **pron. pers.** ⟶ **2. le.**

la [la] **n.m. inv.** (première syllabe de *labii,* dans l'hymne de saint Jean-Baptiste). **1.** Note de musique, sixième degré de la gamme de *do.* **2. Donner le la,** donner le ton, l'exemple : *Ce couturier donne le la dans la profession.*

là [la] **adv.** (lat. *illac,* par là). **1.** Indique un lieu plus ou moins éloigné (par opp. à *ici*) : *Ne restez pas ici, mettez-vous là.* **2.** Indique un lieu précis : *C'est là que je voudrais finir mes jours. C'est là que réside la difficulté* (= en cet endroit). **3.** Indique un moment d'un récit, d'une situation, un point précis, un degré : *Là, tout le monde a ri.* **4.** S'emploie en composition après un pron. dém. ou un nom précédé d'un adj. dém. pour apporter une plus grande précision : *Celui-là. Celle-là. Ceux-là. Cette femme-là. Ce soir-là.* **5. Çà et là,** disséminés de tous côtés, de côté et d'autre. / **De là,** de cela ; en conséquence : *De là, on peut déduire...* / **De là à,** il s'en faut de beaucoup : *Il a mal agi, mais de là à trahir ses amis...* / **Être là,** être présent. / **Par là,** par ce lieu ; dans les environs ; par ce moyen : *L'eau passe par là* (= par cet endroit). *Ils habitent par là* (= dans le secteur). ◆ **là, là ! loc. interj.** Sert à apaiser, à consoler qqn : *Là, là, calmez-vous !*

Laban (Rudolf von), théoricien du mouvement et chorégraphe autrichien d'origine hongroise (Pozsony, auj. Bratislava, 1879 - Weybridge, Surrey, 1958). Initiateur de la danse expressionniste moderne, il inventa un système de notation utilisé sous le nom de *labanotation.* Chorégraphe, il a signé *Die Erde* (1914), *Die Nacht* (1927) et réalisé d'impressionnantes évolutions de masse, tels *Agamemnons Tod* (1924) et *Titan* (1927).

là-bas [labɑ] **adv.** Indique un lieu que l'on considère comme lointain : *Là-bas, dans la vallée, tout est sombre.*

label [labɛl] **n.m.** (mot angl. « étiquette »). **1.** Marque spéciale créée par un syndicat professionnel et apposée sur un produit destiné à la vente, pour en certifier l'origine, les conditions de fabrication. **2.** Signe, marque sous lesquels se présente qqn, qqch : *Député qui se présente sous le label d'un parti* (syn. **étiquette**). **3.** Société éditrice de disques ; marque déposée par cette société.

labéliser ou **labelliser** [labelize] **v.t.** Attribuer un label à qqch : *Labelliser un produit.*

labeur [labœr] **n.m.** (lat. *labor,* propr. « peine »). **1.** LITT. Travail pénible et prolongé. **2. Imprimerie de labeur,** imprimerie spécialisée dans les ouvrages typographiques de longue haleine (livres, revues) [par opp. à *imprimerie de presse*]. (On dit aussi *le labeur.*)

labial, e, aux [labjal, -o] **adj.** (du lat. *labium,* lèvre). **1.** Relatif aux lèvres. **2.** PHON. **Consonne labiale,** consonne dont l'articulation est située au niveau des lèvres. : *Le* [p] *et le* [b] *sont des consonnes labiales.* (On dit aussi *une labiale.*)

Labiche (Eugène), auteur dramatique français (Paris 1815 - *id.* 1888). Il est l'auteur de comédies de mœurs et de vaudevilles (*Un chapeau de paille d'Italie,* 1851 ; *le Voyage de M. Perrichon,* 1860 ; *la Cagnotte,* 1864).

labié, e [labje] **adj.** (du lat. *labium,* lèvre). BOT. Se dit d'une corolle dont le bord est découpé en deux lobes principaux opposés l'un à l'autre comme deux lèvres ouvertes.

labiée [labje] **n.f. Labiées,** famille de plantes dicotylédones, à corolles labiées, souvent parfumées, qui comprend le lamier, la sauge, la menthe, la lavande, le thym, le romarin. (On dit parfois, à tort, *labiacée.*)

labile [labil] **adj.** (lat. *labilis,* de *labi,* glisser). **1.** Se dit des composés chimiques peu stables, notamm. à la chaleur, comme certaines protéines, les vitamines, etc. **2.** PSYCHOL. Se dit d'une humeur changeante.

labilité [labilite] **n.f. 1.** CHIM. Caractère d'un composé labile. **2.** PSYCHOL. Caractère d'une humeur labile.

labiodental, e, aux [labjodɑ̃tal, -o] **adj.** PHON. **Consonne labiodentale,** consonne dont l'articulation se fait au contact de la lèvre inférieure et des incisives supérieures. : *Le* [f] *et le* [v] *sont des consonnes labiodentales.* (On dit aussi *une labiodentale.*)

laborantin, e [labɔrɑ̃tɛ̃, -in] **n.** (mot all., du lat. *laborare,* travailler). Personne employée dans un laboratoire d'analyses ou de recherches.

laboratoire [labɔratwar] **n.m.** (lat. scientif. *laboratorium,* du class. *laborare,* travailler). **1.** Local aménagé pour faire des recherches scientifiques, des analyses biologiques, des essais industriels, des travaux photographiques, etc. : *Examens de laboratoire* (abrév. fam. *labo*). **2.** Ensemble de chercheurs effectuant dans un lieu déterminé un programme de recherches. **3. Laboratoire de langue,** salle insonorisée équipée de magnétophones sur lesquels est enregistré un modèle d'enseignement pour pratiquer une langue étrangère.

laborieusement [labɔrjøzmɑ̃] **adv.** Avec beaucoup de peine et de travail ; péniblement : *Finir laborieusement une tâche.*

laborieux, euse [labɔrjø, -øz] **adj.** et **n.** (lat. *laboriosus,* de *labor,* travail). Qui travaille beaucoup, assidûment : *Une étudiante laborieuse* (syn. **travailleur** ; contr. **paresseux**). ◆ **adj.** Qui coûte beaucoup de travail, d'efforts : *Une recherche laborieuse. Digestion laborieuse* (syn. **difficile**). *Je ne recommencerai pas, c'était trop laborieux* (syn. **pénible** ; contr. **aisé, facile**). *Plaisanterie laborieuse* (syn. **lourd**).

labour [labur] **n.m.** Travail agricole consistant à labourer la terre. ◆ **labours n.m. pl.** Terres labourées.

labourable [laburabl] **adj.** Propre à être labouré : *Terres labourables* (syn. **cultivable**).

labourage [laburaʒ] **n.m.** Action, manière de labourer la terre.

La Bourdonnais (Bertrand François **Mahé,** *comte* **de**), marin et administrateur français (Saint-Malo 1699 - Paris 1753).

Nommé en 1735 gouverneur de l'île de France (île Maurice) et de l'île Bourbon (La Réunion), il contribua à l'implantation de comptoirs français en Inde.

labourer [labure] **v.t.** (lat. *laborare,* travailler). **1.** Ouvrir et retourner la terre avec la charrue, l'araire, la houe, la bêche, afin de l'ameublir ; enfouir ce qu'elle porte en surface et préparer ainsi son ensemencement. **2.** Creuser profondément le sol, l'entailler : *Les pneus du tracteur ont labouré le chemin.* **3.** Marquer une partie du corps de raies, de stries, d'écorchures profondes : *La balle lui a labouré le torse* (syn. **lacérer**). *Un front labouré de rides.*

laboureur [laburœr] **n.m.** *LITT.* Celui qui laboure, cultive la terre.

Labou Tansi (Marcel Sony, dit **Sony),** écrivain congolais (Kimwanza, auj. Rép. dém. du Congo, 1947 - Brazzaville 1995). Dans ses romans (*l'Anté-peuple,* 1983) comme dans ses pièces (*Antoine m'a vendu son destin,* 1986 ; *Moi, veuve de l'empire,* 1987), il se livre à une satire violente des maux de l'Afrique contemporaine.

Labrador, nom donné autref. à la péninsule du Canada entre l'Atlantique, la baie d'Hudson et le Saint-Laurent, longée par le *courant froid du Labrador.* – Aujourd'hui, ce nom désigne seulement la partie orientale de cette péninsule (appartenant à la province de Terre-Neuve). Minerai de fer.

Labrouste (Henri), architecte français (Paris 1801 - Fontainebleau 1875). Chef de l'école rationaliste face à l'éclectisme de l'École des beaux-arts, il utilisa le premier, à la bibliothèque Ste-Geneviève (Paris, 1843), une structure intérieure de fonte et de fer non dissimulée, colonnade et voûtes dont la légèreté contraste avec l'enveloppe de pierre ; il récidiva dans diverses parties de la Bibliothèque nationale.

La Bruyère (Jean de), écrivain français (Paris 1645 - Versailles 1696), précepteur en 1684, puis secrétaire du petit-fils du Grand Condé. Ses *Caractères* (1688-1696), conçus à partir d'une traduction du Grec Théophraste, peignent, par le jeu de maximes et de portraits, les principaux types humains de la société de son temps en pleine transformation (décadence des traditions morales et religieuses ; mœurs nouvelles des magistrats ; puissance des affairistes). La froide élégance de son style elliptique, qui contraste avec la phrase périodique classique, son ironie cinglante préparent la prose nerveuse et teintée d'aphorismes du siècle suivant. Reçu à l'Académie française en 1693, il prit parti dans la querelle des Anciens et des Modernes en faisant l'éloge des partisans des Anciens.

labyrinthe [labirɛ̃t] **n.m.** (lat. *labyrinthus,* du gr.). **1.** MYTH. (Avec une majuscule). Édifice légendaire, attribué à Dédale, composé d'un grand nombre de pièces disposées de telle manière qu'on n'en trouvait que très difficilement l'issue. ▶ Dans ce palais, selon la mythologie grecque, résidait le Minotaure. Thésée, après avoir tué le monstre, ne put en sortir qu'avec l'aide d'Ariane. Dédale et son fils Icare ne réussirent à s'en échapper que pourvus d'ailes fixées avec de la cire. **2.** Réseau compliqué de chemins où l'on a du mal à s'orienter : *Le labyrinthe des ruelles de Venise* (syn. **dédale, lacis**). **3.** Complication inextricable : *Les labyrinthes de la procédure* (syn. **maquis**). **4.** ANAT. Ensemble des parties qui composent l'oreille interne (limaçon ou cochlée, vestibule et canaux semi-circulaires). **5.** Petit bois ou plantation de haies comportant des allées tellement entrelacées qu'on peut s'y égarer facilement.

lac [lak] **n.m.** (lat. *lacus*). **1.** Grande étendue d'eau intérieure, génér. douce : *Lac glaciaire, volcanique.* **2.** *FAM.* **Être, tomber dans le lac,** n'aboutir à rien : *Notre projet est dans le lac* (= il a échoué).

laçage [lasaʒ] et **lacement** [lasmɑ̃] **n.m.** Action ou manière de lacer.

Lacan (Jacques), médecin et psychanalyste français (Paris 1901 - *id.* 1981). Il a contribué, tout en prônant le retour à Freud, à ouvrir le champ de la psychanalyse, en se référant à la linguistique et à l'anthropologie structurale : pour lui, l'inconscient s'interprète comme un langage. La distinction qu'il a faite entre *réel, symbolique* et *imaginaire* s'est avérée d'une extrême fécondité. Il a proposé la formalisation logique de quelques positions théoriques freudiennes : cette démarche doit être comprise dans un cadre « didactique » de la psychanalyse. Il s'agissait pour lui de rendre « objectif » le raisonnement freudien et accessible la psychanalyse à ceux qui ne sont pas passés par le divan du psychanalyste et qui ont reçu l'enseignement de la psychanalyse à l'université. Lacan est de ceux qui ont le plus fait pour approfondir le champ psychanalytique et mieux y accéder sans contresens, malgré la diversité des écoles qui prétendent se rattacher à son « héritage » (*Écrits,* 1966 ; *le Séminaire,* 1975 et suiv.).

Lacédémone ⟶ Sparte.

lacédémonien, enne [lasedemɔnjɛ̃, -ɛn] **adj.** et **n.** ANTIQ. De Lacédémone (Sparte).

Lacépède (Étienne de La Ville, *comte* **de),** naturaliste français (Agen 1756 - Épinay-sur-Seine 1825). Ami de Gluck, il publie une *Poétique de la musique* (1781-1785). Lacépède a poursuivi l'*Histoire naturelle* de Buffon, dont il a été un disciple, par plusieurs ouvrages : *Histoire générale et particulière des quadrupèdes ovipares et des serpents* (1788-1789), *Histoire naturelle des poissons* (1798-1803), *Histoire naturelle des cétacés* (1804). Il a aussi enseigné au Muséum d'histoire naturelle, occupant la chaire des reptiles et des poissons créée pour lui en 1894.

lacer [lase] **v.t.** (lat. *laqueare,* de *laqueus,* lacet) [conj. **16**]. Serrer, maintenir, fermer avec un lacet : *Lacer ses chaussures* (syn. **attacher**).

lacération [laserasjɔ̃] **n.f.** Action de lacérer.

lacérer [lasere] **v.t.** (lat. *lacerare,* déchirer) [conj. **18**]. **1.** Mettre en pièces : *Lacérer un livre, des affiches* (syn. **déchirer**). **2.** Faire des entailles dans un tissu vivant : *Les ongles de la mourante lacéraient mon bras* (syn. **labourer**).

lacertilien [lasɛrtiljɛ̃] **n.m.** (du lat. *lacerta,* lézard). **Lacertiliens,** sous-ordre de reptiles à écailles épidermiques cornées, tels que le lézard, le caméléon (syn. **saurien**).

lacet [lasɛ] **n.m.** (dimin. de *lacs*). **1.** Cordon qu'on passe dans des œillets pour serrer un vêtement, des souliers, etc. **2.** Série de courbes sinueuses : *Route en lacets* (syn. **zigzag**). **3.** Mouvement d'oscillation d'un véhicule autour d'un axe vertical, passant par son centre de gravité. **4.** Nœud coulant pour prendre le gibier (syn. **collet**).

lâchage [lɑʃaʒ] **n.m. 1.** Action de lâcher : *Le lâchage des chiens de chasse. L'accident est dû au lâchage des freins* (syn. **rupture**). **2.** *FAM.* Action de quitter, d'abandonner qqn : *Le lâchage de ses amis* (syn. **abandon, désertion**).

1. lâche [lɑʃ] **adj.** (de *1. lâcher*). **1.** Qui n'est pas tendu, pas serré : *Corde lâche* (syn. **mou**). *Nœud lâche* (contr. **serré**). *L'encolure est un peu lâche* (syn. **flottant**). **2.** *LITT.* Qui manque de précision, d'intensité ou de rigueur : *Style lâche* (syn. **relâché**). *Expression lâche* (contr. **vigoureux**).

2. lâche [lɑʃ] **adj.** et **n.** (de *1. lâche*). **1.** Qui manque de courage, d'énergie ou de loyauté : *Homme lâche* (syn. **poltron, peureux**). *Un lâche attentat* (syn. **méprisable**). *User de lâches procédés* (syn. **vil**). **2.** Qui manifeste de la cruauté et de la bassesse, en sachant qu'il ne sera pas puni : *Un lâche qui attaque les plus faibles.*

lâchement [lɑʃmɑ̃] **adv.** Sans courage ; avec lâcheté : *Fuir lâchement* (contr. **courageusement**).

1. lâcher [lɑʃe] **v.t.** (lat. pop. **lascare,* du class. *laxare,* élargir, détendre). **1.** Rendre qqch moins tendu, moins serré : *Lâcher un cordage* (syn. **détendre, desserrer, relâcher**). **2.** Cesser de tenir, de retenir : *Lâcher une assiette* (= laisser tomber). *Lâcher sa proie. Lâcher les amarres* (syn. **détacher, larguer**). *Ne lâche pas la rampe.* **3.** Laisser échapper malgré soi une parole, un geste : *Lâcher une sottise. Voilà le grand mot lâché.* **4.** Se détacher de qqch, de qqn : *Lâcher ses études* (syn. **abandonner**). *Lâcher ses amis* (= rompre les relations). *Lâcher le peloton* (syn. **distancer**). **5.** Cesser de retenir ; libérer : *Lâcher des pigeons*

(= les faire s'envoler). *Lâcher son chien sur qqn* (= le lancer à sa poursuite). **6. Lâcher pied,** abandonner une position ; renoncer à combattre : *Après cette discussion, il a lâché pied* (= il a cédé). / **Lâcher prise,** cesser de serrer, de tenir ce qu'on avait en main ; au fig., abandonner une tâche, une entreprise : *Le meuble était trop lourd, j'ai dû lâcher prise.* ◆ **v.i.** Céder ; rompre ; se casser : *La corde a lâché* (syn. **craquer, casser**).

2. lâcher [laʃe] **n.m.** (de *1. lâcher*). Action de laisser aller, de laisser partir : *Un lâcher de ballons, de pigeons.*

lâcheté [laʃte] **n.f.** (de *2. lâche*). **1.** Manque de courage : *Fuir par lâcheté* (syn. **peur, couardise**). *Céder par lâcheté* (syn. **faiblesse**). **2.** Action indigne : *C'est une lâcheté de s'attaquer à plus faible que soi* (syn. **bassesse**).

lâcheur, euse [laʃœr, -øz] **n.** (de *1. lâcher*). *FAM.* Personne qui abandonne ceux avec qui elle était engagée.

lacis [lasi] **n.m.** (de *lacer*). *SOUT.* Réseau de fils, de vaisseaux, de routes, etc., entrelacés : *Un lacis de fils de fer* (syn. **entrelacement**).

Laclos (Pierre Choderlos de), écrivain français (Amiens 1741 - Tarente 1803). Officier d'artillerie, Jacobin, il invente le « boulet creux » et devient général de brigade sous Bonaparte. Son unique et célèbre roman par lettres, *les Liaisons dangereuses* (1782), fait de lui un auteur énigmatique : écrivain amateur, il produit à son coup d'essai un chef-d'œuvre d'analyse et d'élaboration narrative ; rousseauiste convaincu, il prétend combattre le libertinage tout en l'incarnant dans de fascinantes figures (la marquise de Merteuil et le vicomte de Valmont, qui tirent parti de leur maîtrise du langage dans leurs entreprises de vengeance et de séduction).

Laconie, contrée du sud-est du Péloponnèse, dont Sparte était le centre.

laconique [lakɔnik] **adj.** (gr. *lakônikos,* de Laconie, les Laconiens étant connus pour leur concision). Qui s'exprime ou est exprimé en peu de mots : *Se montrer très laconique* (contr. **prolixe**). *Réponse laconique* (syn. **concis, bref**).

laconiquement [lakɔnikmɑ̃] **adv.** De façon laconique ; en peu de mots.

laconisme [lakɔnism] **n.m.** *SOUT.* Façon laconique de s'exprimer ; brièveté, concision.

Lacordaire (Henri), religieux français (Recey-sur-Ource, Côte-d'Or, 1802 - Sorèze 1861). Ami et disciple de La Mennais, il milite au premier rang du catholicisme libéral, mais ne suit pas son maître dans sa rupture avec Rome (1832). Il prêche le carême à Notre-Dame de Paris, où il attire les foules. En 1839, il restaure l'ordre des Dominicains en France. Un moment gagné par le mouvement révolutionnaire de 1848, il fonde avec Maret et Ozanam le journal *l'Ère nouvelle ;* mais les troubles de juin le font renoncer au combat politique. Il se consacre alors à l'enseignement dans le cadre du collège de Sorèze (Tarn).

Lacq, comm. des Pyrénées-Atlantiques, sur le gave de Pau ; 737 hab. Gisement de gaz naturel. Production de soufre, sous-produit du gaz.

Lacroix (Alfred), minéralogiste français (Mâcon 1863 - Paris 1948). Auteur d'études sur les éruptions de la montagne Pelée (1902) et du Vésuve (1906), il a analysé les effets du métamorphisme et découvert de nombreux minéraux.

lacrymal, e, aux [lakrimal, -o] **adj.** (lat. médiév. *lacrimalis,* du class. *lacrima,* larme). *DIDACT.* Relatif à la sécrétion des larmes : *Glandes lacrymales.*

lacrymogène [lakrimɔʒɛn] **adj.** (du lat. *lacrima,* larme, et de *-gène*). Qui provoque la sécrétion des larmes : *Grenades, gaz lacrymogènes.*

lacs [la] **n.m.** (lat. *laqueus,* lacet). **1.** *VIEILLI.* Nœud coulant pour prendre du gibier (syn. **collet, lacet**). **2.** *LITT.* Piège ; traquenard.

lactaire [laktɛr] **n.m.** (du lat. *lac, lactis,* lait). Champignon des bois dont la chair brisée laisse écouler un lait blanc ou coloré.

lactarium [laktarjɔm] **n.m.** (du lat. *lac, lactis,* lait). Centre de stockage et de distribution du lait maternel.

lactation [laktasjɔ̃] **n.f.** (bas lat. *lactatio,* du class. *lactare,* allaiter). Formation et sécrétion du lait après la parturition : *Période de lactation.*

lacté, e [lakte] **adj.** (lat. *lacteus,* de *lac, lactis,* lait). **1.** À base de lait : *Farine lactée. Régime lacté.* **2.** *LITT.* Qui ressemble au lait : *Suc lacté.* **3. Voie lactée,** bande blanchâtre, floue, de forme et d'intensité irrégulières, qui fait le tour complet de la sphère céleste. ▸ La Voie lactée est la trace dans le ciel du disque de la Galaxie (notre galaxie), où la densité d'étoiles apparaît maximale.

lactescent, e [laktesɑ̃, -ɑ̃t] **adj.** (lat. *lactescens,* p. présent de *lactescere,* se convertir en lait). BOT. Qui contient un suc laiteux : *Le lactaire est un champignon lactescent.*

lactique [laktik] **adj.** CHIM. **Acide lactique,** acide comportant une fonction alcool, qui apparaît lors de la transformation des sucres sous l'action des ferments lactiques, et lors de la décomposition du glycogène pendant la contraction musculaire. ▸ Formule CH_3—CHOH—COOH. / **Ferments lactiques,** ensemble des bactéries *(lactobacilles)* isolées de divers produits laitiers, qui transforment les sucres en acide lactique.

lactoflavine [laktoflavin] **n.f.** (du lat. *lac, lactis,* lait, et *flavus,* jaune). Autre nom de la vitamine B2, que l'on trouve dans le lait (syn. **riboflavine**).

lactose [laktoz] **n.m.** CHIM. Sucre contenu dans le lait, se dédoublant en glucose et en galactose.

lactosérum [laktoserɔm] **n.m.** Petit-lait obtenu lors de la fabrication du fromage.

lacunaire [lakynɛr] **adj.** Qui présente des lacunes : *Texte lacunaire* (syn. **incomplet**).

lacune [lakyn] **n.f.** (lat. *lacuna,* propr. « trou »). **1.** Interruption dans un texte qui brise l'enchaînement : *Manuscrit rempli de lacunes* (syn. **omission**). **2.** Ce qui manque pour compléter une chose : *Les lacunes d'une éducation* (syn. **carence**). *Avoir des lacunes en histoire. Ma mémoire a des lacunes* (syn. **trou, défaillance**).

lacustre [lakystr] **adj.** (de *lac,* d'apr. *palustre*). **1.** Qui vit sur les bords ou dans les eaux d'un lac : *Plante lacustre.* **2. Cité lacustre,** village construit sur pilotis, dans les temps préhistoriques, en bordure des lacs et des lagunes.

lad [lad] **n.m.** (mot angl. « jeune homme »). Garçon d'écurie qui soigne les chevaux de course et entraîne.

Ladakh (le), région du Cachemire ; ch.-l. *Leh.*

là-dedans [ladədɑ̃] **adv.** Indique : **1.** L'intérieur d'un lieu ou d'une chose : *On n'y voit rien, là-dedans.* **2.** *FAM.* Le centre d'une situation : *Lorsqu'il s'est retrouvé là-dedans, il a perdu tous ses moyens* (= dans cette situation).

là-dessous [ladəsu] **adv. 1.** Désigne un lieu situé au-dessous de qqch : *Je suis sûre qu'il s'est caché là-dessous* (= sous cela). **2.** Indique que qqch de suspect se cache derrière certaines apparences : *Il y a une affaire de drogue là-dessous.*

là-dessus [ladəsy] **adv. 1.** Indique un lieu situé au-dessus de qqch : *Votre livre ? Il est là-dessus* (= sur cela). **2.** Dans un récit, indique un moment qui succède directement à un autre : *Là-dessus, elle se tut* (= sur ces entrefaites). **3.** Remplace *sur cela, dessus* dans certaines expressions : *Je compte là-dessus. Il travaille là-dessus depuis dix ans.*

ladino [ladino] **n.m.** (mot esp., du lat. *latinus,* latin). Forme du castillan parlée en Afrique du Nord et au Proche-Orient par les descendants des Juifs expulsés d'Espagne en 1492 (syn. **judéo-espagnol**).

ladite **adj.** ⟶ **1. dit.**

Ladoga *(lac)*, lac du nord-ouest de la Russie, que la Neva fait communiquer avec Saint-Pétersbourg et le golfe de Finlande ; 17 700 km^2.

ladre [ladr] **adj.** et **n.** (lat. *Lazarus,* n. du pauvre couvert d'ulcères dans la parabole de l'Évangile). **1.** *VX.* Lépreux. **2.** *LITT.* Avare.

ladrerie [ladrəri] **n.f. 1.** *VX.* Lèpre. **2.** Hôpital où l'on recevait les lépreux. **3.** *LITT.* Avarice.

Laeken, quartier résidentiel de Bruxelles, incorporé à la ville en 1921. Résidence de la famille royale de Belgique.

Laennec (René), médecin français (Quimper 1781 - Kerlouanec, Finistère, 1826). Il a inventé le stéthoscope et a fait progresser considérablement l'auscultation et le diagnostic des maladies pulmonaires.

Laethem-Saint-Martin, en néerl. **Sint-Martens-Latem,** comm. de Belgique (Flandre-Orientale) ; 8 417 hab. À la fin du XIXe s. s'y constitua un groupe de tendance symboliste avec, notamment, l'écrivain Karel Van de Woestijne, son frère Gustaaf, peintre, et le sculpteur George Minne (1866-1941). Un second groupe, après la Première Guerre mondiale, marque l'essor de l'expressionnisme pictural belge, avec notamm. Permeke, F. Van den Berghe et Gustave De Smet (1877-1943), aux sujets populaires et mélancoliques.

La Fayette (Marie Joseph Gilbert Motier, *marquis* **de),** général et homme politique français (Chavaniac, Haute-Loire, 1757 - *id.* 1834). Dès 1777, il prit une part active à la guerre de l'Indépendance en Amérique aux côtés des insurgés. Député aux États généraux (1789), commandant de la Garde nationale, il apparut comme le chef de la noblesse libérale, désireuse de réconcilier la royauté avec la Révolution. Émigré de 1792 à 1800, il refusa tout poste officiel sous l'Empire. Député libéral sous la Restauration, mis à la tête de la Garde nationale en juillet 1830, il permit l'accession au trône de Louis-Philippe, avant de devenir un opposant de la monarchie de Juillet.

La Fayette ou **Lafayette (Marie-Madeleine Pioche de La Vergne,** *comtesse* **de),** femme de lettres française (Paris 1634 - *id.* 1693). Elle tint salon rue de Vaugirard, où elle reçut, outre son amie Mme de Sévigné, La Fontaine, Ménage, Segrais et La Rochefoucauld, avec qui elle se lia d'une grande amitié. Elle écrivit des nouvelles (*Zayde,* 1669-1671) et donna avec *la Princesse de Clèves* (1678) le premier roman psychologique moderne.

Laferrière (Windsor Klébert, dit **Dany),** écrivain canadien d'origine haïtienne (Port-au-Prince 1953). Ses romans, restituant la sensualité et la violence de son île natale, sont l'expression d'une quête identitaire nourrie par l'expérience de l'exil (*Chronique de la dérive douce,* 1994 ; *le Cri des oiseaux fous,* 2000 ; *l'Énigme du retour,* 2009).

Laffemas (Barthélemy de), *sieur* **de Beausemblant,** économiste français (Beausemblant, Drôme, 1545 - Paris v. 1612). Contrôleur général du commerce (1602), il favorisa, sous le règne d'Henri IV, l'établissement de nombreuses manufactures (Gobelins).

Laffitte (Jacques), banquier et homme politique français (Bayonne 1767 - Paris 1844). Gouverneur de la Banque de France (1814-1819), député libéral sous la Restauration, il joua un rôle actif dans la révolution de 1830 et forma le premier ministère de la monarchie de Juillet. Écarté par Louis-Philippe en 1831, il devint le chef de l'opposition de gauche à la Chambre des députés.

La Fontaine (Jean de), poète français (Château-Thierry 1621 - Paris 1695). Maître des Eaux et Forêts (1652), il obtient grâce à son poème *Adonis* une pension de Fouquet, écrit ballades et madrigaux et témoigne de son courage en défendant son protecteur tombé en disgrâce dans *l'Élégie aux nymphes de Vaux* (1661). Il trouve une nouvelle protection en Madame, veuve de Gaston d'Orléans, et commence la publication de ses *Contes et Nouvelles en vers* (1665) et de ses *Fables,* qui paraissent de 1668 à 1694, présentant au roi en 1669 ses *Amours de Psyché et de Cupidon.* Devenu en 1672 le protégé de Mme de La Sablière, il entre difficilement à l'Académie française en 1684 (en raison de l'opposition de Louis XIV) et prend parti, dans *l'Épître à Huet* (1687), pour les Anciens contre les Modernes. À la mort de Mme de La Sablière (1693), il trouve son dernier asile chez les financiers d'Hervart. Son œuvre unit en une harmonie parfaite l'art et le naturel, l'érudition et la légèreté, et représente l'apogée du lyrisme français, où l'amour et le bonheur trouvent place en un monde ordonné. • **Les Fables** comportent douze livres (I à VI, 1668 ; VII et VIII, 1678 ; IX à XI, 1679 ; XII, 1694). Créées à partir d'un matériel connu de tous (les *Fables* d'Ésope), qui servait de thème aux écoliers et de recueil d'anecdotes morales aux orateurs, les *Fables* constituent une forme poétique originale : d'abord brefs apologues proches de la tradition (les six premiers livres avec : *la Cigale et la Fourmi, le Corbeau et le Renard, le Loup et l'Agneau, le Chêne et le Roseau,* I ; *le Lion et le Moucheron,* II ; *le Renard et le Bouc, le Meunier, son Fils et l'Âne,* III ; *l'Alouette et ses Petits,* IV ; *le Laboureur et ses Enfants, la Poule aux œufs d'or,* V ; *le Lièvre et la Tortue,* VI), le genre s'assouplit et prend de l'ampleur pour accueillir toutes les inspirations – satirique (*Un animal dans la lune,* VII), pastorale (*Tircis et Amarante,* VIII), élégiaque (*les Deux Pigeons,* IX), politique (*le Paysan du Danube,* XI) – et tous les rythmes. Le travestissement animal y joue un double rôle : moyen de mettre à distance des comportements humains et sociaux et de faire ainsi prendre mieux conscience de leurs mécanismes ; moyen d'attirer l'attention sur la sensibilité et l'intelligence des bêtes contre la thèse cartésienne des animaux-machines (*Discours à Monsieur le duc de La Rochefoucauld,* X ; *les Souris et le Chat-Huant,* XI).

Laforgue (Jules), poète français (Montevideo 1860 - Paris 1887). Lecteur de l'impératrice Augusta à Berlin (1881-1886), il revint à Paris pour mourir de la tuberculose. Il n'avait fait paraître que deux recueils (*les Complaintes,* 1885 ; *l'Imitation de Notre-Dame de la Lune,* 1886), mais ses amis publièrent les contes en prose des *Moralités légendaires* (1887) et le recueil des *Derniers Vers* (1890). Sa poésie, qui s'inscrit dans la mouvance du symbolisme, allie l'humour à l'obsession de la mort, en un style précieux et impressionniste ; il fut un des créateurs du vers libre.

La Fosse (Charles de), peintre français (Paris 1636 - *id.* 1716). Élève de Le Brun, au style souple et brillant, il a contribué à infléchir la doctrine de l'Académie en matière de peinture d'histoire (influence de Rubens et des Vénitiens : victoire de la couleur sur le dessin, à la fin du siècle). Il est l'auteur de tableaux mythologiques ou religieux et de plusieurs grandes décorations d'églises (*Résurrection* à l'abside de la chapelle du château de Versailles, 1709).

Lagerlöf (Selma), femme de lettres suédoise (Mårbacka 1858 - *id.* 1940). Elle écrivit des romans d'inspiration romantique (*la Saga de Gösta Berling,* 1891 ; *le Charretier de la mort,* 1912) et des romans pour enfants (*le Merveilleux Voyage de Nils Holgersson à travers la Suède,* 1906-1907). [Prix Nobel 1909.]

Lagides, dynastie qui a régné sur l'Égypte hellénistique de 305 à 30 av. J.-C. Tous ses souverains mâles ont porté le nom de Ptolémée (du nom du fils de Lagos, lieutenant d'Alexandre).

lagon [lagɔ̃] **n.m.** (de l'esp. *lago,* lat. *lacus,* lac). Étendue d'eau à l'intérieur d'un atoll, ou séparée de la haute mer par un récif corallien.

lagopède [lagɔpɛd] **n.m.** (lat. *lagopus, -odis,* n. d'un oiseau nocturne, gr. *lagôpous* propr. « patte de lièvre »). Oiseau gallinacé habitant les hautes montagnes et le nord de l'Europe. ▸ Le lagopède d'Écosse est aussi appelé la *grouse.*

Lagos, anc. cap. du Nigeria, sur le golfe du Bénin ; 11 223 041 hab. dans l'agglomération. Principal port du pays.

Lagrange (Louis, *comte* **de),** mathématicien français d'origine piémontaise (Turin 1736 - Paris 1813). Ses nombreux travaux concernent la théorie des équations algébriques, où il a préparé la voie à Galois, le calcul des variations et la théorie des fonctions analytiques. Il s'est efforcé de fonder l'analyse sur une notion plus générale de la fonction et, en particulier, sur l'emploi des développements en série de Taylor. Il a été le premier à noter $fH(x)$, $fJ(x)$ les fonctions dérivées. Sa *Mécanique analytique* (1788) a fait de la mécanique une discipline théorique à la fois rigoureuse et générale.

lagunaire [lagynɛr] **adj.** Relatif aux lagunes.

lagune [lagyn] **n.f.** (it. vénitien *laguna,* lat. *lacuna,* fossé). Étendue d'eau marine retenue derrière un cordon littoral : *Venise est construite sur les îles d'une lagune.*

là-haut [lao] **adv. 1.** Indique un lieu situé plus haut : *Ma chambre est là-haut, au sixième.* **2.** Désigne le ciel en tant que lieu et symbole d'une vie future, après la mort (par opp. à *ici-bas*) : *Quand il sera là-haut, vous le regretterez* (= quand il sera mort).

La Hire ou **La Hyre (Laurent de),** peintre français (Paris 1606 - *id.* 1656). D'abord tenté par des effets larges et contrastés issus du maniérisme et du caravagisme, il adopta vers 1640 un style délicat et mesuré, d'inspiration élégiaque : grandes toiles pour les couvents de Paris ; tableaux destinés aux amateurs, où le paysage idéalisé reflète une influence de Poussin (*la Mort des enfants de Béthel,* 1653, musée d'Arras).

Lahore, v. du Pakistan, cap. du Pendjab ; 5 143 495 hab. (7 351 911 hab. dans l'agglomération). Anc. résidence du Grand Moghol ; ses monuments (fort, 1565 ; Grande Mosquée, 1627 ; tombeau de Djahangir, 1627 ; et son célèbre jardin « Chalimar Bagh ») permettent d'imaginer la magnificence de la cour moghole.

1. lai [lɛ] **n.m.** (celt. *laid*). Au Moyen Âge, petit poème narratif ou lyrique, à vers courts, génér. de huit syllabes.

2. lai, e [lɛ] **adj.** (lat. ecclés. *laicus*). **Frère lai, sœur laie,** religieux qui n'est pas prêtre, religieuse non admise aux vœux solennels, qui assuraient des services matériels dans les couvents.

laïc [laik] **adj.m.** et **n.m.** ⟶ **laïque.**

laîche [lɛʃ] **n.f.** (bas lat. *lisca*). Plante vivace, très commune dans les marais, où elle forme des touffes ayant l'aspect de grandes herbes à feuilles coupantes.

laïcisation [laisizasjɔ̃] **n.f.** Action de laïciser : *La laïcisation des hôpitaux, de l'enseignement.*

laïciser [laisize] **v.t.** Rendre laïque et, spécial., soustraire à l'autorité religieuse ; organiser selon les principes de la laïcité : *Laïciser des écoles.*

laïcité [laisite] **n.f. 1.** Caractère de ce qui est laïque, indépendant des conceptions religieuses ou partisanes. **2.** Système qui exclut les Églises de l'exercice du pouvoir politique ou administratif, et en partic. de l'organisation de l'enseignement public.

■ **Quelques jalons.** En France, sous l'Ancien Régime, les sujets sont présumés avoir la religion du roi, monarque de droit divin ; la France est « la fille aînée » de l'Église catholique.

Après un apaisement de près d'un siècle dû à l'édit de Nantes* (1598), la tolérance envers les protestants prend fin sous Louis XIV (dragonnades et révocation de l'édit de Nantes* [1685]). Les protestants sont de fait privés d'état civil (c'est l'Église catholique qui est responsable de l'état civil officiel) jusqu'au nouvel édit de Louis XVI (1787) et privés d'égalité politique jusqu'à la Révolution (1789).

Quant aux juifs, ils ne deviennent des citoyens à part entière qu'avec la loi d'émancipation (1791). Cette loi qui est due notamment à l'action de l'abbé Grégoire constitue l'aboutissement des idées des Lumières.

C'est sous la IIIe République (1905) que la loi dite de Séparation* des Églises et de l'État dissocie définitivement la qualité de citoyen de l'appartenance à une religion et garantit le libre exercice du culte.

Un principe de la République. La Constitution française établit le principe de laïcité comme l'une des valeurs essentielles de la Ve République : « La France est une République indivisible, laïque, démocratique et sociale » (première phrase de l'article premier). Elle instaure ainsi comme règle la neutralité de l'État (donc de l'école publique), vis-à-vis de la religion, ou de l'absence de religion, de chacun. La citoyenneté française n'est aucunement liée à l'appartenance religieuse. La liberté fondamentale en cause est la liberté de conscience. ■

laid, e [lɛ, lɛd] **adj.** (frq. *laip, anc. haut all. *leid,* désagréable). **1.** Dont l'aspect heurte le sens esthétique, l'idée qu'on a du beau : *Être laid comme un pou* (syn. **hideux, affreux**). *Une ville laide et triste* (syn. **déplaisant**). **2.** Qui s'écarte des bienséances, de ce qu'on pense être bien, moral, honnête : *Une histoire très laide* (syn. **ignoble**).

laidement [lɛdmɑ̃] **adv.** D'une façon laide.

laideron [lɛdrɔ̃] **n.m.** Jeune fille, jeune femme laide. *Rem.* Le fém. *laideronne* est rare.

laideur [lɛdœr] **n.f. 1.** Fait d'être laid ; caractère de ce qui est laid : *La laideur d'un visage, d'un monument* (syn. **horreur**). **2.** Caractère de ce qui est bas, vil : *Une grande laideur de sentiments* (syn. **abjection, bassesse**). *Les laideurs de la guerre* (syn. **horreur, atrocité**).

1. laie [lɛ] **n.f.** (frq. *lêha). Femelle du sanglier.

2. laie [lɛ] **n.f.** (frq. *laida, chemin). Sentier rectiligne percé dans une forêt (syn. **layon**).

lainage [lenaʒ] **n.m. 1.** Étoffe de laine : *Une robe en lainage.* **2.** Vêtement en laine tricotée : *Mettre un lainage pour sortir.* **3.** Opération qui donne aux tissus de laine et de coton un aspect pelucheux et doux.

laine [lɛn] **n.f.** (lat. *lana*). **1.** Fibre épaisse, douce et frisée, provenant de la toison des moutons et autres ruminants : *De la laine à tricoter en pelote ou en écheveau. Laine angora* (= de chèvre ou de lapin angora). *Laine écrue* (= non apprêtée). **2.** Fil à tricoter de laine pure, mélangée, ou de fibres synthétiques : *Passer la laine sur l'aiguille.* **3.** FAM. Vêtement de laine tricoté : *Mettre une laine, une petite laine* (syn. **lainage, tricot**). **4.** BOT. Duvet qui recouvre certaines plantes. **5. Se laisser manger la laine sur le dos,** se laisser dépouiller. **6. Laine de verre,** fibre de verre de très faible diamètre, utilisée pour l'isolation thermique.

lainé, e [lene] **adj. Peau lainée,** peausserie ayant conservé sa laine ; vêtement fait dans cette peausserie.

lainer [lene] **v.t.** Opérer le lainage d'une étoffe.

lainerie [lɛnri] **n.f. 1.** Fabrication des étoffes de laine ; étoffes ainsi fabriquées. **2.** Atelier où sont lainées les étoffes. **3.** Lieu où l'on tond les moutons.

laineux, euse [lenø, -øz] **adj. 1.** Qui a beaucoup de laine : *Une étoffe laineuse.* **2.** Qui a l'apparence de la laine : *Poil laineux.* **3.** BOT. Se dit d'une plante, d'une tige couverte d'un duvet qui ressemble à de la laine.

Laing (Ronald), psychiatre britannique (Glasgow 1927 - Saint-Tropez 1989). Il est un des fondateurs, avec D. Cooper, de l'antipsychiatrie, un mouvement apparu dans les années 1960 qui s'interrogeait sur les méthodes de la psychiatrie traditionnelle (enfermement, médication, etc.) et sur la nature biologique et/ou sociale de la maladie mentale (*le Moi divisé,* 1960 ; *l'Équilibre mental, la Folie et la Famille,* 1964). Dans *Raison et violence* (en collab. avec D. Cooper, 1964), il s'est posé en analyste de J.-P. Sartre.

lainier, ère [lenje, -ɛr] **adj.** Relatif à la laine : *L'industrie lainière.* ◆ **lainier n.m. 1.** Manufacturier, marchand de laine. **2.** Ouvrier qui laine le drap.

laïque ou **laïc, ïque** [laik] **adj.** et **n.** (bas lat. *laicus,* gr. *laikos,* qui appartient au peuple). Qui n'appartient pas au clergé : *Juridiction laïque* (syn. **séculier**). *Les laïques et les prêtres.* ◆ **laïque adj. 1.** Indépendant des organisations religieuses ; qui relève de la laïcité : *État laïque.* **2.** Qui est étranger à la religion, au sentiment religieux : *Un mythe laïc.* **3. École, enseignement laïques,** école, enseignement indépendants de toute appartenance religieuse (par opp. à *confessionnel,* à *religieux*).

1. laisse [lɛs] **n.f.** (de *laisser*). **1.** Corde, lanière servant à mener un chien. **2. Tenir qqn en laisse,** l'empêcher d'agir librement.

2. laisse [lɛs] **n.f.** (de *1. laisse*). LITTÉR. Suite de vers qui constitue une section d'un poème médiéval, d'une chanson de geste.

3. laisse [lɛs] **n.f.** (de *1. laisse*). OCÉANOGR. Zone d'une plage qui se trouve découverte à marée basse.

laissé-pour-compte [lesepurkɔ̃t] **n.m.** (pl. *laissés-pour-compte*). Marchandise dont on a refusé de prendre livraison ou article resté en magasin ; invendu. ◆ **laissé-pour-compte, laissée-pour-compte n.** (pl. *laissés-, laissées-pour-compte*). FAM. Personne dont on n'a pas voulu, rejetée par un groupe social : *Les laissés-pour-compte de la société de consommation.*

laisser [lese] **v.t.** (lat. *laxare*, relâcher). **1.** Ne pas prendre qqch dont on pourrait disposer ; différer une action : *Laisser de la viande dans son assiette. Laisse des fruits pour ce soir* (syn. **garder**). *Laissez ça pour demain* (= remettez à demain). *Laisse, je m'en occuperai plus tard. Il faut laisser une marge plus grande* (syn. **ménager, réserver**). **2.** Ne pas prendre qqch à qqn, afin qu'il puisse en disposer : *Laisser sa part à un ami* (syn. **réserver, abandonner**). **3.** Remettre qqch à qqn : *Laisser sa clef au gardien* (syn. **confier**). *Laisser un pourboire au garçon* (syn. **verser, donner**). **4.** Confier qqch à qqn : *Je vous laisse le soin de lui annoncer la nouvelle* (= je vous charge de). *Je peux vous laisser un message pour mon père ?* **5.** Se séparer de qqch, l'abandonner volontairement ou l'oublier : *Je vous laisse ce lot à 15 €* (syn. **vendre, céder**). *Laisser ses bagages à la consigne* (syn. **déposer, mettre** ; contr. **garder**). *J'ai dû laisser mon parapluie chez toi* (syn. **oublier**). *Ils ont laissé leur appartement de Paris* (syn. **quitter**). **6.** Perdre : *J'y ai laissé beaucoup d'argent. Laisser la vie au combat* (= mourir). **7.** Donner par testament, par succession : *Laisser toute sa fortune à ses enfants* (syn. **léguer**). **8.** Avoir tel acquit (positif ou négatif) au moment de sa mort : *Laisser de grands biens, une grande œuvre. Laisser des dettes.* **9.** Se séparer de qqn, ne pas l'emmener avec soi : *Laisser ses enfants à la maison.* **10.** Maintenir qqn, qqch dans tel état, dans telle situation, dans telle position : *Laisser qqn à la porte. Laisser un prévenu en liberté. Laisser un champ en friche. Laisse ton frère tranquille* (= ne l'importune pas). *Laisser de côté les détails* (= ne pas en tenir compte). **11.** (Sujet qqch). Être la cause de qqch qui se forme ou qui subsiste ; former, déposer : *Le détachant a laissé une auréole.* **12.** (+ inf.). Permettre, ne pas empêcher de : *Laisser passer un piéton. Laisser aller la corde. Je ne la laisserai pas faire. Ces fillettes que j'ai laissées* (ou *laissé*) *sortir seules. Laisse-lui prendre ses responsabilités.* **13.** (+ inf.). LITT. **Laisser (à qqn) à penser, à juger (si, ce que, etc.)**, ne pas expliquer à qqn qqch que l'on juge suffisamment clair, explicite : *Je vous laisse à penser si ces paroles m'ont troublée. Cela laisse à penser* (= donne à réfléchir). ◢ **Laisser faire, laisser dire,** ne pas se soucier de ce que font, de ce que disent les autres. ◢ FAM. **Laisser tomber,** abandonner : *Il ne veut pas comprendre, laisse tomber* (= n'insiste pas). ◢ LITT. **Ne pas laisser de** (+ inf.), ne pas manquer de : *Cette réponse ne laisse pas de m'étonner.* ◆ **se laisser v.pr. 1.** (Suivi d'un inf.). Être, volontairement ou non, l'objet d'une action : *Se laisser surprendre. Se laisser faire* (= céder aux désirs, à la volonté de qqn). **2.** Être agréable à : *Petit vin qui se laisse boire.* **3. Se laisser aller, se laisser vivre,** se relâcher, s'abandonner à ses penchants. ◢ **Se laisser dire que,** entendre dire que : *Je me suis laissé dire que vous alliez démissionner.*

laisser-aller [leseale] **n.m. inv.** Négligence dans la tenue, dans les manières : *Sévir contre le laisser-aller dans le travail.*

laissez-passer [lesepase] **n.m. inv.** Permis de circuler délivré par écrit (syn. **sauf-conduit**).

lait [lɛ] **n.m.** (lat. *lac, lactis*). **1.** Liquide blanc sécrété par les glandes mammaires de la femme et des femelles des mammifères, aliment très riche en graisses émulsionnées, en protides, en lactose, en vitamines, en sels minéraux et qui assure la nutrition des enfants, des petits : *Lait maternel. Lait de vache, de chèvre, d'ânesse. Lait écrémé. Lait en poudre* (= déshydraté). *Lait frais, pasteurisé, stérilisé. Lait U.H.T.* (= stérilisé à ultra-haute température). *Lait condensé. Café, thé au lait.* **2.** Liquide qui a l'aspect du lait : *Lait de coco, d'amande. Lait de chaux.* **3.** Préparation plus ou moins fluide, souvent parfumée, pour les soins de la peau et le maquillage : *Lait de toilette.* **4. Frère, sœur de lait,** enfant qui a eu pour nourrice la même femme qu'un autre, sans être frère ou sœur de ce dernier. **5. Lait de poule,** mélange de jaune d'œuf, de lait chaud et de sucre.

■ **Le lait maternel.** Il contient à peu près la même quantité de lipides (graisses) que le lait de vache, mais deux fois plus de lactose (un sucre) et moitié moins de protéines. Il contient aussi des vitamines et des minéraux (fer, calcium, etc.). Il est adapté aux besoins du nourrisson. Sa composition varie au cours de la tétée (riche en eau et en sels minéraux pour désaltérer en début de tétée, riche en protéines et en lipides ensuite, pour rassasier). Il représente un aliment complet pour le bébé jusqu'à 5 ou 6 mois environ. De plus, il ne provoque aucune allergie ou intolérance et il contient des anticorps maternels qui protègent le bébé contre de nombreuses infections. Certaines substances, comme l'alcool, peuvent passer dans le lait maternel ; c'est pourquoi de nombreux médicaments sont contre-indiqués au cours de l'allaitement.

Le lait des animaux d'élevage. Les propriétés physiques du lait et sa composition sont variables quantitativement et qualitativement suivant l'espèce, la race, les aptitudes individuelles, l'alimentation et les conditions de vie des animaux. La couleur normale du lait (blanc mat) varie en fonction de la teneur en matières grasses et de l'alimentation des animaux (le carotène, un pigment orange abondant dans l'herbe jeune, est dissous dans la matière grasse). Le lait n'est pas un liquide stérile. Dans la mamelle même, il contient une flore microbienne composée surtout de ferments lactiques. La présence de germes pathogènes dans cette flore initiale du lait est extrêmement rare. Au moment de la traite s'introduit une flore de contamination dont on inhibe le développement par refroidissement.

Les traitements. Les laits d'ânesse, de brebis, de bufflonne, de chamelle, de chèvre, de jument, de renne sont utilisés ici ou là, mais c'est le lait de vache qui est, de très loin, le premier lait de consommation dans le monde. Il donne lieu à une activité industrielle considérable. Dans les pays développés, après collecte et transport, le premier traitement subi par le lait est un chauffage, qui stabilise son état microbien. Selon le traitement thermique, on distingue le lait cru, pasteurisé, stérilisé ou stérilisé UHT (ultra-haute température). Selon sa teneur en matière grasse, le lait est entier (au moins 36 g de matière grasse par litre), demi-écrémé (entre 15,45 et 18,45 g/l) ou écrémé (moins de 3,09 g/l).

Les produits laitiers. Le *beurre* est fabriqué industriellement dans des *butyrateurs,* ou barattes continues. Il faut de 22 à 25 litres de crème pour obtenir 1 kg de beurre. On fabrique maintenant des beurres allégés contenant 41 % de matières grasses, soit deux fois moins que le beurre ordinaire.

Les *yaourts* sont obtenus à partir de l'action de micro-organismes favorables (*Streptococcus thermophilus* et *Lactobacillus bulgaricus*) dans des cuves de fermentation. Avant le conditionnement, on procède à l'adjonction éventuelle de sucre, d'arômes, de fruits. Une grande innovation est venue des laits fermentés au bifidus *(Bifidobacterium bifidum),* dont le succès est lié à l'onctuosité et aux qualités nutritionnelles.

Les *glaces* et les *crèmes glacées* sont fabriquées par congélation d'un mélange pasteurisé de lait, de crème et de sucre, parfumé à l'aide de fruits, de jus de fruits ou d'arômes. Les desserts lactés sont préparés avec du lait, du sucre, des arômes et des ingrédients contribuant à leur texture onctueuse.

Enfin, les laits de vache, de chèvre et de brebis servent à la fabrication d'une infinie variété de *fromages.* Ils sont classés selon le mode de fabrication et l'état du produit final : pâte molle, pâte persillée, pâte pressée non cuite, pâte cuite, pâte dure ; croûte fleurie (moisissures externes), croûte lavée, etc. ■

laitage [letaʒ] **n.m.** Aliment à base de lait.

laitance [letɑ̃s] **n.f.** (de *lait,* en raison de son apparence). Sperme de poisson (on dit parfois *la laite*).

laiterie [lɛtri] **n.f. 1.** Usine où le lait recueilli dans les fermes est traité pour sa consommation et pour la production de produits dérivés (crème, beurre, fromage, etc.). **2.** Industrie, commerce du lait. **3.** Local où l'on conserve le lait et où l'on fait le beurre, dans une ferme.

laiteux, euse [letø, -øz] **adj.** (de *lait*). Qui ressemble au lait, de couleur blanchâtre : *Teint laiteux.*

1. laitier, ère [letje, -ɛr] **n.** Personne qui vend des produits laitiers. ◆ **adj. 1.** Qui concerne le lait et ses dérivés : *Industrie laitière. Produits laitiers.* **2. Vache laitière,** vache élevée pour la production du lait. (On dit aussi *une laitière.*)

2. laitier [letje] **n.m.** (de *lait,* en raison de son apparence). Scorie de haut-fourneau.

laiton [letɔ̃] **n.m.** (ar. *latun,* cuivre). Alliage de cuivre et de zinc : *Le laiton est parfois appelé « cuivre jaune ».*

laitue [lety] **n.f.** (lat. *lactuca,* de *lac, lactis,* lait). **1.** Plante potagère annuelle, consommée en salade. ▸ Famille des composées ; il en existe plusieurs variétés (romaine, batavia, etc.). **2.** Laitue de mer : *ulve.*

laïus [lajys] **n.m.** (de *Laïus,* père d'Œdipe). *FAM.* Discours, exposé génér. long et verbeux.

laize [lɛz] **n.f.** TEXT. Syn. de *lé.*

Lakanal (Joseph), homme politique français (Serres, comté de Foix, 1762 - Paris 1845). Membre de la Convention, il attacha son nom à de nombreuses mesures relatives à l'instruction publique (1793-1795).

Lake District, région touristique, parsemée de lacs, du nord-ouest de l'Angleterre.

lallation [lalasjɔ̃] **n.f.** (du lat. *lallare,* dire *la-la,* chanter). **1.** Défaut de prononciation de la consonne *l.* **2.** Ensemble des émissions vocales des nourrissons (syn. **babil, babillage**).

Lally (Thomas, *baron* **de Tollendal,** *comte* **de),** administrateur français (Romans 1702 - Paris 1766). Gouverneur général des Établissements français dans l'Inde à partir de 1755, il capitula devant les Anglais à Pondichéry en 1761. Accusé de trahison, il fut condamné à mort et exécuté. Voltaire participa à sa réhabilitation.

Lalo (Édouard), compositeur français (Lille 1823 - Paris 1892). Son œuvre, d'inspiration romantique ou folklorique (*Concerto* pour violoncelle, 1877 ; *Symphonie espagnole,* 1875 ; le ballet *Namouna,* 1882 ; l'opéra *le Roi d'Ys,* 1888), vaut par la richesse de l'orchestration.

1. lama [lama] **n.m.** (esp. *llama,* du quechua). Mammifère ruminant domestique de la cordillère des Andes, élevé pour sa chair, sa laine, et comme bête de somme. ▸ Famille des camélidés ; genre *Lama.* Ce genre comprend aussi une autre espèce domestiquée, l'*alpaga,* et une espèce sauvage, le *guanaco.* Cependant, certains scientifiques pensent que l'alpaga et le lama sont en fait deux sous-espèces (races) du guanaco.

2. lama [lama] **n.m.** (tibétain *blama,* être supérieur). Moine bouddhiste, au Tibet ou en Mongolie. ▸ Le chef spirituel est appelé « grand lama » ou « dalaï-lama ».

lamantin [lamɑ̃tɛ̃] **n.m.** (esp. *manatí*). Mammifère herbivore aquatique vivant dans les fleuves d'Afrique et d'Amérique tropicales. ▸ Ordre des siréniens ; poids max. 500 kg ; long. max. 3 m.

Lamarck (Jean-Baptiste de Monet, *chevalier* **de),** naturaliste français (Bazentin, Somme, 1744 - Paris 1829). Après quelques années dans l'armée, il se tourne vers la botanique. Il publie, en 1778, une *Flore française* en trois volumes puis, en 1781, est nommé botaniste du Jardin du roi. Quand celui-ci devient le Muséum national d'histoire naturelle, en 1793, il obtient la chaire des animaux sans vertèbres, qu'il occupera jusqu'à sa mort. Dans ses ouvrages *Philosophie zoologique* (1809) puis *Histoire naturelle des animaux sans vertèbres* (1815-1822), il expose la première véritable théorie de l'évolution des espèces : le *transformisme* (les espèces animales et végétales se transforment au cours du temps, les organismes complexes dérivant de formes plus simples). Selon Lamarck, l'exercice constant d'une fonction biologique crée ou développe l'organe impliqué *(la fonction crée l'organe),* et les caractères ainsi acquis sont transmis à la descendance *(hérédité des caractères acquis).* Le *lamarckisme* a été abandonné, car il a été démontré que les caractères acquis ne sont pas héréditaires. Cependant, il a ouvert la voie à l'évolutionnisme, et en particulier au darwinisme.

Lamartine (Alphonse de), poète et homme politique français (Mâcon 1790 - Paris 1869). Son premier recueil lyrique (*Méditations poétiques,* 1820), d'inspiration spiritualiste et nostalgique, lui assura une immense célébrité, et la jeune génération romantique le salua comme son maître. Mais son ambition allait à une carrière diplomatique, qu'il abandonna à l'avènement de Louis-Philippe. Il revint à la poésie avec *les Harmonies poétiques et religieuses* (1830) et voyagea en Orient. Après la mort de sa fille Julia, il écrivit *Jocelyn* (1836), journal en vers d'un prêtre, qui devait être le dernier poème d'une vaste épopée philosophique dont le début, *la Chute d'un ange,* a été écrit en 1838. Ayant mis son talent au service des idées libérales (*Histoire des Girondins,* 1847), il devint membre du Gouvernement provisoire et ministre des Affaires étrangères en 1848. Il défendit le drapeau tricolore contre le drapeau rouge (le drapeau révolutionnaire), mais perdit de son influence après les journées de juin. Candidat malheureux aux élections présidentielles, il n'écrivit plus que des récits autobiographiques (*Confidences,* 1849 ; *Graziella,* 1852).

lamaserie [lamazri] **n.f.** (de *2. lama*). Couvent de lamas.

Lamballe (Marie-Thérèse Louise de Savoie-Carignan, *princesse* **de)** [Turin 1749 - Paris 1792], amie de Marie-Antoinette, victime des massacres de Septembre.

lambda [lɑ̃bda] **n.m. inv. 1.** Onzième lettre de l'alphabet grec (Λ, λ). **2.** (En appos.). *FAM.* Ordinaire ; quelconque : *Individu lambda.*

lambeau [lɑ̃bo] **n.m.** (frq. **labba,* morceau d'étoffe). **1.** Morceau d'étoffe, de papier, d'une matière quelconque, déchiré, détaché, arraché : *Vêtement en lambeaux* (syn. **loque**). **2.** Fragment d'un ensemble ; partie détachée d'un tout : *Des lambeaux de chair. Le dessus du lit tombe, part en lambeaux.*

Lambert (Jean Henri), mathématicien et physicien français (Mulhouse 1728 - Berlin 1777). Il démontra que le nombre π est irrationnel (1768), édifia la trigonométrie sphérique (1770) et introduisit un nouveau type de projection cartographique (1772). Il fut l'un des créateurs de la photométrie, dont il donna la loi fondamentale.

lambi [lɑ̃bi] **n.m.** (mot du créole antillais). Aux Antilles, nom usuel d'un mollusque, le *strombe,* dont la coquille sert à fabriquer les camées.

lambic [lɑ̃bik] **n.m.** (flamand *lambiek,* sorte de bière). Bière forte fabriquée en Belgique, préparée avec du malt et du froment cru par fermentation spontanée.

lambin, e [lɑ̃bɛ̃, -in] **adj.** et **n.** (orig. incert., p.-ê. même rad. que *lambeau*). *FAM.* Qui agit avec lenteur et mollesse : *Quel lambin ! Il met dix minutes à s'habiller.*

lambiner [lɑ̃bine] **v.i.** *FAM.* Agir avec lenteur, sans énergie ni vivacité : *Ne lambinez pas, je suis pressé* (syn. **traîner**).

lambourde [lɑ̃burd] **n.f.** (du frq. **lado,* planche, et de l'anc. fr. *bourde,* poutre). **1.** CONSTR. Pièce de bois de petit équarrissage sur laquelle sont clouées les lames d'un parquet. **2.** Poutre fixée le long d'un mur et sur laquelle s'appuient les extrémités des solives. **3.** AGRIC. Rameau d'un arbre fruitier, terminé par des boutons à fruits.

lambrequin [lɑ̃brəkɛ̃] **n.m.** (néerl. *lamperkijn,* de *lamper,* voile). Bande d'étoffe festonnée dont on décore les ciels de lit.

lambris [lɑ̃bri] **n.m.** (de *lambrisser*). **1.** Revêtement en bois des parois d'une pièce, d'un plafond, d'une voûte. **2.** Matériau constitué de lames de bois profilées et rainées, qui sert à lambrisser.

lambrisser [lɑ̃brise] **v.t.** (lat. pop. **lambruscare,* orner de vrilles de vigne, de **lambrusca,* vigne sauvage, class. *labrusca*). Revêtir d'un lambris : *Lambrisser un plafond.*

lambswool [lɑ̃bswul] **n.m.** (de l'angl. *lamb,* agneau, et *wool,* laine). **1.** Laine très légère provenant d'agneaux de 6 à 8 mois. **2.** Tissu fabriqué avec cette laine.

lame [lam] **n.f.** (lat. *lamina*). **1.** Partie métallique d'un instrument ou d'un outil propre à couper, à trancher, à scier, à raser, à gratter : *La lame d'un canif, d'un rasoir.* **2.** Morceau de métal ou d'une autre matière dure, plat et très mince : *Lame de parquet.* **3.** OPT. Rectangle de verre sur lequel on dépose les objets à examiner au microscope, et que l'on recouvre ensuite d'une lamelle. **4.** PRÉHIST. Éclat de pierre dont la longueur excède le double de la largeur. **5.** Partie osseuse formant l'arc postérieur des vertèbres, entre l'apophyse articulaire et l'apophyse épineuse. (On dit aussi *lame vertébrale.*) **6.** TEXT. Cadre supportant les lisses du métier à tisser. **7.** BOT. Membrane située sous le chapeau de certains champignons. **8.** Vague de la mer, forte et bien formée : *Être emporté par une lame. Une lame de fond.* **9. Une bonne lame, une fine lame,** une personne qui manie bien l'épée, un bon escrimeur.

lamé, e [lame] **adj.** et **n.m.** Se dit d'un tissu orné de minces lames d'or ou d'argent ou tissé avec des fils de métal : *Robe en lamé.*

lamellaire [lamelɛr] **adj.** Dont la structure présente des lames, des lamelles.

lamelle [lamɛl] **n.f.** (lat. *lamella*). **1.** Petite lame, petit morceau : *Des lamelles de mica* (syn. **feuille**). **2.** Fine tranche : *Découper un oignon en lamelles.* **3.** Chacune des lames rayonnantes qui portent les éléments producteurs de spores des champignons, au-dessous du chapeau. **4.** OPT. Mince lame de verre utilisée pour recouvrir les préparations à observer au microscope.

lamellé-collé [lamelekɔle] **n.m.** (pl. *lamellés-collés*). Matériau formé de lamelles de bois assemblées par collage.

lamellibranche [lamelibrɑ̃ʃ] **n.m.** (de *lamelle* et *branchie*). Syn. de *bivalve.*

lamellicorne [lamelikɔrn] **adj.** et **n.m.** ZOOL. Se dit d'un coléoptère dont les antennes sont formées de lamelles (scarabée, hanneton, cétoine, etc.).

lamelliforme [lamelifɔrm] **adj.** En forme de lamelle.

lamellirostre [lamelirɔstr] **adj.** (du lat. *lamella,* lamelle, et *rostrum,* bec). Se dit d'un oiseau, tel le canard, dont le bec est garni de lamelles pour filtrer l'eau.

La Mennais ou **Lamennais (Félicité de),** prêtre et écrivain français (Saint-Malo 1782 - Paris 1854). Après avoir publié son *Essai sur l'indifférence en matière de religion* (1817-1823), il apparaît comme le prophète d'une Église ébranlée par la Révolution et comme le leader d'un catholicisme libéral et ultramontain. Des disciples le rejoignent, tels Lacordaire et Montalembert ; après 1830, ils animent le journal *l'Avenir.* Mais l'épiscopat gallican et la police contre-révolutionnaire s'acharnent contre La Mennais, qui, blâmé par Grégoire XVI dans l'encyclique *Mirari vos* (1832), rompt avec l'Église (*Paroles d'un croyant,* 1834) et s'isole dans un socialisme évangélique et romantique.

lamentable [lamɑ̃tabl] **adj.** (lat. *lamentabilis,* plaintif, déplorable). **1.** *VX.* Qui fait pitié : *Un sort lamentable* (syn. **pitoyable**). **2.** Mauvais, faible au point d'exciter une pitié méprisante : *Un orateur lamentable* (syn. **minable**). *Une lamentable histoire d'escroquerie* (syn. **affligeant, navrant**).

lamentablement [lamɑ̃tabləmɑ̃] **adv.** De façon lamentable : *Son entreprise a échoué lamentablement.*

lamentation [lamɑ̃tasjɔ̃] **n.f.** (Surtout au pl.). Plainte prolongée et accompagnée de gémissements et de cris : *Ses lamentations m'exaspèrent* (syn. **pleurnicherie**).

se **lamenter** [lamɑ̃te] **v.pr.** (lat. *lamentari,* pleurer, gémir). Se répandre en plaintes, en gémissements : *Se lamenter sur son sort* (syn. **gémir**). *Se lamenter sur la conduite d'un enfant* (syn. **se désoler de**).

lamento [lamɛnto] **n.m.** (mot it.). Chant de tristesse et de déploration, souvent utilisé dans le madrigal, la cantate, l'opéra italien.

La Mettrie (Julien Offroy de), médecin et philosophe matérialiste français (Saint-Malo 1709 - Berlin 1751). Jésuite, il devint médecin. Il publia une *Histoire naturelle de l'âme* (1745), dont le matérialisme fit scandale, et qui lui fit perdre sa place. Frédéric II l'invita à continuer son œuvre à la cour de Prusse. Il continua à écrire plusieurs ouvrages de médecine. Ses thèses matérialistes marquèrent un tournant dans l'histoire de la pensée des Lumières.

lamifié, e [lamifje] **adj.** (de *lame*). Constitué de plusieurs feuilles de matériau ; stratifié. ◆ **lamifié n.m.** Matériau stratifié décoratif (appellation commerciale).

laminage [laminaʒ] **n.m. 1.** Action de laminer un métal, un alliage. **2.** Action de laminer, de réduire ; fait d'être laminé, rogné : *Le laminage des revenus.*

laminaire [laminɛr] **n.f.** (de *lame*). Algue brune des côtes rocheuses, qui peut servir d'engrais ou fournir de l'iode, de la soude, de la potasse.

laminer [lamine] **v.t.** (de *lame*). **1.** Aplatir un produit métallurgique par passage dans un laminoir. **2.** Réduire progressivement qqch : *La hausse des prix lamine le pouvoir d'achat* (syn. **rogner, diminuer**).

lamineur [laminœr] **n.m.** Ouvrier employé au laminage des métaux. ◆ **adj.m.** Qui lamine : *Cylindre lamineur.*

laminoir [laminwar] **n.m.** (de *laminer*). **1.** Machine formée de deux cylindres d'axes parallèles tournant en sens inverse, qui sert à laminer un produit métallurgique ; installation métallurgique comprenant un certain nombre de ces machines. **2. Passer au laminoir,** être soumis ou soumettre à de rudes épreuves : *Les examinateurs l'ont passé au laminoir.*

Lamoricière (Louis Juchault de), général français (Nantes 1806 - près d'Amiens 1865). Il reçut en Algérie la soumission d'Abd el-Kader (1847) ; ministre de la Guerre (1848), il fut exilé pour son opposition à l'Empire (1852) puis commanda les troupes pontificales (1860).

lampadaire [lɑ̃padɛr] **n.m.** (lat. médiév. *lampadarium*). Dispositif d'éclairage d'appartement ou de voie publique, à une ou à plusieurs lampes montées sur un support élevé.

lampant, e [lɑ̃pɑ̃, -ɑ̃t] **adj.** (prov. *lampan,* de *lampa,* briller). Se dit d'un produit pétrolier propre à alimenter une lampe à flamme.

lamparo [lɑ̃paro] **n.m.** (mot prov.). Lampe placée à l'avant d'un bateau, pour attirer le poisson.

lampas [lɑ̃pa] ou [lɑ̃pas] **n.m.** (frq. **labba,* chiffon). Tissu d'ameublement en soie orné de grands motifs décoratifs en relief.

lampe [lɑ̃p] **n.f.** (lat. *lampas*). **1.** Appareil d'éclairage fonctionnant à l'électricité ; luminaire : *Lampe de chevet. Lampe au néon. Lampe à vapeur de mercure, de sodium* (= fonctionnant par luminescence). **2.** Ampoule électrique : *Griller une lampe.* **3.** Récipient contenant un liquide ou un gaz combustible pour produire de la lumière : *Lampe à huile, à pétrole.* **4.** Dispositif produisant une flamme et utilisé comme source de chaleur : *Lampe à alcool. Lampe à souder.* **5. Lampe à incandescence,** dans laquelle l'émission de la lumière est produite par un corps porté à l'incandescence par le passage d'un courant électrique. / **Lampe de poche,** boîtier plat ou cylindrique équipé d'une pile et d'une ampoule électrique. / **Lampe de sûreté,** que l'on peut utiliser dans une atmosphère explosive. / **Lampe témoin,** lampe qui signale le fonctionnement et la mise en marche d'un appareil en s'allumant ou en s'éteignant. / **Lampe tempête,** lampe portative dont la flamme est particulièrement bien protégée contre le vent. (On écrit aussi *lampe-tempête.*)

lampée [lɑ̃pe] **n.f.** (de *lamper*). *FAM.* Grande gorgée de liquide qu'on avale d'un coup : *Boire d'une seule lampée.*

lamper [lɑ̃pe] **v.t.** (forme nasalisée de *laper*). *FAM.* Boire avidement, par lampées.

lampion [lɑ̃pjɔ̃] **n.m.** (it. *lampione*, grande lampe). **1.** Lanterne vénitienne. **2.** Petit récipient contenant une matière combustible et une mèche, qui sert aux illuminations lors de fêtes traditionnelles. **3. Sur l'air des lampions**, en scandant trois syllabes sur une seule note : *Les spectateurs criaient : « remboursez ! » sur l'air des lampions.*

lampiste [lɑ̃pist] **n.m. 1.** VX. Personne chargée de l'entretien des lampes et des lanternes dans un établissement ou une exploitation industrielle. **2.** FAM. Employé subalterne : *S'en prendre au lampiste.*

lamproie [lɑ̃prwa] **n.f.** (bas lat. *lampreda*). Vertébré aquatique sans mâchoires, très primitif, de forme cylindrique et allongée, à peau nue et gluante, apprécié pour sa chair fine et délicate. ▸ Classe des agnathes, ordre des cyclostomes ; long. max. 1 m.

lampyre [lɑ̃pir] **n.m.** (lat. *lampyris*, du gr. *lampein*, briller). Insecte coléoptère, dont la femelle, dépurvue d'ailes, est connue sous le nom de *ver luisant* en raison de son abdomen luminescent.

Lanaudière, région administrative du Québec (Canada), sur le Saint-Laurent ; 13 510 km^2 ; 471 748 hab.

Lancashire, comté d'Angleterre, sur la mer d'Irlande ; 1 171 339 hab. Ch.-l. *Preston.*

Lancastre, famille anglaise titulaire du comté, puis du duché de Lancastre et qui fut en possession de la couronne d'Angleterre à partir de 1399, sous les règnes d'Henri IV, Henri V et Henri VI. Portant dans ses armes la rose rouge, elle fut la rivale de la maison d'York dans la guerre des Deux-Roses. Avec l'exécution, en 1471, d'Édouard, fils unique d'Henri VI, s'éteignit la lignée directe des Lancastres.

lance [lɑ̃s] **n.f.** (lat. *lancea*). **1.** Arme d'hast à long manche et à fer pointu. **2.** Tuyau muni d'un ajutage ou d'un diffuseur servant à former et à diriger un jet d'eau : *Lance à eau. Lance d'incendie.* **3.** LITT. **Rompre une, des lances avec qqn,** soutenir âprement une discussion avec lui.

lancé, e [lɑ̃se] **adj.** (de *1. lancer*). Qui a acquis une certaine célébrité : *Un acteur lancé.*

lance-bombes [lɑ̃sbɔ̃b] **n.m. inv.** Appareil installé sur un avion pour le largage des bombes.

lancée [lɑ̃se] **n.f.** (de *1. lancer*). **1.** Élan pris par qqn, qqch en mouvement. **2. Sur sa lancée,** en profitant de l'élan pris pour atteindre un objectif : *L'ailier courut sur 10 mètres et, sur sa lancée, dribbla deux adversaires. Elle exposa ses griefs et, sur sa lancée, présenta sa démission* (= dans la foulée).

lance-flammes [lɑ̃sflam] **n.m. inv.** Appareil employé au combat pour projeter des liquides enflammés.

lance-fusées [lɑ̃sfyze] **n.m. inv.** VIEILLI. Lance-roquettes multiple.

lance-grenades [lɑ̃sgrənad] **n.m. inv.** Appareil qui sert à lancer des grenades.

lancement [lɑ̃smɑ̃] **n.m. 1.** Action de lancer : *Le lancement du javelot* (syn. **lancer**). *Rampe, base de lancement d'une fusée. Le lancement d'un satellite.* **2.** Publicité faite pour promouvoir un produit, faire connaître qqn, le mettre en vedette : *Prix de lancement. Lancement d'une nouvelle vedette.*

lance-missiles [lɑ̃smisil] **n.m. inv.** Engin servant à lancer des missiles. ◆ **adj. Silo lance-missile** ⟶ **silo.**

lancéolé, e [lɑ̃seɔle] **adj.** (lat. *lanceolatus*). BOT. Se dit d'un organe terminé en forme de lance : *Feuille lancéolée.*

lance-pierre [lɑ̃spjɛr] **n.m.** (pl. *lance-pierres*). **1.** Dispositif à deux branches, muni de deux élastiques et d'une pièce de cuir, dont les enfants se servent pour lancer des pierres (syn. **fronde**). **2.** FAM. **Manger avec un lance-pierre,** manger très rapidement.

1. lancer [lɑ̃se] **v.t.** (bas lat. *lanceare*, manier la lance) [conj. **16**]. **1.** Imprimer à qqch un vif mouvement qui l'envoie à travers l'espace : *Lancer des pierres sur une palissade, contre un mur* (syn. **jeter**). *Lancer la balle à son partenaire* (syn. **envoyer, passer**). *Lancer une flèche en l'air, une fusée dans l'espace* (syn. **projeter**). *Lancer le poids, le javelot, le disque, le marteau.* **2.** Mouvoir les bras, les jambes d'un geste vif dans telle direction : *Lancer la jambe, le bras en avant* (syn. **tendre**). **3.** Dire de manière soudaine ou assez violente ; émettre des sons avec force : *Lancer un appel, un cri de terreur. Le grand mot est lancé* (syn. **lâcher**). **4.** Envoyer qqn, un animal contre qqn, un être animé : *Lancer ses chiens sur un cerf* (syn. **lâcher**). *Lancer des policiers sur une piste.* **5.** Faire sortir un cerf, un animal qu'on chasse de l'endroit où il est, le débusquer. **6.** Émettre : *Lancer un emprunt, un mandat d'arrêt, un ultimatum.* **7.** Faire connaître ou reconnaître d'un large public : *C'est ce livre qui l'a lancé.* **8.** Donner l'élan nécessaire à ; entreprendre, déclencher : *Lancer une entreprise, une affaire.* **9.** Mettre, pousser qqn dans telle voie, telle entreprise : *Lancer son fils dans les affaires. Elle est lancée, on ne pourra plus l'arrêter.* **10.** Faire parler qqn de qqch qu'il aime, amener la conversation sur l'un de ses sujets favoris : *Quand on le lance sur l'automobile, il est intarissable.* **11. Lancer un navire,** mettre un navire à l'eau par glissement sur sa cale de construction. ◆ **v.t. ind.** FAM. ou RÉGION. Élancer : *Ça lui lance très fort dans le genou.* ◆ **se lancer v.pr. 1.** Se précipiter, se jeter dans une direction déterminée : *Se lancer dans le vide.* **2.** S'engager impétueusement dans une action, un exposé : *Se lancer dans des dépenses excessives* (syn. **s'embarquer**). *Se lancer dans de grands discours. Se lancer dans des explications confuses* (= entrer dans).

2. lancer [lɑ̃se] **n.m.** (de *1. lancer*). **1.** Épreuve d'athlétisme consistant à projeter le plus loin possible un engin (poids, disque, javelot, marteau). **2. Pêche au lancer,** pêche à la ligne consistant à envoyer loin devant soi un appât ou un leurre qu'on ramène grâce à un moulinet.

lance-roquettes [lɑ̃srɔkɛt] **n.m. inv.** Arme tirant des roquettes.

lance-torpilles [lɑ̃stɔrpij] **n.m. inv.** Dispositif servant à lancer des torpilles.

lancette [lɑ̃sɛt] **n.f.** (dimin. de *lance*). **1.** Petit instrument de chirurgie, utilisé pour la vaccination et l'incision de petits abcès. **2.** ARCHIT. Arc allongé.

1. lanceur, euse [lɑ̃sœr, -øz] **n.** (de *2. lancer*). Athlète qui effectue un lancer : *Un lanceur de javelot.*

2. lanceur [lɑ̃sœr] **n.m.** (de *1. lancer*). **1.** Fusée conçue pour placer des satellites sur orbite. **2.** Sous-marin porteur de missiles stratégiques.

■ Les lanceurs traditionnels, ou fusées, sont dits *consommables* : ils ne servent qu'une seule fois et aucun de leurs éléments n'est récupéré. Leur silhouette est celle d'un long cylindre, haut de 30 à 60 m, avec au sommet, protégée par une coiffe, la charge utile composée d'un ou de plusieurs satellites ; à la base, un groupe de moteurs. Pour pouvoir fonctionner à la fois dans l'atmosphère et dans le vide, un lanceur met en œuvre une propulsion par réaction, grâce à des moteurs-fusées. Il décolle toujours verticalement, le déplacement étant obtenu par éjection, vers l'arrière, à vitesse très élevée, d'importantes quantités de gaz produits par les moteurs. Ceux-ci brûlent divers ergols, sous forme liquide ou solide (poudre), selon les modèles. Dans le cas des liquides, les couples les plus utilisés sont : oxygène-hydrogène, oxygène-kérosène et peroxyde d'azote-UDMH (diméthylhydrazine asymétrique). Les ergols constituent l'essentiel de la masse d'un lanceur au moment de son décollage, par exemple 93 % pour Ariane 5 (contre 6 % pour les structures et 1 %, seulement, pour la charge utile).

Pour des raisons d'efficacité, un lanceur comprend toujours plusieurs étages, le plus souvent trois, qui fonctionnent successivement et sont largués une fois vides (les parties rejetées dans l'espace constituent des déchets spatiaux qui tournent autour de la Terre). Afin d'améliorer les performances, des propulseurs d'appoint (à liquides ou à poudre) peuvent être ajoutés latéralement, contre l'étage de base. Une autre particularité des lanceurs spatiaux est la brièveté de leur fonctionnement (de dix à vingt minutes selon les missions).

Les lanceurs consommables. La gamme des lanceurs consommables disponibles aujourd'hui s'échelonne entre le petit lanceur israélien Shavit (20 t environ au lancement), capable de satelliser une charge utile de 160 kg, et les puissants lanceurs Ariane 5 (Europe), Delta IV et Atlas V (États-Unis) ou Proton (Russie) ou H2B (Japon), qui peuvent emporter jusqu'à une vingtaine de tonnes en orbite basse autour de la Terre. Par ailleurs, la Chine et l'Inde ont également fait leur entrée dans le cercle très privé des puissances spatiales avec des lanceurs de moyenne gamme : les fusées chinoises « Longue Marche » et les fusées indiennes PSLV (*Polar Satellite Launch Vehicle*) et GSLV (*Geostationary Satellite Launch Vehicle*).

Les navettes spatiales. En 1981, les États-Unis ont mis en service un nouveau type de lanceur, partiellement réutilisable : la navette spatiale. Son élément principal est un orbiteur de 37 m de long et 24 m d'envergure, dont l'aspect évoque un avion à aile delta. Son fuselage comprend à l'avant un habitacle pressurisé, à deux niveaux, de 71 m^3 pour l'équipage (jusqu'à 7 astronautes), au centre une vaste soute de 4,5 m de diamètre et de 18 m de longueur, pouvant accueillir des charges utiles d'une masse allant jusqu'à 29,5 t, et, à l'arrière, les trois principaux moteurs-fusées de l'engin et deux moteurs de manœuvre. Sa masse « à sec » (réservoirs vides et sans charge utile) est de 70 t. Ce véhicule spatial est conçu pour des missions en orbite basse (de 300 à 400 km d'altitude) ; il décolle comme une fusée et peut revenir se poser au sol comme un planeur. Mais il ne peut aller seul dans l'espace : au décollage lui sont adjoints deux propulseurs auxiliaires à propergol solide (chacun contient 500 t de poudre) et un énorme réservoir extérieur de 47 m de long et 8,4 m de diamètre, non réutilisable, contenant 700 t d'hydrogène et d'oxygène liquides, pour l'alimentation des moteurs principaux. Pour les lancements vers l'orbite des satellites géostationnaires (ou d'autres trajectoires lointaines), la navette doit embarquer dans sa soute un propulseur supplémentaire. En particulier, la navette peut s'arrimer à la Station spatiale internationale (ISS) afin de la ravitailler (vivres, matériel et équipage).

Outre le prototype « Enterprise », qui a effectué en 1979 les premiers essais d'atterrissage en vol plané, cinq orbiteurs ont été construits : « Columbia », « Challenger », « Discovery », « Atlantis » et « Endeavour ». Les catastrophes du 28 janvier 1986 et du 1er février 2003 ont conduit à la perte des navettes Challenger et Columbia, et relancé le débat sur la présence de l'homme dans l'espace. Finalement, en juillet 2011, après trente années de fonctionnement, les États-Unis ont décidé d'arrêter le programme des navettes spatiales.

D'autres puissances spatiales, notamment l'Europe et le Japon, ont réalisé des projets de navette, mais ils ont tous été abandonnés pour des raisons budgétaires. ■

lancier [lɑ̃sje] **n.m.** HIST. Soldat d'un corps de cavalerie, armé de la lance.

lancinant, e [lɑ̃sinɑ̃, -ɑ̃t] **adj.** Qui lancine, fait souffrir, tourmente : *Douleur lancinante. Souvenir lancinant* (syn. **obsédant**).

lancinement [lɑ̃sinmɑ̃] **n.m.** Douleur qui lancine.

lanciner [lɑ̃sine] **v.t.** et **v.i.** (lat. *lancinare,* déchiqueter). Faire souffrir par des élancements répétés : *Panaris qui lancine* (syn. **élancer**). ◆ **v.t.** Tourmenter de façon persistante : *Le remords le lancine* (syn. **obséder**).

lançon [lɑ̃sɔ̃] **n.m.** (de *lance*). Autre nom de l'*équille.*

Land [lɑ̃d] **n.m.** [mot all.] (pl. *Länder* [lɛndœr]). **1.** Chacun des États de l'Allemagne. **2.** Province, en Autriche.

landais, e [lɑ̃dɛ, -ɛz] **adj.** et **n. 1.** Des Landes. **2. Course landaise,** jeu traditionnel des Landes dans lequel un homme *(l'écarteur)* doit éviter la charge d'une vache.

land art [lɑ̃dart] **n.m.** (mots anglo-amér., de *land,* terre, et *art,* art). Mode d'expression de l'art contemporain caractérisé par un travail dans et sur la nature.

■ Depuis la fin des années 1960, en réaction contre l'idéal du musée et de la galerie – et contre la survalorisation marchande de l'œuvre qui en résulte –, les artistes du land art travaillent *in situ,* parfois loin des centres urbains. Sous forme d'excavations et de terrassements d'envergure (Michael Heizer, Robert Smithson), de défrichages (Walter de Maria) ou d'interventions sur la neige (Dennis Oppenheim), ils inscrivent dans le paysage motifs géométriques, tunnels, labyrinthes, tertres et dispositifs d'observations (Robert Morris), dans l'esprit de l'art minimaliste et conceptuel. Les interventions peuvent être plus spectaculaires, à base d'objets manufacturés (Christo et Jeanne-Claude), ou plus discrètes et poétiques, à base de bois, de fleurs, de sable ou de pierre (Richard Long, Andy Goldsworthy, Nils Udo). Dans tous les cas, l'œuvre n'est plus conçue comme un objet mais comme une véritable expérience suscitant une nouvelle relation au paysage. Soumise aux éléments naturels, elle est éphémère. Photographies, films, croquis ou maquettes permettent d'en garder trace et de la faire connaître. ■

landau [lɑ̃do] **n.m.** (de *Landau,* n. d'une v. d'Allemagne) [pl. *landaus*]. **1.** Voiture d'enfant composée d'une nacelle rigide à capote mobile, suspendue dans une armature de métal à roues et à guidon. **2.** Autref., véhicule hippomobile découvert, à quatre roues et quatre places disposées en vis-à-vis.

lande [lɑ̃d] **n.f.** (gaul. **landa*). Formation végétale de la zone tempérée où dominent bruyères, genêts et ajoncs ; terrain recouvert par cette végétation.

Landes, région française du Sud-Ouest, sur l'Atlantique, entre le Bordelais et l'Adour. Le tourisme estival, la pêche, l'ostréiculture (Arcachon, Capbreton, Hossegor, Mimizan, Seignosse) sont actifs sur le littoral. L'intérieur est une vaste plaine triangulaire, autrefois déshéritée, qui a été transformée à la fin du XVIIIe s. et sous le second Empire par des plantations de pins et par des drainages systématiques. Une partie de la forêt (exploitée surtout pour la papeterie) est englobée dans le *parc naturel régional des Landes de Gascogne,* créé en 1970.

Landes [40], dép. de la Région Aquitaine-Limousin-Poitou-Charentes, sur l'Atlantique ; ch.-l. de dép. *Mont-de-Marsan ;* ch.-l. d'arr. *Dax ;* 2 arr., 15 cant. 331 comm. ; 9 243 km^2 ; 406 809 hab. *(Landais).*

landgrave [lɑ̃dgrav] **n.m.** (de l'all. *Land,* territoire, et *Graf,* comte). HIST. **1.** Titre porté au Moyen Âge par des princes germaniques possesseurs de terres relevant directement de l'empereur. **2.** Magistrat qui rendait la justice au nom de l'empereur germanique.

Landowski (Paul), sculpteur français (Paris 1875 - Boulogne-Billancourt 1961). Il reçut d'importantes commandes officielles, exécutées en pierre ou en bronze dans un style réaliste monumental (*Sainte Geneviève,* sur le pont de la Tournelle, à Paris, 1928 ; *Christ rédempteur,* au sommet du Corcovado, à Rio de Janeiro, 1931).

Landru *(affaire),* grand procès criminel (1921). Après la découverte de restes humains calcinés dans sa villa, Henri Désiré Landru (1869-1922) fut accusé du meurtre de dix femmes et d'un jeune garçon. Il a toujours nié ces meurtres, mais reconnut avoir escroqué les victimes présumées. Il fut condamné à mort et exécuté.

Landsteiner (Karl), savant américain d'origine autrichienne (Vienne 1868 - New York 1943). Il découvrit, en 1900, les groupes sanguins et, en 1940, le facteur Rhésus. (Prix Nobel de médecine 1930.)

landtag [lɑ̃dtag] **n.m.** (de l'all. *Land,* territoire, et *Tag,* journée). Assemblée délibérante, dans les États germaniques.

Lang (Fritz), cinéaste autrichien naturalisé américain (Vienne 1890 - Hollywood 1976). Réalisant son premier film, *Sang mêlé,* en 1919, il est, pendant les années 1920, l'une des personnalités les plus marquantes du cinéma mondial, signant en Allemagne plusieurs œuvres qui se rattachent, par certains aspects, au courant expressionniste : *les Trois Lumières* (1921), *le Docteur Mabuse* (1922), *les Niebelungen*

(1924), *Metropolis* (1927), gigantesque fable futuriste, *les Espions* (1928). Après avoir tourné *M le Maudit* (1931) et *le Testament du Docteur Mabuse* (1933), il refuse de continuer à travailler en Allemagne nazie et accepte les propositions des producteurs américains. Aux États-Unis, il entame une deuxième carrière et réalise notamment : *Furie* (1936), *J'ai le droit de vivre* (1937), *la Femme au portrait* (1944), *le Secret derrière la porte* (1948), *l'Ange des maudits* (1952), *Désirs humains* (1954), *les Contrebandiers de Moonfleet* (1954). Sa filmographie s'achève sur deux films tournés en Inde (*le Tigre du Bengale* et le *Tombeau hindou* en 1959) et un en Allemagne (*le Diabolique Docteur Mabuse* en 1960).

Lang (Jack), homme politique français (Mirecourt 1939). Ministre de la Culture (1981-1986 ; 1988-1993), il élargit les cadres traditionnels de la culture par des manifestations populaires (fêtes de la musique, du cinéma, etc.). Il revient au gouvernement (2000-2002) comme ministre de l'Éducation nationale (portefeuille qu'il avait déjà détenu, parallèlement à la Culture, en 1992-1993).

langage [lɑ̃gaʒ] **n.m.** (de *langue*). **1.** Faculté propre à l'homme d'exprimer et de communiquer sa pensée au moyen d'un système de signes vocaux ou graphiques ; ce système. **2.** Système structuré de signes non verbaux remplissant une fonction de communication : *Le langage des abeilles. Langage gestuel.* **3.** INFORM. Ensemble de caractères, de symboles et de règles permettant de les assembler, utilisé pour donner des instructions à un ordinateur. **4.** Manière de parler propre à un groupe social ou professionnel, à une discipline, etc. : *Le langage administratif* (syn. **jargon**). **5.** Ensemble des procédés utilisés par un artiste dans l'expression de ses sentiments et de sa conception du monde : *Le langage de Van Gogh.* **6.** Expression propre à un sentiment, une attitude : *Le langage de la raison.* **7. Langage évolué,** langage proche de la formulation logique ou mathématique des problèmes. / INFORM. **Langage machine,** langage directement exécutable par l'unité centrale d'un ordinateur, dans lequel les instructions sont exprimées en code binaire.

langagier, ère [lɑ̃gaʒje, -ɛr] **adj.** Relatif au langage ; qui se manifeste par le langage : *Tic langagier. Création langagière* (= néologisme).

lange [lɑ̃ʒ] **n.m.** (du lat. *laneus,* fait de laine). Rectangle de coton pour emmailloter un nourrisson.

langer [lɑ̃ʒe] **v.t.** [conj. **17**]. Emmailloter dans un lange ; mettre des couches à un bébé.

Langevin (Paul), physicien français (Paris 1872 - *id.* 1946). Spécialiste de la théorie de la relativité (paradoxe des *jumeaux de Langevin*), il s'est intéressé à des domaines variés de la physique (ionisation des gaz, magnétisme, thermodynamique), a mené des recherches appliquées (utilisation des ultrasons pour la détection sous-marine) et milité pour une réforme de l'enseignement où les sciences trouveraient une place à la mesure de leur importance culturelle.

Langlois (Henri), cofondateur et secrétaire général de la Cinémathèque française (Smyrne, Turquie, 1914 - Paris 1977). Ses efforts pour la récupération et la conservation des films, les expositions qu'il organisa, les encouragements qu'il prodigua aux jeunes cinéastes en firent une personnalité marquante de l'histoire du cinéma.

Langmuir (Irving), chimiste et physicien américain (Brooklyn 1881 - Falmouth 1957). Il inventa les ampoules électriques à atmosphère gazeuse (1913), perfectionna la technique des tubes électroniques, créa les théories de l'électrovalence et de la catalyse hétérogène et découvrit l'hydrogène atomique. (Prix Nobel de chimie 1932.)

langoureusement [lɑ̃gurøzmɑ̃] **adv.** De façon langoureuse : *Danser langoureusement.*

langoureux, euse [lɑ̃gurø, -øz] **adj.** Qui exprime la langueur : *Regard langoureux* (syn. litt. **languide**).

langouste [lɑ̃gust] **n.f.** (prov. *langosta,* lat. *locusta,* sauterelle). Crustacé marin marcheur à fortes antennes, dépourvu de pinces. ▸ Ordre des décapodes ; long. max. 40 cm.

langoustier [lɑ̃gustje] **n.m. 1.** Bateau équipé pour la pêche à la langouste. **2.** Filet en forme de balance profonde pour prendre les langoustes.

langoustine [lɑ̃gustin] **n.f.** (de *langouste*). Crustacé de la taille et de la forme d'une grosse écrevisse, pêché au large des côtes atlantiques européennes et de la Méditerranée. ▸ Ordre des décapodes ; long. 15 cm.

langue [lɑ̃g] **n.f.** (lat. *lingua*). **1.** Organe charnu, allongé, mobile, situé dans la cavité buccale et qui, chez l'homme, joue un rôle essentiel dans la déglutition, le goût et la parole. **2.** CUIS. Langue de certains animaux (bœuf, veau) préparée pour la table. **3.** Système de signes verbaux propre à une communauté d'individus qui l'utilisent pour s'exprimer et communiquer entre eux : *La langue anglaise. La langue technique* (syn. **jargon**). *Langue maternelle. Langue écrite, langue parlée. Langue morte, langue vivante.* (⟶ langage.) **4.** Ce qui a la forme allongée et étroite d'une langue : *Langue de terre. Langue glaciaire. Langue de feu.* **5. Avoir avalé sa langue,** garder le silence. / FAM. **Avoir la langue bien pendue, bien déliée,** parler beaucoup. / **La langue verte,** l'argot. / **Langue de bois,** manière rigide de s'exprimer usant de stéréotypes et de formules figées, et reflétant une position dogmatique, notamm. en politique. / **Langue des signes ⟶ signe.** / **Mauvaise langue, langue de vipère,** personne qui se plaît à médire. / **Prendre langue,** entrer en pourparlers. / **Tenir sa langue,** garder un secret. / **Tirer la langue,** la sortir de la bouche en signe de moquerie ; FAM., être dans le besoin.

langue-de-chat [lɑ̃gdəʃa] **n.f.** (pl. *langues-de-chat*). Petit gâteau sec en forme de languette arrondie.

Languedoc, pays du sud de l'anc. France, englobant les territoires compris entre le Rhône et la Garonne, entre la Méditerranée et le Massif central (départements actuels de la Haute-Garonne, de l'Aude, du Tarn, de l'Hérault, du Gard, de l'Ardèche, de la Lozère et de la Haute-Loire). Cap. *Toulouse.* Il tire son nom de la langue parlée autref. par ses habitants (langue d'oc) et qui en faisait l'unité. Vers 120 av. J.-C., les Romains fondent la province de Narbonnaise. Profondément romanisée, la région est occupée par les Wisigoths (413) et conquise par les Francs (507). Au xe s., elle se morcèle entre principautés féodales dont la plus vaste est le comté de Toulouse. Centre de la poésie occitane (troubadours), le Languedoc est aussi la terre d'élection de l'hérésie cathare. À la suite de la croisade contre les albigeois (1208-1244), le Languedoc est rattaché à la Couronne. Il est à partir du XVIe s. un des foyers du protestantisme.

Languedoc *(parc naturel régional du Haut-)*, parc naturel couvrant env. 260 000 ha sur les départements du Tarn et de l'Hérault.

languedocien, enne [lɑ̃gdɔsjɛ̃, -ɛn] **adj.** et **n.** Du Languedoc.

Languedoc-Roussillon, Anc. Région administrative du sud de la France, regroupant 5 dép. : Aude, Hérault, Lozère, Gard et Pyrénées-Orientales. ⟶ Languedoc-Roussillon-Midi-Pyrénées.

Languedoc-Roussillon-Midi-Pyrénées, Région administrative regroupant, depuis 2016, 13 dép. : Ariège, Aude, Aveyron, Gard, Haute-Garonne, Gers, Hérault, Lot, Lozère, Hautes-Pyrénées, Pyrénées-Orientales, Tarn et Tarn-et-Garonne ; 72 724 km^2 ; 5 771 360 hab. Ch.-l. *Toulouse.* Du Massif central (Causses et Cévennes, notamment) au littoral bordé d'étangs, et du Bassin aquitain à la basse vallée du Rhône, la Région s'étend sur un paysage de plaines et de plateaux traversés par les vallées de la Garonne et de l'Aude. L'agriculture, ressource essentielle, juxtapose élevage et cultures céréalières (blé et maïs) à l'ouest, vignobles et cultures maraîchères à l'est et l'élevage qui se maintient difficilement sur les plateaux des Causses et des Garrigues. Le secteur industriel est dominé par les activités de la haute technologie (industrie aéronautique et spatiale avec Airbus et Thales) installées autour de Toulouse. Des pôles économiques industriels existent à Montpellier (recherche scientifique), dans le Gard (nucléaire), dans la Mecanic Vallée du Lot et de l'Aveyron, mais ils restent secondaires. Le tourisme s'est fortement développé avec l'aménagement du littoral, grâce aussi au réseau autoroutier qui relie les plus grandes villes de l'est de la Région, desservant Nîmes et Montpellier puis Béziers et Perpignan. Le couloir languedocien avec son vignoble de qualité, la montagne pyrénéenne, les causses du Quercy et de l'Aveyron, le pays gascon et, bien sûr, Toulouse bénéficient d'un tourisme dynamique. L'influence de Toulouse, pôle tertiaire et universitaire et 4e ville française, rejaillit sur un réseau de villes moyennes (Montauban, Albi, Auch, Castres, Carcassonne). La configuration du tissu urbain est différente sur le littoral méditerranéen : Montpellier domine un réseau de grandes villes (Nîmes, Béziers, Perpignan).

languette [lɑ̃gɛt] **n.f.** (dimin. de *langue*). **1.** Objet de forme mince, étroite et allongée : *Languette de chaussure.* **2.** TECHN. Petite pièce plate, fixée à l'une de ses extrémités, génér. par encastrement.

langueur [lɑ̃gœr] **n.f.** (lat. *languor,* abattement, faiblesse). **1.** Abattement physique ou moral, qui se manifeste par un manque d'énergie (syn. **atonie**). **2.** Mélancolie rêveuse : *Être envahi d'une douce langueur* (syn. **alanguissement**).

languide [lɑ̃gid] **adj.** *LITT.* Langoureux : *Un regard languide.*

languir [lɑ̃gir] **v.i.** (lat. *languere*) [conj. **32**]. **1.** *LITT.* Éprouver une peine qui dure et qui éprouve le corps et l'esprit : *Languir d'ennui* (syn. **se morfondre**). **2.** Traîner en longueur ; manquer d'animation : *La conversation languit.* **3.** Attendre vainement : *Ne me fais pas languir.* ◆ **v.t. ind. [après].** *FAM.* Attendre impatiemment qqn ou qqch et souffrir de cette attente : *Je languis après toi.* ◆ **se languir v.pr. [de].** *FAM.* et *RÉGION.* S'ennuyer du fait de l'absence de qqch ou de qqn.

languissant, e [lɑ̃gisɑ̃, -ɑ̃t] **adj.** Morne ; qui languit : *Style languissant* (syn. **fade ;** contr. **énergique**).

lanière [lanjɛr] **n.f.** (de l'anc. fr. *lasne,* de même sens, frq. **nastila,* lacet). Courroie ou bande longue et étroite de cuir ou d'une matière quelconque.

laniste [lanist] **n.m.** (lat. *lanista*). ANTIQ. Celui qui formait, louait ou vendait des gladiateurs à Rome.

Lannes (Jean), *duc* **de Montebello,** maréchal de France (Lectoure 1769 - Vienne, Autriche, 1809). Volontaire en 1792, général dans l'armée d'Italie (1796) et en Égypte, il commanda la Garde consulaire (1800) et contribua à la victoire de Marengo. Il se distingua à Austerlitz (1805) et à Iéna (1806), mais fut mortellement blessé à Essling (1809).

Lannion, ch.-l. d'arr. des Côtes-d'Armor, port sur le Léguer ; 20 300 hab. *(Lannionnais).* Télécommunications. Électronique. Agroalimentaire et bio-industries. Église de Brélévenez, surtout romane.

lanoline [lanɔlin] **n.f.** (all. *Lanolin,* du lat. *lana,* laine, et *oleum,* huile). Graisse de consistance solide, jaune ambré, retirée du suint du mouton et employée comme excipient pour les crèmes et les pommades.

lansquenet [lɑ̃skənɛ] **n.m.** (all. *Landsknecht,* serviteur du pays). Mercenaire allemand au service de la France et du Saint Empire romain germanique (XVe-XVIIe s.).

lantanier [lɑ̃tanje] et **lantana** [lɑ̃tana] **n.m.** (lat. scientif. *lantana,* altér. de *lentana,* viorne, du class. *lentus,* souple). Arbuste grimpant des régions chaudes, cultivé dans les jardins. ▸ Famille des verbénacées.

lanterne [lɑ̃tɛrn] **n.f.** (lat. *lanterna*). **1.** Boîte à parois transparentes qui abrite une source de lumière. **2.** Signal lumineux à l'avant ou à l'arrière de certains véhicules : *Lanterne rouge à l'arrière d'un convoi.* **3.** Construction circulaire percée de baies, couvrant un bâtiment ou une partie de bâtiment. **4. Éclairer la lanterne de qqn,** lui fournir des explications pour qu'il comprenne. / **Lanterne des morts,** dans certains cimetières, pilier creux au sommet ajouré où l'on plaçait le soir un fanal, au Moyen Âge. / **Lanterne magique,** instrument d'optique utilisé autref. pour projeter sur un écran l'image agrandie de figures peintes. / **Lanterne vénitienne,** lanterne en papier translucide et coloré, employée dans les fêtes, les illuminations. / **Mettre à la lanterne,** pendre qqn à un réverbère, pendant la Révolution. **5. La lanterne rouge,** le dernier d'une course, d'un classement. ◆ **lanternes n.f. pl.** Feux de position d'un véhicule automobile (syn. **veilleuses**).

lanterneau [lɑ̃tɛrno] **n.m.** (de *lanterne*). ARCHIT. Construction basse en surélévation sur un toit, pour l'éclairage ou la ventilation.

lanterner [lɑ̃tɛrne] **v.i.** (de *lanterne,* au sens anc. de « propos frivole »). **1.** *FAM.* Flâner, perdre son temps ; lambiner. **2. Faire lanterner,** faire attendre qqn.

lanternon [lɑ̃tɛrnɔ̃] **n.m.** (de *lanterne*). ARCHIT. Petite lanterne placée au sommet d'un dôme, d'un comble, pour l'éclairage ou l'aération.

lanthanide [lɑ̃tanid] **n.m.** (de *lanthane,* n. d'un métal). Nom générique d'un groupe d'éléments chimiques, appelés aussi *terres rares.*

lanugineux, euse [lanyʒinø, -øz] **adj.** (lat. *lanuginosus,* de *lanugo,* duvet). BOT. Couvert de duvet.

Lanzhou, v. de Chine, cap. du Gansu, sur le Huang He ; 2 487 187 hab. dans l'agglomération. Chimie. Métallurgie.

Lanzmann (Claude), cinéaste français (Bois-Colombes 1925). Ses films documentaires sur l'Holocauste (dont le magistral *Shoah,* 1985), tout comme son action dans la Résistance ou son œuvre de journaliste et d'écrivain (notamm. pour *les Temps modernes,* qu'il dirige depuis 1986), jalonnent une vie bouillonnante d'engagements (évoquée dans *le Lièvre de Patagonie,* 2009).

laogai [laogaj] **n.m.** (du chin. *lao,* travail, et *gai,* redressement). Système concentrationnaire de la République populaire de Chine.

Laon, anc. cap. du Laonnois, ch.-l. du dép. de l'Aisne, sur une butte allongée ; 26 318 hab. *(Laonnois).* Dans la ville haute, ceinte de remparts, monuments, dont la cathédrale, chef-d'œuvre gothique des années 1160-1230, et musée (préhistoire, archéologie méditerranéenne et locale, etc.).

Laos, État de l'Asie du Sud-Est, à l'ouest du Viêt Nam ; 236 800 km² ; 6 770 000 hab. *(Laotiens).* CAP. *Vientiane.* LANGUE : *laotien.* MONNAIE : *kip.*

GÉOGRAPHIE

Au S. du tropique du Cancer, arrosé par la mousson d'été, c'est un pays encore enclavé, souvent montagneux, où plus de la moitié du territoire est recouvert par la forêt, parfois défrichée (pratique du ray, culture sur brûlis) ou exploitée (teck). Bien que 4 % seulement des terres soient cultivables, surtout dans la vallée du Mékong, le Laos est pourtant presque exclusivement agricole (culture du riz surtout). La balance commerciale est très déficitaire. La population, composée en majeure partie de Lao (mais avec de fortes minorités kha et thaïe), dépend de l'aide extérieure, financière et technique. Les échanges se font surtout par la Thaïlande, même si les relations avec le Viêt Nam restent, politiquement, très fortes.

HISTOIRE

Jusqu'au XIVe s., le Laos a une histoire encore mal connue. Fa Ngum fonde en 1353 un royaume lao indépendant. Il y introduit le bouddhisme de rite cinghalais. À la fin du XVIe s., le royaume lao subit quelque temps la suzeraineté de la Birmanie. Après la restauration du XVIIe s., les luttes dynastiques aboutissent, au début du XVIIIe s., à la division du Laos en trois royaumes rivaux (Luang Prabang, Vientiane, Champassak).

1778. Le Siam impose sa domination au pays entier. Convoité par le Viêt Nam, le Laos attire aussi la France.

1893. Un traité franco-siamois reconnaît l'autorité de la France sur la rive gauche du Mékong.

1899. Début de l'organisation de l'administration coloniale française.

1949. Le royaume lao devient indépendant dans le cadre de l'Union française. Le Laos est progressivement entraîné

dans la guerre d'Indochine (1946-1954). Le Pathet Lao, mouvement nationaliste soutenu par les forces communistes du Viêt-minh, occupe le nord du pays.
1953. Indépendance totale du Laos.
1962. Le prince Souvanna Phouma devient le chef d'un gouvernement de coalition. À partir de 1964, le Laos, impliqué dans la guerre du Viêt Nam, est partagé entre les forces de droite soutenues par les Américains et installées à Vientiane, et les forces de gauche provietnamiennes du Pathet Lao.
1975. Les révolutionnaires s'imposent dans tout le pays et abolissent la monarchie. La République populaire démocratique du Laos est créée, présidée par Souphanouvong (à titre personnel jusqu'en 1986). Kaysone Phomvihane (secrétaire général du parti unique depuis 1975) engage progressivement le pays sur la voie de l'ouverture économique.
1992. Après la mort de Kaysone Phomvihane, Nouhak Phoumsavane devient président de la République et Kahmtay Siphandone président du parti unique.
1998. Khamtay Siphandone devient chef de l'État.
2006. Choummaly Sayasone lui succède.
2013. Le Laos intègre l'Organisation mondiale du commerce (O.M.C.).

Lao She ou **Lao Che (Shu Qingchun,** dit**),** écrivain chinois (Pékin 1899 - *id.* 1966). L'un des principaux romanciers de la Chine moderne (*la Cité des chats,* 1930), il se suicida lors de la Révolution culturelle.

laotien, enne [laɔsjɛ̃, -ɛn] **adj.** et **n.** Du Laos. ◆ **laotien n.m.** LING. Une des langues officielles du Laos, appelée aussi le *lao.*

Laozi ou **Lao-tseu,** philosophe chinois (VIe - Ve s. av. J.-C.), contemporain de Confucius. Il est à l'origine du taoïsme ; il est certainement l'auteur du texte fondateur de cette doctrine, le *Daodejing.*

La Palice (Jacques II de Chabannes, *seigneur* **de),** maréchal de France (v. 1470 - Pavie 1525). Il participa aux guerres d'Italie de Louis XII et de François Ier. Ses soldats composèrent en son honneur une chanson *(Un quart d'heure avant sa mort, Il était encore en vie...),* ce qui voulait dire que jusqu'à sa dernière heure La Palice s'était bien battu ; mais la postérité n'a retenu que la naïveté de ces vers.

lapalissade [lapalisad] **n.f.** (du n. de *La Palice*). Affirmation d'une évidence niaise ; vérité de La Palice.

laparotomie [laparɔtɔmi] **n.f.** (du gr. *lapara,* flanc, et de *-tomie*). Ouverture chirurgicale de l'abdomen.

La Pasture (Rogier de) ⟶ Van der Weyden.

lapement [lapmɑ̃] **n.m.** Action de laper.

laper [lape] **v.i.** et **v.t.** (d'un rad. onomat. *lap-* exprimant le lapement). Boire en prenant le liquide avec de petits coups de langue, en parlant des animaux.

lapereau [lapro] **n.m.** (d'un rad. préroman **lapparo-* désignant le lapin). Jeune lapin.

Lapérouse (Jean François de Galaup, *comte* **de),** navigateur français (manoir du Gô, près d'Albi, 1741 - île de Vanikoro, Salomon, 1788). Chargé par Louis XVI de reconnaître les parties septentrionales des rivages américains et asiatiques (1785), il aborda à l'île de Pâques et aux Hawaii (1786), d'où il gagna les Philippines, la Corée et le Kamtchatka (1787). Les deux frégates de l'expédition, *la Boussole* (qu'il commandait) et *l'Astrolabe,* firent naufrage alors qu'il redescendait vers le Sud. L'épave de *l'Astrolabe* a été localisée dès 1827-1828, tandis que celle de *la Boussole* ne l'a été qu'entre 1962 et 1964, avant d'être formellement identifiée en 2005.

1. lapidaire [lapidɛr] **n.m.** (lat. *lapidarius,* de *lapis, lapidis,* pierre). **1.** Professionnel qui taille et polit les pierres précieuses et fines. **2.** Commerçant qui vend ces pierres.

2. lapidaire [lapidɛr] **adj.** (de *1. lapidaire*). **1.** Relatif aux pierres fines et précieuses ; qui concerne la pierre. **2. Formule, style lapidaires,** d'une concision brutale et expressive. / **Inscription lapidaire,** inscription gravée sur la pierre. / **Musée lapidaire,** musée consacré à des sculptures sur pierre provenant de monuments.

lapidation [lapidasjɔ̃] **n.f.** Action de lapider.

lapider [lapide] **v.t.** (lat. *lapidare*). Tuer, attaquer à coups de pierres.

lapilli [lapili] **n.m. pl.** (mot it. « *petites pierres* », du lat. *lapillus*). Projections volcaniques de petites dimensions.

lapin, e [lapɛ̃, -in] **n.** (de *lapereau*). **1.** Petit mammifère herbivore sauvage ou domestique, très prolifique. ▸ Ordre des lagomorphes. Le lapin clapit. Le lapin sauvage, ou lapin de garenne, qui est un gibier apprécié, vit sur les terrains boisés et sableux, où il creuse des terriers collectifs. **2.** Chair comestible de cet animal : *Civet de lapin.* **3.** Fourrure de cet animal : *Manteau de lapin.* **4.** FAM. **Cage** ou **cabane à lapins,** immeuble regroupant de nombreux appartements exigus. / FAM. **Chaud lapin,** homme d'un fort tempérament amoureux. / FAM. **Poser un lapin à qqn,** ne pas venir au rendez-vous qu'on lui a fixé.

lapiner [lapine] **v.i.** Mettre bas, en parlant de la lapine.

lapinière [lapinjɛr] **n.f.** Endroit où l'on élève des lapins (syn. **clapier**).

lapis-lazuli [lapislazyli] et **lapis** [lapis] **n.m. inv.** (lat. médiév. *lapis lazuli,* de *lazulum,* de même sens [d'orig. persane ; v. *azur*], et du class. *lapis,* pierre). Pierre fine opaque d'un bleu intense.

Laplace (Pierre Simon, *marquis* **de),** astronome, mathématicien et physicien français (Beaumont-en-Auge 1749 - Paris 1827). On lui doit de très nombreux travaux en mathématiques pures, principalement en analyse, ainsi qu'en calcul des probabilités, en mécanique céleste et en physique. Il effectua, avec Lavoisier, les premières mesures calorimétriques relatives aux chaleurs spécifiques et aux réactions chimiques (1780). Il conçut une théorie générale de la capillarité et formula les deux lois élémentaires de l'électromagnétisme. Dans son *Exposition du système du monde* (1796), il développa une hypothèse cosmogonique, toujours admise, selon laquelle le système solaire serait issu d'une nébuleuse en rotation.

lapon, one ou **onne** [lapɔ̃, -ɔn] **adj.** et **n.** (lat. médiév. *Lapo, -onis,* du suédois *Lapp*). De la Laponie. ◆ **lapon n.m.** Langue finno-ougrienne parlée en Laponie (syn. **same**).

Laponie, région la plus septentrionale de l'Europe, au nord du cercle polaire, partagée entre la Norvège, la Suède, la Finlande et la Russie. Les *Lapons* (env. 55 000) vivent de l'élevage, de plus en plus sédentarisé, du renne.

Lapparent (Albert Cochon de), géologue français (Bourges 1839 - Paris 1908). Il participa à l'élaboration de la carte géologique de la France et contribua au développement de la géologie et de la géomorphologie.

laps [laps] **n.m.** (lat. *lapsus,* glissement, écoulement). **Laps de temps,** espace de temps, en génér. court.

lapsus [lapsys] **n.m.** (mot lat. « *glissement* »). Faute commise en parlant *(lapsus linguae)* ou en écrivant *(lapsus calami)* et qui consiste à substituer au terme attendu un autre mot.

Laptev ***(mer des),*** partie de l'océan Arctique, bordant la Sibérie.

laquage [lakaʒ] **n.m.** Action de laquer ; état de ce qui est laqué.

laquais [lakɛ] **n.m.** (gr. médiév. *oulakês,* turc *ulaq,* coureur). **1.** Valet de pied qui porte la livrée. **2.** LITT. Homme d'un caractère servile.

1. laque [lak] **n.f.** (anc. prov. *lanca,* ar. *lakk,* mot sanskrit). **1.** Substance résineuse rouge-brun, fournie par plusieurs plantes d'Orient. **2.** Vernis noir ou rouge préparé, notamm. en Chine, avec cette résine. **3.** Matière colorée contenant de l'aluminium, employée en peinture. **4.** Produit qui, vaporisé sur la chevelure, la recouvre d'un film qui maintient la coiffure. **5.** Vernis à ongles non transparent.

2. laque [lak] **n.m.** (de *1. laque*). Objet d'Extrême-Orient revêtu de nombreuses couches de laque, éventuellement peint, gravé, sculpté : *Des laques brillants.*

laqué, e [lake] **adj. 1.** Recouvert de laque : *Meuble chinois laqué.* **2.** Se dit d'une volaille (canard), d'une viande (porc, etc.) enduite, entre deux cuissons, d'une sauce aigre-douce (cuisine chinoise).

Laquedives ***(îles),*** archipel indien de la mer d'Oman.

laquelle pron. relat. et **interr.** → **lequel.**

laquer [lake] **v.t.** Couvrir de laque, d'une couche de laque.

laqueur, euse [lakœr, -øz] **n.** Personne qui décore des ouvrages en bois par application de laques et de vernis.

La Quintinie (Jean de), agronome français (Chabanais, Charente, 1626 - Versailles 1688). Ses travaux permirent d'améliorer la culture des arbres fruitiers et il créa des potagers rattachés à des châteaux célèbres, dont le potager du roi, à Versailles.

Larbaud (Valery), écrivain français (Vichy 1881 - *id.* 1957). Poète, romancier intimiste (*Fermina Marquez,* 1911 ; *A. O. Barnabooth,* 1913 ; *Amants, heureux amants,* 1926) et essayiste, il révéla au public français les grands écrivains étrangers contemporains (Butler, Joyce).

larbin [larbɛ̃] **n.m.** (altér. de l'anc. fr. *habin,* chien). *FAM.* **1.** Domestique, valet. **2.** Homme servile.

larcin [larsɛ̃] **n.m.** (lat. *latrocinium,* de *latro,* voleur). Petit vol commis sans effraction et sans violence ; produit de ce vol.

lard [lar] **n.m.** (lat. *lardum*). **1.** Tissu adipeux sous-cutané du porc et de certains animaux : *Lard fumé, gras, maigre.* **2.** *FAM.* **Gros lard,** personne grosse. / *FAM.* **Tête de lard,** personne entêtée et ayant mauvais caractère.

larder [larde] **v.t. 1.** Piquer une viande de petits morceaux de lard : *Larder un rôti de bœuf.* **2.** Percer de coups de couteau : *Le corps était lardé de six coups* (syn. **cribler**).

lardon [lardɔ̃] **n.m. 1.** Petit morceau de lard pour accommoder un plat. **2.** *FAM.* Enfant.

lare [lar] **n.m.** et **adj.** (lat. *Lar, Laris*). ANTIQ. ROM. Dieu protecteur du foyer domestique.

largage [largaʒ] **n.m.** Action de larguer, notamm. à partir d'un aéronef.

1. large [larʒ] **adj.** (lat. *largus,* propr. « abondant »). **1.** Qui a une certaine étendue dans le sens perpendiculaire à la longueur, à la hauteur : *La rivière est large à cet endroit. Avoir les épaules larges, être large d'épaules.* **2.** Qui n'est pas serré : *Un large cercle de curieux s'était formé* (syn. **grand**). *Vêtement large* (syn. **ample**). **3.** (Avant le n.). Qui est important en quantité : *Faire de larges concessions.* **4.** Qui n'est pas borné ; qui est sans préjugés : *Un esprit large* (syn. **ouvert ;** contr. **étroit**). *Des idées larges* (contr. **mesquin**). **5.** Se dit de qqn de généreux, de ses actions : *Se montrer large.* **6. Large de,** qui a telle largeur : *Une table large de 90 cm.* / **Sens large,** sens général, à ne pas prendre au pied de la lettre : *Terme à prendre au sens large, dans son sens large.* / MATH. **Inégalité au sens large,** inégalité du type $a \leq b$ (a est inférieur ou égal à b). ◆ **adv. 1.** De manière large : *Mesurer large.* **2. Voir large,** voir grand : *En prenant deux gigots, tu as vu large* (= tu en as trop pris).

2. large [larʒ] **n.m.** (de *1. large*). **1.** Largeur : *Une planche de 1 m de large. Se promener en long et en large.* **2.** Haute mer : *Vent du large. Gagner le large.* **3. Au large !, du large !,** éloignez-vous. / **Au large (de),** dans les parages, à une certaine distance : *Naviguer au large d'une île. Se tenir au large d'un groupe.* / **Être au large,** avoir de la place, de l'argent. / *FAM.* **Prendre, gagner le large,** décamper.

largement [larʒəmɑ̃] **adv. 1.** De façon large ; abondamment : *Gagner largement sa vie. On a largement le temps de finir la partie* (syn. **amplement**). **2.** Au minimum : *Il était largement onze heures* (= il était au moins onze heures).

largesse [larʒɛs] **n.f. 1.** *LITT.* Qualité d'une personne généreuse : *Profiter de la largesse de qqn* (syn. **générosité, libéralité**). **2.** (Surtout au pl.). Don généreux : *Prodiguer ses largesses.*

largeur [larʒœr] **n.f.** (de *1. large*). **1.** Dimension d'un corps dans le sens perpendiculaire à la longueur : *La largeur de la route.* **2.** Caractère de ce qui n'est pas borné, mesquin, étroit : *Largeur d'idées, de vues* (syn. **élévation, ampleur ;** contr. **étroitesse**). **3.** *FAM.* **Dans les grandes largeurs,** complètement : *Être refait dans les grandes largeurs.*

larghetto [largɛto] **adv.** (mot it., dimin. de *largo*). MUS. Un peu moins lentement que largo. ◆ **n.m.** Morceau exécuté dans ce mouvement.

Largillière ou **Largillierre (Nicolas de),** peintre français (Paris 1656 - *id.* 1746). Formé à Anvers, il collabora à Londres avec Peter Lely (émule de Van Dyck et peintre de la Cour). De retour en France (1682), il devint le portraitiste favori de la haute bourgeoisie, au style souple et brillant. Le Louvre conserve notamment le grand *Portrait de Le Brun,* son morceau de réception à l'Académie (1686), et un *Portrait de famille.*

largo [largo] **adv.** (mot it.). MUS. Lentement et avec ampleur. ◆ **n.m.** Morceau exécuté dans un mouvement lent.

largue [larg] **n.m.** (prov. *largo,* lat. *largus,* abondant). Vent portant oblique par rapport à l'axe du bateau ; allure du navire qui reçoit ce vent.

larguer [large] **v.t.** (prov. *larga,* élargir, lâcher). **1.** MAR. Détacher, lâcher, laisser aller une amarre, une voile, etc. **2.** Lâcher d'un aéronef du personnel ou du matériel muni de parachute, des bombes. **3.** *FAM.* Abandonner volontairement qqn ou qqch qui embarrasse : *Il a tout largué pour aller vivre à la campagne.* **4.** *FAM.* **Être largué,** être perdu, ne plus rien comprendre.

larme [larm] **n.f.** (lat. *lacrima*). **1.** Liquide salé produit par les glandes lacrymales situées sous les paupières, au-dessus des globes oculaires, qui humecte la conjonctive et pénètre dans les fosses nasales : *Fondre en larmes. Pleurer à chaudes larmes* (= pleurer abondamment). **2. Avoir des larmes dans la voix,** parler d'une voix qui trahit le chagrin, l'émotion. / **Larmes de crocodile,** larmes hypocrites. / **Rire aux larmes,** rire très fort, au point que les larmes coulent des yeux. / **Une larme de,** une très petite quantité d'un liquide : *Une larme de lait dans votre thé ?* (= une goutte).

larmier [larmje] **n.m.** (de *larme*). **1.** ARCHIT. Partie horizontale en saillie sur un mur, servant à en écarter les eaux pluviales. **2.** ANAT. Angle interne de l'œil.

larmoiement [larmwamɑ̃] **n.m. 1.** Écoulement continuel de larmes : *La fièvre provoque souvent un larmoiement.* **2.** (Surtout au pl.). Plaintes ; pleurnicheries.

larmoyant, e [larmwajɑ̃, -ɑ̃t] **adj. 1.** Dont les yeux sont humides de larmes : *Vieillard larmoyant.* **2.** Qui cherche à attendrir : *Ton larmoyant* (syn. **plaintif**).

larmoyer [larmwaje] **v.i.** (de *larme*) [conj. **13**]. **1.** Être plein de larmes, en parlant des yeux : *Des yeux qui larmoient à cause de la fumée* (syn. **pleurer**). **2.** Se lamenter continuellement : *Larmoyer sur son sort* (syn. **pleurnicher**).

La Rochefoucauld (François, ***duc*** **de),** écrivain français (Paris 1613 - *id.* 1680). Il fut, aux côtés du prince de Condé, l'un des chefs de la Fronde des princes (1648). Rallié au roi Louis XIV, il mena une vie mondaine, fréquenta le salon de Mme de Sablé et, à partir de 1665, celui de Mme de La Fayette, qu'il conseilla dans la composition de ses romans. Ses *Réflexions ou Sentences et Maximes morales* expriment, en formules concises et frappantes, son dégoût d'un monde où les meilleurs sentiments sont, malgré les apparences, dictés par l'intérêt.

La Rochejaquelein (Henri du Vergier, ***comte*** **de),** chef vendéen (La Durbellière, Poitou, 1772 - Nuaillé, Maine-et-Loire, 1794). Ayant soulevé le sud-ouest de l'Anjou, il fut battu à Cholet (1793). Devenu général en chef des vendéens, en lutte contre le gouvernement révolutionnaire, il échoua devant Kléber à Savenay (auj. Loire-Atlantique) ; dès lors, il se livra à la guérilla et fut tué au combat.

Larousse (Pierre), lexicographe et éditeur français (Toucy 1817 - Paris 1875). Son œuvre principale fut la conception et la direction du *Grand Dictionnaire universel du XIXe siècle,* en 15 volumes (1866-1876), monumental ouvrage encyclopédique.

larron [larɔ̃] **n.m.** (lat. *latro*). **1.** *LITT.* Voleur. **2. Le bon et le mauvais larron,** les deux voleurs qui, selon les Évangiles, furent mis en croix avec Jésus-Christ et dont le premier se repentit avant de mourir. / **Le troisième larron,** celui qui tire profit de la querelle de deux autres personnes. / **S'entendre comme larrons en foire,** s'entendre parfaitement, être d'accord pour jouer un mauvais tour.

Larsa, auj. **Senkerah,** cité ancienne de Mésopotamie au S.-E. d'Ourouk. Attestée dès le XXIVe s. av. J.-C., elle devient en 2025 la ville la plus importante du sud de la Mésopotamie avant d'être vaincue par Hammourabi (1762). Ziggourats et palais ont été dégagés ainsi qu'un très grand nombre de tablettes inscrites en cunéiforme. Grâce à son temple de Shamash, le dieu-soleil, la cité a conservé son prestige spirituel jusqu'à la fin de l'Antiquité.

larsen [larsɛn] **n.m.** (de *Larsen,* n.pr.). Oscillation parasite se manifestant par un sifflement dû à une interférence entre un microphone et un haut-parleur. (On dit aussi *effet Larsen.*)

larvaire [larvɛr] **adj. 1.** Relatif à une larve, à son état : *Formes larvaires des insectes.* **2.** Qui en est à son début et dont l'avenir est imprécis ; embryonnaire : *Mouvement de révolte à l'état larvaire.*

larve [larv] **n.f.** (lat. *larva,* fantôme). Forme libre apparaissant à l'éclosion de l'œuf et présentant avec la forme adulte de son espèce des différences importantes, tant par sa forme que par son régime alimentaire ou son milieu.

larvé, e [larve] **adj.** (lat. *larva,* masque). **1.** MÉD. Se dit d'une maladie qui n'est pas encore apparente ou qui ne se manifeste pas complètement. **2.** Qui ne s'est pas encore manifesté nettement : *Une opposition larvée* (syn. **latent ;** contr. **ouvert**).

laryngal, e, aux [larɛ̃gal, -o] **adj.** PHON. **Consonne laryngale,** consonne dont le lieu d'articulation se situe dans la région du larynx : *Le coup de glotte est une consonne laryngale.* (On dit aussi *une laryngale.*)

laryngé, e [larɛ̃ʒe] et **laryngien, enne** [larɛ̃ʒjɛ̃, -ɛn] **adj.** Relatif au larynx : *Spasme laryngé.*

laryngite [larɛ̃ʒit] **n.f.** Inflammation du larynx.

laryngoscope [larɛ̃gɔskɔp] **n.m.** Appareil avec lequel on peut observer le larynx.

laryngoscopie [larɛ̃gɔskɔpi] **n.f.** Exploration visuelle de l'intérieur du larynx.

laryngotomie [larɛ̃gɔtɔmi] **n.f.** Ouverture chirurgicale du larynx.

larynx [larɛ̃ks] **n.m.** (gr. *larugx*). Organe de la phonation situé sur le trajet des voies respiratoires, entre le pharynx et la trachée artère.

Larzac ***(causse du),*** haut plateau calcaire du sud du Massif central, dans la région des Grands Causses. Élevage des moutons.

1. las [las] **interj.** *LITT.* Hélas !

2. las, lasse [la, las] **adj.** (lat. *lassus*). **1.** *LITT.* Qui éprouve, manifeste une grande fatigue physique : *Se sentir las après une journée de travail* (syn. **fatigué, éreinté ;** contr. **dispos**). *Geste las.* **2. De guerre lasse** ⟶ **guerre.** / **Être las de,** ne plus supporter ; être ennuyé, dégoûté de : *Être las de vivre* (syn. **dégoûté**). *Je suis las d'attendre* (syn. **irrité, excédé**).

lasagne [lazaɲ] **n.f.** (mot it.). Pâte italienne en forme de larges rubans, disposés en couches alternées avec un hachis de viande et gratinés : *Des lasagnes.*

La Salle (Robert Cavelier de), voyageur français (Rouen 1643 - au Texas 1687). Il reconnut le cours du Mississippi et la Louisiane, contrée dont il prit solennellement possession en 1682.

lascar [laskar] **n.m.** (persan *lashkar,* armée). *FAM.* **1.** Individu rusé, qui aime jouer des tours. **2.** Individu quelconque : *Je t'y prends, mon lascar !*

Las Casas (Bartolomé de), évêque espagnol (Séville 1474 - Madrid 1566). Prêtre à Cuba v. 1510, il entre en 1522 dans l'ordre dominicain et devient en 1544 évêque de Chiapa, au Mexique. Sans relâche, il se fait le défenseur des droits des Indiens et obtient de « nouvelles lois » interdisant les sévices vis-à-vis de ceux-ci et prévoyant la suppression progressive de l'*encomienda,* mesure qui donnait à un conquistador une autorité discrétionnaire sur une population autochtone. Découragé par l'échec, il rentra en 1547 en Espagne, où il écrivit une *Histoire des Indes.*

Lascaux ***(grotte de),*** grotte de la comm. de Montignac (Dordogne). Due au hasard, sa découverte, en 1940, révéla l'un des ensembles d'art pariétal les plus remarquables du paléolithique supérieur, réalisé v. - 15000 av. J.-C. Ses parois sont ornées d'animaux cernés d'un large trait noir, associés à des signes symboliques dont le sens est encore incertain. Afin d'enrayer sa dégradation, la grotte, fermée au public depuis 1963, a été l'objet de traitements chimiques qui l'ont protégée. À proximité, reconstitution de la salle des Taureaux.

lascif, ive [lasif, -iv] **adj.** (lat. *lascivus,* folâtre). **1.** Enclin aux plaisirs de l'amour. **2.** Qui évoque la sensualité, les plaisirs de l'amour : *Danse lascive.*

lascivité [lasivite] et **lasciveté** [lasivte] **n.f.** *LITT.* Penchant, caractère lascif de qqn, de qqch.

laser [lazɛr] **n.m.** (sigle de l'angl. *light amplification by stimulated emission of radiation*). **1.** Appareil pouvant engendrer un faisceau de lumière cohérente, susceptible de multiples applications. **2.** En appos., caractérise les émissions de cet appareil et les systèmes qui utilisent cette technologie : *Des rayons laser. Un cédérom est un disque à lecture laser.*

■ L'effet laser est fondé sur l'*émission stimulée,* décrite pour la première fois, sur des bases théoriques, par Albert Einstein en 1917.

Les principes. L'émission d'un photon par un atome ou une molécule est due à la désexcitation du système, qui passe d'un état excité d'énergie E_2 à un état d'énergie inférieure E_1. L'émission stimulée est provoquée par un photon d'énergie $E_2 - E_1$, énergie absorbée par le système et réémise par désexcitation. Les atomes, molécules ou ions ainsi excités (phase dite de *pompage*) émettent des photons d'énergie et de longueur d'onde identiques. Ce rayonnement est amplifié par une *cavité résonante,* constituée de deux miroirs parallèles entre eux et perpendiculaires au rayonnement. L'un des miroirs, partiellement transparent, permet la sortie du rayonnement laser. La cohérence spatiale (les photons ont une direction et une longueur d'onde identiques) et temporelle (ils sont émis en phase) de ce rayonnement permet d'obtenir des faisceaux de très faible divergence qui, focalisés, donnent une grande concentration d'énergie par unité de surface.

Les principaux types de laser. Les lasers sont classés en cinq grandes familles, selon la nature du milieu excité : lasers à solide, lasers à gaz, lasers à semi-conducteurs, lasers à liquide et lasers à électrons libres.

Le premier *laser à solide,* réalisé en 1960, est un laser à rubis. Essentiellement constitué d'un barreau de rubis artificiel entouré d'une lampe flash de forme hélicoïdale, il émet une lumière rouge. Pour l'émission dans l'infrarouge, on utilise les lasers à verre au néodyme ou les lasers YAG (*Yttrium Aluminium Garnet* [grenat d'yttrium et d'aluminium]) ; fonctionnant de façon discontinue, ils génèrent des émissions lumineuses très brèves et de forte puissance, intéressantes notamment pour les recherches sur la fusion nucléaire.

Les *lasers à gaz,* comme les lasers hélium-néon, sont constitués d'un mélange de gaz, l'un d'eux transférant, par collisions, son excitation à l'autre. Dans les *lasers à semi-conducteurs,* utilisés notamment dans les lecteurs de CD ou de DVD, l'effet laser est obtenu à partir de semi-conducteurs montés en diode à jonction.

Dans les *lasers à liquide,* le milieu excité est généralement un colorant inorganique, contenu dans un récipient en verre. La fréquence du rayonnement laser peut être ajustée au moyen d'un prisme placé dans le récipient, ce qui rend l'appareil d'une grande précision spectrale. Enfin, les *lasers à électrons libres* (LEL) utilisent un faisceau d'électrons de haute énergie comme milieu amplificateur, contrairement aux lasers « conventionnels » qui utilisent des atomes ou des molécules excités. Ce type de laser, extrêmement coûteux, est principalement utilisé en recherche fondamentale.

Les applications générales. Le laser est un outil précieux dans la recherche scientifique, mais également dans l'industrie, la médecine, les technologies civiles et militaires, ainsi que dans la vie quotidienne. Comme les rayons laser permettent de focaliser une forte puissance rayonnante sur une petite surface, ils sont utilisés dans l'industrie pour percer les matières les plus dures (comme le diamant), graver les puces à semi-conducteurs, lire et graver les informations sur les disques compacts (CD et DVD), etc. On utilise aussi des lasers pour la métrologie de précision et en géodésie (les satellites utilisent des altimètres laser pour déterminer l'altitude du relief survolé ou la hauteur des vagues sur la mer).

Dans la construction et les travaux publics, les rayons laser servent à vérifier l'alignement des structures. De même, ils sont largement utilisés dans les laboratoires industriels de contrôle de qualité et sur les chaînes d'emballage pour détecter les éventuels défauts de fabrication des produits. Ils se révèlent également d'excellents détecteurs de molécules gazeuses et sont ainsi utilisés pour l'étude de l'atmosphère et de ses polluants.

Les applications militaires. Le laser est utilisé pour mesurer les distances (télémètre laser) ou les vitesses de rotation (gyromètre laser), pour le guidage des missiles et l'acquisition de cibles. Des programmes de recherche mettant en œuvre des lasers extrêmement puissants sont en développement en France (Laser Mégajoule ou LMJ) et aux États-Unis (*National Ignition Facility* ou NIF), en vue d'effectuer des simulations d'essais thermonucléaires.

Les applications médicales. Les lasers sont devenus des outils très courants en médecine. On emploie, suivant les disciplines, le laser à l'argon (photocoagulation), le laser au dioxyde de carbone (bistouri laser) ou le laser YAG (dont le rayonnement est absorbé par tous les tissus). Leurs principales indications sont en O.R.L., en dermatologie et en gynécologie. Le laser à l'argon, ou *laser excimer,* qui décompose les cellules sans les brûler, est utilisé dans le traitement de nombreuses affections oculaires. Il permet de prévenir ou de traiter le décollement de rétine, de sculpter la cornée de façon très précise, etc. ■

Laskine (Lily), harpiste française (Paris 1893 - *id.* 1988). Elle a fait de la harpe un instrument soliste à part entière.

Lassalle (Ferdinand), philosophe et économiste allemand (Breslau 1825 - Genève 1864). Il milita pour les réformes socialistes, prônant l'association des travailleurs et dénonçant « la loi d'airain des salaires » qui réduit le salaire d'un ouvrier à ce qui lui est strictement nécessaire pour vivre.

lassant, e [lasɑ̃, -ɑ̃t] **adj.** Qui lasse par sa monotonie : *Des bavardages lassants* (syn. **ennuyeux**).

lasser [lase] **v.t.** Rendre las : *Lasser ses lecteurs* (syn. **ennuyer**). *Lasser qqn par ses jérémiades* (syn. **fatiguer, importuner**). ◆ **se lasser v.pr.** Devenir las, dégoûté de qqch, de qqn : *Il parla pendant des heures sans se lasser.*

lassitude [lasityd] **n.f.** (lat. *lassitudo*). **1.** Sensation de fatigue physique : *Se sentir envahi d'une grande lassitude* (syn. **épuisement**). **2.** Dégoût ; ennui : *Céder par lassitude.*

lasso [laso] **n.m.** (esp. *lazo,* lacet). Corde ou longue lanière de cuir tressé, terminée par un nœud coulant et utilisée pour capturer les animaux : *Prendre un cheval au lasso.*

Lassus (Roland de), musicien de l'école franco-flamande (Mons v. 1532 - Munich 1594). Maître de chapelle du duc de Bavière, il fut particulièrement inspiré dans ses motets, ses madrigaux et ses chansons françaises, œuvres dans lesquelles il synthétise les tendances de son époque. Ses 53 messes sont également des chefs-d'œuvre de la polyphonie.

Las Vegas, v. des États-Unis (Nevada) ; 613 599 hab. (1 995 492 hab. dans l'agglomération). Centre touristique (jeux de hasard).

latence [latɑ̃s] **n.f. 1.** État, phénomène latent. **2.** PSYCHOL. Temps écoulé entre le stimulus et la réponse correspondante. **3.** PSYCHAN. **Période de latence,** période de la vie sexuelle infantile de l'âge de cinq ans à la préadolescence, au cours de laquelle les acquis de la sexualité infantile seraient refoulés.

latent, e [latɑ̃, -ɑ̃t] **adj.** (lat. *latens, -entis,* de *latere,* être caché). **1.** Qui existe de manière non apparente mais peut à tout moment se manifester : *Maladie latente* (= qui ne se déclare pas). *Un foyer latent de troubles* (syn. **larvé** ; contr. **ouvert**). **2.** PHYS. **Chaleur latente,** chaleur nécessaire pour que se produise la fusion, la vaporisation d'une substance. / PSYCHAN. **Contenu latent d'un rêve,** ensemble des désirs inconscients exprimés par le rêve. / PHOT. **Image latente,** image photographique d'un film impressionné qui n'est pas encore développé.

latéral, e, aux [lateral, -o] **adj.** (lat. *lateralis,* de *latus, lateris,* flanc). **1.** Qui se trouve sur le côté : *Porte latérale.* **2.** Qui double une chose : *Canal latéral et canal principal* (syn. **annexe**). **3.** MATH. **Aire latérale,** aire totale d'un solide, déduction faite de celle de sa ou de ses bases. / PHON. **Consonne latérale,** consonne occlusive caractérisée par un écoulement de l'air de chaque côté de la langue : *Le* [l] *est une consonne latérale.* (On dit aussi *une latérale.*)

latéralement [lateralmɑ̃] **adv.** Sur le côté.

latéralisation [lateralizasjɔ̃] **n.f.** (de *latéral*). PSYCHOL. Spécialisation progressive, au cours de la petite enfance, de chacun des hémisphères du cerveau dans leurs fonctions respectives ; état de latéralité qui en résulte.

latéralisé, e [lateralize] **adj. Enfant bien, mal latéralisé,** enfant qui présente une latéralisation nette dans toutes les tâches ou fluctuante selon les tâches.

latéralité [lateralite] **n.f.** (de *latéral*). PSYCHOL. Prédominance fonctionnelle systématisée, droite ou gauche, dans l'utilisation de certains organes pairs (main, œil, pied).

latérisation [laterizasjɔ̃] et **latéritisation** [lateritizasjɔ̃] **n.f.** (de *latérite*). GÉOL. Transformation d'un sol en latérite.

latérite [laterit] **n.f.** (lat. *later, -eris,* brique). Sol rougeâtre de la zone tropicale humide, caractérisé par la présence d'alumine libre et d'oxydes de fer.

latéritique [lateritik] **adj.** Formé de latérite ; qui en contient : *Sol latéritique.*

latex [latɛks] **n.m.** (mot lat. « liquide »). Émulsion sécrétée par certaines plantes, notamm. les plantes à caoutchouc, et ayant souvent un aspect laiteux : *On tire le caoutchouc du latex de l'hévéa et de certains pissenlits.*

laticlave [latiklav] **n.m.** (du lat. *laticlavus,* de *latus clavus,* large bande). ANTIQ. **1.** Bande pourpre qui ornait la tunique des sénateurs romains. **2.** La tunique elle-même.

latifundium [latifɔ̃djɔm] **n.m.** (mot lat.). Grand domaine agricole exploité extensivement, caractéristique des économies peu développées. ***Rem.*** Pluriel savant : *latifundia.*

latin, e [latɛ̃, -in] **adj.** et **n.** (lat. *latinus*). **1.** Du Latium ; des Latins. **2.** D'un pays dont la langue a pour origine le latin ; relatif à ces langues : *Amérique latine.* ◆ **adj. 1.** Relatif au latin : *Les déclinaisons latines.* **2.** Relatif à l'Église romaine d'Occident ayant le latin pour langue liturgique : *Rite latin.* **3. Alphabet latin,** alphabet utilisé pour transcrire les langues romanes et de nombreuses autres langues. / MAR. **Bâtiment latin,** gréé de voiles latines. / MAR. **Voile latine,** voile triangulaire à antenne. ◆ **latin n.m. 1.** Langue des Latins. **2. Bas latin,** latin parlé ou écrit après la chute de l'Empire romain et durant le Moyen Âge. / **Latin de cuisine,** jargon formé de mots français à désinence latine. / **Latin populaire,** latin parlé qui a donné naissance aux langues romanes. / FAM. **Y perdre son latin,** n'y rien comprendre.

latin de Constantinople ***(Empire),*** État fondé en 1204 par les chefs de la quatrième croisade, à la suite de la prise de Constantinople, et dont le premier empereur fut Baudouin Ier. Menacé par les Byzantins restés maîtres de l'Épire et de la région de Nicée, et affaibli par les rivalités et les partages, l'Empire fut détruit dès 1261 par Michel VIII Paléologue, qui restaura l'Empire byzantin.

latinisation [latinizasjɔ̃] **n.f.** Action de latiniser ; fait d'être latinisé.

latiniser [latinize] **v.t.** (bas lat. *latinizare*). **1.** Donner une forme ou une terminaison latine à un mot. **2.** Donner à une société, à un pays un caractère latin : *L'invasion romaine a latinisé la Gaule.* **3.** Adapter l'alphabet latin à une langue : *L'alphabet turc a été latinisé en 1928.*

latinisme [latinism] **n.m.** Mot, expression particuliers à la langue latine.

latiniste [latinist] **n.** Spécialiste de la langue et de la littérature latines.

latinité [latinite] **n.f. 1.** Caractère latin de qqn, d'un groupe. **2.** Le monde latin, la civilisation latine. **3. Basse latinité,** époque où fut parlé le bas latin.

latino-américain, e [latinɔamerikɛ̃, -ɛn] **adj.** et **n.** (pl. *latino-américains, es*). De l'Amérique latine.

Latins, nom des habitants du Latium. Les anciens Latins font partie des peuples indo-européens qui, dans la seconde moitié du IIe millénaire, envahirent l'Italie.

latins du Levant ***(États),*** ensemble des États chrétiens fondés en Syrie et en Palestine par les croisés en 1098 et 1109. Ces États étaient : le comté d'Édesse, la principauté d'Antioche, le royaume de Jérusalem et le comté de Tripoli. Ils furent reconquis par les musulmans de 1144 à 1291.

latitude [latityd] **n.f.** (lat. *latitudo,* largeur). **1.** Angle formé, en un lieu donné, par la verticale du lieu avec le plan de l'équateur : *Les latitudes sont comptées à partir de l'équateur vers les pôles de 0 à ± 90°, positivement vers le nord, négativement vers le sud.* **2.** Lieu considéré sous le rapport du climat : *Plante qui peut vivre sous toutes les latitudes* (= sous tous les climats). **3.** Liberté, pouvoir d'agir à son gré : *Laisser toute latitude à qqn* (= lui laisser le champ libre).

Latium, région de l'Italie centrale, sur la mer Tyrrhénienne, formée des prov. de Frosinone, Latina, Rieti, Rome et Viterbe ; 17 203 km^2 ; 5 499 537 hab. CAP. *Rome.*

La Tour (Georges de), peintre français (Vic-sur-Seille 1593 - Lunéville 1652). Son œuvre représente la tendance la plus spiritualisée du caravagisme, auquel il emprunte beaucoup de ses sujets. Oublié après sa mort, il a été redécouvert par le XXe s., que fascinent sa rigueur géométrique, son luminisme voué à l'essentiel, sa dédramatisation des antithèses chères aux émules du Caravage (le vieillard et l'enfant, la flamme et l'obscurité, la vie et la mort...). Parmi la trentaine d'œuvres jugées authentiques aujourd'hui connues, citons : deux *Apôtres* (Albi), *le Joueur de vielle* (Nantes), *le Tricheur* (Louvre) pour les tableaux à éclairage diurne ; *la Madeleine à la veilleuse* et *Saint Sébastien pleuré par sainte Irène* (Louvre), *la Femme à la puce* (Nancy), *les Larmes de saint Pierre* (Cleveland), *le Nouveau-Né* (Rennes) pour les « nocturnes ».

La Tour (Maurice Quentin de), pastelliste français (Saint-Quentin 1704 - *id.* 1788). Il est célèbre pour ses portraits pleins de vie (musée de Saint-Quentin, Louvre, etc.).

La Tour d'Auvergne (Théophile Malo Corret de), officier français (Carhaix 1743 - Oberhausen 1800). Illustre combattant des guerres de la Révolution, tué au combat, il fut surnommé le « premier grenadier de France ».

Latran ***(accords du)*** [11 févr. 1929], accords passés entre le Saint-Siège et le chef du gouvernement italien, Mussolini. Ils établirent la pleine souveraineté du pape sur l'État du Vatican et reconnurent le catholicisme comme religion d'État en Italie (ce dernier principe a été annulé par le concordat de 1984).

La Trémoille (de), famille poitevine, dont le principal représentant fut **Georges** (1382 - Sully-sur-Loire 1446), chambellan de Jean sans Peur. Rallié à Charles VII, il fut nommé grand chambellan en 1428. Disgracié en 1433, il participa à la Praguerie (1440), soulèvement dirigé contre le roi à l'instigation de son fils, le futur Louis XI.

latrie [latri] **n.f.** (lat. ecclés. *latria,* adoration, du gr. *latreia*). CATH. **Culte de latrie,** culte d'adoration qui n'est rendu qu'à Dieu (par opp. à *culte de dulie*).

latrines [latrin] **n.f. pl.** (lat. *latrina*). Lieux d'aisances dans un camp, une caserne, une prison, etc.

latrodecte [latrɔdɛkt] **n.m.** (du gr. *latris,* captif, et *dêktês,* qui mord). Araignée venimeuse des régions chaudes, appelée aussi *veuve noire.*

lattage [lataʒ] **n.m.** Action de latter ; ensemble de lattes ; lattis.

latte [lat] **n.f.** (bas lat. *latta*). Planchette de bois servant d'armature ou de couverture.

latter [late] **v.t.** Garnir de lattes.

lattis [lati] **n.m.** Garniture de lattes ; lattage.

Lattre de Tassigny (Jean-Marie de), maréchal de France (Mouilleron-en-Pareds 1889 - Paris 1952). Il commanda la Ire armée française, qu'il mena de la Provence au Rhin et au Danube (1944-1945), et signa le 8 mai 1945, pour la France, l'acte de reddition des armées allemandes. Il fut ensuite haut-commissaire et commandant en chef en Indochine (1950-1952).

laudanum [lodanɔm] **n.m.** (lat. *ladanum,* résine du ciste). Teinture d'opium safranée, très utilisée autref. en médecine.

laudateur, trice [lodatœr, -tris] **n.** (lat. *laudator*). LITT. Personne qui fait des louanges (syn. **flatteur ;** litt. **thuriféraire**).

laudatif, ive [lodatif, -iv] **adj.** (lat. *laudativus,* de *laudare,* louer). Qui loue, glorifie, vante : *Article laudatif* (syn. **élogieux ;** contr. **dépréciatif**). ◆ **adj.** et **n.m.** LING. Syn. de *mélioratif.*

laudes [lod] **n.f. pl.** (bas lat. *laudes,* louanges). CATH. Prière liturgique du matin.

Laue (Max von), physicien allemand (Pfaffendorf 1879 - Berlin 1960). Il organisa, en 1912, les premières expériences de diffraction des rayons X par les cristaux, qui démontrèrent le caractère ondulatoire de ces rayons et permirent de connaître la structure des milieux cristallisés. (Prix Nobel 1914.)

Laugerie-Haute, gisement paléolithique situé près des Eyzies-de-Tayac-Sireuil (Dordogne). Sa séquence stratigraphique a servi de référence pour l'établissement de la chronologie préhistorique en Europe occidentale.

lauracée [lɔrase] **n.f.** (du lat. *laurus,* laurier). **Lauracées,** famille de plantes comprenant des arbres et des arbustes des régions chaudes, comme le laurier ou le camphrier.

Lauragais, petite région du Languedoc, entre le bas Languedoc et le bassin d'Aquitaine (reliés par le *seuil du Lauragais*).

lauréat, e [lɔrea, -at] **adj.** et **n.** (lat. *laureatus,* couronné de laurier). Qui a réussi un examen, qui a remporté un prix dans un concours : *Les lauréats d'un jeu télévisé.*

Laurel et **Hardy,** acteurs américains (Arthur Stanley **Jefferson,** dit **Stan Laurel** [Ulverston, Lancashire, Grande-Bretagne, 1890 - Santa Monica 1965], et Oliver **Hardy** [Atlanta 1892 - Hollywood 1957]). Ce tandem, dont l'association dura près de vingt-quatre ans, tourna, à partir de 1926, une série de films très populaires d'un comique fondé sur le contraste de leur physique, sur l'absurde et les batailles de tartes à la crème.

Laurens (Henri), sculpteur et dessinateur français (Paris 1885 - *id.* 1954). Parti du cubisme, il a soumis les formes du réel à sa conception de l'harmonie plastique (série des *Sirènes,* 1937-1945).

Laurent *(saint),* diacre romain d'origine espagnole, mort martyr à Rome, étendu sur un gril (v. 210 - v. 258). Dès l'époque de Constantin, une basilique, Saint-Laurent-hors-les-Murs, lui a été dédiée. Son culte se répandit très tôt dans tout l'Occident.

Laurent Ier de Médicis, dit **le Magnifique** (Florence 1449 - Careggi 1492), prince florentin. Modèle du prince de la Renaissance entouré d'une cour brillante fréquentée par les artistes, les savants et les hommes de lettres, poète lui-même, il dirigea Florence de 1469 à 1492. Il eut à faire face aux intrigues des banquiers florentins et de la papauté (conjuration de 1478). Sa prodigalité et l'intérêt qu'il porta aux affaires politiques ruinèrent le trésor familial. Par ailleurs, l'humanisme païen, qu'il encouragea, suscita la protestation du prédicateur Savonarole.

Laurentides, ligne de hauteurs du Canada oriental, limitant au sud-est le bouclier canadien. Réserves naturelles. Tourisme.

Laurentides, région administrative du Québec (Canada), au nord de Montréal ; 21 521 km^2 ; 559 700 hab.

laurier [lɔrje] **n.m.** (lat. *laurus*). **1.** Nom donné à différentes plantes aux feuilles persistantes. **2.** Arbuste de la région méditerranéenne, appelé aussi *laurier-sauce,* à fleurs blanchâtres et à feuilles persistantes utilisées comme condiment. ▸ Famille des lauracées ; dans l'Antiquité, le laurier était l'emblème de la victoire. ◆ **lauriers n.m.pl. 1.** *LITT.* Gloire ; succès : *Se couvrir de lauriers.* **2. S'endormir, se reposer sur ses lauriers,** renoncer, par paresse ou par vanité, à poursuivre son action après un premier succès.

Laurier (*sir* **Wilfrid),** homme politique canadien (Saint-Lin, Québec, 1841 - Ottawa 1919). Chef du parti libéral à partir de 1887, Premier ministre du Canada de 1896 à 1911, il renforça l'autonomie du pays par rapport à la Grande-Bretagne.

laurier-cerise [lɔrjesəriz] **n.m.** (pl. *lauriers-cerises*). Arbrisseau d'Europe et d'Asie Mineure, à feuilles persistantes et à fleurs blanches en grappes, planté dans les haies et dont les fruits sont toxiques. ▸ Famille des rosacées.

laurier-rose [lɔrjeroz] **n.m.** (pl. *lauriers-roses*). Arbuste à fleurs blanches ou roses, ornemental et toxique. ▸ Famille des apocynacées.

laurier-sauce [lɔrjesos] **n.m.** (pl. *lauriers-sauce*). Laurier utilisé en cuisine.

laurier-tin [lɔrjetɛ̃] **n.m.** (pl. *lauriers-tins*). Viorne de la région méditerranéenne, dont les feuilles persistantes rappellent celles du laurier. ▸ Famille des caprifoliacées.

Lausanne, v. de Suisse, ch.-l. du cant. de Vaud, sur le lac Léman ; 345 293 hab. dans l'agglomération. *(Lausannois).* Université. Tribunal fédéral. Siège du C.I.O. Cathédrale du XIIIe s. (porche sculpté des Apôtres) et autres monuments. Importants musées.

lause ou **lauze** [loz] **n.f.** (gaul. **lausa,* dalle). Pierre plate utilisée comme dalle ou pour couvrir des bâtiments dans le sud et le sud-est de la France.

Lautréamont (Isidore Ducasse, dit **le comte de),** poète français (Montevideo 1846 - Paris 1870). Il est l'auteur des *Chants de Maldoror* (1869), poème en prose en six chants qui tire sa violence et ses images hallucinantes de sa parodie de tous les motifs et registres littéraires (lyrisme romantique, rhétorique classique, roman noir). Les surréalistes virent en lui un précurseur.

LAV [lav] **n.m. inv.** (sigle de *lymphadenopathy associated virus*). Premier nom du V.I.H., isolé en 1983 à l'Institut Pasteur.

lavable [lavabl] **adj.** Qui peut être lavé : *Pull lavable à 30 °C.*

lavabo [lavabo] **n.m.** (mot lat. « je laverai »). **1.** Appareil sanitaire en forme de cuvette, muni d'une arrivée et d'une évacuation d'eau et permettant de faire sa toilette. **2.** CATH. Action du prêtre qui se lave les mains à la messe, après la présentation des offrandes. ◆ **lavabos n.m. pl.** Toilettes, dans un lieu public.

lavage [lavaʒ] **n.m. 1.** Action de laver : *Le lavage du linge* (syn. **nettoyage, blanchissage**). **2. Lavage de cerveau,** action psychologique exercée sur une personne pour anéantir ses pensées et ses réactions personnelles par l'utilisation de coercition physique ou psychologique.

Laval, ch.-l. du dép. de la Mayenne, sur la Mayenne, à 274 km à l'ouest de Paris ; 53 871 hab. *(Lavallois).* Évêché. Constructions électriques. Vieux-Château des XIIe-XVIe s. (collections d'archéologie médiévale et musée d'Art naïf). Églises romanes et gothiques.

Laval, v. et région administrative du Québec (Canada), banlieue nord-ouest de Montréal ; 245 km^2 ; 401 553 hab.

Laval (Pierre), homme politique français (Châteldon 1883 - Fresnes 1945). Député socialiste (1914-1919), puis socialiste indépendant, deux fois président du Conseil (1931-1932, 1935-1936), il mena une politique de rapprochement avec l'Italie. Ministre d'État du maréchal Pétain (juin 1940), vice-président du Conseil dès l'établissement du régime de Vichy (juill. 1940), il fut mis à l'écart du pouvoir en décembre. Nommé chef de gouvernenent en avr. 1942, sous la pression des Allemands, il accentua la politique de collaboration avec l'Allemagne dans laquelle il avait engagé l'État français. Condamné à mort, il fut exécuté.

lavallière [lavaljɛr] **n.f.** (du n. de la duchesse de *La Vallière*). Cravate souple, nouée en deux larges boucles.

La Vallière (Louise de La Baume Le Blanc, *duchesse* **de),** favorite de Louis XIV (Tours 1644 - Paris 1710). Supplantée par la marquise de Montespan, elle se retira chez les carmélites en 1674, après avoir donné au roi deux enfants qui furent légitimés.

lavande [lavɑ̃d] **n.f.** (it. *lavanda,* qui sert à laver). **1.** Plante aromatique des régions méditerranéennes, à feuilles persistantes et à fleurs bleues ou violettes en épi. ▸ Famille des labiées. **2.** Huile essentielle odorante obtenue à partir de ces fleurs. ◆ **adj. inv. Bleu lavande,** bleu mauve assez clair.

lavandière [lavɑ̃djɛr] **n.f.** (de *laver*). *LITT.* Femme qui lavait le linge à la main.

lavandin [lavɑ̃dɛ̃] **n.m.** Lavande hybride, cultivée pour son essence.

lavasse [lavas] **n.f.** (de *laver*). *FAM.* Boisson (notamm. café), soupe, etc., dans laquelle il y a trop d'eau.

lave [lav] **n.f.** (it. *lava,* lat. *labes,* éboulement). **1.** Matière en fusion émise par un volcan qui se solidifie en refroidissant pour former une roche volcanique. **2. Lave en coussins,** pillow-lava.

lavé, e [lave] **adj.** (de *laver*). Se dit d'une couleur d'un faible degré d'intensité.

lave-auto [lavoto] **n.m.** (pl. *lave-autos*). *QUÉBEC.* Station de lavage automatique pour automobiles.

lave-glace [lavglas] **n.m.** (pl. *lave-glaces*). Appareil envoyant un jet de liquide sur le pare-brise d'une automobile pour le laver.

lave-linge [lavlɛ̃ʒ] **n.m. inv.** Machine à laver le linge.

lave-mains [lavmɛ̃] **n.m. inv.** Petit lavabo d'appoint, en partic. dans les toilettes.

lavement [lavmɑ̃] **n.m. 1.** Injection d'un liquide dans le gros intestin, par l'anus, pour l'évacuation de son contenu ou dans un but thérapeutique. **2.** CATH. **Lavement des pieds,** cérémonie du jeudi saint au cours de laquelle l'officiant lave les pieds de douze personnes, par imitation du geste de Jésus à la dernière Cène.

laver [lave] **v.t.** (lat. *lavare*). **1.** Nettoyer avec un liquide, notamm. avec de l'eau : *Laver le visage d'un enfant* (syn. **débarbouiller**). *Laver la vaisselle. Laver une plaie à l'alcool* (syn. **net-**

toyer). *Machine à laver le linge* (= lave-linge). *Machine à laver la vaisselle* (= lave-vaisselle). **2.** Prouver l'innocence de qqn : *Laver un inculpé d'une accusation* (syn. **blanchir, disculper**). **3. Laver un dessin,** exécuter ou rehausser un dessin au lavis. ◆ **se laver** v.pr. **1.** Laver son corps. **2. S'en laver les mains,** décliner toute responsabilité dans une affaire.

Laveran (Alphonse), savant et médecin militaire français (Paris 1845 - *id.* 1922). Au début des 1880, il découvre le parasite responsable du paludisme, ce qui lui a valu le prix Nobel de médecine en 1907.

laverie [lavri] **n.f.** Blanchisserie équipée de machines à laver individuelles.

lave-tête [lavtɛt] **n.m. inv.** Cuvette qui, fixée par un support au dossier d'un siège, permet, chez les coiffeurs, de laver les cheveux au-dessus d'un lavabo.

lavette [lavɛt] **n.f. 1.** Carré de tissu-éponge servant à laver la vaisselle, à essuyer une table, etc. **2.** *FAM.* Personne veule et sans énergie.

1. laveur, euse [lavœr, -øz] **n.** (de *laver*). Personne dont le métier est de laver : *Un laveur de carreaux. Un laveur de vaisselle, dans un restaurant* (syn. **plongeur**).

2. laveur [lavœr] **n.m.** (de *1. laveur*). CHIM. Appareil utilisé pour purifier des gaz.

lave-vaisselle [lavvɛsɛl] **n.m. inv.** Appareil qui lave et sèche automatiquement la vaisselle.

Lavigerie (Charles), évêque français (Bayonne 1825 - Alger 1892). Professeur d'histoire ecclésiastique à la Sorbonne (1854-1856), évêque de Nancy (1863), archevêque d'Alger (1867), il fonde la congrégation des Pères blancs (1868) et celle des Sœurs missionnaires d'Afrique (1869). Créé cardinal en 1882, il obtient, après la conquête de la Tunisie, que le nouvel archidiocèse de Carthage (1884) soit uni sous sa responsabilité à celui d'Alger. Véritable chef de l'Église d'Afrique, il s'emploie à lutter contre l'esclavage et acquiert un tel prestige que le pape Léon XIII lui demande son appui en faveur du ralliement des catholiques français à la république.

lavis [lavi] **n.m.** (de *laver*). Manière de colorier ou d'ombrer un dessin, consistant dans l'emploi de l'encre de Chine ou d'une couleur quelconque unique, étendues d'eau et passées au pinceau ; œuvre exécutée à l'aide de ce procédé : *Un lavis en camaïeu.*

Lavisse (Ernest), historien français (Le Nouvion-en-Thiérache 1842 - Paris 1922). Professeur en Sorbonne (1888), directeur de l'École normale supérieure (1904-1919), il dirigea une vaste *Histoire de France* (10 t., 1900-1912).

lavoir [lavwar] **n.m. 1.** Autref. lieu public où on lavait le linge. **2.** MIN. Atelier de lavage pour le charbon.

Lavoisier (Antoine Laurent de), chimiste français (Paris 1743 - *id.* 1794). En définissant la matière par la propriété d'être pesante, en introduisant l'usage systématique de la balance, en énonçant la loi de conservation de la masse et celle de conservation des éléments, il peut être considéré comme le créateur de la science chimique. Il a élucidé le mécanisme de l'oxydation des métaux au contact de l'air, grâce à des expériences sur l'étain (1774), puis sur le mercure (1777). Il établit les compositions de l'air, de l'eau, du gaz carbonique (1781). Il fut, avec Laplace, l'auteur des premières mesures calorimétriques. Il participa, entre autres avec Berthollet, à la création d'une nomenclature chimique rationnelle, fondée sur le concept d'élément (1787). Le premier, il montra que la chaleur animale résulte de combustions organiques portant sur le carbone et l'hydrogène. Député suppléant, il fit partie de la commission chargée d'établir le système métrique (1790). Appartenant au corps des fermiers généraux, il se constitua prisonnier ; il fut condamné et guillotiné le jour même.

Law (John), financier écossais (Édimbourg 1671 - Venise 1729). Après avoir étudié, lors de ses voyages, les mécanismes financiers des grands centres monétaires et bancaires de l'Europe, il expose dans *les Considérations sur le numéraire et le commerce* (1705) son système financier : celui-ci comprend une banque d'État qui émettrait une quantité de billets proportionnelle aux besoins des activités économiques et qui serait associée à une compagnie de commerce par actions monopolisant le commerce extérieur. Le Régent l'ayant autorisé à appliquer son système en France, il fonde la Banque générale (mai 1716), érigée en Banque royale (déc. 1718), qu'il réunit à la Compagnie d'Occident (créée en sept. 1717), devenue la Compagnie des Indes (mai 1719). Law remporte un énorme succès. Mais les manœuvres des financiers provoquent l'effondrement de son système (oct. 1720).

Lawrence (David Herbert), écrivain britannique (Eastwood, Nottinghamshire, 1885 - Vence 1930). Il condamna dans ses romans la civilisation industrielle et exalta l'épanouissement de toutes les facultés humaines, à commencer par la sexualité (*l'Arc-en-ciel,* 1915 ; *l'Amant de lady Chatterley,* 1928).

Lawrence (Ernest Orlando), physicien américain (Canton, Dakota du Sud, 1901 - Palo Alto, Californie, 1958). Ses travaux ont porté sur l'effet photoélectrique dans les vapeurs et l'émission thermoélectrique. Il est surtout connu pour son invention, en 1930, du cyclotron. (Prix Nobel 1939.)

Lawrence (*sir* Thomas), peintre britannique (Bristol 1769 - Londres 1830). Élève de Reynolds, il fut nommé premier peintre du roi en 1792. Son brio de portraitiste, d'une intensité parfois romantique, lui valut un immense succès.

Lawrence (Thomas Edward), dit **Lawrence d'Arabie,** orientaliste et agent politique britannique (Tremadoc, pays de Galles, 1888 - Clouds Hill, Dorset, 1935). Archéologue passionné par les pays du Proche-Orient, il conçut le projet d'un empire arabe sous influence britannique. Il encouragea la révolte des Arabes contre les Turcs (1917-1918) et, ayant adopté le mode de vie des Bédouins, participa à la conquête de la Palestine par les Britanniques. Il démissionna en 1922 et s'engagea dans la Royal Air Force comme simple soldat. Il est l'auteur des *Sept Piliers de la sagesse* (1926).

laxatif, ive [laksatif, -iv] **adj.** et **n.m.** (bas lat. *laxativus,* de *laxare,* relâcher). Se dit d'une substance qui a une action purgative légère : *Le pruneau est un laxatif.*

laxisme [laksism] **n.m.** (du lat. *laxus,* large). **1.** Indulgence, tolérance excessive : *Faire preuve de laxisme.* **2.** *DIDACT.* Système selon lequel on peut suivre une opinion, en partic. dans le domaine théologique, du moment qu'elle est un tant soit peu probable.

laxiste [laksist] **adj.** et **n. 1.** Qui manifeste du laxisme : *Politique laxiste.* **2.** Partisan du laxisme théologique.

Laxness (Halldór Kiljan Gudjónsson, dit**),** écrivain islandais (Laxness, près de Reykjavík, 1902 - Mosfellbær, près de Reykjavík, 1998). Il célèbre l'endurance de son peuple dans des romans d'inspiration sociale (*Salka Valka,* 1931-1932 ; *la Cloche d'Islande,* 1943 ; *le Paradis retrouvé,* 1960). [Prix Nobel 1955.]

layette [lejɛt] **n.f.** (de *laie,* boîte, moyen néerl. *laeye*). **1.** Ce qui sert à habiller un nouveau-né, un bébé. **2.** Meuble à tiroirs plats et compartimentés, servant à ranger le petit outillage et les fournitures, en horlogerie.

layon [lejɔ̃] **n.m.** (de *2. laie*). Petit sentier forestier.

Lazare *(saint),* personnage de l'Évangile de Jean, ami de Jésus, frère de Marthe et de Marie de Béthanie. L'évangéliste rapporte sa résurrection par Jésus, comme si celui-ci, à la veille de sa Passion, avait voulu manifester qu'il était le maître de la vie.

lazaret [lazarɛ] **n.m.** (it. *lazzaretto,* croisement probable de *S. Lazzaro,* patron des lépreux, et de [*S. Maria di*] *Nazaret,* n. d'un lieu de quarantaine). **1.** Établissement où l'on isole et où l'on contrôle les arrivants d'un pays infecté par une maladie contagieuse. **2.** Autref., léproserie.

lazariste [lazarist] **n.m.** (du prieuré *Saint-Lazare*). Membre de la Société des prêtres de la Mission, fondée en 1625 par saint Vincent de Paul.

Lazarsfeld (Paul Felix), sociologue américain d'origine autrichienne (Vienne 1901 - New York 1976). Il a essayé de donner aux sciences sociales une rigueur méthodologique (*Philosophie des sciences sociales,* 1970).

lazzi [ladzi] ou [lazi] **n.m.** (mot it.) [pl. *lazzis* ou inv.]. Plaisanterie moqueuse : *Subir les lazzis de la foule* (syn. **moquerie, raillerie**).

LCD [ɛlsede] **n.m.** (sigle de l'angl. *liquid crystal display*). Affichage par cristaux liquides : *Un écran LCD.*

1. le [lə], **la** [la], **les** [lɛ] **art. déf.** (lat. *ille,* ce) (*Le* et *la* s'élident en *l'* devant un mot commençant par une voyelle ou un *h* muet ; avec les prép. *à* et *de, le* et *les* se contractent en *au, aux* et *du, des*). Déterminant défini d'un groupe nominal dont il indique le genre et le nombre : *Le film de la semaine. L'huile est chaude. Les magasins du centre-ville. S'adresser aux électeurs.*

2. le [lə], **la** [la], **les** [lɛ] **pron. pers.** (lat. *ille,* celui-là). Désigne la 3e pers., aux deux genres, dans les fonctions de compl. d'objet dir. : *Je le vois tous les jours. Laisse-la passer. Il les a ramenés à la maison.* ***Rem.*** Au sing., ce pronom s'élide en *l'* devant un verbe dont il est compl. commençant par une voyelle ou par un *h* muet, ainsi que devant les pron. *en* et *y* : *Tu l'as vue ? Je l'y rencontre tous les jours.*

lé [le] **n.m.** (du lat. *latus,* large). **1.** TEXT. Largeur d'une étoffe entre ses deux lisières (syn. **laize**). **2.** COUT. Panneau d'étoffe incrusté dans une jupe pour lui donner plus d'ampleur. **3.** Largeur d'une bande de papier peint.

leader ou **leadeur, euse** [lidœr, -øz] **n.** (mot angl. « guide »). **1.** Personne qui est à la tête d'un parti politique, d'un mouvement, d'un groupe : *Le leader de l'opposition* (syn. **chef**). **2.** Concurrent, équipe qui sont en tête d'une compétition sportive : *Le leader du championnat.* **3.** (Parfois en appos.). Entreprise, groupe, produit qui occupent la première place dans un domaine : *Nous sommes leaders dans la fabrication des pots de yaourt.* ◆ **leader n.m.** AÉRON. Avion guide d'un dispositif aérien ; son chef de bord.

leadership [lidœrʃip] **n.m.** (mot angl.). Fonction de leader : *Avoir le leadership* (= la position dominante).

Leakey *(famille),* famille de paléontologues ayant fait progresser les connaissances sur l'origine de l'homme. • **Louis Seymour Bazet** (Kabete, Kenya, 1903 - Londres 1972) mène de nombreuses fouilles en Tanzanie (gorges de l'Olduvai) et au Kenya ; en 1948, il découvre un crâne de plus de 20 millions d'années, d'une espèce qu'il baptise *proconsul.* • Sa femme **Mary Douglas** (Londres 1913 - Nairobi, Kenya, 1996) a découvert, en Tanzanie, le zinjanthrope (un paranthrope), ainsi que l'*Homo habilis,* considéré comme le premier homme. • Leur fils **Richard** (né en 1944 à Nairobi) a mené des fouilles au Kenya, mettant au jour de nombreux ossements d'hominidés très anciens.

Lean (David), cinéaste britannique (Croydon 1908 - Londres 1991). Auteur de *Brève Rencontre* (1945), il a trouvé une consécration internationale avec des productions prestigieuses et spectaculaires : *le Pont de la rivière Kwaï* (1957), *Lawrence d'Arabie* (1962), *Docteur Jivago* (1965).

leasing [liziŋ] **n.m.** (mot angl.). ÉCON. (Anglic. déconseillé). Crédit-bail.

Léautaud (Paul), écrivain français (Paris 1872 - Robinson 1956). La publication de son *Journal littéraire* (1954-1965) révéla son ironie de philosophe sceptique.

Leblanc (Maurice), écrivain français (Rouen 1864 - Perpignan 1941). Il créa, dans ses romans policiers, le type du gentleman cambrioleur, Arsène Lupin.

Le Bon (Gustave), médecin et sociologue français (Nogent-le-Rotrou 1841 - Paris 1931). Il s'est intéressé aux comportements collectifs (*la Psychologie des foules,* 1895).

Lebrun (Albert), homme d'État français (Mercy-le-Haut, Meurthe-et-Moselle, 1871 - Paris 1950). Plusieurs fois ministre (1911-1920), il fut élu président de la République en 1932 ; réélu en 1939, il se retira en juill. 1940.

Le Brun (Charles), peintre et décorateur français (Paris 1619 - *id.* 1690). À Rome, où il va parfaire son éducation artistique de 1642 à 1645, il est marqué par les antiques, par Raphaël, les Carrache, Poussin. Au service de Louis XIV et de Colbert à partir de 1661, doué d'une grande puissance de travail et sachant animer des équipes nombreuses, il va exercer une véritable dictature sur les arts (il est premier peintre du roi, chancelier à vie de l'Académie de peinture et de sculpture, directeur des Gobelins). Il professe l'esthétique de la « belle nature », c'est-à-dire de la réalité corrigée selon les normes antiques, et la primauté du dessin sur la couleur. Il a décoré une partie de l'hôtel Lambert à Paris (v. 1655), la voûte de la galerie d'Apollon, au Louvre, et celle de la galerie des Glaces, à Versailles (1678-1684), etc. Parmi ses tableaux, citons, au Louvre, *le Sommeil de l'Enfant Jésus, le Chancelier Séguier avec sa suite,* les immenses toiles de l'*Histoire d'Alexandre.*

Lebrun (Charles François), *duc* **de Plaisance,** homme politique français (Saint-Sauveur-Lendelin, Manche, 1739 - Sainte-Mesme, Yvelines, 1824). Il fut troisième consul après le 18-Brumaire. Grand dignitaire de l'Empire, il créa la Cour des comptes (1807).

léchage [leʃaʒ] **n.m.** Action de lécher.

Le Chatelier (Henry), chimiste et métallurgiste français (Paris 1850 - Miribel-les-Échelles, Isère, 1936). Il fit les premières études scientifiques de la structure des métaux et alliages, créa l'analyse thermique et la métallographie microscopique. Il énonça la loi générale de déplacement des équilibres physico-chimiques. Il s'intéressa aussi à l'organisation scientifique des entreprises.

lèche [lɛʃ] **n.f.** (de *lécher*). *FAM.* **Faire de la lèche à qqn,** flatter bassement, servilement qqn.

léché, e [leʃe] **adj. 1.** *FAM.* Exécuté minutieusement : *Portrait léché.* **2. Ours mal léché,** personne mal élevée, grossière.

lèche-bottes [lɛʃbɔt] **n. inv.** *FAM.* Personne qui flatte servilement (syn. **flagorneur**).

lèchefrite [lɛʃfrit] **n.f.** (de *lécher,* et de l'anc. fr. *froie,* frotte, impér. de *froier*). Ustensile de cuisine placé sous la broche ou le gril, et destiné à recevoir le jus et la graisse d'une pièce de viande mise à rôtir.

lécher [leʃe] **v.t.** (frq. **lekkon*) [conj. **18**]. **1.** Enlever avec la langue ; passer la langue sur : *Lécher ses doigts. Le chat lèche l'assiette.* **2.** Effleurer légèrement, en parlant du feu, de l'eau : *Les flammes léchaient la façade* (syn. **frôler**). *Les vagues nous lèchent les pieds.* **3.** *FAM.* Exécuter avec un soin excessif : *Lécher un tableau* (syn. **peaufiner**). **4.** *FAM.* **Lécher les bottes à qqn,** flatter servilement qqn. / *FAM.* **Lécher les vitrines,** regarder longuement les étalages des magasins.

lèche-vitrines [lɛʃvitrin] **n.m. inv.** *FAM.* **Faire du lèche-vitrines,** flâner le long des rues en regardant les étalages des magasins.

Leclair (Jean-Marie), violoniste et compositeur français (Lyon 1697 - Paris 1764). Il domine l'école française de violon au XVIIIe s. (sonates, concertos).

Leclanché (Georges), ingénieur français (Paris 1839 - *id.* 1882). Il inventa, en 1868, la pile électrique qui porte son nom, utilisant comme électrolyte le chlorure d'ammonium et comme dépolarisant le bioxyde de manganèse.

Leclerc (Félix), auteur-compositeur et chanteur canadien (La Tuque 1914 - Saint-Pierre, île d'Orléans, Québec, 1988). Il a été l'un des pionniers de la chanson canadienne francophone *(le P'tit Bonheur, Moi, mes souliers).*

Leclerc (Philippe de Hauteclocque, dit**),** maréchal de France (Belloy-Saint-Léonard 1902 - près de Colomb-Béchar 1947). Il se distingua au Gabon, en Tripolitaine et en Tunisie (1940-1943). Débarqué en Normandie (1944), il libéra Paris puis Strasbourg à la tête de la 2e division blindée, qu'il conduisit jusqu'à Berchtesgaden. Commandant les troupes d'Indochine (1945), il signa pour la France la capitulation du Japon. Inspecteur des troupes d'Afrique du Nord, il périt dans un accident d'avion.

Le Clézio (Jean-Marie Gustave), écrivain français (Nice 1940). Ses premiers romans, qui campent des personnages en butte à un monde destructeur (*le Procès-Verbal,* 1963), font place ensuite à des récits dominés par le thème de l'errance, dont l'écriture lumineuse et précise célèbre la redécouverte de l'harmonie intérieure et de mondes perdus (*Désert,* 1980 ; *le Chercheur d'or,* 1985 ; *Onitsha,* 1991 ; *Ourania,* 2006). [Prix Nobel 2008.]

leçon [ləsɔ̃] **n.f.** (lat. *lectio,* lecture). **1.** Enseignement donné en une séance par un professeur, un maître, à une classe, à un auditoire, à un élève : *Une leçon de musique* (syn. **cours**). **2.** Ce que le maître donne à apprendre : *Réciter sa leçon.* **3.** Enseignement tiré d'une faute ou d'un événement : *Les leçons de l'expérience.* **4.** Avertissement donné à qqn : *Donner, recevoir une bonne leçon. Je me souviendrai de la leçon* (syn. **réprimande, semonce**).

Leconte de Lisle (Charles), poète français (Saint-Paul, La Réunion, 1818 - Louveciennes 1894). Dans les *Poèmes antiques* (1852), puis dans les *Poèmes barbares* (1862), il crée par réaction contre le lyrisme romantique une poésie impersonnelle qui veut être d'une beauté parfaite. C'est autour de lui que se constitua l'école parnassienne.

Le Corbusier (Charles Édouard Jeanneret, dit), architecte, urbaniste, théoricien et peintre français d'origine suisse (La Chaux-de-Fonds 1887 - Roquebrune-Cap-Martin 1965). Formé par sa fréquentation, notamment, des ateliers de A. Perret et de Behrens, il eut le souci de renouveler l'architecture en fonction de la vie sociale et d'utiliser des volumes simples, articulés selon des plans d'une grande liberté, qui tendent à l'interpénétration des espaces. Il a exprimé ses conceptions, très discutées, dans des revues comme *l'Esprit nouveau* (1920-1925) et dans une vingtaine d'ouvrages qui ont exercé leur influence dans le monde entier (*Vers une architecture,* 1923 ; *la Ville radieuse,* 1935 ; *la Charte d'Athènes,* 1942 ; *le Modulor,* 1950). Il est passé de l'angle droit (villa Savoye à Poissy, 1929 ; « unité d'habitation » de Marseille, 1947) à une expression plus lyrique (chapelle de Ronchamp [Haute-Saône] ou Capitole de Chandigarh, à partir de 1950).

Lecouvreur (Adrienne), actrice française (Damery, près d'Épernay, 1692 - Paris 1730). Elle fut l'une des premières tragédiennes à s'exprimer de façon naturelle et nuancée.

1. lecteur, trice [lɛktœr, -tris] **n.** (lat. *lector,* de *legere ;* v. *lire*). **1.** Personne qui lit un livre, un journal, etc. : *Un grand lecteur de romans* (syn. **liseur**). *Courrier des lecteurs.* **2.** Personne qui lit à haute voix, devant un auditoire. **3.** Collaborateur qui lit les manuscrits envoyés à un éditeur : *Le lecteur est favorable à la publication de ce manuscrit.* **4.** Professeur étranger chargé d'exercices pratiques sur la langue du pays dont il est originaire. **5.** CATH. Autref., clerc qui avait reçu le deuxième des ordres mineurs.

2. lecteur [lɛktœr] **n.m.** (de *1. lecteur*). **1.** Appareil qui permet de reproduire des sons enregistrés ou des informations codées et enregistrées dans une mémoire électronique : *Lecteur de DVD. Lecteur de codes-barres.* **2.** INFORM. Machine ou dispositif permettant l'introduction des données dans un ordinateur à partir d'un support d'enregistrement extérieur (CD-ROM, clé USB, etc.).

lectorat [lɛktɔra] **n.m. 1.** Ensemble des lecteurs d'un quotidien, d'une revue, etc. : *Journal qui veut fidéliser son lectorat.* **2.** Fonction de lecteur dans l'enseignement.

lecture [lɛktyr] **n.f.** (lat. médiév. *lectura*). **1.** Action de lire, de déchiffrer : *La lecture du journal.* **2.** Fait de savoir lire : *Apprendre la lecture. Un livre de lecture* (= où on apprend à lire). **3.** Action de lire à haute voix, devant un auditoire : *Donner lecture d'une pièce.* **4.** Ce qu'on lit : *Avoir de mauvaises lectures.* **5.** Analyse, interprétation d'un texte, d'une partition, etc. : *Nouvelle lecture de Lautréamont. Ce texte se prête à plusieurs lectures.* **6.** Discussion et vote d'un texte par une assemblée législative ; délibération sur un projet de loi : *Le texte du gouvernement est venu en première lecture au Sénat.* **7.** INFORM. Accès à des informations présentes dans une mémoire ou sur un support quelconque : *Lecture du code-barres.* **8. Tête de lecture,** organe d'un lecteur électronique ou électroacoustique qui procède à la lecture.

LED [lɛd] **n.f.** (sigle de l'angl. *light emitting diode*). Diode* électroluminescente.

Léda, personnage de la mythologie grecque, femme de Tyndare, roi de Sparte. Elle fut aimée de Zeus, qui se métamorphosa en cygne pour la séduire. Leur union produisit deux œufs d'où sortirent deux couples de jumeaux, Castor et Pollux, Hélène et Clytemnestre.

ledit adj. ⟶ **1. dit.**

Ledoux (Claude Nicolas), architecte français (Dormans, Marne, 1736 - Paris 1806). Son œuvre, publiée en gravures mais dont il reste peu d'exemples construits (château de Bénouville, près de Caen, 1768 ; quelques pavillons des barrières de Paris, 1783 et suiv.), est dominée par les salines d'Arc-et-Senans, dans le Doubs (1775-1779, inachevées) et les plans de la ville qui devait les entourer. Son langage associe répertoire antique, symbolisme des formes géométriques simples et anticipations romantiques.

Ledru-Rollin (Alexandre Auguste Ledru, dit), homme politique français (Paris 1807 - Fontenay-aux-Roses 1874). Député à partir de 1841, il lança *la Réforme* (1843), organe du radicalisme. Ministre de l'Intérieur après la révolution de févr. 1848, il dut céder ses pouvoirs à Cavaignac au lendemain des journées de juin. Il tenta d'organiser une manifestation contre l'envoi d'un corps expéditionnaire français à Rome (juin 1849) et dut s'exiler jusqu'en 1870.

Lee (Robert Edward), général américain (Stratford, Virginie, 1807 - Lexington, Virginie, 1870). Chef des armées sudistes pendant la guerre de Sécession, vainqueur à Richmond (1862), battu à Gettysburg, il dut capituler à Appomattox en 1865.

Leeds, v. de Grande-Bretagne ; 751 500 hab. Centre lainier. Confection. Musées.

Leeuwenhoek (Antonie Van) ⟶ **Van Leeuwenhoek** (Antonie).

Lefèvre d'Étaples (Jacques), humaniste et théologien français (Étaples, v. 1450 - Nérac 1536). Membre influent du « cénacle de Meaux », il appliqua son savoir linguistique à l'étude de la Bible et de la patristique. Soupçonné de favoriser par son retour à l'Écriture la diffusion des idées luthériennes, le cénacle de Meaux se dispersa en 1525. Lefèvre devint précepteur des enfants de François Ier, à Blois (1526), puis se retira à Nérac auprès de Marguerite de Navarre.

légal, e, aux [legal, -o] **adj.** (lat. *legalis,* de *lex, legis,* loi). Conforme à la loi ; défini par la loi : *Les dispositions légales en vigueur* (syn. **juridique**). *Il n'a pas atteint l'âge légal pour voter. Le cours légal de la monnaie* (syn. **réglementaire**).

légalement [legalmɑ̃] **adv.** De façon légale : *Ils ont été expropriés légalement* (contr. **irrégulièrement**).

légalisation [legalizasjɔ̃] **n.f.** Action de légaliser : *La légalisation d'un acte, d'une signature* (syn. **authentification**).

légaliser [legalize] **v.t. 1.** Rendre légal : *Cette loi légalise l'I.V.G.* (syn. **légitimer**). **2.** DR. Certifier l'authenticité des signatures apposées sur un acte, en parlant d'un officier public (syn. **authentifier**).

légalisme [legalism] **n.m.** Souci de respecter minutieusement la loi : *Son légalisme lui fait honneur.* ◆ **légaliste adj.** et **n.** Relatif au légalisme ; qui fait preuve de légalisme : *Un discours légaliste.*

légalité [legalite] **n.f. 1.** Caractère de ce qui est légal : *La légalité d'une mesure* (contr. **arbitraire**). **2.** Situation conforme à la loi : *Rester dans la légalité.*

légat [lega] **n.m.** (lat. *legatus,* p. passé de *legare,* envoyer avec une mission). **1.** Représentant officiel du pape. **2.** ANTIQ. ROM.

Personnage chargé d'une mission diplomatique (ambassadeur), administrative (adjoint au gouverneur de province) ou militaire (lieutenant des généraux en campagne).

légataire [legatɛr] **n.** (du lat. *legare,* léguer). Bénéficiaire d'un legs : *Légataire universel.*

légation [legasjɔ̃] **n.f.** (lat. *legatio,* de *legare* ; v. *légat*). **1.** Représentation diplomatique d'un gouvernement auprès d'un État où il n'a pas d'ambassade. **2.** Bâtiment occupé par cette représentation diplomatique.

legato [legato] **adv.** (mot it.). MUS. En liant les sons.

légendaire [leʒɑ̃dɛr] **adj. 1.** Qui appartient à la légende : *La licorne est un animal légendaire* (syn. **fabuleux, mythique**). **2.** Qui est connu de tous : *Sa paresse est légendaire* (syn. **célèbre**).

légende [leʒɑ̃d] **n.f.** (lat. médiév. *legenda,* ce qui doit être lu). **1.** Récit à caractère merveilleux, où les faits historiques sont transformés par l'imagination populaire ou par l'invention poétique : *Les légendes du Moyen Âge.* **2.** Histoire déformée et embellie par l'imagination : *Entrer vivant dans la légende.* **3.** Explication jointe à une photographie, à un dessin, à un plan ou à une carte géographique.

léger, ère [leʒe, -ɛr] **adj.** (lat. *levis*). **1.** Dont le poids est peu élevé : *Bagage léger* (contr. **lourd**). **2.** Dont la densité est faible : *Métal, gaz léger.* **3.** Dont la texture, l'épaisseur est faible : *Tissu léger. Légère couche de neige* (syn. **fin** ; contr. **épais**). **4.** Qui est peu concentré, peu fort : *Thé, café léger.* **5.** Qui est facile à digérer : *Faire un repas léger* (syn. **digeste**). **6.** Qui met en œuvre des moyens peu importants : *Chirurgie légère* (contr. **lourd**). **7.** Qui donne une impression de vivacité, de délicatesse, de grâce : *Allure, démarche légère* (syn. **alerte, souple**). **8.** Libre de soucis, de responsabilités : *Avoir le cœur léger.* **9.** Qui est peu important : *Légère différence* (syn. **imperceptible**). *Peine légère* (syn. **anodin**). **10.** Qui est enjoué, sans gravité : *Ton léger. Poésie, musique légère.* **11.** Qui manque de sérieux : *Se montrer un peu léger* (syn. **désinvolte**). *Une femme légère* (syn. **volage**). **12. À la légère,** inconsidérément : *Ne prends pas ses menaces à la légère.* / **Avoir la main légère,** agir avec douceur. / **Cigarette légère,** dont la teneur en nicotine et en goudrons a été diminuée. / **Sommeil léger,** que peu de chose suffit à troubler. / SPORTS. **Poids léger,** catégorie de poids dans divers sports individuels, comme la boxe ; sportif appartenant à cette catégorie.

Léger (Fernand), peintre français (Argentan 1881 - Gif-sur-Yvette 1955). Après avoir pratiqué une forme de cubisme (*la Noce,* 1910, M.N.A.M.), il a élaboré un langage essentiellement plastique fondé sur le dynamisme de la vie moderne (*les Disques,* 1918, M.A.M. de la Ville de Paris), sur les contrastes de formes et de signification (*la Joconde aux clés,* 1930, musée national F.-Léger, Biot), pour réintégrer finalement les valeurs morales et sociales en figurant les travailleurs dans leurs *Loisirs* (grande toile de 1948-1949, M.N.A.M.) et dans leur travail (*les Constructeurs,* 1950, Biot). Il s'est intéressé à la décoration monumentale (mosaïque, vitrail, céramique).

légèrement [leʒɛrmɑ̃] **adv. 1.** De façon légère : *S'habiller légèrement* (contr. **chaudement**). **2.** Un peu : *Il est légèrement éméché.* **3.** À la légère ; inconsidérément : *Se conduire légèrement.*

légèreté [leʒɛrte] **n.f. 1.** Propriété de ce qui est peu pesant, peu dense : *La légèreté d'un bagage* (contr. **lourdeur**). **2.** Caractère de ce qui est léger, fin, agile : *Bondir avec légèreté* (syn. **aisance, souplesse**). **3.** Caractère de ce qui est sans gravité : *Légèreté d'une punition.* **4.** Manque de sérieux : *Faire preuve de légèreté* (syn. **frivolité, irréflexion**).

legging [legiŋ] **n.m.** (mot angl.). Collant épais sans pied.

légiférer [leʒifere] **v.i.** (du lat. *legifer,* qui établit des lois, de *lex, legis,* loi, et *ferre,* proposer) [conj. **18**]. **1.** Établir des lois : *Le Parlement légifère.* **2.** Édicter des règles.

légion [leʒjɔ̃] **n.f.** (lat. *legio*). **1.** ANTIQ. ROM. Unité fondamentale de l'armée romaine. ▸ La légion impériale comptait environ 6 000 hommes répartis en 10 cohortes, 30 manipules et 60 centuries. **2.** Appellation de certaines unités militaires. **3.** Grand nombre, nombre excessif d'êtres vivants : *Une légion de solliciteurs* (syn. **cohorte, meute**). **4. Être légion,** être très nombreux. / **La Légion étrangère,** formation militaire française créée en 1831, en Algérie, et composée de volontaires, en majorité étrangers. ▸ Une Légion étrangère espagnole, ou *tercio,* fut créée en 1920.

Légion d'honneur ***(ordre de la),*** ordre national français, institué en 1802 par Bonaparte en récompense de services militaires et civils. Cinq classes : grand-croix, grand officier, commandeur, officier, chevalier. Ruban rouge.

légionellose [leʒjɔnɛloz] **n.f.** MÉD. Pneumopathie contagieuse grave due à une bactérie (la *légionelle*) qui se développe dans les eaux chaudes.

légionnaire [leʒjɔnɛr] **n.m. 1.** Soldat d'une légion romaine. **2.** Militaire de la Légion étrangère. **3. Maladie du légionnaire,** légionellose. ◆ **n.** Membre de l'ordre de la Légion d'honneur.

législateur, trice [leʒislatœr, -tris] **adj.** et **n.** (lat. *legislator,* de *lex, legis,* loi, et *lator,* de *ferre,* proposer). Qui légifère, qui en a le pouvoir : *Un souverain législateur.* ◆ **législateur n.m. 1.** Autorité qui a mission d'établir des lois ; la loi en général. **2.** Personne qui fixe les règles d'un art, d'une science.

législatif, ive [leʒislatif, -ive] **adj. 1.** Relatif à la loi, au pouvoir de légiférer : *Pouvoir législatif. Assemblée législative.* **2.** HIST. **Corps législatif,** assemblée élue chargée de voter les lois, sous le Consulat et le second Empire. / **Élections législatives,** destinées à désigner, au suffrage universel, les députés de l'Assemblée nationale, en France (on dit aussi *les législatives*).

législation [leʒislasjɔ̃] **n.f.** Ensemble des lois, des dispositions législatives d'un pays, ou concernant un domaine particulier : *La législation américaine. Législation financière.*

législative ***(Assemblée),*** assemblée qui succéda à la Constituante le 1er oct. 1791 et qui fut remplacée par la Convention le 21 sept. 1792. Elle était divisée en plusieurs courants, dont le plus modéré était celui des Feuillants, partisans de la monarchie constitutionnelle.

législature [leʒislatyr] **n.f.** Durée du mandat d'une assemblée législative : *Une législature de cinq ans.*

légiste [leʒist] **n.** (du lat. *lex, legis,* loi). Spécialiste des lois. ◆ **n.m.** HIST. Juriste faisant partie d'un corps apparu dans l'administration royale au XIIIe s. ◆ **adj. Médecin légiste,** médecin qui fait des expertises afin d'aider la justice dans des affaires criminelles.

légitimation [leʒitimasjɔ̃] **n.f.** Action de légitimer : *La légitimation du nouveau pouvoir.*

légitime [leʒitim] **adj.** (lat. *legitimus,* de *lex, legis,* loi). **1.** Qui est consacré, reconnu, admis par la loi : *Autorité légitime.* **2.** Se dit de personnes unies par les liens du mariage et de leurs enfants. **3.** Qui est fondé en raison, en droit, en justice : *Demande, revendication légitime* (syn. **juste, fondé**). **4. Légitime défense,** cas où la loi considère qu'on ne commet pas de délit en usant de violence, pouvant conduire notamm. jusqu'à l'homicide, pour se protéger ou pour protéger autrui contre une agression.

légitimement [leʒitimmɑ̃] **adv.** Conformément à la loi, à l'équité, à la justice : *On ne peut, légitimement, le condamner.*

légitimer [leʒitime] **v.t. 1.** Faire admettre comme excusable, juste : *Rien ne légitime sa colère* (syn. **justifier, excuser**). **2.** Faire reconnaître comme légitime un pouvoir, un titre, etc.

légitimiste [leʒitimist] **adj.** et **n. 1.** Qui défend une dynastie légitime, les droits de la naissance au trône. **2.** HIST. En France, partisan de la branche aînée des Bourbons, détrônée en 1830 au profit de la branche d'Orléans. ▸ La disparition, sans héritiers, en 1883, du comte de Chambord, « Henri V », petit-fils de Charles X, mit fin pratiquement aux activités du parti légitimiste.

légitimité [leʒitimite] **n.f.** Qualité de ce qui est fondé en droit, en justice, en équité : *La légitimité de ses droits* (syn. **bien-fondé**). *La légitimité du pouvoir établi* (syn. **légalité**).

Le Goff (Jacques), historien français (Toulon 1924 - Paris 2014). Il s'est spécialisé dans l'histoire du Moyen Âge (*la Civilisation de l'Occident médiéval*, 1964 ; *Pour un autre Moyen Âge*, 1977 ; *Saint Louis*, 1996).

legs [lɛg] ou [lɛ] **n.m.** (altération, sous l'infl. du lat. *legatum*, legs, de l'anc. fr. *lais*, de *laisser*). **1.** DR. Libéralité faite par testament au bénéfice d'une personne (syn. **donation**). **2.** LITT. Ce qu'une génération transmet aux générations suivantes : *Le legs du passé* (syn. **héritage**). **3. Legs à titre particulier,** legs d'un ou de plusieurs biens déterminés. ⁄ **Legs à titre universel,** legs qui porte sur un ensemble de biens, par ex. une quote-part de l'ensemble de la succession ou la totalité des meubles ou des immeubles. ⁄ **Legs universel,** legs qui porte sur la totalité de la succession ou de la quotité disponible, lorsque le légataire universel est en concurrence avec des héritiers réservataires.

léguer [lege] **v.t.** (lat. *legare*) [conj. **18**]. **1.** Donner par testament : *Son père lui a légué des immeubles* (syn. **laisser**). **2.** Transmettre à ceux qui viennent ensuite : *Elle a légué son caractère à sa fille* (syn. **passer, transmettre**).

1. légume [legym] **n.m.** (lat. *legumen*). **1.** Plante potagère dont les graines, les feuilles, les tiges ou les racines entrent dans l'alimentation. ▸ On distingue les *légumes verts* (racine de la carotte, tige et bourgeon de l'asperge, feuilles du poireau, fleurs du chou-fleur, fruit du haricot) et les *légumes secs* (graines du haricot, du pois). **2.** BOT. Gousse.

■ **Diversité des légumes.** En botanique, le terme « légume » désigne précisément la gousse des légumineuses. Mais dans le langage courant, il recouvre toutes les productions végétales que l'on accommode généralement salées, en salade ou en plat : légumes-feuilles (salades, épinards), légumes-fruits (courgette, aubergine, tomate, poivron…), légumes-tiges (céleri), légumes-fleurs (artichaut, brocoli, chou-fleur), légumes-racines (carotte, navet, mais aussi les tubercules comme la pomme de terre), légumes-bulbes (oignon, ail), légumes-graines (maïs, lentilles, petit pois…).

Production. Les légumes les plus cultivés sont la pomme de terre, la tomate, les choux et l'oignon. La production mondiale de légumes est d'environ 1 milliard de tonnes par an (source FAO). La Chine est de loin le premier producteur mondial, avec près de 354 millions de tonnes, suivie par l'Inde et les États-Unis. ■

2. légume [legym] **n.f.** (de *1. légume*). FAM. **Grosse légume,** personnage important.

légumier, ère [legymje, -ɛr] **adj.** Qui se rapporte aux légumes : *Culture légumière.* ◆ **légumier n.m.** Plat creux, avec couvercle, dans lequel on sert des légumes.

légumineuse [legyminøz] **n.f. Légumineuses,** ordre de plantes dicotylédones dont le fruit est une gousse, ou légume, et comprenant trois familles : papilionacées, césalpiniacées et mimosacées. (Ex. : *pois, haricot, lentille, luzerne, trèfle.*)

Lehár (Franz), compositeur autrichien (Komárom, Hongrie, 1870 - Bad Ischl 1948). Il trouva sa véritable voie dans l'opérette (*Kukuschka, la Veuve joyeuse* [1905], *le Comte de Luxembourg, le Tsarévitch, le Pays du sourire* [1929]), où il utilisa non seulement la valse, mais aussi des danses plus modernes et des éléments folkloriques.

Lehn (Jean-Marie), chimiste français (Rosheim, Bas-Rhin, 1939). Il a contribué à l'étude de la photodécomposition de l'eau et a réalisé la synthèse des *cryptands,* molécules creuses dont la cavité peut fixer très fortement un ion ou une molécule et qui sont employées notamment en pharmacologie. (Prix Nobel 1987.)

lei [lɛj] **n.m. pl.** ⟶ **leu.**

Leibniz (Gottfried Wilhelm), philosophe et mathématicien allemand (Leipzig 1646 - Hanovre 1716). Son œuvre est écrite en latin ou en français. Toute sa vie philosophique est portée par l'idée que les substances créées trouvent leur principe d'individuation (le fait qu'elles sont uniques) dans une identité totale de la forme et de la matière. Dans son premier livre, *De arte combinatoria* (1666), il tente de définir une logique et une combinatoire des pensées humaines ; il reviendra toute sa vie sur l'idée qu'il existe un alphabet des pensées humaines, c'est-à-dire la liste des permutations et des combinaisons qui permettent de former toutes les pensées. Le raisonnement se réduira alors à une opération mécanique.

Après l'année 1666, une autre date clé dans la vie de Leibniz est celle de son séjour à Paris (1672), où il rencontre Huygens. Il découvre peu après le calcul différentiel et fonde le calcul infinitésimal (1676), proposant les notations de la différentielle et de l'intégrale encore employées aujourd'hui. Il s'initie aux idées politiques, à la jurisprudence ; il affirme qu'il y a compatibilité entre raison et religion. Sa renommée grandit : il est invité à séjourner chez Pierre le Grand (1712). Mais il est souvent incompris, et Voltaire se moquera toute sa vie d'idées apparemment leibniziennes, mais caricaturées. Sa dernière philosophie, que retrace la *Monadologie,* écrite en 1714 et publiée en 1721, est un spiritualisme mathématique : tout part de Dieu, dont l'existence est parfaitement démontrable. C'est Dieu qui conçoit les essences possibles, dites *monades,* et leurs combinaisons ; ces dernières constituent l'harmonie du monde, qui est préétablie. Ses principales œuvres sont : *Nouveaux Essais sur l'entendement humain* (1704), *Essais de théodicée* (1710) et la *Monadologie* (1714).

Leipzig, v. d'Allemagne (Saxe), sur l'Elster blanche ; 502 979 hab. Université. Foire internationale. Centre industriel. Monuments anciens et musées.

Leiris (Michel), écrivain et ethnologue français (Paris 1901 - Saint-Hilaire, Essonne, 1990). Il participe au mouvement surréaliste, puis entreprend des travaux sur l'art et les sociétés africaines. Mais c'est avec *l'Âge d'homme* (1939), suivi des quatre volumes de *la Règle du jeu* (*Biffures,* 1948 ; *Fourbis,* 1955 ; *Fibrilles,* 1966 ; *Frêle Bruit,* 1976), qu'il donne son œuvre majeure : à travers le récit autobiographique, il atteint les mythes collectifs et réfléchit sur le langage comme moyen de se révéler à soi.

leishmaniose [lɛʃmanjoz] **n.f.** (de *leishmania* et *-ose*). MÉD. Groupe de maladies des pays tropicaux causées par les *leishmanias,* protozoaires parasites.

leitmotiv [lɛtmɔtif] ou [lajtmɔtif] **n.m.** (mot all. « motif conducteur »). **1.** MUS. Motif, thème caractéristique destiné à rappeler une idée, un sentiment, un personnage. **2.** Formule, idée qui revient sans cesse dans un discours, une conversation, une œuvre littéraire : *Le thème de la vieillesse est un leitmotiv dans ses romans.* ***Rem.*** Pluriel savant *leitmotive.*

Lejeune (Jérôme), médecin et généticien français (Montrouge 1926 - Paris 1994). Il a notamm. découvert que ce qu'on appelait le « mongolisme » est dû à une anomalie chromosomique, la trisomie 21.

lek [lɛk] **n.m.** Unité monétaire principale de l'Albanie.

Lemaître (Antoine Louis Prosper, dit **Frédérick),** acteur français (Le Havre 1800 - Paris 1876). Révélé par son rôle de Robert Macaire dans *l'Auberge des Adrets,* il triompha dans le mélodrame et le drame romantique.

Léman *(lac),* lac d'Europe, au nord des Alpes de Savoie, traversé par le Rhône. Situé à 375 m d'altitude, long de 72 km, il a une superficie de 582 km^2 (348 km^2 en Suisse). La rive sud est française ; la rive nord, suisse. – On donne parfois le nom de *lac de Genève* à la partie du lac proche de cette ville.

lemme [lɛm] **n.m.** (gr. *lêmma,* proposition prise d'avance). MATH. Proposition déduite d'un ou de plusieurs postulats dont la démonstration prépare celle d'un théorème.

lemming [lɛmiŋ] **n.m.** (mot norvég.). Petit rongeur du nord de l'Eurasie, pullulant tous les deux à quatre ans et effectuant alors des migrations massives vers le sud. ▸ Long. 10 cm.

Lemoyne (François), peintre français (Paris 1688 - *id.* 1737). Relayant l'œuvre d'un La Fosse, il donna à la grande décoration française un style plus lumineux, plus frémissant (plafond du salon d'Hercule, à Versailles, 1733-1736) et fut le maître de Boucher et de Natoire.

Le Moyne d'Iberville (Pierre), marin et explorateur français (Ville-Marie, auj. Montréal, 1661 - La Havane 1706). Il combattit les Anglais au Canada et à Terre-Neuve (1686-1697), puis fonda en 1698 la colonie de la Louisiane, dont il fut le premier administrateur.

lémure [lemyr] **n.m.** (lat. *lemures*). ANTIQ. ROM. Spectre d'un mort ; fantôme.

lémurien [lemyrjɛ̃] **n.m.** (du lat. *lemures*, âmes des morts). Mammifère primate, génér. nocturne et arboricole, vivant exclusivement à Madagascar et dans l'archipel des Comores. ▶ Les lémuriens forment le sous-ordre des lémuriformes ; tous sont des espèces menacées.

Lena (la), fl. de Sibérie, tributaire de l'océan Arctique (mer des Laptev) ; 4 270 km (bassin de 2 490 000 km^2).

Le Nain, nom de trois frères, **Antoine** (m. en 1648), **Louis** (m. en 1648) et **Mathieu** (m. en 1677), peintres français nés à Laon, installés à Paris vers 1629. Malgré des différences évidentes de « mains », les historiens d'art ne sont pas parvenus à répartir entre chacun des trois frères les quelque soixante tableaux qui leur sont attribués avec certitude. Il s'agit d'œuvres mythologiques ou religieuses (*Nativité de la Vierge,* Notre-Dame de Paris), de scènes de genre (*la Tabagie,* 1643, Louvre), de portraits et surtout de scènes de la vie paysanne qui représentent un sommet du réalisme français : *la Famille de paysans, la Forge,* Louvre ; *Intérieur paysan,* Washington ; *l'Âne,* Saint-Pétersbourg ; *Paysans devant leur maison,* San Francisco. La dignité des personnages le dispute dans ces toiles, d'une haute qualité picturale, au constat de pauvreté de la campagne picarde ruinée par les guerres.

lendemain [lɑ̃dəmɛ̃] **n.m.** (de l'anc. fr. *l'endemain*). **1.** Jour qui suit celui où l'on est, ou celui dont on parle : *Le lendemain de son arrivée.* **2.** Avenir plus ou moins immédiat : *Songer au lendemain* (syn. **futur**). *Au lendemain de sa mort* (= aussitôt après). **3. Du jour au lendemain** ⟶ **jour.**

lendit [lɑ̃di] **n.m.** (du lat. *indictum,* ce qui est fixé). HIST. Importante foire qui se tenait au Moyen Âge dans la plaine Saint-Denis.

Lenglen (Suzanne), joueuse française de tennis (Paris 1899 - *id.* 1938). Championne du monde dès l'âge de 15 ans, elle domina le tennis mondial féminin.

lénifiant, e [lenifjɑ̃, -ɑ̃t] **adj.** Qui lénifie : *Climat lénifiant* (syn. **amollissant**). *Des propos lénifiants* (syn. **apaisant**).

lénifier [lenifje] **v.t.** (bas lat. *lenificare,* de *lenis,* doux) [conj. **9**]. **1.** Amollir qqn, lui ôter toute énergie : *Un climat qui vous lénifie.* **2.** Calmer, apaiser une peine morale : *Ses paroles nous lénifiaient* (syn. **rasséréner**).

Lénine (Vladimir Ilitch Oulianov, dit), homme politique russe (Simbirsk, auj. Oulianovsk, 1870 - Gorki 1924). Marxiste, il fonde en 1895 à Saint-Pétersbourg l'Union de lutte pour la libération de la classe ouvrière. Arrêté, il est emprisonné et déporté en Sibérie (1897-1900). Il quitte la Russie, gagne la Suisse, où il fonde le journal *Iskra,* organe de propagande marxiste. Il adopte alors le pseudonyme de Lénine et publie *Que faire ?* (1902). Il y expose sa conception d'un parti centralisé, formé de révolutionnaires professionnels, avant-garde de la classe ouvière dans sa lutte contre la bourgeoisie. Cette conception l'emporte en 1903 au Congrès du parti ouvrier social-démocrate de Russie (P.O.S.D.R.) ; les partisans de Lénine forment désormais la fraction bolchevique du parti, opposée à sa fraction menchevik. Fixé un temps à Paris (1908-1911), puis à Cracovie, il retourne en Suisse en 1914. Lors des conférences de l'Internationale socialiste de 1915-16, il défend ses thèses sur la nécessité de transformer la guerre impérialiste en guerre civile et milite pour une révolution socialiste en Russie. Il expose ces théories dans *l'Impérialisme, stade suprême du capitalisme* (1916). En avr. 1917, il traverse l'Allemagne et rentre à Petrograd, où il impose ses vues au P.O.S.D.R. et aux soviets, et dirige l'insurrection d'octobre. Président du Conseil des commissaires du peuple (oct.-nov. 1917-1924), il fait signer avec l'Allemagne la paix de Brest-Litovsk et songe à l'extension internationale du mouvement révolutionnaire, créant l'Internationale communiste (1919). Mais la guerre civile en Russie et l'échec des mouvements révolutionnaires en Europe l'amènent à se consacrer à la construction du socialisme en Russie puis en U.R.S.S., dont il préside à la création en 1922. Après la période du « communisme de guerre » (1918-1921), il adopte, devant les difficultés économiques et les résistances intérieures, la Nouvelle Politique économique, ou « N.E.P. ». En 1922, Lénine est frappé d'hémiplégie.
Doué d'un exceptionnel sens tactique, Lénine sait à l'occasion faire preuve de souplesse. Mais il se montre intransigeant dans la lutte contre toute forme d'opposition (dissolution de l'Assemblée constituante en 1918, création des premiers camps de travail en 1919). Cependant, il n'approuve ni le développement de la bureaucratie ni la brutalité de Staline et exprime ses inquiétudes dans ses notes, connues sous le nom de « Testament ».

Leningrad ⟶ Saint-Pétersbourg.

léninisme [leninism] **n.m.** (de *Lénine*). Doctrine de Lénine, considérée dans son apport au marxisme, notamm. en ce qui concerne la stratégie de prise du pouvoir par les partis communistes. ◆ **léniniste adj.** et **n.** Relatif au léninisme ; qui en est partisan.

Le Nôtre (André), dessinateur de jardins et architecte français (Paris 1613 - *id.* 1700). Caractéristiques de ses travaux, le schéma géométrique, les vastes perspectives, l'usage des plans et jeux d'eau ainsi que des statues ont créé le cadre imposant du Grand Siècle et ont fait la célébrité du jardin « à la française » (Vaux-le-Vicomte, Versailles, Sceaux, etc.).

Lens, ch.-l. d'arr. du Pas-de-Calais ; 33 373 hab. *(Lensois)* [l'agglomération Douai-Lens compte 511 345 hab.]. Métallurgie. Victoire de Condé, qui amena la paix de Westphalie (20 août 1648).

lent, e [lɑ̃, lɑ̃t] **adj.** (lat. *lentus*). **1.** Qui n'agit pas avec rapidité ; qui se fait avec lenteur : *Exécution lente* (contr. **rapide**). *Il a l'esprit lent* (contr. **vif**). **2.** Dont l'effet tarde à se manifester, qui est progressif : *Poison lent.*

lente [lɑ̃t] **n.f.** (du lat. pop. **lendis, -itis,* class. *lens, lendis*). Œuf que le pou dépose à la base des cheveux.

lentement [lɑ̃tmɑ̃] **adv.** Avec lenteur : *Il marche lentement.*

lenteur [lɑ̃tœr] **n.f.** Manque de rapidité, d'activité, de vivacité dans les mouvements, dans le raisonnement : *Parler avec lenteur. Lenteur d'esprit* (contr. **vivacité**).

lenticulaire [lɑ̃tikylɛr] et **lenticulé, e** [lɑ̃tikyle] **adj.** (lat. *lenticularis ;* v. *lentille*). En forme de lentille : *Verre lenticulaire.*

lentille [lɑ̃tij] **n.f.** (lat. *lenticula*). **1.** Plante annuelle cultivée pour ses graines ; la graine elle-même, consommée comme légume sec, et qui a la forme d'un petit disque renflé en son centre. ▶ Famille des fabacées. **2.** Verre taillé en forme de lentille, servant dans les instruments d'optique : *Lentille optique.* **3.** GÉOL. Formation d'étendue limitée en raison de l'érosion ou de la localisation de la sédimentation. **4. Lentille cornéenne,** verre de contact qui s'applique sur la cornée sans en déborder. / **Lentille d'eau,** plante de la taille d'une lentille, à deux ou trois feuilles, vivant en grand nombre à la surface des eaux stagnantes (on dit aussi *lenticule*). ▶ Famille des lemnacées.

lentisque [lɑ̃tisk] **n.m.** (lat. *lentiscus*). Arbrisseau proche du pistachier cultivé au Proche-Orient, et dont le tronc fournit une résine appelée *mastic* et employée comme masticatoire. ▶ Famille des anacardiacées.

lento [lɛnto] **adv.** (mot it.). MUS. Lentement. ◆ **n.m.** Mouvement exécuté dans ce tempo.

Lenz (Heinrich), physicien russe (Dorpat, auj. Tartu, Estonie, 1804 - Rome 1865). Il énonça la loi donnant le sens des courants induits (1833) et observa l'accroissement de résistance électrique des métaux avec la température (1835).

Lenz (Jakob Michael Reinhold), écrivain allemand (Sesswegen 1751 - Moscou 1792). Il fut par ses drames *(le Précepteur, les Soldats)* l'un des principaux représentants du mouvement préromantique du Sturm und Drang.

León, région du nord-ouest de l'Espagne, conquise aux IXe-Xe s. par les rois des Asturies, qui prirent le titre de rois de León (914), et réunie définitivement à la Castille en 1230. Elle appartient aujourd'hui à la communauté autonome de *Castille-León.*

León, v. d'Espagne (Castille-León), ch.-l. de prov. ; 131 411 hab. Monuments du Moyen Âge (basilique S. Isidoro, romane, des XIe-XIIe s. ; cathédrale gothique entreprise en 1255 sur des modèles français) et de la Renaissance.

Léon Ier le Grand ***(saint)*** [Volterra ? - Rome 461], pape de 440 à 461. Envoyé par l'empereur Valentinien III comme ambassadeur auprès d'Attila, qui ravageait la Vénétie et la Ligurie (452) et se préparait à marcher sur Rome, il le persuada de quitter l'Italie. Mais, en 455, Léon ne put empêcher les Vandales de piller Rome, où il mourut en 461. Il eut un rôle important dans la controverse christologique du monophysisme et dans l'organisation de la liturgie romaine.

Léon IX ***(saint)*** [Bruno **d'Eguisheim-Dagsbourg**] (Eguisheim, Alsace, 1002 - Rome 1054), pape de 1049 à 1054. Élu par la volonté d'Henri III, il lutta pour la réforme des mœurs ecclésiastiques et défendit la suprématie pontificale. La fin de son règne fut marquée par le désastre de ses armées face aux Normands (1053) et par la consommation du schisme d'Orient, dans un affrontement décisif avec le patriarche Michel Keroularios (1053-54).

Léon X (Jean **de Médicis**) [Florence 1475 - Rome 1521], pape de 1513 à 1521. Fils de Laurent le Magnifique, il se rapprocha un moment des Français pour se rallier bientôt à Charles Quint, qu'il soutint dans sa politique italienne. À la fois partisan du népotisme et mécène fastueux (vis-à-vis de Raphaël et de Michel-Ange notamment), il est célèbre par les indulgences qu'il décida d'accorder aux fidèles qui lui apporteraient leurs dons pour la construction de la basilique Saint-Pierre de Rome (1517). C'est là l'origine de la révolte de Luther, à laquelle Léon X riposta en le condamnant par la bulle *Exsurge Domine* (1520).

Léon XIII (Vincenzo Gioacchino **Pecci**) [Carpineto Romano 1810 - Rome 1903], pape de 1878 à 1903. Archevêque de Pérouse en 1846 et cardinal en 1853, il fut élu pape le 20 févr. 1878. Il prit à partie le socialisme et le nihilisme, ainsi que le *Kulturkampf.* Tout en combattant la franc-maçonnerie, il incita les catholiques français à se rallier au régime républicain et favorisa le rapprochement entre le catholicisme et l'anglicanisme. Il encouragea, notamment en France et aux États-Unis, le mouvement des catholiques sociaux et, par son importante encyclique *Rerum novarum* (15 mai 1891), il définit une doctrine des droits respectifs de la propriété et du monde ouvrier, qui aura valeur de charte pendant des décennies.

Léon l'Africain, géographe arabe (Grenade v. 1483 - Tunis v. 1552), auteur d'une *Description de l'Afrique* (1550).

Léonard de Vinci, peintre, sculpteur, architecte, ingénieur et savant italien (Vinci, près de Florence, 1452 - manoir du Clos-Lucé, près d'Amboise, 1519). Il vécut surtout à Florence et à Milan, avant de partir pour la France, en 1516, à l'invitation de François Ier. Il est d'abord célèbre comme peintre, auteur de *la Vierge aux rochers* (deux versions, Louvre et National Gallery de Londres), de *la Cène* (Milan), de *la Joconde* et de *la Vierge, l'Enfant Jésus et sainte Anne* (Louvre), etc. Il a inventé le *sfumato,* modelé vaporeux qui lie subtilement les formes à l'atmosphère. Mais ce grand initiateur de la seconde Renaissance s'intéressa à toutes les branches de l'art et de la science, ainsi qu'en témoignent ses dessins, tour à tour d'une grande précision technique ou empreints d'une puissance visionnaire. Il a laissé de nombreux *Carnets* (textes et dessins) traitant des sujets les plus variés (mathématiques, perspective, anatomie, optique, mécanique, fortifications, hydraulique, géologie) qui le font considérer comme le plus puissant des esprits encyclopédiques de la Renaissance.

Leone (Sergio), cinéaste italien (Rome 1929 - *id.* 1989). Spécialiste du « western-spaghetti », il a réalisé notamment : *le Bon, la Brute et le Truand* (1966), *Il était une fois dans l'Ouest* (1968), *Il était une fois la révolution* (1971), *Il était une fois en Amérique* (1984).

Léonidas (m. aux Thermopyles en 480 av. J.-C.), roi de Sparte de 490 à 480, héros des Thermopyles, qu'il défendit contre les Perses et où il périt avec 300 hoplites.

léonin, e [leɔnɛ̃, -in] **adj.** (lat. *leoninus,* de *leo, leonis,* lion). **1.** Propre au lion ; qui rappelle le lion : *Crinière léonine.* **2.** Se dit d'un partage où qqn se réserve la plus grosse part, d'un contrat qui avantage exagérément l'une des parties : *Des clauses léonines.*

Leontief (Wassily), économiste américain d'origine russe (Saint-Pétersbourg 1906 - New York 1999). Il mit au point, à la veille de la Seconde Guerre mondiale, le tableau (dit *entrées-sorties*) d'échanges entre les différents secteurs de l'économie. (Prix Nobel 1973.)

léopard [leɔpar] **n.m.** (du lat. *leo,* lion, et *pardus,* panthère). **1.** Nom donné à la panthère d'Afrique. **2.** Fourrure de cet animal. **3. Tenue léopard,** tenue de camouflage dont les taches de diverses couleurs évoquent le pelage du léopard, utilisée par certaines troupes de choc (parachutistes, notamm.). **4. Léopard de mer,** grand phoque carnassier de l'Antarctique.

Leopardi (Giacomo, ***comte*****),** écrivain italien (Recanati, Marches, 1798 - Naples 1837). Considéré comme le plus grand des romantiques italiens, il passa, dans ses poèmes, des rêves d'héroïsme (*À l'Italie,* 1818) à l'expression de la douleur et de l'angoisse (*Chant nocturne,* 1831 ; *le Genêt,* 1836).

EMPEREURS

Léopold Ier (Vienne 1640 - *id.* 1705), empereur germanique (1658-1705), archiduc d'Autriche, roi de Hongrie (1655-1705), roi de Bohême (1656-1705). Il participa à la guerre de Hollande (1672-1679) et à celle de la ligue d'Augsbourg (1688-1697), afin de combattre les ambitions de Louis XIV. Il arrêta les Ottomans, qui avaient repris leurs offensives contre l'Empire, et obtint leur retrait de Hongrie (paix de Karlowitz, 1699). Voulant imposer son fils sur le trône d'Espagne, il engagea l'Empire dans la guerre de la Succession d'Espagne (1701-1714). • **Léopold II** (Vienne 1747 - *id.* 1792), empereur germanique, archiduc d'Autriche, roi de Bohême et de Hongrie (1790-1792). Fils de François Ier et de Marie-Thérèse, frère de Marie-Antoinette, il publia avec Frédéric-Guillaume II, roi de Prusse, la déclaration de Pillnitz (1791) appelant les souverains à agir contre la France révolutionnaire, mais il mourut avant le début des hostilités.

BELGIQUE

Léopold Ier (Cobourg 1790 - Laeken 1865), roi des Belges (1831-1865). Fils de François de Saxe-Cobourg, il fut appelé au trône de Belgique aussitôt après l'indépendance reconnue de ce pays (1831). Tout en renforçant l'amitié des Belges avec la France – il épousa en 1832 Louise d'Orléans, fille de Louis-Philippe –, il s'employa à maintenir la neutralité du royaume. À l'intérieur, il laissa le régime évoluer vers la monarchie parlementaire. • **Léopold II** (Bruxelles 1835 - Laeken 1909), roi des Belges (1865-1909), fils du précédent. Il fit reconnaître en 1885 comme étant sa propriété personnelle l'État indépendant du Congo, qu'il céda en 1908 à la Belgique. • **Léopold III** (Bruxelles 1901 - *id.* 1983), roi des Belges (1934-1951), fils d'Albert Ier. Il donna à l'armée, en mai 1940, l'ordre de déposer les armes devant les Allemands, ce qui ouvrit une interminable controverse. Déporté en Allemagne (1944-1945), il se retira en Suisse et il dut, malgré un plébiscite favorable à son retour, déléguer en 1950 ses pouvoirs royaux à son fils Baudouin et abdiquer en 1951.

Lépante *(bataille de)* [7 oct. 1571], bataille navale que don Juan d'Autriche, à la tête de la flotte chrétienne, remporta sur les Turcs près de Lépante (auj. *Naupacte*, Grèce).

lépidoptère [lepidɔptɛr] **n.m.** (du gr. *lepis, lepidos*, écaille, et de *-ptère*). **Lépidoptères,** ordre d'insectes à métamorphoses complètes, portant à l'état adulte quatre ailes membraneuses couvertes d'écailles microscopiques colorées. ▸ La larve du lépidoptère est appelée *chenille*, la nymphe *chrysalide*, l'adulte *papillon*.

lépiote [lepjɔt] **n.f.** (gr. *lepion*, petite écaille). Champignon à chapeau couvert d'écailles, croissant dans les bois, les prés : *La coulemelle, comestible, est la lépiote élevée.*

lèpre [lɛpr] **n.f.** (lat. *lepra*, du gr.). **1.** Maladie infectieuse chronique, due au bacille de Hansen, qui se manifeste par des lésions cutanées, appelées aussi *lépromes*, ou par des atteintes du système nerveux. **2.** LITT. Vice ou mal grave qui s'étend comme la lèpre : *La lèpre de la corruption.*

lépreux, euse [leprø, -øz] **adj.** et **n.** (bas lat. *leprosus*). Qui a la lèpre ; qui concerne la lèpre : *Un hôpital pour lépreux.* ◆ **adj.** Couvert de moisissures : *Murs lépreux.*

Leprince, peintres verriers français du XVIe s., dont l'atelier était à Beauvais. Les œuvres d'**Engrand** Leprince, l'*Arbre de Jessé* de St-Étienne de Beauvais (v. 1522-1524) et les verrières de l'anc. église St-Vincent de Rouen (1525-1526, remontées dans l'église Ste-Jeanne-d'Arc), comptent parmi les chefs-d'œuvre du vitrail Renaissance.

Leprince-Ringuet (Louis), physicien français (Alès 1901 - Paris 2000). Spécialiste de l'étude des rayons cosmiques, il mit au point divers dispositifs expérimentaux pour leur étude déterminant ainsi les masses et propriétés de plusieurs types de mésons.

léprologie [leprɔlɔʒi] **n.f.** Étude de la lèpre. ◆ **léprologue n.** Nom du spécialiste.

léproserie [leprozri] **n.f.** (lat. médiév. *leprosaria*). Hôpital pour les lépreux.

Leptis Magna, colonie phénicienne puis romaine de l'Afrique du Nord, ville natale de Septime Sévère. Importantes ruines romaines. (Auj. *Lebda*, à l'est de Tripoli.)

lequel [ləkɛl], **laquelle** [lakɛl], **lesquels, lesquelles** [lekɛl] **pron. relat.** (de *le, la, les* et *quel*). [Avec les prép. *à* et *de*, *lequel, lesquels* et *lesquelles* se contractent en *auquel, auxquels, auxquelles* et *duquel, desquels, desquelles*]. S'emploie comme sujet à la place de *qui* (spécial. pour éviter une ambiguïté sur l'antécédent) ou comme complément prépositionnel (obligatoirement lorsque l'antécédent est un nom de chose) : *Je suis allé chez la mère de mon ami, laquelle habite en Bourgogne. Le bateau sur lequel nous naviguions. Le portemanteau auquel tu as accroché ta veste.* ◆ **adj. relat. 1.** LITT. S'emploie parfois pour reprendre l'antécédent à l'intérieur de la proposition relative : *Il parvint enfin à voir le ministre, lequel ministre démissionna trois jours après.* **2. Auquel cas,** en ce cas, dans ces circonstances : *Il pourrait bien pleuvoir, auquel cas la fête aurait lieu à l'intérieur.* ◆ **pron. interr.** Indique dans une interrogation une comparaison, un choix entre des personnes, des choses : *Ce modèle existe en deux teintes. Laquelle préférez-vous ? On trouve plusieurs ouvrages sur ce thème. Auquel vous référez-vous ?*

Lérins *(îles de)*, îles de la Méditerranée (Alpes-Maritimes). Les deux principales sont Sainte-Marguerite et Saint-Honorat. Centre monastique et théologique important aux Ve et VIe s., elles conservent aujourd'hui un monastère cistercien en activité.

Lermontov (Mikhaïl Iourievitch), poète russe (Moscou 1814 - Piatigorsk 1841). Il unit dans ses poèmes la tradition des chants populaires, les « bylines », à l'inspiration romantique *(le Boyard Orcha, le Démon)*. On lui doit aussi un roman d'aventure psychologique, *Un héros de notre temps* (1839-1840).

Leroi-Gourhan (André), ethnologue et préhistorien français (Paris 1911 - *id.* 1986). Professeur au Collège de France, il se fonde sur de rigoureuses méthodes de fouilles (Arcy-sur-Cure, Pincevent), associées à des études statistiques de la technologie et de la représentation rupestre, qui lui permettent d'aborder la préhistoire sous un jour nouveau. Il élabore une théorie du symbolisme sexuel pour rendre compte de la signification de l'art pariétal paléolithique et, par là même, de la mentalité et du comportement de l'homme à cette période. Citons parmi ses ouvrages : *le Geste et la Parole* (1964-1965), *Préhistoire de l'art occidental* (1965), *la Préhistoire* (1966).

Leroux (Gaston), écrivain et journaliste français (Paris 1868 - Nice 1927). Il créa dans ses romans policiers le personnage de Rouletabille, reporter-détective (*le Mystère de la chambre jaune*, 1908 ; *le Parfum de la dame en noir*, 1909).

1. les art. déf. ⟶ **1. le.**

2. les pron. pers. ⟶ **2. le.**

lès ou **lez** [lɛ] **prép.** (du lat. *latus*, côté). S'emploie dans certains noms de lieux pour indiquer la proximité : *Villeneuve-lès-Avignon. Lys-lez-Lannoy* (syn. **près de**).

Lesage (Alain René), écrivain français (Sarzeau, Morbihan, 1668 - Boulogne-sur-Mer 1747). Ses romans de mœurs (*le Diable boiteux*, 1707 ; *Gil Blas de Santillane*, 1715-1735), dont la forme s'inspire des romans picaresques espagnols, et ses comédies (*Crispin rival de son maître*, 1707 ; *Turcaret*, 1709) contiennent une vive satire de la société du temps.

lesbianisme [lɛsbjanism] **n.m.** (de *lesbienne*). Homosexualité féminine (syn. litt. **saphisme**).

lesbien, enne [lɛsbjɛ̃, -ɛn] **adj.** et **n.** De Lesbos. ◆ **adj.** Relatif au lesbianisme.

lesbienne [lɛsbjɛn] **n.f.** (de *Lesbos*, patrie de Sappho). Femme homosexuelle.

Lesbos ou **Mytilène,** île grecque de la mer Égée, près du littoral turc ; 1 631 km^2 ; 85 330 hab. *(Lesbiens)*. Ch.-l. *Mytilène* (28 879 hab.). Oliveraies. Aux VIIe-VIe s. av. J.-C., elle fut la capitale de la poésie lyrique (Sappho).

Lescot (Pierre), architecte français (Paris 1515 - *id.* 1578). Il est l'auteur du premier état de l'hôtel Carnavalet, à Paris, et de l'aile sud-ouest de la cour Carrée du Louvre (1547-1559), chef-d'œuvre de la Renaissance classique. Il a eu J. Goujon pour collaborateur habituel.

lesdits, lesdites adj. ⟶ **1. dit.**

lésé, e [leze] **adj. 1.** À qui l'on a porté préjudice : *Se sentir lésé.* **2.** MÉD. Qui comporte une lésion : *Vertèbre lésée.*

lèse-majesté [lɛzmaʒɛste] **n.f. inv.** (de *léser* et *majesté*). DR. ANC. Attentat à la majesté du souverain : *Un crime de lèse-majesté.*

léser [leze] **v.t.** (du lat. *laesus*, p. passé de *laedere*, blesser) [conj. **18**]. **1.** Faire tort à qqn, à ses intérêts : *Être lésé par un contrat* (syn. **désavantager** ; contr. **favoriser**). **2.** Produire la lésion d'un organe : *Les émanations toxiques ont lésé les poumons* (syn. **endommager**).

lésiner [lezine] **v.i.** (de *lésine*, it. *lesina*, alêne à propos d'avares qui raccommodaient eux-mêmes leurs chaussures). **1.** Économiser avec excès ; agir avec une trop grande économie de moyens : *À force de lésiner, on ne réussira pas à mener ce projet à bien.* **2. Ne pas lésiner sur,** ne pas hésiter à utiliser abondamment, à faire la dépense de.

lésion [lezjɔ̃] **n.f.** (lat. *laesio* ; v. *léser*). **1.** Modification de la structure d'un tissu, d'un organe sous l'influence d'une cause morbide : *Le choc a provoqué une lésion de la rate.* **2.** DR. Préjudice qu'éprouve une partie dans un contrat ou dans un partage.

Lesotho, anc. **Basutoland,** État de l'Afrique australe, enclavé dans la république d'Afrique du Sud, devenu indépendant en 1966 ; 30 355 km^2 ; 2 074 000 hab. CAP. *Maseru.* LANGUES : *anglais* et *sotho.* MONNAIES : *loti* et *rand.* Les deux tiers du territoire, correspondant à une partie du Drakensberg, sont à plus de 1 800 m d'alt. À peine 10 % des terres sont cultivables (maïs) ; s'y ajoutent des parcours (élevages ovin et bovin). Une part notable de la main-d'œuvre s'expatrie pour travailler dans les mines de l'Afrique du Sud dont le Lesotho reste très dépendant malgré les exportations de diamants et d'eau. Le pays est marqué par une instabilité politique chronique.

lesquels, lesquelles **pron. relat.** et **interr.** ⟶ **lequel.**

Lesseps (Ferdinand, *vicomte* **de),** diplomate français (Versailles 1805 - La Chênaie, Indre, 1894). Il fit percer le canal de Suez en 1869, puis s'intéressa à celui de Panama à partir de 1879. L'échec de cette seconde entreprise (1889) provoqua un scandale politique et financier.

Lessing (Doris), femme de lettres britannique d'origine sud-africaine (Kermanchah, Iran, 1919 - Londres 2013). Son théâtre et ses récits analysent les conflits humains et sociaux (*les Enfants de la violence,* 1952-1966 ; *la Terroriste,* 1985) à travers l'expérience des minorités raciales (l'apartheid) ou de la condition féminine (*le Carnet d'or,* 1962). [Prix Nobel 2007.]

Lessing (Gotthold Ephraim), écrivain allemand (Kamenz, Saxe, 1729 - Brunswick 1781). Dans ses essais critiques *(la Dramaturgie de Hambourg, Laocoon),* il condamne l'imitation de la tragédie française par le théâtre allemand et présente Shakespeare comme modèle. Son esthétique est illustrée par une tragédie bourgeoise, *Emilia Galotti* (1772), et un drame philosophique sur le thème de la tolérance, *Nathan le Sage* (1779).

lessivable [lesivabl] **adj.** Que l'on peut lessiver.

lessivage [lesivaʒ] **n.m. 1.** Action de lessiver : *Lessivage des murs.* **2.** PÉDOL. Dans un sol, migration d'argile ou de limon vers une couche inférieure par dissolution sélective.

lessive [lesiv] **n.f.** (du lat. [*aqua*] *lixiva,* eau pour la lessive). **1.** Solution alcaline servant à laver et à nettoyer ; produit alcalin (poudre ou liquide) qui entre dans cette solution : *Un baril de lessive.* **2.** Solution alcaline ou saline servant à la fabrication du savon. **3.** Action de laver le linge ; linge lavé : *Faire la lessive. Étendre la lessive.* **4.** *FAM.* Exclusion rapide et massive de personnes jugées indésirables dans une collectivité : *Après ce scandale, il fallait une bonne lessive* (syn. **purge**).

lessiver [lesive] **v.t. 1.** Nettoyer avec de la lessive : *Lessiver les murs, du linge* (syn. **laver**). **2.** TECHN., CHIM. Débarrasser une substance, un corps de ses parties solubles à l'aide d'une lessive. **3.** PÉDOL. Entraîner le lessivage de : *Précipitations qui lessivent le sol.* **4.** *FAM.* Faire perdre à qqn toute force physique : *Ce travail m'a lessivé* (syn. **épuiser, éreinter**). **5.** *FAM.* Au jeu, dépouiller qqn : *Il s'est fait lessiver au poker.* **6.** *FAM.* Battre, écraser un adversaire : *L'équipe adverse a été lessivée.*

lessiveuse [lesivøz] **n.f.** Récipient en tôle galvanisée pour faire bouillir le linge.

lest [lɛst] **n.m.** (néerl. *last,* poids). **1.** Matière pesante placée dans les fonds d'un navire ou fixée à sa quille pour lui assurer un tirant d'eau ou une stabilité convenable. **2.** Sable qu'un aéronaute emporte dans la nacelle du ballon, et qu'il jette pour prendre de l'altitude ou ralentirsa descente. **3. Jeter, lâcher du lest,** faire un sacrifice, des concessions pour rétablir une situation compromise.

lestage [lɛstaʒ] **n.m.** Action de lester.

leste [lɛst] **adj.** (it. *lesto,* dégagé). **1.** Qui se meut avec agilité, aisance : *Un vieillard leste* (syn. **agile,** sout. **preste**). *Marcher d'un pas leste* (syn. **alerte, vif**). **2.** Trop libre, qui blesse la décence : *Propos lestes* (syn. **gaulois, grivois**). **3. Avoir la main leste,** être prompt à frapper, à gifler.

lestement [lɛstəmɑ̃] **adv.** D'une manière leste : *Mener lestement une affaire* (syn. **promptement**).

lester [lɛste] **v.t. 1.** Charger de lest : *Lester un navire.* **2.** *FAM.* Charger en remplissant : *Lester ses poches d'objets divers.*

Le Sueur (Eustache), peintre français (Paris 1616 - *id.* 1655). Élève de Vouet, admirateur de Raphaël, il a exécuté notamment une suite de la *Vie de saint Bruno* pour la chartreuse de Paris (Louvre) et les décors mythologiques de deux pièces de l'hôtel Lambert, à Paris également (en partie au Louvre).

let [lɛt] **interj.** et **adj. inv.** (mot angl. « obstacle »). Au tennis et au tennis de table, se dit d'une balle de service qui passe dans l'autre camp en heurtant le filet. (Recomm. off. *filet.*)

létal, e, aux [letal, -o] **adj.** (lat. *letalis,* de *letum,* mort). **1.** MÉD. Se dit de toute cause qui entraîne la mort du fœtus avant l'accouchement. **2.** GÉNÉT. Se dit d'un gène qui entraîne la mort plus ou moins précoce de l'individu qui le porte. **3. Dose létale,** dose d'un produit toxique qui entraîne la mort (= dose mortelle).

Le Tellier (Michel), *seigneur* **de Chaville,** homme d'État français (Paris 1603 - *id.* 1685). Secrétaire d'État à la Guerre à partir de 1643, il fut nommé chancelier en 1677 ; il signa la révocation de l'édit de Nantes (1685). Avec son fils, Louvois, il fut le créateur de l'armée monarchique.

Leterme (Yves), homme politique belge (Wervik 1960). Chrétien-démocrate flamand, il a été Premier ministre en 2008 et de 2009 à 2011.

léthargie [letarʒi] **n.f.** (gr. *lêthargia,* de *lêthê,* oubli). **1.** Sommeil profond, anormalement continu, sans fièvre ni infection, avec relâchement musculaire complet : *Tomber en léthargie.* **2.** Torpeur, nonchalance extrême : *Sortir de sa léthargie* (syn. **apathie, atonie**).

léthargique [letarʒik] **adj. 1.** Qui tient de la léthargie ; atteint de léthargie : *Sommeil léthargique.* **2.** Dont l'activité est très diminuée : *Industrie léthargique. Cette chaleur me rend léthargique* (syn. **apathique**).

Léthé, dans la mythologie grecque, un des fleuves des Enfers. Ses eaux calmes faisaient oublier leur passé terrestre aux âmes des morts qui en avaient bu. On fit aussi de Léthé une source des Enfers et une divinité de l'Oubli.

letton, onne ou **one** [lɛtɔ̃, -ɔn] **adj.** et **n.** De Lettonie. ◆ **letton n.m.** Langue balte parlée en Lettonie, appelée aussi le *lette.*

Lettonie, État d'Europe, sur la Baltique ; 64 000 km^2 ; 2 050 000 hab. *(Lettons).* CAP. *Riga.* LANGUE : *letton.* MONNAIE : *lats.*

GÉOGRAPHIE

C'est l'une des trois républiques baltes. Avec un relief faiblement accidenté, un climat humide et frais, souvent boisée, la Lettonie compte une faible majorité de Lettons de souche et une importante minorité russe. Fortement urbanisée, elle tire ses ressources de l'industrie (matériel ferroviaire et constructions électriques, papier, laine, bois, engrais) et du commerce (par les ports de Riga, Liepaja, Ventspils). L'élevage est la principale activité agricole.

HISTOIRE

Au début de l'ère chrétienne, des peuples du groupe finno-ougrien et du groupe balte s'établissent dans la région. Entre la fin du XIIe s. et le début du XIIIe s., les chevaliers Porte-Glaive et Teutoniques, d'origine allemande, conquièrent le pays. Ayant fusionné en 1237 pour former l'ordre livonien, ils gouvernent le pays et le christianisent.

1561. La Livonie est annexée par la Pologne.

1721-1795. La totalité du pays est intégrée à l'Empire russe.

1918. La Lettonie proclame son indépendance.

1920. La Russie soviétique la reconnaît.

1940. Conformément au pacte germano-soviétique, la Lettonie est intégrée à l'U.R.S.S.

1941-1944. Elle est occupée par les Allemands.

1944. Elle redevient une république soviétique.

1991. L'indépendance est restaurée.

1994. Les troupes russes achèvent leur retrait du pays.

2004. La Lettonie adhère à l'Union européenne et est intégrée dans l'O.T.A.N.

2012. Malgré l'importance des russophones et de leur parti, les Lettons refusent par référendum d'accorder au russe le statut de seconde langue officielle.

lettre [lɛtr] **n.f.** (lat. *littera*). **1.** Signe graphique utilisé pour les écritures alphabétiques et dont l'ensemble constitue l'alphabet : *La lettre b.* **2.** Signe alphabétique envisagé dans sa forme, sa taille, etc. : *Lettre minuscule, majuscule.* **3.** IMPR. Caractère représentant une des lettres de l'alphabet : *Prendre une lettre dans la casse.* **4.** GRAV. Inscription gravée sur une estampe. **5.** Sens strict des mots d'un texte, d'un discours, etc. : *Respecter la lettre d'une loi* (par opp. à *l'esprit*). **6.** Message personnel écrit adressé à quelqu'un par la poste sous enveloppe : *Lettre d'amour* (syn. **missive**). *Papier à lettres. Lettre recommandée* (syn. **pli**). **7.** Document officiel ou privé : *Lettre ministérielle.* **8. À la lettre, au pied de la lettre,** au sens propre, exact ; scrupuleusement, ponctuellement : *Suivre le règlement à la lettre.* / **Avant la lettre,** avant le complet développement de qqch ; qui préfigure ce que sera l'état définitif : *Rousseau fut un romantique avant la lettre.* / **En toutes lettres,** écrit sans abréviation ; avec des mots (et non avec des chiffres, des signes conventionnels, etc.). / **Être, rester, devenir lettre morte,** sans effet, inutile : *Ce conseil est resté lettre morte.* / **Les cinq lettres, le mot de cinq lettres,** merde ! (par euphémisme). / **Lettre ouverte,** écrit polémique ou revendicatif adressé à qqn en partic. mais rendu public simultanément. / *FAM.* **Passer comme une lettre à la poste,** facilement, sans difficulté : *L'excuse est passée comme une lettre à la poste.* **9.** DR. **Lettre de change** ⟶ **change.** / **Lettre d'intention,** document dans lequel est déclarée l'intention de passer un contrat, de conclure un accord ultérieur. / HIST. **Lettre de cachet** ⟶ **cachet.** / MIL. **Lettre de service,** document ministériel conférant à un officier des attributions particulières. ◆ **lettres** **n.f. pl. 1.** Culture et activités littéraires : *Femme de lettres.* **2.** Ensemble des connaissances et des études littéraires (par opp. à *sciences*) : *Faculté des lettres.*

lettré, e [letre] **adj.** et **n.** (lat. *litteratus*). Qui a du savoir, de la culture littéraire : *C'est un fin lettré.*

lettrine [letrin] **n.f.** (it. *letterina*). Grande initiale, ornée ou non, placée au début d'un chapitre ou d'un paragraphe : *Un manuscrit du Moyen Âge orné de lettrines.*

lettrisme [letrism] **n.m.** (de *lettre* et *-isme*). Mouvement littéraire qui fait consister la poésie dans la seule sonorité ou dans le seul aspect des lettres disposées en un certain ordre ; école picturale qui fait appel à des combinaisons visuelles de lettres et de signes. ▸ Isidore Isou est le fondateur du lettrisme.

1. leu [lø] **n.m.** (forme anc. de *loup*). **À la queue leu leu,** à la file, à la suite les uns des autres.

2. leu [lø] **n.m.** (mot roum.) [pl. *lei* [lɛj]]. Unité monétaire principale de la Roumanie et de la Moldavie.

leucémie [løsemi] **n.f.** (de *leuco-* et *-émie*). Maladie se manifestant génér. par la prolifération de globules blancs dans le sang (jusqu'à 500 000 par mm^3) et de cellules anormales révélant une altération des organes formateurs des globules blancs (moelle osseuse, rate, ganglions).

leucémique [løsemik] **adj.** et **n.** Relatif à la leucémie ; atteint de leucémie.

Leucippe, en gr. **Leukippos,** philosophe grec (v. 460 - 370 av. J.-C.). Disciple de Zénon d'Élée. Il est le fondateur de l'atomisme, thèse selon laquelle tout s'explique par le mouvement de particules élémentaires dans un espace vide. Il fut suivi dans cette voie par Démocrite, puis Épicure et Lucrèce.

leucocytaire [løkɔsitɛr] **adj. Formule leucocytaire,** exprimant les taux respectifs des différentes variétés de leucocytes dans le sang.

leucocyte [løkɔsit] **n.m.** (de *leuco-* et *-cyte*). Cellule du sang et de la lymphe, participant aux défenses immunitaires (syn. **globule blanc**). ▸ Chaque millimètre cube de sang en contient de 5 000 à 8 000 ; ils se répartissent en lymphocytes, granulocytes et monocytes.

leucocytose [løkɔsitoz] **n.f.** Augmentation anormale du nombre des globules blancs (leucocytes) du sang.

leucorrhée [løkɔre] **n.f.** (de *leuco-* et *-rrhée*). Écoulement blanchâtre, muqueux ou purulent, provenant des voies génitales de la femme (= pertes blanches).

1. leur [lœr] **pron. pers. inv.** (lat. *illorum,* d'eux, de *ille,* celui-là). Désigne la 3ᵉ pers. du pl., aux deux genres, dans les fonctions de compl. d'objet indirect et compl. d'attribution (se place immédiatement devant le verbe) : *Je leur parle très souvent de ce livre. Elle leur a donné du chocolat.*

2. leur, leurs [lœr] **adj. poss.** (de *1. leur*). Correspond à un possesseur de la 3ᵉ pers. du pl., aux deux genres. **1.** Indique un rapport de possession : *Elles mettent leur bonnet et leurs gants.* **2.** Indique un rapport d'ordre affectif ou social : *Leurs amis. Leur collègue.* **3.** (En fonction d'attribut). Qui est à eux, à elles : *Elles ont fait leurs nos idées.* ◆ **pron. poss. 1.** (Précédé de l'art. déf.). Désigne ce qui appartient ou se rapporte à un possesseur de la 3ᵉ pers. du pl. : *Ils ont aussi une chatte, mais la leur est grise.* **2. Être des leurs,** faire partie de leur groupe, partager leur activité. / **Les leurs,** leurs parents, leurs proches ; leurs alliés, leurs partisans.

leurre [lœr] **n.m.** (frq. **lopr,* appât). **1.** Artifice, moyen d'attirer et de tromper : *Ce projet n'est qu'un leurre* (syn. **duperie, imposture**). **2.** FAUC. Morceau de cuir rouge façonné en forme d'oiseau, auquel on attache un appât et que l'on jette en l'air pour faire revenir le faucon. **3.** PÊCHE. Appât factice attaché à un hameçon. **4.** ARM. Moyen destiné à gêner la détection d'un aéronef, d'un navire, etc., ou à faire dévier les armes offensives dirigées contre eux.

leurrer [lœre] **v.t.** Attirer par quelque espérance trompeuse : *Il s'est laissé leurrer* (syn. **duper, tromper**). ◆ **se leurrer** **v.pr.** Se faire des illusions : *Tu te leurres sur ses sentiments* (syn. **s'illusionner**).

lev [lev] **n.m.** (pl. *leva*). Unité monétaire principale de la Bulgarie.

levage [ləvaʒ] **n.m. 1.** Fait de lever, en parlant d'une pâte. **2.** Action de lever, de déplacer verticalement une charge : *Appareil de levage.*

levain [ləvɛ̃] **n.m.** (de *1. lever*). **1.** Culture de micro-organismes utilisée pour produire la fermentation dans un produit. **2.** Morceau de pâte en cours de fermentation qui, mêlé à la pâte du pain, la fait lever et fermenter : *Pain au levain.* **3.** *LITT.* Ce qui peut faire naître, amplifier un état, un sentiment, une action : *Un levain de discorde* (syn. **ferment, germe**).

Levallois-Perret, ch.-l. de c. des Hauts-de-Seine ; 65 236 hab. *(Levalloisiens).* Centre industriel et résidentiel. Gisement préhistorique de silex qui donne son nom à la technique Levallois et au faciès levalloisien.

levant [ləvɑ̃] **n.m.** (p. présent de *lever*). **1.** Est, orient. **2. La flotte du Levant,** autref., la flotte de la Méditerranée (par opp. à *la flotte du Ponant* [de l'Atlantique]). ◆ **adj.m. Le soleil levant,** qui se lève.

Levant, nom donné aux pays de la côte orientale de la Méditerranée.

levantin, e [ləvɑ̃tɛ̃, -in] **adj.** et **n.** (de *levant*). Originaire des pays de la Méditerranée orientale.

Le Vau (Louis), architecte français (Paris 1612 - *id.* 1670). Après avoir élevé divers hôtels à Paris, le château de Vaux-le-Vicomte (Seine-et-Marne), l'actuel Institut, etc., il établit pour le roi les grandes lignes du palais de Versailles. Moins raffiné que F. Mansart, il a le sens de la mise en scène somptueuse.

1. levé, e [ləve] **adj.** (p. passé de *1. lever*). **1.** Soulevé, placé plus haut : *Mains levées.* **2.** Sorti du lit : *Levé chaque jour à l'aube* (syn. **debout**). **3.** Dressé ; vertical : *Les menhirs sont des pierres levées.* **4. Au pied levé,** sans préparation, à l'improviste : *Répondre au pied levé.*

2. levé et **lever** [ləve] **n.m.** (de *1. lever*). TOPOGR. Établissement d'un plan, d'une carte, sur le terrain ou à l'aide de photographies aériennes ; plan, carte ainsi tracés : *Un levé de terrain.*

levée [ləve] **n.f.** (de *1. lever*). **1.** Action d'enlever, de retirer : *Levée des scellés.* **2.** Action de faire cesser : *La levée du couvre-*

feu (syn. **fin**). **3.** Action de recueillir, de collecter ; ce qui a été collecté : *Levée des impôts* (syn. **recouvrement**). **4.** Enlèvement des lettres de la boîte par un préposé de l'administration des postes : *Heure de la levée.* **5.** Enrôlement : *Levée des troupes.* **6.** Remblai formant digue, élevé parallèlement à un cours d'eau pour protéger la vallée des inondations : *Levée de terre. Les levées de la Loire.* **7.** JEUX. Ensemble des cartes jouées à chaque coup et ramassées par celui qui a gagné : *J'ai fait cinq levées* (syn. **pli**). **8. Levée du corps,** enlèvement du cercueil de la maison mortuaire ; cérémonie qui l'accompagne. / **Levée en masse,** appel de tous les hommes valides pour la défense du pays.

lève-glace [lɛvglas] et **lève-vitre** [lɛvvitr] **n.m.** (pl. *lève-glaces, -vitres*). Mécanisme servant à ouvrir ou fermer les glaces d'une automobile ; bouton servant à actionner ce mécanisme.

1. lever [ləve] **v.t.** (lat. *levare*) [conj. **19**]. **1.** Mettre plus haut, à un niveau supérieur : *Lever la vitre du compartiment* (contr. **baisser**). **2.** Diriger vers le haut, mouvoir de bas en haut une partie du corps : *Lever la tête de son livre* (syn. **redresser** ; contr. **incliner**). *Lever la main* (contr. **baisser**). **3.** Placer verticalement, redresser ce qui était horizontal ou penché : *Lever un pont basculant.* **4.** Retirer ce qui était posé : *Lever les scellés* (syn. **ôter**). **5.** Soulever en découvrant ce qui était caché : *Lever le rideau.* **6.** Représenter sur une surface plane en dessinant : *Lever un plan, une carte.* **7.** CUIS. Prélever : *Lever un blanc de poulet.* **8.** Recueillir, collecter des fonds : *Lever un impôt.* **9.** Recruter ; mobiliser : *Lever une armée.* **10.** Faire disparaître, faire cesser : *Lever une interdiction* (syn. **abolir, supprimer**). **11.** Faire sortir un animal de son gîte : *Lever un lièvre.* **12.** Faire sortir du lit ; mettre debout : *Lever un malade, un enfant.* **13. Lever la séance,** la clore ; partir. / **Lever les épaules,** manifester son mépris par un haussement d'épaules (syn. **hausser**). / **Lever les yeux sur qqn, qqch,** le regarder, s'y intéresser. / **Lever le voile,** révéler ce qui était secret. ◆ **v.i. 1.** Sortir de terre, pousser : *Les blés lèvent.* **2.** Gonfler sous l'effet de la fermentation : *La pâte lève.* ◆ **se lever v.pr. 1.** Quitter la position couchée ou assise ; se mettre debout. **2.** Sortir du lit : *À quelle heure vous levez-vous ?* (contr. **se coucher**). **3.** Se dresser ; se révolter : *Le peuple s'est levé contre la dictature.* **4.** Apparaître à l'horizon, en parlant d'un astre : *La lune s'est levée* (contr. **se coucher**). **5.** Commencer à souffler, en parlant du vent : *Le mistral s'est levé.* **6.** Se former, devenir forte, en parlant de la houle, de la mer. **7.** S'éclaircir, devenir meilleur, en parlant du temps. **8. Se lever de table,** quitter la table.

2. lever [ləve] **n.m.** (de *1. lever*). **1.** Action de sortir du lit ; moment où l'on se lève : *Elle m'a téléphoné dès mon lever.* **2.** Instant où un astre apparaît au-dessus de l'horizon. **3.** TOPOGR. Syn. de *levé.* **4. Lever de rideau,** moment où le rideau se lève pour découvrir la scène ; petite pièce en un acte jouée avant la pièce principale d'un spectacle théâtral ; match préliminaire dans une réunion sportive.

Le Verrier (Urbain), astronome français (Saint-Lô 1811 - Paris 1877). En étudiant les perturbations du mouvement d'Uranus, il fut conduit à envisager l'existence d'une planète plus lointaine dont il calcula la position dans le ciel, permettant ainsi la découverte de Neptune par l'Allemand J. Galle (1846). Directeur de l'Observatoire de Paris (1854-1870 et 1873-1877), il s'attacha surtout à élaborer une théorie du mouvement de la Lune et organisa la centralisation et la diffusion des informations météorologiques en France et en Europe.

Lévesque (René), homme politique canadien (Campbellton, Nouveau-Brunswick, 1922 - Montréal 1987). Fondateur en 1968 du parti québécois, organisation favorable à l'indépendance du Québec, il devient Premier ministre de la province en 1976. Renonçant au projet indépendantiste (1984), il démissionne de la direction du parti et du gouvernement (1985).

lève-vitre **n. m.** ⟶ **lève-glace.**

Lévi, nom d'une tribu d'Israël dont les membres étaient voués aux fonctions du culte. Le personnage auquel la Bible donne ce nom et qui est dit fils de Jacob et de Léa n'est que l'ancêtre éponyme de cette tribu. Celle-ci n'avait pas, en Palestine, de territoire qui lui fût propre, mais ses membres avaient seulement un droit d'habitation et de pâturage dans des villes qu'on appelait « lévitiques ».

Levi (Primo), écrivain italien (Turin 1919 - *id.* 1987). Chimiste de formation, poète et romancier, il est l'auteur de récits autobiographiques (*Si c'est un homme,* 1947 ; *la Trêve,* 1963) et d'essais (*les Naufragés et les Rescapés,* 1986) marqués par son expérience du camp d'Auschwitz. Il se suicida.

levier [ləvje] **n.m.** (de *1. lever*). **1.** Barre rigide pouvant tourner autour d'un point fixe (point d'appui ou pivot), pour remuer, soulever les fardeaux. **2.** Tige de commande d'un mécanisme : *Levier de changement de vitesse.* **3.** Moyen d'action ; ce qui sert à surmonter une résistance : *L'intérêt est un puissant levier.*

Levinas (Emmanuel), philosophe français (Kaunas, Lituanie, 1905 - Paris 1995). On lui doit une grande partie du renouveau de l'éthique et de la pensée juive contemporaine (*le Temps et l'Autre,* 1948 ; *Totalité et infini,* 1961).

Lévi-Strauss (Claude), anthropologue français (Bruxelles 1908 - Paris 2009). Marqué par Durkheim et Mauss, il découvre sa vocation ethnographique lors d'un séjour au Brésil (*Tristes Tropiques,* 1955). En 1941, il rencontre Jakobson à New York ; il a alors l'idée d'appliquer le concept de structure aux phénomènes humains. C'est ce qu'il fait dans différents secteurs : celui de la parenté dans *les Structures élémentaires de la parenté* (1949), celui des modes de pensée classificatoire dans *la Pensée sauvage* (1962) ; enfin et surtout, il essaie de construire entre les mythes des modèles récurrents, qui établissent à la fois des parallélismes et des oppositions entre les symboles qui apparaissent dans le récit mythique et des correspondances entre ces symboles et des pratiques alimentaires, des goûts et des manières d'être spécifiques à chaque peuple (*« Mythologiques »,* 1964 -1971 ; *Histoire de Lynx,* 1991).

lévitation [levitasjɔ̃] **n.f.** (mot angl., du lat. *levitas,* légèreté). **1.** TECHN. État d'un corps restant en équilibre au-dessus d'une surface grâce à une force compensant la pesanteur. **2.** Phénomène selon lequel certains êtres seraient soulevés du sol et se maintiendraient sans aucun appui naturel.

lévite [levit] **n.m.** (lat. ecclés. *levita,* mot hébr.). HIST. Membre de la tribu de Lévi, traditionnellement chargé du service du Temple, dans l'ancien Israël.

levraut [ləvro] **n.m.** (dimin. de *lièvre*). Jeune lièvre.

lèvre [lɛvr] **n.f.** (lat. *labra,* pl. de *labrum*). **1.** Chacune des parties extérieures, inférieure et supérieure, de la bouche, qui couvrent les dents : *Avoir les lèvres gercées.* **2.** ANAT. Chacun des replis cutanés de l'appareil génital externe féminin, situés en dehors *(grandes lèvres)* ou en dedans *(petites lèvres).* **3.** BOT. Lobe de certaines fleurs. **4.** TECHN. Arête coupante d'un foret. **5. Du bout des lèvres,** en remuant à peine les lèvres. / **Manger, sourire du bout des lèvres,** à peine, avec réticence. ◆ **lèvres n.f. pl.** MÉD. Bords d'une plaie : *Les lèvres d'une blessure.*

levrette [ləvrɛt] **n.f.** (de *lévrier*). Femelle du lévrier.

lévrier [levrije] **n.m.** (de *lièvre*). Chien longiligne, à la tête allongée et à la musculature puissante, très rapide, propre à la chasse du lièvre. ▸ La femelle du lévrier est la levrette.

lévulose [levyloz] **n.m.** (du lat. *laevus,* gauche, et de *-ose*). CHIM. Sucre de la famille des glucoses (syn. **fructose**).

levure [ləvyr] **n.f.** (de *1. lever*). **1.** Champignon unicellulaire qui produit la fermentation alcoolique des solutions sucrées ou qui fait lever les pâtes farineuses. ▸ Les levures sont des champignons ascomycètes. Le genre le plus important est *Saccharomyces.* **2. Levure chimique,** mélange de produits chimiques utilisés en pâtisserie et en biscuiterie pour faire lever la pâte (et dénommé *poudre à lever* ou *poudre levante* dans la terminologie technique).

Lévy-Bruhl (Lucien), philosophe français (Paris 1857 - *id.* 1939). Il définit les mœurs en fonction de la morale (*la Morale et la Science des mœurs,* 1903). Il a ainsi distingué une « mentalité primitive », de nature mystique et prélogique, et une mentalité moderne, qui exige la détermination préalable des concepts avant leur utilisation et leur lien logique dans leur déduction. Il a défendu cette thèse dans *la Mentalité primitive* (1922). Dans ses autres ouvrages, et surtout dans ses *Carnets,* Lévy-Bruhl revient sur cette distinction en l'atténuant.

Lewin (Kurt), psychologue américain d'origine allemande (Mogilno 1890 - Newtonville, Massachusetts, 1947). Parti du gestaltisme, il développa la théorie du champ de la personnalité puis s'intéressa à la dynamique des groupes. Ses principaux ouvrages sont *A Dynamic Theory of Personality* (1935), *Resolving Social Conflicts* (1948).

Lewis (Carl), athlète américain (Birmingham, Alabama, 1961). Il a remporté au total neuf médailles d'or olympiques : quatre en 1984 (100 m, 200 m, saut en longueur et relais 4 x 100 m), deux en 1988 (100 m et longueur) et en 1992 (longueur et 4 x 100 m) et une en 1996 (longueur).

Lewis (Sinclair), écrivain américain (Sauk Centre, Minnesota, 1885 - Rome 1951). Ses romans présentent une satire de la bourgeoisie américaine et de ses préoccupations sociales et religieuses (*Babbitt,* 1922 ; *Elmer Gantry,* 1927). [Prix Nobel 1930.]

lexème [leksɛm] **n.m.** (de *lex[ique],* d'apr. *morphème*). LING. Unité minimale de signification, appartenant au lexique. (On dit aussi *morphème lexical,* par opp. au *morphème grammatical.*)

lexical, e, aux [leksikal, -o] **adj. 1.** Qui concerne le lexique, le vocabulaire d'une langue : *Les unités lexicales.* **2. Champ lexical,** ensemble formé par les mots se rapportant à une même notion : *Le champ lexical de la natation* (ex. : nager, crawl, brasse, piscine, etc.).

lexicalisation [leksikalizasjɔ̃] **n.f.** LING. Processus par lequel une suite de morphèmes devient une unité lexicale : *La lexicalisation d'une expression.*

lexicalisé, e [leksikalize] **adj.** LING. Se dit d'une suite de morphèmes fonctionnant comme une unité de lexique et employée comme un mot : *« Petit déjeuner » est lexicalisé.*

lexicographie [leksikɔgrafi] **n.f.** (de *lexique* et *-graphie*). LING. Discipline dont l'objet est l'élaboration des dictionnaires. ◆ **lexicographe n.** LING. Nom du spécialiste.

lexicographique [leksikɔgrafik] **adj.** LING. Relatif à la lexicographie.

lexicologie [leksikɔlɔʒi] **n.f.** (de *lexique* et *-logie*). LING. Partie de la linguistique qui étudie le vocabulaire, considéré dans son histoire, son fonctionnement, etc. ◆ **lexicologue n.** LING. Nom du spécialiste.

lexicologique [leksikɔlɔʒik] **adj.** LING. Relatif à la lexicologie.

lexique [leksik] **n.m.** (gr. *lexikon,* de *lexis,* mot). **1.** Ensemble des mots formant la langue d'une communauté et considéré abstraitement comme l'un des éléments constituant le code de cette langue (par opp. à *grammaire*). **2.** Dictionnaire spécialisé regroupant les termes utilisés dans une science ou une technique : *Un lexique de l'informatique* (syn. **vocabulaire**). **3.** Dictionnaire bilingue succinct : *Lexique français-anglais à la fin d'un guide de voyage.* **4.** Glossaire placé à la fin d'un ouvrage. **5.** Vocabulaire employé par un écrivain, un homme politique, etc., dans son œuvre, ses discours, étudié sous l'angle de sa diversité, de sa complexité : *Étudier le lexique de Stendhal.*

Leyde, en néerl. **Leiden,** v. des Pays-Bas (Hollande-Méridionale) ; 118 474 hab. Université. Musées scientifiques et musée national des Antiquités (antiquités égyptiennes, grecques, etc.) ; musée municipal du Lakenhal.

lez prép. ⟶ **lès.**

lézard [lezar] **n.m.** (anc. fr. *laisarde,* lat. *lacerta*). **1.** Reptile génér. insectivore, très commun en Europe, dont il existe plusieurs espèces, tels le lézard des murailles, le lézard vert et le lézard ocellé. ▶ Sous-ordre des lacertiliens ; famille des lacertidés. Le lézard des murailles mesure env. 12 cm, mais le lézard ocellé atteint 60 cm. – Par ext. Tout reptile du sous-ordre des lacertiliens (varan, iguane, gecko, etc.). **2.** Peau tannée des grands lézards tropicaux (iguanes, varans), très appréciée en maroquinerie. **3. Faire le lézard,** se prélasser au soleil pour se réchauffer ou pour bronzer.

lézarde [lezard] **n.f.** (de *lézard*). **1.** Crevasse affectant toute l'épaisseur d'un ouvrage de maçonnerie : *Boucher une lézarde* (syn. **fissure**). **2.** LITT. Fissure, atteinte qui compromet la solidité de qqch, d'un état, d'un sentiment : *Une lézarde dans un raisonnement* (syn. **faille**). **3.** Galon étroit d'ameublement, servant à masquer clous ou coutures.

1. lézarder [lezarde] **v.i.** FAM. Faire le lézard.

2. lézarder [lezarde] **v.t.** Produire des lézardes : *L'humidité a lézardé le mur* (syn. **fissurer**). ◆ **se lézarder v.pr.** Se fendre, se crevasser, en parlant d'un mur.

Lhassa, cap. du Tibet (Chine), à 3 600 m d'alt. ; 223 001 hab. Nombreuses lamaseries. Ancienne résidence du dalaï-lama, le Potala (XVIIe s.).

L'Herbier (Marcel), cinéaste français (Paris 1890 - *id.* 1979). Attiré par le symbolisme cinématographique, il prit une part importante dans le cinéma français des années 1920 : *l'Homme du large* (1920), *Eldorado* (1921), *l'Inhumaine* (1924), *Feu Mathias Pascal* (1925). Après l'avènement du cinéma parlant, il tourna notamment *Entente cordiale* (1939), *la Nuit fantastique* (1942). Sur son initiative fut créé en 1943 l'Institut des hautes études cinématographiques (I.D.H.E.C.).

L'Hospital (Michel de), homme de justice français (Aigueperse v. 1505 - Belesbat 1573). Magistrat humaniste, nommé chancelier de France en 1560, il s'efforça en vain de réconcilier catholiques et protestants, qu'il convoqua au colloque de Poissy (1561). Son édit de tolérance (1562) ne put empêcher le déclenchement des guerres de Religion et il démissionna en 1573.

liage [ljaʒ] **n.m.** Action de lier ; son résultat.

liaison [ljezɔ̃] **n.f.** (de *lier*). **1.** Union, jonction de plusieurs choses, de plusieurs corps ensemble. **2.** Enchaînement des parties d'un tout : *Liaison dans les idées* (syn. **cohérence**). *La police a rapidement établi la liaison entre les deux événements* (syn. **corrélation**). **3.** CONSTR. Action, manière de joindre les matériaux d'une construction (syn. **assemblage**). **4.** Mortier utilisé pour la liaison. **5.** CUIS. Opération consistant à incorporer un ingrédient (jaune d'œuf, farine, etc.) à une préparation pour l'épaissir ; cet ingrédient. **6.** GRAMM. Prononciation de la dernière consonne d'un mot, habituellement muette, avec la voyelle initiale du mot suivant. (Ex. : les oiseaux [lezwazo]) **7.** MUS. Trait réunissant deux ou plusieurs notes écrites sur le même degré et indiquant que la seconde et, le cas échéant, les suivantes ne doivent pas être attaquées de nouveau ; signe indiquant que l'on ne doit pas détacher les notes les unes des autres. **8.** CHIM. Interaction entre ions (liaison ionique), entre atomes (liaison covalente, liaison métallique), entre molécules (liaison de Van der Waals), responsable de la cohésion et de la structure des corps composés. **9.** MÉCAN. Ensemble de conditions particulières auxquelles est assujetti un corps solide par rapport à un autre, qui limite les mouvements possibles de l'un par rapport à l'autre et qui détermine leur degré de liberté relatif. **10.** Communication régulièrement assurée entre deux ou plusieurs points du globe : *Liaison aérienne.* **11.** Action de maintenir les relations entre différents services, différents organismes : *Vous devrez assurer la liaison entre le service informatique et le service de gestion* (syn. **contact**). **12.** MIL. Lien permanent établi entre chefs et subordonnés, entre armes, unités différentes : *Agent de liaison.* **13.** LITT. Lien entre deux personnes, reposant sur des affinités de goût, d'intérêt, de sentiment : *Liaison d'amitié, d'affaires.* **14.** Relation amoureuse suivie : *Une liaison diffi-*

cile à rompre. **15. En liaison,** en contact ; en communication : *Rester en liaison plusieurs années.* / GRAMM. **Mots de liaison,** conjonctions et prépositions.

liane [ljan] **n.f.** (de *lier*). Plante dont la tige flexible grimpe en s'accrochant à un support (espèces grimpantes : vigne, lierre, clématite) ou en s'enroulant autour (plantes volubiles : liseron, haricot). ▶ Les lianes abondent dans la forêt équatoriale et peuvent atteindre 100 m et plus.

1. liant, e [ljɑ̃, -ɑ̃t] **adj.** (p. présent de *lier*). Qui se lie facilement avec autrui : *Caractère liant* (syn. **sociable**).

2. liant [ljɑ̃] **n.m.** (p. présent de *lier*). **1.** Matière ajoutée à une autre, qui, en se solidifiant, en agglomère les parties composantes. **2.** Constituant non volatil des peintures, véhiculant et agglutinant les pigments de couleur. **3.** Élasticité : *Le liant de l'acier* (syn. **malléabilité**). **4.** LITT. Affabilité : *Avoir du liant* (syn. **sociabilité**). *Mettre un peu de liant dans les relations* (syn. **aménité**).

Liaoning ou **Leao-ning,** prov. de la Chine du Nord-Est ; 140 000 km^2 ; 43 746 323 hab. CAP. *Shenyang.*

liard [ljar] **n.m.** (orig. incert., p.-ê. de l'anc. fr. *liart,* grisâtre). Ancienne monnaie de cuivre qui valait 3 deniers, le quart d'un sou.

lias [ljas] **n.m.** (mot angl., du fr. *liais,* calcaire grossier). GÉOL. Partie inférieure du système jurassique.

liasse [ljas] **n.f.** Paquet de papiers, de billets, etc., liés ensemble : *Elle a sorti une liasse de son portefeuille.*

Liban *(mont),* montagne de la république du Liban, autrefois fameuse par ses cèdres magnifiques ; 3 083 m.

Liban, État du Proche-Orient, sur la Méditerranée ; 10 400 km^2 ; 4 822 000 hab. *(Libanais).* CAP. *Beyrouth.* LANGUE : *arabe.* MONNAIE : *livre libanaise.*

GÉOGRAPHIE

La plaine côtière, très étroite, est bordée de plateaux étagés. L'ensemble est dominé par les massifs calcaires du mont Liban et de l'Anti-Liban (prolongé au sud par le mont Hermon) qui encadrent la plaine de la Beqaa. Le climat, doux et humide sur la côte, devient plus rude et plus sec dans l'intérieur. En majorité urbaine, la population est regroupée dans la zone côtière, site des principales villes. Elle se caractérise surtout, héritage historique, par la juxtaposition de communautés variées, musulmanes (démographiquement majoritaires) – sunnites, chiites, druzes, etc. – et chrétiennes – maronites notamm. Ruinée par la guerre civile entre ces communautés (1976-1991), l'économie, fondée sur les échanges et les activités financières, a difficilement retrouvé une croissance avec la reconstruction.

HISTOIRE

Le Liban, qui fait alors partie de la Phénicie, connaît dans l'Antiquité une civilisation brillante. Le pays est ensuite conquis par Alexandre et fait partie de l'Empire grec des Séleucides, puis de la province byzantine de Syrie. Conquis par les Arabes en 636, il sert de refuge à diverses communautés religieuses chrétiennes, chiites et druzes, qui s'y installent entre le VIIe et le XIe s.

1099-1289/1291. À la suite des croisades, des États latins dominent le littoral.

1516. Le Liban est annexé à l'Empire ottoman.

Les Turcs se heurtent à une importante résistance, notamm. sous le règne de l'émir Fakhr al-Din (1593-1633), qui, le premier, unifie le Liban et cherche à obtenir son autonomie.

1831-1840. Les troupes égyptiennes de Méhémet-Ali et d'Ibrahim Pacha occupent le pays.

1861. La France obtient la création de la province du Mont-Liban, dotée d'une certaine autonomie. La Première Guerre mondiale met fin à la domination turque.

1920. Le Liban est placé sous mandat français.

1943. Le pays accède à l'indépendance. Un système politique confessionnel répartit les pouvoirs entre les maronites, les sunnites, les chiites, les druzes, les grecs orthodoxes et les grecs catholiques.

1958. Une guerre civile oppose les partisans de Nasser et les pro-Occidentaux. Le gouvernement doit faire face aux problèmes posés par la présence au Liban des réfugiés palestiniens.

1976. Début de la guerre civile et intervention de la Syrie. La guerre oppose une coalition de « gauche » favorable aux Palestiniens (en majorité sunnite, druze, puis chiite) et une coalition de « droite » favorable à Israël (en majorité maronite).

1982. Israël envahit le Liban jusqu'à Beyrouth, dont il chasse les forces armées palestiniennes.

1985. L'armée israélienne se retire du Liban, à l'exception de la partie sud du territoire, dite « zone de sécurité ». La guerre civile se poursuit, compliquée par des affrontements à l'intérieur de chaque camp et accompagnée de la prise en otage d'Occidentaux.

1987. Retour des troupes syriennes à Beyrouth-Ouest.

1988. Le mandat de A. Gemayel s'achève sans que son successeur à la présidence ait pu être élu. Deux gouvernements parallèles, l'un chrétien, dirigé par le général Michel Aoun, et l'autre musulman, dirigé par Selim Hoss, sont mis en place.

1989. Elias Hraoui devient président. Accords de Taif sur le partage du pouvoir, favorable aux musulmans.

1990. L'armée libanaise, aidée par la Syrie, brise la résistance du général Aoun.

1991. Le désarmement des milices et le déploiement de l'armée libanaise dans le Grand Beyrouth et le sud du pays (à l'exception de la « zone de sécurité », et malgré l'implantation du Hezbollah, organisation islamiste) marquent l'amorce d'une restauration de l'autorité de l'État, sous tutelle syrienne.

1998. Émile Lahoud devient président.

2000. L'armée israélienne quitte le Sud-Liban.

2005. La mort de l'ex-Premier ministre Rafic Hariri dans un attentat (dans lequel la Syrie est accusée d'implication directe) est suivie d'une forte mobilisation de l'opposition libanaise et de la communauté internationale contre la présence syrienne au Liban. Damas retire ses troupes.

2006. En riposte à une attaque du Hezbollah contre ses soldats à la frontière, Israël intervient militairement au Liban (bombardements massifs et offensive terrestre au Liban-Sud, juill.-août), mais se retire sur un échec.

2007. É. Lahoud quitte la présidence.

2008. Le général Michel Sleimane est élu à la tête de l'État. La vie politique est dominée par l'affrontement entre une alliance regroupant le Hezbollah, le parti chiite Amal et le parti de M. Aoun, et la coalition antisyrienne au pouvoir.

2009. Saad Hariri, fils de Rafic, devient Premier ministre et forme un gouvernement d'union nationale.

2011. Ce dernier est renversé par le Hezbollah et ses alliés dont le candidat, Najib Mikati, devient Premier ministre.

2012. Le Liban doit faire face aux menaces de propagation du conflit syrien sur son territoire.

libanisation [libanizasjɔ̃] **n.f.** (de *Liban*). Processus de fragmentation d'un État, par allusion aux affrontements internes que connut le Liban dans les années 1980 (syn. **balkanisation**).

libation [libasjɔ̃] **n.f.** (lat. *libatio,* de *libare,* verser). ANTIQ. Offrande rituelle, à une divinité, d'un liquide (vin, huile, lait) que l'on répandait sur le sol ou sur un autel. ◆ **libations n.f. pl. Faire des libations, de joyeuses libations,** bien s'amuser en buvant du vin, de l'alcool.

libelle [libɛl] **n.m.** (lat. *libellus,* petit livre). LITT. Petit écrit satirique, parfois à caractère diffamatoire (syn. **pamphlet**).

libellé [libele] **n.m.** (de *libeller*). Formulation d'un acte, d'un document ; manière dont il est rédigé : *Le libellé de sa lettre m'a surpris* (syn. **rédaction, teneur**).

libeller [libele] **v.t.** (de *libelle*). **1.** Rédiger un acte dans les formes. **2.** Formuler par écrit : *Libeller une demande* (syn. **écrire, rédiger**). **3. Libeller un chèque, un mandat,** en spécifier le montant et la destination (syn. **remplir**).

libellule [libelyl] **n.f.** (lat. *libella,* niveau, à cause du vol horizontal de l'insecte). Insecte à quatre ailes transparentes finement nervurées, aux yeux globuleux à facettes, volant rapidement près des eaux en capturant des insectes, et dont la larve, également carnassière, est aquatique. ▶ Ordre des odonates ; long. jusqu'à 5 cm.

liber [libɛr] **n.m.** (mot lat. désignant la partie vivante de l'écorce). BOT. Tissu végétal assurant la conduction de la sève élaborée, et se trouvant dans la partie profonde des racines, des tiges et de l'écorce du tronc (syn. **phloème**).

libérable [liberabl] **adj. 1.** Qui présente les conditions requises pour être libéré : *Prisonnier libérable.* **2.** Qui va être rendu à la vie civile : *Militaire libérable.*

libéral, e, aux [liberal, -o] **adj.** et **n.** (lat. *liberalis*). **1.** Qui est favorable aux libertés individuelles, à la liberté de penser, à la liberté politique : *Idées libérales* (contr. **dirigiste**). **2.** Qui appartient au libéralisme économique ou politique, qui en est partisan : *Économie libérale. Les libéraux et les conservateurs. Parti libéral.* **3.** Indulgent, tolérant, permissif : *Éducation libérale.* ◆ **adj. Arts libéraux,** au Moyen Âge, ensemble des disciplines intellectuelles fondamentales, divisées en deux cycles, le *trivium* (grammaire, rhétorique, dialectique) et le *quadrivium* (arithmétique, musique, géométrie, astronomie) ; à l'époque classique, arts dans lesquels la conception intellectuelle et l'inspiration prédominent, et, spécial., les beaux-arts. / **Profession libérale,** profession civile non salariée, qui a pour objet un travail intellectuel effectué dans le respect de règles déontologiques (avocat, médecin, expert-comptable).

libéralement [liberalmɑ̃] **adv.** Avec libéralité ; avec libéralisme : *Interpréter libéralement une loi.*

libéralisation [liberalizasjɔ̃] **n.f.** Action de libéraliser : *La libéralisation de l'économie* (contr. **étatisation**).

libéraliser [liberalize] **v.t.** Rendre un régime, une économie plus libéraux, en partic. en diminuant les interventions de l'État (contr. **étatiser**).

libéralisme [liberalism] **n.m.** (de *libéral* et *-isme*). **1.** Doctrine économique de la libre entreprise, selon laquelle l'État ne doit pas, par son intervention, gêner le libre jeu de la concurrence. **2.** Doctrine politique visant à limiter les pouvoirs de l'État au regard des libertés individuelles. ▸ Le libéralisme politique s'est opposé, au XVIIIe s., à l'absolutisme monarchique. **3.** Fait d'être libéral, tolérant : *Le libéralisme d'un directeur, d'un règlement.*

■ L'école libérale a été représentée par les grands économistes classiques du XVIIIe et du XIXe s. : en Grande-Bretagne, Adam Smith, Malthus, Ricardo, John Stuart Mill ; en France, Jean-Baptiste Say, Frédéric Bastiat. Elle est issue d'une philosophie individualiste et critique de la puissance du pouvoir politique. L'idée centrale est que la recherche par chacun de son enrichissement personnel entraîne « naturellement » le bonheur et la prospérité pour tous. Les intérêts individuels et l'intérêt général de la société concordant, l'individu est donc l'agent économique auquel il convient d'accorder le maximum de liberté. L'État et les groupes privés ne doivent pas, par leur intervention, gêner le libre jeu de la concurrence entre individus. ■

libéralité [liberalite] **n.f.** (lat. *liberalitas,* de *liberalis*). **1.** Disposition à donner largement : *Agir avec libéralité* (syn. **générosité, largesse**). **2.** (Surtout au pl.). *LITT.* Don fait avec générosité : *Vivre des libéralités de ses parents.* **3.** DR. Acte procurant un avantage sans contrepartie.

libérateur, trice [liberatœr, -tris] **adj.** Qui libère de contraintes morales ou physiques : *Un rire libérateur.* ◆ **adj.** et **n.** Qui libère du despotisme, d'une occupation étrangère : *Fêter les libérateurs du pays* (syn. **sauveur**).

libération [liberasjɔ̃] **n.f. 1.** Action de rendre libre une personne prisonnière : *La libération d'un détenu* (syn. **élargissement**). **2.** Renvoi d'un militaire dans ses foyers (syn. **démobilisation**). **3.** Action de délivrer un peuple de la servitude, de l'occupation étrangère : *La libération d'un pays.* **4.** DR. Acquittement d'une dette ; paiement du montant d'une action. **5.** Affranchissement de tout ce qui limite la liberté, le développement de qqn, d'un groupe : *La libération de la femme* (syn. **émancipation**). **6.** Action de mettre fin à une réglementation, à un contrôle strict : *Libération des prix* (syn. **déréglementation**). **7.** Cessation d'une contrainte matérielle ou psychologique : *Son départ a été une libération* (syn. **délivrance**). **8.** PHYS. Dégagement d'énergie lors d'une réaction chimique ou nucléaire. **9. Libération conditionnelle,** mise en liberté d'un condamné avant l'expiration de sa peine, sous certaines conditions.

Libération ***(campagnes de la)*** [1943-1945], actions menées par les forces alliées et les patriotes insurgés pour chasser les Allemands des territoires qu'ils occupaient en Europe.

Libération de Paris (19-25 août 1944), combat qui mit fin à l'occupation allemande dans la capitale. À l'appel du Comité parisien de la Libération, une insurrection conduite par les F.F.I. et les F.T.P. éclate le 19 août. Le 24 août au soir, les premiers chars de la 2e division blindée arrivent à l'Hôtel de Ville et, le 25 août, la garnison allemande capitule devant le général Leclerc et le colonel Rol-Tanguy. Le 26 août, le général de Gaulle descend triomphalement les Champs-Élysées.

libératoire [liberatwar] **adj.** DR. Qui a pour effet de libérer d'une obligation, d'une dette : *Une mesure libératoire. Un prélèvement libératoire.*

libéré, e [libere] **adj.** et **n.** Dégagé d'une obligation, d'une peine, d'une servitude (syn. **libre**). ◆ **adj. 1.** Affranchi de toute servitude. **2.** Affranchi des contraintes sociales en matière de mœurs : *Des jeunes gens libérés* (syn. **affranchi, émancipé**).

libérer [libere] **v.t.** (lat. *liberare,* de *liber* ; v. *libre*) [conj. **18**]. **1.** Mettre en liberté un prisonnier : *Libérer un détenu* (syn. **relâcher**). **2.** Renvoyer un militaire dans ses foyers (syn. **démobiliser**). **3.** Délivrer un pays, un peuple de la domination ou de l'occupation étrangère. **4.** Débarrasser de qqch qui entrave : *Libérer qqn de ses liens.* **5.** Décharger d'une obligation : *Libérer un ami d'une dette* (syn. **dégager, délier**). **6.** Laisser partir qqn ; rendre sa liberté d'action à qqn : *Je n'ai été libéré de ma réunion qu'à quinze heures.* **7.** Soustraire à une contrainte physique ou morale : *Tu me libères d'un souci.* **8.** Rendre libre un mécanisme : *Libérer le cran de sûreté d'une arme.* **9.** Dégager de ce qui obstrue, entrave : *Libérer le passage* (contr. **obstruer, boucher**). **10.** Rendre un lieu libre, disponible : *Libérer un appartement.* **11.** Rendre libre ce qui était soumis à des restrictions : *Libérer les échanges* (syn. **déréglementer**). **12.** PHYS. Dégager une énergie, une substance : *Réaction qui libère de l'oxygène.* ◆ **se libérer v.pr. 1.** Se rendre libre de toute occupation : *Elle tâchera de se libérer en soirée.* **2. Se libérer de qqch,** acquitter une dette, une obligation : *Se libérer des obligations militaires ;* se défaire de qqch, s'en débarrasser : *Se libérer de ses complexes.*

Liberia (le), État de l'Afrique occidentale ; 110 000 km^{2} ; 4 294 000 hab. *(Libériens).* CAP. *Monrovia.* LANGUE : *anglais.* MONNAIE : *dollar libérien.*

GÉOGRAPHIE

Le pays, dont le relief s'élève des plaines côtières vers le versant sud de la Dorsale guinéenne, a un climat humide et chaud. La forêt couvre le tiers environ du pays. La population comprend une vingtaine d'ethnies ; elle vit en majorité de l'agriculture. Aux cultures vivrières (riz surtout) sont juxtaposées des plantations d'hévéas. Cependant, l'extraction minière assure la majeure partie des exportations, diamants et surtout minerai de fer. Mais l'industrialisation est limitée à la fourniture de biens de consommation ; elle se situe dans les villes portuaires, dont Buchanan et surtout Monrovia. Malgré les revenus procurés par le prêt de son pavillon (la flotte libérienne est la deuxième au monde), la balance des paiements est déficitaire, et le Liberia est lourdement endetté. La guerre civile a ruiné le pays, qui dépend maintenant, pour sa reconstruction, de l'aide internationale.

HISTOIRE

Découvert par les Portugais au XVe s., le Liberia doit son origine à la création, au début du XIXe s., par des sociétés philanthropiques américaines, d'un établissement permanent pour les esclaves noirs libérés.

1847. Indépendance de la république du Liberia. L'influence des États-Unis est importante dans la vie économique et politique du pays.

1943-1970. William Tubman, président de la République.

1980. Coup d'État militaire de Samuel K. Doe, qui prend le pouvoir.
1990. Il est tué lors d'une guerre civile issue d'un mouvement de guérilla. La force ouest-africaine d'interposition chargée de rétablir la paix se heurte principalement au mouvement dirigé par Charles Taylor.
1997. Le conflit prend fin. C. Taylor, chef de la guérilla, est élu président de la République. Le Liberia reste agité par des troubles générateurs d'instabilité au niveau régional.
2003. Sous la pression des rebelles et de la communauté internationale, C. Taylor doit démissionner.
2006. Après une période de transition, Ellen Johnson-Sirleaf devient présidente de la République. Première femme élue à la tête d'un État africain, elle entame un second mandat en 2012.

libero ou **libéro** [libero] **n.m.** (mot it.). Au football, défenseur évoluant librement devant le gardien de but.

libertaire [libɛrtɛr] **n.** et **adj.** Partisan de la liberté absolue de l'individu en matière politique et sociale ; anarchiste. ◆ **adj.** Qui relève de la doctrine libertaire.

liberté [libɛrte] **n.f.** (lat. *libertas*, de *liber* ; v. *libre*). **1.** État d'une personne qui n'est pas soumise à la servitude : *Donner sa liberté à un esclave* (syn. **affranchissement**). **2.** État d'un être qui n'est pas captif : *Animal qui vit en liberté.* **3.** Possibilité de se mouvoir sans gêne ni entrave physique : *Recouvrer la liberté de ses mouvements.* **4.** Possibilité d'agir, de penser, de s'exprimer selon ses propres choix : *Liberté de réunion. Liberté d'opinion, d'expression. On lui laisse trop peu de liberté dans son travail* (syn. **latitude**). **5.** État d'une personne qui n'est liée par aucun engagement professionnel, conjugal, etc. : *Elle a quitté son mari et a repris sa liberté* (syn. **indépendance**). **6.** Attitude de qqn qui n'est pas dominé par la peur, la gêne, les préjugés : *S'expliquer en toute liberté avec qqn* (syn. **franchise**). **7.** Droit reconnu à l'individu d'aller et de venir sans entraves sur le territoire national, d'y entrer et d'en sortir à son gré. **8.** État d'un pays qui se gouverne en pleine souveraineté. **9.** État de l'homme qui se gouverne selon sa raison, en l'absence de tout déterminisme. **10. Avoir toute liberté, de, pour,** pouvoir, sans aucune surveillance ni contrôle, faire telle chose, agir de telle manière : *Elle a toute liberté pour mener à bien ce projet.* / **Liberté civile,** faculté pour un citoyen de faire tout ce qui n'est pas contraire à la loi et qui ne nuit pas à autrui. / **Liberté de conscience,** droit de choisir ses convictions religieuses ou philosophiques et d'agir en conséquence. / **Liberté de la presse** ⟶ **presse.** / **Liberté du culte,** droit de pratiquer la religion de son choix. / **Liberté d'enseignement,** liberté de créer un établissement d'enseignement et, pour l'enseigné, de choisir entre l'enseignement public et l'enseignement privé. / **Liberté naturelle,** droit que l'homme a par nature d'employer ses facultés comme il l'entend. / **Liberté syndicale,** droit pour les salariés de constituer des syndicats, d'adhérer ou non à un syndicat. / **Prendre la liberté de,** se permettre de : *Je prends la liberté de vous écrire.* / DR. **Liberté surveillée,** mesure qui consiste à remettre un mineur délinquant à sa famille ou à une institution spécialisée, sous le contrôle du juge des enfants. ◆ **libertés n.f. pl. 1.** Immunités et franchises : *Les libertés municipales.* **2.** (Surtout dans la loc. *prendre des libertés*). Manières d'agir trop libres, ou jugées telles : *Prendre des libertés avec qqn* (= agir avec lui trop familièrement). *Prendre des libertés avec un texte* (= ne pas le citer ou le traduire exactement). **3. Libertés publiques,** ensemble des libertés reconnues aux personnes et aux groupes face à l'État. ▸ *Dossier page suivante.*

Liberté éclairant le monde ***(la)***, statue gigantesque (93 m avec son piédestal) offerte par la France aux États-Unis et érigée en 1886 dans la rade de New York. Œuvre de Bartholdi, elle est en cuivre martelé sur une charpente de fer (due à Eiffel).

liberticide [libɛrtisid] **adj.** *LITT.* Qui porte atteinte aux libertés : *Un règlement liberticide.*

libertin, e [libɛrtɛ̃, -in] **adj.** et **n.** (lat. *libertinus*, affranchi). **1.** LITTÉR., HIST. Libre-penseur, au XVIIe s. **2.** *LITT.* Qui mène une vie dissolue ; qui est de mœurs très libres : *Il a une réputation de libertin* (syn. **dévergondé, viveur**). ◆ **adj.** *LITT.* Marqué par le libertinage, la licence des mœurs : *Propos libertins* (syn. **leste, licencieux**).

libertinage [libɛrtinaʒ] **n.m.** *LITT.* Manière de vivre dissolue : *Vivre dans le libertinage* (syn. **débauche, licence**).

libidinal, e, aux [libidinal, -o] **adj.** PSYCHAN. Relatif à la libido : *Objet libidinal. Pulsions, satisfactions libidinales.*

libidineux, euse [libidinø, -øz] **adj.** (lat. *libidinosus*, de *libido*). *LITT.* Qui est porté à rechercher sans cesse les plaisirs érotiques : *Un vieillard libidineux. Des regards libidineux* (syn. **vicieux, lubrique**).

libido [libido] **n.f.** (mot lat. « désir »). PSYCHAN. Énergie de la pulsion sexuelle. ▸ La libido peut s'investir sur le moi *(libido narcissique)* ou sur un objet extérieur *(libido d'objet).*

Libourne, ch.-l. d'arr. de la Gironde, au confl. de la Dordogne et de l'Isle ; 24 395 hab. *(Libournais).* Centre de recherches du courrier. Ancienne bastide du XIIIe s.

libraire [librɛr] **n.** (lat. *librarius*, de *liber* ; v. *livre*). Personne qui vend des livres, qui tient une librairie.

librairie [librɛri] **n.f. 1.** Magasin du libraire. **2.** Activité, commerce de librairie.

libration [librasjɔ̃] **n.f.** (lat. *libratio*, de *librare*, balancer). ASTRON. Balancement apparent de la Lune autour de son axe, que l'on perçoit depuis la Terre.

libre [libr] **adj.** (lat. *liber, liberi*). **1.** Qui n'est pas esclave ; qui n'est pas prisonnier, retenu en captivité : *L'accusé est libre.* **2.** Qui a le pouvoir d'agir, de se déterminer à sa guise : *Vous êtes libre de refuser.* **3.** Se dit d'un État, d'un peuple qui exerce le pouvoir en toute souveraineté : *Une nation libre* (syn. **souverain**). **4.** Qui est sans contrainte, sans souci des règles : *Avoir des mœurs très libres.* **5.** Qui n'est pas lié par un engagement ; qui dispose de son temps : *Je suis libre à cinq heures* (syn. **disponible**). **6.** Qui n'est pas marié, engagé dans une relation amoureuse. **7.** Qui se détermine indépendamment de dogmes, d'idées reçues : *Un esprit libre.* **8.** Qui n'éprouve pas de gêne dans ses relations avec autrui : *Être très libre avec qqn* (syn. **hardi** ; contr. **timide, réservé**). **9.** Qui ne respecte pas la décence, les convenances : *Des plaisanteries un peu libres* (syn. **leste, licencieux**). **10.** Qui n'est pas assujetti, retenu : *Bandage qui laisse les doigts libres.* **11.** Qui ne comporte pas d'obstacle, de contrainte : *La voie est libre* (syn. **dégagé, vide**). **12.** Qui n'est pas défini par un règlement, une convention, un programme, etc. : *Figures libres* (contr. **imposé**). **13.** Se dit d'une adaptation, d'une traduction qui n'est pas tout à fait fidèle au texte original : *La libre adaptation d'un roman à l'écran.* **14.** Qui n'est pas assujetti à des contraintes fixées par le pouvoir politique ; qui ne subit aucune pression : *Une presse libre.* **15.** Qui n'est pas occupé, réservé à qqn : *Le taxi est libre* (syn. **inoccupé**). *Cette chambre est libre* (syn. **vacant** ; contr. **occupé**). **16. Avoir le champ libre,** avoir la possibilité d'agir à sa guise. / **Entrée libre** ⟶ **entrée.** / **Libre entreprise** ⟶ **entreprise.** / **Libre arbitre** ⟶ **2. arbitre.** / **Libre à vous de,** il vous est permis de. / **Libre-penseur,** v. à l'ordre alphab. / **Papier libre,** papier sans en-tête ou non timbré : *Découpez ce bon ou répondez-nous sur papier libre.* / **Temps libre,** temps dont on peut disposer à sa guise. / LITTÉR. **Vers libre** ⟶ **vers.**

libre-échange [libreʃɑ̃ʒ] **n.m.** (pl. *libres-échanges*). Système économique dans lequel les échanges commerciaux entre États sont libres et affranchis des droits de douane (par opp. à *protectionnisme*).

libre-échangisme [libreʃɑ̃ʒism] **n.m.** (pl. *libre-échangismes*). Doctrine économique visant à établir le libre-échange. ◆ **libre-échangiste adj.** et **n.** (pl. *libre-échangistes*). Relatif au libre-échange ; qui en est partisan.

librement [librəmɑ̃] **adv. 1.** Sans entrave ; sans restriction ; sans contrainte : *Circuler librement.* **2.** En toute liberté de choix : *Président librement élu.* **3.** Avec franchise, spontanéité : *Parler librement* (syn. **spontanément**).

La liberté, un droit restreint ?

Qu'est-ce que la liberté, dans une société, un État qui se pense comme démocratique ? La liberté de l'individu est aujourd'hui indissociable des droits fondamentaux qui découlent d'un principe : « Les hommes naissent et demeurent libres et égaux en droits. »

▶**De la liberté naturelle à la liberté politique.** Selon une conception héritée du philosophe anglais Hobbes, l'homme est passé de l'état de nature à la vie en société, donc de la liberté naturelle à la liberté politique. Or, depuis les Lumières, la tradition française définit la liberté politique comme le droit de faire ce que les lois permettent, et non pas bien sûr comme la possibilité de faire ce que l'on veut, quand on veut, où l'on veut, puisque aucun État ne peut laisser les individus totalement libres d'agir selon leur gré (cela légitimerait une sorte de loi du plus fort, qui serait à l'opposé de l'idée même de liberté).

La liberté de l'un a pour limite la liberté de l'autre. Ainsi la Déclaration des droits de l'homme et du citoyen de 1789 donne cette célèbre définition : « La liberté consiste à pouvoir faire tout ce qui ne nuit pas à autrui. » Il faut que tous soient soumis aux mêmes lois pour que tous aient la même liberté. La loi est donc ce qui donne le cadre au sein duquel liberté et égalité peuvent coexister.

Si la loi est, pour les philosophes des Lumières, par exemple Rousseau, l'expression de la volonté générale, alors la liberté est l'obéissance à la loi que l'on s'est prescrite.

▶**Libertés publiques.** Par « libertés publiques » on désigne l'ensemble des droits reconnus aux individus, isolément ou en groupe, face à l'État, lequel est lui-même (dans ce qu'on appelle l'État de droit) soumis au droit. Les libertés publiques comprennent la liberté de conscience, la liberté d'expression (dont fait partie la liberté de la presse), la liberté de réunion (y compris la liberté d'association), la liberté d'aller et de venir, la liberté de l'enseignement, ainsi que des droits économiques et sociaux comme la liberté d'entreprendre, la liberté syndicale et le droit de grève. Il s'y ajoute aujourd'hui les droits de la personne quant à la protection de sa vie privée (problème du recueil d'informations nominatives) et au respect de la bioéthique. Le plein exercice des libertés publiques caractérise l'État de droit.

Pour que les libertés des uns n'empiètent pas sur les libertés des autres, les libertés publiques connaissent en France quelques limites fixées par la loi. La liberté d'expression n'est pas totale : la publication de propos racistes ou diffamatoires est interdite. Les États-Unis ont une conception différente des libertés. La Constitution américaine interdit de restreindre la liberté de la presse et admet le port d'armes : le droit de détenir et de porter des armes est considéré comme intangible, au nom du droit du peuple à assurer sa sécurité.

▶**Quelles garanties pour la liberté ?** Mais il faut fixer des bornes à la loi ; un régime qui légiférerait à tout propos, où la loi régenterait tout, ne protégerait plus le citoyen et deviendrait totalitaire. C'est pourquoi la Déclaration de 1789 stipule : « La loi n'a le droit de défendre que les actions nuisibles à la société. » Lors d'épisodes peu glorieux de l'histoire de France, la loi a parfois été l'instrument de l'arbitraire absolu : ainsi la *loi des suspects*, sous la seconde Terreur, à la fin de la Révolution, en vertu de laquelle pouvait être immédiatement arrêté quiconque paraissait trop tiède envers la Révolution. Pour éviter ces dérives, la règle constitutionnelle de la distinction des pouvoirs, inspirée de Montesquieu, régit en France les rapports entre le pouvoir exécutif, le pouvoir législatif et le pouvoir judiciaire ; l'indépendance de la justice est, en particulier, une condition majeure de ce dispositif.

Une garantie de la liberté est le droit de participer à l'élaboration de la loi, et la possibilité de vérifier l'application qui en est faite. La liberté politique serait donc un droit reposant sur le pouvoir du citoyen, sa faculté réelle de participation à la vie publique, son contrôle du fonctionnement des institutions, son droit de regard et d'intervention.

Voir aussi : démocratie ; égalité ; esclavage ; laïcité ; Lumières.

libre-penseur [librəpɑ̃sœr] **n.m.** (pl. *libres-penseurs*). Personne qui s'est affranchie de toute sujétion religieuse, de toute croyance en quelque dogme que ce soit.

libre-service [librəsɛrvis] **n.m.** (pl. *libres-services*). **1.** Méthode de vente où le client se sert lui-même, dans un magasin, un lieu de services : *Poste à essence en libre-service.* **2.** Établissement où l'on se sert soi-même : *Acheter qqch au libre-service.*

librettiste [libretist] **n.** (de *libretto,* mot it. « livret »). Auteur du livret d'une œuvre lyrique ou chorégraphique.

Libreville, cap. et port du Gabon, sur l'estuaire du Gabon ; 686 356 hab. Elle fut fondée en 1849.

Libye, État d'Afrique, sur la Méditerranée ; 1 760 000 km^2 ; 6 202 000 hab. *(Libyens).* CAP. *Tripoli.* LANGUE : *arabe.* MONNAIE : *dinar libyen.*

GÉOGRAPHIE
La côte aride du golfe de Syrte sépare la Tripolitaine, à l'ouest, de la Cyrénaïque, à l'est ; ces deux régions littorales reçoivent de 400 à 500 mm d'eau par an, tandis que l'intérieur, parsemé d'oasis, est désertique. La population, qui est maintenant urbanisée à plus de 75 %, comprend une proportion importante d'étrangers, techniciens le plus souvent. Les terres agricoles n'occupent que 2 % de la superficie du pays, dont la moitié sert de pâturage (élevage ovin). Mais la principale richesse est constituée par le pétrole (exploité depuis 1961), qui, avec le gaz naturel, constitue 90 % des exportations du pays. Les revenus pétroliers ont permis à la Libye quelques réalisations spectaculaires dans le domaine des cultures irriguées (canalisations d'eau à partir de nappes d'eau fossile), et, plus généralement, d'exercer une influence hors de rapport avec son modeste poids démographique.

HISTOIRE
Dans l'Antiquité, les habitants de la région sont appelés « Libyens » par les Grecs, qui fondent sur le littoral les premières colonies (VIIe s. av. J.-C.). Conquise par les Arabes (642-643), la Libye est islamisée. Elle tombe au XVIe s. sous la domination ottomane. À l'issue d'une guerre contre l'Empire ottoman, les Italiens occupent la Libye (1912) mais doivent lutter jusqu'en 1931 contre la résistance armée des Libyens.
1934. La Libye devient une colonie italienne.
1940-1943. La campagne de Libye oppose les forces britanniques aux forces germano-italiennes. Le pays est ensuite administré par la France et la Grande-Bretagne.
1951. La Libye devient un royaume indépendant, dont Idris Ier est le souverain. La Grande-Bretagne et les États-Unis utilisent dans le pays de nombreuses bases stratégiques et entreprennent l'exploitation du pétrole.
1969. Un coup d'État militaire dirigé par le colonel Kadhafi renverse la royauté et établit la république. Le nouveau régime, de tendance socialiste, s'engage dans la voie des nationalisations (notamment du pétrole), lance la révolution culturelle islamique et institue l'« État des masses » *(Djamahiriyya)* en 1977. Avec des prétentions sur la bande d'Aozou qu'il occupe depuis 1973, il intensifie son engagement au Tchad (1980-1987).
1986. À la suite de la multiplication des attentats terroristes, les États-Unis bombardent Tripoli et Benghazi.
1988. Rétablissement des relations diplomatiques avec le Tchad.
1992. L'O.N.U., devant le refus du gouvernement libyen de collaborer aux enquêtes sur les attentats terroristes, décide un embargo aérien et militaire.
1994. Restitution de la bande d'Aozou au Tchad.
2003-2006. Rétablissement des relations avec la communauté internationale et les États-Unis.
2011-2012. L'insurrection des Libyens avec l'appui militaire de l'O.T.A.N. (dont notamment les forces françaises) conduit à la chute de M. Kadhafi. L'Alliance des forces nationales (libéraux) arrive en tête des premières élections libres devant les Frères musulmans.

1. lice [lis] **n.f.** (croisement du frq. **listja,* barrière, et **lista,* bord). **1.** Palissade de bois dont on entourait les places ou les châteaux fortifiés. **2.** Terrain ainsi clos, qui servait aux tournois, aux joutes. **3.** Tout champ clos préparé pour des exercices, des joutes de plein air. **4.** *SOUT.* **Entrer en lice,** s'engager dans une lutte ; intervenir dans une discussion.

2. lice [lis] **n.f.** (bas lat. *lyciscus,* chien-loup, du gr. *lukos,* loup). **1.** Femelle d'un chien de chasse. **2. Lice portière,** chienne destinée à la reproduction.

3. lice n.f. ⟶ 3. lisse.

licence [lisɑ̃s] **n.f.** (lat. *licentia,* permission, de *licet,* il est permis). **1.** *LITT.* Liberté excessive qui tend au dérèglement moral ; caractère de ce qui est licencieux, contraire à la décence : *Licence des mœurs* (syn. **dérèglement**). **2.** Liberté que prend un écrivain, un poète avec les règles de la grammaire, de la syntaxe, de la versification : *Licence poétique.* **3.** Diplôme universitaire obtenu au terme de trois ans d'études après le baccalauréat : *Une licence de lettres.* (⟶ L.M.D.). **4.** DR. Permis d'exercer une activité soumise à autorisation préalable ; autorisation délivrée par l'Administration d'importer ou d'exporter divers produits : *Une licence de débit de boissons.* **5.** SPORTS. Document émanant d'une fédération, délivré à titre personnel et qui permet de prendre part aux compétitions. **6. Licence d'exploitation,** autorisation d'exploiter un brevet d'invention.

licencié, e [lisɑ̃sje] **n.** et **adj.** (de *licence*). **1.** Titulaire d'une licence universitaire : *Licencié en droit. Licencié ès lettres.* **2.** Titulaire d'une licence sportive : *Licencié de tennis.* **3.** Commerçant vendant des produits relevant d'une licence d'exploitation.

licenciement [lisɑ̃simɑ̃] **n.m.** (de *licencier*). **1.** Rupture, à l'initiative de l'employeur, d'un contrat de travail à durée indéterminée : *Licenciement économique.* **2. Licenciement collectif,** concernant plusieurs salariés d'une entreprise et génér. décidé pour des motifs d'ordre économique. / **Licenciement individuel,** ne concernant qu'un seul salarié et pouvant intervenir pour cause économique ou faute professionnelle du salarié. / **Licenciement sec,** qui n'est pas accompagné de mesures sociales.

licencier [lisɑ̃sje] **v.t.** (lat. médiév. *licentiare,* du class. *licentia,* liberté) [conj. **9**]. Priver d'emploi, renvoyer un salarié, rompre son contrat de travail : *Il a été licencié il y a quelques mois* (syn. **congédier, remercier**).

licencieux, euse [lisɑ̃sjø, -øz] **adj.** (lat. *licentiosus,* de *licentia,* liberté). **1.** Extrêmement libre dans ses mœurs, ses écrits, ses paroles : *Un écrivain licencieux* (syn. **dépravé, libertin, immoral**). **2.** Contraire à la pudeur, à la décence : *Chanson licencieuse. Tenir des propos licencieux* (syn. **grivois**).

lichen [likɛn] **n.m.** (mot lat., du gr. *leikhên,* qui lèche). Végétal composite formé par l'association (symbiose) d'un champignon et d'un être vivant unicellulaire pratiquant la photosynthèse (algue unicellulaire ou cyanobactérie).

■ **Description.** Les lichens ne possèdent ni tiges ni racines : ce sont des thallophytes. Leur aspect est très variable : en croûte, en forme de feuille, portant des ramifications buissonnantes, gélatineux. On en connaît, en tout, plus de 20 000 espèces.
Dans un lichen, le champignon et son partenaire unicellulaire sont totalement mêlés, ou bien disposés en couches plus ou moins ordonnées. L'algue ou la cyanobactérie contiennent de la chlorophylle et pratiquent la protosynthèse : elles produisent de la matière organique dont le champignon se nourrit. Il forme de son côté une couche protectrice qui évite la déshydratation à l'algue ou à la cyanobactérie. De plus, avec ses filaments, il assure l'absorption de l'eau et des sels minéraux qui servent de matières premières pour la photosynthèse.
Reproduction et répartition. Les lichens se reproduisent principalement par reproduction asexuée : ils libèrent des sortes de petites « boutures » composées de cellules de champignon et d'algue (ou de cyanobactérie), qui sont dispersées par le vent ou l'eau. Les lichens poussent sur des supports variés et très pauvres : troncs d'arbres, rochers, sable, déserts, là où souvent aucune autre végétation ne peut se développer. Ce sont des *végétaux pionniers.*

Ils forment aussi la dernière végétation que l'on trouve en altitude (à la limite des neiges éternelles) et à proximité des pôles.

Rôle écologique. Les lichens ont un rôle particulier en écologie appliquée : ce sont des indicateurs de pollution. ■

lichette [liʃɛt] **n.f.** (de *licher,* var. de *lécher*). *FAM.* Petite quantité d'un aliment : *Lichette de pain, de saucisson.*

Lichtenstein (Roy), peintre américain (New York 1923 - *id.* 1997). Représentant du pop art, il utilise pour les transposer, avec notamm. des pointillés de trame typographique, des images de bandes dessinées ou des œuvres d'art appartenant surtout à un passé récent (série des « Ateliers d'artistes » de 1973-1974).

licier **n.m.** ⟶ **lissier.**

licitation [lisitasjɔ̃] **n.f.** (lat. *licitatio,* de *licitus,* permis). DR. Vente aux enchères, par les copropriétaires, d'un bien indivis.

licite [lisit] **adj.** (lat. *licitus,* de *licet,* il est permis). Permis par la loi : *User de moyens licites* (syn. **légal**).

licitement [lisitmɑ̃] **adv.** De façon licite.

licol [likɔl] et **licou** [liku] **n.m.** (de *lier,* et de l'anc. fr. *col,* cou). Pièce de harnais qu'on place sur la tête des bêtes de somme pour les attacher, les mener.

licorne [likɔrn] **n.f.** (lat. *unicornis,* à une seule corne). Animal fabuleux représenté comme un cheval portant au milieu du front une longue corne torsadée.

licteur [liktœr] **n.m.** (lat. *lictor*). ANTIQ. Officier qui marchait devant les principaux magistrats de l'ancienne Rome, portant un faisceau de verges qui, dans certaines circonstances, enserrait une hache.

lido [lido] **n.m.** (du *lido* de Venise). GÉOGR. Cordon littoral isolant une lagune : *Les lidos du Languedoc.*

lie [li] **n.f.** (du gaul. **liga*). **1.** Dépôt qui se forme dans les liquides fermentés (bière, vin). **2.** *LITT.* Ce qu'il y a de plus vil, de plus mauvais dans une société ; racaille : *La lie de l'humanité* (syn. **rebut,** litt. **tourbe**). **3. Boire le calice jusqu'à la lie** ⟶ **calice.**

Liebig (Justus, *baron* **von),** chimiste allemand (Darmstadt 1803 - Munich 1873). Il est à l'origine de l'extraordinaire développement de la chimie en Allemagne et l'un des fondateurs de l'agronomie moderne. Il a trouvé, en 1830, une méthode de dosage du carbone et de l'hydrogène dans les corps organiques et montré que les radicaux pouvaient se transporter, par réaction chimique, d'un corps dans un autre. Il a isolé le titane, découvert le chloroforme, préparé le fulminate d'argent et les superphosphates. On lui doit une théorie de la fonction acide. Il a aussi mis au point une méthode de préparation des extraits de viande, point de départ de l'industrie agroalimentaire.

Liebknecht (Karl), homme politique allemand (Leipzig 1871 - Berlin 1919). Fondateur, avec Rosa Luxemburg, du groupe Spartakus, il créa le parti communiste allemand et prit part à l'insurrection « spartakiste » de 1919, au cours de laquelle il fut assassiné par les troupes gouvernementales.

Liechtenstein, État de l'Europe centrale, entre l'Autriche (Vorarlberg) et la Suisse (Saint-Gall) ; 160 km^2 ; 37 000 hab. *(Liechtensteinois).* CAP. *Vaduz.* LANGUE : *allemand.* MONNAIE : *franc suisse.* L'extrémité alpestre du Vorarlberg (2 500 m) domine la plaine du Rhin, élargie seulement au N. L'agriculture (lait, légumes, vins) est largement éclipsée par l'industrie (constructions mécaniques et textile) et surtout par le secteur tertiaire (tourisme, commerce, banque, philatélie). La principauté, qui est associée à la Suisse dans les domaines monétaire et douanier, est devenue membre de l'O.N.U. en 1990.

lied [lid] **n.m.** (mot all. « chant ») [pl. *lieds* ou *lieder* [lidœr]]. Poème chanté, à une ou à plusieurs voix, avec ou sans accompagnement, dans les pays germaniques.

lie-de-vin [lidvɛ̃] **adj. inv.** Rouge violacé.

liège [ljɛʒ] **n.m.** (du lat. *levis,* léger). **1.** BOT. Tissu végétal épais, imperméable et léger, fourni par l'écorce de certains arbres, en partic. du chêne-liège. **2.** Cette partie de l'écorce, propre à divers usages commerciaux : *Un bouchon de liège. Un flotteur en liège.*

Liège, v. de Belgique, ch.-l. de la prov. de ce nom, au confl. de la Meuse et de l'Ourthe ; 195 931 hab. *(Liégeois).* Évêché. Université. Observatoire. Port fluvial (relié à Anvers par le canal Albert). Centre administratif, commercial, industrialisé surtout en banlieue. – Nombreuses églises, dont certaines remontent à l'époque de l'évêque Notger (fin du xe s.) [à St-Barthélemy, célèbres fonts baptismaux sculptés du dinandier Renier de Huy, début du xiie s.]. Anc. palais des princes-évêques (xvie et xviiie s.). Nombreux musées, dont celui de la maison Curtius (archéologie et arts décoratifs). – Port fluvial mérovingien, évêché dès le viiie s., Liège devint, à la fin du xe s., la capitale d'une importante principauté ecclésiastique. Au patriciat de la ville lainière et au prince-évêque s'opposèrent longtemps les gens de métiers, soutenus par la France. À partir du xviie s., Liège devint l'une des capitales industrielles de l'Europe. La principauté disparut en 1792.

Liège *(province de)*, prov. de l'est de la Belgique ; 3 876 km^2 ; 1 087 729 hab. ; ch.-l. *Liège.*

liégeois, e [ljeʒwa, -az] **adj.** et **n.** De Liège. ◆ **adj. Café, chocolat liégeois,** glace au café ou au chocolat servie alors qu'elle n'est pas entièrement prise et nappée de crème Chantilly.

lien [ljɛ̃] **n.m.** (lat. *ligamen,* de *ligare*). **1.** Ce qui sert à lier pour maintenir ou fermer : *Le lien d'une gerbe de fleurs* (syn. **attache**). **2.** Ce qui unit, établit un rapport logique ou de dépendance : *Il n'y a pas de lien entre les deux affaires* (syn. **corrélation**). *Lien de cause à effet.* **3.** Ce qui lie deux, plusieurs personnes ; relation : *Servir de lien entre deux personnes* (syn. **intermédiaire**). *Les liens du sang, de l'amitié.* **4.** *LITT.* Ce qui impose une contrainte ; ce qui enchaîne : *Briser, rompre ses liens* (syn. **chaîne**). *Les liens d'un serment.*

lier [lje] **v.t.** (lat. *ligare*) [conj. **9**]. **1.** Attacher, maintenir avec qqch : *Lier une gerbe d'épis* (syn. **ficeler**). *Lier un prisonnier avec une corde* (syn. **ligoter**). *Lier ses cheveux avec un ruban* (syn. **nouer**). **2.** Joindre des éléments, établir entre eux une continuité : *Lier des lettres par un trait de plume* (syn. **enchaîner, réunir**). **3.** Mettre en relation ; faire un lien entre : *Lier un événement à un autre. Tout est lié* (= tout se tient). **4.** Maintenir, réunir à l'aide d'une substance : *Lier des pierres avec du mortier* (syn. **assembler**). **5.** Constituer un lien affectif entre des personnes ; unir par un intérêt, un goût, un rapport quelconque : *Le goût des sports dangereux les avait liés* (syn. **rapprocher ;** contr. **éloigner**). *Ils sont liés par une amitié de longue date.* **6.** Attacher par un engagement juridique ou moral : *Il est lié par son contrat* (syn. **engager**). *Être lié par une promesse.* **7. Avoir partie liée avec qqn,** être engagé solidairement avec lui dans une affaire. **/ Lier amitié,** engager une relation amicale. **/ Lier conversation,** engager la conversation. **8.** MUS. **Lier des notes,** les rendre par une seule émission de voix ou de souffle, par un seul coup d'archet, etc. **/** CUIS. **Lier une sauce,** l'épaissir, la rendre homogène avec une liaison. ◆ **se lier** **v.pr.** Contracter une amitié ; être uni à qqn, rattaché à qqch : *Elle ne se lie pas facilement* (syn. **s'attacher**).

lierre [ljɛr] **n.m.** (anc. fr. *l'ierre,* du lat. *hedera*). Plante ligneuse grimpante, à feuilles persistantes, à baies noires toxiques, qui se fixe aux murs, aux arbres par des racines crampons. ▸ Famille des araliacées.

liesse [ljɛs] **n.f.** (lat. *laetitia,* allégresse, avec infl. de l'anc. adj. *lié,* heureux, lat. *laetus*). *LITT.* **En liesse,** se dit d'une foule qui manifeste une joie débordante : *Le peuple en liesse a accueilli le président.*

1. lieu [ljø] **n.m.** (lat. *locus*) [pl. *lieux*]. **1.** Partie circonscrite de l'espace où se situe une chose, où se déroule une action : *Lieu de rendez-vous* (syn. **place**). *Lieu de tournage* (syn. **endroit**). **2.** Localité ; pays ; contrée : *Donner sa date et son lieu de naissance. Un lieu charmant.* **3.** Endroit, édifice, local, etc., considéré du point de vue de sa destination, de son usage : *Lieu de* *travail.* **4. Au lieu de,** à la place de ; plutôt que de : *Employer un mot au lieu d'un autre. Écoute, au lieu de parler.* / LITT. **Au lieu que** (+ subj.), plutôt que : *Au lieu qu'il reconnaisse ses erreurs, il s'entête.* / **Avoir lieu,** se produire, arriver, se dérouler : *La réunion aura lieu à 10 heures.* / **Avoir lieu de, avoir tout lieu de,** avoir une raison, de bonnes raisons pour : *Nous avons tout lieu de croire qu'il est innocent.* / SOUT. **Ce n'est pas le lieu de,** ce n'est pas l'endroit, le moment pour : *Ce n'est pas le lieu de parler de cela.* / **Donner lieu à,** fournir l'occasion de : *Cela donnera lieu à des critiques.* / **En dernier lieu,** enfin, pour finir : *En dernier lieu, il a fait un commentaire sur la politique internationale.* / **En haut lieu,** auprès des responsables, des dirigeants : *On s'est plaint de son attitude en haut lieu.* / **En premier, en second lieu,** premièrement, d'abord ; deuxièmement, ensuite : *En premier lieu, nous examinerons la politique économique, en second lieu, la politique sociale.* / **En tous lieux,** partout : *Elle clame en tous lieux qu'elle obtiendra ce poste.* / **Être sans feu ni lieu** ⟶ 1. feu. / **Il y a lieu de,** il est permis, opportun de : *Il y a lieu d'être inquiet.* / **Lieu commun,** réflexion banale, sans originalité. / **Lieu public,** endroit où le public a accès (jardin public, cinéma, café, etc.). / **S'il y a lieu,** le cas échéant : *S'il y a lieu, téléphonez-moi.* / **Tenir lieu de,** se substituer à ; remplacer : *Ce canif lui tient lieu de coupe-papier. Elle nous tenait lieu de mère.* ◆ **lieux** **n.m. pl. 1.** Locaux ; site ; terrain : *Faire l'état des lieux.* **2.** Endroit précis où un fait s'est produit : *Notre reporter est sur les lieux.* **3.** VIEILLI. **Lieux d'aisances,** cabinets, toilettes. / **Lieux saints,** villes ou sites vénérés par les fidèles d'une religion ; spécial., les localités et les sanctuaires de Palestine liés au souvenir de Jésus.

2. lieu [ljø] **n.m.** (anc. scand. *lyr*) [pl. *lieus*]. Autre nom du *colin.* (On dit aussi *lieu noir.*)

lieu-dit [ljødi] **n.m.** (pl. *lieux-dits*). Lieu qui porte un nom rappelant une particularité topographique ou historique et qui, souvent, constitue un écart d'une commune : *Le lieu-dit « les Trois-Épis ».*

lieue [ljø] **n.f.** (bas lat. *leuca,* d'orig. gaul.). **1.** Autref., mesure linéaire, de valeur variable. **2. Être à cent lieues, à mille lieues de,** être fort éloigné de : *J'étais à cent lieues de le croire coupable.* / **Lieue de poste,** lieue de 3,898 km. / **Lieue de terre** ou **lieue commune,** vingt-cinquième partie du degré terrestre comptée sur un grand cercle, soit 4,445 km. / **Lieue kilométrique,** lieue de 4 km. / **Lieue marine** ou **lieue géographique,** vingtième partie du degré terrestre, soit 3 milles ou env. 5,556 km.

lieutenant, e [ljøtnɑ̃, -ɑ̃t] **n.** (de *lieu* et *tenant,* tenant lieu de). **1.** Personne qui seconde et remplace le chef : *Un mafieux et son lieutenant* (= bras droit) [syn. **second**]. **2.** Officier dont le grade se situe entre celui de sous-lieutenant et celui de capitaine. **3. Lieutenant de vaisseau,** officier de marine dont le grade correspond à celui de capitaine dans les armées de terre et de l'air. ◆ **lieutenant** **n.m.** HIST. **Lieutenant général du royaume,** personne que le roi désignait pour exercer temporairement le pouvoir à sa place (le duc de Guise en 1557 ; le comte d'Artois, futur Charles X, en 1814 ; le duc d'Orléans, futur Louis-Philippe, en 1830).

lieutenant-colonel, lieutenante-colonelle [ljøtnɑ̃kɔlɔnɛl, ljøtnɑ̃tkɔlɔnɛl] **n.** (pl. *lieutenants-colonels, lieutenantes-colonelles*). Officier des armées de terre, de l'air et de la gendarmerie dont le grade est intermédiaire entre celui de commandant et celui de colonel.

lièvre [ljɛvr] **n.m.** (lat. *lepus, -oris*). **1.** Mammifère herbivore de l'hémisphère Nord, à longues pattes postérieures permettant une course rapide, à très longues oreilles, qui gîte dans des dépressions du sol. ▸ Ordre des lagomorphes. La femelle du lièvre se nomme hase ; le petit, levraut. Le lièvre vagit. **2.** Chair comestible de cet animal : *Un civet de lièvre.* **3.** SPORTS. Coureur chargé de mener un train rapide au début d'une course, pour faciliter la réalisation d'une performance. **4. Courir, chasser deux lièvres à la fois,** poursuivre deux buts différents. / **Lever un lièvre,** le faire sortir de son gîte ; au fig., soulever une question embarrassante, une difficulté.

Lifar (Serge), danseur et chorégraphe français d'origine russe (Kiev 1905 - Lausanne 1986). Maître de ballet à l'Opéra de Paris (1929-1945, puis 1947-1958), il redonne un éclat éblouissant à la troupe de l'Opéra. Promoteur du ballet néoclassique, il codifie deux nouvelles positions (la 6e et 7e) et impose son style dans une longue suite de créations. Il est l'auteur de plusieurs ouvrages théoriques de référence, dont *le Manifeste du chorégraphe* (1935).

lift [lift] **n.m.** (de l'angl. *to lift,* soulever). Au tennis, effet donné à la balle en la frappant de bas en haut, afin d'en augmenter le rebond.

lifter [lifte] **v.t.** SPORTS. Donner un effet de lift à une balle. ◆ **v.i.** Faire un lift.

liftier, ère [liftje, -ɛr] **n.** (de l'angl. *lift,* ascenseur). Personne préposée à la manœuvre d'un ascenseur, dans un grand magasin, un hôtel : *Se faire ouvrir la porte par le liftier.*

lifting [liftiŋ] **n.m.** (mot angl., de *to lift,* relever). **1.** Intervention de chirurgie esthétique consistant à retendre la peau pour supprimer les rides. (Recomm. off. : *lissage.*) **2.** FAM. Opération de rajeunissement, de rénovation : *Le lifting du centre-ville.*

ligament [ligamɑ̃] **n.m.** (lat. *ligamentum,* de *ligare,* lier). Ensemble de fibres conjonctives serrées et résistantes, orientées dans le même sens, qui unissent les os au niveau des articulations ou maintiennent des organes en place.

ligamentaire [ligamɑ̃tɛr] **adj.** Relatif aux ligaments.

ligamenteux, euse [ligamɑ̃tø, -øz] **adj.** De la nature des ligaments.

ligature [ligatyr] **n.f.** (du lat. *ligare,* lier). **1.** Opération qui consiste à serrer un lien, une bande autour d'une partie du corps, génér. un vaisseau sanguin ; le lien lui-même : *Faire une ligature à la jambe d'un blessé* (syn. **garrot**). **2.** HORTIC. Action d'entourer d'un lien une plante, une greffe, etc. : *Fixer par une ligature un arbrisseau à un tuteur.* **3.** Ensemble de lettres liées qui forme un caractère unique. (Ex. : *œ.*) **4. Ligature des trompes,** méthode anticonceptionnelle irréversible consistant à ligaturer les trompes de Fallope.

ligaturer [ligatyre] **v.t.** Attacher, serrer avec une ligature : *Ligaturer une artère, les trompes.*

lige [liʒ] **adj.** (lat. pop. **liticus,* de *letus, litus,* mot d'orig. frq. désignant une personne d'une classe intermédiaire entre celle des hommes libres et celle des serfs). **1.** Se disait d'un vassal lié à son seigneur par une forme d'hommage plus étroite que l'hommage ordinaire. **2.** LITT. **Homme lige,** personne totalement dévouée à qqn, à un groupe.

Ligeti (György), compositeur autrichien d'origine hongroise (Dicsöszentmárton, auj. Târnăveni, Transylvanie, 1923 - Vienne 2006). Son écriture est très statique (*Atmosphères,* 1961) ou très pointilliste, très « hachée » (*Nouvelles Aventures,* 1966), ou encore une synthèse de ces deux tendances (*Requiem,* 1965 ; *Lontano,* 1967 ; *le Grand Macabre,* opéra, 1978).

lignage [liɲaʒ] **n.m.** (de *ligne*). **1.** Ensemble de personnes issues d'un ancêtre commun (syn. **famille, lignée**). **2. De haut lignage,** de haute noblesse.

ligne [liɲ] **n.f.** (lat. *linea*). **1.** Trait continu dont l'étendue se réduit pratiquement à la dimension de la longueur : *Tracer une ligne. Une ligne courbe.* **2.** MATH. Figure qui peut être matérialisée par un fil assez fin : *Un point qui se déplace engendre une ligne.* **3.** Ensemble des éléments se trouvant sur une même horizontale dans un tableau à double entrée. **4.** Trait réel ou imaginaire qui sépare deux éléments contigus ; intersection de deux surfaces : *La ligne de démarcation entre deux pays* (syn. **frontière**). **5.** Forme, contour, dessin d'un corps, d'un objet, etc. : *La ligne d'une voiture. Faire attention à sa ligne.* **6.** Trait imaginaire marquant une direction suivie de façon continue : *Aller en ligne droite.* **7.** Règle de vie, orientation : *Avoir une ligne de conduite* (syn. **règle**). **8.** Itinéraire régulier desservi par un service de transport ; ce service : *Ligne maritime. Pilote de ligne* (= qui assure un service régulier de transport par avion). **9.** Cordeau pour aligner : *Ligne de charpentier, de maçon.* **10.** Fil terminé par un ou plusieurs hameçons pour pêcher : *Pêche à la ligne. Avoir une truite au bout de sa ligne.* **11.** Installation servant au transport d'énergie électrique, à la communication : *Ligne à haute tension. Ligne téléphonique* (syn. **câble**). **12.** Suite, série continue de personnes ou de choses : *Une ligne de peupliers* (syn. **alignement**). **13.** COMM. Série de produits ou d'articles se complétant dans leur utilisation et unis par des qualités communes : *Une ligne de produits de beauté* (syn. **gamme**). **14.** MIL. Dispositif formé d'hommes, d'unités ou de moyens de combat placés les uns à côté des autres ; cette troupe elle-même. **15.** Suite continue de fortifications permanentes destinées à protéger une frontière : *La ligne Maginot.* **16.** TÉLÉV. Segment de droite décrit lors du balayage d'une image en télévision ou en télécopie, à l'émission ou à la réception. **17.** Suite de mots écrits ou imprimés sur une longueur déterminée : *Écrire quelques lignes d'un rapport. Aller, mettre à la ligne* (= commencer une nouvelle ligne). **18.** Ensemble des générations successives de parents : *Il descend en ligne directe d'un héros de la Révolution* (= par filiation directe). *La ligne collatérale* (= descendance par le frère ou la sœur) [syn. **branche**]. **19.** Anc. mesure française de longueur représentant la douzième partie du pouce (env. 2,25 mm). **20.** Au Canada, anc. mesure de longueur valant 3,175 mm (huitième partie du pouce). **21.** *FAM.* **Avoir, garder la ligne,** une silhouette fine, élégante. / **En première ligne,** au plus près du combat. / **Entrer en ligne de compte,** être inclus dans un compte ; avoir de l'importance : *Ces considérations n'entrent pas en ligne de compte.* / **Être en ligne,** être branché téléphoniquement avec un correspondant ; en parlant d'un matériel de téléinformatique, fonctionner en relation directe avec un autre. / **Hors ligne,** exceptionnel, tout à fait supérieur : *Un mécanicien hors ligne ;* (calque de l'anglo-amér. *offline*). Se dit d'un support d'informations préenregistrées (génér. cédérom ou DVD), à consulter sur un ordinateur. / **Mettre en ligne,** présenter des troupes pour affronter l'ennemi. / **Monter en ligne,** aller au combat. / (Calque de l'anglo-amér. *on line*). **Services en ligne,** services télématiques accessibles à l'aide d'un ordinateur connecté au réseau téléphonique ou à un réseau câblé. / **Sur toute la ligne,** d'un bout à l'autre ; tout à fait, complètement : *Se tromper sur toute la ligne.* **22. Bâtiment de ligne,** grand navire de guerre puissamment armé et formant l'élément principal d'une escadre. / ASTRON. **Ligne des nœuds,** ligne d'intersection du plan de l'orbite d'un astre avec un plan pris pour référence. / FIN. **Ligne de crédit,** montant d'un crédit accordé par une banque et que le bénéficiaire peut utiliser au fur et à mesure de ses besoins. / MAR. **La Ligne,** l'équateur. / ZOOL. **Ligne latérale,** organe sensoriel des poissons et des larves d'amphibiens, formé par un canal sous-cutané comportant des cellules sensibles aux vibrations de l'eau.

lignée [liɲe] **n.f.** (de *ligne*). Ensemble des descendants : *Il était le dernier d'une lignée d'aristocrates* (syn. **descendance, race**).

ligner [liɲe] **v.t.** Marquer d'une ligne ou de lignes.

ligneux, euse [liɲø, -øz] **adj.** (lat. *lignosus,* de *lignum,* bois). **1.** De la nature du bois : *Matière ligneuse.* **2.** Dont la tige contient suffisamment de faisceaux lignifiés pour devenir résistante (par opp. à *herbacé*). **3.** Qui appartient au bois : *Fibre ligneuse.*

lignicole [liɲikɔl] **adj.** (du lat. *lignum,* bois, et de *-cole*). Qui vit dans le bois des arbres, en parlant d'une espèce animale : *Insectes lignicoles.*

lignification [liɲifikasjɔ̃] **n.f.** Phénomène par lequel les membranes de certaines cellules végétales s'imprègnent de lignine et prennent l'aspect du bois.

se **lignifier** [liɲifje] **v.pr.** (du lat. *lignum,* bois) [conj. **9**]. Se changer en bois ; s'imprégner de lignine.

lignine [liɲin] **n.f.** (du lat. *lignum,* bois). BOT. Substance organique qui imprègne les cellules, les fibres et les vaisseaux du bois, et les rend imperméables, inextensibles et rigides. ▸ La lignine est le constituant principal du bois.

lignite [liɲit] **n.m.** (du lat. *lignum,* bois). Roche d'origine organique, résultant de la décomposition incomplète de débris végétaux. ▸ Le lignite est une roche combustible, contenant 70 % de carbone ; il a une valeur calorifique trois fois moindre que celle de la houille.

ligoter [ligɔte] **v.t.** (de *ligot,* corde, du gascon *ligot,* lien, lat. *ligare,* lier). **1.** Attacher étroitement qqn à qqch, ou lui lier les membres : *Ligoter un prisonnier à un arbre* (syn. **attacher, enchaîner**). *On lui a ligoté les pieds.* **2.** Priver qqn de sa liberté d'action, d'expression : *Elle est complètement ligotée par ses engagements* (syn. **lier, museler**).

ligue [lig] **n.f.** (it. *liga,* du lat. *ligare,* lier). **1.** HIST. Union formée entre plusieurs princes, en partic. pour défendre des intérêts politiques, religieux, etc. ; confédération entre plusieurs cités ou États. **2.** Association de citoyens unis en vue d'une action déterminée : *La Ligue des droits de l'homme* (syn. **front, union**).

Ligue *(Sainte),* nom donné à plusieurs coalitions formées en Europe aux XVe, XVIe et XVIIe s. Les deux premières (1495-1496 et 1508-1512) regroupèrent la papauté, les principautés italiennes et l'Espagne, afin de lutter contre les expéditions militaires de Charles VIII et de Louis XII en Italie. Les dernières (1570-1571 et 1684-1699) unirent les puissances européennes contre les Turcs et aboutirent à la victoire de Lépante (1571) et à la reconquête de la Hongrie (1699).

Ligue *(Sainte)* ou **Sainte Union** ou **Ligue,** mouvement religieux et politique qui regroupa les catholiques de 1576 à 1594, lors des guerres de Religion. Elle eut pour centre Paris et pour principal animateur Henri Ier, duc de Guise, qui obtint l'appui de l'Espagne. Son assassinat à Blois (1588) déclencha la rébellion ouverte contre Henri III, tandis que Paris se donnait un gouvernement révolutionnaire (le conseil des Seize). Le meurtre d'Henri III (1589) divisa la Ligue, mais Paris n'ouvrit ses portes à Henri IV qu'en 1594, après qu'il eut abjuré sa foi protestante. En province, les derniers chefs de la Ligue se soumirent en 1598.

Ligue arabe ou **Ligue des États arabes,** organisation d'États indépendants constituée en 1945 par l'Égypte, la Transjordanie, la Syrie, l'Iraq, le Liban, l'Arabie saoudite, le Yémen, afin de promouvoir leur coopération. De 1953 à 1993, 14 nouveaux États et l'O.L.P. y ont adhéré. L'Égypte, suspendue en 1979, y a été réintégrée en 1989. La Syrie a été suspendue en 2011.

liguer [lige] **v.t.** (de *ligue*). Unir dans une même coalition, une même alliance : *Liguer tous les mécontents* (syn. **coaliser**). ◆ **se liguer v.pr.** Unir ses efforts contre qqn, qqch : *Ils se liguèrent pour le perdre* (syn. **s'associer, s'unir**).

ligueur, euse [ligœr, -øz] **n. 1.** Membre d'une ligue. **2.** HIST. Personne qui faisait partie de la Sainte Ligue sous Henri III et Henri IV.

ligule [ligyl] **n.f.** (lat. *ligula,* languette). Petite languette de certaines fleurs, dites *ligulées ;* cette fleur.

Ligures, peuple ancien établi sur la côte méditerranéenne entre les villes actuelles de Marseille et de La Spezia, soumis par les Romains au IIe s. av. J.-C.

Ligurie, région du nord de l'Italie, en bordure du golfe de Gênes ; 5 400 km^2 ; 1 577 439 hab. *(Liguriens).* CAP. *Gênes.* 4 provinces (*Gênes, Imperia, Savone* et *La Spezia).*

lilas [lila] **n.m.** (ar. *lilāk,* du persan). **1.** Arbuste originaire du Moyen-Orient, cultivé pour ses grappes de fleurs mauves ou blanches, odorantes. ▸ Famille des oléacées. **2.** Branche fleurie de cet arbre : *Couper des lilas* (ou *du lilas*). ◆ **adj. inv.** D'une couleur mauve rosé.

liliacée [liljase] **n.f.** (lat. *liliaceus,* de *lilium,* lis). **Liliacées,** famille de plantes monocotylédones, comprenant près de 4 000 espèces dont le lis, la tulipe, la jacinthe, le muguet, l'ail, le poireau, l'aloès, etc.

Lille, ch.-l. de la Région Nord-Pas-de-Calais-Picardie et du dép. du Nord, en Flandre, sur la Deûle, à 218 km au nord de Paris ; 235 184 hab. (après rattachement, en 2000, de Lomme)

[*Lillois*] (1 015 744 hab. dans l'agglomération). Siège de la zone de défense Nord. Évêché. Académie et université. Centre commercial. Industries textiles et métallurgiques. – Anc. Bourse de 1652, citadelle de Vauban et autres monuments. Musée des Beaux-Arts, un des plus riches de France, et musée de l'hospice Comtesse. – Grande cité drapière dès le XIIe s., ville forte, l'une des capitales des ducs de Bourgogne, Lille fut incorporée à la France en 1667. En 1792, elle soutint victorieusement un siège contre les Autrichiens. Devenue le chef-lieu du département du Nord (1804), elle prit rang, au XIXe s., parmi les grandes métropoles industrielles.

lilliputien, enne [lilipysjɛ̃, -ɛn] **adj.** et **n.** (de *Lilliput,* pays imaginaire des *Voyages de Gulliver*). De très petite taille : *Un jardin lilliputien* (syn. **microscopique, minuscule**).

Lilongwe, cap. du Malawi (depuis 1975) ; 771 503 hab.

Lima, cap. du Pérou, sur le Rimac, fondée par Pizarro en 1535 ; 9 722 000 hab. dans l'agglomération. Cathédrale entreprise à la fin du XVIe s. et beaux monuments des XVIIe-XVIIIe s. Musées, dont le musée de l'Or du Pérou, qui regroupe les trésors des civilisations anciennes.

limace [limas] **n.f.** (lat. *limax*). **1.** Mollusque gastropode terrestre, respirant par un poumon, sans coquille externe. **2.** FAM. Personne lente et molle.

limaçon [limasɔ̃] **n.m.** (dimin. de *limace*). **1.** VIEILLI. Mollusque terrestre à coquille enroulée et, en partic., escargot (syn. **colimaçon**). **2.** Organe de l'oreille interne, formé d'un tube enroulé en spirale contenant les terminaisons sensorielles du nerf auditif.

limage [limaʒ] **n.m.** Action de limer.

Limagnes (les), ou parfois **Limagne (la),** plaines du Massif central, drainées par l'Allier et constituant le cœur de l'Auvergne.

limaille [limaj] **n.f.** Matière que forment les parcelles de métal détachées par l'action de la lime : *Limaille de fer.*

limande [limɑ̃d] **n.f.** (anc. fr. *lime*). **1.** Poisson plat comestible, vivant dans la Manche et l'Atlantique. ▸ Famille des pleuronectidés ; long. 40 cm. **2.** PRÉHIST. Biface plat d'une forme ovale très allongée.

limbe [lɛ̃b] **n.m.** (lat. *limbus,* bord). **1.** Couronne circulaire (en métal, en verre, etc.) portant la graduation angulaire d'un instrument de mesure. **2.** Bord lumineux du disque d'un astre. **3.** BOT. Partie principale de la feuille ; partie large et étalée d'un pétale ou d'un sépale.

limbes [lɛ̃b] **n.m. pl.** (du lat. *limbus,* bord). **1.** THÉOL. Séjour où les justes de l'Ancien Testament attendaient la venue rédemptrice du Christ ; séjour de félicité des enfants morts sans baptême. **2.** État vague, incertain : *Projet encore dans les limbes* (= à l'état embryonnaire).

Limbourg, région historique de l'Europe du Nord-Ouest. Duché acquis en 1288 par le Brabant, le Limbourg fut partagé à la paix de Westphalie (1648) entre les Provinces-Unies et les Pays-Bas espagnols.

Limbourg, en néerl. **Limburg,** prov. du nord-est de la Belgique ; 2 421 km^2 ; 853 239 hab. ; ch.-l. *Hasselt.*

Limbourg, prov. méridionale des Pays-Bas ; 2 172 km^2 ; 853 239 hab. ; ch.-l. *Maastricht.*

Limbourg (les frères [Pol, Herman et Jean] de), enlumineurs néerlandais du début du XVe s., neveux du peintre Jean Malouel. Ils sont les auteurs, notamment, des *Très Riches Heures* du duc de Berry (v. 1413-1416, musée Condé, Chantilly), une des expressions les plus précieuses de l'art gothique international. Ce manuscrit inclut douze grandes images des mois, dont la plupart montrent, sous un demi-cercle zodiacal, les travaux ruraux du moment associés à la vue de l'un des châteaux du duc.

1. lime [lim] **n.f.** (lat. *lima*). **1.** Outil à main, en acier trempé, long et étroit, couvert de stries ou d'aspérités, utilisé pour tailler, ajuster, polir les métaux, le bois, etc., par frottement. **2.** Mollusque bivalve marin. **3. Lime à ongles,** petite lime de métal strié ou de papier émeri destinée à raccourcir les ongles, à arrondir leur bout.

2. lime [lim] et **limette** [limɛt] **n.f.** (esp. *lima,* mot ar.). Petit citron de couleur verte, à peau lisse, à chair sans pépins très juteuse, appelé aussi *citron vert.* ▸ C'est le fruit du limettier.

limer [lime] **v.t.** Travailler, entailler un objet, un métal à la lime : *Limer une barre de fer.*

limes [limɛs] **n.m.** (mot lat. « frontière »). Sous l'Empire romain, ligne de fortifications plus ou moins continue bordant certaines frontières dépourvues de défenses naturelles.

limeur, euse [limœr, -øz] **adj.** Qui sert à limer : *Outil limeur.*

limicole [limikɔl] **adj.** (du lat. *limus,* fange, et de *-cole*). BIOL. Qui vit dans la vase ou qui y cherche sa nourriture : *Oiseau, larve limicoles.*

limier [limje] **n.m.** (de *liem,* anc. forme de *lien,* propr. « chien qu'on mène en laisse »). **1.** Chien courant, employé, dans la chasse à courre, pour la recherche du gibier. **2.** FAM. Policier ; détective : *C'est un fin limier.*

liminaire [liminɛr] **adj.** (du lat. *limen, -inis,* seuil). Qui est au début d'un livre, d'un poème, d'un débat : *Déclaration liminaire.*

limitatif, ive [limitatif, -iv] **adj.** Qui limite, qui fixe ou constitue une limite : *Une clause limitative* (syn. **restrictif**).

limitation [limitasjɔ̃] **n.f. 1.** Action de fixer la limite, la frontière d'un terrain : *Les limitations de la propriété* (syn. **bornage**). **2.** Action, fait de fixer un terme, des bornes, des restrictions à qqch : *Limitation de vitesse. La limitation des naissances* (syn. **contrôle**).

limite [limit] **n.f.** (lat. *limes, -itis*). **1.** Ligne séparant deux pays, deux territoires, deux terrains contigus : *La limite d'une propriété* (syn. **borne**). *Les Pyrénées marquent la limite entre la France et l'Espagne* (syn. **frontière**). **2.** Ligne qui circonscrit un espace, qui marque le début ou la fin d'une étendue : *La limite du terrain de jeu.* **3.** Ce qui marque le début ou la fin d'un espace de temps, ce qui le circonscrit : *Dans les limites du temps qui m'est imparti. La dernière limite pour les inscriptions* (syn. **terme**). **4.** Borne, point au-delà desquels ne peuvent aller ou s'étendre une action, une influence, un état, etc. : *Ma patience a des limites. Un pouvoir sans limite* (syn. **frein**). **5.** (En appos.). **Date, prix, vitesse, etc., limite,** qu'on ne peut dépasser ; extrême. **6. À la limite,** si on envisage le cas extrême. ∕ **Limite d'âge,** âge au-delà duquel on ne peut exercer une fonction.

limité, e [limite] **adj. 1.** Restreint ; de peu d'étendue ; de peu d'importance : *Une confiance limitée* (contr. **absolu, total**). *Une édition à tirage limité* (= pour laquelle on a tiré peu d'exemplaires). **2.** FAM. Sans grands moyens intellectuels ; peu inventif : *Un cinéaste limité.*

limiter [limite] **v.t.** (lat. *limitare*). **1.** Enfermer ; constituer la limite de : *L'Atlantique limite la France à l'ouest* (syn. **borner**). **2.** Restreindre dans certaines limites : *Limiter ses dépenses* (syn. **freiner**). *Limiter les dégâts* (syn. **circonscrire**). ◆ **se limiter** **v.pr. 1.** S'imposer des limites : *Je me limiterai à exposer l'essentiel* (syn. **se contenter de**). **2.** Avoir pour limites : *Mes connaissances en anglais se limitent à quelques mots* (syn. **se borner à**).

limitrophe [limitrɔf] **adj.** (lat. juridique *limitrophus*). **1.** Situé à la frontière d'un pays, d'une région : *Les villes limitrophes de la frontière* (syn. **voisin**). **2.** Qui a des limites communes avec un lieu : *Pays, départements limitrophes* (syn. **attenant, contigu**).

limnée [limne] **n.f.** (lat. sc. *limnaea,* du gr. *limnaios,* de lac). Mollusque gastropode d'eau douce, à coquille pointue, en forme de spirale, et à respiration pulmonaire. ▸ Long. max. 5 cm.

limnologie [limnɔlɔʒi] **n.f.** (du gr. *limnê,* lac, et de *-logie*). Étude scientifique des lacs et des eaux lacustres ; hydrologie lacustre.

limogeage [limɔʒaʒ] **n.m.** Action de limoger : *Le limogeage du directeur* (syn. **destitution**).

limoger [limɔʒe] **v.t.** (de la ville de *Limoges,* d'apr. l'action de Joffre qui, en 1914, destitua et envoya à Limoges des généraux incapables) [conj. **17**]. Priver un officier, un fonctionnaire de son emploi par révocation, déplacement, etc. : *Limoger un haut fonctionnaire* (syn. **révoquer, destituer**).

Limoges, ch.-l. du dép. de la Haute-Vienne, sur la Vienne, à 374 km au sud de Paris ; 138 600 hab. *(Limougeauds)* [184 624 hab. dans l'agglomération]. Évêché. Académie et université. Cour d'appel. Production de porcelaine. Industries mécaniques et électriques. Cathédrale surtout des XIIIe-XVIe s. Musée municipal de l'Évêché (archéologie ; émaillerie limousine) et musée national de la Porcelaine « Adrien-Dubouché ».

1. limon [limɔ̃] **n.m.** (lat. *limus*). Roche sédimentaire détritique, dont l'épaisseur du grain est intermédiaire entre celle des sables et celle des argiles, constituant des sols légers et fertiles.

2. limon [limɔ̃] **n.m.** (it. *limone,* de l'arabo-perse *limun*). Citron très acide, fruit du limonier.

3. limon [limɔ̃] **n.m.** (du gaul.). **1.** Bras d'un brancard, d'une voiture à cheval. **2.** Pièce qui supporte les marches d'un escalier.

limonade [limɔnad] **n.f.** (de *2. limon*). Boisson gazeuse à base de sucre, d'acides, d'essence de citron, de gaz carbonique.

limonadier, ère [limɔnadje, -ɛr] **n. 1.** VX. Personne qui fait le commerce de boissons au détail (syn. **cafetier**). **2.** Personne qui fabrique de la limonade.

limonaire [limɔnɛr] **n.m.** (du n. de l'inventeur). Orgue de Barbarie de la marque de ce nom.

limoneux, euse [limɔnø, -øz] **adj.** (de *1. limon*). Qui contient du limon : *Un sol limoneux.*

limonier [limɔnje] **n.m.** (de *2. limon*). Citronnier de la variété qui produit les limons.

limousin, e [limuzɛ̃, -in] **adj.** et **n.** Du Limousin.

Limousin, anc. prov. française située dans l'ouest du Massif central, réunie à la Couronne en 1607.

Limousin, Région du centre de la France et anc. Région administrative regroupant 3 dép. : Corrèze, Creuse et Haute-Vienne. ⟶ Aquitaine-Limousin-Poitou-Charentes.

limousine [limuzin] **n.f.** (fém. de *Limousin*). Automobile à conduite intérieure, possédant quatre portes et six glaces latérales : *La vedette est arrivée à son hôtel en limousine.*

limpide [lɛ̃pid] **adj.** (lat. *limpidus*). **1.** Clair et transparent : *Une eau limpide* (syn. **pur**). **2.** Aisé à comprendre : *Un exposé limpide* (syn. **simple, clair**).

limpidité [lɛ̃pidite] **n.f.** Caractère de ce qui est limpide : *La limpidité d'une eau* (syn. **transparence**).

Limpopo, prov. d'Afrique du Sud ; 119 606 km^2 ; 5 404 868 hab. Ch.-l. *Polokwane.*

Limpopo (le), fl. de l'Afrique australe, tributaire de l'océan Indien ; 1 600 km.

limule [limyl] **n.f.** (lat. scientif. *limulus*). Grand arthropode marin des Antilles et du Pacifique, à carapace massive et bombée et qui vient pondre sur certaines plages. ▶ Long. 50 cm ; ordre des xiphosures.

lin [lɛ̃] **n.m.** (lat. *linum*). **1.** Plante herbacée, à fleur bleue, cultivée dans les régions tempérées, en partic. dans le nord de la France. ▶ La tige fournit des fibres dont on fabrique un fil utilisé comme textile. La graine fournit une farine, dont on fait des cataplasmes émollients, une huile, employée notamm. en peinture, et des tourteaux, utilisés pour l'alimentation du bétail. **2.** Fibre textile issue de cette plante ; tissu fait de cette fibre.

linacée [linase] **n.f. Linacées,** famille de plantes dicotylédones telles que le lin.

linceul [lɛ̃sœl] **n.m.** (lat. *linteolum,* petit morceau de toile de lin). Pièce de toile dans laquelle on ensevelit un mort (syn. **suaire**).

Lincoln (Abraham), homme d'État américain (près de Hodgenville, Kentucky, 1809 - Washington 1865). Issu d'une famille de pionniers, il achève des études juridiques et devient avocat (1837). Représentant à l'assemblée législative de l'Illinois (1834-1842), puis député au Congrès, il s'oppose vivement à la guerre du Mexique et perd les élections sénatoriales (1849) face au démocrate Stephen Douglas (1813-1861). La question de l'esclavage le ramène sur la scène politique. Hostile à son extension dans les Territoires du Nord-Ouest (notamment au Nebraska et au Kansas), il entre dans le tout nouveau parti républicain (1856) et se rend célèbre, lors des élections sénatoriales de l'Illinois, par une campagne antiesclavagiste retentissante, marquée par un violent débat avec Douglas, qui est cependant élu. Lincoln contribue néanmoins à l'affermissement de son parti face aux démocrates ébranlés. Il est choisi par la Convention républicaine (Chicago, 1860) comme candidat à la présidence. Mais son élection (il n'obtient que 38 % des voix) provoque la constitution des États du Sud en États indépendants, avant même son entrée en fonction (4 mars 1861). Il cherche en vain à éviter la guerre civile en appelant des adversaires au pouvoir et, une fois les hostilités engagées, offre une solution graduelle pour l'abolition (1862), puis proclame l'émancipation immédiate des esclaves dans tous les États (1er janv. 1863). Réélu en 1864, il établit, après la capitulation de Lee, un programme de « reconstruction », mais il est assassiné au théâtre de Washington par un acteur fanatique. Incarnation de l'idéal américain fondé sur la réussite personnelle, symbole du triomphe de l'Union sur la Confédération sudiste, Lincoln, fidèle à la morale qui lui fit condamner l'esclavage, est le grand artisan de l'émancipation des esclaves aux États-Unis (⟶ **guerre de Sécession**).

Lindbergh (Charles), aviateur américain (Détroit 1902 - Hana, Hawaii, 1974). Seul à bord du monoplan *Spirit of Saint Louis,* il réussit le premier, en 1927, la traversée sans escale de l'Atlantique nord, entre Roosevelt Field (New York) et Le Bourget, parcourant 5 800 km en 33 h 27 min.

Linde (Carl von), inventeur et industriel allemand (Berndorf, Bavière, 1842 - Munich 1934). Il est l'inventeur de l'échangeur de températures, et son nom est resté lié aux recherches fondamentales sur les très basses températures, capables de permettre la liquéfaction de l'air et la séparation industrielle de l'azote avec l'oxygène et les gaz rares. Il contruisit la première machine de réfrigération à compression. En 1895, il liquéfia l'air par compression et détente, et prépara de l'oxygène liquide ainsi que de l'azote gazeux presque purs. Diesel fut son élève.

Linder (Gabriel Leuvielle, dit Max), acteur et cinéaste français (Saint-Loubès 1883 - Paris 1925). Première grande vedette comique du cinéma, il imposa son personnage de dandy spirituel et débrouillard dans les nombreux films qu'il tourna en France (série des *Max*) ou aux États-Unis (*l'Étroit Mousquetaire,* 1922).

1. linéaire [lineɛr] **adj.** (lat. *linearis,* de *linea,* ligne). **1.** Qui a l'aspect continu d'une ligne : *Représentation linéaire du temps.* **2.** D'une grande simplicité, sobre, sans complication inutile : *Un discours linéaire.* **3. Dessin linéaire,** dessin qui ne reproduit que les seuls contours d'un objet. **4.** MATH. **Application** ou **fonction linéaire réelle,** fonction de type $f(x) = a \cdot x$ où a est un réel déterminé, et dont la représentation graphique est une droite passant par l'origine du repère.

2. linéaire [lineɛr] **n.m.** (de *1. linéaire*). **1.** Longueur des gondoles, mesurée en mètres et attribuée à la présentation d'une marchandise dans un magasin de détail, notamm. un libre-service. **2.** Écriture syllabique de la Grèce archaïque. ▶ Le linéaire A (XVIIIe-XVIe s. av. J.-C.) n'a pas été déchiffré ; le linéaire B (XVe-XIIe s.) notait le mycénien.

linéairement [lineɛrmɑ̃] **adv.** MATH. De façon linéaire.

linéament [lineamɑ̃] **n.m.** (lat. *lineamentum,* de *linea,* ligne). LITT. **1.** (Surtout au pl.). Chacun des traits, chacune des lignes élémentaires qui définissent le contour général des êtres, des objets, leur forme globale : *Les linéaments d'un visage.* **2.** Premiers traits d'un être, d'une chose appelés à se développer ; esquisse : *Les grands linéaments d'un ouvrage* (syn. **ébauche**).

linéarité [linearite] **n.f.** Caractère de ce qui est linéaire.

Line Islands (« îles de la Ligne [l'équateur] ») ou **Sporades équatoriales,** archipel du Pacifique, de part et d'autre de l'équateur, partagé entre les États-Unis et Kiribati ; 8 850 hab.

liner [lajnœr] **n.m.** (mot angl., de *line,* ligne). Cargo, navire de ligne.

linge [lɛ̃ʒ] **n.m.** (du lat. *lineus,* de lin). **1.** Ensemble des objets de tissu à usage vestimentaire ou domestique : *Laver du linge. Linge de corps* (syn. **sous-vêtement**). *Linge de maison* (= les articles de literie, de toilette, de table, de cuisine). **2.** Morceau d'étoffe, de tissu. **3. Être blanc comme un linge,** très pâle. / *FAM.* **Laver son linge sale en famille,** limiter au cadre familial les discussions sur les différends intimes.

lingère [lɛ̃ʒɛr] **n.f.** Personne chargée de l'entretien du linge d'une maison, d'une institution, d'un hôpital, etc.

lingerie [lɛ̃ʒri] **n.f. 1.** Fabrication et commerce du linge. **2.** Lieu où l'on range le linge. **3.** Ensemble des sous-vêtements et des vêtements de nuit féminins.

lingot [lɛ̃go] **n.m.** (probabl. du prov. *lingot,* de *lenga,* langue, par analogie de forme). **1.** Masse de métal ou d'alliage ayant conservé la forme du moule dans lequel elle a été coulée : *Un lingot d'or.* **2.** Masse coulée d'un kilogramme d'or fin au titre de 995 millièmes.

lingua franca [lingwafrɑ̃ka] **n.f. inv.** (loc. it. « langue franque », les Européens étant appelés *Francs* dans l'Orient médiéval). **1.** Sabir utilisé dans les ports de la Méditerranée du XIIIe au XIXe s. **2.** Langue auxiliaire de relation, utilisée par des groupes de langues maternelles différentes.

lingual, e, aux [lɛ̃gwal, -o] **adj.** (du lat. *lingua,* langue). **1.** De la langue : *Muscle lingual.* **2. Consonne linguale,** articulée avec la langue (on dit aussi *une linguale*). ▸ Les consonnes linguales sont : [d], [t], [l], [n], [r].

lingue [lɛ̃g] **n.f.** (néerl. *leng*). Poisson de mer comestible, souvent pêché au chalut (syn. **julienne**). ▸ Famille des gadidés.

1. linguistique [lɛ̃gɥistik] **n.f.** (du lat. *lingua,* langue). Science qui a pour objet l'étude du langage et des langues. ◆ **linguiste n.** Nom du spécialiste.

2. linguistique [lɛ̃gɥistik] **adj.** (de *1. linguistique*). **1.** Qui concerne la langue comme moyen de communication : *Communauté linguistique.* **2.** Qui concerne l'apprentissage d'une langue étrangère : *Séjour linguistique à l'étranger.* **3.** Qui concerne la linguistique : *Théorie linguistique.*

liniment [linimɑ̃] **n.m.** (lat. *linimentum,* de *linire,* oindre). Médicament onctueux ayant pour excipient un corps gras, savonneux ou alcoolique, et avec lequel on fait des frictions.

links [links] **n.m. pl.** (mot angl.). Terrain de golf.

Linné (Carl von), naturaliste suédois (Råshult 1707 - Uppsala 1778). Il a établi une classification des plantes fondée sur le nombre d'étamines et de pistils des fleurs, qui a été totalement abandonnée car elle n'avait pas de valeur scientifique. En revanche, il a élaboré, pour le règne végétal et le règne animal, le système de *nomenclature binominale,* qui consiste à nommer chaque espèce par deux noms latins (le nom de genre et celui de l'espèce). Cette nomenclature est toujours utilisée aujourd'hui, et quasiment toutes les espèces qu'il a ainsi nommées portent encore le nom que Linné leur avait attribué.

linoléum [linɔleɔm] **n.m.** (mot angl., du lat. *linum,* lin, et *oleum,* huile). Revêtement de sol imperméable, composé d'une toile de jute recouverte d'un mélange d'huile de lin, de résine et de poudre de liège agglomérée : *Un sol de cuisine en linoléum* (abrév. fam. *lino*).

linon [linɔ̃] **n.m.** (de *lin*). Toile fine et transparente, en lin ou en coton.

linotte [linɔt] **n.f.** (de *lin,* la linotte étant friande de graines de lin). **1.** Oiseau passereau à dos brun et à poitrine rouge, granivore, chanteur. ▸ Famille des fringillidés ; long. 15 cm env. **2.** *FAM.* **Tête de linotte,** personne très étourdie.

Linotype [linɔtip] **n.f.** (nom déposé ; de l'angl. *line of types,* ligne de caractères). IMPR. Ancienne machine de composition mécanique utilisant un clavier pour produire des lignes justifiées fondues en un seul bloc.

linotypie [linɔtipi] **n.f.** Autref., composition à la Linotype.

linotypiste [linɔtipist] **n.** Autref., ouvrier qui composait sur une Linotype.

linteau [lɛ̃to] **n.m.** (anc. fr. *lintier,* seuil, bas lat. *limitaris,* du class. *limes, -itis,* limite). Support horizontal en pierre, en bois, en métal, en béton qui soutient la maçonnerie au-dessus d'une porte, d'une fenêtre, etc.

Linz, v. d'Autriche, ch.-l. de la Haute-Autriche, sur le Danube ; 189 889 hab. Sidérurgie. Églises médiévales et baroques. Musée du Château.

lion, lionne [ljɔ̃, ljɔn] **n.** (lat. *leo, leonis*). **1.** Grand mammifère carnivore au pelage fauve orné d'une crinière chez le mâle, confiné aujourd'hui dans les savanes d'Afrique et dans une réserve en Inde, après avoir vécu au Proche-Orient et en Europe. ▸ Famille des félidés ; long. 2 m env. ; longévité 40 ans. Ce sont le plus souvent les femelles qui chassent, en bandes, des proies de grande taille comme les zèbres et les antilopes. Le lion rugit. **2.** *FAM.* **Avoir mangé du lion,** faire preuve d'une énergie inaccoutumée. / **C'est un lion,** c'est un homme courageux. / **La part du lion,** la plus grosse part : *Il s'est taillé la part du lion dans ces négociations.* **3. Lion de mer,** otarie mâle d'une espèce à crinière. ◆ **Lion n. inv.** et **adj. inv.** Personne née sous le signe du Lion : *Elles sont Lion.*

Lion (le), constellation zodiacale. – Cinquième signe du zodiaque, que le Soleil traverse du 22 juillet au 23 août.

Lion *(golfe du),* golfe de la Méditerranée, à l'ouest du delta du Rhône.

lionceau [ljɔ̃so] **n.m.** Petit du lion.

Lipari *(île),* la principale des îles Éoliennes, qui donne parfois son nom à l'archipel.

Lipchitz (Jacques), sculpteur d'origine lituanienne (Druskieniki 1891 - Capri 1973), établi en France (1909) puis aux États-Unis (1941). Il est passé de la synthèse cubiste (*le Marin à la guitare,* 1914) à un lyrisme d'une expressivité puissante (*le Chant des voyelles,* 1932).

lipide [lipid] **n.m.** (du gr. *lipos,* graisse). Corps gras d'origine animale ou végétale, jouant un grand rôle dans les structures cellulaires et dont la fonction énergétique est importante (9 kilocalories par gramme).

■ Les lipides peuvent avoir des structures chimiques relativement variées mais les plus courants sont les *acides gras,* composés d'une longue chaîne carbonée hydrophobe associée à un radical acide hydrophile. Ces acides, groupés par trois avec le glycérol, forment des *triglycérides.* Les lipides sont entreposés dans le cytoplasme de cellules spécialisées (les *adipocytes*du tissu graisseux ou adipeux), sous forme de gouttelettes de triglycérides. Ils fournissent, à poids égal, plus d'énergie que les glucides (9 kilocalories par gramme contre 4) et constituent une forme universelle d'apport énergétique. Sous forme de *phospholipides,* ils jouent un rôle fondamental dans la structure de la membrane des cellules. De leurs propriétés physico-chimiques, associant un pôle hydrophobe et un pôle hydrophile, résulte la structure en double couche des membranes biologiques. ■

lipidémie [lipidemi] **n.f.** MÉD. Taux des lipides du plasma sanguin, compris, normalement, entre 5 et 8 g par litre.

lipidique [lipidik] **adj.** Relatif aux lipides.

lipogramme [lipɔgram] **n.m.** (du gr. *leipein*, laisser, et *gramma*, lettre). LITTÉR. Œuvre dans laquelle l'auteur s'interdit d'utiliser une ou plusieurs lettres de l'alphabet : *« la Disparition » de Georges Perec est écrite sous la forme d'un lipogramme.*

lipome [lipom] **n.m.** (du gr. *lipos*, graisse, et de *-ome*). MÉD. Tumeur bénigne constituée de tissu graisseux siégeant sous la peau surtout au niveau du dos, du cou, de l'épaule.

lipoprotéine [lipɔprɔtein] **n.f.** Combinaison d'une protéine et d'un lipide. ▸ C'est sous cette forme que sont véhiculées les graisses du plasma sanguin.

liposome [lipɔzom] **n.m.** Vésicule artificielle microscopique, utilisée comme modèle d'étude des membranes biologiques et pour l'introduction de substances dans les cellules d'un organisme.

liposuccion [lipɔsysjɔ̃] ou [lipɔsyksjɔ̃] **n.f.** (de *lipide* et *succion*). Traitement de certaines surcharges adipeuses par ponction et aspiration sous vide.

lippe [lip] **n.f.** (néerl. *lippe*, lèvre). Lèvre inférieure épaisse et proéminente.

Lippi, peintres italiens. • **Fra Filippo** (Florence v. 1406 - Spolète 1469) moine jusqu'en 1457, est l'héritier de Fra Angelico et de Masaccio (tableaux d'autel comme la *Pala Barbadori* du Louvre ; fresques de la cathédrale de Prato, 1452-1464). • Son fils **Filippino** (Prato 1457 - Florence 1504) associe un chromatisme délicat à des rythmes décoratifs issus de Botticelli (fresques de la chapelle Strozzi de S. Maria Novella, à Florence, terminées en 1503).

lippu, e [lipy] **adj.** Qui a de grosses lèvres.

liquéfaction [likefaksjɔ̃] **n.f. 1.** Action de liquéfier ; fait de se liquéfier. **2.** Action de liquéfier un gaz en le refroidissant au-dessous de sa température critique. **3.** Transformation du charbon naturel en produits liquides contenant de l'hydrogène et du carbone. **4.** *FAM.* État d'amollissement, d'abattement physique et intellectuel.

liquéfiable [likefjabl] **adj.** Qu'on peut liquéfier.

liquéfier [likefje] **v.t.** (lat. *liquefacere*) [conj. **9**]. **1.** Faire passer un gaz, un solide, à l'état liquide : *Liquéfier de l'air.* **2.** *FAM.* Ôter toute force, toute énergie à qqn : *Cette chaleur me liquéfie.* ◆ **se liquéfier v.pr. 1.** Passer à l'état liquide : *Le goudron s'est liquéfié sous l'effet de la chaleur.* **2.** *FAM.* S'amollir ; perdre toute énergie : *Il s'est complètement liquéfié quand il a appris la nouvelle.*

liqueur [likœr] **n.f.** (lat. *liquor*, liquide). **1.** Boisson alcoolisée, préparée sans fermentation à partir d'alcool, de produits végétaux et de sirop ; eau-de-vie, sucrée ou non : *Liqueur de framboise.* **2.** Toute préparation pharmaceutique liquide. **3.** CHIM. Solution employée pour déceler et doser certains composés : *La liqueur de Fehling.*

liquidateur, trice [likidatœr, -tris] **n.** et **adj.** DR. Chargé d'une liquidation amiable ou judiciaire.

liquidation [likidasjɔ̃] **n.f. 1.** *FAM.* Action de mettre fin à une situation difficile, en partic. par des mesures énergiques : *La liquidation d'un racket.* **2.** *FAM.* Action de se débarrasser d'une personne gênante en l'assassinant : *La liquidation d'un témoin* (syn. **meurtre**). **3.** Vente de marchandises à bas prix, soit pour une cessation de commerce, soit pour l'écoulement rapide d'un stock : *La liquidation de marchandises.* **4.** Action de calculer et de fixer le montant, jusque-là indéterminé, d'un compte à régler ; règlement de ce compte : *Liquidation d'un impôt. Liquidation en Bourse.* **5.** DR. Ensemble des opérations préliminaires au partage d'une division : *Liquidation de succession, de société.* **6.** DR. COMM. **Liquidation judiciaire,** procédure judiciaire qui permet de réaliser l'actif et d'apurer le passif d'un commerçant, d'un artisan ou d'une société en état de cessation de paiements, en vue du règlement de ses créanciers.

1. liquide [likid] **adj.** (lat. *liquidus*). **1.** Qui coule ou tend à couler : *Aliment liquide.* **2.** Qui n'est pas épais ; de faible consistance : *Sauce trop liquide* (syn. **fluide**). **3.** PHON. **Consonne liquide,** consonne caractérisée par un écoulement de l'air de part et d'autre de la langue : [l] et [r] sont *des consonnes liquides.* (On dit aussi *une liquide.*) / PHYS. **État liquide,** état de la matière présenté par les corps n'ayant pas de forme propre, mais dont le volume est pratiquement invariable.

2. liquide [likid] **adj.** (it. *liquido*). **1.** FIN. Déterminé dans son montant : *Une créance, une dette liquide.* **2. Argent liquide,** argent immédiatement disponible, notamm. en espèces. ◆ **n.m.** Argent liquide : *Payer en liquide.*

3. liquide [likid] **n.m.** (de *1. liquide*). **1.** PHYS. Corps qui se trouve à l'état liquide, en partic. à la température et à la pression ordinaires (par opp. aux *solides* et aux *gaz*) : *L'eau, le mercure sont des liquides.* **2.** Aliments liquides ; boissons : *Il ne peut avaler que du liquide.*

■ Comme les solides, les liquides présentent à l'échelle moléculaire une certaine cohésion qui les rend presque inexpansibles et incompressibles. Comme les gaz, ils ont la propriété de changer de forme et de s'écouler librement sous l'action de forces de très faible intensité.

Cohésion des liquides. Dans un liquide, les forces de cohésion sont insuffisantes pour empêcher les molécules de se déplacer les unes par rapport aux autres. Elles peuvent même être inférieures à celles qui existent entre le liquide et la surface sur laquelle il se trouve. Déposée sur une surface de verre parfaitement propre, une goutte d'eau s'étend en couche mince, les forces de cohésion étant plus faibles que celles qui s'exercent entre l'eau et le verre ; si le verre est légèrement gras, les forces intermoléculaires l'emportent et l'eau se rassemble en une petite goutte.

Ce phénomène de « tension superficielle » se traduit par le fait que les liquides tendent à minimiser leur surface libre. Une petite goutte en suspension dans un brouillard prend ainsi spontanément la forme sphérique. C'est aussi le cas des gouttelettes d'huile en émulsion dans l'eau, mais pas celui de l'alcool, dont les molécules, très semblables à celles de l'eau, peuvent se mélanger à elles de façon parfaitement homogène. La « viscosité » d'un liquide, enfin, est directement liée aux forces de cohésion intermoléculaires, puisqu'elle mesure la capacité des molécules à glisser les unes sur les autres.

Influence de la température. La quasi-totalité des liquides se dilatent lorsque la température augmente, propriété mise à profit dans les thermomètres. L'éloignement des molécules croissant avec la température, ce phénomène semble tout à fait général. L'eau est cependant une exception notable. En dessous de 4 °C, elle se dilate lorsque la température diminue. De même, la solidification de l'eau s'accompagne d'une dilatation à cause de la structure particulière de ses molécules, alors que le volume des autres substances diminue d'environ 15 % au cours de ce changement d'état. ■

liquider [likide] **v.t.** (de *2. liquide*). **1.** DR., FIN. Déterminer le montant de qqch en calculant l'actif et le passif ; transformer un bien en argent liquide : *Liquider une succession. Liquider une dette* (syn. **régler**). *Liquider un commerce* (syn. **réaliser**). **2.** Vendre des marchandises à bas prix : *Liquider un stock de vêtements* (syn. **solder**). **3.** *FAM.* Mettre fin à une situation difficile, notamm. par des mesures énergiques : *Liquider une liaison orageuse.* **4.** *FAM.* Éliminer qqn, un groupe en le supprimant physiquement : *Liquider les opposants au régime* (syn. **exécuter**). **5.** *FAM.* Consommer complètement un aliment, un repas ; vider un contenant : *Liquider tous les restes* (syn. **terminer**).

liquidité [likidite] **n.f.** (de *2. liquide*). **1.** Caractère d'une somme d'argent liquide, dont on peut disposer immédiatement ou presque ; argent liquide (surtout au pl.) : *Manquer de liquidités.* **2. Liquidités internationales,** ensemble de moyens de paiement, composé d'or, de devises et de droits de tirage, dont dispose un pays pour honorer ses engagements à l'égard des autres.

liquoreux, euse [likɔrø, -øz] **adj.** (de *liqueur*, lat. *liquor*). Se dit de boissons alcoolisées sucrées, de saveur douce.

1. lire [lir] **n.f.** (it. *lira,* même mot que *livre,* n. d'une monnaie, lat. *libra*). Anc. unité monétaire principale de l'Italie. (Devenue, dès le 1er janv. 1999, une subdivision de l'euro, la lire a cessé d'exister, au profit de la monnaie unique européenne, en 2002.)

2. lire [lir] **v.t.** (lat. *legere*) [conj. **106**]. **1.** Reconnaître les signes graphiques d'une langue, former mentalement ou à voix haute les sons que ces signes ou leurs combinaisons représentent et leur associer un sens : *Lire le chinois, le braille. Il ne sait ni lire ni écrire.* **2.** Prendre connaissance du contenu d'un texte par la lecture : *Lire le journal.* **3.** (Absol.). S'adonner à la lecture : *Il aime lire.* **4.** Énoncer à voix haute un texte écrit, pour le porter à la connaissance d'autrui : *Lire un conte à un enfant.* **5.** Comprendre, déchiffrer un ensemble de signes autres que ceux de l'écriture : *Lire une partition musicale* (syn. **déchiffrer**). *Médecin qui lit une radio* (syn. **interpréter**). **6.** Comprendre, reconnaître qqch à certains signes : *Lire de la tristesse dans les yeux de qqn* (syn. **discerner, déceler**). **7.** Reconnaître une information présentée à un organe d'entrée ou stockée dans une mémoire, afin de la transmettre vers une autre unité de l'ordinateur. **8.** Restituer sous leur forme initiale des signaux électriques ou acoustiques enregistrés.

lis ou **lys** [lis] **n.m.** (lat. *lilium*). **1.** Plante bulbeuse à grandes fleurs blanches ; cette fleur elle-même. ▸ Famille des liliacées. **2. Fleur de lis,** motif héraldique qui était l'emblème de la royauté, en France. **/ Lis Saint-Jacques,** amaryllis.

Lisbonne, en port. **Lisboa,** cap. du Portugal, à l'embouchure du Tage ; 547 733 hab. (2 869 000 dans l'agglomération) [*Lisbonnins, Lisbonnais* ou *Lisboètes*]. Archevêché. Bibliothèques. Port et centre industriel. Cathédrale en partie romane. Tour de Belém, sur le Tage, et monastère des Hiéronymites, typiques de l'exubérance du style gothique manuélin (début du XVIe s.). Place du Commerce, de la fin du XVIIIe s., également sur le Tage. Importants musées. – Fondée par les Phéniciens, Lisbonne est aux mains des Maures de 716 à 1147. Capitale du Portugal depuis le XIIIe s., elle connaît au XVe s. une fabuleuse prospérité, liée à l'activité maritime et coloniale du pays. Elle fut ravagée par un tremblement de terre en 1755 et reconstruite par Pombal. Son centre historique a été gravement endommagé par un incendie en 1988.

Lisbonne *(traité de)* [13 déc. 2007], traité européen destiné à adapter les institutions communautaires à l'Union européenne élargie et aux nouveaux enjeux politiques et économiques mondiaux. Il est entré en vigueur, après ratification, le 1er déc. 2009.

liseré [lizre] ou **liséré** [lizere] **n.m.** (p. passé substantivé de *lisérer,* de *lisière*). **1.** Ruban étroit dont on borde un vêtement : *Une robe ornée d'un liseré d'or.* **2.** Raie étroite bordant une étoffe d'une autre couleur : *Ruban blanc à liseré bleu* (syn. **bordure**).

liseron [lizrɔ̃] **n.m.** (dimin. de *lis*). Plante volubile fréquente dans les haies, où elle épanouit ses fleurs à corolle en entonnoir, souvent blanches. ***Rem.*** Genres *Convolvulus* et *Calystegia ;* noms usuels : *volubilis, belle-de-jour.* Famille des convolvulacées.

liseur, euse [lizœr, -øz] **n.** et **adj.** Personne qui aime lire.

liseuse [lizøz] **n.f. 1.** Petit coupe-papier qui sert à marquer la page d'un livre où l'on arrête sa lecture. **2.** Couvre-livre. **3.** Vêtement féminin, chaud et léger, qui couvre le buste et les bras et que l'on met pour lire au lit. **4.** Petite lampe personnelle de lecture. **5.** Livre électronique ou numérique ; e-book.

lisibilité [lizibilite] **n.f.** Qualité de ce qui est lisible.

lisible [lizibl] **adj. 1.** Aisé à lire, à déchiffrer : *Écriture lisible.* **2.** Qui peut être lu sans fatigue, sans ennui ; digne d'être lu : *Un ouvrage de vulgarisation lisible par tous.*

lisiblement [liziblәmɑ̃] **adv.** De façon lisible.

lisier [lizje] **n.m.** (mot de la Suisse romande, p.-ê. du lat. *lotium,* urine). AGRIC. Mélange liquide des urines et des excréments des animaux domestiques, partic. des bovins et des porcins.

lisière [lizjɛr] **n.f.** (de l'anc. fr. *lis,* forme masc. rare de *lice,* enceinte de tournoi). **1.** Bord longitudinal d'une pièce de tissu. **2.** Limite, bord de qqch : *Habiter à la lisière de la forêt* (syn. **orée**).

Lisieux, ch.-l. d'arr. du Calvados, sur la Touques ; 22 029 hab. *(Lexoviens).* Industries mécaniques, électriques et alimentaires. Anc. cathédrale des XIIe-XIIIe s. Pèlerinage à sainte Thérèse de l'Enfant-Jésus.

lisp [lisp] **n.m.** (sigle de l'angl. *list processing,* traitement de liste). INFORM. Langage de programmation symbolique, utilisé notamm. en intelligence artificielle.

lissage [lisaʒ] **n.m. 1.** Action de lisser. **2.** TECHN. Action de disposer les lisses d'un métier à tisser en fonction du genre d'étoffe que l'on veut obtenir. **3.** Recomm. off. pour *lifting.* **4.** STAT. Procédé d'ajustement des valeurs observées visant à leur substituer des valeurs représentables par une courbe continue.

1. lisse [lis] **adj.** (de *lisser*). **1.** Qui n'offre pas d'aspérités ; uni et poli : *Un visage lisse* (contr. **ridé**). **2. Muscle lisse,** muscle dont la contraction est involontaire ou inconsciente (par opp. à *muscle strié*).

2. lisse [lis] **n.f.** (var. orthographique de *1. lice*). **1.** MAR. Membrure longitudinale qui maintient en place les couples d'un bateau. **2.** Pièce plate ou tube métallique servant de main courante ou d'appui.

3. lisse ou **lice** [lis] **n.f.** (lat. pop. **licia,* du class. *licium*). **1.** Fil de métal portant un maillon ou une lamelle allongée percée d'un trou dans lesquels passe le fil de chaîne, sur un métier à tisser. **2. Métier de basse lisse,** métier pour les tapisseries ou les tapis dans lequel les nappes de fils de chaîne sont disposées horizontalement. **/ Métier de haute lisse,** métier dans lequel les nappes de fils de chaîne sont disposées verticalement.

lisser [lise] **v.t.** (lat. *lixare,* extraire par lavage). Rendre lisse ; polir.

lissier ou **licier** [lisje] **n.m. 1.** Ouvrier qui monte les lisses d'un métier à tisser. **2.** Praticien qui exécute des tapisseries sur métier. ▸ Les *haute-lissiers* travaillent aux métiers de haute lisse, les *basse-lissiers,* à ceux de basse lisse.

lissoir [liswar] **n.m.** Instrument servant à lisser le papier, le ciment, etc.

List (Friedrich), économiste allemand (Reutlingen 1789 - Kufstein 1846). Il défendit, l'un des premiers, l'idée de l'union douanière *(Zollverein),* prélude à la formation de l'unité allemande. Il s'opposa au libre-échange. Selon lui, la nation en voie de développement doit être garantie temporairement par un système de protection efficace pour permettre le démarrage de l'industrie naissante. Friedrich List est la personnalité la plus marquante de l'école protectionniste.

listage [listaʒ] **n.m. 1.** Action de lister. **2.** Recomm. off. pour *listing.*

1. liste [list] **n.f.** (germ. **lista,* bordure, bande). Bande de poils blancs occupant le front et le chanfrein de certains chevaux.

2. liste [list] **n.f.** (it. *lista,* du germ. ; v. *1. liste*). **1.** Suite de mots, de nombres, de noms de personnes, de choses le plus souvent inscrits l'un au-dessous de l'autre : *Dresser, établir la liste des invités.* **2.** Longue énumération : *La liste des récriminations grossit de jour en jour.* **3.** INFORM. Tout ensemble structuré d'éléments d'informations. **4.** Recomm. off. pour *listing.* **5. Liste civile,** somme allouée annuellement à certains chefs d'État. **/ Liste de mariage,** ensemble de cadeaux sélectionnés dans une boutique par les futurs époux. **/ Liste électorale,** liste des électeurs. **/ Liste noire,** ensemble de personnes que l'on considère avec suspicion. **/ Liste rouge,** liste des abonnés au téléphone dont le nom ne figure pas dans l'annuaire.

listel [listɛl] et **listeau** [listo] **n.m.** (it. *listello,* de *lista ;* v. 2. *liste*). **1.** CONSTR. Moulure plate saillante, employée notamm. en combinaison avec une ou deux moulures creuses (syn. **bandelette**). **2.** MONN. Cercle périphérique présentant une saillie supérieure aux saillies du type et de la légende, sur chaque côté d'une pièce de monnaie.

lister [liste] **v.t. 1.** Mettre en liste. **2.** INFORM. Imprimer en continu, article par article, tout ou partie des informations traitées par un ordinateur.

listériose [listerjoz] **n.f.** (de *Lister,* n. d'un naturaliste angl.). Maladie infectieuse des animaux et de l'homme, partic. grave chez la femme enceinte et le nouveau-né, due à une bactérie Gram positif, *Listeria monocytogenes.*

listing [listiŋ] **n.m.** (mot angl., propr. « mise en liste »). INFORM. Sortie sur une imprimante du résultat d'un traitement par ordinateur. (Recomm. off. : *listage* pour cette opération et *liste* pour son résultat.)

Liszt (Franz), compositeur et pianiste hongrois (Doborján, auj. Raiding, dans le Burgenland, 1811 - Bayreuth 1886). Personnalité centrale dans la musique du XIXe s., créateur de la technique moderne du piano, il a composé une œuvre immense, aux aspects très variés. Élève de Czerny et de Salieri, il vient à Paris (1823) où il fréquente les salons. Il y rencontre Marie d'Agoult, de qui il s'éprend (1834) et qui lui donnera trois enfants (dont Cosima, qui épousera Wagner). Il parcourt l'Europe en virtuose triomphant et compose des *Rhapsodies hongroises,* des *Études d'après Paganini.* Il devient ensuite maître de chapelle (1842-1858) à Weimar, où il se lie avec la princesse de Sayn-Wittgenstein et se consacre à la composition (la *Sonate en « si » mineur,* la *Faust-Symphonie,* la *Dante symphonie,* la *Messe de Gran*). Installé à Rome en 1862, il y reçoit les ordres mineurs (1865) et crée de splendides variations sur un thème de Bach, ainsi que des oratorios *(Christus)* et *la Messe du couronnement.* De 1869 à sa mort, il se partage entre Budapest, Weimar, où il donne des cours, Rome et Bayreuth. Il produit encore, dans ses années de vieillesse, de nombreuses œuvres dont beaucoup ont annoncé le XXe s. (Schönberg, Debussy).

lit [li] **n.m.** (lat. *lectus*). **1.** Meuble sur lequel on se couche pour dormir ou se reposer ; literie : *S'allonger sur son lit. Se mettre au lit. Sortir du lit. Faire son lit.* **2.** Endroit où l'on couche, en tant que symbole de l'union conjugale : *Enfant du premier, du second lit* (syn. **mariage**). **3.** Tout ce qui, sur le sol, peut être utilisé pour se coucher, s'étendre : *Lit de feuillage* (syn. **couche, tapis**). **4.** Couche horizontale d'une matière ou d'objets quelconques sur laquelle vient reposer qqch : *Glace servie sur un lit de framboises.* **5.** Partie du fond de vallée où s'écoulent les eaux d'un cours d'eau : *Le lit d'un fleuve.* **6.** GÉOL. Plus petite subdivision lithologique d'une formation sédimentaire. **7.** CONSTR. Intervalle de deux assises superposées, rempli ou non de liant. **8. Garder le lit, être cloué au lit,** rester au lit pour cause de maladie. / **Lit clos,** lit à panneaux mobiles, se fermant comme une armoire. / **Lit de camp,** lit démontable composé essentiellement d'un châssis pliable et d'un fond garni de sangles ou de grosse toile. / **Lits jumeaux,** lits de même forme placés l'un à côté de l'autre. / HIST. **Lit de justice,** lit sous dais où siégeait le roi dans un angle de la grand-chambre du parlement ; par ext., séance du parlement tenue en présence du roi. / MAR. **Lit du vent,** direction dans laquelle souffle le vent.

litanie [litani] **n.f.** (lat. ecclés. *litania,* mot gr. « prière »). *FAM.* Longue et ennuyeuse énumération : *Dérouler la litanie de ses reproches.* ◆ **litanies n.f. pl.** CATH. Prières formées d'une suite de courtes invocations, que les fidèles récitent ou chantent.

litchi et **lychee** [litʃi] **n.m.** (chin. *li chi*). **1.** Arbre originaire d'Extrême-Orient, cultivé dans les régions tropicales humides pour son fruit et son bois. ▸ Famille des sapindacées. **2.** Fruit de cet arbre.

liteau [lito] **n.m.** (anc. fr. *listel,* de même orig. que *liste,* lisière). **1.** Raie colorée qui, vers les extrémités, traverse le linge de maison d'une lisière à l'autre : *Torchon à liteaux rouges.* **2.** TECHN. Baguette de bois supportant une tablette ; tasseau. **3.** Pièce étroite et mince de sapin ou de peuplier placée horizontalement sur les chevrons pour recevoir les tuiles ou les ardoises ; latte.

literie [litri] **n.f.** Tout ce qui concerne l'équipement d'un lit (sommier, matelas, couvertures, draps, oreiller).

lithiase [litjaz] **n.f.** (gr. *lithiasis,* maladie de la pierre, de *lithos,* pierre). MÉD. Formation de calculs dans les canaux excréteurs des glandes (voies biliaires, urinaires, etc.).

lithique [litik] **adj.** (du gr. *lithos,* pierre). PRÉHIST. Relatif à une industrie de la pierre.

lithium [litjɔm] **n.m.** (lat. mod. *lithion,* créé par Berzelius). Métal blanc, alcalin, fusible à 180 °C. ▸ Symb. Li. Le lithium est le plus léger de tous les métaux et ses sels sont utilisés en psychiatrie comme régulateurs de l'humeur.

lithobie [litɔbi] **n.m.** (de *litho-* et du gr. *bios,* vie). Mille-pattes carnassier, brun ou jaune, à longues pattes et antennes, qui vit sous les pierres, les feuilles mortes. ▸ Long. 3 cm env. ; genre *Lithobius,* classe des myriapodes.

lithogenèse [litɔʒənɛz] **n.f.** (de *litho-* et *genèse*). GÉOL. Formation des roches sédimentaires.

lithographe [litɔgraf] **n.** (de *litho-,* et *-graphe*). Ouvrier ou artiste qui imprime par les procédés de la lithographie.

lithographie [litɔgrafi] **n.f.** (de *litho-* et *-graphie*). **1.** Art de reproduire par impression des dessins tracés avec une encre ou un crayon gras sur une pierre calcaire. ▸ La lithographie a été inventée en 1796 par Senefelder. **2.** Estampe imprimée par ce procédé (abrév. fam. *litho*).

lithographique [litɔgrafik] **adj. 1.** Relatif à la lithographie. **2. Calcaire lithographique,** calcaire à grain très fin et homogène, utilisé en lithographie.

lithologie [litɔlɔʒi] **n.f.** (de *litho-* et *-logie*). Nature des roches constituant une formation géologique.

lithologique [litɔlɔʒik] **adj.** Relatif à la lithologie.

lithophage [litɔfaʒ] **adj.** (de *litho-* et *-phage*). Qui ronge la pierre : *Coquillages lithophages.* ◆ **n.m.** Mollusque qui, grâce à une sécrétion acide, perfore les roches.

lithosphère [litɔsfɛr] **n.f.** (de *litho-* et *sphère*). Couche externe du globe terrestre, rigide, constituée par la croûte et le manteau supérieur.

lithosphérique [litɔsferik] **adj.** De la lithosphère.

lithotriteur [litotritœr] et **lithotripteur** [litotriptœr] **n.m.** (de *litho-,* et du lat. *tritor,* broyeur). MÉD. Appareil permettant le broyage, par des ondes de choc émises électriquement, des calculs urinaires et l'élimination de ceux-ci par les voies naturelles, sans intervention chirurgicale.

litière [litjɛr] **n.f.** (de *lit*). **1.** Lit de paille ou d'une autre matière végétale qu'on répand dans les étables et sur lequel se couchent les animaux. **2.** Matière faite de particules absorbantes, destinée à recueillir les déjections des animaux d'appartement. **Litière végétale,** ensemble des feuilles mortes et des débris végétaux en décomposition qui recouvrent le sol des forêts.

litige [litiʒ] **n.m.** (lat. juridique *litigium,* de *lis, litis,* procès). **1.** Contestation donnant lieu à procès ou à arbitrage : *La Cour internationale de justice règle les litiges qui surgissent entre les nations* (syn. **différend, conflit**). **2.** Contestation quelconque : *Un point reste en litige* (syn. **cause, discussion**).

litigieux, euse [litiʒjø, -øz] **adj.** Qui est ou peut être l'objet d'un litige : *Cas litigieux* (syn. **contestable**).

litorne [litɔrn] **n.f.** (var. du mot picard *lutrone,* du moyen néerl. *loteren,* hésiter, tarder, en raison de la réputation de lenteur de cet oiseau). Grive à tête et croupion gris. ▸ Famille des turelidés ; long. 27 cm env.

litote [litɔt] **n.f.** (bas lat. *litotes,* mot gr. « simplicité »). RHÉT. Procédé destiné à atténuer l'expression de la pensée, qui consiste à dire moins pour faire entendre plus. (Ex. : *« Je ne te hais point » pour « Je t'aime ».*)

A B C D E F G H I J K L M N O P Q R S T U V W X Y Z

litre [litr] **n.m.** (lat. médiév. *litra,* mesure de capacité, mot gr. [« poids de douze onces »] correspondant au lat. *libra ;* v. 2. *livre*). **1.** Unité de volume pour les liquides ou pour les matières sèches, équivalant à 1 décimètre cube. ▶ Symb. l ou L. **2.** Récipient contenant un litre ; son contenu : *Acheter un litre de lait.*

littéraire [literɛr] **adj. 1.** Qui concerne la littérature, les lettres ; qui relève de ses techniques et de ses qualités spécifiques : *Prix littéraires. Études littéraires. La langue littéraire.* **2.** Qui est trop attaché aux effets de style et donne une fausse image du réel (péjor.) : *Une description littéraire des milieux ouvriers* (syn. **artificiel ;** contr. **réaliste**). ◆ **adj.** et **n.** Qui a des aptitudes pour les lettres, la littérature, plutôt que pour les sciences.

littérairement [literɛrmɑ̃] **adv.** Du point de vue littéraire.

littéral, e, aux [literal, -o] **adj.** (bas lat. *litteralis,* relatif aux lettres [caractères], aux livres). **1.** Qui est relatif au sens strict d'un mot, d'un texte (par opp. à *figuré*) : *Sens littéral d'un mot* (syn. **propre**). *Traduction littérale.* (= mot à mot) [syn. **textuel**]. **2.** Qui est mot pour mot la copie d'un texte : *Plagiat littéral.* **3. Arabe littéral,** arabe classique, écrit (par opp. à *arabe parlé,* ou *dialectal*). / **Calcul littéral,** calcul algébrique où des lettres représentent des nombres. / **Écriture littérale d'un nombre,** écriture d'un nombre en lettres : *Vingt-deux est l'écriture littérale de 22.*

littéralement [literalmɑ̃] **adv. 1.** Mot à mot : *Traduire littéralement.* **2.** FAM. Absolument ; tout à fait : *Il est littéralement épuisé* (syn. **complètement**).

littéralité [literalite] **n.f.** Caractère de ce qui est littéral, strictement conforme au texte.

littérateur, trice [literatœr, -tris] **n.** (lat. *litterator,* grammairien). Personne qui s'occupe de littérature, qui écrit (souvent péjor.).

littérature [literatyr] **n.f.** (lat. *litteratura,* écriture puis « érudition »). **1.** Ensemble des œuvres écrites auxquelles on reconnaît une finalité esthétique : *La littérature francophone du XXe s.* **2.** Activité, métier de l'écrivain, de l'homme de lettres. **3.** Bibliographie d'une question : *Faire le recensement de toute la littérature existant sur un sujet.* **4.** Ce qui est ou paraît artificiel, superficiel : *Le reste n'est que littérature* (syn. **bavardage**).
▶ *Dossier page suivante.*

■ **Une définition.** En France, le terme « littérature » a été longtemps associé à la notion de « belles-lettres », c'est-à-dire à un art particulier du langage, comprenant la connaissance des principes de la grammaire, de l'éloquence et de la poésie. Dans le sens moderne, apparu au tout début du XIXe s., il qualifie la production écrite relative à un domaine particulier et, avec une valeur positive, une production de l'esprit dans un but esthétique. Cette notion implique un créateur (l'auteur, écrivain ou poète), un objet (le livre), des consommateurs (les lecteurs) et n'est pas séparable de la réflexion sur sa fonction dans la société.

L'histoire littéraire. Tendant à se détacher de l'histoire politique ou du découpage arbitraire par siècles, l'histoire littéraire rend compte de l'évolution artistique comme la résultante de divers éléments disparates et non coordonnés (générations, mouvements ou tendances, thèmes, idées et formes dominantes).

L'usage s'est imposé, en France, de distinguer une suite de périodes. Au Moyen Âge (cinq siècles) succèdent la Renaissance (XVIe s.), le classicisme (XVIIe s.), le siècle des Lumières (XVIIIe s.), au XIXe s., le romantisme, le symbolisme, le réalisme et le naturalisme (simultanés), puis au XXe s., dada et le surréalisme, l'existentialisme, le nouveau roman, l'Oulipo et l'autofiction. Cet ordonnancement, commode pour l'esprit, ne répond à aucune loi de cohérence et il laisse de côté bien des œuvres qui ne s'intègrent pas dans une telle répartition. ■

1. littoral, e, aux [litɔral, -o] **adj.** (lat. *littoralis,* de *litus, -oris,* rivage). **1.** Qui appartient au bord de la mer : *Les dunes littorales.* **2. Érosion littorale,** érosion des côtes sous l'action de la mer et des agents atmosphériques.

2. littoral [litɔral] **n.m.** (de *1. littoral*). Étendue de pays le long des côtes, au bord de la mer (par opp. à *arrière-pays*).

Littré (Émile), lexicographe français (Paris 1801 - *id.* 1881). Positiviste, disciple indépendant de A. Comte, il est l'auteur d'un monumental *Dictionnaire de la langue française* (4 volumes et 1 supplément, 1863-1873).

Lituanie, État d'Europe, sur la Baltique ; 65 000 km^2 ; 3 017 000 hab. *(Lituaniens).* CAP. *Vilnius.* LANGUE : *lituanien.* MONNAIE : *litas.*

GÉOGRAPHIE

La plus grande et la plus peuplée des républiques baltes (comptant environ 80 % de Lituaniens de souche, près de 10 % de Russes et 7 % de Polonais), la Lituanie occupe une région de collines morainiques parsemées de lacs et de petites plaines. Le secteur industriel est relativement développé (mécanique, textile) dans les centres urbains (Vilnius, Kaunas), utilisant du pétrole et du gaz importés. La production agricole est orientée vers l'élevage. Sur le littoral, Klaipeda est un port de commerce et de pêche.

HISTOIRE

Des tribus balto-slaves de la région s'organisent vers le Ve s. pour lutter contre les invasions scandinaves. Vers 1240, est fondé le grand-duché de Lituanie, qui, à partir de la seconde moitié du XIIIe s., combat les chevaliers Teutoniques et étend sa domination sur les principautés russes du Sud-Ouest.
1385-1386. La Lituanie s'allie à la Pologne ; le grand-duc Jagellon devient roi de Pologne sous le nom de Ladislas II et la Lituanie embrasse le catholicisme.
1569. L'Union de Lublin crée l'État polono-lituanien.
1795. Les Russes annexent la majeure partie du pays.
1918. La Lituanie proclame son indépendance.
1920. La Russie soviétique la reconnaît.
1940. Conformément au pacte germano-soviétique, la Lituanie est intégrée à l'U.R.S.S.
1941-1944. Elle est occupée par les Allemands.
1944. Elle redevient une république soviétique.
1991. L'indépendance est restaurée.
2004. La Lituanie adhère à l'Union européenne et est intégrée à l'O.T.A.N.

lituanien, enne [litɥanjɛ̃, -ɛn] **adj.** et **n.** De la Lituanie. ◆ **lituanien n.m.** Langue baltique parlée en Lituanie.

liturgie [lityrʒi] **n.f.** (gr. *leitourgia,* service public, service du culte). **1.** RELIG. CHRÉT. Ensemble des règles fixant le déroulement des actes du culte. **2.** ANTIQ. GR. Service public (spectacle, jeux, armement des vaisseaux, etc.) dont l'organisation et les dépenses étaient prises en charge non par la cité mais par de riches citoyens.

liturgique [lityrʒik] **adj.** Relatif à la liturgie religieuse.

live [lajv] **adj. inv.** et **n.m. inv.** (mot angl. « en direct »). Se dit d'un disque, d'une émission enregistrés devant un public.

Liverpool, port de Grande-Bretagne, sur l'estuaire de la Mersey ; 466 415 hab. (796 801 hab. dans l'agglomération). Centre industriel (mais en déclin). Importants musées.

livide [livid] **adj.** (lat. *lividus,* bleuâtre). Qui est extrêmement pâle : *Un teint livide* (syn. **blafard, terreux**). *Être livide de peur* (syn. **blême**).

lividité [lividite] **n.f.** Couleur livide, notamm. de la peau (syn. **pâleur**).

living-room [liviŋrum] ou **living** [liviŋ] **n.m.** (mot angl. « pièce où l'on vit ») [pl. *living-rooms, livings*]. Salle de séjour ; séjour.

Livingstone (David), explorateur britannique (Blantyre, Écosse, 1813 - Chitambo, Zambie, 1873). Missionnaire protestant, il inaugura, en 1849, une série de voyages en Afrique centrale et en Afrique australe au cours desquels il découvrit

Écrire, à quoi ça sert ?

Souvent, au collège, on se demande pourquoi on accorde tant d'importance aux rédactions. Écrire prend du temps, peut sembler difficile, voire ennuyeux. Parfois, on ne connaît pas la raison pour laquelle on écrit. Quelle en est l'utilité ? Pour communiquer avec les autres ? Pour exprimer ce que l'on ressent, ou bien simplement pour se faire plaisir ?

▶**Communiquer avec les autres.** « L'écriture utile », qui jadis transitait par les lettres envoyées par la poste, est remplacée aujourd'hui par l'usage du téléphone et les moyens de communication modernes. En 1985, alors que la révolution Internet n'était pas encore survenue, l'écrivain Daniel Rondeau s'interrogeait déjà, dans une enquête pour le journal *Libération*, sur l'intérêt de l'écriture et de la littérature. Quatre cents écrivains du monde entier devaient répondre à la question « Pourquoi écrivez-vous ? ». Défendant le droit de communiquer par l'écriture, ces écrivains avaient ainsi affirmé qu'écrire pour aller à la rencontre des lecteurs était toujours d'actualité.

Le poète Eugène Guillevic définit à sa manière ce besoin de communiquer : c'est « dire aux autres » ; « Si j'écris, c'est disons pour ouvrir une porte » (*Art poétique*, 1989). Quelle porte ? À chaque écrivain sa porte. L'écrivaine Antonine Maillet ouvre la porte de son pays, le Canada, « mon pays qui n'est pas tellement connu ». D'autres ouvrent la porte des images, des sentiments, des idées partagées avec le lecteur. Comme Alice – l'héroïne du conte fantastique de Lewis Carroll – ou Harry Potter, le lecteur passe par la porte interdite pour découvrir le monde des rêves et de la magie, avec la complicité de l'auteur. Ainsi, un auteur qui souhaite être édité écrit d'abord pour partager avec les autres.

▶**Exprimer un sentiment.** Il arrive parfois que l'on écrive non pas dans l'intention d'être publié mais pour répondre à un besoin. C'est surtout le cas des journaux intimes. Cette écriture personnelle sert souvent à confier ce que l'on ne peut dire à personne et à clarifier ses idées. Pensons au *Journal* d'Anne Frank. Pendant la Seconde Guerre mondiale, cette jeune fille juive vivait cachée dans un grenier avec sa famille pour échapper aux persécutions nazies. Utilisant le cahier que son père lui avait offert pour son anniversaire, elle trouve refuge dans l'écriture. C'est une manière de lutter contre la solitude : sans amis, Anne Frank ressent le besoin de s'inventer une amie imaginaire du nom de « Kitty ».

Comme le peintre a besoin de peindre, le musicien de chanter ou de jouer d'un instrument, l'écrivain a besoin de mots pour s'exprimer. « Je ressens un malaise quand je ne le fais pas », dit le romancier Georges Simenon. « Je ne pourrais pas arrêter d'écrire [...] j'écris pour répondre à une urgence, une nécessité intérieure », confie l'écrivain Jorge Luis Borges.

▶**Se faire plaisir.** On peut aussi écrire simplement pour se faire plaisir. Charles Baudelaire, par exemple, ne peut concevoir l'idée de création poétique sans la notion de plaisir : « Aucun poème ne sera si grand, si noble, si véritablement digne du nom de poème, que celui qui aura été écrit uniquement pour le plaisir d'écrire un poème » (*l'Art romantique*, 1868).

Aussi, dans une œuvre de fiction, l'écrivain peut éprouver du plaisir à inventer des créatures imaginaires : par le biais de l'écriture, l'auteur devient Sherlock Holmes ou le Cid, le capitaine Nemo ou le pire des assassins. Ce qui n'est pas permis ailleurs le devient en littérature, où la première règle est de « jouer » avec des personnages et des mots. L'écrivain Raymond Queneau ne s'en prive pas. Dans ses *Exercices de style*, il parodie les exercices scolaires comme dans la *Composition de mots* : « Je plate-d'autobus-formais co-foultitudinairement dans un espace-temps lutécio-méridiennal. » À partir de quelques phrases très simples, il multiplie les variantes en inventant des mots composés nouveaux par déplacement, rapprochement inattendu, ajout de suffixes, de préfixes, jusqu'à rendre l'ensemble totalement incompréhensible. Quel que soit le style adopté, la dimension du jeu, de la mise en scène, est présente chez tout écrivain.

La littérature pourrait présenter un intérêt secondaire à l'heure de la médiasphère. Pourtant, malgré la crise économique mondiale, les livres sont de plus en plus nombreux en librairie. Outre l'émotion liée à la beauté de l'œuvre, on peut imaginer que le plaisir de la création et le désir de communiquer soient de puissants leviers qui poussent à écrire et à publier.

Voir aussi : Baudelaire ; Carroll ; Frank (Anne) ; Queneau.

notamment les chutes du Zambèze (1855). Puis, avec Stanley, il rechercha en vain les sources du Nil. Il fut un adversaire décidé de l'esclavagisme.

Livonie, région historique comprise entre la Baltique, le cours de la Dvina et le lac des Tchoudes (républiques actuelles de Lettonie et d'Estonie).

Livourne, en ital. **Livorno,** port d'Italie (Toscane), ch.-l. de prov., sur la Méditerranée ; 158 127 hab. Métallurgie. Raffinage du pétrole et chimie.

livrable [livrabl] **adj.** Qui peut ou qui doit être livré : *Meubles livrables à domicile.*

Livradois (le), région montagneuse de l'Auvergne, entre les vallées de l'Allier et de la Dore, partie du *parc régional Livradois-Forez* (au total environ 310 000 ha).

livraison [livrezɔ̃] **n.f. 1.** Action de livrer, de remettre une chose vendue à son acquéreur : *La livraison constitue l'obligation du vendeur dans le contrat de vente.* **2.** Marchandise ainsi remise : *Vérifier que la livraison est conforme à la commande.* **3.** Partie d'un ouvrage qu'on délivre aux souscripteurs au fur et à mesure : *Son article paraîtra dans la prochaine livraison* (syn. **fascicule, numéro**).

1. livre [livr] **n.m.** (lat. *liber,* propr. « partie vivante de l'écorce » [sur laquelle on écrivait autrefois]). **1.** Assemblage de feuilles imprimées et réunies en un volume relié ou broché ; ce volume imprimé considéré du point de vue de son contenu : *Ranger ses livres dans sa bibliothèque. Le sujet d'un livre* (syn. **ouvrage**). **2.** Subdivision de certains ouvrages : *Les dix livres de « la République » de Platon.* **3.** Registre sur lequel on inscrit qqch, notamm. des comptes, des opérations commerciales : *Livre de comptes.* **4. À livre ouvert,** sans préparation ; à la première lecture : *Traduire un texte à livre ouvert.* / **Livre animé** ou **livre pop-up,** livre dont l'illustration est rendue mobile grâce à divers éléments (tirettes, volets, pliages, etc.) [syn. **pop-up**]. / **Livre audio,** livre ou texte enregistré sur un support numérique (disque compact, fichier à télécharger) afin de pouvoir être écouté. / **Livre blanc,** recueil de documents sur un problème déterminé, publié par un gouvernement ou un organisme. / **Livre d'or,** registre sur lequel les visiteurs peuvent apposer leur signature et consigner leurs réflexions : *Le livre d'or d'une exposition, d'une réception officielle.* / **Livre électronique** ou **numérique,** micro-ordinateur de la taille d'un livre, destiné à l'affichage et à la consultation sur écran de textes et d'images préalablement téléchargés et stockés dans sa mémoire (syn. **e-book, liseuse**) ; version électronique d'un ouvrage, constituant un fichier que l'on peut télécharger et consulter sur ce micro-ordinateur ou un autre support multimédia (téléphone portable, par ex.) [syn. **e-book**]. / **Parler comme un livre,** parler d'une manière savante. / MAR. **Livre de bord,** journal* de bord.

■ **Des origines au codex.** La pierre, le bronze, les briques d'argile, les tablettes de bois, l'écorce d'arbre, au fur et à mesure que l'usage de l'écriture se répand, font place à des matériaux plus aisément transportables. Les Égyptiens utilisent des lamelles de la tige de papyrus assemblées en feuilles ; les Chinois adoptent la soie, puis le papier. En Asie Mineure, puis en Grèce, enfin dans le monde romain, on emploie le parchemin de peau de mouton, de chèvre ou de veau, blanchie et polie.

Tous les livres primitifs se présentent sous la forme de rouleaux (volumen) et ne sont écrits que sur une seule face. C'est à l'époque d'Auguste (Ier s. apr. J.-C.) que l'on s'avise de découper le parchemin en feuilles, de plier celles-ci et de les coudre par cahiers, pour donner au livre (codex) un aspect rectangulaire.

Les manuscrits du Moyen Âge. L'usage du rouleau se maintient au Moyen Âge pour des recueils d'actes judiciaires, et, plus tardivement, dans la liturgie juive. Dans le cas du codex, l'écriture est tracée à la main au recto et au verso des feuillets. Suivant les pays ou les époques, elle l'est au moyen de pinceaux, de roseaux ou de plumes, avec des encres de couleurs variées. La décoration, souvent très riche, consiste en lettres ornées, en peintures mêlées au texte ou hors texte. En Occident, les manuscrits sont ordinairement exécutés dans les monastères et, à partir du XIIIe s., dans les grands centres universitaires. Il existe aussi des ateliers de copistes et d'enlumineurs qui travaillent pour toute la clientèle privée.

Utilisées en Chine dès le VIIIe s., la xylographie et l'impression au frotton après encrage se répandent en Europe vers la fin du XIVe s., en même temps que se généralise l'usage du papier. Ces techniques rendent alors possible la confection de livres de quelques feuillets dont les exemples les plus caractéristiques sont l'Apocalypse et la Bible des pauvres.

L'invention de l'imprimerie. Tandis que les Chinois se servent de caractères mobiles depuis le XIe s., c'est à Gutenberg que l'on attribue l'invention des caractères mobiles en alliage métallique, ou typographie, à Mayence entre 1440 et 1450. Celui-ci adopte aussi la presse et emploie une encre plus grasse. Le plus ancien livre important qui ait été imprimé est une Bible (dite « à quarante-deux lignes », 1455).

Au XVIe s., l'imprimerie se diffuse dans les pays slaves, en Amérique et dans l'Inde. Les plus grands artistes (Dürer, Holbein) collaborent à l'illustration. Des imprimeries se fondent, dirigées soit par des savants, soit par de grands hommes d'affaires. Le livre, qui jusque-là propageait surtout la littérature religieuse ou classique, donne une large place aux sciences. Au XVIIe s. et surtout au XVIIIe s., afin d'atteindre un public plus étendu, on multiplie les collections de petits formats.

L'ère moderne. À partir du XIXe s., de multiples perfectionnements techniques permettent, sans modifier l'apparence matérielle du livre, d'augmenter considérablement, pour répondre à une demande accrue, les tirages et d'abaisser par conséquent le prix de revient. Dans l'illustration, de nouveaux procédés, telle la lithographie, apparaissent. L'application de la force motrice à la presse, l'emploi du papier végétal, la photographie, puis le développement constant des machines à composer permettent d'accélérer la vitesse du tirage et d'introduire des illustrations notamment dans les magazines de presse écrite, puis d'utiliser la couleur.

Aujourd'hui, malgré la large diffusion du livre de poche (apparu vers 1953), le livre imprimé n'est plus l'unique média de lecture. Le début du XXIe s. voit en effet l'essor de nouveaux supports liés au perfectionnement de l'informatique et des micro-ordinateurs. Ainsi, le livre numérique voire le téléphone portable permettent de consulter un ouvrage ou un article accessible par téléchargement via Internet. Pratique qui révolutionne non seulement les habitudes de lecture mais aussi l'accès au savoir, tant le livre imprimé a façonné une véritable civilisation, une « Galaxie Gutenberg » pour reprendre le titre de l'essai du sociologue Herbert McLuhan, tout au long de son histoire. ■

2. livre [livr] **n.f.** (lat. *libra,* anc. unité de poids des Romains). **1.** Anc. unité de poids de valeur variable, dont le nom est encore donné, dans la pratique non officielle, au demi-kilogramme : *En France, la livre représentait 489,5 g. Une livre de beurre.* **2.** QUÉBEC. Anc. unité de masse équivalant à la livre britannique et valant 453,592 g. ▸ Symb. lb.

3. livre [livr] **n.f.** (de *2. livre*). **1.** Ancienne monnaie de compte dont la valeur a beaucoup varié suivant les temps et les lieux et qui fut remplacée, en France, par le franc. **2.** Unité monétaire principale de l'Égypte, du Liban, du Soudan, du Soudan du Sud, de la Syrie et de la Turquie. **3.** Ancienne unité monétaire principale de la république d'Irlande. **4. Livre sterling,** unité monétaire principale de la Grande-Bretagne et de l'Irlande du Nord.

livrée [livre] **n.f.** (de *livrer* [vêtements livrés, fournis par un seigneur]). **1.** Costume distinctif que portaient autref. les domestiques des grandes maisons : *Des laquais en livrée.* **2.** ZOOL. Pelage de certains animaux (cerfs, chevreuils) ; plumage de certains oiseaux ; aspect visuel présenté par un insecte.

livrer [livre] **v.t.** (lat. *liberare,* libérer, dégager). **1.** Remettre qqn au pouvoir de qqn : *Livrer des malfaiteurs à la police.*

2. Abandonner qqn, qqch à l'action de qqn, de qqch : *Livrer un pays à la guerre civile.* **3.** Remettre par trahison au pouvoir de qqn : *Livrer un allié à l'ennemi* (syn. **dénoncer**). *Livrer un secret* (syn. **trahir** ; contr. **taire**). **4.** Remettre une marchandise à un acheteur : *Livrer une commande* (syn. **fournir**). *Nous n'avons pas été livrés* (syn. **approvisionner**). **5. Livrer passage à qqn, qqch,** laisser la place à qqn, qqch pour passer. / **Livrer (un) combat, (une) bataille,** l'engager ; le (la) mener à terme. ◆ **se livrer** **v.pr. [à]. 1.** Se constituer prisonnier. **2.** (Absol.). Confier ses sentiments, ses pensées à qqn : *Elle ne se livre pas facilement.* **3.** S'abandonner sans réserve à un sentiment : *Se livrer à la joie.* **4.** S'adonner, se consacrer à une activité : *Se livrer à son sport favori* (syn. **pratiquer**). *Se livrer à une enquête* (syn. **procéder à**).

livresque [livrɛsk] **adj.** Qui provient uniquement des livres et non de l'expérience : *Connaissances purement livresques* (contr. **pratique**).

livret [livrɛ] **n.m.** (dimin. de *1. livre*). **1.** Carnet, petit registre dans lequel on inscrit certains renseignements. **2.** MUS. Petit livre contenant les paroles d'une œuvre lyrique. **3. Livret de caisse d'épargne,** livret que les caisses d'épargne remettent à chacun de leurs déposants sur lequel sont inscrits les dépôts et remboursements ainsi que les intérêts acquis. / **Livret de famille,** livret remis aux personnes mariées, contenant l'extrait de l'acte de mariage et, quand il y a lieu, les extraits des actes de naissance des enfants, etc. ***Rem.*** En Belgique, on dit *livret de mariage.* / **Livret matricule,** livret établi et détenu par l'autorité militaire, où sont consignés les renseignements d'ordre militaire sur l'intéressé. / **Livret militaire** ou **individuel,** extrait du livret matricule, remis à l'intéressé et indiquant sa situation militaire. ***Rem.*** Ce livret a été remplacé par la *carte de service national.* / **Livret scolaire,** livret sur lequel figurent les notes d'un élève et les appréciations de ses professeurs.

livreur, euse [livrœr, -øz] **n.** Personne qui livre aux acheteurs les marchandises vendues.

Lizard ***(cap),*** cap constituant l'extrémité sud de la Grande-Bretagne.

Ljubljana, en all. **Laibach,** cap. de la Slovénie ; 279 000 hab. dans l'agglomération. Université. Métallurgie. Château reconstruit au XVIe s. et autres monuments. Musées.

llanos [ljanos] **n.m. pl.** (mot esp.). GÉOGR. Grande plaine herbeuse de l'Amérique du Sud.

Lloyd (Harold), acteur américain (Burchard, Nebraska, 1893 - Hollywood 1971). Son personnage de jeune homme timide et emprunté derrière de grosses lunettes d'écaille le rendit très populaire aux États-Unis jusqu'à l'avènement du parlant (*Monte là-dessus !,* 1923 ; *Vive le sport,* 1925).

Lloyd George (David), 1er *comte* **Lloyd-George of Dwyfor,** homme politique britannique (Manchester 1863 - Llanystumdwy, pays de Galles, 1945). Chef de l'aile gauche du parti libéral, il préconisa des réformes sociales que sa nomination au poste de chancelier de l'Échiquier lui permit de réaliser (1908-1915) ; il fut l'auteur de la loi restreignant le pouvoir des Lords (1911). Pendant la Première Guerre mondiale, il fut ministre des Munitions, puis de la Guerre. Premier ministre de 1916 à 1922, il joua un rôle prépondérant dans les négociations du traité de Versailles (1919). En 1921, il reconnut l'État libre d'Irlande.

L.M.D. [ɛlɛmde] **n.m.** (sigle de *licence-master-doctorat*). En France, organisation des études universitaires reposant sur des diplômes obtenus à bac + 3 (licence), bac + 5 (master) et bac + 8 (doctorat). ▸ Elle fut mise en place dans un but d'harmonisation des systèmes européens d'enseignement supérieur.

lob [lɔb] **n.m.** (mot angl.). SPORTS. Coup qui consiste à faire passer la balle ou le ballon au-dessus d'un adversaire, assez haut pour qu'il ne puisse pas l'intercepter.

Lobatchevski (Nikolaï Ivanovitch), mathématicien russe (Nijni Novgorod 1792 - Kazan 1856). Comme Gauss, mais par une démarche indépendante, il élabora une nouvelle géométrie non euclidienne, dite *hyperbolique.*

lobby [lɔbi] **n.m.** (mot angl. « couloir ») [pl. *lobbys* ou *lobbies*]. Groupe de pression*.

lobe [lɔb] **n.m.** (gr. *lobos*). **1.** ANAT. Partie arrondie et saillante d'un organe quelconque : *Les lobes du cerveau, du poumon.* **2.** ARCHIT. Découpure en arc de cercle dont la répétition sert à composer certains arcs et rosaces, certains ornements. **3.** BOT. Division profonde et génér. arrondie des feuilles, des pétales. **4. Lobe de l'oreille,** partie molle et arrondie du pavillon auriculaire.

lobé, e [lɔbe] **adj.** Divisé en lobes : *Le foie est un organe lobé.*

lober [lɔbe] **v.t.** et **v.i.** SPORTS. Tromper par un lob ; faire un lob : *L'avant-centre lobe le gardien de but.*

lobotomie [lɔbɔtɔmi] **n.f.** (de *lobe* et *-tomie*). VIEILLI. Section chirurgicale de fibres nerveuses du lobe frontal pour traiter des troubles psychiatriques. ▸ La lobotomie n'est auj. presque plus pratiquée.

lobule [lɔbyl] **n.m. 1.** Petit lobe. **2.** Subdivision d'un lobe : *Lobule hépatique.*

1. local, e, aux [lɔkal, -o] **adj.** (bas lat. *localis*). **1.** Particulier à un lieu, à une région, à un pays (par opp. à *national*) : *Journal local* (syn. **régional**). *Coutumes locales.* **2.** Qui n'affecte qu'une partie du corps (par opp. à *général*) : *Anesthésie locale.*

2. local [lɔkal] **n.m.** (de *1. local*). Lieu, partie d'un bâtiment qui a une destination déterminée : *Local d'habitation* (= logement). *Des locaux insalubres.*

localement [lɔkalmɑ̃] **adv.** De façon locale ; par endroits.

localisable [lɔkalizabl] **adj.** Qui peut être localisé.

localisation [lɔkalizasjɔ̃] **n.f. 1.** Action de localiser, de situer ; fait d'être localisé ou situé dans l'espace ou le temps : *La localisation d'un engin spatial.* **2.** Action de limiter l'extension de qqch ; fait d'être limité : *Localisation d'un conflit* (syn. **limitation** ; contr. **généralisation**). **3.** ANAT. **Localisation cérébrale,** attribution d'une fonction particulière à une partie précise du cortex cérébral.

localiser [lɔkalize] **v.t. 1.** Déterminer la place, le moment, l'origine, la cause de : *Localiser une sensation. Localiser un appel au secours* (syn. **repérer**). **2.** Arrêter l'extension de qqch ; limiter : *Localiser un incendie* (syn. **circonscrire**).

localité [lɔkalite] **n.f.** (bas lat. *localitas*). Petite ville ; bourg ; village.

Locarno, station touristique de Suisse (Tessin), sur le lac Majeur, au pied des Alpes ; 15 153 hab. (57 300 hab. dans l'agglomération). Château surtout des XVe-XVIe s. (musée). Églises médiévales et baroques. Festival international du film. – Accords signés en 1925 par la France, la Belgique, la Grande-Bretagne, l'Allemagne et l'Italie, qui reconnaissaient les frontières des pays signataires et visaient à établir une paix durable en Europe. L'Allemagne put alors être admise à la S.D.N. (1926).

locataire [lɔkatɛr] **n.** (dérivé savant du lat. *locare,* placer, établir, donner à loyer, de *locus,* lieu). **1.** Personne qui, en contrepartie d'un loyer versé au propriétaire, a la jouissance momentanée d'une terre, d'une maison, d'un appartement. **2. Locataire principal,** personne qui prend à loyer un local pour le sous-louer en totalité ou en partie.

1. locatif, ive [lɔkatif, -iv] **adj.** (dérivé savant du lat. *locare* ; v. *locataire*). **1.** Qui concerne le locataire ou la chose louée : *Réparations locatives* (= qui sont à la charge du locataire). *Construire des immeubles locatifs* (= destinés à la location). **2. Impôts locatifs, taxes locatives,** impôts répartis d'après la valeur locative. / **Valeur locative,** revenu que peut rapporter un bien immeuble en location.

2. locatif [lɔkatif] **n.m.** (du lat. *locare,* de *locus,* lieu). GRAMM. Cas exprimant le lieu où se passe l'action, dans certaines langues à déclinaison : *Le latin, le sanskrit comportent un locatif.*

location [lɔkasjɔ̃] **n.f.** (lat. *locatio,* de *locare*). **1.** Action de donner ou de prendre à loyer un local, un appareil, etc. : *La location d'une voiture. Prendre un logement en location.* **2.** Action de retenir à l'avance une place de train, d'avion, de théâtre, etc. : *La location est ouverte deux semaines avant la représentation* (syn. **réservation**).

location-vente [lɔkasjɔ̃vɑ̃t] **n.f.** (pl. *locations-ventes*). Contrat aux termes duquel un bien est loué à une personne qui, à l'expiration d'un délai fixé, a la possibilité d'en devenir propriétaire.

1. loch [lɔk] **n.m.** (néerl. *log,* bûche). MAR. Appareil servant à mesurer la vitesse apparente d'un navire.

2. loch [lɔk] **n.m.** (mot écossais). Lac très allongé au fond d'une vallée, en Écosse : *Le monstre du loch Ness.*

loche [lɔʃ] **n.f.** (gaul. **leuka,* blancheur). **1.** Poisson des eaux douces européennes à corps allongé (syn. **barbote**). ▸ Famille des cobitidés ; long. 10 à 30 cm **2.** Poisson marin voisin de la morue (syn. **motelle**). ▸ Famille des phycidés ; long. 25 cm **3.** Nom régional de la *limace.*

lochies [lɔʃi] **n.f. pl.** (gr. *lokheia,* accouchement). MÉD. Écoulement utérin qui dure de deux à trois semaines après l'accouchement.

Locke (John), philosophe anglais (Wrington, Somerset, 1632 - Oates, Essex, 1704). Il place la source de nos connaissances dans l'expérience sensible (*Essai sur l'entendement humain,* 1690). Il considère que la société repose sur un contrat et que le souverain doit obéir aux lois (*Lettres sur la tolérance,* 1689).

lock-out [lɔkawt] **n.m. inv.** (de l'angl. *to lock out,* mettre à la porte). Fermeture temporaire d'une entreprise à l'initiative de l'employeur : *Le lock-out constitue le plus souvent une réponse patronale à une grève.*

locomoteur, trice [lɔkɔmɔtœr, -tris] **adj. 1.** Relatif à la locomotion : *Muscle locomoteur.* **2.** MÉCAN. Qui sert à la locomotion : *Machine locomotrice.*

locomotion [lɔkɔmɔsjɔ̃] **n.f.** (du lat. *motio,* de *movere,* mouvoir). **1.** Fonction des êtres vivants, et notamm. des animaux, par laquelle ils assurent activement leur déplacement : *Le mode de locomotion des oiseaux est le vol.* **2.** Transport de choses ou de personnes d'un lieu vers un autre : *Locomotion aérienne.*

■ La locomotion est spécifique aux animaux (pluricellulaires et unicellulaires) et à certaines bactéries flagellées ; elle permet notamm. la recherche de nourriture. C'est une activité coûteuse en énergie. Chez les animaux unicellulaires (protozoaires), elle est assurée par le seul jeu de protéines contractiles (actine et myosine). Chez les pluricellulaires, les protéines contractiles sont intégrées dans des organes spécialisés (muscles) ; le squelette interne (vertébrés) ou externe (invertébrés) participe aussi aux mouvements de la locomotion. Les modes de locomotions sont nombreux et variés.

La locomotion selon les milieux. Le *milieu aquatique,* plus dense et plus visqueux que l'air, porte facilement l'animal ; en revanche, il oppose de grandes forces de frottements, ce qui explique que les vitesses maximales soient très inférieures à celles du milieu terrestre. Beaucoup d'animaux pratiquent une nage par ondulation, en utilisant tout leur corps ; d'autres pratiquent la nage ramée, dans laquelle les membres sont utilisés pour pousser l'eau. La nage par réaction consiste à éjecter brutalement de l'eau (pieuvres, seiches, etc.). Les unicellulaires aquatiques se déplacent génér. par des battements de leurs cils ou de leurs flagelles. En *milieu terrestre,* la plupart des animaux pratiquent la marche ou la course, grâce à des appendices ou des membres qui se soulèvent et retombent alternativement selon une « chorégraphie » spécifique à chaque groupe ou espèce. Certains (kangourou, gerboise, sauterelle...) se déplacent en sautant. Les serpents pratiquent quant à eux la locomotion par reptation. La conquête du *milieu aérien* est soumise à une contrainte forte : la densité de l'air est nettement inférieure à celle de tout animal. Il est nécessaire de développer une surface portante, l'aile, caractéristique des insectes, des oiseaux et des chauves-souris. L'aile a une forme aérodynamique ; son battement permet la propulsion de l'animal. Le vol nécessite de puissants muscles, qui représentent jusqu'à la moitié de la masse du corps chez les oiseaux. Pour compenser cette charge, les os sont creusés de cavités qui diminuent leur densité.

L'appareil locomoteur de l'homme. Il est constitué d'os mobiles les uns par rapport aux autres par le jeu des articulations et des muscles, moteurs des mouvements. ■

locomotive [lɔkɔmɔtiv] **n.f.** (de *locomotif,* qui sert à la locomotion, du bas lat. *motivus,* mobile ; v. *locomotion*). **1.** Machine anc. à vapeur et auj. électrique, à moteur thermique, à air comprimé, etc., montée sur roues et destinée à remorquer un convoi de voitures ou de wagons sur une voie ferrée : *Stephenson construisit la première locomotive.* **2.** FAM. Personne, entreprise, région, etc., qui, dans un groupe ou un domaine d'activité, joue le rôle d'un élément moteur en raison de son dynamisme, de son prestige, de son talent : *C'est la locomotive de notre bande d'amis.*

locuteur, trice [lɔkytœr, -tris] **n.** (lat. *locutor,* de *loqui,* parler). LING. **1.** Sujet parlant (par opp. à *auditeur*). **2. Locuteur natif,** sujet parlant qui, ayant intériorisé les règles de grammaire de sa langue maternelle, peut porter sur les énoncés émis des jugements de grammaticalité.

locution [lɔkysjɔ̃] **n.f.** (lat. *locutio,* de *loqui,* parler). **1.** Expression, forme particulière de langage : *Locution proverbiale.* **2.** GRAMM. Groupe de mots figé constituant une unité sur le plan du sens : *« Avoir peur » est une locution verbale* (= elle équivaut à un verbe). *« Côte à côte » est une locution adverbiale. « Loin de » est une locution prépositive. « Bien que » est une locution conjonctive.*

loden [lɔdɛn] **n.m.** (mot all.). **1.** TEXT. Lainage épais, feutré et imperméable. **2.** Manteau fait dans ce lainage.

Lodi *(bataille de)* [10 mai 1796], victoire de Bonaparte sur les Autrichiens, qui lui ouvrit les portes de Milan.

Łódź, v. de Pologne, ch.-l. de voïévodie ; 728 892 hab. Centre textile. Musée d'art moderne.

Loeb (Sébastien), coureur automobile français (Haguenau 1974). Il a remporté neuf titres consécutifs de champion du monde des rallyes (de 2004 à 2012). Il détient aussi le record du monde de victoires en rallyes (75 à la fin de la saison 2012).

lœss [løs] **n.m.** (mot all. *Löss*). Limon d'origine éolienne, très fertile. ▸ Déposé lors de phases climatiques froides, il recouvre de vastes surfaces en Europe, en Chine, aux États-Unis.

Loewy (Raymond), esthéticien industriel américain d'origine française (Paris 1893 - Monaco 1986). Installé aux États-Unis en 1919, il y a fondé dix ans plus tard sa société de design, s'attachant à doter d'une beauté fonctionnelle les produits les plus divers (du paquet de cigarettes à l'automobile et à la navette spatiale).

lof [lɔf] **n.m.** (néerl. *loef*). **1.** MAR. Côté d'un navire qui se trouve frappé par le vent. **2. Aller au lof,** se rapprocher de la direction d'où vient le vent. / **Virer lof pour lof,** virer vent arrière.

lofer [lɔfe] **v.i.** MAR. Gouverner plus près du vent.

Lofoten *(îles),* archipel des côtes de Norvège ; 1 425 km^2 ; 23 814 hab. Pêcheries.

loft [lɔft] **n.m.** (mot anglo-amér.). Ancien local professionnel (entrepôt, atelier, usine) transformé en logement, en studio d'artiste.

Logan *(mont),* point culminant du Canada (Yukon), à la frontière de l'Alaska ; 5 959 m.

logarithme [lɔgaritm] **n.m.** (lat. *logarithmus,* du gr. *logos,* proportion, et *arithmos,* nombre). MATH. **Logarithme (d'un nombre réel positif dans un système de base *a* positive),** exposant de la puissance à laquelle il faut élever *a* (différent de 1) pour retrouver le nombre considéré. ▸ Symb. log^a. / **Logarithme naturel** ou **népérien d'un nombre,** logarithme de ce nombre dans un système dont la base est le nombre *e*. ▸ Symb. ln. / **Logarithme vulgaire** ou **décimal d'un nombre,** logarithme de ce nombre dans un système dont la base est 10. ▸ Symb. log.

logarithmique [lɔgaritmik] **adj. 1.** Relatif aux logarithmes. **2. Échelle logarithmique,** échelle telle que les grandeurs représentées graphiquement le sont par des nombres ou des longueurs proportionnelles au logarithme de ces grandeurs.

loge [lɔʒ] **n.f.** (frq. **laubja*). **1.** Petit local à l'entrée d'un immeuble, servant génér. de logement à un gardien, un concierge. **2.** Petite pièce dans laquelle se préparent les artistes de théâtre, de cinéma : *Aller féliciter une actrice dans sa loge.* **3.** Compartiment cloisonné dans une salle de spectacle : *Louer une loge de balcon.* **4.** BX-A. Atelier où est isolé chacun des participants à certains concours (notamm. le prix de Rome, naguère) : *Entrer en loge.* **5.** ARCHIT. Galerie, le plus souvent en étage, largement ouverte sur l'extérieur par une colonnade, des arcades ou des baies libres : *Les loges du Vatican* (syn. **loggia**). **6.** (D'apr. l'angl. *lodge*). Lieu de réunion des francs-maçons ; (avec une majuscule) cellule maçonnique, groupe de francs-maçons réunis autour d'un président qui porte le nom de *vénérable*. **7.** ANAT. Cavité contenant un organe : *Loge hépatique.* **8.** ZOOL. Compartiment contenant un individu d'une espèce à coquille (nautile) ou vivant en colonie (polype). **9.** *FAM.* **Être aux premières loges,** être bien placé pour voir, suivre un événement.

logement [lɔʒmɑ̃] **n.m. 1.** Action de loger ; fait de se loger : *Assurer le logement des troupes* (syn. **hébergement**). *Crise du logement.* **2.** Lieu où l'on habite : *Un logement de deux pièces* (syn. **appartement**). *Chercher un logement* (syn. **habitation**). **3.** Lieu, en partic. cavité, où vient se loger qqch : *Le logement du pêne d'une serrure.*

loger [lɔʒe] **v.i.** (de *loge*) [conj. **17**]. **1.** Avoir sa résidence permanente ou provisoire quelque part : *Où logez-vous ?* (syn. **habiter, résider, demeurer**). **2.** Trouver place : *Tous les bagages logent dans le coffre* (syn. **tenir**). ◆ **v.t. 1.** Procurer un lieu d'habitation, un abri à qqn : *Loger ses amis chez soi* (syn. **héberger**). **2.** Faire entrer ; faire pénétrer : *Loger une idée dans la tête de qqn* (syn. **enfoncer, mettre**). ◆ **se loger v.pr. 1.** Prendre, trouver un logement : *Il est difficile de se loger à Paris.* **2.** Se placer, pénétrer quelque part : *La balle s'est logée dans l'articulation.*

logette [lɔʒɛt] **n.f.** (dimin. de *loge*). **1.** ARCHIT. Petit ouvrage en surplomb, de plan allongé, à un seul étage. **2.** Petite loggia.

logeur, euse [lɔʒœr, -øz] **n.** Personne qui loue des chambres meublées.

loggia [lɔdʒja] **n.f.** (mot it. « loge »). **1.** ARCHIT. Loge, galerie. **2.** ARCHIT. Terrasse en retrait de façade, fermée sur les côtés. **3.** Mezzanine.

1. logiciel [lɔʒisjɛl] **n.m.** (de *logique*). INFORM. **1.** Ensemble des programmes, des procédés et des règles, et éventuellement de la documentation, qui permettent de traiter l'information à l'aide d'ordinateurs (par opp. à *matériel*). [Recomm. off. pour *software*.] **2.** Un tel ensemble adapté spécial. à la résolution d'un problème donné : *Un logiciel de traitement de textes.*

2. logiciel, elle [lɔʒisjɛl] **adj.** INFORM. Relatif au logiciel : *Génie logiciel.*

logicien, enne [lɔʒisjɛ̃, -ɛn] **n.** Spécialiste de logique.

1. logique [lɔʒik] **n.f.** (lat. *logica*, gr. *logikê*, de *logos*, raison). **1.** Discipline qui étudie le raisonnement en lui-même, abstraction faite de la matière sur laquelle il porte, comme de tout processus psychologique : *Aristote est le fondateur de la logique traditionnelle.* **2.** Manière de raisonner juste ; suite cohérente d'idées : *Sa conversation manque de logique* (syn. **cohérence**). **3.** Manière de raisonner et d'agir propre à un individu, un groupe : *La logique de l'enfant.* **4.** Manière dont les faits s'enchaînent, découlent les uns des autres ; ensemble des relations qui règlent l'apparition de phénomènes : *Ce serait dans la logique des choses qu'il gagne. Instaurer une logique de préservation de l'environnement.* **5.** Ensemble des procédés d'établissement de la vérité ; leur étude : *La logique de la médecine expérimentale.* **6. Logique formelle** ou **symbolique,** étude des raisonnements déductifs, abstraction faite de leur application à des cas particuliers. / **Logique mathématique,** théorie scientifique des raisonnements, excluant les processus psychologiques mis en œuvre, et qui se divise en *calcul des propositions* (ou *logique*) et *calcul* (ou *logique*) *des prédicats*. ▸ Son développement a permis de mener à bien la formalisation des mathématiques.

2. logique [lɔʒik] **adj.** (de *1. logique*). **1.** Conforme aux règles de la logique, de la cohérence, du bon sens : *Un raisonnement logique* (syn. **rationnel** ; contr. **illogique, absurde**). *La suite logique d'un événement* (syn. **attendu, nécessaire**). *Il est logique d'en parler avec lui* (syn. **naturel, normal**). **2.** Qui raisonne de manière cohérente : *Un esprit logique* (syn. **cartésien, méthodique**).

logiquement [lɔʒikmɑ̃] **adv. 1.** De façon logique : *Raisonner logiquement* (syn. **rationnellement**). **2.** Selon le cours normal des choses : *Logiquement, ils devraient arriver ce soir* (syn. **normalement**).

logis [lɔʒi] **n.m.** (de *loger*). *LITT.* Logement.

logisticien, enne [lɔʒistisjɛ̃, -ɛn] **n.** Spécialiste de logistique.

logistique [lɔʒistik] **n.f.** (bas lat. *logisticus*, gr. *logistikos*, relatif au calcul, au raisonnement). **1.** MIL. Ensemble des opérations ayant pour but de permettre aux armées de vivre, de se déplacer, de combattre et d'assurer les évacuations et le traitement médical du personnel. **2.** Ensemble de méthodes et de moyens relatifs à l'organisation d'un service, d'une entreprise, etc. : *Améliorer la logistique hospitalière grâce à l'informatique.* ◆ **adj. 1.** Relatif à la logistique militaire : *L'intendance d'une armée assure une partie de son soutien logistique.* **2.** Qui a trait aux méthodes et aux moyens d'organisation d'une opération, d'un processus.

logithèque [lɔʒitɛk] **n.f.** (de *logi[ciel]* et *-thèque*). Bibliothèque de logiciels.

logo [lɔgo] **n.m.** (abrév. de *logotype*, de même sens). Représentation graphique d'une marque commerciale, du sigle d'un organisme.

logographe [lɔgɔgraf] **n.m.** (de *logo-* et *-graphe*). **1.** Historien antérieur à Hérodote. **2.** ANTIQ. GR. Rhéteur qui rédigeait pour autrui des accusations ou des plaidoiries.

logomachie [lɔgɔmaʃi] **n.f.** (gr. *logomakhia*, combat en paroles). **1.** Assemblage de mots creux dans un discours, dans un raisonnement. **2.** LITTÉR. Discussion sur les mots, ou dans laquelle les interlocuteurs emploient les mêmes mots dans des sens différents.

logorrhée [lɔgɔre] **n.f.** (de *logo-* et *-rrhée*). Flot de paroles désordonnées, besoin irrésistible de parler, que l'on rencontre dans certains états d'excitation psychique.

logos [lɔgos] **n.m.** (mot gr. « parole, raison »). **1.** Rationalité suprême, conçue comme gouvernant le monde, dans certaines philosophies. **2.** THÉOL. Verbe éternel incarné, dans l'Évangile de saint Jean.

loi [lwa] **n.f.** (du lat. *lex, legis*). **1.** Prescription établie par l'autorité souveraine de l'État, applicable à tous, et définissant les droits et les devoirs de chacun ; l'ensemble de ces prescriptions : *Projet, proposition de loi. Nul n'est censé ignorer la loi* (syn. **droit**). *Se mettre hors la loi* (syn. **légalité**). **2.** (Avec une majuscule). Commandements que Dieu a révélés aux hommes ; ensemble des prescriptions propres à une religion : *Les Tables de la Loi. Loi ancienne ou mosaïque* (= contenue dans l'Ancien Testament). *Loi nouvelle ou Loi du Christ* (= contenue dans le Nouveau Testament). **3.** Règle, obligation imposée à qqn par une autre personne, par la morale, la vie sociale, etc. : *La loi du plus fort. Les lois de l'honneur* (syn. **code**). **4.** Ce qu'imposent les choses, les événements, les circonstances : *Il faut manger pour vivre, c'est la loi de la nature* (syn. **impératif, nécessité**). **5.** Principe fondamental déterminant les choses, les hommes : *La loi des séries.* **6.** Proposition générale énonçant des rapports nécessaires et constants entre des phénomènes physiques, économiques, etc. : *Loi de la gravitation universelle. La loi de l'offre et de la demande.* **7. Avoir force de loi,** être imposé, appliqué, à l'égal d'une loi : *Un usage qui a force de loi.* / **Loi(s) fondamentale(s),** la Constitution ou les textes formant la Constitution d'un pays ; sous l'Ancien Régime, ensemble des coutumes relatives à la transmission et à l'exercice du pouvoir. / PHILOS. **Loi morale,** principe universel de détermination d'une volonté libre en vue d'une action. / PHILOS. **Loi naturelle,** ensemble des règles de conduite édictées par la raison. / **Projet de loi,** texte de loi élaboré par le gouvernement et soumis au vote du Parlement. / **Proposition de loi,** texte de loi soumis par un parlementaire au vote du Parlement.

loin [lwɛ̃] **adv.** (lat. *longe*). **1.** Indique un éloignement relativement à un point situé dans l'espace ou dans le temps : *Il est parti loin pour oublier tout cela. Vous ne la rattraperez pas, elle est loin devant. Tout cela est bien loin, je ne me souviens plus.* **2. Aller loin,** avoir de grandes conséquences ; être promis à un grand avenir, en parlant de qqn : *Cette affaire risque d'aller loin. Ce garçon a de grandes qualités, il ira loin.* / **De loin,** d'une grande distance ; longtemps à l'avance : *Je vois très bien de loin. Prévoir le danger de loin.* / **De loin en loin,** à de grands intervalles : *Je ne le revois que de loin en loin.* / **Ne pas aller loin,** être de peu de valeur, de peu d'intérêt : *C'est un roman qui ne va pas loin.* / **Voir loin,** être doué d'une grande prévoyance ; avoir beaucoup de projets ou d'importants projets devant soi : *Voyez loin, préparez votre retraite. Cette réalisation n'est qu'un début, les urbanistes voient loin.* ◆ **loin de loc. prép. 1.** À une grande distance de : *Mon domicile est loin de mon lieu de travail.* **2.** Indique une négation renforcée : *Je suis loin de vous en vouloir* (= je ne vous en veux pas du tout). **3. Loin de là,** bien au contraire : *Votre fille n'est pas malade, loin de là.* / SOUT. **Loin de moi, de toi, de lui, etc., l'idée de,** indique que l'on n'envisage pas du tout cette chose : *Loin de moi l'idée de vous imposer cette corvée.*

1. lointain, e [lwɛ̃tɛ̃, -ɛn] **adj.** (lat. pop. **longitanus,* du class. *longe,* loin). **1.** Qui se trouve à une grande distance dans l'espace ou dans le temps ; éloigné, indirect : *Pays lointains* (contr. **proche, voisin**). *Une époque lointaine* (syn. **reculé** ; contr. **récent**). *Il n'y a qu'un rapport lointain entre les deux affaires* (syn. **vague** ; contr. **direct, étroit**). **2.** Qui est absent, inattentif à ce qui se passe ; dédaigneux : *Elle écoute la conversation, l'air lointain* (syn. **distrait** ; contr. **attentif**).

2. lointain [lwɛ̃tɛ̃] **n.m.** (de *1. lointain*). **1.** Plan situé à une grande distance : *Distinguer qqch dans le lointain* (= au loin). **2.** (Souvent au pl.). Partie d'un tableau, d'un dessin représentant les lieux et les objets les plus éloignés.

lointainement [lwɛ̃tɛnmɑ̃] **adv.** Vaguement ; grossièrement : *Forme évoquant lointainement un cœur.*

loir [lwar] **n.m.** (lat. pop. **lis, liris,* class. *glis, gliris*). Petit rongeur au pelage gris d'Europe méridionale et d'Asie Mineure. ▸ Le loir est frugivore, hibernant et familier des maisons isolées ; long. 15 cm ; famille des gliridés.

Loir (le), affl. de la Sarthe (r. g.) ; 311 km.

Loire (la), le plus long fleuve de France ; 1 020 km. Son bassin, couvrant 115 120 km² (env. le cinquième de la France), s'étend sur l'est du Massif central *(Loire supérieure),* le sud du Bassin parisien *(Loire moyenne)* et le sud-est du Massif armoricain *(Loire inférieure).* La Loire, née à 1 408 m d'alt. au mont Gerbier-de-Jonc, se dirige d'abord vers le nord, et reçoit l'Allier (r. g.) en aval de Nevers. Le fleuve, sorti du Massif central, décrit alors une vaste boucle, dont Orléans constitue le sommet. Après Tours il reçoit plusieurs affluents (le Cher, l'Indre, la Vienne à gauche et la Maine à droite). En aval de Nantes commence le long estuaire qui se termine dans l'Atlantique. La Loire a un régime irrégulier (sauf en aval), aux crues surtout hivernales et aux basses eaux estivales très marquées. La navigation n'est active qu'en aval de Nantes, mais en amont les eaux du fleuve servent au refroidissement de centrales nucléaires (Belleville-sur-Loire, Dampierre-en-Burly, Saint-Laurent-des-Eaux et Avoine).

Loire [42], dép. de la Région Auvergne-Rhône-Alpes ; ch.-l. de dép. *Saint-Étienne ;* ch.-l. d'arr. *Montbrison, Roanne ;* 3 arr., 21 cant., 327 comm. ; 4 781 km² ; 771 367 hab.

Loire *(châteaux de la),* ensemble de demeures royales, seigneuriales ou bourgeoises édifiées dans l'Anjou, la Touraine, le Blésois et l'Orléanais aux XVe et XVIe s. Les principaux sont ceux de Langeais, du Plessis-Bourré, d'Azay-le-Rideau, de Villandry, d'Amboise, de Chenonceau(x), de Chaumont, de Blois, de Chambord et de Valençay.

Loire (Haute-) [43], dép. de la Région Auvergne-Rhône-Alpes ; ch.-l. de dép. *Le Puy-en-Velay ;* ch.-l. d'arr. *Brioude, Yssingeaux ;* 3 arr., 19 cant., 260 comm. ; 4 977 km² ; 233 488 hab.

Loire (Pays de la), Région administrative regroupant 5 dép. : Loire-Atlantique, Maine-et-Loire, Mayenne, Sarthe et Vendée ; 32 082 km² ; 3 739 321 hab. Ch.-l. *Nantes.* La Région est formée par une vaste plaine drainée par la Loire et ses affluents, avec localement quelques reliefs (Alpes mancelles, les Coëvrons, collines du Perche) au nord et les collines de Vendée au sud. Les marais côtiers (Brière, Marais breton, Marais poitevin) bordent le littoral atlantique. Dans cette région de tradition agricole, c'est l'élevage (bovin surtout, mais aussi porcin) qui domine largement, malgré le développement local de spécialisations comme le vignoble (Muscadet, Anjou-Saumur) et les cultures fruitières, florales et maraîchères. L'industrie juxtapose branches traditionnelles (chantiers navals, agroalimentaire) et apports de décentralisation (aéronautique, constructions mécaniques, électriques et automobiles, informatique) ; elle est présente notamment à Nantes, Le Mans et Angers, les trois principales villes desservies par l'autoroute et le TGV, parfois également sur le littoral (Saint-Nazaire). Ce dernier, aménagé et valorisé pour accueillir les touristes, et le Val de Loire, avec son patrimoine culturel, constituent les espaces les plus attractifs de la Région.

Loire-Anjou-Touraine *(parc naturel régional de),* parc naturel couvrant env. 272 000 ha sur les dép. de l'Indre-et-Loire et du Maine-et-Loire.

Loire-Atlantique [44], dép. de la Région Pays de la Loire ; ch.-l. de dép. *Nantes ;* ch.-l. d'arr. *Ancenis, Châteaubriant, Saint-Nazaire ;* 4 arr., 31 cant., 221 comm. ; 6 815 km² ; 1 349 609 hab.

Loiret [45], dép. de la Région Centre-Val de Loire ; ch.-l. de dép. *Orléans ;* ch.-l. d'arr. *Montargis, Pithiviers ;* 3 arr., 21 cant., 334 comm. ; 6 775 km² ; 681 086 hab.

Loir-et-Cher [41], dép. de la Région Centre-Val de Loire ; ch.-l. de dép. *Blois ;* ch.-l. d'arr. *Romorantin-Lanthenay, Vendôme ;* 3 arr., 15 cant., 291 comm. ; 6 343 km² ; 342 224 hab.

Lois ou **Légistes *(école des),*** école de pensée chinoise (essentiellement des IVe et IIIe s. av. J.-C.) qui a élaboré une philosophie politique, empreinte d'autoritarisme et soucieuse de rationaliser les échanges économiques.

loisible [lwazibl] **adj.** (de l'anc. v. *loisir,* être permis). **Il est loisible de** (+ inf.), il est permis, possible de : *Il vous sera toujours loisible ensuite de revenir sur votre décision.*

loisir [lwazir] **n.m.** (de l'anc. v. *loisir,* être permis, du lat. *licere*). **1.** Temps dont qqn peut disposer en dehors de ses occupations ordinaires : *J'aurai demain le loisir d'en discuter avec vous plus amplement* (syn. **possibilité, occasion**). **2. À loisir, tout à loisir,** à son aise, sans se presser : *Contempler un tableau tout à loisir.* ◆ **loisirs n.m. pl.** Distractions pendant les temps libres : *Des loisirs intellectuels.*

lombago n.m. ⟶ **lumbago.**

lombaire [lɔ̃bɛr] **adj.** (de *lombes*). **1.** Relatif aux lombes : *Douleur lombaire.* **2. Vertèbre lombaire,** chacune des cinq vertèbres qui correspondent à la région des lombes (on dit aussi *une lombaire*).

lombalgie [lɔ̃balʒi] **n.f.** (de *lomb[es]* et *-algie*). Douleur de la région lombaire. (On dit cour. *mal aux* ou *de reins*.)

Lombardie, région du nord de l'Italie, située au pied des Alpes, constituant les prov. de *Bergame, Brescia, Côme, Crémone, Mantoue, Milan, Pavie, Sondrio* et *Varèse* ; 23 850 km² ; 9 719 520 hab. *(Lombards)*. CAP. *Milan*. On y distingue : les *Alpes lombardes,* bordées, au sud, par un chapelet de grands lacs (lacs Majeur, de Côme, de Garde, etc.) ; la *plaine lombarde,* qui associe de riches cultures à un élevage intensif et qui constitue surtout un grand foyer industriel : métallurgie, textile, chimie.

Lombards, peuple germanique établi entre l'Elbe et l'Oder, puis au sud du Danube. Les Lombards envahirent l'Italie au VIe s. et y fondèrent un royaume avec pour capitale Pavie (572). Battus par Charlemagne (773-774), qui prit le titre de roi des Lombards, ils maintinrent une dynastie à Bénévent jusqu'en 1047.

lombard-vénitien *(Royaume)*, nom porté de 1815 à 1859 par les possessions autrichiennes en Italie du Nord (Milanais, Vénétie) ; le Royaume éclata en 1859, quand la Lombardie revint au Piémont. Son autre composante, la Vénétie, fut annexée en 1866 au royaume d'Italie.

lombes [lɔ̃b] **n.f. pl.** (du lat. *lumbus*, rein). Régions du dos situées de chaque côté de la colonne vertébrale, au-dessous de la cage thoracique, au-dessus de la crête iliaque.

lombostat [lɔ̃bosta] **n.m.** Corset orthopédique, destiné à soutenir la région lombaire.

lombric [lɔ̃brik] **n.m.** (lat. *lumbricus*). Ver annélide, qui creuse des galeries dans le sol humide, contribuant ainsi à son aération et à sa fertilité (nom usuel : *ver de terre*). ▸ Classe des oligochètes ; long. env. 30 cm.

Lomé, cap. et port du Togo, sur le golfe de Guinée ; 837 437 hab. (930 000 hab. dans l'agglomération). Université.

Loménie de Brienne (Étienne de), prélat et homme d'État français (Paris 1727 - Sens 1794). Archevêque de Toulouse (1763), ministre des Finances en 1787, il entra en conflit avec les notables, dont il menaçait les privilèges et se heurta au parlement de Paris, qu'il exila (août-sept.), et à ceux de province. Il dut se retirer dès 1788. Archevêque de Sens depuis 1787, puis cardinal (1788), il prêta serment à la Constitution civile du clergé.

London, v. du Canada (Ontario) ; 366 151 hab. (474 786 hab. dans l'agglomération). Centre financier. Constructions mécaniques et électriques.

London (John Griffith London, dit **Jack),** écrivain américain (San Francisco 1876 - Glen Ellen, Californie, 1916). Il peignit dans ses romans des héros ardents et primitifs, aventuriers (*Martin Eden,* 1909), épris d'actions violentes (*le Loup des mers,* 1904), ou l'existence mystérieuse des animaux (*Croc-Blanc,* 1905). Autodidacte, il dénonça la société capitaliste et les malheurs qu'elle engendre.

Londonderry, port d'Irlande du Nord, sur le Foyle ; 69 986 hab. Textile. Chimie.

Londres, en angl. **London,** cap. de la Grande-Bretagne, sur la Tamise ; 3 231 901 hab. *(Londoniens)* [10 189 000 hab. dans l'agglomération]. Comme Paris, Londres doit sa naissance à un passage du fleuve, lieu d'échanges entre le Nord et le Sud. La *Cité (City),* au cœur de la ville, demeure le centre des affaires. Aux quartiers résidentiels de l'ouest, parsemés de parcs, s'opposent encore les zones ouvrières de l'est, industriel, de part et d'autre de la Tamise. Principal port britannique, où le rôle d'entrepôt a reculé devant la fonction régionale, Londres est surtout une importante métropole politique, financière, culturelle et aussi industrielle. La croissance de l'agglomération a été freinée après 1945 par la création de « villes nouvelles » dans un large rayon autour de Londres. Les principaux monuments anciens sont la Tour de Londres (XIe s.), l'abbatiale de Westminster (XIIIe-XVIe s.), la cathédrale Saint Paul (de Wren, fin du XVIIe s.). Riches musées, dont le British Museum (archéologie du Moyen-Orient ; art grec et romain ; archéologie anglo-romaine et médiévale ; manuscrits...), la National Gallery (chefs-d'œuvre picturaux des écoles européennes), la Tate Britain (peinture anglaise) et la Tate Modern (art moderne et contemporain de tous pays), le Victoria and Albert Museum (arts décoratifs et beaux-arts).

HISTOIRE

Centre stratégique et commercial de la Bretagne romaine *(Londinium)*, ruinée par les invasions anglo-saxonnes (Ve s.), Londres renaît aux VIe-VIIe s. comme capitale du royaume d'Essex et siège d'un évêché (604). Enjeu des luttes entre les rois anglo-saxons et danois (Xe-XIe s.), elle est, à partir du XIIe s., la capitale de fait du royaume anglo-normand. Dotée d'une charte communale (1191), siège du Parlement (1258), capitale officielle du royaume (1327), elle connaît une remarquable extension, due à l'activité de son port et à l'essor de l'industrie drapière (XVe s.). La ville est ravagée par la peste en 1665 et par l'incendie en 1666, mais, au XVIIIe et au XIXe s., le rythme de son développement s'accélère et Londres devient la capitale de la finance et du commerce internationaux. Pendant la Seconde Guerre mondiale, elle est durement atteinte par les bombardements allemands.

1. long, longue [lɔ̃, lɔ̃g] **adj.** (lat. *longus*). **1.** Qui s'étend sur une grande distance, une grande longueur ; qui se caractérise par sa longueur, par opp. à un type normal plus court ou à un type plat, rond, etc. : *Faire un long détour. Cheveux longs* (contr. **court**). *Muscles longs.* **2.** Qui dure longtemps : *Long voyage* (contr. **bref**). *Trouver le temps long* (contr. **court**). **3.** Se dit d'une œuvre, d'un discours, d'un texte étendu, fourni : *Écrire une longue lettre.* **4.** FAM. Se dit d'une personne qui met beaucoup de temps à faire qqch : *N'être pas long à réagir* (syn. **lent** ; contr. **prompt**). **5. Long de,** qui a telle longueur ; qui a telle durée : *Un chemin long de cent mètres. Une attente longue de deux heures.* **6.** PHON. **Voyelle longue** ⟶ **longue.** ◆ **long adv. En dire long,** donner beaucoup de renseignements ; être lourd de sens : *Sa conduite en dit long sur son état d'esprit.* / **En savoir long,** être bien informé : *En savoir long sur une affaire.*

2. long [lɔ̃] **n.m.** (de *1. long*). **1.** Longueur : *Une table de 2 m de long.* **2. Au long, tout au long,** sans abréger, intégralement : *Écrire un mot tout au long.* / **De long en large,** alternativement en longueur, puis en largeur : *Arpenter une pièce de long en large.* / **De tout son long,** de toute la longueur de son corps : *Tomber de tout son long.* / **En long et en large,** en tous sens ; sous tous les aspects : *Examiner une question en long et en large* (= en faire le tour). / **Le long de,** en longeant : *Marcher le long de la rivière* (= longer la rivière). / **Tout au long, tout le long de,** pendant toute la longueur, toute la durée de : *Lire tout le long du voyage.*

longanimité [lɔ̃ganimite] **n.f.** (du lat. *longus*, patient, et *animus*, esprit). LITT. **1.** Patience à supporter ses propres maux. **2.** Indulgence qui porte à pardonner ce qu'on pourrait punir ; clémence (syn. litt. **mansuétude**).

long-courrier [lɔ̃kurje] **n.m.** et **adj.m.** (de *long cours* ; v. *cours*) [pl. *long-courriers*]. **1.** Avion de transport destiné à voler sur de très longues distances (6 000 km au moins). **2.** Navire effectuant une navigation de long cours.

long drink [lɔ̃gdrink] **n.m.** (mots angl.) [pl. *long drinks*]. Boisson alcoolisée allongée d'eau ou de soda.

1. longe [lɔ̃ʒ] **n.f.** (de *1. long*). Courroie qui sert à attacher, à mener un cheval ou un autre animal domestique.

2. longe [lɔ̃ʒ] **n.f.** (du lat. pop. **lumbea*, class. *lumbus*, rein). **Longe de porc,** partie supérieure des régions cervicale, lombaire et sacrée du porc. / **Longe de veau,** morceau de veau correspondant aux lombes.

longer [lɔ̃ʒe] **v.t.** (de *1. long*) [conj. **17**]. Suivre le bord de qqch : *Le bois longe la côte* (syn. **border**). *Elle longe les murs* (syn. **raser**).

longeron [lɔ̃ʒrɔ̃] **n.m.** (de *long*). **1.** Pièce maîtresse d'une aile, d'un empennage ou d'un fuselage d'avion, disposée dans le sens de la longueur. **2.** Pièce longitudinale d'un véhicule automobile.

longévité [lɔ̃ʒevite] **n.f.** (du lat. *longus*, long, et *aevum*, âge). **1.** Longue durée de vie : *Souhaiter à qqn prospérité et longévité.* **2.** Durée de la vie en général : *La longévité moyenne de la population s'est accrue.*

Longfellow (Henry Wadsworth), poète américain (Portland 1807 - Cambridge, Massachusetts, 1882). Il contribua à répandre la culture européenne aux États-Unis et publia des poèmes romantiques (*Evangeline,* 1847).

Longhena (Baldassare), architecte italien (Venise 1598 - *id.* 1682). Il a su combiner, à Venise, la dynamique du baroque et la noblesse palladienne (église de la Salute, à plan central, entreprise en 1631 ; palais Pesaro, v. 1650).

longiligne [lɔ̃ʒiliɲ] **adj.** (de *1. long* et *ligne*). Se dit d'une personne élancée, aux membres longs et minces : *Une danseuse longiligne.*

Long Island, île sur laquelle est bâti Brooklyn, quartier de New York.

longitude [lɔ̃ʒityd] **n.f.** (lat. *longitudo*, longueur). Angle formé, en un lieu donné, par le méridien du lieu avec le méridien de Greenwich, et compté de 0 à ± 180, à partir de cette origine, positivement vers l'ouest, négativement vers l'est : *Pour faire le point, il faut mesurer la longitude et la latitude.*

longitudinal, e, aux [lɔ̃ʒitydinal, -o] **adj.** (lat. *longitudo*, longueur). Qui est fait dans la longueur, dans le sens de la longueur (par opp. à *transversal*).

longitudinalement [lɔ̃ʒitydinalmɑ̃] **adv.** Dans le sens de la longueur.

Longmen, grottes de Chine (Henan). Creusées à partir de 494, ces fondations bouddhiques sont ornées de nombreux reliefs et sculptures, où se déploie le style graphique et linéaire de la dynastie des Wei du Nord (386-557). Les réalisations ultérieures des Tang (618-907) attestent l'évolution de la sculpture et l'aisance avec laquelle l'artiste traite le corps humain.

long-métrage ou **long métrage** [lɔ̃metraʒ] **n.m.** (pl. *longs*[-]*métrages*). Film dont la durée dépasse une heure.

longtemps [lɔ̃tɑ̃] **adv.** Pendant un long espace de temps : *Regarder longtemps un tableau* (syn. **longuement** ; contr. **brièvement, rapidement**).

longue [lɔ̃g] **n.f. 1.** Voyelle qui, dans un système phonétique, se distingue d'une voyelle de même timbre par la durée plus importante de son émission (par opp. à *brève*). **2. À la longue,** le temps aidant : *Se faire à qqch à la longue.*

Longue Marche *(la),* mouvement de retraite des communistes chinois (1934-1935) sous l'égide de Mao Zedong. Pour échapper aux nationalistes, ils traversèrent la Chine du sud au nord (Shanxi) en faisant un long crochet par le Sud-Ouest, perdant plus des trois quarts de leurs effectifs.

longuement [lɔ̃gmɑ̃] **adv.** Pendant un long moment : *Parler longuement* (syn. **abondamment**).

longuet, ette [lɔ̃gɛ, -ɛt] **adj.** FAM. Qui dure un peu trop longtemps ; qui est un peu trop long.

longueur [lɔ̃gœr] **n.f.** (de *1. long*). **1.** Dimension d'une chose dans le sens de sa plus grande étendue (par opp. à *largeur*) ; cette dimension considérée du point de vue de sa mesure : *Mesurer la longueur d'une table. Un jardin de cent mètres de longueur* (syn. **long**). **2.** Distance d'une extrémité à l'autre d'un objet, d'une surface : *La longueur des jupes varie selon la mode.* **3.** Distance, partic. dans une course : *Courir sur une longueur de deux cents mètres.* **4.** SPORTS. (Précédé de l'art. déf.). Spécialité du saut en longueur : *Une spécialiste de la longueur.* **5.** Unité de mesure égale à la longueur d'un cheval, d'un véhicule, d'une embarcation, etc., servant à évaluer la distance entre les concurrents à l'arrivée d'une course : *Cheval qui l'emporte d'une courte longueur.* **6.** Espace de temps que dure qqch : *La longueur des jours augmente* (syn. **durée**). **7.** Durée supérieure à la normale ; étendue excessive : *Veuillez excuser la longueur de ma lettre* (contr. **brièveté**). **8.** (Surtout au pl.). Développement long et inutile dans un texte, un film etc. : *Il y a des longueurs au début de la pièce.* **9. À longueur de,** pendant toute la durée de : *Se plaindre à longueur de journée.* / **Traîner, tirer en longueur,** durer très longtemps sans progresser : *Procès qui traîne en longueur.*

longue-vue [lɔ̃gvy] **n.f.** (pl. *longues-vues*). Lunette d'approche.

Lönnrot (Elias), écrivain finlandais (Sammatti 1802 - *id.* 1884). Il recueillit les chants populaires de Carélie et les publia sous le titre de *Kalevala.*

Lons-le-Saunier, ch.-l. du dép. du Jura, à 400 km au sud-est de Paris ; 18 148 hab. *(Lédoniens).* Centre administratif et commercial. Fromagerie. Église St-Désiré, en partie du XIe s. Musées (d'Archéologie, des Beaux-Arts, Rouget de Lisle [dans sa maison natale]).

look [luk] **n.m.** (mot angl.). FAM. Image donnée par qqn, qqch : *Elle a changé de look* (syn. **style, allure, apparence**). *Le nouveau look d'un magazine* (syn. **aspect**).

looping [lupiŋ] **n.m.** (de la loc. angl. *looping the loop*, action de boucler la boucle). Exercice de voltige aérienne consistant à faire une boucle dans un plan vertical.

Lope de Vega → Vega Carpio.

lopin [lɔpɛ̃] **n.m.** (anc. fr. *lope*, forme anc. de *loupe* ; v. *ce mot*). Petite parcelle de terrain : *Lopin de terre.*

loquace [lɔkas] **adj.** (lat. *loquax*, de *loqui*, parler). Qui parle beaucoup : *Elle n'est pas très loquace* (syn. **bavard, volubile**).

loquacité [lɔkasite] **n.f.** (lat. *loquacitas*). Fait d'être loquace ; disposition à parler beaucoup (syn. **prolixité, volubilité**).

loque [lɔk] **n.f.** (moyen néerl. *locke*, boucle). **1.** (Souvent au pl.). Vieux vêtement ; vêtement en lambeaux : *Être vêtu de loques* (syn. **haillon, guenille**). *Un manteau qui tombe en loques.* **2.** FAM. Personne sans énergie, veule : *Les échecs l'ont miné, il n'est plus qu'une loque* (syn. **épave**).

loquet [lɔkɛ] **n.m.** (dimin. du moyen néerl. *loke* ou de l'anglo-normand *loc*, mot de l'anc. anglais). Barre mobile autour d'un pivot, servant à fermer une porte par la pression d'un ressort ou par son propre poids.

loqueteau [lɔkto] **n.m.** Petit loquet qui sert à la fermeture des fenêtres, des persiennes, etc.

loqueteux, euse [lɔktø, -øz] **adj.** et **n.** Vêtu de loques ; déguenillé, dépenaillé.

lord [lɔr] ou [lɔrd] **n.m.** (mot angl.). **1.** Titre donné en Grande-Bretagne aux pairs du royaume ainsi qu'aux membres de la Chambre des lords. **2. Chambre des lords,** chambre haute du Parlement britannique, composée de pairs (héréditaires ou non), de lords spirituels (clergé de l'Église anglicane) et de lords de justice (= elle joue le rôle de cour supérieure d'appel).

lordose [lɔrdoz] **n.f.** (gr. *lordôsis*, de *lordos*, voûte). **1.** ANAT. Courbure normale, à convexité antérieure, des parties cervicale et lombaire de la colonne vertébrale. **2.** MÉD. Exagération pathologique de cette courbure.

Lorentz (Hendrik Antoon), physicien néerlandais (Arnhem 1853 - Haarlem 1928). Il fut le principal créateur de la théorie électronique de la matière, qui lui permit d'expliquer la conductibilité électrique des métaux et la dispersion chromatique de la lumière. On lui doit les formules de transformation qui portent son nom. Reliant les longueurs, les masses et le temps de deux systèmes en mouvement rectiligne uniforme l'un par rapport à l'autre, les formules de Lorentz interviennent en mécanique relativiste. (Prix Nobel 1902.)

Lorenz (Konrad), éthologiste et zoologiste autrichien (Vienne 1903 - Altenberg, Basse-Autriche, 1989). Il a étudié le comportement des animaux dans leur milieu naturel, ainsi que l'empreinte filiale et maternelle. Ses travaux ont contribué au développement de l'éthologie et ont été couronnés en 1973 par le prix Nobel de physiologie et de médecine (partagé avec K. von Frisch et N. Tinbergen). Il a écrit notamment : *l'Agression* (1963) ; *Essais sur le comportement animal et humain* (1965) ; *les Huit Péchés capitaux de notre civilisation* (1973).

Lorenzetti (les frères), peintres italiens : **Pietro** (Sienne v. 1280 - *id.* 1348 ?) et **Ambrogio** (documenté à Sienne de 1319 à 1347). S'écartant de la pure élégance gothique, ils innovent en empruntant à l'œuvre de Giotto et à la sculpture toscane (retables ; fresques de Pietro dans la basilique inférieure d'Assise, d'Ambrogio au palais public de Sienne [*Effets du bon et du mauvais gouvernement*]).

lorette [lɔrɛt] **n.f.** (du n. du quartier *Notre-Dame-de-Lorette,* à Paris). Jeune femme élégante et de mœurs faciles, au début du XIXe s.

lorgner [lɔrɲe] **v.t.** (anc. fr. *lorgne,* louche, du germ. **lurni,* guetter). **1.** Regarder du coin de l'œil et avec insistance une chose, une personne qui suscite notre désir : *Lorgner des pâtisseries* (syn. **loucher sur**). **2.** Convoiter qqch secrètement : *Lorgner une place* (syn. **guigner**).

lorgnette [lɔrɲɛt] **n.f.** (de *lorgner,* d'apr. *lunette*). **1.** Petite lunette d'approche portative. **2. Regarder les choses par le petit bout de la lorgnette,** ne voir les choses que sous un aspect particulier, que l'on grossit exagérément ; ne voir que le côté mesquin des choses.

lorgnon [lɔrɲɔ̃] **n.m.** (de *lorgner*). Lunettes sans branches qu'on tient à la main ou qu'un ressort fait tenir sur le nez.

Lorient, ch.-l. d'arr. du Morbihan, sur la ria formée par les embouchures du Scorff et du Blavet ; 59 425 hab. *(Lorientais)* [114 608 hab. dans l'agglomération]. Port de pêche. Conserveries. Constructions mécaniques. Port militaire et, à l'ouest, base aéronavale de Lann-Bihoué.

loriot [lɔrjo] **n.m.** (anc. prov. *auriol,* lat. *aureolus,* d'or). Oiseau passereau jaune et noir (mâle) ou verdâtre (femelle), au chant sonore, vivant dans les bois, les vergers, où il se nourrit de fruits et d'insectes. ▸ Long. 23 cm env.

lorrain, e [lɔrɛ̃, -ɛn] **adj.** et **n.** De la Lorraine. ◆ **lorrain n.m.** Dialecte de langue d'oïl parlé en Lorraine.

Lorrain ou **Le Lorrain (Claude Gellée,** dit **Claude),** peintre et dessinateur français (Chamagne, près de Mirecourt, Vosges, 1600 - Rome 1682). L'essentiel de sa carrière se déroule à Rome. Empruntant aux écoles du Nord comme aux Italiens, maniant la lumière de façon féerique, il est un des grands maîtres du paysage « historique » (*Port de mer au soleil couchant, Ulysse remet Chryséis à son père,* Louvre ; *Jacob, Laban et ses filles,* château de Petworth, Grande-Bretagne). Très apprécié des amateurs anglais du XVIIIe s., il a notamment influencé Turner.

Lorraine, région de l'est de la France. La région constitue, à partir du VIe s. le cœur de l'Austrasie (cap. *Metz*). Le traité de Verdun (843) l'attribue à Lothaire Ier. Lors du partage de son domaine (855), elle revient à Lothaire II pour qui est créé le royaume de Lotharingie. Ce royaume, disputé entre la France et la Germanie, est intégré au royaume de Germanie (925) dont il constitue un duché. Vers 960, la Lotharingie est divisée en Haute-Lotharingie (futur duché de Lorraine) et Basse-Lotharingie (futur duché de Brabant). Le duché de Lorraine est déchiré à partir du XIVe s. entre les influences rivales de la France, de la Bourgogne et du Saint Empire. La France s'empare des Trois-Évêchés, Metz, Toul et Verdun, en 1552. Elle se fait céder en 1766 la Lorraine, qui avait été attribuée en 1738 à Stanislas Leszczyński, beau-père de Louis XV. En 1871, le département de la Moselle est annexé par l'Allemagne (⟶ **Alsace-Lorraine**). Il retourne à la France en 1919. Il est à nouveau annexé par l'Allemagne de 1940 à 1944, alors que le reste de la Lorraine est occupé puis libéré.

Lorraine, Région de l'est de la France et anc. Région administrative, regroupant 4 dép. : Meurthe-et-Moselle, Meuse, Moselle et Vosges. ⟶ Alsace-Champagne-Ardenne-Lorraine.

Lorraine belge, partie méridionale de la province de Luxembourg (Wallonie).

lors [lɔr] **adv.** (du lat. *illa hora,* à ce moment-là). *LITT.* **Lors même que,** marque une opposition : *Ce serait ainsi lors même que vous ne le voudriez pas* (= même si). **/ Depuis lors** ⟶ **depuis. / Dès lors** ⟶ **dès.** ◆ **lors de loc. prép.** Indique l'époque de, le moment de : *Lors de mon mariage.*

lorsque [lɔrskə] **conj. sub.** (de *lors* et *que*). Marque une relation temporelle (simultanéité approximative ou postériorité de l'action principale) : *Lorsqu'elle est en colère, cela s'entend ! Lorsque vous serez arrivé, envoyez-moi de vos nouvelles* (= au moment où) [syn. **quand**]. ***Rem.*** *Lorsque* s'élide devant *il(s), elle(s), on, en, un, une.*

losange [lɔzɑ̃ʒ] **n.m.** (du gaul. **lausa,* pierre plate). Quadrilatère dont les quatre côtés sont égaux et les diagonales perpendiculaires. ▸ Les diagonales d'un losange se coupent en leur milieu et sont perpendiculaires l'une à l'autre. Sa surface est égale au produit de sa base par sa hauteur ou au demi-produit de ses deux diagonales.

Los Angeles, port des États-Unis (Californie) ; 3 928 864 hab. (13 395 023 dans l'agglomération, la deuxième des États-Unis, avec d'importantes minorités, hispanophone, noire et asiatique). Centre culturel et artistique (universités, musées), financier et aussi industriel. Hollywood est l'un de ses quartiers.

loseur, euse [luzœr, -øz] **n.** ou **loser n.m.** (mot angl.). *FAM.* Perdant ; raté : *Il vaut mieux ne pas se fier à lui, c'est un loseur* (contr. **battant**).

Losey (Joseph), cinéaste américain (La Crosse, Wisconsin, 1909 - Londres 1984). Moraliste lucide et intransigeant, contraint à l'exil par le maccarthysme, il acquit en Angleterre une réputation internationale : *The Servant* (1963), *Accident* (1967), *le Messager* (1971), *Monsieur Klein* (1976), *Don Giovanni* (1979).

lot [lo] **n.m.** (frq. **lot,* héritage, sort). **1.** Portion d'un tout : *Propriété foncière divisée en lots* (syn. **parcelle**). *Le lot d'un héritier* (syn. **part**). **2.** Ce qui revient à qqn dont le numéro est sorti dans une loterie : *Obtenir un lot de consolation.* **3.** Ce que le hasard, la nature, le destin réserve à chacun : *C'est notre lot à tous de mourir un jour* (syn. **destinée, sort**). **4.** Ensemble d'articles, d'objets assortis, de marchandises vendues ensemble : *Des livres vendus par lots.* **5.** Groupe de personnes présentant les mêmes caractères : *Dans le lot il y a des candidats de valeur.* **6.** INFORM. Ensemble fini de travaux destinés à être traités d'un seul tenant en différé. **7. Tirer le gros lot,** gagner le lot le plus important ; au fig., jouir d'une aubaine exceptionnelle (parfois iron.) : *Tu as tiré le gros lot en l'invitant : il est ennuyeux à mourir.*

Lot (le), riv. du Massif central et du bassin d'Aquitaine, affluent de la Garonne (r. dr.) ; 480 km.

Lot [46], dép. de la Région Languedoc-Roussillon-Midi-Pyrénées, formé par la majeure partie du Quercy ; ch.-l. de dép. *Cahors ;* ch.-l. d'arr. *Figeac, Gourdon ;* 3 arr., 17 cant., 340 comm. ; 5 217 km^2 ; 181 165 hab. *(Lotois).*

loterie [lɔtri] **n.f.** (néerl. *loterije* ou it. *lotteria*). **1.** Jeu de hasard qui consiste à tirer au sort des numéros désignant des billets gagnants et donnant droit à des lots : *Le tirage de la loterie.* **2.** Ce qui est régi par le hasard : *Ce concours est une véritable loterie.*

Lot-et-Garonne [47], dép. de la Région Aquitaine-Limousin-Poitou-Charentes ; ch.-l. de dép. *Agen ;* ch.-l. d'arr. *Marmande, Nérac, Villeneuve-sur-Lot ;* 4 arr., 21 cant., 319 comm. ; 5 361 km^2 ; 342 903 hab.

Lothaire Ier (795 - Prüm 855), empereur d'Occident (840-855), fils de Louis Ier le Pieux. Il se révolta contre son père, à la mort duquel il voulut garder l'intégralité de l'Empire pour lui-même. Mais il se vit imposer par ses frères le partage de Verdun (843), qui ne lui laissa que la dignité impériale et un royaume étriqué, étendu de l'Italie à la Frise.

Lotharingie, royaume que reçut Lothaire II (855-869), de son père Lothaire Ier. Étendu des Vosges à la Frise, il fut divisé après 960 en Haute-Lotharingie, future Lorraine, et en Basse-Lotharingie, qui se réduisit au duché de Brabant.

loti, e [lɔti] **adj.** (p. passé de *lotir*). **Être bien, mal loti,** être favorisé, défavorisé par le sort (souvent iron.) : *Je suis bien loti avec quelqu'un d'aussi maladroit !*

A B C D E F G H I J K L M N O P Q R S T U V W X Y Z

Loti (Julien Viaud, dit **Pierre),** écrivain français (Rochefort 1850 - Hendaye 1923). Sa carrière d'officier de marine le mena dans des pays lointains : il en tira des romans au cadre exotique (*le Mariage de Loti,* 1880 ; *Madame Chrysanthème,* 1887) ; la mer, des souvenirs de Bretagne et du Pays basque furent la matière d'autres romans (*Pêcheur d'Islande,* 1886 ; *Ramuntcho,* 1897).

lotion [lɔsjɔ̃] **n.f.** (bas lat. *lotio,* de *lotus,* p. passé de *lavare,* laver). **1.** Eau de toilette, souvent légèrement alcoolisée, utilisée pour les soins de l'épiderme ou de la chevelure. **2. Lotion après-rasage ⟶ après-rasage.**

lotir [lɔtir] **v.t.** (de *lot*) [conj. **32**]. **1.** Diviser en lots : *Lotir un terrain pour le vendre* (syn. **morceler, démembrer**). **2.** Mettre qqn en possession d'un lot : *Lotir une famille d'une maison* (syn. **doter, pourvoir**).

lotissement [lɔtismɑ̃] **n.m.** (de *lotir*). **1.** Morcellement d'une propriété foncière en lots, en vue d'y construire des habitations. **2.** Ensemble des habitations construites sur un terrain loti.

loto [lɔto] **n.m.** (it. *lotto,* lot, sort). **1.** Jeu de hasard dans lequel les joueurs sont munis de cartons numérotés dont ils couvrent les cases à mesure qu'ils tirent d'un sac les 90 numéros correspondants. **2. Loto national,** en France, jeu de hasard institué par l'État en 1976.

lotte [lɔt] **n.f.** (gaul. **lotta*). **1.** Poisson d'eau douce à chair estimée, dont la deuxième nageoire dorsale est très longue. ▸ Famille des gadidés ; long. 30 à 70 cm ; poids jusqu'à 4 kg. **2. Lotte de mer,** autre nom de la baudroie.

Lotto (Lorenzo), peintre italien (Venise 1480 - Lorette 1556). Artiste tourmenté, à la vie vagabonde (Trévise, les Marches, Bergame, Venise), il est l'auteur de retables et de portraits qui unissent intensité expressive et poésie subtile (*Gentilhomme dans son cabinet de travail,* Venise ; *Sainte Lucie devant le juge,* Jesi [Marches]).

lotus [lɔtys] **n.m.** (mot lat., gr. *lôtos*). Plante aquatique ornementale, représentée par des nénuphars (lotus blanc, genre *Nymphea*) ou par des espèces voisines (lotus bleu d'Égypte, genre *Nelumbo*).

1. louable [lwabl] **adj.** (de *1. louer*). Digne de louanges : *De louables efforts* (syn. **méritoire**). *Un sentiment louable* (syn. **estimable ;** contr. **blâmable, condamnable**).

2. louable [lwabl] **adj.** (de *2. louer*). Qui peut être mis ou pris en location.

louage [lwaʒ] **n.m.** (de *2. louer*). **1.** DR. Contrat par lequel une personne s'engage à laisser à une autre la jouissance d'une chose pendant un certain temps : *Voiture de louage.* **2.** DR. **Louage d'ouvrage et d'industrie,** contrat par lequel une personne s'engage à faire qqch pour qqn d'autre ; contrat d'entreprise.

louange [lwɑ̃ʒ] **n.f.** (de *1. louer*). Action de célébrer les mérites de qqn : *Faire peu de cas de la louange* (syn. **éloge**). *C'est tout à sa louange d'avoir agi ainsi* (= c'est tout à son honneur). ◆ **louanges n.f. pl. 1.** Paroles par lesquelles on fait l'éloge de qqn, de qqch : *Combler de louanges* (syn. **félicitation, compliment**). **2. Chanter les louanges de qqn, de qqch,** vanter les mérites de qqn, de qqch.

louanger [lwɑ̃ʒe] **v.t.** [conj. **17**]. LITT. Décerner des louanges à qqn ; faire l'éloge de qqch : *Louanger un écrivain* (syn. **louer,** litt. **exalter ;** contr. **critiquer**). *Louanger une mise en scène* (syn. **vanter, célébrer ;** contr. **dénigrer**).

louangeur, euse [lwɑ̃ʒœr, -øz] **adj.** LITT. Qui contient des louanges : *Propos louangeurs* (syn. **élogieux**).

loubard [lubar] **n.m.** FAM. Jeune voyou ; jeune délinquant.

Loubet (Émile), homme d'État français (Marsanne, Drôme, 1838 - Montélimar 1929). Président du Conseil (1892), puis du Sénat (1896-1899), il fut président de la République (1899-1906) et contribua au rapprochement de la France avec l'Italie et la Grande-Bretagne.

1. louche [luʃ] **adj.** (anc. fr. *lois,* refait sur le fém. *losche,* lat. *luscus,* borgne). **1.** Qui manque de franchise, de clarté : *Conduite louche* (syn. **équivoque, suspect**). *Milieu louche* (syn. **interlope**). **2.** Qui n'a pas un ton franc, en parlant des couleurs, des liquides, etc. : *Un cidre louche* (syn. **trouble**).

2. louche [luʃ] **n.f.** (frq. **lôtja*). **1.** Grande cuillère à long manche ; contenu de cette cuillère : *Servir le potage avec une louche. Une louche de crème fraîche.* **2.** FAM. *À la louche,* en faisant de grosses portions ; grossièrement, sans finesse : *Budget fait à la louche.*

loucher [luʃe] **v.i.** (de *1. louche*). Être atteint de strabisme. ◆ **v.t. ind. [sur].** Regarder qqn, qqch avec envie : *Loucher sur un héritage* (syn. **guigner, convoiter**).

1. louer [lwe] **v.t.** (lat. *laudare*) [conj. **6**]. **1.** Vanter les mérites ou les qualités de qqn, de qqch : *Louer l'orateur pour la clarté de son exposé* (syn. **féliciter ;** contr. **blâmer**). *Louer la créativité* (syn. **célébrer ;** contr. **critiquer**). **2. Louer Dieu,** célébrer sa grandeur, ses bienfaits. ◆ **se louer v.pr. [de].** Se montrer satisfait de qqn, de qqch : *Se louer des services de qqn* (syn. **se féliciter ;** contr. **se plaindre**).

2. louer [lwe] **v.t.** (lat. *locare*) [conj. **6**]. **1.** Donner la jouissance d'une chose, moyennant un loyer, une rémunération, pour un temps déterminé et en en conservant la propriété : *Louer des chambres aux estivants.* **2.** Avoir la possession d'une chose pour un temps déterminé et moyennant le paiement d'une certaine somme à son propriétaire : *Louer une maison, une tenue de soirée.* **3.** Prendre qqn à son service de manière provisoire et moyennant un salaire : *Louer un extra pour une réception* (syn. **engager**). **4.** Réserver une place dans un train, un théâtre, etc.

loueur, euse [lwœr, -øz] **n.** DR. Bailleur, personne qui donne un bien en location : *Loueur de voitures.*

loufoque [lufɔk] **adj.** et **n.** (var. de *louf,* forme argotique de *fou*). FAM. Se dit d'une personne qui a perdu tout bon sens, d'une situation invraisemblable : *Il est complètement loufoque, ce type !* (syn. **fou**). *Une histoire loufoque* (syn. **extravagant, insensé**).

loufoquerie [lufɔkri] **n.f.** FAM. Acte, parole d'une personne loufoque ; extravagance.

Louhansk, anc. **Lougansk,** anc. **Vorochilovgrad,** v. de l'Ukraine, dans le Donbass ; 463 097 hab. Centre houiller et industriel.

louis [lwi] **n.m.** (du n. de *Louis XIII*). **1.** Ancienne monnaie d'or française, d'env. 6,70 g, à l'effigie de Louis XIII et de ses successeurs. **2.** Pièce d'or française de 20 F, aussi appelée *napoléon.*

Louis *(Saint)* ⟶ Louis IX.

EMPEREUR

Louis Ier le Pieux ou **le Débonnaire** (Chasseneuil 778 - près d'Ingelheim 840), empereur d'Occident (814-840), fils et successeur de Charlemagne. Il s'appuya sur l'Église et contribua à l'essor de la renaissance carolingienne. Par l'*Ordinatio Imperii* (817), il régla sa succession entre ses fils Lothaire – qu'il associa à l'Empire –, Pépin et Louis. Mais son mariage avec Judith de Bavière (819) et la naissance de Charles le Chauve (823), en compromettant le règlement de 817, provoquèrent la révolte de ses trois premiers fils.

BAVIÈRE

Louis Ier de Wittelsbach (Strasbourg 1786 - Nice 1868), roi de Bavière (1825-1848). Il fit construire à Munich de nombreux monuments néoclassiques. Sa liaison avec Lola Montez l'obligea à abdiquer en faveur de son fils, Maximilien II.

Louis II de Wittelsbach (Nymphenburg, Munich, 1845 - lac de Starnberg 1886), roi de Bavière (1864-1886). Fils aîné de Maximilien II, il fit construire des châteaux fantastiques (dont Neuschwanstein), et se consacra au mécénat en faveur de Wagner. Considéré comme fou, il fut interné et se noya.

FRANCE

Louis Ier ⟶ **Louis Ier le Pieux.** • **Louis II le Bègue** (846 - Compiègne 879), roi de France (877-879). • **Louis III** (v. 863 - Saint-Denis 882), roi de France (879-882). • **Louis IV d'Outremer** (v. 921 - Reims 954), roi de France (936-954). • **Louis V le Fainéant** (v. 967 - Compiègne 987), roi de France (986-987).

Louis VI le Gros (v. 1080 - Paris 1137), roi de France (1108-1137). Fils de Philippe Ier et de Berthe de Hollande, aidé par Suger, il rétablit l'ordre dans le domaine royal, combattit Henri Ier, roi d'Angleterre et duc de Normandie, et repoussa en 1124 l'empereur germanique Henri V, avec l'aide de tous les grands vassaux du royaume.

Louis VII le Jeune (1120 - Paris 1180), roi de France (1137-1180). Fils de Louis VI, il participa à la deuxième croisade prêchée par saint Bernard (1147-1149) et soutint le pape Alexandre III contre Frédéric Ier Barberousse. En 1152, il répudia Aliénor d'Aquitaine, qui, en épousant Henri II Plantagenêt, apportait le duché en dot au futur roi d'Angleterre. Le roi fut dès lors en conflit permanent avec ce dernier. Aidé du conseiller de son père, Suger, il renforça son autorité au sein du domaine royal.

Louis VIII le Lion (Paris 1187 - Montpensier, Auvergne, 1226), roi de France (1223-1226). Fils de Philippe Auguste et d'Isabelle de Hainaut, époux de Blanche de Castille, il vainc Jean sans Terre (1214) et le poursuit en Angleterre. Devenu roi, il enlève aux Anglais le Poitou, la Saintonge, l'Angoumois, le Limousin, le Périgord et une partie du Bordelais, participe à la croisade contre les albigeois et soumet une grande partie du Languedoc.

Louis IX ou **Saint Louis** (Poissy 1214 ou 1215 - Tunis 1270), roi de France (1226-1270). Fils de Louis VIII, il règne d'abord sous la régence de sa mère Blanche de Castille, qui tient tête aux vassaux révoltés et qui le marie à Marguerite de Provence (1234). À partir de 1242, il gouverne seul. À l'intérieur, ayant triomphé d'une nouvelle révolte des barons du Midi et de l'Ouest, il poursuit l'œuvre administrative centralisatrice de ses prédécesseurs et assure la supériorité de la justice royale sur celle des seigneurs, en systématisant la procédure d'enquête et en faisant prévaloir l'idée d'une justice d'appel. Il jette ainsi les bases du parlement et de la Cour des comptes. À l'extérieur, après avoir battu Henri III d'Angleterre à Taillebourg et à Saintes (1242), il met fin momentanément au conflit franco-anglais, en signant le traité de Paris (1259), par lequel Henri III se reconnaît vassal du roi de France, mais comme duc d'Aquitaine seulement. Un an auparavant, un compromis a été conclu avec le roi d'Aragon, au terme duquel la France renonce au Roussillon et à Barcelone. Partisan de la paix, il soutient timidement les entreprises italiennes de son frère Charles d'Anjou. Mais, prince chrétien, il n'hésite pas, en 1248, à se lancer dans la 7e croisade : ayant rassemblé une flotte à Aigues-Mortes, il s'embarque pour l'Égypte. Battu à Mansourah, fait prisonnier (1250), il n'est libéré qu'en échange d'une lourde rançon, après avoir passé quatre ans en Syrie. Le roi organise une nouvelle croisade en 1270. Mais, peu après le débarquement des croisés, en Afrique du Nord, il meurt d'une maladie épidémique sous les murs de Tunis.
En dehors du royaume, la réputation de sagesse et de sainteté de Louis IX fut telle que de nombreux souverains d'Europe réclamèrent son arbitrage. Profondément pieux, Louis IX avait vécu dans la prière et le jeûne, et il fut canonisé dès 1297 par Boniface VIII.

Louis X le Hutin (Paris 1289 - Vincennes 1316), roi de France (1314-1316) et de Navarre (Louis Ier), fils de Philippe IV le Bel et de Jeanne de Navarre. Il est contraint par les nobles du royaume de confirmer les chartes qui, dans chaque province, précisent leurs droits et coutumes. Il fait exécuter sa femme, Marguerite de Bourgogne, accusée d'adultère et épouse Clémence de Hongrie.

Louis XI (Bourges 1423 - Plessis-lez-Tours 1483), roi de France (1461-1483). Fils et successeur de Charles VII, physiquement disgracieux, de personnalité complexe, Louis XI a, sous le règne de son père, attisé l'opposition de la haute noblesse. Mais les initiatives qu'il prend dès le début de son règne lui aliènent les membres de cette noblesse, et tout particulièrement Charles le Téméraire, devenu son ennemi implacable après le rachat des villes de la Somme. Charles est ainsi, en 1465, à la tête de la ligue du Bien public, unissant contre Louis XI une partie importante de la noblesse. La bataille indécise de Montlhéry (1465) amène le roi à composer. Mais, en raison du soutien qu'il a secrètement accordé à la révolte de Liège, Louis XI est gardé prisonnier (1468) par Charles le Téméraire, qui l'oblige à signer un traité, qu'il s'empresse, à peine libéré, de ne pas respecter (1468). Cependant, Charles, duc de Bourgogne depuis 1467, menace l'Alsace, la Lorraine, la Champagne, se gagnant même, un moment, l'alliance des Anglais. Louis XI, après avoir neutralisé cette alliance (traité de Picquigny, 1475), tisse autour du Téméraire un réseau d'intrigues et d'intérêts à partir de ceux (cantons suisses, villes du Rhin, duc de Lorraine...) que lèse la politique bourguignonne. Charles, battu à Grandson et à Morat, en Suisse (1476), est tué devant Nancy (1477). Sa mort permet à Louis XI d'occuper le duché et le comté de Bourgogne, ainsi que la Picardie et l'Artois ; en 1482, le traité d'Arras entérine la plupart de ces acquisitions, que viennent compléter l'Anjou et la Provence.
À l'intérieur, Louis XI limite les pouvoirs des grands corps politiques et administratifs, met au pas le clergé et la noblesse et poursuit la réorganisation de l'armée royale entreprise par Charles VII. Il favorise par ailleurs l'essor de l'économie, introduit l'industrie de la soie à Lyon et à Tours et crée de nouvelles foires, notamment à Lyon.
Louis XI a largement contribué à l'agrandissement territorial de la France, dont il a assuré le redressement économique, au lendemain de la guerre de Cent Ans.

Louis XII (Blois 1462 - Paris 1515), roi de France (1498-1515). Fils de Charles d'Orléans et de Marie de Clèves, il participe à la révolte des grands seigneurs contre la régence d'Anne de Beaujeu et est fait prisonnier en 1488. Libéré, il se rallie à Charles VIII, son cousin, et combat en Italie (1494-1495). Au décès de ce dernier, mort sans héritier, il accède au trône de France, réunissant au domaine royal les duchés d'Orléans et de Valois. Puis il fait casser son mariage avec Jeanne, fille de Louis XI, et épouse Anne de Bretagne, veuve de Charles VIII, afin que le duché de Bretagne n'échappe pas à la France. À l'extérieur, il poursuit la politique de conquêtes entreprise par Charles VIII en Italie. Outre le royaume de Naples, il revendique, en tant que petit-fils de Valentine Visconti, le duché de Milan, qu'il conquiert (1499-1500). Mais les Français sont expulsés du royaume de Naples par les armées espagnoles en 1504. Entré dans la ligue de Cambrai contre Venise (1508), Louis XII remporte la victoire d'Agnadel (1509) ; abandonné par ses alliés, il est, après la défaite de Novare (1513), chassé d'Italie par la Sainte Ligue formée par le pape. Le royaume, à son tour, doit soutenir l'invasion des Anglais et des Suisses. Traitant séparément avec le pape, l'Angleterre et l'Espagne, le roi parvient à faire la paix (1514). Veuf, il épouse Marie d'Angleterre la même année. Il meurt en laissant la couronne à son cousin François (Ier), qu'il a uni à sa fille Claude.

Louis XIII le Juste (Fontainebleau 1601 - Saint-Germain-en-Laye 1643), roi de France (1610-1643). Fils d'Henri IV et de Marie de Médicis, il règne d'abord sous la régence de sa mère, qui laisse le pouvoir à Concini. Celui-ci est assassiné en 1617, à l'instigation du roi, et remplacé par Luynes. Alors, se produisent de nouvelles révoltes des grands, appuyés par la reine mère, et une nouvelle guerre de Religion, marquée par le siège de Montauban (1621). Luynes étant mort (1621), et après plusieurs années de troubles (1621-1624), le roi donne le pouvoir à Richelieu, dont il suit les conseils malgré les intrigues de sa mère et de Gaston d'Orléans (journée des Dupes, 1630). À l'intérieur, Louis XIII et son ministre travaillent à rétablir l'autorité royale en créant le corps des intendants, développent le commerce et la marine et luttent contre les protestants et les féodaux. Toutefois, en engageant la France dans la guerre de Trente Ans (1635), ils déséquilibrent le budget : la multiplication des impôts et la misère provoquent des jacqueries sanglantes. De son mariage avec l'infante Anne d'Autriche (1615) Louis XIII eut deux fils : Louis (XIV) et Philippe d'Orléans. (⟶ **Richelieu.**)

Louis XIV le Grand dit **le Roi-Soleil** (Saint-Germain-en-Laye 1638 - Versailles 1715), roi de France (1643-1715), fils de Louis XIII et d'Anne d'Autriche. Âgé de 5 ans à la mort de son père, il subit l'influence de sa mère, régente, et celle de Mazarin, principal ministre d'État, et est profondément marqué par les événements de la Fronde (1648-1653). À la mort de Mazarin (1661), le jeune roi qui, l'année précédente, a épousé l'infante Marie-Thérèse, manifeste sa volonté d'assumer le pouvoir, en monarque absolu. Aidé de Colbert, il s'attelle à l'unification et à la centralisation du gouvernement et de l'administration. Écartant le haut clergé et la noblesse d'épée, il choisit un petit nombre de collaborateurs parmi la noblesse de robe et la bourgeoisie. L'ambitieux Fouquet écarté (1664), Louis XIV s'appuie sur quelques dynasties ministérielles sûres dont les Colbert et les Le Tellier (M. Le Tellier, Louvois). Les provinces sont quant à elles étroitement contrôlées par une armature administrative, dont les intendants constituent l'élément le plus solide.

Chef de l'Église de France, le roi, fortement influencé par sa seconde épouse, Mme de Maintenon (1683), exige en matière religieuse la même soumission générale.

Un long conflit l'oppose à la papauté, particulièrement aigu sous Innocent XI (1676-1689), à propos de la régale (droit royal sur les nominations et les biens d'Église). S'érigeant cependant en défenseur de la foi catholique, Louis XIV use contre les protestants de la répression systématique (dragonnades). Plus encore, il révoque en 1685 l'édit de Nantes, mettant fin à l'existence légale du protestantisme en France et provoquant, du même coup, un exode massif des réformés. Le roi obtient ensuite l'appui de la papauté dans sa lutte contre le quiétisme et le jansénisme (bulle *Unigenitus,* 1713).

Protecteur des lettres, des arts et des sciences, Louis XIV les met au service exclusif de sa gloire. Son règne est marqué par une floraison exceptionnelle d'écrivains (Molière, Racine, Boileau...) et d'artistes (Le Brun, Le Nôtre, Hardouin-Mansart), qui font de Paris et de Versailles, où la Cour se fixe en 1682, les hauts lieux de la culture et de l'art classiques en Europe.

Outre l'appétit de gloire et de prestige de Louis XIV, les motivations de sa politique belliqueuse sont : le renforcement des frontières stratégiques du royaume, la défense du catholicisme en Europe, les prétentions à la couronne d'Espagne. Disposant d'une diplomatie et d'une armée sans rivales, le roi trouve en Vauban un preneur et un constructeur de places fortes hors du commun. Dès 1667, il rompt avec l'Espagne qui, à l'issue de la guerre de Dévolution (1667-1668), doit lui céder douze places fortes de Flandre ; la guerre de Hollande (1672-1679) lui permet d'élargir ses conquêtes en Flandre et dans le Hainaut et d'acquérir la Franche-Comté. Fort de ses succès, il pratique la politique des « réunions » (1679-1684), annexant en pleine paix Montbéliard, des villes de la Sarre et du Luxembourg, proclamant sa souveraineté sur l'Alsace, occupant Strasbourg. L'Europe, alors, se ligue contre la France. La guerre de la ligue d'Augsbourg (1688-1697) l'oblige à rendre une partie de ses conquêtes dans l'Est. La guerre de la Succession d'Espagne (1701-1714), jalonnée de durs revers, voit la France menacée d'invasion (1708). Les traités d'Utrecht et de Rastatt (1713-1714), en obligeant Louis XIV à reconnaître la séparation des couronnes de France et d'Espagne et à céder une partie de ses colonies canadiennes à l'Angleterre, marquent la fin de l'hégémonie française. Le royaume de France est alors dans un grand délabrement : menace de banqueroute, misère des classes populaires victimes des crises de subsistances, de la famine, des épidémies, déclin de la vie économique consécutif aux guerres.

Soucieux de gloire et d'étiquette, le Roi-Soleil, qui s'est donné passionnément à son « métier de roi », est devenu le symbole de l'absolutisme monarchique, qu'il a profondément accentué, en soumettant notamment la noblesse. S'il a considérablement renforcé les frontières du royaume, porté un temps la France au premier rang en Europe et assuré à la culture française un prestige durable, il a laissé à son successeur un pays exsangue.

Louis XV le Bien-Aimé (Versailles 1710 - *id.* 1774), roi de France (1715-1774), troisième fils de Louis, duc de Bourgogne, et de Marie-Adélaïde de Savoie, arrière-petit-fils de Louis XIV. Pendant sa minorité (1715-1723), Philippe, duc d'Orléans, neveu de Louis XIV, exerce la Régence. Proclamé majeur en 1723, le roi laisse gouverner le duc d'Orléans jusqu'à sa mort (déc.) puis fait appel au duc de Bourbon, qui lui impose comme épouse Marie Leszczyńska. En 1726, Louis XV le remplace par le cardinal de Fleury, qui équilibre le budget et favorise l'essor économique du pays. À l'extérieur, le ministre de Louis XV conduit une politique de paix, fondée sur l'alliance anglaise et la réconciliation franco-espagnole. Mais, afin de soutenir son beau-père, Stanislas Leszczyński, le roi intervient dans la guerre de la Succession de Pologne (1733). À la mort de Fleury (1743), Louis XV décide de gouverner sans Premier ministre. Le souverain jouit alors d'une réelle popularité et reçoit le surnom de « Bien-Aimé ». Mais il subit, dès 1745, l'influence de la marquise de Pompadour, maîtresse « déclarée » du roi, qui soutient les ministres réformateurs. Sur ses conseils, Louis XV appuie la politique de Machault d'Arnouville, qui crée en 1749 l'impôt du vingtième sur tous les revenus. Mais il recule dès 1751 devant les violentes protestations des privilégiés. À l'extérieur, la guerre de la Succession d'Autriche (1740-1748), pourtant marquée par une série de victoires françaises (Fontenoy, 1745), s'achève par la restitution par le roi de toutes ses conquêtes. En 1756, Louis XV opère un renversement des alliances par un accord avec l'Autriche et s'engage dans la guerre contre la Prusse et l'Angleterre (guerre de Sept Ans).

Il fait appel à Choiseul, qui dirige le pays de 1758 à 1770. La France connaît sous son ministère une réelle prospérité économique, mais il ne peut éviter la perte de l'Inde et du Canada, cédés à la Grande-Bretagne à la fin à la guerre de Sept Ans (1763). Le ministre réorganise l'armée et la marine, réunit les duchés de Lorraine et de Bar à la France à la mort de Stanislas Leszczyński (1766), et acquiert la Corse, achetée à Gênes (1768). Mais, il soutient les parlementaires qui s'oppposent à tous les projets de réforme fiscale visant à instaurer ou à augmenter les impôts pesant sur tous. Il est disgracié par le roi en 1770. Louis XV confie alors le gouvernement au duc d'Aiguillon, à l'abbé Terray et au chancelier Maupeou (protégés par Mme du Barry, nouvelle favorite du roi). Avec eux, il va restaurer l'autorité royale et redresser la situation financière. En 1771, il supprime le parlement de Paris ; les magistrats deviennent des fonctionnaires payés par l'État. Il procède à des réformes financières et crée un impôt frappant tous les revenus. Après ces mesures, qui en outre visent à briser la puissance de la noblesse, le régime absolutiste semble rétabli.

Une forte prospérité économique et une brillante vie culturelle marquent le règne de Louis XV. Cependant, le divorce s'accentue entre la royauté et la nation. L'esprit critique développé par les philosophes sape le régime établi, les valeurs religieuses et le système social traditionnel.

Louis XVI (Versailles 1754 - Paris 1793), roi de France (1774-1791), puis roi des Français (1791-1792), fils du Dauphin Louis et de Marie-Josèphe de Saxe, petit-fils de Louis XV. Il épouse en 1770 l'archiduchesse autrichienne Marie-Antoinette et succède en 1774 à Louis XV. Le jeune roi se révélera être un velléitaire, soumis aux influences de son entourage, particulièrement à celle de la reine.

Dès 1774, le roi renvoie Maupeou et Terray, et rappelle les parlements dans un souci de conciliation. Le choix des nouveaux ministres s'avère heureux : Vergennes aux Affaires étrangères (de 1774 à 1787), et Turgot au contrôle des Finances. Ce dernier redresse la situation. Mais les mesures prises (économies budgétaires, impôt sur tous les propriétaires fonciers) inquiètent les privilégiés, qui obtiennent du roi le renvoi du ministre (1776). Son successeur, le banquier Necker, se contente d'abord d'économies budgétaires limitées, mais l'entrée de la France dans la guerre de l'Indépendance américaine provoque une nouvelle crise financière et pose à nouveau le problème de la réforme fiscale. Le compte rendu que Necker envoie au roi, révélant le gaspillage de la cour, provoque son renvoi (1781). Calonne, qui lui succède en 1783, se heurte rapidement à la résistance des privilégiés. Le roi

le remplace par Loménie de Brienne (1787), confronté à l'opposition renforcée des notables et des parlementaires. Des émeutes éclatent en province pour soutenir les parlements, que le roi a privés d'une partie de leur pouvoir. La crise du Trésor amène le roi à annoncer en août 1788 la convocation des états généraux pour le 1er mai 1789. Ce même mois, Loménie de Brienne est remplacé par Necker, qui rétablit dans leurs pleins droits les parlements.
S'appuyant sur la fraction la plus conservatrice de l'aristocratie, Louis XVI tente de résister aux initiatives révolutionnaires du tiers état : cassation de la décision du tiers de se proclamer Assemblée nationale (23 juin) ; concentration des troupes autour de Paris (24 juin) ; renvoi de Necker (11 juill.). Après la prise de la Bastille, le roi est ramené de force à Paris lors de la marche sur Versailles (journées des 5 et 6 oct.). Bien que devenu monarque constitutionnel, il ne se sent pas lié par le serment de fidélité prêté à la nation et à la Constitution lors de la fête de la Fédération (14 juill. 1790) et fonde tous ses espoirs sur les émigrés et une intervention étrangère. Mais sa fuite échoue à Varennes (20-21 juin 1791). Décidé à la « politique du pire », il forme un ministère girondin (mars 1792) chargé de conduire la guerre, puis met son veto aux décrets pris à la suite des premiers revers. Après l'insurrection du 10 août, Louis XVI est suspendu puis incarcéré au Temple. Le 21 sept. 1792, un décret de la Convention nationale abolit la royauté et proclame la république.
Au cours de son procès, le roi est accusé de conspiration contre la liberté publique et la sûreté générale de l'État. Sa culpabilité est votée à la quasi-unanimité, et la peine de mort prononcée par 387 voix contre 334 (17 janv.). Louis XVI est guillotiné le 21 janv. 1793.

Louis XVII (Versailles 1785 - Paris 1795), fils de Louis XVI et de Marie-Antoinette, Dauphin en 1789 à la mort de son frère aîné. Enfermé avec sa famille au Temple, à Paris, il succomba au manque d'hygiène. Les doutes émis sur sa mort suscitèrent des imposteurs. Le plus célèbre est Naundorff.

Louis XVIII (Versailles 1755 - Paris 1824), roi de France (1814-1815, 1815-1824), petit-fils de Louis XV, fils du Dauphin Louis et de Marie-Josèphe de Saxe, et époux de Louise de Savoie. Comte de Provence, il émigre dès juin 1791 et réside successivement à Coblence, Vérone, puis en Angleterre. La chute de l'Empire (avr. 1814) lui permet de rentrer à Paris, où Talleyrand a préparé le rétablissement des Bourbons sur le trône de France. Sans prestige personnel, il a suffisamment d'intelligence pour sentir qu'en rejetant tout l'héritage de la Révolution et de l'Empire il perdrait à jamais sa dynastie. Aussi, dès le début de la Restauration, il octroie la Charte de 1814, instaurant une monarchie constitutionnelle. Après l'épisode des Cent-Jours, durant lequel il se réfugie à Gand, il restaure à nouveau la monarchie. Il dissout en 1816 la Chambre dite « introuvable », dominée par les ultraroyalistes. Il s'efforce dès lors de pratiquer une politique modérée avec le duc de Richelieu, puis une politique libérale avec E. Decazes, Premier ministre en 1818. Mais, après l'assassinat du duc de Berry (1820), il se sépare de Decazes, prend de nouvelles mesures réactionnaires et fait appel à Villèle.

GERMANIE

Louis Ier (ou **II**) **le Germanique** (v. 805 - Francfort-sur-le-Main 876), roi des Francs orientaux (817-843), roi de Germanie (843-876), fils de Louis le Pieux. Il obligea Lothaire Ier à accepter le partage de Verdun (843), lui attribuant la *Francia orientalis,* ou Germanie, à laquelle il ajouta, en 870, la Lotharingie orientale.

Louise de Marillac *(sainte),* religieuse française (Paris 1591 - *id.* 1660). Veuve en 1625 d'un conseiller au parlement, Antoine Le Gras, elle collabora aux œuvres de charité de saint Vincent de Paul et fonda avec celui-ci la congrégation des Filles de la Charité.

Louise de Savoie, régente de France (Pont-d'Ain 1476 - Grez-sur-Loing 1531), fille de Philippe, duc de Savoie, et de Marguerite de Bourbon. Épouse de Charles d'Orléans, elle fut la mère de Marguerite d'Angoulême, future reine de Navarre, et de François Ier. Elle exerça la régence à deux reprises (1515 et 1525) lors des campagnes en Italie de son fils. En 1529, elle négocia avec Marguerite d'Autriche le traité de Cambrai, ou *paix des Dames.*

Louisiane, un des États unis d'Amérique, sur le golfe du Mexique ; 125 674 km^2 ; 4 625 470 hab. CAP. *Bâton-Rouge.* V. princ. *La Nouvelle-Orléans.* Pétrole et gaz naturel. La Louisiane, occupée au nom de la France par Cavelier de La Salle en 1682, et baptisée de ce nom en l'honneur de Louis XIV, fut cédée par Bonaparte aux États-Unis en 1803.

Louis-Philippe Ier (Paris 1773 - Claremont, Grande- Bretagne, 1850), roi des Français (1830-1848). Fils de Louis-Philippe d'Orléans, dit Philippe Égalité, et de Louise-Marie de Bourbon-Penthièvre, le duc de Chartres grandit dans un milieu cosmopolite gagné aux idées libérales. Membre du club des Jacobins, il prend part aux combats de Valmy et de Jemmapes (1792), puis se réfugie à l'étranger en 1793. Il y épouse en 1809 Marie-Amélie de Bourbon des Deux-Siciles. Rentré en France sous Louis XVIII, il est proclamé lieutenant général du royaume lors de la révolution de 1830, puis roi des Français (7/9 août) après la révision de la Charte. Il est dès lors le souverain de la monarchie de Juillet. Il confie tout d'abord le pouvoir aux hommes du « mouvement » (1831-1832), c'est-à-dire aux partisans des réformes, puis il fait appel aux chefs du parti de la « résistance » (1832-1836), partisans du maintien de l'ordre établi. Après une succession de dix ministères, il trouve enfin en 1840 un homme de confiance, Guizot, et lui laisse pendant huit ans mener une politique autoritaire. Lors de la révolution de 1848, Louis-Philippe abdique (févr.) et se réfugie en Angleterre.

loukoum [lukum] **n.m.** (ar. *rāḥat al-ḥulqūm,* propr. « le repos des gorges »). Confiserie orientale faite d'une pâte sucrée parfumée aux amandes, à la pistache, etc. (On dit aussi *un rahat-loukoum* [pl. *rahat-loukoums*].)

loulou [lulu] **n.m.** (de *loup*). Petit chien à museau pointu, à fourrure longue et abondante.

loup [lu] **n.m.** (lat. *lupus*). **1.** Mammifère carnivore, à pelage gris jaunâtre, vivant en meutes dans les forêts d'Europe, d'Asie et d'Amérique. ► Famille des canidés. La femelle est la louve, le petit le louveteau. Le loup hurle. Le loup a disparu de régions entières en Europe de l'Ouest et en Amérique du Nord. **2.** Nom donné à plusieurs poissons voraces, partic. au bar. **3.** Demi-masque de velours ou de satin noir porté dans les bals masqués. **4.** Erreur, oubli, malfaçon irréparable dans la confection d'un ouvrage. **5. Être connu comme le loup blanc,** être connu de tout le monde. / **Hurler avec les loups,** se ranger à l'opinion du plus grand nombre ou des plus puissants. / **Jeune loup,** jeune homme ambitieux, soucieux de faire carrière. / **Se jeter dans la gueule du loup,** s'exposer soi-même à un grand danger. / **Vieux loup de mer,** marin expérimenté.

loup-cervier [lusɛrvje] **n.m.** (de *loup* et du lat. *cervarius,* qui chasse le cerf) [pl. *loups-cerviers*]. Lynx d'Eurasie et d'Amérique du Nord.

loupe [lup] **n.f.** (frq. **luppa,* masse informe d'un liquide caillé). **1.** Lentille de verre convergente qui grossit les objets : *Examiner un timbre à la loupe.* **2.** BOT. Excroissance ligneuse qui se produit sur le tronc et sur les branches de certains arbres. **3.** MÉD. Kyste du cuir chevelu dû à l'hypertrophie d'une glande sébacée dont le produit de sécrétion n'est plus évacué. **4. Regarder, examiner, observer qqch à la loupe,** examiner qqch avec une extrême minutie et des intentions critiques : *Regarder un manuscrit à la loupe avant de l'envoyer à l'impression.*

loupé [lupe] **n.m.** *FAM.* Erreur ; ratage.

louper [lupe] **v.t.** (de *loup,* au sens de « malfaçon »). *FAM.* **1.** Ne pas réussir ; mal exécuter : *Louper un examen* (syn. **échouer** à). *Louper la confection d'une robe.* **2.** Laisser échapper un moyen de transport, une occasion ; rater un rendez-vous, manquer qqn : *Louper le coche* (= laisser passer une occasion). ◆ **v.i.** *FAM.* **Ça n'a pas loupé,** cela s'est produit comme il fallait s'y attendre.

loup-garou [lugaru] **n.m.** (de *loup* et *garou,* calque d'un mot frq. « homme-loup ») [pl. *loups-garous*]. Être malfaisant ayant, selon certaines croyances, le pouvoir de se métamorphoser en loup la nuit et reprenant forme humaine le jour ; lycanthrope.

loupiote [lupjɔt] **n.f.** FAM. Petite lampe.

Louqsor ou **Louxor,** v. d'Égypte, sur le Nil ; 202 232 hab. Riche musée. La ville moderne recouvre un faubourg de l'antique Thèbes. Temple d'Amon, édifié par Aménophis III, l'une des réussites de la XVIIIe dynastie, qui fut agrandi et flanqué de deux obélisques par Ramsès II ; l'un de ceux-ci orne, depuis 1836, la place de la Concorde à Paris.

lourd, e [lur, lurd] **adj.** (lat. pop. **lurdus,* du class. *luridus,* blême). **1.** Qui est difficile à porter, à remuer à cause de son poids ; pesant : *Ma valise est lourde* (contr. **léger**). **2.** Dont la densité est élevée : *Le mercure est le plus lourd de tous les liquides* (syn. **dense**). **3.** Se dit d'un sol compact, difficile à remuer. **4.** Se dit d'un terrain détrempé sur lequel on a du mal à se déplacer. **5.** Se dit d'un aliment difficile à digérer : *Ce ragoût est lourd* (syn. **indigeste**). **6.** Qui éprouve une sensation de lourdeur ; qui est le siège de cette sensation : *Se sentir lourd après un repas. Avoir les jambes lourdes.* **7.** Qui met en œuvre des moyens techniques, financiers, etc., importants : *Chirurgie lourde* (contr. **léger**). *Équipement lourd.* **8.** Qui est complexe, difficile à gérer : *Une administration, une organisation lourde.* **9.** Qui est important ; qui est difficile à supporter, à faire : *De lourds impôts* (syn. **écrasant**). *De lourdes présomptions pèsent sur lui* (syn. **accablant, grave, fort**). **10.** Chargé de qqch de pesant ou de pénible : *Un arbre lourd de fruits. Un acte lourd de conséquences.* **11.** Qui manque de finesse, d'intelligence ; maladroit : *Esprit lourd* (syn. **épais, obtus**). *Style lourd* (syn. **laborieux**). **12. Avoir la main lourde,** frapper, punir rudement ; peser ou verser une chose en trop grande quantité : *La soupe est trop salée, j'ai eu la main un peu lourde.* / DR. **Faute lourde,** faute commise par un salarié, et qui rend impossible le maintien des relations contractuelles : *Injures et propos calomnieux sont des fautes lourdes.* / **Sommeil lourd,** sommeil profond. / **Temps lourd,** temps orageux, accablant. / SPORTS. **Poids lourd,** catégorie de poids dans divers sports individuels, comme la boxe ; sportif appartenant à cette catégorie. **13. Eau lourde,** liquide analogue à l'eau ordinaire (mais dans les molécules duquel les atomes d'hydrogène sont remplacés par son isotope, le deutérium), employé comme ralentisseur de neutrons dans certains réacteurs nucléaires. ▸ Symb. D_2O. ◆ **lourd adv. Peser lourd,** avoir un poids plus élevé que la moyenne ; au fig., avoir une grande importance : *Argument qui a pesé lourd dans sa décision.*

lourdaud, e [lurdo, -od] **adj.** et **n.** (de *lourd*). Maladroit, gauche dans ses mouvements, son attitude, sa conduite.

lourdement [lurdəmɑ̃] **adv. 1.** Avec un grand poids : *Voiture lourdement chargée.* **2.** Pesamment : *Tomber lourdement sur le sol.* **3.** De manière importante : *Charges qui grèvent lourdement le budget.* **4.** Grossièrement ; maladroitement : *Insister lourdement.*

Lourdes, ch.-l. de c. des Hautes-Pyrénées, sur le gave de Pau ; 14 788 hab. *(Lourdais).* Évêché (avec Tarbes). Centre important de pèlerinage consacré à la Vierge depuis les visions, en 1858, de Bernadette Soubirous. Château médiéval (Musée pyrénéen).

lourdeur [lurdœr] **n.f. 1.** Caractère de ce qui est lourd : *La lourdeur d'une malle* (contr. **légèreté**). *Danser avec lourdeur* (syn. **maladresse** ; contr. **aisance, souplesse**). *Lourdeur d'une tâche* (syn. **importance**). **2.** (Surtout au pl.). Impression de poids ; douleur sourde, diffuse : *Avoir des lourdeurs d'estomac.* **3.** Maladresse dans l'expression : *Récit gâché par trop de lourdeurs.*

Lourenço Marques ⟶ **Maputo.**

loustic [lustik] **n.m.** (de l'all. *lustig,* gai). FAM. Mauvais plaisant ; individu en qui on n'a pas grande confiance.

loutre [lutr] **n.f.** (lat. *lutra*). Mammifère aquatique, aux pattes palmées, mangeur de poissons. ▸ Famille des mustélidés ; ordre des carnivores ; long. 80 cm environ. La *loutre commune* vit près des cours d'eau, des marais, en Europe, en Asie, en Amérique ; la *loutre de mer,* qui peut peser 40 kg, vit dans le Pacifique et se nourrit plutôt de coquillages. La loutre est devenue rare, car abondamment chassée pour sa fourrure soyeuse.

Louvain, en néerl. **Leuven,** v. de Belgique, ch.-l. du Brabant flamand sur la Dyle ; 97 692 hab. Importants monuments du Moyen Âge (hôtel de ville de style gothique flamboyant, XVe s.) et de l'époque baroque. Musée. La célébrité de Louvain est liée en grande partie à son université, créée en 1425. Supprimée par l'État en 1830, elle est reconstituée en 1835 comme université catholique. En 1968, la querelle linguistique provoqua la partition de l'université et l'installation de la section francophone près de Wavre (Ottignies-Louvain-la-Neuve).

louve [luv] **n.f.** (lat. *lupa*). Loup femelle.

louveteau [luvto] **n.m. 1.** Jeune loup de moins de un an. **2.** Jeune scout de 8 à 11 ans.

louvoiement [luvwamɑ̃] **n.m.** Action de louvoyer : *Le louvoiement d'un bateau. Son caractère hésitant le condamne à des louvoiements sans fin* (syn. **hésitation, tergiversation**).

Louvois (François Michel Le Tellier, *seigneur* **de Chaville,** *marquis* **de),** homme d'État français (Paris 1639 - Versailles 1691). Fils du chancelier Michel Le Tellier, associé à son père dès 1662 au secrétariat d'État à la Guerre, il fut, avec lui, le réorganisateur de l'armée française. Il améliora le recrutement, régularisa l'avancement, dota l'infanterie de la baïonnette, organisa un corps d'ingénieurs et des écoles de cadets. Il créa par ailleurs l'hôtel des Invalides. Véritable ministre des Affaires étrangères de 1672 à 1689, il dirigea une diplomatie brutale qui conduisit à l'attaque des Provinces-Unies (1672), à la politique des « réunions » à partir de 1679 et à la dévastation du Palatinat (1689). Il fut aussi l'instigateur des dragonnades, menées à l'encontre des protestants. Surintendant des bâtiments, arts et manufactures (1683), il se montra mécène fastueux.

louvoyer [luvwaje] **v.i.** (de *lof*) [conj. **13**]. **1.** MAR. Naviguer contre le vent, tantôt sur un bord, tantôt sur l'autre. **2.** User de détours pour parvenir à un but qu'on ne peut pas atteindre directement : *Après avoir longtemps louvoyé, il prit enfin une décision* (syn. **hésiter, tergiverser**).

Louvre (***palais*** puis ***musée du***), anc. résidence royale, à Paris (sur la rive droite de la Seine), commencée sous Philippe Auguste, continuée sous Charles V, François Ier, Catherine de Médicis, Henri IV, Louis XIII, Louis XIV, Napoléon Ier, achevée sous Napoléon III. Les principaux architectes ont été Lescot, Jacques II Androuet Du Cerceau, Lemercier, Le Vau, C. Perrault, Percier, Fontaine, Visconti, Lefuel. Devenu musée en 1791-1793, le palais abrite une des plus riches collections publiques du monde (huit départements : antiquités orientales ; antiquités égyptiennes ; antiquités grecques et romaines ; arts de l'islam ; peintures ; sculptures ; objets d'art ; arts graphiques). Les collections de la seconde moitié du XIXe s. ont été transférées en 1986 au musée d'Orsay. Au centre de la cour Napoléon, la pyramide de verre de Pei (1989) éclaire de nouveaux locaux, souterrains, du musée, qui constituent le point d'accueil principal du public (avec parc de stationnement, auditoriums, espaces commerciaux...). Le Louvre, qui s'est encore agrandi en 1993 d'une aile auparavant occupée par le ministère des Finances, accueille également l'École du Louvre (qui forme des conservateurs) et, en sous-sol, les réserves et le Centre de recherche et de restauration des musées de France. Une aile du palais abrite le musée des Arts décoratifs, le musée de la Publicité et le musée de la Mode et du Textile.

Lovecraft (Howard Phillips), écrivain américain (Providence, Rhode Island, 1890 - *id.* 1937). Il fut l'un des maîtres du fantastique et l'un des précurseurs de la science-fiction *(la Couleur tombée du ciel, Dans l'abîme du temps, Démons et merveilles).*

lover [lɔve] **v.t.** (bas all. *lofen*, tourner). MAR. Rouler un cordage en cercles superposés. ◆ **se lover v.pr.** S'enrouler sur soi-même : *Serpent qui se love sous une pierre.*

Lowry (Malcolm), écrivain britannique (Birkenhead, Cheshire, 1909 - Ripe, Sussex, 1957). Son roman *Au-dessous du volcan* (1947) traduit, à travers la description d'une déchéance alcoolique, sa vision tragique de la vie.

loyal, e, aux [lwajal, -o] **adj.** (lat. *legalis*). Qui obéit aux lois de l'honneur, de la probité, de la droiture : *Un ami loyal* (syn. **fidèle** ; contr. **hypocrite**). *Une conduite loyale* (syn. **franc, honnête** ; contr. **perfide**).

loyalement [lwajalmɑ̃] **adv.** De façon loyale : *Appliquer loyalement un accord.*

loyalisme [lwajalism] **n.m.** Fidélité au régime établi ou à une autorité considérée comme légitime.

loyaliste [lwajalist] **adj.** et **n.** Fidèle au régime établi. ◆ **loyalistes n.m. pl.** Colons américains qui demeurèrent fidèles aux Anglais durant et après la guerre de l'Indépendance. ▸ Beaucoup s'exilèrent au Canada.

loyauté [lwajote] **n.f.** Caractère loyal de qqn, de qqch : *Un secrétaire d'une grande loyauté* (syn. **droiture**). *Attitude pleine de loyauté* (contr. **félonie**).

Loyauté *(îles)*, archipel français de l'Océanie, dépendance de la Nouvelle-Calédonie ; 2 095 km^2 ; 17 436 hab.

loyer [lwaje] **n.m.** (lat. *locarium*, de *locus*, lieu). **1.** Prix auquel on loue un logement, une terre : *Payer tous les mois le loyer d'un appartement* (syn. **terme**). **2. Donner, prendre à loyer,** donner, prendre en location. / **Loyer de l'argent,** taux d'intérêt de l'argent emprunté.

Lozère *(mont)*, point culminant des Cévennes, dans le dép. du même nom ; 1 699 m.

Lozère [48], dép. de la Région Languedoc-Roussillon-Midi-Pyrénées ; ch.-l. de dép. *Mende* ; ch.-l. d'arr. *Florac* ; 2 arr., 13 cant., 185 comm. ; 5 167 km^2 ; 81 100 hab. *(Lozériens).*

LSD [ɛlɛsde] **n.m.** (sigle de l'all. *Lyserg Säure Diäthylamid*). Dérivé d'un hallucinogène, l'*acide lysergique,* qui agit surtout en modifiant les sensations visuelles et auditives.

Luanda, cap. de l'Angola, sur l'Atlantique ; 6 542 944 hab. dans l'agglomération *(Luandais).*

Luang Prabang ou **Louang Prabang,** v. du Laos, sur le haut Mékong, anc. résidence royale. Nombreux temples bouddhiques (XVIe-XIXe s.).

Lübeck, port d'Allemagne (Schleswig-Holstein), près de la Baltique ; 210 305 hab. Métallurgie. Agroalimentaire. Imposants monuments médiévaux en brique, dont l'église gothique Ste-Marie, des XIIIe-XIVe s. Musées. Fondée en 1143, ville impériale dès 1226, Lübeck fut à la tête de la Hanse de 1230 à 1535.

Luberon ou **Lubéron (le),** chaîne calcaire du Vaucluse, au nord de la Durance ; 1 125 m. Parc naturel régional (environ 165 000 ha).

lubie [lybi] **n.f.** (p.-ê. du lat. *lubere*, var. de *libere*, trouver bon). Fantaisie soudaine ; caprice extravagant : *Les sandwiches à la sardine, c'est sa dernière lubie* (syn. litt. **foucade**).

Lubitsch (Ernst), cinéaste américain d'origine allemande (Berlin 1892 - Hollywood 1947). Après quelques films satiriques ou historiques réalisés en Allemagne (*Madame du Barry,* 1919), il se fixe aux États-Unis en 1923 ; il y réalise plusieurs comédies brillantes, dans lesquelles un art de vivre fondé sur la séduction se conjugue avec un art de filmer de manière allusive. C'est ce qu'on appellera la « Lubitsch touch ». Ses comédies pétillantes et insolentes laissent deviner une lucidité politique exceptionnelle : *Haute Pègre* (1932), *Sérénade à trois* (1933), *Ange* (1937), *Ninotchka* (1939), *Jeux dangereux (To Be or not to Be)* [1942], *Le ciel peut attendre* (1943).

Lublin, v. de Pologne, ch.-l. de voïévodie, au sud-est de Varsovie ; 349 103 hab. Textile. Métallurgie. Nombreux monuments du XIVe au XVIIIe s. Siège du gouvernement de la Pologne en 1918 et en 1944.

lubricité [lybrisite] **n.f.** Caractère lubrique de qqn, de qqch.

lubrifiant, e [lybrifjɑ̃, -ɑ̃t] **adj.** et **n.m.** Se dit d'un produit qui lubrifie.

lubrification [lybrifikasjɔ̃] **n.f.** Action de lubrifier.

lubrifier [lybrifje] **v.t.** (du lat. *lubricus*, glissant) [conj. **9**]. Rendre glissant, pour atténuer le frottement et faciliter le fonctionnement : *Lubrifier une machine* (syn. **graisser**).

lubrique [lybrik] **adj.** (lat. *lubricus*, glissant). Qui a ou qui manifeste un penchant excessif pour les plaisirs charnels, la luxure : *Un homme lubrique* (syn. **débauché** ; contr. **chaste**).

Lubumbashi, anc. **Élisabethville,** v. de la Rép. dém. du Congo (ex-Zaïre), ch.-l. du Katanga ; 1 786 397 hab. dans l'agglomération. Centre de l'industrie du cuivre.

Luc *(saint)*, selon la tradition chrétienne, compagnon de saint Paul, auteur du troisième Évangile et des Actes des Apôtres. L'Évangile qu'on lui attribue, très littéraire et soucieux d'information historique, reprend dans ses grandes lignes celui de Marc et insiste particulièrement sur l'universalisme du message de Jésus. Il s'adresse à des chrétiens d'origine païenne et non palestinienne. Luc est le patron des médecins et des peintres.

Lucain, en lat. **Marcus Annaeus Lucanus,** poète latin (Cordoue 39 - Rome 65), neveu de Sénèque. Compromis dans la conspiration de Pison, il s'ouvrit les veines. Il est l'auteur d'une épopée sur la lutte entre César et Pompée *(la Pharsale).*

lucane [lykan] **n.m.** (lat. *lucanus*, cerf-volant). Insecte coléoptère des chênes et des châtaigniers. ▸ Le mâle atteint 8 cm de long et porte des mandibules de taille très variable, mais parfois très grandes, évoquant les bois d'un cerf. Nom usuel : *cerf-volant.*

Lucanie, région de l'Italie ancienne, qui s'étendait du golfe de Tarente à la Campanie, habitée par une population proche des Samnites.

lucarne [lykarn] **n.f.** (prov. *lucana*, du frq. **lukinna*, d'apr. l'anc. fr. *luiserne*, lumière, lat. *lucerna*, lampe). **1.** Ouvrage en saillie sur un toit, comportant une ou plusieurs fenêtres donnant du jour au comble. **2.** SPORTS. Chacun des deux angles supérieurs d'un but de football, de handball ; tir effectué dans ces angles : *Tirer dans la lucarne.*

Lucerne, en all. **Luzern,** v. de Suisse, ch.-l. du canton du même nom, au bord du lac des Quatre-Cantons ; 77 491 hab. (214 251 dans l'agglomération). Station touristique ; monuments du Moyen Âge (notamm. le pont de la Chapelle) à l'époque baroque. Musées.

Lucerne *(canton de)*, canton de Suisse ; 1 493 km^2 ; 377 610 hab. ; ch.-l. *Lucerne.*

lucide [lysid] **adj.** (lat. *lucidus*, lumineux). **1.** Qui est en pleine possession de ses facultés intellectuelles ; conscient : *Bien que très malade, elle est tout à fait lucide* (syn. **sensé**). **2.** Qui voit les choses telles qu'elles sont ; clairvoyant : *Esprit lucide* (syn. **pénétrant, perspicace**). *Analyse lucide de la situation* (syn. **réaliste, intelligent**).

lucidement [lysidmɑ̃] **adv.** De façon lucide.

lucidité [lysidite] **n.f.** Qualité ou état de qqn, de qqch de lucide : *Regarder les choses avec lucidité. Sa maladie lui laisse parfois des moments de lucidité* (syn. **conscience, raison**).

Lucifer, nom qui, signifiant en latin « porte-lumière », désigna d'abord le Christ dans les premiers siècles de l'Église, puis Satan à partir du Moyen Âge. En effet, on en vint alors à appliquer au prince des démons le passage d'Isaïe (XIV, 12) sur la chute du roi de Babylone. Ainsi, pour le christianisme, c'est par sa révolte contre Dieu (dans le cadre d'un combat cosmique, précise l'ésotérisme) que Lucifer, l'ange de lumière, est devenu Satan.

luciole [lysjɔl] **n.f.** (it. *lucciola,* de *luce,* lumière). Coléoptère luminescent voisin du lampyre. ▶ Long. 1 cm.

Lucknow, v. de l'Inde, cap. de l'Uttar Pradesh ; 2 207 340 hab. (2 901 474 hab. dans l'agglomération). Métallurgie. Textile.

Luçon ou **Luzon,** la plus grande et la plus peuplée des îles des Philippines ; 108 172 km² ; 45 534 084 hab. V. princ. *Manille.* Elle fut occupée par les Japonais de 1942 à 1944.

Lucques, en it. **Lucca,** v. d'Italie (Toscane), ch.-l. de prov. ; 86 833 hab. Remparts reconstruits aux XVᵉ- XVIᵉ s. Églises romanes et gothiques à arcatures de type pisan, riches en œuvres d'art. Musées.

lucratif, ive [lykratif, -iv] **adj.** (lat. *lucrativus*). Qui rapporte de l'argent ; qui procure un profit : *Emploi lucratif* (syn. **rémunérateur**). *Association à but non lucratif.*

lucre [lykr] **n.m.** (lat. *lucrum*). LITT. Profit recherché avec avidité : *Esprit de lucre.*

Lucrèce (m. v. 509 av. J.-C.), femme romaine qui se tua après avoir été violée par un fils de Tarquin le Superbe ; cela entraîna la chute de la royauté à Rome.

Lucrèce, en lat. **Titus Lucretius Carus,** poète latin (Rome ? v. 98 - 55 av. J.-C.), auteur du *De natura rerum,* épopée inspirée de la philosophie épicurienne. Le poète expose, sur un mode poétique, sa conception matérialiste de l'Univers, et invite les hommes à se défaire de la crainte des dieux et de l'angoisse de la mort pour trouver le plaisir et le bonheur.

Lucrèce Borgia → Borgia.

Lucullus (Lucius Licinius), général romain (v. 106 - v. 57 av. J.-C.). Il dirigea avant Pompée la guerre contre Mithridate VI Eupator (74-66). Il est resté célèbre pour son raffinement gastronomique.

Lucy, nom familier donné à un squelette de préaustralopithèque gracile vieux de 3 millions d'années, trouvé dans la Rift Valley éthiopienne en 1974 (on écrit aussi *Lucie*).

Ludendorff (Erich), général allemand (Kruszewnia, Posnanie, 1865 - Tutzing, Bavière, 1937). Chef d'état-major de Hindenburg sur le front russe (1914), puis son adjoint au commandement suprême (1916-1918), il imposa la guerre sous-marine à outrance et dirigea la stratégie allemande en 1917-1918.

ludion [lydjɔ̃] **n.m.** (lat. *ludio,* histrion). Objet ou figurine lestés, placés en équilibre dans un liquide et qui montent ou descendent selon les variations de pression exercées à sa surface.

ludique [lydik] **adj.** (du lat. *ludus,* jeu). Relatif au jeu ; qui manifeste un certain penchant pour le jeu : *Activité ludique. Comportement ludique.*

ludisme [lydism] **n.m.** Comportement caractérisé par la recherche du jeu sous toutes ses formes.

ludothèque [lydɔtɛk] **n.f.** (du lat. *ludus,* jeu, et de *-thèque*). Organisme mettant à la disposition des enfants un local avec des jouets qu'ils peuvent emprunter.

Ludovic Sforza le More (Vigevano 1452 - Loches 1508), duc de Milan (1494-1500). Il obtint le Milanais avec l'aide de la France, mais l'avènement de Louis XII ruina son pouvoir. Capturé à Novare (1500), il mourut interné en France.

luette [lɥɛt] **n.f.** (pour *l'uette,* dimin. du lat. *uva,* grappe). Appendice charnu, mobile et contractile, prolongeant le bord postérieur du voile du palais et qui contribue à la fermeture des fosses nasales pendant la déglutition.

lueur [lɥœr] **n.f.** (lat. pop. **lucoris, de lucere,* luire). **1.** Clarté faible ou éphémère : *Les premières lueurs de l'aube.* **2.** Éclat fugitif du regard : *Une lueur d'intérêt a brillé dans ses yeux* (syn. **éclair**). **3.** Manifestation passagère et vive : *Une lueur d'intelligence* (syn. **étincelle**).

Luftwaffe (mot all. signif. « arme aérienne »), nom donné depuis 1935 à l'aviation militaire allemande.

Lugano, v. de Suisse (Tessin), sur le lac de Lugano ; 54 667 hab. (137 081 hab. dans l'agglomération). Tourisme. Cathédrale médiévale à façade Renaissance. Église S. Maria degli Angioli (fresques de Bernardino Luini, 1529). Musées.

luge [lyʒ] **n.f.** (mot savoyard, du bas lat. *sludia*). Petit traîneau dont on se sert pour glisser sur la neige ; sport pratiqué avec ce traîneau. ▶ La luge est une discipline olympique depuis 1964.

Lugné-Poe (Aurélien Marie Lugné, dit**),** acteur, directeur de théâtre et écrivain français (Paris 1869 - Villeneuve-lès-Avignon 1940). Fondateur du théâtre de l'Œuvre (1893), il fit connaître en France les grands dramaturges étrangers (Ibsen, Strindberg).

lugubre [lygybr] **adj.** (lat. *lugubris,* de *lugere,* être en deuil). Qui exprime ou inspire la tristesse : *Un air lugubre* (syn. **sinistre** ; contr. **réjoui**). *Une chanson lugubre* (syn. **triste** ; contr. **gai**).

lugubrement [lygybrəmɑ̃] **adv.** De façon lugubre.

lui [lɥi] **pron. pers.** (lat. pop. **illui,* du class. *ille,* celui-ci). **1.** Désigne la 3ᵉ pers. du masc. sing., dans les fonctions de compl. prépositif et, dans des formules d'insistance, d'apposition au pron. sujet ou compl. : *Elles ont fait tout ça pour lui. Lui, je l'ai vu traîner devant chez moi hier soir.* **2.** Désigne la 3ᵉ pers. du sing., aux deux genres, dans les fonctions de compl. d'objet indirect et de compl. d'attribution : *Elle lui parle. Je lui ai prêté mon livre.*

luire [lɥir] **v.i.** (anc. fr. *luisir,* du lat. *lucere*) [conj. **97**]. **1.** Émettre ou réfléchir de la lumière : *La plaque de cuivre astiquée luit* (syn. **briller**). **2.** LITT. Apparaître, se manifester comme une lueur : *Un faible espoir luit encore.*

luisant, e [lɥizɑ̃, -ɑ̃t] **adj. 1.** Qui luit : *Des yeux luisants de fièvre* (syn. **brillant**). **2. Ver luisant,** lampyre femelle.

Lukács (György), écrivain et philosophe hongrois (Budapest 1885 - *id.* 1971). Il interpréta les thèses de Marx en se servant d'un concept des écrits de jeunesse, l'*aliénation.* Lukács a écrit *Histoire et conscience de classe* (1923). Il a défini les bases d'une esthétique marxiste.

Lula da Silva (Luiz Inácio), homme politique brésilien (Garanhuns, État de Pernambouc, 1945). Dirigeant syndicaliste et fondateur du parti des Travailleurs (1980), leader historique de la gauche, il a été président de la République de 2003 à 2010.

Lulle (*bienheureux* **Raymond),** philosophe, théologien et poète catalan (Palma de Majorque 1233 ou 1235 - Bougie ou Palma 1315). Troubadour de renom à la cour de Majorque, il abandonne en 1265 ses chansons, sa femme, ses enfants pour se consacrer à la conversion des infidèles. Esprit encyclopédique, il écrira en arabe, en latin, en catalan de nombreux ouvrages de logique, d'ascétisme, de droit et de philosophie. Il veut provoquer des rencontres entre savants appartenant à des confessions différentes en vue de l'unification religieuse de l'humanité. Son œuvre la plus importante est l'*Ars magna,* somme de logique et d'apologétique, dans laquelle il se soucie de réconcilier la raison et la foi.

Lully ou **Lulli (Jean-Baptiste),** violoniste et compositeur italien naturalisé français (Florence 1632 - Paris 1687). Il passa la plus grande partie de sa vie en France. Devenu surintendant de la Musique de Louis XIV, il obtint une sorte de monopole de la production musicale. Il fut le créateur de l'opéra français et composa une douzaine de tragédies lyriques (*Alceste,* 1674 ; *Atys,* 1676 ; *Armide,* 1686), des ballets, des divertissements pour les comédies de Molière *(le Bourgeois gentilhomme)* et de grands motets *(Miserere).* Son style influença Bach et Händel.

lumbago [lœbago] ou **lombago** [lɔ̃bago] **n.m.** (bas lat. *lumbago,* faiblesse des reins, de *lumbus,* rein). PATHOL. Affection brutale et douloureuse survenant au niveau lombaire à l'occasion, le plus souvent, d'un effort fait pour soulever qqch ou d'une torsion brusque du rachis lombaire. (On dit cour. un *tour de reins.*)

lumen [lymɛn] **n.m.** (mot lat. « lumière »). Unité de mesure de flux lumineux. ▸ Symb. lm.

Lumet (Sidney), cinéaste américain (Philadelphie 1924 - New York 2011). Affirmant dès son premier film (*12 Hommes en colère,* 1957) un sens aigu de la critique sociale, il ne cessa de creuser les rapports conflictuels entre l'individu et toutes les formes de pouvoir (*Serpico,* 1973 ; *Un après-midi de chien,* 1975 ; *Network, main basse sur la TV,* 1976).

lumière [lymjɛr] **n.f.** (lat. *luminaria,* flambeau, de *lumen, -inis,* lumière). **1.** Rayonnement émis par des corps portés à haute température (incandescence) ou par des corps excités (luminescence) et qui est perçu par les yeux. **2.** Clarté du soleil : *Ouvrir les volets pour que la lumière pénètre dans la pièce* (syn. **jour ;** contr. **obscurité**). **3.** Éclairage artificiel ; ce qui produit cet éclairage : *Allumer, éteindre la lumière* (syn. **électricité**). **4.** BX-A. Partie claire ou plus éclairée que les autres dans une peinture, un dessin : *La distribution des lumières et des ombres.* **5.** Ce qui éclaire l'esprit ; élément qui fait comprendre : *La lumière de la raison.* **6.** (Souvent en tournure nég.). Personne au savoir ou aux mérites éclatants : *Ce n'est pas une lumière* (syn. **génie**). **7.** Orifice d'entrée et de sortie de la vapeur dans le cylindre d'une machine à vapeur. **8.** TECHN. Trou pratiqué dans une pièce afin d'y permettre le passage d'une autre pièce ou d'un fluide. **9. À la lumière de,** en se référant à : *Opter pour une attitude différente à la lumière des événements récents* (= en fonction de ces événements). / **Faire, apporter, jeter (toute) la lumière sur,** révéler les tenants et les aboutissants d'un problème, d'une affaire qui restait mystérieuse : *Faire toute la lumière sur un scandale.* / **Mettre en lumière,** signaler à l'attention, démontrer : *Des savants ont mis en lumière l'action nocive des rayons X.* **10.** OPT. **Lumière noire** ou **lumière de Wood,** rayonnement ultraviolet invisible qui provoque la fluorescence de certains corps. / SC. **Lumière zodiacale** ⟶ **zodiacal.** ◆ **lumières n.f. pl. 1.** Feux d'un véhicule : *Laisser ses lumières allumées.* **2.** Capacités intellectuelles ; savoir que qqn possède : *Nous avons besoin de vos lumières en cette matière* (syn. **connaissances**). **3. Les Lumières,** Mouvement philosophique qui domine le monde des idées en Europe au XVIIIe s.

■ HISTOIRE DES IDÉES. La philosophie de la période qui coïncide avec le XVIIIe s. en Europe sans se confondre avec lui est souvent appelée le « siècle des Lumières » (angl. *Enlightenment ;* all. *Aufklärung*).

Rationalisme et empirisme. Cette période marque la rupture avec le règne de la métaphysique et la naissance d'un nouveau rationalisme, non plus cartésien, mais newtonien : il s'agit de rendre le réel intelligible en dégageant des lois formulées à l'aide des mathématiques et soumises au contrôle de l'expérience. La foi n'a plus sa place dans la démarche scientifique ; ce n'est plus Dieu qui garantit la rationalité du monde. La *nature* prend une place centrale avec Diderot et Buffon, et elle ouvre même la voie à un matérialisme complètement athée avec La Mettrie et d'Holbach. C'est au XVIIIe s. que naît la psychologie, non comme science, mais comme discipline originale, sans rapport avec la métaphysique : les idées innées (présentes encore chez Descartes) n'existent plus. La nouveauté vient de l'Angleterre : Berkeley affirme que la connaissance repose sur la *sensation,* et Hume que l'invariance des opérations psychiques est seule à l'origine de nos certitudes en matière de connaissances. La psychologie empirique réhabilite ainsi la subjectivité et justifie la naissance de la *sensibilité,* qui sera féconde dans les lettres et les arts : Rousseau, l'abbé Prévost, Bernardin de Saint-Pierre, etc.

Progrès et liberté. Sur le plan moral, le maître mot est le *progrès.* Fontenelle avait bien dit au début du siècle que l'humanité était perfectible. Herder et Condorcet lui emboîtent le pas. L'homme est perfectible, la société est perfectible, bref les valeurs sont également en progrès. C'est pourquoi les philosophes réfléchissent aussi sur la *richesse des nations,* sur l'importance de l'agriculture et du commerce, qu'affirment les physiocrates, comme Quesnay, qui compare la circulation des biens à celle du sang dans le corps humain. Il faut donc, dans cet esprit, abolir toutes les barrières douanières, si nombreuses sous l'Ancien Régime.

La morale évangélique, qui repose sur la charité, doit être remplacée par une morale sociale, fondée sur la philanthropie et la tolérance, valeurs pour lesquelles l'État est tenu, selon Beccaria, de se mobiliser. Les philosophes des Lumières posent ainsi la question du droit public, par opposition aux multiplicités des droits inégaux qui caractérisent la société d'avant 1789. La liberté doit être garantie par la loi, comme l'affirme Montesquieu ; l'individu peut être considéré comme « citoyen » de par la loi même, selon J.-J. Rousseau.

Les Lumières ont une importance décisive pour la naissance du monde moderne, d'abord parce qu'elles ont été l'une des sources idéologiques de la Révolution française, ensuite et surtout parce qu'elles ont conditionné la naissance de l'homme moderne, sa sensibilité, son individualisme, malgré les excès romantiques dont elles sont aussi responsables. ■

■ PHYSIQUE. La lumière est une forme d'énergie rayonnante (ondes électromagnétiques) qui est perçue par la vision. Émise par *incandescence* ou par *luminescence,* elle est composée d'une infinité de radiations de longueurs d'onde (c'est-à-dire de fréquences) différentes, dont l'ensemble constitue le *spectre lumineux.*

L'œil humain n'est sensible qu'à une partie du spectre lumineux, une étroite bande de radiations dont les longueurs d'onde sont comprises entre 0,4 μm (rayons violets) et 0,8 μm (rayons rouges) [1μm = 1 micromètre = 10^{-6} m]. La lumière solaire est considérée comme une lumière blanche ; décomposée par un prisme, elle donne les couleurs de l'arc-en-ciel.

Vitesse de la lumière. La première détermination en a été faite en 1676 par Olaus Römer à partir de l'observation des éclipses des satellites de Jupiter. Elle fournit, alors, une valeur d'environ 210 000 km/s. En 1849, Fizeau et, en 1850, Foucault effectuèrent des mesures plus directes qui, précisées par la suite, donnèrent 299 774 km/s. Les expériences les plus récentes s'accordent sur la valeur de 299 792 458 m/s, dans le vide.

Nature de la lumière. Dès le XVIIe s., la nature de la lumière a été au cœur de nombreux débats opposant les partisans d'une théorie corpusculaire (Newton), voyant la lumière comme un mouvement de particules, aux tenants d'une théorie ondulatoire (Huygens). On crut, au XIXe s., la question tranchée en faveur de l'hypothèse ondulatoire, en particulier après que Thomas Young (1773 - 1829) eut découvert le phénomène des interférences lumineuses, et que Maxwell, en 1873, eut développé la théorie électromagnétique de la lumière. Le débat rejaillit, au XXe s., avec l'hypothèse d'Einstein (1905), faisant de la lumière un flux de corpuscules pourvus d'une masse nulle *(photons).* Cette hypothèse ainsi que la théorie de Louis de Broglie, associant une onde électromagnétique à chaque particule (1924), sont à la base des conceptions modernes, selon lesquelles onde et corpuscule constituent deux aspects complémentaires d'une même réalité physique.

Propriétés physiques. La lumière est susceptible de subir les phénomènes de réflexion, de réfraction et, comme les autres phénomènes ondulatoires, de diffraction, de diffusion, d'interférences, tous phénomènes qui sont à l'origine de nombreux faits naturels et d'applications scientifiques et techniques.

L'énergie lumineuse. La lumière joue un rôle fondamental pour les êtres vivants. Les végétaux l'utilisent pour croître, et pour décomposer, en présence d'eau, le gaz carbonique de l'air, en gardant le carbone et en rejetant l'oxygène, selon un processus appelé *photosynthèse.*

L'énergie lumineuse peut être convertie en *énergie thermique* (fours solaires), en *énergie chimique* (réactions photochimiques utilisées en photographie) et en *énergie électrique* (cellules photoélectriques, photopiles). ■

Lumière (les frères), inventeurs et industriels français. **Louis** (Besançon 1864 - Bandol 1948) et **Auguste** (Besançon 1862 - Lyon 1954). Louis, aidé de son frère, inventa le Cinématographe (1895), pour lequel il tourna de nombreux films. On lui doit aussi la mise au point du premier procédé commercial de photographie en couleurs (1903), et des travaux grâce auxquels il obtint le relief cinématographique (1935).

lumignon [lymiɲɔ̃] **n.m.** (orig. incert., p.-ê. lat. pop. **lumi-nio*, altér. de **lucinium* [du class. *ellychnium*, du gr.] sous l'infl. du class. *lumen*, lumière). **1.** Bout de la mèche d'une bougie allumée. **2.** Petit morceau de chandelle. **3.** Lampe qui diffuse une lumière faible.

luminaire [lyminɛr] **n.m.** (lat. ecclés. *luminare*, lampe, astre). **1.** Tout appareil d'éclairage. **2.** Lampes, cierges utilisés dans le culte chrétien.

luminance [lyminɑ̃s] **n.f.** PHYS. Quotient de l'intensité lumineuse d'une surface par l'aire apparente de cette surface, pour un observateur lointain. ▸ Symb. cd/m^2.

luminescence [lyminesɑ̃s] **n.f.** (du lat. *lumen, -inis*, lumière, d'apr. *phosphorescence*). Caractère propre à certaines substances d'émettre de la lumière à basse température sous l'effet d'une excitation.

luminescent, e [lyminesɑ̃, -ɑ̃t] **adj. 1.** Relatif à la luminescence. **2. Tube luminescent,** tube contenant un gaz ou une vapeur qui s'illumine lorsqu'on y produit une décharge électrique.

lumineusement [lyminøzmɑ̃] **adv.** De façon lumineuse.

lumineux, euse [lyminø, -øz] **adj.** (lat. *luminosus*). **1.** Qui émet de la lumière ou la réfléchit : *Enseigne lumineuse.* **2.** Qui a beaucoup de lucidité, de clarté : *Idée lumineuse* (syn. **ingénieux**). *Explication lumineuse* (syn. **clair ;** contr. **confus**).

luminosité [lyminozite] **n.f.** (lat médiév. *luminositas*). **1.** Qualité de ce qui émet ou renvoie une lumière éclatante : *La luminosité du ciel italien* (syn. **clarté, éclat**). **2.** Lumière émise par une source lumineuse : *Luminosité insuffisante pour prendre une photo.* **3.** ASTRON. Quantité totale d'énergie rayonnée par unité de temps par un astre.

lump [lœp] **n.m.** (mot angl.). Poisson osseux des mers froides, connu pour ses œufs, qui ressemblent au caviar.

Lumumba (Patrice), homme politique congolais (Katako Kombé 1925 - Élisabethville 1961). Il milita pour l'indépendance du Congo belge (devenu Zaïre, auj. Rép. démocratique du Congo). Premier ministre en 1960, il lutta contre la sécession du Katanga, région méridionale du pays. Destitué en 1961, il fut assassiné.

1. lunaire [lynɛr] **adj.** (lat. *lunaris*). **1.** Qui concerne ou évoque la Lune : *Rayon lunaire. Paysage lunaire* (= sinistre et accidenté). **2.** *LITT.* Chimérique ; extravagant : *Projet lunaire* (syn. **insensé**). **3. Mois lunaire,** lunaison.

2. lunaire [lynɛr] **n.f.** (lat. scientif. *lunaria*, de *luna*, lune). Plante ornementale cultivée pour ses fleurs odorantes et ses fruits, qui ont la forme de disques blanc argenté, pouvant dépasser 5 cm de diamètre (noms usuels : *monnaie-du-pape, herbes aux écus*). ▸ Famille des crucifères.

lunaison [lynɛzɔ̃] **n.f.** (bas lat. *lunatio*). Espace de temps qui s'écoule entre deux nouvelles lunes consécutives (on dit aussi *mois lunaire*). ▸ La lunaison dure env. 29,5 j.

lunatique [lynatik] **adj.** et **n.** (bas lat. *lunaticus*). Dont l'humeur est changeante : *Il est très lunatique* (syn. **fantasque, versatile**).

lunch [lœntʃ] ou [lœʃ] **n.m.** (mot angl.) [pl. *lunchs* ou *lunches*]. Repas léger que l'on sert en buffet à l'occasion d'une réception.

lundi [lœdi] **n.m.** (du lat. pop. **lunis dies*, class. *lunae dies*, jour de la lune). Premier jour de la semaine.

lune [lyn] **n.f.** (lat. *luna*). **1.** (Avec une majuscule.) Satellite naturel de la Terre : *Les phases de la Lune.* **2.** Satellite naturel d'une planète quelconque : *Les lunes de Jupiter.* **3. Demander, promettre la lune,** demander, promettre l'impossible. / **Être dans la lune,** être distrait. / **Lune de miel,** premier temps du mariage ; période de bonne entente entre des personnes, notamm. au début de leurs relations. / **Tomber de la lune,** être surpris par un événement imprévu. **4. Lune rousse,** lunaison qui commence après Pâques, entre le 5 avril et le 6 mai, souvent accompagnée de gelées ou de vents froids qui font roussir les jeunes pousses. / **Nouvelle lune,** phase de la Lune dans laquelle celle-ci, se trouvant placée entre le Soleil et la Terre, tourne vers la Terre son hémisphère obscur et, de ce fait, est invisible. / **Pleine lune,** phase de la Lune dans laquelle celle-ci, se trouvant à l'opposé du Soleil par rapport à la Terre, tourne vers la Terre son hémisphère éclairé et est donc visible sous l'aspect d'un disque entier.

■ La Lune tourne autour de la Terre en 27 j 7 h 43 min *(révolution sidérale)*, à une distance moyenne de 384 400 km. Dans le même temps, elle accomplit une rotation complète sur elle-même. Aussi montre-t-elle toujours la même face à la Terre. N'émettant pas elle-même de la lumière, elle ne fait que renvoyer une partie de la lumière qu'elle reçoit du Soleil et possède donc en permanence un hémisphère obscur et un hémisphère éclairé. Les aspects différents, ou *phases*, suivant lesquels elle est vue de la Terre s'expliquent par les variations de sa position relative par rapport à notre planète et au Soleil. Ces phases se déroulent suivant un cycle de 29 j 12 h 44 min (*révolution synodique, lunaison* ou *mois lunaire*). Sa surface présente de vastes plaines accidentées, criblées de très nombreux cratères météoritiques de dimensions variées, et des montagnes aux formes douces pouvant atteindre des altitudes élevées (8 200 m). Elle n'est entourée d'aucune atmosphère, ce qui lui vaut de subir des températures allant d'environ + 120 °C le jour à - 170 °C la nuit. Le sol lunaire a été étudié directement de 1969 à 1972, au cours de 6 vols de la série « Apollo ». ■

luné, e [lyne] **adj.** (de *lune*, par allusion à la prétendue influence de la Lune sur le caractère). *FAM.* **Bien, mal luné,** de bonne, de mauvaise humeur.

lunetier, ère [lyntje, -ɛr] **adj.** Relatif à la vente, à la fabrication de lunettes : *Industrie lunetière.* ◆ **n.** Personne qui fabrique ou vend des lunettes.

lunette [lynɛt] **n.f.** (dimin. de *lune*). **1.** OPT. Instrument d'optique destiné à l'observation des objets éloignés, partic. des astres, et dont l'objectif est constitué d'une lentille convergente ou d'un système achromatique équivalent. **2.** Ouverture d'une cuvette de W.-C. **3.** FORTIF. Ouvrage extérieur d'une place, composé de deux faces et de deux flancs, et constituant une position avancée dans un système muni de bastions. **4.** PEINT. Partie supérieure, cintrée, d'une peinture murale, d'un retable. **5.** MÉCAN. Appareil fixe ou mobile, servant de guide supplémentaire pour une pièce de grande longueur sur une machine-outil. **6. Lunette arrière,** vitre arrière d'une automobile. / ARM. **Lunette de pointage, de tir,** lunette qui sert à viser un objectif en le grossissant. / OPT. **Lunette d'approche,** lunette munie d'un redresseur d'image. ◆ **lunettes n.f. pl. 1.** Paire de verres correcteurs ou filtrants, enchâssés dans une monture conçue pour être placée sur le nez, devant les yeux. **2. Serpent à lunettes,** nom usuel du naja.

lunetterie [lynɛtri] **n.f.** Métier, commerce du lunetier.

Lunéville, ch.-l. d'arr. de Meurthe-et-Moselle, sur la Meurthe ; 20 399 hab. *(Lunévillois)*. Constructions mécaniques et électriques. Textile. Faïence. Château par Germain Boffrand, disciple de J. H.-Mansart (1702, musée) ; église St-Jacques par Boffrand et le Nancéien Héré (1730). En 1801 y fut conclu, entre la France et l'Autriche, un traité confirmant celui de Campoformio et consacrant l'accroissement de la puissance française en Italie.

lunule [lynyl] **n.f.** (lat. *lunula*, petit croissant). **1.** Tache blanche en forme de croissant, située à la base de l'ongle chez l'homme. **2.** GÉOM. Surface limitée par deux arcs de cercle ayant mêmes extrémités, et dont la convexité est tournée du même côté.

lupanar [lypanar] **n.m.** (mot lat., de *lupa,* fille publique). *LITT.* Maison de prostitution.

lupin [lypɛ̃] **n.m.** (lat. *lupinus*). Plante herbacée ou arbrisseau à feuilles palmées, cultivée comme fourrage ou pour ses fleurs ornementales disposées en épi. ▸ Famille des papilionacées.

lupus [lypys] **n.m.** (mot du lat. médiév. « loup », en raison de la violence de cette maladie). Affection de la peau, caractérisée par l'infiltration du derme par des foyers tuberculeux juxtaposés (on dit aussi *lupus tuberculeux*).

Lurçat (Jean), peintre français (Bruyères, Vosges, 1892 - Saint-Paul-de-Vence 1966). Il a contribué, à partir des années 1930, à rénover l'art de la tapisserie, en tentant de renouer avec l'esprit de cet art dans sa phase médiévale (*le Chant du monde,* dix pièces, 1956-1965, Angers).

lurette [lyrɛt] **n.f.** (de *heurette,* dimin. de *heure*). *FAM.* **Il y a belle lurette,** il y a bien longtemps : *Il y a belle lurette que je ne l'ai vu.*

luron, onne [lyrɔ̃, -ɔn] **n.** (du rad. onomat. *lur-,* servant à former des refrains de chansons). *FAM.* Personne gaie, insouciante ; bon vivant : *Joyeux luron* (syn. **drille**).

Lusaka, cap. de la Zambie, à environ 1 300 m d'alt. ; 2 078 000 hab. dans l'agglomération *(Lusakois).*

Lusignan, famille originaire du Poitou, qui fit souche dans l'Orient latin, notamm. avec Gui de Lusignan, fondateur de la dynastie des Lusignan à Chypre en 1192.

Lusitanie, anc. région de la péninsule Ibérique couvrant, pour une part, l'actuel territoire du Portugal, devenue province romaine à partir d'Auguste.

lusitanien, enne [lyzitanjɛ̃, -ɛn] ou **lusitain, e** [lyzitɛ̃, -ɛn] **adj.** et **n.** De la Lusitanie, du Portugal.

lusophone [lyzɔfɔn] **adj.** et **n.** (de *lus[itanien]* et *-phone*). De langue portugaise.

lustrage [lystraʒ] **n.m.** Action, manière de lustrer : *Le lustrage des fils est différent pour le lin, la soie, le coton et la laine.*

lustral, e, aux [lystral, -o] **adj.** (lat. *lustralis,* expiatoire, de *lustrum ;* v. *1. lustre*). **1.** RELIG. Qui sert à purifier : *Eau lustrale* (syn. **purificateur**). **2.** ANTIQ. Que l'on fait tous les cinq ans : *Sacrifice lustral.*

lustration [lystrasjɔ̃] **n.f.** (lat. *lustratio,* de lustrum ; v. *1. lustre*). RELIG. Rite de purification de qqn, d'un lieu.

1. lustre [lystr] **n.m.** (lat. *lustrum,* de *luere,* laver, effacer par une expiation). **1.** *LITT.* Période de cinq années. **2.** ANTIQ. À Rome, sacrifice purificatoire pratiqué tous les cinq ans. ◆ **lustres n.m. pl.** *FAM.* Longue période : *Il y a des lustres que je ne suis allé au théâtre* (syn. **siècle**).

2. lustre [lystr] **n.m.** (it. *lustro,* lumière, éclat). **1.** Appareil d'éclairage décoratif suspendu au plafond. **2.** Éclat brillant de qqch : *Le vernis donne du lustre au bois* (syn. **brillant**). **3.** *LITT.* Éclat ; relief : *Le festival a donné du lustre à la petite ville* (syn. **prestige**).

lustrer [lystre] **v.t.** (de *2. lustre*). **1.** Donner du brillant, du poli à qqch : *Lustrer la carrosserie d'une voiture* (syn. **astiquer**). **2.** Rendre un vêtement brillant par le frottement, l'usure : *Veston lustré aux coudes.*

lustrerie [lystrəri] **n.f.** (de *2. lustre*). **1.** Ensemble des luminaires muraux, des plafonniers d'une maison. **2.** Fabrication des lustres et des appareils d'éclairage.

lustrine [lystrin] **n.f.** (it. *lustrino,* de *lustro,* lumière, éclat). Étoffe de coton apprêtée et lustrée.

Lutèce, ville de Gaule, capitale des Parisii, qui est devenue Paris.

lutéinique [lyteinik] **adj.** (du lat. *luteus,* jaune). Relatif au corps jaune de l'ovaire, à la progestérone.

luth [lyt] **n.m.** (ar. *al-ūd*). **1.** Instrument de musique à 7, 13 ou 21 cordes pincées, à caisse bombée et à manche court, très en vogue en Europe aux XVIe et XVIIe s. **2.** Tortue marine des mers chaudes, dépourvue de carapace, mais couverte d'une sorte de cuir. ▸ Long. max. 2,40 m ; poids max. 600 kg.

Luther (Martin), réformateur allemand (Eisleben, Thuringe, 1483 - *id.* 1546). Moine augustin, reçu docteur en théologie en 1512, nommé professeur à l'université de Wittenberg en 1513, il s'adonne à la prière et au travail intellectuel. Dans son *Commentaire de l'Épître aux Romains* de saint Paul, il met en relief la théologie de la justification par la foi seule, qui sera la doctrine majeure de la Réforme. Scandalisé par le trafic des indulgences, que le pape Léon X vient de relancer au profit de la construction de la basilique Saint-Pierre de Rome, il dénonce, le 31 oct. 1517, cette pratique et son principe même dans ses « 95 thèses », que Léon X condamnera en 1520 dans sa bulle *Exsurge Domine.* Luther publie alors trois ouvrages qu'on appelle les « grands écrits réformateurs » : le manifeste *À la noblesse chrétienne de la nation allemande, la Captivité de Babylone* et *De la liberté du chrétien,* livre dans lequel il formule une conception de l'Église comme communauté invisible, dépouillée de ses institutions et rassemblant ceux-là seuls qui vivent dans la vraie foi. Cité devant la diète impériale, à Worms, en 1521, et refusant de se rétracter, il est mis au ban de l'Empire et ses écrits sont brûlés. Il entreprend alors une traduction de la Bible en allemand (qu'il achèvera en 1534) et, de Wittenberg, il commence à organiser son Église, publie le *Petit Catéchisme* et le *Grand Catéchisme* (1529), polémique avec l'humaniste Érasme et confie à Melanchthon la rédaction de la *Confession d'Augsbourg* (1530), véritable charte doctrinale du luthéranisme. Marié en 1525 avec une ancienne religieuse, dont il aura six enfants, Luther se consacrera jusqu'à sa mort à la prédication et à la consolidation de son œuvre, laquelle, bénéficiant de l'appui des princes allemands unis contre l'empereur dans la ligue de Smalkalde (1531), s'étendra bientôt à travers toute l'Europe.

luthéranisme [lyteranism] **n.m.** Doctrine religieuse protestante issue de la pensée de Luther ; religion des luthériens.

lutherie [lytri] **n.f.** Métier, commerce du luthier.

luthérien, enne [lyterjɛ̃, -ɛn] **adj.** et **n.** Relatif au luthéranisme ; qui le professe : *Religion luthérienne.*

luthier, ère [lytje, -ɛr] **n.** (de *luth*). Artisan fabriquant des instruments de musique à cordes et portables tels que les violons, les guitares, etc. ***Rem.*** Pour les instruments de grande taille (clavecin, piano, harpe, orgue), on dit *facteur.*

luthiste [lytist] **n.** Personne qui joue du luth.

1. lutin [lytɛ̃] **n.m.** (anc. fr. *nuitum,* lat. *Neptunus* [Neptune, dont le nom a désigné en bas lat. un démon païen]). **1.** Petit génie malicieux (syn. **farfadet**). **2.** Enfant espiègle, taquin.

2. lutin, e [lytɛ̃, -in] **adj.** (de *1. lutin*). *LITT.* Qui a l'esprit éveillé, l'humeur malicieuse : *Un air lutin* (syn. **espiègle, mutin**).

lutiner [lytine] **v.t.** (de *2. lutin*). *LITT.* Embrasser, caresser une femme sous prétexte de jeu.

Lutosławski (Witold), compositeur polonais (Varsovie 1913 - *id.* 1994). Il est l'auteur de très nombreuses œuvres, parmi lesquelles un *Concerto pour orchestre, Trois Poèmes d'Henri Michaux,* un *Quatuor à cordes* et quatre symphonies.

lutrin [lytrɛ̃] **n.m.** (lat. pop. **lectorinum,* du bas lat. *lectrum,* pupitre). **1.** Pupitre, fixe ou mobile, destiné à supporter les livres ouverts pour en faciliter la lecture ; un tel meuble, placé dans le chœur d'une église et portant les livres de chant liturgique. **2.** Enceinte réservée aux chantres dans le chœur.

lutte [lyt] **n.f.** (de *lutter*). **1.** Affrontement entre deux personnes, deux groupes, dont chacun s'efforce de faire triompher sa cause ou d'imposer sa domination à l'autre : *Entrer en lutte avec qqn* (syn. **conflit**). *Lutte inégale* (syn. **combat**). **2.** Sport de combat dans lequel deux adversaires s'affrontent à mains nues, chacun cherchant à renverser l'autre sur le dos : *Lutte gréco-romaine.* **3.** Ensemble d'actions menées pour triompher d'un mal, de difficultés ou pour atteindre un but que l'on s'est fixé : *Lutte contre le cancer* (syn. **combat**). *Lutte pour la légalisation de l'avortement* (syn. **campagne**). **4.** Action de deux forces agissant en sens contraire : *Lutte entre le bien et le mal* (syn. **opposition, antagonisme**). *Lutte d'influences.* **5. De haute lutte,** à la suite d'un effort vigoureux et continu : *L'emporter de haute lutte.* ⁄ **Lutte des classes,** selon les marxistes, conflit opposant les classes sociales en deux groupes antagonistes : les oppresseurs, qui sont propriétaires des moyens de production, et les opprimés ; elle serait le moteur de l'histoire. ⁄ **Lutte pour la vie,** combat que mène chaque individu, chaque espèce contre les autres en vue d'assurer sa survie. ⁄ AGRIC. **Lutte biologique,** défense des cultures utilisant les prédateurs ou les parasites naturels des espèces indésirables.

lutter [lyte] **v.i.** (lat. *luctari*). **1.** Se battre avec qqn : *Lutter corps à corps* (syn. **combattre**). **2.** Chercher à l'emporter sur qqn : *Les athlètes luttent de vitesse* (syn. **rivaliser**). **3.** Déployer toute son énergie pour empêcher qqch de se produire, pour atteindre un but : *Lutter contre le sommeil* (syn. **résister à** ; contr. **céder à**). *Lutter avec la mort. Lutter pour l'indépendance de son pays* (syn. **batailler, militer**).

lutteur, euse [lytœr, -øz] **n. 1.** Sportif qui pratique la lutte. **2.** Personne énergique, combative ; battant.

lutz [luts] **n.m.** (n. d'un patineur autrichien). En patinage artistique, saut dont l'appel et la réception se font en arrière, avec changement de jambe.

Lützen ***(batailles de),*** batailles qui eurent lieu au sud-ouest de Leipzig. L'une, le 16 nov. 1632, durant la guerre de Trente Ans, où Gustave II Adolphe battit les impériaux commandés par Wallenstein, mais y trouva la mort. L'autre, le 2 mai 1813, où Napoléon et Ney remportèrent une victoire sur les Russes et les Prussiens de Blücher.

lux [lyks] **n.m.** (mot lat. « lumière »). Unité de mesure d'éclairement lumineux, équivalant à l'éclairement d'une surface qui reçoit, d'une manière uniformément répartie, un flux lumineux de un lumen par mètre carré. ► Symb. lx.

luxation [lyksasjɔ̃] **n.f.** (lat. *luxatio*, de *luxare*). Déboîtement, déplacement d'un os de son articulation : *Luxation de l'épaule, du genou.*

luxe [lyks] **n.m.** (lat. *luxus*). **1.** Caractère de ce qui est raffiné, coûteux, somptueux : *Le luxe d'une toilette* (syn. **magnificence, faste** ; contr. **simplicité**). **2.** Environnement constitué par des objets coûteux ; manière de vivre coûteuse et raffinée : *Faire étalage de luxe.* **3.** Plaisir que l'on s'offre exceptionnellement : *L'achat d'éditions originales est le seul luxe qu'elle s'autorise.* **4.** Grande abondance de qqch ; profusion : *S'entourer d'un luxe de précautions* (syn. **multiplicité**). **5.** FAM. **Ce n'est pas du luxe,** cela fait partie du nécessaire ; c'est indispensable : *Ce ne serait pas du luxe de changer ce linoléum* (= ce ne serait pas superflu). ⁄ **De luxe,** se dit de produits, de services qui correspondent à des goûts recherchés et coûteux et qui sont de l'ordre du superflu ; se dit du commerce de ces produits : *Industrie de luxe.* ⁄ FAM. **Se payer, s'offrir le luxe de dire, de faire qqch,** se permettre qqch d'extraordinaire et d'audacieux : *S'offrir le luxe de dire à qqn ce que l'on pense de lui.*

Luxembourg, État de l'Europe occidentale ; 2 586 km^2 ; 530 000 hab. *(Luxembourgeois).* CAP. *Luxembourg.* LANGUES : *luxembourgeois, allemand* et *français.* MONNAIE : *euro.*

GÉOGRAPHIE

Le pays se partage en deux grandes régions : le tiers nord (Ösling) appartient au plateau ardennais, tandis que le Sud (Gutland) se développe à la bordure orientale du Bassin parisien dans le sillon mosellan, jouit d'un climat plus doux et de sols plus riches. Longtemps fondée sur l'extraction du fer (arrêtée) et la sidérurgie, l'économie s'est partiellement reconvertie : création de nouvelles branches (pneumatiques, plastiques, mécanique), développement du secteur tertiaire (banques, compagnies d'assurances, radio et télévision) parallèle à celui des institutions de l'Union européenne. L'agriculture, orientée vers l'élevage, occupe moins de 2 % des actifs.
La population (qui compte un fort pourcentage d'immigrés) stagne, en raison du faible taux de natalité.

HISTOIRE

Issu du morcellement de la Lotharingie, le comté de Luxembourg est créé en 963 au sein du Saint Empire romain germanique.
1354. Le comté est érigé en duché par Charles IV de Luxembourg.
Le Luxembourg passe à la maison de Bourgogne (1441), à l'Espagne (1506) puis à l'Autriche (1714). Il est ensuite annexé par la France (1795).
1815. Le congrès de Vienne en fait un grand-duché lié aux Pays-Bas par la personne du roi, et membre de la Confédération germanique.
1831-1839. La moitié occidentale du grand-duché devient belge. De ce démembrement naît le territoire du grand-duché tel qu'il existe aujourd'hui.
1867. Le traité de Londres en fait un État indépendant et neutre.
1890. La famille de Nassau devient famille régnante.
1914-1918. Le Luxembourg est occupé par les Allemands.
1919. La grande-duchesse Charlotte donne une Constitution démocratique au pays.
1940-1944. Nouvelle occupation allemande. Après la Seconde Guerre mondiale, le Luxembourg devient membre du Benelux (1947), abandonne son statut de neutralité (1948), adhère au pacte de l'Atlantique Nord (1949) et entre dans la C.E.E. (1957). À l'intérieur, la vie politique reste marquée par la prédominance du parti chrétien-social.
1964. La grande-duchesse Charlotte abdique en faveur de son fils Jean.
1995. Jean-Claude Juncker devient Premier ministre.
2000. Le grand-duc Jean abdique en faveur de son fils Henri.

Luxembourg, prov. du sud-est de la Belgique ; 4 418 km^2 ; 275 594 hab. Ch.-l. *Arlon.*

Luxembourg, cap. du grand-duché de Luxembourg, sur l'Alzette ; 95 058 hab. Centre intellectuel, financier, administratif (Cour des comptes européenne et Cour de justice de l'Union européenne) et industriel. Cathédrale des XVIIe et XXe s. Musée d'État.

Luxembourg (François Henri de Montmorency-Boutheville, ***duc*** **de),** maréchal de France (Paris 1628 - Versailles 1695). Il dirigea la campagne de Hollande en 1672 et devint commandant en chef des armées de Flandre en 1680. Il y remporta tant de victoires et prit tant de drapeaux qu'on l'appela « le Tapissier de Notre-Dame ».

Luxembourg (maisons de), maisons qui régnèrent sur le Luxembourg à partir de 963 ; la troisième détint la couronne du Saint Empire de 1308 à 1313, de 1346 à 1400 puis de 1410 à 1347, accédant également aux trônes de Bohême (1310), puis de Hongrie (1387). À la mort de Sigismond (1437), la majeure partie de ses possessions passa aux Habsbourg.

Luxembourg ***(palais du),*** à Paris, palais construit de 1612 à 1620, par S. de Brosse, pour Marie de Médicis (agrandi au XIXe s.) ; Rubens en décora la galerie (toiles auj. au Louvre). Il est affecté au Sénat. Grand jardin public.

luxembourgeois, e [lyksɑ̃burʒwa, -az] **adj.** et **n.** Du Luxembourg.

Luxemburg (Rosa), révolutionnaire allemande (Zamość 1871 - Berlin 1919). Leader, avec Karl Liebknecht, de la social-démocratie allemande, en désaccord avec Lénine sur la question de l'organisation du parti, elle rédigea *l'Accumulation du capital* (1913). Emprisonnée pendant la guerre, elle fit partie, à sa libération, du groupe Spartakus. Elle fut assassinée lors de l'insurrection spartakiste.

luxer [lykse] **v.t.** (lat. *luxare*). Provoquer la luxation de : *La torsion a luxé le poignet* (syn. **démettre**). *Épaule luxée* (syn. **déboîter**). ◆ **se luxer v.pr. Se luxer qqch,** avoir une de ses articulations déboîtée : *Se luxer le genou.*

luxmètre [lyksmɛtr] **n.m.** (du lat. *lux*, lumière, et de *-mètre*). Appareil servant à mesurer l'éclairement.

luxueusement [lyksɥøzmɑ̃] **adv.** De façon luxueuse, somptueuse.

luxueux, euse [lyksɥø, -øz] **adj.** Qui se caractérise par son luxe : *Ameublement luxueux* (syn. **somptueux**). *Train de vie luxueux* (syn. **fastueux, princier ;** contr. **modeste**).

luxure [lyksyr] **n.f.** (lat. *luxuria,* surabondance, de *luxus*). LITT. Recherche effrénée des plaisirs sexuels : *Sombrer dans la luxure* (syn. **débauche, lubricité**).

luxuriance [lyksyrjɑ̃s] **n.f.** LITT. Caractère de ce qui est luxuriant ; foisonnement.

luxuriant, e [lyksyrjɑ̃, -ɑ̃t] **adj.** (lat. *luxurians, -antis,* p. présent de *luxuriare,* surabonder). Qui pousse, se développe avec abondance : *Végétation luxuriante* (syn. **foisonnant**).

Luynes (Charles, *marquis* **d'Albert,** *duc* **de),** homme d'État français (Pont-Saint-Esprit 1578 - Longueville 1621). Favori de Louis XIII, il poussa au meurtre de Concini (1617) à qui il succéda comme chef du gouvernement. Devenu connétable en 1621, il lutta contre les huguenots.

luzerne [lyzɛrn] **n.f.** (prov. *luzerno,* lat. *lucerna,* lampe). Plante fourragère, riche en protéines, très souvent introduite dans les rotations pour enrichir le sol en azote : *Donner de la luzerne aux lapins.* ▸ Famille des papilionacées.

Lviv, anc. **Lvov,** en polon. **Lwów,** en all. **Lemberg,** v. de l'Ukraine, près de la Pologne ; 732 818 hab. Textile. Métallurgie. Monuments religieux du XIIIe au XVIIIe s. La ville, fondée au XIIIe s., appartint à la Pologne de 1349 à 1772 et de 1920 à 1939, à l'Autriche de 1772 à 1920 ; elle fut incorporée à l'U.R.S.S. en 1939.

Lwoff (André), médecin et biologiste français (Ainay-le-Château, Allier, 1902 - Paris 1994). En 1965, il a reçu le prix Nobel de médecine, avec F. Jacob et J. Monod, pour ses travaux sur la physiologie bactérienne et la génétique moléculaire.

Lyallpur → Faisalabad.

Lyautey (Louis Hubert), maréchal de France (Nancy 1854 - Thorey, Meurthe-et-Moselle, 1934). Collaborateur de Gallieni au Tonkin et à Madagascar (1894-1897), il créa de 1912 à 1925 le protectorat français du Maroc, qu'il maintint aux côtés de la France pendant la Première Guerre mondiale. Résident général, il y poursuivit une œuvre politique, économique et sociale. Il fut ministre de la Guerre en 1916-1917 et organisa l'Exposition coloniale de Paris (1927-1931).

lycanthrope [likɑ̃trɔp] **n.m.** (du gr. *lukos,* loup, et *anthropos,* homme). Homme métamorphosé en loup ; loup-garou.

lycée [lise] **n.m.** (lat. *Lyceum,* gr. *Lukeion,* n. du gymnase où enseignait Aristote). **1.** En France, établissement qui dispense l'enseignement du second cycle du second degré : *Le lycée regroupe les élèves de la seconde à la terminale.* **2.** BELG. Établissement public d'enseignement secondaire destiné aux jeunes filles. **3. Lycée d'enseignement général et technologique,** établissement d'enseignement du second cycle du second degré préparant aux baccalauréats d'enseignement général, aux baccalauréats technologiques et aux brevets de technicien et, dans les sections supérieures, aux concours d'entrée dans les grandes écoles et aux brevets de technicien supérieur. / **Lycée professionnel,** établissement d'enseignement professionnel, préparant aux C.A.P., aux B.E.P. et aux baccalauréats professionnels (sigle *L.P.*). ***Rem.*** De 1975 à 1985, cet établissement portait le nom de *lycée d'enseignement professionnel* (*L.E.P.*).

lycéen, enne [liseɛ̃, -ɛn] **n.** Élève d'un lycée. ◆ **adj.** Relatif au lycée, aux lycéens : *Une manifestation lycéenne.*

lycénidé [lisenide] **n.m.** (du lat. scientif. *lycoena,* du gr. *lukaina,* louve). **Lycénidés,** famille de papillons diurnes, aux couleurs vives et qui diffèrent selon le sexe.

lychee n.m. **→ litchi.**

Lycie, anc. région du sud-ouest de l'Asie Mineure, au sud du Taurus occidental (v. princ. *Xanthos,* auj. en Turquie).

lycoperdon [likɔpɛrdɔ̃] **n.m.** (lat. scientif. *lycoperdum,* gr. *perdesthai,* péter). Champignon en forme de poire retournée, blanc, rejetant une poussière de spores à maturité (nom usuel : *vesse-de-loup*). ▸ Ordre des gastérales.

Lycra [likra] **n.m.** (nom déposé). Élastomère utilisé dans la confection d'articles textiles possédant une grande élasticité.

Lycurgue, législateur mythique de Sparte, à qui on attribue les sévères institutions spartiates (IXe s. av. J.-C. ?).

Lycurgue, orateur et homme politique athénien (v. 390 - v. 324 av. J.-C.), allié de Démosthène contre Philippe II de Macédoine.

Lydie, royaume de l'Asie Mineure, dont la capitale était Sardes. La Lydie tomba au pouvoir des Perses en 547 av. J.-C.

Lyell (*sir* **Charles),** géologue britannique (Kinnordy, Écosse, 1797 - Londres 1875). Il est l'un des fondateurs de la géologie moderne et l'auteur de *Principes de géologie* (1833) qui exerceront une grande influence, notamm. sur Darwin. Il préconisa l'étude des phénomènes en action (causes actuelles) pour interpréter l'évolution de la Terre (théorie de l'*actualisme*).

lymphatique [lɛ̃fatik] **adj. 1.** Relatif à la lymphe. **2.** Se dit de l'appareil circulatoire contenant la lymphe et des organes annexes : *Ganglions, vaisseaux lymphatiques.* ◆ **adj.** et **n.** Qui manque d'énergie ; nonchalant : *Tempérament lymphatique* (syn. **flegmatique**). *Il ne s'intéresse à rien, c'est un lymphatique* (syn. **indolent, mou ;** contr. **passionné**).

lymphe [lɛ̃f] **n.f.** (lat. *lympha,* eau). PHYSIOL. Liquide riche en protéines et en lymphocytes, circulant dans l'organisme.

■ La composition de la lymphe est proche de celle du plasma sanguin. La *lymphe interstitielle* (ou « liquide interstitiel ») se trouve entre les cellules, baignant les tissus. Issue du sang, elle représente le milieu intermédiaire entre celui-ci et les cellules, assurant les échanges nécessaires à la vie de ces dernières. Elle passe ensuite dans les vaisseaux lymphatiques, devenant *lymphe circulante,* et traverse les ganglions lymphatiques situés sur leur trajet, dans lesquels elle s'enrichit en lymphocytes (des globules blancs qui jouent un rôle majeur dans les défenses immunitaires de l'organisme). À la fin de son circuit, elle rejoint la circulation sanguine veineuse. ■

lymphocytaire [lɛ̃fɔsitɛr] **adj.** Relatif aux lymphocytes.

lymphocyte [lɛ̃fɔsit] **n.m.** (de *lymphe* et *-cyte*). Leucocyte mononucléaire de petite taille, à cytoplasme réduit et jouant un rôle important dans la défense immunitaire de l'organisme.

lymphocytose [lɛ̃fɔsitoz] **n.f.** PATHOL. Augmentation du nombre des lymphocytes dans le sang.

lymphoïde [lɛ̃fɔid] **adj. 1.** Qui se rapporte aux ganglions lymphatiques. **2. Organes lymphoïdes,** ganglions lymphatiques, amygdales, follicules clos de l'intestin, rate et thymus.

lymphome [lɛ̃fom] **n.m.** (de *lymphe* et *-ome*). Tumeur maligne du tissu lymphoïde.

lynchage [lɛ̃ʃaʒ] **n.m.** Action de lyncher qqn.

lyncher [lɛ̃ʃe] **v.t.** (de l'anglo-amér. *to lynch,* de *Lynch,* n. d'un juge de Virginie). Exécuter qqn sommairement, sans jugement régulier, en parlant d'une foule, d'un groupe.

lyncheur, euse [lɛ̃ʃœr, -øz] **n.** Personne qui participe à un lynchage.

lynx [lɛ̃ks] **n.m.** (gr. *lugx,* loup-cervier). **1.** Mammifère carnivore, haut sur pattes, à vue perçante, très vorace, vivant en Europe, en Afrique, en Asie et en Amérique du Nord. ▸ Famille des félidés. **2. Yeux de lynx,** vue perçante ; esprit d'observation très poussé : *Aucun détail n'échappe à ses yeux de lynx* (= sa vigilance).

Lyon, ch.-l. de la Région Auvergne-Rhône-Alpes et du dép. du Rhône et centre de la métropole de Lyon, au confluent du Rhône et de la Saône, à 460 km au sud-est de Paris et à 314 km au nord de Marseille ; 496 343 hab. (1 536 974 hab.

dans l'agglomération) *[Lyonnais]*. Archevêché. Cour d'appel. Académie, universités et École normale supérieure. Siège de la zone de défense Sud-Est. Centre commercial (foire internationale) et industriel (chimie, constructions mécaniques et électriques, textiles, pharmacie et biotechnologies, jeux vidéo et technologies de l'information), bénéficiant d'une remarquable desserte autoroutière, ferroviaire (T.G.V.) et aérienne (aéroport Lyon-Saint-Exupéry). – Cathédrale gothique (St-Jean, XIIe-XVe s.) et autres églises médiévales. Demeures de la Renaissance. Monuments des XVIIe et XVIIIe s. Musée de la Civilisation gallo-romaine, intégré à la colline de Fourvière ; riche musée des Beaux-Arts ; musées des Tissus et des Arts décoratifs, musées Gadagne (musée de l'Histoire de Lyon et musée des Marionnettes du monde), etc. Institut Lumière. Centre d'histoire de la Résistance et de la Déportation. – Capitale de la Gaule Lyonnaise (27 av. J.-C.) puis de la Gaule romaine, *Lugdunum* (Lyon) fut christianisée dès le IIe s. L'une des capitales des Burgondes (Ve s.), commune indépendante en 1193, siège de deux conciles œcuméniques (1245,1274), Lyon fut annexée au royaume de France en 1307. L'introduction de l'industrie de la soie (XVIe s.) lui donna un nouvel essor. Châtiée par la Convention pour son royalisme (1793), la ville fut le théâtre de révoltes des ouvriers de la soie *(canuts)* [1831, 1834].

Lyon (métropole de), collectivité territoriale de France, regroupant 59 comm. (1 328 098 hab.). Créée en 2015, elle reprend sur son territoire les compétences de l'anc. communauté urbaine de Lyon et celles du conseil départemental du Rhône.

lyophilisation [ljɔfilizasjɔ̃] **n.f.** Déshydratation par sublimation à basse température et sous vide que l'on fait subir à certaines substances pour les conserver.

lyophiliser [ljɔfilize] **v.t.** (du gr. *luein*, dissoudre, et de *-phile*). Soumettre à la lyophilisation : *Café lyophilisé.*

lyre [lir] **n.f.** (lat. *lyra*, gr. *lura*). Instrument de musique à cordes pincées, connu depuis la plus haute antiquité et qui se compose d'une caisse et de deux montants courbes soutenus par un joug transversal.

lyrics [liriks] **n.m. pl.** (mot angl.). Parties chantées d'un film, d'une œuvre dramatique : *Les lyrics d'une comédie musicale.*

lyrique [lirik] **adj.** (lat. *lyricus*, gr. *lurikos*, de *lura*, lyre). **1.** ANTIQ. GR. Se disait de la poésie chantée avec accompagnement de la lyre : *Pindare, Sappho sont des poètes lyriques.* **2.** Se dit du genre poétique inspiré de la poésie lyrique grecque, des auteurs d'une telle poésie (par opp. à *épique* ou à *dramatique*) : *Odes et hymnes appartiennent au genre lyrique.* **3.** Se dit d'une œuvre poétique, littéraire ou artistique où s'expriment avec une certaine passion les sentiments personnels de l'auteur, des auteurs de telles œuvres : *Les poèmes lyriques des romantiques.* **4.** Qui est mis en scène et chanté : *Art, théâtre lyrique.* **5.** Qui est plein d'enthousiasme, d'exaltation : *Quand il parle d'elle, il devient lyrique* (syn. **passionné**). **6. Artiste lyrique,** chanteur, chanteuse d'opéra, d'opéra-comique, etc.

lyrisme [lirism] **n.m.** Expression poétique ou exaltée de sentiments personnels, de passions : *Le lyrisme de Lamartine. Elle fait preuve de lyrisme lorsqu'elle évoque ses souvenirs d'enfance* (syn. **enthousiasme** ; contr. **indifférence**).

lys n.m. ⟶ **lis.**

Lysandre, général spartiate (m. en 395 av. J.-C.). En 405 av. J.-C., il défit la flotte athénienne à l'embouchure de l'Aigos-Potamos, petit fleuve de Thrace, et prit Athènes (404), dont il fit raser les murs.

lyse [liz] **n.f.** (gr. *lusis*). BIOL. Dissolution, destruction d'un élément organique tel qu'une cellule, une bactérie, sous l'influence d'agents physiques ou chimiques.

lyser [lize] **v.t.** BIOL. Détruire par lyse.

lysine [lizin] **n.f.** (du gr. *lusis*). Acide aminé indispensable à la croissance.

Lysippe, sculpteur grec du IVe s. av. J.-C., originaire de Sicyone. Admirateur de Polyclète, il allonge cependant son canon et, à l'inverse de Praxitèle, étudie les musculatures athlétiques. Profondément attaché au rendu de la mobilité, il privilégie la complexité des mouvements (*Apoxyomène*, ou « athlète au strigile »), et ses œuvres se développent dans l'espace et sollicitent le regard sous tous les angles (*Hermès au repos*, copie de bronze, musée de Naples). Portraitiste d'Alexandre (*Alexandre* dit *Azara*, Louvre), il tend à reproduire fidèlement les traits et la concentration de l'expression de son modèle.

lytique [litik] **adj.** Qui provoque la lyse.

M

m [ɛm] **n.m. inv. 1.** Treizième lettre (consonne) de l'alphabet. **2. M,** chiffre romain valant mille.

ma [ma] **adj. poss.** ⟶ **mon.**

Maastricht, v. des Pays-Bas, ch.-l. du Limbourg, sur la Meuse ; 121 819 hab. Basiliques St-Servais et Notre-Dame, remontant aux Xe-XIe s. Musée.

Maastricht (traité de) [7 févr. 1992], traité signé par les États membres de la C.E.E. (qui devient la C.E., Communauté européenne) et créant l'Union européenne. Il concerne surtout la poursuite de l'Union économique et monétaire (avec l'adoption d'une monnaie unique) et la mise en œuvre d'une politique étrangère et de sécurité commune, ainsi que d'une coopération dans le domaine de la justice et des affaires intérieures. Ratifié en 1992-1993, il entre en vigueur le 1er nov. 1993. Ses dispositions ont été révisées par les traités européens ultérieurs. (⟶ **Union européenne.**)

Mabillon (Jean), bénédictin français (Saint-Pierremont 1632 - Paris 1707), moine de la congrégation de Saint-Maur, à Paris. On lui doit le *De re diplomatica* (1681), qui fonda la diplomatique (science relative aux actes et documents officiels).

maboul, e [mabul] **adj.** et **n.** (ar. *mahbūl,* sot, stupide). *FAM.* Fou.

macabre [makabr] **adj.** (de *[Danse] Macabre* ou *Macabré,* d'orig. incert., var. probable du n. pr. d'orig. biblique *Maccabée*). **1.** Qui a trait à la mort ; funèbre : *Faire une macabre découverte* (= découvrir un cadavre). *Récit macabre.* **2. Danse macabre,** au Moyen Âge, allégorie peinte ou sculptée dans laquelle des morts décharnés ou des squelettes entraînent dans leur ronde des personnages de toutes les conditions sociales et de tous les âges.

macadam [makadam] **n.m.** (du n. de l'inventeur *McAdam*). Assise de chaussée formée de pierres concassées et agglomérées avec un agrégat sableux ; chaussée ainsi revêtue.

McAdam (John Loudon), ingénieur britannique (Ayr, Écosse, 1756 - Moffat 1836). Il fut le premier à mettre en œuvre le système de revêtement des routes à l'aide de pierres cassées qui porte à présent son nom. Son procédé fut introduit à Paris en 1849.

Macao, territoire de la côte sud de la Chine ; 16 km^2 ; 575 000 hab. *(Macanais).* Port. Centre industriel et touristique. Possession du Portugal depuis 1557, il a été rétrocédé à la Chine en 1999.

macaque [makak] **n.m.** (port. *macaco,* empr. au bantou). Singe d'Asie et d'Afrique du Nord. ▸ Famille des cercopithécidés ; long. 50 à 60 cm sans compter la queue. Le macaque rhésus, de l'Inde, est utilisé dans les laboratoires et a permis la découverte du facteur Rhésus.

macareux [makarø] **n.m.** (orig. obsc.). Oiseau marin au plumage noir et blanc, au gros bec multicolore, vivant en colonies dans les régions tempérées fraîches de l'Atlantique nord. ▸ Famille des alcidés ; long. 30 cm.

macaron [makarɔ̃] **n.m.** (vénitien *macarone,* macaroni). **1.** Petit gâteau rond moelleux, à base de pâte d'amandes, de blancs d'œufs et de sucre. **2.** Natte de cheveux enroulée sur l'oreille. **3.** *FAM.* Décoration, insigne de forme ronde. **4.** Vignette, insigne à caractère officiel que l'on appose sur le pare-brise d'une voiture.

macaroni [makarɔni] **n.m.** (pl. du mot it. dialect. *macarone*). Pâte alimentaire de semoule de blé dur, moulée en tubes d'environ 5 mm de diamètre : *Des macaronis.*

MacArthur (Douglas), général américain (Fort Little Rock 1880 - Washington 1964). Commandant en chef allié dans le Pacifique (1944-1945), il reçut la capitulation du Japon puis commanda les forces de l'O.N.U. en Corée (1950-1951).

Macbeth (m. en 1057), roi d'Écosse (1040-1057). Il parvint au trône par l'assassinat du roi Duncan Ier, mais il fut tué par le fils de ce dernier, Malcolm III. Son histoire a servi de trame au *Macbeth* de Shakespeare (v. 1605).

Maccabée, surnom donné, lors du soulèvement juif de 167 av. J.-C., à Judas, fils du prêtre Mattathias, puis étendu aux membres de sa famille et de son parti. Mattathias avait déclenché la guerre sainte contre la politique du roi séleucide Antiochos IV Épiphane, qui, pour unifier ses États, voulait imposer aux Juifs la culture grecque. À la mort de Mattathias, ses fils prirent sa relève : d'abord Judas, qui obtint la liberté du culte, puis Jonathan et Simon, dont le fils, Jean Hyrcan, fonda la dynastie sacerdotale des Asmonéens. Les deux livres bibliques dits *des Maccabées,* retraçant l'histoire de cette révolte, ne sont admis que dans le canon catholique.

McCarthy (Joseph), homme politique américain (près d'Appleton, Wisconsin, 1908 - Bethesda, Maryland, 1957). Sénateur républicain, il mena une virulente campagne anticommuniste à partir de 1949 *(maccarthysme).* Il fut désavoué par le Sénat en 1954.

maccartisme ou **maccarthysme** [makkartism] **n.m.** Programme de « lutte contre les activités antiaméricaines » mis en œuvre aux États-Unis dans les années 1950 à l'instigation du sénateur Joseph McCarthy. ▸ Politique anticommuniste extrémiste qui conduisit à des poursuites (« chasse aux sorcières »), dans l'ensemble de l'administration fédérale ainsi que dans les milieux d'artistes et d'intellectuels, contre toute personne soupçonnée de sympathies communistes ou simplement progressistes.

macchabée [makabe] **n.m.** (orig. incert., allusion probable aux personnages de la *Danse macabre ;* v. *macabre*). *FAM.* Cadavre.

McClintock (Barbara), généticienne américaine (Hartford 1902 - Huntington 1992). Dans les années 1940, elle met en évidence l'existence d'éléments mobiles sur les chromosomes, les *transposons* (ou « gènes sauteurs »). [Prix Nobel 1983.]

McCormick (Cyrus Hall), inventeur et industriel américain (comté de Rockbridge, Virginie, 1809 - Chicago 1884). Il mit au point la première faucheuse fabriquée en grande série et fonda en 1847 un important établissement produisant des machines agricoles.

McCullers (Carson Smith), femme de lettres américaine (Colombus, Géorgie, 1917 - Nyack, État de New York, 1967). Son œuvre, marquée par le freudisme, traite de la solitude de l'être humain (*Le cœur est un chasseur solitaire,* 1940 ; *Reflets dans un œil d'or,* 1941 ; *la Ballade du café triste,* 1951).

MacDonald (James Ramsay), homme politique britannique (Lossiemouth, Écosse, 1866 - en mer 1937). Leader du parti travailliste (1911-1914, 1922-1937), il se montra partisan d'un socialisme réformiste. Chef du premier cabinet travailliste (1924), de nouveau au pouvoir à partir de 1929, il préconisa le désarmement et la coopération internationale. L'aggravation de la crise économique le força à former en 1931 un gouvernement de coalition. Il démissionna en 1935.

Macdonald (*sir* John Alexander), homme politique canadien (Glasgow 1815 - Ottawa 1891). Après la formation du dominion canadien, il en présida le premier cabinet (1867-1873). De nouveau au pouvoir (1878-1891), il assura la colonisation des Territoires du Nord-Ouest.

macédoine [masedwan] **n.f.** (probabl. par allusion à l'empire disparate d'*Alexandre de Macédoine*). Mélange de plusieurs fruits ou légumes coupés en morceaux.

Macédoine, région historique de la péninsule des Balkans. Essentiellement montagneuse, ouverte par des bassins, dont le plus vaste est celui du Vardar, la Macédoine est auj. partagée entre la Bulgarie, la Grèce (34 177 km^2 ; 2 413 350 hab. ; v. princ. *Thessalonique*) et la république homonyme issue de l'ex-Yougoslavie.

Macédoine, État d'Europe, dans les Balkans ; 25 700 km^2 ; 2 107 000 hab. *(Macédoniens).* CAP. *Skopje.* LANGUES : *macédonien* et *albanais.* MONNAIE : *denar.*

GÉOGRAPHIE

Souvent montagneuse et entaillée par la vallée du Vardar, mais cependant urbanisée, la région, enclavée (comportant une minorité d'Albanais), juxtapose les activités extractives (plomb, zinc, chrome, fer) aux complexes agro-industriels.

HISTOIRE

Longtemps considérée comme un pays barbare par les Grecs, la Macédoine s'intégra peu à peu au monde grec. Les tribus de Macédoine sont unifiées au sein d'un royaume qui atteint son apogée sous Philippe II (356-336 av. J.-C.) et Alexandre le Grand (336-323). À la mort de ce dernier, ses lieutenants et successeurs se disputent la Macédoine.

276-168 av. J.-C. Les Antigonides, dynastie fondée par Antigonos Gonatas (v. 320 av. J.-C. - 240/239 av. J.-C.), règnent sur le pays.

168 av. J.-C. La victoire romaine de Pydna met un terme à l'indépendance macédonienne.

En 148 av. J.-C., la Macédoine devient province romaine ; elle est rattachée au IVe s. à l'Empire romain d'Orient. Les Slaves s'y établissent au VIIe s.

1371. Elle est intégrée à l'Empire ottoman.

1912-1913. La première guerre balkanique la libère des Turcs.

1913. La question du partage de la Macédoine oppose la Serbie, la Grèce et la Bulgarie au cours de la seconde guerre balkanique.

1945. La République fédérée de Macédoine est créée au sein de la Yougoslavie.

1991. Elle proclame son indépendance.

La Grèce est hostile à la constitution d'un État indépendant portant le nom de Macédoine.

1993. Elle est admise à l'O.N.U. sous le nom d'ex-République yougoslave de Macédoine.

1994-1995. La Grèce lui impose un blocus économique avant de parvenir à un compromis.

2001. La Macédoine menaçant de basculer dans la guerre civile entre majorité slave et minorité albanaise à la suite du conflit au Kosovo voisin (1999), de nouveaux droits sont accordés à cette dernière.

2005-2012. Des négociations semées d'obstacles sont ouvertes en vue de l'adhésion à l'Union européenne. Les discussions reprennent en 2012.

macédonien, enne [masedɔnjɛ̃, -ɛn] **adj.** et **n.** De Macédoine. ◆ **macédonien n.m.** Langue slave du Sud, parlée princ. en Macédoine.

macération [maserasjɔ̃] **n.f.** (lat. *maceratio*). Opération consistant à faire tremper un produit alimentaire pour le parfumer ou le conserver : *La macération des fruits dans l'alcool.* ◆ **macérations n.f. pl.** LITT. Mortifications que l'on s'inflige par esprit de pénitence.

macérer [masere] **v.t.** (lat. *macerare*) [conj. **18**]. Laisser tremper qqch dans un liquide pour que celui-ci lui communique sa saveur ou pour le conserver : *Macérer des cornichons dans du vinaigre.* ◆ **v.i.** Baigner longuement dans un liquide : *Faire macérer des cerises dans de l'eau-de-vie.*

mach [mak] (de [*nombre de*] *Mach,* n. d'un physicien autrichien). Rapport de la vitesse d'un mobile (projectile, avion) à celle du son dans l'atmosphère où il se déplace : *Voler à mach 2* (= à une vitesse double de celle du son). ▸ Cette unité n'est pas une véritable unité de vitesse, car la vitesse du son dans l'air est proportionnelle à la racine carrée de la température.

Mach (Ernst), physicien et philosophe autrichien (Chirlitz-Turas, auj. Chrlice-Tuřany, Moravie, 1838 - Haar, près de Munich, 1916). Il mit en évidence le rôle de la vitesse du son en aérodynamique et fit une étude critique des principes de la mécanique newtonienne. Sa philosophie des sciences, qui se rattache au positivisme, eut une grande influence sur les premiers travaux d'Einstein.

Machado (Antonio), poète espagnol (Séville 1875 - Collioure 1939). Il s'est fait le chantre de l'Andalousie et de la Castille dans des recueils qui unissent les thèmes décadents à l'inspiration folklorique (*Solitudes,* 1903 ; *les Paysages de Castille,* 1912 ; *Nouvelles Chansons,* 1924).

Machado de Assis (Joaquim Maria), écrivain brésilien (Rio de Janeiro 1839 - *id.* 1908). Poète parnassien, il est surtout connu pour ses romans ironiques (*Quincas Borba,* 1891 ; *Dom Casmurro,* 1900).

machaon [makaɔ̃] **n.m.** (de *Machaon,* personnage mythol.). Papillon diurne, à ailes jaunes tachetées de noir, de rouge et de bleu, mesurant jusqu'à 9 cm d'envergure (nom usuel : *grand porte-queue*). ▸ La chenille du machaon vit sur les ombellifères (carotte, persil, etc.).

Machaut (Guillaume de) → Guillaume de Machaut.

mâche [mɑʃ] **n.f.** (du moyen fr. *pomache,* apocope probabl. due à l'attraction de *mâcher,* lat. pop. **pomasca,* du class. *pomum,* fruit). Plante potagère à petites feuilles, mangée en salade (syn. **doucette**). ▸ Famille des valérianacées.

mâchefer [mɑʃfɛr] **n.m.** (p.-ê. de *mâcher,* écraser). Scorie provenant de la combustion des charbons produisant des cendres à demi fusibles.

mâcher [mɑʃe] **v.t.** (lat. *masticare*). **1.** Broyer avec les dents avant d'avaler ou triturer dans la bouche : *Mâcher les aliments* (syn. **mastiquer**). *Mâcher du chewing-gum.* **2.** Couper sans netteté, en déchirant les fibres : *Outil qui mâche le bois.* **3. Mâcher la besogne, le travail, la leçon à qqn,** lui préparer son travail : *Il faut tout lui mâcher.* / **Ne pas mâcher ses mots,** dire crûment son opinion.

machette [maʃɛt] **n.f.** (esp. *machete*). Grand coutelas des régions tropicales, à lame épaisse, à poignée courte, utilisé à la volée comme outil ou comme arme.

Machiavel, en it. **Niccolo Machiavelli,** homme politique, écrivain et philosophe italien (Florence 1469 - *id.* 1527). Secrétaire de la république de Florence, il remplit de nombreuses missions diplomatiques (en Italie, en France et en Allemagne) et réorganisa l'armée. Le renversement de la république par les Médicis (1513) l'éloigna du pouvoir. Il mit à profit cette retraite forcée pour écrire la majeure partie de son œuvre d'historien et d'écrivain : *le Prince* (1513, publié en 1532), *Discours sur la première décade de Tite-Live* (1513-1519), *l'Histoire de Florence* (1525), les comédies *la Mandragore* (1520) et *la Clizia* (1525). Machiavel ne se préoccupe pas de concevoir le meilleur régime possible : démasquant les prétentions de la religion en matière politique, il part des réalités contemporaines pour définir un « ordre nouveau » (moral, libre et laïque) où la raison d'État a pour objectif ultime l'amélioration de l'homme et de la société.

machiavélique [makjavelik] **adj. 1.** Qui est digne de la doctrine de Machiavel, considérée comme négation de la morale : *Politique machiavélique.* **2.** Qui est d'une grande perfidie, d'une scélératesse tortueuse : *Un stratège machiavélique* (syn. **perfide**).

machiavélisme [makjavelism] **n.m. 1.** Système politique de Machiavel. **2.** Politique faisant abstraction de la morale. **3.** Caractère d'une conduite tortueuse et sans scrupules (syn. **perfidie, fourberie**).

mâchicoulis [mɑʃikuli] **n.m.** (de **machicol,* de *mâcher* et *col,* cou). FORTIF. Au Moyen Âge, galerie en encorbellement au sommet d'une muraille ou d'une tour, comportant des ouvertures permettant d'observer l'ennemi ou de laisser tomber des projectiles sur lui ; chacune de ces ouvertures.

machin, e [maʃɛ̃, -in] **n.** (de *machine*). **1.** *FAM.* Chose dont on ne veut pas ou dont on ne peut pas dire le nom : *Qu'est-ce que c'est que ce machin ?* **2.** (Avec une majuscule). Personne inconnue ou que l'on ne peut pas ou ne veut pas nommer.

machinal, e, aux [maʃinal, -o] **adj.** (de *machine*). Se dit d'un mouvement naturel où la volonté n'a pas de part : *Un geste machinal* (syn. **automatique, mécanique**).

machinalement [maʃinalmɑ̃] **adv.** De façon machinale : *Répondre machinalement, sans réfléchir.*

machination [maʃinasjɔ̃] **n.f.** Intrigues, menées secrètes pour faire réussir un complot, un mauvais dessein : *Déjouer une machination* (syn. **manœuvre, agissement**).

machine [maʃin] **n.f.** (lat. *machina,* invention, engin, du gr. dorien *makhana,* class. *mêkhanê,* invention ingénieuse). **1.** Appareil ou ensemble d'appareils capable d'effectuer un certain travail ou de remplir une certaine fonction, soit sous la conduite d'un opérateur, soit d'une manière autonome. **2.** Appareil, instrument destiné à simplifier les tâches, les travaux de la vie quotidienne : *Machine à laver. Machine à calculer* (= calculatrice). **3.** Tout véhicule comportant un mécanisme ou un moteur : *Train tracté par une machine électrique.* **4.** Grande organisation fortement structurée, à rouages complexes : *La machine administrative.* **5.** Personne dont l'action est automatique et qui semble dénuée de sentiments, de qualités humaines : *Je ne suis pas une machine.* **6. Machine à bois,** machine-outil pour le travail du bois. / **Machine de guerre,** dans l'Antiquité et au Moyen Âge, tout engin employé dans la guerre de siège (bélier, catapulte, baliste, etc.) ; par ext., moyen offensif quelconque utilisé contre qqn : *Déployer la machine de guerre.* / PHYS. **Machine simple,** dispositif mécanique dans lequel la force se transmet directement (levier, poulie, treuil, etc.). **7. Machine à sous,** appareil constituant un jeu de hasard où, après introduction d'une mise, le joueur remporte en cas de gain un nombre variable de pièces de monnaie.

machine-outil [maʃinuti] **n.f.** (pl. *machines-outils*). Machine destinée à façonner la matière au moyen d'un outillage mis en œuvre par des mouvements et des efforts appropriés.

machiner [maʃine] **v.t.** (lat. *machinari*). Combiner certains moyens d'action avec de mauvais desseins : *Ils ont machiné cette histoire pour le perdre* (syn. **manigancer, ourdir**).

machinerie [maʃinri] **n.f. 1.** Ensemble de machines employées à un travail. **2.** Endroit où sont les machines d'un navire ; salle des machines.

machinisme [maʃinism] **n.m.** Emploi généralisé de machines, substituées à la main-d'œuvre dans l'industrie.

machiniste [maʃinist] **n. 1.** Conducteur de machines. **2.** Conducteur d'autobus. **3.** Ouvrier chargé de mettre en place et de démonter les décors et les accessoires de théâtre et de cinéma.

machisme [matʃism] ou [maʃism] **n.m.** (de *macho*). Idéologie fondée sur l'idée que l'homme est supérieur à la femme et que, à ce titre, il a droit à des privilèges de maître ; comportement conforme à cette idéologie (syn. **phallocratie**).

machiste [matʃist] ou [maʃist] **adj.** et **n.** Qui manifeste des tendances au machisme ; phallocrate.

macho [matʃo] **adj.** et **n.m.** (mot esp., du lat. *masculus,* mâle). *FAM.* Qui fait preuve de machisme : *Quel macho !*

mâchoire [mɑʃwar] **n.f.** (de *mâcher*). **1.** Chacune des deux formations osseuses ou cartilagineuses munies de dents, soutenant l'orifice de la bouche des vertébrés. ▸ Chez l'homme, la mâchoire supérieure est formée de deux os, les *maxillaires,* soudés entre eux et aux os voisins ; la mâchoire inférieure, ou *mandibule,* ne comporte qu'un maxillaire, articulé au crâne. **2.** TECHN. Pièce double dont les deux parties peuvent se rapprocher ou s'éloigner à volonté pour serrer et maintenir un objet : *Mâchoires d'un étau, d'une tenaille.* **3.** MÉCAN. **Mâchoire de frein,** pièce métallique qui assure le ralentissement et l'arrêt d'un véhicule en frottant sur un tambour solidaire de la roue.

mâchonnement [mɑʃɔnmɑ̃] **n.m.** Action de mâchonner.

mâchonner [mɑʃɔne] **v.t.** (de *mâcher*). **1.** Mâcher lentement : *Mâchonner un chewing-gum.* **2.** Mordre machinalement un objet qu'on tient entre les dents : *Mâchonner son crayon.* **3.** Émettre d'une manière indistincte : *Mâchonner une protestation* (syn. **bredouiller, marmonner**).

mâchouiller [mɑʃuje] **v.t.** (de *mâcher*). *FAM.* Mâchonner.

Machu Picchu, site archéologique du Pérou, au N.-O. de Cuzco, à 2 045 m d'altitude. Retranchée derrière d'imposantes murailles et ignorée des conquérants espagnols, cette cité inca, édifiée après 1450, n'a été découverte qu'en 1911. Dominant des cultures en terrasses, elle comprend plusieurs édifices cultuels, un observatoire, des quartiers d'habitation reliés entre eux par des escaliers ainsi qu'un système complexe de bassins.

Mackenzie (le), fl. du Canada ; 4 600 km. Il naît dans les montagnes Rocheuses sous le nom d'*Athabasca,* traverse le Grand lac des Esclaves sous le nom de *rivière des Esclaves* et se jette dans l'océan Arctique.

Mackenzie (William Lyon), homme politique canadien (près de Dundee, Écosse, 1795 - Toronto 1861). Journaliste d'opposition, député républicain, il tenta en 1837 de soulever le Haut-Canada (auj. Ontario).

McKinley, sommet de l'Alaska, point culminant de l'Amérique du Nord ; 6 194 m.

Mackintosh (Charles Rennie), architecte et décorateur britannique (Glasgow 1868 - Londres 1928). Il fut le leader, à l'époque de l'Art nouveau, d'une « école de Glasgow » dont les productions se singularisent, notamment, par leur élégante sobriété (mobilier, etc.). Il a construit l'École d'art de la ville (1897 et suiv.).

McLaren (Norman), cinéaste canadien d'origine britannique (Stirling 1914 - Montréal 1987). Il a mis au point une technique de dessin animé qui consiste à dessiner directement sur la pellicule et a utilisé les procédés les plus divers dans ses films d'animation.

macle [makl] **n.f.** (germ. **maskila,* de **maska*). MINÉR. Association de plusieurs cristaux de même espèce, mais orientés différemment, avec interpénétration partielle.

McLuhan (Herbert Marshall), sociologue canadien (Edmonton 1911 - Toronto 1980). Selon lui, les moyens de communication audiovisuelle modernes (télévision, radio, etc.) mettent en cause la suprématie de l'écrit (*la Galaxie Gutenberg,* 1962).

Mac-Mahon (Edme Patrice, *comte* **de),** *duc* **de Magenta,** maréchal de France et homme politique français (Sully, Saône-et-Loire, 1808 - château de La Forêt, Loiret, 1893). Sous le second Empire, il se signala pendant les guerres de Crimée (prise de Malakoff) et d'Italie (victoire de Magenta) et fut gouverneur général de l'Algérie de 1864 à 1870. Fait prisonnier lors de la guerre de 1870, il fut libéré pour former l'armée de Versailles, qui écrasa la Commune de Paris (mai 1871). Après la chute de Thiers (24 mai 1873), il fut élu président de la République avec l'aide des monarchistes, résolus à restaurer, à terme, la royauté. Avec le duc de Broglie comme Premier ministre, il établit un régime d'ordre moral. Mais, les élections d'oct. 1877 à la Chambre, celles de janv. 1879 au Sénat étant favorables à la république, Mac-Mahon démissionna (30 janv. 1879).

McMillan (Edwin Mattison), physicien américain (Redondo Beach, Californie, 1907 - El Cerrito, Californie, 1991). Après avoir obtenu un nouvel élément chimique, le neptunium, et isolé le plutonium (1941), il a imaginé le principe du synchrocyclotron. (Prix Nobel de chimie, avec G. T. Seaborg, 1951.)

1. maçon [masɔ̃] **n.m.** (bas lat. *macio*, frq. **makjo*, de **makôn*, faire). Entrepreneur ou ouvrier qui réalise une construction en maçonnerie (gros œuvre) ou de légers ouvrages (enduits, ravalements, etc.).

2. maçon, onne [masɔ̃, -ɔn] **n.** (de *[franc-]maçon*). Syn. de *franc-maçon*.

Mâcon, ch.-l. du dép. de Saône-et-Loire, sur la Saône, à 393 km au sud-est de Paris ; 33 981 hab. *(Mâconnais)*. Port fluvial. Centre commercial. Constructions électriques. Anc. cap. du *Mâconnais*. Hôtel-Dieu et divers hôtels du XVIIIe s. Musées.

maçonnage [masɔnaʒ] **n.m. 1.** Action de maçonner ; travail du maçon : *Un maçonnage bien exécuté.* **2.** Travail de l'animal qui se construit une habitation.

maçonner [masɔne] **v.t.** (de *1. maçon*). **1.** Construire en pierres, moellons, briques, etc. : *Maçonner un mur.* **2.** Revêtir d'une maçonnerie. **3.** Boucher au moyen d'une maçonnerie : *Maçonner une fenêtre* (syn. **obturer**).

maçonnerie [masɔnri] **n.f.** (de *1. maçon*). **1.** Ouvrage composé de pierres ou de briques, unies par un liant (mortier, plâtre, ciment, etc.) ; partie des travaux du bâtiment qui s'y rapporte : *Entreprise de maçonnerie.* **2.** Syn. de *franc-maçonnerie.*

maçonnique [masɔnik] **adj.** (de *[franc-]maçon*). Qui appartient à la franc-maçonnerie : *Loge, assemblée maçonnique.*

Macpherson (James) → Ossian.

macramé [makrame] **n.m.** (mot ar., propr. « nœud »). Dentelle d'ameublement assez lourde, obtenue avec des fils tressés et noués à la main.

1. macreuse [makrøz] **n.f.** (normand *macrouse*, altér. de *macrolle*, p.-ê. du frison *markol* ou du néerl. *meerkol*). Canard des régions boréales, à plumage sombre, qui passe l'hiver sur les côtes de France.

2. macreuse [makrøz] **n.f.** (de *1. macreuse*). Morceau du bœuf constitué par les muscles de l'épaule.

macrobiotique [makrɔbjɔtik] **adj.** et **n.f.** (de *macro-*, et du gr. *bios*, vie). Se dit d'un régime végétarien composé essentiellement de céréales, de légumes et de fruits.

macrocosme [makrɔkɔsm] **n.m.** (de *macro-*, d'après *microcosme*). L'univers extérieur dans sa relation analogique avec l'homme (le *microcosme*) dans certaines philosophies et doctrines ésotériques.

macroéconomie [makrɔekɔnɔmi] **n.f.** Partie de la science économique qui se propose d'expliquer les relations entre les grands postes d'une comptabilité nationale et envisage les faits économiques globaux.

macrofaune [makrɔfon] **n.f.** ÉCOL. Ensemble des animaux observables à l'œil nu.

macro-instruction [makrɔɛ̃stryksjɔ̃] **n.f.** INFORM. Instruction complexe, définissant des opérations composées à partir des instructions du répertoire de base d'un ordinateur. (Abrév. fam. *macro.*)

macromolécule [makrɔmɔlekyl] **n.f.** Très grosse molécule, formée par l'enchaînement et la répétition d'un grand nombre de motifs élémentaires.

macrophage [makrɔfaʒ] **n.m.** (de *macro-* et *-phage*). Cellule des tissus provenant de la transformation des globules blancs du sang et capable de phagocytose.

macrophotographie [makrɔfɔtɔgrafi] **n.f.** Photographie d'un très petit sujet donnant une image agrandie de celui-ci.

macroscopique [makrɔskɔpik] **adj.** (de *macro-*, d'apr. *micro-scopique*). Qui se voit à l'œil nu.

macula [makyla] **n.f.** (mot lat. « tache »). ANAT. Dépression de la rétine, appelée aussi *tache jaune*, située au pôle postérieur de l'œil et où l'acuité visuelle est maximale.

maculer [makyle] **v.t.** (lat. *maculare*). Couvrir de taches : *Maculer sa copie d'encre* (syn. **noircir, tacher**).

Madagascar, État constitué par une grande île de l'océan Indien, séparée de l'Afrique par le canal de Mozambique ; 587 000 km^2 ; 22 925 000 hab. *(Malgaches)*. CAP. *Antananarivo*. LANGUES : *malgache, français* et *anglais*. MONNAIE : *ariary*.

GÉOGRAPHIE

L'île, plus vaste que la France, présente un littoral de 5 000 km. Elle est parcourue par un ensemble de hautes terres qui s'élèvent abruptement au-dessus de la plaine orientale et s'abaissent plus doucement vers la côte ouest, où aboutissent les principaux fleuves. Le climat tropical se nuance en fonction de l'altitude et de la situation par rapport aux alizés : la côte est, au vent, est très arrosée et la côte ouest, sous le vent, l'est beaucoup moins. La population a été constituée par vagues successives (asiatique, africaine, arabe, chinoise) ; elle a un taux de croissance élevé, qui handicape le développement économique.

L'agriculture occupe environ 80 % des Malgaches, les terres cultivées ne représentant toutefois que 5 % de la superficie de l'île. Le riz, base de l'alimentation, vient en premier, mais sa production reste insuffisante. Parmi les cultures commerciales, le café fournit la moitié des exportations en valeur. Il est complété par les clous de girofle, la vanille et le cacao. Le troupeau bovin est important, mais doit être amélioré en qualité. La pêche se développe. Le pays dispose de quelques ressources minières, graphite, chromite, mica, uranium, et l'on prospecte les hydrocarbures. Le secteur industriel est très modeste. Fortement endetté, avec une balance commerciale déficitaire et dans un contexte social agité, le pays s'efforce de réintégrer les circuits économiques régionaux (renforcement des liens avec l'Afrique du Sud) et internationaux.

HISTOIRE

La population de l'île est issue d'un mélange de Négro-Africains et de Polynésiens. Dès le XIIe s., des commerçants arabes s'installent sur les côtes de l'île.

1500. Les Portugais sont les premiers Européens à découvrir l'île.

1643. Fondation de Fort-Dauphin par les Français, qui l'abandonnent dès 1674. L'île est alors divisée en royaumes à base tribale.

1787. Le royaume Imerina (capitale Antananarivo) unifie l'île à son profit.

1817. Les Britanniques confèrent à Radama Ier le titre de roi de Madagascar. Sous l'influence des missions catholiques et surtout protestantes, la christianisation et la scolarisation progressent.

1885. Un traité impose le protectorat de la France.

1895-1896. Une expédition militaire aboutit à la déchéance de la reine Ranavalona III et à l'annexion de l'île par la France.

1896-1905. Gallieni, gouverneur de l'île, travaille à sa pacification.

1947. Violente rébellion malgache, durement réprimée par la France.

1960. La République malgache, proclamée en 1958, obtient son indépendance.

Madagascar conserve avec la France des relations économiques et culturelles étroites, sous le gouvernement du président Tsiranana.

1972. Tsiranana se retire à la suite de troubles importants.

1975. Didier Ratsiraka devient président de la République. Après l'échec d'une expérience socialiste de plus de dix ans, le régime est confronté à une opposition croissante.

1993. Le leader de l'opposition, Albert Zafy, est élu président de la République.
1997. Vainqueur de l'élection présidentielle (déc. 1996) devant A. Zafy, D. Ratsiraka revient à la tête de l'État.
2001-2002. Les résultats contestés du premier tour de l'élection présidentielle opposant (déc. 2001) D. Ratsiraka à Marc Ravalomanana, maire d'Antananarivo, font basculer le pays dans l'anarchie. La crise prend fin avec l'investiture officielle de M. Ravalomanana à la tête de l'État (mai 2002) et l'exil de D. Ratsiraka (juill.).
2009. M. Ravalomanana (réélu en 2006) est chassé du pouvoir par le jeune maire d'Antananarivo, Andry Rajoelina. Depuis ce coup de force, légalisé par la Cour constitutionnelle, une transition politique, freinée par la rivalité entre M. Ravalomanana (exilé en Afrique du Sud) et le président (non élu) en exercice, doit conduire le pays à de nouvelles élections.

madame [madam] **n.f.** (de *ma* et *dame*) [pl. *mesdames*]. **1.** Titre accordé autref. aux dames de qualité et donné aujourd'hui aux femmes mariées et, de plus en plus, à toutes les femmes auxquelles on s'adresse. (Abrév. écrite *Mme*, pl. *Mmes*.) **2.** Titre précédant la fonction ou la profession d'une femme : *Madame la Directrice.* **3.** HIST. (Avec une majuscule). Titre que l'on donnait, à la cour de France, aux filles du roi, du Dauphin et à la femme de Monsieur, frère du roi : *« Madame se meurt, Madame est morte »* (Bossuet).

Madeira (le), riv. de l'Amérique du Sud, affl. de l'Amazone (r. dr.) ; 3 350 km.

madeleine [madlɛn] **n.f.** (p.-ê. de *Madeleine Paulmier,* cuisinière). Petit gâteau en forme de coquille bombée, constitué d'une pâte à base d'œufs battus, de sucre, de farine, de beurre fondu et souvent parfumée au citron.

Madeleine *(abri de la),* site préhistorique de la Dordogne (comm. de Tursac), au-dessus de la rive droite de la Vézère. L'industrie osseuse de ce gisement permit à l'abbé Breuil de créer les subdivisions du magdalénien supérieur.

Madeleine *(îles de la),* archipel du golfe du Saint-Laurent (Canada, prov. de Québec) ; 202 km^2 ; 12 291 hab.

mademoiselle [madmwazɛl] **n.f.** (de *ma* et *demoiselle*) [pl. *mesdemoiselles*]. **1.** Titre donné aux jeunes filles ou aux femmes célibataires auxquelles on s'adresse : *Au revoir mademoiselle.* (Abrév. écrite *Mlle*, pl. *Mlles*). **2.** Titre donné autref. à une femme mariée dont le mari n'était pas noble. **3.** HIST. (Avec une majuscule). Titre de la fille aînée du frère puîné du roi. **4. La Grande Mademoiselle,** la duchesse de Montpensier, fille de Gaston d'Orléans, frère de Louis XIII.

madère [madɛr] **n.m. 1.** Vin muté à l'alcool, produit dans l'île de Madère. **2. Sauce madère,** sauce brune à laquelle est incorporé du madère.

Madère, en port. **Madeira,** île portugaise de l'Atlantique, à l'ouest du Maroc, découverte en 1419 par les Portugais ; 794 km^2 ; 240 537 hab. CAP. *Funchal.* Vigne. Tourisme.

Maderna (Bruno), chef d'orchestre et compositeur italien (Venise 1920 - Darmstadt 1973), l'un des principaux représentants du mouvement sériel et postsériel (*Hypérion,* 1964 ; *Grande Aulodia,* 1970 ; *Satyricon,* 1973).

Madhya Pradesh, État du centre de l'Inde ; 308 300 km^2 ; 72 597 565 h. CAP. *Bhopal.*

madone [madɔn] **n.f.** (it. *madonna,* propr. « madame »). **1.** Image, représentation de la Vierge. **2. La Madone,** la Vierge : *Prier la Madone.*

madrague [madrag] **n.f.** (prov. *madraga,* ar. *almazraba,* enceinte). Grande enceinte formée de filets fixés sur des pieux et servant à la pêche du thon.

madras [madras] **n.m.** (du n. de la ville de l'Inde où l'on fabrique cette étoffe). **1.** Étoffe à chaîne de soie et à trame de coton, de couleurs vives : *Une jupe de madras.* **2.** Coiffure traditionnelle des femmes antillaises, formée d'un foulard en étoffe de ce genre.

Madras ou **Chennai,** v. de l'Inde, cap. du Tamil Nadu, sur la côte de Coromandel ; 8 696 010 hab. dans l'agglomération. Port. Industries textiles *(madras)* et chimiques. Monuments anciens.

madrasa [madrasa] ou **medersa** [medɛrsa] **n.f. inv.** (mot ar.). Collège, université dépendant de l'autorité religieuse dans les pays musulmans.

madré, e [madre] **adj.** et **n.** (de *madre,* bois veiné, par comparaison avec l'aspect varié de ce bois). *LITT.* Inventif et retors, sous des allures bonhommes ; malin, rusé.

Madre *(sierra),* nom des deux rebords montagneux qui limitent le plateau mexicain au-dessus du Pacifique et du golfe du Mexique.

madrépore [madrepɔr] **n.m.** (it. *madrepora,* de *madre,* mère, et *poro,* pore). Cnidaire constructeur jouant un rôle déterminant dans la formation des récifs coralliens.

Madrid, cap. de l'Espagne et de la *communauté autonome de Madrid,* en Castille, sur le Manzanares ; 3 198 645 hab. *(Madrilènes)* [6 133 000 hab. dans l'agglomération]. Capitale de l'Espagne depuis 1561, Madrid est un centre administratif où la fonction industrielle s'est développée. – Plaza Mayor (1617) ; églises et couvents classiques ou baroques. Palais royal du XVIIIe s. Riches musées, dont le Prado, le Centre d'art moderne Reina Sofía, le musée Thyssen-Bornemisza et le Musée archéologique. – Violents combats pendant la guerre civile (1936-1939). Le 11 mars 2004, la ville est touchée par des attentats meurtriers revendiqués par des islamistes.

madrier [madrije] **n.m.** (de l'anc. prov. *madier,* couverture de pétrin, du lat. pop. **materium,* class. *materia,* bois de construction). Pièce de bois très épaisse, employée en construction : *Charpente en madriers de chêne.*

madrigal [madrigal] **n.m.** (it. *madrigale,* d'orig. obsc.) [pl. *madrigaux*]. **1.** Petite pièce en vers exprimant une pensée fine, tendre ou galante. **2.** MUS. Composition vocale polyphonique a capella, ou monodique avec accompagnement, et qui cherche à traduire les inflexions d'un poème.

Madurai, anc. **Madura,** v. de l'Inde (Tamil Nadu) ; 1 462 420 hab. dans l'agglomération. Université. L'immense temple (220 X 250 m) de Minakshi (v. 1600) est l'exemple type du style de Madurai, phase la plus tardive de l'architecture brahmanique, caractérisée par les enceintes multiples et les pavillons d'accès *(gopura)* monumentaux.

maelström [malstrøm] ou **malstrom** [malstrɔm] **n.m.** (mot néerl., de *malen,* moudre, et de *strom,* courant). Tourbillon marin formant un gouffre.

maestria [maɛstrija] **n.f.** (mot it. « maîtrise », de *maestro*). Aisance, perfection dans l'exécution d'une œuvre d'art, dans la réalisation de qqch : *La maestria d'un peintre. Patiner avec maestria* (syn. **brio, virtuosité**).

maestro [maɛstro] **n.m.** (mot it. « maître »). Nom donné à un compositeur de musique ou à un chef d'orchestre célèbre et, par plais., à tout chef d'orchestre.

Maeterlinck (Maurice), écrivain belge d'expression française (Gand 1862 - Nice 1949). Après des poèmes d'inspiration symboliste (*les Serres chaudes,* 1889), il entreprit d'évoquer, dans son théâtre, des personnages aux états d'âme mystérieux, en proie à des forces obscures et malveillantes (*la Princesse Maleine,* 1889 ; *Pelléas et Mélisande,* 1892) ou évoluant dans un monde de féerie (*Monna Vanna,* 1902 ; *l'Oiseau bleu,* 1909). [Prix Nobel 1911.]

mafia ou **maffia** [mafja] **n.f.** (mot sicilien, d'orig. obsc.). **1.** (Avec une majuscule). Organisation criminelle italienne dont les activités reposent sur une stratégie d'infiltration de la société civile et de ses institutions. **2.** Bande ou association secrète de malfaiteurs, comparable par sa structure et ses procédés à la Mafia (syn. **gang**). **3.** *FAM.* Groupe occulte de personnes qui se soutiennent dans leurs intérêts par toutes sortes de moyens (péjor.) : *Les mafias de la drogue.*

mafieux, euse ou **maffieux, euse** [mafjø, -øz] **adj.** et **n.** De la Mafia ; d'une mafia : *Organisation mafieuse.*

mafioso ou **maffioso** [mafjozo] **n.m.** (mot it.) [pl. *maf(f)iosi* ou *maf(f)iosos*]. Membre de la Mafia.

magasin [magazɛ̃] **n.m.** (ar. *makhâsin,* bureaux, par le prov.). **1.** Local pour recevoir et conserver des marchandises, des provisions : *Magasin à blé* (syn. **entrepôt**). **2.** Établissement de commerce où l'on vend des marchandises en gros ou au détail : *Magasin d'alimentation, de chaussures* (syn. **boutique**). **3.** LITT. Lieu renfermant des choses diverses en grande quantité : *Un magasin d'idées* (syn. **réservoir**). **4.** Cavité qui reçoit les cartouches ou le chargeur dans une arme à répétition. **5.** PHOT., CIN. Contenant hermétique où est enroulée, à l'abri de la lumière, la pellicule à impressionner ou à projeter. **6.** PHOT. Boîte adaptable à un projecteur, conçue pour recevoir des diapositives et les projeter. **7. Grand magasin,** établissement de vente au détail proposant un large assortiment de marchandises sur une grande surface, génér. en étages et dans le centre-ville. / **Magasin d'usine,** grande surface où sont vendus, à des prix inférieurs à ceux du marché, des articles provenant directement de l'usine qui les fabrique.

magasinage [magazinaʒ] **n.m. 1.** Action de mettre en magasin. **2.** Droit que l'on paie pour ce dépôt. **3.** QUÉBÉC. Action de magasiner (syn. **shopping**).

magasiner [magazine] **v.i.** (calque de de l'angl. *to shop,* d'apr. *magasin*). QUÉBÉC. Faire du magasinage, faire des courses.

magasinier, ère [magazinje, -ɛr] **n.** Employé chargé de garder les objets amenés en magasin et de tenir des états de stock.

magazine [magazin] **n.m.** (mot angl., du fr. *magasin*). **1.** Publication périodique, le plus souvent illustrée, qui traite des sujets les plus divers : *Magazine de mode* (syn. **revue**). **2.** Émission de radio, de télévision traitant régulièrement de sujets appartenant à un même domaine de connaissances : *Magazine sportif.*

Magdalena (le), fl. de Colombie, tributaire de la mer des Antilles ; 1 550 km.

magdalénien, enne [magdalenjɛ̃, -ɛn] **adj.** et **n.m.** (du n. de l'abri de la *Madeleine,* à Tursac, Dordogne, lat. *Magdalena*). Se dit de traits culturels marquant l'apogée du paléolithique supérieur en Europe occidentale (- 15 000 à - 10 000) caractérisé par l'épanouissement des outils en os, de l'art pariétal et de la sculpture d'objets usuels.

Magdeburg, v. d'Allemagne, cap. du Land de Saxe-Anhalt, sur l'Elbe ; 228 144 hab. Port fluvial. Métallurgie. Anc. abbaye Notre-Dame, romane ; cathédrale gothique d'inspiration française, en majeure partie du XIIIe s. Siège d'un archevêché dès 968, Magdeburg fut une des principales villes hanséatiques et fut attribuée au Brandebourg en 1648.

mage [maʒ] **n.m.** (lat. *magus,* gr. *magos,* d'orig. persane). **1.** Membre de la caste sacerdotale et savante de l'Iran ancien. **2.** Celui qui est versé dans les sciences occultes, la magie. **3. Les Rois mages,** personnages qui vinrent, guidés par une étoile, adorer Jésus à Bethléem. ▶ Une tradition très postérieure aux Évangiles a donné aux Rois mages les noms de Melchior, Gaspard et Balthazar.

Magellan *(détroit de)*, bras de mer entre l'extrémité sud de l'Amérique et la Terre de Feu.

Magellan (Fernand de), en port. **Fernão de Magalhães,** navigateur portugais (dans le nord du Portugal 1480 - îlot de Mactan, près de l'île de Cebu, Philippines, 1521). De petite noblesse, il participe en 1505 à une expédition vers les Indes. En 1511, il s'illustre lors de la prise de Malacca, qui ouvre le chemin des épices vers les Moluques (auj. Indonésie). Avec le cosmographe Ruy Faleiro, il projette d'atteindre ces îles par la voie de l'ouest, en contournant l'Amérique (1512), mettant à profit pour la première fois la rotondité de la Terre. Convaincus que les Moluques dépendent de l'Espagne et non du Portugal, en raison du partage du monde entre ces deux puissances (traité de Tordesillas, 1494), les deux hommes s'adressent au futur Charles Quint. Comprenant l'historiographe italien Antonio Pigafetta, l'expédition (composée de 5 navires et 265 hommes) part de Sanlúcar, près de Cadix, en sept. 1519. En janv. 1520, Magellan pénètre dans le río de la Plata, hiverne sur la côte de Patagonie en nov. 1520 et réussit à traverser le détroit qui portera bientôt son nom. Trois navires seulement parviennent aux Mariannes et aux Philippines (mars 1521), où Magellan trouve la mort dans un combat (avr. 1521). Le Basque Juan Sebastián Elcano prend le commandement de l'expédition et parvient aux Moluques avec deux navires en nov. 1521. Un seul, le *Victoria,* assure le retour en Espagne, en contournant l'Afrique et, avec 18 survivants, parvient à Séville le 6 sept. 1522.

Magendie (François), physiologiste et neurologue français (Bordeaux 1783 - Sannois 1855). Par des expériences célèbres, il précisa les trajets respectifs des influx sensitifs et des influx moteurs dans les nerfs rachidiens. Il a écrit des *Leçons sur les phénomènes physiques de la vie* (1836-1842).

magenta [maʒɛ̃ta] **n.m.** et **adj. inv.** (du n. de la victoire de *Magenta,* ainsi commémorée par le n. donné à ce colorant qu'on venait de découvrir). PHOT., IMPR. Couleur primaire, rouge violacé, utilisée en trichromie.

Magenta *(bataille de)* [4 juin 1859], victoire en Lombardie des Français de Mac-Mahon sur les Autrichiens.

Maghreb « le Couchant », ensemble des pays du nord-ouest de l'Afrique : Maroc, Algérie, Tunisie. Le *Grand Maghreb* (ou *Maghreb*) recouvre, outre ces trois pays, la Libye et la Mauritanie. En 1989, les pays du Grand Maghreb ont créé une union économique, l'Union du Maghreb arabe.

maghrébin, e [magrebɛ̃, -in] **adj.** et **n.** Du Maghreb.

magicien, enne [maʒisjɛ̃, -ɛn] **n.** (de *magique*). **1.** Personne qui pratique la magie. **2.** Personne qui fait des choses extraordinaires, qui a comme un pouvoir magique sur les êtres et les choses : *C'est une magicienne, elle a réussi à nous convaincre tous.* **3.** Illusionniste ; prestidigitateur.

magie [maʒi] **n.f.** (lat. *magia,* gr. *mageia,* de *magos,* mage). **1.** VX. Science, religion des mages. **2.** Ensemble des pratiques fondées sur la croyance en des forces surnaturelles immanentes à la nature et visant à maîtriser, à se concilier ces forces : *Pratiquer la magie* (syn. **sorcellerie**). **3.** Art de l'illusionniste, du magicien. **4.** Effets comparables à ceux de la magie ; puissance de séduction, d'illusion : *La magie des mots* (syn. **sortilège**). **5. Comme par magie,** d'une manière inexplicable : *Mon stylo a disparu comme par magie.* / **Magie noire, magie blanche,** respectivement mises en œuvre pour le mal ou pour le bien.

Maginot *(ligne)*, système fortifié construit de 1927 à 1936 sur la frontière française du Nord-Est, à l'initiative d'André Maginot (Paris 1877 - *id.* 1932), ministre de la Guerre de 1922 à 1924 et de 1929 à 1932. Laissant la frontière belge sans protection, la ligne Maginot ne put jouer en 1940 le rôle escompté.

magique [maʒik] **adj.** (lat. *magicus,* du gr. *magos* ; v. *mage*). **1.** Qui relève de la magie (syn. **occulte, surnaturel**). **2.** Dont les effets sont extraordinaires, sortent du rationnel : *Spectacle magique* (syn. **féerique, enchanteur**). **3.** Qui agit d'une manière surprenante : *Mot magique.* **4. Carré magique,** tableau de nombres, carré, tel que la somme des éléments d'une ligne, d'une colonne ou d'une diagonale soit le même nombre.

magistère [maʒistɛr] **n.m.** (lat. *magisterium,* de *magister,* maître). **1.** Ensemble de ceux qui, détenant l'autorité au nom du Christ, ont la charge d'interpréter la doctrine révélée (pape, conciles œcuméniques, évêques). **2.** Diplôme français de haut niveau, décerné par les universités, sanctionnant une formation de deuxième cycle en trois ans.

magistral, e, aux [maʒistral, -o] **adj.** (du lat. *magister,* maître). **1.** Qui porte la marque de la supériorité, de l'excellence : *Une œuvre magistrale* (syn. **remarquable**). *Réussir un coup magistral* (= un coup de maître) [syn. **sensationnel**]. **2.** LITT. Qui appartient à un maître : *Ton magistral* (syn. **impérieux, imposant**). **3. Cours magistral,** conférence dont le contenu et la présentation dépendent du professeur, par opp. aux *travaux dirigés.* / **Préparation magistrale,** médicament qui se confectionne en pharmacie d'après l'ordonnance (par opp. à *préparation officinale*).

magistralement [maʒistralmɑ̃] **adv.** De façon magistrale : *Rôle magistralement interprété* (syn. **génialement**).

magistrat, e [maʒistra, -at] **n.** (lat. *magistratus*, de *magister*, maître). **1.** En France, tout fonctionnaire ou officier civil investi d'une autorité juridictionnelle (membre des tribunaux, des cours, etc.), administrative (maire, préfet, etc.) ou politique (ministre, président de la République, etc.). **2.** En France, personne exerçant ses fonctions au sein d'une juridiction de l'ordre judiciaire ou administratif et, en partic., membre de la magistrature du siège ou du parquet : *Les magistrats de la cour d'assises.* **3. Magistrat du siège,** qui juge à un procès. / **Magistrat du parquet,** qui requiert l'application des lois au nom de la société.

magistrature [maʒistratyr] **n.f. 1.** Dignité, charge de magistrat ; temps pendant lequel un magistrat exerce ses fonctions. **2.** Ensemble des magistrats.

magma [magma] **n.m.** (lat. *magma*, résidu, mot gr. « pâte pétrie »). **1.** Mélange formant une masse pâteuse, épaisse et visqueuse : *Magma informe* (syn. **bouillie**). **2.** GÉOL. Liquide qui se forme à l'intérieur de la Terre, par fusion de la croûte ou du manteau, et qui, en refroidissant, forme une roche. **3.** Mélange confus de choses abstraites : *Son article est un magma incohérent.*

magmatique [magmatik] **adj.** GÉOL. **1.** Relatif au magma. **2. Chambre magmatique,** poche située dans la croûte terrestre, entre 2 et 7 km de profondeur, où le magma en fusion provenant du manteau s'accumule et commence à se refroidir. ▸ On trouve des chambres magmatiques sous les volcans ; elles représentent les réservoirs de lave des éruptions volcaniques. / **Roche magmatique,** roche provenant de la cristallisation en profondeur ou en surface d'un magma (on dit aussi *roche éruptive*).

magnanerie [maɲanri] **n.f.** (du prov. *magnan*, ver à soie). **1.** Bâtiment destiné à l'élevage des vers à soie. **2.** Syn. de *sériciculture.*

Magnani (Anna), actrice italienne (Alexandrie, Égypte, 1908 - Rome 1973). En 1945, *Rome ville ouverte* de Rossellini fit d'elle une vedette internationale. Elle tourna encore *Amore* (1948), *Bellissima* (1951), *le Carrosse d'or* (1953), *Mamma Roma* (1962).

magnanime [maɲanim] **adj.** (lat. *magnanimus*, de *magnus*, grand, et *animus*, âme). SOUT. Dont la générosité se manifeste par la bienveillance et la clémence : *Se montrer magnanime* (syn. **clément, généreux**).

magnanimement [maɲanimmɑ̃] **adv.** Avec magnanimité.

magnanimité [maɲanimite] **n.f.** Caractère de qqn, d'un comportement qui est magnanime : *Faire preuve de magnanimité à l'égard des vaincus* (syn. **clémence, générosité**).

magnat [magna] **n.m.** (du lat. *magnus*, grand). **1.** HIST. En Hongrie et en Pologne, membre des grandes familles nobles dominantes. **2.** Personnalité très importante du monde des affaires, de l'industrie, de la finance, de la presse : *Les magnats de la métallurgie.*

se magner [maɲe] **v.pr.** (de *se manier*, se mouvoir). FAM. Se dépêcher : *Magne-toi, on va être en retard* (syn. **se hâter**). ***Rem.*** On écrit aussi *se manier.*

magnésie [maɲezi] **n.f.** (du lat. *magnes* [*lapis*], gr. *Magnês lithos*, pierre d'aimant de Magnésie [ville d'Asie Mineure]). CHIM. Oxyde ou hydroxyde de magnésium : *La magnésie est utilisée en thérapeutique notamm. pour son action laxative et purgative.* ▸ La *magnésie anhydre* MgO est une poudre blanche fondant vers 2 500 °C, que l'eau transforme en *magnésie hydratée* $Mg(OH)_2$.

magnésien, enne [maɲezjɛ̃, -ɛn] **adj.** Qui contient du magnésium : *Sel magnésien.*

magnésium [maɲezjɔm] **n.m.** (de *magnésie*). Métal solide, blanc argenté, pouvant brûler à l'air avec une flamme éblouissante. ▸ Symb. Mg ; densité 1,7.

magnétique [maɲetik] **adj.** (bas lat. *magneticus*, du class. *magnes*, aimant minéral). **1.** Doué des propriétés de l'aimant : *Corps magnétique.* **2.** Qui concerne le magnétisme : *Compas magnétique.* **3.** Qui a une influence puissante et mystérieuse : *Regard magnétique* (syn. **envoûtant, fascinant**). **4. Champ magnétique → champ.**

magnétisation [maɲetizasjɔ̃] **n.f.** Action, manière de magnétiser ; fait d'être magnétisé : *La magnétisation du fer.*

magnétiser [maɲetize] **v.t.** (de *magnét*[*ique*]). **1.** Communiquer une aimantation à un matériau, à un corps : *Magnétiser une barre de fer* (syn. **aimanter**). **2.** LITT. Exercer une attraction puissante et mystérieuse sur qqn : *Orateur qui magnétise les foules* (syn. **fasciner, hypnotiser**).

magnétiseur, euse [maɲetizœr, -øz] **n.** Personne censée posséder un fluide particulier se manifestant notamm. dans l'imposition des mains, les passes à distance, etc. : *Faire appel à un magnétiseur* (syn. **guérisseur**).

magnétisme [maɲetism] **n.m.** (de *magnét*[*ique*]). **1.** Ensemble des phénomènes que présentent les matériaux aimantés. **2.** Attrait puissant et mystérieux exercé par qqn sur son entourage : *Le magnétisme d'un comédien* (syn. **charme, charisme**). **3. Magnétisme animal,** propriété occulte du corps humain qui le rendrait réceptif à l'influence des corps célestes et à celle des objets qui l'environnent, et dont la connaissance serait utilisée par des guérisseurs. / **Magnétisme terrestre,** syn. de *géomagnétisme.*

■ On attribue à Thalès de Milet (VIIe - VIe s. av. J.-C.) la première description de la *magnétite* (un oxyde naturel de fer), pierre trouvée en Magnésie (Thessalie) et capable d'attirer le fer ou les pierres de même espèce. Les aiguilles aimantées furent utilisées dès le XIe s. pour la navigation, mais l'étude quantitative du magnétisme n'a commencé qu'avec les travaux de Coulomb, qui établit les lois d'attraction et de répulsion des masses magnétiques, attraction et répulsion variant en raison inverse du carré de la distance des masses. Les recherches de Gauss, œrsted, Faraday et Maxwell mirent en évidence le lien existant entre les phénomènes magnétiques et les phénomènes électriques. Dans tout élément de matière existent des courants de particules que l'on identifiera, ultérieurement, comme le mouvement des électrons des atomes. En effet, ces électrons sont sensibles à l'action d'un champ magnétique extérieur.

Classification des corps magnétiques. On peut les classer en trois principaux groupes correspondant à leurs propriétés. Les corps *diamagnétiques* sont faiblement repoussés par les aimants. Les corps *paramagnétiques*, tels l'oxygène et le platine sont faiblement attirés par les aimants. Enfin, les aimants sont constitués de matériaux *ferromagnétiques*. C'est le cas du fer, du nickel ou du cobalt. Ils ont une forte aimantation spontanée, en l'absence de champ extérieur.

Applications. L'utilisation des phénomènes magnétiques est, aujourd'hui, extrêmement étendue : machines électriques, imagerie médicale (imagerie par résonance magnétique), mémoires d'ordinateur, prospection géophysique faisant appel aux propriétés magnétiques du sous-sol. ■

magnétite [maɲetit] **n.f.** MINÉR. Oxyde de fer, doué de magnétisme, utilisé comme minerai de fer.

magnéto [maɲeto] **n.f.** (abrév. de [*génératrice*] *magnéto-*[*électrique*]). Génératrice électrique où le champ inducteur est produit par un aimant permanent.

magnétomètre [maɲetɔmɛtr] **n.m.** (de *magnéto-* et *-mètre*). Appareil destiné à mesurer un champ magnétique.

magnétophone [maɲetɔfɔn] **n.m.** (de *magnéto-* et *-phone*). Appareil d'enregistrement et de lecture des sons, par aimantation rémanente d'une bande magnétique.

magnétoscope [maɲetɔskɔp] **n.m.** (de *magnéto-* et *-scope*). Appareil d'enregistrement et de lecture des images et du son sur bande magnétique ou sur disque dur.

magnétosphère [maɲetɔsfɛr] **n.f** (de *magnéto-* et *sphère*). Zone dans laquelle le champ magnétique d'une planète se trouve confiné par le vent solaire.

■ Les magnétosphères sont comprimées du côté du Soleil par une onde de choc due à la pression du vent solaire (dans le cas de la Terre, cette onde se forme à 90 000 km environ de la planète). Elles sont très étirées dans la direction opposée en une longue queue magnétique. Leur frontière avec le vent solaire est appelée *magnétopause*. Les particules chargées de haute énergie issues du vent solaire ou du rayonnement cosmique s'accumulent le long des lignes de force du champ magnétique, donnant naissance à des ceintures de rayonnement. Autour de la Terre, deux ceintures ont été mises en évidence par les premiers satellites artificiels : l'une, dite *interne*, entre 1 000 et 5 000 km d'altitude ; l'autre dit *externe*, entre 15 000 et 25 000 km environ. On les appelle aussi *ceintures de Van Allen*.
Mercure possède une magnétosphère plus réduite que celle de la Terre et dépourvue de ceintures de rayonnement. Vénus et Mars, qui n'ont pas de champ magnétique, n'ont pas de magnétosphère. Jupiter, Saturne, Uranus et Neptune, en revanche, possèdent des champs magnétiques intenses et des magnétosphères très étendues, dont les sondes américaines Voyager ont révélé les principales caractéristiques. ■

magnificat [magnifikat] **n.m. inv.** (mot lat., du cantique *Magnificat anima mea Dominum*, mon âme magnifie le Seigneur). **1.** Cantique de la Vierge Marie chanté aux vêpres. **2.** Musique composée sur ce cantique.

magnificence [maɲifisɑ̃s] **n.f.** (lat. *magnificentia*). **1.** Qualité de ce qui est magnifique : *La magnificence d'une réception* (syn. **faste, éclat**). *La magnificence d'un palais* (syn. **somptuosité, splendeur**). **2.** LITT. Générosité ; prodigalité : *Traiter qqn avec magnificence* (syn. **largesse**). *Rem. Magnificence* est à distinguer de *munificence*, malgré la proximité des sens.

magnifier [maɲifje] **v.t.** (lat. *magnificare*, de *magnus*, grand) [conj. **9**]. Exalter la grandeur : *Magnifier un exploit* (syn. **glorifier, vanter**).

magnifique [maɲifik] **adj.** (lat. *magnificus*). **1.** Qui a une beauté pleine de grandeur : *Un magnifique spectacle* (syn. **somptueux, grandiose**). **2.** Qui est extrêmement beau : *Un temps magnifique* (syn. **superbe, splendide**). *Une femme magnifique.* **3.** Qui est d'une qualité exceptionnelle : *Un travail magnifique.* **4.** Remarquable ; admirable : *Une découverte magnifique* (syn. **extraordinaire**).

magnifiquement [maɲifikmɑ̃] **adv.** De façon magnifique : *Œuvre magnifiquement écrite* (syn. **superbement**).

magnitude [maɲityd] **n.f.** (lat. *magnitudo*, grandeur). **1.** ASTRON. Quantité qui sert à caractériser l'éclat apparent (magnitude *apparente*) ou réel (magnitude *absolue*) d'un astre. ▸ La magnitude s'exprime par un nombre qui diminue quand l'éclat augmente. **2.** GÉOL. Représentation numérique, sur une échelle donnée, de l'importance d'un séisme.

magnolia [maɲɔlja] **n.m.** (du n. du botaniste *Magnol*). Arbre originaire d'Asie et d'Amérique, à port élégant, à grandes fleurs d'odeur suave, recherché pour l'ornement des parcs et des jardins.

magnum [magnɔm] **n.m.** (mot lat. « grand »). **1.** Grosse bouteille contenant l'équivalent de deux bouteilles ordinaires (1,5 litre) : *Magnum de champagne.* **2.** Bouteille de 1,5 ou de 2 litres d'eau minérale, de jus de fruits, etc.

1. magot [mago] **n.m.** (de *Magog*, n. d'un peuple séduit par Satan). **1.** Macaque dépourvu de queue, vivant en Afrique du Nord et à Gibraltar. ▸ Long. 65 cm. **2.** Figurine orientale représentant un personnage obèse, souvent hilare ou grimaçant, nonchalamment assis.

2. magot [mago] **n.m.** (altér. de l'anc. fr. *mugot* ou *musgot*, lieu où l'on conserve les fruits). FAM. Somme d'argent plus ou moins importante amassée peu à peu et mise en réserve : *Il s'est constitué un joli magot* (syn. **pécule**).

magouille [maguj] **n.f.** et **magouillage** [magujaʒ] **n.m.** (orig. incert., p.-ê. contraction de *margoulin* et de *grenouillage*). FAM. Lutte d'influence, combinaison douteuse entre des groupes, des organisations quelconques ou entre des personnes à l'intérieur d'un groupe : *Magouillage électoral.*

magouiller [maguje] **v.t.** et **v.i.** FAM. Se livrer à des magouilles : *Magouiller pour obtenir un poste* (syn. **manœuvrer, intriguer**).

magouilleur, euse [magujœr, -øz] **adj.** et **n.** FAM. Qui magouille (syn. **manœuvrier**).

magret [magrɛ] **n.m.** (mot du Sud-Ouest, propr. « maigre »). CUIS. Filet de canard.

Magritte (René), peintre belge (Lessines 1898 - Bruxelles 1967). Exécutées avec une précision impersonnelle, les œuvres de ce surréaliste sont d'étranges collages visuels, des rébus poétiques qui scrutent les multiples rapports entre images, réalité, concepts et langage. Ainsi, la phrase « Ceci n'est pas une pipe » est calligraphiée, au-dessous de la représentation de l'objet en question, sur la toile *la Trahison des images* (1929) du musée d'Art de Los Angeles. L'artiste est bien représenté au musée Magritte de Bruxelles et à la Fondation Ménil de Houston.

magyar, e [magjar] **adj.** et **n.** (mot hongr.). Hongrois.

Magyars, peuple finno-ougrien qui s'est établi dans les plaines de Pannonie (Hongrie) au IXe s.

Mahabharata, épopée sanskrite anonyme dont la composition s'étend du VIe s. av. J.-C. au IVe s. apr. J.-C. env. Ses dix-huit chants retracent, en plus de 200 000 vers, la lutte des Kaurava contre les Pandava. Y sont mis en scène notamment le dieu Krishna et son compagnon Arjuna. Elle comprend l'épisode de la *Bhagavad-Gita*. C'est une somme de concepts religieux et philosophiques, de légendes et traditions historiques, de règles morales et juridiques. Elle a exercé et exerce encore une influence considérable sur l'hindouisme et la civilisation indienne.

maharaja ou **maharadjah** [maaradʒa] **n.m.** (mot sanskrit « grand roi »). Titre signifiant *grand roi* et que l'on donne aux princes en Inde.

Maharashtra, État de l'Inde, dans l'ouest du Deccan ; 308 000 km^2 ; 112 372 972 hab. *(Marathes).* CAP. *Bombay.*

mahatma [maatma] **n.m.** (mot sanskrit « grande âme »). Titre donné en Inde à des personnalités spirituelles de premier plan : *Le Mahatma Gandhi.*

Mahé, v. du sud de l'Inde ; 36 823 hab. Établissement français des Indes de 1721 à 1954.

Mahfuz (Nadjib) ou **Mahfouz (Naguib),** romancier égyptien (Le Caire 1912 - *id.* 2006). Les évocations de sa ville natale *(Rue du Pilon, le Voleur et les Chiens, les Fils de la médina)* forment une ample parabole de l'histoire des hommes. (Prix Nobel 1988.)

mah-jong [maʒɔ̃g] ou [maʒɔ̃] **n.m.** (mot chin. « je gagne ») [pl. *mah-jongs*]. Jeu chinois utilisant 144 pièces appelées *tuiles*.

Mahler (Gustav), compositeur et chef d'orchestre autrichien (Kalischt, Bohême, 1860 - Vienne 1911). Après de brillantes études à Vienne, où il est le disciple de Bruckner, Mahler entreprend une longue carrière de chef d'orchestre qui culmine avec sa nomination à la tête de l'Opéra de la cour de Vienne (1897-1907). Son esthétique de compositeur témoigne d'un lyrisme postromantique où se mêlent des styles variés. On lui doit dix symphonies (1884-1910), de vastes proportions, auxquelles s'ajoute pour certaines la voix d'un soliste ou d'un chœur, et des lieder avec orchestre, dont *Lieder aus « des Knaben Wunderhorn »* (*le Cor merveilleux de l'enfant*, 1888-1899), *Kindertotenlieder* (*Chants pour des enfants morts*, 1901-1904) et *Das Lied von der Erde* (*le Chant de la terre*, 1908).

Mahomet ou **Muhammad,** prophète et fondateur de la religion musulmane (La Mecque v. 570/571 ou 580 - Médine 632). Orphelin pauvre de la tribu des Quraychites, il devient caravanier d'une riche veuve, Khadidja, qu'il épouse. Vers l'an 610, méditant solitaire dans une caverne du mont Hira, il entend l'ange Gabriel qui vient lui transmettre la parole de Dieu. Sa prédication, recueillie dans le Coran, lui gagne quelques compagnons, dont Ali et Abu Bakr, mais lui attire bientôt l'hostilité des riches Qurаychites. Passant un accord secret avec les représentants de l'oasis de Yathrib (auj. Médine), à 350 km environ de La Mecque, il émigre en 622 avec ses adeptes dans cette ville (l'événement, appelé *hégire*, sera le point de départ du calendrier du monde musulman). À Médine, Mahomet, messager d'Allah, acquiert la stature d'un grand chef politique et militaire. Il organise un État et une société dans lesquels il substitue aux anciennes coutumes tribales de l'Arabie la loi de l'islam, la *charia*, et l'autorité du Coran, qui sert de guide à la communauté *(umma)* des croyants. La religion nouvelle, constitutivement arabe, se sépare des monothéismes du temps (judaïsme et christianisme) et se présente comme étant la seule religion, son fondateur étant le dernier des prophètes, celui qui a reçu la plénitude de la révélation divine. En 624, Mahomet change l'orientation de la prière : on ne se tournera plus vers Jérusalem, mais vers La Mecque. Ayant ainsi donné à sa religion le fondement de sa future expansion, Mahomet revient à La Mecque en 630, deux ans avant sa mort. L'Arabie est alors acquise à l'islam, tantôt par la guerre, tantôt par la diplomatie et les alliances.

mai [mɛ] **n.m.** (du lat. *maius*, mois consacré à la déesse Maia). **1.** Cinquième mois de l'année. **2.** HIST. Arbre vert et enrubanné que l'on plantait le 1er mai en l'honneur de qqn. **3. Premier mai,** journée de revendication des syndicats américains dès 1884, adoptée en France par l'Internationale socialiste en 1889 et devenue fête légale et jour férié en 1947 (*1er Mai* ou *fête du Travail*).

mai 1945 ***(8),*** jour de la capitulation allemande, qui marqua (et auj. commémore) la fin de la Seconde Guerre mondiale en Europe. Signée une première fois à Reims le 7 mai, la capitulation allemande est de nouveau signée à Berlin le 9 mai à l'initiative de Staline. La date du 8 mai est devenue le symbole de la victoire sur le nazisme.

mai 1958 ***(crise du 13),*** insurrection déclenchée à Alger par les partisans de l'Algérie française ; elle provoqua le retour au pouvoir du général de Gaulle.

mai 1968 ***(événements de),*** vaste mouvement de contestation politique, sociale et culturelle parti des universités et qui se développa en France en mai-juin 1968.

Maïakovski (Vladimir Vladimirovitch), écrivain soviétique (Bagdadi, Géorgie, 1893 - Moscou 1930). Après avoir participé au mouvement futuriste *(le Nuage en pantalon)*, il célébra la révolution d'Octobre *(150 000 000, Octobre)*, mais fit dans son théâtre *(la Punaise, les Bains)* un tableau satirique du nouveau régime. Il se suicida.

maie [mɛ] **n.f.** (lat. *magis, magidis*, plat, pétrin). **1.** Coffre sur pieds qu'on utilisait autref. pour pétrir et conserver le pain (syn. **huche**). **2.** Table de pressoir.

maïeutique [majøtik] **n.f.** (gr. *maieutikê*, art de faire accoucher). Dans la philosophie socratique, art de faire découvrir à l'interlocuteur, par une série de questions, les vérités qu'il a en lui.

1. maigre [mɛgr] **adj.** et **n.** (lat. *macer*). Qui a très peu de graisse : *Il est très maigre* (contr. **gros**). *Ce chat est maigre* (syn. **efflanqué**). ◆ **adj. 1.** Qui contient peu ou pas de matières grasses : *Fromage maigre* (contr. **gras**). **2.** Peu abondant : *Un maigre repas* (syn. **frugal** ; contr. **copieux**). *Végétation maigre* (syn. **pauvre**). **3.** Peu important : *Un maigre salaire* (syn. **médiocre, modeste**). **4.** Mince, peu épais : *Caractères typographiques maigres* (par opp. à *gras*). **5. Jours maigres,** jours pendant lesquels les catholiques ne doivent pas manger de viande.

2. maigre [mɛgr] **n.m.** (de *1. maigre*). **1.** Partie maigre d'une viande, d'un jambon, etc. **2. Faire maigre,** ne pas manger de viande aux jours prescrits par l'Église. ◆ **maigres n.m. pl.** Syn. de *étiage*.

maigrelet, ette [mɛgrəlɛ, -ɛt] et **maigrichon, onne** [megriʃɔ̃, -ɔn] **adj.** Un peu maigre : *Une petite fille maigrichonne* (syn. **fluet, frêle**).

maigrement [mɛgrəmɑ̃] **adv.** De façon peu abondante : *Être maigrement payé* (syn. **médiocrement**).

maigreur [mɛgrœr] **n.f. 1.** État de qqn, d'un animal qui est maigre, sans graisse ni chair : *Être d'une maigreur effrayante.* **2.** Manque d'ampleur, de richesse : *La maigreur d'un sujet* (syn. **pauvreté**).

maigrir [megrir] **v.i.** [conj. **32**]. Devenir maigre : *Elle a maigri* (= elle a perdu du poids). ◆ **v.t.** Faire paraître maigre, mince : *Sa longue barbe le maigrit* (syn. **amincir**).

mail [maj] **n. m.** (lat. *malleus*, marteau, maillet). **1.** Petit maillet muni d'un long manche dont on se servait pour pousser une boule de bois au jeu du mail ; ce jeu lui-même. **2.** Promenade publique où l'on jouait au mail. **3.** Voie piétonne dans un centre commercial ou résidentiel.

Mailer (Norman Kingsley), écrivain américain (Long Branch, New Jersey, 1923 - New York 2007). Ses romans analysent avec humour la « névrose sociale de l'Amérique » (*les Nus et les Morts*, 1948 ; *Un rêve américain*, 1965 ; *le Prisonnier du sexe*, 1971 ; *le Chant du bourreau*, 1980 ; *Pourquoi sommes-nous en guerre ?*, 2003).

mailing [meliŋ] **n.m.** (mot anglo-amér.). [Anglic. déconseillé]. Publipostage.

maillage [majaʒ] **n.m.** (de *mailler*). **1.** Disposition en réseau : *Le maillage des voies de communication.* **2.** Interconnexion d'un réseau électrique.

1. maille [maj] **n.f.** (lat. *macula*, boucle). **1.** Boucle de fil reliée à d'autres boucles pour former un tricot ou un filet. **2.** Tissu tricoté : *L'industrie de la maille.* **3.** Petit anneau de fer dont on faisait les armures au Moyen Âge : *Cotte de mailles.* **4.** TECHN. Chacune des ouvertures d'un tamis, d'un grillage. **5.** ÉLECTR. Ensemble des conducteurs reliant les nœuds d'un réseau et formant un circuit fermé. **6.** GÉOL. Parallélépipède qui, répété périodiquement dans les trois directions de l'espace, engendre un cristal. **7. Maille à l'endroit, à l'envers,** maille dont la courbe supérieure est en avant ou en arrière du tricot.

2. maille [maj] **n.f.** (lat. pop. **medialia*, du class. *medius*, demi). **1.** Ancienne monnaie de cuivre de très petite valeur. **2. Avoir maille à partir avec qqn,** avoir des démêlés avec qqn : *Il a eu maille à partir avec la police.*

maillechort [majʃɔr] ou [majʃɔrt] **n.m.** (des n. des inventeurs *Maillot* et *Chorier*). Alliage de cuivre, de nickel et de zinc, imitant l'argent.

mailler [maje] **v.t.** (de *1. maille*). **1.** Faire avec des mailles : *Mailler un filet.* **2.** MAR. **Mailler une chaîne,** fixer une chaîne sur une autre ou sur une boucle au moyen d'une manille.

maillet [majɛ] **n. m.** (dimin. de *mail*). **1.** Gros marteau à deux têtes, en bois dur, en cuir parcheminé, en plastique, en caoutchouc, etc., utilisé par les menuisiers, les sculpteurs sur pierre, etc. **2.** Outil analogue constitué d'une masse tronconique de bois dur munie d'un manche et utilisé par les sculpteurs sur bois.

Maillet (Antonine), romancière canadienne d'expression française (Bouctouche, Nouveau-Brunswick, 1929), chantre de l'Acadie (*Pélagie la Charrette*, 1979).

mailloche [majɔʃ] **n.f.** (augment. de *mail*). **1.** Gros maillet à une seule tête, cylindrique et située dans l'axe du manche, utilisé en tonnellerie, en maroquinerie, en cordonnerie, etc. **2.** MUS. Baguette terminée par une boule garnie de matière souple, pour battre certains instruments à percussion (grosse caisse, xylophone, etc.).

Maillol (Aristide), peintre puis sculpteur français (Banyuls-sur-Mer 1861 - *id.* 1944). Son œuvre sculpté, presque entièrement fondé sur l'étude du corps féminin depuis *la Méditerranée* (1902-1905), allie la fermeté synthétique à la grâce. Ses statues et monuments sont érigés à Perpignan,

Banyuls, Port-Vendres, Céret, Puget-Théniers ainsi qu'à Paris (musée Maillol-Fondation Dina Vierny [muse de l'artiste, 1919-2009] et jardin des Tuileries).

maillon [majɔ̃] **n.m.** (dimin. de *1. maille*). **1.** Anneau d'une chaîne : *Ajouter des maillons à une gourmette* (syn. **chaînon**). **2.** MAR. Partie d'une chaîne d'ancre entre deux manilles d'assemblage. **3. Être un maillon de la chaîne,** ne représenter qu'un élément d'un ensemble complexe.

maillot [majo] **n.m.** (de *1. maille*). **1.** Vêtement souple qui couvre le corps en totalité ou jusqu'à la taille et qui se porte sur la peau : *Un maillot de laine, de coton.* **2.** Vêtement collant ne couvrant que le haut du corps : *Maillot d'un coureur cycliste.* **3. Maillot académique,** maillot de danse d'une seule pièce. / **Maillot de bain,** vêtement de bain. / **Maillot de corps,** sous-vêtement, couvrant le torse.

Maimonide (Moïse), médecin, théologien et philosophe juif (Cordoue 1138 - Fustat 1204). Son œuvre, écrite en arabe et en hébreu, est l'une des plus considérables du monde occidental : médecine, philosophie, talmudisme. Cherchant un accord entre la foi et la raison, Maimonide utilise Aristote pour interpréter le judaïsme. Ses trois plus grands ouvrages sont *le Luminaire* (1168), le *Mishne Tora* (1180) et *le Guide des égarés* (1190). Dans ce dernier, il montre comment les intellectuels, pris par l'intellectualisme, se laissent mettre en conflit avec la foi.

main [mɛ̃] **n.f.** (lat. *manus*). **1.** Organe de la préhension et de la sensibilité, muni de cinq doigts, qui constitue l'extrémité des membres supérieurs de l'homme : *Se laver les mains.* **2.** La main, utilisée pour donner, recevoir ou exprimer qqch : *Donner, serrer la main à qqn. Faire un signe de la main. Tendre la main* (= demander l'aumône). **3.** La main, considérée comme un instrument : *Écrire de la main droite. Être doué de ses mains.* **4.** La main, utilisée pour frapper ou manier les armes : *Lever la main sur qqn* (= le frapper). **5.** La main, comme symbole de l'aide, de l'acceptation : *Trouver une main secourable* (= une aide). *Prêter la main à un ami* (= l'aider). **6.** La main, comme symbole de l'activité, de l'effort : *L'affaire est en bonnes mains* (= confiée à une personne capable). *Mettre la dernière main à un travail* (= le terminer). **7.** La main, comme symbole de la possession ou de la détention : *Changer de mains* (= passer d'un possesseur à un autre). *Passer, circuler de main en main* (= d'un détenteur, d'un possesseur à l'autre). **8.** La main comme symbole du pouvoir ou de l'autorité : *Mettre la main sur qqn* (= l'arrêter). *Passer la main* (= renoncer à ses pouvoirs, les transmettre). **9.** Extrémité des membres antérieurs de certains vertébrés : *Les mains d'un singe.* **10.** JEUX. Ensemble des cartes détenues par un joueur au début d'un tour : *Avoir une belle main.* **11. À main armée,** les armes à la main : *Vol à main armée.* / **À pleines mains,** largement : *Donner à pleines mains.* / **Avoir la haute main sur,** commander : *Avoir la haute main sur la presse.* / **Avoir la main,** être le premier à jouer, aux cartes. / **Avoir la main heureuse, malheureuse,** réussir, échouer souvent. / **Avoir le cœur sur la main,** être très généreux. / **Avoir les mains libres,** avoir toute liberté d'agir. / **De la main à la main,** sans passer par un intermédiaire ; sans observer les formalités légales : *Payer de la main à la main* (= sans trace écrite). / **De longue main,** par un travail long et réfléchi. / **Demander, obtenir la main de qqn,** demander, obtenir une jeune fille en mariage. / **De première main, de seconde main,** obtenu directement ; obtenu indirectement : *Une information de première main.* / **Des deux mains,** avec empressement : *Approuver des deux mains.* / **Faire main basse sur qqch,** s'en emparer indûment. / **Mettre la main à la pâte,** participer à un travail. / **Mettre la main sur qqch,** le découvrir, le trouver. / **Ne pas y aller de main morte,** agir avec brutalité. / **Perdre la main,** perdre son habileté manuelle ; perdre l'habitude de faire qqch : *Elle a passé deux mois sans utiliser son ordinateur mais elle n'a pas perdu la main.* / **Prendre en main,** se charger de. / **Reprendre en main,** redresser une situation compromise. / **Se faire la main,** s'essayer à un travail. / **Se prendre par la main,** s'obliger à faire qqch. / **Sous la main,** à sa portée : *Avoir ses lunettes sous la main.* / **Tendre la main à qqn,** lui offrir son aide ; lui faire une offre de réconciliation. / **Voter à main levée,** exprimer son suffrage par ce geste de la main. **12. Main courante,** partie supérieure d'une rampe d'escalier, d'une barre d'appui, etc. ; en droit, registre chronologique tenu par la police pour consigner les déclarations des usagers sur des faits ne constituant pas des crimes ou des délits. ▸ Une main courante n'est qu'un éventuel élément de preuve à étayer par d'autres ; contrairement à la plainte, elle ne déclenche pas de procédure judiciaire. / **Main de justice,** main d'ivoire à trois doigts levés, placée à l'extrémité du bâton royal, symbole de la justice royale. / **Mains libres,** se dit d'un récepteur téléphonique conçu pour être utilisé sans les mains. / **Petite main,** autref., apprentie couturière ; au fig., simple exécutant mais qui est chargé d'une tâche minutieuse. / **Première main,** première ouvrière d'une maison de couture, capable d'exécuter tous les modèles.

Main (le), riv. d'Allemagne, passant à Bayreuth et à Francfort, affl. du Rhin (r. dr.) à Mayence ; 524 km. Important trafic fluvial sur le Main, relié au Danube.

mainate [mɛnat] **n.m.** (mot malais). Passereau noir à bec jaune originaire d'Asie du Sud-Est, très bon imitateur de la voix humaine. ▸ Famille des sturnidés.

main-d'œuvre [mɛ̃dœvr] **n.f.** (pl. *mains-d'œuvre*). **1.** Façon, travail de l'ouvrier dans la confection d'un ouvrage : *Les frais de main-d'œuvre.* **2.** Ensemble des salariés, en partic. des ouvriers, d'un établissement, d'une région, d'un pays : *Faire appel à la main-d'œuvre étrangère.*

Maine (le), anc. province de l'ouest de la France, dont le territoire correspond auj. à la Sarthe et à la Mayenne. Érigé en comté au Xe s., uni à l'Anjou au début du XIIe s., il fut définitivement réuni au domaine royal en 1481.

Maine de Biran (Marie François Pierre Gontier de Biran, dit), philosophe français (Bergerac 1766 - Paris 1824), de tendance spiritualiste. Il fait de l'*effort* le fondement de sa philosophie.

Maine-et-Loire [49], dép. de la Région Pays de la Loire, formé presque exclusivement de l'Anjou ; ch.-l. de dép. *Angers* ; ch.-l. d'arr. *Cholet, Saumur, Segré* ; 4 arr., 21 cant., 357 comm. ; 7 166 km^2 ; 819 366 hab.

main-forte [mɛ̃fɔrt] **n.f. sing. Prêter main-forte à qqn,** lui venir en aide.

mainlevée [mɛ̃lve] **n.f.** (de *main* et *levée*). DR. Acte qui arrête les effets d'une saisie, d'une opposition, etc.

mainmise [mɛ̃miz] **n.f.** (de *main* et *mise*, p. passé fém. adjectivé de *mettre*). **1.** Action de s'emparer de qqch : *La mainmise d'un État sur un territoire étranger.* **2.** Action de s'assurer une domination exclusive et souvent abusive sur qqch : *La mainmise d'une société sur un secteur de l'économie* (syn. **monopole**).

mainmorte [mɛ̃mɔrt] **n.f.** (de *main* et du fém. de l'adj. *mort*). **1.** FÉOD. Droit de succession perçu par le seigneur sur les biens de ses serfs. **2.** DR. État des biens appartenant à des personnes morales (associations, communautés, hospices, etc.).

maint, e [mɛ̃, mɛ̃t] **adj.** (gaul. *manti*, ou croisement du lat. *magnus* et du lat. *tantus*, ou du germ. **manigipô*, grande quantité). *LITT.* Un grand nombre indéterminé : *En mainte occasion. Maintes fois.*

maintenance [mɛ̃tnɑ̃s] **n.f.** (de *maintenir*). Ensemble des opérations permettant de maintenir ou de rétablir un système, un matériel, un appareil, etc., dans un bon état de fonctionnement.

maintenant [mɛ̃tnɑ̃] **adv.** (de *maintenir*, propr. « pendant qu'on tient la main »). À présent ; à partir de l'instant présent : *Maintenant, il connaît la nouvelle. Maintenant, vous devrez manger sans sel* (syn. **désormais**). *Nous avons maintenant plus de moyens de guérir qu'autrefois* (syn. **aujourd'hui, actuellement** ; contr. **jadis**). ◆ **maintenant que loc. conj.** À présent que ; dès lors que : *Maintenant que tu es guéri, tu peux m'accompagner.*

maintenir [mɛ̃tnir] **v.t.** (lat. pop. **manutenere*, tenir avec la main) [conj. **40**]. **1.** Tenir fixe, stable : *Poutre qui maintient la charpente* (syn. **soutenir**). *Mur qui maintient la terre* (syn. **retenir, fixer**). **2.** Empêcher de remuer, d'avancer : *Maintenir les* gens à distance (syn. **tenir**). *Les policiers maintiennent la foule* (syn. **contenir**). **3.** Conserver dans le même état : *Maintenir les coutumes* (syn. **sauvegarder, perpétuer**). *Maintenir qqn dans ses fonctions* (syn. **garder**). *Maintenir sa candidature* (syn. **confirmer**). **4.** Affirmer avec force : *Je maintiens que cela est vrai* (syn. **soutenir**). ◆ **se maintenir v.pr.** Rester dans le même état, dans la même situation : *Élève qui se maintient dans la moyenne* (syn. **rester**). *Le beau temps se maintient* (syn. **persister**).

Maintenon (Françoise d'Aubigné, *marquise* **de),** seconde épouse de Louis XIV (Niort 1635 - Saint-Cyr 1719). Petite-fille d'Agrippa d'Aubigné, élevée dans la religion calviniste, elle se convertit au catholicisme et épousa le poète Scarron (1652). Veuve, elle fut chargée de l'éducation des enfants de Louis XIV et de Mme de Montespan, et, après la mort de Marie-Thérèse, épousa le roi secrètement (1683). Exerçant sur lui une influence notable, elle encouragea la lutte contre le protestantisme et imposa à la cour une étiquette austère. Après la mort du roi (1715), elle se retira dans la maison d'éducation de Saint-Cyr, qu'elle avait fondée.

maintien [mɛ̃tjɛ̃] **n.m.** (de *maintenir*). **1.** Manière de se tenir : *Avoir un maintien simple* (syn. **attitude**). **2.** Action de faire durer, de conserver : *Le maintien des traditions* (syn. **conservation, sauvegarde**). **3. Maintien de l'ordre,** ensemble des mesures de sécurité prises par l'autorité compétente pour maintenir l'ordre public. / **Maintien sous les drapeaux,** mesure par laquelle le gouvernement décide de conserver temporairement sous les drapeaux les hommes ayant achevé leur service actif. / DR. **Maintien dans les lieux,** mesure qui permet à l'occupant de bonne foi d'un logement de rester dans les lieux malgré la volonté du propriétaire.

maire [mɛr] **n.** (du lat. *major,* plus grand). **1.** En France, premier magistrat municipal, qui est l'organe exécutif de la commune. **2. Maire d'arrondissement,** maire élu dans chaque arrondissement de Paris, de Lyon et de Marseille. ◆ **n.m.** HIST. **Maire du palais,** dignitaire de la cour mérovingienne, qui se substitua peu à peu au roi.

mairesse [mɛrɛs] **n.f.** *FAM., VIEILLI.* **1.** Femme d'un maire. **2.** Femme exerçant les fonctions de maire.

mairie [mɛri] **n.f. 1.** Fonction de maire : *Aspirer à la mairie.* **2.** Édifice où se trouvent les services de l'administration municipale. (On dit aussi *hôtel de ville.*) **3.** Administration municipale : *Employé de mairie.*

mais [mɛ] **conj. coord.** (lat. *magis,* plus, davantage). Introduit : **1.** Un contraste, une opposition : *Ce vin est bon mais un peu sec* (syn. **quoique**). **2.** Un renforcement : *Mais naturellement ! Mais je vous en prie !* ◆ **adv.** *LITT.* **N'en pouvoir mais,** n'y rien pouvoir : *Que voulez-vous, je n'en pouvais mais* (= je ne suis pas responsable). ◆ **n.m. inv.** Objection ; raison invoquée pour refuser qqch : *Opposer des si et des mais à toutes les propositions.*

maïs [mais] **n.m.** (esp. *maíz,* du caraïbe mahis). Céréale de grande dimension, à tige unique et à gros épi portant des grains en rangs serrés, très cultivée pour l'alimentation humaine et animale. ▸ Famille des graminées.

maison [mezɔ̃] **n.f.** (lat. *mansio,* de *manere,* demeurer). **1.** Bâtiment construit pour servir d'habitation aux personnes : *Une rue bordée de maisons.* **2.** Construction individuelle abritant une famille ; maison de ville, pavillon (par opp. à *appartement*) : *Se faire construire une maison.* **3.** Logement où l'on habite : *Rester à la maison* (= chez soi) [syn. **domicile, foyer**]. **4.** ASTROL. Chacune des douze divisions égales du ciel, qui concernent les conjonctures formant la trame de l'existence. **5.** Édifice public ou privé servant à un usage particulier : *Maison de retraite, de santé. Maison d'arrêt* (= prison). **6.** Entreprise commerciale ou industrielle : *Maison de vins en gros* (syn. **établissement, firme**). *Avoir dix ans de maison* (= être employé depuis dix ans dans la même entreprise). **7.** Membres d'une même famille : *C'est un ami de la maison.* **8.** Famille noble : *C'est le dernier descendant d'une grande maison.* **9. De bonne maison,** de famille honorable. / **Maison des jeunes et de la culture (M.J.C.),** établissement destiné à favoriser la diffusion et la pratique des activités culturelles les plus diverses dans un milieu jeune et populaire. / HIST. **Maison du roi, de l'empereur,** ensemble des personnes civiles *(maison civile)* et militaires *(maison militaire)* attachées à la personne du souverain. ◆ **adj. inv. 1.** *FAM.* Fabriqué par la maison et non commandé à l'extérieur, dans un restaurant : *Confitures maison.* **2.** Particulier à une entreprise, à un établissement d'enseignement, etc. : *Ingénieurs maison. Un diplôme maison.*

maisonnée [mezɔne] **n.f.** Ensemble des personnes d'une famille vivant dans la même maison : *La maisonnée est réunie* (syn. **famille**).

maisonnette [mezɔnɛt] **n.f.** Petite maison ; cabane.

Maisons-Alfort, ch.-l. de c. du Val-de-Marne, sur la Marne ; 54 760 hab. École vétérinaire. Biscuiterie.

Maisons-Laffitte, commune des Yvelines, sur la Seine ; 23 664 hab. *(Mansonniens).* Hippodrome. Château de Maisons (musée du Cheval de course), chef-d'œuvre de F. Mansart (1642).

Maistre (Joseph, *comte* **de),** homme politique et philosophe savoyard d'expression française (Chambéry 1753 - Turin 1821). Il fut le héraut et le théoricien de la contre-révolution et fit l'apologie de l'Église romaine. Ministre plénipotentiaire de Sardaigne en Russie de 1802 à 1817, il a notamment écrit : *Considérations sur la France,* 1796 ; *Du pape,* 1819 ; *les Soirées de Saint-Pétersbourg,* 1821.

1. maître, maîtresse [mɛtr, mɛtrɛs] **n.** (lat. *magister*). **1.** Personne qui commande, gouverne, exerce une autorité : *Le maître et l'esclave. Parler en maître.* **2.** Possesseur d'un animal : *Chien couché aux pieds de sa maîtresse.* **3.** Personne qui enseigne : *Maître, maîtresse d'école* (syn. **instituteur**). *Le maître interroge l'élève* (syn. **professeur**). **4.** Personne qui dirige sa maison, reçoit les invités, etc. : *Remercier la maîtresse de maison.* **5.** *VIEILLI.* Personne qui possède qqch : *Le maître du domaine* (syn. **possesseur, propriétaire**). *Voiture de maître.* ◆ **maître n.m. 1.** Personne qui enseigne qqch : *Maître artisan.* **2.** Personne qui dirige l'exécution de qqch, qui a autorité sur du personnel : *Maître d'équipage sur un navire.* **3.** Personne dont on est le disciple ; personne (artiste, écrivain) éminente, qui est prise comme modèle : *Se réclamer d'un maître* (syn. **modèle, initiateur**). **4.** BX-A. *VX.* Artiste qui dirigeait un atelier ; artiste du passé dont on ignore le nom et dont on a reconstitué une partie de l'œuvre : *Le Maître de Moulins.* **5.** Titre donné aux avocats, à certains officiers ministériels : *L'étude de maître X.* **6.** Titre d'un artisan qui a été admis à la maîtrise, dans un métier où subsistent des traditions de corporation : *Les apprentis et les maîtres.* **7.** *VX.* Personne qui enseignait une spécialité : *Maître à danser.* **8. Maître auxiliaire,** professeur assurant l'intérim d'un emploi vacant de professeur titulaire. / **Maître chanteur** ⟶ **chanteur.** / **Maître d'armes,** qui enseigne l'escrime. / **Maître de conférences,** titre donné auj. aux membres de l'enseignement supérieur qui organisent les travaux dirigés et contribuent aux travaux de recherche. / *VIEILLI.* **Maître de forges,** propriétaire d'un établissement sidérurgique dont il assume personnellement l'administration. / **Maître d'ouvrage ou de l'ouvrage,** personne physique ou morale pour le compte de laquelle une construction est réalisée. / **Maître d'œuvre,** responsable de l'organisation et de la réalisation d'un vaste ouvrage ; personne ou organisme qui dirige un chantier du bâtiment après avoir exécuté les plans de l'ouvrage. / **Maître imprimeur,** chef d'entreprise dirigeant une imprimerie. / **Passer maître,** être, devenir très habile dans un art, un métier, etc. : *Passer maître dans l'art de mentir.* / **Second maître, maître, premier maître, maître principal,** grades des officiers mariniers de la Marine nationale, en France. / **Trouver son maître,** rencontrer qqn qui vous est supérieur en qqch. **9. Maître à penser,** philosophe ou personnalité ayant une importante influence idéologique ou spirituelle.

2. maître, maîtresse [mɛtr, mɛtrɛs] **adj.** (de *1. maître*). **1.** Qui a un rôle capital, essentiel : *L'idée maîtresse d'un ouvrage* (syn. **majeur, primordial**). *Le maître mot.* **2.** Qui est le plus important dans son genre : *Poutre maîtresse* (= poutre principale d'une charpente). **3.** Se dit de la plus forte carte à jouer dans la couleur et de celui qui la détient : *Carte maîtresse. Être* *maître à cœur.* **4. Être maître de qqch, de faire qqch,** en disposer librement ; être libre de faire qqch. / **Maîtresse femme,** femme énergique, déterminée.

maître-autel [mɛtrotɛl] **n.m.** (pl. *maîtres-autels*). Autel principal d'une église.

maître-chien [mɛtrəʃjɛ̃] **n.m.** (pl. *maîtres-chiens*). Responsable du dressage d'un chien, dans les corps spécialisés de la police et de l'armée, les sociétés de gardiennage, etc.

maître-nageur [mɛtrənaʒœr] **n.m.** (pl. *maîtres-nageurs*). Personne habilitée à l'enseignement de la natation, à la surveillance d'une piscine, d'une plage.

maîtresse [mɛtrɛs] **n.f.** (de *maître*). Femme avec laquelle un homme a des relations sexuelles en dehors du mariage : *Avoir une maîtresse. Ils sont amant et maîtresse.*

maîtrisable [metrizabl] **adj.** Que l'on peut maîtriser : *La douleur n'est pas facilement maîtrisable.*

maîtrise [metriz] **n.f.** (de *maître*). **1.** Domination de soi : *Conserver sa maîtrise* (syn. **calme, sang-froid**). **2.** Domination incontestée : *La maîtrise de l'énergie nucléaire* (syn. **suprématie, prépondérance**). **3.** Perfection, sûreté dans la technique : *Tableau exécuté avec maîtrise* (syn. **maestria, habileté, virtuosité**). **4.** *VX.* Situation d'un maître au sein d'une corporation ou d'un corps analogue. **5.** Ensemble des contremaîtres et des chefs d'équipe. **6.** Ancien diplôme de l'enseignement supérieur obtenu au terme de quatre ans d'études après le baccalauréat. **7.** MUS. École de chant et ensemble des chantres d'une église (syn. **manécanterie**). **8. Maîtrise de l'air, de la mer,** supériorité militaire, aérienne ou navale, acquise sur un adversaire dans un espace déterminé. / **Maîtrise de soi,** contrôle sur la manifestation de ses émotions.

maîtriser [metrize] **v.t.** (de *maîtrise*). **1.** Se rendre maître de forces difficilement contrôlables : *Maîtriser un incendie* (syn. **enrayer, stopper**). **2.** Soumettre, contenir par la force : *Maîtriser un forcené.* **3.** Dominer un sentiment, une passion : *Maîtriser sa colère* (syn. **réprimer, contenir**). ◆ **se maîtriser v.pr.** Rester, redevenir maître de soi : *Faire des efforts pour se maîtriser* (syn. **se dominer**).

Majdanek ou **Maïdanek,** camp de concentration et d'extermination allemand (1941-1944) [près de Lublin, Pologne].

majesté [maʒɛste] **n.f.** (lat. *majestas*). **1.** Caractère de grandeur, de dignité, de noblesse : *La majesté divine* (syn. **gloire, grandeur**). **2.** (Avec une majuscule). Titre des empereurs, des rois : *Sa Majesté l'impératrice.* **3.** Air extérieur de grandeur, de noblesse : *Une allure pleine de majesté.* **4. Sa Majesté Catholique,** le roi d'Espagne. / **Sa Majesté très Chrétienne,** le roi de France. / BX-A. **Christ, Vierge, saint en majesté,** représentés assis sur le trône dans une attitude hiératique.

majestueusement [maʒɛstɥøzmɑ̃] **adv.** Avec majesté : *S'avancer majestueusement* (syn. **solennellement**).

majestueux, euse [maʒɛstɥø, -øz] **adj.** Qui a de la majesté : *Ton majestueux* (syn. **solennel, grave**).

majeur, e [maʒœr] **adj.** (lat. *major,* comparatif de *magnus,* grand). **1.** Plus grand, plus considérable, plus important : *La majeure partie.* **2.** Qui a atteint l'âge de la majorité (par opp. à *mineur*) : *Une fille majeure.* **3.** Très important : *Raison majeure* (syn. **capital, essentiel**). **4.** MUS. Se dit d'un mode caractérisé par la succession, dans la gamme, de deux tons, un demi-ton, trois tons et un demi-ton ; qui relève de ce mode : *Passer du mode majeur au mode mineur (ou de majeur en mineur). Si bémol majeur. Gamme, tierce majeure.* **5. Cas de force majeure,** événement qu'on ne peut éviter et dont on n'est pas responsable. / **En majeure partie,** pour la plus grande partie : *Ouvrage en majeure partie inspiré de l'œuvre de Proust.* / JEUX. **Tierce majeure,** l'as, le roi, la dame d'une même couleur, aux cartes. ◆ **majeur n.m.** Le troisième et le plus grand des doigts de la main (syn. **médius**). ◆ **majeure n.f.** LOG. Première proposition d'un syllogisme.

Majeur *(lac),* lac de la bordure sud des Alpes entre l'Italie et la Suisse ; 216 km². Il renferme les îles Borromées. Tourisme.

major [maʒɔr] **n.m.** (esp. *mayor,* lat. *major,* plus grand). **1.** En France, officier supérieur chargé de l'administration d'un corps de troupes, appelé depuis 1975 *chef des services administratifs.* **2.** En France, grade le plus élevé des sous-officiers des armées. **3.** Officier d'un grade égal à celui de commandant, en France sous l'Ancien Régime et auj. encore dans de nombreuses armées étrangères. **4.** *VX.* Médecin militaire. **5. Major général,** officier général adjoint du chef d'état-major des armées, des chefs d'état-major des trois armées et du directeur général de la gendarmerie. ◆ **n.** *ARG. SCOL.* Premier d'une promotion : *Elle est sortie major de Polytechnique.*

Major (John), homme politique britannique (Merton, banlieue de Londres, 1943). Leader du parti conservateur, il a été Premier ministre de 1990 à 1997.

majorant [maʒɔrɑ̃] **n.m.** (de *majorer*). MATH. **Majorant d'une partie d'un ensemble ordonné E,** élément de E supérieur à tous les éléments de cette partie (par opp. à *minorant*).

majoration [maʒɔrasjɔ̃] **n.f.** Action de majorer : *Majoration du prix des transports* (syn. **augmentation, hausse**).

majordome [maʒɔrdɔm] **n.m.** (it. *maggiordomo,* influencé par l'esp. *mayordomo,* du lat. *major domus,* chef de la maison). Maître d'hôtel de grande maison.

majorer [maʒɔre] **v.t.** (du lat. *major,* plus grand). **1.** Augmenter la valeur du montant d'une facture, d'un impôt, etc. : *Majorer des salaires* (syn. **revaloriser, relever**). **2.** MATH. Trouver un majorant à un ensemble.

majorette [maʒɔrɛt] **n.f.** (mot anglo-amér., du fr. *major*). Jeune fille en uniforme de fantaisie qui parade dans les fêtes et les défilés.

majoritaire [maʒɔritɛr] **adj.** et **n. 1.** Qui appartient à la majorité ; qui s'appuie sur une majorité : *Un groupe financier majoritaire dans une société* (par opp. à *minoritaire*). **2. Scrutin majoritaire,** mode de scrutin dans lequel est proclamé élu le candidat ayant obtenu le plus grand nombre de suffrages (par opp. au *scrutin proportionnel*).

majoritairement [maʒɔritɛrmɑ̃] **adv.** En majorité.

majorité [maʒɔrite] **n.f.** (lat. médiév. *majoritas,* du class. *major,* plus grand). **1.** Âge auquel, selon la loi, une personne acquiert la pleine capacité d'exercer ses droits *(majorité civile)* ou est reconnue responsable de ses actes *(majorité pénale) : À sa majorité, il pourra choisir sa nationalité.* ▶ En France, la majorité est fixée à 18 ans. **2.** Sous-ensemble de personnes, de choses supérieures en nombre par rapport à un autre sous-ensemble (par opp. à *minorité*) : *Il y a ici une majorité de femmes. La majorité des Français possède (ou possèdent) un téléviseur* (= la plupart). **3.** Le plus grand nombre des voix ou des suffrages : *Obtenir la majorité.* **4.** Parti ou coalition de partis détenant le plus grand nombre de sièges dans une assemblée (par opp. à l'*opposition*) : *La majorité soutient le gouvernement.* **5. En majorité,** pour la plupart : *Les sondés sont en majorité hostiles au projet.* / **Être en majorité,** être les plus nombreux, par rapport à un autre groupe. / **Majorité absolue,** exigeant la moitié des suffrages exprimés plus un. / **Majorité qualifiée** ou **renforcée,** pour laquelle la loi exige que soient réunis plus de suffrages que pour la majorité absolue. / **Majorité relative** ou **simple,** obtenue par un candidat qui recueille plus de suffrages que ses concurrents. / **Majorité silencieuse,** partie majoritaire d'une population qui n'exprime pas publiquement ses opinions.

Majorque, en esp. **Mallorca,** la plus grande des Baléares ; 3 640 km² ; 873 414 hab. Ch.-l. *Palma de Majorque.* Tourisme actif.

majuscule [maʒyskyl] **adj.** et **n.f.** (lat. *majusculus,* un peu plus grand). Se dit d'une lettre plus grande que les autres et de forme différente (par opp. à *minuscule*) : *Un « M » majuscule. Écrire en majuscules* (syn. **capitale**).

Makários III, prélat et homme politique cypriote (Anó Panaghiá 1913 - Nicosie 1977). Archevêque et ethnarque (chef de la communauté grecque de Chypre) à partir de 1950, il se fit le défenseur de l'*Enôsis* (union avec la Grèce) puis le champion de l'indépendance de l'île. Président de la république de Chypre de 1960 à 1977, il fut temporairement écarté du pouvoir en 1974.

1. maki [maki] **n.m.** (mot malgache). Lémurien à museau allongé et à longue queue, vivant à Madagascar et, pour une espèce, sur l'île de Mayotte. ▸ Sous-ordre des lémuriformes.

2. maki [maki] **n.m.** (mot jap.). Boulette de riz entourée d'une feuille d'algue sèche, dite *nori,* et garnie de poisson cru, d'omelette, etc. ▸ Cuisine japonaise.

1. mal [mal] **n.m.** (lat. *malum*). **1.** Ce qui est contraire au bien, à la vertu ; ce qui est condamné par la morale : *Faire le mal pour le mal.* **2.** Ce qui est susceptible de nuire, de faire souffrir ; ce qui n'est pas adapté : *Le mal est fait* (syn. **dommage**). *La guerre est une source inépuisable de maux* (syn. **calamité, malheur**). **3.** Souffrance physique : *Maux de dents, d'estomac. Le mal a progressé* (syn. **maladie**). **4.** Souffrance morale : *Le mal du pays.* **5.** Peine ; travail : *Se donner du mal* (syn. **application, effort**). **6.** Mauvais côté de qqch : *Tourner les choses en mal.* **7. Avoir mal,** souffrir. / **Dire du mal de qqn,** le dénigrer, le calomnier. / **Être au plus mal,** être gravement malade ; être à l'agonie. / **Être en mal de qqch,** souffrir de son absence : *Être en mal d'inspiration.* / **Faire du mal à qqn,** le faire souffrir ; lui nuire. / VIEILLI. **Haut mal,** épilepsie. / **Mal blanc,** panaris. / **Mal de cœur,** nausée d'origine gastrique. / **Mal de mer, mal de l'air,** malaises particuliers éprouvés en bateau, en avion. / **Mal de tête,** migraine ; céphalée. / **Mal des montagnes, de l'altitude, des aviateurs,** malaises causés par la raréfaction de l'oxygène en altitude. / **Mal du siècle,** état dépressif caractéristique de la jeunesse romantique.

2. mal [mal] **adv.** (lat. *male*). **1.** D'une manière mauvaise, non satisfaisante, contraire à la morale : *Écrire, parler mal. Aller mal* (= être en mauvaise santé). *Il s'est mal conduit.* **2.** S'emploie en composition avec des participes pour former des adjectifs ou des noms : *Les mal-logés.* **3. Pas mal de,** un assez grand nombre de ; une assez grande quantité de : *Il y a pas mal de monde* (syn. **beaucoup de**). / **Prendre mal qqch,** s'en offenser. ◆ **adj. inv. Être très mal,** être très malade. / **Être mal avec qqn,** être brouillé avec lui. / **Pas mal** (avec une nég., sinon fam.), assez beau ; assez satisfaisant : *Comment le trouves-tu ? – Pas mal. Ce film n'était pas mal.* / **Se sentir mal,** être dans un état de malaise physique ; être sur le point de défaillir.

malabar [malabar] **n.m.** (de *Malabār,* région de l'Inde). FAM. Homme grand et fort : *Deux malabars l'ont frappé.*

Malacca ***(presqu'île de)*** ou **presqu'île Malaise,** presqu'île du sud de l'Indochine, entre la mer de Chine méridionale et l'océan Indien, unie au continent par l'isthme de Kra et séparée de Sumatra par le *détroit de Malacca.*

malachite [malakit] **n.f.** (lat. *molochitis,* mot gr., de *molokhê* ou *malakhê,* mauve). Carbonate basique naturel de cuivre, pierre d'un beau vert vif utilisée en joaillerie et en tabletterie.

malacologie [malakɔlɔʒi] **n.f.** (du gr. *malakos,* mou, et de *-logie*). Étude des mollusques.

malade [malad] **adj.** et **n.** (du lat. *male habitus,* qui se trouve en mauvais état). Dont la santé est altérée : *Tomber malade. Être gravement malade. Avoir l'air malade* (syn. **indisposé, souffrant**). ◆ **adj. 1.** Qui est en mauvais état : *Une industrie malade.* **2.** Dans un état général de malaise : *J'étais malade de voir ça* (syn. **perturbé, traumatisé**). **3.** FAM. Mentalement dérangé : *Tu es malade* (syn. **fou**).

Maladeta ***(massif de la),*** massif des Pyrénées espagnoles ; 3 404 m au *pic d'Aneto* (point culminant des Pyrénées).

maladie [maladi] **n.f.** (de *malade*). **1.** Altération de la santé, de l'équilibre des êtres vivants (animaux et végétaux) : *Soigner, guérir une maladie* (syn. **affection, mal**). *Le phylloxéra est une maladie de la vigne.* **2.** Altération, dégradation de qqch : *Maladie des pierres, du vin.* **3.** FAM. Comportement excessif ou obsessionnel : *La maladie de la vitesse* (syn. **passion**). *Le nettoyage, c'est une maladie chez elle* (syn. **manie**). **4. Assurance maladie,** une des assurances sociales, qui permet au salarié de percevoir en cas d'arrêt de travail des indemnités journalières et de bénéficier du remboursement des frais occasionnés par sa maladie. / FAM. **En faire une maladie,** être très contrarié par qqch : *Tu ne vas pas en faire une maladie.*

maladif, ive [maladif, -iv] **adj. 1.** Sujet à être malade : *Un tempérament maladif* (syn. **délicat, fragile**). **2.** Dont les manifestations ressemblent à celles des troubles mentaux : *Une curiosité maladive* (syn. **morbide**).

maladivement [maladivmɑ̃] **adv.** De façon maladive.

maladresse [maladrɛs] **n.f.** (de *maladroit,* d'apr. *adresse*). **1.** Caractère d'une personne maladroite, de ses gestes, de ses réalisations : *Remarquer la maladresse d'un dessin* (syn. **inhabileté**). **2.** Défaut de savoir-faire dans les actions, de tact dans la conduite : *Sa maladresse a fait échouer les négociations* (= son manque de tact). **3.** Acte maladroit : *Accumuler les maladresses* (syn. **bévue**).

maladroit, e [maladrwa, -at] **adj.** et **n.** (de *2. mal* et *adroit*). **1.** Qui manque d'adresse, d'aisance dans ses mouvements, ses gestes : *Un enfant maladroit* (syn. **gauche**). *Quel maladroit tu fais !* **2.** Qui manque d'expérience, de sûreté pour l'exécution de qqch : *Une jeune cinéaste encore maladroite* (syn. **inexpérimenté**). *Artisan maladroit* (syn. **malhabile**). **3.** Qui manque de diplomatie, de sens de l'opportunité : *Tu as été maladroit, tu n'aurais pas dû lui dire cela.* **4.** Caractérisé par la maladresse ; qui n'est pas approprié au but recherché : *Un geste maladroit.*

maladroitement [maladrwatmɑ̃] **adv.** De façon maladroite : *S'exprimer maladroitement.*

Málaga, port d'Espagne (Andalousie), ch.-l. de prov., sur la Méditerranée ; 561 435 hab. Vins. Raisins secs. Double forteresse mauresque (musée). Cathédrale des XVIe-XVIIIe s. Musée des Beaux-Arts et musée Picasso.

mal-aimé, e [maleme] **adj.** et **n.** (pl. *mal-aimés, es*). Se dit d'une personne tenue à l'écart d'un groupe : *Les mal-aimés de la société.*

malais, e [malɛ, -ɛz] **adj.** et **n.** Relatif aux Malais, peuple d'Asie du Sud-Est, majoritaire en Malaisie et à Brunei. ◆ **malais n.m.** Langue du groupe indonésien, parlée dans la péninsule malaise et sur les côtes de l'Insulinde, auj. langue officielle de la Malaisie et de l'Indonésie (sous le nom d'*indonésien*).

malaise [malɛz] **n.** (de *2. mal* et *aise*). **1.** Sensation pénible d'un trouble de l'organisme : *Éprouver un malaise* (**indisposition**). *Avoir un malaise* (= se trouver mal) [syn. **évanouissement**]. **2.** État d'inquiétude, de trouble mal défini ; début de crise : *Un malaise inexplicable grandissait en lui* (syn. **gêne**). *Le malaise social* (syn. **agitation**).

malaisé, e [maleze] **adj.** (de *2. mal* et *aisé*). Qui n'est pas facile, pas commode à faire : *Une tâche malaisée* (syn. **ardu, difficile**).

malaisément [malezemɑ̃] **adv.** Avec difficulté.

Malaisie, en malais **Malaysia,** État fédéral de l'Asie du Sud-Est, formé de la Malaisie péninsulaire et de deux territoires de Bornéo (Sabah et Sarawak) ; 330 000 km^2 ; 29 717 000 hab. *(Malaisiens).* CAP. *Kuala Lumpur* (cap. constitutionnelle) et *Putrajaya* (cap. administrative). LANGUE : *malais.* MONNAIE : *ringgit (dollar de la Malaisie).*

GÉOGRAPHIE

À une latitude équatoriale, possédant un climat constamment chaud et souvent humide, le pays est recouvert en majeure partie par la forêt. Hommes et activités se sont concentrés dans les plaines alluviales et les vallées bordant ou entaillant la montagne intérieure. La population, qui s'accroît à un rythme annuel rapide, compte une faible majorité de Malais (islamisés et qui détiennent le pouvoir politique) et des minorités indienne et surtout chinoise. Celle-ci représente le tiers de la population totale et possède un poids économique sectoriellement plus grand encore, ce qui provoque des tensions avec les Malais.

L'agriculture occupe environ 20 % de la population active (mais ne contribue plus que pour 9 % du P.I.B.). Elle juxtapose cultures vivrières (riz) et plantations commerciales. La Malaisie est le premier producteur mondial d'huile de palme et de caoutchouc naturel. Le sous-sol fournit de la bauxite, de l'étain (premier rang mondial) et de plus en plus de pétrole. L'industrie, stimulée par l'abondance de main-d'œuvre à bon marché, de capitaux étrangers, s'est diversifiée avec, notamment, le développement de l'électronique tandis que les services sont désormais prépondérants. La part des produits manufacturés dans les exportations dépasse maintenant celle des matières premières. Le commerce extérieur s'effectue surtout avec le Japon, la Chine, l'U.E., les États-Unis et le voisin, Singapour.

HISTOIRE

La péninsule malaise subit très tôt l'influence de l'Inde. Puis l'islam y pénètre aux XIVe-XVe s.

1511. Les Portugais s'emparent de Malacca.

Premiers Européens à atteindre la péninsule, ils sont supplantés par les Hollandais à partir de 1641.

1795. Les Britanniques remplacent les Hollandais à Malacca.

1819. Malacca forme avec Singapour et Penang le gouvernement des Détroits, érigé en colonie en 1867.

Tous les sultanats malais sont progressivement placés sous protectorat britannique.

1946. La fédération de Malaisie comprend toute la Malaisie à l'exception de Singapour.

1957. Elle devient un État indépendant.

1963. La nouvelle fédération de Malaisie est constituée par l'union de la fédération de Malaisie, de l'État de Singapour et des anciennes colonies britanniques de Sarawak et de Sabah. Elle est membre du Commonwealth.

1965. Singapour quitte la fédération. Le pays est troublé par les conflits entre les Malais et la communauté chinoise, l'insurrection communiste et, à partir de 1979, l'afflux des réfugiés du Cambodge et du Viêt Nam.

1981-2003. Mahathir bin Mohamad est Premier ministre.

Abdullah Ahmad Badawi (2003-2009), puis Najib Razak (depuis 2009) lui succèdent. Les relations avec l'opposition islamiste (menée par Anwar Ibrahim) sont très tendues.

malandrin [malɑ̃drɛ̃] **n.m.** (it. *malandrino,* voleur). *VX.* Bandit de grand chemin ; voleur, brigand.

Malaparte (Kurt Suckert, dit **Curzio),** écrivain italien (Prato 1898 - Rome 1957). Il doit à sa vie aventureuse d'engagé volontaire (1914) et de correspondant de guerre le cynisme brutal et le réalisme qui animent ses récits (*Kaputt,* 1944 ; *la Peau,* 1949 ; *Ces sacrés Toscans,* 1956) et son théâtre (*Das Kapital,* 1949).

malappris, e [malapri, -iz] **adj.** et **n.** (de *2. mal* et *appris,* p. passé de *apprendre*). Qui est mal éduqué : *Espèce de malappris !* (syn. **goujat, malotru**).

malaria [malarja] **n.f.** (de l'it. *mala aria,* mauvais air). *VIEILLI.* Paludisme.

Malatesta, famille de condottieri italiens, originaire de Rimini, qui contrôla du XIIe au XIVe s., outre cette ville, une grande partie de la marche d'Ancône et de la Romagne.

malavisé, e [malavize] **adj.** (de *2. mal* et *avisé*). *LITT.* Qui agit sans discernement : *Il a été malavisé de vendre ses actions en ce moment* (syn. **imprudent, irréfléchi**).

Malawi, anc. **Nyassaland,** État de l'Afrique orientale, sur la rive ouest du *lac Malawi ;* 118 000 km^2 ; 16 363 000 hab. *(Malawites).* CAP. *Lilongwe.* LANGUES : officielle *anglais,* nationale *chichewa.* MONNAIE : *kwacha.*

GÉOGRAPHIE

Formé de hauts plateaux dans le Nord et le Centre, au relief plus contrasté dans le Sud, le pays s'étend sur 900 km du N. au S., surtout sur la rive ouest du *lac Malawi.* Le climat est tropical avec une saison sèche de mai à octobre. La population, en majeure partie bantoue, a un fort taux d'accroissement et se concentre surtout dans le Sud. Essentiellement rurale, elle a, comme base alimentaire, le maïs (la moitié des terres cultivées). Les plantations commerciales (tabac et thé surtout) fournissent 90 % des exportations. Les ressources minières reconnues ne sont pas exploitées et l'industrie est modeste. L'enclavement du pays alourdit le coût d'importations (pétrole et produits industriels) supérieures aux exportations et ce déficit du commerce est aggravé par celui des services.

HISTOIRE

Le pays est occupé par des Bantous, qui subissent à partir de 1840 les razzias des négriers de Zanzibar.

1859. Livingstone découvre le lac Malawi.

1907. Le protectorat britannique de l'Afrique centrale, créé en 1889, prend le nom de « Nyassaland ».

1953-1962. Le Nyassaland forme une fédération avec la Rhodésie.

1964. Le pays devient indépendant et prend le nom de « Malawi ».

1966. La république est proclamée. Hastings Banda devient président et instaure un système de parti unique.

1993. H. Banda doit rétablir le multipartisme.

1994. Les premières élections pluralistes portent au pouvoir le leader de l'opposition, Bakili Muluzi.

2004. Bingu wa Mutharika lui succède (réélu en 2009).

2012. À la suite du décès de ce dernier, Joyce Banda assure la présidence dans l'attente des élections.

Malawi ***(lac),*** anc. **lac Nyassa,** grand lac de l'Afrique orientale, à l'ouest du Mozambique ; 30 800 km^2.

malaxage [malaksaʒ] **n.m.** Action de malaxer.

malaxer [malakse] **v.t.** (lat. *malaxare,* amollir). **1.** Pétrir une substance pour la ramollir, pour la rendre plus homogène : *Malaxer du beurre.* **2.** Masser, triturer du bout des doigts une partie du corps.

malaxeur [malaksœr] **n.m.** et **adj.m.** Appareil muni d'une cuve, servant à malaxer : *Malaxeur à mortier.*

malayo-polynésien, enne [malɛjɔpɔlinezjɛ̃, -ɛn] **adj.** et **n.m.** LING. Syn de *austronésien.*

Malaysia → Malaisie.

malchance [malʃɑ̃s] **n.f.** (de *2. mal* et *chance*). **1.** Sort défavorable : *Être poursuivi par la malchance* (syn. **adversité,** litt. **infortune**). **2.** Hasard malheureux ; situation défavorable ; issue malheureuse : *J'ai eu la malchance de le voir.*

malchanceux, euse [malʃɑ̃sø, -øz] **adj.** et **n.** En butte à la malchance : *Un joueur malchanceux.*

malcommode [malkɔmɔd] **adj.** Qui n'est pas commode, pas pratique : *Un tiroir malcommode* (syn. **incommode**).

Maldives ***(îles),*** État insulaire de l'océan Indien, au sud-ouest de Sri Lanka ; 300 km^2 ; 345 000 hab. *(Maldiviens).* CAP. *Malé.* LANGUE : *divehi.* MONNAIE : *rufiyaa (roupie des Maldives).* Situées à 650 km environ à l'O. et au S.-O. de Colombo, émiettées en latitude de 7° 10′ N. à 0° 40′ S., les Maldives comptent plus de 1 000 petites îles coralliennes, dont 200 habitées. Le tourisme est la première source de revenus du pays. Protectorat britannique à partir de 1887, indépendantes depuis 1965, les îles constituent une république depuis 1968. Mais les premières élections démocratiques n'ont lieu qu'en 2009.

maldonne [maldɔn] **n.f.** (déverbal de *mal donner,* d'apr. *donne*). Erreur dans la distribution des cartes.

mâle [mɑl] **adj.** (lat. *masculus*). **1.** BIOL. Se dit d'un individu ou d'un organe animal ou végétal appartenant au sexe fécondant, porteur de cellules reproductrices plus nombreuses, plus petites et plus mobiles que celles du sexe femelle : *Souris mâle. Gamète mâle.* **2.** DR. Qui est du sexe masculin : *Descendants mâles.* **3.** Qui annonce de la force, de l'énergie : *Voix mâle* (syn. **viril** ; contr. **efféminé**). *Une mâle résolution* (syn. **hardi**). **4.** TECHN. Se dit d'un élément, d'un instrument qui entre dans un autre (qualifié de *femelle*) : *Prise mâle.* **5. Fleur mâle,** fleur qui ne porte que des étamines. ◆ **n.m. 1.** Individu du règne animal organisé pour féconder : *Le bélier est le mâle de l'espèce ovine.* **2.** DR. Personne de sexe masculin (par opp. à *femme*) : *Succession de mâle en mâle.* **3.** *FAM.* Homme caractérisé par sa vigueur physique, en partic. sexuelle : *Un beau mâle.*

Mâle (Émile), historien de l'art français (Commentry, Allier, 1862 - Chaalis, Oise, 1954), grand spécialiste de l'iconographie du Moyen Âge.

Malebo Pool, anc. **Stanley Pool,** lac formé par un élargissement du fleuve Congo. Sur ses rives sont établies les villes de Brazzaville et de Kinshasa.

Malebranche (Nicolas), philosophe français (Paris 1638 - *id.* 1715). Il soutient que nous ne voyons des choses que leurs modèles, tels qu'ils sont en Dieu, et que nous ne distinguons des causes que celles que Dieu veut bien nous laisser entrevoir. Malebranche a écrit *De la recherche de la vérité* (1674-1675) et *Entretiens sur la métaphysique et la religion* (1688).

malédiction [malediksjɔ̃] **n.f.** (lat. *maledictio*). **1.** *LITT.* Action de maudire : *Malédiction divine.* **2.** Malheur fatal : *La malédiction est sur moi* (syn. **fatalité**).

maléfice [malefis] **n.m.** (lat. *maleficium,* méfait). *LITT.* Pratique magique visant à nuire ; diablerie.

maléfique [malefik] **adj.** (lat. *maleficus,* de *male facere,* mal faire). *LITT.* Qui a une influence nocive, malfaisante : *Exercer un pouvoir maléfique autour de soi* (contr. **bénéfique, bienfaisant**).

malencontreusement [malɑ̃kɔ̃trøzmɑ̃] **adv.** De façon malencontreuse.

malencontreux, euse [malɑ̃kɔ̃trø, -øz] **adj.** (de l'anc. fr. *malencontre,* mauvaise rencontre). Qui cause de l'ennui en survenant mal à propos : *Circonstance malencontreuse* (syn. **fâcheux**). *Une allusion malencontreuse* (syn. **malheureux** ; contr. **opportun**).

mal-en-point [malɑ̃pwɛ̃] **adj. inv.** En mauvais état de santé, de fortune, de situation : *Un blessé bien mal-en-point.* ***Rem.*** On écrit aussi *mal en point.*

malentendant, e [malɑ̃tɑ̃dɑ̃, -ɑ̃t] **adj.** et **n.** Se dit de qqn dont l'acuité auditive est diminuée.

malentendu [malɑ̃tɑ̃dy] **n.m.** (de *2. mal* et *entendu*). Divergence d'interprétation de paroles, d'actions ; désaccord qui en résulte : *Faire cesser un malentendu* (syn. **mésentente, dissension**). *Querelle qui repose sur un malentendu* (syn. **erreur, méprise, quiproquo**).

Malesherbes (Chrétien Guillaume de Lamoignon de), magistrat et homme d'État français (Paris 1721 - *id.* 1794). Secrétaire de la Maison du roi (1775), il tenta quelques réformes mais dut démissionner dès 1776. Il défendit Louis XVI devant la Convention et fut exécuté sous la Terreur.

mal-être [malɛtr] **n.m. inv.** Sentiment de profond malaise : *Le mal-être des adolescents.*

Malevitch (Kazimir), peintre russe d'origine polonaise (près de Kiev 1878 - Leningrad 1935). Une tendance primitiviste caractérise ses toiles de 1909-1910, teintées d'expressionnisme, comme les figures aux volumes géométrisés qui ouvrent, en 1911, sa période « cubo-futuriste » (*le Bûcheron,* Amsterdam). En 1913-1914, sa propension spiritualiste le conduit au « suprématisme », expression la plus radicale de la démarche abstraite, consacrant la négation de l'objet (*Carré blanc sur fond blanc,* 1918, New York). L'ère de la peinture de chevalet étant révolue à ses yeux, il passe vers 1923 à un stade d'études architectoniques visant à la transformation de l'environnement. Il revient cependant à la peinture après 1927 (sorte de synthèse de ses périodes figuratives).

malfaçon [malfasɔ̃] **n.f.** (de *2. mal* et *façon*). Défaut, imperfection dans un ouvrage, un travail : *La malfaçon de la charpente est due à une négligence* (syn. **défectuosité**).

malfaisant, e [malfəzɑ̃, -ɑ̃t] **adj.** (de *malfaire,* faire du mal). Qui fait, qui cause du mal : *Être malfaisant* (syn. **mauvais, méchant**). *Influence malfaisante* (syn. **nuisible**). *Idée malfaisante* (syn. **pernicieux**).

malfaiteur [malfetœr] **n.m.** (du lat. *malefactor,* d'apr. *faire*). Individu qui commet des vols, des crimes : *On a arrêté un dangereux malfaiteur* (syn. **criminel, bandit**).

malfamé, e [malfame] **adj.** (de l'anc. fr. *fame,* lat. *fama,* renommée). Qui est fréquenté par des individus de mauvaise réputation : *Un bar malfamé.* ***Rem.*** On écrit aussi *mal famé.*

malformation [malfɔrmasjɔ̃] **n.f.** (de *2. mal* et *formation*). Altération morphologique congénitale d'un tissu, d'un organe du corps humain : *Malformation cardiaque.*

malfrat [malfra] **n.m.** (du languedocien *malfar,* mal faire). *FAM.* Malfaiteur, truand.

malgache [malgaʃ] **adj.** et **n.** De Madagascar. ◆ **n.m.** Langue du groupe indonésien.

malgré [malgre] **prép.** (réfection de *maugré,* de *2. mal* et *gré*). **1.** En allant contre le gré, la volonté de : *Il s'est marié malgré son père.* **2.** En ne se laissant pas arrêter par tel obstacle : *Sortir malgré la pluie* (syn. **en dépit de**). **3. Malgré soi,** en allant contre sa propre volonté ; involontairement : *On m'a forcé, je l'ai fait malgré moi. Nous avons entendu votre conversation malgré nous.* / **Malgré tout,** introduit une restriction : *Malgré tout c'est un brave homme.* ◆ **malgré que loc. conj.** Suivi du subj., indique une opposition, une concession : *Ils s'entendent bien malgré qu'ils soient très différents* (syn. **bien que, quoique**). ***Rem.*** Ce tour est critiqué par plusieurs grammairiens et par l'Académie, sauf dans la formule litt. *malgré que j'en aie (que tu en aies, etc.),* qui signifie « bien que cela me (te, etc.) contrarie ».

malhabile [malabil] **adj.** Qui manque d'habileté, de capacité : *Un dessinateur malhabile* (syn. **maladroit**).

Malherbe (François de), poète français (Caen 1555 - Paris 1628). Auteur de poèmes de facture baroque (*les Larmes de saint Pierre,* 1587), il devint poète de cour en 1605 et se posa en même temps en chef d'école. Rompant avec la tradition de la Pléiade, il imposa un idéal poétique de clarté et de rigueur qui est à l'origine du goût classique *(Consolation à Du Périer),* que célébra plus tard Boileau.

malheur [malœr] **n.m.** (de *2. mal* et *heur*). **1.** Situation pénible qui affecte douloureusement qqn : *C'est dans le malheur qu'on connaît ses vrais amis* (syn. **adversité**). **2.** Événement fâcheux, funeste : *Les malheurs l'assaillent* (syn. **épreuve, revers**). *Un malheur n'arrive jamais seul* (syn. **ennui**). *Sois prudent, un malheur est si vite arrivé* (syn. **accident**). **3.** Sort hostile ; malchance : *Le malheur est sur lui* (syn. **fatalité, malédiction**). **4.** *FAM.* **Faire un malheur,** se livrer à des accès de violence ou faire un éclat ; obtenir un grand succès : *Si tu m'énerves, je fais un malheur. Chanteur qui fait un malheur.* / **Oiseau de malheur,** personne qui porte malheur. / **Par malheur,** par un fâcheux concours de circonstance : *Si, par malheur, tu pars, préviens-moi.* / **Porter malheur,** avoir une influence fatale, néfaste.

malheureusement [malørøzmɑ̃] **adv.** De façon malheureuse : *Je ne pourrai malheureusement pas venir.*

malheureux, euse [malørø, -øz] **adj.** et **n. 1.** Qui est dans une situation pénible, douloureuse : *Un homme malheureux* (syn. **misérable**). *Secourir les malheureux* (syn. **pauvre, indigent**). **2.** Qui inspire le mépris mêlé de pitié : *Un malheureux ivrogne* (syn. **pauvre**). ◆ **adj. 1.** Qui exprime le malheur, la douleur : *Air malheureux* (syn. **triste, peiné**). **2.** Qui manque de chance : *Être malheureux au jeu* (syn. **malchanceux**). **3.** Qui a pour conséquence le malheur : *Entreprise malheureuse* (syn. **désastreux**). *Faire une rencontre malheureuse* (syn. **désagréable**). *Parole malheureuse* (syn. **regrettable**). **4.** Sans valeur ; sans importance : *Pester pour une malheureuse erreur* (syn. **insignifiant**).

malhonnête [malɔnɛt] **adj.** et **n. 1.** Qui enfreint les règles de la probité, de l'honnêteté : *Une transaction malhonnête.* **2.** Qui choque la décence, la pudeur : *Faire des propositions malhonnêtes à une femme* (syn. **inconvenant**).

malhonnêtement [malɔnɛtmɑ̃] **adv.** De façon malhonnête : *S'enrichir malhonnêtement.*

malhonnêteté [malɔnɛtte] **n.f. 1.** Caractère malhonnête de qqn, de son comportement : *Malhonnêteté d'un fraudeur* (syn. **indélicatesse**). *La malhonnêteté des intentions de qqn* (syn. **déloyauté**). **2.** Action contraire à l'honnêteté : *Commettre une malhonnêteté* (syn. **escroquerie**).

Mali, État de l'Afrique occidentale, s'étendant sur l'ancien Soudan français ; 1 240 000 km² ; 15 302 000 hab. *(Maliens).* CAP. *Bamako.* LANGUE OFFICIELLE : *français.* MONNAIE : *franc C.F.A.*

GÉOGRAPHIE

Vaste pays (plus du double de la superficie de la France), mais enclavé et, en majeure partie, dans la zone sèche sahélienne ou saharienne, le Mali est l'un des pays les plus pauvres du monde. Les terres cultivées couvrent moins de 2 % de la superficie totale et se concentrent dans le Sud, plus humide, parcouru par les fleuves, qui ont fixé les villes et permis l'irrigation. Les récentes sécheresses ont aggravé la situation des pasteurs du Nord (Maures et Touareg), détruisant une partie du cheptel bovin et ovin. Les rendements des cultures vivrières (riz, millet, etc.) et commerciales (coton et arachide) du Sud (peuplé de Soudaniens, sédentaires) en ont aussi souffert. Sans ressources minières exploitées, sous-industrialisé, avec un accroissement démographique annuel proche de 2,5 %, une balance commerciale déficitaire, un fort endettement extérieur, le pays dépend largement de l'aide internationale.

HISTOIRE

Lieu de rencontre des peuples du nord de l'Afrique et de ceux de l'Afrique subsaharienne, le Mali est le berceau des grands empires médiévaux du Sahel.

VIIe s. Formation de l'empire du Ghana.

XIe s. Les Almoravides imposent l'islam et détruisent l'empire du Ghana.

XIIIe-XIVe s. Apogée de l'empire du Mali.

XVIe s. Apogée de l'Empire songhaï, dont les deux principales cités sont Gao et Tombouctou.

À partir du XVIIe s., le pouvoir passe successivement aux Marocains, aux Touareg puis aux Peuls.

1857. Les Français amorcent l'occupation du pays.

Ils empêchent ainsi la constitution dans le Sud d'un nouvel État à l'initiative de Samory Touré, fait prisonnier en 1898.

1904. Création de la colonie du Haut-Sénégal-Niger dans le cadre de l'Afrique-Occidentale française.

1920. Amputée de la Haute-Volta, la colonie devient le Soudan français.

1960. Le Mali accède à l'indépendance sous la direction de Modibo Keita.

1968. Moussa Traoré prend le pouvoir.

1991-1992. Il est renversé par l'armée et la démocratie est instaurée. Alpha Oumar Konaré devient président.

2002. Amadou Toumani Touré remporte l'élection présidentielle. Un nouvel accord de paix est signé avec les Touareg en 2006 (après celui de 1992).

2012. Alors que des combattants touareg et des groupes islamistes prennent le contrôle du nord du pays, A. T. Touré est renversé par un putsch. Un gouvernement provisoire d'union nationale est formé.

2013. À la demande des autorités maliennes, la France apporte son appui militaire en vue de stopper une offensive des milices islamistes vers le sud du pays. Des forces africaines sont également mobilisées.

Mali *(empire du)*, empire de l'Afrique noire (XIe-XVIIe s.) dans la vallée du Niger. Sa puissance reposait sur le contrôle des mines d'or et du commerce transsaharien. À son apogée (XIIIe-XIVe s.), cet empire musulman s'étendait de l'embouchure du Sénégal à la ville de Gao. Il fut affaibli au XVe s. par l'Empire songhaï.

Malibran (María de la Felicidad García, dite **la),** cantatrice d'origine espagnole (Paris 1808 - Manchester 1836). Cette soprano dramatique, célébrée par Musset, brilla dans l'interprétation des œuvres de Rossini.

malice [malis] **n.f.** (lat. *malitia,* méchanceté). Penchant à dire ou à faire de petites méchancetés ironiques, des taquineries : *Sa réponse est pleine de malice* (syn. **espièglerie**).

malicieusement [malisjøzmɑ̃] **adv.** Avec malice : *Sourire malicieusement* (syn. **moqueusement**).

malicieux, euse [malisjø, -øz] **adj.** et **n.** Qui a de la malice : *Enfant malicieux* (syn. **malin, taquin**). ◆ **adj.** Qui manifeste de la malice : *Regard malicieux* (syn. **coquin**).

malignement [maliɲəmɑ̃] **adv.** Avec malignité.

malignité [maliɲite] **n.f.** (lat. *malignitas,* de *malignus,* méchant). **1.** SOUT. Méchanceté mesquine : *Être en butte à la malignité publique* (syn. **malveillance**). *Dénonciation faite par malignité* (syn. **bassesse**). **2.** Caractère dangereux, mortel d'une tumeur, d'un mal.

malin, igne [malɛ̃, -iɲ] **adj.** et **n.** (lat. *malignus,* méchant). **1.** Qui a de la finesse d'esprit, de la ruse et qui s'en sert pour se tirer d'embarras ou pour se moquer : *Il est malin, il a flairé le piège* (syn. **rusé, astucieux**). *Ne joue pas au plus malin avec moi* (syn. **futé**). **2.** LITT. (Avec une majuscule). Le diable. **3.** FAM. **Faire le malin,** vouloir se mettre en avant ; vouloir faire de l'esprit. ◆ **adj. 1.** Qui témoigne d'une intelligence malicieuse, plus ou moins rusée : *Un sourire malin* (syn. **espiègle, mutin**). **2.** Qui montre de la méchanceté : *Éprouver un malin plaisir à critiquer* (syn. **méchant**). **3.** FAM. **Ce n'est pas bien malin,** ce n'est pas très difficile : *Ce n'est pas bien malin, tu pourrais le faire.* / FAM. **Ce n'est pas malin,** c'est stupide. / LITT. **L'esprit malin,** le diable. / MÉD. **Tumeur maligne,** tumeur cancéreuse.

Malines, en néerl. **Mechelen,** v. de Belgique, ch.-l. d'arr. de la prov. d'Anvers, sur la Dyle ; 82 602 hab. Archevêché créé en 1559, Malines ne partage ce titre avec Bruxelles que depuis 1962. Dentelles renommées. Industries mécaniques et chimiques. Vaste cathédrale St-Rombaut, des XIIIe-XVe s. (mobilier baroque). Maisons anciennes. Musées.

malingre [malɛ̃gr] **adj.** (p.-ê. de *mal,* et de l'anc. fr. *haingre,* décharné). Qui est d'une constitution délicate, fragile : *Enfant malingre* (syn. **chétif, frêle** ; contr. **robuste**).

Malinovski (Rodion Iakovlevitch), maréchal soviétique (Odessa 1898 - Moscou 1967). Commandant le second front d'Ukraine (1943-1944), il signa l'armistice avec les Roumains (1944) puis entra à Budapest et à Vienne (1945). Il fut ministre de la Défense de 1957 à sa mort.

Malinowski (Bronislaw), anthropologue britannique d'origine polonaise (Cracovie 1884 - New Haven, Connecticut, 1942). Il est le principal représentant du fonctionnalisme (*les Argonautes du Pacifique occidental,* 1922).

malintentionné, e [malɛ̃tɑ̃sjɔne] **adj.** (de *2. mal* et *intentionné*). Qui a de mauvaises intentions ; malveillant.

Malinvaud (Edmond), économiste français (Limoges 1923 - Paris 2015). Directeur (1974-1987) de l'Institut national de la statistique et des études économiques (I.N.S.E.E.), il fit porter ses recherches sur les procédures décentralisées de planification, sur les modèles de l'analyse macroéconomique, sur la croissance dans une perspective historique et sur les croissances optimales et le taux d'intérêt.

Mallarmé (Stéphane), poète français (Paris 1842 - Valvins, Seine-et-Marne, 1898). D'abord professeur d'anglais, enthousiasmé par Baudelaire et Edgar Poe, il publie dix de ses poèmes dans *le Parnasse contemporain* (1866). Ceux-ci passent inaperçus, de même que l'unique scène de sa pièce *Hérodiade,* publiée en 1871, où il définit ainsi sa poétique : « peindre non la chose, mais l'effet qu'elle produit ». Le même insuccès frappe *l'Après-midi d'un faune,* hymne à la sensualité universelle. Reconnu par Verlaine dans ses *Poètes maudits* et par Huysmans dans *À rebours,* en 1884, il accède brusquement à la notoriété, et ses *Poésies* paraissent en 1887. D'autres de ses poèmes (comme *le Cygne* ou *le Tombeau d'Edgar Poe*) sont d'abord publiés dans des revues. Devenu la figure de proue du mouvement symboliste, il rassemble autour de lui toute une génération de jeunes poètes (Laforgue, Gide, Valéry, Claudel). En 1897, il publie un poème déconcertant par sa présentation typographique et par son hermétisme : *Un coup de dés jamais n'abolira le hasard.* Ce poème est l'ébauche d'un « Livre » absolu dont Mallarmé a toujours rêvé et qui ne verra jamais le jour. Son œuvre, malgré sa brièveté et son inachèvement, a été déterminante pour l'évolution de la littérature française au cours du XXe s.

malle [mal] **n.f.** (frq.* *malha*). **1.** Coffre de bois, de cuir, etc., de grandes dimensions, où l'on enferme les objets que l'on emporte en voyage. **2.** Syn. de *malle-poste.* **3.** VIEILLI. **Malle arrière,** coffre arrière d'une automobile. / FAM. **Se faire la malle,** partir sans prévenir ; s'enfuir.

malléabilité [maleabilite] **n.f. 1.** Caractère de qqn, de son esprit, qui est docile, influençable. **2.** Qualité d'un métal malléable.

malléable [maleabl] **adj.** (du lat. *malleare*, marteler, de *malleus*, marteau). **1.** Qui se laisse influencer ou former : *Un caractère, un enfant malléable* (syn. **docile, maniable**). **2.** TECHN. **Métal malléable,** métal que l'on peut façonner et réduire facilement en feuilles.

malléole [maleɔl] **n.f.** (du lat. *malleolus*, petit marteau). Chacune des apophyses de la région inférieure du tibia et du péroné, formant la cheville. ► La *malléole externe* est celle du péroné ; la *malléole interne*, celle du tibia.

malle-poste [malpɔst] **n.f.** (pl. *malles-poste*). *ANC.* Voiture hippomobile qui faisait surtout le service des dépêches.

mallette [malɛt] **n.f.** (de *malle*). Petite valise.

malmener [malməne] **v.t.** (de *2. mal* et *mener*) [conj. **19**]. **1.** Battre, rudoyer ; traiter qqn durement : *La foule malmena le voleur* (syn. **brutaliser**). *L'auteur de la pièce fut malmené par la critique* (syn. **vilipender**). **2.** Mettre un adversaire dans une situation difficile, au cours d'un combat : *Son adversaire l'a malmené au premier round.*

Malmö, port de la Suède méridionale, sur le Sund ; 318 107 hab. Chantiers navals. Musée dans la vieille forteresse.

malnutrition [malnytrisjɔ̃] **n.f.** Excès, insuffisance ou déséquilibre des apports alimentaires ou défaut d'assimilation des aliments par l'organisme ; état nutritionnel qui en résulte : *Souffrir de malnutrition.*

malodorant, e [malɔdɔrɑ̃, -ɑ̃t] **adj.** Qui a une mauvaise odeur : *Vapeurs malodorantes* (syn. **nauséabond, fétide**).

Malot (Hector), écrivain français (La Bouille, Seine-Maritime, 1830 - Fontenay-sous-Bois 1907). Il doit sa célébrité à ses récits destinés à la jeunesse (*Sans famille,* 1878).

malotru, e [malɔtry] **n.** (altér. de **malastru*, lat. pop. **male astrucus*, né sous un mauvais astre). Personne grossière, mal élevée (syn. **goujat, mufle**).

Malouines *(îles)* ⟶ Falkland.

Malpighi (Marcello), anatomiste italien (Crevalcore 1628 - Rome 1694). Il est le premier à étudier l'anatomie à l'aide d'un microscope. Il a démontré l'existence des capillaires sanguins, étudié le rein (les glomérules du rein portent son nom – *corpuscules de Malpighi*) et mis en évidence les organes excréteurs des insectes *(tubes de Malpighi).*

Malplaquet *(bataille de)* [11 sept. 1709], bataille indécise qui se déroula au hameau de ce nom, près de Bavay, pendant la guerre de la Succession d'Espagne, entre les Français, commandés par le maréchal de Villars, et les forces du duc de Marlborough et du Prince Eugène.

malpoli, e [malpɔli] **adj.** et **n.** *FAM.* Qui fait preuve de manque d'éducation ; qui choque la bienséance : *C'est malpoli de ne pas répondre à cette lettre* (syn. **impoli**).

malpropre [malprɔpr] **adj.** Qui manque de propreté : *Des mains malpropres* (syn. **sale**). ◆ **adj.** et **n. 1.** Contraire à la décence, à la morale : *Raconter une histoire malpropre* (syn. **inconvenant**). **2.** *FAM.* **Comme un malpropre,** sans ménagement et d'une façon indigne : *Il s'est fait renvoyer comme un malpropre.*

malproprement [malprɔprəmɑ̃] **adv.** Avec malpropreté.

malpropreté [malprɔprəte] **n.f. 1.** Défaut de propreté : *La malpropreté de leur maison* (syn. **saleté**). **2.** Acte malhonnête ou indécent ; indélicatesse.

Malraux (André), écrivain et homme politique français (Paris 1901 - Créteil 1976). Après des études d'archéologie, il voyage en Asie. À Canton, le spectacle de l'échec de la révolution communiste lui confirme la valeur absolue de l'action comme moyen d'assurer la dignité et la liberté humaines : ce thème va dominer son œuvre romanesque (*les Conquérants,* 1928 ; *la Voie royale,* 1930 ; *la Condition humaine,* 1933). Il s'engage comme aviateur lors de la guerre d'Espagne dans les rangs républicains, et ce combat lui inspire son roman *l'Espoir* (1937). Pendant la Seconde Guerre mondiale, il prend part à la Résistance, commande en 1944 la brigade Alsace-Lorraine et consigne sa double expérience de l'action et de la littérature dans *les Noyers de l'Altenburg* (1943). Après la guerre, il entreprend une carrière politique liée à celle du général de Gaulle et devient ministre de l'Information (1945-1946) puis des Affaires culturelles (1959-1969). Il abandonne la littérature romanesque pour s'attacher à l'étude comparative des formes de l'art *(les Voix du silence, le Musée imaginaire de la sculpture mondiale, la Métamorphose des dieux)* et réfléchir sur sa vie (*Antimémoires,* 1967). Ses cendres ont été transférées au Panthéon en 1996.

malsain, e [malsɛ̃, -ɛn] **adj.** Qui nuit à la santé physique ou morale ; dangereux : *Climat malsain. Lectures malsaines.*

malséant, e [malseɑ̃, -ɑ̃t] **adj.** (de *1. séant*). *LITT.* Qui n'est pas convenable : *Des propos malséants* (syn. **grossier, inconvenant**). *Il est malséant de partir sans remercier ses hôtes* (syn. **incorrect** ; contr. **courtois, poli**).

malstrom **n.m. ⟶ maelström.**

malt [malt] **n.m.** (mot angl.). Orge germée artificiellement, séchée et réduite en farine, utilisée pour fabriquer de la bière.

Malte, en angl. et en maltais **Malta,** État insulaire d'Europe dans la Méditerranée ; 316 km^2 ; 429 000 hab. *(Maltais).* CAP. *La Valette.* LANGUES : *maltais* et *anglais.* MONNAIE : *euro.*

GÉOGRAPHIE

C'est un petit archipel, très densément peuplé, formé des îles de *Malte* (246 km^2), *Gozo* et *Comino.* Le climat (étés chauds et secs) et l'histoire expliquent l'importance du tourisme.

HISTOIRE

IVe-IIe millénaire (du néolithique à l'âge du bronze). Malte est le centre d'une civilisation mégalithique (Mnajdra, Ggantija, Tarxien et l'île de Gozo) aux temples de plan complexe et aux décors sculptés évoquant la déesse mère.
Dans l'Antiquité, l'île est d'abord occupée par les Phéniciens, puis par les Grecs et enfin par les Carthaginois.
218 av. J.-C. Conquête de Malte par les Romains.
870. L'île est occupée par les Arabes, qui y diffusent l'islam.
1090. Annexion de l'île par les Normands de Sicile.
1530. L'île est cédée par Charles Quint à l'ordre de Saint-Jean de Jérusalem.
1798. Bonaparte occupe l'île.
1800. La Grande-Bretagne s'y installe.
Pendant la Seconde Guerre mondiale, Malte joue ainsi un rôle déterminant en Méditerranée.
1964. Malte obtient son indépendance dans le cadre du Commonwealth.
1974. L'État devient une république.
1979. Les forces britanniques quittent l'île.
2004. Malte adhère à l'Union européenne.
2008. Elle entre dans la zone euro.

malté, e [malte] **adj. 1.** Se dit d'une céréale (orge principalement) convertie en malt. **2.** Additionné de malt : *Du lait malté.*

Malthus (Thomas Robert), économiste britannique (près de Dorking, Surrey, 1766 - Claverton, près de Bath, 1834). Préoccupé par le nombre important de pauvres dans la société anglaise de la fin du XVIIIe s., il estime que la cause en réside dans le fait que la population croît plus vite que la production. Dans cet esprit, il publie anonymement, en 1798, son *Essai sur le principe de population,* qui a immédiatement un grand retentissement, puis des ouvrages dans lesquels il étudie le rôle de la monnaie, l'origine de la rente foncière, la théorie de l'épargne et des investissements. Son influence sera considérable sur la pensée économique de son temps.

malthusianisme [maltyzjanism] **n.m.** (du n. de l'économiste angl. *Malthus*). **1.** Restriction volontaire de la procréation. **2.** ÉCON. Ralentissement volontaire de la production, de l'expansion économique.

malthusien, enne [maltyzjɛ̃, -ɛn] **adj.** et **n. 1.** Qui appartient aux doctrines de Malthus. **2.** Opposé à l'expansion économique ou démographique.

maltose [maltoz] **n.m.** (de *malt*). CHIM. Sucre donnant par hydrolyse deux molécules de glucose et qu'on obtient par hydrolyse de l'amidon.

maltraitance [maltretɑ̃s] **n.f.** Fait de maltraiter un enfant, une personne âgée ou dépendante, etc. ; l'ensemble des mauvais traitements eux-mêmes.

maltraiter [maltrete] **v.t.** Traiter durement qqn, un animal : *Maltraiter des prisonniers* (syn. **brutaliser, malmener**). *Maltraiter un chien* (syn. **frapper**).

malus [malys] **n.m.** (mot lat. « mauvais »). Majoration d'une prime d'assurance automobile en fonction du nombre d'accidents survenus annuellement aux assurés et dont ils ont été responsables (par opp. à *bonus*).

malvacée [malvase] **n.f.** (du lat. *malva,* mauve). **Malvacées,** famille de plantes aux fleurs à pétales séparés, à nombreuses étamines, telles que le fromager, le cotonnier et la mauve.

malveillance [malvejɑ̃s] **n.f.** (de *malveillant*). **1.** Intention de nuire : *Incendie attribué à la malveillance.* **2.** Mauvaise disposition d'esprit à l'égard de qqn : *Regarder qqn avec malveillance* (syn. **animosité, hostilité**).

malveillant, e [malvejɑ̃, -ɑ̃t] **adj.** et **n.** (de *vueillant,* anc. p. présent de *vouloir*). Porté à vouloir, à souhaiter du mal à autrui ; inspiré par des intentions hostiles : *Un esprit malveillant* (syn. **méchant, mauvais**). *Des propos malveillants* (syn. **désobligeant**).

malvenu, e [malvəny] **adj.** (de *mal* et *venu*). **1.** Se dit d'un être vivant dont la croissance, le développement ont été contrariés : *Un enfant malvenu.* **2.** LITT. **Être malvenu à, de** (+ inf.), être peu fondé à, peu qualifié pour : *Vous êtes malvenu de juger les autres alors que vous agissez si mal.*

malversation [malvɛrsasjɔ̃] **n.f.** (de l'anc. fr. *malverser,* du lat. *male versari,* se comporter mal). Détournement de fonds dans l'exercice d'une charge : *Un caissier coupable de malversations* (syn. **prévarication, concussion**).

malvoyant, e [malvwajɑ̃, -ɑ̃t] **adj.** et **n. 1.** Se dit d'une personne aveugle ou d'une personne dont l'acuité visuelle est très diminuée. **2.** Syn. usuel de *amblyope.*

maman [mamɑ̃] **n.f.** (lat. *mamma,* formation enfantine par redoublement). Nom affectueux employé, pour désigner la mère, par ses enfants ou les membres de sa famille.

mamelle [mamɛl] **n.f.** (lat. *mamilla,* de *mamma,* sein). Glande placée sur la face ventrale du tronc des femelles des mammifères, sécrétant après la gestation le lait dont se nourrissent les jeunes. ▸ Le nombre de mamelles varie de une paire à six paires selon les espèces.

mamelon [mamlɔ̃] **n.m.** (de *mamelle*). **1.** Éminence charnue qui s'élève vers le centre de la mamelle, du sein : *Le nourrisson prend le mamelon entre ses lèvres pour téter.* **2.** Sommet, colline de forme arrondie : *Les mamelons boisés des Vosges* (syn. **éminence, hauteur**).

mamelonné, e [mamlɔne] **adj.** Qui porte des proéminences en forme de mamelons : *Une région mamelonnée.*

mamelouk ou **mameluk** [mamluk] **n.m.** (ar. *mamluk*). **1.** HIST. Soldat esclave faisant partie d'une milice qui joua un rôle considérable dans l'histoire de l'Égypte et, épisodiquement, en Inde. **2.** Cavalier d'un escadron de la Garde de Napoléon Ier.

Mamelouks, dynastie qui régna sur l'Égypte et la Syrie (1250-1517), dont les sultans étaient choisis parmi les milices de soldats esclaves (mamelouks). Ils arrêtèrent l'expansion mongole en Syrie (1260) et chassèrent les croisés du Levant (1250-1291). Après 1517, ils se rallièrent aux Ottomans.

mamie ou **mamy** [mami] **n.f.** (de l'angl. *mammy,* maman). Grand-mère, dans le langage enfantin.

mammaire [mamɛr] **adj.** (du lat. *mamma,* sein). Relatif aux mamelles, au sein : *Glande, sécrétion mammaire.*

mammectomie [mamɛktɔmi] **n.f.** (du lat. *mamma* ou du gr. *mastos,* mamelle, sein, et de *-ectomie*). CHIR. Ablation du sein.

mammifère [mamifɛr] **n.m.** (du lat. *mamma,* mamelle, et de *-fère*). Animal vertébré caractérisé par la présence de mamelles, d'une peau génér. couverte de poils, d'un cœur à quatre cavités, d'un encéphale relativement développé, par une température constante et une reproduction presque toujours vivipare.

■ On connaît aujourd'hui environ 5 500 espèces de mammifères. Ce nombre est très peu élevé en comparaison d'autres groupes animaux (insectes notamm. [1 million d'espèces]) ; ils ont pourtant conquis tous les milieux terrestres, jusqu'aux plus difficiles. Certains, comme les pinnipèdes et les cétacés, sont retournés au milieu aquatique, en gardant toujours une respiration aérienne (avec des poumons). D'autres (les chiroptères ou chauves-souris) ont conquis le milieu aérien en développant des ailes à partir d'une expansion de leur peau.

Classification. Les mammifères forment une classe divisée en trois groupes : les monotrèmes, ou *protothériens,* les marsupiaux, ou *métathériens,* et les mammifères placentaires, ou *euthériens.*

Les *monotrèmes* (ornithorynque et échidnés) sont des mammifères à bec corné, qui pondent des œufs. À l'éclosion de l'œuf, le jeune lèche les poils de sa mère, le long desquels s'écoule le lait des glandes mammaires (il n'y a pas de mamelle ni de mamelon). Les monotrèmes ont une température interne variant entre 25 et 36 °C (homéothermie imparfaite, contrairement aux autres mammifères, qui maintiennent leur température constante).

Les *marsupiaux* (kangourous, koalas, opossums…) sont caractérisés par la présence, chez la femelle, d'une poche ventrale (le *marsupium*) et par l'absence de vrai placenta. Au moment de la mise bas, le jeune, parfois appelé « larve marsupiale » n'a pas achevé son développement. Il rampe jusqu'à la poche maternelle où il s'accroche à une tétine sécrétant le lait. Il y reste jusqu'à ce qu'il soit capable d'en sortir et de rechercher sa nourriture.

Les *mammifères placentaires* (tous les autres) possèdent un placenta permettant le développement complet du fœtus dans l'utérus, à partir des nutriments apportés par le sang maternel via le placenta. Ce groupe, qui rassemble quelque 4 800 espèces, renferme une grande diversité de formes, du pachyure étrusque, une musaraigne de 5 cm de long, à la baleine bleue, un cétacé qui peut dépasser 30 m. On le divise en une vingtaine d'ordres (rongeurs, cétacés, chiroptères…) ; celui des primates réunit les singes et l'homme. ■

mammographie [mamɔgrafi] **n.f.** (du lat. *mamma,* sein, et de *[radio]graphie*). Radiographie de la glande mammaire : *La mammographie se pratique dans le dépistage et le diagnostic des tumeurs du sein.*

mammoplastie [mamɔplasti] **n.f.** (du lat. *mamma,* sein, et du gr. *plassein,* modeler). Intervention de chirurgie esthétique sur le sein.

mammouth [mamut] **n.m.** (d'un mot russe, empr. à une langue sibérienne). Éléphant fossile du quaternaire, dont on a retrouvé des cadavres entiers dans les glaces de Sibérie. ▸ Haut. 3,50 m. Couvert d'une toison laineuse, le mammouth possédait d'énormes défenses recourbées.

mamours [mamur] **n.m. pl.** (de *m'amour,* contraction de *ma amour* [*amour* ayant été autref. fém.]). FAM. Grandes démonstrations de tendresse : *Faire des mamours à qqn* (syn. **câlin, caresse**).

mamy n.f. ⟶ **mamie.**

Man ***(île de),*** île de la mer d'Irlande, dépendance de la Couronne britannique ; 572 km^2 ; 84 497 hab. V. princ. *Douglas.*

manade [manad] **n.f.** (mot prov.). Troupeau de taureaux ou de chevaux en Camargue, appartenant à un *manadier.*

management [manadʒmɛnt] ou [manaʒmɑ̃] **n.m.** (mot angl., de *to manage,* diriger). **1.** Ensemble des techniques de direction, d'organisation et de gestion de l'entreprise. **2.** Ensemble des dirigeants d'une entreprise.

manager [manadʒœr] ou [manadʒɛr] **n.m.** et **manageur, euse** [manadʒœr, -øz] **n.** (angl. *manager,* de *to manage,* diriger). **1.** Spécialiste du management ; dirigeant d'entreprise. **2.** Personne qui gère les intérêts d'un sportif, qui entraîne une équipe : *Le manager d'un boxeur.*

Managua, cap. du Nicaragua, sur le lac de Managua (1 234 km^2), détruite par un tremblement de terre en 1972, puis reconstruite ; 951 000 hab. dans l'agglomération.

Manama, cap. de l'État de Bahreïn, dans l'île de Bahreïn ; 398 000 hab. dans l'agglomération.

manant [manɑ̃] **n.m.** (p. présent de l'anc. v. *maneir, manoir,* demeurer, lat. *manere,* rester). **1.** Paysan, vilain ou habitant d'un village, sous l'Ancien Régime. **2.** *LITT.* Homme grossier : *Cet homme est un manant* (syn. **rustre**).

Manaudou (Laure), nageuse française (Villeurbanne 1986). Championne olympique en 2004 et championne du monde en 2005 et en 2007 du 400 m nage libre, elle a aussi remporté en 2007 le titre mondial du 200 m nage libre.

Manaus, anc. **Manáos,** port du Brésil, cap. de l'État d'Amazonas, sur le río Negro, près du confluent avec l'Amazone ; 1 718 584 hab. (1 798 376 hab. dans l'agglomération).

mancenille [mɑ̃snij] **n.f.** (esp. *manzanilla,* dimin. de *manzana,* pomme). Fruit du mancenillier, qui ressemble à une petite pomme d'api.

mancenillier [mɑ̃snije] **n.m.** Arbre originaire des Antilles et d'Amérique équatoriale, dit *arbre-poison, arbre de mort,* car son suc, caustique, est très toxique. ▸ Famille des euphorbiacées.

1. manche [mɑ̃ʃ] **n.m.** (lat. pop. **manicus,* de *manus,* main). **1.** Partie par laquelle on tient un instrument, un outil. **2.** Os apparent des côtelettes et des gigots. **3.** MUS. Partie d'un instrument à cordes prolongeant la caisse, où sont fixées les chevilles tendant les cordes. **4.** *FAM.* **Être, se mettre du côté du manche,** être, se mettre du côté du plus fort. / *FAM.* **Se débrouiller, s'y prendre comme un manche,** se montrer incapable, maladroit.

2. manche [mɑ̃ʃ] **n.f.** (lat. *manica,* de *manus,* main). **1.** Partie du vêtement qui entoure le bras : *Manche ballon* (= courte et bouffante). **2.** Au jeu, une des parties liées que l'on est convenu de jouer. **3.** *FAM.* **C'est une autre paire de manches,** c'est tout différent : *Participer, c'est facile, gagner, c'est une autre paire de manches.* / **Manche à air,** tube en toile placé au sommet d'un mât pour indiquer la direction du vent ; conduit métallique servant à aérer l'intérieur d'un navire. / **Retrousser ses manches,** se mettre au travail avec ardeur.

3. manche [mɑ̃ʃ] **n.f.** (prov. *mancho,* quête, de l'it. *mancia,* offrande). *FAM.* **Faire la manche,** mendier.

Manche (la), large bras de mer formé par l'Atlantique entre la France et l'Angleterre. À son extrémité nord, un tunnel ferroviaire franchit le pas de Calais.

Manche (la), région dénudée et aride d'Espagne que Cervantès a immortalisée dans son *Don Quichotte.*

Manche [50], dép. de la Région Normandie ; ch.-l. de dép. *Saint-Lô* ; ch.-l. d'arr. *Avranches, Cherbourg-Octeville, Coutances* ; 4 arr., 27 cant., 601 comm. ; 5 938 km^2 ; 517 998 hab. *(Manchois).*

Manchester, v. de Grande-Bretagne, sur l'Irwell, affl. de la Mersey ; 394 269 hab. (2 682 528 hab. dans le comté urbain du *Grand Manchester*). Université. Centre financier, commercial et industriel. Cathédrale en partie du XVe s. Musées.

manchette [mɑ̃ʃɛt] **n.f.** (de *2. manche*). **1.** Poignet à revers d'une chemise, à deux ou quatre boutonnières que l'on réunit avec des boutons, dits *boutons de manchette.* **2.** Coup porté avec l'avant-bras : *Recevoir une manchette.* **3.** Titre en gros caractères en tête de la première page d'un journal : *Lire la manchette.* **4.** IMPR. Note ou addition marginale dans un texte à composer.

manchon [mɑ̃ʃɔ̃] **n.m.** (de *2. manche*). **1.** Rouleau de fourrure dans lequel on met les mains pour les préserver du froid. **2.** Pièce cylindrique servant à protéger, à assembler : *Poser un manchon d'assemblage* (syn. **bague, douille**). **3.** TECHN. Fourreau à parois épaisses pour opérer la liaison de deux tuyaux ou de deux arbres de transmission. **4.** Rouleau de feutre sur lequel se fabrique le papier.

1. manchot, e [mɑ̃ʃo, -ɔt] **adj.** et **n.** (de l'anc. fr. *manc, manche,* du lat. *mancus,* estropié). **1.** Estropié ou privé d'une main ou d'un bras. **2.** *FAM.* **Ne pas être manchot,** être adroit, habile.

2. manchot [mɑ̃ʃo] **n.m.** (de *1. manchot*). Oiseau des régions antarctiques, inapte au vol, dont les membres antérieurs servent de nageoires et qui se nourrit de poissons. ▸ Ordre des sphénisciformes ; le *manchot royal* atteint 1 m de haut.

Mandalay, v. de la Birmanie centrale, sur l'Irrawaddy ; 1 035 163 hab. dans l'agglomération. Fondée en 1857, elle fut, de 1860 à 1885, la capitale des derniers rois birmans. Monastères bouddhiques à la remarquable architecture de bois ; intéressantes pagodes.

mandant, e [mɑ̃dɑ̃, -ɑ̃t] **n.** (de *mander*). Personne qui, par un mandat, donne à une autre pouvoir de la représenter dans un acte juridique (par opp. à *mandataire*).

mandarin [mɑ̃darɛ̃] **n.m.** (mot port., altér., sous l'infl. de *mandar,* mander, du malais *mantari,* sanskrit *mantrinah,* ministre d'État). **1.** HIST. Titre donné autref. aux fonctionnaires de l'Empire chinois, choisis par concours parmi les lettrés. **2.** Personnage important et influent dans son milieu, en partic. professeur d'université (péjor.) : *Les mandarins de la médecine.* **3.** LING. Forme dialectale du chinois, parlée par plus de 70 % de la population et qui sert de base à la langue commune officielle actuelle.

mandarinat [mɑ̃darina] **n.m. 1.** HIST. Dignité, fonction de mandarin ; l'ensemble des mandarins chinois. **2.** Pouvoir arbitraire détenu dans certains milieux par des intellectuels influents (péjor.) : *Mandarinat artistique.*

mandarine [mɑ̃darin] **n.f.** (esp. *[naranja] mandarina,* [orange] des mandarins). Fruit du mandarinier, sorte de petite orange douce et parfumée, dont l'écorce est facile à décoller.

mandarinier [mɑ̃darinje] **n.m.** Arbre très proche de l'oranger, dont le fruit est la mandarine. ▸ Famille des rutacées ; genre *Citrus.*

mandat [mɑ̃da] **n.m.** (lat. juridique *mandatum,* de *mandare,* mander). **1.** Pouvoir qu'une personne donne à une autre d'agir en son nom (syn. **procuration**). **2.** Mission, que les citoyens confient à certains d'entre eux par voie élective, d'exercer en leur nom le pouvoir politique ; durée de cette mission : *Le mandat parlementaire est de cinq ans en France. Remplir son mandat.* **3.** Titre remis par le service des postes pour faire parvenir une somme à un correspondant. **4.** DR. COMM. Effet négociable par lequel une personne doit payer à une autre personne une somme d'argent. **5.** FIN. En France, pièce délivrée par une administration publique et en vertu de laquelle un créancier se fait payer par le Trésor public. **6. Mandat impératif,** mandat tel que l'élu est tenu de se conformer au programme qu'il a exposé à ses mandants (par opp. au *mandat représentatif*). / DR. **Mandat d'amener, de comparution,** ordre de faire comparaître qqn devant un juge immédiatement ou à la date indiquée. / DR. **Mandat d'arrêt, de dépôt,** ordre d'arrêter, de conduire qqn en prison. / DR. **Mandat légal,** conféré par la loi, qui désigne la personne recevant pouvoir de représentation. / HIST. **Territoire sous mandat,** territoire dont l'administration était confiée à une puissance étrangère, partic. après la Première Guerre mondiale.

mandataire [mɑ̃datɛr] **n.** (lat. *mandatarius*). **1.** Personne qui a reçu mandat ou procuration pour représenter son mandant dans un acte juridique (= fondé de pouvoir) [syn. **représentant**]. **2. Mandataire liquidateur,** chargé, par décision de justice, de représenter les créanciers et de procéder, le cas échéant, aux opérations de liquidation judiciaire d'une entreprise.

mandatement [mɑ̃datmɑ̃] **n.m.** Opération par laquelle un agent comptable donne l'ordre de payer une somme due : *Le mandatement d'une allocation.*

mandater [mɑ̃date] **v.t.** (de *mandat*). **1.** Donner à qqn le pouvoir d'agir en son nom ; l'investir d'un mandat : *Les locataires ont mandaté l'un des leurs pour négocier avec le propriétaire* (syn. **déléguer**). **2.** Payer sous la forme d'un mandat : *Le traitement de ces fonctionnaires est mandaté.*

Mandchourie, anc. nom d'une partie de la Chine, formant auj. la majeure partie de la « Chine du Nord-Est ». (Hab. *Mandchous.*) V. princ. *Shenyang (Moukden), Harbin.*

HISTOIRE
Les Mandchous, peuple de race toungouse, envahissent la Chine au XVIIe s. et y fondent la dynastie des Qing. À cette même époque, de nombreux immigrés chinois s'établissent en Mandchourie. À la fin du XIXe s., celle-ci est convoitée à la fois par la Russie et par le Japon. La victoire du Japon dans la guerre russo-japonaise (1904-1905) lui assure une influence prépondérante dans la région, qu'il occupe en 1931. La Chine récupère la Mandchourie en 1945 (à l'exception des ports de Port-Arthur et de Dairen, que l'U.R.S.S. lui rétrocède en 1954).

Mandé ou **Mandingues,** groupe de peuples comprenant notamment les Malinké, les Sarakolé, les Bambara, les Soninké, les Dioula et parlant des langues de la famille nigéro-congolaise.

Mandela (Nelson), homme politique sud-africain (Mvezo, district d'Umtata, 1918 - Johannesburg 2013). Chef historique de l'ANC (African National Congress), il organisa la lutte contre l'apartheid, qu'il poursuivit après l'interdiction de son mouvement en 1960. Arrêté en 1962 et condamné à la détention à perpétuité en 1964, il fut libéré en 1990. Vice-président puis président (1991) de l'ANC, il négocia, avec F. De Klerk, la transition vers une Afrique du Sud multiraciale. En 1994, à l'issue des premières élections multiraciales, il fut élu à la présidence de la République. Il se retira à la fin de son mandat, en 1999. (Prix Nobel de la paix, avec F. De Klerk, 1993.)

mandement [mɑ̃dmɑ̃] **n.m.** (de *mander*). CATH. Écrit d'un évêque à ses diocésains ou à son clergé pour éclairer un point de doctrine ou donner des instructions. (On dit aussi *lettre pastorale.*)

mander [mɑ̃de] **v.t.** (lat. *mandare*). *LITT.* Intimer l'ordre à qqn de venir : *Mander qqn d'urgence* (syn. **appeler, convoquer**).

mandibule [mɑ̃dibyl] **n.f.** (bas lat. *mandibula,* du class. *mandere,* mâcher). **1.** Maxillaire inférieur de l'homme et des vertébrés. **2.** Pièce buccale paire des crustacés, des myriapodes et des insectes, située antérieurement aux mâchoires. **3.** (Surtout au pl.). *FAM.* Mâchoire : *Jouer des mandibules* (= manger).

mandingue [mɑ̃dɛ̃g] **adj.** (de *Mandingo,* n. d'une tribu de la Sierra Leone). Relatif aux Mandingues. ◆ **n.m.** LING. Groupe de langues de la famille nigéro-congolaise parlées en Afrique de l'Ouest.

mandoline [mɑ̃dɔlin] **n.f.** (it. *mandolino*). Instrument de musique à cordes doubles pincées et à caisse de résonance le plus souvent bombée.

mandragore [mɑ̃dragɔr] **n.f.** (lat. *mandragoras,* du gr.). Plante des régions chaudes dont la racine rappelle la forme d'un corps humain. ▸ Famille des solanacées. Autref., on attribuait une valeur magique à la mandragore et on l'utilisait en sorcellerie.

mandrill [mɑ̃dril] **n.m.** (d'une langue de Guinée). Singe d'Afrique centrale au museau rouge bordé de sillons faciaux bleus. ▸ Famille des cercopithécidés ; long. 80 cm.

mandrin [mɑ̃drɛ̃] **n.m.** (du prov. *mandre,* manivelle, du bas lat. *mamphur* et du germ. **manduls*). **1.** MÉCAN. Appareil qui se fixe sur une machine-outil ou sur un outil portatif et qui permet de serrer l'élément tournant et d'assurer son entraînement en rotation. **2.** Outil, instrument de forme génér. cylindrique, pour agrandir ou égaliser un trou. **3.** Tube creux servant au bobinage du papier.

Mandrin (Louis), bandit français (Saint-Étienne-de-Saint-Geoirs 1724 - Valence 1755). Marchand ruiné, il devint chef de contrebandiers et s'attaqua aux fermiers de l'impôt. Arrêté et roué vif à Valence en 1755, il devint un héros populaire.

manège [manɛʒ] **n.m.** (it. *maneggio,* de *maneggiare,* manier). **1.** Ensemble des exercices destinés à apprendre à un cavalier à monter, à dresser correctement son cheval ; lieu où se pratiquent ces exercices d'équitation : *Faire du manège. Manège couvert.* **2.** Attraction foraine où des véhicules miniatures, des figures d'animaux servant de montures aux enfants sont ancrés sur un plancher circulaire que l'on fait tourner autour d'un axe vertical : *Faire un tour de manège.* **3.** Piste d'un cirque. **4.** Manière habile ou étrange de se conduire, d'agir : *Je me méfie du manège de mes adversaires* (syn. **manœuvre, agissements**).

mânes [mɑn] **n.m. pl.** (lat. *manes*). ANTIQ. ROM. Âmes des morts, considérées comme des divinités.

Manet (Édouard), peintre français (Paris 1832 - *id.* 1883). Formé en partie par la filière académique, mais surtout par les œuvres étudiées au Louvre, en Hollande, en Allemagne, en Italie, marqué par Velázquez et Hals, il se montre bientôt plus préoccupé par la transposition picturale de ce qu'il voit et par l'authenticité de la sensation que par le sujet. Critique et public sont choqués non seulement par la modernité de ses thèmes, mais aussi par son modelé plat, ses oppositions de noirs et de couleurs claires, et sa liberté de touche. Le Salon refuse des œuvres qui, comme *le Déjeuner sur l'herbe* (1863, musée d'Orsay) ou *le Fifre* (1866, *ibid.*) – *Olympia (ibid.),* elle, est acceptée en 1865 –, vont faire de l'artiste, contre son gré, un révolutionnaire et le chef de file des jeunes impressionnistes. S'il se rapproche de ceux-ci par son souci de la lumière de plein air et par le travail sur le motif (*Argenteuil,* 1874, Tournai), Manet ne s'engage pas sur la voie du morcellement de la touche colorée. De l'impressionnisme, il retient une palette plus claire (*Monet sur son bateau-atelier,* 1874, Munich), une vie plus frémissante (*Un bar aux Folies-Bergère,* 1882, Institut Courtauld, Londres).

manette [manɛt] **n.f.** (dimin. de *main*). Levier de commande manuelle de certains organes de machines : *La manette d'un jeu vidéo.*

manga [mɑ̃ga] **n.m.** (mot jap. « image dérisoire »). Bande dessinée japonaise ; dessin animé qui s'en inspire.

manganèse [mɑ̃ganɛz] **n.m.** (it. *manganese*). Métal grisâtre très dur et très cassant, qui existe dans la nature à l'état d'oxyde et qu'on utilise surtout dans la fabrication des aciers spéciaux. ▸ Symb. Mn ; densité 7,43.

mangeable [mɑ̃ʒabl] **adj. 1.** Que l'on peut manger : *Ces champignons sont-ils mangeables ?* (syn. **comestible**). **2.** Qui est tout juste bon à manger : *Ce pâté est mangeable.*

mangeoire [mɑ̃ʒwar] **n.f.** Auge où mangent le bétail, les animaux de basse-cour.

1. manger [mɑ̃ʒe] **v.t.** (lat. *manducare,* mâcher) [conj. **17**]. **1.** Avaler un aliment, après l'avoir mâché ou non, afin de se nourrir : *Manger du poisson, de la soupe* (syn. **absorber, ingérer**). **2.** (Absol.). Absorber des aliments : *Manger trop vite. Il faut manger un peu* (syn. **s'alimenter, se nourrir**). **3.** Abîmer, détruire en rongeant : *Pull mangé par les mites.* **4.** Entamer ; ronger ; altérer : *La rouille mange le fer* (syn. **attaquer**). **5.** Dépenser ; dissiper : *Manger son héritage* (syn. **dilapider**). **6.** Consommer pour son fonctionnement : *Voiture qui mange trop d'huile.* **7. Ça ne mange pas de pain,** ça ne coûte rien : *Essaie, ça ne mange pas de pain.* / **Manger de l'argent,** dépenser de l'argent en pure perte : *Dans cette affaire, il a mangé beaucoup d'argent.* / **Manger des yeux,** regarder avidement. / *FAM.* **Manger le morceau,** faire des aveux, des révélations ; dénoncer ses complices. / *FAM.* **Manger ses mots,** les prononcer mal ou indistinctement. ◆ **v.i.** Prendre un repas : *Manger au restaurant.*

2. manger [mɑ̃ʒe] **n.m.** (de *1. manger*). **1.** Ce qu'on a à manger : *On peut apporter son manger.* **2. En perdre le boire et le manger** ⟶ **boire.**

mange-tout ou **mangetout** [mɑ̃ʒtu] **n.m. inv.** et **adj. inv.** Haricot ou pois dont on mange la cosse aussi bien que les grains.

mangeur, euse [mɑ̃ʒœr, -øz] **n.** Personne qui mange ; personne qui aime manger tel ou tel aliment : *Des mangeurs attablés au restaurant. Ce sont des mangeurs de riz.*

mangouste [mɑ̃gust] **n.f.** (esp. *mangosta,* du marathe). Petit mammifère carnivore d'Afrique et d'Asie (à part une espèce d'Europe méridionale, l'*ichneumon*) dont certaines familles sont des prédateurs de serpents, contre le venin desquels elles sont partiellement protégées. ▸ Famille des herpestidés ; long. 50 cm env.

mangrove [mɑ̃grɔv] **n.f.** (mot angl., du malais). Formation végétale caractéristique des régions côtières intertropicales, constituée de forêts impénétrables de palétuviers, qui fixent leurs fortes racines dans les baies aux eaux calmes, où se déposent boues et limons.

mangue [mɑ̃g] **n.f.** (port. *manga,* du tamoul). Fruit comestible du manguier, dont la pulpe jaune est très parfumée.

manguier [mɑ̃gje] **n.m.** Arbre des régions tropicales, originaire d'Asie du Sud, produisant les mangues. ▸ Famille des anacardiacées.

Manhattan, île des États-Unis, entre l'Hudson, l'East River et la rivière de Harlem, constituant un borough au centre de la ville de New York ; 1 537 195 hab.

Mani ou **Manès,** fondateur du manichéisme (216 - 274 ou 277). Venant d'une secte baptiste de Mésopotamie, il se présenta comme le missionnaire d'une religion universelle de salut. Lié au roi sassanide d'Iran Châhpuhr Ier, qu'il suivait dans ses expéditions, il fit lui-même de multiples voyages, jusqu'en Inde, pour y fonder des communautés. Il tomba en disgrâce sous le nouveau roi, Bahrâm Ier, qui le fit mettre à mort. D'après ce qui reste de ses nombreux écrits, Mani se présente comme le Paraclet annoncé par le Christ et définit sa doctrine comme un Évangile. Il y décrit une lutte éternelle entre deux principes, l'un bon, symbolisé par la lumière, l'autre mauvais, figuré par les ténèbres et identique à la matière.

maniabilité [manjabilite] **n.f.** Qualité de ce qui est maniable : *La maniabilité d'un avion, d'un outil.*

maniable [manjabl] **adj. 1.** Qui est facile à manier ou à manœuvrer : *Un appareil photo très maniable* (syn. **commode, pratique**). *Voiture maniable* (syn. **manœuvrable**). **2.** Qui se laisse diriger : *Un caractère maniable* (syn. **docile, malléable**).

maniaco-dépressif, ive [manjakodepresif, -iv] **adj.** et **n.** (pl. *maniaco-dépressifs, ives*). Se dit d'une psychose caractérisée par la succession plus ou moins régulière d'accès maniaques et mélancoliques chez un même sujet ; malade qui en est atteint.

maniaque [manjak] **adj.** et **n.** (lat. médiév. *maniacus,* de *mania ;* v. *manie*). **1.** Qui a un goût et un soin excessifs pour des détails : *Il est très maniaque dans le choix de ses cravates* (syn. **méticuleux, pointilleux**). **2.** Qui a des habitudes bizarres, un peu ridicules : *Un vieux garçon maniaque.* **3.** Qui est obsédé par qqch : *Un maniaque de la ponctualité* (syn. **obsédé**). **4.** Qui est extrêmement préoccupé d'ordre et de propreté : *Elle est très maniaque et nettoie ses vitres tous les jours.* **5.** PSYCHIATRIE. Qui est atteint de manie. ◆ **adj.** PSYCHIATRIE. **1.** Propre à la manie : *Euphorie maniaque.* **2. État maniaque** ⟶ **manie.**

maniaquerie [manjakri] **n.f.** *FAM.* Comportement d'une personne maniaque, qui a un souci excessif du détail.

manichéen, enne [manikeɛ̃, -ɛn] **adj.** et **n. 1.** Relatif au manichéisme ; qui en est adepte : *Hérésie manichéenne.* **2.** Qui apprécie les choses selon les principes du bien et du mal, sans nuances : *Conception manichéenne du monde.*

manichéisme [manikeism] **n.m. 1.** Religion de Mani (ou Manès), fondée sur un strict dualisme opposant les principes du bien et du mal. ▸ Le manichéisme fut une religion missionnaire rivale du christianisme jusqu'au Moyen Âge. Son influence se fit sentir notamm. chez les cathares. **2.** Conception qui divise toute chose en deux parties, dont l'une est considérée tout entière avec faveur et l'autre rejetée sans nuance : *Le manichéisme d'un romancier.*

Manicouagan (la), riv. du Canada (Québec), qui rejoint l'estuaire du Saint-Laurent (r. g.) ; 500 km. Importants aménagements hydroélectriques.

manie [mani] **n.f.** (lat. *mania,* mot gr. « folie »). **1.** Habitude, goût bizarres qui provoquent la moquerie ou l'irritation : *Avoir la manie de se regarder dans la glace.* **2.** Goût excessif pour qqch ; idée fixe : *La manie de la persécution* (syn. **obsession**). **3.** PSYCHIATRIE. État de surexcitation psychique caractérisé par l'exaltation ludique de l'humeur, l'accélération désordonnée de la pensée et les débordements pulsionnels.

maniement [manimɑ̃] **n.m. 1.** Action ou manière de manier, d'utiliser un instrument, un outil, de se servir d'un moyen quelconque : *Machine d'un maniement simple* (syn. **manipulation, utilisation**). *Maniement d'une langue étrangère* (syn. **emploi**). **2.** Gestion, administration de qqch : *Le maniement des affaires.* **3. Maniement d'armes,** suite de mouvements réglementaires effectués par les militaires avec leurs armes, notamm. pour défiler.

manier [manje] **v.t.** (de *main*) [conj. **9**]. **1.** Tenir qqch entre ses mains, le manipuler : *Manier un objet fragile avec précaution.* **2.** Se servir d'un appareil, d'un instrument ; manœuvrer un véhicule, une machine : *Apprendre à manier le pinceau* (syn. **utiliser**). *Voiture difficile à manier* (syn. **conduire**). **3.** Employer, combiner avec habileté des idées, des mots, des sentiments : *Manier l'ironie avec art* (syn. **utiliser**). **4.** Diriger : *Un caractère difficile à manier* (syn. **dominer, régenter**). **5.** Pétrir à la main du beurre et de la farine pour les mêler intimement.

manière [manjɛr] **n.f.** (de l'anc. adj. *manier,* bas lat. *manuarius,* de la main). **1.** Façon particulière d'être ou d'agir : *Parler d'une manière douce. Employer la manière forte* (= avoir recours à la brutalité). **2.** Façon de peindre, de composer particulière à un artiste ; style propre à un écrivain : *La manière de Raphaël.* **3. À la manière de,** à l'imitation de : *Écrire à la manière de M. Duras.* / **C'est une manière de parler,** ce qui est dit ne doit pas être pris au pied de la lettre : *Quand je dis que c'est un génie, c'est une manière de parler.* / **De toute manière,** quoi qu'il arrive : *De toute manière, elle réussira.* **4. Manière noire,** procédé de gravure à l'eau-forte. ◆ **manières n.f. pl. 1.** Façons habituelles de parler ou d'agir en société : *Avoir des manières désinvoltes* (syn. **attitude**). **2.** Attitude pleine d'affectation : *Un garçon plein de manières* (syn. **pose, simagrées**). **3. Faire des manières,** agir, parler sans simplicité ; se faire prier. / **Sans manières,** en toute simplicité : *Il nous a reçus sans manières.* ◆ **de manière à loc. prép.** Suivi de l'inf., indique le but, la conséquence prévue : *Se dépêcher de manière à être à l'heure.* ◆ **de manière à ce que loc. conj.** Suivi du subj., indique le but : *Je vais t'arranger ça de manière à ce que ce soit confortable* (syn. **de façon à ce que, de telle sorte que**). [On dit aussi, *LITT., de manière que.*] ◆ **de manière que loc. conj.** *LITT.* Suivi de l'ind., indique une conséquence réalisée : *Son testament était très clair, de manière qu'aucune contestation n'était possible* (syn. **si bien que, de sorte que**).

maniéré, e [manjere] **adj.** (de *manière*). Qui manque de naturel, de simplicité ; précieux : *Une femme maniérée* (syn. **affecté**). *Style maniéré* (syn. **recherché**).

maniérisme [manjerism] **n.m.** (it. *manierismo*). **1.** Manque de naturel, affectation, en partic. en matière artistique et littéraire : *Faire preuve d'un insupportable maniérisme* (syn. **préciosité, afféterie**). **2.** BX-A. Forme d'art qui s'est développée en Italie puis en Europe au XVIe s., sous l'influence de la *manière* des grands maîtres de la Renaissance. ▸ Le maniérisme se caractérise par des effets recherchés de raffinement ou d'emphase, par l'élongation élégante des corps (le Parmesan), parfois par une tendance au fantastique (Arcimboldo).

maniériste [manjerist] **adj.** et **n. 1.** Qui verse dans le maniérisme (péjor.). **2.** Qui se rattache au maniérisme artistique : *Peintre, sculpteur maniériste.*

manieur, euse [manjœr, -øz] **n. Manieur d'argent,** homme d'affaires ; financier. / **Manieur d'hommes,** homme qui fait preuve de qualités de chef, qui sait diriger, mener les hommes (= un meneur).

manifestant, e [manifɛstɑ̃, -ɑ̃t] **n.** Personne qui prend part à une manifestation sur la voie publique.

manifestation [manifɛstasjɔ̃] **n.f. 1.** Action de manifester un sentiment : *Des manifestations de tendresse* (= effusion) [syn. **témoignage, marque**]. **2.** Fait de se manifester : *Manifestation de la vérité* (syn. **expression, proclamation**). **3.** Événement organisé dans un but commercial, culturel, etc. : *Manifestation culturelle.* **4.** Rassemblement collectif, défilé de personnes organisé sur la voie publique et destiné à exprimer publiquement une opinion politique, une revendication : *Participer à une manifestation pour l'avortement.* (abrév. fam. *manif*).

1. manifeste [manifɛst] **adj.** (lat. *manifestus*). Dont la nature, la réalité, l'authenticité s'imposent avec évidence : *Son erreur est manifeste* (syn. **flagrant**). *Sa bonne foi est manifeste* (syn. **évident, incontestable, indéniable**).

2. manifeste [manifɛst] **n.m.** (it. *manifesto*). **1.** Écrit public par lequel un chef d'État, un gouvernement, un parti, etc., expose son programme, son point de vue politique, ou rend compte de son action : *Parti qui rédige, lance un manifeste* (syn. **proclamation**). **2.** Exposé théorique par lequel des artistes, des écrivains lancent un mouvement artistique, littéraire : *Le manifeste des surréalistes.* **3.** Document de bord d'un avion comportant l'itinéraire du vol, le nombre de passagers et la quantité de fret emportée.

manifestement [manifɛstəmɑ̃] **adv.** De façon manifeste, patente : *Manifestement, il est devenu fou* (syn. **visiblement**). *Ce raisonnement est manifestement erroné* (syn. **indiscutablement, indubitablement**).

manifester [manifɛste] **v.t.** (lat. *manifestare*). Faire connaître ; donner des preuves de : *Manifester sa volonté* (syn. **exprimer**). *Manifester son courage* (syn. **montrer**). *Son discours manifeste son désarroi* (syn. **révéler, traduire**). ◆ **v.i.** Participer à une démonstration collective publique : *Manifester pour la paix.* ◆ **se manifester v.pr. 1.** Apparaître au grand jour ; se faire reconnaître à tel signe : *La maladie s'est manifestée par des boutons* (syn. **se traduire**). **2.** Donner des signes de son existence ; se faire connaître : *Un seul candidat s'est manifesté* (syn. **se présenter**).

manigance [manigɑ̃s] **n.f.** (orig. incert., p.-ê. en rapport avec le prov. *manego,* tour de bateleur). *FAM.* (Surtout au pl.). Petite manœuvre secrète qui a pour but de tromper : *Je ne suis pas dupe de ses manigances pour obtenir ce poste* (syn. **agissements, manège**).

manigancer [manigɑ̃se] **v.t.** (de *manigance*) [conj. **16**]. Préparer secrètement et avec des moyens plus ou moins honnêtes : *Manigancer un mauvais coup* (syn. **combiner, tramer**).

1. manille [manij] **n.f.** (esp. *malilla*). **1.** Jeu de cartes qui se joue avec trente-deux cartes, génér. à quatre, deux contre deux, et où le dix et l'as sont les cartes maîtresses. **2.** Le dix de chaque couleur au jeu de manille.

2. manille [manij] **n.f.** (anc. prov. *manelha,* lat. *manicula,* petite main). Pièce de métal en forme d'anneau ouvert ou d'étrier, servant à relier deux longueurs de chaîne, des câbles, des voilures, etc.

Manille, cap. des Philippines, dans l'île de Luçon, sur la *baie de Manille ;* 1 660 714 hab. (12 764 000 dans l'agglomération). Principal centre intellectuel, commercial et industriel des Philippines.

manillon [manijɔ̃] **n.m.** L'as de chaque couleur au jeu de la manille.

manioc [manjɔk] **n.m.** (du tupi). Plante vivrière des régions tropicales dont la racine comestible fournit des produits alimentaires, dont le tapioca. ▸ Famille des euphorbiacées.

manipulateur, trice [manipylatœr, -tris] **n. 1.** Personne qui manipule des produits, des appareils : *Manipulatrice de laboratoire.* **2.** Personne qui aime à manipuler autrui ; manœuvrier.

manipulation [manipylasjɔ̃] **n.f. 1.** Action ou manière de manipuler un objet, un appareil : *La manipulation des explosifs est dangereuse* (syn. **maniement**). **2.** Spécialité du prestidigitateur qui, par sa seule dextérité, fait apparaître et disparaître des objets. **3.** Manœuvre destinée à tromper : *Manipulation électorale* (syn. **manigance**). **4.** Exercice au cours duquel des élèves, des chercheurs, etc., réalisent une expérience ; cette expérience même : *Noter les résultats d'une manipulation.* **5.** GÉNÉT. **Manipulations génétiques,** ensemble des opérations de modification de l'ADN de cellules et de micro-organismes effectuées dans le cadre du génie génétique (⟶ génétique).

manipuler [manipyle] **v.t.** (de *manipule,* poignée). **1.** Tenir un objet dans ses mains lors d'une utilisation quelconque : *Manipulez ce vase avec précaution* (syn. **déplacer, transporter**). **2.** Faire fonctionner un appareil avec la main : *Apprendre à manipuler une caméra* (syn. **se servir de, utiliser**). **3.** Soumettre qqch, une substance chimique ou pharmaceutique à certaines opérations : *Manipuler des produits toxiques avec des gants* (syn. **manier**). **4.** Transformer par des opérations plus ou moins honnêtes : *Manipuler les statistiques* (syn. **trafiquer**). **5.** Amener insidieusement qqn à tel ou tel comportement, le diriger à sa guise : *Il cherche à manipuler les électeurs* (syn. **manœuvrer, mener**).

Manitoba, prov. du Canada, dans la Prairie ; 650 000 km^2 ; 1 208 268 hab. CAP. *Winnipeg.* Grande région agricole (culture du blé).

Manitoba *(lac),* lac du Canada, dans la province du même nom ; 4 700 km^2.

manitou [manitu] **n.m.** (mot algonquien). **1.** Chez certaines peuplades indiennes d'Amérique du Nord, pouvoir surnaturel pouvant s'incarner dans des personnes ou des objets. **2.** *FAM.* Personnage puissant dans un domaine d'activité : *Un grand manitou de la presse* (syn. **magnat**).

manivelle [manivɛl] **n.f.** (du lat. *manicula,* mancheron de charrue). **1.** Levier coudé deux fois à angle droit, à l'aide duquel on imprime un mouvement de rotation à l'arbre au bout duquel il est placé : *Démarrer une voiture à la manivelle.* **2.** Partie du pédalier d'une bicyclette portant la pédale. **3. Premier tour de manivelle,** début du tournage d'un film.

Mankiewicz (Joseph Leo), cinéaste américain (Wilkes Barre, Pennsylvanie, 1909 - Northern Westchester, près de Bedford, État de New York, 1993). Il occupe une place à part dans le cinéma américain : marginal par sa culture, il est comblé d'honneurs pour sa verve critique. Tout en abordant les genres les plus divers, il reste fidèle à certains thèmes (les « portraits de femmes », les paradoxes satiriques) et à l'utilisation du dialogue comme moteur de l'action : *Chaînes conjugales* (1949), *Ève* (1950), *Jules César* (1953), *la Comtesse aux pieds nus* (1954), *le Limier* (1972).

Mann (Thomas), écrivain allemand (Lübeck 1875 - Zurich 1955). En 1901, il publie *les Buddenbrook,* roman social qui a pour thème la déchéance d'une famille de grands commerçants et dont le succès est immédiat. Les nouvelles et les romans qui suivent, *Tonio Kröger* (1903), *Tristan* (1903), *Altesse royale* (1909), *la Mort à Venise* (1912), mettent surtout en lumière deux conceptions antagoniques de l'existence : l'une consacrée à la vie de l'esprit, l'autre à l'action. Ainsi en 1914, opposé aux idées de son frère, l'écrivain Heinrich Mann, il approuve le nationalisme allemand et la guerre. Après la Première Guerre mondiale, il change d'attitude, se réconcilie avec son frère et publie *la Montagne magique* (1924), roman dont l'action se déroule dans le monde fermé d'un sanatorium et dont les personnages symbolisent les diverses familles d'esprit. À l'avènement de Hitler (1933), il s'exile et prend la nationalité américaine. Il se consacre alors à la défense des valeurs spirituelles et morales dans sa tétralogie *Joseph et ses frères* (1933-1942) et dans *le Docteur Faustus* (1947). [Prix Nobel 1929.]

manne [man] **n.f.** (lat. ecclés. *manna,* de l'hébr. *man*). **1.** Nourriture providentielle et miraculeuse envoyée aux Hébreux dans leur traversée du désert du Sinaï après leur sortie d'Égypte. **2.** *LITT.* Aubaine ; chose providentielle.

mannequin [mankɛ̃] **n.m.** (moyen néerl. *mannekijn,* petit homme). **1.** Forme humaine sur laquelle les couturières essaient et composent en partie les modèles ou qui sert à exposer ceux-ci dans les étalages : *Habiller les mannequins d'une vitrine.* **2.** Dans une maison de couture, personne sur laquelle le couturier essaie ses modèles et qui présente sur elle-même les nouveaux modèles de collection au public. ***Rem.*** Au fém., on rencontre souvent *une mannequin.*

Mannerheim (Carl Gustaf, *baron***),** maréchal et homme politique finlandais (Villnäs 1867 - Lausanne 1951). Après sa victoire sur les bolcheviks, il fut élu régent en 1918. Commandant en chef de l'armée finlandaise, il dirigea en 1939-1940 la résistance de la Finlande à l'U.R.S.S., qu'il combattit aux côtés des Allemands (1941-1944). Il fut président de la République de 1944 à 1946.

Mannheim, v. d'Allemagne (Bade-Wurtemberg), sur le Rhin ; 290 117 hab. Port fluvial. Centre industriel. Château du XVIIIe s. Musée des Beaux-Arts (peinture française et allemande des XIXe et XXe s.).

manœuvrable [manœvrabl] **adj.** Facile à manœuvrer, maniable, en parlant d'un véhicule, d'un bateau, d'un aéronef : *Ce gros camion est très manœuvrable.*

1. manœuvre [manœvr] **n.f.** (lat. pop. **manuopera,* travail avec la main). **1.** Ensemble d'opérations permettant de mettre en marche, de faire fonctionner une machine, un véhicule, un aéronef, etc. : *Diriger la manœuvre d'une grue.* **2.** Action de diriger un véhicule, un appareil de transport ; mouvement ou série de mouvements que détermine cette action : *La manœuvre d'un avion, d'une automobile. Faire une manœuvre pour se garer.* **3.** Action exercée sur la marche d'un navire par le jeu de la voilure, de la machine ou du gouvernail ; évolution, mouvement particuliers que détermine cette action : *Manœuvre d'accostage.* **4.** MAR. Cordage appartenant au gréement d'un navire : *Manœuvres courantes, dormantes* (= mobiles, fixes). **5.** Action ou manière de combiner les mouvements de formations militaires dans un but déterminé ; (surtout au pl.) exercice d'instruction militaire. **6.** Ensemble de moyens employés pour obtenir un résultat : *Il a tenté une ultime manœuvre pour faire passer son projet* (syn. **machination, tractation**). **7. Fausse manœuvre,** action inappropriée, mal exécutée ou exécutée à contretemps et susceptible d'avoir des conséquences fâcheuses.

2. manœuvre [manœvr] **n.m.** (de *1. manœuvre*). Salarié affecté à des travaux ne nécessitant pas de connaissances professionnelles spéciales et qui est à la base de la hiérarchie des salaires.

manœuvrer [manœvre] **v.t.** (du lat. *manu operare,* travailler avec la main). **1.** Mettre en action un appareil, une machine ; faire fonctionner : *Manœuvrer un levier* (syn. **manier**). **2.** Faire exécuter une manœuvre à un véhicule : *Manœuvrer une voiture* (syn. **conduire, diriger**). **3.** Amener qqn à agir dans le sens que l'on souhaite ; se servir de qqn comme moyen pour parvenir à ses fins : *Politicien qui sait manœuvrer les foules* (syn. **manipuler**). ◆ **v.i. 1.** Exécuter une manœuvre, un exercice d'instruction militaire : *Troupe qui manœuvre.* **2.** Combiner et employer certains moyens, plus ou moins détournés, pour atteindre un objectif : *Il a très bien manœuvré et a eu ce qu'il voulait.*

manœuvrier, ère [manœvrije, -ɛr] **adj.** et **n.** Qui sait obtenir ce qu'il veut par des moyens habiles ; manipulateur.

manoir [manwar] **n.m.** (de l'anc. v. *manoir,* demeurer, du lat. *manere*). Habitation ancienne, assez grande, et de caractère, entourée de terres : *Un manoir breton* (syn. **castel, gentilhommière**).

manomètre [manɔmɛtr] **n.m.** (du gr. *manos,* peu dense, et de *-mètre*). Instrument servant à mesurer la pression d'un fluide.

manouche [manuʃ] **adj.** et **n.** (d'un mot tsigane « homme »). Qui appartient à l'un des trois groupes qui constituent l'ensemble des Tsiganes. ◆ **adj.** Relatif aux Manouches, aux Tsiganes : *Coutumes manouches.*

Manouchian (Missak, dit **Michel),** poète et résistant arménien (Adıyaman, Empire ottoman, 1906 - mont Valérien 1944). Réfugié en France après le génocide arménien, devenu militant communiste, il forma un réseau de résistance très actif (*groupe Manouchian*). Arrêté en 1943, il fut fusillé en 1944 avec 22 de ses compagnons. L'affiche de propagande nazie placardée pour dénoncer leur action (« l'Affiche rouge ») devint, pour la Résistance, l'emblème du martyre.

manquant, e [mɑ̃kɑ̃, -ɑ̃t] **adj.** Qui manque ; qui est en moins : *Les pièces manquantes d'un dossier.* ◆ **adj.** et **n.** Absent : *Relever le nom des élèves manquants, des manquants.*

manque [mɑ̃k] **n.m. 1.** Fait de manquer, de faire défaut ; insuffisance ou absence de ce qui serait nécessaire : *Manque de main-d'œuvre compétente* (syn. **pénurie ;** contr. **abondance**). **2.** Ce qui manque à qqch pour être complet : *Il y a trop de manques dans votre exposé* (syn. **lacune, omission**). **3.** Série de numéros de 1 à 18, à la roulette (par opp. à *passe*) : *Pair, rouge et manque.* **4. État de manque,** état d'anxiété et de malaise physique lié à l'impossibilité de se procurer sa drogue, pour un toxicomane. / **Manque à gagner,** perte portant sur un bénéfice escompté et non réalisé. / **Par manque de,** faute de, en raison de l'absence de : *Cet enfant est mort par manque de soins.*

manqué, e [mɑ̃ke] **adj. 1.** Qui n'est pas devenu ce qu'il devait ou prétendait être : *Avocat manqué.* **2.** FAM. **Garçon manqué,** se dit d'une fille ayant les comportements d'un garçon. (V. aussi *manquer.*)

manquement [mɑ̃kmɑ̃] **n.m.** Action de manquer à un devoir, à une loi, à une règle : *De graves manquements à la discipline* (syn. **infraction, transgression**).

manquer [mɑ̃ke] **v.i.** (it. *mancare,* du lat. *mancus,* défectueux, manchot). **1.** Ne pas réussir : *L'attentat a manqué* (syn. **échouer**). **2.** Faire défaut ; être en quantité insuffisante : *L'argent manque.* **3.** Être absent de son lieu de travail, d'études : *Plusieurs élèves manquent aujourd'hui.* ◆ **v.t. ind. 1. [à].** Faire défaut à : *Les forces lui manquent.* **2. [à].** Se soustraire, se dérober à une obligation morale : *Manquer à sa parole* (syn. **déroger à, trahir**). **3. [à].** LITT. Se conduire de manière irrespectueuse à l'égard de : *Manquer à un supérieur* (syn. **offenser**). **4. [de].** Ne pas avoir, ou ne pas disposer en quantité suffisante de : *Manquer du nécessaire.* **5.** (Avec ou sans la prép. *de*). Être sur le point de : *Il a manqué se faire, de se faire écraser* (syn. **faillir**). **6. Ne pas manquer de,** ne pas oublier, ne pas négliger, ne pas omettre de : *Je ne manquerai pas de le lui dire.* ◆ **v.t. 1.** Ne pas réussir à atteindre, ne pas toucher : *La balle l'a manqué.* **2.** Ne pas réussir : *Manquer une photo.* **3.** Laisser échapper : *Manquer une belle occasion.* **4.** Ne pas rencontrer comme prévu : *Manquer un ami à qui l'on avait donné rendez-vous.* **5.** Arriver trop tard pour prendre un moyen de transport : *Manquer son train, son avion.* **6. Ne pas manquer qqn,** ne pas laisser échapper l'occasion de lui donner une leçon, de se venger de lui.

Man Ray (Emmanuel Rudnitsky, dit**),** peintre et photographe américain (Philadelphie 1890 - Paris 1976). Il participe à l'activité dada à New York puis s'installe à Paris (1921). Ses *rayogrammes* (silhouettes d'objets, à partir de 1922) comptent parmi les premières photographies « abstraites ». L'influence du surréalisme marque ses quelques films de court métrage (*l'Étoile de mer,* sur un poème de Desnos, 1928), ainsi que ses peintures et ses assemblages, d'une libre fantaisie caustique ou poétique.

Mans (Le), ch.-l. du dép. de la Sarthe, sur la Sarthe, à son confluent avec l'Huisne, à 211 km à l'ouest de Paris ; 148 100 hab. *(Manceaux)* [209 598 hab. dans l'agglomération]. Université. Évêché. Centre industriel (matériel agricole et automobiles), commercial et financier. Enceinte gallo-romaine. Cathédrale romane et gothique (chœur du XIIIe s., vitraux ; trésor) et autres églises. Musée Tessé (peinture, sculpture, archéologie, objets d'art). À proximité immédiate, circuit de la course automobile des Vingt-Quatre Heures du Mans.

mansarde [mɑ̃sard] **n.f.** (du n. de l'architecte F. *Mansart*). Pièce ménagée sous le comble d'un immeuble, dont un mur est en pente et le plafond bas, éclairée par une petite fenêtre, un vasistas.

mansardé, e [mɑ̃sarde] **adj.** Qui est disposé en mansarde : *Chambre mansardée.*

Mansart (François), architecte français (Paris 1598 - *id.* 1666). Chez lui s'ordonnent toutes les qualités d'un classicisme affranchi de la tutelle des modèles antiques et italiens. Il travaille à Paris pour les congrégations (église devenue le temple Ste-Marie, 1632) et les particuliers (nombreuses demeures, dont peu subsistent, tel l'hôtel Guénégaud-des-Brosses), élève l'aile Gaston-d'Orléans de Blois (1635), le château de Maisons (1642). Il entreprend en 1645 la chapelle du Val-de-Grâce à Paris, mais, trop lent par perfectionnisme, est remplacé par Jacques Lemercier, qui suivra ses plans. • Son petit-neveu **Jules Hardouin,** dit **Hardouin-Mansart** (Paris 1646 - Marly 1708), premier architecte de Louis XIV, a agrandi le château de Versailles à partir de 1678 (galerie des Glaces, chapelle, etc.). On lui doit encore la chapelle des Invalides, avec son dôme à deux coupoles emboîtées (d'après une idée de F. Mansart ; 1676-1706), les places Vendôme et des Victoires à Paris, le Grand Trianon, divers châteaux, des travaux pour Arles et pour Dijon. D'une grande diversité, incluant des dessins de fortifications aussi bien qu'un modèle nouveau de maison urbaine, son œuvre connaîtra pendant plus d'un siècle un rayonnement dépassant les frontières de la France.

mansuétude [mɑ̃sɥetyd] **n.f.** (lat. *mansuetudo*). LITT. Disposition d'esprit qui incline à la patience, au pardon : *Juger avec mansuétude* (syn. **bienveillance, indulgence**).

mante [mɑ̃t] **n.f.** (lat. scientif. *mantis*, prophète). Insecte carnassier à la petite tête triangulaire très mobile, aux pattes antérieures qui se replient sur sa proie, qui chasse à l'affût (nom usuel : *mante religieuse*). ▸ Ordre des mantoptères ; long. 5 cm.

manteau [mɑ̃to] **n.m.** (lat. *mantellum*, dimin. de *mantum*). **1.** Vêtement à manches longues, boutonné devant, que l'on porte à l'extérieur pour se protéger du froid. **2.** Construction qui délimite le foyer d'une cheminée et fait saillie dans la pièce, composée de deux piédroits qui supportent un linteau ou un arc. **3.** GÉOL. Partie d'une planète tellurique, en partic. de la Terre, intermédiaire entre la croûte et le noyau. **4.** ZOOL. Chez les oiseaux et les mammifères, région dorsale, quand elle est d'une autre couleur que celle du reste du corps ; chez les mollusques, repli de peau qui recouvre la masse viscérale et dont la face externe sécrète souvent une coquille. **5. Sous le manteau,** clandestinement, en dehors des formes légales ou régulières : *Livre vendu sous le manteau.*

Mantegna (Andrea), peintre et graveur italien (Isola di Carturo, Padoue, 1431 - Mantoue 1506). Formé à Padoue (au moment où Donatello y travaille), il fait l'essentiel de sa carrière à Mantoue (fresques de la *Camera degli Sposi* au palais ducal, achevées en 1474). Son puissant langage plastique (relief sculptural, effets de perspective, netteté d'articulation) et son répertoire décoratif antiquisant lui vaudront une grande influence dans toute l'Italie du Nord.

Mantes-la-Jolie, ch.-l. d'arr. des Yvelines, sur la Seine ; 43 875 hab. *(Mantais).* Constructions mécaniques. Chimie. Importante collégiale gothique (1170-1220 pour l'essentiel).

mantille [mɑ̃tij] **n.f.** (esp. *mantilla*). Longue écharpe de dentelle que les femmes portent sur la tête ou sur les épaules.

mantisse [mɑ̃tis] **n.f.** (lat. *mantissa*, surplus de poids). MATH. **1.** Partie décimale, toujours positive, d'un logarithme décimal. **2.** Dans la représentation en virgule flottante, nombre formé des chiffres les plus significatifs du nombre à représenter.

Mantoue, en it. **Mantova,** v. d'Italie (Lombardie), ch.-l. de prov., 46 764 hab. Palais ducal des XIIIe-XVIIe s. (fresques de Mantegna ; musée). Deux églises de L. B. Alberti. Palais du Te, chef-d'œuvre maniériste de J. Romain. La ville fut gouvernée de 1328 à 1708 par les Gonzague.

Manu, mot sanskrit signif. « homme » et désignant, dans la mythologie hindoue, le premier homme, père de la race humaine de chaque âge *(kalpa)* de l'univers. Il est censé être l'auteur du code juridique intitulé *Lois de Manu.*

manucure [manykyr] **n.** (du lat. *manus*, main, et *curare*, soigner). Personne chargée des soins esthétiques des mains et des ongles. ◆ **n.f.** Ensemble des soins esthétiques donnés aux ongles ; technique, activité de manucure.

1. manuel, elle [manɥɛl] **adj.** (lat. *manualis*, de *manus*, main). **1.** Qui se fait princ. avec la main ; où l'activité de la main est importante (par opp. à *intellectuel*) : *Métier manuel.* **2.** Qui requiert l'intervention active de l'homme, de sa main (par opp. à *automatique*) : *Commande manuelle.* ◆ **adj.** et **n. 1.** Qui est plus à l'aise dans l'activité manuelle que dans l'activité intellectuelle : *C'est une manuelle.* **2.** Qui exerce un métier manuel : *Travailleur manuel.*

2. manuel [manɥɛl] **n.m.** (même étym. que *1. manuel*). Ouvrage didactique ou scolaire qui expose les notions essentielles d'un art, d'une science, d'une technique, etc. : *N'oubliez pas d'apporter vos manuels* (syn. **livre**).

Manuel Deutsch (Niklaus), peintre, graveur, poète et homme d'État suisse (Berne 1484 - *id.* 1530). Son œuvre peint participe à la fois de l'héritage gothique et de l'italianisme (*Décollation de saint Jean-Baptiste*, v. 1520, Bâle).

manuellement [manɥɛlmɑ̃] **adv. 1.** Avec la main ; en se servant de la main : *Travailler manuellement.* **2.** Par une opération manuelle (par opp. à *automatiquement*) : *Il faut actionner le levier manuellement.*

manufacture [manyfaktyr] **n.f.** (lat. médiév. *manufactura*, travail fait à la main). **1.** Vaste établissement industriel réalisant des produits manufacturés (ne se dit plus que pour certains établissements) : *Manufacture de porcelaine.* ***Rem.*** Auj., on emploie plutôt *atelier, entreprise, usine.* **2.** HIST. **Manufacture royale,** en France, sous l'Ancien Régime, établissement industriel appartenant à des particuliers et bénéficiant de privilèges royaux.

manufacturer [manyfaktyre] **v.t. 1.** Transformer industriellement des matières premières en produits finis. **2. Produit manufacturé,** issu de la transformation en usine de matières premières.

manufacturier, ère [manyfaktyrje, -ɛr] **adj.** Relatif aux manufactures, à leur production.

manu militari [manymilitari] **loc. adv.** (mots lat. « par la main militaire »). **1.** Par l'emploi de la force publique, de la troupe : *Les grévistes ont été délogés de l'usine manu militari.* **2.** En usant de la force physique : *Expulser un chahuteur manu militari* (syn. **violemment**).

1. manuscrit, e [manyskri, -it] **adj.** (du lat. *manu scriptus*, écrit à la main). Qui est écrit à la main : *Envoyez une lettre manuscrite. Une page manuscrite de Victor Hugo* (syn. **autographe**).

2. manuscrit [manyskri] **n.m.** (de *1. manuscrit*). **1.** Ouvrage écrit à la main : *Un manuscrit sur parchemin.* **2.** IMPR. Original, ou copie, d'un texte destiné à la composition, qu'il soit écrit à la main ou dactylographié : *Envoyer son manuscrit à un éditeur.* ***Rem.*** L'usage du mot *tapuscrit* est parfois utilisé pour désigner le manuscrit dactylographié.

manutention [manytɑ̃sjɔ̃] **n.f.** (lat. médiév. *manutentio*, maintien, de *manu tenere*, tenir avec la main). **1.** Manipulation, déplacement de marchandises en vue de l'emmagasinage, de l'expédition, de la vente : *Employé à la manutention des bagages.* **2.** Local réservé à ces opérations : *La manutention d'un grand magasin* (syn. **entrepôt, réserve**).

manutentionnaire [manytɑ̃sjɔnɛr] **n.** Personne effectuant des travaux de manutention.

manutentionner [manytɑ̃sjɔne] **v.t.** Soumettre à des opérations de manutention : *Manutentionner des marchandises.*

Manyo-shu, premier recueil officiel de poésies japonaises (808). Il rassemble des poèmes, œuvres d'empereurs et de courtisans, composés essentiellement au VIIe et au VIIIe s.

Manzoni (Alessandro), écrivain italien (Milan 1785 - *id.* 1873). Auteur de poèmes d'inspiration religieuse et de drames patriotiques, il est célèbre pour un roman historique (*les Fiancés*, 1825-1827) qui fut un modèle pour le romantisme italien.

maoïsme [maɔism] **n.m.** Théorie et philosophie politique de Mao Zedong. ◆ **maoïste adj.** et **n.** Relatif au maoïsme ; partisan du maoïsme.

Maoris, population polynésienne de Nouvelle-Zélande.

Mao Zedong ou **Mao Tsö-tong** ou **Mao Tsé-toung,** homme d'État chinois (Shaoshan, Hunan, 1893 - Pékin 1976). Il participe à la fondation du parti communiste chinois (P.C.C.) en 1921. Alors que la stratégie du P.C.C. est tout entière tournée vers le prolétariat des villes, Mao est un des rares dirigeants à percevoir le potentiel révolutionnaire des masses paysannes. Cependant, l'insurrection du Hunan (1927) qu'il dirige échoue, ce qui lui vaut d'être exclu du Bureau politique du P.C.C. Gagnant le Jiangxi, il fonde la République soviétique chinoise (1931), mais doit battre en retraite devant les nationalistes et gagner le Nord-Ouest du pays au cours de la Longue Marche (1934-1935). Réintégré au Bureau politique (1935), il s'impose comme le chef du mouvement communiste chinois, tout en s'alliant avec Jiang Jieshi (Tchang Kaï-chek) contre les Japonais. Mao, installé dans les grottes de Yan'an, formule alors l'essentiel de sa pensée : dans le domaine militaire, *Problèmes stratégiques de la guerre révolutionnaire en Chine* (1936), *Problèmes stratégiques de la guerre de partisans contre le Japon* (1938), notamment ; dans le domaine philosophique : *De la contradiction, De la pratique* (1937) ; dans le domaine politique : *la Démocratie nouvelle* (1940). Au terme de la guerre civile, il proclame l'avènement de la République populaire, le 1er oct. 1949, sur la place Tian'anmen de Pékin. Rebelle, Mao est moins à l'aise dans la gestion du pays, qu'il assume en tant que président du Conseil (à partir de 1949), président de la République (1954-1959) et président du Parti. À deux reprises, en 1958 lors du Grand Bond en avant et en 1966 avec la Révolution culturelle, il cherche à imprimer au pays sa marque en le lançant dans une voie originale de développement et de construction du socialisme. Ce seront deux échecs très coûteux en hommes et en capacités de production. Accélération de l'évolution, volontarisme, manque de sens des réalités, brutalités et violences envers les individus sont les caractéristiques de ces périodes très « maoïstes » de l'histoire du pays. Mais le prestige du chef de la révolution et l'influence politique de sa femme, Jiang Qing, sont tels que ce n'est qu'après sa mort, le 9 sept. 1976, qu'on osera formuler publiquement de telles critiques à son encontre.

mappemonde [mapmɔ̃d] **n.f.** (du lat. médiév. *mappa mundi*, carte géographique, propr. « nappe du monde »). **1.** Carte représentant le globe terrestre divisé en deux hémisphères. **2.** (Abusif en géogr.). Sphère représentant le globe terrestre.

Maputo, anc. **Lourenço Marques,** cap., principale v. et port du Mozambique, sur l'océan Indien ; 1 099 102 hab. (1 150 030 hab. dans l'agglomération).

1. maquereau [makro] **n.m.** (néerl. *makelaer*). Poisson de mer à chair estimée, à dos bleu-vert zébré de noir, objet d'une pêche industrielle en vue de la conserverie. ▶ Famille des scombridés ; long. jusqu'à 40 cm.

2. maquereau [makro] **n.m.** (moyen néerl. *makelâre*, courtier). *T. FAM.* Homme qui vit de la prostitution des femmes (syn. **proxénète, souteneur**).

maquerelle [makrɛl] **n.f.** (de *2. maquereau*). *T. FAM.* Tenancière d'une maison de prostitution.

maquette [makɛt] **n.f.** (it. *macchietta*, petite tache). **1.** Représentation en trois dimensions, à échelle réduite mais fidèle dans ses proportions et son aspect, d'un bâtiment, d'un décor de théâtre, etc. **2.** Modèle réduit d'un véhicule, d'un bateau, d'un avion, etc. ; spécial., modèle réduit vendu en pièces détachées prêtes à monter. **3.** Projet plus ou moins poussé pour la conception graphique d'un imprimé : *La nouvelle maquette d'un magazine.*

maquettiste [makɛtist] **n. 1.** Professionnel capable d'exécuter une maquette d'après des plans, des dessins. **2.** Graphiste spécialisé dans l'établissement de projets de typographie, d'illustration, de mise en pages.

maquignon [makiɲɔ̃] **n.m.** (p.-ê. du néerl. *makelen*, trafiquer). **1.** Marchand de chevaux et, par ext., marchand de bétail, notamm. de bovins. **2.** Entrepreneur d'affaires diverses, peu scrupuleux et d'une honnêteté douteuse. ***Rem.*** Le fém. *maquignonne* est rare.

maquignonnage [makiɲɔnaʒ] **n.m. 1.** Métier de maquignon. **2.** Manœuvres frauduleuses employées dans les affaires et les négociations ; marchandage honteux : *Il est expert en maquignonnage* (syn. **escroquerie**).

maquillage [makijaʒ] **n.m. 1.** Action, manière de maquiller ou de se maquiller : *Un maquillage léger, outrancier.* **2.** Ensemble de produits servant à se maquiller : *Une trousse de maquillage* (syn. **cosmétique, fard**). **3.** Action de maquiller pour falsifier, tromper : *Le maquillage d'un meurtre en suicide* (syn. **camouflage, falsification**).

maquiller [makije] **v.t.** (moyen néerl. *maken*, faire). **1.** Mettre en valeur le visage, les traits au moyen de produits cosmétiques, notamm. de produits colorés qui dissimulent les imperfections et soulignent les qualités esthétiques : *Elle maquille joliment ses yeux* (syn. **farder**). *Maquiller un acteur* (syn. **grimer**). **2.** Modifier pour donner une apparence trompeuse : *Maquiller les faits* (syn. **altérer, falsifier**). ◆ **se maquiller v.pr.** Se farder ; se grimer.

maquilleur, euse [makijœr, -øz] **n.** Personne dont le métier consiste à maquiller les acteurs au théâtre, au cinéma, à la télévision.

maquis [maki] **n.m.** (corse *macchia*, tache). **1.** Dans les régions méditerranéennes, association végétale touffue et dense qui caractérise les sols siliceux des massifs anciens et qui est composée d'arbustes (chênes verts, chênes-lièges), de myrtes, de bruyères, d'arbousiers et de lauriers-roses. **2.** HIST. Lieu retiré où se réunissaient les résistants à l'occupation allemande au cours de la Seconde Guerre mondiale ; groupe de ces résistants : *Les maquis du Vercors.* **3.** Complication inextricable : *Le maquis de la procédure* (syn. **labyrinthe**). **4. Prendre le maquis,** rejoindre les résistants du maquis, sous l'Occupation ; se réfugier, après avoir commis un délit, dans une zone peu accessible couverte par le maquis.

maquisard [makizar] **n.m.** Résistant d'un maquis, sous l'Occupation.

marabout [marabu] **n.m.** (ar. *murabit*). **1.** Dans les pays musulmans, saint personnage, objet de la vénération populaire durant sa vie et après sa mort. **2.** *AFR.* Musulman réputé pour ses pouvoirs magiques ; devin, guérisseur. **3.** Tombeau d'un marabout. **4.** Grande cigogne des régions chaudes de l'Ancien Monde, à la tête et au cou dépourvus de plumes, au bec fort et épais.

marabouter [marabute] **v.t.** *AFR.* Avoir recours à un marabout pour jeter un sort à : *Marabouter son voisin.*

maraca [maraka] **n.f.** (esp. d'Argentine). MUS. Instrument à percussion d'origine sud-américaine, constitué par une coque contenant des grains durs, avec lequel on scande le rythme des danses : *Une paire de maracas.*

Maracaibo, v. du Venezuela, à l'extrémité nord-ouest du lac de Maracaibo, formé par la mer des Antilles ; 1 372 724 hab. (2 192 000 hab. dans l'agglomération). Centre pétrolier.

maraîcher, ère [marɛʃe, -ɛr] **n.** (de *marais*). Producteur, productrice de légumes selon les méthodes intensives de culture. ◆ **adj.** Relatif à la production intensive des légumes : *Culture maraîchère.*

marais [marɛ] **n.m.** (lat. *mariscus*, frq. **marisk*). **1.** Région basse recouverte par des eaux stagnantes peu profondes et une végétation adaptée à l'humidité (syn. **marécage**). **2.** Activité, situation, lieu, texte où des difficultés sans fin retardent l'action : *Le marais des textes législatifs* (syn. **bour-**

bier). **3. Marais salant,** ensemble de bassins et de canaux où le sel est produit par évaporation des eaux de mer sous l'action du soleil et du vent.

Marais (le), anc. quartier de Paris (IIIe et IVe arr.). Hôtels particuliers des XVIe-XVIIIe s. (Lamoignon, Carnavalet, Sully, Guénégaud, Salé, Soubise, etc.), certains convertis en musées, bibliothèques, centres culturels.

Marais (le), terme péjoratif désignant, pendant la Révolution française, le Tiers Parti (ou la Plaine), groupe qui siégeait à la Convention entre les Girondins et les Montagnards.

Marais du Cotentin et du Bessin *(parc naturel régional des),* parc naturel, en Normandie (env. 146 000 ha, sur les dép. de la Manche et du Calvados).

Marais poitevin, région de la Vendée et de la Charente-Maritime, en bordure de la baie de l'Aiguillon.

Marajó, grande île du Brésil, située à l'embouchure de l'Amazone ; 40 000 km². Site de l'une des plus anciennes cultures du Brésil (tertres, céramiques).

Marañón (le), riv. du Pérou, l'une des branches mères de l'Amazone ; 1 800 km.

marasme [marasm] **n.m.** (gr. *marasmos,* consomption, de *marainein,* dessécher). **1.** Ralentissement important ou arrêt de l'activité économique ou commerciale : *Le marasme des affaires* (syn. **crise, récession**). **2.** Affaiblissement des forces morales : *Depuis son échec, impossible de la tirer de son marasme* (syn. **abattement, dépression**).

Marat (Jean-Paul), homme politique français (Boudry, canton de Neuchâtel, 1743 - Paris 1793). Médecin, rédacteur de *l'Ami du peuple,* le journal des sans-culottes, membre actif du club des Cordeliers, il se fit l'avocat virulent des intérêts populaires. Deux fois exilé, son journal supprimé, il rentra en France en 1792 et joua un rôle déterminant dans la chute de la monarchie. Député de Paris à la Convention, où il fut un des Montagnards les plus radicaux, il entra en conflit avec les Girondins, qu'il parvint à éliminer (2 juin 1793). Il fut assassiné le mois suivant dans sa baignoire par Charlotte Corday (sujet d'un tableau de David).

marathe [marat] et **marathi** [marati] **n.m.** Langue indo-aryenne parlée dans l'État de Maharashtra, en Inde. (On dit aussi *mahratte.*)

Marathes, population du Maharashtra. Les Marathes créèrent un royaume hindou puissant (1674) et résistèrent aux Britanniques de 1779 à 1812.

marathon [maratɔ̃] **n.m.** (de *Marathon,* v. grecque). **1.** Course à pied de grand fond, discipline olympique. ▶ La distance à parcourir est de 42,195 km. **2.** Négociation longue et difficile : *Le marathon agricole.*

Marathon *(bataille de)* [490 av. J.-C.], victoire remportée par le général athénien Miltiade sur les Perses de Darios Ier près du village de Marathon, à 40 km d'Athènes. Un coureur, dépêché à Athènes pour annoncer la victoire, mourut, dit-on, d'épuisement à son arrivée.

marathonien, enne [maratɔnjɛ̃, -ɛn] **n.** Coureur, coureuse de marathon.

marâtre [marɑtr] **n.f.** (bas lat. *matrastra,* femme du père, du class. *mater,* mère). **1.** Autref., seconde épouse du père, par rapport aux enfants qui sont nés d'un premier mariage (syn. **belle-mère**). **2.** Mauvaise mère.

maraud, e [maro, -od] **n.** (probabl. n. du dialect. *matou,* dans l'Ouest). *VX.* Individu méprisable, qui ne mérite aucune considération (syn. **coquin, vaurien**).

maraudage [marodaʒ] **n.m.** (de *marauder*). **1.** Autref., vol de denrées commis par des gens de guerre en campagne : *Soldats qui se livrent au maraudage* (syn. **pillage, sac**). **2.** Vol de récoltes, de fruits, de légumes encore sur pied : *Ils vivaient de maraudage* (syn. **maraude, rapine**).

maraude [marod] **n.f.** (de *marauder*). **1.** Maraudage. **2. Taxi en maraude,** taxi qui circule à vide en quête de clients, au lieu de stationner.

marauder [marode] **v.i.** (de *maraud,* canaille). **1.** Commettre des vols de fruits, de légumes sur pied, dans les jardins, les vergers, etc. : *Marauder dans les vergers* (syn. **chaparder, voler**). **2.** Être en maraude, en parlant d'un taxi.

maraudeur, euse [marodœr, -øz] **n.** Celui, celle qui se livre au maraudage (syn. **chapardeur, voleur**).

marbre [marbr] **n.m.** (lat. *marmor*). **1.** Roche métamorphique résultant de la transformation d'un calcaire, dure, souvent veinée de couleurs variées, capable de recevoir un beau poli et qui est très employée dans les arts : *Une statue en marbre.* **2.** Objet, statue en marbre : *Des marbres antiques.* **3.** Table sur laquelle, dans une imprimerie, on place les pages pour les imprimer, les corriger : *La une est au marbre.* **4. De marbre,** froid et insensible ; qui ne manifeste aucune émotion : *Elle garda un visage de marbre.*

marbré, e [marbre] **adj.** Marqué de veines ou de taches évoquant le marbre : *Ses mains étaient marbrées par le froid.*

marbrer [marbre] **v.t. 1.** Décorer de dessins, de couleurs évoquant les veines du marbre : *Marbrer la tranche d'un livre.* **2.** Marquer (la peau, le corps) de marbrures.

marbrerie [marbrəri] **n.f. 1.** Travail, industrie de transformation et de mise en œuvre des marbres et des roches dures. **2.** Atelier dans lequel se pratique ce travail.

marbrier, ère [marbrije, -ɛr] **adj.** Relatif au marbre, à son façonnage : *L'industrie marbrière.* ◆ **marbrier n.m. 1.** Spécialiste procédant au sciage, à la taille, au polissage de blocs, de plaques ou d'objets en marbre ou en granite. **2.** Propriétaire d'une marbrerie ; marchand de marbre. ◆ **marbrière n.f.** Carrière de marbre.

marbrure [marbryr] **n.f. 1.** Décor imitant les veines, les taches du marbre : *Marbrure d'une tranche de livre.* **2.** Marque semblable à une veine ou à une tache du marbre, qui se voit sur la peau : *Marbrures dues au froid.*

marc [mar] **n.m.** (de l'anc. fr. *marcher,* broyer). **1.** Résidu des fruits, en partic. du raisin, que l'on a pressés pour en extraire le jus. **2.** Eau-de-vie obtenue en distillant du marc de raisin. **3.** Résidu de certaines substances que l'on a fait infuser, bouillir, etc. : *Marc de café.*

Marc *(saint),* un des quatre évangélistes. Bien que l'Évangile qu'on lui attribue vienne dans le canon du Nouveau Testament après celui de Matthieu, il est en réalité le plus ancien des quatre. Rédigé en grec vers 70 à l'intention de chrétiens convertis du paganisme (peut-être des chrétiens de la communauté de Rome), il a été utilisé par Luc et Matthieu. Ce Marc est un compagnon d'apostolat de Paul et serait devenu plus tard un proche de Pierre.

marcassin [markasɛ̃] **n.m.** (p.-ê. de *marquer,* à cause des rayures qu'il a sur le dos). Petit du sanglier âgé de moins de six mois, au pelage rayé de noir et de blanc.

Marc Aurèle, en lat. **Marcus Aurelius Antoninus** (Rome 121 - Vindobona 180), empereur romain (161-180). Adopté par Antonin, il lui succéda. Son règne fut dominé par les guerres : campagnes contre les Parthes (161-166) et contre les Germains qui avaient franchi le Danube et atteint l'Italie (168-175, puis de nouveau en 178-180). Il associa son fils Commode au pouvoir en 177. Empereur philosophe, il a laissé des *Pensées,* écrites en grec, où s'exprime son adhésion au stoïcisme.

Marceau (François Séverin Marceau-Desgraviers, dit), général français (Chartres 1769 - Altenkirchen 1796). Il commanda l'armée de l'Ouest contre les vendéens (1793), se distingua à Fleurus (1794) et battit les Autrichiens sur le Rhin, à Neuwied (oct. 1795).

Marcel (Étienne), marchand drapier français (v. 1316 - Paris 1358). Prévôt des marchands de Paris à partir de 1355, il fut, aux états généraux de 1356 et 1357, le porte-parole de la riche bourgeoisie contre l'autorité monarchique. S'opposant au Dauphin Charles (Charles V), il organisa en févr. 1358 l'émeute de Paris et fit assassiner sous les yeux du Dauphin deux de ses conseillers. Il fut assassiné par un partisan du Dauphin (juill.).

1. marchand, e [marʃɑ̃, -ɑ̃d] **adj.** (lat. pop. **mercatantem,* du class. *mercatus,* négoce, marché). **1.** Qui a rapport au commerce. **2.** Qui est à vendre, ou qui se vend facilement : *Denrée marchande.* **3.** Où il se fait beaucoup de commerce, qui vit grâce au commerce : *Rue marchande* (syn. **commerçant**). **4. Marine marchande,** celle qui assure le transport des voyageurs et des marchandises (par opp. à la *marine de guerre*). / **Valeur marchande d'un objet,** sa valeur dans le commerce.

2. marchand, e [marʃɑ̃, -ɑ̃d] **n.** (même étym. que *1. marchand*). **1.** Personne qui fait du négoce, qui est habile dans l'art du négoce : *Une civilisation de marchands.* **2.** Commerçant qui vend un certain type de marchandises, de produits : *Marchand de légumes, de meubles, de journaux.* **3. Marchand de biens,** commerçant qui achète des immeubles, des fonds pour les revendre ou qui sert d'intermédiaire dans ces transactions. / **Marchand de canons,** fabricant d'armes de guerre (péjor.).

Marchand (Jean-Baptiste), général et explorateur français (Thoissey 1863 - Paris 1934). Parti du Congo, en 1897, il atteignit Fachoda, sur le Nil, mais dut l'évacuer peu après, sur ordre (7 nov. 1898), à la suite de l'arrivée des Britanniques de Kitchener.

marchandage [marʃɑ̃daʒ] **n.m. 1.** Action de marchander pour obtenir qqch à meilleur prix. **2.** Discussion laborieuse qu'on engage dans un but plus ou moins honorable ou avouable : *Marchandages électoraux* (syn. **tractation**).

marchander [marʃɑ̃de] **v.t.** (de *2. marchand*). **1.** Discuter le prix d'une marchandise pour l'obtenir à meilleur compte : *Marchander un meuble ancien.* **2.** LITT. Accorder à regret, avec parcimonie ou en exigeant certains avantages : *Ne pas marchander les éloges* (syn. **ménager**). ◆ **v.i.** Discuter longuement avant de conclure une affaire : *Il aime marchander. Elle a tout payé sans marchander.*

marchandisation [marʃɑ̃dizasjɔ̃] **n.f.** Tendance à tirer un profit mercantile d'une activité non marchande : *Lutter contre la marchandisation de la culture.*

marchandise [marʃɑ̃diz] **n.f. 1.** Objet, produit qui se vend et s'achète : *Ils ne vendent que de la marchandise de premier choix.* **2.** Ce que qqn cherche à placer, à faire accepter en le présentant sous son jour le plus favorable : *Il fera son chemin, il sait vanter sa marchandise.*

1. marche [marʃ] **n.f.** (de *marcher*). **1.** Action, fait de marcher, mode de locomotion de l'homme : *La marche et la course.* **2.** Manière de marcher : *Marche rapide, lente* (syn. **allure, démarche**). **3.** Action de marcher considérée comme une activité physique, un exercice sportif : *Aimer la marche.* **4.** Distance parcourue en marchant : *Une longue marche en forêt.* **5.** Mouvement qu'exécute une troupe pour se porter à pied d'un point à un autre. **6.** Déplacement à pied d'un groupe constituant une manifestation publique d'opinion, notamm. politique : *Marche pour la paix* (syn. **défilé, manifestation**). **7.** Pièce de musique destinée à régler les pas d'un groupe, d'une troupe : *Une marche aux accents entraînants.* **8.** Déplacement d'un véhicule : *Être assis dans le sens de la marche. J'ai dû faire marche arrière.* **9.** Mouvement d'un astre : *La marche de la Lune* (syn. **course**). **10.** En parlant d'un mécanisme, action de fonctionner : *La marche d'une horloge* (syn. **fonctionnement**). **11.** En parlant d'un organisme, d'une institution, action de fonctionner ; en parlant d'une affaire, action de se dérouler, de progresser : *La bonne marche d'un service* (syn. **fonctionnement**). *La marche du progrès* (syn. **avancée, évolution**). *Je suivrai la marche de votre affaire* (syn. **cours, développement**). **12. Être en marche,** fonctionner, en parlant d'un mécanisme, d'une machine ; avancer, en parlant d'un véhicule : *Restez à vos places tant que le train est en marche ; au fig., commencer à avancer, à se manifester : Un mouvement de protestation est en marche.* / **La marche à suivre,** l'ensemble des actions, des démarches pour parvenir à un but. / **Marche forcée,** marche qui est prolongée au-delà de la durée normale d'une étape. / **Mettre en marche,** déclencher le fonctionnement de, faire marcher. / **Monter, descendre en marche,** monter d'un véhicule, en descendre alors que celui-ci est en marche. / **Ouvrir, fermer la marche,** marcher dans les premiers, dans les derniers rangs, dans un défilé, un groupe.

2. marche [marʃ] **n.f.** (de *marcher*). Chacune des surfaces planes sur lesquelles on pose le pied pour monter ou descendre un escalier (syn. litt. **degré**).

3. marche [marʃ] **n.f.** (frq. **marka,* frontière). Sous les Carolingiens, territoire jouant le rôle de zone de protection militaire à proximité d'une frontière ou dans une région mal pacifiée. ▸ Dirigées par des *marquis* ou des *margraves,* les marches se multiplièrent au IXe s.

Marche (la), ancienne province de France, réunie à la Couronne en 1527. Son territoire correspond au département de la Creuse et à une partie de la Haute-Vienne.

marché [marʃe] **n.m.** (lat. *mercatus*). **1.** Lieu public, en plein air ou couvert, où l'on vend et où l'on achète des marchandises : *Aller au marché. Le marché aux fleurs.* **2.** Réunion de commerçants ambulants qui, à jours fixes, vendent dans un lieu dépendant du domaine public des produits comestibles ainsi que des articles ménagers, vestimentaires, etc. : *Le marché se tient sous la halle.* **3.** Ville, pays où se fait princ. le commerce d'un produit déterminé ou de plusieurs : *Anvers est l'un des principaux marchés mondiaux de pierres précieuses.* **4.** Débouché économique ; ensemble de clients qui achètent ou peuvent acheter une production : *Conquérir de nouveaux marchés* (syn. **clientèle**). *Il n'y a pas de marché pour ce type de produit* (syn. **acheteur, client**). *Faire une étude de marché* (= une étude prévisionnelle des débouchés d'un produit donné). **5.** Lieu théorique où se rencontrent l'offre et la demande ; état de l'offre et de la demande : *Le marché de la voiture d'occasion.* **6.** Tractation, accord impliquant un échange à titre onéreux de biens ou de services ; convention d'achat et de vente : *Faire un marché avantageux. Conclure un marché* (syn. **affaire**). *Rompre un marché* (syn. **accord, convention**). **7.** BOURSE. Ensemble de négociations boursières se tenant sur une place financière et définies par une caractéristique commune : *Marché au comptant. Marché monétaire.* **8. À bon marché,** à bas prix ; sans grands inconvénients : *Se tirer d'un accident à bon marché* (= sans blessures graves). / **Bon marché, meilleur marché,** d'un prix peu ou moins élevé : *Vous le trouverez meilleur marché là-bas* (= moins cher). / **Économie de marché,** système économique dans lequel les mécanismes naturels tendent à assurer seuls, à l'exclusion de toute intervention des monopoles ou de l'État, l'équilibre de l'offre et de la demande. / **Faire bon marché de qqch,** en faire peu de cas ; ne pas l'épargner : *Elle fait bon marché de ton opinion.* / **Faire son marché, le marché,** aller acheter ses provisions sur un marché public ou dans les magasins. / **Marché du travail,** situation de l'offre et de la demande d'emploi dans une région, un pays ou par rapport à un type d'activité. / **Marché public,** contrat par lequel un entrepreneur s'engage, moyennant un paiement convenu, à fournir une prestation à l'Administration. ▸ En principe, la passation des marchés publics a lieu par adjudication ou appel d'offres ; le régime des contrats administratifs leur est applicable. / **Mettre le marché en main à qqn,** lui donner nettement le choix de conclure l'accord ou de rompre. / **Par-dessus le marché,** en plus de ce qui a été convenu, stipulé ; de plus, en outre.

Marché commun, terme couramment employé pour désigner la Communauté économique européenne puis l'Union européenne. On parle désormais de *marché unique.*

marchepied [marʃəpje] **n.m.** (de *2. marche* et *pied*). **1.** Marche ou série de marches, qui servent à monter dans une voiture, dans un train ou à en descendre. **2.** Moyen de progresser, de réaliser ses ambitions, de s'élever socialement : *Cet emploi lui a servi de marchepied.*

marcher [marʃe] **v.i.** (frq. **markôn,* marquer, imprimer le pas). **1.** Se déplacer, se mouvoir en mettant un pied devant l'autre : *Elle apprend à marcher à son petit frère. Marcher vite.* **2.** Mettre le pied sur, dans qqch, lors de son déplacement : *Marcher dans une flaque d'eau.* **3.** En parlant d'un véhicule, d'un mobile, se mouvoir, se déplacer : *Navire qui marche à vingt nœuds* (syn.

filer). *Sa voiture marche à 130 kilomètres à l'heure* (syn. **rouler**). **4.** Être en état de marche, en parlant d'un appareil, d'un organe, etc. : *Cette montre marche* (syn. **fonctionner**). **5.** Être en activité, en parlant d'organismes, de services, etc. : *Grâce à de nouvelles commandes l'usine s'est remise à marcher* (syn. **tourner**). **6.** Se dérouler correctement ; faire des progrès : *Un commerce qui marche* (syn. **se développer, prospérer**). **7.** FAM. Donner son accord à une proposition ; consentir à participer à qqch avec qqn : *Je ne marche pas* (= je ne suis pas d'accord). *Les soldats ont refusé de marcher* (syn. **obéir**). **8.** FAM. Faire preuve de crédulité : *Tu peux lui raconter n'importe quoi, il marche* (syn. **croire**). **9. Faire marcher qqn,** le taquiner ; le mystifier ; abuser de sa crédulité ou de sa gentillesse pour obtenir beaucoup de lui. / **Marcher droit,** se conduire conformément à la discipline imposée. / **Marcher sur les traces, les pas de qqn,** suivre son exemple, l'imiter.

Marches (les), région d'Italie comprenant les prov. de Pesaro et d'Urbino, Ancône, Macerata et Ascoli Piceno ; 9 692 km^2 ; 1 542 156 hab. CAP. *Ancône.*

Marche sur Rome (la) [28 oct. 1922], marche spectaculaire des « Chemises noires » de Mussolini vers la capitale italienne. Elle contraignit le roi Victor-Emmanuel III à confier le gouvernement à Mussolini.

marcheur, euse [marʃœr, -øz] **n.** Personne qui marche, qui aime à marcher.

Marconi (Guglielmo), physicien et inventeur italien (Bologne 1874 - Rome 1937). Pionnier de la T.S.F., il fit breveter son invention en 1896 après avoir réussi à Bologne une première transmission sur quelques centaines de mètres. N'ayant pas trouvé d'appuis en Italie, il poursuivit ses expériences en Angleterre. En 1897, il réalisa une liaison sur 9 milles à travers le canal de Bristol et en 1901 une liaison à travers l'Atlantique entre Poldhu (Cornouailles) et Terre-Neuve. On lui doit aussi un détecteur magnétique et plusieurs types d'antennes. (Prix Nobel 1909.)

marcottage [markɔtaʒ] **n.m.** Procédé de multiplication végétative des plantes, par lequel une tige aérienne (la *marcotte*) est mise en contact avec le sol et s'y enracine avant d'être isolée de la plante mère.

marcotter [markɔte] **v.t.** (de *marcotte,* lat. *marcus,* n. d'un cep utilisé en Gaule). Pratiquer le marcottage de : *Marcotter des arbres fruitiers.*

Marcuse (Herbert), philosophe américain d'origine allemande (Berlin 1898 - Starnberg, près de Munich, 1979), l'un des principaux représentants du freudo-marxisme. On lui doit : *Éros et civilisation* (1955) ; *l'Homme unidimensionnel* (1964).

mardi [mardi] **n.m.** (lat. *Martis dies,* jour de Mars). **1.** Deuxième jour de la semaine. **2. Mardi gras,** dernier jour avant le début du carême.

Mardouk, dieu de la mythologie babylonienne qui, au temps d'Hammourabi, devint le dieu principal du panthéon. Il était représenté sous la forme d'un dragon à tête de serpent. Sa légende nous est connue par le poème babylonien de la création, où il apparaît comme victorieux du chaos. Dans la Bible, il est souvent appelé *Bel.*

mare [mar] **n.f.** (anc. scand. *marr,* mer, lac). **1.** Petite étendue d'eau dormante : *Il y a des grenouilles dans la mare.* **2.** Grande quantité de liquide répandu : *Une mare de sang* (syn. **flaque**).

marécage [marekaʒ] **n.m.** (de *maresc,* anc. forme de *marais*). Terrain humide et bourbeux : *Les marécages de Sologne* (syn. **marais**).

marécageux, euse [marekaʒø, -øz] **adj. 1.** Relatif aux marécages : *Plaines marécageuses.* **2. Terrain marécageux,** situation difficile où rien n'est sûr, où l'on ne sait pas à qui ni à quoi se fier.

maréchal [mareʃal] **n.m.** (frq. **marhskalk*) [pl. *maréchaux*]. **1.** Dans de nombreux pays, dignité ou grade le plus élevé de la hiérarchie militaire : *Le maréchal de France est titulaire d'une dignité d'État et a pour insigne un bâton de commandement.* **2. Maréchal des logis, maréchal des logis-chef** (pl. *maréchaux des logis-chefs*), sous-officier des armes anciennement montées (gendarmerie, cavalerie, artillerie et train) d'un grade correspondant à ceux de sergent et de sergent-chef dans les autres armes de l'armée de terre. / HIST. **Maréchal de camp,** officier général des armées de l'Ancien Régime et de la Restauration.

maréchale [mareʃal] **n.f.** Femme d'un maréchal.

maréchal-ferrant [mareʃalferɑ̃] **n.m.** (pl. *maréchaux-ferrants*). Artisan dont le métier est de ferrer les chevaux.

maréchaussée [mareʃose] **n.f.** (de *maréchal*). **1.** Ancien corps de troupes à cheval chargé d'assurer la sécurité publique et qui a pris en 1791 le nom de *gendarmerie nationale.* **2.** FAM. **La maréchaussée,** la gendarmerie, les gendarmes.

marée [mare] **n.f.** (de *mer*). **1.** Mouvement oscillatoire du niveau de la mer, dû à l'attraction de la Lune et du Soleil sur la masse d'eau des océans : *Marée basse* (= lorsque la mer s'est retirée). *Marée haute* (= lorsque la mer est à son maximum). *Marée montante, descendante. Le calendrier des marées.* **2.** Foule considérable en mouvement : *Une marée humaine envahit la place* (syn. **flot**). **3.** Ensemble des produits frais de la mer destinés à la consommation : *Arrivage de marée chaque jour* (= de poissons, crustacés, coquillages). **4. Coefficient de marée,** nombre compris entre 20 et 120, caractéristique de chaque marée et indicatif de la différence de niveau entre la haute mer et la basse mer. / **Contre vents et marées,** en dépit de tous les obstacles. **5. Marée noire,** arrivée sur un rivage de nappes de pétrole provenant d'un navire qui a été accidenté ou qui a purgé ses réservoirs, ou de l'éruption accidentelle d'une tête de puits sous-marine.

■ **Le mécanisme des marées.** L'allure et l'amplitude des marées sont liées à la position relative de la Terre, du Soleil et de la Lune, qui se modifie chaque jour, mais aussi aux irrégularités du contour et de la profondeur des bassins océaniques.

La rotation de la Terre, conjuguée au mouvement orbital de la Lune, confère, en un lieu donné, son caractère périodique au phénomène des marées. Celui-ci peut être considéré comme la superposition d'un grand nombre d'ondes. Il présente, selon les endroits, un caractère *diurne* (une haute et une basse mer toutes les 24 h 50 min), *semi-diurne* (deux hautes mers et deux basses mers en 24 h 50 min) ou *mixte* (inégalités dans la durée des hautes et des basses mers). Dans les mers fermées, comme la Méditerranée, les amplitudes sont le plus souvent nulles ou presque nulles. Au contraire, sur les rivages précédés d'une vaste plate-forme continentale, elles sont très élevées : 19,6 m dans la baie de Fundy (Canada) ; jusqu'à 16,1 m dans la baie du Mont-Saint-Michel.

Compte tenu des masses relatives de la Lune et du Soleil et de leurs distances à la Terre, l'action de la Lune est 2,17 fois plus forte que celle du Soleil. La force génératrice de la marée varie en intensité selon que les attractions de la Lune et du Soleil s'ajoutent (à la nouvelle lune, marée de *vive-eau*) ou se contrarient (aux quartiers et à la pleine lune, marée de *morte-eau*). L'amplitude varie ainsi dans le temps : elle est forte en vive-eau, mais faible en morte-eau, c'est au voisinage des équinoxes qu'elle est la plus forte. Ces changements cycliques du marnage sont exprimés en *coefficients de marée.*

Les courants de marée. Le courant de flot et celui de jusant résultent de la dénivellation produite à la surface de la mer par le passage de l'onde de marée. Leur vitesse, proportionnelle au coefficient de marée, est aussi influencée par le relief sous-marin (accélération dans les zones peu profondes et les goulets côtiers). Leur énergie, jadis captée dans les moulins à marée, est exploitée dans des usines marémotrices comme celle de la Rance. ■

marelle [marɛl] **n.f.** (anc. fr. *merel,* jeton). Jeu d'enfant qui consiste à pousser à cloche-pied un palet dans des cases tracées sur le sol : *Dessiner une marelle. Jouer à la marelle.*

marémoteur, trice [maremɔtœr, -tris] **adj.** Relatif à la force motrice des marées ; qui l'utilise : *Usine marémotrice.*

Marengo ***(bataille de)*** [14 juin 1800], victoire de Bonaparte sur les Autrichiens grâce à l'intervention de Desaix près de cette localité piémontaise.

Marey (Étienne Jules), physiologiste et inventeur français (Beaune 1830 - Paris 1904). Il a généralisé l'enregistrement graphique des phénomènes physiologiques et créé la chronophotographie, d'où dérive le cinéma.

mareyeur, euse [marɛjœr, -øz] **n.** (de *marée*). Commerçant en gros vendant aux poissonniers et aux écaillers les produits frais de la mer.

margarine [margarin] **n.f.** (du gr. *margaron,* perle). Substance grasse comestible, de consistance molle, faite avec diverses huiles et graisses, le plus souvent végétales (arachide, soja, noix de coco).

marge [marʒ] **n.f.** (lat. *margo,* bord). **1.** Espace blanc latéral d'une page imprimée ou écrite : *Porter des annotations dans les marges d'un livre, en marge.* **2.** Intervalle de temps ou liberté d'action dont on dispose, entre certaines limites, pour l'exécution de qqch, le choix d'une décision : *Se donner une marge de réflexion* (syn. **temps**). *Prévoir une marge d'erreur* (syn. **écart**). *Avoir une grande marge de manœuvre, d'initiative* (syn. **latitude, liberté**). **3. Avoir de la marge,** un temps, une latitude suffisants pour agir. / **En marge de,** plus ou moins en dehors, à l'écart de : *Trafic en marge de la légalité.* / **En marge de la société,** sans s'intégrer au groupe social et sans se soumettre à ses normes (on dit aussi *en marge*) : *Chômeurs qui vivent en marge.* / **Marge bénéficiaire,** différence entre le prix de vente et le prix de revient d'un bien, génér. exprimée en pourcentage du prix de vente. **4.** OCÉANOGR. **Marge continentale,** ensemble formé par la plate-forme continentale et la pente continentale qui la limite.

margelle [marʒɛl] **n.f.** (lat. pop. **margella,* class. *margo,* bord). Pierre ou assise de pierres qui forme le rebord d'un puits, d'une fontaine, etc.

marginal, e, aux [marʒinal, -o] **adj.** (de *marge,* d'apr. l'angl. *margin*). **1.** Qui est écrit dans la marge : *Notes marginales.* **2.** Qui est en marge d'une activité essentielle, principale ; qui n'a qu'un rôle, une importance secondaires : *Entreprise marginale* (syn. **secondaire**). *Préoccupations marginales* (syn. **accessoire**). ◆ **adj.** et **n.** Qui se situe en marge de la société ; qui n'est pas bien intégré au groupe social ni soumis à ses normes : *Cette usine désaffectée est devenue le lieu de rendez-vous des marginaux.*

marginalement [marʒinalmɑ̃] **adv.** De façon marginale ; de façon accessoire, annexe : *Vivre marginalement.*

marginalisation [marʒinalizasjɔ̃] **n.f.** Fait de devenir marginal, d'être marginalisé : *Le risque de marginalisation des jeunes sans travail.*

marginaliser [marʒinalize] **v.t. 1.** Placer en marge, mettre à l'écart ; situer en dehors de ce qui est essentiel, principal, central : *Marginaliser une formation politique.* **2.** Tendre à exclure de la société, à faire perdre son intégration sociale à : *Une population marginalisée.*

marginalité [marʒinalite] **n.f.** Position marginale par rapport à une forme sociale : *Vivre dans la marginalité.*

margoulin [margulɛ̃] **n.m.** (mot dialect., « individu méprisable »). *FAM.* Commerçant, homme d'affaires peu scrupuleux.

margrave [margrav] **n.m.** (all. *Markgraf,* comte de la frontière). HIST. Titre donné aux chefs militaires des marches, dans l'Empire carolingien, puis à certains princes du Saint Empire.

marguerite [margərit] **n.f.** (lat. *margarita,* perle). **1.** Plante herbacée dont les inflorescences forment de grands capitules à fleurs centrales jaunes et à fleurs périphériques blanches (nom commun à plusieurs espèces). ▸ Famille des composées. **2.** Roue portant à sa périphérie les caractères d'impression, sur certaines machines à écrire et certaines imprimantes d'ordinateurs.

DANEMARK, SUÈDE, NORVÈGE

Marguerite Ire Valdemarsdotter, reine de Danemark, de Norvège et de Suède (Soborg 1353 - Flensburg 1412). Fille de Valdemar IV de Danemark, elle épousa (1363) le roi de Norvège Haakon VI et devint reine à la mort de son fils Olav (1387). Elle imposa l'Union de Kalmar aux États de Danemark, de Norvège et de Suède (1397) au profit de son neveu Erik de Poméranie.

NAVARRE

Marguerite d'Angoulême, reine de Navarre (Angoulême 1492 - Odos, Bigorre, 1549), fille de Louise de Savoie et de Charles d'Orléans, sœur aînée de François Ier. Veuve en 1525 de Charles IV, duc d'Alençon, elle épousa en 1527 Henri d'Albret, roi de Navarre. Elle protégea les protestants et fit de sa cour un foyer d'humanisme, où trouva refuge Clément Marot. Elle a laissé un recueil de nouvelles *(l'Heptaméron)* et des poésies *(les Marguerites de la Marguerite des princesses),* mêlant réalisme pittoresque et spiritualisme mystique.

Marguerite de Valois, dite **la reine Margot,** reine de Navarre, puis de France (Saint-Germain-en-Laye 1553 - Paris 1615). Fille d'Henri II, elle épousa Henri de Navarre (Henri IV), puis se sépara de son époux, qui la répudia en 1599. Elle a laissé des *Mémoires* et des *Poésies.*

mari [mari] **n.m.** (lat. *maritus,* de *mas, maris,* mâle). Homme uni à une femme par le mariage ; époux.

Mari, auj. **Tell Hariri** (Syrie), cité antique de la Mésopotamie sur le moyen Euphrate. Ce fut une des grandes villes de l'Orient ancien du IVe millénaire au XVIIIe s. av. J.-C. ; elle fut détruite par Hammourabi. Les fouilles ont confirmé l'importance de Mari avec certains vestiges conservés sur une hauteur de 4 m et une résidence royale qui occupait 2,5 ha au début du IIe millénaire. Des milliers de tablettes inscrites en cunéiforme, constituant les archives royales, ont été recueillies, ainsi que d'intéressantes statues (Louvre et musée d'Alep).

mariage [marjaʒ] **n.m. 1.** Acte solennel par lequel un homme et une femme, ou deux personnes de même sexe, établissent entre elles une union dont les conditions, les effets et la dissolution sont régis par les dispositions juridiques en vigueur dans leur pays, par les lois religieuses ou par la coutume ; union ainsi établie (par opp. à *célibat*) : *Contrat de mariage. Mariage civil, religieux* (contr. **divorce**). *Un mariage mal assorti* (syn. **couple, union**). ▸ En France, les conjoints doivent être majeurs et de sexe différent. **2.** Cérémonie, réception organisée à l'occasion de la célébration de cette union : *Fixer la date d'un mariage* (syn. **noce**). **3.** Combinaison, réunion de plusieurs choses, organismes, etc. : *Mariage de deux firmes industrielles* (syn. **alliance, association**). *Mariage de deux couleurs* (syn. **combinaison**). **4.** Jeu de cartes dans lequel l'un des buts est de réunir dans sa main un roi et une dame de même couleur. **5. Mariage de convenance,** conclu en fonction des rapports de fortune, de position sociale, etc., des conjoints.

Marianne, nom donné à la République française. Elle est représentée par une image de femme coiffée d'un bonnet phrygien.

Mariannes ***(fosse des),*** fosse très profonde (- 11 034 m) du Pacifique, en bordure de l'archipel des Mariannes.

Mariannes ***(îles),*** archipel volcanique du Pacifique, à l'est des Philippines, qui constitue depuis 1977 un État associé aux États-Unis, le *Commonwealth des Mariannes du Nord* (464 km^2 ; 213 241 hab. ; CAP. *Saipan*). En 1986, la tutelle américaine a été levée.

Marica (la) ou **Maritza (la),** en gr. **Évros,** fl. né en Bulgarie, tributaire de la mer Égée et dont le cours inférieur sépare la Grèce et la Turquie ; 490 km.

Marie, mère de Jésus et épouse de Joseph. Cette Marie de Nazareth nous est connue principalement par les premiers chapitres des Évangiles de Matthieu et surtout de Luc, qu'on appelle « Évangiles de l'enfance » et dont l'historicité pose toutefois des problèmes. D'ailleurs, le point de vue de la réflexion théologique l'emporte très tôt sur les données historiques. Dès les premiers temps de l'Église, on croit à la conception virginale de Jésus en Marie par l'action du Saint-Esprit. Au cours des siècles suivants, on met en relief, d'abord peut-être en Orient, l'importance, dans l'œuvre divine du salut, de la Vierge Marie, que le concile d'Éphèse, en 431, proclame *Theotokos*, ou « Mère de Dieu ». Au XIe s. se fait jour la croyance en l'Immaculée Conception, tandis que se développe la piété mariale, notamment avec Bernard de Clairvaux. La Réforme s'en prend non seulement aux excès de celle-ci, mais aussi à la théologie même qui la sous-tend. Dans l'Église catholique, restée attachée à cette dévotion, seront érigées en dogmes la doctrine de l'Immaculée Conception, par Pie IX en 1854, et celle de l'Assomption, par Pie XII en 1950.

BOURGOGNE

Marie de Bourgogne (Bruxelles 1457 - Bruges 1482), duchesse titulaire de Bourgogne, fille unique de Charles le Téméraire. Son mariage avec Maximilien d'Autriche (1477) fit des Pays-Bas et de la Franche-Comté des possessions des Habsbourg.

FRANCE

Marie de Médicis, reine de France (Florence 1573 - Cologne 1642). Fille du grand-duc de Toscane, elle épousa en 1600 le roi de France Henri IV. Au décès de celui-ci (1610), elle fut reconnue régente par le Parlement. Elle renvoya les ministres du roi et accorda sa confiance à Concini. Elle mena une politique catholique et pro-espagnole et fit épouser à son fils Louis XIII l'infante Anne d'Autriche. Se heurtant à l'opposition des nobles, elle dut réunir les états généraux (1614-1615). Privée du pouvoir après l'assassinat de Concini (1617), elle prit les armes contre son fils de 1619 à 1620. Revenue à la cour grâce à la médiation de son conseiller, Richelieu, elle parvint à convaincre le roi de faire de ce dernier son principal ministre (1624). Elle chercha ensuite vainement à faire disgracier le cardinal (journée des Dupes, 1630) et dut finalement s'exiler.

Marie Leszczyńska, reine de France (Breslau 1703 - Versailles 1768). Fille du roi de Pologne Stanislas Leszczyński, elle épousa en 1725 le roi de France Louis XV et lui donna dix enfants.

ANGLETERRE, ÉCOSSE

Marie Ire Stuart (Linlithgow 1542 - Fotheringay 1587), reine d'Écosse (1542-1567). Fille de Jacques V, elle épousa (1558) le futur roi de France François II. Veuve en 1560, elle revint en Écosse, où elle eut à lutter contre la Réforme et contre les agissements secrets de la reine d'Angleterre Élisabeth Ire. Elle épousa en 1565 Henri Stuart, lord Darnley, père du futur Jacques Ier d'Angleterre. Son mariage avec Bothwell, assassin de lord Darnley, son autoritarisme et son catholicisme provoquèrent une insurrection et son abdication (1567). Réfugiée en Angleterre, elle fut impliquée dans plusieurs complots contre Élisabeth, qui la fit emprisonner et exécuter.

Marie Ire Tudor (Greenwich 1516 - Londres 1558), reine d'Angleterre et d'Irlande (1553-1558), fille d'Henri VIII et de Catherine d'Aragon. Cherchant à rétablir le catholicisme, elle persécuta les protestants et fut surnommée Marie la Sanglante. Son mariage avec Philippe II d'Espagne (1554) provoqua une guerre avec la France, à l'issue de laquelle l'Angleterre perdit Calais.

DIVERS

Marie-Amélie de Bourbon, reine des Français (Caserte 1782 - Claremont 1866). Fille de Ferdinand Ier de Bourbon-Sicile, elle épousa en 1809 le duc d'Orléans, futur Louis-Philippe.

Marie-Antoinette, reine de France (Vienne 1755 - Paris 1793). Fille de François Ier, empereur germanique, et de Marie-Thérèse, elle épousa en 1770 le Dauphin Louis, qui devint Louis XVI en 1774. Elle se rendit impopulaire du fait de ses dépenses, de l'avidité de ses familiers et de l'accusation qui l'atteignit injustement lors de l'affaire du Collier. Ennemie des réformes, elle poussa Louis XVI à résister aux révolutionnaires. Instigatrice de la fuite à Varennes (1791), elle communiqua des plans militaires à la cour de Vienne et s'attira la haine des patriotes. Incarcérée au Temple après le 10 août 1792, puis à la Conciergerie en 1793, elle fut guillotinée le 16 oct.

Marie-Galante, île des Antilles françaises, au sud-est de la Guadeloupe, dont elle dépend ; 157 km^2 ; 11 404 hab.

Marie-Louise de Habsbourg-Lorraine, impératrice des Français (Vienne 1791 - Parme 1847). Fille de François II, empereur germanique, elle épousa en 1810 Napoléon Ier et donna naissance au roi de Rome (1811). Régente en 1813, elle quitta Paris en mars 1814 avec son fils. Duchesse de Parme (1815), elle épousa successivement les Autrichiens Neipperg et Bombelles.

Marie-Madeleine ***(sainte)*** ou **Marie de Magdala,** femme mentionnée dans l'Évangile comme ayant été « délivrée de sept démons » par Jésus. On l'a identifiée avec une pécheresse anonyme que Luc (VII, 36-50) nous montre arrosant de parfum les pieds de Jésus, ce qui explique que, dans la tradition, Marie-Madeleine soit vénérée et amplement représentée comme une pénitente. Aussi s'attache-t-on à distinguer trois Marie : la pécheresse évoquée par Luc, dont on ne peut être sûr qu'elle se soit appelée Marie ; Marie de Magdala, qui fut la première à voir Jésus ressuscité ; Marie de Béthanie, la sœur de Lazare et de Marthe.

Marie-Thérèse (Vienne 1717 - *id.* 1780), impératrice d'Autriche, reine de Hongrie et de Bohême (1740-1780). Fille de Charles VI, elle devait, selon la « pragmatique sanction » (1713), recevoir la totalité des États des Habsbourg. Elle dut cependant mener, contre la Prusse et la Bavière aidées par la France, la guerre de la Succession d'Autriche (1740-1748), qui lui coûta la Silésie. Elle parvint cependant en 1745 à faire élire son époux, François de Lorraine, empereur germanique (sous le nom de François Ier). Elle s'engagea contre Frédéric II dans la guerre de Sept Ans (1756-1763) mais ne put récupérer la Silésie. Elle entreprit d'importantes réformes centralisatrices et favorisa le développement économique de l'empire. À partir de 1765, elle associa au pouvoir son fils Joseph II, qui prit part au premier partage de la Pologne (1772). Elle eut dix filles, dont Marie-Antoinette.

Marie-Thérèse d'Autriche, reine de France (Madrid 1638 - Versailles 1683). Fille de Philippe IV, roi d'Espagne, elle épousa Louis XIV en 1660 et lui donna six enfants, parmi lesquels survécut seulement Louis de France, dit le Grand Dauphin.

marié, e [marje] **n. 1.** Personne dont on va célébrer le mariage ou qui vient de se marier : *Vive la mariée ! Les jeunes mariés.* **2. Se plaindre que la mariée est trop belle,** se plaindre de qqch dont on devrait se réjouir.

marier [marje] **v.t.** (lat. *maritare*) [conj. **9**]. **1.** Unir par le lien conjugal : *C'est l'adjoint au maire qui les a mariés.* **2.** Donner en mariage : *Marier sa fille.* **3.** Associer des choses qui peuvent se combiner : *Marier des couleurs entre elles* (syn. **assortir, harmoniser**). ◆ **se marier v.pr. [avec]. 1.** Contracter mariage : *Elle s'est mariée avec un ingénieur.* **2.** S'associer, se combiner : *Cette couleur se marie bien avec l'autre.*

Mariette (Auguste), égyptologue français (Boulogne-sur-Mer 1821 - Le Caire 1881). On lui doit le dégagement de la plupart des grands sites d'Égypte et de Nubie, mais surtout leur protection et la création d'un Musée égyptologique à Boulaq, qui constitua le fonds de l'actuel musée du Caire.

marieur, euse [marjœr, -øz] **n.** Personne qui aime à s'entremettre pour faciliter des mariages.

Marignan ***(bataille de)*** [13-14 sept. 1515], victoire de François Ier (à Marignan, Lombardie) sur les Suisses, pendant les guerres d'Italie. Le roi de France se fit armer chevalier par Bayard sur le lieu de la bataille, qui ouvrit aux Français la voie de la reconquête du Milanais.

Marignane, ch.-l. de c. des Bouches-du-Rhône, près de l'étang de Berre ; 34 711 hab. Aéroport de Marseille (Marseille-Provence). Construction aéronautique.

marigot [marigo] **n.m.** (orig. obsc.). Dans les pays tropicaux, bras mort d'un fleuve ou d'une rivière, ou mare d'eau stagnante.

marihuana ou **marijuana** [marirwana] **n.f.** (mot hispano-amér.). Substance que forment les feuilles et les inflorescences des pieds femelles du chanvre indien *(Cannabis sativa)*, utilisée comme drogue.

1. marin, e [marɛ̃, -in] **adj.** (lat. *marinus*, de *mare*, mer). **1.** Qui relève de la mer, qui y vit, qui en provient : *Courants marins. Sel marin.* **2.** Qui sert à la navigation sur mer ou qui en relève : *Carte marine.* **3. Avoir le pied marin,** savoir se déplacer à bord d'un bateau malgré le roulis, le tangage ; ne pas être sujet au mal de mer.

2. marin [marɛ̃] **n.m.** (de *1. marin*). **1.** Personne employée professionnellement à la conduite et à l'entretien des navires de mer : *Marin péri en mer.* **2.** Homme habile dans l'art de la navigation : *Les Phéniciens, peuple de marins.* **3.** GÉOGR. Vent du sud-est accompagné de pluies qui souffle de la Méditerranée vers le Languedoc et les Cévennes. **4. Marin d'eau douce,** qui n'a navigué que sur les fleuves ou les rivières ; marin peu expérimenté (péjor.).

marina [marina] **n.f.** (orig. incert., p.-ê. de l'it. « plage »). Ensemble immobilier construit en bord de mer et comprenant à la fois habitations et installations portuaires pour les bateaux de plaisance.

marinade [marinad] **n.f.** (de *mariner*). **1.** Mélange liquide aromatique composé de vin ou de vinaigre, de sel, d'épices, etc., qui sert à conserver viandes et poissons et à leur donner un arôme particulier. **2.** Viande, poisson marinés.

1. marine [marin] **n.f.** (de *1. marin*). **1.** Ensemble de ce qui relève de l'art de la navigation sur mer, du service de mer : *Le compas est un instrument de marine* (syn. **navigation**). **2.** Ensemble des gens de mer, des navires et des activités qui s'y rapportent. **3.** Ensemble des navires et des activités de navigation du même type : *Marine de plaisance.* **4.** Puissance navale, marine militaire d'un État : *S'engager dans la marine. La Marine nationale.* **5.** BX-A. Tableau représentant une vue de mer, de port, etc. **6. Artillerie, infanterie, troupes de marine,** formations de l'armée de terre chargées de la sécurité des territoires français d'outre-mer et constituant une part importante des forces terrestres d'intervention. / **Marine de guerre** ou **marine militaire,** ensemble des forces navales et aéronavales d'un État, destinées à la guerre sur mer. ◆ **adj. inv.** et **n.m.** Bleu foncé : *Un gilet marine, bleu marine. Aimer le marine.*

■ **Marine marchande.** Les Français d'Auxiron, Follenay puis Périer et Jouffroy d'Abbans sont les premiers à installer des machines à vapeur sur des navires (1774-1778). Jouffroy d'Abbans réussit, avec son deuxième bâtiment, à remonter la Saône (1783). En 1803, l'Américain R. Fulton fait évoluer sur la Seine un bateau à roues ; en 1806, il regagne l'Amérique et met en service sur l'Hudson un navire de 100 t, le *Clermont*. La navigation à vapeur est née. En 1819, le *Savannah*, navire de mer équipé de roues, relie l'Amérique à l'Angleterre, en utilisant toutefois aussi sa voilure. Les inconvénients de la roue, par mer agitée, sa vulnérabilité entraînent bientôt l'adoption de l'hélice pour la propulsion des navires de haute mer. Le Français F. Sauvage prend le premier brevet en 1832. Les premiers essais à la mer sont faits par le Suédois J. Ericsson (1837) et par le Britannique F. P. Smith (1839). Les premiers navires en fer sont construits vers 1820. Vers 1860, l'acier se substitue au fer. L'évolution la plus spectaculaire est celle des paquebots. Au lendemain de la Première Guerre mondiale apparaissent la turbine, pour les navires rapides, et le moteur Diesel, au fonctionnement économique. Le mazout remplace peu à peu le charbon comme combustible. La radio est installée sur tous les navires. La composition des flottes marchandes se transforme vers 1965 avec l'apparition de nouveaux navires à haut rendement, rouliers, porte-conteneurs, méthaniers, et une meilleure spécialisation des pétroliers, minéraliers et vraquiers.

Marine de guerre.

Antiquité et Moyen Âge. C'est en Méditerranée que se manifeste pour la première fois la puissance de la mer avec l'apparition des flottes égyptienne ou phénicienne. Les cités grecques, Carthage puis Rome cherchent à obtenir la maîtrise de la mer et développent, parallèlement à leurs navires de commerce, une flotte de combat. À cette époque, le combat, bord à bord, ressemble à une bataille terrestre. Au Moyen Âge, lors des croisades, les flottes italiennes (Venise, Gênes) assurent les liaisons et font face au problème de la piraterie musulmane. Les cités marchandes de la Hanse et des Flandres disposent de forces navales pour la protection de leur commerce. Pendant la guerre de Cent Ans, la maîtrise de la mer permet aux Anglais de guerroyer en France. À la fin du XVe s., les progrès techniques et l'amélioration des qualités nautiques des navires vont permettre les premières traversées océaniques.

Les Temps modernes. La recherche de nouveaux territoires à explorer et de nouvelles routes commerciales stimule les flottes européennes. Il s'ensuit une période de compétition qui aboutit, au XVIIIe s., à l'établissement de l'hégémonie maritime britannique. Les marines de cet âge classique sont composées de corvettes, de frégates, de galiotes (navires à voiles hollandais) et surtout de vaisseaux de ligne. La multiplication des canons de bord finit par transformer le combat naval, où la canonnade remplace l'abordage. Désormais, les flottes de guerre se distinguent nettement des navires de transport.

Ayant atteint son apogée au milieu du XIXe s., la marine à voile ne résistera pas à l'effet de techniques nouvelles : propulsion à vapeur (premier bâtiment : l'aviso *Sphinx*, lancé en 1829), blindage en fer puis en acier, artillerie rayée et obus explosifs.

Le XXe siècle. La lutte entre le canon et la cuirasse se traduit alors par une course au tonnage. À partir de 1906, le cuirassé va donner au navire de ligne son aspect définitif pour près d'un demi-siècle. La Première Guerre mondiale, marquée par un seul véritable affrontement naval (Jylland, mai 1916), n'en souligne pas moins le rôle déterminant de la mer : blocus des puissances centrales, transport des troupes sur les champs de bataille, lutte contre les sous-marins. Avec la Seconde Guerre mondiale, le rôle dévolu aux marines de guerre est l'objet d'un véritable changement d'échelle. La maîtrise de la mer cesse de s'identifier avec la surface ; la menace aérienne et sous-marine pèse sur la liberté des routes de communication et sur la sécurité des convois. Dès 1942, le porte-avions, avec son environnement de navires de protection, détrône le cuirassé. Depuis la fin de la Seconde Guerre mondiale, les flottes de combat tendent à s'organiser autour du porte-avions et du sous-marin à propulsion nucléaire. Le porte-avions, soutenu par des bâtiments logistiques, est la pièce maîtresse de forces d'intervention lointaine. L'équipement généralisé des navires en missiles antiaériens et anti-sous-marins bénéficie de systèmes électroniques et informatiques de traitement et d'exploitation des informations tactiques. Le sous-marin offre des possibilités comme bâtiment d'attaque ou comme lanceur de missiles balistiques à charges nucléaires. Il reste à ce jour l'atout majeur de la stratégie des grandes puissances en raison des difficultés liées à sa détection. ■

2. marine [marin] **n.m.** (mot angl.). Fusilier marin dans les forces navales britanniques et américaines.

mariner [marine] **v.t.** (de *marine*, eau de mer). Mettre en marinade ; faire tremper dans une marinade : *Mariner du chevreuil* (= le faire mariner). ◆ **v.i. 1.** Tremper dans une marinade, en parlant d'un aliment : *Le rôti de sanglier a mariné deux jours. Faire mariner des harengs.* **2.** *FAM.* Attendre longtemps et, souvent, dans une situation inconfortable ou peu agréable : *Il m'a fait mariner une heure.*

Marinetti (Filippo Tommaso), écrivain italien (Alexandrie, Égypte, 1876 - Bellagio 1944). Il fut l'initiateur du futurisme, dont il lança les premiers manifestes (1909-1912) et qu'il illustra par ses drames satiriques et ses récits (*Mafarka le Futuriste*, 1909).

marinier, ère [marinje, -ɛr] **adj. 1.** Qui appartient à la marine. **2. Arche marinière,** arche d'un pont, plus large que les autres, sous laquelle passent les bateaux. ◆ **n.** Personne chargée de la conduite des bateaux destinés à la navigation intérieure ; batelier.

marinière [marinjɛr] **n.f.** (de *marinier*). Blouse très ample, qui se passe par la tête, souvent ornée d'un col carré dans le dos.

Marino ou **Marini (Giambattista),** poète italien (Naples 1569 - *id.* 1625), connu en France sous le nom de **Cavalier Marin.** Sa poésie (*La Lira,* 1616 ; *Adonis,* 1623), surchargée de métaphores et d'antithèses, influença profondément la littérature précieuse.

mariole [marjɔl] **adj.** et **n.** (it. *mariolo,* filou). *FAM.* **1.** Individu malin et débrouillard (syn. **dégourdi, roublard**). **2. Faire le mariole,** faire l'intéressant ; se vanter.

marionnette [marjɔnɛt] **n.f.** (de *mariole,* petite image de la Vierge, dimin. de *Marie*). **1.** Petite figure de bois ou de carton qu'une personne cachée fait mouvoir avec la main ou grâce à des fils : *Un spectacle de marionnettes.* **2.** Personne frivole, sans caractère, que l'on fait mouvoir à sa guise : *Il n'est qu'une marionnette entre leurs mains* (syn. **fantoche, pantin**).

marionnettiste [marjɔnɛtist] **n.** Montreur, manipulateur de marionnettes.

Mariotte (*abbé* **Edme),** physicien français, prieur de Saint-Martin-sous-Beaune (Dijon v. 1620 - Paris 1684). Il fut l'un des fondateurs de la physique expérimentale en France. Il étudia la déformation élastique des solides, découvrit le point aveugle de l'œil humain et énonça en 1676, peu après Boyle en Angleterre, la loi de compressibilité des gaz qui porte leur nom. Il s'intéressa également à l'optique et à l'hydrodynamique.

Marioupol, anc. **Jdanov,** port d'Ukraine, sur la mer d'Azov ; 492 176 hab. Sidérurgie.

Maris ou **Tchérémisses,** peuple de Russie, sur la Volga moyenne.

marital, e, aux [marital, -o] **adj.** (lat. *maritalis*). DR. Du mari ; qui appartient au mari : *La puissance maritale.*

maritalement [maritalmɑ̃] **adv.** Comme des époux mais sans être mariés légalement : *Vivre maritalement.*

maritime [maritim] **adj.** (lat. *maritimus,* de *mare,* mer). **1.** Qui est au bord de la mer : *Port maritime.* **2.** Relatif à la mer ou à la navigation sur mer : *Trafic maritime.*

Maritza → Marica.

Marius (Caius), général et homme politique romain (Cereatae, près d'Arpinum, 157 - Rome 86 av. J.-C.). Plébéien, il rompt avec Metellus, l'un des chefs aristocrates, et se pose en champion du peuple. Il obtient, en 107, le consulat et le commandement de l'armée d'Afrique ; il constitue une véritable armée de métier, grâce à laquelle il vient à bout de Jugurtha (105), des Teutons à Aix (102) et des Cimbres à Verceil (101). Mais le parti aristocratique reprend l'avantage avec Sulla, qui, vainqueur en Orient, marche sur Rome (88). Marius doit s'exiler en Afrique. Sulla étant reparti pour l'Orient, Marius rentre à Rome (86) avec l'aide de Cinna. Consul pour la septième fois, il meurt peu après.

marivaudage [marivodaʒ] **n.m. 1.** LITTÉR. Langage raffiné et précieux propre à l'expression de la passion amoureuse, dont le modèle est le théâtre de Marivaux. **2.** *LITT.* Badinage spirituel ; échange de propos galants.

marivauder [marivode] **v.i.** *LITT.* Se livrer au marivaudage, au badinage galant (syn. **badiner, flirter**).

Marivaux (Pierre Carlet de Chamblain de), écrivain français (Paris 1688 - *id.* 1763). Partisan des Modernes, il s'exerce à la parodie et au pastiche avant d'aborder en 1720 le théâtre avec une comédie, *Arlequin poli par l'amour.* Ruiné par la banqueroute de Law, il se consacre entièrement à l'écriture. Rédacteur de journaux, il écrit deux grands romans inachevés, *la Vie de Marianne* (1731-1741) et *le Paysan parvenu* (1735-1736), et surtout une quarantaine de comédies : utopies satiriques (*l'Île des esclaves,* 1725 ; *la Nouvelle Colonie,* 1729), comédies de mœurs (*le Petit-Maître corrigé,* 1734), comédies de caractère (*le Legs,* 1736) et comédies du sentiment (*la Surprise de l'amour,* 1722 ; *la Double Inconstance,* 1723 ; *le Jeu de l'amour et du hasard,* 1730 ; *l'Heureux Stratagème,* 1733 ; *les Fausses Confidences,* 1737 ; *l'Épreuve,* 1740 ; *la Dispute,* 1744). Dans ce type de pièce, l'intrigue ne sert qu'à rendre sensible l'évolution psychologique des personnages, qui constitue le thème central. D'où le rôle dévolu au langage, par quoi le « cœur » à la fois se dissimule, se révèle et s'analyse : ce qu'on a appelé le « marivaudage », devenu plus tard, à tort, synonyme de « badinage amoureux » et qui correspond au désir forcené de déceler par les mots sa propre vérité et celle d'autrui.

marjolaine [marʒɔlɛn] **n.f.** (lat. médiév. *maiorana*). Plante aromatique voisine du thym (syn. **origan**). ▸ Famille des labiées.

mark [mark] **n.m.** (mot all., frq. **marka*). **1.** (Avec une majuscule). Anc. unité monétaire principale de l'Allemagne. (On disait aussi *Deutsche Mark.*) **2. Mark finlandais,** anc. unité monétaire principale de la Finlande, appelée aussi le *markka.* (Le *Deutsche Mark* et le *mark finlandais,* devenus, dès le 1er janv. 1999, des subdivisions de l'euro, ont cessé d'exister, au profit de la monnaie unique européenne, en 2002.)

marketing [marketiŋ] **n.m.** (mot angl., de *market,* marché). Ensemble des actions coordonnées (étude de marché, publicité, promotion sur le lieu de vente, stimulation du personnel de vente, recherche de nouveaux produits, etc.) qui concourent au développement des ventes d'un produit ou d'un service. (Recomm. off. *mercatique.*)

Marlborough (John Churchill, *duc* **de),** général anglais (Musbury 1650 - Granbourn Lodge 1722). À l'avènement de la reine Anne (1702), il devint commandant en chef des troupes britanniques. Généralissime des armées alliées, il remporta de nombreuses victoires, dont celle de Malplaquet (1709). Il fut disgracié en 1710. Son nom est devenu légendaire grâce à la chanson populaire dont il est le héros sous le nom de **Malbrough.**

Marlowe (Christopher), poète dramatique anglais (Canterbury 1564 - Deptford, Londres, 1593). Il fut, par ses tragédies historiques et ses drames, le précurseur de Shakespeare *(la Tragique Histoire du Docteur Faust).*

marmaille [marmaj] **n.f.** (de *marmot*). *FAM.* Bande, troupe désordonnée et bruyante de tout jeunes enfants.

Marmara *(mer de),* mer intérieure du bassin de la Méditerranée, entre les parties européenne et asiatique de la Turquie ; env. 11 500 km^2.

marmelade [marmәlad] **n.f.** (port. *marmelada,* confiture de coing). **1.** Compote de fruits coupés en morceaux et cuits avec du sucre jusqu'à ce qu'ils aient une consistance de purée. **2.** *FAM.* **En marmelade,** réduit en bouillie ; en piteux état : *Avoir le nez en marmelade* (syn. **écrasé**).

marmite [marmit] **n.f.** (de l'anc. fr. *marmite,* hypocrite [de *marm-,* rad. onomat. de *marmotter,* et *mite,* anc. n. fam. du chat, d'orig. probabl. onomat.], parce que la marmite cache son contenu avec un couvercle). **1.** Récipient avec couvercle, sans manche (à la différence de la casserole), en génér. muni d'anses, dans lequel on fait cuire les aliments ; son contenu : *Une marmite en fonte* (syn. **cocotte, fait-tout**). **2.** GÉOL. **Marmite de géants** ou **marmite torrentielle,** cavité que l'érosion d'un cours d'eau creuse, avec l'aide de graviers et de galets, dans une roche assez compacte pour s'user sans s'émietter.

marmiton [marmitɔ̃] **n.m.** Apprenti attaché au service de la cuisine, dans un restaurant.

marmonnement [marmɔnmɑ̃] **n.m.** Action de marmonner ; bruit fait en marmonnant : *Arrête tes marmonnements* (syn. **grommellement, marmottement**).

marmonner [marmɔne] **v.t.** et **v.i.** (orig. onomat., var. de *marmotter*). Murmurer entre ses dents, d'une manière confuse et, souvent, avec hostilité : *Elle ne cesse de marmonner* (syn. **grommeler, marmotter**). *Marmonner des injures* (syn. **bredouiller**).

Marmont (Auguste Viesse de), *duc* **de Raguse,** maréchal de France (Châtillon-sur-Seine 1774 - Venise 1852). Il commanda en Dalmatie (1806), au Portugal et en Espagne (1811-1812) puis pendant la campagne de France (1814). Après entente avec les coalisés (4 avr.), il dirigea ses troupes sur la Normandie, décidant ainsi de l'abdication de Napoléon.

marmoréen, enne [marmɔreɛ̃, -ɛn] **adj.** (lat. *marmoreus,* de marbre). **1.** Qui a la nature ou l'aspect du marbre : *Des calcaires marmoréens.* **2.** LITT. Froid, dur, blanc comme le marbre : *Pâleur marmoréenne.*

marmot [marmo] **n.m.** (orig. incert., p.-ê. de *marmotter*). FAM. Petit enfant (syn. **bambin, gamin**).

marmotte [marmɔt] **n.f.** (de *marmotter*). Mammifère rongeur dont une espèce vit dans les Alpes entre 1 500 et 3 000 m d'altitude et hiberne plusieurs mois dans un terrier. ▸ Long. 50 cm ; famille des sciuridés.

marmottement [marmɔtmɑ̃] **n.m.** Action de marmotter, murmure d'une personne qui marmotte : *Le marmottement des femmes en train de prier* (syn. **marmonnement**).

marmotter [marmɔte] **v.t.** et **v.i.** (orig. onomat.). FAM. Murmurer confusément et entre les dents : *Il marmotta une excuse* (syn. **bredouiller, grommeler**).

marmouset [marmuzɛ] **n.m.** (orig. incert., p.-ê. de l'anc. fr. *marmote,* guenon). **1.** Figurine grotesque : *Marmousets sculptés sur les portails des églises.* **2.** FAM., VIEILLI. Petit garçon ; homme de petite taille. **3.** ZOOL. Nom parfois donné aux singes *ouistitis* ou *tamarins.*

marne [marn] **n.f.** (altér. de *marle,* lat. pop. **margila,* mot gaul.). Roche sédimentaire argileuse contenant une forte proportion de calcaire et qu'on utilise pour amender les sols acides et fabriquer du ciment.

Marne (la), riv. qui naît sur le plateau de Langres, affl. de la Seine (r. dr.), qu'elle rejoint entre Charenton et Alfortville ; 525 km. Près de Saint-Dizier, une retenue *(réservoir Marne)* forme un lac de près de 5 000 ha. Le *canal de la Marne au Rhin* relie Vitry-le-François à Strasbourg.

Marne [51], dép. de la Région Alsace-Champagne-Ardenne-Lorraine, formé d'une partie de la Champagne et traversé par la Marne ; ch.-l. de dép. *Châlons-en-Champagne ;* ch.-l. d'arr. *Épernay, Reims, Sainte-Ménehould, Vitry-le-François ;* 5 arr., 23 cant., 620 comm. ; 8 162 km^2 ; 582 786 hab. *(Marnais).*

Marne *(bataille de la),* ensemble des manœuvres et des combats victorieux dirigés par Joffre en sept. 1914, qui arrêtèrent l'invasion allemande et contraignirent Moltke à la retraite. Foch remporta dans la région une deuxième victoire en août 1918.

Marne (Haute-) [52], dép. de la Région Alsace-Champagne-Ardenne-Lorraine ; ch.-l. de dép. *Chaumont ;* ch.-l. d'arr. *Langres, Saint-Dizier ;* 3 arr., 17 cant., 437 comm. ; 6 211 km^2 ; 188 859 hab.

Marne-la-Vallée, ville nouvelle située à l'est de Paris, sur la rive gauche de la Marne. Parc d'attractions et cité scientifique Descartes.

marner [marne] **v.t.** AGRIC. Amender un sol pauvre en calcaire par incorporation de marne. ◆ **v.i.** FAM. Travailler dur.

marneux, euse [marnø, -øz] **adj.** Qui est de la nature de la marne ou qui en contient : *Calcaire marneux.*

Maroc, en ar. al Marhrīb, État de l'extrémité nord-ouest de l'Afrique, sur l'Atlantique et la Méditerranée ; 710 000 km^2 (avec l'ancien Sahara espagnol) ; 33 848 242 hab. *(Marocains).* CAP. *Rabat.* V. princ. *Casablanca, Marrakech, Fès, Meknès.* LANGUE : *arabe.* MONNAIE : *dirham marocain.*

GÉOGRAPHIE

Le milieu naturel. Parmi les pays du Maghreb, le Maroc se singularise par l'altitude élevée de ses montagnes et l'étendue relative de ses plaines. Le Haut Atlas porte le point culminant de l'Afrique du Nord, mais les surfaces planes cultivables sont beaucoup plus étendues qu'en Algérie ou en Tunisie.
Trois chaînes, orientées S.-O.-N.-E. (Moyen Atlas, Haut Atlas et Anti-Atlas), séparent des plateaux, prolongés par des plaines sur le littoral atlantique, limités par le Rif vers la Méditerranée, proches des hautes chaînes algériennes à l'est, appartenant au domaine saharien au sud. Au nord d'une ligne Agadir-Oujda, le climat est méditerranéen. En montagne, l'altitude rafraîchit les températures. La pluviosité diminue vers l'est et le sud, où règne le climat saharien.
La population et l'économie. La population est composée de Berbères et surtout d'Arabes. Le taux d'accroissement naturel est élevé. Les villes regroupent plus de la moitié de la population. L'agriculture emploie encore près de 40 % des actifs, juxtaposant céréaliculture et élevage (ovins surtout) et des cultures spécialisées, produisant surtout des agrumes. Cependant, la production vivrière (pêche incluse) ne satisfait pas entièrement des besoins croissants.
Sans ressources énergétiques, le Maroc dispose en revanche de grands gisements de phosphates, dont il est le premier exportateur mondial. L'industrie, en dehors du traitement des phosphates, reste modeste (textile, biens de consommation). Le commerce extérieur, effectué surtout avec l'U.E. (France en tête), est toujours déficitaire (importations de pétrole, de produits industriels et de compléments alimentaires). Les revenus du tourisme (deuxième source de devises), les envois des Marocains émigrés ne suffisent pas à équilibrer la balance des paiements, et la situation économique demeure difficile, d'autant que les dépenses militaires sont importantes et l'endettement aggravé, et que la pression démographique accroît le sous-emploi (chômage et petits métiers peu productifs).

HISTOIRE

Le Maroc antique. Aux IXe-VIIIe s. av. J.-C., les Phéniciens créent des comptoirs sur le littoral, qui, au VIe s., passent sous le contrôle de Carthage. Les Maures, Berbères qui habitent la région, y organisent le royaume de Mauritanie, qui est annexé par Rome en 40 apr. J.-C. Comme le reste de l'Afrique romaine, la région est envahie par les Vandales (435-442).

Les dynasties marocaines depuis la conquête arabe

700-710. Les Arabes conquièrent le pays. Ils imposent l'islam aux tribus berbères, chrétiennes, juives ou animistes.

789-985. La dynastie idriside gouverne le pays.

1061-1147. Les Almoravides unifient le Maghreb et l'Andalousie en un vaste empire.

1147-1269. Sous le gouvernement des Almohades, une brillante civilisation arabo-andalouse s'épanouit.

1269-1420. Le Maroc est aux mains des Marinides, qui doivent renoncer à l'Espagne (1340).

1415. Les Portugais conquièrent Ceuta. À la fin du XVe s., la vie urbaine recule. Le nomadisme, les particularismes tribaux et la dévotion aux marabouts se développent.

1554-1659. Sous les Saadiens, les Portugais sont défaits à Alcaçar Quivir (1578) par al-Mansur.

1591. Tombouctou est conquise et le Maroc contrôle pendant quelques années le commerce saharien.

Le Maroc est gouverné depuis 1666 par la dynastie alawite, fondée par Mulay Rachid. Il connaît aux XVIIe-XVIIIe s. des querelles successorales et une sévère décadence économique. Au XIXe s., les puissances européennes (Grande-Bretagne, Espagne, France) obligent les sultans à ouvrir le pays à leurs produits. Mais leur rivalité permet au Maroc de sauvegarder son indépendance.

1906-1912. Après les accords d'Algésiras, la France occupe la majeure partie du pays.

Les protectorats français et espagnols

1912. Le traité de Fès établit le protectorat français. L'Espagne obtient une zone nord (le Rif) et une zone sud (Ifni).

1912-1925. Lyautey, résident général, entreprend la pacification du pays.

1921-1926. Abd el-Krim anime la guerre du Rif contre les Espagnols puis contre les Français.

1933-1934. Fin de la résistance des Berbères du Haut Atlas. La France contrôle l'ensemble du pays. Le sultan Muhammad V (1927-1961) a un pouvoir purement religieux. La colonisation transforme l'économie ; 1/5 des terres utilisables sont attribuées à des Européens. Des manifestations en faveur des réformes sont organisées en 1934, puis en 1937, qui

entraînent l'arrestation des chefs nationalistes, dont les idées se répandent. Après la défaite française de 1940, les partis puis le sultan Muhammad V demandent l'indépendance.
1953-1955. Le sultan Muhammad V est déposé et exilé par les autorités françaises.

L'indépendance
1956. L'indépendance est proclamée.
1957. Le Maroc est érigé en royaume.
1961. Hasan II accède au trône. Il instaure une politique autoritaire, suspendant la Constitution de 1965 à 1970 et faisant arrêter des syndicalistes et des opposants.
1971-1972. Trois complots sont organisés contre le roi.
1975. Partage du Sahara occidental entre le Maroc et la Mauritanie, qui se heurtent aux nationalistes sahraouis.
1976. Rupture des relations diplomatiques avec l'Algérie.
1979. À la suite de la « Marche verte », le Maroc recouvre la zone saharienne à laquelle la Mauritanie renonce.
1988. Les relations avec l'Algérie sont rétablies.
1994-1998. Le régime se libéralise partiellement entre l'amnistie de 1994 et la formation du gouvernement, en 1998, par Abd al-Rahman Yusufi, représentant l'opposition de gauche.
1999. Hasan II meurt ; son fils aîné devient roi sous le nom de Muhammad VI.
2012. L'islamiste modéré Abdelilah Benkirane forme un gouvernement de coalition après la victoire de son parti aux élections et l'adoption, en 2011, d'une nouvelle Constitution limitant les prérogatives du roi.

Maroni (le), fl. séparant la Guyane et le Suriname ; 680 km.

maronite [marɔnit] **adj.** et **n.** (de *Maron,* n. d'un patriarche). Se dit d'un fidèle de l'Église maronite. ◆ **adj. 1.** Relatif aux maronites. **2. Église maronite,** Église de rite syrien implantée surtout au Liban.

maronner [marɔne] **v.i.** (mot du Nord-Ouest « miauler »). *FAM.* Rager, exprimer son mécontentement en grommelant.

maroquin [marɔkɛ̃] **n.m.** (de *Maroc,* pays où se fabrique ce cuir). **1.** Peau de chèvre tannée au moyen de produits végétaux, utilisée pour la reliure et la maroquinerie. **2.** *FAM.* Portefeuille ministériel.

maroquinerie [marɔkinri] **n.f. 1.** Fabrication du maroquin ; lieu où il se prépare. **2.** Fabrication de petits objets en cuir ; entreprise industrielle ou artisanale vouée à cette fabrication. **3.** Commerce, magasin de petits objets en cuir ; ces objets eux-mêmes.

maroquinier, ère [marɔkinje, -ɛr] **n.** Personne qui travaille à la fabrication ou à la vente d'objets de maroquinerie.

Marot (Clément), poète français (Cahors 1496 - Turin 1544). Valet de chambre de François Ier, il fut soupçonné de sympathie pour la Réforme et dut s'exiler à plusieurs reprises. Resté fidèle aux formes du Moyen Âge, comme le rondeau et la ballade, il s'ouvre cependant aux influences humanistes, compose le premier sonnet français et se révèle, dans ses *Élégies,* ses *Épigrammes* et ses *Épîtres,* un poète de cour élégant et ironique.

marotte [marɔt] **n.f.** (dimin. de *Marie ;* v. *marionnette*). *FAM.* Idée fixe, goût obsessionnel pour qqch : *Sa nouvelle marotte, c'est de collectionner les fèves des Rois* (syn. **manie, toquade**).

maroufler [marufle] **v.t.** (de *maroufle,* colle forte). **1.** Coller (une toile peinte) sur une surface murale ou un plafond ; coller sur une toile de renfort (une toile peinte, une peinture sur papier, un dessin). **2.** Poser et coller sur un panneau de bois (un revêtement décoratif) en exerçant un fort pressage dirigé du milieu vers les extrémités.

marquage [markaʒ] **n.m. 1.** Action de marquer, d'apposer une marque sur qqch : *Le marquage du bétail.* **2. Marquage radioactif,** introduction de radioéléments dans une molécule, une substance, un organisme vivant, permettant de les suivre dans leurs déplacements.

marquant, e [markɑ̃, -ɑ̃t] **adj. 1.** Qui fait impression, qui laisse une trace : *Faits marquants de l'actualité* (syn. **notable, saillant**). **2.** Qui est remarquable pour sa situation, son mérite : *Personnalité marquante* (syn. **éminent**).

marque [mark] **n.f. 1.** Trace de contact, empreinte laissée par un corps sur un autre : *Il y a des marques de rouge à lèvres sur le verre* (syn. **tache, trace**). **2.** Trace laissée sur le corps par un coup, un choc, etc. : *La marque d'une brûlure* (syn. **cicatrice**). **3.** Trace, signe, objet qui sert à repérer, à reconnaître qqch : *Faites une marque devant chaque mot à conserver* (syn. **coche**). *Garder la page d'un livre avec une marque.* **4.** Ce qui distingue qqn, qui indique sa fonction, son grade, etc. : *Le caducée est la marque des médecins* (syn. **emblème, insigne**). **5.** Caractère propre, trait distinctif de qqn, de qqch : *Un film qui porte la marque de son réalisateur* (syn. **manière, style, touche**). *C'est la marque de sa mesquinerie* (syn. **preuve, signe**). **6.** Signe, indice qui révèle qqch : *Prodiguer à qqn des marques d'estime* (syn. **gage, témoignage**). **7.** SPORTS. Repère placé par un athlète pour faciliter un saut, un élan : *Prendre ses marques.* **8.** SPORTS. Décompte des points gagnés, des buts inscrits au cours d'une compétition : *La marque à la mi-temps est de deux à zéro* (syn. **score**). **9.** Ensemble des produits fabriqués, vendus sous un label ; entreprise qui est propriétaire de ce label : *Les grandes marques de champagne.* **10.** LING. Trait pertinent dont la présence ou l'absence permet d'opposer deux formes ou éléments linguistiques dont les autres traits sont identiques : *Pour de nombreux substantifs, le « s » est la marque du pluriel.* **11. À vos marques !,** en athlétisme, ordre donné par le starter pour amener les athlètes sur la ligne de départ. / **De marque,** se dit d'un produit qui sort d'une maison dont la marque est connue ; de qualité. / **Personnalité de marque,** personnage, hôte important. **12. Marque déposée,** marque de fabrique ou de commerce ayant fait l'objet d'un dépôt légal, afin de bénéficier de la protection juridique attachée à cette formalité. / **Marque de fabrique, de commerce, de service,** tout signe servant à distinguer des produits, des objets, des services. ◆ **marques n.f. pl.** Ensemble de repères délimitant un territoire, une zone d'influence : *Chercher ses marques.*

marqué, e [marke] **adj. 1.** Indiqué avec netteté : *Une différence marquée* (syn. **net, ostensible**). **2.** Se dit de qqn qui est engagé dans qqch, ou compromis par ses agissements antérieurs : *Il est marqué politiquement.*

marque-page [markəpaʒ] **n.m.** (pl. *marque-pages*). Papier, carton, marque qui sert à retrouver une page dans un livre.

marquer [marke] **v.t.** (de l'anc. scand. *merki,* marque). **1.** Faire ou laisser une marque visible, une trace : *Le coup a légèrement marqué la carrosserie* (syn. **rayer, zébrer**). *La fatigue marque son visage* (syn. **creuser, ravager**). **2.** Laisser une marque, une trace dans le caractère ou la personnalité de qqn : *Son éducation très rigoureuse l'a marquée* (syn. **imprégner**). *Il a marqué son époque.* **3.** Signaler, distinguer par un repère, un signe : *Marquer du linge. Marquer les fautes d'une croix en marge* (syn. **indiquer, signaler**). **4.** Indiquer par écrit : *Marquer un rendez-vous dans un agenda* (syn. **inscrire, noter**). *Les frontières sont marquées sur la carte* (syn. **matérialiser, tracer**). **5.** Fournir une indication, en parlant d'un instrument de mesure : *L'altimètre marquait neuf mille pieds* (syn. **annoncer, indiquer**). **6.** Souligner, rendre plus apparent, plus sensible : *Marquer un temps d'arrêt. Elle marquait ses hésitations d'un hochement de tête* (syn. **ponctuer, signaler**). **7.** Faire ressortir, accuser, en partic. en parlant d'un vêtement : *Robe qui marque la taille* (syn. **accentuer, souligner**). **8.** Faire connaître à autrui : *Marquer sa désapprobation* (syn. **exprimer, manifester**). **9.** Indiquer, être le signe de : *Un geste qui marque sa générosité* (syn. **dénoter, révéler**). **10.** SC. Procéder au marquage radioactif de : *Marquer une molécule.* **11.** SPORTS. Surveiller étroitement un adversaire et rester dans sa proximité immédiate pour contrecarrer ses initiatives, dans les sports d'équipe : *Marquer un avant.* **12.** Réussir un but, un essai, un panier, au football, au rugby, au basket : *Il a marqué trois buts en deuxième mi-temps.* **13. Marquer le pas,** continuer à frapper le sol avec les pieds, selon la cadence du pas, sans avancer ; au fig., ralentir, cesser de progresser, en parlant d'un processus. ◆ **v.i. 1.** Faire une marque ; laisser une trace : *Ce composteur ne marque plus* (syn. **imprimer**). **2.** Laisser une impression, un souvenir durables, en parlant de faits : *Ces moments ont marqué dans ma vie.* **3.** Marquer un but, un essai, etc., dans les sports d'équipe : *Marquer contre son camp.*

marqueter [markəte] **v.t.** (de *marquer*) [conj. **27**]. Orner de marqueterie : *Un bureau marqueté.*

marqueterie [markɛtri] **n.f.** Assemblage décoratif de lamelles de bois d'essences variées (ou de marbres, de métaux, etc.), employé en revêtement, notamm. sur un ouvrage de menuiserie.

marqueteur, euse [markətœr, -øz] **n.** Ouvrier qui fait des ouvrages de marqueterie.

1. marqueur, euse [markœr, -øz] **n. 1.** Personne qui inscrit les points dans un jeu, un sport. **2.** Joueur qui marque un but, un essai, un panier ou qui en marque fréquemment.

2. marqueur [markœr] **n.m. 1.** Feutre formant un trait large. **2. Marqueur biologique,** substance biochimique caractéristique, retrouvée chez certains sujets normaux (selon les groupes sanguins, par ex.) ou pathologiques (en cas de cancer, par ex.).

marquis [marki] **n.m.** (de *marche,* frontière, d'apr. l'it. *marchese*). **1.** HIST. Seigneur qui était préposé à la garde d'une marche territoriale, à l'époque carolingienne. **2.** En France, titre de noblesse entre ceux de duc et de comte.

marquisat [markiza] **n.m.** (it. *marchesato*). **1.** Seigneurie, terres d'un marquis. **2.** Titre, dignité de marquis.

1. marquise [markiz] **n.f. 1.** Femme d'un marquis. **2.** Femme qui possède un marquisat.

2. marquise [markiz] **n.f.** (de *1. marquise*). Auvent en charpente de fer et vitré, placé au-dessus d'une porte d'entrée, d'un perron.

Marquises *(îles),* archipel de la Polynésie française ; 1 274 km^2 ; 9 264 hab. *(Marquisiens).*

marraine [marɛn] **n.f.** (var. de l'anc. fr. *marrine,* du lat. pop. **matrina,* de *mater,* mère). **1.** Femme qui présente un enfant au baptême ou à la confirmation, et qui se porte garante de sa fidélité à l'Église. **2.** Celle qui préside au baptême d'un navire, d'une cloche, etc. **3.** Celle qui présente qqn dans un club, une société, pour l'y faire entrer. **4. Marraine de guerre,** femme ou jeune fille qui, pendant un conflit, entretient une correspondance avec un soldat, lui envoie des colis, etc.

Marrakech, v. du Maroc, au pied du Haut Atlas ; 1 330 468 hab. dans l'agglomération. Centre touristique. Fondée en 1062, Marrakech fut, jusqu'en 1269, la capitale des Almoravides puis des Almohades. Mosquée al-Kutubiyya, de style hispano-moresque ; mosquée d'al-Mansur (v. 1190, très remaniée) ; enceinte (12 km). Nombreux monuments de la dynastie saadienne : madrasa ibn Yusuf (1564-1565).

marrane [maran] **n.m.** (esp. *marrano,* port. *marrao,* de l'ar. *mahram,* illicite). HIST. Juif d'Espagne ou du Portugal converti de force au catholicisme et qui continuait à pratiquer en secret sa religion.

marrant, e [marɑ̃, -ɑ̃t] **adj.** *FAM.* Qui amuse, fait rire : *Ce film est marrant* (syn. **comique, drôle**).

marre [mar] **adv.** (de l'anc. fr. *se marrir,* s'ennuyer). *FAM.* **En avoir marre,** en avoir assez, être excédé.

se **marrer** [mare] **v.pr.** (anc. fr. *se marrir,* s'ennuyer, puis, par antiphrase, sens actuel). *FAM.* Rire ou s'amuser.

marri, e [mari] **adj.** (de l'anc. fr. *marrir,* affliger, frq. **marrjan,* fâcher). *LITT.* ou *PAR PLAIS.* Fâché, attristé, contrarié : *Il est bien marri de cette aventure.*

1. marron [marɔ̃] **n.m.** (it. *marrone,* probabl. d'un rad. préroman *marr-,* pierre, rocher). **1.** Fruit comestible de certaines variétés cultivées de châtaigniers. **2.** *FAM.* Coup de poing. **3. Tirer les marrons du feu,** courir des risques pour le profit de qqn d'autre. **4. Marron glacé,** marron confit dans du sucre et glacé au sirop. **/ Marron d'Inde,** fruit du marronnier d'Inde, qui renferme une graine farineuse non comestible. ▸ On l'emploie en pharmacie contre les troubles circulatoires. ◆ **adj. inv.** et **n.m.** D'une couleur brun rouge.

2. marron, onne [marɔ̃, -ɔn] **adj.** (mot hispano-amér. *cimarrón*). **1.** HIST. Se disait d'un esclave fugitif, dans l'Amérique coloniale. **2.** Qui exerce une profession libérale dans des conditions illégales : *Avocat marron.* ◆ **marron adj. inv.** *FAM.* **Être marron,** être dupé, attrapé.

marronnier [marɔnje] **n.m.** (de *1. marron*). **1.** Châtaignier d'une variété cultivée, qui produit le marron. **2. Marronnier d'Inde,** arbre à feuilles composées palmées, originaire des Balkans et souvent planté sur les voies publiques. ▸ Famille des hippocastanacées ; haut. 30 m ; longévité de 2 à 3 siècles.

mars [mars] **n.m.** (lat. *martius,* mois consacré au dieu Mars). Troisième mois de l'année.

Mars, dieu de la Guerre, dans la mythologie romaine de l'époque classique. Bien qu'identifié au Grec Arès, Mars était un dieu italique vénéré à Rome comme dieu des Combats sous le nom de *Mars Gradivus ;* primitivement, il était aussi vénéré comme dieu de la Nature et de la Végétation sous le nom de *Mars Silvanus.* Le mois qui lui était consacré ouvrait l'année romaine.

Mars, planète du Système solaire, située au-delà de la Terre, par rapport au Soleil. C'est l'une des quatre planètes telluriques du Système solaire. Son diamètre équatorial est de 6 794 km (env. deux fois plus petit que celui de la Terre) ; sa période de révolution autour du Soleil est de 687 jours. Sa surface, rocailleuse et désertique, offre une teinte rougeâtre caractéristique, due à la présence d'un oxyde de fer. Elle est entourée d'une atmosphère ténue de gaz carbonique et possède deux petits satellites, Phobos et Deimos. Elle abrite les plus grands volcans (éteints) du Système solaire. L'étude de sa surface *in situ,* commencée en 1976 (sondes Viking, États-Unis), a repris en 1997 (mission Mars Pathfinder, É.-U.). Certaines découvertes effectuées depuis 2004 par les atterrisseurs américains Mars Exploration Rover 1 *(Spirit)* et 2 *(Opportunity)* et par la sonde européenne Mars Express, ainsi que, depuis 2006, par la sonde américaine Mars Reconnaissance Orbiter, renforcent l'hypothèse de la présence passée d'importantes quantités d'eau à l'état liquide à la surface de la planète.

Mars (Anne Boutet, dite **Mlle),** actrice française (Paris 1779 - *id.* 1847). Elle fut l'interprète des grands drames romantiques.

Marseillaise *(la),* chant patriotique devenu en 1795, puis en 1879, l'hymne national français. Composé en 1792 pour l'armée du Rhin, ce chant, dû à un officier du génie, Claude Joseph Rouget de Lisle, en garnison à Strasbourg, reçut le titre de *Chant de guerre pour l'armée du Rhin ;* mais, les fédérés marseillais l'ayant fait connaître les premiers à Paris, il prit le nom de *Marseillaise.*

Marseille, ch.-l. de la Région Provence-Alpes-Côte d'Azur et du dép. des Bouches-du-Rhône, à 774 km au sud de Paris ; 861 676 hab. *(Marseillais)* [1 831 500 hab. dans la métropole]. Principal port français de commerce et port de voyageurs. Centre administratif, commercial (foire internationale), universitaire et religieux, siège de la zone de défense Sud et noyau d'une agglomération industrialisée. – Vestiges hellénistiques et romains. Églises anciennes, notamment romanes. Hôtel de ville et anc. hospice de la Charité du XVIIe s. Importants musées (des Beaux-Arts., Cantini, etc.). – Colonie fondée au VIe s. av. J.-C. par les Phocéens, Marseille *(Massalia)* connut une longue prospérité au temps des Romains. Siège d'une vicomté dépendant du comte de Provence au IXe s., la ville retrouva son activité au temps des croisades (XIIe-XIIIe s.) et devint française en 1481. L'ouverture du canal de Suez favorisa son expansion et en fit un grand centre d'affaires.

Marshall, archipel et État de la Micronésie (Océanie) ; 181 km^2 ; 53 000 hab. CAP. *Majuro.* LANGUES : *anglais* et *marshallais.* MONNAIE : *dollar des États-Unis.* Il est formé de deux groupes d'îles, les Ratak (îles « de l'Aurore » ou « du Soleil levant ») et les Ralik (îles « du Soleil couchant »). En dehors des bases militaires (Eniwetok et Bikini), les plantations de cocotiers (exportation de coprah) et la pêche constituent les ressources essentielles. Allemand de 1885 à 1914, sans mandat japonais jusqu'en 1944, puis sous celui des États-Unis de 1947 à 1986, l'archipel devient alors un État librement associé à ces derniers. En 1991, il entre à l'O.N.U.

Marshall (Alfred), économiste britannique (Londres 1842 - Cambridge 1924). Professeur à Cambridge, il eut notamment Keynes et Pigou parmi ses élèves. Considéré comme le principal théoricien de l'école néoclassique et le premier représentant de l'école de Cambridge, il utilisa les méthodes d'analyse des marginalistes. Il s'est aussi attaché à l'étude de l'équilibre partiel, plus sensible à court terme à la demande, et, en longue période, à l'offre.

Marshall (George Catlett), général et homme politique américain (Uniontown, Pennsylvanie, 1880 - Washington 1959). Chef d'état-major de l'armée (1939-1945), secrétaire d'État du président Truman (1947-1949), il a donné son nom au plan américain d'aide économique à l'Europe. (Prix Nobel de la paix 1953.) – Le *plan Marshall*, lancé en 1948, fut administré par l'Organisation européenne de coopération économique (O.E.C.E.), à laquelle 16 États adhérèrent dès sa création.

marsouin [marswɛ̃] **n.m.** (d'une langue scand. *marsvin*, porc de mer). **1.** Mammifère cétacé voisin du dauphin, très vorace, commun dans l'Atlantique, où il suit souvent les navires. ▶ Long. 1,50 m. **2.** ARG. MIL. Militaire de l'infanterie de marine.

marsupial [marsypjal] **n.m.** (du lat. *marsupium*, bourse) [pl. *marsupiaux*]. Mammifère primitif dont la femelle a une poche ventrale qui contient les mamelles et destinée à recevoir les larves, mises bas après un développement intra-utérin court. ▶ Types principaux : kangourou, sarigue. Les marsupiaux, qui constituent le groupe des métathériens, sont répandus surtout en Australie et en Nouvelle-Guinée ainsi qu'aux Moluques et en Amérique tropicale.

marte n.f. → **martre.**

marteau [marto] **n.m.** (de *marteaus*, pl. de *martel*, lat. pop. **martellus* ; v. *martel*). **1.** Outil formé d'une tête en acier dur trempé et d'un manche, dont on se sert pour frapper : *Enfoncer un clou avec un marteau.* **2.** Battant métallique servant de heurtoir à une porte. **3.** Pièce garnie de feutre, qui frappe la corde d'un piano. **4.** Sphère métallique (7,257 kg) munie d'un fil d'acier et d'une poignée, que lancent les athlètes ; épreuve d'athlétisme pratiquée avec cet engin. **5.** TECHN. Appareil constitué d'un outil perforant et d'un corps cylindrique dans lequel se meut un piston qui frappe l'outil sous l'effet d'un choc pneumatique, hydraulique ou électrique, et qui sert à disloquer les matériaux rocheux *(marteau piqueur)* ou à creuser des trous destinés à recevoir des charges explosives *(marteau perforateur)*. **6.** Petit maillet d'os ou d'ivoire, utilisé par un commissaire-priseur. **7.** ANAT. Premier osselet de l'oreille moyenne, dont le manche est solidaire du tympan et dont la tête s'articule avec l'enclume. **8.** ZOOL. Requin des mers chaudes, à tête aplatie en deux lobes latéraux portant les yeux, appelé aussi *requin-marteau.*

marteau-pilon [martopilɔ̃] **n.m.** (pl. *marteaux-pilons*). Machine-outil de forge destinée à provoquer la déformation du métal par action d'une masse tombante.

martel [martɛl] **n.m.** (lat. pop. **martellus*, marteau, class. *martulus*). **Se mettre martel en tête,** se faire beaucoup de souci.

martelage [martəlaʒ] **n.m.** Action de marteler, de façonner ou de forger au marteau.

martèlement [martɛlmɑ̃] **n.m. 1.** Action de marteler ; bruit qui en résulte : *Les martèlements qui s'échappent de l'atelier du forgeron.* **2.** Bruit cadencé rappelant celui des coups de marteau : *Le martèlement des pas sur les pavés.*

marteler [martəle] **v.t.** [conj. **25**]. **1.** Frapper, forger, façonner au moyen du marteau : *Marteler le fer sur l'enclume* (syn. **battre**). **2.** Frapper fort et à coups redoublés ; ébranler par un bruit fort et répété : *Elle martelait la porte en appelant au secours.* **3.** Articuler avec force, en détachant les mots : *Marteler ses phrases.*

Martenot (Maurice), inventeur, pédagogue et compositeur français (Paris 1898 - Neuilly-sur-Seine 1980). Il inventa un instrument électronique (les ondes Martenot, 1928), dont il enseigna le maniement au Conservatoire de Paris (1947-1970). Il mit au point une méthode d'enseignement fondée sur la pratique du chant et du jeu (*Méthode Martenot*, 1952).

Marti (José), écrivain et patriote cubain (La Havane 1853 - Dos Ríos 1895). Il milita pour l'indépendance de Cuba et devint, par ses écrits et son action, le symbole de la lutte de l'Amérique hispanique pour son unité et son indépendance.

martial, e, aux [marsjal, -o] **adj.** (lat. *martialis*, du n. de *Mars*, dieu de la Guerre). **1.** LITT. Qui manifeste des dispositions pour le combat ; qui encourage cet état d'esprit : *Un discours martial* (syn. **belliqueux**). **2.** Décidé, résolu, qui cherche à en imposer : *Prendre un air martial* (syn. **combatif**). **3. Cour martiale,** tribunal militaire d'exception (XVIIIe-XIXe s.). / **Loi martiale,** loi d'exception confiant le maintien de l'ordre aux autorités militaires. **4. Arts martiaux,** ensemble des sports de combat d'origine japonaise, tels que le judo, le karaté, l'aïkido, le kendo.

Martial, en lat. **Marcus Valerius Martialis,** poète latin (Bilbilis, Espagne, v. 40 - *id.* v. 104). Le mordant de ses *Épigrammes* a fait prendre à ce type de poésies courtes le sens de raillerie satirique.

martien, enne [marsjɛ̃, -ɛn] **adj.** Relatif à la planète Mars. ◆ **n.** Habitant imaginaire de cette planète.

Martigues, ch.-l. de c. des Bouches-du-Rhône ; 48 266 hab. *(Martégaux)*. Port pétrolier (Lavéra), près de l'étang de Berre. Raffinage du pétrole. Églises du XVIIe s. Musées.

Martin *(saint)*, évêque et apôtre de la Gaule (Sabaria, Pannonie, v. 315 - Candes 397). Soldat romain, dont la tradition veut qu'il ait un jour partagé son manteau avec un pauvre. Ordonné prêtre par Hilaire de Poitiers, il entra comme moine à Ligugé, puis fut élu évêque de Tours en 371. Parcourant la Gaule, il fit disparaître les rituels païens, fonda des monastères (dont celui de Marmoutier) et organisa les premières paroisses rurales. Son tombeau à Tours est devenu très tôt un centre de pèlerinage.

Martin V (Oddone **Colonna**) [Genazzano 1368 - Rome 1431], pape de 1417 à 1431. Son élection, au concile de Constance, mit fin au Grand Schisme et permit le retour du pouvoir pontifical à Rome. Il dut convoquer un concile à Sienne (1423), au cours duquel il tint tête à l'hostilité française.

Martin (Jacques), dessinateur et scénariste de bandes dessinées belge d'origine française (Strasbourg 1921 - Orbe, Suisse, 2010). Ses séries (*Alix*, à partir de 1948 ; *Lefranc*, à partir de 1952), de facture classique et d'un grand souci documentaire, comptent parmi les réussites de l'école franco-belge.

Martin du Gard (Roger), écrivain français (Neuilly-sur-Seine 1881 - Sérigny 1958). Passionné par l'étude de la crise de conscience de la jeunesse à la suite de l'affaire Dreyfus et des luttes politiques de la fin du siècle (*Jean Barois*, 1913), il entreprend dans *les Thibault* (1922-1940) la peinture d'une famille française au début du siècle. (Prix Nobel 1937.)

1. martinet [martinɛ] **n.m.** (de *Martin*, n.pr.). Oiseau ressemblant à l'hirondelle, mais à ailes plus étroites et à queue plus courte. ▶ Ordre des micropodiformes ; long. 16 cm env. Le martinet chasse les insectes au cours de son vol rapide.

2. martinet [martinɛ] **n.m.** (même étym. que *1. martinet*). **1.** Fouet formé de plusieurs lanières de cuir fixées à un manche. **2.** Marteau à bascule qui, mis en mouvement par une roue à cames, sert à battre les métaux.

martingale [martɛ̃gal] **n.f.** (prov. *martegalo*, de Martigues, v. du Midi). **1.** Ensemble de deux pattes se boutonnant l'une sur l'autre et placées à la taille dans le dos d'un vêtement. **2.** Système de jeu qui prétend, selon des principes fondés sur le calcul des probabilités, assurer un bénéfice certain dans les jeux de hasard ; combinaison.

Martini (Simone), peintre italien (Sienne v. 1284 - Avignon 1344). Maître d'un style gothique d'une grande élégance, actif à Sienne, Naples, Assise (fresques de la *Vie de saint Martin*), Avignon, il exerça une influence considérable, notamment sur l'école siennoise et sur l'Italien Matteo Giovannetti (actif à Avignon de 1343 à 1367).

martiniquais, e [martinikɛ, -ɛz] **adj.** et **n.** De la Martinique.

Martinique [972], une des Petites Antilles, formant (depuis 1946) un dép. français d'outre-mer, ayant statut de Région ; 1 100 km^2 ; 395 027 hab. *(Martiniquais)*. Ch.-l. *Fort-de-France*. Ch.-l. d'arr. *Le Marin, Saint-Pierre, La Trinité*. 4 arr. et 34 comm.

GÉOGRAPHIE

L'île, au climat tropical, est constituée par un massif volcanique dominé par la montagne Pelée. L'agriculture est tournée vers la production de la canne à sucre et des bananes. L'émigration vers la France n'a pas enrayé la montée du chômage et l'île demeure économiquement très dépendante de l'aide de la métropole. Parc naturel régional (env. 62 000 ha).

HISTOIRE

Découverte par Christophe Colomb en 1502, l'île fut colonisée par la France à partir de 1635. Elle fonde sa prospérité sur les cultures tropicales (canne à sucre) et sur le commerce des esclaves. En 1946, la Martinique devient un département d'outre-mer. La loi sur la décentralisation dote l'île d'un conseil régional en 1982.

martin-pêcheur [martɛ̃pɛʃœr] **n.m.** (pl. *martins-pêcheurs*). Petit oiseau d'Eurasie au plumage brillant, qui vit au bord des cours d'eau et plonge avec rapidité pour prendre de petits poissons. ▸ Ordre des coraciiformes ; long. 16 cm env.

Martinů (Bohuslav), compositeur tchèque (Policka, Bohême, 1890 - Liestal, Suisse, 1959). Il a subi l'influence des postromantiques allemands, puis d'Albert Roussel et de Stravinski. L'impressionnisme le fascina, autant que les rythmes de jazz. Il a composé des œuvres pour orchestre (6 symphonies), des concertos, des opéras (*Juliette ou la Clef des songes,* 1938), de la musique de chambre et des ballets.

martre [martr] ou **marte** [mart] **n.f.** (germ. **marthor*). Mammifère d'Eurasie et d'Am. du Nord carnivore à fourrure soyeuse, dont il existe trois espèces, la martre proprement dite, la fouine et la zibeline. ▸ Famille des mustélidés.

martyr, e [martir] **n.** (lat. ecclés. *martyr*, gr. *martur,* témoin de Dieu). **1.** Chrétien mis à mort ou torturé en témoignage de sa foi. **2.** Personne qui a souffert la mort pour sa foi religieuse ou pour une cause à laquelle elle s'est sacrifiée : *Martyrs de la Résistance.* ◆ **adj.** Qui souffre de mauvais traitements systématiques : *Une enfant martyre.*

martyre [martir] **n.m.** (lat. ecclés. *martyrium*). **1.** Torture, supplice, mort que qqn endure, en génér. pour la défense de sa foi, de sa cause : *Le martyre des premiers chrétiens* (syn. **supplice**). **2.** Grande douleur physique ou morale ; état, situation extrêmement pénible : *Sa vie a été un long martyre* (syn. **calvaire**). *Nous souffrons le martyre à l'écouter parler* (syn. **tourment, torture**).

martyriser [martirize] **v.t.** (lat. ecclés. *martyrizare*). Faire endurer de cruels traitements à : *Martyriser un enfant, un animal* (syn. **persécuter, torturer**).

martyrologe [martirɔlɔʒ] **n.m.** (lat. ecclés. *martyrologium*). **1.** Liste ou catalogue des martyrs et des saints. **2.** Liste des victimes d'une cause : *Le martyrologe de la Résistance.*

Marx (Karl), théoricien du socialisme et révolutionnaire allemand (Trèves 1818 - Londres 1883). Il soutient sa thèse en 1841, mais n'obtient pas de chaire d'enseignement. L'année suivante, il collabore à la *Gazette rhénane,* organe d'opposition. Mais, en octobre 1843, la *Gazette rhénane* est interdite et Marx doit quitter l'Allemagne. Il s'installe en France, où il collabore aux *Annales franco- allemandes.* Il y expose ses vues sur la lutte politique et pose comme principes de libération de l'humanité la suppression de l'État et celle de l'argent. À l'occasion d'une critique de la philosophie du droit de Hegel, il confère au prolétariat le rôle de force historiquement destinée à mettre un terme, par la révolution, aux rapports sociaux existants. En 1844 commencent l'amitié et la collaboration entre Marx et Engels. Leurs premiers textes communs paraissent : *la Sainte Famille* (1845). Mais Marx est expulsé et se réfugie à Bruxelles jusqu'en mars 1848. En avr. 1845, Engels l'a rejoint ; ils posent, dans les *Thèses sur Feuerbach,* les bases du matérialisme historique. La même année, ils entreprennent *l'Idéologie allemande* (1845-1846). Tout en étudiant, Marx et Engels multiplient les enquêtes, les contacts avec les milieux socialistes, sauf Proudhon, avec qui ils rompent rapidement. Ces contacts aboutissent à l'adhésion de Marx à la Ligue des justes (plus tard, Ligue des communistes). Mandaté par elle, Marx rédigera avec Engels le *Manifeste du parti communiste* (1848). La révolution de 1848 entraîne l'expulsion de Marx de Belgique. Le Gouvernement provisoire de la République française l'invite à rentrer à Paris, qu'il quitte pour retourner en Allemagne. Mais la contre-révolution triomphe et Marx est expulsé d'Allemagne. Il retourne en France, d'où il est de nouveau expulsé en août 1849. Il s'installe à Londres, définitivement. Il y fera le bilan des journées de 1848 : *les Luttes de classes en France* (1850). L'activité de Marx touche à tous les domaines : lutte politique, analyses historiques et politiques (*le 18-Brumaire de Louis Bonaparte,* 1852), analyses théoriques (*Fondements de la critique de l'économie politique* et, en 1859, *la Contribution à la critique de l'économie politique*). En 1864, Marx participe à la fondation de l'Association internationale des travailleurs (A.I.T.). Il publie le premier livre du *Capital* (1867). De Londres, il suit avec passion les événements de la Commune de Paris, dont il dresse le bilan dans *la Guerre civile en France.* En 1875, il rédige la critique du programme du parti ouvrier allemand, qui vient d'être fondé à Gotha.

Marx Brothers, acteurs burlesques de cinéma américains : **Leonard,** dit **Chico** (New York 1886 - Hollywood 1961), **Adolph,** dit **Harpo** (New York 1888 - Hollywood 1964), **Julius,** dit **Groucho** (New York 1890 - Los Angeles 1977), et **Herbert,** dit **Zeppo** (New York 1901 - Palm Springs 1979). Après avoir débuté au music-hall, ils triomphèrent à l'écran, où leurs gags impertinents, loufoques, tant verbaux que visuels, entraînèrent le cinéma burlesque vers les rivages de l'absurde et de l'anarchisme. Zeppo se sépara du groupe dès 1932. Leurs meilleurs films sont : *Noix de coco* (1929), *Monnaie de singe* (1931), *Soupe au canard* (1933), *Une nuit à l'Opéra* (1935), *Un jour aux courses* (1936), *Une nuit à Casablanca* (1946).

marxisme [marksism] **n.m.** Ensemble des conceptions politiques, philosophiques, sociales de K. Marx, de F. Engels et de leurs continuateurs. ◆ **marxiste adj.** et **n.** Relatif au marxisme ; qui en est partisan.

■ Pour le marxisme, la lutte des classes est le moteur de l'histoire et le projet de révolution socialiste devant mener à la réalisation du *communisme* s'inscrit dans cette perspective. L'antagonisme des classes tenant à la place que celles-ci occupent dans le processus de production industrielle, l'analyse du mode de production capitaliste (avec la théorie de la plus-value) constitue le socle d'une réflexion critique qui s'étend à tous les aspects de l'existence sociale. De la théorie élaborée par Marx et Engels sont issus principalement le *léninisme,*le trotskisme et le maoïsme. ■

marxisme-léninisme [marksismleninism] **n.m. sing.** Théorie et pratique politiques s'inspirant de Marx et de Lénine. ◆ **marxiste-léniniste adj.** et **n.** (pl. *marxistes-léninistes*). Relatif au marxisme-léninisme ; qui en est partisan.

mas [ma] ou [mɑs] **n.m.** (mot prov.). Maison de campagne, ferme, en Provence.

Masaccio (Tommaso di Ser Giovanni, dit**),** peintre italien (San Giovanni Valdarno, prov. d'Arezzo, 1401 - Rome 1428). Égal de Brunelleschi et de Donatello, il a pratiqué un art caractérisé par les qualités spatiales, la plénitude des formes, le réalisme expressif, et dont l'influence fut considérable. Ses œuvres conservées les plus célèbres se situent dans les années 1425-1428 : la *Vierge à l'Enfant avec des anges* (panneau de retable, Londres) ; *la Trinité,* fresque à S. Maria Novella de Florence ; le cycle de fresques de la chapelle Brancacci à S. Maria del Carmine (même ville), où les scènes dues à Masaccio (*Adam et Ève chassés du paradis, le Tribut de saint Pierre,* etc.) se démarquent de celles, contemporaines mais encore proches de la suavité gothique, dues à son aîné Masolino da Panicale (v. 1383-1440).

Masai ou **Massaï,** peuple du Kenya et de Tanzanie.

Masaryk (Tomáš), homme politique tchécoslovaque (Hodonín 1850 - château de Lány 1937). Nationaliste tchèque sous la monarchie austro-hongroise, il fonda, en 1918, la République tchécoslovaque, dont il fut le président jusqu'en 1935. Par son rayonnement intellectuel et moral, il joua un rôle beaucoup plus important que celui que lui conférait la Constitution.

Mascagni (Pietro), compositeur italien (Livourne 1863 - Rome 1945). Auteur de *Cavalleria rusticana* (1890), il fut le chef de file du mouvement vériste et laissa surtout des œuvres théâtrales (*l'Amico Fritz,* 1891) et des opérettes comme *Si* (1919).

mascara [maskara] **n.m.** (de l'it. *maschera,* masque, par l'anglo-amér.). Produit cosmétique coloré pour le maquillage des cils.

mascarade [maskarad] **n.f.** (it. *mascarata,* var. de *maschera,* de *maschera,* masque). **1.** Réunion ou défilé de personnes déguisées et masquées. **2.** Mise en scène trompeuse ; comédie, hypocrisie : *Ce procès n'a été qu'une mascarade* (syn. **imposture, supercherie**).

Mascareignes *(îles),* anc. nom d'un archipel de l'océan Indien formé principalement par La Réunion (anc. île Bourbon) et l'île Maurice (anc. île de France).

mascaret [maskarɛ] **n.m.** (mot gascon « bœuf tacheté », de *mascara,* barbouiller de noir [v. *masque*], par comparaison entre la course du bœuf et le mouvement des flots). Surélévation brusque des eaux, qui se produit dans certains estuaires au moment du flux et qui progresse rapidement vers l'amont sous la forme d'une vague déferlante.

Mascate, cap. d'Oman, sur le golfe d'Oman ; 812 000 hab. dans l'agglomération.

mascotte [maskɔt] **n.f.** (prov. *mascoto,* sortilège). Objet, personne ou animal considérés comme pouvant procurer la chance, le bonheur ; porte-bonheur.

masculin, e [maskylɛ̃, -in] **adj.** (lat. *masculinus,* de *masculus,* mâle). **1.** Qui appartient au mâle, à l'homme, qui a ses caractères : *Voix masculine* (syn. **mâle, viril**). **2.** Qui est composé d'hommes : *Population masculine* (contr. **féminin**). **3.** Qui appartient au genre masculin (par opp. à *genre féminin*) : *« Bureau » est un substantif masculin.* **4. Rime masculine,** rime qui ne finit pas par un *e* muet ou une syllabe muette. ◆ **masculin n.m.** GRAMM. Un des genres grammaticaux, qui s'applique, en français, à la plupart des noms d'êtres mâles et à une partie des noms désignant des choses (par opp. à *féminin*).

masculinité [maskylinite] **n.f.** Ensemble des traits psychologiques, des comportements considérés comme caractéristiques du sexe masculin.

Masinissa ou **Massinissa,** roi de Numidie (v. 238 - Cirta 148 av. J.-C.). Il s'allia aux Romains lors de la deuxième guerre punique (218-201) et put ainsi constituer un royaume puissant. Ses empiétements amenèrent Carthage à lui déclarer la guerre (150). Ce fut pour Rome le prétexte de la troisième guerre punique.

masochisme [mazɔʃism] **n.m.** (de *L. von Sacher-Masoch,* n. d'un romancier autrichien). **1.** Perversion dans laquelle le sujet recherche le plaisir sexuel dans la douleur physique et les humiliations qui lui sont infligées. **2.** Comportement d'une personne qui semble rechercher les situations où elle souffre, se trouve en difficulté, etc. ◆ **masochiste adj.** et **n.** Relatif au masochisme ; atteint de masochisme (abrév. fam. *maso*).

Maspero (Gaston), égyptologue français (Paris 1846 - *id.* 1916). Il continua l'œuvre de sauvegarde de Mariette. Il recueillit (1881) dans la pyramide d'Ounas (à Saqqarah) les plus anciens textes religieux égyptiens connus, dégagea le temple de Louqsor et le sphinx de Gizeh, et découvrit la cachette des momies royales de Deir el- Bahari.

masque [mask] **n.m.** (it. *maschera,* d'un rad. *mask-,* noir, antérieur aux langues romanes). **1.** Faux visage de carton peint, de matière plastique, de tissu, etc., dont on se couvre la figure pour se déguiser ou dissimuler son identité ; personne qui porte un masque (vieilli) : *Masque de carnaval.* **2.** Moulage de la face, pris sur le vif ou sur un cadavre : *Masque mortuaire.* **3.** Préparation, souvent sous forme de crème, de pâte ou de gel, utilisée en application pour les soins esthétiques du visage. **4.** Appareil que l'on applique sur le nez et la bouche pour administrer les anesthésiques gazeux et l'oxygène. **5.** Appareil individuel de protection contre des émanations toxiques : *Masque à gaz.* **6.** Accessoire des plongeurs sous-marins, isolant de l'eau les yeux et le nez : *Masque de plongée.* **7.** Protection pour le visage, en treillis métallique, portée par les escrimeurs. **8.** LITT. Apparence, aspect du visage : *Présenter un masque impénétrable* (syn. **air, expression**). **9. Arracher son masque à qqn,** révéler, dévoiler sa duplicité. / **Lever, tomber le masque,** révéler sa vraie nature, tenue jusqu'alors dissimulée.

masqué, e [maske] **adj. 1.** Qui porte un masque : *Danseur masqué. Bandit au visage masqué.* **2. Bal masqué,** bal où l'on va sous un déguisement.

Masque de fer (le), personnage mystérieux (? - Paris 1703). Emprisonné sur l'ordre de Louis XIV, contraint de porter un masque de velours aux articulations de fer, il fut détenu successivement à Pignerol, dans l'île Sainte-Marguerite et à la Bastille, où il mourut. Depuis Voltaire et Alexandre Dumas, son identité a donné lieu à des hypothèses plus ou moins fantaisistes : un frère de Louis XIV, Fouquet...

masquer [maske] **v.t. 1.** Couvrir d'un masque : *Masquer des enfants pour mardi gras.* **2.** Dérober à la vue : *Ces arbres masquent la maison* (syn. **cacher, dissimuler**). **3.** Soustraire à la connaissance, cacher sous de fausses apparences : *Il masque la vérité* (syn. **déguiser, travestir**).

Massachusetts, État des États-Unis, en Nouvelle-Angleterre ; 21 500 km^2 ; 6 692 824 hab. CAP. *Boston.*

massacrant, e [masakrɑ̃, -ɑ̃t] **adj. Être d'une humeur massacrante,** être de très mauvaise humeur.

massacre [masakr] **n.m. 1.** Action de massacrer : *Le massacre de la Saint-Barthélemy* (syn. **carnage, hécatombe, tuerie**). **2.** FAM. Exécution très maladroite d'un travail, d'une opération : *Faire un massacre en coupant du tissu* (syn. **gâchis**). **3.** FAM. **Faire un massacre,** remporter un grand succès. **4. Jeu de massacre,** jeu forain qui consiste à faire basculer des silhouettes avec des balles en chiffon qu'on lance.

massacrer [masakre] **v.t.** (lat. pop. **matteuculare,* tuer en frappant). **1.** Tuer sauvagement et en masse (des êtres, des gens sans défense) : *Massacrer des populations civiles* (syn. **décimer, exterminer**). *Toute sa famille a été massacrée* (syn. **abattre, assassiner**). **2.** FAM. Endommager par un travail maladroit, une opération mal menée : *Il a voulu modifier mon article et il l'a massacré* (syn. **saccager**). **3.** FAM. Représenter, exécuter maladroitement une œuvre, au point de la défigurer : *Massacrer un concerto.*

massacreur, euse [masakrœr, -øz] **n.** Personne qui massacre (syn. **tueur**).

Massada, forteresse de Palestine élevée sur la rive occidentale de la mer Morte par un descendant des Maccabées, le roi asmonéen Alexandre Jannée (103-76 av. J.-C.). C'est Hérode le Grand en 30 av. J.-C. qui en fit un imprenable piton fortifié. Au cours de la première révolte des Juifs contre les Romains, en 66 apr. J.-C., Massada, occupée par les zélotes, les derniers résistants juifs, tint en échec jusqu'en 73 les légions de Rome. L'historien Flavius Josèphe raconte comment ceux-ci, au nombre d'un millier, choisirent la mort plutôt que de se rendre.

massage [masaʒ] **n.m.** Action de masser. ▶ Les massages sont employés, associés à la kinésithérapie, pour la rééducation des blessés et le traitement des affections des os, des articulations, des muscles et des nerfs.

1. masse [mas] **n.f.** (lat. *massa,* gr. *maza*). **1.** Grande quantité d'une matière, d'une substance sans forme précise, mais compacte : *La masse d'eau retenue par le barrage* (syn. **volume**). *Une masse de rocher* (syn. **bloc**). *Des masses d'air froid* (syn. **flux**).

La masse du sang en circulation. **2.** Ensemble imposant dont on ne distingue pas les parties : *On voyait dans la brume la masse du paquebot.* **3.** Réunion d'éléments distincts de même nature, rassemblés en un tout indistinct : *Reconnaître sa voiture dans la masse des véhicules.* **4.** Grande quantité d'éléments formant un tout : *Il a réuni une masse de documents sur cette question* (syn. **monceau**). **5.** Grande quantité de choses ou de personnes : *J'ai des masses de lettres à écrire. La masse des estivants se presse sur les plages* (syn. **foule**). **6.** (Précédé de l'art. déf.). Le commun des hommes, le plus grand nombre (souvent péjor.) : *Un spectacle destiné à la masse* (= au grand public). **7.** PHYS. Quotient de l'intensité d'une force constante par l'accélération du mouvement qu'elle produit quand on l'applique au corps considéré *(masse inertielle)* ou grandeur qui caractérise ce corps relativement à l'attraction qu'il subit de la part d'un autre *(masse gravitationnelle).* ▸ L'unité principale de masse est le kilogramme. **8.** ÉLECTR. Ensemble des pièces conductrices qui, dans une installation électrique, sont mises en communication avec le sol ; ensemble métallique d'une automobile par où se ferment les circuits de l'équipement électrique. **9. Comme une masse,** sans réagir ou de tout son poids, comme une chose inanimée, inerte : *Tomber comme une masse.* / **Dans la masse,** dans un seul bloc de matière homogène : *Travailler, sculpter, usiner dans la masse.* / **De masse,** qui concerne la grande majorité du corps social, considérée comme culturellement homogène : *Communication de masse.* / FAM. **Des masses,** beaucoup : *Des comme ça, il n'y en a pas des masses.* / **En masse,** en grand nombre : *Arrivée en masse.* / FAM. **Être à la masse,** être déphasé ou un peu fou. **10.** PHYS. **Masse critique,** quantité minimale de substance fissile nécessaire pour qu'une réaction en chaîne puisse s'établir spontanément et se maintenir. / **Masse marquée,** morceau de métal de masse déterminée et indiquée en unités légales (on dit cour. *poids*). / CHIM. **Masse molaire,** masse d'une mole de substance. / **Masse spécifique** ou **volumique,** quotient de la masse d'un corps par son volume. / **Nombre de masse,** nombre total de particules (protons et neutrons) constituant le noyau d'un atome. / ARCH. **Plan de masse,** plan à petite échelle, ne donnant d'un ensemble de bâtiments que les contours et souvent, par des ombres, une indication des volumes (syn. **plan-masse**). / FIN. **Masse monétaire,** ensemble des billets de banque en circulation, des monnaies divisionnaires et des dépôts à vue. ◆ **masses** **n.f. pl.** Le peuple, les classes populaires : *Les masses laborieuses.*

2. masse [mas] **n.f.** (lat. pop. **mattea,* du class. *mateola,* outil pour enfoncer). **1.** Outil formé d'une lourde tête (métallique ou en bois) percée d'un trou dans lequel est fixé un long manche, servant à frapper, casser, enfoncer, etc. **2.** HIST. **Masse d'armes,** arme formée d'un manche assez souple surmonté d'une masse métallique, souvent garnie de pointes, en usage au Moyen Âge et au XVIe s.

Masséna (André), *duc* **de Rivoli,** *prince* **d'Essling,** maréchal de France (Nice 1758 - Paris 1817). Il participa à la victoire de Rivoli (1797), vainquit les Russes et les Autrichiens à Zurich (1799) et se distingua également à Essling et à Wagram (1809). Napoléon le surnomma « l'Enfant chéri de la Victoire ».

Massenet (Jules), compositeur français (Montaud, près de Saint-Étienne, 1842 - Paris 1912). Il a écrit des mélodies et des oratorios, mais s'est intéressé surtout au théâtre lyrique. Sa mélodie raffinée, son orchestration soignée lui valurent la notoriété avec notamment *Manon* (1844), *Werther* (1892), *Thaïs* (1894), *le Jongleur de Notre-Dame* (1902).

massepain [maspɛ̃] **n.m.** (it. *marzapane*). Petit biscuit rond, fait avec des amandes, du sucre et des blancs d'œufs.

1. masser [mase] **v.t.** (ar. *mass,* palper). Presser, pétrir différentes parties du corps avec les mains pour assouplir les tissus, fortifier les muscles, atténuer les douleurs, etc.

2. masser [mase] **v.t.** (de *1. masse*). Rassembler, disposer en masse : *Masser des troupes* (syn. **concentrer, réunir**). ◆ **se masser** **v.pr.** Se réunir en masse, se grouper : *La foule s'est massée sur le passage du cortège* (syn. **se rassembler**).

massette [masɛt] **n.f.** (de *2. masse*). **1.** Petite masse utilisée notamm. par les carriers, les plâtriers. **2.** Grande plante monocotylédone du bord des étangs, appelée *roseau-massue,* dont les fleurs femelles forment un épi compact d'aspect brun et velouté. ▸ Genre *Typha ;* famille des typhacées.

masseur, euse [masœr, -øz] **n.** Personne habilitée à effectuer des massages : *Le masseur d'une équipe de football.*

massicot [masiko] **n.m.** (de *Massiquot,* n. de l'inventeur). Machine à couper le papier en feuilles.

massicoter [masikɔte] **v.t.** Couper au massicot.

1. massif, ive [masif, -iv] **adj.** (de *1. masse*). **1.** Qui forme un bloc compact ; qui n'est ni creux, ni plaqué, ni mélangé : *Un meuble en acajou massif.* **2.** Qui a une apparence épaisse, lourde, compacte : *Les portes massives du château* (syn. **pesant**). *Un homme au visage massif* (syn. **épais**). **3.** Qui est donné, fait ou qui existe en grande quantité : *Dose massive de médicaments* (syn. **important**). **4.** Qui groupe un grand nombre de personnes : *Manifestation massive* (syn. **imposant, impressionnant**).

2. massif [masif] **n.m.** (de *1. massif*). **1.** Ensemble de plantes fleuries ou d'arbustes groupés sur un espace de terre : *Un massif de tulipes* (syn. **parterre**). **2.** Ensemble de hauteurs présentant un caractère montagneux : *Le massif du Mont-Blanc.* **3.** GÉOMORPH. **Massif ancien,** région formée de terrains plissés au précambrien ou au primaire, n'ayant subi que de larges déformations ou des cassures.

Massif central, vaste ensemble de hautes terres du centre et du sud de la France ; 1 885 m au puy de Sancy. C'est un massif primaire « rajeuni » par le contrecoup du plissement alpin, qui l'a basculé vers le nord-ouest. Les bordures orientale et méridionale (Morvan, Charolais, Mâconnais, Beaujolais, monts du Lyonnais, Vivarais, Cévennes, Montagne Noire), essentiellement cristallines, ont été fortement soulevées. Le centre (Auvergne et Velay) a été affecté par le volcanisme (chaîne des Puys, monts Dore, Cantal) et disloqué par des fractures qui ont délimité des bassins d'effondrement (Limagnes). L'ouest (Limousin), plus éloigné des Alpes, a été moins bouleversé. L'ensemble a un climat assez rude, avec une tendance océanique à l'ouest, continentale au centre et à l'est, méditerranéenne au sud-est. La région, massive, offre des conditions de vie difficiles et subit depuis plus d'un siècle une émigration intense. La vie agricole se caractérise encore parfois par la polyculture et l'autoconsommation, malgré le développement de l'élevage. L'industrie est présente surtout dans les grandes villes (Clermont-Ferrand, Limoges). Le tourisme et le thermalisme animent certains centres (dont Vichy).

massique [masik] **adj.** (de *1. masse*). PHYS. **1.** Qui concerne la masse. **2.** Se dit d'une grandeur rapportée à l'unité de masse : *Volume massique. Chaleur massique.*

massivement [masivmɑ̃] **adv.** (de *1. massif*). En très grand nombre : *Les électeurs ont voté massivement.*

Masson (André), peintre et dessinateur français (Balagny-sur-Thérain, Oise, 1896 - Paris 1987). Il est un des pionniers et maîtres du surréalisme (*les Chevaux morts,* peinture de sable [1927], *le Labyrinthe* [1938], M.N.A.M.). Par son séjour aux États-Unis (1941-1945), il est de ceux qui ont influencé l'école américaine (Pollock, l'expressionnisme abstrait).

massue [masy] **n.f.** (lat. pop. **matteuca,* dérivé de *mattea ;* v. 2. *masse*). **1.** Bâton noueux, beaucoup plus gros à un bout qu'à l'autre, utilisé comme arme contondante de l'Antiquité au XVIe s. **2. Argument massue,** qui laisse sans réplique l'interlocuteur. / **Coup de massue,** événement catastrophique et brutal qui abat, bouleverse ; prix à payer excessif, auquel on ne s'attendait pas. **3.** Un des engins de la gymnastique rythmique.

Massys (Quinten) ⟶ Metsys.

mastaba [mastaba] **n.m.** (mot ar. « banc »). Monument funéraire trapézoïdal (abritant caveau et chapelle), construit pour les notables de l'Égypte pharaonique de l'Ancien Empire.

master [mastɛr] **n.m.** (mot angl. « maître »). Grade universitaire obtenu au terme de deux années d'études après la licence.

mastère [mastɛr] **n.m.** (angl. *master,* maître). Diplôme à finalité professionnelle, délivré par certaines grandes écoles, sanctionnant une formation spécialisée obtenue en un an au moins.

mastic [mastik] **n.m.** (bas lat. *mastichum,* gr. *mastikhê,* gomme de lentisque). **1.** Pâte malléable à base de carbonate de calcium et d'huile de lin pure, durcissant au contact de l'air, qui sert à boucher des trous ou des joints, à faire adhérer des objets de nature différente, etc. **2.** IMPR. Erreur grave dans la composition typographique (en partic., mélange des caractères).

masticage [mastikaʒ] **n.m.** Action de mastiquer, de joindre ou de remplir avec du mastic : *Le masticage d'une vitre.*

masticateur, trice [mastikatœr, -tris] **adj.** Qui intervient dans la matiscation : *Muscles masticateurs.*

mastication [mastikasjɔ̃] **n.f.** (lat. *masticatio*). Action de mâcher des aliments solides.

masticatoire [mastikatwar] **n.m.** et **adj.** Substance qu'on mâche sans l'avaler pour exciter la sécrétion de la salive : *Le chewing-gum est un masticatoire.*

1. mastiquer [mastike] **v.t.** (lat. *masticare,* mâcher). Broyer des aliments avec les dents avant de les avaler : *Tu ne mastiques pas assez* (syn. **mâcher**).

2. mastiquer [mastike] **v.t.** (de *mastic*). Coller, joindre, boucher avec du mastic : *Mastiquer les vitres d'une fenêtre.*

mastoc [mastɔk] **adj. inv.** (orig. incert., p.-ê. de l'all. *Mastochs,* bœuf à l'engrais, ou de *massif*). *FAM.* Qui a des formes lourdes, épaisses : *Des statues mastoc.*

mastodonte [mastɔdɔ̃t] **n.m.** (du gr. *mastos,* mamelle, et *odous, odontos,* dent). **1.** Mammifère fossile de la fin du tertiaire et du début du quaternaire, voisin de l'éléphant, mais muni de molaires mamelonnées et parfois de deux paires de défenses. **2.** *FAM.* Personne, animal ou chose énormes : *Ces gros camions sont des mastodontes.*

mastoïde [mastɔid] **adj.** (gr. *mastoeidês,* qui a l'apparence d'une mamelle). ANAT. **Apophyse mastoïde,** éminence placée à la partie inférieure et postérieure de l'os temporal, en arrière de l'oreille (on dit aussi *une mastoïde*).

mastoïdien, enne [mastɔidjɛ̃, -ɛn] **adj. 1.** ANAT. Relatif à l'apophyse mastoïde. **2. Cavités** ou **cellules mastoïdiennes,** cavités de l'apophyse mastoïde, en communication avec la caisse du tympan.

mastoïdite [mastɔidit] **n.f.** (de *mastoïde* et *-ite*). MÉD. Inflammation des cellules mastoïdiennes, qui peut accompagner une otite aiguë.

Mastroianni (Marcello), acteur italien (Fontana Liri 1924 - Paris 1996). Il débuta au théâtre dans la troupe de Visconti avant de s'imposer au cinéma, jouant notamment avec F. Fellini (*La Dolce Vita,* 1960 ; *Huit et demi,* 1963 ; *Ginger et Fred,* 1985), M. Antonioni (*la Nuit,* 1961), E. Scola (*Une journée particulière,* 1977), T. Angelópoulos (*le Pas suspendu de la cigogne,* 1991).

masturbation [mastyrbasjɔ̃] **n.f.** Action de masturber, de se masturber.

masturber [mastyrbe] **v.t.** (lat. *masturbari,* de *manus,* main, et *stuprare,* polluer). Procurer le plaisir sexuel par l'excitation manuelle des parties génitales. ◆ **se masturber v.pr.** Se livrer à la masturbation sur soi-même.

m'as-tu-vu [matyvy] **n.** et **adj. inv.** (par allusion à la question qu'emploient les acteurs évoquant entre eux leurs succès). *FAM.* Personne vaniteuse.

masure [mazyr] **n.f.** (lat. pop. **mansura,* demeure). Maison misérable, délabrée.

1. mat [mat] **n.m.** (ar. *mat,* mort, dans la loc. *châh mat*). Aux échecs, position du roi qui est en échec sans pouvoir se mettre hors de prise, ce qui termine la partie. ◆ **adj. inv.** Se dit du roi en position de mat, du joueur dont le roi est dans une telle situation.

2. mat, e [mat] **adj.** (bas lat. *mattus,* de **maditus,* p. passé de *madere,* être humide). **1.** Qui n'a pas d'éclat, de poli : *Acier mat* (contr. **brillant**). **2.** Qui n'a pas de transparence, n'est pas lumineux : *Verre mat* (syn. **dépoli, opaque**). **3.** Qui n'a pas de résonance : *Son mat* (syn. **assourdi, étouffé**). **4. Teint mat, peau mate,** légèrement bistres (contr. **clair**).

mât [mɑ] **n.m.** (frq. **mast*). **1.** Longue pièce de bois ou de métal, de section génér. circulaire, dressée verticalement ou obliquement sur le pont d'un voilier, maintenue par des haubans et destinée à porter la voilure : *Grand mât* (= mât principal). **2.** Longue pièce fichée dans le sol, au sommet de laquelle on hisse des drapeaux, des signaux, etc. **3. Mât de charge,** dispositif comprenant une corne montée sur un pivot ainsi que divers organes de manœuvre, et servant à embarquer et à débarquer les marchandises à bord d'un navire. **/ Mât de cocagne ⟶ cocagne.**

matador [matadɔr] **n.m.** (mot esp., de *matar,* tuer). Dans les courses de taureaux, celui qui est chargé de la mise à mort de l'animal.

Mata Hari (Margaretha Geertruida Zelle, dite), danseuse et aventurière néerlandaise (Leeuwarden 1876 - Vincennes 1917). Convaincue d'espionnage en faveur de l'Allemagne, elle fut fusillée.

matamore [matamɔr] **n.m.** (esp. *Matamoros,* tueur de Maures, n. d'un personnage de la comédie espagnole). Personne qui n'est courageuse qu'en paroles ; faux brave (syn. **bravache, fanfaron**).

match [matʃ] **n.m.** (mot angl.) [pl. *matchs* ou *matches*]. Compétition sportive disputée entre deux concurrents, deux équipes : *Un match de tennis, de football. Faire match nul* (= terminer à égalité). *Match aller, match retour.*

maté [mate] **n.m.** (mot esp., du quechua). Houx d'Amérique du Sud, dont les feuilles fournissent une infusion stimulante et diurétique.

matelas [matla] **n.m.** (it. *materasso,* de l'ar. *matrah,* chose jetée). **1.** Pièce de literie, génér. capitonnée, rembourrée de laine, de mousse, ou à ressorts, et destinée à garnir le sommier. **2.** Épaisse couche d'un matériau mou, souple ou meuble : *Matelas de feuilles.* **3. Matelas pneumatique,** enveloppe gonflable de toile caoutchoutée ou de plastique, utilisée pour le camping, la plage, etc.

matelassé, e [matlase] **adj.** Se dit d'un tissu doublé d'une couche moelleuse maintenue par des piqûres. ◆ **matelassé n.m.** Tissu matelassé.

matelasser [matlase] **v.t.** (de *matelas*). **1.** Rembourrer (un siège, un coussin, etc.) en fixant la couche intérieure par des piqûres ou des boutons. **2.** Doubler une étoffe avec un tissu matelassé.

matelassier, ère [matlasje, -ɛr] **n.** Personne qui confectionne ou répare les matelas.

matelot [matlo] **n.m.** (anc. néerl. *mattenoot,* compagnon de couche). **1.** Homme d'équipage qui, à bord, participe à la manœuvre et à l'entretien du navire. **2.** Militaire du rang, dans la Marine nationale (premier grade).

matelote [matlɔt] **n.f.** (de *matelot*). Préparation faite de poissons coupés en morceaux, cuits dans du vin avec des oignons : *Matelote d'anguilles au vin rouge.*

1. mater [mate] **v.t.** (de *1. mat*). **1.** Réduire à l'impuissance, à l'obéissance : *Mater un enfant rebelle* (syn. **dompter**). **2.** Empêcher le développement de ; se rendre maître de : *Mater une révolte* (syn. **étouffer, réprimer**).

2. mater [mate] **v.t.** (fr. d'Algérie, de l'esp. *matar,* tuer). *FAM.* **1.** Regarder, surveiller. **2.** Épier avec convoitise ; reluquer.

mâter [mɑte] **v.t.** MAR. Pourvoir un navire de son ou de ses mâts.

matérialisation [materjalizasjɔ̃] **n.f. 1.** Action de matérialiser ; fait de se matérialiser : *La matérialisation d'un projet* (syn. **concrétisation, réalisation**). **2.** Action de matérialiser une voie, un emplacement, etc. : *Matérialisation au sol des places de stationnement* (syn. **marquage, traçage**).

matérialiser [materjalize] **v.t.** (de *matériel*). **1.** Donner une forme concrète, une réalité sensible à : *La rivière matérialise la frontière* (syn. **indiquer, marquer**). **2.** Rendre concret, effectif : *Matérialiser un projet* (syn. **concrétiser, réaliser**). **3.** Signaler, rendre visible : *Matérialiser une piste cyclable par des lignes vertes* (syn. **marquer, tracer**). ◆ **se matérialiser v.pr.** Devenir réel : *Son rêve s'est matérialisé* (syn. **se concrétiser, se réaliser**).

matérialisme [materjalism] **n.m.** (de *matériel*). **1.** PHILOS. Doctrine qui affirme que rien n'existe en dehors de la matière, et que l'esprit est lui-même entièrement matériel (par opp. à *spiritualisme*) : *Matérialisme historique.* **2.** Manière de vivre, état d'esprit orientés vers la recherche des plaisirs et des satisfactions matériels.

matérialiste [materjalist] **adj.** et **n. 1.** PHILOS. Qui appartient au matérialisme ; qui en est partisan. **2.** Orienté vers la seule recherche des satisfactions matérielles : *Être matérialiste.*

matérialité [materjalite] **n.f. 1.** Caractère de ce qui est matériel : *La matérialité de l'Univers.* **2.** Circonstance matérielle qui constitue un acte : *Établir la matérialité des faits.*

matériau [materjo] **n.m.** (de *material*, anc. forme de *1. matériel*). **1.** Substance, matière destinée à être utilisée pour la fabrication d'objets ou la construction de bâtiments : *La pierre est un matériau.* **2.** Matière de base, ensemble d'informations utilisable pour une recherche, la rédaction d'un ouvrage, etc. : *Cette enquête lui a fourni le matériau de sa thèse* (syn. **matière**). ◆ **matériaux n.m. pl. 1.** Matières d'origine naturelle ou artificielle entrant dans la construction d'un bâtiment, d'un véhicule, etc. : *Matériaux provenant de démolitions.* **2.** Informations, documents recueillis et combinés pour former un tout : *Rassembler les matériaux d'un procès* (syn. **dossier, pièces**).

■ **Les classifications.** Le terme générique de « matériau » recouvre trois grandes familles : les *matériaux bruts,* tels les produits de carrière ou les matériaux de construction (pierre, sables, granulats, etc.) ; les *matériaux structurels* (aciers, verres, ciments, matières plastiques, etc.) ; les *matériaux supports,* comme le silicium (pour les semi-conducteurs) ou le cuivre (pour les conducteurs). On peut affiner ce classement. Ainsi, les matériaux structurels peuvent encore être subdivisés en trois groupes : les *métaux et alliages ;* les *produits inorganiques non métalliques,* dont deux grandes familles sont les verres et les céramiques, auxquels on peut adjoindre les ciments et bétons ; enfin, les *matériaux organiques,* dominés par les polymères et les plastiques. Chacun de ces trois pôles permet de réaliser et de développer des *composites* aux propriétés spécifiques à l'usage envisagé : c'est le cas, pour les matériaux organiques, les *biomatériaux,* compatibles avec les tissus du corps et aptes à la réalisation de prothèses médicales.
La science des matériaux. La physique des solides, née de la cristallographie, a permis de voir les matériaux de l'intérieur, d'en analyser la composition, l'architecture, aussi bien dans le cas idéal (le cristal parfait) qu'à travers des exemples concrets. On a ainsi compris comment des « défauts » affectent la structure de certains cristaux et, surtout, comment il est possible d'en tirer profit. Aujourd'hui, la science des matériaux étudie les solides sous l'angle de leurs propriétés tant mécaniques (résistance aux contraintes, etc.) que physiques (transparence, magnétisme, conductivité, etc.) ou chimiques (oxydoréduction, résistance à la corrosion ou à la chaleur, etc.). Cette pluridisciplinarité tend à abolir les frontières entre domaines : les matériaux composites, où, par exemple, polymères et métaux, bien que souvent concurrents, peuvent se trouver combinés, en sont un exemple significatif.
La création de nouveaux matériaux. Le besoin de réaliser un objet aux caractéristiques précises amène donc les chercheurs à définir a priori les propriétés exigées du matériau, à l'inventer à partir de la fonction à remplir : les matériaux sont fabriqués « sur mesure », élaborés en même temps que la pièce, en utilisant au mieux ses caractéristiques physiques (composition, structure, etc.). Tel pourrait être le cas de la triple structure de fibres de carbone, de carbure de silicium et de silice faisant office de bouclier thermique sur un futur avion spatial. Ces matériaux *thermo-structuraux* sont conçus pour assurer en même temps la protection thermique et la structure porteuse de l'engin.
La démarche inverse reste aussi valable. Lorsque sont découverts des matériaux aux propriétés originales, les chercheurs se mettent en quête d'applications potentielles. Ainsi a été exploité le fait que certains matériaux changent de forme avec les variations de température, propriété utilisée pour la réalisation d'antennes de satellites *à mémoire de forme,* qui se déplient sous la chaleur du Soleil. ■

1. matériel, elle [materjɛl] **adj.** (bas lat. *materialis,* de *materia,* matière). **1.** Formé de matière (par opp. à *spirituel,* à *intellectuel,* etc.) : *L'univers matériel* (syn. **concret**). **2.** Qui concerne les objets (et non les personnes) : *Dégâts matériels.* **3.** Qui existe effectivement : *Obstacle matériel* (syn. **réel, tangible**). **4.** Qui est considéré d'un point de vue purement concret, en dehors de toute subjectivité : *Être dans l'impossibilité matérielle de faire qqch* (syn. **effectif**). **5.** Qui concerne les nécessités de la vie humaine, les besoins normaux de l'existence quotidienne : *Confort matériel. Elle a des soucis matériels* (syn. **financier, pécuniaire**). **6.** Trop attaché à l'argent, aux plaisirs (péjor.) : *Esprit matériel* (syn. **matérialiste, prosaïque**).

2. matériel [materjɛl] **n.m.** (de *1. matériel*). **1.** Ensemble des objets, des instruments nécessaires pour le bon fonctionnement d'une exploitation, d'un établissement, la pratique d'un sport, d'une activité, etc. : *Matériel agricole. Du matériel de bureau.* **2.** Ensemble d'éléments susceptibles d'être exploités, traités scientifiquement : *Le matériel d'une enquête psychologique* (syn. **matériau**). **3.** Ensemble des équipements, véhicules, armes nécessaires aux forces armées : *Service du matériel.* ► Dans l'armée de terre, le matériel est une arme depuis 1976. **4.** INFORM. Ensemble des éléments physiques d'un système informatique (par opp. à *logiciel*). [Recomm. off. pour *hardware.*] **5. Matériel génétique,** ADN.

matériellement [materjɛlmɑ̃] **adv. 1.** D'une manière concrète, objective : *C'est matériellement impossible* (syn. **effectivement, pratiquement**). **2.** Sur le plan financier, matériel : *Être matériellement défavorisé* (syn. **financièrement, pécuniairement**).

maternage [matɛrnaʒ] **n.m.** (du lat. *maternus ;* v. *maternel*). **1.** Ensemble des soins qu'une mère, ou la personne qui la remplace, prodigue à son enfant ; ensemble des relations qu'elle entretient avec lui. **2.** Relation entre deux personnes sur le modèle de mère à enfant.

maternel, elle [matɛrnɛl] **adj.** (lat. *maternus,* de *mater,* mère). **1.** Propre à la mère : *L'amour maternel.* **2.** Qui concerne les mères : *Centre de protection maternelle et infantile.* **3.** Qui rappelle, imite le comportement d'une mère : *Gestes maternels.* **4.** Relatif à la mère, qui est du côté de la mère : *Grands-parents maternels.* **5. École maternelle,** école facultative mixte accueillant les enfants de deux à six ans (on dit aussi *la maternelle*). / **Langue maternelle,** première langue apprise par l'enfant, général. celle de la mère, dans son milieu familial.

maternellement [matɛrnɛlmɑ̃] **adv.** De façon maternelle : *Elle veille maternellement sur ses petits frères.*

materner [matɛrne] **v.t.** Entourer de soins excessifs ; protéger à la façon d'une mère : *Materner ses élèves.*

materniser [matɛrnize] **v.t.** (du lat. *maternus*). Donner à un lait animal ou synthétique une composition la plus proche possible de celle du lait de femme.

maternité [matɛrnite] **n.f.** (du lat. *maternus,* de *mater,* mère). **1.** État, qualité de mère : *La maternité l'a embellie.* **2.** Fait de mettre un enfant au monde : *Elle a eu trois maternités rap-*

prochées (syn. **grossesse**). **3.** Établissement, service hospitalier où s'effectuent la surveillance médicale de la grossesse et l'accouchement.

math ou **maths** [mat] **n.f. pl.** (abrév.). FAM. **1.** Mathématiques : *Un cours de math. Être fort en maths.* **2. Math spé, math sup,** classe de mathématiques spéciales, de mathématiques supérieures.

mathématicien, enne [matematisjɛ̃, -ɛn] **n.** Chercheur, enseignant spécialiste des mathématiques.

mathématique [matematik] **n.f.** (lat. *mathematicus,* gr. *mathêmatikos,* de *mathêma,* science). **1.** (Au sing. ou au pl.). Science qui étudie par le moyen du raisonnement déductif les propriétés d'êtres abstraits (nombres, figures géométriques, fonctions, espaces, etc.) ainsi que les relations qui s'établissent entre eux : *Réussir en mathématiques.* **2.** (Au sing.). Ensemble des disciplines mathématiques envisagées comme constituant un tout organique. **3.** Méthode d'élaboration du raisonnement propre à ces disciplines. **4. Mathématiques spéciales, supérieures,** classes préparatoires aux concours des grandes écoles scientifiques (appelées respectivement, en arg. scol., *taupe* et *hypotaupe*). ◆ **adj. 1.** Relatif aux mathématiques : *Logique mathématique.* **2.** Qui exclut toute incertitude, toute inexactitude : *Précision mathématique* (syn. **rigoureux**). **3. C'est mathématique,** c'est logique, inévitable.

■ Les mathématiques constituent un système de pensée organisé en perpétuelle expansion. Indépendamment de leur intérêt en tant que domaine autonome de réflexion, elles sont utilisées en art (architecture), en sciences, en technique, en économie et dans presque tous les secteurs de l'activité humaine. Elles ont influencé, et parfois même déterminé, les différentes visions que l'homme s'est faites de son univers au cours de l'histoire. Elles ont non seulement reflété les évolutions des civilisations, mais aussi largement contribué à leur formation.

Le développement mathématique. Les civilisations anciennes ont joué un grand rôle dans l'essor des mathématiques : il y a près de 6 000 ans, les Sumériens utilisaient déjà un système de numération à base 10, et un autre à base 60 (ce dernier, le système sexagésimal, reste employé de nos jours pour la mesure du temps et des angles) ; les fondateurs de la géométrie furent les Égyptiens, puis les Grecs ; la notion fondamentale du zéro a été introduite par les anciens Indiens.

Les mathématiques se sont développées dans trois directions principales. Les combinaisons de collections finies d'objets ont conduit aux concepts de nombre et de calcul : l'*algèbre.* La mesure et la description de l'espace ont abouti à la *géométrie.* Enfin, au XVIIe s., l'étude des notions de continuité et de limites a permis de développer l'*analyse* (ou *calcul infinitésimal*). Ces trois domaines, fort différents les uns des autres, se recoupent cependant en de nombreux points. Plus récemment, diverses branches nouvelles sont apparues : la *théorie des ensembles,* la *logique,* la *topologie mathématique,* le *calcul des probabilités,* etc.

Les mathématiques et le réel. Les mathématiques ont été (notamment chez les Grecs) et sont souvent vues comme une démarche de déduction logique, à partir d'hypothèses abstraites. Mais Galilée postule, à la Renaissance, que les mathématiques peuvent permettre de comprendre le monde. Cette position est fondamentale pour la science moderne, mais n'oblige pas les objets mathématiques à avoir toujours un lien avec le réel.

La pensée mathématique est le résultat d'une opération de l'esprit qui consiste à substituer par abstraction une structure mentale *(modèle mathématique)* à une structure physique donnée. Les concepts mathématiques gagnent beaucoup à être représentés par des symboles géométriques, algébriques ou graphiques, sur lesquels on peut opérer facilement des transformations formelles.

La démonstration mathématique consiste à établir à partir de vérités mathématiques admises d'autres vérités plus complexes en utilisant les règles du raisonnement logique. La force de la créativité mathématique a souvent été la nécessité de résoudre certains problèmes pratiques mais aussi, comme chez les Grecs de l'Antiquité, la simple stimulation intellectuelle et le goût de la spéculation. ■

mathématiquement [matematikmɑ̃] **adv. 1.** Selon les méthodes mathématiques : *Raisonner mathématiquement.* **2.** Avec une exactitude rigoureuse : *Démontrer qqch mathématiquement* (syn. **rigoureusement**). **3.** De façon inéluctable ; à coup sûr : *Mathématiquement, cela se terminera mal* (syn. **immanquablement, inévitablement**).

matheux, euse [matø, -øz] **n.** FAM. **1.** Étudiant en mathématique. **2.** Personne douée pour les mathématiques.

Mathias Ier Corvin (Kolozsvár 1440 ou 1443 - Vienne 1490), roi de Hongrie (1458-1490). Il obtint en 1479 la Moravie et la Silésie et s'établit en 1485 à Vienne. Il favorisa la diffusion de la Renaissance italienne dans son royaume.

Mathieu (Georges), peintre français (Boulogne-sur-Mer 1921 - Boulogne-Billancourt 2012). Théoricien de l'abstraction lyrique, il a donné pour fondement à sa peinture le signe calligraphique jeté sur la toile à grande vitesse (*les Capétiens partout,* 1954, M.N.A.M.). Il s'est intéressé aux arts appliqués.

Mathilde ou **Mahaut de Flandre** (m. en 1083), reine d'Angleterre par son mariage en 1053 avec le futur Guillaume Ier le Conquérant.

Mathura, v. de l'Inde (Uttar Pradesh) ; 454 937 hab. dans l'agglomération. Centre politique, religieux et culturel au IIIe s. Mathura est considérée comme le lieu de naissance du dieu Krishna.

Mathusalem, personnage dont le livre de la Genèse fait un des patriarches d'avant le Déluge ; il aurait atteint la longévité, devenue proverbiale, de 969 ans.

matière [matjɛr] **n.f.** (bas lat. *materia,* class. *materies,* bois de construction). **1.** Substance, réalité constitutive des corps, douée de propriétés physiques : *La matière vivante.* **2.** PHILOS. Corps, réalité matérielle (par opp. à *âme,* à *esprit*). **3.** Substance particulière dont est faite une chose et connaissable par ses propriétés : *Matière combustible.* **4.** Ce qui fait l'objet d'une élaboration, d'une transformation d'ordre intellectuel : *Ces questionnaires lui ont fourni la matière principale de son enquête* (syn. **matériau**). **5.** Ce qui peut constituer le thème, le sujet d'un ouvrage, d'une étude : *Il y a là la matière d'un roman* (syn. **fond, trame**). **6.** Ce qui est l'objet d'une étude systématique, d'un enseignement : *Élève brillant dans les matières artistiques* (syn. **discipline, domaine**). **7.** Ce qui fournit l'occasion, ce qui est la cause de : *Donner matière à discussion* (syn. **sujet**). *Être, donner matière à rire* (syn. **objet, prétexte**). **8. En matière de** (+ n. ou adj.), en ce qui concerne tel domaine : *En matière de sport, en matière sportive.* / **Entrée en matière,** début, introduction d'un exposé, d'un discours, d'une étude, etc. / **Matière première,** matériau d'origine naturelle qui est l'objet d'une transformation artisanale ou industrielle : *La laine, le coton sont des matières premières.* / **Table des matières,** liste fournissant l'indication des sujets traités dans un ouvrage, et leur référence.

■ **Les états de la matière.** L'état physique d'un corps dépend de la proximité de ses éléments constitutifs, atomes, ions ou molécules. Dans un solide, ils sont tassés les uns contre les autres et quasi immobiles. Dans un liquide, bien qu'encore proches, ils ont la possibilité de se mouvoir. Dans un gaz, ils sont parfaitement libres de se déplacer dans tout le volume qui leur est offert. Selon la température et la pression auxquelles il est soumis, un corps pur quelconque peut passer d'un état à l'autre.

Au-delà d'environ 10 000 °C, molécules et atomes se dissocient. C'est dans cet état, dit « plasma », que se trouve la majeure partie de l'Univers. Certains objets astronomiques où règnent d'énormes pressions, les étoiles à neutrons, résultent même de la désintégration des noyaux des atomes.

Au-dessus de 0 °C, la glace fond et se transforme en eau : chauffée au-dessus de 100 °C, à une pression atmosphérique normale, l'eau devient un gaz, la vapeur d'eau. Inversement, la vapeur d'eau se condense au contact d'une paroi froide en donnant de l'eau, qui peut à son tour se transformer en glace. Comme beaucoup d'autres corps, l'eau peut ainsi passer de façon réversible par les trois états. À la pression atmosphérique, certaines substances, l'iode par exemple, passent directement de l'état solide à l'état gazeux : elles se subliment.

Changements d'état. Les trois types possibles, fusion/solidification, vaporisation/liquéfaction et sublimation/condensation, peuvent être provoqués par des variations de température, c'est-à-dire des modifications de l'agitation thermique des molécules. Le passage d'un état à un autre, cependant, s'effectue sans variation de température : à la pression atmosphérique, lorsqu'un glaçon fond dans un verre d'eau, la température de celle-ci reste strictement égale à 0 °C, de même que celle de l'eau en train de bouillir est de 100 °C. L'énergie nécessaire pour provoquer ce dernier changement d'état, la *chaleur latente* de vaporisation, est employée à vaincre les forces d'attraction qui lient les molécules d'eau.

Les corps ne connaissent pas tous ces changements d'état : certains solides se décomposent avant de fondre, et certains liquides avant de se transformer en gaz. ■

Matignon *(accords)* [7 juin 1936], accords conclus entre le patronat français et la C.G.T. (Confédération générale du travail) sous le Front populaire. Ils aboutirent à la reconnaissance du droit syndical, à l'institution de délégués du personnel, à l'octroi de la semaine de 40 heures et des congés payés.

matin [matɛ̃] **n.m.** (lat. *matutinum,* qui a éliminé le class. *mane*). **1.** Début du jour : *Quatre heures du matin.* **2.** Partie du jour comprise entre le lever du soleil et midi : *J'ai bien travaillé ce matin.* **3. De bon matin, de grand matin,** de bonne heure. ◆ **adv. 1.** LITT. De bonne heure : *Se lever matin* (syn. **tôt**). **2.** Dans la matinée : *Les dimanches matin.*

1. mâtin [mɑtɛ̃] **n.m.** (lat. *mansuetus,* apprivoisé). Gros chien de garde.

2. mâtin, e [mɑtɛ̃, -in] **n.** (même étym. que *1. mâtin*). FAM., VIEILLI. Personne vive, délurée.

matinal, e, aux [matinal, -o] **adj. 1.** Propre au matin : *Brise matinale.* **2.** Qui se lève de bonne heure.

mâtiné, e [mɑtine] **adj.** (de *1. mâtin*). **1.** Qui n'est pas de race pure : *Épagneul mâtiné de dogue* (syn. **croisé, métissé**). **2.** Qui est mêlé à qqch d'autre : *Parler un français mâtiné d'italien* (syn. **mélangé, panaché**).

matinée [matine] **n.f. 1.** Temps qui s'écoule depuis le point du jour jusqu'à midi : *Passer la matinée à rêvasser.* **2.** Spectacle, réunion qui a lieu l'après-midi (par opp. à *soirée*) : *Matinée à 16 heures.*

matines [matin] **n.f. pl.** (de *matin*). CATH. Premier office divin, chanté avant le lever du jour (appelé auj. *office de lectures*).

matir [matir] **v.t.** [conj. **32**]. TECHN. Rendre mat un métal précieux.

Matisse (Henri), peintre et sculpteur français (Le Cateau-Cambrésis 1869 - Nice 1954). Maître du fauvisme, qu'il dépasse amplement, utilisant de larges aplats de couleur sur un dessin savamment elliptique (*la Danse,* 1910, Moscou), il est un des plus brillants plasticiens du XXe s. Il ne cherche pas à décrire la nature, mais entend créer des états de sensibilité, simplifiant les formes, faisant naître des arabesques décoratives et poussant le coloris à sa plus haute intensité (série des « Odalisques »). Son œuvre comporte dessins, gravures, sculptures (*la Serpentine,* 1909), collages de papiers découpés de couleur (*la Tristesse du roi,* 1952, M.N.A.M., Paris), vitraux (chapelle des Dominicaines de Vence, 1950, dont il a réalisé le décor entier). Il est représenté dans les musées du monde entier ; deux lui sont consacrés en France, au Cateau et à Nice.

matité [matite] **n.f.** État de ce qui est mat : *La matité d'un son, d'une couleur, d'un papier photographique.*

Mato Grosso, État du centre-ouest du Brésil ; 901 000 km^2 ; 2 954 625 hab. CAP. *Cuiabá.*

Mato Grosso do Sul, État du centre-ouest du Brésil ; 357 500 km^2 ; 2 404 256 hab. CAP. *Campo Grande.*

maton, onne [matɔ̃, -ɔn] **n.** (de *2. mater*). ARG. Gardien, gardienne de prison.

matou [matu] **n.m.** (orig. incert., p.-ê. onomat.). Chat mâle, génér. non castré.

matraquage [matrakaʒ] **n.m.** Action de matraquer : *Le matraquage publicitaire.*

matraque [matrak] **n.f.** (ar. d'Algérie *matraqa,* gourdin). Arme contondante, faite le plus souvent d'un cylindre de bois ou de caoutchouc durci.

matraquer [matrake] **v.t. 1.** Frapper à coups de matraque. **2.** Critiquer, traiter durement : *La critique l'a matraqué pour son dernier film.* **3.** FAM. Demander à un client un prix excessif pour un produit, un service : *On s'est fait matraquer au restaurant* (syn. **escroquer**). **4.** Infliger, en le répétant avec insistance un slogan, une image publicitaire, etc. : *Une chanson que l'on matraque sur les ondes.*

matriarcal, e, aux [matrijarkal, -o] **adj.** Relatif au matriarcat : *Société matriarcale.*

matriarcat [matrijarka] **n.m.** (du lat. *mater,* mère, d'apr. *patriarcat*). Forme de société dans laquelle les femmes ont une autorité prépondérante dans la famille et exercent des fonctions politiques dans l'organisation sociale.

matrice [matris] **n.f.** (lat. *matrix, -icis*). **1.** VIEILLI. Utérus. **2.** TECHN. Moule en creux ou en relief, servant à reproduire une empreinte sur un objet soumis à son action. **3.** STAT. Arrangement ordonné d'un ensemble d'éléments. **4.** ADMIN. **Matrice cadastrale,** document énumérant les parcelles appartenant à chaque propriétaire dans la commune. / **Matrice du rôle des contributions,** registre original d'après lequel sont établis les rôles des contributions dans chaque commune.

1. matricide [matrisid] **n.m.** (lat. *matricidium*). LITT. Crime de celui, de celle qui a tué sa mère.

2. matricide [matrisid] **n.** et **adj.** (lat. *matricida*). LITT. Personne qui a commis un matricide.

1. matricule [matrikyl] **n.f.** (bas lat. *matricula*). **1.** Registre où sont inscrits les noms de tous les individus qui entrent dans un hôpital, dans une prison, dans un corps de troupes, etc. : *La matricule militaire.* **2.** Inscription sur ce registre. **3.** Extrait de cette inscription.

2. matricule [matrikyl] **n.m.** (de *1. matricule*). **1.** Numéro d'inscription sur la matricule : *Le prisonnier matricule 100* et, ellipt., *le matricule 100.* **2.** Numéro d'identification des véhicules et matériels militaires.

matrilinéaire [matrilineɛr] **adj.** (du lat. *mater,* mère, et *linea,* ligne). ANTHROP. Se dit d'un système de filiation et d'organisation sociale qui ne prend en compte que l'ascendance maternelle (par opp. à *patrilinéaire*).

matrimonial, e, aux [matrimɔnjal, -o] **adj.** (bas lat. *matrimonialis,* de *matrimonium,* mariage). **1.** Relatif au mariage : *L'agence matrimoniale met en rapport des personnes désireuses de se marier.* **2. Régime matrimonial,** régime qui règle la répartition et la gestion des biens entre époux.

matrone [matrɔn] **n.f.** (lat. *matrona*). **1.** ANTIQ. Femme mariée ou mère de famille, chez les Romains. **2.** Femme d'âge mûr et d'allure respectable. **3.** Femme corpulente aux manières vulgaires (péjor.). **4.** Autref., sage-femme.

matronyme [matrɔnim] **n.m.** (du lat. *mater,* d'apr. *patronyme*). Nom de famille formé d'après le nom de la mère.

Matthieu *(saint),* apôtre de Jésus auquel la tradition attribue la rédaction d'un des quatre Évangiles. Il est mentionné comme un « publicain » de Capharnaüm lorsqu'il répond à l'appel de Jésus. L'Évangile selon Matthieu, que l'on a classé le premier et qui est le plus long, paraît avoir été rédigé après 80 et s'être appuyé sur une source araméenne. Il s'adresse à des chrétiens venant du judaïsme et leur présente Jésus comme le Messie annoncé par les prophètes.

maturation [matyrasjɔ̃] **n.f** (lat. *maturatio,* de *maturare,* mûrir). **1.** Processus menant au développement complet d'un phénomène, à la plénitude d'une faculté : *Maturation d'un talent.* **2.** BIOL. Évolution d'un organe animal ou végétal vers la maturité ; transformation que subit un produit pour arriver à l'état où il peut être livré à la consommation : *Maturation des vins, des fromages.* **3.** PHYSIOL. Évolution de l'organisme humain vers son état adulte (par opp. à la *croissance,* désignant l'évolution des mensurations) : *Maturation sexuelle.* **4.** MÉTALL. Maintien à une température voisine de la température ambiante d'un produit en alliage léger préalablement trempé, destiné à en améliorer les qualités mécaniques.

mature [matyr] **adj.** (lat. *maturus*). **1.** Arrivé à maturité, et notamm. à une certaine maturité psychologique : *Un enfant mature.* **2.** Se dit du poisson prêt à frayer.

mâture [mɑtyr] **n.f.** MAR. Ensemble des mâts d'un navire.

maturité [matyrite] **n.f.** (lat. *maturitas,* de *maturus,* mûr). **1.** État d'un fruit quand il est mûr. **2.** Période de la vie caractérisée par le plein développement physique, affectif et intellectuel : *Être en pleine maturité* (= dans la force de l'âge) [syn. **plénitude**]. **3.** État de qqn, d'une intelligence, d'une faculté, de qqch qui a atteint son plein développement ; sûreté du jugement : *Manquer de maturité. Talent en pleine maturité* (syn. **épanouissement**). *Projet qui vient à maturité.* **4.** En Suisse, examen de fin d'études secondaires, homologue du baccalauréat français.

Maubeuge, ch.-l. de c. du Nord, sur la Sambre ; 31 399 hab. *(Maubeugeois)* [112 369 hab. dans l'agglomération]. Métallurgie.

maudire [modir] **v.t.** (lat. *maledicere*) [conj. **104**]. **1.** *LITT.* Appeler la malédiction, la colère divine sur qqn ; vouer à la damnation éternelle, en parlant de Dieu : *Noé maudit son fils Cham.* **2.** Exprimer son impatience, sa colère contre qqn, qqch : *Maudire le sort* (syn. **pester contre**). *Maudire la guerre, les tyrans* (syn. **exécrer**).

maudit, e [modi, -it] **adj.** et **n. 1.** Voué à la damnation éternelle : *Les supplices des maudits* (syn. **damné**). **2.** Réprouvé, rejeté par la société : *Poète maudit.* ◆ **adj.** (Surtout avant le n.). Qui contrarie désagréablement ; dont on a sujet de se plaindre : *Cette maudite pluie !*

maugréer [mogree] **v.i.** (de l'anc. fr. *maugré,* de *mal* et *gré*) [conj. **15**]. *LITT.* Manifester sa mauvaise humeur, son mécontentement en prononçant des paroles à mi-voix : *Il céda sa place en maugréant* (syn. **bougonner**). ◆ **v.t.** Dire en maugréant : *Maugréer des injures* (syn. **marmonner**).

Mauna Kea, volcan éteint, point culminant de l'île d'Hawaii (4 208 m), au nord-est du *Mauna Loa,* volcan actif (4 170 m). Observatoire astronomique.

Maupassant (Guy de), écrivain français (château de Miromesnil, Tourville-sur-Arques, 1850 - Paris 1893). Encouragé par Flaubert, qui le présenta à Zola, il collabora aux Soirées de Médan en publiant *Boule de suif* (1880), sa seule contribution au naturalisme. Il entreprit alors une carrière d'écrivain réaliste, partageant sa vie entre l'écriture, les mondanités, d'innombrables aventures féminines et les voyages, évoquant dans ses contes et ses nouvelles la vie des paysans normands et des petits- bourgeois, narrant des aventures amoureuses ou les hallucinations de la folie (*la Maison Tellier,* 1881 ; *les Contes de la bécasse,* 1883 ; *la Petite Roque,* 1886 ; *le Horla,* 1887). Parallèlement, sans doute conscient de sa triste destinée, il livrait à travers ses romans et sous le masque de l'impersonnalité transmis par Flaubert sa conception désespérée de la vie (*Une vie,* 1883 ; *Bel-Ami,* 1885 ; *Pierre et Jean,* 1888 ; *Fort comme la mort,* 1889). Il mourut misérablement, dans la clinique du Dr Blanche à Passy, victime de la folie qu'il sentait venir depuis longtemps.

Maupeou (René Nicolas de), chancelier de France (Montpellier 1714 - Le Thuit, Eure, 1792). Nommé chancelier par Louis XV en 1768, il constitua un triumvirat avec l'abbé Terray et le duc d'Aiguillon. Exilant le parlement de Paris en 1771, il réalisa une réforme radicale, brisant le rôle politique du parlement. Mais il fut disgracié en 1774 par Louis XVI, qui rétablit le régime antérieur.

Maupertuis (Pierre Louis Moreau de), mathématicien français (Saint-Malo 1698 - Bâle 1759). En 1736, il fut chargé par l'Académie des sciences de diriger l'expédition envoyée en Laponie pour mesurer la longueur d'un arc de méridien de 1°. Les mesures confirmèrent l'hypothèse de l'aplatissement de la Terre aux pôles. On lui doit également le *principe de moindre action* (1744), selon lequel « le chemin que tient la lumière est celui pour lequel la quantité d'action est moindre ».

maure ou **more** [mɔr] **adj.** et **n.** (lat. *Maurus,* esp. *Moro*). **1.** HIST. Chez les Romains, qui appartenait à la Mauritanie ancienne (actuel Maghreb). **2.** HIST. Au Moyen Âge, Berbère appartenant au peuple qui conquit l'Espagne. **3.** Auj., habitant du Sahara occidental. **4.** HÉRALD. **Tête de Maure,** figure représentant une tête de Noir.

Maures (les), massif côtier de Provence (Var) [780 m], boisé et dominant de nombreuses stations balnéaires.

mauresque ou **moresque** [mɔrɛsk] **adj.** Propre aux Maures. ◆ **mauresque n.f.** Femme maure.

Maurétanie → Mauritanie.

Mauriac (François), écrivain et journaliste français (Bordeaux 1885 - Paris 1970). Auteur de romans sur la vie provinciale dans lesquels il évoque les conflits de la chair et de la foi (*Genitrix,* 1923 ; *Thérèse Desqueyroux,* 1927 ; *le Nœud de vipères,* 1932), il a écrit également des pièces de théâtre (*Asmodée,* 1938 ; *les Mal-Aimés,* 1945), des articles critiques et politiques. (Prix Nobel 1952.)

Maurice *(île),* en angl. **Mauritius,** État insulaire de l'océan Indien, à l'est de Madagascar ; 2 040 km^2 ; 1 244 000 hab. *(Mauriciens).* CAP. *Port-Louis.* LANGUE : *anglais.* MONNAIE : *roupie mauricienne.*

GÉOGRAPHIE

L'île, de formation volcanique, humide, a une population d'origine indienne (numériquement dominante), européenne, africaine, chinoise. La densité (plus de 500 hab. au km^2) est très élevée. L'agriculture est dominée par la canne à sucre (plus de 80 % des terres cultivées, base des exportations). La création de zones franches industrielles favorise le développement. Le tourisme est important.

HISTOIRE

1507. L'île est découverte par les Portugais.

Au XVIIe s., les Hollandais s'y établissent et lui donnent son nom en l'honneur de Maurice de Nassau.

1715. Les Français les remplacent et lui donnent le nom d'« île de France ».

La Grande-Bretagne s'en empare en 1810 et se la fait céder en 1814. Redevenue île Maurice, elle prospère grâce à la culture de la canne à sucre, confiée à la main-d'œuvre indienne, mais décline avec le percement du canal de Suez et la concurrence de la betterave sucrière.

1968. L'île constitue un État indépendant, membre du Commonwealth. Seewoosagur Ramgoolam (en poste depuis 1961) reste Premier ministre jusqu'en 1982.

1992. L'île Maurice devient une république.

La vie politique est dominée par les personnalités d'Anerooth Jugnauth (Premier ministre de 1982 à 1995 et de 2000 à 2003 et, depuis, président de la République), de Paul Béranger (à la tête du gouvernement de 2003 à 2005) et de Navin Ramgoolam (fils de Seewoosagur) [Premier ministre de 1995 à 2000 et depuis 2005].

Maurice, *comte* **de Saxe,** dit **le Maréchal de Saxe,** général français (Goslar 1696 - Chambord 1750), fils naturel d'Auguste II, Électeur de Saxe et roi de Pologne. Passé en 1720 au service de la France, créé maréchal en 1744, il remporta la victoire de Fontenoy en 1745.

Maurice de Nassau (Dillenburg 1567 - La Haye 1625), stathouder (gouverneur) de Hollande et de Zélande (1585-1625), de Groningue et de Drenthe (1620-1625). Il combattit victorieusement la domination espagnole. Devenu prince d'Orange en 1618, il fit exécuter en 1619 le grand pensionnaire Johan Van Oldenbarnevelt et fut dès lors le seul maître des Provinces-Unies.

Mauricie, région administrative du Québec (Canada) ; 39 748 km² ; 263 603 hab.

Maurienne (la), région des Alpes, en Savoie, correspondant à la vallée de l'Arc. Aménagements hydroélectriques. Électrométallurgie et électrochimie. Tourisme.

Mauritanie ou **Maurétanie,** anc. pays de l'ouest de l'Afrique du Nord, habité par les Maures, tribus berbères qui formèrent vers le Vᵉ s. av. J.-C. un royaume passé au IIᵉ s. av. J.-C. sous la dépendance de Rome. Province romaine en 40 apr. J.-C., divisée, en 42, en Mauritanie Césarienne et Mauritanie Tingitane, la région, occupée par les Vandales au Vᵉ s. puis par les Byzantins (534), fut conquise par les Arabes au VIIIᵉ s.

Mauritanie, État de l'Afrique occidentale ; 1 080 000 km² ; 3 537 368 hab. *(Mauritaniens).* CAP. *Nouakchott.* LANGUE : *arabe.* MONNAIE : *ouguiya.*

GÉOGRAPHIE

Le pays (près de deux fois grand comme la France) est pour sa plus grande partie saharien : les températures y sont élevées et les pluies n'atteignent pas 100 mm par an. Seul le tiers sud, sahélien, reçoit env. 500 mm d'eau par an. La population, musulmane, est composée surtout de Maures, d'origine berbère et arabe, souvent métissés de Noirs (qui dominent au S.) et de Soudanais. Elle est concentrée au sud du 18ᵉ parallèle. Les sécheresses récentes ont accéléré la sédentarisation et l'urbanisation. Le cheptel, durement touché, est en cours de reconstitution. L'agriculture est surtout vivrière (mil, riz, maïs, sorgho), mais le pays n'est pas autosuffisant. Le fer demeure la ressource minérale essentielle (devant le cuivre, le gypse), mais c'est la pêche qui constitue aujourd'hui le plus gros poste des exportations. Des gisements de pétrole offshore commencent à être exploités.

HISTOIRE

Pendant les treize premiers siècles de notre ère, les Berbères Sanhadja règnent dans l'espace ouest-saharien sur une population de Noirs et de Berbères, et dominent le commerce transsaharien. Ces nomades créent, dans la seconde moitié du XIᵉ s., l'Empire almoravide, qui propage un islam austère. De la fin du XIIIᵉ au début du XVIIIᵉ s. arrivent des populations arabes qui assimilent ou soumettent les populations locales. Il en résulte un métissage dont est issue la population maure actuelle.

1900-1912. Conquête de la région par la France.

1920. La Mauritanie est érigée en colonie et rattachée à l'Afrique-Occidentale française (A.-O.F.).

1960. La République islamique de Mauritanie, proclamée en 1958, accède à l'indépendance.

Entraînée dans des difficultés croissantes par la décolonisation du Sahara occidental (à partir de 1974), elle renonce à la zone qui lui avait été attribuée (1979).

1984. Le colonel Ould Taya prend le pouvoir.

Il est confirmé à la tête de l'État par une élection présidentielle en 1992 (réélu en 1997 et 2003).

2005. Il est renversé par une junte, qui assure une transition pacifique.

2007. Sidi Ould Cheikh Abdallahi est élu à la présidence.

2008. Il est destitué à son tour par des militaires, dirigés par Mohamed Ould Abdel Aziz.

2009. Ce dernier est confirmé à la tête du pays par une élection présidentielle.

Maurois (André), écrivain français (Elbeuf 1885 - Neuilly 1967). Il est l'auteur de souvenirs de guerre *(les Silences du colonel Bramble),* de romans *(Climats),* de biographies romancées *(Ariel ou la Vie de Shelley).*

Mauroy (Pierre), homme politique français (Cartignies, Nord, 1928 - Clamart 2013). Premier ministre de 1981 à 1984 et premier secrétaire du parti socialiste de 1988 à 1992.

Maurras (Charles), écrivain et homme politique français (Martigues 1868 - Saint-Symphorien 1952). Monarchiste et antidreyfusard, admirateur de Mistral et défenseur d'une esthétique néoclassique (*Enquête sur la monarchie,* 1900-1909 ; *l'Avenir de l'intelligence,* 1905), il collabore à partir de 1899 au journal *l'Action française,* dont il fait le fer de lance du nationalisme intégral et d'un néoroyalisme antiparlementaire et décentralisateur. Son influence fut considérable dès avant 1914 et imprégna largement les milieux catholiques et conservateurs. Son utilisation politique de l'Église fit condamner l'Action française par Rome en 1926. Il soutint le régime de Vichy et fut condamné, en 1945, à la détention perpétuelle.

Mausole (m. en 353 av. J.-C.), satrape de Carie, célèbre par son tombeau, à Halicarnasse (le *Mausolée*).

mausolée [mozɔle] **n.m.** (lat. *mausoleum,* gr. *mausôleion,* tombeau de Mausole [roi de Carie]). Monument funéraire de grandes dimensions, à l'architecture somptueuse.

Mauss (Marcel), sociologue et anthropologue français (Épinal 1872 - Paris 1950). Il a étudié les prestations et contre-prestations (*Essai sur le don,* 1925).

maussade [mosad] **adj.** (de *mal,* et anc. fr. *sade,* du lat. *sapidus,* savoureux). **1.** Qui est d'une humeur chagrine, désagréable ; qui manifeste cette humeur : *Un homme maussade, à l'air maussade* (syn. **renfrogné, grognon**). **2.** Qui inspire l'ennui, la tristesse : *Temps maussade.*

Mauthausen, camp de concentration allemand, près de Linz (Autriche), de 1938 à 1945 (env. 150 000 morts).

mauvais, e [mɔvɛ, -ɛz] **adj.** (lat. pop. **malifatius,* du class. *male fatum,* mauvais sort). **1.** Qui n'est pas de bonne qualité ; qui présente un défaut, une imperfection : *Une mauvaise terre* (contr. **bon**). *Parler un mauvais français* (syn. **incorrect**). *Avoir une mauvaise mémoire* (syn. **défectueux**). **2.** Qui ne convient pas : *Arriver au mauvais moment* (syn. **défavorable, inopportun**). *C'est une mauvaise raison* (syn. **faux**). **3.** Qui n'a pas les qualités requises : *Mauvais acteur. Être mauvais en sciences* (syn. **médiocre, nul**). **4.** Dont les conséquences, les résultats sont insatisfaisants : *Mauvaise récolte* (syn. **insuffisant**). *Faire une mauvaise affaire.* **5.** Qui provoque une réaction défavorable ; qui déplaît : *Faire mauvais effet. Un mauvais rêve. Ce gâteau a mauvais goût* (syn. **désagréable**). *Passer un mauvais quart d'heure* (syn. **pénible**). **6.** Qui peut nuire, causer du mal, présenter un danger : *Fumer est mauvais pour la santé* (syn. **dangereux, nuisible, nocif**). *Une mauvaise fracture. Mer mauvaise* (= très agitée). **7.** Qui fait le mal ; dépourvu de qualités morales ; qui manifeste de la méchanceté : *C'est un homme mauvais* (syn. **méchant, cruel**). *Un mauvais sujet* (= qqn dont la conduite est répréhensible). *Être animé de mauvaises intentions. Une joie mauvaise.* **8.** Contraire à la morale, à la justice : *Mauvaise conduite* (syn. **indigne, corrompu**). **9.** FAM. **L'avoir, la trouver mauvaise,** être mécontent, déçu de qqch. / **Mauvaise tête,** personne sujette à des coups de tête, qui n'a pas bon caractère. ◆ **mauvais adv. Il fait mauvais,** le temps n'est pas beau. / **Sentir mauvais,** exhaler une odeur fétide.

mauve [mov] **n.f.** (lat. *malva*). Plante à fleurs roses ou violacées, commune dans les terrains vagues et cultivés. ▸ Famille des malvacées. ◆ **adj.** et **n.m.** Couleur violet pâle.

mauviette [movjɛt] **n.f.** (dimin. de *mauvis,* grive). FAM. Personne chétive, maladive ou peu courageuse.

maxillaire [maksilɛr] **n.m.** (lat. *maxillaris,* de *maxilla,* mâchoire). **1.** Mâchoire supérieure de l'homme et des vertébrés (par opp. à *mandibule*). **2.** Os des mâchoires : *Maxillaire inférieur, supérieur.* ◆ **adj.** Qui se rapporte aux mâchoires.

maxima [maksima] **n.m. pl.** ⟶ **maximum.**

maximal, e, aux [maksimal, -o] **adj.** (de *maximum*). **1.** Qui constitue ou atteint le plus haut degré : *Températures maximales* (contr. **minimal**). **2.** MATH. **Élément maximal d'un ensemble ordonné,** élément tel qu'il n'existe aucun autre élément dans cet ensemble qui lui soit strictement supérieur.

maximaliser v.t. ⟶ **maximiser.**

maximaliste [maksimalist] **adj.** et **n.** (de *maximal*). Qui préconise des solutions extrêmes, radicales, partic. dans le domaine politique.

maxime [maksim] **n.f.** (lat. médiév. *maxima [sententia]*, [sentence] la plus générale). Formule brève énonçant une règle de morale ou de conduite ou une réflexion d'ordre général : *Maximes populaires* (syn. **dicton**).

Maximilien (Vienne 1832 - Querétaro 1867), archiduc d'Autriche (Ferdinand Joseph de Habsbourg), puis empereur du Mexique (1864-1867). Frère cadet de l'empereur François-Joseph, choisi comme empereur du Mexique par Napoléon III en 1864, il ne put triompher du sentiment nationaliste incarné par Benito Juárez García. Abandonné en 1867 par la France, il fut pris et fusillé.

Maximilien Ier (Wiener Neustadt 1459 - Wels 1519), archiduc d'Autriche, empereur germanique (1508-1519). Ayant épousé Marie de Bourgogne (1477), il hérita des Pays-Bas et de la Bourgogne, dont il ne conserva que l'Artois et la Franche-Comté (1493) à l'issue d'une longue lutte contre Louis XI puis Charles VIII. S'il dut reconnaître l'indépendance des cantons suisses (1499), il unifia ses États héréditaires et les dota d'institutions centralisées.

maximiser [maksimize] et **maximaliser** [maksimalize] **v.t.** (de *maximum* et *maximal*). **1.** Donner la plus haute valeur possible à une grandeur, un fait, une idée, etc. **2.** Porter une quantité au plus haut degré.

maximum [maksimɔm] **n.m.** (neutre substantivé du lat. *maximus*, superlatif de *magnus*, grand) [pl. *maximums* ou *maxima*]. **1.** Le plus haut degré atteint par qqch ou que qqch puisse atteindre : *Prendre le maximum de précautions. Les maximums* (ou *maxima*) *de température du mois d'août sont élevés.* **2.** Limite supérieure d'une condamnation pénale : *Être condamné au maximum.* **3. Au maximum,** dans le pire des cas ; au plus haut degré : *Je serai absente deux jours au maximum. Profiter au maximum de ses vacances.* / MATH. **Maximum d'une fonction,** la plus grande des valeurs de cette fonction dans un intervalle de la variable ou dans son domaine de définition. / MATH. **Maximum d'un ensemble ordonné,** le plus grand élément, s'il existe, de cet ensemble. ◆ **adj.** (Emploi critiqué). Maximal : *Des températures maximums.*

Maxwell (James Clerk), physicien britannique (Édimbourg 1831 - Cambridge 1879). Il contribua à l'élaboration de la théorie cinétique des gaz en étudiant la répartition des vitesses des molécules et calcula la valeur de leur libre parcours moyen. Il créa, en 1862, le concept de « courant de déplacement » apparaissant dans un diélectrique soumis à un champ électrique. Il reste surtout célèbre pour avoir, en 1873, donné les équations générales du champ électromagnétique et développé la théorie électromagnétique de la lumière, qu'il avait élaborée dès 1865.

maya [maja] **adj.** Qui appartient aux Mayas. ◆ **n.m.** Famille de langues indiennes de l'Amérique centrale.

Mayapán, centre cérémoniel maya du Mexique (État de Yucatán), qui prit le relais de Chichén Itzá et fut la dernière grande capitale maya (XIIIe-XVe s.).

Mayas, groupe d'Amérindiens localisés au Guatemala, au Mexique (État de Chiapas et presqu'île du Yucatán) et à l'ouest du Honduras. Parmi les civilisations préhispaniques, celle des Mayas témoigne du raffinement d'une société fortement hiérarchisée, dominée par une aristocratie dirigeante de cités-États, régie par un système théocratique. Trois périodes principales définissent la chronologie maya : le préclassique (2000 av. J.-C.-250 apr. J.-C.) ; le classique (250-950), ou l'apogée, marqué par la création d'une écriture hiéroglyphique, d'un calendrier solaire de 365 jours, par le développement de l'architecture et des pyramides, et celui de décorations peintes et sculptées dans les temples funéraires (Copán, Tikal, Palenque, Bonampak, Uxmal, etc.) ; le postclassique (950-1500), ou le déclin, malgré une certaine renaissance due aux Toltèques dans le Yucatán (Chichén Itzá, Mayapán). Principaux dieux mayas : Chac, le dieu de la Pluie, Kinich Ahau, le dieu du Soleil, qui, dans sa révolution nocturne, devient jaguar, Kukulcán, le héros civilisateur assimilé à Quetzalcóatl.

Mayence, en all. **Mainz,** v. d'Allemagne, cap. du Land de Rhénanie-Palatinat, sur le Rhin ; 200 344 hab. Cathédrale romane (XIIe-XIIIe s., nombreux monuments funéraires d'archevêques) et autres églises anciennes. Musées Romain-Germanique, du Rhin moyen et Gutenberg.

Mayenne (la), riv. du Maine, qui se joint à la Sarthe pour former la Maine ; 185 km. Elle passe à Mayenne, Laval, Château-Gontier.

Mayenne [53], dép. de la Région Pays de la Loire ; ch.-l. de dép. *Laval ;* ch.-l. d'arr. *Mayenne, Château-Gontier ;* 3 arr., 17 cant., 261 comm. ; 5 175 km^2 ; 318 159 hab. *(Mayennais).*

Mayenne (Charles de Lorraine, *marquis* puis *duc* **de),** prince français (Alençon 1554 - Soissons 1611). Chef de la Ligue à la mort de son frère Henri de Guise, il fut vaincu à Arques (1589) et à Ivry (1590) par Henri IV et fit sa soumission en 1595.

Mayflower (« Fleur de mai »), vaisseau parti de Southampton (1620) avec les puritains anglais persécutés par Jacques Ier, qui fondèrent Plymouth en Nouvelle-Angleterre.

mayonnaise [majɔnɛz] **n.f.** (orig. incert., p.-ê. pour *mahonnaise*, de *Port-Mahon*, n. d'une ville). **1.** Sauce froide composée d'une émulsion de jaune d'œuf et d'huile. **2.** FAM. **Faire monter la mayonnaise,** grossir, dramatiser un événement, une situation. / FAM. **La mayonnaise prend, ne prend pas,** la situation évolue de façon favorable, défavorable.

Mayotte [976], île française de l'océan Indien, dans l'archipel des Comores ; 374 km^2 ; 212 645 hab. *(Mahorais).* Ch.-l. *Mamoudzou.* 13 cant. et 17 comm. En 1974 et 1976, Mayotte se prononce pour son maintien dans la République française. Collectivité territoriale, devenue collectivité départementale (2001) et collectivité d'outre-mer (2003), elle devient en 2011 département et Région d'outre-mer, avec le statut de collectivité unique.

Mayr (Ernst), biologiste américain d'origine allemande (Kempten, Bavière, 1904 - Bedford, Massachusetts, 2005). Il a mené des recherches sur l'évolution, en particulier sur la spéciation (formation de nouvelles espèces). Il a également proposé une définition de l'espèce fondée sur l'interfécondité de ses représentants.

mazagran [mazagrɑ̃] **n.m.** (de *Mazagran*, village d'Algérie). Récipient épais, en faïence, en forme de verre à pied, pour boire le café.

Mazarin (Jules), en it. **Giulio Mazarini,** prélat et homme d'État français (Pescina, Abruzzes, 1602 - Vincennes 1661). Issu d'une modeste famille sicilienne, officier dans l'armée pontificale, puis diplomate au service du pape, il passe au service de la France (1638) et est naturalisé français (1639). Il devient le principal collaborateur de Richelieu, qui le fait nommer cardinal (1641) bien qu'il ne soit pas prêtre. Richelieu mourant le recommande à Louis XIII et Mazarin devient ministre d'État et chef du Conseil en déc. 1642. Après la mort de Louis XIII (1643), la régente Anne d'Autriche le maintient dans ses fonctions et lui apporte un soutien constant.
Attaché comme Richelieu à l'autorité de l'État, Mazarin préfère l'intrigue à la brusquerie de son prédécesseur. Il doit faire face en 1643 à de multiples problèmes : guerre contre la maison d'Autriche, détresse financière, agitation des nobles, mécontentement populaire. En 1648, il parvient à conclure la paix avec l'Empire germanique par les traités de Westphalie. Mais la Fronde éclate cette même année et Mazarin devient la cible d'attaques virulentes (les mazarinades). Il doit s'exiler en 1651 et 1652, et attend le moment où l'opinion, lasse de l'anarchie, souhaite un pouvoir fort. Alors, après Louis XIV et sa mère, il rentre à Paris (1653), plus puissant que jamais.
Ayant ainsi triomphé de la Fronde, il s'emploie à restaurer l'autorité royale. Il rétablit les intendants, supprimés en 1648, surveille la noblesse, limite les droits du parlement et lutte contre le jansénisme. À l'extérieur, il poursuit la guerre contre l'Espagne et s'allie avec Cromwell (1657-1658). Après la victoire de Turenne aux Dunes (1658), des négociations difficiles s'engagent, conclues par la paix des Pyrénées (1659). Signe de la prépondérance acquise par la France, Mazarin est l'arbitre de la paix du Nord entre les puissances de la Baltique (1660-1661). Mazarin constitue par ailleurs une immense fortune, acquise par des moyens souvent peu avouables. Mécène, il accumule les œuvres littéraires et artistiques dans son palais

(auj. Bibliothèque nationale), fonde l'Académie royale de peinture et de sculpture, et introduit en France l'opéra italien. À sa mort, le cardinal laisse à Louis XIV un État restauré et lui lègue en outre une équipe de collaborateurs fidèles (M. Le Tellier, Colbert).

mazarinade [mazarinad] **n.f.** HIST. Chanson ou pamphlet publiés contre Mazarin pendant la Fronde.

mazdéen, enne [mazdeɛ̃, -ɛn] **adj.** Du mazdéisme.

mazdéisme [mazdeism] **n.m.** (de l'anc. perse *mazda,* sage). Religion dualiste de l'Iran ancien réformée par Zarathoustra : *Le livre sacré du mazdéisme est l'Avesta* (syn. **zoroastrisme**).

Mazeppa ou **Mazepa (Ivan Stepanovitch),** hetman (chef) des Cosaques d'Ukraine orientale (1639 ou 1644 - Bendery 1709). Il servit d'abord le tsar Pierre le Grand, puis se tourna contre lui, s'alliant à Charles XII de Suède, qui s'engageait à reconnaître l'indépendance de l'Ukraine. Défait à Poltava (1709), il se réfugia en pays tatar. Il est l'un des héros du nationalisme ukrainien.

mazette [mazɛt] **interj.** (probabl. de *mazette,* mésange en normand et en franc-comtois). *VIEILLI.* Exprime l'admiration, l'étonnement : *Mazette ! quelle voiture !*

mazout [mazut] **n.m.** (mot russe, de l'ar.). Fioul domestique.

Mazovie, région de Pologne, sur la Vistule moyenne. La Mazovie fut duché héréditaire de 1138 à 1526, année de son rattachement au royaume de Pologne.

mazurka [mazyrka] **n.f.** (mot polon.). **1.** Danse à trois temps, d'origine polonaise (Mazurie). **2.** Air sur lequel elle s'exécute : *Jouer une mazurka de Chopin.*

Mazzini (Giuseppe), patriote italien (Gênes 1805 - Pise 1872). Militant pour la libération de tous les peuples d'Europe, il fonda, en exil, une société secrète, la Jeune-Italie (1831), qui visait à l'établissement d'une république italienne unitaire. Organisateur de complots et d'insurrections qui se soldèrent tous par des échecs, il mena une vie errante jusqu'à son retour en Italie, lors de la révolution de 1848. En mars 1849, il fit proclamer la république à Rome et participa à son gouvernement, mais l'expédition française (juill.) l'obligea à un nouvel exil.

Mbini, anc. **Río Muni,** partie continentale de la Guinée équatoriale.

me [mə] **pron. pers.** (lat. *me*). [*Me* s'élide en *m'* devant un mot commençant par une voyelle ou un *h* muet]. Désigne la 1re pers. du sing., aux deux genres, dans les fonctions de : **1.** Compl. d'objet direct ou indirect, ou compl. d'attribution : *Cela me fatigue. Cela m'est égal. Tu me le donnes ?* **2.** Reprise du sujet *je* dans les formes verbales pronominales : *Je me doute que...*

mé- ou **mès-,** préfixe, du frq. **missi,* exprimant une négation *(méconnaître)* ou un caractère péjoratif *(mésalliance).*

mea culpa [meakylpa] **n.m. inv.** (mots lat. « par ma faute »). **1.** Aveu de la faute commise ; coup dont on se frappe la poitrine en prononçant ces paroles. **2. Faire, dire son mea culpa,** reconnaître ses torts.

méandre [meɑ̃dr] **n.m.** (lat. *Maeander,* gr. *Maiandros,* le Méandre, fl. sinueux d'Asie Mineure). **1.** Sinuosité que décrit un cours d'eau : *Les méandres de la Seine.* **2.** (Surtout au pl.). Détour sinueux et tortueux : *Les méandres de la diplomatie* (syn. **dédale**). *Il est difficile de suivre les méandres de sa pensée.* **3.** ARTS DÉC. Ornement sinueux.

méat [mea] **n.m.** (lat. *meatus,* de *meare,* passer). **1.** BOT. Cavité intercellulaire des végétaux. **2.** ANAT. **Méat urinaire,** orifice externe de l'urètre.

Meaux, ch.-l. d'arr. de Seine-et-Marne, sur la Marne ; 55 475 hab. *(Meldois).* Métallurgie. Produits chimiques. – Restes de remparts gallo-romains et médiévaux. Cathédrale surtout du XIIIe s. Musée Bossuet dans l'anc. évêché, des XIIe et XVIIe s. – Siège d'un évêché dès le IVe s., Meaux fut, au XVIe s., un foyer d'humanisme chrétien influencé par la Réforme (« Cénacle de Meaux », 1523-1525).

mec [mɛk] **n.m.** *FAM.* **1.** Garçon ; homme. **2.** Mari ; amant ; compagnon.

mécanicien, enne [mekanisjɛ̃, -ɛn] **n. 1.** Personne effectuant le montage et les réparations courantes d'ensembles mécaniques : *Conduire sa voiture chez un mécanicien* (abrév. fam. *mécano*). **2.** Physicien, physicienne spécialiste de mécanique. **3.** Conducteur de locomotive. **4. Officier mécanicien de l'air,** officier de l'armée de l'air chargé de l'encadrement de certaines formations à caractère technique.

1. mécanique [mekanik] **n.f.** (de *2. mécanique*). **1.** Combinaison d'organes propres à produire ou à transmettre des mouvements : *La mécanique d'une montre* (syn. **mécanisme**). **2.** Science ayant pour objet l'étude des forces et des mouvements : *Mécanique des fluides.* **3.** Étude des machines, de leur construction et de leur fonctionnement : *Un enfant passionné de mécanique.* **4.** Machine considérée du point de vue du fonctionnement de ses organes mécaniques : *Une belle mécanique.* **5.** *LITT.* Ensemble des moyens utilisés dans le fonctionnement d'une activité : *La mécanique politique.*

■ **Mécanique classique.** La mécanique classique comprend trois branches principales : la *statique,* la *dynamique* et la *cinématique.* Son histoire remonte aux travaux d'Archimède sur la statique et l'hydrostatique, essayant d'expliquer l'équilibre des objets solides et des liquides. Beaucoup plus récente, la dynamique n'a guère commencé qu'avec Galilée, qui, le premier, énonce le principe de relativité. Mais son véritable acte de naissance est constitué par les *Principes mathématiques de philosophie naturelle* (1687) de Newton, qui en posent les fondements et en dégagent les applications aux mouvements des corps célestes. Il énonce trois principes fondamentaux : principe d'inertie (un objet isolé garde son mouvement indéfiniment) ; égalité des valeurs d'une action et de la réaction qui lui est opposée ; égalité entre la somme des forces agissant sur un objet et le produit de sa masse par son accélération.
Au XVIIIe s., Euler, d'Alembert, Clairaut et Lagrange – qui systématise tous les travaux de ses précurseurs dans sa *Mécanique analytique* (1788) – font des théories de Newton le modèle de la science théorique. Après son *Exposition du système du monde* (1796), Laplace réunit dans sa *Mécanique céleste* (1798-1825) tous les travaux, jusque-là épars, de Newton, de Halley et d'Euler sur les conséquences du principe de la gravitation universelle.
La fin du XIXe s. voit l'approfondissement des principes de la mécanique (Hertz, Mach) et l'avènement de la mécanique statistique (Boltzmann, Gibbs), étroitement liée à la thermodynamique.

Mécanique relativiste. Au début du XXe s., la mécanique se présente comme un tout cohérent, mais ses bases ont été minées par l'évolution de l'ensemble de la science. Einstein révise les lois de la physique en s'appuyant sur le principe de relativité (les lois physiques sont les mêmes pour deux systèmes de référence animés l'un par rapport à l'autre d'une translation uniforme) et en y ajoutant celui de la constance de la vitesse de la lumière. La théorie de la relativité restreinte aboutit ensuite à celle de la relativité générale, largement vérifiée par l'expérience. La mécanique classique newtonienne conserve une approximation suffisante lorsque les vitesses sont négligeables par rapport à celle de la lumière.

Mécanique ondulatoire, mécanique quantique. La mécanique newtonienne, qui convient au mouvement des corps de dimensions macroscopiques, ne peut pas s'appliquer à celui des particules élémentaires. En 1924, L. de Broglie a été conduit à associer au mouvement d'une particule la propagation d'une onde. Cette mécanique ondulatoire a reçu une éclatante confirmation expérimentale avec la découverte, en 1927, de la diffraction des électrons par une lame cristalline, tandis que Schrödinger a montré son équivalence avec la mécanique quantique, développée principalement par Heisenberg. ■

2. mécanique [mekanik] **adj.** (lat. *mecanicus,* du gr. *mêkhanê,* machine). **1.** Relatif aux lois du mouvement et de l'équilibre : *Unité mécanique légale.* **2.** Qui agit uniquement suivant les lois du mouvement et des forces : *L'action mécanique des vents.* **3.** Qui est mis en mouvement par une machine ;

qui comporte un mécanisme, et notamm. un mécanisme simple sans le recours à l'électricité : *Escalier mécanique. Rasoir mécanique* (contr. **électrique**). **4.** Qui est effectué à l'aide d'une machine : *Tapis mécanique. Procédés mécaniques de fabrication.* **5.** Qui relève du fonctionnement d'une machine, d'un mécanisme et, partic., du moteur d'une automobile : *Difficultés, ennuis mécaniques.* **6.** Qui ne dépend pas de la volonté : *Un geste mécanique* (syn. **machinal, automatique**).

mécaniquement [mekanikmɑ̃] **adv. 1.** De façon mécanique : *Répondre mécaniquement* (syn. **machinalement**). *Le chargement se fait mécaniquement* (= avec des moyens mécaniques). **2.** Du point de vue de la mécanique : *Les mouvements des astres s'expliquent mécaniquement.*

mécanisation [mekanizasjɔ̃] **n.f.** Action de mécaniser.

mécaniser [mekanize] **v.t.** (de *mécanique*). **1.** Introduire l'emploi des machines dans une activité, une installation : *Mécaniser l'agriculture.* **2.** Rendre une action mécanique, automatique : *Mécaniser un travail* (syn. **automatiser**).

mécanisme [mekanism] **n.m.** (lat. *mechanisma*). **1.** Combinaison d'organes ou de pièces disposés de façon à obtenir un résultat déterminé ; ensemble des pièces entrant en jeu dans un fonctionnement : *Régler un mécanisme. Démonter le mécanisme d'une horloge.* **2.** Mode de fonctionnement de qqch qui est comparé à une machine : *Le mécanisme du corps humain. Mécanisme de défense du moi.* **3.** PHILOS. Philosophie de la nature qui s'efforce d'expliquer l'ensemble des phénomènes naturels par les seules lois de cause à effet.

mécaniste [mekanist] **adj.** et **n.** PHILOS. Qui concerne ou qui professe le mécanisme : *Explication mécaniste de l'Univers.*

mécanographie [mekanɔgrafi] **n.f.** (du gr. *mêkhanê*, machine, et de *-graphie*). Méthode de dépouillement, de tri ou d'établissement de documents administratifs ou commerciaux, fondée sur l'utilisation de machines traitant mécaniquement des cartes perforées.

mécanographique [mekanɔgrafik] **adj.** De la mécanographie : *Classement mécanographique.*

mécatronique [mekatrɔnik] **n.f.** (de *1. méca[nique]* et *[électro]nique*). Discipline combinant la mécanique, l'électronique et l'informatique pour la conception et la fabrication de produits plus performants et de nouvelles machines.

mécénat [mesena] **n.m.** (de *mécène*). Protection, subvention accordée à des activités culturelles.

mécène [mesɛn] **n.** (de *Mécène*, n. du ministre d'Auguste). Personne physique ou morale qui protège les écrivains, les artistes, les savants, en les aidant financièrement (syn. **bienfaiteur, protecteur**).

Mécène, en lat. **Caius Cilnius Maecenas,** chevalier romain (Arezzo ? v. 69 - 8 av. J.-C.). Ami personnel d'Auguste, il encouragea les lettres et les arts. Virgile, Horace, Properce bénéficièrent de sa protection.

méchamment [meʃamɑ̃] **adv. 1.** De façon méchante, dure : *Agir, parler méchamment* (syn. **cruellement, hargneusement**). **2.** *FAM.* Très : *Il était méchamment en colère* (syn. **extrêmement**).

méchanceté [meʃɑ̃ste] **n.f. 1.** Penchant à faire du mal : *Agir par méchanceté* (syn. **cruauté, malveillance**). **2.** Action, parole méchante : *Faire, dire des méchancetés.*

méchant, e [meʃɑ̃, -ɑ̃t] **adj.** et **n.** (p. présent de l'anc. v. *méchoir*, tomber mal). Qui fait le mal sciemment ; qui manifeste de la malveillance : *Homme méchant* (syn. **mauvais**). *Regard méchant* (syn. **hargneux, malveillant**). *Une parole méchante.* ◆ **adj. 1.** Qui attire des ennuis, cause des difficultés ; dangereux : *S'attirer une méchante affaire.* **2.** *LITT.* (Avant le n.). Qui n'a aucune valeur ou compétence : *Un méchant tissu. Un méchant poète* (syn. **médiocre**). **3.** *FAM.* Extraordinaire ; étonnant ; remarquable : *Il est arrivé dans une méchante bagnole* (syn. **superbe**).

1. mèche [mɛʃ] **n.f.** (lat. pop. **micca*, class. *myxa*, gr. *muxa*). **1.** Assemblage de grande longueur de fibres textiles éventuellement maintenues par une légère torsion. **2.** Cordon, tresse employés dans la confection des bougies ou pour servir à conduire un liquide combustible dans un appareil d'éclairage : *La mèche d'une lampe à huile.* **3.** Touffe de cheveux : *Une mèche rebelle lui retombe toujours sur le front.* **4.** Gaine de coton contenant de la poudre noire et servant à mettre le feu à une arme, une mine, un explosif : *Allumer la mèche d'un pétard.* **5.** TECHN. Outil rotatif en acier servant à percer des trous : *Mèches à bois, à béton.* **6.** CHIR. Pièce de gaze étroite et longue que l'on introduit dans une plaie pour arrêter l'épanchement du sang, drainer une suppuration. **7.** *FAM.* **Éventer, vendre la mèche,** livrer un secret.

2. mèche [mɛʃ] **n.f.** (it. *mezzo*, moitié, moyen). *FAM.* **Être de mèche avec qqn,** être son complice (syn. **connivence**). / *ARG.* **Y a pas mèche,** il n'y a pas moyen, c'est impossible.

Mechelen → **Malines.**

Mechhed ou **Machhad,** v. d'Iran (Khorasan) ; 2 766 258 hab. dans l'agglomération. Centre de pèlerinage chiite. Mausolée de l'imam Reza, fondé au IXe s., et monuments des XVe-XVIIe s. Riche musée.

méchoui [meʃwi] **n.m.** (ar. *machwī*). Mouton ou agneau cuit en entier à la broche ; repas où l'on sert cet animal rôti, partic. en Afrique du Nord.

Mecklembourg, en all. **Mecklenburg,** région historique d'Allemagne. Intégrée au domaine germanique au XIIe s., elle est partagée en 1520 en deux duchés. Les deux Mecklembourgs furent réunis en 1934, puis intégrés dans la R.D.A. Ils constituent aujourd'hui une partie du Land de Mecklembourg-Poméranie-Occidentale.

Mecklembourg-Poméranie-Occidentale, en all. **Mecklenburg-Vorpommern,** Land d'Allemagne, sur la Baltique ; 23 838 km^2 ; 1 609 982 hab. CAP. *Schwerin.*

mécompte [mekɔ̃t] **n.m.** (de l'anc. v. *se mécompter*, de *compter*). Attente, espérance trompée : *Affaire n'apportant que des mécomptes* (syn. **déception, désillusion**).

méconnaissable [mekɔnesabl] **adj.** Transformé au point d'être malaisé à reconnaître : *La maladie l'a rendu méconnaissable.*

méconnaissance [mekɔnesɑ̃s] **n.f.** Fait de méconnaître, d'ignorer : *Erreur due à une méconnaissance des textes* (syn. **ignorance**).

méconnaître [mekɔnɛtr] **v.t.** [conj. **91**]. Ne pas comprendre ; ne pas voir les qualités de ; ne pas apprécier à sa juste valeur : *Méconnaître l'importance d'une découverte* (syn. **méjuger, mésestimer**).

méconnu, e [mekɔny] **adj.** et **n.** Qui n'est pas apprécié selon son mérite : *Un auteur méconnu* (syn. **incompris**).

mécontent, e [mekɔ̃tɑ̃, -ɑ̃t] **adj.** et **n.** Qui n'est pas satisfait ; qui éprouve du ressentiment : *Je suis mécontent de votre travail* (syn. **insatisfait**). *L'augmentation des charges a fait de nombreux mécontents.*

mécontentement [mekɔ̃tɑ̃tmɑ̃] **n.m.** Sentiment, état d'indignation de qqn, d'un groupe qui est mécontent : *Manifester son mécontentement* (syn. **insatisfaction**).

mécontenter [mekɔ̃tɑ̃te] **v.t.** Rendre mécontent ; exciter le mécontentement de : *Cette réforme a mécontenté tout le monde* (syn. **déplaire à**).

Mecque (La), v. d'Arabie saoudite, cap. du Hedjaz ; 1 294 106 hab. Patrie de Mahomet (Muhammad) et ville sainte de l'islam. Le pèlerinage à La Mecque est obligatoire pour tout musulman, s'il en a les moyens, une fois au cours de sa vie.

mécréant, e [mekreɑ̃, -ɑ̃t] **n.** (de *mécroire*). *VIEILLI.* Personne incroyante, qui n'a pas de religion (syn. **athée**).

médaille [medaj] **n.f.** (it. *medaglia*). **1.** Pièce de métal, génér. circulaire, portant un dessin, une inscription en relief, frappée en l'honneur d'une personne ou en souvenir d'un événement : *Frapper une médaille.* **2.** Pièce de métal représentant un sujet de dévotion : *Médaille de la Vierge.* **3.** Petite pièce de métal portée comme breloque ou comme plaque d'identité. **4.** Pièce de métal donnée en prix dans certains concours, certaines épreuves sportives ou en récompense d'actes de dévouement, etc. : *Gagner une médaille d'or aux jeux Olympiques.*

5. Médailles commémoratives, décorations attribuées aux militaires ayant participé à certaines guerres (guerres mondiales, Indochine, etc.).

médaillé, e [medaje] **adj.** et **n.** Décoré d'une médaille ayant valeur de récompense : *Un médaillé militaire.*

médaillon [medajɔ̃] **n.m.** (it. *medaglione*). **1.** Médaille sans revers qui dépasse en poids et en taille les médailles ordinaires. **2.** Bijou de forme circulaire ou ovale, dans lequel on place un portrait, des cheveux, etc. **3.** Bas-relief ou autre élément décoratif circulaire ou ovale. **4.** Préparation culinaire de forme ronde ou ovale : *Médaillon de veau.*

Medan, port de l'Indonésie, dans l'île de Sumatra, sur le détroit de Malacca ; 2 109 339 hab.

médecin [medsɛ̃] **n.** (lat. *medicus*). **1.** Titulaire du diplôme de docteur en médecine, qui exerce la médecine : *Une médecin de campagne. Médecin de famille* (syn. **praticien**). *Médecin traitant* (= celui que l'on consulte habituellement). **2. Médecin des armées,** officier du corps des médecins militaires, depuis 1968. ⁄ **Médecin traitant** ⟶ **traitant.**

médecine [medsin] **n.f.** (lat. *medicina*, de *medicus*, médecin). **1.** Ensemble des connaissances scientifiques et des moyens mis en œuvre pour la prévention, la guérison ou le soulagement des maladies, blessures ou infirmités : *Étudiant en médecine.* **2.** Système médical particulier : *Médecine allopathique, homéopathique.* **3.** Profession de médecin : *L'exercice illégal de la médecine est sévèrement puni.* **4. Médecine du travail,** ensemble des mesures préventives destinées à dépister les maladies touchant les travailleurs et à éviter les accidents ou maladies résultant de l'activité professionnelle. ⁄ **Médecine générale,** pratique de la médecine qui s'étend à l'ensemble de l'organisme tant sur le plan du diagnostic et du traitement que sur celui de la prévention. ⁄ **Médecine légale,** branche de la médecine appliquée à différentes questions de droit, de criminologie (constats des décès, expertises auprès des tribunaux).

■ **Les origines.** La médecine a été dominée par des pratiques magiques ou religieuses jusqu'à Hippocrate (v. 460 - v. 377 av. J.-C.) qui apporte un protocole d'exploration médicale fondé sur l'interrogation et la connaissance clinique. Chez les Romains, Galien, au IIe s. apr. J.-C., développe cette méthode en invitant au raisonnement clinique. Les premières écoles de médecine (Cordoue, Montpellier) datent du Moyen Âge. En Asie, d'autres conceptions médicales forment la base ancestrale des médecines orientales.
La médecine scientifique. C'est dans la seconde moitié du XIXe s. que la médecine entre dans l'ère contemporaine avec les travaux de Claude Bernard qui met au point la méthode expérimentale, puis de Pasteur qui découvre la nature infectieuse (due à des micro-organismes) de plusieurs maladies, crée le vaccin contre la rage et permet la prévention des complications septiques des plaies et des interventions chirurgicales par l'antisepsie. La première moitié du XXe s. est marquée par l'utilisation croissante des techniques et des méthodes de la physique, de la chimie, de la biologie, qui aboutit, d'une part, à une extension considérable des moyens d'investigation, de diagnostic et de traitement, d'autre part à l'individualisation de « spécialités médicales ». C'est ainsi que se sont développées, après la neurologie et la dermatologie, la psychiatrie, l'ophtalmologie, l'oto-rhino-laryngologie, puis la radiologie médicale, la pneumologie, la cardiologie, l'endocrinologie, la rhumatologie, etc.
Développements récents. Les progrès de la médecine ont été rapides ces dernières décennies. L'imagerie médicale a apporté une véritable révolution avec le développement des techniques d'échographie, de scanographie, de résonance nucléaire. L'endoscopie permet l'examen visuel direct de tous les organes creux internes par les voies naturelles ou par des orifices minimes. Les examens de laboratoire sont de plus en plus précis dans des domaines de plus en plus larges. L'efficacité des médicaments, de la radiothérapie et de la chirurgie permet le traitement et la guérison d'un nombre croissant de maladies. L'expansion de la génétique a expliqué la cause ou les facteurs de risque de nombreuses pathologies, les premières thérapies géniques ont vu le jour et de nombreuses sont à l'essai. D'autres disciplines dites paramédicales (kinésithérapie, orthophonie, rééducation psychomotrice, psychothérapie) prennent en charge les troubles qui ne relèvent pas de traitements agressifs. Parallèlement à cette explosion de moyens diagnostiques et thérapeutiques toujours plus performants, le besoin d'une médecine plus proche de l'homme, moins technique, se manifeste par le développement de médecines dites *alternatives* ou *complémentaires* : homéopathie, acupuncture, phytothérapie et aromathérapie utilisant les plantes, etc. ■

médecine-ball n.m. ⟶ **medicine-ball.**

Médée, magicienne de la mythologie grecque. Fille du roi de Colchide, elle s'éprend de Jason, l'aide à s'emparer de la Toison d'or et s'enfuit avec les Argonautes. Jason l'épouse puis l'abandonne. Médée se venge en égorgeant les enfants qu'elle avait eus avec lui.

Medellín, v. de Colombie, au nord-ouest de Bogota ; 2 441 123 hab. (3 594 977 hab. dans l'agglomération). Centre textile.

Mèdes, peuple de l'Iran ancien, qui constitua un empire au VIIe s. av. J.-C. Ils détruisirent Assour en 614 av. J.-C., puis Ninive (612). Le Perse Cyrus II mit fin à la puissance mède (v. 550 av. J.-C.).

média [medja] **n.m.** (de l'anglo-amér. [*mass*] *media*, propr. « moyens [de diffusion de masse] ») [pl. *médias*]. Tout support de diffusion de l'information (radio, télévision, presse imprimée, livre, ordinateur, vidéo, satellite de télécommunication, etc.) constituant à la fois un moyen d'expression et un intermédiaire transmettant un message à l'intention d'un groupe : *Les médias ont amplifié l'affaire.* ***Rem.*** On dit encore parfois *mass media* ; on trouve aussi *médium* ou *medium* au sing., et *media*, n.m. inv.

■ Un média est un support matériel qui permet d'établir une communication (qu'elle soit écrite, orale ou audiovisuelle) entre différents acteurs (que ce soient les producteurs ou les diffuseurs d'une information, ou bien des usagers). Les médias sont des dispositifs complexes. En effet, s'ils délivrent avant tout un message porteur de sens (langage écrit ou oral, images fixes ou animées), ils sont aussi d'ordre technique (encre et papier, écran et ordinateur), d'ordre économique (financier et organisationnel) et d'ordre politique et social (produits par différents acteurs, ils établissent des relations de communication au sein de la société).
On peut distinguer les *entreprises* médiatiques (presse écrite, radio, télévision, cinéma) des *dispositifs* médiatiques (blog, site Internet, téléphone mobile, réseaux sociaux). Ces derniers permettent de communiquer mais, généralement, ils n'émanent pas d'entreprises spécialisées dans le divertissement et l'information.
Deux facteurs font que les médias sont de plus en plus nombreux dans l'espace social contemporain : le premier est lié à l'impulsion des progrès informatiques, et le second au fait qu'un nombre croissant d'entreprises, d'institutions ou d'individus cherchent à rendre leur action visible. ■

médian, e [medjɑ̃, -an] **adj.** (lat. *medianus*, de *medius*, qui est au milieu). **1.** Qui se trouve au milieu : *Ligne médiane.* **2.** MATH. Se dit, pour une courbe plane ou une surface, de l'ensemble des milieux des cordes parallèles à une direction donnée : *Plan médian d'un tétraèdre* (= le plan passant par une arête et le milieu de l'arête opposée). **3.** ANAT. **Nerf médian,** principal nerf de la flexion du membre supérieur, agissant sur le bras, l'avant-bras et la main.

médiane [medjan] **n.f.** (de *médian*). **1.** GÉOM. Dans un triangle, droite passant par un sommet et par le milieu du côté opposé ; segment limité par ces deux points. **2.** STAT. Nombre séparant les valeurs prises par un caractère statistique, classées par ordre croissant, en deux groupes dont les effectifs sont égaux.

médiasphère [medjasfɛr] **n.f.** Ensemble des médias.

médiateur, trice [medjatœr, -tris] **adj.** et **n.** (lat. *mediator*, de *mediare*, s'interposer). **1.** Qui effectue une médiation ; qui sert d'intermédiaire, d'arbitre, de conciliateur : *Puissance médiatrice. Le médiateur de la paix.* **2. Médiateur chimique,** substance libérée par l'extrémité des fibres nerveuses en activité et excitant les cellules voisines. / **Médiateur de la République,** en France, autorité indépendante remplacée en 2011 par le défenseur* des droits.

médiathèque [medjatɛk] **n.f.** (de *média* et *-thèque*, d'apr. *bibliothèque*). **1.** Collection rassemblant sur des supports correspondant aux différents médias (bande magnétique, disque, film, papier, etc.) des documents de natures diverses. **2.** Organisme chargé de la conservation et de la mise à la disposition du public d'une telle collection ; lieu qui l'abrite.

médiation [medjasjɔ̃] **n.f.** (bas lat. *mediatio*, du class. *mediare*, s'interposer). **1.** Entremise destinée à amener un accord ; arbitrage : *Offrir sa médiation* (= bons offices) [syn. **intercession**]. **2.** DR. Procédure du droit international public ou du droit du travail qui propose une solution de conciliation aux parties en litige.

médiatique [medjatik] **adj.** (de *média*). **1.** Des médias : *Les jeux Olympiques ont donné lieu à un grand battage médiatique.* **2.** Bien perçu au travers des médias ; rendu populaire grâce aux médias : *Une personnalité très médiatique.*

médiatisation [medjatizasjɔ̃] **n.f.** Action de médiatiser.

1. médiatiser [medjatize] **v.t.** (de *média*). Faire passer, diffuser par les médias : *Médiatiser la politique.*

2. médiatiser [medjatize] **v.t.** (de *médiat*, qui se fait indirectement, contr. de *[im]médiat*). DIDACT. Servir d'intermédiaire pour transmettre qqch.

médiator [medjatɔr] **n.m.** (lat. *mediator* ; v. *médiateur*). Lamelle d'une matière plus ou moins souple (plastique, corne, écaille, etc.), qui sert à toucher les cordes de certains instruments de musique (mandoline, balalaïka, banjo, guitare, etc.) [syn. **plectre**].

médiatrice [medjatris] **n.f.** (fém. de *médiateur*). MATH. **Médiatrice d'un segment du plan,** droite perpendiculaire au segment en son milieu. / **Médiatrice d'un triangle,** médiatrice d'un côté du triangle.

médical, e, aux [medikal, -o] **adj.** (du lat. *medicus*, médecin). **1.** De la médecine ; des médecins : *Milieu médical.* **2.** Qui relève de la médecine clinique (par opp. à *chirurgie* ou à *psychothérapie*) : *Traitement médical.* **3. Professions médicales,** professions des médecins, des chirurgiens-dentistes et des sages-femmes. / **Visiteur médical, délégué médical,** représentant des laboratoires de spécialités pharmaceutiques auprès des professions médicales.

médicalement [medikalmɑ̃] **adv.** Du point de vue de la médecine.

médicalisation [medikalizasjɔ̃] **n.f.** Action de médicaliser.

médicaliser [medikalize] **v.t. 1.** Faire relever du domaine médical des phénomènes naturels ou sociaux : *Médicaliser des phénomènes de délinquance.* **2.** Doter d'une infrastructure médicale un pays, une région.

médicament [medikamɑ̃] **n.m.** (lat. *medicamentum*). **1.** Substance ou composition administrée en vue d'établir un diagnostic médical ou de restaurer, corriger, modifier les fonctions organiques : *Un médicament efficace* (syn. **remède**). **2. Médicament à usage externe,** médicament qui s'utilise en application sur la peau, qui ne doit pas être absorbé. / **Médicament à usage interne,** médicament à introduire dans l'organisme par voie buccale, rectale ou parentérale.

■ **Fonctions des médicaments.** Le Code de santé publique définit un médicament comme « toute substance ou composition présentée comme possédant des propriétés curatives ou protectrices à l'égard des maladies humaines ou animales… » Un médicament peut être ingéré par voie orale, administré par voie rectale ou par injection, étalé sur la peau. Il comporte un ou plusieurs principes actifs, qui en assurent les effets, généralement dilués dans un excipient inerte comme de l'amidon, un corps gras ou de l'eau.

À l'origine, la plupart des médicaments étaient extraits des plantes. Peu à peu, les chimistes ont appris à synthétiser les molécules naturelles (comme l'aspirine), à copier les molécules du corps puis en inventer de nouvelles, inexistantes dans la nature.

Mise au point des médicaments. La science étudiant les médicaments est la pharmacologie. Chaque médicament fait l'objet d'études visant à en déterminer : la *pharmacodynamique*, c'est-à-dire l'ensemble des effets propres sur l'organisme ; la *pharmacocinétique*, c'est-à-dire le devenir dans le corps humain (résorption, diffusion, transformations, élimination) ; les interférences, ou interactions, avec d'autres médicaments, comme la diminution ou l'exaltation des effets normalement attendus ; les effets indésirables (incidents et accidents).

Toute substance nouvelle conçue dans un dessein thérapeutique est soumise à des essais analytiques, toxicologiques, pharmacologiques, cliniques destinés à mettre en évidence ses propriétés en relation avec l'emploi préconisé chez l'homme. Son innocuité ou sa toxicité, ses effets secondaires sont déterminés avec précision. La durée des essais est d'environ cinq ans avant que l'autorisation de mise sur le marché (A.M.M.) soit délivrée par le ministre de la Santé, de plus en plus souvent dans le cadre d'une autorisation européenne.

Utilisations des médicaments. Les médicaments ne peuvent être délivrés que par les pharmaciens qui exécutent et contrôlent l'ordonnance du médecin ou délivrent sous leur responsabilité des « produits conseils » qui ne nécessitent pas de prescription. Le pharmacien peut aussi réaliser des préparations magistrales dans lesquelles il mélange lui-même les substances actives et l'excipient définis par le médecin prescripteur. Tous les médicaments délivrés et leur destinataire sont enregistrés sur un ordonnancier ou sur ordinateur.

Chaque boîte de médicament comporte une notice qui précise les indications, le mode d'administration, la posologie maximale (doses), les précautions d'emploi, les effets secondaires possibles, des plus fréquents aux plus rares. Une date limite d'utilisation est imprimée sur la boîte. ■

médicamenteux, euse [medikamɑ̃tø, -øz] **adj.** (lat. *medicamentosus*). Qui a les propriétés d'un médicament ; relatif aux médicaments : *Substance médicamenteuse. Traitement médicamenteux* (par opp. à *chirurgical*).

médication [medikasjɔ̃] **n.f.** (lat. *medicatio*). Emploi d'agents thérapeutiques, répondant à une indication donnée : *Médication anticoagulante.*

médicinal, e, aux [medisinal, -o] **adj.** (lat. *medicinalis*). Qui sert de remède : *Une plante médicinale.*

medicine-ball ou **médecine-ball** [medsinbol] **n.m.** (mot angl., de *medicine*, remède, et *ball*, ballon) [pl. *medicine-balls, médecine-balls*]. Ballon plein et lourd, utilisé pour les exercices d'assouplissement et de musculation.

Médicis, en it. **Medici,** famille de banquiers florentins, qui domina Florence à partir de 1434, avant d'en acquérir le titre ducal, en 1532. Ses principaux membres furent : **Cosme l'Ancien** (Florence 1389 - Careggi 1464), chef de Florence à partir de 1434 ; • **Laurent Ier**, dit **le Magnifique** ⟶ **Laurent ;** • **Julien** (Florence 1478 - Rome 1516), fait duc de Nemours par le roi de France François Ier ; avec l'aide des troupes pontificales et espagnoles (1512), il restaura à Florence le pouvoir des Médicis, chassés depuis la révolution de Savonarole ; • **Alexandre,** premier duc de Florence (Florence v. 1510 - *id.* 1537), assassiné par son cousin Lorenzino (Lorenzaccio) ; • **Cosme Ier** *(Cosimo)* [Florence 1519 - Villa di Castello, près de Florence, 1574], duc de Florence (1537-1569), premier grand-duc de Toscane (1569-1574), qui réorganisa l'État florentin et embellit la ville.

Médicis ***(villa)***, villa du XVIe s., à Rome, occupée depuis 1803 par l'Académie de France ; beaux jardins. Après avoir hébergé les lauréats des prix de Rome (concours dans les différentes disciplines des beaux-arts, créés sous Louis XIV, supprimés en 1968), elle accueille auj. de jeunes artistes et chercheurs choisis sur dossier.

médico-légal, e, aux [medikolegal, -o] **adj. 1.** De la médecine légale. **2.** Qui est destiné à faciliter la découverte de la vérité par un tribunal civil ou pénal, ou à préparer certaines dispositions administratives : *Expertise médico-légale.* **3. Institut médico-légal,** établissement, tel que la morgue de Paris, destiné à recevoir des cadavres, notamm. pour pratiquer certains examens demandés par les magistrats.

médico-pédagogique [medikopedagɔʒik] **adj.** (pl. *médico-pédagogiques*). **Institut médico-pédagogique (I.M.P.),** institution pédagogique placée sous contrôle médical et accueillant des adolescents de 14 à 18 ans, souffrant de troubles psychologiques, pour les initier à la vie professionnelle.

Médie, région du nord-ouest de l'Iran ancien, habitée par les Mèdes.

médiéval, e, aux [medjeval, -o] **adj.** (du lat. *medium aevum*, Moyen Âge, propr. « âge du milieu »). Relatif au Moyen Âge : *Littérature médiévale.*

médiéviste [medjevist] **n.** et **adj.** Spécialiste de la littérature, de l'histoire du Moyen Âge.

médina [medina] **n.f.** (de l'ar. « ville »). Vieille ville, par opp. à la ville neuve européenne, dans les pays d'Afrique du Nord, partic. au Maroc et en Tunisie.

Médine, v. d'Arabie saoudite (Hedjaz) ; 918 889 hab. Ville sainte de l'islam ; Mahomet (Muhammad) s'y réfugia en 622 lors de l'hégire. Mosquée du Prophète (tombeau de Mahomet).

médiocre [medjɔkr] **adj.** (lat. *mediocris,* faible, petit, de *medium,* milieu). **1.** Qui est au-dessous de la moyenne ; peu important : *Revenus médiocres* (syn. **modique, modeste**). *Avoir une note médiocre* (syn. **insuffisant, faible**). **2.** Qui a peu de capacités dans tel domaine : *Élève médiocre en anglais* (syn. **faible**). **3.** Qui est sans éclat, sans intérêt : *Film médiocre* (syn. **mauvais**). ◆ **adj.** et **n.** Qui a peu d'intelligence, de capacités, de valeur : *Un écrivain médiocre. Un médiocre, jaloux du succès des autres.*

médiocrement [medjɔkrəmɑ̃] **adv.** De façon médiocre : *Je suis médiocrement satisfait de votre travail.*

médiocrité [medjɔkrite] **n.f.** État, caractère de qqn, de ce qui est médiocre : *L'envie est un signe de médiocrité* (contr. **valeur**). *La médiocrité d'un film* (syn. **banalité, platitude**).

médique [medik] **adj.** Relatif aux Mèdes, à la Médie : *Les guerres médiques.* (On dit aussi *mède*.)

médiques *(guerres)* [490-479 av. J.-C.], conflits qui ont opposé les Grecs à l'Empire perse. L'origine en est le soutien apporté par Athènes à la révolte des Ioniens (499), dont Darios vient à bout en 495. Pour assurer sa domination sur l'Égée, il s'attaque ensuite aux cités de la Grèce d'Europe. En 490 *(première guerre médique),* Darios traverse l'Égée et, malgré des forces importantes, est vaincu à Marathon. En 481 *(seconde guerre médique),* Xerxès, reprenant la politique de son père, envahit la Grèce avec une formidable armée. Les Grecs tentent en vain de l'arrêter aux Thermopyles (août 480). Athènes est prise et incendiée ; mais, grâce à Thémistocle, la flotte perse est détruite devant l'île de Salamine (sept. 480). Xerxès abandonne son armée, qui est vaincue à Platées (479). Les Grecs portent alors la guerre en Asie sous la direction d'Athènes et remportent les victoires du cap Mycale (479) et de l'Eurymédon (468). En 449, la paix de Callias entérine la liberté des cités grecques d'Asie.

médire [medir] **v.t. ind. [de]** (de *mé[s]* et *dire*) [conj. **103**]. Tenir sur qqn des propos malveillants ; révéler ses défauts avec l'intention de nuire : *Médire de ses voisins* (syn. **dénigrer, critiquer**).

médisance [medizɑ̃s] **n.f. 1.** Action de médire, de dénigrer : *Être victime de la médisance.* **2.** Propos de qqn qui médit : *Se répandre en médisances.*

médisant, e [medizɑ̃, -ɑ̃t] **adj.** et **n.** Qui médit, manifeste de la médisance : *Des voisins médisants. Propos médisants.*

méditatif, ive [meditatif, -iv] **adj.** et **n.** (bas lat. *meditativus*). Qui est porté à la méditation. ◆ **adj.** Qui dénote un état de méditation : *Air méditatif* (syn. **rêveur, pensif**).

méditation [meditasjɔ̃] **n.f.** (lat. *meditatio*). **1.** Action de réfléchir, de penser profondément à un sujet, à la réalisation de qqch : *Cet ouvrage est le fruit de ses méditations* (syn. **réflexion**). **2.** Attitude qui consiste à s'absorber dans une réflexion profonde : *La solitude est propice à la méditation.* **3.** Oraison mentale sur un sujet religieux ; application de l'esprit à un tel sujet.

méditer [medite] **v.t.** (lat. *meditari*). **1.** Soumettre à une profonde réflexion : *Méditer une vérité. Méditez mon conseil.* **2.** Préparer par une longue réflexion : *Méditer un projet* (syn. **mûrir, combiner**). ◆ **v.t. ind. 1. [sur].** Se livrer à de profondes réflexions sur : *Méditer sur la fuite du temps* (syn. **spéculer**). **2. [de].** Projeter de : *Il médite de partir.* ◆ **v.i.** S'absorber dans ses pensées, dans la méditation : *Assis dans le jardin, il méditait des heures durant.*

Méditerranée, mer bordière de l'Atlantique, entre l'Europe méridionale, l'Afrique du Nord et l'Asie occidentale, couvrant 2,5 millions de km^2. Elle communique avec l'Océan par le détroit de Gibraltar et avec la mer Rouge par le canal de Suez. C'est une mer tiède, à forte salinité et à faibles marées. Profondeur maximale : 5 093 m. Centre vital de l'Antiquité, cette mer perdit une partie de son importance à la suite des grandes découvertes des XVe et XVIe s. ; elle redevint l'une des principales routes mondiales de navigation grâce au percement du canal de Suez (1869). ▸ *Dossier page suivante.*

méditerranéen, enne [mediteraneɛ̃, -ɛn] **adj. 1.** De la Méditerranée, des régions qui l'entourent : *Les côtes méditerranéennes.* **2. Climat méditerranéen,** climat caractérisé par des étés chauds et secs et des hivers génér. doux et pluvieux, typique notamm. des régions proches de la Méditerranée. ◆ **n.** (Avec une majuscule). Originaire ou habitant des régions qui bordent la Méditerranée.

1. médium [medjɔm] **n.m.** (lat. *medium,* milieu). MUS. Registre moyen d'une voix, d'un instrument.

2. médium [medjɔm] **n.** (de *1. médium,* par l'angl.). Intermédiaire entre le monde des vivants et le monde des esprits, selon les doctrines spirites : *Des médiums.*

médius [medjys] **n.m.** (du lat. *[digitus] medius,* [doigt] du milieu). Doigt du milieu de la main (syn. **majeur**).

Médoc, région viticole du Bordelais, sur la rive gauche de la Gironde.

médullaire [medylɛr] **adj.** (lat. *medullaris,* de *medulla,* moelle). **1.** Relatif à la moelle épinière ou à la moelle osseuse. **2.** Qui forme la partie centrale de certains organes : *Substance médullaire de la surrénale.* **3.** BOT. Relatif à la moelle d'une plante. **4. Canal médullaire,** canal axial des os longs, qui contient la moelle osseuse.

médulleux, euse [medylø, -øz] **adj.** (lat. *medullosus,* de *medulla,* moelle). BOT. Rempli de moelle : *La tige du sureau est médulleuse.*

méduse [medyz] **n.f.** (de *Méduse,* n. myth.). Animal marin, représentant la forme nageuse et sexuée de nombreux cnidaires, fait d'une ombrelle contractile, transparente et d'aspect gélatineux dont le bord porte des filaments urticants. ▸ Embranchement des cnidaires.

Méduse, une des trois Gorgones de la mythologie grecque, celle qui changeait en pierre celui qui la regardait. Persée, l'ayant découverte dans sa demeure au-delà du fleuve Océan, trancha sa tête hérissée de serpents et l'offrit à Athéna, qui en orna son bouclier.

méduser [medyze] **v.t.** (de *Méduse,* gr. *Medousa*). Frapper de stupeur : *Sa réponse m'a médusé* (syn. **pétrifier, stupéfier**).

meeting [mitiŋ] **n.m.** (mot angl., de *to meet,* rencontrer). **1.** Importante réunion publique organisée par un parti, un

Une mer et trois civilisations

Au Ve siècle, la chute de Rome fait exploser un Empire romain qui avait réuni sous sa domination l'ensemble des rives de la Méditerranée. Cinq siècles plus tard, ce monde méditerranéen est divisé en trois grands empires qui se confrontent : Orient chrétien orthodoxe, Moyen-Orient et Maghreb musulmans, et enfin Occident chrétien catholique. Quels seront leurs destins ?

▶ **L'Orient orthodoxe.** Le règne de Constantin (306-337), dernier grand souverain de l'Empire romain, marque le début de l'histoire byzantine en tant qu'empire chrétien et oriental. À la fin du Ve s., Byzance, renommée Constantinople (l'actuelle Istanbul), dépasse Rome par sa population. Les principaux flux du commerce méditerranéen se détournent de Rome, tombée aux mains des Goths, au profit de Constantinople, capitale de l'Empire romain d'Orient. L'empereur Justinien (qui règne de 527 à sa mort en 565) affirme le prestige de la civilisation byzantine par ses conquêtes (Italie, Espagne, Afrique du Nord), par son œuvre de grand bâtisseur (l'église Sainte-Sophie à Constantinople) et par son emprise sur le clergé. Pendant neuf cents ans, ses successeurs connaissent pertes de territoires et reconquêtes, subissant les attaques des Slaves, des Arabes et des Perses. L'Église byzantine, ou grecque, affirme simultanément la rigueur de son dogme (l'orthodoxie), ses missions d'évangélisation (Cyrille crée l'alphabet cyrillique pour christianiser les Slaves) et son indépendance face à Rome, qui aboutit au schisme d'Orient de 1054. Le pillage de Constantinople par les croisés en 1204 accentue la division doctrinale et territoriale de la chrétienté entre orthodoxes grecs en Orient et catholiques romains en Occident. Bloquée à l'ouest par le catholicisme romain et au sud par l'Empire ottoman, l'influence des chrétiens d'Orient va se cantonner à la partie orientale de l'Europe.

▶ **L'essor de l'Islam.** Au début du VIIe s., Mahomet (Muhammad) prêche une nouvelle religion monothéiste, l'islam. Après la mort du Prophète, les Arabes repoussent les Byzantins et les Perses du Moyen-Orient et construisent en moins d'un siècle un immense empire allant de l'océan Atlantique (Maroc et Espagne) à la mer Caspienne. Même si l'État musulman perd rapidement son unité religieuse (querelles entre chiites et sunnites) et politique (rivalités entre califes), il n'en reste pas moins solide : la vitalité de la foi, la construction de mosquées, le prestige de la langue du Coran (l'arabe) favorisent l'expansion d'une civilisation fondée sur les enseignements de Mahomet. Les échanges entre l'Orient arabe et l'Orient byzantin permettent aux deux civilisations d'améliorer diverses techniques (irrigation, navigation) et de développer des connaissances scientifiques et philosophiques. En 1453, les Turcs musulmans prennent Constantinople. Mais, en 1492, les musulmans doivent céder aux chrétiens la ville de Grenade, et quitter définitivement l'Espagne. L'Empire ottoman maintient néanmoins sa domination sur les rives africaines et celles du Moyen-Orient jusqu'au XXe s.

▶ **La constitution de l'Occident chrétien.** En 800, le pape couronne Charlemagne empereur romain d'Occident, défiant ainsi l'empereur byzantin. Cet Empire carolingien disparaît en 843 : l'Europe occidentale perd son unité politique, l'autorité des rois décline au profit de celle des seigneurs. Mais du XIe au XIIIe s., on assiste au réveil de la civilisation occidentale. Face à la faiblesse du pouvoir central, l'Église catholique affirme la constitution de sa propre hiérarchie (pape et évêques), sa volonté de reconquête (croisades), son hégémonie sur la culture (monastères), son empreinte sur le paysage urbain (cathédrales). L'art « roman » et l'art « gothique » sont les témoins de cet essor catholique. Bloquée par les musulmans à l'est, l'Europe catholique (puis protestante) va se tourner vers l'ouest, et se lancer dans les « grandes découvertes », à l'origine de l'expansion coloniale du monde occidental.

Les trois ensembles constitutifs du monde méditerranéen sont encore bien identifiables de nos jours. Les conflits récents entre Serbes orthodoxes, Croates catholiques et Bosniaques en majorité musulmans, les relations difficiles entre la Russie et l'Union européenne, les problèmes politiques et religieux persistants du Moyen-Orient ne trouvent-ils d'ailleurs pas en partie leurs racines dans cet éclatement du monde méditerranéen survenu au Moyen Âge ?

Voir aussi : byzantin (Empire) ; catholicisme ; christianisme ; islam ; orthodoxe.

syndicat, etc., pour informer et débattre d'un sujet politique ou social. **2.** Démonstration, réunion sportive : *Meeting aérien. Meeting d'athlétisme.*

méfait [mefɛ] **n.m.** (de l'anc. v. *méfaire*). **1.** Action mauvaise, nuisible et, partic., crime ou délit : *Commettre un méfait* (syn. **faute,** litt. **forfait**). **2.** Résultat néfaste ; effet nuisible de qqch : *Les méfaits du tabac* (syn. **ravage**).

méfiance [mefjɑ̃s] **n.f.** État d'esprit de qqn qui se tient sur ses gardes face à qqn d'autre ou à propos de qqch : *Éveiller la méfiance de qqn* (syn. **soupçon**). *La sentinelle l'a laissé passer sans méfiance* (syn. **défiance**).

méfiant, e [mefjɑ̃, -ɑ̃t] **adj.** et **n.** Qui se méfie ; qui dénote la méfiance : *Être de caractère méfiant* (syn. **soupçonneux ;** contr. **confiant**).

se **méfier** [mefje] **v.pr. [de]** (de [*se*] *fier*) [conj. **9**]. **1.** Manquer de confiance, être soupçonneux : *Se méfier de qqn, de ses conseils* (syn. **se défier**). **2.** Faire attention ; se tenir sur ses gardes : *La rue est glissante : méfie-toi !*

méforme [mefɔrm] **n.f.** Mauvaise condition physique d'un sportif.

méga [mega] **n.m.** (abrév.). Mégaoctet.

mégahertz [megaɛrts] **n.m.** (de *méga-*, un million, et *hertz*). Un million de hertz. ▸ Symb. MHz.

mégalithe [megalit] **n.m.** (de *méga-* et *-lithe*). Monument composé d'un ou de plusieurs grands blocs de pierre bruts ou sommairement aménagés.

■ Les principaux types de mégalithes sont : les menhirs, pierres dressées commémoratives ou jalons de systèmes rectilignes (alignements) ou circulaires (cercles ou cromlechs), interprétés comme des sanctuaires à cultes astraux (Carnac et Stonehenge) ; les dolmens, monuments funéraires souvent recouverts de terre (le tumulus) ou de pierres sèches (le cairn), devenant parfois des allées couvertes.

Les dolmens les plus grands – Gavrinis dans le Morbihan, New Grange en Irlande –, qui sont aussi les plus anciens (v. - 4500), semblent réservés à une certaine élite, souvent moins de six sépultures. À partir de - 2500, l'abandon du gigantisme est associé à un processus de démocratisation, mais les dolmens demeurent le témoignage d'une société fortement hiérarchisée et le symbole autour duquel se développent les communautés villageoises du néolithique en Europe occidentale.

Il existe plusieurs foyers de culture mégalithique dans le monde : Europe occidentale, Malte, Afrique centrale, Amérique du Sud, etc. Les premiers mégalithes (ceux d'Europe occidentale et d'Afrique centrale) ont été érigés vers le Vᵉ millénaire avant notre ère et d'autres, en Inde par exemple, ont été construits à l'époque moderne. ■

mégalithique [megalitik] **adj.** Fait de mégalithes ; relatif aux mégalithes : *Les menhirs, les dolmens, les cromlechs sont des monuments mégalithiques.*

mégalomane [megalɔman] **adj.** et **n.** (de *mégalo-* et *-mane*). **1.** PSYCHIATRIE. Atteint de mégalomanie. **2.** Qui manifeste des idées de grandeur, un orgueil excessifs (abrév. fam. *mégalo*).

mégalomanie [megalɔmani] **n.f.** (de *mégalo-* et *-manie*). PSYCHIATRIE. Surestimation de sa valeur physique ou intellectuelle, de sa puissance ; délire, folie des grandeurs.

mégalopole [megalɔpɔl] **n.f.** (de *mégalo-* et *-pole*). Très grande agglomération urbaine ou ensemble de grandes villes voisines. (On dit aussi *une mégapole.*)

mégaoctet [megaɔktɛ] **n.m.** (de *méga-* et *octet*). INFORM. Unité de mesure de mémoire équivalant à 2^{20} octets. (Abrév. *méga.*) ▸ Symb. Mo.

mégaphone [megafɔn] **n.m.** (de *méga-* et *-phone*). Appareil qui amplifie les sons de la voix (syn. **porte-voix**).

par **mégarde** [megard] **loc. adv.** (de l'anc. v. *mesgarder*, de *garder*). Par inadvertance, par erreur : *Par mégarde, j'ai pris cette clé au lieu de l'autre.*

mégatonne [megatɔn] **n.f.** (de *méga-*, un million, et *tonne*). Unité servant à évaluer la puissance d'un explosif nucléaire, équivalent de l'énergie produite par l'explosion d'un million de tonnes de trinitrotoluène (T.N.T.).

mégère [meʒɛr] **n.f.** (de *Mégère*, n.pr., lat. *Megaera*, gr. *Megaira*, une des Furies). Femme acariâtre, emportée et méchante (syn. **harpie**).

mégir [meʒir] [conj. **32**] et **mégisser** [meʒise] **v.t.** (anc. fr. *mégier*, soigner). TECHN. Tanner à l'alun les peaux délicates.

mégisserie [meʒisri] **n.f.** (de *mégis*, bain pour tanner les peaux). **1.** Industrie, commerce des peaux mégies. **2.** Établissement où l'on mégit les peaux.

mégot [mego] **n.m.** (du tourangeau *mégauder*, téter). FAM. Bout d'un cigare ou d'une cigarette que l'on a fini de fumer : *Un cendrier plein de mégots.*

mégoter [megɔte] **v.i.** (de *mégot*). FAM. Faire des économies sur de petites choses : *Ne mégote pas, prends ce qu'il y a de mieux* (syn. **lésiner**).

méhari [meari] **n.m.** (mot ar.) [pl. *méharis* ou *méhara*]. Dromadaire domestique de selle, utilisé en Afrique du Nord pour les courses rapides : *Le méhari peut parcourir 80 km par jour.*

Méhémet-Ali (Kavála 1769 - Alexandrie 1849), vice-roi d'Égypte (1805-1848). Après s'être emparé du pouvoir et avoir reçu des Ottomans le titre de vice-roi, il massacra les Mamelouks (1811) et réorganisa, avec le concours de techniciens européens, l'administration, l'économie et l'armée égyptiennes. Il apporta son soutien aux Ottomans en Arabie (1811-1819), puis en Grèce (1824-1827), mais conquit le Soudan pour son compte (1820-1823) et, fort de l'alliance française, chercha à supplanter le sultan, que son fils Ibrahim Pacha vainquit en Syrie (1831-1832). Les puissances européennes lui imposèrent le traité de Londres (1840), qui ne lui laissa que l'Égypte et le Soudan à titre héréditaire.

Mehmed II, dit **Fatih,** « le Conquérant » (Edirne 1432 - Tekfur Çayiri 1481), sultan ottoman (1444-1446 et 1451-1481). Il s'empara de Constantinople (1453), dont il fit sa capitale, avant de conquérir la Serbie (1459), l'empire de Trébizonde (1461), la Bosnie (1463) et de vassaliser la Crimée (1475). Il accomplit aussi une œuvre législative et culturelle remarquable, affirmant le triomphe de l'islam dans Constantinople (transformation de la basilique Sainte-Sophie en mosquée) et y organisant la vie de ses vassaux grecs et arméniens.

Méhul (Étienne), compositeur français (Givet 1763 - Paris 1817). Auteur de sonates pour clavier, de symphonies et d'hymnes révolutionnaires *(le Chant du départ),* il a excellé dans les partitions lyriques (*le Jeune Henri*, 1797 ; *Joseph*, 1807).

Meiji tenno, nom posthume de **Mutsuhito** (Kyoto 1852 - Tokyo 1912), empereur du Japon (1867-1912). En 1868, inaugurant l'ère Meiji, il proclama sa volonté de réforme et d'occidentalisation, supprima le shogunat, reprenant ainsi le pouvoir que les shoguns (chefs militaires) avaient jusqu'alors confisqué aux empereurs, et mit fin au régime féodal. Il s'installa à Tokyo et donna en 1889 une Constitution au Japon. Il mena victorieusement les guerres sino-japonaise (1895) et russo-japonaise (1905) puis annexa la Corée (1910).

meilleur, e [mɛjœr] **adj.** (lat. *melior*, comparatif de *bonus*, bon). **1.** Comparatif de supériorité de *bon* : *L'espoir d'un monde meilleur* (= plus clément). *Il est meilleur qu'il (n')en a l'air* (= plus généreux, plus gentil). **2.** Précédé de l'art. déf. ou d'un adj. poss., superlatif de *bon* : *Le meilleur des hommes. C'est sa meilleure comédie. Que le meilleur gagne* (= le meilleur concurrent). **3.** FAM. **J'en passe et des meilleures,** je ne vous raconte pas tout. ◆ **meilleur n.m.** Ce qui est excellent chez qqn ou dans qqch : *Donner le meilleur de soi-même. Pour le meilleur et pour le pire.* ◆ **adv. Il fait meilleur,** le temps est meilleur.

Mein Kampf (en fr. *Mon combat*), ouvrage écrit en prison (1923-1924) par Adolf Hitler et publié en 1925. Les principes du national-socialisme y sont exposés : antisémitisme, supériorité de la race germanique, qui a besoin pour s'épanouir d'un « espace vital », culte de la force.

méiose [mejoz] **n.f.** (gr. *meiôsis*, décroissance). BIOL. Division de la cellule aboutissant à la réduction de moitié du nombre des chromosomes, se produisant au moment de la formation des cellules reproductrices (gamètes).

■ La méiose est une division cellulaire qui produit des cellules ne contenant plus que la moitié du stock génétique, soit un unique jeu de chromosomes (cellules haploïdes). Sa durée est relativement longue, plusieurs dizaines de minutes en moyenne. Elle a lieu au moment de la formation des gamètes (ovules et spermatozoïdes). La méiose est en fait composée de deux divisions cellulaires successives : la première est « équationnelle » car elle conserve 2n chromosomes, tandis que la seconde est dite « réductionnelle » car elle donne naissance à des cellules à n chromosomes. La méiose est une étape essentielle dans la transmission des caractères héréditaires puisqu'elle permet, par le phénomène du *crossing-over* (enjambement de bras de chromosomes homologues), un brassage des gènes. ■

méjuger [meʒyʒe] **v.t.** [conj. **17**]. LITT. Porter un jugement défavorable ou erroné sur : *Au fond, elle est très bien, je l'avais méjugée* (syn. **mésestimer**). ◆ **v.t. ind. [de].** LITT. Se tromper sur ; sous-estimer : *Méjuger de ses capacités.* ◆ **se méjuger** **v.pr.** Méconnaître sa propre valeur.

Meknès, v. du Maroc, au sud-ouest de Fès ; 520 428 hab. Monuments anciens (XIVe-XVIIIe s.) et murailles aux portes magnifiques (Bab al-Mansur). Elle fut capitale des Alawites de 1672 à 1727.

Mékong (le), fl. d'Indochine ; 4 200 km. Il naît au Tibet, traverse le Yunnan par des gorges profondes, puis le Laos (qu'il sépare de la Thaïlande), le Cambodge et le sud du Viêt Nam, passe à Vientiane et à Phnom Penh et se jette dans la mer de Chine méridionale.

Mél, abrév. de *messagerie* électronique*. ▸ S'emploie devant une adresse électronique.

Melanchthon (Philipp Schwarzerd, dit**),** réformateur allemand (Bretten, Bade, 1497 - Wittenberg 1560). Professeur de grec à l'université de Wittenberg, il s'attache très tôt à Luther et publie en 1521 les *Loci communes rerum theologicarum,* premier traité dogmatique de la Réforme. Il prépare en 1530 le texte de la *Confession d'Augsbourg,* qui sera le credo des Églises luthériennes, et en écrit une *Apologie* (1530-1531). À la mort de Luther (1546), il devient le chef principal du mouvement de la Réforme, dont il se soucie de faire s'accorder les diverses fractions.

mélancolie [melɑ̃kɔli] **n.f.** (bas lat. *melancholia,* gr. *melagkholia,* bile noire). **1.** État de dépression, de tristesse vague, de dégoût de la vie : *Être enclin à la mélancolie* (syn. **spleen**). **2.** Caractère de ce qui inspire cet état : *La mélancolie d'un paysage d'automne.* **3.** PSYCHIATRIE. Dépression intense caractérisée par un ralentissement psychomoteur, et constituant l'une des phases de la psychose maniaco-dépressive. **4.** FAM. **Ne pas engendrer la mélancolie,** être très gai.

mélancolique [melɑ̃kɔlik] **adj.** et **n. 1.** Qui éprouve une tristesse vague : *Il était songeur et mélancolique* (syn. **maussade, morose**). **2.** PSYCHIATRIE. Atteint de mélancolie ; dépressif. ◆ **adj.** Qui manifeste, qui inspire de la mélancolie : *L'orchestre jouait un air mélancolique* (syn. **triste**).

mélancoliquement [melɑ̃kɔlikmɑ̃] **adv.** De façon mélancolique.

Mélanésie (« îles des Noirs »), partie de l'Océanie comprenant la Nouvelle-Guinée, l'archipel Bismarck, les îles Salomon, la Nouvelle-Calédonie, Vanuatu, les îles Fidji. (Hab. *Mélanésiens.*)

mélanésien, enne [melanezjɛ̃, -ɛn] **adj.** et **n.** De Mélanésie. ◆ **mélanésien** **n.m.** Groupe de langues de la famille austronésienne, parlées en Mélanésie.

mélange [melɑ̃ʒ] **n.m.** (de *mêler*). **1.** Action de mêler, de mettre ensemble des choses diverses : *Effectuer un mélange. Un mélange de races* (syn. **brassage**). *Si vous buvez, au moins évitez les mélanges* (= les boissons alcoolisées de nature différente). **2.** Substance obtenue en mêlant : *Un mélange détonant. Quels sont les produits qui entrent dans ce mélange ?* (syn. **mixture, composition**). **3.** Réunion de choses ou d'êtres différents formant un tout : *Style qui est un mélange d'ancien et de moderne* (syn. **association**). *Un mélange d'indulgence et de rigueur morale* (syn. **amalgame**). **4.** CHIM. Association de plusieurs corps sans réaction chimique. **5. Sans mélange,** pur, parfait : *Bonheur, joie sans mélange.* ◆ **mélanges** **n.m. pl. 1.** Recueil portant sur des sujets variés : *Mélanges littéraires.* **2.** Ouvrage composé d'articles divers, offert en hommage à un professeur par ses collègues et ses disciples.

mélangé, e [melɑ̃ʒe] **adj.** Composé d'éléments différents : *Public très mélangé* (syn. **composite**).

mélanger [melɑ̃ʒe] **v.t.** (de *mélange*) [conj. **17**]. **1.** Mettre ensemble pour former un tout : *Mélanger des couleurs* (syn. **associer**). *Mélanger des laines pour faire un pull-over* (syn. **mêler**). **2.** Mettre en désordre : *Mélanger ses dossiers* (syn. **brouiller, embrouiller**). **3.** Confondre des choses, des faits, des idées ; mêler en un tout confus : *Mélanger les dates. Elle n'a plus toute sa tête, elle mélange tout* (= elle s'embrouille). **4. Mélanger les cartes,** battre les cartes.

mélangeur [melɑ̃ʒœr] **n.m. 1.** Appareil, récipient servant à mélanger des substances. **2.** Robinetterie à deux têtes et un bec, permettant d'obtenir un mélange d'eau froide et d'eau chaude.

mélanine [melanin] **n.f.** (du gr. *melas, melanos,* noir). Pigment de couleur foncée, produit de l'oxydation d'un acide aminé, la *tyrosine,* présent normalement dans la peau, les cheveux et l'iris.

mélanome [melanom] **n.m.** MÉD. Tumeur cutanée développée à partir des cellules de la peau qui contiennent de la mélanine.

mélasse [melas] **n.f.** (esp. *melaza,* de *miel*). **1.** Résidu sirupeux non cristallisable de la fabrication du sucre, utilisé notamm. pour l'alimentation du bétail. **2.** FAM. **Être dans la mélasse,** être dans une situation inextricable ou dans la misère.

Melbourne, port d'Australie, fondé en 1835, cap. de l'État de Victoria ; 3 999 982 hab. Centre commercial, industriel et culturel. Musée d'art.

Melchisédech, personnage figurant dans le livre biblique de la Genèse comme prêtre-roi de Salem (nom de la Jérusalem primitive) et comme bénissant Abraham, qui lui présente la dîme au nom de son Dieu. Dans le Nouveau Testament (Épître aux Hébreux), le sacerdoce royal de Melchisédech est à l'image de celui de Jésus-Christ.

mêlée [mele] **n.f.** (de *mêler*). **1.** Combat opiniâtre et confus où on lutte corps à corps : *N'écoutant que son courage, il se jeta dans la mêlée* (syn. **bagarre, bataille**). **2.** Bousculade confuse : *Dans la mêlée, elle a perdu une chaussure* (syn. **chaos, confusion**). **3.** Lutte, conflit d'intérêts, de passions : *Être au-dessus de la mêlée politique.* **4.** SPORTS. Phase du jeu de rugby où les avants de chaque équipe se mettent face à face en s'arc-boutant pour récupérer le ballon lancé sur le sol au milieu d'eux par le demi de mêlée : *Mêlée ouverte* (= que les avants forment spontanément).

mêler [mele] **v.t.** (bas lat. *misculare,* class. *miscere*). **1.** Mettre ensemble des choses diverses : *Mêler de l'eau et du vin* (syn. **mélanger**). *Des fleurs de toutes sortes mêlaient leurs parfums* (syn. **marier**). **2.** Unir, joindre ; faire participer : *Elle mêle la sévérité à un souci extrême de justice* (syn. **associer**). *Ne mêle pas ta vie privée à ta vie professionnelle. Mêler qqn à une affaire* (syn. **impliquer**). **3.** Mettre dans le plus grand désordre : *Il a mêlé toutes mes photos* (syn. **emmêler, embrouiller**). ◆ **se mêler** **v.pr. 1.** Être mis ensemble, se mélanger : *Les eaux des deux rivières se mêlent au confluent. Une ville où se mêlent les populations les plus diverses* (syn. **fusionner**). **2.** Se confondre ; s'embrouiller : *Tous ses souvenirs se mêlent.* **3.** Entrer dans un tout ;

se joindre : *Se mêler à un cortège. Le bruit des pétards se mêlait aux cris.* **4.** Intervenir dans qqch, partic. de manière inopportune : *Ne te mêle pas de ses affaires.* **5. Se mêler de, être mêlé de,** être mélangé à, teinté de : *Sa colère se mêlait d'amertume. Plaisir mêlé de crainte.*

mélèze [melɛz] **n.m.** (mot dauphinois, croisement du rad. gaul. *mel-* et du lat. *larix, -icis* désignant tous deux cet arbre). Conifère des montagnes d'Europe, à aiguilles caduques insérées par touffes. ▶ Famille des pinacées ; haut. de 20 à 35 m.

Méliès (Georges), cinéaste français (Paris 1861 - *id.* 1938). Prestidigitateur-illusionniste et pionnier de la mise en scène et du spectacle cinématographique, il crut à l'avenir du 7e art avant les frères Lumière eux-mêmes. Inventeur des premiers trucages, constructeur des premiers studios, il réalisa entre 1896 et 1913 plus de 500 petits films, remarquables par la fantaisie poétique et ingénieuse, la féerie, le merveilleux, qu'il fut le premier à exprimer au cinéma (*le Voyage dans la Lune,* 1902 ; *20 000 Lieues sous les mers,* 1907).

Melilla, enclave espagnole sur la côte méditerranéenne du Maroc ; 81 323 hab.

méli-mélo [melimelo] **n.m.** (anc. fr. *mesle-mesle,* de *mêler*) [pl. *mélis-mélos*]. FAM. Mélange confus, désordonné : *Cette affaire est un de ces mélis-mélos !* (syn. **embrouillamini**).

mélioratif, ive [meljɔratif, -iv] **adj.** et **n.m.** (du lat. *melior,* meilleur). LING. Se dit d'un terme qui présente sous un aspect favorable l'idée ou l'objet désignés (par opp. à *péjoratif*) : *Adjectifs mélioratifs.*

mélisse [melis] **n.f.** (lat. médiév. *melissa,* abrév. de *melissophyllon,* mot gr. « feuille à abeilles »). **1.** Plante mellifère aromatique des régions méditerranéennes et de l'O. de l'Asie. ▶ Famille des labiées. **2. Eau de mélisse,** alcoolat obtenu par la distillation des feuilles de mélisse fraîche, et employé comme antispasmodique et stomachique.

Melk, v. d'Autriche (Basse-Autriche), sur le Danube ; 5 254 hab. Abbaye bénédictine reconstruite au début du XVIIIe s. par l'architecte Jakob Prandtauer (1660-1726), œuvre baroque grandiose.

mellifère [melifɛr] **adj.** (du lat. *mel, mellis,* miel, et *-fère*). **1.** Qui produit du miel : *Insecte mellifère.* **2.** Qui produit un suc avec lequel les abeilles font le miel : *Plante mellifère.*

mellification [melifikasjɔ̃] **n.f.** (du lat. *mel, mellis,* miel). Élaboration du miel par les abeilles.

melliflu, e ou **melliflue** [melifly] **adj.** LITT. Qui a la douceur, la suavité du miel ; d'une douceur exagérée : *Elle s'exprimait dans une langue melliflue.*

mélo [melo] **n.m.** (abrév.). FAM. Mélodrame : *Des mélos.*

mélodie [melɔdi] **n.f.** (bas lat. *melodia,* du gr.). **1.** Suite de sons formant un air : *Les paroles de cette chanson sont stupides mais la mélodie est jolie.* **2.** MUS. Poème chanté avec accompagnement : *Mélodie de Ravel.* **3.** Suite harmonieuse de mots, de phrases, etc., propre à charmer l'oreille : *La mélodie d'un vers* (syn. **harmonie**).

■ La mélodie, née avec la poésie sous forme de poème chanté avec un accompagnement, conquit une autonomie relative au début du XVIIe s. Les premières tentatives d'opéra lui donnèrent son essor, mais son épanouissement s'accomplit au cours du XIXe s., notamment en France (où la mélodie est le pendant du lied allemand) avec Gounod, Chabrier, Chausson, Duparc, Fauré, suivis plus tard par Debussy, Ravel, Poulenc. ■

mélodieusement [melɔdjøzmɑ̃] **adv.** De façon mélodieuse.

mélodieux, euse [melɔdjø, -øz] **adj.** Dont la sonorité est agréable à l'oreille : *Un chant mélodieux. Une phrase mélodieuse* (syn. **harmonieux**).

mélodique [melɔdik] **adj.** Relatif à la mélodie : *Ligne mélodique de la phrase.*

mélodramatique [melɔdramatik] **adj.** **1.** Qui relève du mélodrame : *Genre mélodramatique.* **2.** Qui évoque le mélodrame par son emphase, son exagération : *Ton mélodramatique.*

mélodrame [melɔdram] **n.m.** (de *mélo-* et *drame*). **1.** ANTIQ. GR. Dialogue de tragédie chanté entre le coryphée et un personnage. **2.** VX. Drame où une musique instrumentale accompagnait l'entrée et la sortie des personnages. **3.** Drame populaire, né à la fin du XVIIIe s., où sont accumulées des situations pathétiques et des péripéties imprévues. (Abrév. fam. *mélo.*)

mélomane [melɔman] **n.** et **adj.** (de *mélo-* et *-mane*). Amateur de musique.

melon [məlɔ̃] **n.m.** (lat. *melo, -onis*). **1.** Plante rampante cultivée pour ses fruits, demandant de la chaleur et de la lumière. ▶ Famille des cucurbitacées. **2.** Fruit de cette plante, arrondi ou ovoïde, vert, jaune ou brun clair, à chair orangée ou vert clair, sucrée et parfumée. **3. Chapeau melon,** chapeau rond et bombé à bords étroits, ourlés sur les côtés. (On dit aussi *un melon.*) / **Melon d'eau,** pastèque.

mélopée [melɔpe] **n.f.** (bas lat. *melopoeia,* gr. *melopoiia,* de *melos,* mélodie, et *poiein,* faire). **1.** ANTIQ. GR. Chant rythmé qui accompagnait la déclamation. **2.** Récitatif, chant monotone et triste.

melting-pot [mɛltiŋpɔt] **n.m.** (mot angl. « creuset ») [pl. *melting-pots*]. **1.** HIST. Brassage et assimilation d'éléments démographiques divers, aux États-Unis. **2.** Endroit où se rencontrent des éléments d'origines variées, des idées différentes.

Melun, ch.-l. du dép. de Seine-et-Marne, sur la Seine, à 46 km au sud-est de Paris ; 41 506 hab. *(Melunais).* École des officiers de la gendarmerie. Constructions mécaniques. Industries alimentaires. Églises Notre-Dame (en partie des XIe et XIIe s.) et St-Aspais (gothique du XVIe s.). Au nord, aérodrome d'essais de *Melun-Villaroche.*

Melun-Sénart, depuis 1997 **Sénart,** ville nouvelle entre Melun et la forêt de Sénart.

Melville (Herman), écrivain américain (New York 1819 - *id.* 1891). Ancien marin, il exprime dans ses récits la solitude humaine dans un univers indifférent ou hostile. Le roman d'aventures devient, avec lui, une épopée de l'homme en proie à son propre orgueil (*Taïpi,* 1846 ; *Moby Dick* 1851 ; *Billy Budd,* 1924). Ignoré de son vivant, Melville est aujourd'hui considéré comme un des plus grands romanciers américains.

membrane [mɑ̃bran] **n.f.** (lat. *membrana,* peau qui recouvre les membres). **1.** Tissu mince et souple qui enveloppe, forme ou tapisse des organes, ou qui entoure une cellule, un noyau cellulaire : *Membrane des intestins. La membrane du tympan. Membrane fibreuse, séreuse.* **2.** Pièce d'une mince couche de matière souple et génér. élastique : *Membrane vibrante d'un haut-parleur, d'un instrument de musique à percussion.* **3.** PHYS. Mince paroi d'une substance poreuse que l'on interpose entre deux milieux et qui permet d'éliminer ou de concentrer certains constituants par osmose, dialyse, filtration, etc. **4. Fausse membrane,** enduit blanchâtre constitué de fibrine, se formant sur les muqueuses à la suite de certaines inflammations (angine diphtérique, notamm.).

membraneux, euse [mɑ̃branø, -øz] **adj.** Relatif à une membrane ; formé d'une membrane : *Tissu membraneux. Ailes membraneuses d'un insecte.*

membre [mɑ̃br] **n.m.** (lat. *membrum*). **1.** Appendice disposé par paires sur le tronc de l'homme et des vertébrés tétrapodes, et servant à la locomotion et à la préhension : *Membres inférieurs et membres supérieurs.* **2.** Personne, groupe, pays faisant partie d'un ensemble, d'une communauté, etc : *Les membres d'un club* (syn. **adhérent, sociétaire**). *Membres d'un équipage. États membres de l'U.E.* **3.** MATH. Dans une égalité ou une inégalité, chacun des deux termes figurant de part et d'autre du signe. **4.** LING. Partie d'une phrase correspondant à une unité syntaxique (groupe nominal, verbal) ou à une unité significative (mot). **5. Membre viril,** pénis.

membrure [mɑ̃bryr] **n.f. 1.** Ensemble des membres du corps humain : *La membrure délicate d'une jeune fille.* **2.** CONSTR. Forte pièce en bois ou en métal, servant de point d'appui à une charpente ou à un assemblage de pièces ajustées. **3.** Couple, en construction navale.

même [mɛm] **adj.** (lat. pop. **metipsimus,* superlatif de **metipse,* de la loc. class. *egomet ipse,* moi-même). **1.** Placé av. le nom, indique la similitude (souvent en corrélation avec *que*) : *Je me suis acheté la même veste que toi. Avoir les mêmes goûts.* **2.** Placé apr. le nom, marque une insistance, souligne une précision : *Cet homme est la bonté même. C'est cela même.* **3.** Lié par un trait d'union à un pronom personnel, insiste sur l'identité, le caractère personnel : *Elle a fait cette couverture elle-même. Connais-toi toi-même.* **4. De moi-même (de toi-même, etc.),** de mon (de ton, etc.) propre mouvement, spontanément : *Je n'y aurais jamais songé de moi-même.* ◆ **adv. 1.** Marque un renchérissement, une gradation : *Je vous dirai même que... Même moi je n'ai pas su répondre.* **2.** Renforce un adverbe de temps, de lieu : *Aujourd'hui même. Ici même.* **3. À même** (+ n.), marque un contact étroit : *Boire à même la bouteille* (= directement à la bouteille). / **De même,** de la même manière : *Agissez de même.* / **Être à même de,** être en état, en mesure de : *Vous êtes à même de vous renseigner.* / **Tout de même, quand même,** indique une opposition ; marque la réprobation : *Il a réussi tout de même* (syn. **malgré tout**). *Quand même, tu exagères !* (= il faut l'avouer). ***Rem.*** *Même* est variable en tant qu'adj. et invariable en tant qu'adv. ◆ **pron. indéf.** (Précédé de l'art. déf.). Indique l'identité, la ressemblance : *Je connais cette gravure, nous avons la même. Cela revient au même.* ◆ **de même que loc. conj.** Marque une comparaison (parfois en corrélation avec *de même*) : *Elle n'aura aucun mal à remporter ce set, de même qu'elle a gagné le précédent.* ◆ **même que loc. conj.** FAM. Au point que : *Il est bien malade, même qu'il part à la montagne.* ◆ **même si loc. conj.** Marque une concession par rapport à une situation hypothétique : *Je le soutiendrai même s'il ne me le demande pas.*

mémento [memɛ̃to] **n.m.** (lat. *memento,* souviens-toi). **1.** Agenda où l'on inscrit ce dont on veut se souvenir. **2.** Livre où est résumé l'essentiel d'une question : *Mémento d'histoire* (syn. **aide-mémoire, précis**). **3.** CATH. Prière du canon de la messe commençant par ce mot.

Memling ou **Memlinc (Hans),** peintre flamand (Seligenstadt, Bavière, v. 1433 - Bruges 1494). Sa carrière s'est déroulée à Bruges, où sont conservées ses œuvres principales : compositions religieuses d'un style doux et calme, portraits dont le modèle est représenté dans son cadre familier (*Châsse de sainte Ursule,* avec six scènes de la légende de la sainte, musée Memling, Bruges).

Memmi (Albert), écrivain et sociologue français d'origine tunisienne (Tunis 1920). Marqué par sa triple identité juive, arabe et française, il interroge dans ses récits (*la Statue de sel,* 1953) et ses essais (*Portrait du colonisé,* 1957 ; *Portrait du décolonisé arabo-musulman et de quelques autres,* 2004) toutes les formes de racisme et de domination.

mémo [memo] **n.m.** (abrév.). FAM. Mémorandum.

1. mémoire [memwar] **n.f.** (lat. *memoria*). **1.** Activité biologique et psychique qui permet de retenir des expériences antérieurement vécues : *Troubles de la mémoire. Mémoire sensorielle.* **2.** Faculté de conserver et de rappeler des sentiments éprouvés, des idées, des connaissances antérieurement acquises ; ce qui résulte de l'exercice de cette faculté : *Avoir une bonne, une mauvaise mémoire. Garder dans sa mémoire le souvenir d'années heureuses. Remettez-moi en mémoire les points essentiels de la question* (= rappelez-moi). **3.** Souvenir qu'on garde de qqn, de qqch ; ce qui reste ou restera dans l'esprit des hommes : *Dictateur de sinistre mémoire. Venger la mémoire de son père.* **4.** INFORM. Organe de l'ordinateur qui permet l'enregistrement, la conservation et la restitution des données : *Mettre des données en mémoire.* **5. À la mémoire de,** en l'honneur de ; en souvenir de : *Célébrer une messe à la mémoire d'un mort.* / **De mémoire,** en s'aidant seulement de la mémoire : *Citer une phrase de mémoire.* / **De mémoire d'homme,** du plus loin qu'on se souvienne. / **Devoir de mémoire,** obligation morale de témoigner, individuellement ou collectivement, d'événements dont la connaissance et la transmission sont jugées nécessaires pour tirer les leçons du passé. / **Lieu de mémoire,** site (monument, musée, vestiges industriels), œuvre, objet aptes à symboliser l'appartenance d'une collectivité à son passé, à son patrimoine. / **Pour mémoire,** à titre de rappel. **6.** INFORM. **Mémoire externe,** qui ne fait pas partie de l'unité centrale d'un ordinateur. / **Mémoire morte,** mémoire dont le contenu enregistré ne peut être modifié par l'utilisateur. / **Mémoire vive,** mémoire effaçable qui peut être reprogrammée au gré de l'utilisateur.

■ La mémoire est un phénomène complexe, qui comporte trois phases : l'apprentissage, le stockage de l'information et sa restitution (évocation d'un souvenir, reconnaissance d'un objet).

Types de mémoires. On distingue la *mémoire immédiate* (ou mémoire à court terme), dont la capacité est limitée en quantité et en durée, et la *mémoire à long terme,* dont la capacité est en principe illimitée. En fonction des informations stockées, on peut aussi définir la mémoire épisodique, qui concerne les événements, la mémoire sémantique, qui concerne les connaissances générales, la mémoire spatiale, qui concerne les lieux, etc. La psychanalyse a aussi décrit une mémoire inconsciente.

Le stockage de la mémoire. Il n'existe pas de « centre de la mémoire » dans le cerveau. Le phénomène de la mémoire implique en fait plusieurs centres cérébraux polyvalents (qui ont aussi d'autres fonctions), notamment l'hippocampe, l'hypothalamus et le cortex préfrontal, ainsi que les fibres nerveuses qui relient ces centres. La mémoire à court terme met en jeu des signaux électriques transmis entre les différents centres impliqués. L'étude du sommeil a montré que le sommeil paradoxal (la phase des rêves) renforce la mémoire à long terme et rend la récupération des souvenirs plus rapide et mieux adaptée. La mémoire à long terme est aussi renforcée par des réactivations, comme par exemple les révisions de cours.

Les troubles de la mémoire. Les « trous de mémoire » et l'amnésie correspondent à des pertes d'informations, parfois massives. Les oublis sont un phénomène normal (le cerveau élimine des informations « inutiles »), tandis que des trous de mémoire peuvent être dus à la fatigue, à une dépression, ou à la prise prolongée de certains médicaments (somnifères, tranquillisants). Les amnésies peuvent toucher la mémoire à court terme (par exemple, ne plus se souvenir de ce que l'on vient de faire) ou à long terme ; elles peuvent concerner des faits survenus avant le début des troubles, ou uniquement après. L'hypermnésie, au contraire, est une activité très intense de la mémoire, et l'ecmnésie une résurgence massive du passé, perçu comme une expérience actuelle. Certaines maladies, comme la maladie d'Alzheimer, se manifestent par des troubles importants de la mémoire. ■

2. mémoire [memwar] **n.m.** (même étym. que *1. mémoire*). **1.** Écrit sommaire exposant des faits, des idées : *Mémoire adressé au chef de l'État pour lui demander la grâce d'un condamné.* **2.** Exposé scientifique ou littéraire en vue d'un examen, d'une communication dans une société savante : *Les mémoires de l'Académie des sciences.* **3.** Relevé des sommes dues à un fournisseur (syn. **note, relevé**). **4.** DR. Acte de procédure contenant les prétentions et arguments du plaideur, devant certaines juridictions. ◆ **Mémoires n.m. pl.** (Avec une majuscule). Relation écrite faite par une personne des événements qui ont marqué sa vie : *Publier ses Mémoires.*

mémorable [memɔrabl] **adj.** Digne d'être conservé dans la mémoire : *Une journée mémorable* (syn. **inoubliable, marquant**).

mémorandum [memɔrɑ̃dɔm] **n.m.** (lat. *memorandum,* qu'on doit se rappeler) [pl. *mémorandums*]. **1.** Note diplomatique contenant l'exposé sommaire de l'état d'une question. **2.** Note de service adressée à une ou plusieurs personnes pour leur rappeler, leur notifier qqch. (Abrév. fam. *mémo.*)

mémorial [memɔrjal] **n.m.** [pl. *mémoriaux*]. **1.** (Avec une majuscule). Ouvrage dans lequel sont consignés des faits mémorables. **2.** Monument commémoratif. **3.** Mémoire servant à l'instruction d'une affaire diplomatique.

mémorialiste [memɔrjalist] **n.** Auteur de Mémoires historiques ou littéraires.

mémorisation [memɔrizasjɔ̃] **n.f.** Action de mémoriser : *Effort de mémorisation.*

mémoriser [memɔrize] **v.t. 1.** Fixer dans sa mémoire : *Comment mémoriser cette liste de mots ?* **2.** INFORM. Conserver une information dans une mémoire.

Memphis, v. de l'anc. Égypte, sur le Nil, en amont du Delta, cap. de l'Ancien Empire. La concurrence d'Alexandrie, fondée en 331 av. J.-C., puis l'invasion des Arabes entraînèrent sa décadence.

Memphis, v. des États-Unis (Tennessee), sur le Mississippi ; 656 861 hab. (1 165 391 hab. dans l'agglomération).

menaçant, e [mənasɑ̃, -ɑ̃t] **adj.** Qui exprime une menace ; qui fait prévoir une menace, un danger : *Geste menaçant* (syn. **agressif**). *Temps menaçant.*

menace [mənas] **n.f.** (lat. pop. **minacia,* qui élimina le class. *minae*). **1.** Parole, geste, acte par lesquels on exprime la volonté qu'on a de faire du mal à qqn, par lesquels on manifeste sa colère : *Proférer des menaces.* **2.** Signe, indice qui laisse prévoir un danger : *Menace de pluie, de guerre. La hausse des prix constitue une menace pour l'économie* (syn. **péril**).

menacé, e [mənase] **adj.** En danger : *Un bonheur menacé.*

menacer [mənase] **v.t.** (lat. pop. **miniciare*) [conj. **16**]. **1.** Chercher à intimider par des menaces : *Menacer qqn de mort. Menacer de sévir.* **2.** Constituer un danger, un sujet de crainte pour : *Une crise nous menace.* **3.** (Absol.). Être à craindre : *La pluie menace.* **4.** Laisser prévoir ; laisser craindre : *La neige menace de tomber.* **5. Menacer ruine,** être dans un état de délabrement qui laisse craindre un prochain écroulement.

ménade [menad] **n.f.** (lat. *maenas, -adis,* du gr. *mainesthai,* être fou). ANTIQ. GR. Bacchante adonnée aux transes sacrées.

ménage [menaʒ] **n.m.** (anc. fr. *maisnie,* famille, de *maneir,* lat. *manere,* rester). **1.** Homme et femme vivant ensemble et formant la base de la famille : *Un ménage avec deux enfants.* **2.** STAT. Unité élémentaire de population (couple, personne seule, communauté) résidant dans un même logement, envisagée dans sa fonction économique de consommation : *Les dépenses des ménages.* **3.** Ensemble de ce qui concerne l'entretien, la propreté d'un intérieur : *Travaux de ménage.* **4. Faire bon, mauvais ménage,** s'accorder bien, mal. / **Faire des ménages,** être femme, homme de ménage. / **Faire le ménage,** ranger et nettoyer un local ; réorganiser qqch en se débarrassant de ce qui est inutile ; mettre de l'ordre dans qqch. / **Femme de ménage, homme de ménage,** personne qui fait des ménages, moyennant salaire, chez un particulier, dans une entreprise, etc. / **Monter son ménage,** acheter le nécessaire à la vie domestique. / **Se mettre en ménage,** se marier ou vivre maritalement.

ménagement [menaʒmɑ̃] **n.m.** (de *1. ménager*). Attitude destinée à ménager qqn : *Traiter qqn avec ménagement* (syn. **égard, douceur**). *Annoncer une nouvelle sans ménagement* (= avec une franchise brutale) [syn. **précaution**].

1. ménager [menaʒe] **v.t.** (de *ménage*) [conj. **17**]. **1.** Employer avec économie, mesure, modération : *Ménager ses forces* (syn. **épargner, économiser**). *Elle n'a pas ménagé ses efforts pour nous aider. Ménagez vos expressions !* (syn. **modérer**). **2.** Traiter avec égards, avec respect, pour ne pas déplaire, indisposer ou fatiguer : *Ménager un adversaire.* **3.** Préparer avec soin ou avec prudence : *Ménager une surprise à qqn* (syn. **organiser, régler**). ◆ **se ménager v.pr. 1.** Économiser ses forces, prendre soin de sa santé. **2. Se ménager qqch,** se réserver qqch, s'arranger pour en disposer : *Se ménager quelques heures de repos dans la journée. Se ménager une porte de sortie* (= prévoir un moyen de sortir d'une difficulté).

2. ménager, ère [menaʒe, -ɛr] **adj.** (de *1. ménage*). Relatif aux soins du ménage, à tout ce qui concerne l'entretien, la propreté, la conduite d'une maison : *Occupations ménagères. Équipement ménager* (= l'ensemble des appareils domestiques destinés à faciliter les tâches ménagères). *Enlèvement des ordures ménagères.*

ménagère [menaʒɛr] **n.f. 1.** Femme qui a soin du ménage, qui s'occupe de l'administration du foyer. **2.** Service de couverts de table (cuillers, fourchettes, etc.) dans leur coffret : *Une ménagère en argent.*

ménagerie [menaʒri] **n.f.** (de *ménage*). **1.** Ensemble d'animaux de toutes espèces, entretenus pour l'étude ou pour la présentation au public. **2.** Lieu où l'on entretient ces animaux.

menchevik ou **menchevique** [mɛnʃevik] **adj.** et **n.** (du russe, « de la minorité », de *menche,* plus petit). HIST. De la fraction minoritaire du Parti ouvrier social-démocrate russe, qui s'opposa aux bolcheviks à partir de 1903 et que ces derniers éliminèrent après oct. 1917.

Mencius, en chin. **Mengzi** ou **Mong-tseu,** philosophe chinois (v. 371 - 289 av. J.-C.). Pour lui, l'homme est bon à sa naissance et c'est son éducation qui le corrompt. Il s'inscrit dans la ligne de Confucius.

Mende, ch.-l. du dép. de la Lozère, sur le Lot, à 576 km au sud de Paris ; 12 967 hab. *(Mendois).* Évêché. Cathédrale des XIVe-XVIe s. Pont du XIVe s. Musée.

Mendel (Johann, en religion **Gregor),** religieux et botaniste autrichien (Heinzendorf, Silésie, 1822 - Brünn, auj. Brno, 1884). Il est célèbre par ses expériences sur l'hérédité des caractères chez le pois, poursuivies de 1856 à 1864. Croisant des pieds différant par *un seul* caractère (graine lisse ou ridée, fleur blanche ou colorée, etc.), il suivit, au fil des générations et en fonction des nouveaux croisements effectués, les lois de l'apparition de ce caractère, donc de sa *transmission.* Il entreprit ensuite des croisements entre plantes différant par *deux* caractères. L'ensemble de ses conclusions, publiées en 1866 dans une revue à faible tirage, passa inaperçu. Les lois fondamentales de la génétique, désormais appelées *lois de Mendel,* ne furent redécouvertes qu'en 1900.

Mendeleïev (Dmitri Ivanovitch), chimiste russe (Tobolsk 1834 - Saint-Pétersbourg 1907). Il a étudié la compression des gaz, l'air raréfié et l'isomorphisme. Il est surtout connu comme étant l'auteur de la classification périodique des éléments chimiques (1869), dans laquelle il laissa des cases vides correspondant à des éléments qui ne furent découverts que par la suite.

Mendelssohn-Bartholdy (Felix), compositeur allemand (Hambourg 1809 - Leipzig 1847). Il s'est fait connaître très jeune comme un des meilleurs pianistes de son temps, puis en dirigeant l'intégrale de la *Passion selon saint Matthieu* de Bach (1829). Directeur du Gewandhaus et fondateur du Conservatoire de Leipzig, il a laissé une œuvre considérable appuyée sur la tradition allemande, dont le romantisme est discret (*Concerto pour violon,* 1822 ; *Chansons sans paroles,* pour piano, 1830-1850), l'écriture moderne (*Variations sérieuses,* 1841) et l'orchestration raffinée (*le Songe d'une nuit d'été,* 1843 ; cinq symphonies dont « Réformation », 1832, « l'Italienne », 1833, et « l'Écossaise », 1842).

Mendès France (Pierre), homme politique français (Paris 1907 - *id.* 1982). Avocat, député radical-socialiste à partir de 1932, il fut président du Conseil en 1954-1955 ; il mit alors fin à la guerre d'Indochine (accords de Genève) et accorda l'autonomie interne à la Tunisie.

mendiant, e [mɑ̃djɑ̃, -ɑ̃t] **n.** Personne qui mendie : *Donner de l'argent à un mendiant* (= lui faire l'aumône). ◆ **adj. Ordres mendiants,** ordres religieux fondés ou réorganisés au XIIIe s., auxquels leur règle impose la pauvreté. ▸ Les plus importants sont les carmes, les franciscains, les dominicains et les augustins. ◆ **mendiant n.m.** Dessert composé de quatre fruits secs (figues, raisins secs, amandes, noisettes) et aussi appelé *les quatre mendiants* (par allusion à la couleur de l'habit des quatre ordres mendiants principaux).

mendicité [mɑ̃disite] **n.f.** (lat. *mendicitas*). **1.** Action de mendier : *Être arrêté pour mendicité.* **2.** Condition de celui qui mendie : *Être réduit à la mendicité.*

mendier [mɑ̃dje] **v.i.** (lat. *mendicare*) [conj. **9**]. Demander l'aumône, la charité. ◆ **v.t. 1.** Demander comme une aumône : *Mendier du pain.* **2.** Solliciter humblement ou avec insistance : *Mendier des éloges* (syn. **quémander**).

Mendoza, v. d'Argentine, au pied des Andes ; 115 041 hab. (942 142 hab. dans l'agglomération). Archevêché. Centre viticole.

meneau [məno] **n.m.** (de l'anc. fr. *meien,* bas lat. *medianus,* de *medius,* milieu). ARCHIT. Chacun des montants fixes divisant une baie en compartiments, notamm. dans l'architecture du Moyen Âge et de la Renaissance.

menées [məne] **n.f. pl.** (de *mener*). Manœuvres secrètes et malveillantes pour faire réussir un projet ; machination : *Être victime de menées perfides* (syn. **agissements**).

Ménélas, roi achéen qui, succédant à Tyndare, fonda Sparte et poussa les Grecs à la guerre contre Troie pour reprendre sa femme Hélène, enlevée par Pâris.

Ménélik II (Ankober 1844-Addis-Abeba 1913), négus d'Éthiopie. Il fonda Addis-Abeba dans son royaume du Choa. Négus en 1889, il signa avec l'Italie un accord que celle-ci considéra comme un traité de protectorat (1889). Dénonçant cet accord (1893), Ménélik écrasa les troupes italiennes à Adoua (1896). Il s'efforça par ailleurs de limiter l'influence française et anglaise. Il se retira en 1907.

mener [məne] **v.t.** (bas lat. *minare,* pousser, mener les bêtes en les menaçant, class. *minari,* menacer) [conj. **19**]. **1.** Faire aller avec soi ; accompagner, conduire quelque part : *Mener des enfants à l'école* (syn. **emmener**). **2.** Transporter à telle destination : *Le taxi vous mènera à la gare* (syn. **conduire**). **3.** Permettre d'accéder à un lieu : *Ce chemin mène à la plage.* **4.** Guider, diriger, entraîner vers : *Indices qui mènent au coupable. Cette politique nous mènera à la faillite.* **5.** Assurer la marche, le déroulement de : *Mener les débats* (syn. **animer, diriger**). *Mener une enquête. Bien mener ses affaires* (syn. **gérer**). **6.** Être à la tête de ; diriger, commander : *Mener une coalition. Mener une course.* **7.** GÉOM. Tracer : *Mener une perpendiculaire à une droite.* **8. Mener la vie dure à qqn,** lui rendre la vie pénible, partic. en exerçant sur lui une autorité brutale. / **Mener loin,** avoir de graves conséquences pour qqn. / **Mener qqch à bien,** le faire réussir. / **Mener qqn en bateau,** le mystifier ; le tromper. / **Mener telle vie, telle existence,** vivre de telle ou telle façon : *Mener une vie paisible, une vie sans souci.* / *FAM.* **Ne pas en mener large,** avoir peur ; être inquiet, mal à l'aise. ◆ **v.i.** Avoir l'avantage sur un adversaire : *Mener par deux buts à zéro.*

ménestrel [menɛstrɛl] **n.m.** (du bas lat. *ministerialis,* chargé d'un service). Au Moyen Âge, musicien de basse condition qui récitait ou chantait des vers en s'accompagnant d'un instrument de musique.

ménétrier [menetrije] **n.m.** (var. de *ménestrel*). Autref., dans les campagnes, homme qui jouait d'un instrument de musique pour faire danser.

meneur, euse [mənœr, -øz] **n. 1.** Personne qui, par son ascendant et son autorité, dirige un mouvement, notamm. un mouvement populaire ou insurrectionnel : *Les meneurs seront punis pour ce chahut.* **2. Meneur de jeu,** animateur d'un jeu, d'un spectacle ; joueur qui anime une équipe. / **Meneur d'hommes,** personne qui sait par son autorité entraîner les autres à sa suite.

Mengzi ⟶ **Mencius.**

menhir [menir] **n.m.** (mot breton, de *men,* pierre, et *hir,* long). Monument mégalithique constitué d'un seul bloc de pierre vertical.

méninge [menɛ̃ʒ] **n.f.** (lat. scientif. *meninga,* gr. *mênigx*). Chacune des trois membranes *(pie-mère, arachnoïde, dure-mère)* entourant le cerveau et la moelle épinière. ◆ **méninges n.f. pl.** *FAM.* Cerveau, esprit : *Se creuser les méninges.*

méningé, e [menɛ̃ʒe] **adj.** Relatif aux méninges, à la méningite : *Artères méningées. Symptômes méningés.*

méningite [menɛ̃ʒit] **n.f.** Inflammation des méninges, d'origine infectieuse, se traduisant par de la fièvre, une raideur de la nuque, des céphalées et des vomissements.

ménisque [menisk] **n.m.** (gr. *mêniskos,* petite lune). **1.** Lentille de verre convexe d'un côté et concave de l'autre : *Ménisque convergent, divergent.* **2.** Surface incurvée qui forme l'extrémité supérieure d'un liquide contenu dans un tube. **3.** ANAT. Lame de cartilage située entre les os, dans certaines articulations comme le genou.

ménopause [menɔpoz] **n.f.** (du gr. *mên, mênos,* mois, et *pausis,* cessation). Cessation de l'ovulation chez la femme, caractérisée par l'arrêt définitif de la menstruation ; époque où elle se produit.

ménopausée [menɔpoze] **adj.f.** Se dit d'une femme dont la ménopause est accomplie.

menotte [mənɔt] **n.f.** (dimin. de *main*). Petite main ; main d'enfant. ◆ **menottes n.f. pl.** Bracelets avec lesquels on attache les poignets d'une personne pour empêcher son évasion : *Passer les menottes à un condamné.*

mensonge [mɑ̃sɔ̃ʒ] **n.m.** (lat. pop. **mentionica*). **1.** Action de mentir, d'altérer la vérité : *Vivre dans le mensonge* (syn. **duplicité, fausseté**). **2.** Affirmation contraire à la vérité : *Raconter des mensonges* (syn. **contrevérité**).

mensonger, ère [mɑ̃sɔ̃ʒe, -ɛr] **adj.** Fondé sur un mensonge : *Récit mensonger* (syn. **inventé ;** contr. **vrai**). *Promesse mensongère* (syn. **faux, trompeur**).

menstruation [mɑ̃stryasjɔ̃] **n.f.** (de *menstrues*). PHYSIOL. Phénomène physiologique caractérisé par un écoulement sanguin périodique correspondant à l'élimination de la muqueuse utérine, se produisant chez la femme, lorsqu'il n'y a pas eu fécondation, de la puberté à la ménopause.

menstruel, elle [mɑ̃stryɛl] **adj.** Relatif à la menstruation.

■ Le cycle menstruel commence à la puberté, s'interrompt pendant la grossesse et cesse définitivement à la ménopause. Il est contrôlé par des hormones, produites en différentes quantités selon les moments du cycle. Il se traduit chaque mois par la survenue des *règles* (ou *menstruation*). Un cycle moyen dure 28 jours, mais chez de nombreuses femmes, il est plus court ou plus long (tous les intermédiaires sont possibles entre 21 et 60 jours). Il peut être régulier (toujours du même nombre de jours) ou plus ou moins irrégulier (certains cycles sont longs, d'autres plus courts). Chaque cycle se divise en deux phases. La première (phase *folliculaire*) prépare l'un des deux ovaires à expulser dans les trompes de Fallope un ovule. Cette expulsion est appelée ovulation ; elle a lieu le 14e jour (pour un cycle de 28 jours). La seconde phase (phase *lutéale*) épaissit la paroi de l'utérus pour le préparer à recevoir l'ovule, si celui-ci est fécondé. En effet, si l'ovule rencontre un spermatozoïde *(fécondation),* il devient un *œuf* et va se nicher dans la paroi de l'utérus *(nidation)* : c'est le début de la grossesse. S'il n'y a pas fécondation, la paroi épaissie de l'utérus se détache par morceaux et s'évacue par les règles : une paroi « neuve » se formera au cycle suivant. ■

menstrues [mɑ̃stry] **n.f. pl.** (lat. *menstrua,* de *mensis,* mois). *VIEILLI.* Perte de sang accompagnant la menstruation (syn. **règles**).

mensualisation [mɑ̃sɥalizasjɔ̃] **n.f.** Action de mensualiser.

mensualiser [mɑ̃sɥalize] **v.t. 1.** Rendre mensuel un paiement, un salaire : *Mensualiser les rémunérations.* **2.** Payer au mois ; faire passer à une rémunération mensuelle qqn qui était payé à l'heure, etc. : *Mensualiser des employés.*

mensualité [mɑ̃sɥalite] **n.f. 1.** Somme versée chaque mois : *Payer par mensualités.* **2.** Salaire mensuel (syn. **mois**).

1. mensuel, elle [mɑ̃sɥɛl] **adj.** (bas lat. *mensualis,* de *mensis,* mois). Qui se fait, qui paraît tous les mois : *Revue, paiement mensuels.* ◆ **n.** Employé payé au mois.

2. mensuel [mɑ̃sɥɛl] **n.m.** (de *1. mensuel*). Publication qui paraît chaque mois.

mensuellement [mɑ̃sɥɛlmɑ̃] **adv.** Chaque mois : *Être payé mensuellement.*

mensuration [mɑ̃syrasjɔ̃] **n.f.** (lat. *mensuratio,* de *mensurare ;* v. *mesurer*). Détermination de certaines dimensions anatomiques caractéristiques. ◆ **mensurations n.f. pl.** Ensemble des dimensions caractéristiques du corps humain, notamm. le tour de poitrine, le tour de taille et le tour de hanches : *Avoir des mensurations idéales.*

mental, e, aux [mɑ̃tal, -o] **adj.** (bas lat. *mentalis,* de *mens, mentis,* esprit). **1.** Relatif aux fonctions intellectuelles, au psychisme : *État mental. Maladies mentales* (syn. **psychique**). **2.** Qui se fait exclusivement dans l'esprit, sans être exprimé : *Calcul mental.*

mentalement [mɑ̃talmɑ̃] **adv. 1.** Par la pensée ; sans s'exprimer à haute voix : *Calculer mentalement.* **2.** Du point de vue mental, psychique : *Il est mentalement dérangé.*

mentalité [mɑ̃talite] **n.f.** (de *mental,* par l'angl. *mentality*). **1.** Ensemble des manières d'agir, de penser de qqn ; état d'esprit : *Il a une mauvaise mentalité.* **2.** SOCIOL. Ensemble des habitudes intellectuelles, des croyances, des comportements caractéristiques d'un groupe : *Nos enfants ont une mentalité différente de la nôtre.*

menteur, euse [mɑ̃tœr, -øz] **adj.** et **n.** Qui ment ; qui a l'habitude de mentir : *Ne le croyez pas, c'est un menteur !* (syn. **mythomane**). ◆ **adj.** Qui trompe ; qui induit en erreur : *Le proverbe est menteur qui dit que la fortune vient en dormant.*

menthe [mɑ̃t] **n.f.** (lat. *mentha,* du gr.). **1.** Plante aromatique des lieux humides, velue, à fleurs roses ou blanches. ▸ Famille des labiées. **2.** Essence de cette plante utilisée pour son arôme et ses propriétés médicinales.

menthol [mɑ̃tɔl] ou [mɛ̃tɔl] **n.m.** Alcool terpénique extrait de l'essence de menthe : *Le menthol est un antinévralgique.*

mentholé, e [mɑ̃tɔle] ou [mɛ̃tɔle] **adj.** Qui contient du menthol : *Vaseline mentholée.*

mention [mɑ̃sjɔ̃] **n.f.** (lat. *mentio, -aris,* de *mens, mentis,* esprit). **1.** Action de signaler, de citer ; fait d'être signalé, cité : *Faire mention d'un événement.* **2.** Indication, note dans un texte, un formulaire : *Barrer les mentions inutiles.* **3.** Appréciation, souvent favorable, donnée par un jury sur une personne, un travail, dans un examen, un concours, une compétition : *Être reçu avec la mention bien.*

mentionner [mɑ̃sjɔne] **v.t.** Faire mention de ; citer : *Le journal mentionne plusieurs incendies de voitures* (syn. **signaler**). *Mentionnez vos nom et adresse* (syn. **indiquer**).

mentir [mɑ̃tir] **v.i.** (bas lat. *mentire,* class. *mentiri*) [conj. **37**]. **1.** Donner pour vrai ce qu'on sait être faux ou nier ce qu'on sait être vrai : *L'accusé est bien allé au cinéma, mais il a menti sur l'heure de la séance. Il ment comme il respire* (= il a l'habitude de mentir). **2.** Tromper par de fausses apparences : *Cette photographie ne ment pas.* **3. Sans mentir,** à dire vrai, sans exagérer.

menton [mɑ̃tɔ̃] **n.m.** (lat. pop. **mento, -onis,* class. *mentum*). Partie saillante du visage, au-dessous de la bouche.

Menton, ch.-l. de c. des Alpes-Maritimes, sur la Méditerranée ; 29 670 hab. *(Mentonnais).* Centre touristique. Église et chapelle baroques de la place Saint-Michel. Musées.

mentonnière [mɑ̃tɔnjɛr] **n.f. 1.** Bande passant sous le menton et retenant une coiffure, et notamm. un casque. **2.** CHIR. Bandage pour le menton. **3.** Accessoire épousant la forme du menton et servant à maintenir le violon pendant le jeu. **4.** HIST. Pièce articulée d'un casque servant à protéger le bas de la figure (XVe-XVIIIe s.).

mentor [mɛ̃tɔr] **n.m.** (de *Mentor,* n. du guide de Télémaque). *SOUT.* Guide attentif ; conseiller expérimenté.

Mentor, personnage de *l'Odyssée* auquel Ulysse confia l'administration de sa maison d'Ithaque lorsqu'il partit pour Troie. Athéna emprunta les traits de cet ami de la famille, par exemple pour accompagner Télémaque ou pour porter secours à Ulysse.

1. menu, e [məny] **adj.** (lat. *minutus,* de *minuere,* diminuer). **1.** Qui a peu de volume, d'épaisseur, d'importance : *Menus morceaux* (syn. **petit**). *Taille menue* (syn. **délié, fluet**). *Menus frais* (syn. **négligeable**). **2.** Qui est mince, frêle : *Une enfant menue* (syn. litt. **gracile**). **3. À pas menus,** à tout petits pas. ⁄ **Menue monnaie,** monnaie de peu de valeur. ⁄ *LITT.* **Menu peuple,** gens de basse condition. ⁄ **Menus plaisirs,** dépenses fantaisistes et occasionnelles. ◆ **menu adv.** En petits morceaux : *Hacher menu.* ◆ **menu n.m. Par le menu,** en tenant compte des moindres détails : *Elle m'a raconté son aventure par le menu.*

2. menu [məny] **n.m.** (de *1. menu*). **1.** Liste détaillée des plats servis à un repas : *Consulter le menu* (syn. **carte**). **2.** Repas à prix fixe servi dans un restaurant (par opp. à *repas à la carte,* dont les plats sont choisis par le client). **3.** INFORM. Liste d'actions exécutables par un ordinateur exploité en mode interactif.

menuet [mənɥɛ] **n.m.** (de l'adj. *menuet,* dimin. de *1. menu,* à pas menus). **1.** Danse à trois temps. **2.** MUS. Composition dans le caractère de cette danse qui, à la fin du XVIIe s., s'intègre à la suite et, au XVIIIe s., à la symphonie.

Menuhin (*lord* **Yehudi**), violoniste et chef d'orchestre d'origine russe naturalisé américain et britannique (New York 1916 - Berlin 1999). Artiste précoce, il effectua une carrière internationale exceptionnelle. Il a présidé le Conseil international de la musique à l'Unesco (1969-1975) et défendu les causes humanitaires.

menuiser [mənɥize] **v.t.** (lat. pop. **minutiare,* rendre menu). Travailler du bois en menuiserie : *Du bois finement menuisé.* ◆ **v.i.** Faire de la menuiserie ; travailler le bois.

menuiserie [mənɥizri] **n.f. 1.** Métier du menuisier. **2.** Ouvrage du menuisier. **3.** Atelier de menuisier.

menuisier, ère [mənɥizje, -ɛr] **n.** (de *menuiser*). Artisan qui produit des ouvrages en bois pour le bâtiment, constitués de pièces relativement petites (à la différence du charpentier), ou des meubles génér. utilitaires, sans placage ni ornement (à la différence de l'ébéniste).

méphitique [mefitik] **adj.** (du lat. *mephitis,* odeur infecte). Qui a une odeur répugnante ou toxique : *Gaz méphitique.*

méplat [mepla] **n.m.** (de *més-* et *plat*). **1.** Partie relativement plane : *Les méplats du visage.* **2.** CONSTR. Pièce de bois, de métal, plus large qu'épaisse.

se **méprendre** [meprɑ̃dr] **v.pr.** **[sur]** (de *mé[s]-* et *prendre*) [conj. **79**]. **1.** Se tromper sur qqn, sur qqch ; prendre une personne ou une chose pour une autre : *Je me suis méprise sur ses intentions. Je veux que la situation soit claire, je ne voudrais pas que tu te méprennes.* **2. À s'y méprendre,** au point de se tromper : *Il ressemble à son frère à s'y méprendre.*

mépris [mepri] **n.m. 1.** Sentiment par lequel on juge qqn ou qqch condamnable, inférieur, indigne d'estime, d'attention : *Regarder, considérer avec mépris* (syn. **hauteur, morgue**). *Des termes de mépris.* **2.** Fait de ne tenir aucun compte de qqch : *Mépris des conventions, de la richesse* (syn. **dédain**). *Mépris de la mort* (contr. **crainte**). **3. Au mépris de,** sans tenir compte de : *Agir au mépris du danger.*

méprisable [meprizabl] **adj.** Digne de mépris : *Des gens méprisables* (syn. **indigne, infâme**). *Des procédés méprisables.*

méprisant, e [meprizɑ̃, -ɑ̃t] **adj.** Qui a ou qui témoigne du mépris : *Sourire méprisant* (syn. **hautain**).

méprise [mepriz] **n.f.** (de *se méprendre*). **1.** Erreur commise sur qqn, qqch : *Commettre une fâcheuse méprise* (syn. **confusion**). *Être victime d'une méprise* (syn. **malentendu**). **2. Par méprise,** par suite d'une erreur ; par inadvertance.

mépriser [meprize] **v.t.** (de *mé[s]-* et *priser*). **1.** Avoir ou témoigner du mépris pour qqn, pour qqch : *Mépriser la lâcheté* (syn. **honnir**). **2.** Ne faire aucun cas de : *Mépriser le danger* (syn. **braver, narguer ;** contr. **redouter**).

mer [mɛr] **n.f.** (lat. *mare*). **1.** Très vaste étendue d'eau salée qui couvre une partie de la surface du globe ; partie définie de cette étendue : *La mer Rouge.* **2.** Eau de la mer ou de l'océan : *La mer est chaude.* **3.** Régions qui bordent la mer : *Aller à la mer pour les vacances. Préférer la mer à la montagne.* **4.** Marée : *La mer est basse, haute. La mer sera pleine à 3 heures.* **5.** Grande quantité de liquide, d'une chose quelconque : *Mer de sable. Se perdre dans une mer de documents.* **6.** À la surface de la Lune, ou de certaines planètes du Système solaire, vaste étendue faiblement accidentée. **7. Ce n'est pas la mer à boire,** ce n'est pas très difficile. / **Une goutte d'eau dans la mer,** un apport, un effort insignifiant. **8. Armée de mer,** ensemble des navires et des formations aériennes et terrestres relevant de la marine militaire. / **Basse mer,** marée basse. / **Coup de mer,** tempête de peu de durée. / **Haute mer,** partie de la mer libre, en principe, de la juridiction des États. / **Haute mer, pleine mer,** la partie de la mer éloignée du rivage, le large : *Pêche en haute mer* (= hauturière). / DR. **Mer nationale,** eaux intérieures. / DR. **Mer territoriale,** eaux territoriales.

Mercalli (échelle de), échelle mesurant l'intensité d'un séisme.

■ Inventée par le sismologue et volcanologue italien G. Mercalli (1850-1914), elle comprend douze degrés, notés de I à XII, par ordre croissant des dégâts provoqués. ■

mercantile [mɛrkɑ̃til] **adj.** (mot it.). Animé par l'appât du gain, le profit : *Esprit mercantile.*

mercantilisme [mɛrkɑ̃tilism] **n.m.** (de *mercantile*). **1.** LITT. État d'esprit mercantile ; âpreté au gain. **2.** HIST. Doctrine économique élaborée au XVIe et au XVIIe s., selon laquelle les métaux précieux constituent la richesse essentielle des États, et qui préconise une politique protectionniste.

mercantiliste [mɛrkɑ̃tilist] **adj.** et **n.** ÉCON. Relatif au mercantilisme ; qui en est partisan.

Mercantour (le), massif cristallin des Alpes-Maritimes ; 3 143 m. Parc national (env. 68 500 ha).

Mercator (projection de), représentation cartographique qui permet de conserver la forme réelle des territoires, mais non le rapport exact de leurs superficies.

Mercator (Gerhard Kremer, dit Gerard), mathématicien et géographe flamand (Rupelmonde 1512 - Duisburg 1594). Il a donné son nom à un système de projection qu'il élabora en 1552 et qui s'apparente à un développement cylindrique effectué le long de l'équateur. Les méridiens y sont représentés par des droites parallèles équidistantes, et les parallèles par des droites perpendiculaires aux méridiens, et dont l'écartement s'accroît quand la latitude augmente.

mercenaire [mɛrsənɛr] **n.m.** (lat. *mercenarius*, de *merces*, salaire). Soldat recruté pour un conflit ponctuel, et qui sert à prix d'argent un gouvernement étranger.

Mercenaires ***(guerre des)*** [241-238 av. J.-C.], guerre soutenue par Carthage, après la première guerre punique, contre ses mercenaires révoltés. Ce conflit a inspiré à Flaubert son roman *Salammbô.*

mercerie [mɛrsəri] **n.f.** (de *mercier*). **1.** Ensemble des articles destinés à la couture. **2.** Commerce du mercier.

mercerisé, e [mɛrsərize] **adj.** (de J. *Mercer*, n. d'un chimiste angl.). Se dit de fils, de tissus ayant subi un traitement à la soude, leur donnant un aspect brillant et soyeux.

1. merci [mɛrsi] **n.f.** (lat. *merces, mercedis*, récompense, puis « prix, faveur »). LITT. **Demander merci,** demander grâce. / **Être à la merci de,** être sous l'entière dépendance de qqn, de qqch : *Les esclaves étaient à la merci de leur maître.* / **Sans merci,** sans pitié : *Une lutte sans merci.*

2. merci [mɛrsi] **n.m.** (de *1. merci*). Parole de remerciement. ◆ **interj.** Sert à remercier : *Vous m'avez rendu service, merci !*

mercier, ère [mɛrsje, -ɛr] **n.** (de l'anc. fr. *merz*, lat. *merx, mercis*, marchandise). Personne vendant de la mercerie.

Merckx (Eddy), coureur cycliste belge (Meensel-Kiezegem, Brabant, 1945), vainqueur notamment de cinq Tours de France (1969 à 1972 et 1974) et d'Italie (1968, 1970, 1972 à 1974), de trois championnats du monde (1967, 1971 et 1974), recordman du monde de l'heure (de 1972 à 1984).

Mercosur (en esp. MERcado COmún del SUR) ou **Mercosul** (en port. MERcado COmum do SUL), marché commun de l'Amérique du Sud créé en 1991 par l'Argentine, le Brésil, le Paraguay et l'Uruguay et structuré en 1995 en une zone de libre-échange institutionnalisée. Le Chili (1996), la Bolivie (1997), le Pérou (2003), la Colombie (2004) et l'Équateur (*id.*) lui sont associés. En 2012, le Venezuela y est intégré tandis que le Paraguay (qui s'opposait à cette adhésion) est suspendu à la suite de la destitution, jugée illégale, de son président.

mercredi [mɛrkrədi] **n.m.** (du lat. *Mercurii dies*, jour de Mercure). Troisième jour de la semaine.

mercure [mɛrkyr] **n.m.** (lat. *Mercurius*, Mercure, messager des dieux et dieu du Commerce). Métal blanc très brillant, liquide à la température ordinaire et se solidifiant à - 39 °C. ▶ Symb. Hg ; densité 13,6. Longtemps utilisé dans la construction d'appareils de physique (thermomètres, baromètres), il sert à l'extraction de l'or avec lequel il s'allie facilement pour former un amalgame.

Mercure, dieu romain du Commerce et des Voyageurs. Il fut à l'époque classique identifié à l'Hermès grec et représenté comme le messager de Jupiter. Comme Hermès, il a pour attributs le caducée, le chapeau à larges bords, les sandales ailées et la bourse, symbole des gains qu'on acquiert dans le commerce.

Mercure, planète du Système solaire la plus proche du Soleil. Sa surface, grêlée de cratères creusés par des impacts de météorites, rappelle celle de la Lune.

1. mercuriale [mɛrkyrjal] **n.f.** (propr. « assemblée du mercredi » [où se dénonçaient les abus de la justice] ; v. *mercredi*). LITT. Remontrance, réprimande d'une certaine vivacité (syn. **admonestation, semonce**).

2. mercuriale [mɛrkyrjal] **n.f.** (du n. de dieu *Mercure*). Bulletin reproduisant les cours officiels des denrées vendues sur un marché public ; ces cours eux-mêmes.

mercuriel, elle [mɛrkyrjɛl] **adj.** Qui contient du mercure.

Mercurochrome [mɛrkyrɔkrom] **n.m.** (nom déposé). Composé organique mercuriel dont les solutions aqueuses, de couleur rouge, sont antiseptiques.

merde [mɛrd] **n.f.** (lat. *merda*). VULG. **1.** Excrément de l'homme et de quelques animaux. **2.** Ennui ; difficulté : *Je suis dans la merde.* **3.** Être ou chose sans valeur. ◆ **interj.** T. FAM. Exprime la colère, le mépris, etc. : *Et, merde !*

mère [mɛr] **n.f.** (lat. *mater*). **1.** Femme qui a mis au monde un ou plusieurs enfants : *Mère de famille.* **2.** Femelle d'un animal qui a eu des petits. **3.** Femme qui donne des soins maternels : *Mère adoptive. Elle est la mère des pauvres et des orphelins.* **4.** Supérieure d'un couvent. **5.** LITT. Pays, lieu où une chose a commencé ; source, cause, origine : *La Grèce, mère des arts* (syn. **patrie**). *L'oisiveté est la mère de tous les vices.* **6.** (En appos.). Qui est à l'origine, au centre d'autres choses de même nature : *Idée mère* (syn. **principale**). *Maison mère d'une communauté religieuse. Une société mère et ses filiales.* **7.** FAM. Titre que l'on donne à une femme d'âge avancé : *La mère Michel. La mère Unetelle* (= madame Unetelle). **8.** Pellicule qui se forme à la surface des liquides alcooliques, constituée par l'accumulation des *acétobacters*, bactéries responsables de la transformation de l'alcool en acide acétique : *Une mère de vinaigre.* **9. Mère célibataire,** femme non mariée qui élève seule un ou plusieurs enfants. / **Mère patrie,** pays où l'on est né ; patrie considérée sur le plan affectif.

merguez [mɛrgɛz] **n.f.** (mot ar.). Saucisse fraîche pimentée, à base de bœuf ou de bœuf et de mouton, et consommée grillée ou frite (cuisine d'Afrique du Nord).

1. méridien, enne [meridjɛ̃, -ɛn] **adj.** (lat. *meridianus*, de *meridies*, midi). **1.** ASTRON. Se dit du plan qui, en un lieu, comprend la verticale de ce lieu et l'axe du monde. **2.** Se dit d'un instrument servant à observer les astres dans le plan du méridien : *Lunette méridienne.* **3.** MATH. Se dit d'un plan qui contient l'axe d'une surface de révolution.

2. méridien [meridjɛ̃] **n.m.** (de *1. méridien*). **1.** Lieu des points ayant même longitude, à la surface de la Terre ou d'un astre quelconque. **2.** Plan défini par la verticale locale et l'axe de rotation de la Terre. (On dit aussi *plan méridien.*) **3.** ASTRON. Moitié de grand cercle de la sphère céleste limitée aux pôles et passant par le zénith d'un lieu. **4. Méridien magnétique,** plan vertical contenant la direction du champ magnétique terrestre. / **Méridien origine** ou **premier méridien,** méridien par rapport auquel on compte les degrés de longitude : *Le méridien origine international passe par l'ancien observatoire de Greenwich à 2° 20′ 14″ à l'ouest de celui de Paris.*

1. méridienne [meridjɛn] **n.f.** (de *1. méridien*). **1.** MATH. Section d'une surface de révolution par un plan passant par l'axe de cette surface. **2.** GÉOGR. Chaîne de triangulation orientée suivant un méridien.

2. méridienne [meridjɛn] **n.f.** (de *1. méridien*). **1.** *LITT.* Sieste. **2.** Canapé à deux chevets de hauteur inégale réunis par un dossier.

méridional, e, aux [meridjɔnal, -o] **adj.** (lat. *meridionalis,* de *meridies,* midi). **1.** Situé au sud : *La côte méridionale de la Grande-Bretagne.* **2.** Du midi de la France : *Accent méridional.* ◆ **n.** (Avec une majuscule). Personne originaire du midi de la France : *Les Méridionaux sont très liants.*

Mérignac, ch.-l. de c. de la Gironde, banlieue de Bordeaux ; 67 680 hab. Aéroport.

Mérimée (Prosper), écrivain français (Paris 1803 - Cannes 1870). Auteur d'un recueil de pièces qu'il prétendait avoir traduites de l'espagnol (*Théâtre de Clara Gazul,* 1825), d'un roman historique (*Chronique du règne de Charles IX,* 1829), il est surtout célèbre pour ses nouvelles (*Mateo Falcone,* 1829 ; *Tamango,* 1829 ; *le Vase étrusque,* 1830 ; *la Vénus d'Ille,* 1837 ; *Colomba,* 1840 ; *Carmen,* 1845). Celles-ci se caractérisent par la violence des passions, des descriptions colorées et pittoresques, un goût pour le fantastique, une tension dramatique qui tient constamment le lecteur en haleine, la pureté et la concision du style. Une constante ironie marque le détachement de l'auteur à l'égard de son œuvre.

meringue [mərɛ̃g] **n.f.** (du polon. *marzynka*). Pâtisserie légère, à base de blancs d'œufs et de sucre, que l'on fait cuire au four à feu doux.

meringué, e [mərɛ̃ge] **adj.** Garni de meringue : *Tarte meringuée.*

mérinos [merinos] **n.m.** (esp. *merino*). **1.** Mouton très répandu dans le monde, dont il existe plusieurs races et dont la laine fine est très estimée. **2.** Étoffe, feutre faits avec la laine de ce mouton.

merise [məriz] **n.f.** (du lat. *amarus,* amer sous l'infl. de *cerise*). Fruit du merisier, noir, suret et peu charnu.

merisier [mərizje] **n.m.** (de *merise*). Cerisier sauvage, appelé aussi *cerisier des oiseaux,* dont le bois est apprécié en ébénisterie. ▸ Haut. 15 m env. ; famille des rosacées.

méristème [meristɛm] **n.m.** (du gr. *meristemos,* partagé). BOT. Tissu végétal formé de petites cellules indifférenciées, siège de divisions rapides et nombreuses, et qui contribue à la croissance de la plante.

méritant, e [meritɑ̃, -ɑ̃t] **adj.** Qui a du mérite : *Des gens méritants* (syn. **digne, estimable**).

mérite [merit] **n.m.** (lat. *meritum*). **1.** Ce qui rend qqn, sa conduite, dignes d'estime : *Elle a un grand mérite à se consacrer à l'enfance malheureuse. Tout le mérite de cette entreprise lui revient. Il se fait un mérite de refuser tous les honneurs* (syn. **gloire**). **2.** Ensemble des qualités intellectuelles et morales partic. dignes d'estime : *Apprécier le mérite d'un écrivain, d'une œuvre* (syn. **valeur**). **3.** Qualité louable de qqn, de qqch : *Il a le mérite d'être très ponctuel.* **4.** (Avec une majuscule). Nom de certaines distinctions honorifiques : *Ordre du Mérite agricole, du Mérite maritime.*

mériter [merite] **v.t.** (de *mérite*). **1.** Être digne de récompense ou passible de châtiment : *Mériter des éloges, une punition. Elle a bien mérité de se reposer. Il ne mérite pas qu'on s'occupe de lui* (syn. **valoir**). **2.** Présenter les conditions requises pour ; donner droit à : *Cette lettre mérite une réponse* (syn. **appeler, exiger**). *Cela mérite réflexion. Toute peine mérite salaire.* **3.** Être digne de qqn, de vivre à ses côtés : *Elle n'a pas le mari qu'elle mérite.* ◆ **v.t. ind. [de]. Bien mériter de la patrie,** avoir droit à sa reconnaissance.

méritoire [meritwar] **adj.** Digne d'estime, de récompense : *Des efforts méritoires* (syn. **louable**).

Merkel (Angela), femme politique allemande (Hambourg 1954). Présidente de la CDU (Union chrétienne-démocrate), elle est chancelière depuis 2005.

merlan [mɛrlɑ̃] **n.m.** (de *merle,* avec suffixe germ.). Poisson des côtes d'Europe occidentale, à trois nageoires dorsales et deux anales, pêché activement pour sa chair tendre et légère. ▸ Famille des gadidés ; long. de 20 à 40 cm.

merle [mɛrl] **n.m.** (bas lat. *merulus,* class. *merula*). **1.** Oiseau passereau voisin de la grive, commun dans les parcs et les bois, à plumage noir pour le mâle, brun pour la femelle. ▸ Le merle siffle, chante, jase. **2. Merle blanc,** personne ou objet des plus rares, introuvables.

Merleau-Ponty (Maurice), philosophe français (Rochefort 1908 - Paris 1961). Sa philosophie tourne autour d'une réflexion sur l'enracinement du corps propre dans le monde (*la Structure du comportement,* 1942 ; *Phénoménologie de la perception,* 1945).

merlu [mɛrly] **n.m.** (de *merlan* et de l'anc. fr. *luz,* brochet). Poisson marin commun dans l'Atlantique, à dos gris, portant deux nageoires dorsales et une anale, et commercialisé sous le nom de *colin.* ▸ Famille des merluciidés ; long. de 50 cm à 1 m.

merluche [mɛrlyʃ] **n.f.** (anc. prov. *merluce,* var. de *merlu*). **1.** Nom commercial de divers poissons de la famille des gadidés, tels que le merlu et la lingue. **2.** Morue séchée, non salée.

Mermoz (Jean), aviateur français (Aubenton, Aisne, 1901 - dans l'Atlantique sud 1936). Dans l'armée de l'air de 1920 à 1924, il entra chez Latécoère et devint l'un des pilotes de l'Aéropostale, s'illustrant notamment par l'établissement de la ligne Buenos Aires-Rio de Janeiro (1928) et le franchissement de la cordillère des Andes (1929). Le 12 mai 1930, il réussit à traverser l'Atlantique sud sans escale, dans le sens est-ouest, puis le 15 mai 1933 en sens inverse. Il disparut en mer, au large de Dakar, à bord de l'hydravion *Croix-du-Sud.*

mérou [meru] **n.m.** (esp. *mero*). Poisson osseux à la chair très estimée, vivant dans les mers tropicales et tempérées chaudes. ▸ Famille des serranidés ; long. jusqu'à 2 m ; poids jusqu'à plus de 100 kg.

Mérovée, chef franc (vᵉ s.). Ce personnage plus ou moins légendaire a donné son nom à la première dynastie des rois de France *(les Mérovingiens).*

mérovingien, enne [merɔvɛ̃ʒjɛ̃, -ɛn] **adj.** (de *Mérovée,* n. du chef d'une tribu de Francs Saliens). Relatif à la dynastie des Mérovingiens.

Mérovingiens, nom donné à la dynastie des rois francs qui régnèrent sur la Gaule de 481 à 751. Fils de Childéric et, selon la tradition, petit-fils de Mérovée, Clovis (m. en 511) en fut le fondateur ; il conquit la majeure partie de la Gaule et se convertit au christianisme non arien. Les Mérovingiens se partagèrent le royaume comme un héritage privé et de nouvelles entités territoriales se constituèrent, déchirées par des rivalités permanentes : la Neustrie, l'Austrasie, la Burgondie et l'Aquitaine. Après Clovis, seuls Clotaire Ier (558-561) et Dagobert Ier (629-638) régnèrent sur l'ensemble du royaume. À partir du milieu du VIIe s., les rois mérovingiens virent leur pouvoir confisqué par les maires du palais, qui s'imposèrent en Austrasie en 687 avec Pépin de Herstal. Son fils, Charles Martel, vainqueur des Arabes en 732, étendit son autorité sur toute la Gaule, et le fils de ce dernier, Pépin le Bref, prit la place du dernier roi mérovingien en 751, fondant ainsi la dynastie des Carolingiens.

Mers el-Kébir, auj. **El-Marsa El-Kebir,** port d'Algérie ; 16 970 hab. Le 3 juillet 1940, une escadre française y fut sommée par les Britanniques de se joindre à eux pour continuer la lutte contre l'Axe ou d'aller désarmer en Grande-Bretagne (ou aux Antilles). Elle refusa et fut bombardée par la Royal Navy (1 300 morts). Les accords d'Évian (1962) concédèrent la jouissance de la base pendant quinze ans à la France, qui l'évacua en 1967.

Mersenne (*père* **Marin**), philosophe et physicien français (près d'Oizé, Maine, 1588 - Paris 1648). En correspondance avec Descartes et de nombreux savants, il fut au centre de l'activité scientifique de son temps. Il découvrit les lois des tuyaux sonores et des cordes vibrantes, détermina les rapports des fréquences des notes de la gamme et mesura la vitesse du son. Son *Harmonie universelle* (1636) apparaît comme la somme de toutes les connaissances musicales de son époque.

merveille [mɛrvɛj] **n.f.** (lat. pop. **miravelia*, class. *mirabilia*, de *mirabilis*, admirable). **1.** Ce qui inspire une grande admiration par sa beauté, sa grandeur, sa valeur : *Les merveilles de la nature. Ce bas-relief est une pure merveille. Un mécanisme qui est une merveille d'ingéniosité* (syn. **prodige**). **2.** Pâte frite, coupée en morceaux, que l'on mange saupoudrée de sucre. **3. À merveille,** très bien ; parfaitement : *Il se porte à merveille.* / **Faire merveille, faire des merveilles,** obtenir un remarquable résultat ; faire qqch d'étonnant, de très difficile : *Ce traitement a fait des merveilles.* / **La huitième merveille du monde,** ce qui inspire une très vive admiration : *Ils regardent leur enfant comme la huitième merveille du monde.* / **Les Sept Merveilles du monde,** les sept ouvrages les plus remarquables de l'Antiquité. ▸ Ce sont : les pyramides d'Égypte, les jardins suspendus de Sémiramis à Babylone, la statue en or et ivoire de Zeus Olympien par Phidias, le temple d'Artémis à Éphèse, le Mausolée d'Halicarnasse, le colosse de Rhodes, le phare d'Alexandrie.

merveilleusement [mɛrvejøzmɑ̃] **adv.** De façon merveilleuse : *Des salons merveilleusement décorés* (syn. **admirablement, extraordinairement**). *Elles s'entendent merveilleusement* (syn. **parfaitement**).

merveilleux, euse [mɛrvejø, -øz] **adj.** Qui suscite l'admiration par ses qualités extraordinaires, exceptionnelles : *Des jardins merveilleux* (syn. **magnifique**). *Une merveilleuse réussite* (syn. **prodigieux**). *Une actrice merveilleuse* (syn. **admirable**). ◆ **merveilleux n.m.** Caractère de ce qui appartient au surnaturel, au monde de la magie, de la féerie : *L'emploi du merveilleux, du fantastique dans les films de J. Cocteau.* ◆ **merveilleuse n.f.** HIST. Femme élégante et excentrique de la période de la Convention thermidorienne et du Directoire.

mes **adj. poss.** ⟶ **mon.**

mésalliance [mezaljɑ̃s] **n.f.** (de *més-* et *alliance*). Mariage avec une personne de classe ou de fortune considérée comme inférieure.

se **mésallier** [mezalje] **v.pr.** [conj. **9**]. Épouser une personne de classe jugée inférieure : *Sa famille a considéré qu'elle se mésalliait en épousant un petit fonctionnaire.*

mésange [mezɑ̃ʒ] **n.f.** (frq. **meisinga*). Petit passereau au plumage parfois rehaussé de teintes vives, aux joues souvent blanches, répandu dans le monde entier : *Par le grand nombre d'insectes qu'elles détruisent, les mésanges sont très utiles à l'agriculture.* ▸ Familles des paridés et des aegithalidés.

mésaventure [mezavɑ̃tyr] **n.f.** (de *més-* et *aventure*). Aventure désagréable qui a des conséquences fâcheuses : *Il nous raconta sa mésaventure* (syn. **déboires**).

Mesa Verde, plateau des États-Unis (Colorado). Parc national, musée archéologique ; imposants vestiges de l'apogée (1000-1300) de la culture pueblo.

mescaline [mɛskalin] **n.f.** (mexicain *mexcalli*, peyotl). Alcaloïde hallucinogène extrait d'une cactacée mexicaine, le *peyotl.*

mesclun [mɛsklœ̃] **n.m.** (mot prov.). Mélange de jeunes plants de salades de diverses espèces et de plantes aromatiques.

mesdames, mesdemoiselles **n.f. pl.** ⟶ **madame, mademoiselle.**

mésentente [mezɑ̃tɑ̃t] **n.f.** (de *més-* et *entente*). Mauvaise entente : *La mésentente conjugale* (syn. **désaccord, discorde**).

mésentère [mezɑ̃tɛr] **n.m.** (gr. *mesenterion*, de *enteron*, intestin). ANAT. Repli du péritoine reliant le jéjuno-iléon à la paroi postérieure de l'abdomen.

mésestimer [mezɛstime] **v.t.** (de *més-* et *estimer*). SOUT. Ne pas apprécier qqn, qqch à sa juste valeur : *Il souffre de se sentir mésestimé de ses contemporains* (syn. **méconnaître**).

Meseta (la), socle hercynien rigide de l'Espagne centrale (Castille).

Mésie, anc. région des Balkans, correspondant partiellement à la Bulgarie. Conquise par Rome (75-29 av. J.-C.), elle devint province romaine.

mésintelligence [mezɛ̃teliʒɑ̃s] **n.f.** (de *més-* et *2. intelligence*). LITT. Défaut d'entente, d'accord entre des personnes ; désunion, mésentente.

Méso-Amérique, aire culturelle occupée par les civilisations préhispaniques au nord de l'isthme de Panama, comprenant le Mexique et le nord de l'Amérique centrale.

mésolithique [mezɔlitik] **n.m.** et **adj.** (de *méso-* et du gr. *lithos*, pierre). Phase du développement technique des sociétés préhistoriques, correspondant à l'abandon progressif d'une économie de prédation (paléolithique) et à l'orientation vers une économie de production (néolithique).

Mésopotamie, région de l'Asie occidentale, entre le Tigre et l'Euphrate. La Mésopotamie fut, entre le VIe et le Ier millénaire av. J.-C., un des plus brillants foyers de civilisation.
IXe-VIIe millénaire. Néolithisation avec premiers villages d'agriculteurs (Mureybat).
VIe millénaire. Néolithique ; villages, systèmes d'irrigation, céramique.
V^e millénaire. Floraison de cultures (Obeïd) avec parfois villages fortifiés, céramique peinte et outils en cuivre.
À partir de 3200 av. J.-C., la région entre dans l'histoire : au sud, en pays de Sumer, naissance des cités-États – grandes agglomérations de type urbain – qui créent un système d'écriture, le cunéiforme, et utilisent le cylindre-sceau (Nippour, Our, Ourouk et, au nord, Mari et Ebla).
Vers 2340. Hégémonie de Sargon d'Akkad puis de Naram-Sin (stèle de victoire au Louvre).
Fin du IIIe millénaire. IIIe dynastie d'Our et construction de la ziggourat.
IIe millénaire. Suprématie de Babylone (Code d'Hammourabi).
Ier millénaire. Domination de l'Assyrie. Architecture palatiale (Nimroud, Ninive) ornée de décorations murales (orthostates).
612 av. J.-C. Chute de Ninive.
539 av. J.-C. Le Perse Cyrus II met fin à la souveraineté de Babylone. À cette date commence la décadence de la civilisation mésopotamienne.

mésosphère [mezɔsfɛr] **n.f.** (de *méso-*, d'apr. *atmosphère*). MÉTÉOR. Couche atmosphérique qui s'étend entre la stratosphère et la thermosphère.

mésothérapie [mezɔterapi] **n.f.** (de *méso-* et *-thérapie*). MÉD. Procédé thérapeutique consistant en injections de doses minimes de médicaments, faites au moyen d'aiguilles très fines le plus près possible du siège de la douleur ou de la maladie.

mésozoïque [mezɔzɔik] **n.m.** Ère géologique correspondant aux systèmes trias, jurassique et crétacé. (On dit aussi *ère secondaire* ou *secondaire.*) ▸ Le mésozoïque s'étend de - 251 à - 65,5 millions d'années. Il est caractérisé par le développement des gymnospermes, l'abondance des bélemnites et des ammonites, la prépondérance et la variété des reptiles, l'apparition des oiseaux et des mammifères.

mesquin, e [mɛskɛ̃, -in] **adj.** (it. *meschino*, pauvre, chétif, de l'ar.). Qui manque de grandeur, de noblesse, de générosité : *Une vie mesquine* (syn. **petit, médiocre**). *Un esprit mesquin* (syn. **étroit, étriqué**). *Des calculs mesquins* (syn. **sordide** ; contr. **généreux**).

mesquinement [mɛskinmɑ̃] **adv.** Avec mesquinerie.

mesquinerie [mɛskinri] **n.f.** Caractère de ce qui est mesquin : *La mesquinerie d'un reproche. Je ne la crois pas capable d'une telle mesquinerie* (= étroitesse d'esprit) [syn. **petitesse** ; contr. **générosité**].

mess [mɛs] **n.m.** (mot angl., de l'anc. fr. *mes,* mets). Salle où les officiers, les sous-officiers d'un corps ou d'une garnison prennent leurs repas.

message [mesaʒ] **n.m.** (anc. fr. *mes,* envoyé, lat. *missus,* de *mittere*). **1.** Information, nouvelle transmise à qqn : *J'étais absent, mais on m'a transmis votre message* (= ce que vous vouliez me dire). *Être porteur d'un message* (syn. **dépêche**). **2.** Communication adressée avec une certaine solennité à qqn, à une assemblée, à une nation : *Message du chef de l'État* (syn. **déclaration, discours**). **3.** Pensée profonde, incitation adressée aux hommes par un être d'exception, un écrivain, un artiste : *Le message du Christ est contenu dans les Évangiles. Film à message.* **4.** BIOL. **Message nerveux,** information codée par l'activité électrique des neurones et qui peut se transmettre d'un neurone à l'autre. **5. Message électronique,** courriel. **/ Message publicitaire,** information sur un produit, un service, une société transmise par les annonces publicitaires ; annonce publicitaire ou promotionnelle de courte durée diffusée sur un support audiovisuel (syn. déconseillé **spot**).

messager, ère [mesaʒe, -ɛr] **n. 1.** Personne chargée de transmettre un message : *Faire porter une dépêche par un messager* (syn. **envoyé**). *Mercure était le messager des dieux.* **2.** *LITT.* Ce qui annonce qqch : *Les hirondelles sont les messagères des beaux jours.* **3.** (En appos.). BIOL. **ARN messager,** se dit de l'acide ribonucléique assurant le transport du message héréditaire déchiffré dans les cellules de l'organisme.

messagerie [mesaʒri] **n.f.** (de *messager*). **1.** (Surtout au pl.). Service de transport rapide de marchandises et, autref., de voyageurs ; maison où est établi ce service : *Messageries maritimes.* **2.** (Surtout au pl.). Entreprise chargée du routage, de l'acheminement, de la distribution d'ouvrages imprimés : *Messageries de presse.* **3. Messagerie électronique,** service d'envoi de messages en temps réel ou différé entre des personnes connectées sur un réseau télématique (syn. **courriel**).

Messaline, en lat. **Valeria Messalina** (v. 25 apr. J.-C. - 48), femme de l'empereur Claude et mère de Britannicus et d'Octavie. Ambitieuse et dissolue, elle fut exécutée sur l'ordre de l'empereur.

messe [mɛs] **n.f.** (lat. ecclés. *missa,* de *mittere*). **1.** CATH. Célébration fondamentale du culte catholique, dont l'acte central, l'eucharistie, commémore sous la forme du pain et du vin le sacrifice du Christ sur la Croix. **2.** Musique composée pour une grand-messe. **3. Messe basse,** messe dont toutes les parties sont lues et récitées et non chantées ; *FAM.*, entretien à voix basse entre deux personnes : *Cessez vos messes basses* (syn. **aparté**). **/ Messe de minuit,** messe célébrée dans la nuit de Noël.

Messénie, anc. contrée du sud-ouest du Péloponnèse. Conquise par Sparte au VIIIe s. av. J.-C., elle retrouva son indépendance après la victoire d'Épaminondas sur les Spartiates à Leuctres (371 av. J.-C.).

messeoir [meswar] **v.t. ind.** (de *seoir*) [conj. **67**]. *LITT.* **Il messied, il ne messied pas de,** il convient, il ne convient pas de.

Messi (Lionel, dit **Leo),** footballeur argentin et espagnol (Rosario 1987). Meneur de jeu et buteur, il a été champion olympique en 2008 avec l'équipe d'Argentine et a remporté de nombreux titres – notamm. trois victoires en Ligue des champions (2006, 2009, 2011) – avec le F.C. Barcelone.

Messiaen (Olivier), compositeur français (Avignon 1908 - Paris 1992). Son langage musical, d'inspiration souvent mystique, s'est affirmé au contact d'une rythmique nouvelle, d'éléments exotiques et des chants d'oiseaux (*l'Ascension* [1934], pour orgue ; *Vingt Regards sur l'Enfant Jésus* [1945], pour piano ; *Turangalîla-Symphonie* [1946-1948] ; *Catalogue d'oiseaux* [1956-1958] ; *Et exspecto resurrectionem mortuorum* [1965] ; *Des canyons aux étoiles* [1974]). Il a également abordé l'opéra avec *Saint François d'Assise* (1983).

messianique [mesjanik] **adj.** Relatif au Messie, au messianisme.

messianisme [mesjanism] **n.m.** (de *messie*). **1.** Attente et espérance du Messie, dans la Bible. **2.** Croyance en la venue d'un libérateur ou d'un sauveur qui mettra fin à l'ordre présent, considéré comme mauvais, et instaurera un ordre nouveau dans la justice et le bonheur.

■ Le messianisme est la croyance en la venue d'un messie qui accomplira l'histoire. Il s'est exprimé de manière exemplaire au sein de la religion juive, laquelle a été et reste tournée vers l'avènement d'un roi sauveur du peuple élu et instaurateur du règne de Yahvé. Sur cette espérance judaïque s'est greffée la mission de Jésus, que ses disciples ont appelé Christ, du mot *Christos* qui signifie « Oint » et qui est la traduction grecque de l'hébreu *mashiah,* d'où vient le terme de « messie ». Bien qu'ayant trouvé en Jésus son sauveur, le christianisme, en invitant ses fidèles à préparer le « second avènement » de celui-ci, entretient encore une espérance messianique. L'islam, pour sa part, a connu périodiquement une forme aiguë de messianisme qui consiste en l'accueil parfois exalté du *Mahdi* attendu (membre de la famille du Prophète qui doit venir à la fin des temps pour rétablir la foi corrompue et la justice sur la terre). On trouve des cas similaires d'attente collective d'une libération dans des mouvements religieux contemporains, tels le harrisme en Côte d'Ivoire, le kimbanguisme au Congo ou le culte africain des « Christs noirs ».
Du messianisme on peut rapprocher le millénarisme, qui revêt une dimension eschatologique et qui, moins tourné vers le Messie que vers le royaume à instaurer, se représente celui-ci comme le paradis retrouvé, comme une nouvelle ère de paix et de repos, d'une durée de « mille ans » *(millenium).* Ainsi, au XIIe s., le cistercien de Calabre Joachim de Flore prêche l'avènement de l'âge de l'Esprit et, au XVIe s., les anabaptistes de Westphalie font advenir à Münster le « royaume de la Nouvelle Jérusalem ». Du millénarisme relèvent encore le culte mélanésien du « cargo », ou croyance en un fantastique bateau européen qui accostera un jour, chargé de tous les biens imaginables, ainsi que le récent mouvement d'origine américaine connu sous le nom de *New Age.* ■

messidor [mesidɔr] **n.m.** (du lat. *messis,* moisson, et du gr. *dôron,* don). HIST. Dixième mois du calendrier républicain, du 19 ou 20 juin au 18 ou 19 juillet.

messie [mesi] **n.m.** (lat. *messias,* de l'araméen *meschîkhâ,* oint, sacré par le Seigneur). **1.** (Avec une majuscule). Dans le judaïsme, envoyé de Dieu qui rétablira Israël dans ses droits et inaugurera l'ère de la justice. **2.** (Avec une majuscule). Chez les chrétiens, le Christ. **3.** Celui dont on attend le salut ; personnage providentiel ; sauveur. **4. Être attendu comme le Messie,** comme un sauveur, avec un grand espoir.

il **messied → messeoir.**

messieurs **n.m. pl. → monsieur.**

Messine, v. d'Italie (Sicile), ch.-l. de prov., sur le *détroit de Messine,* qui, séparant l'Italie péninsulaire et la Sicile, relie les mers Tyrrhénienne et Ionienne ; 240 116 hab. Cathédrale remontant à l'époque normande (début du XIIe s.). Musée. – La ville tire son nom des Messéniens, Grecs chassés de leur patrie en 486 av. J.-C. Son alliance avec Rome (264 av. J.-C.) fut à l'origine de la première guerre punique. Elle fut détruite en 1908 par un tremblement de terre.

messire [mesir] **n.m.** (de *mes,* forme de *mon,* et *sire*). Titre d'honneur donné autref. aux personnes nobles.

Messmer (Pierre), homme politique français (Vincennes 1916 - Paris 2007), Premier ministre de 1972 à 1974.

mesurable [məzyrabl] **adj.** Qu'on peut mesurer : *Une distance difficilement mesurable.*

mesure [məzyr] **n.f.** (lat. *mensura*, de *metiri*). **1.** Action d'évaluer une grandeur d'après son rapport avec une grandeur de même espèce prise comme unité et comme référence : *Appareil de mesure. La mesure du temps.* **2.** Grandeur déterminée par cette évaluation : *Prendre les mesures d'une personne, d'un costume, d'une pièce* (syn. **dimension**). *Ce vêtement n'est pas à vos mesures* (= à votre taille). **3.** Quantité servant d'unité de base pour une évaluation : *Mesures légales. Le service des poids et mesures. Le mètre est la mesure de longueur* (syn. **étalon**). *Verser deux mesures de sucre* (syn. **dose**). *Donner double mesure d'avoine à un cheval* (syn. **ration**). **4.** Élément, moyen de comparaison et d'appréciation : *L'homme est la mesure de toute chose.* **5.** Récipient de contenance déterminée servant à mesurer des volumes : *Une série de mesures en étain.* **6.** Moyen mis en œuvre en vue d'un résultat déterminé : *Mesure conservatoire. Prendre les mesures qui s'imposent* (syn. **disposition**). **7.** Modération, retenue dans l'action, le comportement, le jugement : *Parler avec mesure* (syn. **réserve**). **8.** MUS. Division du temps musical en unités égales, matérialisées dans la partition par des barres verticales, dites *barres de mesure* : *Mesure à deux temps. Jouer en mesure* (= selon le rythme). *Battre la mesure* (= marquer le rythme, la cadence par des gestes convenus). **9.** LITTÉR. Quantité de syllabes exigée par le rythme du vers. **10. À la mesure de,** proportionné à : *Des rêves à la mesure de l'homme* (= à l'échelle de). / **À mesure, à mesure que,** en même temps et en proportion : *À mesure que l'orateur parlait, l'auditoire s'assoupissait.* / **Dans la mesure où,** dans la proportion où, si : *Dans la mesure où vous le croirez nécessaire, avertissez-moi.* / **Dans une certaine mesure,** jusqu'à un certain point ; dans une certaine proportion. / **Donner sa mesure, la mesure de son talent,** montrer ce dont on est capable. / **Être en mesure de,** pouvoir faire qqch, être à même de. / **Faire bonne mesure,** donner à un acheteur un peu au-delà de ce qui lui revient ; donner généreusement. / **Il n'y a pas de commune mesure entre,** il est impossible de comparer ces deux choses, ces deux personnes. / **Passer, dépasser la mesure,** aller au-delà de ce qui est permis, régulier, convenable. / **Sur mesure,** confectionné d'après des mesures prises sur la personne même ; particulièrement adapté : *Costume sur mesure. Un emploi du temps sur mesure.*

mesuré, e [məzyre] **adj.** Modéré ; fait avec mesure : *Être mesuré dans ses paroles* (syn. **réservé**).

mesurer [məzyre] **v.t.** (bas lat. *mensurare*, class. *metiri*). **1.** Déterminer une quantité, une grandeur par le moyen d'une mesure : *Mesurer une pièce de tissu.* **2.** Déterminer l'importance de : *Mesurer les pertes subies* (syn. **estimer, évaluer**). **3.** Proportionner ; régler sur : *Mesurer le châtiment à l'offense.* **4.** Déterminer avec modération : *Mesurer ses paroles.* **5.** Donner avec parcimonie : *Mesurer la nourriture à qqn.* ◆ **v.i.** (Suivi d'un compl. de qualité). Avoir pour mesures : *Cette pièce mesure six mètres sur cinq. Il mesure un mètre soixante-dix.* ◆ **se mesurer v.pr.** Se mesurer avec, à qqn, lutter avec lui ; se comparer à lui.

mesureur [məzyrœr] **n.m. 1.** Agent préposé à la mesure et à la pesée d'objets divers. **2.** Appareil ou instrument permettant d'effectuer diverses mesures ou analyses. *Rem.* Peut s'employer en appos. : *un verre mesureur.*

mésuser [mezyze] **v.t. ind. [de]** (de *més-* et *user*). LITT. Faire un mauvais usage de : *Mésuser de sa fortune* (syn. **galvauder**).

métaboliser [metabɔlize] **v.t.** PHYSIOL. Transformer une substance dans un organisme vivant, au cours du métabolisme.

métabolisme [metabɔlism] **n.m.** (gr. *metabolê*, changement). **1.** PHYSIOL. Ensemble des processus complexes et incessants de transformation de matière et d'énergie par la cellule ou l'organisme, au cours des phénomènes d'édification et de dégradation organiques. **2. Métabolisme de base,** dépense minimale d'énergie de l'organisme, pour assurer sa survie.

métacarpe [metakarp] **n.m.** (gr. *metakarpion*). ANAT. Ensemble des os constituant le squelette de la paume de la main, compris entre le carpe et les phalanges.

métacarpien, enne [metakarpjɛ̃, -ɛn] **adj.** ANAT. Relatif au métacarpe. ◆ **métacarpien adj.** et **n.m.** Se dit de chacun des cinq os du métacarpe.

métairie [meteri] **n.f.** (de *métayer*). **1.** Propriété foncière exploitée selon un contrat de métayage. **2.** Les bâtiments de la métairie.

métal [metal] **n.m.** (lat. *metallum*, mine, minerai, du gr.) [pl. *métaux*]. **1.** Corps simple caractérisé par un éclat particulier dit *éclat métallique*, une aptitude à la déformation, une tendance marquée à former des cations et conduisant bien en général la chaleur et l'électricité : *Métaux ferreux, non-ferreux. L'or, l'argent, le platine sont des métaux précieux.* **2.** Matériau constitué d'un de ces corps ou d'un alliage de ces corps : *Une boucle de métal.* **3.** LITT. Matière, substance dont est fait un être : *Il est du métal dont on forge les héros.* **4. Métal blanc,** alliage qui ressemble à l'argent, utilisé autref. pour la fabrication des couverts.

■ L'or, l'argent et le cuivre étaient déjà utilisés 4 000 ans av. J.-C. en Asie Mineure et en Égypte. Le fer apparut en Europe au Ier millénaire avant notre ère. Ensuite, on découvrit l'étain, le plomb ainsi que le mercure, et les alchimistes associaient ces sept métaux connus aux sept corps célestes. Ce ne fut qu'à partir du XVIIIe s. que la plupart des autres métaux furent systématiquement identifiés.

Structure des métaux. En 1912, Max von Laue mit en évidence la structure atomique des solides, en utilisant les rayons X afin de visualiser l'organisation intérieure des cristaux. Comme la plupart des solides, un métal se révèle être constitué par une multitude de « grains » juxtaposés, dont chacun est un cristal. Chaque centimètre cube de métal recèle environ un million de cristaux. À l'intérieur du grain, environ cent millions de milliards d'atomes sont régulièrement répartis selon des lois géométriques.

Propriétés des métaux. L'arrangement des atomes dans les cristaux présente, en fait, des imperfections par rapport au modèle du cristal parfait. Ces défauts inévitables sont responsables de certaines propriétés physiques des métaux. Par exemple, les déformations réversibles, dites *élastiques*, se produisent sous l'effet de faibles sollicitations thermiques et mécaniques. D'autres propriétés sont explicables, à l'échelle atomique, par la structure électronique des métaux. En effet, les atomes métalliques constituent un réseau d'ions positifs (atomes ayant cédé des électrons périphériques) baignant dans un nuage d'électrons libres. Cette organisation de la matière est responsable de la réactivité chimique et des conductibilités électrique et thermique, qui caractérisent généralement le métal. ■

métallerie [metalri] **n.f.** CONSTR. Fabrication et pose des ouvrages métalliques pour le bâtiment.

métallier, ère [metalje, -ɛr] **n.** CONSTR. Spécialiste de la métallerie.

métallifère [metalifɛr] **adj.** (lat. *metallifer*). Qui renferme un métal : *Gisement métallifère.*

métallique [metalik] **adj. 1.** Constitué par du métal : *Câble métallique. Encaisse métallique.* **2.** Qui a l'apparence du métal ; qui évoque le métal par sa dureté, sa sonorité, son éclat, etc. : *Reflet métallique. Bruit métallique.*

métallisé, e [metalize] **adj.** Qui a un éclat métallique : *Voiture bleu métallisé.*

métalliser [metalize] **v.t.** Revêtir une surface d'une mince couche de métal ou d'alliage aux fins de protection ou de traitement.

métallo [metalo] **n.** (abrév.). FAM. Métallurgiste.

métallographie [metalɔgrafi] **n.f.** (de *métal* et *-graphie*). Étude de la structure et des propriétés des métaux et de leurs alliages.

métalloïde [metalɔid] **n.m.** (de *metal* et *-oïde*). VX. Non-métal.

métallurgie [metalyrʒi] **n.f.** (du gr. *metallourgeîn*, exploiter une mine). **1.** Ensemble des procédés et des techniques d'extraction, d'élaboration, de formage et de traitement des métaux et des alliages. **2. Métallurgie des poudres,** ensemble des procédés de la métallurgie permettant d'obtenir des produits ou des pièces par compression et agglomération à chaud à partir de poudres métalliques.

■ Le cuivre et l'or, l'argent, le fer, l'étain, le plomb, le mercure, l'antimoine sont extraits, souvent plusieurs millénaires avant notre ère, par les Chaldéens, les Assyriens ou les Égyptiens. Dans l'Antiquité grecque et romaine, des techniques métallurgiques de première importance sont déjà connues : moulage à cire perdue (moule obtenu comme empreinte laissée par la fusion d'un modèle en cire), traitement thermique par trempe de l'acier, etc. Le développement de la métallurgie ne fera que se confirmer avec la révolution industrielle.

L'élaboration des métaux. Bien que certains métaux (or, argent, platine, cuivre) existent à l'état natif, la plupart sont combinés dans des minerais sous forme de composés (oxydes, sulfures, etc.) mêlés à des produits stériles (roche) qui forment la gangue. La métallurgie rassemble les procédés et les techniques d'extraction, d'élaboration, de mise en forme et de traitement des métaux et des alliages. Préalable à tout traitement métallurgique, la séparation des minéraux utiles de leur gangue, ou minéralurgie, se fait par des procédés mécaniques, chimiques ou physiques.

Parmi les opérations d'élaboration des métaux, on distingue notamment celles par *voie sèche* entre 100 et 3 000 °C (fusion simple ou avec modifications chimiques, calcination), celles par *voie humide* (dissolution et précipitation, amalgamation) et celles par *volatilisation* (ébullition du métal et condensation des vapeurs).

Mise en forme et traitements. Après élaboration, les métaux et leurs alliages sont amenés à l'état de produits finis ou de demi-produits par divers procédés : la *fonderie* (moulage de métaux en fusion), les *traitements mécaniques de déformation* (laminage, forgeage, estampage, etc.), le *frittage* (sorte d'agglomération) de poudres métalliques, le *soudage* ou le *collage* structural. Pour donner certaines caractéristiques aux métaux et aux alliages, on peut leur faire subir des *traitements thermiques* (trempe, recuit), souvent conduits sous atmosphère contrôlée. Les *traitements thermochimiques* (cémentation, nitruration, etc.) provoquent une modification superficielle du métal. Les *traitements de surface* (décapage, revêtement d'une couche protectrice) se font par voie chimique (chromatation) ou par électrolyse (chromage, nickelage, etc.).

Essais. Des *essais mécaniques* sont pratiqués pour vérifier la qualité des métaux et alliages. Des *essais physiques* (analyse thermique) permettent de suivre l'évolution de certains traitements ou de contrôler la pureté des métaux. La *métallographie microscopique* étudie la structure et la constitution d'échantillons convenablement polis et attaqués, soit par examen visuel ou à la loupe (macrographie), soit par examen au microscope (micrographie). Des *essais chimiques* sont pratiqués soit pour l'analyse chimique proprement dite des substances, soit pour reconstituer des essais de corrosion. ■

métallurgique [metalyrʒik] **adj.** Relatif à la métallurgie : *Industrie métallurgique.*

métallurgiste [metalyrʒist] **n. 1.** Personne qui s'occupe de métallurgie. **2.** Ouvrier du travail des métaux. (abrév. fam. *métallo.*)

métamorphique [metamɔrfik] **adj. 1.** GÉOL. Relatif au métamorphisme : *Transformation métamorphique.* **2.** GÉOL. **Roche métamorphique,** roche qui a subi un ou plusieurs métamorphismes.

métamorphisme [metamɔrfism] **n.m.** (de *méta-* et du gr. *morphê*, forme). GÉOL. Dans la croûte terrestre, transformation à l'état solide d'une roche préexistante sous l'effet de la température, de la pression.

■ Le métamorphisme peut être lié à des conditions locales, par exemple le *métamorphisme de contact,* provoqué par une intrusion magmatique, ou le métamorphisme d'impact météoritique. Mais, le plus souvent, il affecte de vastes portions de la croûte terrestre, en liaison avec l'orogenèse, c'est-à-dire la formation des montagnes *(métamorphisme régional).* La transformation des roches est purement mécanique ou se traduit par la cristallisation de nouveaux minéraux, stables dans les nouvelles conditions, qui remplacent les anciens. Il en résulte une modification de la texture, accompagnée parfois du développement d'une schistosité (la roche devient divisible en feuillets). La composition chimique originelle est généralement conservée. Les associations minérales des roches métamorphiques sont fonction, d'une part, de la composition chimique de la roche et, d'autre part, de la pression et de la température. D'une manière générale, le degré de métamorphisme augmente avec la profondeur. À des conditions données de température et de pression correspond un *faciès métamorphique,* caractérisé par une association minérale constante pour telle composition chimique. La série de faciès métamorphiques qui caractérise une région reflète son contexte géotectonique (zone de subduction, collision, etc.). ■

métamorphose [metamɔrfoz] **n.f.** (lat. *metamorphosis*, du gr.). **1.** Changement d'une forme en une autre : *La métamorphose de Jupiter en taureau, en cygne* (syn. **avatar, transmigration**). **2.** BIOL. Transformation importante du corps et du mode de vie, au cours du développement, de certains animaux, comme les amphibiens et certains insectes : *Les métamorphoses du papillon, de la grenouille.* **3.** Changement complet dans l'état, le caractère d'une personne, dans l'aspect des choses : *Le mariage a opéré en lui une véritable métamorphose* (syn. **transfiguration**).

■ Chez de nombreuses espèces animales, la forme issue de l'œuf est très différente de celle de l'adulte. On la nomme *larve.* Au cours de la vie larvaire, l'animal peut grandir et muer mais sa forme varie alors peu. Le passage à l'état adulte se réalise au cours de la métamorphose, pendant laquelle l'organisme subit la destruction et le remaniement de certains de ses organes ainsi que la formation de nouvelles structures. La métamorphose est un phénomène irréversible, déterminé génétiquement et sous contrôle de facteurs internes (hormones) et externes (durée du jour, température).

On observe la métamorphose chez les amphibiens, quelques poissons, tous les insectes supérieurs, la plupart des crustacés, les échinodermes et les cœlentérés. Il est remarquable que la métamorphose soit absente chez les animaux terrestres (à l'exception notable des insectes). On explique ce fait par la fragilité de la forme larvaire, très sensible à la déshydratation. La métamorphose est pour l'animal une période critique pendant laquelle il ne peut souvent ni manger ni se défendre. La mortalité est très importante au cours de cette période. En dehors des transformations morphologiques, la métamorphose s'accompagne souvent d'un changement de milieu et de mode de vie. Le têtard, aquatique et végétarien, devient amphibie et carnivore (grenouille, crapaud, rainette), la larve de libellule, qui vivait en eau douce, passe avec l'adulte en milieu aérien ; celle du crabe, qui flottait avec le plancton, se fixe sur le fond. Ces milieux de vie différents pour l'adulte et la larve ont un avantage sélectif indéniable puisqu'ils évitent une compétition pour l'espace et la nourriture entre deux formes de la même espèce.

Le changement de milieu et de mode de vie n'est viable que s'il s'accompagne de transformations physiologiques. Les modalités d'excrétion et la composition des pigments visuels par exemple, qui étaient de type aquatique chez le têtard, deviennent semblables à celles des animaux terrestres chez la grenouille adulte. ■

métamorphoser [metamɔrfoze] **v.t.** (de *métamorphose*). **1.** Changer la forme, la nature ou l'individualité d'un être : *Mercure métamorphosa Argus en paon* (syn. **transformer**).

2. Changer profondément l'aspect ou le caractère de : *Les épreuves l'ont métamorphosé* (syn. **transfigurer**). *L'urbanisation a métamorphosé ce quartier.* ◆ **se métamorphoser** **v.pr.** Changer complètement de forme, d'état : *L'enfant qu'elle était s'est métamorphosée en une jeune fille réfléchie* (syn. **se transformer**).

métaphore [metafɔr] **n.f.** (gr. *metaphora*, transport). LING., RHÉT. Procédé par lequel on utilise un mot dans un contexte qui ne convient pas à son sens propre, en lui donnant un sens qui repose sur une comparaison sous-entendue. (Ex. : *la lumière de l'esprit, la fleur de l'âge, brûler de désir, etc.*)

métaphorique [metafɔrik] **adj.** De la métaphore : *Expression métaphorique. Style métaphorique* (syn. **allégorique**).

métaphoriquement [metafɔrikmɑ̃] **adv.** De façon métaphorique : *Parler métaphoriquement.*

métaphysicien, enne [metafizisjɛ̃, -ɛn] **n.** Spécialiste de la métaphysique.

métaphysique [metafizik] **n.f.** (lat. scolast. *metaphysica*, du gr. *meta ta phusika*, après la physique [cette connaissance étant, dans les œuvres d'Aristote, traitée après la physique]). **1.** Partie de la réflexion philosophique qui a pour objet la connaissance absolue de l'être en tant qu'être, la recherche et l'étude des premiers principes et des causes premières. **2.** Conception propre à un philosophe dans ce domaine : *La métaphysique de Descartes.* ◆ **adj. 1.** Qui appartient à la métaphysique : *Problèmes, questions métaphysiques.* **2.** Qui présente un caractère particulièrement abstrait : *Langage métaphysique.*

métastase [metastaz] **n.f.** (gr. *metastasis*, déplacement). MÉD. Foyer pathologique secondaire, infectieux ou surtout cancéreux, dû à la propagation à distance d'un foyer primitif, par voie sanguine ou lymphatique.

métatarse [metatars] **n.m.** (de *méta-* et du gr. *tarsos*, plat du pied). ANAT. Partie du squelette du pied comprise entre le tarse et les orteils, et qui reste verticale dans la marche chez les vertébrés onguligrades ou digitigrades.

métatarsien, enne [metatarsjɛ̃, -ɛn] **adj.** ANAT. Relatif au métatarse. ◆ **métatarsien** **n.m.** Se dit de chacun des cinq os du métatarse.

métathèse [metatɛz] **n.f.** (gr. *metathesis*, déplacement). LING. Déplacement de voyelles, de consonnes ou de syllabes à l'intérieur d'un mot : *Le mot « formage » de l'ancien français est devenu « fromage » par métathèse.*

métayage [metejaʒ] **n.m.** (de *métayer*). Contrat d'exploitation agricole dans lequel le propriétaire d'un domaine rural le loue au métayer en échange d'une partie des récoltes.

métayer, ère [meteje, -ɛr] **n.** (de *meitié*, anc. forme de *moitié*). Exploitant agricole lié au propriétaire foncier par un contrat de métayage.

métazoaire [metazɔɛr] **n.m.** (de *méta-* et du gr. *zôon*, animal). Animal pluricellulaire (par opp. à *protozoaire*).

Metchnikov ou **Metchnikoff (Élie)**, biologiste russe (Ivanovka, près de Kharkov, 1845 - Paris 1916). Attaché à l'Institut Pasteur de Paris à partir de 1887, il a découvert la phagocytose, c'est-à-dire l'ingestion des bactéries par des globules blancs du sang, important processus de défense immunitaire. (Prix Nobel de médecine 1908.)

métempsycose [metɑ̃psikoz] **n.f.** (bas lat. *metempsychosis*, du gr. ; v. les éléments *méta-* [indiquant le changement, le déplacement] et *psycho-*). Réincarnation de l'âme après la mort dans un corps humain, ou dans celui d'un animal ou dans un végétal (syn. **transmigration**).

météo [meteo] **n.f.** (abrév.). **1.** FAM. Météorologie. **2.** Prévisions météorologiques : *Écouter la météo.* **3.** Conditions atmosphériques ; temps qu'il fait : *Si la météo le permet.*

météore [meteɔr] **n.m.** (lat. médiév. *meteora*, d'un mot gr. « choses élevées dans les airs »). **1.** Phénomène lumineux qui résulte de l'entrée dans l'atmosphère terrestre d'un objet solide venant de l'espace (syn. **étoile filante**). **2.** Personne ou chose qui brille d'un éclat très vif mais passager : *Cette star fut un météore du cinéma d'avant-guerre.*

Météores, en gr. **Météora,** cité monastique de Grèce (Thessalie), fondée au XIIe s. Les bâtiments actuels (XIVe-XVe s.) perpétuent les traditions architecturales et picturales byzantines (collections d'icônes et de manuscrits).

météorique [meteɔrik] **adj.** Qui appartient ou a trait à un météore : *Phénomènes météoriques.*

météorite [meteɔrit] **n.f.** (de *météore*). Objet solide se mouvant dans l'espace interplanétaire et qui atteint la surface de la Terre ou d'un astre quelconque sans être complètement désintégré.

■ On estime qu'il tombe chaque année sur la Terre environ 20 000 t de matière météoritique. L'essentiel arrive sous la forme de *micrométéorites*, des poussières de diamètre inférieur à 1 mm. La plupart proviennent de comètes : en effet, lors de leur passage près du Soleil, celles-ci libèrent de la matière et parfois même se désagrègent complètement, en donnant naissance à des essaims de météorites.
Outre des poussières cosmiques, il tombe aussi des météorites de plus grande taille sur la Terre (environ 10 t par an) ; en touchant la surface, elles laissent la trace d'un impact sur le sol. Les très grosses météorites traversent l'atmosphère en conservant pratiquement leur vitesse initiale.
Les classes de météorites. On divise les météorites en trois grandes classes : les *sidérites*, qui contiennent principalement du fer et du nickel, mélangés à de petites quantités de minéraux ; les *météorites pierreuses*, composées surtout de silicates ; et les *sidérolithes* (ou *lithosidérites*), contenant en quantités à peu près égales du fer-nickel et des silicates. Les météorites pierreuses se divisent en *chondrites* et *achondrites*, suivant qu'elles contiennent ou non des chondres, petites inclusions sphériques de silicates inconnues dans les roches terrestres. Il existe aussi une classe plus rare de météorites qui se rattachent aux chondrites, mais qui contiennent du carbone, les *météorites carbonées*.
Les météorites *non différenciées* (venant d'astéroïdes dans lesquels n'a jamais régné une température suffisante pour fondre les roches) constituent des sources d'information très précieuses sur la matière du Système solaire primitif.
Le bombardement météoritique. À certaines époques de l'année, la Terre croise des essaims de météorites sur son orbite et l'on observe alors de nombreuses étoiles filantes (autour du 12 août, par ex.). Lorsqu'elles explosent dans l'atmosphère, les grosses météorites peuvent engendrer des pluies de fragments. Celles qui parviennent au sol y creusent des *cratères d'impact* : le plus grand connu sur la Terre est le Meteor Crater, dans l'Arizona, qui a 1 200 m de diamètre. La surface des astres du Système solaire dépourvus d'atmosphère (comme la Lune) porte la marque du bombardement météoritique intensif qu'elle a subi depuis sa formation. Sur la Terre, les processus de sédimentation et d'érosion contribuent à effacer progressivement les cratères météoritiques. Les météorites constituent des sources d'information très précieuses sur la matière du Système solaire primitif. ■

météoritique [meteɔritik] **adj. 1.** Relatif à une météorite. **2. Cratère météoritique,** dépression creusée à la surface d'une planète par l'impact d'une météorite.

météorologie [meteɔrɔlɔʒi] **n.f.** (gr. *meteôrologia*). **1.** Branche de la physique du globe qui se consacre à l'observation des éléments du temps (températures, précipitations, vents, pressions, etc.) et à la recherche des lois des mouvements de l'atmosphère, notamm. en vue de la prévision du temps. **2.** Organisme chargé de ces études (abrév. fam. *météo*) *La Météorologie nationale a pris au 1er janvier 1994 le nom de Météo France.* ▸ *Dossier page suivante.*

■ **Les relevés.** Les différents pays possèdent des services météorologiques (Météo France, au niveau national, Weather Bureau, aux États-Unis), qui centralisent tous les renseignements. Des stations au sol, équipées d'appa- →

Peut-on vraiment prévoir le temps ?

Le temps affecte toute la surface du globe, modèle les paysages, pèse sur l'agriculture, influence notre humeur. Mais comment fonctionne le temps ? Comment le prévoit-on ? Pourquoi la météo se « trompe-t-elle » ?

▶**Qu'est-ce que le temps ?** « Mettre le nez dehors » suffit à se rendre compte s'il « fait beau » ou pas. Mais le temps est en réalité un phénomène extrêmement complexe, une gigantesque machine en perpétuel mouvement. Il résulte en effet de la combinaison de très nombreux facteurs, qui interagissent en permanence les uns avec les autres : l'ensoleillement ou la couverture nuageuse, le degré d'humidité, la température, la pression de l'atmosphère, la vitesse et la direction des vents, le type de précipitations, etc.

▶**Une batterie d'instruments.** Pour mesurer tous ces paramètres, les météorologues disposent de toute une batterie d'instruments : thermomètres (pour la température), baromètres (pour la pression), hygromètres (pour le degré d'humidité), anémomètres (pour le vent), pluviomètres (pour mesurer la quantité d'eau tombée), etc. Des mesures sont effectuées au sol, d'autres en altitude, grâce à des ballons-sondes transportant des appareils de mesure. Des appareils sont également embarqués sur des navires ou des bouées, et dans des stations automatiques isolées qui recueillent et analysent elles-mêmes les données. Certaines observations ne peuvent cependant être réalisées que par les météorologues, notamment l'étude des nuages. En effet, selon leur forme, leur couleur, leur position dans les systèmes nuageux, tous les nuages n'ont pas la même signification.

▶**La planète sous surveillance.** Quelque 10 000 stations météo dans le monde, 700 bouées, des dispositifs embarqués sur plus de 7 000 navires et 3 000 avions, fonctionnant en permanence, forment un réseau de veille météorologique tout autour de la planète. Le climat de la Terre est aussi surveillé depuis l'espace, par des satellites. Quatre satellites géostationnaires (tel Météosat), notamment, photographient toutes les demi-heures la surface terrestre, ce qui permet d'obtenir des images de la couverture nuageuse et de ses déplacements.

▶**Les lignes du temps.** Les données recueillies par les stations météorologiques sont transmises aux centres de prévisions, qui les transcrivent sur des cartes (les cartes synoptiques) selon un code international. Pour faciliter l'analyse de ces cartes, on trace des lignes qui relient les points dont les valeurs sont les mêmes ; par exemple, pour l'analyse de la température, on trace des isothermes et, pour celle des pressions, des isobares. L'ensemble des lignes fait apparaître la structure de l'atmosphère, et permet de localiser facilement les zones de hautes ou basses pressions. La prévision du temps pour les jours suivants se fait grâce à des ordinateurs très puissants qui calculent son évolution probable en fonction des données recueillies concernant les principaux paramètres atmosphériques.

▶**Un système chaotique.** L'analyse des données climatiques enregistrées depuis plusieurs dizaines d'années permet d'établir des « lois » mathématiques aidant à prévoir l'évolution du temps en fonction de telle combinaison de paramètres. Mais le temps est un système chaotique, au sens mathématique du terme : par définition, un système imprévisible tant les facteurs qui le régissent sont nombreux ! Il peut ainsi suffire d'une perturbation infime dans ce système dynamique pour que changent totalement les résultats (c'est ce que l'on appelle *l'effet papillon*). Aujourd'hui, les prévisions sont fiables à 96 % pour les 24 heures suivantes et à 87 % pour 48 heures, mais tombent à moins de 50 % à une semaine d'échéance. Le seul moyen d'améliorer ces résultats est d'augmenter le nombre et la fréquence des mesures, mais aussi de rendre plus puissants les ordinateurs et les logiciels qui doivent traiter ces énormes masses de données.

La prévision du temps, interprété par les Anciens comme des signes des dieux, reste un défi scientifique, en raison de la complexité du phénomène. Il y a vingt ans, la fiabilité des prévisions à 24 heures ne dépassait pas celle que l'on connaît aujourd'hui pour des prévisions à 3 jours. Demain, la météorologie maîtrisera-t-elle suffisamment de données pour des prévisions sûres à longue échéance ?

Voir aussi : anticyclone ; climat ; nuage.

reils plus ou moins automatisés, mesurent la température, les précipitations, l'humidité de l'air, la nébulosité, l'insolation, la force et la direction du vent, etc. Des mesures en altitude sont effectuées grâce à des ballons équipés de radiosondes, qui peuvent s'élever jusqu'à 30 km, et, pour des altitudes plus élevées, grâce à des satellites météorologiques (en particulier le réseau Meteosat, constitué de satellites géostationnaires qui sont placés en orbite à 36 000 km d'altitude). Tous ces renseignements, plus ou moins denses suivant les pays, sont traités et servent à l'établissement de cartes donnant l'état de l'atmosphère à un instant donné. L'O.M.M. (Organisation météorologique mondiale) coordonne l'ensemble à l'échelle du globe.

Les prévisions. Les cartes servent à la prévision du temps. Mais celle-ci exige la compréhension parfaite des mécanismes régissant l'atmosphère, ce qui est encore loin d'être réalisé. Aujourd'hui, la prévision est généralement aléatoire au-delà de 5 jours. Son intérêt est pourtant essentiel pour l'agriculture (gel, orages, décision de récoltes), la navigation, l'aviation, etc. Enfin, la météorologie s'intéresse à la pollution de l'air, aussi bien sur le plan local (concentrations industrielles) que sur le plan global (modification de la teneur en ozone de la stratosphère, libération de gaz carbonique). ■

météorologique [meteɔrɔlɔʒik] **adj.** Relatif à la météorologie : *Prévisions météorologiques.*

météorologue [meteɔrɔlɔg] et **météorologiste** [meteɔrɔlɔʒist] **n.** Spécialiste de météorologie.

Météosat, famille de satellites météorologiques géostationnaires européens lancés depuis 1977. Trois satellites d'une nouvelle série (Météosat de seconde génération, ou M.S.G.) ont été mis en orbite en 2002, 2005 et 2012.

métèque [metɛk] **n.m.** (gr. *metoikos,* de *oikos,* maison). **1.** ANTIQ. GR. Étranger domicilié dans une cité et jouissant d'un statut particulier. **2.** Étranger établi dans un pays et dont l'allure est jugée défavorablement (péjor.).

Métezeau (Clément II), architecte français (Dreux 1581 - Paris 1652). Il a dessiné la place ducale de Charleville (1611).

méthane [metan] **n.m.** (de *méthyle*). Gaz incolore, constituant essentiel du gaz naturel, brûlant à l'air avec une flamme pâle : *Le méthane se dégage des matières en putréfaction et constitue le gaz des marais et le grisou.* ▸ Densité 0,554 ; formule CH_4.

méthanier [metanje] **n.m.** Navire servant au transport du méthane liquéfié.

méthanol [metanɔl] **n.m.** Alcool méthylique.

méthode [metɔd] **n.f.** (lat. *methodus,* d'un mot gr. « poursuite, recherche »). **1.** PHILOS. Démarche rationnelle de l'esprit pour arriver à la connaissance ou à la démonstration d'une vérité : *« Discours de la méthode pour bien conduire sa raison et chercher la vérité dans les sciences » de Descartes. Méthode synthétique, analytique. Méthode expérimentale* (= fondée sur l'observation des phénomènes et l'expérimentation scientifique). **2.** Manière ordonnée de mener qqch : *Procéder avec méthode* (syn. **ordre, logique**). *Manquer de méthode.* **3.** Ensemble ordonné de manière logique de principes, de règles, d'étapes permettant de parvenir à un résultat : *Trouver une méthode pour augmenter la productivité* (syn. **système**). *Changez de méthode si vous voulez qu'on vous écoute* (= votre manière de faire). *Méthodes de fabrication* (syn. **technique, procédé**). **4.** Ensemble des règles qui permettent l'apprentissage d'une technique, d'une science : *Méthode de lecture.* **5.** Ouvrage groupant logiquement les éléments d'une science, d'un enseignement : *Acheter une méthode de piano* (syn. **manuel**).

Méthode *(saint)* → Cyrille et Méthode.

méthodique [metɔdik] **adj. 1.** Qui agit, qui raisonne avec méthode : *Esprit méthodique* (syn. **réfléchi** ; contr. **brouillon**). *Il est très méthodique dans son travail* (contr. **désordonné, dispersé**). **2.** Qui procède d'une méthode : *Vérifications méthodiques* (syn. **systématique**). **3.** PHILOS. **Doute méthodique,** première démarche de Descartes dans la recherche de la vérité, qui consiste à rejeter toutes les connaissances déjà acquises comme l'ayant été sans fondement.

méthodiquement [metɔdikmɑ̃] **adv.** Avec méthode : *Procéder méthodiquement* (= suivant un certain plan).

méthodisme [metɔdism] **n.m.** (angl. *methodism,* de *méthode*). Mouvement religieux protestant fondé en Angleterre au XVIIIe s. par John Wesley, en réaction contre les formes cultuelles de l'Église anglicane, et prônant la sanctification de ses adeptes. ◆ **méthodiste adj.** et **n.** Relatif au méthodisme ; qui le professe.

méthodologie [metɔdɔlɔʒi] **n.f.** (de *méthode* et *-logie*). **1.** Étude systématique, par observation, de la pratique scientifique, des principes qui la fondent et des méthodes de recherche qu'elle utilise. **2.** Ensemble des méthodes et des techniques d'un domaine particulier. **3.** Manière de faire, de procéder ; méthode (abusif en sciences).

méthodologique [metɔdɔlɔʒik] **adj.** Relatif à la méthodologie.

méthyle [metil] **n.m.** (de *méthyl[ène]*). **1.** Radical dérivé du méthane. ▸ Formule $-CH_3$. **2. Chlorure de méthyle,** liquide dont l'évaporation abaisse la température à - 55 °C et qui est employé dans plusieurs industries et en médecine. ▸ Formule CH_3Cl.

méthylène [metilɛn] **n.m.** (du gr. *methu,* boisson fermentée, et *hulê,* bois, matière). **1.** Alcool méthylique. **2.** Radical bivalent CH_2 : *Chlorure de méthylène* (CH_2Cl_2). **3. Bleu de méthylène,** colorant et désinfectant extrait de la houille.

méthylique [metilik] **adj.** (de *méthyle*). **1.** CHIM. Se dit de composés dérivés du méthane. **2. Alcool méthylique,** alcool extrait des goudrons de bois ou préparé synthétiquement et utilisé comme solvant, combustible et intermédiaire dans certaines synthèses (syn. **méthanol, méthylène**). ▸ Formule CH_3OH.

méticuleusement [metikyløzmɑ̃] **adv.** De façon méticuleuse : *Observer méticuleusement les règles de la ponctuation* (syn. **minutieusement, scrupuleusement**).

méticuleux, euse [metikylø, -øz] **adj.** (lat. *meticulosus,* craintif). **1.** Qui apporte beaucoup d'attention, de soin à ce qu'il fait, jusque dans le moindre détail : *Un esprit méticuleux* (syn. **minutieux**). **2.** Qui manifeste ce soin : *Propreté méticuleuse* (syn. **scrupuleux**).

méticulosité [metikylɔzite] **n.f.** *LITT.* Caractère d'une personne, d'une action méticuleuse.

métier [metje] **n.m.** (lat. pop. **misterium,* class. *ministerium,* besoin, service). **1.** Profession caractérisée par une spécificité exigeant un apprentissage, de l'expérience, etc., et entrant dans un cadre légal ; toute activité dont on tire des moyens d'existence : *Choisir, apprendre, exercer un métier. Il est horloger de son métier. Un comédien de métier* (= de profession, professionnel). **2.** Savoir-faire, habileté techniques résultant de l'expérience, d'une longue pratique : *Avoir du métier* (syn. **expérience, qualification**). **3.** Secteur professionnel : *Elle a une bonne réputation dans le métier* (syn. **corporation**). **4.** Profession artisanale : *Le secteur des métiers.* **5.** Fonction, rôle présentant certains des caractères d'une profession : *Le métier de parents* (syn. **rôle**). **6.** Machine servant à la fabrication des textiles : *Métier à tisser.* **7.** Cadre rigide sur lequel on tend un ouvrage à broder, une tapisserie.

métis, isse [metis] **adj.** et **n.** (bas lat. *mixticius,* de *mixtus,* mélangé). **1.** Qui est issu de l'union de deux personnes de couleur de peau différente. **2.** BIOL. Se dit d'un hybride obtenu à partir de deux races, de deux variétés différentes de la même espèce. **3. Toile métisse,** toile dont la chaîne est en coton et la trame en lin (on dit aussi *du métis*) : *Draps de métis.*

métissage [metisaʒ] **n.m. 1.** Union féconde entre hommes et femmes de groupes humains présentant un certain degré de différenciation génétique. **2.** Croisement de variétés végétales différentes, mais appartenant à la même espèce. **3.** Croisement entre animaux de la même espèce, mais de races différentes, destiné à créer au bout de quelques générations une race aux caractéristiques intermédiaires. **4. Métissage culturel,** production culturelle (musique, littérature, etc.) résultant de l'influence mutuelle de civilisations en contact.

métisser [metise] **v.t.** Croiser par métissage.

métonymie [metɔnimi] **n.f.** (bas lat. *metonymia,* d'un mot gr. « changement de nom »). LING., RHÉT. Phénomène ou figure par lesquels un concept est désigné par un terme désignant ordinairement un autre concept qui lui est relié par une relation nécessaire (la cause par l'effet, le contenu par le contenant, l'utilisateur par son instrument, etc.). [Ex. : il s'est fait refroidir (tuer) ; toute la ville dort (les habitants) ; une fine lame (escrimeur).]

métonymique [metɔnimik] **adj.** Qui relève de la métonymie : *Emploi métonymique d'un mot.*

métope [metɔp] **n.f.** (bas lat. *metopa,* du gr. *metopê,* de *opê,* ouverture). ARCHIT. Partie de la frise dorique située entre deux triglyphes ; panneau sculpté remplissant cet espace.

métrage [metraʒ] **n.m. 1.** Action de métrer. **2.** Longueur en mètres, notamm. d'un coupon d'étoffe : *J'ai besoin d'un grand métrage de tissu pour confectionner les rideaux.*

1. mètre [mɛtr] **n.m.** (de *2. mètre*). **1.** Unité SI de longueur égale à la longueur du trajet parcouru dans le vide par la lumière pendant une durée de 1/299 792 458 de seconde. ▸ Symb. m. **2.** Objet servant à mesurer et ayant la longueur d'un mètre : *Un mètre ruban de couturière.* **3. Mètre cube,** unité SI de volume équivalant au volume d'un cube ayant 1 mètre de côté. ▸ Symb. m^3.

2. mètre [mɛtr] **n.m.** (lat. *metrum,* gr. *metron,* mesure). MÉTR. **1.** Dans la prosodie grecque et latine, groupe déterminé de syllabes longues ou brèves, comprenant deux temps marqués. **2.** Forme rythmique d'une œuvre poétique ; vers.

métré [metre] **n.m.** (de *métrer*). **1.** Mesure d'un terrain, d'une construction. **2.** Devis détaillé de tous travaux dans le bâtiment.

métrer [metre] **v.t.** [conj. **18**]. Mesurer en mètres : *Métrer une pièce de tissu.*

métreur, euse [metrœr, -øz] **n.** (de *métrer*). **1.** Personne qui établit des métrés pour le compte d'un architecte ou d'un entrepreneur. **2.** Personne chargée de contrôler l'état d'avancement d'un travail de construction par la mesure des éléments réalisés.

1. métrique [metrik] **adj.** (de *1. mètre*). **1.** Relatif au mètre. **2.** Relatif aux mesures, aux distances : *Propriété métrique* (= liée à la mesure d'une grandeur). **3. Système métrique,** ensemble, système de mesure ayant pour base le mètre.

2. métrique [metrik] **adj.** (de *2. mètre*). Relatif à la mesure du vers : *Vers métrique* (= fondé sur la quantité prosodique). ◆ **n.f. 1.** Science qui étudie les éléments dont sont formés les vers. **2.** Système de versification propre à un poète, à un pays, à une langue : *La métrique d'Homère.*

métro [metro] **n.m.** (abrév. de *chemin de fer métropolitain*). **1.** Chemin de fer souterrain ou aérien qui dessert les quartiers d'une grande ville et de sa banlieue ; ensemble des installations de ce moyen de transport. ***Rem.*** L'Administration utilise encore le terme vieilli de *métropolitain.* **2.** Rame d'un tel chemin de fer : *Rater le dernier métro.*

métrologie [metrɔlɔʒi] **n.f.** (du gr. *metron,* mesure, et *-logie*). Science des mesures.

métronome [metrɔnɔm] **n.m.** (de *métro-* et *-nome*). Appareil servant à marquer la pulsation rythmique d'un morceau de musique et à en indiquer la vitesse d'exécution.

métropole [metrɔpɔl] **n.f.** (bas lat. *metropolis,* du gr. *mêtêr,* mère, et *polis,* ville). **1.** État considéré par rapport à ses colonies, à ses territoires extérieurs : *Retour en métropole de troupes stationnées outre-mer.* **2.** Capitale politique ou économique d'une région, d'un État : *Paris, métropole de la France* (syn. **capitale**). **3.** Centre le plus important dans un domaine particulier : *Hollywood, la métropole du cinéma.* **4.** RELIG. Chef-lieu d'une province ecclésiastique et siège de l'archevêque métropolitain (syn. **archevêché**).

1. métropolitain, e [metrɔpɔlitɛ̃, -ɛn] **adj.** (bas lat. *metropolitanus,* de la métropole). **1.** Qui appartient à la métropole, à la mère patrie : *La France métropolitaine.* **2.** Qui appartient à une métropole ecclésiastique : *Église métropolitaine.* ◆ **adj.** et **n.** Qui est originaire de la métropole, dans un territoire d'outre-mer.

2. métropolitain [metrɔpɔlitɛ̃] **n.m.** (de *1. métropole*). *VIEILLI* ou ADMIN. Métro.

métropolite [metrɔpɔlit] **n.m.** (de *métropole*). Prélat orthodoxe qui occupe un rang intermédiaire entre le patriarche et les archevêques.

mets [mɛ] **n.m.** (bas lat. *missus,* ce qui est mis sur la table, de *mittere,* mettre). Tout aliment apprêté qui entre dans la composition d'un repas : *Les ris de veau constituent un mets délicat* (syn. **plat**).

Metsys, Metsijs ou **Massys (Quinten** ou **Quentin),** peintre flamand (Louvain v. 1466 - Anvers 1530). Installé à Anvers, auteur de grands retables, puis portraitiste et promoteur du sujet de genre (*le Prêteur et sa femme,* Louvre), il réalise un compromis entre l'art flamand du XVᵉ s. et les influences italiennes. • Il eut deux fils peintres, **Jan** (Anvers 1509 - *id.* v. 1573), qui s'imprégna d'esprit maniériste en Italie (*Loth et ses filles,* Bruxelles), et **Cornelis** (Anvers 1510 - ? apr. 1562), observateur de la vie populaire et des paysages ruraux.

mettable [metabl] **adj.** Que l'on peut mettre, porter, en parlant d'un vêtement : *Cette vieille robe n'est plus mettable.*

Metternich-Winneburg (Klemens, *prince* **von),** homme d'État autrichien (Coblence 1773 - Vienne 1859). Ambassadeur à Paris (1806) puis ministre des Affaires extérieures (1809), il négocia le mariage de Marie-Louise avec Napoléon Iᵉʳ (1810). En 1813, il fit entrer l'Autriche dans la coalition contre la France. Âme du congrès de Vienne (1814-1815), il restaura l'équilibre européen et la puissance autrichienne en Allemagne et en Italie. Grâce à la Quadruple-Alliance (1815) et au système des congrès européens, il put intervenir partout où l'ordre établi était menacé par le libéralisme. Chancelier depuis 1821, il fut renversé par la révolution de mars 1848.

metteur, euse [metœr, -øz] **n.** (de *mettre*). Avec un n. complément, forme un nom composé qui désigne un technicien, un spécialiste qui réalise tel projet, qui assure telle fonction : **Metteur en œuvre,** celui qui met en œuvre, utilise qqch ; ouvrier qui monte des joyaux. / **Metteur en ondes,** spécialiste de la réalisation radiophonique d'une œuvre, d'une émission. / **Metteur en pages,** typographe qui effectue la mise en pages d'un ouvrage. / **Metteur en scène,** personne qui règle la réalisation scénique d'une œuvre dramatique ou lyrique en dirigeant les acteurs et en harmonisant les divers éléments de cette réalisation (texte, décor, musique, etc.) ; réalisateur d'un film.

mettre [mɛtr] **v.t.** (lat. *mittere* propr. « envoyer ») [conj. **84**]. **1.** Placer qqch ou qqn dans un endroit déterminé : *Mettre ses clefs dans son sac, des papiers dans un tiroir* (syn. **ranger**). *Mettre un plateau sur la table* (syn. **poser, disposer**). *Mettre un enfant au lit.* **2.** Disposer sur le corps ; revêtir : *Mettre son chapeau, ses lunettes. Mettre une robe neuve* (syn. **endosser, enfiler**). **3.** Adapter ; ajouter ; adjoindre : *Mettre un manche à un couteau, des draps à un lit. Mettre une taxe sur les alcools* (syn. **appliquer**). **4.** Inclure ; mêler ; introduire : *Mettre du sel dans une sauce. Mettre qqn sur une liste* (syn. **inscrire**). *L'auteur a mis de lui-même dans son œuvre.* **5.** Faire consister ; fonder : *Chacun met son bonheur où il lui plaît.* **6.** Placer dans une certaine position, une certaine situation : *Mettre un enfant debout, sur ses jambes. Mettre qqn en tête de liste. Mettre un employé en disponibilité, en congé.* **7.** Disposer d'une certaine façon : *Mettre d'aplomb, à l'endroit, en désordre.* **8.** Disposer un appareil, un mécanisme de manière qu'il fonctionne : *Mettre le contact, le verrou. Mettre la radio.* **9.** Faire passer dans un certain état ; modifier la forme, la structure de : *Mettre qqn en colère. Mettre un vase en miettes. Mettre un mot au pluriel. Mettre* *une pièce en vers.* **10.** Soumettre à une action : *Mettre de l'eau à chauffer. Mettre un appareil en marche.* **11.** Employer, utiliser un certain temps : *Mettre six mois à répondre à une lettre. Enfin, te voilà ! Tu y as mis le temps !* **12.** Consacrer ; investir : *Mettre cent euros dans un tableau* (syn. **dépenser**). *Mettre tout son cœur dans un travail.* **13.** FAM. **Mettons, mettez,** supposons ; supposez. / **Y mettre du sien,** faire des concessions ; contribuer à. ◆ **se mettre v.pr. 1.** Se placer ; occuper un lieu, une fonction, une situation : *Se mettre à table. Se mettre devant les autres.* **2.** Prendre une certaine position : *Se mettre debout.* **3.** S'habiller de telle manière : *Se mettre en uniforme. N'avoir rien à se mettre.* **4.** Entrer dans un état, une situation : *Se mettre en colère. Il s'est mis dans un drôle de guêpier.* **5. Se mettre à** (+ n. ou inf.), entreprendre qqch ; commencer à : *Se mettre au travail. Se mettre à fumer.* / **Se mettre en tête, dans la tête, dans l'esprit,** s'imaginer ; vouloir absolument.

Metz, ch.-l. du dép. de la Moselle, sur la Moselle, à 329 km à l'est-nord-est de Paris ; 121 700 hab. *(Messins)* [287 274 hab. dans l'agglomération]. Siège de la zone de défense Est. Évêché. Cour d'appel. Académie (Nancy-Metz) et université. Centre industriel (industrie automobile). – Vestiges gallo-romains. Cathédrale gothique des XIIIe-XVIe s. et autres églises. Place d'Armes (XVIIIe s.). Musées de Metz-Métropole-La Cour d'or (art et histoire). Centre Pompidou-Metz. – Sous les Mérovingiens, Metz fut la capitale de l'Austrasie. Elle fut acquise par la France en fait en 1559 (traité du Cateau-Cambrésis), en droit en 1648 (traités de Westphalie). Bazaine y capitula en 1870. Metz fut annexée par l'Allemagne de 1871 à 1918 et de 1940 à 1944.

1. meuble [mœbl] **adj.** (lat. *mobilis,* de *movere,* mouvoir). **1.** GÉOL. Se dit d'une formation dont les éléments ont peu de cohésion ou n'en ont pas, tels les limons, les vases, les sables, les cendres volcaniques, etc. **2.** Qui se fragmente, se laboure facilement : *Sol, terre meubles.*

2. meuble [mœbl] **adj.** (de *1. meuble*). DR. **Bien meuble,** bien susceptible d'être déplacé (par opp. à *bien immeuble*).

3. meuble [mœbl] **n.m.** (de *2. meuble*). **1.** Objet mobile servant à l'aménagement ou à la décoration d'un lieu ; pièce de mobilier : *Meubles anciens, modernes.* **2.** DR. Bien meuble. **3.** HÉRALD. Toute pièce qui figure sur l'écu.

meublé, e [mœble] **adj.** et **n.m.** Se dit d'un appartement loué avec le mobilier.

meubler [mœble] **v.t. 1.** Garnir, équiper de meubles : *Meubler sa maison* (contr. **déménager**). *Un lit et une chaise meublent la chambre.* **2.** Remplir un vide ; occuper une période de temps : *Allumer la télévision pour meubler le silence. Savoir meubler ses loisirs* (syn. **occuper**). ◆ **v.i.** Produire un effet d'ornementation : *Rideaux qui meublent.*

Meucci (Antonio), inventeur américain (Florence 1808 - Clipton, Staten Island, État de New York, 1889). En 2002, l'antériorité sur A. G. Bell lui a été reconnue pour l'invention du téléphone.

Meudon, ch.-l. de c. des Hauts-de-Seine, au sud-ouest de Paris, en bordure de la *forêt* (ou *bois*) *de Meudon ;* 45 877 hab. *(Meudonnais).* Soufflerie aérodynamique (Chalais-Meudon). Agglomération résidentielle à *Meudon-la-Forêt.* Restes du château du XVIIIe s., abritant la section d'astrophysique de l'Observatoire de Paris. Villa de Rodin.

meuglement [møgləmɑ̃] **n.m. 1.** Cri sourd et prolongé des bovins : *Le meuglement d'un taureau* (syn. **beuglement**). **2.** Son fort et désagréable : *Le meuglement d'une sirène* (syn. **mugissement**).

meugler [møgle] **v.i.** (altér. de *beugler*). Émettre un meuglement, en parlant d'un bovin (syn. **beugler, mugir**).

1. meule [møl] **n.f.** (lat. *mola*). **1.** Lourd cylindre, génér. en pierre, servant à écraser, à broyer, à moudre : *La meule d'un moulin.* **2.** Corps solide de forme circulaire constitué de matière abrasive, qui sert à aiguiser, à polir : *Aiguiser un couteau à la meule.* **3.** Grande pièce cylindrique de fromage : *Meule de comté, de gruyère.*

2. meule [møl] **n.f.** (p.-ê. de *1. meule*). **1.** Tas de gerbes de céréales, tas de paille ou de foin, liés ou en vrac, constitués en vue de la conservation de ces produits : *Dans le champ moissonné se dressent les meules dorées.* **2.** Tas de bois recouvert de terre et que l'on carbonise en plein air pour en faire du charbon de bois.

meulier, ère [mølje, -ɛr] **adj. 1.** Relatif aux meules à moudre : *Silex meulier.* **2. Pierre meulière,** roche sédimentaire siliceuse et calcaire, abondante dans les couches tertiaires du Bassin parisien, utilisée autref. pour la fabrication des meules et employée par la suite en construction. ◆ **meulière n.f.** Pierre meulière : *Une maison en meulière.*

meunerie [mønri] **n.f.** (de *meunier*). Industrie, usine, commerce de la transformation des grains en farine : *Apporter son blé à moudre à la meunerie* (syn. **minoterie**).

meunier, ère [mønje, -ɛr] **adj.** (lat. *molinarius,* de *molina,* moulin). Qui concerne la meunerie : *Nettoyage meunier du blé.* ◆ **n. 1.** Personne qui dirige une meunerie ou un moulin : *Une meunière qui vend aux boulangers la farine qu'elle a moulue* (syn. **minotier**). **2. Échelle, escalier de meunier,** échelle, escalier droits, raides et étroits : *Un escalier de meunier permet d'accéder aux chambres de bonne.* / **Truite, sole, etc., (à la) meunière,** truite, sole, etc., farinées, cuites à la poêle et au beurre, citronnées et servies dans leur jus de cuisson.

Meunier (Constantin), peintre et sculpteur belge (Etterbeek, agglomération de Bruxelles, 1831 - Ixelles, *id.,* 1905). Ses toiles et surtout ses sculptures (à partir de 1885) constituent une sorte d'épopée naturaliste de l'homme au travail, souffrant, esclave ou révolté. L'univers de la Belgique industrielle lui a fourni les thèmes réalistes dont il a donné une synthèse, tant plastique que symbolique, avec son *Monument au Travail,* inauguré à Bruxelles bien après sa mort.

Meurthe (la), riv. de Lorraine, affl. de la Moselle (r. dr.) ; 170 km. Née dans les Vosges, elle passe à Nancy.

Meurthe-et-Moselle [54], dép. de la Région Alsace-Champagne-Ardenne-Lorraine, formé en 1871 avec les deux fractions des dép. de la Meurthe et de la Moselle laissées à la France par le traité de Francfort ; ch.-l. de dép. *Nancy ;* ch.-l. d'arr. *Briey, Lunéville, Toul ;* 4 arr., 23 cant., 594 comm. ; 5 241 km^2 ; 747 707 hab.

meurtre [mœrtr] **n.m.** (de *murtrir, meurtrir,* assassiner). Action de tuer volontairement un être humain : *Commettre, perpétrer un meurtre* (syn. **crime, assassinat, homicide**).

meurtrier, ère [mœrtrije, -ɛr] **n.** Personne qui a commis un meurtre : *Rechercher un meurtrier* (syn. **assassin, criminel**). ◆ **adj.** Propre à causer la mort ; qui fait mourir beaucoup de monde : *Porter un coup meurtrier* (syn. **mortel**). *Une épidémie très meurtrière.*

meurtrière [mœrtrijɛr] **n.f.** (de *meurtrier*). Ouverture étroite pratiquée dans le mur d'un ouvrage fortifié pour permettre l'observation et l'envoi de projectiles : *Poster un soldat derrière chaque meurtrière.*

meurtrir [mœrtrir] **v.t.** (frq. **murthrjan,* assassiner) [conj. **32**]. **1.** Blesser par un choc qui laisse une marque sur la peau : *Visage meurtri par les coups* (syn. **contusionner**). **2.** Endommager un fruit par choc ou par contact : *La grêle a meurtri les fruits* (syn. **abîmer**). **3.** Blesser moralement : *Ton refus le meurtrit* (syn. **peiner ;** contr. **réjouir**).

meurtrissure [mœrtrisyr] **n.f. 1.** Contusion marquée par une tache bleuâtre : *Avoir des meurtrissures sur tout le corps* (syn. **contusion, ecchymose**). **2.** Partie d'un fruit endommagée par un choc : *Le transport a couvert les fruits de meurtrissures* (syn. **coup**).

Meuse (la), en néerl. **Maas,** fl. de France, de Belgique et des Pays-Bas ; 950 km. Née dans le Bassigny, elle passe à Verdun, Sedan et Charleville-Mézières, traverse l'Ardenne au fond d'une vallée encaissée. En Belgique, elle passe à Namur et à Liège. Son cours inférieur, à travers les Pays-Bas, s'achève par un delta dont les branches se mêlent à celui du Rhin. C'est une importante voie navigable, accessible jusqu'à Givet aux chalands de 1 350 t.

Meuse [55], dép. de la Région Alsace-Champagne-Ardenne-Lorraine ; ch.-l. de dép. *Bar-le-Duc ;* ch.-l. d'arr. *Commercy, Verdun ;* 3 arr., 17 cant., 501 comm. ; 6 216 km^2 ; 199 315 hab. *(Meusiens).*

meute [møt] **n.f.** (lat. pop. **movita,* du class. *motus,* de *movere,* mouvoir). **1.** Troupe de chiens courants dressés pour la chasse : *Lâcher la meute contre, sur un cerf.* **2.** Foule, bande de gens acharnés contre qqn : *Une meute hurlante poursuit le voleur* (syn. **horde**).

mévente [mevɑ̃t] **n.f.** (de *vente*). Vente inférieure aux prévisions : *La mévente des produits laitiers.*

Mexico, cap. du Mexique, dans le district fédéral, à 2 250 m d'alt., sur le plateau de l'Anáhuac ; 20 843 000 hab. dans l'agglomération. Archevêché. Université. Grand centre commercial et touristique. – Fondée sous le nom de Tenochtitlán en 1325 (ou 1345) par les Aztèques, détruite par Cortés en 1521 puis reconstruite selon un plan en damier, la ville est la capitale du Mexique depuis 1824. – Vestiges de l'anc. cité aztèque. Cathédrale des XVIe-XVIIIe s. et nombreux autres monuments de la période coloniale (riches décors baroques). Musées, dont le musée national d'Anthropologie (remarquables collections préhispaniques et indiennes).

Mexique, en esp. **México,** État d'Amérique, limitrophe des États-Unis ; 1 970 000 km^2 ; 122 332 000 hab. *(Mexicains).* CAP. *Mexico.* LANGUE : *espagnol.* MONNAIE : *peso mexicain.*

GÉOGRAPHIE

Le milieu naturel. Trois vastes régions s'individualisent. Au N., deux chaînes, la sierra Madre occidentale et la sierra Madre orientale, encadrent un plateau central. L'ensemble, couvrant plus de la moitié de la superficie du pays, se caractérise par un climat aride, sauf la bordure nord-est (pluies d'été). Le centre du pays est la partie vitale ; les bassins du plateau central y sont dominés par des volcans très élevés. L'étagement climatique dû à l'altitude offre des possibilités agricoles variées. Le Sud a un climat tropical humide avec un relief morcelé, juxtaposant montagnes, bassins, plaines littorales.

La population. Elle est en majorité métissée (55 %), les Indiens représentant à peine 30 % du total. La croissance démographique reste forte (plus de 2 millions d'hab. par an). L'émigration vers les États-Unis (en partie clandestine) freine à peine cette évolution. Les villes, grossies aussi par l'exode rural, regroupent plus de 70 % des Mexicains.

L'économie. Un début de décollage économique s'était amorcé avant la découverte des gisements de pétrole (1973-1976) et, plus tard, de gaz naturel qui ont procuré au pays d'importantes ressources.

L'agriculture emploie un peu plus de 13 % des actifs, mais procure moins de 5 % du P.I.B. La réforme agraire a été un échec, et les grandes propriétés privées, avec seulement 10 % des terres, fournissent plus de la moitié de la production. Quelque 50 % de cette dernière provient de secteurs irrigués. Le maïs est, de loin, la principale céréale. Parmi les cultures commerciales émergent les agrumes, la canne à sucre, le café et le coton. Les pâturages couvrent un tiers du territoire, et l'élevage bovin est important. La forêt, qui en occupe un autre tiers, est peu exploitée. La pêche a progressé. Mais l'ensemble de la production alimentaire ne satisfait pas des besoins croissants.

Le secteur secondaire (activités extractives incluses) assure plus de 34 % du P.I.B. et emploie 26 % environ de la population active. Outre les hydrocarbures, le sous-sol fournit argent, plomb, zinc et fer. Ce dernier alimente une sidérurgie déjà notable. La production industrielle s'est diversifiée, valorisant les matières premières locales et produisant pour le marché intérieur et de plus en plus pour l'exportation. Nombre d'entreprises sont établies le long de la frontière américaine. Les dernières années ont vu se développer les privatisations et les investissements extérieurs. Le secteur tertiaire (avec un tourisme important) fournit près de 61 % du P.I.B. et occupe environ 60 % de la population active.

Depuis l'entrée en vigueur de l'accord de libre-échange nord-américain (A.L.E.N.A., 1994) et la crise de 1995, la croissance économique a été irrégulière, avec une baisse de l'inflation mais la permanence d'un déficit commercial.

HISTOIRE

L'époque préhispanique. À l'époque préhispanique, le Mexique est le siège de civilisations brillantes, dont celle des Olmèques, qui s'épanouit au Ier millénaire.

250-950. Période classique, caractérisée notamment par les civilisations de Teotihuacán, des Zapotèques et des Mayas. Ces derniers sont alors à l'apogée de leur civilisation. Sur le plateau central, les Toltèques imposent leur hégémonie entre le Xe et le XIIe s., avant d'être vaincus par des tribus nomades venues du nord. Au XIVe s., les Aztèques, ou Mexica, créent un empire autour de Tenochtitlán (Mexico). Cet empire est cependant fragile, car la domination aztèque est mal acceptée par les autres tribus.

La domination espagnole

1519. Le conquistador Hernán Cortés aborde les côtes du Mexique. Allié aux tribus rivales, il soumet l'empereur aztèque Moctezuma II. Le centre et le sud du pays (notamment le Yucatán où résident les Mayas) sont conquis mais, dans le Nord, certaines tribus résisteront jusqu'à la fin du XIXe s. La conquête va de pair avec la colonisation et la christianisation, tandis qu'une partie de la population indienne est réduite au travail forcé. Le Mexique devient une vice-royauté (Nouvelle-Espagne) à la société strictement hiérarchisée, qui exporte des matières premières, surtout de l'argent, vers l'Espagne. Les épidémies et le travail forcé déciment la population indienne, qui de 15 millions en 1520 tombe à 2 millions en 1600, tandis qu'immigrent de nombreux Espagnols.

1810-1815. La lutte d'indépendance, sous la direction de deux prêtres, Hidalgo (fusillé en 1811) puis Morelos (exécuté en 1815), échoue, car le soulèvement des Indiens effraie les créoles. Ceux-ci se rallieront à la cause de l'indépendance quand le général Iturbide, passé à l'insurrection, garantira le maintien des privilèges du clergé et des grands propriétaires.

1821. Proclamation de l'indépendance du Mexique.

Les débuts de l'indépendance

1822. Iturbide se fait proclamer empereur.

1823. Le général Santa Anna instaure la république.

Celle-ci est marquée par une instabilité permanente, en raison des luttes entre centralistes et fédéralistes, cléricaux et anticléricaux.

1836. Le Texas fait sécession.

1846-1848. Guerre avec les États-Unis, à l'issue de laquelle le Mexique perd la Californie, le Nouveau-Mexique et l'Arizona.

Le mécontentement populaire permet à l'avocat Juárez et aux libéraux de prendre le pouvoir en 1855. Les réformes entreprises entraînent l'opposition de l'Église, qui perd ses biens, puis la guerre civile et l'intervention étrangère.

1862. Début de l'intervention française au Mexique, où Napoléon III crée un empire catholique au profit de Maximilien d'Autriche (1864).

1867. Restauration de la république.

1876. Le général Porfirio Díaz s'empare du pouvoir.

Sa politique favorise l'essor du pays, avec l'appui des capitaux étrangers, mais accentue les inégalités sociales.

La révolution mexicaine et le XXe siècle.

1911. Díaz est renversé par Francisco Madero, assassiné par les contre-révolutionnaires en 1913. Le pays est alors plongé dans une longue guerre civile. Les constitutionnalistes Carranza et Obregón l'emportent sur Pancho Villa (1915), tandis qu'au sud s'étend la révolution agraire d'Emiliano Zapata.

1917. Adoption d'une Constitution progressiste.

Après l'assassinat de Carranza, Obregón, qui s'appuie sur les syndicats ouvriers, accède à la présidence, qu'il garde de 1920 à 1924. Ce régime consolide son pouvoir en amorçant une réforme agraire et en développant l'instruction. Cette politique, freinée sous Calles (1924-1928), reçoit une nouvelle impulsion sous le général Cárdenas (1934-1940), qui étend la réforme agraire et nationalise la production pétrolière (1938). Après la Seconde Guerre mondiale, la politique mexicaine, sous l'égide du parti révolutionnaire institutionnel (P.R.I.), se fait plus conservatrice, tandis que les capitaux des États-Unis affluent. L'agitation étudiante, particulièrement forte en 1968, amène le président Echeverría (1970-1976) à donner à la politique mexicaine une orientation plus libérale et plus nationaliste. La découverte d'immenses réserves pétrolières permet une brève relance économique.

Les présidents Miguel De La Madrid (1982-1988) et Carlos Salinas (1988-1994) poursuivent la modernisation économique et politique du pays.
1994. L'accord de libre-échange avec les États-Unis et le Canada entre en vigueur. Une révolte paysanne (« zapatiste ») éclate dans l'État méridional du Chiapas. Le nouveau président, Ernesto Zedillo, doit faire face à une grave crise financière.
2000. Candidat du parti Action nationale, Vicente Fox est élu à la présidence de la République, mettant fin à 71 ans d'hégémonie du P.R.I.
2006. Felipe Calderón lui succède.
2012. Retour du P.R.I. au pouvoir avec la victoire d'Enrique Peña Nieto à l'élection présidentielle. Des fraudes sont dénoncées et le scrutin est contesté.

Mexique ***(golfe du),*** golfe à l'extrémité occidentale de l'océan Atlantique, entre les États-Unis, le Mexique et Cuba. Hydrocarbures.

Meyerbeer (Jakob Beer, dit **Giacomo),** compositeur allemand (Berlin 1791 - Paris 1864). Il vécut à Paris et se consacra au grand opéra historique. Il est l'auteur de : *Robert le Diable* (1831), *les Huguenots* (1836), *le Prophète* (1849), *l'Africaine* (1865), etc.

Meyerhold (Vsevolod Emilievitch), metteur en scène soviétique (Penza 1874 - Moscou 1940). Il débuta avec Stanislavski, puis fut metteur en scène des théâtres impériaux avant de devenir le premier animateur du théâtre révolutionnaire, affirmant son constructivisme et sa conception « biomécanique » de la vie scénique.

mezzanine [mɛdzanin] **n.f.** (it. *mezzanino,* entresol). **1.** Niveau intermédiaire ménagé dans une pièce haute de plafond : *Une échelle permet d'accéder à la mezzanine.* **2.** Petit étage situé entre deux grands : *Habiter à la mezzanine.* **3.** Étage compris entre le parterre et le balcon, dans un théâtre : *Des places à la mezzanine.*

mezza voce [mɛdzavɔtʃe] **loc. adv.** (loc. it.). À mi-voix : *Chanter mezza voce* (syn. **doucement ;** contr. **fort**).

Mezzogiorno (le), ensemble des régions méridionales de l'Italie péninsulaire et insulaire (sud du Latium, Abruzzes, Molise, Campanie, Pouille, Basilicate, Calabre, Sicile, Sardaigne), relativement sous-développé.

mezzo-soprano [mɛdzosɔprano] **n.m.** (mot it. « soprano moyenne ») [pl. *mezzo-sopranos*]. Voix de femme plus grave et plus étendue que le soprano. ◆ **n.f.** ou **n.m.** Chanteuse qui possède cette voix.

mi [mi] **n.m. inv.** (première syllabe de *mira,* dans l'hymne de saint Jean-Baptiste). Note de musique, troisième degré de la gamme de *do.*

mi-, préfixe, du lat. *medius,* qui est au milieu, qui, joint à certains mots par un trait d'union, signifie « à moitié, à demi » : *À mi-jambe. À mi-hauteur. Tissu mi-lin, mi-coton* (= tissu métis). *Un accueil mi-figue, mi-raisin* (= ambigu).

Miami, v. des États-Unis (Floride) ; 430 332 hab. (5 970 527 hab. dans l'agglomération). Grande station balnéaire. Aéroport.

Miao ou **Meo,** ensemble de peuples de Chine, de Thaïlande, du Laos du Nord et du Viêt Nam, parlant une langue du groupe sino-tibétain.

miaou [mjau] **n.m.** (onomat.). FAM. Cri du chat ; miaulement.

miasme [mjasm] **n.m.** (gr. *miasma,* souillure). [Surtout au pl.]. Émanation pestilentielle provenant de matières putrides : *L'air est plein de miasmes délétères.*

miaulement [mjolmɑ̃] **n.m. 1.** Cri du chat et de certains carnassiers : *Le miaulement du chat, de l'hyène.* **2.** Son, chant désagréables : *Les miaulements des pneus sur la chaussée* (syn. **crissement**).

miauler [mjole] **v.i.** (orig. onomat.). **1.** Émettre un miaulement, en parlant du chat et de certains carnassiers. **2.** Se lamenter d'une voix aiguë.

mi-bas [miba] **n.m. inv.** Longue chaussette fine, s'arrêtant au-dessous du genou : *Des mi-bas en Nylon.*

mica [mika] **n.m.** (mot lat. « parcelle »). Minéral brillant qui peut être clivé, abondant dans les roches éruptives et métamorphiques, formé de silicate d'aluminium et de potassium : *Les lamelles du mica noir.*

mi-carême [mikarɛm] **n.f.** (pl. *mi-carêmes*). Jeudi de la troisième semaine du carême, célébré par des fêtes.

micaschiste [mikaʃist] **n.m.** (de *mica* et *schiste*). Roche métamorphique feuilletée, formée de lits de mica séparés par de petits cristaux de quartz.

Michals (Duane), photographe américain (Mac Keesport, Pennsylvanie, 1932). Reflets, transparences, superpositions, textes, dessins, rehauts peints, « séquences » engendrent son univers onirique (*Vrais Rêves,* 1977).

Michaux (Henri), poète et peintre français d'origine belge (Namur 1899 - Paris 1984). Ses poèmes sont un témoignage sur ses voyages réels (*Un barbare en Asie,* 1933) ou imaginaires (*Voyage en Grande Garabagne,* 1936 ; *Plume,* 1938 ; *Ailleurs,* 1948). Pour mieux poursuivre l'exploration de l'« espace du dedans » (*Qui je fus,* 1927), il a volontairement pris une drogue, la mescaline, afin de transcrire par les rythmes musicaux du langage ou par le dessin et la peinture les effets qu'elle produisait en lui.

miche [miʃ] **n.f.** (lat. pop. **micca,* forme renforcée de *mica,* parcelle). Gros pain rond : *Acheter deux miches.*

Michel ***(saint),*** un des anges de la littérature apocalyptique du judaïsme tardif et du Nouveau Testament (livre de Daniel et Apocalypse de Jean). Vainqueur de Satan, chef des armées célestes et protecteur d'Israël, il devient l'archange qui veille sur l'Église. Son culte se répandra à travers la chrétienté, spécialement en Orient et en France.

Michel (Louise), anarchiste française (Vroncourt-la-Côte, Haute-Marne, 1830 - Marseille 1905). Institutrice, membre de l'Internationale, elle est élue au Comité de vigilance après la chute de l'Empire, participe à la résistance au siège de Paris en janvier 1871. Surtout, elle se montre l'une des militantes les plus actives de la Commune. Arrêtée, elle s'évade, puis se livre lorsqu'elle apprend que sa mère a été aussi arrêtée. Condamnée à six ans de réclusion, elle est déportée en Nouvelle-Calédonie en août 1873. Elle se passionne pour les Kanaks et reprend son métier d'enseignante. Revenue à Paris (1880), elle se réclame de l'anarchisme, défend les grévistes, prononce de nombreuses conférences à l'étranger et en France.

Michel-Ange (Michelangelo Buonarroti, dit en fr.**),** sculpteur, peintre, architecte et poète italien (Caprese, près d'Arezzo, 1475 - Rome 1564). Nul n'a égalé la puissance de ses conceptions, et ses œuvres frappent par leur diversité et leur originalité autant que par leur caractère grandiose. On lui doit notamment plusieurs *Pietà,* le *David* de la place de la Seigneurie à Florence, les tombeaux de Laurent II et Julien de Médicis dans la nouvelle sacristie qu'il édifia pour S. Lorenzo (v. 1520-1533), les projets (réalisés à la fin du siècle) de l'escalier et du vestibule de la bibliothèque Laurentienne (Florence), les diverses statues destinées au tombeau de Jules II à Rome (*Esclaves* du Louvre [1513-1515] ; *Moïse,* v. 1515, église S. Pietro in Vincoli), la *Victoire* à l'étonnante torsion (Palazzo Vecchio de Florence), les fresques de la chapelle Sixtine (v. ce mot), la partie sous coupole de la basilique St-Pierre de Rome (à partir de 1547) et d'autres travaux d'architecture dans la ville papale, dont l'ordonnance de la place du Capitole. Ses lettres et ses poèmes témoignent de sa spiritualité tourmentée.

Michelet (Jules), historien français (Paris 1798 - Hyères 1874). Chef de la section historique aux Archives nationales (1831), professeur au Collège de France (1838), il fait de son enseignement une tribune pour ses idées libérales et anticléricales. Parallèlement, il amorce sa monumentale *Histoire de France* (1833-1846 ; 1855-1867) et son *Histoire de la Révolution française* (1847-1853). Suspendu en janv. 1848, privé de sa chaire et de son poste aux Archives après le coup d'État du 2 décembre 1851, il complète son œuvre historique tout en multipliant les ouvrages consacrés aux mystères de la nature et à l'âme humaine (*l'Insecte,* 1857 ; *la Sorcière,* 1862).

Michelin (les frères), industriels français. **André** (Paris 1853 - *id.* 1931) et **Édouard** (Clermont-Ferrand 1859 - Orcines, Puy-de-Dôme, 1940) ont lié leur nom à l'application du pneumatique aux cycles et à l'automobile. Édouard inventa en 1891 le pneumatique démontable pour les bicyclettes, adapté en 1894 aux automobiles. André créa en 1900 le *Guide Michelin,* puis les cartes routières Michelin.

micheline [miʃlin] **n.f.** (du n. de son inventeur, *Michelin*). Autorail qui était monté sur pneus spéciaux ; tout autorail (emploi abusif) : *Les chemins de fer français ont eu recours aux michelines de 1932 à 1953.*

Michelozzo, sculpteur, ornemaniste et architecte italien (Florence 1396 - *id.* 1472). Son œuvre la plus connue est le palais Médicis à Florence (1444). Grand bâtisseur, il s'est inspiré de Brunelleschi et a élaboré une syntaxe décorative d'une grande élégance.

Michelson (Albert), physicien américain (Strelno, auj. Strzelno, Pologne, 1852 - Pasadena, Californie, 1931). Grâce à l'interféromètre très sensible qu'il mit au point, il montra, en collaboration avec E. W. Morley, qu'il était impossible de mettre en évidence le déplacement de la Terre par rapport à un hypothétique éther, milieu supposé propager les ondes électromagnétiques, les vitesses relatives de la lumière dans différentes directions étant égales. Le résultat de ces expériences, longtemps inexpliqué, a joué un rôle dans l'élaboration de la théorie de la relativité. (Prix Nobel 1907.)

à **mi-chemin** [miʃmɛ̃] **loc. adv.** et **prép. 1.** Vers le milieu de la distance à parcourir ; avant d'avoir atteint son but : *Faire halte à mi-chemin du trajet* (= à la moitié du trajet). *S'arrêter à mi-chemin dans une entreprise* (syn. **à mi-course**). **2.** Entre deux lieux, deux choses ; à une étape intermédiaire : *Lyon est à mi-chemin entre Paris et Marseille. À mi-chemin du rire et des larmes.*

Michigan *(lac),* un des cinq Grands Lacs de l'Amérique du Nord ; 58 300 km^2.

Michigan, un des États unis d'Amérique (Centre-Nord-Est) ; 150 780 km^2 ; 9 895 622 hab. CAP. *Lansing.* V. princ. *Détroit.*

Michon (Pierre), écrivain français (Châtelus-le-Marcheix, Creuse 1945). Après *Vies minuscules* (1984), premier livre éclairant la quête de ses origines, il médite, à travers de courts récits et dans une langue intense et raffinée, sur la gloire, la vanité, et également sur l'exaltante imposture de la création (*Rimbaud le fils,* 1991 ; *la Grande Beune,* 1995 ; *Corps du roi,* 2002 ; *les Onze,* 2009).

Mickiewicz (Adam), poète polonais (Zaosie, auj. Novogroudok, 1798 - Constantinople 1855). Il fut le représentant le plus prestigieux du romantisme polonais *(Ode à la jeunesse, Pan Tadeusz)* et de la lutte pour l'indépendance nationale *(Konrad Wallenrod).*

mi-clos, e [miklo, -oz] **adj.** À moitié fermé : *Yeux mi-clos.*

micmac [mikmak] **n.m.** (altér. du moyen fr. *mutemaque,* du moyen néerl. *muetmaken,* faire une rébellion). FAM. Menées obscures et secrètes ; imbroglio : *Qu'est-ce que c'est que ce micmac ?* (syn. **manège, trafic**).

micocoulier [mikɔkulje] **n.m.** (mot prov., gr. mod. *mikrokouli*). Arbre ou arbuste des régions tempérées et tropicales, abondant dans le midi de la France : *Une canne, un manche d'outil en micocoulier.* ► Famille des ulmacées ; haut. jusqu'à 25 m.

à **mi-corps** [mikɔr] **loc. adv.** Au milieu du corps : *Avoir de l'eau jusqu'à mi-corps* (= jusqu'à la taille).

à **mi-côte** [mikot] **loc. adv.** À la moitié de la côte : *S'arrêter à mi-côte.*

à **mi-course** [mikurs] **loc. adv. 1.** Vers le milieu de la course : *À mi-course elle était en tête.* **2.** Au milieu du chemin à parcourir pour atteindre un but : *Se relire à mi-course de la rédaction de ses Mémoires* (= quand on en a rédigé la moitié) [syn. **à mi-chemin**].

1. micro [mikro] **n.m.** (abrév. de *microphone*). Appareil qui transforme les vibrations sonores en oscillations électriques : *Parler devant le micro.*

2. micro [mikro] **n.m.** (abrév.). FAM. Micro-ordinateur.

3. micro [mikro] **n.f.** (abrév.). FAM. Micro-informatique.

microbe [mikrɔb] **n.m.** (gr. *mikrobios,* de *mikros,* petit, et *bios,* vie). Syn. de *micro-organisme : Un nid de microbes* (syn. **germe**). *Le microbe de la tuberculose* (syn. **bacille, bactérie**). *Le microbe de la grippe* (syn. **virus**). ***Rem.*** Ce terme est vieilli dans la langue scientifique (⟶ immunité, ⟶ micro-organisme).

microbien, enne [mikrɔbjɛ̃, -ɛn] **adj.** Relatif aux microbes : *Infection microbienne.*

microbiologie [mikrɔbjɔlɔʒi] **n.f.** (de *microbe* et *-logie*). Ensemble des disciplines biologiques (bactériologie, mycologie, virologie, etc.) qui s'occupent de tous les organismes microscopiques : *Les progrès de la microbiologie.* ◆ **microbiologiste n.** Nom du spécialiste.

microblog [mikrɔblɔg] **n.m.** Blog au contenu textuel court qui permet de communiquer en temps réel, notamm. depuis un téléphone mobile, une messagerie instantanée.

microblogage [mikrɔblɔgaʒ] et **microbloging** [mikrɔblɔgiŋ] **n.m.** Publication d'un microblog.

microcéphale [mikrɔsefal] **adj.** et **n.** (de *micro-* et *-céphale*). Dont le volume crânien est anormalement réduit.

microchirurgie [mikrɔʃiryrʒi] **n.f.** Chirurgie pratiquée sous le contrôle du microscope, avec des instruments miniaturisés spéciaux : *Microchirurgie de l'œil.*

microclimat [mikrɔklima] **n.m.** (de *micro-* et *climat*). Ensemble des conditions de température, d'humidité, de vent particulières à un espace de faible étendue : *Le village bénéficie d'un microclimat salubre.*

microcosme [mikrɔkɔsm] **n.m.** (bas lat. *microcosmus,* du gr. *kosmos,* monde). **1.** Image réduite du monde, de la société : *Une entreprise qui est un microcosme de la société.* **2.** Milieu social replié sur lui-même : *Le milieu des artistes constitue un microcosme* (= un monde à part).*Le microcosme journalistique.* **3.** Dans certaines philosophies et doctrines ésotériques, l'homme considéré par rapport à un ensemble plus vaste *(macrocosme)* auquel il appartient et dont il reflète la structure : *Pour Platon, l'homme est un microcosme par rapport à la cité.*

micro-cravate [mikrokravat] **n.m.** (pl. *micros-cravates*). Microphone miniaturisé, que l'on peut accrocher aux vêtements : *Le micro-cravate d'un présentateur de télévision.*

microcrédit [mikrɔkredi] **n.m.** (de *micro-* et *crédit*). Prêt d'un faible montant, à taux d'intérêt bas, voire nul, consenti par certains organismes bancaires à des personnes considérées comme insolvables pour leur permettre de financer une activité génératrice de revenus.

microédition [mikrɔedisjɔ̃] **n.f.** Ensemble de procédés électroniques et informatiques permettant l'édition de livres à petit tirage (= publication assistée par ordinateur).

microélectronique [mikrɔelɛktrɔnik] **n.f.** Technologie des composants, des circuits, des assemblages électroniques miniaturisés : *La microélectronique des puces.*

microfaune [mikrɔfon] **n.f.** ÉCOL. Ensemble des animaux de très petite taille (arthropodes, mollusques, protozoaires, etc.) présents dans un milieu donné.

microfiche [mikrɔfiʃ] **n.f.** (de *micro-* et *fiche*). Film photographique en feuilles rectangulaires comportant une ou plusieurs images de dimensions très réduites : *Reproduire un document sur microfiches.*

microfilm [mikrɔfilm] **n.m.** Film en rouleau ou en bande composé d'une série d'images de dimensions très réduites : *Consulter des ouvrages sur microfilms.*

microfilmer [mikrɔfilme] **v.t.** Reproduire des documents sur microfilm : *Microfilmer un manuscrit ancien.*

micrographie [mikrɔgrafi] **n.f.** (de *micro-* et *-graphie*). **1.** Étude au microscope de matériaux, notamm. de la structure des métaux et alliages. **2.** Photographie prise au microscope : *Micrographie d'un bacille.*

micrographique [mikrɔgrafik] **adj.** De la micrographie : *Observation micrographique d'un alliage métallique.*

micro-informatique [mikroɛ̃fɔrmatik] **n.f.** (pl. *micro-informatiques*). Domaine de l'informatique relatif à la fabrication et à l'utilisation des micro-ordinateurs (abrév. fam. *3. micro*) : *La micro-informatique ne cesse de progresser.*

microlite ou **microlithe** [mikrɔlit] **n.m.** (de *micro-* et *-lithe*). Dans une roche volcanique, petit cristal allongé, visible seul. au microscope.

micromètre [mikrɔmɛtr] **n.m.** (de *micro-* et *-mètre*). **1.** Instrument permettant de mesurer avec une grande précision des longueurs ou des angles très petits : *Microscope, télescope dotés d'un micromètre.* **2.** Unité de mesure de longueur égale à un millionième de mètre (syn. vieilli **micron**). ▸ Symb. μm.

micrométrique [mikrɔmetrik] **adj. Vis micrométrique,** vis à pas très fin et à tête graduée, permettant de réaliser des réglages très précis.

micron [mikrɔ̃] **n.m.** (gr. *mikron,* neutre de *mikros,* petit). Syn. vieilli de *micromètre.*

Micronésie, ensemble d'îles du Pacifique, entre l'Indonésie et les Philippines à l'ouest, la Mélanésie au sud et la Polynésie à l'est (à laquelle on le rattache parfois). La Micronésie comprend notamment les Mariannes, les Marshall, Kiribati et les États fédérés de Micronésie.

Micronésie *(États fédérés de),* État regroupant les îles Chuuk, Yap, Kosrae et Pohnpei ; 707 km^2 ; 104 000 hab. *(Micronésiens).* CAP. *Palikir.* LANGUE : *anglais.* MONNAIE : *dollar des États-Unis.* Placé sous tutelle américaine de 1947 à 1986, l'archipel devient ensuite un « État librement associé » aux États-Unis et entre à l'O.N.U. en 1991.

micro-onde [mikroɔ̃d] **adj.** et **n.f.** (pl. *micro-ondes*). **1.** Se dit du rayonnement électromagnétique d'une longueur comprise entre 1 m et 1 mm. **2. (Four à) micro-ondes,** four dans lequel le rayonnement d'ondes électromagnétiques à fréquence très élevée permet une cuisson, un réchauffage ou une décongélation très rapides des aliments (on dit aussi *un micro-ondes*).

micro-ordinateur [mikroɔrdinatœr] **n.m.** (pl. *micro-ordinateurs*). Petit ordinateur composé d'un ou de plusieurs microprocesseurs et de leur environnement matériel (écran, clavier) [abrév. fam. *2. micro*].

micro-organisme [mikroɔrganism] **n.m.** (pl. *micro-organismes*). BIOL. Organisme microscopique tel que les bactéries, les champignons unicellulaires (levures), les protistes et les virus (syn. vieilli **microbe**).

■ Les micro-organismes forment un ensemble très hétérogène. Ils comprennent les procaryotes (bactéries), les protistes (organismes eucaryotes unicellulaires) et les virus. La taille des micro-organismes diffère selon les groupes et les espèces, mais elle est le plus souvent de l'ordre du micromètre pour les bactéries et les protistes, et de quelques dizaines à quelques centaines de nanomètres pour les virus. Les micro-organismes jouent un rôle très important dans les cycles écologiques. Ainsi, beaucoup sont des décomposeurs qui recyclent la matière organique morte en éléments minéraux.

Les micro-organismes et l'homme. L'immense majorité des micro-organismes est sans aucune incidence sur la santé humaine ; cependant, un certain nombre sont pathogènes. Ils vivent en parasites sur la peau (par ex. les champignons qui provoquent les mycoses) ou à l'intérieur du corps (virus, bactéries, protozoaires), provoquant des maladies très diverses. Mais il existe aussi de nombreuses bactéries inoffensives qui vivent sur la peau ou dans le corps, où elles trouvent leur nourriture (ce sont des organismes *commensaux*) : en occupant ainsi les lieux, elles contribuent à empêcher l'installation de micro-organismes pathogènes. ■

microphone [mikrɔfɔn] **n.m.** (de *micro-* et *-phone*). Appareil utilisé pour capter ou amplifier la voix (abrév. *1. micro*).

microphonique [mikrɔfɔnik] **adj.** Relatif au microphone.

microphotographie [mikrɔfɔtɔgrafi] **n.f.** Photographie des préparations microscopiques.

microphysique [mikrɔfizik] **n.f.** Partie de la physique qui étudie les atomes, les noyaux et les particules élémentaires.

microprocesseur [mikrɔprɔsesœr] **n.m.** INFORM. Processeur miniaturisé dont tous les éléments sont rassemblés en un seul circuit intégré : *Le premier microprocesseur date de 1971.*

microscope [mikrɔskɔp] **n.m.** (de *micro-* et *-scope*). **1.** Instrument d'optique composé de plusieurs lentilles, qui sert à regarder les objets très petits : *Observation au microscope.* **2. Microscope électronique,** appareil analogue au microscope, mais dans lequel les rayons lumineux sont remplacés par un faisceau d'électrons.

■ Un microscope est un instrument qui permet de donner une image agrandie d'un objet trop petit pour être vu à l'œil nu. On peut classer les microscopes en trois types principaux : les microscopes optiques qui permettent de grossir jusqu'à 2 000 fois, les microscopes électroniques jusqu'à 500 000 fois et les microscopes à effet tunnel qui permettent d'observer des objets de la taille d'un atome (environ 10^{-10} m).

Le microscope optique. Le microscope optique est l'outil de référence pour l'enseignement et les examens de laboratoire courants. Il comprend un *objectif* et un *oculaire.* L'objectif est constitué par un ensemble de petites lentilles, de très courte distance focale, qui donne, d'un petit objet placé très près du foyer, une image réelle agrandie. L'oculaire est souvent formé de deux lentilles convergentes ; il fonctionne comme une loupe et donne de l'image réelle fournie par l'objectif une image virtuelle agrandie. La distance de l'objectif à l'oculaire est invariable. Généralement, l'objet à examiner est placé sur une lame de verre, que l'on dispose sous l'objectif de l'appareil. Cette préparation est éclairée par l'intermédiaire d'un miroir orientable ou d'une lampe.

Le microscope électronique. Globalement, dans un microscope électronique, la lumière est remplacée par un faisceau d'électrons et les lentilles optiques par des lentilles magnétiques. L'image agrandie d'un objet est ainsi obtenue en utilisant son interaction avec des électrons. En effet, les travaux de L. de Broglie ont mis en évidence que, si la lumière possède un caractère corpusculaire, des particules comme les électrons peuvent manifester des propriétés ondulatoires. La longueur d'onde associée à un faisceau d'électrons est du même ordre que celle des rayons X ; de plus, comme les électrons ont une charge électrique, on peut les dévier et les focaliser au moyen de « lentilles » magnétiques ou électrostatiques. (→ électron, lumière.) Parmi toute la gamme existante, la famille des microscopes électroniques comporte, entre autres, le *microscope à balayage,* dont l'image, visualisée sur un écran de télévision, permet l'observation en relief de surfaces biologiques, de défauts superficiels de métaux, etc.

Le microscope à effet tunnel. Il n'a plus du microscope que le nom, car son principe repose sur la possibilité de contrôler, avec une précision de l'ordre du nanomètre (10^{-9} m), la position d'une microsonde promenée sur la surface étudiée. À des distances de cet ordre, les électrons peuvent traverser l'intervalle entre la couche atomique superficielle et la sonde. L'amplification du parcours de la microsonde au-dessus de la surface de l'objet permet, de la sorte, de visualiser la topographie de l'échantillon et d'en restituer une image à l'échelle atomique.

Les grandes découvertes de la microscopie. La paternité de l'invention du microscope n'est attribuée à personne en particulier, car plusieurs modèles sont apparus à la même période. Toutefois, les plus anciens microscopes connus, composés de plusieurs lentilles, datent de 1590. Ils ont été construits par les opticiens lunetiers hollandais Jansen père et fils. En 1667, le scientifique anglais Robert Hooke publie des dessins de ses observations de poux, de cellules végétales et de champignons, réalisées à l'aide d'un microscope à trois lentilles. À la même époque, le Hollandais Antonie Van Leeuwenhoek effectue des observations microscopiques de bactéries, de spermatozoïdes, de globules du sang et de bien d'autres organismes. À partir du XVIIe s., les microscopes sont semblables à ceux utilisés aujourd'hui. Les progrès les plus marquants concernent essentiellement l'éclairage (microscopes à ultraviolets, microscopes polarisants…). D'importantes découvertes sont réalisées au XIXe s. au moyen de microscopes, notamment l'observation de la cellule et de ses composants, ouvrant ainsi la voie à de nouvelles sciences comme la bactériologie (étude des bactéries) et la parasitologie (étude des parasites). Il est désormais possible de dépister des maladies, de comprendre les fonctionnements des infections et de fabriquer des vaccins. Dans les années 1940, l'invention du microscope électronique révolutionne l'observation microscopique et permet le développement de la microbiologie. Puis l'invention du microscope à effet tunnel au début des années 1980 ouvre encore de nouvelles voies d'exploration de l'infiniment petit, notamment en physique du solide, en permettant d'observer directement les atomes à la surface d'un échantillon. ■

microscopie [mikrɔskɔpi] **n.f.** Examen au microscope.

microscopique [mikrɔskɔpik] **adj. 1.** Fait au moyen du microscope : *Observation microscopique.* **2.** Qui ne peut être vu qu'avec un microscope : *Particules microscopiques.* **3.** Très petit : *Une pousse microscopique* (syn. **minuscule**).

microséisme [mikrɔseism] **n.m.** GÉOPHYS. Chacun des séismes de très faible amplitude, détectables seulement au moyen d'instruments, qui agitent la terre de manière plus ou moins permanente.

microsillon [mikrɔsijɔ̃] **n.m.** (de *micro-* et *sillon*). Disque portant cent spires en moyenne au centimètre de rayon et tournant à la vitesse de 45, 33, voire 16 tours par minute.

micro-trottoir [mikrɔtrɔtwar] **n.m.** (pl. *micros-trottoirs*). Enquête d'opinion effectuée au hasard dans la rue, pour une radio ou une télévision.

miction [miksjɔ̃] **n.f.** (bas lat. *mictio*, de *mingere*, uriner). MÉD. Action d'uriner ; écoulement de l'urine : *Miction douloureuse.* ***Rem.*** À distinguer de *mixtion*.

Midas, roi de Phrygie (738-696 ou 675 av. J.-C.), personnage de plusieurs légendes dont l'une veut qu'il ait reçu de Dionysos le pouvoir de changer en or tout ce qu'il touchait. Choisi comme juge dans un concours musical où jouait Apollon, il aurait préféré la flûte à la lyre du dieu. Apollon, irrité, lui fit pousser des oreilles d'âne. Son royaume fut détruit par les Cimmériens.

Middle West → Midwest.

midi [midi] **n.m.** (du lat. *dies*, jour). **1.** Milieu du jour ; heure, moment du milieu du jour : *Midi sonne* (= la douzième heure). *Déjeuner tous les midis au restaurant. Le rendez-vous est fixé à midi et demi. Qu'est-ce que tu as mangé ce midi ?* (= pour le déjeuner). **2.** LITT. Le milieu d'une durée, surtout en parlant de l'existence humaine : *Le midi de la vie.* **3.** (Avec une majuscule). Région sud de la France : *L'accent du Midi.* **4.** Le sud comme point cardinal : *Appartement exposé au midi.* **5. Chercher midi à quatorze heures,** chercher des difficultés là où il n'y en a pas ; compliquer les choses. / **Le démon de midi,** les tentations d'ordre sexuel qui assaillent l'homme vers le milieu de la vie.

Midi *(canal du)*, canal reliant, par la Garonne (et le canal latéral à la Garonne), l'Atlantique à la Méditerranée. Il commence à Toulouse et aboutit, après Agde, à l'étang de Thau ; 241 km. Le canal du Midi fut creusé par Pierre Paul de Riquet de 1666 à 1681.

midinette [midinɛt] **n.f.** (de *midi* et *dînette*). **1.** FAM., VX. Jeune ouvrière parisienne de la couture et de la mode. **2.** Jeune fille frivole et naïvement sentimentale.

Midi-Pyrénées, Anc. Région administrative du sud-ouest de la France, regroupant 8 dép. : Ariège, Aveyron, Haute-Garonne, Gers, Lot, Hautes-Pyrénées, Tarn, Tarn-et-Garonne. → Languedoc-Roussillon-Midi-Pyrénées.

Midlands, région du centre de l'Angleterre. V. princ. *Birmingham*.

Midway *(bataille de)* [3-5 juin 1942], victoire aéronavale américaine sur les Japonais au large de l'archipel des Midway, au N.-O. des îles Hawaii. La défaite de la flotte japonaise marqua un tournant de la guerre du Pacifique. Elle confirmait la supériorité du porte-avions sur le cuirassé.

Midwest ou **Middle West,** vaste région des États-Unis, entre les Appalaches et les Rocheuses.

1. mie [mi] **n.f.** (lat. *mica*, parcelle). Partie molle de l'intérieur du pain (par opp. à la *croûte*) : *Pain de mie.*

2. mie [mi] **n.f.** (de *amie*, sous la forme *m'amie*, mon amie). LITT., VX. Amie ; femme aimée.

miel [mjɛl] **n.m.** (lat. *mel*). **1.** Substance sucrée et parfumée produite par les abeilles à partir du nectar des fleurs, qu'elles entreposent dans les rayons de la ruche pour ensuite en nourrir leurs larves : *Du miel toutes fleurs. Bonbons au miel.* **2. Être tout miel** ou **être tout sucre, tout miel,** être d'une gentillesse intéressée, doucereuse : *Il est tout miel dès qu'il a quelque chose à me demander.*

miellé, e [mjele] **adj.** Propre au miel ; qui rappelle le miel : *Couleur, odeur miellée.*

mielleusement [mjɛløzmɑ̃] **adv.** Avec un ton mielleux.

mielleux, euse [mjɛlø, -øz] **adj.** (de *miel*). D'une douceur hypocrite : *Ton mielleux* (syn. **doucereux,** litt. **patelin**).

mien, enne [mjɛ̃, -ɛn] **pron. poss.** (du lat. *meum*, accusatif de *meus*). [Précédé de l'art. déf.]. Désigne ce qui appartient ou se rapporte à un possesseur de la 1re pers. du sing. : *Si ta fille est turbulente, la mienne ne l'est pas moins.* ◆ **adj. poss.** SOUT. (VX ou LITT. en fonction d'épithète). Qui est à moi : *Je refuse de faire mienne votre proposition. Un mien ami.* ◆ **mien n.m. 1.** Ce qui m'appartient : *Le mien et le tien.* **2. Les miens,** mes parents ; mes proches.

Mies van der Rohe (Ludwig), architecte allemand naturalisé américain (Aix-la-Chapelle 1886 - Chicago 1969). Élève notamment de Behrens, rationaliste, il est l'un des pères du « style international ». Directeur du Bauhaus de Dessau (1930-1933), il émigra aux États-Unis, où il édifia, en particulier à Chicago, des immeubles caractérisés par de grands pans de verre sur ossature d'acier (Crown Hall de l'Institut de technologie de l'Illinois, 1950-1956 ; à New York : Seagram Building, 1954-1958). Son influence sur l'architecture moderne n'a eu d'égale que celles de Wright et de Le Corbusier.

miette [mjɛt] **n.f.** (de *1. mie*). **1.** Petit fragment qui tombe du pain, d'un gâteau quand on le coupe : *Faire des miettes en coupant du pain.* **2.** Parcelle, reste insignifiant de qqch : *Les miettes d'une fortune* (syn. **bribes, débris** ; contr. **totalité**). **3. En miettes,** en petits morceaux : *L'assiette qui est tombée est en miettes.* / **Ne pas perdre une miette de qqch,** y prêter une grande attention : *Ne pas perdre une miette de la conversation.*

mieux [mjø] **adv.** (lat. *melius*, comparatif de *bene*, bien). **1.** Comparatif de supériorité de *bien* : *Ça vaut mieux. Il se porte mieux.* **2.** Précédé de l'art. déf., superlatif de *bien* : *C'est la mieux faite. Les enfants les mieux élevés.* **3. Aimer mieux,** préférer. / **À qui mieux mieux,** en rivalisant avec les autres : *Tous, à qui mieux mieux, faisaient assaut de flatterie* (= à l'envi). / **De mieux en mieux,** en progressant de manière constante : *Elle travaille de mieux en mieux.* / **Être, aller mieux,** être en meilleure santé. ◆ **n.m. 1.** Ce qui est préférable, plus avantageux : *Le mieux serait d'aller voir.* **2.** Sans art., indique qqch de meilleur : *Je m'attendais à mieux.* **3.** État meilleur : *Le médecin a constaté un mieux* (syn. **amélioration** ; contr. **aggravation**). **4. Au mieux,** aussi bien que possible ; dans le meilleur des cas : *Les* *affaires vont au mieux. Ce travail sera achevé au mieux demain.* / **De mon, ton... mieux,** avec la meilleure volonté ; de la meilleure façon possible : *J'ai fait de mon mieux. Conseiller qqn de son mieux.* / **Faute de mieux,** à défaut d'une chose plus avantageuse, plus agréable : *Je m'en contenterai, faute de mieux.*

mieux-être [mjøzɛtr] **n.m. inv.** Amélioration de la situation matérielle, de la santé de qqn, etc. : *Agir en vue du mieux-être de tous. Jouir d'un mieux-être* (= se sentir mieux).

mièvre [mjɛvr] **adj.** (var. de *nièvre,* vif, du scand. *snaefr*). Qui est d'une grâce affectée et fade ; qui manque de vigueur, de caractère : *Tableau, jeune femme d'une beauté un peu mièvre* (syn. **fade**).

mièvrerie [mjɛvrəri] **n.f.** Caractère de qqn, de qqch qui est fade, affecté, mièvre ; action, propos sans intérêt : *Il tombe facilement dans la mièvrerie* (syn. litt. **afféterie, mignardise**).

Mignard (Nicolas), dit **Mignard d'Avignon,** peintre français (Troyes 1606 - Paris 1668). Il travailla surtout à Avignon, mais fut appelé, après 1660, à décorer un appartement du roi aux Tuileries. • Son frère **Pierre,** dit **Mignard le Romain** (Troyes 1612 - Paris 1695), travailla plus de vingt ans à Rome, puis s'installa à Paris. Il fut chargé de peindre la coupole du Val-de-Grâce (1663), devint un des portraitistes favoris de la noblesse et succéda à Le Brun dans toutes ses charges (1690).

mignardise [miɲardiz] **n.f.** (de *mignard,* doucereux, de *mignon*). **1.** LITT. Manque de naturel ; grâce affectée : *Les mignardises d'une coquette* (syn. **minauderie, simagrée**). *La mignardise d'un peintre* (syn. **préciosité, mièvrerie**). **2.** Œillet vivace à petites fleurs très odorantes (on dit aussi *un œillet mignardise*). **3.** (Surtout au pl.). Petite pâtisserie servie en assortiment à la fin d'un repas.

mignon, onne [miɲɔ̃, -ɔn] **adj.** (de *mignot,* de même rac. que *minet,* chat). **1.** Qui est pourvu d'attraits physiques ; qui a de la grâce : *Elle est mignonne* (syn. **joli**). *Un mignon petit nez* (syn. **gracieux, charmant**). **2.** FAM. Gentil ; complaisant : *Tu es bien mignon d'accepter* (syn. **aimable**). **3. Filet mignon,** morceau de viande coupé dans la pointe du filet. / **Péché mignon** ⟶ **péché.** ◆ **mignon n.m.** HIST. Nom donné aux favoris d'Henri III, très efféminés.

migraine [migrɛn] **n.f.** (lat. *hemicrania,* mot gr., de *hêmi,* moitié, et *kranion,* crâne). **1.** MÉD. Douleur violente qui affecte un côté de la tête et qui s'accompagne souvent de nausées et de vomissements : *Souffrir d'atroces migraines.* **2.** Mal de tête : *Avoir la migraine.*

migraineux, euse [migrɛnø, -øz] **adj.** et **n.** Relatif à la migraine ; sujet à la migraine : *Crise migraineuse.*

migrant, e [migrɑ̃, -ɑ̃t] **adj.** et **n.** Se dit de qqn qui effectue ou a effectué une migration : *Population migrante. Un migrant qui cherche un logement, du travail* (syn. **émigrant**).

migrateur, trice [migratœr, -tris] **adj.** et **n.m.** Se dit d'un animal qui effectue des migrations : *Oiseaux migrateurs.*

migration [migrasjɔ̃] **n.f.** (lat. *migratio,* de *migrare,* changer de séjour). **1.** Déplacement de population, de groupe, d'un pays dans un autre pour s'y établir, sous l'influence de facteurs économiques ou politiques : *Les grandes migrations humaines du début de notre ère.* **2.** Déplacement en groupe et dans une direction déterminée, que certains animaux entreprennent à certaines saisons : *La migration annuelle des hirondelles.* **3.** SC. Déplacement d'un organisme, d'une molécule, etc. : *Migration larvaire.*

■ ZOOLOGIE. La migration est un déplacement lié à la reproduction de l'espèce, ou à la recherche de nourriture et de conditions de vie plus favorables. Ainsi, les oiseaux migrateurs ont deux lieux de vie séparés dans le temps : une zone d'hivernage au climat clément, où la nourriture est abondante même pendant l'hiver, et une zone plus fraîche pour passer la saison chaude et se reproduire. La migration est généralement un phénomène saisonnier. Cependant, certaines migrations sont des voyages uniques, comme c'est le cas chez le saumon du Pacifique, qui meurt d'épuisement après s'être reproduit. Les déplacements erratiques des bancs de poissons ou les mouvements massifs de populations du lemming, accompagnés d'une forte mortalité, ne sont pas des migrations. Les déplacements effectués lors des migrations sont souvent de plusieurs milliers de kilomètres. Le voyage nécessite, avant le départ, l'accumulation de réserves (graisses) qui sont progressivement utilisées pendant le trajet. Ce problème ne se pose pas pour les mammifères africains, comme les gnous, qui suivent le déplacement de la zone des pluies, étant ainsi toujours assurés de disposer d'une nourriture suffisante.

L'orientation. Selon les espèces, la pulsion de migration est déclenchée soit par un mécanisme interne de mesure de temps (« horloge interne »), soit par un facteur externe, la longueur du jour (photopériode). Pour retrouver leur chemin sur de si longues distances, les animaux sont doués de facultés d'orientation remarquables, dont toutes ne sont pas encore bien comprises aujourd'hui. Des expériences menées sur les cigognes ont montré que leur faculté d'orientation était héréditaire. Souvent des repères topographiques (relief, cours d'eau) ou astronomiques (Soleil, étoiles) sont utilisés. Le champ magnétique terrestre serait aussi un indicateur pour les pigeons, qui y sont sensibles. Quant au saumon, c'est grâce à un odorat particulièrement fin qu'il s'oriente, à la fin de son voyage, vers le cours d'eau natal. ■

migratoire [migratwar] **adj.** Relatif aux migrations : *Un mouvement migratoire des campagnes vers les villes.*

migrer [migre] **v.i.** (lat. *migrare*). Effectuer une migration : *Les anguilles, les saumons migrent.*

mihrab [mirab] **n.m.** (mot ar.). Dans une mosquée, niche creusée dans le mur indiquant la direction *(qibla)* de La Mecque.

mijaurée [miʒɔre] **n.f.** (p.-ê. fr. dialect. **mijolée,* de *mijoler,* cuire à petit feu puis « cajoler »). Femme, jeune fille qui a des manières affectées et ridicules : *Faire la mijaurée.*

mijoter [miʒɔte] **v.t.** (de l'anc. fr. *mijot,* lieu où on fait mûrir les fruits, p.-ê. du germ. **musganda*). **1.** Faire cuire lentement et à petit feu : *Mijoter un bœuf mode* (= faire mijoter) [syn. **mitonner**]. **2.** Préparer de longue main, avec soin, dans le secret : *Mijoter un complot* (syn. **ourdir**). *Qu'est-ce que tu mijotes encore ?* (syn. **tramer, manigancer**). ◆ **v.i. 1.** Cuire lentement : *Un ragoût qui mijote.* **2. Faire mijoter qqch,** le mijoter : *Faire mijoter un plat.*

mikado [mikado] **n.m.** (mot jap.). **1.** Empereur du Japon : *Intronisation du mikado.* **2.** Jeu d'adresse constitué de longues et fines baguettes de bois (les *jonchets*) jetées en tas et qu'il s'agit de prendre une à une et sans faire bouger les autres : *Faire une partie de mikado* (syn. **jonchet**).

1. mil adj. num. ⟶ **1. mille.**

2. mil [mil] **n.m.** (lat. *milium*). Nom générique de diverses céréales caractérisées par la petitesse de leur grain et cultivées en zone tropicale sèche (ex. : millet, sorgho).

milan [milɑ̃] **n.m.** (lat. pop. **milanus,* class. *miluus*). Oiseau rapace diurne des régions chaudes et tempérées de l'Ancien Monde, chassant le menu gibier et les petits rongeurs. ▸ Famille des accipitridés ; taille 60 cm ; envergure jusqu'à 1,50 m.

Milan, en ital. **Milano,** v. d'Italie, cap. de la Lombardie, anc. cap. du Milanais ; 1 245 660 hab. *(Milanais)* [2 915 979 hab. dans l'agglomération]. Métropole économique de l'Italie, grand centre industriel, commercial, intellectuel (université, édition) et religieux (archevêché). – Cathédrale gothique (le *Duomo*) entreprise à la fin du XIVe s. Églises d'origine paléochrétienne (S. Ambrogio) ou médiévale. Ensemble de S. Maria delle Grazie, en partie de Bramante (*Cène* de Léonard de Vinci). Castello Sforzesco (1450 ; musée). Théâtre de la Scala (XVIIIe s.). Bibliothèque et pinacothèque Ambrosienne. Riche pinacothèque de Brera et autres musées. – Fondée v. 400 av. J.-C. par les Gaulois, romaine dès 222 av. J.-C., Milan fut, au Bas-Empire, résidence impériale et métropole religieuse. Ravagée par les Barbares et par les luttes du Sacerdoce et de l'Empire, elle devint indépendante en 1183. Aux XIVe-XVIe s., elle connut une grande prospérité sous les Visconti et les Sforza. L'occupation espagnole provoqua ensuite son déclin. Capitale du royaume d'Italie (1805-1814) puis du Royaume lombard-vénitien (1815), elle entra en 1861 dans le royaume d'Italie.

Milanais (le), anc. État du nord de l'Italie. Il se constitue, autour de Milan à partir du XIIe s., aux dépens des autres villes lombardes. En 1397, Jean-Galéas Visconti reçoit de l'empereur le titre de duc de Lombardie. Au XVe s., l'œuvre des Visconti (agrandissements territoriaux et unification de l'État) est poursuivie par les Sforza. Après les échecs de Louis XII et de François Ier (1540), le Milanais passe aux Habsbourg d'Espagne. Cédé à l'Autriche en 1714, il est sous domination française de 1796 à 1814. En 1815, il forme, avec la Vénétie, le Royaume lombard-vénitien, sous tutelle autrichienne.

mildiou [mildju] **n.m.** (angl. *mildew*). Maladie des plantes cultivées provoquée par des champignons microscopiques, affectant surtout les jeunes pousses et les feuilles : *Le mildiou de la vigne, de la pomme de terre.*

mile [majl] **n.m.** (mot angl.). Mesure itinéraire anglo-saxonne valant environ 1 609 m.

Milet, cité ionienne de l'Asie Mineure, qui fut, à partir du VIIIe s. av. J.-C., un important centre de commerce et un foyer de culture grecque (école philosophique). La ville était l'une des réussites de l'urbanisme hellénistique : édifices publics formant un centre monumental, différenciation des quartiers selon les activités. Imposants vestiges, dont certains (porte de l'agora sud) sont conservés au musée de Berlin.

Milhaud (Darius), compositeur français (Marseille 1892 - Genève 1974). Membre du groupe des Six, il en illustre l'esthétique avec *le Bœuf sur le toit* (1920). Son œuvre aborde tous les genres : opéras (*Christophe Colomb,* 1930), cantates, ballets (*la Création du monde,* 1923), symphonies, musique de chambre et le célèbre *Scaramouche* pour deux pianos (1937).

milice [milis] **n.f.** (lat. *militia,* service militaire). **1.** HIST. Du Moyen Âge au XVIIIe s., troupe levée dans les communes notamm. pour renforcer l'armée régulière : *Les milices communales, bourgeoises.* **2.** Organisation paramilitaire constituant l'élément de base de certains partis totalitaires ou de certaines dictatures. **3.** *BELG. ANC.* Service militaire. **4. La Milice,** formation paramilitaire créée par le gouvernement de Vichy en 1943 en France. ▸ Elle collabora avec les Allemands dans la répression et la lutte contre la Résistance.

milicien, enne [milisjɛ̃, -ɛn] **n.** Personne appartenant à une milice. ◆ **milicien n.m.** *BELG. ANC.* Jeune homme qui accomplit son service militaire ; appelé.

milieu [miljø] **n.m.** (de *mi-* et *lieu*). **1.** Lieu également éloigné de tous les points du pourtour ou des extrémités de qqch : *Se tenir au milieu de la pièce* (syn. **centre**). **2.** Position, place de qqch, de qqn qui est située entre d'autres : *Le rang du milieu. Le médius est le doigt du milieu.* **3.** Moment également éloigné du début et de la fin d'une période de temps : *Le milieu de la nuit.* **4.** Position modérée entre deux partis extrêmes : *Opter pour le juste milieu. Attitude qui tient le milieu entre la prudence et la méfiance* (syn. **intermédiaire**). **5.** Entourage social de qqn ; couche de la société dont il est issu : *Milieu populaire. Être du même milieu* (= avoir la même origine sociale) [syn. **extraction**]. **6.** Groupe de personnes ayant les mêmes activités, les mêmes intérêts : *Les milieux des affaires. Le milieu de la danse* (syn. **monde**). **7.** BIOL. Ensemble des facteurs extérieurs qui agissent de façon permanente ou durable sur un animal, une plante, etc. : *Milieu hostile.* **8.** BACTÉR. **Milieu de culture,** produit nutritif artificiel qui permet la croissance plus ou moins rapide des populations bactériennes ou l'isolement de celles-ci en colonies séparées, dans un dessein diagnostique. / BIOL. **Milieu intérieur,** milieu dans lequel baignent directement les cellules vivantes chez les animaux supérieurs, c'est-à-dire le sang et la lymphe. / GÉOGR. **Milieu géographique,** ensemble des caractéristiques physiques (relief, climat, etc.) et humaines (environnement politique, économique, etc.) influant sur la vie des hommes. / SPORTS. **Milieu de terrain,** au football, joueur chargé d'assurer la liaison entre défenseurs et attaquants ; ensemble des joueurs tenant ce rôle dans une équipe. **9. Le milieu,** l'ensemble des personnes en marge de la loi, qui vivent de trafics illicites, des revenus de la prostitution. ◆ **loc. prép. 1. Au milieu de,** au centre de ; à un moment d'une durée qui est également éloigné du début et de la fin ; parmi : *S'arrêter au milieu de la rue. Au milieu de l'été. Disparaître au milieu de la foule.* **2. Au beau milieu de, en plein milieu de,** exactement au milieu de qqch ; alors que qqch bat son plein, est à son moment le plus fort : *L'arbre s'est abattu en plein milieu de la maison. S'arrêter au beau milieu de sa phrase.*

Milieu *(empire du),* nom donné jadis à la Chine (considérée comme le centre du monde).

1. militaire [militɛr] **adj.** (lat. *militaris,* de *miles, -itis,* soldat). **1.** Qui concerne les armées, leurs membres, les opérations de guerre : *Camp militaire. Un coup d'État militaire* (= un putsch). *Musique militaire.* **2.** Considéré comme propre à l'armée : *Une exactitude toute militaire.*

2. militaire [militɛr] **n.** (de *1. militaire*). Personne qui fait partie des forces armées : *Militaire de carrière* (syn. **soldat**).

militairement [militɛrmɑ̃] **adv.** De façon militaire ; par la force armée : *S'emparer militairement d'une ville.*

militant, e [militɑ̃, -ɑ̃t] **adj.** Qui lutte, milite pour une idée, une opinion, un parti : *Une politique militante.* ◆ **n.** Adhérent d'une organisation politique, syndicale, sociale, qui participe activement à la vie de cette organisation : *Un militant de base.*

militantisme [militɑ̃tism] **n.m.** Attitude, activité de militant, de propagandiste actif.

militarisation [militarizasjɔ̃] **n.f.** Action de militariser.

militariser [militarize] **v.t. 1.** Pourvoir de forces armées : *Militariser une zone frontière* (contr. **démilitariser**). **2.** Donner un caractère, une structure militaire à : *Militariser une administration.*

militarisme [militarism] **n.m. 1.** Système politique fondé sur la prépondérance de l'armée : *Le militarisme prussien du XIXe siècle.* **2.** Exaltation des valeurs militaires et du rôle de l'armée, considérés comme garants de l'ordre : *Détester le militarisme.* ◆ **militariste adj.** et **n.** Relatif au militarisme ; qui en est partisan : *Politique militariste.*

militaro-industriel, elle [militarɔɛ̃dystrijɛl] **adj.** (pl. *militaro-industriels, elles*). **Complexe militaro-industriel** ensemble imbriqué formé par les décideurs politiques, les responsables militaires et les industriels chargés d'assurer la fourniture de matériels aux forces armées.

militer [milite] **v.i.** (lat. *militari,* de *miles, -itis,* soldat). **1.** Participer d'une manière active à la vie d'un parti politique, d'un syndicat, d'une organisation : *Militer dans un syndicat.* **2.** Constituer un argument en faveur de ou contre qqn, qqch : *Cela milite en sa faveur* (syn. **plaider**).

milk-shake [milkʃɛk] **n.m.** (mot anglo-amér., de *milk,* lait, et *to shake,* secouer) [pl. *milk-shakes*]. Boisson frappée, à base de lait aromatisé : *Un milk-shake à la fraise.*

Mill (John Stuart), philosophe et économiste britannique (Londres 1806 - Avignon 1873). Il veut faire de la logique une science de la vérité, au lieu d'une science de la déduction. Il préconise une morale utilitariste. En économie, il se rattache au courant libéral (*Principes d'économie politique,* 1848 ; *l'Utilitarisme,* 1863).

millage [milaʒ] **n.m.** (de *2. mille,* d'apr. *kilométrage*). *QUÉBÉC.* Distance comptée en milles.

Millau, ch.-l. d'arr. de l'Aveyron, sur le Tarn ; 22 894 hab. *(Millavois).* Mégisserie et ganterie. Beffroi et église des XIIe-XVIIe s. Musée. – À 5 km à l'ouest, viaduc autoroutier au-dessus de la vallée du Tarn (ouvrage à haubans de 2 460 m de long, conçu par N. Foster, achevé en 2004).

1. mille [mil] **adj. num. card. inv.** (lat. *milia,* pl. de *mille*). **1.** Dix fois cent : *Trois mille hommes. L'an deux mille.* ***Rem.*** Dans les dates, on écrit indifféremment *mille* ou *mil* : *L'an mil huit cent* ou *mille huit cent.* **2.** (En fonction d'ord.). De rang numéro mille ; millième : *La page mille d'un dictionnaire.* **3.** Un très grand nombre de : *Courir mille dangers. Souffrir mille morts.*

Mille mercis. **4.** FAM. **Je vous le donne en mille,** vous n'avez pas une chance sur mille de deviner : *Tu sais qui j'ai vu ? Je te le donne en mille...* ◆ **n. m. inv. 1.** Le nombre qui suit neuf cent quatre-vingt-dix-neuf dans la série des entiers naturels : *Compter jusqu'à mille.* **2.** FAM. **Des mille et des cents,** de très fortes sommes. / FAM. **Mettre, taper (en plein) dans le mille,** deviner juste ; atteindre son objectif : *Tout juste, vous avez tapé dans le mille.*

2. mille [mil] **n.m.** (de *1. mille*). **1.** Mesure itinéraire romaine, qui valait mille pas (1 481,50 m). **2.** Unité de mesure internationale pour les distances en navigation aérienne ou maritime, correspondant à la distance de deux points de la Terre ayant même longitude et dont les latitudes diffèrent d'une minute (on dit aussi *mille marin* ou *mille nautique*). ▸ Le mille vaut, par convention, 1 852 m, sauf dans les pays du Commonwealth, où il vaut 1 853,18 m. **3.** Au Canada, anc. unité de mesure des distances, équivalant au mile anglo-saxon.

Mille et Une Nuits (les), recueil de contes arabes d'origine persane, dont la première traduction française est due à A. Galland (1704-1717). Le roi de Perse Chahriyar a décidé de prendre chaque soir une nouvelle épouse et de la faire étrangler le lendemain. La fille de son vizir, Schéhérazade, s'offre pour cette union, mais au milieu de la nuit commence un conte qui passionne le roi, au point qu'il remet l'exécution au lendemain pour connaître la suite de l'histoire : les contes d'Aladin, d'Ali Baba, de Sindbad et bien d'autres charmeront le monarque pendant mille autres nuits et le feront renoncer à son dessein cruel.

1. millefeuille ou **mille-feuille** [milfœj] **n.f.** (anc. fr. *milfoil,* d'apr. le lat. *millefolium*) [pl. *mille-feuilles*]. Autre nom de l'achillée mille-feuilles.

2. millefeuille ou **mille-feuille** [milfœj] **n.m.** (de *1. mille* et *feuille*) [pl. *mille-feuilles*]. Gâteau de pâte feuilletée garni de crème pâtissière et poudré de sucre glace.

millénaire [milenɛr] **adj.** (lat. *millenarius*). Qui atteint mille ans ; qui est très vieux : *Une tradition millénaire.* ◆ **n.m. 1.** Durée de mille ans : *Le IIIe millénaire.* **2.** Anniversaire d'un événement qui a eu lieu mille ans auparavant : *Le millénaire de la fondation d'une ville.*

millénarisme [milenarism] **n.m. 1.** Ensemble de croyances développées par certains courants du christianisme à un règne terrestre du Messie et de ses élus, précédant le Jugement dernier et censé devoir durer mille ans. **2.** Courant de pensée qui réclame un retour aux conditions sociales telles que les décrivent les mythes de la création du monde. ◆ **millénariste adj.** et **n.** Relatif au millénarisme ; qui le professe : *Prophétie millénariste.*

mille-pattes [milpat] **n.m. inv.** Nom usuel des arthropodes formant la classe des myriapodes. ▸ Les mille-pattes ont entre 11 et 375 paires de pattes.

millepertuis [milpɛrtɥi] **n.m. inv.** (de *1. mille* et *pertuis,* ouverture). Plante aux fleurs à nombreuses étamines et dont les feuilles sont presque toujours parsemées de petites glandes translucides ressemblant à de petits trous. ▸ Famille des hypéricacées.

Miller (Arthur), auteur dramatique américain (New York 1915 - Roxbury, Connecticut, 2005). Ses pièces mettent en scène des héros qui luttent pour être reconnus et acceptés par la société (*Mort d'un commis voyageur,* 1949 ; *les Sorcières de Salem,* 1953 ; *Vu du pont,* 1955).

Miller (Henry), écrivain américain (New York 1891 - Los Angeles 1980). Son œuvre forme une autobiographie épique qui relate sa recherche passionnée d'une vitalité et d'une liberté primitives à travers la libération des contraintes sexuelles et sociales (*Tropique du Cancer,* 1934 ; *Tropique du Capricorne,* 1939 ; *Sexus,* 1949 ; *Plexus,* 1952 ; *Nexus,* 1960).

Miller (Stanley), chimiste américain (Oakland 1930 - National City, Californie, 2007). En 1952, il reconstitue dans un ballon l'atmosphère qui régnait probablement sur la Terre il y a 4 milliards d'années, et la soumet à de fortes décharges électriques : dans cette « soupe » apparaissent des acides aminés et d'autres molécules organiques. Cette expérience a démontré que des molécules organiques (constituants fondamentaux des êtres vivants) peuvent se former, dans certaines conditions physico-chimiques, à partir de matière inerte.

Millerand (Alexandre), chef d'État français (Paris 1859 - Versailles 1943). Député socialiste, il accomplit, comme ministre du Commerce et de l'Industrie (1899-1902), d'importantes réformes sociales. S'éloignant progressivement des socialistes, il fut ministre de la Guerre (1912-1913, 1914-1915), président du Conseil (1920), puis président de la République de 1920 à 1924. Il démissionna devant l'opposition du Cartel des gauches regroupant socialistes et radicaux.

millésime [milezim] **n.m.** (lat. *millesimus,* millième). Chiffres indiquant l'année d'émission d'une pièce de monnaie, celle de la récolte du raisin ayant servi à faire un vin, celle de la production d'une voiture, etc. : *Une bouteille d'un grand millésime.*

millésimé, e [milezime] **adj.** Doté d'un millésime : *Un vin millésimé.*

millet [mijɛ] **n.m.** (de *2. mil*). Nom usuel de plusieurs céréales à très petits grains, cultivées surtout en Afrique, notamm. au Sahel. ▸ Famille des graminées.

Millet (Jean-François), peintre, dessinateur et graveur français (Gruchy, près de Gréville-Hague, Manche, 1814 - Barbizon 1875). C'est un des maîtres de l'école de Barbizon, d'un réalisme sensible. La puissance de son *Semeur* du Salon de 1850 (Philadelphie, réplique à Boston) suscita une controverse de caractère politico-social. Au musée d'Orsay sont notamment conservés *les Glaneuses* et *l'Angélus* (1857), *la Grande Bergère* (1863).

Millevaches *(plateau de),* haut plateau du Limousin, culminant à 977 m, où naissent la Vienne, la Creuse, la Vézère et la Corrèze. Parc naturel régional de Millevaches en Limousin, couvrant env. 314 000 ha.

milliard [miljar] **n.m.** (de *million,* par changement de suff.). **1.** Mille millions. **2.** Nombre extrêmement grand : *Des milliards de petits insectes* (syn. **myriade**).

milliardaire [miljardɛr] **adj.** et **n.** Qui possède un capital ou des revenus d'au moins un milliard d'une unité monétaire donnée : *Milliardaire en euros.*

milliardième [miljardjɛm] **adj. num. ord.** et **n.** Qui occupe le rang marqué par le nombre d'un milliard : *Le milliardième ouvrage imprimé.* ◆ **adj.** et **n.m.** Qui correspond à la division d'un tout en un milliard de parties égales : *Un milliardième de l'humanité.*

millibar [milibar] **n.m.** MÉTÉOR. Unité de pression atmosphérique, remplacée auj. par l'hectopascal, et équivalant à un millième de bar ou cent pascals.

millième [miljɛm] **adj. num. ord.** et **n.** De rang numéro mille : *La millième année après la naissance de Jésus-Christ.* ◆ **adj.** et **n.m.** Qui correspond à la division d'un tout en mille parties égales : *Le litre est le millième du mètre cube.* ◆ **n.m.** MIL. Unité d'angle utilisée pour le tir et égale à l'angle sous lequel on voit une longueur de 1 m à 1 000 m.

millier [milje] **n.m. 1.** Quantité, nombre de mille, d'environ mille : *Un millier de personnes.* **2.** Grand nombre indéterminé : *Des étoiles par milliers.*

milligramme [miligram] **n.m.** Millième partie du gramme. ▸ Symb. mg.

Millikan (Robert Andrews), physicien américain (Morrison, Illinois, 1868 - San Marino, Californie, 1953). Il mesura la charge de l'électron (1911) en immobilisant des gouttelettes d'huile chargées entre les plateaux d'un condensateur à air. En 1916, il détermina la constante de Planck en étudiant les électrons libérés dans l'effet photoélectrique. Il mesura aussi l'intensité du rayonnement cosmique à diverses altitudes. (Prix Nobel 1923.)

millilitre [mililitr] **n.m.** Millième partie du litre : *Un millilitre de sang.* ▸ Symb. ml.

millimètre [milimɛtr] **n.m.** Millième partie du mètre : *Mesure établie à un millimètre près.* ▸ Symb. mm.

millimétré, e [milimetre] **adj. Papier millimétré,** papier quadrillé, gradué en millimètres en longueur et en largeur, servant à faire des schémas.

millimétrique [milimetrik] **adj.** Relatif au millimètre ; gradué en millimètres : *Mesure, échelle millimétrique.*

million [miljɔ̃] **n.m.** (it. *milione*). Mille fois mille : *Un manoir qui vaut plus d'un million d'euros.*

millionième [miljɔnjɛm] **adj. num. ord.** et **n.** Qui occupe le rang marqué par le nombre d'un million : *Le millionième exemplaire vendu.* ◆ **adj.** et **n.m.** Qui correspond à la division d'un tout en un million de parties égales : *Je ne dispose même pas du millionième de la somme requise.*

millionnaire [miljɔnɛr] **adj.** et **n.** Se dit d'une personne dont les revenus s'élèvent à au moins un million d'une unité monétaire donnée : *Comme j'aimerais être millionnaire !*

milliseconde [milisgɔ̃d] **n.f.** Millième partie de la seconde. ▸ Symb. ms.

Milon de Crotone, athlète grec (Crotone fin du VIe s. av. J.-C.), disciple et gendre de Pythagore, célèbre pour ses nombreuses victoires aux jeux Olympiques. N'ayant pu dégager son bras de la fente d'un tronc d'arbre qu'il tentait d'arracher, il serait mort dévoré par les bêtes sauvages (sujet d'un marbre célèbre de Puget, autref. dans les jardins de Versailles, auj. au Louvre).

milord [milɔr] **n.m.** (de l'angl. *my lord,* mon seigneur). VIEILLI. Homme riche et élégant : *Être habillé comme un milord.*

Miłosz (Czesław), écrivain polonais naturalisé américain (Szetejnie, Lituanie, 1911 - Cracovie 2004). Poète et romancier exilé aux États-Unis, il doit surtout sa célébrité à ses essais (*la Pensée captive,* 1953), où il analyse la civilisation moderne. (Prix Nobel 1980.)

Milosz [milɔʃ] **(Oscar Vladislas de Lubicz-Milosz,** dit **O. V. de L.),** écrivain français d'origine lituanienne (Tchereïa, Lituanie, 1877 - Fontainebleau 1939), auteur de poèmes d'inspiration élégiaque et mystique, de pièces de théâtre, de recueils de contes lituaniens.

Miltiade, général athénien (540 av. J.-C. - Athènes v. 489 av. J.-C.). Vassal de Darios Ier, il participa en 499 av. J.-C. à la révolte des villes grecques d'Ionie, puis se réfugia à Athènes (492). Commandant les Athéniens, il fut vainqueur des Perses à Marathon.

Milton (John), poète anglais (Londres 1608 - Chalfont Saint Giles, Buckinghamshire, 1674). Auteur de poèmes philosophiques et pastoraux, il prit parti pour Cromwell, dont il devint le pamphlétaire. Après la restauration des Stuarts, ruiné et aveugle, il dicta son grand poème biblique le *Paradis perdu* (1667), que prolonge le *Paradis reconquis* (1671).

Milwaukee, port des États-Unis (Wisconsin), sur le lac Michigan ; 599 642 hab. (1 487 929 dans l'agglomération).

mime [mim] **n.m.** (lat. *mimus,* du gr.). **1.** Genre de comédie où l'acteur représente une action, des sentiments par gestes et sans avoir recours à la parole : *Le mime d'une chasse aux papillons.* **2.** LITTÉR. GR. ET LAT. Pièce de théâtre comique et réaliste où le geste avait une part prépondérante. ◆ **n. 1.** Acteur spécialisé dans le genre du mime. **2.** Personne qui imite bien les gestes, les attitudes, le parler d'autrui : *C'est un mime-né* (syn. **imitateur**).

mimer [mime] **v.t.** et **v.i.** (de *mime*). **1.** Exprimer une attitude, un sentiment, une action par les gestes, par les jeux de physionomie, sans utiliser la parole : *Mimer la douleur.* **2.** Imiter d'une façon plaisante une personne, ses gestes, ses manières : *Mimer un ami* (syn. **contrefaire, singer**).

mimétique [mimetik] **adj.** Relatif au mimétisme : *Un comportement mimétique.*

mimétisme [mimetism] **n.m.** (du gr. *mimeisthai,* imiter). **1.** Aptitude qu'ont certaines espèces vivantes à se confondre par la forme *(homomorphie)* ou la couleur *(homochromie)* avec l'environnement ou avec les individus d'une autre espèce : *Le mimétisme du caméléon.* **2.** Reproduction inconsciente du comportement, des manières de penser de son entourage, de qqn : *Le mimétisme des jeunes enfants. Faire qqch par mimétisme.*

mimique [mimik] **adj.** DIDACT. Qui mime, qui exprime par le geste : *Langage mimique.* ◆ **n.f.** Ensemble d'expressions du visage ; gestuelle : *Une mimique expressive.*

mimosa [mimoza] **n.m.** (lat. scientif. *mimosa,* de *mimus,* qui se contracte comme un mime). **1.** Arbuste aux nombreuses petites fleurs rosées ou blanches, appelé usuellement *sensitive,* car ses feuilles se replient au moindre contact. ▸ Famille des mimosacées ; ordre des légumineuses. **2.** Nom donné cour. à plusieurs acacias, partic. à ceux dont les fleurs jaunes sont réunies en petites sphères : *On pratique la culture du mimosa sur la Côte d'Azur.* **3. Œuf mimosa,** œuf dur dont chaque moitié est farcie d'une mayonnaise épaissie du jaune écrasé.

minable [minabl] **adj.** et **n.** (de *miner*). FAM. Qui est d'une médiocrité pitoyable : *Résultat minable* (syn. **déplorable ;** contr. **excellent**). *Bande de minables* (syn. **médiocre**).

minage [minaʒ] **n.m.** Action de miner : *Le minage d'une carrière.*

minaret [minarɛ] **n.m.** (turc *menare,* ar. *manara,* phare). Tour d'une mosquée, du haut de laquelle le muezzin fait les cinq appels à la prière quotidienne.

Minas Gerais, État de l'intérieur du Brésil méridional ; 587 172 km² ; 19 159 260 hab. CAP. *Belo Horizonte.* Importantes ressources minières (fer, manganèse, etc.).

minauder [minode] **v.i.** (de *1. mine*). Faire des mines ; se montrer d'une amabilité précieuse pour plaire, séduire : *Minauder dans les réunions mondaines* (syn. **poser**).

minauderie [minodri] **n.f.** Action de minauder ; mines affectées : *Toutes ses minauderies sont horripilantes* (syn. **façons, simagrées**).

minaudier, ère [minodje, -ɛr] **adj.** et **n.** Qui minaude ; qui fait des mines : *Elle est très minaudière* (syn. **maniéré, poseur**).

mince [mɛ̃s] **adj.** (de l'anc. fr. *mincier,* couper en menus morceaux, var. de *menuisier,* lat. pop. **minutiare,* rendre menu). **1.** Qui est peu épais : *Couper la viande en tranches minces* (syn. **fin ;** contr. **gros**). **2.** Qui a peu de largeur ; dont le diamètre est petit : *Taille mince* (syn. **fin, élancé ;** contr. **épais, lourd**). *Un mince filet d'eau* (syn. **maigre ;** contr. **puissant**). **3.** Dont les formes sont fines : *Un homme mince* (syn. **svelte ;** contr. **gros**). *Elle est mince comme un fil* (= filiforme). **4.** Qui a peu d'importance ; insignifiant : *Un mérite bien mince* (syn. **faible, médiocre**). *Ce n'est pas une mince affaire !* (syn. **petit, insignifiant**). ◆ **interj.** FAM. Marque l'admiration ou le mécontentement : *Mince alors ! Tu as vu cette voiture ! Mince ! Je me suis trompé.*

minceur [mɛ̃sœr] **n.f.** État, caractère de qqn, de qqch qui est mince : *Un mannequin d'une minceur qui confine à la maigreur* (syn. **sveltesse ;** contr. **corpulence, embonpoint**). *La minceur d'un tronc d'arbre* (contr. **grosseur**). *La minceur d'une couche de glace* (syn. **finesse ;** contr. **épaisseur**). *Un argument d'une consternante minceur* (syn. **faiblesse ;** contr. **puissance, justesse**).

mincir [mɛ̃sir] **v.i.** [conj. **32**]. Devenir plus mince : *Se mettre au régime pour mincir* (syn. **maigrir ;** contr. **grossir**). ◆ **v.t.** Faire paraître plus mince : *Cette veste te mincit* (syn. **amincir ;** contr. **grossir**).

Mindanao, île des Philippines ; 99 000 km² ; 17 380 452 hab. (en majeure partie musulmans).

1. mine [min] **n.f.** (p.-ê. du breton *min,* bec, museau). **1.** Aspect de la physionomie indiquant certains sentiments ou l'état du corps : *Avoir une mine réjouie* (syn. **air, visage**). **2.** Aspect extérieur : *Juger qqn sur sa mine* (syn. **apparence, physique**). **3. Avoir bonne mine,** avoir un visage qui dénote la bonne santé ; FAM. avoir l'air ridicule (iron.) : *Tu aurais dû tenir ta promesse, tu as bonne mine maintenant !* / **Avoir mauvaise mine, une mine de papier mâché,** avoir le visage qui dénote une mauvaise santé ou de la fatigue : *Ce que tu as mauvaise mine ! Tu es malade ?* / **Faire bonne mine, mauvaise, grise mine**

à qqn, lui faire bon, mauvais accueil. / **Faire mine de,** faire semblant de : *Faire mine de s'en aller.* / FAM. **Mine de rien,** sans en avoir l'air : *Mine de rien, il a obtenu ce qu'il voulait.* / **Ne pas payer de mine,** ne pas se présenter sous une apparence propre à inspirer confiance : *Un petit restaurant qui ne paie pas de mine, mais où on mange très bien.* ◆ **mines n.f. pl. Faire des mines,** prendre des poses ; faire des simagrées : *Chercher à plaire en faisant des mines* (= en minaudant).

2. mine [min] **n.f.** (p.-ê. du gallo-roman **mina,* d'orig. celt.). **1.** Petit bâton de graphite ou de toute autre matière formant l'axe d'un crayon et qui laisse une trace sur le papier : *Tailler la mine de son crayon à papier. Mine grasse, sèche.* **2.** MIN. Gisement de substance minérale ou fossile, renfermée dans le sein de la terre ou existant à la surface : *Une région riche en mines de charbon* (syn. **filon**). **3.** MIN. Cavité creusée dans le sol pour extraire le charbon ou le minerai : *Les galeries de la mine.* **4.** MIN. Ensemble des installations nécessaires à l'exploitation d'un gisement : *La mine comporte, outre des chantiers d'exploitation, une usine de premier traitement du minerai extrait* (= le siège d'extraction). **5.** Fonds riche de qqch ; ressource importante : *Ce livre est une mine d'informations* (syn. **trésor**). **6.** MIL. Charge explosive sur le sol, sous terre ou dans l'eau et qui agit soit directement par explosion, soit indirectement par éclats ou effets de souffle : *Mine antichar. Sauter sur une mine. Mouiller des mines* (= poser des mines sous-marines). **7.** MIL. Galerie souterraine pratiquée en vue de détruire, au moyen d'une charge explosive, un ouvrage fortifié ennemi : *Creuser des mines sous un bastion.*

miner [mine] **v.t.** (de *2. mine*). **1.** MIL. Poser des mines : *Miner une rivière, une route.* **2.** Creuser lentement en dessous, à la base de qqch : *L'eau mine la pierre* (syn. **ronger, saper**). **3.** Affaiblir, détruire peu à peu, lentement : *Ses excès ont miné sa santé* (syn. **ruiner, user**). *Le chagrin le mine* (syn. **consumer, ronger**).

minerai [minrɛ] **n.m.** (de *2. mine*). Roche contenant des minéraux utiles en proportion notable, et qui demandent une élaboration pour être utilisés par l'industrie : *Extraire du minerai de fer, d'uranium.* ▶ La plupart des minerais métallifères sont des oxydes (bauxite, limonite), des sulfures (galène, blende), des carbonates (malachite, sidérite) ou des silicates (garniérite).

1. minéral [mineral] **n.m.** (de *2. minéral*) [pl. *minéraux*]. Corps inorganique, solide à la température ordinaire, constituant les roches de l'écorce terrestre. ▶ On distingue les *minéraux amorphes,* où les molécules sont disposées sans ordre, comme dans l'opale, et les *minéraux cristallisés,* où les molécules ou les atomes sont régulièrement distribués, comme dans le quartz, le mica.

2. minéral, e, aux [mineral, -o] **adj.** (lat. médiév. *mineralis,* de *minera,* mine ; v. 2. *mine*). **1.** Propre aux minéraux : *Substances minérales.* **2. Chimie minérale ⟶ chimie.** / **Eau minérale,** eau qui contient des minéraux en dissolution, et qu'on emploie en boisson, ou en bains, à des fins thérapeutiques.

minéralier [mineralje] **n.m.** Cargo conçu pour le transport des cargaisons en vrac, des minerais.

minéralisation [mineralizasjɔ̃] **n.f. 1.** État d'une eau chargée d'éléments minéraux solubles : *Minéralisation équilibrée.* **2.** Transformation d'un métal en minerai par sa combinaison avec un autre corps.

minéralisé, e [mineralize] **adj.** Qui contient des matières minérales : *Eau faiblement minéralisée.*

minéralogie [mineralɔʒi] **n.f.** Branche de la géologie qui traite des minéraux, de leurs propriétés physiques et chimiques et de leur formation. ◆ **minéralogiste n.** Nom du spécialiste.

minéralogique [mineralɔʒik] **adj. 1.** Relatif à la minéralogie : *Des recherches minéralogiques.* **2.** Qui concerne les mines : *Service minéralogique.* **3. Numéro, plaque minéralogiques,** numéro, plaque d'immatriculation des véhicules automobiles enregistrés par l'administration des Mines, en France. ▶ Cette dénomination, officielle jusqu'en 1929, est restée en usage dans la langue courante.

minerve [minɛrv] **n.f.** (lat. *Minerva,* n. de la déesse de la Sagesse). CHIR. Appareil orthopédique placé autour du cou et destiné à maintenir la tête en extension et en rectitude : *Après son accident de voiture, il a été obligé de porter une minerve.*

Minerve, déesse romaine de la Sagesse et de l'Intelligence, assimilée à l'Athéna grecque ; c'est par les Étrusques que son culte fut introduit à Rome, dont elle devint la protectrice. Avec Jupiter et Junon, elle fait partie de la triade à laquelle un temple est dédié sur le Capitole.

minestrone [minɛstrɔn] **n.m.** (mot it.). Soupe italienne aux légumes et au lard additionnée de petites pâtes ou de riz et servie accompagnée de parmesan râpé.

minet, ette [minɛ, -ɛt] **n.** (de *mine,* n. pop. du chat dans de nombreux parlers gallo-romains). **1.** FAM. Chat ; chatte. **2.** FAM. Terme d'affection : *Mon minet.* **3.** VIEILLI. Jeune homme, jeune fille qui suit la mode.

1. mineur [minœr] **n.m.** et **adj.m.** (de *2. mine*). **1.** Ouvrier qui travaille à la mine : *Mineur de fond.* **2.** Militaire qui pose des mines : *Sapeur mineur.*

2. mineur, e [minœr] **adj.** (lat. *minor*). **1.** D'une importance moindre ; de peu d'intérêt : *Problème mineur* (syn. **secondaire** ; contr. **capital**). *Affaire mineure* (syn. **accessoire** ; contr. **grave, sérieux**). *Un écrivain mineur* (= de second plan). **2.** MUS. Se dit d'un mode caractérisé par la succession, dans la gamme, d'un ton, un demi-ton, deux tons, un demi-ton et deux tons ; qui relève de ce mode : *Passer du mode mineur au mode majeur. Tonalité en la mineur.* ◆ **adj.** et **n.** Qui n'a pas encore atteint l'âge de la majorité légale : *En France, on est mineur jusqu'à l'âge de 18 ans.* ◆ **mineure n.f.** LOG. Seconde proposition d'un syllogisme : *La majeure, la mineure et la conclusion d'un syllogisme.*

Ming, dynastie impériale chinoise (1368-1644). Fondée par Zhu Yuanzhang (Hongwu de son nom posthume) qui régna de 1368 à 1398. Elle établit sa capitale à Pékin (1409) et eut comme principaux représentants Yongle (1403-1424) et Wanli (1573-1620). Elle déclina après le règne de ce dernier et fut remplacée par la dynastie mandchoue des Qing.

Mingus (Charles, dit Charlie), contrebassiste, compositeur et chef d'orchestre de jazz américain (Nogales, Arizona, 1922 - Cuernavaca, Mexique, 1979). Il participa à la révolution du be-bop. Sa musique, fortement inspirée de l'âme du chant religieux noir, est très dynamique, véhémente et généreuse.

miniature [minjatyr] **n.f.** (it. *miniatura,* de *minium,* rapproché de *minuscule*). **1.** Enluminure d'un manuscrit : *Les lettres ornées des débuts de chapitre sont des miniatures.* **2.** Composition picturale de petite dimension et de facture délicate : *La miniature d'une tabatière, d'un médaillon.* **3. En miniature,** en réduction : *Sa fille est son portrait en miniature.* ◆ **adj.** Extrêmement petit ; qui est la réduction de qqch : *Autos miniatures.*

miniaturisation [minjatyrizasjɔ̃] **n.f.** Action de miniaturiser : *La miniaturisation des appareils domestiques.*

miniaturiser [minjatyrize] **v.t.** Donner de très petites dimensions à qqch : *Miniaturiser des circuits électroniques.*

miniaturiste [minjatyrist] **n.** Peintre en miniatures : *Une miniaturiste qui exécute des enluminures.*

minibus [minibys] et **minicar** [minikar] **n.m.** Petit autocar : *Circuler en minicar.*

minier, ère [minje, -ɛr] **adj.** (de *2. mine*). Relatif aux mines ; où il y a des mines : *Exploitation, région minière.*

minijupe [miniʒyp] **n.f.** Jupe très courte, s'arrêtant à mi-cuisse.

minima n.m. pl. ⟶ **minimum.**

a **minima** [minima] **loc. adj. inv.** (lat. jur. *a minima poena,* à partir de la plus petite peine). DR. **Appel a minima,** appel que le ministère public interjette quand il estime la peine insuffisante.

minimal, e, aux [minimal, -o] **adj.** (de *minimum*). **1.** Le plus petit ; qui a atteint son minimum : *Dose minimale* (syn. **minimum** ; contr. **maximum**). *Les températures minimales de* *la journée* (contr. **maximal**). **2. Art minimal,** tendance de l'art contemporain qui réduit l'œuvre à des formes géométriques simples ainsi qu'à des modalités élémentaires de matière ou de couleur (⟶ conceptuel). / MATH. **Élément minimal,** élément d'un ensemble ordonné tel qu'il n'existe aucun autre élément qui lui soit inférieur.

■ Apparu aux États-Unis durant les années 1960, l'art minimal (angl. *minimal art*) se situe à l'opposé du lyrisme de l'expressionnisme abstrait et de la figuration du pop art. Il se manifeste par des travaux en trois dimensions, d'un dépouillement radical, aux formes géométriques souvent répétées (« structures primaires ») et parfois à base de matériaux industriels. Ces œuvres (de Don Judd, de Robert Morris) visent en général plus à une action sur l'environnement, à une mise en valeur de l'espace qu'à une expression plastique propre. ■

minimaliser [minimalize] **v.t.** Réduire jusqu'au seuil minimal : *Minimaliser les coûts* (contr. **maximaliser**).

minimaliste [minimalist] **adj.** Qui représente ou défend une position minimale (par opp. à *maximaliste*).

minime [minim] **adj.** (lat. *minimus*, le plus petit). Qui est très petit, peu important : *Une erreur minime* (syn. **infime, secondaire** ; contr. **grave**). *Dépenses minimes* (syn. **dérisoire, insignifiant** ; contr. **considérable**). ◆ **n.** Jeune sportif, jeune sportive âgés de 11 à 13 ans.

minimessage [minimesaʒ] **n.m.** TÉLÉCOM. Bref message écrit sur l'écran d'un téléphone mobile (syn. **SMS, télémessage, texto**).

minimiser [minimize] **v.t.** Accorder une moindre importance à ; réduire l'importance de : *Minimiser le rôle de qqn* (syn. **minorer** ; contr. **exagérer**). *Minimiser un problème* (syn. **dédramatiser** ; contr. **grossir**).

minimum [minimɔm] **n.m.** (mot lat. « le plus petit ») [pl. *minimums* ou *minima*]. **1.** La plus petite quantité possible : *Prendre le minimum de risques.* **2.** DR. Peine la plus faible qui puisse être appliquée pour un cas déterminé : *Être condamné au minimum.* **3.** MATH. Plus petit élément (s'il existe) d'un ensemble ordonné. **4. Au minimum,** au moins : *Travailler au minimum huit heures par jour.* / **Minima sociaux,** en France, ensemble des allocations (R.S.A., minimum vieillesse, etc.) garanties aux personnes ne disposant pas de ressources suffisantes. / **Minimum garanti, minimum vieillesse,** montant au-dessous duquel ne peut être liquidé un avantage de l'assurance vieillesse, en fonction de certaines conditions d'âge et d'activité : *Avoir droit au minimum vieillesse.* / **Minimum d'une fonction,** minimum des valeurs prises par cette fonction dans un intervalle donné ou dans son domaine de définition. ◆ **adj.** (Emploi critiqué). Minimal : *Avoir l'âge minimum requis pour voter.*

mini-ordinateur [miniɔrdinatœr] **n.m.** (pl. *mini-ordinateurs*). Ordinateur de faible volume, d'une capacité moyenne de mémoire, de bonne performance, utilisé de manière autonome ou comme élément périphérique d'un ordinateur central ou d'un réseau informatique.

ministère [ministɛr] **n.m.** (lat. *ministerium*, service). **1.** Fonction, charge de ministre ; temps pendant lequel on l'exerce : *Accepter le ministère des Finances.* **2.** Ensemble des ministres qui composent le gouvernement d'un État ; cabinet, gouvernement : *Réunion du ministère présidée par le chef de l'État.* **3.** Administration dépendant d'un ministre ; bâtiment où se trouvent ses services : *Travailler dans un ministère.* **4.** RELIG. Fonctions, charges que l'on exerce, notamm. en parlant du sacerdoce. **5. Ministère public,** magistrature établie près d'une juridiction et requérant l'application des lois au nom de la société (on dit aussi *magistrature debout* ou *parquet*).

ministériel, elle [ministerjɛl] **adj.** Relatif à un ministre ou à un ministère : *Fonctions ministérielles.*

ministre [ministr] **n.** (lat. *minister*, serviteur). **1.** Membre du gouvernement d'un État à la tête d'un département ministériel : *La ministre de l'Agriculture.* **2. Ministre délégué,** chargé d'exercer pour le compte du Premier ministre certaines missions de ce dernier. / **Ministre d'État,** titre honorifique attribué à certains ministres, en raison de leur personnalité ou de l'importance que l'on veut donner à leur domaine. / **Premier ministre,** chef du gouvernement dans certains régimes parlementaires. ◆ **n.m.** RELIG. **1.** *VIEILLI.* Pasteur de la religion réformée. **2. Ministre du culte,** prêtre ou pasteur chargé d'un service paroissial.

Minitel [minitɛl] **n.m.** (nom déposé). Terminal d'interrogation vidéotex diffusé par l'administration des télécommunications. ▶ Il fut en service de 1980 à 2012.

minium [minjɔm] **n.m.** (mot lat.). **1.** Pigment rouge-orangé obtenu par oxydation du plomb fondu. **2.** Peinture antirouille au minium.

Minneapolis, v. des États-Unis (Minnesota), sur le Mississippi ; 407 207 hab. (2 801 553 hab. dans l'agglomération). Université. Musées. Centre tertiaire et industriel. Elle forme une conurbation avec Saint Paul, sur l'autre rive du fleuve.

Minnelli (Vincente), cinéaste américain (Chicago 1910 - Los Angeles 1986). Il fut l'un des meilleurs spécialistes de la comédie musicale à l'écran (*Ziegfeld Follies,* 1946 ; *Un Américain à Paris,* 1951 ; *Tous en scène,* 1953 ; *Brigadoon,* 1954). Mais on lui doit également d'autres films, comédies ou drames psychologiques (*la Femme modèle,* 1957 ; *le Chevalier des sables,* 1965).

Minnesota, un des États unis d'Amérique (Centre-Nord-Ouest) ; 217 735 km^2 ; 5 420 380 hab. CAP. *Saint Paul.* V. princ. *Minneapolis, Duluth.* Minerai de fer.

minoen, enne [minɔɛ̃, -ɛn] **adj.** et **n.m.** (du n. de *Minos*). Se dit d'une période de l'histoire de la Crète préhellénique : *Le minoen ancien.*

minois [minwa] **n.** (de *1. mine*). Visage délicat et gracieux d'enfant, de jeune fille, de jeune femme : *Un joli minois.*

minorant [minɔrɑ̃] **n.m.** (de *minorer*). MATH. **Minorant d'une partie d'un ensemble ordonné E,** élément de E inférieur à tous les éléments de cette partie (par opp. à *majorant*).

minoration [minɔrasjɔ̃] **n.f.** Action de minorer.

minorer [minɔre] **v.t.** (lat. *minorare*). **1.** Diminuer l'importance de : *Minorer un incident* (syn. **minimiser**). **2.** Porter à un chiffre inférieur : *Minorer les prix de 10 %* (syn. **diminuer**). **3.** MATH. Déterminer un minorant : *Minorer un élément.*

minoritaire [minɔritɛr] **adj.** et **n.** (de *minorité*). Qui appartient à la minorité ; qui s'appuie sur une minorité : *Parti minoritaire.*

minorité [minɔrite] **n.f.** (lat. médiév. *minoritas*, du class. *minor*, plus petit). **1.** État de qqn qui n'a pas atteint l'âge de la majorité ; période de sa vie pendant laquelle il n'est pas légalement responsable et n'a pas l'exercice de ses droits. **2.** Sous-ensemble de personnes, de choses inférieures en nombre à un autre sous-ensemble (par opp. à *majorité*) : *Il y a une minorité de filles dans cette classe. Notre journal ne touche qu'une minorité de Parisiens* (= un très petit nombre). **3.** Petit groupe de personnes se différenciant des autres au sein d'une assemblée, d'un parti, etc. : *Une minorité dissidente.* **4. Être en minorité,** être les moins nombreux, par rapport à un autre groupe. / **Mettre qqn, un groupe en minorité,** battre, supplanter qqn, un groupe, dans un vote, en obtenant la majorité des suffrages. / **Minorité nationale,** groupe se distinguant de la majorité de la population par ses particularités ethniques, sa religion, sa langue ou ses traditions.

Minorque, en esp. **Menorca,** l'une des îles Baléares ; 702 km^2 ; 94 875 hab. Ch.-l. *Mahón.* Tourisme. L'île fut britannique de 1713 à 1756, de 1763 à 1782 et de 1798 à 1802.

Minos, roi légendaire de Crète, fils de Zeus et d'Europe, époux de Pasiphaé et père d'Ariane. Ayant vaincu les Athéniens, il leur imposa d'envoyer chaque année sept jeunes gens et sept jeunes filles à donner en pâture au Minotaure. Avec Rhadamanthe et Éaque, il est l'un des trois juges des Enfers.

Minotaure, être monstrueux de la mythologie grecque, né des amours de Pasiphaé, la femme de Minos, et d'un taureau envoyé par Poséidon. Minos l'enferma dans le Labyrinthe, qu'il fit construire par Dédale et où chaque année sept jeunes gens et sept jeunes filles d'Athènes lui étaient livrés en pâture. Il fut tué par Thésée.

minoterie [minɔtri] **n.f.** (de *minotier*). Syn. de *meunerie.*

minotier [minɔtje] **n.m.** (de *minot,* anc. mesure de capacité, puis « farine de blé »). Industriel exploitant une minoterie, une meunerie.

minou [minu] **n.m.** (de *minet*). **1.** FAM. (Langage enfantin). Chat. **2.** Terme d'affection : *Mon minou.*

Minsk, cap. de la Biélorussie ; 1 861 320 hab. dans l'agglomération. Centre industriel.

minuit [minɥi] **n.m.** (de *mi-* et *nuit*). **1.** Milieu de la nuit : *Les tièdes minuits du mois d'août.* **2.** Douzième heure après midi ; instant marqué vingt-quatre heures ou zéro heure : *Le train part à minuit.*

minus [minys] **n.** (du lat. *minus habens,* qui a le moins). FAM. Personne sans envergure ; minable.

minuscule [minyskyl] **adj.** (lat. *minusculus,* assez petit). **1.** Très petit : *Minuscules flocons de neige.* **2. Lettre minuscule,** petite lettre (par opp. à *majuscule*) : *Un « r » minuscule.* (On dit aussi *une minuscule.*)

minutage [minytaʒ] **n.m.** Action de minuter.

1. minute [minyt] **n.f.** (lat. médiév. *minuta,* de l'adj. lat. *minutus,* menu). **1.** Unité de mesure du temps valant 60 secondes. ▸ Symb. min. **2.** Court espace de temps : *Je reviens dans une minute* (syn. **instant**). **3.** Unité de mesure d'angle (symb. ′), valant 1/60 de degré, soit π/10 800 radian. **4. La minute de vérité,** le moment exceptionnel et passager où la vérité éclate. ◆ **interj.** FAM. **Minute !** ou **Minute papillon !,** attendez !, doucement !

2. minute [minyt] **n.f.** (lat. médiév. *minuta,* écriture menue). DR. Écrit original d'un jugement ou d'un acte notarié, dont il ne peut être délivré aux intéressés que des copies ou des extraits.

minuter [minyte] **v.t.** (de *1. minute*). Fixer avec précision la durée, le déroulement de : *Minuter un spectacle.*

minuterie [minytri] **n.f.** (de *1. minute*). **1.** Dispositif électrique à mouvement d'horlogerie, destiné à assurer le fonctionnement d'un appareil pendant un laps de temps déterminé : *Une minuterie règle l'éclairage de notre escalier.* **2.** Partie du mouvement d'une horloge qui sert à marquer les divisions de l'heure.

minuteur [minytœr] **n.m.** Appareil à mouvement d'horlogerie, permettant de régler la durée d'une opération ménagère.

minutie [minysi] **n.f.** (lat. *minutia,* parcelle, de *minutus,* menu). Application attentive et scrupuleuse aux détails : *Décrire avec minutie les péripéties d'un voyage* (syn. **exactitude**).

minutieusement [minysjøzmɑ̃] **adv.** Avec minutie : *Noter minutieusement des indications* (syn. **consciencieusement**).

minutieux, euse [minysjø, -øz] **adj. 1.** Qui s'attache aux petits détails : *Un observateur minutieux* (syn. **méticuleux, pointilleux**). **2.** Fait avec minutie : *Dessin minutieux* (syn. **détaillé, soigné**).

miocène [mjɔsɛn] **n.m.** et **adj.** (angl. *miocene,* du gr. *meiôn,* moins, et *kainos,* récent). Troisième période de l'ère tertiaire, entre l'oligocène et le pliocène, qui a vu l'apparition des mammifères évolués.

mioche [mjɔʃ] **n.** (de *1. mie* et suffixe arg. *-oche*). FAM. Jeune enfant.

Miquelon → Saint-Pierre-et-Miquelon.

Mirabeau (Honoré Gabriel Riqueti, *comte* **de),** homme politique français (Le Bignon, auj. Le Bignon-Mirabeau, Loiret, 1749 - Paris 1791). Il eut une jeunesse orageuse qui lui valut plusieurs séjours en prison. Bien qu'appartenant à la noblesse, il fut élu député du tiers état d'Aix-en-Provence aux États généraux (1789). Orateur prestigieux, il laissa une célèbre phrase à la postérité : « Allez dire au roi que nous sommes ici par la volonté du peuple et que nous n'en sortirons que par la force des baïonnettes. » Il contribua à la nationalisation des biens du clergé. Partisan d'une monarchie constitutionnelle où le roi conserverait de grandes prérogatives, il entra secrètement au service de Louis XVI (mai 1790), qui le pensionna, mais ne tint guère compte de ses conseils.

Mirabel, v. du Canada (Québec) ; 41 957 hab. Site de l'un des aéroports de Montréal.

mirabelle [mirabɛl] **n.f.** (p.-ê. de *Mirabel,* toponyme répandu dans le sud de la France). **1.** Petite prune jaune, douce et parfumée, fruit du mirabellier. **2.** Eau-de-vie faite avec ce fruit.

mirabellier [mirabelje] **n.m.** Prunier cultivé qui produit les mirabelles. ▸ Famille des rosacées.

mirabilis [mirabilis] **n.m.** (mot lat. « admirable, étonnant »). Plante herbacée, originaire d'Afrique et d'Amérique, souvent cultivée pour ses grandes fleurs colorées qui s'ouvrent la nuit, d'où son nom usuel de *belle-de-nuit.* ▸ Famille des nyctaginacées.

miracle [mirakl] **n.m.** (lat. *miraculum,* prodige, de *mirari,* s'étonner). **1.** Phénomène interprété comme une intervention divine : *Les miracles de sainte Thérèse de Lisieux.* **2.** Fait, résultat étonnant, extraordinaire ; chance exceptionnelle : *Cette crème antirides fait des miracles* (syn. **prodige**). *C'est un miracle qu'il en soit sorti vivant.* **3.** (En appos.). Indique un résultat inattendu, un effet surprenant ou extraordinaire : *Remède miracle.* **4.** LITTÉR. Drame religieux du Moyen Âge, mettant en scène une intervention miraculeuse d'un saint ou de la Vierge : *« Le Miracle de Théophile », de Rutebeuf.* **5. Crier miracle, au miracle,** s'extasier, marquer un étonnement admiratif et, souvent, quelque peu excessif : *Il n'y a pas de quoi crier au miracle !* / **Par miracle,** de façon heureuse et inattendue ; par enchantement : *Et comme par miracle, il s'est arrêté de pleuvoir.* / **Un miracle de** (+ n.), ce qui possède une qualité à un point quasi miraculeux : *Cet appareil est un miracle de précision.*

miraculé, e [mirakyle] **adj.** et **n. 1.** Qui a été guéri par un miracle : *Les miraculés de Lourdes.* **2.** Qui a échappé, par une chance exceptionnelle, à une catastrophe.

miraculeusement [mirakyløzmɑ̃] **adv.** De façon miraculeuse : *Échapper miraculeusement à la mort.*

miraculeux, euse [mirakylø, -øz] **adj. 1.** Qui tient du miracle : *Guérison miraculeuse* (syn. **inexplicable**). **2.** Étonnant, extraordinaire par ses effets : *Remède miraculeux* (syn. **prodigieux**).

mirador [miradɔr] **n.m.** (mot esp., de *mirar,* regarder). Tour d'observation ou de surveillance, pour la garde d'un camp de prisonniers, d'un dépôt, etc.

mirage [miraʒ] **n.m.** (de *mirer*). **1.** Phénomène d'optique dû à la densité inégale des couches de l'air et, par suite, à la réflexion totale des rayons lumineux, et consistant en ce que les objets éloignés ont une ou plusieurs images diversement inversées et superposées : *Les mirages sont surtout observables dans les déserts.* **2.** Apparence séduisante et trompeuse : *Les mirages de la gloire* (syn. **illusion, chimère**). **3.** Action de mirer un œuf.

Mirandole (Pic de La) → Pic de La Mirandole.

Mirbeau (Octave), écrivain français (Trévières, Calvados, 1848 - Paris 1917). Auteur de romans (*Journal d'une femme de chambre,* 1900) et de comédies réalistes (*Les affaires sont les affaires,* 1903), il créa également le « roman de l'automobile » avec *la 628-E8* (1907).

mire [mir] **n.f.** (de *mirer*). **1.** OPT. Règle graduée ou signal fixe utilisés pour mesurer les différences de niveau, en géodésie ou en topographie. **2.** PHOT. Dessin de traits de largeurs et d'orientation différentes servant à étudier les limites de netteté d'un objectif ou d'une surface sensible. **3.** TÉLÉV. Image géométrique simple permettant d'optimiser le réglage des postes récepteurs. **4.** ARM. **Cran de mire,** échancrure pratiquée dans la hausse d'une arme à feu et servant à la visée. / **Ligne de mire,** ligne droite déterminée par le milieu du cran de mire ou de l'œilleton et par le sommet du guidon d'une arme à feu. / **Point de mire,** point que l'on veut atteindre en tirant avec une arme à feu ; au fig., personne, chose sur laquelle convergent les regards.

mirer [mire] **v.t.** (lat. *mirari,* contempler, admirer). **1.** *LITT.* Refléter : *Les arbres mirent leurs branches dans l'eau du lac.* **2.** Observer un œuf par transparence afin de s'assurer de l'état de son contenu. ◆ **se mirer v.pr. 1.** *LITT.* Se regarder avec complaisance dans un miroir ou dans une surface réfléchissante. **2.** Se refléter : *Le château se mire dans le lac.*

mirifique [mirifik] **adj.** (lat. *mirificus,* de *mirare,* admirer). *FAM.* Étonnant ; merveilleux ; surprenant : *Des promesses mirifiques* (syn. **prodigieux, fabuleux**).

mirliton [mirlitɔ̃] **n.m.** (p.-ê. d'un anc. refrain). **1.** Flûte faite d'un roseau garni aux deux bouts d'une membrane, et qui émet des sons nasillards. **2.** Shako sans visière de certains cavaliers sous la Ire République. **3.** *FAM.* **De mirliton,** de mauvaise qualité : *Vers de mirliton.*

mirmillon [mirmijɔ̃] **n.m.** (lat. *mirmillo*). ANTIQ. Gladiateur romain, armé d'un bouclier, d'une courte épée et d'un casque, qui luttait habituellement contre le rétiaire.

Miró (Joan), peintre, graveur et sculpteur espagnol (Barcelone 1893 - Palma de Majorque 1983). Surréaliste, il a créé par la pratique de l'automatisme un monde d'une liberté, d'un dynamisme et d'un humour exemplaires. Il est bien représenté, notamment, au M.A.M. de New York (*Intérieur hollandais,* 1928) et à la fondation Miró, à Barcelone (*Escargot, femme, fleur, étoile,* 1934).

mirobolant, e [mirɔbɔlɑ̃, -ɑ̃t] **adj.** (emploi plaisant de *myrobolan,* fruit desséché jadis employé en pharmacie). *FAM.* Si étonnant qu'on a peine à y croire : *Des promesses mirobolantes* (syn. **fabuleux, sensationnel**).

miroir [mirwar] **n.m.** (de *mirer*). **1.** Surface ou verre polis et métallisés (génér. avec de l'étain ou de l'aluminium) qui réfléchissent la lumière et les images : *Se regarder dans un miroir* (syn. **glace**). **2.** *LITT.* Surface unie qui réfléchit les choses : *Le miroir des eaux du lac.* **3.** *SOUT.* Ce qui offre l'image, le reflet de qqch : *Les yeux sont le miroir de l'âme.* **4. Miroir aux alouettes,** instrument monté sur un pivot et garni de petits morceaux de miroir qu'on fait tourner au soleil pour attirer les alouettes et d'autres petits oiseaux ; au fig., ce qui fascine par une apparence trompeuse.

miroitant, e [mirwatɑ̃, -ɑ̃t] **adj.** *LITT.* Qui miroite : *La surface miroitante des eaux.*

miroitement [mirwatmɑ̃] **n.m.** *LITT.* Éclat, reflet produit par une surface qui miroite : *Le miroitement des eaux de la mer* (syn. **scintillement**).

miroiter [mirwate] **v.i.** (de *miroir*). **1.** Réfléchir la lumière avec scintillement : *Les feuilles des arbres miroitent au soleil* (syn. **scintiller**). **2. Faire miroiter,** faire entrevoir comme possible pour séduire : *Faire miroiter à qqn une fortune* (= tenter de l'allécher).

miroiterie [mirwatri] **n.f. 1.** Industrie de l'argenture et de l'étamage des glaces. **2.** Atelier de miroitier.

miroitier, ère [mirwatje, -ɛr] **n.** Personne qui coupe, encadre, pose ou vend des glaces, des miroirs.

miroton [mirɔtɔ̃] et **mironton** [mirɔ̃tɔ̃] **n.m.** (orig. obsc.). Plat de tranches de bœuf bouilli accommodé avec des oignons et du vin blanc.

misaine [mizɛn] **n.f.** (it. *mezzana,* voile du mât du milieu, de *mezzo,* médian). **Mât de misaine,** mât de l'avant d'un navire, situé entre le grand mât et le beaupré. / **Voile de misaine,** basse voile du mât de misaine (on dit aussi *une misaine*).

misandre [mizɑ̃dr] **adj.** et **n.** (de *mis[o]-*, et du gr. *andros,* homme, d'apr. *misogyne*). Qui est hostile aux personnes de sexe masculin (par opp. à *misogyne*).

misanthrope [mizɑ̃trɔp] **adj.** et **n.** (gr. *misanthrôpos,* de *mis[o]-*, et du gr. *anthrôpos,* homme). Qui fuit ses semblables : *La mesquinerie de ses semblables en a fait un misanthrope* (syn. **sauvage**).

misanthropie [mizɑ̃trɔpi] **n.f.** Disposition d'esprit qui pousse à fuir la société.

miscible [misibl] **adj.** (du lat. *miscere,* mêler). Qui peut former avec un autre corps un mélange homogène : *L'alcool éthylique est miscible à l'eau.*

1. mise [miz] **n.f.** (p. passé fém. de *mettre*). Suivi d'un compl. **1.** Action de mettre, de placer quelque part : *Mise sous enveloppe. Mise en bouteilles, en sac. Mise en pension.* **2.** Fait d'inscrire, d'enregistrer : *Mise à l'ordre du jour d'une question. Mise à l'index.* **3.** Action de mettre, de placer dans une certaine situation : *Mise en liberté. Mise à la retraite. Mise en vente. Mise en contact, en rapport.* **4.** Action d'organiser d'une certaine manière, de mettre dans un certain état : *Mise en gerbes, en tas. Mise en ondes d'une émission radiophonique. Mise en état de marche. Mise à jour d'un dictionnaire.* **5.** Action de présenter d'une certaine manière : *Mise en lumière, en évidence. Mise en valeur.* **6.** Action de procéder à certaines opérations en vue d'un résultat ; ensemble de ces opérations : *Mise en eau d'un barrage. Mise sous tension d'une installation électrique. Mise en forme d'un matériau.* **7.** Action de donner l'impulsion initiale à qqch : *Mise en train. Mise en route. Mise en chantier. Mise en service.* **8. Mise à pied,** mesure disciplinaire consistant à priver, pendant une courte durée, un salarié de son emploi et du salaire correspondant. / **Mise à prix,** détermination du prix de ce que l'on vend ou, parfois, de ce que l'on se propose d'acheter ; somme à partir de laquelle démarrent les enchères dans une vente publique ; en Suisse, vente aux enchères. / **Mise au point,** opération qui consiste, dans un instrument d'optique, à rendre l'image nette ; assemblage, mise en place et réglage d'éléments mécaniques ou électriques ; au fig., explication destinée à éclaircir, à régler des questions restées jusque-là dans le vague. **9. Mise en page** ou **en pages,** assemblage, d'après la maquette, des diverses compositions et des clichés d'un livre, d'un journal, etc., pour obtenir des pages d'un format déterminé, en vue de l'impression. / **Mise en plis,** opération qui consiste à mettre en boucles les cheveux mouillés en vue de la coiffure à réaliser après le séchage. / **Mise en scène,** réalisation scénique ou cinématographique d'une œuvre lyrique ou dramatique, d'un scénario ; présentation dramatique et arrangée d'un événement.

2. mise [miz] **n.f.** (de *1. mise*). **1.** Manière de se vêtir, d'être habillé : *Une mise élégante, débraillée* (syn. **tenue**). **2.** Somme d'argent engagée au jeu, ou dans une affaire : *Récupérer sa mise* (= ses fonds). **3.** *SOUT.* **De mise,** convenable, opportun (souvent en tournure nég.) : *Ces propos pessimistes ne sont plus de mise.* / **Sauver la mise,** à défaut de bénéfices, retirer l'argent engagé. / *FAM.* **Sauver la mise à qqn,** tirer qqn d'une situation où il risque de tout perdre.

miser [mize] **v.t.** (de *mise*). Déposer une mise, un enjeu : *Miser une grosse somme sur un numéro* (syn. **jouer, parier**). ◆ **v.t. ind. [sur]. 1.** Parier sur qqn, qqch ; investir sa confiance dans : *Miser sur un cheval. Entreprise qui mise sur ses jeunes éléments.* **2.** Compter sur qqch pour aboutir à un résultat : *Il mise sur la lassitude de son adversaire pour emporter la victoire.* ◆ **v.i.** *HELV.* Vendre ou acheter dans une vente aux enchères.

misérabilisme [mizerabilism] **n.m.** Tendance littéraire et artistique caractérisée par un goût systématique pour la représentation de la misère humaine. ◆ **misérabiliste adj.** et **n.** Qui relève du misérabilisme ; qui en est partisan.

misérable [mizerabl] **adj.** (lat. *miserabilis*). **1.** Qui manque de ressources ; qui témoigne d'une extrême pauvreté : *Cette famille est misérable* (syn. **indigent, nécessiteux**). *Un logement misérable* (syn. **sordide**). **2.** De nature à susciter la pitié : *La situation des réfugiés est misérable* (syn. **lamentable, déplorable**). **3.** Digne de mépris ; sans valeur : *Un misérable acte de vengeance* (syn. **mesquin**). *Se brouiller pour une misérable somme d'argent* (syn. **infime, insignifiant**). ◆ **n.** Personne digne de mépris : *Un misérable capable de tout.*

misérablement [mizerabləmɑ̃] **adv.** D'une manière propre à inspirer la pitié : *Vivre misérablement* (syn. **pauvrement**).

misère [mizɛr] **n.f.** (lat. *miseria*, de *miser*, malheureux). **1.** État d'extrême pauvreté ; manque grave de qqch : *Être dans la misère* (syn. **dénuement**). *La misère morale* (syn. **détresse**). *Un salaire de misère* (= insuffisant pour vivre décemment). **2.** Événement douloureux, qui suscite la pitié : *C'est une misère de le voir se détruire ainsi* (syn. **malheur**). **3.** Chose de peu d'importance : *Elle a eu cette maison pour une misère* (syn. **bagatelle, rien**). **4.** BOT. Nom usuel du *tradescantia*, plante d'appartement au feuillage coloré et à croissance rapide. ◆ **interj.** Marque le désespoir : *Misère de moi !* ◆ **misères n.f. pl. 1.** Ce qui rend la vie douloureuse, pénible : *Les petites misères de l'existence.* **2. Faire des misères à qqn,** taquiner, tracasser qqn.

miserere [mizerere] **n.m. inv.** (mot lat. « aie pitié »). Psaume dont la traduction dans la Vulgate commence par ce mot, l'un des sept psaumes de la pénitence ; pièce de musique chantée, composée sur les paroles de ce psaume. ***Rem.*** On écrit aussi *miséréré.*

miséreux, euse [mizerø, -øz] **adj.** et **n.** Qui est dans la misère ; qui donne l'impression de la misère : *Un quartier miséreux* (syn. **pauvre, pouilleux**).

miséricorde [mizerikɔrd] **n.f.** (lat. *misericordia*, de *misericors*, de *miseria*, détresse, et *cor*, cœur). **1.** *LITT.* Pitié qui pousse à pardonner à un coupable, à faire grâce à un vaincu ; pardon accordé par pure bonté : *Implorer la miséricorde divine.* **2.** Console placée sous le siège relevable d'une stalle d'église et servant, quand ce siège est relevé, à s'appuyer tout en ayant l'air d'être debout. ◆ **interj.** *VX.* Marque une surprise accompagnée de regret, d'effroi ou de dépit : *Miséricorde ! La corde va lâcher et il va tomber !*

miséricordieux, euse [mizerikɔrdjø, -øz] **adj.** Enclin à la miséricorde, au pardon.

Mishima Yukio (Hiraoka Kimitake, dit**),** écrivain japonais (Tokyo 1925 - *id.* 1970). Romancier de la fascination du néant (*le Marin rejeté par la mer,* 1963), et auteur dramatique (*Cinq Nô modernes,* 1956), il se suicida publiquement en se faisant seppuku après l'échec d'une tentative de coup d'État.

Mishna ou **Michna,** compilation, due au judaïsme rabbinique, de commentaires de la Torah. On l'a appelée « loi orale », en la considérant comme faisant partie de la révélation mosaïque aux côtés de la « loi écrite » qu'est la Torah. Mise en forme pour l'essentiel par Juda Ha-Nassi (fin du IIe-IIIe s. apr. J.-C.) à partir de traditions orales et de documents antérieurs, la Mishna comprend soixante-trois traités qui, avec leurs commentaires (la Gemara) élaborés par les écoles palestinienne et mésopotamienne, constitueront un des ouvrages majeurs du judaïsme, le Talmud.

misogyne [mizɔʒin] **adj.** et **n.** (de *miso-* et *-gyne*). Qui est hostile aux femmes (par opp. à *misandre*).

misogynie [mizɔʒini] **n.f.** Haine, mépris pour les femmes.

missel [misɛl] **n.m.** (anc. fr. *messel*, du lat. *missalis liber*, livre de messe). Livre qui contient les textes de la liturgie de la messe.

missi dominici [misidɔminisi] **n.m. pl.** (mots lat. « envoyés du maître »). HIST. Agents nommés par Charlemagne, qui allaient deux par deux, un clerc et un laïque, pour assurer le contrôle et la surveillance des autorités locales.

missile [misil] **n.m.** (mot angl., lat. *missile*, arme de jet). Projectile faisant partie d'un système d'arme à charge militaire classique ou nucléaire, doté d'un système de propulsion automatique et guidé sur toute ou partie de sa trajectoire par autoguidage ou téléguidage.

■ Un missile est dit « balistique », lorsque sa trajectoire comporte une phase où, après extinction des moteurs-fusées, il est soumis, à la façon d'un projectile, aux seules forces de gravitation. En fonction de leur point de lancement et de leur objectif, les missiles sont classés en missiles air-air, air-sol, sol-sol, air-mer, etc. On distingue les missiles tactiques, armes du combat terrestre, naval ou aérien (portée inférieure à 1 100 km), des missiles stratégiques (portée de 1 100 à 12 000 km), de type IRBM (*Intermediate Range Ballistic Missile,* d'une portée comprise entre 2 400 et 6 500 km) ou ICBM (*Intercontinental Ballistic Missile,* d'une portée supérieure à 6 500 km), qui sont lancés de silos ou de sous-marins. Tous peuvent être munis d'une (ou de plusieurs) charge nucléaire.

Les développements récents. Sophistication et prolifération caractérisent le développement de ces armes durant la décennie 1980-1990. Les missiles balistiques intercontinentaux, dont seules disposent les puissances nucléaires, ont vu leur capacité de pénétration s'accroître et leur précision atteindre l'ordre d'une dizaine de mètres. Les missiles de croisière d'attaque terrestre du type Tomahawk ont fait pour la première fois la preuve de leur efficacité en combat réel durant la guerre du Golfe. Quant aux missiles de courte ou de très courte portée, ils atteignent ou dépassent, aujourd'hui, la vitesse de mach 4 et 5, les futures générations devant atteindre mach 7. Le guidage terminal vers la cible par infrarouge ou par laser achève de leur donner une capacité de destruction que les contre-mesures électroniques ont de plus en plus de mal à déjouer. ■

mission [misjɔ̃] **n.f.** (réfection de l'anc. fr. *mession*, lat. *missio*, de *mittere*, envoyer). **1.** Charge donnée à qqn d'accomplir une tâche définie : *Recevoir, remplir une mission* (syn. **mandat**). *Soldats qui partent en mission de reconnaissance.* **2.** Fonction temporaire et déterminée dont un gouvernement, une organisation charge qqn, un groupe : *Parlementaire en mission* (syn. **ambassade**). **3.** Ensemble des personnes ayant reçu cette charge : *Faire partie d'une mission scientifique* (syn. **délégation**). **4.** But élevé, devoir inhérent à une profession, une activité et au rôle social qu'on lui attribue : *La mission du journaliste est d'informer* (syn. **rôle, fonction**). **5.** RELIG. Organisation visant à la propagation de la foi ; établissement de missionnaires : *La mission comprend un dispensaire et une école.*

missionnaire [misjɔnɛr] **n.** Prêtre, pasteur, religieux envoyé pour prêcher une religion, pour évangéliser un pays, un peuple. ◆ **adj.** Relatif aux missions, à la propagation de la foi : *Œuvres missionnaires.*

missionner [misjɔne] **v.t.** Charger qqn d'une mission : *Missionner un expert pour évaluer des dégâts.*

Mississippi (le), fl. drainant la partie centrale des États-Unis ; 3 780 km (6 210 km avec le Missouri ; 3 222 000 km^2 drainés par cet ensemble). Né dans le Minnesota, le Mississippi passe à Saint Paul, Minneapolis, Saint-Louis, Memphis, La Nouvelle-Orléans et se jette dans le golfe du Mexique par un vaste delta. Important trafic fluvial.

Mississippi, un des États unis d'Amérique (Centre-Sud-Est) ; 123 500 km^2 ; 2 991 207 hab. CAP. *Jackson.*

missive [misiv] **n.f.** (du lat. *missus*, envoyé). *LITT.* Lettre : *J'ai bien reçu votre missive* (syn. **billet,** litt. **épître**). ◆ **adj. f.** DR. **Lettre missive,** tout écrit confié à un particulier ou à la poste pour le faire parvenir.

Missouri (le), riv. des États-Unis, affl. du Mississippi (r. dr.) ; 4 370 km.

Missouri, un des États unis d'Amérique (Centre-Nord-Ouest) ; 180 500 km^2 ; 6 044 171 hab. CAP. *Jefferson City.* V. princ. *Saint-Louis, Kansas City.*

Mistinguett (Jeanne Bourgeois, dite**),** actrice de music-hall française (Enghien-les-Bains 1875 - Bougival 1956). Elle débuta en 1885 au Trianon-Concert, puis créa ou mena de nombreuses revues dans plusieurs cabarets parisiens. Parmi ses plus célèbres chansons : *Mon homme* (1920), *la Java* (1922), *Ça, c'est Paris* (1926).

mistral [mistral] **n.m.** (mot prov. « vent maître ») [pl. *mistrals*]. Vent violent, froid, turbulent et sec, qui souffle le long de la vallée du Rhône et sur la France méditerranéenne, entre les méridiens de Sète et de Toulon.

Mistral (Frédéric), écrivain français d'expression provençale (Maillane, Bouches-du-Rhône, 1830 - *id.* 1914). Auteur de *Mireille,* épopée rustique et sentimentale, d'une épopée héroïque, *Calendal,* et d'un recueil de poèmes, *les Îles* *d'or,* il fut l'un des fondateurs et principaux représentants du félibrige, école littéraire qui œuvra pour le renouveau de la langue d'oc. (Prix Nobel 1904.)

Mistral (Lucila Godoy Alcayaga, dite **Gabriela),** poétesse chilienne (Vicuña 1889 - Hempstead, près de New York, 1957). Institutrice rurale, elle devint célèbre par ses recueils d'inspiration chrétienne et populaire (*Sonnets de la mort,* 1914 ; *Desolación,* 1922). [Prix Nobel 1945.]

mitaine [mitɛn] **n.f.** (de l'anc. fr. *mite,* chatte, à cause de la fourrure). **1.** Gant s'arrêtant aux premières phalanges. **2.** *QUÉBÉC., HELV.* Moufle.

mitan [mitɑ̃] **n.m.** (orig. incert.). *VIEILLI, RÉGION.* Milieu ; centre : *Au mitan de la vie.*

mitard [mitar] **n.m.** (arg. *mitte,* de *cachemitte,* cachot). *ARG.* Cachot d'une prison.

Mitchell (Margaret), romancière américaine (Atlanta 1900 - *id.* 1949). Elle est l'auteure d'*Autant en emporte le vent* (1936), vaste fresque historique et romanesque des États du Sud pendant la guerre de Sécession, qui donna lieu au célèbre film de Victor Fleming (1939).

mite [mit] **n.f.** (mot du moyen néerl. « racloir »). Petit papillon dont les chenilles rongent et minent les tissus de laine, de soie (syn. **teigne**).

mité, e [mite] **adj.** Troué par les mites : *Couverture mitée.*

1. mi-temps [mitɑ̃] **n.f. inv.** Chacune des deux périodes d'égale durée que comportent certains sports d'équipe, comme le football, le rugby, etc. ; temps d'arrêt qui sépare ces deux périodes : *Les deux équipes sont à égalité à la mi-temps.*

2. mi-temps [mitɑ̃] **n.m. inv. 1.** Travail à mi-temps : *Chercher un mi-temps.* **2. À mi-temps,** pendant la moitié de la durée normale du travail : *Être employé à mi-temps.*

se **miter** [mite] **v.pr.** Être attaqué, abîmé par les mites : *Étoffe qui se mite.*

miteux, euse [mitø, -øz] **adj.** et **n.** (de *mite*). D'apparence misérable, pitoyable : *Un hôtel miteux* (syn. **misérable, pouilleux**).

Mithra, dieu important de l'Iran ancien, dont on retrouve sous le nom de Mitra un équivalent dans le panthéon de l'Inde à la période védique (v. 1300 av. J.-C.). Son culte, déjà très populaire dans l'Iran occidental, se répandra à l'époque hellénistique en Asie Mineure, d'où il passera, au Ier s. av. J.-C., à Rome, pour y connaître un succès considérable. Mithra apparaît comme une divinité astrale plus ou moins identifiée au Soleil et ainsi au dieu Shamash ; il mène contre les forces du Mal un combat qui s'achèvera par le triomphe du Bien. Les éléments essentiels du culte mithriaque sont l'initiation, qui comprend sept degrés en rapport avec les sept planètes, le banquet sacré et des sacrifices d'animaux, notamm. d'un taureau, dont l'immolation était un gage d'immortalité.

Mithridate VI Eupator, dit **le Grand** (v. 132 - Panticapée 63 av. J.-C.), dernier roi du royaume du Pont (111-63 av. J.-C.) et son plus grand souverain, il lutta contre la domination romaine en Asie : ses trois guerres (88-85 ; 83-81 ; 74-66) furent des échecs ; il fut finalement défait par Pompée. Il tenta de s'empoisonner mais, accoutumé au poison, il dut se faire tuer par l'un de ses hommes.

mithridatiser [mitridatize] **v.t.** (du n. de *Mithridate*). Immuniser contre un poison par une accoutumance progressive.

Mitidja, plaine de l'Algérie centrale, aux riches cultures (agrumes, tabac, fourrages).

mitigé, e [mitiʒe] **adj.** (du lat. *mitigare,* de *mitis,* doux). **1.** Nuancé ; tiède : *Le projet a reçu un accueil mitigé.* **2.** Relâché ; peu rigoureux : *Un zèle mitigé.*

mitigeur [mitiʒœr] **n.m.** (de *mitiger,* adoucir). Appareil de robinetterie permettant un réglage manuel ou thermostatique de la température de l'eau.

mitochondrie [mitɔkɔ̃dri] **n.f.** (du gr. *mitos,* filament, et *khondros,* grain). BIOL. Organite aérobie de la cellule, qui synthétise l'A.T.P. utilisée comme source d'énergie et qui contient un fragment d'ADN provenant uniquement de l'ovule.

mitonner [mitɔne] **v.i.** (mot de l'Ouest, de *mitonnée,* panade, d'apr. *miton,* mie de pain). Mijoter, en parlant d'aliments. ◆ **v.t. 1.** Faire mijoter un aliment : *Mitonner un plat en sauce* (syn. **mijoter**). **2.** Préparer qqch peu à peu, avec soin : *Mitonner une vengeance* (syn. **méditer, mûrir**).

mitose [mitoz] **n.f.** (du gr. *mitos,* filament). BIOL. Mode usuel de division de la cellule vivante, assurant le maintien d'un nombre constant de chromosomes.

mitotique [mitɔtik] **adj.** BIOL. Relatif à la mitose.

mitoyen, enne [mitwajɛ̃, -ɛn] **adj.** (altér., d'apr. *mi-,* de l'anc. fr. *moiteen,* méteil [mélange de seigle et de froment]). Qui appartient à deux personnes et sépare leurs propriétés : *Mur mitoyen.*

mitoyenneté [mitwajɛnte] **n.f.** État de ce qui est mitoyen.

mitraillade [mitrajad] **n.f.** Décharge simultanée de nombreuses armes à feu.

mitraillage [mitrajaʒ] **n.m.** Action de mitrailler.

mitraille [mitraj] **n.f.** (altér. de l'anc. fr. *mitaille,* menu métal, de *mite,* monnaie de cuivre, d'un rad. germ.). **1.** Amas de ferraille dont on chargeait autref. les canons (par opp. à *boulet*). **2.** Décharge d'obus, de balles : *Fuir sous la mitraille.* **3.** Ensemble de fragments métalliques divisés, provenant génér. de récupération, pour l'élaboration des alliages. **4.** *FAM.* Menue monnaie de métal : *Se débarrasser de sa mitraille.*

mitrailler [mitraje] **v.t.** (de *mitraille*). **1.** Tirer par rafales sur un objectif : *Les avions mitraillent les nids de résistance* (syn. **bombarder**). **2.** *FAM.* Photographier ou filmer à de multiples reprises : *Les touristes mitraillent la cathédrale.* **3. Mitrailler qqn de questions,** soumettre qqn à un grand nombre de questions (syn. **assaillir, harceler**).

mitraillette [mitrajɛt] **n.f.** Pistolet-mitrailleur.

mitrailleur [mitrajœr] **n.m.** Servant d'une mitrailleuse.

mitrailleuse [mitrajøz] **n.f.** Arme automatique, de petit calibre (inférieur à 20 mm), à tir tendu et par rafales, montée sur un affût.

mitral, e, aux [mitral, -o] **adj.** (de *mitre*). **1.** Relatif à la valvule mitrale : *Souffrir d'une insuffisance mitrale.* **2.** ANAT. **Valvule mitrale** valvule située entre l'oreillette et le ventricule gauches du cœur.

mitre [mitr] **n.f.** (lat. *mitra,* bandeau, mot gr.). **1.** Coiffure liturgique des officiants dans les cérémonies pontificales. **2.** CONSTR. Appareil ou construction coiffant l'extrémité d'un conduit de cheminée pour empêcher la pluie ou le vent d'y pénétrer.

mitron [mitrɔ̃] **n.m.** (de *mitre*). **1.** Apprenti boulanger ou pâtissier. **2.** CONSTR. Extrémité supérieure d'un conduit de cheminée, sur laquelle repose la mitre.

Mittelland → Plateau.

Mitterrand (François), homme d'État français (Jarnac 1916 - Paris 1996). Plusieurs fois ministre sous la IVe République, en 1965, il est candidat de la gauche à la présidence de la République et met en ballottage le général de Gaulle. Premier secrétaire du parti socialiste (1971), et l'un des instigateurs de l'union de la gauche, il est élu président de la République en mai 1981. Après le succès de la droite aux élections législatives de mars 1986, il nomme Jacques Chirac Premier ministre, inaugurant ainsi une période dite de « cohabitation » (qui s'achève en mai 1988). En 1988, il est réélu à la présidence de la République. En mars 1993, après la victoire de l'opposition aux élections législatives, il nomme Édouard Balladur à la tête du gouvernement. Cette nouvelle cohabitation se termine avec la fin de son mandat en 1995.

à **mi-voix** [mivwa] **loc. adv.** En émettant un faible son de voix : *Parler à mi-voix* (= à voix basse).

mixage [miksaʒ] **n.m.** (de l'angl. *mix,* mélange). Report sur une bande sonore unique, et dans des proportions d'intensité déterminées, des divers sons (paroles, musique, effets sonores) nécessaires à un film et qui ont été enregistrés sur des bandes distinctes.

1. mixer [mikse] **v.t. 1.** Procéder au mixage de. **2.** Passer au mixeur : *Mixer des aliments pour un bébé.*

2. mixer ou **mixeur** [miksœr] **n.m.** (mot angl. « mélangeur »). Appareil électrique servant à broyer et à mélanger des denrées alimentaires.

mixité [miksite] **n.f.** (de *mixte*). **1.** Caractère d'un groupe, d'une équipe, d'un établissement scolaire comprenant des personnes des deux sexes. **2. Mixité sociale,** cohabitation, dans une zone géographique ou une collectivité donnée, d'individus ayant des origines ethniques, sociales, culturelles différentes.

mixte [mikst] **adj.** (lat. *mixtus,* de *miscere,* mélanger). **1.** Formé d'éléments de nature, d'origine différentes : *Tribunal mixte. Société d'économie mixte* (= qui associe des capitaux privés et publics). **2.** Qui comprend des personnes des deux sexes, ou appartenant à des origines ou à des formations différentes : *École mixte* (= pour garçons et filles). *Mariage mixte* (= entre des personnes de religion, d'origine ou de nationalité différentes).

Mixtèques, groupe amérindien du Mexique préhispanique (État d'Oaxaca). Les Mixtèques conquirent le pays des Zapotèques, mais durent se défendre eux-mêmes contre les Aztèques (XIe-XVIe s.). Les mosaïques de pierres en relief de leur capitale, Mitla, leur céramique polychrome, leur orfèvrerie et leurs codex (manuscrits sur fibre végétale ou sur peau) attestent le raffinement de leur civilisation, qui a marqué celle des Aztèques.

mixtion [mikstjɔ̃] **n.f.** (lat. *mixtio*). PHARM. Action de mélanger des substances dans un liquide pour la composition d'un médicament. ***Rem.*** À distinguer de *miction.*

mixture [mikstyr] **n.f.** (lat. *mixtura*). **1.** Médicament obtenu par mixtion. **2.** Mélange dont on détermine mal les composants (souvent péjor.) : *Une infâme mixture.*

Miyazaki Hayao, cinéaste japonais (Tokyo, 1941). Il est l'un des maîtres du film d'animation (*le Voyage de Chihiro,* 2001 ; *le Château ambulant,* 2004).

Mizoguchi Kenji, cinéaste japonais (Tokyo 1898 - Kyoto 1956). Auteur – il débuta dans la mise en scène en 1922 – de plus de cent films, il s'affirma comme le plus sensible et le plus raffiné des réalisateurs japonais. Découvert dans les années 1950 en Europe, il devait étonner à la fois le public et la critique par son style élégant et précis, son sens esthétique de l'image et du décor, son onirisme envoûtant, son humanisme social. Parmi ses principaux films : *les Sœurs de Gion* (1936), *la Vie de O'Haru femme galante* (1952), *les Contes de la lune vague après la pluie* (1953), *les Amants crucifiés* (1954), *l'Impératrice Yang Kwei-Fei* (1955), *la Rue de la honte* (1956).

M.J.C. [ɛmʒise] **n.f.** (sigle). Maison* des jeunes et de la culture.

M.L.F. (Mouvement de libération des femmes), mouvement féministe français créé en 1968. Il milite pour l'indépendance économique, sexuelle, politique et culturelle des femmes.

mnémotechnique [mnemɔtɛknik] **adj.** (du gr. *mnême,* mémoire). Se dit d'un procédé propre à aider à la mémorisation par des associations mentales.

Mnouchkine (Ariane), metteuse en scène de théâtre française (Boulogne-sur-Seine 1939). Actrice, animatrice du Théâtre du Soleil, elle renouvelle le rapport entre comédien et texte, public et scène (*1789,* 1971 ; *l'Âge d'or,* 1975). Après un film sur Molière (1978), elle s'inspire des codes théâtraux extrême-orientaux ou indiens pour monter des œuvres classiques (Shakespeare, cycle des Atrides) ou contemporaines (drames de H. Cixous : *Tambours sur la digue,* 1999). Suivent *les Éphémères* (2006), exploration de l'intime, et *les Naufragés du fol espoir* (2010), d'après J. Verne.

1. mobile [mɔbil] **adj.** (lat. *mobilis,* pour *movibilis,* de *movere,* mouvoir). **1.** Qui peut se mouvoir ; qu'on peut enlever ou changer de position : *Classeur à feuillets mobiles. Cloison mobile.* **2.** Qui est animé d'un mouvement constant, ou dont l'aspect change constamment : *La surface mobile des eaux* (syn. **mouvant**). *Visage mobile.* **3.** Qui est amené ou qui est prêt à se déplacer, à changer d'activité : *Des troupes mobiles* (syn. **ambulant**). *Une main-d'œuvre mobile* (syn. **itinérant**). **4.** Dont la date, la valeur n'est pas fixe : *Fêtes mobiles* (= fêtes chrétiennes dont la date varie en fonction de la date de Pâques). *Échelle mobile des salaires* (syn. **variable**). **5.** Se dit d'un matériel informatique, audiovisuel ou de télécommunication qui peut s'utiliser lors de déplacements, sans nécessité de branchement : *Téléphone mobile* (ou *mobile* n.m.). **6. Garde mobile,** membre de la gendarmerie mobile. / **Gendarmerie mobile,** partie de la gendarmerie organisée en escadrons motorisés ou blindés, spécialisée dans le maintien de l'ordre public.

2. mobile [mɔbil] **n.m.** (de *1. mobile*). **1.** Corps en mouvement : *La vitesse d'un mobile.* **2.** Œuvre d'art composée d'éléments articulés et susceptible de mouvement sous l'action de l'air, d'un moteur : *Les premiers mobiles ont été conçus par Calder.* **3.** Impulsion qui pousse à agir, qui détermine une conduite : *L'intérêt est son seul mobile* (syn. **motivation**). *Chercher le mobile d'un crime* (syn. **raison, motif**). **4.** Téléphone mobile : *Les nouveaux mobiles.*

1. mobilier, ère [mɔbilje, -ɛr] **adj.** (de *mobile,* au sens anc. de « bien meuble »). DR. Qui concerne les biens meubles : *Effets mobiliers. Valeurs mobilières.*

2. mobilier [mɔbilje] **n.m.** (de *1. mobilier*). **1.** Ensemble des meubles destinés à l'usage personnel et à l'aménagement d'une habitation : *Mobilier de style contemporain* (syn. **ameublement**). **2.** Ensemble des meubles et des objets d'équipement destinés à un usage particulier : *Mobilier scolaire.* **3.** DR. Ensemble des biens meubles qui dépendent d'un patrimoine. **4. Mobilier national,** meubles servant à orner les bâtiments nationaux et appartenant à l'État. / **Mobilier urbain,** ensemble des équipements installés au bénéfice des usagers sur la voie publique.

mobilisable [mɔbilizabl] **adj.** MIL. Qui peut être mobilisé : *Il est trop jeune pour être mobilisable.*

mobilisateur, trice [mɔbilizatœr, -tris] **adj.** Qui mobilise : *Mot d'ordre mobilisateur.*

mobilisation [mɔbilizasjɔ̃] **n.f. 1.** MIL. Action de mobiliser des troupes : *Décréter la mobilisation générale.* **2.** Action de mobiliser qqn ; fait de se mobiliser : *La mobilisation de toutes les bonnes volontés.* **3.** MÉD. Action de mobiliser un membre.

mobiliser [mɔbilize] **v.t.** (de *1. mobile*). **1.** MIL. Mettre sur pied de guerre les forces militaires d'un pays : *Mobiliser plusieurs classes pour faire face à une menace extérieure* (syn. **appeler**). *Mobiliser les réservistes* (syn. **rappeler**). *Être mobilisé dans le génie.* **2.** Faire appel à qqn, à un groupe pour une action collective : *Mobiliser les adhérents d'une association.* **3.** Présenter pour qqn, un groupe, un intérêt suffisant pour les faire agir : *Cette mesure a mobilisé les militants.* **4.** Faire appel à qqch : *Mobiliser les ressources d'un pays face à la crise.* **5.** CHIR. Libérer un organe de ses adhérences normales ou pathologiques. **6.** MÉD. Mettre en mouvement des articulations pour en rétablir la souplesse. ◆ **se mobiliser v.pr.** Rassembler toute son énergie pour l'accomplissement de qqch ; être motivé et prêt à agir.

mobilité [mɔbilite] **n.f.** (lat. *mobilitas*). **1.** Facilité à se mouvoir, à changer : *La mobilité du piston dans le cylindre. La mobilité d'un regard* (contr. **fixité**). *Mobilité de caractère* (syn. **inconstance, versatilité**). **2. Mobilité de la main-d'œuvre,** pour les salariés, passage d'une région d'emploi à une autre ; changement de profession, de qualification.

Möbius (August Ferdinand), mathématicien allemand (Schulpforta 1790 - Leipzig 1868). Il a enrichi la géométrie projective, surtout algébrique, grâce à son étude des transformations affines. Pionnier de la topologie, il découvrit une surface à un seul côté appelée aujourd'hui *bande* (ou *ruban*) *de Möbius.*

Mobutu **(Sese Seko),** maréchal et homme politique zaïrois (Lisala 1930 - Rabat 1997). S'étant proclamé président de la République, à la suite d'un coup d'État, en 1965, il assume le pouvoir jusqu'à son éviction par L.-D. Kabila en 1997.

Mobylette [mɔbilɛt] **n.f.** (nom déposé ; de *mobile* et *bicyclette*). Cyclomoteur de la marque de ce nom.

mocassin [mɔkasɛ̃] **n.m.** (de l'algonquien *mockasin,* par l'angl.). **1.** Chaussure, en peau, des Indiens de l'Amérique du Nord. **2.** Chaussure basse, souple et sans lacets. **3.** Serpent américain, venimeux, voisin des crotales.

moche [mɔʃ] **adj.** (mot de l'Ouest « écheveau, pelote », de l'anc. fr. **mokka,* masse informe). FAM. Laid : *Ta cravate est moche* (syn. **affreux**). *Le temps est plutôt moche* (syn. **mauvais**). *C'est moche de sa part* (syn. **méprisable**).

Moche ou **Mochica** ***(culture),*** nom donné à une culture préhispanique qui s'est développée du IIe au VIIIe s. sur la côte nord du Pérou, dans la vallée du río Moche. Nombreux vestiges : pyramides à degrés, installations hydrauliques et riches nécropoles.

Moctezuma ou **Montezuma II** (Mexico 1466 - *id.* 1520), 9e empereur aztèque (1502-1520).

modal, e, aux [mɔdal, -o] **adj. 1.** LING. Qui se rapporte aux modes du verbe : *Formes modales.* **2.** MUS. Se dit d'une musique utilisant d'autres modes que le majeur et le mineur (par opp. à *tonal*).

modalité [mɔdalite] **n.f.** (de *modal*). **1.** Condition, particularité qui accompagne un fait, un acte juridique : *Fixer les modalités d'un paiement* (syn. **clause, stipulation**). **2.** MUS. Échelle modale d'un morceau (par opp. à *tonalité*). **3.** PHILOS., LOG., LING. Dans un jugement, dans une proposition, dans l'expression d'une action, caractère qui fait qu'ils sont présentés possibles ou impossibles, nécessaires ou contingents.

1. mode [mɔd] **n.f.** (lat. *modus,* manière). **1.** Manière passagère d'agir, de vivre, de penser, etc., liée à un milieu, à une époque déterminés : *La mode des cheveux courts. Cette danse est passée de mode* (= est démodée, n'est plus en vogue). **2.** Manière particulière de s'habiller conformément au goût d'une certaine société : *La mode parisienne. Un journal de mode.* **3.** Commerce, industrie de la toilette et de l'habillement : *Travailler dans la mode.* **4. À la mode,** suivant le goût du moment ; en vogue : *Mot, expression à la mode.* / **À la mode de,** à la manière de : *Tripes à la mode de Caen.* ◆ **adj. inv. 1.** Au goût du jour : *Un manteau très mode.* **2.** CUIS. **Bœuf mode,** morceau de bœuf piqué de lard et cuit avec carottes et oignons.

2. mode [mɔd] **n.m.** (de *1. mode*). **1.** Manière générale dont un phénomène se présente, dont une action se fait : *Mode de vie* (syn. **style**). *Le mode de paiement par chèque est le plus commode* (syn. **moyen**). *Lire le mode d'emploi d'un appareil* (= la notice). **2.** GRAMM. Catégorie grammaticale indiquant, par la variation des formes verbales la manière dont le sujet parlant envisage ce qu'il énonce : *En français, les six modes sont l'indicatif, le subjonctif, le conditionnel, l'impératif, l'infinitif et le participe.* ▸ Dans les phrases complexes, le mode peut perdre sa valeur originelle et être déterminé par les règles purement syntaxiques. **3.** État particulier de fonctionnement d'un système informatique, électronique, etc., déterminé par l'usage que l'on veut en faire : *Ordinateur en mode réseau, local, veille.* **4.** MUS. Échelle à structure définie dans le cadre de l'octave et caractérisée par la disposition de ses intervalles.

modelage [mɔdlaʒ] **n.m.** Action de modeler un objet ; la chose modelée : *Des modelages d'enfants.*

modèle [mɔdɛl] **n.m.** (it. *modello,* lat. pop. **modellus,* du class. *modulus,* mesure). **1.** Ce qui est donné pour servir de référence (parfois en appos.) : *Modèle de conjugaison* (syn. **type**). *Ne le prenez pas pour modèle* (syn. **exemple**). *Un modèle de corrigé pour une dissertation. Visiter l'appartement modèle.* **2.** Ce qui est donné, ou choisi, pour être reproduit : *Avais-tu un modèle pour dessiner cela ?* **3.** (Suivi d'un compl.). Personne ou objet qui représente idéalement une catégorie, un ordre, une qualité, etc. : *Un modèle de patience* (syn. **parangon**). **4.** Personne qui pose pour un artiste : *Modèle qui pose nu.* **5.** Catégorie, variété particulière ; objet particulier qui sera reproduit en série : *Une machine à écrire d'un modèle récent. Tous nos modèles sont en vitrine. La présentation des modèles de haute couture.* **6.** Pièce, génér. en bois, servant d'empreinte pour réaliser des moules de fonderie ; modelage constituant le prototype d'une sculpture. **7.** LOG. Structure formalisée utilisée pour rendre compte d'un ensemble de phénomènes qui possèdent entre eux certaines relations : *De nouveaux modèles économiques.* **8. Modèle mathématique,** représentation mathématique d'un phénomène physique, économique, humain, etc., réalisée afin de pouvoir mieux étudier celui-ci. / **Modèle moléculaire,** représentation agrandie d'une molécule faite à l'aide de boules tronquées de différentes couleurs figurant les atomes qui la constituent. / **Modèle réduit,** reproduction à petite échelle d'une machine, d'un véhicule, d'un navire, etc. (= maquette). ◆ **adj.** (Seul. épithète). Parfait en son genre : *Un écolier modèle* (syn. **exemplaire**).

modelé [mɔdle] **n.m.** (de *modeler*). **1.** Relief des formes, en sculpture, en peinture : *Un modelé accusé.* **2.** GÉOGR. Aspect que l'érosion donne au relief : *Modelé glaciaire.*

modeler [mɔdle] **v.t.** (de *modèle*) [conj. 25]. **1.** Pétrir de la terre, de la cire, etc., pour obtenir une certaine forme : *Modeler une statuette* (syn. **façonner**). *De la pâte à modeler.* **2.** Donner une forme, un relief particulier : *La robe modelait son corps* (syn. **mouler**). **3.** Fixer, régler d'après un modèle : *Il modèle sa conduite sur celle de ses frères.* ◆ **se modeler v.pr. [sur].** Régler sa conduite sur qqn : *Se modeler sur ses parents.*

modeleur, euse [mɔdlœr, -øz] **n. 1.** Artiste qui exécute des sculptures en terre, en cire, en plâtre, etc. **2.** IND. Personne qui fait des modèles en bois, en plâtre ou en cire pour le moulage des pièces coulées.

modélisation [mɔdelizasjɔ̃] **n.f.** Établissement des modèles utilisés en informatique, en économie, en sciences.

modéliser [mɔdelize] **v.t.** (de *modèle*). Procéder à une modélisation.

modélisme [mɔdelism] **n.m.** Activité de celui qui fabrique des modèles réduits.

modéliste [mɔdelist] **n. 1.** Personne qui crée des modèles dans la couture. **2.** Personne qui fabrique des modèles réduits.

modem [mɔdɛm] **n.m.** (de *mo[dulateur]* et *dém[odulateur]*). Appareil électronique, utilisé dans les installations de traitement de l'information à distance, qui assure la modulation des signaux émis et la démodulation des signaux reçus.

Modène, v. d'Italie (Émilie), ch.-l. de prov. ; 180 006 hab. Université. Constructions mécaniques. Cathédrale romane, entreprise en 1099, et autres monuments. Musées. Commune au XIIe s., Modène fut érigée en duché en 1452. Celui-ci vota sa réunion au Piémont en 1860.

modérateur, trice [mɔderatœr, -tris] **adj. 1.** Qui retient dans les bornes de la modération : *Jouer un rôle modérateur dans un conflit.* **2.** PHYSIOL. Se dit d'un nerf ou d'une substance qui ralentit l'activité d'un organe. **3. Ticket modérateur,** quote-part du coût des soins que l'assurance maladie laisse à la charge de l'assuré. ◆ **n. 1.** Personne qui cherche à limiter les excès, à atténuer les conflits. **2.** Personne responsable du contrôle et du tri des messages, dans un forum de discussion sur Internet.

modération [mɔderasjɔ̃] **n.f.** (lat. *moderatio*). **1.** Caractère de qqn, de qqch qui est éloigné de tout excès : *Faire preuve de modération* (syn. **pondération, retenue**). **2.** Action de modérer, de réduire qqch, de ralentir un mouvement : *Modération d'un impôt. Produit à consommer avec modération* (= sans excès).

moderato [mɔderato] **adv.** (mot it.). MUS. D'un mouvement modéré ; en modérant le mouvement indiqué : *Ce morceau doit se jouer moderato. Allegro moderato.*

modéré, e [mɔdere] **adj. 1.** Qui est situé entre les extrêmes ; qui n'est pas exagéré : *Payer un prix modéré* (syn. **raisonnable** ; contr. **excessif**). **2.** Éloigné de tout excès : *Être modéré dans ses paroles* (syn. **mesuré**). ◆ **adj.** et **n.** Partisan d'une politique génér. conservatrice éloignée des solutions extrêmes.

modérément [mɔderemɑ̃] **adv.** Avec modération ; sans excès : *Boire modérément* (syn. **raisonnablement**). *Cela ne me plaît que modérément* (= assez peu).

modérer [mɔdere] **v.t.** (lat. *moderari,* de *modus,* mesure) [conj. **18**]. Diminuer la force, l'intensité de : *Modérer sa colère, son enthousiasme* (syn. **retenir, freiner**). *Modérer ses dépenses* (syn. **limiter**). *Modérez vos expressions !* (syn. **tempérer**). ◆ **se modérer v.pr.** S'écarter de tout excès ; se contenir : *Modère-toi, ce n'est pas si grave* (syn. **se calmer**).

moderne [mɔdɛrn] **adj.** (bas lat. *modernus,* du class. *modo,* récemment). **1.** Qui appartient au temps présent ou à une époque relativement récente : *Le monde moderne* (syn. **actuel** ; contr. **passé**). *Mobilier moderne* (syn. **contemporain** ; contr. **ancien**). **2.** Qui se conforme aux évolutions les plus récentes : *Être moderne dans ses goûts* (contr. **traditionnel, classique**). *Sens moderne d'un mot* (contr. **vieux, vieilli, classique**). **3.** Qui bénéficie des progrès les plus récents : *Équipement très moderne* (syn. **nouveau, récent** ; contr. **désuet**). *Techniques modernes.* **4.** Qui a pour objet l'étude des langues et des littératures vivantes (par opp. à *classique*) : *Lettres modernes.* **5. Français moderne,** état actuel de la langue française, telle qu'elle est utilisée depuis le milieu du XVIIIe s. / **Histoire moderne,** histoire de la période qui va de la chute de Constantinople (1453) à la fin du XVIIIe s. (partic. jusqu'à 1789 pour la France). / ARCHIT. **Mouvement moderne,** style international*. ◆ **n.** Personne (écrivain, artiste) de l'époque contemporaine : *Les modernes.* ◆ **n.m.** Ce qui est moderne : *En matière d'ameublement, je préfère le moderne à l'ancien.*

modernisation [mɔdɛrnizasjɔ̃] **n.f.** Action de moderniser.

moderniser [mɔdɛrnize] **v.t.** Donner une forme plus moderne, adaptée aux techniques présentes ou aux goûts actuels : *Moderniser ses méthodes de vente* (syn. **rajeunir**). *Moderniser un magasin* (syn. **rénover**). *Moderniser l'orthographe d'un texte ancien* (syn. **adapter**). ◆ **se moderniser v.pr.** Se conformer aux usages modernes.

modernisme [mɔdɛrnism] **n.m. 1.** Goût, recherche de ce qui est moderne. **2.** Caractère de ce qui est moderne : *Le modernisme d'un appartement* (syn. **modernité**).

moderniste [mɔdɛrnist] **adj.** et **n.** Qui a le goût de ce qui est actuel ; moderne (par opp. à *passéiste*).

modernité [mɔdɛrnite] **n.f.** Caractère de ce qui est moderne : *Des idées d'une grande modernité* (syn. **modernisme**).

modern style [mɔdɛrnstil] **n.m. inv.** et **adj. inv.** (mots angl.). Art nouveau*.

modeste [mɔdɛst] **adj.** et **n.** (lat. *modestus,* modéré, de *modus,* mesure). Qui est modéré dans l'appréciation de soi-même : *Un homme modeste qui ne cherche pas à se mettre en avant* (syn. **effacé** ; contr. **vaniteux**). ◆ **adj. 1.** Qui manifeste l'absence d'orgueil ; pudique : *Maintien modeste* (syn. **discret, réservé**). **2.** Éloigné de l'exagération : *Être modeste dans ses prétentions* (syn. **modéré**). **3.** Qui est sans richesse, sans éclat, sans faste : *Une somme modeste* (syn. **modique**). *Un modeste repas* (syn. **frugal, simple**). *Être issu d'un milieu modeste* (syn. **humble**). *Il n'est qu'un modeste employé* (syn. **simple**).

modestement [mɔdɛstəmɑ̃] **adv.** De façon modeste.

modestie [mɔdɛsti] **n.f.** Modération dans l'appréciation de soi-même : *Avec une grande modestie, il parla surtout du travail de ses collaborateurs* (syn. **humilité** ; contr. **vanité, orgueil**). *Fausse modestie* (= modestie affectée).

Modiano (Patrick), écrivain français (Boulogne-Billancourt 1945). Ses romans expriment une quête de l'identité à travers l'exploration d'un passé douloureux ou énigmatique (*la Place de l'Étoile,* 1968 ; *Rue des boutiques obscures,* 1978 ; *Dora Bruder,* 1997 ; *Dans le café de la jeunesse perdue,* 2007 ; *l'Herbe des nuits,* 2012).

modicité [mɔdisite] **n.f.** Caractère de ce qui est modique : *La modicité d'une somme.*

modifiable [mɔdifjabl] **adj.** Qui peut être modifié.

modificateur, trice [mɔdifikatœr, -tris] **adj.** Propre à modifier.

modification [mɔdifikasjɔ̃] **n.f.** (lat. *modificatio*). Action de modifier ; fait d'être modifié : *L'acide provoque une modification de l'aspect de cette substance* (syn. **changement, transformation**). *Le manuscrit a subi plusieurs modifications successives* (syn. **remaniement**).

modifier [mɔdifje] **v.t.** (lat. *modificare,* de *modus,* mesure) [conj. **9**]. **1.** Changer, sans en altérer la nature essentielle, la forme, la qualité de qqch : *Modifier une loi* (= l'amender). *Les constructions nouvelles ont complètement modifié l'aspect du village* (syn. **transformer**). **2.** GRAMM. En parlant d'un adverbe, déterminer ou préciser le sens d'un verbe, d'un adjectif ou d'un autre adverbe.

Modigliani (Amedeo), peintre italien de l'école de Paris (Livourne 1884 - Paris 1920). Son œuvre, vouée à la figure humaine, se distingue par la hardiesse et la pureté de la ligne (*Portrait de Kisling* [1916], *Nu à la chemise* [1916-1917], *Maternité* [1919], Villeneuve-d'Ascq ; *Femme au col blanc* [1917], Grenoble ; nombreux portraits de *Jeanne Hébuterne*).

modique [mɔdik] **adj.** (lat. *modicus,* de *modus,* mesure). De peu d'importance ; de faible valeur : *Elle vivait d'une modique pension* (syn. **modeste, maigre**). *Pour la modique somme de dix euros* (syn. **faible, insignifiant**).

modiste [mɔdist] **n.** (de *1. mode*). Personne qui confectionne ou vend des chapeaux de femme.

modulable [mɔdylabl] **adj.** Qui peut être modulé : *Prime modulable. Bibliothèque modulable.*

modulaire [mɔdylɛr] **adj. 1.** Qui est constitué d'un ensemble de modules : *Bibliothèque modulaire.* **2.** ARCHIT. Qui se conforme à un système proportionnel ayant un module pour unité de base.

modulateur [mɔdylatœr] **n.m.** TÉLÉCOMM. Dispositif électronique qui effectue la modulation d'une oscillation.

modulation [mɔdylasjɔ̃] **n.f.** (lat. *modulatio,* de *modulari,* mesurer). **1.** Chacun des changements de ton, d'accent, d'intensité dans l'émission d'un son, partic. l'inflexion de la voix. **2.** MUS. Passage d'un ton à un autre au cours d'un morceau. **3.** Variation recherchée dans le coloris, le modelé, les formes, les manières d'exprimer qqch dans une œuvre. **4.** Variation, adaptation, modification de qqch selon certains critères ou certaines circonstances : *Modulation des prix.* **5.** PHYS. Variation dans le temps d'une caractéristique d'un phénomène (amplitude, fréquence, etc.) en fonction des valeurs d'une caractéristique d'un autre phénomène. **6.** TÉLÉCOMM. Processus par lequel une oscillation de haute fréquence (dite *oscillation porteuse*), est astreinte à suivre les variations d'un signal. **7. Modulation de fréquence,** modulation par laquelle on astreint la fréquence d'une onde à varier proportionnellement aux valeurs instantanées d'un signal ; bande de fréquences dans laquelle sont diffusées des émissions de radio selon ce procédé.

module [mɔdyl] **n.m.** (lat. *modulus,* de *modus,* mesure). **1.** Unité fonctionnelle d'équipements permettant de réaliser un ensemble par juxtaposition ou combinaison : *Une bibliothèque constituée de dix modules.* **2.** ARCHIT. Commune mesure conventionnelle déterminant les dimensions des différentes parties d'une construction. **3.** ASTRONAUT. Élément d'un véhicule spatial constituant une unité à la fois structurelle et fonctionnelle.

moduler [mɔdyle] **v.t.** (lat. *modulari,* de *modulus,* cadence). **1.** Exécuter avec des inflexions variées : *Moduler une mélodie.* **2.** Adapter d'une manière souple à des circonstances diverses : *Moduler des primes d'assurance selon les clients.* **3.** TÉLÉCOMM. Effectuer la modulation d'une oscillation. ◆ **v.i.** MUS. Passer d'une tonalité à une autre, au cours d'un morceau.

modulo [mɔdylo] **prép.** (de *modul[er]*). MATH. **Congruence modulo π,** relation d'équivalence entre deux entiers dont la différence est un multiple de *π*.

modus vivendi [mɔdysvivɛ̃di] **n.m. inv.** (mots lat. « manière de vivre »). **1.** Accord permettant à deux parties en litige de s'accommoder d'une situation. **2.** Accommodement, arrangement dans une relation, une manière de vivre : *Trouver un modus vivendi* (syn. **compromis**).

moelle [mwal] **n.f.** (anc. fr. *meole*, lat. *medulla*). **1.** Substance molle, graisseuse, qui remplit le canal médullaire et les alvéoles du tissu spongieux des différents os. ▸ La moelle osseuse se présente sous deux aspects principaux : la moelle rouge, où se trouvent des cellules mères de toutes les cellules sanguines, et la moelle jaune, contenant surtout de la graisse, et qui participe activement à la croissance et au renouvellement de l'os. **2.** BOT. Région axiale du cylindre central de la tige et de la racine, occupée génér. par les grosses cellules, non chlorophylliennes : *La moelle du sureau.* **3.** *LITT.* Partie essentielle de qqch : *La moelle d'un livre* (syn. **essence**, litt. **quintessence**). **4. Jusqu'à la moelle (des os),** très profondément. **5. Moelle épinière,** partie du système nerveux central située dans la colonne vertébrale, qui assure la transmission de l'influx nerveux entre le cerveau, les organes du tronc et les membres, ainsi que certains réflexes.

moelleux, euse [mwalø, -øz] **adj.** (de *moelle*). **1.** Doux au toucher et comme élastique : *Un lit moelleux* (syn. **douillet**). **2.** Agréable à goûter, à entendre, à voir : *Voix moelleuse* (syn. **suave**). **3. Vin moelleux,** vin qui n'est ni très doux ni très sec.

moellon [mwalɔ̃] **n.m.** (du lat. pop. **mutulio*, corbeau [terme d'archit.], du class. *mutulus*, avec infl. de *moelle*). CONSTR. Pierre, non taillée ou grossièrement taillée, de petites dimensions : *Un mur en moellons.*

Moero ou **Mweru,** lac d'Afrique, entre la Rép. dém. du Congo (ex-Zaïre ; Katanga) et la Zambie ; 4 340 km^2.

mœurs [mœr] ou [mœrs] **n.f. pl.** (lat. *mores*). **1.** Pratiques sociales, usages communs à un groupe, un peuple, une époque : *Les mœurs des Romains* (syn. **coutumes**). **2.** Habitudes particulières à chaque espèce animale : *Les mœurs des abeilles.* **3.** Habitudes de vie ; comportements individuels : *Avoir des mœurs simples.* **4.** Ensemble des principes, des règles codifiées par la morale sociale, partic. sur le plan sexuel : *Des mœurs dépravées* (syn. **conduite**).

mofette [mɔfɛt] **n.f.** (it. *moffetta*, de *muffa*, moisissure). Émanation de gaz carbonique qui se produit dans les régions volcaniques.

Mogadiscio ou **Mogadishu → Muqdisho.**

Moghols ***(Grands),*** dynastie musulmane, d'origine turque, qui régna sur l'Inde de 1526 à 1857. Fondée par Baber, elle compta deux empereurs exceptionnels, Akbar (1556-1605) et Aurangzeb (1658-1707). Elle domina à son apogée tout le sous-continent indien, de Kaboul à l'Inde du Sud. Son dernier empereur fut déposé par les Britanniques.

Mohács ***(bataille de)*** [29 août 1526], bataille au cours de laquelle Soliman le Magnifique anéantit les troupes de Louis II de Hongrie (tué au combat), à Mohács, ville de Hongrie, sur le Danube.

mohair [mɔɛr] **n.m.** (mot angl., de l'ar.). Poil de la chèvre angora, dont on fait des laines à tricoter ; étoffe faite avec cette laine : *Un manteau en mohair.*

Mohammed VI → Muhammad VI.

Mohave ou **Mojave** ***(désert),*** région désertique des États-Unis, dans le sud-est de la Californie.

moho [mɔo] **n.m.** (du n. de A. *Mohorovičić*). GÉOL. Discontinuité définissant la transition entre la croûte et le manteau, caractérisée par une augmentation brutale de la vitesse des ondes sismiques longitudinales (on dit aussi *discontinuité de Mohorovičić*).

Moholy-Nagy (László), plasticien hongrois (Bácsborsód 1895 - Chicago 1946). Professeur au Bauhaus de 1923 à 1928, il fonda en 1939 l'Institute of Design de Chicago. Constructiviste, précurseur du cinétisme, il a utilisé toutes les techniques (dessin, peinture, photo, collage, assemblage, cinéma).

Mohorovičić (Andrija), géologue yougoslave (Volosko, près d'Opatija, 1857 - Zagreb 1936). Il a étudié la propagation des ondes sismiques et s'est attaché à préciser la localisation des épicentres. Il a découvert en 1909 l'existence d'une zone de transition entre la croûte et le manteau terrestres (*moho*, ou *discontinuité de Mohorovičić*).

1. moi [mwa] **pron. pers.** (anc. fr. *mei*, lat. *me*, en position accentuée). Désigne la 1re pers. du sing., aux deux genres, dans des fonctions de : **1.** Compl. prép. : *Est-ce un cadeau pour moi ?* **2.** Appos. au pron. sujet ou compl. dans des formules d'insistance : *Moi, je m'abstiens. Moi, ça ne me dérange pas.* **3. À moi !,** au secours ! / **De vous à moi, entre vous et moi,** en confidence ; entre nous.

2. moi [mwa] **n.m. inv.** (de *1. moi*). **1.** Ce qui constitue l'individualité, la personnalité du sujet. **2.** Personnalité s'affirmant en excluant les autres : *Le moi est haïssable.* **3.** PHILOS. Sujet pensant (syn. **ego**). **4.** PSYCHAN. Dans le second modèle freudien, l'une des trois instances psychiques, distinguée du ça et du surmoi et permettant une défense de l'individu contre la réalité et contre les pulsions (syn. **ego**).

moignon [mwaɲɔ̃] **n.m.** (de l'anc. fr. *moing*, mutilé, d'un rad. préroman **munnio*, émoussé). **1.** Ce qui reste d'un membre coupé ou amputé : *Moignon du bras.* **2.** Membre rudimentaire : *Les manchots n'ont qu'un moignon d'aile.* **3.** Ce qui reste d'une grosse branche cassée ou coupée (syn. **chicot**). **4.** Partie de la couronne de la dent, taillée afin de recevoir une prothèse fixe.

moindre [mwɛ̃dr] **adj.** (lat. *minor*, comparatif de *parvus*, petit). **1.** Comparatif de *petit* dans certaines expressions : *À moindre prix. De moindre importance.* **2.** Précédé de l'art. déf. ou d'un adj. poss., superlatif de *petit* : *Le moindre bruit l'effraie. J'observais ses moindres gestes.*

moine [mwan] **n.m.** (lat. pop. **monicus*, du lat. ecclés. *monachus*, gr. *monakhos*, solitaire, de *monos*, seul). **1.** Homme lié par des vœux religieux et menant une vie essentiellement spirituelle, le plus souvent en communauté dans un monastère. **2.** Phoque des mers chaudes à pelage gris tacheté. **3. Gras comme un moine,** très gras.

moineau [mwano] **n.m.** (de *moine*, d'apr. la couleur du plumage). **1.** Oiseau passereau abondant dans les villes et dans les champs. ▸ Famille des plocéidés. Le moineau pépie. **2.** *FAM.* Individu, partic. individu désagréable ou malhonnête : *Un vilain moineau.* **3.** *FAM.* **Tête, cervelle de moineau,** personne étourdie, écervelée.

moins [mwɛ̃] **adv.** (lat. *minus*, comparatif de *parum*, trop peu). **1.** Indique une soustraction, qqch qui manque : *Quinze moins huit égale sept. J'ai retrouvé le contenu de mon sac moins le portefeuille.* **2.** Indique un nombre négatif ; une température inférieure à 0 °C : *Moins trois plus moins cinq égale moins huit. Il faisait moins dix hier.* **3.** Marque, génér. en corrélation avec *que*, le comparatif d'infériorité : *Il travaille moins que moi actuellement.* **4.** Marque, précédé de l'art. défini ou d'un adj. poss., le superlatif relatif d'infériorité : *C'est la moins agréable des îles.* **5. À moins,** pour un moindre prix ; pour un motif moins important : *On s'inquiéterait à moins.* / **À moins de** (+ n.), pour un moindre prix : *À moins de dix euros, j'achète.* / **À moins de** (+ inf.), sauf si, excepté si : *À moins d'être très riche.* / **À moins que,** suivi d'un subj. et parfois d'un *ne* explétif, indique une condition : *À moins qu'il ne soit trop tard* (= sauf s'il est trop tard). / **À tout le moins, pour le moins, tout au moins,** en tout cas ; avant tout ; au minimum : *C'était son rôle, à tout le moins, de prévoir les échéances.* / **Au moins,** si ce n'est davantage ; en tout cas, de toute façon : *Il a au moins cinquante ans. Tu pourrais au moins la laisser parler.* / **Du moins,** néanmoins, en tout cas : *C'est du moins ce que je pense.* / **Être rien moins que,** être bel et bien, véritablement : *Il n'est rien moins qu'un héros.* / **Moins de,** un nombre, une quantité inférieurs de : *Prends-en moins, sinon tu vas être malade.* ◆ **n.m.** MATH. Signe noté « - » indiquant une soustraction ou un nombre négatif.

moins-que-rien [mwɛ̃kərjɛ̃] **n.inv.** Personne sans intérêt, sans valeur : *Des moins-que-rien.*

moins-value [mwɛ̃valy] **n.f.** (d'apr. *plus-value*) [pl. *moins-values*]. **1.** Diminution de la valeur d'un objet ou d'un droit appréciée à deux moments différents. **2.** Déficit éventuel des recettes fiscales sur les prévisions établies par la loi de finances (contr. **plus-value**).

moirage [mwaraʒ] **n.m.** Reflet chatoyant d'une substance ou d'un objet moiré. (On dit aussi *la moirure.*)

moire [mwar] **n.f.** (angl. *mohair*). **1.** Étoffe à reflet changeant, obtenue en écrasant le grain des tissus avec une calandre spéciale ; ce reflet. **2.** LITT. Reflets changeants et chatoyants d'une surface, d'un objet.

moiré, e [mware] **adj.** Qui offre les reflets de la moire. ◆ **moiré n.m.** Effet de la moire : *Le moiré d'une étoffe.*

mois [mwa] **n.m.** (anc. fr. *meis,* lat. *me[n]sis*). **1.** Chacune des douze divisions de l'année civile : *Le mois de mars.* **2.** Espace de temps d'environ trente jours : *Revoyons-nous dans un mois. Un bébé de six mois.* **3.** Unité de travail et de salaire correspondant à un mois légal ; ce salaire lui-même : *Toucher son mois.* **4.** Somme due pour un mois de location, de services, etc. : *Payer d'avance deux mois de loyer.*

Moïse, libérateur et législateur des Hébreux (XIIIe s. av. J.-C.). Transfigurée par le style épique de la Bible (les événements miraculeux concernant sa naissance, les plaies d'Égypte, le passage de la mer Rouge, la traversée du désert), son histoire est celle d'un chef charismatique qui a donné aux Hébreux leur patrie, leur religion, leur loi et sans lequel leur existence même resterait inexplicable. Moïse est l'âme de la résistance à l'oppression que subissent ses frères dans l'Égypte des pharaons, le guide qui les fait sortir de ce pays, le chef qui unifie les divers groupes des descendants de Jacob, le médiateur enfin qui parle au nom de Yahvé et qui remet au peuple élu les éléments fondamentaux de sa Loi.

moisi [mwazi] **n.m.** Partie moisie de qqch : *Enlever le moisi du pain* (syn. **moisissure**).

moisir [mwazir] **v.i.** (lat. pop. **mucire,* class. *mucere*) [conj. **32**]. **1.** Se couvrir de moisissure : *Le pain a moisi.* **2.** FAM. Rester longtemps au même endroit : *Je n'ai aucune envie de moisir ici* (syn. **se morfondre**). **3.** FAM. Rester inutilisé, improductif : *C'est de l'argent qui moisit* (syn. **dormir**). ◆ **v.t.** Couvrir de moisissure : *La pluie a moisi les raisins.*

moisissure [mwazisyr] **n.f. 1.** Champignon de très petite taille qui provoque une modification chimique du milieu sur lequel il croît : *La moisissure d'un fromage.* **2.** Corruption de qqch sous l'effet de ces champignons ; partie moisie de qqch (syn. **moisi**).

Moissac, ch.-l. de c. de Tarn-et-Garonne, sur le Tarn ; 12 914 hab. *(Moissagais).* Église des XIIe et XVe s., ancienne abbatiale, avec célèbres portail roman (tympan sculpté d'une *Apocalypse,* v. 1110-1115) et cloître aux chapiteaux historiés.

Moissan (Henri), chimiste français (Paris 1852 - *id.* 1907). Il obtint, grâce au four électrique, la fusion de nombreux oxydes métalliques, élabora le chrome et le titane, des carbures, hydrures, nitrures, siliciures et borures cristallisés. Il isola le fluor, le silicium et le bore. (Prix Nobel 1906.)

moisson [mwasɔ̃] **n.f.** (lat. *messio, -onis,* de *messis,* de même sens). **1.** Action de récolter les céréales parvenues à maturité ; époque de cette récolte : *Faire la moisson.* **2.** Ce qui est récolté ou à récolter : *Rentrer la moisson* (syn. **récolte**). **3.** Grande quantité de choses amassées, recueillies : *Une moisson de renseignements* (syn. **tas, masse**).

moissonnage [mwasɔnaʒ] **n.m.** Action, manière de moissonner.

moissonner [mwasɔne] **v.t. 1.** Faire la moisson de : *Moissonner le blé.* **2.** LITT. Recueillir, amasser en quantité : *Moissonner des informations* (syn. **collecter**).

moissonneur, euse [mwasɔnœr, -øz] **n.** Personne qui fait la moisson.

moissonneuse [mwasɔnøz] **n.f.** Machine utilisée pour la moisson.

moissonneuse-batteuse [mwasɔnøzbatøz] **n.f.** (pl. *moissonneuses-batteuses*). Machine à récolter les céréales, qui coupe, bat, trie et nettoie sommairement les grains.

moite [mwat] **adj.** (p.-ê. du lat. pop. **muscidus,* moisi, humide, par croisement du class. *mucidus,* moisi, et *musteus,* juteux). **1.** Légèrement humide sous l'effet de la transpiration : *Avoir les mains moites.* **2.** Imprégné d'humidité : *Chaleur moite d'une journée orageuse.*

moiteur [mwatœr] **n.f. 1.** Légère humidité de la peau : *La moiteur du front d'un malade fiévreux.* **2.** État de ce qui est moite, humide : *La moiteur de l'air.*

moitié [mwatje] **n.f.** (lat. *medietas, -atis,* milieu, moitié, de *medius,* central). **1.** Chacune des deux parties égales d'un tout divisé : *Cinq est la moitié de dix.* **2.** Une des deux parties à peu près égales d'un espace, d'une durée, d'une action : *Il est absent la moitié du temps.* **3.** FAM. Épouse, par rapport au mari. **4. À moitié,** à demi, en partie : *Ses arguments ne me convainquent qu'à moitié.* / **À moitié chemin,** au milieu de l'espace à parcourir ; sans continuer une action entreprise. / **À moitié prix,** pour la moitié du prix normal, ordinaire. / **De moitié,** dans la proportion de un sur deux : *Le prix de cet ouvrage a été réduit de moitié.* / **Être, se mettre de moitié,** participer à égalité avec qqn aux risques et aux résultats d'une entreprise. / **Être pour moitié dans qqch,** en être responsable pour une part : *Il est pour moitié dans la rédaction de ce rapport.* / **Moitié..., moitié...,** en partie..., en partie... : *Couverture moitié grise, moitié blanche.* / **Moitié-moitié,** à parts égales : *Partager le butin moitié-moitié.*

Mojave *(désert)* → Mohave.

moka [mɔka] **n.m.** (de *Moka,* v. du Yémen). **1.** Café d'une variété estimée, riche en caféine. **2.** Infusion de ce café. **3.** Gâteau fait d'une génoise fourrée d'une crème au beurre parfumée au café.

mol adj.m. → **mou.**

1. molaire [mɔlɛr] **adj.** PHYS. Relatif à la mole : *Masse molaire.*

2. molaire [mɔlɛr] **n.f.** (lat. *[dens] molaris,* de *mola,* meule). Grosse dent placée à la partie moyenne et postérieure des maxillaires, qui sert à broyer les aliments.

molasse [mɔlas] **n.f.** (de *mollasse* ou de *pierre molasse,* du lat. *mola,* meule [pierre servant à faire des meules]). Grès tendre, à ciment calcaire, se formant génér. dans les dépressions au pied des chaînes de montagne.

Moldavie, région historique de Roumanie, auj. partagée entre la Roumanie et la république de Moldavie. La marche de Moldavie, créée par Louis Ier d'Anjou, roi de Hongrie, v. 1352-1354, s'émancipe en 1359 de la tutelle de la Hongrie. Devenue un État autonome vassal de l'Empire ottoman en 1538, la Moldavie est placée sous la protection de la Russie en 1774. L'Autriche annexe la Bucovine en 1775 et la Russie se fait céder la Bessarabie en 1812. L'union des principautés de Moldavie et de Valachie, réalisée en 1859, est proclamée définitive en 1862. Le nouvel État prendra le nom de Roumanie. De 1918 à 1940, la Bessarabie est rattachée à la Roumanie.

Moldavie, État d'Europe, enclavé entre l'Ukraine et la Roumanie ; 34 000 km^2 ; 3 487 000 hab. *(Moldaves).* CAP. *Chişinău.* LANGUE : *moldave.* MONNAIE : *leu moldave.*

GÉOGRAPHIE

En bordure de la Roumanie, la Moldavie est peuplée pour deux tiers de Moldaves (avec de notables minorités, russe, ukrainienne et gagaouze) et bénéficie de bonnes conditions agricoles (chaleur, eau). Bien mise en valeur, elle produit notamm. du blé, du maïs, de la canne à sucre, du vin et du tabac. L'élevage est intensif et l'agroalimentaire constitue le secteur industriel dominant.

HISTOIRE

La République socialiste soviétique de Moldavie est fondée en 1940 par les Soviétiques, qui viennent de reconquérir la Bessarabie (rattachée depuis 1918 à la Roumanie). Le sud de la Bessarabie est rattaché à l'Ukraine ; le reste et une partie de la République autonome de Moldavie, créée en 1924 sur la rive gauche du Dniestr, constituent la R.S.S. de Moldavie.

1991. La Moldavie proclame son indépendance.

1994. L'éventualité d'un rattachement de la Moldavie à la Roumanie est rejetée par référendum.

Se succèdent à la tête de l'État les ex-communistes Mircea Snegur (1990-1997), Petru Lucinschi (1997-2001), Vladimir Voronine (2001-2009).
2012. Après la victoire de l'opposition (libérale et sociale-démocrate, 2009 et 2010), Nicolae Timofti (sans parti) est élu de justesse à la présidence par le Parlement.

mole [mɔl] **n.f.** (de *mol[écule-gramme]*). PHYS. Unité de quantité de matière, équivalant à la quantité de matière d'un système contenant autant d'entités élémentaires qu'il y a d'atomes dans 12 g du principal isotope de carbone *(carbone 12)*. ▸ Symb. mol. (⟶ molécule.)

môle [mol] **n.m.** (it. *molo*, p.-ê. du lat. *moles*, masse). Ouvrage en maçonnerie qui protège l'entrée d'un port ou divise un bassin en darses.

moléculaire [mɔlekylɛr] **adj.** Relatif aux molécules : *Masse moléculaire.*

molécule [mɔlekyl] **n.f.** (lat. mod. *molecula*, dimin. de *moles*, masse). Groupement d'atomes qui représente, pour un corps pur qui en est constitué, la plus petite quantité de matière pouvant exister à l'état libre.

■ La matière, dans sa diversité, est formée de molécules construites à partir d'une centaine d'atomes différents, les éléments chimiques. L'existence des molécules a longtemps été contestée et la première preuve expérimentale (indirecte) n'a guère plus d'un siècle. En 1867, John Tyndall montre que la couleur bleue de l'eau des lacs profonds ne pouvait être due qu'à la diffusion de la lumière par de très petites particules, en l'occurrence les molécules d'eau.
Propriétés. Les molécules ont des degrés de complexité allant des petites molécules d'oxygène ou d'azote aux longues hélices de l'ADN présent au cœur des cellules vivantes. L'arrangement spatial des atomes et la nature de leurs liaisons chimiques induisent des propriétés variées. La forme d'une molécule suffit parfois à en expliquer les propriétés : c'est, par exemple, le cas des molécules de substance odorante qui s'insèrent dans un site du récepteur sensoriel ayant la même forme extérieure. Une différence de quelques atomes entre deux molécules suffit, par ailleurs, à changer du tout au tout leurs propriétés : ainsi de l'œstradiol $C_{18}H_{24}O_2$ et de la testostérone $C_{19}H_{28}O_2$, hormones sexuelles respectivement femelle et mâle.
La mole. Pour travailler commodément sur des entités dont les plus petites ne dépassent pas quelques dix-millionièmes de millimètre, les chimistes ont introduit une unité de quantité de matière, la mole. La masse (en grammes) d'une mole d'un élément donné est égale au nombre de « nucléons » (protons et neutrons) contenus dans le noyau de l'atome de l'élément considéré. Le noyau du carbone, par exemple, contient 12 nucléons ; la masse de $6 \cdot 10^{23}$ atomes de carbone est de 12 g. La mole permet donc d'établir un lien entre les caractéristiques microscopiques des molécules et des quantités qui nous sont perceptibles. ■

moleskine [mɔlɛskin] **n.f.** (angl. *moleskin*, peau de taupe). Toile de coton fin, recouverte d'un enduit flexible et d'un vernis souple imitant le grain du cuir.

molester [mɔlɛste] **v.t.** (lat. *molestare*, de *molestus*, importun). Faire subir des violences physiques à (syn. **malmener**).

molette [mɔlɛt] **n.f.** (dimin. de *1. meule*). **1.** Roulette striée servant à actionner un mécanisme mobile : *Une clef à molette.* **2.** TECHN. Petit disque en acier dur, servant à couper, graver, travailler les corps durs, le verre, etc. ; outil muni d'un tel disque : *Molette de vitrier.* **3.** ÉQUIT. Partie mobile de l'éperon, en forme de roue étoilée.

Molière (Jean-Baptiste Poquelin, dit), auteur dramatique français (Paris 1622 - *id.* 1673). Fils et petit-fils de tapissiers, il fait ses humanités chez les jésuites au collège de Clermont. Abandonnant ses études de droit (1642), il crée, en 1643, avec la famille Béjart, l'Illustre Théâtre, mais celui-ci fait faillite. Il parcourt alors, pendant plus de douze ans, la province, où il écrit et joue, inspiré par la farce italienne, *l'Étourdi* (1655) et *le Dépit amoureux* (1656). Après avoir joué des pièces de ses contemporains devant le roi (1658), il reçoit la salle du Petit-Bourbon, puis, en 1660, celle du Palais-Royal, qu'il gardera jusqu'à sa mort. Dégagé de l'emprise italienne, Molière affirme son originalité à partir des *Précieuses ridicules* (1659), peinture satirique des salons littéraires alors en vogue, qui lui assure la célébrité. Abandonnant la farce (*le Médecin volant ; Sganarelle ou le Cocu imaginaire,* 1660) pour le genre sérieux (*Dom Garcie de Navarre,* 1661), Molière échoue et revient avec succès à la comédie (*l'École des maris,* 1661 ; *les Fâcheux,* 1661 ; *l'École des femmes,* 1662 ; et, après la querelle qu'elle suscite, *la Critique de l'École des femmes* et *l'Impromptu de Versailles,* 1663). De 1664 à 1666, Molière écrit trois pièces à caractère moral ou religieux qui s'inscrivent parmi les chefs-d'œuvre de la littérature française : *Tartuffe* (1664), *Dom Juan* (1665) et *le Misanthrope* (1666), bien qu'à la cour, comme à la ville, on préfère *le Mariage forcé* et *la Princesse d'Élide* (1664), *l'Amour médecin* (1665) et *le Médecin malgré lui* (1666), où apparaît son horreur des médecins. Pour distraire la cour, il écrit alors des comédies-ballets : *Amphitryon* (1668), *l'Avare* (1668), puissante comédie de caractère, *George Dandin* (1668), *Monsieur de Pourceaugnac* (1669), *le Bourgeois gentilhomme* (1670), où il se moque des parvenus, *les Fourberies de Scapin* (1671), où il revient à la farce, et *les Femmes savantes* (1672). La querelle autour de *Tartuffe* et le demi-échec du *Misanthrope* obligent Molière à abandonner la comédie satirique. Très marqué par la préférence du roi pour Lully et terrassé par la maladie, il meurt quelques heures après la quatrième représentation du *Malade imaginaire* (17 févr. 1673).
Molière a su utiliser toute la gamme des effets comiques, de la farce la plus bouffonne à la psychologie la plus élaborée. En s'attaquant aux ridicules et aux contradictions du XVIIe s., il a campé des personnages enfermés dans leurs vices et leurs obsessions, qui forment des types éternels. • **Le Tartuffe** ou **Tartufe** est une comédie en cinq actes et en vers. Victimes d'une cabale du parti dévot, les deux premières versions furent interdites (1664 et 1667), et la pièce ne fut autorisée qu'en 1669. Faux dévot, Tartuffe a gagné la confiance d'Orgon dont il obtient tout, y compris la promesse d'épouser sa fille. Démasqué, alors qu'il tente de séduire Elmire, femme d'Orgon, l'hypocrite essaie de nuire à ce dernier, mais la justice du roi met fin à l'imposture. ▸ *Dossier page suivante.*

molière [mɔljɛr] **n.m.** (de *Molière*). Récompense théâtrale décernée annuellement en France.

Molina (Luis), théologien espagnol (Cuenca 1535 - Madrid 1601). Jésuite qui enseigna à Coimbra, Évora et Madrid, il devint célèbre par les vives controverses que suscita son ouvrage intitulé *Accord du libre arbitre avec le don de la grâce, la Prescience divine, la Providence, la prédestination et la réprobation* (1588). Les thèses molinistes parurent entachées d'un certain pélagianisme et se virent reprocher, surtout par les théologiens dominicains, de minimiser l'efficacité de la grâce divine.

Molinos (Miguel de), théologien espagnol (Muniesa, Teruel, 1628 - Rome 1696). Bénéficiant d'une grande réputation de directeur spirituel, il s'établit à Rome en 1663 et y devint le chef d'une école de spiritualité soupçonnée de tendances quiétistes. Son ouvrage principal, *Guide spirituel* (1675), fut condamné en 1688 et lui-même mourut emprisonné.

mollah [mɔla] **n.m.** (mot ar. « seigneur »). Dans l'islam, titre donné aux personnalités religieuses, notamm. aux docteurs de la loi coranique.

mollasse [mɔlas] **adj.** (de *mol*, ou de l'it. *molaccio*). Qui est trop mou : *Chairs mollasses* (syn. **flasque**). ◆ **adj.** et **n.** FAM. Apathique : *Regarde-moi cette grande mollasse !*

mollasson, onne [mɔlasɔ̃, -ɔn] **adj.** et **n.** FAM. Qui est très mou, sans énergie.

mollement [mɔlmɑ̃] **adv. 1.** Avec nonchalance, abandon : *Être mollement étendu sur un divan* (syn. **nonchalamment**). **2.** Sans conviction ; faiblement : *Protester mollement.*

mollesse [mɔlɛs] **n.f.** État de qqch qui est mou ; manque de vigueur de qqn : *Diriger une entreprise avec mollesse.*

Un succès qui ne se dément pas

Observateur des mœurs sous Louis XIV, Molière a puisé son inspiration dans la société de son temps. Son théâtre était avant tout destiné au roi et à ses courtisans. Aujourd'hui, il reste l'un des auteurs les plus traduits, étudiés et représentés, d'une langue française dite depuis « langue de Molière ». Comment expliquer un tel succès ?

▶ **Des thèmes éternels.** Au-delà des débats et des querelles de l'époque, les sujets qu'aborde Molière sont éternels et touchent toutes les classes sociales. Dans la préface de la première édition du *Tartuffe*, le dramaturge entend n'épargner personne : « Si l'emploi de la comédie est de corriger les vices des hommes, je ne vois pas par quelle raison il y en aura de privilégiés. » En effet, si *le Tartuffe* est « une pièce qui offense la piété » aux yeux des détracteurs de l'époque, c'est parce que Molière y dénonce les « faux dévots » qui abusent de la générosité de leurs semblables sous couvert de religion. De même, le *Dom Juan* met au cœur du débat le personnage du « libertin » du XVIIe s. qui rejette violemment la religion et la morale commune. Mais la pièce, en posant plus largement le problème de la liberté par rapport aux règles de la société, reste d'actualité. D'autres pièces de Molière abordent des thèmes toujours aussi universels : *les Femmes savantes* et *les Précieuses ridicules* mettent en scène l'éducation des femmes ; *le Malade imaginaire* dénonce les limites de la médecine.

▶ **Le rire et la satire.** « Le devoir de la comédie étant de corriger les hommes en les divertissant, j'ai cru que, dans l'emploi où je me trouve, je n'avais rien de mieux à faire que d'attaquer par des peintures ridicules les vices de mon siècle », écrit Molière dans le premier placet adressé au roi sur *le Tartuffe*. Corriger par le rire, voilà la fonction essentielle de la comédie. Certaines catégories sociales sont tournées en ridicule (marquis, médecins, précieuses, etc.). Les personnages deviennent des « types » éternels : Harpagon l'avare ou Alceste le misanthrope. Tous les ressorts du comique sont exploités et même souvent combinés : comique de gestes (mimiques, coups de bâton), comique de situation (quiproquos), comique de caractère (analyse d'un personnage sous l'angle de la comédie) et aussi comique de mots comme dans *le Médecin malgré lui*, où Sganarelle prend au sens propre les paroles de sa femme (acte I, scène 1) :

Martine. – J'ai quatre pauvres petits enfants sur les bras...
Sganarelle. – Mets-les à terre.

Le comique de mots repose aussi sur des déformations verbales, telles que le « latin de cuisine » des médecins dans *le Malade imaginaire*. À travers l'échange entre le président *(Praeses)* et le candidat *(Bachelierus)*, Molière se moque de la pédanterie des médecins (troisième intermède de la comédie-ballet) :

Praeses. – Juras [...] / De non jamais te servire / De remediis aucunis / Quam de ceux seulement doctae Facultatis / Maladus dust-il crevare / Et mori de suo malo ?
Bachelierus. – Juro.

▶ **Transpositions actuelles.** Certaines pièces de Molière sont aujourd'hui datées. En l'absence des fastes de la cour, il est difficile de cerner l'atmosphère de certaines comédies-ballets. Même des pièces comme *le Bourgeois gentilhomme* peuvent rebuter le spectateur par les monologues et démonstrations, les situations répétitives. Mais un « dépoussiérage » des œuvres par une mise en scène théâtrale renouvelée ou une transposition cinématographique suffit souvent à faire ressortir la verve comique. Dans la mise en scène d'Alain Sachs, en 2006, l'action se passe à notre époque et M. Jourdain (interprété par l'humoriste Jean-Marie Bigard) a fait fortune en créant un immense magasin de sport. De la même manière, en 1995, Ariane Mnouchkine redonne vie au *Tartuffe* en abordant l'action sous l'angle de l'intégrisme religieux contemporain.

« Les comédies ne sont faites que pour être jouées », écrit Molière (Préface de *l'Amour médecin*). Le texte théâtral, qu'il soit en vers ou en prose, est inséparable de sa représentation, surtout lorsque les comédies empruntent des éléments au théâtre de foire. Mais si l'œuvre de Molière est autant représentée de nos jours, c'est qu'elle saisit chez l'être humain ses sentiments les plus éternels dans différentes formes de la comédie, de la farce la plus pittoresque au portrait le plus profond d'une passion ou d'un vice.

Voir aussi : comédie ; commedia dell'arte ; théâtre.

1. mollet [mɔlɛ] **n.m.** (de *2. mollet*). Saillie que font les muscles de la partie postérieure de la jambe, entre la cheville et le pli du genou.

2. mollet, ette [mɔlɛ, -ɛt] **adj.** (dimin. de *mol, mou*). **1.** LITT. Un peu mou : *Lit mollet* (syn. **moelleux**). ***Rem.*** Le fém. est rare. **2. Œuf mollet,** œuf bouilli peu de temps dans sa coque, dont le blanc est coagulé, le jaune restant liquide. / **Pain mollet,** petit pain au lait.

Mollet (Guy), homme politique français (Flers 1905 - Paris 1975). Secrétaire général de la S.F.I.O. (Section française de l'Internationale ouvrière) de 1946 à 1969, il fut président du Conseil en 1956-1957. Son gouvernement réalisa des réformes sociales et eut à faire face à l'aggravation de la situation en Algérie et à la crise de Suez. Ministre de De Gaulle (1958-1959), il rentra ensuite dans l'opposition.

molletière [mɔltjɛr] **n.f.** et **adj.f.** (de *1. mollet*). Bande de cuir, de toile qui couvrait la jambe de la cheville au jarret.

molleton [mɔltɔ̃] **n.m.** (de *2. mollet*). Étoffe épaisse, cardée et foulée, de coton ou de laine, génér. moelleuse et chaude.

molletonné, e [mɔltɔne] **adj.** Garni, doublé de molleton : *Couvre-lit, gants molletonnés.*

mollir [mɔlir] **v.i.** [conj. **32**]. Devenir mou ; perdre de sa force, de son énergie, de sa vigueur : *Sentir ses jambes mollir* (syn. **flageoler**). *Le vent mollit* (syn. **tomber**). ◆ **v.t.** MAR. **Mollir un cordage,** le détendre.

mollo [mɔlo] **adv.** (de *mollement*). FAM. Doucement ; sans forcer : *Allez-y mollo, c'est fragile.*

mollusque [mɔlysk] **n.m.** (lat. *mollusca* [*nux*], [noix] à écorce molle). **Mollusques,** embranchement d'animaux invertébrés aquatiques ou des lieux humides, au corps mou, portant dorsalement un *manteau* souvent couvert d'une coquille et, ventralement, un *pied.*

■ On connaît près de 120 000 espèces de mollusques. Les groupes principaux sont les *gastéropodes,* les *bivalves* (ou *lamellibranches*), les *céphalopodes* et les *polyplacophores,* mais il existe plusieurs autres groupes, comme les *monoplacophores* à coquille conique, les *scaphopodes* à coquille tubulaire ou encore les *solénogastres,* sans coquille et en forme de vers.

Les *bivalves* sont des mollusques aquatiques, pour la plupart marins, dont la coquille est faite de deux valves articulées par une charnière. Certains, comme les moules, vivent fixés par un filament de protéines qu'ils sécrètent : le byssus. D'autres, comme les coques, s'enfouissent en ancrant dans le sable leur pied musculeux. La plupart des bivalves se nourrissent de particules microscopiques (plancton notamm.) qu'ils filtrent par leurs branchies.

Les gastéropodes portent pour la plupart une coquille, le plus souvent spiralée, mais les limaces n'en ont pas du tout. Les gastéropodes sont les seuls mollusques à présenter des formes terrestres (escargots, limaces), dotées d'un poumon ; elles sont herbivores. Les formes marines vivent soit sur le fond, fixées ou libres, soit en pleine eau. Elles sont microphages, prédatrices ou nécrophages ; certaines sont des parasites.

Les céphalopodes sont dépourvus de coquille externe. Ils possèdent des tentacules, munis ou non de ventouses, qui entourent la bouche et leur servent à capturer leurs proies. Ils se déplacent par propulsion, en rejetant de l'eau par un entonnoir musculeux (siphon). Ce sont des carnivores qui consomment crustacés et poissons. Le système nerveux des céphalopodes est le plus complexe et le plus efficace parmi tous les invertébrés. Il est concentré dans un cerveau enfermé dans une boîte cartilagineuse (une sorte de crâne). Leurs yeux, complexes et performants, rappellent ceux des vertébrés. Ils ont des facultés étonnantes. Les pieuvres, notamm., sont capables d'apprentissage.

Les polyplacophores (chitons), moins connus, ont une coquille formée de huit plaques articulées. Ils rampent sur les fonds marins grâce à leur pied, et se nourrissent notamm. d'algues et de bryozoaires. ■

Moloch, obscure divinité cananéenne mentionnée dans la Bible et liée à la pratique de sacrifices d'enfants. Les historiens croient aujourd'hui que ce nom désigne ces sacrifices plutôt que le dieu lui-même.

molosse [mɔlɔs] **n.m.** (lat. *molossus,* gr. *molossos,* chien du pays des Molosses [Épire]). Gros chien de garde.

Molotov (Viatcheslav Mikhaïlovitch Skriabine, dit**),** homme politique soviétique (Koukarki 1890 - Moscou 1986). Commissaire du peuple aux Affaires étrangères (1939-1949 et 1953-1957), il signa le pacte germano- soviétique (1939). Premier vice-président du Conseil (1941-1957), il fut écarté du pouvoir en 1957 après avoir participé à la tentative d'élimination de Khrouchtchev.

Moltke (Helmuth, *comte* **von),** maréchal prussien (Parchim 1800 - Berlin 1891). Disciple de Clausewitz, chef du grand état-major de 1857 à 1888, il fut le créateur de la stratégie prussienne. Son action lors de la guerre des Duchés (1864), en 1866, durant la guerre austro-prussienne, et en 1870-1871, pendant la guerre franco-allemande, lui valut un prestige immense. • Son neveu **Helmuth,** général (Gersdorff 1848 - Berlin 1916), chef de l'état-major allemand de 1906 à 1914, dirigea l'entrée en guerre des forces allemandes en 1914 mais fut battu sur la Marne.

Moluques *(îles),* archipel d'Indonésie, séparé de Célèbes par la mer de Banda et la *mer des Moluques* ; 75 000 km^2 ; 2 566 882 hab. Les principales îles sont Halmahera, Ceram et Amboine.

molybdène [mɔlibdɛn] **n.m.** (lat. *molybdaena,* veine d'argent mêlé de plomb, gr. *molubdaina,* de *molubdos,* plomb). Métal blanc, dur, cassant et peu fusible. ▸ Symb. Mo.

Mombasa ou **Mombassa,** principal port du Kenya, dans l'*île de Mombasa* ; 940 333 hab.

môme [mom] **n.** (d'un rad. enfantin *mom-,* exprimant la petitesse). FAM. Enfant. ◆ **n.f.** FAM. Jeune fille.

moment [mɔmɑ̃] **n.m.** (lat. *momentum,* contraction de **movimentum,* mouvement). **1.** Espace de temps considéré dans sa durée plus ou moins brève : *Passer de longs moments à rêver. J'arrive dans un moment* (syn. **instant**). **2.** Espace de temps considéré du point de vue de son contenu, des événements qui s'y situent : *Un moment de panique. C'est un mauvais moment à passer* (syn. **instant**). **3.** Temps présent : *La mode du moment* (syn. **époque**). *Le grand succès du moment.* **4.** Instant opportun ; occasion : *Ce n'est pas le moment de partir. Attendre le moment favorable.* **5. À partir du moment où, du moment que,** puisque : *Du moment que tu es sûre de ce que tu avances, je n'ai plus qu'à m'incliner.* / **À tout moment,** continuellement, sans cesse. / **Au moment de** (+ n. ou inf.), **au moment où** (+ ind.), marque la simultanéité exacte : *Elle est arrivée au moment du repas, au moment où nous nous mettions à table.* / **Avoir de bons moments,** être agréable à vivre par périodes ; connaître des périodes heureuses. / **En ce moment, pour le moment,** actuellement ; pour l'instant. / **En un moment,** en très peu de temps. / **Par moments,** par intervalles, de temps à autre. / **Sur le moment,** sur l'instant, sur le coup. / **Un moment !,** attendez ! **6.** PHYS. **Moment d'inertie d'un corps,** intégrale du produit de chaque élément de masse de ce corps par le carré de la distance de cet élément à un axe fixe, appelé *axe d'inertie.* / **Moment d'un couple de forces,** produit de l'une des forces du couple par le bras de levier de ce couple. / **Moment d'une force par rapport à un point,** vecteur égal au moment du vecteur qui représente la force. / **Moment électrique, magnétique d'un dipôle,** produit de la charge (électrique, magnétique) d'un des deux pôles par la distance qui les sépare.

momentané, e [mɔmɑ̃tane] **adj.** Qui ne dure qu'un bref moment : *Une panne d'électricité momentanée* (syn. **passager**).

momentanément [mɔmɑ̃tanemɑ̃] **adv.** De façon momentanée : *Il est momentanément absent* (syn. **temporairement, provisoirement**).

momie [mɔmi] **n.f.** (lat. médiév. *mummia,* ar. *mūmiya,* de *moum,* cire). **1.** Cadavre conservé au moyen de matières balsamiques, de l'embaumement : *Les momies d'Égypte.* **2.** FAM. Personne très sèche et très maigre.

momification [mɔmifikasjɔ̃] **n.f.** Action de momifier ; fait de se momifier : *La momification d'un cadavre.*

momifier [mɔmifje] **v.t.** [conj. **9**]. Transformer un corps en momie (syn. **embaumer**). ◆ **se momifier v.pr.** Se dessécher, physiquement ou intellectuellement ; se fossiliser.

Mommsen (Theodor), historien allemand (Garding 1817 - Charlottenburg 1903). Par ses études d'épigraphie et de philologie et par son *Histoire romaine* (1854-1885), il a renouvelé l'étude de l'Antiquité latine. (Prix Nobel de littérature 1902.)

mon [mɔ̃], **ma** [ma], **mes** [mɛ] **adj. poss.** (forme atone du lat. *meus*). Correspondent à un possesseur de la 1re pers. du sing., pour indiquer : **1.** Un rapport de possession : *Mon stylo. Ma maison. Mes idées.* **2.** Un rapport d'ordre, de hiérarchie, de filiation : *Mon père. Mes amis. Mon général.* ***Rem.*** S'accordent en genre et en nombre avec le nom qu'ils introduisent, mais on emploie *mon* au lieu de *ma* devant un nom ou un adj. fém. quand celui-ci commence par une voyelle ou un h muet : *Mon histoire.*

monacal, e, aux [mɔnakal, -o] **adj.** (lat. ecclés. *monachalis,* de *monachus ;* v. *moine*). Propre au genre de vie des moines : *Mener une vie monacale* (syn. **monastique**).

monachisme [mɔnaʃism] ou [mɔnakism] **n.m.** (du lat. ecclés. *monachus,* moine). Vie de moine ; institution monastique.

Monaco, État et ville du littoral de la Méditerranée, enclavés dans le dép. français des Alpes-Maritimes ; 2 km² ; 38 000 hab. *(Monégasques).* CAP. *Monaco.* LANGUE : *français.* MONNAIE : *euro.*

GÉOGRAPHIE

La fonction touristique, fondée initialement sur le casino de Monte-Carlo, est également marquée par l'existence de musées originaux (océanographie, anthropologie), celle d'un grand prix automobile et d'un port de plaisance. Plus récente, la fonction industrielle et de services, favorisée par le régime fiscal, emploie environ 10 000 frontaliers français ou italiens.

HISTOIRE

Colonie phénicienne, elle passe sous la domination de la colonie grecque de Marseille et prend le nom de *Monoïkos.* Échue à la famille Grimaldi en 1297, enjeu des querelles génoises entre guelfes et gibelins, elle passe définitivement aux Grimaldi au début du XVe s.

1512. Son indépendance est reconnue par la France.

1793-1814. Les Français annexent la principauté.

1865. Monaco signe un traité d'union douanière avec la France.

1949. Rainier III devient prince de Monaco.

1962. Réforme de la Constitution.

1993. Monaco devient membre de l'O.N.U.

2005. À la mort de Rainier III, son fils lui succède sous le nom d'Albert II.

monade [mɔnad] **n.f.** (bas lat. *monas, -adis,* du gr. *monos,* seul). PHILOS. Chez Leibniz, substance simple, active, indivisible, dont le nombre est infini et dont tous les êtres sont composés.

monarchie [mɔnarʃi] **n.f.** (bas lat. *monarchia,* mot gr., de *monos,* seul, et *arkhein,* commander). **1.** Régime dans lequel l'autorité est exercée par un individu et par ses délégués. **2.** Régime politique dans lequel le chef de l'État est un roi ou un empereur héréditaire ; État ainsi gouverné : *La monarchie anglaise* (syn. **royaume**). **3. Monarchie absolue,** celle où le pouvoir du monarque n'est contrôlé par aucun autre. / **Monarchie constitutionnelle,** celle où l'autorité du monarque est limitée par une Constitution. / **Monarchie d'Ancien Régime,** système politique en vigueur en France depuis le règne de François Ier jusqu'à la Révolution et constituant une monarchie absolue. / **Monarchie parlementaire,** monarchie constitutionnelle dans laquelle le gouvernement est responsable devant le Parlement.

monarchique [mɔnarʃik] **adj.** Qui concerne la monarchie.

monarchisme [mɔnarʃism] **n.m.** Doctrine politique des partisans de la monarchie. ◆ **monarchiste adj.** et **n.** Relatif au monarchisme ; qui en est partisan.

monarque [mɔnark] **n.m.** (bas lat. *monarcha,* du gr. ; v. *monarchie*). Chef de l'État dans une monarchie : *Un monarque absolu* (syn. **roi, souverain**).

monastère [mɔnastɛr] **n.m.** (lat ecclés. *monasterium,* du gr. *monastês,* moine). Maison, ensemble des bâtiments qu'habitent des moines ou des moniales (syn. **couvent**).

monastique [mɔnastik] **adj.** Relatif aux moines ou aux moniales : *Mener une vie monastique* (syn. **monacal**).

monceau [mɔ̃so] **n.m.** (bas lat. *monticellus,* de *mons,* montagne). **1.** Élévation formée par un amoncellement d'objets : *Un monceau d'ordures* (syn. **tas**). *Des monceaux de livres* (syn. **pile**). **2.** Grande quantité de choses (syn. **fatras**).

mondain, e [mɔ̃dɛ̃, -ɛn] **adj.** (lat. ecclés. *mundanus*). **1.** Relatif à la vie sociale des classes riches des villes, à leur luxe, à leurs divertissements : *Dîner mondain. Chronique mondaine.* **2.** RELIG. Relatif à la vie séculière. **3. Danseur mondain,** professionnel qui fait danser les clientes dans un dancing. / DR. **Brigade mondaine,** ancienne dénomination de la brigade des stupéfiants et du proxénétisme (on dit aussi *la mondaine*). ◆ **adj.** et **n.** Qui aime les mondanités : *Il est très mondain* (syn. **snob**). *C'est une mondaine.*

mondanité [mɔ̃danite] **n.f. 1.** Caractère de ce qui est mondain, qui relève de la société des gens en vue : *La mondanité de ses manières* (syn. **snobisme**). **2.** Fréquentation du beau monde ; goût pour ce genre de vie. ◆ **mondanités n.f. pl.** Habitudes de vie propres aux gens du monde ; politesses conventionnelles : *Fuir les mondanités.*

monde [mɔ̃d] **n.m.** (lat. *mundus,* univers, et, en lat. ecclés., « siècle » [opposé à « vie religieuse »]). **1.** Ensemble de tout ce qui existe : *La création du monde. Les lois qui gouvernent le monde* (syn. **univers**). **2.** La Terre ; la surface terrestre ; le globe terrestre : *Faire le tour du monde* (syn. **globe, planète**). **3.** La Terre, considérée comme le séjour de l'homme : *En ce bas monde. N'être plus de ce monde* (= n'être plus en vie). **4.** La nature, ce qui constitue l'environnement des êtres humains : *Enfant qui découvre le monde.* **5.** Ensemble des êtres humains vivant sur la Terre : *Cette guerre concerne le monde entier.* **6.** Ensemble de personnes ; nombre indéterminé de personnes : *Il y a du monde ? Pas grand monde.* **7.** Les gens, l'ensemble des personnes à qui on a affaire : *Il connaît bien son monde.* **8.** Entourage de qqn ; famille proche : *Avoir tout son monde autour de soi.* **9.** Milieu, groupe social défini par une caractéristique, un type d'activité : *Être du même monde. Le monde des affaires.* **10.** Ensemble des personnes constituant les classes sociales les plus aisées, qui se distingue par son luxe, ses divertissements : *Les gens du monde.* **11.** LITT. Vie séculière, profane, par opposition à la vie spirituelle : *Se retirer du monde.* **12.** Ensemble de choses ou d'êtres formant un tout à part, organisé : *Le monde sous-marin. Le monde des abeilles.* **13.** Ensemble de choses abstraites, de concepts du même ordre : *Le monde des idées. Le monde de la folie.* **14.** Écart important ; grande différence : *Il y a un monde entre eux.* **15. Au bout du monde,** dans un endroit éloigné. / **Avoir du monde,** des invités : *Avoir du monde à dîner.* / **Beau, joli monde,** société brillante, élégante : *Être invité dans le beau monde.* / **Courir, parcourir le monde,** voyager beaucoup. / **Homme, femme du monde,** personne qui vit dans la bonne société et en connaît les usages. / **Le petit monde,** les enfants. / **Mettre un enfant au monde,** donner naissance à un enfant. / **Pour rien au monde,** en aucun cas. / **Se faire (tout) un monde de,** attribuer une importance exagérée à : *Se faire tout un monde d'un examen à passer.* / **Venir au monde,** naître. **16. L'Ancien Monde,** l'Europe, l'Asie et l'Afrique. / **Le Nouveau Monde,** l'Amérique.

monder [mɔ̃de] **v.t.** (lat. *mundare,* purifier). **1.** Débarrasser les grains de leurs enveloppes adhérentes : *Monder l'orge* (syn. **émonder**). **2.** Nettoyer en séparant les impuretés, en partic. enlever la pellicule qui enrobe le noyau de certains fruits : *Monder des amandes* (syn. **décortiquer**). **3.** Tailler, nettoyer les arbres, les bois.

mondial, e, aux [mɔ̃djal, -o] **adj.** Qui concerne le monde entier : *La Seconde Guerre mondiale.*

mondialement [mɔ̃djalmɑ̃] **adv.** Dans le monde entier : *Vedette mondialement connue* (syn. **universellement**).

mondialisation [mɔ̃djalizasjɔ̃] **n.f. 1.** Action de mondialiser, de se mondialiser : *La mondialisation d'un conflit.* **2.** ÉCON. Extension du champ d'activité des agents économiques (entreprises, banques, Bourses), conduisant à la mise en place d'un marché mondial unifié ; globalisation. ▶ *Dossier page suivante.*

mondialiser [mɔ̃djalize] **v.t.** Donner à qqch un caractère mondial. ◆ **se mondialiser v.pron.** Prendre une extension mondiale : *Une épidémie qui se mondialise.*

Mondrian (Pieter Cornelis Mondriaan, dit **Piet),** peintre néerlandais (Amersfoort 1872 - New York 1944). L'exemple du cubisme analytique le fait passer d'une figuration à la Van Gogh à une abstraction géométrique qui, à travers l'ascèse spirituelle du néoplasticisme et la fondation de De Stijl, parvient à une extrême rigueur : jeu des trois couleurs primaires, du blanc et du gris sur une trame orthogonale de lignes noires. Il vit à Paris de 1919 à 1938, puis à New York, où son style évolue par la suppression du noir et la multiplication allègre de bandes ou tiretés jaunes, rouges, bleus (*New York City I,* 1942, M.N.A.M., Paris).

Monet (Claude), peintre français (Paris 1840 - Giverny, Eure, 1926). C'est du titre de son tableau *Impression, soleil levant* (1872, musée Marmottan-Monet, Paris) qu'est venu le nom de l'école impressionniste, dont il est le représentant le plus exemplaire : *Femmes au jardin* (1867), *la Pie* (v. 1868), *le Déjeuner* (v. 1873), *les Dindons* (1877), deux *Femmes à l'ombrelle* (1886), musée d'Orsay ; *la Grenouillère* (1869), New York ; paysages d'Argenteuil et de Vétheuil, de Hollande, vues de Londres ou de Venise ; séries des « Gare Saint-Lazare », des « Meules », « Peupliers » et « Cathédrale de Rouen », observés aux différentes heures du jour ; « Nymphéas » de son jardin de Giverny, commencés vers 1898 et dont une suite de grands formats, réduits à une pure vibration de couleur-lumière, a été donnée par l'artiste à l'État (v. 1914-1926, musée de l'Orangerie, Paris).

monétaire [mɔnetɛr] **adj.** Relatif à la monnaie, aux monnaies : *Système monétaire.*

Monfreid (Henri de), écrivain français (Leucate 1879 - Ingrandes, Indre, 1974). Ses récits de voyages et ses romans sont nourris de sa vie aventureuse en Éthiopie et dans la mer Rouge (*les Secrets de la mer Rouge,* 1932 ; *Pilleurs d'épaves,* 1955 ; *Testament de pirate,* 1963).

Monge (Gaspard), *comte* **de Péluse,** mathématicien français (Beaune 1746 - Paris 1818). On lui doit les théories les plus importantes de la géométrie analytique de l'espace, la création de la géométrie différentielle des courbes de l'espace et des contributions à la théorie des surfaces. Par ailleurs, il prit une part active à la création et à l'organisation de l'École normale supérieure et de l'École polytechnique. Partisan enthousiaste de la Révolution, il se lia ensuite avec Bonaparte, participa à la campagne d'Égypte et fut comblé d'honneurs sous l'Empire, avant de tomber en disgrâce, sous la Restauration. Ses cendres ont été transférées au Panthéon en 1989.

mongol, e [mɔ̃gɔl] **adj.** et **n.** (mot indigène). De Mongolie. ◆ **mongol n.m.** Groupe de langues altaïques parlées en Mongolie.

Mongolie, région de l'Asie centrale, souvent aride, aux étés chauds mais aux hivers très rigoureux, correspondant au désert de Gobi et à sa bordure montagneuse (Grand Khingan, Altaï, Tian Shan).

Mongolie *(République populaire de),* anc. **Mongolie-Extérieure,** État de l'Asie centrale ; 1 565 500 km² ; 2 839 000 hab. *(Mongols).* CAP. *Oulan-Bator.* LANGUE : *khalkha.* MONNAIE : *tugrik.*

GÉOGRAPHIE

Enclavé, le pays a un climat continental accusé : très faibles précipitations, amplitudes thermiques annuelles élevées et fortes variations quotidiennes. Les massifs de la moitié occidentale (Khangaï, Altaï), séparés par des lacs, sont les parties les plus arrosées. Le Sud et l'Est, constitués de dépressions, plaines et plateaux semi-désertiques ou désertiques, forment une partie du désert de Gobi.

La population, peu nombreuse, est maintenant urbanisée à près de 60 %. En effet, l'élevage nomade, activité traditionnelle, est devenu semi-nomade, voire sédentaire. L'élevage des ovins et des caprins domine. Autour des villes s'est créée une agriculture céréalière et légumière. Les ressources minières (charbon, fer, cuivre, molybdène) ont permis une très forte croissance depuis 2004 (17 % en 2011). Oulan-Bator et Darkhan concentrent les activités industrielles.

HISTOIRE

Autonome en 1911, la Mongolie-Extérieure, aidée à partir de 1921 par la Russie soviétique, devient une république populaire en 1924 et accède à l'indépendance en 1945. Organisée sur le modèle soviétique, la vie politique et économique se libéralise à partir de 1990 (fin du parti unique). Le parti populaire révolutionnaire mongol, communiste, et l'opposition démocratique (Tsakhiagyn Elbegdorj, président depuis 2009) alternent au pouvoir.

Mongolie-Intérieure, région autonome de la Chine septentrionale ; 1 200 000 km² ; 24 706 291 hab. CAP. *Houhehot.*

mongolien, enne [mɔ̃gɔljɛ̃, -ɛn] **adj.** et **n.** Atteint de trisomie 21, ou mongolisme (syn. **trisomique**).

mongolisme [mɔ̃gɔlism] **n.m.** (de *Mongol,* à cause du faciès que présentent les malades). *VIEILLI.* Trisomie 21.

mongoloïde [mɔ̃gɔlɔid] **adj. 1.** Qui rappelle le type mongol. **2.** MÉD. Qui évoque le mongolisme.

Mongols, peuple de haute Asie vivant aujourd'hui principalement en république de Mongolie, en Russie et en Chine. Avant la fondation de l'Empire mongol par Gengis Khan (XIIIe s.), les peuples de langue mongole sont appelés *Proto-Mongols.* Parmi eux, les Xianbei (IIe-IIIe s.), les Ruanruan (Ve-VIe s.), les Kitan (Xe-XIIe s.) ont fondé des royaumes en Mandchourie ou en Chine.

1206. Gengis Khan fédère l'ensemble des tribus mongoles. Sous sa conduite, et celle de ses lieutenants et successeurs, les Mongols entreprennent des conquêtes destructrices.

1211-1216. Conquête de la Chine du Nord.

1221-1222. Conquête de l'Iran oriental et de l'Afghanistan.

1236-1242. Campagnes de Batu Khan en Russie et en Hongrie.

1256-1260. Soumission de l'Iran, de l'Iraq et de la Syrie par Hulagu.

1236-1279. Conquête de la Chine du Sud, achevée par Kubilay Khan.

L'Empire ainsi constitué est gouverné par le grand khan. Il se transforme à la fin du XIIIe s. en une fédération d'États dont les dirigeants (mongols) assimilent la civilisation de leurs sujets : Horde d'Or (1236, 1240-1502) qui domine la Russie, la Crimée et la Sibérie, Ilkhans d'Iran (1256-1335), Yuan de Chine (1279-1368). Après la dislocation de l'Empire, les tribus de Mongolie n'émergent de l'anarchie que sous le règne de quelques khans. Les Mongols orientaux (Khalkhas) se soumettent entre 1627 et 1691 aux Mandchous, fondateurs de la dynastie des Qing.

1754-1756. Les Chinois écrasent l'empire mongol de Dzoungarie (région située entre l'Altaï et le Tian Shan).

Le sud-est de la Mongolie (Mongolie-Intérieure) reste chinois après l'avènement de la république en Chine (1911). La Mongolie-Extérieure devient autonome la même année (⟶ **Mongolie**).

Mong-tseu ⟶ Mencius.

moniale [mɔnjal] **n.f.** (de *monial,* monacal, de *monie,* anc. forme de *moine*). Religieuse contemplative.

Une chance pour la planète ?

Apparu dans les années 1990, le terme de « mondialisation » se définit comme une internationalisation de l'économie par les échanges, qui doit permettre d'ouvrir les marchés à tous et de favoriser ainsi le développement économique. Le modèle d'économie de marché à grande échelle a pourtant de farouches opposants. Que lui reprochent-ils ?

▶ **La multiplication des échanges.** L'accroissement considérable des moyens de diffusion, des marchandises, des capitaux et des informations a provoqué une nouvelle révolution économique. La forte baisse des droits de douane, la disparition des pays dits « socialistes » (U.R.S.S.) ou l'introduction du capitalisme dans de nombreux pays en développement (Chine) ont mis fin aux divisions géopolitiques traditionnelles de l'économie mondiale. La conception, l'élaboration, la fabrication, l'acheminement et la vente des produits ne sont plus pensés à l'échelle d'une région, d'un État ou même d'une association de pays, mais à celle de la planète tout entière.

Le capitalisme est l'unique système économique opérationnel dans le monde, et les grandes firmes ou les multinationales contrôlent l'essentiel de la production, de la distribution et de la vente des biens et des services. La recherche d'une main-d'œuvre à bas prix conduit ces entreprises à délocaliser leurs unités de production dans les pays en développement. Près de 65 000 entreprises géantes dominent ainsi l'économie mondiale, à des degrés divers.

▶ **La « triade » dominante.** L'immense majorité de ces firmes provient de la « triade » (les États-Unis, le Japon, l'Union européenne) ou de leurs États associés (respectivement le Canada, la Corée du Sud, la Suisse). L'importance des flux de marchandises, de capitaux et de services de ces trois grands espaces contraste avec la faiblesse commerciale des autres régions de la planète. À l'intérieur de la triade, les États-Unis exercent une suprématie économique et financière, voire culturelle. Cette hégémonie repose sur les nouvelles technologies, et sur la diffusion d'idées et de produits standardisés qui contribuent à l'uniformisation des modes de vie et de pensée.

▶ **La globalisation financière.** Cette libéralisation des échanges s'accompagne d'une déréglementation des transactions financières, mais la libre circulation des capitaux aggrave la spéculation et entraîne la formation de « bulles » financières sans lien direct avec l'économie réelle. Leur « explosion » peut ainsi conduire à des crises comme celle qui a éclaté en 2007-2008, s'étendant à l'ensemble des économies.

▶ **Un renforcement des inégalités.** Aucune partie du monde ne peut plus ignorer ce modèle de développement, ni s'affranchir de la mise en concurrence des économies. Les pays qui disposent de matières premières et d'un nombre important de salariés à faible coût assurent la production et l'assemblage des biens industriels. Cette industrialisation peut favoriser le développement de ces pays à condition qu'elle s'accompagne d'une production de produits plus élaborés conçus par des entreprises locales. Telle est la voie suivie par les grands pays émergents : Chine, Inde, Brésil... Mais ce modèle ne peut être appliqué par une multitude de pays africains, latino-américains ou d'Asie centrale. En effet, ces États cumulent les retards aussi bien dans la scolarisation et la formation professionnelle que dans la construction des infrastructures (bâtiments, transports, hôpitaux). Par ailleurs, en se partageant l'essentiel des revenus, les oligarchies de ces pays maintiennent la plus grande partie des populations dans la pauvreté.

La mondialisation est assurément une chance pour les pays qui ont la capacité de vendre des biens, des informations, des savoir-faire. Mais la multiplication des échanges et la disparition des frontières risquent aussi d'aggraver la situation des nombreux pays qui n'ont pas atteint ce premier stade de développement.

Voir aussi : altermondialisation ; commerce ; développement ; multinationale.

monisme [mɔnism] **n.m.** (all. *Monismus,* du gr. *monos,* seul). PHILOS. Système selon lequel le monde n'est constitué que d'une seule substance, et l'objet auquel s'applique la pensée est unique (par opp. à *dualisme*, à *pluralisme*). ◆ **moniste adj.** et **n.** Relatif au monisme ; qui en est partisan.

1. moniteur, trice [mɔnitœr, -tris] **n.** (lat. *monitor,* de *monere,* avertir). **1.** Personne chargée d'enseigner ou de faire pratiquer certaines activités, certains sports : *Moniteur de ski.* **2.** Étudiant rémunéré pour participer à l'activité enseignante, dans l'enseignement supérieur. **3.** Personne chargée de l'encadrement des enfants dans les activités collectives extrascolaires : *Moniteur de colonie de vacances.* (Abrév. fam. *mono.*)

2. moniteur [mɔnitœr] **n.m.** (angl. *monitor*). **1.** Écran de visualisation associé à un micro-ordinateur. **2.** MÉD. Appareil électronique permettant l'enregistrement permanent des phénomènes physiologiques et déclenchant une alarme au moment des troubles, utilisé surtout en réanimation et dans les unités de soins intensifs.

monitorage n.m. ⟶ **monitoring.**

monitorat [mɔnitɔra] **n.m.** Formation pour la fonction de moniteur ; cette fonction.

monitoring [mɔnitɔriŋ] et **monitorage** [mɔnitɔraʒ] **n.m.** Surveillance médicale à l'aide d'un moniteur.

Monk (Thelonious Sphere), pianiste, compositeur de jazz américain (Rocky Mount, Caroline du Nord, 1917 - Englewood, New Jersey, 1982). Après avoir participé, dès 1941, à la révolution du be-bop, il a travaillé avec Coleman Hawkins, Miles Davis, Art Blakey, Sonny Rollins, John Coltrane. Il a organisé un monde musical d'une grande rigueur, aux confins de la dissonance, et a donné toute sa mesure dans ses improvisations au piano solo.

Monluc ou **Montluc (Blaise de Lasseran Massencome,** *seigneur* **de),** maréchal de France (Saint-Puy, Gers, v. 1502 - Estillac, Lot-et-Garonne, 1577). Il lutta contre les Habsbourg dans les armées de François Ier et d'Henri III et combattit violemment les huguenots (protestants) de Guyenne. Il est l'auteur de *Commentaires* (1592).

monnaie [mɔnɛ] **n.f.** (lat. *Moneta,* la Conseillère, surnom de Junon, la monnaie se fabriquant dans le temple de Junon). **1.** Pièce de métal frappée par l'autorité souveraine pour servir aux échanges. **2.** Instrument légal des paiements : *Monnaie de papier.* **3.** Unité monétaire adoptée par un État : *La monnaie du Chili est le peso.* **4.** Équivalent de la valeur d'un billet ou d'une pièce en billets ou pièces de moindre valeur : *Faire la monnaie de 50 euros.* **5.** Pièces ou coupures de faible valeur que l'on porte sur soi : *Vous avez de la monnaie ?* **6.** Différence entre la valeur d'un billet, d'une pièce et le prix exact d'une marchandise : *Rendre la monnaie.* **7. Battre monnaie,** fabriquer de la monnaie. / **Fausse monnaie,** qui imite frauduleusement la monnaie légale. / **Monnaie de compte,** unité monétaire non représentée matériellement et utilisée uniquement pour les comptes. / **Monnaie de réserve,** monnaie détenue par les banques d'émission et utilisée parallèlement à l'or dans les règlements internationaux. / **Petite monnaie,** pièces de faible valeur. / **Rendre à qqn la monnaie de sa pièce,** user de représailles envers lui ; lui rendre la pareille. / **Servir de monnaie d'échange,** être utilisé comme moyen d'échange dans une négociation.

■ La monnaie se présente sous plusieurs formes : la monnaie métallique (pièces), la monnaie fiduciaire (billets de banque) et la monnaie scripturale (comptes courants en banque). Instrument légal mesurant la valeur des biens et des services, elle permet le calcul économique et constitue un moyen de paiement qui a remplacé le troc dans les transactions. Elle peut être mise de côté pour une utilisation future, à condition que sa valeur reste stable. La majorité des monnaies sont nationales mais plusieurs États peuvent utiliser une monnaie unique, l'euro par exemple ; une monnaie, jugée forte, peut être utilisée hors de son pays d'origine, c'est le cas du dollar américain. Les États peuvent agir sur la quantité et le coût de la monnaie, en vue de permettre la réalisation d'objectifs plus généraux, tels que le plein-emploi, la stabilité des prix, le niveau des exportations ou des importations, et, en définitive, d'assurer les bonnes performances de l'économie nationale. ■

monnaie-du-pape [mɔnɛdypap] **n.f.** (pl. *monnaies-du-pape*). Nom usuel de la *lunaire.*

monnayable [mɔnɛjabl] **adj. 1.** Qui peut être monnayé : *Métal monnayable.* **2.** Susceptible d'être rémunéré, payé : *Talent monnayable. Ce diplôme n'est pas monnayable.*

monnayer [mɔneje] **v.t.** [conj. **11**]. **1.** Convertir un métal en monnaie. **2.** Tirer de l'argent de : *Vedette de cinéma qui monnaye ses souvenirs.*

Monnet (Jean), administrateur français (Cognac 1888 - Bazoches-sur-Guyonne, Yvelines, 1979). Ministre du Commerce du Gouvernement provisoire en 1944, il proposa l'adoption d'un plan de modernisation et d'équipement de l'économie française et devint premier commissaire général au Plan. L'un des promoteurs de l'idée européenne (on le surnomme le « Père de l'Europe »), il présida, de 1952 à 1955, la Haute Autorité de la Communauté européenne du charbon et de l'acier. Ses cendres ont été transférées au Panthéon en 1988.

1. mono [mɔno] **n.** (abrév.). FAM. Moniteur ; monitrice.

2. mono [mɔno] **n.f.** (abrév.). Monophonie.

monoacide [mɔnɔasid] **adj.** et **n.m.** CHIM. Se dit d'un acide qui ne libère qu'un seul ion H^+ par molécule.

monobloc [mɔnɔblɔk] **adj.** et **n.m.** TECHN. Qui est fait d'une seule pièce, d'un seul bloc : *Châssis monobloc.*

monocamérisme [mɔnɔkamerism] ou **monocaméralisme** [mɔnɔkameralism] **n.m.** (du lat. *camera,* chambre). Système politique dans lequel le Parlement est composé d'une seule chambre.

monochrome [mɔnɔkrom] **adj.** (gr. *monokhrômos,* de *khrôma,* couleur). Qui est d'une seule couleur : *Des figurines monochromes.*

monochromie [mɔnɔkrɔmi] **n.f.** Caractère de ce qui est monochrome.

monocle [mɔnɔkl] **n.m.** (bas lat. *monoculus,* qui n'a qu'un œil). Verre correcteur unique que l'on fait tenir dans l'arcade sourcilière.

monocoque [mɔnɔkɔk] **n.m.** Bateau, partic. voilier, à une seule coque (par opp. à *multicoque*).

monocorde [mɔnɔkɔrd] **adj.** (lat. *monochordon,* mot gr.). Qui est émis sur une seule note et ne varie pas : *Chant monocorde* (syn. **monotone**).

monocotylédone [mɔnɔkɔtiledɔn] **n.f. Monocotylédones,** classe de plantes angiospermes dont la graine contient un embryon à un seul cotylédon, et qui présente des feuilles aux nervures parallèles. ▸ Les principales familles de monocotylédones sont les graminées, les liliacées, les orchidacées et les palmiers.

monocristal [mɔnɔkristal] **n.m.** (pl. *monocristaux*). PHYS. Domaine d'un milieu cristallin possédant une périodicité parfaite. ▸ En génér., un cristal est formé d'agrégats de monocristaux. Un monocristal de grandes dimensions possède des propriétés particulières.

monoculaire [mɔnɔkylɛr] **adj.** (du bas lat. *monoculus* ; v. *monocle*). Relatif à un seul œil : *Microscope monoculaire.*

monoculture [mɔnɔkyltyr] **n.f.** Culture unique ou largement dominante d'une espèce végétale dans une région ou une exploitation.

monocylindre [mɔnɔsilɛ̃dr] **adj.** et **n.m.** Se dit d'un moteur à un seul cylindre.

Monod (Jacques), biochimiste français (Paris 1910 - Cannes 1976). Ses travaux sur les mécanismes de la régulation génétique au niveau cellulaire et sur l'ARN messager lui valurent de recevoir, avec A. Lwoff et F. Jacob, le prix Nobel de médecine en 1965.

monodie [mɔnɔdi] **n.f.** (lat. *monodia,* mot gr., de *odê,* chant). Chant à une seule voix.

monodique [mɔnɔdik] **adj.** Se dit d'une monodie, d'un chant à une seule voix.

monogame [mɔnɔgam] **adj. 1.** Qui n'a qu'un seul conjoint légitime. **2.** Qui se conforme au système de la monogamie : *Société monogame.*

monogamie [mɔnɔgami] **n.f.** (lat. *monogamia,* mot gr.). Système dans lequel l'homme ne peut être simultanément l'époux de plus d'une femme, et la femme l'épouse de plus d'un homme. ► La monogamie s'oppose à la polyandrie et à la polygynie, les deux formes de la polygamie.

monogamique [mɔnɔgamik] **adj.** Relatif à la monogamie.

monogramme [mɔnɔgram] **n.m.** (lat. *monogramma,* du gr.). **1.** Chiffre composé des lettres ou des principales lettres d'un nom. **2.** Marque ou signature abrégée.

monographie [mɔnɔgrafi] **n.f.** Étude détaillée sur un point précis d'histoire, de science, de littérature, sur une personne, sa vie, etc. : *Publier une monographie sur Stendhal.*

monographique [mɔnɔgrafik] **adj.** Qui a le caractère d'une monographie.

monoï [mɔnɔj] **n.m. inv.** (mot polynésien). Huile parfumée d'origine tahitienne, tirée de la noix de coco et de la fleur appelée le *tiaré.*

monoïque [mɔnɔik] **adj.** (du gr. *oïkos,* demeure). BOT. Se dit d'une plante à fleurs unisexuées mais où chaque pied porte des fleurs mâles et des fleurs femelles (comme le maïs, le noisetier, etc.) [par opp. à *dioïque*].

monolingue [mɔnɔlɛ̃g] **adj.** et **n.** (d'apr. *bilingue*). **1.** Qui ne parle qu'une langue (par opp. à *bilingue, trilingue,* etc.). **2.** Rédigé en une seule langue : *Dictionnaire monolingue* (syn. **unilingue**).

monolinguisme [mɔnɔlɛ̃gɥism] **n.m.** État d'une personne, d'une région, d'un pays monolingues.

monolithe [mɔnɔlit] **n.m.** et **adj.** (bas lat. *monolithus,* du gr. *lithos,* pierre). **1.** Se dit d'un ouvrage formé d'un seul bloc de pierre. **2.** Se dit d'un monument taillé dans le roc.

monolithique [mɔnɔlitik] **adj. 1.** Formé d'un seul bloc de pierre : *Un monument monolithique.* **2.** Qui présente l'aspect d'un bloc homogène, rigide, sans contradiction : *Organisation, parti monolithiques.*

monolithisme [mɔnɔlitism] **n.m.** Caractère de ce qui est monolithique : *Le monolithisme d'un parti politique.*

monologue [mɔnɔlɔg] **n.m.** (d'apr. *dialogue*). **1.** LITTÉR. Au théâtre, discours qu'un personnage se tient à lui-même pour évoquer le passé, exprimer un sentiment, présenter une situation, etc. **2.** Histoire, souvent humoristique, destinée à être dite ou interprétée par un seul acteur. **3.** Discours de quelqu'un qui se parle tout haut à lui-même ou qui, dans la conversation, ne laisse pas parler les autres.

monologuer [mɔnɔlɔge] **v.i.** Tenir un monologue.

monomanie [mɔnɔmani] **n.f.** (de *mono-* et *-manie*). **1.** PSYCHIATRIE. Toute affection psychique qui n'affecte que partiellement l'esprit. **2.** Idée fixe : *Son désir de vacances est devenue une véritable monomanie* (syn. **obsession**).

1. monôme [mɔnom] **n.m.** (du gr. *nomos,* division, partie, d'apr. *binôme*). MATH. Expression algébrique formée d'un seul terme où figurent une ou plusieurs variables.

2. monôme [mɔnom] **n.m.** (de *1. monôme,* à cause de la suite des termes de l'express. algébrique). Cortège d'étudiants marchant en file indienne en se tenant par les épaules, jadis traditionnel après la fin des examens : *Le monôme du bac.*

monomère [mɔnɔmɛr] **adj.** et **n.m.** (d'apr. *polymère*). CHIM. Se dit d'un composé constitué de molécules simples pouvant réagir avec d'autres molécules pour donner des polymères.

monomoteur [mɔnɔmɔtœr] **adj.m.** et **n.m.** Se dit d'un avion équipé d'un seul moteur.

mononucléaire [mɔnɔnykleɛr] **n.m.** et **adj.** Globule blanc possédant un seul noyau.

mononucléose [mɔnɔnykleoz] **n.f.** MÉD. Augmentation du nombre des mononucléaires dans le sang : *Mononucléose infectieuse* (= infection virale bénigne).

monoparental, e, aux [mɔnɔparɑ̃tal, -o] **adj.** Se dit d'une famille où il n'y a que le père ou la mère pour élever l'enfant ou les enfants : *Autorité, famille monoparentale.*

monophasé, e [mɔnɔfaze] **adj.** Se dit des tensions ou des courants alternatifs simples ainsi que des installations correspondantes (par opp. à *polyphasé*).

monophonie [mɔnɔfɔni] **n.f.** Technique permettant la transmission d'un signal musical au moyen d'une seule voie (disque, amplificateur, radiorécepteur classique, etc.) [par opp. à *stéréophonie*]. (Abrév. : *mono.*)

monoplace [mɔnɔplas] **adj.** Se dit d'un véhicule à une seule place. ◆ **n.f.** Automobile à une place, spécialement conçue pour les compétitions.

monoplan [mɔnɔplɑ̃] **adj.** et **n.m.** Se dit d'un avion à un seul plan de sustentation.

monopole [mɔnɔpɔl] **n.m.** (lat. *monopolium,* gr. *monopôlion,* [droit de] vendre seul). **1.** Privilège exclusif, de droit ou de fait, que possèdent un individu, une entreprise ou un organisme public de fabriquer ou de vendre certains biens ou services. **2.** Possession exclusive de qqch : *S'attribuer le monopole de la vérité* (syn. **exclusivité, prérogative**).

monopolisation [mɔnɔpɔlizasjɔ̃] **n.f.** Action de monopoliser.

monopoliser [mɔnɔpɔlize] **v.t. 1.** Exercer son monopole sur une production, un secteur d'activité : *L'État a monopolisé la vente des tabacs.* **2.** Se réserver, accaparer pour son seul profit : *Monopoliser la parole.*

monopoliste [mɔnɔpɔlist] **adj.** et **n.** ÉCON. Qui exerce, détient un monopole.

monoptère [mɔnɔptɛr] **adj.** et **n.m.** (du gr. *pteron,* aile). ARCHIT. Se dit d'un temple circulaire à coupole reposant sur une seule rangée de colonnes.

Monory (Jacques), peintre français (Paris 1934). Il a pris pour matériau de base de ses compositions, à partir de 1965, des images photographiques qu'il interprète à l'aide d'une touche froide, neutre, longtemps en monochromie bleue (*Meurtre n° 10,* 1968, M.N.A.M.).

monosémique [mɔnɔsemik] **adj.** LING. Qui n'a qu'un seul sens : *Mot monosémique* (par opp. à *polysémique*).

monoski [mɔnɔski] **n.m.** Ski sur lequel on pose les deux pieds pour glisser sur l'eau ou sur la neige ; sport ainsi pratiqué : *Descendre une pente en monoski.*

monosyllabe [mɔnɔsilab] **adj.** et **n.m.** Qui n'a qu'une syllabe : *Répondre par monosyllabes* (= par oui ou par non).

monosyllabique [mɔnɔsilabik] **adj.** Qui comporte une seule syllabe (syn. **monosyllabe**).

monothéisme [mɔnɔteism] **n.m.** (du gr. *theos,* dieu). Doctrine, religion qui n'admet qu'un seul Dieu.

monothéiste [mɔnɔteist] **adj.** Qui concerne ou professe le monothéisme. ► Le judaïsme, le christianisme et l'islam sont des religions monothéistes.

monotone [mɔnɔtɔn] **adj.** (bas lat. *monotonus,* du gr.). **1.** Qui est toujours sur le même ton : *Chant monotone* (syn. **monocorde**). **2.** Qui lasse par son rythme, ses intonations sans variété : *Acteur monotone* (syn. **terne**). **3.** Qui est uniforme, sans imprévu : *Paysage monotone* (syn. **morne**). **4.** MATH. **Fonction monotone (sur un intervalle),** fonction croissante ou décroissante sur tout l'intervalle.

monotonie [mɔnɔtɔni] **n.f.** Caractère, état de ce qui est monotone : *Monotonie d'une voix* (syn. **uniformité**). *La monotonie d'un paysage* (contr. **diversité**).

1. monotype [mɔnɔtip] **n.m.** (de *mono-* et *type*). **1.** Estampe obtenue à partir d'une planche sur laquelle le motif a été peint, et non gravé. **2.** Yacht à voile faisant partie d'une série de bateaux identiques, tous construits sur le même plan.

2. Monotype [mɔnɔtip] **n.f.** (nom déposé ; d'apr. *Linotype*). ARTS GRAPH. Machine à composer produisant des lignes justifiées en caractères mobiles.

monovalent, e [mɔnɔvalɑ̃, -ɑ̃t] **adj.** CHIM. Qui a pour valence 1 : *OH est un radical monovalent* (syn. **univalent**).

monoxyde [mɔnɔksid] **n.m.** CHIM. Oxyde qui contient un seul atome d'oxygène dans sa molécule : *Monoxyde de carbone.*

monozygote [mɔnɔzigɔt] **adj.** BIOL. Se dit de jumeaux issus d'un même œuf, ou *vrais jumeaux* (par opp. à *dizygote*).

Monreale, v. d'Italie (Sicile) ; 38 159 hab. Imposante cathédrale de style « normand » (1174-1182), au somptueux décor intérieur de mosaïques byzantines ; cloître à colonnes géminées, chef-d'œuvre de la sculpture romane en Sicile.

Monroe (James), homme d'État américain (Monroe's Creek, Virginie, 1758 - New York 1831). Président républicain des États-Unis de 1817 à 1825, il établit un consensus politique (« ère des bons sentiments »). Son nom est resté attaché à la doctrine qu'il énonça en 1823 et qui condamne toute intervention européenne dans les affaires de l'Amérique comme de l'Amérique dans les affaires européennes.

Monroe (Norma Jean Mortenson, dite **Marilyn),** actrice américaine (Los Angeles 1926 - *id.* 1962). Elle incarna le mythe de la star hollywoodienne dans toute sa beauté et sa vulnérabilité : *Les hommes préfèrent les blondes* (H. Hawks, 1953), *Sept Ans de réflexion* (B. Wilder, 1955), *les Misfits* (J. Huston, 1961).

Monrovia, cap. et princ. port du Liberia ; 1 224 000 hab. dans l'agglomération.

Mons, en néerl. **Bergen,** v. de Belgique, ch.-l. du Hainaut ; 93 941 hab. Centre administratif et commercial. Université. Collégiale Ste-Waudru, de style gothique brabançon (XVe-XVIIe s.), et autres monuments. Musées. Quartier général des forces de l'O.T.A.N. en Europe (SHAPE).

monseigneur [mɔ̃sɛɲœr] **n.m.** (pl. *messeigneurs* [en s'adressant à eux], *nosseigneurs* [en parlant d'eux]). **1.** Titre donné aux princes d'une famille souveraine, aux prélats. **2.** (Avec une majuscule). Titre du Grand Dauphin, fils de Louis XIV, et, après lui, des Dauphins de France.

monsieur [məsjø] **n.m.** (de *mon* et *sieur*, forme de *sire*) [pl. *messieurs*]. **1.** Titre donné à un homme à qui l'on s'adresse (abrév. écrite *M.*, pl. *MM.*). **2.** Titre précédant la fonction ou la profession d'un homme : *Monsieur le Professeur.* **3.** (Avec une majuscule). Titre du frère puîné du roi de France, à partir de la seconde moitié du XVIe s. **4. Faire le monsieur,** jouer à l'homme important.

monstre [mɔ̃str] **n.m.** (lat. *monstrum*, prodige, chose incroyable). **1.** SC. DE LA VIE. Être vivant présentant une importante malformation : *L'étude des monstres est la tératologie.* **2.** Être fantastique de la mythologie, des légendes : *Le centaure était un monstre, moitié homme, moitié cheval.* **3.** Animal, objet effrayant par sa taille, son aspect : *Monstres marins.* **4.** Personne d'une laideur repoussante. **5.** Personne qui suscite l'horreur par sa cruauté, sa perversité. **6.** Personne qui effraie ou suscite une profonde antipathie par quelque défaut, quelque vice qu'elle présente à un degré extrême : *Un monstre d'égoïsme.* **7. Monstre sacré,** comédien très célèbre ; personnage hors du commun, auréolé d'une gloire mythique. ◆ **adj.** FAM. Prodigieux ; énorme : *Un succès monstre* (syn. **extraordinaire**).

monstrueusement [mɔ̃stryøzmɑ̃] **adv. 1.** D'une manière monstrueuse : *Il a agi monstrueusement* (syn. **abominablement**). **2.** Prodigieusement ; excessivement : *Il est monstrueusement riche* (syn. **incroyablement**).

monstrueux, euse [mɔ̃stryø, -øz] **adj.** (lat. *monstruosus*). **1.** Atteint de graves malformations : *Un être monstrueux.* **2.** Excessivement laid, horrible : *Un visage monstrueux.* **3.** Prodigieux, extraordinaire par une taille hors du commun : *Un potiron monstrueux* (syn. **phénoménal**). **4.** Qui dépasse les limites de ce que l'on peut imaginer, tolérer : *Crime monstrueux* (syn. **atroce, horrible**).

monstruosité [mɔ̃stryɔzite] **n.f. 1.** Caractère de ce qui est monstrueux : *La monstruosité d'un crime* (syn. **horreur**). **2.** Chose monstrueuse : *Commettre des monstruosités* (syn. **atrocité**).

mont [mɔ̃] **n.m.** (lat. *mons, montis*). **1.** Grande élévation naturelle au-dessus du terrain environnant : *Le mont Everest. Les monts d'Arrée.* **2.** GÉOMORPH. Forme d'une région plissée, correspondant à la couche dure d'un anticlinal. **3. Promettre monts et merveilles,** des choses extraordinaires mais peu réalisables. **4.** ANAT. **Mont de Vénus,** nom usuel du pénil.

montage [mɔ̃taʒ] **n.m. 1.** Action de monter, de porter du bas vers le haut : *Le montage des matériaux de construction à l'aide de grues.* **2.** Action d'assembler les différents éléments d'un objet, les différentes pièces d'un appareil : *Montage d'une bibliothèque* (syn. **assemblage**). **3.** Action de mettre ensemble des éléments (photos, textes, sons, images, etc.) de diverses origines pour obtenir un effet particulier ; choix et assemblage des divers plans d'un film, des bandes enregistrées pour une émission de radio, etc. : *Cette photo est un montage.* **4.** BANQUE. **Montage financier,** ensemble de procédés permettant à une entreprise de se procurer des ressources sur le marché des capitaux bancaires ou financiers.

montagnard, e [mɔ̃taɲar, -ard] **adj.** et **n.** Qui est de la montagne, qui habite les montagnes.

Montagnards, députés de la Convention, membres du groupe de la « Montagne », qui siégeait sur les gradins les plus élevés. Partisans d'un régime centralisateur et de réformes sociales, ils s'appuyaient tout à la fois sur la Commune de Paris, le club des Jacobins et le peuple des sans-culottes. Leurs principaux chefs furent Marat, Danton et Robespierre. Maîtres du pouvoir en 1793, ils imposèrent une politique de salut public (⟶ **Terreur**).

montagne [mɔ̃taɲ] **n.f.** (lat. pop. **montanea*, du class. *mons, montis*). **1.** Élévation naturelle du sol, caractérisée par une forte dénivellation entre les sommets et le fond des vallées. **2.** Région de forte altitude (par opp. à la *plaine*) ; lieu de villégiature (par opp. à la *campagne*, la *mer*) : *Passer ses vacances à la montagne.* **3.** Amoncellement important d'objets : *Une montagne de livres* (syn. **entassement**). **4. Montagne à vaches,** dont l'ascension ne présente pas de difficultés. **5. Montagnes russes,** attraction foraine constituée de montées et de descentes abruptes sur lesquelles roulent très rapidement, sous l'effet de leur propre poids, des rames de petites voitures.

■ **L'origine des montagnes.** La formation des chaînes de montagnes continentales résulte du rapprochement de deux plaques lithosphériques dont, le plus souvent, l'une « plonge » sous l'autre. Une carte du monde montre ainsi que les montagnes dites « jeunes » forment deux grands ensembles : la chaîne alpine, qui s'étend des Alpes jusqu'à l'Himalaya, et les montagnes disposées autour du Pacifique (Andes, montagnes Rocheuses, celles du Japon, de l'Indonésie, etc.). Ces énormes bourrelets montagneux jalonnent en fait des limites de plaques.

Les chaînes de montagnes se formant à la convergence des plaques, l'étude des massifs « anciens » (Massif central, Massif armoricain, Ardennes, etc.) permet de déchiffrer les mouvements relatifs de celles-ci aux périodes reculées de l'histoire de la Terre.

Températures, précipitations et végétation. En montagne, la température moyenne de l'air baisse en fonction de l'altitude (0,6 °C pour 100 m de dénivellation), tandis que le sol reçoit une irradiation plus forte et se réchauffe davantage. Mais, à l'ombre ou pendant la nuit, le sol se refroidit plus facilement qu'en plaine, ce qui peut donner une alternance de gel nocturne et de fortes chaleurs diurnes.

Le paysage végétal change avec l'altitude, d'autant que celle-ci accroît les précipitations, qui tombent en partie sous forme de neige. L'hiver, le manteau neigeux raccourcit la période végétative, mais assure à la végétation

⟶

une protection contre le gel. Aux autres saisons, l'humidité atmosphérique (brouillard, nuages) est assez élevée. Entre 600 et 1 600 m, elle permet l'installation de forêts bien fournies (hêtres, sapins) comme dans les Alpes et les Pyrénées. Dans les étages subalpin (entre 1 600 m et 2 400 m) et alpin (au-dessus de 2 400 m), au contraire, l'humidité atmosphérique est moindre et le rayonnement ultraviolet plus intense. Le terrain est, alors, davantage occupé par de grands peuplements d'arbustes (rhododendrons, myrtilles et genévriers nains). Par ailleurs, le vent dessèche les végétaux non protégés par la neige et détruit, par son action brutale, les jeunes bourgeons et les jeunes pousses.

La montagne et l'homme. Dans les pays de la zone tempérée, l'abondance des précipitations et la vigueur des pentes ont été à la base d'une première mise en valeur industrielle grâce à la naissance de l'hydroélectricité. L'amélioration des communications a d'abord favorisé l'exode rural (expliquant un fréquent dépeuplement) ; elle a aussi contribué à un essor plus récent du tourisme estival et hivernal. Devenu souvent la ressource essentielle, celui-ci est parfois à la base du renouveau ou du maintien de la vie locale. Dans la zone subtropicale, aux confins du domaine aride (en Afrique du Nord, en Asie occidentale, etc.) ou de plaines très humides (en Amérique andine), la montagne a sédentarisé les populations. Elle a pu enfin, parfois, jouer un rôle refuge (dans le Caucase, les Carpates, le Zagros, etc.). La montagne est ainsi rarement dépeuplée, la densité y est parfois plus élevée (plus de 100 hab. au km^2 dans le Vorarlberg autrichien) que dans les plaines environnantes. ■

Montagne Blanche ***(bataille de la)*** [8 nov. 1620], défaite infligée près de Prague à l'armée des États de Bohême par l'empereur germanique, Ferdinand II, lors de la guerre de Trente Ans.

montagneux, euse [mɔ̃taɲø, -øz] **adj.** Où il y a beaucoup de montagnes : *Une région montagneuse* (contr. **plat**).

Montagnier (Luc), médecin français (Chabris, Indre, 1932). Il a découvert en 1983 avec ses collaborateurs de l'Institut Pasteur le virus responsable du sida, qu'il a appelé LAV et dont la dénomination internationale depuis 1986 est HIV (en fr., V.I.H.). [Prix Nobel 2008 avec Françoise Barré-Sinoussi, membre de son équipe.]

Montaigne (Michel Eyquem de), écrivain français (château de Montaigne, auj. comm. de Saint-Michel-de-Montaigne, Dordogne, 1533 - *id.* 1592). Issu d'une famille enrichie par le négoce et récemment anoblie, il étudie le droit et devient conseiller à la cour des aides de Périgueux (1554), puis au parlement de Bordeaux (1557), où il rencontre son « frère » d'élection, Étienne de La Boétie. Il fréquente la cour et, deux ans après la mort de son père (1568), il vend sa charge. En 1569, il publie une traduction de la *Theologia naturalis* du philosophe catalan Raymond Sebon et, en 1571, une édition d'œuvres de La Boétie. Retiré dans son domaine, il commence dans sa « librairie » (sa bibliothèque) ses *Essais* dont la première édition (deux premiers livres) paraît en 1580. Du 22 juin de la même année au 30 nov. 1581, il entreprend à travers l'Europe un long périple qu'il relate dans son *Journal de voyage.* Ayant appris à Lucques son élection à la mairie de Bordeaux, il remplit consciencieusement sa charge (1581-1585) et achève la deuxième édition de ses *Essais,* qui paraissent enrichis de nombreuses additions et d'un troisième livre (1588). Après un voyage à Paris, Montaigne consacre ses dernières années à préparer une nouvelle édition des *Essais,* qui sera publiée grâce à Mlle de Gournay, sa « fille d'alliance », et à P. de Brach (1595). Né dans le siècle de l'humanisme, mais appartenant à une époque de crise politique et intellectuelle, Montaigne n'a pas l'enthousiasme encyclopédique qui animait Rabelais et démontre la faiblesse de la raison humaine. « Que sais-je ? », telle est la question éternellement ouverte qu'il s'est choisie pour devise. Il développe un « art de vivre » fondé sur une sagesse inspirée du bon sens et de la tolérance. • Les **Essais** (1580 - 1595) furent conçus à l'origine à partir de citations d'écrivains antiques, et portant sur les questions les plus diverses (*De la coutume, Du pédantisme, De l'amitié, Des cannibales,* etc.). Ils se transforment, au fil des éditions, en une vaste exploration intérieure où Montaigne cherche, par-delà lui-même, à découvrir « la forme entière de l'humaine condition ».

Montaigus (les), famille de Vérone célèbre au XVe s. par sa rivalité avec les Capulets et popularisée par l'œuvre de Shakespeare, *Roméo et Juliette.*

Montale (Eugenio), poète italien (Gênes 1896 - Milan 1981). Son œuvre, à l'origine de l'« hermétisme », est une longue résistance à l'égard des conventions de la rhétorique et de la vie (*Os de seiche,* 1925 ; *les Occasions,* 1939 ; *Satura,* 1971). [Prix Nobel 1975.]

Montalembert (Charles Forbes, *comte* **de),** publiciste et homme politique français (Londres 1810 - Paris 1870). Devenu le chef des catholiques libéraux, il siège à partir de 1835 à la Chambre des pairs et y défend la liberté de l'enseignement secondaire. Député sous la IIe République, il soutient l'adoption de la loi Falloux (1850). Favorable au coup d'État du 2 décembre 1851, membre de la Chambre des députés (le Corps législatif) de 1852 à 1857, il s'oppose rapidement au despotisme impérial.

Montand (Ivo Livi, dit **Yves),** chanteur et acteur français d'origine italienne (Monsummano, Toscane, 1921 - Senlis 1991). Après avoir débuté dans le tour de chant à Marseille, il connut le succès à Paris puis dans le monde entier, au travers de spectacles parfaitement réglés. Il a joué dans de nombreux films, incarnant souvent des personnages de grande intensité : *le Salaire de la peur* (1953), *l'Aveu* (1970). Il s'est engagé pour des causes politiques. Il avait épousé l'actrice Simone Signoret en 1951.

1. montant, e [mɔ̃tɑ̃, -ɑ̃t] **adj. 1.** Qui monte : *La marée montante* (contr. **descendant**). *Un col montant* (= qui couvre la base du cou). **2.** MIL. **Garde montante,** celle qui va prendre son service.

2. montant [mɔ̃tɑ̃] **n.m.** (de *1. montant*). **1.** Élément vertical d'un ensemble, destiné à servir de support ou de renfort : *Montant de bibliothèque.* **2.** Élément vertical, central ou latéral du cadre d'un vantail ou d'un châssis de fenêtre, de porte. **3.** Chacune des deux pièces latérales auxquelles sont fixés les échelons d'une échelle.

3. montant [mɔ̃tɑ̃] **n.m.** (de *1. montant*). **1.** Total d'un compte : *Le montant d'une addition.* **2.** ÉCON. **Montants compensatoires monétaires,** taxes et subventions destinées à harmoniser la circulation des produits agricoles au sein de la Communauté.

Montauban, ch.-l. du dép. de Tarn-et-Garonne, sur le Tarn, à 629 km au sud de Paris ; 58 566 hab. *(Montalbanais).* Évêché. Centre administratif et commercial. Agroalimentaire. Place Nationale et cathédrale des XVIIe-XVIIIe s. Musée Ingres (Ingres, Bourdelle, etc.).

Montbéliard, ch.-l. d'arr. du nord du Doubs ; 26 750 hab. *(Montbéliardais)* [107 990 hab. dans l'agglomération]. Évêché (avec Belfort). Centre métallurgique. Château des XVe-XVIIIe s. Musées.

Montcalm de Saint-Véran (Louis Joseph, *marquis* **de),** général français (Candiac, près de Nîmes, 1712 - Québec 1759). Commandant des troupes françaises du Canada, lors de la guerre de Sept Ans, il fut tué au combat.

Mont-de-Marsan, ch.-l. du dép. des Landes, au confl. du Midou et de la Douze, à 687 km au sud-ouest de Paris ; 32 903 hab. *(Montois).* Centre administratif et commercial. Musée du donjon Lacataye (Despiau et autres sculpteurs de la 1re moitié du XIXe s.). Base aérienne militaire.

mont-de-piété [mɔ̃dpjete] **n.m.** (it. *monte di pietà,* banque de charité, mal traduit, *monte* signif. « crédit ») [pl. *monts-de-piété*]. Appellation vieillie du *crédit municipal.*

monte [mɔ̃t] **n.f.** (de *monter*). **1.** Action, manière de monter à cheval. **2.** Accouplement, dans les espèces équine, bovine, caprine et porcine ; époque de cet accouplement.

monté, e [mɔ̃te] **adj.** (p. passé de *monter*). **1.** Pourvu d'une monture, d'un cheval. **2.** Pourvu ; équipé : *Être bien monté en cravates.* **3.** Assemblé ; ajusté : *Émeraude montée sur une bague.* **4.** Exalté ; irrité : *Avoir la tête montée.*

Monte Albán, centre religieux puis urbain des Zapotèques, près d'Oaxaca, florissant entre 300 et 900. Vestiges architecturaux et nécropoles ayant livré des peintures murales et d'innombrables urnes funéraires décorées d'effigies modelées de dieux. Le site a été réutilisé comme nécropole par les Mixtèques.

Monte-Carlo, quartier de la principauté de Monaco, où se trouve le casino. Il a donné son nom à un important rallye automobile annuel.

monte-charge [mɔ̃tʃarʒ] **n.m.** (pl. *monte-charges* ou inv.). Appareil servant à monter des fardeaux d'un étage à l'autre.

montée [mɔ̃te] **n.f.** (du p. passé de *monter*). **1.** Action de monter sur un lieu élevé : *La montée a été rude* (syn. **ascension, escalade**). **2.** Chemin par lequel on monte au sommet d'une éminence : *Le chemin se termine par une montée* (syn. **raidillon**). **3.** Trajectoire d'un aéronef, d'une fusée qui s'élèvent. **4.** Fait d'être porté à un niveau plus élevé : *La montée des eaux* (syn. **crue**). **5.** Élévation en quantité, en valeur, en intensité : *La montée des prix* (syn. **hausse ;** contr. **baisse**). **6.** ARCHIT. Chacune des deux parties comprises entre le faîte et les supports latéraux d'un arc, d'une voûte. **7.** Flèche d'un arc, d'une voûte. **8. Montée en puissance,** progression spectaculaire de qqch (utilisation d'un produit, popularité de qqn, etc.). **9. Montée de lait,** début de la sécrétion lactée, après l'accouchement.

monte-en-l'air [mɔ̃tɑ̃lɛr] **n.m. inv.** (de *monter en l'air*). FAM. Cambrioleur.

Montélimar, ch.-l. de c. de la Drôme, près du Rhône ; 37 113 hab. *(Montiliens).* Nougats. Château fort.

Monténégro, en monténégrin **Crna Gora,** État de l'Europe balkanique ; 13 812 km² ; 621 000 hab. *(Monténégrins).* CAP. *Podgorica.* LANGUE : *monténégrin.* MONNAIE : *euro.* La région, appelée Dioclée puis Zeta, devient le centre d'un État au XIe s. ; elle est incluse dans le royaume serbe aux XIIIe-XIVe s., avant de redevenir indépendante. En 1479, le Monténégro passe sous domination ottomane et le reste jusqu'en 1878, tout en se transformant en un État moderne. En 1918, il vote la déchéance de son roi et son rattachement à la Serbie. En 1945, il devient une des six Républiques fédérées de la Yougoslavie. Lors de l'éclatement de celle-ci (1991-1992), le Monténégro s'unit à la Serbie pour former la République fédérale de Yougoslavie, qui prend le nom de Serbie-et-Monténégro (févr. 2003). Ayant choisi l'indépendance en 2006 par référendum, le Monténégro est candidat officiel à l'U.E. depuis déc. 2010.

monte-plat ou **monte-plats** [mɔ̃tpla] **n.m.** (pl. *monte-plats*). Petit monte-charge assurant la circulation des plats entre la cuisine et la salle à manger.

monter [mɔ̃te] **v.i.** (lat. pop. **montare ;* de *mons, montis,* mont). **1.** (Auxil. *être*). Se transporter en un lieu plus élevé : *Monter sur une colline* (syn. **gravir**). *Monter dans un arbre* (syn. **grimper**). **2.** (Auxil. *être*). Se rendre en un lieu géographique situé plus au nord, ou considéré comme central : *Il est monté à Paris.* **3.** (Auxil. *être*). Se placer sur un animal, sur ou dans un véhicule : *Monter sur un cheval* (syn. **enfourcher**). *Monter en avion, en bateau* (syn. **embarquer sur**). **4.** (Auxil. *être*). S'élever en pente : *La route monte en lacets jusqu'au col* (syn. **grimper**). **5.** (Auxil. *être*). Croître en hauteur : *Une construction qui monte rapidement* (syn. **s'élever**). **6.** (Auxil. *être*). Atteindre telle ou telle hauteur : *La tour Eiffel monte à plus de trois cents mètres* (syn. **s'élever**). **7.** (Auxil. *être*). Se manifester ou augmenter en intensité, en parlant d'un sentiment. **8.** (Auxil. *être* ou *avoir*). Atteindre un niveau plus élevé : *La rivière est montée, a monté après l'orage. La marée monte. La température a encore monté.* **9.** (Auxil. *être* ou *avoir*). Pousser, en parlant de certains légumes. **10.** (Auxil. *être* ou *avoir*). Avoir de l'avancement : *Il est, a monté en grade.* **11.** (Auxil. *avoir*). Passer du grave à l'aigu : *La voix monte par tons et demi-tons.* **12.** (Auxil. *avoir*). Atteindre un degré, un prix plus élevé : *Les denrées alimentaires ont monté* (syn. **augmenter**). **13.** (Auxil. *avoir*). Former un total de : *La dépense monte à mille euros* (syn. **se monter, s'élever**). **14. Monter sur le trône,** devenir roi. ◆ **v.t.** (Le verbe transitif se construit avec l'auxil. *avoir*). **1.** Parcourir de bas en haut : *Monter un escalier* (syn. **gravir**). **2.** Utiliser un animal comme monture : *Monter un cheval.* **3.** Transporter dans un lieu plus élevé : *Monter des bouteilles de la cave* (syn. **remonter**). **4.** Accroître la valeur, la force, l'intensité de qqch : *Cet hôtel a monté ses prix* (syn. **augmenter**). **5.** Fournir ce qui est nécessaire : *Monter sa maison, son ménage.* **6.** Assembler les différentes parties de : *Monter une tente* (syn. **dresser**). *Monter un meuble.* **7.** Effectuer le montage d'un film, d'une bande magnétique, etc. **8.** Enchâsser dans une monture : *Monter un diamant* (syn. **sertir**). **9.** Préparer ; organiser : *Monter un complot* (syn. **échafauder, tramer**). *Monter une entreprise* (syn. **fonder**). **10.** Exciter qqn contre qqn d'autre : *On les a montés contre nous.* **11.** FAM. **Monter le coup à qqn,** l'induire en erreur. / **Monter un spectacle, une pièce de théâtre,** en organiser la représentation, la mise en scène. / **Monter une mayonnaise, des blancs en neige,** battre les ingrédients qui les composent pour en augmenter la consistance et le volume. ◆ **se monter v.pr. 1.** S'élever à un total de : *Les frais se montent à deux mille euros* (syn. **monter**). **2.** Se pourvoir de : *Se monter en linge.*

Montérégie, région administrative du Québec (Canada), entre l'Outaouais et le Saint-Laurent ; 11 788 km² ; 1 442 433 hab.

Monterrey, v. du Mexique septentrional ; 1 130 960 hab. (4 080 329 hab. dans l'agglomération). Sidérurgie. Chimie.

Montespan (Françoise Athénaïs de Rochechouart, *marquise* **de)** [Lussac-les-Châteaux, Vienne, 1640 - Bourbon-l'Archambault 1707], maîtresse (1667-1679) de Louis XIV, dont elle eut huit enfants.

Montesquieu (Charles de Secondat, *baron* **de La Brède et de),** écrivain français (château de La Brède, près de Bordeaux, 1689 - Paris 1755). Né dans une famille de magistrats bordelais, il accède à la notoriété grâce aux *Lettres persanes* (1721), roman philosophique qui se présente comme la correspondance imaginaire de deux Persans venus en Europe : leur point de vue d'étrangers sert de prétexte à une critique des mœurs parisiennes et de la société française. Il publie ensuite un essai historique : *les Considérations sur les causes de la grandeur des Romains et de leur décadence* (1734) et un écrit politique, *De l'esprit des lois* (1748). Cet ouvrage inspira la Constitution de 1791 et fut à l'origine des doctrines constitutionnelles libérales, qui reposent sur la séparation des pouvoirs législatif, exécutif et judiciaire.

Montessori (Maria), médecin et pédagogue italienne (Chiaravalle, près d'Ancône, 1870 - Noordwijk, Pays-Bas, 1952). Elle est l'auteure d'une méthode destinée à favoriser le développement des enfants par la manipulation d'objets, de matériels et par le jeu et la maîtrise de soi (*Pédagogie scientifique,* 1909).

monteur, euse [mɔ̃tœr, -øz] **n. 1.** Ouvrier, ouvrière qui assemble les diverses pièces constitutives d'un ensemble. **2.** CIN. Spécialiste chargé du montage.

Monteverdi (Claudio), compositeur italien (Crémone 1567 - Venise 1643). Il apparaît comme l'un des plus grands créateurs en musique, ayant assuré la transition, comme aucun autre, entre la polyphonie et le style concertant. D'abord au service du duc de Mantoue, il devient (1613) maître de chapelle de Saint-Marc de Venise. Ses neuf livres de madrigaux (1582-1638 ; 1651, posthume), dont certains aboutissent au style de la cantate, l'ont engagé sur la voie de l'opéra, dont il fut l'un des promoteurs (*l'Orfeo,* 1607 ; *Arianna,* 1608 ; *le Retour d'Ulysse,* 1641 ; *le Couronnement de Poppée,* 1642). De ses partitions lyriques, il faut rapprocher *le Bal des ingrates* et *le Combat de Tancrède et de Clorinde.* Il a aussi innové dans le domaine de l'art sacré, évoluant de la polyphonie traditionnelle (messe) aux *Vêpres de la Vierge* (1610) et à la *Selva morale e spirituale* (1640), vastes fresques concertantes pour solistes, chœurs et orchestre, qui annoncent l'esprit du dialogue permanent propre au XVIIe s. européen.

Montevideo, cap. de l'Uruguay, fondée au XVIIIe s., sur le río de la Plata ; 1 319 108 hab. (1 698 000 hab. dans l'agglomération). Exportation de viandes, laines, peaux. Industries alimentaires et textiles.

Montezuma → Moctezuma.

Montfaucon (Bernard de), bénédictin (Soulage, Languedoc, 1655 - Paris 1741). Membre de la congrégation bénédictine de Saint-Maur, qui se consacrait à des travaux d'érudition, il fut le fondateur de la paléographie.

Montfort (Simon IV le Fort, *sire* **de),** seigneur français (v. 1150 - Toulouse 1218), chef de la croisade contre les albigeois, il fut tué au combat.

Montgolfier (les frères de), industriels et inventeurs français. **Joseph** (Vidalon-lès-Annonay, Ardèche, 1740 - Balaruc-les-Bains, Hérault, 1810) et **Étienne** (Vidalon-lès-Annonay 1745 - Serrières, Ardèche, 1799) inventèrent le ballon à air chaud, ou *montgolfière* (1783), et une machine servant à élever l'eau, dite « bélier hydraulique » (1792). Étienne rénova la technique française de la papeterie, introduisant en France les procédés hollandais ainsi que la fabrication du papier vélin.

montgolfière [mɔ̃gɔlfjɛr] **n.f.** (du nom des frères *Montgolfier*). Aérostat dont la sustentation est assurée par de l'air chauffé par un foyer situé sous le ballon.

Montgomery (Gabriel, *seigneur* **de Lorges,** *comte* **de),** homme de guerre français (v. 1530 - Paris 1574). Chef de la garde d'Henri II, il blessa mortellement le roi dans un tournoi (1559), devint un des chefs protestants et fut décapité.

Montgomery of Alamein (Bernard Law Montgomery, *1er vicomte***),** maréchal britannique (Londres 1887 - Isington Mill, Hampshire, 1976). À la tête de la VIIIe armée britannique en Égypte, il vainquit Rommel à El-Alamein (1942) et repoussa les forces de l'Axe jusqu'à Tunis (1943). Il commanda un groupe d'armées en Normandie, en Belgique et en Allemagne (1944-1945). Il fut adjoint au commandant suprême des forces atlantiques en Europe de 1951 à 1958.

Montherlant (Henry Millon de), écrivain français (Paris 1895 - *id.* 1972). Auteur de romans qui exaltent la vigueur physique et morale *(les Bestiaires)* ou expriment une vision de moraliste désabusé *(les Célibataires, les Jeunes Filles)*, il a tenté dans son théâtre de retrouver l'austérité de la tragédie classique (*la Reine morte,* 1942 ; *le Maître de Santiago,* 1948 ; *Port-Royal,* 1954).

Monti (Mario), économiste, universitaire et homme politique italien (Varèse 1943). Commissaire européen au Marché intérieur (1995-1999) puis à la Concurrence (1999-2004), sénateur à vie (2011), il est président du Conseil de nov. 2011 à déc. 2012.

monticule [mɔ̃tikyl] **n.m.** (bas lat. *monticulus*). Petit mont ; petite élévation du sol (syn. **éminence, hauteur**).

Montluc → Monluc.

Montluçon, ch.-l. d'arr. de l'Allier, sur le Cher ; 39 353 hab. *(Montluçonnais).* Pneumatiques. Constructions mécaniques et électriques. Confection. Deux églises et un château (musée) du Moyen Âge.

Montmartre, anc. comm. de la Seine, annexée à Paris en 1860. La *colline de Montmartre,* ou *butte Montmartre,* porte l'église St-Pierre (fondée en 1134) et la basilique du Sacré-Cœur (fin XIXe s.).

Montmorency, famille française dont les membres les plus célèbres furent : • **Anne,** *duc* **de Montmorency** (Chantilly 1493 - Paris 1567), connétable (1537), conseiller des rois François Ier et Henri II. Il fut mortellement blessé dans un combat contre les calvinistes. • **Henri Ier,** *duc* **de Montmorency** (Chantilly 1534 - Agde 1614), fils du précédent. Gouverneur du Languedoc allié aux protestants, il fut nommé connétable par Henri IV en 1593. • **Henri II,** *duc* **de Montmorency** (1595 - Toulouse 1632), fils du précédent. Gouverneur du Languedoc, il se révolta avec Gaston d'Orléans contre Richelieu et fut décapité.

Montmorency-Bouteville (François de), gentilhomme français (1600 - Paris 1627), père du maréchal de Luxembourg. Il se battit en duel en plein midi, place Royale, malgré les édits de Richelieu, et fut décapité.

Montoire ***(entrevue de)*** [24 oct. 1940], entrevue de Pétain avec Hitler, à Montoire-sur-le-Loir (Loir-et-Cher), au cours de laquelle les deux hommes tentèrent de définir la politique de collaboration franco-allemande.

Montparnasse, quartier du sud de Paris (essentiellement sur le XIVe arr.). Gare. Centre commercial, de services et de bureaux *(tour Montparnasse).*

Montpellier, ch.-l. du dép. de l'Hérault, à 753 km au sud de Paris ; 272 345 hab. *(Montpelliérains)* [406 891 hab. dans l'agglomération]. Académie et université. Cour d'appel. Archevêché. Électronique. Cathédrale remontant au XIVe s., anc. abbatiale. Beau centre urbain des XVIIe-XVIIIe s. (promenade du Peyrou, des architectes Charles Daviler et Jean Antoine Giral). Ensemble Antigone de R. Bofill. Musée des Beaux-Arts portant le nom du peintre François-Xavier Fabre.

Montpensier (Anne Marie Louise d'Orléans, *duchesse* **de),** dite **la Grande Mademoiselle,** princesse française (Paris 1627 - *id.* 1693). Elle prit part aux troubles de la Fronde et, lors de la bataille du faubourg Saint-Antoine, fit tirer le canon de la Bastille sur les troupes royales pour protéger la retraite de Condé (1652).

montrable [mɔ̃trabl] **adj.** Qui peut être montré.

1. montre [mɔ̃tr] **n.f.** (de *montrer*). **1.** Petit appareil portatif servant à donner l'heure et d'autres indications (date, etc.). **2. Contre la montre,** voir à son ordre alphabétique. / **Montre à quartz,** montre électronique qui est dotée soit d'un affichage à aiguilles *(montre analogique),* soit d'un affichage à cristaux liquides par chiffres et lettres *(montre numérique).* / **Montre en main,** en un temps précis, vérifié. / **Montre mécanique,** montre mue par un ressort.

2. montre [mɔ̃tr] **n.f.** (de *montrer*). *LITT.* **Être en montre,** être exposé en vitrine. / **Faire montre de,** montrer, manifester ; faire preuve de : *Faire montre de prudence.*

Montréal, région administrative du Québec (Canada) ; 494 km^2 ; 1 886 481 hab. Elle correspond à la communauté urbaine de Montréal, qui englobe l'*île de Montréal* et l'île Bizard.

Montréal, v. du Canada (Québec), sur le Saint-Laurent ; 1 649 519 hab. *(Montréalais)* [3 824 221 hab. dans l'agglomération]. Principal centre industriel du Québec. Aéroports. Port fluvial. Métropole culturelle (deuxième ville francophone du monde). Universités. Musées. La ville a été fondée en 1642, sous le nom de Ville-Marie, à un endroit où le Saint-Laurent était aisément franchissable. Au XIXe s., elle devint le principal centre commercial, puis industriel, de l'E. du Canada.

montrer [mɔ̃tre] **v.t.** (lat. *monstrare*). **1.** Faire voir ; exposer aux regards : *Le vendeur montre au client plusieurs chemises* (syn. **présenter**). **2.** Faire voir par un geste, un signe : *Montrer qqn du doigt* (syn. **désigner**). *Montrer la route sur une carte* (syn. **indiquer**). **3.** Manifester ; faire paraître : *Montrer du courage. Montrer son amitié à qqn* (syn. **marquer**). **4.** Prouver ; enseigner : *Montrer qu'on a raison. Cet échec nous a montré qu'il fallait être prudent.* ◆ **se montrer v.pr. 1.** Apparaître à la vue. **2.** Se révéler, s'avérer être : *Se montrer intransigeant.*

Montreuil ou **Montreuil-sous-Bois,** ch.-l. de c. de la Seine-Saint-Denis, à l'est de Paris ; 104 489 hab. *(Montreuillois).* Centre industriel. Église gothique. Musée historique consacré au mouvement socialiste.

montreur, euse [mɔ̃trœr, -øz] **n.** Personne qui montre tel spectacle, telle attraction : *Montreur d'ours.*

Mont-Saint-Michel (Le), comm. de la Manche ; 42 hab. C'est un îlot rocheux au fond de la *baie du Mont-Saint-Michel,* à l'embouchure du Couesnon, et relié à la côte par une digue depuis 1879. Abbaye bénédictine fondée en 966, constituant un ensemble monumental d'une exceptionnelle séduction :

église abbatiale, salles « des Chevaliers » et « des Hôtes », réfectoire, cloître, pour l'essentiel des XIe-XVIe s. Grand centre touristique.

Monts d'Ardèche *(parc naturel régional des),* parc naturel couvrant env. 180 000 ha en Ardèche. Châtaignes.

montueux, euse [mɔ̃tyø, -øz] **adj.** (lat. *montuosus*). LITT. Accidenté ; coupé de collines : *Un paysage montueux.*

monture [mɔ̃tyr] **n.f.** (de *monter*). **1.** Bête sur laquelle on monte pour se faire porter : *Cavalier chevauchant sa monture.* **2.** Partie d'un objet qui sert à fixer, à assembler l'élément principal : *La monture d'une paire de lunettes, d'une bague.*

monument [mɔnymɑ̃] **n.m.** (lat. *monumentum*). **1.** Ouvrage d'architecture ou de sculpture destiné à perpétuer le souvenir d'un personnage ou d'un événement : *Un monument aux morts.* **2.** Édifice remarquable par sa beauté ou son ancienneté : *Les monuments de la Grèce.* **3.** Toute œuvre considérable, digne de durer : *Un monument de la littérature romanesque.* **4. Être un monument de,** présenter telle caractéristique, surtout négative, à un degré extrême : *C'est un monument de sottise.* **5. Monument funéraire,** élevé sur une sépulture. **/ Monument historique,** édifice, objet mobilier ou autre vestige du passé qu'il importe de conserver dans le patrimoine national pour les souvenirs qui s'y rattachent ou pour sa valeur artistique.

monumental, e, aux [mɔnymɑ̃tal, -o] **adj. 1.** Qui a les proportions d'un monument : *Statue monumentale.* **2.** Énorme ; étonnant : *Erreur, bêtise monumentale.* **3.** Des monuments : *Plan monumental de Paris.*

monumentalité [mɔnymɑ̃talite] **n.f.** Caractère puissant ou grandiose d'une œuvre d'art, apporté par ses dimensions, ses proportions, son style.

Monza, v. d'Italie (Lombardie) ; 119 890 hab. Cathédrale des XIIe-XVIIIe s. Circuit automobile.

Moore (Henry), sculpteur et graveur britannique (Castleford, Yorkshire, 1898 - Much Hadham, Hertfordshire, 1986). À partir de 1935 env., son style, biomorphique et monumental, s'est distingué par le jeu des creux et des vides (*Figure étendue,* siège de l'Unesco, Paris).

Moore (Thomas), poète irlandais (Dublin 1779 - Sloperton, Wiltshire, 1852). Chantre de son pays natal *(Mélodies irlandaises),* il composa un grand poème oriental, *Lalla Rookh.*

moquer [mɔke] **v.t.** (orig. incert., p.-ê. d'une onomat. expressive). LITT. Railler ; tourner en ridicule : *Moquer qqn pour ses manies.* ◆ **se moquer v.pr. [de]. 1.** Faire un objet de plaisanterie de : *On se moquait de ses gaffes continuelles* (syn. **railler, plaisanter sur**). **2.** Ne faire nul cas de ; mépriser : *Je me moque pas mal de ce qu'on peut dire* (syn. **se désintéresser**). **3.** Prendre qqn pour un sot ; essayer de le tromper : *Je n'aime pas que l'on se moque de moi.*

moquerie [mɔkri] **n.f. 1.** Action ou habitude de se moquer : *Être en butte à la moquerie des gens* (syn. **raillerie**). **2.** Action, parole par lesquelles on se moque : *Exciter les moqueries de son entourage* (syn. **quolibet, sarcasme**).

Môquet (Guy), militant communiste français (Paris 1924 - Châteaubriant 1941). Arrêté à Paris en octobre 1940, il fit partie des vingt-sept prisonniers du camp de Châteaubriant fusillés le 22 octobre 1941 en représailles de l'assassinat d'un officier allemand. Avant de mourir, il adressa à ses parents et à son frère une lettre poignante.

moquette [mɔkɛt] **n.f.** (orig. obsc.). Tapis à velours coupé ou à bouclettes recouvrant génér. tout le sol d'une pièce.

moqueur, euse [mɔkœr, -øz] **adj.** et **n.** Qui se moque ; qui aime à se moquer. ◆ **adj.** Inspiré par la raillerie : *Sourire moqueur* (syn. **ironique, narquois**).

moraine [mɔrɛn] **n.f.** (savoyard *morêna*). GÉOGR. Ensemble des roches transportées ou déposées par un glacier.

1. moral, e, aux [mɔral, -o] **adj.** (lat. *moralis,* de *mores,* mœurs). **1.** Qui concerne les règles de conduite en usage dans une société : *Un jugement moral.* **2.** Conforme à ces règles ; admis comme honnête, juste : *Une histoire très morale* (syn. **édifiant**). **3.** Relatif à l'esprit, à la pensée (par opp. à *physique*) : *Avoir la force morale de lutter. Éprouver une grande douleur morale.*

2. moral [mɔral] **n.m. sing.** (de *1. moral*). **1.** Ensemble des facultés mentales, de la vie psychique : *Le physique influe sur le moral* (syn. **mental**). **2.** État d'esprit ; disposition à supporter qqch : *Avoir bon moral.*

morale [mɔral] **n.f.** (de *1. moral*). **1.** Ensemble des règles d'action et des valeurs qui fonctionnent comme normes dans une société : *Obéir à une morale rigide* (syn. **éthique**). **2.** PHILOS. Théorie des fins des actions de l'homme. **3.** Précepte, conclusion pratique que l'on veut tirer d'une histoire : *La morale de la fable* (syn. **moralité**). **4. Faire la morale à qqn,** lui adresser des exhortations, des recommandations morales ; le réprimander.

■ La morale est l'ensemble des principes qui règlent la conduite. Elle repose essentiellement sur l'opposition entre le bien et le mal, le juste et l'injuste. La morale ne se réduit pas à des règles sociales : elle concerne non seulement les rapports des hommes entre eux, mais aussi le rapport de l'homme à lui-même. Elle est caractérisée par un sens de l'absolu : la littérature notamment présente de très nombreux exemples de cas de conscience, de situations héroïques par refus de la compromission.
On distingue habituellement deux grandes conceptions de la morale : l'une, développée par Aristote, les sceptiques, les épicuriens et les stoïciens, qui est ordonnée à la vie heureuse ; l'autre, développée en partic. par Kant, ordonnée au respect de la dignité humaine, même au prix du bonheur. Dans les deux cas, la question de la morale se pose à chaque fois qu'apparaît une inquiétude sur la légitimité de l'action entreprise. ■

moralement [mɔralmɑ̃] **adv. 1.** Conformément à la morale : *Agir moralement* (syn. **honnêtement**). **2.** Du point de vue de la morale : *Être moralement responsable.* **3.** Quant au moral : *Moralement, le malade va mieux.*

moralisant, e [mɔralizɑ̃, -ɑ̃t] **adj.** Qui moralise ; moralisateur.

moralisateur, trice [mɔralizatœr, -tris] **adj.** et **n.** Qui donne des leçons de morale : *Un récit moralisateur* (syn. **édifiant**).

moralisation [mɔralizasjɔ̃] **n.f.** Action de moraliser, de rendre moral : *La moralisation des mœurs politiques.*

moraliser [mɔralize] **v.t. 1.** Rendre conforme à la morale : *Moraliser la vie politique, une profession.* **2.** Faire la morale à ; réprimander : *Moraliser un enfant.* ◆ **v.i.** Faire des réflexions morales.

moralisme [mɔralism] **n.m.** Attachement formaliste et étroit à une morale.

moraliste [mɔralist] **n.** Auteur qui écrit sur les mœurs, la nature humaine. ◆ **adj.** Empreint de moralisme : *Une œuvre moraliste.*

moralité [mɔralite] **n.f.** (lat. *moralitas*). **1.** Adéquation d'une action, d'un fait, etc., à une morale : *Geste d'une moralité exemplaire.* **2.** Attitude, conduite morale : *Un homme d'une moralité irréprochable* (syn. **honnêteté**). **3.** Conclusion morale que suggère une histoire (syn. **morale**). **4.** LITTÉR. Œuvre théâtrale en vers, du Moyen Âge. ▸ Elle met en scène des personnages allégoriques et a pour objet l'édification morale.

Morand (Paul), écrivain français (Paris 1888 - *id.* 1976). Grand voyageur (*l'Homme pressé,* 1941), il fut le peintre mondain et sceptique de la société moderne dans ses romans et ses récits (*Ouvert la nuit,* 1922 ; *Hécate et ses chiens,* 1954 ; *Venises,* 1971).

morasse [mɔras] **n.f.** (de l'it. *moraccio,* noiraud). IMPR. Dernière épreuve d'une page de journal, tirée pour une révision générale.

Morat, en all. **Murten,** v. de Suisse (cant. de Fribourg), sur le *lac de Morat* ; 6 125 hab. Château des XIIIe-XVe s., remparts, maisons anciennes. Victoire des Suisses au service de Louis XI sur Charles le Téméraire (22 juin 1476).

moratoire [mɔratwar] **n.m.** (lat. *moratorium,* ajournement). **1.** DR. Délai légal accordé à certains débiteurs éprouvant des difficultés à s'acquitter de leurs dettes en raison des circonstances (guerre ou crise économique, notamm.). **2.** Délai que l'on s'accorde avant de poursuivre une activité dans un domaine donné : *Moratoire nucléaire. Débattre du moratoire pour la chasse.*

Morava (la), nom de plusieurs rivières d'Europe centrale : l'une en République tchèque, Slovaquie et Autriche, affl. de g. du Danube (365 km) ; l'autre en Serbie, affl. de dr. du Danube (320 km), formée elle-même par la réunion de la *Morava occidentale* (298 km) et de la *Morava méridionale* (318 km).

Moravia (Alberto Pincherle, dit **Alberto),** écrivain italien (Rome 1907 - *id.* 1990). Il use des techniques de la philosophie et de la psychologie modernes pour évoquer les problèmes intellectuels et sociaux contemporains (*les Indifférents,* 1929 ; *l'Ennui,* 1960).

Moravie, région de la République tchèque, à l'est de la Bohême, traversée par la Morava. (Hab. *Moraves.*) V. princ. *Brno.*

morbide [mɔrbid] **adj.** (lat. *morbidus,* de *morbus,* maladie). **1.** Propre à la maladie : *État morbide* (syn. **pathologique**). **2.** Qui dénote un déséquilibre moral, mental : *Goûts morbides* (syn. **pervers**). *Une imagination morbide.*

morbidité [mɔrbidite] **n.f. 1.** Caractère de ce qui est morbide. **2.** Rapport entre le nombre des malades et celui d'une population.

Morbihan [56], dép. de la Région Bretagne ; ch.-l. de dép. *Vannes ;* ch.-l. d'arr. *Lorient, Pontivy ;* 3 arr., 21 cant., 261 comm. ; 6 823 km^2 ; 756 098 hab. *(Morbihannais).*

Morbihan *(golfe du),* golfe de la côte du dép. du Morbihan. Il renferme de nombreuses îles.

morbleu [mɔrblø] **interj.** (de *mort* et *Dieu,* par euphémisme). Juron vieilli.

morceau [mɔrso] **n.m.** (de l'anc. fr. *mors,* morsure, du lat. *morsus,* mordu). **1.** Partie d'un tout, d'une matière : *Un morceau de pain, de papier* (syn. **bout**). **2.** Fragment d'une œuvre écrite : *Recueil de morceaux choisis* (syn. **extrait**). **3.** Œuvre musicale prise isolément ; fragment d'œuvre musicale : *Un morceau de Couperin* (syn. **pièce**). **4.** FAM. **Enlever, emporter le morceau,** réussir, avoir gain de cause. / FAM. **Manger le morceau,** faire des aveux complets.

morceler [mɔrsəle] **v.t.** (de *morcel,* anc. forme de *morceau*) [conj. **24**]. Diviser en morceaux, en parties : *Morceler un héritage* (syn. **démembrer**).

morcellement [mɔrsɛlmɑ̃] **n.m.** Action de morceler ; fait d'être morcelé : *Le morcellement des terres* (contr. **remembrement**).

mordancer [mɔrdɑ̃se] **v.t.** (de *mordant*) [conj. **16**]. TECHN. Décaper aux acides une surface métallique.

1. mordant, e [mɔrdɑ̃, -ɑ̃t] **adj.** (de *mordre*). **1.** Qui entame en rongeant : *Acide mordant.* **2.** Incisif ; piquant : *Ironie mordante* (syn. **corrosif**).

2. mordant [mɔrdɑ̃] **n.m.** (de *1. mordant*). **1.** Vivacité, énergie, entrain dans l'attaque : *Avoir du mordant.* **2.** Caractère vif, agressif d'une réplique ; causticité. **3.** Acide ou autre substance employés pour attaquer un métal en surface, partic. dans la gravure à l'eau-forte. **4.** Substance dont on imprègne les étoffes et les poils de fourrure pour leur faire prendre la teinture. **5.** Vernis pour fixer l'or en feuille sur le cuivre, le bronze, etc.

mordicus [mɔrdikys] **adv.** (mot lat. « en mordant »). FAM. Avec une fermeté opiniâtre : *Soutenir qqch mordicus.*

mordillement [mɔrdijmɑ̃] **n.m.** Action de mordiller.

mordiller [mɔrdije] **v.t.** Mordre légèrement et à de nombreuses reprises : *Ce chat n'arrête pas de mordiller le tapis.*

mordoré, e [mɔrdɔre] **adj.** (de *more,* et *doré*). D'un brun chaud avec des reflets dorés : *De la soie mordorée.*

mordre [mɔrdr] **v.t.** et **v.t. ind.** (lat. *mordere*) [conj. **76**]. **1.** Serrer, saisir fortement avec les dents en entamant, en blessant : *Le chien l'a mordu. Mordre son crayon* (syn. **mâchonner, mordiller**). **2.** (Absol.). Attaquer avec les dents : *Ce chien risque de mordre.* **3.** Ronger ; pénétrer dans : *La lime mord le métal* (syn. **entamer**). *La vis mord dans le bois.* **4.** S'accrocher ; trouver prise : *L'ancre n'a pas mordu.* **5.** GRAV. Attaquer la planche à graver, en parlant de l'eau-forte, d'un mordant. **6.** Aller au-delà de la limite fixée : *La balle a mordu la ligne* (syn. **empiéter sur**). **7. Ça mord,** le poisson mord à l'appât. / **Mordre à l'appât, à l'hameçon,** s'en saisir, en parlant du poisson ; au fig., se laisser prendre à qqch, en parlant de qqn. / FAM. **Mordre à qqch,** y prendre goût ; s'y mettre : *Il mord aux mathématiques.* / **Mordre sur,** empiéter légèrement sur (un espace, une période). ◆ **se mordre v.pr.** FAM. **Se mordre les doigts de qqch,** s'en repentir amèrement.

mordu, e [mɔrdy] **adj.** (p. passé de *mordre*). FAM. Passionnément amoureux. ◆ **adj.** et **n.** FAM. Passionné : *Elle est mordue de cinéma* (syn. **fanatique**). *C'est un mordu de jazz* (syn. **fervent**).

more adj. et **n.** ⟶ **maure.**

More ⟶ **Thomas More** *(saint).*

Moreau (Gustave), peintre français (Paris 1826 - *id.* 1898). Créateur d'une mythologie symbolique méticuleuse (*Jupiter et Sémélé* [1895], musée Gustave-Moreau, Paris), il se révèle plus spontané dans ses aquarelles, notamment. Il fut le maître de Matisse, de Marquet, de Rouault à l'École nationale supérieure des beaux-arts.

Moreau (Jeanne), actrice française (Paris 1928). Comédienne de théâtre, elle s'est imposée au cinéma par sa présence et le modernisme de son jeu : *la Nuit* (M. Antonioni, 1961), *Jules et Jim* (F. Truffaut, 1962), *le Journal d'une femme de chambre* (L. Buñuel, 1964), *le Pas suspendu de la cigogne* (T. Angelopoulos, 1991).

Moreau (Jean Victor), général français (Morlaix 1763 - Laun, auj. Louny, Bohême, 1813). Il commanda l'armée de Rhin-et-Moselle (1796) et l'armée du Rhin (1800), avec laquelle il vainquit les Autrichiens à Hohenlinden. Ses intrigues avec les royalistes, sa rivalité avec Bonaparte amenèrent son arrestation en 1804 puis son exil aux États-Unis. Conseiller du tsar en 1813, il fut tué à Dresde dans les rangs de l'armée russe.

Morée, nom donné au Péloponnèse après la 4e croisade.

Morellet (François), peintre et plasticien français (Cholet 1926), représentant d'une abstraction cinétique et minimale (*4 Doubles Trames, traits minces,* 1958, M.N.A.M.).

Moreno (Jacob Levy), psychosociologue américain d'origine roumaine (Bucarest 1892 - Beacon, État de New York, 1974). Il a inventé le psychodrame et mis au point les techniques de la sociométrie (*Fondements de la sociométrie,* 1934).

Moreno (Roland), industriel français (Le Caire, 1945 - Paris 2012). Il est l'inventeur de la carte à puce (1975).

moresque adj. ⟶ **mauresque.**

se **morfondre** [mɔrfɔ̃dr] **v.pr.** (de *mor-,* d'un rad. expressif **murr-,* museau, et *fondre,* prendre froid) [conj. **75**]. S'ennuyer à attendre trop longtemps : *Se morfondre devant un arrêt d'autobus.*

Morgan (Lewis Henry), anthropologue américain (près d'Aurora, État de New York, 1818 - Rochester 1881). Auteur d'une conception évolutionniste de l'anthropologie sociale, il s'est ensuite intéressé à l'histoire de la famille, du mariage, de la propriété et de l'État (*la Société archaïque,* 1877).

Morgan (Simone Roussel, dite **Michèle),** actrice française (Neuilly-sur-Seine 1920). Sa beauté limpide et son jeu émouvant lui ont valu une grande popularité au cinéma : *le Quai des brumes* (M. Carné, 1938), *Remorques* (J. Grémillon, 1941), *la Symphonie pastorale* (J. Delannoy, 1946).

Morgan (Thomas Hunt), généticien américain (Lexington, Kentucky, 1866 - Pasadena 1945). Ayant réalisé de nombreuses expériences sur la drosophile (mouche du vinaigre), il démontra que ce sont les chromosomes des cellules qui sont les supports de l'hérédité. (Prix Nobel de médecine, 1933.)

morganatique [mɔrganatik] **adj.** (lat. médiév. *morganaticus,* du bas lat. *morganegiba,* don du matin). **1.** Se dit du mariage d'un prince avec une femme de rang inférieur, qui reste exclue des dignités nobiliaires. **2.** Se dit de la femme ainsi épousée et des enfants nés de ce mariage.

1. morgue [mɔrg] **n.f.** (de *morguer,* traiter avec arrogance, du lat. pop. **murricare,* faire la moue). Attitude hautaine, méprisante : *La morgue d'un supérieur hiérarchique* (syn. **outrecuidance, suffisance**).

2. morgue [mɔrg] **n.f.** (de *1. morgue*). **1.** Lieu où sont déposés les cadavres non identifiés et ceux qui doivent subir une expertise médico-légale. **2.** Salle où, dans un hôpital, une clinique, on garde momentanément les morts.

moribond, e [mɔribɔ̃, -ɔ̃d] **adj.** et **n.** (lat. *moribundus,* de *mori,* mourir). Qui est près de mourir : *Un blessé moribond* (syn. **agonisant, mourant**).

morigéner [mɔriʒene] **v.t.** (du lat. médiév. *morigenatus,* bien élevé, class. *morigeratus,* docile) [conj. **18**]. *SOUT.* Réprimander ; sermonner : *Morigéner un enfant* (syn. **admonester, tancer**).

morille [mɔrij] **n.f.** (de *more,* à cause de la couleur du champignon). Champignon des bois à chapeau alvéolé, comestible cuit mais toxique cru. ▸ Classe des ascomycètes.

Morisot (Berthe), peintre français (Bourges 1841 - Paris 1895). Belle-sœur de Manet, elle prit une part importante au mouvement impressionniste (*le Berceau,* 1873, musée d'Orsay ; *Cousant dans le jardin,* 1881, Pau).

mormon, e [mɔrmɔ̃, -ɔn] **n.** et **adj.** (de *Mormon,* auteur prétendu de *The book of Mormon*). Membre d'un mouvement religieux, dit aussi *Église de Jésus-Christ et des saints des derniers jours,* fondé aux États-Unis en 1830 par Joseph Smith. ▸ Fondateurs de Salt Lake City, les mormons donnèrent à l'État de l'Utah un essor remarquable après l'abandon de certains aspects de leur doctrine (autonomie théocratique et polygamie). La doctrine des mormons tire ses sources de la Bible et du *Livre de Mormon,* ouvrage de Smith publié en 1830.

1. morne [mɔrn] **adj.** (frq. **mornôn,* être triste). **1.** Empreint de tristesse : *Un regard morne* (syn. **triste**). **2.** Qui inspire la tristesse : *Une morne plaine* (syn. **lugubre, sinistre**). **3.** Terne, sans éclat : *Style morne* (syn. **fade, insipide**).

2. morne [mɔrn] **n.m.** (mot créole, de l'esp. *morro,* monticule). *CRÉOL.* Colline.

Morny (Charles, *duc* **de),** homme politique français (Paris 1811 - *id.* 1865). Fils naturel de la reine Hortense et du général de Flahaut, et donc frère utérin de Napoléon III, il fut le principal instrument du coup d'État du 2 déc. 1851. Ministre de l'Intérieur jusqu'en 1852, puis président du Corps législatif (1854-1865), il participa à toutes les grandes opérations industrielles et financières du second Empire et lança la station balnéaire de Deauville. Il poussa l'empereur à libéraliser le régime.

Moro, peuple des Philippines (Mindanao et Sulu), de religion musulmane.

Moroni, cap. des Comores, sur l'île de Ngazidja (anc. Grande Comore) ; 53 819 hab.

morose [mɔroz] **adj.** (lat. *morosus,* exigeant). **1.** Qui est d'une humeur sombre et chagrine : *Air morose* (syn. **maussade**). **2.** Se dit d'un secteur économique peu actif : *L'industrie automobile est morose en ce moment.*

morosité [mɔrozite] **n.f.** Caractère de qqn, de qqch qui est morose : *Sa morosité nous gagnait* (syn. **tristesse**).

Morphée, l'un des mille enfants du Sommeil, dans la mythologie grecque. Il est spécialement la divinité des Songes : il se montre aux humains endormis sous des formes (son nom en grec signifie « forme ») représentant les êtres les plus variés. Pour cette fonction, qui exige une étonnante mobilité, il possède de grandes ailes rapides.

morphème [mɔrfɛm] **n.m.** (du gr. *morphê,* forme, d'après *phonème*). LING. Unité minimale de signification. ▸ On distingue les *morphèmes grammaticaux* (par ex. *-ent,* marque de la 3e personne du pluriel des verbes) et les *morphèmes lexicaux* (par ex. *prudent* dans *imprudemment, voi-* dans *voient*).

morphine [mɔrfin] **n.f.** (de *Morphée,* dieu des Songes). Principal alcaloïde de l'opium, utilisé pour ses propriétés antidouleur.

■ La morphine est indiquée pour soulager des douleurs intenses et rebelles aux autres analgésiques – liées à un cancer, une crise cardiaque, des traumatismes graves. La morphine et ses dérivés engendrent une dépendance (besoin d'une nouvelle prise) physique et psychique et une accoutumance (nécessité d'augmenter les doses pour obtenir un effet identique) lors de l'utilisation prolongée. L'arrêt brutal d'un traitement au long cours entraîne l'apparition d'un syndrome de sevrage. ■

morphinomane [mɔrfinɔman] **adj.** et **n.** Toxicomane à la morphine.

morphogenèse [mɔrfɔʒənɛz] **n.f.** (de *morpho-* et *genèse*). **1.** GÉOMORPH. Création et évolution des formes du relief terrestre. **2.** BIOL. Développement embryonnaire.

morphologie [mɔrfɔlɔʒi] **n.f.** (de *morpho-* et *-logie ;* mot créé en allemand par Goethe). **1.** Étude de la forme et de la structure externe des êtres vivants. **2.** Aspect général du corps humain : *La morphologie d'un athlète.* **3.** LING. Partie de la grammaire qui étudie la forme des mots et les variations de leurs désinences. (⟶ linguistique.) **4. Morphologie de la Terre,** géomorphologie.

morphologique [mɔrfɔlɔʒik] **adj.** Relatif à la morphologie.

morphologiquement [mɔrfɔlɔʒikmɑ̃] **adv.** Du point de vue de la morphologie.

morpion [mɔrpjɔ̃] **n.m.** (de *mords,* impér. de *mordre,* et *pion,* fantassin). **1.** *FAM.* Pou du pubis. ▸ Son nom scientif. est *Phtirus.* **2.** *FAM.* Garçon très jeune ; petit gamin. **3.** Jeu de stratégie dans lequel chacun des deux adversaires doit essayer d'aligner cinq fois son propre repère (croix, rond, etc.) sur les intersections d'un quadrillage.

Morris (William), artiste et écrivain britannique (Walthamstow, Essex, 1834 - Hammersmith, près de Londres, 1896). Il a œuvré pour la renaissance des arts décoratifs (papiers de tenture, etc.) et du livre illustré.

mors [mɔr] **n.m.** (du lat. *morsus,* morsure). **1.** Pièce métallique fixée à la bride et passée dans la bouche du cheval sur les barres, et qui permet de le conduire. ▸ Le mors de filet agit sur les commissures des lèvres, le mors de bride, plus puissant, agit sur les barres. **2.** TECHN. Chacune des mâchoires d'un étau, d'une pince, de tenailles, etc. **3. Prendre le mors aux dents,** en parlant d'un cheval, s'emballer ; au fig., en parlant de qqn, s'emporter brusquement ou se jeter impétueusement dans l'action.

1. morse [mɔrs] **n.m.** (russe *morj,* du lapon *morchcha*). Mammifère marin des régions arctiques, au corps épais, aux canines supérieures transformées en défenses. ▸ Ordre des pinnipèdes ; long 5 m env. ; poids 1 t env.

2. morse [mɔrs] **n.m.** (n. de l'inventeur). **Code Morse,** code télégraphique utilisant un alphabet conventionnel fait de traits et de points. (On dit aussi *le morse.*)

■ Depuis le 1er févr. 1999, le code Morse a été abandonné pour les communications maritimes au profit d'un système satellitaire. ■

A B C D E F G H I J K L **M** N O P Q R S T U V W X Y Z

Morse (Samuel), peintre et inventeur américain (Charlestown, Massachusetts, 1791 - New York 1872). On lui doit l'invention du télégraphe électrique qui porte son nom, conçu en 1832 et breveté en 1840.

morsure [mɔrsyr] **n.f.** (de *mors*). **1.** Action de mordre ; plaie faite en mordant. **2.** Action d'entamer une matière : *La morsure de la lime.* **3.** GRAV. Attaque du métal par l'acide. **4.** Effet nuisible d'un élément naturel : *Les morsures du gel.*

1. mort [mɔr] **n.f.** (lat. *mors, mortis*). **1.** Cessation complète et définitive de la vie : *Mort naturelle, accidentelle* (syn. **décès, disparition**). **2.** Cessation complète d'activité : *La mort du petit commerce* (syn. **extinction**). **3. À mort,** mortellement : *Blessé à mort* ; au fig., de toutes ses forces, à un degré intense : *Freiner à mort.* / **À mort ! Mort à !,** exclamations pour réclamer la mort de qqn ou le conspuer. / **Camp de la mort,** nom donné à certains camps de concentration pendant la Seconde Guerre mondiale. / **Être à l'article de la mort,** sur le point de mourir. / **Être entre la vie et la mort,** en grand danger de mourir. / **La mort dans l'âme,** avec un regret très vif, mêlé de chagrin. **4.** BIOL. **Mort apparente,** état de ralentissement extrême des fonctions vitales, donnant à l'individu l'aspect extérieur de la mort. / BIOL. **Mort cérébrale,** état correspondant au coma dépassé, dans lequel le cerveau n'assure plus aucune fonction normale, l'électroencéphalogramme étant donc complètement plat. / DR. **Peine de mort,** peine criminelle suprême, peine capitale. ▸ La peine de mort a été supprimée en France par la loi du 9 oct. 1981. / PSYCHAN. **Pulsion de mort,** force qui pousse l'être humain à l'autodestruction et qui est à l'œuvre dans les passages à l'acte et dans la dépression.

2. mort, e [mɔr, mɔrt] **adj.** (lat. pop. **mortus,* class. *mortuus*). **1.** Qui a cessé de vivre : *Mort de froid.* **2.** Qui semble sans vie : *Un regard mort* (syn. **éteint**). **3.** Privé d'animation, d'activité : *Ville morte* (syn. **désert, endormi**). **4.** Qui ne peut plus être utilisé ; hors d'usage : *Ces piles sont mortes.* **5.** (Avec un compl.). Indique un très haut degré : *Être mort de fatigue* (= épuisé). *Être mort de peur. Nous étions morts de rire.* **6. Plus mort que vif,** qui, sous l'empire de la peur, paraît incapable de réagir. **7. Eau morte,** stagnante. / **Langue morte,** langue qui n'est plus parlée. / **Temps mort,** moment où il n'y a pas d'activité, d'action ; au basket-ball et au volley-ball, temps de repos accordé à la demande d'une équipe.

3. mort, e [mɔr, mɔrt] **n.** (de *2. mort*). **1.** Personne décédée : *Honorer la mémoire des morts* (syn. **défunt**). **2.** Dépouille mortelle : *Porter un mort en terre* (syn. **cadavre**). **3.** MIL. **Aux morts !,** sonnerie et batterie pour honorer le souvenir de ceux qui sont morts pour la patrie. ◆ **mort n.m. 1.** Au bridge, celui des quatre joueurs qui étale son jeu sur la table ; les cartes de ce joueur. **2. Faire le mort,** faire semblant d'être mort ; ne donner aucun signe de vie, ne pas manifester sa présence. / FAM. **La place du mort,** celle qui est à côté du conducteur, dans une automobile, et qui est réputée la plus dangereuse en cas de collision.

Mort *(Vallée de la)*, en angl. **Death Valley,** profonde dépression aride de Californie.

mortadelle [mɔrtadɛl] **n.f.** (it. *mortadella,* du lat. *murtatum,* farce au myrte). Gros saucisson cuit fait d'un mélange de viande et de dés de gras. ▸ Spécialité italienne.

mortaise [mɔrtɛz] **n.f.** (p.-ê. de l'ar. *murtazza,* fixé). **1.** Cavité de section génér. rectangulaire, pratiquée dans une pièce de bois ou de métal, pour recevoir le tenon d'une autre pièce assemblée. **2.** MÉCAN. Rainure pratiquée dans un alésage et destinée à recevoir une clavette.

mortaiser [mɔrteze] **v.t.** Pratiquer une mortaise dans.

mortalité [mɔrtalite] **n.f.** (lat. *mortalitas*). **1.** Ensemble des morts survenues dans un certain espace de temps : *La mortalité due aux épidémies. La mortalité infantile.* **2.** Rapport des décès dans une population à l'effectif moyen de cette population, durant une période donnée. **3. Tables de mortalité,** tables statistiques permettant d'établir l'espérance de vie d'une population, d'un groupe déterminé.

■ L'exemple de la France rend bien compte de l'évolution de la mortalité dans le monde occidental. Jusqu'à la seconde moitié du XVIIIe s., l'espérance de vie à la naissance plafonne aux environs de 27,5 ans pour les hommes et de 29 ans pour les femmes. Avec les reculs progressifs des épidémies et des famines, ainsi que l'amélioration des conditions économiques et sanitaires, la durée de vie augmente. Au cours du XXe s., les progrès considérables de la médecine ont puissamment contribué à accélérer le recul de la mortalité. Mais aujourd'hui, dans les pays en développement et plus particulièrement en Afrique, les taux de mortalité (nombre de décès pour 1 000 habitants) sont parmi les plus élevés du monde (17 ‰). Plusieurs causes de mortalité se superposent : les taux de mortalité infantile sont très élevés, la malnutrition est encore très présente et un fort pourcentage de jeunes adultes meurent de maladies (paludisme, tuberculose et sida). Cependant nombre de pays en développement ont un taux de mortalité se situant entre 7 ‰ et 5 ‰. Ils se caractérisent par une très forte proportion de moins de 15 ans, accompagnée des effets de la diminution de la mortalité infantile et de l'amélioration de la situation sanitaire et sociale. En revanche, dans les pays développés la population vieillit, faisant ainsi remonter progressivement les taux de mortalité (9,8 ‰ dans l'U.E.). ■

mort-aux-rats [mɔrora] **n.f. inv.** Préparation empoisonnée, le plus souvent à base d'arsenic, destinée à détruire les rats, les rongeurs.

Morte *(manuscrits de la mer)*, manuscrits anciens écrits en araméen ou en hébreu découverts entre 1946 (ou 1947) et 1956 dans des grottes près du site de Qumran, sur la rive N.-O. de la mer Morte, et publiés entre 1955 et 2002 (traduits en français à partir de 2008). Ces documents, datés du IIe s. av. J.-C. au Ier s. de notre ère, comprennent d'une part des textes bibliques et apocryphes juifs, d'autre part des écrits propres à une secte religieuse juive vivant à Qumran.

Morte *(mer)*, lac de Palestine, entre Israël et la Jordanie, où débouche le Jourdain ; 1 015 km^2 ; 390 m environ au-dessous du niveau de la mer. Salure exceptionnellement forte (de l'ordre de 30 %).

mortel, elle [mɔrtɛl] **adj.** (lat. *mortalis*). **1.** Sujet à la mort : *Tous les hommes sont mortels* (syn. **périssable**). **2.** Qui cause la mort : *Maladie mortelle* (syn. **létal**). *Un accident mortel* (syn. **fatal**). **3.** Très pénible ou très ennuyeux : *Une soirée mortelle* (syn. **sinistre**). **4. Ennemi mortel,** que l'on hait profondément. / **Péché mortel,** celui qui a pour conséquence la damnation éternelle. ◆ **n.** Être humain : *Un heureux mortel.*

mortellement [mɔrtɛlmɑ̃] **adv. 1.** De manière telle qu'elle cause la mort : *Être blessé mortellement.* **2.** (Toujours avec des adj. péjor.). Extrêmement : *Discours mortellement ennuyeux.*

morte-saison [mɔrtsɛzɔ̃] **n.f.** (pl. *mortes-saisons*). Période où l'activité est faible pour un commerce, une industrie.

mortier [mɔrtje] **n.m.** (lat. *mortarium*). **1.** Récipient en matière dure, à fond demi-sphérique, où l'on broie, avec un pilon, des aliments, certaines substances, en partic. pharmaceutiques. **2.** Bouche à feu à âme lisse destinée à faire du tir courbe. **3.** Mélange constitué de sable, d'eau, d'un liant (chaux ou ciment) et éventuellement d'adjuvants, utilisé pour joindre les éléments d'une construction, pour exécuter des chapes et des enduits.

mortifiant, e [mɔrtifjɑ̃, -ɑ̃t] **adj.** Qui mortifie, humilie : *Un refus mortifiant* (syn. **humiliant**).

mortification [mɔrtifikasjɔ̃] **n.f. 1.** Action de mortifier son corps. **2.** Blessure d'amour-propre : *Subir une terrible mortification* (syn. **humiliation**). **3.** PATHOL. Nécrose.

mortifier [mɔrtifje] **v.t.** (bas lat. *mortificare,* de *mors, mortis,* mort) [conj. **9**]. **1.** Soumettre le corps à une privation dans un but de pénitence. **2.** Blesser dans son amour-propre : *Votre refus m'a mortifié* (syn. **offenser, vexer**).

mort-né, e [mɔrne] **adj.** et **n.** (pl. *mort-nés, mort-nées*). Mort en venant au monde : *Un enfant mort-né.* ◆ **adj.** Qui échoue dès son commencement : *Projet mort-né.*

mortuaire [mɔrtɥɛr] **adj.** (lat. *mortuarius*). **1.** Relatif aux morts, aux cérémonies, aux formalités qui concernent un décès : *Drap, chambre mortuaires.* **2. Maison mortuaire,** où une personne est décédée. / DR. **Registre, extrait mortuaire,** registre des décès d'une localité ; copie d'un acte extrait de ce registre.

morue [mɔry] **n.f.** (var. de *molue,* p.-ê. du celt. *mor,* mer, et de l'anc. fr. *luz,* brochet). Gros poisson des mers froides, consommé frais sous le nom de *cabillaud,* salé sous le nom de *morue,* séché sous le nom de *merluche* et du foie duquel on tire une huile riche en vitamines A et D. ▸ Famille des gadidés ; long. jusqu'à 1,50 m.

morula [mɔryla] **n.f.** (mot lat. « petite mûre »). EMBRYOL. Premier stade du développement de l'embryon, qui se présente sous la forme d'une sphère dont la surface a l'aspect d'une mûre.

Morus ⟶ **Thomas More** *(saint).*

morutier [mɔrytje] **n.m. 1.** Bateau équipé pour la pêche à la morue. **2.** Pêcheur de morue.

Morvan, massif montagneux forestier formant l'extrémité nord-est du Massif central ; 901 m. (Hab. *Morvandiaux.*) Parc naturel régional (env. 285 000 ha).

morve [mɔrv] **n.f.** (sans doute var. méridionale de *gourme*). **1.** Sécrétion des muqueuses du nez. **2.** VÉTÉR. Maladie contagieuse des équidés (cheval, âne), souvent mortelle, transmissible à l'homme et due à un bacille produisant des ulcérations des fosses nasales.

morveux, euse [mɔrvø, -øz] **adj. 1.** Qui a la morve au nez : *Enfant morveux.* **2. Se sentir morveux,** se sentir gêné, confus d'une maladresse ou d'une erreur que l'on a commise. ◆ **n. 1.** *FAM.* Petit garçon ; petite fille ; gamin. **2.** Personne jeune qui prend des airs d'importance.

1. mosaïque [mɔzaik] **n.f.** (it. *mosaico,* du lat. médiév. *mosaico,* du class. *musivum opus,* travail auquel président les Muses). **1.** Assemblage de petits fragments multicolores (marbre, pâte de verre, etc.), juxtaposés pour former un dessin, et liés par un ciment ; art d'exécuter ce type d'assemblage : *Mosaïque de galets.* **2.** Ensemble d'éléments juxtaposés et disparates : *Une mosaïque d'États* (syn. **patchwork**). **3.** AGRIC. Maladie à virus qui attaque certaines plantes en provoquant sur leurs feuilles des taches de diverses couleurs. **4.** GÉNÉT. Mode d'hérédité où les caractères parentaux sont répartis par plaques sur le corps de l'hybride. **5.** BIOL. Ensemble de cellules juxtaposées chez le même être vivant et qui n'ont pas le même génome.

■ Les colonnes du temple d'Ourouk (Mésopotamie, IVe millénaire) attestent l'ancienneté de la mosaïque.
En Grèce, elle est en usage dès le Ve s. av. J.-C., puis parfaitement adaptée au cadre architectural et à la polychromie chatoyante à Délos. La mosaïque est courante dans le monde romain. Elle est le plus souvent obtenue par l'assemblage de petits cubes polychromes (les tesselles). La mosaïque s'exécute soit directement, soit au moyen d'un carton. Celui-ci sert de support au dessin et aux cubes apposés légèrement encollés selon le tracé ; il est retourné sur le mur préalablement enduit de ciment puis retiré. Le répertoire décoratif romain évolue depuis les pavements géométriques noir et blanc du Ier s. av. J.-C. jusqu'aux mosaïques largement figuratives et polychromes du IIe s., où le panneau central (l'*emblema*) prend toute la place. La mosaïque gagne alors les murs des sanctuaires dédiés aux nymphes, les voûtes et les plafonds (Herculanum, Pompéi, Piazza Armerina, etc.).
Héritiers des Grecs et des Romains, les Byzantins ajoutent de petits cubes de verre argentés ou dorés, qui créent de merveilleux effets de scintillement. Malgré certaines réminiscences antiques (Ravenne, mausolée de Galla Placidia, première moitié du Ve s.), leur esprit diffère, et toutes les œuvres sont empreintes de spiritualité (Ravenne, Sant' Apollinare Nuovo ; Constantinople, Sainte-Sophie). Ce premier art byzantin connaît une somptueuse renaissance du Xe au XIIe s. avec des chefs-d'œuvre comme Dhâfni, près d'Athènes, Saint-Marc de Venise, Torcello, Palerme, Monreale puis dans les créations des XIVe et XVe s., ultime âge d'or de la mosaïque qui cède bientôt la place à la fresque. Les mosaïques de la Coupole du Rocher portent encore l'empreinte de l'Antiquité, mais Konya, Istanbul, Samarkand et Ispahan démontrent le génie islamique dans l'art de la mosaïque.
Cet art est pratiqué avec autant de virtuosité par les préhispaniques comme en témoigne le célèbre masque de jade rehaussé de nacre trouvé à Monte Albán II. ■

2. mosaïque [mɔzaik] **adj.** Relatif à Moïse : *La Loi mosaïque.* (⟶ Torah.)

mosaïste [mɔzaist] **n.** Artiste ou artisan qui fait des mosaïques.

Moscou, cap. de la Fédération de Russie, dans la plaine russe, sur la Moskova ; 11 514 330 hab. *(Moscovites).* Centre administratif, culturel, commercial et industriel. Au centre, le Kremlin forme un ensemble de bâtiments administratifs et de monuments historiques, cathédrales, églises, palais (notamm. ceux de la fin du XVIe s., dus à des architectes italiens). Citons aussi les églises Basile- le-Bienheureux (XVIe s.) et St-Nicolas-des-Tisserands (XVIIe s.), le vaste monastère Novodevitchi (icônes, trésor). Un nouvel essor architectural se situe dans la seconde moitié du XVIIIe s. et, plus encore, après 1812. Importantes collections du Musée historique, de la galerie Tretiakov (art russe), du musée Pouchkine (beaux-arts), etc. – Mentionnée en 1147, centre de la principauté de Moscovie à partir du XIIIe s., la ville fut abandonnée comme capitale au profit de Saint-Pétersbourg en 1712. Elle fut incendiée lors de l'entrée des Français en 1812. Elle devint, en 1918, le siège du gouvernement soviétique et fut la capitale de l'U.R.S.S. de 1922 à 1991. En 1941, les Allemands ne purent s'en emparer.

Moscovie, région historique de la Russie où s'est développée la grande-principauté de Moscou, dont les souverains devinrent les tsars de Russie (1547). On parle encore de Moscovie ou d'État moscovite jusqu'à la fondation de l'Empire russe (1721).

Moselle (la), riv. de l'Europe occidentale ; 550 km. Née dans les Vosges, elle coule vers le nord, passant à Épinal et à Metz, avant de former la frontière entre l'Allemagne et le Luxembourg. En aval de Trèves, elle s'encaisse dans le Massif schisteux rhénan et rejoint le Rhin (r. g.) à Coblence.

Moselle [57], dép. de la Région Alsace-Champagne-Ardenne-Lorraine ; ch.-l. de dép. *Metz* ; ch.-l. d'arr. *Boulay-Moselle, Château-Salins, Forbach, Sarrebourg, Sarreguemines, Thionville* ; 6 arr., 27 cant., 730 comm. ; 6 216 km^2 ; 1 068 417 hab. *(Mosellans).*

Moskova (la), riv. de Russie, qui passe à Moscou (à laquelle elle a donné son nom), affl. de l'Oka (r. dr.) ; 502 km.

Moskova *(bataille de la)* [7 sept. 1812], bataille indécise livrée devant Moscou par l'armée de Napoléon et les troupes russes de Koutouzov. Les Russes lui donnent le nom de bataille de Borodino.

mosquée [mɔske] **n.f.** (it. *moscheta,* de l'esp. *mezquita,* de l'ar. *masdjid,* endroit où l'on adore). Édifice cultuel de l'islam.

■ La mosquée est le lieu de culte des musulmans. Le mot vient de la racine arabe *masjid,* empruntée à l'araméen *masged,* et signifie « poser le front sur le sol ». Selon son importance, la mosquée est dite *djami* (« mosquée-cathédrale ») ou *masdjid* (« mosquée de quartier »). Malgré une sacralisation accentuée au cours des siècles, les mosquées ont conservé leur rôle de centre de la vie sociale, et même politique, de la cité ; peu à peu, certaines ont été associées au mausolée (mosquée funéraire) ou à l'université (mosquée-madrasa avec salle de cours et cellules). Les prototypes ont dû être, outre la mosquée de Médine, celle de Damas et celle de Kufa, auj. disparue. De leur rencontre est née la mosquée hypostyle, à nefs multiples, dite « mosquée arabe » (Cordoue, Kairouan...), qui a été, selon les régions et les climats, diversement enrichie.
En Iran apparaît un type particulier de mosquée à *iwan,* vaste salle fermée sur trois côtés et ouverte sur le quatrième par un arc très élevé. Un iwan est bientôt placé au →

milieu de chacun des quatre côtés de la cour. L'association iwan-coupole et surtout l'association des types « arabe » et « iranien » à iwan amènent quantité de variations intermédiaires : iwan et coupoles très bulbeuses des édifices moghols (Delhi, Agra, Lahore), coupole seule des mosquées ottomanes (Istanbul : Süleymaniye).
À l'intérieur de la salle de prière *(haram)*, dans le mur du fond, une niche vide (le *mihrab*) indique la direction *(qibla)* de La Mecque. À gauche du mihrab se situe le *minbar* (chaire pour prêcher). La salle de prière est précédée d'une vaste cour centrale bordée de portiques et ornée d'une fontaine. Tour cylindrique ou flèche extrêmement fine, le minaret, sous ses diverses formes, d'où les fidèles sont appelés pour la prière, est le complément de la mosquée. ■

Mossi, peuple du Burkina, habitant aussi la Côte d'Ivoire et le Ghana, parlant une langue nigéro-congolaise, le *mossi*.

Mossoul ou **Mosul,** v. de l'Iraq, sur le Tigre ; 1 446 940 hab. dans l'agglomération.

mot [mo] **n.m.** (bas lat. *muttum,* son émis, de *muttire,* class. *mutire,* dire *mu*). **1.** Élément de la langue constitué d'un ou de plusieurs phonèmes et susceptible d'une transcription graphique comprise entre deux blancs : *Mot mal orthographié. Un néologisme est un mot nouveau* (syn. **vocable**). **2.** Petit nombre de paroles, de phrases : *Glisser un mot à l'oreille de qqn. Il n'a pas dit un mot* (= il est resté silencieux). **3.** Billet ; courte lettre : *Écrire un mot à qqn.* **4.** Sentence, parole historique. **5.** Parole remarquable par sa drôlerie, son ingéniosité : *C'est un mot que l'on attribue à plusieurs humoristes.* **6.** INFORM. Élément d'information stocké ou traité d'un seul tenant dans un ordinateur. **7. Au bas mot,** en évaluant au plus bas. ⁄ **Avoir des mots avec qqn,** se quereller avec lui. ⁄ **Avoir le dernier mot,** l'emporter dans une discussion, une querelle. ⁄ **Avoir son mot à dire,** être en droit de donner son avis. ⁄ **Bon mot, mot d'esprit,** parole spirituelle. ⁄ **En un mot,** brièvement. ⁄ **Grand mot,** terme emphatique. ⁄ **Gros mot,** terme grossier, injurieux. ⁄ **Mot à mot, mot pour mot,** littéralement ; sans rien changer : *Une traduction mot à mot.* ⁄ **Mot d'ordre,** consigne donnée en vue d'une action déterminée : *Le mot d'ordre de la manifestation.* ⁄ **Prendre qqn au mot,** accepter sur-le-champ une proposition qu'il a faite. ⁄ **Se donner le mot,** se mettre d'accord, convenir de ce qu'il faut dire ou faire. ⁄ **Toucher un mot à qqn de qqch,** lui en parler brièvement. **8. Mots croisés,** voir à son ordre alphabétique.

motard, e [mɔtar, -ard] **n.** (de *moto*). *FAM.* Motocycliste. ◆ **motard n.m.** Motocycliste de la police, de la gendarmerie ou de l'armée.

mot-clé ou **mot-clef** [mokle] **n.m.** (pl. *mots-clés, mots-clefs*). **1.** Mot qui permet de résoudre une énigme. **2.** INFORM. Chaîne de caractères qui facilite les tris ou les recherches dans une base de données.

motel [mɔtɛl] **n.m.** (mot anglo-amér., de *motor-car,* automobile, et *hotel*). Hôtel à proximité des grands itinéraires routiers.

motet [mɔtɛ] **n.m.** (de *mot*). MUS. Composition à une ou plusieurs voix, religieuse ou non, avec ou sans accompagnement, apparue au XIIIe s. et destinée à l'origine à embellir la monodie liturgique.

1. moteur, trice [mɔtœr, -tris] **adj.** (lat. *motor,* de *movere,* mouvoir). **1.** Qui produit un mouvement, qui le transmet. **2.** Se dit d'un nerf ou d'un muscle qui assure la motricité d'un organe.

2. moteur [mɔtœr] **n.m.** (de *1. moteur*). **1.** Appareil qui transforme en énergie mécanique d'autres formes d'énergie : *Moteur électrique.* **2.** Personne qui dirige, qui donne l'élan : *Il est le moteur de l'entreprise* (syn. **âme, animateur**). **3.** Cause d'action ; motif déterminant : *Le moteur de l'expansion* (syn. **ressort**). **4.** INFORM. **Moteur de recherche** logiciel qui facilite la localisation sur le réseau Internet de fichiers ou d'adresses de serveurs sur un thème donné. ⁄ **Moteur d'inférence ⟶ inférence.**

■ De manière générale, un moteur est un dispositif qui transforme en énergie mécanique une énergie de nature différente. On peut classer les moteurs en deux grandes familles : les moteurs thermiques et les moteurs électriques. Par ailleurs, dans l'industrie automobile se développent de plus en plus les moteurs « hybrides », qui combinent un moteur électrique avec un moteur thermique. La voiture peut ainsi être entraînée par chaque moteur séparément ou par les deux moteurs en même temps. Le fonctionnement de ce type de moteur est géré par l'électronique embarquée du véhicule.
Les moteurs thermiques. Ils utilisent un gaz chauffé et convertissent en énergie mécanique de l'énergie thermique, le plus souvent issue de la combustion d'un mélange d'air et de combustible. Dans les *moteurs à combustion externe,* un fluide, différent des gaz de combustion, suit un cycle thermodynamique générateur de travail (dans la machine à vapeur, par exemple, une chaudière entraîne la vaporisation de l'eau, ce qui actionne des pistons qui peuvent à leur tour entraîner des roues) ; dans les *moteurs à combustion interne* (mis au point dans les années 1860), tels ceux des automobiles, des bateaux ou des avions, le fluide de travail est constitué par les gaz de combustion eux-mêmes (moteur à explosion, moteur Diesel, turbine à gaz, turbopropulseur, turboréacteur, statoréacteur, moteur-fusée).
Les moteurs électriques. Omniprésents dans notre vie quotidienne (robots ménagers, réfrigérateurs, lave-linge, etc.), les moteurs électriques transforment l'énergie électrique en énergie mécanique. Ils peuvent être à courant continu ou à courant alternatif. ■

moteur-fusée [mɔtœrfyze] **n.m.** (pl. *moteurs-fusées*). Propulseur à réaction utilisé en aviation et en astronautique, dont le comburant n'est pas fourni par l'air extérieur.

■ Le *moteur-fusée* est un propulseur qui délivre une poussée par éjection vers l'arrière de gaz créés sans faire appel à l'air ambiant. La quantité de mouvement est donc obtenue en empruntant au mobile une partie de sa masse. Ces gaz sont obtenus par réaction chimique à l'intérieur d'une chambre de combustion d'un mélange d'ergols (ou propergol) contenant un comburant et un carburant. Les ergols peuvent être liquides (ils sont alors injectés séparément dans la chambre de combustion) ou solides (ils sont alors intimement mélangés dans un bloc de poudre qui est directement coulé dans la chambre). La poussée obtenue est égale au produit de la vitesse d'éjection des gaz de combustion par le débit massique de ces gaz. ■

motif [mɔtif] **n.m.** (de l'anc. adj. *motif,* qui fait mouvoir, bas lat. *motivus,* mobile). **1.** Raison d'ordre intellectuel, affectif qui pousse à faire qqch, à agir : *Un motif louable. Se fâcher sans motif* (syn. **cause, raison**). *Les motifs réels de sa démarche* (syn. **mobile**). **2.** DR. Partie du jugement où le juge indique les raisons de sa décision ; ces raisons elles-mêmes (syn. **attendu**). **3.** Dessin, ornement qui, le plus souvent, se répète : *Motif à fleurs d'un tissu.* **4.** MUS. Thème mélodique ou rythmique qui assure l'unité d'une composition. **5.** BX-A. Modèle, thème plastique d'une œuvre, en partic. d'une peinture de paysage, ou partie de ce thème. **6.** PHYS. **Motif cristallin,** arrangement, disposition des atomes d'une maille cristalline les uns par rapport aux autres.

motion [mosjɔ̃] **n.f.** (mot angl. « mouvement, proposition », empr. au fr., lat. *motio,* de *movere,* mouvoir). **1.** Texte soumis à l'approbation d'une assemblée par un de ses membres ou une partie de ses membres : *Voter une motion.* **2.** Texte voté par une assemblée parlementaire.

motivant, e [mɔtivɑ̃, -ɑ̃t] **adj.** Qui motive : *Les propositions de carrière sont motivantes.*

motivation [mɔtivasjɔ̃] **n.f. 1.** Ensemble des motifs qui expliquent un acte : *La motivation d'un refus.* **2.** PSYCHOL. Facteur conscient ou inconscient qui incite l'individu à agir de telle ou telle façon. **3.** ÉCON. **Étude de motivation,** étude visant à déterminer les facteurs psychologiques qui expliquent soit l'achat d'un produit, soit sa prescription, soit son rejet.

motiver [mɔtive] **v.t. 1.** Fournir des motifs pour justifier un acte : *Motiver une visite. Refus motivé* (syn. **justifier, fonder**). **2.** Provoquer qqch en le justifiant : *La méfiance motive* *son attitude* (syn. **expliquer**). **3.** Créer chez qqn les conditions qui le poussent à agir : *La réussite le motive à poursuivre* (syn. **encourager, inciter**).

moto [moto] **n.f.** (abrév.). Motocyclette.

motocross [mɔtɔkrɔs] **n.m.** (de *moto* et *cross*). Épreuve motocycliste sur un circuit fermé et très accidenté.

motoculteur [mɔtɔkyltœr] **n.m.** (de *motoculture*). AGRIC. Machine automotrice utilisée en jardinage, en culture maraîchère et en arboriculture.

motoculture [mɔtɔkyltyr] **n.f.** Utilisation de machines motorisées dans l'agriculture.

motocyclette [mɔtɔsiklɛt] **n.f.** Véhicule à deux roues, actionné par un moteur à explosion de plus de 125 cm^3. (Abrév. *moto*.)

motocyclisme [mɔtɔsiklism] **n.m.** Ensemble des activités sportives disputées sur motocyclettes et side-cars.

motocycliste [mɔtɔsiklist] **n.** Personne qui conduit une motocyclette. ◆ **adj.** Relatif à la moto : *Sport motocycliste.*

motonautisme [mɔtɔnotism] **n.m.** Sport de la navigation sur des embarcations rapides à moteur.

motoneige [mɔtɔnɛʒ] **n.f.** QUÉBÉC. Petit véhicule à une ou deux places, muni de skis à l'avant et d'une chenille à l'arrière, pour circuler sur la neige ; sport pratiqué avec ce véhicule.

motoneigiste [mɔtɔneʒist] **n.** QUÉBÉC. Personne qui pratique la motoneige.

motopompe [mɔtɔpɔ̃p] **n.f.** Pompe actionnée par un moteur.

motorisation [mɔtɔrizasjɔ̃] **n.f. 1.** Action de motoriser ; fait d'être motorisé : *La motorisation de l'agriculture* (syn. **mécanisation**). **2.** Équipement d'un véhicule automobile en un type déterminé de moteur : *Motorisation du nouveau modèle en essence ou Diesel.*

motorisé, e [mɔtɔrize] **adj. 1.** Doté de moyens de transport automobiles : *Troupes motorisées.* **2.** FAM. **Être motorisé,** disposer d'un véhicule à moteur pour ses déplacements.

motoriser [mɔtɔrize] **v.t. 1.** Munir d'un moteur : *Motoriser une barque.* **2.** Doter de véhicules, de machines à moteur : *Motoriser l'agriculture.*

motoriste [mɔtɔrist] **n. 1.** Spécialiste de la réparation et de l'entretien des automobiles et des moteurs. **2.** Industriel qui fabrique des moteurs.

motrice [mɔtris] **n.f.** (abrév. de *locomotrice*, de *locomoteur*). Véhicule à propulsion électrique inclus dans un convoi constitué de plusieurs voitures : *Motrice de rame T.G.V.*

motricité [mɔtrisite] **n.f.** (de *1. moteur*). Ensemble des fonctions biologiques qui assurent le mouvement et le déplacement, chez l'homme et les animaux.

mots croisés ou **mots-croisés** [mokrwaze] **n.m. pl.** Jeu qui consiste à trouver des mots disposés horizontalement et verticalement sur une grille, d'après des définitions plus ou moins énigmatiques : *Faire des mots croisés.* ***Rem.*** On dit aussi *un mots(-)croisés.*

mots-croisiste [mokrwazist] **n.** (pl. *mots-croisistes*). Amateur de mots croisés ; cruciverbiste.

motte [mɔt] **n.f.** (p.-ê. d'un rad. prélat. **mütt-*, élévation de terrain). **1.** Morceau de terre compacte comme on en détache avec un instrument de labour : *Écraser les grosses mottes avec une herse.* **2.** Masse de beurre pour la vente au détail : *Acheter du beurre à la motte.*

motus [mɔtys] **interj.** (mot lat.). Invitation à garder le silence sur ce qui se fait ou ce qui va suivre : *On t'a mis au courant, maintenant motus et bouche cousue !* (syn. **silence**).

mot-valise [movaliz] **n.m.** (pl. *mots-valises*). Mot constitué par l'amalgame de la partie initiale d'un mot et de la partie finale d'un autre : *« Franglais » est un mot-valise formé de « français » et « anglais ».*

1. mou [mu] ou **mol** [mɔl] (devant un n.m. commençant par une voyelle ou un *h* muet), **molle** [mɔl] **adj.** (lat. *mollis*). **1.** Qui manque de dureté : *Pâte molle* (syn. **malléable**). *Beurre mou* (contr. **dur**). **2.** Qui manque de vigueur, d'énergie, de vivacité : *Un visage aux traits mous* (syn. **flasque**). *Elle n'a opposé qu'une molle résistance à cette décision* (syn. **faible** ; contr. **fort**). *C'est un homme mou* (syn. **apathique, indolent**). **3.** PHYS. Se dit des rayons X les moins pénétrants. ◆ **mou, molle n.** FAM. Personne sans énergie : *Il n'ira pas jusqu'au bout, c'est un mou* (syn. **apathique** ; contr. **battant**).

2. mou [mu] **n.m.** (de *1. mou*) **1.** Poumon de certains animaux de boucherie, souvent donné comme aliment aux chats : *Du mou de veau.* **2. Donner du mou à une corde,** la détendre. / FAM. **Rentrer dans le mou à qqn,** lui donner des coups sans ménagement.

Moubarak (Hosni), homme politique égyptien (Kafr al-Musilha 1928). Vice-président de la République (1975), il est élu à la tête de l'État égyptien après l'assassinat de Sadate (1981) et réélu ensuite à plusieurs reprises. Confronté au début de 2011 à une vague de contestation sans précédent, il doit démissionner (févr.). Placé dès lors en détention, il est condamné en 2012 à la prison à vie pour sa responsabilité dans la mort de manifestants au cours du soulèvement de 2011.

moucharabieh [muʃarabje] **n.m.** (ar. *machrabiyya*). Grillage fait de petits bois tournés, permettant de voir sans être vu, dans l'architecture arabe traditionnelle ; balcon garni d'un tel grillage.

mouchard, e [muʃar, -ard] **n.** (de *mouche*, espion). FAM. Personne qui en épie une autre, qui dénonce ses faits et gestes (péjor.) : *Les prisonniers se taisaient par crainte des mouchards* (syn. **dénonciateur, délateur**). ◆ **mouchard n.m. 1.** Appareil de contrôle et de surveillance. **2.** FAM. Judas d'une porte.

mouchardage [muʃardaʒ] **n.m.** FAM. Action de dénoncer qqn, ses agissements (syn. **dénonciation, délation**).

moucharder [muʃarde] **v.t.** FAM. Rapporter à qqn les faits et gestes de qqn d'autre : *Moucharder un camarade* (syn. **dénoncer**). ◆ **v.i.** FAM. Pratiquer le mouchardage.

mouche [muʃ] **n.f.** (lat. *musca*). **1.** Insecte diptère aux formes trapues, aux antennes courtes, au vol bourdonnant et zigzaguant. ▸ Sous-ordre des brachycères. La *mouche domestique* est nuisible par les microbes qu'elle transporte sur ses pattes et sa trompe ; les *mouches verte* et *bleue* pondent sur la viande ; la *mouche tsé-tsé*, ou *glossine*, transmet la maladie du sommeil ; la *mouche charbonneuse*, ou *stomoxe*, pique les bestiaux. **2.** PÊCHE. Leurre imitant un insecte : *Pêche à la mouche.* **3.** Petite rondelle de taffetas noir que les femmes, aux XVIIe et XVIIIe s., se collaient sur le visage ou sur la gorge pour mettre en valeur la blancheur de leur peau. **4.** Point ou cercle noir au centre d'une cible. **5.** Bouton qui garnit la pointe d'un fleuret pour la rendre inoffensive. **6. Faire mouche,** placer une balle en plein centre de la cible ; au fig., atteindre son but. / **Fine mouche,** personne très rusée. / **Pattes de mouche,** écriture fine et peu lisible. / **Prendre la mouche,** se vexer et s'emporter pour peu de chose. / FAM. **Quelle mouche le pique ?,** pourquoi se fâche-t-il ? / **Tomber comme des mouches,** se dit de personnes abattues par la maladie, tuées en grand nombre. / SPORTS. **Poids mouche,** catégorie de poids dans divers sports individuels, comme la boxe ; sportif appartenant à cette catégorie. **7. Mouche du vinaigre,** nom usuel de la *drosophile.*

moucher [muʃe] **v.t.** (lat. pop. **muccare*, de *mucus*, morve). **1.** Débarrasser qqn de ses sécrétions nasales : *Moucher un enfant.* **2.** Enlever la partie carbonisée d'une mèche : *Moucher une chandelle.* **3.** FAM. Remettre qqn à sa place vertement : *Se faire moucher* (= recevoir une leçon). ◆ **se moucher v.pr.** Moucher son nez.

moucheron [muʃrɔ̃] **n.m.** Nom usuel des petits insectes diptères voisins de la mouche.

moucheté, e [muʃte] **adj.** (de *mouche*, petite tache). **1.** Tacheté, en parlant du pelage de certains animaux, d'une étoffe, d'un bois, etc. : *Le pelage moucheté d'une panthère.* **2.** Garni d'une mouche, en parlant d'une arme d'escrime, de sa pointe : *Fleuret moucheté.*

mouchetis [muʃti] **n.m.** (de *moucheter*). CONSTR. Crépi à aspect granuleux exécuté par projection de mortier sur la surface extérieure d'un mur.

moucheture [muʃtyr] **n.f.** (de *moucheter*). Tache naturelle sur le corps de certains animaux : *Les mouchetures d'une panthère.*

mouchoir [muʃwar] **n.m. 1.** Petit carré de tissu fin servant à se moucher. **2.** *VX* ou *AFR.* Étoffe dont les femmes se servent pour se couvrir la tête (syn. **fichu, foulard**). [On dit aussi *un mouchoir de tête.*] **3. Arriver dans un mouchoir,** dans un peloton très serré ou à très peu de distance l'un de l'autre ; obtenir des résultats très voisins dans une épreuve, un concours, etc. / **Grand comme un mouchoir de poche,** de très petites dimensions.

moudjahid [mudʒaid] **n.m.** (de l'ar. *mudjāhid,* combattant de la foi) [pl. *moudjahidin(e)*]. Combattant de divers mouvements de libération nationale du monde musulman.

moudre [mudr] **v.t.** (lat. *molere,* de *mola,* meule) [conj. **85**]. Réduire en poudre avec un moulin, avec une meule : *Moudre du café, du blé.*

moue [mu] **n.f.** (frq. **mauwa*). Grimace faite par mécontentement, dépit, mépris, en allongeant les lèvres : *En voyant la facture, elle a fait la moue.*

mouette [mwɛt] **n.f.** (anc. fr. *mave,* de l'anglo-saxon *maew*). Oiseau palmipède voisin du goéland, se nourrissant de mollusques et de petits poissons, vivant sur les côtes et remontant parfois les grands fleuves. ▸ Famille des laridés ; envergure de 25 à 45 cm.

moufette ou **mouffette** [mufɛt] **n.f.** (it. *mofetta,* du germ. *muffa,* moisissure). Mammifère carnivore d'Amérique, qui éloigne les prédateurs en projetant derrière lui, à plusieurs mètres de distance, un liquide irritant et nauséabond sécrété par ses glandes anales (syn. **sconse**). ▸ Famille des mustélidés ; long. 30 cm sans la queue.

moufle [mufl] **n.f.** (lat. médiév. *muffula,* du germ. *muffel,* museau arrondi, enveloppe). **1.** Gant, génér. fourré, où il n'y a de séparation que pour le pouce. **2.** Assemblage de poulies dans une même chape, qui permet de soulever de très lourdes charges. ▸ La réunion de deux moufles par une même corde constitue un palan.

mouflet, ette [muflɛ, -ɛt] **n.** (du rad. expressif *moff-,* joufflu, rebondi). *FAM.* Petit enfant.

mouflon [muflɔ̃] **n.m.** (it. *muflone*). Ruminant sauvage des montagnes de l'Europe et de l'Amérique du Nord, voisin du mouton, aux fortes cornes enroulées.

mouillage [mujaʒ] **n.m. 1.** Action de mouiller, d'imbiber d'eau : *Le mouillage du linge avant le repassage* (syn. **humidification**). **2.** Action d'ajouter de l'eau au lait, au vin, etc., notamm. dans une intention frauduleuse (syn. **coupage**). **3.** Mise à l'eau de mines sous-marines. **4.** Emplacement favorable au stationnement d'un bâtiment de navigation (syn. **ancrage**). **5.** Manœuvre pour jeter l'ancre.

mouillé, e [muje] **adj.** PHON. **Consonne mouillée,** consonne articulée avec le son [j] : *Le « n » mouillé (comme dans « pagne ») est représenté phonétiquement par* [ɲ].

mouiller [muje] **v.t.** (lat. pop. **molliare,* amollir, de *mollis,* mou). **1.** Rendre humide ; imbiber d'eau : *Mouiller du linge* (syn. **humecter, humidifier**). *Chemise mouillée de sueur* (syn. **tremper**). **2.** Étendre d'eau : *Mouiller du vin* (syn. **couper, diluer**). **3.** Ajouter un liquide à une préparation en cours de cuisson : *Mouiller un ragoût.* **4.** Laisser tomber dans la mer : *Mouiller des mines sous-marines* (syn. **immerger**). *Mouiller l'ancre* (contr. **lever**). **5.** *FAM.* **Mouiller qqn,** le compromettre (syn. **impliquer**). ◆ **v.i.** Jeter l'ancre : *Le navire a mouillé dans le port de Gênes.* ◆ **se mouiller v.pr. 1.** Être touché par la pluie, par l'eau : *Tu vas te mouiller si tu sors par ce temps.* **2.** *FAM.* Prendre des responsabilités, des risques dans une affaire : *Elle a préféré se taire pour ne pas se mouiller* (syn. **se compromettre**).

mouillette [mujɛt] **n.f.** Morceau de pain long et mince qu'on trempe dans les œufs à la coque.

mouilleur [mujœr] **n.m. Mouilleur de mines,** petit navire de guerre aménagé pour immerger des mines.

mouillure [mujyr] **n.f. 1.** Action de mouiller. **2.** État de ce qui est humide.

moujik [muʒik] **n.m.** (mot russe). Paysan, dans la Russie des tsars.

1. moulage [mulaʒ] **n.m.** (de *mouler*). **1.** Action de verser, de disposer dans des moules des métaux, des plastiques, des pâtes céramiques, etc. : *Le moulage d'une cloche.* **2.** Action de prendre de qqch une empreinte destinée à servir de moule : *Prendre un moulage du visage d'une vedette.* **3.** Reproduction d'un objet faite au moyen d'un moule : *Le moulage d'une statue exposé dans une station de métro.*

2. moulage [mulaʒ] **n.m.** Action de moudre.

moulant, e [mulɑ̃, -ɑ̃t] **adj.** Se dit d'un vêtement qui moule le corps : *Robe moulante* (syn. **ajusté ;** contr. **ample**).

1. moule [mul] **n.m.** (du lat. *modulus,* mesure). **1.** Objet présentant une empreinte creuse, dans laquelle on introduit une matière pulvérulente, pâteuse ou liquide qui prend, en se solidifiant, la forme de l'empreinte : *Verser de la fonte dans un moule.* **2.** Récipient pouvant affecter des formes diverses et servant au moulage de certains mets, en cuisine : *Moule à gaufre, à charlotte.* **3.** Modèle imposé, type selon lesquels on construit qqch, on façonne qqn : *Esprits sortant du même moule. Tous ces romans policiers sont faits sur le même moule* (syn. **archétype, canon**).

2. moule [mul] **n.f.** (du lat. *musculus,* coquillage). **1.** Mollusque lamellibranche comestible, à coquille bivalve sombre, vivant fixé sur les rochers battus par la mer ou dans les estuaires. ▸ L'élevage des moules, ou mytiliculture, se pratique sur toutes les côtes françaises. **2.** *FAM.* Personne sans énergie, maladroite.

moulé, e [mule] **adj. 1.** Qui porte un vêtement moulant : *Femme moulée dans un fourreau.* **2.** Se dit d'une écriture bien formée, de lettres qui imitent les caractères d'imprimerie.

mouler [mule] **v.t.** (de *1. moule*). **1.** Obtenir un objet en versant dans un moule la substance qui, par solidification, prendra et conservera la forme du moule : *Mouler une statue* (syn. **couler, fondre**). **2.** Prendre l'empreinte de : *Mouler le visage d'un mort.* **3.** Accuser les contours en épousant la forme de : *Robe qui moule le corps* (syn. **sangler**).

mouleur, euse [mulœr, -øz] **n.** Personne qui exécute des moulages.

moulin [mulɛ̃] **n.m.** (bas lat. *molinum,* de *mola,* meule). **1.** Machine à moudre les grains de céréales ; bâtiment où elle est installée : *Un moulin à vent, à eau.* **2.** Appareil servant à moudre, à broyer du grain, des aliments : *Moulin à café, à légumes.* **3. Apporter de l'eau au moulin de qqn,** lui donner des arguments qui confirment ses dires. / **Entrer quelque part comme dans un moulin,** comme on veut, sans contrôle. / **Se battre contre des moulins à vent,** se battre contre des ennemis qui n'existent qu'en imagination, contre des chimères. **4.** *FAM.* **Moulin à paroles,** personne très bavarde. / **Moulin à prières,** cylindre que les bouddhistes font tourner au moyen d'une poignée pour accumuler ainsi les mérites de la récitation des formules sacrées qu'il contient.

Moulin (Jean), administrateur et résistant français (Béziers 1899 - en déportation 1943). Préfet d'Eure-et-Loir (1940), il refusa de se plier aux exigences des Allemands lorsque ceux-ci occupèrent Chartres. Ayant gagné Londres, il favorisa l'union des différents mouvements de résistance et devint, en 1943, le premier président du Conseil national de la Résistance. Après son retour en France, trahi, il fut arrêté par la Gestapo (juin 1943), torturé, et mourut au cours de son transfert en Allemagne.

moulinage [mulinaʒ] **n.m.** Action de mouliner des fils textiles.

mouliner [muline] **v.t.** (de *moulin*). **1.** Réunir et tordre ensemble plusieurs fils textiles de façon à les consolider :

Mouliner de la soie. **2.** Écraser un aliment avec un moulin : *Mouliner du poivre. Mouliner des pommes de terre pour faire une purée* (syn. **broyer**).

moulinet [mulinɛ] **n.m.** (dimin. de *moulin*). **1.** Appareil fixé au manche d'une canne à pêche et dont l'élément essentiel est une bobine sur laquelle est enroulée la ligne. **2.** Mouvement tournant rapide que l'on fait avec un bâton, avec ses bras, etc., souvent pour empêcher un adversaire d'approcher : *Faire de grands moulinets avec une canne.*

Moulinette [mulinɛt] **n.f.** (nom déposé). Petit moulin électrique à couteaux pour broyer les aliments.

Moulins, ch.-l. du dép. de l'Allier, dans le Bourbonnais, sur l'Allier, à 292 km au sud de Paris ; 19 571 hab. *(Moulinois).* Évêché. Constructions mécaniques et électriques. Chaussures. Cathédrale des XVe et XIXe s. (triptyque du « Maître de Moulins* »).

Moulins *(le Maître de)*, nom de commodité donné à un peintre actif en Bourbonnais à la fin du XVe s., auteur du triptyque de la *Vierge en gloire* de la cathédrale de Moulins, d'un style harmonieux et détendu, ainsi que de divers portraits des Bourbons (Louvre).

moult [mult] **adj. inv.** (lat. *multum*). VX ou PAR PLAIS. Beaucoup de : *Donner moult détails.* **Rem.** *Moult* est parfois variable : *moultes fois.*

moulu, e [muly] **adj.** (de *moudre*). Anéanti par la fatigue, par les coups.

moulure [mulyr] **n.f.** (de *mouler*). Ornement linéaire, en relief ou en creux, présentant un profil constant et servant à souligner une forme architecturale, à mettre en valeur un objet : *Les moulures d'une corniche.*

moulurer [mulyre] **v.t. 1.** Orner de moulures. **2.** Exécuter une moulure sur une pièce de bois, une maçonnerie.

moumoute [mumut] **n.f.** (de *moute*, var. dialect. de *mite*, chatte). FAM. **1.** Perruque. **2.** Veste en peau de mouton retournée.

Mounet-Sully (**Jean Sully Mounet,** dit), acteur français (Bergerac 1841 - Paris 1916). Il interpréta à la Comédie-Française les grands rôles du répertoire tragique.

Mounier (**Emmanuel**), philosophe français (Grenoble 1905 - Châtenay-Malabry 1950). Son aspiration à la justice et sa foi chrétienne sont à l'origine du personnalisme, mouvement qu'il anima, notamm. grâce à la revue *Esprit*, qu'il fonda en 1932. Parmi ses nombreux écrits, on note *Traité du caractère* (1948).

Mountbatten of Burma (**Louis,** *1er comte*), amiral britannique (Windsor 1900 - en mer 1979). Commandant à Ceylan les forces alliées du Sud-Est asiatique (1943), il conquit la Birmanie et reçut la capitulation des Japonais à Saigon en 1945. Dernier vice-roi des Indes en 1947, il fut le premier chef d'état-major de la défense (1959-1965). Il périt sur son yacht, victime d'un attentat de l'IRA.

mourant, e [murɑ̃, -ɑ̃t] **adj.** et **n.** Qui se meurt ; qui va mourir : *Il est mourant* (syn. **agonisant**). *Le prêtre s'est rendu auprès du mourant* (syn. **moribond**). ◆ **adj.** Qui s'affaiblit : *Voix mourante* (= à peine perceptible). *Ranimer un feu mourant* (= presque éteint).

mourir [murir] **v.i.** (lat. pop. *morire*, du class. *mori*) [conj. **42** ; auxil. *être*]. **1.** Cesser de vivre : *Mourir de vieillesse* (syn. **décéder**). *Elle est morte dans son lit* (syn. **s'éteindre**). *Mourir assassiné* (syn. **périr**). **2.** Perdre ses fonctions vitales : *Plante qui meurt faute d'eau* (syn. **dépérir**). **3.** S'affaiblir progressivement : *Laisser le feu mourir* (syn. **s'éteindre**). **4.** Se dégrader lentement jusqu'à disparition complète : *Entreprise, civilisation qui meurt* (syn. **décliner, péricliter**). **5. C'est à mourir de rire,** c'est extrêmement drôle. / **Mourir de,** être affecté à un très haut degré par : *Mourir de peur, d'ennui.* / **Mourir de sa belle mort,** de mort naturelle et non de mort accidentelle ou violente. ◆ **se mourir v.pr. 1.** LITT. Être sur le point de décéder : *Il se meurt d'un cancer* (syn. **s'éteindre**). **2.** Être en passe de disparaître : *Une tradition qui se meurt* (syn. **s'effacer, s'estomper**).

Mourmansk, port de Russie, sur la mer de Barents ; 307 364 hab.

mouroir [murwar] **n.m.** Maison de retraite, service hospitalier où les personnes âgées ou malades vont mourir (péjor.).

mouron [murɔ̃] **n.m.** (du moyen néerl. *muer*). **1.** Petite plante commune dans les cultures et les chemins, à fleurs rouges ou bleues, toxique pour les animaux. ▸ Famille des primulacées. **2. Mouron des oiseaux** ou **mouron blanc,** plante à petites fleurs, à pétales bifides. ▸ Famille des caryophyllacées. **3.** FAM. **Se faire du mouron,** se faire du souci.

mousquet [muskɛ] **n.m.** (it. *moschetto*, émouchet). Arme à feu portative employée aux XVIe et XVIIe s. ▸ Introduit en France après la bataille de Pavie (1525), le mousquet était, jusqu'en 1650, appuyé sur une fourche pour le tir.

mousquetaire [muskətɛr] **n.m.** (de *mousquet*). **1.** Gentilhomme d'une des deux compagnies à cheval de la maison du roi aux XVIIe et XVIIIe s. **2. Bottes à la mousquetaire,** bottes à revers. / **Gants à la mousquetaire,** à large manchette de cuir. / **Poignet mousquetaire,** poignet à revers d'une chemise d'homme se fermant avec des boutons de manchette.

1. mousqueton [muskətɔ̃] **n.m.** (it. *moschettone*). Fusil court et léger en usage jusqu'à la Seconde Guerre mondiale.

2. mousqueton [muskətɔ̃] **n.m.** (de *1. mousqueton*). Système d'accrochage rapide, constitué par une lame métallique recourbée formant boucle à ressort : *Le mousqueton d'une laisse de chien.*

moussaillon [musajɔ̃] **n.m.** FAM. Jeune mousse.

moussaka [musaka] **n.f.** (turc *musaka*). Plat grec ou turc, composé d'aubergines, de viande, de tomates, d'oignons, etc., cuits au four.

moussant, e [musɑ̃, -ɑ̃t] **adj.** Qui produit de la mousse : *Liquide moussant pour le bain.*

1. mousse [mus] **n.m.** (it. *mozzo*, esp. *mozo*, garçon). Marin de moins de dix-sept ans.

2. mousse [mus] **n.f.** (frq. **mosa*, avec l'infl. d'un dérivé lat. de *mel*, miel). Plante formée d'un tapis de courtes tiges feuillues serrées les unes contre les autres, poussant sur le sol, les arbres, les murs, les toits : *Vieux murs couverts de mousse.* ▸ Embranchement des bryophytes.

■ **Description et modes de vie.** Les mousses poussent en touffes ou en tapis. Elles n'ont ni racines ni sève circulante, mais elles présentent des tiges et des pièces s'apparentant à des feuilles. Elles sont fixées à leur support (sol, tronc d'arbre, etc.) par de fins et courts filaments appelés *rhizoïdes*. Les feuilles jouent le rôle d'organe d'absorption de l'eau. L'absence de racines et de système conducteur rend les mousses tributaires des milieux humides et limite leur croissance vers le haut. Lorsque les conditions d'humidité sont insuffisantes, elles sont capables d'entrer en vie ralentie pour survivre en étant déshydratées. Quand les conditions redeviennent meilleures, elles se réhydratent et redeviennent actives : c'est la *reviviscence*.

Dispersion et reproduction. La dispersion des mousses est assurée par des spores, éléments de petite taille, qui sont transportées par le vent. En germant, la spore donne un filament rampant, le *protonéma*, sur lequel poussent côte à côte les courtes tiges feuillées qui portent à leur sommet les organes reproducteurs mâles ou femelles. Les cellules mâles nagent dans l'eau de pluie jusqu'aux cellules femelles pour réaliser la fécondation. L'appareil reproducteur est donc lui aussi inféodé à l'élément liquide, même si les mousses vivent presque toujours en milieu terrestre. La cellule œuf se développe au sommet des tiges, formant un organe (sporogone) qui porte les spores.

En raison de la faible longueur de leurs filaments fixateurs, les mousses peuvent s'ancrer sur un sol jeune de faible épaisseur. Elles constituent, avec les lichens, une *végétation pionnière* qui participe à l'élaboration des sols. ■

3. mousse [mus] **n.f.** (de *2. mousse*). **1.** Couche contenant des bulles d'air, à l'interface d'un liquide et d'un gaz : *La mousse* *de la bière déborde du verre* (syn. **écume**). *Mousse de savon, de détergent.* **2.** Préparation culinaire dont les ingrédients ont été battus, et qui présente une consistance onctueuse : *Mousse de foie. Mousse au chocolat.* **3.** Matière plastique se présentant sous une forme cellulaire : *Du caoutchouc mousse.* **4. Point mousse,** point de tricot qui ne comporte que des mailles à l'endroit.

4. mousse [mus] **adj.** (lat. pop. **mutius,* tronqué). TECHN. Qui n'est ni aigu ni tranchant : *Lame mousse* (syn. **émoussé**).

mousseline [muslin] **n.f.** (it. *mussolina,* tissu de Mossoul). Tissu peu serré, léger, souple et transparent : *Des rideaux de mousseline.* ◆ **adj. inv. Pommes mousseline,** purée de pommes de terre très légère.

mousser [muse] **v.i. 1.** Produire de la mousse : *Le champagne mousse. Cette lessive mousse peu.* **2.** *FAM.* **Faire mousser qqn, qqch,** les faire valoir, les vanter de manière exagérée : *Elle fait mousser son fils, sa fortune.*

mousseron [musrɔ̃] **n.m.** (bas lat. *mussirio*). Petit champignon comestible délicat, poussant en cercle dans les prés, les clairières. ▸ Famille des agaricacées ; genre tricholome.

mousseux, euse [musø, -øz] **adj. 1.** Qui mousse : *Se plonger dans l'eau mousseuse d'un bain.* **2.** Se dit d'un vin ou d'un cidre contenant du gaz carbonique sous pression et qui, fraîchement débouché, produit une légère mousse. ◆ **mousseux n.m.** Vin mousseux, à l'exclusion du champagne.

mousson [musɔ̃] **n.f.** (port. *monção,* de l'ar. *mausim,* saison). Vent saisonnier qui souffle, surtout dans l'Asie méridionale, alternativement vers la mer (en hiver : *mousson sèche*) et vers la terre (en été : *mousson humide*) pendant plusieurs mois. (⟶ climat.)

Moussorgski (Modest Petrovitch), compositeur russe (Karevo 1839 - Saint-Pétersbourg 1881). Membre du groupe des Cinq, son nom reste attaché à une centaine de mélodies – dont plusieurs constituent des cycles réalistes ou dramatiques *(les Enfantines, Sans soleil, Chants et danses de la mort)* –, à un grand ensemble pour piano *(Tableaux d'une exposition)* et à un célèbre poème symphonique *(Une nuit sur le mont Chauve).* Moussorgski a aussi donné toute sa mesure dans ses opéras : *Boris Godounov* (1868-1872 ; créé en 1874) ; *la Khovanchtchina* (1872-1880), terminée par Rimski-Korsakov ; *la Foire de Sorotchintsy* (1874-1880).

moussu, e [musy] **adj.** Couvert de mousse : *Des troncs moussus.*

moustache [mustaʃ] **n.f.** (it. *mostaccio,* du bas gr. *mustaki,* du gr. *mustax,* lèvre supérieure). **1.** Poils qu'on laisse pousser au-dessus de la lèvre supérieure. **2.** Poils latéraux, longs et raides, de la gueule de certains animaux (appelés proprement les *vibrisses*).

moustachu, e [mustaʃy] **adj.** Qui a une moustache.

moustérien, enne [musterjɛ̃, -ɛn] **adj.** et **n.m.** (de *Le Moustier,* village de la Dordogne). Se dit d'un faciès du paléolithique inférieur et moyen caractérisé par un outillage varié sur éclats, parfois associé à des bifaces. ▸ Ce faciès s'est développé de - 70 000 à - 35 000.

Moustier (le), écart de la comm. de *Peyzac-le-Moustier* (Dordogne), sur la Vézère (r. dr.). Site préhistorique, qui a donné son nom au faciès culturel moustérien (paléolithique moyen), souvent associé à l'homme de Neandertal.

moustiquaire [mustikɛr] **n.f. 1.** Rideau de tulle, de mousseline dont on entoure les lits pour se préserver des moustiques. **2.** Châssis en toile métallique placé aux fenêtres et ayant le même usage.

moustique [mustik] **n.m.** (esp. *mosquito*). **1.** Insecte diptère à abdomen allongé et à longues pattes fragiles, dont la femelle pique la peau de l'homme et des animaux pour se nourrir de leur sang. ▸ Le mâle se nourrit du nectar des fleurs. Le moustique du Canada est appelé *maringouin* ; l'*anophèle* est le moustique qui transmet le parasite du paludisme. **2.** *FAM.* Enfant ; personne petite et malingre.

moût [mu] **n.m.** (lat. *mustum*). Jus de raisin non fermenté.

moutard [mutar] **n.m.** (orig. incert., p.-ê. du franco-prov. *mottet,* jeune homme). *FAM.* **1.** Petit garçon. **2.** Enfant.

moutarde [mutard] **n.f.** (de *moût*). **1.** Plante annuelle très commune en Europe et en Asie, à fleurs jaunes, dont les graines fournissent le condiment du même nom ; graine de cette plante. ▸ Famille des crucifères ; on distingue la moutarde blanche, la moutarde des champs ou senevé, et la moutarde noire. **2.** Condiment préparé avec ces graines broyées et du vinaigre. **3.** *FAM.* **La moutarde lui monte au nez,** il commence à se fâcher. ◆ **adj. inv.** D'une couleur jaune verdâtre.

moutardier [mutardje] **n.m.** Petit pot dans lequel on sert la moutarde sur la table.

mouton [mutɔ̃] **n.m.** (lat. pop. **multo,* bélier, du gaul.). **1.** Mammifère ruminant porteur d'une épaisse toison bouclée (laine), dont le mâle adulte, chez certaines races, porte des cornes annelées et enroulées en spirale, et que l'on élève pour sa chair, sa laine et, dans certains cas, pour son lait. ▸ Long. 1,50 m ; poids de 40 à 150 kg ; longévité env. 10 ans. Le mouton mâle est le bélier, le mouton femelle, la brebis, leur petit est l'agneau. Le mouton bêle. **2.** Viande de cet animal : *Un navarin de mouton.* **3.** Cuir tanné ou fourrure de cet animal : *Un manteau en mouton retourné.* **4.** Personne qui modèle son attitude sur celle de ceux qui l'entourent : *Mouton de Panurge* (allusion à un épisode du *Pantagruel* de Rabelais). **5.** *ARG.* Compagnon de cellule d'un prisonnier chargé d'obtenir de lui des aveux (syn. fam. **mouchard**). **6.** Dispositif utilisé pour enfoncer dans le sol des pieux servant d'appui aux fondations de construction. **7.** *FAM.* **Mouton noir,** personne qui, dans une famille, un groupe, etc., est ressentie comme très différente et tenue plus ou moins à l'écart. ⁄ **Revenons à nos moutons,** revenons à notre sujet, après une digression (allusion à une scène de *la Farce de Maître Pathelin*). ⁄ **Un mouton à cinq pattes,** un phénomène, une chose, une personne extrêmement rares. ◆ **moutons n.m. pl. 1.** Petites vagues couvertes d'écume, apparaissant sur la mer par brise de force moyenne. **2.** Petits nuages floconneux. **3.** Amas de poussière d'aspect laineux ; chatons.

moutonné, e [mutɔne] **adj. Ciel moutonné,** ciel couvert de petits nuages blancs (syn. **moutonneux**). ⁄ **Roches moutonnées,** roches dures, façonnées en bosses et en creux et polies par les glaciers.

moutonnement [mutɔnmɑ̃] **n.m.** Fait de moutonner ; aspect de la mer, du ciel qui moutonnent.

moutonner [mutɔne] **v.i.** (de *mouton*). **1.** Se briser en produisant une écume blanche, en parlant de la mer. **2.** Se couvrir de petits nuages blancs et pommelés.

moutonneux, euse [mutɔnø, -øz] **adj.** Qui se couvre de vagues ou de nuages : *Ciel moutonneux* (syn. **moutonné**).

moutonnier, ère [mutɔnje, -ɛr] **adj. 1.** Relatif au mouton : *Élevage moutonnier.* **2.** Qui suit aveuglément et stupidement l'exemple des autres : *Foule moutonnière.*

mouture [mutyr] **n.f.** (lat. pop. **molitura,* de *molere,* moudre). **1.** Action ou manière de moudre les céréales, le café ; produit résultant de cette opération : *La mouture de ce café n'est pas assez fine.* **2.** Nouvelle présentation d'un sujet déjà traité : *C'est le même livre, dans une mouture à peine différente* (syn. **version**). **3. Première mouture,** premier état d'une œuvre littéraire, d'un projet : *Première mouture d'un rapport* (= ébauche).

mouvance [muvɑ̃s] **n.f.** (de *mouvoir*). **1.** Domaine dans lequel qqn ou qqch exerce son influence : *Parti politique qui a plusieurs groupuscules dans sa mouvance.* **2.** HIST. État de dépendance d'un fief par rapport au domaine éminent dont il relevait. **3.** *LITT.* Caractère de ce qui est mouvant : *La mouvance de la situation politique* (syn. **instabilité**).

mouvant, e [muvɑ̃, -ɑ̃t] **adj. 1.** Qui bouge sans cesse ; qui n'est pas stable : *Foule mouvante* (syn. **agité, remuant**). *Situation mouvante* (syn. **changeant, instable**). **2.** Qui a peu de consistance, qui s'affaisse : *Sables mouvants.* **3.** HIST. **Domaine mouvant,** domaine en situation de mouvance.

mouvement [muvmɑ̃] **n.m.** (du lat. *movere,* remuer). **1.** Déplacement d'un corps dans l'espace : *Le mouvement* *d'un pendule* (syn. **balancement, oscillation**). *Mouvement d'un astre* (syn. **cours**). **2.** Ensemble de mécanismes engendrant le déplacement régulier d'une machine, d'un de ses organes : *Mouvement d'horlogerie.* **3.** Action ou manière de se mouvoir ; ensemble des déplacements du corps : *Mouvement de tête* (syn. **geste**). *Mouvement de danse* (syn. **pas**). **4.** Ensemble des déplacements d'un groupe : *Mouvements de troupes.* **5.** Animation due au va-et-vient incessant de personnes ou de véhicules : *Quartier où il y a beaucoup de mouvement* (syn. **agitation, circulation**). **6.** Changement dans le domaine économique, social : *Mouvement des prix* (syn. **fluctuation, variation**). *Mouvement des idées* (syn. **évolution, marche**). **7.** Action collective visant à un changement : *Mouvement insurrectionnel* (syn. **émeute, sédition**). **8.** Organisation politique, syndicale, culturelle : *Plusieurs mouvements progressistes appellent à la manifestation* (syn. **groupement**). **9.** Impulsion qui porte à manifester un sentiment : *Mouvement de colère. L'auditoire fut animé de mouvements divers* (syn. **remous**). **10.** Rythme d'une œuvre artistique, d'un récit : *Mouvement d'une phrase.* **11.** MUS. Degré de vitesse de la mesure ; partie d'une œuvre musicale (d'une symphonie, notamm.) : *Le mouvement est allegro* (syn. **tempo**). *Le deuxième mouvement d'une symphonie.* **12. Avoir un bon mouvement,** se montrer obligeant, généreux. / *FAM.* **En deux temps trois mouvements,** très rapidement. / **Faux mouvement,** mouvement inhabituel du corps, qui n'est pas naturel et entraîne le plus souvent une douleur. / *FAM.* **Suivre le mouvement,** être au courant de l'actualité, des nouveautés. **13.** PHYS. **Mouvement ondulatoire,** propagation d'une vibration périodique avec transport d'énergie. / **Mouvement perpétuel,** mouvement qui serait capable de continuer indéfiniment sans dépense d'énergie. ▸ L'impossibilité de son existence découle des lois de la thermodynamique. / **Mouvement uniforme,** mouvement dont la vitesse est constante. / **Quantité de mouvement d'un point matériel,** vecteur égal au produit de la masse de ce point par son vecteur vitesse.

mouvementé, e [muvmɑ̃te] **adj.** Agité ; troublé par des incidents : *Séance mouvementée* (syn. **orageux, tumultueux**).

mouvoir [muvwar] **v.t.** (lat. *movere*) [conj. **54**]. **1.** Mettre en mouvement ; faire changer de place : *Une turbine mue par la force hydraulique* (syn. **actionner**). **2.** Inciter à agir : *Être mû par l'intérêt* (syn. **pousser**). *Il était mû par un sentiment de bonté* (syn. **animer, porter**). ◆ **se mouvoir v.pr.** Exécuter des mouvements : *Elle ne peut se mouvoir qu'avec difficulté* (syn. **bouger, se déplacer**).

1. moyen, enne [mwajɛ̃, -ɛn] **adj.** (lat. *medianus,* qui est au milieu). **1.** Qui se situe entre deux extrêmes : *Homme de taille moyenne, d'âge moyen. Un Français moyen* (= représentatif de la masse des Français). **2.** Qui n'est ni bon ni mauvais : *Élève moyen* (syn. **ordinaire**). *Votre rédaction est moyenne* (syn. **passable**). **3.** Qui est obtenu en calculant une moyenne : *Espérance moyenne de vie.* **4. Cours moyen,** dans l'enseignement primaire français, cours réparti sur deux ans et succédant au cours élémentaire, pour les enfants de neuf à onze ans. (Abrév. *C.M.*) / **Moyen terme,** parti qu'on prend pour éviter deux inconvénients extrêmes. / **Moyen français,** état intermédiaire de la langue française (entre l'ancien français et le français classique), telle qu'elle fut utilisée entre le XIVe et le XVIe s. / GRAMM. **Voix moyenne,** voix de la conjugaison grecque qui exprime un retour de l'action sur le sujet (pronominal réfléchi ou réciproque en français) [on dit aussi *le moyen*]. / MATH. **Termes moyens d'une proportion,** termes B et C de l'égalité $\frac{A}{B}=\frac{C}{D}$ (on dit aussi *les moyens*). / SPORTS. **Poids moyen,** catégorie de poids dans divers sports individuels, comme la boxe ; sportif appartenant à cette catégorie.

2. moyen [mwajɛ̃] **n.m.** (de *1. moyen*). **1.** Procédé qui permet de parvenir à un but : *C'est l'unique moyen de la persuader* (syn. **façon, manière**). **2.** Ce qui permet d'accomplir qqch : *Moyen d'action. La presse est un moyen d'expression. Moyen de transport* (= véhicule permettant de se déplacer). **3.** GRAMM. Voix moyenne. **4. Au moyen de, par le moyen de,** en faisant usage de, par l'entremise de. ◆ **moyens n.m. pl. 1.** Ressources pécuniaires : *Je n'ai pas les moyens de m'offrir cette maison* (syn. **fortune, richesse**). **2.** Aptitudes physiques ou intellectuelles : *Cet élève manque de moyens* (syn. **dons, facilités**). **3.** MATH. Termes moyens d'une proportion. **4. Par ses propres moyens,** avec ses seules ressources. / **Employer les grands moyens,** prendre des mesures énergiques, décisives.

Moyen Âge [mwajɛnaʒ] **n.m. 1.** Période de l'histoire du monde située entre l'Antiquité et l'époque moderne. **2.** En Europe, période qui s'étend de la disparition de l'Empire romain en Occident (476) à la chute de Constantinople (1453) et qui se caractérise notamm. par le morcellement politique et une société agricole divisée en une classe noble et une classe paysanne asservie. **3. Haut Moyen Âge,** du Ve s. à l'an mille environ. ▸ *Dossier page suivante.*

moyenâgeux, euse [mwajɛnaʒø, -øz] **adj. 1.** *VIEILLI.* Qui appartient au Moyen Âge : *La France moyenâgeuse* (syn. **médiéval**). **2.** *FAM.* Qui évoque le Moyen Âge : *Idées moyenâgeuses* (syn. **désuet, suranné**).

moyen-courrier [mwajɛ̃kurje] **n.m.** et **adj.** (pl. *moyen-courriers*). Avion de transport destiné à voler sur des distances moyennes (génér. inférieures à 2 000 km).

moyen-métrage ou **moyen métrage** [mwajɛ̃metraʒ] **n.m.** (pl. *moyens[-]métrages*). Film dont la durée (de 30 à 60 min) se situe entre celle du court-métrage et celle du long-métrage.

moyennant [mwajɛnɑ̃] **prép.** (de *moyenner,* propr. « mener des tractations »). **1.** Indique le moyen de, la condition pour : *Il y parviendra moyennant un effort soutenu* (syn. **grâce à**). **2. Moyennant quoi,** en échange de quoi ; cela étant réalisé : *Il faut que nous obtenions ce marché, moyennant quoi nous supplanterons nos principaux concurrents.*

moyenne [mwajɛn] **n.f.** (de *1. moyen*). **1.** Quantité, chose, état qui tient le milieu entre plusieurs autres, qui est éloigné des extrêmes et correspond au type le plus répandu : *Une intelligence au-dessus de la moyenne.* **2.** Quantité obtenue en additionnant toutes les quantités données et en divisant ce total par le nombre de quantités : *Calculer, faire la moyenne des températures.* **3.** Note égale à la moitié de la note maximale qui peut être attribuée à un devoir ou à une copie d'examen : *Il a obtenu la moyenne en mathématiques.* **4.** Quotient de la distance parcourue par la durée du parcours : *Rouler à 80 km/h de moyenne.* **5. En moyenne,** en évaluant la moyenne ; en compensant les différences en sens opposés : *L'espérance de vie des femmes françaises est de quatre-vingts ans en moyenne.* **6. Moyenne arithmétique de *n* nombres,** somme de ces nombres divisée par *n*. / **Moyenne géométrique de *n* nombres,** racine $n^{ième}$ de leur produit. / **Moyenne pondérée,** moyenne arithmétique des nombres $X_1, X_2, ..., X_n$ affectés des coefficients ou poids $P_1, P_2, ..., P_n$ égale à $(P_1 \times X_1 + P_2 \times X_2 + ... + P_n \times X_n)/n$.

moyennement [mwajɛnmɑ̃] **adv.** De façon moyenne : *Il travaille moyennement* (syn. **passablement**).

Moyen-Orient, ensemble formé par l'Égypte et par les États d'Asie occidentale. L'expression englobe parfois aussi l'Afghanistan, le Pakistan et la Libye. Elle recouvre partiellement l'ensemble désigné sous le nom de *Proche-Orient.*

moyen-oriental, e, aux [mwajɛnɔrjɑ̃tal, -o] **adj.** Qui se rapporte au Moyen-Orient.

Moyen-Pays → Plateau.

moyeu [mwajø] **n.m.** (lat. *modiolus,* propr. « petit vase »). **1.** Pièce centrale sur laquelle sont assemblées les pièces qui doivent tourner autour d'un axe. **2.** Pièce centrale traversée par l'essieu, dans la roue d'un véhicule.

Mozambique, État de la côte est de l'Afrique ; 785 000 km² ; 25 834 000 hab. *(Mozambicains).* CAP. *Maputo.* LANGUE : *portugais.* MONNAIE : *metical.*

GÉOGRAPHIE

Grand comme une fois et demie la France, disposant d'une vaste plaine côtière et généralement bien arrosé, le pays est devenu l'un des plus pauvres d'Afrique. Le départ des

Pourquoi parler de Moyen Âge ?

L'expression « Moyen Âge » a été créée, avec un sens péjoratif, pour désigner la période qui s'est étendue, en Occident, entre la fin de l'Antiquité et la Renaissance. Cette période d'environ mille ans englobe ainsi plusieurs époques, qui donnent du Moyen Âge une image très diversifiée. Dès lors, ne faut-il pas se représenter le Moyen Âge autrement que par de simples histoires de châteaux forts et de chevaliers ?

▶ **La société féodale.** Les trois siècles qui suivent la disparition du dernier empereur romain appartiennent encore à une Antiquité qu'on qualifie de « tardive ». Au IXe s., les successeurs de Mahomet consolident les conquêtes de l'islam, mettant fin à l'unité religieuse et économique qui s'était établie dans l'espace méditerranéen, sous l'égide du christianisme. Les successeurs de l'empereur Charlemagne perdent leur autorité sur leurs royaumes. Notre Moyen Âge commence réellement au moment de cette dispersion des pouvoirs. Après l'an mille, les puissants construisent des châteaux forts pour défendre et contrôler les populations. Les guerriers mettent en place la féodalité, qui consiste en un réseau de liens de dépendance entre le seigneur et ses vassaux. La noblesse développe son mode de vie (chasse, guerres et tournois), avec ses rites (l'adoubement, l'hommage) et ses valeurs (la vie chevaleresque). L'Église dicte ses règles, ses modes de pensée (la scolastique) et ses interdits à la société féodale.

▶ **L'essor des campagnes et des villes.** C'est dans le cadre de la seigneurie – territoire qui dépend de l'autorité d'un seigneur – que l'Occident connaît à partir du XIIe s. son premier grand essor économique. Les campagnes sont le lieu principal d'une production en hausse et accueillent 9/10 de la population. Les paysans non libres (les serfs) ou libres (les vilains) nourrissent l'ensemble de cette société. Les progrès de la production sont dus à l'amélioration de l'outillage (charrues avec soc en fer, moulins) et des techniques (l'assolement triennal qui réduit la quantité de sols laissés en jachère).

Le « beau Moyen Âge » (XIIIe s.) est marqué par la convergence de toutes ces dynamiques : diffusion de la monnaie, essor démographique, défrichement, production textile et artisanale, nouvelles routes commerciales entre la mer du Nord et la Méditerranée, renouveau urbain. En France, le système féodal s'accommode de la réaffirmation du pouvoir royal ainsi que de l'émergence d'une bourgeoisie. C'est dans le cadre d'un essor de la vie urbaine que la société médiévale construit les cathédrales romanes puis gothiques. Celles-ci sont l'aboutissement de l'enrichissement des régions, de la maîtrise architecturale et de la dévotion à la Passion du Christ.

▶ **Crises et nouveaux progrès.** La conjoncture change au XIVe s. La « guerre de Cent Ans » apporte pillages, jacqueries, guerres civiles, déclin démographique, crises économiques, peurs et superstitions. À ces catastrophes s'ajoute la Grande Peste, qui tue près d'un homme sur trois. L'image du Moyen Âge s'obscurcit. Il sert de repoussoir aux humanistes de la seconde moitié du XVe s., qui idéalisent alors le monde antique, la civilisation gréco-romaine et inventent le terme de « Renaissance ».

Néanmoins, le dynamisme du « beau Moyen Âge » a permis à l'Europe d'entrevoir les « Temps modernes ». Cette époque est marquée par l'invention de l'imprimerie, le passage progressif du château fort aux belles demeures, de l'art gothique à l'art de la Renaissance, la prolifération des peintures, la construction de nouveaux navires avec des instruments de navigation, l'utilisation de la poudre à canon, le renouveau du commerce international (préparé dès le XIIIe s. par Marco Polo).

En Europe, le Moyen Âge correspond à l'affirmation d'un modèle politique (la féodalité), religieux (la « chrétienté ») et économique (la seigneurie rurale puis les villes marchandes). Son nom de Moyen Âge nous invite à considérer cette période aux limites floues, contrastée et marquée de crises, comme l'adolescence de l'Occident, avant l'âge adulte des Temps modernes.

Voir aussi : Cent Ans (guerre de) ; féodalité ; humanisme ; Renaissance.

Portugais, l'échec de la réforme agraire, la sécheresse et la guérilla ont désorganisé une économie presque exclusivement rurale. Les principales cultures vivrières (maïs, manioc, sorgho) ne couvrent pas les besoins du pays. La canne à sucre, le coton, la noix de cajou, le thé assurent la majeure partie des exportations bien inférieures aux importations. Depuis la fin de la guerre civile, de grands projets, avec l'appel aux capitaux étrangers, et l'exportation des richesses du sous-sol (aluminium, gaz) encore sous exploitées, ont contribué à une forte croissance tandis que l'endettement extérieur a diminué. La population, plus dense au N. et au S. que dans la région centrale, augmente à un rythme rapide, ce qui accélère l'urbanisation, accrue encore en raison de la guerre civile. Maputo, Beira, Nampula et Quelimane, sur le littoral ou à proximité, sont les principales villes.

HISTOIRE

Avant l'arrivée des Européens, la région, peuplée de Bantous, connaît déjà une certaine prospérité ; la côte est en relation avec l'Asie (péninsule Arabique) par l'intermédiaire des marchands arabes, persans et, au XVe s., chinois.

1490. Les Portugais s'installent sur la côte.

Ils supplantent les Arabes et se livrent essentiellement à la traite des esclaves. Menacés par les Britanniques, ils entreprennent la conquête du pays (1895-1913).

1964. Début d'une insurrection nationaliste.

1975. Indépendance du Mozambique. Après le départ de la plupart des Portugais, Samora Machel, président de la République populaire, doit faire face, en plus de graves difficultés économiques, à une rébellion armée anticommuniste, soutenue par l'Afrique du Sud.

1984. Pacte de non-agression avec l'Afrique du Sud.

1986. Joaquim Chissano succède à S. Machel.

1990. Instauration du multipartisme.

1992. Accord de paix mettant fin à la guerre civile.

1994. La première élection présidentielle pluraliste confirme J. Chissano à la tête de l'État (réélu en 1999).

1995. Le pays devient membre du Commonwealth.

2005. Armando Guebuza accède à la présidence de la République (réélu en 2009).

Mozambique *(canal de)*, bras de mer de l'océan Indien, entre l'Afrique *(Mozambique)* et Madagascar.

mozarabe [mɔzarab] **adj.** et **n.** (anc. esp. *moz'arabe*, de l'ar. *musta'rib*, arabisé). Se dit des chrétiens d'Espagne qui conservèrent leur religion sous la domination musulmane, mais adoptèrent la langue et les coutumes arabes. ◆ **adj.** Se dit d'un art chrétien d'Espagne dans lequel s'est manifestée une influence du décor islamique (Xe s. et début du XIe s., surtout dans les régions, restées indépendantes, de l'Espagne du Nord).

Mozart (Wolfgang Amadeus), compositeur allemand (Salzbourg 1756 - Vienne 1791). Malgré une vie très brève, Mozart a produit une œuvre extraordinairement riche et variée, souvent sous-estimée de son vivant, mais dont l'importance pour les créateurs tout comme le succès auprès du public ne se sont pas démentis depuis le début du XIXe s. Avec Haydn et Beethoven, Mozart forme ce que l'on appelle souvent la « première école de Vienne », représentante du « classicisme » en musique. Élevé par un père lui-même musicien, il manifeste un génie précoce comme interprète, puis comme compositeur. Les nombreux voyages qu'il effectue en France, en Angleterre, en Italie et en Allemagne vont exercer une influence déterminante sur son œuvre. Il passe plusieurs années au service de l'archevêque de Salzbourg, en tant que premier violon d'orchestre, puis en qualité d'organiste de la cour et de la cathédrale de Salzbourg, avant de s'installer définitivement à Vienne en 1781, comme musicien indépendant. Dans les œuvres très nombreuses et très variées qu'il compose alors, il assimile les influences les plus diverses : la musique allemande (Bach, Händel, Haydn), les tendances nouvelles de l'opéra italien et la musique française de son temps.
Derrière l'élégance du style, la clarté, l'ironie se cache une âme inquiète, tourmentée, qui témoigne d'une force et d'un souffle annonçant le romantisme beethovénien.

Musique lyrique : *Idoménée* (1781), *l'Enlèvement au sérail* (1782), *les Noces de Figaro* (1786), *Don Giovanni* (1787), *Cosi fan tutte* (1790), *la Flûte enchantée* (1791).

Musique religieuse : motets, offertoires, 17 messes *(Messe du couronnement)*, vêpres, *Requiem*.

Musique de chambre : sonates, fantaisies pour piano, pour piano et violon, trios, 23 quatuors à cordes, quintettes.

Autres : divertissements, cassations, sérénades, une cinquantaine de symphonies, 27 concertos pour piano, concertos pour flûte, pour cor et pour clarinette.

mozartien, enne [mɔzarsjɛ̃, -ɛn] **adj.** Relatif aux œuvres, au style de Mozart : *Les arias mozartiennes.*

Mozi ou **Mo-tseu,** philosophe chinois (v. 479 - v. 381 av. J.-C.). Il s'opposa à Confucius. Prêchant l'amour universel, l'aide aux pauvres, le respect du travail manuel, il organisa ses disciples en groupes paramilitaires, qu'il s'efforça de rendre ouverts aux aspirations populaires.

MP3 [ɛmpetrwa] **n.m.** (abrév. de l'angl. *moving pictures experts group audio layer 3*). Format de compression numérique dédié à la transmission rapide et au téléchargement de fichiers musicaux sur Internet.

Mpumalanga, prov. d'Afrique du Sud ; 81 816 km^2 ; 4 039 939 hab. Ch.-l. *Nelspruit.*

M.S.T. [ɛmɛste] **n.f.** (sigle). Maladie sexuellement* transmissible.

mu [my] **n.m. inv.** Douzième lettre de l'alphabet grec (M, μ).

Mucha (Alfons), peintre et dessinateur tchèque (Ivančice, Moravie, 1860 - Prague 1939). Établi à Paris de 1888 à 1904, il fut un des promoteurs de l'Art nouveau (affiches pour Sarah Bernhardt, etc.).

mucilage [mysilaʒ] **n.m.** (bas lat. *mucilago*, de *mucus*, morve). **1.** Substance présente chez de nombreux végétaux, et qui se gonfle au contact de l'eau en donnant des solutions visqueuses. **2.** PHARM. Liquide visqueux formé par la solution d'une gomme dans l'eau. ▸ Les mucilages se présentent dans le commerce sous forme de granulés ; ce sont des laxatifs légers.

mucosité [mykɔzite] **n.f.** (du lat. *mucosus*, mucilagineux). Sécrétion des muqueuses.

mucoviscidose [mykovisidoz] **n.f.** (anglo-amér. *mucoviscidosis*, de *muco-*, mucus, et *viscid*, visqueux). Maladie congénitale et familiale, caractérisée par une viscosité excessive de la sécrétion des glandes exocrines et entraînant des troubles digestifs et respiratoires chroniques.

mucus [mykys] **n.m.** (mot lat. « morve »). Sécrétion visqueuse produite par les muqueuses. ▸ Le mucus abonde dans l'estomac, dont il protège la paroi, et dans les fosses nasales, où il retient poussières et microbes.

mue [my] **n.f. 1.** Changement dans le plumage, le poil, la peau, auquel les animaux vertébrés sont sujets à certaines époques de l'année ; époque où arrive ce changement. **2.** Perte de la peau ou de la carapace pendant la croissance de certains animaux (lézards, insectes, crustacés) ; l'élément ainsi abandonné. **3.** Changement qui s'opère dans le timbre de la voix des jeunes gens au moment de la puberté ; temps où arrive ce changement.

muer [mɥe] **v.i.** (lat. *mutare*, changer) [conj. **7**]. **1.** Perdre périodiquement sa peau, son poil, son plumage, sa carapace, en parlant de certains animaux : *Les serpents muent.* **2.** Changer de timbre au moment de la puberté, en parlant de la voix ou de celui qui a cette voix. ◆ **v.t.** LITT. Changer en : *Elle fut muée en statue de sel* (syn. **transformer**). ◆ **se muer v.pr. [en].** LITT. Se changer en ; devenir : *Sympathie qui se mue en amitié* (syn. **se transformer**).

muet, ette [mɥɛ, mɥɛt] **adj.** et **n.** (anc. fr. *mu*, lat. *mutus*). Qui n'a pas l'usage de la parole : *Il est muet de naissance.* ◆ **adj. 1.** Qui est momentanément empêché de parler par un sentiment violent : *Être muet d'admiration* (syn. **coi, interdit**). **2.** Qui refuse de parler : *J'ai essayé d'en savoir plus, mais il est resté muet* (syn. **silencieux**). **3.** THÉÂTRE. Se dit d'un acteur qui n'a pas de texte à dire, d'une scène ou d'une action sans paroles. **4.** Se dit d'un sentiment qui ne se manifeste pas par des paroles : *Un désespoir muet.* **5.** Qui ne parle pas de qqch, n'en fait pas mention : *La loi est muette à ce sujet.* **6.** Qui ne comporte pas les indications habituelles : *Carte de géographie muette.* **7.** PHON. Se dit d'une unité graphique non prononcée : *Le « b » dans « plomb », le « l » dans « fils » sont muets. « H » muet* (= qui n'empêche pas la liaison). **8. Cinéma, film muet,** qui ne comporte pas l'enregistrement de la parole ou du son (par opp. à *cinéma parlant*) [on dit aussi *le muet*].

muezzin [mɥɛdzin] **n.m.** (mot turc, de l'ar. *mo'adhdhin,* qui appelle à la prière). Fonctionnaire religieux musulman chargé d'appeler, du haut du minaret de la mosquée, aux cinq prières quotidiennes de l'islam.

mufle [myfl] **n.m.** (du moyen fr. *moufle,* germ. *muffel,* museau arrondi). **1.** Extrémité du museau de certains mammifères : *Le mufle d'un lion, d'un bœuf.* **2.** Homme sans éducation, sans délicatesse de manières ni de sentiments : *Se conduire comme un mufle* (syn. **goujat, malotru**).

muflerie [myfləri] **n.f.** Manque de délicatesse : *Il est d'une muflerie révoltante* (syn. **goujaterie, grossièreté**).

muflier [myflije] **n.m.** (de *mufle*). Plante souvent cultivée pour ses fleurs décoratives rappelant un mufle d'animal (nom usuel *gueule-de-loup*). ▸ Famille des scrofulariacées.

mufti [myfti] **n.m.** (mot turco-ar. « juge »). Interprète officiel de la loi musulmane.

muge [myʒ] **n.m.** (mot prov., lat. *mugil*). Poisson à large tête, vivant près des côtes, mais pondant en mer, et dont la chair est estimée (syn. **mulet**).

mugir [myʒir] **v.i.** (anc. fr. *muir,* lat. *mugire*) [conj. **32**]. **1.** Crier, en parlant des bovidés : *Le taureau mugit* syn. **beugler, meugler**). **2.** Produire un son comparable à un mugissement : *La sirène mugit* (syn. **hurler**).

mugissant, e [myʒisɑ̃, -ɑ̃t] **adj.** Qui mugit.

mugissement [myʒismɑ̃] **n.m. 1.** Cri sourd et prolongé des animaux de l'espèce bovine (syn. **beuglement, meuglement**). **2.** Bruit qui ressemble à ce cri : *Le mugissement des flots* (syn. **fracas, grondement**).

muguet [mygɛ] **n.m.** (anc. fr. *mugue,* musc [à cause de l'odeur]). **1.** Liliacée à petites fleurs blanches d'une odeur douce et agréable, qui fleurit en mai. **2.** Maladie de la muqueuse buccale due à une levure *(Candida albicans).*

Muhammad → Mahomet.

Muhammad VI ou **Mohammed VI** (Rabat 1963), roi du Maroc. Fils aîné de Hasan II, il lui a succédé en 1999.

mulâtre [mylatr] **adj.** et **n.** (esp. *mulato,* de *mulo,* mulet). Né d'un Noir et d'une Blanche, ou d'une Noire et d'un Blanc. (On disait autref. une *mulâtresse* pour une femme née d'une telle union.)

1. mule [myl] **n.f.** (du lat. *mulleus,* de couleur rouge). Pantoufle laissant le talon découvert.

2. mule [myl] **n.f.** (lat. *mula*). Hybride femelle d'un âne et d'une jument, presque toujours stérile.

1. mulet [mylɛ] **n.m.** (anc. fr. *mul,* lat. *mulus*). Hybride mâle d'un âne et d'une jument, toujours stérile. ▸ L'hybride d'un cheval et d'une ânesse s'appelle un *bardot.*

2. mulet [mylɛ] **n.m.** (lat. *mullus,* rouget). Muge.

muleta [muleta] **n.f.** (mot esp.). Morceau d'étoffe écarlate dont se sert le matador pour travailler et fatiguer le taureau avant de lui porter l'estocade.

muletier, ère [myltje, -ɛr] **adj.** (de *1. mulet*). **Chemin muletier,** chemin étroit et escarpé. ◆ **n.** Personne qui conduit des mulets.

Mulhouse, ch.-l. d'arr. du Haut-Rhin, sur l'Ill ; 112 523 hab. *(Mulhousiens)* [l'agglomération compte 245 797 hab.]. Université. Industries mécaniques et textiles. Musées (de l'Impression sur étoffes, du Chemin de fer, de l'Automobile, etc.). – À proximité, potasse.

mulot [mylo] **n.m.** (du moyen néerl. *mol,* taupe, du frq. **mul*). Petit rat gris fauve des bois et des champs.

multicolore [myltikɔlɔr] **adj.** Qui présente un grand nombre de couleurs (syn. **bariolé, bigarré**).

multiconfessionnel, elle [myltikɔ̃fɛsjɔnɛl] **adj.** Où coexistent plusieurs religions.

multicoque [myltikɔk] **n.m.** Bateau et, en partic., voilier à plusieurs coques (par opp. à *monocoque*).

multiculturalisme [myltikyltyralism] **n.m.** Coexistence de plusieurs cultures dans une société, un pays. ◆ **multiculturaliste adj.** et **n.** Relatif au multiculturalisme ; qui en est partisan.

multiethnique [myltiɛtnik] **adj.** Pluriethnique.

multiforme [myltifɔrm] **adj.** Qui a ou prend plusieurs formes : *Le roman contemporain est multiforme* (syn. **varié**).

multigrade [myltigrad] **adj. 1.** Se dit d'un produit dont les propriétés s'étendent simultanément à plusieurs spécifications. **2. Huile multigrade,** huile de graissage à haut indice de viscosité qui peut servir en toutes saisons.

multilatéral, e, aux [myltilateral, -o] **adj.** Qui engage toutes les parties contractantes : *Un pacte multilatéral.*

multilingue [myltilɛ̃g] **adj.** Qui existe, qui se fait en plusieurs langues : *Une conférence multilingue.*

multilinguisme [myltilɛ̃gɥism] **n.m.** Situation d'une région, d'un État, etc., où sont parlées plusieurs langues : *Le multilinguisme européen* (syn. **plurilinguisme**).

multimédia [myltimedja] **adj.** Qui utilise ou concerne plusieurs médias : *Une campagne électorale multimédia. Des cédéroms multimédias.* ◆ **n.m.** Technique permettant l'utilisation simultanée et interactive de plusieurs modes de représentation de l'information (textes, sons, images).

multimètre [myltimɛtr] **n.m.** (de *multi-* et *-mètre*). ÉLECTR. Appareil regroupant un ampèremètre, un voltmètre et un ohmmètre. ▸ Il y a aussi parfois un *capacimètre,* utilisé pour la mesure des capacités électriques.

multimilliardaire [myltimiljardɛr] **n.** et **adj.** Personne plusieurs fois milliardaire.

multimillionnaire [myltimiljɔnɛr] **n.** et **adj.** Personne plusieurs fois millionnaire.

multinational, e, aux [myltinasjɔnal, -o] **adj. 1.** Qui concerne ou englobe plusieurs nations : *Un pays multinational.* **2. Société multinationale,** groupe industriel, commercial ou financier qui a des filiales implantées dans plusieurs États (on dit aussi *une multinationale*) [syn. **transnationale**].

multipare [myltipar] **adj.** et **n.f.** (du lat. *parere,* enfanter). **1.** Se dit d'une femme qui a mis au monde plusieurs enfants (par opp. à *primipare,* à *nullipare*). **2.** Qui met bas plusieurs petits en une seule portée : *La laie est multipare.*

multipartisme [myltipartism] **n.m.** Système politique caractérisé par la présence de plusieurs partis dans la vie politique et parlementaire.

multipartite [myltipartit] **adj.** Qui regroupe plusieurs partis politiques : *Assemblée multipartite.*

multiple [myltipl] **adj.** (lat. *multiplex*). **1.** Qui se produit de nombreuses fois ; qui se présente sous des aspects divers : *À de multiples reprises* (syn. **nombreux**). **2.** Qui est composé de plusieurs parties : *Une prise multiple* (= sur laquelle on peut brancher plusieurs appareils). ◆ **n.m. 1.** Nombre entier qui contient un autre nombre entier plusieurs fois exactement : *8 est un multiple de 2.* **2. Multiple commun à plusieurs nombres,** nombre entier multiple de chacun de ces nombres. / **Plus petit commun multiple** (de plusieurs nombres), le plus petit des multiples communs à ces nombres (abrév. *P.P.C.M.*).

multiplex [myltiplɛks] **adj.** et **n.m.** (mot lat. « multiple »). Se dit d'une liaison par voie hertzienne ou téléphonique faisant intervenir des participants qui se trouvent en des lieux distincts : *Un multiplex à la radio.*

multiplexage [myltiplɛksaʒ] **n.m.** TÉLÉCOMM. **1.** Division d'une voie de transmission en plusieurs voies distinctes pouvant transmettre simultanément plusieurs signaux. **2.** Combinaison de plusieurs signaux en un seul, qu'on transmet sur une voie commune.

multiplexe [myltiplɛks] **n.m.** Cinéma comprenant un grand nombre de salles de projection ; complexe multisalle.

multipliable [myltiplijabl] **adj.** Qui peut être multiplié : *Tout nombre est multipliable.*

multiplicande [myltiplikɑ̃d] **n.m.** MATH. Nombre à multiplier par un autre appelé *multiplicateur.*

multiplicateur, trice [myltiplikatœr, -tris] **adj.** Qui multiplie : *Coefficient multiplicateur* (syn. **multiplicatif**). ◆ **multiplicateur n.m.** MATH. Nombre par lequel on multiplie.

multiplicatif, ive [myltiplikatif, -iv] **adj. 1.** Qui exprime la répétition : *« Bis » et « ter » sont des adverbes multiplicatifs.* **2.** Qui multiplie (syn. **multiplicateur**). **3.** MATH. **Groupe multiplicatif,** groupe dont l'opération est notée ×. / **Notation multiplicative,** usage du signe × ou . pour noter une multiplication.

multiplication [myltiplikasjɔ̃] **n.f. 1.** MATH. Opération associant à deux nombres, l'un appelé *multiplicande,* l'autre *multiplicateur,* un troisième nombre appelé *produit : Dans le cas des nombres entiers, la multiplication de* a *par* b *a pour résultat la somme de* a *termes tous égaux à* b. **2.** Augmentation en nombre : *La multiplication des cellules cancéreuses* (syn. **prolifération**). **3.** MÉCAN. Rapport dont on augmente le régime de deux engrenages dans une transmission de mouvement, et dans lequel la vitesse de rotation de l'arbre entraîné est supérieure à celle de l'arbre entraînant. **4.** BIOL. Augmentation du nombre d'individus d'une espèce vivante, soit par reproduction sexuée, soit par fragmentation d'un seul sujet (multiplication végétative). **5. Table de multiplication,** tableau donnant le produit, l'un par l'autre, des dix premiers nombres entiers.

multiplicité [myltiplisite] **n.f.** (bas lat. *multiplicitas,* du class. *multiplex*). Nombre considérable : *La multiplicité des étoiles* (syn. **abondance**).

multiplier [myltiplije] **v.t.** (lat. *multiplicare*) [conj. **10**]. **1.** Augmenter le nombre, la quantité de : *Il faudrait multiplier les expériences pour comprendre ce phénomène* (syn. **répéter**). *Multiplier les efforts pour réussir* (syn. **accroître, intensifier**). **2.** Procéder à la multiplication d'un nombre par un autre : *Quand on multiplie 5 par 4 on obtient 20.* ◆ **se multiplier v.pr. 1.** Se répéter un grand nombre de fois : *Les incidents frontaliers se multiplient* (syn. **augmenter, redoubler**). **2.** Augmenter en nombre par voie de génération : *Les lapins se multiplient rapidement* (syn. **se reproduire**). **3.** Faire preuve d'une activité extrême en donnant l'impression qu'on est partout à la fois : *Il se multiplie avec une inefficacité totale.*

multipolaire [myltipɔlɛr] **adj.** Qui a plusieurs pôles : *Une dynamo multipolaire.*

multiposte [myltipɔst] **adj.** et **n.m.** Se dit d'un micro-ordinateur auquel peuvent être reliés directement plusieurs postes de travail.

multipropriété [myltiprɔprijete] **n.f.** Formule de copropriété d'une résidence secondaire permettant à ses utilisateurs d'user chacun à leur tour du droit de jouissance d'un bien immeuble pendant un temps donné : *Un chalet à la montagne en multipropriété.*

multiracial, e, aux [myltirasjal, -o] **adj.** Où coexistent plusieurs races : *Une équipe multiraciale.*

multirisque [myltirisk] **adj. Assurance multirisque,** assurance couvrant simultanément plusieurs risques.

multisalle ou **multisalles** [myltisal] **adj. Complexe multisalle,** multiplexe.

multitude [myltityd] **n.f.** (lat. *multitudo*). **1.** Très grand nombre : *Une multitude d'enfants* (syn. **bande**). *Une multitude d'oiseaux s'envola* (syn. **nuée**). **2.** Rassemblement d'un grand nombre de personnes : *Une multitude de grévistes a suivi la manifestation* (syn. **foule**). **3.** LITT. **La multitude,** le commun des hommes, la masse, la foule.

Mun (Albert, *comte* **de),** homme politique français (Lumigny, Seine-et-Marne, 1841 - Bordeaux 1914). Officier, initié au catholicisme social, il fonda les Cercles catholiques d'ouvriers (1871). Député à partir de 1876, il se fit le défenseur d'une législation sociale avancée et se rallia à la république, tout en luttant contre l'anticléricalisme.

Munch (Charles), chef d'orchestre français (Strasbourg 1891 - Richmond, Virginie, 1968). Il a dirigé les orchestres de la Société des concerts du Conservatoire, puis ceux de Boston et de Paris, et a diffusé notamment l'œuvre de Berlioz et de Roussel.

Munch (Edvard), peintre et graveur norvégien (Løten 1863 - près d'Oslo 1944). Ses thèmes dominants sont l'angoisse, la difficulté de vivre (*le Cri,* 1893, Galerie nationale, Oslo ; *Vigne vierge rouge,* 1900, musée Munch, Oslo). Précurseur de l'expressionnisme, il a exercé une forte influence en Allemagne.

Munich, en all. **München,** v. d'Allemagne, cap. de la Bavière, sur l'Isar ; 1 348 335 hab. *(Munichois)* [2 300 000 hab. dans l'agglomération]. Métropole culturelle, commerciale et industrielle (constructions électriques et mécaniques, agroalimentaire, chimie) du sud de l'Allemagne. – Cathédrale du XVe s., église St-Michel de la fin du XVIe s. Résidence (palais royal) des XVIe-XIXe s. Monuments baroques du XVIIIe s. par les frères Asam ou par le Wallon François de Cuvilliés (pavillon d'Amalienburg dans le parc de Nymphenburg, v. 1735), monuments néoclassiques par Leo von Klenze (Glyptothèque, 1816-1830). Université. Riches musées, dont la Vieille et la Nouvelle Pinacothèques (peinture), la Glyptothèque (scultpure grecque et romaine), le Musée national bavarois, le musée allemand des Sciences et Techniques. – Fondée en 1158, Munich devint en 1255 la résidence des Wittelsbach. Capitale du royaume de Bavière à partir de 1806, elle fut dans les années 1920 l'un des principaux foyers du national-socialisme.

Munich *(accords de)* [29-30 sept. 1938], accords signés entre la France (Daladier), la Grande-Bretagne (Chamberlain), l'Allemagne (Hitler) et l'Italie (Mussolini), qui prévoyaient l'évacuation du territoire des Sudètes par les Tchèques et son occupation par les troupes allemandes. L'acceptation par les démocraties des exigences allemandes amena un soulagement dans l'opinion publique européenne, qui crut avoir échappé à la guerre, mais encouragea Hitler dans sa politique d'expansion.

munichois, e [mynikwa, -az] **adj.** et **n.** De Munich. ◆ **n.** HIST. Partisan des accords de Munich.

municipal, e, aux [mynisipal, -o] **adj.** (lat. *municipalis*). **1.** Relatif à l'administration d'une commune : *Un arrêté municipal.* **2. Élections municipales,** élections du conseil municipal au suffrage universel (on dit aussi *les municipales*).

municipalité [mynisipalite] **n.f. 1.** Territoire soumis à une organisation municipale : *Municipalité rurale* (syn. **commune**). **2.** Ensemble formé par le maire et ses adjoints ; conseil municipal.

munificence [mynifisɑ̃s] **n.f.** (lat. *munificentia,* de *munus,* cadeau, et *facere,* faire). LITT. Disposition qui porte à donner avec largesse (syn. **générosité**). ***Rem.*** À distinguer de *magnificence,* malgré la proximité de sens.

munificent, e [mynifisɑ̃, -ɑ̃t] **adj.** LITT. Très généreux.

munir [mynir] **v.t.** (lat. *munire,* fortifier) [conj. **32**]. Pourvoir de ce qui est nécessaire, utile : *Munir une lampe d'un abat-jour* (syn. **équiper**). ◆ **se munir v.pr. [de]. 1.** Prendre avec soi : *Se munir de provisions pour une longue route.* **2. Se munir de patience, de courage,** se préparer à supporter ce qui va arriver (syn. **s'armer**).

munition [mynisjɔ̃] **n.f.** (lat. *munitio,* fortification). [Surtout au pl.]. Ce qui est nécessaire à l'approvisionnement des armes à feu : *Les cartouches, les obus sont des munitions.*

Münster, v. d'Allemagne (Rhénanie-du-Nord-Westphalie), dans le *bassin de Münster ;* 289 576 hab. Université.

Monuments médiévaux ou baroques restaurés ou reconstruits après 1945. C'est à Münster, en 1648, que furent signés les préliminaires des traités de Westphalie.

Müntzer ou **Münzer (Thomas),** réformateur allemand et l'un des fondateurs de l'anabaptisme (Stolberg, Harz, 1489 ? - Mülhausen, Thuringe, 1525). Maître en théologie chez les Augustins, il rencontre Luther en 1519 ; mais, subissant l'influence des « prophètes de Zwickau », partisans d'une sorte d'illuminisme de la révélation intérieure, il devient l'un de ses principaux adversaires. Par sa prédication dans différents centres, Müntzer veut préparer le règne du Christ sous la forme d'une théocratie où le peuple sera libéré des tyrans et moyennant une double réforme sociale et religieuse. Devenu pasteur de la communauté anabaptiste de Mülhausen, il y prend la tête en 1525, avec Heinrich Pfeiffer, d'une révolte des paysans. Battu par les princes, il est exécuté aussitôt. Sa conception chrétienne et communiste de la société a fait l'objet de nombreuses études de philosophie politique, notamment de la part des marxistes.

Muqdisho, anc. **Mogadishu** et, en it., **Mogadiscio,** cap. de la Somalie, sur l'océan Indien ; 2 014 000 hab. dans l'agglomération.

muqueuse [mykøz] **n.f.** (du lat. *mucosus*). Membrane qui tapisse certaines cavités du corps et dont la surface est continuellement humectée de mucus : *La muqueuse de l'estomac.*

mur [myr] **n.m.** (lat. *murus*). **1.** Ouvrage en maçonnerie, en terre, etc., qui, dans un plan vertical, sert à enclore un espace, à soutenir des terres, à constituer les côtés d'une maison et à en supporter les étages : *Le mur de clôture du parc. Tapisser les murs d'une chambre* (syn. **cloison**). **2.** Ce qui constitue un obstacle ; ce qui isole, sépare : *Les gendarmes formaient un mur devant les manifestants* (syn. **cordon, écran**). *Il y a entre eux un mur d'incompréhension* (syn. **fossé**). **3.** Paroi naturelle ; pente abrupte : *Skieur qui descend un mur.* **4.** SPORTS. Au football, écran formé, entre le but et le tireur d'un coup franc, par un groupe de joueurs serrés les uns contre les autres. **5.** INFORM. Page personnelle d'un membre d'un réseau social : *Poster une photo sur son mur Facebook.* **6. Coller qqn au mur,** le placer devant un mur pour le fusiller. / **Entre quatre murs,** enfermé, à l'intérieur d'un bâtiment, d'une pièce ; en prison. / **Être au pied du mur,** être mis face à ses responsabilités. / **Être le dos au mur,** ne plus pouvoir reculer, être obligé de faire front. / *FAM.* **Faire le mur,** sortir sans permission (notamm. d'une caserne, d'un internat), en escaladant un mur. / **Se cogner, se taper la tête contre les murs,** désespérer de parvenir à une solution. **7.** AÉRON. **Mur de la chaleur,** ensemble des phénomènes calorifiques qui se produisent aux très grandes vitesses et qui limitent très fortement les performances aériennes dans l'atmosphère. / **Mur du son,** ensemble des phénomènes aérodynamiques qui se produisent lorsqu'un mobile se déplace dans l'atmosphère à une vitesse voisine de celle du son. ◆ **murs n.m. pl.** Limites d'une ville, d'un immeuble ; lieu circonscrit par ces limites.

mûr, e [myr] **adj.** (lat. *maturus*). **1.** Se dit d'un fruit, d'une graine, complètement développés, en état d'être récoltés : *Le raisin est mûr à l'automne.* **2.** Se dit d'un bouton, d'un abcès près de percer. **3.** Se dit de qqn qui a atteint son plein développement physique ou intellectuel : *Un homme mûr. L'âge mûr* (= la maturité). **4.** Qui, après une longue évolution, est amené au stade de la réalisation : *Mon projet n'est pas mûr.* **5. Après mûre réflexion,** après avoir bien réfléchi.

murage [myraʒ] **n.m.** Action de murer, d'obturer.

muraille [myraj] **n.f. 1.** Mur épais, d'une certaine hauteur : *Les murailles de la ville.* **2.** Surface verticale abrupte : *Les falaises forment une muraille* (syn. **mur**).

Muraille *(la Grande),* muraille défensive qui sépare la Chine et la Mongolie sur plus de 6 250 km (8 851,8 km en incluant les barrières naturelles et les tranchées : mesure officielle chinoise de 2009). Sa construction a commencé au IIIe s. av. J.-C. Son tracé actuel date de l'époque de la dynastie des Ming (XVe-XVIIe s.).

Murakami Haruki, écrivain japonais (Kyoto 1949). Dans ses romans et ses nouvelles, le quotidien subit l'épreuve d'un fantastique tantôt loufoque et improbable (*la Course au mouton sauvage,* 1982 ; *la Fin des temps,* 1985), tantôt grave et mélancolique (*la Ballade de l'impossible,* 1987 ; *Kafka sur le rivage,* 2002 ; *1Q84,* trilogie, 2009-2010).

mural, e, aux [myral, -o] **adj. 1.** Qui croît sur les murs : *Plante murale.* **2.** Appliqué sur un mur : *Peinture murale.*

Murasaki Shikibu, romancière japonaise (v. 978 - v. 1014). L'auteur du *Genji monogatari,* un des classiques de la littérature japonaise, peint la vie de la cour de Kyoto aux environs de l'an mille.

Murat (Joachim), maréchal de France (Labastide-Fortunière, auj. Labastide-Murat, 1767 - Pizzo, Calabre, 1815). Aide de camp de Bonaparte en Italie (1796), il épousa Caroline Bonaparte (1800). Fait maréchal en 1804, grand-duc de Berg et de Clèves (1806-1808), cavalier prestigieux, il commanda en chef en Espagne (1808) puis devint, la même année, roi de Naples. À la tête de la cavalerie de la Grande Armée en Russie (1812), il tenta, après la défaite française, de faire garantir ses États par les Alliés (1814). En 1815, il chercha à revenir dans son royaume, mais il fut arrêté en Calabre et fusillé.

Murcie, v. du sud-est de l'Espagne (437 667 hab.) ; ch.-l. d'une province constituant une communauté autonome (1 470 069 hab.). Cathédrale des XVe, XVIe et XVIIIe s. Musée consacré au sculpteur Francisco Salzillo (XVIIIe s.).

mûre [myr] **n.f.** (lat. pop. **mora,* pl. neutre devenu fém., class. *morum*). **1.** Fruit du mûrier. **2.** Fruit de la ronce.

mûrement [myrmɑ̃] **adv.** (de *mûr*). Longuement et posément : *Il a mûrement réfléchi à la question.*

murène [myrɛn] **n.f.** (lat. *muraena,* du gr. *muraina*). Poisson des fonds rocheux des mers tropicales et tempérées chaudes, à corps allongé comme l'anguille, très vorace et à la morsure dangereuse. ▸ Ordre des anguilliformes ; long. max. 1,50 m.

murer [myre] **v.t. 1.** Boucher avec de la maçonnerie : *Murer une porte* (syn. **condamner, obturer**). **2.** Enfermer dans un lieu en bouchant les issues : *L'éboulement a muré les mineurs dans une galerie* (syn. **emmurer**). ◆ **se murer v.pr. 1.** Rester enfermé chez soi : *Elle se mure dans sa maison* (syn. **se cloîtrer**). **2.** Rester à l'écart des autres : *Se murer dans son silence* (syn. **s'isoler, se renfermer**).

muret [myrɛ] **n.m.** et **murette** [myrɛt] **n.f.** Petit mur.

murex [myrɛks] **n.m.** (mot lat.). Mollusque gastéropode à coquille couverte de pointes, qui attaque les autres mollusques en perçant leur coquille. ▸ Long. max. 8 cm. Une espèce méditerranéenne fournissait autrefois la pourpre.

mûrier [myrje] **n.m.** Arbre ou arbuste des régions tempérées, à suc laiteux et à feuilles caduques : *Mûrier blanc* (= dont les feuilles nourrissent le ver à soie). *Mûrier noir* (= cultivé pour ses fruits, les mûres).

Murillo (Bartolomé Esteban), peintre espagnol (Séville 1618 - *id.* 1682). Son œuvre comprend à la fois des compositions religieuses d'une dévotion tendre (grands cycles destinés aux couvents de Séville ; Immaculées ; Saintes Familles) et des tableaux réalistes (*le Jeune Mendiant,* Louvre).

mûrir [myrir] **v.i.** [conj. **32**]. **1.** Devenir mûr ; arriver à maturité : *Les blés mûrissent au soleil de juillet.* **2.** Atteindre un certain degré d'élaboration ou de développement : *Idées qui mûrissent* (syn. **évoluer**). **3.** Prendre, acquérir de la sagesse, de l'expérience : *Elle a beaucoup mûri en quelques mois.* ◆ **v.t. 1.** Rendre mûr ; faire parvenir à maturation : *Le soleil mûrit les fruits.* **2.** Porter à l'état de maturité, de complet développement : *Mûrir un projet de revanche* (syn. **approfondir, méditer**). **3.** Rendre sage, expérimenté : *Les épreuves l'ont mûri.*

mûrissant, e [myrisɑ̃, -ɑ̃t] **adj. 1.** Qui est en train de mûrir. **2.** Qui atteint l'âge mûr : *Une femme mûrissante.*

mûrissement [myrismɑ̃] **n.m.** Maturation de certains produits. (On dit parfois *mûrissage.*)

murmure [myrmyr] **n.m.** (lat. *murmur,* bruit sourd). **1.** Bruit de voix léger, sourd et prolongé : *Faire cesser les murmures au fond de la salle* (syn. **chuchotement**). **2.** Paroles, plaintes sourdes marquant le mécontentement : *Ce projet souleva des murmures dans la presse* (syn. **protestation**). **3.** *LITT.* Bruit léger, prolongé : *Le murmure d'un ruisseau* (syn. **gazouillement**).

murmurer [myrmyre] **v.i.** (lat. *murmurare*). **1.** Faire entendre un bruit de voix sourd et prolongé : *Il n'a cessé de murmurer pendant toute la réunion* (syn. **chuchoter**). **2.** Faire entendre une sourde protestation : *À l'annonce de cette sanction, des élèves murmurèrent* (syn. **marmonner, protester**). **3.** *LITT.* Faire entendre un bruissement léger : *Le vent murmure dans le feuillage* (syn. **bruire**). ◆ **v.t.** Dire à voix basse, confidentiellement : *Murmurer des secrets à l'oreille d'une amie* (syn. **chuchoter**).

Murnau (Friedrich Wilhelm Plumpe, dit **Friedrich Wilhelm),** cinéaste allemand (Bielefeld 1888 - Santa Barbara, Californie, 1931). Il débuta dans la mise en scène de cinéma en 1919 et se révéla comme l'un des maîtres de l'expressionnisme avec *Nosferatu le vampire* (1922). *Le Dernier des hommes* (1924) lui assura une réputation internationale. Murnau réalisa encore deux autres films, *Tartuffe* (1925) et *Faust* (1926), avant d'émigrer aux États-Unis, où il connut un cuisant échec commercial avec *l'Aurore* (1927). Il dirigea en 1931 *Tabou,* documentaire romancé (scénario avec R. Flaherty).

Murray (le), principal fl. d'Australie, né dans la Cordillère australienne, tributaire de l'océan Indien austral ; 2 589 km (bassin de 1 073 000 km^2).

Mururoa, atoll des îles Tuamotu (Polynésie française). De 1966 à 1996, base française d'expérimentations de charges nucléaires.

musaraigne [myzarɛɲ] **n.f.** (lat. pop. **musaranea,* de *mus,* rat, et *aranea,* araignée). Petit mammifère à museau pointu, vorace, qui se nourrit d'insectes, de vers, de grenouilles et de poissons. ▸ Ordre des insectivores ; famille des soricidés.

musarder [myzarde] **v.i.** (de *muser*). Passer son temps à flâner : *Musarder sur le chemin de l'école* (syn. **muser**).

musc [mysk] **n.m.** (bas lat. *muscus,* du persan). Substance odorante utilisée en parfumerie et produite par certains mammifères.

muscade [myskad] **n.f.** (anc. prov. *muscada,* de *musc*). **1.** Fruit du muscadier, dont la graine *(noix [de] muscade)* est utilisée comme condiment. **2.** Accessoire de prestidigitateur en forme de muscade, génér. fait de liège, utilisé pour certains escamotages. **3. Passez muscade,** le tour est joué ; personne n'a rien vu.

muscadier [myskadje] **n.m.** Arbre ou arbrisseau originaire des Moluques, qui fournit la muscade.

muscadin [myskadɛ̃] **n.m.** (de l'it. *moscardino,* de *moscado,* musc). HIST. Jeune élégant vêtu de façon excentrique et adversaire actif des Jacobins, après le 9-Thermidor (1794).

muscat [myska] **n.m.** (mot prov., de *musc*). **1.** Cépage dont les baies ont une saveur musquée caractéristique. **2.** Vin doux et sucré obtenu avec ce cépage. ◆ **adj. m.** Se dit de certains fruits à saveur musquée, notamm. du raisin.

muscle [myskl] **n.m.** (lat. *musculus* propr. « petite souris »). **1.** Organe formé de fibres dont la contraction produit le mouvement : *La gymnastique développe les muscles.* **2.** Force ; énergie ; vigueur : *Notre industrie manque de muscle* (syn. **dynamisme, vitalité**).

■ **Types de muscles.** On distingue deux grands types de muscles en fonction de leur structure : les muscles striés et les muscles lisses.

Les *muscles striés* doivent leur nom au fait que leurs fibres montrent une alternance de bandes sombres transversales. Ils sont aussi appelés *muscles squelettiques* car ils assurent les mouvements du squelette. La contraction des muscles striés est volontaire, réflexe ou automatique (quand le contrôle volontaire cesse, certains mouvements persistent, la marche, par ex.). L'activité des membres est coordonnée par la présence de muscles antagonistes : les fléchisseurs et les extenseurs. Au cours d'une flexion, le système nerveux active les muscles fléchisseurs et inhibe les extenseurs, le phénomène inverse se produisant pour une extension.

Le *muscle strié cardiaque* (le muscle du cœur ou myocarde) est un muscle viscéral, mais strié comme un muscle squelettique. Sa contraction est automatique, mais elle peut être accélérée ou ralentie par le système nerveux végétatif (ou neurovégétatif).

Les *muscles lisses* sont ceux de la paroi des organes creux (intestin, bronches, vaisseaux sanguins, utérus, etc.). Leur contraction est soit autonome, soit commandée par le système neurovégétatif ou par des substances diverses.

Fonctionnement des muscles. Les cellules musculaires renferment deux types de filaments *(myofilaments)* de protéines contractiles : les uns épais, composés de myosine, les autres fins, constitués surtout d'actine. Ces filaments sont longitudinaux ; par liaison entre eux et glissement les uns sur les autres, ils entraînent le raccourcissement des fibres musculaires. Ce mouvement microscopique se produisant sur toutes les cellules musculaires entraîne la contraction du muscle. L'énergie nécessaire est fournie à la fibre musculaire par le biais d'une molécule énergétique, l'A.T.P. (adénosine triphosphate). L'A.T.P. est aussi nécessaire pour la décontraction du muscle, quand l'actine et la myosine se séparent.

Dans les muscles striés, les myofilaments se regroupent en myofibrilles cylindriques ; celles-ci sont constituées d'une succession de petits cylindres, les *sarcomères* (d'où l'aspect strié des fibres). ■

musclé, e [myskle] **adj. 1.** Qui a les muscles bien développés : *Un athlète musclé.* **2.** Qui use volontiers de la force : *Régime politique musclé* (syn. **autoritaire**).

muscler [myskle] **v.t.** Développer les muscles de : *L'exercice muscle le corps.*

musculaire [myskylɛr] **adj.** Propre aux muscles : *Tissu musculaire. Grande force musculaire.*

musculation [myskylasjɔ̃] **n.f.** Ensemble d'exercices visant à développer la musculature dans un but sportif.

musculature [myskylatyr] **n.f.** Ensemble des muscles du corps humain : *Une musculature d'hercule.*

musculeux, euse [myskylø, -øz] **adj.** Qui est de la nature des muscles, qui est formé de muscles : *Membrane musculeuse.*

muse [myz] **n.f.** (lat. *musa,* du gr.). **1.** (Avec une majuscule). Chacune des neuf déesses grecques qui présidaient aux arts libéraux **2.** Inspiratrice d'un poète, d'un écrivain, d'un artiste : *La muse de Musset.* **3.** *LITT.* **Taquiner la Muse,** s'essayer, en amateur, à faire des vers.

■ Dans la mythologie grecque, les Muses sont filles de Zeus et de Mnémosyne, déesse de la Mémoire. Elles sont au nombre de neuf. Elles acquirent, à l'époque romaine, des attributions précises. Elles présidaient : Clio à l'Histoire, Euterpe à la Musique, Thalie à la Comédie, Melpomène à la Tragédie, Terpsichore à la Danse, Érato à la Lyrique chorale, Polymnie à la Pantomime, Uranie à l'Astronomie, enfin Calliope à la Poésie épique et à l'Éloquence. On situait leur lieu de prédilection sur le mont Hélicon, où elles chantaient et dansaient en compagnie d'Apollon. ■

muséal, e, aux [myzeal, -o] **adj.** *DIDACT.* Relatif aux musées : *Guide muséal de Paris.*

museau [myzo] **n.m.** (anc. fr. **mus,* bas lat. *musus*). **1.** Partie antérieure, allongée et plus ou moins pointue, de la face de certains mammifères, située au-dessus de la bouche et dont l'extrémité forme le mufle : *Museau d'un chien, d'un ruminant.* **2.** *FAM.* Figure humaine : *Quel joli petit museau !* (syn. **visage**).

musée [myze] **n.m.** (lat. *museum,* gr. *mouseion,* temple des Muses). **1.** Lieu, établissement où est conservée, exposée, mise en valeur une collection d'œuvres d'art, d'objets d'intérêt culturel, scientifique ou technique : *Musée de l'automobile. Musée du Louvre, à Paris.* **2. Pièce de musée,** objet rare et précieux.

museler [myzle] **v.t.** (de l'anc. fr. *musel,* museau) [conj. **24**]. **1.** Mettre une muselière à : *Museler un chien.* **2.** Empêcher de s'exprimer : *Museler la presse* (syn. **bâillonner**).

muselière [myzəljɛr] **n.f.** (de l'anc. fr. *musel,* museau). Appareil qu'on met au museau de certains animaux pour les empêcher de mordre, de paître, de téter.

musellement [myzɛlmɑ̃] **n.m.** Action de museler : *Le musellement d'un chien, d'un veau.*

muséographie [myzeɔgrafi] **n.f.** Ensemble des notions techniques nécessaires à la présentation et à la bonne conservation des œuvres des musées.

muséologie [myzeɔlɔʒi] **n.f.** Science de l'organisation des musées, de la conservation et de la mise en valeur de leurs collections.

muser [myze] **v.i.** (même rac. que *museau*). LITT. Flâner ; musarder.

musette [myzɛt] **n.f.** (anc. fr. *muse,* de *muser,* jouer de la musette). **1.** Instrument de musique à vent, très en vogue au XVIIe s. **2. Bal musette,** bal populaire où l'on danse au son de l'accordéon (à l'origine, de la musette). **3.** Sac de toile que l'on porte en bandoulière : *Une musette d'écolier, d'ouvrier* (syn. **sacoche**).

muséum [myzeɔm] **n.m.** (lat. *museum*). Musée consacré aux sciences naturelles.

Muséum national d'histoire naturelle, établissement scientifique, à Paris. Il a été créé en 1793 à partir du Jardin du Roi (fondé par Gui de La Brosse en 1635). Il comprend le *Jardin des Plantes,* qui inclut des laboratoires de recherche en sciences de la Terre, de la vie et de l'homme, des collections de sciences naturelles, une ménagerie et un vivarium, ainsi que plusieurs galeries d'exposition. Parmi celles-ci figurent la Grande Galerie de l'évolution, consacrée à la diversité du monde vivant et à l'action de l'homme sur son milieu.

musical, e, aux [myzikal, -o] **adj. 1.** Propre à la musique : *Art musical.* **2.** Qui comporte de la musique : *Comédie musicale.* **3.** Qui a les caractères de la musique : *Voix musicale* (syn. **mélodieux**).

musicalement [myzikalmɑ̃] **adv. 1.** Du point de vue musical : *Musicalement, c'est une réussite.* **2.** D'une manière harmonieuse : *Une phrase qui sonne musicalement* (syn. **mélodieusement**).

musicalité [myzikalite] **n.f.** Qualité de ce qui est musical : *La musicalité d'un poème.*

music-hall [myzikol] **n.m.** (angl. *music hall*) [pl. *music-halls*]. **1.** Établissement spécialisé dans des spectacles de fantaisie, de variétés. **2.** Genre de spectacle que présente un tel établissement : *Aimer le music-hall.*

musicien, enne [myzisjɛ̃, -ɛn] **n.** Personne qui compose ou exécute de la musique : *Un musicien contemporain.* ◆ **adj.** Qui a du goût, des aptitudes pour la musique : *Avoir l'oreille musicienne.*

musicologie [myzikɔlɔʒi] **n.f.** Science de l'histoire de la musique et de la théorie musicale. ◆ **musicologue n.** Nom du spécialiste.

Musil (Robert von), écrivain autrichien (Klagenfurt 1880 - Genève 1942). Il analysa la crise sociale et spirituelle de la civilisation européenne à travers une perspective expressionniste (*les Désarrois de l'élève Törless,* 1906 ; *Trois Femmes,* 1924) et chercha dans la création littéraire à unir l'expérience vécue et la pensée critique au besoin mystique d'unité (*l'Homme sans qualités,* 1930-1943).

musique [myzik] **n.f.** (lat. *musica,* du gr. *mousikê* [*tekhnê*], art des Muses). **1.** Art de combiner les sons ; productions de cet art : *Apprendre la musique. Musique de chambre* (= pour un petit nombre d'instruments). *Musique classique.* **2.** Notation écrite d'airs musicaux : *Pianiste qui joue sans musique* (syn. **partition**). **3.** Réunion de gens pratiquant la musique et constituant une institution : *Le régiment défile, musique en tête* (syn. **fanfare**). **4.** Suite de sons produisant une impression harmonieuse : *La musique d'un vers* (syn. **mélodie**). **5.** FAM. **Connaître la musique,** savoir d'expérience de quoi il s'agit. / **Papier à musique,** papier sur lequel sont imprimées des portées, pour écrire la musique. **6.** HELV., BELG., QUÉBÉC. **Musique à bouche,** harmonica.

■ De la musique de l'Antiquité, il ne reste que des témoignages indirects ou des écrits théoriques. Vers l'an 600, le pape Grégoire le Grand codifie la liturgie romaine, donnant naissance au chant grégorien. Les documents sont rares avant le XIe s., période où naît l'art aristocratique des troubadours, puis des trouvères.

La polyphonie. L'événement décisif pour la musique occidentale est l'avènement de la polyphonie, principalement vers 1200 avec l'école de Notre-Dame (Léonin, Pérotin). La polyphonie atteint un nouveau sommet au XIVe s. avec l'Ars Nova, personnifié par Guillaume de Machaut. Un précurseur anglais, John Dunstable, assure la transition vers l'école franco-flamande à la polyphonie plus douce et plus harmonieuse (Dufay, Ockeghem, Josquin Des Prés). Les grands genres sont la messe, le motet et la chanson. La polyphonie vocale tend à se passer des instruments, qui deviennent autonomes.

Le XVIe s. voit un recul du sacré et l'apogée de la chanson française (Janequin). Des écoles importantes se développent en Espagne (Vittoria) et en Angleterre (Byrd). En Allemagne, la musique est transformée par un élément primordial, la Réforme, et l'Italie, où naît le madrigal, attire de plus en plus les musiciens du Nord, tandis qu'apparaît un génie universel : Roland de Lassus.

Le baroque. Le passage à l'ère baroque, vers l'an 1600, est marqué par Claudio Monteverdi. La polyphonie fait place à la monodie (chant à une seule voix) accompagnée et au style harmonique ; la musique devient dramatique, expression des paroles et des sentiments individuels, et on voit naître un genre nouveau : l'opéra. Le XVIIe s., celui du style concertant, est dominé en Allemagne par Heinrich Schütz, en Angleterre par Henry Purcell. Les formes purement instrumentales prennent leur essor, comme la suite de danses (Froberger), ainsi que, d'abord en Italie, la sonate et le concerto (Corelli, puis Vivaldi). L'opéra s'implante en France avec Lully, dont le grand rival est Marc Antoine Charpentier, et l'école versaillaise (sous Louis XIV et au début du règne de Louis XV) est illustrée notamment par M. R. Delalande et par François Couperin. En Allemagne, le grand prédécesseur de Bach est Buxtehude, en particulier par sa musique d'orgue et par ses cantates. Pendant la première moitié du XVIIIe s., Bach, Rameau, Händel et D. Scarlatti dominent la scène musicale européenne. À ces noms, on peut encore ajouter en Allemagne celui de G. P. Telemann, et en France celui de J.-M. Leclair.

Le classicisme. Vers 1750, la musique se transforme de nouveau profondément. Elle change de lieu d'implantation, passant de l'église et des cours royales et princières aux salles de concerts publics et aux salons bourgeois. Au nom de la simplicité et du retour à la nature, on met l'accent (provisoirement) sur la mélodie plutôt que sur l'harmonie ou la polyphonie. Les précurseurs du style nouveau sont les fils de Bach, ou encore les musiciens de l'école de Mannheim (Stamitz), et les grands maîtres, Haydn, Mozart et Beethoven. Ils bouleversent (Mozart surtout) les genres relativement anciens du concerto et de l'opéra et donnent leurs lettres de noblesse (Haydn et Beethoven) aux genres nouveaux du quatuor à cordes et de la symphonie. Ils font de la musique instrumentale au moins l'égale de la musique vocale et explorent à fond les possibilités dramatiques et architecturales du système tonal ; c'est ainsi que Vienne devient, pour un temps, la capitale de la musique européenne. Leurs productions, contemporaines de la Révolution française, doivent beaucoup à la « réforme de l'opéra » menée par Gluck. Haydn, Mozart et Beethoven illustrent ce qu'on a appelé le « classicisme viennois ».

Le romantisme et les écoles nationales. Les premiers grands compositeurs romantiques sont Weber et Schubert.

L'un crée l'opéra national allemand, l'autre porte le lied à son sommet. Mendelssohn et Schumann (« école de Leipzig ») cultivent notamment les genres instrumentaux traditionnels (mais Schumann, féru de littérature, excelle aussi dans le lied tout en renouvelant la musique pour piano seul). Berlioz, Liszt et Wagner (« école de Weimar ») se comportent au contraire en révolutionnaires. Le XIXe s. est aussi celui de la renaissance des écoles « nationales », en Bohême (Smetana, Dvořák), en Norvège (Grieg), en Russie (groupe des Cinq, Tchaïkovski), tandis que la France renouvelle aussi bien l'opéra (Gounod, Bizet) que la musique instrumentale (Franck, Saint-Saëns, Lalo, Chausson) et que, en Italie, Verdi occupe une position unique. Dans les pays germaniques, Brahms poursuit la tradition classique et Bruckner se consacre surtout à la symphonie. À la génération suivante, Mahler (lieder avec orchestre, symphonies) et Hugo Wolf (lieder avec piano) reflètent la Vienne « fin de siècle », alors que Richard Strauss se consacre surtout au poème symphonique puis à l'opéra.

La fin de la tonalité. Les révolutions musicales du début du XXe s. sont menées avant 1914 à Vienne par Schönberg et ses disciples Berg et Webern, et à Paris par Debussy et Stravinski. Au même moment apparaît, influencée cette fois par Debussy, une « seconde vague nationaliste » à portée plus universelle que la première, en Espagne (Falla), en Angleterre (Vaughan Williams), en Finlande (Sibelius) et en Hongrie (Bartók). Les uns et les autres portent au tombeau la tonalité. Varèse est un des premiers à construire la musique non plus sur des notes, mais sur des sons. L'entre-deux-guerres voit la confirmation de Ravel et l'apparition de Prokofiev, de Hindemith, du groupe des Six, de Messiaen. La période 1945-1950 donne naissance à un groupe de jeunes radicaux (« école de Darmstadt ») se réclamant de Stravinski et Schönberg, et de Debussy et Webern. Ce sont Boulez, Stockhausen, Nono, Berio. C'est l'époque du « sérialisme intégral » et de la musique entièrement prédéterminée, fondée sur une combinatoire de notes. Leurs héritiers sont Ferneyhough et, dans des genres divers, Cage, Xenakis, Ligeti. Parallèlement apparaissent la musique aléatoire, la musique concrète (Pierre Henry) et électronique, réunies aujourd'hui sous la dénomination commune de « musique électroacoustique ». Par la suite se manifeste aussi la musique « spectrale » d'un Radulescu ou des musiciens de l'Itinéraire (Grisey, Murail) et la machine 4X de l'I.R.C.A.M. ■

musiquette [myzikɛt] **n.f.** *FAM.* Petite musique facile, sans valeur artistique.

musqué, e [myske] **adj. 1.** Qui est parfumé de musc. **2.** Qui rappelle l'odeur du musc. **3.** Qui évoque le goût du muscat : *Poire musquée.*

Musset (Alfred de), écrivain français (Paris 1810 - *id.* 1857). Il n'a pas vingt ans quand paraissent ses premiers *Contes d'Espagne et d'Italie* (1830). Au théâtre, ses essais sont malheureux, et il décide de composer des pièces destinées à la lecture (*Un spectacle dans un fauteuil,* 1832). Entre 1833 et 1838, période marquée par une brève et orageuse liaison avec George Sand, il publie de nombreuses pièces (*les Caprices de Marianne,* 1833 ; *Fantasio,* 1834 ; *On ne badine pas avec l'amour,* id. ; *Lorenzaccio,* id. ; *le Chandelier,* 1835 ; *Il ne faut jurer de rien,* 1836 ; *Un caprice,* 1837). Dans le même temps, il compose des poèmes (*Rolla,* 1833 ; *les Nuits,* 1835-1837), un roman autobiographique (*la Confession d'un enfant du siècle,* 1836) qui transpose son aventure personnelle en destin d'une génération désillusionnée, et une satire du romantisme, les *Lettres de Dupuis et Cotonet* (1836-1837). Après 1838, malgré les excès et la maladie, il écrit encore des contes (*Mimi Pinson,* 1845), des pièces en forme de proverbe (*Il faut qu'une porte soit ouverte ou fermée,* id.) et des fantaisies poétiques (*Une soirée perdue,* 1840 ; *Sur trois marches de marbre rose,* 1849). À la fin de sa vie, Musset a la satisfaction de voir porter à la scène certaines de ses pièces : le succès qu'elles remportent prouve alors les qualités dramatiques de son théâtre, qui mêle étroitement l'expression de la douleur à la fantaisie légère. • **Lorenzaccio** (1re éd. 1834 ; 1re représentation 1896), drame en 5 actes, en prose, est le chef-d'œuvre du drame romantique français. Afin d'attenter à la vie d'Alexandre de Médicis, tyran de Florence, son cousin Lorenzo, jadis pur, partage ses débauches. Il devient vicieux et lâche, mais finit par tuer le duc, par fidélité au jeune homme vertueux qu'il était. Après ce meurtre, Florence se hâte de se donner un nouveau maître, et Lorenzo est assassiné à Venise.

Mussolini (Benito), homme d'État italien (Dovia di Predappio, Romagne, 1883 - Giulino di Mezzegra, Côme, 1945). Instituteur, il réside en Suisse de 1902 à 1905, où il se mêle aux réfugiés politiques. Rentré en Italie, il devient journaliste et milite d'abord dans les rangs socialistes, dont il dirige (1912-1914) le quotidien *Avanti !* Mais, abandonnant son antimilitarisme au début de la Première Guerre mondiale, il se fait exclure du parti. Après avoir participé aux opérations militaires, il fonde son propre parti, les Faisceaux italiens de combat, où il réunit les déçus de l'après-guerre autour d'un programme républicain, d'un socialisme démagogique et d'un nationalisme virulent (1919). En 1921, il transforme le mouvement en parti national fasciste (P.N.F.) dont les formations armées sont appelées « Chemises noires ». À l'issue de leur marche sur Rome (oct. 1922), Mussolini est choisi comme Premier ministre par Victor-Emmanuel III et reçoit les pleins pouvoirs (nov.). Après le succès des fascistes aux élections de 1924, il élimine les opposants (assassinat du socialiste Giacomo Matteotti) et se fait octroyer des pouvoirs dictatoriaux (1925). Poursuivant une politique nationaliste qui veut restaurer la grandeur de la Rome antique, Mussolini fait entreprendre à partir de 1927 de grands travaux (assèchement des marais Pontins, industrialisation accélérée...). Il veut également donner à l'Italie un empire colonial. Mais l'opposition des démocraties à la conquête de l'Éthiopie (entreprise en 1935-1936) pousse Mussolini à se rapprocher de l'Allemagne de Hitler, avec laquelle il s'allie pour créer un « axe Rome-Berlin » (1936). Sous l'influence du Führer, Mussolini (désormais appelé le *Duce,* c'est-à-dire le « chef ») engage son pays dans la Seconde Guerre mondiale (juin 1940) aux côtés de l'Allemagne. Devant les échecs militaires, une opposition au sein du parti s'organise, dont les chefs obtiennent du roi la destitution du Duce (juill. 1943). Interné, Mussolini est libéré par une opération audacieuse des parachutistes allemands. Mais la république de Salò, qu'il constitue en Italie du Nord, n'est qu'un État fantoche aux mains des nazis. Quand les Allemands évacuent l'Italie, Mussolini tente de les suivre, mais il est reconnu puis fusillé par des partisans près de Côme (1945).

Transfuge du socialisme, Mussolini s'est emparé du pouvoir en cultivant les déceptions de l'après-guerre et la peur révolutionnaire. Il a mis en place un régime d'essence totalitaire, dont le racisme n'a pas été, comme en Allemagne, l'un des fondements. Sa faiblesse économique et militaire ne lui a heureusement pas permis de réaliser ses ambitions.

Mustafa Kemal ⟶ Atatürk.

mustang [mystɑ̃g] **n.m.** (mot anglo-amér., de l'anc. esp. *mestengo,* sans maître). Cheval sauvage d'Amérique du Nord, capturé pour les rodéos.

musulman, e [myzylmɑ̃, -an] **n.** et **adj.** (de l'ar. *muslim,* croyant, fidèle). Personne qui professe la religion islamique : *Les musulmans d'Espagne. Il est musulman.* ◆ **adj.** Qui appartient à l'islam : *La religion musulmane. Le calendrier musulman.* (⟶ islam.)

mutable [mytabl] **adj.** Susceptible de muter, d'être muté : *Classe de fonctionnaires non mutables.*

mutant, e [mytɑ̃, -ɑ̃t] **n.** et **adj. 1.** Animal ou végétal qui présente des caractères nouveaux par rapport à l'ensemble de ses ascendants. **2.** Être extraordinaire qui, dans les récits de science-fiction, procède d'une mutation, partic. d'une mutation de l'espèce humaine.

mutation [mytasjɔ̃] **n.f.** (lat. *mutatio,* de *mutare,* changer). **1.** Variation, modification dans un groupe, un processus : *Industrie en pleine mutation* (syn. **changement, révolution**). **2.** GÉNÉT. Apparition brusque, dans tout ou partie des cellules d'un être vivant, d'un changement dans la structure de certains gènes, transmis aux générations suivantes si les gamètes sont affectés. **3.** Changement d'affectation d'un employé, d'un fonctionnaire : *Demander sa mutation en province.*

■ Les mutations sont des changements dans la séquence de l'ADN des cellules – ou dans la séquence de l'ARN dans le cas particulier des virus à ARN –, qui ont pour conséquence une modification de l'information génétique plus ou moins importante (parfois invisible). Il existe plusieurs types de mutations d'importance diverse. Elles peuvent toucher une seule base : perte *(délétion)*, remplacement par une autre *(susbstitution)*, *insertion* d'une nouvelle base. Certaines mutations impliquent au contraire plusieurs bases, voire des segments entiers de chromosome ou même un chromosome dans sa totalité.

Le patrimoine génétique peut être altéré à la suite de nombreuses agressions physico-chimiques. Parmi ces *agents mutagènes* (qui provoquent des mutations), souvent cancérigènes, on trouve notamm. les rayons ultraviolets *(UV)*, les rayons X et des substances chimiques comme le benzopyrène et de nombreux solvants. Les modifications de l'ADN peuvent aussi être dues à des erreurs commises par les enzymes chargées de le répliquer lors des divisions cellulaires. En fait, des dommages atteignent en permanence l'ADN, et les cellules de la plupart des êtres vivants possèdent des mécanismes pour le réparer. Ce n'est que lorsque les réparations échouent que la mutation devient permanente. Si elle est présente dans un ovule ou un spermatozoïde, elle devient héréditaire et se transmet à la génération suivante. ■

1. muter [myte] **v.t.** (de *[vin] muet,* fait avec du moût dont on a empêché la fermentation). Arrêter la fermentation alcoolique des moûts en les additionnant d'alcool ou en les soumettant à l'action du gaz sulfureux.

2. muter [myte] **v.t.** (lat. *mutare,* changer). Changer d'affectation, de poste : *Muter un professeur* (syn. **déplacer**). ◆ **v.i.** BIOL. Être affecté par une mutation : *Espèce qui mute.*

mutilant, e [mytilɑ̃, -ɑ̃t] **adj.** Qui entraîne, produit une mutilation : *Gangrène mutilante.*

mutilation [mytilasjɔ̃] **n.f. 1.** Perte partielle ou complète d'un membre ou d'un organe externe : *Les mutilations d'un blessé* (syn. **blessure**). **2.** Retranchement d'une ou de plusieurs parties d'une œuvre d'art : *La mutilation d'une statue* (syn. **dégradation**).

mutilé, e [mytile] **n.** Personne dont le corps a subi une mutilation : *Des mutilés de guerre* (syn. **blessé**).

mutiler [mytile] **v.t.** (lat. *mutilare*). **1.** Infliger une blessure grave qui altère l'intégrité physique de : *Cette machine est dangereuse et a mutilé deux ouvriers* (syn. **estropier**). **2.** Détériorer, détruire partiellement : *Mutiler une statue, un tableau, un monument.*

1. mutin, e [mytɛ̃, -in] **adj.** (de *2. mutin*). LITT. Espiègle ; malicieux : *Un air mutin.*

2. mutin, e [mytɛ̃, -in] **n.** (de *meute,* au sens anc. de « émeute »). Personne qui est en révolte ouverte contre une autorité établie : *Tous les mutins ont été arrêtés* (syn. **insurgé**).

mutiné, e [mytine] **adj.** et **n.** Engagé dans une mutinerie.

se **mutiner** [mytine] **v.pr.** (de *2. mutin*). Refuser collectivement et ouvertement de se soumettre aux ordres de l'autorité (militaire, policière) à laquelle on est assujetti : *Les prisonniers se mutinèrent* (syn. **se soulever**).

mutinerie [mytinri] **n.f.** Action de se mutiner : *La mutinerie a été écrasée dans le sang* (syn. **rébellion, révolte**).

mutisme [mytism] **n.m.** (du lat. *mutus,* muet). **1.** Attitude de celui qui ne veut pas exprimer sa pensée, qui garde le silence : *La presse observe un mutisme complet sur cette affaire* (syn. **silence**). **2.** MÉD. Absence de communication verbale sans lésion organique, en relation avec des troubles psychiques.

mutité [mytite] **n.f.** (du lat. *mutus,* muet). MÉD. Impossibilité de parler, par suite de lésions des centres nerveux ou des organes de la phonation.

Mutsuhito ⟶ **Meiji tenno.**

mutualiser [mytɥalize] **v.t.** Mettre qqch en commun : *Services qui mutualisent leurs ressources informatiques.*

mutualiste [mytɥalist] **adj.** et **n.** Qui appartient à la mutualité, à une mutuelle. ◆ **adj. Société mutualiste,** organisme de droit privé sans but lucratif, offrant à ses adhérents un système d'assurance et de protection sociale.

mutualité [mytɥalite] **n.f. 1.** Système de solidarité entre les membres d'un groupe professionnel à base d'entraide mutuelle. (On dit aussi *mutualisme*.) **2.** Ensemble des sociétés mutualistes : *La mutualité agricole.*

mutuel, elle [mytɥɛl] **adj.** (lat. *mutuus,* réciproque). Qui s'échange entre deux ou plusieurs personnes : *Une mutuelle admiration* (syn. **réciproque**).

mutuelle [mytɥɛl] **n.f.** (de *mutuel*). Société d'assurance mutuelle sans but lucratif.

mutuellement [mytɥɛlmɑ̃] **adv.** De manière réciproque : *S'aider mutuellement* (syn. **réciproquement**).

Muybridge (Edward James Muggeridge, dit **Eadweard),** inventeur britannique (Kingston-on-Thames 1830 - *id.* 1904). Pionnier de la photographie animée, il enregistra les différentes phases du galop d'un cheval (1872-1878), inventa le *zoopraxinoscope* et confirma les vues théoriques de E. J. Marey.

Myanmar ⟶ **Birmanie.**

myasthénie [mjasteni] **n.f.** (de *my[o]-* et *asthénie*). Affection caractérisée par un épuisement progressif et rapide de la force musculaire au cours d'efforts répétés ou prolongés.

Mycale *(bataille du cap)* [479 av. J.-C.], victoire navale des Grecs sur les Perses en mer Égée, en face de Samos.

mycélium [miseljɔm] **n.m.** (lat. scientif. *mycelium*). Appareil végétatif des champignons, formé de filaments (hyphes) souterrains ramifiés, génér. blancs.

Mycènes, village de Grèce, dans le Péloponnèse (nome de l'Argolide) [*Mycéniens*]. Capitale légendaire des Atrides, Mycènes fut, à partir du XVIe s. av. J.-C., le centre d'une civilisation historique, dite *mycénienne.* La ville fut ruinée par l'invasion des Doriens (fin du IIe millénaire). Nombreux vestiges (enceinte, quartiers d'habitations, cercles de tombes, tholos d'Atrée), orfèvrerie et céramiques, témoignant d'une esthétique originale, dégagée de l'influence minoenne.

mycénien, enne [misenjɛ̃, -ɛn] **adj.** et **n.** De Mycènes : *La civilisation mycénienne.* ◆ **mycénien n.m.** La plus ancienne forme connue du grec (appelée aussi *linéaire B*), écrite dans un syllabaire d'origine crétoise déchiffré en 1953.

mycologie [mikɔlɔʒi] **n.f.** (de *myco-* et *-logie*). Étude scientifique des champignons. ◆ **mycologue n.** Nom du spécialiste.

mycoplasme [mikɔplasm] **n.m.** (de *myco-,* et du gr. *plasma,* chose façonnée). Bactérie dépourvue de paroi, dont plusieurs espèces sont pathogènes (agents de pneumopathies et d'infections sexuellement transmissibles).

mycose [mikoz] **n.f.** (de *myc[o]-* et *-ose*). MÉD. Affection provoquée par des champignons parasites. ▸ Les mycoses atteignent la peau, les plis cutanés, les orteils, les ongles, le cuir chevelu ainsi que les viscères.

mycosique [mikozik] **adj.** Relatif à la mycose.

myéline [mjelin] **n.f.** (du gr. *muelos,* moelle). NEUROL. Graisse contenant du phosphore, constitutive de la gaine des fibres du système nerveux central.

myélite [mjelit] **n.f.** (du gr. *muelos,* moelle). Inflammation de la moelle épinière.

myélome [mjelom] **n.m.** (du gr. *muelos,* moelle). Tumeur de la moelle osseuse.

mygale [migal] **n.f.** (gr. *mugalê,* musaraigne). Araignée qui creuse un terrier fermé par un opercule. ▸ Certaines mygales de l'Amérique tropicale atteignent 18 cm de long ; leur morsure est très douloureuse.

Mykerinus ou **Mykérinos,** pharaon de la IVe dynastie (v. 2600 av. J.-C.), constructeur de la troisième pyramide de Gizeh.

myocarde [mjɔkard] **n.m.** (de *myo-,* et du gr. *kardia,* cœur). Ensemble des cellules musculaires cardiaques ; muscle creux formant la partie contractile du cœur.

myopathie [mjɔpati] **n.f.** (de *myo-* et *-pathie*). Atrophie musculaire grave, à évolution progressive. ◆ **myopathe adj.** et **n.** Atteint de myopathie.

■ Les myopathies sont des maladies héréditaires, mais dont le mécanisme exact est mal connu. Les spécialistes utilisent souvent le terme de « dystrophies musculaires », tout en donnant au terme « myopathie » une nouvelle signification très générale (toute maladie des muscles).
Les signes. Il apparaît progressivement une diminution de la force des muscles du squelette, symétrique des deux côtés du corps, prédominant aux racines des membres, qui provoque des déformations de la colonne vertébrale et des difficultés à la marche.
Les diverses formes. Les myopathies se distinguent les unes des autres par le mode de transmission héréditaire, le nombre et la localisation des muscles atteints, l'âge d'apparition de la maladie. Par exemple, la *myopathie de Duchenne* est récessive, liée au sexe (atteignant les garçons), généralisée, et débute dans l'enfance.
Plusieurs recherches sont en cours pour élaborer des traitements reposant sur la thérapie génique. ■

myope [mjɔp] **adj.** et **n.** (bas lat. *myops,* gr. *muôps,* qui cligne des yeux). **1.** Qui est atteint de myopie. **2.** Qui manque de perspicacité, de clairvoyance : *Il faut être myope pour ne pas avoir compris où il voulait en venir.*

myopie [mjɔpi] **n.f.** (gr. *muôpia*). **1.** Anomalie de la vision qui fait que l'on voit troubles les objets éloignés. ▸ La myopie provient d'une trop grande convergence du cristallin, qui forme les images en avant de la rétine ; le port de verres divergents corrige cette anomalie. **2.** Manque de perspicacité : *Sa myopie nous mène droit à la catastrophe* (contr. **clairvoyance**).

myorelaxant, e [mjɔrəlaksɑ̃, -ɑ̃t] **adj.** et **n.m.** (de *myo-,* et *relaxant*). Se dit d'un médicament qui favorise la détente musculaire.

myosotis [mjɔzɔtis] **n.m.** (mot lat., du gr. *muosôtis,* oreille de souris). Plante à fleurs bleues, très petites et élégantes (nom usuel : *oreille-de-souris*). ▸ Famille des borraginacées.

Myrdal (Karl Gunnar), économiste et homme politique suédois (Gustafs, Dalécarlie, 1898 - Stockholm 1987). Il a consacré d'importants travaux à l'écart croissant (le « gap ») qui existe entre les pays riches et les pays pauvres. (Prix Nobel de sciences économiques 1974.)

myriade [mirjad] **n.f.** (du gr. *murias,* dix mille). Quantité innombrable, indéfinie : *Des myriades d'étoiles.*

myriapode [mirjapɔd] **n.m.** (du gr. *murias,* dix mille, et de *-pode*). **Myriapodes,** classe d'arthropodes terrestres présentant de nombreux segments portant chacun une ou deux paires de pattes, ayant une paire d'antennes, des mandibules aptes à broyer et respirant par des trachées. ▸ Les myriapodes sont communément appelés *mille-pattes.*

Myrmidons, anc. peuplade de Thessalie, qui prit part à la guerre de Troie. Les Myrmidons apparaissent dans les poèmes homériques comme les sujets d'Ajax et d'Achille.

Myron, sculpteur grec né en Attique dans le 2e quart du Ve s. av. J.-C., auteur du *Discobole* (copie au musée des Thermes, Rome).

myrrhe [mir] **n.f.** (lat. *myrrha,* mot gr.). Résine odorante fournie par un arbre d'Arabie.

myrte [mirt] **n.m.** (lat. *myrtus,* du gr.). Arbuste à feuillage toujours vert, à fleurs blanches d'une odeur agréable.

myrtille [mirtij] **n.f.** (lat. *myrtillus,* de *myrtus,* myrte). Baie noire comestible, produite par un sous-arbrisseau des montagnes d'Europe et d'Amérique du Nord ; cet arbrisseau. ▸ Famille des éricacées ; genre *Vaccinium.*

Mysie, anc. contrée du nord-ouest de l'Asie Mineure (auj. Turquie), où les Grecs fondèrent des colonies.

Mysore ou **Maisūr,** v. de l'Inde (Karnataka) ; 983 893 hab. dans l'agglomération. Textiles. Anc. capitale de l'État. Palais de style indo-musulman (XIXe s.) devenu musée. Centre de pèlerinage shivaïte.

mystère [mistɛr] **n.m.** (lat. *mysterium,* gr. *mustêrion,* initié). **1.** Ce qui est incompréhensible, caché, inconnu : *Les mystères de la vie* (syn. **énigme**). **2.** Question difficile : *Il y a un mystère là-dessous* (syn. **problème**). **3.** Chose obscure pour le plus grand nombre et accessible seul. aux initiés : *Les mystères de la politique* (syn. **arcanes, coulisses**). *L'informatique n'a plus de mystère pour lui* (syn. **secret**). **4.** THÉOL. Vérité de foi inaccessible à la seule raison humaine et qui ne peut être connue que par une révélation divine : *Le mystère de la Trinité dans la religion catholique.* **5.** LITTÉR. Au Moyen Âge, pièce de théâtre à sujet religieux et où l'on faisait intervenir Dieu, les saints, les anges et le diable. **6. Faire mystère de,** tenir secret : *Elle ne fait pas mystère de sa satisfaction.*

■ LITTÉRATURE ET THÉÂTRE. Le mystère propose une représentation totale de la vie humaine dans ses rapports avec les puissances divines : le surnaturel y côtoie le réalisme le plus trivial. Sa représentation, qui durait plusieurs jours, était le privilège de certaines confréries. La Passion de Jésus était un des sujets traditionnels des mystères, dont le plus célèbre est le *Mystère de la Passion* d'Arnoul Gréban (v. 1450). ■

mystérieusement [misterjøzmɑ̃] **adv.** De façon mystérieuse : *Il a mystérieusement disparu* (syn. **inexplicablement**).

mystérieux, euse [misterjø, -øz] **adj. 1.** Qui contient un sens caché : *Des paroles mystérieuses* (syn. **incompréhensible, sibyllin**). **2.** Difficile à comprendre : *Le monde mystérieux des abîmes sous-marins* (syn. **énigmatique**). **3.** Qui n'est pas divulgué : *Ils se sont rencontrés en un lieu mystérieux* (syn. **secret**). **4.** Se dit de qqn dont on ignore l'identité ou qui s'entoure de mystère : *Un mystérieux visiteur. C'est une femme mystérieuse* (syn. **insaisissable**).

mysticisme [mistisism] **n.m.** (de *mystique*). **1.** Attitude religieuse ou philosophique qui affirme la possibilité d'une union parfaite avec Dieu ou l'Absolu dans la contemplation ou l'extase ; doctrine qui admet la réalité de cette union. **2.** Doctrine ou croyance fondée sur le sentiment religieux ou lui faisant une très grande place.

mystificateur, trice [mistifikatœr, -tris] **adj.** et **n.** Qui aime à mystifier ; auteur d'une mystification.

mystification [mistifikasjɔ̃] **n.f. 1.** Action de mystifier, de tromper qqn : *Être le jouet d'une mystification* (syn. **farce, plaisanterie**). **2.** Ce qui constitue une duperie : *La solidarité universelle est une mystification* (syn. **imposture, supercherie**).

mystifier [mistifje] **v.t.** (de *mystère*) [conj. **9**]. **1.** Abuser de la crédulité de qqn : *Il nous a tous mystifiés* (syn. **duper**). **2.** Tromper en donnant de la réalité une idée séduisante, mais fausse : *Quelques journalistes ont réussi à mystifier l'opinion publique* (syn. **berner, leurrer**). ***Rem.*** À distinguer de *mythifier.*

mystique [mistik] **adj.** (lat. *mysticus,* du gr. *mustikos,* relatif aux mystères). **1.** Qui concerne les mystères de la religion : *Le baptême, naissance mystique.* **2.** Qui appartient au mysticisme : *Les phénomènes mystiques.* ◆ **adj.** et **n. 1.** Qui pratique le mysticisme : *Les auteurs mystiques. Les mystiques chrétiens.* **2.** Qui défend son idéal avec exaltation : *Chaque révolution a ses mystiques* (syn. **illuminé**).

mythe [mit] **n.m.** (bas lat. *mythos,* du gr. « récit »). **1.** Récit mettant en scène des êtres surnaturels, des actions imaginaires,

Antiques, actuels… éternels !

Mettant en scène des personnages imaginaires, les mythes sont des héritages d'époques anciennes et de civilisations lointaines : récits de l'Antiquité grecque (Œdipe, Prométhée, Orphée), romaine (Énée) ou égyptienne (Isis), du Moyen Âge (Tristan et Iseut), voire légendes des Dogon du Mali, etc. Néanmoins, ces récits sont fréquemment revisités par les écrivains des époques ultérieures. En quoi ces thèmes littéraires correspondent-ils aux préoccupations contemporaines de ces auteurs ?

▶ **Pour imiter les Anciens ?** Au XVIIIe s., le théâtre classique recommande de prendre les Anciens pour modèle, en ayant recours notamment aux personnages des mythes. La mythologie grecque est le support d'une religion antique. Mais celle-ci n'a pas plus d'existence dans la France de Louis XIV que dans notre monde actuel. Ainsi, l'histoire d'Iphigénie dans la tragédie homonyme de Racine n'illustre pas une réalité de la société du XVIIe s. C'est le tragique de ce destin individuel, élevé au rang mythique, qui séduit les contemporains du dramaturge :

Je saurai, s'il le faut, victime obéissante,
Tendre au fer de Calchas une tête innocente,
Et respectant le coup par vous-même ordonné,
Vous rendre le sang que vous m'avez donné […]

(Racine, *Iphigénie*, acte IV, scène 4).

Pourtant, ces références servent à construire le modèle d'une jeune fille idéale selon les canons de l'époque : quoique déterminée, Iphigénie, fille du roi Agamemnon, s'incline devant la volonté de son père. Elle comprend le sens de son sacrifice : les dieux réclament sa mort pour que des vents favorables conduisent les vaisseaux grecs sur les côtes ennemies de Troie. Iphigénie, en respectant la volonté divine, doit respecter celle de son père et celle du roi : « Quand vous commanderez, vous serez obéi. / Ma vie est votre bien » (acte IV, scène 4). Ces paroles pourraient être prononcées par n'importe quel héros du XVIIe s. tant elles sont représentatives de la morale de l'époque, sensiblement empruntée à celle des chevaliers du Moyen Âge. Iphigénie, en se donnant la mort, doit révéler sa lignée. Les paroles d'Agamemnon à sa fille sont significatives : « Montrez, en expirant, de qui vous êtes née » (acte IV, scène 4). Ainsi, lorsque l'on est prédestiné à être une « victime obéissante », le fait de lutter contre l'exigence divine serait aussi inutile que de s'opposer à la fatalité : Iphigénie plie devant des puissances qui la dépassent.

▶ **Pour évoquer l'actualité en la transposant ?** Au XXe s., quelques écrivains ont réécrit certains mythes antiques. En s'en inspirant, ils ont fait allusion de manière imagée, symbolique même, à l'époque où ils vivaient. Le recours au mythe leur a permis parfois de contourner la censure. Ainsi, bien après l'*Antigone* de Sophocle, Jean Anouilh écrit, en 1944, sa propre version du mythe. L'héroïne symbolise la résistance à l'usurpation : Créon occupe un trône qui ne lui revient pas et exprime son mépris pour sa nièce Antigone : « Tu es Antigone, tu es la fille d'Œdipe, soit, mais tu as vingt ans et il n'y a pas longtemps encore tout cela se serait réglé par du pain sec et une paire de gifles. » Le « crime » d'Antigone, c'est de vouloir accorder une sépulture à son frère Polynice pour respecter la tradition. Mais, par ce geste sacré, elle s'oppose aux ordres donnés par Créon. Les références antiques servent alors à interpréter la situation présente. Créon semble incarner la figure de l'oppression : « Si le bruit court dans la ville qu'on a recouvert le cadavre de Polynice, vous mourrez tous les trois », menace-t-il en s'adressant aux gardes. Anouilh engage une réflexion sur les choix politiques. C'est le chœur qui, comme dans la tragédie antique, tire la leçon du drame : « Tous ceux qui avaient à mourir sont morts. Ceux qui croyaient une chose, et puis ceux qui croyaient le contraire – même ceux qui ne croyaient rien et qui se sont trouvés pris dans l'histoire sans y rien comprendre. Morts pareils, tous, bien raides, bien inutiles, bien pourris. »

Le mythe apparaît comme un lieu symbolique que chaque siècle choisit pour répondre à ses interrogations. Revisité par la littérature, le cinéma, la peinture ou encore l'opéra, un même mythe peut acquérir, à chaque variante, un sens nouveau. C'est ce qui rend son pouvoir durable. Aujourd'hui, tout concourt à l'actualité des mythes : les forces dominatrices de la nature, l'impuissance de l'homme à maîtriser les conflits, les limites de la science.

Voir aussi : Anouilh ; Cocteau ; Giraudoux.

des fantasmes collectifs ; ensemble de représentations idéalisées d'un personnage, d'un événement historique qui leur donnent une force, une importance particulière : *Les mythes antiques* (syn. **légende**). *Le mythe napoléonien.* **2.** Construction de l'esprit qui ne repose pas sur un fond de réalité : *Sa fortune est un mythe* (syn. **invention**). **3.** Représentation symbolique qui influence la vie sociale : *Le mythe de la réussite* (syn. **illusion, rêve**). ▸ *Dossier page précédente.*

mythifier [mitifje] **v.t.** [conj. **9**]. Donner un caractère de mythe à : *Mythifier l'argent. **Rem.*** À distinguer de *mystifier.*

mythique [mitik] **adj.** Qui concerne les mythes : *Les héros mythiques* (syn. **fabuleux, légendaire**).

mythologie [mitɔlɔʒi] **n.f. 1.** Ensemble des mythes et des légendes propres à un peuple, à une civilisation, à une région : *La mythologie romaine.* **2.** Étude systématique des mythes : *La mythologie comparée.* **3.** Ensemble de croyances se rapportant à la même idée et s'imposant au sein d'une collectivité : *La mythologie du succès.*

mythologique [mitɔlɔʒik] **adj.** Relatif à la mythologie : *Les divinités mythologiques.*

mythologue [mitɔlɔg] **n.** Spécialiste de la mythologie.

mythomane [mitɔman] **n.** et **adj.** Personne qui fait preuve de mythomanie (syn. **fabulateur**).

mythomanie [mitɔmani] **n.f.** (de *mytho-* et *-manie*). Tendance plus ou moins pathologique à l'altération de la vérité et à la fabulation.

Mytilène → Lesbos.

mytiliculture [mitilikyltyr] **n.f.** (du lat. *mytilus,* 2. moule). Élevage des moules. ◆ **mytiliculteur, trice n.** Nom de l'éleveur.

myxomatose [miksɔmatoz] **n.f.** (du gr. *muxa,* morve). Maladie infectieuse du lapin, due à un virus.

myxomycète [miksɔmisɛt] **n.m.** (du gr. *muxa,* morveet *mukês,* champignon). **Myxomycètes,** classe de champignons inférieurs dépourvus de mycélium, formant des masses gélatineuses capables de ramper sur le sol.

N

n [ɛn] **n.m. inv. 1.** Quatorzième lettre (consonne) de l'alphabet. **2. N.**, abrév. de *nord.* / MATH. $\mathbb{N}$, ensemble des nombres entiers naturels : 0, 1, 2, 3...

nabab [nabab] **n.m.** (mot hindi, de l'ar. *nawwāb*, pl. de *naïb*, lieutenant). **1.** Dans l'Inde musulmane, gouverneur ou grand officier de la cour des Moghols. **2.** Homme riche qui fait étalage de son opulence.

Nabatéens, peuple de l'Arabie septentrionale, dont la capitale était Pétra. Leur royaume fut annexé à l'Empire romain en 106, par Trajan.

nabi [nabi] **n.m.** (mot hébr.). **1.** Prophète hébreu. **2.** Artiste membre d'un groupe postimpressionniste de la fin du XIXe s.

■ Le groupe des nabis est constitué à Paris par de jeunes artistes (on compte parmi eux Paul Sérusier, Maurice Denis, Pierre Bonnard, Édouard Vuillard, Paul Ranson ; auxquels s'associent souvent Maillol et Vallotton) qu'influencent à la fois Gauguin et l'école de Pont-Aven, ainsi que l'art des estampes japonaises. Tonalités sourdes, lignes sinueuses, couleurs posées en aplats, humour caractérisent le style nabi, pratiqué pendant une dizaine d'années (1888-1898) par des artistes qui suivront ensuite leur voie personnelle. La plupart accordent une place importante dans leur œuvre à des travaux décoratifs (affiches, décors de théâtre, paravents, céramiques, vitrail, illustrations). ■

Nabokov (Vladimir), écrivain américain d'origine russe (Saint-Pétersbourg 1899 - Montreux, Suisse, 1977). Son œuvre unit à la peinture ironique des obsessions, des ridicules ou des vices d'une époque (*Lolita,* 1955 ; *Ada ou l'Ardeur,* 1969) la réflexion sur cette passion de fixer le passé dans la mémoire ambiguë de l'écriture (*Feu pâle,* 1962).

nabot, e [nabo, -ɔt] **n.** (de *nain* et *bot*). Personne de très petite taille (péjor.) [syn. **nain**].

Nabuchodonosor II, roi de Babylone (605-562 av. J.-C.). La victoire de Karkemish (605) sur les Égyptiens et la prise de Jérusalem (587), dont il déporta les habitants, lui assurèrent la domination de la Syrie et de la Palestine.
Il fit de Babylone, embellie, la métropole du monde oriental.

nacelle [nasɛl] **n.f.** (bas lat. *navicella,* de *navis,* navire). **1.** *LITT.* Petite barque sans mât ni voile. **2.** Panier suspendu à un ballon, où prennent place les aéronautes. **3.** Partie d'un landau, d'une poussette, etc., sur laquelle on couche ou on assied un bébé. **4.** Coque carénée suspendue ou portée par un bras, dans laquelle prend place un ouvrier effectuant certains travaux en élévation.

nacre [nakr] **n.f.** (it. *naccaro,* de l'ar. *naqqâra*). Substance dure, irisée, riche en calcaire, produite par certains mollusques à l'intérieur de leur coquille et utilisée en bijouterie et en tabletterie. ▸ La nacre des coquilles est faite de couches planes, tandis que les perles fines, produites par les coquillages, sont constituées par des couches sphériques et concentriques.

nacré, e [nakre] **adj.** Qui a la couleur, l'apparence de la nacre : *Un teint nacré.*

Nadal (Rafael), joueur de tennis espagnol (Manacor, Majorque, 1986). Il a remporté notamm. sept titres à Roland-Garros (2005 à 2008 et 2010 à 2012), deux à Wimbledon (2008, 2010), un aux Internationaux d'Australie (2009) et un à Flushing Meadow (2010). Il est également champion olympique (titré en 2008).

Nadar (Félix Tournachon, dit**),** photographe et caricaturiste français (Paris 1820 - *id.* 1910). Il photographia les célébrités de son époque *(le Panthéon de Nadar),* réalisa les premières photographies aériennes prises en ballon (1858) et fut l'un des premiers utilisateurs de la lumière artificielle, en 1861, dans les catacombes de Paris.

nadir [nadir] **n.m.** (ar. *nazīr,* opposé [au zénith]). Point de la sphère céleste représentatif de la direction verticale descendante en un lieu donné (par opp. à *zénith*).

Nadjd ou **Nedjd,** anc. émirat, partie de l'Arabie saoudite. V. princ. *Riyad.*

nævus [nevys] **n.m.** (mot lat. « tache »). MÉD. Malformation circonscrite de la peau, plate ou en relief (nom usuel du nævus commun : *grain de beauté*). ***Rem.*** Le pluriel savant est nævi.

Nagasaki, port du Japon (Kyushu) ; 443 469 hab. Chantiers navals. Monuments anciens (XVIIe-XVIIIe s.). La deuxième bombe atomique y fut lancée par les Américains le 9 août 1945 et fit environ 70 000 victimes (près de 36 000 décédées dès 1945).

nage [naʒ] **n.f. 1.** Action, manière de nager : *Le crawl est la nage la plus rapide.* **2.** MAR. Action de ramer. **3. À la nage,** en nageant : *Traverser une rivière à la nage.* / **Nage libre,** style de nage dont le choix est laissé aux concurrents, dans une épreuve de natation. **4. Être en nage,** être couvert de sueur.

nageoire [naʒwar] **n.f.** Organe qui permet à de nombreux animaux aquatiques de se déplacer dans l'eau (poissons, cétacés, tortues, etc.).

nager [naʒe] **v.i.** (lat. *navigare,* naviguer) [conj. **17**]. **1.** Se déplacer à la surface de l'eau ou dans l'eau grâce à des mouvements appropriés : *Apprendre à nager. Les poissons nagent dans l'aquarium.* **2.** Flotter sur un liquide : *Les débris de l'appareil nageaient sur l'eau* (syn. **surnager**). **3.** *FAM.* Être dans l'embarras ; ne pas comprendre : *Je nage dans ce dossier.* **4.** Être plongé dans un sentiment, un état : *Nager dans la joie.* **5.** MAR. Ramer. **6.** *FAM.* **Nager dans un vêtement,** y être trop au large. / **Nager entre deux eaux,** ménager adroitement deux partis opposés. ◆ **v.t.** Pratiquer tel type de nage ou telle épreuve de natation : *Nager le crawl, le 100 mètres.*

nageur, euse [naʒœr, -øz] **n. 1.** Personne qui nage. **2.** MAR. Rameur. **3. Maître-nageur,** v. à son ordre alphabétique. ◆ **adj.** Se dit d'un animal qui nage : *Oiseau nageur.*

Nagoya, port du Japon (Honshu), sur le Pacifique ; 2 263 907 hab. (3 300 082 hab. dans l'agglomération). Métallurgie. Chimie. Sanctuaire shintoïste d'Atsuta. Château reconstruit ; musée d'art Tokugawa.

Nagpur, v. de l'Inde (Maharashtra) ; 2 497 777 hab. dans l'agglomération. Centre industriel.

naguère [nagɛr] **adv.** (de [*il*] *n'*[*y*] *a guère* [*de temps*]). *LITT.* Il y a peu de temps : *Elle était naguère encore pleine d'entrain.*

nahuatl [nawatl] **n.m.** Langue parlée par les Aztèques.

naïade [najad] **n.f.** (lat. *naias, naiadis,* du gr.). [Souvent avec une majuscule]. Nymphe des rivières, des fontaines, des ruisseaux.

naïf, ïve [naif, -iv] **adj.** et **n.** (du lat. *nativus,* naturel). **1.** Confiant et simple par inexpérience ou par nature : *Une jeune fille naïve* (syn. **candide, ingénu**). **2.** D'une crédulité excessive : *Réponse naïve* (syn. **simplet**). *Il me prend pour un naïf* (syn. **niais, nigaud**). ◆ **adj. 1.** *LITT.* D'une grande simplicité, sans artifice : *Les grâces naïves de l'enfance* (syn. **naturel, spontané**). **2.** Se dit d'un art (peinture, princ.) pratiqué par des artistes autodidactes doués d'un sens plastique naturel et ne prétendant pas à l'art savant (académique ou d'avant-garde), et de ces artistes eux-mêmes. ◆ **naïf n.m.** Peintre pratiquant l'art naïf.

nain [nɛ̃], **naine** [nɛn] **adj.** et **n.** (lat. *nanus*). Dont la taille est de beaucoup inférieure à la taille moyenne : *Blanche-Neige et les sept nains* (contr. **géant**). ◆ **adj. 1.** Se dit de végétaux, d'animaux de taille plus petite que la moyenne : *Un chêne nain.* **2. Étoile naine,** étoile de petite dimension et de luminosité moyenne ou faible (on dit aussi *une naine*).

Naipaul (*sir* **Vidiadhar Surajprasad),** écrivain britannique, originaire de la Trinité (Chaguanas 1932). Ses romans évoquent la double impossibilité, pour les Indiens et les Noirs, de l'intégration à la civilisation britannique et du retour aux origines (*Une maison pour Mr. Biswas,* 1961 ; *l'Énigme de l'arrivée,* 1987). [Prix Nobel 2001.]

Nairobi, cap. du Kenya, à 1 660 m d'alt. ; 3 363 130 hab. Aéroport. Université.

naissain [nesɛ̃] **n.m.** (de *naître*). Ensemble des larves nageuses d'huîtres, de moules, avant leur fixation.

naissance [nesɑ̃s] **n.f.** (lat. *nascentia*). **1.** Commencement de la vie indépendante pour un être vivant, au sortir de l'organisme maternel : *Les bébés crient à la naissance* (= à leur venue au monde). **2.** Mise au monde : *Naissance difficile* (syn. **accouchement**). **3.** Enfant qui naît : *Il y aura bientôt une naissance dans la famille. Le nombre des naissances a fortement augmenté dans notre ville.* **4.** Endroit, point où commence qqch, partic. une partie du corps : *La naissance de la gorge.* **5.** Moment où commence qqch : *Naissance du jour* (syn. **commencement**). **6.** Fait pour qqch d'apparaître, de commencer : *La naissance d'une nouvelle théorie* (syn. **apparition, éclosion**). **7. De naissance,** de façon congénitale, non acquise. / **Donner naissance à,** mettre un enfant au monde ; produire qqch : *Cette fausse nouvelle a donné naissance à des commentaires absurdes.* / **Prendre naissance,** avoir son origine ; commencer à exister : *La Seine prend naissance sur le plateau de Langres.*

naissant, e [nesɑ̃, -ɑ̃t] **adj.** Qui naît ; qui commence à être, à paraître : *Une barbe naissante. Le jour naissant.*

naître [nɛtr] **v.i.** (lat. *nasci*) [conj. **92 ;** auxil. *être*]. **1.** Venir au monde : *Enfant qui naît à terme, qui est né hier. Molière naquit à Paris.* **2.** Commencer à exister, à se manifester : *Les conflits naissent d'intérêts opposés* (syn. **découler, résulter**). **3.** Prendre sa source, en parlant d'un cours d'eau. **4. Être né pour,** avoir des aptitudes spéciales pour. / **Faire naître,** provoquer, produire : *Faire naître des difficultés* (= susciter). / *LITT.* **Naître à,** commencer à montrer de l'intérêt pour : *Naître à l'amour* (syn. **découvrir**). / **Ne pas être né d'hier,** être malin, avisé.

naïvement [naivmɑ̃] **adv.** Avec naïveté : *Dire naïvement ce qu'on pense* (syn. **ingénument**).

naïveté [naivte] **n.f. 1.** Simplicité d'une personne qui manifeste naturellement ses idées, ses sentiments : *La naïveté d'un enfant* (syn. **candeur, ingénuité**). **2.** Excès de crédulité : *Être d'une grande naïveté* (syn. **bêtise, niaiserie**).

naja [naʒa] **n.m.** (lat. scientif. *naïa,* du cinghalais). Serpent venimeux d'Asie et d'Afrique (syn. **cobra**) [nom usuel : *serpent à lunettes*].

Nakasone Yasuhiro, homme politique japonais (Takasaki 1918). Premier ministre de 1982 à 1987, il lance un plan de restructuration du capitalisme japonais (privatisation des entreprises publiques, démantèlement des syndicats ouvriers) visant à le maintenir pour longtemps aux premiers rangs mondiaux.

Namib ***(désert du),*** région côtière aride de la Namibie.

Namibie, anc. **Sud-Ouest africain,** État de l'Afrique australe, sur l'Atlantique ; 825 000 km^2 ; 2 303 000 hab. *(Namibiens).* CAP. *Windhoek.* LANGUE : *anglais.* MONNAIES : *dollar namibien* et *rand.*

GÉOGRAPHIE

Une haute muraille, le Grand Escarpement, sépare le désert côtier du Namib (largeur de 150 à 300 km) des hautes terres (plus de 1 350 m) de l'Est, occupant environ 80 % du territoire et s'abaissant doucement vers la cuvette du Kalahari. Parmi les multiples ethnies, les Ovambo sont les plus nombreux (environ 50 % de la population), alors que survivent des minorités aborigènes (Bochiman et Hottentots) ; la population blanche compte environ 50 000 personnes. Le pays est traversé par le tropique, et les pluies sont très modestes dans le Nord-Est (environ 400 mm), domaine cependant de l'élevage bovin. Elles décroissent encore ou disparaissent presque dans le Sud, parcouru par les ovins, en partie des agneaux caraculs, dont les peaux sont exportées. La pêche demeure une ressource appréciable. Le secteur industriel est inexistant en dehors de l'extraction minière (diamants, uranium, argent, or, lithium, cuivre, zinc). Plus de 30 % de la population active est sans emploi. Les principaux projets de développement se situent dans les secteurs de l'agriculture, de la construction et de l'éducation.

HISTOIRE

Le pays est d'abord occupé par les Bochiman et les Hottentots, refoulés par les Bantous (Herero).

1892. L'Allemagne établit un protectorat sur la région, qu'elle baptise Sud-Ouest africain.

1920. L'Union sud-africaine (auj. Afrique du Sud) reçoit de la Société des Nations un mandat sur le pays.

1949. La région est annexée par l'Union sud-africaine.

L'O.N.U. révoque le mandat de l'Afrique du Sud (1966) et entreprend une action visant à promouvoir l'indépendance de la région, rebaptisée Namibie en 1968. Des mouvements nationalistes s'y développent, les uns soutenus par l'Angola et Cuba, les autres par l'Afrique du Sud.

1988. Un accord est signé entre ces trois pays.

1990. La Namibie accède à l'indépendance.

Elle est présidée par Sam Nujoma (1990-2005), puis par Hifikepunye Pohamba (depuis 2005, réélu en 2009).

Namur, v. de Belgique, cap. de la Région wallone et ch.-l. de la *prov. de Namur,* au confl. de la Meuse et de la Sambre ; 110 500 hab. *(Namurois).* Centre administratif et commercial. Université. Citadelle. Église jésuite St-Loup (1621-1645). Musées (archéologie, trésors religieux).

Namur ***(province de),*** prov. du sud de la Belgique ; 3 660 km^2 ; 482 451 hab. ; ch.-l. *Namur.*

nana [nana] **n.f.** (du nom de l'héroïne du roman de É. Zola). *FAM.* **1.** Jeune fille, jeune femme ; femme. **2.** Épouse, compagne : *J'aime bien sa nana.*

Nanchang, v. de Chine, cap. du Jiangxi ; 1 844 253 hab. (2 331 101 hab. dans l'agglomération).

Nancy, ch.-l. du dép. de Meurthe-et-Moselle, sur la Meurthe et le canal de la Marne au Rhin, à 306 km à l'est de Paris ; 107 334 hab. *(Nancéiens)* [284 974 hab. dans l'agglomération]. Évêché. Cour d'appel. Académie (Nancy-Metz) et université. Centre administratif, commercial et industriel (constructions mécaniques, textile, chaussures). – La ville garde d'intéressants monuments : église des Cordeliers (XVe s.), porte de la Craffe (XIVe-XVe s.), palais ducal (début du XVIe s., Musée historique lorrain), cathédrale (XVIIIe s.) ; la place de la Carrière, le palais du Gouvernement et la gracieuse place Stanislas, limitée par des grilles dues au ferronnier nancéien Jean Lamour, sont l'œuvre d'Emmanuel Héré, de Nancy également (milieu du XVIIIe s.). Musée des Beaux-Arts (peinture). Un autre musée est consacré aux maîtres de l'« école de Nancy » (→ **art nouveau**). – Capitale des ducs de Lorraine, Nancy fut convoitée par Charles le Téméraire, qui périt sous ses murs en 1477. Agrandie par Charles III (1588), elle connut une nouvelle période faste sous le roi-duc Stanislas Leszczyński (1738-1766).

nandou [nɑ̃du] **n.m.** (esp. d'Amérique *nandu,* du guarani). Gros oiseau coureur des pampas d'Amérique du Sud, au plumage brun, aux ailes invisibles sous les plumes, aux pattes à trois doigts. ▸ Haut. 1,70 m ; famille des rhéidés.

nanisme [nanism] **n.m.** (du lat. *nanus,* nain). **1.** État d'un individu caractérisé par une taille très petite, du fait d'un trouble de la croissance des cartilages (par opp. à *gigantisme*). **2.** État d'une plante naine.

nankin [nɑ̃kɛ̃] **n.m.** (de *Nankin,* v. de Chine). Tissu de coton, jaune chamois, qui se fabriqua d'abord à Nankin.

Nankin ou **Nanjing,** v. de la Chine centrale, cap. du Jiangsu, port sur le Yangzi Jiang ; 3 624 234 hab. (5 664 951 hab. dans l'agglomération). Métallurgie. Textile. Chimie. – Riches musées. Aux environs, tombeau de l'empereur Ming Hongwu (1381) et falaise des Mille Bouddhas, ensemble monastique rupestre fondé au Ve s. Plusieurs fois capitale, la ville connut son apogée sous les Ming. Le traité de Nankin (29 août 1842) céda Hongkong aux Britanniques et ouvrit certains ports chinois au commerce européen.

nano- préfixe, du lat. *nanus,* nain, gr. *nannos,* qui, placé devant une unité, la divise par 10^9, ou premier élément signifiant « très petit » entrant dans la composition de nombreux mots : *nanomètre, nanoscience, nanoseconde.*

nanotechnologie [nanotɛknɔlɔʒi] **n.f.** (Génér. au pl.). Application de la microélectronique à la fabrication de structures à l'échelle du nanomètre.

Nansen (Fridtjof), explorateur norvégien (Store-Fröen, près d'Oslo, 1861 - Lysaker 1930). Il traversa le Groenland (1888), explora l'Arctique et tenta d'atteindre le pôle Nord en traîneau (1893-1896). Il joua un grand rôle dans les entreprises humanitaires de la S.D.N. et fit établir en 1922 le *passeport Nansen,* qui permettait aux réfugiés de s'installer dans le pays qui l'avait délivré. (Prix Nobel de la paix 1922.)

Nanterre, ch.-l. du dép. des Hauts-de-Seine, dans la banlieue ouest de Paris ; 92 738 hab. *(Nanterriens).* Évêché. Université. École de danse de l'Opéra de Paris (depuis 1987). Hospice. Industries diverses.

Nantes, ch.-l. de la Région Pays de la Loire et du dép. de la Loire-Atlantique, sur la Loire et l'Erdre, à 383 km au sud-ouest de Paris ; 299 682 hab. *(Nantais)* [586 078 hab. dans l'agglomération]. Évêché. Académie et université. L'activité du port est partiellement à la base de la fonction industrielle (métallurgie, industries alimentaires et chimiques, etc.). – Château des ducs de Bretagne, surtout des XVe-XVIe s. (musée d'Histoire de Nantes). Cathédrale en partie du XVe s. Urbanisme du XVIIIe s. Importants musées, dont celui des Beaux-Arts, le musée Dobrée (archéologie, arts du Moyen Âge, arts décoratifs...), le Muséum. – Festival musical (« la Folle Journée »). – Seconde capitale des ducs de Bretagne, qui y résidèrent au XVe s., française en 1491, Nantes atteignit son apogée au XVIIIe s. avec le trafic triangulaire (France-Afrique-Antilles). Elle déclina au cours de la Révolution, pendant laquelle, d'oct. 1793 à févr. 1794, elle fut livrée au régime de terreur imposé par Carrier (« noyades de Nantes »).

Nantes *(édit de),* édit signé par Henri IV à Nantes le 13 avr. 1598, qui définit les droits des protestants en France et mit fin aux guerres de Religion. Du point de vue religieux, les protestants étaient libres de pratiquer leur culte dans deux localités par bailliage et pouvaient également tenir des assemblées. Du point de vue politique, l'État leur accordait des garanties juridiques (tribunaux moitié catholiques, moitié protestants, appelés « chambres mi-parties »), politiques (accès à toutes les charges) et militaires (une centaine de places de sûreté).

Nantes *(révocation de l'édit de)* [18 oct. 1685], édit signé par Louis XIV, à Fontainebleau, qui supprima tous les droits accordés par Henri IV aux protestants. Cette révocation, précédée par des persécutions (dragonnades), entraîna notamm. la démolition des temples et priva la France de 200 000 à 300 000 sujets, qui émigrèrent en Suisse, en Allemagne, en Afrique du Sud, etc.

nanti, e [nɑ̃ti] **adj.** et **n.** Qui ne manque de rien ; qui a de la fortune : *L'égoïsme de certains nantis* (syn. **riche**).

nantir [nɑ̃tir] **v.t.** (anc. fr. *nant,* gage, de l'anc. scand. *nam,* prise de possession) [conj. **32**]. *LITT.* Mettre qqn en possession de qqch : *Nantir ses enfants d'un solide bagage universitaire* (syn. **munir, pourvoir**). ◆ **se nantir v.pr. [de].** *LITT.* Se munir de : *Se nantir d'un vêtement chaud.*

nantissement [nɑ̃tismɑ̃] **n.m.** DR. CIV. **1.** Contrat par lequel un débiteur affecte un bien à la garantie d'une dette. **2.** Bien remis en nantissement.

Nao *(cap de la),* cap d'Espagne, sur la Méditerranée, entre Valence et Alicante.

naos [naɔs] **n.m.** (mot gr.). ANTIQ. **1.** En Grèce, salle centrale du temple, abritant la statue du dieu. **2.** Dans l'Égypte pharaonique, édicule en bois ou en pierre, abritant, au cœur du temple, la statue du dieu.

napalm [napalm] **n.m.** (de *na[phténique]* et *palm[itique],* n. de deux acides). Essence gélifiée utilisée pour le chargement de projectiles incendiaires : *Bombes au napalm.*

naphtaline [naftalin] **n.f.** Antimite composé princ. d'un hydrocarbure aromatique appelé le *naphtalène.*

Napier ou **Neper (John),** *baron* **de Merchiston,** mathématicien écossais (Merchiston, près d'Édimbourg, 1550 - *id.* 1617). On lui doit l'invention des logarithmes (1614), qu'il imagina par la comparaison de deux progressions, l'une arithmétique, l'autre géométrique, après avoir trouvé un moyen de simplifier les calculs numériques par l'emploi de baguettes chiffrées, connues sous le nom de *réglettes de Neper.*

Naples, en it. **Napoli,** v. d'Italie, cap. de la Campanie et ch.-l. de prov., sur le *golfe de Naples* (formé par la mer Tyrrhénienne) et près du Vésuve ; 947 764 hab. *(Napolitains)* [2 348 100 hab. dans l'agglomération]. Université. Port de commerce. Industries métallurgiques, textiles, chimiques et alimentaires. – Castel Nuovo (XIIIe-XVe s.). Nombreuses églises d'origine médiévale. Palais royal (XVIIe-XVIIIe s.). Théâtre San Carlo (1737). Anc. chartreuse de S. Martino (décors baroques ; musée). Galerie de Capodimonte (peinture ; porcelaines...) et Musée national (prestigieuses collections d'art romain provenant de Pompéi et d'Herculanum). – Naples est fondée, au VIIe s. av. J.-C., par des colons grecs. En 326 av. J.-C., elle devient romaine. En 661, elle est capitale d'un duché byzantin. En 1139, elle tombe aux mains des Normands de Sicile, et devient, en 1282, la capitale du royaume de Naples. De 1734 à 1860, les Bourbons d'Espagne – remplacés momentanément par les Français, de 1806 à 1815 – en font un centre culturel brillant.

Naples *(royaume de),* anc. royaume d'Italie, partie péninsulaire du royaume de Sicile, que la dynastie angevine conserva après son expulsion de la Sicile insulaire (1282). Ce royaume est conquis par l'Aragon (1442), déjà en possession de la Sicile insulaire. Après avoir subi l'invasion des armées françaises de Charles VIII et de Louis XII (à partir de 1495), le pays est définitivement rattaché à l'Aragon (1504). Il passera sous la domination des Bourbons en 1734. République Parthénopéenne en 1799, puis de nouveau royaume de Naples, il est confié par Napoléon à Joseph Bonaparte (1806) puis à Murat (1808). Restauré en 1815, Ferdinand IV rétablit l'union avec la Sicile (royaume des Deux-Siciles) en 1816.

napoléon [napɔleɔ̃] **n.m.** (du n. pr.). Pièce d'or française de 20 F, restée en usage jusqu'à la Première Guerre mondiale (syn. **louis**).

napoléonien, enne [napɔleɔnjɛ̃, -ɛn] **adj.** Relatif à Napoléon, à sa dynastie : *L'épopée napoléonienne.*

Napoléon Ier (Ajaccio 1769 - Sainte-Hélène 1821), empereur des Français (1804-1814 et 1815), deuxième fils de Charles Bonaparte et de Letizia Ramolino. Issu de la petite noblesse

corse ralliée à la France, il devient lieutenant d'artillerie en 1785. Jacobin déclaré en 1793, il joue un rôle décisif dans la reprise de Toulon aux royalistes, alliés aux Britanniques, mais il est, un temps, emprisonné après la chute de Robespierre. Grâce à Barras, qu'il aide à réprimer le soulèvement royaliste du 13 Vendémiaire (5 oct. 1795), il est nommé commandant en chef de l'armée d'Italie, peu de jours avant son mariage avec Joséphine de Beauharnais. Dans la brillante campagne d'Italie (1796-1797), qui inaugure sa carrière de stratège, il s'impose aux vétérans ainsi qu'aux dirigeants du Directoire. Le régime préfère l'éloigner en lui confiant le soin d'une expédition (la campagne d'Égypte [1798-1799]) destinée à couper la route anglaise vers l'Inde. Informé des difficultés intérieures et extérieures en France, il rentre à Paris, où il organise avec Sieyès un complot contre le Directoire.
Par le coup d'État du 18 Brumaire, réussi de justesse (nov. 1799), Bonaparte impose au pays le régime du Consulat : Premier consul, puis consul à vie (1802), il rassure la bourgeoisie et stabilise les conquêtes de la Révolution. À l'intérieur, il assure la réconciliation nationale (fin de la chouannerie [févr. 1800], concordat avec le pape [juill. 1801], amnistie aux émigrés [avr. 1802]), réorganise dans un sens centralisateur l'administration, la justice et les finances, fait achever la rédaction du Code civil (Code Napoléon) et relance l'économie. À l'extérieur, il oblige l'Autriche à la paix (traité de Lunéville, 1801) et conclut avec la Grande-Bretagne la paix d'Amiens (1802), qui termine dix ans de guerre en Europe. Le complot royaliste de Cadoudal (1804) lui fournit un prétexte pour se faire confier le titre d'empereur des Français par le Sénat, le pape Pie VII venant le couronner à Paris (déc. 1804).
L'Empire prend très vite des allures monarchiques : réduisant au silence toute forme d'opposition, Napoléon s'entoure d'une nouvelle noblesse et installe les membres de sa famille sur les trônes des pays conquis. Reprenant alors sa politique de conquêtes, il affronte, à la tête de la Grande Armée, les grandes puissances européennes, dont la plus acharnée est la Grande-Bretagne. Ayant triomphé de la troisième et de la quatrième coalition à l'issue de victoires prestigieuses telles que celle d'Austerlitz (1805), il conclut une alliance avec la Russie et met en place le Blocus continental, destiné à ruiner le commerce britannique. Cette décision l'oblige à renforcer sa domination sur l'Europe, et particulièrement sa politique d'annexions. L'Autriche ayant signé la paix de Vienne (1809), il fait dissoudre son mariage avec Joséphine, dont il n'a pas d'enfant, pour épouser en 1810 l'archiduchesse autrichienne Marie-Louise. La naissance d'un fils, le roi de Rome (Napoléon II), en 1811, marque l'apogée de l'Empire.
Napoléon est cependant dès cette époque confronté à des difficultés croissantes : soulèvement national en Espagne (2 mai 1808), crise économique, opposition du clergé après l'emprisonnement du pape (1809). La campagne de Russie constitue un tournant radical : engagée en 1812, elle s'achève par une retraite désastreuse. Napoléon doit alors faire face à une nouvelle coalition, qui lui impose la défaite de Leipzig (1813) et envahit la France. Contraint d'abdiquer une première fois (1814), il est relégué à l'île d'Elbe. Il s'en échappe et réussit, le 20 mars 1815, à reprendre le pouvoir pour cent jours. La bataille de Waterloo (18 juin 1815), qui l'oppose à nouveau à l'Europe coalisée, oblige l'Empereur à abdiquer définitivement. Exilé à l'île de Sainte-Hélène, il dicte ses souvenirs à Las Cases, qui en fait le *Mémorial de Sainte-Hélène* (1823). Ses cendres ont été ramenées en France en 1840 et déposées aux Invalides.
Doté d'une extraordinaire puissance de travail, Napoléon a façonné les institutions juridiques et administratives de la France et rendu au pays une réelle stabilité économique et politique, après dix années d'une révolution dont il a sauvegardé certains acquis, tout en confisquant le pouvoir. Stratège hors pair, il a un temps dominé l'Europe. Mais son ambition démesurée explique en grande partie son échec final.
► *Dossier page suivante.*

Napoléon II (François Charles Joseph **Bonaparte**), fils de Napoléon Ier et de Marie-Louise (Paris 1811 - Schönbrunn 1832). Proclamé roi de Rome lors de sa naissance et reconnu empereur par les Chambres lors de la seconde abdication de Napoléon Ier (1815), il fut emmené à Vienne par sa mère, fut fait duc de Reichstadt (1818) et mourut de tuberculose.

Napoléon III, empereur des Français (Charles Louis Napoléon **Bonaparte**) [Paris 1808 - Chislehurst, Kent, 1873], troisième fils de Louis Bonaparte et d'Hortense de Beauharnais. Après une jeunesse aventureuse en Suisse et en Italie, il tente en 1836 à Strasbourg, en 1840 à Boulogne, de se faire proclamer empereur et de renverser Louis-Philippe. Condamné à la détention perpétuelle, il est enfermé au fort de Ham (Somme), où il élabore une doctrine sociale (*l'Extinction du paupérisme,* 1844) et d'où il s'enfuit pour Londres (1846). Il revient en France après la révolution de 1848, est élu représentant dans plusieurs départements et arrive à la présidence de la République le 10 déc. 1848. Le 2 déc. 1851, il déclare l'Assemblée dissoute et fait réprimer le soulèvement qui se dessine à Paris ; un plébiscite ratifie le coup d'État et lui permet d'instaurer, en s'appuyant sur la Constitution du 14 janv. 1852, un régime autoritaire et centralisé qui, finalement, se transforme en monarchie héréditaire, ratifiée, elle aussi, par plébiscite. Proclamé empereur des Français, le 2 déc. 1852, sous le nom de Napoléon III, il épouse, en 1853, Eugénie de Montijo (⟶ **second Empire**). Prisonnier lors du désastre de Sedan (2 sept. 1870), l'empereur est déclaré déchu le 4 sept. à Paris et emmené en captivité en Allemagne, pays qu'il quitte le 19 mars 1871 pour rejoindre l'impératrice en Angleterre.

napolitain, e [napɔlitɛ̃, -ɛn] **adj.** et **n. 1.** De Naples. **2. Tranche napolitaine,** glace disposée par couches diversement parfumées et servie en tranches.

nappage [napaʒ] **n.m.** Action de napper un mets.

nappe [nap] **n.f.** (lat. *mappa*). **1.** Linge dont on couvre la table pour les repas. **2.** Vaste étendue plane, en surface ou sous terre : *Nappe de pétrole, de brouillard.* **3.** MATH. Portion d'un seul tenant d'une surface courbe. ► Le sommet d'une surface conique la divise en deux nappes.

napper [nape] **v.t.** Recouvrir un mets d'un élément fluide : *Napper une sole de sauce au vin blanc.*

napperon [naprɔ̃] **n.m.** Petite pièce de toile brodée destinée à décorer un meuble ou à le protéger.

Nara, v. du Japon (Honshu) ; 366 528 hab. Première cap. fixe du Japon de 710 à 784, construite sur le modèle chinois de Changan, la capitale des Tang. Nombreux temples dont le *Horyu-ji* abritant des trésors d'art remontant à la période de Nara (VIIe-VIIIe s.), âge d'or de la civilisation japonaise.

Narbada (la), fl. de l'Inde, tributaire de la mer d'Oman, limite entre la plaine indo-gangétique et le Deccan ; 1 290 km.

Narbonnaise, prov. de la Gaule romaine, fondée à la fin du IIe s. av. J.-C. Province impériale (27 av. J.-C.), puis sénatoriale (22 av. J.-C.), elle s'étendait de la région de Toulouse au lac Léman, englobant la Savoie, le Dauphiné, la Provence et le Languedoc.

Narbonnaise en Méditerranée *(parc naturel régional de la),* parc naturel couvrant env. 70 000 ha (Aude).

Narbonne, ch.-l. d'arr. de l'Aude ; 53 469 hab. *(Narbonnais).* Nœud autoroutier. Marché des vins. Raffinage de l'uranium (Malvési). Station balnéaire à *Narbonne-Plage.* Cathédrale gothique de style septentrional, dont seul le chœur a été construit (fin du XIIIe s. - début du XIVe s.). Musées (d'Archéologie, d'Art et d'Histoire...). Important port de mer à l'époque romaine et au Moyen Âge. La modification du cours de l'Aude au XIVe s. mit fin à son activité portuaire.

narcisse [narsis] **n.m.** (de *Narcisse*). Herbe vivace et bulbeuse, aux feuilles allongées, aux fleurs printanières blanches *(narcisse des poètes)* ou jaunes *(jonquille).* ► Famille des amaryllidacées.

Narcisse, personnage de la mythologie grecque. Célèbre pour sa beauté, il fut l'objet de la passion d'un grand nombre d'adoratrices, parmi lesquelles la nymphe Écho ; mais il restait si insensible à celles-ci qu'elles demandèrent vengeance à la déesse Némésis. Un jour, Narcisse, se penchant vers une fon-

Héros révolutionnaire ou despote ?

Entre 1799 et 1815, Napoléon Bonaparte exerce seul le pouvoir en France. Il doit à la Révolution sa prodigieuse ascension et sa mainmise sur une grande partie de l'Europe. Ses conquêtes se sont déroulées dans la continuité de la politique d'expansion révolutionnaire. En France comme en Europe, Napoléon a joué sur l'ambivalence de son personnage : héritier des principes de 1789 et monarque absolu. Quel a été son véritable rôle dans l'histoire des nations européennes ?

▶ **Le propagateur des idées révolutionnaires.** Les armées françaises révolutionnaires se trouvent opposées aux monarchies européennes (Autriche, Prusse, Angleterre, Russie, Piémont) qui ont en haine la France de la Révolution, jugée coupable de la mort de Louis XVI et de la propagation des idées libertaires (Liberté, Égalité, Fraternité).

L'émiettement des peuples (intégrés dans des royaumes ou cantonnés dans des principautés dominées par ces monarchies) favorise le succès des armées françaises. Une grande partie de la population en Belgique (Pays-Bas espagnols) et en Savoie accepte l'annexion à la France. Aux Pays-Bas, dans les États italiens, la Révolution française est bien accueillie par la population ; des « républiques sœurs » y sont créées. Écho des aspirations révolutionnaires dans les pays allemands, l'écrivain Goethe salue les soldats français qui « plantent les arbres de la liberté ». Les armées françaises ont apporté dans leurs « bagages » les principes de 1789 : l'abolition des droits seigneuriaux, la suppression du servage, de la corvée, la fin des privilèges de la noblesse et la disparition des corporations de métiers, qui entravaient le dynamisme de la bourgeoisie.

▶ **L'Empire conquérant.** Mais l'armée française (devenue la Grande Armée de Napoléon depuis 1805) se conduit rapidement en armée d'occupation, donnant raison à Robespierre qui affirmait que les missionnaires armés ne pouvaient apporter la liberté. La Grande Armée vit sur les ressources des régions conquises. Les citadins sont taxés, les récoltes et les bêtes sont réquisitionnées. Les Français accaparent les œuvres d'art, notamment en Italie. Napoléon Ier crée une noblesse d'Empire et distribue des couronnes aux membres de sa famille et à ses fidèles amis. Cela ne l'empêche pas de continuer à édicter des lois visant à abolir les privilèges de la vieille noblesse. Entre 1800 et 1810, les réactions des peuples européens restent nuancées. Le Code civil, que Napoléon impose dans de nombreux pays, confère une rationalité au droit (les lois sont écrites), consolide les acquis de la paysannerie et de la bourgeoisie (égalité devant la loi) et réaffirme les principes d'autorité (celle du père, du patron, des représentants de l'État). Mais le Blocus continental auquel Napoléon soumet l'Angleterre entrave la liberté de commerce dans toute l'Europe et pénalise toutes les classes sociales. La continuation de la guerre contre l'Angleterre puis contre la Russie nécessite toujours plus de combattants européens, souvent enrôlés de force.

▶ **L'éveil des nations opprimées.** En voulant nommer son frère Joseph roi d'Espagne, Napoléon commet sa première grande faute. Les peuples d'Espagne s'unissent dans une lutte pour leur liberté. Cette guerre entre l'armée d'occupation et les patriotes est ponctuée d'atrocités.

L'invasion du territoire russe en 1812 provoque une réaction tout aussi patriotique ; Napoléon, malgré une armée de six cent mille hommes originaires de toute l'Europe, doit se résigner à la terrible retraite de Russie. Cet échec déclenche le soulèvement général des peuples lassés par les horreurs de la guerre et de l'oppression. Le sentiment national allemand s'affirme en s'opposant à la France. C'est finalement une Europe coalisée qui vient à bout de Napoléon en 1814 et en 1815.

Napoléon Ier fut, à l'instar des grands conquérants, l'oppresseur des libertés nationales, le responsable de la mort de nombre de personnes et de la dévastation de contrées. Le grand stratège, bras armé d'une Révolution qui a aboli un Ancien Régime honni, a séduit et continue d'exercer une sorte de fascination. Pourtant s'il a traduit dans les faits de nombreuses conquêtes démocratiques de 1789, il en a remis certaines en cause comme l'abolition de l'esclavage.

Voir aussi : Empire (premier) ; Révolution française.

taine pour s'y désaltérer, fut séduit par sa propre image reflétée dans l'eau et se laissa mourir dans cette contemplation de lui-même. Là où il tomba naquit la fleur qui porte son nom.

narcissique [narsisik] **adj.** Relatif au narcissisme ; qui fait preuve de narcissisme.

narcissisme [narsisism] **n.m.** (du n. de *Narcisse*). Admiration de soi ; attention exclusive portée à soi-même.

narcolepsie [narkɔlɛpsi] **n.f.** (du gr. *narkê*, sommeil, et *lêpsis*, crise, accès). MÉD. Tendance irrésistible au sommeil, se manifestant par accès.

narcose [narkoz] **n.f.** (gr. *narkê*, sommeil). Sommeil artificiel obtenu par administration de médicaments.

narcotique [narkɔtik] **adj.** et **n.m.** (gr. *narkotikos*, qui engourdit). Se dit d'une substance qui provoque le sommeil.

narcotrafic [narkɔtrafik] **n.m.** (de *narcotique* et *trafic*). Trafic de drogue à l'échelle internationale.

narcotrafiquant, e [narkɔtrafikɑ̃, -ɑ̃t] **n.** Personne qui se livre au narcotrafic.

nard [nar] **n.m.** (lat. *nardus*, du gr.). **1.** Graminée aromatique, commune dans les prés. **2.** Nom commun à plusieurs espèces odoriférantes (lavande, ail, valériane).

narguer [narge] **v.t.** (lat. pop. **naricare*, nasiller, du class. *naris*, narine). Braver avec insolence ou mépris : *Cesse de le narguer* (syn. **défier**). *Narguer les autorités, le danger.*

narguilé [nargile] **n.m.** (persan *narguileh*, de *narguil*, noix de coco). Pipe orientale, à long tuyau flexible, dans laquelle la fumée passe par un flacon rempli d'eau parfumée avant d'arriver à la bouche.

narine [narin] **n.f.** (lat. pop. **narina*, class. *naris*). Chacune des deux ouvertures du nez, chez l'homme et chez les mammifères.

Narita, aéroport de Tokyo.

narquois, e [narkwa, -az] **adj.** (mot d'arg., sous l'infl. de *narguer*). Malicieux et moqueur : *Air, sourire narquois* (syn. **railleur, ironique**).

narrateur, trice [naratœr, -tris] **n.** Personne qui narre, qui fait un récit.

narratif, ive [naratif, -iv] **adj.** Qui relève de la narration : *Style narratif.*

narration [narasjɔ̃] **n.f.** (lat. *narratio*). **1.** Récit, exposé détaillé d'une suite de faits : *La narration d'un exploit* (syn. **relation**). **2.** Exercice scolaire qui consiste à faire un récit écrit sur un sujet donné (syn. **rédaction**).

narrer [nare] **v.t.** (lat. *narrare*). *LITT.* Exposer dans le détail : *Narrer une aventure* (syn. **raconter, conter**).

narthex [nartɛks] **n.m.** (mot gr. « férule, cassette »). ARCHIT. **1.** Portique ou vestibule transversal, à l'entrée de certaines églises paléochrétiennes et médiévales, où se tenaient les catéchumènes et les pénitents. **2.** Vestibule fermé de certaines églises.

narval [narval] **n.m.** (dan. *nahrval*) [pl. *narvals*]. Mammifère cétacé des mers arctiques, atteignant 4 m de long, appelé autrefois *licorne de mer* à cause de la longue dent (de 2 à 3 m) que porte le mâle.

NASA (National Aeronautics and Space Administration), organisme américain fondé en 1958, chargé de diriger et de coordonner les recherches aéronautiques et spatiales civiles aux États-Unis.

nasal, e, aux [nazal, -o] **adj.** (du lat. *nasus*, nez). **1.** Du nez ; relatif au nez. **2.** PHON. Se dit d'un phonème pendant l'articulation duquel le voile du palais est abaissé, ce qui permet à l'air expiré de s'écouler, en partie (voyelles nasales) ou totalement (consonnes), à travers les fosses nasales. **3. Fosses nasales,** cavités de la face servant à l'olfaction et livrant passage à l'air pour la respiration.

nasalisation [nazalizasjɔ̃] **n.f.** PHON. Action de nasaliser un son : *La nasalisation d'une voyelle.*

nasaliser [nazalize] **v.t.** PHON. Donner un timbre nasal à une voyelle, une consonne.

Nasdaq [nasdak] **n.m.** (nom déposé ; acronyme de l'anglo-amér. *National Association of Securities Dealers Automated Quotations*). Marché boursier américain créé en 1971 et destiné à de nouvelles sociétés à fort potentiel de croissance, notamm. dans le secteur des technologies de pointe ; indice boursier de ce marché.

naseau [nazo] **n.m.** (lat. *nasus*, nez). Narine de certains animaux comme le cheval ou les ruminants.

nasillard, e [nazijar, -ard] **adj.** Qui nasille ; qui vient du nez : *Voix nasillarde.*

nasillement [nazijmɑ̃] **n.m. 1.** Action de nasiller ; bruit d'une voix, d'un son nasillards. **2.** Cri du canard.

nasiller [nazije] **v.i.** (du lat. *nasus*, nez). **1.** Parler du nez ; émettre un son nasillard : *Ce rhume me fait nasiller.* **2.** Émettre un nasillement, en parlant du canard.

Nassau, cap. des Bahamas ; 254 000 hab. dans l'agglomération.

Nassau *(famille de)*, famille qui s'établit en Rhénanie au XIIe s. et qui se subdivisa en plusieurs branches après 1255 : la *branche de Walram,* dont l'un des rameaux régna sur la Hesse-Nassau ; la *branche ottonienne ;* la *branche d'Orange-Nassau,* issue de la précédente au XVIe s., qui s'illustra à la tête des Provinces-Unies.

nasse [nas] **n.f.** (lat. *nassa*). **1.** Panier conique doté d'une entrée en goulot et se terminant en pointe, duquel le poisson ne peut plus ressortir. **2.** Mollusque gastropode carnassier à coquille des côtes de l'Europe.

Nasser *(lac)*, retenue formée sur le Nil en Égypte (et au Soudan) par le haut barrage d'Assouan.

Nasser (Gamal Abdel), homme d'État égyptien (Beni Mor 1918 - Le Caire 1970). Diplômé de l'Académie militaire, il organise dès 1943 le mouvement des officiers libres, hostiles à la monarchie. En 1952, il réussit le putsch contre le roi Farouk et porte au pouvoir le général Néguib. Après la proclamation de la république (1953), il élimine ses coéquipiers, en particulier les communistes, les Frères musulmans et le général Néguib (1954).
Président de la République (1956), Nasser détient alors tous les pouvoirs. À l'intérieur, il effectue une réforme agraire puis nationalise les banques et les entreprises. À l'extérieur, il pratique une politique de non-alignement, caractérisée par un jeu de bascule entre l'Est et l'Ouest, et affirme le rôle des pays du tiers-monde sur la scène internationale, notamment lors de la conférence afro-asiatique de Bandung (1955). La nationalisation de la Compagnie universelle du canal de Suez (1956) provoque l'offensive israélienne et franco-britannique. Mais l'arbitrage soviéto-américain contraint les Européens au cessez-le-feu et Nasser bénéficie alors d'un grand prestige. En 1957, il met en chantier le haut barrage d'Assouan avec l'aide soviétique. Désireux, par ailleurs, de constituer une vaste fédération arabe, Nasser crée en 1958 la République arabe unie, regroupant jusqu'en 1961 l'Égypte et la Syrie. Nasser subit une défaite devant Israël dans la guerre israélo-arabe de 1967. Il démissionne, mais, acclamé par le peuple, qui refuse son départ, il demeure au pouvoir. Il accepte de concert avec la Jordanie la perspective de négociations de paix avec Israël (1970). Dans le même temps, il reçoit un soutien accru de la part de l'U.R.S.S. Il meurt en sept. 1970.
La doctrine de Nasser, une volonté d'engager la nation arabe dans la voie de l'unité et du développement économique, a joui d'une grande popularité tant au Proche-Orient qu'au Maghreb. En dépit de nombreux échecs, le *raïs* (le président) a su mobiliser la nation arabe.

natal, e, als [natal] **adj.** (lat. *natalis*). Où l'on est né : *Pays natal.*

Natal, anc. colonie britannique, sur la côte sud-est de l'Afrique. Devenue une province de l'Union sud-africaine, puis de l'Afrique du Sud, elle a pris auj. le nom de *Kwazulu-Natal.*

nataliste [natalist] **adj.** Qui vise à favoriser la natalité : *Une politique nataliste.*

natalité [natalite] **n.f.** (de *natal*). Rapport entre le nombre des naissances et celui des habitants d'une région pendant un temps donné : *Pays à forte natalité.* ▸ Le taux de natalité exprime le nombre d'enfants nés vivants par rapport à un groupe moyen de 1 000 habitants.

natation [natasjɔ̃] **n.f.** (lat. *natatio*, de *natare*, nager). **1.** Action de nager, en tant qu'exercice, en tant que sport : *Une championne de natation.* **2. Natation synchronisée** ou **artistique,** ballet nautique comportant un certain nombre de figures notées.

■ **Les styles.** Quatre styles sont reconnus en compétition et, en général, hommes et femmes nagent, séparément, les mêmes distances. La nage libre (c'est-à-dire le crawl, style le plus rapide) comporte le 50, le 100, le 200, le 400, le 800, le 1 500 m et la nage en eau libre, auxquels s'ajoutent des relais 4 x 100 m et 4 x 200 m. Dans la *nage sur le dos,* la *nage papillon* et la *brasse,* ne sont disputées que des épreuves courtes, le 100 et le 200 m pour les deux sexes, qui nagent aussi trois épreuves dans lesquelles se succèdent les quatre styles : la course individuelle de 200 m en changeant de style tous les 50 m, la course individuelle de 400 m en changeant de style tous les 100 m et le relais 4 x 100 m.
Les champions. L'Américain Johnny Weissmuller (qui interpréta Tarzan à l'écran) fut le premier homme, en 1922, à nager le 100 m en moins d'une minute, exploit réédité quarante ans plus tard par une femme, l'Australienne Dawn Fraser (triple championne olympique de la distance). L'exploit réalisé par l'Américain Mark Spitz en 1972 (sept titres aux jeux Olympiques de Munich), longtemps considéré comme le fait le plus retentissant de l'histoire de la natation, a été dépassé par son compatriote Michael Phelps lors des J.O. de Pékin en 2008 (huit titres, dont cinq dans les courses individuelles et trois en relais, assortis de sept records du monde). ■

natatoire [natatwar] **adj. 1.** Qui sert à la nage : *Organe natatoire.* **2. Palette natatoire,** organe caudal de nage de certains crustacés. / **Vessie natatoire,** poche située dans l'abdomen de certains poissons, pleine d'oxygène et d'azote.

natif, ive [natif, -iv] **adj.** et **n.** (lat. *nativus*). **Natif de,** qui est né à ; originaire de : *Il est natif, c'est un natif de Lyon.* ◆ **adj. 1.** LITT. Que l'on a de naissance : *Dispositions natives pour la musique* (syn. **inné**). **2.** MINÉR. Se dit d'un métal existant dans le sol à l'état non combiné.

nation [nasjɔ̃] **n.f.** (lat. *natio, -onis*, de *natus*, né). **1.** Grande communauté humaine, le plus souvent installée sur un même territoire et qui possède une unité historique, linguistique, culturelle, économique plus ou moins forte. **2.** DR. Communauté politique distincte des individus qui la composent et titulaire de la souveraineté.

national, e, aux [nasjɔnal, -o] **adj. 1.** Relatif à une nation ; qui lui appartient : *Hymne national.* **2.** Qui intéresse l'ensemble d'un pays : *Les intérêts nationaux* (par opp. à *régional*, à *local*). **3.** POLIT. Nationaliste : *Les partis nationaux.* **4. Route nationale,** route construite et entretenue par l'État (on dit aussi *une nationale*).

nationalisation [nasjɔnalizasjɔ̃] **n.f.** Transfert à la collectivité nationale de la propriété de certaines entreprises ou de certains moyens de production privés.

nationaliser [nasjɔnalize] **v.t.** Procéder à la nationalisation de.

nationalisme [nasjɔnalism] **n.m. 1.** Doctrine qui affirme la prééminence de l'intérêt de la nation par rapport aux intérêts des groupes, des classes, des individus qui la constituent. **2.** Mouvement politique d'individus qui veulent imposer la prédominance de la nation à laquelle ils appartiennent dans tous les domaines. ◆ **nationaliste adj.** et **n.** Relatif au nationalisme ; qui en est partisan.

■ **Du sentiment national à l'État-nation.** En Europe occidentale, le sentiment national s'est développé avec la mise en place d'États centralisés, engagés dans un processus d'unification territoriale, économique et linguistique, qui s'est réalisé en opposition au régime féodal et à la suite de guerres menées contre d'autres États rivaux, également en voie d'édification. Ainsi, aux allégeances traditionnelles (seigneurie, communauté religieuse) est venue se superposer puis se substituer l'allégeance au souverain, puis à l'État, progressivement considéré comme la représentation de la communauté nationale. Les citoyens d'un État-nation forment un peuple ou un ensemble de populations vivant sur un même territoire et se reconnaissant comme ressortissant essentiellement d'un pouvoir souverain qui émane d'eux et qui les exprime. L'État-nation est devenu l'organisation fondamentale de la vie politique moderne et contemporaine. Il apparaît avec la Restauration anglaise de 1689 et s'affirme avec la Révolution américaine de 1776 et la Révolution française de 1789.
Les mouvements de libération nationale. Au XIXe-XXe s., de nombreux mouvements nationalistes sont menés par des peuples voulant se libérer de la tutelle étrangère qui leur est imposée. Le nationalisme culturel, visant à encourager l'étude de la langue et la production littéraire et artistique de la communauté, précède souvent les revendications politiques dans l'Europe du XIXe s. Les aspirations à la libération nationale sont au cœur des révolutions européennes de 1848, qui se soldent par des échecs. Mais, si les Grecs et les autres peuples balkaniques ont pu se libérer de la tutelle des Turcs Ottomans, les Irlandais partiellement de la domination britannique, si l'Italie et l'Allemagne ont pu réaliser leur unité politique, le principe du droit des peuples à disposer d'eux-mêmes (autodétermination) n'est généralisé en Europe qu'après la Première Guerre mondiale. C'est ce même processus nationaliste qui a amené à nouveau, au début des années 1990, certains peuples européens ou asiatiques à se séparer d'États fédéraux dont ils faisaient partie (U.R.S.S., Yougoslavie, Tchécoslovaquie). Dans les empires coloniaux, le nationalisme anime les mouvements de libération nationale qui ont encadré les luttes pour l'indépendance. Le processus de décolonisation a partout entraîné la formation de nouveaux États-nations dans le tiers-monde.
Le nationalisme réactionnaire. Il existe un autre type de nationalisme, qui a tendance à se développer dans des États dont l'unité politique est depuis longtemps réalisée. Ce nationalisme se réclame des valeurs de la tradition (la famille, la terre, les ancêtres) et de la morale patriotique. Le sentiment national se mobilise alors pour conserver ce qui fait la grandeur de la nation et pour s'opposer à des changements importants. Ce nationalisme, hostile à tout ce qui pourrait porter atteinte à ce qui lui semble être l'essence de la nation, peut devenir xénophobe ou raciste. ■

nationalité [nasjɔnalite] **n.f. 1.** Appartenance juridique d'une personne à la population d'un État : *Avoir une double nationalité.* **2.** État, condition d'un peuple constitué en corps de nation ; cette nation elle-même. **3.** Groupement d'individus de même origine ou partageant une histoire et des traditions communes, mais qui n'est pas constitué en État. **4.** HIST. **Principe des nationalités,** droit à l'indépendance de tout groupe social ayant une origine, une histoire et un mode de vie et de pensée communs, dès lors qu'il occupe un territoire déterminé. ▸ Proclamé par la Révolution française, il joua un rôle essentiel dans l'Europe du XIXe s.

national-socialisme [nasjɔnalsɔsjalism] **n.m. sing.** Doctrine nationaliste, raciste (et, plus partic., antisémite), exposée par Adolf Hitler dans *Mein Kampf* (1923-24) et qui fut l'idéologie politique de l'Allemagne hitlérienne (1933-1945) (syn. **nazisme**).

■ Le national-socialisme trouve ses origines directes dans le pangermanisme de la seconde moitié du XIXe s., auquel il emprunte le thème de la supériorité culturelle et raciale du peuple allemand. Mais il rénove le mythe de la « race aryenne » en lui donnant deux ennemis idéologiques modernes : le libéralisme et le communisme, qui corrompent les nations et dont le peuple juif serait le premier responsable.

L'accession au pouvoir. Créé à Munich en 1920 et dirigé par Hitler, le mouvement national-socialiste bénéficie, après de nombreux revers, de l'exacerbation des sentiments nationalistes provoqués par la rigueur du traité de Versailles, de la division de la gauche et, à partir de 1929, de l'appauvrissement des classes moyennes confrontées à la crise économique. Soutenu par les milieux d'affaires, Hitler accède à la chancellerie en janv. 1933, imposant à l'Allemagne le régime nazi.

L'organisation de l'Allemagne nazie. Le régime se caractérise par l'abolition des partis politiques autres que le parti nazi et par la concentration des pouvoirs dans les mains du Führer, Hitler. L'embrigadement politique des masses par la propagande s'étend à tous les niveaux de la vie sociale, de l'école à l'usine. Le terrorisme d'État sévit par l'intermédiaire des S.S., qui assurent la sécurité intérieure du Reich et ouvrent les camps de concentration, ainsi que de la police secrète d'État (Gestapo), créée en 1936 pour traquer et éliminer les opposants. Les principales victimes du régime sont les socialistes et les communistes, et plus encore les Juifs, à qui les lois de Nuremberg (1935) enlèvent la citoyenneté allemande. La politique économique, fortement dirigiste, permet de résoudre partiellement la crise, par l'intermédiaire d'un programme de grands travaux et par la réorientation de la production vers des buts militaires.

L'Europe hitlérienne. Déterminé à conquérir l'« espace vital » de la nation allemande, le régime nazi remilitarise en effet le pays, qu'il engage dans une politique d'annexions et de conquêtes, à l'origine de la Seconde Guerre mondiale. À partir de 1939, l'Allemagne nazie étend progressivement sa domination sur la majeure partie de l'Europe. Avec l'attaque de l'U.R.S.S., en 1941, s'engage une guerre d'anéantissement contre le « judéo-bolchevisme » et cette même année est décidée l'extermination des Juifs d'Europe (→ génocide). Le national-socialisme se réalise dans la guerre et disparaît avec elle. ■

national-socialiste [nasjɔnalsɔsjalist] **adj.** et **n.** (pl. *nationaux-socialistes*). Qui appartient au national-socialisme (syn. **nazi**).

nationaux [nasjɔno] **n.m. pl.** Citoyens d'une nation (par opp. à *étrangers*).

Nations unies (Organisation des) → **O.N.U.**

nativité [nativite] **n.f.** (lat. *nativitas*). RELIG. CHRÉT. **1.** Anniversaire de la naissance de Jésus, de la Vierge et de Jean-Baptiste. **2.** **(Fête de la) Nativité,** naissance de Jésus ; fête de Noël.

Natoire (Charles), peintre décorateur français (Nîmes 1700 - Castelgandolfo 1777). Il a travaillé à Paris (hôtel de Soubise), au château de Versailles, à Rome (voûte de St-Louis-des-Français) et a donné un cycle de *Don Quichotte* pour la tapisserie.

natte [nat] **n.f.** (bas lat. *natta,* altér. de *matta*). **1.** Tissu de paille ou de joncs entrelacés : *S'asseoir sur une natte.* **2.** Brins de matières diverses que l'on a tressés. **3.** Ensemble de mèches de cheveux entrelacées (syn. **tresse**).

natter [nate] **v.t.** Tresser en natte.

naturalisation [natyʀalizasjɔ̃] **n.f.** **1.** DR. Fait d'octroyer la nationalité d'un État à un étranger ou à un apatride qui la demande. **2.** Acclimatation naturelle et durable des plantes, des animaux dans un lieu qui leur est étranger. **3.** Action de donner à un animal mort l'apparence du vivant, par taxidermie.

naturalisé, e [natyʀalize] **n.** et **adj.** Personne qui a obtenu sa naturalisation.

naturaliser [natyʀalize] **v.t.** (du lat. *naturalis,* naturel). **1.** Donner à un étranger, un apatride, la nationalité d'un État. **2.** Acclimater définitivement. **3.** Conserver un animal par naturalisation.

naturalisme [natyʀalism] **n.m.** (de *1. naturel*). **1.** École littéraire et artistique du XIXe s. qui, par l'application à l'art des méthodes de la science positive, visait à reproduire la réalité avec une objectivité parfaite et dans tous ses aspects, même les plus vulgaires. **2.** PHILOS. Doctrine qui affirme que la nature n'a pas d'autre cause qu'elle-même et que rien n'existe en dehors d'elle.

■ LITTÉRATURE. L'école naturaliste se constitue entre 1860 et 1880 sous la double influence du réalisme et du positivisme. Par leur souci du document vrai, les Goncourt appartiennent déjà au naturalisme. Mais c'est Zola qui incarne la nouvelle esthétique, dont il se fait le théoricien (*le Roman expérimental,* 1880) et le chef de file (cycle romanesque des *Rougon-Macquart,* 1871-1893) : il fonde la vérité du roman sur l'observation scrupuleuse de la réalité et sur l'expérimentation, qui soumet l'individu au déterminisme de l'hérédité et du milieu. *Les Soirées de Médan* (1880), qui autour de Zola rassemblèrent Maupassant, Léon Hennique, Henry Céard, Paul Alexis et Huysmans, forment le manifeste de l'école nouvelle, à laquelle se rattachent A. Daudet, O. Mirbeau, J. Renard, J. Vallès, etc. Le naturalisme s'imposa également au théâtre avec l'œuvre de H. Becque (*les Corbeaux,* 1882) et les mises en scène d'Antoine au Théâtre-Libre. ■

naturaliste [natyʀalist] **n.** (de *1. naturel*). **1.** Personne qui se livre à l'étude des plantes, des minéraux, des animaux. **2.** Personne qui prépare des animaux pour la conservation (syn. **taxidermiste**). ◆ **adj.** et **n.** Relatif au naturalisme ; adepte du naturalisme.

1. nature [natyʀ] **n.f.** (lat. *natura*). **1.** Ensemble des êtres et des choses qui constituent l'Univers : *Les merveilles de la nature.* **2.** Ensemble du monde physique, considéré en dehors de l'homme. **3.** Ensemble de ce qui, dans le monde physique, n'apparaît pas comme transformé par l'homme : *Passer une semaine en pleine nature.* **4.** Ensemble des lois qui paraissent maintenir l'ordre des choses et des êtres : *Rien ne se perd, rien ne se crée, c'est une loi de la nature.* **5.** Ensemble des traits qui constituent la personnalité physique ou morale d'un être humain : *Ce n'est pas dans sa nature de commettre de tels actes* (syn. **tempérament, caractère**). *Une nature fragile* (syn. **santé**). **6.** Ensemble des caractères, des propriétés qui définissent les choses : *Des emplois de toute nature* (syn. **espèce**). **7.** Modèle réel qu'un artiste a sous les yeux : *Peindre d'après nature.* **8.** GRAMM. Classe, catégorie à laquelle appartient un mot. **9.** *VIEILLI.* **Contre nature,** se dit de ce qui est jugé contraire aux lois de la nature, et en partic. de certaines pratiques sexuelles. / **De nature à,** susceptible de, capable de ; propre à : *Cette action est de nature à nous nuire.* / **En nature,** en production du sol ; en objets réels et non en argent : *Cadeaux en nature.* / **Les forces de la nature,** les forces qui semblent animer l'Univers et qui se manifestent notamm. dans les phénomènes météorologiques (tempêtes, orages...), telluriques (éruptions volcaniques, tremblements de terre...), etc. / **Nature humaine,** ensemble des caractères communs à tous les hommes. / *FAM.* **Payer en nature,** accorder ses faveurs en échange d'un service rendu. **10.** BX-A. **Nature morte,** représentation peinte de fruits, de fleurs, de nourritures, de gibier, d'objets divers.

2. nature [natyʀ] **adj. inv.** (de *1. nature*). **1.** Au naturel ; sans addition ni mélange : *Omelette, café nature.* **2.** *FAM.* Naturel, spontané : *Elles sont très nature.*

1. naturel, elle [natyʀɛl] **adj.** (de *1. nature*). **1.** Qui appartient à la nature, qui en est le fait ; qui est le propre du monde physique : *Phénomène naturel* (par opp. à *surnaturel*). **2.** Qui est issu directement de la nature ; qui n'est pas dû au travail de l'homme : *Lac naturel* (par opp. à *artificiel*). *Laine naturelle* (par opp. à *synthétique*). **3.** Qui n'est pas altéré, modifié : *Jus de fruits naturel. Couleur naturelle des cheveux.* **4.** Qui tient à la nature particulière de l'espèce ou de l'individu : *Avoir des dispositions naturelles pour la peinture* (syn. **inné**). **5.** Conforme à l'ordre normal des choses, au bon sens, à la raison : *Il est naturel de s'adresser à lui pour ces négociations* (syn. **normal**). **6.** Qui exclut toute affectation, toute contrainte : *Garder un air naturel* (syn. **spontané, vrai**). **7. C'est (tout) naturel,** c'est bien normal, cela va de soi. / **Mort naturelle,** qui ne résulte ni d'un accident ni d'un meurtre (par opp. à *mort violente*). / *VIEILLI.* **Enfant naturel,** enfant né hors mariage (par opp. à *enfant légitime*). / MATH. **Entier naturel,** chacun des entiers positifs de la suite 0,1, 2, 3, 4, ... / MUS. **Note naturelle,** qui n'est pas altérée par un dièse ou un bémol.

2. naturel [natyrɛl] **n.m.** (de *1. naturel*). **1.** Ensemble des tendances et des caractères qui appartiennent à un individu : *Être d'un naturel jaloux* (syn. **tempérament**). **2.** Absence d'affectation dans les sentiments, les manières : *Manque de naturel* (syn. **simplicité, spontanéité**). **3. Au naturel,** préparé ou conservé sans assaisonnement : *Boîte de thon au naturel.*

naturellement [natyrɛlmɑ̃] **adv. 1.** Par une impulsion naturelle : *Être naturellement gai.* **2.** Par une impulsion instinctive : *Cette idée m'est venue naturellement* (syn. **spontanément**). **3.** Par une conséquence logique : *Naturellement, il n'est pas encore arrivé* (syn. **évidemment**).

naturisme [natyrism] **n.m. 1.** Tendance à suivre de près la nature ; doctrine hygiénique et sportive appliquant cette tendance. **2.** Pratique du nudisme. ◆ **naturiste adj.** et **n.** Qui appartient au naturisme ; qui pratique le naturisme : *Une plage naturiste.*

naufrage [nofraʒ] **n.m.** (lat. *naufragium,* de *navis,* navire, et *frangere,* briser). **1.** Perte d'un bâtiment en mer. **2.** Ruine complète : *Le naufrage d'une entreprise* (syn. **ruine**). **3. Faire naufrage,** couler, disparaître sous les flots, en parlant d'un bateau, de ses passagers, de son équipage.

naufragé, e [nofraʒe] **adj.** et **n.** Qui a fait naufrage.

naufrageur, euse [nofraʒœr, -øz] **n.** Personne qui, par de faux signaux ou d'autres manœuvres, provoquait des naufrages pour s'emparer des épaves.

naumachie [nomaʃi] **n.f.** (lat. *naumachia,* du gr.). Dans la Rome antique, spectacle d'un combat naval ; grand bassin aménagé pour un tel spectacle.

Nauru, atoll de Micronésie, au sud des Marshall, formant un État indépendant depuis 1968 ; 21 km^2 ; 10 000 hab. CAP. *Yaren.* LANGUES : *anglais* et *nauruan.* MONNAIE : *dollar australien.* Son économie a longtemps reposé sur l'exploitation des phosphates (réserves presque épuisées).

nauséabond, e [nozeabɔ̃, -ɔ̃d] **adj.** (lat. *nauseabundus*). Qui cause des nausées : *Odeur nauséabonde* (syn. **infect**).

nausée [noze] **n.f.** (lat. *nausea,* gr. *nautia*). **1.** Envie de vomir : *Avoir des nausées* (syn. **haut-le-cœur**). **2.** *FIG.* Profond dégoût : *Ces actes donnent la nausée* (syn. **écœurement**).

nauséeux, euse [nozeø, -øz] **adj. 1.** Qui souffre de nausées ; provoqué par des nausées : *Se sentir un peu nauséeux. État nauséeux.* **2.** *LITT.* Qui provoque le dégoût moral.

nautile [notil] **n.m.** (lat. *nautilus,* du gr. *nautilos,* matelot). Mollusque céphalopode des mers chaudes, à coquille en forme de spirale et cloisonnée à l'intérieur, et qui existe depuis l'ère primaire. ▸ Diamètre 20 cm.

nautique [notik] **adj.** (lat. *nauticus,* du gr.). **1.** Qui appartient à la navigation ; qui relève du domaine de la navigation : *Aller à un salon nautique.* **2.** Qui concerne les sports pratiqués sur l'eau.

nautisme [notism] **n.m.** Ensemble des sports nautiques comportant notamm. la navigation de plaisance.

Navaho ou **Navajo,** Indiens de l'Amérique du Nord (auj. dans l'Arizona et le Nouveau-Mexique).

navaja [navaxa] **n.f.** (mot esp.). Long couteau espagnol, à lame effilée, légèrement recourbée.

naval, e, als [naval] **adj.** (lat. *navalis,* de *navis,* navire). **1.** Qui concerne la navigation : *Construction navale.* **2.** Relatif aux marines de guerre : *Un combat naval.*

navarin [navarɛ̃] **n.m.** (de *navet,* d'apr. la bataille de *Navarin*). Ragoût de mouton préparé avec des pommes de terre, des navets, des carottes, etc.

Navarin *(bataille de)* [20 oct. 1827], défaite d'une flotte turco-égyptienne devant une escadre anglo-franco-russe au cours de la guerre de l'Indépendance grecque dans la rade de Navarin (Péloponnèse).

Navarre, communauté autonome d'Espagne ; 10 421 km^2 ; 640 129 hab. ; CAP. *Pampelune ;* 1 prov. *(Pampelune).*

Navarre, anc. royaume correspondant auj. à deux régions : la *Basse-Navarre,* ou *Navarre française,* pays de l'anc. France, comprise dans le dép. des Pyrénées-Atlantiques ; la *Haute-Navarre,* ou *Navarre espagnole,* située au N. de l'Espagne et devenue une communauté autonome. La Navarre est à partir du Vᵉ s. un centre de résistance contre les envahisseurs wisigoths, francs puis arabes. Le royaume de Navarre (cap. Pampelune) est fondé au IXᵉ s. Après une domination éphémère sur l'Espagne chrétienne, sous le règne de Sanche III le Grand (v. 1000-1035), il recule devant les empiétements de la Castille et de l'Aragon. Unie à la France en 1284, la Navarre passe ensuite à la maison d'Évreux, dont Charles le Mauvais est un des représentants, à celle de Foix, puis à la maison d'Albret en 1484. Ferdinand II d'Aragon annexe la Haute-Navarre en 1512, tandis qu'Henri IV, héritier de la Basse-Navarre, unit celle-ci à la France, par son accession au trône (1589).

Navas de Tolosa *(bataille de Las)* [16 juill. 1212], victoire des rois d'Aragon, de Castille et de Navarre sur les Almohades, au pied de la sierra Morena (prov. de Jaén). Elle écarta définitivement la menace musulmane et prépara la reconquête de l'Andalousie.

navet [navɛ] **n.m.** (lat. *napus*). **1.** Plante potagère à racine comestible ; cette racine : *Un canard aux navets.* ▸ Famille des crucifères. **2.** *FAM.* Œuvre artistique sans valeur, sans intérêt : *On a vu un navet hier soir au cinéma.*

navette [navɛt] **n.f.** (de *nef,* par analogie de forme). **1.** Pièce de métier à tisser pour porter et faire passer les fils de la trame entre les fils de chaîne d'une étoffe par un mouvement de va-et-vient. **2.** Pièce de la machine à coudre qui renferme la canette. **3.** Véhicule effectuant des liaisons courtes et régulières entre deux lieux : *Prendre la navette pour aller à l'aéroport.* **4.** DR. CONSTIT. Va-et-vient d'une proposition ou d'un projet de loi entre le Sénat et l'Assemblée nationale, en France. **5.** CATH. Petit récipient qui contient l'encens destiné à être brûlé pendant les offices. **6. Faire la navette,** aller et venir de façon continuelle : *Son travail l'oblige à faire la navette entre Paris et Strasbourg.* / ASTRONAUT. **Navette spatiale,** véhicule spatial récupérable, conçu pour assurer la liaison entre la Terre et une orbite basse autour de la Terre.

navigabilité [navigabilite] **n.f. 1.** État d'un cours d'eau navigable. **2.** État d'un navire pouvant tenir la mer, d'un avion pouvant voler : *Certificat de navigabilité.*

navigable [navigabl] **adj.** Où l'on peut naviguer : *Rivière navigable.*

navigant, e [navigɑ̃, -ɑ̃t] **adj.** et **n. Personnel navigant,** personnel appartenant aux équipages des avions.

navigateur, trice [navigatœr, -tris] **n. 1.** Membre de l'équipage d'un navire ou d'un avion, chargé de relever le chemin parcouru et de déterminer la route à suivre. **2.** Personne qui navigue sur mer : *Navigateur solitaire.* ◆ **navigateur n.m.** INFORM. Logiciel qui permet l'affichage de pages Web au format HTML et l'activation de liens hypertextes pour naviguer ; logiciel de navigation.

navigation [navigasjɔ̃] **n.f.** (lat. *navigatio*). **1.** Action de naviguer, de conduire d'un point à un autre un véhicule maritime, fluvial, aérien ou spatial : *La navigation maritime, aérienne.* **2.** Technique de déplacement des véhicules maritimes, aériens ou spatiaux, de la détermination de leur position et de leur route ou de leur trajectoire. **3.** INFORM. Action de naviguer. **4.** INFORM. **Logiciel de navigation,** navigateur.

■ **Navigation aérienne.** Lorsque le pilote voit le sol, il peut se borner à survoler une suite de repères connus ou

identifiés sur la carte : c'est la navigation « à vue », souvent désignée par le sigle anglo-saxon VFR *(Visual Flight Rules)*. En l'absence de visibilité, on utilise le *vol aux instruments* (sigle anglo-saxon IFR, pour *Instruments Flight Rules*) : grâce aux équipements de bord, le pilote peut connaître à chaque instant son orientation (tangage, roulis, lacet) et sa position dans l'espace (utilisation de signaux émis par des satellites de navigation, guidage par inertie). La navigation par inertie a l'avantage de ne nécessiter aucune aide extérieure : elle se fonde sur la mesure de l'accélération de l'avion. Un système de navigation par inertie comporte donc essentiellement trois accéléromètres, montés sur une plate-forme stabilisée par gyroscopes, afin que les axes choisis restent fixes quelles que soient les évolutions de l'avion. De tels systèmes sont également adoptés pour le guidage des engins balistiques et des engins spatiaux.
Navigation maritime. Afin de vérifier que le navire suit la route prévue et, éventuellement, de rectifier celle-ci, le navigateur doit faire le point, c'est-à-dire déterminer à l'aide de divers moyens la position du navire, définie par la latitude et par la longitude, cette dernière étant comptée à partir du méridien international de Greenwich. Sur une sphère (planète), la trajectoire la plus courte entre les points de départ et d'arrivée est l'arc de grand cercle passant par ces points : c'est l'*orthodromie*. Si l'on navigue à cap constant, la route se définit sur une carte (en projection de Mercator) par une ligne droite : c'est la *loxodromie*.
La *navigation par l'estime* permet de déterminer la route et la vitesse du navire entre deux points et en un temps donnés, par l'estimation de la dérive (angle entre le cap et la route effectivement suivie) et compte tenu des vents et des courants.
La *navigation côtière* est réalisée, au voisinage des côtes, par des mesures d'angles relatifs à des objets très visibles : amers (phare, château d'eau, clocher, etc.), sur la côte, balises ou feux (bateaux-feux, bouées lumineuses).
La *navigation astronomique* est fondée sur la détermination simultanée de la hauteur angulaire d'un astre au-dessus de l'horizon et de l'heure de temps universel, la déclinaison et l'angle horaire de l'astre étant fournis par les éphémérides nautiques.
La *navigation radioélectrique* s'effectue à l'aide d'appareils radioélectriques utilisés concurremment avec les autres instruments de navigation. Elle utilise également les signaux émis par des satellites d'aide à la navigation (le système américain GPS/Navstar, le russe Glonass et, prochainement, le système européen Galileo). ■

naviguer [navige] **v.i.** (lat. *navigare*). **1.** Voyager sur l'eau ou dans les airs : *Un bateau qui a beaucoup navigué.* **2.** Faire suivre à un navire ou à un avion une route déterminée : *Le pilote naviguait en direction de Tokyo.* **3.** Se comporter à la mer : *Bateau qui navigue bien.* **4.** INFORM. Passer d'une information à une autre dans un document hypertexte, d'un site à un autre sur Internet (syn. **surfer**). **5. Savoir naviguer,** savoir diriger habilement ses affaires en évitant les obstacles.

navire [navir] **n.m.** (bas lat. **navilium,* du class. *navigium*). Bâtiment ponté, d'assez fort tonnage, destiné à la navigation en pleine mer. ► Ce terme entre dans la formation de mots composés, comme *navire-citerne, navire-hôpital.*

navrant, e [navrɑ̃, -ɑ̃t] **adj. 1.** Qui cause une vive affliction : *C'est navrant, mais nous n'y pouvons rien* (syn. **cruel, poignant**). **2.** Lamentable : *Votre conduite est navrante* (syn. **consternant, déplorable**).

navrer [navre] **v.t.** (d'un anc. scand. **nafarra,* percer). Causer une grande peine, une vive affliction à : *Son échec me navre* (syn. **chagriner**). *Il a pris un air navré pour m'annoncer la nouvelle* (syn. **désoler**).

nazaréen, enne [nazareɛ̃, -ɛn] **adj.** De Nazareth. ◆ **nazaréen n.m.** (Avec une majuscule). Nom donné par les Juifs à Jésus et aux premiers chrétiens.

Nazareth, v. d'Israël, en Galilée ; 71 700 hab. *(Nazaréens).* Jésus y vécut avec sa famille jusqu'au début de son ministère. Église de l'Annonciation (XVIIIe s.).

nazi, e [nazi] **adj.** et **n.** National-socialiste.

nazisme [nazism] **n.m.** National-socialisme.

Ndjamena, anc. **Fort-Lamy,** cap. du Tchad, sur le Chari ; 1 078 640 hab. Université.

N'Dour (Youssou), chanteur sénégalais (Dakar 1959). Pionnier de la world music, il a interprété des titres en ouolof, en français et en anglais. En 2012, il est nommé ministre de la Culture et du Tourisme dans le nouveau gouvernement du Sénégal.

ne [nə] **adv.** (lat. *non*). [*Ne* s'élide en *n'* devant un mot commençant par une voyelle ou un *h* muet]. **1.** Indique une négation dans le groupe verbal, ordinairement accompagné des mots *pas, plus, point, rien, aucun, personne, nul, guère, jamais : Je ne veux pas. Je n'ai jamais pu le savoir.* **2.** Employé seul dans certaines subordonnées n'a aucune valeur négative (le *ne* est alors dit *explétif*) : *Il est plus riche que vous ne le pensiez.* **3. Ne… que…,** indique une restriction : *Il n'y a que vous qui pensiez cela.*

né, e [ne] **adj.** (de *naître*). **1.** [En composition]. De naissance : *Aveugle-né.* **2. Bien né,** d'une famille honorable ou, anc., noble. (V. aussi *naître.*)

Neandertal *(homme de)*, squelette humain, découvert en 1856 en Allemagne, près de Düsseldorf. C'est le premier fossile humain qui ait été reconnu comme différent de l'homme actuel. Les néandertaliens *(Homo neanderthalensis)* ont vécu entre 120 000 et 35 000 av. J.-C. en Europe et au Proche-Orient.

néanmoins [neɑ̃mwɛ̃] **adv.** (de *néant,* en rien, et *moins*). (Marquant une articulation logique). Exprime une opposition, un contraste : *Ce sacrifice est pénible, néanmoins il est nécessaire* (syn. **pourtant, cependant**).

néant [neɑ̃] **n.m.** (lat. pop. *ne gentem,* personne). **1.** Le non-être ; ce qui n'existe pas. **2.** Ce qui n'a pas encore d'existence ou qui a cessé d'être : *Retourner au néant.* **3. Réduire qqch à néant,** l'annihiler. / **Tirer qqn du néant,** l'aider à s'élever dans l'échelle sociale à partir d'une situation misérable.

néantiser [neɑ̃tize] **v.t.** Faire disparaître ; anéantir.

nébuleuse [nebyløz] **n.f.** (de [*étoile*] *nébuleuse,* désignant un amas de pierres cosmiques). **1.** ASTRON. Nuage de gaz et de poussières interstellaires. **2.** Rassemblement d'éléments hétéroclites, aux relations imprécises et confuses : *La nébuleuse des mouvements de pensée dans ce parti politique.* **3.** ASTRON. **Nébuleuse diffuse** ou **à émission,** nébuleuse brillante située à proximité d'étoiles chaudes et qui émet de la lumière. / **Nébuleuse obscure,** nébuleuse riche en poussières interstellaires, qui forme un nuage sombre masquant les astres situés derrière. / **Nébuleuse par réflexion,** nébuleuse brillante qui réfléchit la lumière des étoiles environnantes.

■ On distingue plusieurs types de nébuleuses, qui correspondent à des concentrations de matière interstellaire placées dans des conditions différentes.
Les *nébuleuses diffuses,* les plus froides (de 100 à 200 kelvins [symb. K]) et les moins denses (quelques atomes par cm^3), sont formées surtout d'hydrogène neutre, et appelées, de ce fait, « régions H I ». Au voisinage des étoiles chaudes, sources puissantes de rayonnement ultraviolet, l'excitation du gaz interstellaire engendre des nébuleuses brillantes constituées majoritairement d'hydrogène ionisé, d'où leur nom de « régions H II », dont la température varie de 5 000 à 10 000 K et la densité de 50 à 1 000 atomes par cm^3. Ces nébuleuses se manifestent notamment par l'émission d'une radiation rouge intense. À ce type se rattache, par exemple, la célèbre nébuleuse d'Orion.
Certaines nébuleuses, en revanche, ne se manifestent que par la poussière qu'elles renferment en abondance : tel est le cas des *nébuleuses obscures,* qui absorbent la lumière des astres situés derrière et se détachent en ombres chinoises sur le fond étoilé du ciel.
Formations et disparitions d'étoiles. La formation de nouvelles étoiles s'effectue au cœur d'immenses nuages s'étendant sur plusieurs centaines d'années de lumière et →

constituant des régions à la fois très froides (20 K) et nettement plus denses (de 1 à 10 milliards de particules par cm^3) que le reste du milieu interstellaire. On leur donne le nom de « nuages moléculaires » parce qu'ils renferment un nombre élevé de molécules : près de 150 molécules différentes ont pu être identifiées par les techniques de la radioastronomie.
Certaines nébuleuses sont, au contraire, associées au stade final de l'évolution des étoiles : ainsi, les *nébuleuses planétaires* (ainsi nommées en raison de leur aspect, lorsqu'on les observe avec de petits instruments, qui rappelle celui des planètes), enveloppes gazeuses sphériques éjectées par des étoiles devenues instables, qui se diluent dans l'espace en quelques dizaines de milliers d'années, et les *restes de supernovae,* enveloppes riches en éléments lourds éjectées lors de l'explosion cataclysmique d'étoiles massives et précédées par une onde de choc qui comprime et chauffe le milieu interstellaire. ■

nébuleux, euse [nebylø, -øz] **adj.** (lat. *nebulosus*, de *nebula*, brouillard). **1.** Obscurci par les nuages : *Ciel nébuleux* (syn. **nuageux, voilé**). **2.** Qui manque de précision, de clarté : *Projet nébuleux* (syn. **confus, vague**).

nébulisation [nebylizasjɔ̃] **n.f.** (de *nébuliseur*). Action de nébuliser.

nébuliser [nebylize] **v.t.** Projeter un liquide en fines gouttelettes à l'aide d'un nébuliseur.

nébuliseur [nebylizœr] **n.m.** (de *nébuleux*). Appareil permettant de nébuliser une substance médicamenteuse.

nébulosité [nebylɔzite] **n.f.** (lat. *nebulositas*). **1.** MÉTÉOR. Nuage ayant l'apparence d'une légère vapeur. **2.** En météorologie, fraction de ciel couverte par des nuages à un moment donné : *Nébulosité variable.* **3.** LITT. Manque de clarté : *La nébulosité des idées* (syn. **flou**).

1. nécessaire [nesesɛr] **adj.** (lat. *necessarius*). **1.** Dont on a absolument besoin : *L'eau est nécessaire à la vie* (syn. **essentiel, primordial**). **2.** Dont on ne peut se passer : *Le silence lui est nécessaire pour travailler* (syn. **indispensable**). *L'inscription est nécessaire pour passer le concours* (syn. **obligatoire** ; contr. **inutile**). **3.** Qui se produit inévitablement dans une suite d'événements : *Conséquence nécessaire* (syn. **inéluctable**). **4.** Qui ne peut pas ne pas se produire dans des conditions données, au sein d'un processus donné (par opp. à *contingent*).

2. nécessaire [nesesɛr] **n.m.** (de *1. nécessaire*). **1.** Ce qui est indispensable pour les besoins de la vie : *Manquer du nécessaire.* **2.** Ce qu'il est indispensable de faire : *Faites le nécessaire.* **3.** Boîte, sac, mallette, etc., qui renferme divers objets destinés à un usage précis : *Nécessaire de couture* (syn. **trousse**).

nécessairement [nesesɛrmɑ̃] **adv. 1.** Absolument ; forcément : *Il faut nécessairement que cela soit fait.* **2.** Par une conséquence rigoureuse : *L'entreprise comporte nécessairement des risques* (syn. **fatalement**).

nécessité [nesesite] **n.f. 1.** Caractère de ce qui est nécessaire ; chose ou moyen nécessaire : *La nécessité de gagner sa vie* (syn. **obligation**). **2. De première nécessité,** indispensable à la vie humaine : *Des dépenses de première nécessité.*

nécessiter [nesesite] **v.t.** Rendre nécessaire, indispensable : *Ceci nécessite des explications* (syn. **exiger, réclamer**).

nécessiteux, euse [nesesitø, -øz] **adj.** et **n.** Qui manque des choses nécessaires à la vie (syn. **indigent**).

Neckar (le), riv. d'Allemagne, qui traverse Tübingen, Heidelberg et rejoint le Rhin (r. dr.) à Mannheim ; 367 km.

Necker (Jacques), financier et homme politique d'origine suisse (Genève 1732 - Coppet 1804). Banquier à Paris (1762), où sa femme dirigea un salon fréquenté par les philosophes, il devint, sous Louis XVI, directeur général des Finances (1777). Il souleva l'opposition des parlements et de la Cour en créant des assemblées provinciales chargées d'établir l'impôt et en recourant à l'emprunt. Ayant dénoncé les fortes sommes versées aux courtisans, il dut démissionner (1781), se créant une immense popularité auprès du tiers état. Rappelé en 1788, il ne put rétablir la situation financière et hâta la réunion des états généraux. Son renvoi déclencha les troubles du 14 juill. 1789, au lendemain desquels il fut rappelé. Ne pouvant maîtriser les événements, il quitta le pouvoir en 1790 et s'enfuit en Suisse avec sa fille, Mme de Staël.

nec plus ultra [nɛkplyzyltra] **n.m. inv.** (mots lat. « rien au-delà »). Ce qu'il y a de mieux : *C'est le nec plus ultra en matière de dictionnaire.*

nécrologie [nekrɔlɔʒi] **n.f.** (de *nécro-* et *-logie*). **1.** Liste de personnes notables décédées au cours d'un certain espace de temps : *La nécrologie du mois.* **2.** Notice biographique consacrée à une personne décédée récemment. **3.** Avis de décès dans un journal ; rubrique contenant de tels avis.

nécrologique [nekrɔlɔʒik] **adj.** Relatif à la nécrologie : *Notice nécrologique.*

nécromancie [nekrɔmɑ̃si] **n.f.** (gr. *nekromanteia*). Évocation des morts pour connaître l'avenir.

nécromancien, enne [nekrɔmɑ̃sjɛ̃, -ɛn] **n.** Personne qui pratique la nécromancie.

nécrophage [nekrɔfaʒ] **adj.** (de *nécro-* et *-phage*). Qui se nourrit de cadavres.

nécrophilie [nekrɔfili] **n.f.** Satisfaction des pulsions sexuelles sur un cadavre. ◆ **nécrophile adj.** et **n.** Atteint de nécrophilie.

nécropole [nekrɔpɔl] **n.f.** (gr. *nekropolis*, propr. « ville des morts »). **1.** Vastes lieux de sépultures dans l'Antiquité. **2.** LITT. Grand cimetière.

nécrose [nekroz] **n.f.** (gr. *nekrôsis*). PATHOL. Mort d'une cellule ou d'un groupe de cellules à l'intérieur d'un corps vivant (syn. **mortification**).

nécroser [nekroze] **v.t.** Produire la nécrose de. ◆ **se nécroser v.pr.** Être atteint de nécrose.

nectar [nɛktar] **n.m.** (mot lat., du gr.). **1.** MYTH. GR. Breuvage divin à base de miel, qui procurait l'immortalité à ceux qui en buvaient. **2.** BOT. Liquide sucré plus ou moins visqueux sécrété par un organe des plantes à fleurs. **3.** Boisson à base de jus ou de purée de fruits additionnés d'eau et de sucre : *Nectar d'abricot.* **4.** LITT. Boisson délicieuse.

nectarine [nɛktarin] **n.f.** Pêche à peau lisse dont le noyau n'adhère pas à la chair.

néerlandais, e [neɛrlɑ̃dɛ, -ɛz] **adj.** et **n.** Des Pays-Bas. ◆ **néerlandais n.m.** Langue germanique parlée aux Pays-Bas et en Belgique.

néerlandais *(Empire colonial)*, ensemble des pays et des territoires colonisés par les Hollandais.
1602. Création de la Compagnie des Indes orientales qui se constitue un domaine essentiellement au détriment des Espagnols et des Portugais.
Dès lors, les Hollandais jettent les bases d'un commerce asiatique florissant aux Moluques, en Inde, au Japon et en Malaisie.
1619. Fondation du comptoir de Batavia (auj. Jakarta) en Indonésie.
1621. La Compagnie des Indes occidentales est créée.
1623. Les Hollandais s'installent le long de l'Hudson.
Ils y constituent la Nouvelle Néerlande et fondent la Nouvelle Amsterdam (futur New York).
Dans le nord du Brésil, ils édifient, aux dépens du Portugal, un éphémère empire hollandais, qui s'effondre en 1654.
La Compagnie des Indes occidentales enlève également plusieurs possessions antillaises à l'Espagne (Curaçao, Tobago).
1641. Le comptoir de Malacca est pris aux Portugais.
1652. Fondation du Cap.
1658. Conquête de Ceylan.
À la suite du traité de Breda (1667), les Hollandais abandonnent aux Anglais la Nouvelle Néerlande en échange de la Guyane (Suriname).
1780-1784. Guerre anglo-néerlandaise.

Elle porte un coup fatal à la Compagnie des Indes occidentales, qui disparaît en 1791, et à celle des Indes orientales, supprimée en 1798. Les Pays-Bas prennent alors directement en charge l'administration de leurs colonies.

1814. Les Pays-Bas recouvrent leurs colonies, sauf Le Cap, Ceylan et la Guyane britannique.

1860. Abolition de l'esclavage.

Dès la fin du XIXe s., un mouvement nationaliste apparaît dans les Indes néerlandaises.

1945. À la fin de l'occupation japonaise, les nationalistes indonésiens proclament l'indépendance de leur pays.

1975. Indépendance du Suriname (Guyane néerlandaise).

Neerwinden *(batailles de),* batailles qui eurent lieu à Neerwinden (Brabant). L'une, le 29 juill. 1693, où le maréchal de Luxembourg battit Guillaume d'Orange. L'autre, le 18 mars 1793, où Frédéric de Saxe-Cobourg vainquit Dumouriez, qui dut évacuer la Belgique.

nef [nɛf] **n.f.** (lat. *navis*). **1.** Grand navire à voiles, au Moyen Âge. **2.** Partie d'une église de plan allongé qui s'étend depuis le chœur ou le transept jusqu'à la façade principale ou au narthex ; chacun des vaisseaux susceptibles de composer cette partie.

néfaste [nefast] **adj.** (lat. *nefastus,* opposé à la loi divine). **1.** *LITT.* Marqué par des événements funestes, tragiques : *Journée néfaste* (contr. **faste**). **2.** Qui peut avoir des conséquences fâcheuses : *Influence néfaste* (syn. **nuisible**). **3.** ANTIQ. ROM. Se dit d'un jour où il était défendu par la religion de vaquer aux affaires publiques.

Néfertiti, reine d'Égypte, épouse d'Aménophis IV Akhenaton (XIVe s. av. J.-C.).

nèfle [nɛfl] **n.f.** (bas lat. *mespila,* pl. du class. *mespilum*). **1.** Fruit comestible du néflier. **2.** *FAM.* **Des nèfles !,** rien à faire ! ; pas du tout ! ; pas question !

néflier [neflije] **n.m.** Arbrisseau épineux à l'état sauvage, dont le fruit est la nèfle. ▶ Famille des rosacées.

négateur, trice [negatœr, -tris] **adj.** et **n.** *LITT.* Qui est porté à tout nier, à tout critiquer : *Un esprit négateur.*

1. négatif, ive [negatif, -iv] **adj.** (bas lat. *negativus*). **1.** Qui marque le refus : *Réponse négative* (contr. **positif**). *« Non » est un adverbe négatif* (contr. **affirmatif**). **2.** Dépourvu d'éléments constructifs ; inefficace : *Critique négative* (syn. **stérile**). *Les résultats négatifs d'une conférence internationale* (contr. **positif**). **3. Charge électrique négative,** charge de même nature que celle qu'on développe sur un morceau de verre frotté avec de la soie. **4.** MATH. **Nombre négatif,** nombre inférieur ou égal à zéro. / **Grandeur négative,** grandeur dont le signe est opposé à celui d'une grandeur positive de même nature.

2. négatif [negatif] **n.m.** (de *1. négatif*). Image photographique sur film, où la valeur des tons est inversée.

négation [negasjɔ̃] **n.f.** (lat. *negatio,* de *negare,* nier). **1.** Action de nier qqch : *La négation de l'existence de Dieu* (syn. **dénégation, réfutation**). **2.** Action de rejeter, de ne faire aucun cas de qqch : *La négation chez lui de tout sentiment paternel.* **3.** GRAMM. Mot ou groupe de mots servant à nier, comme *ne, non, pas,* etc. **4. Être la négation de qqch,** être en complète contradiction avec qqch : *Cette mesure est la négation de toute justice.* / LOG. **Négation d'une proposition *p*,** proposition qui résulte de la proposition *p* par l'ajout du connecteur ˥ (« ˥ *p* » se lit « non-*p* »). [˥ *p* n'est vrai que si *p* est faux.] / LOG. **Principe de la double négation,** principe selon lequel, s'il est faux que A soit faux, alors A est vrai.

négationnisme [negasjɔnism] **n.m.** Doctrine niant la réalité du génocide des Juifs par les nazis, et l'existence des chambres à gaz.

négative [negativ] **n.f. Répondre par la négative,** répondre par un refus.

négativement [negativmɑ̃] **adv.** De façon négative.

négativisme [negativism] **n.m. 1.** Attitude de refus systématique, de dénigrement. **2.** PSYCHOL. Ensemble des conduites de refus et d'opposition qui traduisent une rupture du contact avec autrui.

négativité [negativite] **n.f. 1.** Caractère de ce qui est négatif, non constructif. **2.** État d'un corps électrisé négativement.

négligé [negliʒe] **n.m. 1.** État de qqn dont la tenue est négligée. **2.** *LITT.* Léger vêtement féminin d'intérieur.

négligeable [negliʒabl] **adj. 1.** Qui peut être négligé ; dont on peut ne pas tenir compte : *Un détail négligeable* (syn. **infime, insignifiant**). **2. Traiter qqn, qqch comme (une) quantité négligeable,** ne pas tenir compte de leur existence, de leur opinion ; les estimer sans importance.

négligemment [negliʒamɑ̃] **adv.** Avec indifférence.

négligence [negliʒɑ̃s] **n.f.** (lat. *negligentia*). **1.** Manque de soin, d'application, d'exactitude : *Montrer de la négligence dans son travail* (syn. **laisser-aller, relâchement**). **2.** Faute légère ; manque de précision : *Négligence de style.*

négligent, e [negliʒɑ̃, -ɑ̃t] **adj.** et **n.** (lat. *negligens*). Qui montre de la négligence : *Un employé négligent* (contr. **consciencieux**).

négliger [negliʒe] **v. t.** (lat. *negligere*) [conj. **17**]. **1.** Laisser de côté ; omettre de faire : *Négliger ses devoirs* (syn. **manquer à**). **2.** Laisser sans soin : *Négliger sa tenue, sa santé* (contr. **soigner**). **3.** Traiter sans attention : *Négliger ses amis* (syn. **délaisser**). ◆ **se négliger v.pr.** Ne plus prendre soin de sa personne.

négoce [negɔs] **n.m.** (lat. *negotium,* propr. « occupation »). *LITT.* Ensemble des opérations d'un commerçant ; activité commerciale : *S'enrichir dans le négoce* (syn. **commerce**).

négociable [negɔsjabl] **adj.** Qui peut être négocié : *Effet de commerce négociable* (syn. **cessible**).

négociant, e [negɔsjɑ̃, -ɑ̃t] **n.** Personne qui fait le commerce en gros : *Un négociant en vins* (contr. **détaillant**).

négociateur, trice [negɔsjatœr, -tris] **n. 1.** Personne qui est chargée de négocier pour le compte de son gouvernement : *Les négociateurs d'un traité.* **2.** Personne qui sert d'intermédiaire dans une affaire pour favoriser un accord : *Le négociateur d'une vente.*

négociation [negɔsjasjɔ̃] **n.f. 1.** Action de négocier, de discuter les affaires communes entre des parties en vue d'un accord : *La négociation d'un contrat.* **2.** Ensemble de discussions, de pourparlers entre des personnes, des partenaires sociaux, des représentants qualifiés d'États, menés en vue d'aboutir à un accord sur les problèmes posés : *Négociations sur le désarmement* (syn. **pourparlers**). *Régler un conflit par voie de négociation* (syn. **discussion**). **3.** Transmission des effets de commerce : *La négociation d'une traite.*

négocier [negɔsje] **v.t.** (lat. *negotiari*) [conj. **9**]. **1.** Discuter en vue d'un accord : *Négocier un traité de paix.* **2.** Monnayer un titre, une valeur. **3. Négocier un virage,** manœuvrer pour le prendre dans les meilleures conditions. ◆ **v.i.** Engager des pourparlers en vue de régler un différend, de mettre fin à un conflit ou de conclure un accord : *Négocier avec l'ennemi* (syn. **parlementer, traiter**).

1. nègre, négresse [nɛgr, negrɛs] **n.** (esp. ou port. *negro,* noir). **1.** Personne dont la peau est foncée. ***Rem.*** L'utilisation fréquente de ce mot dans des contextes racistes lui fait génér. préférer le terme neutre *Noir.* **2.** Autref., esclave noir : *Les nègres d'une plantation.* **3. Nègre blanc,** albinos appartenant à une population de couleur foncée. / *FAM.* **Travailler comme un nègre,** travailler très dur, sans relâche. ◆ **nègre n.m.** *FAM.* Personne qui prépare ou rédige anonymement, pour qqn qui le signe, un travail littéraire, artistique ou scientifique.

2. nègre [nɛgr] **adj.** (même étym. que *1. nègre*). **1.** Qui appartient aux Noirs, à la culture des Noirs : *Musique nègre.* **2. Art nègre,** art de l'Afrique noire considéré en tant que source

A B C D E F G H I J K L M N O P Q R S T U V W X Y Z

d'inspiration, au XXe s., de certains courants de l'art occidental (fauvisme, cubisme, expressionnisme). [On dit aussi *art négro-africain.*]

Nègrepont → **Eubée.**

négrier, ère [negrije, -ɛr] **adj.** Relatif à la traite des Noirs : *Navire négrier.* ◆ **négrier n.m. 1.** Personne qui faisait la traite des Noirs. **2.** Navire qui servait à ce commerce. **3.** FIG. Employeur, patron qui traite ses employés comme des esclaves.

négrillon, onne [negrijɔ̃, -ɔn] **n.** FAM. **1.** Enfant noir. **2.** Enfant très brun de teint.

négritude [negrityd] **n.f.** Ensemble des valeurs culturelles et spirituelles des Noirs ; prise de conscience de l'appartenance à cette culture spécifique. ▸ Le terme est apparu peu avant 1935, notamm. sous la plume de Léopold Sédar Senghor et d'Aimé Césaire.

Negro *(río)*, riv. de l'Amérique du Sud, affl. de l'Amazone (r. g.) ; 1 784 km.

négro-africain, e [negrɔafrikɛ̃, -ɛn] **adj.** (pl. *négro-africains, es*). Relatif aux Noirs d'Afrique : *Langues négro-africaines. Art négro-africain* (= art nègre).

négroïde [negrɔid] **adj.** et **n.** Qui rappelle les caractéristiques morphologiques des Noirs, notamm. les caractéristiques du visage : *Traits négroïdes.*

Negros, île des Philippines, au nord-ouest de Mindanao ; 13 000 km^2 ; 4 101 670 hab.

negro spiritual [negrospiritwol] **n.m.** (mot anglo-amér.) [pl. *negro spirituals*]. Chant religieux des Noirs d'Amérique, d'inspiration chrétienne, en langue américaine (syn. **gospel**).

Néguev, région désertique du sud d'Israël, débouchant sur le golfe d'Aqaba. Cultures irriguées.

négus [negys] **n.m.** (éthiopien *negûs*, roi). Titre des souverains d'Éthiopie.

Nehru (Jawaharlal), homme politique indien (Allahabad 1889 - New Delhi 1964). Avocat, disciple de Gandhi, président du Congrès national indien à partir de 1929, il fut l'un des artisans de l'indépendance de l'Inde. Premier ministre (1947-1964), il devint l'un des principaux dirigeants du mouvement des non-alignés et joua un rôle important lors des conférences internationales telles que celle de Bandung (1955). Son prestige et sa popularité furent atteints par la défaite de l'Inde devant la Chine (1962).

neige [nɛʒ] **n.f.** (de *neiger*). **1.** Eau congelée qui tombe des nuages en flocons blancs et légers. **2.** La montagne l'hiver ; les sports d'hiver : *Aller à la neige.* **3. Neige carbonique,** anhydride carbonique solidifié. **4. Neiges permanentes,** neiges amoncelées dans les parties les plus élevées des massifs montagneux, qui peuvent donner naissance aux glaciers (on dit impropr. *neiges éternelles*). **5.** CUIS. **En neige,** se dit de blancs d'œufs battus jusqu'à former une mousse blanche et consistante : *Monter des blancs en neige.* / **Œufs à la neige,** blancs montés en neige, cuits dans du lait ou pochés à l'eau, et servis sur une crème anglaise.

neiger [neʒe] **v. impers.** (lat. pop. **nivicare*, class. *nivere*, de *nix, nivis*, neige) [conj. **23**]. Tomber, en parlant de la neige.

Neiges *(piton des)*, point culminant de l'île de La Réunion ; 3 069 m.

neigeux, euse [neʒø, -øz] **adj. 1.** Couvert de neige : *Cimes neigeuses.* **2. Temps neigeux,** état de l'atmosphère caractérisé par des chutes de neige.

Nelson (Horatio, *vicomte*), *duc* **de Bronte,** amiral britannique (Burnham Thorpe 1758 - en mer 1805). Vainqueur des Français à Aboukir (1798), il fut nommé commandant de la flotte de Méditerranée (1803) et remporta une victoire totale à Trafalgar, où il fut tué.

nem [nɛm] **n.m.** En cuisine vietnamienne, petite crêpe de riz fourrée de soja, de viande, de vermicelle, roulée et frite.

nématode [nematɔd] **n.m.** (du gr. *nêmatôdes*). **Nématodes,** embranchement de vers cylindriques et effilés, vivant dans le sol, où ils pullulent, et dont quelques espèces sont parasites de l'homme et des mammifères.

némerte [nemɛrt] **n.m.** ou **n.f.** ou **némertien** [nemɛrsjɛ̃] **n.m.** (du grec *Nêmertês*, la Véridique, nom de l'une des Néréides de la mythologie grecque). **Némertes,** embranchement en forme de long et fin ruban parfois replié en pelote, à courte trompe protractile, vivants enfouis dans la vase des littoraux, appelés aussi *vers rubanés.*

Némésis, déesse grecque de la Vengeance qui, selon une version de la mythologie, se changea en oie pour échapper aux poursuites de Zeus. Celui-ci se métamorphosa en cygne et parvint à s'unir à elle. Némésis pondit un œuf que des bergers donnèrent à Léda et dont sortirent Hélène, Clytemnestre et les Dioscures. Némésis est la puissance chargée, comme les Érinyes, de châtier le crime, mais, le plus souvent, d'abattre la « démesure » dont fait preuve un mortel. Némésis avait un sanctuaire célèbre à Rhamnonte, en Attique.

Nemrod, personnage légendaire présenté par le livre biblique de la Genèse comme « vaillant chasseur devant l'Éternel ». Il serait la transposition d'un dieu babylonien de la Chasse et de la Guerre, Ninourta.

nénuphar [nenyfar] **n.m.** (lat. médiév., de l'ar. *nīnūfar*). Plante aquatique, souvent cultivée dans les pièces d'eau pour ses larges feuilles flottantes et pour ses fleurs blanches, jaunes ou rouges. ▸ Famille des nymphéacées.

néo-calédonien, enne [neɔkaledɔnjɛ̃, -ɛn] **adj.** et **n.** (pl. *néo-calédoniens, ennes*). De la Nouvelle-Calédonie.

néoclassicisme [neɔklasisism] **n.m. 1.** Tendance artistique et littéraire de la fin du XVIIIe s. et du début du XIXe, qui s'est appuyée sur les exemples de l'Antiquité classique ou du classicisme du XVIIe s. **2.** Tendance à revenir à un certain classicisme, par réaction contre les audaces d'une période antérieure.

néoclassique [neɔklasik] **adj.** Qui appartient au néoclassicisme.

néocolonialisme [neɔkɔlɔnjalism] **n.m.** Politique menée par certains pays développés, visant à instituer, sous des formes nouvelles, leur domination sur les États indépendants du tiers-monde naguère colonisés. ◆ **néocolonialiste adj.** et **n.** Relatif au néocolonialisme ; qui en est partisan.

néolithique [neɔlitik] **n.m.** (de *néo-* et du gr. *lithos*, pierre). PRÉHIST. Phase du développement technique des sociétés préhistoriques (pierre polie, céramique), correspondant à leur accession à une économie productive (agriculture, élevage). ◆ **adj.** Relatif au néolithique.

■ **Un profond changement socio-économique.** Le terme néolithique fait référence à l'âge de la pierre polie : en effet, l'usage de cette technique se répand à cette époque, même si on en trouve des traces dès la fin du paléolithique. Cependant, le néolithique est surtout défini par le fait que l'homme abandonne progressivement le statut de chasseur-cueilleur pour adopter une *économie de production :* il produit son alimentation par le biais de l'élevage et de l'agriculture, même s'il complète encore les mauvaises récoltes avec les produits de la nature. Les processus de ce changement de mode de vie ont été un phénomène mondial très progressif, extrêmement varié dans son calendrier.

La sédentarisation avant l'agriculture. On a longtemps pensé que l'homme s'était sédentarisé après avoir inventé l'agriculture. Or, on sait désormais qu'au Moyen-Orient, la sédentarisation a précédé le développement de l'agriculture. Dans la zone appelée *Croissant fertile*, les ressources étaient en effet suffisamment abondantes (céréales sauvages, légumineuses et gibier) pour assurer la subsistance des groupes humains toute l'année. Ce n'est qu'ensuite que les cueilleurs ont commencé à protéger les plantes dont ils consommaient les graines, puis à semer celles-ci, devenant ainsi des agriculteurs (vers 8500 av. J.-C.) faisant pousser les premiers blés cultivés, puis d'autres graminées et des légumineuses. Les animaux les plus faciles à approcher sont aussi progressivement domestiqués.

Un nouveau mode de vie. Les hommes sédentaires ont d'abord habité des huttes rondes isolées, puis les ont réunies en villages plus ou moins grands. La plus ancienne agglomération dont on ait mis au jour des traces est Jéricho (dans la Cisjordanie actuelle), qui avait déjà un mur d'enceinte vers 9000 av. J.-C. Plus tard, les maisons deviennent carrées, ce qui permet de les construire plus grandes. La « ville » de Çatal Höyük (en Turquie), fondée vers 7000 av. J.-C., est à maisons carrées. Elle s'étend sur au moins 12 ha et abrite plusieurs milliers d'habitants (des agriculteurs et des éleveurs). On y circule sur les toits-terrasses, car il n'y a pas de rues.

Pour conserver les aliments et les cuire, la technique de la céramique se développe. Elle s'accompagne d'autres innovations, comme le métier à tisser, la roue, les différents fourneaux et bientôt les prémices de la métallurgie. On stocke les surplus de graines. Des guerriers sont chargés de défendre le territoire et les récoltes. Les fortifications se multiplient.

Plusieurs foyers de diffusion. La *néolithisation,* reflet d'une nouvelle attitude de l'homme face à la nature, s'est diffusée à partir de plusieurs foyers, dont les principaux sont situés en Amérique centrale (vallée de Tehuacán), dans le Sud-Est asiatique (en Thaïlande), en Chine (Yangshao) et au Moyen-Orient, dans le Croissant fertile. C'est là que l'on trouve les plus anciens indices de néolithisation avec, notamment, des traces d'une activité agricole volontaire remontant à 10 500 ans. Ces pratiques se sont ensuite diffusées dans toute l'Europe. Dans les Balkans, c'est vers le VIe millénaire qu'apparaissent les premiers éleveurs et agriculteurs, qui se répandent au cours du Ve millénaire vers l'ouest. Dans la zone atlantique surgissent les mégalithes. À la fin du néolithique, au Proche-Orient, vers 3300 av. J.-C., l'homme découvre l'écriture : l'histoire commence. ■

néolithisation [neɔlitizasjɔ̃] **n.f.** PRÉHIST. Passage des sociétés préhistoriques du stade de la prédation à celui d'une économie de production, marqué par l'apparition de l'agriculture et de l'élevage, et par la sédentarisation.

néologie [neɔlɔʒi] **n.f.** LING. Ensemble des processus de formation des néologismes, comme la dérivation, la composition, l'emprunt, etc.

néologique [neɔlɔʒik] **adj.** Relatif à la néologie ou aux néologismes : *Une formation néologique.*

néologisme [neɔlɔʒism] **n.m.** (de *néo-* et du gr. *logos,* parole). Mot ou expression de création ou d'emprunt récents ; sens nouveau d'un mot ou d'une expression existant déjà dans la langue.

néon [neɔ̃] **n.m.** (du gr. *neon,* nouveau). **1.** Gaz rare de l'atmosphère. ▸ Symb. Ne ; densité 0,7. **2.** Éclairage par tube fluorescent ; le tube lui-même : *Changer un néon.*

néonatal, e, als [neɔnatal] **adj.** Relatif au nouveau-né : *Médecine néonatale. Mortalité néonatale.*

néonazi, e [neɔnazi] **adj.** et **n.** Relatif au néonazisme ; partisan du néonazisme.

néonazisme [neɔnazism] **n.m.** Mouvement d'extrême droite dont le programme s'inspire du nazisme.

néophyte [neɔfit] **n.** (lat. ecclés. *neophytus,* du gr.). **1.** Dans l'Église ancienne, nouveau baptisé. **2.** Adepte récent d'une doctrine, d'un parti.

néoplasie [neɔplazi] **n.f.** PATHOL. Formation pathologique de tissu nouveau chez un être vivant.

néoplatonicien, enne [neɔplatɔnisjɛ̃, -ɛn] **adj.** et **n.** Qui appartient au néoplatonisme.

néoplatonisme [neɔplatɔnism] **n.m. 1.** Système philosophique qui naît à Alexandrie (IIIe s.) et qui renouvelle le système platonicien en y adjoignant des éléments mystiques. **2.** Tout système inspiré du platonisme.

Néoprène [neɔprɛn] **n.m.** (nom déposé). Caoutchouc synthétique thermoplastique : *Colle au Néoprène.*

néoréalisme [neɔrealism] **n.m. 1.** Mouvement cinématographique né en Italie au lendemain de la Seconde Guerre mondiale. **2.** Tendance, dans les arts plastiques du XXe s., à renouer avec la figuration réaliste (par opp. à *cubisme,* à *abstraction,* etc.). ◆ **néoréaliste adj.** et **n.** Qui appartient au néoréalisme : *Le cinéma néoréaliste.*

néoténie [neɔteni] **n.f.** (de *néo-* et du rad. gr. *ten-,* étendre). BIOL. Coexistence, chez un animal, de caractères larvaires et de l'aptitude à se reproduire, comme chez l'axolotl.

Népal, État d'Asie, au nord de l'Inde ; 140 000 km² ; 27 797 000 hab. *(Népalais).* CAP. *Katmandou.* LANGUE : *népalais.* MONNAIE : *roupie népalaise.*

GÉOGRAPHIE

Du N. au S. se succèdent le haut Himalaya, où plus de 250 sommets dépassent 7 000 m (dont l'Everest, le Makalu, le Dhaulagiri, l'Annapurna), le moyen Himalaya, qui regroupe dans son étage tempéré l'essentiel de la population, et les plaines forestières du Terai, en partie défrichées et cultivées. La population (encore largement analphabète), composée d'une multitude d'ethnies, vit presque exclusivement d'agriculture (riz, maïs et blé) et d'élevage (bovins et volailles) sous un climat plus humide à l'est qu'à l'ouest. Le potentiel hydroélectrique est considérable, mais peu exploité. L'infrastructure routière s'est développée, partiellement en liaison avec le tourisme.

HISTOIRE

Les Newar de la vallée de Katmandou adoptent la civilisation indienne entre le IVe et le VIIIe s. Le reste du pays, sauf les vallées du Nord, occupées par des Tibétains, est colonisé par des Indo-Népalais à partir du XIIe s.

1744-1780. La dynastie de Gorkha unifie le pays.

1816. Elle doit accepter une sorte de protectorat de la Grande-Bretagne.

1923. La Grande-Bretagne reconnaît formellement l'indépendance du Népal.

1951. Le roi Tribhuvana Bir Bikram rétablit l'autorité royale détenue depuis plus d'un siècle par une dynastie de Premiers ministres.

1955-1972. Règne de Mahendra Bir Bikram.

1972. Birendra Bir Bikram lui succède sur le trône.

1991. Organisation des premières élections multipartites. Deux partis, le Congrès népalais et le parti communiste, dominent la vie politique.

À partir de 1996. Le pouvoir central est confronté au développement d'une guérilla maoïste.

2001. Le roi Birendra et les membres de la famille royale sont assassinés (officiellement par le prince héritier Dipendra, qui se donne la mort). Le frère du roi, Gyanendra Bir Bikram, accède au trône.

2006. L'opposition et les rebelles maoïstes s'allient contre le roi et forment un gouvernement de coalition.

2008. Une Assemblée constituante est élue, qui abolit la monarchie et fait du Népal une république. Ram Baran Yadav (parti du Congrès) en devient le président.

2011. Baburam Bhattarai (parti communiste, maoïste) devient Premier ministre.

népalais [nepalɛ] et **népali** [nepali] **n.m.** Langue indo-aryenne parlée au Népal, où elle est langue officielle.

Neper (John) ⟶ Napier.

népérien [neperjɛ̃] **adj.m.** (de J. *Neper*). **Logarithme népérien,** logarithme dont la base est le nombre *e.*

néphrétique [nefretik] **adj.** (du gr. *nephros,* rein). Qui concerne les reins : *Colique néphrétique.*

1. néphrite [nefrit] **n.f.** (du gr. *nephros,* rein). Inflammation du rein. *ABUSIF.* Néphropathie.

2. néphrite [nefrit] **n.f.** (même étym. que *1. néphrite*). Silicate naturel de magnésium, de fer et de calcium. ▸ C'est une variété de jade.

néphrologie [nefrɔlɔʒi] **n.f.** (du gr. *nephros,* rein, et de *-logie*). Étude des reins, de leur physiologie et de leurs maladies. ◆ **néphrologue** n. Nom du spécialiste.

néphropathie [nefrɔpati] **n.f.** Maladie du rein en général (syn. vieilli. **néphrite**).

népotisme [nepɔtism] **n.m.** (it. *nepotismo,* du lat. *nepos,* neveu). **1.** Attitude de certains papes qui accordaient des faveurs particulières à leurs parents. **2.** Abus qu'un homme en place fait de son crédit en faveur de sa famille.

Neptune, dieu romain de l'Eau, patron des pêcheurs et des bateliers ; ses fêtes, les *Neptunalia,* étaient célébrées le 23 juillet, au moment de la sécheresse. Par assimilation au dieu grec Poséidon, il deviendra le dieu de la Mer.

Neptune, planète située au-delà d'Uranus, découverte en 1846 par l'astronome allemand Galle, grâce aux calculs de Le Verrier (diamètre équatorial : 49 600 km). Elle présente de nombreux traits de similitude avec Uranus, mais son atmosphère est plus turbulente. Elle est entourée d'anneaux de matière. On lui connaît treize satellites.

néréide [nereid] **n.f.** ou **néréis** [nereis] **n.m.** (gr. *nereis,* nymphe de la mer). Ver marin vivant dans la vase ou sur les rochers des côtes de l'Europe occidentale. ▸ Embranchement des annélides ; long. de 20 à 30 cm.

nerf [nɛr] **n.m.** (lat. *nervus,* ligament, tendon). **1.** Cordon blanchâtre conducteur des messages nerveux du cerveau aux différents organes et réciproquement. **2.** *FAM.* Tendon ; ligament : *Viande pleine de nerfs.* **3.** Ce qui fait la force de qqch, l'énergie physique ou morale de qqn : *Il a du nerf* (syn. **dynamisme, énergie**). *Moteur qui manque de nerf* (syn. **puissance**). **4.** Ce qui est la condition d'une action efficace : *Le nerf de la réussite, c'est la ténacité* (syn. **ressort**). **5. Le nerf de la guerre,** l'argent. / **Nerf de bœuf,** ligament cervical postérieur du bœuf ou du cheval, desséché et traité pour fabriquer des cravaches, des matraques. ◆ **nerfs n.m. pl. 1.** Système nerveux considéré comme le siège de la résistance psychologique, de l'équilibre mental : *Avoir les nerfs solides.* **2. Avoir les nerfs en boule, en pelote,** se trouver dans un état de grand agacement. / **Crise de nerfs** ⟶ **crise.** / **Être, vivre sur les nerfs,** dans un état de tension nerveuse permanente : *Un métier où l'on est sur les nerfs.* / **Guerre des nerfs,** ensemble de procédés (intoxication, désinformation, etc.) visant à déstabiliser l'adversaire. / *FAM.* **Paquet, boule de nerfs,** personne très nerveuse, irritable. / **Passer ses nerfs sur qqn, sur qqch,** manifester contre cette personne ou cette chose une irritation dont la cause est ailleurs. / *FAM.* **Taper, porter, sur les nerfs,** causer un vif agacement.

Nernst (Walther), physicien et chimiste allemand (Briesen, auj. Wąbrzeźno, Pologne, 1864 - Ober-Zibelle, près de Muskau, 1941). Il a inventé une des premières lampes électriques à incandescence. À la suite d'une étude sur la dissociation des électrolytes, il a donné une théorie de la force électromotrice des piles. Enfin, il a imaginé la méthode électrique de détermination des chaleurs spécifiques à très basse température ; montrant, en 1906, qu'au voisinage du zéro absolu les chaleurs spécifiques et les coefficients de dilatation tendent vers zéro, il a établi la proposition nommée depuis « troisième principe de la thermodynamique ». (Prix Nobel de chimie 1920.)

Néron, en lat. **Lucius Domitius Tiberius Claudius Nero** (Antium 37 apr. J.-C. - Rome 68), empereur romain (54-68). Fils de Domitius Ahenobarbus et d'Agrippine la Jeune, adopté par l'empereur Claude, il épousa sa fille, Octavie (53), et lui succéda. Les débuts du règne furent prometteurs. Mais la tutelle de sa mère devint trop pesante, et Néron, qui avait déjà fait empoisonner le fils de Claude, Britannicus (55), fit périr Agrippine en 59. Après la disparition de ses conseillers (mort de Burrus, disgrâce de Sénèque en 62), Néron s'abandonna à un despotisme peut-être marqué par la folie : suicide d'Octavie (62), remplacée par Poppée ; condamnation à mort des riches citoyens, dont les fortunes vinrent alimenter le trésor vidé par les extravagances impériales ; première persécution des chrétiens, accusés de l'incendie de Rome (64). Ce régime de terreur suscita de nombreux complots et, en 68, l'armée se souleva. Proclamé ennemi public par le sénat, Néron se donna la mort.

nerprun [nɛrprœ̃] **n.m.** (du lat. *niger prunus,* prunier noir). Arbuste à fruits noirs, du genre *Rhamnus* ▸ Famille des rhamnacées.

Neruda (Neftalí Ricardo Reyes, dit **Pablo),** poète chilien (Parral 1904 - Santiago 1973). Il a consacré son œuvre à la terre chilienne et à la révolte contre les injustices qui ont accablé les Indiens Araucans, de l'époque des conquérants espagnols à celle des industriels américains (*le Chant général,* 1950 ; *Mémorial de l'île noire,* 1964). [Prix Nobel 1971.]

Nerval (Gérard Labrunie, dit **Gérard de),** écrivain français (Paris 1808 - *id.* 1855). Son enfance s'écoula dans le Valois, qu'il devait évoquer dans *Sylvie,* l'une des nouvelles de son recueil *les Filles du feu* (1854). Il acquiert une certaine notoriété par sa traduction du *Faust* de Goethe (1828). Il se rattache au romantisme par ses relations avec la plupart des grands écrivains du groupe (notamm. Théophile Gautier) et par sa façon de vivre en marge de la société ; mais ses sonnets, *les Chimères (El Desdichado, Myrtho),* font de lui un précurseur de Baudelaire, de Mallarmé et du surréalisme, et son récit *Aurélia* (1855) retrace une expérience aux confins de la folie, celle de « l'épanchement du songe dans la vie réelle ». Sujet à des crises de démence, il fut trouvé pendu à une grille. Il avait également rapporté d'un voyage en Égypte et en Turquie les récits pittoresques du *Voyage en Orient* (1851).

nervation [nɛrvasjɔ̃] **n.f.** Disposition des nervures d'une feuille, d'une aile d'insecte.

nerveusement [nɛrvøzmɑ̃] **adv.** De façon nerveuse : *Rire nerveusement* (syn. **convulsivement**).

nerveux, euse [nɛrvø, -øz] **adj.** (lat. *nervosus,* fort). **1.** Qui relève du système nerveux : *Maladie nerveuse.* **2.** Relatif à l'équilibre mental : *Tension nerveuse.* **3.** Qui est dû à la nervosité ou qui l'exprime : *Un rire nerveux* (syn. **convulsif**). **4.** Qui manifeste une certaine agitation : *Des enfants nerveux à la veille des vacances* (syn. **excité, fébrile**). **5.** Qui manifeste de la vivacité, de la vigueur : *Style nerveux* (syn. **vigoureux**). **6.** Se dit d'une voiture, d'un moteur qui a de bonnes reprises. **7. Centre nerveux,** groupe de neurones, substance grise du système nerveux, siège d'une fonction nerveuse déterminée. / **Système nerveux,** ensemble des nerfs, ganglions et centres nerveux qui assurent la commande et la coordination des fonctions vitales et la réception des messages sensoriels. ◆ **adj.** et **n.** Qui est dominé par des nerfs irritables ; très émotif.

■ L'existence d'un système nerveux est caractéristique des animaux pluricellulaires (vertébrés et invertébrés). Il comprend un ou plusieurs centres nerveux (des ganglions chez les invertébrés) et un *système nerveux périphérique* constitué par les nerfs. Chez les vertébrés, les centres nerveux correspondent au *système nerveux central,* qui comprend l'encéphale (situé dans le crâne) et la moelle épinière (dans le canal de la colonne vertébrale). Les nerfs mettent les centres nerveux en relation avec les récepteurs sensoriels, diffus ou groupés en organes des sens (yeux, oreilles, etc.), et avec les organes effecteurs (muscles ou glandes).

Les messages nerveux. La cellule de base du système nerveux est le *neurone,* ou cellule nerveuse. Formés d'un corps cellulaire et de ses prolongements (axone et dendrites), les neurones s'associent entre eux pour constituer des nerfs. Le long des neurones sont véhiculés les messages nerveux (influx nerveux) sous la forme d'un *potentiel d'action* correspondant à une dépolarisation de la membrane plasmique. Le message nerveux se propage à des vitesses pouvant aller de 1 m/s à 100 m/s. Il naît à la suite de la stimulation des récepteurs (récepteurs sensoriels notamm.) ; il emprunte les nerfs sensitifs jusqu'à un *centre d'intégration,* qui l'analyse et détermine une réponse appropriée. Le message nerveux de la réponse emprunte les nerfs moteurs jusqu'aux organes effecteurs. Si la réponse est automatique *(réflexe),* l'organe d'intégration peut être uniquement la moelle épinière, d'où partent les nerfs moteurs. Dans le cas d'une réponse volontaire, le message remonte les nerfs sensitifs jusqu'aux aires du cerveau concernées ; la réponse est transmise à la moelle épinière, puis aux organes effecteurs.

Système somatique et végétatif. Chez les oiseaux et les mammifères – dont l'homme –, on distingue le système nerveux somatique et le système nerveux végétatif (ou neurovégétatif).

Le *système nerveux somatique* régit les relations du corps avec l'extérieur, notamm. la perception, la communication et la motricité. Il reçoit les informations venues de la peau, des yeux, de la bouche, des oreilles, du nez et des muscles eux-mêmes. Il répond à ces informations par une activité qui peut être volontaire ou réflexe : l'activité volontaire part toujours du cerveau, l'activité réflexe part de centres situés moins haut (bulbe rachidien, moelle épinière). Mais les réflexes peuvent aussi être influencés par le cerveau, qui est le centre situé le plus haut et qui règle toutes les activités en « surveillant » constamment les centres d'activité réflexe.

Le *système nerveux végétatif,* ou *autonome,* règle l'activité indépendante de la volonté : ainsi, le cœur, les vaisseaux, les organes du tube digestif fonctionnent sans que nous en ayons conscience et sans intervention de la volonté. Ce système est subdivisé en deux sous-systèmes qui ont chacun des effets opposés sur les mêmes organes : le *système sympathique* (ou *orthosympathique*), formé de deux chaînes de ganglions situées de part et d'autre de la colonne vertébrale et de nerfs partant de ces ganglions vers les viscères ; le *système parasympathique,* formé de centres situés dans la partie terminale de la moelle épinière et dans le bulbe rachidien.

Ces deux systèmes régulent en même temps, par des effets opposés, la vie des organes internes. Ainsi, le système sympathique accélère le rythme du cœur, diminue les contractions et les sécrétions de l'estomac, dilate la pupille des yeux quand la lumière est faible. Au contraire, le système parasympathique ralentit le rythme cardiaque, augmente les contractions et les sécrétions de l'estomac, contracte la pupille à la lumière. ■

nervi [nɛrvi] **n.m.** (mot it. « vigueur »). Homme de main ; tueur.

Nervi (Pier Luigi), ingénieur et architecte italien (Sondrio, Lombardie, 1891 - Rome 1979). Utilisateur du béton et du métal, il a notamment construit l'audacieux palais des expositions de Turin (1948) et, avec Breuer et Zehrfuss, la maison de l'Unesco, à Paris (1954-1958).

nervosité [nɛrvozite] **n.f. 1.** État d'excitation nerveuse passagère : *Le responsable du projet donne des signes de nervosité* (syn. **énervement**). **2.** État permanent ou momentané d'irritabilité ou d'inquiétude : *La nervosité de l'opinion.*

nervure [nɛrvyr] **n.f.** (de *nerf*). **1.** BOT. Filet souvent saillant et ramifié qui parcourt le limbe des feuilles, formé par les tubes qui transportent la sève. **2.** ARCHIT. Grosse moulure d'une voûte, en partic. d'une voûte gothique. ▸ Les nervures sont, génér., la partie visible des arcs constituant l'ossature de cette voûte. **3.** ZOOL. Filet de l'aile des insectes.

Ness *(loch)*, lac d'Écosse, au sud-ouest d'Inverness. Il doit sa célébrité à l'hypothétique présence d'un monstre dans ses eaux.

Nessos ou **Nessus,** un des centaures de la mythologie grecque tué par Héraclès pour avoir tenté de faire violence à Déjanire, femme de ce dernier. En mourant, Nessos donna à Déjanire sa tunique trempée de son sang, comme un talisman qui devait assurer à celle-ci la fidélité de son époux. Lorsque Héraclès l'eut revêtue, il en éprouva de telles souffrances qu'il mit fin à ses jours.

n'est-ce pas [nɛspa] **adv. interr.** S'emploie : **1.** Pour appeler l'acquiescement de l'interlocuteur à ce qui vient d'être dit : *Vous viendrez, n'est-ce pas ?* **2.** À l'intérieur d'une phrase comme une simple articulation ou un renforcement : *La question, n'est-ce pas, reste ouverte.*

Nestor, roi légendaire de Pylos, qui, dans *l'Iliade* et *l'Odyssée,* apparaît comme le type du vieillard sage, encore vaillant dans les combats, mais surtout écouté pour ses conseils. Ayant vécu, par la grâce d'Apollon, jusqu'à un âge très avancé, il avait pris part à de nombreuses luttes mythiques et principalement à la guerre de Troie.

Nestorius, patriarche de Constantinople dont la doctrine fut condamnée comme hérétique (Germanica Cesarea, auj. Kahramanmaraç, v. 380 - Kharguèh apr. 451). Appelé en 428 par l'empereur Théodose II pour occuper le siège patriarcal, il exposa, sur les rapports entre la divinité et l'humanité de Jésus-Christ, des thèses qui furent combattues par Cyrille, patriarche d'Alexandrie, et condamnées par les conciles d'Éphèse en 431 et de Chalcédoine en 451. Selon le nestorianisme, il y avait en Jésus-Christ deux personnes distinctes, l'une divine, l'autre humaine, qui étaient simplement conjointes, sans cette véritable union que les théologiens disent « hypostatique ». Il s'ensuivait que Marie ne pouvait être appelée « Mère de Dieu » *(Theotokos)* et n'était considérée que comme la mère de l'homme Jésus. Nestorius, déposé de son siège en 431, mourut dans l'exil en Haute-Égypte.

1. net, nette [nɛt] **adj.** (lat. *nitidus,* brillant). **1.** Propre ; sans tache : *Une glace nette* (contr. **sale**). **2.** Bien marqué ; bien distinct : *Une cassure nette* (syn. **franche**). *Une différence très nette* (syn. **clair** ; contr. **confus**). *Une photographie nette* (contr. **flou**). **3.** Qui ne prête à aucun doute : *Nette amélioration* (syn. **notable**). *Son refus est très net* (syn. **catégorique**). *Elle a un avis très net sur la question* (syn. **tranché**). **4.** Dont on a déduit tout élément étranger : *Poids, prix, salaire net* (par opp. à *brut*). **5. Avoir les mains nettes, la conscience nette,** être moralement irréprochable. / **Faire place nette,** débarrasser un endroit de tout ce qui gêne. / FAM. **Ne pas être net,** être un peu fou ; être louche, suspect. / **Net de,** exempt de ; non susceptible de : *Des intérêts nets d'impôts.* / **Vue, vision nette,** qui distingue bien les objets. ◆ **net adv. 1.** Brutalement ; tout d'un coup : *Objet qui s'est cassé net.* **2.** Sans ambiguïté ni ménagement : *Refuser net* (syn. **catégoriquement**). ◆ **net n.m. Au net,** sous une forme définitive et propre : *Mettre une copie au net.*

2. Net [nɛt] **n.m.** (abrév.). **Le Net,** Internet.

netéconomie [nɛtekɔnɔmi] **n.f.** (de *Net* et *économie*). Économie née du développement des jeunes entreprises sur Internet.

nettement [nɛtmɑ̃] **adv.** D'une manière nette, claire, incontestable : *Condamner nettement l'injustice* (syn. **expressément, formellement**). *Il a très nettement gagné* (= sans conteste) (syn. **indéniablement**).

netteté [nɛtte] **n.f.** Caractère de ce qui est net : *La netteté d'une réponse* (syn. **précision**). *Ce vêtement est d'une netteté douteuse* (syn. **propreté**).

nettoiement [nɛtwamɑ̃] **n.m.** Ensemble des opérations ayant pour but le nettoyage de lieux, en partic. publics : *Service de nettoiement.*

nettoyage [nɛtwajaʒ] **n.m. 1.** Action de nettoyer : *Produits de nettoyage. Entreprise de nettoyage. Nettoyage à sec* (= avec un solvant). **2. Nettoyage par le vide,** élimination énergique de tout ce qui encombre.

nettoyant [nɛtwajɑ̃] **n.m.** Produit de nettoyage.

nettoyer [nɛtwaje] **v.t.** (lat. pop. **nitidiare,* du class. *nitidus* ; v. *net*) [conj. **13**]. **1.** Rendre net, propre, en débarrassant de ce qui salit, encombre : *Nettoyer une chambre* (= faire le ménage). **2.** Débarrasser un lieu d'éléments indésirables, dangereux : *La police a nettoyé ce quartier.* **3.** FAM. **Nettoyer qqn,** lui faire perdre tout son argent, ses biens : *Il s'est fait nettoyer au poker* (syn. **ruiner**).

Neuchâtel, en all. **Neuenburg,** v. de Suisse, ch.-l. du *cant. de Neuchâtel,* sur le *lac de Neuchâtel* ; 33 054 hab. (81 686 hab. dans l'agglomération). Université. Horlogerie. Agroalimentaire. Tourisme. Collégiale des XIIe-XIVe s. Château. Musées.

Neuchâtel *(lac de)*, lac de la Suisse, au pied du Jura. Long de 38 km sur 3 à 8 km de large ; 218 km^2.

Neuengamme, camp de concentration allemand, au sud-est de Hambourg (1938-1945).

1. neuf [nœf] **adj. num. card. inv.** (lat. *novem*). **1.** Huit plus un : *Les neuf Muses.* **2.** (En fonction d'ord.). De rang numéro neuf ; neuvième : *Charles IX.* **3. Preuve par neuf,** méthode de contrôle des opérations arithmétiques fondée sur les propriétés de la division des entiers par le nombre neuf. ***Rem.*** *Neuf* se prononce [nœv] dans *neuf ans, neuf heures.* ◆ **n.m. inv.** Le nombre qui suit huit dans la série des entiers naturels ; le chiffre représentant ce nombre : *Cinq et quatre font neuf. Le neuf arabe (9).*

2. neuf, neuve [nœf, nœv] **adj.** (lat. *novus*, nouveau). **1.** Fait depuis peu et qui n'a pas ou presque pas servi : *Maison neuve* (contr. **ancien**). *Bicyclette neuve.* **2.** Qui n'a pas encore été dit, traité : *Idée neuve* (syn. **original**). *Sujet neuf* (syn. **inédit**). **3.** Qui n'est pas influencé par l'expérience antérieure : *Un regard neuf* (syn. **innocent, intact**). ◆ **neuf n.m. 1.** Ce qui est neuf : *Ces chaussures sentent le neuf.* **2. À neuf,** de façon à apparaître comme neuf. / **De neuf,** avec des choses neuves.

Neuilly *(traité de)* ⟶ **Guerre mondiale** *(Première)*.

Neuilly-sur-Seine, ch.-l. de c. des Hauts-de-Seine, en bordure du bois de Boulogne ; 62 961 hab. *(Neuilléens).* Agglomération résidentielle.

Neumann (Johann ou **John von),** mathématicien américain (Budapest 1903 - Washington 1957). Il a surtout travaillé sur la théorie des ensembles, la théorie des jeux et les calculateurs électroniques. Dès la fin des années 1930, il a défini de façon théorique la structure possible d'une machine automatique de traitement de l'information à programme enregistré qui correspond à celle de la plupart des ordinateurs.

Neumann (Johann Balthasar), architecte et ingénieur allemand (Cheb, Bohême, 1687 - Würzburg 1753). Maître de l'illusionnisme baroque autant que grand technicien, il a construit la Résidence de Würzburg (v. 1720-1746), l'église de Vierzehnheiligen, en Bavière (à partir de 1743).

Neumeier (John), danseur et chorégraphe américain (Milwaukee 1942). Formé à la Royal Ballet School de Londres, il est engagé (1965) à l'Opéra de Stuttgart, où il réalise ses premières chorégraphies. Directeur du Ballet de Francfort (1969-1972), il est appelé en 1973 à la tête du Ballet de Hambourg. Ses ouvrages, enchaînement d'images fortes destinées à créer l'émotion, témoignent d'un sens profond de la mise en scène.

neurasthénie [nørasteni] **n.f.** (de *neur[o]-* et *asthénie*). **1.** MÉD. État de faiblesse physique et psychique comportant diverses manifestations comme la fatigue, la tristesse, l'indécision. Cette névrose n'est auj. plus très reconnue en psychiatrie. **2.** État d'abattement, de mélancolie, de tristesse et de pessimisme.

neurasthénique [nørastenik] **adj.** *VIEILLI.* Relatif à la neurasthénie. ◆ **adj.** et **n.** Atteint de neurasthénie.

neurobiologie [nørɔbjɔlɔʒi] **n.f.** Discipline biologique qui étudie le système nerveux.

neurochirurgie [nørɔʃiryrʒi] **n.f.** Chirurgie du système nerveux. ◆ **neurochirurgien, enne n.** Nom du spécialiste.

neurodégénératif, ive [nørɔdeʒeneratif, -iv] **adj.** MÉD. Relatif à la dégénérescence du système nerveux.

neuroendocrinien, enne [nørɔɑ̃dɔkrinjɛ̃, -ɛn] **adj.** Relatif à la neuroendocrinologie.

neuroendocrinologie [nørɔɑ̃dɔkrinɔlɔʒi] **n.f.** Étude des interactions entre le système nerveux et les hormones.

neuroleptique [nørɔlɛptik] **adj.** et **n.m.** (de *neuro-*, et du gr. *leptos*, mince, faible). Se dit d'une classe de médicaments psychotropes utilisés dans le traitement des psychoses.

neurologie [nørɔlɔʒi] **n.f.** Branche de la médecine qui étudie le système nerveux et soigne ses maladies. ◆ **neurologue n.** Nom du spécialiste.

neurologique [nørɔlɔʒik] **adj.** Relatif à la neurologie : *Une maladie neurologique.*

neuromédiateur [nørɔmedjatœr] **n.m.** Molécule produite et libérée par un neurone au niveau d'une synapse, et qui assure la transmission de l'influx nerveux en se fixant sur d'autres cellules (d'autres neurones ou des cellules effectrices) [syn. **neurotransmetteur**].

neurone [nørɔn] **n.m.** (du gr. *neuron*, nerf). Cellule de base du tissu nerveux, capable de recevoir, d'analyser et de produire des informations. ▸ Le corps cellulaire d'un neurone porte des prolongements : l'*axone* et les *dendrites*.

neurophysiologie [nørɔfizjɔlɔʒi] **n.f.** Physiologie du système nerveux.

neuropsychiatrie [nørɔpsikjatri] **n.f.** Ancien nom de la psychiatrie, avant qu'elle soit séparée de la neurologie. ◆ **neuropsychiatre n.** Nom du spécialiste.

neurosciences [nørɔsjɑ̃s] **n.f. pl.** Ensemble des disciplines biologiques et cliniques qui étudient le système nerveux.

neurotransmetteur [nørɔtrɑ̃smɛtœr] **n.m.** Neuromédiateur.

neurovégétatif, ive [nørɔveʒetatif, -iv] **adj.** ANAT. Se dit du système nerveux qui contrôle, de façon automatique, le fonctionnement des viscères (tube digestif, foie, cœur, etc.). ▸ Le système neurovégétatif est aussi appelé *système nerveux autonome*, car il fonctionne sans intervention de la volonté. Il est composé de deux systèmes : le *système parasympathique* et le *système sympathique* (ou *orthosympathique*), qui agissent sur les mêmes organes mais avec des effets opposés (ils sont dits *antagonistes*).

Neusiedl *(lac)*, en hongr. **Fertö,** lac de l'Europe centrale, aux confins de l'Autriche et de la Hongrie ; 350 km^2.

Neustrie, l'un des royaumes de la France mérovingienne, constitué au profit de Chilpéric Ier, lors du partage successoral de Clotaire Ier en 561. La Neustrie groupait les régions du Nord et du Nord-Ouest, et fut en rivalité avec l'Austrasie. En 687, le maire du palais Pépin de Herstal fit l'unité des deux royaumes.

neutralisant, e [nøtralizɑ̃, -ɑ̃t] **adj.** Qui neutralise.

neutralisation [nøtralizasjɔ̃] **n.f. 1.** Action de neutraliser ; fait d'être neutralisé : *La neutralisation d'une position ennemie.* **2.** CHIM. Traitement d'un acide par une base, ou inversement, jusqu'à l'obtention d'un pH égal à 7.

neutraliser [nøtralize] **v.t.** (du lat. *neutralis*, neutre). **1.** Annuler l'effet de ; empêcher d'agir par une action contraire : *Neutraliser la concurrence* (syn. **contrecarrer, paralyser**). **2.** Déclarer neutres un État, une ville, un territoire, des personnels, etc. **3.** CHIM. Rendre neutre : *Neutraliser une solution.* **4.** Amoindrir ; atténuer la force, l'effet de : *Neutraliser un rouge trop vif en y mêlant du blanc.* **5.** Arrêter momentanément le trafic, la circulation sur une portion de route ou de voie ferrée. ◆ **se neutraliser v.pr.** S'annuler réciproquement ; se contrebalancer : *Des forces antagonistes qui se neutralisent* (syn. **s'équilibrer**).

neutralisme [nøtralism] **n.m.** Doctrine impliquant le refus d'adhérer à une alliance militaire, de s'intégrer à un groupe de puissances. ◆ **neutraliste adj.** et **n.** Relatif au neutralisme ; qui en est partisan.

neutralité [nøtralite] **n.f. 1.** État de celui qui reste neutre, de ce qui est neutre : *Observer la plus stricte neutralité lors d'une discussion.* **2.** Situation d'un État qui demeure à l'écart d'un conflit international. **3.** CHIM., PHYS. État, qualité d'un corps ou d'un milieu électriquement neutres.

neutre [nøtr] **adj.** et **n.** (lat. *neuter*, ni l'un ni l'autre). **1.** Qui ne prend parti ni pour l'un ni pour l'autre, dans un conflit, une discussion, un désaccord, etc. : *Rester neutre dans une discussion.* **2.** Se dit d'un pays qui ne participe pas aux hostilités engagées entre d'autres pays. ◆ **adj. 1.** Qui est objectif, impartial : *Des informations neutres* (contr. **partisan**). **2.** Qui n'est marqué par aucun accent, aucun sentiment : *Annoncer une nouvelle dramatique d'un ton neutre.* **3.** Se dit d'une couleur qui n'est ni franche ni vive : *Porter des couleurs neutres* (syn. **terne**). **4.** GRAMM. Dans certaines langues, se dit du genre grammatical qui, dans une classification à trois genres, s'oppose au masculin et au féminin. **5.** CHIM. Qui n'est ni acide ni basique, dont le pH est égal à 7. **6.** PHYS. Se dit des corps qui ne présentent aucune électrisation, des conducteurs qui ne sont le siège d'aucun courant. **7.** ÉLECTR. **Fil neutre,** fil conducteur dans lequel circule le courant électrique fourni par le réseau de distribution électrique et ayant une tension nulle avec la Terre (on dit aussi *le neutre*). / MATH. **Élément neutre,** élément d'un ensemble muni d'une loi de composition interne, dont la composition avec tout élément ne modifie pas ce dernier : *0 est élément neutre pour l'addition des nombres.* ◆ **n.m.** GRAMM. Le genre neutre.

neutron [nøtrɔ̃] **n.m.** (mot angl., de *neutral,* neutre, d'apr. *electron*). **1.** PHYS. Particule électriquement neutre constituant, avec les protons, les noyaux des atomes. **2. Bombe à neutrons,** charge thermonucléaire dont le rayonnement a été augmenté et les effets de souffle, de chaleur et de radioactivité réduits. ▶ Permettant d'anéantir les êtres vivants, elle laisserait intacts les matériels et les installations.

neutrophile [nøtrɔfil] **adj.** et **n.m.** HISTOL. Se dit d'une cellule, d'un élément d'un tissu ayant une affinité pour les colorants neutres.

neuvain [nœvɛ̃] **n.m.** Strophe ou poème de neuf vers.

neuvième [nœvjɛm] **adj. num. ord. 1.** De rang numéro neuf : *Il est neuvième sur la liste.* **2. Le neuvième art,** la bande dessinée. ◆ **n.** Celui, ce qui occupe le neuvième rang : *Le neuvième vient de franchir la ligne d'arrivée.* ◆ **adj.** et **n.m.** Qui correspond à la division d'un tout en neuf parties égales : *La neuvième partie d'une somme. Réserver le neuvième des recettes.*

neuvièmement [nœvjɛmmɑ̃] **adv.** En neuvième lieu.

Neva (la), fl. de Russie. Elle sort du lac Ladoga, passe à Saint-Pétersbourg et se jette dans le golfe de Finlande ; 74 km.

Nevada *(sierra),* massif du sud de l'Espagne ; 3 478 m au Mulhacén.

Nevada *(sierra),* chaîne de montagnes de l'ouest des États-Unis (Californie) ; 4 418 m au mont Whitney.

névé [neve] **n.m.** (mot suisse, du lat. *nix, nivis,* neige). **1.** Partie amont d'un glacier où la neige, évoluant par tassement et fusion partielle, se transforme en glace. **2.** Plaque de neige isolée, mais relativement importante, persistant en été.

Nevers, anc. cap. du Nivernais, ch.-l. du dép. de la Nièvre, sur la Loire, à 238 km au sud-sud-est de Paris ; 37 026 hab. *(Nivernais).* Évêché. Constructions mécaniques. Faïencerie. Cathédrale des XIe-XVIe s. ; église St-Étienne, anc. abbatiale consacrée en 1097 ; église St-Pierre, du XVIIe s. Palais ducal des XVe-XVIe s. Musée archéologique et Musée municipal (beaux-arts, faïences, etc.).

neveu [nəvø] **n.m.** (lat. *nepos*). Fils du frère ou de la sœur.

névralgie [nevralʒi] **n.f.** (de *nevr[o]-* et *-algie*). Douleur vive ressentie sur le trajet d'un nerf.

névralgique [nevralʒik] **adj. 1.** Qui appartient à la névralgie ; qui est de la nature de la névralgie : *Douleur névralgique.* **2. Point névralgique,** point où les atteintes à l'intérêt d'un pays, à l'amour-propre d'un individu sont les plus vivement ressenties ; point sensible.

névrite [nevrit] **n.f.** Lésion inflammatoire d'un nerf.

névropathe [nevrɔpat] **adj.** et **n.** VIEILLI. Atteint de troubles psychiques.

névrose [nevroz] **n.f.** (de *nevr[o]-* et *-ose*). Affection caractérisée par des conflits qui inhibent les conduites sociales et s'accompagnent d'une conscience pénible des troubles.

■ Le mécanisme des névroses semble uniquement d'ordre psychologique.
Contrairement aux psychoses, les névroses ne coupent pas la personne de la réalité (elle ne délire pas) ; la logique de son raisonnement est intacte, et elle est consciente de son trouble. En fait, une névrose n'est vraiment pathologique qu'en cas de souffrance et de retentissement social ou professionnel. Une dépression ou une anxiété peuvent faire partie des symptômes, mais elles ne sont pas spécifiques. Parmi les névroses principales figurent la *névrose d'angoisse* (anxiété permanente ou sous forme de brusques attaques de panique), la *névrose obsessionnelle* (ou trouble obsessionnel compulsif, T.O.C.), les *phobies.*
Le traitement. Quand cela s'avère nécessaire, le traitement de fond repose sur la psychothérapie, la psychanalyse, les thérapies comportementales, etc. Il peut être complété par des médicaments contre les symptômes (anxiolytiques, antidépresseurs). ■

névrosé, e [nevroze] **adj.** et **n.** Atteint de névrose.

névrotique [nevrɔtik] **adj.** Relatif à la névrose : *Comportement névrotique.*

Newcastle upon Tyne ou **Newcastle,** port de Grande-Bretagne, sur la Tyne ; 189 863 hab. (874 556 hab. dans l'agglomération). Université. Métallurgie.

New Deal (« Nouvelle Donne »), nom donné aux réformes mises en œuvre par Roosevelt aux États-Unis, à partir de 1933, afin de résoudre la crise économique. Ces réformes se caractérisèrent par une intervention de l'État dans les domaines économique et social.

New Delhi, cap. de l'Inde, englobée dans l'espace urbain de Delhi.

Newfoundland → Terre-Neuve.

New Jersey, un des États unis d'Amérique ; 20 000 km^2 ; 8 899 339 hab. ; CAP. *Trenton.*

Newman (Barnett), peintre américain d'origine polonaise (New York 1905 - *id.* 1970), maître, depuis 1946 environ, d'une abstraction chromatique rigoureuse (*Jéricho,* toile en triangle isocèle de 1969, M.N.A.M., Paris).

Newman (John Henry), théologien britannique (Londres 1801 - Birmingham 1890). Curé anglican de St Mary d'Oxford (1828), il réagit, à la tête du « mouvement d'Oxford », contre une Église anglicane jugée trop soumise à un État sécularisé. Il se rapprocha lentement de l'Église catholique, dans laquelle il entra en 1845. Ordonné prêtre en 1847, il fonda la congrégation anglaise de l'Oratoire, devint recteur de l'université catholique de Dublin (1851-1858) et fut tardivement (1879) élevé au cardinalat. Il développa dans ses ouvrages une spiritualité ouverte aux besoins du temps.

New Mexico → Nouveau-Mexique.

New Orleans → Nouvelle-Orléans (La).

newton [njutɔn] **n.m.** (de I. *Newton*). **1.** PHYS. Unité de mesure de force équivalant à la force qui communique à un corps ayant une masse de 1 kilogramme une accélération de 1 mètre par seconde carrée. ▶ Symb. N. **2. Newton par mètre,** unité de mesure de tension capillaire, équivalant à la tension capillaire d'une surface sur laquelle la force s'exerçant sur un élément est de 1 newton par mètre de longueur. ▶ Symb. N/m.

Newton (*sir* **Isaac),** physicien, mathématicien et astronome anglais (Woolsthorpe, Lincolnshire, 1642 - Londres 1727). Il donna, en 1669, une théorie de la composition de la lumière blanche, qu'il pensait formée de corpuscules, expliquant ainsi l'arc-en-ciel et les irisations produites par les lames minces ; en 1671, il réalisa le premier télescope. En 1687, il publia ses *Principes mathématiques de philosophie naturelle,* où il énonce la loi de l'attraction universelle, sans doute élaborée depuis longtemps ; cet ouvrage expose aussi les lois du choc, étudie le mouvement des fluides, calcule la précession des équinoxes, donne la théorie des marées, etc. On lui doit aussi un *Traité de la quadrature des courbes* (1704), où il pose les règles du calcul infinitésimal, au moment où Leibniz inventait le calcul différentiel.
On raconte que c'est la chute d'une pomme qui, vers 1666, l'aurait mis sur la voie de la découverte de la gravitation, en l'amenant à penser que l'attraction de la Terre pouvait s'étendre jusqu'à la Lune, et celle du Soleil expliquer les lois de Kepler sur les planètes.

A B C D E F G H I J K L M N O P Q R S T U V W X Y Z

newton-mètre [njutɔnmɛtr] **n.m.** (pl. *newtons-mètres*). Unité de mesure du moment d'une force, équivalant au moment d'une force de 1 newton dont la ligne d'action est à la distance de 1 mètre du point par rapport auquel le moment est considéré. ▸ Symb. N.m.

New York, un des États unis d'Amérique (Atlantique) ; 128 400 km^2 ; 19 651 127 hab. CAP. *Albany.* V. princ. *New York, Buffalo, Rochester.*

New York, v. des États-Unis (État de New York), sur l'Atlantique, à l'embouchure de l'Hudson ; 8 491 079 hab. *(New-Yorkais)* [20 351 730 hab. pour le *Grand New York*]. La ville a été fondée à la pointe sud de l'île de Manhattan, où s'étend le quartier des affaires (Wall Street). Elle s'est développée au XIXe s. vers le nord (Bronx, au-delà du quartier noir de Harlem), débordant sur le New Jersey, au-delà de l'Hudson et sur les îles voisines : Long Island (quartiers de Brooklyn et de Queens, au-delà de l'East River) et Staten Island (Richmond). Cité cosmopolite, New York reste le premier centre financier du monde ; c'est aussi un très grand port, un nœud aérien et ferroviaire, un centre industriel et surtout tertiaire (commerces, administrations, tourisme). C'est encore une métropole culturelle, avec de grandes universités et de prestigieux musées, dont le Metropolitan Museum (beaux-arts, l'un des plus riches du monde), la Collection Frick, le musée d'Art moderne et le musée Solomon R. Guggenheim (XXe s.), le musée d'Histoire naturelle. – Hollandaise en 1626, la colonie de La Nouvelle-Amsterdam devient New York (en l'honneur du duc d'York, le futur Jacques II) quand elle passe aux Anglais en 1664. L'indépendance des États-Unis et l'ouverture du canal Érié (1825) font sa fortune. La ville est le siège de l'O.N.U. depuis 1946. Le 11 sept. 2001, elle subit un grave traumatisme, touchée par des attentats terroristes qui détruisent les tours jumelles du World Trade Center *(Twin Towers),* symbole de sa puissance économique.

Nexø (Martin Andersen) ⟶ Andersen Nexø.

Ney (Michel), *duc* **d'Elchingen,** *prince* **de la Moskova,** maréchal de France (Sarrelouis 1769 - Paris 1815). Surnommé **le Brave des braves,** il s'illustra dans les guerres de la Révolution et de l'Empire, notamment à Iéna et pendant les campagnes de Prusse (1806) et de Pologne (1807). Sa conduite glorieuse en Russie (1812) lui valut le titre de prince de la Moskova. Nommé pair de France par Louis XVIII, rallié à Napoléon durant les Cent-Jours, il combattit à Waterloo. Condamné à mort par la Cour des pairs, il fut fusillé.

nez [ne] **n.m.** (lat. *nasus*). **1.** Partie saillante du visage, entre la bouche et le front, siège et organe de l'odorat : *Nez droit, aquilin. Parler du nez* (= avoir une voix nasillarde). **2.** Mufle, museau de quelques mammifères. **3.** Finesse de l'odorat : *Ce chien a du nez* (syn. **flair**). **4.** Visage ; tête : *Il n'a pas levé le nez de son livre.* **5.** Avant du fuselage d'un avion ou d'une fusée : *L'avion a piqué du nez.* **6.** MAR. Proue. **7.** GÉOGR. Cap ; promontoire. **8. Au nez de qqn,** devant lui, sans se cacher. ⁄ **Avoir du nez, avoir le nez creux,** être perspicace. ⁄ *FAM.* **Avoir qqn dans le nez,** ne pas le supporter ; lui en vouloir. ⁄ *FAM.* **Avoir un verre dans le nez,** être ivre. ⁄ *FAM.* **À vue de nez,** approximativement. ⁄ *FAM.* **Mener qqn par le bout du nez,** lui faire faire tout ce qu'on veut. ⁄ *FAM.* **Mettre, fourrer le nez dans qqch,** s'en occuper, le plus souvent indiscrètement. ⁄ **Mettre le nez dehors,** sortir : *C'est un temps à ne pas mettre le nez dehors.* ⁄ *FAM.* **Montrer le bout du nez,** apparaître, se montrer à peine ; dévoiler ses intentions. ⁄ **Passer sous le nez de qqn,** lui échapper : *L'affaire lui est passée sous le nez.* ⁄ **Pied de nez,** geste de moquerie que l'on fait en appuyant sur l'extrémité du nez le bout du pouce d'une main tenue ouverte et les doigts écartés. ⁄ **Regarder qqn sous le nez,** l'examiner avec indiscrétion, le toiser avec insolence. ⁄ **Se trouver nez à nez avec qqn,** face à face.

Nezval (Vítězslav), poète tchèque (Biskupovice 1900 - Prague 1958), d'inspiration tour à tour lyrique et sociale.

Ngoni, ensemble de peuples bantous habitant la Zambie, la Tanzanie et le Mozambique.

ni [ni] **conj. coord.** (lat. *nec*). S'emploie comme coordination indiquant l'exclusion dans des tournures négatives (le plus souvent répété) : *Il ne veut ni ne peut refuser. Il n'a laissé ni son nom ni son adresse.*

niable [njabl] **adj.** (Surtout en tournure nég.). Qui peut être nié : *Sa culpabilité n'est pas niable* (syn. **contestable**).

Niagara (le), riv. de l'Amérique du Nord, séparant le Canada des États-Unis et unissant les lacs Érié et Ontario. Il est coupé par les *chutes du Niagara* (hautes d'env. 50 m), haut lieu touristique et site d'un grand aménagement hydroélectrique.

niais, e [njɛ, -ɛz] **adj.** et **n.** (bas lat. **nidax, -cis,* du class. *nidus,* nid). Naïf et un peu sot : *Un grand garçon un peu niais* (syn. **benêt, nigaud**). *Prendre un air niais* (syn. **sot**).

niaisement [njɛzmɑ̃] **adv.** De façon niaise : *Sourire niaisement* (syn. **bêtement, stupidement**).

niaiser [njeze] **v.i.** (de *niais*). *QUÉBÉC., FAM.* **1.** Perdre son temps à des riens. **2.** Faire ou dire des niaiseries.

niaiserie [njɛzri] **n.f. 1.** Caractère niais : *Sa niaiserie est déroutante* (syn. **naïveté**). **2.** Acte, parole niaise, stupide : *Débiter des niaiseries* (syn. **fadaise, insanité**).

niaiseux, euse [njezø, -øz] **adj.** et **n.** *QUÉBÉC., FAM.* Niais ; sot.

Niamey, cap. du Niger, sur le moyen Niger ; 1 026 848 hab.

Niaux, comm. de l'Ariège, à 20 km au S. de Foix ; 187 hab. Grotte ornée de peintures pariétales, rattachées au magdalénien moyen, dont le célèbre *salon noir.*

Nibelungen *(Chanson des),* épopée germanique, écrite vers 1200. Elle raconte l'aventure de Siegfried, maître du trésor des Nibelungen, pour aider Gunther à conquérir la main de Brünhild, son mariage avec Kriemhild, la sœur de Gunther, sa mort, provoquée par Brünhild, et la vengance de Kriemhild. Wagner a tiré de cette légende le sujet de sa *Tétralogie : l'Anneau du Nibelung.*

Nicaragua, État de l'Amérique centrale, entre le Costa Rica et le Honduras ; 148 000 km^2 ; 6 080 000 hab. *(Nicaraguayens).* CAP. *Managua.* LANGUE : *espagnol.* MONNAIE : *córdoba oro.*

GÉOGRAPHIE

Relativement vaste, encore peu peuplé, malgré un fort accroissement récent, le pays est formé de trois régions. La façade pacifique, étroite, regroupe plus de la moitié de la population ; les lacs y sont dominés par des volcans récents, et les terres fertiles portent des cultures commerciales (coton et café, princ.). Le centre du pays (alt. moyenne : 700 m), domaine de l'élevage extensif, a aussi quelques plantations caféières. Les plaines caraïbes, chaudes et humides, forestières, sont presque vides. L'agriculture (riz et maïs formant les bases vivrières) emploie près de la moitié de la population active et fournit la majeure partie des exportations. Le secteur industriel, en dehors de l'agroalimentaire, est peu développé. Le Nicaragua est l'un des États les plus pauvres de l'Amérique centrale.

HISTOIRE

1521. Le Nicaragua est reconnu par les Espagnols. Il est rattaché à la capitainerie générale du Guatemala, circonscription administrative d'Amérique centrale.

1821. Le pays accède à l'indépendance.

Il s'intègre un temps au Mexique (1822-1823), puis aux Provinces-Unies d'Amérique centrale (1826-1838) et devient une république (1838). Le XIXe s. est marqué par les luttes entre conservateurs et libéraux et par la rivalité entre intérêts anglais et américains. Les Américains occupent le pays de 1912 à 1933, puis favorisent, face à la guérilla de Sandino, l'arrivée au pouvoir du chef de la garde nationale.

1936-1956. Somoza dirige le pays au profit de l'oligarchie locale et des intérêts américains.

Il est assassiné, mais le « clan Somoza » reste au pouvoir.

1979. Un soulèvement populaire conduit par le Front sandiniste abat la dictature de Somoza et établit un régime de tendance socialiste, soutenu par Cuba. Des commandos contre-révolutionnaires *(contras),* appuyés par les États-Unis, menacent le pays sur ses frontières.

1984. Le sandiniste Daniel Ortega est élu à la présidence de la République.

1987 et 1989. Le Nicaragua signe avec les États voisins des accords visant à rétablir la paix dans la région.
1990. La candidate de l'opposition, Violeta Chamorro, est élue à la présidence de la République.
Elle met en œuvre une politique de réconciliation nationale vis-à-vis des sandinistes.
1996. Le libéral Arnoldo Alemán devient président.
2002. Le libéral Enrique Bolaños lui succède.
2006 et 2011. Daniel Ortega est de nouveau élu à la tête du pays. Le Nicaragua se rapproche des gouvernements de gauche du Venezuela, de Cuba et de la Bolivie.

Nice, ch.-l. du dép. des Alpes-Maritimes, sur la Côte d'Azur, dominé par les *Préalpes de Nice,* à 933 km au sud-est de Paris ; 347 798 hab. *(Niçois)* [943 695 hab. dans l'agglomération]. Évêché. Université. Grande station touristique. Aéroport. Port de voyageurs. Constructions électriques. – Vieille Ville des XVIIe-XVIIIe s. Musées des Beaux-Arts, Masséna, du palais Lascaris, d'Art moderne et d'Art contemporain, etc. À Cimiez, vestiges romains, église avec panneaux des Brea, musées d'Archéologie, Matisse et du Message biblique (Chagall). – Fondée au Ve s. av. J.-C. par des Massaliotes (colons grecs venus de Marseille), annexée au comté de Provence (Xe s.), ville libre (XIe s.), Nice passa sous la domination des Angevins de Provence (1246) puis sous celle de la maison de Savoie (1388). Française de 1793 à 1814, elle fut définitivement cédée à la France par le Piémont en 1860.

1. niche [niʃ] **n.f.** (it. *nicchia,* de *nicchio,* coquille). **1.** Renfoncement ménagé dans un mur et pouvant recevoir une statue, un meuble, etc. **2.** Renfoncement aménagé dans un objet quelconque. **3.** Petite cabane servant d'abri à un chien. **4.** ÉCON. **Niche commerciale, technologique,** petit segment de marché, ciblé en termes de clientèle, de produit, génér. nouveau et peu exploité. ⁄ **Niche écologique,** ensemble des conditions d'habitat, de régime alimentaire et de mœurs propres à une espèce vivante déterminée.

2. niche [niʃ] **n.f.** (de *nicher,* agir comme un niais, ou bien forme francisée de *nique*). *FAM.* Farce jouée à qqn.

nichée [niʃe] **n.f. 1.** Ensemble des oiseaux d'une même couvée encore au nid. **2.** *FAM.* Groupe de jeunes enfants d'une même famille.

nicher [niʃe] **v.i.** (lat. pop. **nidicare,* de *nidus*). Faire son nid. ◆ **se nicher v.pr. 1.** Faire son nid. **2.** Se cacher, se blottir : *Où s'est-il niché ?*

nickel [nikɛl] **n.m.** (de l'all. *Kupfernickel,* sulfure de nickel). Métal d'un blanc grisâtre, brillant, à cassure fibreuse. ► Symb. Ni. ◆ **adj. inv.** *FAM.* Parfaitement propre, rangé : *C'est nickel chez eux* (syn. **impeccable**).

nickeler [nikle] **v.t.** [conj. **24**]. Recouvrir d'une couche de nickel : *Pièce d'acier nickelé.*

niçois, e [niswa, -az] **adj.** et **n. 1.** De Nice. **2. Salade niçoise,** composée d'un mélange de tomates, de pommes de terre, d'œufs durs, d'olives, d'anchois, etc.

Nicola Pisano, sculpteur italien (m. entre 1278 et 1284), instigateur de la première Renaissance pisane (chaire du baptistère de Pise, d'esprit antiquisant, 1260). • Son fils **Giovanni** (? v. 1248 - Sienne apr. 1314), sculpteur et architecte actif surtout à Pise et à Sienne, d'un tempérament non moins puissant, adhère largement à la culture gothique : statues de la cathédrale de Sienne, chaires de Pistoia (terminée en 1301) et de la cathédrale de Pise.

Nicolas *(saint),* évêque de Myra, en Lycie (IVe s.). De nombreuses légendes (enfants sauvés du saloir, jeunes filles pauvres pourvues soudain d'une dot, etc.) se sont greffées sur les événements de sa vie qui fut celle d'un évêque secourable. Ses reliques ont été transportées en 1087 à Bari, où son culte est très populaire, ainsi qu'en Grèce, en Russie et dans toute l'Europe du Nord et du Centre.

Nicolas de Flue *(saint),* ermite suisse canonisé par Pie XII en 1947 (Flüeli ob Sachseln 1417 - Ranft 1487). Officier et conseiller de sa commune natale, il vécut dans la solitude de 1467 à sa mort. Il ne quitta sa retraite que pour rétablir la paix entre les cantons helvétiques, ce qui lui valut d'être déclaré patron de la Suisse.

Nicolas Ier *(saint)* [Rome v. 800 - *id.* 867], pape de 858 à 867. Il affirma l'autorité prééminente de la papauté face aux grands dignitaires ecclésiastiques, notamment Hincmar, archevêque de Reims, et au roi Lothaire II. Il dénonça l'élection de Photios comme patriarche de Constantinople et accueillit les Bulgares dans l'Église romaine.

Nicolas Ier (Tsarskoïe Selo 1796 - Saint-Pétersbourg 1855), empereur de Russie (1825-1855), fils de Paul Ier. Succédant à son frère, Alexandre Ier, il se consacra à la défense de l'orthodoxie et de l'autocratie dans un esprit étroitement nationaliste. Il réprima la révolte polonaise de 1830-1831 et écrasa la révolution hongroise en 1849, ce qui lui valut le surnom de « gendarme de l'Europe ». Voulant en finir avec l'Empire ottoman (1853), il se heurta à la France et à la Grande-Bretagne, qui s'engagèrent contre la Russie dans la guerre de Crimée (1854). • **Nicolas II** (Tsarskoïe Selo 1868 - Iekaterinbourg 1918), empereur de Russie (1894-1917), fils et successeur d'Alexandre III. Avec son ministre Witte, il favorisa l'industrialisation du pays, renforça l'alliance franco-russe et engagea son pays dans la guerre contre le Japon (1904-1905), qui se termina par la défaite russe. Contraint d'accorder, lors de la révolution de 1905, le manifeste d'octobre promettant la réunion d'une assemblée (douma d'État), il refusa, avec son ministre Stolypine, de transformer la Russie en une véritable monarchie constitutionnelle. Ayant engagé son pays dans la Triple-Entente, il prit en 1915 le commandement suprême des armées et laissa son épouse, Alexandra Fedorovna, soumise à l'influence de Raspoutine, jouer un rôle croissant dans le gouvernement. L'insurrection de Petrograd l'obligea à abdiquer (mars 1917). Transféré à Iekaterinbourg, il y fut massacré avec sa famille (17 juill. 1918). Ses restes et ceux des siens ont été transférés à Saint-Pétersbourg en 1998 et, en 2000, il a été canonisé, avec sa famille et plusieurs centaines de « martyrs » de la période soviétique, par l'Église orthodoxe russe.

Nicolas de Verdun, orfèvre mosan qui a signé et daté l'ambon ou retable de Klosterneuburg, près de Vienne (1181), ainsi que la châsse de Notre-Dame de Tournai (1205), et est sans doute l'auteur de la châsse des Rois mages de la cathédrale de Cologne : toutes œuvres d'un style antiquisant souple et puissant, concurrent du style gothique contemporain.

Nicolle (Charles), bactériologiste français (Rouen 1866 - Tunis 1936). Il a découvert le mode de transmission du typhus et effectué des travaux sur la brucellose et les fièvres récurrentes. (Prix Nobel de médecine 1928.)

Nicomédie, v. d'Asie Mineure (auj. *Izmit*), fondée v. 264 av. J.-C. Capitale du royaume de Bithynie, résidence impériale au temps de Dioclétien, elle fut au IVe s. l'un des bastions de l'arianisme.

Nicosie, cap. de Chypre, dans l'intérieur de l'île ; 53 772 hab. (251 000 hab. dans l'agglomération). Monuments gothiques des XIIIe et XIVe s., enceinte vénitienne du XVIe s.

Nicot (Jean), diplomate français (Nîmes v. 1530 - Paris 1600). Ambassadeur de Catherine de Médicis à Lisbonne, il introduisit le tabac en France.

nicotine [nikɔtin] **n.f.** (de *nicotiana* [*herba*], [herbe] à Nicot). Principal alcaloïde du tabac, dont la teneur varie de 1 à 8 % dans les feuilles des espèces cultivées, et qui est un violent excitant du système neurovégétatif.

nictitant, e [niktitɑ̃, -ɑ̃t] **adj.** (du lat. *nictare,* clignoter). ZOOL. **Paupière nictitante,** troisième paupière, qui, chez les oiseaux, se déplace horizontalement devant l'œil.

nid [ni] **n.m.** (lat. *nidus*). **1.** Construction que font divers animaux (oiseaux, poissons, insectes, etc.) pour y déposer leurs œufs. ► Les oiseaux y couvent les œufs et, pour certains, y élèvent les jeunes. **2.** Habitation que se ménagent certains animaux : *Nid de souris, de guêpes.* **3.** Habitation de l'homme : *Un nid d'amoureux* (syn. **foyer**). *Quitter le nid familial* (syn. **toit**). **4.** Endroit où se trouvent rassemblés des personnes, des animaux dangereux, des engins : *Un nid de brigands* (syn. **repaire**). **5. Nid d'aigle,** construction difficilement accessible, dans la montagne.

nidation [nidasjɔ̃] **n.f.** (du lat. *nidus,* nid). BIOL. Implantation de l'œuf ou du jeune embryon dans la muqueuse utérine des mammifères.

nid-d'abeilles [nidabɛj] **n.m. 1.** COUT. Point d'ornement destiné à retenir les plis d'un tissu suivant un dessin géométrique ; tissu ainsi obtenu qui présente de petites alvéoles régulières. **2.** IND. Structure alvéolaire de carton ou de métal qui constitue la partie centrale d'une structure sandwich (abrév. *nida*).

nid-de-poule [nidpul] **n.m.** (pl. *nids-de-poule*). Trou dans une route défoncée.

nidicole [nidikɔl] **adj.** (de *nid* et -cole, « qui vit au nid »). Se dit d'un oisillon qui reste au nid après l'éclosion, par opposition à *nidifuge* ▸ Les oiseaux nidicoles (ex. : rouge-gorge) naissent génér. aveugles et sans plumes (ou couverts simplement d'un peu de duvet), et doivent être nourris par leurs parents.

nidification [nidifikasjɔ̃] **n.f.** Construction d'un nid.

nidifier [nidifje] **v.i.** [conj. **9**]. Construire son nid : *Tous les oiseaux ne nidifient pas de la même façon.*

nidifuge [nidifyʒ] **adj.** (de *nid* et *-fuge,* qui fuit le nid). Se dit d'un oisillon qui quitte le nid dès l'éclosion, par opposition à *nidicole* ▸ Les oiseaux nidifuges (ex. : canard) sont capables de suivre leurs parents dès leur éclosion, et génér. de chercher leur nourriture eux-mêmes.

Nidwald, demi-canton de Suisse ; 276 km^2 ; 41 024 hab. *(Nidwaldiens) ;* ch.-l. *Stans.* Partie du canton d'Unterwald.

nièce [njɛs] **n.f.** (lat. *neptis*). Fille du frère ou de la sœur.

Nielsen (Carl), compositeur danois (Nørre-Lyndelse 1865 - Copenhague 1931). On le considère comme le créateur de la musique moderne dans son pays et comme le plus grand compositeur scandinave du XXe s. après Sibelius (six symphonies, trois concertos, quatre quatuors, deux opéras, *Saul et David* et *Mascarade*).

n-ième ou **n^{ième}** [enjɛm] **adj.** et **n.** Énième.

Niémen (le), fl. tributaire de la Baltique, qui traverse la Biélorussie, puis la Lituanie ; 937 km.

Niemeyer (Oscar), architecte brésilien (Rio de Janeiro 1907 - *id.* 2012). Utilisant avec virtuosité les possibilités du béton armé, il édifia le centre de loisirs de Pampulha, près de Belo Horizonte (v. 1943), les principaux monuments de Brasilia et, à l'étranger, l'université de Constantine (1969), le siège du parti communiste français à Paris (1971), la maison de la culture du Havre (1982), le Centre culturel international d'Avilés (2011). [Prix Pritzker 1988.]

Niépce (Nicéphore), inventeur français (Chalon-sur-Saône 1765 - Saint-Loup-de-Varennes 1833). Niépce est surtout connu pour l'invention de la photographie (1816 : reproduction du premier négatif ; 1822 : première image photographique), à l'origine de son association avec Daguerre (1829). Il réalisa notamm. la première chambre noire photographique, le premier diaphragme à iris et une chambre munie d'une bobine pour l'enroulement du papier sensible.

nier [nje] **v.t.** (lat. *negare*) [conj. **9**]. Dire qu'une chose n'existe pas, n'est pas vraie ; rejeter comme faux : *Nier un fait* (syn. **contester**). *Nier l'évidence* (syn. **refuser**). *Il nie l'avoir vu* (contr. **affirmer**).

Nietzsche (Friedrich), philosophe allemand (Röcken, près de Lützen, 1844 - Weimar 1900). Nietzsche établit une critique radicale des bases kantiennes de la connaissance et du rationalisme scientiste : pour lui, ce n'est pas l'amour de la vérité qui anime l'homme, ce sont les passions du vouloir-vivre. Les institutions, la religion cachent la vraie nature de l'homme, faite du combat entre la mort et la vie. L'unité de l'homme et du monde, bien comprise par les présocratiques, a été cassée par Socrate, qui a inventé la coupure entre l'essence et l'apparence, puis par le christianisme, qui a institué une « morale d'esclave » fondée sur la culpabilité et le dogme du péché originel. Nietzsche juge donc indispensable un « renversement des valeurs ». Contre le christianisme, le socialisme, le nihilisme, il établit la philosophie de la volonté de puissance, née de l'accroissement continu des forces vitales, qui préconise le règne du « surhomme ».
Nietzsche s'est exprimé par des aphorismes cinglants (*le Gai Savoir,* 1882 ; *Par-delà bien et mal,* 1886), des dissertations d'un style étincelant (*la Naissance de la tragédie,* 1872 ; *le Crépuscule des idoles,* 1889), des poèmes philosophiques (*Ainsi parlait Zarathoustra,* 1883).

nietzschéen, enne [nitʃeɛ̃, -ɛn] **adj.** et **n.** Relatif à la philosophie de Nietzsche ; adepte de cette philosophie.

Nièvre (la), affl. de la Loire (r. dr.), rejointe à Nevers ; 53 km.

Nièvre [58], dép. de la Région Bourgogne-Franche-Comté ; ch.-l. de dép. *Nevers ;* ch.-l. d'arr. *Château-Chinon, Clamecy, Cosne-Cours-sur-Loire ;* 4 arr., 17 cant., 312 comm. ; 6 816 km^2 ; 224 349 hab. *(Nivernais).*

nigaud, e [nigo, -od] **adj.** et **n.** (dimin. de *Nicodème,* n.pr.). Qui agit d'une manière sotte, maladroite : *Son nigaud de frère a encore cassé l'appareil* (syn. **dadais, simplet**).

Niger (le), princ. fl. de l'Afrique occidentale. Né en Guinée, le Niger décrit une longue courbe, traversant le Mali (Bamako, Tombouctou), puis le sud-ouest du Niger (Niamey) avant de rejoindre au Nigeria le golfe de Guinée par un vaste delta ; 4 200 km (bassin de 1 100 000 km^2). Navigable par biefs, il est aussi utilisé pour l'irrigation.

Niger, État de l'Afrique occidentale ; 1 267 000 km^2 ; 17 831 000 hab. *(Nigériens).* CAP. *Niamey.* LANGUE : *français.* MONNAIE : *franc C.F.A.*

GÉOGRAPHIE

Vaste pays (plus du double de la superficie française), aux horizons monotones (si l'on excepte les hauteurs de l'Aïr), enclavé, le Niger, malgré une récente croissance démographique de l'ordre de 3 % par an, est encore peu peuplé. La majeure partie du pays est désertique, torride, et les pluies ne sont relativement abondantes qu'au S. C'est là, surtout dans le S.-O., traversé par le fleuve Niger, que se concentre la majeure partie d'une population islamisée, formée d'ethnies variées (Songhaï au S. ; plus au N., Touareg et Peuls, encore souvent nomades). La capitale est la seule ville importante. Plus des deux tiers de la population sont occupés par l'agriculture (millet, base de l'alimentation ; arachide, principale culture commerciale). L'élevage, malgré la sécheresse, tient toujours une place notable (bovins, ovins et caprins). Le sous-sol fournit surtout de l'uranium, exporté. L'industrie, à part l'agroalimentaire, est inexistante. Le Niger a bénéficié d'un réaménagement de sa dette extérieure mais reste tributaire de l'aide alimentaire et financière internationale.

HISTOIRE

Dès le Ve millénaire av. J.-C., à la suite de la désertification, des Noirs se replient vers le Sud, où ils trouvent des pasteurs d'origine nilotique, alors que les Berbères remontent vers le Nord.
XVe-XVIe s. apr. J.-C. Apogée de l'empire des Songhaï constitué autour de Gao.
1591. Destruction de l'empire par les Marocains.
Le pays est, par la suite, contrôlé par les Touareg et les Berbères. La pénétration française s'affirme à la fin du XIXe s.
1922. Le Niger devient colonie de l'Afrique-Occidentale française.
1960. Indépendance du Niger.
Présidé jusqu'en 1974 par Hamani Diori, qui s'appuie sur un parti unique, le pays est ensuite dirigé la plupart du temps par les militaires.
1999. Le pouvoir est remis aux civils après l'élection de Mamadou Tandja, leader de l'ancien parti unique, à la tête de l'État. Réélu en 2004, ce dernier fait approuver en 2009 par référendum la prolongation de son mandat pour 3 ans. Il est renversé en 2010 par l'armée qui remet le pouvoir aux civils en 2011 après l'adoption d'une nouvelle Constitution et l'élection à la présidence de la République de Mahamadou Issoufou.

Nigeria (le), État de l'Afrique occidentale, sur le golfe de Guinée, traversé par le Niger ; 924 000 km^2 ; 173 615 000 hab. *(Nigérians)*. CAP. *Abuja*. V. princ. *Lagos, Ibadan*. LANGUE OFFICIELLE : *anglais*. MONNAIE : *naira*.

GÉOGRAPHIE

Pays le plus peuplé d'Afrique, le Nigeria, à la différence de micro-États ou de vastes territoires désertiques ou enclavés du continent, dispose de divers atouts : façade maritime et une gamme de climats favorables aux cultures vivrières et commerciales, la présence de pétrole, une armature urbaine (dominée par Lagos et particulièrement dense au sud-ouest et au sud-est) et une bonne infrastructure de transports. En contrepartie, la pression démographique ne décroît pas : la population augmente de 3 millions de personnes par an. La multiplication des ethnies, les oppositions entre les plus importantes (Haoussa, Yoruba et Ibo), entre musulmans (majoritaires) et chrétiens rendent fragile l'unité de cette république fédérale.

Le climat est presque uniformément chaud (plus de 25 °C en moyenne), mais beaucoup plus humide au S. (forêt dense) qu'au N. (forêt claire et même savanes). La forêt équatoriale a été éclaircie par des plantations fournissant cacao, arachide, huile de palme, caoutchouc, etc. Le millet, le sorgho, le manioc et le maïs sont les bases de l'alimentation. L'élevage est important (surtout au N.) : bovins, ovins et caprins. La pêche fournit un complément d'alimentation appréciable. Au total, l'agriculture occupe encore près de la moitié de la population active.

La part la plus importante du P.I.B. est fournie par la production des mines et, surtout, par l'exploitation pétrolière (affectée toutefois auj. par les troubles qui agitent le sud du pays). En partie raffiné sur place, le pétrole assure plus de 90 % des exportations. Le gaz naturel, abondant, commence à être exploité. L'industrie est réduite.

HISTOIRE

Les origines

Ier millénaire av. J.-C. Épanouissement de la civilisation de Nok au nord du pays.

VIIe-XIe s. apr. J.-C. Les Haoussa s'installent dans le Nord et les Yoruba dans le Sud-Ouest.

À partir du XIe s., des royaumes, bientôt islamisés, s'organisent dans le Nord. Les plus brillants sont ceux du Kanem (apogée au XIVe s.) et du Kanem-Bornou (XVIe s.). Dans le Sud, Ife constitue le centre religieux et culturel commun du royaume d'Oyo et de celui du Bénin, qui entre en relation avec les Portugais à la fin du XVe s.

La colonisation

XVIe s. L'Angleterre élimine le Portugal et obtient le monopole de la traite des Noirs dans la région.

Début du XIXe s. Les Peuls musulmans, conduits par Ousmane dan Fodio, constituent un empire dans le nord du pays (Sokoto).

1851. Les Britanniques occupent Lagos. L'administration du pays est d'abord confiée à une compagnie à charte britannique, avant de dépendre du ministère des Colonies (1900).

1960. Le Nigeria accède à l'indépendance.

La vie politique de cet État fédéral est marquée par des luttes entre civils et militaires (qui accèdent au pouvoir en 1966) et par des luttes entre les différentes ethnies.

1967. Les Ibo du Sud-Est, en majorité chrétiens, font sécession (guerre du Biafra), mais capitulent (1970).

Depuis lors, en dehors d'une brève période de retour à la démocratie (1979-1983), les coups d'État militaires se sont succédé. À la tête du pays à partir de 1985, le général Babangida amorce en 1989 un processus de transition devant amener à la restauration d'un régime civil.

1993. Après la démission de Babangida, le général Sani Abacha prend le pouvoir.

1995. Le Nigeria est suspendu du Commonwealth pour avoir exécuté plusieurs opposants.

1998. Après la mort de S. Abacha, le général Abdusalam Abubakar rétablit un fonctionnement plus démocratique des institutions.

1999. Olusegun Obasanjo, qui avait dirigé le pays de 1976 à 1979, est élu à la présidence de la République (réélu en 2003). Mais le Nigeria connaît une recrudescence des affrontements intercommunautaires à base ethnique ou religieuse (musulmans contre chrétiens).

2010-2011. À la suite de la mort en cours de mandat d'Umaru Yar'Adua (élu en 2007), Goodluck Jonathan accède à la présidence. Le Nigeria reste marqué par la rébellion dans le sud du pays (delta du Niger) et les violences commises contre les chrétiens par les islamistes radicaux.

nigéro-congolais, e [niʒerokɔ̃gɔlɛ, -ɛz] **adj.** (pl. *nigéro-congolais, es*). Se dit d'une famille de langues d'Afrique noire à laquelle appartiennent le ouolof, le peul, le mandingue, etc., ainsi que les langues bantoues.

night-club [najtklœb] **n.m.** (angl. *night club*) [pl. *night-clubs*]. Établissement de spectacle ouvert la nuit ; boîte de nuit.

nihilisme [niilism] **n.m.** (du lat. *nihil*, rien). **1.** Tendance révolutionnaire de l'intelligentsia russe des années 1860, caractérisée par le rejet des valeurs de la génération précédente. **2.** Négation des valeurs intellectuelles et morales communes à un groupe social ; refus de l'idéal collectif de ce groupe. ◆ **nihiliste adj.** et **n.** Relatif au nihilisme ; qui en est partisan.

Nijinski (Vaslav), danseur et chorégraphe russe d'origine polonaise (Kiev 1889 - Londres 1950). Formé à l'école de ballet de Saint-Pétersbourg, il devint le danseur vedette de la compagnie de Diaghilev. Possédant une technique prodigieuse mais aussi une extraordinaire et fascinante présence, il est entré dans la légende en créant les ballets de Fokine (*Petrouchka* et *le Spectre de la rose*, 1911). Comme chorégraphe, il suscita le scandale en réalisant des œuvres novatrices, en rupture totale avec la tradition académique (*le Sacre du printemps*, 1913). Après avoir quitté les Ballets russes, il sombra dans la folie (1919) et mourut sans avoir retrouvé la raison. • Sa sœur, **Bronislava Nijinska** (Minsk 1891 - Pacific Palisades, Los Angeles, 1972), s'est également illustrée avec les Ballets russes, comme danseuse (1909-1913) puis comme chorégraphe inventive, ouvrant la voie au ballet néoclassique.

Nijni Novgorod, de 1932 à 1990 **Gorki,** v. de Russie, au confluent de la Volga et de l'Oka ; 1 253 324 hab. Port fluvial et centre industriel. Ville fondée en 1221. Vieux kremlin. Cathédrales et églises du XIIIe au XIXe s.

Nikolais (Alwin), chorégraphe et compositeur américain (Southington, Connecticut, 1912 - New York 1993). Pédagogue réputé, il organise en 1948 le département de danse de la Henry Street Playhouse de New York et dirige (1978-1981) le Centre de danse contemporaine d'Angers. Figure essentielle de la modern dance, il transforme ses interprètes en signes plastiques par le jeu des accessoires, de la lumière et des projections photographiques.

Nil (le), princ. fl. d'Afrique ; 6 700 km (5 600 depuis le lac Victoria) [bassin d'env. 3 millions de km^2]. Sorti du lac Victoria (sous le nom de *Nil Victoria*), où s'est jetée sa branche mère, la Kagera, le Nil s'écoule vers le nord. Traversant les lacs Kioga et Albert, il prend le nom de *Nil Blanc* (Bahr el-Abiad) au sortir de la cuvette marécageuse du Soudan méridional. À Khartoum, le Nil reçoit le *Nil Bleu* (Bahr el-Azrak), puis, en aval, l'Atbara. Il traverse ensuite la Nubie et l'Égypte, atteint Le Caire, où commence le delta sur la Méditerranée. Le haut barrage d'Assouan régularise son cours inférieur et crée en amont un vaste lac artificiel, long de 500 km (en partie au Soudan), qui a permis d'étendre une irrigation utilisant, depuis l'Antiquité, les crues estivales.

nilotique [nilɔtik] **adj.** (du gr. *Neilos*, le Nil). Se dit d'un groupe de langues africaines parlées dans la région du haut Nil.

Nimba *(monts)*, massif d'Afrique, aux confins de la Côte d'Ivoire, de la Guinée et du Liberia ; 1 752 m. Gisements de fer.

nimbe [nɛ̃b] **n.m.** (lat. *nimbus*, nuage). **1.** Cercle lumineux placé autour de la tête des dieux et des empereurs romains déifiés, puis, par les chrétiens, autour de celle du Christ et des saints, dans l'iconographie religieuse (syn. **auréole**). **2.** *LITT.* Halo lumineux entourant qqn, qqch.

nimber [nɛ̃be] **v.t. 1.** Orner d'un nimbe. **2.** *LITT.* Entourer d'un halo : *Rochers qu'un pâle soleil nimbe de rose.*

nimbostratus [nɛ̃bɔstratys] **n.m. inv.** Nuage bas, qui se présente en couches épaisses de couleur grise, caractéristique du mauvais temps.

nimbus [nɛ̃bys] **n.m.** (mot lat. « nuage »). Nuage d'un gris sombre. (On dit auj. *nimbostratus.*)

Nimègue, v. des Pays-Bas (Gueldre), sur le Waal ; 159 155 hab. Chapelle-baptistère du VIIIe s. Hôtel de ville et *Waag* des XVIe et XVIIe s. Musée d'archéologie (préhistoire, époques romaine et franque).

Nimègue *(traités de),* traités conclus en 1678 entre la France, les Provinces-Unies et l'Espagne, et en 1679 entre la France et le Saint Empire, à la fin de la guerre de Hollande. Donnant à la France la Franche-Comté, le Cambrésis et plusieurs villes du Hainaut, de l'Artois et de la Flandre, ils firent de Louis XIV l'arbitre de l'Europe.

Nîmes, ch.-l. du dép. du Gard, à 704 km au sud de Paris ; 150 019 hab. *(Nîmois)* [180 449 hab. dans l'agglomération]. Évêché. Cour d'appel. Confection. Beaux monuments romains : Maison carrée, arènes, temple de Diane. Près de ce dernier, jardin de la Fontaine, du XVIIIe s. Urbanisme contemporain. Musées. – Colonie au temps d'Auguste, Nîmes fut l'une des cités les plus brillantes de l'Empire romain. Elle fut rattachée au comté de Toulouse en 1185, puis à la France en 1229. Fief protestant, elle souffrit de la révocation de l'édit de Nantes (1685).

Nimitz (William), amiral américain (Fredericksburg, Texas, 1885 - San Francisco 1966). Commandant la flotte du Pacifique après Pearl Harbor (1941), il vainquit la flotte japonaise et signa avec MacArthur l'acte de capitulation du Japon (2 sept. 1945).

n'importe [nɛ̃pɔrt] **adv.** (de *2. importer*). Devant un mot interr. (pron., adj., adv.), indique une indétermination, un choix totalement ouvert : *N'importe qui. N'importe quelle place. N'importe où.* ◆ **interj.** *LITT.* Cela est sans importance : *Il avait tout perdu ? N'importe, il s'était bien amusé.* (On dit aussi *il n'importe.*)

Nimroud, site d'Assyrie, sur le Tigre, à l'emplacement de l'anc. Kalhou (ou Calach), fondée au XIIIe s. av. J.-C. Des fouilles ont dégagé d'imposants vestiges de temples et de palais.

Ninive, v. de l'anc. Mésopotamie, sur le Tigre. (Hab. *Ninivites.*) Fondée au VIe millénaire, elle devint sous Sennachérib (705-680 av. J.-C.) la capitale de l'Assyrie. Sa destruction, en 612 av. J.-C., marque la fin de l'Empire assyrien. Vestiges : nombreux objets, dont les orthostates (décorations murales en relief sculpté) ornés de scènes de chasse du roi Assourbanipal au VIIe s. (British Museum et musée de Bagdad). La bibliothèque (près de 25 000 tablettes en cunéiforme) a aussi été retrouvée.

Niño [ninjo] **(El)** [mots esp. signif. « l'Enfant-Jésus », car apparaissant à la période de Noël], phénomène climatique déclenché par un réchauffement anormal de l'océan dans l'est du Pacifique, autour de l'équateur, entraînant des dérèglements climatiques dans de nombreuses régions du monde (pluies diluviennes, inondations, cyclones, sécheresses).

Niort, ch.-l. du dép. des Deux-Sèvres, sur la Sèvre Niortaise, à 403 km au sud-ouest de Paris ; 59 934 hab. *(Niortais).* Siège de sociétés d'assurances mutuelles. Constructions mécaniques et électriques. Agroalimentaire. Ganterie. Donjon double des XIIe-XVe s. (Musée poitevin).

nippes [nip] **n.f. pl.** (de *guenipe,* forme dialect. de *guenille*). *FAM.* Vêtements usagés.

nippon, onne ou **one** [nipɔ̃, -ɔn] **adj.** et **n.** (du jap. « soleil levant »). Du Japon.

Nippour, anc. v. de la basse Mésopotamie, qui joua un rôle important à l'époque sumérienne comme centre religieux. Extrêmement étendue, comme Mari, Nimroud et Ourouk, elle est toujours en cours de fouilles depuis le XIXe s. Plusieurs temples ont été dégagés. La ville, florissante entre le IIIe et le Ier millénaire av. J.-C., demeura ensuite un important carrefour commercial. Elle est l'un des gisements de tablettes cunéiformes qui ont permis la résurrection des littératures mésopotamiennes.

niqab [nikab] **n.m.** (mot ar.). Long voile dissimulant le visage, à l'exception des yeux, porté par certaines femmes musulmanes.

nique [nik] **n.f.** (d'une racine *nik-*, onomat.). *VIEILLI.* **Faire la nique à qqn,** lui faire un signe de mépris ou de moquerie ; se moquer de lui.

nirvana [nirvana] **n.m.** (mot sanskr.). Extinction de la douleur, qui correspond à la libération du cycle des réincarnations, dans la pensée orientale, notamm. dans le bouddhisme. *Rem.* Graphie savante *nirvāṇa.*

nitrate [nitrat] **n.m.** Sel de l'acide nitrique : *Nitrate d'argent.*

■ Les nitrates, très solubles, sont assimilés rapidement par les plantes, auxquelles ils apportent l'azote nécessaire à leur développement. Ils sont présents dans les engrais azotés, utilisés en grande quantité dans l'agriculture moderne intensive. Le *nitrate de soude,* qui provient essentiellement des mines du Chili, est apprécié notamm. pour la culture de la betterave à sucre. Le *nitrate de chaux* est obtenu industriellement par l'action de l'acide nitrique sur du calcaire ou des phosphates de chaux. Il est considéré comme l'engrais de démarrage des cultures. Le *nitrate de potassium* est utilisé, notamm., pour des pulvérisations sur les feuilles. Ces engrais se présentent sous forme de fins granulés sphériques qui peuvent être dissous, dans certains cas, pour des épandages liquides.

Pollution par les nitrates. L'ion nitrate n'est pas retenu dans le sol et peut être véhiculé par l'eau pour aller au contact des racines et y être absorbé, ou être entraîné beaucoup plus loin hors de la zone racinaire par *lessivage* du sol. Les grandes quantités de nitrates apportées aux cultures augmentent beaucoup la fraction entraînée dans les profondeurs du sol, qui est à l'origine de la pollution des nappes phréatiques. Le lessivage des sols de leurs nitrates par les eaux de pluie provoque également la pollution des plans d'eau (étangs, lacs). Pour lutter contre cette pollution, on peut limiter le lessivage en couvrant le sol par une culture pendant l'hiver, et en étudiant et en calculant mieux la fertilisation et l'irrigation afin d'éviter les excès. ■

nitre [nitr] **n.m.** (lat. *nitrum,* du gr. *nitron*). Anc. nom du salpêtre, ou nitrate de potassium. ▸ Ce terme a servi à former le nom de la plupart des composés azotés ; il est à l'origine du N qui est le symbole chimique de l'azote.

nitré, e [nitre] **adj.** (de *nitre*). **Dérivé nitré,** composé résultant de la réaction de substitution appelée *nitration,* qui introduit le radical NO_2 dans une molécule organique.

nitrification [nitrifikasjɔ̃] **n.f.** CHIM. Transformation de l'azote ammoniacal en nitrates, génér. sous l'action de bactéries, notamm. le *nitrobacter.*

nitrifier [nitrifje] **v.t.** [conj. **9**]. Transformer en nitrate.

nitrique [nitrik] **adj.** (de *nitre*). CHIM. **Acide nitrique,** composé oxygéné dérivé de l'azote, acide fort et oxydant. ▸ Symb. HNO_3. L'acide nitrique du commerce est cour. appelé *eau-forte.*

nitroglycérine [nitrɔgliserin] **n.f.** Ester nitrique de la glycérine, liquide huileux, jaunâtre. ▸ C'est un explosif puissant, qui entre dans la composition de la dynamite.

nitruration [nitryrasjɔ̃] **n.f.** (de *nitre*). MÉTALL. Traitement chimique de durcissement superficiel d'alliages ferreux par l'azote.

nival, e, aux [nival, -o] **adj.** (du lat. *nix, nivis,* neige). **1.** Relatif à la neige ; dû à la neige. **2. Régime nival,** régime des cours d'eau caractérisé par des crues printanières dues à la fonte des neiges.

niveau [nivo] **n.m.** (anc. fr. *livel,* lat. pop. **libellus,* class. *libella*). **1.** Hauteur de qqch par rapport à un plan horizontal de référence : *Le niveau du fleuve a monté* (syn. **hauteur**). *À deux cents mètres au-dessus du niveau de la mer.* **2.** Instrument qui permet de vérifier l'horizontalité d'une surface : *Niveau à bulle d'air. Niveau d'eau.* **3.** Ensemble des locaux situés sur un même plan horizontal d'un bâtiment : *Le rayon vêtement est au deuxième niveau du magasin* (syn. **étage**). **4.** Valeur de qqch, de qqn ; degré atteint dans un domaine : *Niveau scolaire. Le niveau de la production automobile.* **5.** Valeur atteinte par une grandeur : *Niveau d'audition.* **6.** Échelon d'un ensemble organisé ; position dans une hiérarchie : *Tous les niveaux de l'État sont concernés.* **7. De niveau,** sur le même plan horizontal : *Les deux planches de l'armoire sont de niveau.* / **Niveau mental** ou **intellectuel,** degré d'efficacité intellectuelle d'un sujet, apprécié par divers tests psychotechniques. / ÉCON. **Niveau de vie,** mesure des conditions réelles d'existence d'un individu, d'une famille ou d'une population prise dans son ensemble. / GÉOGR. **Courbe de niveau,** ligne représentant sur une carte les points de même altitude. ► La différence d'altitude entre deux courbes voisines est constante. / LING. **Niveau de langue,** ensemble des caractéristiques d'usage du discours, telles que le locuteur peut les faire varier en fonction des situations et des interlocuteurs. ► Les niveaux de langue sont marqués dans ce dictionnaire par les mentions fam. [familier], arg. [argotique], litt. [littéraire], etc.

niveler [nivle] **v.t.** [conj. **24**]. **1.** Égaliser le niveau de ; rendre plan, horizontal : *Niveler un terrain* (syn. **aplanir**). **2.** Rendre égal : *Niveler les fortunes* (syn. **égaliser**).

Nivelle (Robert), général français (Tulle 1856 - Paris 1924). Commandant de la IIe armée à Verdun (1916), puis commandant en chef des armées du Nord et du Nord-Est en 1917, il dirigea la vaine offensive du Chemin des Dames, dont l'échec entraîna son remplacement par Pétain.

nivellement [nivɛlmɑ̃] **n.m. 1.** Action d'égaliser un terrain, de le rendre plan (syn. **aplanissement**). **2.** Aplanissement des accidents du relief par l'érosion (syn. **arasement**). **3.** Action d'égaliser les fortunes, les conditions sociales, etc. : *Le nivellement des revenus* (syn. **égalisation**).

Nivernais, anc. prov. de France qui a formé la majeure partie du département de la Nièvre.

nivôse [nivoz] **n.m.** (lat. *nivosus*, neigeux). HIST. Quatrième mois du calendrier républicain, du 21, 22 ou 23 décembre au 19, 20 ou 21 janvier.

Nixon (Richard), homme d'État américain (Yorba Linda, Californie, 1913 - New York 1994). Républicain, vice-président des États-Unis (1953-1961), il fut élu président en 1968 et réélu en 1972. Il noua des relations avec la Chine populaire et mit fin à la guerre du Viêt Nam (1973). Il dut démissionner en 1974 à la suite du scandale du Watergate, affaire d'espionnage politique dont fut victime le parti démocrate.

Nkrumah (Kwame), homme politique ghanéen (Nkroful 1909 - Bucarest 1972). Il obtint en 1957 l'indépendance de la Gold Coast, colonie britannique, et présida la république du Ghana de 1960 à 1966. Partisan du panafricanisme, il joua un rôle important dans la création de l'O.U.A., Organisation de l'unité africaine (1963).

nô [no] **n.m. inv.** (mot jap.). Drame lyrique japonais, combinant la musique, la danse et la poésie.

Nobel (Alfred), industriel et chimiste suédois (Stockholm 1833 - San Remo 1896). Il inventa la dynamite (1866) en imaginant de faire absorber de la nitroglycérine par une matière poreuse, la rendant ainsi plus maniable et moins dangereuse. Il mit au point la dynamite-gomme et poursuivit ses études sur les poudres en France puis en Italie. Il fonda, par testament, cinq prix annuels au profit des auteurs de contributions particulièrement remarquables concernant la physique, la chimie, la physiologie ou la médecine, la littérature et la paix ; en 1968, la Banque de Suède leur a adjoint un prix de sciences économiques.

nobiliaire [nɔbiljɛr] **adj.** (lat. *nobilis*, noble). Qui appartient, qui est propre à la noblesse : *Titre nobiliaire.* ◆ **n.m.** Registre des familles nobles d'une province ou d'un État.

noble [nɔbl] **adj.** et **n.** (lat. *nobilis*). Qui appartient à la catégorie sociale qui, de par la naissance ou la décision des souverains, jouit de certains privilèges : *Une famille noble* (syn. **aristocratique**). *Un noble* (syn. **aristocrate**). ◆ **adj. 1.** Qui appartient à un noble, à la noblesse : *Sang noble.* **2.** Qui a de la dignité, de la grandeur ; qui manifeste de l'élévation : *De nobles sentiments* (syn. **élevé**). *Un noble caractère* (syn. **généreux**). **3.** Qui suscite l'admiration, le respect par sa distinction, sa majesté : *Un maintien très noble* (syn. **majestueux**). **4.** Qui se distingue par sa qualité : *Un vin noble* (syn. **supérieur**). **5. Métal noble,** métal précieux. / **Parties nobles,** le cerveau, le cœur, chez l'homme.

noblement [nɔbləmɑ̃] **adv.** De façon noble : *Se conduire noblement* (syn. **dignement**).

noblesse [nɔblɛs] **n.f. 1.** Condition de noble : *Noblesse héréditaire.* **2.** Classe sociale constituée par les nobles : *Les privilèges de la noblesse* (syn. **aristocratie**). **3.** Caractère de qqn, de qqch qui est grand, élevé, généreux : *La noblesse de cœur* (syn. **grandeur**). *La noblesse de sentiments* (syn. **générosité**). **4. Noblesse d'épée,** noblesse acquise au Moyen Âge par des services militaires ; ensemble des familles de noblesse ancienne. / **Noblesse de robe,** noblesse formée de bourgeois anoblis grâce aux fonctions ou charges qu'ils avaient exercées.

■ **La noblesse au Moyen Âge.** Appliqué, sous l'Antiquité, à une partie de l'élite romaine, ce terme désigne avant tout l'aristocratie qui se constitue en Europe après les grandes invasions du Ve s. La noblesse fonde son pouvoir sur ses qualités guerrières et sa puissance foncière. Le noble est avant tout un *miles* (soldat) qui a pour fonction propre de se battre. Véritable guerrier professionnel, il ne se déplace et ne combat qu'à cheval. La noblesse constitue un groupe aristocratique détenteur de nombreux privilèges – droit de porter des armes, d'acquérir des fiefs, etc. – et se caractérise par des coutumes fondées sur l'honneur ainsi que par des règles juridiques particulières (droit d'aînesse). Les nobles subissent entre le XIIe et le XVe s. une crise importante résultant d'un affaiblissement numérique (croisades, Reconquista) et financier, ainsi que de l'autorité retrouvée des souverains et du rôle croissant des villes. Alors que la noblesse est héréditaire depuis le XIVe s., une partie de la bourgeoisie y accède alors, par les différents moyens qui lui sont offerts ; aux achats de fiefs, aux mariages nobles et aux lettres d'anoblissement signées par le roi s'ajoutent les achats d'offices (charge avec juridiction), à l'origine d'une noblesse dite « de robe », dont les fonctions sont d'ordre administratif.

Les noblesses dans l'Europe d'Ancien Régime. Minoritaires (3 % de la population), elles soutiennent le système monarchique tout en s'opposant au renforcement de l'absolutisme. Pologne, Russie, Hongrie et Espagne rassemblent alors les deux tiers des nobles d'Europe. S'ils partagent un certain nombre de valeurs culturelles, ainsi que l'atteste la civilisation aristocratique et cosmopolite du XVIIIe s., ils diffèrent par le type de privilèges dont ils jouissent, l'extension de leur pouvoir politique et la nature de leurs fonctions. La noblesse d'Angleterre, très ouverte, participe à la vie économique. Dans les « Républiques nobiliaires » (Suède, Pologne, Hongrie, Venise), la noblesse accapare pouvoirs politiques et activités économiques.

La noblesse d'Ancien Régime en France. Second ordre du royaume, elle se prétend détentrice de vertus l'opposant à la roture, possède des privilèges honorifiques, fiscaux (exemption de la taille) et juridiques, et se fait réserver certaines charges dans l'armée, à la cour, dans l'Église. Elle a aussi ses devoirs : servir le roi et vivre « noblement », ce qui lui interdit la plupart des activités économiques. Comblée de faveurs mais étroitement contrôlée sous Louis XIV, elle s'efforce au XVIIIe s. de retrouver une partie du pouvoir politique qui lui a été confisqué. Ainsi, la réaction aristocratique dirigée contre Louis XVI précède la Révolution française.

Le déclin de la noblesse. Supprimée sous la Révolution, la noblesse française est rétablie dans ses titres, mais non dans ses privilèges, en 1815 et augmentée alors de la noblesse d'Empire. Mais l'égalité civile s'affirme et les titres de noblesse ne sont plus confirmés par l'État sous la IIIe République. Le reste de l'Europe évolue aussi vers l'égalité civile et la noblesse de titres, au cours du XIXe s., →

quoique plus lentement en Europe orientale. La démocratisation des institutions entraîne sa disparition dans la majorité des États, à l'exception des monarchies constitutionnelles. ■

nobliau [nɔblijo] **n.m.** Homme de petite noblesse (péjor.).

noce [nɔs] **n.f.** (lat. pop. **noptiae,* déformé d'apr. **novius,* nouveau marié, du class. *nuptiae*). **1.** Festin et réjouissances qui accompagnent un mariage ; ensemble des personnes qui s'y trouvent : *Être invité à la noce d'un ami* (syn. **mariage**). *Toute la noce a traversé le village.* **2. Épouser en secondes noces,** par un second mariage. / *FAM.* **Faire la noce,** mener une vie dissolue ; faire la fête, prendre part à une partie de plaisir en buvant, en mangeant avec excès. / *FAM.* **Ne pas être à la noce,** être dans une situation critique, gênante. / **Noces d'argent, d'or, de diamant,** fêtes que l'on célèbre au bout de 25, 50, 60 ans de mariage.

noceur, euse [nɔsœr, -øz] **n.** *FAM.* Personne qui fait la noce, qui mène une vie de débauche.

nocher [nɔʃe] **n.m.** (lat. *nauclerus,* pilote). *LITT.* Pilote, homme chargé de conduire un navire, une barque.

nocif, ive [nɔsif, -iv] **adj.** (lat. *nocivus,* de *nocere,* nuire). **1.** Qui est de nature à nuire à l'organisme : *Des émanations nocives* (syn. **toxique**). **2.** Qui peut nuire intellectuellement ou moralement : *Théories nocives* (syn. **pernicieux**).

nocivité [nɔsivite] **n.f.** Caractère de ce qui est nocif.

noctambule [nɔktɑ̃byl] **adj.** et **n.** (lat. médiév. *noctambulus,* du class. *nox, noctis,* nuit, et *ambulare,* marcher). Qui aime sortir tard le soir, se divertir la nuit.

noctuelle [nɔktɥɛl] **n.f.** (du lat. *noctua,* chouette). Papillon de nuit dont les chenilles sont souvent nuisibles. ▸ Nom commun à plusieurs espèces, dont la plupart appartiennent à la famille des noctuidés.

nocturne [nɔktyrn] **adj.** (lat. *nocturnus,* de *nox, noctis,* nuit). **1.** Qui a lieu pendant la nuit : *Tapage nocturne.* **2.** Se dit d'un animal qui sort, agit, vole ou court pendant la nuit (par opp. à *diurne*). ◆ **n.m.** Morceau de musique d'un caractère rêveur et mélancolique. ◆ **n.f. 1.** Ouverture en soirée d'un magasin. **2.** Réunion sportive en soirée.

Nodier (Charles), écrivain français (Besançon 1780 - Paris 1844). Ses œuvres, qui tiennent du roman noir et du conte fantastique (*Jean Sbogar ; Trilby ou le Lutin d'Argail ; la Fée aux miettes,* 1832), ont préparé la voie à Nerval et au surréalisme. Ses soirées de l'Arsenal, à Paris, réunissaient les écrivains romantiques.

nodosité [nɔdɔzite] **n.f.** (du lat. *nodosus,* noueux). **1.** Caractère d'un végétal, d'un arbre qui présente de nombreux nœuds. **2.** MÉD. Production anormale, généralement arrondie et dure, parfois incluse sous la peau : *Nodosités rhumatismales.* **3.** Renflement rencontré sur les racines des plantes légumineuses et contenant une bactérie fixatrice de l'azote, le *rhyzobium.*

nodule [nɔdyl] **n.m.** (lat. *nodulus,* petit nœud). **1.** Petite nodosité. **2.** ANAT. Renflement de l'extrémité antérieure de la région médiane inférieure du cervelet. **3.** GÉOL. Petite concrétion minérale ou rocheuse, de forme arrondie, située dans une roche de nature différente. **4.** Concrétion de minerai déposée sur le fond des océans.

Noé, patriarche dont le livre biblique de la Genèse fait le héros du Déluge. Type du juste sauvé du cataclysme par l'arche que Dieu lui a ordonné de construire, il échappe avec les siens au châtiment réservé à l'ensemble de l'humanité pécheresse et devient le garant d'une alliance (dont le signe est l'arc-en-ciel) entre Yahvé et un monde rénové. L'histoire de Noé est la transposition dans une perspective monothéiste du mythe suméro-akkadien du déluge.

1. Noël [nɔɛl] **n.m.** (du lat. *natalis [dies],* [jour] de naissance). **1.** RELIG. CHRÉT. Fête de la Nativité du Christ, célébrée le 25 décembre. **2.** Époque autour de cette fête : *Partir à Noël.* **3. Arbre de Noël,** arbuste vert (épicéa le plus souvent, parfois sapin vrai) que l'on orne et illumine à l'occasion de la fête de Noël. / **Père Noël,** personnage légendaire chargé de distribuer des cadeaux aux enfants pendant la nuit de Noël. ◆ **n.f.** (Précédé de l'art. déf.). Fête de Noël, époque de Noël : *On se reverra à la Noël.*

2. noël [nɔɛl] **n.m. 1.** Cantique célébrant la Nativité. **2.** Chanson populaire inspirée par la fête de Noël. **3.** Transcription instrumentale d'un noël.

nœud [nø] **n.m.** (lat. *nodus*). **1.** Entrecroisement qui réunit étroitement deux brins, deux fils, deux cordes, etc., ou simple enlacement serré d'un brin, d'un fil, d'une corde, etc., sur lui-même : *Faire un nœud à ses lacets.* **2.** Ornement constitué d'une étoffe nouée : *Mettre un nœud dans ses cheveux.* **3.** Endroit où se croisent plusieurs voies de communication : *Nœud ferroviaire.* **4.** Ce qui constitue le point essentiel d'une question, la difficulté d'un problème. **5.** LITTÉR. Moment d'une pièce de théâtre, d'un roman où l'intrigue est arrivée à son point essentiel mais où le dénouement reste incertain : *Le nœud de la tragédie.* **6.** ANAT. Amas tissulaire globuleux. **7.** ÉLECTR. Point de jonction de deux ou de plusieurs branches d'un réseau électrique. **8.** ASTRON. Chacun des deux points d'intersection de l'orbite d'un astre avec un plan de référence. **9.** Unité de vitesse, utilisée en navigation maritime ou aérienne, équivalant à 1 mille marin par heure, soit 0,514 4 m par seconde. **10.** BOT. Point de la tige où s'insère une feuille ; région du tronc d'un arbre d'où part une branche et où les fibres ligneuses prennent une orientation nouvelle. **11.** BOT. Partie plus dure et plus sombre dans le bois, vestige d'un nœud. **12. Nœud coulant,** qui se serre ou se desserre sans se dénouer.

Nogaret (Guillaume de), légiste français (m. en 1313). Juge à la cour de Philippe le Bel (1296), il dirigea la politique du roi contre le pape Boniface VIII, qu'il humilia à Anagni, en Italie. Il joua un rôle capital dans la disparition de l'ordre des Templiers.

1. noir, e [nwar] **adj.** (lat. *niger*). **1.** Se dit de la couleur la plus foncée, due à l'absence ou à l'absorption totale des rayons lumineux, par opp. au blanc et aux autres couleurs ; qui a cette couleur : *Des cheveux noirs.* **2.** De couleur relativement foncée : *Raisin noir. Lunettes noires.* **3.** Qui est sans luminosité : *Nuit noire. Un long couloir tout noir* (syn. **obscur, sombre**). **4.** Sale, crasseux : *Avoir les mains noires.* **5.** Qui marque ou manifeste le pessimisme, la tristesse, le malheur, etc. : *Des idées noires.* **6.** Inspiré par la perversité, la méchanceté, la colère, etc. : *Une âme noire. Il nourrit de noirs desseins.* **7.** *FAM.* Ivre : *Il est complètement noir.* **8.** Qui est lié aux forces des ténèbres, aux forces du mal : *Magie noire.* **9.** Se dit d'un genre romanesque apparu en Angleterre à la fin du XVIIIe s. et qui prend pour thème des aventures fantastiques ou horribles. **10.** Se dit de la fiction romanesque ou cinématographique, notamm. policière, qui unit les scènes de violence à la peinture réaliste d'une société sordide : *Roman noir. Le film noir américain.* **11. Regard noir,** regard qui exprime la colère. **12.** PHYS. **Corps noir,** système qui absorbe intégralement tout le rayonnement qu'il reçoit. **13. Caisse noire,** fonds qui n'apparaissent pas en comptabilité et que l'on peut utiliser sans contrôle. / **Marché noir,** marché parallèle, trafic clandestin de marchandises, notamm. de denrées. / **Messe noire,** parodie de messe du culte satanique, célébrée en l'honneur du démon. / **Travail (au) noir,** activité professionnelle non déclarée et qui échappe aux réglementations en matière sociale, fiscale, etc.

2. noir, e [nwar] **n.** (de *1. noir*). [Avec une majuscule]. Personne dont la peau, pigmentée, est riche en mélanine : *Les Noirs américains.* ◆ **adj.** Relatif aux Noirs : *Un chanteur noir. L'Afrique noire.*

3. noir [nwar] **n.m.** (de *1. noir*). **1.** Couleur noire : *Teindre en noir.* **2.** Matière colorante de couleur noire : *Un tube de noir.* **3.** Étoffe noire ; vêtement ou couleur de deuil : *Être en noir.* **4.** Obscurité ; nuit ; ténèbres : *Avoir peur du noir.* **5.** *FAM.* Travail noir ; marché noir : *Travailler au noir. Acheter au noir.* **6. En noir et blanc,** qui ne comporte que des valeurs de noir, de blanc et de gris ; qui n'est pas en couleurs : *Film en noir et blanc.* / **Noir animal,** ⟶ charbon* animal. / **Noir de carbone, noir de fumée,** pigment industriel noir, constitué par de fines particules de carbone. **7. Noir sur blanc,** par écrit, formellement : *C'est écrit noir sur blanc dans votre contrat.* / *FAM.* **Petit noir,**

tasse de café noir, dans un débit de boissons (on dit aussi *un noir*). / **Voir tout en noir,** être très pessimiste. **8.** ZOOL. **Poche du noir,** organe des céphalopodes contenant l'encre.

noirâtre [nwarɑtr] **adj.** D'une couleur qui tire sur le noir.

noiraud, e [nwaro, -od] **adj.** et **n.** Qui a les cheveux noirs et le teint brun.

noirceur [nwarsœr] **n.f. 1.** État de ce qui est noir : *La noirceur de l'ébène* (contr. **blancheur**). **2.** Méchanceté extrême, perfidie : *La noirceur d'un crime* (syn. **atrocité, monstruosité**).

noircir [nwarsir] **v.t.** [conj. **32**]. **1.** Rendre noir : *Noircir les zones inondées sur une carte* (contr. **blanchir**). **2.** Peindre sous des couleurs noires, inquiétantes : *Noircir la situation* (syn. **dramatiser**). **3.** *FAM.* **Noircir du papier,** écrire abondamment ou écrire des choses de peu de valeur. ◆ **v.i.** Devenir noir : *Le bois noircit au feu.* ◆ **se noircir v.pr.** Devenir noir : *Le ciel se noircit.*

noircissement [nwarsismɑ̃] **n.m.** Action, fait de noircir.

noircissure [nwarsisyr] **n.f.** Tache noire.

noire [nwar] **n.f.** MUS. Note valant le quart d'une ronde.

Noire *(mer)*, mer intérieure entre l'Europe et l'Asie, limitée par le Bosphore ; 461 000 km^2 avec sa dépendance, la mer d'Azov.

Noirmoutier, île de l'Atlantique appartenant au dép. de la Vendée ; 9 508 hab. V. princ. *Noirmoutier-en-l'Île*. Depuis 1971, un pont la relie au continent. Tourisme. Cultures légumières et florales. Marais salants. Pêche.

Noirmoutier-en-l'Île, commune de la Vendée ; 4 687 hab. *(Noirmoutrins)*. Château avec donjon du XIe s. Crypte du VIIIe s. de l'église St-Philibert.

noise [nwaz] **n.f.** (lat. *nausea,* mal de mer). *LITT.* **Chercher noise, des noises à qqn,** lui chercher querelle.

noisetier [nwaztje] **n.m.** Arbuste des bois et des haies de l'hémisphère Nord tempéré, dont le fruit est la noisette (syn. **coudrier**). ▸ Famille des bétulacées ; haut. max. 7 m.

noisette [nwazɛt] **n.f.** (dimin. de *noix*). **1.** Fruit du noisetier, dont l'amende est comestible. **2.** Petite quantité d'une matière ; de la grosseur d'une noisette : *Noisette de beurre.* ◆ **adj. inv.** De la couleur brun clair, tirant sur le roux, de la noisette : *Yeux noisette.* ▸ La noisette est composée d'une amande enfermée dans une coque ligneuse, dure, elle-même entourée d'une cupule foliacée.

noix [nwa] **n.f.** (lat. *nux, nucis*). **1.** Fruit à coque ligneuse, entourée d'une écorce verte (le *brou*), produit par le noyer. **2.** Fruit de divers arbres ou arbustes à enveloppe ligneuse : *Noix de coco. Noix (de) muscade.* **3.** *FAM.* Personne stupide : *Quelle noix, ce type !* (syn. **imbécile**). **4.** *FAM.* **À la noix (de coco),** sans valeur ; négligeable : *Des idées à la noix.* / *FAM.* **Des noix !,** rien du tout ! ; pas question ! **5. Noix de cajou,** nom usuel de l'*anacarde.* / **Noix de veau,** morceau du veau formé par les muscles de la partie interne de la cuisse, qui est débité en rôtis ou en escalopes.

Nolde (Emil Hansen, dit **Emil),** peintre et graveur allemand (Nolde, Schleswig, 1867 - Seebüll, Frise du Nord, 1956), un des principaux représentants de l'expressionnisme (*Pentecôte* [1909], *Danseuses aux chandelles* [1912], fondation Nolde, Seebüll).

noliser [nɔlize] **v.t.** (lat. médiév. *naulizare,* du class. *naulum,* fret). **1.** Affréter, louer un bateau, un avion. **2. Avion nolisé,** charter.

nom [nɔ̃] **n.m.** (lat. *nomen*). **1.** Mot servant à désigner une personne, un animal ou une chose et à les distinguer des êtres de même espèce : *Durand est son nom de famille.* **2.** Prénom : *Choisir un nom pour un enfant.* **3.** Personnage : *Les grands noms de la littérature.* **4.** Réputation ; renom : *Se faire un nom dans le cinéma.* **5.** Mot s'appliquant à chacun des individus d'une catégorie donnée : *Noms d'animaux, de choses.* **6.** Mot considéré comme titre d'une qualité, comme qualificatif : *Être digne du nom d'ami.* **7.** GRAMM. Catégorie grammaticale regroupant les mots qui désignent soit une espèce ou un représentant de l'espèce *(noms communs),* soit un individu ou un lieu particuliers *(noms propres)* [syn. **substantif**]. **8. Au nom de,** de la part ou à la place de ; en considération de : *Au nom de ce que vous avez de plus cher.* / **De nom,** par le nom seulement : *Je le connais de nom, mais je ne l'ai jamais vu.* / *FAM.* **Petit nom,** prénom usuel.

nomade [nɔmad] **adj.** et **n.** (lat. *nomas, -adis,* du gr. *nomades,* pasteur). **1.** Qui mène un genre de vie non sédentaire et qui vit principalement de l'élevage. **2.** Qui n'a pas de domicile fixe et qui se déplace fréquemment : *Il mène une existence nomade* (syn. **itinérant, vagabond**).

nomadisme [nɔmadism] **n.m. 1.** Genre de vie nomade : *Le nomadisme des tribus du désert.* **2. Nomadisme pastoral,** genre de vie nomade dans lequel l'élevage est la ressource exclusive ou principale.

no man's land [nomanslɑ̃d] **n.m. inv.** (loc. angl. « terre d'aucun homme »). **1.** Territoire inoccupé entre les premières lignes de deux belligérants. **2.** Zone complètement dévastée, abandonnée.

nombre [nɔ̃br] **n.m.** (lat. *numerus*). **1.** Notion fondamentale des mathématiques qui permet de dénombrer, de classer les objets ou de mesurer les grandeurs mais qui ne peut faire l'objet d'une définition stricte : *Nombre entier, relatif, fractionnaire, décimal.* **2.** Ensemble, collection de personnes ou de choses : *L'ennemi était supérieur en nombre* (syn. **quantité**). **3.** LING. Catégorie grammaticale qui permet l'opposition entre le singulier et le pluriel. **4.** LITTÉR. Harmonie, rythme qui résulte de l'arrangement des mots, en prose ou en poésie. **5. Au nombre de,** dans un groupe de ; parmi ; comme faisant partie de : *Il n'a pas été compté au nombre des invités.* / **En nombre,** en grande quantité ; en masse : *Ils sont venus en nombre.* / **Être du nombre,** être parmi les participants. / **Faire nombre,** constituer un ensemble nombreux. / **Le nombre, le grand nombre, le plus grand nombre,** la majorité des gens. / **Loi des grands nombres,** loi concernant la fréquence de réalisation d'un événement ayant une probabilité d'arrivée déterminée et selon laquelle la possibilité d'un écart de quelque importance entre la fréquence et la probabilité diminue avec le nombre des épreuves. / **Nombre de, bon nombre de,** beaucoup ; plusieurs : *Bon nombre de spectateurs sortirent mécontents.* / **Sans nombre,** innombrable : *Des crimes sans nombre.* **6.** ARCHIT. **Nombre d'or,** nombre égal à $\frac{1+\sqrt{5}}{2}$, soit env. 1,618, et correspondant à une proportion considérée comme partic. esthétique.

■ **Les entiers.** Les nombres entiers forment une échelle commençant par un point de départ, le 0 (zéro) dans les systèmes usuels, et se poursuivant indéfiniment. Cette échelle numérique joue, en fait, un double rôle, celui d'indiquer un ordre : premier, deuxième, troisième..., et celui de donner une indication de grandeur : un, deux, trois... À cette dernière fonction, dite « cardinale », est liée celle d'opération (addition et multiplication). La somme et le produit de deux entiers sont encore des entiers. Pour ces deux opérations, on peut définir des opérations réciproques (ou inverses), qui sont la soustraction et la division. Toutefois, dans l'ensemble des nombres entiers, ces dernières ne sont pas toujours possibles. On peut calculer 7 - 5 mais non 5 - 7 ; de même, on peut diviser 12 par 4 mais non par 5. Pour surmonter cette difficulté, on a étendu l'ensemble des nombres, de manière à rendre les calculs toujours réalisables, en inventant successivement les *nombres relatifs* et les *nombres rationnels.*

Les relatifs. Pour donner un sens à une soustraction comme 5 - 7, impossible pour les entiers, on prolonge ceux-ci par une suite symétrique par rapport à 0 ; cette suite est formée des mêmes nombres précédés du signe moins et inscrits dans un ordre inverse. L'ensemble des deux suites s'écrit alors (... - 4, - 3, - 2, - 1, 0, 1, 2, 3, 4...). Ce nouvel ensemble des entiers relatifs s'étend indéfiniment dans les deux sens et il est formé de deux parties, les nombres négatifs, précédés du signe moins, et les nombres positifs. On appelle *valeur absolue* d'un nombre

⟶

relatif le nombre lui-même, abstraction faite de son signe. L'ensemble des nombres relatifs constitue une extension de l'ensemble des entiers dans laquelle les soustractions sont possibles sans restriction.

Les rationnels. Une division de A par B n'est possible, avec les entiers, que si A est un multiple de B. Quand ce n'est pas le cas, la méthode d'extension, qui a servi pour les soustractions, amène à poser ce quotient comme une entité nouvelle définie précisément par la division : le quotient de 2 par 3, par exemple, est un *rationnel* α. Pour que cette définition soit pleinement opératoire, il faut indiquer quels sont les critères d'égalité entre ces nouveaux nombres et comment on peut effectuer des opérations avec eux. La représentation de ces nombres se fait de deux façons : soit sous la forme de fraction (α s'écrit alors 2/3), soit sous la forme décimale (α est alors 0,666...).

On a précédemment construit une suite de trois ensembles emboîtés, celui des entiers $\mathbb{N}$, son extension aux relatifs $\mathbb{Z}$ et, enfin, l'extension de ce dernier aux rationnels $\mathbb{Q}$. Avec $\mathbb{Q}$ est réalisée la *clôture algébrique* de l'ensemble des entiers par rapport aux quatre opérations qui y sont naturellement définies. En effet, l'ensemble des nombres rationnels est le plus petit ensemble contenant les entiers et dans lequel toutes les opérations définies sur $\mathbb{N}$ ainsi que leurs inverses sont possibles sans aucune restriction.

Les réels. Dès l'Antiquité grecque, on a découvert que certaines grandeurs issues de constructions géométriques (par exemple $\sqrt{2}$ ou π) échappent à toute détermination exacte : ce sont les *nombres irrationnels.* Parmi ceux-ci, certains, dits *nombres algébriques,* peuvent être décrits comme solutions d'une équation algébrique à coefficients rationnels ; d'autres, dits *nombres transcendants* (tel π), ne sont solution d'aucune équation à coefficients rationnels. L'ensemble $\mathbb{R}$ des *nombres réels* est ainsi formé par tous les nombres rationnels et irrationnels.

Les complexes. Dans l'ensemble ainsi constitué, il reste cependant une opération impossible : le calcul de la racine carrée d'un nombre négatif. Pour dépasser cette impossibilité, on est amené à construire des nombres, dits *imaginaires,* tels que le nombre *i,* vérifiant par définition la relation : $i^2 = -1$. On étend donc ainsi les nombres réels en les plongeant dans un ensemble plus vaste dans lequel on peut extraire les racines de n'importe quel nombre positif ou négatif. L'ensemble $\mathbb{C}$ ainsi obtenu est celui des *nombres complexes.* ■

nombreux, euse [nɔ̃brø, -øz] **adj. 1.** Qui est en grand nombre : *Elle a de nombreux amis* (syn. **innombrable**). **2.** Qui comprend un grand nombre d'éléments : *Famille nombreuse.*

nombril [nɔ̃bril] ou [nɔ̃bri] **n.m.** (lat. pop. **umbiliculus,* class. *umbilicus*). **1.** Cicatrice du cordon ombilical, au milieu du ventre (syn. **ombilic**). **2.** *FAM.* **Se prendre pour le nombril du monde,** se donner une importance exagérée.

nombrilisme [nɔ̃brilism] **n.m.** *FAM.* Attitude d'une personne qui ramène tout à elle-même ; égocentrisme.

nome [nɔm] **n.m.** (gr. *nomos,* portion de territoire). HIST. Division administrative de l'ancienne Égypte et de la Grèce moderne.

nomenclature [nɔmɑ̃klatyr] **n.f.** (lat. *nomenclatura,* de *calare,* appeler, et *nomen,* nom). **1.** Ensemble des termes techniques d'une discipline, présentés selon un classement méthodique : *La nomenclature chimique.* **2.** LING. Ensemble des entrées d'un dictionnaire.

nomenklatura [nɔmɛnklatura] **n.f.** (mot russe « liste de noms »). **1.** Dans l'ex-U.R.S.S., liste des postes de direction politique et économique et des personnes susceptibles de les occuper. **2.** Ensemble de personnes jouissant de prérogatives particulières ; classe des personnes en vue, des privilégiés.

nominal, e, aux [nɔminal, -o] **adj.** (lat. *nominalis*). **1.** Relatif au nom d'une personne : *Appel nominal* (= qui se fait en désignant les noms). **2.** Qui n'a que le nom, sans avoir les avantages ou les pouvoirs réels : *Chef nominal d'un parti.* **3.** GRAMM. Relatif au nom : *L'infinitif est une forme nominale du verbe.* **4. Puissance nominale,** puissance indiquée par le constructeur, correspondant au travail théorique produit par une machine en une seconde. / FIN. **Valeur nominale,** valeur inscrite sur une monnaie, un effet de commerce ou une valeur mobilière, qui correspond à la valeur théorique d'émission et de remboursement. / GRAMM. **Phrase nominale,** phrase sans verbe, phrase à prédicat non verbal (ex. : *Plus rien à l'horizon*).

nominalement [nɔminalmɑ̃] **adv.** De façon nominale : *Figurer nominalement sur une liste.*

nominalisation [nɔminalizasjɔ̃] **n.f.** LING. Action de nominaliser.

nominaliser [nɔminalize] **v.t.** (de *nominal*). LING. Transformer une phrase en un groupe nominal (ex. : *le chauffeur est prudent* devient *la prudence du chauffeur*).

nominalisme [nɔminalism] **n.m.** (de *nominal*). Philosophie selon laquelle les mots ne désignent que nos représentations et non pas la réalité objective des essences. ◆ **nominaliste adj.** et **n.** Relatif au nominalisme ; adepte de cette doctrine.

1. nominatif, ive [nɔminatif, -iv] **adj.** (du lat. *nominare,* nommer, appeler). **1.** Qui contient des noms : *État nominatif des employés.* **2.** Se dit d'un titre dont la preuve de propriété résulte de l'inscription du nom de son possesseur sur un registre de la société émettrice (par opp. à titre *au porteur*).

2. nominatif [nɔminatif] **n.m.** (lat. *nominativus*). GRAMM. Cas exprimant la fonction grammaticale de sujet ou d'attribut du sujet, dans les langues à déclinaison.

nomination [nɔminasjɔ̃] **n.f.** (lat. *nominatio*). Désignation d'une personne à un emploi, une fonction ou une dignité : *Nomination d'un directeur.*

nominativement [nɔminativmɑ̃] **adv.** (de *1. nominatif*). En spécifiant le nom ; par le nom : *Être appelé nominativement.*

nominer [nɔmine] **v.t.** (angl. *to nominate,* proposer). Sélectionner des personnes, des œuvres pour un prix, une distinction. (Recomm. off. *sélectionner.*) ***Rem.*** Ce calque de l'anglais, critiqué par les puristes, est d'un usage courant dans la langue journalistique.

nommé, e [nɔme] **adj.** et **n. 1.** Qui est appelé, qui porte tel ou tel nom : *Louis XII, nommé le Père du peuple.* **2. À point nommé** ⟶ **point.**

nommément [nɔmemɑ̃] **adv.** (de *nommé*). En désignant ou en étant désigné par le nom : *Être accusé nommément.*

nommer [nɔme] **v.t.** (lat. *nominare*). **1.** Désigner qqn, qqch par un nom : *Nommer une enfant Léa* (syn. **appeler, prénommer**). Nommer un cyclone (syn. **baptiser, dénommer**). **2.** Qualifier d'un nom : *Il travaille dans ce local vétuste qu'il nomme son laboratoire.* **3.** Choisir pour remplir certaines fonctions : *On l'a nommé directeur.* **4.** Instituer en qualité de : *Nommer qqn son héritier.* ◆ **se nommer v.pr. 1.** (Suivi d'un attribut). Avoir pour nom : *Elle se nomme Dominique X* (syn. **s'appeler**). **2.** Se faire connaître par son nom : *Il ne s'est même pas nommé.*

noms *(école des),* courant de pensée philosophique chinoise (IVe-IIIe s. av. J.-C.). Son but était de faire coïncider les dénominations des choses avec les choses elles-mêmes, afin d'instaurer un ordre du discours en accord avec l'ordre politique, car, selon cette école, les dénominations commandent l'action.

non [nɔ̃] **adv.** (lat. *non*). **1.** Indique une réponse négative. : *Viendrez-vous ? – Non.* **2.** Équivaut à une proposition négative : *Je lui ai demandé s'il viendrait, il m'a répondu que non.* **3.** Joint à une interrogative, manifeste une demande de confirmation : *Tu as bien affirmé cela, non ?* (syn. **n'est-ce pas**). **4.** Sur un ton interrogatif, marque l'étonnement, le refus de croire à ce qui vient d'être dit : *Non ? C'est vraiment incroyable ! Il n'est pas arrivé. – Non ?* **5.** Avec une phrase exclamative, indique l'indignation : *Ah non, vous ne sortirez pas !* **6.** Devant un participe ou un adjectif, en indique la négation, le contraire : *Non vérifiable.* **7.** S'emploie en composition avec un nom ou un adjectif pour en constituer l'antonyme : *Non-ingérence. Non violent.* **8. Non pas que, non que,** indiquent que l'on écarte la cause que l'on pourrait supposer pour y substituer la cause véritable : *Il ne réussit pas, non qu'il soit paresseux, mais parce qu'il est malchanceux.* / **Non plus,** équivaut à *aussi* dans une phrase négative : *Je ne veux pas de sucre non plus, merci !* / **Non seulement..., mais encore,** pas seulement, pas uniquement : *Il est non seulement brillant, mais encore extrêmement sympathique.* ◆ **n.m. inv.** Expression du refus, du désaccord : *Les non l'emportent sur les oui.*

non accompli adj. et **non-accompli** [nɔnakɔ̃pli] **n.m.** LING. Syn. de *imperfectif.*

non-activité [nɔnaktivite] **n.f.** État d'un fonctionnaire, d'un militaire de carrière temporairement sans emploi.

nonagénaire [nɔnaʒenɛr] **adj.** et **n.** (lat. *nonagenarius,* composé de 90 unités). Qui a atteint quatre-vingt-dix ans.

non-agression [nɔnagresjɔ̃] **n.f. 1.** Absence d'agression ; fait de ne pas attaquer. **2. Pacte de non-agression,** convention conclue entre des États qui s'engagent à ne pas régler leurs différends par la force.

non aligné, e adj. et **non-aligné, e** [nɔnaliɲe] **n.** Qui pratique le non-alignement : *La conférence des pays non alignés.*

non-alignement [nɔnaliɲəmɑ̃] **n.m.** Politique de neutralité vis-à-vis des deux blocs antagonistes, occidental et communiste, observée pendant la guerre froide par certains États du tiers-monde.

nonante [nɔnɑ̃t] **adj. num. card. inv.** et **n.m. inv.** (lat. *nonaginta*). *BELG., HELV.* Quatre-vingt-dix.

non-assistance [nɔnasistɑ̃s] **n.f.** Abstention volontaire de porter assistance à qqn : *Être poursuivi pour non-assistance à personne en danger.*

non-belligérance [nɔ̃beliʒerɑ̃s] **n.f.** État d'un pays qui, sans être totalement neutre dans un conflit, ne prend pas part aux opérations militaires : *Accords de non-belligérance.*

non belligérant, e adj. et **non-belligérant, e** [nɔ̃beliʒerɑ̃, -ɑ̃t] **n.** Qui ne participe pas à un conflit (contr. **belligérant**).

nonce [nɔ̃s] **n.m.** (it. *nunzio,* du lat. *nuntius,* envoyé). **Nonce apostolique,** prélat chargé de représenter le pape auprès d'un gouvernement étranger.

nonchalamment [nɔ̃ʃalamɑ̃] **adv.** Avec nonchalance.

nonchalance [nɔ̃ʃalɑ̃s] **n.f. 1.** Absence d'ardeur, d'énergie, de zèle : *Il travaille avec nonchalance* (syn. **mollesse**). **2.** Manque de vivacité ; lenteur naturelle ou affectée dans l'attitude : *Marcher avec nonchalance* (syn. **indolence, langueur**).

nonchalant, e [nɔ̃ʃalɑ̃, -ɑ̃t] **adj.** et **n.** (de *chalant,* de l'anc. v. *chaloir,* du lat. *calere,* être chaud). **1.** Qui manque de zèle, d'ardeur, d'énergie : *Élève nonchalant* (syn. **apathique, mou**). **2.** Qui manque de vivacité ; dont les gestes sont lents et vagues : *Allure nonchalante* (syn. **traînant**).

nonciature [nɔ̃sjatyr] **n.f.** (it. *nunziatura*). **1.** Fonction d'un nonce du pape ; exercice de cette charge. **2.** Résidence du nonce.

non combattant, e adj. et **non-combattant, e** [nɔ̃kɔ̃batɑ̃, -ɑ̃t] **n.** Qui ne prend pas une part effective au combat, en parlant du personnel militaire : *Les infirmières et les médecins sont considérés comme des non-combattants.*

non-comparution [nɔ̃kɔ̃parysjɔ̃] **n.f.** DR. Fait de s'abstenir de comparaître en justice.

non-conciliation [nɔ̃kɔ̃siljasjɔ̃] **n.f.** DR. Défaut de conciliation.

non-conformisme [nɔ̃kɔ̃fɔrmism] **n.m.** Attitude d'indépendance à l'égard des usages établis, des idées reçues.

non conformiste adj. et **non-conformiste** [nɔ̃kɔ̃fɔrmist] **n. 1.** Se dit de qqn, de son attitude, qui fait preuve de non-conformisme, qui affiche son originalité. **2.** HIST. Protestant qui ne suit pas la religion anglicane, en Angleterre.

non-conformité [nɔ̃kɔ̃fɔrmite] **n.f.** Défaut de conformité : *La non-conformité d'un jouet aux normes de sécurité.*

non croyant, e adj. et **non-croyant, e** [nɔ̃krwajɑ̃, -ɑ̃t] **n.** Qui n'appartient à aucune confession religieuse (syn. **agnostique, athée**).

non-dénonciation [nɔ̃denɔ̃sjasjɔ̃] **n.f.** DR. Fait de ne pas révéler une infraction dont on a eu connaissance.

non directif, ive [nɔ̃dirɛktif, -iv] **adj.** Où l'on évite toute pression sur l'interlocuteur ; qui relève du non-directivisme : *Un entretien non directif.*

non-directivisme [nɔ̃dirɛktivism] **n.m.** PSYCHOL. Théorie qui préconise une attitude de disponibilité absolue et d'abstention de tout conseil ou interprétation, dans les relations de type pédagogique ou psychothérapique.

non-directivité [nɔ̃dirɛktivite] **n.f.** Caractère, méthode non-directifs.

non-discrimination [nɔ̃diskriminasjɔ̃] **n.f.** Attitude de ceux qui rejettent toute discrimination sociale, ethnique, religieuse : *Prôner la non-discrimination en matière d'emploi.* ► La non-discrimination peut être une obligation légale, la discrimination pouvant être sanctionnée au pénal.

non-dissémination [nɔ̃diseminasjɔ̃] **n.f.** Non-prolifération : *Non-dissémination des armes nucléaires.*

non-dit [nɔ̃di] **n.m.** Ce que l'on évite de dire ; ce que l'on tait, génér. de manière délibérée : *Les non-dits d'un texte.*

none [nɔn] **n.f.** (lat. *nona,* fém. de *nonus,* neuvième). **1.** ANTIQ. ROM. Quatrième partie du jour, commençant après la neuvième heure, c'est-à-dire vers 3 heures de l'après-midi. **2.** CATH. Partie de l'office monastique ou du bréviaire qui se récite à 15 heures.

non engagé, e adj. et **non-engagé, e** [nɔnɑ̃gaʒe] **n.** Qui pratique le non-engagement : *Les pays non engagés.*

non-engagement [nɔnɑ̃gaʒmɑ̃] **n.m.** Attitude de celui qui reste libre à l'égard de toute position politique, qui ne s'engage pas dans un conflit.

nones [nɔn] **n.f. pl.** (lat. *nonae*). ANTIQ. ROM. Septième jour de mars, mai, juillet et octobre, cinquième jour des autres mois.

non-être [nɔnɛtr] **n.m. inv.** PHILOS. **1.** Ce qui n'a pas d'existence, de réalité. **2.** Absence d'être ; néant.

non euclidien, enne [nɔnøklidjɛ̃, -ɛn] **adj.** Se dit d'une géométrie où l'on nie l'axiome d'Euclide.

non-exécution [nɔnegzekysjɔ̃] **n.f.** DR. Défaut d'exécution : *La non-exécution d'une clause d'un contrat.*

non-existence [nɔnegzistɑ̃s] **n.f.** Fait de ne pas être, de ne pas exister.

non figuratif, ive adj. et **non-figuratif, ive** [nɔ̃figyratif, -iv] **n.** ART CONTEMP. Abstrait : *Toile non figurative.*

non-fumeur, euse [nɔ̃fymœr, -øz] **n. 1.** Personne qui ne fume pas. **2.** (En appos.). Qui est réservé aux non-fumeurs : *Un compartiment non-fumeur.*

non-ingérence [nɔnɛ̃ʒerɑ̃s] **n.f.** Attitude qui consiste à ne pas s'ingérer dans les affaires d'autrui.

non initié, e adj. et **non-initié, e** [nɔninisje] **n.** Qui est profane dans un certain domaine.

non inscrit, e adj. et **non-inscrit, e** [nɔnɛ̃skri, -it] **n.** Se dit d'un député qui n'est pas inscrit à un groupe parlementaire.

non-intervention [nɔnɛ̃tɛrvɑ̃sjɔ̃] **n.f.** Attitude d'un État qui n'intervient pas dans les affaires des autres États, lorsqu'il n'y est pas directement intéressé.

non-lieu [nɔ̃ljø] **n.m.** DR. **Arrêt, ordonnance de non-lieu,** décision du juge d'instruction ou de la chambre d'instruction, selon laquelle il n'y a pas lieu de poursuivre en justice : *Le tribunal a conclu au non-lieu.*

non-métal [nɔ̃metal] **n.m.** (pl. *non-métaux*). CHIM. Corps simple non métallique (syn. vx. **métalloïde**).

nonne [nɔn] **n.f.** (lat ecclés. *nonna,* terme de respect équivalant à *mère*). VIEILLI. Religieuse.

Nono (Luigi), compositeur italien (Venise 1924 - *id.* 1990). Représentant du mouvement postsériel et compositeur engagé *(Il canto sospeso, Canti di vita e d'amore),* il s'est consacré à l'électroacoustique *(Journal polonais, « Quand ils sont mourants, les hommes chantent », Prometeo).*

nonobstant [nɔnɔpstɑ̃] **prép.** et **adv.** (anc. fr. *obstant,* lat. *obstans,* empêchant). LITT. Marque une opposition très forte à ce qui vient d'être dit : *Elle fut emmenée au commissariat, nonobstant ses protestations* (syn. **malgré, en dépit de**). *Il perd toujours, nonobstant il continue à jouer* (syn. **cependant**).

non-paiement [nɔ̃pɛmɑ̃] **n.m.** Défaut de paiement : *Le non-paiement de la facture entraînera des poursuites.*

non-prolifération [nɔ̃prɔliferasjɔ̃] **n.f.** Limitation de la production et du stockage des armes nucléaires dans le monde.

non-prolifération des armes nucléaires *(traité sur la)* [T.N.P.], traité élaboré en 1968, entré en vigueur en 1970 et prorogé pour une durée illimitée en 1995. Il a été signé auj. par quelque 190 États s'engageant à ne pas fournir d'armements nucléaires ni de matières ou de produits fissiles spéciaux à des États non dotés de l'arme nucléaire, et à ne pas en accepter d'eux.

non-recevoir [nɔ̃rəsəvwar] **n.m. 1.** DR. **Fin de non-recevoir,** moyen de défense tendant à faire écarter une demande en justice, sous le prétexte que celui qui intente l'action n'est pas fondé à le faire. **2.** *FIG.* **Opposer une fin de non-recevoir à qqn,** refuser d'accéder à sa demande sans en examiner le bien-fondé.

non-résident [nɔ̃rezidɑ̃] **n.m.** Personne ayant sa résidence habituelle à l'étranger.

non-respect [nɔ̃rɛspɛ] **n.m.** Fait de ne pas respecter une obligation légale, réglementaire, etc. : *Le non-respect de la loi* (syn. **transgression**).

non-retour [nɔ̃rətur] **n.m. Point de non-retour,** moment à partir duquel on ne peut plus annuler une action en cours ni revenir en arrière : *Atteindre le point de non-retour.*

non-sens [nɔ̃sɑ̃s] **n.m. inv.** Phrase ou parole dépourvue de sens ; chose absurde : *Non-sens dans une version latine. Cette gestion à court terme est un non-sens* (syn. **absurdité**).

non spécialiste **adj.** et **non-spécialiste** [nɔ̃spesjalist] **n.** Se dit d'une personne qui n'est pas spécialiste dans un domaine donné : *Ouvrage accessible pour les non-spécialistes.*

non-stop [nɔnstɔp] **adj. inv.** (mot angl.). **1.** Continu ; sans interruption : *Vol non-stop de Paris à Vancouver* (syn. **direct**). **2.** SPORTS. **Descente non-stop,** en ski, descente d'entraînement effectuée avant la compétition, en génér. d'une seule traite, afin de reconnaître la piste.

non-tissé [nɔ̃tise] **n.m.** Étoffe obtenue par liage mécanique, chimique ou thermique de fibres ou de filaments textiles disposés en nappes : *Linge en non-tissé.*

non viable [nɔ̃vjabl] **adj. 1.** Se dit d'un fœtus n'ayant pas atteint le stade de développement intra-utérin suffisant pour être apte à vivre (par opp. à *viable*). **2.** Se dit d'un nouveau-né ayant des lésions incompatibles avec la vie.

non-violence [nɔ̃vjɔlɑ̃s] **n.f.** Principe de conduite en vertu duquel on renonce à la violence comme moyen d'action, en politique et dans quelque domaine que ce soit.

non violent, e **adj.** et **non-violent, e** [nɔ̃vjɔlɑ̃, -ɑ̃t] **n. 1.** Partisan de la non-violence : *Des non-violents sont couchés sur la voie.* **2.** Qui ne participe d'aucune violence : *Manifestation non violente.*

non-voyant, e [nɔ̃vwajɑ̃, -ɑ̃t] **n.** Personne qui ne voit pas : *Livre pour non-voyants* (syn. **aveugle**).

nopal [nɔpal] **n.m.** (mot esp., du nahuatl *nopalli*) [pl. *nopals*]. Opuntia à rameaux aplatis, cultivé autref. pour l'élevage de la cochenille, et dont les fruits, appelés *figues de Barbarie,* sont comestibles.

nord [nɔr] **n.m. inv.** (anc. angl. *north*). **1.** L'un des quatre points cardinaux situé dans la direction de l'étoile Polaire : *Le vent du nord* (syn. litt. **septentrion**). ► Le nord est situé sur l'axe de rotation terrestre, dans la direction telle qu'un observateur, placé au point où cet axe perce la Terre et regardant au-dessus de sa tête, voit les étoiles se déplacer dans le sens inverse des aiguilles d'une montre. **2.** (Avec une majuscule). Partie d'un territoire ou du globe terrestre située vers ce point : *Le Nord canadien. La faune du Grand Nord.* **3.** (Avec une majuscule). Ensemble des pays industrialisés situés dans l'hémisphère Nord (par opp. à *pays en développement*) : *Dialogue Nord-Sud.* **4.** *FAM.* **Perdre le nord,** ne plus savoir où l'on en est ; perdre la tête : *Dans cette affaire, il n'a pas perdu le nord* (= il ne s'est pas affolé). ◆ **adj. inv.** Situé au nord : *Escalader une montagne par la face nord* (syn. **septentrional**).

Nord [59], dép. de la Région Nord-Pas-de-Calais-Picardie, formé partiellement de la Flandre française ; ch.-l. de dép. *Lille ;* ch.-l. d'arr. *Avesnes-sur-Helpe, Cambrai, Douai, Dunkerque, Valenciennes ;* 6 arr., 41 cant., 650 comm. ; 5 742 km^2 ; 2 571 940 hab. *(Nordistes).*

Nord *(canal du),* détroit entre l'Écosse et l'Irlande.

Nord *(cap),* promontoire d'une île des côtes de la Norvège, le point le plus septentrional de l'Europe.

Nord *(île du),* l'une des deux grandes îles de la Nouvelle-Zélande ; 114 600 km^2 ; 2 571 940 hab. V. princ. *Auckland* et *Wellington.*

Nord *(mer du),* mer du nord-ouest de l'Europe, formée par l'Atlantique. Elle borde la France, la Grande-Bretagne, la Norvège, le Danemark, l'Allemagne, les Pays-Bas et la Belgique. Sur les estuaires qui y débouchent est établie la majeure partie des grands ports européens (Rotterdam, Londres, Anvers, Hambourg). Le sous-sol recèle des hydrocarbures.

nord-africain, e [nɔrafrikɛ̃, -ɛn] **adj.** et **n.** (pl. *nord-africains, es*). De l'Afrique du Nord.

nord-américain, e [nɔramerikɛ̃, -ɛn] **adj.** et **n.** (pl. *nord-américains, es*). De l'Amérique du Nord.

Nord-du-Québec, région administrative du Québec (Canada) ; 782 027 km^2 ; 42 579 hab.

nord-est [nɔrɛst] ou [nɔrdɛst] **n.m. inv.** et **adj. inv. 1.** Point de l'horizon situé entre le nord et l'est : *Se diriger vers le nord-est.* **2.** Partie d'un territoire situé vers ce point : *Le nord-est de la France. L'Afrique du Nord-Est.*

Nord-Est *(passage du),* route maritime de l'océan Arctique au nord de la Sibérie, conduisant de l'Atlantique au Pacifique par le détroit de Béring, ouverte en 1878-1879 par Adolf Erik Nordenskjöld (1832-1901).

Nordeste, région du Brésil, entre les États de Bahia et de Pará, couvrant plus de 1,5 million de km^2 et comptant environ 51 764 410 hab. Les aléas climatiques (alternance de sécheresses et d'inondations) contribuent à un fort exode rural.

nordique [nɔrdik] **adj.** et **n.** (all. *nordisch*). **1.** Relatif aux pays et aux peuples du nord de l'Europe : *Culture nordique. Une nordique blonde.* **2.** *QUÉBEC.* Relatif aux régions situées le plus au nord. **3. Langues nordiques,** groupe de langues germaniques comprenant le suédois, le norvégien, le danois et l'islandais (on dit aussi *langues scandinaves*).

nordiste [nɔrdist] **n.** et **adj.** (de *nord*). **1.** Partisan du gouvernement fédéral pendant la guerre de Sécession, aux États-Unis (par opp. à *sudiste*). **2.** Du département du Nord ou de l'ancienne Région administrative Nord-Pas-de-Calais, en France.

nord-ouest [nɔrwɛst] ou [nɔrdwɛst] **n.m. inv.** et **adj. inv. 1.** Point de l'horizon situé entre le nord et l'ouest : *Aller vers le nord-ouest.* **2.** Partie d'un territoire située vers ce point : *Le nord-ouest de l'Espagne. L'Afrique du Nord-Ouest.*

Nord-Ouest *(passage du)*, route maritime reliant l'Atlantique au Pacifique à travers l'archipel Arctique canadien. Amundsen l'utilisa pour la première fois (1903-1906).

Nord-Ouest *(province du)*, prov. d'Afrique du Sud ; 118 710 km² ; 3 509 953 hab. ; ch.-l. *Mafikeng.*

Nord-Ouest *(Territoires du)*, en angl. **Northwest Territories,** partie septentrionale du Canada, entre le Nunavut et le Yukon ; 1 480 000 km² ; 41 462 hab. ; CAP. *Yellowknife.*

Nord-Pas-de-Calais, Anc. Région administrative du nord de la France, regroupant 2 dép. : Nord et Pas-de-Calais. → Nord-Pas-de-Calais-Picardie.

Nord-Pas-de-Calais-Picardie, Région administrative regroupant, depuis 2016, 5 dép. : Aisne, Nord, Oise, Pas-de-Calais et Somme ; 31 813 km² ; 6 088 737 hab. Ch.-l. *Lille.*
Les plateaux (Sancerre), les vallées (Somme, Oise, Aisne) et les forêts du nord du Bassin parisien dominent le sud de la Région. En remontant vers le nord, le relief s'accroît avec les collines de l'Artois pour s'adoucir vers le littoral (Boulonnais, Flandre) et vers le Cambrésis. Au sud, sur les plateaux picards, le climat assez doux a favorisé les grandes cultures (blé, betterave sucrière, légumes de plein champ), associées à une importante industrie agroalimentaire. Au nord, une agriculture à haute productivité (blé, betteraves, viande, lait) occupe des superficies beaucoup plus réduites. Le secteur industriel est en pleine mutation (automobile, industrie ferroviaire, textiles innovants, biotechnologie, pôle scientifique et technologique). Avec la construction du tunnel sous la Manche, la Région bénéficie d'une bonne situation géographique dans l'Union européenne, entre le Benelux, les régions londonienne et parisienne. Dunkerque, Calais et Boulogne-sur-Mer, situées sur la façade maritime du nord de l'Europe (*Northern Range*), qui s'étend de Rotterdam au Havre, profitent de la voie maritime la plus dense du monde. Au nord, la Région est dominée par la conurbation de Lille-Roubaix-Tourcoing (puissante aire urbaine, tertiaire et industrielle), à laquelle s'opposent les espaces majoritairement ruraux du Pas-de-Calais, de la Somme (Amiens est la seule grande ville), de l'Oise et de l'Aisne.

noria [nɔrja] **n.f.** (mot esp., de l'ar. *nāūra*). Machine hydraulique formée de godets attachés à une chaîne sans fin, plongeant renversés et remontant pleins.

Norique, anc. prov. de l'Empire romain, entre le Danube et les Alpes orientales.

normal, e, aux [nɔrmal, -o] **adj.** (lat. *normalis*, de *norma*, équerre). **1.** Qui est conforme à une moyenne considérée comme une norme ; qui n'a rien d'exceptionnel : *Le prix normal d'une denrée* (syn. **courant, ordinaire**). *En temps normal* (= d'habitude). **2.** Qui ne présente aucun trouble pathologique : *Son cœur est normal. Il n'est pas dans son état normal.* **3.** CHIM. Se dit d'une solution titrée, servant aux dosages chimiques et contenant une mole d'éléments actifs par litre. **4.** MATH. Perpendiculaire. **5. École normale (primaire),** établissement de l'enseignement public où l'on formait des instituteurs. ▸ Elle est, depuis 1991, remplacée par l'*Institut universitaire de formation des maîtres* (I.U.F.M.). / **École normale supérieure,** établissement de l'enseignement public où l'on forme des professeurs de l'enseignement secondaire, certains membres de l'enseignement supérieur et du personnel de recherche.

normale [nɔrmal] **n.f. 1.** État normal, habituel : *Revenir à la normale.* **2.** GÉOM. Droite perpendiculaire. **3.** GÉOM. **Normale à une surface (en un point),** perpendiculaire au plan tangent en ce point.

normalement [nɔrmalmɑ̃] **adv.** De façon normale : *Normalement, le train arrive à dix heures* (syn. **habituellement, ordinairement** ; contr. **exceptionnellement**).

normalien, enne [nɔrmaljɛ̃, -ɛn] **n.** Élève d'une école normale, d'une école normale supérieure.

normalisation [nɔrmalizasjɔ̃] **n.f.** Action de normaliser.

normalisé, e [nɔrmalize] **adj. Taille normalisée,** taille d'un vêtement de confection établie selon les mesures moyennes.

normaliser [nɔrmalize] **v.t.** (de *normal*). **1.** Faire revenir à une situation normale : *Normaliser des relations diplomatiques.* **2.** Émettre des normes, des règles techniques destinées à uniformiser et à simplifier des processus ou des produits en vue d'un meilleur rendement ou d'un usage plus facile ; soumettre à ces normes : *Normaliser un appareil* (syn. **standardiser**). ◆ **se normaliser v.pr.** Devenir normal : *La situation politique tend à se normaliser.*

normalité [nɔrmalite] **n.f.** (de *normal*). **1.** Caractère de ce qui est conforme à une norme ; spécial., caractère de ce qui n'est pas pathologique : *La normalité d'un comportement.* **2.** CHIM. Rapport de la concentration d'une solution titrée à celle de la solution normale.

normand, e [nɔrmɑ̃, -ɑ̃d] **adj.** et **n.** (frq. **nortmann*, homme du Nord). **1.** De la Normandie : *Paysages normands.* **2. Race normande,** race bovine, bonne laitière et bonne race de boucherie, à robe caractéristique tachetée comprenant toujours les trois couleurs blond, noir et blanc. / **Réponse de Normand,** réponse ambiguë. ◆ **normand n.m.** Dialecte de langue d'oïl de la Normandie.

Normandie, prov. de l'anc. France. Elle a formé cinq dép. (Calvados, Manche, Orne, Eure et Seine-Maritime) et deux anciennes Régions administratives : Basse-Normandie et Haute-Normandie.
Conquise par les Francs au Vᵉ s., la province est à partir du VIIᵉ s. un des centres du monachisme bénédictin (Jumièges, Mont-Saint-Michel). La région est dévastée par les invasions normandes au IXᵉ s. Charles III le Simple cède la région à Rollon, chef des Normands, en 911. Après la conquête de l'Angleterre par le duc de Normandie, Guillaume le Conquérant, en 1066, la Normandie devient un fief du roi d'Angleterre. Philippe Auguste s'en empare en 1204. Pendant la guerre de Cent Ans, la Normandie est disputée entre Français et Anglais. Le traité de Troyes (1420) la donne à ces derniers, et elle n'est reconquise qu'en 1450. La province est rattachée au domaine royal en 1468.

Normandie, Région administrative regroupant, depuis 2016, 5 dép. : Calvados, Eure, Manche, Orne et Seine-Maritime ; 29 906 km² ; 3 411 207 hab. Ch.-l. *Rouen.* La Normandie est une région de plaines, au climat humide, dont l'Ouest appartient au Massif armoricain et l'Est au Bassin parisien. Son agriculture est diversifiée : en dehors de quelques plaines céréalières et betteravières vers Caen, Argentan, Alençon, le pays de Caux, les plaines de l'Eure, l'élevage bovin domine pour le lait (et ses dérivés) ou la viande dans le Cotentin, le Bocage normand, le pays d'Auge, le pays de Bray et le pays d'Ouche. L'industrie (pôle pétrochimique, automobile, aéronautique, électronique, pharmacie et parfumerie), favorisée par des opérations de décentralisation, est surtout implantée dans la vallée de la basse Seine, autour du Havre et de Rouen. Les secteurs de la haute technologie et de la microélectronique se développent plutôt à Caen. Tournés vers l'élevage, le Calvados, l'Orne et la Manche sont spécialisés dans l'agroalimentaire (mise en valeur de produits régionaux comme le fromage, le beurre et le cidre) et dans l'industrie de la viande. La façade littorale, adaptée à la pêche, à l'aquaculture et au tourisme, est jalonnée de ports (Dieppe, Fécamp, Le Havre – 1ᵉʳ port de France pour les conteneurs), de stations balnéaires (proches de Paris), mais aussi de trois centrales nucléaires (Paluel, Penly et Flamanville) et du centre de retraitement des combustibles nucléaires de la Hague. Trois grandes agglomérations dominent : Le Havre, Rouen et Caen, mais, dans l'ensemble, le réseau urbain est peu dense et l'ouest de la Région demeure encore largement rural.

Normandie (Basse-), Région du nord-ouest de la France et anc. Région administrative regroupant 3 dép. : Calvados, Manche et Orne. → Normandie.

Normandie *(bataille de)* [6 juin-21 août 1944], bataille de la Seconde Guerre mondiale qui opposa, après le débarquement, les forces alliées aux forces allemandes. Les Alliés parvinrent, en deux mois, à rompre le front allemand de l'Ouest (batailles de Caen, Avranches, Mortain, Falaise).

Normandie *(débarquement de)* [6 juin 1944], ensemble des opérations qui, pendant la Seconde Guerre mondiale, sous le nom de code « Overlord », permirent aux forces alliées du général Eisenhower d'aborder le continent européen entre Ouistreham et le Cotentin.

Normandie (Haute-), Région de l'ouest de la France et anc. Région administrative regroupant 2 dép. : Eure et Seine-Maritime. ⟶ Normandie.

Normandie-Maine *(parc naturel régional),* parc naturel couvrant env. 234 000 ha aux confins des dép. de la Manche, de la Mayenne, de l'Orne et de la Sarthe.

Normands, nom donné, à l'époque carolingienne, aux peuples germains originaires de Scandinavie (Danois, Norvégiens, Suédois), qui se nommaient eux-mêmes Vikings et qui déferlèrent sur l'Europe à partir de la fin du VIIIe s. (⟶ **Vikings.**) Dotés par le traité de Saint-Clair-sur-Epte (911) d'un duché (Normandie), d'où ils partirent conquérir l'Angleterre au XIe s., ils menèrent aussi des expéditions en Méditerranée et fondèrent des principautés en Italie du Sud et en Sicile.

normatif, ive [nɔrmatif, -iv] **adj.** (de *norme*). Dont on dégage des règles ou des préceptes ; qui établit une norme : *Grammaire normative.*

norme [nɔrm] **n.f.** (lat. *norma,* propr. « équerre »). **1.** État habituel, conforme à la règle établie : *Rester dans la norme* (syn. **système**). **2.** Critère, principe auquel se réfère tout jugement de valeur moral ou esthétique : *Norme juridique* (syn. **modèle**). **3.** TECHN. Règle fixant le type d'un objet fabriqué, les conditions techniques de production : *Appareil qui est conforme aux normes.* **4. Norme de productivité,** productivité moyenne d'une branche économique. / GÉOM. **Norme d'un vecteur,** sa longueur.

Norodom Sihanouk (Phnom Penh 1922 - Pékin 2012), roi (1941-1955 et 1993-2004) et chef de l'État (1960-1970) du Cambodge. Il fit reconnaître par la France l'indépendance de son pays (1953). Renversé en 1970 par un coup d'État militaire, il s'allia aux Khmers rouges (communistes prochinois), mais fut écarté après leur prise du pouvoir (1975). Hostile à l'intervention vietnamienne au Cambodge (1979) et principal dirigeant du gouvernement en exil formé en 1982, il revint à Phnom Penh en 1991, à la tête du Conseil national suprême, réunissant les différentes factions cambodgiennes. Il redevint roi en 1993, lors du rétablissement de la monarchie mais renonça au trône en 2004.

noroît ou **norois** [nɔrwa] **n.m.** (forme dialect. altérée de *nord-ouest*). MAR. Vent soufflant du nord-ouest.

Norvège, en norv. **Norge,** État de l'Europe septentrionale, sur la *mer de Norvège ;* 325 000 km^2 ; 5 043 000 hab. *(Norvégiens).* CAP. *Oslo.* LANGUE : *norvégien.* MONNAIE : *krone (couronne norvégienne).*

GÉOGRAPHIE

Traversée par le cercle polaire, étirée du S. au N. sur près de 1 500 km, la Norvège est un pays à la fois maritime et montagneux, dont l'économie traditionnelle a été, au moins sectoriellement et localement, renouvelée par l'exploitation des hydrocarbures de la mer du Nord.

L'extraction du pétrole a commencé au début des années 1970. S'y est ajoutée celle du gaz naturel. La Norvège dispose aussi de ressources hydroélectriques et son bilan énergétique est donc excédentaire. Les hydrocarbures constituent, et de loin, le principal poste d'exportation. Mais d'autres ressources sont notables, la pêche, l'électrométallurgie (aluminium), activités liées à la présence d'une longue façade côtière, découpée de fjords. Les industries du bois (pâte à papier) bénéficient de l'extension de la forêt, favorisée (au S.) par un climat humide et adouci par la dérive nord-atlantique, moins développée au N. et dans l'intérieur, au climat durci par l'altitude et la latitude. Les conditions naturelles souvent rudes, l'étendue de la montagne ne favorisent pas l'agriculture. Celle-ci (sylviculture exclue) emploie moins de 2 % des actifs et ne satisfait que la moitié des besoins nationaux, fournissant surtout de l'avoine et de l'orge, des produits laitiers.

Les échanges se font en majeure partie avec l'U.E. L'excédent commercial est conforté par les revenus maritimes (la flotte est la troisième du monde). L'économie est toutefois menacée par une certaine dépendance à l'égard du poids des hydrocarbures. Le produit par habitant est l'un des plus élevés d'Europe.

HISTOIRE

Dans le Sud, de petits royaumes se forment dès le VIIe s. Au IXe et au Xe s., les Norvégiens, trop nombreux sur leurs terres et excellents marins, colonisent l'Irlande, le nord de l'Écosse, l'Islande et même le Groenland. (⟶ **Vikings.**) Ces expéditions mettent la Norvège en contact avec la culture occidentale et contribuent à sa constitution en État. Au IXe s., Harald Ier à la Belle Chevelure (872-933) unifie la Norvège pour la première fois. L'unification, reprise par Olav Ier Tryggvesson (995-1000), s'accompagne de la diffusion du christianisme.

Le Moyen Âge

1163. Magnus V Erlingsson est sacré roi de Norvège.

L'Église donne ainsi une autorité spirituelle à la monarchie norvégienne. Les luttes avec le Danemark et l'Angleterre et les querelles dynastiques au XIIe s. affaiblissent le pays, dont le commerce passe aux mains des Allemands de la Hanse installés à Bergen et à Oslo. L'aristocratie et l'Église sont soumises par Haakon IV (1217-1263) et son fils Magnus le Législateur (1263-1280). Mais la situation économique se détériore au XIVe s., et la Peste noire frappe le pays en 1348-1349.

De l'Union à l'indépendance

1397. L'Union de Kalmar unit Norvège, Suède et Danemark sous un même monarque, Erik de Poméranie.

La Suède retrouve son indépendance en 1523, mais la Norvège reste sous la dépendance du Danemark, qui lui impose le luthéranisme. Tandis que le commerce est désormais contrôlé par les Hollandais, la Norvège perd sa langue au profit du danois, et des territoires sont annexés par la Suède (milieu du XVIIIe s.). L'essor économique et la renaissance d'une marine au XVIIIe s. favorisent l'apparition d'une bourgeoisie commerçante, mais les défaites du Danemark, allié de la France napoléonienne, ruinent son économie.

1814. Par le traité de Kiel, le Danemark cède la Norvège à la Suède.

Les Norvégiens dénoncent aussitôt cet accord, mais l'invasion suédoise les oblige à accepter l'union. La Norvège obtient une Constitution propre, avec une Assemblée, ou Storting, qui garde l'essentiel du pouvoir pour les questions intérieures.

La Norvège indépendante

1905. Après un plébiscite décidé par le Storting, la Norvège devient un royaume indépendant.

Le roi Haakon VII instaure un régime démocratique et fait adopter une importante législation sociale.

9 avr. 1940. L'Allemagne envahit la Norvège, qui, malgré une intervention franco-britannique à Narvik, capitule le 9 juin. Occupée jusqu'en mai 1945, sous la direction du collaborateur Vidkun Quisling, la Norvège connaît une résistance active.

L'après-guerre voit revenir les travaillistes, au pouvoir depuis 1935. Ils pratiquent jusqu'en 1965 une politique interventionniste.

1957. Olav V succède à son père, Haakon VII.

Depuis 1965. Les conservateurs, alliés aux libéraux et aux agrariens, alternent au pouvoir avec les travaillistes (qui ont, notamment, pour Premiers ministres : Mme Gro Harlem Brundtland, 1981, 1986-1989 et 1990-1996 ; et Jens Stoltenberg, 2000-2001 et depuis 2005).

1972 et 1974. Par deux fois, les Norvégiens repoussent par référendum l'entrée de leur pays dans l'Europe communautaire.

1991. Harald V succède à son père, Olav V.

2011. Un attentat et une tuerie commis par un extrémiste de droite (qui fait 77 morts dont 69 jeunes militants socialistes réunis sur l'île d'Utøya) traumatisent le pays.

norvégien, enne [nɔrveʒjɛ̃, -ɛn] **adj.** et **n.** De Norvège. ◆ **norvégien n.m.** Langue nordique parlée en Norvège.

nos [no] **adj. poss.** ⟶ **notre.**

nosocomial, e, aux [nɔzɔkɔmjal, -o] **adj.** (du gr. *nosos,* maladie, et *komeîn,* soigner). Se dit d'une infection contractée lors d'un séjour en milieu hospitalier.

nosographie [nɔzɔgrafi] **n.f.** (de *noso-* et *-graphie*). Classification descriptive des maladies.

nostalgie [nɔstalʒi] **n.f.** (gr. scientif. *nostalgia,* de *nostos,* retour). **1.** Tristesse et état de langueur causés par l'éloignement du pays natal : *Nostalgie des exilés* (= mal du pays). **2.** Regret attendri ou désir vague accompagné de mélancolie : *Avoir la nostalgie de sa jeunesse.*

nostalgique [nɔstalʒik] **adj.** et **n.** Qui est atteint de nostalgie, de regret du passé, du pays natal. ◆ **adj.** Qui provoque la nostalgie ; inspiré par la nostalgie : *Chanson nostalgique* (syn. **mélancolique**).

Nostradamus (Michel de Nostre-Dame ou**),** médecin et poète rendu célèbre par ses prophéties (Saint-Rémy-de-Provence 1503 - Salon 1566). Célébré pour son dévouement lors des pestes qui frappèrent alors le Midi, il fut appelé à la cour par Catherine de Médicis et devint le médecin de Charles IX. Dans les quatrains de ses *Centuries astrologiques* (1555), on retrouve tous les thèmes du prophétisme poétique de l'époque.

nota bene [nɔtabene] **n.m. inv.** (loc. lat. « notez bien »). Note mise dans la marge ou au bas d'un texte écrit. (Abrév. *N. B.*)

notabilité [nɔtabilite] **n.f.** (de *2. notable*). Personne en vue par sa situation ou son autorité morale, intellectuelle : *Inviter les notabilités locales* (syn. **personnalité, sommité**).

1. notable [nɔtabl] **adj.** (lat. *notabilis,* de *notare,* remarquer). Digne d'être noté : *Un changement notable* (syn. **important, sensible**).

2. notable [nɔtabl] **n.m.** (de *1. notable*). **1.** Personne qui a une situation sociale de premier rang dans une ville, une région : *Les notables de la ville* (syn. **sommité**). **2.** HIST. **Assemblée des notables,** assemblée de membres représentatifs des trois ordres du royaume de France, auxquels les rois demandaient avis dans certains cas.

notablement [nɔtabləmɑ̃] **adv.** D'une manière notable, appréciable : *La tension entre eux a notablement diminué* (syn. **considérablement, sensiblement**).

notaire [nɔtɛr] **n.** (lat. *notarius,* sténographe, de *notare,* noter). Officier public et ministériel qui reçoit et rédige les actes, les contrats, etc., pour leur conférer un caractère authentique, obligatoire dans certains cas : *Contrat signé devant notaire.*

notamment [nɔtamɑ̃] **adv.** (de *notant,* p. présent de *noter*). Spécialement ; particulièrement ; entre autres : *Elle adore la littérature, notamment les romans anglais.*

notarial, e, aux [nɔtarjal, -o] **adj.** (de *notaire*). Qui se rapporte aux notaires, à leurs fonctions : *Archives notariales.*

notariat [nɔtarja] **n.m. 1.** Ensemble de la profession notariale. **2.** Fonction, charge de notaire : *Se destiner au notariat.*

notarié, e [nɔtarje] **adj.** Passé devant notaire : *Acte notarié.*

notation [nɔtasjɔ̃] **n.f.** (lat. *notatio,* de *notare,* noter). **1.** Action d'indiquer, de représenter par un système de signes conventionnels ; ce système : *Notation algébrique, chorégraphique, musicale.* **2.** Courte remarque : *Jeter sur le papier quelques notations rapides* (syn. **annotation, observation**). **3.** Action de noter : *La notation d'un devoir.*

note [nɔt] **n.f.** (lat. *nota*). **1.** Courte indication que l'on écrit pour se rappeler qqch : *Prendre des notes.* **2.** Brève communication écrite destinée à informer, notamm. dans un contexte administratif : *Faire une note de service. Une note de la direction* (syn. **avis, circulaire**). **3.** Courte remarque apportant un commentaire, un éclaircissement sur un texte : *Notes en bas de page* (syn. **annotation**). **4.** Marque distinctive : *Une note de gaieté* (syn. **touche, nuance**). **5.** Évaluation, souvent chiffrée, de la valeur de qqn, de sa conduite, de son travail, etc. : *Une note de 12/20* (syn. **appréciation**). **6.** Détail d'un compte à acquitter : *Note d'hôtel* (syn. **addition, facture**). **7.** MUS. Signe conventionnel qui indique par sa position sur la portée la hauteur d'un son musical et par sa forme *(figure de note)* ; la durée relative de ce son ; son musical correspondant à ce signe ; syllabe ou lettre le désignant : *Chanter les notes de la gamme* (do *ou* ut, ré, mi, fa, sol, la, si). *Note grave, aiguë.* **8. Donner la note,** indiquer le ton, ce qu'il convient de faire. / **Être dans la note,** faire ce qui convient : *Quoi qu'elle fasse, elle est toujours dans la note.* / **Forcer la note,** exagérer. / **Note diplomatique,** correspondance entre un ministère des Affaires étrangères et les agents d'une mission diplomatique. / **Note juste,** détail exact, en accord avec la situation. / **Prendre (bonne) note de qqch,** retenir qqch, le noter pour en tenir compte par la suite.

noter [nɔte] **v.t.** (lat. *notare*). **1.** Faire une marque sur ce qu'on veut retenir : *Noter un passage* (syn. **cocher, souligner**). **2.** Mettre par écrit : *Noter un rendez-vous* (syn. **enregistrer, inscrire**). *Noter quelques idées sur le papier* (syn. **jeter, consigner**). **3.** Prendre garde à : *Noter un changement dans le comportement de qqn* (syn. **constater, observer**). **4.** Écrire de la musique avec des signes convenus : *Noter un air* (syn. **transcrire**). **5.** Apprécier le travail, la valeur de qqn : *Noter des devoirs.*

notice [nɔtis] **n.f.** (lat. *notitia,* connaissance, et en bas lat. « liste », de *noscere,* connaître). Exposé succinct, résumé par écrit sur un sujet particulier ; ensemble d'indications sommaires : *Notice biographique. Consulter la notice avant la mise en marche de l'appareil* (= mode d'emploi).

notification [nɔtifikasjɔ̃] **n.f.** Action de notifier : *La notification de la résiliation d'un contrat* (syn. **avis**).

notifier [nɔtifje] **v.t.** (lat. *notificare,* faire connaître) [conj. **9**]. Faire connaître à qqn dans les formes légales ou usitées ; faire part, avertir de : *Notifier à l'accusé l'arrêt de la cour* (syn. **signifier**). *Il nous a notifié son refus* (syn. **annoncer, communiquer**).

notion [nosjɔ̃] **n.f.** (lat. *notio,* de *noscere,* connaître). **1.** Idée qu'on a de qqch : *La notion du bien, du mal* (syn. **concept, idée**). **2.** (Surtout au pl.). Connaissance élémentaire d'une science, d'un art : *Avoir quelques notions d'allemand* (syn. **rudiments**). **3.** Connaissance intuitive qu'on a de qqch d'abstrait : *Perdre la notion du temps* (syn. **conscience, sens**).

notoire [nɔtwar] **adj.** (lat. juridique *notorius,* qui fait connaître, de *noscere,* connaître). **1.** Se dit de ce qui est connu de façon certaine d'un très grand nombre de personnes : *Le fait est notoire* (syn. **avéré, incontestable**). **2.** Se dit de qqn connu comme possédant telle qualité, tel défaut : *Un alcoolique notoire.*

notoirement [nɔtwarmɑ̃] **adv.** Manifestement : *Des crédits notoirement insuffisants* (syn. **indiscutablement**).

notoriété [nɔtɔrjete] **n.f.** (du lat. juridique *notorius ;* v. *notoire*). **1.** Caractère d'une personne ou d'un fait notoire : *Leur mésentente est de notoriété publique* (= connue de tout le monde). **2.** Fait d'être avantageusement connu : *Acquérir une certaine notoriété* (syn. **célébrité, renom**). **3.** DR. **Acte de notoriété,** acte destiné à attester un fait notoire et constant, et délivré par un officier public ou un magistrat.

notre [nɔtr], **nos** [no] **adj. poss.** (lat. *noster*). Correspondent à un possesseur de la 1re pers. du pl., pour indiquer : **1.** Un rapport de possession : *Notre maison. Nos livres.* **2.** Un rapport d'ordre, de hiérarchie, de filiation : *Notre grand-père. Nos amis. Notre instituteur.*

nôtre [notr] **pron. poss.** (lat. *noster*). [Précédé de l'art. déf.]. **1.** Désigne ce qui appartient ou se rapporte à un possesseur de 1re pers. du pl. : *Sa famille est plus aisée que la nôtre.* **2. Être des nôtres,** faire partie de notre groupe ; partager notre activité. / **Les nôtres,** nos parents, nos proches ; nos alliés, nos partisans. ◆ **adj. poss.** SOUT. (En fonction d'attribut). Qui est à nous : *Cette maison est nôtre.*

Nottingham, v. de Grande-Bretagne, sur la Trent, ch.-l. du *Nottinghamshire ;* 305 680 hab. (666 358 hab. dans l'agglomération). Centre industriel. Château reconstruit au XVIIe s. (musée d'art et d'antiquités). Wollaton Hall, manoir élisabéthain de 1580 (musées scientifiques).

notule [nɔtyl] **n.f.** (bas lat. *notula*). Courte note commentant un point de détail d'un texte ou exposant brièvement une question ; annotation.

nouage [nwaʒ] **n.m. 1.** Action de nouer. **2.** Opération de tissage qui consiste à nouer les fils d'une chaîne terminée à ceux de la chaîne nouvelle qui lui succède.

Nouakchott, cap. de la Mauritanie, près de l'Atlantique ; 958 399 hab. Ville créée en 1958.

nouba [nuba] **n.f.** (mot ar. « tour de rôle »). **1.** Musique des anciens régiments de tirailleurs nord-africains. **2.** FAM. Fête : *Faire la nouba.*

nouer [nwe] **v.t.** (lat. *nodare*) [conj. **6**]. **1.** Faire un nœud à ; réunir par un nœud : *Nouer une cravate.* **2.** Tenir attaché, fermé par un lien auquel on a fait un nœud : *Nouer ses cheveux* (syn. **attacher, lier**). **3.** Former des liens plus ou moins étroits avec qqn, un groupe : *Nouer une amitié* (syn. **contracter, lier**). **4.** LITT. Organiser dans le détail une affaire compliquée : *Nouer un complot* (syn. **ourdir**). **5. Avoir la gorge nouée,** contractée, serrée par l'émotion. / **Nouer la conversation,** l'engager.

Nouer → Nuer.

noueux, euse [nwø, -øz] **adj.** (lat. *nodosus*, de *nodus*, nœud). **1.** Se dit du bois qui a beaucoup de nœuds. **2.** Qui présente des nodosités : *Des doigts noueux.*

nougat [nuga] **n.m.** (mot prov. « tourteau de noix »). Confiserie de sucre, de miel et de blancs d'œufs frais ou desséchés, additionnée d'amandes, de noisettes ou encore de pistaches : *Du nougat de Montélimar.*

nougatine [nugatin] **n.f. 1.** Nougat dur, fait d'amandes broyées et de caramel. **2.** Génoise pralinée et garnie d'amandes ou de noisettes grillées et hachées.

nouille [nuj] **n.f.** (all. *Nudel*). **1.** Pâte alimentaire à base de semoule de blé dur, laminée, découpée en lanières minces, déshydratée et prête à l'emploi culinaire. **2. Style nouille,** nom parfois donné à l'Art nouveau*. ◆ **adj.** et **n.f.** FAM. Se dit d'une personne sans énergie et peu dégourdie : *Ce qu'il peut être nouille* (syn. **gauche, nigaud**).

Nouméa, port et ch.-l. de la Nouvelle-Calédonie ; 98 806 hab. (144 000 hab. dans l'agglomération). Centre administratif et commercial. Traitement du nickel.

nounou [nunu] **n.f.** (de *nourrice*) [pl. *nounous*]. Nourrice, dans le langage enfantin.

Noureïev (Rudolf), danseur et chorégraphe d'origine soviétique, naturalisé autrichien en 1982 (Razdolnaia 1938 - Paris 1993). Élève puis danseur au théâtre Kirov de Leningrad, il passe à l'Ouest en 1961. Il danse dans la plupart des grandes compagnies mondiales, mais se produit à partir de 1962 régulièrement au Royal Ballet, devenant le partenaire attitré de M. Fonteyn. Technicien remarquable, c'est aussi un artiste à la présence fascinante, s'intéressant à tous les styles et à toutes les techniques. Chorégraphe, il reprend de nombreux ballets de Petipa et crée quelques œuvres originales. Il poursuit sa carrière de danseur et d'acteur de cinéma tout en étant (1983-1989) directeur de la danse à l'Opéra de Paris.

nourrice [nuris] **n.f.** (bas lat. *nutricia*, fém. de *nutricius*, nourricier). **1.** Femme qui allaitait un enfant d'une autre femme. **2.** Femme qui garde des enfants à son domicile contre rémunération : *Confier son enfant à une nourrice pendant les heures de bureau.* (On dit aussi auj. *assistante maternelle, gardienne.*) **3.** Réservoir supplémentaire pour l'alimentation d'une chaudière ou d'un moteur. **4.** TECHN. Pièce d'où partent plusieurs tuyauteries divergentes.

nourricier, ère [nurisje, -ɛr] **adj.** Qui nourrit, procure la nourriture : *Terre nourricière.*

nourrir [nurir] **v.t.** (lat. *nutrire*) [conj. **32**]. **1.** Fournir des aliments à ; faire vivre en donnant des aliments : *Nourrir qqn* (syn. **alimenter**). *Nourrir des oiseaux avec des graines.* **2.** Donner les moyens de vivre et de subsister : *Il a cinq personnes à nourrir* (syn. **entretenir**). **3.** SOUT. Donner une formation à qqn, lui fournir des idées, etc. : *La lecture nourrit l'esprit* (syn. **former**). **4.** Entretenir, faire durer un sentiment : *Nourrir l'espoir* (syn. **caresser**). **5.** Entretenir en accroissant l'importance : *Le bois stocké nourrissait l'incendie* (syn. **alimenter**). **6.** Renforcer la matière d'un discours, d'un texte, d'une œuvre, etc. : *Nourrir la conversation d'anecdotes amusantes* (syn. **entretenir**). **7. Feu, tir nourri,** feu, tir intense. ◆ **se nourrir v.pr.** [**de**]. **1.** Absorber des aliments : *Malade qui recommence à se nourrir* (syn. **manger, se sustenter**). *Se nourrir de légumes* (syn. **consommer**). **2.** Tirer sa force, sa substance de : *Préjugés qui se nourrissent de l'ignorance.* **3. Se nourrir d'illusions,** entretenir des illusions qui donnent une raison d'espérer, de vivre : *Il se nourrit d'illusions alors qu'il n'y a plus d'espoir* (= il s'en repaît, s'en abreuve).

nourrissant, e [nurisɑ̃, -ɑ̃t] **adj.** Qui nourrit bien : *Les lentilles sont nourrissantes* (syn. **nutritif**).

nourrisson [nurisɔ̃] **n.m.** (du bas lat. *nutritio*, action de nourrir). Enfant en bas âge, depuis la chute du cordon jusqu'à deux ans. *Rem.* Jusqu'à la chute du cordon, on dit *nouveau-né.*

nourriture [nurityr] **n.f.** (bas lat. *nutritura*). **1.** Action de nourrir un être vivant : *Assurer la nourriture du bétail* (syn. **subsistance**). **2.** Toute substance qui sert à l'alimentation des êtres vivants : *Oiseau qui cherche sa nourriture* (= ses aliments). *Une nourriture saine* (syn. **alimentation**). **3.** LITT. Ce qui nourrit le cœur, l'esprit : *Les nourritures intellectuelles.*

nous [nu] **pron. pers.** (lat. *nos*). **1.** Désigne la 1re pers. du pl., aux deux genres, dans les fonctions de sujet, de compl. d'objet direct ou indirect, de compl. d'attribution, de compl. prépositif : *Nous passerons te voir la semaine prochaine. Nous, nous partons. Ils nous ont trompés. Tous ces cadeaux sont-ils pour nous ?* **2.** Désigne la 1re pers. du sing. dans les formules de majesté ou de modestie : *Nous, Préfet de..., décidons que... Cette recherche nous a permis de démontrer que...*

nouveau [nuvo] ou **nouvel** [nuvɛl] (devant une voyelle ou un *h* muet), **elle adj.** (lat. *novellus*, dimin. de *novus*). **1.** Qui existe, qui est connu depuis peu : *Un nouveau médicament* (syn. **récent**). *Mots nouveaux* (= néologismes). **2.** Qui vient après qqn ou qqch de même espèce, qui vient les remplacer, leur succéder ou s'y ajouter : *Le nouveau directeur* (= le dernier en date) [contr. **ancien**]. **3.** Qui possède des qualités originales : *Techniques nouvelles* (syn. **inédit**). *Une vue nouvelle de la situation* (syn. **original, hardi**). *Un esprit nouveau* (syn. **neuf**). **4.** (Avec une valeur d'adv., mais variable devant les adj. ou des p. passés pris comme noms). Qui est tel depuis peu : *Des nouveaux riches. Les nouveaux venus.* **5. Art nouveau,** mouvement de rénovation des arts décoratifs et de l'architecture survenu en Occident dans la dernière décennie du XIXe s. (On dit aussi *modern style.*) ◆ **adj.** et **n.** Qui est depuis peu quelque part ; qui exerce depuis peu une activité : *Être nouveau dans le métier* (syn. **novice, inexpérimenté**). ◆ **nouveau n.m. 1.** Ce qui est original, inattendu : *Artiste qui cherche du nouveau* (syn. **inédit**). **2.** Fait, événement récent : *Il y a du nouveau* (syn. **neuf**). **3. À nouveau, de nouveau,** une fois de plus ; pour la seconde fois : *Examiner à nouveau un problème. Il a commis de nouveau la même erreur.*

■ **L'Art nouveau.** À la fin du XIXe s., le style Art nouveau (ou « modern style ») se développe en réaction à l'industrialisation tout en tirant parti de ses progrès techniques. Il propose à la fois une inspiration poétique tournée vers l'imitation des formes naturelles (arabesques contournées d'origine végétale) et une discipline rationaliste qui se manifeste notamment dans le domaine de l'architecture. Horta en Belgique, Guimard en France sont des techniciens novateurs dans l'emploi du fer, du verre, de la céramique comme dans la liberté fonctionnelle de leurs plans. Préparé par Morris en Angleterre, lié au mouvement symboliste, cet art surgit à Bruxelles, à Nancy (Gallé, le décorateur Victor Prouvé, l'ébéniste Louis Majorelle, les verriers Daum, etc.), à Paris (le bijoutier et verrier René Lalique), à Munich *(Jugendstil)*, en Espagne (*modernismo ;* Gaudí à Barcelone), etc. Il s'exprime avec plus de retenue à Glasgow (Mackintosh) et à Vienne (*Secessionstil :* Klimt, J. Hoffmann) ; bientôt, cubisme et architecture sans ornement, géométrisation du style « Arts déco » supplanteront les féeries imaginatives de l'Art nouveau. ■

Nouveau-Brunswick, en angl. **New Brunswick,** une des Provinces maritimes du Canada, sur l'Atlantique ; 73 437 km^2 ; 751 171 hab. CAP. *Fredericton.*

Nouveau-Mexique, en angl. **New Mexico,** l'un des États unis d'Amérique ; 315 000 km^2 ; 2 085 287 hab. CAP. *Santa Fe.*

nouveau-né, e [nuvone] **adj.** et **n.** (pl. *nouveau-nés, es*). Qui vient de naître : *Des filles nouveau-nées.*

Nouveau-Québec ou **Ungava,** région du Canada (Québec), à l'est de la baie d'Hudson. Minerai de fer.

nouveau roman tendance littéraire française apparue dans les années 1950. Les écrivains rassemblés sous ce vocable (M. Butor, R. Pinget, A. Robbe-Grillet, N. Sarraute, C. Simon) refusaient les conventions du roman traditionnel (auteur omniscient, rôle et psychologie des personnages, déroulement chronologique, prétendu réalisme de l'intrigue...), mettant l'accent sur les techniques du récit.

nouveauté [nuvote] **n.f. 1.** Qualité de ce qui est nouveau : *Œuvre d'une grande nouveauté* (syn. **hardiesse, originalité**). **2.** Chose nouvelle : *Les nouveautés l'effraient* (syn. **changement, innovation**). **3.** Livre nouvellement publié : *Lire les nouveautés du mois.* **4.** Produit nouveau de l'industrie, de la mode : *Les nouveautés de l'hiver sont déjà en vitrine.*

Nouvel (Jean), architecte français (Fumel 1945), coauteur de l'Institut du monde arabe à Paris (1983-1987), de l'ensemble de logements Nemausus I à Nîmes (1985), du Palais des congrès à Tours (1993), de la fondation Cartier à Paris (1994), du Centre de culture et de congrès à Lucerne (2000), du musée du quai Branly à Paris (2006).

1. nouvelle [nuvɛl] **n.f.** (lat. pop. pl. neutre de *novellus,* nouveau, mais pris pour un n.f. sing.). Première annonce d'un événement arrivé depuis peu ; cet événement : *La nouvelle de son mariage nous a réjouis. Connais-tu la nouvelle ?* ◆ **nouvelles n.f. pl. 1.** Renseignements sur la santé, la situation, etc., de personnes que l'on connaît : *Donner de ses nouvelles. Être sans nouvelles de qqn.* **2.** Informations sur les événements du monde diffusées par les médias : *Écouter les nouvelles à la radio* (syn. **informations**).

2. nouvelle [nuvɛl] **n.f.** (it. *novella*). LITTÉR. Composition appartenant au genre du roman, mais qui s'en distingue par un texte plus court, par la simplicité du sujet et par la sobriété du style et de l'analyse psychologique : *Lire une nouvelle de Tourgueniev.* ▸ *Dossier page suivante.*

Nouvelle-Amsterdam (la) ou **Amsterdam,** île française du sud de l'océan Indien. Station météorologique.

Nouvelle-Angleterre, nom donné aux six États américains qui correspondent aux colonies anglaises fondées au XVIIe s. sur la côte atlantique : Maine, New Hampshire, Vermont, Massachusetts, Rhode Island, Connecticut.

Nouvelle-Bretagne, en angl. **New Britain,** île de la Mélanésie, dans l'archipel Bismarck ; 35 000 km^2 ; 404 973 hab. V. princ. *Rabaul.*

Nouvelle-Calédonie, île de la Mélanésie, constituant une entité française d'outre-mer ; 16 750 km^2 pour l'île (19 103 km^2 avec les dépendances administratives) ; 245 580 hab. pour l'ensemble *(Néo-Calédoniens) ;* ch.-l. *Nouméa.*

GÉOGRAPHIE

Île montagneuse, au climat tropical salubre (températures modérées et précipitations relativement faibles, du moins à l'O., abrité), la Nouvelle-Calédonie compte trois communautés principales : les Kanaks ou Mélanésiens, indigènes (40 à 45 % de la population totale), les Européens (dont beaucoup, les Caldoches, sont nés ici), sans doute un peu moins nombreux, et les Océaniens (provenant d'autres archipels du Pacifique). En dehors de l'agriculture et de l'élevage, les principales ressources de l'île sont minières, nickel (10 % de la production mondiale) et chrome. La balance commerciale est aujourd'hui largement déficitaire et l'écart est comblé, comme aux Antilles ou à La Réunion, par l'aide multiforme de la métropole.

HISTOIRE

Peuplée par les Kanaks, l'île est découverte par l'explorateur britannique Cook, en 1774. Elle est officiellement rattachée à la France en 1853. De 1864 à 1896, un pénitencier est installé dans l'île, dont les condamnés servent de main-d'œuvre dans les plantations et les gisements de nickel. La Nouvelle-Calédonie devient territoire d'outre-mer en 1946. En 1984, un nouveau statut ouvre la voie à l'autodétermination. Des incidents meurtriers opposent les partisans de l'indépendance (Front de libération nationale kanak et socialiste, F.L.N.K.S.) aux anti-indépendantistes (notamm. le Rassemblement pour la Calédonie dans la République, R.P.C.R.). Mais, en 1987, un référendum local – massivement boycotté par les Kanaks – confirme le maintien du territoire au sein de la République française. Le F.L.N.K.S., le R.P.C.R. et le gouvernement français concluent en 1988 un accord sur un statut intérimaire pour dix ans. En 1999, à la suite de l'accord sur l'évolution institutionnelle du territoire conclu en 1998 (largement approuvé par un référendum local), une loi organique confère à la Nouvelle-Calédonie un statut original. Une citoyenneté néo-calédonienne est instaurée et le transfert progressif des compétences de l'État français vers la Nouvelle-Calédonie est organisé (émancipation pouvant conduire, au terme de 15 à 20 ans, à une pleine souveraineté).

Nouvelle-Écosse, en angl. **Nova Scotia,** une des Provinces maritimes du Canada, sur l'Atlantique ; 55 490 km^2 ; 921 727 hab. CAP. *Halifax.*

Nouvelle-France, nom porté jusqu'en 1763 par les possessions françaises du Canada.

Nouvelle-Galles du Sud, en angl. **New South Wales,** un des États du Commonwealth australien, sur le littoral est ; 801 428 km^2 ; 6 917 658 hab. CAP. *Sydney.*

Nouvelle-Guinée, grande île (800 000 km^2 env.), au nord de l'Australie. Sa partie occidentale est indonésienne et sa partie orientale constitue, avec quelques îles voisines, la Papouasie-Nouvelle-Guinée. Montagneuse, très humide, l'île est surtout forestière.
Sous influence malaise depuis le XIVe s., l'île est découverte par les Espagnols et les Portugais au XVIe s. Les Néerlandais l'occupent à partir de 1828. En 1884-1885, l'île est partagée entre les Pays-Bas (partie occidentale), l'Allemagne (Nord-Est) et la Grande-Bretagne (Sud-Est). Le territoire britannique est attribué en 1906 à l'Australie, qui reçoit également un mandat sur le territoire allemand en 1921. La Nouvelle-Guinée néerlandaise est définitivement rattachée à l'Indonésie en 1969, tandis que la partie orientale obtient l'indépendance sous le nom de Papouasie-Nouvelle-Guinée (1978).

Nouvelle-Irlande, en angl. **New Ireland,** île de la Papouasie-Nouvelle-Guinée, dans l'archipel Bismarck, 9 600 km^2 ; 118 148 hab. ; ch.-l. *Kavieng.*

nouvellement [nuvɛlmɑ̃] **adv.** (de *nouveau*). LITT. Depuis peu : *Être nouvellement arrivé* (syn. **récemment**).

Nouvelle-Orléans (La), en angl. **New Orleans,** v. du sud des États-Unis, en Louisiane, sur le Mississippi ; 384 320 hab. (857 576 dans l'agglomération). Grand centre commercial, industriel et touristique (jazz), la ville a été dévastée par un cyclone meurtrier (« Katrina ») en août 2005. Musées, dont celui des Beaux-Arts. La ville s'est développée à partir de son ancien noyau français, le *Vieux Carré.* Fondée en 1718 par les Français, capitale de la Louisiane, La Nouvelle-Orléans fut espagnole de 1762 à 1800 ; en 1803, elle fut vendue (avec la Louisiane) par la France aux États-Unis.

Nouvelles-Hébrides, anc. nom des îles Vanuatu.

Nouvelle-Sibérie, archipel des côtes arctiques de la Russie.

Nouvelle-Zélande, en angl. **New Zealand,** en maori **Aotearoa,** État de l'Océanie, membre du Commonwealth ; 270 000 km^2 ; 4 506 000 hab. *(Néo-Zélandais).* CAP. *Wellington.* V. princ. *Auckland.* LANGUES : *anglais* et *maori.* MONNAIE : *dollar néo-zélandais.*

GÉOGRAPHIE

À 2 000 km au S.-E. de l'Australie, dans la zone tempérée de l'hémisphère Sud, ce qui lui vaut un climat à dominante océanique, le pays est formé de deux grandes îles. L'île du Nord concentre 75 % de la population (et les deux principales villes, Auckland et Wellington) sur 42 % de la superficie totale. L'île du Sud a un relief plus contrasté, dominé

Sa frontière avec les autres genres étant floue, la nouvelle a été définie assez tardivement. Encore au XIXe siècle, la nouvelle tend à se confondre avec le conte. Les *Trois Contes* de Flaubert ou les *Contes de la Bécasse* de Maupassant seraient appelés aujourd'hui des nouvelles. Néanmoins, la nouvelle se différencie du conte par son souci de vraisemblance. Également proche du roman, la nouvelle s'en éloigne par sa brièveté, qui devient sa caractéristique. Que peut donc apporter ce principe de brièveté propre à la nouvelle ?

Un art du raccourci ?

▶ **Une trame narrative semblable à celle du roman.** La nouvelle, comme le roman, relève de la fiction. Les deux genres sont bâtis sur le même principe : le développement d'un schéma narratif. Ce schéma organise le récit à partir d'une situation initiale, d'un élément modificateur, de péripéties qui mènent à un élément de résolution finale. Même lorsque le schéma est bouleversé par des retours en arrière, le lecteur reconstitue aisément le fil des événements. Mais, ce qui est déterminant dans la nouvelle, c'est la concentration du temps. La mise en place de l'intrigue est plus ramassée que dans un roman. Les premières lignes (l'*incipit*) préparent l'action à venir. Ce début, qui se caractérise par sa concision, permet de ménager l'effet de surprise du dénouement. La nouvelle repose souvent sur la « chute », produisant un effet inattendu.

▶ **Une concentration dramatique.** Par son action resserrée, la nouvelle favorise le raccourci dramatique et la mise en place d'un mécanisme implacable qui relève parfois du tragique. Dans sa nouvelle *le Vagabond* (1887), Maupassant retrace les étapes inexorables qui conduisent son héros à la déchéance. Charpentier de vingt-sept ans au chômage, Jacques Randel quitte son village pour retrouver du travail. Dès lors, il court à sa perte : errant sur les grands chemins, il est considéré comme un marginal qui fait peur. Dans son village natal, même sans travail, il était respecté. Quelques pages suffisent à mettre en scène le tragique destin d'un homme réduit à la mendicité puis condamné. Par cette concentration, Maupassant donne davantage de densité au drame. Il fait ainsi de la nouvelle un espace idéal pour dénoncer les tares de la société.

▶ **Une dimension symbolique.** La nouvelle a la particularité de concentrer en quelques pages la vie – ou un moment de la vie – de ses personnages. Grâce à ce condensé, elle peut prendre une valeur symbolique. La nouvelle *Chasseurs de vieux* (1966) de Dino Buzzati est à cet égard exemplaire. L'auteur raconte la nuit mouvementée de Roberto Saggini, quinquagénaire ayant réussi dans la vie. Accompagné de sa jeune compagne, il arrête sa voiture pour acheter un paquet de cigarettes. Aperçu par une bande de jeunes qui détestent les « vieux », il devient un gibier traqué. Dans le groupe qui le poursuit toute une nuit, il reconnaît son fils. À la fin de leur course nocturne, ses agresseurs s'aperçoivent qu'ils sont devenus vieux à leur tour. Ils sont prêts à être, comme leurs prédécesseurs, les victimes de la nouvelle génération.

Ce qui fait la force de cette nouvelle, c'est le traitement particulier du temps. Les dernières lignes donnent tout son sens au récit. En une seconde à peine, le jeune devient vieux, l'agresseur agressé. Dans cette allégorie, l'auteur transmet un message symbolique : il entend montrer aux jeunes combien la vie est brève. L'impression qu'ils ont de vivre dans un autre monde que celui de leurs parents est illusoire. En mettant en scène le conflit entre les générations, l'auteur fait aussi le procès de la société moderne, individualiste, hypocrite et lâche.

▶ **Un genre hybride ?** Dans la nouvelle de Buzzati, le dénouement invraisemblable – l'écoulement d'une vie en une nuit – relève de la littérature fantastique. La leçon à tirer de cette histoire, quant à elle, relève de la fable. La nouvelle est ainsi construite à partir d'une mosaïque de genres et de sous-genres littéraires. Tout en ayant une structure romanesque, elle peut aussi s'apparenter aux genres traditionnels des fables ou des contes.

Nouvelles réalistes, fantastiques, policières ou même de science-fiction : multiforme, le genre semble s'adapter à tous les projets. De plus, par sa brièveté et sa concentration narrative, la nouvelle paraît répondre aux exigences du lecteur pressé d'aujourd'hui, attaché à saisir des images fortes en un temps de lecture restreint.

Voir aussi : Buzzati ; Kafka ; Maupassant ; roman.

par les Alpes néo-zélandaises. La population, urbanisée à 86 %, est essentiellement d'origine britannique ; les indigènes (Maoris) en représentent cependant environ 12,5 %. Le climat, souvent humide surtout au S. et sur la façade occidentale, a favorisé l'extension de la forêt et aussi des terres de parcours (pâturages).
La Nouvelle-Zélande est d'abord un pays d'élevage : bovins et surtout ovins. Les produits de l'élevage (viande, laine, peaux, produits laitiers) constituent l'essentiel des exportations. L'agroalimentaire et le textile sont les principales branches industrielles. L'hydroélectricité reste la principale ressource énergétique. La balance commerciale est presque équilibrée. Mais l'endettement extérieur a imposé une politique d'austérité (le taux de chômage s'est élevé). Le pays souffre à la fois de son isolement géographique, de l'étroitesse du marché intérieur et de l'insuffisante diversification de son économie.

HISTOIRE

En 1642, le Hollandais Tasman découvre l'archipel, peuplé de Maoris. Explorée par Cook en 1769, la Nouvelle-Zélande est occupée par les Britanniques à partir de 1840, après des guerres sanglantes contre les Maoris.
1907. La Nouvelle-Zélande devient un dominion.
1914-1918. Elle participe aux combats de la Première Guerre mondiale.
L'immigration, importante depuis 1861, est freinée après 1929. En 1945, après avoir pris une part active à la défaite japonaise, la Nouvelle-Zélande prétend être un partenaire à part entière dans l'Asie du Sud-Est et dans le Pacifique. À partir des années 1980, la Nouvelle-Zélande prend la tête du mouvement antinucléaire dans le Pacifique sud et se désengage de l'orbite militaire américaine.
La vie politique est marquée par l'alternance des conservateurs et des travaillistes.

Nouvelle-Zemble, en russe **Novaïa Zemlia** (« Terre nouvelle »), archipel des côtes arctiques de la Russie, entre les mers de Barents et de Kara.

nouvelliste [nuvelist] **n.** (de *2. nouvelle*). LITTÉR. Auteur de nouvelles.

nova [nɔva] **n.f.** (lat. *nova [stella]*, nouvelle [étoile]) [pl. *novae*]. Étoile qui devient brusquement plus lumineuse, puis reprend progressivement son éclat normal. ▶ L'accroissement de luminosité s'effectue en quelques jours, mais le retour à la luminosité initiale peut s'étaler sur une dizaine d'années.

Novalis (Friedrich, *baron* **von Hardenberg,** dit**),** écrivain allemand (Wiederstedt 1772 - Weissenfels 1801). Membre du groupe romantique d'Iéna, il unit le mysticisme à une explication allégorique de la nature, dans ses poèmes *(Hymnes à la nuit, les Disciples à Saïs)* et son roman inachevé *(Henri d'Ofterdingen).*

novateur, trice [nɔvatœr, -tris] **adj.** et **n.** (bas lat. *novator, -trix,* de *novus,* neuf). Qui innove : *Esprit novateur* (syn. **initiateur, créateur**).

novembre [nɔvɑ̃br] **n.m.** (lat. *november,* neuvième mois, l'année romaine commençant en mars). Onzième mois de l'année.

novembre 1918 *(armistice du 11),* armistice qui mit fin à la Première Guerre mondiale. Il fut signé à Rethondes entre l'Allemagne (Erzberger) et les Alliés (Foch et Wester Wemyss). L'Allemagne acceptait d'évacuer les territoires envahis et l'Alsace-Lorraine, de procéder à d'importantes livraisons de matériel et de libérer sans réciprocité les prisonniers de guerre.

Noverre (Jean Georges), maître de ballet français (Paris 1727 - Saint-Germain-en-Laye 1810). Instigateur du ballet d'action, il est l'auteur des *Lettres sur la danse et sur les ballets* (1760).

Novgorod, auj. **Veliki Novgorod,** v. de Russie, au sud de Saint-Pétersbourg ; 218 724 hab. Se libérant de la tutelle de Kiev au XIIe s., la ville devint une cité marchande libre (1136-1478) où fut créé un comptoir de la Hanse (XIIIe s.). Elle conserve de nombreux édifices religieux du Moyen Âge (XIe-XVe s.) et est célèbre pour ses icônes.

novice [nɔvis] **n.** et **adj.** (lat. *novicius,* de *novus,* nouveau). Personne peu expérimentée : *Il est novice dans le métier* (syn. **débutant**). ◆ **n.** RELIG. Personne qui accomplit son noviciat.

noviciat [nɔvisja] **n.m.** (de *novice*). RELIG. **1.** Temps d'épreuve et de préparation imposé aux candidats à la vie religieuse. **2.** Ensemble des locaux qui sont réservés aux novices, dans un monastère.

Novossibirsk, v. de Russie, en Sibérie occidentale, sur l'Ob ; 1 473 737 hab. Centre industriel, culturel et scientifique.

noyade [nwajad] **n.f.** Action de noyer ou de se noyer : *Sauver un enfant de la noyade.*

noyau [nwajo] **n.m.** (lat. pop. **nodellus,* du class. *nodus,* nœud). **1.** Partie centrale de certains fruits charnus (appelés *drupes*) formée d'un endocarpe lignifié qui entoure la graine ou amande : *Noyaux de pêche, de prune.* **2.** Partie centrale de qqch, d'une densité différente de celle de la masse : *Noyau terrestre.* **3.** Élément central servant de support à un ensemble : *Le noyau d'une bobine électromagnétique. Le noyau d'une phrase.* **4.** Petit groupe de personnes à l'origine d'un groupe plus vaste, ou qui en constitue l'élément essentiel : *Le noyau d'un syndicat.* **5.** Petit groupe cohérent agissant dans un milieu hostile ou dominant : *Un noyau d'opposition, de résistance.* **6.** MÉTALL. Pièce introduite dans un module pour obtenir des parties creuses sur la pièce coulée. **7. Noyau dur,** élément essentiel, central, de qqch ; partie la plus intransigeante, la plus déterminée ou la plus influente d'un groupe : *Le noyau dur d'un parti politique.* / ASTRON. **Noyau d'une comète,** corps solide constituant la partie permanente d'une comète. / BIOL. **Noyau d'une cellule,** organite central et vital de toute cellule vivante, contenant les chromosomes et un ou plusieurs nucléoles. / PHYS. **Noyau d'un atome,** partie centrale de l'atome, formée de protons et de neutrons, autour de laquelle gravitent les électrons et où est rassemblée la quasi-totalité de la masse de l'atome. (⟶ radioactivité.)

noyautage [nwajotaʒ] **n.m.** (de *noyauter*). Tactique qui consiste à infiltrer dans un syndicat, un parti, etc., des personnes qui ont pour rôle de le désorganiser ou d'en prendre le contrôle : *Le noyautage d'une administration.*

noyauter [nwajote] **v.t.** (de *noyau*). Procéder au noyautage d'une organisation : *Noyauter un syndicat* (syn. **infiltrer**).

noyé, e [nwaje] **n.** Personne victime de noyade : *Ranimer un noyé par la respiration artificielle.*

1. noyer [nwaje] **v.t.** (lat. *necare,* tuer) [conj. **13**]. **1.** Faire mourir par asphyxie dans un liquide : *Noyer qqn, un animal.* **2.** Recouvrir d'eau ; mouiller abondamment : *Les crues ont noyé les terres* (syn. **inonder, submerger**). *Yeux noyés de larmes* (= baignés de larmes). **3.** Étendre d'une trop grande quantité d'eau : *Noyer son vin, une sauce.* **4.** Combattre, faire disparaître dans de grandes quantités de liquides : *Noyer une révolte dans le sang* (syn. **réprimer**). *Noyer son chagrin dans l'alcool.* **5.** Enfermer, prendre dans une masse solide : *Armature noyée dans le béton.* **6.** Faire disparaître dans une masse confuse ; plonger dans la confusion : *Noyer l'essentiel dans des considérations inutiles* (syn. **délayer**). *Noyer ses lecteurs dans des digressions.* **7. Noyer le poisson,** fatiguer un poisson pris à la ligne, de manière à l'amener à la surface ; au fig., embrouiller une question, un problème pour tromper ou lasser : *Quand je l'ai interrogée, elle a noyé le poisson.* / **Noyer un moteur,** provoquer un afflux excessif d'essence au carburateur, qui rend impossible la combustion. ◆ **se noyer v.pr. 1.** Périr par immersion : *Se noyer en mer.* **2.** Perdre pied ; se laisser submerger : *Se noyer dans les détails* (syn. **se perdre**). **3.** Fondre, disparaître dans un tout : *Imperfection qui se noie dans la masse* (syn. **se diluer, se dissoudre**). **4. Se noyer dans un verre d'eau,** éprouver de grandes difficultés devant un très petit obstacle.

2. noyer [nwaje] **n.m.** (lat. pop. **nucarius,* de *nux,* noix). **1.** Arbre des régions tempérées, qui produit les noix et dont le bois est utilisé en ébénisterie. ▶ Famille des juglandacées ; haut. de 10 à 25 m ; longévité de 300 à 400 ans. **2.** Bois de cet arbre : *Table en noyer.*

N.P.I. [ɛnpei] **n.m.** (sigle). Nouveau pays industrialisé*.

1. nu [ny] **n.m. inv.** Treizième lettre de l'alphabet grec (N, ν).

2. nu, e [ny] **adj.** (lat. *nudus*). **1.** Qui n'est pas vêtu : *Se baigner nu* (syn. **dévêtu**). **2.** Sans accessoires : *Boxer à mains nues* (= sans gants). **3.** Sans végétation : *Paysage nu et désolé* (syn. **aride, stérile**). **4.** Sans ornement : *Les murs nus d'une cellule.* **5.** Qui n'est pas enveloppé, protégé : *Fil électrique nu* (= sans gaine isolante). *Épée nue* (= hors du fourreau). ***Rem.*** *Nu* reste invariable devant les noms *jambes, pieds* et *tête,* employés sans article ; il s'y joint par un trait d'union et constitue avec eux des expressions toutes faites : *nu-jambes, nu-pieds, nu-tête.* **6. À l'œil nu,** sans l'aide d'un instrument d'optique : *Voir les pattes d'un insecte à l'œil nu.* / **La vérité toute nue,** la vérité sans fard. / **Se battre à mains nues,** se battre sans arme. / **Style nu,** style dépouillé, sobre. ◆ **nu n.m. 1.** BX-A. Représentation du corps humain totalement ou largement dévêtu, dénudé : *Un nu de Renoir.* **2.** CONSTR. Parement de mur sans aucune saillie. **3. Mettre à nu,** découvrir : *Mettre à nu les mensonges de qqn* (syn. **démasquer, dévoiler**).

nuage [nɥaʒ] **n.m.** (de *nue,* du lat. pop. **nuba,* du class. *nubes*). **1.** Ensemble de particules d'eau très fines, liquides ou solides, maintenues en suspension dans l'atmosphère par les mouvements verticaux de l'air : *Ciel chargé de nuages* (= ciel nuageux). **2.** Tout ce qui forme une masse légère et comme en suspension : *Nuage de fumée, de poussière.* **3.** Ce qui trouble la sérénité ; menace plus ou moins précise : *Avenir chargé de nuages* (syn. **péril**). *Bonheur sans nuages* (syn. **orage**). **4. Être dans les nuages,** être distrait, rêveur. / **Nuage de lait,** petite quantité de lait que l'on verse dans le thé, le café.

■ Les nuages se forment par évaporation (à partir de la surface du sol et des océans, qui fait augmenter la teneur en vapeur d'eau de l'air), puis par condensation. Celle-ci résulte d'un refroidissement de l'atmosphère au contact d'une surface froide ou par ascendance.

Les nuages sont composés de minuscules particules d'eau en suspension dans l'atmosphère, sous forme liquide ou sous forme de glace, ou les deux à la fois.

Formation. Le rayonnement solaire sur la surface de la Terre (océans et continents) provoque l'évaporation de l'eau. L'atmosphère contient ainsi des milliards de tonnes de vapeur d'eau invisible. Au-delà d'une certaine quantité de vapeur d'eau *(point de saturation),* l'air est saturé : la vapeur d'eau se condense alors sous la forme de fines gouttelettes (un ou deux centièmes de millimètre), autour de minuscules particules (appelées *noyaux de condensation*) qui peuvent être des poussières du sol, des pollens, etc. Ces gouttelettes sont trop légères pour tomber ; elles forment un amas suffisamment dense pour être visible : le nuage.

Types de nuages. Tous les nuages dérivent de trois types principaux : les *cirrus,* nuages blancs très élevés à aspect filamenteux, les *cumulus,* à forme arrondie, et les *stratus,* voiles gris horizontaux. On distingue ainsi dix sortes de nuages : cirrus, cirrocumulus, cirrostratus, altocumulus, altostratus, nimbostratus, stratocumulus, stratus, cumulus et cumulonimbus (*nimbus* désignant des nuages de pluies, et *alto* des nuages de haute altitude).

Les nuages se répartissent en trois étages : *supérieur* (à plus de 4 à 8 km), renfermant des nuages constitués uniquement de glace (cirrus, cirrostratus, cirrocumulus) ; *moyen* (entre 2 km et 4 à 8 km), avec des nuages faits de glace et d'eau liquide (altocumulus, nimbostratus, altostratus) ; *inférieur* (à moins de 2 km d'alt.), avec des nuages ne contenant que de l'eau (cumulus, stratocumulus et stratus). Le cumulonimbus, un nuage à très grand développement vertical, a sa base dans l'étage inférieur et son sommet dans l'étage supérieur.

Les systèmes nuageux. Les nuages s'organisent en systèmes nuageux comprenant une *tête,* caractérisée par la présence de cirrus et de cirrostratus, un *corps* avec des nuages bas, épais et sombres, accompagnés de précipitations, et une *traîne,* zone instable avec averses et éclaircies. ■

nuageux, euse [nɥaʒø, -øz] **adj. 1.** Couvert de nuages : *Ciel nuageux* (syn. **couvert, nébuleux**). **2.** Qui manque de clarté, de netteté, de rigueur : *Théorie nuageuse* (syn. **confus**).

nuance [nɥɑ̃s] **n.f.** (de *nuer,* assortir des couleurs). **1.** Chacun des degrés différents d'une même couleur, ou chacun des degrés intermédiaires entre deux couleurs : *Pour chaque couleur, il y a une infinité de nuances* (syn. **ton**). **2.** Différence légère, subtile, peu sensible entre des choses, des sentiments, des idées, etc., de même nature : *Les nuances d'un parfum. Saisir les nuances d'une pensée. À quelques nuances près, ils ont les mêmes opinions.* **3.** MUS. Chacun des différents degrés d'intensité et d'expressivité que l'on peut donner aux sons dans l'exécution. **4. Être sans nuances,** être intransigeant, tout d'une pièce.

nuancer [nɥɑ̃se] **v.t.** (de *nuance*) [conj. **16**]. **1.** Ménager des gradations dans les couleurs, dans leurs intensités, leurs valeurs : *Nuancer un rouge avec de l'orangé* (syn. **dégrader**). **2.** Exprimer sa pensée en tenant compte des différences les plus subtiles : *Nuancer ses jugements* (syn. **modérer, mesurer**).

nuancier [nɥɑ̃sje] **n.m.** Carton, petit album présentant les différentes nuances d'un produit coloré (peinture, maquillage, etc.) : *Nuancier d'une marque de vernis à ongles.*

Nubie, contrée d'Afrique correspondant à la partie septentrionale du Soudan et à l'extrémité sud de l'Égypte. (Hab. *Nubiens.*) La Nubie, appelée par les Égyptiens « pays de Koush », commençait au sud de la 1re cataracte du Nil ; elle fut progressivement conquise par les pharaons. Au VIe s. av. J.-C., les Nubiens fondèrent le royaume de Méroé, qui disparut v. 350 apr. J.-C., sous la poussée du royaume d'Aksoum.

nubile [nybil] **adj.** (lat. *nubilis,* de *nubere,* se marier). Se dit d'une fille en âge de se marier, qui a achevé son évolution physique (syn. **pubère**).

nubuck [nybyk] **n.m.** (orig. incert. p.-ê. de l'angl. *new buck,* nouveau daim). Cuir de bovin qui présente, après ponçage, une surface veloutée semblable à celle du daim.

nucléaire [nykleɛr] **adj.** (du lat. *nucleus,* noyau). **1.** Relatif au noyau de l'atome et à l'énergie qui en est issue : *Physique nucléaire. Industrie nucléaire.* **2.** BIOL. Qui appartient au noyau de la cellule : *Membrane nucléaire.* **3. Arme nucléaire,** arme qui utilise l'énergie nucléaire. / **Puissance nucléaire,** pays doté de l'arme nucléaire. ◆ **n.m.** Ensemble des techniques, des industries qui concourent à la mise en œuvre de l'énergie nucléaire.

■ Vers 1938, les physiciens allemands O. Hahn et F. Strassmann ont observé que certains gros noyaux d'atomes, comme ceux d'uranium, peuvent, après avoir absorbé un neutron, devenir très instables. Ils se divisent alors en plusieurs morceaux de tailles inégales, en dégageant une certaine quantité d'énergie qui projette à grande vitesse ces fragments. C'est le phénomène de *fission nucléaire,* qui a connu depuis de multiples applications.

Fission. Dans un noyau atomique, protons et neutrons assemblés forment un ensemble d'autant plus stable que leur énergie de liaison est plus grande. Celle-ci provient du fait que la masse du noyau est inférieure à la somme des masses individuelles des protons et neutrons (les nucléons) qu'il contient (énergie E et masse *m* sont équivalentes, selon la célèbre formule d'Einstein : $E = mc^2$: pour qu'un système libère de l'énergie, il faut qu'il perde de sa masse). Les noyaux très gros ou très petits ont une énergie de liaison par nucléon moins grande que ceux d'éléments de dimensions moyennes, le fer par exemple. La fission correspond à la cassure d'un très gros noyau en fragments plus petits. Les fragments, qui sont eux-mêmes des noyaux atomiques, sont pour la plupart plus stables que le noyau initial. Des noyaux identiques peuvent se casser en fragments variés. Dans la plupart des cas, la fission produit, en outre, un certain nombre de neutrons. Ceux-ci, à leur tour, peuvent pénétrer dans un atome et en provoquer la fission. Dans certaines conditions, les fissions peuvent ainsi se succéder par *réaction en chaîne* de façon contrôlable (centrales nucléaires, réacteurs destinés à la propulsion navale) ou se multiplier de façon explosive (bombes nucléaires, dites *bombes A*). La part du nucléaire dans

la production d'électricité s'est développée au cours du xxe siècle mais son essor est remis en cause, notamm. après les accidents de Tchernobyl (1986) et de Fukushima (2011).
Fusion. La *fusion nucléaire,* à l'inverse de la fission, consiste à regrouper deux noyaux très légers pour former un seul noyau, et pour utiliser l'énergie de liaison ainsi libérée, le noyau obtenu étant plus stable et plus léger que les noyaux de départ. En principe, la fusion est capable de fournir une quantité considérable d'énergie, à partir de noyaux assez courants dans la nature. Mais sa mise en œuvre est très difficile. En effet, les noyaux ont une charge électrique positive et se repoussent donc violemment si l'on tente de les rapprocher. Pour leur permettre de fusionner, il faut leur communiquer une énergie suffisante afin de surmonter cette répulsion, avec une densité telle qu'ils aient une probabilité raisonnable d'entrer en collision. L'énergie nécessaire correspond à une température de plusieurs dizaines de millions de degrés, ce qui est incompatible avec la présence de tout matériau solide pour les maintenir confinés. La fusion peut être obtenue assez facilement sous une forme explosive, par échauffement des atomes légers à l'aide de l'explosion d'une bombe A. C'est la bombe à hydrogène, ou *bombe H.* Quant à la fusion contrôlée, elle fait l'objet d'un important effort de recherche dans le monde, notamment le projet ITER à Cadarache (Bouches-du-Rhône), visant à la mise au point de réacteurs thermonucléaires qui permettraient de produire industriellement de l'énergie. Cependant, on n'est pas encore parvenu à la maîtriser au-delà d'une durée de quelques fractions de seconde. ■

nucléariser [nyklearize] **v.t. 1.** Remplacer des sources d'énergie traditionnelles par l'énergie nucléaire. **2.** Doter un pays d'armes nucléaires.

nucléide **n.m.** → **nuclide.**

nucléique [nykleik] **adj.** (de *nucleus,* noyau). **Acides nucléiques,** molécules constituées de nucléotides et formant les supports du message héréditaire. ▸ Les acides nucléiques sont divisés en deux groupes : les *acides ribonucléiques* (ARN) et l'*acide désoxyribonucléique* (ADN).

nucléole [nykleɔl] **n.m.** (bas lat. *nucleolus,* petit noyau). Corps sphérique très riche en ARN, situé à l'intérieur du noyau des cellules.

nucléon [nykleɔ̃] **n.m.** (de *nucle*[*us*] et de [*prot*]*on,* [*neutr*]*on*). Particule constituant le noyau d'un atome. ▸ On distingue les protons, de charge positive, et les neutrons, de charge nulle.

nucléoside [nykleozid] **n.m.** (de *nucléo-* et de *-oside*). Substance de la cellule entrant dans la composition des nucléotides. ▸ Un nucléoside est formé par une base azotée (purique ou pyrimidique) et un glucide (ribose ou désoxyribose).

nucléotide [nykleɔtid] **n.m.** (de *nucléo-* et de *-ide*). Molécule formant les acides nucléiques ou fournissant de l'énergie à la cellule (A.T.P.). ▸ Un nucléotide est formé par un nucléoside associé à des groupements phosphate.

nuclide [nyklid] et **nucléide** [nykleid] **n.m.** (du lat. *nucleus,* noyau). PHYS. Noyau atomique caractérisé par son nombre de protons et par son nombre de neutrons.

nudisme [nydism] **n.m.** Fait de vivre au grand air dans un état de complète nudité : *Faire du nudisme* (syn. **naturisme**).

nudiste [nydist] **adj.** et **n.** Relatif au nudisme ; qui pratique le nudisme : *Un camp de nudistes* (syn. **naturiste**).

nudité [nydite] **n.f.** (bas lat. *nuditas,* du class. *nudus,* nu). **1.** État d'une personne, d'une partie du corps nue. **2.** État de ce que rien ne garnit, qui est dépouillé de tout ornement : *La nudité d'un mur sans tableaux* (syn. **dépouillement**). **3.** Simplicité ; absence de fioritures : *La nudité d'un style* (syn. **sobriété**).

nue [ny] **n.f.** (lat. pop. **nuba,* du class. *nubes*). LITT. ou VIEILLI. Nuage ; ciel. ◆ **nues** **n.f. pl. Porter aux nues,** exalter, louer excessivement. / **Tomber des nues,** être extrêmement surpris.

nuée [nɥe] **n.f.** (de *nue*). **1.** LITT. Gros nuage épais : *Nuée d'orage.* **2.** Multitude dense, compacte de petits animaux volants (insectes, oiseaux), évoquant un nuage : *Une nuée de criquets* (syn. **essaim**). **3.** Un très grand nombre de choses, de personnes : *Une vedette assaillie par une nuée d'admirateurs* (syn. **quantité, foule**). **4. Nuée ardente,** émission d'un nuage de gaz à très haute température, chargé de cendres incandescentes et de blocs, lors de certaines éruptions volcaniques.

nue-propriété [nyprɔprijete] **n.f.** (pl. *nues-propriétés*). DR. Droit de propriété ne conférant à son titulaire que le droit de disposer d'un bien, mais non d'en user et d'en percevoir les fruits.

Nuer ou **Nouer,** peuple du Soudan du Sud, parlant une langue nilotique.

nuire [nɥir] **v.t. ind.** [**à**] (lat. *nocere*) [conj. **97**]. **1.** Faire du tort, du mal à ; causer un dommage à : *Agir avec l'intention de nuire* (syn. **léser**). *Sa mauvaise réputation lui a beaucoup nui* (syn. **desservir, discréditer**). **2.** Constituer un danger, une gêne, un obstacle pour : *Le tabac nuit à la santé* (syn. **ruiner**). *Cet incident risque de nuire aux négociations* (syn. **entraver, freiner**).

nuisance [nɥizɑ̃s] **n.f.** (de *nuire*). [Souvent au pl.]. Tout facteur de la vie urbaine ou industrielle qui constitue une gêne, un préjudice, un danger pour la santé, pour l'environnement : *Le bruit, la pollution sont des nuisances.*

nuisible [nɥizibl] **adj.** Qui nuit ; qui cause des dommages ; qui fait du tort : *Excès nuisibles à la santé* (syn. **nocif, mauvais** ; contr. **bienfaisant**). ◆ **n.m.** Animal (rongeur, insecte, etc.) parasite ou destructeur : *Le ragondin et le renard sont des nuisibles.*

nuit [nɥi] **n.f.** (lat. *nox, noctis*). **1.** Durée comprise entre le coucher et le lever du soleil (par opp. à *jour*) ; espace de temps consacré au sommeil et qui se situe normalement pendant cette durée : *Partir en pleine nuit. Faire une longue nuit* (= dormir longtemps). *Souhaiter une bonne nuit.* **2.** Obscurité qui règne du soir au matin : *À la nuit tombante. Il fait nuit noire.* **3. De nuit,** qui s'effectue de nuit ou sert pendant la nuit ; qui est actif pendant la nuit : *Service de nuit. Oiseau de nuit.* / **La nuit des temps,** les temps les plus reculés de l'histoire : *Tradition qui se perd dans la nuit des temps.* / **Nuit bleue,** nuit marquée par une série d'actions terroristes ou criminelles coordonnées. / **Nuit et jour,** sans arrêt ni le jour ni la nuit ; continuellement : *Elle travaille nuit et jour.*

nuitamment [nɥitamɑ̃] **adv.** (bas lat. *noctanter*). LITT. Pendant la nuit : *Un vol commis nuitamment* (= de nuit).

nuitée [nɥite] **n.f.** (de *nuit*). Durée de séjour dans un hôtel, comptée génér. de midi au jour suivant à midi : *Calculer le nombre de nuitées d'un touriste* (= nuits d'hôtel).

Nuit et brouillard, en all. **Nacht und Nebel,** nom donné par les nazis aux déportés politiques destinés à périr dans les camps de concentration sans laisser de trace.

1. nul, nulle [nyl] **adj. indéf.** (lat. *nullus*). [En corrélation avec *ne* ou précédé de *sans*]. Indique l'absence totale : *Je n'ai nulle envie de travailler. Sans nul doute* (syn. **aucun**). ◆ **nul pron. indéf. masc. sing.** Pas un (emploi limité à la langue administrative ou sentencieuse) : *Nul n'a le droit d'entrer. À l'impossible nul n'est tenu* (syn. **personne**).

2. nul, nulle [nyl] **adj.** (de *1. nul*). [Après le nom]. **1.** Qui est sans existence, qui se réduit à rien ; qui reste sans résultat : *Les risques sont nuls* (syn. **inexistant**). *Match nul* (= sans gagnant ni perdant). *Élection nulle* (syn. **invalidé**). **2.** Sans aucune valeur : *Devoir nul* (= très mauvais). **3.** MATH. Qui a zéro pour valeur, pour mesure : *Angle, dièdre nul.* **4. Application nulle,** application qui, à tout élément de l'ensemble de départ, fait correspondre 0. / **Bulletin nul,** bulletin non valable parce que non conforme à la loi, comportant par ex. un signe distinctif. ◆ **adj.** et **n. 1.** Qui n'a aucune intelligence, aucune compétence, en parlant de qqn : *Elle est nulle. Un nul.* **2. Être nul en qqch,** être totalement ignorant en qqch : *Je suis nulle en mathématiques.*

nullard, e [nylar, -ard] **adj.** et **n.** FAM. Sans valeur ; sans aucune compétence : *C'est un nullard* (syn. **nullité**).

nullement [nylmɑ̃] **adv.** Pas du tout : *L'automobiliste n'est nullement responsable de l'accident* (syn. **aucunement**).

nullipare [nylipar] **adj.** et **n.f.** (du lat. *nullus,* aucun, et de *-pare*). **1.** MÉD. Se dit d'une femme qui n'a jamais accouché (par opp. à *multipare*). **2.** Se dit d'une femelle de mammifère avant sa première gestation.

nullité [nylite] **n.f.** (lat. médiév. *nullitas*). **1.** Manque total de talent, de valeur : *Ce film est d'une parfaite nullité* (syn. **stupidité, sottise**). *Sa nullité en allemand est notoire* (syn. **faiblesse**). **2.** Personne sans compétence : *C'est une nullité* (syn. **zéro**). **3.** DR. Inefficacité d'un acte juridique, résultant de l'absence d'une des conditions de fond ou de forme requises pour sa validité : *Testament frappé de nullité* (syn. **invalidité**).

Numance, v. de l'anc. Espagne, sur le haut Douro, près de Soria. Place forte des Celtibères, elle fut prise et détruite par Scipion Émilien, après un long siège (134-133 av. J.-C.).

Numa Pompilius, deuxième roi légendaire de Rome (v. 715 - v. 672 av. J.-C.). Il est censé avoir été le premier législateur de la cité et avoir organisé la religion romaine en la dotant de collèges, en créant le calendrier, en introduisant les dieux sabins. On lui attribuait une puissance magique, confortée par les conseils qu'il disait recevoir, dans une grotte, de la nymphe Égérie.

numéraire [nymerɛr] **n.m.** (bas lat. *numerarius,* de *numerare,* compter). Toute monnaie en espèces ayant cours légal : *Payer en numéraire plutôt que par chèque.* ◆ **adj.** Se dit de la valeur légale des espèces monnayées.

numéral, e, aux [nymeral, -o] **adj.** et **n.m.** (bas lat. *numeralis*). **1.** Se dit d'un terme qui exprime une idée de nombre *(adjectif numéral cardinal)* ou de rang *(adjectif numéral ordinal)*. **2.** Se dit des symboles (lettres, chiffres, etc.) servant à représenter les nombres dans un système de numérotation : *Numéral cardinal. Numéral ordinal.*

numérateur [nymeratœr] **n.m.** (bas lat. *numerator,* compteur). MATH. Terme d'une fraction placé au-dessus de la barre horizontale et indiquant de combien de parties de l'unité se compose cette fraction (par opp. à *dénominateur*).

numération [nymerasjɔ̃] **n.f.** (lat. *numeratio*). **1.** Action de compter, de dénombrer : *La numération décimale* (= à base 10). *La numération binaire* (= à base 2). **2.** Façon d'écrire les nombres *(numération écrite)* et de les énoncer *(numération parlée)*.

numérique [nymerik] **adj.** (du lat. *numerus,* nombre). **1.** Qui relève des nombres ; qui se fait avec les nombres, est représenté par des nombres : *Calcul numérique.* **2.** Qui est évalué ou se traduit en nombre, en quantité : *Supériorité numérique.* **3.** INFORM., TÉLÉCOMM. Se dit de la représentation d'informations ou de grandeurs physiques au moyen de caractères, tels que des chiffres, ou au moyen de signaux à valeurs discrètes (syn. déconseillé **digital**). **4.** INFORM., TÉLÉCOMM. Se dit des systèmes, dispositifs ou procédés dont le fonctionnement fait appel à ce mode de représentation (par opp. à *analogique*) [syn. **digital**]. **5. Disque numérique,** disque audionumérique.

numériquement [nymerikmɑ̃] **adv.** Du point de vue du nombre : *Un ennemi numériquement puissant.*

numérisation [nymerizasjɔ̃] **n.f.** Action de numériser : *La numérisation de l'image.*

numériser [nymerize] **v.t.** (de *numérique*). INFORM. Exprimer sous forme numérique une information analogique : *Numériser des images.*

numéro [nymero] **n.m.** (it. *numero,* nombre). **1.** Chiffre, nombre qui indique la place d'une chose dans une série : *Habiter au numéro 20 de la rue de Vaugirard, à Paris. Relever le numéro d'une voiture.* **2.** Exemplaire d'un ouvrage périodique, publié à une date donnée : *Son article vient de paraître dans le dernier numéro* (syn. **livraison**). **3.** Billet portant un chiffre et qui donne le droit de participer au tirage d'une loterie. **4.** Chacune des parties du spectacle, au cirque, au music-hall, etc. : *Ils font un numéro fabuleux.* **5.** *FAM.* Personnage singulier : *Un drôle de numéro* (syn. **gaillard, individu**). **6.** *FAM.* **Faire son numéro,** se faire remarquer ; se donner en spectacle. / *FAM.* **La suite au prochain numéro,** la suite à plus tard. / **Tirer le bon numéro,** bénéficier d'un concours de circonstances particulièrement heureux ; avoir de la chance.

numérologie [nymerɔlɔʒi] **n.f.** Art supposé de tirer de l'analyse numérique de caractéristiques individuelles telles que le nom, le prénom, la date de naissance, etc., des conclusions sur le caractère des personnes et des pronostics sur leur possible avenir.

numérotage [nymerɔtaʒ] **n.m.** Action de numéroter des éléments : *Le numérotage des immeubles d'une rue* (syn. **numérotation**).

numérotation [nymerɔtasjɔ̃] **n.f. 1.** Action de numéroter : *La numérotation de documents* (syn. **numérotage**). *Erreur de numérotation.* **2.** Ordre, système de classement : *Modification de la numérotation téléphonique.*

numéroter [nymerɔte] **v.t.** Marquer d'un numéro d'ordre, d'un numéro d'identification : *Numéroter les pages d'un manuscrit* (syn. **folioter**). ◆ **v.i.** Composer un numéro de téléphone : *Vous avez mal numéroté.*

numéroteur [nymerɔtœr] **n.m.** Appareil servant à imprimer des numéros.

numerus clausus [nymerysklozys] **n.m.** (mots lat. « nombre fermé »). Nombre auquel on limite la quantité de personnes admises à une fonction, à un grade, etc., conformément à une réglementation préalablement établie : *Instaurer le numerus clausus à l'université.*

Numides, peuple berbère nomade, qui a donné son nom à la Numidie, entre la Mauritanie et le pays de Carthage. Ils constituèrent au IIIe s. av. J.-C. deux royaumes qui furent réunis en 203 av. J.-C. sous l'autorité de Masinissa, allié des Romains. Affaiblis par des querelles dynastiques, ils furent progressivement soumis par Rome (victoires de Marius en 105, de César en 46), et leur royaume devint une province romaine.

Numidie, contrée de l'anc. Afrique du Nord qui allait du territoire de Carthage jusqu'à la Moulouya (est du Maroc). Devenue une province romaine (Ier s. av. J.-C.), la région fut ruinée par l'invasion vandale (429) et par la conquête arabe (VIIe-VIIIe s.).

numismate [nymismat] **n.** Personne versée dans la connaissance des monnaies et médailles.

numismatique [nymismatik] **n.f.** (lat. *numisma,* du gr. « monnaie »). Étude scientifique des monnaies, médailles, jetons, etc.

Nunavut, territoire du nord du Canada, comprenant, notamm., la majorité des îles de l'Arctique canadien ; 1 900 000 km^2 env. ; 31 906 hab., dont 17 500 Inuits. CAP. *Iqaluit.*

nuoc-mâm [nɥɔkmam] **n.m. inv.** (mot vietnamien « eau de poisson »). Condiment du Viêt Nam, obtenu par macération de poisson dans une saumure.

nu-pieds [nypje] **n.m. inv.** Chaussure à semelle mince retenue au pied par des lanières.

nuptial, e, aux [nypsjal, -o] **adj.** (lat. *nuptialis,* de *nuptiae,* noces). **1.** Relatif à la cérémonie du mariage, au jour du mariage : *Bénédiction nuptiale.* **2.** Qui concerne l'union entre les époux : *Anneau nuptial* (= alliance).

nuque [nyk] **n.f.** (lat. médiév. *nuca,* de l'ar.). Partie postérieure du cou, au-dessous de l'occiput : *Cheveux recouvrant la nuque.*

Nuremberg, en all. **Nürnberg,** v. d'Allemagne (Bavière), sur la Pegnitz ; 486 314 hab. (1 200 000 hab. dans l'agglomération). Centre industriel, universitaire et culturel. – Quartiers médiévaux très restaurés après la Seconde Guerre mondiale (églises conservant de remarquables sculptures gothiques de V. Stoss, Adam Krafft, Peter Vischer...). Musée national germanique (art allemand, notamm. peinture des XVe-XVIe s. : Konrad Witz, Dürer, Altdorfer...). – Ville libre impériale en 1219, foyer actif de la Renaissance aux XVe-XVIe s., elle souffrit beaucoup de la guerre de Trente Ans. Nuremberg fut le siège du procès des grands criminels de guerre nazis (1945-1946).

Nuremberg ***(procès de)*** [20 nov. 1945-1er oct. 1946], procès intenté, devant un tribunal militaire international, à vingt-quatre membres du parti nazi et à huit organisations de l'Allemagne hitlérienne. Inculpés principalement de crimes de guerre et de conspiration contre l'humanité, douze accusés furent condamnés à la pendaison (dont Göring, Ribbentrop et Rosenberg), sept à la prison (dont Dönitz, Hess et Speer). Quatre organisations furent aussi condamnées.

Nurmi (Paavo), athlète finlandais (Turku 1897 - Helsinki 1973). Il a dominé notamment la course à pied de fond dans les années 1920 (champion olympique du 10 000 m en 1920 et 1928, du 1 500 m et du 5 000 m en 1924).

nurse [nœrs] **n.f.** (mot angl.). *VIEILLI.* Bonne d'enfant ; gouvernante : *Confier son enfant à une nurse.*

nursery [nœrsəri] **n.f.** (mot angl.) [pl. *nurserys* ou *nurseries*]. **1.** *VIEILLI.* Pièce réservée aux enfants dans une maison. **2.** Salle réservée aux nouveau-nés dans une maternité, un hôpital. **3.** Local où l'on peut changer les bébés, faire chauffer les biberons, dans certains lieux publics (aéroports, stations-service, etc.). **4.** Lieu d'élevage de poissons, de crustacés.

nutriment [nytrimɑ̃] **n.m.** (lat. *nutrimentum,* nourriture). BIOL. Espèce chimique utilisable telle quelle dans l'alimentation des cellules vivantes (carbone, azote, oligo-éléments, etc.), ou assimilable sans digestion préalable (glucose, acides aminés, etc.).

nutritif, ive [nytritif, -iv] **adj. 1.** Qui nourrit : *Substance nutritive.* **2.** Qui contient en abondance des éléments ayant la propriété de nourrir : *Un aliment particulièrement nutritif* (syn. **nourrissant**). **3.** Relatif à la nutrition : *Valeur nutritive d'un aliment.*

nutrition [nytrisjɔ̃] **n.f.** (bas lat. *nutritio,* du class. *nutrire,* nourrir). Ensemble des fonctions digestive, respiratoire, circulatoire, excrétoire et endocrinienne qui permettent l'apport aux cellules des éléments assurant leur croissance, le maintien de leurs formes, leur fonctionnement et l'élimination de leurs déchets : *La maigreur, l'obésité résultent de troubles de la nutrition.*

nutritionnel, elle [nytrisjɔnɛl] **adj.** Relatif à la nutrition, aux régimes alimentaires : *Équilibre nutritionnel.*

nutritionniste [nytrisjɔnist] **n.** Médecin spécialiste de la nutrition et des troubles qui l'affectent.

Nuuk, anc. **Godthåb,** cap. du Groenland ; 14 583 hab.

Nyassa ***(lac)*** **→ Malawi** ***(lac).***

Nyassaland, nom porté par le Malawi avant son indépendance (1964).

Nylon [nilɔ̃] **n.m.** (nom déposé ; mot anglo-amér.). **1.** Matière à mouler à base de résine polyamide. **2.** Fibre, tissu obtenus à partir de ce produit : *Des bas en Nylon.*

nymphe [nɛ̃f] **n.f.** (lat. *nympha,* du gr. *numphê,* jeune fille). **1.** MYTH. GR. et ROM. Divinité féminine représentée sous les traits d'une jeune fille et personnifiant divers aspects de la nature. **2.** *LITT.* Jeune fille gracieuse et bien faite (syn. **sylphide**). **3.** ENTOMOL. Forme que prennent certains insectes, à l'issue de leur développement larvaire.

■ Une nymphe est une divinité féminine de la Grèce antique représentée généralement sous l'aspect d'une jeune fille nue et personnifiant la fécondité et la grâce dans un domaine particulier de la nature. Les nymphes se distribuaient ainsi en plusieurs catégories : des bois et plus précisément des frênes (Méliades), des sources et des cours d'eau (Naïades), de la mer calme (Néréides), des montagnes (Oréades), etc. Divinités très populaires, elles interviennent dans beaucoup d'histoires du folklore. Elles ont pour amants les esprits mâles de la nature (Pan, les Satyres, Priape...) et très souvent des dieux comme Zeus lui-même, Apollon, Hermès ou Dionysos. ■

nymphéa [nɛ̃fea] **n.m.** (lat. *nymphea,* du gr.). Nénuphar dont une espèce est le lotus sacré des Égyptiens.

nymphette [nɛ̃fɛt] **n.f.** Très jeune fille au physique attrayant et aux manières aguichantes.

nymphomanie [nɛ̃fɔmani] **n.f.** (de *nymphe,* ou d'un sens gr. *numphê,* clitoris, et de *-manie*). Exagération des besoins sexuels chez la femme. ◆ **nymphomane n.f.** et **adj.** Femme atteinte de nymphomanie.

nymphose [nɛ̃foz] **n.f.** Période de vie ralentie, propre aux insectes supérieurs et pendant laquelle la larve se transforme en un adulte très différent.

O

o [o] **n.m. inv. 1.** Quinzième lettre (voyelle) de l'alphabet. **2.** O., abrév. de *ouest.*

ô [o] **interj. 1.** LITT. Pour invoquer, interpeller : *Ô mon Dieu.* **2.** Marque l'admiration, la surprise : *Ô joie !*

Oahu, île la plus peuplée de l'archipel des Hawaii, où se localisent la capitale de l'État des Hawaii, *Honolulu,* et le port militaire de *Pearl Harbor* ; 1 564 km^2 ; 953 207 hab.

O.A.S. (Organisation armée secrète), mouvement clandestin qui tenta par la violence de s'opposer à l'indépendance de l'Algérie après l'échec du putsch militaire d'Alger (1961-1963).

oasis [ɔazis] **n.f.** (bas lat. *oasis,* mot gr. d'orig. égyptienne). **1.** Petite région fertile grâce à la présence d'eau, dans un désert : *La palmeraie d'une oasis.* **2.** Lieu, situation qui procure du calme : *Une oasis de silence* (syn. **îlot, refuge**).

Oates (Joyce Carol), femme de lettres américaine (Lockport 1938). Elle peint dans ses nouvelles et ses romans les violences et les injustices de l'Amérique contemporaine (*Eux,* 1969 ; *la Légende de Bloodsmoor,* 1982 ; *Nous étions les Mulroney,* 1996 ; *les Chutes,* 2004).

Oaxaca, v. du Mexique méridional ; 263 145 hab. (593 522 hab. dans l'agglomération). Importants monuments d'époque coloniale (églises baroques). Musée (collections provenant de Monte Albán).

Ob, fl. de la Russie, né dans l'Altaï, qui draine la Sibérie occidentale. Il reçoit l'Irtych et se jette dans l'océan Arctique en formant le long *golfe de l'Ob* ; 4 345 km.

Obama (Barack Hussein), homme d'État américain (Honolulu 1961). Démocrate, sénateur de l'Illinois (2005-2008), il devient président des États-Unis en 2009. Il est le premier Afro-Américain à accéder à cette fonction. Il reçoit en 2009 le prix Nobel de la paix pour ses efforts en faveur du renforcement de la diplomatie internationale et de la coopération entre les peuples. Il est réélu président en novembre 2012.

obédience [ɔbedjɑ̃s] **n.f.** (lat. *oboedientia*). **1.** RELIG. Obéissance à un supérieur ecclésiastique. **2.** Dépendance d'une maison religieuse par rapport à une maison principale. **3.** Fidélité et adhésion à une autorité spirituelle, politique ou philosophique. **4.** Groupement de loges maçonniques à l'échelon national.

Obeïd (El-), site archéologique de basse Mésopotamie à 6 km à l'ouest d'Our. Par la richesse de sa nécropole, il a donné son nom à la « culture d'Obeïd », florissante entre 4500 et 3500 av. J.-C., fondée sur l'agriculture et l'élevage, et caractérisée par des figurines en terre cuite et une céramique à décor polychrome.

obéir [ɔbeir] **v.t. ind. [à]** (lat. *oboedire*) [conj. **32**]. **1.** Se soumettre à la volonté de qqn, à un règlement : *Obéir à ses parents* (syn. **écouter**). *Obéir à la loi* (syn. **respecter**). *Quand on lui donne un ordre, il obéit toujours* (syn. **obtempérer, s'incliner**). **2.** Céder à une incitation, à un sentiment : *Obéir à ses instincts* (syn. **suivre**). **3.** Répondre au mouvement commandé ; fonctionner correctement : *Les freins n'obéissent plus* (syn. **répondre**). **4.** Être soumis à une force, à une nécessité naturelle : *Les corps obéissent à la pesanteur* (syn. **subir**). ***Rem.*** *Obéir* peut s'employer au passif : *Quand je donne un ordre, j'aime être obéi.*

obéissance [ɔbeisɑ̃s] **n.f.** Action de celui qui obéit ; fait d'obéir : *L'obéissance d'un soldat à ses chefs* (syn. **soumission**). *Faire preuve d'obéissance* (syn. **discipline, docilité**).

obéissant, e [ɔbeisɑ̃, -ɑ̃t] **adj.** Qui obéit ; qui est soumis : *Des élèves obéissants* (syn. **sage, discipliné**). *Un chien obéissant* (syn. **docile**).

obélisque [ɔbelisk] **n.m.** (lat. *obeliscus,* du gr. *obeliskos,* de *obelos,* broche). Pierre levée, génér. monolithe, de forme quadrangulaire, terminée par une petite pyramide. ▸ Gravé de hiéroglyphes, l'obélisque était, dans l'Égypte pharaonique, un symbole solaire que sa forme et sa fonction - capter les rayons de l'astre - apparentaient à la pyramide.

obérer [ɔbere] **v.t.** (lat. *obaerare,* endetter) [conj. **18**]. **1.** Faire peser une lourde charge financière sur : *Les guerres obèrent la nation.* **2.** Compromettre par des engagements anticipés : *Cette décision obère l'avenir.*

Oberkampf (Christophe Philippe), industriel français d'origine allemande (Wiesenbach, Bavière, 1738 - Jouy-en-Josas 1815). Il fonda à Jouy la première manufacture de toiles imprimées (1759) et à Essonnes (auj. Corbeil-Essonnes) l'une des premières filatures françaises de coton.

obèse [ɔbɛz] **adj.** et **n.** (lat. *obesus,* de *edere,* manger). Atteint d'obésité (syn. **gras, gros**).

obésité [ɔbezite] **n.f.** (de *obesitas*). Excès de poids par augmentation de la masse adipeuse de l'organisme.

■ Il y a obésité lorsque la masse adipeuse dépasse 20 % du poids total chez l'homme, et 30 % chez la femme. L'un des critères de définition est le calcul de l'indice de masse corporelle (I.M.C., qui est le quotient du poids d'un individu, en kg, par le carré de sa taille en mètre). L'I.M.C. « idéal », au sens médical et non esthétique, se situe entre 18,5 et 25 (jusqu'à 27 après 50 ans). On parle d'obésité quand il est supérieur à 30.
En cas d'obésité, les apports alimentaires sont très supérieurs aux dépenses énergétiques de l'organisme ; une alimentation trop riche et la sédentarité sont des facteurs de risque. Il existe aussi des prédispositions héréditaires. Fléau des pays riches, l'obésité est apparue récemment dans les zones suburbaines des pays pauvres, où l'alimentation traditionnelle tend à être abandonnée pour une alimentation « moderne », trop riche en graisses et en sucres. La gravité d'une obésité dépend de ses complications. En effet, l'obésité est un facteur de risque important dans l'apparition de nombreuses pathologies, notamm. le diabète et les maladies cardio-vasculaires (hypertension, infarctus du myocarde, etc.). ■

obier [ɔbje] **n.m.** (de l'it. *obbio,* ou var. de *aubier,* du lat. *albus,* blanc). Arbrisseau dont une forme cultivée doit son nom de *boule-de-neige* à ses fleurs blanches groupées en boules. ▸ Genre *Viburnum* (viorne) ; haut. de 2 à 4 m.

objecter [ɔbʒɛkte] **v.t.** (lat. *objectare,* placer devant, opposer). Répondre en opposant une objection à ce qui a été dit : *Il n'a rien objecté à mes raisons* (syn. **opposer**). *On lui objecte que son projet est coûteux* (syn. **répondre, rétorquer**).

objecteur [ɔbʒɛktœr] **n.m.** (de *objecter*). **Objecteur de conscience,** jeune homme qui, avant son incorporation, se déclarait, en raison de ses convictions religieuses ou philosophiques, opposé en toute circonstance à l'usage personnel des armes. ▸ En France, l'objecteur de conscience accomplissait un service civil dans une administration de l'État ou dans une collectivité locale.

1. objectif, ive [ɔbʒɛktif, -iv] **adj.** (lat. *objectivus*). **1.** Qui existe indépendamment de la pensée (par opp. à *subjectif*) : *Réalité objective* (syn. **concret**). **2.** Qui ne fait pas intervenir d'éléments affectifs ou personnels dans ses jugements : *Témoin objectif* (syn. **impartial**). **3.** Dont on ne peut contester le caractère scientifique : *Vérités objectives.*

2. objectif [ɔbʒɛktif] **n.m.** (de *1. objectif*). **1.** But, cible que qqch doit atteindre : *Les fusées ont atteint leur objectif.* **2.** But précis, résultat vers lequel tend l'action de qqn, d'un groupe : *Quels sont vos objectifs ?* (syn. **dessein, ambition**). **3.** MIL. Point, ligne ou zone de terrain à battre par le feu (bombardement) ou à conquérir par le mouvement et le choc (attaque) : *Objectifs stratégiques, tactiques.* **4.** OPT. Élément d'un instrument d'optique qui est tourné vers l'objet que l'on veut observer, par opp. à l'*oculaire,* contre lequel on place l'œil. **5.** PHOT. Système optique d'un appareil de prise de vues ou de projection, qui permet de former l'image sur un support sensible ou sur un écran : *Objectif à grand angle.*

objection [ɔbʒɛksjɔ̃] **n.f.** (bas lat. *objectio*). **1.** Argument opposé à une affirmation : *Formuler une objection* (syn. **critique, remarque**). *Cette explication se heurte à une objection majeure* (syn. **réfutation**). **2.** Empêchement, difficulté qui s'oppose à la réalisation de qqch : *Si vous n'y voyez pas d'objection, nous partons* (syn. **inconvénient, obstacle**).

objectivement [ɔbʒɛktivmɑ̃] **adv. 1.** De façon objective ; en s'en tenant à la réalité des faits : *Objectivement, il n'est pas prouvé que vous ayez tort.* **2.** PHILOS. En se plaçant du point de vue de l'objet.

objectiver [ɔbʒɛktive] **v.t.** (de *1. objectif*). **1.** PSYCHOL. Rapporter à une réalité extérieure : *Objectiver des sensations.* **2.** Exprimer qqch, le réaliser, le définir, lui donner une forme concrète : *Objectiver une pensée* (syn. **manifester, matérialiser**).

objectivité [ɔbʒɛktivite] **n.f.** (de *1. objectif*). **1.** Qualité d'une personne qui porte un jugement objectif, qui sait faire abstraction de ses préférences personnelles : *L'objectivité d'un juge* (syn. **impartialité**). **2.** Qualité de ce qui est conforme à la réalité, de ce qui décrit avec exactitude : *L'objectivité d'un récit* (syn. **exactitude, fidélité**).

objet [ɔbʒɛ] **n.m.** (lat. scolast. *objectum,* de *objicere,* jeter devant, de *jacere,* jeter). **1.** Toute chose concrète, perceptible par la vue, le toucher : *Enfant qui découvre les objets.* **2.** Chose solide considérée comme un tout, fabriquée par l'homme et destinée à un certain usage : *Un objet en bois. Rassembler ses objets personnels* (= ses affaires). **3.** Ce sur quoi porte une activité, un sentiment, etc. : *Il a refusé de révéler l'objet de ses recherches* (syn. **sujet, thème**). *Cette jeune femme est l'objet de toute son affection.* **4.** But d'une action, d'un comportement : *Toutes ces précautions ont pour objet la sécurité publique* (syn. **objectif**). **5.** DR. Bien, prestation sur lesquels portent un droit, une obligation. **6.** DR. Résultat auquel tend une action en justice : *L'objet d'un litige, d'un procès.* **7. Sans objet,** sans motivation, sans fondement : *Vos critiques sont sans objet.* / GRAMM. **Complément d'objet,** nom, groupe nominal ou pronom complément du verbe, qui désigne l'être ou la chose qui subit l'action exprimée par le verbe. ▸ On distingue le *complément d'objet direct,* qui dépend d'un verbe transitif direct et se construit sans préposition, du *complément d'objet indirect,* qui dépend d'un verbe transitif indirect et nécessite la présence d'une préposition. GRAMM. *Complément d'objet second,* complément d'objet indirect d'un verbe qui a aussi un complément d'objet direct.

objurgation [ɔbʒyrgasjɔ̃] **n.f.** (lat. *objurgatio,* réprimande). **1.** LITT. (Surtout au pl.). Remontrance, mise en garde sévère, en partic. pour dissuader qqn : *Il est resté sourd à nos objurgations* (syn. **admonestation**). **2.** Prière pressante : *Céder aux objurgations d'un ami* (syn. **adjuration, supplication**).

obligataire [ɔbligatɛr] **adj.** BOURSE. Relatif aux obligations : *Emprunt obligataire.*

obligation [ɔbligasjɔ̃] **n.f.** (lat. juridique *obligatio*). **1.** Contrainte, devoir qu'imposent la loi, la morale, les conventions sociales, les circonstances, etc. : *Les obligations professionnelles* (syn. **impératif**). *Être dans l'obligation de partir* (= devoir ; être obligé de). *Se faire une obligation d'assister à une réunion* (syn. **devoir**). **2.** DR. Lien de droit par lequel une personne est tenue de faire ou de ne pas faire qqch : *Obligation alimentaire* (= devoir de nourrir ses proches parents). **3.** BOURSE. Titre négociable, représentant une des fractions égales d'un prêt consenti à une société privée ou à une collectivité publique lors de l'émission d'un emprunt, dit *emprunt obligataire.*

obligatoire [ɔbligatwar] **adj.** (lat. juridique *obligatorius*). **1.** Imposé par la loi ou des circonstances particulières ; exigé par les conventions sociales : *Présence obligatoire* (syn. **indispensable** ; contr. **facultatif**). *Tenue de soirée obligatoire* (syn. **de rigueur, exigé**). **2.** FAM. Inévitable ; inéluctable : *Avec lui, l'accident était obligatoire* (syn. **certain, sûr**).

obligatoirement [ɔbligatwarmɑ̃] **adv. 1.** De façon obligatoire : *Tu dois obligatoirement aller le voir* (syn. **absolument, impérativement**). **2.** FAM. Fatalement ; forcément : *En suivant cette rue, on arrive obligatoirement sur la place* (syn. **immanquablement, infailliblement**).

obligé, e [ɔbliʒe] **adj.** et **n.** (de *obliger*). Redevable ; reconnaissant : *Je vous suis très obligé de votre sollicitude* (= je vous sais gré). *Je suis votre obligé.* ◆ **adj. 1.** Nécessaire : *Conséquence obligée.* **2.** FAM. **C'est obligé,** c'est forcé, obligatoire : *C'est obligé qu'il échoue, il n'a pas travaillé.*

obligeamment [ɔbliʒamɑ̃] **adv.** De façon obligeante ; de manière à rendre service : *Elle a très obligeamment proposé de nous reconduire* (syn. **aimablement, gentiment**).

obligeance [ɔbliʒɑ̃s] **n.f.** Disposition, penchant à rendre service, à faire plaisir : *Elle est d'une extrême obligeance* (syn. **amabilité, prévenance**). *Auriez-vous l'obligeance de parler moins fort ?* (syn. **gentillesse, bonté**).

obligeant, e [ɔbliʒɑ̃, -ɑ̃t] **adj.** Qui aime à obliger, à faire plaisir : *Un homme obligeant* (syn. **aimable, serviable**).

obliger [ɔbliʒe] **v.t.** (lat. *obligare,* de *ligare,* lier) [conj. **17**]. **1.** Imposer comme devoir ; lier par une loi, une convention : *Le contrat oblige les deux parties signataires* (syn. **engager**). **2.** Forcer ; mettre dans la nécessité de : *Obliger qqn à partir, au départ* (syn. **contraindre**). *On l'a obligé à s'exiler* (syn. **condamner, astreindre**). **3.** Rendre service par complaisance ; être agréable à : *Obliger un ami* (syn. **aider**).

oblique [ɔblik] **adj.** (lat. *obliquus*). **1.** Qui est de biais, dévié par rapport à une ligne, à un plan horizontal, vertical : *Les rayons obliques du soleil couchant.* **2.** ANAT. **Muscle oblique,** muscle dont l'action s'exerce suivant des directions non parallèles au plan de symétrie du corps (on dit aussi *un oblique*). ◆ **n.f. 1.** MATH. Droite qui coupe une autre droite ou un autre plan sans lui être perpendiculaire. **2. En oblique,** selon une direction oblique : *Traverser une pièce en oblique* (= en diagonale).

obliquement [ɔblikmɑ̃] **adv.** De façon oblique ; selon une direction, une disposition oblique : *Regarder qqn obliquement* (syn. **en biais, de côté**).

obliquer [ɔblike] **v.i.** (lat. *obliquare,* faire aller de biais, de *obliquus,* oblique). **1.** Quitter le chemin, la route sur laquelle on se trouve pour emprunter une direction différente : *Tu obliqueras après la place pour rattraper l'autoroute* (syn. **tourner**). **2.** S'écarter de son axe primitif : *La route oblique légèrement sur la gauche* (syn. **dévier**).

obliquité [ɔblikɥite] **n.f.** (lat. *obliquitas*). **1.** Qualité de ce qui est oblique ; inclinaison d'une ligne, d'une surface sur une autre. **2.** ASTRON. **Obliquité de l'écliptique,** angle de 23° 26′ que forme l'écliptique avec l'équateur céleste.

oblitérateur, trice [ɔbliteratœr, -tris] **adj.** Qui oblitère : *Timbre oblitérateur.* ◆ **oblitérateur n.m.** Appareil pour oblitérer des timbres, des reçus, des quittances, etc.

oblitération [ɔbliterasjɔ̃] **n.f.** Action d'oblitérer : *Timbre qui porte une trace d'oblitération. L'oblitération d'une artère.*

oblitérer [ɔblitere] **v.t.** (lat. *oblitterare*, faire oublier) [conj. **18**]. **1.** Couvrir d'une empreinte, d'une marque un timbre, un document, etc. : *Le timbre n'a pas été oblitéré* (syn. **tamponner**). **2.** *LITT.* Effacer progressivement : *Le temps a oblitéré sa douleur* (syn. **atténuer, affaiblir**). **3.** *DIDACT.* Obstruer un canal, un orifice.

oblong, ongue [ɔblɔ̃, -ɔ̃g] **adj.** (lat. *oblongus*). De forme allongée : *Un visage oblong.*

obnubiler [ɔbnybile] **v.t.** (lat. *obnubilare*, de *nubes*, nuages). Obscurcir les facultés mentales ; fausser le jugement de : *Il est obnubilé par son travail* (syn. **obséder**).

obole [ɔbɔl] **n.f.** (lat. *obolus*, du gr.). Petite offrande, contribution peu importante en argent : *Apporter son obole à une quête.*

obscène [ɔpsɛn] **adj.** (lat. *obscenus*, de mauvais augure). Qui blesse ouvertement la pudeur par des représentations d'ordre sexuel : *Tenir des propos obscènes* (syn. **ordurier, inconvenant**). *Graffitis obscènes* (syn. **pornographique**).

obscénité [ɔpsenite] **n.f. 1.** Caractère de ce qui est obscène : *L'obscénité de ce film l'a fait censurer* (syn. **inconvenance, indécence**). **2.** Parole, acte obscènes : *Ne proférer que des obscénités* (syn. **grossièreté**).

obscur, e [ɔpskyr] **adj.** (lat. *obscurus*). **1.** Qui n'est pas ou qui est mal éclairé : *Lieu obscur* (syn. **sombre** ; contr. **clair**). *Fréquenter les salles obscures* (= aller au cinéma). **2.** Difficile à comprendre : *Texte obscur* (syn. **hermétique, incompréhensible**). *Une affaire obscure* (syn. **mystérieux, inexplicable**). **3.** Se dit de ce qui n'est pas net, de ce qu'il est difficile d'exprimer, d'analyser : *Un obscur pressentiment* (syn. **vague**). **4.** Peu connu : *Mener une existence obscure* (syn. **effacé, humble**). *Poète obscur* (syn. **méconnu**).

obscurantisme [ɔpskyrɑ̃tism] **n.m.** (de *obscur*). Attitude d'opposition à l'instruction, à la raison et au progrès : *Le XVIII*e *siècle a dénoncé l'obscurantisme.* ◆ **obscurantiste adj.** et **n.** Qui relève de l'obscurantisme ; qui en est partisan.

obscurcir [ɔpskyrsir] **v.t.** (de *obscur*, avec infl. de *noircir*) [conj. **32**]. Rendre obscur : *Les rideaux obscurcissent la pièce* (syn. **assombrir**). *Ses explications confuses ont obscurci la question* (syn. **embrouiller, compliquer** ; contr. **clarifier**). ◆ **s'obscurcir v.pr.** Devenir obscur : *Le temps s'obscurcit* (syn. **se couvrir**).

obscurcissement [ɔpskyrsismɑ̃] **n.m.** Action d'obscurcir ; fait de s'obscurcir : *Obscurcissement de la ville à la tombée de la nuit.*

obscurément [ɔpskyremɑ̃] **adv. 1.** De façon obscure, peu intelligible, confuse : *Il sentit obscurément la crainte l'envahir* (syn. **confusément**). **2.** Sans être connu : *Finir obscurément sa vie* (syn. **anonymement**).

obscurité [ɔpskyrite] **n.f.** (lat. *obscuritas*). **1.** État de ce qui est obscur : *Les chats voient dans l'obscurité* (syn. **nuit, ténèbres**). **2.** Manque de clarté, d'intelligibilité : *L'obscurité de certains poèmes de Mallarmé* (syn. **ésotérisme, hermétisme**). **3.** *LITT.* État, situation d'une personne obscure, sans notoriété : *Sortir de l'obscurité* (syn. **anonymat**).

obsédant, e [ɔpsedɑ̃, -ɑ̃t] **adj.** Qui obsède ; qui importune : *Le rythme obsédant d'une musique* (syn. **lancinant**).

obsédé, e [ɔpsede] **adj.** et **n. 1.** Qui est la proie d'une obsession, d'une idée fixe : *C'est un obsédé de la mer* (syn. **fou, maniaque**). **2.** Qui est la proie d'obsessions de nature sexuelle.

obséder [ɔpsede] **v.t.** (lat. *obsidere*, assiéger) [conj. **18**]. Occuper de façon exclusive l'esprit de : *Ce souvenir m'obsède* (syn. **hanter, poursuivre**).

obsèques [ɔpsɛk] **n.f. pl.** (bas lat. *obsequiae*, du class. *obsequium*, service funèbre, de *sequi*, suivre). Cérémonie des funérailles : *Obsèques civiles, religieuses. Assister aux obsèques d'un parent* (syn. **enterrement**).

obséquieusement [ɔpsekjøzmɑ̃] **adv.** De façon obséquieuse : *S'incliner obséquieusement* (syn. **servilement**).

obséquieux, euse [ɔpsekjø, -øz] **adj.** (lat. *obsequiosus*, de *obsequium*, complaisance). Poli et empressé à l'excès : *Un subordonné obséquieux* (syn. **servile, rampant**).

obséquiosité [ɔpsekjozite] **n.f.** (lat. *obsequiositas*). Caractère d'une personne obséquieuse, de son comportement : *Être poli jusqu'à l'obséquiosité* (syn. **flagornerie, servilité**).

observable [ɔpsɛrvabl] **adj.** Qui peut être observé.

observance [ɔpsɛrvɑ̃s] **n.f.** (lat. *observantia*). **1.** Action d'observer fidèlement une règle religieuse ; cette règle : *L'observance des préceptes du Coran* (syn. **pratique**). **2.** Communauté religieuse considérée par rapport à la règle qu'elle observe : *L'observance bénédictine.* **3.** Action de se conformer à un modèle, une coutume, de suivre une prescription, de pratiquer une règle de conduite ; cette règle : *L'observance des règles de la versification* (syn. **respect, soumission**). *L'observance d'un régime* (syn. **observation**). *La vie en société implique une foule d'observances* (syn. **convention**). **4. Stricte observance,** branche d'un ordre religieux qui, après des réformes, suit de nouveau la règle primitive.

observateur, trice [ɔpsɛrvatœr, -tris] **n.** (lat. *observator*). **1.** Personne qui regarde qqch, assiste à qqch en spectateur (par opp. à *participant*) : *Assister à une négociation en simple observateur* (syn. **témoin**). **2.** Personne présente dans un débat, une commission, mais qui ne peut intervenir ni voter ; auditeur. **3.** Personne dont la mission est de regarder le déroulement de certains événements afin d'en rendre compte : *Journal qui dépêche une observatrice pour suivre un congrès.* **4.** MIL. Celui qui surveille les positions ennemies, observe le combat. **5.** Individu considéré sous le rapport de la position qu'il occupe dans l'espace et des circonstances particulières suivant lesquelles les phénomènes se présentent à lui : *Observateur placé face au nord.* ◆ **adj.** Qui sait observer avec attention ; qui regarde avec un esprit critique : *Certains enfants sont très observateurs. Regard observateur* (syn. **attentif**).

observation [ɔpsɛrvasjɔ̃] **n.f.** (lat. *observatio*). **1.** Action de regarder avec attention les êtres, les choses, les événements, les phénomènes pour les étudier, les surveiller, en tirer des conclusions : *L'observation d'un manuscrit ancien* (syn. **examen**). *Poste d'observation* (syn. **surveillance**). **2.** MIL. Surveillance systématique de l'ennemi en vue d'obtenir des renseignements. **3.** MÉD. Surveillance d'un malade pendant un temps donné destinée à permettre au médecin de préciser ou d'infirmer un diagnostic incertain : *Le malade est en observation.* **4.** Compte rendu, ensemble de remarques, de réflexions de qqn qui a observé, étudié qqch : *Consigner ses observations sur un registre* (syn. **considération, constatation**). **5.** Remarque faite aux propos de qqn : *Le discours appelle deux observations* (syn. **commentaire**). **6.** Légère réprimande : *Cette absence lui a valu une observation* (syn. **reproche, remontrance**). **7.** Action de se conformer à ce qui est prescrit : *L'observation du règlement* (syn. **respect, observance** ; contr. **transgression**). **8. Esprit d'observation,** disposition ou habileté à observer : *Elle a l'esprit d'observation, rien ne lui échappe.*

observatoire [ɔpsɛrvatwar] **n.m.** (de *observer*). **1.** Établissement spécialement affecté aux observations astronomiques, météorologiques ou volcanologiques. **2.** Lieu d'où l'on peut observer, aménagé pour l'observation : *La terrasse est un magnifique observatoire.* **3.** Organisme administratif ou syndical chargé de surveiller certains faits économiques : *Observatoire de l'emploi, de la parité.*

observer [ɔpsɛrve] **v.t.** (lat. *observare*). **1.** Regarder attentivement, considérer avec attention pour étudier : *Observer le visage de qqn pour savoir s'il ment* (syn. **fixer, scruter**). *Observer une bactérie au microscope* (syn. **examiner**). **2.** Regarder attentivement pour surveiller, contrôler : *Observer en cachette les faits et gestes de ses voisins* (syn. **épier**). **3.** Remarquer ; constater : *Observer un mieux chez un convalescent* (syn. **noter**). **4.** Se conformer à ce qui est prescrit par la loi, les usages, etc. : *Observer le Code de la route* (syn. **respecter, se soumettre à** ; contr. **enfreindre**). *Observer les coutumes d'un pays* (syn. **adopter, suivre**). **5.** Adopter de façon durable et volontaire un comportement : *Observer un silence prudent* (syn. **garder**). ◆ **s'observer** **v.pr. 1.** Surveiller, contrôler ses moindres réactions : *S'observer pour éviter de se mettre en colère* (syn. **se contrôler, se dominer**). **2.** S'épier, se surveiller réciproquement : *Avant le combat, les deux boxeurs s'observent.*

obsession [ɔpsesjɔ̃] **n.f.** (lat. *obsessio* propr. « action d'assiéger »). **1.** PSYCHIATRIE. Idée souvent absurde ou incongrue qui surgit dans la conscience et l'assiège, bien que le sujet soit conscient de son caractère morbide et la ressente comme étrangère. **2.** Fait d'obséder qqn ; ce qui obsède : *L'obsession de grossir* (syn. **hantise, phobie**). *Se venger est chez elle une obsession* (= idée fixe).

obsessionnel, elle [ɔpsesjɔnɛl] **adj. 1.** PSYCHIATRIE. Qui relève de l'obsession : *Une idée obsessionnelle.* **2. Névrose obsessionnelle,** névrose dont les symptômes sont des obsessions et des rituels. (On dit aussi *trouble* obsessionnel compulsif*). ◆ **adj.** et **n.** Qui a des obsessions.

obsidienne [ɔpsidjɛn] **n.f.** (du lat. *obsidianus,* du n. d'*Obsius,* qui aurait découvert ce minéral). Verre volcanique de couleur sombre, très cassant.

obsolescence [ɔpsɔlesɑ̃s] **n.f.** (mot angl., du lat. *obsolescere,* tomber en désuétude). **1.** *LITT.* Fait d'être périmé : *Coutume frappée d'obsolescence.* **2.** Dépréciation d'une machine, d'un équipement, qui le rend périmé du seul fait de l'évolution technique et non de l'usure résultant de son fonctionnement.

obsolète [ɔpsɔlɛt] **adj.** (lat. *obsoletus,* de *solere,* avoir coutume). *LITT.* Déprécié, périmé par obsolescence ; sorti de l'usage : *Mot obsolète* (syn. **désuet**).

obstacle [ɔpstakl] **n.m.** (lat. *obstaculum,* de *obstare,* se tenir devant). **1.** Ce qui empêche d'avancer, s'oppose à la marche : *Rencontrer un obstacle sur la route* (syn. **barrière, écueil**). **2.** Ce qui empêche ou retarde une action, une progression : *Se heurter à des obstacles insurmontables* (syn. **difficulté**). *Je ne vois pas d'obstacle majeur à ce mariage* (syn. **empêchement, opposition**). **3.** SPORTS. Chacune des difficultés qu'ont à franchir des coureurs ou des chevaux sur un parcours déterminé ; haie.

obstétrical, e, aux [ɔpstetrikal, -o] **adj.** Relatif à l'obstétrique, l'accouchement : *Procédés obstétricaux.*

obstétricien, enne [ɔpstetrisjɛ̃, -ɛn] **n.** Médecin spécialiste d'obstétrique.

obstétrique [ɔpstetrik] **n.f.** (lat. *obstetrix,* accoucheuse). Discipline médicale qui traite de la grossesse et de la technique de l'accouchement.

obstination [ɔpstinasjɔ̃] **n.f.** (lat. *obstinatio*). Caractère d'une personne obstinée : *Réussir à force d'obstination* (syn. **ténacité, persévérance**). *Son obstination l'a acculé à la ruine* (syn. **entêtement**).

obstiné, e [ɔpstine] **adj.** et **n.** Opiniâtre ; entêté : *Enfant obstiné* (syn. **résolu, têtu**). ◆ **adj. 1.** Qui marque de l'obstination : *Travail obstiné* (syn. **acharné**). **2.** Difficile à réprimer ; répété : *Toux obstinée* (syn. **tenace**).

obstinément [ɔpstinemɑ̃] **adv.** Avec obstination : *Défendre obstinément une opinion* (syn. **résolument**).

s'**obstiner** [ɔpstine] **v.pr.** (lat. *obstinare*). **1.** Persévérer ; s'entêter : *S'obstiner dans un refus, à refuser* (syn. **persister**). **2.** (Absol.). Demeurer sur ses positions : *Tu as tort de t'obstiner, il ne cédera pas* (syn. **insister, se buter**).

obstruction [ɔpstryksjɔ̃] **n.f.** (de *obstruer*). **1.** Tactique, ensemble de manœuvres employées pour entraver le bon déroulement d'une action, d'un processus, d'un débat : *Les députés de l'opposition font de l'obstruction systématique.* **2.** PATHOL. Engorgement d'un conduit organique, d'un vaisseau : *Obstruction des voies biliaires par des calculs* (syn. **occlusion**). **3.** SPORTS. Action de s'opposer de façon irrégulière au jeu de l'adversaire.

obstructionnisme [ɔpstryksjɔnism] **n.m.** Obstruction systématique dans une assemblée parlementaire. ◆ **obstructionniste** **adj.** et **n.** Qui relève de l'obstructionnisme ; qui le pratique : *Une attitude obstructionniste.*

obstruer [ɔpstrye] **v.t.** (lat. *obstruere* propr. « construire devant »). Boucher par un obstacle ; barrer : *Le conduit est obstrué par des détritus* (syn. **encombrer, engorger**). *Un embouteillage obstrue la circulation* (syn. **paralyser, arrêter**).

obtempérer [ɔptɑ̃pere] **v.t. ind. [à]** (lat. *obtemperare*) [conj. **18**]. Obéir à un ordre ; se soumettre à une injonction : *Obtempérer à une sommation* (syn. **se plier**). *S'il n'obtempère pas, il sera puni* (syn. **s'exécuter**).

obtenir [ɔptənir] **v.t.** (lat. *obtinere,* francisé d'après *tenir*) [conj. **40 ;** auxil. *avoir*]. **1.** Parvenir à se faire accorder ce que l'on désire : *Obtenir un délai. Je tâcherai de vous obtenir ce livre gratuitement* (syn. **procurer, avoir**). **2.** Atteindre un résultat ; parvenir à ce que qqch se produise : *Obtenir le baccalauréat* (syn. **réussir**). *Obtenir un grand succès* (syn. **recueillir, remporter**). *J'ai obtenu qu'il parte* (syn. **arriver à**).

obtention [ɔptɑ̃sjɔ̃] **n.f.** Fait d'obtenir, partic. à la suite d'essais, de recherches : *L'obtention d'un diplôme. L'obtention d'une nouvelle variété de roses* (syn. **création, réalisation**).

obturateur [ɔptyratœr] **n.m. 1.** Objet qui sert à obturer. **2.** Dispositif d'un objectif photographique pour obtenir des temps de pose différents. **3.** Appareil qui sert à interrompre ou à rétablir la circulation dans une conduite d'eau, de gaz, de vapeur : *Fermer l'obturateur* (syn. **valve, clapet, robinet**).

obturation [ɔptyrasjɔ̃] **n.f.** Action, manière d'obturer : *L'obturation d'une dent, d'un conduit.*

obturer [ɔptyre] **v.t.** (lat. *obturare*). **1.** Boucher hermétiquement par l'introduction ou l'application d'un corps : *Obturer une fuite avec du mastic* (syn. **colmater**). *Obturer une ouverture* (syn. **condamner**). **2.** Combler avec un amalgame les cavités d'une dent cariée ; plomber.

obtus, e [ɔpty, -yz] **adj.** (lat. *obtusus*). **1.** Qui manque de finesse, de pénétration : *Esprit obtus* (syn. **borné, épais, lourd**). **2.** MATH. Se dit d'un angle géométrique dont la mesure est comprise strictement entre 90° et 180°.

obus [ɔby] **n.m.** (all. *Haubitze,* obusier, tchèque *haufnice*). Projectile ogival lancé par une bouche à feu. ▸ On distingue les obus pleins, ou *perforants,* et les obus remplis de balles ou de matières explosives, toxiques, etc.

Obwald, demi-canton de Suisse ; 491 km^2 ; 35 585 hab. *(Obwaldiens) ;* ch.-l. *Sarnen.* Partie du canton d'Unterwald.

oc [ɔk] **adv.** (anc. adv. occitan signif. « oui », du lat. *hoc,* cela). **Langue d'oc,** ensemble des dialectes romans, appelés auj. *occitan,* parlés dans la moitié sud de la France (par opp. à *langue d'oïl*).

ocarina [ɔkarina] **n.m.** (mot it., de *oca,* oie). Petit instrument de musique populaire, à vent, de forme ovoïde et percé de trous.

O'Casey (Sean), auteur dramatique irlandais (Dublin 1880 - Torquay, Devon, 1964). Son théâtre, qui traite des problèmes politiques et sociaux de son pays (*la Charrue et les Étoiles,* 1926 ; *la Coupe d'argent,* 1929), s'oriente ensuite vers une représentation symbolique de la vie (*Roses rouges pour moi,* 1946).

Occam (Guillaume d') ⟶ Guillaume d'Occam.

occasion [ɔkazjɔ̃] **n.f.** (lat. *occasio*). **1.** Conjoncture, circonstance qui vient à propos : *Profiter de l'occasion* (syn. **aubaine, opportunité** ; abrév. fam. **occase**). **2.** Circonstance qui détermine un événement, une action : *Ce sera une occasion de nous voir. Il n'a pas eu l'occasion de se défendre* (syn. **faculté, possibilité**). **3.** Objet (meuble, voiture, etc.) vendu ou acheté de seconde main ; achat, vente de tels objets : *Marché de l'occasion.* **4. À l'occasion,** le cas échéant : *À l'occasion, nous en reparlerons.* / **À l'occasion de,** lors de ; en prenant pour motif, pour prétexte : *Donner une fête à l'occasion d'un anniversaire.* / **D'occasion,** qui n'est pas vendu ou acheté neuf : *Voiture d'occasion.*

occasionnel, elle [ɔkazjɔnɛl] **adj. 1.** Qui arrive, se produit par hasard, de temps en temps : *Rencontre occasionnelle* (syn. **fortuit, accidentel**). *Travail occasionnel* (syn. **irrégulier**). **2.** Qui est tel par occasion (par opp. à *habituel*) : *Client occasionnel.*

occasionnellement [ɔkazjɔnɛlmɑ̃] **adv.** De temps en temps ; quelquefois : *Je ne le vois qu'occasionnellement* (syn. **exceptionnellement**).

occasionner [ɔkazjɔne] **v.t.** (de *occasion*). Être la cause de ; entraîner qqch de fâcheux, le plus souvent : *Cette soirée a occasionné des dépenses* (syn. **provoquer, susciter**).

occident [ɔksidɑ̃] **n.m.** (lat. *occidens,* [soleil] tombant, adj. verbal de *occidere*). **1.** Côté de l'horizon où le soleil se couche (syn. **couchant, ouest**). **2.** (Avec une majuscule). L'ensemble des pays d'Europe occidentale et d'Amérique du Nord en tant qu'ils se rattachent aux mêmes valeurs culturelles ; en partic. l'ensemble des pays membres du pacte de l'Atlantique Nord. **3. L'Église d'Occident,** les Églises de rite latin (par opp. à *Églises de rite oriental*).

Occident ***(Empire romain d'),*** partie occidentale de l'Empire romain issue du partage de l'Empire à la mort de Théodose (395 apr. J.-C.). Il disparut en 476 avec la déposition de Romulus Augustule par Odoacre.

occidental, e, aux [ɔksidɑ̃tal, -o] **adj. 1.** Situé à l'ouest, à l'occident : *La côte occidentale de l'Amérique.* **2.** Relatif à l'Occident ; propre à l'Occident, en partic. à la civilisation européenne (par opp. aux civilisations d'Afrique, d'Orient, d'Extrême-Orient et d'Amérique latine) : *Mode, pensée occidentale.* ◆ **n.** (Avec une majuscule). Personne qui appartient à la civilisation européenne.

occidentalisation [ɔksidɑ̃talizasjɔ̃] **n.f.** Action d'occidentaliser, de s'occidentaliser ; son résultat.

occidentaliser [ɔksidɑ̃talize] **v.t.** Modifier un peuple, une société par le contact avec les valeurs et la civilisation de l'Occident, donné en modèle. ◆ **s'occidentaliser v.pr.** Adopter les manières de vivre des pays de l'Occident : *Le Japon s'est beaucoup occidentalisé.*

occipital, e, aux [ɔksipital, -o] **adj. 1.** Qui appartient à l'occiput. **2. Lobe occipital,** lobe postérieur du cerveau où sont logés les centres visuels. / **Os occipital,** os qui forme la paroi postérieure et inférieure du crâne (on dit aussi *l'occipital*). / **Trou occipital,** trou dans l'os occipital par où passe l'axe cérébro-spinal.

occiput [ɔksipyt] **n.m.** (mot lat., de *caput,* tête). Partie inférieure et postérieure de la tête, qui fait suite à la nuque.

occire [ɔksir] **v.t.** (lat. pop. **auccidere,* class. *occidere*) [seul. à l'inf. et au p. passé occis, e]. *LITT.* ou *PAR PLAIS.* Faire mourir ; tuer : *S'il continue à m'énerver, je vais l'occire.*

occitan, e [ɔksitɑ̃, -an] **adj.** et **n.** (lat. médiév. *occitana [lingua]* latinisation de « [langue] d'oc »). De l'Occitanie, ensemble des régions de langue d'oc. ◆ **occitan n.m.** Langue d'oc (syn. **provençal**).

Occitanie, ensemble des pays de langue d'oc.

occlure [ɔklyr] **v.t.** (lat. *occludere,* fermer) [conj. **96**]. MÉD. Fermer un orifice, un conduit, etc. : *Occlure une plaie.*

occlusif, ive [ɔklyzif, -iv] **adj. 1.** Qui produit une occlusion. **2.** PHON. **Consonne occlusive,** consonne dont l'articulation comporte une occlusion : *[p] est une consonne occlusive bilabiale* (on dit aussi *une occlusive*).

occlusion [ɔklyzjɔ̃] **n.f.** (lat. *occlusio,* de *occludere,* fermer). **1.** MÉD. Fermeture pathologique d'un conduit, d'un orifice de l'organisme. **2.** CHIR. Opération consistant à rapprocher les bords d'une ouverture naturelle, notamm. les paupières et les lèvres. **3.** Position des mâchoires lorsqu'on serre les dents. **4.** PHON. Fermeture complète et momentanée en un point du canal vocal. **5.** CHIM. Emprisonnement de substances par d'autres, par des mécanismes divers tels que l'absorption ; substance emprisonnée. **6. Occlusion intestinale,** nom usuel de *l'iléus.*

occultation [ɔkyltasjɔ̃] **n.f. 1.** Action d'occulter, de cacher qqch : *L'occultation d'un fait historique* (syn. **dissimulation**). **2.** ASTRON. Disparition momentanée d'un astre derrière un autre de diamètre apparent supérieur.

occulte [ɔkylt] **adj.** (lat. *occultus*). **1.** Qui agit ou est fait de façon secrète ; dont les buts restent inconnus, secrets : *Une influence, un travail occultes* (syn. **clandestin, souterrain**). **2. Sciences occultes,** doctrines et pratiques concernant des faits échappant à l'explication rationnelle, fondées génér. sur la croyance en des correspondances entre les choses et présentant le plus souvent un caractère plus ou moins ésotérique : *L'alchimie, la magie, la chiromancie sont des sciences occultes.*

occulter [ɔkylte] **v.t.** (lat. *occultare,* cacher). **1.** Passer sous silence : *Occulter certains aspects essentiels d'une question* (syn. **dissimuler, cacher**). **2.** ASTRON. En parlant d'un astre, cacher un autre astre par occultation. **3.** Rendre invisible un signal lumineux dans un périmètre donné. **4.** Faire en sorte qu'une région ne puisse pas recevoir une émission de télévision.

occultisme [ɔkyltism] **n.m.** Étude et pratique des sciences occultes. ◆ **occultiste adj.** et **n.** Qui relève de l'occultisme ; adepte de l'occultisme.

occupant, e [ɔkypɑ̃, -ɑ̃t] **adj.** et **n. 1.** Qui occupe un lieu, un local : *Les occupants d'un immeuble* (syn. **habitant**). **2.** Qui occupe militairement un pays : *Lutter contre l'armée occupante.*

occupation [ɔkypasjɔ̃] **n.f. 1.** Fait d'occuper un lieu, un local : *L'occupation d'un logement.* **2.** Action d'occuper par la force un lieu : *L'occupation d'un pays ennemi* (syn. **envahissement, invasion**). **3.** HIST. (Avec une majuscule). Période où la France était occupée par les Allemands, de 1940 à 1944. **4.** Ce à quoi on occupe son temps : *La musique est son occupation favorite* (syn. **passe-temps**). *Avoir de multiples occupations* (syn. **activité**). *Il est actuellement sans occupation* (syn. **travail**).

occupé, e [ɔkype] **adj. 1.** Qui est pris, utilisé par qqn : *Tous les appartements sont occupés* (syn. **habité ;** contr. **libre**). *Poste occupé* (contr. **vacant**). *La ligne téléphonique est occupée* (contr. **disponible**). **2.** Qui est sous occupation ennemie : *Territoires occupés* (syn. **envahi**). **3.** Qui est pris par une tâche, une activité ; qui n'est pas disponible : *Il est occupé à ranger. Il ne viendra pas, il est occupé* (syn. **pris**).

occuper [ɔkype] **v.t.** (lat. *occupare*). **1.** Remplir un espace, une durée : *Le lit occupe beaucoup de place* (syn. **prendre, tenir**). *La pêche occupe ses loisirs* (syn. **meubler, remplir**). **2.** Remplir, exercer une fonction, une charge : *Occuper un poste subalterne* (syn. **détenir**). **3.** Avoir la possession, l'usage d'un lieu : *Ses parents occupent le premier étage* (syn. **habiter**). **4.** Rester en masse en un lieu pour manifester un mécontentement, une revendication, etc. : *Occuper une usine en grève.* **5.** S'installer et établir son autorité militairement ou par la force sur un territoire : *Occuper un pays conquis* (syn. **assujettir, envahir**). **6.** Donner du travail à : *L'agriculture occupe une faible partie de la population* (syn. **employer**). **7.** Remplir le temps, la pensée de : *Ses études l'occupent entièrement* (syn. **accaparer, prendre**). ◆ **s'occuper v.pr. [de]. 1.** Travailler, consacrer son temps à : *Il s'occupe d'enfants inadaptés* (syn. **se consacrer à**). *Elle n'a pas le temps de s'occuper de ses affaires* (syn. **veiller à, penser à**). **2.** (Absol.). Avoir une activité ; ne pas être oisif : *C'est un homme qui a besoin de s'occuper* (syn. **agir**).

occurrence [ɔkyrɑ̃s] **n.f.** (du lat. *occurrere,* se présenter). **1.** LING. Apparition d'une unité linguistique (phonologique, grammaticale ou lexicale) dans un corpus ; cette unité : *Recenser les occurrences du verbe « être » dans un texte* (syn. **emploi**). **2. En l'occurrence,** dans cette circonstance : *C'est une cantatrice, une mezzo-soprano en l'occurrence.*

O.C.D.E. (Organisation de coordination et de développement économiques), organisation internationale créée en 1961 à Paris. Succédant à l'O.E.C.E. (Organisation européenne de coopération économique), fondée en 1947 par les États bénéficiaires du plan Marshall, elle a été instituée par 20 pays d'Europe occidentale et d'Amérique du Nord et, s'étant élargie, rassemble auj. 34 États. Elle offre à ses membres un cadre pour analyser, élaborer et améliorer, dans la concertation, leurs politiques économiques et sociales.

océan [ɔseɑ̃] **n.m.** (lat. *oceanus,* du gr.). **1.** Vaste étendue du globe terrestre couverte par l'eau de mer. **2.** Chacune des divisions majeures de l'océan mondial, constituant des entités géographiques partageables en régions : *L'océan Indien.* **3.** (Avec une majuscule). L'océan Atlantique, en France. **4.** LITT. Grande quantité ; immensité : *Un océan de verdure* (syn. **étendue**).

■ Les océans et les mers occupent environ 71 % de la superficie de la Terre (361 millions de km²) et renferment 1 322 millions de km³ d'eau. La moitié de la superficie océanique totale est occupée par le Pacifique (180 millions de km²). L'océan mondial est inégalement réparti : il occupe env. la moitié de la surface de l'hémisphère Nord, mais 90 % de celle de l'hémisphère Sud.

Les fonds des océans. Les fonds océaniques sont composés de quatre grands types de reliefs : la plateforme continentale, les plaines abyssales, les dorsales et les fosses. La plateforme continentale, peu profonde, de pente faible, est le prolongement sous la mer des continents. Les sondages sismiques, les dragages et les forages sous-marins ont contribué à la connaissance des plaines abyssales, de 5 000 à 6 000 m de profondeur, qui constituent l'essentiel du plancher océanique. Ces plaines abyssales sont accidentées par des dorsales, véritables chaînes de montagnes sous-marines qui dominent les plaines d'environ 3 000 m. Ces dorsales, qui émergent parfois en îles, parcourent le fond des océans sur 65 000 km de long, leur largeur moyenne étant de 1 500 km. Enfin, localement, le relief sous-marin présente aussi des fosses océaniques qui peuvent dépasser 10 000 m de profondeur (- 11 034 m dans la fosse des Mariannes). La topographie de ce relief est le résultat du déplacement des plaques lithosphériques.

Rôle des océans sur les climats. Tandis qu'en surface la température des eaux marines dépend du climat, en profondeur elle se stabilise vers 3 000 à 4 000 m, où elle atteint environ 4 °C. Moins sensibles que les continents aux écarts de température, les océans exercent un rôle considérable de régulateur thermique à l'échelle du globe.

Les courants océaniques font circuler la chaleur des tropiques vers les régions polaires. Les variations du niveau marin entraînent des modifications climatiques. Par ailleurs, des modèles ont été élaborés qui permettent de simuler les conséquences d'un réchauffement général de l'atmosphère sur le niveau marin. ■

océane [ɔsean] **adj.f.** LITT. De l'Océan ; qui a trait à l'Océan : *Étendues océanes. La brise océane.*

Océanie, une des cinq parties du monde, comprenant le continent australien et divers groupements insulaires situés dans le Pacifique, entre l'Asie à l'ouest et l'Amérique à l'est. L'Océanie se divise en trois grandes parties : la *Mélanésie,* la *Micronésie* et la *Polynésie.* Ces divisions sont plus ethnographiques que géographiques. L'Océanie compte environ 35 millions d'hab. *(Océaniens)* et a une superficie de près de 9 millions de km². En dehors de l'Australie, de la Nouvelle-Guinée, de la Nouvelle-Zélande, résultant de l'émergence du socle, souvent affecté de mouvements tectoniques récents, et des atolls, d'origine corallienne, la plupart des îles de l'Océanie doivent leur existence à des phénomènes volcaniques. Les archipels jouissent d'un climat tropical, influencé par l'insularité, qui explique aussi l'endémisme marqué de la flore et de la faune. Aux points de vue humain et économique, l'Australie et la Nouvelle-Zélande, au niveau de vie élevé, s'opposent au reste de l'Océanie, où les indigènes (Mélanésiens et Polynésiens) vivent surtout de la culture du cocotier et de la pêche. Le tourisme se développe localement.

océanien, enne [ɔseanjɛ̃, -ɛn] **adj.** et **n.** D'Océanie.

océanique [ɔseanik] **adj. 1.** Relatif à l'océan : *La faune océanique.* **2. Climat océanique,** dans les zones tempérées, climat de la façade occidentale des continents, caractérisé par des étés frais, des hivers doux, des précipitations réparties sur toute l'année.

océanographie [ɔseanɔgrafi] **n.f.** Étude physique, chimique et biologique des eaux et des fonds marins. ◆ **océanographe n.** Nom du spécialiste.

océanographique [ɔseanɔgrafik] **adj.** Relatif à l'océanographie : *Institut océanographique.*

océanologie [ɔseanɔlɔʒi] **n.f.** Ensemble des disciplines scientifiques (physique, chimie et biologie) et des techniques (prospection, exploitation) relatives à l'étude et à l'utilisation du domaine océanique. ◆ **océanologue n.** Nom du spécialiste.

océanologique [ɔseanɔlɔʒik] **adj.** Relatif à l'océanologie.

ocelle [ɔsɛl] **n.m.** (lat. *ocellus,* dimin. de *oculus,* œil). **1.** Œil simple de nombreux arthropodes (insectes, arachnides, etc.). **2.** Tache ronde sur l'aile d'un insecte ou le plumage d'un oiseau : *Ocelles des plumes d'un paon.*

ocellé, e [ɔsɛle] **adj.** Parsemé d'ocelles, de taches évoquant les ocelles : *Une aile ocellée.*

ocelot [ɔslo] **n.m.** (aztèque *ocelotl*). Petit félin d'Amérique tropicale à fourrure grise tachetée très recherchée ; cette fourrure. ▸ Famille des félidés ; long. 65 cm env.

Ocelot (Michel), cinéaste français (Villefranche-sur-Mer 1943). Ses films d'animation, au graphisme riche et coloré, accordent une grande place au merveilleux et prônent la tolérance (*Kirikou et la sorcière,* 1998 ; *Princes et Princesses,* 2000 ; *Azur et Asmar,* 2006).

Ockeghem ou **Okeghem (Johannes),** compositeur flamand (Dendermonde ? v. 1410 - Tours 1497). Musicien de la cour de France, auteur de messes, de motets et de chansons, il est à la source d'une école polyphonique européenne qui s'étendra jusqu'à la fin du XVIᵉ s. Il fut le maître de Josquin Des Prés.

O'Connell (Daniel), homme politique irlandais (près de Cahirciveen, Kerry, 1775 - Gênes 1847). Chef de la Catholic Association, fondée en 1823, il fut élu député (1828), en dépit de son inéligibilité, et obtint l'émancipation civile et politique des catholiques (1829). Lord-maire de Dublin (1841), il refusa cependant l'épreuve de force avec le gouvernement de Londres.

ocre [ɔkr] **n.f.** (lat. *ochra,* gr. *ôkhra,* de *ôkhros,* jaune). Argile souvent pulvérulente, colorée en jaune ou en rouge par des oxydes de fer et utilisée comme colorant. ◆ **adj. inv.** et **n.m.** D'une couleur brun-jaune clair ou brun-rouge clair : *Papiers ocre.*

octaèdre [ɔktaɛdr] **n.m.** et **adj.** (bas lat. *octaedros,* mot gr.). Polyèdre à huit faces.

octaédrique [ɔktaedrik] **adj.** Qui a la forme d'un octaèdre : *Cristal octaédrique.*

octane [ɔktan] **n.m.** (du lat. *octo,* huit). **1.** Hydrocarbure saturé existant dans l'essence de pétrole. ▸ Formule : C_8H_{18}. **2. Indice d'octane,** indice mesurant la résistance à la détonation d'un carburant, par comparaison avec un carburant étalon.

octant [ɔktɑ̃] **n.m.** (lat. *octans, -antis,* huitième partie). Instrument qui servait autref. à prendre en mer des hauteurs d'astres et des distances, analogue au sextant.

octave [ɔktav] **n.f.** (lat. *octavus,* huitième). MUS. Intervalle de huit degrés dans l'échelle diatonique : *Descendre d'une octave.*

Octave, nom d'Auguste avant son adoption par César.

Octavie, sœur d'Auguste (v. 70 - 11 av. J.-C.). Elle épousa en secondes noces Marc Antoine (40), qui la répudia en 32.

Octavie (? - 62 apr. J.-C.), fille de Claude et de Messaline et femme de Néron, qui la répudia en 62 pour épouser Poppée et l'exila, l'acculant au suicide.

Octavien, nom pris par Octave *(Auguste)* après son adoption par César.

octet [ɔktɛ] **n.m.** (mot angl.). **1.** INFORM. Ensemble ordonné de huit bits permettant de représenter un chiffre, une lettre, un caractère quelconque sous la forme binaire. **2.** PHYS. Ensemble de huit électrons formant la couche extérieure complète d'un atome.

octobre [ɔktɔbr] **n.m.** (lat. *october,* huitième mois, l'année romaine commençant en mars). Dixième mois de l'année, de trente et un jours.

Octobre *(révolution d')* → révolution russe de 1917.

octobre 1789 *(journées des 5 et 6),* journées révolutionnaires marquées par le soulèvement du peuple de Paris, qui marcha sur Versailles, et contraignit le roi et sa famille à venir s'installer à Paris.

octogénaire [ɔktɔʒenɛr] **adj.** et **n.** (lat. *octogenarius*). Qui a atteint 80 ans.

octogonal, e, aux [ɔktɔgɔnal, -o] **adj. 1.** Qui a la forme d'un octogone. **2.** Qui a pour base un octogone.

octogone [ɔktɔgɔn] **n.m.** (lat. *octogonos,* mot gr., de *gônia,* angle). MATH. Polygone qui a huit angles et, par suite, huit côtés.

octosyllabe [ɔktɔsilab] **adj.** et **n.m.** (de *octo-* et de *syllabe*). Se dit d'un vers de huit syllabes.

octroi [ɔktrwa] **n.m. 1.** Action d'octroyer : *L'octroi de crédits.* **2.** Droit que certaines instances avaient le droit de prélever sur des marchandises et notamm. les denrées à leur entrée en ville ; administration, bureau chargé de percevoir ce droit : *Payer l'octroi. S'arrêter à l'octroi.* ▸ En France, l'octroi a été définitivement supprimé en 1948.

octroyer [ɔktrwaje] **v.t.** (lat. pop. **auctoridiare,* class. *auctorare,* garantir) [conj. **13**]. Concéder, accorder à titre de faveur : *Octroyer une prime* (syn. **allouer, attribuer**). ◆ **s'octroyer v.pr. S'octroyer qqch,** le prendre sans permission : *S'octroyer un jour de repos* (syn. **s'accorder, s'offrir**).

octuor [ɔktɥɔr] **n.m.** (d'apr. *quatuor*). MUS. **1.** Composition musicale à huit parties. **2.** Ensemble vocal ou instrumental de huit exécutants.

oculaire [ɔkylɛr] **adj.** (lat. *ocularius,* de *oculus,* œil). **1.** De l'œil : *Globe oculaire.* **2. Témoin oculaire,** témoin qui a vu la chose dont il témoigne. ◆ **n.m.** Système optique d'une lunette, d'un microscope, etc., placé du côté de l'œil de l'observateur et qui sert à examiner l'image fournie par l'objectif.

oculiste [ɔkylist] **n.** Médecin spécialisé dans les troubles de la vision (syn. **ophtalmologiste, ophtalmologue**).

oculus [ɔkylys] **n.m.** (mot lat. « œil »). ARCHIT. Petite ouverture circulaire (syn. **œil-de-bœuf**).

odalisque [ɔdalisk] **n.f.** (turc. *odaliq,* de *oda,* chambre). **1.** Esclave attachée au service des femmes du sultan, dans l'Empire ottoman. **2.** *LITT.* Femme d'un harem.

ode [ɔd] **n.f.** (bas lat. *oda,* gr. *ôdê,* chant). **1.** ANTIQ. GR. Poème destiné à être chanté. **2.** LITTÉR. Poème de type soit héroïque, soit lyrique divisé en strophes semblables entre elles par le nombre et la mesure des vers.

Oder, en polon. **Odra,** fl. né dans la République tchèque, qui traverse la Silésie polonaise (passant à Wrocław) et rejoint la Baltique dans le golfe de Szczecin ; 854 km. Son cours inférieur (sur lequel est établi Francfort-sur-l'Oder) sépare partiellement la Pologne et l'Allemagne.

Oder-Neisse *(ligne),* limite occidentale de la Pologne, le long de l'Oder et de son affluent la Neisse occidentale. Approuvée par les accords de Potsdam (1945), elle fut reconnue par la R.D.A. en 1950 puis par la R.F.A. en 1970 et entérinée par un traité germano-polonais en 1990.

Odessa, port de l'Ukraine, sur la mer Noire ; 114 597 hab. (137 130 hab. dans l'agglomération). Centre culturel et industriel. Musées (d'Archéologie, des Beaux-Arts, etc.). Base navale et port fondés par les Russes en 1794, Odessa devint le centre de l'exportation des céréales et le deuxième port de l'Empire russe (fin du XIXe s.). Ce fut un foyer révolutionnaire en 1905.

odeur [ɔdœr] **n.f.** (lat. *odor*). **1.** Émanation transmise par un fluide (air, eau) et perçue par l'appareil olfactif : *Adorer l'odeur du jasmin* (syn. **parfum, senteur**). *L'odeur nauséabonde d'un œuf pourri* (= la puanteur). **2. Ne pas être en odeur de sainteté auprès de qqn,** ne pas être apprécié, estimé de lui.

odieusement [ɔdjøzmɑ̃] **adv.** De façon odieuse : *Des prisonniers odieusement torturés* (syn. **atrocement, horriblement**). *Se conduire odieusement* (syn. **abominablement**).

odieux, euse [ɔdjø, -øz] **adj.** (lat. *odiosus,* de *odium,* haine). **1.** Qui provoque la haine, l'indignation : *Meurtre odieux* (syn. **abject, ignoble**). **2.** Qui déplaît ; qui est désagréable : *Une ambiance odieuse* (syn. **insupportable, pénible**). **3.** Déplaisant, insupportable, en parlant de qqn : *Cet enfant a été odieux pendant les vacances* (syn. **invivable**).

Odile *(sainte),* moniale alsacienne (v. 660 - Hohenburg v. 720). D'après des récits tardifs (Xe s.) et en partie légendaires, Odile, fille d'un duc, aveugle de naissance, aurait recouvré la vue lors de son baptême. En revanche, on sait avec certitude qu'elle fonda le monastère de Hohenburg (mont Sainte-Odile) et que son culte se développa très tôt en Alsace, dont elle est la patronne.

Odin, Odinn ou **Wotan,** premier des dieux Ases des anciens Germains et Scandinaves. Il règne sur la Guerre, la Sagesse et la Poésie (il est l'inventeur et le grand maître des runes). Il décide de la fin glorieuse des guerriers dans les combats et de leur admission, sous la conduite des Walkyries, dans le Val-Hall *(Walhalla),* la demeure aux portes innombrables et aux éternels banquets. Il est éloquent et possède des connaissances multiples, qu'il doit au démon des Eaux, Mimir, et à l'hydromel divin, Odrerir.

Odoacre, roi des Hérules (v. 434 - Ravenne 493). Il détrôna Romulus Augustule (476), mettant fin à l'Empire romain d'Occident. L'empereur d'Orient Zénon, inquiet de sa puissance, envoya contre lui Théodoric. Assiégé dans Ravenne (490-493), il capitula et fut assassiné.

odontalgie [ɔdɔ̃talʒi] **n.f.** (gr. *odontalgia*). MÉD. Mal de dents.

odontologie [ɔdɔ̃tɔlɔʒi] **n.f.** (de *odonto-* et *-logie*). Étude des dents, de leurs maladies et du traitement de celles-ci. ◆ **odontologiste n.** Nom du spécialiste.

odorant, e [ɔdɔrɑ̃, -ɑ̃t] **adj.** (lat. *odorare,* de *odor,* odeur). Qui exhale, répand une odeur : *Du bois odorant* (contr. **inodore**). *Un bouquet odorant* (syn. **odoriférant**).

odorat [ɔdɔra] **n.m.** (lat. *odoratus,* de *odorare ;* v. *odorant*). Sens permettant la perception des odeurs, dont les récepteurs sont localisés dans les fosses nasales chez les vertébrés, sur les antennes chez les insectes, et qui joue un rôle de premier plan chez la plupart des espèces, tant aquatiques que terrestres (syn. **didact. olfaction**).

■ Les odeurs sont transportées par des molécules volatiles, elles-mêmes amenées jusqu'à l'organe récepteur (le nez chez l'homme) par le courant respiratoire. Le seuil de perception, à partir duquel une odeur est détectée, varie d'une substance à l'autre mais peut être très bas pour les parfums ou les odeurs désagréables. Il existe une adaptation de l'individu à l'odeur, une odeur donnée pouvant ne plus être perceptible au bout de quelques minutes, voire quelques secondes.

Le processus nerveux d'olfaction. La muqueuse olfactive qui tapisse le plafond des fosses nasales est constituée de deux types cellulaires. Le premier est formé de cellules sensorielles : ce sont des cellules nerveuses terminées chacune par des cils dont les membranes portent des récepteurs qui fixent les molécules odorantes. Le second type de cellules a un rôle de soutien et entoure les cellules sensorielles.

À l'opposé des cils portant les récepteurs olfactifs, les prolongements des cellules sensorielles (neurones) se regroupent en filets nerveux qui se terminent par le *bulbe olfactif,* à la base du lobe frontal du cerveau. Le fonctionnement de l'odorat est encore mal connu. Il existe plusieurs centaines de récepteurs olfactifs différents chez la majorité des vertébrés. Ce sont leurs combinaisons qui détermineraient les dizaines de milliers d'odeurs perceptibles. ■

odoriférant, e [ɔdɔriferɑ̃, -ɑ̃t] **adj.** (lat. médiév. *odoriferens, -entis,* du class. *odorifer,* parfumé). *LITT.* Qui répand une odeur agréable : *Effluves odoriférants* (syn. **parfumé, odorant**). *Plante odoriférante* (syn. **aromatique**).

Odra → Oder.

odyssée [ɔdise] **n.f.** (du n. du poème d'Homère, gr. *Odusseia*). Voyage mouvementé, riche en incidents, en péripéties.

Odyssée *(l')* → Homère.

O.E.A. (Organisation des États américains), en angl. **OAS** (Organization of American States) organisation intergouvernementale fondée en 1948. L'O.E.A. regroupe l'ensemble des États américains (35) autour des principes de coopération pacifique posés par l'acte constitutif de la charte de Bogota.

œcuménique [ekymenik] ou [økymenik] **adj.** (lat. ecclés. *oecumenicus,* gr. *oikoumenikê* [*gê*], [terre] habitée). **1.** RELIG. Qui rassemble, qui intéresse l'ensemble des Églises ; relatif à l'œcuménisme : *Le mouvement œcuménique est né en 1948.* **2.** RELIG. CHRÉT. **Concile œcuménique,** concile dont la convocation a été notifiée à l'ensemble des évêques.

œcuménisme [ekymenism] ou [økymenism] **n.m.** Mouvement qui préconise l'union de toutes les Églises en une seule. ◆ **œcuméniste adj.** et **n.** Qui relève de l'œcuménisme ; qui en est partisan.

■ Mouvement par lequel les Églises chrétiennes séparées au cours de l'histoire tentent de renouer des liens les unes avec les autres, l'œcuménisme a vraiment commencé en 1910 à la conférence internationale des missions, qui réunissait, à Édimbourg, les représentants des diverses confessions protestantes. Puis sont nés les mouvements *Life and Work* (1925) et *Faith and Order* (1927), noyaux du Conseil œcuménique des Églises (C.O.E.) [1948], dont le siège est à Genève et au sein duquel les orthodoxes ont, en 1961, rejoint les protestants. L'Église catholique, surtout sous Jean XXIII, a multiplié les contacts avec les autres confessions chrétiennes et elle délègue régulièrement des observateurs aux assemblées générales du C.O.E. (Nairobi, 1975 ; Vancouver, 1983 ; Canberra, 1991 ; Harare, 1998 ; Porto Alegre, 2006). Mais elle se refuse toujours à devenir membre de celui-ci, même si la douzième encyclique du pape Jean-Paul II, *Ut unum sint* (25 mai 1995), fut consacrée à l'engagement œcuménique de l'Église catholique. ■

œdémateux, euse [edematø, -øz] ou [ødematø, -øz] **adj.** Relatif à l'œdème : *Infiltration œdémateuse.*

œdème [edɛm] ou [ødɛm] **n.m.** (gr. *oidêma,* tumeur). MÉD. Accumulation anormale de liquide séreux dans les espaces compris entre les cellules du tissu conjonctif.

œdipe [edip] ou [ødip] **n.m.** (de *Œdipe,* n.pr.). PSYCHAN. **Complexe d'Œdipe,** ensemble des sentiments amoureux et hostiles que chaque enfant éprouve à l'égard du couple parental, à savoir attachement sexuel au parent de sexe opposé et haine à l'égard du parent de même sexe considéré comme un rival (on dit aussi *l'œdipe*). ▸ L'issue normale du complexe d'Œdipe est l'identification avec le parent de même sexe.

Œdipe, héros de la mythologie grecque, fils de Laïos, roi de Thèbes, et de Jocaste. Un oracle avait prédit à celui-ci que son fils le tuerait et épouserait sa femme. Œdipe, que par précaution on avait éloigné dès sa naissance, reçut un jour de l'oracle de Delphes le conseil de fuir pour échapper au malheur dont Laïos avait jadis été informé. En chemin, il se querella avec un voyageur et le tua : c'était son père. Puis il se rendit à Thèbes, ville alors terrorisée par le Sphinx, qui dévorait les passants, tous incapables de résoudre ses énigmes. Œdipe, ayant su y répondre, précipita la fin du monstre : les Thébains prirent leur libérateur pour roi et lui donnèrent Jocaste comme épouse. Selon Sophocle, quand Œdipe apprit qu'il était dans la situation incestueuse prédite par l'oracle, il se creva les yeux ; accompagné de sa fille Antigone, il se mit à errer aux confins de l'Attique et se fixa à Colone, où il mourut.

œdipien, enne [edipjɛ̃, -ɛn] ou [ødipjɛ̃, -ɛn] **adj.** PSYCHAN. Relatif au complexe d'Œdipe : *Conflit œdipien.*

œil [œj] **n.m.** (lat. *oculus*) [pl. *yeux*]. **1.** Organe pair de la vue, formé, chez les mammifères, du globe oculaire et de ses annexes (paupières, cils, glandes lacrymales, etc.) : *Ne voir que d'un œil. Avoir une poussière dans l'œil.* **2.** Cet organe en tant que partie du visage et élément de la physionomie : *Avoir les yeux bleus.* **3.** Cet organe, en tant qu'il manifeste les traits permanents du caractère, les émotions, les sentiments ou sert à l'expression des désirs, des pensées : *Lire la colère dans les yeux de qqn* (syn. **regard**). **4.** Cet organe considéré dans sa fonction, la vision, ou comme symbole de la faculté d'observation, de la perspicacité, de la vigilance : *Rien n'échappe à l'œil du maître.* **5.** Cet organe considéré dans les mouvements qui lui sont propres : *Lever, baisser les yeux. Ciller, cligner des yeux.* **6.** Manière de voir ; sentiment : *Voir les choses d'un œil favorable. À ses yeux, il s'agit d'un génie* (= selon lui). **7.** Trou pratiqué dans un outil ou une pièce mécanique pour le passage ou l'articulation d'une autre pièce : *L'œil d'un marteau.* **8.** [pl. *œils*]. IMPR. Partie du caractère représentant le dessin de la lettre reproduit à l'impression sur le papier. **9.** Point végétatif situé au-dessus de l'insertion d'une feuille et d'un rameau ou à l'extrémité d'un rameau. **10.** (Surtout au pl.). Lentille de graisse à la surface du bouillon. **11.** Cœur d'un cyclone tropical caractérisé par des vents faibles et un temps peu nuageux et autour duquel tournent des vents violents. **12.** [pl. *œils*]. MAR. Boucle formée à l'extrémité d'un filin. **13.** Judas optique : *Œil d'une porte.* **14.** *FAM.* **À l'œil,** gratuitement : *Faire un travail à l'œil.* / **Avoir l'œil (à tout),** être attentif ; veiller à tout : *Méfie-toi, elle a l'œil.* / **Avoir l'œil sur qqn** (ou **qqch**), **avoir, tenir qqn** (ou **qqch**) **à l'œil,** le surveiller. / **À vue d'œil,** de manière si nette ou si rapide que la simple vue suffit à le constater : *Bosse qui grossit à vue d'œil* (= très rapidement). / *FAM.* **Entre quatre yeux** (prononcé *entre quat'z-yeux*), en tête à tête. / **Faire de l'œil à qqn,** lui faire signe en clignant de l'œil, soit pour marquer la connivence, soit pour l'aguicher. / **Fermer les yeux (sur qqch),** faire semblant de ne pas (le) voir : *Elle sait qu'il la trompe mais elle ferme les yeux.* / **Mauvais œil,** regard de certaines personnes qui, selon une superstition populaire, porterait malheur. / *FAM.* **Mon œil !,** sert à exprimer l'incrédulité : *Il va exposer ses toiles à New York ? Mon œil !* (= c'est impossible). / **N'avoir pas froid aux yeux,** avoir du courage, de l'énergie. / **Ne pas pouvoir fermer l'œil de la nuit,** ne pas pouvoir dormir. / **Ouvrir de grands yeux,** paraître très étonné : *Quand je lui ai appris la nouvelle, elle a ouvert de grands yeux.* / **Ouvrir les yeux,** voir la réalité telle qu'elle est : *Cesse de te leurrer, ouvre les yeux.* / **Ouvrir l'œil,** être attentif : *Ouvre l'œil, tu trouveras peut-être un indice.* / *FAM.* **Pour les beaux yeux de qqn,** pour lui seul ; sans but intéressé. / **Sauter aux yeux, crever les yeux,** être évident : *Il est amoureux d'elle, ça crève les yeux.* / *FAM.* **Sortir par les yeux,** se dit de qqn, qqch que l'on a trop vu, dont on est dégoûté : *Ce type me sort par les yeux* (= je ne peux plus le supporter).

■ **Anatomie.** Chacun des deux globes oculaires est situé dans une cavité osseuse de la face, l'orbite, qui le cache en partie et le protège. Dans l'orbite, il est maintenu en place par des muscles *oculomoteurs,* qui assurent sa mobilité. À l'extérieur, il est protégé par les paupières supérieure et inférieure. Le globe oculaire est constitué de plusieurs tuniques. La tunique externe, résistante, est la sclérotique ; elle se prolonge à l'avant par la cornée, transparente. La tunique moyenne, nerveuse et riche en vaisseaux sanguins, est l'uvée, constituée en arrière par la choroïde, en avant par le corps ciliaire et l'iris, percé par la pupille, dont le diamètre varie en fonction de l'intensité lumineuse. La tunique interne, la rétine, est la membrane sensorielle. Celle-ci renferme les cellules captant la lumière : les cônes et les bâtonnets. L'intérieur du globe est occupé par les milieux transparents. Le cristallin est la lentille optique de →

l'œil ; sa convergence est accommodée à la distance. En arrière se trouve le corps vitré et, en avant, la cavité oculaire est remplie par l'humeur aqueuse.

Défauts. Les anomalies de réfraction des milieux transparents de l'œil entraînent la myopie, l'hypermétropie, l'astigmatisme, et le défaut d'accommodation du cristallin provoque la presbytie. ■

œil-de-bœuf [œjdəbœf] **n.m.** (pl. *œils-de-bœuf*). Lucarne à fenêtre ronde ou ovale.

œil-de-perdrix [œjdəpɛrdri] **n.m.** (pl. *œils-de-perdrix*). Cor entre les doigts du pied.

œillade [œjad] **n.f.** Coup d'œil furtif, lancé pour marquer la tendresse ou la connivence : *Lancer une œillade à qqn.*

œillère [œjɛr] **n.f. 1.** Partie de la bride qui protège du fouet l'œil du cheval et l'empêche de voir de côté. **2.** Petite coupe pour baigner l'œil. **3. Avoir des œillères,** ne pas comprendre qqch par étroitesse d'esprit.

1. œillet [œjɛ] **n.m.** (de *œil*). **1.** Petite pièce métallique évidée, de forme ronde ou ovale, qui sert de renfort à une perforation faite sur une ceinture, une courroie, une bâche, etc. ; cette perforation elle-même : *Ajouter des œillets à un ceinturon.* **2.** PAPET. Anneau de papier autocollant renforçant les perforations des feuilles mobiles.

2. œillet [œjɛ] **n.m.** (même étym. que *1. œillet*). **1.** Plante herbacée aux fleurs parfumées, aux feuilles très découpées, cultivée génér. en jardin. ▸ Famille des caryophyllacées. **2. Œillet d'Inde,** plante à fleurs ornementales appelée aussi *tagète.* ▸ Famille des composées.

œilleton [œjtɔ̃] **n.m.** (de *2. œillet*). **1.** OPT. Extrémité du tube d'une lunette ou d'un microscope, qui détermine la position de l'œil. **2.** AGRIC. Rejeton que produisent certaines plantes et que l'on utilise pour leur multiplication : *L'artichaut, le bananier se reproduisent par œilletons.*

œilletonnage [œjtɔnaʒ] **n.m.** Multiplication des plantes par séparation et plantation d'œilletons.

œilletonner [œjtɔne] **v.t.** Pratiquer l'œilletonnage de.

œillette [œjɛt] **n.f.** (de l'anc. fr. *olie,* huile, lat. *oleum*). Pavot somnifère cultivé pour ses graines, dont on tire une huile comestible et utilisée en peinture ; cette huile.

œkoumène n.m. ⟶ **écoumène.**

œnologie [enɔlɔʒi] **n.f.** (du gr. *oinos,* vin, et de *-logie*). Science et technique de la fabrication et de la conservation des vins. ◆ **œnologue n.** Nom du spécialiste.

œnologique [enɔlɔʒik] **adj.** Relatif à l'œnologie.

Œrsted (Hans Christian), physicien danois (Rudkøbing 1777 - Copenhague 1851). En 1820, dans une célèbre expérience, il a découvert le champ magnétique créé par les courants électriques ; cette découverte est à l'origine de l'électromagnétisme. Il étudia, par ailleurs, la compressibilité des liquides et des solides (1822).

œsophage [ezɔfaʒ] **n.m.** (gr. *oisophagos,* qui porte ce qu'on mange). Partie du tube digestif reliant le pharynx à l'estomac, dont les mouvements assurent la descente des aliments. ▸ L'œsophage des oiseaux est muni d'une poche appelée le *jabot.*

œsophagien, enne [ezɔfaʒjɛ̃, -ɛn] et **œsophagique** [ezɔfaʒik] **adj.** Relatif à l'œsophage : *Tube œsophagien.*

œstral, e, aux [ɛstral, -o] **adj. 1.** PHYSIOL. Relatif à l'œstrus. **2. Cycle œstral,** modifications périodiques des organes génitaux femelles, en rapport avec la libération des ovules.

œstre [ɛstr] **n.m.** (lat. *oestrus,* gr. *oistros,* taon). Mouche parasite de certains mammifères, notamm. des moutons et des chevaux.

œstrogène [ɛstrɔʒɛn] **adj.** et **n.m.** Hormone sécrétée par l'ovaire, assurant la formation, le maintien et le fonctionnement des organes génitaux féminins et des seins.

œstrus [ɛstrys] **n.m.** (mot lat., gr. *oistros,* fureur). PHYSIOL. Ensemble des phénomènes physiologiques et comportementaux qui précèdent et accompagnent l'ovulation chez la femme et chez la femelle des mammifères.

œuf [œf], au plur. [ø] **n.m.** (lat. *ovum*). **1.** Cellule résultant de la fécondation, et qui, par division, donne un nouvel être, animal ou végétal (syn. **zygote**). **2.** Gamète femelle mûr, pondu mais non encore fécondé. **3.** Corps organique pondu par les reptiles et les oiseaux et comprenant le jaune (l'œuf proprement dit), entouré de blanc (albumine) et d'une coquille calcaire poreuse : *Des œufs de poule, de tortue.* **4.** Produit comestible de la ponte de certains oiseaux, poissons, etc. : *Les œufs au plat sont souvent des œufs de poule. Œufs de lump.* **5.** Morceau de bois en forme d'œuf qu'on met dans une chaussette pour la tendre, tandis qu'on la reprise. **6.** Bonbon, confiserie en forme d'œuf : *Œuf de Pâques.* **7. Dans l'œuf,** dès le commencement, à l'origine : *Étouffer une révolte dans l'œuf.* / **Marcher sur des œufs,** marcher en posant le pied avec précaution ; au fig., parler, agir, avec la plus grande prudence. / **Mettre tous ses œufs dans le même panier,** placer tous ses espoirs, tous ses fonds dans une même affaire. / **Position en œuf,** en ski, position aérodynamique de recherche de vitesse, genoux fléchis et buste incliné en avant. / FAM. **Quel œuf !,** quel idiot !

1. œuvre [œvr] **n.f.** (lat. *opera*). **1.** LITT. Travail, activité : *Entreprendre une œuvre de longue haleine* (syn. **entreprise, tâche**). **2.** Ce qui résulte d'un travail : *Cette décoration est l'œuvre de toute la classe* (syn. **réalisation**). **3.** Production artistique ou littéraire ; ensemble des réalisations d'un écrivain, d'un peintre : *Une œuvre d'art. L'œuvre de Sartre, de Turner* (syn. **production**). **4.** Organisation à but religieux, humanitaire ou philanthropique : *Faire un don à une œuvre.* **5. Juger qqn à l'œuvre,** selon ses actes. / **Mettre en œuvre qqch,** l'employer de façon ordonnée, en vue d'une application : *On a tout mis en œuvre pour éteindre l'incendie* (= on a utilisé tous les moyens possibles). / **Mise en œuvre,** action de mettre en œuvre ; début de réalisation. / **Se mettre à l'œuvre,** commencer à travailler. ◆ **œuvres n.f. pl. 1.** Parties d'un navire : *Œuvres mortes* (= parties émergées). *Œuvres vives* (= parties immergées). **2. Bonnes œuvres,** ensemble d'actions charitables accomplies dans le cadre d'une organisation religieuse.

2. œuvre [œvr] **n.m.** (lat. *opera*). **1.** Ensemble des productions d'un artiste, notamm. de celles réalisées au moyen d'une technique particulière : *L'œuvre gravé de Pissarro.* **2. Être à pied d'œuvre,** être à proximité immédiate de l'ouvrage en construction ou du travail à faire ; au fig., être prêt à commencer un travail. **3.** CONSTR. **Gros œuvre,** ensemble des ouvrages (fondations, murs, planchers) constituant la structure d'une construction. / **Second œuvre,** ensemble des ouvrages d'achèvement d'une construction.

œuvrer [œvre] **v.i.** (bas lat. *operare*). **1.** Travailler à réaliser qqch d'important : *Œuvrer au rétablissement économique du pays.* **2.** Mettre tout en œuvre, travailler pour obtenir qqch : *J'œuvre pour assurer votre sécurité.*

off [ɔf] **adj. inv.** (mot angl. « hors de [l'écran] »). CIN., TÉLÉV. Se dit d'une voix, d'un son dont la source n'est pas visible sur l'écran. (Recomm. off. *hors champ*).

Offenbach (Jacques), compositeur allemand naturalisé français (Cologne 1819 - Paris 1880). Il est l'auteur d'opérettes, qui reflètent avec humour la joie de vivre du second Empire (*Orphée aux enfers,* 1858 et 1874 ; *la Belle Hélène,* 1864 ; *la Vie parisienne,* 1866), et d'un opéra fantastique, *les Contes d'Hoffmann.*

offensant, e [ɔfɑ̃sɑ̃, -ɑ̃t] **adj.** Qui offense : *Vous avez eu des paroles offensantes à son égard* (syn. **blessant, outrageant**).

offense [ɔfɑ̃s] **n.f.** (lat. *offensa*). **1.** Parole, action qui blesse qqn dans sa dignité, dans son honneur : *Une offense impardonnable* (syn. **outrage, affront**). **2.** Outrage commis publiquement envers le président de la République ou un chef d'État ou de gouvernement, et qui constitue un délit : *Il y a offense envers le Premier ministre.* **3.** RELIG. Péché qui offense Dieu : *Pardonne-nous nos offenses* (syn. **faute**).

offensé, e [ɔfɑ̃se] **adj.** et **n.** Qui a subi une offense ; qui est atteint dans son honneur : *Je me suis senti offensé par sa remarque* (syn. **blessé, humilié, outragé**).

offenser [ɔfɑ̃se] **v.t.** (de *offense*). **1.** Blesser qqn dans sa dignité, son honneur : *Je l'ai offensé sans le vouloir* (syn. **froisser, humilier**). **2.** Enfreindre (un principe, une règle) ; ne pas respecter : *Offenser le bon goût.* **3. Offenser Dieu,** pécher. ⁄ **Soit dit sans vous offenser,** sans vouloir vous vexer, sans intention désobligeante à votre égard. ◆ **s'offenser v.pr. [de].** Se sentir blessé moralement, atteint dans sa dignité ou son honneur : *S'offenser d'une plaisanterie innocente* (syn. **se vexer**).

offenseur [ɔfɑ̃sœr] **n.m.** Celui qui offense.

offensif, ive [ɔfɑ̃sif, -iv] **adj.** (de l'anc. fr. *offendre,* lat. *offendere,* attaquer, d'apr. *défensif*). Qui attaque, sert à attaquer : *Des armes offensives* (contr. **défensif**).

offensive [ɔfɑ̃siv] **n.f.** (de *offensif*). **1.** Action d'envergure menée par une force armée et destinée à imposer à l'ennemi sa volonté, à le chasser de ses positions et à le détruire : *Lancer une vaste offensive* (syn. **assaut, attaque**). **2.** Initiative, attaque visant à faire reculer qqn ou qqch : *Offensive contre la pollution* (syn. **campagne, croisade**). **3. Passer à l'offensive** ou **prendre l'offensive,** attaquer.

offertoire [ɔfɛrtwar] **n.m.** (bas lat. *offertorium*). **1.** CATH. Partie de la messe pendant laquelle le prêtre accomplit l'offrande du pain et du vin. **2.** Morceau de musique que l'on exécute à ce moment de la messe.

office [ɔfis] **n.m.** (lat. *officium,* service). **1.** Fonction, charge exercée par qqn ; rôle joué par qqch : *Remplir l'office de gérant* (syn. **rôle**). **2.** Établissement public ou privé se consacrant à une activité déterminée : *Office de publicité* (syn. **agence, bureau**). **3.** DR. Service public doté de la personnalité morale et de l'autonomie financière : *Office public des H.L.M.* **4.** HIST. Charge avec juridiction, fonction publique : *Office de maréchal de France, de chancelier.* ▸ L'office, dont le titulaire était depuis le XVe s. inamovible, pouvait être vendu et devint héréditaire (1604) ; le système des offices fut aboli le 4 août 1789. **5.** RELIG. CHRÉT. Cérémonie liturgique (on dit aussi *office divin*) : *Aller à l'office* (= à matines, à la messe, aux vêpres, etc., selon l'heure de la journée). *L'office des morts* (syn. **service**). **6.** Envoi périodique d'un nombre limité de livres, venant de paraître ou réimprimés, par un éditeur aux libraires. **7.** Pièce attenante à la cuisine où l'on dispose tout ce qui dépend du service de la table. *Rem.* Ce nom était autref. féminin. **8. D'office,** par voie d'autorité, sans demande préalable : *Avocat commis d'office.* ⁄ **Faire office de,** jouer le rôle de : *Il fait office de chauffeur.* ⁄ DR. **Office ministériel,** fonction conférée à vie par nomination de l'autorité publique ; charge. ◆ **offices n.m. pl. Bons offices,** service occasionnel rendu par qqn : *Accepter les bons offices de qqn* (= l'aide). *Le secrétaire général de l'O.N.U. a offert ses bons offices* (= sa médiation).

Offices *(palais des)*, édifice construit à Florence à partir de 1560 par G. Vasari. Il est occupé par une galerie de peintures et de sculptures créée par les Médicis, particulièrement riche en tableaux des écoles italiennes du Moyen Âge et de la Renaissance.

officialisation [ɔfisjalizasjɔ̃] **n.f.** Action d'officialiser.

officialiser [ɔfisjalize] **v.t.** Rendre officiel : *Officialiser une nomination.*

officiant [ɔfisjɑ̃] **n.m.** et **adj.m.** (de *1. officier*). RELIG. Celui qui célèbre un office religieux : *L'officiant se tient devant l'autel* (syn. **célébrant, prêtre**).

officiel, elle [ɔfisjɛl] **adj.** (angl. *official,* bas lat. *officialis,* de *officium* ; v. *office*). **1.** Qui émane du gouvernement, de l'Administration ; qui a un caractère légal : *Nomination officielle* (contr. **officieux**). *Texte officiel.* **2.** Organisé par les autorités : *Cérémonie officielle.* **3.** Qui a une fonction dans un gouvernement : *Personnage officiel.* **4.** Qui est donné pour vrai par une autorité quelconque, mais qui laisse supposer une autre réalité : *La version officielle des événements.* ◆ **officiel n.m. 1.** Personne qui a une fonction publique. **2.** Personne qui a une fonction dans l'organisation d'épreuves sportives, de concours, etc.

officiellement [ɔfisjɛlmɑ̃] **adv.** De façon officielle : *Il a été officiellement nommé à ce poste* (contr. **officieusement**).

1. officier [ɔfisje] **v.i.** (lat. médiév. *officiare,* du class. *officium,* service) [conj. **9**]. **1.** RELIG. Célébrer l'office divin. **2.** Travailler de façon solennelle et suivant certains rites (iron.) : *Le chef officiait dans sa cuisine.*

2. officier [ɔfisje] **n.m.** (lat. médiév. *officiarius,* chargé d'une fonction). **1.** Militaire qui a un grade au moins égal à celui de sous-lieutenant ou d'enseigne de vaisseau. **2.** Titulaire d'un office ministériel, d'une fonction : *Officier de l'état civil* (= responsable de la conservation des registres de l'état civil). **3.** Titulaire de certains titres honorifiques : *Officier de la Légion d'honneur.* **4. Officier de police judiciaire,** fonctionnaire chargé de constater les infractions et de livrer leurs auteurs à la justice. ⁄ **Officier ministériel,** titulaire d'un office ministériel (= huissier, notaire, etc.). ⁄ **Officier public,** titulaire d'une fonction, dont les affirmations et les constatations ont un caractère authentique (officier de l'état civil, huissier, notaire). ⁄ **Officier subalterne,** sous-lieutenant, lieutenant, enseigne ou lieutenant de vaisseau. ⁄ **Officier supérieur,** commandant, lieutenant-colonel, colonel ou capitaine de corvette, capitaine de frégate, capitaine de vaisseau.

officieusement [ɔfisjøzmɑ̃] **adv.** De façon officieuse : *La nouvelle est annoncée officieusement* (contr. **officiellement**).

officieux, euse [ɔfisjø, -øz] **adj.** (lat. *officiosus*). Qui émane d'une source autorisée, tout en n'ayant pas l'authenticité garantie : *Une nouvelle officieuse* (contr. **officiel**).

officinal, e, aux [ɔfisinal, -o] **adj. 1.** Se dit d'un remède préparé et conservé dans l'officine ou pharmacie (par opp. à *magistral*). **2. Herbe, plante officinale,** dont on se sert en pharmacie.

officine [ɔfisin] **n.f.** (lat. *officina,* atelier). **1.** Ensemble des locaux où le pharmacien entrepose, prépare et vend les médicaments au public ; pharmacie. **2.** Endroit où se trame qqch de secret, de nuisible, de mauvais (péjor.) : *Une officine d'espionnage.*

offrande [ɔfrɑ̃d] **n.f.** (lat. médiév. *offerenda,* du class. *offeranda,* choses à offrir). **1.** Don fait à une divinité ou déposé dans un temple avec une intention religieuse. **2.** Don volontaire et, le plus souvent, modeste : *Verser une offrande* (syn. **obole**).

offrant [ɔfrɑ̃] **n.m. Le plus offrant,** celui qui offre le plus haut prix : *Je vendrai ma maison au plus offrant.*

offre [ɔfr] **n.f.** (de *offrir*). **1.** Action d'offrir ; ce qui est offert : *Accepter une offre avantageuse* (syn. **proposition**). *Faire des offres de négociation, de paix* (syn. **ouvertures**). **2.** Action de proposer un contrat à une autre personne : *Offre d'emploi* (contr. **demande**). **3.** ÉCON. Quantité d'un bien ou d'un service qui peut être vendue sur le marché à un prix donné : *La loi de l'offre et de la demande est la base du système libéral.* **4. Appel d'offres,** mode de conclusion des marchés publics par lequel l'Administration met publiquement les candidats en concurrence. ⁄ **Offre publique d'achat (O.P.A.),** offre par laquelle une société fait connaître au public l'intention qu'elle a d'acquérir un certain nombre de titres d'une autre société.

offrir [ɔfrir] **v.t.** (lat. pop. **offerire,* class. *offerre*) [conj. **34**]. **1.** Remettre, présenter en cadeau : *Offrir des fleurs* (syn. **donner**). **2.** Mettre à la disposition de qqn : *Offrir son bras à qqn pour l'aider à marcher* (syn. **proposer**). **3.** Être caractérisé par ; procurer ; donner lieu à : *Cette solution offre des avantages* (syn. **comporter, présenter**). ◆ **s'offrir v.pr. 1.** S'accorder le plaisir de : *S'offrir un voyage* (syn. **s'accorder**). **2. S'offrir à,** s'exposer : *S'offrir aux regards* (syn. **s'exhiber, se montrer**). **3. S'offrir à** (+ inf.), se montrer disposé à : *S'offrir à aider qqn* (syn. **se proposer**).

offset [ɔfsɛt] **n.m. inv.** (mot angl. « report »). Procédé d'impression au moyen d'une machine rotative, par l'intermédiaire d'un rouleau de caoutchouc qui passe sur les caractères encrés d'une feuille de zinc ou d'aluminium et les reporte sur le papier. ◆ **adj. inv.** et **n.f. inv.** Se dit de la machine, du papier, du matériel utilisés dans l'impression par le procédé offset : *Plaque offset* (= la feuille de métal qui porte l'image imprimante).

offshore ou **off shore** [ɔfʃɔr] **adj. inv.** et **n.m. inv.** (mot angl. « au large »). **1.** Se dit de la prospection, du forage et de l'exploitation des gisements de pétrole situés au large des rivages. **2.** Se dit d'un sport nautique de grande vitesse pratiqué sur bateaux très puissants ; le bateau lui-même.

offusquer [ɔfyske] **v.t.** (lat. *offuscare,* obscurcir). Choquer ; déplaire fortement à : *Il est offusqué par ses manières* (syn. **froisser, heurter**). ◆ **s'offusquer v.pr.** Se froisser, se choquer : *S'offusquer du langage de qqn* (syn. **se scandaliser**).

Ogaden, plateau steppique, constituant l'extrémité orientale de l'Éthiopie, aux confins de la Somalie, et parcouru par des pasteurs somalis.

Ogino Kyusaku, médecin japonais (Toyohashi 1882 - Niigata 1975). Il a inventé une méthode de contraception naturelle, fondée sur l'abstinence sexuelle pendant la période de fécondité de la femme *(méthode Ogino),* aujourd'hui tombée en désuétude.

ogival, e, aux [ɔʒival, -o] **adj.** ARCHIT. Relatif à l'ogive, à l'arc brisé ; qui en a la forme : *Architecture ogivale.*

ogive [ɔʒiv] **n.f.** (p.-ê. de l'esp. *algibe,* citerne, d'orig. ar. ou de l'anglo-norm. *ogé,* du lat. *obviatum,* de *obviare,* s'opposer). **1.** ARCHIT. Arc diagonal de renfort bandé sous la voûte gothique, dont il facilite la construction et dont il reporte la poussée vers les angles. **2.** Partie antérieure d'un projectile, de forme conique ou ogivale : *Ogive nucléaire* (syn. **tête**).

OGM [oʒeɛm] **n.m.** (sigle). Organisme génétiquement modifié.

■ Porteurs d'un ou plusieurs gènes provenant d'autres organismes (bactéries, champignons, plantes, animaux ou humains), les OGM possèdent un ou plusieurs caractères nouveaux issus des organismes donneurs. Ils les expriment dans leur croissance, leur vigueur, leur capacité à élaborer des substances biologiques, etc. Les OGM sont principalement utilisés pour la fabrication de composés biochimiques (bactéries produisant des médicaments par ex.) et pour l'amélioration de la production agricole (plantes résistant aux parasites, au gel, aux herbicides, etc.). Il existe aussi quelques animaux génétiquement modifiés, notamm. des souris de laboratoire et un poisson d'aquarium rendu fluorescent par l'ajout à son ADN d'un gène de méduse. Les lois sur la fabrication, la culture, l'utilisation et la commercialisation des OGM sont très variables selon les pays. Dans l'Union européenne, l'autorisation de mise en culture des plantes génétiquement modifiées n'est accordée qu'aux variétés ne présentant ni risque de dissémination, ni danger à la consommation. En France, la loi est plus stricte : la culture de plantes OGM y est interdite. Du côté de l'importation et de la commercialisation, les denrées alimentaires contenant plus de 0,9 % d'OGM doivent être dûment étiquetées dans toute l'Union européenne. La technologie OGM suscite de nombreux débats, et des études scientifiques aux résultats contradictoires. Ses opposants redoutent les potentiels effets néfastes des OGM sur l'environnement (comme la dissémination de nouveaux gènes chez les plantes sauvages) et sur la santé humaine. ■

Ogooué, fl. de l'Afrique équatoriale, qui se jette dans l'Atlantique, au Gabon ; 1 170 km.

ogre, ogresse [ɔgr, ɔgrɛs] **n.** (probabl. altér. de **orc,* lat. *Orcus,* n. d'une divinité infernale). **1.** Dans les contes de fées, géant vorace qui mange les petits enfants. **2.** Personne vorace : *Avoir un appétit d'ogre* (= être affamé).

oh [o] **interj.** (exclam. lat.). Marque la surprise, l'indignation, la douleur : *Oh ! Vous étiez là ! Oh, la crapule !*

ohé [ɔe] **interj.** (lat. *ohe*). Sert à appeler, à interpeller.

Ohio, riv. des États-Unis, affl. du Mississippi (r. g.) ; 1 570 km.

Ohio, un des États unis d'Amérique (Centre-Nord-Est) ; 107 000 km² ; 11 570 808 hab. CAP. *Columbus.* V. princ. *Cleveland, Cincinnati, Toledo.*

ohm [om] **n.m.** (du n. du physicien all.). Unité de mesure de résistance électrique, équivalant à la résistance électrique entre deux points d'un conducteur lorsqu'une différence de potentiel constante de 1 volt, appliquée entre ces deux points, produit dans ce conducteur un courant de 1 ampère, ledit conducteur n'étant le siège d'aucune force électromotrice. ▸ Symb. Ω.

Ohm (Georg Simon), physicien allemand (Erlangen 1789 - Munich 1854). Il a énoncé (1827) les lois fondamentales des courants électriques, précisant la relation qui existe, dans un circuit, entre la résistance, la tension et l'intensité. Il a introduit les notions de quantité d'électricité, de courant électrique et de force électromotrice.

ohmique [ɔmik] **adj. 1.** Relatif à l'ohm. **2. Conducteur ohmique,** conducteur caractérisé par l'invariance de sa résistance dans un domaine précis d'utilisation.

ohmmètre [ommɛtr] **n.m.** (de *ohm* et *-mètre*). Appareil mesurant la résistance électrique d'un conducteur.

Ohrid, v. de Macédoine sur le *lac d'Ohrid* (367 km²), qui est situé à la frontière de l'Albanie et de la Macédoine ex-yougoslave ; 54 380 hab. Églises byzantines ornées de fresques, dont l'anc. cathédrale Ste-Sophie (XIᵉ s.) et l'église St-Clément (XIIIᵉ s.).

oie [wa] **n.f.** (bas lat. *auca,* forme syncopée de **avica,* du class. *avis,* oiseau). **1.** Oiseau palmipède massif, au long cou et au bec large, dont on connaît plusieurs espèces sauvages et une espèce domestique, que l'on élève pour sa chair et son foie surchargé de graisse par gavage. ▸ Le mâle est le jars, le jeune l'oison ; l'oie criaille, siffle, cacarde ; famille des anatidés. **2.** FAM. Personne sotte, niaise : *Oie blanche* (= jeune fille candide et un peu sotte). **3. Les oies du Capitole,** oies sacrées du Capitole, qui sauvèrent Rome (390 av. J.-C.) en prévenant par leurs cris Manlius et les Romains de l'attaque nocturne des Gaulois. / **Pas de l'oie,** pas de parade militaire en usage dans certaines armées.

O.I.F. → Organisation internationale de la francophonie.

oignon [ɔɲɔ̃] **n.m.** (lat. pop. *unio, unionis*). **1.** Plante potagère dont le bulbe, d'une saveur et d'une odeur fortes et piquantes, est très employé en cuisine ; ce bulbe. ▸ Genre *Allium ;* famille des liliacées. **2.** Bulbe souterrain de certaines plantes. **3.** Grosse montre de gousset de forme bombée. **4.** Durillon se formant à la base du gros orteil. **5.** FAM. **Aux petits oignons,** préparé avec un soin particulier ; parfait. / FAM. **Ce ne sont pas tes oignons,** ça ne te regarde pas. / FAM. **En rang d'oignons,** sur une seule ligne.

oïl [ɔjl] **adv.** (de l'anc. fr. signif. « oui », du lat. *hoc,* cela, et de *il,* pron. pers.). **Langue d'oïl,** ensemble des dialectes romans parlés dans la moitié nord de la France (picard, wallon, champenois, francien, etc.) [par opp. à *langue d'oc*].

oindre [wɛ̃dr] **v.t.** (lat. *ungere*) [conj. **82**]. **1.** Frotter d'huile ou d'une substance grasse : *On oignait les athlètes pour la lutte.* **2.** RELIG. Procéder à l'onction de : *Oindre un enfant pour lui administrer le sacrement du baptême.*

oing ou **oint** [wɛ̃] **n.m.** (du lat. *unguen,* onguent). Graisse servant à oindre.

oint, e [wɛ̃, wɛ̃t] **adj.** et **n.** RELIG. Se dit d'une personne qui a été consacrée par l'onction liturgique.

Oisans, région des Alpes (Dauphiné), correspondant à la vallée de la Romanche et aux montagnes qui l'encadrent.

Oise, riv. du nord de la France, née en Belgique ; 302 km. Elle passe à Compiègne, Creil et Pontoise, avant de rejoindre la Seine (r. dr.) à Conflans-Sainte-Honorine. C'est une importante voie navigable.

Oise [60], dép. de la Région Nord-Pas-de-Calais-Picardie ; ch.-l. de dép. *Beauvais ;* ch.-l. d'arr. *Clermont, Compiègne, Senlis ;* 4 arr., 21 cant., 692 comm. ; 5 860 km² ; 830 778 hab.

Oise-Pays de France *(parc naturel régional),* parc naturel couvrant env. 60 000 ha (Oise et Val-d'Oise).

oiseau [wazo] **n.m.** (lat. pop. **aucellus,* contraction de **avicellus,* dimin. du class. *avis*). **1.** Vertébré ovipare, couvert de plumes, à respiration pulmonaire, à sang chaud, dont les membres postérieurs servent à la marche, dont les membres antérieurs, ou ailes, servent au vol, et dont les mâchoires forment un bec corné : *Oiseaux migrateurs.* **2.** FAM. Individu quelconque : *Un drôle d'oiseau.* **3. À vol d'oiseau,** en ligne droite. / **Être comme l'oiseau sur la branche,** être pour très peu de temps dans un endroit. / **Oiseau rare,** personne douée d'éminentes qualités (parfois iron.).

■ On compte actuellement un peu plus de 10 000 espèces d'oiseaux, réparties en vingt-cinq ordres principaux.
Les plumes. Les oiseaux sont caractérisés par leurs plumes, qui sont des productions de la peau *(phanères).* On en distingue deux types. Les plumes du *duvet* sont portées par de courtes tiges se terminant par des filaments libres, ou barbes. Elles permettent une régulation efficace de la température. Les *pennes* sont formées d'une tige plus longue dont la partie éloignée du corps porte des barbes accrochées entre elles. Les pennes jouent différents rôles selon leur position : les *tectrices,* situées sur le corps, ont un rôle d'isolant ; les *rémiges,* sur les ailes, s'appuient sur l'air pendant le vol, tandis que les *rectrices,* sur la queue, permettent à l'oiseau de se diriger.
Évolution. Les oiseaux sont apparus au jurassique, à partir d'une lignée de petits dinosaures bipèdes appelés *théropodes.* Le plus ancien fossile connu est celui de l'archéoptéryx, qui vivait il y a 150 millions d'années. Il rassemble des caractères de reptile (dents, colonne vertébrale dans la queue) et d'oiseau (ailes, plumes).
Certains oiseaux sont partiellement retournés au milieu aquatique (leur respiration reste toujours aérienne). Leurs plumes sont enduites d'une substance grasse les rendant imperméables à l'eau. Leurs pattes palmées permettent la nage. Chez certains, comme les manchots, les membres antérieurs sont transformés en palettes natatoires. ■

oiseau-lyre [wazolir] **n.m.** (pl. *oiseaux-lyres*). Nom usuel du *ménure,* passereau d'Australie, ainsi appelé à cause des longues plumes recourbées de la queue des mâles.

oiseau-mouche [wazomuʃ] **n.m.** (pl. *oiseaux-mouches*). Colibri.

oiseleur [wazlœr] **n.m.** Celui qui prend des petits oiseaux au filet ou au piège.

oiselier, ère [wazəlje, -ɛr] **n.** Personne dont le métier est d'élever et de vendre des oiseaux.

oisellerie [wazɛlri] **n.f.** Métier, commerce de l'oiselier.

oiseux, euse [wazø, -øz] **adj.** (lat. *otiosus,* de *otium,* loisir). Qui ne sert à rien ; qui est sans intérêt, de caractère superficiel et vain : *Discussion oiseuse* (syn. **futile, inutile**).

oisif, ive [wazif, -iv] **adj.** et **n.** (réfection d'apr. *oiseux,* de l'anc. fr. *huisdif, oidif*). Qui n'a pas d'occupation, ou qui dispose de beaucoup de loisirs : *Passe-temps pour gens oisifs* (syn. **désœuvré, inoccupé**). ◆ **adj.** Qui se passe dans l'inaction, le désœuvrement : *Une vie oisive* (contr. **actif**).

oisillon [wazijɔ̃] **n.m.** Jeune oiseau.

oisivement [wazivmɑ̃] **adv.** De façon oisive ; dans l'oisiveté : *Vivre oisivement.*

oisiveté [wazivte] **n.f.** État d'une personne qui vit sans travailler et sans avoir d'occupation permanente : *L'oisiveté lui pèse* (syn. **désœuvrement, inoccupation**).

oison [wazɔ̃] **n.m.** Petit de l'oie.

O.I.T. ⟶ **Organisation internationale du travail.**

O.K. [ɔke] **interj.** (abrév. de l'anglo-amér. *oll korrect,* orthographe fautive pour *all correct*). FAM. D'accord ; c'est entendu. ◆ **adj. inv.** FAM. Qui est correct ; qui convient : *Tout est O.K.* (syn. **parfait**). *C'est O.K., pour vous ?*

okapi [ɔkapi] **n.m.** (mot africain). Mammifère ruminant d'Afrique centrale, voisin de la girafe, mais à cou plus court et à pelage rayé à l'arrière. ▸ Haut. au garrot 1 m.

Okhotsk *(mer d'),* mer formée par l'océan Pacifique, au nord-est de l'Asie.

Okinawa, principale île (1 183 km^2 ; 1 392 503 hab.) de l'archipel japonais des Ryukyu. V. princ. *Naha.* En 1945, elle fut l'enjeu d'une lutte acharnée entre Japonais et Américains.

okoumé [ɔkume] **n.m.** (mot gabonais). Arbre de l'Afrique équatoriale, au bois rose, utilisé notamm. dans la fabrication du contreplaqué. ▸ Famille des burséracées.

Oldenburg, en fr. **Oldenbourg,** anc. État de l'Allemagne du Nord, situé entre la Weser et l'Ems. Le comté eut à sa tête Christian d'Oldenburg, élu en 1448 roi de Danemark (⟶ **Christian Ier**). Il s'accrut en 1777 de l'évêché de Lübeck et forma avec lui un duché érigé en grand-duché en 1815. Celui-ci devint un État de l'Empire allemand en 1871.

Oldenburg (Claes), artiste américain d'origine suédoise (Stockholm 1929). Un des représentants du pop art, il s'est fait connaître par ses reproductions agrandies d'objets vulgaires (*Casquette rose,* 1961, M.N.A.M., Paris), par ses objets mous (*Batterie « fantôme »,* 1972, *ibid.*) et par ses projets et réalisations de « Monuments colossaux » (*Truelle géante,* 1971, parc de sculptures du musée Kröller-Müller, Otterlo [Gueldre, Pays-Bas]).

Olduvai ou **Oldoway,** site paléontologie et préhistorique du nord de la Tanzanie. Des fossiles très anciens d'hominidés (notamm. *Homo habilis*) y ont été découverts par M. et L. Leakey.

olé ou **ollé** [ɔle] **interj.** (esp. *olé*). S'emploie pour encourager, en partic. dans les corridas.

oléacée [ɔlease] **n.f.** (du lat. *olea,* olivier). **Oléacées,** famille d'arbres ou d'arbustes à fleurs à pétales soudés, tels que l'olivier, le jasmin, le lilas, le frêne.

oléagineux, euse [ɔleaʒinø, -øz] **adj.** (lat. *oleaginus,* d'olivier). **1.** De la nature de l'huile : *Liquides oléagineux.* **2. Plante oléagineuse,** plante cultivée pour ses graines ou ses fruits riches en lipides, dont on tire de l'huile (on dit aussi *un oléagineux*).

■ Les plantes oléagineuses, ou oléagineux, constituent un ensemble d'espèces appartenant à des familles botaniques très diverses, et qui tire son nom du principal produit qu'on en tire, l'huile. Cultivés aussi bien dans les zones tempérées que dans la zone intertropicale, les oléagineux sont des plantes annuelles ou pérennes dont on utilise les fruits ou les graines.
Les principales espèces. Le *soja,* surtout cultivé dans les grandes plaines américaines, au Brésil et en Chine, présente quelques ressemblances avec le haricot et fournit des gousses de 3 à 11 cm contenant deux à quatre graines. Outre de l'huile, on en fait plusieurs produits alimentaires comme le lait de soja, le tofu, le miso, etc.
Le *tournesol,* plante des régions tempérées, se trouve principalement en Asie centrale, en Europe, en Argentine et en Chine. Il fournit des graines en grand nombre, rassemblées sur de grands capitules dont l'orientation change au cours de la journée avec la course du soleil.
Le *colza,* plante à port herbacé et à nombreuses ramifications, produit des fruits, appelés *siliques,* contenant chacun une douzaine de petites graines. Il est cultivé en Chine, en Inde, au Canada et en Europe.
L'*arachide* est une plante tropicale dont la particularité est d'enterrer ses fruits, des gousses, qui se lignifient et qui contiennent des graines connues sous le nom de cacahuètes.
Le *palmier à huile* est un arbre cultivé dans la zone tropicale humide (principalement Malaisie, Indonésie, Océanie et Afrique). Les fruits du palmier rassemblés en grosses grappes, ou régimes, donnent deux huiles : l'huile de palme, issue de la pulpe, et l'huile de palmiste, extraite des graines.

⟶

L'*olivier,* arbre au feuillage persistant, d'une très grande longévité, est caractéristique de l'agriculture du bassin méditerranéen. L'huile d'olive est obtenue par pressage des olives parvenues à complète maturité. Les olives de table sont cueillies avant maturité (olives vertes) ou bien mûres (olives noires).

Il existe d'autres végétaux de moindre importance dont on tire des huiles alimentaires, comme les graines de coton, de sésame, d'œillette, les pépins de raisins, les noix, les noisettes. On tire aussi une huile des germes de maïs. Enfin, il faut signaler l'existence d'oléagineux qui fournissent des huiles à usage industriel, comme le lin.

Les tourteaux. L'extraction de l'huile des graines et des fruits des oléagineux donne un sous-produit appelé tourteau, dont l'importance économique est quelquefois supérieure à celle de l'huile, comme dans le cas du soja. Ce sous-produit, généralement riche en protéines, constitue en effet un aliment de choix pour les animaux d'élevage. ■

oléicole [ɔleikɔl] **adj.** Qui concerne l'oléiculture.

oléiculture [ɔleikyltyr] **n.f.** (du lat. *olea,* olivier). Culture de l'olivier en vue de la production d'huile d'olive.

oléifère [ɔleifɛr] **adj.** (du lat. *oleum,* huile, et de *-fère*). Dont on extrait de l'huile.

oléoduc [ɔleɔdyk] **n.m.** (du lat. *oleum,* huile, et *ducere,* conduire). Pipeline servant au transport du pétrole brut.

Oléron ***(île d'),*** île de la Charente-Maritime, à l'embouchure de la Charente, séparée du continent par le pertuis de Maumusson, et de l'île de Ré par celui d'Antioche ; 175 km^2 ; 21 889 hab. Un pont relie l'île au continent. Ostréiculture. Vigne. Pêche. Tourisme.

olfactif, ive [ɔlfaktif, -iv] **adj.** (lat. méd. *olfactivus,* du class. *olfactus,* odorat). Relatif à l'odorat : *Les organes olfactifs.*

olfaction [ɔlfaksjɔ̃] **n.f.** (d'apr. *olfactif*). PHYSIOL. Odorat.

olibrius [ɔlibrijys] **n.m.** (de *Olibrius,* gouverneur des Gaules au Vᵉ s., sot, fanfaron et cruel). *FAM.* Individu qui se distingue par son excentricité stupide.

Olier (Jean-Jacques), ecclésiastique français (Paris 1608 - *id.* 1657). Dans l'esprit des réformes du concile de Trente, il joua un rôle important comme pasteur et comme réformateur. Curé de la paroisse Saint-Sulpice de Paris (1642-1652), il y créa le séminaire et la congrégation de prêtres (les Sulpiciens) qui servirent d'instrument et de modèle à la formation du clergé catholique en France et en Amérique.

olifant ou **oliphant** [ɔlifɑ̃] **n.m.** (altér. de *éléphant*). HIST. Petit cor d'ivoire dont se servaient les chevaliers du Moyen Âge à la chasse ou à la guerre.

oligarchie [ɔligarʃi] **n.f.** (de *olig[o]-* et *-archie*). Régime politique où l'autorité est entre les mains de quelques personnes ou de quelques familles puissantes ; ensemble de ces personnes, de ces familles.

oligarchique [ɔligarʃik] **adj.** Qui relève d'une oligarchie.

oligarque [ɔligark] **n.m.** Membre d'une oligarchie.

oligocène [ɔligɔsɛn] **n.m.** (de *olig[o]-* et *-cène*). Deuxième période de l'ère tertiaire, entre l'éocène et le miocène, d'une durée approximative de 10 millions d'années.

oligoélément [ɔligɔelemɑ̃] **n.m.** (de *oligo-* et *élément*). BIOL. Élément chimique nécessaire, à l'état de traces, à la vie des animaux et des végétaux. ▸ De nombreux métaux (fer, manganèse, bore, magnésium, cobalt, etc.) sont des oligoéléments.

olivaie [ɔlivɛ] et **oliveraie** [ɔlivrɛ] **n.f.** Lieu planté d'oliviers.

olivaison [ɔlivɛzɔ̃] **n.f.** Récolte des olives ; saison où l'on fait cette récolte.

Olivares (Gaspar de Guzmán, ***comte-duc*** **d'),** homme d'État espagnol (Rome 1587 - Toro 1645). Favori de Philippe IV, qui lui abandonna la réalité du pouvoir (1621-1643), il s'efforça de défendre la place de l'Espagne en Europe. Il fut disgracié en 1643.

olivâtre [ɔlivɑtr] **adj.** D'une couleur qui tire sur le vert olive : *Un teint olivâtre.*

olive [ɔliv] **n.f.** (prov. *oliva,* mot lat.). **1.** Fruit à noyau de l'olivier, dont on tire une huile alimentaire : *Olive noire, verte.* **2.** Objet ou ornement ayant la forme d'une olive : *Un manteau qui se ferme avec des olives* (= des boutons en forme d'olive). **3.** Petit interrupteur de forme ellipsoïdale placé sur un fil électrique. ◆ **adj. inv.** De la couleur vert clair, tirant un peu sur le jaune, de l'olive verte.

Oliver (Joe, dit King), cornettiste, compositeur et chef d'orchestre de jazz américain (La Nouvelle-Orléans 1885 - Savannah 1938). Il enregistra pour la première fois en 1923 à la tête de son Creole Jazz Band, où il engagea Louis Armstrong. Il a contribué à donner au jazz ses canons, et il représente le passage du jazz de La Nouvelle-Orléans à celui de Chicago.

olivette [ɔlivɛt] **n.f. 1.** Raisin à grains en forme d'olive, dont diverses variétés sont cultivées en Provence. **2.** Tomate d'une variété à fruit allongé, oblong.

olivier [ɔlivje] **n.m.** Arbre à feuillage persistant cultivé surtout dans le bassin méditerranéen, qui fournit l'olive. ▸ Famille des oléacées ; l'olivier était dans l'Antiquité un emblème de fécondité et un symbole de paix et de gloire.

Olivier (*sir* Laurence), acteur, metteur en scène de théâtre et cinéaste britannique (Dorking, Surrey, 1907 - Ashurst, Sussex, 1989). Brillant interprète de Shakespeare, directeur (1962-1973) du Théâtre national, il a réalisé plusieurs films (*Henri V,* 1944 ; *Richard III,* 1955).

Oliviers ***(mont des),*** colline à l'est de Jérusalem, souvent mentionnée dans l'Ancien et le Nouveau Testament. C'est au pied de cette colline, dans le jardin de Gethsémani, que, selon l'Évangile, Jésus vécut son agonie.

ollé **interj.** ⟶ **olé.**

Ollivier (Émile), homme politique français (Marseille 1825 - Saint-Gervais-les-Bains 1913). Avocat républicain, élu député en 1857, il se rallia à l'Empire et prit en 1869 la direction du « tiers parti » qui acceptait l'Empire mais voulait mettre fin au pouvoir personnel. Nommé Premier ministre en janv. 1870, il poursuivit la transformation du régime mais endossa la responsabilité de la guerre franco-allemande.

Olmèques, peuple ancien du Mexique dont la culture, née aux alentours du IIᵉ millénaire dans la région côtière du golfe, connut une période d'épanouissement entre 1200 et 600 av. J.-C. Des stèles gravées (l'une de 162 av. J.-C., l'autre de 31 av. J.-C.) permettent d'attribuer aux Olmèques l'invention du calendrier méso-américain et celle d'une première écriture, perfectionnée par les Mayas. Tres Zapotes et La Venta témoignent de l'architecture de leurs centres cérémoniels, auxquels sont associées des têtes colossales, probables portraits dynastiques, ainsi que des statuettes en jade représentant l'enfant-jaguar, leur principale divinité.

olographe et **holographe** [ɔlɔgraf] **adj.** (lat. *olographus* pour *holographus,* du gr. *holos,* entier). DR. **Testament olographe**, testament écrit en entier, daté et signé de la main du testateur.

O.L.P. (Organisation de libération de la Palestine), organisation de la résistance palestinienne, fondée en 1964 par le Conseil national palestinien réuni à Jérusalem. Présidée par Yasser Arafat (de 1969 à 2004) puis par Mahmud Abbas, elle revendique depuis 1974 la création, à côté d'Israël, d'un État palestinien en Cisjordanie et à Gaza. Prônant à l'origine la lutte armée, elle s'est engagée en 1993 dans des négociations de paix avec Israël.

Olténie, région de Roumanie, en Valachie, à l'ouest de l'Olt.

Olympe, massif de la Grèce, aux confins de la Macédoine et de la Thessalie (alt. 2 917 m). Résidence des dieux et ensemble des dieux dans la mythologie gréco-romaine.

olympiade [ɔlɛ̃pjad] **n.f.** (lat. *olympias, -adis,* du n. de la ville d'*Olympie*). Espace de quatre ans entre deux célébrations successives des jeux Olympiques. ◆ **olympiades n.f. pl.** (Emploi critiqué). Jeux Olympiques.

Olympie, v. du Péloponnèse, centre religieux panhellénique où, pendant plus de dix siècles, se célébraient tous les quatre ans les jeux Olympiques. Nombreux vestiges, dont ceux du temple de Zeus (Ve s. av. J.-C.) ; métopes au musée local et au Louvre, qui comptent parmi les chefs-d'œuvre du classicisme grec.

olympien, enne [ɔlɛ̃pjɛ̃, -ɛn] **adj. 1.** De l'Olympe : *Divinités olympiennes.* **2.** Majestueux et serein, à l'image des dieux de l'Olympe : *Calme olympien.*

Olympiens, principales divinités du panthéon grec qui forment la génération issue de celle des Titans, lesquels font partie eux-mêmes de la généalogie des Ouraniens. Les Olympiens sont d'abord les enfants de Rhéa et de Cronos – Déméter, Poséidon, Hadès, Héra et Zeus –, puis les enfants de ces deux derniers (Arès, Héphaïstos...) ou de Zeus avec telle ou telle autre partenaire (Apollon, Artémis, Hermès, Aphrodite, Héraclès).

olympique [ɔlɛ̃pik] **adj.** (lat. *olympicus,* gr. *olumpikos,* du n. de la ville d'*Olympie*). **1.** Relatif aux jeux Olympiques : *Triple champion olympique.* **2.** Conforme aux règles des jeux Olympiques : *Piscine olympique.* **3. Jeux Olympiques (J.O.),** dans l'Antiquité, jeux qui se célébraient en Grèce tous les quatre ans, depuis 776 av. J.-C., à Olympie, en l'honneur de Zeus Olympien et qui comprenaient non seulement des épreuves sportives mais aussi des concours musicaux et littéraires (ils furent supprimés en 394 par Théodose) ; auj., compétition sportive internationale et qui a lieu tous les quatre ans, sauf en période de guerre.

■ À Paris, en 1892, le Français Pierre de Coubertin lance un appel pour la rénovation des jeux Olympiques. Celle-ci est décidée le 23 juin 1894, puis le premier Comité international olympique (C.I.O.) est créé. Les premiers jeux Olympiques se sont tenus à Athènes, en 1896. Depuis cette date, le nombre de sports, d'épreuves et de concurrents a augmenté. Depuis 1994, les jeux Olympiques d'hiver et d'été ont lieu alternativement tous les deux ans. ■

olympisme [ɔlɛ̃pism] **n.m. 1.** Organisation, institution des jeux Olympiques. **2.** Idéal olympique.

Oman, en ar. **'Umān,** État de l'extrémité orientale de l'Arabie, sur le *golfe* et la *mer d'Oman ;* 212 000 km^2 ; 3 632 000 hab. *(Omanais).* CAP. *Mascate.* LANGUE : *arabe.* MONNAIE : *riyal omanais.*

GÉOGRAPHIE
Le pays est désertique dans sa plus grande partie. Seules les montagnes de l'Oman (3 000 m), au nord, et les collines du Zufar, au sud, reçoivent quelques pluies. Les dattes, les agrumes et l'élevage sont les seules ressources agricoles. La pêche les complète. Le pétrole, extrait depuis 1967 et dont la production augmente régulièrement, est devenu la richesse essentielle et a permis un excédent du commerce extérieur et un début de modernisation.

HISTOIRE
Du XVIIe s. au XIXe s., les sultans d'Oman gouvernèrent un empire maritime, acquis aux dépens du Portugal et dont le centre était Zanzibar. Sous protectorat britannique à partir de 1891, le sultanat de Mascate et Oman se replie sur lui-même. En 1970, Said ibn Taymur (arrivé au pouvoir en 1932) est contraint d'abdiquer en faveur de son fils Qabus ibn Said, qui change le nom du pays en sultanat d'Oman et entreprend de le moderniser.

Oman *(mer d'),* partie nord-ouest de l'océan Indien, parfois appelée aussi « mer Arabique » ou « mer d'Arabie ». Le *golfe d'Oman,* en bordure du *sultanat d'Oman,* en forme la partie la plus resserrée et communique par le détroit d'Ormuz avec le golfe Persique.

Omar → Umar.

Omar (El-Hadj), chef musulman toucouleur (près de Podor v. 1754 - dans le Bandiagara, Mali, 1864). Il tenta par une guerre sainte, lancée en 1854, de constituer un empire dans la région du Sénégal et du Mali actuels.

ombelle [ɔ̃bɛl] **n.f.** (lat. *umbella,* parasol). Mode d'inflorescence en forme de parasol.

ombellifère [ɔ̃bɛlifɛr] **n.f.** (de *ombelle* et *-fère*). **Ombellifères,** importante famille de plantes à fleurs disposées en ombelles : *La carotte, le cerfeuil, le persil, l'angélique sont des ombellifères comestibles. La ciguë est une ombellifère vénéneuse.*

ombilic [ɔ̃bilik] **n.m.** (lat. *umbilicus*). **1.** Orifice de l'abdomen, chez le fœtus, laissant passer le cordon ombilical. **2.** Cicatrice arrondie laissée sur l'abdomen après la chute du cordon ombilical (syn. **nombril**). **3.** Plante des rochers, à feuilles charnues circulaires. ▸ Famille des crassulacées. **4.** GÉOGR. Élargissement et approfondissement d'une vallée glaciaire.

ombilical, e, aux [ɔ̃bilikal, -o] **adj.** Relatif à l'ombilic : *Hernie ombilicale. Cordon ombilical.*

omble [ɔ̃bl] **n.m.** (altér. de *amble,* mot de Neuchâtel, du bas lat. *amulus*). Poisson d'eau douce voisin du saumon, à chair délicate. ▸ Long. de 30 à 60 cm.

ombrage [ɔ̃braʒ] **n.m.** (de *ombre*). **1.** Ensemble de branches, de feuilles d'arbres qui donnent de l'ombre ; cette ombre : *Se promener sous les ombrages du parc* (syn. **feuillage, frondaison**). **2.** *LITT.* **Faire ombrage à qqn,** lui inspirer de l'inquiétude ou du ressentiment. / *LITT.* **Prendre ombrage de qqch,** s'en offenser.

ombragé, e [ɔ̃braʒe] **adj.** Se dit d'un lieu où les arbres donnent de l'ombre : *Une allée ombragée.*

ombrager [ɔ̃braʒe] **v.t.** (de *ombrage*) [conj. **17**]. Couvrir de son ombre ; former ombrage sur : *Des tilleuls ombragent la place.*

ombrageux, euse [ɔ̃braʒø, -øz] **adj.** (de *ombrage*). **1.** Se dit d'un cheval (ou d'une mule, etc.) qui a peur de son ombre ou d'un objet inaccoutumé. **2.** Susceptible ; soupçonneux : *Un caractère ombrageux* (syn. **défiant, méfiant**).

1. ombre [ɔ̃br] **n.m.** (lat. *umbra,* poisson de couleur sombre). Poisson des cours d'eau du centre et de l'est de la France, voisin du saumon, à chair estimée. ***Rem.*** À distinguer de l'*omble.* Long. de 25 à 40 cm.

2. ombre [ɔ̃br] **n.f.** (lat. *umbra*). **1.** Zone sombre due à l'absence de lumière ou à l'interception de la lumière par un corps opaque : *L'arbre nous fait de l'ombre* (syn. **ombrage**). *Je voyais des ombres derrière les rideaux* (syn. **silhouette**). **2.** Légère apparence, très petite quantité de qqch : *Une ombre de tristesse passa dans son regard* (syn. **trace**). **3. À l'ombre de,** à l'abri de qqch ; sous la protection de qqn. / **Courir après son ombre,** se livrer à des espérances chimériques. / **Il y a une ombre au tableau,** la situation comporte un inconvénient. / *FAM.* **Mettre, être à l'ombre,** mettre, être en prison. / **Vivre, rester dans l'ombre,** dans un endroit peu en vue ; dans le mystère et le secret. **4. Ombres chinoises** ou **théâtre d'ombres,** spectacle présentant des silhouettes fortement éclairées par-derrière et apparaissant sur un écran transparent. / OPT. **Cône d'ombre,** zone de l'espace située derrière un objet éclairé par une source ponctuelle et dans laquelle il n'y a pas de lumière qui se propage. / **Ombre portée,** zone non éclairée d'un plan, située en arrière d'un objet par rapport à la source de lumière. / OPT. **Ombre propre,** partie non éclairée d'un objet, située à l'opposé de la source de lumière.

ombrelle [ɔ̃brɛl] **n.f.** (it. *ombrello ;* bas lat. *umbrella,* class. *umbella,* parasol). **1.** Petit parasol portatif de femme. **2.** Masse transparente, gélatineuse mais rigide, formant l'essentiel du corps des méduses.

ombrer [ɔ̃bre] **v.t.** (lat. *umbrare*). Marquer les ombres dans un dessin, un tableau.

ombreux, euse [ɔ̃brø, -øz] **adj.** *LITT.* Où il y a de l'ombre.

Ombrie, région de l'Italie centrale, traversée par le Tibre, formée des prov. de Pérouse et de Terni ; 8 456 km^2 ; 888 482 hab. *(Ombriens).* CAP. *Pérouse.*

ombrien, enne [ɔ̃brijɛ̃, -ɛn] **adj.** et **n.** De l'Ombrie. ◆ **ombrien n.m.** Langue morte du groupe italique, proche de l'osque.

ombudsman [ɔmbydsman] **n.m.** (mot suédois). Personnalité indépendante chargée d'examiner les plaintes des citoyens contre l'Administration dans les pays scandinaves ; médiateur.

O.M.C. (Organisation mondiale du commerce), organisation internationale mise en place en 1995 pour veiller à l'application des accords commerciaux internationaux (dont ceux conclus dans le cadre du GATT). Elle compte auj. 157 États membres. Son siège est à Genève.

Omdurman ou **Omdourman,** v. du Soudan, sur le Nil, banlieue de Khartoum ; 2 395 159 hab. Capitale du Mahdi, elle fut reconquise par les Anglo-Égyptiens de lord Kitchener en 1898.

oméga [ɔmega] **n.m. inv.** Vingt-quatrième et dernière lettre de l'alphabet grec (Ω, ω).

omelette [ɔmlɛt] **n.f.** (altér., sous l'infl. du lat. *ovum,* œuf, de *amelette,* de *alumelle,* de *lemelle,* forme anc. de *lamelle,* à cause de la forme aplatie de l'omelette). **1.** Œufs battus et cuits dans une poêle : *Une omelette au jambon.* **2. On ne fait pas d'omelette sans casser des œufs,** on n'arrive pas à un résultat sans peine ni sacrifices.

omerta [ɔmɛrta] **n.f.** (ital. *omertà*). **1.** Loi du silence imposée par la Mafia. **2.** (Par ext.). Silence qui s'impose dans toute communauté d'intérêts : *Briser l'omerta familiale.*

omettre [ɔmɛtr] **v.t.** (lat. *omittere,* d'apr. *mettre*) [conj. **84**]. **1.** Négliger de faire ou de dire : *J'ai omis de vous téléphoner* (syn. **oublier**). **2.** Ne pas mentionner dans une énumération, un ensemble ; passer sous silence : *J'espère n'avoir omis aucun nom de la liste* (syn. **sauter**).

Omeyyades ou **Umayyades,** dynastie de califes arabes, qui régna à Damas de 661 à 750. Ils ajoutèrent à l'empire musulman la plaine de l'Indus (710-713), la Transoxiane (709-711) et l'Espagne (711-714) mais furent refoulés par les Francs à Poitiers (732). Grands bâtisseurs, ils embellirent Damas, Jérusalem, Kairouan. Miné par des querelles intestines, par l'opposition chiite et par l'hostilité des musulmans non arabes à l'égard de l'aristocratie arabe, l'Empire omeyyade tomba sous les coups des Abbassides. Mais un rescapé de la famille, Abd al-Rahman Ier, fonda l'émirat de Cordoue (756-1031), érigé en califat rival de Bagdad (929).

omicron [ɔmikrɔ̃] **n.m. inv.** Quinzième lettre de l'alphabet grec (O, o).

omission [ɔmisjɔ̃] **n.f. 1.** Action d'omettre, de négliger : *L'omission du pronom relatif rend la phrase incompréhensible* (syn. **oubli**). **2.** Chose oubliée, volontairement ou non : *Il y a des omissions dans votre liste* (syn. **lacune, manque**).

omnibus [ɔmnibys] **n.m.** (mot lat. « pour tous », dans la loc. *voiture omnibus*). **1.** Anc. voiture fermée de transport en commun, à quatre roues, d'abord hippomobile, puis automobile. **2.** Train qui dessert toutes les stations de son parcours.

omnipotence [ɔmnipɔtɑ̃s] **n.f.** (lat. *omnipotentia*). Toute-puissance ; pouvoir absolu.

omnipotent, e [ɔmnipɔtɑ̃, -ɑ̃t] **adj.** (lat. *omnipotens,* de *potens,* puissant). Dont l'autorité est absolue : *Personne omnipotente au ministère* (syn. **tout-puissant**).

omnipraticien, enne [ɔmnipratisjɛ̃, -ɛn] **n.** et **adj.** Médecin qui exerce la médecine générale (syn. **généraliste**).

omniprésence [ɔmniprezɑ̃s] **n.f.** Présence constante en tous lieux : *L'omniprésence de la publicité.*

omniprésent, e [ɔmniprezɑ̃, -ɑ̃t] **adj.** Présent continuellement en tous lieux : *Dieu est omniprésent.*

omniscience [ɔmnisjɑ̃s] **n.f.** (lat. médiév. *omniscientia*). Science, connaissance universelle : *L'omniscience des encyclopédistes.*

omniscient, e [ɔmnisjɑ̃, -ɑ̃t] **adj.** (de *omniscience*). Qui sait tout ou paraît tout savoir ; universel.

omnisports [ɔmnispɔr] **adj. inv.** Où l'on pratique plusieurs sports : *Salle omnisports.*

omnivore [ɔmnivɔr] **adj.** et **n.** (de *omni-* et *-vore*). Se dit d'un animal qui se nourrit indifféremment d'aliments divers (par opp. à *carnivore, herbivore*) : *L'homme, le chien, le porc sont omnivores.* ▸ Les mammifères omnivores ont souvent des molaires aux tubercules arrondis.

omoplate [ɔmɔplat] **n.f.** (gr. *ômoplatê,* de *ômos,* épaule, et *platê,* surface plate). Os plat, large, mince et triangulaire, situé à la partie postérieure de l'épaule et constituant avec la clavicule la ceinture scapulaire.

O.M.S. (Organisation mondiale de la santé), organisation internationale ayant pour but de faire accéder tous les peuples au niveau de santé le plus élevé possible. Créée en 1946, elle est devenue institution spécialisée de l'O.N.U. en 1948 ; son siège est à Genève, en Suisse.

Omsk, v. de Russie, en Sibérie occidentale, sur l'Irtych ; 1 153 971 hab. Centre industriel.

on [ɔ̃] **pron. indéf.** (du lat. *homo,* homme). Désigne, dans la fonction de sujet : **1.** Une personne, un groupe de personnes indéterminées : *On frappe à la porte* (syn. **quelqu'un**). **2.** Les hommes : *On vivait mieux autrefois.* ***Rem.*** Dans la langue soutenue, *on* est parfois précédé de l'article *l'* par euphonie : *Si l'on me demande au téléphone... On parle d'une façon et l'on agit de l'autre.* ◆ **pron. pers.** Remplace, dans la fonction de sujet : **1.** Le pron. de la 1re pers. du pl. *(nous) : Nous, on n'y peut rien. On est arrivés à temps !* **2.** LITT. ou FAM. Un pronom de n'importe quelle personne : *On fait ce qu'on peut* (= je fais). *Alors, on se promène ?* (= tu te promènes, vous vous promenez). ***Rem.*** L'accord peut se faire au féminin et au pluriel : *On est élégante aujourd'hui ! On est tous égaux devant la loi.*

onagre [ɔnagr] **n.m.** (lat. *onager,* gr. *onagros,* âne sauvage). **1.** Mammifère ongulé sauvage d'Iran et d'Inde, intermédiaire entre le cheval et l'âne. **2.** ANTIQ. ROM. Catapulte servant à lancer de gros projectiles.

onanisme [ɔnanism] **n.m.** (du n. d'*Onan,* personnage biblique). Masturbation.

onc, oncques ou **onques** [ɔ̃k] **adv.** (lat. *unquam,* quelquefois). VX ou PAR PLAIS. Jamais.

1. once [ɔ̃s] **n.f.** (lat. *uncia,* douzième partie). **1.** Mesure de poids des anciens Romains valant 1/12 de livre (27,25 g env.). **2.** En France, ancienne mesure de masse, représentant la seizième partie de la livre et valant 30,594 g. **3.** Anc. unité de masse anglo-saxonne, utilisée aussi au Canada et valant 28,35 g (31,104 g pour les matières précieuses). ▸ Symb. oz. **4.** FAM. **Une once de,** une très petite quantité de : *Il n'a pas une once de bon sens.*

2. once [ɔ̃s] **n.f.** (de **lonce,* lat. pop. **lyncea,* dér. de *lynx*). Grand félin à pelage clair et tacheté vivant dans les régions froides et montagneuses de l'Himalaya et de l'Altaï (syn. **panthère des neiges**).

oncial, e, aux [ɔ̃sjal, -o] **adj.** (lat. *uncialis,* haut d'un pouce). **Écriture onciale,** écriture composée de lettres capitales aux contours arrondis, utilisée du IVe au VIIe s. (on dit aussi *l'onciale*).

oncle [ɔ̃kl] **n.m.** (lat. *avunculus*). **1.** Frère du père ou de la mère ; par ext., mari de la tante. **2. Oncle à la mode de Bretagne,** cousin germain du père ou de la mère.

oncogène [ɔ̃kɔʒɛn] **adj.** (du gr. *ogkos,* grosseur, et de *-gène*). Syn. de *cancérogène.* ◆ **n.m.** Gène pouvant être un facteur du processus de formation du cancer.

oncologie [ɔ̃kɔlɔʒi] **n.f.** (du gr. *ogkos,* grosseur, tumeur). Cancérologie. ◆ **oncologue** et **oncologiste n.** MÉD. Cancérologue.

onction [ɔ̃ksjɔ̃] **n.f.** (lat. *unctio,* de *ungere,* oindre). **1.** RELIG. Application d'huile sainte sur une personne pour la consacrer à Dieu, lui conférer la grâce de lutter contre le mal ou contre la maladie : *Les rois de France recevaient l'onction du sacre.* **2.** LITT. Douceur particulière dans les gestes et la manière de parler : *Discours plein d'onction.*

onctueux, euse [ɔ̃ktɥø, -øz] **adj.** (lat. médiév. *unctuosus,* de *ungere,* oindre). **1.** Dont la consistance, à la fois légère et douce, donne au toucher l'impression d'un corps gras : *Pommade onctueuse.* **2.** D'une consistance moelleuse et douce et d'une saveur veloutée : *Fromage onctueux.*

onctuosité [ɔ̃ktɥozite] **n.f.** Qualité de ce qui est onctueux : *L'onctuosité d'une crème* (syn. **velouté**).

ondatra [ɔ̃datra] **n.m.** (mot d'une langue amérindienne). Mammifère rongeur de l'Amérique du Nord, dont la fourrure est très recherchée (nom usuel : *rat musqué*). ▸ Long. 60 cm.

onde [ɔ̃d] **n.f.** (lat. *unda,* eau courante). **1.** Mouvement de la surface de l'eau, d'un liquide formant des rides concentriques qui se soulèvent et s'abaissent à la suite d'un choc. **2.** LITT. Eau de la mer, d'un lac, etc. **3.** Modification de l'état physique d'un milieu matériel ou immatériel qui se propage à la suite d'une action locale avec une vitesse finie, déterminée par les caractéristiques des milieux traversés : *Onde sonore, hertzienne. Les ondes moyennes* ou *petites ondes correspondent à des fréquences moyennes* (= comprises entre 3 000 et 300 kHz) *Les ondes longues correspondent à des basses fréquences* (= comprises entre 300 et 30 kHz). **4.** FAM. **Être sur la même longueur d'onde,** se comprendre, parler le même langage. / **Longueur d'onde,** distance minimale entre deux points consécutifs de même phase d'un mouvement qui se propage en ligne droite (son inverse est le *nombre d'ondes*). / **Onde de choc,** surface de discontinuité des vitesses due à la compression de l'air aux grandes vitesses et qui se crée dans les régions où la vitesse d'écoulement dépasse celle du son. ▸ Tout mobile se déplaçant à une vitesse supersonique crée une onde de choc. / **Ondes Martenot,** instrument de musique électronique à clavier, qui transforme des oscillations électriques en oscillations mécaniques dans un haut-parleur. ◆ **ondes n.f. pl. Les ondes,** la radio, les émissions radiodiffusées (parfois aussi : la radio et la télévision) : *L'allocution sera diffusée sur les ondes.*

■ **Propagation des ondes.** Si l'on produit un ébranlement en un point d'un milieu, cet ébranlement se transmet de proche en proche à tous les autres points. C'est ce que l'on observe quand on jette une pierre à la surface d'une eau tranquille. On dit qu'une onde se propage. Dans l'exemple précédent, chaque point de la surface liquide subit, quand l'onde l'atteint, un déplacement perpendiculaire à la surface ; l'onde est dite alors *transversale.* Lorsque le déplacement est parallèle à la direction de propagation, l'onde est dite *longitudinale ;* c'est le cas des ondes sonores. Au cours d'une oscillation périodique, l'état vibratoire de la source, au bout d'une période T, s'est transmis à une distance $\lambda = VT$ (V étant la vitesse de propagation), appelée *longueur d'onde.* Tous les points séparés par un nombre entier de longueurs d'ondes ont des états vibratoires identiques ; on dit que leurs vibrations sont *concordantes* ou *en phase.* Ces points se répartissent sur des surfaces d'onde.
Types d'ondes. On distingue des *ondes matérielles,* qui se propagent par vibration de la matière (gazeuse, liquide ou solide), et des *ondes électromagnétiques,* dues à la vibration d'un champ électromagnétique, en dehors de tout support matériel. Parmi les premières figurent, pour des fréquences comprises entre 20 et 20 000 Hz, les ondes sonores ; les ultrasons ont des fréquences plus élevées, les infrasons des fréquences plus basses. Les ondes électromagnétiques comprennent, selon leur longueur d'onde, les rayons γ (moins de 10^{-11} m), les rayons X (de 10^{-11} à 10^{-8} m), l'ultraviolet (de 0,01 à 0,4 µm), la lumière visible (de 0,4 à 0,8 µm), l'infrarouge (de 0,8 µm à 1 mm), les ondes radioélectriques (du millimètre à plusieurs dizaines de kilomètres). Toutes ces ondes se propagent, dans le vide, à la vitesse de la lumière, soit environ 300 000 km/s.
On distingue, par ailleurs, les *ondes entretenues,* dont les oscillations successives sont identiques en régime permanent, et les *ondes amorties,* composées de trains successifs, dans lesquels l'amplitude des oscillations, après avoir atteint un maximum, décroît graduellement.
Physique des ondes. Si le milieu de propagation est limité, toute onde issue d'une source d'ébranlement se réfléchit quand elle atteint les limites du milieu. Si l'onde peut traverser cette limite pour pénétrer dans un autre milieu, on observe le phénomène de *réfraction,* autrement dit un changement de la direction de propagation de l'onde dans le nouveau milieu.
Pour un ébranlement périodique, la superposition de l'onde directe et de l'onde réfléchie peut donner lieu au phénomène d'ondes stationnaires, où certains points du milieu restent constamment au repos *(nœuds),* tandis que d'autres ont une amplitude maximale *(ventres).* D'une manière générale, ce phénomène d'*interférence* se produit quand deux ondes de même nature se propagent dans le même milieu et se superposent.
Le phénomène de *diffraction* qui résulte des interférences liées à la superposition d'ondes diversement décalées est particulièrement sensible avec les ondes lumineuses. Lorsqu'on utilise une source lumineuse très fine, le contour de l'ombre portée par un corps opaque est bordé de franges alternativement sombres et brillantes, ce qui montre que la lumière ne se propage pas en ligne droite, mais s'infléchit en rasant le contour des corps. La diffraction limite les possibilités des instruments d'optique. ■

ondée [ɔ̃de] **n.f.** (de *onde*). Grosse pluie soudaine et de courte durée : *Nous avons reçu une ondée* (syn. **averse**).

on-dit [ɔ̃di] **n.m. inv.** (Surtout au pl.). Rumeur, nouvelle répétée de bouche en bouche : *Je me méfie des on-dit* (syn. **racontar, ragot**).

ondoiement [ɔ̃dwamɑ̃] **n.m.** (de *ondoyer*). **1.** LITT. Mouvement d'ondulation : *L'ondoiement des blés sous la brise* (syn. **balancement, ondulation**). **2.** CATH. Baptême administré en cas d'urgence, et réduit à l'ablution d'eau accompagnée des paroles sacramentelles.

ondoyant, e [ɔ̃dwajɑ̃, -ɑ̃t] **adj.** LITT. **1.** Qui ondoie ; qui se meut en formant des ondes ; ondulant : *Démarche ondoyante* (syn. **dansant**). **2.** Qui change selon les circonstances : *Caractère ondoyant* (syn. **inconstant, versatile**).

ondoyer [ɔ̃dwaje] **v.i.** (de *onde*) [conj. **13**]. LITT. **1.** Flotter souplement en s'élevant et en s'abaissant alternativement : *Les hautes herbes ondoient dans le vent* (syn. **se balancer, onduler**). **2.** Former une ligne sinueuse : *La route ondoie dans la vallée.* ◆ **v.t.** CATH. Baptiser par ondoiement.

ondulant, e [ɔ̃dylɑ̃, -ɑ̃t] **adj.** Qui ondule ; ondulé.

ondulation [ɔ̃dylasjɔ̃] **n.f.** (bas lat. *undula,* petite onde). **1.** Mouvement léger et régulier d'un fluide qui s'abaisse et s'élève alternativement : *L'ondulation des vagues* (syn. **agitation, remous**). **2.** (Surtout au pl.). Mouvement se propageant par vagues successives : *Les ondulations des blés* (syn. **balancement, ondoiement**). **3.** Succession de petites hauteurs et de faibles dépressions : *Ondulation du terrain* (syn. **vallonnement**). **4.** Forme sinueuse ; mouvement des cheveux qui frisent : *Les ondulations de sa chevelure* (syn. **cran, frisure**). **5.** ÉLECTR. Composante alternative du courant fourni par les redresseurs.

ondulatoire [ɔ̃dylatwar] **adj. 1.** Qui a les caractères, la forme d'une onde : *Mouvement ondulatoire.* **2.** PHYS. Qui concerne les ondes. **3. Mécanique ondulatoire,** théorie créée en 1924 par L. de Broglie, selon laquelle à toute particule en mouvement est associée une onde périodique.

ondulé, e [ɔ̃dyle] **adj. 1.** Qui présente des ondulations : *Une chevelure ondulée* (syn. **bouclé, frisé**). **2.** Se dit de tôles, de plaques de matière plastique, de carton, etc., qui présentent une alternance régulière de reliefs et de creux.

onduler [ɔ̃dyle] **v.i.** (de *ondul[ation]*). Avoir un léger mouvement sinueux : *Les moissons ondulent* (syn. **se balancer, ondoyer**). ◆ **v.t.** Donner une forme ondulante à : *Onduler ses cheveux* (syn. **boucler, friser**).

onduleur [ɔ̃dylœr] **n.m.** ÉLECTR. Convertisseur qui transforme un courant unidirectionnel en un système de courants alternatifs.

Onega ***(lac),*** lac du nord-ouest de la Russie, en Carélie, qui se déverse dans le lac Ladoga par la Svir ; 9 900 km^2.

O'Neill (Eugene), auteur dramatique américain (New York 1888 - Boston 1953). Son théâtre passe du réalisme (*Anna Christie,* 1922 ; *le Désir sous les ormes,* 1924) à une vision poétique de l'effort humain pour s'intégrer au monde (*l'Empereur Jones,* 1920) et de la lutte d'êtres d'exception contre la fatalité (*Le deuil sied à Électre,* 1931). [Prix Nobel 1936.]

one-man-show [wanmanʃo] **n.m. inv.** (mots angl. « spectacle d'un seul homme »). Spectacle de variétés où l'artiste est seul sur scène. (Recomm. off. *spectacle solo* ou *solo*).

onéreux, euse [ɔnerø, -øz] **adj.** (lat. *onerosus,* de *onus, oneris,* charge). **1.** Qui occasionne des frais importants : *Une réparation onéreuse* (syn. **cher, coûteux**). **2. À titre onéreux,** en payant (par opp. à *à titre gracieux*).

O.N.G. [oenʒe] **n.f.** (sigle de *Organisation non gouvernementale*). Organisme dont le financement est assuré essentiellement par des dons privés et qui se voue à l'aide humanitaire.

ongle [ɔ̃gl] **n.m.** (lat. *ungula*). **1.** Lame cornée d'origine épidermique qui couvre le dessus du bout des doigts et des orteils chez l'homme : *Se faire les ongles* (= les couper, les limer, les nettoyer). **2.** Sabot ou griffe d'autres mammifères. **3. Jusqu'au bout des ongles,** à un degré extrême ; à la perfection : *Raffinée jusqu'au bout des ongles.*

onglée [ɔ̃gle] **n.f.** (de *ongle*). Engourdissement douloureux du bout des doigts, causé par un grand froid, premier stade de la gelure.

onglet [ɔ̃glɛ] **n.m. 1.** Petite entaille où l'on peut placer l'ongle : *L'onglet d'une lame de canif.* **2.** TECHN. Extrémité d'une pièce de bois qui forme un angle de 45°. **3.** Échancrure semi-circulaire pratiquée dans les bords des feuillets d'un livre, d'un cahier pour signaler un chapitre ou une section : *Un dictionnaire à onglets.* **4.** Morceau du bœuf tiré des muscles du diaphragme : *De l'onglet aux échalotes.*

onguent [ɔ̃gɑ̃] **n.m.** (lat. *unguentum,* de *ungere,* oindre). Médicament d'usage externe, à base de résine, de corps gras et de divers principes actifs : *Appliquer un onguent sur une brûlure* (syn. **baume, pommade**).

ongulé, e [ɔ̃gyle] **adj.** (du lat. *ungula,* ongle). ZOOL. Dont les doigts sont terminés par des sabots : *Mammifères ongulés.* ◆ **ongulé** **n.m.** ZOOL. Mammifère herbivore doté de sabots, tel que les proboscidiens (éléphants), les périssodactyles (cheval, rhinocéros), et les artiodactyles (ruminants, suidés, camélidés).

onguligrade [ɔ̃gyligrad] **adj.** et **n.m.** ZOOL. Qui marche sur des sabots : *Le cheval est onguligrade, un onguligrade.*

onirique [ɔnirik] **adj.** (du gr. *oneiros,* rêve). **1.** Relatif au rêve : *Délire onirique.* **2.** LITT. Qui évoque le rêve ; qui est inspiré par le rêve : *Littérature onirique.*

oniromancie [ɔnirɔmɑ̃si] **n.f.** (du gr. *oneiros,* rêve, et de *-mancie*). Divination par les rêves.

onomastique [ɔnɔmastik] **n.f.** (du gr. *onoma,* nom). LING. Branche de la lexicologie qui étudie l'origine des noms propres. ▸ On distingue l'anthroponymie, qui étudie les noms de personnes, et la toponymie, qui étudie les noms de lieux.

onomatopée [ɔnɔmatɔpe] **n.f.** (gr. *onomatopoiia,* création de mots). Mot dont la prononciation rappelle le son produit par l'être ou la chose qu'il dénote : *« Teuf-teuf », « glouglou » sont des onomatopées.*

onomatopéique [ɔnɔmatɔpeik] **adj.** Qui concerne l'onomatopée ; fondé sur l'onomatopée.

Ontario, lac de l'Amérique du Nord, entre le Canada et les États-Unis. Il reçoit par le Niagara les eaux du lac Érié, qu'il déverse par le Saint-Laurent ; 18 800 km^2.

Ontario, province la plus riche et la plus peuplée du Canada ; 1 068 582 km^2 ; 12 851 821 hab. CAP. *Toronto.* V. princ. *Hamilton, Ottawa, Windsor, London.*

ontogenèse [ɔ̃tɔʒənɛz] **n.f.** (du gr. *ôn, ontos,* être). BIOL. Développement de l'individu depuis l'œuf fécondé jusqu'à l'état adulte (par opp. à *phylogenèse*).

ontologie [ɔ̃tɔlɔʒi] **n.f.** (du gr. *ôn, ontos,* être). PHILOS. Spéculation sur l'être en tant qu'être, sur l'être en soi.

ontologique [ɔ̃tɔlɔʒik] **adj.** PHILOS. **1.** Relatif à l'ontologie. **2. Preuve ontologique de l'existence de Dieu,** argument qui consiste, après avoir posé Dieu comme parfait, à soutenir que, s'il lui manquait l'existence, il ne serait pas parfait, donc qu'il existe. ▸ Elle a été utilisée en partic. par saint Anselme.

O.N.U. (Organisation des Nations unies), organisation internationale constituée en 1945 (pour succéder à la Société des Nations, créée par le traité de Versailles en 1919) par les États qui ont accepté de remplir les obligations prévues par la Charte des Nations unies (signée à San Francisco le 26 juin 1945), en vue de sauvegarder la paix et la sécurité internationales, et d'instituer entre les nations une coopération économique, sociale et culturelle. L'O.N.U., dont le siège est à New York, commença à exister officiellement le 24 oct. 1945. La Chine, les États-Unis, la France, la Grande-Bretagne et la Russie ont un siège permanent et un droit de veto au Conseil de sécurité. L'O.N.U. a proclamé en 1948 la Déclaration universelle des droits* de l'homme.

Organes principaux : – *l'Assemblée générale* (tous les États membres [auj. 193]), principal organe de délibération qui émet les recommandations ; – *le Conseil de sécurité* (5 membres permanents et 10 membres élus tous les 2 ans par l'Assemblée générale), organe exécutif qui a pour but le maintien de la paix internationale ; – *le Conseil économique et social ;* – *le Conseil de tutelle,* en déclin en raison de la décolonisation ; – *la Cour internationale de justice,* à La Haye, qui juge les différends entre États ; – *le Secrétariat,* qui assure les fonctions administratives de l'O.N.U. Il est dirigé par le *secrétaire général* nommé par l'Assemblée générale tous les 5 ans sur recommandation du Conseil de sécurité.

Institutions spécialisées : plusieurs institutions internationales spécialisées sont rattachées à l'O.N.U., par exemple la FAO* (pour l'alimentation mondiale), le F.M.I. (Fonds* monétaire international) , l'O.M.S.* (pour la santé dans le monde), l'Unesco* (pour l'éducation et la culture), l'Unicef* (pour l'aide à l'enfance), O.N.U. Femmes.

En 1988, le prix Nobel de la paix a été attribué aux Forces pour le maintien de la paix (les fameux *Casques bleus*) ; en 2001, il a été attribué conjointement à l'O.N.U. et à son secrétaire général, le Ghanéen Kofi Annan.

onusien, enne [ɔnyzjɛ̃, -ɛn] **adj.** Relatif à l'O.N.U. ; qui dépend de l'O.N.U. : *Les forces onusiennes.*

onychophagie [ɔnikɔfaʒi] **n.f.** (du gr. *onux, onukhos,* ongle, et de *-phagie*). MÉD. Habitude de se ronger les ongles.

onyx [ɔniks] **n.m.** (gr. *onux,* ongle, à cause de sa transparence). Agate d'une variété caractérisée par des raies concentriques de diverses couleurs.

onzain [ɔ̃zɛ̃] **n.m.** Strophe ou poème de onze vers.

onze [ɔ̃z] **adj. num. card. inv.** (lat. *undecim*). [Ne provoque génér. pas l'élision de *le, la, de*]. **1.** Dix plus un : *Onze heures.* **2.** (En fonction d'ordinal). De rang numéro onze ; onzième : *Louis XI* (= le onzième roi à s'appeler Louis). ◆ **n.m. inv.** Le nombre qui suit dix dans la série des entiers naturels ; le chiffre représentant ce nombre : *Sept et quatre font onze.*

onzième [ɔ̃zjɛm] **adj. num. ord.** (Ne provoque pas l'élision de *le, la, de*). De rang numéro onze : *Il est onzième au classement général. Habiter le, dans le onzième* (= le onzième arrondissement). ◆ **n.** Celui, celle qui occupe le onzième rang : *La onzième a gagné.* ◆ **adj.** et **n.m.** Qui correspond à la division d'un tout en onze parties égales : *La onzième partie d'une somme. Réserver le onzième des recettes.*

onzièmement [ɔ̃zjɛmmɑ̃] **adv.** En onzième lieu.

oogone [ɔɔgɔn] **n.f.** (du gr. *ôon*, œuf, et *gonê*, génération). BOT. Organe dans lequel se forment les oosphères chez certaines thallophytes.

oolithe ou **oolite** [ɔɔlit] **n.f.** ou **n.m.** (gr. *ôon*, œuf, et *lithos*, pierre). GÉOL. Petite concrétion sphérique (0,5 à 2 mm). ◆ **n.f.** Calcaire à oolithes.

oolithique [ɔɔlitik] **adj.** Formé d'oolithes.

oosphère [ɔɔsfɛr] **n.f.** (du gr. *ôon*, œuf, et *sphère*). BOT. Gamète femelle, homologue, chez les végétaux, de l'ovule des animaux.

O.P. [ope] **n.** (sigle). ⟶ Ouvrier* professionnel.

O.P.A. [opea] **n.f.** (sigle). ⟶ Offre* publique d'achat.

opacifier [ɔpasifje] **v.t.** [conj. **9**]. Rendre opaque.

opacité [ɔpasite] **n.f. 1.** État de ce qui est opaque, qui ne laisse pas passer la lumière : *L'opacité du plomb aux rayons X. L'opacité du cristallin dans le cas de cataracte.* **2.** LITT. Caractère de ce qui ne peut être pénétré par l'intelligence : *Un texte d'une grande opacité* (= incompréhensible).

opale [ɔpal] **n.f.** (lat. *opalus*). Pierre fine, à reflets irisés, variété de silice hydratée.

opalescent, e [ɔpalɛsɑ̃, -ɑ̃t] **adj.** Qui prend une teinte, un reflet d'opale : *Une lueur opalescente* (syn. **opalin**).

opalin, e [ɔpalɛ̃, -in] **adj.** Qui a l'aspect laiteux et bleuâtre de l'opale, ses reflets irisés ; opalescent.

opaline [ɔpalin] **n.f.** (de *opalin*). **1.** Verre opalin blanc ou coloré. **2.** Objet fait avec cette matière.

opaque [ɔpak] **adj.** (lat. *opacus*, épais). **1.** Qui ne se laisse pas traverser par la lumière : *Verre opaque* (contr. **translucide, transparent**). **2.** LITT. Sans lumière, impénétrable : *Nuit opaque* (syn. **noir, sombre**). **3.** Dont on ne peut pénétrer le sens : *Texte opaque* (syn. **inintelligible**).

Oparine (Aleksandr Ivanovitch), chimiste et biologiste soviétique (Ouglitch 1894 - Moscou 1980). Il est l'auteur d'une théorie expliquant l'apparition de la vie à partir des composés chimiques de l'atmosphère primitive de la Terre.

ope [ɔp] **n.f.** ou **n.m.** (lat. *opa*, gr. *opê*). ARCHIT. Ouverture ménagée dans un mur.

open [ɔpœn] ou [ɔpɛn] **adj. inv.** (mot angl. « ouvert »). **1.** Se dit d'une compétition réunissant amateurs et professionnels : *Tournoi open.* **2. Billet open,** billet d'avion, de chemin de fer non daté. ◆ **n.m.** Compétition open.

openfield [ɔpœnfild] **n.m.** (mot angl. « champ non clôturé »). GÉOGR. Paysage rural caractérisé par l'absence de haies et de clôtures, par la juxtaposition de parcelles en longueur, par la division du terroir en quartiers de culture et correspondant génér. à un habitat groupé (syn. **campagne**).

O.P.E.P. (Organisation des pays exportateurs de pétrole), organisation créée en 1960 et regroupant aujourd'hui douze États : Algérie, Angola, Arabie saoudite, Émirats arabes unis, Équateur, Iran, Iraq, Koweït, Libye, Nigeria, Qatar et Venezuela.

opéra [ɔpera] **n.m.** (mot it.). **1.** Œuvre théâtrale mise en musique, composée d'une partie orchestrale (ouverture, interludes, entractes, etc.), d'une partie chantée répartie entre le récitatif, les airs, les ensembles (duos, trios, etc.) et les chœurs : *Un opéra de Mozart.* **2.** Genre musical que constituent de telles œuvres : *Aimer l'opéra.* **3.** (Avec une majuscule). Théâtre où on les joue : *Le théâtre de l'Opéra (souvent appelé palais ou Opéra Garnier) et l'Opéra de la Bastille, à Paris.*

■ **Le XVIIe siècle.** L'opéra naît en Italie vers 1600 avec Peri et surtout Monteverdi. Il se développe dans la péninsule, d'abord à Rome, puis à Venise et à Naples. Il arrive en France avec les tragédies lyriques de Lully et en Angleterre avec Purcell.

Le XVIIIe siècle. Au XVIIIe s., l'opéra italien envahit à peu près toute l'Europe. L'*opera seria* (ou opéra sérieux) raconte une histoire tragique qui généralement se termine par une fin heureuse. Le « grand opéra » tel qu'on le surnomme s'impose à Londres, Vienne, Saint-Pétersbourg ou Dresde. L'opéra français résiste, grâce notamment à Rameau. Toujours en Italie, l'*opera buffa* (ou opéra-bouffe) prend toute son importance après 1750. L'*Orfeo* (1762) de Gluck marque les débuts de sa « réforme de l'opéra », tandis qu'en France la tragédie lyrique est supplantée par l'opéra-comique (Grétry), lui-même ancêtre de certains « grands opéras » de l'époque révolutionnaire (*Médée* de Cherubini, 1797). À la fin du siècle, le genre trouve en Mozart l'un de ses plus grands maîtres (*Don Giovanni,* 1787 ; *la Flûte enchantée,* 1791).

Le XIXe siècle. Ensuite, Beethoven (*Fidelio,* 1805-1814) et Weber (*le Freischütz,* 1821) achèvent de donner ses lettres de noblesse à l'opéra allemand tandis que brille l'étoile de Rossini (*le Barbier de Séville,* 1816). Lui succèdent en Italie Bellini et Donizetti, puis Verdi (*Otello,* 1887). En Allemagne, l'héritage de Weber est repris par Wagner (*Tristan et Isolde,* 1865). En France, après Meyerbeer, apparaissent Berlioz (*les Troyens,* 1855-1858), Gounod (*Faust,* 1859), Bizet (*Carmen,* 1875), Chabrier, Saint-Saëns. L'opéra prend aussi racine en Bohême avec Smetana et en Russie avec Glinka, Rimski-Korsakov, Tchaïkovski, Moussorgski.

Le XXe siècle. Au tournant du siècle, l'école littéraire et artistique italienne triomphe avec Puccini (*Tosca,* 1900) alors que Richard Strauss donne *le Chevalier à la rose* (1911). Mais ce sont essentiellement Debussy (*Pelléas et Mélisande,* 1902), puis Alban Berg (*Wozzeck,* 1925) qui révolutionnent le genre, comme plus tard Bernd Alois Zimmermann. Il faut encore citer, au XXe s., les opéras de Bartók (*le Château de Barbe-Bleue,* 1911), Schœnberg, Janáček, Prokofiev, Chostakovitch, Britten, Tippett et Ligeti. ■

opérable [ɔperabl] **adj.** Qui peut être opéré : *Le malade n'est pas opérable.*

opéra-comique [ɔperakɔmik] **n.m.** (pl. *opéras-comiques*). Opéra dans lequel alternent des épisodes parlés et chantés.

opérande [ɔperɑ̃d] **n.m.** INFORM., MATH. Donnée intervenant dans une opération, dans une instruction.

1. opérateur, trice [ɔperatœr, -tris] **n. 1.** Personne qui fait fonctionner un appareil : *Opérateur radio.* **2.** Personne qui exécute des opérations de Bourse. **3. Opérateur de prises de vues,** cadreur.

2. opérateur [ɔperatœr] **n.m.** INFORM., MATH. Symbole représentant une opération logique ou mathématique : *« ∩ » est l'opérateur de l'intersection de deux ensembles.*

opération [ɔperasjɔ̃] **n.f.** (lat. *operatio*). **1.** Ensemble organisé des processus qui concourent à l'effet, à l'action d'une fonction, d'un organe, etc. : *Les opérations de la digestion.* **2.** Action concrète et méthodique, individuelle ou collective, qui vise à tel résultat : *Les opérations nécessaires à la confection d'un livre.* **3.** MIL. Ensemble des combats et manœuvres exécutés dans une région en vue d'atteindre un objectif précis : *Les opérations du débarquement* (syn. **campagne, offensive**). **4.** MATH. Calcul, à l'aide des tables d'addition et de multiplication, d'une somme, d'une différence, d'un produit ou d'un quotient : *Apprendre les quatre opérations.* **5.** Affaire dont on évalue le profit financier : *Faire une opération malheureuse en Bourse* (syn. **transaction**). **6.** Intervention chirurgicale : *Salle, table d'opération.* **7. Par l'opération du Saint-Esprit,** par une intervention divine, par un moyen mystérieux (iron.).

opérationnel, elle [ɔperasjɔnɛl] **adj. 1.** Qui est prêt à entrer en activité, à réaliser parfaitement une, des opérations : *Le nouveau système sera bientôt opérationnel.* **2.** Relatif aux opérations militaires : *Zone opérationnelle.* **3. Recherche opérationnelle,** ensemble des techniques rationnelles d'analyse et de résolution de problèmes concernant, notamm., l'activité économique.

opératoire [ɔperatwar] **adj. 1.** Relatif à une opération chirurgicale : *Choc opératoire.* **2.** Qui sert à effectuer des opérations logiques, à former des concepts : *Théorie opératoire.*

opercule [ɔpɛrkyl] **n.m.** (lat. *operculum*, couvercle). **1.** Volet osseux qui recouvre les branchies chez les poissons osseux et ne laisse qu'une fente postérieure (l'ouïe). **2.** Pièce cornée qui ferme la coquille des mollusques gastropodes aquatiques. **3.** Mince couvercle de cire qui obture les cellules des abeilles. **4.** BOT. Couvercle de l'organe producteur de spores des mousses. **5.** TECHN. Pièce servant de fermeture à de petits contenants ; couvercle.

operculé, e [ɔpɛrkyle] **adj.** SC. Qui est muni d'un opercule : *Coquille operculée.*

opéré, e [ɔpere] **adj.** et **n.** Qui a subi une opération chirurgicale.

opérer [ɔpere] **v.t.** (lat. *operari,* travailler, de *opus,* œuvre) [conj. **18**]. **1.** Accomplir (une action), effectuer (une série d'actes) permettant d'obtenir, d'accomplir qqch : *L'entreprise a opéré un redressement financier* (syn. **réaliser**). *Opérer une reconversion* (syn. **effectuer**). **2.** Avoir pour résultat : *Les vacances ont opéré sur lui un heureux changement* (syn. **produire, susciter**). **3.** Effectuer (une opération de calcul, de chimie) : *Opérer une addition, un mélange.* **4.** Pratiquer un acte chirurgical sur (qqn, une partie du corps) : *Opérer qqn de l'appendicite.* ◆ **v.i. 1.** Agir d'une certaine manière : *Opérer avec méthode* (syn. **procéder, s'y prendre**). **2.** Produire un effet ; être efficace : *Le charme a opéré* (syn. **agir**). **3.** Pratiquer une intervention chirurgicale sur : *Il faut opérer* (syn. **intervenir**). ◆ **s'opérer v.pr.** Se produire ; avoir lieu : *Une transformation s'est opérée en lui* (syn. **s'accomplir, se réaliser**).

opérette [ɔperɛt] **n.f.** (all. *Operette,* d'apr. *operetta,* dimin. de *opera*). **1.** Œuvre théâtrale de caractère léger, où se mêlent des parties chantées et parlées. **2. D'opérette,** qui paraît léger ou factice ; qu'on ne peut pas prendre au sérieux : *Soldat d'opérette.*

■ Le goût du public français pour le rire assure, sous le second Empire, le succès d'Offenbach *(Orphée aux enfers, la Belle Hélène, la Vie parisienne).* L'opérette gagne les faveurs d'une société qui disparaîtra à la Grande Guerre (*l'Étoile,* de Chabrier ; *les Cloches de Corneville,* de Planquette ; *les Mousquetaires au couvent,* de Varney ; *la Fille de Madame Angot,* de Lecoq ; *Véronique* et *Fortunio,* de Messager). Dans la seconde moitié du XIXe s., l'opérette viennoise incorpore la valse avec les Strauss *(la Chauve-Souris)* et F. Lehár *(la Veuve joyeuse, le Pays du sourire).* Au XXe s., dans les années 1930, un genre nouveau apparaît : « l'opérette à grand spectacle » relayée après la Libération par « l'opérette légère » (Francis Lopez), aujourd'hui totalement désuète. ■

ophidien [ɔfidjɛ̃] **n.m.** (gr. *ophis,* serpent). **Ophidiens,** ordre (ou sous-ordre) de reptiles comprenant tous les serpents.

ophiure [ɔfjyr] **n.f.** et **ophiuride** [ɔfjyrid] **n.m.** (du gr. *ophis,* serpent, et *oura,* queue). Animal marin ayant l'aspect d'une étoile de mer, mais à bras longs, grêles et souples. ▸ Embranchement des échinodermes.

ophrys [ɔfris] **n.m.** (mot latin, du gr. *ophrus,* sourcil). Orchidée terrestre vivace dont les fleurs ressemblent à des araignées, à des mouches, à des abeilles.

ophtalmie [ɔftalmi] **n.f.** (lat. *ophtalmia,* du gr. *ophtalmos,* œil). Affection inflammatoire de l'œil.

ophtalmique [ɔftalmik] **adj.** Relatif aux yeux, aux soins des yeux : *Migraine ophtalmique. Pommade ophtalmique.*

ophtalmologie [ɔftalmɔlɔʒi] **n.f.** (de *ophtalmo-* et *-logie*). Spécialité médicale dont l'objet est le traitement des affections de l'œil et de ses annexes ainsi que la correction des troubles de la vision. ◆ **ophtalmologiste** et **ophtalmologue n.** Noms du médecin (syn. **oculiste**).

ophtalmologique [ɔftalmɔlɔʒik] **adj.** Relatif à l'ophtalmologie.

ophtalmoscope [ɔftalmɔskɔp] **n.m.** (de *ophtalmo-* et *-scope*). Instrument utilisé pour examiner l'intérieur de l'œil. ▸ Il permet de pratiquer l'examen dit *fond de l'œil.*

Ophuls (Max Oppenheimer, dit **Max),** cinéaste et metteur en scène de théâtre français d'origine allemande (Sarrebruck 1902 - Hambourg 1957). D'abord acteur, il monte ensuite de nombreuses pièces de théâtre en Allemagne, puis tourne son premier film en 1931. Sa carrière se partage ensuite entre plusieurs pays (Allemagne, France, États-Unis, etc.), où il réalise notamment : *la Fiancée vendue* (1932), *De Mayerling à Sarajevo* (1940), *Lettre d'une inconnue* (1948), *la Ronde* (1950), *le Plaisir* (1952), *Madame de...* (1953), *Lola Montes* (1955). Marqué par un style baroque et raffiné, il sait exprimer la nostalgie des destins individuels à travers le luxe trompeur qui les entoure, dépeindre au milieu des décors somptueux la quête difficile du bonheur et de la joie.

opiacé, e [ɔpjase] **adj.** et **n.m.** Se dit d'une substance contenant de l'opium ou exerçant une action comparable à celle de l'opium.

opiner [ɔpine] **v.t. ind.** (lat. *opinari*). **1.** Acquiescer à ; consentir : *Il opina à ce que je venais de dire* (syn. **approuver**). **2. Opiner de la tête, du bonnet, du chef,** approuver sans mot dire, par un simple signe.

opiniâtre [ɔpinjɑtr] **adj.** (de *opinion*). **1.** Qui est obstiné dans sa résolution, tenace dans sa volonté : *Un réformateur opiniâtre* (syn. **inébranlable, résolu**). **2.** Qui est poursuivi avec ténacité, persévérance : *Travail opiniâtre* (syn. **acharné, persévérant**). **3.** Qui est durable dans son état ; qui persiste : *Toux opiniâtre* (syn. **persistant, tenace**).

opiniâtrement [ɔpinjɑtrəmɑ̃] **adv.** Avec opiniâtreté : *Refuser qqch opiniâtrement* (syn. **obstinément, résolument**).

opiniâtreté [ɔpinjɑtrəte] **n.f.** *LITT.* Volonté tenace : *Travailler avec opiniâtreté* (syn. **acharnement, persévérance**).

opinion [ɔpinjɔ̃] **n.f.** (lat. *opinio,* même rad. que *opinari,* opiner). **1.** Jugement, façon de penser sur un sujet : *Donner son opinion sur une question* (syn. **avis**). *Se faire une opinion à propos de qqch. Avoir le courage de ses opinions* (syn. **idée**). **2.** (Précédé de l'art. déf.). Manière de penser la plus répandue dans une société, celle de la majorité du corps social (on dit aussi *l'opinion publique*) : *Défier l'opinion* (syn. **qu'en-dira-t-on**). **3. Avoir bonne opinion de,** estimer, apprécier. ◆ **opinions n.f. pl.** Croyances, convictions d'une personne, d'un groupe social : *Être inquiété pour ses opinions* (= ses idées politiques).

opiomane [ɔpjɔman] **adj.** et **n.** Toxicomane à l'opium.

opium [ɔpjɔm] **n.m.** (mot lat., gr. *opion,* suc de pavot). **1.** Suc épaissi qui s'écoule d'incisions faites aux capsules de diverses espèces de pavot et qui, fumé ou mâché, provoque un état d'euphorie suivi d'un état de stupeur. ▸ L'opium est un stupéfiant dont sont extraites la morphine, la codéine et l'héroïne. **2.** *LITT.* Ce qui agit à la manière d'une drogue (en apportant l'oubli, en causant un engourdissement moral et intellectuel, etc.) : *Son opium, c'est le travail.*

Opium ***(guerre de l')*** [1839-1842], conflit qui éclata entre la Grande-Bretagne et la Chine, qui avait interdit l'importation de l'opium. Les Britanniques occupèrent Shanghai et imposèrent à la Chine le traité de Nankin (1842), qui leur cédait Hongkong et ouvrait certains ports chinois au commerce européen.

opossum [ɔpɔsɔm] **n.m.** (algonquien *oposon*). **1.** Petit marsupial d'Amérique, au museau pointu, aux oreilles nues, à la longue queue écailleuse. ▸ Famille des didelphidés. Opossum de Virginie : *sarigue.* Opossum d'Australie : *phalanger.* **2.** Fourrure de cet animal.

Oppenheimer (Julius Robert), physicien américain (New York 1904 - Princeton 1967). Auteur de travaux sur la théorie quantique de l'atome, il fut nommé en 1943 directeur du centre de recherches nucléaires de Los Alamos, où furent mises au point les premières bombes A. Par la suite, il refusa de travailler à la bombe H et fut accusé de collusion avec les communistes. Réhabilité, il obtint le prix Enrico-Fermi en 1963 pour sa contribution aux progrès de la physique nucléaire.

oppidum [ɔpidɔm] **n.m.** (mot lat.). ANTIQ. Lieu fortifié établi sur une hauteur. ***Rem.*** Pluriel savant *oppida.*

opportun, e [ɔpɔrtœ̃, -yn] **adj.** (lat. *opportunus,* propr. « qui conduit au port »). Qui convient au temps, aux lieux, aux circonstances ; qui survient à propos : *Choisir le moment opportun* (syn. **convenable, propice**). *Je vous avertirai en temps opportun* (= au moment favorable).

opportunément [ɔpɔrtynemɑ̃] **adv.** Avec opportunité : *Il est arrivé opportunément* (syn. **à point, à propos**).

opportunisme [ɔpɔrtynism] **n.m.** Attitude consistant à régler sa conduite selon les circonstances du moment et selon ses intérêts.

opportuniste [ɔpɔrtynist] **adj.** et **n.** Qui agit avec opportunisme ; qui manifeste de l'opportunisme : *Politique opportuniste.* ◆ **adj.** MÉD. Se dit d'un germe qui ne devient pathogène que sur un organisme dont les défenses immunitaires affaiblies ; se dit de l'infection due à ce type de germes : *Maladies opportunistes.*

opportunité [ɔpɔrtynite] **n.f. 1.** Qualité de ce qui est opportun : *Je m'interroge sur l'opportunité de cette démarche* (syn. **à-propos, justesse**). **2.** (Calque de l'angl. *opportunity* ; emploi critiqué). Circonstance favorable : *Saisir une opportunité quand elle se présente* (syn. **occasion**).

opposabilité [ɔpozabilite] **n.f. 1.** DR. Qualité d'un moyen de défense qu'il est possible de faire valoir en justice contre un adversaire, ou d'un contrat dont on peut se prévaloir vis-à-vis d'un tiers. **2.** Caractère opposable d'un doigt : *L'opposabilité du pouce.*

opposable [ɔpozabl] **adj. 1.** Qui peut être mis en face et en contact : *Le pouce est opposable aux autres doigts.* **2.** Qui peut être opposé à qqch, utilisé contre qqch : *Argument opposable à un raisonnement.* **3.** Se dit d'un acte juridique ou d'un jugement dont les tiers doivent tenir compte.

opposant, e [ɔpozɑ̃, -ɑ̃t] **adj.** et **n. 1.** Qui forme une opposition : *Partie opposante dans un procès.* **2.** Personne qui s'oppose à une décision, à un gouvernement, à une majorité, etc. : *Les opposants au régime* (contr. **défenseur, soutien**). **3.** LITTÉR. Dans un récit, ce qui nuit ou s'oppose au héros (par oppos. à *adjuvant*).

opposé, e [ɔpoze] **adj. 1.** Placé vis-à-vis ; contraire : *Rives opposées.* **2.** De nature différente, contradictoire : *Intérêts opposés* (syn. **contraire, divergent**). **3.** Hostile ; défavorable : *Être opposé à la violence* (syn. **adverse, ennemi**). **4.** BOT. Se dit de feuilles insérées par deux au même nœud, comme chez l'ortie. **5.** MATH. **Angles opposés par le sommet,** angles de même sommet dont les côtés sont des demi-droites opposées deux à deux. / MATH. **Demi-droites opposées,** qui sont portées par une même droite et n'ont qu'un seul point commun. / MATH. **Nombres opposés,** qui ont pour somme zéro. ▸ Ils ont même valeur absolue et des signes contraires. ◆ **opposé n.m. 1.** Chose directement contraire : *Dire une chose et faire l'opposé* (syn. **contraire, inverse**). **2.** MATH. Nombre opposé d'un autre. **3. À l'opposé de,** du côté opposé à ; au contraire de.

opposer [ɔpoze] **v.t.** (lat. *opponere,* d'apr. *poser*). **1.** Mettre vis-à-vis, en correspondance : *Opposer deux motifs d'ornementation* (syn. **confronter, contraster**). **2.** Placer une chose de manière qu'elle fasse obstacle à une autre : *Opposer une digue aux flots.* **3.** Mettre en avant, présenter comme une objection : *Opposer des arguments valables* (syn. **objecter**). **4.** Faire s'affronter : *Opposer une équipe à une autre.* **5.** Comparer en soulignant les différences : *Opposer les avantages de la mer et de la montagne* (= mettre en balance) [syn. **confronter**]. ◆ **s'opposer v.pr. 1.** Contraster ; être contraire : *Nos opinions s'opposent* (syn. **diverger** ; contr. **concorder**). **2. S'opposer à,** être contre, faire obstacle à : *S'opposer à un mariage* (syn. **empêcher**).

opposition [ɔpozisjɔ̃] **n.f. 1.** Situation de choses placées vis-à-vis : *Opposition de couleurs* (syn. **contraste**). **2.** Différence extrême ; situation de choses ou de personnes qui s'affrontent : *Opposition de caractères* (syn. **antagonisme**). **3.** Action de s'opposer, de résister, de faire obstacle à qqn, à qqch : *Faire de l'opposition systématique* (syn. **obstruction**). *Projet qui rencontre beaucoup d'opposition* (syn. **désapprobation, résistance**). **4.** Ensemble des partis et des forces politiques opposés à la majorité parlementaire, au gouvernement qui en est issu : *Faire partie de l'opposition* (contr. **majorité**). *Les partis de l'opposition.* **5.** DR. Acte par lequel une personne empêche légalement l'accomplissement d'un acte (*opposition à mariage, à paiement,* etc.), ou rend un titre indisponible entre les mains de son dépositaire : *Faire opposition à un chèque.* **6.** ASTRON. Situation de deux astres du Système solaire qui se trouvent, par rapport à la Terre, en des points du ciel diamétralement opposés : *Phase où la Lune est en opposition avec le Soleil* (par opp. à *conjonction*). **7.** PSYCHOL. **Crise d'opposition,** période au cours de laquelle l'enfant, vers 3 ans, affirme son autonomie par une attitude de refus systématique.

oppressant, e [ɔprɛsɑ̃, -ɑ̃t] **adj.** Qui accable, oppresse : *Une chaleur oppressante* (syn. **étouffant, lourd**). *Des souvenirs oppressants* (syn. **angoissant, poignant**).

oppressé, e [ɔprese] **adj.** Qui éprouve une gêne respiratoire.

oppresser [ɔprese] **v.t.** (du lat. *oppressum,* supin de *opprimere,* opprimer). **1.** Gêner la respiration de : *La chaleur l'oppresse* (syn. **accabler, étouffer**). **2.** Accabler moralement : *Ce souvenir m'oppresse* (syn. **angoisser**).

oppresseur [ɔpresœr] **n.m.** (lat. *oppressor*). Celui qui opprime : *Lutter contre l'oppresseur* (syn. **despote, tyran**).

oppressif, ive [ɔpresif, -iv] **adj.** Qui tend à opprimer : *Système de censure oppressif* (syn. **coercitif, tyrannique**).

oppression [ɔpresjɔ̃] **n.f. 1.** Fait d'oppresser ; sensation de gêne respiratoire : *Souffrir d'oppression à cause de la chaleur* (syn. **étouffement, suffocation**). **2.** Malaise psychique sourd, un peu angoissant, qui étreint : *Ressentir un sentiment d'oppression* (syn. **angoisse**). **3.** Action d'opprimer, d'accabler sous une autorité tyrannique : *Lutter contre l'oppression* (syn. **tyrannie**).

opprimant, e [ɔprimɑ̃, -ɑ̃t] **adj.** Qui opprime : *Un silence opprimant* (syn. **angoissant**).

opprimé, e [ɔprime] **adj.** et **n.** Qu'on opprime : *Les peuples opprimés* (syn. **asservi, tyrannisé**).

opprimer [ɔprime] **v.t.** (lat. *opprimere*). **1.** Accabler par violence, par abus d'autorité : *Opprimer un peuple* (syn. **asservir, assujettir**). **2.** Empêcher de s'exprimer : *Opprimer la presse* (syn. **bâillonner, museler**).

opprobre [ɔprɔbr] **n.m.** (lat. *opprobrium,* de *probum,* infamie). *LITT.* **1.** Réprobation publique qui s'attache à des actions jugées condamnables : *Couvrir d'opprobre les exactions de la dictature* (syn. **anathème, blâme**). **2.** Cause, sujet de honte : *Fils qui est l'opprobre de sa famille* (syn. **déshonneur**). **3.** État d'abjection, d'avilissement : *Vivre dans l'opprobre* (syn. **ignominie, turpitude**).

optatif, ive [ɔptatif, -iv] **adj.** et **n.m.** (bas lat. *optativus,* de *optare,* souhaiter). GRAMM. Se dit d'une forme, d'un mode qui exprime le souhait : *L'optatif s'exprime en français par le subjonctif.*

opter [ɔpte] **v.i.** (lat. *optare,* choisir). Choisir entre plusieurs possibilités : *À sa majorité, il pourra opter entre les nationalités française et brésilienne* (syn. **choisir**).

opticien, enne [ɔptisjɛ̃, -ɛn] **n.** Personne qui vend ou fabrique des instruments d'optique, des lunettes.

optimal, e, aux [ɔptimal, -o] **adj.** (de *optimum,* d'apr. *maximal*). Se dit de l'état le plus favorable ; optimum.

optimalisation [ɔptimalizasjɔ̃] et **optimisation** [ɔptimizasjɔ̃] **n.f.** Action d'optimaliser ou d'optimiser ; fait d'être optimalisé ou optimisé : *L'optimisation d'un processus.*

optimaliser [ɔptimalize] et **optimiser** [ɔptimize] **v.t.** Donner à qqch (une machine, une entreprise) le rendement optimal en créant les conditions les plus favorables ou en en tirant le meilleur parti possible : *Optimiser la production d'une chaîne de montage.*

optimisme [ɔptimism] **n.m.** (du lat. *optimus,* superlatif de *bonus,* bon). **1.** Attitude de ceux qui prétendent que tout est pour le mieux dans le monde ou que la somme des biens l'emporte sur celle des maux : *Voltaire a réfuté l'optimisme dans son*

« *Candide* ». **2.** Tendance à prendre les choses du bon côté, à être confiant dans l'avenir : *Envisager la suite des événements avec optimisme* (syn. **confiance, espoir** ; contr. **pessimisme**).

optimiste [ɔptimist] **adj.** et **n.** Qui fait preuve d'optimisme : *Elle est d'un naturel optimiste* (syn. **confiant, heureux** ; contr. **pessimiste**).

optimum [ɔptimɔm] **n.m.** (mot lat. « le meilleur ») [pl. *optimums* ou *optima*]. État, degré de développement de qqch jugé le plus favorable au regard de circonstances données : *Atteindre l'optimum de production.* ◆ **adj.** Meilleur : *Température optimum* (syn. **optimal**).

option [ɔpsjɔ̃] **n.f.** (lat. *optio*). **1.** Fait d'opter ; choix à faire, parti à prendre ; chose choisie : *Les grandes options politiques du gouvernement* (syn. **choix**). **2.** Accessoire facultatif que l'on peut acheter ou non moyennant un supplément de prix, ou présentation variable à choisir dans une certaine gamme de produits : *Il y a plusieurs options pour ce modèle de voiture. Le toit ouvrant est en option.* **3.** Matière, épreuve facultative à un examen : *Option musique.* **4.** Promesse d'achat ou de location qui, pour être effective, doit être confirmée avant une date limite : *Prendre une option sur un appartement.* **5. À option,** à choisir : *Matière à option à l'examen.*

optionnel, elle [ɔpsjɔnɛl] **adj.** Qui donne lieu à un choix, à une option : *Matière optionnelle* (contr. **obligatoire**).

1. optique [ɔptik] **adj.** (gr. *optikos*, relatif à la vue). **1.** Relatif à la vision ou à l'œil : *Lentilles optiques. Nerf optique* (= nerf crânien qui relie l'œil à l'encéphale). **2.** Relatif à l'optique ; qui sert en optique ; qui est fondé sur les lois de l'optique. **3. Angle optique** ou **angle de vision,** angle ayant son sommet à l'œil de l'observateur et dont les côtés passent par les extrémités de l'objet considéré. ⁄ **Centre optique,** point de l'axe d'une lentille tel qu'à tout rayon lumineux intérieur à la lentille, et passant par ce point, correspondent un rayon incident et un rayon émergent parallèles l'un à l'autre.

2. optique [ɔptik] **n.f.** (de *1. optique*). **1.** Partie de la physique qui traite des propriétés de la lumière et des phénomènes de la vision : *Les lois de l'optique.* **2.** Fabrication, commerce des instruments et des appareils utilisant, notamm., les propriétés des lentilles et des miroirs (dits *instruments d'optique*). **3.** Partie d'un appareil formée de lentilles, de miroirs ou de leurs combinaisons (par opp. à la *monture*, au *boîtier*) : *L'optique d'un appareil photo.* **4.** Manière de juger particulière ; point de vue : *Savoir se placer dans l'optique de ses collaborateurs. Situer les événements dans une optique historique* (syn. **perspective**).

optométrie [ɔptɔmetri] **n.f.** (du gr. *optos*, visible). MÉD. Ensemble des procédés destinés à étudier la réfraction de l'œil et à dépister les défauts optiques.

opulence [ɔpylɑ̃s] **n.f.** (lat. *opulentia*). **1.** Grande richesse ; extrême abondance de biens matériels : *Elle a toujours vécu dans l'opulence* (syn. **aisance, richesse**). *Connaître l'opulence.* **2.** LITT. Caractère de ce qui est ample, abondant : *L'opulence de ses formes* (syn. **plénitude, rondeur**).

opulent, e [ɔpylɑ̃, -ɑ̃t] **adj.** (lat. *opulentus*, de *opes*, richesses). **1.** LITT. Très riche : *Une famille opulente* (syn. **aisé, riche**). *Une maison opulente* (syn. **cossu**). **2.** Qui a des formes corporelles développées : *Poitrine opulente* (syn. **généreux, plantureux**).

opuntia [ɔpɔ̃sja] **n.m.** (lat. *opuntius*, de la ville d'Oponte). Plante grasse originaire d'Amérique à rameaux épineux en forme de raquettes (noms usuels : *figuier d'Inde, figuier de Barbarie*). ▸ Famille des cactacées.

opus [ɔpys] **n.m.** (mot lat. « œuvre »). Terme qui, suivi d'un numéro, sert à situer un morceau de musique dans la production d'un compositeur (abrév. *op.*) : *La sonate opus 109 de Beethoven.*

opuscule [ɔpyskyl] **n.m.** (lat. *opusculum*, dimin. de *opus*, ouvrage). Petit ouvrage ; petit livre : *Il a écrit un opuscule sur la vie des fourmis* (syn. **brochure**).

1. or [ɔr] **n.m.** (lat. *aurum*). **1.** Métal précieux d'un jaune brillant, inaltérable à l'air et à l'eau, fondant à 1 064 °C. ▸ Symb. Au. **2.** Alliage de ce métal avec d'autres métaux (argent, cuivre, nickel, zinc, etc.) utilisé en bijouterie, en dentisterie, etc. : *Or blanc, jaune, rose, etc.* ▸ Cet alliage a une teneur en or de 18 carats (75 % d'or), 14 carats (58,5 % d'or) ou 9 carats (37,5 % d'or), selon la loi française. **3.** Monnaie d'or : *Exiger d'être payé en or.* **4. Affaire en or,** très avantageuse. ⁄ **Âge d'or,** temps heureux d'une civilisation ; époque de bonheur, de prospérité. ⁄ **À prix d'or,** très cher. ⁄ **Cœur d'or,** personne généreuse. ⁄ **En or,** parfait : *Elle a un mari en or.* ⁄ **Nombre d'or** → **nombre.** ⁄ **Règle d'or,** précepte qu'il convient de respecter absolument. **5. Or bleu,** l'eau, élément indispensable à la vie. ⁄ **Or noir,** pétrole. ⁄ **Or vert,** ensemble des ressources végétales de la planète. ◆ **adj. inv. Valeur or,** valeur exprimée en une unité monétaire convertible en or.

■ ÉCONOMIE. L'or a d'abord été reconnu comme monnaie au même titre que l'argent *(bimétallisme),* mais à la fin du XIXe s. il est devenu la seule monnaie en circulation *(monométallisme).* C'est le système de l'étalon-or, où chaque monnaie est définie par un poids d'or. La Première Guerre mondiale, la crise de 1929, la Seconde Guerre mondiale firent que beaucoup de pays dévaluèrent leur monnaie. En juillet 1944, les accords de Bretton Woods établirent que les monnaies seraient convertibles en dollar, lui-même convertible en or. En 1971, les États-Unis ont abandonné la convertibilité du dollar en or, ce qui a été confirmé par l'accord de la Jamaïque en janv. 1976 : la parité fixe des monnaies est abandonnée, et toute référence à l'or supprimée. Cependant si l'or a perdu son rôle historique d'étalon, il reste un instrument de réserve très apprécié par les banques centrales ; en témoigne la forte progression des cours de l'or dans la première décennie du XXIe siècle. ■

2. or [ɔr] **conj. coord.** (lat. pop. *hora* pour *hac hora*, à cette heure). Introduit une transition d'une idée à une autre ou une circonstance particulière dans un récit : *Or, il arriva ce que précisément il redoutait.*

oracle [ɔrakl] **n.m.** (lat. *oraculum*). **1.** ANTIQ. Réponse d'une divinité au fidèle qui la consultait ; divinité qui rendait cette réponse ; sanctuaire où cette réponse était rendue : *L'oracle d'Apollon à Delphes.* **2.** LITT. Décision jugée infaillible et émanant d'une personne de grande autorité : *Ce qu'il dit est un oracle pour ses confrères* (syn. **prophétie**). **3.** LITT. Personne considérée comme infaillible : *Son père est un oracle à la Bourse.*

Oradour-sur-Glane, comm. de la Haute-Vienne ; 2 401 hab. Sa population y fut massacrée par les SS le 10 juin 1944 : 642 victimes, 6 survivants.

orage [ɔraʒ] **n.m.** (de l'anc. fr. *ore*, lat. *aura*, vent). **1.** Perturbation atmosphérique violente, accompagnée d'éclairs, de tonnerre, de rafales, d'averses de pluie ou de grêle. **2.** LITT. (Surtout au pl.). Ce qui vient troubler violemment un état de calme ou de sécurité : *Les orages de l'amour* (syn. **déchirement, tourmente**). **3.** Trouble dans la vie personnelle ou les relations entre individus : *Sentir venir l'orage* (syn. **colère, dispute**). **4. Il y a de l'orage dans l'air,** la tension laisse présager un éclat ; cela va mal se passer. **5. Orage magnétique,** intense perturbation transitoire du champ magnétique terrestre.

orageux, euse [ɔraʒø, -øz] **adj. 1.** Qui annonce ou accompagne l'orage : *Temps orageux.* **2.** Agité ; troublé : *Vie, séance orageuse* (syn. **houleux, tumultueux**).

oraison [ɔrezɔ̃] **n.f.** (lat. *oratio*, de *orare*, parler, prier). **1.** Prière mentale sous forme de méditation. **2.** Courte prière liturgique récitée, au nom de l'assemblée, par le célébrant d'un office. **3. Oraison funèbre,** discours public prononcé en l'honneur d'un mort illustre.

1. oral, e, aux [ɔral, -o] **adj.** (du lat. *os, oris*, bouche). **1.** De la bouche, qui concerne la bouche en tant qu'organe : *Administrer un médicament par voie orale.* **2.** Fait de vive voix ; transmis par la voix (par opp. à *écrit*) : *Promesse orale* (syn. **verbal**). *Tradition orale.* **3.** Se dit d'un phonème dans l'émission duquel l'air expiré s'écoule par la seule cavité buccale (par opp. à *nasal*) : *Voyelles orales.* **4.** PSYCHAN. **Stade oral,** premier stade de l'évolution libidinale du nourrisson, lié au plaisir de la succion, de l'alimentation.

2. oral [ɔral] **n.m.** (de *1. oral*) [pl. *oraux*]. **1.** Examen ou partie d'examen qui consiste uniquement en interrogations et réponses verbales. **2. À l'oral,** en parlant : *Il a de meilleurs résultats à l'oral qu'à l'écrit.*

oralement [ɔralmɑ̃] **adv.** En paroles ; verbalement.

oralité [ɔralite] **n.f. 1.** Caractère oral de qqch : *Oralité d'une voyelle.* **2.** Caractère d'une civilisation dans laquelle la culture est essentiellement ou exclusivement orale : *L'oralité de la civilisation africaine.*

Oran, v. d'Algérie, ch.-l. de wilaya ; 775 666 hab. *(Oranais).* Université. Port sur la Méditerranée. Centre administratif, commercial et industriel.

orange [ɔrɑ̃ʒ] **n.f.** (anc. it. *melarancia,* de l'ar. *narandj*). Fruit comestible de l'oranger, d'un jaune mêlé de rouge. ◆ **adj. inv.** et **n.m.** De la couleur de l'orange (mélange de rouge et de jaune).

Orange, fl. de l'Afrique australe, tributaire de l'Atlantique ; 2 250 km. Aménagements pour l'hydroélectricité et l'irrigation.

Orange, ch.-l. de c. de Vaucluse, à la jonction de l'autoroute du Soleil et de la Languedocienne ; 29 645 hab. *(Orangeois).* Théâtre et arc de triomphe romains (Ier s.). Cathédrale romane. Musée. Base aérienne militaire.

Orange *(État libre d'),* anc. nom (jusqu'en 1995) de la prov. de l'*État libre* (Afrique du Sud).

orangé, e [ɔrɑ̃ʒe] **adj.** Qui tire sur la couleur de l'orange. ◆ **orangé n.m.** Couleur orangée.

orangeade [ɔrɑ̃ʒad] **n.f.** Boisson faite de jus d'orange, de sucre et d'eau.

Orange-Nassau, famille noble d'Allemagne, dont sont issus les souverains des Pays-Bas. (⟶ **Nassau.**)

oranger [ɔrɑ̃ʒe] **n.m. 1.** Arbre du groupe des agrumes, cultivé dans les régions chaudes pour ses fruits, les oranges. ▸ Famille des rutacées ; genre *Citrus.* **2. Eau de fleur d'oranger,** essence extraite des fleurs du bigaradier et utilisée comme arôme en pâtisserie.

orangeraie [ɔrɑ̃ʒrɛ] **n.f.** Terrain planté d'orangers.

orangerie [ɔrɑ̃ʒri] **n.f.** Serre, bâtiment où l'on abrite pendant l'hiver les orangers ou les autres arbres de la même famille cultivés en caisses.

orang-outan ou **orang-outang** [ɔrɑ̃utɑ̃] **n.m.** (mot malais « homme des bois ») [pl. *orangs-outan(g)s*]. Grand singe anthropoïde d'un brun roux, aux bras très longs, de Sumatra et de Bornéo, très menacé. ▸ Famille des hominidés.

Oranienburg, v. d'Allemagne (Brandebourg). Camp de concentration allemand (Oranienburg-Sachsenhausen) [1933-1945].

orant, e [ɔrɑ̃, -ɑ̃t] **n.** (du lat. *orare,* prier). BX-A. Personnage représenté dans l'attitude de la prière.

orateur, trice [ɔratœr, -tris] **n.** (lat. *orator,* de *orare,* parler, prier). **1.** Personne qui prononce un discours devant des assistants : *L'orateur captive son auditoire.* **2.** Personne éloquente, qui sait parler en public (syn. **tribun**).

1. oratoire [ɔratwar] **adj.** (lat. *oratorius,* de *orator ;* v. *orateur*). *DIDACT.* Qui concerne l'art de parler en public : *Le génie oratoire de Bossuet. Style oratoire* (syn. **déclamatoire**).

2. oratoire [ɔratwar] **n.m.** (lat. *oratorium,* de *orare,* prier). Local de dimensions restreintes réservé au culte, génér. situé dans une maison particulière ; chapelle.

oratorio [ɔratɔrjo] **n.m.** (mot it. « oratoire »). Composition musicale dramatique, à sujet religieux ou parfois profane, avec récitatifs, airs, chœurs et orchestre.

1. orbe [ɔrb] **adj.** (lat. *orbus,* privé de). ARCHIT. Se dit d'un mur sans porte ni fenêtre.

2. orbe [ɔrb] **n.m.** (lat. *orbis,* cercle). *LITT.* Surface circulaire ; trajectoire circulaire, cercle décrits par un corps : *Les orbes d'un serpent* (syn. **courbe**).

Orbigny (Alcide Dessalines d'), naturaliste français (Couëron 1802 - Pierrefitte-sur-Seine 1857). On lui doit les notions fondatrices de la division des temps géologiques (notamm. celle de *strates* fondées sur la répartition des fossiles, et celle d'*étages* regroupant plusieurs strates).

orbital, e, aux [ɔrbital, -o] **adj. 1.** ASTRON. Relatif à une orbite : *Rendez-vous orbital de deux satellites.* **2. Station orbitale,** ⟶ station* spatiale / **Véhicule orbital,** capable d'être mis en orbite pour effectuer des liaisons avec des satellites ou des stations orbitales.

orbite [ɔrbit] **n.f.** (lat. *orbita,* de *orbis,* cercle). **1.** Trajectoire fermée d'un corps animé d'un mouvement périodique : *L'orbite décrite dans un atome par un électron autour du noyau.* **2.** Courbe décrite par une planète autour du Soleil, ou par un satellite autour de sa planète : *La Terre décrit une orbite autour du Soleil.* **3.** Zone d'action ; sphère d'influence : *Être dans l'orbite d'une personnalité politique.* **4.** Cavité osseuse de la face, dans laquelle l'œil est placé : *Avoir les yeux enfoncés dans les orbites.* **5. Mise sur orbite,** ensemble des opérations visant à placer un satellite artificiel sur une orbite déterminée.

orbiteur [ɔrbitœr] **n.m. 1.** Élément d'une sonde spatiale destiné à être satellisé autour d'un astre. **2.** Élément récupérable de la navette spatiale américaine.

Orcades, en angl. **Orkney,** archipel britannique, au nord de l'Écosse ; 21 349 hab. ; ch.-l. *Kirkwall. Mainland* est la plus grande des 90 îles. Élevage. Pêche. Terminal pétrolier.

orchestral, e, aux [ɔrkɛstral, -o] **adj.** Relatif à l'orchestre : *Musique orchestrale.*

orchestrateur, trice [ɔrkɛstratœr, -tris] **n.** Musicien, musicienne qui compose des orchestrations.

orchestration [ɔrkɛstrasjɔ̃] **n.f. 1.** Répartition des différentes parties d'une composition musicale entre les instruments de l'orchestre. **2.** Organisation concertée d'une action, d'un événement : *L'orchestration d'une campagne de dénigrement.*

orchestre [ɔrkɛstr] **n.m.** (lat. *orchestra,* mot gr., de *orkheîsthai,* danser). **1.** Ensemble d'instrumentistes constitué pour exécuter de la musique ; ensemble des instruments dont ils jouent : *Orchestre de jazz. Orchestre symphonique.* **2.** Lieu d'un théâtre, d'un cinéma où se situent les sièges du rez-de-chaussée, face à la scène ; les spectateurs qui y prennent place : *L'orchestre applaudissait frénétiquement.* **3.** ANTIQ. Zone circulaire du théâtre, comprise entre la scène et les sièges des spectateurs, et où évoluait le chœur.

■ À partir du début du XVIIe s., on appelle orchestre le lieu où, au théâtre ou dans les salles de concerts, se tient le groupe d'instrumentistes et, à partir de la fin du XVIIe s., ce groupe lui-même. À partir de la fin du XVIIIe s. seulement, le fait pour un tel groupe d'être appelé orchestre dépend de sa taille (par opp. aux ensembles de chambre), de sa configuration (prédominance des instruments à cordes de la famille des violons, qui constituent le noyau, par opp. aux vents et aux percussions), ou encore de la présence d'un chef. La tradition orchestrale européenne née à la fin du XVIIe s. (Lully) s'est poursuivie jusqu'à nos jours. Les premiers grands maîtres de l'orchestre au sens moderne, ou si l'on préfère de l'orchestration, ont été néanmoins Haydn et Mozart (seconde moitié du XVIIIe s.). Au XIXe s. (Berlioz), l'orchestre voit sa taille s'accroître, de nouveaux instruments apparaître, les vents et les percussions s'émanciper, et, vers 1900, cette évolution débouche parfois sur le gigantisme (Mahler). Mais par réaction se manifeste alors également un souci de clarté, d'égalité de principe entre des timbres multipliés. Il en résulte, avec Webern, une écriture « divisionniste » dans le temps (ligne mélodique cassée, distribuée entre les parties) et dans l'espace (il n'y a plus de masse, de noyau central, mais des éclats). Le XXe s. ⟶

a vu naître des pages pour percussions seules, et, chez Messiaen, le centre de gravité de l'orchestre se déplace franchement vers les bois et les cuivres. ■

orchestrer [ɔrkɛstre] **v.t. 1.** Procéder à l'orchestration de : *Orchestrer un air populaire.* **2.** Organiser de manière à donner le maximum d'ampleur et de retentissement : *Orchestrer une campagne de presse* (syn. **agencer, diriger**).

orchidacée [ɔrkidase] **n.f.** (de *orchidée*). **Orchidacées,** famille de plantes monocotylédones, souvent épiphytes, remarquables par leurs belles fleurs, dont on cultive surtout les espèces d'origine tropicale. ▸ Cette famille comprend plus de 15 000 espèces, dont l'orchis, l'ophrys, le cattleya, le sabot-de-Vénus et le vanillier.

orchidée [ɔrkide] **n.f.** (lat. *orchis,* avec infl. du gr. *orkhidion,* petit testicule). Plante de la famille des orchidacées.

orchite [ɔrkit] **n.f.** (du gr. *orkhis,* testicule). MÉD. Inflammation du testicule.

ordalie [ɔrdali] **n.f.** (de l'anc. angl. *ordâl,* jugement, d'orig. frq.). HIST., ETHNOL. Épreuve judiciaire dont l'issue, réputée dépendre de Dieu ou d'une puissance surnaturelle, établit la culpabilité ou l'innocence d'un accusé. ▸ Les ordalies étaient en usage au Moyen Âge sous le nom de *jugement de Dieu.*

ordinaire [ɔrdinɛr] **adj.** (lat. *ordinarius,* rangé par ordre, de *ordo, -inis,* rang). **1.** Qui est conforme à l'ordre des choses, à l'usage habituel : *La manière ordinaire de procéder* (syn. **courant, usuel**). **2.** Qui ne dépasse pas le niveau commun : *Qualité ordinaire* (syn. **courant, médiocre**). *Un esprit ordinaire* (syn. **banal, quelconque**). ◆ **n.m. 1.** Niveau habituel, commun ; ce qui est courant, banal : *Un film qui sort de l'ordinaire.* **2.** Ce qu'on sert habituellement à un repas, menu habituel : *Cela améliore l'ordinaire.* **3. Comme à l'ordinaire,** comme d'habitude. / **D'ordinaire,** habituellement : *D'ordinaire, nous déjeunons à midi.*

ordinairement [ɔrdinɛrmɑ̃] **adv.** Le plus souvent ; généralement, habituellement.

ordinal, e, aux [ɔrdinal, -o] **adj.** (lat. *ordinalis,* de *ordo, -inis,* rang). **Adjectif numéral ordinal, nombre ordinal,** adjectif, nom, qui exprime le rang, l'ordre d'un élément au sein d'un ensemble (par opp. à *cardinal*) : *Premier, deuxième, troisième sont des adjectifs numéraux ordinaux.*

ordinateur [ɔrdinatœr] **n.m.** (lat. *ordinator,* qui met en ordre). **1.** Machine électronique de traitement de l'information, obéissant à des programmes formés par des suites d'opérations arithmétiques et logiques. **2. Ordinateur domestique, individuel** ou **personnel,** micro-ordinateur construit autour d'un microprocesseur, à l'usage des particuliers (syn. **PC** [personal computer]).

■ **Description d'un ordinateur.** Un ordinateur (ou micro-ordinateur) est constitué de quatre unités reliées entre elles par des fils nommés *bus ;*

– l'unité d'entrée permet de piloter l'ordinateur pour saisir des informations. Les périphériques d'entrée les plus fréquents sont la *souris* et le *clavier ;*

– l'unité mémoire stocke les données. L'ordinateur utilise deux types de mémoires : la *mémoire vive* (RAM, pour *Random Access Memory*) qui sauvegarde temporairement les informations (son contenu disparaît lorsqu'on éteint l'ordinateur) ; la *mémoire morte* (ROM, pour *Read Only Memory*) qui n'est accessible qu'en lecture et qui conserve son contenu hors tension. Le *disque dur* constitue une autre forme de stockage de données de plus grande capacité ;

– l'unité de traitement manipule les données selon des instructions fournies par un programme. Ce traitement est confié à des *microprocesseurs,* connectés sur un circuit intégré ;

– l'unité de sortie (écran de l'ordinateur, imprimante…) affiche les résultats.

Ces quatre unités constituent ce que l'on appelle « le matériel informatique » (*hardware* en anglais).

Fonctionnement d'un ordinateur. Un ordinateur est une machine de traitement de l'information dont le fonctionnement repose sur ses programmes (également appelés *logiciels*) stockés en mémoire. Un programme (*software* en anglais) est une série d'instructions qui indiquent à l'ordinateur ce qu'il doit faire. Les programmes sont écrits en binaire (langage machine), c'est-à-dire des suites de 0 et de 1, qui représentent deux états fondamentaux en électronique : le courant électrique passe ou ne passe pas. Il existe deux types de programmes :

– les *systèmes d'exploitation* (Windows, MacOS et Linux étant les plus connus), qui permettent à l'ordinateur de fonctionner en assurant la communication entre les différentes unités ;

– les *logiciels d'application,* qui remplissent des fonctions précises, tels que les logiciels de traitement de texte, de mise en page ou encore les jeux vidéo, etc.

L'ordinateur traite les instructions très rapidement (à des cadences de l'ordre de 100 milliards par seconde pour un ordinateur de 2010), mais les instructions directement exécutables par la machine portent sur des opérations très élémentaires. D'où l'importance des logiciels, qui permettent d'exprimer des choses complexes, et la nécessité de les écrire dans des langages informatiques dits « évolués », plus synthétiques que le langage machine et lisibles par l'homme.

Les générations d'ordinateurs. La première génération d'ordinateurs (1950-1958) utilise des tubes électroniques (ou tubes à vide) et sont donc très volumineux – l'ENIAC (Electronic Numerator Integrator and Computer), premier ordinateur entièrement électronique conçu en 1945, contient 18 000 tubes à vide et pèse environ 30 tonnes. La deuxième génération d'ordinateurs (1959-1964) utilise des transistors, ce qui permet la miniaturisation des unités centrales et une diminution importante de l'énergie consommée. Avec la troisième génération (1965-1973), qui utilise des circuits intégrés et des mémoires à tores de ferrite, apparaît une architecture nouvelle incluant des processeurs de traitement et des processeurs d'entrée-sortie gérant les échanges entre la mémoire principale et la périphérie (configurations dites multiprocesseurs). La quatrième génération (depuis 1973) se caractérise par l'utilisation de circuits intégrés à grande échelle, y compris pour les mémoires centrales. Elle voit l'apparition du concept de système informatique incluant plusieurs ordinateurs interconnectés par le biais de réseaux. Ces architectures en réseau incluent d'une part des serveurs (ordinateurs délivrant des informations ou effectuant des traitements à la demande d'autres ordinateurs), et d'autre part des stations de travail individuelles aptes à traiter certaines applications en local.

Depuis les années 1970, les ordinateurs suivent la célèbre *loi de Moore* qui stipule que le nombre de transistors par circuit de même taille double, à prix constants, tous les 18 mois. La limite physique à cette augmentation exponentielle de la puissance des ordinateurs (dimension des puces réduite à la taille d'un atome) devrait toutefois être atteinte vers 2020. Une nouvelle révolution informatique est donc à prévoir.

Les applications des ordinateurs. À l'instar de l'informatique qui est présente dans tous les domaines de la vie professionnelle, sociale et individuelle, les ordinateurs sont partout en ce début de XXIe siècle : dans les gares, les aéroports, chez le médecin, dans les laboratoires de recherche, dans les studios de films d'animation et d'effets spéciaux, etc. Ils ont également envahi la sphère privée où ils tendent à occuper une place de plus en plus centrale, avec notamment les multiples services d'Internet (e-commerce, réseaux sociaux, courrier électronique, etc.) ■

ordination [ɔrdinasjɔ̃] **n.f.** (lat. *ordinatio,* action de mettre en ordre). RELIG. **1.** Rite sacramentel par lequel un chrétien, génér. au cours d'une messe, reçoit des mains d'un évêque le sacrement de l'ordre. **2.** Dans la religion protestante, acte (nom sacramentel) par lequel une personne reçoit la charge d'un ministère.

ordiphone [ɔrdifɔn] **n.m.** (de *ordi[nateur]* et *-phone*). Téléphone intelligent. Recomm. off. pour *Smartphone*.

Ordjonikidze → Vladikavkaz.

1. ordonnance [ɔrdɔnɑ̃s] **n.f.** (de *ordonner*). **1.** Action de disposer, d'arranger selon un ordre ; disposition des éléments d'un ensemble : *Cet incident a troublé l'ordonnance du repas* (syn. **déroulement**). *Admirer l'ordonnance d'un château de la Renaissance* (syn. **agencement, disposition**). **2.** Prescription d'un médecin ; papier sur lequel elle est portée : *Médicament délivré sur ordonnance.* **3.** DR. En France, acte pris par le gouvernement, avec l'autorisation du Parlement, dans des domaines qui relèvent normalement de la loi, en vertu des articles 38 et 47 de la Constitution (ainsi que de l'article 74-1, fixant que l'ordonnance peut être utilisée pour étendre à certaines collectivités d'outre-mer des dispositions législatives en vigueur en métropole). **4.** HIST. Texte de loi émanant du roi, sous l'Ancien Régime. **5.** MIL. **D'ordonnance,** conforme au règlement : *Pistolet d'ordonnance.*

2. ordonnance [ɔrdɔnɑ̃s] **n.f.** ou **n.m.** (de *1. ordonnance*). ANC. Militaire mis à la disposition d'un officier pour son service personnel.

ordonnancement [ɔrdɔnɑ̃smɑ̃] **n.m. 1.** Organisation, agencement méthodiques : *L'ordonnancement d'une cérémonie.* **2.** DR. Acte par lequel, après avoir liquidé les droits d'un créancier, un administrateur donne l'ordre à un comptable public de payer sur sa caisse.

ordonnancer [ɔrdɔnɑ̃se] **v.t.** (de *1. ordonnance*) [conj. **16**]. **1.** Disposer dans un certain ordre ; agencer : *Ordonnancer un spectacle* (syn. **organiser**). **2.** Délivrer un ordre de payer une somme sur la caisse d'un comptable public.

ordonnancier [ɔrdɔnɑ̃sje] **n.m. 1.** Registre officiel sur lequel le pharmacien doit inscrire le contenu de certaines ordonnances (nom du médicament, du prescripteur et du malade). **2.** Bloc de papier à en-tête utilisé par un médecin, un dentiste, etc. pour rédiger ses ordonnances.

ordonnateur, trice [ɔrdɔnatœr, -tris] **n. 1.** Personne qui ordonne, règle selon un certain ordre : *Les ordonnateurs du spectacle* (syn. **organisateur**). *Ordonnateur des pompes funèbres* (= personne qui accompagne et dirige des convois mortuaires). **2.** Administrateur qui a qualité pour ordonnancer une dépense publique.

ordonné, e [ɔrdɔne] **adj. 1.** Qui a de l'ordre et de la méthode : *Élève ordonné* (syn. **méticuleux, soigneux**). **2.** Où il y a de l'ordre, bien rangé : *Maison ordonnée.* **3.** MATH. **Ensemble ordonné,** ensemble muni d'une relation d'ordre.

ordonnée [ɔrdɔne] **n.f.** (de *ordonné*). MATH. Deuxième coordonnée cartésienne d'un point.

ordonner [ɔrdɔne] **v.t.** (lat. *ordinare,* mettre en rang). **1.** Mettre en ordre, ranger : *Ordonner ses idées* (syn. **organiser**). *Ordonner les diverses parties d'une dissertation* (syn. **agencer, classer**). **2.** MATH. **Ordonner un polynôme,** écrire les termes dans l'ordre, croissant ou décroissant, des exposants de la variable. **3.** Commander, donner l'ordre de : *On nous a ordonné le silence, de nous taire* (syn. **demander, enjoindre**). **4.** En parlant d'un médecin, prescrire : *Il m'a ordonné des antibiotiques.* **5.** RELIG. Consacrer par l'ordination : *Ordonner un prêtre.*

Ordos, plateau de la Chine, dans la grande boucle du Huang He.

ordovicien [ɔrdɔvisjɛ̃] **n.m.** (de *Ordovices,* n. lat. d'un peuple du pays de Galles). GÉOL. Deuxième période de l'ère primaire, entre le cambrien et le silurien.

ordre [ɔrdr] **n.m.** (lat. *ordo, ordinis,* rang). **1.** Manière dont les éléments d'un ensemble organisé sont placés les uns par rapport aux autres : *L'ordre d'un parc* (syn. **agencement, arrangement**). **2.** Succession d'éléments rangés, classés d'une manière déterminée ; principe qui détermine le rang de chacun des éléments dans cette succession : *Ordre alphabétique* (syn. **classement**). **3.** Disposition des objets lorsqu'ils sont rangés, mis à la place qui est la leur : *Mettre de l'ordre dans ses papiers. Pièce en ordre* (contr. **désordre**). **4.** Tendance spontanée à disposer les choses à leur place, à les ranger ; qualité de qqn qui sait ranger, qui range volontiers : *Avoir de l'ordre.* **5.** Manière d'agir ou de raisonner dans laquelle les étapes de l'action, de la pensée se suivent selon une succession logique, cohérente : *Procéder avec ordre* (= rationnellement) [syn. **logique**]. **6.** Ensemble de règles qui garantissent le fonctionnement social : *La loi et l'ordre.* **7.** Respect des règles de la vie en société ; absence de troubles ; paix civile : *Troubler l'ordre social* (syn. **paix**). *La police assure le maintien de l'ordre* (syn. **calme**). *Les forces de l'ordre* (= celles qui veillent au respect de l'ordre public). *Le service d'ordre d'une manifestation.* **8.** Ensemble des lois qui régissent l'enchaînement des causes et des effets : *C'est dans l'ordre des choses* (= c'est normal, régulier). **9.** Classe ou rang dans un ensemble organisé, hiérarchisé : *Dans cet ordre d'idées* (= en examinant les choses du même point de vue). *Des affaires de quel ordre ?* (syn. **genre, sorte, type**). **10.** DR. Ensemble des tribunaux de même nature : *L'ordre judiciaire. L'ordre administratif.* **11.** BIOL. Division de la classification des plantes et des animaux, intermédiaire entre la classe et la famille : *L'ordre des hyménoptères.* **12.** HIST. Chacune des trois classes qui composaient la société française sous l'Ancien Régime : *Les trois ordres étaient le clergé, la noblesse et le tiers état.* **13.** ARCHIT. Chacun des styles de construction des architectures antique et classique, caractérisés par la forme, les proportions, la disposition et l'ornementation des parties saillantes de l'édifice (colonnes, chapiteaux, etc.). **14.** Manifestation de l'autorité ; commandement : *Donner des ordres* (syn. **directive, instruction**). *Donner à des manifestants l'ordre de se disperser* (syn. **consigne, injonction**). **15.** Texte émanant d'un échelon du commandement militaire et communiqué officiellement aux échelons subordonnés : *Ordre d'attaque.* **16.** COMM. Acte qui détermine une opération commerciale : *Ordre d'achat, de vente.* **17.** INFORM. Directive pour l'unité de commande d'un organe périphérique d'ordinateur. **18.** Société dont les membres font vœu de vivre selon certaines règles : *Ordres monastiques.* **19.** Association à laquelle les membres de certaines professions libérales sont légalement tenus d'appartenir : *Ordre des avocats, des médecins, des architectes.* **20.** Compagnie honorifique instituée pour récompenser le mérite personnel : *Ordre de la Légion d'honneur. Ordre national du Mérite.* **21. À l'ordre de,** formule pour indiquer le destinataire d'un chèque, d'un effet de commerce. / **De premier ordre,** de grande qualité ; supérieur en son genre. / **Mettre bon ordre à qqch,** porter remède à une situation fâcheuse, la faire cesser. / **Mot d'ordre → mot.** / **Ordre du jour,** liste des questions qu'une assemblée doit examiner tour à tour : *Voter l'ordre du jour. C'est à l'ordre du jour* (= cela fait partie des questions à débattre ; au fig., cela fait l'objet des conversations du moment). / **Rappel à l'ordre,** avertissement donné à une personne qui enfreint un règlement (syn. **réprimande, semonce**). / MATH. **Ordre sur un ensemble,** relation binaire, réflexive, antisymétrique et transitive dans cet ensemble (on dit aussi *relation d'ordre sur un ensemble*). **22. Entrer dans les ordres,** se faire prêtre, religieux (ou religieuse). / **Ordres majeurs** ou **sacrés,** diaconat ; sacerdoce (prêtre, évêque). / **Ordres mineurs,** correspondant à des fonctions de lecteur et de servant d'autel (on les appelle auj. des *ministères*).

■ ARCHITECTURE. On distingue trois ordres grecs : le dorique, l'ionique et le corinthien (v. ces mots). Les Romains ont créé le toscan, le dorique romain et le composite. De nombreux caractères différencient ces ordres, le type du chapiteau de la colonne n'étant que le plus immédiatement visible. La découverte des monuments antiques et l'interprétation du traité de Vitruve ont engendré, dès le XVe s., avec la Renaissance italienne, une architecture utilisant avec plus ou moins de liberté les ordres grecs et romains, et leurs ornements spécifiques. ■

■ RELIGION. Les ordres religieux sont des associations d'hommes ou de femmes qui vivent, en vertu d'un engagement solennel et conformément à des statuts approuvés par la hiérarchie, dans la prière, l'ascèse et, suivant le cas, l'apostolat et l'action charitable. Le phénomène n'est pas uniquement chrétien : l'Alliance de Qumran, dans le →

judaïsme immédiatement antérieur à Jésus, formait une communauté de cette sorte, et le bouddhisme contemporain compte des milliers de moines.

Dans le christianisme romain et oriental, les ordres religieux représentent une grande tradition qui remonte, pour l'Orient, au monachisme, pratiqué dans le désert d'Égypte au IVe s., puis à l'influence de la règle de saint Basile, et, pour l'Occident, au développement à partir du VIe s. du monachisme de type bénédictin, d'où procéderont les cisterciens et, moins directement, d'autres ordres contemplatifs comme celui des chartreux. Au cours du Moyen Âge latin, parmi les nombreux groupes suscités par l'idéal de la pauvreté évangélique, seuls seront reconnus quelques « ordres mendiants », que le concile de Lyon (1274) limite à quatre (carmes, franciscains, dominicains et augustins). Leur succès posera pendant longtemps le problème des rapports entre séculiers (prêtres dépendant de l'évêque d'un diocèse) et réguliers (religieux soumis à la seule juridiction de leurs supérieurs propres). La nouvelle création marquante sera, au XVIe s., celle de la Compagnie de Jésus, véritable milice du pape au service de la Réforme catholique et des missions. Le XIXe s. enfin apportera une floraison notable d'ordres, d'instituts et de congrégations masculins ou féminins ayant principalement pour vocation l'action caritative, des tâches d'enseignement ou l'apostolat missionnaire. ■

ordure [ɔrdyr] **n.f.** (de l'anc. fr. *ord,* repoussant, lat. *horridus*). **1.** Action, parole grossière, vile, sale : *Proférer des ordures* (syn. **grossièreté, obscénité**). **2.** Personne vile, abjecte : *Il s'est conduit comme une ordure.* ◆ **ordures n.f. pl. 1.** Déchets, détritus de la vie quotidienne : *Ordures ménagères.* **2. Boîte à ordures,** poubelle. / **Jeter, mettre aux ordures,** mettre au rebut.

ordurier, ère [ɔrdyrje, -ɛr] **adj. 1.** Qui exprime des grossièretés, des obscénités : *Des propos orduriers* (syn. **grossier, obscène**). **2.** Qui contient des obscénités : *Publier un article ordurier* (syn. **abject, ignoble, infâme**).

orée [ɔre] **n.f.** (de l'anc. fr. *ore,* lat. *ora*). LITT. Bord, lisière d'un bois, d'une forêt.

oreillard [ɔrejar] **n.m.** Chauve-souris insectivore aux grandes oreilles. ▸ Famille des vespertilionidés.

oreille [ɔrej] **n.f.** (lat. *auricula*). **1.** Organe de l'ouïe et, en partic., partie externe de l'organe, placée de chaque côté de la tête des hommes et des mammifères : *Elle a des anneaux aux oreilles. Le chien dressa les oreilles.* **2.** Sens par lequel on perçoit les sons : *Être dur d'oreille* (= presque sourd). *Avoir l'oreille fine* (syn. **ouïe**). **3.** Aptitude à reconnaître les sons musicaux, les mélodies, et à s'en souvenir : *Avoir de l'oreille.* **4.** Chacun des appendices qui se présentent par paires et sont destinés à la préhension de certains objets : *Oreilles d'une marmite.* **5. Avoir l'oreille basse,** être humilié, confus, penaud. / **Dire qqch à l'oreille de qqn,** le lui dire tout bas et en approchant la bouche de son oreille. / **Frotter, tirer les oreilles de qqn,** le châtier, le réprimander pour quelque méfait. / **Les oreilles ont dû lui siffler,** se dit de qqn dont on a parlé en son absence et notamment dont on a médit. / **Montrer le bout de l'oreille,** laisser deviner son vrai caractère, ses véritables projets. / **Se faire tirer l'oreille,** se faire prier longtemps. / **Tendre l'oreille,** écouter attentivement.

■ **Structure.** Chez les mammifères, elle comprend l'oreille externe, l'oreille moyenne et l'oreille interne. L'*oreille externe* se compose du pavillon et du conduit auditif externe. L'*oreille moyenne* est une cavité qui en est séparée par une membrane, le tympan. Elle est reliée à l'*oreille interne* par une chaîne d'osselets (le marteau, l'enclume et l'étrier). Cette dernière comprend l'organe de l'équilibration (vestibule et canaux semi-circulaires) et la cochlée, ou limaçon, qui renferme l'organe de l'audition (organe de Corti), composé de cellules auditives ciliées.

Fonctionnement. Les ondes sonores sont recueillies par l'oreille externe et l'oreille moyenne. Elles provoquent les vibrations du tympan, qui sont transmises aux osselets. Au bout de la chaîne, les oscillations de l'étrier provoquent une variation de pression des liquides de la cochlée, ce qui entraîne une vibration de la membrane de l'organe de Corti. Il se forme au niveau des cellules sensorielles un influx nerveux qui est transmis, via le nerf auditif, aux aires auditives du cerveau.

Les principales maladies affectant l'oreille sont les atteintes infectieuses, produisant des inflammations (ou otites), et les tumeurs, le plus souvent bénignes. L'oreille peut aussi être l'objet de traumatismes et d'atteintes sensorielles (dus à une dégénérescence ou au bruit) entraînant des pertes d'acuité auditive ou une surdité totale. (→ audition.) ■

oreiller [ɔreje] **n.m.** (de *oreille*). Coussin carré ou rectangulaire qui soutient la tête quand on est couché.

oreillette [ɔrejɛt] **n.f. 1.** Chacune des deux cavités supérieures du cœur, au-dessus des ventricules, avec lesquels elles communiquent, et qui reçoivent le sang des veines. **2.** Chacune des parties d'une coiffure que l'on peut rabattre sur les oreilles pour les protéger. **3.** Écouteur miniaturisé, adapté à l'oreille et souvent complété d'un microphone, destiné à la communication téléphonique ou radiophonique, à l'écoute musicale, etc.

oreillons [ɔrejɔ̃] **n.m. pl.** (de *oreille*). Maladie contagieuse due à un virus, qui atteint surtout les enfants et se manifeste par un gonflement et une inflammation des glandes parotides.

Orénoque, fl. du Venezuela, qui se jette dans l'Atlantique par un vaste delta ; 2 160 km (bassin de 900 000 km^2).

ores [ɔr] **adv.** (du lat. *hac hora,* à cette heure). **D'ores et déjà,** dès maintenant.

Oreste, dans la mythologie grecque, fils d'Agamemnon, roi de Mycènes, et de Clytemnestre. Avec sa sœur Électre, il vengea son père en tuant Clytemnestre et son amant Égisthe. Mais il fut, pour cela, longtemps torturé par les Érinyes. Il aurait aussi délivré son autre sœur, Iphigénie, qu'Artémis retenait en Tauride.

orfèvre [ɔrfɛvr] **n.** (lat. pop. **aurifaber,* forgeron d'or, réfection, d'apr. le lat. *aurifex,* de *facere,* faire). **1.** Artisan qui fait ou commerçant qui vend les gros ouvrages de métaux précieux, argent et or princ. (vaisselle de table et de toilette, luminaires, etc.). **2. Être orfèvre en la matière,** être expert en qqch.

orfévré, e [ɔrfevre] **adj.** Travaillé par un orfèvre ; ouvragé finement comme une pièce d'orfèvrerie.

orfèvrerie [ɔrfɛvrəri] **n.f. 1.** Art, métier, commerce de l'orfèvre. **2.** Ouvrages de l'orfèvre.

orfraie [ɔrfrɛ] **n.f.** (lat. *ossifraga,* propr. « qui brise les os »). **1.** Oiseau de proie diurne. **2. Pousser des cris d'orfraie,** pousser des cris épouvantables, très aigus (par confusion avec *effraie*).

organdi [ɔrgɑ̃di] **n.m.** (de *Ourgandj,* ville du Turkestan). Mousseline de coton légère et très apprêtée.

organe [ɔrgan] **n.m.** (lat. *organum,* gr. *organon,* instrument). **1.** Partie d'un corps vivant qui remplit une fonction utile à la vie : *Organes de la digestion.* **2.** Voix humaine : *Avoir un bel organe.* **3.** Pièce, partie d'une machine assurant une fonction déterminée : *Organes de transmission d'une machine.* **4.** Publication, média qui est le porte-parole d'un groupe, d'un parti : *Ce journal est l'organe de l'opposition* (syn. **voix**). **5.** Ce qui sert d'intermédiaire, d'instrument : *Les magistrats, organes de la justice.*

organeau [ɔrgano] **n.m.** (de *organe*). MAR. **1.** Fort anneau métallique scellé dans la maçonnerie d'un quai pour amarrer les bateaux. **2.** Anneau d'une ancre sur lequel s'amarre la chaîne ou le câble.

organigramme [ɔrganigram] **n.m.** (de *organi[ser]* et *-gramme*). Graphique représentant la structure d'une organisation complexe (entreprise, groupement, etc.) avec ses divers éléments et leurs relations.

organique [ɔrganik] **adj. 1.** Relatif aux organes, aux tissus vivants, aux êtres organisés : *Vie organique.* **2.** Se dit d'une maladie, d'un trouble dus à une lésion d'un organe ou de plusieurs (par opp. à *fonctionnel*). **3.** Qui est inhérent à la structure, à la constitution de qqch : *L'unité organique d'une nation.* **4. Architecture organique,** courant de l'architecture du XXe s. qui emprunte aux formes de la nature l'idée de certaines de ses structures et articulations, et tend le plus souvent à une liaison étroite avec les sites naturels (Wright, Aalto). **5. Chimie organique** ⟶ **chimie. 6.** GÉOL. **Roche organique,** roche sédimentaire formée par des débris d'organismes vivants (charbon, pétrole, etc.).

organisateur, trice [ɔrganizatœr, -tris] **adj.** et **n.** Qui organise, sait organiser.

organisation [ɔrganizasjɔ̃] **n.f. 1.** Action d'organiser, de structurer, d'arranger : *L'organisation d'une fête* (syn. **élaboration, préparation**). **2.** Manière dont les différents organes ou parties d'un ensemble complexe, d'une société, d'un être vivant sont structurés, agencés ; la structure, l'agencement eux-mêmes : *L'organisation d'une entreprise en services* (syn. **structuration**). **3.** Groupement, association de personnes qui poursuivent des buts communs : *Organisation syndicale.* **4. Organisation non gouvernementale** ⟶ **O.N.G.**

Organisation de coopération et de développement économiques ⟶ **O.C.D.E.**

Organisation de libération de la Palestine ⟶ **O.L.P.**

Organisation de l'unité africaine (O.U.A.) ⟶ **Union africaine.**

Organisation des Nations unies ⟶ **O.N.U.**

Organisation des pays exportateurs de pétrole ⟶ **O.P.E.P.**

Organisation du traité de l'Atlantique Nord ⟶ **O.T.A.N.**

Organisation internationale de la francophonie (O.I.F.), organisation internationale à vocation politique et culturelle. Structurée formellement en 1998, elle prolonge et fédère les nombreux programmes et institutions de coopération multilatérale mis en place depuis le début des années 1970 dans le cadre de la solidarité francophone. L'O.I.F., qui rassemble auj. 57 États et gouvernements membres de plein droit ou associés et 20 États observateurs, a pour instance suprême la Conférence – ou Sommet – des chefs d'État et de gouvernement des pays ayant le français en partage, qui se réunit en principe tous les deux ans. Elle est représentée de manière permanente par un secrétaire général.

Organisation internationale du travail (O.I.T.), organisation internationale créée en 1919 par le traité de Versailles pour promouvoir la justice sociale par l'amélioration des conditions de vie et de travail dans le monde. Devenue institution spécialisée de l'O.N.U. en 1946, elle élabore les conventions internationales. Son assemblée plénière, la *Conférence internationale du travail,* est composée de délégués du gouvernement, des employeurs et des travailleurs de tous les États membres (auj. 184). Le secrétariat de l'O.I.T. est assuré par le *Bureau international du travail* (B.I.T.). [Siège : Genève.] (Prix Nobel de la paix 1969.)

Organisation mondiale de la santé ⟶ **O.M.S.**

Organisation mondiale du commerce ⟶ **O.M.C.**

organisationnel, elle [ɔrganizasjɔnɛl] **adj.** Qui concerne l'organisation de qqch.

organisé, e [ɔrganize] **adj. 1.** Qui a reçu une organisation ; qui est aménagé d'une certaine façon : *Travail bien organisé* (syn. **planifié, programmé**). **2.** BIOL. Pourvu d'organes dont le fonctionnement constitue la vie. **3.** Qui sait organiser sa vie, ses affaires : *Être organisé.*

organiser [ɔrganize] **v.t.** (de *organe*). **1.** Combiner, disposer pour le bon fonctionnement : *Organiser un ministère* (syn. **structurer**). **2.** Préparer, arranger, dans un but précis : *Organiser une conférence de presse* (syn. **arranger, préparer**). *Organiser son emploi du temps* (syn. **aménager**). ◆ **s'organiser v.pr. 1.** Arranger son travail, ses affaires de façon efficace, harmonieuse : *Une personne qui sait s'organiser.* **2.** Prendre forme, s'agencer de manière satisfaisante : *Le projet commence à s'organiser* (syn. **se structurer**).

organiseur [ɔrganizœr] **n.m.** (anglo-amér. *organizer*). Syn. de *agenda* électronique.*

organisme [ɔrganism] **n.m. 1.** Être vivant, animal ou végétal, organisé : *Organisme unicellulaire.* **2.** Ensemble des organes qui constituent un être vivant : *Un enfant à l'organisme fragile* (syn. **corps**). **3.** Ensemble de services affectés à une tâche administrative : *Les organismes de la Sécurité sociale* (syn. **agence, bureau**). **4. Organisme génétiquement modifié** ⟶ **OGM.**

organiste [ɔrganist] **n.** (du lat. *organum,* orgue). Personne qui joue de l'orgue.

organite [ɔrganit] **n.m.** (de *organe*). BIOL. Chacun des éléments distincts, entourés d'une membrane, présents dans le cytoplasme de la cellule eucaryote. ▸ Le noyau cellulaire, les mitochondries, les chloroplastes, etc. sont des organites.

organologie [ɔrganɔlɔʒi] **n.f.** (du gr. *organon,* instrument). Discipline qui étudie les instruments de musique.

orgasme [ɔrgasm] **n.m.** (gr. *orgân,* bouillonner d'ardeur). Point culminant du plaisir sexuel.

orge [ɔrʒ] **n.f.** (lat. *hordeum*). **1.** Céréale dont les épis portent de longues barbes, cultivée pour son grain utilisé dans l'alimentation animale et pour la fabrication de la bière, et récoltée aussi sous forme de fourrage vert ; sa graine. ▸ Famille des graminées. **2. Sucre d'orge,** bâtonnet de sucre cuit (autref. avec une décoction d'orge), coloré et aromatisé.

orgeat [ɔrʒa] **n.m. Sirop d'orgeat,** sirop préparé autref. avec une décoction d'orge, auj. avec une émulsion d'amandes.

orgelet [ɔrʒəlɛ] **n.m.** (du moyen fr. *horgeol,* bas lat. *hordeolus,* grain d'orge). Petit furoncle, de la grosseur d'un grain d'orge, qui se développe sur le bord libre de la paupière (syn. **compère-loriot**).

orgiaque [ɔrʒjak] **adj. 1.** *LITT.* Qui tient de l'orgie. **2.** ANTIQ. Relatif aux orgies rituelles propres au culte de certains dieux grecs et romains.

orgie [ɔrʒi] **n.f.** (lat. *orgia, -orum ;* mot gr. « fêtes de Dionysos »). **1.** Partie de débauche où l'on se livre à toutes sortes d'excès. **2.** Abondance excessive de qqch : *Une orgie de lumière* (syn. **profusion**). ◆ **orgies n.f. pl.** ANTIQ. Rites secrets des mystères de certains dieux (notamm., Dionysos chez les Grecs et Bacchus chez les Romains), pendant lesquels les participants étaient pris de délire sacré.

orgue [ɔrg] **n.m.** (lat. ecclés. *organum,* du gr. *organon,* instrument). **1.** Instrument de musique à un ou plusieurs claviers, à vent et à tuyaux, en usage princ. dans les églises : *Orgue de chœur. Grand orgue de tribune.* **2. Orgue électronique,** qui produit des sons grâce à des signaux électriques transformés en signaux mécaniques, amplifiés. **3. Orgue de Barbarie,** instrument de musique mécanique des musiciens ambulants, dans lequel l'admission de l'air qui met en vibration les tuyaux sonores est réglée par le défilement de bandes de carton perforées entraînées au moyen d'une manivelle. / **Orgues de Staline,** nom donné par les Allemands aux lance-roquettes d'artillerie à plusieurs tubes utilisés par l'U.R.S.S. pendant la Seconde Guerre mondiale. / **Point d'orgue,** signe (𝄐) placé au-dessus d'une note de musique ou d'un silence pour en augmenter la durée à volonté ; au fig., point final remarquable, apogée d'un spectacle, etc. ◆ **orgues n.m. pl.** GÉOL. Prismes d'une grande régularité, formés lors du refroidissement d'une coulée volcanique, basaltique le plus souvent, perpendiculairement à sa surface. ▸ Ils peuvent atteindre de 30 à 45 m de haut. ◆ **orgues n.f. pl.** Autre appellation d'un orgue à tuyaux : *Petites orgues* (= orgue de chœur). *Grandes orgues* (= grand orgue de tribune).

orgueil [ɔrgœj] **n.m.** (frq. *urgôli, fierté). **1.** Sentiment exagéré de sa propre valeur : *Être bouffi d'orgueil* (syn. **fatuité, suffisance**). **2.** Sentiment de dignité ; fierté légitime : *Elle cache sa misère par orgueil* (syn. **amour-propre**). **3.** Objet, sujet de fierté : *Cet enfant est l'orgueil de la famille* (syn. **gloire, honneur**).

orgueilleusement [ɔrgœjøzmɑ̃] **adv.** Avec orgueil : *Il bombe orgueilleusement le torse* (syn. **prétentieusement**).

orgueilleux, euse [ɔrgœjø, -øz] **adj.** et **n.** Qui manifeste de l'orgueil, de la prétention.

orient [ɔrjɑ̃] **n.m.** (lat. *oriens,* de *oriri,* se lever). **1.** Côté de l'horizon où le soleil se lève (syn. **est, levant**). **2.** (Avec une majuscule). Les pays de l'Ancien Monde situés à l'est par rapport à la partie occidentale de l'Europe (l'Asie, une partie de l'Afrique du Nord-Est, avec l'Égypte, et, anc., une partie de l'Europe balkanique). **3.** Reflets irisés d'une perle (syn. **eau**). **4.** Dans la franc-maçonnerie, ville où se trouve une loge. **5. L'Église d'Orient,** les Églises de rite oriental (par opp. aux Églises de *rite latin*). ⁄ HIST. **L'Orient ancien,** l'ensemble des pays (Égypte, couloir syrien, Anatolie, Mésopotamie, Iran et golfe Persique) qui ont pratiqué l'écriture et connu la vie urbaine.

Orient *(Empire romain d'),* partie orientale de l'Empire romain, qui s'organisa, à partir de 395, en État indépendant. (⟶ **byzantin** [Empire].)

Orient *(forêt d'),* massif forestier de Champagne (Aube), à l'est de Troyes, qui donne son nom à un parc naturel régional (70 000 ha). Lac constituant le « réservoir Seine ».

Orient *(question d'),* ensemble des problèmes posés, à partir du XVIIIe s., par le démembrement de l'Empire ottoman. Les soulèvements chrétiens en Arménie, en Crète et en Macédoine amenèrent les grandes puissances à intervenir pour dominer l'Europe balkanique ainsi que la Méditerranée orientale.

orientable [ɔrjɑ̃tabl] **adj.** Que l'on peut orienter : *Une lampe orientable* (contr. **fixe**).

oriental, e, aux [ɔrjɑ̃tal, -o] **adj.** (lat. *orientalis*). **1.** Situé à l'est, à l'orient : *La frontière orientale d'un pays* (par opp. à *occidental*). **2.** Relatif à l'Orient ; propre à l'Orient, à la civilisation orientale (par opp. à *occidentale* et à *africaine*). ◆ **n.** (Avec une majuscule). Personne de culture orientale.

orientalisme [ɔrjɑ̃talism] **n.m. 1.** Ensemble des disciplines qui ont pour objet l'étude des civilisations orientales. **2.** Goût pour les choses de l'Orient.

orientaliste [ɔrjɑ̃talist] **adj.** Qui se rapporte à l'orientalisme. ◆ **n.** Spécialiste des civilisations orientales.

orientation [ɔrjɑ̃tasjɔ̃] **n.f. 1.** Action de déterminer, du lieu où l'on se trouve, la direction des points cardinaux : *Avoir le sens de l'orientation.* **2.** Manière dont qqch est disposé par rapport aux points cardinaux : *Orientation plein sud d'une chambre* (syn. **exposition**). **3.** Action d'orienter qqn dans ses études, le choix de son métier : *Orientation scolaire et professionnelle.* **4.** Direction prise par une action, une activité : *Orientation d'une enquête.* **5.** Tendance politique ; idéologie : *Ce journal a une orientation marquée* (syn. **ligne, tendance**). **6.** SPORTS. **Course d'orientation,** compétition sportive consistant à accomplir à pied, le plus rapidement possible, un parcours balisé, en s'aidant d'une carte et d'une boussole.

orienté, e [ɔrjɑ̃te] **adj. 1.** Qui a une position, une direction déterminée : *Atelier orienté plein nord* (syn. **exposé**). **2.** Marqué par une idéologie ; qui est au service d'une cause, notamm. d'une cause politique déterminée : *Article nettement orienté* (syn. **engagé, tendancieux**).

orienter [ɔrjɑ̃te] **v.t.** (de *orient*). **1.** Disposer (qqch) par rapport aux points cardinaux : *Orienter une maison vers l'est* (syn. **exposer**). **2.** Tourner qqch dans une certaine direction : *Orienter la lumière vers le papier* (syn. **diriger**). **3.** Indiquer la direction à prendre à qqn : *Orienter le public vers la sortie* (syn. **conduire, guider**). **4.** Diriger, engager (qqn, une action) dans une certaine voie : *Orienter le débat* (syn. **infléchir**). **5.** Diriger qqn vers un service, une personne, une voie professionnelle : *Orienter un malade vers un spécialiste* (syn. **aiguiller**). *Orienter un élève vers l'apprentissage.* ◆ **s'orienter** **v.pr. 1.** Reconnaître, du lieu où l'on est, la direction des points cardinaux : *Saura-t-il s'orienter dans la nuit ?* (syn. **se repérer**). **2.** Tourner son action, ses activités vers qqch : *Elle s'oriente vers des études de droit* (syn. **se diriger**).

orifice [ɔrifis] **n.m.** (lat. *orificium,* de *os, oris,* bouche). **1.** Ouverture qui permet l'accès à une cavité : *L'orifice d'une grotte* (syn. **bouche, entrée**). **2.** ANAT. Ouverture de certains organes du corps : *Les orifices du nez* (= les narines).

oriflamme [ɔriflam] **n.f.** (de l'anc. fr. *orie,* doré, et *flamme*). **1.** Bannière d'apparat, longue et effilée. **2.** Affichette publicitaire suspendue, notamm. dans les bus ou les rames de métro. **3.** HIST. Enseigne féodale de l'abbaye de Saint-Denis, adoptée par les rois de France du XIIe au XVe s.

origan [ɔrigɑ̃] **n.m.** (lat. *origanum,* du gr.). Autre nom de la marjolaine.

Origène, théologien, Père de l'Église grecque (Alexandrie v. 185 - Césarée ou Tyr v. 252/254). Attaqué pour l'enseignement qu'il dispense dans son école de théologie d'Alexandrie, il se réfugie à Césarée de Palestine, où il reconstitue cette dernière. Victime de la persécution de Decius (250), il mourra trois ou quatre ans plus tard des suites de ses tortures. Il a acquis, par son œuvre d'exégète de la Bible et de théologien *(Commentaires, Homélies, Hexaples, Sur les principes, Contre Celse),* une place considérable dans la tradition patristique, en dépit de positions (usage excessif de l'allégorie dans l'interprétation de l'Écriture, par exemple) qui ont déchaîné parfois critiques et controverses.

originaire [ɔriʒinɛr] **adj.** Qui vient de, qui tire son origine de tel lieu : *Il est originaire de Savoie* (syn. **natif**). *Je suis originaire de la région* (syn. **autochtone ;** contr. **étranger**).

original, e, aux [ɔriʒinal, -o] **adj.** (lat. *originalis,* qui existe dès l'origine). **1.** Qui émane directement de l'auteur, de la source, de la première rédaction : *Un texte original. Gravure originale* (= qui n'est pas une reproduction). **2.** Qui semble se produire pour la première fois ; qui n'imite pas : *Pensée originale* (syn. **personnel ;** contr. **commun, conformiste**). **3.** Qui écrit, compose d'une manière neuve, personnelle : *Musicien original* (syn. **créatif, inventif ;** contr. **traditionnel**). **4.** Qui ne ressemble à aucun autre : *Un caractère original* (syn. **excentrique, fantaisiste**). **5. Édition originale,** première édition d'un ouvrage imprimé. ◆ **n.** Personne dont le comportement sort de l'ordinaire : *Un vieil original* (syn. **excentrique, farfelu**). ◆ **original** **n.m.** Modèle, ouvrage, texte primitif, document authentique (par opp. à *copie, traduction, reproduction*).

originalité [ɔriʒinalite] **n.f. 1.** Caractère de ce qui est original, nouveau, singulier : *L'originalité d'un écrivain* (syn. **inventivité**). **2.** Marque, preuve de fantaisie, ou de bizarrerie, d'excentricité : *Se faire remarquer par ses originalités* (syn. **bizarrerie, extravagance**).

origine [ɔriʒin] **n.f.** (lat. *origo, -inis*). **1.** Première manifestation ; commencement ; principe : *L'origine du monde* (syn. **genèse**). **2.** Point de départ ; cause : *L'origine d'une fortune* (syn. **formation, naissance**). **3.** Milieu d'où qqn est issu : *Des origines bourgeoises* (syn. **ascendance, extraction**). **4.** Temps, lieu, milieu d'où est issu qqch : *Bière d'origine belge* (syn. **provenance**). *Mot d'origine latine* (syn. **formation, souche**). **5. À l'origine, dès l'origine,** au début. **6.** MATH. **Origine d'un axe,** point d'abscisse nulle. ⁄ **Origine d'un repère,** point commun aux axes de coordonnées.

originel, elle [ɔriʒinɛl] **adj.** (lat. *originalis*). **1.** Qui remonte jusqu'à l'origine : *Le sens originel d'un mot* (syn. **initial, premier**). **2. Péché originel,** péché qui, selon le christianisme, entache tous les hommes, en tant que descendants d'Adam et Ève.

originellement [ɔriʒinɛlmɑ̃] **adv.** Dès l'origine ; à l'origine : *La maison devait originellement rester indivise* (syn. **initialement**).

orignal [ɔriɲal] **n.m.** (basque *oregnac,* pl. de *oregna,* cerf) [pl. *orignaux*]. Élan de l'Amérique du Nord.

oripeaux [ɔripo] **n.m. pl.** (de l'anc. fr. *orie,* doré, et de *peau*). LITT. **1.** Vêtements usés qui ont conservé un reste de splendeur. **2.** Faux éclat ; faux brillant : *Les oripeaux d'une fausse poésie.*

O.R.L. [oɛrɛl] **n.f.** (sigle). Oto-rhino-laryngologie. ◆ **n.** Oto-rhino-laryngologiste.

Orléanais, anc. prov. de France, qui a formé les départements du Loiret, de Loir-et-Cher et d'Eure-et-Loir. En 1661, elle constitua un duché, apanage de la famille d'Orléans. CAP. *Orléans.*

orléaniste [ɔrleanist] **adj.** et **n.** (de *Orléans,* nom de la branche cadette des Bourbons). HIST. En France, partisan de la maison d'Orléans, qui monta sur le trône en 1830 avec Louis-Philippe, au détriment de la branche aînée des Bourbons.

Orléans, anc. cap. de l'Orléanais, ch.-l. de la Région Centre-Val de Loire et du dép. du Loiret, sur la Loire, à 115 km au sud de Paris ; 117 991 hab. *(Orléanais)* [271 550 hab. dans l'agglomération]. Évêché. Académie et université. Cour d'appel. Industries mécaniques et alimentaires. Métropole religieuse dès le IVe s., ville capétienne, Philippe le Bel y fonda une université (1312). Durant la guerre de Cent Ans, Jeanne d'Arc délivra Orléans des Anglais en 1429. Très endommagée en 1940, la ville conserve cependant sa cathédrale gothique (XIIIe-XVIIIe s.) et plusieurs églises médiévales. Musée historique et archéologique, musée des Beaux-Arts. La *forêt d'Orléans* (35 000 ha env.) s'étend sur la rive droite de la Loire en amont d'Orléans.

Orléans, nom de quatre familles princières de France. – **La première maison (Orléans-Valois)** eut pour fondateur et unique membre Philippe Ier, fils du roi Philippe VI, mort sans héritiers en 1375. – **La deuxième maison (Orléans-Valois)** est représentée par Louis Ier, frère du roi Charles VI, mort en 1407, son fils Charles d'Orléans, le poète, mort en 1465, et son petit-fils Louis II, devenu en 1498 le roi Louis XII. – **La troisième maison (Orléans-Bourbon)** eut pour chef et unique membre Gaston d'Orléans, frère du roi Louis XIII, mort en 1660. – **La quatrième maison (Orléans-Bourbon)** [v. aussi Bourbon (maisons de)] commence avec Philippe Ier, frère du roi Louis XIV, mort en 1701. Ses principaux membres furent Philippe II, le Régent, mort en 1723 ; Louis Philippe Joseph, dit Philippe Égalité, guillotiné en 1793 ; Louis-Philippe II, devenu en 1830 le roi Louis-Philippe Ier. Le représentant actuel en est Henri d'Orléans, comte de Paris (né en 1933), fils aîné d'Henri d'Orléans, comte de Paris (1908-1999).

Orléans (Charles d'), poète français (Paris 1394 - Amboise 1465), fils de Louis d'Orléans, frère de Charles VI. Prisonnier des Anglais (1415-1440), après la défaite d'Azincourt, il épousa à son retour Marie de Clèves, qui lui donna un fils, le futur Louis XII, et tint à Blois une cour raffinée. Son œuvre poétique, qui unit l'esprit chevaleresque, l'amour courtois et la nostalgie du temps enfui, comprend surtout des rondeaux et des ballades.

Orléans (Gaston, *comte* **d'Eu,** *duc* **d'),** prince français (Fontainebleau 1608 - Blois 1660), fils d'Henri IV et de Marie de Médicis. Frère cadet de Louis XIII, il resta l'unique héritier du trône jusqu'à la naissance du futur Louis XIV. Il prit part aux complots contre Richelieu, puis contre Mazarin. Il fut exilé à Blois en 1652.

Orléans (Louis Philippe Joseph, *duc* **d'),** dit **Philippe Égalité** (Saint-Cloud 1747 - Paris 1793), arrière-petit-fils du Régent. Ouvert aux idées nouvelles, député aux États généraux (1789), il intrigua contre Louis XVI. Devenu député à la Convention (1792), il prit le nom de Philippe Égalité et vota la mort de Louis XVI (1793). Lui-même périt sur l'échafaud. Il fut le père de Louis-Philippe.

Orléans (Philippe, *duc* **d'),** dit **le Régent** (Saint-Cloud 1674 - Versailles 1723), régent de France (1715-1723). Fils de Philippe Ier d'Orléans et de la princesse Palatine, Charlotte-Élisabeth de Bavière. Neveu de Louis XIV, il épousa en 1692 Mlle de Blois, fille légitimée de Louis XIV et de Mme de Montespan. Devenu régent à la mort du roi (1715), il fit casser par le parlement le testament de ce dernier, qui limitait ses pouvoirs. Sous son impulsion, la Régence se caractérisa par une violente réaction contre l'austérité de la fin du règne de Louis XIV. Il tenta de gouverner avec des conseils aristocratiques (polysynodie), qu'il supprima en 1718, et chercha à résoudre la crise financière avec l'aide de Law (1716-1720). Secondé par le cardinal Dubois, il conduisit une politique étrangère opposée à celle de Louis XIV, qui donna lieu à un conflit avec Philippe V d'Espagne.

Orly, ch.-l. de c. du Val-de-Marne, au sud de Paris ; 21 917 hab. Aéroport.

orme [ɔrm] **n.m.** (lat. *ulmus*). Arbre à feuilles dentelées, dont le bois solide et souple est utilisé en charpenterie et en ébénisterie. ▸ Famille des ulmacées ; haut. de 20 à 30 m.

1. ormeau [ɔrmo] **n.m.** Jeune orme.

2. ormeau [ɔrmo] **n.m.** (du lat. *auris maris,* oreille de mer). Nom usuel de l'haliotide, mollusque gastropode marin à coquille plate, appelé aussi *oreille-de-mer.*

Ormuz ou **Hormuz,** île iranienne du golfe Persique, sur le *détroit d'Ormuz,* qui relie le golfe Persique au golfe d'Oman ; 5 699 hab.

Ormuzd ⟶ Ahura-Mazda.

orne [ɔrn] **n.m.** (lat. *ornus*). Frêne du sud de l'Europe, à fleurs blanches odorantes en grappes très fournies.

Orne [61], dép. de la Région Normandie ; ch.-l. de dép. *Alençon ;* ch.-l. d'arr. *Argentan, Mortagne-au-Perche ;* 3 arr., 21 cant., 495 comm. ; 6 103 km^2 ; 299 461 hab. *(Ornais).*

ornemaniste [ɔrnəmanist] **n.** (de *ornement*). Professionnel spécialisé dans la conception ou la réalisation d'ornements en architecture, décoration, ameublement.

ornement [ɔrnəmɑ̃] **n.m.** (lat. *ornamentum*). **1.** Élément qui orne, agrémente un ensemble, ajoute qqch qui embellit : *Ornements d'architecture* (syn. **motif**). *Ornements de style* (syn. **fioriture**). **2.** MUS. Groupe de notes brèves, écrites ou improvisées, destinées à embellir ou varier une mélodie vocale ou instrumentale. **3. D'ornement,** purement décoratif : *Plantes d'ornement.*

ornemental, e, aux [ɔrnəmɑ̃tal, -o] **adj.** Qui sert ou peut servir à l'ornement : *Motif ornemental* (syn. **décoratif**).

ornementation [ɔrnəmɑ̃tasjɔ̃] **n.f.** Action, art, manière de disposer des ornements ; effet qui en résulte : *La splendide ornementation de la tribune officielle* (syn. **décoration**).

ornementer [ɔrnəmɑ̃te] **v.t.** Enrichir d'ornements : *Ornementer un livre de dessins* (syn. **agrémenter, décorer**).

orner [ɔrne] **v.t.** (lat. *ornare*). **1.** Embellir en ajoutant un, des éléments décoratifs : *Orner une façade de sculptures* (syn. **embellir**). **2.** Servir d'ornement à : *Une bague ornait sa main* (syn. **parer**). **3.** Rendre plus attrayant : *Orner son récit d'anecdotes* (syn. **enjoliver**).

ornière [ɔrnjɛr] **n.f.** (de l'anc. fr. *ordière,* lat. pop. **orbitaria,* par croisement avec *orne,* sillon). **1.** Trace creusée dans le sol des chemins par les roues des véhicules. **2. Sortir de l'ornière,** se dégager de la routine ; se tirer d'une situation difficile.

ornithologie [ɔrnitɔlɔʒi] **n.f.** (de *ornitho-* et *-logie*). Partie de la zoologie qui étudie les oiseaux. ◆ **ornithologiste** et **ornithologue n.** Noms du spécialiste.

ornithologique [ɔrnitɔlɔʒik] **adj.** Relatif à l'ornithologie.

ornithorynque [ɔrnitɔrɛ̃k] **n.m.** (de *ornitho-,* et du gr. *runkhos,* bec). Mammifère ovipare d'Australie et de Tasmanie, à bec de canard, à pattes palmées et à queue plate, qui creuse des galeries près de l'eau. ▸ Ordre des monotrèmes ; long. 40 cm env.

orogenèse [ɔrɔʒənɛz] **n.f.** (de *oro-* et de *genèse*). GÉOL. Formation des chaînes de montagnes.

orogénique [ɔrɔʒenik] **adj.** Relatif à l'orogenèse : *Mouvements orogéniques.*

oronge [ɔrɔ̃ʒ] **n.f.** (prov. *ouronjo,* orange). **1.** Amanite à chapeau jaune orangé, pied et lames jaunes, et large volve membraneuse. ▸ Champignon comestible très recherché. **2. Fausse oronge,** amanite à chapeau rouge taché de blanc, à pied et lames blancs, à la volve réduite (syn. **amanite tue-mouches**). ▸ Champignon vénéneux.

Oronte, fl. du Proche-Orient (Liban, Syrie, Turquie), tributaire de la Méditerranée ; 570 km. Il traverse Homs et Antioche.

oropharynx [ɔrɔfarɛ̃ks] **n.m.** (du lat. *os, oris,* bouche). ANAT. Partie moyenne du pharynx, communiquant avec la bouche.

orpailleur [ɔrpajœr] **n.m.** (de l'anc. fr. *harpailler,* saisir, avec infl. de *or*). Artisan qui lave les alluvions aurifères pour en retirer les paillettes d'or, appelé aussi *pailleteur.*

Orphée, poète et musicien dans les légendes de la Grèce antique. Par son chant, il est le maître des créatures, charmant animaux, plantes et minéraux même. Ne pouvant supporter la mort de son épouse Eurydice, il va la réclamer dans les Enfers à Hadès. Mais, sur le chemin du retour, avant d'être arrivé à la lumière, il se retourne, transgressant ainsi l'interdit posé par le dieu. Eurydice lui est alors enlevée à jamais. Orphée aurait été foudroyé par Zeus ou, selon une autre tradition, mis en pièces par les Ménades. À sa personnalité se rattache un mouvement religieux qui, apparu dans la Grèce du VIe s. av. J.-C. et connu par des « poèmes orphiques », se caractérise par une contestation de l'ordre social et par une recherche mystique et ascétique du salut, à travers des liturgies initiatiques et un système conceptuel de type cosmogonique.

orphelin, e [ɔrfəlɛ̃, -in] **n.** (lat. ecclés. *orphanus,* du gr.). Enfant qui a perdu son père et sa mère, ou l'un des deux.

orphelinat [ɔrfəlina] **n.m.** Établissement où l'on élève des enfants orphelins.

orphéon [ɔrfeɔ̃] **n.m.** (de *Orphée,* personnage mythol.). Chorale de voix d'hommes ou de voix mixtes d'enfants.

orphie [ɔrfi] **n.f.** (gr. *orphos*). Poisson à bec fin et pointu, à squelette vert émeraude, dit souvent *aiguille, bécassine de mer, aiguillette.*

orphisme [ɔrfism] **n.m.** (du n. de *Orphée*). Courant religieux de la Grèce antique, rattaché à Orphée, le maître des incantations.

orpiment [ɔrpimɑ̃] **n.m.** (du lat. *aurum,* or, et *pigmentum,* piment). Sulfure naturel d'arsenic, jaune vif, utilisé en peinture et en pharmacie.

orque [ɔrk] **n.f.** (lat. *orca*). Mammifère marin aussi appelé *épaulard.*

Orsay *(musée d'),* à Paris, musée national ouvert en 1986 dans l'anc. gare d'Orsay (1898), sur la rive g. de la Seine, face aux Tuileries. Chaînon entre le Louvre et le M.N.A.M., il réunit les œuvres des années 1848 à 1914 env. (fin du romantisme, académisme, réalisme, impressionnisme, symbolisme, nabis). Les collections concernent la peinture, la sculpture, les arts graphiques, ainsi que les arts appliqués, la photographie, l'architecture.

ORSEC (plan) [sigle de *ORganisation des SECours*], en France, programme d'organisation des secours permettant au préfet de mobiliser, en cas de catastrophe, tous les moyens, publics et privés, de son département.

Orsenna (Éric Arnoult, dit **Erik),** écrivain français (Paris 1947). Il édifie une œuvre variée, reflet de ses passions pour la politique, la mer, l'économie ou la langue française (*l'Exposition coloniale,* 1988 ; *La grammaire est une chanson douce,* 2001 ; *Portrait du Gulf Stream,* 2005 ; *Voyage aux pays du coton,* 2006). [Acad. fr.]

Orsini *(attentat d')* [14 janv. 1858], attentat commis à Paris par le patriote italien Felice Orsini (Meldola 1819 - Paris 1858), membre du mouvement Jeune-Italie, contre la personne de Napoléon III, qu'il considérait comme traître à la cause italienne. Défendu par Jules Favre, Orsini fut condamné à mort et exécuté.

Ortega y Gasset (José), écrivain espagnol (Madrid 1883 - *id.* 1955). Auteur d'essais sur l'art ou de nature philosophique et fondateur de la *Revue de l'Occident,* il exerça une profonde influence sur la pensée espagnole de son époque.

orteil [ɔrtɛj] **n.m.** (altér. de l'anc. fr. *arteil,* lat. *articulus,* dimin. de *artus,* articulation). Doigt du pied.

orthocentre [ɔrtɔsɑ̃tr] **n.m.** (de *ortho-* et *centre*). MATH. Point commun aux trois hauteurs d'un triangle.

orthodontie [ɔrtɔdɔ̃si] **n.f.** (de *orth[o],* et du gr. *odous, odontos,* dent). Spécialité dentaire qui a pour objet la correction des anomalies de position des dents. ◆ **orthodontiste n.** Nom du spécialiste.

orthodoxe [ɔrtɔdɔks] **adj.** et **n.** (lat. ecclés. *orthodoxus,* du gr. *doxa,* opinion). **1.** Qui est conforme au dogme, à la doctrine d'une religion (par opp. à *hétérodoxe*). **2.** Conforme à une doctrine considérée comme seule vraie (contr. **déviationniste**). **3.** Qui concerne les Églises chrétiennes d'Orient ; fidèle des Églises orthodoxes : *Rite orthodoxe.* **4. Églises orthodoxes,** Églises chrétiennes orientales, séparées de Rome depuis 1054, mais restées fidèles à la doctrine définie par le concile de Chalcédoine (451).

■ La « communion orthodoxe » ou « orthodoxie » est issue du schisme de 1054 par lequel l'Église d'Orient s'est séparée de l'Église de Rome. En dépit de la séparation, l'orthodoxie partage la même foi que l'Église de Rome. Comptant entre 160 et 180 millions de fidèles, l'orthodoxie se présente comme unie dans la foi et dans l'adhésion à une même tradition théologique, liturgique et disciplinaire, sous la primauté d'honneur du patriarche de Constantinople. Depuis le XIIe s., c'est la liturgie byzantine qui, selon la diversité des langues, est en vigueur dans toutes les Églises orthodoxes.
Celles-ci comprennent : les quatre très anciens patriarcats de rite grec que sont le patriarcat œcuménique de Constantinople et les patriarcats orthodoxes d'Alexandrie, d'Antioche et de Jérusalem (patriarcats melkites) ; les cinq patriarcats de Géorgie (VIIIe s., rétabli en 1917), de Bulgarie (972), de Serbie (1346, rétabli en 1920), de Russie (1589, rétabli en 1945) et de Roumanie (1885) ; les Églises autocéphales (c'est-à-dire élisant leur propre primat) de Chypre (431), de Grèce (1850), de Pologne (1924), d'Albanie (1937) et de Tchécoslovaquie (1951) ; d'autres Églises autonomes en Finlande, en Chine et au Japon, ou en voie de formation, telles que celle d'Amérique du Nord, d'origine russe.
Les Églises orthodoxes d'aujourd'hui ont été marquées, d'un côté, par le développement considérable de leur diaspora en Occident, en Asie et en Afrique, de l'autre, par une longue période de suspicion et de persécution de la part du pouvoir communiste, dont elles ont été libérées à la fin de la décennie 1980. Par ailleurs, l'orthodoxie, qui est, avec l'Église catholique et les communautés issues de la Réforme, l'une des trois expressions majeures du christianisme, a adopté une attitude nouvelle au sein de celui-ci : depuis 1961, l'Église russe et ses sœurs des pays qui étaient alors communistes font partie du Conseil œcuménique des Églises et, en 1962, le patriarcat de Moscou acceptait d'envoyer des observateurs au deuxième concile du Vatican. Leurs rapports avec le catholicisme peuvent cependant souffrir de tensions périodiques, notamment à propos des chrétiens orientaux rattachés à Rome ou « uniates ». ■

orthodoxie [ɔrtɔdɔksi] **n.f. 1.** Caractère de ce qui est orthodoxe : *Orthodoxie politique* (contr. **déviationnisme, hétérodoxie**). **2.** Ensemble des doctrines des Églises orthodoxes.

orthodromie [ɔrtɔdrɔmi] **n.f.** (du gr. *orthodromein,* courir en ligne droite). GÉOD. Ligne de plus courte distance entre deux points de la surface de la Terre.

orthogonal, e, aux [ɔrtɔgɔnal, -o] **adj.** (lat. *orthogonus,* à angle droit, du gr.). **1.** En géométrie élémentaire, perpendiculaire. **2. Projection orthogonale,** projection dont la direction est orthogonale à l'axe ou au plan de projection. / **Symétrie orthogonale,** symétrie axiale. / **Vecteurs orthogonaux d'un espace vectoriel euclidien,** deux vecteurs dont le produit scalaire est nul. / **Vecteurs orthogonaux du plan,** deux vecteurs de directions orthogonales.

orthogonalement [ɔrtɔgɔnalmɑ̃] **adv.** Selon une direction orthogonale ; perpendiculairement.

orthographe [ɔrtɔgraf] **n.f.** (de *ortho-* et *-graphe*). **1.** Ensemble de règles et d'usages qui régissent la manière d'écrire les mots d'une langue donnée : *L'orthographe des mots composés.* **2.** Maîtrise de ces règles et de ces usages : *Avoir une bonne orthographe.* **3.** Manière correcte d'écrire un mot : *Deux orthographes sont possibles pour ce mot* (syn. **graphie**).

orthographier [ɔrtɔgrafje] **v.t.** [conj. **9**]. Écrire selon les règles de l'orthographe. ◆ **s'orthographier** **v.pr.** Avoir telle orthographe, en parlant d'un mot.

orthographique [ɔrtɔgrafik] **adj.** Relatif à l'orthographe : *La cédille, le trait d'union, les accents sont des signes orthographiques.*

orthonormé, e [ɔrtɔnɔrme] **adj.** MATH. **Base orthonormée,** base orthogonale dont les vecteurs ont tous une norme égale à 1.

orthopédie [ɔrtɔpedi] **n.f.** (de *ortho-* et *-pédie*). Partie de la médecine et de la chirurgie qui a pour objet le traitement des affections du squelette, des articulations, de l'appareil locomoteur.

orthopédique [ɔrtɔpedik] **adj.** Relatif à l'orthopédie : *Semelle, chaussure orthopédique.*

orthopédiste [ɔrtɔpedist] **n.** et **adj.** Spécialiste de l'orthopédie.

orthophonie [ɔrtɔfɔni] **n.f.** Rééducation de la phonation et du langage écrit et oral.

orthophoniste [ɔrtɔfɔnist] **n.** Auxiliaire médical spécialisé dans la rééducation du langage.

orthoptère [ɔrtɔptɛr] **n.m.** (de *ortho-* et *-ptère*). **Orthoptères,** ordre d'insectes broyeurs à métamorphoses incomplètes, comme le criquet, la sauterelle, le grillon.

orthoptie [ɔrtɔpsi] et **orthoptique** [ɔrtɔptik] **n.f.** (de *orth[o]-* et *optique*). Branche de l'ophtalmologie qui traite les défauts de la vision binoculaire (strabisme, etc.).

orthoptiste [ɔrtɔptist] **n.** Auxiliaire médical spécialiste d'orthoptie.

ortie [ɔrti] **n.f.** (lat. *urtica*). Herbe aux petites fleurs verdâtres, couverte de poils, renfermant un liquide irritant (acide formique) qui pénètre sous la peau par simple contact des pointes. ▶ Famille des urticacées.

ortolan [ɔrtɔlɑ̃] **n.m.** (mot prov., du bas lat. *hortulanus,* jardinier). Passereau d'Europe, recherché pour sa chair.

orvet [ɔrvɛ] **n.m.** (dimin. de l'anc. fr. *orb,* aveugle, lat. *orbus*). Lézard sans pattes, insectivore gris ou doré, dont la queue se brise facilement, d'où son nom de *serpent de verre.* ▶ Famille des anguidés ; long. de 30 à 50 cm.

Orwell (Eric Blair, dit **George),** écrivain britannique (Motihari, Inde, 1903 - Londres 1950). Il a tenté de faire prendre conscience à ses contemporains de l'inhumanité croissante du monde moderne par une allégorie politique (*la Ferme des animaux,* 1945) et par un roman d'anticipation (*1984,* 1949), description d'un monde totalitaire.

oryctérope [ɔrikterɔp] **n.m.** (du grec *oruktêr,* fouisseur, et *ops,* vue). Mammifère nocturne des savanes africaines, à longues oreilles et à museau terminé par un groin, se nourrissant de termites et de fourmis qu'il capture avec sa longue langue visqueuse. ▶ Long. 1,20 m sans la queue ; ordre des tubulidentés, dont il est le seul représentant.

os [ɔs], au pl. [o] **n.m.** (lat. *ossum,* var. de *os, ossis*). **1.** Organe dur et solide qui constitue la charpente de l'homme et des vertébrés. **2.** Matière constituée d'os, avec laquelle on fabrique certains objets : *Manche de couteau en os.* **3.** *FAM.* Difficulté ; problème : *Tomber sur un os. Il y a un os.* **4. Donner un os à ronger à qqn,** lui faire une maigre faveur, lui laisser quelques miettes d'une grosse affaire. / **N'avoir que la peau et les os,** être très maigre. / *FAM.* **Ne pas faire de vieux os,** ne pas vivre très longtemps ; ne pas rester longtemps quelque part. / *FAM.* **Sac d'os, paquet d'os,** personne très maigre. **5. Os à moelle,** os qui contient de la moelle, utilisé en cuisine. / **Os de seiche,** coquille interne dorsale de la seiche, formée d'une plaque allongée, poreuse, calcaire, faisant fonction de flotteur.

O.S. [oɛs] **n.m.** (sigle). ⟶ Ouvrier* spécialisé.

Osaka, port du Japon, dans le sud de Honshu, sur le Pacifique ; 2 666 371 hab. (11 494 433 hab. dans l'agglomération). Deuxième pôle économique du Japon, et centre industriel diversifié. Musées.

Osborne (John), écrivain britannique (Londres 1929 - Schrewsbury 1994). Chef de file des « Jeunes Gens en colère », il s'attaque avec ironie ou violence au conformisme et aux préjugés (*la Paix du dimanche,* 1956 ; *Témoignage irrecevable,* 1964).

oscar [ɔskar] **n.m.** (prénom). **1.** Haute récompense cinématographique, matérialisée par une statuette et attribuée chaque année, à Hollywood, à des artistes et à des techniciens du film. **2.** Récompense décernée par un jury dans divers domaines : *L'oscar de la publicité.*

O.S.C.E. ⟶ C.S.C.E.

oscillateur [ɔsilatœr] **n.m.** (de *osciller*). **1.** Appareil produisant des courants électriques alternatifs périodiques de fréquence déterminée. **2.** PHYS. Système, mécanique ou électrique, siège d'un phénomène périodique.

oscillation [ɔsilasjɔ̃] **n.f.** **1.** PHYS. Phénomène caractérisé par une ou plusieurs grandeurs qui oscillent. **2.** Mouvement de va-et-vient : *Les oscillations du pendule.* **3.** Succession des courants de charge et de décharge qui circulent dans un circuit électrique. **4.** Changement alternatif et irrégulier : *Les oscillations de l'opinion* (syn. **fluctuation**). **5.** Cycle complet d'un oscillateur durant une période.

oscillatoire [ɔsilatwar] **adj.** De la nature de l'oscillation.

osciller [ɔsile] **v.i.** (lat. *oscillare,* balancer). **1.** Être animé d'un mouvement alternatif et régulier : *Le pendule oscille.* **2.** Être animé d'un mouvement de va-et-vient quelconque qui menace l'équilibre, la régularité, etc. : *La statue oscille sur sa base.* **3.** Hésiter entre des attitudes contraires : *Osciller entre la fermeté et le laxisme.* **4.** Varier entre deux niveaux : *Les réserves de pétrole oscillent entre 30 et 75 jours.*

oscillographe [ɔsilɔgraf] **n.m.** Appareil permettant d'observer et d'enregistrer les variations d'une grandeur physique variable en fonction du temps.

oscilloscope [ɔsilɔskɔp] **n.m.** Appareil servant à rendre visibles les variations temporelles d'une grandeur physique.

ose [oz] **n.m.** (de *glucose*). CHIM. Glucide ne comportant qu'une seule chaîne qui contient du carbone sans ramification.

osé, e [oze] **adj.** **1.** Fait avec audace ; risqué. **2.** Qui choque les bienséances : *Plaisanterie osée* (syn. **leste**).

oseille [ozɛj] **n.f.** (bas lat. *acidula,* du class. *acidus,* aigre, avec infl. du lat. *oxalis,* oseille). **1.** Plante potagère dont les feuilles comestibles ont un goût acide. ▶ Famille des polygonacées. **2.** *FAM.* Argent.

oser [oze] **v.t.** (bas lat. **ausare,* du class. *audere*). **1.** Avoir la hardiesse, le courage de. **2.** *LITT.* Tenter, entreprendre avec courage, avec audace : *C'est un homme à tout oser.*

oseraie [ozrɛ] **n.f.** Lieu planté d'osiers.

osier [ozje] **n.m.** (lat. pop. **ausarium,* d'un rad. frq.). Saule à rameaux jaunes, longs et flexibles, servant à tresser des paniers, des corbeilles, à faire des liens, etc. ; ces rameaux.

Osiris, dieu égyptien, frère et époux d'Isis. Il est jaloué par son frère Seth, qui le jette dans le Nil. Isis le retrouve à Byblos et le ramène. Mais Seth s'empare à nouveau d'Osiris, dont il dépèce le corps en quatorze morceaux, les dispersant à travers l'Égypte. Isis se remet en quête de son époux, puis, aidée par Anubis, reconstitue le corps d'Osiris et lui redonne vie. Du dieu ainsi ressuscité, elle conçoit un fils, Horus, qu'elle élèvera en secret et qui héritera de la royauté terrestre de son père, tandis que ce dernier gouvernera le royaume souterrain des Bienheureux. Sur ce mythe du dieu de la Résurrection s'édifiera, en Égypte puis dans le monde gréco-romain, toute une tradition de rites funéraires et de croyances dans la survie.

Ösling ou **Oesling,** région nord du Luxembourg.

Oslo, cap. de la Norvège, au fond d'un golfe formé par le Skagerrak ; 612 314 hab. (970 000 hab. dans l'agglomération). Centre administratif et industriel. Port actif. Château d'Akershus (v. 1300 et XVIIe s.). Nombreux musées, dont celui des Bateaux vikings et celui du Folklore, en plein air, dans l'île de Bygdøy. – Incendiée au XVIIe s., la ville fut rebâtie par Christian IV de Danemark sous le nom de *Christiania.* Capitale de la Norvège indépendante en 1905, elle reprit son nom d'Oslo en 1925.

osmium [ɔsmjɔm] **n.m.** (du gr. *osmê,* odeur). Métal extrait du minerai de platine, fondant vers 2 700 °C. ▸ Symb. Os.

osmose [ɔsmoz] **n.f.** (gr. *ôsmos,* poussée, impulsion). **1.** Transfert du solvant d'une solution diluée vers une solution concentrée au travers d'une membrane dite *permsélective.* **2.** Influence réciproque ; interpénétration.

osque [ɔsk] **n.m.** (lat. *osci*). Langue morte du groupe italique, proche de l'ombrien, et qui a influencé le latin.

ossature [ɔsatyr] **n.f.** (de *os*). **1.** Ensemble des os d'un homme ou d'un animal : *Avoir une forte ossature* (syn. **charpente, squelette**). **2.** Squelette, charpente qui soutient un ensemble ou lui donne sa rigidité. **3.** Structure ; plan ; canevas : *L'ossature d'un roman.*

osselet [ɔslɛ] **n.m. 1.** Petit os. **2.** Petit os du pied de mouton ; pièce de forme identique utilisée dans le jeu des osselets. **3. Osselet de l'oreille,** élément squelettique de l'oreille moyenne des vertébrés tétrapodes, transmettant les vibrations sonores. ▸ Chez les mammifères, il existe trois osselets : le marteau, l'enclume et l'étrier.

ossements [ɔsmɑ̃] **n.m. pl.** (lat. ecclés. *ossamentum*). Os décharnés d'hommes ou d'animaux morts.

Ossètes, peuple de Russie (Ossétie du Nord-Alanie) et de Géorgie (Ossétie du Sud) [env. 570 000]. Descendants des Alains, les Ossètes sont agriculteurs sur les pentes du Caucase et dans la plaine du Terek. Chrétiens orthodoxes ou musulmans, ils parlent l'*ossète,* de la famille iranienne. Ils se reconnaissent sous les noms d'*Iron* et de *Digoron.*

Ossétie du Nord-Alanie, république de Russie, limitrophe de l'Ossétie du Sud ; 8 000 km^2 ; 712 877 hab. ; CAP. *Vladikavkaz.* La population est constituée d'un peu plus de 50 % d'Ossètes de souche et d'environ 30 % de Russes.

Ossétie du Sud, prov. autonome du nord de la Géorgie ; 3 900 km^2 ; CAP. *Tskhinvali.* La population est constituée de deux tiers d'Ossètes de souche et d'environ 30 % de Géorgiens. – Depuis 1991, des combats opposent les Géorgiens aux Ossètes du Sud qui, avec le soutien de la Russie, aspirent à leur réunification avec les Ossètes du Nord. En août 2008, après une offensive de Tbilissi pour restaurer son autorité dans la province, la Russie mène une guerre éclair en Géorgie, puis reconnaît l'indépendance autoproclamée de l'Ossétie du Sud.

osseux, euse [ɔsø, -øz] **adj. 1.** Qui a des os : *Les poissons osseux et cartilagineux.* **2.** Dont les os sont saillants : *Main osseuse.* **3.** ANAT. Relatif aux os : *Système osseux.* **4. Tissu osseux,** tissu organique constituant la partie dure des os.

Ossian, barde écossais légendaire du IIIe s. Sous son nom, le poète James Macpherson (Ruthven, Inverness, 1736 - Belville, Inverness, 1796) publia des *Fragments de poésie ancienne* (1760), traduits du gaélique et de l'erse, dont l'influence fut considérable sur le romantisme.

ossification [ɔsifikasjɔ̃] **n.f. 1.** PHYSIOL. Conversion en os des parties membraneuses et cartilagineuses. **2. Point d'ossification,** zone où débute l'ossification d'un os long.

S'**ossifier** [ɔsifje] **v.pr.** [conj. **9**]. Se transformer en os.

osso-buco [ɔsobuko] **n.m. inv.** (mot it. « os [à] trou »). Jarret de veau servi avec l'os à moelle dans une préparation à base d'oignons et de tomates.

ossu, e [ɔsy] **adj.** *LITT.* Qui a de gros os.

ossuaire [ɔsɥɛr] **n.m.** (lat. *ossuarium,* urne funéraire). Bâtiment ou excavation où l'on entasse des ossements humains, près d'un champ de bataille, d'un cimetière, etc.

ost ou **host** [ɔst] **n.m.** (lat. *hostis,* ennemi). À l'époque féodale, armée. ▸ Le service d'ost ou *ost* était le service militaire que les vassaux devaient à leur suzerain.

Ostende, v. de Belgique, ch.-l. d'arr. de la Flandre-Occidentale, sur la mer du Nord ; 69 969 hab. Station balnéaire. Port. Musées ; maison de J. Ensor.

ostensible [ɔstɑ̃sibl] **adj.** (lat. *ostensus,* de *ostendere,* montrer). Que l'on ne cache pas ; qui est fait avec l'intention d'être vu : *Rire de façon ostensible* (syn. **visible**).

ostensiblement [ɔstɑ̃sibləmɑ̃] **adv.** De façon ostensible.

ostensoir [ɔstɑ̃swar] **n.m.** Pièce d'orfèvrerie dans laquelle on expose à l'autel l'hostie consacrée.

ostentation [ɔstɑ̃tasjɔ̃] **n.f.** (lat. *ostentatio,* de *ostendere,* montrer). **1.** Affectation qu'on apporte à faire qqch ; attitude de qqn qui cherche à se faire remarquer. **2.** Étalage indiscret d'un avantage ou d'une qualité.

ostentatoire [ɔstɑ̃tatwar] **adj.** Qui manifeste de l'ostentation ; affecté : *Un luxe ostentatoire* (contr. **discret**).

ostéomyélite [ɔsteɔmjelit] **n.f.** MÉD. Infection d'un os.

ostéopathie [ɔsteɔpati] **n.f.** MÉD. **1.** Toute maladie des os. **2.** Pratique thérapeutique consistant à traiter les états pathologiques par des manipulations rachidiennes et articulaires. ◆ **ostéopathe n.** Nom du spécialiste.

ostéoporose [ɔsteɔpɔroz] **n.f.** (de *ostéo-,* et du gr. *poros,* passage). MÉD. Fragilité des os due à une raréfaction et à un amincissement du tissu osseux.

Ostiaks → Ostyaks.

Ostie, station balnéaire sur le site du port de la Rome antique (auj. comblé), près de l'embouchure du Tibre. D'abord port militaire (IIIe s. av. J.-C.), Ostie fut sous l'Empire un grand port de commerce qui ravitaillait Rome. Vestiges antiques (IVe s. av. J.-C.-IVe s. apr. J.-C.) qui témoignent de l'urbanisme romain.

ostracisme [ɔstrasism] **n.m.** (gr. *ostrakismos,* de *ostrakon,* coquille [les citoyens écrivaient leur suffrage sur une coquille]). **1.** ANTIQ. GR. Procédure en usage à Athènes, permettant aux membres de l'assemblée des citoyens de bannir pour dix ans un homme politique dont ils redoutaient la puissance ou l'ambition. **2.** Action d'exclure qqn d'un groupe, de le tenir à l'écart : *Être frappé d'ostracisme.*

Ostrava, v. de la République tchèque (Moravie), sur l'Odra ; 299 622 hab. Centre houiller et métallurgique.

ostréicole [ɔstreikɔl] **adj.** Relatif à l'ostréiculture : *Parc ostréicole* (= où l'on élève des huîtres).

ostréiculture [ɔstreikyltyr] **n.f.** (du lat. *ostrea,* huître). Élevage des huîtres. ◆ **ostréiculteur, trice n.** Nom de l'éleveur.

Ostrogoths, anc. peuple germanique constituant l'une des grandes fractions des Goths. Le royaume qu'ils avaient constitué de part et d'autre du Dniepr fut détruit par les Huns vers 375. La mort d'Attila (453) fit renaître leur puissance. Fédérés à Rome, dominant une partie des Balkans, ils pénétrèrent en Italie avec Théodoric en 489. Devenu seul maître de l'Italie, roi en 493, celui-ci s'installa à Ravenne. Après sa mort (526), son royaume ne put résister à la reconquête byzantine et disparut en 555.

Ostyaks ou **Ostiaks,** ancien nom des **Khantys,** peuple finno-ougrien de la Sibérie occidentale. Ils pratiquent l'élevage et la culture du chanvre et gardent certaines pratiques de type chamaniste.

otage [ɔtaʒ] **n.** (de *oste,* forme anc. de *hôte* [les otages séjournaient dans la demeure du souverain qui les tenait captifs]). **1.** Personne prise ou livrée comme garantie de l'exécution de certaines conventions militaires ou politiques : *Une otage* *a été libérée.* **2.** Personne dont on s'empare et qu'on utilise comme moyen de pression contre qqn, un État, pour l'amener à céder à des exigences.

O.T.A.N. (Organisation du traité de l'Atlantique Nord), en angl. **NATO** (North Atlantic Treaty Organization), traité d'alliance entre divers États (auj. au nombre de 28) résolus à assurer leur défense mutuelle et collective. Signé le 4 avril 1949 à Washington par la Belgique, le Canada, le Danemark, les États-Unis, la France (qui se tiendra hors du commandement militaire de l'O.T.A.N. de 1966 à 2009), la Grande-Bretagne, l'Islande, l'Italie, le Luxembourg, la Norvège, les Pays-Bas et le Portugal, le traité, garantissant aux Européens l'appui des États-Unis en cas d'agression, est ratifié en 1952 par la Turquie et la Grèce, en 1955 par l'Allemagne fédérale et, en 1982, par l'Espagne. Après la dissolution du pacte de Varsovie (1991), le Conseil de coopération nord-atlantique (C.O.C.O.N.A.) est créé – le Conseil de partenariat euro-atlantique, ou C.P.E.A., lui succédera en 1997 –, dans le but d'établir des liens de confiance avec les États de l'Europe de l'Est et ceux issus de l'ex-U.R.S.S. À partir de 1994, l'O.T.A.N. signe avec ces pays un partenariat pour la paix et, en 1999, trois d'entre eux (Hongrie, Pologne, République tchèque) sont intégrés dans l'organisation. Sept autres (les 3 États baltes, la Bulgarie, la Roumanie, la Slovaquie et la Slovénie) y adhèrent en 2004, rejoints en 2009 par l'Albanie et la Croatie. Le Conseil permanent de l'O.T.A.N. siège à Bruxelles.

otarie [ɔtari] **n.f.** (gr. *ôtarion,* petite oreille). Mammifère marin voisin du phoque, dont il se distingue par la présence de pavillons aux oreilles et par des membres plus longs permettant un déplacement plus aisé sur terre. ▸ Les otaries vivent sur les côtes du Pacifique ; on les chasse pour leur peau appelée *loutre de mer.* Ordre des pinnipèdes.

ôté [ote] **prép.** *LITT.* En ôtant : *Ouvrage excellent, ôté deux ou trois chapitres* (syn. **excepté**).

ôter [ote] **v.t.** (lat. *obstare,* faire obstacle, puis « enlever »). **1.** Tirer qqn, qqch de l'endroit où ils sont : *Ôter un objet de la table.* **2.** Se débarrasser de : *Ôter son manteau* (syn. **enlever** ; contr. **garder, mettre**). **3.** Retrancher d'une autre chose : *Ôter deux de quatre* (syn. **soustraire**). **4.** Retirer : *Ôtez-lui cette idée de l'esprit. Cette maladie lui a ôté toute son énergie* (syn. **enlever**). ◆ **s'ôter v.pr.** *FAM.* Se retirer de quelque part, s'en écarter : *Ôte-toi de là.*

otite [ɔtit] **n.f.** (du gr. *oûs, ôtos,* oreille). Inflammation de l'oreille.

oto-rhino-laryngologie [ɔtɔrinɔlarɛ̃gɔlɔʒi] **n.f.** Partie de la médecine qui s'occupe des maladies des oreilles, du nez et de la gorge (abrév. *O.R.L.*). ◆ **oto-rhino-laryngologiste** et **oto-rhino n.** (pl. *oto-rhino-laryngologistes* et *oto-rhinos*). Nom du spécialiste (abrév. *O.R.L.*).

otoscope [ɔtɔskɔp] **n.m.** (du gr. *oûs, ôtos,* oreille, et de *-scope*). Instrument au moyen duquel on examine le conduit auditif.

Ottawa, cap. fédérale du Canada (Ontario) depuis 1867, sur la *rivière des Outaouais (Ottawa River),* affl. de g. du Saint-Laurent (1 120 km) ; 883 391 hab. *(Outaouais)* [1 306 000 hab. dans l'agglomération]. Centre administratif et culturel avec quelques industries. Musée national des Beaux-Arts.

Ottawa *(convention d')* [3-4 déc. 1997], convention internationale signée lors de la conférence d'Ottawa et consacrant l'engagement d'un grand nombre d'États à ne plus produire, stocker, utiliser ou exporter des mines antipersonnel, et à en détruire les stocks existants.

Otto (Nikolaus), ingénieur allemand (Holzhausen 1832 - Cologne 1891). Il présenta en 1876 le premier moteur à grande vitesse de régime fonctionnant suivant le cycle à quatre temps de A. Beau de Rochas.

ottoman, e [ɔtɔmɑ̃, -an] **adj.** et **n.** (de *Othman,* fondateur d'une dynastie turque). Relatif à l'Empire ottoman, à ses sujets : *La dynastie ottomane.*

ottoman *(Empire),* ensemble des territoires sur lesquels le sultan ottoman exerçait son autorité.

Formation et apogée de l'Empire

V. 1299. Chef d'un clan turc, Osman se rend indépendant des Turcs Seldjoukides.

1326. Son fils Orhan conquiert Brousse (Bursa), au sud-est de la mer de Marmara, et en fait sa capitale. En 1354, il prend pied en Europe à Gallipoli. Sous son règne est créée l'armée régulière des janissaires, recrutés au sein des populations chrétiennes. Ses successeurs s'emparent d'Andrinople, de la Thrace, de la Bulgarie et de la Macédoine.

1402. La défaite du sultan Bayezid Ier à Ankara contre Tamerlan donne un coup d'arrêt à l'expansion ottomane. L'unité de l'Anatolie est reconstituée ; Murad II (1421-1451) poursuit la politique de conquêtes en Europe.

Mai 1453. Mehmed II (1451-1481) met fin à l'Empire byzantin en s'emparant de Constantinople, qui devient, sous le nom d'*Istanbul,* l'une des métropoles de l'islam. Ses successeurs se tournent vers le monde arabe et conquièrent la Syrie puis l'Égypte (1517). Le dernier calife abbasside se rend à Constantinople mais le titre ne sera porté par les sultans ottomans qu'au XVIIIe s.

1520-1566. Règne de Soliman le Magnifique. L'Empire connaît alors son apogée militaire et culturel. Soliman s'empare de Bagdad, de l'est de la Hongrie (1526), après la bataille de Mohács, et de l'Afrique du Nord (à l'exception du Maroc), et assiège Vienne (1529). L'organisation administrative des pays conquis laisse aux peuples dominés leur langue et leur religion, les Turcs assurant la défense et prélevant les impôts. Assisté d'un grand vizir, le sultan est le maître absolu, tout à la fois chef civil, militaire et religieux.

La stagnation et le déclin

1571. Défaite de Lépante contre une coalition de princes chrétiens.

1699. Le traité de Karlowitz marque le premier recul des Ottomans (perte de la Hongrie).

1774. Le traité de Kutchuk-Kaïnardji (auj. en Bulgarie) donne à la Russie le droit de naviguer sur la mer Noire.

1826. Suppression du corps des janissaires.

1830. L'Empire doit reconnaître l'indépendance de la Grèce et la perte de l'Algérie.

1839. Début de l'ère des réformes *(Tanzimat).*

1840. L'Égypte devient autonome.

1856. Le traité de Paris place l'Empire sous la garantie des puissances européennes. L'endettement de l'Empire accroît l'influence de ces dernières.

1878. Le congrès de Berlin consacre la perte de la Roumanie et de la Serbie.

1908. Les Jeunes-Turcs, nationalistes partisans d'une modernisation de l'État, prennent le pouvoir.

1912-1913. Guerres balkaniques, à l'issue desquelles les Ottomans ne conservent plus en Europe que la Thrace orientale.

1914. L'Empire s'engage dans la Première Guerre mondiale, aux côtés de l'Allemagne.

1918-1920. L'Empire est morcelé et occupé par les Alliés qui imposent le traité de Sèvres.

1922. Mustafa Kemal abolit le sultanat.

Otton Ier le Grand (912 - Memleben 973), roi de Germanie (936-973), roi d'Italie (951/961-973), premier empereur du Saint Empire romain germanique (962-973), fils d'Henri Ier. Après avoir soumis les duchés allemands avec l'appui de l'Église, il se tourna vers l'Italie pour réaliser son idéal de reconstitution de l'Empire carolingien et s'y fit proclamer roi. Il arrêta les Hongrois au Lechfeld (955) et reçut la couronne impériale des mains du pape Jean XII (962), fondant ainsi le Saint Empire romain germanique.

ou [u] **conj. coord.** (lat. *aut*). **1.** Marque une alternative (parfois renforcé par *bien*) : *Rouge ou noir. Préfères-tu rester ici ou bien sortir ?* **2.** Introduit une équivalence, une formulation différente : *Lutèce ou l'ancien Paris.* **Ou..., ou,** précède les termes d'une alternative : *Il faut ou s'en passer, ou retourner le chercher.*

où [u] **adv. interr.** (lat. *ubi*). **1.** Interroge sur le lieu, la direction, le but : *Où courez-vous ? Je ne sais pas où cela me mènera.* **2. D'où,** de quel endroit : *Dis-moi d'où tu viens.* / **D'où vient que,** qu'est-ce qui explique que : *D'où vient que tu es toujours en retard ?* / **Par où,** par quel endroit : *Par où compte-t-elle pas-*

ser ? ◆ **adv. relat. 1.** Marque le lieu ou le temps : *La ville où j'habite. Le pays d'où je viens. Le jour où je l'ai rencontré.* **2. D'où,** marque une conséquence : *D'où je conclus que...* (= je conclus de ce qui précède que...). / **Là où,** au lieu dans lequel : *Il est toujours là où on ne l'attend pas.* ◆ **où que loc. relat. indéf.** Suivi du subj., introduit une proposition relative à nuance concessive : *Sois bien sûr que, où que tu ailles, je te retrouverai.*

O.U.A. (Organisation de l'unité africaine) ⟶ **Union africaine.**

Ouagadougou, cap. du Burkina ; 2 052 530 hab. *(Ouagalais).* Centre administratif, commercial et industriel. Festival panafricain du cinéma et de la télévision (« Fespaco »).

ouaille [waj] **n.f.** (anc. fr. *oeille,* bas lat. *ovicula,* dimin. du class. *ovis,* brebis). LITT. ou PAR PLAIS. (Surtout au pl.). Fidèle, par rapport au pasteur spirituel : *Curé et ses ouailles.*

ouais [wɛ] **adv.** (altér. de *oui*). FAM. **1.** Exprime le doute, la raillerie : *Ouais ! Tu ne me feras pas avaler ça.* **2.** Oui.

ouate [wat] **n.f.** (it. *ovatta,* de l'ar. *bata'in*). **1.** Laine, soie, filasse, coton, préparés soit pour être placés sous la doublure des objets de literie ou de vêtements, soit pour servir à des pansements. ***Rem.*** On dit indifféremment *de la ouate* ou *de l'ouate.* **2. Ouate de cellulose,** matière absorbante constituée par la superposition de minces couches de cellulose. / **Ouate hydrophile,** ouate purifiée par lavages dans de l'eau alcaline.

ouaté, e [wate] **adj.** Qui donne une impression de douceur ou de confort douillet : *Une atmosphère ouatée.*

ouater [wate] **v.t.** Garnir, doubler d'ouate un tissu.

Oubangui, riv. de l'Afrique équatoriale, affl. du Congo (r. dr.) ; 1 160 km.

oubli [ubli] **n.m.** (de *oublier*). **1.** Fait d'oublier, de perdre le souvenir de qqn, de qqch : *L'oubli d'un détail important. Un écrivain tombé dans l'oubli.* **2.** Manquement aux règles, à des habitudes : *L'oubli des convenances* (contr. **respect**). **3.** Défaillance de la mémoire, de l'attention : *Un oubli involontaire. Réparer un oubli* (syn. **étourderie**).

oublier [ublije] **v.t.** (lat. pop. **oblitare,* du class. *oblitus,* p. passé de *oblivisci*) [conj. **10**]. **1.** Ne plus savoir qqch, être incapable de se le remémorer : *Oublier une date. Elle oublie tout ce qu'on lui dit.* **2.** Ne pas se souvenir de qqch par un défaut d'attention : *J'avais oublié qu'il devait venir. Oublier un anniversaire* (syn. **négliger**). **3.** Laisser qqch quelque part, ne pas le prendre par manque d'attention : *Oublier ses gants.* **4.** Ne plus se préoccuper de qqch : *Oublier ses soucis.* **5.** Ne plus s'occuper de qqn : *Oublier ses amis* (syn. **délaisser**). **6.** Ne pas tenir compte de qqch, n'en faire aucun cas, et, en partic., manquer à une obligation : *Oublier les règles de la politesse* (syn. **enfreindre, manquer à**). **7.** Pardonner : *Oublier une injure.* ◆ **s'oublier v.pr. 1.** Disparaître de la mémoire : *Tout cela s'oubliera vite.* **2.** Faire abnégation de soi ; ne plus penser à ses intérêts. **3.** Manquer aux convenances. **4.** FAM. En parlant d'un animal, faire ses besoins mal à propos : *Le chien s'est oublié sur le tapis.* **5. Ne pas s'oublier,** être très attentif à son intérêt propre : *Il ne s'est pas oublié dans le partage !* / **S'oublier à,** se relâcher au point de : *S'oublier à dire un gros mot.*

oubliette [ublijɛt] **n.f.** (de *oublier*). **1.** (Surtout au pl.). Cachot où l'on enfermait ceux qui étaient condamnés à la prison perpétuelle ou dont on voulait se débarrasser. ▸ L'usage de ce cachot est largement mythique. **2.** Endroit où l'on relègue qqch, qqn que l'on veut oublier.

oublieux, euse [ublijø, -øz] **adj.** LITT. **1.** Qui ne garde pas le souvenir de qqch, de qqn, ou qui ne s'en préoccupe pas. **2.** Qui est sujet à oublier, en partic. les bienfaits reçus.

Oudry (Jean-Baptiste), peintre et dessinateur français (Paris 1686 - Beauvais 1755). Principalement animalier, il devint peintre des chiens et des chasses du roi (1726). Directeur artistique des manufactures de Beauvais (1734) et des Gobelins, il influença l'évolution de la tapisserie. Il a donné des illustrations pour *le Roman comique* de Scarron (non éditées) et pour les *Fables* de La Fontaine.

oued [wɛd] **n.m.** (mot ar. « cours d'eau »). **1.** Rivière, en Afrique du Nord. **2.** Cours d'eau, le plus souvent intermittent, des régions sèches.

Ouessant, île de Bretagne ; 15 km² ; 916 hab. *(Ouessantins).* Élevage ovin.

ouest [wɛst] **n.m. inv.** (angl. *west*). **1.** L'un des quatre points cardinaux, situé du côté où le soleil se couche : *Se diriger vers l'ouest* (syn. litt. **occident, couchant**). **2.** (Avec une majuscule). Partie d'un territoire située vers ce point : *L'Ouest américain.* **3.** (Avec une majuscule). Ensemble des États du pacte de l'Atlantique. ◆ **adj. inv.** Situé à l'ouest : *La rive ouest d'un fleuve* (syn. **occidental**).

ouf [uf] **interj.** (onomat.). **1.** Exprime le soulagement après une épreuve pénible ou désagréable, un effort : *Ouf ! Voilà une bonne chose de faite !* **2. Ne pas laisser à qqn le temps de dire ouf, de faire ouf,** ne pas lui laisser le temps de souffler, de respirer, de dire le moindre mot.

Oufa, v. de Russie, ch.-l. du Bachkortostan ; 1 062 300 hab.

Ouganda, État de l'Afrique orientale ; 237 000 km² ; 34 856 813 hab. *(Ougandais).* CAP. *Kampala.* LANGUE : *anglais.* MONNAIE : *shilling ougandais.*

GÉOGRAPHIE

Traversé par l'équateur, le pays est formé par un haut plateau (1 200 m d'altitude moyenne), dominé de hauts reliefs (Ruwenzori, Elgon). Il possède une partie des lacs Victoria, Édouard et Mobutu. L'altitude modère les températures. La savane domine, sauf dans le Nord-Est et sur les massifs, boisés. La population est formée de peuples nilotiques et surtout de Bantous vivant essentiellement de l'agriculture. Les cultures vivrières (dont la banane) sont complétées par l'élevage (5 M de bovins). Le café (200 000 t) est la première culture commerciale et assure 90 % des exportations, loin devant le coton et le thé. L'industrie, en dehors de l'agroalimentaire et de quelques produits de consommation, est inexistante. Kampala, Jinja (près de la centrale hydroélectrique d'Owen Falls) et Bugembe sont les principales villes. Enclavé, en proie à des dissensions internes, sa balance commerciale dépendant des cours du café, connaissant un accroissement démographique rapide (3 % par an), l'Ouganda, dont près de la moitié de la population est analphabète, est l'un des pays les plus pauvres du monde.

HISTOIRE

Peuplé en majorité par les Bantous, le pays voit émerger au XIXe s. le royaume du Buganda. Mutesa Ier (1856-1884) accueille favorablement les Européens.

1894. Protectorat britannique.

1962. Indépendance dans le cadre du Commonwealth.

1966. Milton Obote devient chef de l'État.

1971-1979. Régime dictatorial d'Idi Amin Dada.

1980. M. Obote revient au pouvoir. Il est renversé en 1985 par un coup d'État militaire.

1986. Yoweri Museveni s'empare de la direction du pays à la faveur d'un nouveau putsch.

Il est confirmé à la tête de l'État par une élection présidentielle en 1996 (réélu en 2001, 2006 et 2011).

Ougarit ou **Ugarit,** cité antique de la côte syrienne, à 16 km au nord de Lattaquié, sur le tell de Ras Shamra. Agglomération fondée v. 6000 av. J.-C., ce fut un important centre commercial et culturel au IIe millénaire, détruit vers le XIIe s. av. J.-C. par les Peuples de la Mer. Dégagés, quartiers d'habitations, palais et temples ont livré des textes littéraires et des archives, parmi lesquels des spécimens d'écriture alphabétique phénicienne.

oui [wi] **adv.** (de *oïl,* de l'anc. fr. *o,* lat. *hoc,* cela, et du pron. pers. *il*). **1.** Marque une réponse positive, une approbation : *Venez-vous ? – Oui.* **2.** Équivaut à une proposition affirmative : *Il ne le pense pas, mais moi oui.* **3.** Renforce une interrogation, une exclamation, une indignation : *Tu te décides, oui ?* **4. Ne dire ni oui ni non,** ne pas se prononcer ; être hésitant. / **Oui et non,** indique une réponse dubitative : *Êtes-vous content ? – Oui et non.* ◆ **n.m. inv. 1.** Réponse positive : *Tout se résout par des* *oui ou par des non.* **2. Pour un oui, pour un non,** à tout bout de champ, sans motif sérieux. ***Rem.*** L'élision de *que* devant *oui* adv. est facultative ; *oui* n.m. ne provoque pas celle de *le* et *de.*

ouï-dire [widir] **n.m. inv.** (de *ouï,* p. passé de *ouïr,* et *dire*). **1.** Ce qu'on sait par la rumeur publique : *Cette histoire n'est fondée que sur des ouï-dire.* **2. Par ouï-dire,** pour l'avoir entendu dire : *Je n'ai su la nouvelle que par ouï-dire.*

ouïe [wi] **n.f.** (de *ouïr*). **1.** Sens par lequel sont perçus les sons : *Les chiens ont l'ouïe fine* (= ils entendent très bien). [⟶ audition et ⟶ oreille.] **2.** Chez les poissons, chacune des deux fentes de rejet de l'eau respiratoire, situées sous le rebord postérieur des opercules ; chacun de ces opercules eux-mêmes. **3.** Chacune des ouvertures en forme d'S pratiquées dans la table d'harmonie de certains instruments à cordes (violon, violoncelle, etc.) [syn. **esse**]. **4.** *FAM.* **Être tout ouïe,** être prêt à écouter attentivement qqn ou qqch : *Il est tout ouïe devant elle.*

Ouïgours, peuple turc, musulman, vivant dans le nord-ouest de la Chine (Xinjiang). Tardivement annexés, ils développent une forte résistance à leur assimilation forcée.

ouille [uj] **interj.** (onomat.). Exprime la douleur, la surprise, la contrariété : *Ouille, je me suis brûlée !*

ouïr [wir] **v.t.** (lat. *audire,* entendre) [conj. **51**]. Entendre ; percevoir les sons par l'oreille : *J'ai ouï dire qu'il allait se marier.* ***Rem.*** Auj., n'est usité qu'à l'inf. prés., au p. passé *ouï, e* et aux temps composés.

ouistiti [wistiti] **n.m.** (d'un mot amérindien, probabl. d'orig. onomat.). Petit singe arboricole d'Amérique tropicale, à queue touffue et aux fortes griffes (syn. **marmaset**). ▸ Famille des callithricidés ; haut. 20 cm env.

oukase ou **ukase** [ukaz] **n.m.** (du russe *oukazat,* publier). **1.** Édit du tsar, en Russie. **2.** Décret rendu par l'État, dans l'anc. Union soviétique et auj. en Russie. **3.** *LITT.* Décision autoritaire et arbitraire : *Les oukases du directeur.*

Oulan-Bator, anc. **Ourga,** cap. de la Mongolie, sur la Tola ; 1 183 910 hab.

ouléma n.m. ⟶ **uléma.**

Oulipo (OUvroir de LIttérature POtentielle), groupe d'écrivains (les *oulipiens*) créé par François Le Lionnais et Raymond Queneau en 1960, et qui cherche à explorer les possibilités de création littéraire en s'imposant de multiples contraintes formelles.

Oum Kalsoum (Fatima Ibrahim, dite**),** chanteuse égyptienne (Tamay al-Zahira, prov. de Dakahlièh, 1898 - Le Caire 1975). En 1922, elle se produisit pour la première fois au Caire et obtint un triomphe. De nombreux poètes ont écrit pour elle des chansons très populaires. Sa renommée s'étend dans tout le monde arabe.

ouolof ou **wolof** [wɔlɔf] **n.m.** Langue nigéro-congolaise parlée au Sénégal et en Gambie.

Ouolof ou **Wolof,** peuple du Sénégal et de la Gambie, parlant une langue nigéro-congolaise. Au XVIe s., ils étaient organisés en plusieurs royaumes islamisés, qui disparurent avec la colonisation française.

Our ou **Ur,** cité antique de la basse Mésopotamie sur l'Euphrate, dans le sud de l'Iraq, et, selon la Bible, patrie d'Abraham. La plus ancienne occupation du site paraît remonter à la fin du VIe millénaire. Mais la période historique commence au IIIe millénaire avec les deux premières dynasties d'Our, à la puissance desquelles viendra mettre fin l'empire d'Akkad (2325-2160 av. J.-C.). La IIIe dynastie d'Our (2111-2003 av. J.-C.) marque la période la plus brillante de la cité, qui étend son empire sur toute la Mésopotamie. Mais la puissance d'Our, minée par les infiltrations étrangères, s'effondre pour être enfin incorporée en 1762 au royaume d'Hammourabi de Babylone.
Les fouilles scientifiques menées depuis 1919 ont révélé cette agglomération de 60 ha. La première urbanisation se situe entre 3300 et 3000 av. J.-C. La première floraison du site correspond au Dynastique archaïque (3000-2350 av. J.-C.) avec les fameuses tombes royales du XXVIe s. av. J.-C. contenant un riche mobilier (British Museum).

ouragan [uragɑ̃] **n.m.** (esp. *huracán,* tornade, d'une langue des Antilles). **1.** Tempête très violente, où la vitesse du vent dépasse 120 km à l'heure. **2.** Déchaînement impétueux, explosion de sentiments, de passions : *Cette mesure a déclenché un ouragan de protestations* (syn. **tempête**).

Oural, fl. de Russie et du Kazakhstan, qui naît dans l'Oural et rejoint la Caspienne ; 2 428 km (bassin de 231 000 km^2).

Oural, chaîne de montagnes de Russie, qui s'étend du nord au sud sur 2 000 km et constitue une traditionnelle limite entre l'Europe et l'Asie ; 1 894 m. La richesse du sous-sol de la montagne et de sa bordure (fer, charbon, pétrole, etc.) a fait de la région l'un des grands foyers industriels du pays (sidérurgie et métallurgie, industries chimiques), parsemé de grandes villes (Iekaterinbourg, Tcheliabinsk, Magnitogorsk, Oufa, Perm, etc.).

ouralien, enne [uraljɛ̃, -ɛn] **adj. 1.** De l'Oural. **2. Langues ouraliennes,** famille de langues réunissant le finno-ougrien et le samoyède (on dit aussi *l'ouralien*).

ouralo-altaïque [uralɔaltaik] **adj.** LING. Se dit d'un vaste ensemble qui réunirait les langues ouraliennes et altaïques.

Ouranos, dieu qui, dans la mythologie grecque selon Hésiode, personnifie le Ciel. Il est à la fois le fils et l'époux de Gaia, la Terre, qui lui donna une abondante postérité (Titans, Titanides, Cyclopes, Hécatonchires). L'un de ses fils, le Titan Cronos, se révolta contre lui et lui trancha les testicules, le sang de la blessure fécondant à nouveau la Terre, tandis qu'un des fils de Cronos, Zeus, détrônant à son tour son père, allait prendre la tête d'une nouvelle génération de dieux, les Olympiens.

Ourartou, royaume de l'Orient ancien (IXe-VIIe s. av. J.-C.), dont le centre était le bassin du lac de Van, dans l'Arménie historique.

ourdir [urdir] **v.t.** (lat. pop. **ordire,* class. *ordiri*) [conj. **32**]. **1.** Préparer la chaîne sur l'ourdissoir, pour la monter ensuite sur le métier à tisser. **2.** *LITT.* Arranger les éléments d'un complot, d'une machination, plus ou moins secrètement ; tramer, machiner.

ourdissage [urdisaʒ] **n.m.** Action d'ourdir.

ourdissoir [urdiswar] **n.m.** Machine servant à étaler en nappe et à tendre les fils de la chaîne.

ourdou ou **urdu** [urdu] **n.m.** Langue indo-aryenne parlée en Inde du Nord et au Pakistan où c'est la langue officielle. ▸ Il s'agit en fait de la même langue que le hindi mais écrite en alphabet arabo-persan.

ourler [urle] **v.t.** (lat. pop. **orulare,* du class. *ora,* bord). Faire un ourlet à : *Ourler une jupe.*

ourlet [urlɛ] **n.m.** (dimin. de *orle,* bord). Repli cousu au bord d'une étoffe : *Faire un ourlet à un pantalon.*

Ouro Preto, v. du Brésil (Minas Gerais) ; 69 598 hab. Ville d'art renommée pour ses églises baroques du XVIIIe s. (telle S. Francisco de Assis, construite et décorée autour de 1770 par l'Aleijadinho).

Ourouk, anc. ville de basse Mésopotamie, dont le site a été occupé du VIe millénaire au IIIe s. av. J.-C. (auj. *Warka*), dans le sud de l'Iraq. Le village qui apparut sur ce site au VIe millénaire possédait un temple périodiquement reconstruit. La ville qui lui succéda vers la fin de l'époque d'Obeïd (4000 av. J.-C.) y ajouta un autre sanctuaire de nombreuses fois agrandi. Les niveaux archéologiques V à III sont les plus importants de la cité et les vastes constructions qui caractérisent le niveau IV inaugurent l'époque sumérienne protodynastique (fin du IVe millénaire-début du IIIe millénaire av. J.-C.). De ce temps datent les remparts attribués au roi légendaire Gilgamesh (v. 2700). Après la destruction de l'Empire akkadien (v. 2200), Ourouk est la première cité à se libérer des envahisseurs ; mais, à partir de la IIIe dynastie d'Our (2111-2003) jusqu'à l'époque perse, elle ne joue plus qu'un rôle secondaire tout en demeurant, jusqu'au IIIe s. apr. J.-C., ville sainte. La cité est l'un des foyers de la civilisation urbaine et artistique. Près d'une vingtaine de niveaux archéologiques se succèdent sans interruption. Entre 3300 et 3000 se situent les premières œuvres sculptées, les plus anciens pictogrammes, précurseurs de l'écriture cunéiforme, et les sceaux-cylindres.

Ouroumtsi, en chin. **Wulumuqi,** v. de Chine, cap. du Xinjiang ; 2 954 226 hab. dans l'agglomération.

ours [urs] **n.m.** (lat. *ursus*). **1.** Mammifère carnivore, plantigrade, au corps lourd et massif. ▶ Famille des ursidés. L'ours grogne, gronde. **2.** *FAM.* Personne qui fuit le monde : *Un vieil ours solitaire.* **3.** Jouet d'enfant en peluche ayant l'apparence d'un ourson. **4. Ours blanc,** ours des régions arctiques, qui mène une vie aquatique et se nourrit surtout de poissons. ▶ Son poids atteint 600 kg et sa hauteur, dressé, 2,70 m. / **Ours brun,** ours qui vit en solitaire dans les forêts montagneuses d'Europe et d'Asie, et qui se nourrit notamm. de fruits et de miel.

■ Il existe neuf espèces d'ours. Presque tous vivent dans l'hémisphère Nord (Amérique du Nord, Europe, Asie), sauf l'ours à lunettes d'Amérique du Sud. L'ours brun, que l'on rencontre du Canada à l'Himalaya, comprend huit sous-espèces, dont le grizzli. Dans les régions tempérées et froides, les ours se mettent à l'abri dans une tanière pendant l'hiver et entrent dans une période de torpeur. Ce n'est pas une hibernation véritable (on parle plutôt d'*hivernation*) ; à tout moment, ils peuvent se réveiller et sortir aux alentours. De plus, les femelles mettent bas leurs petits pendant cette période. ■

Ours *(grand lac de l')*, lac du Canada septentrional (Territoires du Nord-Ouest) ; 31 100 km^2.

ourse [urs] **n.f.** (lat. *ursa*). Ours femelle.

Ourse *(Grande* et *Petite)*, nom de deux constellations boréales voisines du pôle céleste Nord, appelées aussi *Grand Chariot* et *Petit Chariot*. La Petite Ourse renferme l'*étoile Polaire,* très voisine du pôle ; cette étoile se trouve à peu près dans le prolongement d'une ligne joignant les deux étoiles qui représentent les roues arrière du Grand Chariot, et à une distance égale à cinq fois celle de ces deux étoiles.

oursin [ursɛ̃] **n.m.** (de *ours*). Animal invertébré marin à coque (test) formée de plaques calcaires, couvert de piquants mobiles, et dont les glandes reproductrices sont comestibles. ▶ Embranchement des échinodermes. Noms usuels : *châtaigne de mer, hérisson de mer.*

ourson, onne [ursɔ̃, -ɔn] **n.** Petit de l'ours.

Oury (Max Gérard Oury, dit **Gérard),** cinéaste français (Paris 1919 - Saint-Tropez 2006). Ses comédies mémorables (*le Corniaud,* 1965 ; *la Grande Vadrouille,* 1966 ; *la Folie des grandeurs,* 1971 ; *les Aventures de Rabbi Jacob,* 1973) comptent parmi les plus gros succès du cinéma français.

Ousmane dan Fodio, lettré musulman (Marata 1754 - ? 1817), fondateur de l'Empire peul du Sokoto (auj. au nord-ouest du Nigeria). Il déclara en 1804 la guerre sainte *(djihad)* et se rendit maître des cités haoussa.

oust ou **ouste** [ust] **interj.** (onomat.). *FAM.* S'emploie pour chasser qqn ou pour l'obliger à se hâter : *Allez, ouste !*

Oustacha, société secrète croate, d'inspiration fasciste, fondée en 1929. Elle organisa l'assassinat du roi de Yougoslavie Alexandre Ier (1934). Ses membres, les *Oustachi,* dirigèrent l'« État croate indépendant » (1941-1945), ultranationaliste et antisémite, sous la coupe de l'Allemagne et de l'Italie.

Outaouais, région administrative du Québec (Canada), sur la rive nord de la rivière des Outaouais ; 34 924 km^2 ; 369 171 hab. ; v. princ. *Gatineau.*

outarde [utard] **n.f.** (lat. pop. **austarda,* contraction de *avis tarda,* oiseau lent). Oiseau échassier d'Afrique, d'Asie et de certaines régions d'Europe, au corps lourd.

outil [uti] **n.m.** (lat. *utensilia,* ustensiles, de *uti,* se servir de). **1.** Objet fabriqué, utilisé manuellement ou sur une machine pour réaliser une opération déterminée : *Une boîte à outils. Outils de jardinage* (syn. **instrument, ustensile**). **2.** Moyen utile à une activité ; instrument : *Les statistiques sont un outil indispensable à une bonne gestion.*

outillage [utijaʒ] **n.m.** Ensemble des outils nécessaires à une profession ou à un travail : *L'outillage du parfait bricoleur* (syn. **équipement**).

outillé, e [utije] **adj.** Qui a les outils nécessaires à un travail : *Je suis mal outillé pour réparer cette voiture.*

outiller [utije] **v.t.** Munir des outils, des instruments nécessaires pour faire qqch ; équiper en machines un atelier, une usine.

outrage [utraʒ] **n.m.** (de *2. outre*). **1.** Grave offense, atteinte à l'honneur, à la dignité de qqn : *Venger un outrage* (syn. **affront, injure**). **2.** Action ou parole contraire à une règle, à un principe : *Cette gifle est un outrage à sa fierté* (syn. **atteinte**). **3.** DR. Parole, geste, menace, etc., par lesquels un individu exprime sciemment son mépris à un dépositaire de l'autorité ou de la force publique, et qui constituent une infraction : *Outrage à agent.* **4.** *LITT.* **Faire subir les derniers outrages à une femme,** la violer. / DR. **Outrage aux bonnes mœurs,** délit qui consistait à porter atteinte à la moralité publique par écrits, dessins, photographies ou paroles. / DR. **Outrage public à la pudeur,** délit consistant en un geste contraire à la décence, perçu ou susceptible d'être perçu par des tiers (syn. **attentat**).

outrageant, e [utraʒɑ̃, -ɑ̃t] **adj.** Qui outrage : *Il tient des propos outrageants* (syn. **insultant**).

outrager [utraʒe] **v.t.** [conj. **17**]. Offenser vivement : *Outrager un fonctionnaire* (syn. **insulter**).

outrageusement [utraʒøzmɑ̃] **adv.** De façon excessive : *Elle est outrageusement maquillée* (syn. **excessivement**).

outrance [utrɑ̃s] **n.f.** (de *2. outre*). **1.** Caractère de ce qui est outré : *L'outrance d'un propos.* **2.** Action ou parole qui passe les bornes, la mesure : *Les outrances de sa conduite ont choqué* (syn. **excès**).

outrancier, ère [utrɑ̃sje, -ɛr] **adj.** Qui pousse les choses à l'excès : *Une caricature outrancière* (syn. **excessif**).

1. outre [utr] **n.f.** (lat. *uter, utris,* ventre). **1.** Peau de bouc cousue en forme de sac, pour conserver et transporter des liquides. **2.** *FAM.* **Être gonflé, plein comme une outre,** être gavé de nourriture ou avoir trop bu.

2. outre [utr] **prép.** (lat. *ultra*). **1.** En plus de : *Apporter, outre les témoignages, des preuves écrites.* **2.** S'emploie en composition avec des noms géographiques pour indiquer ce qui est situé au-delà : *Outre-Atlantique.* **3. Outre mesure,** à l'excès : *Boire outre mesure.* ◆ **adv. En outre,** de plus : *Être payé et, en outre, logé et nourri.* / **Passer outre,** ne pas tenir compte de qqch, d'une interruption, d'un avis : *Ils m'ont menacé mais j'ai décidé de passer outre.* ◆ **outre que loc. conj.** En plus du fait que : *Outre qu'ils vivent à six dans trois pièces, ils ont deux chiens.*

outré, e [utre] **adj.** (p. passé de *outrer*). **1.** Qui est poussé à l'extrême : *Parole outrée* (syn. **exagéré**). **2.** Qui manifeste de l'indignation ; qui est scandalisé : *Je suis outré de tant d'impertinence.*

outre-Atlantique [utratlɑ̃tik] **adv.** De l'autre côté de l'Atlantique ; en Amérique du Nord, et en partic. aux États-Unis : *Elle voyage souvent outre-Atlantique.*

outrecuidance [utrəkɥidɑ̃s] **n.f.** (de l'anc. fr. *outrecuider,* de *2. outre* et *cuider,* penser). *LITT.* **1.** Confiance excessive en soi-même : *Parler de soi avec outrecuidance* (syn. **suffisance, fatuité**). **2.** Acte désinvolte, impudent : *Répondre avec outrecuidance* (syn. **arrogance**). *Quelle outrecuidance !* (syn. **présomption**).

outrecuidant, e [utrəkɥidɑ̃, -ɑ̃t] **adj.** *LITT.* Qui manifeste de l'outrecuidance (syn. **présomptueux**).

outre-Manche [utrəmɑ̃ʃ] **adv.** Au-delà de la Manche, par rapport à la France ; en Grande-Bretagne.

outremer [utrəmɛr] **n.m.** (de *outre-mer*). Lapis-lazuli. ◆ **adj. inv.** et **n.m.** D'un bleu intense.

outre-mer [utrəmɛr] **adv.** Au-delà des mers par rapport à la France : *Aller s'établir outre-mer.* ◆ **n.m. sing.** L'ensemble des territoires français d'outre-mer.

outre-mer *(France d')*, ensemble des territoires français dispersés dans le monde et comprenant cinq *départements et Régions d'outre-mer* (D.O.M.-R.O.M. ou D.R.O.M.) : la Guadeloupe, la Martinique, la Guyane, La Réunion, Mayotte ; cinq *collectivités d'outre-mer* (C.O.M.) : la Polynésie française, Saint-Barthélemy, Saint-Martin (partie française), Saint-Pierre-et-Miquelon, Wallis-et-Futuna ; les terres Australes et Antarctiques françaises ; la Nouvelle-Calédonie ; ainsi que quelques îlots de l'océan Indien (Bassas da India, Europa, îles Glorieuses, Juan de Nova, Tromelin) et du Pacifique (Clipperton).

outrepasser [utrəpase] **v.t.** Aller au-delà de ce qui est permis, de ce qui est légal : *Outrepasser ses pouvoirs.*

outrer [utre] **v.t.** (de *2. outre*). **1.** Porter qqch au-delà de la juste raison ; lui donner une importance ou une expression exagérée, excessive : *Outrer la vérité. Il a outré certains détails* (syn. **exagérer**). **2.** Pousser à bout ; provoquer l'indignation de : *Vos paroles l'ont outré* (syn. **indigner**).

outre-Rhin [utrərɛ̃] **adv.** Au-delà du Rhin ; en Allemagne.

d'outre-tombe [utrətɔ̃b] **loc. adj. inv.** Au-delà de la tombe : *« Les Mémoires d'outre-tombe » de Chateaubriand.*

outsider [autsajdœr] **n.m.** (mot angl. « celui qui est en dehors »). Concurrent dont les chances de remporter une compétition sont réduites, mais non négligeables (par opp. à *favori*).

ouvert, e [uvɛr, -ɛrt] **adj.** (p. passé de *ouvrir*). **1.** Qui laisse un passage, où l'on peut entrer : *Porte, fenêtre ouverte* (contr. **fermé**). **2.** Qui est en communication avec l'extérieur : *Un pays ouvert à l'importation.* **3.** Qui est accueillant, accessible : *Milieu ouvert. Être ouvert aux idées nouvelles* (syn. **réceptif**). *Il est ouvert à la solidarité* (syn. **sensible ;** contr. **sourd, fermé**). **4.** Qui se confie ; franc : *Caractère ouvert* (syn. **confiant**). **5.** Qui exprime la franchise : *Visage ouvert* (syn. **franc**). **6.** Intelligent ; vif : *Esprit ouvert.* **7.** Déclaré ; qui se manifeste publiquement : *Guerre ouverte.* **8.** SPORTS, JEUX. Dont le résultat est incertain, en raison de la valeur sensiblement égale des adversaires, des concurrents : *Compétition très ouverte.* **9.** PHON. Se dit d'une voyelle prononcée avec une ouverture plus ou moins grande du canal vocal (par opp. à *fermé*) : *è ouvert* [ɛ] dans *père.* **Syllabe ouverte,** terminée par une voyelle. / **Tenir table ouverte,** recevoir journellement à sa table des invités. / DR. **Milieu ouvert,** régime pénitentiaire caractérisé par l'absence de précautions matérielles et physiques contre l'évasion, en fonction de la personnalité du délinquant. / MATH. **Intervalle ouvert (d'un ensemble ordonné),** intervalle ne contenant pas ses extrémités.

ouvertement [uvɛrtəmɑ̃] **adv.** De façon ouverte, manifeste : *Parler ouvertement* (syn. **franchement**). *Elle a pris position ouvertement dans le débat* (syn. **publiquement**).

ouverture [uvɛrtyr] **n.f.** (lat. pop. **opertura,* class. *apertura*). **1.** Action d'ouvrir ; état de ce qui est ouvert : *L'ouverture d'un coffre* (contr. **fermeture**). **2.** Espace vide dans un corps ; fente, trou : *Faire une ouverture dans un mur* (syn. **brèche**). **3.** Action d'inaugurer, de commencer : *Ouverture de la chasse.* **4.** Dans certains jeux, début d'une partie. **5.** MUS. Composition instrumentale au début d'un opéra, d'un oratorio, d'une grande œuvre, que l'on trouve, notamm. au XVIIIe s., sous la forme sonate. **6.** DR. Point de départ d'une situation juridique ou d'un droit. **7.** SPORTS. En rugby, à la sortie d'une mêlée, action d'adresser le ballon aux trois-quarts, génér. par l'intermédiaire du *demi d'ouverture.* **8.** Fait d'être ouvert : *L'ouverture des magasins* (contr. **fermeture**). **9.** Écartement ; espacement : *Ouverture de compas.* **10.** MIN. Dimension du chantier ou de la galerie creusés dans un gisement. **11.** OPT. Surface utile, exposée aux rayons lumineux d'un système optique. **12.** Fait d'être ouvert, réceptif : *Ouverture d'esprit.* **13.** Possibilité de communiquer avec l'extérieur : *Ouverture sur le monde.* **14.** Attitude politique visant à des rapprochements avec d'autres ; élargissement des alliances : *Pratiquer une politique d'ouverture.* **15.** PHOT. **Ouverture relative d'un objectif,** rapport du diamètre du diaphragme à la distance focale. ◆ **ouvertures n.f. pl.** En politique, premières propositions, premières négociations : *Ouvertures de paix.*

ouvrable [uvrabl] **adj.** (de *ouvrer*). **1.** Qui peut être travaillé, ouvré : *Matière ouvrable.* **2. Jour ouvrable,** jour consacré normalement au travail.

ouvrage [uvraʒ] **n.m.** (de *œuvre*). **1.** Action de travailler : *Se mettre à l'ouvrage* (syn. **travail, tâche**). *Avoir de l'ouvrage* (= avoir du travail). *Avoir du cœur à l'ouvrage* (= travailler avec entrain). **2.** Objet produit par le travail, notamm. celui d'un ouvrier, d'un artiste : *Un ouvrage de menuiserie, de sculpture.* **3.** Travail d'aiguille ou de tricot. **4.** Texte scientifique ou littéraire : *Publier un ouvrage* (syn. **livre**). **5.** Partie d'un haut fourneau au-dessus du creuset, dans laquelle débouchent les tuyères à vent. **6.** MIL. Élément autonome d'une fortification capable de résister même après encerclement. **7. Ouvrage d'art,** construction de grande importance (pont, tunnel, etc.) entraînée par l'établissement d'une ligne de communication. ◆ **n.f.** *FAM.* **De la belle ouvrage,** du beau travail (souvent par plais.).

ouvragé, e [uvraʒe] **adj.** (de *ouvrage*). Finement travaillé, décoré : *Un coffret ouvragé.*

ouvrant, e [uvrɑ̃, -ɑ̃t] **adj.** Conçu de manière à pouvoir être ouvert : *Toit ouvrant d'une automobile.*

ouvré, e [uvre] **adj.** (de *ouvrer*). **1.** Façonné : *Fer ouvré.* **2.** Travaillé, décoré avec soin : *Lingerie ouvrée.* **3. Jour ouvré,** jour où l'on travaille.

ouvre-boîte ou **ouvre-boîtes** [uvrəbwat] **n.m.** (pl. *ouvre-boîtes*). Instrument coupant, manuel ou électrique, pour ouvrir les boîtes de conserves.

ouvre-bouteille ou **ouvre-bouteilles** [uvrəbutɛj] **n.m.** (pl. *ouvre-bouteilles*). Ustensile servant à ouvrir les bouteilles (syn. **décapsuleur**).

ouvrer [uvre] **v.t.** (lat. *operari*). TECHN. Façonner ; travailler ; orner : *Ouvrer du bois, de la lingerie.*

ouvreur, euse [uvrœr, -øz] **n. 1.** Celui, celle qui ouvre, qui sait ouvrir : *Ouvreur d'huîtres.* **2.** Au bridge, joueur qui commence les enchères. **3.** Skieur qui ouvre la piste lors d'une compétition de ski. **4.** Personne chargée de placer les spectateurs dans un théâtre, un cinéma.

ouvrier, ère [uvrije, -ɛr] **n.** (lat. *operariusi,* de *operari,* travailler). **1.** Personne salariée ayant une fonction de production et qui se livre à un travail manuel pour le compte d'un employeur. **2.** *LITT.* Agent de qqch : *Être l'ouvrier de son destin* (syn. **artisan**). **3. Ouvrier à façon,** à qui l'on fournit la matière à mettre en œuvre pour un prix forfaitaire. / **Ouvrier spécialisé (O.S.),** dont le travail ne demande aucun diplôme mais une simple mise au courant, par opp. à *ouvrier professionnel (O.P.),* ou *ouvrier qualifié,* dont l'apprentissage a été sanctionné au minimum par un certificat d'aptitude professionnelle. ◆ **adj.** Qui concerne les ouvriers ; qui est composé, constitué d'ouvriers : *Elle habite une cité ouvrière* (= destinée au logement des ouvriers). *Le monde ouvrier* (= les ouvriers). ◆ **ouvrière n.f.** Chez les insectes sociaux (abeilles, fourmis, termites), individu stérile assurant la nutrition, la construction du nid, les soins aux larves, la défense de la colonie.

ouvriérisme [uvrijerism] **n.m.** *VIEILLI.* Tendance à donner la priorité à la classe ouvrière (quant aux revendications, à l'exercice des responsabilités), en raison de la supériorité morale et du rôle moteur qu'on lui attribue. ◆ **ouvriériste adj.** et **n.** Qui relève de l'ouvriérisme.

ouvrir [uvrir] **v.t.** (lat. pop. **operire,* class. *aperire*) [conj. **34**]. **1.** Dégager ce qui est fermé ; déplacer ce qui empêche une communication avec l'extérieur pour ménager un accès : *Ouvrir une armoire* (contr. **fermer**). *Ouvrir une bouteille* (syn. **déboucher**). *Ouvrir un paquet* (syn. **déballer**). *Ouvrir une lettre* (syn. **décacheter**). *On a ouvert une large avenue dans le quartier* (syn. **percer**). **2.** (Absol.). Ouvrir la porte : *On sonne, va* *ouvrir.* **3.** Rendre possible l'accès à ; faire communiquer avec l'extérieur : *Ouvrir un port.* **4.** Fairefonctionner ; mettre en marche : *Ouvrir la radio* (syn. **allumer, brancher**). **5.** Percer, entamer qqch de solide : *La masse, en tombant, lui a ouvert le crâne.* **6.** Commencer ; inaugurer : *Ouvrir la chasse, le bal.* **7.** Créer ; faire fonctionner pour la première fois : *Ouvrir une école* (syn. **fonder**). **8.** FAM. **L'ouvrir,** ouvrir la bouche ; parler : *Je peux à peine l'ouvrir pour donner mon avis.* / **Ouvrir la marque, le score,** marquer le premier but. / **Ouvrir l'appétit,** donner de l'appétit : *Cette petite promenade m'a ouvert l'appétit.* / **Ouvrir l'esprit de qqn,** le rendre plus capable de comprendre. / **Ouvrir un compte,** faire établir un compte bancaire à son nom et y verser des fonds. / **Ouvrir une piste de ski,** y faire la première trace pour s'assurer de son état ou pour établir un temps de référence avant une compétition. ◆ **v.i. 1.** Donner accès à un lieu : *Porte qui ouvre sur le jardin.* **2.** Ouvrir ses portes : *Le magasin ouvre demain.* **3.** JEUX. Commencer la partie, la mise, les enchères : *C'est à toi d'ouvrir.* **4.** SPORTS. Au rugby, pratiquer une ouverture. ◆ **s'ouvrir v.pr. 1.** Présenter une ouverture, un passage : *Fenêtre qui s'ouvre mal. Pays qui s'ouvre au commerce.* **2.** Se couper : *S'ouvrir la lèvre.* **3.** Commencer : *La fête s'ouvrit sur un discours.* **4.** S'épanouir, en parlant d'une fleur. **5. S'ouvrir à qqn,** se confier à lui.

Ouzbékistan, État d'Asie centrale ; 447 000 km² ; 28 934 000 hab. *(Ouzbeks).* CAP. *Tachkent.* V. princ. *Samarkand, Boukhara.* LANGUE : *ouzbek.* MONNAIE : *soum ouzbek.*

GÉOGRAPHIE

Peuplé surtout d'Ouzbeks de souche (70 %), musulmans, avec une minorité russe présente dans les villes, le territoire est formé en majeure partie de déserts (dont le Kyzylkoum), mais possède 3,40 Mha irrigués (bassin du Fergana, oasis de Tachkent, du Zeravchan [Samarkand, Boukhara, etc.]) souvent consacrés au coton, ressource majeure, parfois aux vergers, aux légumes. L'élevage ovin demeure actif sur les terres arides. Le gaz naturel (en partie exporté) est la richesse essentielle du sous-sol.

HISTOIRE

L'Ouzbékistan réunit des territoires d'Asie centrale, conquis par les Russes à partir des années 1860 (Turkestan), et la majeure partie des anciens khanats de Boukhara et de Khiva.

1924. Création de la République socialiste soviétique d'Ouzbékistan.

1991. L'Ouzbékistan accède à l'indépendance et adhère à la C.E.I. Islam Karimov est depuis lors président de la République.

Ouzbeks, peuple turc constituant le groupe le plus nombreux et le plus dynamique des musulmans (islam sunnite) de l'Asie centrale, et vivant majoritairement en Ouzbékistan.

ouzo [uzo] **n.m.** (mot gr.). Liqueur parfumée à l'anis, d'origine grecque, qui se boit pure ou étendue d'eau.

ovaire [ɔvɛr] **n.m.** (lat. scientif. *ovarium,* de *ovum,* œuf). **1.** ANAT. Glande génitale femelle paire, où se forment les ovules et qui produit des hormones (œstrogènes, progestérone). **2.** BOT. Partie renflée et creuse du pistil, qui contient les ovules et formera le fruit après la fécondation.

■ Dans la zone périphérique de l'ovaire, ou cortex, se trouvent les follicules primordiaux, au repos de la naissance à la puberté. De la puberté à la ménopause, des modifications se produisent, selon un cycle de 28 jours *(cycle ovarien),* lié au cycle menstruel. Pendant la première phase (dite « folliculaire ») du cycle, un des follicules se transforme, alternativement dans chaque ovaire. Il finit par expulser un ovule (c'est l'*ovulation*) dans les trompes de Fallope vers le 14ᵉ jour. Pendant la deuxième phase (dite « lutéale »), ce follicule se transforme en corps jaune et sécrète des hormones, princip. la progestérone, qui prépare l'utérus à une éventuelle grossesse. Si l'ovule n'est pas fécondé, le corps jaune dégénère, ce qui déclenche les règles. En cas de grossesse, au contraire, il se maintient. **Maladies ovariennes.** Les anomalies de l'ovaire sont des kystes, des tumeurs, des infections, des défauts de développement. Elles peuvent se traduire par des anomalies du cycle, des douleurs, une stérilité. ■

ovale [ɔval] **adj.** (du lat. *ovum,* œuf). **1.** Qui a la forme d'un œuf : *Une table ovale.* **2. Le ballon ovale,** le rugby (par opp. à *ballon rond,* le football). **3.** MATH. Se dit de toute courbe plane, fermée, convexe et allongée, ayant deux axes de symétrie comme l'ellipse. ◆ **n.m. 1.** Figure, forme ovale : *L'ovale du visage.* **2.** MATH. Courbe ovale.

ovarien, enne [ɔvarjɛ̃, -ɛn] **adj.** Relatif à l'ovaire.

ovation [ɔvasjɔ̃] **n.f.** (lat. *ovatio,* de *ovis,* brebis). **1.** Acclamations, honneurs rendus à qqn par une assemblée, par la foule. **2.** ANTIQ. ROM. Cérémonie, accompagnée du sacrifice d'une brebis, en l'honneur d'un général victorieux, inférieure au triomphe.

ovationner [ɔvasjɔne] **v.t.** Saluer par une ovation : *L'orateur a été ovationné par la foule* (syn. **acclamer**).

overdose [ɔvərdoz] **n.f.** (mot angl.). **1.** Dose trop forte d'une drogue dure, entraînant des accidents graves ; surdose. **2.** FAM. Dose excessive : *Overdose de musique.*

ovibos [ɔvibɔs] **n.m.** (du lat. *ovis,* brebis, et *bos,* bœuf). Mammifère ruminant des régions boréales, qu'on appelle aussi *bœuf musqué.*

Ovide, en lat. **Publius Ovidius Naso,** poète latin (Sulmona 43 av. J.-C. - Tomes, auj. Constanța, Roumanie, 17 ou 18 apr. J.-C.). Auteur favori de la société mondaine des débuts de l'Empire, par ses poèmes légers ou mythologiques *(l'Art d'aimer, les Héroïdes, les Métamorphoses, les Fastes),* il fut banni pour une raison restée mystérieuse, et mourut en exil malgré les supplications de ses dernières élégies *(les Tristes, les Pontiques).*

ovin, e [ɔvɛ̃, -in] **adj.** et **n.m.** (du lat. *ovis,* brebis). **1.** Relatif au mouton, à la brebis : *Élevage ovin.* **2. Ovins,** sous-famille de bovidés de petite taille, tels que le mouton, le mouflon, etc. (anc. famille des *ovidés*).

ovipare [ɔvipar] **adj.** et **n.** (du lat. *ovum,* œuf, et de *-pare*). Qui se reproduit par des œufs pondus avant ou après fécondation, mais avant éclosion : *Une espèce ovipare.*

ovni [ɔvni] **n.m.** (sigle de *objet volant non identifié*). Objet (« soucoupe volante », etc.) ou phénomène fugitif observé dans l'atmosphère et dont la nature n'est pas identifiée par les témoins.

ovocyte [ɔvɔsit] **n.m.** (du lat. *ovum,* œuf, et de *-cyte*). BIOL. Cellule femelle des animaux, n'ayant pas encore subi les deux phases de la méiose.

ovoïde [ɔvɔid] **adj.** (du lat. *ovum,* œuf). Dont la forme ressemble à celle d'un œuf : *Un crâne ovoïde.*

ovovivipare [ɔvɔvivipar] **adj.** et **n.** Se dit d'un animal qui se reproduit par œufs, mais qui les conserve dans ses voies génitales jusqu'à l'éclosion des jeunes : *La vipère est ovovivipare.*

ovulaire [ɔvylɛr] **adj.** Qui concerne l'ovule.

ovulation [ɔvylasjɔ̃] **n.f.** BIOL. Production et rejet des ovules par l'ovaire chez la femme et les animaux femelles.

ovulatoire [ɔvylatwar] **adj.** Relatif à l'ovulation.

ovule [ɔvyl] **n.m.** (du lat. *ovum,* œuf). **1.** BIOL. Gamète femelle arrivé à maturité, apte à être fécondé. **2.** BOT. Petit organe contenu dans l'ovaire, qui renferme le gamète femelle, ou *oosphère,* et qui fournira la graine après la fécondation par le pollen. **3. Ovule (gynécologique),** forme pharmaceutique ovoïde contenant un médicament et destinée à être placée dans le vagin.

ovuler [ɔvyle] **v.i.** Avoir une ovulation.

Owen (Robert), théoricien socialiste britannique (Newtown 1771 - *id.* 1858). Riche manufacturier, il créa les premières coopératives et favorisa l'essor du trade-unionisme (syndicalisme anglais). Ses idées influencèrent le mouvement chartiste (1836-1848), qui lutta pour des réformes politiques et sociales.

Owens (James Cleveland, dit **Jesse),** athlète américain (Danville, Alabama, 1913 - Tucson 1980), quadruple champion olympique (100 m, 200 m, 4 × 100 m et saut en longueur) à Berlin en 1936.

oxacide [ɔksasid] **n.m.** CHIM. Acide contenant de l'oxygène.

Oxenstierna (Axel), *comte* **de Södermöre,** homme d'État suédois (Fånö 1583 - Stockholm 1654). Chancelier (1612), il fut le conseiller du roi Gustave-Adolphe et le chef du Conseil de régence de la reine Christine (1632). Il accrut les possessions territoriales de la Suède.

oxford [ɔksfɔrd] **n.m.** (du n. de la ville angl.). Toile de coton très solide, à grain accentué.

Oxford, v. de Grande-Bretagne (Angleterre), au confl. de la Tamise et du Cherwell, ch.-l. de l'*Oxfordshire ;* 143 016 hab. (*Oxoniens* ou *Oxfordiens*). Ville pittoresque grâce à ses nombreux collèges universitaires. Cathédrale romane et gothique. Musées, dont l'Ashmolean Museum (archéologie, arts orientaux). L'université d'Oxford a été fondée au XIIe s.

oxhydrique [ɔksidrik] **adj.** Relatif à un mélange d'hydrogène et d'oxygène.

oxycoupage [ɔksikupaʒ] **n.m.** TECHN. Procédé de coupage thermique par oxydation, génér. à l'aide d'un chalumeau.

oxydable [ɔksidabl] **adj.** Qui peut être oxydé : *Un métal oxydable.*

oxydant, e [ɔksidɑ̃, -ɑ̃t] **adj.** et **n.m.** Se dit d'un corps qui a la propriété d'oxyder : *L'oxygène est un oxydant.*

oxydation [ɔksidasjɔ̃] **n.f.** Combinaison avec l'oxygène et, plus génér., réaction dans laquelle un atome ou un ion perd des électrons ; état de ce qui est oxydé : *L'oxydation du fer produit la rouille.*

oxyde [ɔksid] **n.m.** (du gr. *oxus,* acide). CHIM. Corps résultant de la combinaison de l'oxygène avec un autre élément : *Oxyde de carbone.*

oxyder [ɔkside] **v.t. 1.** Faire passer à l'état d'oxyde : *L'air oxyde l'argent qui noircit.* **2.** Combiner avec l'oxygène. ◆ **s'oxyder v.pr.** Passer à l'état d'oxyde.

oxydoréduction [ɔksidɔredyksjɔ̃] **n.f.** CHIM. Action d'un corps oxydant sur un corps réducteur. ▸ Les phénomènes d'oxydoréduction, qui permettent la respiration cellulaire des organismes vivants, sont assurés par des enzymes.

oxygénation [ɔksiʒenasjɔ̃] **n.f.** Action d'oxygéner.

oxygène [ɔksiʒɛn] **n.m.** (du gr. *oxus,* acide, et *gennan,* engendrer). **1.** CHIM. Nom courant de la molécule de dioxygène (O_2). **2.** CHIM. Elément chimique de symbole O, de numéro atomique 8 et de masse atomique 16,00. (⟶ respiration.) **3.** Air pur, non pollué : *Respirer l'oxygène à la campagne.* **4.** Ce qui permet de progresser ; ce qui donne du dynamisme, un souffle nouveau : *Son arrivée a apporté un peu d'oxygène au service.*

oxygéné, e [ɔksiʒene] **adj. 1.** Qui contient de l'oxygène. **2. Eau oxygénée,** solution aqueuse de dioxyde d'hydrogène utilisée comme antiseptique. ▸ Symb. H_2O_2.

oxygéner [ɔksiʒene] **v.t.** [conj. **18**]. Opérer la combinaison d'un corps avec l'oxygène. ◆ **s'oxygéner v.pr.** FAM. Respirer l'air pur : *Aller s'oxygéner à la campagne.*

oxymore [ɔksimɔr] et **oxymoron** [ɔksimɔrɔ̃] **n.m.** (gr. *oxumôron,* de *oxus,* pointu, et *môros,* émoussé). RHÉT. Figure de style qui réunit deux mots en apparence contradictoires (par ex. « se faire une *douce violence* »). [On dit aussi une *alliance de mots.*]

oxyton [ɔksitɔ̃] **n.m.** (du gr. *oxus,* aigu, et *tonos,* ton). PHON. Mot portant l'accent tonique sur sa syllabe finale.

oxyure [ɔksjyr] **n.m.** (du gr. *oxus,* aigu, et *oura,* queue). Ver parasite de l'intestin de l'espèce humaine, du cheval et des ruminants, provoquant l'oxyurose. ▸ Classe des nématodes ; long de 0,5 à 1 cm.

Oyashio, courant froid du Pacifique, longeant les côtes nord-est de l'Asie.

oyat [ɔja] **n.m.** (mot picard, d'orig. obsc.). Plante utilisée pour la fixation du sable des dunes (syn. **ammophile, gourbet**). ▸ Famille des graminées

ozone [ɔzɔn] **n.m.** (du gr. *ozein,* exhaler une odeur). **1.** Corps simple gazeux, à l'odeur forte, au pouvoir très oxydant, dont la molécule (O_3) est formée de trois atomes d'oxygène. **2. Trou d'ozone,** zone de l'atmosphère terrestre où l'on observe chaque année une diminution temporaire de la concentration en ozone.

ozonosphère [ɔzɔnɔsfɛr] **n.f.** Couche de l'atmosphère terrestre, située entre 15 et 40 km d'altitude, qui contient la quasi-totalité de l'ozone atmosphérique.

Ozu Yasujiro, cinéaste japonais (Tokyo 1903 - *id.* 1963). Après avoir débuté dans des films comiques, il réalisa de très nombreuses comédies douces-amères. Observateur perspicace de la cellule familiale, il est notamment l'auteur de : *la Vie d'un employé de bureau* (1929), *Gosses de Tokyo* (1932), *les Frères Toda et leur sœur* (1941), *Printemps tardif* (1949), *Été précoce* (1951), *Voyage à Tokyo* (1953), *Herbes flottantes* (1959), *le Goût du saké* (1962).

P

p [pe] **n.m. inv.** Seizième lettre (consonne) de l'alphabet.

Pabst (Georg Wilhelm), cinéaste autrichien (Raudnitz [auj. Roudnice nad Labem], Bohême, 1885 - Vienne 1967). Il s'imposa, dès 1925, avec *la Rue sans joie,* comme l'un des meilleurs réalisateurs allemands. Il tourna successivement : *l'Amour de Jeanne Ney* (1927), *Loulou* (1929), *le Journal d'une fille perdue* (1929), *Quatre de l'infanterie* (1930), *la Tragédie de la mine* (1931) et son œuvre la plus célèbre, *l'Opéra de quat'sous* (1931). Ses films ultérieurs eurent moins de force et d'inspiration : *l'Atlantide* (1932), *Don Quichotte* (1933).

P.A.C. [pak] **n.f.** (sigle de *politique agricole commune*). Ensemble des dispositions prises par les institutions de l'Union européenne en matière agricole.

pacage [pakaʒ] **n.m.** (lat. pop. **pascuaticum,* du class. *pascuum,* pâturage). **1.** Lieu où l'on mène paître le bétail. **2.** Action de faire paître le bétail : *Droit de pacage.*

pacemaker [pesmekœr] **n.m.** (mot angl. « régulateur du pas, de l'allure »). [Anglic. déconseillé]. Stimulateur cardiaque.

pacha [paʃa] **n.m.** (mot turc). **1.** Titre honorifique attaché à de hautes fonctions, et notamm. à celles de gouverneur de province, dans l'Empire ottoman. **2.** *FAM.* **Une vie de pacha,** une vie sans souci, dans l'abondance.

Pachelbel (Johann), organiste et compositeur allemand (Nuremberg 1653 - *id.* 1706). Organiste à Eisenach, à Erfurt, à la cour de Stuttgart, à Gotha et à Nuremberg (1695-1706), il a écrit des œuvres liturgiques ou profanes pour orgue, pour clavecin, qui font de lui l'un des principaux précurseurs de J. S. Bach.

Pacher (Michael), peintre et sculpteur autrichien (Bruneck, Haut-Adige, v. 1435 - Salzbourg 1498). Son chef- d'œuvre est le retable majeur de l'église de Sankt Wolfgang (Haute-Autriche), dont les volets peints encadrent un *Couronnement de la Vierge* de bois doré et polychromé.

pachto [paʃto] et **pachtou** [paʃtu] **n.m.** (mot afghan, propr. « parler »). Langue indo-européenne du groupe iranien parlée en Afghanistan, dont c'est l'une des langues officielles (syn. **afghan**).

Pachtouns, Pachtous ou **Pathans,** peuple vivant dans l'est et le sud de l'Afghanistan, ainsi que dans le nord-ouest du Pakistan. Les Pachtouns sont musulmans, en majorité sunnites.

pachyderme [paʃidɛrm] **n.m.** (gr. *pakhudermos,* de *pakhus,* épais, et *derma,* peau). **Pachydermes,** ancien ordre de mammifères (éléphant, hippopotame, rhinocéros) auj. classés parmi les ongulés.

pacificateur, trice [pasifikatœr, -tris] **adj.** et **n.** Qui vise à rétablir la paix : *Un discours pacificateur.*

pacification [pasifikasjɔ̃] **n.f.** Action de pacifier.

pacifier [pasifje] **v.t.** (du lat. *pax, pacis,* paix) [conj. **9**]. **1.** Rétablir le calme, la paix dans une région, un pays en état de guerre. **2.** *LITT.* Calmer la colère, l'irritation de qqn, d'un groupe : *Pacifier les esprits* (syn. **apaiser**).

pacifique [pasifik] **adj.** (lat. *pacificus*). **1.** Qui aspire à la paix ; qui s'efforce de l'établir : *Homme, souverain pacifique* (contr. **belliqueux**). **2.** Qui se passe dans la paix ; qui tend à la paix : *Action pacifique* (contr. **guerrier**).

Pacifique *(campagnes du)* [déc. 1941-août 1945], ensemble des opérations aéronavales et amphibies qui, durant la Seconde Guerre mondiale, ont opposé, après Pearl Harbor, le Japon et les États-Unis assistés de leurs alliés. Les épisodes les plus marquants ont été les batailles de la mer de Corail (mai 1942), de Midway (juin 1942), de Guadalcanal (août 1942), de Leyte (octobre 1944), d'Iwo Jima (février 1945), ainsi que les bombardements atomiques d'Hiroshima et de Nagasaki (6 et 9 août 1945).

Pacifique *(océan),* la plus grande masse maritime du globe, entre l'Amérique, l'Asie et l'Australie ; 180 millions de km^2 (la moitié de la superficie occupée par l'ensemble des océans). Il fut découvert par Balboa en 1513 et traversé pour la première fois par Magellan en 1520. De forme approximativement circulaire, largement ouvert au sud vers l'Antarctique, communiquant avec l'Arctique par l'étroit passage de Béring, parcouru de dorsales dont les sommets sont des îles (Hawaii, Tuamotu, île de Pâques), le Pacifique est bordé au nord et à l'ouest par une guirlande insulaire et volcanique, longeant de profondes fosses marines, et parsemé, entre les tropiques, de constructions coralliennes (atolls, récifs-barrières).

pacifiquement [pasifikmɑ̃] **adv.** De façon pacifique : *La foule défile pacifiquement.*

pacifisme [pasifism] **n.m.** Courant de pensée préconisant la recherche de la paix internationale par la négociation, le désarmement, la non-violence. ◆ **pacifiste adj.** et **n.** Relatif au pacifisme ; qui en est partisan : *Mouvements pacifistes.*

■ Les principes bouddhiques, les préceptes chrétiens, l'humanitarisme romantique, la philosophie du progrès, certaines tendances socialistes ou anarchistes peuvent inspirer des positions pacifistes. Le pacifisme repose sur le rejet inconditionnel de la guerre, considérant, comme Gandhi en Inde par exemple, que la meilleure opposition est toujours la résistance passive. Par extension, il a également été à l'origine de la fondation d'institutions visant à assurer la paix entre les États, par une politique d'arbitrage des conflits (Cour permanente d'arbitrage, créée à La Haye en 1899, Société des Nations, Organisation des Nations unies). Depuis la Seconde Guerre mondiale, des mouvements internationaux se sont formés dans le but de promouvoir la paix dans le monde. Organisant de nombreuses manifestations, ils se sont principalement mobilisés contre la course aux armements et ont connu un développement particulier en Europe et aux États-Unis au cours des années 1980. Opposés à l'implantation des missiles américains ainsi qu'à la rhétorique belliqueuse de l'administration Reagan, ils ont ainsi multiplié les actions en faveur du désarmement, parfois avec des appuis extérieurs, ceux des Églises ou des partis communistes particulièrement. Depuis l'effondrement du communisme, la fin de la guerre froide et la mise en place d'une politique de désarmement (v. ce mot) au niveau international, les mouvements pacifistes sont appelés à définir de nouvelles stratégies d'action. ■

pack [pak] **n.m.** (mot angl. « paquet »). **1.** Emballage qui réunit plusieurs bouteilles ou pots pour en faciliter le stockage et le transport : *Un pack de bière.* **2.** SPORTS. Ensemble des avants d'une équipe de rugby. **3.** Dans les régions polaires, ensemble des glaces flottantes arrachées à la banquise par les courants marins et les vents.

package [pakɛdʒ] ou [paka(d)ʒ] **n.m.** (mot angl., de *to pack,* emballer). **1.** Ensemble de marchandises ou de services proposés groupés à la clientèle. **2.** AUDIOVIS. Achat d'un lot de programmes à un même vendeur.

packager [pakadʒœr] ou **packageur** [pakaʒœr] **n.m.** Sous-traitant qui se charge de la réalisation partielle ou totale d'un livre pour le compte d'un éditeur.

packaging [pakadʒiŋ] **n.m.** (mot angl. « emballage »). **1.** Technique de l'emballage et du conditionnement des produits, du point de vue de la publicité. **2.** L'emballage lui-même. (Recomm. off. *conditionnement.*) **3.** Activité du packager.

pacotille [pakɔtij] **n.f.** (esp. *pacotilla,* du rad. de *paquet*). **1.** Marchandise de peu de valeur : *Il vend de la pacotille.* **2. De pacotille,** de qualité médiocre : *Bijou de pacotille.*

pacs [paks] **n.m.** (acronyme de *pacte civil de solidarité*). Contrat, institué en France par la loi en 1999, conclu entre deux personnes célibataires pour organiser leur vie commune.

■ Les partenaires d'un pacs doivent être majeurs et ne peuvent pas être proches parents. Ils peuvent être de même sexe ou de sexe différent. Le pacs a des conséquences juridiques immédiates (aide mutuelle et matérielle) ou différées (fiscalité, dons, legs, succession). Le pacs se dissout dès que l'un au moins des partenaires décide d'y mettre fin, ou par le mariage ou le décès de l'un des deux. ■

pacte [pakt] **n.m.** (lat. *pactum,* de *pax, pacis,* paix). Accord solennel entre États ou entre particuliers.

pactiser [paktize] **v.i. 1.** S'entendre avec qqn d'une façon compromettante : *Pactiser avec l'ennemi* **2.** Avoir pour qqch une indulgence coupable : *Pactiser avec le crime.*

pactole [paktɔl] **n.m.** (n. d'une rivière de Lydie, qui charriait de l'or). LITT. Source de richesse.

paddock [padɔk] **n.m.** (mot angl. « enclos »). **1.** Enclos dans une prairie, pour les juments poulinières et leurs poulains. **2.** Piste circulaire où les chevaux sont promenés en main, avant une course.

Paderewski (Ignacy), compositeur, pianiste et homme politique polonais (Kuryłówka 1860 - New York 1941). Il fut le premier président du Conseil de la République polonaise, en 1919.

Padoue, en it. **Padova,** v. d'Italie (Vénétie), ch.-l. de prov. ; 205 573 hab. *(Padouans).* Évêché. Université. Basilique dite *il Santo,* du XIIIe s. (œuvres d'art), et autres monuments. Célèbres fresques de Giotto à la chapelle de l'*Arena.* Musées.

paella [paɛla] ou [paelja] **n.f.** (mot esp. « poêle »). Plat espagnol à base de riz au safran, doré à l'huile et cuit au bouillon, garni de viande, de poissons, de crustacés, etc.

Paestum, v. de l'Italie ancienne, sur le golfe de Salerne, à une centaine de kilomètres au S. de Naples. Colonie de Sybaris fondée au cours du VIIe s. av. J.-C., l'antique *Poséidônia* tomba sous la domination des Lucaniens (fin du Ve s.). Elle devint en 273 av. J.-C. colonie latine. Ses monuments, construits entre le milieu du VIe et le milieu du Ve s. av. J.-C., représentent les plus belles réalisations de l'architecture religieuse de l'époque classique et la perfection de l'ordre dorique : temples d'Héra II et d'Héra I, etc. Intéressant musée (tombes reconstituées, ornées de fresques des Ve et IVe s. av. J.-C.).

paf [paf] **interj.** (onomat.). Exprime le bruit d'un coup, d'une rupture brusque, d'une chute. ◆ **adj. inv.** FAM. Ivre.

pagaie [pagɛ] **n.f.** (malais *pengajoeh*). Rame courte, à pelle large, qui se manie sans être appuyée à un point fixe.

pagaille [pagaj] **n.f.** (mot empr. au langage des marins, orig. obsc.). **1.** FAM. Désordre, confusion : *C'est la pagaille dans cette maison.* **2. En pagaille,** en grande quantité : *Elle a de l'argent en pagaille.*

Paganini (Niccolo), violoniste italien (Gênes 1782 - Nice 1840). Ce virtuose, dont la technique du violon telle qu'il la pratiquait n'a jamais été dépassée, a élargi considérablement les possibilités expressives de l'instrument. Il est l'auteur de *24 Caprices* (1820).

paganisme [paganism] **n.m.** (lat ecclés. *paganismus,* du class. *paganus,* paysan). Pour les chrétiens des premiers siècles, religion polythéiste des paysans de l'Empire romain, des païens.

pagayer [pageje] **v.i.** [conj. **11**]. Manier une pagaie ; diriger une embarcation à l'aide d'une pagaie.

pagayeur, euse [pagejœr, -øz] **n.** Personne qui pagaie.

1. page [paʒ] **n.f.** (lat. *pagina*). **1.** Chacun des deux côtés d'une feuille ou d'un feuillet de papier : *Une page blanche.* **2.** Feuille ou feuillet : *Déchirer une page.* **3.** Ce qui est écrit, imprimé sur la page : *Lire une page de journal.* **4.** Passage d'une œuvre littéraire ou musicale : *Les plus belles pages de Racine, de Mozart.* **5.** FAM. **Être à la page,** être au fait de l'actualité. / **Tourner la page,** ne plus s'occuper du passé afin de recommencer sur de nouvelles bases.

2. page [paʒ] **n.m.** (du gr. *paidion,* probabl. lat. pop. **paidius,* du gr. *paîs, paidos,* enfant). Jeune noble qui était placé au service d'un seigneur.

page-écran [paʒekrɑ̃] **n.f.** (pl. *pages-écrans*). INFORM. Informations occupant un écran de visualisation.

pageot [paʒo] ou **pagel** [paʒɛl] **n.m.** (de l'anc. provençal). Poisson marin de couleur gris-rose argenté, dont une espèce est commercialisée sous le nom de *daurade rose* (syn. **rousseau**). ▸ Famille des sparidés.

pagination [paʒinasjɔ̃] **n.f.** Numérotation des pages d'un livre : *Une erreur de pagination.*

paginer [paʒine] **v.t.** (du lat. *pagina*). Numéroter les pages d'un livre, d'un registre (syn. **folioter**).

pagne [paɲ] **n.m.** (esp. *paño,* pan d'étoffe). Morceau d'étoffe ou de matière végétale tressée, drapé autour de la taille et qui couvre le corps des hanches aux genoux.

Pagnol (Marcel), écrivain et cinéaste français (Aubagne 1895 - Paris 1974). Le succès de sa comédie *Topaze* (1928) fut confirmé par sa trilogie marseillaise : *Marius* (1929), *Fanny* (1931) et *César* (1936), qu'il porta à l'écran. Il adapta au cinéma des œuvres de Giono *(Angèle, Regain, la Femme du boulanger).* Il a également publié ses souvenirs d'enfance, savoureux recueils d'histoires provençales : *la Gloire de mon père* (1957), *le Château de ma mère* (1958). [Acad. fr.]

pagode [pagɔd] **n.f.** (port. *pagoda,* du tamoul *pagavadam,* divinité). **1.** Édifice religieux bouddhique, en Extrême-Orient. **2.** Pavillon à toitures étagées de la Chine et du Japon.

pagre [pagr] **n.m.** (gr. *phagros*). Poisson de mer voisin de la daurade, à chair estimée dont une espèce est vendue sous le nom de *daurade royale.* ▸ Long. 50 cm.

pagure [pagyr] **n.m.** (gr. *pagouros,* dont la queue est fichée dans la coquille). Crustacé des côtes de l'Europe occidentale qui vit dans la coquille d'un gastéropode pour protéger son abdomen (nom usuel : *bernard-l'ermite*). ▸ Ordre des décapodes.

pahlavi [palavi] et **pehlvi** [pɛlvi] **n.m.** Langue iranienne qui fut l'organe de la littérature mazdéenne.

Pahlavi, dynastie qui régna sur l'Iran de 1925 à 1979. Cette dynastie fut fondée par Reza Chah (1925-1941), à qui succéda son fils Mohammad Reza (1941-1979).

Pahouins ⟶ Fang.

paie [pɛ] ou **paye** [pɛj] **n.f.** (de *payer*). **1.** Paiement des salaires ou des soldes : *Jour de paie.* **2.** Salaire ou solde : *Toucher sa paie.* **3. Bulletin, feuille** ou **fiche de paie,** pièce justificative récapitulant notamm. les éléments de calcul (nombre d'heures, retenues sociales, etc.) d'un salaire. / *FAM.* **Ça fait une paie,** ça fait longtemps.

paiement ou **payement** [pemɑ̃] **n.m. 1.** Action de payer une somme d'argent qui est due ; somme payée. **2. Paiement électronique,** transaction financière qui s'opère via Internet (syn. **télépaiement**).

païen, enne [pajɛ̃, -ɛn] **adj.** et **n.** (lat. *paganus,* paysan). **1.** Adepte des cultes polythéistes de l'Antiquité, et, partic., du polythéisme gréco-latin (par opp. à *chrétien*). **2.** Adepte d'une religion polythéiste ou fétichiste. **3.** *LITT.* Impie, mécréant.

paierie [peri] **n.f.** (de *payer*). Bureau d'un trésorier-payeur.

paillard, e [pajar, -ard] **adj.** et **n.** (de *paille,* propr. « qui couche sur la paille »). Qui est porté à la licence sexuelle ; libertin. ◆ **adj.** Grivois, égrillard : *Chansons paillardes.*

paillardise [pajardiz] **n.f. 1.** Comportement d'une personne paillarde. **2.** Action, parole paillarde.

paillasse [pajas] **n.f.** (de *paille*). **1.** Grand sac rembourré de paille, de feuilles, etc., et servant de matelas. **2.** Plan de travail d'un évier, à côté de la cuve. **3.** Plan de travail carrelé, à hauteur d'appui, dans un laboratoire de chimie, de pharmacie, etc.

paillasson [pajasɔ̃] **n.m. 1.** Petite natte épaisse, en fibres dures pour essuyer les semelles des chaussures au seuil d'une habitation (syn. **tapis-brosse**). **2.** *FAM.* Personne servile. **3.** HORTIC. Claie de paille dont on couvre les couches et les espaliers pour les garantir de la gelée.

paille [paj] **n.f.** (lat. *palea,* balle de blé). **1.** Tige de graminée, et en partic. de céréale, coupée et dépouillée de son grain : *Une botte de paille.* **2.** Matière que forment ensemble ces tiges : *Un tressage en paille.* **3.** Petit tuyau utilisé pour boire un liquide en l'aspirant : *Boire avec une paille* (syn. **chalumeau**). **4.** TECHN. Défaut interne dans les produits forgés ou laminés, constitué par une cavité allongée et de faible épaisseur. **5. Être sur la paille,** être dans la misère. / **Homme de paille,** prête-nom dans une affaire malhonnête. / **Paille de fer,** tampon formé de longs copeaux métalliques, utilisé pour gratter, pour décaper (les parquets, notamm.). / **Tirer à la courte paille,** tirer au sort en faisant choisir au hasard des brins de paille de longueur inégale. / *FAM.* **Une paille,** presque rien (souvent iron.) : *Un million d'euros pour un deux-pièces, une paille !* ◆ **adj. inv.** De couleur jaune pâle : *Des chemisiers paille.*

pailler [paje] **v.t.** Couvrir, garnir de paille : *Pailler un fauteuil.*

pailleté, e [pajte] **adj.** Couvert de paillettes : *Une robe pailletée.*

paillette [pajɛt] **n.f.** (dimin. de *paille*). **1.** Parcelle d'or que l'on trouve dans les sables aurifères. **2.** Petite lamelle d'une matière plus ou moins brillante : *Paillette de mica. Savon en paillettes.* **3.** Petite lamelle d'une matière brillante utilisée pour orner certaines étoffes, certains vêtements : *Costume à paillettes du clown blanc.* **4.** Petite paille dans une pièce métallique, une pierre précieuse.

paillon [pajɔ̃] **n.m.** Manchon de paille destiné à protéger une bouteille.

paillote [pajɔt] **n.f.** Hutte à toit de paille, dans les pays chauds.

pain [pɛ̃] **n.m.** (lat. *panis*). **1.** Aliment fait d'une pâte composée essentiellement de farine, d'eau, de sel et de levure (ou de levain), pétrie et fermentée puis cuite au four. **2.** Masse façonnée de cet aliment : *Un pain rond.* **3.** Symbole de la nourriture, des aliments : *Gagner son pain quotidien.* **4.** Masse d'une matière moulée : *Pain de cire, de savon.* **5.** *FAM.* Coup de poing ; gifle. **6. Avoir du pain sur la planche,** avoir beaucoup de travail à faire. / **Enlever, ôter à qqn le pain de la bouche,** lui retirer ses moyens de subsistance, notamm. en le privant de la possibilité de travailler. / **Je (il, etc.) ne mange pas de ce pain-là,** je (il, etc.) n'use pas de ces procédés douteux, malhonnêtes, etc. / **Manger son pain blanc (le premier),** jouir de circonstances favorables qui ne dureront pas. **7. Pain de mie,** fait de farine de gruau et cuit dans un moule. / **Pain d'épice** (ou **d'épices**), gâteau de farine de seigle au sucre, au miel et aux aromates (anis, girofle, cannelle, etc.). / **Pain perdu,** entremets fait de pain rassis trempé dans du lait et de l'œuf battu, sucré et frit. / CUIS. **Pain de...,** préparation moulée en forme de pain : *Pain de poisson, de légumes.* **8.** GÉOMORPH. **Pain de sucre,** piton granitique au sommet arrondi, caractéristique des régions de climat tropical humide.

Pain de Sucre, en port. **Pão de Açúcar,** relief granitique, à l'entrée de la baie de Guanabara, à Rio de Janeiro ; 395 m.

Painlevé (Paul), homme politique et mathématicien français (Paris 1863 - *id.* 1933). Spécialiste de l'analyse et de la mécanique, il étudia plus particulièrement le frottement. Grand théoricien de l'aviation, il obtint, en 1910, le vote du premier crédit pour ce nouveau mode de transport. Député républicain socialiste, il dirigea les ministères de l'Instruction publique (1915-1916) et de la Guerre (1917), puis devint président du Conseil (sept.- nov. 1917), tout en conservant le ministère de la Guerre. Fondateur du Cartel des gauches, il retrouva la présidence du Conseil (avr.-nov. 1925). De nouveau ministre de la Guerre (1925-1929), il fit voter la loi sur le service militaire d'un an (1928) et prit les premières décisions concernant la ligne Maginot. Il fut ensuite ministre de l'Air. • Son fils **Jean** (Paris 1902 - *id.* 1989), docteur en médecine, est l'un des fondateurs, dès 1927, du cinéma documentaire scientifique (*Assassins d'eau douce* [1946] ; *l'Œuvre biologique de Pasteur* [1947]).

1. pair, e [pɛr] **adj.** (lat. *par, paris,* égal). **1.** Se dit d'un nombre divisible par deux (par opp. à *impair*) : *Nombre pair.* **2.** ANAT. **Organes pairs,** organes qui sont au nombre de deux : *Les poumons, les reins sont des organes pairs.* / MATH. **Fonction paire,** fonction qui prend la même valeur pour deux valeurs opposées de la variable.

2. pair [pɛr] **n.m.** (de *1. pair*). **1.** Égalité de change de deux monnaies, entre deux pays. **2. Au pair,** logé, nourri et percevant une petite rémunération en échange de certains services : *Une jeune fille au pair.* / **Hors (de) pair,** sans égal ; exceptionnel, supérieur : *Un informaticien hors pair.*

3. pair [pɛr] **n.m.** (de *1. pair*). **1.** Personne semblable quant à la dignité, au rang : *Être jugé par ses pairs.* **2.** FÉOD. Grand vassal de la Couronne. **3.** Seigneur d'une terre érigée en pairie. **4.** HIST. Membre de la Chambre nommée par le roi (dite *Chambre des pairs* ou *Chambre haute*), en France, de 1814 à 1848. **5.** Membre de la Chambre des lords, en Grande-Bretagne.

paire [pɛr] **n.f.** (lat. pop. **paria,* choses égales, du class. *par,* égal). **1.** Ensemble de deux choses identiques ou symétriques, utilisées simultanément ou formant un objet unique : *Une paire de gants. Une paire de lunettes.* **2.** Ensemble de deux éléments : *Une paire d'amis.* **3.** MATH. Ensemble comportant deux éléments. **4.** Couple d'animaux formé par le mâle et la femelle d'une même espèce.

pairesse [pɛrɛs] **n.f.** (angl. *peeress,* de *peer,* 3. pair). **1.** HIST. Femme d'un pair de France. **2.** En Grande-Bretagne, femme titulaire d'une pairie.

pairie [peri] **n.f.** (de *3. pair*). **1.** Titre, dignité d'un pair. **2.** FÉOD. Fief auquel la dignité de pair était attachée. **3.** HIST. Dignité des membres de la Chambre haute, en Grande-Bretagne, et en France de 1814 à 1848.

paisible [pezibl] **adj.** (de *paix*). **1.** D'humeur douce et tranquille : *Un homme paisible.* **2.** Que rien ne trouble : *Un sommeil paisible. Un quartier paisible* (syn. **tranquille** ; contr. **agité**).

paisiblement [peziblǝmɑ̃] **adv.** De manière paisible.

paître [pɛtr] **v.t.** et **v.i.** (lat. *pascere*) [conj. **91**]. **1.** Manger en broutant : *Paître l'herbe. Mener, faire paître un troupeau.* **2.** *FAM.* **Envoyer paître qqn,** le renvoyer rudement.

paix [pɛ] **n.f.** (lat. *pax, pacis*). **1.** Situation d'un pays qui n'est pas en guerre : *Maintenir, préserver la paix* (contr. **guerre, conflit**). **2.** Cessation des hostilités ; traité mettant fin à l'état de guerre : *Signer, ratifier la paix.* **3.** État de concorde, d'accord entre les membres d'un groupe : *Vivre en paix avec ses voisins.* **4.** Absence de bruit, d'agitation, de désordre : *La paix de la nature, des bois.* **5.** Tranquillité, sérénité de l'esprit : *Avoir la conscience en paix.* **6. Faire la paix,** se réconcilier. / **La paix !,**

silence ! / **Paix armée,** dans laquelle chacun se tient sur le pied de guerre. / **Paix de Dieu** au Moyen Âge, interdiction par l'Église de tout acte hostile envers les non-combattants (femmes, agriculteurs, clercs, etc.).

Paix *(rivière de la),* riv. du Canada, affl. de la riv. des Esclaves (r. dr.) ; 1 600 km env. Aménagement hydro-électrique.

Pa Kin ⟶ Ba Jin.

Pakistan, État de l'Asie méridionale ; 803 000 km^2 ; 182 143 000 hab. *(Pakistanais).* CAP. *Islamabad.* V. princ. *Karachi* et *Lahore.* LANGUES : *ourdu* et *anglais.* MONNAIE : *roupie pakistanaise.*

GÉOGRAPHIE

Le nord du pays est formé de montagnes qui dépassent souvent 7 000 m (Hindu Kuch, Karakorum et Himalaya proprement dit). Puis la vallée de l'Indus unit le Pendjab au Sind (bordé vers l'est par le désert de Thar). L'Ouest est occupé par le Baloutchistan (partiellement iranien). La mousson (juin-sept.) apporte peu de pluies : le Sind reçoit moins de 200 mm par an et le Baloutchistan est aride et steppique. Seul le Nord, montagneux, est bien arrosé.

La population, islamisée (de rite sunnite) à plus de 95 %, est composée d'une mosaïque d'ethnies, nomades, semi-nomades ou sédentaires. Elle vit pour plus du tiers dans des villes situées surtout (en dehors de Karachi) au Pendjab (Islamabad, Lahore, Faisalabad, Rawalpindi, etc.). L'exode rural a accéléré leur croissance.

L'agriculture emploie encore plus de 40 % de la population active. L'aridité du climat impose l'irrigation. Le blé et le riz sont, avec les bovins et les ovins, les bases de l'alimentation. Le coton est de loin la première culture commerciale, base de la principale industrie et des exportations. Le sous-sol fournit du gaz naturel. Mais le pays est lourdement endetté et le sous-emploi, endémique.

HISTOIRE

L'histoire du Pakistan en tant qu'État ne commence qu'en 1947, mais la vallée de l'Indus et le delta du Gange ont connu dès 3500 av. J.-C. la civilisation de l'Indus et celles des empires Maurya (v. 320 - v. 185 av. J.-C.) et Gupta (Ve s. apr. J.-C.). [⟶ **Inde.**]

Du XVIe au XIXe s., sous l'Empire moghol, l'islamisation de l'Inde progresse. La conquête britannique entraîne une montée du sentiment national et, en 1906, est fondée la Ligue musulmane, qui adopte en 1940, sous la direction d'Ali Jinnah, le principe d'un État musulman séparé.

1947. Lors de l'indépendance et de la partition de l'Inde, le Pakistan est créé.

Le nouvel État, musulman, est constitué de deux provinces : le Pakistan occidental et le Pakistan oriental.

La question du Cachemire provoque deux guerres avec l'Inde en 1947-1949 et en 1965.

1956. La Constitution établit la République islamique du Pakistan, fédération des deux provinces qui la constituent.

1958. La loi martiale est instaurée ; coup d'État du général Ayyub Khan. La loi martiale est levée en 1962. Mais, dans les deux provinces, le mécontentement croît. Au Pakistan oriental, le mouvement autonomiste, présidé par Mujibur Rahman, se développe.

1969. Le général Yahya Khan succède à Ayyub Khan.

1971. Le Pakistan oriental fait sécession et devient le Bangladesh. L'Inde intervient militairement pour le soutenir. Ali Bhutto arrive au pouvoir.

Bhutto met en œuvre le « socialisme islamique » et se heurte aux partis conservateurs.

1977. Il est renversé par un coup d'État militaire.

1978. Le général Zia ul-Haq devient président de la République.

1979. Exécution d'Ali Bhutto.

1988. Zia ul-Haq meurt dans un accident d'avion.

La fille d'Ali Bhutto, Benazir, est Premier ministre de 1988 à 1990 et de 1993 à 1996.

1999. Les militaires, dirigés par le général Pervez Mucharraf, s'emparent du pouvoir.

2001. À la suite des attentats du 11 septembre, les États-Unis exigent du gouvernement pakistanais, qui soutient le régime des talibans en Afghanistan, qu'il clarifie sa position. Le général Mucharraf se range finalement à leurs côtés, en dépit de la solidarité d'une partie de la population avec les islamistes. Cette attitude vaut au Pakistan de recouvrer une légitimité sur la scène internationale, mais elle génère de graves tensions à l'intérieur du pays.

2007. Le général Mucharraf est réélu à la tête de l'État dans des conditions contestées. La mort de Benazir Bhutto dans un attentat (déc.) plonge un peu plus le pays dans la violence et l'incertitude politique.

2008. Menacé d'une procédure de destitution, P. Mucharraf démissionne. Asif Ali Zardari, le mari de Benazir Bhutto, est élu à la présidence de la République.

2011. Oussama Ben Laden, fondateur d'al-Qaida, qui se cachait au nord d'Islamabad, est éliminé par un commando américain. Le pouvoir est confronté aux attentats des talibans pakistanais (liés à al-Qaida) très implantés dans les zones tribales du nord-ouest du pays.

pal [pal] **n.m.** (lat. *palus*) [pl. *pals*]. **1.** Pieu aiguisé à une extrémité. **2.** AGRIC. Plantoir de vigneron. **3. Pal injecteur,** instrument destiné à injecter dans le sol une substance chimique (insecticide, fertilisant, etc.). / **Supplice du pal,** supplice qui consistait à enfoncer un pal dans le corps du condamné.

palabre [palabr] **n.f.** ou **n.m.** (esp. *palabra,* parole). (Surtout au pl.). **1.** *AFR.* Débat coutumier entre les hommes d'une communauté religieuse. **2.** Discussion, conversation longue et oiseuse (péjor.).

palabrer [palabre] **v.i.** Discuter longuement et de manière oiseuse ; tenir des palabres.

palace [palas] **n.m.** (mot angl.). Hôtel luxueux.

paladin [paladɛ̃] **n.m.** (it. *paladino,* lat. médiév. *palatinus,* officier du palais). **1.** Seigneur de la suite de Charlemagne, dans les chansons de geste. **2.** Chevalier errant.

1. palais [palɛ] **n.m.** (lat. *palatium,* le [mont] Palatin [sur lequel Auguste avait fait élever son palais]). **1.** Vaste et somptueuse résidence d'un chef d'État, d'un personnage de marque, d'un riche particulier : *Le palais royal, présidentiel.* **2.** Vaste édifice public destiné à un usage d'intérêt général : *Palais des sports.*

2. palais [palɛ] **n.m.** (lat. pop. **palatium,* du class. *palatum*). **1.** Paroi supérieure de la bouche, séparant celle-ci des fosses nasales. **2. Avoir le palais fin,** être gourmet. / **Palais mou,** voile du palais. / **Voûte du palais** ou **palais dur,** partie antérieure, osseuse.

Palaiseau, ch.-l. d'arr. de l'Essonne, sur l'Yvette ; 31 205 hab. *(Palaisiens).* École polytechnique. Église des XIIe-XVe s.

palan [palɑ̃] **n.m.** (it. *palanco,* du lat. pop. **palanca,* du gr. *phalanga*). Appareil de levage utilisant un système de poulies.

palanche [palɑ̃ʃ] **n.f.** (v. *palan*). Morceau de bois concave pour porter sur l'épaule deux charges, deux seaux.

palanquin [palɑ̃kɛ̃] **n.m.** (de l'hindi *pâlâki*). Chaise ou litière portée à bras d'hommes ou installée sur le dos d'un animal (chameau, éléphant), dans les pays orientaux.

Palaos, Palau ou **Belau,** État insulaire d'Océanie, indépendant depuis 1994 ; 487 km^2 ; 21 000 hab. (*Palaosiens, Paluans* ou *Palauans*). CAP. *Melekeok.* LANGUES : *palaosien* (*paluan* ou *palauan*) et *anglais.* MONNAIE : *dollar des États-Unis.*

palatal, e, aux [palatal, -o] **adj.** (de *2. palais*). PHON. Se dit d'une voyelle ou d'une consonne qui a son point d'articulation situé dans la région du palais dur (on dit aussi *une palatale*) : *Le* [j] *de* [fij] *(fille) est une palatale.*

1. palatin, e [palatɛ̃, -in] **adj.** (lat. *palatinus*). **1.** HIST. Se dit d'un seigneur chargé d'un office dans le palais d'un souverain carolingien ou du Saint Empire. **2.** Du Palatinat. **3.** Qui dépend d'un palais.

2. palatin, e [palatɛ̃, -in] **adj.** (de *2. palais*). ANAT. Du palais : *Voûte palatine.*

Palatin ***(mont),*** une des sept collines de Rome, la plus anciennement habitée (VIIIe s. av. J.-C.). Le Palatin devint sous l'Empire la résidence des empereurs.

Palatinat, en all. **Pfalz,** région de l'Allemagne, située sur la rive gauche du Rhin, au N. de l'Alsace. Elle constitue depuis 1946 une partie de l'État de *Rhénanie-Palatinat.* Dans le cadre du Saint Empire, ce terme désignait le domaine des comtes palatins, puis, à partir du XIIe s., celui du comte palatin du Rhin. Passé aux Wittelsbach de Bavière (1214), le Palatinat reçoit la dignité électorale en 1356. En 1648, le traité de Westphalie ampute l'État du Haut-Palatinat au profit de la Bavière. Après les guerres de la Révolution, il est démembré au profit de la France (rive gauche) et des duchés de Bade et de Hesse-Darmstadt.

Palatine ***(princesse),*** titre que porta Charlotte-Élisabeth de Bavière (Heidelberg 1652 - Saint-Cloud 1722), femme du duc Philippe d'Orléans, frère de Louis XIV, mère de Philippe d'Orléans (futur Régent). Sa correspondance est un document sur les mœurs pendant le règne de Louis XIV.

Palau ⟶ Palaos.

pale [pal] **n.f.** (lat. *pala,* pelle). **1.** Chacun des éléments en forme de vrille fixés au moyeu d'une hélice. **2.** Partie plate d'un aviron, qui entre dans l'eau. **3.** Palette d'une roue de bateau à aubes. **4.** TECHN. Vanne d'un réservoir.

pâle [pal] **adj.** (lat. *pallidus*). **1.** Peu coloré, d'une blancheur terne, en parlant du teint : *Figure pâle* (syn. **blême**). **2.** Qui a le teint pâle : *Que tu es pâle !* **3.** Sans éclat, en parlant d'une lumière : *Une pâle lueur* (syn. **faible**). **4.** D'une tonalité atténuée, en parlant d'une couleur : *Rose pâle.* **5.** Terne, sans éclat : *Un pâle imitateur de Coluche.* **6.** *ARG. MIL.* **Se faire porter pâle,** se faire porter malade.

palefrenier, ère [palfrənje, -ɛr] **n.** (v. *palefroi*). Personne qui panse les chevaux.

palefroi [palfrwa] **n.m.** (bas lat. *paraveredus,* de *veredus,* cheval, d'orig. celt.). Autref., cheval de parade ou de marche (par opp. au *destrier,* cheval de bataille).

Palenque, important centre cérémoniel maya du Mexique (État de Chiapas), dont le temple dit « des Inscriptions » se dresse au sommet d'une pyramide, où a été découverte la sépulture souterraine d'un dignitaire datée de 633 et accompagnée de riches offrandes.

paléochrétien, enne [paleɔkretjɛ̃, -ɛn] **adj.** Des premiers chrétiens : *L'art paléochrétien.*

paléographie [paleɔgrafi] **n.f.** Science des écritures anciennes. ◆ **paléographe n.** et **adj.** Nom du spécialiste.

paléographique [paleɔgrafik] **adj.** Relatif à la paléographie, aux écritures anciennes : *La science paléographique.*

paléolithique [paleɔlitik] **n.m.** et **adj.** (de *paléo-,* et du gr. *lithos,* pierre). Première période de la préhistoire, caractérisée par l'apparition puis le développement de l'industrie de la pierre, et par une économie de prédation.

■ Le paléolithique a débuté il y a env. 2,5 millions d'années et s'est achevé il y a environ 10 000 à 12 000 ans.

C'est la période la plus longue vécue par l'humanité et aussi celle, au sein de la préhistoire, où la recherche a fait de considérables progrès. L'évolution de la taille des outils en pierre (industrie lithique) permet de suivre celle des diverses cultures qui se sont succédé.

Le paléolithique inférieur. Il débute par la culture des galets aménagés, dits aussi *choppers.* Ceux-ci sont fabriqués par les australopithèques. Les plus anciens vestiges remontent à au moins 3 millions d'années dans les gisements d'Afrique (Rift Valley).

Pratiquées ensuite par le genre *Homo (Homo habilis* et *Homo erectus),* différentes méthodes de débitage coexistent : celles des industries façonnant le bloc primitif (nucléus) et celles utilisant l'éclat. L'abbevillien (Abbeville, Somme), et ses bifaces grossièrement taillés, ainsi que l'acheuléen (Saint-Acheul, Somme), aux retouches fines et rectilignes, qui lui succède et qui persiste durant les débuts de la glaciation de Würm (v. - 100 000), sont les faciès principaux de ces industries.

Le paléolithique moyen. Il se déroule entre - 80 000 et - 40 000. Il correspond surtout au développement de l'*Homo sapiens,* dont le type le plus connu est l'homme de Neandertal. L'outillage lithique est caractérisé, d'une part, par la technique Levallois (au plan de frappe préparé) et, d'autre part, par les instruments moustériens (racloirs et pointes) réalisés à partir d'éclats. Les hommes de Neandertal, créateurs de cette industrie, la diversifient. Les plus anciennes pratiques funéraires, souvent unies à l'utilisation de colorant comme l'ocre, remontent à cette époque (la Ferrassie, en France, ou Chanidar, en Iraq).

Le paléolithique supérieur. Il se situe entre - 40 000 et les alentours de - 10 000. C'est l'époque où apparaît l'homme moderne : *Homo sapiens sapiens.*

La spécialisation de l'outil devient de plus en plus poussée ; l'industrie lithique, très diversifiée, est associée à une abondante industrie osseuse. L'évolution technique se poursuit de façon continue et les faciès nombreux se succèdent. Entre - 30 000 et - 25 000 se développe l'*aurignacien,* que l'on trouve aussi bien au Proche-Orient que dans toute l'Europe. L'homme vit soit dans des grottes ou des *abris-sous-roche,* soit dans des campements de plein air. Désormais, les sépultures, peu nombreuses, sont organisées et, surtout, on assiste à la naissance de l'art.

Le *gravettien,* qui lui succède (- 25 000 à - 20 000), voit fleurir une véritable unité culturelle en Europe avec des statuettes qualifiées de « Vénus » que l'on trouve en France (Lespugue ou Brassempouy), en Allemagne, en Autriche (Willendorf), ou en Sibérie (Malta).

Le *magdalénien* (- 15 000 à - 10 000) possède une variété encore plus grande d'outils (pointes de sagaie, harpons en os ; burins et nombreux petits éclats lithiques). Pincevent reste un exemple, bien étudié, d'un campement de plein air. Mais le magdalénien, c'est aussi l'épanouissement de l'art pariétal (grottes de Lascaux et d'Altamira, précédées par la grotte Chauvet il y a environ 30 000 ans, etc.). D'abord considéré comme divertissement, puis comme support de pratiques magiques, il semble bien que cet art, lié à l'activité essentielle de l'homme à cette époque, la chasse, possède une origine religieuse et métaphysique. La symbolique de ces grottes demeure toutefois incertaine. ■

Paléologue, famille de l'aristocratie byzantine qui reprit Constantinople aux croisés et régna sur l'Empire byzantin de 1258 à 1453. Elle fournit en outre des souverains qui régnèrent dans le Péloponnèse, à Mistra (1383-1460).

paléomagnétisme [paleɔmaɲetism] **n.m.** Magnétisme terrestre au cours des époques géologiques ; science qui l'étudie. (⟶ géomagnétisme.)

paléontologie [paleɔ̃tɔlɔʒi] **n.f.** (de *paléo-* et *ontologie*). Science des êtres vivants ayant peuplé la Terre aux époques géologiques, fondée sur l'étude des fossiles. ◆ **paléontologiste** et **paléontologue n.** Noms du spécialiste.

■ La paléontologie se divise en plusieurs branches. Elle étudie les formes végétales (paléobotanique), animales (paléozoologie), humaines (paléoanthropologie), microscopiques (micropaléontologie), les rapports des êtres vivants disparus avec leur milieu (paléoécologie) ou bien encore l'évolution des formes vivantes. Même si la présence de fossiles fut remarquée plusieurs siècles av. J.-C. et si on les collectionna pendant la Renaissance, leur étude scientifique ne fut réellement entreprise qu'au XIXe s. ■

paléozoïque [paleɔzɔik] **n.m.** Ère géologique correspondant aux systèmes allant du cambrien au permien. (On dit aussi *ère primaire* ou *primaire.*) ▸ Le paléozoïque s'étend de - 542 à - 251 millions d'années ; il est caractérisé par l'apparition des premiers organismes terrestres et par les orogenèses calédonienne et hercynienne.

Palerme, port d'Italie, cap. de la Sicile et ch.-l. de prov., sur la côte nord de l'île ; 653 222 hab. (904 354 hab. dans l'agglomération). Archevêché. Université. Centre administratif et touristique. Remarquables monuments, notamm. de styles byzantino-arabe (chapelle palatine de Roger II, 1132) et baroque (églises et palais des XVIIe-XVIIIe s.). Riche musée archéologique. Galerie nationale de Sicile.

paleron [palrɔ̃] **n.m.** (de *pale*). BOUCH. Morceau de viande correspondant à l'épaule du bœuf.

Palestine (« pays des Philistins »), région du Proche-Orient, entre le Liban au N., la mer Morte au S., la Méditerranée à l'O. et le désert de Syrie à l'E. ; 4 039 000 hab. Bande de terre étroite parcourue par le Jourdain, le pays était divisé au temps des Hébreux en royaumes de Juda et d'Israël. (⟶ **Hébreux.**) Au IVe s., après la conversion de Constantin, la Palestine devient pour les chrétiens la Terre sainte.
634-640. La conquête arabe arrache la région aux Byzantins et l'intègre à l'Empire musulman.
1099. Les croisés fondent le royaume latin de Jérusalem.
1291. Les Mamelouks d'Égypte s'emparent des dernières possessions latines et dominent le pays jusqu'à la conquête ottomane.
1516. L'Empire ottoman établit pour quatre siècles sa domination sur la région.
1918-1919. La Grande-Bretagne occupe le pays.
En 1918, la Palestine est enlevée à la Turquie, puis placée par la S.D.N. sous mandat britannique (1922), lequel stipule l'établissement dans la région d'un foyer national juif, conformément à la déclaration Balfour de nov. 1917. Mais, de 1935 à 1939, les Arabes, craignant d'être submergés par l'immigration juive, se révoltent à plusieurs reprises contre les Britanniques. Le refus britannique d'accepter les recommandations du congrès sioniste de New York (1942) – préconisant la fondation d'un État juif –, la création de la Ligue arabe (1945) et l'organisation d'une immigration juive clandestine provoquent l'action terroriste de groupes juifs contre l'administration britannique.
1947. L'O.N.U. décide le partage de la Palestine entre un État juif et un État arabe, partage rejeté par les Arabes.
1948. L'État d'Israël est proclamé.
Les pays arabes interviennent aussitôt militairement. Après leur échec (1949), la Palestine est divisée en trois secteurs, attribués à l'Égypte, à la Jordanie et à Israël.
1967. La Cisjordanie et la bande de Gaza sont occupées par Israël à la suite de la troisième guerre israélo-arabe.
À partir de déc. 1987, cette occupation, doublée d'une colonisation, se heurte à un important soulèvement populaire palestinien *(Intifada)*.
1988. Le roi Husayn rompt (juill.) les liens administratifs entre la Jordanie et la Cisjordanie, faisant de l'O.L.P. (Organisation de libération de la Palestine) le représentant unique et légitime du peuple palestinien. En nov., l'O.L.P. proclame la création d'un État indépendant « en Palestine ».
1993. L'accord de Washington entérine la reconnaissance mutuelle de l'O.L.P. et d'Israël, et prévoit un régime d'autonomie des territoires occupés.
1995. L'autonomie mise en place est étendue aux principales villes arabes de Cisjordanie.
1996. Les premières élections palestiniennes portent Y. Arafat à la présidence du Conseil de l'autonomie palestinienne. Le raidissement de la politique israélienne entraîne un blocage du processus de paix.
1999. Les négociations israélo-palestiniennes reprennent.
2000. Après l'échec d'une tentative de compromis sur le statut définitif des territoires palestiniens (sommet de Camp David, juill.), Israéliens et Palestiniens en reviennent à une logique d'affrontement (début d'une « *nouvelle Intifada* » en sept.).
2003. Un poste de Premier ministre de l'Autorité nationale palestinienne est créé, dont le premier titulaire est Mahmud Abbas (avr.-oct.). Le conflit israélo-palestinien reste aigu, en dépit de la multiplication des initiatives de paix.
2004. Mort de Y. Arafat. M. Abbas lui succède à la tête de l'O.L.P.
2005. M. Abbas est élu à la présidence de l'Autorité nationale palestinienne (janv.). Israël décide unilatéralement de se retirer de la bande de Gaza.
2006. La large victoire des islamistes du Hamas aux élections législatives (janv.) et la nomination de leur leader à la tête du gouvernement sont suivies de sanctions économiques de la part d'Israël, ainsi que de l'Union européenne et des États-Unis, qui touchent de plein fouet la population palestinienne. Par ailleurs, des affrontements meurtriers opposent les militants du Hamas à ceux du Fatah, le parti de M. Abbas.
2007. Le Hamas prend par les armes le contrôle de la bande de Gaza (juin). M. Abbas, soutenu par la communauté internationale, nomme un nouveau gouvernement, dont l'autorité réelle se limite à la Cisjordanie. Sous l'égide des États-Unis, la conférence d'Annapolis (Maryland, nov.) tente de relancer le processus de paix israélo-palestinien.
Déc. 2008-janv. 2009. L'offensive militaire d'Israël dans la bande de Gaza, en riposte à des tirs de roquettes sur son territoire, génère un nouveau paroxysme de tension.
2012. L'Assemblée générale des Nations unies accorde à la Palestine (admise à l'Unesco en 2011) le statut d'État observateur non membre auprès de l'O.N.U. Cette décision intervient alors que de nouvelles tensions opposent Israël et le territoire de Gaza.

palestre [palɛstr] **n.f.** (lat. *palaestra,* gr. *palaistra*). ANTIQ. Partie du gymnase grec et des thermes romains où se pratiquaient les exercices physiques, en partic. la lutte.

Palestrina (Giovanni Pierluigi da), compositeur italien (Palestrina 1525 - Rome 1594). Il fut l'un des grands maîtres de la musique polyphonique ; on lui doit des messes, des motets, des hymnes, des madrigaux.

palet [palɛ] **n.m.** (de *pale*). Pierre plate et ronde ou disque épais qu'on lance le plus près possible d'un but marqué, dans certains jeux : *Palet de hockey sur glace, de marelle.*

paletot [palto] **n.m.** (moyen angl. *paltok,* sorte de jaquette). **1.** Veste ample et confortable, qui arrive à mi-cuisse, que l'on porte sur d'autres vêtements. **2.** *FAM.* **Tomber sur le paletot de qqn,** l'attaquer, le malmener.

palette [palɛt] **n.f.** (de *pale*). **1.** Instrument allongé et large : *Palette de potier.* **2.** Plaque percée d'un trou pour le pouce, sur laquelle les peintres disposent et mêlent leurs couleurs. **3.** Ensemble des couleurs habituellement utilisées par un peintre. **4.** Plateau de chargement destiné à la manutention des marchandises par des chariots élévateurs à fourche. **5.** Morceau du mouton, du porc, comprenant l'omoplate et la chair qui la recouvre.

palétuvier [paletyvje] **n.m.** (du tupi *apara-hiwa,* arbre courbé). Arbre des mangroves représenté par plusieurs espèces, toutes caractérisées par des racines en grande partie aériennes formant de nombreux arceaux.

pâleur [palœr] **n.f.** Aspect de qqn, de qqch qui est pâle.

pali [pali] **n.m.** (mot hindi). Langue des textes religieux du bouddhisme méridional, apparentée au sanskrit.

pâlichon, onne [paliʃɔ̃, -ɔn] **adj.** *FAM.* Un peu pâle.

palier [palje] **n.m.** (de l'anc. fr. *paele,* poêle, propr. « objet en forme de poêle »). **1.** Plate-forme ménagée à chaque étage, dans un escalier. **2.** Partie horizontale d'une voie ferrée, d'une route. **3.** Phase de stabilité dans le cours d'une évolution : *Les prix ont atteint un nouveau palier.* **4.** TECHN. Organe mécanique supportant et guidant un arbre de transmission. **5. Par paliers,** progressivement, par étapes.

palière [paljɛr] **adj.f. Porte palière,** qui ouvre sur un palier.

palimpseste [palɛ̃psɛst] **n.m.** (gr. *palimpsêstos,* de *palin,* de nouveau, et *psân,* gratter). Manuscrit sur parchemin dont la première écriture a été lavée ou grattée et sur lequel un nouveau texte a été écrit.

palindrome [palɛ̃drom] **n.m.** et **adj.** (du gr. *palin,* de nouveau, et *dromos,* course). Se dit d'un mot ou d'un groupe de mots qui peut être lu indifféremment de gauche à droite ou de droite à gauche. (Par ex. : *Ésope reste ici et se repose.*)

palinodie [palinɔdi] **n.f.** (du gr. *palin,* de nouveau, et *ôdê,* chant). **1.** ANTIQ. Pièce de vers dans laquelle l'auteur rétractait ce qu'il avait précédemment exprimé. **2.** Changement complet d'opinion (syn. **revirement**).

pâlir [palir] **v.i.** [conj. 32]. **1.** Devenir subitement pâle : *Pâlir de colère* (syn. **blêmir**). **2.** Perdre de sa luminosité, de son éclat : *Ces couleurs ont pâli au soleil* (syn. **passer**). **3. Faire pâlir qqn**

de dépit, de jalousie, lui inspirer une jalousie, un dépit violents. / **Son étoile pâlit,** son influence diminue. ◆ **v.t.** *LITT.* Rendre pâle : *La maladie a pâli ses traits.*

palis [pali] **n.m.** (de *pal*). Pieu enfoncé avec d'autres pour former une clôture continue ; cette clôture.

palissade [palisad] **n.f.** (de *palis*). **1.** Clôture formée d'une rangée de pieux ou de planches plus ou moins jointifs. **2.** Mur de verdure fait d'arbres taillés verticalement.

palissage [palisaʒ] **n.m.** (de *palisser*). Opération qui consiste à attacher les branches d'un arbre ou d'un arbuste à un support (mur, treillage, etc.) pour les faire pousser en espalier : *Palissage de la vigne.*

palissandre [palisɑ̃dr] **n.m.** (d'une langue de la Guyane). Bois lourd et dur, d'un brun sombre violacé, très recherché en ébénisterie et provenant de diverses espèces d'arbres d'Amérique du Sud.

pâlissant, e [palisɑ̃, -ɑ̃t] **adj.** Qui pâlit : *Le jour pâlissant.*

palisser [palise] **v.t.** (de *palis*). Procéder au palissage de.

Palissy (Bernard), potier émailleur, savant et écrivain français (Agen v. 1510 - Paris 1589 ou 1590), célèbre pour ses terres cuites émaillées, ornées d'animaux moulés au naturel, de plantes et de fruits, dites « rustiques figulines », dont il revêt des grottes (château d'Écouen, et, v. 1566-1571, celle des jardins des Tuileries). On lui doit d'insignes progrès dans la variété des glaçures, notamm. avec ses poteries jaspées, décorées dans l'esprit de l'école de Fontainebleau.

Palladio (Andrea di Pietro, dit**),** architecte italien (Padoue 1508 - Vicence 1580). Il a construit à Vicence (« Basilique », à partir de 1545 ; divers palais ; théâtre « Olympique »), à Venise (églises S. Giorgio Maggiore [1566-1580], du *Redentore*, etc.) et dans les environs de ces deux villes (villas *la Rotonda, la Malcontenta, Barbaro* [avec fresques de Véronèse], etc.). Il manie les formes classiques, qu'il teinte de maniérisme, avec une admirable variété. Auteur d'un traité, les *Quatre Livres d'architecture* (1570), il a exercé une très forte influence sur l'architecture européenne, et notamm. anglaise.

palladium [paladjɔm] **n.m.** (mot angl., d'apr. la planète *Pallas*). Métal blanc, ductile et dur, qui absorbe l'hydrogène. ▸ Symb. Pd.

palliatif, ive [paljatif, -iv] **adj.** et **n.m. 1.** MÉD. Se dit d'un traitement, d'un remède agissant sur les symptômes d'une maladie sans s'attaquer à sa cause. **2. Soins palliatifs,** dans un service hospitalier, ensemble des soins et des soutiens destinés à accompagner un malade jusqu'aux derniers moments de sa vie. ◆ **palliatif n.m.** Moyen provisoire de détourner un danger : *Cette proposition n'est qu'un palliatif à la crise économique.*

pallier [palje] **v.t.** (bas lat. *palliare,* couvrir d'un manteau, de *pallium,* manteau) [conj. **9**]. Remédier d'une manière incomplète ou provisoire à : *Pallier les conséquences d'une erreur* (syn. **obvier à, remédier à**). *Rem.* Influencée par *remédier à,* la construction *pallier à,* bien qu'ayant tendance à se répandre, reste considérée comme fautive.

Palma de Majorque ou **Palma,** cap. de la communauté autonome des îles Baléares et ch.-l. de prov., dans l'*île de Majorque ;* 402 044 hab. Port, aéroport et centre touristique. Anc. palais royaux, gothiques, de l'*Almudaina* et de *Bellver ;* imposante cathédrale gothique des XIIIe-XVIe s., Lonja (anc. Bourse) du XVe s. et autres monuments. Musées.

palmarès [palmarɛs] **n.m.** (du lat. *palmaris,* digne de la palme). **1.** Liste de lauréats : *Le palmarès d'un concours.* **2.** Liste de succès, de victoires : *Un sportif au palmarès éloquent.* **3.** Classement par ordre de popularité des chansons, des musiques de variétés à la mode (syn. [anglic. déconseillé] **hit-parade**).

palme [palm] **n.f.** (lat. *palma*). **1.** Feuille de palmier. **2.** Symbole de la victoire, dans un concours, un festival, matérialisé par un prix : *Obtenir la palme d'or au Festival de Cannes.* **3.** Décoration, distinction dont l'insigne représente une, des palmes : *Palmes académiques* (= décoration attribuée aux enseignants). **4.** Nageoire en caoutchouc qui s'ajuste au pied et qui augmente la vitesse, la puissance de la nage. **5. Remporter la palme,** l'emporter sur d'autres ; triompher. / **Vin, huile de palme,** de palmier.

palmé, e [palme] **adj. 1.** ZOOL. Dont les doigts sont réunis par une palmure : *Pattes palmées du canard, de la grenouille.* **2.** BOT. **Feuilles composées palmées,** feuilles dont les folioles partent du même point.

Palmer *(péninsule de)* ⟶ **Graham *(terre de).***

palmeraie [palmərɛ] **n.f.** Lieu planté de palmiers.

Palmerston (Henry Temple, *vicomte***),** homme politique britannique (Broadlands 1784 - Brocket Hall 1865). Ministre des Affaires étrangères (1830-1834 ; 1835-1841 ; 1846-1851), il chercha à préserver l'équilibre européen ainsi que les intérêts stratégiques et commerciaux de la Grande-Bretagne. Il combattit l'influence de la France et de la Russie, notamm. au cours du conflit turco-égyptien (1839-1840), où il prit position en faveur de l'Empire ottoman, et mena contre la Chine la guerre de l'Opium (1839-1842). Premier ministre de 1855 à 1858 et de 1859 à 1865, il contribua à la défaite de la Russie, lors de la guerre de Crimée, mais ne put empêcher Napoléon III d'intervenir en faveur de l'indépendance italienne (1860).

palmier [palmje] **n.m.** (de *palme*). **1.** Arbre des régions chaudes du globe, à fleurs unisexuées, dont la tige, appelée *stipe,* se termine par un bouquet de feuilles (palmes), souvent pennées. ▸ Famille des palmacées ; on en connaît env. 2 800 espèces. Les palmiers fournissent des produits alimentaires (dattes, noix de coco, huile de palme, chou palmiste) ou industriels (raphia, rotin, ivoire végétal). **2.** Gâteau sec plat, en pâte feuilletée, dont la forme évoque vaguement une palme.

palmipède [palmipɛd] **n.m.** et **adj.** (lat. *palmipes, -edis,* de *palma,* palme, et *pes, pedis,* pied). Oiseau aquatique présentant une palmure aux doigts (oie, canard, cygne, pingouin, pélican, etc.). ▸ Les palmipèdes sont représentés par six ordres distincts ; ils constituent un groupe de convergence adaptative.

palmiste [palmist] **n.m.** (port. *palmito,* petit palmier). Palmier représenté par plusieurs espèces (arec, cocotier des Maldives, notamm.) et dont le bourgeon terminal comestible est consommé sous le nom de *chou palmiste.*

palmure [palmyr] **n.f.** (de *palme*). ZOOL. Membrane reliant les doigts des animaux palmipèdes.

Palmyre (« Ville des palmiers »), site historique de Syrie, entre Damas et l'Euphrate. Oasis du désert syrien et carrefour des caravanes, elle monopolisa, après la chute de Pétra (106 apr. J.-C.), la plus grande partie du commerce avec l'Inde. Sa domination fut brisée par l'empereur Aurélien, et Palmyre, dévastée (273), fut détruite par les Arabes (634). Impressionnants vestiges hellénistiques et romains. Riche nécropole.

Palomar *(mont),* montagne des États-Unis (Californie) ; 1 871 m. Observatoire astronomique.

palombe [palɔ̃b] **n.f.** (lat. *palumbus*). Pigeon ramier.

palonnier [palɔnje] **n.m.** (de l'anc. fr. **palon,* du lat. *palus,* pieu, ou altér. de l'anc. fr. *paronne,* du germ. *sparro,* poutre). **1.** AÉRON. Barre se manœuvrant au pied et agissant sur la gouverne de direction d'un avion. **2.** SPORTS. En ski nautique, poignée à la corde de traction et à laquelle se tient le skieur.

pâlot, otte [palo, -ɔt] **adj.** *FAM.* Un peu pâle.

palourde [palurd] **n.f.** (lat. pop. **pelorida,* class. *peloris,* du gr.). Clovisse.

palpable [palpabl] **adj. 1.** Que l'on peut toucher : *Des avantages palpables* (syn. **réel, concret**). **2.** Qui est évident ; que l'on peut contrôler : *Des preuves palpables de son innocence* (syn. **patent, tangible, vérifiable**).

palpation [palpasjɔ̃] **n.f.** MÉD. Action de palper.

palpe [palp] **n.m.** (de *palper*). Petit appendice pair des arthropodes, servant à la gustation et à la préhension : *Palpes maxillaires et palpes labiaux.*

palper [palpe] **v.t.** (lat. *palpare*). **1.** Examiner, apprécier en touchant avec la main, les doigts : *Palper une étoffe. Le médecin lui a palpé le cou* (syn. **tâter**). **2.** FAM. Toucher, recevoir de l'argent : *Il a palpé une grosse somme.*

palpeur [palpœr] **n.m.** Capteur servant à contrôler une dimension ou à réguler une grandeur, un état physique, en partic. la chaleur : *Plaque électrique à palpeur.*

palpitant, e [palpitɑ̃, -ɑ̃t] **adj. 1.** Qui palpite : *Avoir le cœur palpitant d'émotion* (syn. **frémissant, tremblant**). **2.** Qui suscite un intérêt très vif, mêlé d'émotion : *Un film palpitant* (syn. **captivant, passionnant**).

palpitation [palpitasjɔ̃] **n.f. 1.** Mouvement de ce qui palpite : *Avoir une palpitation à la paupière.* **2.** (Surtout au pl.). Battements accélérés du cœur : *Avoir des palpitations.*

palpiter [palpite] **v.i.** (lat. *palpitare,* fréquentatif de *palpare,* palper). **1.** Être agité de mouvements convulsifs, de frémissements, en parlant d'un être que l'on vient de tuer, de sa chair : *Le corps du sanglier palpitait encore.* **2.** LITT. Manifester une sorte d'agitation, de frémissement, en parlant de qqch : *Une flamme qui palpite avant de s'éteindre.* **3.** Battre plus fort, plus vite, en parlant du cœur, souvent sous l'effet d'une émotion.

paltoquet [paltɔkɛ] **n.m.** (de *paltoke,* casaque de paysan ; v. *paletot*). Personnage insignifiant et prétentieux.

paludéen, enne [palydeɛ̃, -ɛn] **adj.** Dû au paludisme : *Fièvres paludéennes.*

paludier, ère [palydje, -ɛr] **n.** (v. *palus*). Ouvrier, ouvrière qui travaille dans les marais salants.

paludisme [palydism] **n.m.** (v. *palus*). Maladie parasitaire produite par un protozoaire parasite du sang, le *plasmodium,* et transmise par un moustique des régions chaudes et marécageuses, l'*anophèle* (syn. vieilli **malaria**).

palus [paly] **n.m.** (lat. *palus, -udis,* marais). RÉGION. (Sud-Ouest, Bordelais). Terre d'alluvions au fond des vallées. (On dit aussi *un palud, un palude.*)

palustre [palystr] **adj.** (lat. *paluster* ou *palustris,* marécageux). Qui vit ou qui croît dans les marais.

se **pâmer** [pɑme] **v.pr.** (lat. pop.**pasmare,* class. *spasmare,* avoir un spasme). **1.** LITT. S'évanouir ; tomber en syncope. **2. Se pâmer de,** être comme sur le point de défaillir sous l'effet de tel sentiment : *Se pâmer de joie, d'effroi.*

Pamir (le), région montagneuse de l'Asie centrale, partagée entre le Tadjikistan (7 495 m au pic Ismaïl-Samani) et la Chine (7 719 m au Kongur Tagh).

pâmoison [pɑmwazɔ̃] **n.f.** VIEILLI ou LITT. Évanouissement, syncope : *Tomber en pâmoison.*

pampa [pɑ̃pa] **n.f.** (mot esp., du quechua). Vaste prairie d'Amérique du Sud.

Pampa (la), région de l'Argentine centrale, constituant une grande zone de culture (blé) et surtout d'élevage (bovins).

Pampelune, en esp. **Pamplona,** v. d'Espagne, ch.-l. de prov. et cap. de la communauté autonome de Navarre ; 195 943 hab. Cathédrale gothique des XIVe-XVIe s. Musée diocésain et musée de Navarre.

pamphlet [pɑ̃flɛ] **n.m.** (mot angl., altér. de *Pamphilet,* n. d'une comédie en vers lat. du XIIe s.). Écrit génér. court et violent, dirigé contre qqn, une institution ; libelle.

pamphlétaire [pɑ̃fletɛr] **n.** Auteur de pamphlets.

Pamphylie, contrée méridionale de l'Asie Mineure (auj. Turquie), entre la Lycie et la Cilicie.

pamplemousse [pɑ̃pləmus] **n.m.** (du néerl. *pompelmoes,* gros citron). Fruit comestible du pamplemoussier, à la peau jaune, au goût acidulé et légèrement amer.

pamplemoussier [pɑ̃pləmusje] **n.m.** Arbre du groupe des agrumes qui produit les pamplemousses. ▸ Genre *Citrus.*

pampre [pɑ̃pr] **n.m.** (anc. fr. *pampe,* lat. *pampinus*). **1.** VITIC. Jeune rameau de l'année. **2.** BX-A. Ornement figurant un rameau de vigne sinueux, avec feuilles et grappes.

1. pan [pɑ̃] **n.m.** (lat. *pannus,* morceau d'étoffe). **1.** Partie tombante et flottante d'un vêtement ; grand morceau d'étoffe : *Pan de chemise, de rideau.* **2.** Partie de mur ; face d'un bâtiment : *Tout un pan de l'immeuble s'est écroulé.* **3.** Ossature d'un mur dont les intervalles sont comblés par des matériaux de remplissage : *Pan de bois, de fer.* **4.** LITT. Partie de qqch : *J'ai oublié tout un pan de ma vie.* **5.** Face d'un corps polyédrique : *Écrou à six pans.*

2. pan [pɑ̃] **interj.** Onomatopée exprimant un bruit sec, un coup, un éclatement : *Pan ! Un coup de feu...*

Pan, dieu des Bergers, des Champs et des Bois, dans la mythologie grecque. Puissance grotesque, dont l'apparition déclenchait une peur « panique », il avait une queue, des jambes de bouc, une barbe, des cornes. Son nom (*pan,* en grec, signifie « tout ») lui était venu de la gaieté qu'il causait à *tous* les dieux. Les philosophes ont fait de lui l'incarnation de l'Univers, du grand Tout.

panacée [panase] **n.f.** (lat. *panacea,* du gr. *panakeia,* de *pan,* tout, et *akos,* remède). Remède prétendu universel contre tous les maux, capable de résoudre tous les problèmes : *Une panacée dans le domaine économique.*

panachage [panaʃaʒ] **n.m. 1.** Action de panacher. **2.** Inscription par l'électeur, sur un même bulletin de vote, de candidats appartenant à des listes différentes, autorisée dans certains scrutins.

panache [panaʃ] **n.m.** (it. *pennaccio,* du lat. *penna,* plume). **1.** Assemblage de plumes flottantes servant d'ornement : *Panache d'un casque.* **2.** Objet, forme évoquant un panache par son aspect mouvant, ondoyant : *Un panache de fumée.* **3.** Éclat ; brio : *Ce discours a du panache.* **4.** Bravoure gratuite, pleine d'élégance et d'allant.

panaché, e [panaʃe] **adj.** (de *panache*). **1.** Qui présente des couleurs diverses : *Tulipe panachée.* **2.** Composé d'éléments différents : *Fruits panachés. Un demi panaché* (= un demi de bière mélangée avec de la limonade). **3. Liste panachée,** liste électorale résultant d'un panachage.

panacher [panaʃe] **v.t.** (de *panache*). **1.** Orner de couleurs variées. **2.** Composer d'éléments divers.

panade [panad] **n.f.** (prov. *panado,* du lat. *panis,* pain). **1.** VX. Soupe faite de pain bouilli dans de l'eau ou du lait. **2.** FAM. **Être, tomber dans la panade,** dans la misère.

panafricain, e [panafrikɛ̃, -ɛn] **adj.** Relatif au panafricanisme : *Une politique panafricaine.*

panafricanisme [panafrikanism] **n.m.** Doctrine politique, mouvement tendant à regrouper, à rendre solidaires les nations du continent africain.

panama [panama] **n.m.** (de *Panama*). Chapeau souple, tressé avec la feuille d'un arbuste d'Amérique centrale.

Panama, État de l'Amérique centrale ; 77 000 km^2 ; 3 864 000 hab. *(Panaméens).* CAP. *Panama.* LANGUE : *espagnol.* MONNAIES : *balboa* et *dollar des États-Unis.*

GÉOGRAPHIE

La zone du canal, au cœur du pays, est la région vitale du Panama. Les villes de Panama et de Colón regroupent les rares industries (agroalimentaire surtout) ainsi que près de la moitié de la population. Celle-ci, en majeure partie métissée, a une croissance annuelle rapide. La fonction de liaison de l'isthme est complétée par le pipeline de brut qui traverse l'ouest du pays, doublant le canal (inaccessible aux gros navires) et la route panaméricaine.

Sous un climat subéquatorial, chaud et humide, les montagnes, pratiquement vides d'hommes, sont forestières. L'agriculture (maïs, riz, manioc pour l'alimentation, banane pour l'exportation) est implantée dans les bassins et les plaines littorales. La balance du commerce extérieur (essentiellement avec les États-Unis) est traditionnellement déficitaire. Les revenus procurés par le canal, le prêt du pavillon, le rôle de place financière (siège de sociétés), le tourisme tendent à combler l'écart.

HISTOIRE
La côte atlantique est abordée par les Espagnols en 1501 et la côte pacifique découverte en 1513.
1519. La fondation de la ville de Panama est suivie d'un essor causé par la découverte du Pérou (1532), puis des Philippines. Jusqu'au XVIIe s., la colonie se développe, tandis que les marchandises de Manille et l'or du Pérou traversent l'isthme en convois de mules. L'intervention croissante des flibustiers français et surtout anglais contre les ports de l'isthme entraîne le déclin de la route au XVIIIe s.
1739. Panama est rattaché à la vice-royauté de la Nouvelle-Grenade.
La dépendance à l'égard de Bogota continue après la proclamation de l'indépendance de la Colombie (1819). La découverte de l'or de Californie (1848) offre une nouvelle chance au pays, et l'idée d'un canal interocéanique se précise. Son percement par F. de Lesseps échoue (1881-1889), et l'initiative est reprise par les États-Unis.
1903. Le Panama proclame son indépendance et la république est établie, à la suite d'une révolte encouragée par les États-Unis. Souhaitant reprendre le projet du canal, ceux-ci se font concéder une zone large de 10 miles allant d'un océan à l'autre, où ils construisent, de 1904 à 1914, un canal à écluses. Le canal apporte une relative prospérité à Panama, mais aussi une dépendance à l'égard des États-Unis, provoquant la montée du nationalisme ; des émeutes secouent le pays (1959, 1964, 1966).
1968-1981. Le général Omar Torrijos domine la vie politique du pays. Il conclut en 1978 avec les États-Unis un traité prévoyant le retour de la zone du canal sous pleine souveraineté panaméenne à la fin de 1999. Mais sa mort accidentelle (1981) est suivie d'une période d'instabilité.
1983. Le général Manuel Antonio Noriega devient l'homme fort d'un régime marqué par la corruption et le trafic de drogue (détenant la réalité du pouvoir face aux présidents élus : N. Ardito Barletta, E. Delvalle).
1989. Une intervention militaire américaine renverse Noriega (déc.) ; Guillermo Endara, qui avait été élu en mai, prend ses fonctions de président de la République.
1994. Ernesto Pérez Balladares est élu à la tête de l'État.
1999. Mireya Moscoso lui succède. Les États-Unis restituent définitivement au Panama la zone du canal (déc.).
2004. Martín Torrijos (fils du général Omar Torrijos) est élu à la présidence de la République.
2009. Ricardo Martinelli lui succède.

Panama, cap. de la république de Panama, port sur le Pacifique (golfe de Panama) ; 430 299 hab. (1 638 000 hab. dans l'agglomération).

Panama *(canal de),* canal interocéanique traversant l'*isthme de Panama*. Long de 79,6 km, il est coupé par six écluses. Les travaux commencent en 1881 sur l'initiative de Ferdinand de Lesseps ; mais ils sont arrêtés en 1888, et la mise en liquidation de la Compagnie universelle du canal interocéanique (1889) est suivie, en France, par un grave scandale financier et politique (1891-1893). Les travaux engagés en 1904 aboutissent à l'ouverture du canal en 1914. Après l'indépendance de la république de Panama (1903), les États-Unis obtiennent par traité la concession de la *zone du canal de Panama,* revenue sous pleine souveraineté panaméenne en 1999. En 2006, Panama adopte un projet d'élargissement du canal.

Panama *(isthme de),* isthme qui unit les deux Amériques, long de 250 km, large au minimum de 50 km.

panaméricain, e [panamerikɛ̃, -ɛn] **adj. 1.** Relatif à tout le continent américain : *Congrès panaméricain. Route panaméricaine.* **2.** Relatif au panaméricanisme.

panaméricanisme [panamerikanism] **n.m.** Doctrine politique, mouvement tendant à établir une solidarité des nations à l'échelle du continent américain.

panarabisme [panarabism] **n.m.** Doctrine politique, mouvement tendant à regrouper les nations de langue et de civilisation arabes.

panard, e [panar, -ard] **adj.** (prov. *panar,* boiteux). Se dit d'un cheval dont les pieds sont tournés en dehors.

panaris [panari] **n.m.** (lat. *panaricium*). Infection aiguë du doigt (= mal blanc).

panathénées [panatene] **n.f. pl.** (gr. *panathênaia*). ANTIQ. GR. Fêtes célébrées chaque année en juill. à Athènes, en l'honneur d'Athéna.

pancarte [pɑ̃kart] **n.f.** (lat. médiév. *pancharta,* propr. « charte complète »). Panneau, plaque portant une inscription ou un avis destinés au public : *Lire une pancarte.*

panchromatique [pɑ̃krɔmatik] **adj.** (de *pan-* et *chromatique*). PHOT. Sensible à toutes les couleurs, en parlant d'une émulsion, d'une pellicule.

pancrace [pɑ̃kras] **n.m.** (lat. *pancratium,* du gr.). ANTIQ. GR. Combat gymnique combinant la lutte et le pugilat.

pancréas [pɑ̃kreas] **n.m.** (gr. *pankreas,* de *kreas,* chair). Glande abdominale située chez l'homme en arrière de l'estomac, et qui assure la sécrétion d'un suc digestif, le suc pancréatique, et de deux hormones régulatrices du métabolisme des glucides, l'insuline et le glucagon.

■ Le pancréas comprend deux tissus différents qui fonctionnent indépendamment, comme deux organes différents. Le pancréas *exocrine* sécrète le suc pancréatique, un suc digestif qui est déversé dans l'intestin, où il participe à la digestion. Le pancréas *endocrine* sécrète des hormones déversées dans le sang. Les cellules responsables de cette sécrétion sont groupées en amas appelés *îlots de Langerhans.* Il en existe trois types, qui sécrètent chacun une hormone : l'insuline (qui diminue le taux de glucose dans le sang), le glucagon (qui augmente ce taux) et la somatostatine (qui inhibe la production d'insuline et de glucagon).
Maladies du pancréas. Les inflammations du pancréas (pancréatites), aiguës ou chroniques, sont souvent dues à l'alcool. Le pancréas peut aussi être le siège de kystes ou de tumeurs. ■

pancréatique [pɑ̃kreatik] **adj.** Du pancréas.

panda [pɑ̃da] **n.m.** (mot népalais). Mammifère des forêts d'Inde et de Chine, principalement herbivore, bien qu'appartenant à l'ordre des carnivores. ▸ Famille des ursidés. Il existe deux espèces de pandas. Le *panda géant* (ou *grand panda*) des forêts de Chine centrale, noir et blanc, se nourrit de pousses de bambou ; il est devenu très rare. Le *petit panda,* au pelage roux, noir et blanc, ressemble à un raton laveur ; il vit dans l'est de l'Himalaya et le sud de la Chine et se nourrit de feuilles de bambou, de fruits et d'insectes.

pandémie [pɑ̃demi] **n.f.** (de *pan-,* et du gr. *demos,* peuple). Épidémie qui atteint les populations d'une zone géographique très étendue sur un ou plusieurs continents.

pandémonium [pɑ̃demɔnjɔm] **n.m.** (angl. *pandemonium,* du gr. *pan,* tout, et *daimôn,* démon). **1.** *LITT.* Capitale imaginaire de l'enfer. **2.** Lieu où règnent une agitation infernale et la corruption.

pandore [pɑ̃dɔr] **n.m.** (type popularisé par une chanson de Nadaud). *FAM.* et *VIEILLI.* Gendarme.

Pandore, femme créée par les dieux, selon la mythologie grecque, pour punir les hommes de leur prétention. Elle ouvrit un vase qu'elle possédait et d'où se répandirent sur la Terre tous les maux imaginables. Seule l'Espérance demeura au fond de la « boîte » de Pandore.

pané, e [pane] **adj.** (de *paner*). Cuit, grillé dans un enrobage d'œuf battu et de chapelure : *Escalope panée.*

panégyrique [paneʒirik] **n.m.** (lat. *panagyricus,* gr. *panêguris,* assemblée de tout le peuple). **1.** Parole, écrit à la louange de qqn, de qqch. **2.** Éloge excessif : *Faire le panégyrique de son collaborateur* (syn. **dithyrambe**).

panégyriste [paneʒirist] **n.** Auteur d'un panégyrique.

panel [panɛl] **n.m.** (mot angl. « tableau »). Groupe de personnes formant un échantillon représentatif et destiné à être interrogé à intervalles réguliers, pour des enquêtes, pour des études de marché.

paner [pane] **v.t.** (du lat. *panis,* pain). Enrober un aliment de chapelure avant de le faire frire : *Paner une escalope.*

panetière [pantjɛr] **n.f.** (de *pain*). **1.** Sac utilisé autref. pour le pain, les provisions. **2.** Meuble à claire-voie dans lequel on conserve du pain.

Pangée, n.f., continent unique de la fin du paléozoïque. Elle regroupait toutes les terres émergées ; elle s'est ensuite divisée en Gondwana au sud et Laurasie au nord.

pangermanisme [pɑ̃ʒɛrmanism] **n.m.** Doctrine politique, mouvement visant à regrouper en un État unique toutes les populations d'origine germanique.

pangolin [pɑ̃gɔlɛ̃] **n.m.** (malais *pang-goling*). Mammifère d'Afrique et d'Asie, couvert d'écailles, se nourrissant de termites et de fourmis. ▸ Ordre des pholidotes ; long. 1 m.

Panh (Rithy), cinéaste cambodgien et français (Phnom Penh 1964). Rescapé des camps des Khmers rouges, il se livre dans ses documentaires à un travail de mémoire sur la tragédie du génocide (*la Terre des âmes errantes,* 2000 ; *S21, la machine de mort khmère rouge,* 2003 ; *Duch, le maître des forges de l'enfer,* 2011) – aussi au cœur de son récit *l'Élimination* (2012, avec C. Bataille) – et à l'évocation d'une société cambodgienne meurtrie (*Le papier ne peut pas envelopper la braise,* 2007).

Panhard (René), constructeur automobile français (Paris 1841 - La Bourboule 1908). Il s'associa en 1886 avec E. Levassor pour fonder la société Panhard et Levassor, qui construisit en 1891 la première voiture automobile à essence et en 1899 la première automitrailleuse.

panicaut [paniko] **n.m.** (mot prov., du lat. *panis,* pain, et *cardus,* chardon). Plante des terres incultes et des sables littoraux, appelée aussi *chardon bleu,* aux feuilles épineuses bleuâtres. ▸ Famille des ombellifères.

panier [panje] **n.m.** (lat. *panarium,* corbeille à pain). **1.** Ustensile fait à l'origine de vannerie, souvent muni d'une ou deux anses, et servant à contenir ou à transporter des objets, des marchandises : *Un panier d'osier. Panier à linge.* **2.** Contenu d'un panier : *Un panier de cerises.* **3.** Corbeille à papier : *Jeter un brouillon au panier.* **4.** Au basket-ball, filet circulaire sans fond qui sert de but ; tir au but réussi. **5.** Au XVIIIe s., jupon, jupe garnis d'un cercle d'osier dans le bas pour les rendre bouffants. **6. Le dessus du panier,** ce qu'il y a de meilleur (par opp. à *fond du panier,* le rebut). / **Le panier de la ménagère,** la part du budget d'un ménage destinée aux dépenses alimentaires et d'entretien de la maison, et qui sert au calcul du coût de la vie. / **Mettre au panier,** jeter aux ordures. / **Mettre dans le même panier,** englober dans un même jugement péjoratif. / **Panier à salade,** panier à jour permettant de secouer la salade pour l'égoutter ; *FAM.* voiture cellulaire. / **Panier de crabes,** collectivité dont les membres se détestent et cherchent à se nuire. / **Panier percé,** personne très dépensière.

panière [panjɛr] **n.f.** (de *panier*). Grande corbeille d'osier à deux anses.

panier-repas [panjerəpa] **n.m.** (pl. *paniers-repas*). Sac contenant un repas froid pour une personne.

panification [panifikasjɔ̃] **n.f.** Transformation des matières farineuses en pain.

panifier [panifje] **v.t.** [conj. **9**]. Transformer en pain.

Panini, grammairien indien (né dans le N.-O. de l'Inde au Ve s. av. J.-C.). Il est l'auteur de l'un des plus importants traités de grammaire du sanskrit.

panique [panik] **n.f.** (lat. *panicus,* du dieu *Pan*). Terreur subite et violente, de caractère souvent collectif. ◆ **adj. Peur panique,** peur soudaine, irraisonnée.

paniquer [panike] **v.i., se paniquer v.pr.** *FAM.* Céder à la panique, s'affoler : *Elle panique facilement.* ◆ **v.t.** *FAM.* Affoler : *Les responsabilités le paniquent.*

panislamisme [panislamism] **n.m.** Mouvement politico-religieux visant à unir sous une même autorité tous les peuples de religion musulmane.

panjabi [pɑ̃dʒabi] **n.m.** Langue indo-aryenne parlée au Pendjab.

Pankhurst (Emmeline Goulden, Mrs.), suffragette britannique (Manchester 1858 - Londres 1928). Fondatrice de l'Union féminine sociale et politique (1903), elle milita pour le vote des femmes.

1. panne [pan] **n.f.** (de l'express. [*mettre en*] *panne,* où *panne* [lat. *penna,* plume, aile] désigne l'extrémité d'une vergue). **1.** Arrêt de fonctionnement accidentel et momentané : *Tomber en panne. Panne sèche* (= panne d'essence). **2.** *FAM.* **Être en panne de qqch,** en manquer : *Écrivain en panne d'idées.* / MAR. **Mettre en panne,** orienter la ou les voiles de manière à arrêter le navire dans sa marche.

2. panne [pan] **n.f.** (lat. *penna,* plume). Étoffe comparable au velours, mais à poils plus longs et moins serrés.

3. panne [pan] **n.f.** (de *2. panne,* par comparaison entre la graisse et l'étoffe servant de doublure). Graisse qui se trouve sous la peau du porc et qui entoure aussi les rognons.

4. panne [pan] **n.f.** (lat. *penna,* partie latérale). Partie étroite de la tête d'un marteau, opposée au côté plat (ou *table*).

panneau [pano] **n.m.** (lat. pop. *pannelus,* class. *pannus ;* v. *pan*). **1.** Élément plan d'un ouvrage de menuiserie, de maçonnerie, etc., délimité ou non par une bordure et génér. quadrangulaire : *Panneau de porte.* **2.** Plaque destinée à être utilisée comme matériau de remplissage, de revêtement, etc. : *Panneau de fibres, de particules (de bois).* **3.** Élément plan de bois, de métal, etc., portant des indications, des inscriptions : *Panneau d'affichage. Panneaux électoraux.* **4.** BX-A. Planche ou assemblage de planches servant de support à une peinture ; compartiment peint : *Panneaux d'un retable, d'un triptyque.* **5.** COUT. Pièce de tissu rapportée dans un vêtement pour l'orner ou pour lui donner de l'ampleur : *Jupe à panneaux.* **6.** CHASSE. Filet pour prendre le gibier. **7. Tomber dans le panneau,** tomber dans le piège ; se laisser duper.

panneton [pantɔ̃] **n.m.** (var. de *penneton,* de *pêne*). TECHN. Partie d'une clé, située à l'extrémité de la tige, qui fait mouvoir le pêne en tournant dans la serrure.

Pannonie, anc. région de l'Europe centrale, sur le Danube moyen, correspondant à la Hongrie occidentale. Elle fut conquise par les Romains entre 35 av. J.-C. et 10 apr. J.-C.

pannonien *(Bassin)*, ensemble de plaines, entre les Alpes orientales et les Carpates.

Panofsky (Erwin), historien de l'art américain d'origine allemande (Hanovre 1892 - Princeton 1968), maître de la méthode iconologique de « lecture » de l'œuvre d'art (*Essais d'iconologie, thèmes humanistes dans l'art de la Renaissance,* 1939 ; *Albrecht Dürer,* 1943 ; *l'Œuvre d'art et ses significations,* 1953).

panonceau [panɔ̃so] **n.m.** (de l'anc. fr. *penon,* écusson d'armoirie). **1.** Écusson à la porte des officiers ministériels. **2.** Petit panneau : *Lire le panonceau d'un hôtel.*

panoplie [panɔpli] **n.f.** (gr. *panoplia,* armure d'un hoplite, de *pan,* tout, et *hoplon,* arme). **1.** Collection d'armes disposées sur un panneau, et servant de trophées, d'ornement. **2.** Jouet d'enfant constitué par un ensemble de pièces de déguisement et d'accessoires caractéristiques d'un personnage, d'une profession : *Panoplie de Robin des Bois, d'infirmière.* **3.** Ensemble d'instruments, d'accessoires nécessaires à une activité : *La panoplie du parfait bricoleur.* **4.** Ensemble des moyens d'action dont on dispose dans une situation donnée : *Il existe une panoplie de sanctions contre les chauffards* (syn. **arsenal, série**).

panorama [panɔrama] **n.m.** (mot angl., de *pan-,* et du gr. *horama,* spectacle). **1.** Vaste paysage qu'on découvre d'une hauteur : *Découvrir un panorama depuis un belvédère* (syn. **vue**). **2.** Vue d'ensemble d'un sujet, d'un domaine : *Panorama de la littérature contemporaine.*

panoramique [panɔramik] **adj.** Qui offre les caractères d'un panorama ; qui permet de découvrir un vaste paysage : *Vue panoramique. Restaurant panoramique.* ◆ **n.m.** CIN. Procédé consistant à faire pivoter la caméra pendant la prise de vues ; effet visuel résultant de ce procédé.

pansage [pɑ̃saʒ] **n.m.** Action de panser un cheval.

panse [pɑ̃s] **n.f.** (lat. *pantex*, intestins). **1.** Première poche de l'estomac des ruminants, où les végétaux absorbés s'entassent avant la mastication (syn. **rumen**). **2.** FAM. Gros ventre. **3.** Partie arrondie et renflée de certains récipients : *Panse d'une cruche.* **4.** Partie d'une cloche où frappe le battant. **5.** Partie arrondie de certaines lettres (*a, b, p, q*, etc.).

pansement [pɑ̃smɑ̃] **n.m. 1.** Action de panser une plaie. **2.** Ce qui sert à panser une plaie, à protéger de l'infection et à favoriser la cicatrisation ; compresse, bandage : *Faire un pansement compressif.* **3. Pansement gastrique,** préparation médicamenteuse administrée par la bouche, dans le traitement des affections de l'estomac.

panser [pɑ̃se] **v.t.** (dérivé de *penser*, dans la construction anc. *penser de*, s'occuper de). **1.** Appliquer un pansement sur : *Panser une plaie, un blessé.* **2.** Adoucir une douleur morale : *Panser un cœur meurtri* (syn. **consoler**). **3.** Faire la toilette d'un cheval.

panslavisme [pɑ̃slavism] **n.m.** Idéologie du XIXe s. et du début du XXe s., reposant sur le sentiment d'un héritage historique commun à tous les Slaves et visant à restaurer leur unité politique, génér. sous l'égide de la Russie.

pansu, e [pɑ̃sy] **adj. 1.** Qui a un gros ventre. **2.** Renflé : *Bonbonne pansue.*

pantagruélique [pɑ̃tagryelik] **adj.** (de *Pantagruel*, n. d'un personnage de Rabelais). Qui évoque Pantagruel : *Repas, appétit pantagruélique.*

pantalon [pɑ̃talɔ̃] **n.m.** (de *Pantalon*, n. d'un personnage à culotte longue de la comédie italienne). Culotte à longues jambes descendant jusqu'aux pieds : *Enfiler son pantalon.*

pantalonnade [pɑ̃talɔnad] **n.f.** (v. *pantalon*). **1.** Farce, bouffonnerie grossière. **2.** Subterfuge hypocrite et méprisable : *Sa douleur n'est que pantalonnade.*

pantelant, e [pɑ̃tlɑ̃, -ɑ̃t] **adj.** (de *panteler*, haleter, altér. de l'anc. v. *pantoisier* ; v. *pantois*). LITT. **1.** VX. Qui respire avec peine (syn. **haletant**). **2. Chair pantelante,** chair encore palpitante d'un être que l'on vient de tuer.

panthéisme [pɑ̃teism] **n.m.** (angl. *pantheism*, de *pan-* et du gr. *theos*, dieu). **1.** Système religieux, philosophique qui identifie Dieu et le monde. **2.** Divinisation de la nature. ◆ **panthéiste adj.** et **n.** Qui relève du panthéisme ; adepte du panthéisme.

panthéon [pɑ̃teɔ̃] **n.m.** (lat. *pantheon*, gr. *pantheion*, de *pan-* et de *theos*, dieu). **1.** Temple que les Grecs et les Romains consacraient à tous leurs dieux. **2.** Ensemble des dieux d'une mythologie, d'une religion : *Le panthéon égyptien.* **3.** (Avec une majuscule). Monument où sont déposés les corps des hommes illustres d'une nation : *Le Panthéon de Paris.* **4.** FIG. Ensemble de personnes qui se sont illustrées dans un domaine : *Le panthéon musical.*

Panthéon, temple de Rome, dédié aux sept divinités planétaires, construit en 27 av. J.-C. par Agrippa. Détruit en 80, restauré par Hadrien, consacré au culte chrétien au VIIe s., il demeure l'un des chefs-d'œuvre de l'architecture romaine : son plan circulaire et sa vaste coupole surbaissée ont profondément influencé l'architecture occidentale, de la Renaissance à l'époque classique.

panthère [pɑ̃tɛr] **n.f.** (lat. *panthera*, mot gr.). **1.** Mammifère carnivore des régions tropicales d'Afrique et d'Asie méridionale, au pelage jaune tacheté de noir : *Panthère d'Afrique* (= léopard). *Panthère des neiges* (= once). ▸ Famille des félidés. **2.** Fourrure de cet animal.

pantin [pɑ̃tɛ̃] **n.m.** (de *pantine*, écheveau de soie). **1.** Figurine burlesque en carton, en bois découpé, etc., dont on fait mouvoir les membres en tirant sur un fil. **2.** Personne influençable et versatile : *C'est un pantin qu'on peut manœuvrer à sa guise* (syn. **marionnette, fantoche**).

Pantin, ch.-l. de c. de la Seine-Saint-Denis, au nord-est de Paris ; 53 412 hab. *(Pantinois)*. Centre industriel. Cimetière parisien. Centre national de la danse.

pantois, e [pɑ̃twa, -az] **adj.** (de l'anc. v. *pantoisier*, haleter, lat. pop. **pantasiare*, avoir des visions, gr. *phantasioun*, imaginer). Suffoqué par la surprise : *Cet argument l'a laissé pantois.*

pantomime [pɑ̃tɔmim] **n.f.** (lat. *pantomimus*, du gr.). **1.** Art de s'exprimer seul. par les gestes, les attitudes, les jeux de physionomie. **2.** Pièce mimée.

pantouflard, e [pɑ̃tuflar, -ard] **n.** et **adj.** (de *pantoufle*). FAM. Qui aime à rester chez soi (syn. **casanier**).

pantoufle [pɑ̃tufl] **n.f.** (orig. incert., p.-ê. de l'it. *pantofla*). Chaussure d'intérieur, chausson sans talon ni tige.

panure [panyr] **n.f.** Chapelure.

panzer [pɑ̃dzɛr] **n.m.** (all. *Panzer*). Engin blindé allemand, pendant la Seconde Guerre mondiale.

P.A.O. [peao] **n.f.** (sigle). ⟶ Publication* assistée par ordinateur.

Paoli (Pascal), patriote corse (Morosaglia 1725 - Londres 1807). Proclamé chef de l'île en 1755, il ne laissa que le littoral au pouvoir des Génois, puis, après que Gênes eut cédé à la France ses droits sur la Corse au traité de Versailles (1768), il lutta contre les Français. Défait à Ponte-Novo en 1769, il se retira en Angleterre. Il rentra en Corse en 1790, fit une nouvelle tentative de sécession avec l'aide des Britanniques, et repartit pour Londres en 1795.

paon [pɑ̃] **n.m.** (lat. *pavo, -onis*). **1.** Oiseau gallinacé originaire d'Asie, dont le mâle porte une livrée bleutée à reflets métalliques et une longue queue aux plumes ocellées qu'il relève en roue dans la parade. ▸ Famille des phasianidés ; long. plus de 2,50 m, queue comprise. Le paon criaille, braille. **2.** Nom usuel de quelques espèces de papillons aux ailes ocellées. **3. Se parer des plumes du paon,** se prévaloir de mérites usurpés.

paonne [pan] **n.f.** Femelle du paon.

papa [papa] **n.m.** (du lat. *pappus*, aïeul). **1.** Père, dans le langage affectif. **2.** FAM. **À la papa,** sans hâte ; sans risque : *Il conduit à la papa.* / FAM. **De papa,** désuet, démodé, vieux jeu : *L'université de papa.*

papable [papabl] **adj.m.** (it. *papabile*). FAM. Susceptible d'être élu pape : *Cardinal papable.*

papal, e, aux [papal, -o] **adj.** Relatif au pape.

paparazzi [paparadzi] **n.m.** (mot ital.). Photographe de presse à scandale (péjor.) : *Des paparazzis.*

papauté [papote] **n.f. 1.** Dignité, fonction de pape : *Être élevé à la papauté* (syn. **pontificat**). **2.** Administration, gouvernement d'un pape ; durée de son pontificat.

■ Dérivé de *papa*, titre honorifique signifiant « père » et donné jusqu'au VIIe s. à tous les évêques, et plus particulièrement à celui de Rome, le terme de papauté en est venu, vers le XIe s., à désigner à la fois l'administration catholique centralisée sous la primauté de l'évêque de Rome et la dignité ou les pouvoirs de ce dernier, considéré depuis les origines du christianisme comme le successeur de Pierre, le premier des apôtres de Jésus, et, à ce titre, comme le chef suprême de l'Église universelle. Historiquement, la papauté est d'abord apparue comme garantissant l'unité de celle-ci et la continuité de la tradition apostolique, puis, à la chute de l'Empire d'Occident (476), comme le véritable pouvoir d'arbitrage dans l'Europe de l'Ouest envahie par les barbares. Par cette tâche et par la culture à laquelle elle présidait, la papauté s'éloigna de plus en plus nettement de la chrétienté orientale, dont la sépara le schisme de 1054. Privilégiant, suivant les époques, tantôt ses intérêts temporels, tantôt la mise en œuvre des réformes nécessaires, la papauté fut rejetée, non seulement pour ses abus et ses compromissions séculières, mais jusque dans son principe et ses prétentions apostoliques, par le protestantisme, qui la mit gravement en échec dans les pays du nord de l'Europe et contre lequel elle s'employa à réagir par le mouvement de la Réforme catholique (ou Contre-Réforme), inauguré avec le concile de Trente (1545-1563).

En 1870, les papes, qui étaient depuis des siècles les souverains temporels des États de l'Église en Italie, furent obligés de se replier sur le territoire exigu du Vatican et de considérer leur pouvoir comme étant essentiellement de nature pastorale et spirituelle. C'est à ce moment-là que fut défini, au Ier concile du Vatican, le dogme de l'infaillibilité pontificale. Le IIe concile du Vatican (1962-1965) a contribué à préciser théologiquement le rôle que le pape – considéré désormais, d'une part, comme évêque de Rome et patriarche latin du christianisme d'Occident, d'autre part, comme le premier des évêques de l'Église universelle – exerce au sein de celle-ci en collaboration avec le reste de l'épiscopat selon le principe de la collégialité. ■

papavéracée [papaverase] **n.f.** (lat. *papaver,* pavot). **Papavéracées,** famille de plantes à pétales séparés et caducs, à fruit en capsule, telles que le pavot, le coquelicot, etc.

papaye [papaj] **n.f.** (mot caraïbe). Fruit comestible du papayer, semblable à un petit melon.

papayer [papaje] **n.m.** Arbre fruitier cultivé dans les régions tropicales et équatoriales, qui produit la papaye, ainsi qu'une enzyme, la papaïne. ▸ Famille des caricacées.

pape [pap] **n.m.** (lat. *papa* ou *pappas,* mot gr. « père, patriarche »). **1.** Chef élu de l'Église catholique romaine. **2.** *FAM.* Personne jouissant d'une autorité indiscutée : *André Breton, le pape du surréalisme.*

Papeete, ch.-l. du dép. de la Polynésie française, sur la côte nord-ouest de Tahiti ; 26 244 hab. Port. Centre touristique.

papelard, e [paplar, -ard] **adj.** et **n.** (de l'anc. fr. *papeler,* marmonner des prières). *LITT.* Hypocrite.

paperasse [papras] **n.f.** (de *papier*). Papier, écrit tenu pour sans valeur : *De la paperasse administrative.*

paperasserie [paprasri] **n.f.** Excès de paperasse ; abus d'écritures administratives.

paperassier, ère [paprasje, -ɛr] **adj.** et **n.** Qui se complaît dans la paperasserie : *Bureaucratie paperassière.*

papesse [papɛs] **n.f.** Femme pape, selon une légende : *La papesse Jeanne.*

papeterie [papɛtri] **n.f. 1.** Magasin où l'on vend du papier, des fournitures scolaires et des articles de bureau. **2.** Fabrication du papier ; fabrique de papier.

papetier, ère [papətje, -ɛr] **n. 1.** Personne qui fabrique du papier. **2.** Personne qui tient une papeterie. ◆ **adj.** Relatif au papier : *Industrie papetière.*

papi n.m. → **papy.**

papier [papje] **n.m.** (lat. *papyrus,* gr. *papuros,* roseau d'Égypte). **1.** Matière faite de substances végétales réduites en une pâte étalée et séchée en couche mince, et qui sert à écrire, à imprimer, à envelopper, etc. : *De la pâte à papier. Papier à dessin. Papier journal. Papier d'emballage.* **2.** Feuille, morceau de cette matière : *Mettre un papier à la corbeille.* **3.** Feuille très mince d'un métal : *Papier d'aluminium.* **4.** Feuille écrite ou imprimée : *Ranger ses papiers personnels* (syn. **document, note**). **5.** Article dans la presse écrite : *Écrire un papier sur l'économie.* **6.** *FAM.* **Être dans les petits papiers de qqn,** jouir de sa faveur, de son estime. / **Mine de papier mâché,** visage d'une pâleur maladive. / **Papier bible,** papier d'imprimerie très mince et opaque. / **Papier cristal,** papier transparent, glacé et lustré sur les deux faces : *Envelopper des fleurs dans du papier cristal.* / **Papier de verre,** papier enduit d'une substance abrasive et servant à poncer, à polir. / **Papier mâché,** papier réduit en menus morceaux et mélangé à de l'eau additionnée de colle, de manière à former une pâte que l'on peut modeler, façonner. / **Papier peint,** papier décoré, destiné à tapisser des murs intérieurs. / **Sur le papier,** par écrit ; en projet : *C'est très bien sur le papier, mais c'est irréalisable.* ◆ **papiers n.m. pl.** Pièce d'identité ; document officiel permettant l'identification d'un véhicule : *Montrer ses papiers à un policier. Les papiers d'une voiture, d'un bateau.*

papier-calque [papjekalk] **n.m.** (pl. *papiers-calque*). Papier translucide permettant de recopier un dessin sur lequel il est appliqué.

papier-monnaie [papjemɔnɛ] **n.m.** (pl. *papiers-monnaies*). Monnaie fiduciaire constituée par l'ensemble des billets de banque.

papilionacée [papiljɔnase] **n.f.** (du lat. *papilio,* papillon). **Papilionacées,** famille de plantes de l'ordre des légumineuses, dont la corolle rappelle celle d'un papillon, et qui comprend notamm. le genêt, le cytise, la glycine, le soja, le haricot, le pois, la lentille, le trèfle, l'arachide.

papille [papij] **n.f.** (lat. *papilla,* mamelon, bouton). Petite éminence plus ou moins saillante qui s'élève à la surface d'une muqueuse, en partic. de celle de la langue : *Les papilles gustatives.*

papillon [papijɔ̃] **n.m.** (lat. *papilio, -onis*). **1.** Insecte adulte de l'ordre des lépidoptères, aux quatre ailes couvertes d'écailles extrêmement fines, et parées de couleurs plus ou moins vives : *Papillons nocturnes, diurnes.* **2.** *FAM.* Avis de contravention. **3.** Écrou à ailettes, qu'on serre et desserre à la main. **4. Brasse papillon,** nage, dérivée de la brasse, dans laquelle les bras sont ramenés latéralement au-dessus de l'eau. **5. Nœud papillon,** nœud de cravate en forme de papillon.

papillonnage [papijɔnaʒ] et **papillonnement** [papijɔnmɑ̃] **n.m.** Action de papillonner.

papillonner [papijɔne] **v.i. 1.** Être agité d'un mouvement rapide évoquant les ailes d'un papillon : *Fanions qui papillonnent dans le vent.* **2.** Passer constamment d'une chose ou d'une personne à une autre.

papillote [papijɔt] **n.f.** (de *papillon*). **1.** Morceau de papier sur lequel on enroulait les cheveux pour les friser. **2.** Papier beurré ou huilé ou papier d'aluminium, dont on enveloppe certains aliments pour les cuire au four ou à la vapeur : *Rougets, cailles en papillotes.* **3.** Papier enveloppant un bonbon ; bonbon ainsi présenté.

papilloter [papijɔte] **v.i.** (de *papillote*). **1.** Être animé de reflets mouvants : *La surface du lac papillote* (syn. **scintiller**). **2.** En parlant de l'œil, être animé d'un mouvement continuel, qui empêche de fixer un objet : *Sous un soleil vif, les yeux papillotent* (syn. **ciller, cligner**).

Papin (Denis), inventeur français (Chitenay, près de Blois, 1647 - Londres ? v. 1712). En 1679, il imagina son *digesteur,* ancêtre de l'autocuiseur. En 1690, il réalisa un prototype de machine à vapeur à piston.

Papineau (Louis-Joseph), homme politique canadien (Montréal 1786 - Montebello 1871). Chef du parti patriote, il défendit les droits des Canadiens français et fut l'un des instigateurs de la rébellion de 1837.

papisme [papism] **n.m.** (de *pape*). Terme péjor., employé surtout par les protestants, du XVIe au XIXe s., pour désigner le catholicisme romain.

papiste [papist] **n.** Terme péjor. (mêmes emplois que *papisme*) pour désigner un catholique romain.

papotage [papɔtaʒ] **n.m.** *FAM.* Bavardage frivole.

papoter [papɔte] **v.i.** (anc. fr. *papeter,* babiller, lat. *pappare,* d'un rad. onomat. *pap-*). *FAM.* Bavarder, dire des choses insignifiantes : *Élèves qui papotent en classe.*

Papouasie, nom français de l'anc. territoire de Papua, partie sud-est de la Nouvelle-Guinée, anc. dépendance de l'Australie.

Papouasie-Nouvelle-Guinée, État de l'Océanie, formé essentiellement par la moitié est de l'île de la Nouvelle-

Guinée, à laquelle s'ajoutent plusieurs îles ; 463 000 km^2 ; 7 321 000 hab. *(Papouans-Néo-Guinéens).* CAP. *Port Moresby.* LANGUE : *anglais.* MONNAIE : *kina.*

GÉOGRAPHIE
Le pays, au relief montagneux, a un climat subéquatorial, très chaud et humide. Les populations papoues qui vivent dans l'intérieur de la Nouvelle-Guinée conservent un mode de vie archaïque (cultures sur brûlis complétées par la chasse et la cueillette). Quelques plantations (cocotiers, palmiers à huile, cacaoyers, hévéas, caféiers, théiers), près de la mer, marquent cependant l'entrée dans l'économie monétaire. Le cuivre est la première ressource minière, mais la sécession proclamée de l'île de Bougainville a entraîné la fermeture de la mine et la perte de 40 % en valeur des exportations.

HISTOIRE
La partie orientale de la Nouvelle-Guinée, confiée à l'Australie par un mandat de la S.D.N. en 1921, accède à l'indépendance en 1975, dans le cadre du Commonwealth.

Papous ou **Papoua,** groupe de peuples mélanésiens et malais-polynésiens de la Nouvelle-Guinée et des îles voisines, dont les langues très diverses ne se rattachent pas au groupe mélanésien.

paprika [paprika] **n.m.** (mot hongr. « poivre rouge »). Piment doux de Hongrie, qu'on utilise en poudre comme condiment.

papule [papyl] **n.f.** (lat. *papula,* var. de *papilla* ; v. *papille*). MÉD. Petite éminence rouge ne renfermant pas de liquide, qui se forme sur la peau dans certaines maladies.

papy ou **papi** [papi] **n.m.** (d'apr. *mamy*). Grand-père, dans le langage enfantin.

papyrologie [papirɔlɔʒi] **n.f.** Étude des manuscrits sur papyrus. ◆ **papyrologue n.** Nom du spécialiste.

papyrus [papirys] **n.m.** (mot lat., du gr. *papuros,* roseau d'Égypte). **1.** Plante des bords du Nil. **2.** Feuille pour l'écriture, fabriquée par les anciens Égyptiens à partir de cette plante. **3.** Manuscrit sur papyrus.

Pâque [pɑk] **n.f.** (gr. *paskha,* hébr. *pessah,* passage pardessus). Fête annuelle juive qui commémore la sortie d'Égypte du peuple hébreu, sa libération et l'annonce de sa rédemption messianique. (aussi *Pâques.*)

paquebot [pakbo] **n.m.** (de l'angl. *packet-boat,* bateau qui transporte les paquets). Grand navire aménagé pour le transport des passagers.

pâquerette [pɑkrɛt] **n.f.** (de *Pâques*). **1.** Petite marguerite blanche qui reste en fleur presque toute l'année. **2.** *FAM.* **Au ras des pâquerettes,** à un niveau très sommaire, très élémentaire : *Il a fait un discours au ras des pâquerettes* (= très terre à terre).

Pâques [pɑk] **n.m.** (de *pâque*). Fête annuelle de l'Église chrétienne, qui commémore la résurrection de Jésus-Christ. ◆ **pâques n.f. pl. 1.** La fête de Pâques : *Joyeuses pâques.* **2. Faire ses pâques,** communier au cours du temps pascal, selon la prescription de l'Église. ▸ La fête de Pâques a, dit-on peut-être à tort, été fixée par le concile de Nicée (325) au dimanche qui suit la première pleine lune du printemps. (aussi *Pâque.*)

Pâques *(île de),* île du Pacifique, à l'ouest du Chili, dont elle dépend ; 162,5 km^2 ; 3 791 hab. Vers le ve s. de notre ère, elle a été colonisée par des populations d'origine polynésienne, dont la civilisation, qui se développe dans l'isolement jusqu'à l'arrivée des Européens, en 1722, a pour support le culte des ancêtres avec des sanctuaires *(ahu)* et surtout des statues géantes, monolithiques (les *moai*).

paquet [pakɛ] **n.m.** (anc. fr. *pakke,* du néerl. *pak,* ballot). **1.** Réunion de plusieurs choses attachées ou enveloppées ensemble : *Un paquet de linge, de lettres.* **2.** Objet enveloppé, attaché pour être transporté plus facilement : *Expédier un paquet par la poste* (syn. **colis**). *Acheter un paquet de bonbons.* **3.** Grande quantité de choses : *Avoir un paquet d'actions.* **4.** *FAM.* **Mettre, risquer le paquet,** risquer au jeu une grosse somme d'argent ; n'épargner aucun effort, employer tous les moyens dont on dispose : *Les joueurs ont mis le paquet pendant tout le match.* / **Paquet de mer,** grosse déferlante qui s'abat sur un bateau, un quai, etc.

paquetage [paktaʒ] **n.m.** Ensemble des effets et des objets d'équipement d'un soldat.

par [par] **prép.** (lat. *per,* au travers, au moyen de). Indique : **1.** Le lieu par où l'on passe : *Faire un crochet par Montpellier.* **2.** Le moyen, la manière : *Arriver par bateau. Procéder par étapes successives.* **3.** La cause, le motif : *Agir par intérêt, par devoir.* **4.** L'agent : *Faire réparer sa voiture par un garagiste.* **5.** La distribution : *Gagner tant par mois.* **6.** Les circonstances : *Sortir par tous les temps.* **7. De par,** du fait de, étant donné : *De par ses origines, il se trouve handicapé* ; par l'ordre ou l'autorité de : *De par le roi.*

para [para] **n.** (abrév.). *FAM.* Parachutiste.

paraben ou **parabène** [parabɛn] **n.m.** (de *parahydroxybenzoïque*). Molécule utilisée comme conservateur dans des produits alimentaires, cosmétiques ou pharmaceutiques. ▸ Les parabens sont allergisants et seraient cancérigènes.

parabole [parabɔl] **n.f.** (lat. ecclés. *parabola,* gr. *parabolê,* comparaison). **1.** Comparaison développée dans un récit, sous laquelle se cache un enseignement religieux ou moral : *La parabole des talents, dans l'Évangile.* **2.** MATH. Courbe plane dont chaque point est équidistant d'un point fixe appelé *foyer* et d'une droite fixe appelée *directrice.* **3.** TÉLÉCOMM. Antenne parabolique.

parabolique [parabɔlik] **adj. 1.** Qui tient de la parabole. **2.** MATH. Relatif à la parabole : *Fonction parabolique.* **3.** En forme de parabole : *Antenne parabolique.*

Paracelse (Philippus Aureolus Theophrastus Bombastus von Hohenheim, dit**),** alchimiste et médecin suisse (Einsiedeln v. 1493 - Salzbourg 1541). Rejetant la médecine de Galien, d'Avicenne et de Rhazès (al-Razi), il prône une prétendue correspondance entre le monde extérieur (macrocosme) et les différentes parties de l'organisme humain (microcosme).

paracentèse [parasɛ̃tɛz] **n.f.** (gr. *parakentêsis,* de *kentêsis,* action de piquer). MÉD. Ponction pratiquée pour retirer d'une cavité du corps un liquide séreux ou purulent : *Paracentèse du tympan.*

paracétamol [parasetamɔl] **n.m.** Médicament analgésique et antipyrétique.

parachèvement [paraʃɛvmɑ̃] **n.m.** Action de parachever ; fait d'être parachevé.

parachever [paraʃve] **v.t.** [conj. **19**]. Mener à son complet achèvement avec un soin particulier : *Parachever un travail* (syn. **parfaire, peaufiner**).

parachutage [paraʃytaʒ] **n.m.** Action de parachuter : *Parachutage d'armes, de vivres.*

parachute [paraʃyt] **n.m.** (de *para-* [protection] et *chute*). **1.** Appareil destiné à ralentir la chute d'une personne ou d'un objet tombant d'une grande hauteur, constitué d'une voilure en tissu léger reliée par des suspentes à un harnais ; ce type d'appareil utilisé pour freiner certains avions à l'atterrissage. **2.** Dispositif de sécurité d'un ascenseur, qui bloque la cabine en cas de rupture du câble.

parachuter [paraʃyte] **v.t. 1.** Larguer d'un aéronef avec un parachute : *Parachuter des troupes, du matériel.* **2.** *FAM.* Envoyer qqn exercer une fonction, un mandat dans un lieu où sa nomination n'était pas prévue : *Parachuter un candidat dans une circonscription électorale.*

parachutisme [paraʃytism] **n.m.** Technique, sport du saut en parachute.

parachutiste [paraʃytist] **n. 1.** Personne qui pratique le parachutisme. **2.** Militaire appartenant à une unité aéroportée, spécial. entraîné à combattre après avoir été parachuté. (abrév. fam. *para.*)

1. parade [parad] **n.f.** (de *1. parer*). **1.** Cérémonie militaire où les troupes sont rassemblées pour une revue, un défilé.

2. ÉTHOL. Ensemble de comportements de séduction précédant l'accouplement, observé chez de nombreuses espèces animales : *Le paon fait la roue pendant la parade.* **3.** Exhibition burlesque à la porte d'un théâtre forain ou devant un cirque pour engager le public à entrer.

2. parade [parad] **n.f.** (de *2. parer*). **1.** Action de parer un coup, en escrime, en boxe, etc. : *Cette escrimeuse a une bonne parade.* **2.** Riposte immédiate et efficace à une attaque : *Avocat qui trouve une bonne parade à une accusation.*

parader [parade] **v.i. 1.** Prendre un air avantageux pour attirer l'attention : *Parader dans un salon* (syn. **plastronner, se pavaner**). **2.** Défiler, manœuvrer, en parlant de troupes.

paradigmatique [paradigmatik] **adj.** LING. **1.** Relatif à un paradigme. **2.** Se dit des relations existant entre des unités qui sont substituables dans un même contexte (par opp. à *syntagmatique*).

paradigme [paradigm] **n.m.** (gr. *paradeigma,* exemple). LING. **1.** Ensemble des formes fléchies d'un mot pris comme modèle (déclinaison d'un nom ou conjugaison d'un verbe). **2.** Ensemble des unités qui appartiennent à la même classe grammaticale, lexicale ou sémantique, et qui peuvent être substituées les unes aux autres dans un contexte donné.

paradis [paradi] **n.m.** (lat. ecclés. *paradisus,* gr. *paradeisos,* d'une langue iranienne, *paridaiza,* enclos du Seigneur). **1.** RELIG. CHRÉT. Séjour des âmes des justes après la mort : *Aller au paradis* (syn. **ciel**). **2.** Lieu, séjour enchanteur : *Cette plage est le paradis des enfants.* **3.** Galerie supérieure d'une salle de théâtre. **4. Il (elle, etc.) ne l'emportera pas au paradis,** il (elle, etc.) ne restera pas impuni. / **Les paradis artificiels,** les plaisirs que procurent les stupéfiants (titre d'une œuvre de Charles Baudelaire). / **Oiseau de paradis,** paradisier. / **Paradis fiscal,** pays ou place financière qui fait bénéficier d'avantages fiscaux les personnes qui y font des opérations, des dépôts, etc. / **Paradis terrestre,** jardin de délices où Dieu plaça Adam et Ève.

paradisiaque [paradizjak] **adj.** (lat. ecclés. *paradisiacus*). Qui évoque le paradis : *Un séjour paradisiaque* (syn. **enchanteur**).

paradisier [paradizje] **n.m.** (de *paradis*). Oiseau passereau de Nouvelle-Guinée dont le mâle porte un plumage nacré. (On dit aussi *un oiseau de paradis.*)

Paradjanov (Sarkis Paradjanian, dit **Sergueï),** cinéaste soviétique (Tbilissi 1924 - Erevan 1990). Géorgien d'origine arménienne, il s'impose en 1965 avec *les Chevaux de feu. Sayat Nova ou la Couleur de la grenade* (1968-1971) lui vaut des démêlés avec la censure de son pays. Arrêté en 1973 et emprisonné pendant quatre ans, il revient au cinéma en 1984 avec *la Légende de la forteresse de Souram* et *Achik Kérib* (1988).

paradoxal, e, aux [paradɔksal, -o] **adj. 1.** Qui tient du paradoxe : *Idée paradoxale.* **2. Sommeil paradoxal,** phase du sommeil pendant laquelle ont lieu les rêves. ▸ Dans le sommeil paradoxal, le relâchement musculaire est maximal, mais les ondes cérébrales rappellent celles de l'état de veille.

paradoxalement [paradɔksalmɑ̃] **adv.** De façon paradoxale : *Paradoxalement, c'est en apprenant sa défaite qu'il manifesta sa joie.*

paradoxe [paradɔks] **n.m.** (gr. *paradoxos,* de *para,* contre, et *doxa,* opinion). **1.** Pensée, opinion contraire à l'opinion commune, et qui heurte la raison ou la logique : *Soutenir un étonnant paradoxe.* **2.** LOG. Syn. de *antinomie.*

parafe n.m., **parafer** v.t., **parafeur** n.m. → **paraphe, parapher, parapheur.**

paraffine [parafin] **n.f.** (lat. *parum affinis,* qui a peu d'affinité). Substance blanche faite d'un mélange d'hydrocarbures saturés solides, utilisée notamm. dans la fabrication des bougies.

paraffiné, e [parafine] **adj.** Enduit, imprégné de paraffine : *Papier paraffiné.*

parafiscalité [parafiskalite] **n.f.** (de *para-* [voisin] et *fiscalité*). Ensemble des taxes et des cotisations perçues, sous l'autorité de l'État, au profit d'administrations, d'organismes autonomes.

parages [paraʒ] **n.m. pl.** (esp. *paraje,* lieu où l'on s'arrête, du lat. *parare,* s'arrêter). **1.** MAR. Étendue de mer proche de la côte : *Les parages d'Ouessant.* **2. Dans les parages (de),** dans la région environnant un lieu : *Cette boutique est située dans les parages de la gare* (= du côté de). *Cherche-la, elle doit être dans les parages* (= non loin d'ici).

paragraphe [paragraf] **n.m.** (gr. *paragraphos,* lat. médiév. *paragraphus,* écrit à côté). Subdivision d'un texte, formant une unité : *Les députés ont repoussé ce paragraphe de la loi.*

Paraguay (le), riv. de l'Amérique du Sud. Il naît dans le Mato Grosso brésilien, traverse et limite le Paraguay et l'Argentine, et rejoint le Paraná (r. dr.) ; 2 500 km.

Paraguay, État de l'Amérique du Sud ; 407 000 km^2 ; 6 802 000 hab. *(Paraguayens).* CAP. *Asunción.* LANGUES : *espagnol* et *guarani.* MONNAIE : *guarani.*

GÉOGRAPHIE

Le Chaco, vaste plaine semi-aride, très peu peuplée, occupe la moitié ouest. Le reste du pays, entre les ríos Paraguay et Paraná, plus humide (plus de 1 200 mm par an), est formé de plateaux, le long du Paraná, et de plaines, qui deviennent marécageuses près de la confluence des deux cours d'eau. La population (constituée essentiellement d'Indiens Guarani et de métis), en croissance rapide, est encore en majorité rurale. Aux productions agricoles traditionnelles (maïs, manioc, agrumes, canne à sucre, riz, élevage bovin) se sont ajoutés le coton et le soja (bases des exportations, avec les produits de l'élevage). Sans ressources minières reconnues, le pays dispose d'un potentiel hydroélectrique important : grands barrages d'Itaipú (en association avec le Brésil) et de Yaciretá (avec l'Argentine). Les industries, modestes, sont localisées autour d'Asunción, seule grande ville. L'Argentine et le Brésil sont les deux premiers partenaires commerciaux.

HISTOIRE

Peuplée d'Indiens Guarani, la région est explorée après 1520 par les Espagnols, qui fondent Asunción en 1537. Chargés d'évangéliser les Indiens, les jésuites font de la région une province séparée.

1604. Ils fondent la première « réduction » (village indigène interdit aux colons). Organisés en une trentaine de réductions, les Indiens sont sédentarisés, mènent une vie communautaire et connaissent une économie prospère. Mais leur autonomie est menacée par la convoitise des Portugais et des colons espagnols.

1767. L'expulsion des jésuites de l'Amérique latine provoque la ruine des réductions. Malgré l'échec final, l'expérience a permis la survie d'une population indienne et de sa langue.

Le Paraguay, qui depuis 1776 dépend de la vice-royauté de La Plata, s'en sépare (1811) lors de la guerre civile pour l'indépendance de l'Argentine.

1813. Indépendance du Paraguay.

Rodríguez de Francia, au pouvoir de 1814 à 1840, ouvre la longue liste des dictateurs paraguayens.

1865-1870. Guerre opposant le Paraguay au Brésil, à l'Argentine et à l'Uruguay. Le pays, qui en sort ruiné, est amputé territorialement. Les conflits entre conservateurs et libéraux provoquent une grande instabilité politique.

1932-1935. Guerre du Chaco avec la Bolivie dont le Paraguay sort victorieux.

1954-1989. Dictature du général Alfredo Stroessner.

À partir de 1989. Le général Andrés Rodríguez Pedotti engage le pays sur la voie de la démocratisation.

1993. Le pouvoir revient aux civils avec, à la présidence, Juan Carlos Wasmosy (parti Colorado, conservateur).

Suit, à partir de 1998, une période d'instabilité.

2003. Nicanor Duarte (Colorado) accède à la tête de l'État.

2008. L'ancien évêque Fernando Lugo, à la tête d'une coalition regroupant partis de gauche et libéraux, lui succède.

2012. F. Lugo est destitué par le Congrès. Le vice-président Federico Franco lui succède.

paraître [parɛtr] **v.i.** (bas lat. *parescere*, class. *parere*) [conj. **91** ; auxil. *avoir* ou *être*]. **1.** Se présenter à la vue : *Une étoile paraît dans le ciel* (syn. **apparaître, surgir**). **2.** Manifester sa présence dans tel lieu : *Paraître au balcon* (syn. **se montrer**). *Paraître en scène* (syn. **se produire**). **3.** (Auxil. *avoir* ou plus souvent *être*). Être publié : *Ce livre est paru en librairie depuis six mois* (syn. **éditer**). *Une réédition de ses poèmes a paru en juin dernier.* **4.** (Suivi d'un attribut). Avoir l'apparence de ; donner l'impression de : *Il paraît souffrant* (syn. **sembler**). *Elle paraît trente ans.* **5.** (Absol.). Se faire remarquer par une apparence avantageuse : *Le désir de paraître* (syn. **briller**). **6. Il paraît (que), il paraîtrait que,** on dit que, le bruit court que : *Il paraît que vous êtes allés en Grèce cet été.* / **À ce qu'il paraît, paraît-il,** selon les apparences : *Vous déménagez, à ce qu'il paraît.* / **Sans qu'il y paraisse,** sans que cela se voie.

parallaxe [paralaks] **n.f.** (gr. *parallaxis*, changement). **1.** Déplacement de la position apparente d'un corps, dû à un changement de position de l'observateur. **2.** OPT. Angle formé par l'axe optique et l'axe de visée d'un appareil (viseur et objectif d'un appareil photo, par ex.). **3. Erreur de parallaxe,** erreur commise en lisant obliquement la graduation d'un appareil de mesure. / ASTRON. **Parallaxe d'un astre,** angle sous lequel on verrait, de cet astre, une longueur choisie par convention (par ex. le rayon équatorial de la Terre, pour les astres du Système solaire).

1. parallèle [paralɛl] **adj.** (lat. *parallelus*, gr. *parallêlos*, de *para*, à côté, et *allêlos*, l'un l'autre). **1.** Se dit de droites coplanaires, ou de plans, qui n'ont aucun point commun ou qui sont confondus (par opp. à *concourant*). **2.** Se dit de choses, d'actions qui se développent dans la même direction ou en même temps : *Mener des politiques parallèles* (contr. **divergent, contraire**). **3.** Qui porte sur le même objet, mais d'une manière illégale, non officielle : *Marché parallèle* (= marché noir). *Police parallèle.* **4. Droite parallèle à un plan,** droite parallèle à une droite de ce plan. ◆ **n.f. 1.** Droite parallèle à une autre droite ou à un plan. **2. Postulat des parallèles,** postulat d'Euclide qui pose que par un point situé hors d'une droite, on ne peut mener qu'une seule parallèle à cette droite. / ÉLECTR. **En parallèle,** se dit de circuits bifurqués entre lesquels le courant se partage (par opp. à *en série*) [syn. **en dérivation**].

2. parallèle [paralɛl] **n.m.** (de *1. parallèle*). **1.** Chacun des cercles imaginaires parallèles à l'équateur et servant à mesurer la latitude. **2.** MATH. Section d'une surface de révolution par un plan perpendiculaire à l'axe. **3.** Comparaison suivie entre deux ou plusieurs sujets.

parallèlement [paralɛlmɑ̃] **adv.** De façon parallèle.

parallélépipède [paralelepipɛd] **n.m.** (du gr. *parallêlos* et *epipedon*, surface plane). Polyèdre à six faces (parallélogrammes), parallèles deux à deux : *Parallélépipède droit* (= dont les arêtes sont perpendiculaires au plan de base).

parallélépipédique [paralelepipedik] **adj.** Qui a la forme d'un parallélépipède.

parallélisme [paralelism] **n.m. 1.** Fait d'être parallèle ; état de ce qui est parallèle : *Vérifier le parallélisme des roues d'une voiture.* **2.** Évolution similaire de faits, de choses : *Le parallélisme de deux facteurs économiques.*

parallélogramme [paralelɔgram] **n.m.** Quadrilatère plan dont les côtés sont parallèles deux à deux.

paralympique [paralɛ̃pik] **adj.** (de *para-* et [*o*]*lympique*). **1.** Relatif aux jeux Paralympiques. **2. Jeux Paralympiques,** compétitions de handisport qui se déroulent quelques jours après les jeux Olympiques.

paralysant, e [paralizɑ̃, -ɑ̃t] **adj.** De nature à paralyser.

paralysé, e [paralize] **adj.** et **n.** Atteint, frappé de paralysie : *Vieillard paralysé* (syn. **paralytique**). *Bras paralysé.*

paralyser [paralize] **v.t. 1.** Frapper de paralysie : *Une attaque l'a paralysé sur tout le côté droit.* **2.** Empêcher d'agir ; frapper d'impuissance : *Je ne peux plus bouger, le froid me paralyse. Une grève paralyse les transports en commun* (syn. **arrêter, bloquer**). *La sévérité de l'examinateur paralysait les candidats* (syn. **glacer, figer**).

paralysie [paralizi] **n.f.** (lat. *paralysis*, mot gr., de *lusis*, relâchement). **1.** Disparition ou diminution considérable de la fonction motrice, consécutive génér. à une lésion nerveuse centrale ou périphérique : *Être frappé de paralysie.* **2.** FIG. Impossibilité d'agir ; arrêt complet : *Paralysie de l'économie. La paralysie de l'Administration* (syn. **inertie**).

paralytique [paralitik] **adj.** et **n.** Atteint de paralysie : *Hôpital réservé aux paralytiques* (syn. **paralysé**).

Paramaribo, cap. et port du Suriname, sur le fl. Suriname ; 234 000 hab. dans l'agglomération.

paramécie [paramesi] **n.f.** (lat. *paramecium*, gr. *paramêkês*, oblong). Protozoaire à cils vibratiles commun dans les eaux douces stagnantes.

paramédical, e, aux [paramedikal, -o] **adj.** Qui concerne les soins, la santé, ou qui s'y consacre, sans relever du corps médical : *La kinésithérapie, l'ergothérapie, le secrétariat médical sont des professions paramédicales.*

paramètre [paramɛtr] **n.m.** (du gr. *para*, voisin de, et *metron*, mesure) **1.** MATH. Élément autre que la variable ou l'inconnue, désignant un coefficient en fonction duquel on peut exprimer une proposition ou les solutions d'un problème. **2.** INFORM. Variable dont la valeur, l'adresse ou le nom ne sont précisés qu'à l'exécution du programme. **3.** Élément à prendre en compte pour évaluer une situation, comprendre un phénomène dans le détail (syn. **facteur, donnée**).

paramétrer [parametre] **v.t.** [conj. **18**]. MATH., INFORM. Définir les paramètres d'une proposition, d'un problème.

paramilitaire [paramilitɛr] **adj.** Se dit d'une organisation civile dont la structure et la discipline imitent celles de l'armée : *Des groupes paramilitaires* (= des milices).

Paraná (le), grand fl. de l'Amérique du Sud, qui traverse et limite le Brésil, le Paraguay et l'Argentine, et rejoint le fleuve Uruguay pour former le Río de la Plata ; 3 000 km env. Aménagements hydroélectriques.

Paraná, État du Brésil méridional ; 200 000 km^2 ; 10 266 737 hab. CAP. *Curitiba.* Café.

parangon [parɑ̃gɔ̃] **n.m.** (esp. *parangón*, comparaison, de l'it. *paragone*, pierre de touche, du gr. *parakonê*). LITT. Modèle auquel on se réfère : *Un parangon de vertu.*

paranoïa [paranɔja] **n.f.** (mot gr. « folie », de *para*, à côté, et *nous*, esprit). **1.** Psychose chronique caractérisée par l'organisation logique de thèmes délirants dont la forme la plus fréquente est le délire de persécution. **2.** Comportement de qqn, d'un groupe qui a tendance à se croire persécuté ou agressé.

paranoïaque [paranɔjak] **adj.** De la paranoïa ; de la nature de la paranoïa : *Délire paranoïaque.* ◆ **adj.** et **n.** Atteint de paranoïa (abrév. fam. *parano*).

paranormal, e, aux [paranɔrmal, -o] **adj.** et **n.m.** Se dit de certains phénomènes dont le mécanisme et les causes, inexpliqués dans l'état actuel de la connaissance, seraient imputables à des forces de nature inconnue, d'origine notamm. psychique.

paranthrope [parɑ̃trɔp] **n.m.** (du gr. *para*, presque, et *anthrôpos*, homme). Hominidé fossile d'Afrique de l'Est, à fortes mâchoires, appelé aussi *australopithèque robuste.* ▸ Les paranthropes ont vécu entre - 2,7 et - 1 million d'années ; ils étaient plus bipèdes que les australopithèques.

parapente [parapɑ̃t] **n.m.** (de *para*[*chute*] et *pente*). Parachute conçu pour s'élancer d'un versant montagneux, du sommet d'une falaise, etc. ; sport ainsi pratiqué.

parapet [parapɛ] **n.m.** (it. *parapetto*, qui protège la poitrine). **1.** Muret à hauteur d'appui formant garde-fou. **2.** FORTIF. Mur, talus permettant aux défenseurs d'un ouvrage fortifié de tirer en étant à couvert du feu ennemi.

parapharmacie [parafarmasi] **n.f.** Ensemble des produits sans usage thérapeutique vendus en pharmacie ; commerce de ces produits.

paraphe ou **parafe** [paraf] **n.m.** (lat. médiév. *paraphus,* altér. de *paragraphus ;* v. *paragraphe*). **1.** DR. Signature abrégée, souvent formée des initiales, utilisée notamm. pour l'approbation des renvois et des ratures dans un acte officiel : *Apposer son paraphe au bas d'un acte de vente.* **2.** Trait de plume accompagnant la signature.

parapher ou **parafer** [parafe] **v.t.** Marquer, signer d'un paraphe : *Parapher un procès-verbal.*

parapheur ou **parafeur** [parafœr] **n.m.** Classeur, dossier dans lequel le courrier est présenté à la signature.

paraphrase [parafraz] **n.f.** (lat. *paraphrasis,* mot gr. « phrase à côté »). **1.** Développement explicatif d'un texte. **2.** Commentaire verbeux et diffus d'un texte (péjor.). **3.** LING. Énoncé synonyme d'un autre.

paraphraser [parafraze] **v.t.** Commenter, amplifier par une paraphrase : *Paraphraser une expression.*

paraphrastique [parafrastik] **adj.** Qui a le caractère d'une paraphrase : *Énoncé paraphrastique.*

paraplégie [paraplеʒi] **n.f.** (du gr. *plêgê,* choc). Paralysie des deux membres inférieurs.

paraplégique [paraplеʒik] **adj.** et **n.** Atteint de paraplégie.

parapluie [paraplɥi] **n.m.** (de *para-* [protection] et *pluie*). **1.** Accessoire portatif formé d'un manche et d'une étoffe tendue sur une armature pliante, destiné à se protéger de la pluie : *S'abriter sous un parapluie.* **2.** FAM. **Ouvrir le parapluie,** prendre toutes les précautions nécessaires pour ne pas avoir à endosser de responsabilités, à subir de désagréments. / **Parapluie nucléaire,** protection nucléaire assurée par une grande puissance à ses alliés.

parapsychologie [parapsikɔlɔʒi] **n.f.** Étude des phénomènes paranormaux ayant une origine psychique, ou jugés tels.

parapublic, ique [parapyblik] **adj.** Qui s'apparente au secteur public : *Entreprise parapublique.*

parascolaire [paraskɔlɛr] **adj.** Qui est en relation avec l'enseignement donné à l'école, qui le complète : *Manuels parascolaires.*

parasismique [parasismik] **adj.** (de *para-* [protection] et *sismique*). Relatif à la prévention des dégâts provoqués par les séismes : *Réglementation parasismique pour les constructions.*

parasitaire [parazitɛr] **adj. 1.** Dû à un parasite ; relatif aux parasites : *Maladie parasitaire.* **2.** Qui se développe à la manière d'un parasite : *Commerce parasitaire.*

parasite [parazit] **n.m.** (lat. *parasitus,* gr. *parasitos,* de *sitos,* nourriture). **1.** Personne qui vit dans l'oisiveté, aux dépens des autres, de la société. **2.** BIOL. Être vivant qui puise les substances qui lui sont nécessaires dans l'organisme d'un autre, appelé *hôte : Le mildiou est un parasite de la vigne, le ténia un parasite de l'homme.* ◆ **parasites n.m. pl.** Perturbations dans la réception des signaux radioélectriques : *Parasites d'origine atmosphérique.* ◆ **adj.** BIOL. Qui vit en parasite : *Plante parasite.*

parasiter [parazite] **v.t. 1.** Vivre en parasite aux dépens de qqn, au détriment d'un être vivant : *L'ascaris parasite l'intestin de l'homme.* **2.** Perturber un signal radioélectrique par des parasites : *Le moteur parasite les émissions.*

parasitisme [parazitism] **n.m. 1.** État, mode de vie du parasite : *Parasitisme social.* **2.** BIOL. Condition de vie des parasites, des êtres vivants qui en parasitent d'autres.

■ **Types de parasites.** On distingue deux grands types de parasites. Les *parasites externes* (ou *ectoparasites*) vivent, de façon temporaire ou permanente, sur la peau de leur hôte. Ils se nourrissent de sang (moustiques, poux, etc.), de peau (sarcopte de la gale) ou de ses sécrétions. Les *parasites internes* (ou *endoparasites*) vivent à l'intérieur de l'organisme de l'hôte. Certains, comme le ver solitaire (ténia), s'installent dans l'intestin, absorbant les aliments prédigérés. D'autres infestent les cellules. C'est le cas par ex. du parasite responsable du paludisme (plasmodium), qui se développe dans les globules rouges, et des virus (qui sont des *parasites intracellulaires obligatoires*). La présence des parasites est nuisible à l'hôte : elle provoque un affaiblissement ou des maladies, soit de façon directe (le parasite lui-même déclenche la maladie), soit indirecte, en transmettant des agents pathogènes (par ex. le moustique *Aedes* des régions tropicales, parasite externe, transmet par sa piqûre le virus de la fièvre jaune).

Les modes de vie. Les parasites présentent des adaptations morphologiques et anatomiques. Les dispositifs d'accrochage sont fréquents. Comme ils vivent dans un milieu protégé et n'ont pas à rechercher leur nourriture, leurs organes des sens et de la locomotion subissent souvent une régression. La recherche de l'hôte peut être passive ou active. Certains animaux, comme les sangsues, sont avertis de la proximité de l'hôte par les vibrations émises par son déplacement ou par les variations d'éclairement dues à l'ombre projetée. Pour les animaux chez qui le contact se réalise de façon passive, les mécanismes de facilitation sont mis en place. Des vers parasites, les *bilharzies* ou *schistosomes,* vivant dans les rivières sous climat chaud, libèrent leurs formes infestantes au moment où la température est la plus élevée, période pendant laquelle l'activité de l'homme se déroule à cet endroit (baignade, lavage du linge...). Les parasites sont le plus souvent des espèces prolifiques, pratiquant la reproduction asexuée, ce qui augmente la probabilité d'infester leur hôte.

Les végétaux possèdent aussi des espèces parasites. Certains, tel le gui, ont de la chlorophylle leur permettant d'élaborer leur propre matière organique et se contentent de détourner l'eau et les sels minéraux puisés par leur hôte. D'autres, telle la cuscute, n'ont pas de chlorophylle et prélèvent chez l'hôte la matière organique. ■

parasitologie [parazitɔlɔʒi] **n.f.** Étude des organismes parasites : *Parasitologie médicale.*

parasitose [parazitoz] **n.f.** Maladie due à un parasite.

parasol [parasɔl] **n.m.** (it. *parasole,* propr. « contre le soleil »). **1.** Objet pliant en forme de grand parapluie, destiné à se protéger du soleil. **2. Pin parasol,** pin dont les ramifications, étalées au sommet d'un haut fût, évoquent un parasol.

parasympathique [parasɛ̃patik] **adj.** et **n.m.** (de *para-* [voisin] et *sympathique*). ANAT. Se dit de l'un des deux systèmes nerveux régulateurs de la vie végétative (l'autre étant le système *sympathique*).

parataxe [parataks] **n.f.** (gr. *parataxis,* de *paratassein,* mettre en rang). LING. Juxtaposition de phrases sans mot de liaison explicitant le lien qui les unit (ex. : *ce stylo n'écrit plus, je le jette*).

paratexte [paratɛkst] **n.m.** (de *para-* [voisin] et *texte*). Ensemble des textes d'accompagnement d'une œuvre écrite (titre, dédicace, préface, notes, etc.).

paratonnerre [paratɔnɛr] **n.m.** (de *para-* [protection] et *tonnerre*). Appareil destiné à préserver les bâtiments des effets de la foudre.

paravent [paravɑ̃] **n.m.** (it. *paravento,* propr. « contre le vent »). Meuble composé de panneaux verticaux articulés, servant à isoler.

parbleu [parblø] **interj.** (euphémisme pour *par Dieu*). VIEILLI. Souligne une évidence ; exprime l'approbation : *Il était content ? Parbleu ! C'est ce qu'il attendait* (syn. **bien sûr**).

parc [park] **n.m.** (bas lat. *parricus,* enclos). **1.** Terrain assez vaste, le plus souvent enclos et boisé, dépendant d'un édifice, aménagé pour la promenade : *Le parc du château.* **2.** Grand jardin public : *Aller marcher au parc.* **3.** Ensemble d'équipements, de matériels, d'installations de même nature dont dispose un pays, une entreprise, etc. : *Le parc automobile français* (= le nombre de voitures). **4.** Emplacement de stockage à l'air libre. **5.** Petit enclos où l'on place les bébés pour qu'ils s'y ébattent sans danger. **6.** Bassin artificiel où sont placées les huîtres pour les y laisser grossir. **7. Parc de loisirs,** vaste terrain aménagé pour les loisirs et comportant diverses installations destinées à la détente et à l'amusement. / **Parc de stationnement,** emplacement aménagé pour le stationnement des véhicules (syn. **parking**). / **Parc national, parc naturel régional,** vaste étendue de territoire à l'intérieur de laquelle la faune, la flore et le milieu naturel en général sont protégés de l'action destructrice de l'homme.

parcage [parkaʒ] **n.m. 1.** Action de parquer : *Le parcage des camions.* **2.** AGRIC. Action de faire séjourner un troupeau de moutons dans un enclos (parc) qu'on déplace à intervalles réguliers pour fertiliser le sol par les déjections.

parcellaire [parselɛr] **adj.** Constitué de parcelles ; divisé en parcelles : *Plan parcellaire d'une commune.*

parcellarisation [parselarizasjɔ̃] et **parcellisation** [parselizasjɔ̃] **n.f.** Action de parcellariser, de parcelliser.

parcellariser [parselarize] et **parcelliser** [parselize] **v.t. 1.** Diviser en parcelles, en petits éléments. **2.** Fractionner une tâche complexe en opérations élémentaires : *Parcellariser le travail.*

parcelle [parsɛl] **n.f.** (lat. *particula,* de *pars, partis,* partie). **1.** Petite partie, petite quantité : *Une parcelle de mica* (syn. **fragment**). *Il n'y a pas la moindre parcelle de vérité dans ses affirmations.* **2.** Pièce de terrain de même culture ou de même utilisation, constituant une unité cadastrale.

parce que [parskə] **conj. sub.** (de *par, ce* et *que*). **1.** Marque la cause : *On se chauffe parce qu'on a froid.* **2.** Employé seul, marque le refus de répondre : *Pourquoi ne voulez-vous pas le rencontrer ? Parce que.*

parchemin [parʃəmɛ̃] **n.m.** (bas lat. *pergamena [charta]*, gr. *pergamênê,* [peau] de Pergame). **1.** Peau de mouton, de chèvre, plus rarement de porc ou d'âne, spécial. traitée pour l'écriture ou la reliure : *Les scribes grattaient les parchemins afin d'écrire de nouveaux textes.* **2.** Document écrit sur parchemin : *Déchiffrer d'antiques parchemins.*

parcheminé, e [parʃəmine] **adj. 1.** Qui a la consistance ou l'aspect du parchemin. **2. Peau, visage parcheminés,** secs et ridés.

parcimonie [parsimɔni] **n.f.** (lat. *parcimonia,* de *parcere,* épargner). Épargne rigoureuse, jusque dans les moindres détails : *Dépenser avec parcimonie* (contr. **prodigalité**). *Faire des compliments avec parcimonie* (syn. **réserve**).

parcimonieusement [parsimɔnjøzmɑ̃] **adv.** Avec parcimonie (syn. **chichement**).

parcimonieux, euse [parsimɔnjø, -øz] **adj.** Qui fait preuve de parcimonie : *Une distribution parcimonieuse de récompenses* (contr. **abondant**).

parcmètre [parkmɛtr] **n.m.** Appareil mesurant le temps de stationnement des véhicules et muni d'un dispositif automatique d'encaissement de la somme due.

parcourir [parkurir] **v.t.** (lat. *percurrere*) [conj. **45**]. **1.** Traverser, visiter dans toute son étendue : *Parcourir une ville.* **2.** Accomplir un trajet déterminé : *Le train parcourt cette distance en deux heures* (syn. **couvrir, franchir**). **3.** Traverser qqn de part en part : *Un frisson me parcourt tout entière.* **4.** Examiner, lire rapidement : *Parcourir un livre.*

parcours [parkur] **n.m.** (bas lat. *percursus,* d'apr. *cours*). **1.** Chemin, trajet suivi pour aller d'un point à un autre : *Le parcours d'un autobus* (syn. **itinéraire**). **2.** Circuit, itinéraire déterminé sur lequel se déroule une compétition sportive ; le terrain où se trouve ce circuit. **3. Incident, accident de parcours,** difficulté imprévue retardant la réalisation d'un projet. / **Parcours (de soins) coordonné,** en France, parcours médical imposé aux assurés sociaux de plus de 16 ans pour pouvoir bénéficier du taux de remboursement maximal de la Caisse d'assurance-maladie. ▸ En règle générale, un patient doit d'abord consulter son médecin traitant* qui l'orientera, si nécessaire, vers un spécialiste. / **Parcours du combattant,** parcours effectué par les militaires à titre d'entraînement au combat, sur un terrain comportant des obstacles variés ; au fig., séries de difficultés rencontrées dans la réalisation d'un projet.

par-delà [pardəla] **prép.** De l'autre côté de ; en dépassant une limite, une notion abstraite : *Spectacle retransmis par-delà les mers. Mouvement qui se situe par-delà les clivages politiques.*

pardessus [pardəsy] **n.m.** Manteau d'homme qui se porte par-dessus les autres vêtements.

par-devers [pardəvɛr] **prép. 1.** Devant ; en présence de : *Par-devers le juge.* **2. Par-devers soi,** entre ses mains : *Retenir des documents par-devers soi.*

pardi [pardi] **interj.** (de *par Dieu*). Souligne une évidence ; exprime l'approbation : *S'il l'a fait, c'est qu'il y trouvait son intérêt, pardi !* (syn. **bien sûr**).

pardon [pardɔ̃] **n.m.** (de *pardonner*). **1.** Action de pardonner ; rémission d'une faute, d'une offense : *Demander pardon à qqn. Je n'ai pas obtenu son pardon.* **2.** Pèlerinage religieux annuel et fête populaire, en Bretagne. **3.** Formule de politesse pour s'excuser ou pour faire répéter ce qu'on n'a pas entendu, compris : *Pardon, je vous dérange ?* (= excusez-moi). *Pardon ? Pourriez-vous répéter votre question ?* (syn. **comment**). **4.** FAM. Formule pour souligner la pensée, renforcer l'expression, appuyer une contradiction : *Lui, il est déjà grand, mais son frère, alors, pardon !* **5. Grand Pardon,** autre nom du Yom Kippour.

pardonnable [pardɔnabl] **adj.** Qui peut être pardonné : *C'est une erreur bien pardonnable* (syn. **excusable**).

pardonner [pardɔne] **v.t.** (de *par* et *donner*). **1.** Renoncer à punir une faute, à se venger d'une offense : *Pardonner un crime, une injure.* **2.** Avoir de l'indulgence pour ; excuser : *Pardonnez ma franchise.* **3.** Accepter sans dépit, sans jalousie : *On ne lui pardonne pas ses succès.* ◆ **v.t. ind. [à]. 1.** Cesser d'entretenir à l'égard de qqn de la rancune ou de l'hostilité : *Pardonner à ses ennemis.* **2.** (Absol.). **Ça ne pardonne pas,** cela ne manque jamais d'avoir de graves conséquences : *La vitesse sur le verglas, ça ne pardonne pas.*

Paré (Ambroise), chirurgien français (Bourg-Hersent, près de Laval, v. 1509 - Paris 1590). Considéré comme le père de la chirurgie moderne, il introduisit de nombreuses méthodes nouvelles, dont la ligature des artères pour stopper les hémorragies.

pare-balles [parbal] **adj. inv.** Qui protège des balles : *Un gilet pare-balles.*

pare-brise [parbriz] **n.m. inv.** Plaque de verre spécial ou de matière transparente à l'avant de l'habitacle d'un véhicule.

pare-chocs [parʃɔk] **n.m. inv.** Dispositif débordant l'aplomb d'un véhicule automobile à l'avant et à l'arrière, et destiné à protéger la carrosserie des chocs.

parèdre [parɛdr] **n.** et **adj.** (gr. *paredros,* qui siège à côté). MYTH. Divinité associée, à un rang subalterne, au culte et aux fonctions d'une autre divinité.

pare-feu [parfø] **adj. inv.** Qui protège du feu, de l'incendie : *Porte pare-feu.* ◆ **n.m. inv.** Syn. de *coupe-feu.*

parégorique [paregɔrik] **adj.** (lat. *paregoricus,* du gr. *parêgorein,* adoucir). **Élixir parégorique,** teinture à base d'anis et d'opium camphré, employée contre les douleurs intestinales et la diarrhée.

pareil, eille [parɛj] **adj.** (du lat. *par, paris,* égal). **1.** Qui présente une ressemblance ou une similitude : *Toutes les assiettes sont pareilles* (syn. **identique, semblable**). **2.** (Souvent avant le n.). Avec une valeur démonstrative, indique le cas présent, la situation actuelle, la singularité de qqn, d'une action : *Je n'ai encore jamais vu une pareille obstination* (syn. **tel, semblable**). *Que faut-il faire en pareil cas ?* (= dans ce cas). ◆ **n. 1.** Personne de même condition : *Vous et vos pareils* (syn. **semblable**). **2.** FAM. **C'est du pareil au même,** c'est exactement la même chose : *Toi et ton frère, c'est du pareil au même.* / **Il n'a pas son pareil, elle n'a pas sa pareille pour,** il, elle est supérieur(e) à n'importe qui dans un domaine, une activité. / **Rendre la pareille à qqn,** lui faire subir le traitement qu'on a reçu de lui. / **Sans pareil,** que rien ne peut égaler : *C'est un désordre sans pareil.* ◆ **pareil adv.** FAM. De la même façon : *Ils sont toujours habillés pareil.*

pareillement [parɛjmɑ̃] **adv.** De la même manière : *Ils étaient tous pareillement mécontents* (syn. **aussi**).

parement [parmɑ̃] **n.m.** (de *1. parer*). **1.** Revers des manches de certains vêtements : *Jaquette à parements de dentelle.* **2.** TECHN. Face extérieure, visible, d'un ouvrage de maçonnerie, de menuiserie.

parenchyme [parɑ̃ʃim] **n.m.** (gr. *paregkhuma*). **1.** HISTOL. Tissu formé de cellules différenciées, doué d'une fonction physiologique spécifique : *Parenchyme rénal.* **2.** BOT. Tissu fondamental des végétaux supérieurs, formé de cellules vivantes peu différenciées, aux parois minces, et assurant différentes fonctions.

parent, e [parɑ̃, -ɑ̃t] **n.** et **adj.** (lat. *parens, -entis*, de *parere*, enfanter). **1.** Personne qui a des liens familiaux plus ou moins étroits avec qqn : *Deux beaux-frères sont parents par alliance.* **2.** Père ou mère d'un enfant scolarisé : *Association de parents d'élèves.* **3. Traiter qqn en parent pauvre,** le négliger, le considérer comme secondaire. ◆ **parents n.m. pl.** Le père et la mère : *Ses parents sont enseignants.* ◆ **adj.** Qui a des traits communs avec qqn, qqch d'autre : *Ces deux interprétations sont parentes.*

parental, e, aux [parɑ̃tal, -o] **adj.** Des parents ; du père et de la mère : *Autorité parentale. Image parentale.*

parentalité [parɑ̃talite] **n.f.** Fonction de parent (père et mère), notamm. sur les plans juridique, social et éducatif.

parenté [parɑ̃te] **n.f.** (lat. pop. **parentatus*). **1.** Relation de consanguinité ou d'alliance qui unit deux ou plusieurs personnes entre elles : *Degré, lien de parenté.* **2.** DR. Lien juridique qui unit des personnes qui descendent l'une de l'autre *(parenté directe)* ou qui descendent d'un ancêtre commun *(parenté collatérale).* **3.** Ensemble des parents et des alliés de qqn : *Il a une nombreuse parenté* (syn. litt. **parentèle**). **4.** Ressemblance, point commun entre des choses : *La parenté des goûts, des caractères* (syn. **affinité**). **5.** ANTHROP. **Système de parenté,** ensemble des relations qui existent entre les parents et les classes de parents d'une même famille dans une ethnie.

parentèle [parɑ̃tɛl] **n.f.** (lat. *parentela*). **1.** *VX.* Lien de parenté ; consanguinité. **2.** *LITT.* Ensemble des parents.

parentéral, e, aux [parɑ̃teral, -o] **adj.** (du gr. *para*, à côté, et *enteron*, intestin). MÉD. Qui se fait par une voie autre que la voie digestive, en parlant de l'administration d'un médicament (voies sous-cutanée, intramusculaire, etc.) : *Préparation pour usage parentéral.*

parenthèse [parɑ̃tɛz] **n.f.** (lat. *parenthesis*, mot gr. « action de mettre auprès de »). **1.** Élément (phrase, membre de phrase, mot) qui interrompt la continuité syntaxique d'un discours, d'un texte, et apporte une information accessoire. **2.** Chacun des deux signes typographiques () qui indiquent l'intercalation d'un tel élément : *Ouvrir, fermer la parenthèse.* **3.** MATH. Ces signes, isolant une expression algébrique. **4.** Remarque incidente, accessoire : *J'en ai terminé avec cette parenthèse.* **5. Par parenthèse, entre parenthèses,** incidemment, sans rapport avec ce qui précède ou ce qui suit : *Je vous signale, entre parenthèses, que je serai en vacances la semaine prochaine.*

paréo [pareo] **n.m.** (mot tahitien). Pagne traditionnel des Tahitiennes, fait d'un tissu imprimé de couleurs vives.

1. parer [pare] **v.t.** (lat. *parare*, préparer, disposer). **1.** Garnir d'objets qui embellissent : *Parer une salle pour un bal* (syn. **décorer, orner**). **2.** Revêtir de beaux habits, d'ornements élégants : *Parer une mariée.* **3.** Préparer pour divers usages : *Parer de la viande* (= enlever les nerfs, la graisse, etc.). **4.** Préparer ; tenir prêt à servir : *Parer une ancre.* ◆ **se parer v.pr. [de]. 1.** Se vêtir avec soin, élégance : *Se parer de ses plus beaux atours.* **2.** *LITT.* S'adjuger, s'attribuer plus ou moins indûment : *Se parer d'un faux titre.*

2. parer [pare] **v.t.** (it. *parare*, mot lat.). Détourner de soi une attaque, un coup : *Un boxeur qui pare un direct du droit* (syn. **esquiver**). ◆ **v.t. ind. [à].** Se prémunir contre ; se préserver de : *Parer à toute éventualité* (syn. **remédier**).

pare-soleil [parsɔlɛj] **n.m. inv.** Dispositif protégeant des rayons directs du soleil sur une automobile, un appareil photo, etc.

paresse [parɛs] **n.f.** (lat. *pigritia*, de *piger*, paresseux). **1.** Répugnance au travail, à l'effort ; goût pour l'inaction : *Climat chaud qui incite à la paresse* (syn. **oisiveté, fainéantise**). **2.** MÉD. Lenteur anormale dans le fonctionnement d'un organe : *Paresse intestinale.*

paresser [parese] **v.i.** Se laisser aller à la paresse : *Elle aime paresser le matin* (syn. **traînasser**).

paresseusement [paresøzmɑ̃] **adv.** Avec paresse : *Feuilleter paresseusement un magazine* (syn. **mollement**).

1. paresseux, euse [paresø, -øz] **adj.** et **n.** Qui montre, manifeste de la paresse : *Sa sœur est paresseuse* (syn. **fainéant**). ◆ **adj.** MÉD. Lent dans son fonctionnement : *Estomac paresseux.*

2. paresseux [paresø] **n.m.** (de *1. paresseux*). Nom usuel de l'*aï*.

Pareto (Vilfredo), sociologue et économiste italien (Paris 1848 - Céligny, Suisse, 1923). Il reprend la théorie marginaliste exposée par Walras et propose une nouvelle définition de l'optimum économique : celui-ci est atteint dans une société de libre concurrence lorsque les productivités marginales des facteurs de production deviennent égales aux prix de ces facteurs.

parfaire [parfɛr] **v.t.** (lat. *perficere*) [conj. **109**]. Mener à son complet développement, à la perfection : *Parfaire une œuvre* (syn. **parachever**).

1. parfait, e [parfɛ, -ɛt] **adj.** (lat. *perfectus*, de *perficere* ; v. *parfaire*). **1.** Qui réunit toutes les qualités : *Bonheur parfait* (syn. **absolu**). *Travail parfait* (syn. **irréprochable**). **2.** Qui présente toutes les caractéristiques propres à sa catégorie, à son espèce : *Un parfait homme du monde. Un garçon d'une parfaite correction.* **3. C'est parfait ! Parfait !,** tout est pour le mieux : *C'est parfait, vous pouvez vous retirer.* / MATH. **Nombre parfait,** nombre égal à la somme de tous ses diviseurs (lui-même étant exclu).

2. parfait [parfɛ] **n.m.** (lat. *perfectum*). GRAMM. Dans certaines langues, temps verbal qui, marqué par l'aspect perfectif, dénote un état présent résultant d'une action passée : *Le parfait grec, latin.*

parfaitement [parfɛtmɑ̃] **adv. 1.** De façon parfaite : *Connaître parfaitement une langue* (syn. **impeccablement**). *Une boîte parfaitement étanche* (syn. **totalement, complètement**). **2.** Insiste sur la véracité d'une affirmation : *Vous avez parfaitement le droit de refuser* (syn. **incontestablement**). *Tout ceci est parfaitement exact* (syn. **absolument**).

parfois [parfwa] **adv.** (de *par* et *fois*). De temps à autre : *Cela m'amuse parfois* (syn. **quelquefois**).

parfum [parfœ̃] **n.m.** (it. *perfumo*). **1.** Odeur agréable ; senteur : *Le parfum des roses* (syn. **arôme**). *Le parfum capiteux d'un vin* (syn. **bouquet**). **2.** Substance aromatique d'origine naturelle ou synthétique utilisée pour donner à la peau, au corps, aux vêtements, une odeur agréable : *Un flacon de parfum.* **3.** Arôme donné à certains aliments : *Glace à deux parfums.*

parfumer [parfyme] **v.t.** (it. anc. *perfumare*, du lat. *fumare*, fumer). **1.** Remplir, imprégner d'une bonne odeur : *Ce mimosa parfume délicatement la pièce* (syn. **embaumer**). **2.** Imprégner de parfum : *Parfumer du linge.* **3.** Aromatiser : *Parfumer une crème au citron.* ◆ **se parfumer v.pr.** Mettre du parfum sur soi : *Elle se parfume discrètement.*

parfumerie [parfymri] **n.f. 1.** Fabrication, commerce des parfums. **2.** Magasin, rayon d'un magasin où l'on vend des parfums et des produits de beauté. **3.** Ensemble des parfums et des produits de toilette à base de parfum.

parfumeur, euse [parfymœr, -øz] **n. 1.** Personne qui crée ou fabrique des parfums. **2.** Personne qui fait commerce des parfums et des produits de beauté.

pari [pari] **n.m.** (de *parier*). **1.** Convention par laquelle des personnes soutenant des opinions contradictoires s'engagent à verser une somme d'argent à celle d'entre elles qui se trouvera avoir raison : *Faire, tenir, gagner un pari.* **2.** Jeu d'argent où le gain dépend de l'issue d'une compétition sportive : *Recueillir les paris sur un match de football.* **3.** Affirmation qu'un événement hypothétique se produira, sans enjeu défini : *Je te fais le pari qu'il ne viendra pas.* **4. Pari mutuel urbain,** organisme détenant le monopole de l'organisation et de l'enregistrement des paris sur les courses de chevaux. (Abrév. courante *P.M.U.*) / PHILOS. **Pari de Pascal,** argument des *Pensées* destiné à montrer aux incroyants qu'en pariant sur l'existence de Dieu ils ont tout à gagner et rien à perdre.

paria [parja] **n.** (mot port., du tamoul *pareyan*). **1.** Individu hors caste, considéré comme au plus bas de l'échelle sociale, en Inde (avant l'abolition officielle des castes, en 1947) [syn. **intouchable**]. **2.** Personne tenue à l'écart, méprisée de tous : *Être traité en paria, comme un paria.*

parier [parje] **v.t.** (lat. *pariare,* égaler, de *par,* égal) [conj. **9**]. **1.** Mettre en jeu qqch, une somme dans un pari : *Il a parié cent euros, une bouteille de champagne qu'il gagnerait. Parier sur un outsider.* **2.** Affirmer, soutenir qqch comme très probable : *Je parie qu'il viendra.*

pariétaire [parjetɛr] **n.f.** (lat. *paries, -etis,* muraille). Plante herbacée, annuelle ou vivace, appelée cour. *perce-muraille,* qui croît près des murs ou sur ceux-ci. ▸ Famille des urticacées.

pariétal, e, aux [parjetal, -o] **adj.** (du lat. *paries, -etis,* muraille). **1.** ANAT. Se dit des deux os qui forment les côtés et la voûte du crâne. **2. Peinture, gravure pariétale,** peinture, gravure faite sur les parois d'une grotte, en partic. habitée à l'époque préhistorique (syn. **rupestre**).

parieur, euse [parjœr, -øz] **n.** Personne qui parie : *Les parieurs des champs de courses.*

Paris, cap. de la France et ch.-l. de la Région Île-de-France, sur la Seine, constituant un dép. formé de 20 arr. **[75]** ; 2 265 886 hab. *(Parisiens).* [10 764 000 habitants dans l'agglomération.] La ville seule couvre 105 km^2, et l'agglomération, près de 2 000.

GÉOGRAPHIE

Paris, indissociable de l'agglomération dont elle est le centre, s'est développée au cœur du Bassin parisien, à un point de convergence des fleuves et des routes. Elle s'est établie originellement dans une plaine édifiée par la Seine, et où s'élèvent des restes de plateaux (Ménilmontant, Montmartre, butte Sainte-Geneviève, etc.). Les fonctions actuelles sont multiples. Capitale politique et intellectuelle de la France, Paris est le siège du gouvernement et des grandes administrations, d'une zone de défense, d'une cour d'appel, d'un archevêché, de nombreux établissements universitaires et culturels. Principal port fluvial, Paris est encore le premier centre financier, commercial et industriel de la France, grâce à l'abondance de la main-d'œuvre, à l'importance du marché de consommation, à la convergence des voies de communication et à la concentration des capitaux. Les industries se localisent surtout en banlieue ; la ville elle-même, qui s'est dépeuplée, est de plus en plus un centre de services. La croissance de l'agglomération, qui groupe près du sixième de la population du pays, n'a pas cessé, et les problèmes (transports et logement, notamm.) liés à cette concentration démographique et économique demeurent.

HISTOIRE

Principale agglomération des Parisii, Lutèce est conquise en 52 av. J.-C. par les Romains, qui en transfèrent le centre sur les pentes de la montagne Sainte-Geneviève. À l'époque des invasions germaniques (IIIe s.), la ville se replie dans l'île de la Cité et prend le nom de *Paris.* Soutenue par sainte Geneviève, elle résiste aux Huns en 451. Devenue la résidence des Francs au VIe s., elle est également celle du comte Eudes, qui repousse l'assaut des Normands en 886. L'avènement des Capétiens favorise l'essor de la ville, qui fonde sa prospérité sur le commerce fluvial. Le XIIe s. voit la construction des premières Halles et de Notre-Dame, l'érection de l'enceinte de Philippe Auguste et la montée en puissance du prévôt des marchands, véritable maire de la capitale. Tandis que la rive droite se consacre aux activités économiques, la rive gauche héberge l'université, créée en 1215. Poursuivant son essor au profit d'une riche bourgeoisie, Paris se rebelle à de nombreuses reprises contre l'autorité royale : révolte d'Étienne Marcel (XIVe s.), guerres de Religion (XVIe s.), Fronde (XVIIe s.). Supplantée par Versailles, où Louis XIV s'installe en 1682, elle constitue cependant au XVIIIe s., avec 600 000 hab., l'un des premiers foyers culturels de l'Europe. Théâtre principal de la Révolution française (prise de la Bastille, création de la Commune de Paris), la ville est également à l'origine des révolutions de 1830 et 1848 ; entourée en 1845 d'une nouvelle enceinte (dite « de Thiers »), elle subit de profondes transformations sous Haussmann, préfet de la Seine (1853-1870) : celui-ci lui donne ses grandes perspectives et annexe les onze communes périphériques au territoire parisien. La capitale voit ainsi ses arrondissements passer de 12 à 20 en 1860. L'échec de la Commune de Paris (18 mars - 27 mai 1871) transforme le statut municipal de la ville, la privant de son maire. De 1940 à 1944, Paris subit l'occupation allemande. La ville est devenue en 1975 collectivité territoriale, à la fois commune et département ; elle est dirigée à partir de 1977 par un maire élu (Jacques Chirac, 1977-1995 ; Jean Tiberi, 1995-2001 ; Bertrand Delanoë, depuis 2001) et dotée en 1983 de conseils d'arrondissement présidés chacun par un maire.

BEAUX-ARTS

De l'époque gallo-romaine subsistent principalement les thermes « de Cluny », de l'époque romane reste la structure essentielle de l'abbatiale de St-Germain-des-Prés. C'est avec l'art gothique que les réalisations parisiennes deviennent exemplaires de l'art français : cathédrale Notre-Dame (1163-1260, pour l'essentiel), chœur de St-Germain-des-Prés, Sainte-Chapelle, parties du XIVe s. de la Conciergerie (restes du palais de l'île de la Cité). La fin du gothique (XVe-XVIe s.) se signale par les églises St-Germain-l'Auxerrois, St-Gervais, St-Séverin, St-Étienne-du-Mont, etc., et par l'hôtel des abbés de Cluny ; la Renaissance, par l'entreprise de l'église St-Eustache (1532) et du nouveau palais du Louvre. Du XVIIe s. subsistent des hôpitaux ou hospices (Val-de-Grâce, Invalides, etc.), le collège des Quatre-Nations (auj. Institut), les développements du Louvre (et l'idée d'axe est-ouest qui s'y relie), le Luxembourg, quatre « places royales », des églises et chapelles (façade de St-Gervais ; St-Paul, St-Louis, St-Roch, Sorbonne, dôme des Invalides, etc.), de nombreux hôtels particuliers de l'île Saint-Louis et du Marais. Le XVIIIe s. voit l'achèvement de la vaste église St-Sulpice (commencée en 1646), la création de la place Louis-XV (auj. de la Concorde), la construction de l'École militaire, du futur Panthéon, de l'hôtel de la Monnaie, du théâtre de l'Odéon, etc., tous édifices d'esprit classique ou néoclassique. La construction aristocratique est active, notamment au faubourg Saint-Germain, et c'est là (ainsi qu'aux hôtels de Rohan et de Soubise, dans le Marais) que l'on peut constater la vogue du décor rocaille dans la première moitié du siècle. À partir de la fin du XVIIIe s. s'urbanise le secteur de la Chaussée-d'Antin, au nord des Grands Boulevards. Après l'œuvre esquissée par Napoléon Ier (rue de Rivoli, arcs de triomphe du Carrousel et de l'Étoile, église de la Madeleine), l'histoire de l'architecture parisienne se confond avec celle de l'éclectisme (Opéra de Garnier) ainsi qu'avec celle de l'emploi du métal (gares, bibliothèques, tour Eiffel ; Centre national d'art et de culture G.-Pompidou ; Institut du monde arabe) et du béton (Théâtre des Champs-Élysées ; maison de l'Unesco ; Opéra de la Bastille ; Cité de la musique).

Principaux musées. Musées d'art nationaux : du Louvre, d'Orsay, du quai Branly, de Cluny, Guimet, Rodin, Picasso, d'Art moderne. Musées municipaux : Carnavalet, du Petit Palais, Cernuschi, d'Art moderne. Musées à gestion semi-publique : Jacquemart-André et Marmottan Monet (qui dépendent de l'Institut), des Arts décoratifs. Musées scientifiques nationaux : Muséum national d'histoire naturelle et musée de l'Homme, palais de la Découverte, Cité des sciences et de l'industrie du parc de la Villette. La Bibliothèque nationale de France possède un fonds considérable de manuscrits, d'estampes, de monnaies et médailles et de photographies.

Paris ***(école de),*** appellation créée vers 1925 et désignant les artistes venus à Paris de différents pays pour s'associer à l'école française : Brancusi, Modigliani, Soutine, Chagall, Foujita, Serge Poliakoff, Bram Van Velde, etc.

Pâris, fils de Priam, roi de Troie, et d'Hécube. Choisi pour remettre une pomme d'or lancée par Éris (la Discorde) à celle des trois déesses, Héra, Athéna et Aphrodite, qui était « la plus belle », Pâris la donna à Aphrodite, qui lui avait promis l'amour d'Hélène, femme de Ménélas, roi de Sparte. En dépit des mises en garde de sa sœur Cassandre, il enleva Hélène, provoquant ainsi la guerre de Troie, au cours de laquelle il blessa mortellement Achille d'une flèche au talon, avant d'être tué lui-même par Philoctète.

parisianisme [parizjanism] **n.m. 1.** Usage, habitude, langage propres aux Parisiens. **2.** Tendance à n'accorder d'importance qu'à Paris, à ce qui s'y fait, s'y crée et à négliger le reste de la France ou de la francophonie.

parisien, enne [parizjɛ̃, -ɛn] **adj.** et **n.** De Paris : *La banlieue parisienne* (= autour de Paris). ◆ **adj.** Marqué par le parisianisme : *Une soirée très parisienne.*

parisien ***(Bassin),*** unité géologique, couvrant environ 140 000 km², formée de sédiments, s'étendant entre le Massif central, les Vosges, l'Ardenne, l'Artois et le Massif armoricain. L'Est (Lorraine et Champagne), partie la plus élevée, s'oppose à l'Ouest (haut Maine, Perche), à la topographie plus confuse. Le Sud est une région basse (Berry), parfois marécageuse (Sologne). Le Nord est formé de plateaux crayeux (Picardie, pays de Caux). Le Centre, enfin, est constitué de terrains tertiaires. Le Bassin parisien est drainé par quatre systèmes fluviaux : la Seine, la Loire, la Meuse et la Moselle.

parisyllabique [parisilabik] **adj.** (du lat. *par,* égal, et *syllabique*). LING. Se dit des mots latins qui ont le même nombre de syllabes au nominatif et au génitif singuliers (par opp. à *imparisyllabique*).

paritaire [paritɛr] **adj.** (de *parité*). Qui est formé d'un nombre égal de représentants de chaque partie : *Commission, négociation paritaire.*

parité [parite] **n.f.** (bas lat. *paritas,* du class. *par,* égal). **1.** Équivalence parfaite : *La parité des salaires des hommes et des femmes.* **2.** Égalité dans deux pays de la valeur d'échange de deux monnaies ; taux de change d'une monnaie par rapport à une autre. **3.** MATH. Caractère pair d'un nombre ou d'une fonction. **4.** POLIT. Égalité de représentation des hommes et des femmes dans les assemblées élues.

parjure [parʒyr] **n.m.** (lat. *perjurium,* de *perjurare*). Faux serment ; violation de serment : *Commettre un parjure.* ◆ **adj.** et **n.** Qui prononce un faux serment ; qui viole son serment : *Être parjure à sa foi.*

se **parjurer** [parʒyre] **v.pr.** (lat. *perjurare*). Violer son serment ; faire un faux serment : *Le témoin s'est parjuré.*

parka [parka] **n.f.** ou **n.m.** (mot inuit). Manteau court à capuche, souvent en tissu imperméable.

Parker (Charles Christopher, dit **Charlie),** surnommé **Bird** ou **Yardbird,** saxophoniste et compositeur de jazz américain (Kansas City 1920 - New York 1955). Installé à New York, il y déclencha la révolution du be-bop, à partir d'une exceptionnelle imagination rythmique, harmonique et mélodique, appuyée sur une grande maîtrise du saxophone alto. Sa personnalité tourmentée donna lieu à une existence troublée. Il reste une figure majeure de l'histoire et de la mythologie du jazz moderne.

Parker (William Anthony, dit **Tony),** joueur de basket-ball français (Bruges 1982). Il a remporté quatre fois (2003, 2005, 2007 et 2014), avec l'équipe des San Antonio Spurs, le championnat des États-Unis.

parking [parkiŋ] **n.m.** (mot angl.). Parc de stationnement automobile.

Parkinson (James), médecin britannique (Londres 1755 - *id.* 1824). Il est le premier à avoir décrit les symptômes de la maladie qui porte auj. son nom (maladie de Parkinson) [1817]. Il s'intéressa aussi à la géologie et à la paléontologie.

Parkinson (maladie de), affection dégénérative du système nerveux (décrite par le médecin britannique James Parkinson), caractérisée par un tremblement et une rigidité musculaire.

parkinsonien, enne [parkinsɔnjɛ̃, -ɛn] **adj.** Relatif à la maladie de Parkinson. ◆ **adj.** et **n.** Atteint de la maladie de Parkinson.

parlant, e [parlɑ̃, -ɑ̃t] **adj. 1.** Expressif, suggestif : *Un portrait parlant.* **2.** Qui n'a pas besoin de commentaires ; très convaincant : *La comparaison est parlante* (syn. **éloquent**). **3.** Qui reproduit ou enregistre la parole : *Machine parlante. Voiture parlante. Cinéma, film parlant* (= accompagné de paroles synchronisées, par opp. à *cinéma muet*).

parlé, e [parle] **adj.** Exprimé, réalisé par la parole : *Langue parlée et langue écrite.*

parlement [parləmɑ̃] **n.m.** (de *parler*). **1.** (Avec une majuscule). Assemblée ou ensemble des assemblées exerçant le pouvoir législatif ; spécial., ensemble des deux chambres, dans les pays où existe le bicamérisme. **2.** HIST. Institution judiciaire, administrative et politique de la France, au Moyen Âge et sous l'Ancien Régime. ▸ À côté du parlement de Paris, il existait des parlements de province.

■ **Au fil du temps.** En France comme en Angleterre, le parlement à l'origine est une chambre associée au pouvoir royal, dont les prétentions vont s'affirmant au fil des siècles ; de judiciaires (avec des compétences administratives et des pouvoirs de police), puis financières, les fonctions du parlement deviennent politiques. C'est en particulier l'expérience historique du Parlement anglais, théorisée par des penseurs comme Locke ou Montesquieu, qui a servi de base à l'instauration de tous les régimes représentatifs.

Aujourd'hui. Dans les démocraties libérales actuelles, le Parlement, à une chambre (monocaméral) ou à deux chambres (bicaméral), conserve ses prérogatives traditionnelles (vote de la loi et du budget, contrôle de l'exécutif). Le Parlement français se compose de l'Assemblée nationale et du Sénat, qui ne disposent pas de pouvoirs égaux, la responsabilité gouvernementale ne pouvant être mise en cause que par l'Assemblée nationale et celle-ci ayant le dernier mot en matière législative. Les séances des deux assemblées sont publiques. Le compte rendu intégral des débats est publié au *Journal officiel.*

Quant aux institutions de l'Union européenne (U.E.), le Parlement européen, dont les membres sont élus depuis 1979 au suffrage universel direct, a tendance (le dernier jalon étant le traité de Lisbonne, signé en 2007) à devenir un véritable contre-pouvoir de la Commission, l'exécutif de l'U.E. ■

1. parlementaire [parləmɑ̃tɛr] **adj. 1.** Relatif au Parlement : *Les débats parlementaires.* **2. Régime parlementaire,** régime politique dans lequel le gouvernement est responsable devant le Parlement (= parlementarisme).

2. parlementaire [parləmɑ̃tɛr] **n. 1.** Membre du Parlement. **2.** Personne qui, en temps de guerre, est chargée de parlementer avec l'ennemi.

parlementarisme [parləmɑ̃tarism] **n.m.** Régime parlementaire.

parlementer [parləmɑ̃te] **v.i.** (de *parlement,* discours). **1.** Discuter en vue d'un accommodement : *Parlementer avec le gardien de l'immeuble pour se faire ouvrir la porte.* **2.** Tenir des pourparlers avec l'ennemi ; négocier avec lui les termes d'un accord.

Parlement européen, institution communautaire composée de députés élus (au suffrage universel direct depuis 1979) dans chacun des États membres de l'Union européenne. Ses pouvoirs (constamment renforcés, du traité de Maastricht à celui de Lisbonne) sont de trois ordres : pouvoir de contrôle politique et juridictionnel, pouvoir budgétaire et pouvoir législatif (les lois de l'U.E. sont élaborées conjointement par le Parlement européen et le Conseil de l'Union européenne). Par ailleurs, le Parlement élit le président de la Commission européenne. Il siège à Strasbourg.

1. parler [parle] **v.i.** (lat. ecclés. *parabolare,* du class. *parobola,* parabole). **1.** Articuler des paroles : *Enfant qui commence à parler.* **2.** Manifester, exprimer sa pensée par la parole : *Parler en public* (= prononcer un discours). *Parler librement* (syn. **s'exprimer**). **3.** Manifester, exprimer sa pensée autrement que par la parole, le langage articulé : *Parler par gestes* (syn. **communiquer**). **4.** Révéler ce qui devait être tenu caché : *Son complice a parlé* (syn. **avouer**). **5.** Ne pas nécessiter d'explications détaillées ; être éloquent, révélateur : *Les faits parlent d'eux-mêmes.* **6. Parlant** (précédé d'un adv.), de tel point de vue : *Scientifiquement parlant, le problème est soluble.* / **Parler d'or,** s'exprimer avec justesse, pertinence, sagesse. / **Parler en l'air,** parler à la légère, sans réfléchir. / FAM. **Tu parles !, vous parlez !,** naturellement, je crois bien (souvent iron.) : *Eux courageux ? Vous parlez !* (= vous plaisantez). ◆ **v.t. ind. 1. [à, avec].** Communiquer avec qqn par la parole : *Je voudrais parler au directeur* (= m'entretenir avec lui). **2. [de].** S'entretenir de qqch ; faire part de ses pensées, de son avis sur un sujet : *Parler d'un projet avec un collaborateur. Parler de la pluie et du beau temps* (= de choses insignifiantes). **3. [de].** Avoir tel sujet, traiter tel thème, en parlant d'un écrit, d'un film, etc. : *De quoi parle ce livre ?* **4. [de].** Évoquer qqch, qqn, en parlant de qqch : *Tout ici me parle de lui.* **5. Ne pas, ne plus parler à qqn,** être fâché avec lui. / **Parler au cœur, aux yeux, à l'imagination,** toucher, émouvoir, porter à la rêverie. / **Parler de** (+ inf.), annoncer son intention de faire qqch : *Il a parlé de venir nous voir.* / **Trouver à qui parler,** avoir affaire à un interlocuteur ou à un adversaire capable de résister, de l'emporter. ◆ **v.t. 1. Parler une langue,** pouvoir s'exprimer dans cette langue : *Parler un anglais correct. Parler tchèque.* **2. Parler politique, affaires, etc.,** s'entretenir de ces sujets. ◆ **se parler v.pr. 1.** Communiquer l'un avec l'autre par le langage articulé : *Nous nous sommes longuement parlé pendant le week-end.* **2.** Être utilisé, en parlant d'une langue, d'un dialecte : *Le portugais se parle au Brésil.*

2. parler [parle] **n.m. 1.** Manière dont qqn s'exprime : *Un parler truculent* (syn. **langage**). **2.** LING. Moyen de communication linguistique (langue, dialecte, patois) partic. à une région.

Parler, famille de maîtres d'œuvre allemands, dont le plus connu est **Peter,** architecte et sculpteur (Schwäbisch Gmünd, Bade-Wurtemberg, v. 1330 - Prague 1399), qui, succédant à Mathieu d'Arras, fit œuvre originale à la cathédrale St-Guy de Prague.

parleur, euse [parlœr, -øz] **n. Un beau parleur,** celui qui s'exprime de façon séduisante (péjor.).

parloir [parlwar] **n.m.** Salle où l'on reçoit les visiteurs dans certains établissements : *Le parloir d'une prison.*

parlote ou **parlotte** [parlɔt] **n.f.** FAM. Conversation insignifiante, oiseuse : *La réunion s'est passée en vaines parlotes.*

parme [parm] **adj. inv.** et **n.m.** (n. d'une v. d'Italie, en raison de la couleur des violettes de Parme). D'une couleur mauve soutenu.

Parme, en it. **Parma,** v. d'Italie (Émilie), ch.-l. de prov. ; 176 504 hab. *(Parmesans).* Ensemble romano-gothique de la cathédrale (coupole peinte par le Corrège) et du baptistère, avec sculptures d'Antelami. Églises, dont la *Steccata* (coupole du Parmesan). Palais de la *Pilotta,* des XVIe-XVIIe s. (musées ; théâtre Farnèse). Fondée par les Étrusques, la ville se développa à l'époque romaine. Possession des Visconti puis des Sforza aux XIVe-XVe s., elle fut cédée au Saint-Siège en 1512. Parme en fut détachée en 1545 par Paul III, qui l'érigea en duché, possession des Farnèse jusqu'en 1731. En 1748, la ville et le duché passèrent à Philippe de Bourbon ; français en 1802, ils furent donnés en 1815, à titre viager, à l'ex-impératrice Marie-Louise. Ils furent réunis en 1860 au Piémont.

Parménide, philosophe grec présocratique (Élée, Grande-Grèce, v. 515 - v. 440 av. J.-C.). Dans son poème *De la nature,* il formule la proposition fondamentale de l'ontologie : l'être est un, continu et éternel.

Parmentier (Antoine Augustin), pharmacien militaire français (Montdidier 1737 - Paris 1813). Il préconisa la pomme de terre pour lutter contre les disettes et contribua au développement de sa culture.

parmentier [parmɑ̃tje] **n.m.** (du n. de *Parmentier*). Purée de pommes de terre garnie d'un hachis de viande et gratinée au four : *Un parmentier de canard.* (On dit aussi un *hachis parmentier.*)

parmesan [parməzɑ̃] **n.m.** (it. *parmigiano,* de Parme). Fromage italien au lait de vache, à pâte très dure.

Parmesan (Francesco Mazzola, dit en fr. **le),** peintre italien (Parme 1503 - Casalmaggiore, prov. de Crémone, 1540). Dessinateur d'une exquise élégance, coloriste raffiné, poursuivant une recherche angoissée de la perfection, il fut un des maîtres du maniérisme européen (*la Madone au long cou,* v. 1535, Florence).

parmi [parmi] **prép.** (de *par* et *mi,* milieu). [Devant un nom au pl. ou devant un nom collectif]. Entre ; au milieu de, au nombre de : *Se frayer un chemin parmi la foule. Compter qqn parmi ses amis.*

Parnasse, mont de la Grèce, au nord-est de Delphes ; 2 457 m. Dans l'Antiquité, le Parnasse, montagne des Muses, était consacré à Apollon.

1. parnassien, enne [parnasjɛ̃, -ɛn] **adj.** et **n.** LITTÉR. Qui appartient au groupe du Parnasse (Leconte de Lisle, Banville, Heredia, Sully Prudhomme, Coppée), qui défendait le lyrisme impersonnel et la théorie de l'art pour l'art. ▶ *Le Parnasse contemporain* est le titre de trois recueils de vers parus de 1866 à 1876, qui forment le manifeste et l'illustration de l'école dite *parnassienne.*

2. parnassien **n.m.** Papillon dont les ailes postérieures portent des ocelles rouges, commun dans les régions montagneuses d'Europe et d'Asie centrale. ▶ Famille des papilionidés.

Parnell (Charles Stewart), homme politique irlandais (Avondale 1846 - Brighton 1891). Élu aux Communes (1875), il prit la direction du parti nationaliste (1877) et pratiqua avec efficacité l'obstruction parlementaire. Chef de la Ligue agraire irlandaise (1879), il fit avancer, avec Gladstone, l'idée de *Home Rule.*

parodie [parɔdi] **n.f.** (gr. *parôdia,* de *para-* [voisin] et *ôdê,* chant). **1.** Imitation burlesque d'une œuvre littéraire ou artistique : *Une parodie du « Cid ».* **2.** Imitation grossière : *Une parodie de procès.*

parodier [parɔdje] **v.t.** [conj. **9**]. Faire la parodie d'une œuvre, d'une action quelconque : *Parodier une tragédie. Parodier le ton doctoral d'un professeur* (syn. **singer**).

parodique [parɔdik] **adj.** Qui tient de la parodie.

parodiste [parɔdist] **n.** Auteur d'une parodie.

parodonte [parɔdɔ̃t] **n.m.** (du gr. *para,* à côté, et *odous, odontos,* dent). ANAT. Ensemble des tissus de soutien de la dent (os alvéolaire, ligaments, gencives).

parodontologie [parɔdɔ̃tɔlɔʒi] **n.f.** Partie de l'odontologie qui étudie le parodonte et sa pathologie. ◆ **parodontologue** **n.** Nom du spécialiste. (On dit aussi *parodontiste.*)

paroi [parwa] **n.f.** (lat. *paries, -etis,* mur). **1.** Surface apparente d'un ouvrage de bâtiment : *Les parois d'une chambre* (syn. **cloison, mur**). **2.** Surface matérielle qui délimite intérieurement un objet creux : *Parois étanches d'un réservoir.* **3.** ANAT. Partie qui circonscrit une cavité du corps : *Paroi de l'estomac.* **4.** Surface latérale d'une cavité naturelle : *La paroi d'une grotte.* **5.** Versant abrupt d'une montagne : *Escalader la paroi nord d'un pic* (syn. **face**).

paroisse [parwas] **n.f.** (bas lat. *parochia,* gr. *paroikia,* groupement d'habitations, de *oikia,* maison). Territoire sur lequel s'exerce le ministère d'un curé, d'un pasteur.

paroissial, e, aux [parwasjal, -o] **adj.** Relatif à une paroisse : *Les œuvres paroissiales.*

paroissien, enne [parwasjɛ̃, -ɛn] **n. 1.** Fidèle d'une paroisse. **2.** *FAM.* **Un drôle de paroissien,** un individu louche dont il faut se méfier.

parole [parɔl] **n.f.** (lat. pop. **paraula,* lat. ecclés. *parabola* ; v. *parabole*). **1.** Faculté naturelle de parler : *La parole est le propre de l'homme* (syn. **langage**). **2.** Fait de parler : *Couper la parole à qqn* (= l'interrompre). **3.** Possibilité, droit de parler dans un groupe, une assemblée : *Avoir, demander, prendre la parole. Passer la parole à son voisin.* **4.** Capacité personnelle à parler, à s'exprimer oralement : *Il a la parole facile* (= il s'exprime avec aisance). **5.** Mot ou suite de mots ; phrase : *Il n'a pas prononcé une parole de toute la journée. Échanger quelques paroles avec un voisin. C'était une parole en l'air* (= prononcée à la légère, sans réfléchir). **6.** LING. Usage concret qu'un individu fait de la langue : *L'opposition entre parole et langue, dans la théorie du langage.* **7.** Assurance donnée à qqn : *Donner sa parole, sa parole d'honneur* (= promettre fermement, s'engager). *Reprendre sa parole* (= se dédire, se rétracter). **8. La parole de Dieu, la bonne parole,** l'Évangile. ⁄ **Ma parole !,** formule par laquelle on atteste la vérité de ce qu'on dit : *Il est complètement sourd, ma parole !* ⁄ *FAM.* **Prêcher la bonne parole,** endoctriner qqn, un groupe. ⁄ **Sur parole,** sur une simple affirmation ; sur la garantie de la bonne foi : *Je vous crois sur parole. Prisonnier libéré sur parole.* ◆ **paroles n.f. pl.** Texte d'une chanson, d'un morceau de musique vocale.

parolier, ère [parɔlje, -ɛr] **n.** Personne qui écrit les paroles d'une chanson.

paronomase [parɔnɔmaz] **n.f.** (lat. *paronomasia,* mot gr.). RHÉT. Figure qui consiste à rapprocher des paronymes dans une phrase : *« Une pente rude et raide » est une paronomase.*

paronyme [parɔnim] **adj.** et **n.m.** (gr. *paronumos,* de *para,* à côté, et *onoma,* nom). Se dit de mots de sens différents mais de formes relativement voisines : *« Conjecture » et « conjoncture » sont des paronymes.*

paronymie [parɔnimi] **n.f.** Caractère des mots paronymes.

parotide [parɔtid] **n.f.** et **adj.f.** (lat. *parotis,* mot gr., de *para* et *oûs, ôtos,* oreille). ANAT. Glande salivaire paire, située en avant de l'oreille.

paroxysme [parɔksism] **n.m.** (gr. *paroxusmos,* exacerbation, de *oxus,* pointu). **1.** Le plus haut degré d'un état affectif : *Être au paroxysme de la colère.* **2.** MÉD. Phase d'une maladie pendant laquelle tous les symptômes se manifestent avec leur maximum d'intensité.

paroxysmique [parɔksismik], **paroxysmal, e, aux** [parɔksismal, -o] et **paroxystique** [parɔksistik] **adj.** Qui présente les caractères d'un paroxysme : *Phase paroxysmique de la douleur.*

paroxyton [parɔksitɔ̃] **n.m.** (gr. *paroxutonos*). PHON. Mot portant l'accent tonique sur son avant-dernière syllabe.

parpaillot, e [parpajo, -ɔt] **n.** (de l'occitan *parpailhol,* papillon). *VX.* Terme péjor. pour désigner un protestant.

parpaing [parpɛ̃] **n.m.** (bas lat. *perpetaneus,* du class. *perpes, -etis,* ininterrompu). **1.** Élément de construction (pierre, moellon, etc.) qui traverse toute l'épaisseur d'un mur. **2.** Aggloméré parallélépipédique moulé et comprimé, employé en maçonnerie.

parquer [parke] **v.t.** (de *parc*). **1.** Mettre des animaux dans un lieu entouré d'une clôture : *Parquer des bœufs dans un pâturage.* **2.** Enfermer des personnes dans un espace étroit : *Parquer des réfugiés dans un camp* (syn. **entasser**). **3.** Mettre un véhicule en stationnement : *Il a parqué sa voiture dans une rue avoisinante* (syn. **garer**).

Parques (les), divinités romaines qui personnifiaient le Destin et que les Grecs appelaient les Moires. Elles étaient trois : Clotho, Lachésis et Atropos, chargées respectivement de filer, de dévider et de couper le fil de la destinée des humains, c'est-à-dire de présider successivement à leur naissance, à leur vie, à leur mort.

1. parquet [parkɛ] **n.m.** (de *parc*). **1.** Assemblage de planches (lames de parquet) formant le sol de certaines pièces d'habitation : *Cirer, vitrifier un parquet* (syn. **plancher**). **2.** MAR. Assemblage de tôles, formant plate-forme ou constituant le sol d'un compartiment du navire.

2. parquet [parkɛ] **n.m.** (de *1. parquet*). DR. Ensemble des magistrats qui exercent les fonctions du ministère public et forment la *magistrature debout* (par opp. aux *magistrats du siège,* ou *magistrature assise*).

parqueter [parkəte] **v.t.** [conj. **27**]. Garnir d'un parquet.

parrain [parɛ̃] **n.m.** (bas lat. *patrinus,* de *pater,* père). **1.** Celui qui présente un enfant au baptême ou à la confirmation et se porte garant de sa fidélité à l'Église. **2.** Celui qui préside au baptême d'une cloche, d'un navire, etc. **3.** Celui qui présente qqn dans un club, une société, pour l'y faire entrer. **4.** Chef de la Mafia ou d'une famille de la Mafia.

parrainage [parenaʒ] **n.m. 1.** Qualité, fonction de parrain ou de marraine. **2.** Soutien moral accordé à qqn, à qqch : *Bénéficier d'un prestigieux parrainage* (syn. **patronage, protection**). **3.** Soutien financier, à but publicitaire, accordé par une firme à une association sportive, de loisirs, etc. (syn. [anglic. déconseillé] **sponsoring**).

parrainer [parene] **v.t. 1.** Se porter garant de qqn ; patronner une œuvre, un projet : *Parrainer un jeune romancier.* **2.** Recomm. off. pour *sponsoriser.*

parraineur, euse [parɛnœr, -øz] **n.** Recomm. off. pour *sponsor.*

1. parricide [parisid] **n.m.** (lat. *parricidium*). **1.** Meurtre du père ou de la mère ou de tout autre ascendant. **2.** Meurtre du souverain, dans l'ancien droit.

2. parricide [parisid] **n.** et **adj.** (lat. *parricida*). Personne qui a commis un parricide : *Juger un parricide.* ◆ **adj.** *LITT.* Relatif au parricide : *Geste parricide.*

parsec [parsɛk] **n.m.** (de *par[allaxe]* et *sec[onde]*). ASTRON. Unité correspondant à la distance à la Terre d'une étoile dont la parallaxe annuelle est égale à une seconde de degré. ▸ Le parsec vaut 3,26 années de lumière ; symb. pc.

parsemer [parsəme] **v.t.** (de *par* et *semer*) [conj. **19**]. **1.** Couvrir un lieu de choses répandues çà et là : *Parsemer une allée de gravillons.* **2.** Être épars sur une surface, dans qqch : *Des feuilles mortes parsèment la pelouse.*

part [par] **n.f.** (lat. *pars, partis*). **1.** Partie d'un tout destinée à qqn ; portion résultant d'une division, d'un partage : *Faire quatre parts d'un gâteau.* **2.** Ce qui revient, échoit à qqn : *Se réserver la meilleure part.* **3.** (Avec un poss.). Ce qu'on apporte en partage ; contribution : *Chacun doit fournir sa part d'efforts. Payer sa part.* **4.** DR. FISC. Unité de base servant au calcul de l'impôt sur le revenu : *Le nombre de parts est proportionnel au nombre de personnes qui composent la famille.* **5. À part,** différent des autres, du reste : *Ça, c'est un cas à part* (= particulier, spécial) ; séparément : *J'ai mis vos affaires à part. Prendre qqn à part pour lui confier un secret* ; excepté : *À part toi, personne n'est au courant* (syn. **sauf**). ⁄ **À part entière,** se dit de qqn qui jouit de tous les droits attachés à telle qualité, telle catégorie : *Artiste à part entière.* ⁄ *LITT.* **À part moi (toi, soi, etc.),** en moi-même ; en mon for intérieur. ⁄ **De la part de qqn,** en son nom : *Remettez-lui ce paquet de ma part.* ⁄ **De part en part,** d'un côté à l'autre, en traversant l'épaisseur : *Le projectile a transpercé le mur de part en part.* ⁄ **De part et d'autre,** des deux côtés, chez les uns comme chez les autres : *Les deux clans se faisaient face et les injures fusaient de part et d'autre.* ⁄ **De toute(s) part(s),** de tous côtés ; partout : *Les lettres de réclamations affluent de toutes parts.* ⁄ **D'une part..., d'autre part...,** d'un côté..., de l'autre... : *D'une part il est timide, d'autre part il est séduisant.* ⁄ **Faire la part de,** tenir compte de : *Faire la part du hasard.* ⁄ **Faire la part du feu,** abandonner, pour ne pas tout perdre, ce qui ne peut plus être sauvé. ⁄ **Faire part de qqch à qqn,** l'en informer : *Je lui ai fait part de ma décision.* ⁄ **Pour ma (ta, sa, etc.) part,** en ce qui me (te, le, etc.) concerne : *Pour ma part, je ne crois pas un mot de tout cela.* ⁄ **Pour une bonne, une large part,** dans une large mesure : *Des considérations financières entraient pour une large part dans son choix.* / **Prendre en bonne, en mauvaise part,** prendre du bon, du mauvais côté ; interpréter en bien ou en mal : *Ne prenez pas son intervention en mauvaise part.* / **Prendre part à qqch,** y participer, s'y associer, y jouer son rôle : *Prendre part au chagrin de qqn. Elle a pris part au complot.* **6. Autre part** ⟶ **autre.** / **Nulle part,** en aucun lieu. / **Quelque part,** v. à son ordre alphabétique.

partage [partaʒ] **n.m.** (de l'anc. v. *partir,* partager). **1.** Action de partager, de diviser en portions, en parties : *Le partage d'un gâteau. Les héritiers ont procédé au partage.* **2.** Fait de partager, d'avoir qqch en commun avec qqn, avec d'autres : *Le partage du pouvoir.* **3.** MATH. Division d'une grandeur ou d'un nombre en parties. **4. Recevoir en partage,** avoir comme don naturel : *Romancière qui a reçu en partage une imagination débordante.* / **Sans partage,** entier, total : *Une fidélité sans partage.* / GÉOGR. **Ligne de partage des eaux,** crête ou plateau séparant deux bassins hydrographiques.

partagé, e [partaʒe] **adj. 1.** Se dit de qqch qui n'est pas imputable à une seule personne : *Les torts sont partagés.* **2.** Se dit de qqn qui est animé de sentiments, de tendances contraires : *Il était partagé entre la joie et la crainte.* **3.** Réciproque : *Amour partagé.*

partager [partaʒe] **v.t.** (de *partage*) [conj. **17**]. **1.** Diviser en plusieurs parts : *Partager un terrain* (syn. **fractionner, morceler**). **2.** Diviser en parts destinées à être attribuées à des personnes différentes : *Partager les bénéfices avec ses associés. Partager un gâteau en trois* (syn. **couper**). **3.** Séparer en parties distinctes : *Raie qui partage en deux une chevelure.* **4.** Donner une part de ce que l'on possède : *Je vais partager mes provisions avec vous.* **5.** Avoir en commun avec qqn, avec d'autres ; s'associer, être associé à qqn : *Elle partage son studio avec une amie. Partager les joies, les responsabilités de qqn.* **6.** Diviser en groupes dont les avis diffèrent, s'opposent : *Question qui partage l'opinion publique.*

partageur, euse [partaʒœr, -øz] **adj.** Qui partage de bon gré : *Il n'est pas très partageur.*

partance [partɑ̃s] **n.f. En partance,** sur le point de partir : *Navire en partance.*

1. partant, e [partɑ̃, -ɑ̃t] **n.** (de *partir*). Celui, celle qui part ; concurrent(e) qui prend le départ d'une course : *Sur les quinze partants, dix ont terminé la course.* ◆ **adj.** *FAM.* **Être partant (pour),** être disposé, prêt (à) : *Je suis partante pour cette randonnée.*

2. partant [partɑ̃] **adv.** (de *par* et *tant*). *LITT.* Marque une articulation logique de conséquence : *La crise économique s'est aggravée, partant la situation politique s'est dégradée* (syn. **par conséquent**).

partenaire [partənɛr] **n.** (angl. *partner,* altér. d'après *part,* de *parcener,* anc. fr. *parçonier,* associé). **1.** Personne avec qui on est associé contre d'autres, dans un jeu. **2.** Personne avec qui l'on pratique certaines activités (danse, sport, etc.). **3.** Personne avec qui l'on a une relation sexuelle. **4.** Pays, groupe qui entretient avec un ou plusieurs autres des relations politiques, économiques, etc. : *Les partenaires européens.* **5. Partenaires sociaux,** représentants du patronat et des syndicats ou de la direction et du personnel, considérés en tant que parties dans des accords, des négociations.

partenarial, e, aux [partənarjal, -o] **adj.** Du partenariat ; relatif au partenariat : *Négociations partenariales.*

partenariat [partənarja] **n.m.** Système associant des partenaires sociaux ou économiques.

parterre [partɛr] **n.m.** (de *par,* sur, et *terre*). **1.** Partie d'un jardin où fleurs, bordures, gazon, etc., sont disposés de manière à former une composition décorative : *Les parterres d'un jardin à la française.* **2.** Partie d'une salle de théâtre située derrière les fauteuils d'orchestre ; spectateurs qui y sont placés : *Un parterre enthousiaste.*

parthénogenèse [partenɔʒənɛz] **n.f.** (du gr. *parthenos,* vierge, et de *genèse*). BIOL. Reproduction à partir d'un ovule ou d'une oosphère non fécondés : *La parthénogenèse s'observe chez les abeilles et donne naissance aux faux bourdons.*

Parthénon, temple d'Athéna Parthénos, bâti à l'initiative de Périclès, au Vᵉ s. av. J.-C., sur l'Acropole d'Athènes par Phidias, qui, assisté de nombreux artistes, dont les architectes Ictinos et Callicratès, en assuma la riche décoration sculptée (frise des Panathénées). Ce temple représente la perfection et l'équilibre de l'ordre dorique.

Parthes, anc. peuple apparenté aux Scythes, installé au IIIᵉ s. av. J.-C. dans la région nord-est de l'Iran. Leur chef Arsace (v. 250), profitant de la faiblesse de l'Empire séleucide, constitua un royaume à la fin du IIᵉ s. av. J.-C., qui s'étendait sur l'Iran et une partie de la Mésopotamie, et mit en échec les armées romaines. La dynastie parthe des Arsacides fut renversée par les Sassanides (224 apr. J.-C.).

1. parti [parti] **n.m.** (de l'anc. v. *partir,* partager). **1.** Association de personnes constituée en vue d'une action politique : *Le système du parti unique.* **2.** Ensemble de personnes ayant des opinions, des aspirations, des affinités communes : *Le parti des mécontents* (syn. **clan, camp**). **3.** *LITT.* Résolution à prendre pour agir : *Hésiter entre deux partis* (syn. **solution**). **4. Esprit de parti,** partialité en faveur de son propre parti ; sectarisme. / **Faire un mauvais parti à qqn,** le maltraiter, le mettre à mal. / **Parti pris,** opinion préconçue : *Sans parti pris, je le crois incapable de traverser le désert à moto* (syn. **partialité**). / **Prendre parti,** se prononcer pour ou contre qqn, qqch : *Les enfants ont pris parti pour leur mère contre leur père.* / **Prendre son parti de qqch,** l'accepter comme inévitable. / **Prendre un parti,** opter pour une solution : *Assez tergiversé, il est temps de prendre un parti* (= se déterminer). / **Tirer parti de qqch, de qqn,** l'utiliser, le faire servir au mieux de ses possibilités : *On ne peut pas tirer parti d'un document apocryphe.* / **Un beau parti,** personne à marier considérée du point de vue des avantages financiers.

2. parti, e [parti] **adj.** (même étym. que *1. parti*). HÉRALD. Se dit d'un écu divisé verticalement en deux parties égales.

partial, e, aux [parsjal, -o] **adj.** (lat. médiév. *partialis,* de *pars,* partie). Qui manque d'équité : *Juge partial.*

partialement [parsjalmɑ̃] **adv.** Avec partialité.

partialité [parsjalite] **n.f.** Attitude partiale ; manque d'objectivité : *Juger qqn sans partialité* (= en toute honnêteté).

participant, e [partisipɑ̃, -ɑ̃t] **n.** et **adj.** Personne qui participe : *Les participants étaient peu nombreux.*

participatif, ive [partisipatif, -iv] **adj. 1.** Qui fait appel à la participation de chacun ; collaboratif ; contributif : *Blog participatif.* **2.** Qui correspond à une participation financière : *Prêts participatifs.* **3. Démocratie participative,** intervention des citoyens dans l'élaboration des décisions publiques, notamment par l'intermédiaire d'associations ou d'O.N.G.

participation [partisipasjɔ̃] **n.f.** (bas lat. *participatio*). **1.** Action, fait de participer : *Sa participation à notre œuvre a été très efficace* (syn. **aide, collaboration**). **2.** Fait de recevoir une part d'un profit ; spécial, système dans lequel les salariés sont associés aux profits et, le cas échéant, à la gestion de leur entreprise. **3.** Action de payer sa part : *Participation aux frais* (syn. **contribution**).

participe [partisip] **n.m.** (lat. *participium*). GRAMM. Forme verbale impersonnelle, qui joue tantôt le rôle d'adjectif (variable), tantôt celui de verbe : *Participe présent, passé.*

participer [partisipe] **v.t. ind.** (lat. *participare,* de *particeps,* qui prend part). **1.** S'associer, prendre part à qqch : *Participer à une manifestation.* **2.** Payer sa part de : *Participer aux frais du repas.* **3.** Avoir part à ; recevoir sa part de : *Participer aux bénéfices d'une société.* **4.** *LITT.* **Participer de qqch,** en présenter certains caractères : *En littérature, le drame participe à la fois de la tragédie et de la comédie* (= relève de).

participial, e, aux [partisipjal, -o] **adj.** **Proposition participiale,** proposition subordonnée dont le verbe est un participe : *« Sa colère apaisée » dans la phrase « Sa colère apaisée, on a pu enfin lui parler » est une proposition participiale.*

particulariser [partikylarize] **v.t.** Différencier par des caractères particuliers : *Une prononciation qui particularise une région.*

particularisme [partikylarism] **n.m.** Fait, pour un groupe social, une ethnie, de chercher à préserver ses particularités (culturelles, linguistiques) ; ensemble de ces particularités.

particularité [partikylarite] **n.f.** Caractère particulier, trait distinctif de qqn, de qqch : *Quelle particularité offre cette ville ?* (syn. **caractéristique, originalité**).

particule [partikyl] **n.f.** (lat. *particula,* dimin. de *pars,* partie). **1.** Très petite partie d'un élément matériel, d'un corps : *De fines particules de calcaire, de sable.* **2.** LING. Petit mot invariable servant à préciser le sens d'autres mots ou à indiquer des rapports grammaticaux (par ex. *-ci* dans *celui-ci*). **3.** Préposition *de* précédant certains noms de famille (noms de familles nobles, en partic.) : *Avoir un nom à particule.* **4.** PHYS. **Particule élémentaire,** constituant fondamental de la matière (électron, quark, etc.) ou de la lumière (photon) apparaissant, dans l'état actuel des connaissances, comme non décomposable en d'autres éléments.

■ **Les premières particules.** Au début du XXe s., on a mis en évidence que l'atome est formé d'un *noyau* entouré d'*électrons* de charge électrique négative, et que le noyau lui-même contient des particules, appelées *protons,* de charge positive et beaucoup plus pesantes que les électrons. De plus, Einstein a montré, pour expliquer l'effet photoélectrique, que la lumière elle-même est constituée de particules, appelées *photons.* Électrons, protons et photons étaient, jusqu'autour de 1930, considérés comme les particules de base de la matière.
Mais, en 1932, J. Chadwick a isolé un autre composant du noyau, le *neutron,* et C. Anderson a découvert dans les rayons cosmiques le *positron,* ou antiélectron de charge positive.
Les découvertes ultérieures. Il est clair, en revanche, que ce qui se passe dans le noyau n'est pas uniquement de nature électromagnétique. La force qui retient protons et neutrons ensemble et celle qui provoque la radioactivité β ne sont pas à longue portée : elles ont été nommées respectivement interactions forte et faible.
Les *rayons cosmiques* ont aussi révélé l'existence de particules qui se désintègrent selon des modalités inhabituelles et qui, pour cette raison, ont été appelées *particules étranges.* La mise en service des accélérateurs du type synchrotron à protons et des chambres à bulles (instruments d'observation des réactions entre particules) a amené la découverte de nombreuses particules analogues, que les théoriciens ont cherché à classer avec l'aide de la théorie des groupes mathématiques. C'est cette classification qui a mené à l'idée de *quark.*
La théorie actuelle. On admet aujourd'hui que toute matière est formée de particules appelées *fermions,* qui sont des objets quantiques. Ils agissent les uns sur les autres (attraction, répulsion, désintégration...) selon des forces (ou interactions) qui, elles-mêmes, sont transmises par d'autres particules dites *bosons,* chaque force possédant ses bosons spécifiques. Ainsi, selon cette classification, les mésons ou les photons sont des bosons, tandis que les électrons, les protons ou les neutrons sont des fermions.
Les connaissances actuelles de la physique des particules sont rassemblées dans une théorie dite « modèle standard ». Ce modèle met en évidence l'unité profonde de la matière, en dépit de la variété des forces qui y règnent. Il concerne trois forces (électromagnétisme, interactions fortes, interactions faibles) agissant au sein des particules. En 2012, l'identification du boson de Higgs (une particule jusqu'à présent hypothétique) dans l'accélérateur de particules LHC du Cern a permis de conforter ce modèle. Cependant, la théorie de la gravitation relève encore d'un modèle différent. ■

1. particulier, ère [partikylje, -ɛr] **adj.** (bas lat. *particularis,* de *pars,* partie). **1.** Affecté en propre à qqn, à qqch : *Avoir une voiture particulière* (syn. **personnel**). *Les appartements particuliers d'un directeur* (syn. **privé**). **2.** Qui concerne spécialement qqn, qqch : *Les tournures particulières à cette langue* (syn. **propre**). **3.** Remarquable ; spécial ; spécifique : *Signe particulier, une cicatrice au menton.* **4.** Qui est défini, précis, limité : *Sur ce point particulier, je ne l'approuve pas* (contr. **général**). **5.** Qui se distingue par qqch d'anormal que l'on considère péjorativement : *Un film d'un genre particulier. Des amitiés particulières.* **6. Conversation particulière,** en tête à tête avec qqn. / **Cours particulier, leçon particulière,** faits à un seul élève ou à un petit groupe d'élèves. / **En particulier,** à part, séparément ; notamment : *Je l'ai rencontré en particulier* (= en privé). *Il a fait beau toute la semaine, en particulier hier* (= spécialement). ◆ **particulier n.m. 1.** Personne privée (par opp. aux *collectivités professionnelles, administratives,* etc.). **2.** Ce qui constitue un élément d'un ensemble : *Le particulier et le général.*

particulièrement [partikyljɛrmɑ̃] **adv.** De façon particulière : *Il aime particulièrement les fruits* (syn. **spécialement**).

partie [parti] **n.f.** (de l'anc. v. *partir,* partager). **1.** Portion, élément d'un tout : *Les différentes parties d'une machine* (syn. **pièce**). *Passer une partie des vacances à la mer* (syn. **fraction**). **2.** Chacune des voix, instrumentales ou vocales, d'une composition musicale : *Partie de soprano, de basse.* **3.** Durée pendant laquelle des adversaires s'opposent, dans un jeu, un sport ; totalité des coups à faire, des points à gagner pour déterminer un gagnant et un perdant : *Partie de cartes, de tennis.* **4.** Ensemble de manœuvres, d'opérations demandant une certaine habileté : *Jouer une partie serrée* (syn. **lutte, compétition**). **5.** Divertissement pris à plusieurs : *Partie de chasse, de pêche.* **6.** Profession, spécialité, domaine de qqn : *Il est très fort dans sa partie. La chimie, ce n'est pas ma partie.* **7.** DR. Chacune des personnes qui plaident l'une contre l'autre : *L'avocat a contesté les arguments de la partie adverse. Se porter partie civile.* **8.** Chacune des personnes qui prennent part à une négociation : *Les diverses parties en présence.* **9. Avoir affaire à forte partie,** se trouver en face d'un adversaire puissant, contre lequel la lutte est difficile. / **Ce n'est pas une partie de plaisir,** c'est un travail pénible, une occupation ennuyeuse. / **Ce n'est que partie remise,** c'est qqch qui est simplement différé, mais qui se fera, qui aura lieu. / **En partie,** pour seulement une fraction, une part ; pas totalement : *Bâtiment en partie détruit* (syn. **partiellement**). *C'est en partie pour lui que j'ai annulé mon voyage* (contr. **uniquement**). / **Faire partie de,** être un élément d'un ensemble : *Vous faites partie des heureux gagnants.* / **Prendre qqn à partie,** s'en prendre à lui, l'attaquer. / MATH. **Partie d'un ensemble,** sous-ensemble de cet ensemble. ◆ **parties n.f. pl.** *FAM.* **Les parties,** les organes génitaux masculins.

1. partiel, elle [parsjɛl] **adj.** (lat. médiév. *partialis*). **1.** Qui ne constitue ou qui ne concerne qu'une partie d'un tout : *Des résultats partiels* (syn. **incomplet**). **2.** Qui n'a lieu, n'existe que pour une partie : *Une éclipse partielle de Lune* (contr. **total**). **3. Élection partielle,** élection faite en dehors des élections générales, à la suite d'un décès, d'une démission, etc. (On dit aussi *une partielle.*) / MATH. **Ordre partiel sur un ensemble,** relation d'ordre sur E telle qu'il n'est pas toujours possible de comparer deux éléments quelconques de E.

2. partiel [parsjɛl] **n.m.** (de *1. partiel*). Épreuve portant sur une partie du programme d'un examen, dans le contrôle continu des connaissances, et constituant un élément de la note finale.

partiellement [parsjɛlmɑ̃] **adv.** En partie ; pour une part : *Une déclaration partiellement vraie.*

partir [partir] **v.i.** (lat. pop. **partire,* class. *partiri,* partager) [conj. **43** ; auxil. *être*]. **1.** Quitter un lieu ; se mettre en route, s'en aller : *Il est trois heures, elle est déjà partie. Partir pour l'Amérique.* **2.** Se mettre en marche ; commencer à fonctionner : *Moteur qui part difficilement. Le coup est parti tout seul.* **3.** S'enlever, disparaître : *Cette tache ne partira pas.* **4. À partir de,** à dater de, depuis : *À partir d'aujourd'hui les choses vont* *changer.* / FAM. **C'est parti,** l'action est commencée. / FAM. **Être mal parti,** commencer mal. / **Partir de,** avoir pour commencement, pour origine, pour point de départ : *Trois routes partent du village. Son geste part d'une bonne intention.* / **Partir d'un éclat de rire,** rire tout à coup aux éclats.

1. partisan, e [partizɑ̃, -an] **n.** (it. *partigiano,* de *parte,* parti). Personne dévouée à une organisation, à un parti, à un idéal, à qqn, etc. ◆ **partisan n.m.** Combattant volontaire n'appartenant pas à une armée régulière. ◆ **partisan, e adj. Partisan de qqch,** favorable à : *Elle est partisane de ce projet.*

2. partisan, e [partizɑ̃, -an] **adj.** (de *1. partisan*). De parti pris, inspiré par l'esprit de parti : *Des querelles partisanes.*

partita [partita] **n.f.** (mot it.). MUS. **1.** Suite de pièces ou de danses en Italie et en Allemagne, aux XVIIe et XVIIIe s. (On dit parfois *suite allemande.*) **2.** Variation ou série de variations sur un thème : *Les partitas de J. S. Bach.*

partitif, ive [partitif, -iv] **adj.** et **n.m.** (lat. *partitus,* de *partire,* partager). GRAMM. **Article partitif,** l'article *du (de la, des),* lorsqu'il désigne une partie d'un tout (par ex. « Manger *du* chocolat, *de la* confiture, *des* fruits »).

partition [partisjɔ̃] **n.f.** (lat. *partitio,* partage). **1.** Partage politique d'une unité territoriale : *La partition de l'Inde* (syn. **division**). **2.** MUS. Ensemble des parties d'une composition musicale réunies pour être lues simultanément ; feuillet, cahier où ces parties sont transcrites. **3.** HÉRALD. Division d'un écu en un nombre pair de parties égales d'émaux alternés. **4.** MATH. **Partition d'un ensemble,** famille de parties non vides de cet ensemble, deux à deux disjointes et dont la réunion est égale à l'ensemble.

partout [partu] **adv.** (de *par,* et *tout*). **1.** En tout lieu, n'importe où : *Ses vêtements traînent partout.* **2.** Se dit lorsque deux joueurs ou deux équipes totalisent le même nombre de points : *Trois partout, match nul.*

parturiente [partyrjɑ̃t] **n.f.** (du lat. *parturire,* être en couches). MÉD. Femme qui accouche.

parturition [partyrisjɔ̃] **n.f.** (bas lat. *parturitio*). **1.** MÉD. Accouchement naturel. **2.** Mise bas des animaux.

parure [paryr] **n.f. 1.** LITT. Ce qui pare, embellit : *Les fleurs sont la parure d'un jardin.* **2.** Ensemble de bijoux assortis destinés à être portés en même temps : *Une parure d'or et rubis.* **3.** Ensemble assorti de pièces de linge : *Une parure de lit.*

parution [parysjɔ̃] **n.f.** Fait de paraître en librairie ; moment de la publication : *La parution de son dernier roman* (syn. **publication**).

parvenir [parvənir] **v.i.** (lat. *pervenire,* de *venire,* venir) [conj. **40** ; auxil. *être*]. **1.** Arriver, venir jusqu'à un point donné : *Nous devons parvenir au refuge avant la nuit* (syn. **atteindre**). **2.** Arriver à destination : *Ma lettre lui est parvenue.* **3.** S'élever socialement : *Il a mis vingt ans à parvenir* (syn. **arriver, réussir**). **4. Parvenir à** (+ inf.), réussir au prix d'un certain effort : *Je ne parviens pas à déchiffrer ce mot* (syn. **arriver à**).

parvenu, e [parvəny] **n.** Personne qui s'est élevée au-dessus de sa condition première sans avoir acquis les manières qui conviendraient à son nouveau milieu (péjor.).

parvis [parvi] **n.m.** (lat. ecclés. *paradisus,* paradis). Place qui s'étend devant l'entrée principale d'une église (parfois, auj., d'un grand bâtiment public).

1. pas [pa] **n.m.** (lat. *passus*). **1.** Mouvement que fait l'homme ou l'animal en portant un pied devant l'autre pour se déplacer : *Faire des grands pas* (syn. **enjambée**). **2.** Manière de marcher : *Le pas lourd d'un vieillard* (syn. **démarche**). *Presser le pas* (syn. **allure**). **3.** Longueur d'une enjambée : *Avancez de trois pas. C'est à deux pas d'ici* (= tout près). **4.** L'allure la plus lente des animaux quadrupèdes, caractérisée par la pose successive des quatre membres : *Passer du pas au trot puis au galop.* **5.** Empreinte des pieds de qqn qui marche : *Des pas dans la neige.* **6.** CHORÉGR. Mouvement exécuté par un danseur avec ses pieds, à terre, avec ou sans parcours ; fragment d'un ballet interprété par un ou plusieurs danseurs : *Pas de quatre.* **7.** Ensemble des installations permettant le tir d'un lanceur spatial. **8.** GÉOGR. Détroit, passage resserré : *Le pas de Calais.* **9.** Distance qui sépare deux filets consécutifs d'une vis, d'un écrou : *Pas d'une hélice.* **10. À pas de loup,** sans bruit. / **Faire le premier pas,** prendre l'initiative d'une relation, d'une rencontre. / **Faire les cent pas,** aller et venir pour tromper son attente. / **Faire un faux pas,** trébucher ; au fig., commettre une erreur, un impair. / **Franchir, sauter le pas,** se décider à faire qqch. / **Mauvais pas,** endroit où il est dangereux de passer ; au fig., situation difficile. / **Pas à pas,** lentement. / **Prendre le pas sur,** devancer, précéder. / **Sur le pas de la porte,** sur le seuil.

2. pas [pa] **adv.** (de *1. pas,* d'abord employé avec des v. du type *avancer, marcher* ; a éliminé *mie* depuis le XVIe s.). **1.** (En corrélation avec *ne* ou dans une phrase nominale). Marque la négation ; indique l'absence de qqn, de qqch : *Il ne voudra pas. Elle n'a pas de monnaie. L'avez-vous su ? – Absolument pas.* **2. Pourquoi pas ?,** indique que l'on envisage une autre possibilité : *Je ne peux tout de même pas lui fausser compagnie. – Pourquoi pas ?*

1. pascal, e, als ou **aux** [paskal, -o] **adj.** (lat. *paschalis*). Qui concerne la fête de Pâques ou la Pâque juive : *L'agneau pascal.*

2. pascal [paskal] **n.m.** (de Blaise *Pascal*) [pl. *pascals*]. Unité mécanique de contrainte et de pression, équivalant à la contrainte ou à la pression uniforme qui, agissant sur une surface plane de 1 mètre carré, exerce perpendiculairement à cette surface une force totale de 1 newton. ▸ Symb. Pa ; 10^5 Pa = 1 bar.

3. Pascal [paskal] **n.m. inv.** (de *Blaise Pascal*). INFORM. Langage de programmation adapté au traitement d'applications scientifiques.

Pascal (Blaise), mathématicien, physicien, philosophe et écrivain français (Clermont, auj. Clermont-Ferrand, 1623 - Paris 1662). À dix-huit ans, il invente une machine arithmétique. Jusqu'en 1652, il se livre à de nombreux travaux sur la pression atmosphérique et l'équilibre des liquides, la presse hydraulique, la géométrie et l'analyse combinatoire. Avec Fermat, il crée le calcul des probabilités. Dès 1646, Pascal est en relation avec les jansénistes. Le 23 nov. 1654, Pascal connaît une nuit d'extase mystique, à la suite de laquelle il décide de consacrer sa vie à la foi et la piété. Il prend alors le parti des jansénistes. Dans les *Provinciales* (1656-1657), il attaque leurs adversaires, les jésuites. Il meurt avant d'avoir achevé une *Apologie de la religion chrétienne,* dont les fragments ont été publiés sous le titre de *Pensées.* L'angoisse pascalienne peut se comprendre comme le déchirement d'un être profondément chrétien face au progrès irrésistible du savoir scientifique, dans le cadre d'un rationalisme qui risque de déboucher sur un monde sans Dieu. Pour Pascal, c'est là un scandale ; et c'est pourquoi il va tout faire pour casser cette perspective. En s'adressant à l'« honnête homme », il va chercher à l'émouvoir en lui montrant le vertige de la création, l'homme égaré entre les deux infinis, l'infiniment grand et l'infiniment petit. Ce désarroi métaphysique vers lequel Pascal pousse l'incroyant n'est pas pour l'acculer au désespoir, mais pour l'inciter à une recherche, car « nous connaissons la vérité non seulement par la raison, mais aussi par le cœur ». L'incroyant est ainsi amené par Pascal vers la joie du croyant.

pas de Calais → **Calais** ***(pas de).***

Pas-de-Calais [62], dép. de la Région Nord-Pas-de-Calais-Picardie ; ch.-l. de dép. *Arras* ; ch.-l. d'arr. *Béthune, Boulogne-sur-Mer, Calais, Lens, Montreuil, Saint-Omer* ; 7 arr., 39 cant., 895 comm. ; 6 671 km² ; 1 490 820 hab.

pas-de-porte [padpɔrt] **n.m. inv.** Somme que paie un commerçant afin d'obtenir la jouissance d'un local, soit directement du bailleur, soit du locataire sortant.

Pasiphaé, reine légendaire de Crète, épouse de Minos, dont elle eut comme enfants Ariane et Phèdre. D'une union monstrueuse – facilitée par Dédale – avec un taureau qui était sorti de la mer sur l'ordre de Poséidon et dont elle s'était éprise, Pasiphaé donna naissance à un être à demi homme et à demi taureau, le Minotaure, qui fut enfermé dans le Labyrinthe.

paso doble [pasodɔbl] **n.m. inv.** (mots esp. « pas double »). Danse de rythme vif, à deux temps, d'origine espagnole.

Pasolini (Pier Paolo), écrivain et cinéaste italien (Bologne 1922 - Ostie 1975). Poète pour qui la découverte de Marx fut déterminante *(les Cendres de Gramsci, Poésie en forme de rose),* il laisse une œuvre romanesque *(les Ragazzi, Une vie violente),* théâtrale *(Calderon)* et cinématographique importante (*Accattone,* 1961 ; *Mamma Roma,* 1962 ; *l'Évangile selon Matthieu,* 1964 ; *Théorème,* 1968 ; *le Décaméron,* 1971 ; *Salo ou les Cent Vingt Journées de Sodome,* 1976) qui porte la marque d'une personnalité déchirée et contradictoire, puisant son inspiration dans la réalité prolétarienne des faubourgs de Rome comme dans les mythes universels ou dans les textes sacrés.

passable [pasabl] **adj.** (de *passer*). Qui est d'une qualité moyenne : *Un devoir passable* (syn. **moyen**).

passablement [pasabləmɑ̃] **adv. 1.** De façon passable : *Savoir sa leçon passablement* (syn. **moyennement**). **2.** De façon notable : *Une scène passablement ridicule* (syn. **assez**).

passacaille [pasakaj] **n.f.** (esp. *pasacalle,* de *pasar,* passer, et *calle,* rue). MUS. Danse de cour à mouvement très lent, au XVIIe s.

passade [pasad] **n.f.** (it. *passata*). **1.** Courte liaison amoureuse (syn. **caprice, toquade**). **2.** Engouement passager : *L'équitation n'aura été qu'une passade pour lui.*

passage [pasaʒ] **n.m. 1.** Action, fait de passer : *Le passage des hirondelles. Le passage de l'équateur* (syn. **franchissement**). *Guetter le passage du facteur* (syn. **venue**). **2.** Lieu où l'on passe pour aller d'un endroit à un autre : *Ôtez-vous du passage* (syn. **accès, chemin**). *Passage pour piétons.* **3.** Somme payée pour emprunter une voie, un moyen de transport (notamm. maritime ou fluvial) : *Travailler pour payer son passage* (syn. **traversée**). **4.** Fragment d'une œuvre littéraire, musicale : *J'ai lu quelques passages de ce roman* (syn. **extrait, morceau**). **5. Avoir un passage à vide,** être momentanément fatigué, déprimé. / **De passage,** qui reste peu de temps dans un endroit. / **Passage à niveau,** croisement au même niveau d'une voie ferrée et d'une route. / **Passage protégé,** croisement où la priorité est accordée à la voie principale et non à la voie de droite.

1. passager, ère [pasaʒe, -ɛr] **adj.** (de *passage*). De brève durée : *Leur bonheur fut passager* (syn. **éphémère, fugace**).

2. passager, ère [pasaʒe, -ɛr] **n.** (de *passage*). Personne qui emprunte un moyen de transport sans en assurer la marche : *Les passagers d'un train, d'un avion, d'un navire.*

passagèrement [pasaʒɛrmɑ̃] **adv.** De manière passagère ; pour peu de temps (syn. **provisoirement, temporairement**).

1. passant [pasɑ̃] **n.m.** (de *passer*). **1.** Anneau qui maintient l'extrémité libre d'une courroie ou d'une sangle : *Le passant d'un bracelet de montre.* **2.** Bande étroite de tissu fixée à un vêtement pour y glisser une ceinture.

2. passant, e [pasɑ̃, -ɑ̃t] **adj.** (de *passer*). Où il y a beaucoup de circulation : *Une rue passante* (syn. **fréquenté**).

3. passant, e [pasɑ̃, -ɑ̃t] **n.** (de *passer*). Personne qui circule à pied dans un lieu, une rue : *Les passants s'attroupèrent autour du camelot* (syn. **piéton, promeneur**).

passation [pasasjɔ̃] **n.f.** (de *passer*). **1.** Action de rédiger dans la forme juridiquement prescrite : *Passation d'un acte.* **2. Passation des pouvoirs,** action de transmettre les pouvoirs administratifs, politiques à son successeur.

1. passe [pas] **n.m.** (abrév.). *FAM.* Passe-partout.

2. passe [pas] **n.m.** Abonnement, forfait, billet, génér. sous forme de carte à puce ou à code-barres, donnant un droit d'accès aux transports, aux musées, aux cinémas, etc.

3. passe [pas] **n.f. 1.** SPORTS. Action de passer le ballon ou le palet à un partenaire, dans les jeux d'équipe (football, rugby, hockey, etc.). **2.** Mouvement par lequel le torero fait passer le taureau près de lui. **3.** Mouvement de la main de l'hypnotiseur, près du sujet, de son visage. **4.** En escrime, action d'avancer sur son adversaire. **5.** MAR. Passage praticable à la navigation ; chenal. **6.** Série de numéros de 19 à 36, à la roulette (par opp. à *manque*) : *Impair, noir et passe.* **7.** *FAM.* Rencontre tarifée entre une personne qui se prostitue et un client. **8. Être dans une bonne, une mauvaise passe,** dans une situation avantageuse, difficile. / **Être en passe de,** être sur le point de, en situation de : *Il est en passe de réussir.* / **Maison, hôtel de passe,** établissement servant à la prostitution. / **Mot de passe,** mot ou phrase convenus par lesquels on se fait reconnaître. / **Passe d'armes,** enchaînement d'attaques, de parades, de ripostes, en escrime ; au fig., vif échange verbal : *Une passe d'armes entre adversaires politiques.*

1. passé [pase] **prép.** (de *passer*). Après, au-delà de (dans l'espace ou le temps) : *Passé le coin de la rue, vous obliquerez légèrement. Passé ce jour, vous perdrez vos droits.*

2. passé, e [pase] **adj.** (p. passé de *passer*). **1.** Écoulé, révolu, en parlant du temps : *L'an passé* (syn. **dernier**). **2.** Qui a perdu de son éclat, en parlant d'une couleur : *Des couleurs passées* (syn. **décoloré, pâli**).

3. passé [pase] **n.m.** (de *2. passé*). **1.** Temps écoulé : *Le passé, le présent et l'avenir.* **2.** GRAMM. Ensemble des formes du verbe situant l'énoncé dans un moment antérieur à l'instant présent. **3.** Vie de qqn avant le moment présent : *Se pencher sur son passé* (= ses souvenirs). **4. Par le passé,** autrefois. **5.** GRAMM. **Passé antérieur,** marquant qu'un fait s'est produit avant un autre dans le passé (ex. : dès qu'il *eut fini d'écrire, il fut soulagé).* / **Passé composé,** formé avec un auxiliaire, et donnant un fait pour accompli (ex. : cette semaine j'*ai* beaucoup *lu*). / **Passé simple,** marquant un fait achevé dans un passé révolu ou historique (ex. : Napoléon *mourut* à Sainte-Hélène).

passe-droit [pasdrwa] **n.m.** (pl. *passe-droits*). Faveur accordée contre le droit, le règlement, l'usage : *Aucun passe-droit ne sera accepté* (syn. **privilège**).

passéisme [paseism] **n.m.** Attachement au passé : *Critiquer le passéisme de certains écrivains* (contr. **modernisme**).

passéiste [paseist] **adj.** et **n.** Qui manifeste une tendance au passéisme (par opp. à *moderniste*).

passement [pasmɑ̃] **n.m.** (de *passer*). Galon dont on orne des rideaux, des habits, etc.

passementerie [pasmɑ̃tri] **n.f.** Fabrication et commerce des passements.

passe-montagne [pasmɔ̃taɲ] **n.m.** (pl. *passe-montagnes*). Coiffure de tricot qui couvre la tête et le cou, ne laissant que le visage à découvert.

passe-partout [paspartu] **n.m. inv. 1.** Clé ouvrant plusieurs serrures : *Le gardien a ouvert la porte avec son passe-partout.* (abrév. fam. *passe.*) **2.** Scie à lame large, avec une poignée à chaque extrémité, pour débiter de grosses pièces (troncs d'arbre, quartiers de pierre, etc.). ◆ **adj. inv.** Dont on peut faire usage en toutes circonstances ; d'un emploi très étendu : *Des réponses passe-partout.*

passe-passe [paspas] **n.m. inv. Tour de passe-passe,** tour d'adresse des prestidigitateurs ; au fig., artifice, tromperie adroite.

passe-plat [paspla] **n.m.** (pl. *passe-plats*). Ouverture pratiquée dans une cloison pour passer directement les plats et les assiettes de la cuisine à la salle à manger.

passepoil [paspwal] **n.m. 1.** Bande de tissu, de cuir, etc., prise en double dans une couture et formant une garniture en relief. **2.** Liseré qui borde la couture de l'uniforme de certaines armes, dont il constitue un signe distinctif.

passeport [paspɔr] **n.m.** (de *passe* et *port,* issue, passage). Document délivré à ses ressortissants par une autorité administrative nationale en vue de certifier leur identité au regard des autorités étrangères et de leur permettre de circuler librement hors des frontières.

passer [pase] **v.i.** (lat. pop. **passare,* de *passus,* pas) [auxil. *être* ou, plus rarement, *avoir*]. **1.** Aller d'un lieu à un autre par rapport à un point situé ou non sur la ligne du mouvement : *Les voitures passent dans la rue* (syn. **circuler**). *Si tu passes par Paris,* *viens nous voir.* **2.** (Suivi d'un inf.). Se rendre quelque part un bref instant : *Passer voir qqn* (syn. **aller**). **3.** Franchir une limite ou un obstacle : *Marchandises qui passent en fraude.* **4.** Couler au travers d'un filtre, d'un tamis : *Le café passe.* **5.** Être digéré : *Le déjeuner ne passe pas.* **6.** Être admis, accepté : *Passer dans la classe supérieure.* **7.** Venir dans une certaine position : *Pour lui, le plaisir passe avant tout* (syn. **l'emporter sur, primer**). **8.** VIEILLI. Dépasser : *Le jupon passe sous la robe.* **9.** Aller d'un lieu dans un autre : *Passer au salon, dans le salon. Laissez-la passer* (syn. **entrer, venir**). *Le poison est passé dans le sang.* **10.** Changer d'état, de situation : *Cette phrase est passée en proverbe. Passer de vie à trépas.* **11.** (Avec un attribut). Être promu à telle fonction : *Il est passé chef de service* (syn. **devenir**). **12.** En venir à : *Passer aux aveux.* **13.** Se joindre à ; rejoindre : *Passer dans l'opposition* (syn. **rallier**). **14.** Se transmettre à un autre possesseur : *À sa mort, la propriété passera à ses fils* (syn. **aller, revenir**). **15.** Se soumettre à ; subir : *Passer à la visite médicale.* **16.** Se produire en public ; être représenté, projeté : *Passer à la télévision. Ce film passe dans quelques salles.* **17.** S'écouler : *Trois minutes passèrent.* **18.** Avoir une durée limitée : *Cette mode passera vite. La douleur va passer* (syn. **finir**). **19.** Perdre son éclat, en parlant d'une couleur : *Le bleu des rideaux a passé au soleil* (syn. **se décolorer, se faner**). **20. En passant,** sans s'attarder. / **Il faudra bien en passer par là,** en venir à faire cela, s'y résoudre. / **Laisser passer,** ne pas s'opposer à ; ne pas remarquer, ne pas corriger. / **Ne pas passer,** ne pas être admis, toléré : *Sa remarque n'est pas passée.* / **Passer par,** se trouver dans tel état, telle situation : *Passer par de graves difficultés* (syn. **traverser**). / **Passer pour,** être considéré comme : *Dans le village, il passe pour fou.* / **Passer sur,** ne pas s'arrêter à : *Passons sur les détails* (syn. **omettre**). / **Y passer,** subir une épreuve, un désagrément : *Moi aussi, j'y suis passé* (= j'ai connu ce genre de difficultés) ; *être dilapidé : Tout son héritage y a passé.* ◆ **v.t.** [auxil. *avoir*]. **1.** Franchir ; traverser : *Passer une rivière sur un pont.* **2.** Subir un examen ; réussir à un examen : *Passer le bac.* **3.** Faire aller d'un lieu dans un autre : *Passer des marchandises en fraude.* **4.** Tamiser ; filtrer : *Passer un bouillon.* **5.** Donner ; transmettre : *Passe-moi le sel.* **6.** Laisser derrière soi ; dépasser : *Passer qqn à la course* (syn. **devancer**). **7.** Aller au-delà de ; dépasser : *Cela passe mes forces.* **8.** Omettre ; sauter : *Passer une ligne.* **9.** (Absol.). S'abstenir de jouer ou d'annoncer, quand vient son tour, à certains jeux (de cartes, etc.) : *Je passe.* **10.** Laisser s'écouler, dépenser, employer du temps : *Passer ses vacances à la mer.* **11.** Satisfaire ; contenter ; assouvir : *Il passe son envie de fumer en suçant des bonbons.* **12.** Ternir les couleurs d'un tissu, d'un papier, etc. : *Le soleil a passé ces bleus* (syn. **décolorer, délaver**). **13.** Étendre sur une surface : *Passer une couche de peinture sur un mur* (syn. **appliquer**). **14.** Mettre sur soi, enfiler rapidement : *Passer une veste.* **15.** Inscrire une écriture comptable : *Passer un article en compte.* **16.** Dresser, établir dans les formes légales : *Passez votre commande avant la fin du mois.* **17.** Exposer, soumettre à l'action de : *Passer un bistouri à la flamme pour le stériliser.* **18. Passer au fil de l'épée,** tuer, exécuter au moyen de l'épée. ◆ **se passer v.pr. 1.** Avoir lieu ; arriver : *La scène se passe à Venise. Que se passe-t-il ?* (syn. **se produire**). **2.** S'écouler : *Deux semaines se sont passées.* **3. Se passer de qqch,** ne pas en avoir besoin, le refuser : *Je me passe de tes conseils.* / **Se passer de,** se priver de qqch, de qqn ; renoncer à faire qqch : *Se passer de tabac, de vacances.*

passereau [pasro] **n.m.** (du lat. *passer, -eris,* moineau). **Passereaux,** ordre d'oiseaux de taille génér. petite, arboricoles, chanteurs et bâtisseurs de nids, pourvus de pattes à quatre doigts : *Le moineau, le merle, le rossignol sont des passereaux.*

passerelle [pasrɛl] **n.f.** (de *passer*). **1.** Pont, souvent étroit, réservé aux piétons : *Une passerelle permet de passer au-dessus de la route.* **2.** Escalier ou plan incliné mobile permettant l'accès à un avion, à un navire : *Passerelle d'embarquement.* **3.** Passage ; communication : *Ménager une passerelle entre deux cycles d'études.* **4.** MAR. Plate-forme située au-dessus du pont supérieur d'un navire et s'étendant sur toute sa largeur : *Passerelle de commandement.*

passe-temps [pastɑ̃] **n.m. inv.** Occupation divertissante, qui fait passer le temps agréablement : *Passe-temps pour les jours de pluie* (syn. **amusement, distraction**).

passeur, euse [pasœr, -øz] **n. 1.** Personne qui conduit un bac, un bateau pour traverser un cours d'eau. **2.** Personne qui fait passer une frontière clandestinement ou qui passe une marchandise en fraude.

passible [pasibl] **adj.** (lat. *passibilis,* de *passus,* ayant souffert). **Passible de,** qui encourt une sanction ou qui peut entraîner son application : *Il est passible de la détention à perpétuité. Délit passible d'un an de prison.*

1. passif, ive [pasif, -iv] **adj.** (bas lat. *passivus,* de *pati,* souffrir). **1.** Qui n'agit pas de soi-même : *Être le témoin passif d'un événement* (contr. **actif**). **2.** Qui manque d'énergie : *Un gros garçon mou et passif* (syn. **apathique, indolent**). **3.** GRAMM. Se dit de l'ensemble des formes verbales (constituées, en français, à l'aide de l'auxiliaire *être* et du p. passé du verbe actif) indiquant que le sujet subit l'action, laquelle est accomplie par l'agent : *L'ensemble des formes passives est appelé la voix passive* (par opp. à *voix active*). **4. Défense passive,** ensemble des moyens mis en œuvre en temps de guerre pour protéger les populations civiles contre les attaques aériennes.

2. passif [pasif] **n.m.** (de *1. passif*). **1.** Ensemble des dettes d'une personne physique ou morale : *Le passif de l'entreprise est lourd* (contr. **actif, avoir**). **2.** GRAMM. Voix passive.

passiflore [pasiflɔr] **n.f.** (du lat. *passio,* passion, et *flos, floris,* fleur). Plante tropicale au fruit comestible *(fruit de la Passion),* dite aussi *fleur de la Passion* à cause de la forme de sa fleur dont les organes évoquent les instruments de la Passion (couronne d'épines, clous, marteaux, etc.).

passim [pasim] **adv.** (mot lat. « çà et là »). En de nombreux autres passages d'un livre : *Page douze et passim.*

passing-shot [pasiŋʃɔt] **n.m.** (mot angl.) [pl. *passing-shots*]. Au tennis, balle rapide et liftée évitant un adversaire monté à la volée.

passion [pasjɔ̃] **n.f.** (lat. *passio,* de *pati,* souffrir). **1.** Amour violent et durable inspiré par une personne : *La passion qu'il ressentait pour elle* (syn. **adoration, idolâtrie**). **2.** Objet de cet amour : *Elle a été la grande passion de sa vie* (syn. **amour**). **3.** Inclination très vive pour qqch : *C'est une femme qui a la passion de son métier* (syn. **culte**). **4.** RELIG. CHRÉT. (Avec une majuscule ; précédé de l'art. déf.). L'ensemble des événements de la vie de Jésus, de son arrestation à sa mort : *Un sermon sur la Passion.* **5. Fruit de la Passion,** fruit comestible de certaines passiflores.

passionnant, e [pasjɔnɑ̃, -ɑ̃t] **adj.** Qui passionne : *Un récit passionnant* (syn. **captivant, fascinant**). *Le match a été passionnant* (syn. **exaltant, excitant**).

passionné, e [pasjɔne] **adj.** et **n.** Animé par la passion : *Débat passionné* (syn. **véhément, vif**). *Un passionné de cinéma* (syn. **fanatique, fou**).

passionnel, elle [pasjɔnɛl] **adj.** Inspiré par la passion amoureuse : *Crime passionnel.*

passionnément [pasjɔnemɑ̃] **adv.** Avec passion : *Aimer passionnément* (syn. **follement**).

passionner [pasjɔne] **v.t. 1.** Intéresser vivement : *Ce roman m'a passionné* (syn. **captiver, fasciner, enthousiasmer**). **2.** Donner un caractère animé, violent à : *Passionner un débat.* ◆ **se passionner v.pr. [pour].** Prendre un intérêt très vif à : *Elle se passionne pour son nouveau travail* (syn. **s'enthousiasmer**).

passivement [pasivmɑ̃] **adv.** De façon passive : *Obéir passivement* (syn. **aveuglément**).

passivité [pasivite] **n.f.** Attitude de qqn qui est passif : *Réagir avec passivité* (syn. **apathie, indolence**).

passoire [paswar] **n.f.** (de *passer*). **1.** Ustensile de cuisine percé de trous, pour égoutter des aliments ou filtrer des liquides. **2.** Ce qui ne retient rien : *Sa mémoire est une passoire. Cette frontière est une passoire.*

pastel [pastɛl] **n.m.** (it. *pastello,* du bas lat. **pastellus,* class. *pastillum,* petit pain). **1.** Type de crayon de couleur en bâtonnet fait d'un matériau colorant aggloméré. **2.** Dessin exécuté au pastel. ◆ **adj. inv.** Se dit de couleurs, de tons clairs et doux : *Les tons pastel d'une layette.*

pastèque [pastɛk] **n.f.** (port. *pateca,* mot hindi). Plante cultivée dans les régions chaudes et méditerranéennes pour son fruit à pulpe rouge très juteuse et rafraîchissante ; ce fruit. (On dit aussi *melon d'eau.*) ▸ Famille des cucurbitacées.

Pasternak (Boris Leonidovitch), écrivain soviétique (Moscou 1890 - Peredelkino 1960). Poète d'inspiration futuriste (*Ma sœur la vie,* 1922 ; *Seconde Naissance,* 1932), il fit paraître, hors d'U.R.S.S., en 1957, *le Docteur Jivago,* roman qui déclencha contre lui une campagne de critiques et de tracasseries policières : il dut décliner le prix Nobel qui lui fut décerné en 1958.

pasteur [pastœr] **n.m.** (lat. *pastor,* de *pascere,* paître). **1.** *LITT.* Homme qui garde les troupeaux : *Les Peuls sont un peuple de pasteurs* (syn. **berger**). **2.** *LITT.* Prêtre ou évêque, en tant qu'il a charge d'âmes (ses « brebis »). ◆ **n.** Ministre du culte protestant.

Pasteur *(Institut),* établissement scientifique, fondé en 1887-1888. Son rôle est de faire progresser la microbiologie (bactériologie, virologie, etc.) et de mettre au point des agents de prévention et de traitement des maladies infectieuses (vaccins, sérums, etc.). C'est un centre de recherches et d'enseignement au rayonnement international.

Pasteur (Louis), chimiste et biologiste français (Dole 1822 - Villeneuve-l'Étang, Marnes-la-Coquette, 1895), fondateur de la microbiologie. Ses premières recherches, portant sur la cristallographie, sont à l'origine de la *stéréochimie.* Puis il étudie les fermentations lactique, alcoolique et butyrique et décèle qu'elles sont dues chacune à un ferment spécifique. Il découvre les bactéries anaérobies, ce qui l'amène à démontrer que la génération spontanée des germes n'existe pas. En 1865, ses travaux sur le ver à soie et sa maladie (pébrine) sauvent la sériciculture. Entre 1870 et 1886, il met en évidence de nombreux germes (staphylocoque, streptocoque...), causes de maladies infectieuses, et met au point un procédé de conservation des bières (pasteurisation). En 1881, avec Roux, il commence ses études sur la rage. En 1885, il met au point un vaccin contre cette maladie, qui lui vaut la célébrité.

pasteurisation [pastœrizasjɔ̃] **n.f.** (du n. de *L. Pasteur*). Stérilisation par chauffage de certains produits alimentaires, qui vise à détruire les micro-organismes pathogènes et la majorité des autres germes : *La pasteurisation du lait, du beurre, de la bière.*

pasteuriser [pastœrize] **v.t.** Opérer la pasteurisation de : *Pasteuriser de la crème, du cidre. Lait pasteurisé.*

pastiche [pastiʃ] **n.m.** (it. *pasticcio,* pâté). Œuvre littéraire ou artistique où l'on imite le style d'un auteur, soit pour assimiler sa manière, soit dans une intention parodique.

pasticher [pastiʃe] **v.t.** Faire le pastiche d'un artiste, d'un écrivain : *Pasticher un romancier* (syn. **contrefaire, parodier**).

pastille [pastij] **n.f.** (esp. *pastilla,* du lat. *pastillum,* dimin. de *panis,* pain). Petit morceau de pâte à sucer, de forme génér. ronde : *Pastille de menthe.*

pastis [pastis] **n.m.** (mot prov.). **1.** Boisson apéritive alcoolisée parfumée à l'anis, qui se boit étendue d'eau. **2.** *FAM.* Situation embrouillée, confuse : *Quel pastis !*

pastoral, e, aux [pastɔral, -o] **adj.** (du lat. *pastor* ; v. *pasteur*). **1.** Qui évoque les bergers : *Vie pastorale* (syn. **agreste, champêtre**). **2.** RELIG. Du pasteur ; du ministre du culte : *Tournée pastorale. Anneau pastoral.*

pastorale [pastɔral] **n.f.** (de *pastoral*). **1.** Poème, peinture dont les personnages sont des bergers, des bergères. **2.** Pièce de musique de caractère champêtre.

pastoureau, elle [pasturo, -ɛl] **n.** *LITT.* Petit berger ; petite bergère.

pastourelle [pasturɛl] **n.f.** (de *pastoureau*). LITTÉR. Genre lyrique du Moyen Âge dans lequel une bergère dialogue avec un chevalier qui cherche à la séduire.

Pasture (Rogier de La) ⟶ **Van der Weyden.**

pat [pat] **adj. inv.** et **n.m.** (it. *patta,* quitte). Aux échecs, se dit du roi quand aucune pièce ni aucun pion ne peut être déplacé sans que le roi soit mis en échec : *Le pat rend la partie nulle.*

patachon [pataʃɔ̃] **n.m.** (du n. du conducteur de *patache,* voiture publique peu confortable). *FAM.* **Mener une vie de patachon,** mener une vie désordonnée de plaisirs et de débauche.

Patagonie, région du sud du Chili et de l'Argentine.

Patanjali, grammairien indien (IIe s. av. J.-C.), continuateur de Panini.

pataquès [patakɛs] **n.m.** (de la phrase plaisante *je ne sais pas-t-à qui est-ce*). **1.** Faute de liaison qui consiste à prononcer un *t* pour un *s,* ou vice versa, ou à confondre deux lettres quelconques : *Dire « ce n'est point-z-à moi » constitue un pataquès.* **2.** Discours confus, inintelligible : *Je ne comprends rien à ce pataquès* (syn. **charabia**).

patate [patat] **n.f.** (esp. *batata*). **1.** *FAM.* Pomme de terre. **2.** Plante de la famille des convolvulacées, cultivée en Amérique et en Asie pour son tubercule comestible ; ce tubercule (on dit aussi *patate douce*). **3.** *FAM.* Personne stupide. **4.** *FAM.* **En avoir gros sur la patate,** éprouver un vif ressentiment ou une profonde tristesse.

patatras [patatra] **interj.** Exprime le bruit d'une chose qui tombe avec fracas : *Patatras ! Toute la vaisselle par terre !*

pataud, e [pato, -od] **n.** et **adj.** (de *patte*). *FAM.* Personne lourde et lente, aux mouvements gauches ; au fig., personne qui manque de tact, de délicatesse.

Pataugas [patogas] **n.m.** (nom déposé). Chaussure montante de toile forte, utilisée notamm. pour la randonnée.

pataugeoire [patoʒwar] **n.f.** Bassin peu profond réservé à la baignade des enfants (dans une piscine, notamm.).

patauger [patoʒe] **v.i.** (de *patte*) [conj. **17**]. **1.** Marcher sur un sol détrempé : *Les ouvriers pataugent dans la boue du chantier.* **2.** S'embarrasser, s'embrouiller dans des difficultés : *Patauger dans un exposé* (syn. **s'empêtrer**).

patch [patʃ] **n.m.** (mot angl.). [Anglic. déconseillé]. **1.** CHIR. Syn. de *pièce.* **2.** MÉD. Syn. de *timbre.*

patchouli [patʃuli] **n.m.** (angl. *patchleaf,* de *patch,* n. hindou de la plante, et *leaf,* feuille). Plante voisine de la menthe, originaire d'Inde et de Chine occidentale, dont on extrait un parfum ; ce parfum. ▸ Famille des labiées.

patchwork [patʃwœrk] **n.m.** (mot angl., de *patch,* pièce, et *work,* travail). **1.** Ouvrage fait de morceaux de tissu de couleurs différentes, cousus les uns aux autres : *Couvre-lit en patchwork.* **2.** Ensemble quelconque formé d'éléments hétérogènes : *Un patchwork de nationalités* (syn. **mosaïque**).

pâte [pɑt] **n.f.** (bas lat. *pasta,* gr. *pastê,* sauce mêlée de farine). **1.** Préparation à base de farine délayée (à l'eau, au lait), pétrie le plus souvent avec d'autres ingrédients (levure, sel, sucre, etc.) et destinée à être consommée cuite : *Pâte à tarte, à crêpes.* **2.** Préparation de consistance intermédiaire entre le liquide et le solide, et destinée à des usages divers : *Pâte de fruits. Pâte dentifrice. Pâte à modeler.* **3.** *FAM.* **Une bonne pâte,** une personne de caractère facile et bon. ◆ **pâtes n.f. pl.** Petits morceaux de pâte de semoule de blé dur prêts à l'emploi en cuisine, et se présentant sous des formes variées (on dit aussi *pâtes alimentaires*) : *Les vermicelles, les nouilles, les macaronis sont des pâtes.*

pâté [pɑte] **n.m. 1.** Préparation à base de hachis de viande ou de poisson, cuite dans une terrine ou enrobée d'une pâte feuilletée : *Du pâté de foie gras. Un pâté en croûte.* **2.** Tache d'encre sur du papier. **3.** Petit tas de sable humide moulé (dans un seau de plage, etc.) que les enfants confectionnent par jeu. **4. Pâté de maisons,** groupe de maisons délimité par des rues.

pâtée [pate] **n.f.** (de *pâte*). **1.** Mélange d'aliments réduits en pâte, de consistance plus ou moins épaisse, avec lequel on nourrit les animaux domestiques : *Donner sa pâtée au chien.* **2.** FAM. Défaite écrasante : *Prendre la pâtée.*

1. patelin [patlɛ̃] **n.m.** (de l'anc. fr. *paztis*, pacage). FAM. Village : *Y a-t-il un hôtel dans ce patelin ?* (syn. **localité**).

2. patelin, e [patlɛ̃, -in] **adj.** et **n.** (de *Maître Pathelin* d'un personnage de farce célèbre). LITT. D'une douceur insinuante et hypocrite : *Un ton patelin* (syn. **mielleux**).

patelle [patɛl] **n.f.** (lat. *patella*, petit plat). Mollusque comestible à coquille conique, très abondant sur les rochers découverts à marée basse (noms usuels : *bernicle, bernique, chapeau chinois*). ▸ Classe des gastéropodes ; taille 5 cm.

patène [patɛn] **n.f.** (lat. *patena*, plat). CATH. Petit plat rond destiné à recevoir l'hostie.

patenôtre [patnotr] **n.f.** (du lat. *Pater noster*, Notre Père). **1.** (Souvent au pl.). Prière où dominaient les *Pater.* **2.** Prière dite machinalement (péjor.) : *Marmotter des patenôtres.*

patent, e [patɑ̃, -ɑ̃t] **adj.** (lat. *patens, -entis*, ouvert). **1.** Qui apparaît avec évidence : *C'est un fait patent* (syn. **incontestable, manifeste**). **2.** HIST. **Lettres patentes,** lettres portant le sceau royal et qui, à la différence des *lettres de cachet*, étaient expédiées ouvertes.

patente [patɑ̃t] **n.f.** (de *[lettres] patentes*, par ellipse). Anc. nom de la taxe* professionnelle.

patenté, e [patɑ̃te] **adj. 1.** Qui payait patente : *Commerçant patenté.* **2.** Qui a le monopole de telle activité : *Défenseur patenté d'une institution* (syn. **attitré, confirmé**).

Pater [patɛr] **n.m. inv.** (mot lat.). Prière en latin qui commence par les mots *Pater noster*, « Notre Père ».

patère [patɛr] **n.f.** (lat. *patera*, coupe). **1.** ANTIQ. Coupe à boire évasée et peu profonde. **2.** Support fixé à un mur pour accrocher des vêtements ou pour soutenir des rideaux, une draperie, etc.

paternalisme [patɛrnalism] **n.m.** (angl. *paternalism*). Attitude marquée de bienveillance condescendante d'un directeur, d'un supérieur envers son personnel.

paternaliste [patɛrnalist] **adj.** et **n.** Qui relève du paternalisme : *Une gestion paternaliste.*

paternel, elle [patɛrnɛl] **adj. 1.** Propre au père : *Domicile paternel.* **2.** Qui est du côté du père : *Grands-parents paternels.* **3.** Qui évoque un père par son caractère protecteur : *Ton, regard paternel* (syn. **indulgent**).

paternellement [patɛrnɛlmɑ̃] **adv.** En père ; comme un père : *S'adresser paternellement à qqn.*

paternité [patɛrnite] **n.f. 1.** État, qualité de père : *Les joies de la paternité.* **2.** Qualité d'auteur, d'inventeur : *Revendiquer la paternité d'une invention.*

pâteux, euse [pɑtø, -øz] **adj. 1.** Qui a la consistance d'une pâte : *Matière pâteuse* (contr. **fluide**). **2.** Qui manque d'aisance ; lourd et embarrassé : *Discours, style pâteux.* **3. Avoir la bouche, la langue pâteuse,** comme encombrée d'une salive épaisse.

Pathé (Charles), industriel et producteur français (Chevry-Cossigny 1863 - Monte-Carlo 1957). Promoteur de l'industrie phonographique française, il fonda, en 1896, la *Société Pathé Frères.* Il développa la branche « cinéma », fabriquant de la pellicule et des appareils, produisant des films, construisant des studios (à Montreuil) et des laboratoires (à Joinville), exploitant de nombreuses salles de cinéma. Il créa le premier journal d'actualités cinématographiques (1909). Son frère **Émile** (Paris 1860 - *id.* 1937) dirigea la branche « phonos ».

pathétique [patetik] **adj.** (bas lat. *patheticus*, gr. *pathêtikos*, relatif à la passion). Qui émeut profondément : *Un appel pathétique* (syn. **bouleversant, poignant**). ◆ **n.m.** Caractère pathétique : *Le pathétique d'une situation.*

pathogène [patɔʒɛn] **adj.** (de *patho-* et *-gène*). Qui provoque la maladie : *Virus pathogène.*

pathologie [patɔlɔʒi] **n.f.** (gr. *pathologia*). **1.** Étude des maladies. **2.** Ensemble des manifestations d'une maladie : *La pathologie du cancer.*

pathologique [patɔlɔʒik] **adj. 1.** Qui tient de la pathologie : *Une peur pathologique de l'eau* (syn. **maladif**). **2.** Qui relève de l'étude des maladies : *Analyse pathologique.*

pathos [patos] **n.m.** (mot gr. « souffrance, passion »). Recherche inopportune d'effets de style dramatiques : *Un article écrit dans un pathos insupportable* (syn. **emphase**).

patibulaire [patibylɛr] **adj.** (du lat. *patibulum*, gibet). Qui inspire la défiance : *Mine, air patibulaires* (syn. **inquiétant, louche**).

patiemment [pasjamɑ̃] **adv.** Avec patience.

patience [pasjɑ̃s] **n.f.** (lat. *patientia*, de *pati*, supporter). **1.** Aptitude à supporter les désagréments de l'existence : *Malade qui endure ses souffrances avec patience* (syn. **résignation**). **2.** Constance dans l'effort : *La patience d'une dentellière* (syn. **persévérance**). **3.** Jeu de cartes que l'on joue en solitaire (syn. **réussite**). **4. Perdre patience,** ne plus supporter d'attendre, de subir. / **Prendre son mal en patience,** s'efforcer de le supporter sans se plaindre.

1. patient, e [pasjɑ̃, -ɑ̃t] **adj.** (lat. *patiens, -entis*). Qui a de la patience ; qui la manifeste : *De patientes recherches* (syn. **acharné, assidu, obstiné**). *Soyez patients, ils arrivent.*

2. patient, e [pasjɑ̃, -ɑ̃t] **n.** (de *1. patient*). Personne qui subit un traitement, une opération chirurgicale, etc.

patienter [pasjɑ̃te] **v.i.** Prendre patience ; attendre : *Prenez un magazine pour patienter.*

patin [patɛ̃] **n.m.** (de *patte*). **1.** Pièce de tissu (génér. du feutre) sur laquelle on pose le pied pour avancer en glissant sur un parquet, sans risque de le rayer ou de le salir. **2.** Organe mobile venant frotter sur une surface, soit pour servir d'appui à un ensemble en mouvement (guidage), soit pour absorber de la puissance en excédent (freinage) dans une machine, un mécanisme : *Patin de frein.* **3. Patin à glace,** dispositif constitué d'une lame fixée sous une chaussure pour glisser sur la glace. / **Patin à roulettes,** dispositif monté sur quatre roulettes et qui s'adapte au pied au moyen de lanières, ou qui est fixé directement à une chaussure spéciale.

1. patinage [patinaʒ] **n.m.** (de *1. patiner*). **1.** Pratique du patin à glace, du patin à roulettes : *Patinage artistique.* **2.** Rotation sans entraînement des roues motrices d'un véhicule, par suite d'une adhérence insuffisante : *Le patinage des roues d'une voiture sur la neige durcie.*

2. patinage [patinaʒ] **n.m.** (de *2. patiner*). Action de revêtir d'une patine ; fait de se patiner.

patine [patin] **n.f.** (it. *patina*). Aspect que prennent certains objets, certaines surfaces avec le temps : *La table a pris une belle patine.*

1. patiner [patine] **v.i.** (de *patte*). **1.** Glisser, avancer avec des patins (à glace, à roulettes). **2.** Glisser par manque d'adhérence : *Roue qui patine* (syn. **chasser, déraper**).

2. patiner [patine] **v.t.** (de *patine*). Donner, naturellement ou artificiellement, une patine : *Plusieurs générations ont patiné cette rampe d'escalier.* ◆ **se patiner v.pr.** Prendre la patine : *Bronzes qui se patinent.*

patinette [patinɛt] **n.f.** (de *1. patiner*). Trottinette.

patineur, euse [patinœr, -øz] **n.** (de *1. patiner*). Personne qui patine.

Patinir ou **Patenier (Joachim),** peintre des anc. Pays-Bas du Sud (Dinant ou Bouvignes v. 1480 - Anvers 1524). Inscrit à la guilde d'Anvers en 1515, il fut le premier à donner une importance majeure au paysage dans ses tableaux, aux sujets bibliques (au musée des Beaux-Arts d'Anvers : *Paysage avec la fuite en Égypte*).

patinoire [patinwar] **n.f. 1.** Lieu aménagé pour le patinage sur glace. **2.** Surface très glissante : *La chaussée verglacée est une vraie patinoire.*

patio [pasjo] ou [patjo] **n.m.** (mot esp., d'orig. obsc.). Cour intérieure des maisons de type espagnol.

pâtir [pɑtir] **v.i.** (lat. *pati,* subir) [conj. **32**]. Subir un dommage à cause de : *Les oliviers ont pâti du gel* (syn. **souffrir**).

pâtisserie [pɑtisri] **n.f.** (de *pâtisser,* travailler la pâte). **1.** Préparation, sucrée ou salée, de pâte travaillée, garnie et cuite au four : *Faire de la pâtisserie.* **2.** Profession, commerce, boutique de pâtissier : *Aller à la pâtisserie.*

pâtissier, ère [pɑtisje, -ɛr] **n.** Personne qui confectionne ou qui vend de la pâtisserie. ◆ **pâtissière adj.f. Crème pâtissière,** crème cuite, assez épaisse, souvent parfumée, qui garnit certaines pâtisseries (choux, éclairs, etc.).

pâtisson [pɑtisɔ̃] **n.m.** (de l'anc. fr. *pastitz,* pâté). Courge d'une espèce dite aussi *artichaut d'Espagne* ou *d'Israël.*

Pátmos, île grecque de la mer Égée où, selon une tradition chrétienne fondée sur l'Apocalypse (I, 9), un certain Jean, qui n'est pas nécessairement l'apôtre (en dépit d'une attribution courante), aurait été exilé sous le règne de Néron ou de Domitien. Il y aurait composé le dernier livre du canon du Nouveau Testament, l'Apocalypse, à la faveur des extases qui y sont mentionnées et qui furent un des grands thèmes de la peinture religieuse.

Patna, v. de l'Inde, cap. du Bihar, sur le Gange ; 2 046 652 hab. dans l'agglomération. Université. Musée.

patois [patwa] **n.m.** (du rad. onomat. *patt-* exprimant la familiarité ; v. *patte*). Parler propre à une région rurale : *Le patois d'Auvergne, savoyard.*

patoisant, e [patwazɑ̃, -ɑ̃t] **adj.** et **n.** Qui s'exprime en patois.

patraque [patrak] **adj.** (prov. *patraco,* monnaie usée). *FAM.* Un peu fatigué ou souffrant : *Se sentir patraque* (syn. **incommodé, indisposé**).

pâtre [pɑtr] **n.m.** (lat. *pastor*). *LITT.* Celui qui fait paître des troupeaux (syn. **berger, pasteur**).

patriarcal, e, aux [patrijarkal, -o] **adj.** (lat. ecclés. *patriarchalis*). SOCIOL. Qui relève du patriarcat : *Société patriarcale.*

patriarcat [patrijarka] **n.m.** (lat. ecclés. *patriarchatus*). **1.** RELIG. CHRÉT. Dignité, fonction de patriarche ; territoire sur lequel s'exerce la juridiction d'un patriarche. **2.** SOCIOL. Organisation familiale et sociale fondée sur la descendance par les mâles et sur le pouvoir exclusif ou prépondérant du père.

patriarche [patrijarʃ] **n.m.** (lat. ecclés. *patriarcha,* gr. *patriarkhês,* chef de famille). **1.** *LITT.* Vieillard respectable, qui vit entouré d'une nombreuse famille. **2.** Évêque d'un siège épiscopal ayant autorité sur les autres évêques, dans les Églises orientales.

patricien, enne [patrisjɛ̃, -ɛn] **n.** (lat. *patricius*). ANTIQ. ROM. Citoyen appartenant à la classe aristocratique. ◆ **adj.** *LITT.* Noble : *Famille patricienne.*

Patrick ou **Patrice *(saint),*** apôtre et patron de l'Irlande (fin IVe s. - v. 461). Ordonné évêque à Auxerre par saint Germain, il fait un séjour à Rome entre 441 et 443, puis s'établit en Irlande, y installe son siège épiscopal à Armagh et s'efforce de faire accepter par la chrétienté de l'île les normes de l'Église latine. Sa fête, le 17 mars, est en Irlande une solennité nationale.

patrie [patri] **n.f.** (lat. *patria* propr. « pays du père »). **1.** Communauté politique d'individus vivant sur le même sol et liés par un sentiment d'appartenance à une même collectivité ; pays habité par une telle communauté : *Défendre le sol de la patrie. Mère patrie* (= pays où l'on est né). **2.** Pays, province, ville d'origine d'une personne : *Saint-Malo est la patrie de Jacques Cartier.*

patrilinéaire [patrilineɛr] **adj.** (du lat. *pater,* père, et de *linéaire*). ANTHROP. Se dit d'un mode de filiation ou d'organisation sociale qui ne prend en compte que l'ascendance paternelle (par opp. à *matrilinéaire*).

patrimoine [patrimwan] **n.m.** (lat. *patrimonium,* de *pater,* père). **1.** Ensemble des biens hérités du père et de la mère : *Dilapider le patrimoine familial* (syn. **succession**). **2.** Héritage commun d'une collectivité : *Les œuvres littéraires font partie du patrimoine de la nation.* **3. Patrimoine culturel,** ensemble des biens publics ou privés qui présentent un intérêt artistique, esthétique, historique, scientifique ou technique. / **Patrimoine culturel immatériel,** ensemble des pratiques sociales, des représentations, des connaissances et des savoir-faire qui font partie du patrimoine culturel d'une communauté. ***Rem.*** Cette notion, définie par l'Unesco, comprend les rituels, les arts du spectacle, l'artisanat traditionnel, les langues et pratiques orales. / **Patrimoine de l'humanité,** patrimoine culturel et naturel présentant un intérêt universel. / BIOL. **Patrimoine génétique, héréditaire,** ensemble des gènes portés par les chromosomes de l'espèce ; génome.

■ **L'établissement du patrimoine culturel.** C'est la Révolution française qui, achevant l'œuvre du XVIIIe s., proclame que le patrimoine culturel, jusque-là confisqué par une minorité de privilégiés, est la propriété légitime de la nation et doit servir à son éducation. Au XIXe s., sous la monarchie de Juillet, le ministre de l'Instruction publique François Guizot se préoccupe d'inventaire et de conservation des monuments. Mérimée, inspecteur général des Monuments historiques, sillonne le pays pour dresser un inventaire général des richesses dignes d'être classées ; il est parfois accompagné par l'architecte Viollet-le-Duc, qui dirige la restauration de nombreux édifices médiévaux.

L'impulsion décisive la plus récente est due à André Malraux, lorsque, ministre des Affaires culturelles, il fait adopter la loi (1962) sur la protection du patrimoine historique et esthétique. L'idée n'est plus de sauvegarder uniquement le chef-d'œuvre isolé, mais celle de conserver aussi son écrin géographique, voire une simple perspective urbaine, témoin authentique d'un passé à valeur esthétique et mémorielle. Sauvegarde et mise en valeur sont déclarées être du ressort de l'État et considérées comme trop essentielles pour être laissées à l'initiative privée.

Le ministre de la Culture Jack Lang crée en 1984 des journées portes ouvertes pendant lesquelles le public se réapproprie le patrimoine national. Ce qu'on appelle aujourd'hui *les Journées du patrimoine* s'est étendu à de nombreux pays et attire en France une douzaine de millions de visiteurs chaque année.

Le patrimoine culturel français. Le patrimoine est lié à la notion d'archives et de dépôt* légal des œuvres de l'esprit, dont sont responsables en France la Bibliothèque nationale de France (B.N.F.), le Centre national du cinéma et de l'image animée (C.N.C.) et l'Institut national de l'audiovisuel (I.N.A.). La France regroupe dans un Code du patrimoine les lois et règlements régissant les fouilles archéologiques, la sortie du territoire pour une œuvre d'art, les sites et espaces protégés, etc. ■

patrimonial, e, aux [patrimɔnjal, -o] **adj.** (lat. *patrimonialis*). Relatif à un patrimoine : *Richesses patrimoniales.*

patriote [patrijɔt] **adj.** et **n.** (bas lat. *patriota*). Qui aime sa patrie et le prouve par ses actes : *Une famille très patriote. Des groupes de patriotes.*

patriotique [patrijɔtik] **adj.** Qui exprime le patriotisme : *Des chants patriotiques.*

patriotisme [patrijɔtism] **n.m.** Amour de la patrie : *Un ardent patriotisme le jeta dans les rangs des maquisards.*

Patrocle, héros grec, ami d'Achille, qu'il accompagna à Troie. Lorsque Achille, dans sa colère, se retira sous sa tente, il prêta ses armes à Patrocle, mais celui-ci fut tué par Hector. Achille reprit ses propres armes au meurtrier et le tua, puis il fit des funérailles solennelles à son ami.

1. patron, onne [patrɔ̃, -ɔn] **n.** (lat. *patronus,* protecteur, de *pater,* père). **1.** Chef d'une entreprise industrielle ou commerciale ; employeur, par rapport à ses employés : *Un patron d'usine* (syn. **directeur**). **2.** Professeur de médecine ; personne qui dirige un service hospitalier. **3.** Professeur, maître qui dirige un travail de recherche : *Patron de thèse.*

4. MAR. Commandant d'un bateau de pêche. **5.** Saint, sainte dont on porte le nom ou qui sont désignés comme protecteurs d'une ville, d'une corporation, etc. : *Saint Crespin est le patron des cordonniers.*

2. patron [patrɔ̃] **n.m.** (de *1. patron*). **1.** Modèle (en tissu, en papier fort, etc.) d'après lequel on taille un vêtement. **2.** GÉOM. Représentation en plan d'un solide, qui une fois découpée et repliée permet de restituer le solide en volume. **3. Tailles demi-patron, patron, grand patron,** chacune des trois tailles masculines, en bonneterie.

patronage [patrɔnaʒ] **n.m.** (de *1. patron*). **1.** Appui, soutien accordé par un personnage influent : *Cérémonie sous le patronage d'un ministre.* **2.** Protection d'un saint. **3.** Organisation, œuvre qui veille sur les enfants, les adolescents, en partic., en organisant leurs loisirs pendant les congés : *Patronage laïque.*

patronal, e, aux [patrɔnal, -o] **adj. 1.** Du patronat : *Syndicat patronal.* **2.** Du saint patron : *Fête patronale.*

patronat [patrɔna] **n.m.** Ensemble des patrons, des chefs d'entreprise : *Patronat et salariat.*

patronner [patrɔne] **v.t.** (de *1. patron*). Donner le soutien de son autorité, de son influence à : *Acteur qui patronne une œuvre caritative* (syn. **parrainer**).

patronnesse [patrɔnɛs] **adj.f. Dame patronnesse,** femme qui patronne une œuvre de bienfaisance.

patronyme [patrɔnim] **n.m.** Nom patronymique.

patronymique [patrɔnimik] **adj.** (bas lat. *patronymicus,* du gr. *patrônumikos,* de *patêr,* père, et *onoma,* nom). **Nom patronymique,** nom de famille (par opp. à *prénom*).

patrouille [patruj] **n.f.** (de *patrouiller*). Mission de surveillance, de renseignements ou de liaison confiée à une petite formation militaire (terrestre, aérienne ou navale) ou policière ; cette formation elle-même.

patrouiller [patruje] **v.i.** (var. de *patouiller,* partager). Effectuer une, des patrouilles ; aller en patrouille.

patrouilleur [patrujœr] **n.m. 1.** Membre, élément d'une patrouille (soldat, aéronef, etc.). **2.** MAR. Petit bâtiment de guerre spécial. conçu pour les patrouilles.

patte [pat] **n.f.** (orig. onomat. sur le rad. gallo-romain *patt-*). **1.** Membre ou appendice des animaux supportant le corps et assurant la marche, le saut, le grimper, la préhension, etc. : *Les insectes ont trois paires de pattes.* **2.** FAM. Pied, jambe : *Se casser une patte.* **3.** Habileté de la main particulière à un artiste : *Reconnaître la patte d'un peintre.* **4.** Languette de cuir, d'étoffe, etc., servant à fermer, à décorer un vêtement : *Les pattes d'une poche.* **5.** Pièce longue et plate servant à fixer, maintenir, assembler : *Les pattes d'un miroir.* **6.** MAR. Pièce triangulaire de chacun des bras d'une ancre. **7.** (Surtout au pl.). Cheveux qu'on laisse pousser en avant de l'oreille. **8.** FAM. **Coup de patte,** critique, trait malveillants lancés à qqn. / **Marcher à quatre pattes,** marcher sur les mains et les genoux. / **Montrer patte blanche,** présenter toutes les garanties nécessaires pour être admis quelque part. / **Pantalon à pattes d'éléphant,** pantalon dont les jambes s'évasent du genou aux chevilles. / FAM. **Retomber sur ses pattes,** sortir sans dommage d'un mauvais pas. / FAM. **Tirer dans les pattes de qqn,** lui causer sournoisement des difficultés.

patte-d'oie [patdwa] **n.f.** (pl. *pattes-d'oie*). **1.** Carrefour où trois voies (ou davantage) s'ouvrent selon des directions obliques les unes par rapport aux autres. **2.** Rides divergentes à l'angle externe de l'œil.

pattemouille [patmuj] **n.f.** (de *patte,* chiffon, et de *mouiller*). Linge mouillé que l'on utilise pour repasser un tissu à la vapeur.

Patton (George), général américain (San Gabriel, Californie, 1885 - Heidelberg 1945). Spécialiste des blindés, il conduisit la IIIe armée américaine d'Avranches à Metz (1944) et du Rhin jusqu'en Bohême (1945).

pâturage [pɑtyraʒ] **n.m.** Lieu où le bétail pâture : *Les pâturages de Normandie* (syn. **herbage, pacage, pâture**).

pâture [pɑtyr] **n.f.** (bas lat. *pastura,* de *pascere,* paître). **1.** Nourriture des animaux : *Oiseaux qui cherchent leur pâture* (syn. **becquée**). **2.** Lieu où l'on fait paître le bétail (syn. **herbage, pacage**). **3.** Ce sur quoi peut s'exercer une activité : *Fait divers donné en pâture aux journalistes.*

pâturer [pɑtyre] **v.t.** et **v.i.** AGRIC. Paître.

paturon [patyrɔ̃] **n.m.** (de l'anc. fr. *pasture,* corde attachant l'animal par la jambe, lat. *pastoria,* corde de pâtre). Partie de la jambe du cheval, entre le boulet et le sabot, correspondant à la première phalange.

Pau, ch.-l. du dép. des Pyrénées-Atlantiques, sur le *gave de Pau,* à 751 km au sud-ouest de Paris ; 80 238 hab. *(Palois)* [196 561 hab. dans l'agglomération]. Université. Cour d'appel. Anc. cap. des rois de Navarre. Château des XIIIe-XVIe s., très restauré (tapisseries ; Musée béarnais). Musées des Beaux-Arts et Bernadotte.

Paul *(saint),* apôtre de Jésus-Christ (Tarse, Cilicie, entre 5 et 15 - Rome 62-64 ou 67). D'origine juive, mais citoyen romain, connu alors sous le nom de Saül de Tarse, il est d'abord un pharisien fervent et un farouche adversaire des chrétiens. Une vision du Christ sur le chemin de Damas (v. 36) le transforme en « Apôtre des gentils », c'est-à-dire des non-juifs, dont il refusera violemment qu'on les assujettisse aux observances mosaïques. L'impressionnante activité missionnaire de Paul s'est déployée autour de trois grands voyages (46-48, 49-52 et 53-58), qui lui ont fait visiter Chypre, l'Asie Mineure, la Macédoine, la Grèce, et au cours desquels il fondait des Églises dans les centres importants. En 58, il est arrêté à l'instigation des autorités juives et conduit à Rome pour y être jugé en qualité de citoyen romain. Le livre des Actes des Apôtres, qui est notre principale source d'information à ce sujet, ne va pas au-delà de ce séjour à Rome. Selon les uns, Paul y aurait été mis à mort entre 62 et 64 ; selon d'autres, il aurait été décapité en 67 aux portes de la cité, sur la voie d'Ostie.
Paul, dont l'importance a été si grande dans la première évangélisation que certains ont voulu faire de lui le second, sinon le véritable, fondateur du christianisme, est l'un des auteurs majeurs du Nouveau Testament par ses lettres, ou épîtres, qui constituent une œuvre théologique immense. La tradition en a retenu quatorze : aux Romains, aux Corinthiens (I et II), aux Galates, aux Éphésiens, aux Philippiens, aux Colossiens, aux Thessaloniciens (I et II), à Timothée (I et II), à Tite, à Philémon et aux Hébreux. Mais l'authenticité de certaines (Tite, Timothée, Hébreux) est contestée.

Paul III (Alessandro **Farnèse**) [Canino 1468 - Rome 1549], pape de 1534 à 1549. Comblé de faveurs par Alexandre VI et véritable pape de la Renaissance (y compris comme mécène, notamment quand il confie à Michel-Ange la fresque du *Jugement dernier* de la chapelle Sixtine), il est un des promoteurs de la Réforme catholique : il prépare et convoque le concile de Trente (1545), approuve de nouveaux instituts religieux, dont les Jésuites (1540), nomme des cardinaux favorables à la Contre-Réforme et va jusqu'à rétablir l'Inquisition (1542) en vue de contenir l'infiltration du protestantisme.

Paul VI (Giovanni Battista **Montini**) [Concesio, près de Brescia, 1897 - Castel Gandolfo 1978], pape de 1963 à 1978. Il devient en 1952 le plus proche collaborateur de Pie XII avec le titre de prosecrétaire d'État. Archevêque de Milan en 1954, cardinal en 1958, il succède, en juin 1963, à Jean XXIII, dont il poursuit l'œuvre de réforme, d'abord au cours des trois dernières sessions du deuxième concile du Vatican (1963-1965). Soucieux de développer la collégialité, il convoque régulièrement des synodes. Il réforme la curie romaine en la démocratisant et en l'internationalisant. Il inaugure une importante série de voyages, rencontrant, en janv. 1964, à Jérusalem, le patriarche de Constantinople Athênagoras, premier geste de cette importance depuis la rupture de 1054 avec l'Église orthodoxe. Parmi ses encycliques, les unes se situent dans une perspective fort traditionnelle – par exemple, sur le célibat ecclésiastique ou sur la régulation des naissances *(Humanae vitae)* –, d'autres, notamment *Populorum progressio,* témoignent d'une réflexion approfondie sur les problèmes contemporains.

Pauli (Wolfgang), physicien américain et suisse d'origine autrichienne (Vienne 1900 - Zurich 1958). L'un des créateurs de la théorie quantique des champs, il a énoncé en 1925 le « principe d'exclusion » selon lequel deux électrons d'un atome ne peuvent avoir les mêmes nombres quantiques. En 1931, avec Fermi, il fit l'hypothèse de l'existence du neutrino. (Prix Nobel 1945.)

Pauling (Linus Carl), chimiste américain (Portland, Oregon, 1901 - près de Big Sur, Californie, 1994). Il a introduit la mécanique quantique en chimie atomique, étudié les macromolécules organiques, la structure des molécules et les liaisons chimiques. Par ailleurs, il a milité, à partir de 1958, en particulier dans le milieu scientifique, pour le désarmement nucléaire. (Prix Nobel de chimie 1954 ; prix Nobel de la paix 1962.)

paulownia [polɔnja] **n.m.** (de Anna *Paulowna,* fille du tsar Paul Ier). Arbre ornemental originaire de l'Extrême-Orient, à fleurs mauves odorantes, à grandes feuilles. ▸ Famille des scrofulariacées ; haut. jusqu'à 15 m.

paume [pom] **n.f.** (lat. *palma*). **1.** Intérieur, creux de la main, entre le poignet et les doigts. **2.** Jeu où l'on se renvoie une balle avec une raquette.

paumé, e [pome] **adj.** et **n.** (de *paumer*). FAM. Qui est désorienté, perdu ; qui vit en dehors de la réalité.

paumelle [pomɛl] **n.f.** (de *paume*). Ferrure double qui permet le pivotement d'une porte, d'une fenêtre, et dont les deux parties, l'une fixe, portant un gond, l'autre mobile, peuvent être séparées.

paumer [pome] **v.t.** (de *paume*). FAM. Perdre : *J'ai paumé mon stylo* (syn. **égarer**). ◆ **se paumer v.pr.** FAM. Perdre son chemin : *On s'est paumés en banlieue* (syn. **s'égarer**).

paupérisation [poperizasjɔ̃] **n.f.** (du lat. *pauper,* pauvre). Appauvrissement progressif et continu d'une population.

paupériser [poperize] **v.t.** Frapper de paupérisation.

paupière [popjɛr] **n.f.** (lat. *palpebra*). Membrane de peau mobile qui protège la partie antérieure de l'œil : *Paupière supérieure, inférieure.*

paupiette [popjɛt] **n.f.** (anc. fr. *poupe,* partie charnue). Mince tranche de viande roulée autour d'une farce, bardée de lard et braisée : *Paupiette de veau.*

pause [poz] **n.f.** (lat. *pausa,* du gr.). **1.** Arrêt momentané d'une activité, d'un travail, génér. consacré au repos : *C'est l'heure de la pause* (syn. **détente**). **2.** Suspension dans le déroulement d'un processus : *Marquer une pause dans des réformes.* **3.** MUS. Silence dont la durée correspond à celle d'une mesure, quelle qu'elle soit ; signe qui note ce silence. **4.** BELG. **Faire les pauses,** travailler en équipes par roulement.

pause-café [pozkafe] **n.f.** (pl. pauses-café). Pause pendant le travail, pour prendre un café.

pauvre [povr] **adj.** et **n.** (lat. *pauper*). Qui a peu de ressources, de biens, d'argent : *Né d'une famille pauvre* (syn. **indigent, nécessiteux** ; contr. **aisé**). *Faire l'aumône à un pauvre* (syn. **miséreux**). ◆ **adj. 1.** Qui dénote le manque d'argent : *De pauvres habits* (syn. **misérable**). **2.** (Avant le n.). Qui attire la pitié, la commisération : *Le pauvre homme !* (syn. **infortuné, malheureux**). **3.** Qui n'a pas l'abondance voulue : *La récolte a été pauvre* (syn. **maigre**). *Un vocabulaire pauvre* (syn. **médiocre, réduit**). **4.** Qui produit peu ; qui est peu fécond : *Terre pauvre* (syn. **infertile, stérile**). **5. Pauvre en,** qui contient peu de ; qui manque de : *Alimentation pauvre en vitamines.* **6.** ART CONTEMP. **Art pauvre,** tendance caractérisée par un refus des techniques traditionnelles et des matériaux nobles de la création artistique.

■ BEAUX-ARTS. Apparu en Italie vers 1965-1967, l'art pauvre *(arte povera)* produit des assemblages et des installations à base de matériaux non artistiques et souvent frustes tels que terre, graisse, métaux bruts, feutre, briques, ciment, liquides, auxquels peuvent s'ajouter des tubes au néon, une sonorisation électronique, etc. Il a pour principaux représentants Mario Merz, Giovanni Anselmo, le Grec Jannis Kounellis, Gilberto Zorio, Giuseppe Penone, ce dernier orientant ses recherches sur le monde végétal. ■

pauvrement [povrəmɑ̃] **adv.** De façon pauvre : *Vivre pauvrement* (syn. **misérablement**). *C'est pauvrement écrit.*

pauvresse [povrɛs] **n.f.** VIEILLI. Femme sans ressources, indigente (syn. **mendiante, miséreuse**).

pauvret, ette [povrɛ, -ɛt] **n.** et **adj.** Terme de commisération adressé à un enfant : *Oh, le pauvret !*

pauvreté [povrəte] **n.f.** (lat. *paupertas*). **1.** Manque d'argent, de ressources ; état d'une personne pauvre : *Des familles vivant dans la pauvreté* (syn. **dénuement, indigence**). **2.** État de qqch qui est pauvre : *Pauvreté d'un sol* (syn. **aridité, stérilité**). *La pauvreté du vocabulaire d'un écrivaillon* (syn. **médiocrité, sécheresse**).

■ ÉCONOMIE. Mesurer la pauvreté est difficile surtout dans les pays en développement où une partie de la population tire ses revenus d'activités informelles qui échappent aux statistiques. Au niveau mondial, le recul de la pauvreté est un objectif essentiel ; parmi ses huit « objectifs du millénaire pour le développement », définis en 2000 et à atteindre d'ici 2015, l'O.N.U. s'est fixé de réduire de moitié (par rapport à 1990) la proportion de la population dont le revenu est inférieur à 1,25 $ par jour (extrême pauvreté), et cet objectif va, de fait, être atteint avant même 2015. Pour les pays développés, l'O.C.D.E. fixe le seuil de pauvreté à 50 % du revenu médian tandis que l'Union européenne a choisi le taux de 60 %. On estime qu'en France, en 2009, 27 % de la population avait des ressources inférieures à ce dernier seuil ; cette proportion est ramenée à 15 % si l'on choisit le seuil de 50 % du revenu médian. ■

pavage [pavaʒ] **n.m. 1.** Action de paver : *Le pavage d'une rue.* **2.** Revêtement d'un sol, constitué de pavés ou d'éléments de petite taille et de forme plus ou moins régulière : *Pavage en mosaïque* (syn. **pavé, pavement**). **3.** GÉOM. Action de paver un plan.

pavane [pavan] **n.f.** (de l'it. dialect. *[danza] pavana,* [danse] de Padoue). Danse et composition musicale de caractère noble et lent, à deux temps, qui, dans la suite ancienne, est suivie de la gaillarde.

se pavaner [pavane] **v.pr.** (croisement entre *pavane* et *se paonner,* de *paon*). Marcher ou se tenir en prenant des poses avantageuses ; faire l'important : *Il se pavanait au milieu d'un cercle d'admiratrices* (syn. **parader, plastronner**).

Pavarotti (Luciano), ténor italien (Modène 1935 - *id.* 2007). Après des débuts à la Scala de Milan en 1965, il a triomphé sur les plus grandes scènes du monde, dans le répertoire romantique italien.

pavé [pave] **n.m.** (de *paver*). **1.** Bloc de pierre, génér. de forme cubique, utilisé pour le revêtement de certaines voies. **2.** Revêtement formé de tels blocs : *Le pavé du boulevard* (syn. **pavage, pavement**). **3.** FAM. Livre très épais ; texte trop long : *Un pavé de deux mille pages.* **4.** Dans un journal, texte souvent publicitaire, de grandes dimensions, distingué du reste de la publication par un encadré, une typographie particulière, etc. **5.** Bifteck très épais : *Pavé aux herbes.* **6.** MATH. Ensemble des points d'un espace métrique dont chacune des coordonnées est prise dans un intervalle borné et dont le parallélépipède rectangle est l'image la plus simple. **7. Être sur le pavé,** être sans domicile, sans emploi. / **Tenir le haut du pavé,** tenir le premier rang, être en vue. / **Un pavé dans la mare,** une vérité, une révélation brutale, qui jette la perturbation. **8.** INFORM. **Pavé numérique,** sur un clavier, ensemble distinct de touches numériques et de touches d'opérations.

pavement [pavmɑ̃] **n.m.** Sol de dalles, de carreaux, de mosaïque, etc. (syn. **pavage, pavé**).

paver [pave] **v.t.** (lat. pop. **pavare,* du class. *pavire,* niveler). **1.** Revêtir un sol de pavés : *Paver une rue. Sol pavé.* **2.** GÉOM. Recouvrir totalement et sans chevauchement un plan par des figures géométriques identiques.

Pavese (Cesare), écrivain italien (San Stefano Belbo, Piémont, 1908 - Turin 1950). Il est l'auteur de romans (*la Plage,*

1942 ; *le Bel Été,* 1949) et d'un journal intime *(le Métier de vivre)* où le réalisme de l'observation s'allie à l'angoisse créée par l'évolution du monde contemporain.

Pavie, v. d'Italie (Lombardie), ch.-l. de prov., sur le Tessin ; 69 166 hab. Université. Églises, notamment de style roman lombard. Château des Visconti (XIVe-XVe s.). Aux environs, chartreuse des XVe-XVIe s. François Ier y fut battu et fait prisonnier par les troupes de Charles Quint (24 févr. 1525).

pavillon [pavijɔ̃] **n.m.** (lat. *papilio, -onis,* papillon). **1.** Maison particulière de petite ou de moyenne dimension : *Un pavillon de banlieue.* **2.** Bâtiment ou corps de bâtiment caractérisé par un plan sensiblement carré : *Un pavillon de chasse.* **3.** L'une des trois enceintes d'un champ de courses (par opp. à *pesage* et à *pelouse*). **4.** Partie extérieure visible de l'oreille où s'ouvre le conduit auditif. **5.** Extrémité évasée d'un instrument de musique à vent : *Le pavillon d'un cor de chasse.* **6.** MAR. Drapeau : *Battre pavillon italien.* **7.** *SOUT.* **Baisser pavillon,** s'avouer vaincu ; renoncer, céder.

pavillonnaire [pavijɔnɛr] **adj.** Formé de pavillons : *Banlieue pavillonnaire.*

Pavlov (Ivan Petrovitch), physiologiste russe (Riazan 1849 - Leningrad 1936). Il a étudié, en particulier, la digestion et la salivation chez le chien. Il a remarqué qu'en associant la vue de la nourriture à un stimulus (tel un son de cloche) pendant quelque temps, la salivation est ensuite déclenchée par la seule présence du stimulus. Il a ainsi mis en évidence le *réflexe conditionnel* (ou *réflexe conditionné*), appelé cour. « réflexe de Pavlov ». (Prix Nobel 1904.)

Pavlova (Anna), danseuse russe (Saint-Pétersbourg 1881 - La Haye 1931). Inoubliable interprète de *la Mort du cygne* (que Fokine avait réglée pour elle en 1905), elle entre dans la légende en consacrant le triomphe de l'étoile se produisant seule en scène.

pavlovien, enne [pavlɔvjɛ̃, -ɛn] **adj.** De Pavlov ; relatif aux expériences, aux théories de Pavlov.

pavois [pavwa] **n.m.** (it. *pavese,* de Pavie). **1.** Partie de la coque d'un navire au-dessus du pont. **2.** Ornementation de fête des navires. **3. Grand pavois,** constitué par le petit pavois et par une guirlande de pavillons de signaux tendue de l'avant à l'arrière et passant par le haut des mâts. / **Petit pavois,** consistant en pavillons nationaux hissés en tête de chaque mât.

pavoiser [pavwaze] **v.t.** (de *pavois*). Orner de pavillons, de drapeaux : *Pavoiser les édifices publics.* ◆ **v.i.** *FAM.* Manifester une grande joie : *Elle pavoise maintenant qu'elle a réussi* (syn. **se rengorger**). *Il n'y a pas de quoi pavoiser.*

pavot [pavo] **n.m.** (lat. pop. **papavus,* class. *papaver*). Plante cultivée soit pour ses fleurs ornementales, soit, dans le cas du pavot somnifère, pour ses capsules, qui fournissent l'opium, et pour ses graines, qui donnent l'huile d'œillette. ▸ Famille des papavéracées.

payant, e [pejɑ̃, -ɑ̃t] **adj. 1.** Qui paie : *Hôtes payants.* **2.** Que l'on obtient en payant : *Spectacle payant* (contr. **gratuit**). **3.** Qui rapporte de l'argent ; qui produit l'effet recherché : *Une entreprise payante* (syn. **lucratif, rentable**). *Des efforts payants* (syn. **profitable**).

paye n.f., **payement** n.m. → **paie, paiement.**

payer [peje] **v.t.** (lat. *pacare,* pacifier, de *pax, pacis,* paix) [conj. **11**]. **1.** Verser (une somme due) ; acquitter (une dette) : *Ils ne paient plus leurs cotisations. Payer une amende.* **2.** Verser la somme due pour : *Payer des achats* (syn. **acquitter**). **3.** Donner à qqn ce qui lui est dû : *Payer un fournisseur* (syn. **régler**). *Être payé mensuellement* (syn. **rémunérer, rétribuer**). **4.** Récompenser ; dédommager : *Ce succès le paie de ses efforts.* **5.** Racheter par un châtiment subi ; expier : *Il a payé son crime.* **6. Il me le paiera,** je me vengerai de lui. / **Je suis payé pour le savoir,** je l'ai appris à mes dépens. / **Payer cher qqch,** l'obtenir au prix de grands sacrifices. / **Payer qqn de retour,** lui rendre la pareille. ◆ **v.i. 1.** Acquitter ce qu'on doit par tel ou tel moyen : *Payer par chèque. Je paie avec ma carte de crédit.* **2.** Procurer un avantage, un bénéfice pécuniaire : *C'est un commerce qui paie. Le crime ne paie pas.* **3. Payer d'audace,** faire preuve d'audace ; obtenir à force d'audace. / **Payer de sa personne,** s'engager personnellement en affrontant les difficultés, les dangers, etc. ◆ **se payer v.pr. 1.** Retenir une somme d'argent en paiement : *Voilà un billet de cinquante euros, payez-vous.* **2.** *FAM.* Acheter pour soi : *Se payer une robe neuve* (syn. **s'offrir**).

payeur, euse [pejœr, -øz] **adj.** et **n.** Qui paie : *Adressez-vous à l'organisme payeur. Bon, mauvais payeur.*

1. pays [pei] **n.m.** (du bas lat. *page[n]sis,* habitant d'un bourg, de *pagus*). **1.** Territoire d'une nation : *Visiter des pays étrangers. Défendre son pays* (syn. **patrie**). **2.** Ensemble des habitants d'une nation : *Le président s'est adressé au pays* (syn. **peuple, population**). **3.** Région envisagée du point de vue physique, climatique, économique, etc. : *Pays chauds* (syn. **contrée**). **4.** Lieu, région d'origine : *Penser aux gens du pays.* **5.** Village ; agglomération : *Un petit pays de deux cents habitants* (syn. **localité**). **6. En pays de connaissance,** parmi des gens connus ; dans une situation connue. / **Mal du pays,** nostalgie de la terre natale. / **Vin de pays,** produit par un terroir déterminé mais qui ne bénéficie pas de l'appellation contrôlée. / **Voir du pays,** voyager beaucoup. **7.** HIST. **Pays d'états,** province possédant des états provinciaux. / **Pays d'élections,** circonscription financière soumise à la juridiction d'officiers royaux, les *élus.* ▸ Sous l'Ancien Régime, la France était divisée en pays d'états et pays d'élections.

2. pays, e [pei, peiz] **n.** (de *1. pays*). *FAM.* Personne du même village, de la même région (syn. **compatriote**).

paysage [peizaʒ] **n.m. 1.** Étendue de pays qui s'offre à la vue : *Du sommet on découvre un paysage magnifique* (syn. **panorama, vue**). *Paysage urbain.* **2.** Représentation d'un paysage, d'un site naturel (ou, moins souvent, d'un site urbain) par la peinture, le dessin, la photographie, etc. : *Les paysages de Cézanne.* **3.** Aspect d'ensemble, situation dans un domaine : *Paysage politique, audiovisuel.*

paysager, ère [peizaʒe, -ɛr] **adj. 1.** Relatif au paysage. **2.** Disposé de manière à rappeler un paysage naturel : *Jardin, parc paysager.*

paysagiste [peizaʒist] **n.** et **adj. 1.** Artiste spécialisé dans la représentation de paysages. **2.** Architecte ou jardinier qui conçoit les plans d'ensemble de jardins et de parcs.

paysan, anne [peizɑ̃, -an] **n.** (de *1. pays*). **1.** Homme, femme de la campagne, qui vit du travail de la terre (syn. **agriculteur, cultivateur**). **2.** Personne peu raffinée : *Des manières de paysan* (syn. **rustre**). ◆ **adj.** Des paysans ; relatif aux paysans : *Vie paysanne* (syn. **campagnard, rural**).

paysannat [peizana] **n.m.** ÉCON. Ensemble des paysans ; condition de paysan.

paysannerie [peizanri] **n.f.** Ensemble des paysans : *La paysannerie française* (syn. **paysannat**).

Paysans ***(guerre des)*** [1524-1526], ensemble d'insurrections paysannes et urbaines qui agitèrent le Saint Empire. Dirigée par certains réformateurs radicaux (parmi lesquels Müntzer, en Thuringe), cette guerre fut réprimée par les princes catholiques et luthériens coalisés.

Pays-Bas, nom donné au cours de l'histoire à des territoires d'étendue variable du nord-ouest de l'Europe, situés entre l'Ems, la mer du Nord, les collines de l'Artois et le massif des Ardennes. Ils ont donné naissance au début du XIXe s. aux États actuels de Belgique et des Pays-Bas.

Des origines à l'époque bourguignonne

57 av. J.-C. Habitée par des tribus celtes et germaniques (Bataves, Frisons), la région est conquise par César.

L'œuvre romaine est détruite par les invasions franques et saxonnes, mais, au VIIIe s., les nombreux monastères participent à la renaissance carolingienne avant de subir les pillages normands (IXe s.).

843. Au traité de Verdun, la région est partagée entre Lothaire et Charles le Chauve.

Le pays se décompose en de multiples principautés féodales (duchés de Gueldre et de Brabant, comtés de Hollande, de Flandre et de Hainaut, évêchés de Liège et d'Utrecht) dans la mouvance française ou germanique.

XIIᵉ-XIIIᵉ s. Tandis que de nouvelles terres sont gagnées sur la mer, les villes connaissent un essor remarquable, notamment grâce au commerce du drap (Gand, Bruges).
La période bourguignonne et espagnole
1369. Le duc de Bourgogne, Philippe le Hardi, épouse l'héritière du comté de Flandre.
Par achats, mariages, héritages, les ducs de Bourgogne incorporent peu à peu tous les Pays-Bas, dont ils tirent une grande partie de leur richesse.
1477. À la mort de Charles le Téméraire, le mariage de sa fille Marie de Bourgogne avec Maximilien d'Autriche fait passer les Pays-Bas sous la domination des Habsbourg.
Tandis qu'Anvers s'enrichit grâce au commerce atlantique, Charles Quint porte à dix-sept le nombre des provinces et érige l'ensemble en cercle d'Empire (subdivision administrative et judiciaire) [1548]. Dans les provinces septentrionales, dont le rôle maritime et commercial s'accroît, les idées de la Réforme se diffusent largement.
De la révolte des Pays-Bas à la constitution d'un royaume
1555. Philippe II succède à son père comme prince des Pays-Bas.
Sa politique absolutiste et hostile aux protestants provoque le soulèvement de la Flandre et du Hainaut puis des provinces du Nord (1566). La répression, menée par le duc d'Albe, provoque la révolte générale de la Hollande et de la Zélande sous la direction de Guillaume d'Orange, bientôt suivies des autres provinces.
1579. Les provinces du Sud, en majorité catholiques, se soumettent à l'Espagne (Union d'Arras) ; celles du Nord, calvinistes, proclament l'Union d'Utrecht, qui pose les bases des Provinces-Unies.
Après avoir répudié solennellement l'autorité de Philippe II (1581), les Provinces-Unies poursuivent la lutte contre l'Espagne.
1648. Leur indépendance est reconnue par l'Espagne, qui conserve cependant les provinces méridionales.
1714. Les Pays-Bas espagnols passent sous domination autrichienne.
1795. Ils sont annexés par la France ; les Provinces-Unies deviennent la République batave.
Transformé en royaume de Hollande en 1806, au profit de Louis Bonaparte, puis annexé par la France en 1810, le pays se révolte contre la domination étrangère (1813).
1815. Le congrès de Vienne crée un royaume des Pays-Bas, réunissant l'ensemble des provinces.

Pays-Bas *(royaume des)*, en néerl. **Nederland,** État de l'Europe, sur la mer du Nord ; 41 528 km^2 ; 16 779 575 hab. *(Néerlandais).* CAP. *Amsterdam.* Siège des pouvoirs publics et de la Cour : *La Haye.* LANGUE : *néerlandais.* MONNAIE : *euro.*

GÉOGRAPHIE
Petit pays, au marché intérieur étroit (malgré la très forte densité de population), compte tenu du volume de la production, les Pays-Bas demeurent une nation commerçante, largement ouverte sur l'économie mondiale (européenne surtout, aujourd'hui). Les exportations repré- sentent en valeur près de 50 % du P.I.B.
L'agriculture n'emploie plus que 5 % de la population active. Elle bénéficie de conditions naturelles souvent favorables : platitude du territoire (dont près de la moitié se situe audessous des hautes eaux marines et fluviales), climat océanique assez doux (pour une latitude relativement élevée) avec des précipitations suffisantes (700 à 800 mm en moyenne), régulièrement réparties dans l'année. Elle profite d'un environnement humain stimulant et des progrès de la technique, de la chimie et des structures de commercialisation. L'élevage (bovin et porcin) domine (viande et produits laitiers), devant les céréales (blé) et les cultures spécialisées (florales, notamm.).
L'industrie emploie moins de 25 % des actifs, mais est diversifiée (constructions électriques et électroniques, chimie et pétrochimie, aéronautique, construction automobile, agroalimentaire). Plusieurs secteurs ont été touchés par la récession. L'important gisement de gaz naturel de Groningue équilibre (quantitativement) le bilan énergétique national et explique l'excédent commercial (exportations de gaz vers l'Allemagne, la Belgique et la France notamm.). Cependant, la majeure partie du P.I.B. provient du secteur tertiaire. Les activités de transport, qui ont fondé historiquement la prospérité néerlandaise, restent au premier plan. L'ensemble portuaire Rotterdam-Europoort vient au premier rang mondial pour le trafic total et au quatrième rang pour celui des conteneurs. La voie rhénane et les autoroutes relient le pays à l'Allemagne. Par ailleurs, les activités de finance et de commerce (marché libre du pétrole) ont suscité de multiples fonctions de services (courtage, marketing, etc.). L'importance des services et de l'industrie explique la forte densité de population (plus de 400 hab. au km^2), le développement de l'urbanisation et les problèmes d'environnement qu'elle génère. Cette population ne s'accroît plus que modérément, en raison de la chute du taux de natalité. La croissance économique connaît un certain ralentissement, la dette publique est importante.

HISTOIRE
Le royaume de 1815 à 1945
1815. Constitué des anciennes Provinces-Unies, des anciens Pays-Bas autrichiens et du grand-duché de Luxembourg, le royaume prend pour souverain Guillaume d'Orange (Guillaume Iᵉʳ), qui accorde une Constitution au pays.
1830. La Belgique se révolte et proclame son indépendance. Libéraux et conservateurs alternent au pouvoir. À partir de 1872, l'éventail politique se diversifie et se complique, notamment du fait de la question scolaire.
1887. Adoption d'une Constitution plus libérale.
Dès le début du règne de Wilhelmine (1890-1948), le pays connaît une démocratisation du régime, renforcée par une importante législation sociale.
Mai 1940. Les Pays-Bas, restés neutres pendant la Première Guerre mondiale, sont envahis par les Allemands, qui occuperont le pays jusqu'en 1945.
Depuis 1945
1944-1948. Le pays participe à la formation du Benelux.
1948. Wilhelmine abdique en faveur de sa fille Juliana.
1949. L'Indonésie accède à l'indépendance.
1958. Les Pays-Bas entrent dans la C.E.E.
1980. Juliana abdique en faveur de sa fille Béatrice.
1982-1994. Ruud Lubbers dirige des gouvernements de coalition de centre droit, puis de centre gauche.
1994-2002. Le travailliste Wim Kok est Premier ministre.
2002-2010. Le chrétien-démocrate Jan Peter Balkenende lui succède à la tête de coalitions avec les libéraux puis avec les travaillistes tandis que progresse l'extrême droite menée par le parti de la Liberté de Geert Wilders.
2008. Après le rejet par référendum du premier projet de traité institutionnel de l'U.E. en 2005, les Pays-Bas ratifient le traité européen de Lisbonne par voie parlementaire.
2010-2012. Le libéral Mark Rutte forme un cabinet minoritaire avec le soutien extérieur de G. Wilders qui, opposé à la politique d'austérité, provoque finalement la chute du gouvernement. Les élections anticipées de septembre 2012 se soldent par un important recul de l'extrême droite et la victoire des libéraux et des travaillistes (tous deux proeuropéens) qui forment un gouvernement de coalition. M. Rutte est reconduit dans ses fonctions.
2013. Béatrice abdique en faveur de son fils Guillaume-Alexandre.

Pays de la Loire → **Loire** (Pays de la).

Paz (La), cap. de la Bolivie, à 3 658 m d'alt. et à l'est du lac Titicaca ; 793 293 hab. (1 800 000 hab. dans l'agglomération). Musée national d'art.

Paz (Octavio), écrivain mexicain (Mexico 1914 - *id.* 1998). Poète et essayiste, il unit l'inspiration populaire à la diversité des expériences humaines et littéraires de son existence vagabonde (*le Labyrinthe de la solitude,* 1950 ; *Courant alternatif,* 1967). [Prix Nobel 1990.]

PC [pese] **n.m.** (sigle de l'angl. *personal computer,* ordinateur personnel). Ordinateur individuel.

P.C. [pese] **n.m.** (sigle). Poste de commandement.

P.C.S. [peseɛs] **n.f. pl.** (sigle). Professions et catégories socioprofessionnelles*.

PDF [pedeɛf] **n.m.** (nom déposé ; sigle de l'angl. *portable document format*). Format de fichier informatique qui préserve la mise en forme du document original quelle que soit l'application utilisée pour le créer et l'ordinateur employé pour le lire.

P.-D.G. [pedeʒe] **n.** (sigle). Président-directeur général.

péage [peaʒ] **n.m.** (lat. pop. **pedaticum,* droit de mettre le pied, de *pes, pedis,* pied). **1.** Droit qu'on paie pour emprunter une autoroute, un pont, etc. ; lieu où est perçu ce droit : *Une file de voitures au péage.* **2.** TÉLÉV. **Chaîne à péage,** dont certains programmes ne sont accessibles qu'aux usagers abonnés (on dit aussi une *chaîne cryptée*).

Peano (Giuseppe), logicien et mathématicien italien (Cuneo 1858 - Turin 1932). Son *Formulaire de mathématique* (1895-1908), qui utilise un langage formalisé, est un exposé axiomatique et déductif de l'arithmétique, de la géométrie projective, de la théorie générale des ensembles, du calcul infinitésimal et du calcul vectoriel.

Pearl Harbor, rade des îles Hawaii (île d'Oahu). La flotte américaine du Pacifique y fut détruite, par surprise, par les Japonais le 7 déc. 1941, ce qui entraîna l'intervention des États-Unis dans la Seconde Guerre mondiale.

Peary (Robert), explorateur américain (Cresson Springs, Pennsylvanie, 1856 - Washington 1920). Il reconnut l'insularité du Groenland et fut le premier à atteindre le pôle Nord, en 1909.

peau [po] **n.f.** (lat. *pellis,* peau [d'animal]). **1.** Organe constituant le revêtement extérieur du corps de l'homme et des animaux : *Une peau douce, mate.* **2.** Cuir détaché du corps d'un animal et traité : *Une fourrure en peau de coyote.* **3.** Enveloppe des fruits, de certaines plantes : *Peau de banane* (syn. **pelure**). **4.** Croûte légère qui se forme sur certaines substances liquides ou onctueuses comme le lait bouilli, le fromage, etc. (syn. **film, pellicule**). **5.** *FAM.* **Avoir qqn dans la peau,** en être passionnément amoureux. / **Bien, mal dans sa peau,** à l'aise, mal à l'aise ; plein d'allant, déprimé. / *FAM.* **Faire la peau à qqn,** le tuer. / **Faire peau neuve,** changer de vêtements ; au fig., changer de conduite, d'opinion. / *FAM.* **Peau de vache,** personne dure, méchante. / **Risquer sa peau,** risquer sa vie. / **Se mettre, entrer dans la peau de qqn,** se mettre mentalement à sa place pour comprendre sa pensée, ses réactions : *Acteur qui entre dans la peau de son personnage.* / **Vendre chèrement sa peau,** se défendre vigoureusement avant de succomber.

■ La peau est non seulement une enveloppe de l'organisme, mais un véritable organe ayant des rôles spécifiques, essentiels pour la survie.

Description. La peau comprend, de la superficie à la profondeur : l'épiderme, le derme et l'hypoderme.

L'*épiderme* comporte plusieurs couches étagées de cellules. Les plus superficielles meurent et se remplissent de grains de kératine, substance imperméable protégeant de la déshydratation. Cette couche de cellules mortes est régulièrement éliminée (phénomène de desquamation). La couche profonde de l'épiderme est constituée de cellules maintenant une activité permanente de division, compensant de ce fait la mort des cellules de surface, qu'elles remplacent progressivement. L'épiderme est ainsi renouvelé en quelques dizaines de jours.

Le *derme* est un tissu conjonctif riche en vaisseaux et en nerfs. Il assure la nutrition de l'épiderme et est responsable de la sensation du toucher. Renfermant des fibres de collagène et d'élastine (protéine élastique), il donne à la peau sa solidité et son élasticité. Avec l'âge, ces fibres de collagène se brisent, et la peau, n'étant plus tendue, forme des rides.

L'*hypoderme,* tissu conjonctif, est lui aussi richement vascularisé et contient du tissu adipeux (graisse).

Fonctions. La peau est un organe de relation avec le milieu environnant. Ses nombreuses terminaisons nerveuses assurent la réception de divers stimuli (mécaniques, chimiques, thermiques, douloureux). C'est aussi un organe de protection. Elle empêche la pénétration de micro-organismes, filtre en partie les radiations, résiste à certains traumatismes et évite la déshydratation. Les glandes sudoripares, présentes dans le derme, sécrètent la sueur, qui contribue à éliminer de l'organisme l'excès de sels minéraux et d'eau et permet son refroidissement par évaporation.

Outre les glandes sudoripares, la peau renferme des glandes sébacées sécrétant une substance grasse, le sébum, qui assouplit et imperméabilise la surface de l'épiderme. Chez certains animaux (caméléon par ex.), la coloration de la peau change en fonction du milieu, permettant le camouflage. Les productions de la peau, appelées *phanères,* ont des rôles et des structures variés. Les griffes, les ongles et les sabots sont dérivés de la peau et sont fortement chargés de kératine. Les poils et les plumes sont des invaginations épidermiques, caractéristiques, pour les premiers, des mammifères et, pour les secondes, des oiseaux. ■

peaufinage [pofinaʒ] **n.m.** Action de peaufiner.

peaufiner [pofine] **v.t.** (de *peau* et *fin*). **1.** Nettoyer, polir à la peau de chamois. **2.** Mettre au point avec un soin minutieux : *Peaufiner un article* (syn. **parachever, parfaire**).

peausserie [posri] **n.f. 1.** Commerce, travail du peaussier. **2.** Marchandise, article de peau.

peaussier [posje] **n.m.** et **adj.m. 1.** Ouvrier, artisan qui prépare les peaux. **2.** Commerçant en peaux.

pécari [pekari] **n.m.** (mot caraïbe). **1.** Cochon sauvage d'Amérique. **2.** Cuir de cet animal : *Des gants en pécari.*

peccadille [pekadij] **n.f.** (esp. *pecadillo,* dimin. de *pecado,* du lat. *peccatum,* péché). Faute légère, sans gravité : *Des peccadilles de jeunesse* (syn. **erreur**).

pechblende [pɛʃblɛ̃d] **n.f.** (de l'all. *Pech,* poix, et *Blende,* sulfure). Oxyde naturel d'uranium, le plus important des minerais d'uranium (40 à 90 %), dont on extrait aussi le radium. ▸ Symb. UO_2.

1. pêche [pɛʃ] **n.f.** (du lat. *persicum* [*pomum*], fruit de Perse). **1.** Fruit comestible du pêcher, à chair juteuse et à noyau dur : *Pêche abricot* (= à chair jaune). **2.** *FAM.* **Avoir la pêche,** se sentir plein d'allant, de dynamisme. / **Peau, teint de pêche,** rose et velouté. / *FAM.* **Se fendre la pêche,** bien rire. ◆ **adj. inv.** D'un rose pâle légèrement doré.

2. pêche [pɛʃ] **n.f.** (de *2. pêcher*). **1.** Action, manière de pêcher : *Aller à la pêche.* **2.** Poissons, produits pêchés : *Vendre sa pêche.* **3.** Lieu où l'on pêche : *Pêche gardée.*

■ Au sens large, la pêche englobe la capture de poissons, crustacés, mollusques aquatiques sauvages, mais aussi les prises dans les bassins d'aquaculture. Le total des prises mondiales annuelles avoisine 152 millions de tonnes (dont les 2/3 environ proviennent de la pêche de capture et 1/3 des produits de l'aquaculture). La majorité de cette production (80 %) est destinée à l'alimentation humaine, le reste sert à la nourriture d'animaux domestiques (sous la forme de farine et d'huile de poisson). La pêche fournit entre 15 et 20 % des protéines animales consommées par l'homme à l'échelle mondiale. Les 20 premiers pays producteurs assurent 85 % du total mondial et parmi eux 11 sont asiatiques, les cinq premiers étant, dans l'ordre, la Chine, l'Inde, l'Indonésie, le Viêt Nam et le Japon. Dans trois pays, la consommation dépasse 50 kg par habitant et par an : le Japon (58,6 kg), la Corée du Sud (57,4 kg), et la Malaisie (53,6 kg) ; en France, la consommation par habitant est de 34,8 kg par an.

Les types de pêche. On distingue la pêche de loisir et la pêche professionnelle. En *eau douce,* il existe la pêche à la ligne (pêche à la ligne flottante, au coup, à la dandinette – leurre agité devant le poisson –, à la fouette – dite aussi à la volante –, aux lancers lourd ou léger, à la mouche), pratiquée pour le loisir ; la pêche aux filets et autres engins (balance, carafe, carrelet, épervier, nasse, verveux, etc.), davantage pratiquée par des professionnels ; la pêche au harpon, à l'électricité, etc.

En *mer,* on distingue la pêche à pied, pratiquée à marée basse le long des grèves et des plages ; la pêche côtière ou littorale, pratiquée à l'aide d'hameçons, de palangres (cordes avec des lignes latérales), de filets, de casiers, etc. ; et la pêche *hauturière,* ou pêche en haute mer. Les *chalutiers* (le chalut est un grand filet en forme d'entonnoir, dont l'ouverture est maintenue béante, et qui est traîné entre deux eaux ou sur les fonds, réalisant un véritable « ratissage »), partent pour quelques jours à la recherche de poissons migrateurs (thons, harengs, etc.). D'autres navires déposent au large des *filets dérivants* (de quelques dizaines de mètres à 3 km pour les pêcheries artisanales, jusqu'à 40 ou 50 km pour les pêcheries industrielles de calmars), qu'ils relèvent après quelques jours. Les navires-usines restent plusieurs semaines ou plusieurs mois en mer et sont pourvus d'équipements permettant la transformation du poisson (congélation notamm.).

La surpêche. Après une phase d'expansion rapide, soutenue par une forte demande et la mise en valeur de pêcheries et d'espèces nouvelles, les océans sont touchés par la surpêche. On constate, pour de nombreuses espèces, la diminution du nombre de prises ainsi que la diminution de l'âge, de la taille et du poids des prises (les poissons n'ont plus le temps de vieillir et de grossir avant d'être capturés). On parle d'*effondrement des stocks.* Ce phénomène touche par exemple la morue dans le nord de l'Atlantique et le thon rouge.

Presque tous les États ont étendu leurs limites de pêche en mer à 200 milles marins, s'appropriant ainsi les ressources les plus abondantes, et les organismes internationaux ont cherché à instaurer une gestion rationnelle des stocks par des mesures restrictives : licences de pêche, périodes d'interdiction, quotas, etc. Dans le Pacifique, les filets dérivants d'une longueur supérieure à 2,5 km sont interdits depuis 1989. En 1992, l'O.N.U. a également pris une résolution à l'encontre des grands filets dérivants utilisés en haute mer. ■

péché [peʃe] **n.m.** (lat. *peccatum,* faute). **1.** RELIG. Transgression consciente et volontaire de la loi divine : *Commettre un péché.* **2. Péché mignon,** menu travers auquel on s'abandonne volontiers : *Le chocolat est son péché mignon.*

pécher [peʃe] **v.i.** (lat. *peccare*) [conj. **18**]. **1.** RELIG. Commettre un péché, des péchés. **2.** Commettre une erreur, faillir : *Pécher par excès d'optimisme.* **3.** Présenter un défaut : *Cet exposé pèche par sa longueur.*

1. pêcher [peʃe] **n.m.** (de *1. pêche*). Arbre originaire de l'est de l'Asie, cultivé dans les régions tempérées pour ses fruits, les pêches. ▸ Famille des rosacées.

2. pêcher [peʃe] **v.t.** (lat. *piscari,* de *piscis,* poisson). **1.** Prendre ou chercher à prendre du poisson, des animaux aquatiques : *Pêcher la truite, l'écrevisse.* **2.** FAM. Trouver qqch d'inhabituel, d'étonnant : *Où a-t-il pêché cette nouvelle ?* ◆ **v.i. 1.** S'adonner à la pêche : *Pêcher à la ligne, en mer.* **2. Pêcher en eau trouble,** chercher à tirer profit d'une situation confuse.

pêcherie [pɛʃri] **n.f. 1.** Lieu où l'on pêche : *Les pêcheries de Terre-Neuve.* **2.** Lieu où le poisson pêché est traité.

pécheur, eresse [peʃœr, -ʃrɛs] **n.** (lat. ecclés. *peccator*). **1.** Personne qui a commis ou commet des péchés : *Pécheur qui se repent.* **2. Ne pas vouloir la mort du pécheur,** ne pas demander de sanctions trop dures.

pêcheur, euse [peʃœr, -øz] **n.** (lat. *piscator*). Personne qui pêche par métier ou par plaisir : *Pêcheur à la ligne.*

pécore [pekɔr] **n.f.** (it. *pecora,* brebis, du lat. pop. *pecus, -oris,* bétail). FAM. Femme sotte et prétentieuse (syn. **pimbêche**).

pectine [pɛktin] **n.f.** (gr. *pêktos,* coagulé). BIOCHIM. Substance gélifiante contenue dans de nombreux végétaux et utilisée comme épaississant dans les industries alimentaire (confitures) et pharmaceutique.

pectique [pɛktik] **adj. Matières pectiques,** substances contenues dans la pulpe et l'enveloppe des fruits charnus, dans la pectine.

pectoral, e, aux [pɛktɔral, -o] **adj.** (lat. *pectoralis,* de *pectus,* poitrine). **1.** De la poitrine : *Muscles pectoraux.* **2.** Se dit de médicaments destinés au traitement des affections broncho-pulmonaires : *Du sirop pectoral.* **3. Nageoires pectorales,** nageoires antérieures des poissons, fixées non loin des ouïes. ◆ **pectoral n.m.** Ornement ou protection couvrant le haut de la poitrine : *Pectoral des pharaons.* ◆ **pectoraux n.m. pl.** Muscles du thorax.

pécule [pekyl] **n.m.** (lat. *peculium,* de *pecus,* bétail). Petit capital économisé peu à peu par qqn ou qui lui est versé par un organisme : *Amasser un petit pécule. Le pécule d'un militaire, d'un prisonnier.*

pécuniaire [pekynjɛr] **adj.** (lat. *pecuniaris,* de *pecunia,* argent). **1.** Qui a rapport à l'argent : *Situation pécuniaire difficile* (syn. **financier**). **2.** Qui consiste en argent : *Soutien pécuniaire.*

pécuniairement [pekynjɛrmɑ̃] **adv.** Au point de vue pécuniaire : *Aider qqn pécuniairement* (syn. **financièrement**).

P.E.D. [peøde] **n.m.** (sigle). Pays en développement*.

pédagogie [pedagɔʒi] **n.f.** (gr. *paidagôgia*). **1.** Théorie, science de l'éducation des enfants. **2.** Qualité du bon pédagogue : *Avoir de la pédagogie.* **3.** Méthode d'enseignement : *Utiliser une pédagogie entièrement nouvelle.*

pédagogique [pedagɔʒik] **adj. 1.** De la pédagogie : *Formation pédagogique des maîtres.* **2.** Conforme aux exigences de la pédagogie : *Cet exercice est fort peu pédagogique* (syn. **didactique, éducatif**).

pédagogiquement [pedagɔʒikmɑ̃] **adv.** Du point de vue pédagogique : *Exercice pédagogiquement formateur.*

pédagogue [pedagɔg] **n. 1.** Spécialiste de pédagogie. **2.** Personne qui a les qualités d'un bon enseignant : *Un bon pédagogue.* ◆ **adj.** Qui a le sens, le don de l'enseignement : *Elle est très pédagogue.*

pédalage [pedalaʒ] **n.m.** Action de pédaler.

pédale [pedal] **n.f.** (it. *pedale,* du lat. *pes, pedis,* pied). **1.** Organe d'un appareil, d'une machine, d'un véhicule, qu'on actionne avec le pied : *La pédale d'un tour de potier. Les pédales d'une bicyclette.* **2.** Levier, touche d'un instrument de musique qui s'actionne avec le pied : *Pédales d'un piano, d'un orgue.* **3.** FAM. **Perdre les pédales,** ne plus savoir ce qu'on dit ou ce qu'on fait.

pédaler [pedale] **v.i. 1.** Actionner les pédales d'une bicyclette : *Pédaler en danseuse.* **2.** Rouler à bicyclette : *Le peloton pédale vers l'arrivée.* **3.** T. FAM. **Pédaler dans la choucroute, dans la semoule, dans le yoghourt,** se démener, agir de manière confuse et inefficace.

pédalier [pedalje] **n.m. 1.** Ensemble mécanique comprenant les pédales et le ou les plateaux d'une bicyclette. **2.** Clavier actionné par les pieds de l'organiste ; système de pédales du piano.

Pédalo [pedalo] **n.m.** (nom déposé). Embarcation reposant sur des flotteurs, mue par de petites roues à aubes actionnées par les pieds.

pédant, e [pedɑ̃, -ɑ̃t] **adj.** et **n.** (it. *pedante,* du gr. *paideuein,* enseigner aux enfants). Qui fait prétentieusement étalage de son savoir (syn. **cuistre, poseur**). *Un ton pédant* (syn. **doctoral, suffisant**).

pédanterie [pedɑ̃tri] **n.f.** et **pédantisme** [pedɑ̃tism] **n.m.** Affectation de savoir, d'érudition du pédant ; caractère de ce qui est pédant : *Ce livre est d'un pédantisme insupportable* (syn. **prétention** ; contr. **simplicité**).

pédéraste [pederast] **n.m.** (gr. *paiderastês,* de *pais, paidos,* enfant, jeune garçon, et *erastês,* amoureux). Celui qui s'adonne à la pédérastie.

pédérastie [pederasti] **n.f. 1.** Attirance sexuelle d'un homme adulte pour les jeunes garçons. **2.** Homosexualité masculine.

pédérastique [pederastik] **adj.** De la pédérastie : *Tendances pédérastiques.*

pédestre [pedɛstr] **adj.** (lat. *pedestris*). **1.** Qui se fait à pied : *Randonnée pédestre.* **2.** Qui représente un personnage à pied (par opp. à *équestre*) : *Statue pédestre.*

pédiatrie [pedjatri] **n.f.** (de *ped[o]-*, et du gr. *iatreia,* traitement, guérison). Branche de la médecine consacrée à l'enfance et à ses maladies. ◆ **pédiatre n.** Nom du spécialiste.

pédicule [pedikyl] **n.m.** (lat. *pediculus,* petit pied, de *pes, pedis,* pied). **1.** BOT. Support ou pied d'un organe végétal : *Pédicule d'un champignon.* **2.** ZOOL., ANAT. Structure allongée et étroite supportant un organe : *Pédicule vertébral.*

pédicure [pedikyr] **n.** (du lat. *pes, pedis,* pied, et *cura,* soin). Spécialiste qui traite les affections de la peau et des ongles des pieds.

pedigree [pedigre] **n.m.** (mot angl.). Généalogie d'un animal de race ; document qui l'atteste.

pédologie [pedɔlɔʒi] **n.f.** (du gr. *pedon,* sol, et de *-logie*). Étude des sols, de leurs caractères chimiques, physiques et biologiques, de leur évolution. ◆ **pédologue n.** Nom du spécialiste.

pédoncule [pedɔ̃kyl] **n.m.** (lat. *pedunculus,* petit pied). BOT., ZOOL. Toute tige ou cordon reliant un organe animal ou végétal à son point d'insertion sur l'ensemble du corps : *Le pédoncule d'une fleur, d'un fruit* (syn. **queue**).

pédophilie [pedɔfili] **n.f.** (de *pédo-* et *-philie*). Attirance sexuelle d'un adulte pour les enfants. ◆ **pédophile adj.** et **n.** Qui manifeste de la pédophilie.

pédopsychiatrie [pedɔpsikjatri] **n.f.** Psychiatrie de l'enfant et de l'adolescent. ◆ **pédopsychiatre n.** Nom du spécialiste.

Peel (*sir* **Robert),** homme politique britannique (Chamber Hall, près de Bury, 1788 - Londres 1850). Député tory (1809), deux fois ministre de l'Intérieur entre 1822 et 1830, il humanisa la législation criminelle et fit voter la loi d'émancipation des catholiques (1829), qui leur accordait des droits civils et politiques. Premier ministre (1834-1835, 1841-1846), favorable au libre-échange, il fit adopter en 1846 la loi abolissant les droits de douane sur les blés, provoquant de ce fait l'éclatement de son parti.

peeling [piliŋ] **n.m.** (mot angl.). Intervention dermatologique qui consiste à faire desquamer la peau du visage pour en atténuer les cicatrices, les lésions d'acné, etc.

Pégase, cheval ailé qui, dans la mythologie grecque, était né du sang de Méduse tuée par Persée. Il fut d'abord la monture de ce dernier, puis celle de Bellérophon, qui put ainsi vaincre les Amazones. Mais, Bellérophon voulant s'élever jusqu'au ciel, Pégase le précipita à terre et devint ensuite la monture de Zeus.

pègre [pɛgr] **n.f.** (arg. marseillais *pego,* voleur). Ensemble des voleurs, des escrocs, formant un groupe solidaire : *La pègre des grandes villes* (syn. **canaille, racaille**).

Péguy (Charles), écrivain français (Orléans 1873 - Villeroy, Seine-et-Marne, 1914). Dreyfusard militant, il professa un socialisme personnel et fonda les *Cahiers de la quinzaine* (1900). Profondément mystique, il revint à la foi catholique et fit, de 1912 à 1914, plusieurs pèlerinages à Notre-Dame de Chartres. Tué dès le début de la bataille de la Marne, il laisse une œuvre de poète, de polémiste (*l'Argent,* 1913) et d'essayiste dont la prose ample, les vers redondants ont un mouvement épique et prophétique (*le Mystère de la charité de Jeanne d'Arc,* 1910).

pehlvi n.m. → **pahlavi.**

peignage [peɲaʒ] **n.m.** TECHN. Opération consistant à peigner les fibres textiles avant la filature.

peigne [pɛɲ] **n.m.** (réfection d'apr. *peigner,* de l'anc. fr. *pigne,* du lat. *pecten*). **1.** Instrument à dents fines et serrées qui sert à démêler et à coiffer les cheveux ; instrument analogue, de forme génér. incurvée, pour retenir les cheveux : *Se donner un coup de peigne.* **2.** Instrument pour peigner, carder les fibres textiles. **3.** Mollusque bivalve dont le genre comporte plusieurs espèces comestibles, parmi lesquelles la coquille Saint-Jacques. **4. Passer au peigne fin,** inspecter minutieusement : *La police a passé tout le quartier au peigne fin.*

peigné, e [peɲe] **adj. 1.** Coiffé, en parlant des cheveux de qqn : *Être bien, mal peigné.* **2.** Se dit de fibres textiles ayant subi l'opération du peignage : *Laine peignée.*

peigner [peɲe] **v.t. 1.** Démêler (les cheveux, la barbe) avec un peigne : *Elle joue à peigner sa poupée* (syn. **coiffer**). **2.** TEXT. Apprêter des fibres textiles, les trier au peigne ou à l'aide d'un instrument appelé la *peigneuse.* ◆ **se peigner v.pr.** Démêler ses cheveux : *Va te peigner.*

peignoir [peɲwar] **n.m.** (de *peigner*). **1.** Vêtement ample, en tissu éponge, pour la sortie du bain. **2.** Vêtement d'intérieur, en tissu léger. **3.** Blouse légère destinée à protéger les vêtements, dans un salon de coiffure, un institut de beauté.

peinard, e [penar, -ard] **adj.** (de *peine*). FAM. Tranquille, calme : *Une vie peinarde.*

peindre [pɛ̃dr] **v.t.** (lat. *pingere*) [conj. **81**]. **1.** Enduire, couvrir de peinture : *Peindre un mur en vert.* **2.** Représenter par l'art de la peinture : *Peindre un paysage.* **3.** (Absol.). Pratiquer la peinture, l'art de la peinture : *Elle sait peindre.* **4.** Décrire, représenter par la parole, l'écriture, etc. : *Il a peint la scène avec beaucoup d'humour* (syn. **dépeindre, raconter**). ◆ **se peindre v.pr.** Être apparent, se manifester : *La joie s'est peinte sur son visage* (syn. **éclater, percer**).

peine [pɛn] **n.f.** (lat. *poena*). **1.** Douleur morale : *Sa mort nous a plongés dans la peine* (syn. **affliction**). *Elle m'a raconté ses joies et ses peines* (syn. **chagrin**). **2.** Inquiétude ; souci : *Ne vous mettez pas en peine pour elle, elle saura se débrouiller.* **3.** Punition appliquée à qqn pour une infraction à la loi : *Les coupables ont été condamnés à des peines sévères* (syn. **sanction**). **4.** Châtiment infligé par Dieu au pécheur : *Les peines de l'enfer.* **5.** Travail, effort pour venir à bout d'une difficulté : *Je me donne beaucoup de peine pour satisfaire tout le monde* (syn. **mal**). *On comprend sans peine ce qu'il a voulu dire* (syn. **effort, embarras**). **6. À peine,** depuis très peu de temps ; presque pas, tout juste : *À peine guérie, elle a repris le travail. Savoir à peine lire.* / **Avoir de la peine à,** parvenir difficilement à : *J'ai de la peine à croire tout ceci.* / **Cela en vaut la peine,** c'est assez important pour justifier le mal que l'on se donne. / **Ce n'est pas la peine,** cela ne sert à rien, c'est inutile. / **En être pour sa peine,** ne rien obtenir en échange de ses efforts. / **Être bien en peine de,** être fort embarrassé pour. / **Être comme une âme en peine,** se sentir triste et désemparé. / **Homme, femme de peine,** sans qualification déterminée, qui font les travaux pénibles. / **Sous peine de,** sous la menace de telle sanction : *Défense de pêcher sous peine d'amende.*

peiner [pene] **v.t.** Faire de la peine à : *Son ingratitude m'a beaucoup peiné* (syn. **désoler**). *Nous sommes peinés de ne pouvoir vous aider* (syn. **affliger, désoler**). ◆ **v.i.** Éprouver de la fatigue, de la difficulté : *Il peinait en montant la côte.*

peintre [pɛ̃tr] **n.** (lat. pop. **pinctor,* du class.). **1.** Artiste qui exerce l'art de peindre : *Artiste peintre. Les peintres figuratifs.* **2.** Ouvrier ou artisan dont le métier consiste à appliquer de la peinture sur des matériaux, des surfaces : *Peintre en bâtiment.*

peinture [pɛ̃tyr] **n.f.** (lat. pop. **pinctura,* class. *pictura*). **1.** Matière colorante liquide propre à recouvrir une surface, constituée de pigments de couleur dispersés dans un liant fluide ou pâteux destiné à sécher : *Un pot, un tube de peinture.* **2.** Action de recouvrir une surface, un support avec cette matière : *Peinture au pistolet, au rouleau.* **3.** Couche de couleur recouvrant un objet, un matériau : *La peinture s'écaille.* **4.** Art et technique de représentation qu'utilise l'artiste peintre : *Faire de la peinture à l'huile. Un livre sur la peinture.* **5.** Œuvre d'un artiste peintre ; ensemble des œuvres d'un pays, d'une époque : *Une galerie de peintures contemporaines* (syn. **tableau**). *La peinture hollandaise du XVIIe siècle.* **6.** Représentation par l'écrit : *La peinture des mœurs* (syn. **description, fresque**). **7. Ne pas pouvoir voir qqn en peinture,** ne pas pouvoir le supporter.

■ Malgré les évolutions, du paléolithique (peintures rupestres de Lascaux ou d'Altamira) au XXe s., la permanence d'un support, de pigments de couleur, d'un liant (ou médium) et d'un diluant définit techniquement, depuis la plus lointaine antiquité, le travail pictural.

Jusqu'à la mise au point de la peinture à l'huile, l'eau constitue la base des divers procédés : la *fresque,* réalisée sur un mur enduit de mortier frais et dont le prestige ancien est renouvelé et maintenu par les peintres italiens du XIVe au XVIIIe s. (par ex. Giotto, les Lorenzetti, Masaccio, Piero della Francesca, Mantegna, Michel-Ange, Pierre de Cortone, Tiepolo...) ; la *détrempe* (soit simple, avec de la colle ou de la gomme, soit complexe, avec de l'œuf [*tempera*], de l'huile, de la résine ou de la cire), associée souvent à la fresque (Pompéi), mais surtout employée au Moyen Âge pour la peinture des panneaux et des retables (sur bois enduit) ; la *gouache,* déjà utilisée par les enlumineurs médiévaux et particulièrement appréciée par les artistes français des XVIIe et XVIIIe s. ; l'*aquarelle,* qui joue, sur le papier, de la transparence, de la fluidité.

Avec l'adoption généralisée, au XVIe s., de l'*huile* comme liant de la peinture (procédé attribué par Vasari à Van Eyck) et de la toile comme support, la technique picturale se modifie, l'emploi d'une pâte à la fois consistante et fluide permettant les effets de translucidité ainsi que la fusion délicate des tons (facture précieuse des Flamands, *sfumato* de Léonard de Vinci), puis, avec le développement des empâtements, les jeux de touches (« balayées » chez Titien, fragmentées chez Velázquez) et de matière (modulations de Rubens, triturations de Rembrandt). Les couleurs en tubes, fournies par le commerce à partir du XIXe s. (au lieu des préparations faites jusque-là dans l'atelier du peintre), permettent une simplification du métier et offrent, en dépit de certaines erreurs techniques, une gamme de teintes plus étendue (impressionnisme, fauvisme...). Enfin, la chimie moderne propose des peintures nouvelles d'une grande souplesse et commodité d'emploi (émulsions acryliques). ■

peinturlurer [pɛ̃tyrlyre] **v.t.** FAM. Peindre grossièrement ou avec des couleurs criardes : *Les enfants ont peinturluré les murs de leur chambre* (syn. **barbouiller, peinturer**).

Peïpous *(lac)* ⟶ Tchoudes *(lac des).*

Peirce (Charles Sanders), philosophe et logicien américain (Cambridge, Massachusetts, 1839 - Milford, Pennsylvanie, 1914). Il est le principal créateur de la sémiotique : on lui doit une classification des signes, selon que la relation du signe à l'objet est une relation de ressemblance, de contiguïté ou de convention. Il est le fondateur du pragmatisme logique, qu'il a présenté comme une théorie de la signification (*Collected Papers,* 1931).

péjoratif, ive [peʒɔratif, -iv] **adj.** (du bas lat. *pejorare,* rendre pire, du class. *pejor,* pire). Qui comporte une nuance dépréciative (par opp. à *laudatif, mélioratif*) : *Les suffixes « -âtre », « -ard » sont péjoratifs.*

péjorativement [peʒɔrativmɑ̃] **adv.** D'une manière péjorative.

pékan [pekɑ̃] **n.m.** (mot algonquin). Martre des forêts d'Amérique du Nord, à la fourrure très estimée ; cette fourrure.

Pékin, en chin. **Beijing,** cap. de la Chine, constituant une municipalité autonome d'environ 17 000 km^2 ; 19 520 000 hab. dans l'agglomération. Centre administratif, universitaire et industriel. Les quartiers centraux sont formés de la juxtaposition de la *ville chinoise,* ou *extérieure,* et de la *ville tatare,* ou *intérieure ;* au centre de cette dernière, la *ville impériale* renferme l'ancienne *Cité interdite,* qui était réservée à la famille impériale. Riches musées. – Située près de la capitale de l'État Yan (IVe s. av. J.-C.), Pékin fut à partir de la domination mongole (XIIIe s.) la capitale de la Chine, hormis quelques périodes où Nankin lui fut préférée. Elle fut le théâtre du sac du palais d'Été par les Européens (1860), de la révolte des Boxers (1900), de la proclamation de la République populaire de Chine par Mao Zedong (1949).

1. pékinois, e [pekinwa, -az] **adj.** et **n.** De Pékin. ◆ **pékinois n.m.** Forme du mandarin parlée dans le nord de la Chine, et constituant la base de la langue officielle.

2. pékinois [pekinwa] **n.m.** (de *1. pékinois*). Petit chien à poil long et à tête massive, au museau comme écrasé.

pelade [pəlad] **n.f.** (de *peler*). Maladie qui fait tomber par plaques les cheveux et les poils.

pelage [pəlaʒ] **n.m.** (de *pel,* anc. dérivé de *poil*). Ensemble des poils d'un animal : *Le pelage d'un renard* (syn. **robe**).

Pélage, moine britannique (en Grande-Bretagne v. 360 - en Palestine 422), dont la doctrine fut combattue par saint Augustin et condamnée par les conciles. Établi à Rome vers 384, il partit, après le sac de la ville par Alaric en 410, pour l'Égypte, puis pour la Palestine. Son enseignement minimisait le rôle de la grâce divine et insistait sur l'efficacité de l'effort personnel. Il niait la transmission du péché d'Adam à ses descendants, cette faute étant, selon lui, essentiellement personnelle. Sa doctrine a connu une forme atténuée, dite *semi-pélagianisme.*

pélagique [pelaʒik] **adj.** (du gr. *pelagos,* mer). De la haute mer ou des fonds marins : *Dépôts pélagiques.*

pelé, e [pəle] **adj. 1.** Dont les poils, les cheveux sont tombés : *Le dos pelé d'un vieux chien.* **2.** Dont la végétation est rare : *Collines pelées* (syn. **nu**). ◆ **pelé n.m.** FAM. **Quatre pelés et un tondu,** un tout petit nombre de personnes.

Pelé (Edson Arantes do Nascimento, dit**),** footballeur brésilien (Très Corações, Minas Gerais, 1940), stratège et buteur, trois fois vainqueur de la Coupe du monde (1958, 1962 et 1970).

Pelée *(montagne),* sommet volcanique (1 397 m) de la Martinique, dans le nord de l'île. L'éruption de 1902 s'accompagna d'une « nuée ardente » qui détruisit Saint-Pierre.

pêle-mêle [pɛlmɛl] **adv.** (anc. fr. *mesle-mesle,* redoublement de l'impér. de *mêler*). En désordre ; en vrac : *Jeter quelques vêtements pêle-mêle dans un sac.*

peler [pəle] **v.t.** (bas lat. *pilare,* enlever le poil) [conj. **25**]. Ôter la peau d'un fruit, d'un légume : *Peler un oignon* (syn. **éplucher**). ◆ **v.i.** Perdre sa peau par lamelles : *J'ai attrapé un coup de soleil et j'ai le nez qui pèle* (syn. **desquamer**).

pèlerin [pɛlrɛ̃] **n.m.** (lat. *peregrinus,* voyageur). **1.** Personne qui fait un pèlerinage : *Les pèlerins de Lourdes, de La Mecque.* **2.** Criquet migrateur dont l'aire d'extension s'étend depuis l'Inde jusqu'au Maroc et dont les nuées ravagent la végétation, les cultures. **3.** Très grand requin (jusqu'à 15 m de long et 8 t) qui se nourrit de plancton, inoffensif pour l'homme. **4.** Faucon du sud de la France, le plus employé des oiseaux de fauconnerie.

pèlerinage [pɛlrinaʒ] **n.m. 1.** Voyage fait vers un lieu de dévotion dans un esprit de piété ; ce lieu : *Faire un pèlerinage. Un pèlerinage très fréquenté.* **2.** Visite faite pour honorer la mémoire de qqn en un lieu où il a vécu.

pèlerine [pɛlrin] **n.f.** (de *pèlerin*). Manteau sans manches, couvrant les épaules.

pélican [pelikɑ̃] **n.m.** (lat. *pelicanus,* du gr.). Gros oiseau palmipède au long bec pourvu d'une poche extensible où sont emmagasinés les poissons destinés à la nourriture des jeunes. ◆ Envergure jusqu'à 3 m.

pelisse [pəlis] **n.f.** (bas lat. *pellicia,* du class. *pellis,* peau). Manteau garni intérieurement de fourrure.

pellagre [pelagr] **n.f.** (du lat. *pellis,* peau, et du gr. *agra,* prise [de chasse]). Maladie due à une carence en vitamine PP et se manifestant par des lésions cutanées, des troubles digestifs et neurologiques.

pelle [pɛl] **n.f.** (lat. *pala*). **1.** Outil formé d'une plaque, souvent incurvée et arrondie, ajustée à un manche et servant notamm. à creuser la terre, à déplacer des matériaux pulvérulents : *Une pelle à charbon, à poussière.* **2.** Extrémité plate et large d'un aviron. **3.** FAM. **À la pelle,** en grande quantité : *Gagner de l'argent à la pelle.* **4. Pelle mécanique,** pelleteuse.

pelletée [pɛlte] **n.f.** Ce que l'on enlève en une fois avec une pelle : *Une pelletée de terre.*

pelleterie [pɛltri] **n.f.** (du lat. *pellis,* peau). **1.** Travail et commerce des fourrures. **2.** Peaux, fourrures travaillées par le pelletier.

pelleteuse [pɛltøz] **n.f.** Engin de déblayage automoteur dont le godet se remplit en pénétrant dans le tas de matériau à charger et se vide en basculant en arrière.

pelletier, ère [pɛltje, -ɛr] **n.** (de l'anc. fr. *pel,* peau, du lat. *pellis*). Personne qui travaille ou vend des fourrures.

Pellico (Silvio), écrivain italien (Saluces 1789 - Turin 1854). Le récit de son emprisonnement au Spielberg de Brno (*Mes prisons,* 1832) contribua à gagner l'opinion internationale à la cause des patriotes italiens.

pellicule [pelikyl] **n.f.** (lat. *pellicula,* petite peau). **1.** Feuille de matière souple recouverte d'une couche sensible, destinée à la photographie, au cinéma : *Une pellicule photographique* (syn. **film**). **2.** Petite lamelle épidermique qui se détache du cuir chevelu : *Shampooing contre les pellicules.* **3.** Matière solidifiée ou déposée en couche mince à la surface de qqch : *Pellicule de givre sur une vitre.*

Péloponnèse, presqu'île du sud de la Grèce, découpée en plusieurs péninsules, rattachée au continent par l'isthme de Corinthe ; 21 500 km^2 ; 1 174 916 hab. Au IIe millénaire, le Péloponnèse fut le siège de la civilisation mycénienne. Son histoire, à l'époque classique, se confondit avec celle de Sparte et de la Grèce.

Péloponnèse *(guerre du)* [431-404 av. J.-C.], conflit qui opposa Sparte à Athènes pour l'hégémonie du monde grec. Dans un premier temps (431-421), les belligérants équilibrèrent succès et défaites et cette période confuse se termina par la paix de Nicias. Sous l'impulsion d'Alcibiade, Athènes monta une expédition en Sicile, contre Syracuse (415) ; mais Alcibiade trahit Athènes et se réfugia à Sparte. L'armée et la flotte athéniennes furent anéanties devant Syracuse (413). Sparte s'allia avec la Perse et prépara la révolte de l'Ionie contre la domination athénienne (412). Malgré les succès d'Alcibiade (410 et 408) et la victoire des îles Arginuses (406), la flotte athénienne fut anéantie par Lysandre en 405 à l'embouchure de l'Aigos-Potamos. En 404, Athènes, assiégée, dut signer une paix qui la dépouilla de son empire.

pelote [pəlɔt] **n.f.** (lat. pop. **pilotta,* dimin. de *pila,* balle). **1.** Boule formée de fils, de cordes, de rubans, etc., roulés sur eux-mêmes. **2.** Balle du jeu de pelote basque, du jeu de paume. **3.** Petit coussinet pour piquer des aiguilles, des épingles. **4.** *FAM.* **Avoir les nerfs en pelote,** être énervé. **5. Pelote basque,** sport traditionnel du Pays basque, dans lequel le joueur *(pelotari)* lance la pelote contre un fronton, à main nue ou avec une raquette de bois *(pala),* ou encore avec un étroit panier recourbé *(chistera).* / ZOOL. **Pelote de réjection** ou **de régurgitation,** amas de débris alimentaires non digérés, que rejettent certains oiseaux.

peloter [pəlɔte] **v.t.** (de *pelote*). *FAM.* Toucher sensuellement en palpant (syn. **caresser**).

peloton [pəlɔtɔ̃] **n.m. 1.** Petite pelote : *Un peloton de ficelle.* **2.** SPORTS. Groupe compact de concurrents dans une course : *Rejoindre le peloton de tête.* **3.** MIL. Petite unité élémentaire constitutive de l'escadron, dans la cavalerie, l'arme blindée, la gendarmerie ou le train.

se **pelotonner** [pəlɔtɔne] **v.pr.** (de *peloton*). Se blottir en repliant bras et jambes près du tronc : *Se pelotonner sous ses couvertures.*

pelouse [pəluz] **n.f.** (anc. fr. *pelous,* du lat. *pilosus,* poilu). **1.** Terrain planté d'une herbe courte et dense. **2.** Partie gazonnée d'un stade : *Le quinze de France entre sur la pelouse.* **3.** L'une des trois enceintes d'un champ de courses, délimitée par la ou les pistes (par opp. à *pesage* et à *pavillon*).

Peltier (Jean), physicien français (Ham 1785 - Paris 1845). Il découvrit l'effet qui porte son nom, effet thermoélectrique, selon lequel le courant, à travers la jonction de deux matériaux, provoque un dégagement ou une absorption de chaleur.

peluche [pəlyʃ] **n.f.** (de l'anc. fr. *peluchier ;* v. *éplucher*). **1.** Étoffe analogue au velours, présentant d'un côté des poils très longs, couchés, soyeux et brillants : *Un ours en peluche.* **2.** Animal, jouet en peluche : *Enfant qui ne se sépare jamais de ses peluches.*

pelucher [pəlyʃe] **v.i.** Prendre un aspect qui rappelle la peluche, en parlant d'un tissu : *Un pull qui peluche.*

pelucheux, euse [pəlyʃø, -øz] **adj.** Qui peluche ; qui a l'aspect de la peluche : *Un tissu pelucheux.*

pelure [pəlyr] **n.f.** (de *peler*). Peau ôtée d'un fruit, d'un légume : *Des pelures de pommes de terre* (syn. **épluchure**).

pelvien, enne [pɛlvjɛ̃, -ɛn] **adj.** (du lat. *pelvis,* bassin). **1.** ANAT. Du pelvis, du bassin : *Cavité pelvienne.* **2. Ceinture pelvienne,** ceinture formée, chez les mammifères, des deux os iliaques et du sacrum. / ZOOL. **Nageoires pelviennes,** nageoires abdominales paires des poissons.

pelvis [pɛlvis] **n.m.** (mot lat.). ANAT. Bassin.

Pelvoux ou **massif des Écrins,** massif cristallin des Alpes dauphinoises ; 4 102 m à la *barre des Écrins.* Parc national.

Pemba, île de l'océan Indien (Tanzanie), au nord de Zanzibar ; 984 km^2 ; 360 797 hab. Principal centre mondial de la culture du giroflier.

pénal, e, aux [penal, -o] **adj.** (du lat. *poenalis,* de *poena,* châtiment). **1.** Relatif aux infractions et aux peines qui peuvent frapper leurs auteurs : *Droit pénal.* **2. Code pénal,** recueil de lois et de règlements concernant les infractions (contraventions, délits, crimes), et déterminant les peines qui leur sont applicables. ◆ **pénal** **n.m.** Voie pénale (par opp. à *civil*) : *Poursuivre qqn au pénal.*

pénalement [penalmɑ̃] **adv.** Du point de vue pénal : *Être pénalement responsable. Infraction sanctionnée pénalement.*

pénalisant, e [penalizɑ̃, -ɑ̃t] **adj.** Qui pénalise : *Réglementations douanières pénalisantes pour nos exportations.*

pénalisation [penalizasjɔ̃] **n.f. 1.** SPORTS. Désavantage infligé à un concurrent, à une équipe qui a commis une faute au cours d'une épreuve, d'un match. **2.** Fait d'être pénalisé, désavantagé : *Cette mesure est une pénalisation pour les familles défavorisées.*

pénaliser [penalize] **v.t. 1.** Frapper d'une pénalité ; infliger une pénalisation à. **2.** Être la cause d'une infériorité ; constituer un handicap pour : *Dispositions fiscales qui pénalisent certaines entreprises* (syn. **désavantager, léser**).

pénaliste [penalist] **n.** DR. Spécialiste de droit pénal.

pénalité [penalite] **n.f.** (de *pénal*). **1.** Sanction qui frappe un délit ou une faute (syn. **peine**). **2.** SPORTS. Sanction pour un manquement aux règles : *Coup de pied de pénalité, au rugby.*

penalty [penalti] **n.m.** (mot angl.) [pl. *penaltys* ou *penalties*]. SPORTS. Sanction prise contre une équipe pour une faute grave commise par un de ses joueurs dans sa surface de réparation, au football : *Siffler, tirer un penalty.*

pénates [penat] **n.m. pl.** (lat. *penates,* de *penus,* intérieur de la maison). **1.** MYTH. ROM. Divinités du foyer. **2.** *FAM.* Maison ; foyer : *Regagner ses pénates.*

penaud, e [pəno, -od] **adj.** (de *peine*). Confus, honteux après avoir commis une maladresse : *Il était tout penaud.*

penchant [pɑ̃ʃɑ̃] **n.m. 1.** Tendance qui incline à un certain comportement : *Elle a un penchant à la paresse* (syn. **prédisposition, propension**). *Lutter contre ses mauvais penchants* (syn. **instinct**). **2.** Attirance, sympathie que l'on éprouve pour qqn : *Penchant amoureux* (syn. **inclination**).

pencher [pɑ̃ʃe] **v.t.** (lat. pop. **pendicare,* du class. *pendere,* pendre). Incliner vers le bas ou de côté : *Pencher la tête* (syn. **courber, fléchir**). *Pencher un pichet pour verser de l'eau.* ◆ **v.i. 1.** Ne pas être d'aplomb ; être incliné : *La pile de livres penche.* **2. Pencher pour, vers,** être porté à ; avoir tendance à ; préférer : *Il penche pour la seconde solution* (syn. **opter**). ◆ **se pencher** **v.pr. 1.** S'incliner, se baisser : *Il se pencha vers moi pour me glisser un mot à l'oreille.* **2. Se pencher sur,** examiner ; s'occuper de ; s'intéresser à : *Se pencher sur un problème, une question.*

pendable [pɑ̃dabl] **adj.** (propr. « qui mérite d'être pendu », de *pendre*). **Un tour pendable,** une méchante plaisanterie ; une mauvaise farce : *Jouer un tour pendable à qqn.*

pendaison [pɑ̃dezɔ̃] **n.f. 1.** Action de pendre qqn, de se pendre : *Condamné à la pendaison. Suicide par pendaison.* **2.** Action de pendre qqch : *Pendaison de crémaillère.*

1. pendant, e [pɑ̃dɑ̃, -ɑ̃t] **adj.** (de *pendre*). **1.** Qui pend : *Les oreilles pendantes d'un épagneul* (syn. **tombant**). **2.** DR. En instance : *Dossiers pendants. Affaires pendantes.*

2. pendant [pɑ̃dɑ̃] **n.m.** (de *pendre*). **1.** Chacune des deux pièces de mobilier ou de décoration, des deux œuvres d'art, etc., qui constituent une paire destinée à former symétrie : *Deux chandeliers qui se font pendant.* **2.** Personne, chose semblable, complémentaire : *Il est le pendant de sa sœur.* **3. Pendants d'oreilles,** boucles d'oreilles à pendeloques.

3. pendant [pɑ̃dɑ̃] **prép.** (de *1. pendant,* d'après les loc. *le temps pendant, le siège pendant*). Durant une certaine période de temps : *Pendant l'été, le voyage, la semaine.* ◆ **pendant que loc. conj. 1.** Indique la concomitance par rapport à l'action principale : *Tais-toi pendant qu'elle parle.* **2. Pendant que j'y pense,** indique que qqch revient à la mémoire. / **Pendant que j'y suis (que tu y es, etc.),** fait ressortir la possibilité, offerte par la situation même ou par l'action menée, de faire qqch : *Pendant que j'y suis, je vais finir de remplir ces papiers.*

pendeloque [pɑ̃dlɔk] **n.f.** (de l'anc. fr. *pendeler,* pendiller). **1.** Ornement suspendu à un bijou. **2.** Morceau de cristal taillé à facettes, en partic., suspendu à un lustre.

pendentif [pɑ̃dɑ̃tif] **n.m.** (du lat. *pendens, -entis,* qui pend). Bijou, ornement suspendu à une chaînette de cou, à un collier, à une boucle d'oreille.

Penderecki (Krzysztof), compositeur polonais (Debica 1933). Il se fit connaître en 1960 avec *Anaklasis,* pièce illustrant le style à la fois pointilliste et tachiste qui se développa par la suite en Pologne. Avec la *Passion selon saint Luc* (1963-1966), il s'orienta vers un style teinté de néoromantisme. On lui doit aussi des concertos, des symphonies, des opéras (*les Diables de Loudun,* 1969 ; *le Paradis perdu,* 1978 ; *Ubu Rex,* 1991).

penderie [pɑ̃dri] **n.f.** Placard, armoire ou petite pièce où l'on suspend des vêtements.

pendiller [pɑ̃dije] **v.i.** Être suspendu en oscillant légèrement en l'air : *Des chaussettes pendillent sur la corde à linge.*

Pendjab, région de l'Asie méridionale, arrosée par les affluents de l'Indus et divisée depuis 1947 entre l'Inde (États du *Pendjab* et de l'*Haryana*) et le Pakistan (v. princ. *Lahore*). Cultures irriguées du riz, du coton et de la canne à sucre.

Pendjab, État du nord l'Inde ; 50 362 km^2 ; 27 704 236 hab. CAP. *Chandigarh.*

pendouiller [pɑ̃duje] **v.i.** *FAM.* Pendre mollement, de manière ridicule : *Ses cheveux pendouillent dans son cou.*

pendre [pɑ̃dr] **v.t.** (lat. *pendere*) [conj. **73**]. **1.** Attacher qqch par le haut de façon que la partie inférieure tombe librement vers le sol : *Pendre un lustre, des rideaux* (syn. **suspendre**). *Pendre un miroir au mur* (syn. **accrocher**). **2.** Mettre à mort en suspendant par le cou : *Le bourreau a pendu le condamné.* **3. Dire pis que pendre de qqn,** en dire le plus grand mal. ◆ **v.i. 1.** Être suspendu : *Les fruits pendent aux branches.* **2.** Tomber trop bas : *Cette robe pend d'un côté.* **3. Pendre au nez de qqn,** risquer fort de lui arriver, en parlant d'une chose fâcheuse. ◆ **se pendre v.pr. 1.** Se suspendre ; s'accrocher : *Se pendre à une branche* (syn. **s'agripper**). **2.** Se suicider par pendaison : *Le suspect s'est pendu dans sa cellule.*

pendu, e [pɑ̃dy] **adj. 1.** Suspendu, accroché : *Un jambon pendu au plafond.* **2.** *FAM.* **Être pendu au téléphone,** l'utiliser longtemps, souvent. / **Être pendu aux lèvres de qqn,** l'écouter avec une attention passionnée. ◆ **adj.** et **n.** Mort par pendaison.

pendulaire [pɑ̃dylɛr] **adj.** Du pendule : *Mouvement pendulaire.*

1. pendule [pɑ̃dyl] **n.m.** (lat. *pendulus,* qui est suspendu). Corps solide suspendu à un point fixe et oscillant sous l'action de la pesanteur : *Le pendule d'un sourcier.*

2. pendule [pɑ̃dyl] **n.f.** (de *1. pendule*). **1.** Petite horloge destinée à être posée horizontalement ou à être fixée en applique sur un mur : *Pendule qui sonne les heures.* **2.** *FAM.* **Remettre les pendules à l'heure,** remettre les choses au point avec fermeté.

pendulette [pɑ̃dylɛt] **n.f.** Petite pendule.

pêne [pɛn] **n.m.** (altér. de *pesle,* lat. *pessulus,* verrou). Pièce mobile d'une serrure, qui, actionnée par une clef, ferme la porte en s'engageant dans la gâche.

Pénélope, femme d'Ulysse et mère de Télémaque. Elle est presque la seule des épouses des héros de la guerre de Troie qui soit restée fidèle à son mari. Pendant l'absence d'Ulysse, qui dura vingt ans, elle repoussait les avances des prétendants installés dans son palais, en leur déclarant qu'elle ne se marierait pas avant d'avoir achevé sa tapisserie. Et cela dura jusqu'au retour d'Ulysse, car elle prenait soin de défaire la nuit ce qu'elle avait tissé le jour.

pénéplaine [peneplɛn] **n.f.** (angl. *peneplain,* du lat. *paene,* presque, et de *plaine*). GÉOMORPH. Relief caractérisé par des pentes faibles, des vallées évasées et des dépôts superficiels, stade final du cycle d'érosion.

pénétrant, e [penetrɑ̃, -ɑ̃t] **adj. 1.** Qui traverse, transperce : *Une pluie pénétrante.* **2.** Perspicace, doué de discernement : *Un esprit pénétrant* (syn. **aigu**).

pénétrante [penetrɑ̃t] **n.f.** Voie de communication allant de la périphérie vers le centre d'une ville (par opp. à *radiale*).

pénétration [penetrasjɔ̃] **n.f.** (lat. *penetratio*). **1.** Action de pénétrer : *La pénétration de l'armée ennemie sur notre sol.* **2.** Faculté de comprendre des sujets difficiles : *Un esprit plein de pénétration* (syn. **perspicacité**).

pénétré, e [penetre] **adj. 1.** Intimement persuadé : *Homme pénétré de son importance* (syn. **convaincu**). **2. Ton, air pénétré,** convaincu ou, par plais., d'une gravité affectée.

pénétrer [penetre] **v.t.** (lat. *penetrare*) [conj. **18**]. **1.** Passer à travers : *La pluie a pénétré mon imperméable* (syn. **transpercer, traverser**). **2.** Parvenir à découvrir les sentiments, les idées de qqn : *Pénétrer les intentions d'autrui* (syn. **deviner**). **3.** Toucher profondément, intimement : *Émotion qui vous pénètre le cœur* (syn. **inonder, submerger**). **4.** En parlant d'une idée, d'une mode, imprégner un groupe, une société : *Cette façon de parler a pénétré tous les milieux* (syn. **gagner**). ◆ **v.i.** Entrer, s'introduire dans : *Pénétrer dans une maison par la fenêtre. La balle a pénétré dans le poumon.* ◆ **se pénétrer v.pr. [de].** S'imprégner profondément d'une idée, d'un sentiment, etc. : *Se pénétrer d'une vérité.*

pénible [penibl] **adj.** (de *peine*). **1.** Qui se fait avec peine, fatigue : *Un travail pénible* (syn. **fatigant**). **2.** Qui cause une peine morale : *Une pénible nouvelle* (syn. **triste**). *Une séparation pénible* (syn. **douloureux**). **3.** *FAM.* Désagréable, en parlant d'une personne : *Il est pénible avec ses questions incessantes* (syn. **insupportable**).

péniblement [penibləmɑ̃] **adv.** Avec peine : *Il atteint péniblement la moyenne* (= tout juste). *Marcher péniblement* (syn. **difficilement, malaisément**).

péniche [peniʃ] **n.f.** (angl. *pinnace,* du fr. *pinasse*). Long bateau à fond plat pour le transport fluvial des marchandises : *Des péniches remontent la Seine.*

pénicilline [penisilin] **n.f.** (angl. *penicillin*). Antibiotique isolé à partir d'une espèce de pénicillium, dont les propriétés antibactériennes furent découvertes en 1928 par Alexander Fleming.

pénicillium [penisiljɔm] **n.m.** (du lat. *penicillum,* pinceau). Champignon ascomycète qui se développe sous la forme d'une moisissure verte dans certains fromages (roquefort, bleu), sur les fruits (agrumes) et les confitures, et dont une espèce fournit la pénicilline.

pénil [penil] **n.m.** (lat. pop. **pectiniculum*, de *pecten*, peigne). ANAT. Éminence large et arrondie située en avant du pubis chez la femme, et qui se couvre de poils à l'époque de la puberté (nom usuel : *mont de Vénus*).

péninsulaire [penɛ̃sylɛr] **adj.** Relatif à une péninsule.

péninsule [penɛ̃syl] **n.f.** (lat. *paeninsula*, de *paene*, presque, et *insula*, île). Grande presqu'île : *La péninsule Ibérique* (= l'Espagne et le Portugal).

pénis [penis] **n.m.** (lat. *penis*, queue des quadrupèdes). ANAT. Organe mâle de la copulation et de la miction (syn. **verge**).

pénitence [penitɑ̃s] **n.f.** (lat. *paenitentia*, de *paenitere*, se repentir). RELIG. CHRÉT. **1.** Repentir, regret d'avoir offensé Dieu, accompagné de la ferme intention de ne plus recommencer : *Faire pénitence.* **2.** Un des sept sacrements de l'Église catholique, par lequel le prêtre absout les péchés. **3.** Peine imposée au pénitent par le confesseur. **4.** Mortification que l'on s'impose pour expier ses péchés.

pénitencier [penitɑ̃sje] **n.m.** (de *pénitence*). Établissement où étaient subies les longues peines d'emprisonnement.

pénitent, e [penitɑ̃, -ɑ̃t] **n.** RELIG. CHRÉT. Personne qui confesse ses péchés au prêtre. ◆ **pénitent n.m.** Membre de certaines confréries qui, par esprit de pénitence, s'imposent des pratiques de piété et de charité, et qui portent un costume à cagoule lors des solennités religieuses.

pénitentiaire [penitɑ̃sjɛr] **adj.** Relatif aux prisons, aux détenus : *L'administration pénitentiaire.*

Penn (William), quaker anglais (Londres 1644 - Jordans 1718). Fondateur (1681) de la Pennsylvanie, il la dota d'une législation qui fut le modèle des institutions américaines. Il créa Philadelphie.

Pennac (Daniel Pennacchioni, dit **Daniel),** écrivain français (Casablanca 1944). Il écrit pour la jeunesse (*Cabot-Caboche*, 1982) avant de connaître le succès avec une série de romans policiers rocambolesques (*Au bonheur des ogres*, 1985 ; *la Fée carabine*, 1987 ; *la Petite Marchande de prose*, 1989 ; *Monsieur Malaussène*, 1995). Anc. professeur de lettres, il prête attention à la pédagogie (*Comme un roman*, 1992 ; *Chagrin d'école*, 2007). Il publie en 2012 *Journal d'un corps*.

penne [pɛn] **n.f.** (lat. *penna*, plume, aile). **1.** Longue plume de l'aile ou de la queue des oiseaux. **2.** Chacun des éléments en plume de l'empennage d'une flèche. **3.** MAR. Extrémité supérieure d'une antenne.

penné, e [pene] **adj.** BOT. Dont les nervures sont disposées de part et d'autre d'un pétiole commun, comme les barbes d'une plume : *Feuilles, folioles pennées.*

Pennsylvanie, un des États unis d'Amérique, du lac Érié à la Delaware ; 117 400 km^2 ; 12 773 801 hab. CAP. *Harrisburg*. V. princ. *Philadelphie, Pittsburgh.*

pénombre [penɔ̃br] **n.f.** (de *pén[é]-* et *ombre*). **1.** Lumière faible ; demi-jour : *La pénombre d'un couloir mal éclairé.* **2.** PHYS. État d'une surface incomplètement éclairée par un corps lumineux dont un corps opaque intercepte en partie les rayons.

pensable [pɑ̃sabl] **adj.** (Surtout en tournure nég.). Concevable, imaginable : *Ce n'est pas pensable.*

pensant, e [pɑ̃sɑ̃, -ɑ̃t] **adj.** Qui est capable de penser.

pense-bête [pɑ̃sbɛt] **n.m.** (pl. *pense-bêtes*). FAM. Indication quelconque destinée à rappeler une tâche à accomplir.

1. pensée [pɑ̃se] **n.f.** (de *penser*). **1.** Faculté de penser ; activité de l'esprit : *Les démarches de la pensée* (syn. **entendement, intelligence**). **2.** Manière dont l'activité de l'esprit s'exprime : *Avoir une pensée claire* (syn. **réflexion**). **3.** Façon de penser : *Parler sans déguiser sa pensée* (syn. **opinion, point de vue**). **4.** Ensemble des idées, des doctrines d'un individu, d'un groupe : *La pensée d'un philosophe.* **5.** Acte particulier de l'esprit qui se porte sur un objet : *Pensée ingénieuse* (syn. **idée**). *Être assailli par de sombres pensées* (syn. **réflexion**). **6.** Réflexion brève : *Une pensée de La Rochefoucauld* (syn. **sentence, maxime**). **7. En pensée, par la pensée,** dans l'esprit ; par l'imagination.

2. pensée [pɑ̃se] **n.f.** (de *1. pensée*, cette fleur symbolisant le souvenir). Plante ornementale aux fleurs veloutées roses, jaunes ou violettes, dont les pétales latéraux sont rapprochés des supérieurs. ▸ Famille des violacées.

penser [pɑ̃se] **v.i.** (bas lat. *pensare*, class. *pendere*, peser, puis « réfléchir »). **1.** Former des idées dans son esprit ; concevoir des notions par l'activité de l'intelligence : *Il faut penser avant d'agir* (syn. **raisonner, réfléchir**). *Les animaux ne pensent pas.* **2.** Avoir une certaine opinion : *Je pense comme vous.* ◆ **v.t. 1.** Avoir dans l'esprit ; avoir pour opinion : *Il dit ce qu'il pense.* **2.** Croire ; avoir la conviction que : *Je pense qu'elle a raison. Je ne pense pas qu'elle puisse finir ce travail* (syn. **présumer, supposer**). **3.** Avoir l'intention de : *Nous pensons partir bientôt* (syn. **envisager, projeter de**). **4.** Concevoir, imaginer en fonction d'une fin déterminée : *Penser un projet dans ses moindres détails* (syn. **élaborer**). ◆ **v.t. ind. [à]. 1.** Songer à : *Il pense à autre chose* (syn. **réfléchir**). **2.** Se souvenir de ; ne pas oublier : *As-tu pensé à son anniversaire ?*. **3.** Concevoir la possibilité de qqch ; prendre en considération : *Penser aux conséquences de ses actes* (syn. **évoquer, imaginer**). *Elle pense divorcer* (syn. **envisager**). **4. Faire penser à,** évoquer par une ressemblance : *Elle me fait penser à sa mère.* / **Sans penser à mal,** sans mauvaise intention.

penseur, euse [pɑ̃sœr, -øz] **n. 1.** Personne qui s'applique à penser, à réfléchir, à méditer. **2.** Personne dont la pensée personnelle exerce une influence notable par sa qualité, sa profondeur.

pensif, ive [pɑ̃sif, -iv] **adj.** Absorbé dans ses pensées : *Tu es bien pensif aujourd'hui* (syn. **songeur, rêveur**).

pension [pɑ̃sjɔ̃] **n.f.** (lat. *pensio*, paiement, de *pendere*, peser, payer). **1.** Somme d'argent versée par un organisme social, par l'État, à qqn, pour subvenir à ses besoins, pour rétribuer d'anciens services, l'indemniser, etc. : *Pension de guerre.* **2.** Somme que l'on verse pour être logé, nourri : *Pension complète.* **3.** Fait d'être logé, nourri, moyennant rétribution : *Prendre pension chez l'habitant.* **4.** Établissement d'enseignement privé où les élèves peuvent être internes (syn. **internat, pensionnat**). **5. Pension de famille,** établissement où des hôtes payants sont logés dans des conditions rappelant la vie familiale.

pensionnaire [pɑ̃sjɔnɛr] **n. 1.** Personne qui est logée et nourrie dans un hôtel, chez un particulier, etc., moyennant une pension. **2.** Élève interne, dans un établissement scolaire.

pensionnat [pɑ̃sjɔna] **n.m.** (de *pension*). Établissement d'enseignement qui reçoit des internes ; ensemble des élèves de cet établissement.

pensionné, e [pɑ̃sjɔne] **adj.** et **n.** Qui reçoit une pension : *Pensionné de guerre.*

pensionner [pɑ̃sjɔne] **v.t.** Allouer une pension à.

pensivement [pɑ̃sivmɑ̃] **adv.** De manière pensive.

pensum [pɛ̃sɔm] **n.m.** (mot lat. « tâche »). **1.** *VIEILLI.* Devoir supplémentaire imposé à un élève pour le punir. **2.** Besogne ennuyeuse : *Ce rapport, quel pensum !* (syn. **corvée**).

pentaèdre [pɛ̃taɛdr] **n.m.** et **adj.** (de *penta-* et *-èdre*). GÉOM. Polyèdre à cinq faces.

pentaédrique [pɛ̃taedrik] **adj.** Relatif au pentaèdre ; qui a la forme d'un pentaèdre.

pentagonal, e, aux [pɛ̃tagɔnal, -o] **adj.** Qui a pour forme, pour base un pentagone ; relatif à un pentagone.

pentagone [pɛ̃tagɔn] **n.m.** (de *penta-* et *-gone*). GÉOM. Polygone qui a cinq sommets et, par suite, cinq côtés.

Pentagone (le), édifice, ainsi nommé en raison de sa forme, qui abrite à Washington, depuis 1942, le secrétariat à la Défense et l'état-major des forces armées des États-Unis.

pentasyllabe [pɛ̃tasilab] **adj.** et **n.m.** (de *penta-* et *syllabe*). Se dit d'un vers de cinq syllabes.

Pentateuque, nom qui, en grec, signifie les « cinq étuis » et qui a été donné, vers le IIIe s. av. J.-C., aux cinq premiers livres de la Bible : la Genèse, l'Exode, le Lévitique, les Nombres et le Deutéronome.

■ Les juifs appellent cet ensemble littéraire la Torah, c'est-à-dire la « Loi ». Selon leur tradition, l'auteur en aurait été Moïse lui-même. Cependant, dès le XVIIe s., des exégètes, notamment Richard Simon, estiment impossible d'attribuer la composition de ces cinq livres à un seul auteur. On en est venu à considérer le Pentateuque comme résultant d'une fusion de quatre traditions (ou « documents ») hébraïques d'âges différents (élaborées entre le IXe et le IVe s. av. J.-C.). ■

pentathlon [pɛ̃tatlɔ̃] **n.m.** (mot gr., de *athlos*, combat). **1.** ANTIQ. GR. Ensemble des cinq exercices des athlètes (lutte, course, saut, disque et javelot). **2. Pentathlon moderne,** discipline olympique comportant cinq épreuves (cross, équitation, natation, escrime, tir).

pentathlonien, enne [pɛ̃tatlɔnjɛ̃, -ɛn] **n.** Athlète qui dispute un pentathlon. (On dit aussi pentathlète.)

pentatonique [pɛ̃tatɔnik] **adj.** (de *penta-*, et du gr. *tonos*, ton). MUS. Constitué de cinq sons : *Gamme pentatonique.*

pente [pɑ̃t] **n.f.** (lat. pop. **pendita*, de *pendere*, pendre). **1.** Inclinaison d'un terrain, d'une surface : *Une forte pente* (syn. **déclivité**). **2.** Terrain incliné par rapport à l'horizontale : *Pentes enneigées de la montagne* (syn. **versant**). **3.** Tendance dominante de qqn ; inclination profonde : *Sa pente naturelle le porte à la paresse* (syn. **penchant**). **4. Être sur la mauvaise pente,** se laisser aller à ses mauvais penchants. / **Être sur une pente glissante, savonneuse,** aller vers les pires difficultés. / **Remonter la pente,** être dans une situation qui s'améliore, après une période de difficultés.

Pentecôte [pɑ̃tkot] **n.f.** (gr. *pentêkostê [hêmera]*, cinquantième [jour]). **1.** Fête juive célébrée sept semaines après le second jour de la Pâque, en souvenir de la remise des Tables de la Loi à Moïse. **2.** Fête chrétienne célébrée le septième dimanche après Pâques, en mémoire de la descente de l'Esprit-Saint sur les apôtres.

pentu, e [pɑ̃ty] **adj.** En pente ; incliné : *Un toit pentu.*

pénultième [penyltjɛm] **adj.** et **n.f.** (lat. *paenultimus*, de *paene*, presque, et *ultimus*, dernier). Se dit de l'avant-dernière syllabe d'un mot, d'un vers.

pénurie [penyri] **n.f.** (lat. *penuria*). Manque de ce qui est nécessaire : *Pénurie d'énergie* (syn. **insuffisance**).

pépé [pepe] **n.m.** *FAM.* **1.** Grand-père, dans le langage enfantin. **2.** Homme d'un certain âge.

pépère [pepɛr] **adj.** (redoublement de *père*). *FAM.* Tranquille ; paisible ; confortable : *Mener une vie pépère.*

pépie [pepi] **n.f.** (lat. pop. **pittita*, puis **pippita*, class. *pituita*, pituite). **1.** Pellicule qui se forme sur la langue des oiseaux atteints d'affections respiratoires, et qui les empêche de manger mais non de boire. **2. Avoir la pépie,** avoir très soif.

pépiement [pepimɑ̃] **n.m.** Cri des jeunes oiseaux.

pépier [pepje] **v.i.** (orig. onomat.) [conj. **9**]. Émettre un pépiement, en parlant des petits oiseaux, des poussins.

1. pépin [pepɛ̃] **n.m.** (d'un rad. *pipp-*, *pep-*, exprimant l'exiguïté). **1.** Graine de certains fruits (baies, agrumes) : *Fruits à pépins et fruits à noyau.* **2.** *FAM.* Ennui sérieux et imprévu : *Il accumule les pépins de santé* (syn. **problème**).

2. pépin [pepɛ̃] **n.m.** (du n. d'un personnage de vaudeville). *FAM.* Parapluie.

Pépin, dit **le Bref** (Jupille v. 715 - Saint-Denis 768), fils de Charles Martel. Maître de la Neustrie, de la Bourgogne et de la Provence en 741, avec le titre de maire du palais, il reçut l'Austrasie après l'abdication de son frère Carloman (747). Avec l'accord du pape Zacharie, il déposa le dernier roi mérovingien, se fit proclamer roi des Francs et reçut l'onction de saint Boniface (751), fondant ainsi la dynastie carolingienne. Il contraignit les Lombards à remettre au pape Étienne II l'exarchat (gouvernement militaire) de Ravenne (756), à l'origine des États pontificaux. À sa mort, son royaume, agrandi de la Septimanie, fut partagé entre ses deux fils : Charlemagne et Carloman.

pépinière [pepinjɛr] **n.f.** (de *1. pépin*). **1.** Lieu où l'on cultive des jeunes végétaux destinés à être transplantés ; ensemble de ces jeunes plants. **2.** Lieu, établissement d'où sortent en grand nombre des personnes propres à une activité : *Une pépinière de jeunes talents.*

pépiniériste [pepinjerist] **n.** et **adj.** Personne qui cultive une pépinière.

pépite [pepit] **n.f.** (esp. *pepita*, pépin). Petite masse de métal pur, notamm. d'or.

péplum [peplɔm] **n.m.** (lat. *peplum*, gr. *peplon*). **1.** ANTIQ. Tunique de femme sans manches, s'agrafant sur l'épaule. **2.** *FAM.* Film d'aventures s'inspirant de l'histoire ou de la mythologie antiques : *Regarder un péplum à la télévision.*

peps [pɛps] **n.m.** (de l'angl. *pepper*, poivre). *FAM.* Dynamisme ; entrain : *Avoir du peps.*

pepsine [pɛpsin] **n.f.** (du gr. *pepsis*, digestion). Une des enzymes du suc gastrique, qui commence la digestion des protéines.

peptide [pɛptid] **n.m.** (de *pepsine*). Molécule constituée par l'union d'un petit nombre de molécules d'acides aminés.

peptique [pɛptik] **adj.** Relatif à la pepsine.

péquiste [pekist] **n.** et **adj.** Partisan du P.Q. (parti québécois, au Québec) ; relatif à ce parti.

perçage [pɛrsaʒ] **n.m.** Action de percer une matière.

percale [pɛrkal] **n.f.** (du persan *pargāla*, toile très fine). Tissu de coton ras et très serré.

percaline [pɛrkalin] **n.f.** (de *percale*). Toile de coton légère et lustrée, utilisée pour les doublures.

perçant, e [pɛrsɑ̃, -ɑ̃t] **adj.** **1.** Qui pénètre l'organisme : *Froid perçant* (syn. **vif**). **2.** Aigu et puissant : *Voix perçante* (syn. **strident**). **3.** D'une grande acuité : *Vue perçante.*

perce [pɛrs] **n.f.** (de *percer*). **1.** Outil servant à percer. **2.** MUS. Canal axial d'un instrument à vent. **3. Mettre un tonneau en perce,** y faire un trou pour en tirer le contenu.

percée [pɛrse] **n.f.** (de *percer*). **1.** Ouverture ménageant un chemin, ou dégageant une perspective : *Abattre des arbres pour faire une percée dans la forêt* (syn. **trouée**). **2.** MIL. Action de rompre et de traverser une position défensive adverse : *Nos troupes ont fait une percée dans le dispositif de défense ennemi* (syn. **brèche**). **3.** Franchissement de la défense adverse, dans les sports collectifs (football, rugby, etc.). **4.** Progrès rapide et spectaculaire : *Une percée technologique* (syn. **avancée, progression**).

percement [pɛrsəmɑ̃] **n.m.** Action de percer : *Le percement d'une cloison.*

perce-muraille [pɛrsmyraj] **n.f.** (pl. *perce-murailles*). Nom usuel de la *pariétaire.*

perce-neige [pɛrsənɛʒ] **n.m.** ou **n.f. inv.** Plante des prés et des bois, dont les fleurs blanches s'épanouissent à la fin de l'hiver, quand le sol est encore recouvert de neige. ▸ Famille des amaryllidacées ; haut. 25 cm.

perce-oreille [pɛrsɔrɛj] **n.m.** (pl. *perce-oreilles*). Insecte qui vit sous les pierres et dans les fruits, dont les deux appendices qui terminent son abdomen sont en forme de pince. (On dit aussi un *forficule.*)

percepteur, trice [pɛrsɛptœr, -tris] **n.** (du lat. *perceptus*, de *percipere*, recueillir). Fonctionnaire du Trésor, chargé essentiellement de recouvrer les impôts directs.

perceptibilité [pɛrsɛptibilite] **n.f.** Qualité, caractère de ce qui est perceptible : *La perceptibilité d'un son.*

perceptible [pɛrsɛptibl] **adj.** **1.** Qui peut être saisi, perçu par les sens : *Objet perceptible à la vue* (= visible). **2.** Qui peut être compris, perçu par l'esprit : *Intention, ironie perceptible* (syn. **clair, intelligible**).

perceptif, ive [pɛrsɛptif, -iv] **adj.** PSYCHOL. Relatif à la perception : *Champ perceptif.*

perception [pɛrsɛpsjɔ̃] **n.f.** (lat. *perceptio*). **1.** Action, fait de percevoir par les sens, par l'esprit : *La perception des couleurs, des odeurs.* **2.** PSYCHOL. Représentation consciente à partir des sensations ; conscience d'une sensation. **3.** Recouvrement des impôts par le percepteur : *La perception d'une amende* (syn. **encaissement**). **4.** Fonction, emploi de percepteur ; bureau du percepteur : *Aller à la perception pour négocier un abattement.*

■ La perception consiste en un ensemble d'activités dont le rôle est la saisie de l'information susceptible d'être reçue par les organes sensoriels, et le traitement de cette information, aboutissant à une identification ou à une *catégorisation.* Une théorie a beaucoup contribué à faire comprendre les processus de la perception visuelle des formes et leur identification, la *Gestalttheorie.* Certaines des activités perceptives de saisie de l'information sont des comportements observables – par exemple les mouvements oculaires, le fait de tendre l'oreille ou de humer une odeur –, mais il est admis que des activités internes de saisie sont toujours présentes et que la perception est un processus actif. Une fois que l'information visuelle, auditive, olfactive, tactile, gustative, a été recueillie, d'autres processus interviennent pour la traiter par suppression, ou filtrage, par adjonction, par transformation, par interprétation ; c'est à la suite de ce traitement que se trouve construite une représentation interne du stimulus ou de l'objet.
La *psychologie cognitive* étudie le rôle que cette représentation joue dans la suite des traitements requis dans l'activité psychologique. C'est le rôle fonctionnel de la perception qui fait qu'elle est aujourd'hui considérée comme un moment, ou une composante, du traitement de l'information et des activités cognitives. ■

percer [pɛrse] **v.t.** (lat. pop. **pertusiare,* du class. *pertusus,* de *pertundere,* trouer) [conj. **16**]. **1.** Faire un trou de part en part dans : *Percer un trou dans le mur* (syn. **forer, ouvrir**). *Percer un abcès* (syn. **crever**). **2.** Pratiquer une ouverture, un passage : *Percer un tunnel, une rue* (syn. **ouvrir**). **3.** Passer au travers de ; traverser : *Vent qui perce les vêtements* (syn. **transpercer**). **4.** Découvrir, comprendre ce qui était caché, secret : *Percer un mystère* (syn. **pénétrer**). *Percer qqn à jour.* **5.** LITT. **Percer le cœur,** faire une grande peine à ; affliger. / **Son qui perce les oreilles, les tympans,** qui fait mal aux oreilles tant il est aigu et puissant. ◆ **v.i. 1.** Apparaître en se frayant un passage à travers qqch : *Le soleil perce à travers les nuages* (syn. **poindre, sortir**). **2.** S'ouvrir, en laissant échapper qqch : *L'abcès a percé* (syn. **crever**). **3.** Se montrer ; se manifester : *Rien n'a percé des délibérations* (syn. **filtrer**). **4.** Acquérir de la notoriété : *Ce chanteur est en train de percer* (syn. **s'imposer, réussir**).

perceuse [pɛrsøz] **n.f.** Machine, outil servant à percer : *Une perceuse électrique.*

percevable [pɛrsəvabl] **adj.** Qui peut être perçu, encaissé par le percepteur : *Un impôt percevable.*

percevoir [pɛrsəvwar] **v.t.** (lat. *percipere*) [conj. **52**]. **1.** Saisir par les sens ou par l'esprit : *Percevoir un son* (syn. **discerner**). *Percevoir les nuances d'une pensée* (syn. **distinguer**). **2.** Recevoir, recueillir de l'argent : *Percevoir des impôts* (syn. **lever, recouvrer**).

1. perche [pɛrʃ] **n.f.** (lat. *perca,* du gr. *perkê*). Poisson des lacs et des cours d'eau lents, à deux nageoires dorsales, vorace, à chair estimée. ▸ Long. jusqu'à 50 cm ; ordre des perciformes.

2. perche [pɛrʃ] **n.f.** (lat. *pertica*). **1.** Pièce longue et mince et de section ronde d'une matière dure (bois, en partic.) : *Une perche de téléski.* **2.** SPORTS. En athlétisme, longue tige de fibre de verre (naguère de bois, de métal léger) dont on se sert pour franchir une barre horizontale dans la spécialité dite du *saut à la perche ;* (précédé de l'art. déf.) cette spécialité : *Un spécialiste de la perche.* **3.** CIN., TÉLÉV. Long support mobile au bout duquel est suspendu le micro et qui permet de placer celui-ci au-dessus des comédiens, en dehors du champ de la caméra. **4.** Tige métallique permettant aux tramways, aux trolleybus de capter le courant des fils aériens. **5.** FAM. **Grande perche,** personne grande et maigre. / **Tendre la perche à qqn,** lui offrir l'occasion de mettre fin à une situation difficile, l'aider à se tirer d'embarras.

Perche (le), région de l'ouest du Bassin parisien, formée de collines humides et boisées. (Hab. *Percherons.*) Autrefois réputé pour ses chevaux *(percherons),* il se consacre auj. surtout à l'élevage des bovins. Parc naturel régional (Eure-et-Loir et Orne ; env. 194 000 ha).

percher [pɛrʃe] **v.i.** (de *2. perche*). **1.** Se poser sur une branche, un perchoir, etc., en parlant d'un oiseau. **2.** FAM. Loger, demeurer, en partic., en un lieu élevé : *Percher au dernier étage.* ◆ **v.t.** Placer en un endroit élevé : *Percher un livre sur la plus haute étagère d'une bibliothèque.* ◆ **se percher v.pr. 1.** Se poser sur un endroit élevé, en parlant d'un oiseau. **2.** Monter, se tenir en un endroit élevé, en parlant de qqn : *Il s'est perché sur un lampadaire pour voir le défilé* (syn. **se jucher**).

percheron, onne [pɛrʃərɔ̃, -ɔn] **adj.** et **n.** Se dit d'une race de chevaux de trait du Perche, grands et puissants.

perchiste [pɛrʃist] **n. 1.** SPORTS. Sauteur à la perche. **2.** CIN., TÉLÉV. Technicien chargé du maniement de la perche.

perchman [pɛrʃman] **n.m.** (de *perche,* et de l'angl. *man*). CIN., TÉLÉV. (Faux anglic. déconseillé). Perchiste.

perchoir [pɛrʃwar] **n.m. 1.** Lieu où perchent les oiseaux domestiques. **2.** FAM. Endroit élevé où se tient qqn (syn. **estrade**). **3.** (Précédé de l'art. déf.). Siège du président, à l'Assemblée nationale, en France.

Percier (Charles), architecte et décorateur français (Paris 1764 - *id.* 1838). En collaboration avec Fontaine, il construisit à Paris l'arc de triomphe du Carrousel (1806-1808), les immeubles à arcades de la rue de Rivoli et fut chargé d'importants travaux au Louvre et aux Tuileries. C'est un des maîtres du style Empire.

perclus, e [pɛrkly, -yz] **adj.** (lat. *perclusus,* de *percludere,* obstruer). Privé, complètement ou en partie, de la faculté de se mouvoir : *Être perclus de rhumatismes.*

percolateur [pɛrkɔlatœr] **n.m.** (du lat. *percolare,* filtrer). Appareil servant à faire du café à la vapeur.

percussion [pɛrkysjɔ̃] **n.f.** (lat. *percussio*). **1.** Choc résultant de l'action brusque d'un corps sur un autre. **2.** Choc du percuteur d'une arme à feu contre l'amorce, provoquant la détonation. **3.** MÉD. Méthode d'examen clinique consistant à frapper avec les doigts certaines régions du corps (thorax, abdomen), et permettant de déceler par le son les limites d'un organe et son état de réplétion ou de vacuité. **4.** MUS. **Instruments à percussion,** dont on tire le son en les frappant avec les mains, des baguettes, des mailloches, etc.

percussionniste [pɛrkysjɔnist] **n.** Musicien qui joue d'un instrument à percussion.

percutané, e [pɛrkytane] **adj.** (du lat. *per,* à travers, et de *cutané*). MÉD. Qui se fait à travers la peau : *Absorption percutanée d'un médicament.*

percutant, e [pɛrkytɑ̃, -ɑ̃t] **adj. 1.** Qui produit un choc : *Un mécanisme percutant.* **2.** Qui atteint son but avec force, sûreté : *Un argument percutant* (syn. **frappant, saisissant**). **3.** ARM. **Projectile percutant,** qui n'explose qu'en percutant l'objectif, un obstacle.

percuter [pɛrkyte] **v.t.** (lat. *percutere,* frapper violemment). Heurter ; frapper : *Les marteaux du piano percutent les cordes.* ◆ **v.i.** Exploser au choc, en parlant d'un projectile percutant : *Obus qui retombe sans avoir percuté.* ◆ **v.t.** et **v.i.** Heurter avec une grande violence : *La voiture a percuté (contre) un mur* (syn. **tamponner, télescoper**).

percuteur [pɛrkytœr] **n.m. 1.** Pièce métallique dont la pointe frappe l'amorce et la fait détoner, dans une arme à feu. **2.** PRÉHIST. Outil destiné à frapper sur les roches cassantes pour en tirer des éclats : *Tailler un silex avec un percuteur.*

perdant, e [pɛrdɑ̃, -ɑ̃t] **adj.** et **n. 1.** Qui perd : *L'équipe perdante* (contr. **gagnant**). *Dans cette affaire, c'est lui le perdant* (contr. **bénéficiaire**). **2. Partir perdant,** entreprendre qqch sans croire à la réussite.

perdition [pɛrdisjɔ̃] **n.f.** (lat. ecclés. *perditio*). **1.** THÉOL. État de péché menant à la ruine de l'âme. **2.** Ruine morale : *Lieu de perdition.* **3. En perdition,** en danger de faire naufrage, en parlant d'un navire ; au fig., menacé d'être ruiné, anéanti, en parlant d'une entreprise.

perdre [pɛrdr] **v.t.** (lat. *perdere*) [conj. **77**]. **1.** Cesser de posséder, d'avoir à sa disposition un bien, un avantage : *Perdre son emploi. Perdre une partie de sa fortune.* **2.** Cesser d'avoir une partie de soi, une faculté : *Perdre ses cheveux. Perdre la vue.* **3.** Être privé d'une de ses parties : *La fourrure perd ses poils.* **4.** Abandonner un comportement ; ne plus éprouver un sentiment : *Perdre une habitude. Perdre courage* (= se décourager). **5.** Ne plus pouvoir trouver : *J'ai perdu mon parapluie dans le métro* (syn. **égarer, oublier**). **6.** Ne plus suivre ; ne plus contrôler : *Perdre la trace de qqn. Perdre son sang-froid.* **7.** Être séparé de qqn par la mort : *Perdre un proche.* **8.** Être quitté par qqn : *L'association a perdu en un an le tiers de ses adhérents.* **9.** Avoir le dessous dans une lutte, une compétition : *Perdre un procès, une bataille* (contr. **gagner**). **10.** Faire un mauvais emploi de : *Perdre son temps* (syn. **gâcher, gaspiller**). **11.** Ne pas profiter de : *Perdre une occasion.* **12.** Faire subir un grave préjudice matériel ou moral à : *Le jeu le perdra.* **13. Perdre de vue,** cesser d'être en relation avec qqn, de s'occuper de qqch. / **Perdre du terrain,** aller moins vite que son adversaire, reculer. / **Perdre la raison, la tête,** ne plus avoir tout son bon sens ; devenir fou. / **Vous ne perdez rien pour attendre,** vous n'échapperez pas à une punition ou à une revanche. ◆ **v.i. 1.** Avoir le dessous ; être vaincu, battu : *Il déteste perdre.* **2.** Faire une perte d'argent : *Perdre gros.* **3.** Ne pas bénéficier d'un avantage : *La soirée était très réussie, tu as perdu en ne venant pas.* ◆ **se perdre v.pr. 1.** Ne plus trouver son chemin : *Se perdre dans un bois* (syn. **s'égarer**). **2.** Disparaître : *Se perdre dans la foule* (syn. **se fondre**). **3.** S'avarier : *Avec la chaleur, les marchandises se sont perdues* (syn. **se gâter, pourrir**). **4.** Cesser d'être en usage : *Cette coutume s'est perdue* (syn. **disparaître, s'éteindre**). **5. Je m'y perds,** je n'y comprends plus rien. / **Se perdre dans les détails,** s'y attarder trop longuement.

perdreau [pɛrdro] **n.m.** (anc. prov. *perdigal,* du lat. *perdix* ; v. *perdrix*). Perdrix de l'année, qui constitue un gibier estimé.

perdrix [pɛrdri] **n.f.** (lat. *perdix, -icis*). Oiseau gallinacé au corps épais, qui niche dans un creux du sol. ▸ Famille des phasianidés ; long. 30 cm. La perdrix cacabe. La *perdrix grise,* commune dans le nord et le centre de la France, et la *perdrix rouge,* au sud de la Loire, sont très recherchées comme gibier.

perdu, e [pɛrdy] **adj.** (p. passé de *perdre*). **1.** Dont on est définitivement privé, en parlant d'un bien : *Fortune perdue.* **2.** Que l'on ne retrouve plus : *Objets perdus* (syn. **égaré**). **3.** Qui échappe à toute direction, à tout contrôle : *Une balle perdue.* **4.** Qui a été mal employé ou employé sans profit : *Temps perdu. Peine perdue.* **5.** Ruiné : *Un homme perdu.* **6.** Dont la situation est désespérée : *Un malade perdu* (syn. **condamné, incurable**). **7.** Situé à l'écart ; isolé : *Pays perdu.* **8. À mes (tes, ses, etc.) moments perdus,** à mes moments de loisir, quand je n'ai rien d'autre à faire. / **Être perdu dans ses pensées,** y être profondément plongé, au point de n'être sensible à rien d'autre. ◆ **n. Comme un(e) perdu(e),** de toutes ses forces, avec toute son énergie : *Elle travaille comme une perdue pour voir son projet aboutir.*

perdurer [pɛrdyre] **v.i.** (lat. *perdurare*). LITT. Continuer d'être ; se perpétuer : *La trêve perdure malgré les obstacles.*

père [pɛr] **n.m.** (lat. *pater, -tris*). **1.** Celui qui a un ou plusieurs enfants : *Père de famille.* **2.** Celui qui agit en père, qui manifeste des sentiments paternels : *Il a été pour moi plus qu'un ami, un père.* **3.** Titre donné aux prêtres réguliers et séculiers. **4.** FAM. Suivi du nom propre, appellation familière pour désigner un homme d'un certain âge ou s'adresser à lui : *Le père Mathurin.* **5.** (Avec une majuscule). Dieu, en tant que Créateur et première personne de la Trinité : *Dieu le Père. Le Père éternel.* **6.** Parent mâle d'un être vivant, d'un animal : *Ce poulain a pour père un étalon fameux.* **7. De père en fils,** par transmission successive du père aux enfants. / **Le père de,** l'initiateur, le créateur, le fondateur de : *Le père du positivisme.* / **Le Saint-Père** (ou, **appellatif, Saint-Père**), le pape. / **Les Pères de l'Église,** les écrivains de l'Antiquité chrétienne (IIe - VIIe s.) dont les œuvres font autorité en matière de foi. (On dit aussi *les docteurs de l'Église.*) / **Père spirituel,** celui qu'on prend comme directeur de conscience ou comme modèle. ◆ **pères n.m. pl.** LITT. (Précédé d'un déterminant poss.). Les ancêtres, les aïeux : *Du temps de nos pères.*

■ Les Pères de l'Église sont des auteurs chrétiens de l'Antiquité qui, tels Irénée de Lyon, Tertullien, Origène, Ambroise, Augustin, Grégoire de Nysse, se sont imposés, par l'importance de leurs œuvres, par la valeur exemplaire de leur doctrine et par la sainteté de leur vie, à l'assentiment de la communauté des théologiens. ■

Perec (Georges), écrivain français (Paris 1936 - Ivry-sur-Seine 1982). Influencé par Raymond Queneau et membre de l'Oulipo, il joue sur les contraintes formelles (*la Disparition,* 1969, roman où la lettre *e* est absente). Son œuvre *la Vie mode d'emploi* (1978) est une fresque ou, plutôt, une prolifération romanesque dont le but est de répertorier toutes les histoires écrites ou à écrire.

pérégrination [peregrinasjɔ̃] **n.f.** (lat. *peregrinatio,* de *peregrinari,* voyager). [Surtout au pl.]. Allées et venues incessantes : *Après de nombreuses pérégrinations dans le monde, il a fini par s'installer* (syn. **voyage**).

Pereire, nom de deux frères, **Jacob Émile** (Bordeaux 1800 - Paris 1875) et **Isaac** (Bordeaux 1806 - Armainvilliers 1880), tous deux banquiers et parlementaires. Ils fondèrent en 1852 le *Crédit mobilier,* banque spécialisée dans les prêts à long terme aux industriels, et jouèrent un rôle important dans le développement des chemins de fer.

péremption [perɑ̃psjɔ̃] **n.f.** (lat. juridique *peremptio,* de *perimere* ; v. *périmer*). **1.** DR. Prescription qui anéantit les actes de procédure lorsqu'un certain délai s'est écoulé sans qu'un nouvel acte intervienne. **2. Date de péremption,** au-delà de laquelle un produit ne doit plus être utilisé, consommé.

péremptoire [perɑ̃ptwar] **adj.** (lat. juridique *peremptorius*). **1.** À quoi l'on ne peut rien répliquer : *Un ton péremptoire* (syn. **tranchant**). **2.** DR. Qui a force obligatoire.

pérennisation [perenizasjɔ̃] **n.f.** Action de pérenniser.

pérenniser [perenize] **v.t.** Rendre durable, perpétuel.

pérennité [perenite] **n.f.** (lat. *perennitas,* de *perennis,* durable). Caractère de ce qui dure toujours.

péréquation [perekwasjɔ̃] **n.f.** (lat. juridique *peraequatio,* de *paraequare,* égaliser). **1.** Répartition des charges financières, des impôts, etc., proportionnellement aux possibilités de chacun. **2.** Rajustement du montant des traitements, des pensions.

Peres (Shimon), homme d'État israélien (Vichneva, Pologne, auj. Biélorussie, 1923). Président du parti travailliste (1977-1992), il est Premier ministre de 1984 à 1986. Il occupe ensuite divers postes ministériels (Affaires étrangères, 1986-1988 et 1992-1995 ; Finances, 1988-1990). Il est l'un des principaux artisans de l'accord israélo-palestinien signé à Washington en 1993 (prix Nobel de la paix, avec Y. Rabin et Y. Arafat, en 1994). Après l'assassinat de Y. Rabin (1995), il est de nouveau président du parti travailliste (1995-1997) et Premier ministre (1995-1996). Par la suite, il participe régulièrement à des gouvernements d'union nationale. Rappelé à la tête du parti travailliste (2001 ; 2003-2005), il rejoint en 2005 le parti Kadima. Il est élu, en 2007, président d'Israël.

Péret (Benjamin), poète français (Rezé, Loire-Atlantique, 1899 - Paris 1959). Fidèle compagnon de A. Breton et un des plus ardents surréalistes, il a exploré, dans *le Grand Jeu* (1928), les possibilités du langage sur le mode naïf, narquois ou subtil.

perfectible [pɛrfɛktibl] **adj.** Susceptible d'être perfectionné ou de se perfectionner.

perfectif, ive [pɛrfɛktif, -iv] **adj.** (du lat. *perfectus ;* v. *1. parfait*). LING. Se dit de l'aspect verbal qui envisage une action comme achevée (syn. **accompli**). ◆ **perfectif n.m.** LING. Aspect perfectif ; ensemble des formes verbales perfectives.

perfection [pɛrfɛksjɔ̃] **n.f.** (lat. *perfectio,* de *perficere,* achever). **1.** Qualité, état de ce qui est parfait : *Ce peintre a atteint la perfection dans l'utilisation de la couleur.* **2.** Personne, chose parfaite en son genre : *Cette montre est une petite perfection* (syn. **bijou**). **3. À la perfection,** d'une manière parfaite : *Il joue du piano à la perfection.*

perfectionnement [pɛrfɛktjɔnmɑ̃] **n.m.** Action de perfectionner, de se perfectionner ; son résultat : *Un ordinateur doté des derniers perfectionnements* (syn. **amélioration**).

perfectionner [pɛrfɛksjɔne] **v.t.** Rendre plus proche de la perfection : *Cet ingénieur a été embauché pour perfectionner cette machine-outil* (syn. **améliorer**). ◆ **se perfectionner v.pr.** Améliorer ses connaissances : *Il va à Madrid pour se perfectionner en espagnol* (syn. **progresser**).

perfectionnisme [pɛrfɛksjɔnism] **n.m.** Recherche excessive de la perfection en toute chose.

perfectionniste [pɛrfɛksjɔnist] **adj.** et **n.** Qui fait preuve de perfectionnisme, qui le dénote.

perfide [pɛrfid] **adj.** et **n.** (lat. *perfidus,* qui viole sa foi). *LITT.* Déloyal ; sournois : *Des allusions perfides.*

perfidement [pɛrfidmɑ̃] **adv.** *LITT.* Avec perfidie.

perfidie [pɛrfidi] **n.f.** *LITT.* **1.** Caractère d'une personne perfide, de sa conduite : *La perfidie d'une attaque politique* (syn. **traîtrise**). **2.** Acte ou parole perfide : *Dire des perfidies.*

perforant, e [pɛrfɔrɑ̃, -ɑ̃t] **adj. 1.** Qui perfore : *Un ulcère perforant.* **2. Projectile perforant,** doté d'un noyau de métal dur qui le rend capable de percer des blindages.

perforateur, trice [pɛrfɔratœr, -tris] **adj.** Qui perfore, sert à perforer. ◆ **perforatrice n.f.** Machine servant à perforer.

perforation [pɛrfɔrasjɔ̃] **n.f. 1.** Action de perforer ; trou qui en résulte : *Appareil qui sert à la perforation du cuir.* **2.** MÉD. Ouverture accidentelle ou pathologique dans la paroi d'un organe : *Une perforation du tube digestif.*

perforer [pɛrfɔre] **v.t.** (lat. *perforare*). Pratiquer un trou dans : *La balle lui a perforé le poumon* (syn. **transpercer**).

performance [pɛrfɔrmɑ̃s] **n.f.** (mot angl., de l'anc. fr. *parformance,* de *parformer,* accomplir). **1.** Résultat obtenu par un athlète ou un cheval de course dans une épreuve ; chiffre qui mesure ce résultat : *Homologuer une performance* (syn. **record**). **2.** Réussite remarquable : *Faire si vite un tel travail, c'est une performance* (syn. **exploit**). **3.** Résultat obtenu dans l'exécution d'une tâche. **4.** (Surtout au pl.). Ensemble des indications chiffrées caractérisant les possibilités optimales d'un matériel ; ces possibilités : *Performances d'une voiture.* **5.** LING. Mise en œuvre par les locuteurs de la compétence linguistique dans la production et la réception d'énoncés effectifs. **6.** Mode d'expression artistique contemporain qui consiste à produire un événement dont le déroulement constitue l'œuvre.

performant, e [pɛrfɔrmɑ̃, -ɑ̃t] **adj.** Capable de bonnes performances : *Entreprise performante* (syn. **compétitif**).

performeur, euse [pɛrfɔrmœr, -øz] **n.** (de *performance*). **1.** ART MOD. Artiste qui réalise une performance. **2. Meilleur performeur,** sportif qui a obtenu un résultat exceptionnel, notamm. en athlétisme.

perfuser [pɛrfyze] **v.t.** Pratiquer une perfusion sur : *Perfuser un malade.*

perfusion [pɛrfyzjɔ̃] **n.f.** (du lat. *per,* à travers, d'apr. *transfusion*). Introduction lente et continue d'une substance médicamenteuse ou de sang dans un organisme.

Pergame, en gr. **Pergamon,** anc. v. de Mysie (Asie Mineure), auj. *Bergama,* prov. d'Izmir, Turquie. Ce fut la capitale du royaume des Attalides, dit aussi *royaume de Pergame* (v. 282 - 133 av. J.-C.). Attalos III légua le royaume à la République romaine. La ville était célèbre pour sa bibliothèque de 400 000 volumes. Son architecture – parfaitement intégrée au paysage – en fait l'une des plus intéressantes réalisations de l'urbanisme hellénistique. Les fouilles ont dégagé les vestiges des temples, le grand autel de Zeus, les palais, la bibliothèque, le gymnase, etc., puis la ville basse, réservée au commerce et à l'habitat.

Pergaud (Louis), écrivain français (Belmont, Doubs, 1882 - Marchéville-en-Woëvre 1915), observateur savoureux de la vie des bêtes *(De Goupil à Margot)* et des mœurs paysannes (*la Guerre des boutons,* 1912).

pergola [pɛrgɔla] **n.f.** (mot it. du lat. *pergula,* treille). Petite construction de jardin composée de poutres horizontales reposant sur des piliers légers et destinée à servir de support à des plantes grimpantes : *Déjeuner sous la pergola.*

Pergolèse (Jean-Baptiste), en it. **Giovanni Battista Pergolesi,** compositeur italien (Iesi 1710 - Pouzzoles 1736). Il est l'un des maîtres de l'école napolitaine et l'auteur d'ouvrages dramatiques *(la Servante maîtresse),* de musique concertante et d'œuvres religieuses.

péricarde [perikard] **n.m.** (gr. *perikardion*). ANAT. Membrane formée de deux feuillets, l'un séreux, l'autre fibreux, qui enveloppe le cœur.

péricarpe [perikarp] **n.m.** (gr. *perikarpion*). BOT. Partie du fruit qui entoure et protège la graine.

Périclès, homme d'État athénien (v. 495 - Athènes 429 av. J.-C.). Chef du parti démocratique en 461 av. J.-C., il dirige Athènes avec le titre de stratège, magistrature à laquelle il est réélu au moins quinze fois entre 443 et 429. Il achève la démocratisation de la vie politique à Athènes, mais il institue aussi les « procès d'illégalité » pour annuler les décisions de l'assemblée du peuple qui iraient à l'encontre des lois existantes. À partir de 454, il se prononce longtemps pour la guerre à outrance. Mais, après la paix de Callias avec les Perses (449) et la paix de Trente Ans avec Sparte (446), il ne compte plus que sur le prestige de ses réalisations culturelles et sociales pour imposer l'hégémonie athénienne aux cités grecques. Athènes atteint alors l'apogée de sa civilisation : c'est le temps de l'architecte Phidias, de Sophocle et d'Euripide, de l'enseignement des sophistes et de Socrate. Périclès fait réaliser de grands travaux : fortifications du Pirée, construction de cent trières supplémentaires, travaux de l'Acropole, monuments de l'Attique. Pour cela, il doit puiser dans la caisse de la Confédération athénienne, créée à l'origine pour lutter contre l'Empire perse, et faire peser l'impérialisme d'Athènes sur ses alliés grecs, chez qui il brise toute velléité d'indépendance. Prévoyant le conflit avec Sparte, Périclès y prépare Athènes. Après le déclenchement de la guerre du Péloponnèse (431), une opposition se manifeste ; des procès sont intentés à ses amis Phidias et Anaxagore, et même à sa maîtresse, Aspasie de Milet. Adoptant son plan de campagne, le peuple s'enferme derrière les murs d'Athènes. Mais la peste éclate, et ses adversaires le font condamner à une lourde amende. Les Athéniens, se reprenant, le réélisent stratège au printemps de 429, mais il succombe à l'épidémie (sept. 429). Son rôle dans l'ascension politique d'Athènes et dans son épanouissement culturel lui a valu de donner son nom au siècle le plus brillant de la Grèce classique, le « siècle de Périclès ».

péricliter [periklite] **v.i.** (lat. *periclitari,* de *periculum,* péril). Aller à la ruine : *Affaire qui périclite* (syn. **décliner**).

péridural, e, aux [peridyral, -o] **adj. 1.** MÉD. Qui est situé, qui se fait autour de la dure-mère. **2. Anesthésie péridurale,** anesthésie régionale du bassin par une injection dans un espace situé entre le canal osseux rachidien et la dure-mère de la région du sacrum, pratiquée surtout en obstétrique (on dit aussi *une péridurale*).

Perier (Casimir), banquier et homme politique français (Grenoble 1777 - Paris 1832). Député et membre de l'opposition libérale sous la Restauration, rallié à Louis-Philippe, il devint président du Conseil en 1831. Il mit fin brutalement aux troubles politiques et sociaux (insurrection des canuts de Lyon) et, à l'extérieur, soutint la Belgique contre les Pays-Bas. Il fut emporté par le choléra.

périgée [periʒe] **n.m.** (gr. *perigeios,* de *peri,* autour, et *gê,* terre). ASTRON. Point de l'orbite d'un astre ou d'un satellite artificiel le plus rapproché de la Terre (par opp. à *apogée*).

périglaciaire [periglasjɛr] **adj.** GÉOL. Se dit des régions proches des glaciers, où l'alternance du gel et du dégel joue un rôle prépondérant dans les phénomènes d'érosion, ainsi que de ces phénomènes eux-mêmes : *Érosion périglaciaire.*

Pérignon (*dom* **Pierre**), bénédictin français (Sainte-Menehould 1638 ou 1639 - abbaye d'Hautvillers, près d'Épernay, 1715). Il améliora les techniques de fabrication du champagne.

Périgord, région du sud-ouest de la France formant la majeure partie de la Dordogne *(Périgourdins).* Le Périgord est formé de plateaux arides et peu peuplés, entaillés par des vallées fertiles (Isle, Dordogne, Vézère), où, depuis la préhistoire, se sont concentrées populations et activités.

Périgord-Limousin *(parc naturel régional),* parc naturel couvrant env. 180 000 ha (Dordogne, Haute-Vienne).

Périgueux, ch.-l. du dép. de la Dordogne et anc. cap. du Périgord, sur l'Isle, à 473 km au sud-ouest de Paris ; 31 466 hab. *(Périgourdins).* Évêché. Agroalimentaire. Impression de timbres-poste. – Vestiges gallo-romains (« tour de Vésone », amphithéâtre, domus [maison] : cœur de Vesunna, musée gallo-romain dû à J. Nouvel). Église St-Étienne et cathédrale St-Front (très restaurée), romanes, à file de coupoles. Musée d'Art et d'Archéologie du Périgord.

périhélie [perieli] **n.m.** (de *péri-,* et du gr. *hêlios,* soleil). ASTRON. Point de l'orbite d'une planète le plus proche du Soleil (par opp. à *aphélie*).

péri-informatique [periɛ̃fɔrmatik] **n.f.** et **adj.** (pl. *péri-informatiques*). Ensemble des composants périphériques d'un système informatique (terminaux, liaisons, imprimantes, etc.).

péril [peril] **n.m.** (lat. *periculum*). *LITT.* **1.** Situation, état où un danger menace l'existence de qqn ou de qqch : *Être, mettre en péril.* **2.** Danger ; risque : *Courir de graves périls.* **3. Au péril de sa vie,** en s'exposant à la mort.

périlleux, euse [perijø, -øz] **adj.** Où il y a du péril : *Une aventure périlleuse* (syn. **dangereux**).

périmé, e [perime] **adj. 1.** Qui n'est plus valable, valide : *Carte d'identité périmée.* **2.** Qui est passé de mode : *Idées, conceptions périmées* (syn. **désuet, dépassé**).

se **périmer** [perime] **v.pr.** (lat. juridique *perimere,* propr. « détruire »). Perdre sa validité après un certain délai.

périmètre [perimɛtr] **n.m.** (gr. *perimetros*). **1.** GÉOM. Longueur d'une courbe fermée. **2.** Contour d'un espace quelconque : *Périmètre d'un champ.* **3.** Étendue ; surface : *L'explosion a détruit les vitres dans un vaste périmètre* (syn. **zone**).

périnatal, e, als ou **aux** [perinatal, -o] **adj.** (de *péri-* et *natal*). MÉD. Qui concerne la période qui précède et qui suit immédiatement la naissance : *Médecine périnatale.*

périnée [perine] **n.m.** (gr. *perineos*). ANAT. Région du corps comprise entre l'anus et les parties génitales.

période [perjɔd] **n.f.** (bas lat. *periodus,* gr. *periodos,* circuit). **1.** Espace de temps : *Les travaux s'étendront sur une période assez longue* (syn. **durée**). **2.** Espace de temps caractérisé par certains événements : *Traverser une période difficile* (syn. **époque**). **3.** MÉD. Phase d'une maladie : *Période d'incubation de la rougeole.* **4.** MIL. Temps d'instruction militaire de durée limitée, destiné à préparer le réserviste à son emploi de mobilisation. **5.** GÉOL. Chacune des grandes divisions des ères géologiques. **6.** PHYS. Intervalle de temps constant après lequel une grandeur, dite *périodique,* reprend la même valeur. **7.** CHIM. Ensemble des éléments figurant sur une même ligne dans le tableau de la classification périodique des éléments. **8.** MATH. Tranche de chiffres qui, dans le développement décimal de certaines fractions, dites *périodiques,* se répète indéfiniment. **9.** RHÉT. Phrase de prose assez longue et de structure complexe, dont les constituants sont organisés de manière à donner une impression d'équilibre et d'unité : *Un discours constitué de périodes.* **10.** ASTRON. **Période de révolution,** intervalle de temps entre deux passages consécutifs d'un astre en un point quelconque de son orbite.

périodicité [perjɔdisite] **n.f.** Caractère de ce qui est périodique : *La périodicité de parution d'une revue.*

1. périodique [perjɔdik] **adj.** (lat. *periodicus,* du gr.). **1.** Qui revient, qui se reproduit à intervalles fixes : *Une publication périodique. Le retour périodique des hirondelles* (syn. **régulier**). **2.** Se dit des protections destinées aux femmes pendant leurs règles. **3.** CHIM. **Classification périodique des éléments,** tableau des éléments, présentés selon l'ordre croissant de leurs numéros atomiques, qui groupe par colonnes les éléments offrant des propriétés voisines.

2. périodique [perjɔdik] **n.m.** (de *1. périodique*). Publication (journal, revue) qui paraît à intervalles réguliers.

périodiquement [perjɔdikmɑ̃] **adv.** De façon périodique ; par périodes (syn. **régulièrement**).

périoste [perjɔst] **n.m.** (gr. *periosteon,* de *peri,* autour, et *osteon,* os). ANAT. Membrane conjonctive qui entoure les os et assure leur croissance en épaisseur.

péripatéticien, enne [peripatetisjɛ̃, -ɛn] **adj.** et **n.** (gr. *peripatêtikos,* de *peripatein,* se promener [parce qu'Aristote enseignait en marchant]). Qui suit la doctrine d'Aristote.

péripatéticienne [peripatetisjɛn] **n.f.** *LITT.* Terme plaisant pour désigner une prostituée qui racole dans la rue.

péripétie [peripesi] **n.f.** (gr. *peripeteia,* événement imprévu). **1.** Changement imprévu : *Les péripéties d'un voyage* (syn. **incident**). **2.** LITTÉR. Revirement subit dans une situation, une intrigue, menant au dénouement.

périphérie [periferi] **n.f.** (gr. *periphereia,* circonférence). Ensemble des quartiers éloignés du centre d'une ville : *Habiter à la périphérie.*

périphérique [periferik] **adj. 1.** De la périphérie ; situé à la périphérie : *Les quartiers périphériques.* **2.** INFORM. Qui n'appartient ni à l'unité de traitement ni à la mémoire centrale, en parlant d'un système informatique : *Le clavier est un élément périphérique de l'ordinateur.* **3. Boulevard périphérique,** voie sans croisements à niveau, facilitant la circulation rapide autour d'une ville (on dit aussi *un périphérique*). / **Radio, poste, station périphériques,** dont les émetteurs sont situés hors du territoire national, dans un pays limitrophe. ◆ **n.m. 1.** Boulevard périphérique d'une grande ville. **2.** INFORM. Élément périphérique d'un système (clé USB, imprimante, console, etc.).

périphrase [perifraz] **n.f.** (lat. *periphrasis,* mot gr., de *periphrazein,* parler par circonlocutions). **1.** Expression formée de plusieurs mots, que l'on substitue à un mot unique : *« La messagère du printemps » est une périphrase pour « l'hirondelle ».* **2.** Détour de langage : *Parler par périphrases* (syn. **circonlocution**).

périphrastique [perifrastik] **adj.** Qui forme une périphrase : *Une tournure périphrastique.*

périple [peripl] **n.m.** (lat. *periplus,* gr. *periplous,* de *plein,* naviguer). **1.** Voyage de découverte, d'exploration par voie maritime : *Le long périple de Christophe Colomb.* **2.** Long voyage touristique comportant de nombreuses étapes : *Faire un grand périple en Grèce* (syn. **circuit, tour**).

périptère [periptɛr] **adj.** et **n.m.** (gr. *peripteros,* de *peri,* autour, et *pteron,* aile). ARCHIT. Qui est entouré de tous côtés par une colonnade formant portique le long des murs, en parlant d'un édifice.

périr [perir] **v.i.** (lat. *perire,* aller à travers [de *ire,* aller], d'où « disparaître, mourir ») [conj. **32** ; auxil. *avoir*]. *LITT.* **1.** Mourir : *Périr noyé* (syn. **succomber**). **2.** Disparaître ; tomber en ruine, dans l'oubli, etc.

périscolaire [periskɔlɛr] **adj.** Qui complète l'enseignement scolaire : *Activités périscolaires* (syn. **parascolaire**).

périscope [periskɔp] **n.m.** (du gr. *periskopein,* regarder autour). **1.** Instrument d'optique formé de lentilles et de prismes à réflexion totale, permettant de voir par-dessus un obstacle : *Périscope de tranchée.* **2.** Tube métallique coulissant, équipé d'un système optique, qui permet à un sous-marin de voir ce qui se passe à la surface de l'eau lors des plongées à faible profondeur.

périscopique [periskɔpik] **adj. 1.** À grand champ, en parlant d'un dispositif optique : *Objectif, verres périscopiques.* **2.** Qui permet l'observation au périscope : *Plongée périscopique d'un sous-marin.*

périssable [perisabl] **adj. 1.** Susceptible de s'altérer : *Denrées périssables.* **2.** LITT. Qui est sujet à périr, à disparaître : *L'homme est un être périssable* (syn. **mortel**).

périssoire [periswar] **n.f.** (de *périr,* propr. « embarcation qui chavire facilement »). Embarcation longue et étroite, mue le plus souvent au moyen d'une pagaie double.

péristaltique [peristaltik] **adj.** (du gr. *peristellein,* envelopper). **Mouvements, contractions péristaltiques,** qui se produisent dans le tube digestif et provoquent le déplacement des aliments qu'il contient.

péristyle [peristil] **n.m.** (lat. *peristylum,* gr. *peristylon,* de *stulos,* colonne). **1.** Colonnade formant portique autour d'un édifice ou de la cour intérieure d'un édifice. **2.** Colonnade formant porche devant un édifice.

Péritel (prise) [nom déposé], connecteur électronique placé sur un téléviseur et permettant de le relier à d'autres appareils (lecteur DVD, console de jeux, etc.).

péritoine [peritwan] **n.m.** (lat. médic. *peritonaeum,* gr. *peritonaion,* ce qui est tendu autour). ANAT. Membrane séreuse qui revêt la plus grande partie de la cavité abdominale *(péritoine pariétal)* et les organes qui y sont logés *(péritoine viscéral).*

péritonite [peritɔnit] **n.f.** Inflammation du péritoine.

périurbain, e [periyrbɛ̃, -ɛn] (de *péri-* et *urbain*). Situé au pourtour d'une agglomération.

perle [pɛrl] **n.f.** (it. *perla,* du lat. *perna*). **1.** Concrétion globuleuse, brillante et dure, formée de nacre qui s'est agglomérée en couches concentriques autour d'un corps étranger entre le manteau et la coquille de certains mollusques, en partic. des huîtres, et qui est utilisée en joaillerie. **2.** Petite boule percée d'un trou pour l'enfilage : *Un collier de perles en bois.* **3.** Goutte de liquide ronde et brillante : *Perle de rosée, de sang.* **4.** Personne, chose remarquable, sans défaut : *La perle de sa collection de timbres. Ma femme de ménage est une perle.* **5.** FAM. Erreur grossière, ridicule dans les propos ou les écrits de qqn : *Relever des perles dans un discours.* **6.** Insecte proche de l'éphémère, vivant près de l'eau, où se développe sa larve.

perlé, e [pɛrle] **adj. 1.** Orné de perles : *Tissu perlé.* **2.** Qui rappelle la forme, l'éclat, la disposition des perles. **3. Coton perlé,** fil retors mercerisé. **/ Grève perlée,** succession de ralentissements du travail à différents postes.

perler [pɛrle] **v.i.** Se former en gouttelettes : *La sueur perle sur son front.*

perlier, ère [pɛrlje, -ɛr] **adj. 1.** De la perle : *Industrie perlière.* **2.** Qui produit des perles : *Huître perlière.*

perlimpinpin [pɛrlɛ̃pɛ̃pɛ̃] **n.m.** (mot de fantaisie). **Poudre de perlimpinpin,** poudre vendue comme remède par les charlatans.

perlingual, e, aux [pɛrlɛ̃gwal, -o] **adj.** (du lat. *per,* au travers, et de *lingual*). MÉD. Qui se fait par la langue et la muqueuse buccale : *Administrer un médicament par voie perlinguale.*

Perm, de 1940 à 1957 **Molotov,** v. de Russie, dans l'Oural, sur la Kama ; 991 530 hab. Grand centre industriel (mécanique, pétrochimie).

permanence [pɛrmanɑ̃s] **n.f. 1.** Caractère de ce qui est permanent : *La permanence d'une coutume* (syn. **persistance** ; contr. **changement**). **2.** Service chargé d'assurer le fonctionnement d'une administration, d'un organisme, etc., de manière continue ; lieu où se tient ce service : *Tenir une permanence. Être de permanence.* **3.** Salle d'un collège, d'un lycée où les élèves travaillent sous surveillance en dehors des heures de cours. **4. En permanence,** sans interruption : *Il me harcèle en permanence* (syn. **constamment**).

permanent, e [pɛrmanɑ̃, -ɑ̃t] **adj.** (lat. *permanens,* de *permanere,* demeurer jusqu'au bout). **1.** Qui dure sans discontinuer ni changer : *Une tension permanente* (syn. **constant** ; contr. **fugace**). **2.** Qui ne cesse pas ; qui exerce une activité continuelle : *Une collaboration permanente* (syn. **durable**). *Envoyé permanent d'un journal.* **3. Cinéma permanent,** dont les séances se succèdent au cours de la journée. ◆ **n.** Membre rémunéré par une organisation politique, syndicale, pour assurer des tâches administratives.

permanente [pɛrmanɑ̃t] **n.f.** Traitement que l'on fait subir aux cheveux pour les onduler de façon durable.

permanganate [pɛrmɑ̃ganat] **n.m.** CHIM. Sel des peroxydes du manganèse.

perméabilité [pɛrmeabilite] **n.f.** Propriété des corps perméables : *La perméabilité d'un sol calcaire.*

perméable [pɛrmeabl] **adj.** (bas lat. *permeabilis,* du class. *permeare,* passer à travers). **1.** Qui se laisse traverser par des liquides, par des gaz : *Un terrain perméable à l'eau.* **2.** Qui est ouvert aux influences extérieures : *Une personne perméable à certaines idées* (syn. **accessible**).

Permeke (Constant), peintre et sculpteur belge (Anvers 1886 - Ostende 1952). Plasticien puissant, chef de file de l'expressionnisme flamand, il est l'auteur de paysages, de marines, de scènes de la vie des paysans et des pêcheurs. (Musée dans sa maison, à Jabbeke.)

permettre [pɛrmɛtr] **v.t.** (lat. *permittere*) [conj. **84**]. **1.** Donner la liberté, le pouvoir de faire, de dire : *Ses parents lui ont permis de sortir* (syn. **autoriser**). **2.** Accepter qu'une chose soit : *Le règlement ne permet pas de stationner ici* (syn. **autoriser, tolérer**). **3.** Donner le moyen, l'occasion de ; rendre possible : *Venez si vos occupations vous le permettent* (contr. **empêcher**). ◆ **se permettre v.pr.** Prendre la liberté de ; s'autoriser à : *Elle s'est permis de le lui dire.*

permien [pɛrmjɛ̃] **n.m.** (de *Perm,* n. d'une ville russe). Période de l'ère primaire, qui a succédé au carbonifère, d'une durée approximative de 40 millions d'années.

permis [pɛrmi] **n.m.** (de *permettre*). Autorisation officielle, document écrit requis pour exercer certaines activités : *Permis de chasse. Permis de construire, de conduire.*

permissif, ive [pɛrmisif, -iv] **adj.** Caractérisé par une tendance générale à permettre, à tolérer, plutôt qu'à interdire et à punir : *Société permissive.*

permission [pɛrmisjɔ̃] **n.f.** (lat. *permissio*). **1.** Action de permettre : *Demander, donner la permission de sortir* (syn. **autorisation**). **2.** Congé de courte durée accordé à un militaire : *Il a eu trois jours de permission.*

permissionnaire [pɛrmisjɔnɛr] **n.** Militaire titulaire d'une permission : *Le train était plein de permissionnaires.*

permissivité [pɛrmisivite] **n.f.** Fait d'être permissif.

permutable [pɛrmytabl] **adj.** Qui peut être permuté : *Des opérateurs permutables.*

permutation [pɛrmytasjɔ̃] **n.f. 1.** Action, fait de permuter ; son résultat : *La permutation des lettres d'un mot.* **2.** Échange d'un poste, d'un emploi contre un autre. **3.** MATH. Bijection d'un ensemble sur lui-même. ▶ Le nombre de permutations d'un ensemble de *m* objets est *m* ! (factorielle *m*).

permuter [pɛrmyte] **v.t.** (lat. *permutare,* de *mutare,* déplacer). Intervertir deux choses, les substituer l'une à l'autre : *Permuter les chiffres d'un nombre.* ◆ **v.i.** Échanger un poste, un emploi avec qqn : *Il a permuté avec un collègue.*

pernicieusement [pɛrnisjøzmɑ̃] **adv.** De manière pernicieuse.

pernicieux, euse [pɛrnisjø, -øz] **adj.** (lat. *perniciosus,* de *pernicies,* destruction). **1.** Qui présente un grave danger pour la santé : *Abus pernicieux d'alcool* (syn. **nuisible**). **2.** MÉD. Se dit de certaines affections particulièrement graves, à évolution très rapide : *Accès pernicieux de paludisme.* **3.** Dangereux, nuisible, d'un point de vue moral, social : *Doctrines pernicieuses* (syn. **malsain**).

Perón (Juan Domingo), chef d'État argentin (Lobos 1895 - Buenos Aires 1974). Officier, vice-président (1944), puis président de la République (1946), il mit en application la doctrine du « justicialisme », qui alliait les projets de justice sociale au dirigisme économique. Les premières mesures du régime (vote des femmes, nationalisation de certaines grandes industries) valurent au président et à sa femme Eva Perón une grande popularité. Mais l'opposition de l'Église et de l'armée et les difficultés économiques l'obligèrent à démissionner (1955). La victoire de ses partisans aux élections de 1973 le ramena à la tête de la République, mais il mourut peu après. Son nom reste attaché à un type de régime à la fois populiste et semi-autoritaire.

péroné [perɔne] **n.m.** (gr. *peronê,* cheville). Os long et grêle de la partie externe de la jambe, parallèle au tibia.

Péronne, ch.-l. d'arr. de la Somme, sur la Somme ; 8 176 hab. *(Péronnais).* Textile. Agroalimentaire. Château médiéval et fortifications des XVIe-XVIIe s. Charles le Téméraire et Louis XI y eurent une entrevue, et ce dernier dut y signer un traité humiliant (1468), qu'il ne respecta pas. Il reprit la ville après la mort du Téméraire (1477). La ville fut détruite durant la Première Guerre mondiale.

péronnelle [perɔnɛl] **n.f.** (n. d'un personnage de chanson). *FAM.* Fille, femme sotte et bavarde.

péroraison [perɔrɛzɔ̃] **n.f.** (lat. *peroratio,* d'apr. *oraison*). **1.** RHÉT. Conclusion d'un discours. **2.** Discours ennuyeux, pédant, de qqn qui pérore (péjor.).

pérorer [perɔre] **v.i.** (lat. *perorare,* parler jusqu'au bout). Discourir longuement et avec emphase (péjor.).

Pérou, en esp. **Perú,** État de l'Amérique du Sud, sur l'océan Pacifique ; 1 285 000 km^2 ; 30 376 000 hab. *(Péruviens).* CAP. *Lima.* LANGUES : *espagnol* et, dans certaines régions, *aymara* et *quechua.* MONNAIE : *sol.*

GÉOGRAPHIE

Le milieu naturel. Quatrième pays d'Amérique latine par la superficie, cinquième pour la population, le Pérou est formé de trois grandes régions : la plaine côtière, la montagne andine et la plaine amazonienne. Sous les influences conjuguées du courant froid de Humboldt et de la masse des Andes, altérant une situation tropicale, la plaine côtière est aride et fraîche (18 °C en moyenne à Lima). Les deux cordillères andines ont un climat tropical (influencé par l'altitude) et enserrent de hauts bassins et un haut plateau (Altiplano) au sud. La plaine amazonienne, forestière, drainée par la haute Amazone et ses affluents, couvre plus de la moitié du pays.

La population et l'économie. Plus de 32 % des habitants ont moins de 15 ans, le taux d'accroissement naturel annuel se situant à 2,5 % environ. La plaine côtière regroupe plus de la moitié de la population totale (accueillant l'émigration rurale de la zone andine). Les villes, souvent ceinturées de bidonvilles, regroupent la majeure partie de la population (Lima seule concentre plus du quart des Péruviens).

L'agriculture présente de forts contrastes entre la plaine côtière, où les oasis irriguées produisent coton, canne à sucre, riz, café, agrumes, céréales, et la montagne andine, où les zones d'élevage extensif (ovins, bovins, alpagas) sont entrecoupées de cultures vivrières (pommes de terre et céréales). Le volume de la pêche reste important. Les ressources du sous-sol sont variées : cuivre, zinc, plomb, fer, argent et surtout pétrole (extrait dans la zone amazonienne et transporté jusqu'à la côte par pipeline).

L'industrie est concentrée surtout à Lima, malgré les efforts de décentralisation (vers Arequipa et Trujillo). L'agroalimentaire, le textile, la chimie, la métallurgie, le montage mécanique et électrique sont les principales branches, partiellement destinées à l'exportation. Malgré la forte croissance économique grâce notamment au secteur minier, plus de la moitié de la population vit au-dessous du seuil de pauvreté.

HISTOIRE

Les premières civilisations. Le Pérou est le centre, dès le IIe millénaire avant notre ère, de nombreuses civilisations indiennes.

XIIe-XVIe s. apr. J.-C. Les Incas soumettent les autres peuples, fondant un empire autour de Cuzco.

La civilisation inca, remarquable par son organisation sociale et ses monuments, marquera durablement les peuples soumis.

La domination espagnole

1532-1533. Le conquérant espagnol Pizarro s'empare de Cuzco et fait exécuter son chef, Atahualpa.

Après une révolte indienne et un conflit entre les conquérants, la colonie réorganisée par Charles Quint en vice-royauté du Pérou connaît une prospérité basée sur l'exploitation des mines d'argent de Potosí. Tandis que la population indigène, lourdement exploitée, diminue de moitié dès 1580, la société européenne de Lima s'enrichit grâce au commerce colonial jusqu'au milieu du XVIIe s. (date du déclin de Potosí). Au XVIIIe s., la vice-royauté voit son territoire considérablement réduit.

L'indépendance et le XIXe siècle

1821. San Martín proclame l'indépendance du Pérou. Celle-ci est consacrée par la victoire de Sucre, lieutenant de Bolívar, à Ayacucho (1824).

1836-1839. Éphémère union du Pérou et de la Bolivie.

Après de nombreux coups d'État militaires, la dictature de Ramón Castilla (1845-1851 et 1855-1862) redresse l'économie du pays grâce à l'exportation du nitrate et du guano.

1879-1883. La guerre du Pacifique oppose le Chili au Pérou. Battu, ce dernier perd une partie du littoral.

Le président N. de Piérola dirige le Pérou (1879-1881, 1895-1899) avec l'appui de l'oligarchie commerçante.

Le XXe siècle. Augusto Bernardino Leguía impose sa dictature (1908-1912, 1919-1930) et poursuit la modernisation du pays. Les années 1930 voient l'essor d'un mouvement populaire hostile aux États-Unis.

De 1939 à 1945 puis de 1956 à 1962, Prado y Ugarteche préside aux destinées de la nation.

1963-1968. Le réformiste F. Belaúnde Terry est au pouvoir.

1968-1980. Le régime, aux mains des généraux, effectue de nombreuses nationalisations.

1980. Belaúnde Terry remporte les élections.

Le régime doit alors faire face à la guérilla d'un mouvement d'extrême gauche implanté dans les zones rurales de la cordillère andine, le « Sentier lumineux ».

1985. Alan García devient président de la République.

1990. Alberto Fujimori lui succède à la présidence (réélu en 1995 et 2000).

2000. A. Fujimori, accusé de corruption, est destitué.

2001. Alejandro Toledo est élu à la tête de l'État.

2004. Le Pérou s'associe au Mercosur.

2006. A. García revient à la tête de l'État. Abimael Guzmán, chef du Sentier lumineux, est condamné à la prison à perpétuité.

2009. Extradé du Chili, A. Fujimori est condamné à 25 ans de détention pour violation des droits humains.

2011. À la tête d'une coalition rassemblant des nationalistes et des partis de gauche, Ollanta Humala est élu président de la République.

Pérou et du Chili ***(courant du)*** ou **courant de Humboldt,** courant froid du Pacifique remontant la côte sud-américaine.

Pérouse, en it. **Perugia,** v. d'Italie, cap. de l'Ombrie et ch.-l. de prov. ; 165 128 hab. Vestiges étrusques et romains. Monuments du Moyen Âge et de la Renaissance. Musée national archéologique et Galerie nationale de l'Ombrie (Piero della Francesca, le Pérugin, etc.).

peroxyde [perɔksid] **n.m.** CHIM. Oxyde qui contient plus d'oxygène que l'oxyde normal.

perpendiculaire [perpɑ̃dikylɛr] **adj.** (bas lat. *perpendicularis,* de *perpendiculum,* fil à plomb). **1.** Qui forme un angle de 90° avec une droite, un plan (syn. **orthogonal**). **2. Droite perpendiculaire à un plan,** qui est perpendiculaire à toutes les droites du plan qu'elle rencontre. / **Plans perpendiculaires,** tels qu'une droite de l'un est perpendiculaire à l'autre. ◆ **n.f.** Droite perpendiculaire à une autre, à un plan.

perpendiculairement [pɛrpɑ̃dikylɛrmɑ̃] **adv.** Selon une perpendiculaire.

perpétration [pɛrpetrasjɔ̃] **n.f.** DR. Fait de perpétrer : *La perpétration d'un crime.*

perpétrer [pɛrpetre] **v.t.** (lat. *perpetrare*) [conj. **18**]. Commettre, exécuter un acte criminel.

perpétuation [pɛrpetɥasjɔ̃] **n.f.** LITT. Fait de perpétuer, de se perpétuer : *La perpétuation de l'espèce humaine.*

perpétuel, elle [pɛrpetɥɛl] **adj.** (lat. *perpetualis*). **1.** Qui dure indéfiniment ; qui n'a pas de fin : *Mouvement perpétuel* (syn. **incessant**). **2.** Qui a lieu sans interruption : *Ce sont de perpétuelles jérémiades* (syn. **constant, continuel** ; contr. **passager**). **3.** Qui dure toute la vie : *Rente perpétuelle.* **4.** Qui assure la même fonction à vie : *Secrétaire perpétuel.*

perpétuellement [pɛrpetɥɛlmɑ̃] **adv.** D'une manière perpétuelle : *La maison est perpétuellement en travaux.*

perpétuer [pɛrpetɥe] **v.t.** (lat. *perpetuare*) [conj. **7**]. LITT. Rendre perpétuel ; faire durer toujours ou longtemps : *Perpétuer les abus* (syn. **maintenir**). ◆ **se perpétuer v.pr.** LITT. Continuer, durer : *Une tradition qui se perpétue.*

perpétuité [pɛrpetɥite] **n.f. 1.** LITT. Durée perpétuelle ou très longue : *La perpétuité de l'espèce* (syn. **pérennité**). **2. À perpétuité,** pour toujours ; pour toute la vie : *Il a été condamné à la prison à perpétuité.*

Perpignan, ch.-l. du dép. des Pyrénées-Orientales, sur la Têt, à 915 km au sud de Paris ; 122 608 hab. *(Perpignanais)* [190 440 hab. dans l'agglomération]. Université. Évêché. Marché de fruits et de légumes. – Palais des rois de Majorque, des XIIIe-XIVe s. Cathédrale des XIVe-XVe s. (*Dévot Christ ;* retables catalans sculptés). Castillet du XIVe s. (Musée catalan), Loge de mer de 1397 et hôtel de ville des XIIIe-XVIIe s. (bronzes de Maillol). Musée « Hyacinthe-Rigaud ». – Réunie à l'Aragon (1344), occupée à plusieurs reprises par la France au XVe s., la ville lui fut cédée par l'Espagne en 1659.

perplexe [pɛrplɛks] **adj.** (lat. *perplexus,* embrouillé, de *plectere,* tisser). Qui est embarrassé face à une situation : *Cette situation nous laisse perplexes* (syn. **indécis**).

perplexité [pɛrplɛksite] **n.f.** Embarras d'une personne perplexe : *Cette question nous a jetés dans la plus grande perplexité* (syn. **incertitude**).

perquisition [pɛrkizisjɔ̃] **n.f.** (bas lat. *perquisitio,* recherche). DR. PÉN. Acte d'enquête ou d'instruction consistant en une inspection minutieuse effectuée par un juge ou un officier de police sur les lieux où peuvent se trouver des éléments de preuve d'une infraction : *Un mandat de perquisition.*

perquisitionner [pɛrkizisjɔne] **v.i.** Faire une perquisition : *La police a perquisitionné chez plusieurs suspects.* ◆ **v.t.** Fouiller au cours d'une perquisition : *Ils ont perquisitionné toute la maison.*

Perrault (Charles), écrivain français (Paris 1628 - *id.* 1703). Contrôleur général de la surintendance des Bâtiments, il entra en 1671 à l'Académie française, où il se signala dans la « querelle des Anciens et des Modernes » en prenant parti pour les Modernes *(le Siècle de Louis le Grand ; Parallèle des Anciens et des Modernes).* Sa célébrité vient de ses contes, issus pour la plupart de la tradition populaire (*Contes de ma mère l'Oye,* 1697 : *Peau d'âne, la Belle au bois dormant, le Petit Chaperon rouge, Barbe-Bleue, le Chat botté, Cendrillon, le Petit Poucet*) et qu'il publia sous le nom de son fils, *Perrault d'Armancour.*

Perrault (Claude), médecin, physicien et architecte français (Paris 1613 - *id.* 1688), frère du précédent. On lui attribue, peut-être en collaboration avec François D'Orbay, la façade orientale, dite « la Colonnade », du palais du Louvre (1667). Il a construit l'Observatoire de Paris et a publié, en 1673, une traduction illustrée de Vitruve.

Perret (les frères), architectes et entrepreneurs français. **Auguste** (Bruxelles 1874 - Paris 1954), secondé par ses frères **Gustave** (Ixelles 1876 - Paris 1952) et **Claude** (Ixelles 1880 - Paris 1960), a édifié le Théâtre des Champs-Élysées à Paris (1911, adaptation d'un projet de H. Van de Velde), l'église du Raincy (1922), le Garde-Meuble national (1934) et a dirigé la reconstruction du Havre. Il a mis le béton armé au service de formes néoclassiques.

Perrin (Jean), physicien français (Lille 1870 - New York 1942). Il montra en 1895 que les rayons cathodiques sont constitués de corpuscules d'électricité négative. Ses recherches sur les émulsions, les lames minces et le mouvement brownien l'amenèrent à déterminer de plusieurs façons le nombre d'Avogadro, donnant ainsi une preuve décisive de l'existence des atomes. Il étudia les phénomènes de fluorescence et expliqua le rayonnement émis par le Soleil par la différence entre la masse initiale de l'hydrogène et celle de l'hélium formé au cours des réactions thermonucléaires. Il fonda le palais de la Découverte en 1937. (Prix Nobel 1926.)

perron [pɛrɔ̃] **n.m.** (de *pierre*). Escalier extérieur de quelques marches se terminant par une plate-forme sur laquelle donne une porte d'entrée : *Le perron de l'Élysée.*

perroquet [pɛrɔkɛ] **n.m.** (probabl. de *Pierre,* employé comme terme d'affection). **1.** Oiseau grimpeur des régions tropicales, de grande taille, au plumage coloré et au bec crochu, qui se nourrit de fruits et de graines. ▸ La langue des perroquets, cornée en surface et charnue, leur permet d'imiter la voix humaine. On appelle *perruches* les espèces de petite taille. Les principaux types de perroquets sont les cacatoès, les loris, les inséparables, les jacos, les amazones, les aras, etc. Famille des psittacidés. **2.** Boisson composée de pastis et de sirop de menthe (parfois de café). **3.** MAR. Voile haute, carrée, qui se grée au-dessus d'un mât de hune. **4. Parler, répéter comme un perroquet,** sans comprendre ce que l'on dit.

Perrot (Jules), danseur et chorégraphe français (Lyon 1810 - Paramé 1892). L'un des plus grands danseurs de l'époque romantique, il débute à Paris en 1830 avec pour partenaire Maria Taglioni. Découvreur de Carlotta Grisi, il règle pour elle la plus grande partie de *Giselle* (1841), signée par le seul Jean Coralli.

Perroux (François), économiste français (Lyon 1903 - Stains 1987). Il est le fondateur de l'Institut de science économique appliquée (I.S.E.A.) en 1944. On lui doit un remarquable renouvellement de la pensée économique française et la création – ou l'approfondissement – de concepts nouveaux extrêmement enrichissants. Il a introduit notamment les notions d'inégalité des agents économiques, de pouvoir et de domination ainsi que celle des pôles de croissance, remettant en cause la formulation des mécanismes de l'équilibre économique.

perruche [peryʃ] **n.f.** (anc. fr. *perrique ;* v. *perroquet*). **1.** Oiseau grimpeur voisin des perroquets mais plus petit, à longue queue et au plumage coloré, qui siffle et chante. ▸ Famille des psittacidés. **2.** MAR. Voile haute du mât d'artimon.

perruque [peryk] **n.f.** (it. *perrucca*). Coiffure postiche de cheveux naturels ou artificiels.

perruquier [perykje] **n.m.** Personne qui fabrique, qui vend des perruques, des postiches.

pers, e [pɛr, pɛrs] **adj.** (bas lat. *persus,* persan d'apr. la couleur des tissus persans). D'une couleur intermédiaire entre le bleu et le vert : *Des yeux pers.*

persan, e [pɛrsɑ̃, -an] **adj.** et **n. 1.** De Perse (depuis la conquête par les Arabes Omeyyades, au VIIe s.) : *La littérature persane.* **2. Chat persan,** chat à poil long et soyeux. ◆ **persan n.m.** Langue du groupe iranien parlée en Iran, en Afghanistan et au Tadjikistan.

perse [pɛrs] **adj.** et **n.** De la Perse (avant la conquête arabe) : *L'Empire perse. Les Perses furent battus par l'armée grecque à Marathon.* ◆ **n.m. Vieux perse,** langue indo-européenne parlée dans l'Empire achéménide et qui est l'ancêtre du pahlavi (moyen perse) et du persan (iranien moderne) [on dit aussi *le perse*].

Perse (la), ancien nom de l'Iran.

persécuté, e [pɛrsekyte] **n.** et **adj.** Personne en butte ou qui se croit en butte à une persécution.

persécuter [pɛrsekyte] **v.t.** (lat. *persequi,* poursuivre). **1.** Opprimer par des mesures tyranniques et cruelles : *Les nazis ont persécuté les Juifs* (syn. **martyriser, opprimer**). **2.** Importuner sans cesse : *Arrête de persécuter ton frère* (syn. **harceler**).

persécuteur, trice [pɛrsekytœr, -tris] **adj.** et **n.** (lat. ecclés. *persecutor*). Qui persécute.

persécution [pɛrsekysjɔ̃] **n.f. 1.** Action de persécuter : *Être en butte aux persécutions de ses collègues.* **2.** Traitement répressif arbitraire de l'autorité constituée, contre un groupe religieux, politique, ethnique, etc. **3.** PSYCHOPATH. **Délire de persécution,** dans lequel le malade est convaincu d'être persécuté.

Persée, héros de la mythologie grecque, fils de Zeus et de Danaé. Il coupa la tête de Méduse, du sang de laquelle naquit Pégase. En Éthiopie, il délivra Andromède, qui, attachée sur un rocher, était menacée par un monstre marin, puis il l'épousa.

Perséphone, fille de Déméter, connue aussi sous le nom de Coré, « la jeune fille ». Elle fut enlevée par Hadès, qui fit d'elle la reine des Enfers. Mais Déméter, folle de chagrin et la cherchant partout, cessa de féconder la terre. Aussi Zeus demanda-t-il à Hadès de laisser Perséphone revenir auprès de sa mère pendant une partie de l'année. C'est ce retour périodique de Coré que les mystères d'Éleusis célébraient chaque année. Chez les Romains, l'équivalent de Perséphone est Proserpine.

Persépolis, nom grec de **Parsa,** résidence royale des Achéménides (à 60 km au N.-E. de Chiraz). Fondée par Darios Ier (522-486) au début de son règne, agrandie et embellie par ses successeurs, elle fut accidentellement incendiée en 330 av. J.-C., lors de la conquête d'Alexandre le Grand. Grandiose complexe palatial, elle est l'exemple le plus parfait de l'architecture achéménide avec sa salle hypostyle (l'*apadana*). L'abondante décoration sculptée (scènes mythologiques, porteurs d'offrandes, etc.) témoigne de l'éclectisme des souverains achéménides.

Perses, peuple de langue aryenne apparu du IXe au VIIe s. av. J.-C. à l'ouest de l'Iran. Ils constituèrent la base de deux empires, celui des Achéménides (VIe-IVe s. av. J.-C.) et celui des Sassanides (IIIe-VIIe s. apr. J.-C.), qui imposèrent leur culture à tout l'ensemble iranien.

persévérance [pɛrseverɑ̃s] **n.f.** Qualité ou action de qqn qui persévère : *Il travaille avec persévérance sur sa thèse* (syn. **constance, ténacité**).

persévérant, e [pɛrseverɑ̃, -ɑ̃t] **adj.** et **n.** Qui persévère : *Il n'est pas très persévérant* (syn. **tenace**).

persévérer [pɛrsevere] **v.i.** (lat. *perseverare,* de *severus,* sévère) [conj. **18**]. Persister, demeurer ferme et constant dans une décision, une action entreprise : *Il persévère dans son erreur* (syn. **s'obstiner** ; contr. **renoncer à**).

Pershing (John Joseph), général américain (près de Laclede, Missouri, 1860 - Washington 1948). Après avoir dirigé l'expédition de 1915 contre le Mexique, il commanda en chef les troupes américaines engagées sur le front français en 1918.

persienne [pɛrsjɛn] **n.f.** (de l'anc. adj. *persien,* de Perse). Panneau extérieur à claire-voie, qui sert à protéger une fenêtre du soleil ou de la pluie, tout en laissant pénétrer de l'air et de la lumière : *Ouvrir, fermer les persiennes.*

persiflage [pɛrsiflaʒ] **n.m.** Action de persifler : *Un persiflage insolent* (syn. **raillerie**).

persifler [pɛrsifle] **v.t.** (de *siffler*). LITT. Ridiculiser par des propos ironiques ; se moquer en raillant : *L'écrivain persiflait les mœurs parlementaires* (syn. **railler**).

persifleur, euse [pɛrsiflœr, -øz] **adj.** et **n.** Qui persifle : *Un ton persifleur.*

persil [pɛrsi] **n.m.** (lat. pop. **petrosilium,* class. *petroselinum,* du gr. *petroselinon*). Plante potagère aromatique, utilisée en garniture et en assaisonnement de préparations culinaires. ▸ Famille des ombellifères.

persillade [pɛrsijad] **n.f.** Persil haché, souvent additionné d'ail, que l'on ajoute à certains plats.

persillé, e [pɛrsije] **adj. 1.** Accompagné de persil haché : *Du jambon persillé.* **2. Fromage persillé,** qui développe dans sa pâte des moisissures verdâtres (roquefort, bleu d'Auvergne). / **Viande persillée,** parsemée de petits filaments de graisse.

Persique ***(golfe),*** parfois appelé **golfe Arabo-Persique,** ou simplement **Golfe,** dépendance de l'océan Indien, entre l'Arabie et l'Iran. Importants gisements de pétrole.

persistance [pɛrsistɑ̃s] **n.f. 1.** Action de persister : *Il nie avec persistance* (syn. **obstination, opiniâtreté**). **2.** Fait de persister : *La persistance du mauvais temps* (syn. **durée**).

persistant, e [pɛrsistɑ̃, -ɑ̃t] **adj. 1.** Qui persiste ; qui ne disparaît pas : *Une odeur, une fièvre persistante* (syn. **continu, durable**). **2.** BOT. Qui reste vert en toutes saisons : *Feuillage persistant* (par opp. à *caduc*).

persister [pɛrsiste] **v.i.** (lat. *persistere,* de *sistere,* placer). **1.** Demeurer ferme, constant dans ses décisions, ses actions, malgré les difficultés : *Il persiste dans ses résolutions* (syn. **s'obstiner, persévérer**). **2.** Durer, continuer d'exister : *Un symptôme qui persiste* (syn. **demeurer, se maintenir**). **3.** DR. **Persiste et signe,** formule de conclusion des déclarations faites à la police, à l'autorité judiciaire, dans un procès-verbal.

persona grata [pɛrsɔnagrata] **loc. adj. inv.** (mots lat. « personne bienvenue »). **1.** Agréé dans ses fonctions de représentant d'un État par la puissance étrangère auprès de laquelle il est accrédité, en parlant d'un membre du personnel diplomatique (par opp. à *persona non grata*). **2.** En faveur, bien considéré, en parlant de qqn.

personnage [pɛrsɔnaʒ] **n.m.** (de *1. personne*). **1.** Personne imaginaire représentée dans une œuvre de fiction : *Jouer le personnage de l'infirme.* **2.** Manière de se comporter dans la vie courante, comparée à un rôle : *Il prend un air distant, ça fait partie de son personnage.* **3.** Personne en vue, influente : *Un personnage important* (syn. **personnalité, sommité**). **4.** Personne considérée du point de vue de son comportement, de son aspect extérieur : *Un triste, un odieux personnage.*

personnalisation [pɛrsɔnalizasjɔ̃] **n.f.** Action de personnaliser : *La personnalisation d'un bureau.*

personnaliser [pɛrsɔnalize] **v.t. 1.** Donner à qqch un caractère original, personnel : *Personnaliser un appartement.* **2.** Adapter à chaque cas particulier, à chaque personne : *Personnaliser le crédit.*

personnalité [pɛrsɔnalite] **n.f.** (lat. *personalitas,* de *personalis,* personnel). **1.** Ensemble des comportements, des aptitudes, des motivations, etc., dont l'unité et la permanence constituent l'individualité, la singularité de chacun. **2.** Force, énergie avec laquelle s'exprime le caractère, l'originalité de qqn : *Avoir de la personnalité.* **3.** Personne connue en raison de son rôle social, de son influence : *De hautes personnalités* (syn. **personnage, sommité**). **4.** DR. **Personnalité morale** ou **civile,** aptitude reconnue à un groupement d'avoir une existence juridique propre et d'être sujet de droit.

1. personne [pɛrsɔn] **n.f.** (lat. *persona,* d'orig. étrusque, « masque de théâtre », puis « personnage »). **1.** Être humain, individu : *Qui sont ces personnes ? Un groupe d'une dizaine de personnes.* **2.** Individu considéré en lui-même : *Je conteste ses idées mais je respecte sa personne.* **3.** Individu considéré en tant qu'être particulier, physique ou moral : *Être bien fait de sa personne.* **4.** Jeune fille ; femme : *Une charmante personne.* **5.** DR. Individu, en tant que sujet de droits et de devoirs : *L'éminente dignité de la personne humaine.* **6.** GRAMM. Forme de la conjugaison et du pronom permettant de distinguer le ou les locuteurs *(première personne),* le ou les auditeurs *(deuxième personne),* celui, ceux ou ce dont on parle *(troisième personne).* **7. En personne,** soi-même : *Le pape est venu en personne.* / **Grande personne,** personne adulte, considérée dans ses rapports avec les enfants. / **Par personne interposée,** par l'intermédiaire de qqn. / CATH. **Les trois personnes divines,** le Père, le Fils et le Saint-Esprit (la Trinité). / DR. **Personne morale,** groupement d'individus auquel la loi reconnaît une personnalité juridique distincte de celle de ses membres (par opp. à la *personne physique,* l'individu).

2. personne [pɛrsɔn] **pron. indéf. masc. sing.** (de *1. personne*). **1.** (En corrélation avec *ne* ou précédé de *sans,* ou bien dans une phrase nominale). Aucun être humain : *Il n'y a personne dans la rue. Personne n'a réagi. Je suis parti sans que personne s'en aperçoive. Avez-vous trouvé quelqu'un ? – Non, personne.* **2.** (Sans négation). Quelqu'un : *Il le sait mieux que personne* (syn. **quiconque**).

1. personnel, elle [pɛrsɔnɛl] **adj.** (bas lat. *personalis*). **1.** Propre à qqn, à une personne : *Fortune personnelle* (syn. **individuel, particulier**). **2.** Qui porte la marque d'une individualité singulière : *Des idées très personnelles* (syn. **original, particulier**). **3.** Qui ne pense qu'à soi : *Il est trop personnel* (syn. **individualiste**). **4. Mode personnel,** mode de la conjugaison dont les terminaisons marquent le changement de personne (indicatif, conditionnel, impératif et subjonctif). / **Pronom personnel,** pronom qui désigne un être ou une chose et qui sert à marquer la personne grammaticale (*je, tu, il,* etc.).

2. personnel [pɛrsɔnɛl] **n.m.** (de *1. personnel*). Ensemble des personnes employées par un service public, une entreprise, un particulier, etc., ou exerçant le même métier : *Le directeur s'est adressé à son personnel.*

personnellement [pɛrsɔnɛlmɑ̃] **adv. 1.** En personne : *L'avez-vous vu personnellement ?* **2.** En ce qui me concerne : *Personnellement, je ne le crois pas.*

personne-ressource [pɛrsɔnrəsurs] **n.f.** (pl. *personnes-ressources*). *QUÉBEC.* Expert auquel on fait appel pour ses connaissances dans un domaine particulier.

personnification [pɛrsɔnifikasjɔ̃] **n.f.** Action de personnifier : *C'est la personnification du mal* (syn. **incarnation**).

personnifier [pɛrsɔnifje] **v.t.** (de *personne*) [conj. **9**]. **1.** Représenter qqch, une idée sous l'apparence d'une personne : *Personnifier la justice par une femme tenant une balance* (syn. **symboliser**). **2.** Rassembler dans sa personne tous les traits caractéristiques d'une vertu ou d'un vice : *Il personnifie l'avarice* (syn. **incarner**).

perspective [pɛrspɛktiv] **n.f.** (lat. médiév. *perspectiva,* du class. *perspicere,* apercevoir). **1.** BX-A. Art, technique permettant de représenter sur une surface les objets tels qu'ils apparaissent vus à une certaine distance et dans une position donnée : *Peindre selon les règles de la perspective.* **2.** Aspect que présentent, du lieu où on les regarde, divers objets vus de loin ou considérés comme un tout : *D'ici, on a une belle perspective* (syn. **vue**). **3.** Vaste dégagement, grande voie en ligne droite que la vue peut embrasser dans sa totalité : *La perspective des Champs-Élysées* (syn. **échappée, panorama**). **4.** Manière de voir ; point de vue : *Perspective historique* (syn. **angle, optique**). **5. En perspective,** dans l'avenir ; en vue : *Elle a un emploi en perspective.* / BX-A. **Perspective cavalière,** représentation qui conserve le parallélisme de toutes les lignes.

perspicace [pɛrspikas] **adj.** (lat. *perspicax,* de *perspicere,* pénétrer par le regard). Qui comprend, juge avec clairvoyance et sagacité : *Un femme fine et perspicace.*

perspicacité [pɛrspikasite] **n.f.** Qualité d'un esprit perspicace : *Elle a fait preuve de perspicacité dans cette affaire* (syn. **clairvoyance, sagacité**).

persuader [pɛrsɥade] **v.t.** (lat. *persuadere*). **1.** Amener qqn à croire, à faire, à vouloir qqch : *Elle l'a persuadé de revenir* (syn. **convaincre, décider à**). **2. Être persuadé (de),** être sûr, certain de : *Je suis persuadé de sa bonne foi.* ◆ **se persuader v.pr.** S'imaginer ; se figurer : *Ils se sont persuadés* (ou *persuadé*) *qu'on les trompait.* ***Rem.*** L'accord est facultatif.

persuasif, ive [pɛrsɥazif, -iv] **adj.** Qui a le pouvoir, le talent de persuader : *Un ton persuasif* (syn. **convaincant**).

persuasion [pɛrsɥazjɔ̃] **n.f. 1.** Action de persuader : *Recourir à la persuasion plutôt qu'à la force.* **2.** Fait d'être persuadé : *Sa persuasion était totale* (syn. **conviction**).

perte [pɛrt] **n.f.** (lat. pop. **perdita,* du class. *perdere,* perdre). **1.** Fait d'avoir perdu qqch : *La perte d'un document.* **2.** Fait d'être privé de ce que l'on possédait : *La perte d'un privilège.* **3.** Disparition, destruction d'un bien matériel : *Perte corps et biens d'un navire.* **4.** Fait de perdre une somme d'argent ; somme perdue : *La perte de sa fortune. Une perte sèche de mille euros.* **5.** Fait d'être privé d'une faculté physique ou intellectuelle : *Un produit qui retarde la perte des cheveux* (syn. **chute**). *La perte de la vue.* **6.** Fait d'être privé de la présence d'un proche par la mort ou la séparation : *La perte d'un être cher.* **7.** Issue malheureuse ; échec, insuccès : *Perte d'un procès. La perte d'une bataille.* **8.** Mauvais emploi ; gaspillage : *Perte de temps.* **9.** Ruine matérielle ou morale : *Aller, courir à sa perte.* **10.** GÉOGR. Disparition totale ou partielle d'un cours d'eau qui devient souterrain et réapparaît plus loin en formant une résurgence (infiltration en région calcaire). **11. À perte,** en perdant de l'argent. / **À perte de vue,** aussi loin que s'étend la vue ; très loin. / **Avec perte(s) et fracas,** sans ménagement et avec éclat : *On l'a renvoyé avec pertes et fracas.* / **Être en perte de vitesse,** perdre de sa popularité, de son prestige, de son dynamisme, etc. ◆ **pertes n.f. pl. 1.** Militaires et civils tués au cours d'une guerre, d'un combat, d'une catastrophe : *Subir de lourdes pertes.* **2. Pertes blanches,** leucorrhée.

Perth, v. d'Australie, cap. de l'État de l'Australie-Occidentale ; 1 728 867 hab. Centre industriel.

pertinemment [pɛrtinamɑ̃] **adv. 1.** De façon pertinente, judicieuse : *Répondre pertinemment* (syn. **judicieusement**). **2. Savoir pertinemment qqch,** avoir de bonnes raisons pour en être informé.

pertinence [pɛrtinɑ̃s] **n.f.** Caractère de ce qui est pertinent : *La pertinence d'une réflexion* (syn. **bien-fondé**).

pertinent, e [pɛrtinɑ̃, -ɑ̃t] **adj.** (lat. *pertinens,* de *pertinere,* concerner). **1.** Qui se rapporte exactement à ce dont il est question : *Une remarque tout à fait pertinente* (syn. **approprié**). **2.** LING. Qui joue un rôle distinctif dans la structure d'une langue : *Trait pertinent.*

perturbateur, trice [pɛrtyrbatœr, -tris] **adj.** et **n.** Qui cause du trouble, du désordre : *Expulser les éléments perturbateurs* (syn. **séditieux, subversif**).

perturbation [pɛrtyrbasjɔ̃] **n.f.** (lat. *perturbatio*). **1.** Dérèglement dans un fonctionnement, un système : *Enregistrer des perturbations dans le trafic aérien* (syn. **désordre**). **2.** Trouble dans la société, au sein d'un groupe : *Jeter la perturbation dans la classe* (syn. **agitation, confusion**). **3.** MÉTÉOR. Modification de l'état de l'atmosphère, caractérisée par des vents violents et des précipitations : *La perturbation atmosphérique arrivera demain sur la côte ouest.* **4.** ASTRON. Effet, sur le mouvement d'un corps céleste autour d'un autre, de toute force s'ajoutant à l'attraction du corps principal.

perturber [pɛrtyrbe] **v.t.** (lat. *perturbare*). **1.** Empêcher le déroulement, le fonctionnement normal de : *Perturber une conférence* (syn. **troubler**). **2.** Bouleverser l'équilibre psychologique ou physique : *Cet incident l'a beaucoup perturbé* (syn. **déranger, troubler**).

Pérugin (Pietro Vannucci, dit en fr. **le),** peintre italien (Città della Pieve, Pérouse, v. 1448 - Fontignano, Pérouse, 1523), actif à Florence, Rome, Pérouse. Il fut élève de Verrocchio et l'un des maîtres de Raphaël. Ses compositions valent par la douceur du sentiment, l'équilibre, le charme du coloris.

pervenche [pɛrvɑ̃ʃ] **n.f.** (lat. *pervinca*). **1.** Plante herbacée des lieux ombragés, aux fleurs bleu clair, aux pétales incurvés. ▸ Famille des apocynacées. **2.** *FAM.* Contractuelle de la police parisienne, vêtue d'un uniforme bleu pervenche. ◆ **adj. inv.** De la couleur bleu clair de la pervenche : *Des yeux pervenche.*

pervers, e [pɛrvɛr, -ɛrs] **adj.** et **n.** (lat. *perversus,* de *pervertere,* renverser, retourner). **1.** Qui accomplit par plaisir des actes immoraux ou cruels. **2.** PSYCHIATRIE. Atteint de perversion sexuelle. ◆ **adj. 1.** Qui dénote la perversité : *Acte pervers.* **2. Effet pervers,** conséquence indirecte d'une action concertée, qui est contraire au résultat recherché.

perversion [pɛrvɛrsjɔ̃] **n.f.** (lat. *perversio*). **1.** Action de pervertir ; fait d'être perverti : *La perversion des institutions politiques.* **2.** Déviation pathologique des tendances, des instincts, se traduisant par des troubles du comportement. **3.** PSYCHIATRIE. Trouble mental poussant le sujet à des actes considérés comme immoraux ou antisociaux.

perversité [pɛrvɛrsite] **n.f.** (lat. *perversitas*). **1.** Tendance à vouloir faire le mal, souvent avec un certain plaisir. **2.** Action perverse.

pervertir [pɛrvɛrtir] **v.t.** (lat. *pervertere,* retourner, renverser) [conj. **32**]. **1.** Changer en mal : *Pervertir la jeunesse* (syn. **corrompre, dévoyer**). **2.** Altérer ; dénaturer : *Pervertir le goût* (syn. **fausser, vicier**).

pesage [pəzaʒ] **n.m. 1.** Action de peser ; mesure des poids. **2.** Action de peser les jockeys avant une course. **3.** Lieu réservé au pesage des jockeys ; enceinte pour le public autour de ce lieu (par opp. à *pavillon* et à *pelouse*).

pesamment [pəzamɑ̃] **adv. 1.** Avec un grand poids : *Être pesamment chargé* (syn. **lourdement**). **2.** Sans grâce : *Danser pesamment* (syn. **gauchement**).

pesant, e [pəzɑ̃, -ɑ̃t] **adj. 1.** Qui pèse ; lourd : *Une malle pesante* (contr. **léger**). **2.** Pénible à supporter moralement : *Atmosphère pesante* (syn. **écrasant, oppressant**). **3.** Lent ; sans vivacité : *Gestes pesants* (syn. **gauche**). **4.** Sans finesse ; qui manque de grâce : *Style pesant* (syn. **laborieux**). ◆ **pesant n.m. Valoir son pesant d'or,** avoir une très grande valeur.

pesanteur [pəzɑ̃tœr] **n.f.** (de *pesant*). **1.** Résultante des accélérations exercées sur les diverses parties d'un corps au repos à la surface de la Terre ; force d'attraction qui en résulte : *Les lois de la pesanteur* (par opp. à *apesanteur*). **2.** Sensation de gêne, de lourdeur dans une partie du corps : *Pesanteur d'estomac.* **3.** Manque de finesse, de légèreté : *Pesanteur d'esprit* (syn. **lourdeur**). **4.** (Surtout au pl.). Force d'inertie, résistance au changement : *Les pesanteurs administratives.*

■ **La pesanteur.** Un point au repos à la surface de la Terre subit une accélération *g,* dite *de pesanteur,* qui est la résultante de l'accélération gravitationnelle due à l'attraction exercée par la masse de la Terre, appelée aussi *gravité,* et de l'accélération centrifuge due à la rotation de la Terre sur elle-même, qui est très faible. L'unité de la pesanteur dans le système international (SI) est le $m.s^{-2}$. Pour un point situé au voisinage de la surface terrestre, la gravité est de l'ordre de 9,80 $m.s^{-2}$; à Paris, l'intensité de la pesanteur terrestre est voisine de 9,81 $m.s^{-2}$. Les gravimètres modernes sont capables de déceler des variations de *g* de l'ordre de 10^{-7} $m.s^{-2}$. Les variations locales de la pesanteur sont de toute première importance pour les travaux de prospection géophysique et minière.

La gravitation. La gravitation est la force attractive qui s'exerce entre tous les corps ayant une masse, et dont Newton a, le premier, formulé la loi en 1687 : deux corps ponctuels de masses *m* et *m'*, situés à une distance *r* l'un de l'autre, s'attirent avec une force dirigée selon la droite qui les joint, force dont l'intensité est proportionnelle aux masses et inversement proportionnelle au carré de la distance : $F = G.mm'/r^2$. ($G = 6{,}672.10^{-11}$ $N.m^2.kg^{-2}$ est la constante de gravitation.)

La loi de la gravitation a permis d'unifier les théories de la chute des corps, du mouvement des planètes et des astres, donnant ainsi à l'astronomie des fondements quantitatifs clairs. Dans la théorie de la relativité, le champ de gravitation est interprété comme une courbure de l'espace-temps produite par la présence de masse. La gravitation est le phénomène prépondérant qui commande l'évolution de la matière dans l'Univers. Sous l'action de la gravitation, les nuages de gaz suffisamment massifs (nébuleuse) se contractent en formant des étoiles et des galaxies. ■

pèse-bébé [pɛzbebe] **n.m.** (pl. *pèse-bébés* ou inv.). Balance spécialement conçue pour peser les nourrissons.

pesée [pəze] **n.f.** (de *peser*). **1.** Action de peser : *La pesée d'une marchandise* (syn. **pesage**). **2.** Ce qui est pesé en une fois : *Une pesée de trente kilogrammes.* **3.** Pression exercée sur qqch (syn. **poussée**).

pèse-lettre [pɛzlɛtr] **n.m.** (pl. *pèse-lettres* ou inv.). Petite balance ou peson pour peser les lettres.

pèse-personne [pɛzpɛrsɔn] **n.m.** (pl. *pèse-personnes* ou inv.). Petite balance plate à cadran gradué, sur laquelle on monte pour se peser.

peser [pəze] **v.t.** (lat. pop. **pesare,* class. *pensare,* de *pendere,* peser) [conj. **19**]. **1.** Déterminer, par comparaison avec l'unité de masse, la masse de : *Peser un paquet sur une balance.* **2.** Examiner attentivement ; évaluer avec soin : *Peser le pour et le contre* (syn. **apprécier, mesurer**). **3. Peser ses paroles, ses mots,** les choisir soigneusement, en en mesurant toute la portée. ◆ **v.i. 1.** (Suivi d'un compl. de quantité ou d'un adv.). Avoir un certain poids : *Le platine pèse plus lourd que l'or.* **2.** Être lourd : *Ce qu'elle peut peser, cette valise !* **3. Peser lourd, ne pas peser lourd,** avoir un poids, un rôle déterminant ou négligeable. ◆ **v.t. ind. 1.** Appuyer ; exercer une pression : *Peser contre une porte.* **2. [sur].** Influencer : *Vos conseils ont pesé sur ma décision.* **3. [à].** Être pénible à supporter pour qqn : *Ta présence lui pèse* (syn. **importuner**). **4. Peser sur l'estomac,** être indigeste.

peseta [pezeta] ou [peseta] **n.f.** Anc. unité monétaire principale de l'Espagne. (Devenue, dès le 1er janv. 1999, une subdivision de l'euro, la peseta a cessé d'exister, au profit de la monnaie unique européenne, en 2002.)

Peshawar, v. du Pakistan, place forte à l'entrée de la passe de Khaybar, qui mène en Afghanistan ; 988 005 hab. (1 475 050 hab. dans l'agglomération). Musée riche en art du Gandhara.

peso [pezo] ou [peso] **n.m.** Unité monétaire principale de plusieurs pays d'Amérique latine et des Philippines.

peson [pəzɔ̃] **n.m.** (de *peser*). Instrument pour la mesure des poids, constitué essentiellement d'un ressort muni d'un index se déplaçant le long d'une échelle graduée.

Pessac, ch.-l. de c. de la Gironde ; 60 246 hab. Grands vins rouges (haut-brion). Atelier de frappe de la Monnaie. Centre universitaire. Cité-jardin par Le Corbusier (1925).

pessimisme [pesimism] **n.m.** (du lat. *pessimus,* superlatif de *malus,* mauvais). Tournure d'esprit qui porte à n'envisager les choses que sous leur plus mauvais aspect : *Envisager l'avenir avec pessimisme* (contr. **optimisme**).

pessimiste [pesimist] **adj.** et **n.** Porté au pessimisme : *C'est un pessimiste de nature* (contr. **optimiste**).

Pessoa (Fernando), écrivain et poète portugais (Lisbonne 1888 - *id.* 1935). Il exprima les contradictions de sa personnalité dans une œuvre (publiée sous différents pseudonymes [ou « hétéronymes »]) qui exerça, après sa mort, une grande influence sur le lyrisme portugais *(le Livre de l'intranquillité, Poésies d'Álvaro de Campos, Poèmes d'Alberto Caeiro, Odes de Ricardo Reis).*

peste [pɛst] **n.f.** (lat. *pestis,* épidémie, fléau). **1.** Maladie infectieuse et épidémique, transmise du rat à l'homme par l'intermédiaire des puces, pratiquement disparue en Occident. **2.** VÉTÉR. Maladie virale qui atteint les animaux de basse-cour, les bovins, les porcins (nom commun à plusieurs affections). **3.** *FAM.* Personne ou chose nuisible, néfaste, dangereuse. **4.** Enfant turbulent et désagréable : *Petite peste !* **5.** *LITT.* **Peste soit de...,** maudit soit...

Peste noire ou **Grande Peste,** épidémie de peste qui ravagea l'Europe entre 1347 et 1351-1352. Rapportée de Crimée par des navires génois, la peste frappa d'abord la Sicile (1347) et se répandit en 1348-1349 en France, en Angleterre, en Italie, en Espagne et en Europe centrale. Elle gagna ensuite la Scandinavie et les confins polono-russes. Elle tua environ 25 millions de personnes en Europe occidentale, soit le tiers de la population.

pester [pɛste] **v.i.** (de *peste*). Manifester en paroles de la mauvaise humeur, de l'irritation contre qqn, qqch : *Pester contre le mauvais sort* (syn. **fulminer**).

pesticide [pɛstisid] **adj.** et **n.m.** (mot angl., de *pest*, insecte nuisible). Se dit d'un produit chimique destiné à lutter contre les parasites animaux et végétaux nuisibles aux cultures.

■ Le terme *pesticides* désigne toute une gamme de produits chimiques : *herbicides* (qui détruisent les mauvaises herbes), *insecticides* (qui tuent les insectes), *antifongiques* (qui agissent contre les champignons microscopiques), *raticides* (contre les rats), etc. Ils contiennent des substances hautement toxiques pour leurs cibles, qui agissent de façon plus ou moins spécifique. Beaucoup de ces produits, s'ils sont ingérés en l'état, sont directement toxiques pour l'homme.
Pesticides et environnement. Lorsque les pesticides sont pulvérisés sur les cultures, une partie ne retombe pas, mais reste en suspension dans l'air, pour être ensuite entraînée par les vents ; on peut donc en retrouver très loin des champs traités. Leur utilisation peut donc affecter la faune et la flore sauvages. Dans les champs eux-mêmes, les eaux de pluie et d'arrosage lessivent les sols et entraînent une partie de ces produits jusqu'aux cours d'eau ou aux nappes phréatiques. Présents dans l'air et dans l'eau, les pesticides contaminent les chaînes alimentaires, affectant les espèces sensibles (par ex., certains provoquent chez les rapaces une fragilisation des œufs et des malformations des embryons). De nombreuses études montrent que la pollution par les pesticides peut avoir des effets néfastes sur la santé humaine. Certains d'entre eux sont des *perturbateurs endocriniens*, c'est-à-dire qu'ils interfèrent avec le système hormonal, entraînant des effets sur la croissance, la reproduction, etc. ■

pestiféré, e [pɛstifere] **adj.** et **n.** (du lat. *pestifer*, qui porte la peste). Atteint de la peste.

pestilence [pɛstilɑ̃s] **n.f.** (lat. *pestilentia*, de *pestis* ; v. *peste*). Odeur infecte, putride.

pestilentiel, elle [pɛstilɑ̃sjɛl] **adj.** Qui dégage une odeur infecte : *Air pestilentiel* (syn. **fétide, nauséabond**).

pet [pɛ] **n.m.** (lat. *peditum*). FAM. Gaz intestinal qui sort de l'anus avec bruit (syn. **flatulence, vent**).

Pétain (Philippe), maréchal de France et homme d'État français (Cauchy-à-la-Tour 1856 - Port-Joinville, île d'Yeu, 1951). Sorti de Saint-Cyr en 1878, breveté d'état-major en 1890, il est professeur à l'École de guerre (1901-1910). Général au début de la Première Guerre mondiale, il participe à la bataille de la Marne, se distingue en Artois (mai 1915) puis en Champagne (sept. 1915) avant de prendre la direction des opérations de la bataille de Verdun (1916). Généralissime au lendemain de l'échec du Chemin des Dames, il parvient à redresser le moral des troupes en montant des opérations à objectifs limités, notamment dans les Flandres (juill. 1917). Sa conduite de la guerre lui vaut le bâton de maréchal (1918). Envoyé en mission au Maroc (1925), inspecteur général de l'armée jusqu'en 1931 puis inspecteur de la défense aérienne jusqu'en 1934, il devient ministre de la Guerre (1934). Ambassadeur de France auprès de Franco (1939), il est nommé président du Conseil (16 juin 1940) après les premiers revers de la campagne de France et conclut l'armistice avec l'Allemagne et l'Italie (22 juin). Investi des pleins pouvoirs par l'Assemblée nationale, il devient chef de l'État français le 11 juill. (⟶ **Vichy [gouvernement de]**). Après avoir rencontré Hitler à Montoire, il pratique une politique de collaboration et s'efforce d'établir un État hiérarchique et autoritaire fondé sur la triple entité « Travail, Famille, Patrie ». Pétain cumule les fonctions de chef de l'État et du gouvernement jusqu'au rappel de P. Laval (avr. 1942). Après le débarquement allié en Afrique du Nord et l'occupation de la zone libre par les Allemands (nov. 1942), il préside à la dérive totalitaire du régime, qui culmine en 1944. Emmené par les Allemands dans leur retraite (20 août 1944), conduit à Sigmaringen (Bade-Wurtemberg) le 8 sept., il demande à regagner la France (avr. 1945) pour se présenter devant la Haute Cour de justice. Condamné à mort, il voit sa peine aussitôt commuée en détention perpétuelle à l'île d'Yeu.

pétainisme [petenism] **n.m.** Doctrine du maréchal Pétain et de ses partisans sous le gouvernement de Vichy (1940-1944). ◆ **pétainiste adj.** et **n.** Relatif au pétainisme ; qui en est partisan.

pétale [petal] **n.m.** (lat. bot. *petalum*, du gr. *petalon*, feuille). Chacun des éléments qui composent la corolle d'une fleur et qui entourent les étamines.

pétanque [petɑ̃k] **n.f.** (prov. *ped tanco*, pied fixé [au sol]). Jeu de boules originaire du midi de la France, dans lequel le but est une boule plus petite en bois, dite *cochonnet*, et qui se joue sur un terrain non préparé.

pétarade [petarad] **n.f.** (prov. *petarrada*, de *pet*). Suite de détonations : *La pétarade d'un feu d'artifice.*

pétarader [petarade] **v.i.** Faire entendre une pétarade.

pétard [petar] **n.m.** (de *pet*). **1.** Petite pièce d'artifice qui détone avec un bruit sec et fort, utilisée pour la signalisation acoustique (chemins de fer) ou, traditionnellement, dans les réjouissances publiques. **2.** Charge d'explosif entourée d'une enveloppe légère, génér. utilisée dans la démolition. **3.** FAM. Pistolet. **4.** FAM. Bruit ; tapage ; scandale : *Faire du pétard* (= protester bruyamment). **5.** FAM. **Être en pétard,** en colère.

pétaudière [petodjɛr] **n.f.** (du roi *Pétaud*, personnage légendaire du XVIe s.). FAM. Lieu, groupe, etc., où règnent la confusion et le désordre, où chacun agit à sa guise.

Petchora (la), fl. de Russie, originaire de l'Oural, tributaire de la mer de Barents ; 1 790 km (bassin de 322 000 km^2).

pet-de-nonne [pednɔn] **n.m.** (pl. *pets-de-nonne*). Beignet soufflé très léger.

péter [pete] **v.i.** (de *pet*, a remplacé l'anc. fr. *poire*, lat. *pedere*) [conj. **18**]. **1.** VULG. Faire un, des pets. **2.** FAM. Faire entendre un bruit sec et bref : *Le bois sec pète dans le feu* (syn. **exploser**). **3.** FAM. Se rompre ; se casser : *Le câble a pété net.* ◆ **v.t. 1.** FAM. Casser, briser : *Péter une lampe.* **2. Péter le feu,** déborder d'énergie, de dynamisme.

Peters (projection de), représentation cartographique qui permet de conserver le rapport exact entre les superficies des territoires, mais non leur forme réelle.

pète-sec [pɛtsɛk] **n. inv.** et **adj. inv.** FAM. Personne autoritaire, au ton sec et cassant.

péteux, euse [petø, -øz] **n.** et **adj.** (forme pop. de *péteur*, de *péter*). **1.** FAM. Personne peureuse ou honteuse : *Se sauver comme un péteux.* **2.** Personne aux manières prétentieuses : *Quel petit péteux !*

pétillant, e [petijɑ̃, -ɑ̃t] **adj.** Qui pétille : *Vin pétillant.*

pétillement [petijmɑ̃] **n.m. 1.** Bruit léger produit par ce qui pétille : *Le pétillement du champagne.* **2.** Éclat vif : *Le pétillement d'un regard* (syn. **scintillement**).

pétiller [petije] **v.i.** (de *pet*). **1.** Éclater en produisant de petits bruits secs et rapprochés : *Bois qui pétille en brûlant* (syn. **crépiter**). **2.** Dégager des bulles de gaz ; mousser légèrement : *Le champagne pétille.* **3.** Briller d'un vif éclat : *Des yeux qui pétillent.* **4. Pétiller de,** manifester avec éclat : *Elle pétille d'intelligence.*

pétiole [pesjɔl] **n.m.** (lat. *petiolus*, petit pied). BOT. Partie rétrécie reliant le limbe d'une feuille à la tige.

petiot, e [pətjo, -ɔt] **adj.** et **n.** FAM. Tout petit.

Petipa (Marius), danseur et chorégraphe français (Marseille 1818 - Gourzouf, Crimée, 1910). Arrivé en 1847 à Saint-Pétersbourg, il y fait l'essentiel de sa carrière. Professeur à l'École impériale de danse (1855-1887), il forme plusieurs générations de danseuses et de danseurs russes. Maître de ballet du Théâtre Marie (1859-1904), il règle de nombreux ouvrages, remontant en les adaptant les grands chefs-d'œuvre romantiques et créant une soixantaine de ballets originaux (*Don Quichotte*, 1869 ; *la Belle au bois dormant*, 1890 ; *le Lac des* *cygnes,* actes I et III, 1895). Ses ouvrages à grand spectacle, où alternent séquences dramatiques et danse pure, consacrent l'utilisation judicieuse des mouvements d'ensemble, entrées de bravoure et soli. Petipa définit l'archétype du grand pas de deux classique (adage, variations et coda) et fait naître le style russe en conjuguant lyrisme slave avec vivacité italienne et élégance française.

1. petit, e [pəti, -it] **adj.** (lat. pop. **pittitus,* d'un rad. expressif **pitt-*). **1.** Dont les dimensions, la superficie, le volume sont inférieurs à la normale : *Petit paquet. Petit jardin* (syn. **exigu** ; contr. **grand**). **2.** De taille peu élevée ; de faible hauteur : *Un homme petit. Un petit arbre* (contr. **grand**). **3.** Qui n'a pas encore atteint le terme de sa croissance : *Un petit enfant* (syn. **jeune**). **4.** Qui n'est pas élevé en nombre, en quantité : *Petite somme d'argent* (syn. **faible** ; contr. **gros**). **5.** Qui est peu considérable par son intensité ou sa durée : *Petite pluie.* **6.** Qui n'a pas beaucoup d'importance, d'intérêt : *Petite affaire.* **7.** Qui manifeste de la mesquinerie : *Un esprit petit* (syn. **médiocre, mesquin**). **8.** Qui occupe un rang modeste dans la société, dans une hiérarchie : *Un petit commerçant* (contr. **grand**). *Un petit fonctionnaire* (contr. **haut**). **9.** Employé comme terme de mépris : *Mon petit monsieur.* **10.** Employé comme terme d'amitié, d'affection : *Mon petit gars.* **11.** En composition, indique en partic. un degré de descendance dans des liens de parenté : *Un petit-fils.* **12.** ANC. **Petite main,** jeune apprentie dans une maison de couture. / **Petites gens,** personnes qui n'ont que de faibles ressources. / **Petit frère, petite sœur,** frère, sœur moins âgés. / **Se faire tout petit,** s'efforcer de ne pas se faire remarquer, de passer inaperçu. ◆ **petit adv. 1.** De façon étroite, étriquée ; mesquinement : *Voir petit* (= avoir des projets sans envergure). **2. En petit,** sur une petite échelle : *Elle a repris le même projet, mais en petit.* / **Petit à petit,** peu à peu, progressivement.

2. petit, e [pəti, -it] **n.** (de *1. petit*). **1.** Personne de petite taille : *Mettre les petits devant.* **2.** Garçon ou fille jeune : *La cour des petits.* **3.** Enfant de qqn : *Le petit Untel.* ◆ **petit n.m. 1.** Jeune animal : *La chatte et ses petits.* **2.** Personne, groupe, entreprise qui, par rapport à d'autres, se situe au bas de l'échelle. **3.** Aux tarots, atout le plus faible. **4.** Ce qui est petit : *L'infiniment petit.* **5. Faire des petits,** mettre bas ; au fig., s'agrandir, en parlant de qqch, d'un bien.

Petit (Roland), danseur et chorégraphe français (Villemomble 1924 - Genève 2011). Il a animé les Ballets des Champs-Élysées (1945-1947) puis les Ballets de Paris (1948-1966) et a dirigé le Ballet national de Marseille (1972-1998). À l'aise surtout dans le ballet narratif, il a collaboré avec des écrivains, des peintres et des compositeurs contemporains (Constant, Dutilleux, Landowski, Messiaen). Il a dirigé le Casino de Paris (1969-1975) avec Zizi Jeanmaire, dont il a réalisé la mise en scène de tous les tours de chant.

petit-beurre [pətibœr] **n.m.** (pl. *petits-beurre*). Petit gâteau sec rectangulaire au beurre.

petit-bourgeois, petite-bourgeoise [pətiburʒwa, pətitburʒwaz] **n.** et **adj.** (pl. *petits-bourgeois, petites-bourgeoises*). **1.** Personne qui appartient à la petite bourgeoisie. **2.** Qui manifeste le conformisme, les conceptions étriquées jugés caractéristiques de la petite bourgeoisie (péjor.) : *Préjugés petits-bourgeois.*

petit déjeuner [pətideʒøne] **n.m.** (pl. *petits déjeuners*). Premier repas pris le matin.

petit-déjeuner [pətideʒøne] **v.i.** [conj. 5]. FAM. Prendre le petit déjeuner : *Ils ont petit-déjeuné à l'hôtel.*

petite-fille [pətitfij] **n.f.** (pl. *petites-filles*). Fille du fils ou de la fille, par rapport à un grand-père, à une grand-mère.

petitement [pətitmɑ̃] **adv. 1.** À l'étroit : *Être petitement logé.* **2.** Modestement ; chichement : *Manger, vivre petitement.* **3.** Mesquinement : *Juger petitement.*

petitesse [pətitɛs] **n.f. 1.** État, caractère de ce qui est petit : *Petitesse de la taille, d'un revenu.* **2.** Caractère mesquin : *Petitesse d'esprit* (syn. **étroitesse** ; contr. **largeur**). **3.** Acte mesquin : *Commettre des petitesses* (syn. **bassesse**).

petit-fils [pətifis] **n.m.** (pl. *petits-fils*). Fils du fils ou de la fille, par rapport à un grand-père, à une grand-mère.

petit-four [pətifur] **n.m.** (pl. *petits-fours*). Menue pâtisserie de la taille d'une bouchée, que l'on sert en assortiment.

petit-gris [pətigri] **n.m.** (pl. *petits-gris*). **1.** Écureuil de Russie ou de Sibérie au pelage d'hiver gris argenté. **2.** Fourrure de cet animal. **3.** Petit escargot comestible à coquille grisâtre finement rayée de brun.

pétition [petisjɔ̃] **n.f.** (lat. juridique *petitio,* de *petere,* chercher à atteindre). **1.** Écrit adressé par une ou plusieurs personnes à une autorité pour exprimer une opinion, une plainte, présenter une requête : *Signer une pétition.* **2. Pétition de principe,** raisonnement vicieux consistant à tenir pour vrai ce qui fait l'objet même de la démonstration.

pétitionnaire [petisjɔnɛr] **n.** Personne qui présente ou signe une pétition.

petit-lait [pətilɛ] **n.m.** (pl. *petits-laits*). **1.** Liquide résiduel de l'écrémage du lait *(lait écrémé),* de la fabrication du beurre *(babeurre),* de la fabrication du fromage *(lactosérum).* **2. Boire du petit-lait,** éprouver une vive satisfaction d'amour-propre devant qqch de flatteur.

petit-nègre [pətinɛgr] **n.m. sing.** FAM. Français rudimentaire et incorrect, dans lequel les éléments grammaticaux tels que déterminants et désinences sont omis ou mal employés (péjor.).

petit-neveu [pətinəvø] **n.m., petite-nièce** [pətitnjɛs] **n.f.** (pl. *petits-neveux, petites-nièces*). Fils, fille du neveu ou de la nièce. (On dit parfois *arrière-neveu, arrière-nièce.*)

petit pois [pətipwa] **n.m.** (pl. *petits pois*). Pois écossé vert.

petits-enfants [pətizɑ̃fɑ̃] **n.m. pl.** Enfants du fils ou de la fille.

petit-suisse [pətisɥis] **n.m.** (pl. *petits-suisses*). Fromage frais moulé en forme de petit cylindre.

Petőfi (Sándor), poète hongrois (Kiskörös 1823 - Segesvár 1849). Très tôt célèbre pour ses poésies d'inspiration populaire et patriotique, il fut le héros de la lutte révolutionnaire de 1848-1849.

peton [pətɔ̃] **n.m.** (dimin. de *pied*). FAM. Petit pied.

pétoncle [petɔ̃kl] **n.m.** (lat. *pectunculus,* de *pecten,* peigne). Mollusque bivalve comestible, vivant sur les fonds sableux des côtes d'Europe occidentale. ▶ Nom usuel : *amande de mer.* Diamètre 6 cm env.

Pétra, anc. ville d'Arabie, au sud de la mer Morte, auj. en Jordanie. Capitale des Nabatéens, attestée depuis 312 av. J.-C., elle atteignit son apogée du Ier s. av. J.-C. au Ier s. apr. J.-C. puis fut annexée par les Romains sous Trajan. Retrouvé au XIXe s., le site demeure célèbre pour ses tombeaux rupestres où les influences hellénistiques et romaines s'allient à la tradition orientale.

Pétrarque, en it. **Francesco Petrarca,** poète et humaniste italien (Arezzo 1304 - Arqua, Padoue, 1374). Historien, archéologue, chercheur de manuscrits anciens, il fut le premier des grands humanistes de la Renaissance. Mais sa gloire repose surtout sur ses poèmes élégiaques en toscan, les sonnets des *Rimes* et des *Triomphes,* composés en l'honneur de Laure de Noves et réunis dans le *Canzoniere,* publié en 1470.

pétrel [petrɛl] **n.m.** (angl. *pitteral*). Oiseau marin des régions froides et tempérées, qui ne vient à terre que pour nicher. ▶ Long. 20 cm env.

pétrifiant, e [petrifjɑ̃, -ɑ̃t] **adj.** LITT. Qui stupéfie, paralyse : *Peur pétrifiante.*

pétrification [petrifikasjɔ̃] **n.f. 1.** Transformation de la substance d'un corps organique en une matière pierreuse. **2.** Incrustation d'un corps qui, plongé dans certaines eaux calcaires, se couvre d'une couche pierreuse ; ce corps pétrifié.

pétrifier [petrifje] **v.t.** (du lat. *petra,* pierre) [conj. **9**]. **1.** Transformer en pierre ; recouvrir d'une couche minérale. **2.** Paralyser par l'émotion, la peur, etc. : *La nouvelle de sa mort les avait pétrifiés.*

pétrin [petrɛ̃] **n.m.** (lat. *pistrinum,* moulin à blé). **1.** Coffre, appareil dans lequel on pétrit la pâte à pain. **2.** *FAM.* Situation difficile, pénible : *Être dans le pétrin.*

pétrir [petrir] **v.t.** (bas lat. *pistrire,* du class. *pistrix,* celle qui pétrit, de *pistor,* boulanger) [conj. **32**]. **1.** Malaxer, travailler une pâte, notamm., la pâte à pain. **2.** Presser, malaxer dans sa main : *Pétrir de la pâte à modeler.* **3.** *LITT.* Former, façonner qqn, un esprit, etc. : *Les échecs ont pétri sa personnalité.* **4. Être pétri d'orgueil, de contradictions, etc.,** plein d'orgueil, de contradictions, etc.

pétrissage [petrisaʒ] **n.m.** Action de pétrir.

pétrochimie [petrɔʃimi] **n.f.** TECHN. Chimie des dérivés du pétrole ; ensemble de ses développements scientifiques, techniques, industriels.

■ La pétrochimie se situe à la charnière des industries pétrolière et chimique. Elle consiste à transformer des bases, dites *bases pétrochimiques,* en grands intermédiaires, les oléfines (ou *alcènes*), les aromatiques (composés à noyau benzénique) et les gaz de synthèse, dont sont tirés ensuite une multitude de produits de toute nature. Ceux-ci se répartissent en plusieurs familles, dont les plus importantes en volume sont les matières plastiques, les fibres, les élastomères, les engrais, les détergents... Cette industrie est plus récente que celle du raffinage puisque sa naissance date environ de 1925 et son essor de la forte demande en caoutchouc de synthèse et en explosifs lors de la Seconde Guerre mondiale.

Les procédés de transformation. Les bases pétrochimiques, issues pour partie du raffinage du pétrole (gazole et surtout naphta, cette essence vierge tirée du pétrole brut) et pour partie du gaz naturel, sont transformées en plusieurs grands produits intermédiaires par trois procédés chimiques essentiels : le *vaporeformage,* le *vapocraquage* et le *reformage catalytique.* La plupart des produits ainsi obtenus sont convertis en produits de seconde génération au moyen de processus chimiques qui font intervenir des réactifs simples : oxygène, hydrogène, par ex.

Le *vaporeformage* est un procédé catalytique de reformage en présence de vapeur d'eau. Il produit, à partir de gaz hydrocarbonés et de naphta (distillat intermédiaire entre l'essence et le kérosène), du gaz de synthèse qui sert de base pour la production d'hydrogène, d'ammoniac, etc.

Le *vapocraquage* est un processus de craquage en présence de vapeur d'eau, conduit au-dessus de 800 °C pratiquement sans pression. Cette opération se fait dans des réacteurs tubulaires de faible diamètre chauffés brutalement pendant des temps brefs. Elle produit des hydrocarbures éthyléniques ou oléfines, principalement de l'éthylène et du propylène.

Le *reformage catalytique* est un procédé de raffinage utilisé pour transformer les essences lourdes de distillation en reformats composés pour plus de moitié d'aromatiques : benzène, xylènes... Ces produits peuvent ensuite soit servir à augmenter l'indice d'octane des carburants, soit devenir à leur tour la matière de base pour la production de fibres, de détergents et d'autres produits. ■

pétrochimique [petrɔʃimik] **adj.** De la pétrochimie.

Petrograd, nom porté de 1914 à 1924 par Saint-Pétersbourg.

pétrographie [petrɔgrafi] **n.f.** (du gr. *petros,* pierre). Branche de la géologie qui a pour objet l'étude des roches, de leur composition, de leur formation.

pétrographique [petrɔgrafik] **adj.** Relatif à la pétrographie.

pétrole [petrɔl] **n.m.** (lat. médiév. *petroleum,* du class. *petra,* pierre, et *oleum,* huile). Huile minérale naturelle combustible, formée princ. d'hydrocarbures, de couleur très foncée et à l'odeur caractéristique plus ou moins prononcée. ▶ Densité variant de 0,8 à 0,95.

■ **Origine.** La formation du pétrole résulte de la lente décomposition, par des bactéries anaérobies, d'organismes aquatiques végétaux et animaux (planctons) déposés dans le fond de la mer, à faible profondeur (lagunes, estuaires) ou au pied du talus continental. Ces organismes, qui proliféraient il y a des dizaines, voire des centaines de millions d'années, se sont accumulés en couches sédimentaires. Leur décomposition donne naissance à une huile de faible densité, qui reste rarement à l'endroit de sa formation (la *roche-mère*) et qui a tendance à migrer pour imprégner des sables ou des roches poreuses, telles que des grès ou des calcaires. Une couche imperméable, sel ou argile par exemple, piège les hydrocarbures et permet leur accumulation. Ainsi se constitue la *roche-réservoir* où se localisent les gisements. L'épaisseur d'un gisement varie entre quelques mètres – et parfois seulement quelques dizaines de centimètres – et plusieurs centaines de mètres. Sa longueur peut atteindre plusieurs dizaines de kilomètres au Moyen-Orient, où, de ce fait, l'exploitation est la plus aisée techniquement.

L'exploration pétrolière. Appelée aussi *prospection,* elle a pour but la recherche de nouveaux gisements. Elle comporte des études géologiques et géophysiques pour déceler les pièges, puis un ou plusieurs forages d'exploration. L'épuisement des gisements traditionnels a largement favorisé l'exploration de bassins sédimentaires d'accès difficile, tels que ceux localisés dans les régions arctiques et en pleine mer. L'exploration pétrolière marine, ou « offshore », s'est effectuée d'abord dans des mers calmes et peu profondes, puis dans des zones marines plus profondes et plus hostiles, comme la mer du Nord ou le Labrador. Aujourd'hui, on se tourne également vers l'exploitation, bien que difficile et coûteuse, des schistes bitumineux (Aux États-Unis et au Canada notamm.)

L'exploitation. L'éloignement des zones de consommation nécessite l'installation de pipelines (dont certains, en Europe centrale, peuvent dépasser 1,40 m de diamètre) et l'emploi de navires pétroliers *(tankers).* Les produits finis tirés du pétrole sont nombreux : gaz liquéfiés (propane et butane), essences, carburants, solvants, gazoles, fiouls, lubrifiants, paraffines, bitumes, etc. Le pétrole fournit également des matières premières variées pour l'industrie chimique *(pétrochimie),* pour l'industrie alimentaire du bétail, etc. Le pétrole reste en quasi-monopole comme carburant dans les transports. Cela contribue au renforcement de l'effet de serre, malgré de nombreuses recherches en cours (moteur « propre », carburants « verts »...).

Pays producteurs et consommateurs. L'extraction du pétrole débute en 1859 ; elle approche 20 Mt en 1900 et 100 Mt au début des années 1920. La société industrielle a désormais pour socle le pétrole, et la production va sans cesse croissant, surtout après la Seconde Guerre mondiale. Au début des années 1970, elle approche les 3 milliards de tonnes (3 Gt) quand éclate, en 1973, le premier choc pétrolier (l'Organisation des pays exportateurs de pétrole, l'O.P.E.P., quadruple le prix du baril, entraînant une crise pétrolière mondiale), puis le second (1979-1980). Ces deux crises successives, suivies de nouvelles envolées des cours (notamm. en 2007-2008), conduisent les pays importateurs à mettre en place des politiques visant à limiter leur dépendance énergétique (économies d'énergie, développement du nucléaire), et, pour les pays producteurs, à s'intéresser aux gisements d'accès plus difficile, offshore notamment. Aujourd'hui, la production mondiale est d'env. 4 Gt par an. Les principales régions productrices sont le Moyen-Orient, l'Amérique du Nord (États-Unis, Canada), l'Afrique saharienne et occidentale, l'Europe et l'Asie du Sud-Est (Indonésie). La géographie de la consommation ne se superpose pas à celle de la production. Ainsi, les États-Unis, premiers consommateurs du monde, sont devenus nettement importateurs, et l'Europe occidentale a une production très inférieure à sa consommation. La Chine, en plein développement, est récemment devenue aussi un pays très demandeur. En revanche, la consommation locale des pays du Moyen-Orient et d'Afrique est très faible en comparaison de leur production.

Réserves pétrolières. On évalue les réserves de pétrole en fonction de leur accessibilité, de l'état de l'exploration et de la situation géopolitique mondiale ; on les divise ainsi en réserves prouvées, réserves possibles, réserves probables et réserves non conventionnelles. Les réserves totales mondiales (hors réserves non conventionnelles) sont actuellement estimées à environ 234 Gt. Le pétrole est au premier rang pour la fourniture d'énergie avec 33 % de la consommation énergétique mondiale, celle-ci augmentant chaque année d'environ 2 %. Les ressources de pétrole sont en quantité limitée et le pic de production, la production maximale possible, à l'échelon mondial est difficile à anticiper. Il pourrait être atteint entre 2015 et 2035 , ce qui entraînera une augmentation considérable des prix, si, d'ici là, la voie des économies d'énergie n'a pas été prise et l'utilisation d'énergies alternatives largement développée. ■

pétroleuse [petrɔløz] **n.f. 1.** HIST. Femme du peuple qui, selon les journaux de Versailles, aurait utilisé, pendant la Commune (1871), du pétrole pour allumer des incendies. **2.** *FAM.* Femme qui affirme avec véhémence des opinions politiques résolument progressistes.

pétrolier, ère [petrɔlje, -ɛr] **adj.** Relatif au pétrole : *Industrie pétrolière. Produits pétroliers.* ◆ **pétrolier n.m. 1.** Navire-citerne pour le transport en vrac du pétrole. **2.** Technicien, industriel du pétrole.

pétrolifère [petrɔlifɛr] **adj.** Qui contient du pétrole : *Un sol pétrolifère.*

Pétrone, en lat. **Caius Petronius Arbiter,** écrivain latin (m. à Cumes en 66 apr. J.-C.). Il est l'auteur du *Satiricon,* roman écrit en prose et en vers, peinture réaliste des vagabondages d'un jeune libertin sous Néron. Compromis dans la conspiration de Pison, Pétrone s'ouvrit les veines.

pétulance [petylɑ̃s] **n.f.** (lat. *petulantia*). Vivacité impétueuse ; ardeur exubérante.

pétulant, e [petylɑ̃, -ɑ̃t] **adj.** (lat. *petulans,* de *petere,* assaillir). Qui manifeste de la pétulance : *Une femme pétulante* (syn. **vif, impétueux**).

pétunia [petynja] **n.m.** (de *pétun,* tabac). Plante ornementale aux fleurs violettes, roses ou blanches. ▸ Famille des solanacées.

peu [pø] **adv.** (lat. pop. **paucum,* du class. *pauci,* un petit nombre de). **1.** Marque une petite quantité, une faible intensité : *Boire peu. Cette voiture a peu roulé* (contr. **beaucoup**). *Nous l'avons peu vue* (syn. **rarement**). **2. Avant peu, sous peu,** bientôt : *Vous aurez avant peu de mes nouvelles.* / **De peu,** avec une faible différence : *Vous l'avez raté de peu* (= de justesse). / **Depuis peu,** récemment : *Il a arrêté de fumer depuis peu.* / **Peu de,** un petit nombre, une petite quantité de : *Il y avait bien peu de monde.* / **Très peu pour moi,** sert à exprimer un refus. ◆ **n.m. sing. 1.** Quantité faible ou insuffisante : *Le peu que je sais, je le sais bien. Je prendrais bien un peu de café.* **2. Peu à peu,** progressivement, insensiblement : *Peu à peu, on s'habitue* (= petit à petit). / **Pour un peu,** indique que qqch a de très peu failli se produire : *Pour un peu, il se serait installé chez moi.* / *SOUT.* **Quelque peu,** légèrement : *Un garçon quelque peu menteur.* / **Un peu,** dans une faible mesure : *J'ai un peu dormi* ; dans une faible proportion : *Ah ! c'est un peu mieux* ; *FAM.,* marque l'assentiment, l'affirmation : *Un peu que je vais venir* (= je viendrai à coup sûr). ◆ **pron. indéf. pl.** Un petit nombre de personnes : *Peu le savent, mais il arrive demain.* ◆ **pour peu que loc. conj.** Dans le cas où ; si jamais ; à condition que : *Il doit réussir, pour peu qu'il se donne la peine de travailler.*

peuchère [pøʃɛr] **interj.** (prov. *pecaïre,* pécheur). *RÉGION.* Sert à exprimer l'attendrissement, la pitié.

Peugeot (Armand), industriel français (Valentigney 1849 - Neuilly-sur-Seine 1915). Pionnier de la construction automobile, il fonda, en 1897, la *Société des automobiles Peugeot.*

peuh [pø] **interj.** Exprime le mépris, le dédain : *Peuh ! C'est tout ce que tu as ?*

peul, e ou **peuhl, e** [pøl] **adj.** Des Peuls. ◆ **peul** ou **peuhl n.m.** Langue nigéro-congolaise parlée depuis le Sénégal jusqu'au Cameroun et au lac Tchad.

Peuls ou **Foulbé,** ensemble de peuples nomades et sédentarisés, dispersés en Afrique de l'Ouest, du Sénégal au Cameroun, et parlant une langue nigéro-congolaise. Les Peuls se sont islamisés à partir de la fin du XIIIe s.

peuplade [pœplad] **n.f.** (de *peupler,* d'apr. l'esp. *poblado*). Groupement humain peuplant un territoire non clairement délimité, à la culture souvent archaïque.

peuple [pœpl] **n.m.** (lat. *populus*). **1.** Ensemble d'hommes constituant une communauté sociale ou culturelle : *L'amitié entre les peuples.* **2.** Ensemble d'hommes habitant sur un même territoire, régis par les mêmes lois, et formant une nation : *Le peuple français.* **3.** Ensemble des citoyens en tant qu'ils exercent des droits politiques : *Un élu du peuple.* **4.** (Précédé de l'art. déf.). La masse de ceux qui ne jouissent d'aucun privilège et ne vivent que de leur travail par opp. aux classes possédantes, à la bourgeoisie : *Un homme issu du peuple.* **5.** *FAM.* Grand nombre de personnes : *Il y a du peuple !* (syn. **monde**).

peuplé, e [pœple] **adj.** Où il y a des habitants : *Une région peu, très peuplée.*

peuplement [pœpləmɑ̃] **n.m. 1.** Action de peupler : *Le peuplement de ce pays s'est fait lentement.* **2.** État d'un territoire, d'une région peuplée : *Peuplement fort, faible.*

peupler [pœple] **v.t.** (de *peuple*). **1.** Établir (un groupement humain, une espèce animale ou végétale) dans un lieu : *Peupler un étang d'alevins.* **2.** Vivre dans un endroit en assez grand nombre : *Les premiers hommes qui ont peuplé ce désert* (syn. **occuper, habiter**).

peupleraie [pøplərɛ] **n.f.** Lieu planté de peupliers.

Peuples de la Mer ou **« Barbares du Nord »,** nom donné par les Égyptiens à des envahisseurs, comptant des groupes indo-européens, qui, venus de la zone de la mer Égée, déferlèrent sur le Proche-Orient aux XIIIe-XIIe s. av. J.-C. Tous les États de la région furent bouleversés, certains détruits (Empire hittite, Ougarit). Par deux fois, les Égyptiens les repoussèrent.

peuplier [pøplije] **n.m.** (de l'anc. fr. *peuple,* du lat. *populus,* peuplier). Arbre des régions tempérées et humides de l'hémisphère nord, à tronc étroit, dont le bois est recherché en menuiserie et en papeterie. ▸ Famille des salicacées ; haut. max. 30 m.

peur [pœr] **n.f.** (lat. *pavor, -oris*). **1.** Sentiment de forte inquiétude, d'alarme, en présence ou à la pensée d'un danger, d'une menace : *Avoir peur* (= être effrayé). *Trembler de peur* (syn. **terreur, affolement**). *Faire peur à qqn* (= l'effrayer). **2.** État de crainte, de frayeur dans une situation précise : *La peur de la mort* (syn. **angoisse**). *Vivre dans la peur* (syn. **crainte**). **3. Avoir plus de peur que de mal,** avoir subi peu de dommages par rapport à ce qui aurait pu se passer. / **De peur de, que,** par crainte de, que : *De peur d'une méprise. De peur qu'il se méprenne.* / **Prendre peur,** commencer à ressentir une crainte. / **Une peur bleue,** une peur très vive : *Quand son bateau s'est retourné, il a eu une peur bleue.*

peureusement [pœrøzmɑ̃] **adv.** De façon peureuse : *Se cacher peureusement* (syn. **craintivement**).

peureux, euse [pœrø, -øz] **adj.** et **n.** Qui a peur : *Un enfant peureux* (syn. **craintif, poltron** ; contr. **courageux**).

peut-être [pøtɛtr] **adv.** (de l'anc. fr. *puet cel estre,* cela peut être). **1.** Exprime le doute, la possibilité : *Il viendra peut-être. Peut-être neigera-t-il demain.* **2.** À la fin d'une phrase interr., indique un défi : *Je ne sais pas conduire, peut-être ?*

Pevsner (Anton ou **Antoine),** sculpteur et peintre français d'origine russe (Orel 1886 - Paris 1962). Installé à Paris en 1923, il s'est notamment signalé par ses monumentales « surfaces développées » en cuivre ou en bronze. Il est bien représenté au musée national d'Art moderne (M.N.A.M). • Son frère **Naoum,** dit **Naum Gabo,** sculpteur et peintre naturalisé américain (Briansk 1890 - Waterbury, Connecticut, 1977), installé en Grande-Bretagne puis aux États-Unis, avait publié avec lui à Moscou, en 1920, un manifeste rejetant cubisme et futurisme au profit d'une appréhension de la réalité essentielle du monde par les « rythmes cinétiques » et le constructivisme. Il est célèbre en particulier pour ses sculptures à base de fils de Nylon.

peyotl [pejɔtl] **n.m.** (du nahuatl). Plante cactacée du Mexique, dont on extrait un alcaloïde hallucinogène puissant, la mescaline.

pèze [pɛz] **n.m.** ARG. Argent : *Avoit du pèze.*

pfennig [pfenig] **n.m.** (mot all.). Anc. unité monétaire divisionnaire allemande, qui valait 1/100 de Mark.

P.G.C.D. [peʒesede] **n.m.** (sigle). Plus grand commun diviseur*.

pH [peaʃ] **n.m.** (abrév. de *potentiel d'hydrogène*). CHIM. Coefficient caractérisant l'acidité ou la basicité d'un milieu. ▸ Une solution est acide si son pH est inférieur à 7, basique s'il est supérieur à 7.

phacochère [fakɔʃɛr] **n.m.** (du gr. *phakos,* lentille, et *khoîros,* cochon). Mammifère ongulé des savanes d'Afrique voisin du sanglier, aux défenses incurvées. ▸ Famille des suidés ; haut. au garrot 80 cm env.

Phaéton, fils d'Hélios, le Soleil, dans la mythologie grecque. Il s'empara du char de son père et faillit, par son inexpérience, provoquer l'embrasement de la Terre. Il fut foudroyé par Zeus.

phagocyte [fagɔsit] **n.m.** (de *phago-* et *-cyte*). PHYSIOL. Cellule de l'organisme capable d'effectuer la phagocytose (macrophage, par ex.).

phagocyter [fagɔsite] **v.t. 1.** MÉD. Détruire par phagocytose : *Les macrophages phagocytent les bactéries.* **2.** FAM. Absorber et neutraliser à la façon des phagocytes : *Grand parti qui phagocyte un groupuscule politique.*

phagocytose [fagɔsitoz] **n.f.** Processus par lequel certaines cellules (amibes, phagocytes) englobent des particules ou d'autres cellules par leurs pseudopodes, les absorbent puis les digèrent.

Phaistos, anc. ville du sud-ouest de la Crète. Elle devint riche vers 2000 av. J.-C. grâce au commerce avec l'Égypte et fut détruite par des envahisseurs au XVe s. av. J.-C. Plusieurs états du premier palais sont conservés (de 2000 à 1700 av. J.-C.). Détruit v. 1450 av. J.-C., le second palais présente les mêmes éléments qu'à Cnossos : théâtre, cour centrale, mégaron, zone lustrale, magasins, etc.

phalange [falɑ̃ʒ] **n.f.** (lat. *phalanx, phalangis,* mot gr.). **1.** Chacun des segments articulés qui composent les doigts et les orteils ; le premier de ces segments à partir de la base du doigt (par opp. à *phalangine* et à *phalangette*). **2.** Chacun des petits os qui constituent le squelette de ces segments. **3.** ANTIQ. GR. Formation des fantassins en une masse compacte. **4.** HIST. Groupement politique et paramilitaire, d'inspiration souvent fasciste.

phalangette [falɑ̃ʒɛt] **n.f.** Dernière phalange des doigts qui porte l'ongle, la griffe ou le sabot.

phalangine [falɑ̃ʒin] **n.f.** Deuxième phalange des doigts, lorsqu'ils en comportent trois, par ex. ceux de la main de l'homme, pouce excepté.

phalangiste [falɑ̃ʒist] **n.** et **adj.** Membre d'une phalange, groupement politique et paramilitaire ; qui appartient à une phalange.

phalanstère [falɑ̃stɛr] **n.m.** (de *phalange,* d'apr. *monastère*). Vaste association de production au sein de laquelle les travailleurs vivent en communauté, dans le système de Fourier.

phalène [falɛn] **n.f.** (gr. *phalaina*). Grand papillon nocturne ou crépusculaire dont plusieurs espèces sont nuisibles aux cultures ou aux arbres forestiers. ▸ Famille des géométridés.

phallique [falik] **adj. 1.** Relatif au phallus, à sa forme, au culte du phallus : *Emblème phallique.* **2.** PSYCHAN. Relatif au phallus en tant que s'y rapportent le désir et la fonction symbolique : *La fonction phallique.*

phallocrate [falɔkrat] **adj.** et **n.** Qui fait preuve de phallocratie : *Un individu phallocrate.*

phallocratie [falɔkrasi] **n.f.** (de *phallus* et *-cratie*). Attitude tendant à assurer et à justifier la domination des hommes sur les femmes.

phalloïde [falɔid] **adj. 1.** En forme de phallus. **2. Amanite phalloïde,** amanite d'une espèce mortellement toxique, très commune, à chapeau jaunâtre ou verdâtre, apparaissant en été et en automne.

phallus [falys] **n.m.** (mot lat., du gr. *phallos*). **1.** Verge en érection. **2.** ANTIQ. Représentation du membre viril en érection, symbole de la fécondité de la nature. **3.** PSYCHAN. Membre viril en tant que symbole de la différence des sexes. **4.** Champignon basidiomycète de forme phallique et à l'odeur repoussante (syn. **satyre**).

phanère [fanɛr] **n.m.** (du gr. *phaneros,* apparent). ANAT. Production protectrice de l'épiderme des vertébrés (poils, plumes, ongles, griffes, sabots, etc.).

phanérogame [fanerɔgam] **n.m.** ou **n.f.** (du gr. *phaneros,* visible, et de *-game*). BOT. **Phanérogames,** embranchement comprenant les plantes se reproduisant par fleurs et par graines, telles que les angiospermes et les gymnospermes.

phantasme n.m. → **fantasme.**

pharaon [faraɔ̃] **n.m.** (lat. *pharao,* mot gr., de l'égyptien). Souverain de l'Égypte ancienne.

pharaonique [faraɔnik] et **pharaonien, enne** [faraɔnjɛ̃, -ɛn] **adj. 1.** Relatif aux pharaons, à leur époque : *L'Égypte pharaonique.* **2.** Qui évoque les pharaons par son gigantisme : *Une construction pharaonique.*

phare [far] **n.m.** (lat. *pharus,* n. de l'île de *Pharos*). **1.** Tour élevée portant au sommet un foyer plus ou moins puissant destiné à guider les navires durant la nuit. **2.** Dispositif analogue pour la navigation aérienne : *Phare d'un terrain d'aviation.* **3.** LITT. Personne ou chose qui sert de guide ou de modèle : *Ce poète était notre phare* (syn. **flambeau**) ; (en appos., avec ou sans trait d'union) se dit de ce qui est à l'avant-garde, qui sert de modèle : *Des idées-phares. Une pensée phare.* **4.** Projecteur de lumière placé à l'avant d'un véhicule ; position où ce dispositif éclaire le plus (par opp. à *code*) : *Un appel de phares.*

pharisien, enne [farizjɛ̃, -ɛn] **n.** et **adj.** (lat. ecclés. *pharisaeus,* du gr.). **1.** Membre d'une secte juive apparue au IIe s. av. J.-C. qui prétendait observer rigoureusement la loi de Moïse mais qui, dans l'Évangile, est accusé de formalisme et d'hypocrisie. **2.** VX. Personne dont la piété, la vertu sont purement extérieures.

pharmaceutique [farmasøtik] **adj.** Qui relève de la pharmacie : *Un produit pharmaceutique.*

pharmacie [farmasi] **n.f.** (lat. médiév. *pharmacia,* gr. *pharmakeia,* de *pharmakon,* remède). **1.** Science des médicaments, de leur composition et de leur préparation : *Faire ses études de pharmacie.* **2.** Magasin, local où l'on prépare, où l'on vend des médicaments : *Pharmacie de garde.* **3.** Petite armoire où l'on range les médicaments : *La pharmacie est au-dessus du lavabo.*

pharmacien, enne [farmasjɛ̃, -ɛn] **n.** Personne qui exerce la pharmacie, qui tient une pharmacie.

pharmacologie [farmakɔlɔʒi] **n.f.** Étude scientifique des médicaments et de leur emploi. ◆ **pharmacologue** et **pharmacologiste n.** Noms du spécialiste.

pharmacologique [farmakɔlɔʒik] **adj.** De la pharmacologie : *La science pharmacologique.*

pharmacopée [farmakɔpe] **n.f.** (gr. *pharmakopoiia,* confection de remèdes). **1.** (Avec une majuscule). Recueil officiel contenant la nomenclature des médicaments, leur composition, leurs effets, etc., appelé naguère *Codex* en France. **2.** (Avec une minuscule). Ensemble de remèdes et autres produits pharmaceutiques : *La pharmacopée des médecines extrême-orientales.*

Pharos, île de l'Égypte ancienne, près d'Alexandrie. Ptolémée Ier Sôtêr y fit ériger une tour de 135 m de haut (inaugurée par son fils Ptolémée II Philadelphe), au sommet de laquelle brûlait un feu qui était visible en mer à grande distance ; elle s'écroula en 1303. Des vestiges de ce *phare d'Alexandrie,* une des Sept Merveilles du monde antique, ont été découverts lors de fouilles sous-marines menées depuis 1994.

Pharsale (bataille de) [9 août 48 av. J.-C.], bataille remportée en Thessalie par César face à Pompée. Peu après, Pompée fut assassiné en Égypte.

pharyngé, e [farɛ̃ʒe] et **pharyngien, enne** [farɛ̃ʒjɛ̃, -ɛn] **adj.** Du pharynx : *Affections pharyngées.*

pharyngite [farɛ̃ʒit] **n.f.** Inflammation du pharynx.

pharynx [farɛ̃ks] **n.m.** (gr. *pharugx, pharuggos,* gorge). Conduit entre la bouche et l'œsophage, où se croisent les voies digestives et les voies respiratoires.

phase [faz] **n.f.** (gr. *phasis,* apparition d'une étoile). **1.** Chacun des changements, des aspects successifs d'un phénomène en évolution : *Les diverses phases de la fabrication des livres* (syn. **étape**). *Les phases d'une maladie* (syn. **stade**). **2.** Chacun des aspects différents que présentent la Lune et quelques planètes selon leur position par rapport à la Terre et au Soleil. **3.** CHIM. Partie homogène d'un système : *L'eau et la glace sont deux phases d'un même corps pur.* **4.** PHYS. Constante angulaire d'un mouvement vibratoire. **Phénomènes périodiques en phase,** phénomènes périodiques de même fréquence qui varient de la même façon et qui présentent des maximums et des minimums simultanés. **5. Être en phase avec qqn, qqch,** être en accord, en harmonie avec qqn, qqch. **6. Fil de phase** fil conducteur dans lequel circule le courant électrique, fourni par le réseau de distribution électrique, et ayant une tension non nulle avec la Terre (on dit aussi *la phase*).

phasme [fasm] **n.m.** (gr. *phasma,* fantôme). Insecte sans ailes dont le corps allongé ressemble aux brindilles ou aux branches sur lesquelles il vit.

Phébus, nom donné, dans la mythologie grecque, au dieu du Soleil, soit Hélios, soit Apollon. Ce nom vient de l'épithète hellénique *Phoibos,* qui signifie « le Brillant ».

Phèdre, héroïne de la mythologie grecque, fille de Minos et de Pasiphaé, sœur d'Ariane et femme de Thésée. Amoureuse de son beau-fils, Hippolyte, qui repoussa ses avances, elle l'accusa d'avoir voulu lui faire violence. Hippolyte exécuté, elle se pendit. Sa passion a inspiré Sophocle et Euripide, et d'autres auteurs, dont Racine.

Phèdre, en lat. **Caius Julius Phaedrus,** fabuliste latin (en Macédoine v. 10 av. J.-C. - v. 54 apr. J.-C.). Il écrivit des fables imitées d'Ésope.

Phelps (Michael), nageur américain (Baltimore 1985). Il a remporté 6 titres olympiques à Athènes en 2004, 8 titres olympiques à Pékin en 2008, devenant ainsi le recordman du nombre de titres gagnés lors d'une même olympiade, et 4 titres olympiques à Londres en 2012. Avec 22 médailles au total (2 d'argent et 2 de bronze en plus des 18 d'or), il est le sportif le plus titré de l'histoire des J.O. (toutes disciplines confondues). Il a aussi obtenu 26 titres de champion du monde entre 2001 et 2011 et détient de nombreux records du monde.

Phénicie, région du littoral syro-palestinien, limitée au sud par le mont Carmel et au nord par la région d'Ougarit (auj. Ras Shamra, au nord de Lattaquié). Du IIIe millénaire au XIIIe s. av. J.-C., l'aire côtière du couloir syrien fut occupée par des populations sémitiques, désignées du nom de Cananéens. Au XIIe s., l'arrivée de nouveaux peuples (Araméens, Hébreux, Philistins) réduisit à une bande côtière le domaine cananéen auquel les Grecs donnèrent le nom de Phénicie. Les Phéniciens formaient alors un ensemble de cités-États, où prédominaient Byblos, Tyr et Sidon ; acculés à la mer, ils devinrent, par nécessité, navigateurs, et fondèrent sur le pourtour méditerranéen, jusqu'à l'Espagne, de nombreux comptoirs et colonies, dont Carthage (IXe s.), qui s'imposa à l'Occident méditerranéen. Les cités phéniciennes tombèrent sous la tutelle des Empires assyrien (743 av. J.-C.) et babylonien (à partir de 605 av. J.-C.), puis sous celle des Perses et des Grecs, mais elles continuèrent à jouer un rôle capital dans les échanges économiques de la Méditerranée orientale. Héritières de la culture cananéenne, elles conservèrent les cultes de Baal et d'Ashtart ; elles ont légué au monde antique l'usage de l'écriture alphabétique.

phénicien, enne [fenisjɛ̃, -ɛn] **adj.** et **n.** De la Phénicie. ◆ **phénicien n.m.** Langue sémitique ancienne dont l'alphabet est considéré comme l'ancêtre de toutes les écritures alphabétiques.

phénix [feniks] **n.m.** (lat. *phoenix,* du gr.). LITT. Personne exceptionnelle, unique en son genre ; prodige, génie.

Phénix, oiseau fabuleux originaire d'Éthiopie et lié à la mythologie égyptienne par le culte de Rê. Sa légende la plus célèbre : lorsqu'il sent sa mort prochaine, l'oiseau met le feu à son nid, fait de plantes aromatiques, se brûle lui-même sur ce bûcher pour renaître de ses cendres.

phénol [fenɔl] **n.m.** (du gr. *phainein,* briller). CHIM. Dérivé oxygéné du benzène, présent dans le goudron de houille et utilisé comme désinfectant ainsi que dans l'industrie des colorants, des matières plastiques, des médicaments, des explosifs, etc ; tout composé analogue à ce dérivé. ▸ Formule C_6H_5OH.

phénolique [fenɔlik] **adj.** CHIM. Qui dérive du phénol.

phénoménal, e, aux [fenɔmenal, -o] **adj.** Qui tient du phénomène (syn. **extraordinaire, prodigieux**).

phénomène [fenɔmɛn] **n.m.** (gr. *phainomena,* phénomènes célestes, de *phainesthai,* apparaître). **1.** Fait observable ; événement : *La délinquance juvénile est un phénomène inquiétant* (syn. **manifestation**). **2.** Fait, événement qui frappe par sa nouveauté ou son caractère exceptionnel : *C'est un phénomène de vous voir ici* (syn. **miracle, prodige**). **3.** Être humain ou animal exhibé en public pour quelque particularité rare : *Phénomène de foire.* **4.** FAM. Individu bizarre, excentrique : *Sa fille est un phénomène* (syn. **original**).

phénoménologie [fenɔmenɔlɔʒi] **n.f.** PHILOS. Méthode philosophique qui vise à saisir, par un retour aux données immédiates de la conscience, les structures transcendantes de celle-ci et les essences des êtres.

phénoménologique [fenɔmenɔlɔʒik] **adj.** De la phénoménologie.

phénotype [fenɔtip] **n.m.** (du gr. *phainein,* paraître, et de *-type*). BIOL. Ensemble des caractères somatiques apparents d'un individu, qui expriment l'interaction du génotype et du milieu.

phéromone [ferɔmon] et **phérormone** [ferɔrmɔn] **n.f.** (gr. *pherein,* porter, et *hormone*). ÉTHOL. Substance chimique qui, émise à dose infime par un animal dans le milieu extérieur, provoque chez ses congénères des comportements spécifiques.

phi [fi] **n.m. inv.** Vingt et unième lettre de l'alphabet grec (Φ, φ).

Phidias, sculpteur grec (v. 490 - 431 av. J.-C.), fils de l'Athénien Charmidès. Connue grâce à des textes précis, la statue chryséléphantine du *Zeus* d'Olympie a contribué à la célébrité de Phidias. Phidias avait été chargé par Périclès de la décoration du Parthénon, qui est devenu l'exemple le plus achevé du classicisme grec. Avec génie, il confère à la figure humaine une beauté noble et sereine, et au marbre une souplesse et un mouvement encore inconnus.

Philadelphie, port des États-Unis (Pennsylvanie), sur la Delaware ; 1 560 297 hab. (5 841 396 avec les banlieues). Université. Centre industriel. Très important musée d'Art.

Philae, île du Nil, en amont d'Assouan, important centre du culte d'Isis du IVe s. av. J.-C. au Ve s. de notre ère. À la suite de la construction du haut barrage d'Assouan, ses monuments ptolémaïques (temples d'Isis, d'Hathor, mammisi [temple de la naissance] de Nectanebo Ier, kiosque de Trajan) ont été transférés sur l'îlot voisin d'Agilkia.

philanthrope [filɑ̃trɔp] **n.** (gr. *philanthrôpos*, de *philos*, ami, et *anthrôpos*, homme). **1.** Personne qui aime tous les hommes (par opp. à *misanthrope*). **2.** Personne qui cherche à améliorer le sort de ses semblables (syn. **altruiste**).

philanthropie [filɑ̃trɔpi] **n.f.** Fait d'être philanthrope : *Agir par philanthropie et non par intérêt* (syn. **altruisme**).

philanthropique [filɑ̃trɔpik] **adj.** Qui relève de la philanthropie : *Association philanthropique* (syn. **charitable**).

philatélie [filateli] **n.f.** (du gr. *ateleia*, exemption d'impôt, d'où « affranchissement »). Étude, collection des timbres-poste et des objets connexes.

philatélique [filatelik] **adj.** Relatif à la philatélie : *Bourse philatélique.*

philatéliste [filatelist] **n.** Collectionneur de timbres-poste.

Philémon et Baucis, couple légendaire de la Grèce antique célébré comme le symbole de l'amour conjugal. Philémon et Baucis avaient été récompensés par Zeus et Hermès pour leur hospitalité. Quand ils moururent, ils furent métamorphosés en deux arbres qui se dressaient côte à côte et mêlaient leurs branches.

philharmonique [filarmɔnik] **adj.** (de *phil[o]-*, et du gr. *harmonia*, harmonie d'apr. l'it. *filarmonico*). Se dit de certaines associations musicales de musiciens amateurs ou de certains grands orchestres symphoniques.

Philipe (Gérard Philip, dit **Gérard),** acteur français (Cannes 1922 - Paris 1959). Révélé par sa création de *Caligula,* de A. Camus (1945), il triompha dans les rôles de jeune premier au Théâtre national populaire, notamment dans *le Cid* et *le Prince de Hombourg,* ainsi qu'au cinéma (*le Diable au corps,* de C. Autant-Lara, 1947 ; *Fanfan la Tulipe,* de Christian-Jaque, 1952).

Philippe *(saint)*, un des douze apôtres de Jésus, originaire, comme André et Jean, de la région du lac de Tibériade. L'Évangile de Jean signale qu'il parlait le grec.

Philippe Néri *(saint)*, prêtre italien fondateur de l'Oratoire (Florence 1515 - Rome 1595). Gai, serviable et très populaire dans le petit peuple de Rome, il restaura en 1575 une église qui allait devenir le centre de la communauté séculière dite *de l'Oratoire.* Celle-ci joua un rôle important dans la Réforme catholique.

ANTIQUITÉ

Philippe II (v. 382 - Aigai 336 av. J.-C.), régent (359), puis roi de Macédoine (356-336). Il rétablit l'autorité royale, développa l'économie et réorganisa l'armée, basée sur un corps d'infanterie, la phalange. Ayant consolidé les frontières de son royaume,il se tourna vers la Grèce. Les Athéniens, malgré les avertissements de Démosthène, réagirent tardivement à la conquête de la Thrace (342-340). Devenu maître de Delphes, Philippe dut lutter contre la coalition d'Athènes et de Thèbes. Vainqueur à Chéronée (338), il établit pour deux siècles la tutelle macédonienne sur la Grèce. Il s'apprêtait à marcher contre les Perses, lorsqu'il fut assassiné à l'instigation de sa femme Olympias ; son fils Alexandre lui succéda.

BOURGOGNE

Philippe II le Hardi (Pontoise 1342 - Hal 1404), duc de Bourgogne (1363-1404). Fils du roi Jean II le Bon, il reçut en apanage le duché de Bourgogne (1363), et devint ainsi le chef de la deuxième maison de Bourgogne. Ayant épousé Marguerite de Flandre, il hérita en 1384 de son beau-père, les comtés de Flandre, d'Artois, de Nevers et de Bourgogne (Franche-Comté). Il prit part à la direction des affaires du royaume de France pendant la minorité de Charles VI et lorsque celui-ci fut atteint de folie et contribua à l'essor de la puissance bourguignonne.

Philippe III le Bon (Dijon 1396 - Bruges 1467), duc de Bourgogne (1419-1467). Fils de Jean sans Peur, il épousa Michelle de France, fille de Charles VI, et reçut les villes de la Somme, le Boulonnais et la Picardie. Après le meurtre de son père (1419), il s'allia à Henri V d'Angleterre et contribua à faire reconnaître le fils de ce dernier comme héritier du trône de France par le traité de Troyes (1420). Il poursuivit l'expansion territoriale des États bourguignons, annexant de 1428 à 1432 le Hainaut, le Brabant, la Hollande et le duché de Luxembourg, ce qui fit de lui le « grand-duc du Ponant » (de l'Occident). Il dota ses États d'institutions puissantes et fonda l'ordre de la Toison d'or (1429). Il se réconcilia au traité d'Arras (1435) avec Charles VII. Mécène fastueux, il protégea les grands artistes flamands.

ESPAGNE

Philippe Ier le Beau (Bruges 1478 - Burgos 1506), souverain des Pays-Bas (1482-1506), roi de Castille (1504-1506). Fils de Maximilien d'Autriche et de Marie de Bourgogne, il épousa Jeanne la Folle, fille des Rois Catholiques, et eut pour enfants Charles Quint et Ferdinand Ier.

Philippe II (Valladolid 1527 - Escurial 1598), roi d'Espagne et de ses dépendances américaines et asiatiques (Philippines) [1556-1598], de Naples, de Sicile, de Portugal (1580-1598), duc de Milan, seigneur des Pays-Bas, comte de Bourgogne et de Charolais, maître des présides (postes fortifiés) d'Afrique du Nord (Oran, Tunis, etc.). Fils de Charles Quint et d'Isabelle de Portugal, il épousera successivement Marie de Portugal (1543), Marie Tudor (1554), Élisabeth de Valois (1559) et Anne de Habsbourg (1570). Son fils, Philippe (1578), sera le seul à lui survivre. Philippe II continue la politique de son père, mais sans l'Empire germanique, qui revient à son oncle Ferdinand. Ses très vastes possessions le forcent à intervenir sur tous les théâtres d'opérations européens. Après avoir signé une paix favorable avec Henri II de France (Le Cateau-Cambrésis, 1559), qui lui assure l'Italie, il rentre en Espagne, qu'il ne quitte plus, et fait de Madrid sa capitale. Il commence par renforcer les liens avec l'Amérique, dont l'argent va financer sa politique : Philippe II favorise la Réforme catholique et lutte implacablement contre l'islam et le protestantisme. En Méditerranée, le roi doit faire face à l'expansion de l'Empire ottoman. Les musulmans restés en Espagne (les morisques) se soulèvent à Grenade et ne sont soumis qu'après une dure guerre menée par le frère bâtard du roi, don Juan d'Autriche (1568-1571). La victoire navale de Lépante (1571) permet ensuite de contenir les Turcs dans les limites de la Méditerranée orientale et d'assurer les communications avec les possessions d'Italie (Naples, Sicile, Sardaigne, Elbe, présides de Toscane, Milan). Aux Pays-Bas, Philippe II mène une politique absolutiste et hostile aux protestants. Il tente de mâter à partir de 1566 le soulèvement du Nord qui adhère au calvinisme. Les gouverneurs se succèdent (le duc d'Albe, don Juan d'Autriche, Alexandre Farnèse), dans une guerre ponctuée de négociations qui aboutit à l'éclatement des Pays-Bas entre le Nord calviniste et le Sud catholique. Les pays du Nord concluent l'Union d'Utrecht (1579) et comptent sur l'aide de la France et de l'Angleterre. En France, Philippe II soutient la Ligue après la mort d'Henri III (1589) et ne signe la paix avec Henri IV qu'au traité de Vervins (1598). Il tente aussi de renverser Élisabeth Ire, qui a rétabli le protestantisme en Angleterre. Il projette l'invasion de l'île, mais l'Invincible Armada est défaite (1588). À l'intérieur, Philippe II réorganise les structures administratives du royaume, avec des conseils spécialisés pour le gouvernement, des chancelleries et des audiencias pour la justice. En 1580, à l'extinction de la dynastie portugaise, il s'était fait proclamer roi de Portugal. Maître indiscutable de l'Occident, arbitre des guerres de Religion en France, Philippe II n'a pas réussi à s'imposer de façon définitive dans l'océan Atlantique, où il a été contré par l'Angleterre.

Philippe III (Madrid 1578 - *id.* 1621), roi d'Espagne, de Portugal, de Naples, de Sicile, de Sardaigne, souverain des

Pays-Bas (1598-1621), fils de Philippe II. Sous son règne, la décadence politique de l'Espagne s'accéléra, mais le pays connut la poursuite du remarquable essor littéraire du Siècle d'or, période au cours de laquelle s'illustrèrent notamm. Cervantès et Lope de Vega.

Philippe IV (Valladolid 1605 - Madrid 1665), roi d'Espagne, de Naples, de Sicile, de Sardaigne, souverain des Pays-Bas (1621-1665) et du Portugal (1621-1640). Dominé par son Premier ministre Olivares, il prit part à la guerre de Trente Ans, qui s'acheva par la reconnaissance par l'Espagne des Provinces-Unies. En 1640, il fut contraint de reconnaître l'indépendance du Portugal. Lors de la paix des Pyrénées (1659), il dut céder le Roussillon, l'Artois et plusieurs villes flamandes à la France, et donner sa fille Marie-Thérèse à Louis XIV. Son règne fut cependant marqué par une remarquable floraison littéraire et artistique.

Philippe V (Versailles 1683 - Madrid 1746), roi d'Espagne (1700-1746). Petit-fils de Louis XIV, désigné par Charles II pour lui succéder, il fut le fondateur de la dynastie des Bourbons d'Espagne. Confronté, dès son accession au trône, à la guerre de la Succession d'Espagne (1701-1714), il fut contraint de céder les Pays-Bas, la Sicile, la Sardaigne, Minorque et Gibraltar. Sous l'influence de sa seconde femme, Élisabeth Farnèse, et de son ministre Alberoni, il tenta vainement de reconquérir les anciens territoires espagnols en Italie. Il obtint cependant pour son fils Charles le trône de Naples et de Sicile (1738). À l'intérieur, il centralisa les institutions du pays et pratiqua le despotisme éclairé. Il fit contruire de nombreux palais, très influencés par celui de Versailles.

FRANCE

Philippe Ier (v. 1053 - Melun 1108), roi de France (1060-1108). Fils d'Henri Ier et d'Anne de Kiev, il règne d'abord sous la tutelle de Baudouin V, comte de Flandre. Il s'allie aux ducs d'Anjou et de Flandre, rivaux du duc de Normandie Guillaume le Conquérant, dont la puissance devient menaçante après sa conquête de l'Angleterre (1066) et se fait battre à Cassel lors de son expédition en Flandre (1071). En 1095, il est excommunié pour avoir répudié sa femme, Berthe de Hollande, et enlevé Bertrade de Montfort. Il associe son fils, le futur Louis VI, à la Couronne dès 1098.

Philippe II Auguste (Paris 1165 - Mantes 1223), roi de France (1180-1223), fils de Louis VII et d'Adèle de Champagne. Au début de son règne, il acquiert l'Artois, Amiens et le Vermandois (région de Saint-Quentin) puis concentre ses efforts sur le puissant empire que possède en France la dynastie des Plantagenêts, régnant en Angleterre. Philippe appuie tout d'abord la révolte des fils du souverain anglais, Henri II (1189). Lorsque Richard Cœur de Lion succède à son père sur le trône d'Angleterre, Philippe Auguste participe avec lui à la 3e croisade. Mais les deux rois se brouillent. Rentré en France (1191), Philippe intrigue contre Richard, qui le bat à deux reprises avant d'être tué en 1199. À l'avènement de Jean sans Terre, Philippe Auguste ne reconnaît son titre de roi d'Angleterre que contre des concessions territoriales (paix du Goulet, 1200). Puis, confisquant ses fiefs, il occupe la Normandie (prise de Château-Gaillard et de Rouen, 1204), le Maine, l'Anjou, la Touraine, une grande partie du Poitou, plus tard l'Auvergne. Il doit alors faire face à une alliance réunissant Jean sans Terre, l'empereur germanique Otton de Brunswick, le comte de Flandre et le comte de Boulogne. Après avoir battu le roi d'Angleterre à La Roche-aux-Moines (auj. dans le Maine-et-Loire), il écrase ses alliés à Bouvines (1214).
En politique intérieure, il renforce le pouvoir monarchique, s'appuyant sur la bourgeoisie urbaine, soutenant le mouvement communal et multipliant les chartes de franchises. À Paris, il accorde des privilèges aux marchands de l'eau et fait bâtir un mur d'enceinte. Il décide par ailleurs vers 1190 la création des baillis et sénéchaux, officiers royaux qu'il dote de larges pouvoirs, et la cour du roi, s'occupant de la justice et des finances, devient sous son règne une institution efficace. Enfin, le roi favorise la création de l'université de Paris (1215). Utilisant les armes, le droit, et tous les moyens possibles – y compris la fourberie – Philippe II a réussi à imposer son autorité aux grands princes et seigneurs. Rassembleur de terres, il développe la suzeraineté royale sur le monde féodal.

Philippe III le Hardi (Poissy 1245 - Perpignan 1285), roi de France (1270-1285). Fils de Louis IX et de Marguerite de Provence, il réunit à la Couronne le comté de Toulouse (1271) et cède à la papauté le Comtat Venaissin (1274). Soutenant son oncle Charles d'Anjou contre le roi d'Aragon Pierre III, il intervient après le massacre des Vêpres siciliennes (1282) et mène la croisade d'Aragon, qui se solde par un échec (1285).

Philippe IV le Bel (Fontainebleau 1268 - *id.* 1314), roi de France (1285-1314). Politique réaliste et retors, il s'entoure d'un groupe d'hommes de loi, les « légistes » (Guillaume de Nogaret, Enguerrand de Marigny), qui tirent du droit romain l'idée de la toute-puissance royale, sur laquelle il s'appuie pour renforcer son autorité. Fils de Philippe III le Hardi et d'Isabelle d'Aragon, il acquiert la Champagne, que sa femme Jeanne de Navarre lui apporte en dot, et intervient en Flandre, en apparence en faveur des villes, mais provoque un soulèvement général. Battu à Courtrai (1302) par les milices urbaines, il parvient néanmoins à soumettre les cités en 1304. Il annexe par ailleurs une partie du Barrois ainsi que la ville de Lyon (1312). Cherchant à renforcer ses prérogatives, il s'oppose violemment au pape Boniface VIII. Le conflit commence en 1296 à propos des impôts *(décimes)* levés par le roi sur le clergé français, et rebondit en 1301 avec l'arrestation de l'évêque de Pamiers, accusé par le roi de trahison. Sur le point d'excommunier le roi, Boniface VIII est victime à Anagni (1303) d'une conjuration ourdie par Nogaret. L'élection du pape français Clément V (1305), qui casse les décisions de Boniface VIII et s'installe en Avignon en 1309, marque la victoire complète du roi de France.
À l'intérieur, la centralisation monarchique est renforcée. Marigny réorganise le Trésor mais, malgré des tentatives pour percevoir des impôts réguliers, le roi doit recourir à des emprunts, à des manipulations monétaires et à des mesures arbitraires (bannissement et spoliation des Juifs et des marchands ou banquiers flamands et lombards). L'alourdissement de la fiscalité oblige le roi à traiter avec des assemblées de notables (les états généraux de 1302 et de 1314). Ces problèmes financiers sont à l'origine de l'offensive lancée par le roi contre les Templiers, riches banquiers et créanciers de la Couronne. En 1307, leurs principaux chefs sont arrêtés sous les pires accusations. Mal défendus par le pape Clément V, après un procès inique, beaucoup sont brûlés en 1310, les derniers en 1314.
S'appuyant sur le droit romain, Philippe le Bel a affirmé, parfois avec violence, l'autorité de la monarchie sur le royaume et son indépendance vis-à-vis de l'étranger. La papauté elle-même semble avoir renoncé à ses prétentions théocratiques et se place sous la protection de celui qu'elle considère comme le souverain le plus puissant d'Europe.

Philippe V le Long (v. 1293 - Longchamp 1322), roi de France (1316-1322). Deuxième fils de Philippe IV le Bel, il devient régent du royaume à la mort de son frère Louis X le Hutin (1316) ; mais Jean Ier, son neveu, n'ayant vécu que quelques jours, il monte sur le trône (1316), écartant la fille de Louis X, Jeanne. Il fait confirmer par les états généraux, qu'il réunit, l'exclusion des femmes de la couronne de France.

Philippe VI de Valois (1293 - Nogent-le-Roi 1350), roi de France (1328-1350). Fils de Charles de Valois (frère de Philippe le Bel), il succède au dernier Capétien direct, Charles IV le Bel, mort sans héritier mâle. L'assemblée des barons a en effet écarté Édouard III d'Angleterre, qui réclamait la Couronne comme petit-fils de Philippe le Bel par sa mère. Il intervient en Flandre, où il écrase à Cassel les villes flamandes révoltées contre leur comte. En 1337, son rival Édouard III se proclame roi de France, déclenchant ainsi la guerre de Cent Ans. Philippe est vaincu sur mer à L'Écluse en 1340 et sur terre à Crécy (1346). Calais est prise en 1347 et la Peste noire s'étend en France (1347-1348). L'achat du Dauphiné (1349) ne compense pas le bilan désastreux de son règne.

Philippe Égalité → **Orléans** (Louis Philippe Joseph, *duc* **d'**).

Philippines, État et archipel de l'Asie du Sud-Est ; 300 000 km^2 ; 98 394 000 hab. *(Philippins).* CAP. *Manille.* LANGUE : *filipino.* MONNAIE : *peso philippin.*

GÉOGRAPHIE

Le milieu naturel. L'archipel compte plus de 7 000 îles, parmi lesquelles Luçon et Mindanao sont les plus étendues. Avec une dizaine d'autres, elles occupent plus de 90 % du territoire. L'archipel est montagneux et volcanique, bordé de profondes fosses marines. Les plaines sont peu nombreuses et étroites. Entre 5° et 20° de latitude nord, les Philippines ont un climat tropical, tempéré par la proximité de la mer. Les températures moyennes se situent entre 25 et 27 °C. Aux pluies apportées par la mousson du sud-ouest (juin à septembre) s'ajoutent, l'hiver, sur les côtes orientales, les pluies apportées par l'alizé du nord-est. En fin d'année, les typhons sont fréquents.

La population et l'économie. La population, en majorité catholique (avec une minorité musulmane, les Moro, à Mindanao), connaît une très forte croissance et est très inégalement répartie (concentrée surtout dans les plaines). Des déplacements de population se font, non sans problèmes, vers Mindanao, encore relativement vide. Parmi la multitude des langues, le tagalog est devenu langue nationale. Mais l'anglais est compris partout.

L'agriculture emploie près de la moitié de la population active. Les deux premières cultures vivrières, le riz et le maïs, occupent respectivement 40 et 30 % des superficies cultivées. Grâce aux variétés à fort rendement et à l'irrigation, le pays atteint pratiquement l'autosuffisance. Les cultures commerciales (coprah, ananas, canne à sucre, banane, chanvre et tabac), pratiquées le plus souvent dans de petites exploitations, fournissent près du tiers des exportations. L'élevage, presque exclusivement porcin, est déficitaire pour la viande bovine et les produits laitiers.

Les richesses minières les plus importantes sont le cuivre, le fer, le nickel, le chrome, le manganèse et l'or. Les ressources en hydrocarbures sont minimes. Aussi développe-t-on l'hydroélectricité et la géothermie. Le secteur industriel s'est renforcé après 1960, concentré surtout dans la région de Manille. Sa part dans le P.I.B. représente le double maintenant de celle de l'agriculture. Les productions sont variées, mais insuffisantes. Chômage et sous-emploi endémique poussent à l'émigration. La situation économique est très dégradée (forte inflation, endettement important, déficit du commerce extérieur et de la balance des paiements). Les États-Unis sont le premier partenaire commercial, devant le Japon.

HISTOIRE

Le peuplement de l'archipel s'effectue entre le VIIIe millénaire et le XIIIe s. apr. J.-C. par vagues successives, en provenance de la Malaisie et de l'Indonésie. L'islam s'implante à partir de la fin du XIVe s. dans les îles du Sud.

1521. L'archipel est découvert par Magellan.

1565. Il passe sous la suzeraineté espagnole.

1571. Manille devient la capitale.

Le pays reçoit son nom actuel en 1543 en l'honneur du futur Philippe II. La colonisation espagnole s'accompagne de la christianisation. De vastes domaines sont concédés aux colons et au clergé. Un sentiment national philippin se développe.

1896. Une insurrection nationaliste éclate. L'écrivain José Rizal est fusillé.

1898. Les États-Unis, alliés aux insurgés, s'emparent de l'archipel à la faveur de la guerre hispano-américaine.

1901. E. Aguinaldo, chef de la guérilla antiaméricaine, se soumet.

L'opposition nationaliste conteste la domination américaine. Les États-Unis accordent l'autonomie (1916) puis constituent le Commonwealth des Philippines, dont Manuel Quezón devient le président (1935).

1941-1942. Le Japon occupe l'archipel.

1944-1945. Les États-Unis reconquièrent le pays.

1946. L'indépendance est proclamée.

La guérilla communiste contrôle plusieurs provinces. Les États-Unis obtiennent la concession de bases militaires.

1965. Ferdinand Marcos est élu à la tête de l'État.

D'abord très populaire, Marcos, réélu en 1969, doit faire face au mécontentement croissant de la paysannerie et au développement d'un parti communiste d'obédience chinoise. La loi martiale est instaurée de 1972 à 1981.

1983. Benigno Aquino, chef de l'opposition, est assassiné.

1986. Sa veuve Corazón (Cory) Aquino, qui lui a succédé à la tête de l'opposition, remporte les élections et Marcos doit s'exiler.

Les libertés démocratiques sont restaurées. C. Aquino doit faire face à plusieurs tentatives de coup d'État.

1992-1998. Présidence de Fidel Ramos. Évacuation de la dernière base américaine (1992).

1998-2001. Présidence de Joseph Estrada. Destitué pour corruption, il est remplacé à la tête de l'État par la vice-présidente, Gloria Macapal Arroyo, réélue en 2004 pour un second mandat.

Le pouvoir central est confronté à la recrudescence de l'indépendantisme musulman dans le sud du pays (île de Mindanao, etc.).

2010. « Noynoy » Aquino (fils de Cory et de B. Aquino) est élu président de la République.

Philippines ***(mer des),*** partie de l'océan Pacifique, entre l'archipel des Philippines et les îles Mariannes.

philippique [filipik] **n.f.** (du gr. *philippikoi* [*logoi*], harangues de Démosthène contre Philippe de Macédoine). *LITT.* Discours violent et polémique : *Homme politique renommé pour ses philippiques* (syn. **diatribe, réquisitoire**).

philistin [filistɛ̃] **n.m.** (de l'all. *Philister,* bourgeois [hostile à l'esprit], dans l'arg. des étudiants, de l'hébr. *phelichtî,* n. d'un peuple de Palestine hostile aux Juifs). *LITT.* Personne à l'esprit vulgaire, fermée aux lettres et aux arts (syn. **béotien**).

Philistins, Indo-Européens participant au mouvement des Peuples de la Mer. Ils s'installèrent au XIIe s. av. J.-C. sur la côte de la Palestine, qui leur doit son nom (« le pays des Philistins »). Ennemis légendaires des Israélites, ils furent soumis par David (v. 1010 - v. 970 av. J.-C.).

philo [filo] **n.f.** (abrév.). *FAM.* Philosophie.

philodendron [filɔdɛ̃drɔ̃] **n.m.** (de *philo-* et du gr. *dendron,* arbre). Plante d'ornement originaire d'Amérique centrale, larges feuilles entières ou profondément découpées. ▸ Famille des aracées.

philologie [filɔlɔʒi] **n.f.** (lat. *philologia,* mot gr. « amour des lettres »). **1.** Étude d'une langue ou d'une famille de langues, fondée sur l'analyse critique des textes. **2.** Établissement ou étude critique de textes par la comparaison systématique des manuscrits ou des éditions, par l'histoire. ◆ **philologue n.** Nom du spécialiste.

philologique [filɔlɔʒik] **adj.** Relatif à la philologie.

Philon d'Alexandrie, philosophe juif de la diaspora grecque (Alexandrie entre 13 et 20 av. J.-C. - *id.* v. 50 apr. J.-C.). Il a cherché à montrer la complémentarité de la Bible et de la pensée platonicienne ; son commentaire allégorique de la Genèse et de la loi de Moïse a influencé les premiers Pères de l'Église.

philosophale [filɔzɔfal] **adj.f.** (de *philosophe,* au sens anc. de « alchimiste »). **Pierre philosophale,** pierre qui, selon les alchimistes, pouvait opérer la transmutation des métaux en or.

philosophe [filɔzɔf] **n.** (gr. *philosophos,* ami de la sagesse). **1.** Spécialiste de philosophie. **2.** Penseur qui élabore une doctrine, un système philosophiques. **3.** HIST. Partisan des Lumières, au XVIIIe s. ◆ **adj.** et **n.** Se dit de qqn qui supporte les épreuves avec constance et résignation, qui prend la vie du bon côté (syn. **calme, stoïque**).

philosopher [filɔzɔfe] **v.i.** (lat. *philosophari*). **1.** Tenir une réflexion sur des problèmes philosophiques. **2.** Argumenter sur un sujet quel qu'il soit (syn. **disserter**). **3.** Raisonner abstraitement et de manière oiseuse (syn. **ratiociner**).

philosophie [filɔzɔfi] **n.f.** (lat. *philosophia,* mot gr., de *sophia,* science, sagesse). **1.** Domaine d'activité de la pensée qui s'assigne pour fin une réflexion sur les êtres, les causes et les valeurs envisagés au niveau le plus général : *Le rôle de l'homme* *dans l'univers, la divinité, les valeurs morales, le sens de l'histoire, etc., constituent les grands problèmes de la philosophie.* **2.** Enseignement donné dans les établissements secondaires et supérieurs sur ces problèmes (abrév. fam. *philo*) : *Une dissertation de philosophie.* **3.** Étude des principes fondamentaux d'une activité, d'une pratique, et réflexion sur leur sens et leur légitimité : *Philosophie des sciences, de l'art, du droit.* **4.** Doctrine, système philosophique d'un auteur, d'une école, d'une époque, etc. : *La philosophie de Platon* (syn. **doctrine**). **5.** Enseignement tiré d'un événement : *La presse essaie de tirer la philosophie de l'attentat* (syn. **morale, moralité**). **6.** Sagesse acquise avec l'expérience des difficultés ; constance, fermeté d'âme : *Une attitude pleine de philosophie* (syn. **raison**). *Subir un revers avec philosophie* (syn. **résignation, calme**). **7.** Conception de qqch fondée sur un ensemble de principes ; ces principes : *Une nouvelle philosophie de l'entreprise* (syn. **idée**).

■ La philosophie commence à s'exprimer dès le début des grandes civilisations, en Europe, en Chine, en Inde (c'est-à-dire au cours du Ier millénaire av. J.-C.) ; la philosophie de l'islam apparaît dès l'hégire (622).

L'Antiquité. En Europe, la Grèce est le berceau de la philosophie, avec les présocratiques : Pythagore (v. 570 - v. 480 av. J.-C.), dont l'apport est à la fois mathématique et moral ; Héraclite (v. 550 - v. 480 av. J.-C.), qui lui donne une dimension poétique et cosmologique. Démocrite, en 420 av. J.-C., sans exclure que les dieux existent, cherche à expliquer la création du monde au moyen des atomes (atomisme), point de départ doctrinal du matérialisme. Avec Socrate (v. 470 - 399 av. J.-C.), la pensée occidentale opère une rupture dont elle mettra des siècles à s'apercevoir : Socrate décide de ne plus s'intéresser seulement à ce qui se passe dans le monde physique, l'univers, mais aux rapports entre les hommes. Platon (v. 427 - v. 348/347 av. J.-C.), son disciple le plus original, s'intéresse aux fondements des réalités sensibles ; pour lui, philosopher, c'est tenter le passage du monde sensible des illusions (phénomènes d'ici-bas) aux Idées permanentes et intelligibles (le Bien, le Beau, le Vrai). Aristote (384 - 322 av. J.-C.), quant à lui, se distingue par son savoir encyclopédique. Il fonde la logique en formalisant certaines démarches de la pensée (syllogisme). Le thème de la morale, étudié par Aristote, est repris et prolongé par Épicure (341 - 270 av. J.-C.), qui considère que le plaisir de la quiétude est le but de la vie. Le stoïcisme couvre ensuite six siècles : fondé par Zénon de Kition (v. 335 - v. 264 av. J.-C.), il propose une morale fondée sur l'acceptation de la nécessité.

Du règne d'Aristote aux révolutions du XIXe siècle. Aristote triomphe dans le monde chrétien, marqué par la pensée de saint Augustin (354 - 430) dont l'influence s'exerce sur la théologie médiévale jusqu'à l'avènement du thomisme, initié par saint Thomas d'Aquin (1225 - 1274). L'école d'Oxford, avec Roger Bacon (v. 1220 - 1292), s'oriente vers les mathématiques ; le nominalisme, qui refuse les Idées platoniciennes, est fondé par Guillaume d'Occam (v. 1285 - v. 1349). La Renaissance repense l'héritage gréco-romain en termes neufs. La pensée politique retrouve un nouvel élan avec N. Machiavel (*le Prince,* 1513) puis J. Bodin (*la République,* 1576) et surtout T. Hobbes (*le Léviathan,* 1651), qui propose une nouvelle philosophie de l'État. L'ère classique est marquée d'emblée par R. Descartes (*Discours de la méthode,* 1637), qui recherche la vérité à partir d'une évidence première : « Je pense donc je suis ». B. Spinoza (*Éthique,* publié en 1677) propose un système panthéiste, tandis que G. Leibniz (*Monadologie,* 1714), à l'inverse, repense le Dieu créateur. Au XVIIIe s. apparaît, avec D. Hume (*Traité de la nature humaine,* 1739-1740), l'empirisme. G. Berkeley (*Traité sur les principes de la connaissance humaine,* 1710) propose une philosophie rattachée à l'empirisme : le sensualisme. Il faut attendre E. Kant (*Critique de la raison pure,* 1781) pour voir le retour à un système rationaliste fondé sur le recours à la fonction critique de la raison s'appliquant aussi bien dans le domaine des phénomènes que dans celui du jugement moral et esthétique. Au XIXe s., le pessimisme de A. Schopenhauer (*le Monde comme volonté et comme représentation,* 1818) n'a que peu d'influence sur la philosophie elle-même. J. Fichte (*Doctrine de la science,* 1801-1804) et F. von Schelling (*Idées pour une philosophie de la nature,* 1797) construisent des systèmes idéalistes. La nouveauté apparaît dans la tournure même que prend l'idéalisme avec G. Hegel (*Phénoménologie de l'esprit,* 1807) : c'est la dialectique, dont K. Marx pensera qu'il n'a qu'à la retourner pour qu'elle puisse marcher sur ses pieds. Mais Marx fait plus qu'un retournement en constituant les éléments d'un matérialisme historique et dialectique ; il réalise la jonction entre pratique idéologique et théorie (*Manifeste du parti communiste,* 1848 ; *le Capital,* 1867-1905). Marx, Nietzsche et Freud sont les trois grands noms qui ouvrent une voie nouvelle et libératrice à la philosophie occidentale du XXe s. F. Nietzsche (*Ainsi parlait Zarathoustra,* 1885) prédit la libération de l'homme par la mort de Dieu et du judéo-christianisme, liés tous deux à une société fondée sur l'esclavage et ses prolongements dans la société industrielle.

XXe siècle. S. Freud détermine l'inconscient psychique comme fondement de la thérapie individuelle et de la critique sociale (*Psychopathologie de la vie quotidienne,* 1901 ; *Malaise dans la civilisation,* 1930). Il aura de nombreux disciples plus ou moins fidèles (Jung, Adler puis M. Klein, D. Winnicott) et des disciples révoltés (W. Reich, H. Marcuse). H. Bergson tente un retour au spiritualisme grâce à une pensée de l'évolution créatrice. La phénoménologie, qui entend refonder la philosophie comme science rigoureuse, est une pensée majeure du XXe s. Husserl, son fondateur, conçoit la philosophie comme une attention rigoureuse prêtée aux objets de conscience (*Idées directrices pour une phénoménologie,* 1913). Dans ce contexte, Heidegger questionne la possibilité d'un discours sur l'être. Sartre, marqué par ces auteurs, développe une pensée centrée sur la liberté en situation (*l'Être et le Néant,* 1943). Le renouveau de la logique vient du cercle de Vienne (L. Wittgenstein, R. Carnap) et de la philosophie analytique inventée par les Anglo-Saxons, influencés par B. Russell (*Principia mathematica,* 1910-1913), tels J. Austin, P. F. Strawson, G. Ryle. Le marxisme suscite certaines recherches (A. Gramsci, L. Althusser), cependant qu'il est repensé par l'école de Francfort puis par ses continuateurs, dont J. Habermas (*Raison et légitimité,* 1973). L'épistémologie prend son essor avec G. Bachelard (*le Nouvel Esprit scientifique,* 1934) et I. Prigogine (*la Nouvelle Alliance,* 1979). Parallèlement, d'autres s'attachent à approfondir les sciences humaines : F. de Saussure pour la linguistique, J. Lacan (*Écrits,* 1966) pour la psychanalyse, H. McLuhan pour les médias (*la Galaxie Gutenberg,* 1962), C. Lévi-Strauss (*la Pensée sauvage,* 1962) pour l'anthropologie, M. Foucault pour l'épistémologie (*les Mots et les Choses,* 1966), P. Bourdieu pour la sociologie. G. Deleuze poursuit sa réflexion sur les énoncés discursifs et sur le désir (*l'Anti-Œdipe,* en collab. avec F. Guattari, 1972). Quels que soient ses champs de recherche, la philosophie conserve une extraordinaire vitalité. ■

philosophique [filɔzɔfik] **adj. 1.** Relatif à la philosophie : *Réflexions philosophiques sur l'Univers.* **2.** Empreint de philosophie, de sagesse : *Une indifférence philosophique.*

philosophiquement [filɔzɔfikmɑ̃] **adv. 1.** Du point de vue philosophique. **2.** Avec sagesse, sérénité : *Accueillir un refus philosophiquement* (syn. **sereinement**).

philtre [filtr] **n.m.** (lat. *philtrum,* gr. *philtron,* de *phileîn,* aimer). Breuvage magique propre à inspirer l'amour.

phimosis [fimozis] **n.m.** (mot gr. « rétrécissement »). Étroitesse du prépuce, qui empêche de découvrir le gland.

phlébite [flebit] **n.f.** (du gr. *phlebs, phlebos,* veine). Inflammation d'une veine pouvant provoquer la formation d'un caillot : *Les anticoagulants peuvent prévenir les phlébites.*

phlébologie [flebɔlɔʒi] **n.f.** (du gr. *phleps, phlebos,* veine). Spécialité médicale qui s'occupe des maladies des veines. ◆ **phlébologue n.** Nom du spécialiste.

phlegmon ou *VX,* **flegmon** [flɛgmɔ̃] **n.m.** (lat. *phlegmone,* mot gr., de *phlegein,* brûler). MÉD. Inflammation du tissu conjonctif, évoluant ou non vers la formation d'un abcès.

Phnom Penh, cap. du Cambodge, au confluent du Mékong et du Tonlé Sap ; 1 684 000 hab. dans l'agglomération.

phobie [fɔbi] **n.f.** (gr. *phobos*, crainte). **1.** Aversion très vive ; peur instinctive : *Il a la phobie de l'avion* (syn. **terreur**). **2.** PSYCHIATRIE. Crainte déraisonnable à l'égard d'objets, de situations ou de personnes, dont le sujet reconnaît le caractère injustifié, mais qu'il ne peut surmonter.

phobique [fɔbik] **adj.** Qui a les caractères de la phobie : *Une obsession phobique.* ◆ **adj.** et **n.** Atteint de phobie.

Phocée, anc. v. d'Ionie (côte ouest de l'Asie Mineure) qui eut, dès le VIIe s. av. J.-C., une grande importance commerciale. Massalia (Marseille) fut un des comptoirs qu'elle fonda en Occident.

phocéen, enne [fɔseɛ̃, -ɛn] **adj.** et **n.** (lat. *Phoceus*, gr. *Phôkeus*, n. d'un peuple). **1.** De Phocée. **2.** De Marseille.

Phocide, région de la Grèce centrale, au nord du golfe de Corinthe. C'est dans ce pays que s'élevait le sanctuaire d'Apollon de Delphes.

Phoenix, v. des États-Unis, cap. de l'Arizona, dans une oasis irriguée par la Salt River ; 1 537 058 hab. (3 830 188 hab. dans l'agglomération). Centre industriel, universitaire et touristique.

Phoenix *(îles)*, petit archipel de Polynésie. Elles font partie de Kiribati.

phonation [fɔnasjɔ̃] **n.f.** (du gr. *phônê*, voix). Ensemble des facteurs qui concourent à la production de la voix.

phonème [fɔnɛm] **n.m.** (gr. *phônêma*, son de voix). LING. Son d'une langue, défini par les propriétés distinctives (traits pertinents) qui l'opposent aux autres sons de cette langue.

phonétique [fɔnetik] **adj.** (du gr. *phônêtikos*). **1.** Relatif aux sons du langage : *Alphabet phonétique international.* (⟶ linguistique.) **2. Alphabet phonétique international (A.P.I.),** répertoire de caractères graphiques conventionnels destinés à transcrire les sons des différentes langues du monde. / **Écriture phonétique,** écriture où chaque signe graphique correspond à un son du langage et réciproquement. ◆ **n.f.** **1.** Étude scientifique des sons du langage et des processus de la communication parlée. **2.** Représentation par des signes conventionnels de la prononciation des mots d'une langue. ◆ **phonéticien, enne** **n.** Nom du spécialiste.

phonétiquement [fɔnetikmɑ̃] **adv.** Du point de vue de la phonétique ; en écriture phonétique : *Texte transcrit phonétiquement.*

phoniatrie [fɔnjatri] **n.f.** Partie de la médecine qui étudie les troubles de la phonation.

phonique [fɔnik] **adj.** (du gr. *phônê*, son, voix). Relatif aux sons ou à la voix : *L'isolation phonique d'un appartement.*

phonogramme [fɔnɔgram] **n.m.** (de *phono-* et *-gramme*). **1.** LING. Signe graphique représentant un son ou une suite de sons (par opp. à *idéogramme*). **2.** Enregistrement, sur quelque support que ce soit (disque, cassette, etc.), de sons créés et composés par un auteur.

phonographe [fɔnɔgraf] **n.m.** Ancien appareil de reproduction du son par des procédés mécaniques. (Abrév. *phono.*)

phonographique [fɔnɔgrafik] **adj.** **1.** Relatif à l'enregistrement par gravure des sons : *Procédé, enregistrement phonographique.* **2.** Relatif aux droits des œuvres sonores enregistrées : *Droits de reproduction phonographique.*

phonologie [fɔnɔlɔʒi] **n.f.** (du gr. *phônê*, voix). Étude des phonèmes d'une langue du point de vue de leurs fonctions et de leurs relations dans le système des sons de cette langue.

phonologique [fɔnɔlɔʒik] **adj.** De la phonologie.

phonothèque [fɔnɔtɛk] **n.f.** Lieu où sont rassemblés des documents sonores constituant des archives de la parole.

phoque [fɔk] **n.m.** (lat. *phoca*, mot gr. *phôkê*). **1.** Mammifère marin à cou court et aux oreilles sans pavillon, vivant près des côtes arctiques, dans des mers plus chaudes (phoque moine de la Méditerranée, presque éteint) ou dans l'hémisphère austral (éléphant de mer des Kerguelen). ▸ Ordre des pinnipèdes ; long. de 1,50 à 5 m. **2.** Fourrure de cet animal.

phosphate [fɔsfat] **n.m.** (de *phosph[ore]*, du gr. *phôs*, lumière). **1.** Sel de l'acide phosphorique. **2.** AGRIC. Engrais phosphaté.

phosphaté, e [fɔsfate] **adj.** Qui contient du phosphate : *Engrais phosphaté.*

phosphore [fɔsfɔr] **n.m.** (gr. *phôsphoros*, lumineux, de *phôs*, lumière). Corps simple représenté par plusieurs formes allotropiques, dont les deux plus répandues sont le phosphore blanc, légèrement ambré, très inflammable, lumineux dans l'obscurité, hautement toxique, et le phosphore rouge, non toxique. ▸ Symb. P.

phosphoré, e [fɔsfɔre] **adj.** Qui contient du phosphore.

phosphorescence [fɔsfɔresɑ̃s] **n.f.** (de *phosphore*). **1.** Luminescence dans laquelle l'émission de lumière persiste un temps appréciable après qu'a cessé l'excitation. **2.** Émission de lumière par certains êtres vivants : *La phosphorescence du lampyre.*

phosphorescent, e [fɔsfɔresɑ̃, -ɑ̃t] **adj.** Doué de phosphorescence : *Animaux, végétaux phosphorescents.*

phosphorique [fɔsfɔrik] **adj.** **Acide phosphorique,** acide correspondant à une combinaison de phosphore et d'oxygène, formé par combustion vive ; spécial., l'acide H_3PO_4.

photo [fɔto] **n.f.** (abrév. de *photographie*). **1.** Photographie : *Faire de la photo.* **2.** Image photographique : *De jolies photos.* ◆ **adj. inv.** Photographique : *Appareil photo.*

photochimie [fɔtɔʃimi] **n.f.** Étude de transformations chimiques provoquées ou accélérées par la lumière.

photochimique [fɔtɔʃimik] **adj.** Qui concerne la photochimie : *Le brunissement de la peau au soleil s'explique par des réactions photochimiques.*

photocompositeur [fɔtɔkɔ̃pozitœr] et **photocomposeur** [fɔtɔkɔ̃pozœr] **n.m.** Industriel spécialisé dans la photocomposition.

photocomposition [fɔtɔkɔ̃pozisjɔ̃] **n.f.** IMPR. Procédé de composition fournissant directement des textes sur films photographiques.

photocopie [fɔtɔkɔpi] **n.f.** Procédé de reproduction rapide des documents par photographie ou par un procédé de reprographie ; reproduction ainsi obtenue : *Faire une photocopie.*

photocopier [fɔtɔkɔpje] **v.t.** [conj. **9**]. Faire la photocopie de : *Photocopier un diplôme.*

photocopieur [fɔtɔkɔpjœr] **n.m.** et **photocopieuse** [fɔtɔkɔpjøz] **n.f.** Appareil de photocopie.

photoélectricité [fɔtɔelɛktrisite] **n.f.** Production d'électricité par l'action de la lumière ; électricité ainsi produite.

photoélectrique [fɔtɔelɛktrik] **adj.** **1.** Qui a trait à la photoélectricité : *Cellule photoélectrique.* **2. Effet photoélectrique,** propriété qu'ont certains métaux d'émettre des électrons sous l'effet de radiations lumineuses.

photogénique [fɔtɔʒenik] **adj.** (de *photo-* et du gr. *gennân*, produire). Dont l'image photographique ou cinématographique produit un bel effet : *Visage photogénique.*

photographe [fɔtɔgraf] **n.** **1.** Personne qui prend des photos, en amateur ou à titre professionnel. **2.** Personne qui développe, tire des clichés et accessoirement vend du matériel photographique.

photographie [fɔtɔgrafi] **n.f.** (de *photo-* et *-graphie*, d'apr. l'angl. *photograph*). **1.** Technique permettant de fixer l'image des objets sur une surface rendue sensible à la lumière par des procédés chimiques ou sur un capteur photosensible à semi-conducteur. **2.** Cette technique employée comme moyen d'expression artistique ; art du photographe (abrév. *photo*) : *Faire de la photographie.* **3.** Image obtenue par cette technique :

Album de photographies (abrév. *photo*) [syn. **cliché, épreuve**]. **4.** Description, reproduction rigoureuse et fidèle de qqch : *Ce sondage donne une photographie de l'opinion* (syn. **image**).

■ **Photographie analogique traditionnelle.** Le principe de la photographie (inventée en 1816 par Nicéphore Niépce, puis perfectionnée par Daguerre, Niépce de Saint-Victor, Gaudin, Maddox, etc.) est fondé sur la transformation de composés chimiques sous l'action de la lumière ou de radiations (rayons ultraviolets, infrarouges, X, gamma, etc.).

Un appareil photographique traditionnel est essentiellement constitué d'une chambre noire dotée d'un objectif. Celui-ci forme l'image à l'intérieur de la chambre, sur un support (film, plaque de verre, papier, etc.) portant une émulsion constituée d'une couche de gélatine et des cristaux de sels d'argent en suspension. Le développement donne soit une image négative servant au tirage des épreuves, soit une image positive (diapositive) pouvant être projetée. Le traitement comprend deux opérations principales : l'immersion dans le bain révélateur, qui transforme l'image latente en image visible, constituée par de l'argent réduit *(image argentique)*, et, après rinçage, dans le bain de fixage, qui élimine les sels d'argent inutilisés. Généralement, le négatif est tiré sur papier sensible par agrandissement.

La photographie en couleurs est fondée sur une théorie de Thomas Young, qui, en 1802, émit l'hypothèse selon laquelle trois couleurs dites *fondamentales,* le rouge, le vert et le bleu, suffisent à l'œil pour reproduire toutes les couleurs. Le mélange de ces trois couleurs est dit *additif,* mais la plupart des émulsions reposent sur un mélange *soustractif* des couleurs (cyan, magenta et jaune).

Photographie numérique. Dans les appareils de photographie numérique, apparus sur le marché au début des années 1990, les images sont saisies par un capteur CCD (*charge coupled device*) et enregistrées sur une petite carte mémoire (mémoire flash) intégrée au boîtier. Elles sont composées de points (pixels) dont le nombre varie selon la définition de l'appareil. Les images sont transférées, via la carte mémoire amovible ou un port USB, sur un ordinateur qui permet leur visualisation, leur traitement ou leur impression. ■

■ BEAUX-ARTS. **Les pionniers.** Les premiers photographes (Niépce, Daguerre, H. Bayard, Talbot), en raison de la longueur des temps de pose, portent un regard de peintre sur des sujets immobiles, qu'il s'agisse de vues d'extérieurs (Gustave Le Gray) ou de portraits, dont la vogue répond à la demande croissante de la bourgeoisie (Étienne Carjat, Nadar).

Les améliorations techniques permettent la naissance de la photographie documentaire et des premiers reportages (ainsi, Maxime Du Camp, en 1849, accompagne Flaubert en Orient pour une mission archéologique).

Photographie instantanée et réaction pictorialiste. À partir de 1880, l'instantané photographique augmente les possibilités et débouche sur des images affranchies des canons esthétiques de la peinture. La chronophotographie permet à Marey et à Muybridge de décomposer le mouvement ; au début du XXe s., Lewis W. Hine révèle les conditions du travail des enfants et Jacob Riis celles des immigrés aux États-Unis.

En réaction, le *pictorialisme* affirme que la photographie doit imiter les thèmes et les techniques de la peinture traditionnelle et procurer des œuvres uniques. Par leurs tirages à la gomme bichromatée exigeant de nombreuses manipulations, Robert Demachy et Constant Puyo sont, en France, les principaux représentants du mouvement, qui connaît un grand succès aux États-Unis sous l'impulsion de Steichen et de Stieglitz.

De la Nouvelle Vision au style documentaire. Abandonnant le modèle de la peinture, les avant-gardes de l'entre-deux-guerres exploitent au contraire la spécificité de la photographie pour en faire l'art moderniste par excellence. C'est l'outil expérimental au service d'un langage nouveau : abstraction, photomontages et rayogrammes surréalistes (Man Ray), Nouvelle Vision définie par le Bauhaus (Moholy-Nagy), constructivisme et suprématisme russe (El Lissitzky), Nouvelle Objectivité allemande (Albert Renger-Patzsch, August Sander), tandis qu'en France le réalisme est plus poétique (Kertész, Brassaï, Willy Ronis, Doisneau). Aux États-Unis, Steichen et Stieglitz délaissent les effets pictorialistes pour regarder sans artifices *(Straight Photography)* la ville moderne ; les images de Strand offrent une précision descriptive qui animera également les photographes californiens du Groupe *f. 64* (Weston, Adams). Les années 1930 voient s'imposer le « style documentaire » de Berenice Abbott, qui photographie New York en se réclamant du travail plus ancien d'Atget sur Paris, et de W. Evans, qui parcourt l'Amérique rurale frappée par la dépression.

La photographie de l'après-guerre. Trois grands courants marquent la photographie au lendemain de la Seconde Guerre mondiale. Marqué par les tragédies de l'Histoire, le reportage humaniste cherche à donner une portée universelle aux images (Robert Capa, Cartier-Bresson). En réaction, d'autres photographes imposent des images sans complaisance, souvent violentes ou dérangeantes (William Klein, Robert Frank, Diane Arbus). Enfin, parallèlement, des recherches formelles influencent la nouvelle photographie de mode (Irving Penn, Richard Avedon).

Photographie et art conceptuel. À la fin des années 1960, la photographie est sollicitée par les artistes conceptuels : en rupture avec la notion de créativité et d'originalité esthétique, le principe de la série s'impose (Bernd et Hilla Becher). Une réflexion critique sur l'outil accompagne la valorisation de la photographie d'amateur dans sa relation à la mémoire individuelle et collective (Christian Boltanski).

Du tableau photographique au pluralisme actuel. Au style pauvre de la photographie conceptuelle succèdent, à partir des années 1980, de nouvelles recherches sur les possibilités formelles de l'image, favorisées par les progrès techniques et la multiplication des lieux d'expositions prestigieux. La couleur s'impose, les formats s'agrandissent : des compositions complexes (Gilbert & Georges) et des « tableaux photographiques » (Jeff Wall) associent perfection technique du tirage et utilisation d'autres modèles visuels (cinéma, publicité, etc.). Les photographes interpellent la société contemporaine (Cindy Sherman, Nan Goldin, Martin Parr) et réfléchissent à l'image elle-même. La mise en scène des compositions (Leslie Krims, Duane Michals) débouche sur la photographie plasticienne, allant jusqu'à la déréalisation de l'objet (Thomas Demand) et de plus en plus ouverte à la manipulation numérique (Andreas Gursky). Aujourd'hui, la diversité des approches tend à estomper la spécificité de la photographie. ■

photographier [fɔtɔgrafje] **v.t.** [conj. **9**]. **1.** Obtenir par la photographie l'image de qqn, de qqch : *Photographier un défilé de mode.* **2.** Imprimer fortement dans sa mémoire l'image de qqn, de qqch : *Elle est très physionomiste et photographie tous les visages.* **3.** Décrire, représenter avec une grande fidélité et une grande précision : *Les statistiques photographient l'état d'un pays.*

photographique [fɔtɔgrafik] **adj. 1.** Relatif à la photographie : *Appareil photographique.* **2.** Qui a la fidélité, la précision de la photographie.

photograveur [fɔtɔgravœr] **n.m.** Professionnel spécialiste de la photogravure.

photogravure [fɔtɔgravyr] **n.f.** Technique de la gravure des clichés d'impression par des procédés photographiques et chimiques.

photolyse [fɔtɔliz] **n.f.** (de *photo-* et du gr. *lusis,* dissolution). CHIM. Décomposition chimique par la lumière.

photomètre [fɔtɔmɛtr] **n.m.** OPT. Instrument de mesure de l'intensité d'une source lumineuse.

photométrie [fɔtɔmetri] **n.f.** Partie de la physique qui traite de la mesure des grandeurs relatives aux rayonnements lumineux ; cette mesure.

photométrique [fɔtɔmetrik] **adj.** Relatif à la photométrie.

photomontage [fɔtɔmɔ̃taʒ] **n.m.** Montage ou collage réalisé à partir de plusieurs images photographiques. (⟶ collage.)

photon [fɔtɔ̃] **n.m.** (de *phot[o]*- et *[électr]on*). PHYS. Particule spécifique de la lumière, porteuse des interactions électromagnétiques.

photophore [fɔtɔfɔr] **n.m.** Coupe décorative en verre le plus souvent teinté, destinée à abriter une bougie ou une veilleuse. ◆ **adj.** BIOL. **Organe photophore,** organe luminescent, chez certains animaux comme le ver luisant.

photopile [fɔtɔpil] **n.f.** Dispositif transformant un rayonnement électromagnétique en courant électrique. (On dit aussi *cellule photovoltaïque, cellule* ou *pile solaire.*)

photorésistance [fɔtɔrezistɑ̃s] **n.f.** ÉLECTRON. Résistor présentant une résistance très élevée dans l'obscurité et une résistance faible en pleine lumière.

photosensible [fɔtɔsɑ̃sibl] **adj.** Sensible aux rayonnements lumineux : *Émulsion, plaque photosensible.*

photosphère [fɔtɔsfɛr] **n.f.** Région de l'atmosphère, partic. d'une étoile, du Soleil, d'où provient la quasi-totalité du rayonnement visible à l'œil nu.

photosynthèse [fɔtɔsɛ̃tɛz] **n.f.** Processus par lequel les organismes chlorophylliens (végétaux verts, algues unicellulaires, certaines bactéries) fabriquent de la matière organique à partir du gaz carbonique de l'atmosphère et de l'eau, en rejetant de l'oxygène et en utilisant l'énergie lumineuse du Soleil comme source d'énergie.

■ Les réactions chimiques de la photosynthèse peuvent se résumer dans le bilan suivant : six molécules de dioxyde de carbone et six molécules d'eau réagissent sous l'effet de la lumière pour donner une molécule de glucose et six molécules d'oxygène. Elles se déroulent dans un organite cellulaire appelé *chloroplaste,* qui renferme de la chlorophylle (chez les bactéries photosynthétiques, elles ont lieu dans la membrane bactérienne). Chez les plantes vertes, la photosynthèse est princip. réalisée au niveau des feuilles.

La photosynthèse peut se décomposer en deux phases. Au cours de la première, dite *phase lumineuse,* l'énergie lumineuse du soleil est captée par la chlorophylle, qui dissocie alors une molécule d'eau. Cette scission entraîne la libération d'oxygène et d'électrons. Le transport des électrons par les protéines de la membrane des chloroplastes aboutit à la synthèse d'ATP (*adénosine triphosphate,* molécule hautement énergétique) et de $NADPH_2$ *(nicotanamide adénine dinucléotide phosphate réduit).*

Au cours de la seconde phase, la *phase obscure,* qui ne nécessite pas de lumière, l'ATP et le $NADPH_2$ sont utilisés pour transformer le dioxyde de carbone capté par les feuilles en molécules de glucide.

La photosynthèse est, sur terre et dans les océans, la seule source d'oxygène et de matière organique de la planète (si l'on excepte les bactéries des sources chaudes, qui produisent de l'oxygène à partir d'hydrogène sulfuré), indispensable à toute vie animale. ■

photothèque [fɔtɔtɛk] **n.f. 1.** Collection d'archives photographiques. **2.** Lieu où cette collection est conservée.

phototropisme [fɔtɔtrɔpism] **n.m.** (de *photo-* et *tropisme*). Action particulière de la lumière sur l'orientation de la croissance des tiges et des racines des végétaux.

phototype [fɔtɔtip] **n.m.** Image négative ou positive réalisée sur un support photographique opaque ou transparent.

photovoltaïque [fɔtɔvɔltaik] **adj.** (de *photo-* et *voltaïque*). Relatif à la conversion de l'énergie lumineuse en énergie électrique : *Cellule photovoltaïque* (= photopile).

phrase [fraz] **n.f.** (lat. *phrasis,* mot gr. « élocution, style »). **1.** Unité du discours, partie d'un énoncé génér. formée de plusieurs mots ou groupes de mots dont la construction présente un sens complet : *Une phrase interrogative, exclamative.* **2.** MUS. Suite de notes formant une unité mélodique expressive. **3. Faire des phrases,** tenir un discours creux, conventionnel. / **Petite phrase,** élément d'un discours, en partic. politique, repris par les médias pour son impact potentiel sur l'opinion. / **Phrase toute faite,** formule conventionnelle ; cliché. / **Sans phrases,** sans détour ; directement et franchement.

phrasé [fraze] **n.m.** MUS. Art d'interpréter une pièce musicale en respectant la dynamique expressive de ses phrases (accents mélodiques, pauses, rythme, etc.) ; l'interprétation elle-même : *Le phrasé d'un pianiste.*

phraséologie [frazeɔlɔʒi] **n.f.** (du gr. *phrasis,* langage, et *-logie*). **1.** Ensemble des constructions et expressions propres à une langue, à un milieu, à une spécialité, à une époque : *Phraséologie judiciaire* (syn. **jargon**). **2.** Assemblage de formules pompeuses, de termes emphatiques (péjor.) : *Son discours n'est que de la phraséologie* (syn. **bavardage, verbiage**).

phraseur, euse [frazœr, -øz] **n.** et **adj.** Personne qui s'exprime avec affectation et grandiloquence (péjor.) : *Un phraseur insupportable* (syn. **discoureur**).

phratrie [fratri] **n.f.** (gr. *phratia*). **1.** ANTIQ. GR. Groupement de familles, subdivision de la tribu, constitués sur une base religieuse, sociale et politique. **2.** ANTHROP. Groupe de plusieurs clans, souvent exogamique. ***Rem.*** À distinguer de *fratrie.*

phréatique [freatik] **adj.** (du gr. *phreas, -atos,* puits). GÉOGR. **Nappe phréatique,** nappe d'eau souterraine, formée par l'infiltration des eaux de pluie et alimentant des puits et des sources.

Phrygie, région occidentale de l'Asie Mineure, séparée de la mer Égée par la Lydie. Au XIIe s. av. J.-C., des envahisseurs venus des Balkans constituèrent dans cette région un royaume dont les souverains, résidant à Gordion, portaient alternativement les noms de Gordias et de Midas ; l'invasion des Cimmériens (VIIe s. av. J.-C.) détruisit le royaume, qui fut annexé au VIe s., par Crésus, à la Lydie.

phrygien, enne [friʒjɛ̃, -ɛn] **adj.** et **n. 1.** De la Phrygie. **2. Bonnet phrygien,** coiffure semblable au bonnet d'affranchi de la Rome antique et qui devint pendant la Révolution l'emblème de la liberté, de la république. **3.** MUS. **Mode phrygien,** mode de *mi,* en musique d'église.

phtisie [ftizi] **n.f.** (lat. *phthisis,* mot gr. « dépérissement »). *VX.* Tuberculose pulmonaire ; consomption.

phtisiologie [ftizjɔlɔʒi] **n.f.** Partie de la médecine qui étudie la tuberculose.

phtisique [ftizik] **adj.** et **n.** *VX.* Atteint de phtisie.

phylactère [filaktɛr] **n.m.** (lat. ecclés. *phylacterium,* du gr. *phulaktêrion,* ce qui sert à protéger, calque de l'hébr. *thephîlin*). **1.** Chacun des deux petits étuis renfermant un morceau de parchemin où sont inscrits des versets de la Torah et que les juifs pieux portent attachés au front et au bras gauche lors de certaines prières. **2.** Banderole où les artistes du Moyen Âge inscrivaient les paroles prononcées par les personnages d'un tableau, d'un vitrail, etc. **3.** Bulle, dans une bande dessinée.

phylloxéra [filɔksera] **n.m.** (de *phyllo-,* et du gr. *xeros,* sec). **1.** Minuscule puceron se présentant successivement sous forme aptère puis ailée au cours de son cycle de vie, et dont une espèce attaque la vigne. **2.** Maladie de la vigne causée par *Phylloxera vastatrix.* ▶ Le phylloxéra fut introduit accidentellement en France avec des plants américains vers 1865 et détruisit plus de la moitié du vignoble ; celui-ci a été reconstitué depuis par des greffes sur plants américains résistant au parasite.

phylogenèse [filɔʒənɛz] et **phylogénie** [filɔʒeni] **n.f.** (gr. *phûlon,* tribu, et *genesis,* origine). BIOL. Histoire de la formation et de l'évolution d'une espèce, d'un phylum.

phylum [filɔm] **n.m.** (gr. *phûlon,* tribu). BIOL. Ensemble constitué par une forme animale ou végétale (espèce ou groupe plus large) et par ses ascendants et/ou descendants supposés. ▶ Dans la classification, le phylum correspond le plus souvent à l'embranchement.

physicien, enne [fizisjɛ̃, -ɛn] **n.** (de *2. physique*). Spécialiste de la physique.

physico-chimique [fizikɔʃimik] **adj.** (pl. *physico-chimiques*). Qui relève à la fois de la physique et de la chimie ; qui concerne l'application des lois de la physique à l'étude des systèmes chimiques.

physiologie [fizjɔlɔʒi] **n.f.** (lat. *physiologia,* mot gr.). Science qui étudie les fonctions organiques par lesquelles la vie se manifeste et se maintient sous sa forme individuelle : *Physiologie animale, végétale.* ◆ **physiologiste n.** Nom du spécialiste.

physiologique [fizjɔlɔʒik] **adj. 1.** Relatif à la physiologie : *Action physiologique d'un médicament.* **2.** Qui concerne la vie de l'organisme d'un être humain (par opp. à *psychologique*) : *Troubles physiologiques.*

physionomie [fizjɔnɔmi] **n.f.** (lat. *physiognomia,* altér. de *physiognomonia*). **1.** Ensemble des traits du visage ayant un caractère particulier et exprimant l'humeur, le tempérament : *Physionomie ouverte* (syn. **expression, figure**). **2.** Caractère, aspect qu'une chose possède en propre, qui la singularise : *Physionomie d'un quartier* (syn. **aspect**). *Physionomie d'un scrutin* (syn. **caractéristique**).

physionomiste [fizjɔnɔmist] **adj.** et **n.** Qui est capable de reconnaître immédiatement une personne déjà rencontrée : *Le gardien est très physionomiste.*

physiothérapie [fizjɔterapi] **n.f.** Traitement médical au moyen d'agents physiques (lumière, chaleur, froid, électricité, irradiations, etc.).

1. physique [fizik] **adj.** (lat. *physicus,* gr. *phusikos,* de *phusis,* nature). **1.** Qui appartient à la nature, s'y rapporte : *Géographie physique.* **2.** Qui concerne le corps humain : *Exercices physiques* (syn. **corporel**). *Culture, éducation physique* (= gymnastique). **3.** Relatif à la physique : *Propriétés physiques d'un corps.* **4. Sciences physiques,** la physique et la chimie.

2. physique [fizik] **n.f.** (de *1. physique*). Science qui étudie les propriétés générales de la matière, de l'espace, du temps et établit les lois qui rendent compte des phénomènes naturels.

■ **La formation de la physique moderne.** Ce qu'on entend aujourd'hui par « physique » a longtemps été appelé – d'Aristote à Newton – *philosophie naturelle.* La physique moderne, essentiellement expérimentale et mathématique, s'est développée grâce à l'amélioration des instruments d'observation, à l'élaboration de théories mathématiques et au rassemblement de lois disparates en un ensemble cohérent fondé sur des définitions et des principes clairement formulés. La mécanique a joué un rôle pilote dans le développement de la physique, car c'est elle qui a pris le plus tôt un « tour » scientifique ; elle est apparue comme la base de l'explication de tous les phénomènes du monde sensible, et sa méthode comme le modèle de la méthode scientifique.

Les grands domaines de la physique. Les diverses branches de la physique se sont individualisées de façon progressive, au fur et à mesure que la discipline se constituait. Le véritable essor des sciences physiques commence au début du XVIIe s. avec la *mécanique* (Kepler, Galilée, Huygens), avant que Newton ne fonde la *dynamique* (1687). Au XVIIIe s., de nombreux savants (Euler, d'Alembert, Lagrange) en développent les applications, notamment en créant la *mécanique des fluides.* La reconnaissance de l'existence du vide et de la pression atmosphérique intervient au cours du XVIIe s., surtout grâce à Pascal. Kepler fonde l'*optique* géométrique, et Huygens amorce la théorie ondulatoire de la lumière, qui se heurte à la conception corpusculaire, défendue principalement par Newton. Avec la démonstration par Galilée, au début du XVIIe s., de l'identité de nature entre les corps célestes et les corps terrestres, et la théorie de la gravitation formulée par Newton à la fin du XVIIe s., la physique est désormais universelle. Elle ne se limite plus aux phénomènes terrestres, la science des astres étant soumise à ses lois.

Au XIXe s., les sciences physiques, en particulier l'*électricité,* connaissent un essor remarquable, et Maxwell donne les équations de l'*électromagnétisme.* Une autre théorie générale voit le jour : la *thermodynamique,* amorcée par Sadi Carnot (1824), qui élucide le premier les liens entre la chaleur et la production d'énergie mécanique. Puis la *mécanique statistique* (Maxwell, Boltzmann) tente de rendre compte au niveau microscopique des lois de la thermodynamique en faisant intervenir la notion de probabilité.

La fin du XIXe s. et le début du XXe s. voient l'élaboration de principes qui vont entraîner une révision des conceptions fondamentales de la physique et la preuve définitive de l'existence de constituants microscopiques de la matière (atomes, molécules, électrons).

De grandes disciplines nouvelles se constituent. Les théories de la *relativité* établissent un lien entre masse et énergie, et conduisent à une conception entièrement nouvelle de la gravitation et des relations entre masse, espace et temps. Après la découverte des quanta par Planck en 1900, Einstein démontre l'existence d'un grain de lumière, le photon. Alors, de nouveau, s'affrontent les deux conceptions, ondulatoire et corpusculaire, de la lumière. Cette opposition n'est surmontée que par la création de la *mécanique quantique,* en 1924-1926, avec Louis de Broglie, Heisenberg, Schrödinger, affinée et complétée principalement par Dirac et Pauli. La mécanique quantique conduit à des lois faisant intervenir le calcul de probabilité et suggère un certain indéterminisme, qui demeure aujourd'hui encore controversé.

Après la reconnaissance de l'existence des atomes se pose la question de leur structure. Un premier modèle, est élaboré par Bohr en 1913. La structure même du noyau ne commence à être précisée qu'à partir de 1930, avec la découverte du neutron (1930-1932), d'où procède la constitution de la *physique nucléaire,* qui, en 1939, conduit à la réalisation de la fission d'atomes très lourds. Après la Seconde Guerre mondiale prend naissance une physique encore plus fine, celle des *particules élémentaires* (ou *physique des hautes énergies*), dont la théorie (appelée « modèle standard »), confirmée par l'observation du boson de Higgs en 2012, est toujours en pleine évolution. ■

3. physique [fizik] **n.m.** (de *1. physique*). **1.** Aspect extérieur d'une personne : *Avoir un physique avantageux.* **2.** Constitution du corps ; état de santé : *Le physique influe sur le moral.* **3. Avoir le physique de l'emploi,** avoir un physique conforme au rôle interprété, ou, par ext., au métier exercé.

physiquement [fizikmɑ̃] **adv. 1.** Du point de vue de la physique : *Phénomène physiquement inexplicable.* **2.** En ce qui concerne l'aspect physique : *Elle n'est pas mal physiquement.* **3.** Sexuellement : *Ils s'entendent physiquement.*

phytophage [fitɔfaʒ] **adj.** et **n.m.** (de *phyto-* et *-phage*). Se dit d'un animal, en partic. d'un insecte, qui se nourrit de matières végétales.

phytoplancton [fitɔplɑ̃ktɔ̃] **n.m.** (de *phyto-,* et *plancton*). Plancton végétal.

phytothérapie [fitoterapi] **n.f.** (de *phyto-* et *-thérapie*). Traitement des maladies par les plantes.

pi [pi] **n.m. inv.** (mot gr.). **1.** Seizième lettre de l'alphabet grec (Π, π). **2.** MATH. Symbole représentant le rapport constant de la circonférence d'un cercle à son diamètre, soit approximativement 3,1416.

piaf [pjaf] **n.m.** (orig. onomat.). *FAM.* Moineau.

Piaf (Édith Gassion, dite **Édith),** chanteuse française (Paris 1915 - *id.* 1963). Interprète convaincante, d'une forte émotivité et d'une personnalité généreuse, elle est devenue très populaire en France et dans le monde après avoir commencé à chanter dans les rues. Elle a composé quelques-unes de ses chansons *(la Vie en rose, l'Hymne à l'amour)* et inspiré des auteurs comme R. Asso *(Mon légionnaire),* M. Vaucaire *(Non, je ne regrette rien),* G. Moustaki *(Milord).*

piaffement [pjafmɑ̃] **n.m.** Action de piaffer.

piaffer [pjafe] **v.i.** (p.-ê. onomat.). **1.** En parlant du cheval, frapper la terre des pieds de devant. **2.** S'agiter ; piétiner : *Piaffer d'impatience* (syn. **trépigner**).

Piaget (Jean), psychologue suisse (Neuchâtel 1896 - Genève 1980). Il a formulé une théorie des étapes de l'intelligence de l'enfant. L'une des idées motrices de cette théorie est que l'acquisition de la connaissance du monde se fait chez l'enfant par l'action : un équilibre tend constamment à se reformer entre ce que l'enfant assimile et ce à quoi il s'adapte. La psychologie est pour Piaget l'étude des opérations cognitives propres aux niveaux successifs de développement. Piaget a écrit : *la Naissance de l'intelligence* (1936), *la Construction du réel chez l'enfant* (1937), *la Formation du symbole* (1946), *le Possible et le Nécessaire* (1981).

piaillement [pjajmɑ̃] **n.m. 1.** Cri de certains oiseaux (syn. **piaulement**). **2.** *FAM.* Bruit de personnes qui piaillent.

piailler [pjaje] **v.i.** (p.-ê. d'orig. onomat.). **1.** Émettre un piaillement, en parlant de certains oiseaux (syn. **piauler**). **2.** *FAM.* Parler en criant, sur un ton aigu.

Pialat (Maurice), cinéaste français (Cunlhat 1925 - Paris 2003). Il aborde de petits ou de grands sujets avec une égale probité, à la rencontre de l'émotion, qu'il traite de front, à vif : *l'Enfance nue* (1969), *Nous ne vieillirons pas ensemble* (1972), *Loulou* (1980), *À nos amours* (1983), *Sous le soleil de Satan* (1987), *Van Gogh* (1991), *le Garçu* (1995).

pian [pjɑ̃] **n.m.** (d'une langue du Brésil). Maladie tropicale infectieuse et contagieuse, due à un tréponème et provoquant des lésions cutanées.

pianissimo [pjanisimo] **adv.** (mot it.). MUS. Avec une très faible intensité de son. (Abrév. *pp.*) ◆ **n.m.** Passage joué pianissimo.

pianiste [pjanist] **n.** Artiste qui joue du piano.

pianistique [pjanistik] **adj.** MUS. Relatif à l'art du pianiste : *Technique pianistique.*

1. piano [pjano] **n.m.** (abrév. de *pianoforte*) [pl. *pianos*]. **1.** Instrument de musique à cordes frappées par de petits marteaux et à clavier : *Jouer du piano.* **2.** TECHN. Grand fourneau occupant le milieu de la cuisine, dans un restaurant, un hôtel. **3. Piano à bretelles,** accordéon. / **Piano à queue,** dont les cordes et la table d'harmonie sont horizontales. / **Piano droit,** dont les cordes et la table d'harmonie sont verticales.

2. piano [pjano] **adv.** (mot it. « doux »). **1.** MUS. Avec une faible intensité de son. (Abrév. *p.*) **2.** *FAM.* **Aller, y aller piano,** doucement. ◆ **n.m.** Passage joué piano.

Piano (Renzo), architecte italien (Gênes 1937). De son association avec le Britannique Richard Rogers (né à Florence en 1933) est né le Centre national d'art et de culture Georges-Pompidou à Paris (1971-1976), structure en acier exemplaire du courant *high-tech.* On lui doit aussi la Fondation Menil, à Houston (1987), le stade San Nicola, à Bari (1990), l'aéroport du Kansai, à Osaka (1994), le Centre culturel Tjibaou, à Nouméa (1998), le Centre Paul-Klee, à Berne (2005).

piano-bar [pjanobar] **n.m.** (pl. *pianos-bars*). Bar dans lequel un pianiste entretient une ambiance musicale.

pianoforte [pjanofɔrte] **n.m. inv.** (de l'it. *piano* et *forte,* cet instrument pouvant jouer doucement et fort). MUS. Instrument à cordes frappées et à clavier, inventé au XVIIIᵉ s., dont l'évolution a donné naissance au piano moderne.

pianoter [pjanɔte] **v.i. 1.** Jouer du piano maladroitement. **2.** Tapoter sur qqch avec les doigts : *Pianoter avec impatience sur une vitre, une table* (syn. **tambouriner**). **3.** *FAM.* Taper sur les touches d'un clavier de matériel informatique (ordinateur, agenda électronique, etc.).

Piast, dynastie qui fonda l'État polonais (v. 960) et présida à ses destinées jusqu'en 1370.

piastre [pjastr] **n.f.** (it. *piastra,* lame de métal). **1.** Dans de nombreux pays, unité monétaire principale ou divisionnaire. **2.** *QUÉBÉC., FAM.* Dollar.

piaule [pjol] **n.f.** (p.-ê. de l'anc. fr. *pier,* boire). *FAM.* Chambre : *Une piaule d'étudiant.*

piaulement [pjolmɑ̃] **n.m.** Cri des poulets, de certains oiseaux (syn. **piaillement**).

piauler [pjole] **v.i.** (orig. onomat.) **1.** Émettre un piaulement, en parlant des poulets, de certains oiseaux (syn. **piailler**). **2.** Crier en pleurant, en parlant des enfants.

P.I.B. [peibe] **n.m.** (sigle). Produit intérieur brut.

1. pic [pik] **n.m.** (mot de l'anc. prov., lat. pop. **piccus,* class. *picus*). Oiseau grimpeur, qui frappe avec le bec sur l'écorce des arbres pour en faire sortir les larves dont il se nourrit. ▸ Famille des picidés.

2. pic [pik] **n.m.** (probabl. de *1. pic,* d'apr. *piquer*). Instrument composé d'un fer pointu, souvent légèrement courbé, ajusté à un manche, pour démolir, creuser la terre, ébaucher ou dresser une pièce, etc.

3. pic [pik] **n.m.** (d'un rad. préroman **pikk- ;* v. *piquer*). Montagne isolée, dont le sommet dessine une pointe : *Le pic du Midi* (syn. **aiguille**).

à pic [pik] **loc. adv.** (de *piquer*). **1.** De manière verticale : *La falaise tombe à pic dans la mer* (syn. **verticalement**). **2.** *FAM.* Au bon moment ; à point nommé : *Vous arrivez à pic.* **3. Couler à pic,** être brusquement entraîné au fond de l'eau.

Picabia (Francis), peintre français de père cubain (Paris 1879 - *id.* 1953). Après des débuts impressionnistes, il fut attiré par le cubisme, puis devint un des pionniers de l'art abstrait (*Udnie ou la Danse,* 1913, M.N.A.M., Paris) et l'un des principaux animateurs, à New York et à Paris, du mouvement dada (œuvres où l'humain est évoqué métaphoriquement par des dispositifs mécaniques de haute fantaisie). Il multiplie ensuite les manières, collages d'allure naïve, « Monstres », « Transparences », abstractions, figurations de styles divers.

picador [pikadɔr] **n.m.** (mot esp., du rad. de *piquer*). Cavalier qui, dans une corrida, fatigue le taureau avec une pique.

picard, e [pikar, -ard] **adj.** et **n.** De Picardie. ◆ **picard n.m.** Dialecte de langue d'oïl de la Picardie et de l'Artois.

Picardie, anc. province de France, dont les limites correspondent approximativement à la partie nord de la Picardie. Après avoir été l'enjeu des rivalités franco-anglaises, puis franco-bourguignonnes pendant la guerre de Cent Ans, elle fut réunie à la Couronne en 1482, après la mort de Charles le Téméraire.

Picardie, Région du nord de la France et anc. Région administrative regroupant 3 dép. : Aisne, Oise et Somme. ⟶ Nord-Pas-de-Calais-Picardie.

picaresque [pikarɛsk] **adj.** (esp. *picaresco,* de *pícaro,* vaurien). LITTÉR. Se dit des romans, des pièces de théâtre dont le héros est un aventurier issu du peuple et volontiers vagabond, voleur ou mendiant : *La « Vie de Lazarillo de Tormes » (1554) est le premier roman picaresque.*

Picasso (Pablo Ruiz), peintre, dessinateur, graveur et sculpteur espagnol (Málaga 1881 - Mougins 1973). Il s'installa à Paris en 1904. Son œuvre, qui a bouleversé l'art moderne, marque, à travers d'étonnantes métamorphoses graphiques et plastiques, la richesse de ses dons : émouvantes époques bleue et rose (1901-1905), cubisme (*les Demoiselles d'Avignon,* manifeste d'un primitivisme violent, 1906-1907, New York), néoclassicisme (v. 1920), tentations surréaliste et abstraite en sculpture – fer soudé – comme en peinture (1925-1936), expressionnisme (*Guernica,* grande toile en noir et blanc qui prend parti contre le franquisme, 1937, Madrid), thème inépuisable du « Peintre et son modèle », séries interprétant des chefs-d'œuvre de la peinture à travers un éventail de manières (« les Femmes d'Alger » d'après Delacroix, hiver 1954-1955 ; « les Ménines » d'après Velázquez, 1957). Deux musées sont consacrés à l'artiste, à Paris (hôtel Salé, dans le Marais) et à Barcelone.

Piccard (Auguste), physicien suisse (Bâle 1884 - Lausanne 1962). Professeur à l'université de Bruxelles, il fut le premier à explorer la stratosphère (1931), atteignant l'altitude de 16 000 m dans un ballon de sa conception. Il fit également des plongées dans les grandes profondeurs sous-marines, grâce à son bathyscaphe.

Piccinni (Niccolo), compositeur italien (Bari 1728 - Paris 1800). Auteur d'opéras *(Roland, Iphigénie, Didon),* sa rivalité avec Gluck donna lieu à la fameuse querelle des *gluckistes* (partisans de l'opéra en français et d'une musique sobre) et des *piccinnistes* (tenants de la virtuosité et de la langue italienne).

piccolo [pikɔlo] **n.m.** (mot it. « petit »). Petite flûte traversière accordée à l'octave supérieure de la grande flûte.

Pic de La Mirandole (Giovanni Pico Della Mirandola, dit en fr. **Jean),** humaniste italien (Mirandola, prov. de Modène, 1463 - Florence 1494). Issu d'une famille princière, il se forma à l'université de Bologne et se distingua par la hardiesse de ses thèses philosophiques et théologiques. Il bénéficia de la protection de Laurent le Magnifique. Son immense érudition et sa tolérance font de lui l'un des plus grands esprits de la Renaissance.

Pichegru (Charles), général français (Arbois 1761 - Paris 1804). Commandant l'armée du Nord, il conquit les Pays-Bas (1794-1795). Espérant jouer un rôle politique, il prit contact avec les émigrés et démissionna (1796). Président du Conseil des Cinq-Cents (1797), arrêté et déporté, il s'évada, puis participa au complot royaliste de Cadoudal (1804). De nouveau arrêté, il fut trouvé étranglé dans la prison du Temple.

pichenette [piʃnɛt] **n.f.** (p.-ê. altér. du prov. *pichouneto,* petite). *FAM.* Petit coup appliqué avec le doigt replié et brusquement détendu : *Ôter une poussière d'une pichenette* (syn. **chiquenaude**).

pichet [piʃɛ] **n.m.** (anc. fr. *pichier,* altér. de *bichier,* bas lat. *becarius,* gr. *bikos,* vase). Petite cruche à anse et à bec ; son contenu : *Un pichet d'eau.*

pickles [pikœls] **n.m. pl.** (mot angl.). Petits légumes, fruits conservés dans du vinaigre aromatisé et utilisés comme condiment.

pickpocket [pikpɔkɛt] **n.m.** (mot angl., de *to pick,* cueillir, et *pocket,* poche). Voleur à la tire.

pick-up [pikœp] **n.m. inv.** (mot angl., de *to pick up,* ramasser). **1.** *VIEILLI.* Tourne-disque ; électrophone. **2.** Véhicule utilitaire léger, à plateau découvert.

picoler [pikɔle] **v.i.** et **v.t.** (de l'anc. fr. *pier,* boire). *FAM.* Boire de l'alcool : *Il a picolé tout le whisky.*

picorer [pikɔre] **v.t.** (probabl. de *piquer,* avec suffixe issu de *picore,* pièce de bétail). **1.** Saisir de la nourriture avec le bec, en parlant des oiseaux : *Les poules picorent des graines* (syn. **becqueter**). **2.** Prendre çà et là des aliments : *Elle ne mange rien, elle picore* (syn. **grignoter**).

picot [piko] **n.m.** (de *2. pic*). Petite pointe, petite dent qui fait saillie : *Les picots d'une dentelle.*

picotement [pikɔtmɑ̃] **n.m.** Sensation de piqûre légère et répétée : *J'ai des picotements dans les jambes* (syn. **fourmillement**).

picoter [pikɔte] **v.t.** (de *picot* ou dimin. de *piquer*). **1.** Causer un, des picotements : *La fumée picote les yeux* (syn. **piquer**). **2.** En parlant des oiseaux, piquer avec le bec à coups répétés (syn. **becqueter, picorer**).

picotin [pikɔtɛ̃] **n.m.** (de l'anc. fr. *picot,* mesure de vin, p.-ê. dérivé de *picoter,* butiner). *VX.* Mesure d'avoine pour un cheval. ▸ À Paris, le picotin équivalait à 2,50 l.

Pictes, peuple de l'Écosse ancienne.

pictogramme [piktɔgram] **n.m.** (du lat. *pictus,* peint, coloré, et de *-gramme*). **1.** Dessin, signe d'une écriture pictographique. **2.** Dessin schématique normalisé, destiné à signifier, notamm. dans les lieux publics, certaines indications simples telles que direction de la sortie, interdiction de fumer, emplacement des toilettes, etc.

pictographique [piktɔgrafik] **adj.** (du lat. *pictus,* peint, coloré, et du gr. *graphein,* écrire). Se dit d'une écriture dans laquelle les concepts sont représentés par des scènes figurées ou par des symboles complexes : *L'écriture pictographique se rencontre chez les Esquimaux, les Amérindiens.*

pictural, e, aux [piktyral, -o] **adj.** (du lat. *pictura,* peinture). Relatif à la peinture en tant qu'art : *Technique picturale.*

pic-vert n.m. *(pl. pics-verts)* ⟶ **pivert.**

pidgin [pidʒin] **n.m.** (mot angl., altér. du mot *business* prononcé par les Chinois). Parler rudimentaire né de la simplification de langues en contact et ne servant qu'à des besoins limités, notamm. commerciaux.

1. pie [pi] **n.f.** (lat. *pica,* fém. de *picus ;* v. *1. pic*). **1.** Passereau à plumage noir bleuté et blanc et à longue queue, commun en France. ▸ La pie jacasse, jase. **2.** *FAM.* Personne bavarde.

2. pie [pi] **adj. inv.** (de *1. pie*). **Cheval, jument, vache pie,** à robe noir et blanc, ou roux et blanc. / **Voiture pie,** voiture de police noir et blanc.

3. pie [pi] **adj.** (du lat. *pius,* pieux). *LITT.* **Œuvre pie,** action charitable ; acte pieux.

Pie V *(saint)* [Antonio **Ghislieri**] (Bosco Marengo 1504 - Rome 1572), pape de 1566 à 1572. Dominicain, nommé inquisiteur général en 1558, il succéda à Pie IV et, menant une vie austère, il travailla à rétablir la discipline ecclésiastique, exigea l'application des décrets du concile de Trente sur la fondation des séminaires, fit du thomisme la théologie privilégiée de l'Église et publia le bréviaire (1568) et le missel romains (1570). Adversaire acharné des Églises de la Réforme, il excommunia la reine Élisabeth Ire d'Angleterre. Peu avant sa mort, la croisade contre les Turcs se conclut par la victoire de Lépante (1571).

Pie VI (Giannangelo **Braschi**) [Cesena 1717 - Valence, France, 1799], pape de 1775 à 1799. Il combattit le joséphisme viennois et condamna le jansénisme italien représenté par Scipione de' Ricci, évêque de Pistoia. Mais, surtout, affronté à la Révolution française, il condamna en 1791 la Constitution civile du clergé. Sous le Directoire, ses États furent envahis et il perdit la Romagne et Ancône. En 1798, il fut arrêté, tandis que le Directoire proclamait la République romaine. Pie VI fut amené en France, où il mourut l'année suivante.

Pie VII (Barnaba **Chiaramonti**) [Cesena 1742 - Rome 1823], pape de 1800 à 1823. Bénédictin, il est élu à Venise pour succéder à Pie VI et rentre à Rome. Bonaparte amorce aussitôt avec lui des pourparlers qui aboutiront au concordat français du 15 juill. 1801, complété par les articles organiques (1802) élaborés unilatéralement par le Premier consul. Le 2 déc. 1804, Pie VII vient à Paris conférer la couronne impériale à Bonaparte. Mais, comme il refuse d'entrer dans le système du Blocus continental, Napoléon Ier fait occuper Rome et les États pontificaux (1808), en attendant de les annexer (1810). Le pape, qui excommunie l'Empereur, est alors interné à Fontainebleau (1810), où il résiste aux exigences de celui-ci. Rentré à Rome le 25 mai 1814, et ayant récupéré ses États, il rétablit la Compagnie de Jésus, condamne les sociétés secrètes et multiplie les concordats en Europe.

Pie IX *(bienheureux)* [Giovanni Maria **Mastai Ferretti**] (Senigallia 1792 - Rome 1878), pape de 1846 à 1878. Successeur de Grégoire XVI, il adopte dans ses États des mesures libérales qui le rendent populaire. Mais, lors du mouvement révolutionnaire de 1848, il refuse de participer à la guerre contre l'Autriche, ce qui provoque à Rome des troubles graves. Il se réfugie à Gaète, qui dépend du royaume de Naples, tandis qu'est proclamée la République romaine. Il est rétabli dans son pouvoir temporel par les troupes françaises (1849-1850). Dominé par son secrétaire d'État, le cardinal Antonelli, il apparaît désormais comme le défenseur de l'ordre et de la religion face à la révolution, au libéralisme, au laïcisme, au socialisme. En 1864, il publie un *Syllabus* en annexe d'une encyclique *(Quanta cura)* par lequel il condamne solennellement les idées modernes. En 1870, l'entrée des Piémontais à Rome enlève à la papauté son pouvoir temporel. Pie IX, qui avait proclamé en 1854 le dogme de l'Immaculée Conception, a vu néanmoins grandir son autorité spirituelle, notamment avec le premier concile du Vatican (1870), qui en vint à définir l'infaillibilité pontificale.

Pie X ***(saint)*** [Giuseppe **Sarto**] (Riese 1835 - Rome 1914), pape de 1903 à 1914. Patriarche de Venise (1893), il succède à Léon XIII et se trouve aussitôt confronté à de graves problèmes. Il condamne en 1906 la rupture du concordat de 1801 par le gouvernement français. Dans l'Église même, il se bat contre le mouvement exégétique et théologique connu sous le nom de *modernisme ;* Pie X le condamne solennellement en 1907 par le décret *Lamentabili* et par l'encyclique *Pascendi.* Aussi le patronage de ce pontife, canonisé en 1954 pour sa piété et pour son action dans le domaine de la dévotion, sera-t-il invoqué plus tard par les groupes traditionalistes.

Pie XI (Achille **Ratti**) [Desio 1857 - Rome 1939], pape de 1922 à 1939. Archevêque de Milan en 1921, il succède l'année suivante à Benoît XV. Il signe des concordats avec dix-huit États, dont l'Allemagne, et règle avec Mussolini par les accords du Latran (1929) le contentieux de la souveraineté temporelle des papes. En matière doctrinale, il condamne les idéologies suspectes d'abaisser la personne humaine : l'Action française (1926), le fascisme (1931), le communisme athée (encyclique *Divini Redemptoris*) et le nazisme (encyclique *Mit brennender Sorge*) en 1937. Il favorise beaucoup le développement des missions et la naissance de l'Action catholique.

Pie XII (Eugenio **Pacelli**) [Rome 1876 - Castel Gandolfo 1958], pape de 1939 à 1958. Nonce apostolique à Berlin, il devient en 1929 le secrétaire d'État de Pie XI, à qui il succédera en 1939. Durant la Seconde Guerre mondiale, bien qu'il eût donné asile à beaucoup de réfugiés, il n'apporta pas de condamnation officielle aux atrocités nazies. En matière de doctrine et de discipline, il se montra fidèle à la ligne traditionnelle de l'Église. En 1950, il a défini comme dogme l'Assomption de la Vierge Marie.

pièce [pjɛs] **n.f.** (lat. pop. d'orig. gaul. *pettia*). **1.** Chacun des espaces habitables délimités par des murs ou des cloisons, et dont l'ensemble constitue un logement : *Un appartement de deux pièces.* **2.** Morceau de métal plat, génér. façonné en disque et servant de valeur d'échange, de monnaie : *Une pièce de un euro.* **3.** Composition littéraire, musicale : *Une pièce de vers. Une pièce pour hautbois.* **4.** Document écrit servant à apporter une information, à établir un fait, etc : *Pièces justificatives* (syn. **acte, certificat**). *Présenter une pièce d'identité.* **5.** HÉRALD. Figure représentée sur l'écu : *Pièces honorables.* **6.** Partie constitutive d'un tout : *Un vêtement de trois pièces* (= composé de trois éléments). **7.** Élément d'un ensemble, d'une collection : *Les pièces d'un service de table.* **8.** Objet considéré comme une unité : *Fruit vendu à la pièce* (syn. **unité**). *Articles vendus dix euros pièce, la pièce.* **9.** Objet considéré en soi, constituant à lui seul un tout envisagé sous le rapport de son utilité, de sa fonction (suivi d'un compl.) : *Pièce de drap, de coton. Pièce de viande. Pièce de charpente.* **10.** Figure ou pion du jeu d'échecs. **11.** Morceau de tissu pour le raccommodage d'un vêtement, etc : *Mettre une pièce à un pantalon.* **12.** Partie constitutive d'un ensemble mécanique : *Les pièces d'un moteur.* **13.** CHIR. Petit morceau de tissu organique ou artificiel, que l'on coud sur un vaisseau lésé (syn. **patch**). **14.** *RÉGION.* Toile servant à laver les sols ; serpillière. **15. À la pièce, aux pièces,** en proportion du travail réalisé : *Ouvrier payé aux pièces.* / **De toutes pièces,** sans utiliser aucun élément existant préalablement : *Forger une histoire de toutes pièces.* / *FAM.* **Donner la pièce à qqn,** donner un pourboire à qqn. / **En pièces détachées,** démonté, dont les parties sont disjointes. / *LITT.* **Faire pièce à qqn,** contrecarrer qqn, le mettre en échec. / **Fait de pièces et de morceaux,** composé de parties disparates. / **Juger pièces à l'appui, sur pièces,** se faire une opinion d'après des faits que l'on a soi-même constatés. / **Mettre, tailler en pièces,** détruire ; mettre en déroute : *Mettre en pièces un vase. Tailler en pièces une armée ennemie.* / *FAM.* **On n'est pas aux pièces,** on a tout le temps ; on n'est pas pressé. / **Pièce à conviction,** destinée à servir d'élément de preuve dans un litige, un procès-verbal, etc. / **Pièce d'artillerie,** bouche à feu, canon. / **Pièce d'eau,** petit étang, bassin dans un parc. / **Pièce de bétail,** tête de bétail. / **Pièce de terre,** espace de terre cultivable. / **Pièce de vin,** tonneau de vin. / **Tout d'une pièce,** d'un seul morceau, d'un seul bloc ; au fig., entier, sans souplesse, en parlant de qqn, d'un caractère : *Tempérament tout d'une pièce.* / **Une belle pièce,** une grosse prise faite par un chasseur, un pêcheur. / MÉD. **Pièce anatomique,** partie d'un cadavre préparée pour l'étude, la dissection. **16. Pièce (de théâtre),** ouvrage dramatique : *Une pièce en trois actes.* / **Pièce montée,** grande pâtisserie d'effet décoratif, souvent formée de petits choux disposés en pyramide.

piécette [pjesɛt] **n.f.** Petite pièce de monnaie.

pied [pje] **n.m.** (lat. *pes, pedis*). **1.** Partie de l'extrémité de la jambe munie de cinq orteils qui sert à l'homme à se tenir debout et à marcher : *Avoir de grands pieds.* **2.** Le pied dans la manière de marcher, d'agir : *Avoir le pied sûr, le pied agile.* **3.** Partie terminale de la patte des mammifères et des oiseaux : *Pieds d'un porc, d'un mouton* (syn. **patte**). **4.** Organe musculeux des mollusques, qui leur sert à se déplacer. **5.** Partie inférieure d'une chose élevée : *Le pied d'un mur* (syn. **base, fondement**). **6.** Partie d'un objet (meuble, ustensile, etc.) servant de support : *Les pieds d'une table.* **7.** Partie du tronc ou de la tige d'un végétal qui est le plus près du sol : *Le pied d'un arbre, d'un champignon.* **8.** Arbre, plante, en tant qu'unité : *Un pied de vigne.* **9.** Anc. mesure de longueur valant env. 33 cm. **10.** Anc. unité de mesure anglo-saxonne valant 12 pouces, soit 30,48 cm : *Une altitude de 25 000 pieds.* **Rem.** Cette unité est encore utilisée dans l'aviation. **11.** Groupe de syllabes constituant la mesure élémentaire du vers, dans la métrique grecque et latine. **12.** (Emploi critiqué). Syllabe, dans un vers français : *L'alexandrin est un vers de douze pieds.* **13. À pied,** en marchant ; sans être transporté par un véhicule ou une monture : *Aller au bureau à pied.* / **Au petit pied,** en petit, en raccourci ; sans grandeur : *Un tyran au petit pied.* / *FAM.* **Ça lui fera les pieds,** ça lui servira de leçon. / *FAM.* **C'est le pied !,** c'est très agréable : *Trois semaines de vacances au soleil, c'est le pied !* / **De pied ferme,** sans reculer ; au fig., avec la ferme résolution de ne pas céder : *Son avocat attend l'adversaire de pied ferme.* / **Être sur pied,** être debout, rétabli après une maladie. / **Faire du pied à qqn,** lui toucher le pied avec le sien pour attirer son attention, en signe de connivence ou dans une intention galante. / **Lever le pied,** en parlant d'un automobiliste, cesser d'accélérer ; au fig., ralentir ses activités : *Depuis son infarctus, il a décidé de lever le pied.* / **Mettre à pied un salarié,** suspendre son activité pendant un certain temps, sans salaire, notamm. par mesure disciplinaire. / **Mettre les pieds quelque part,** y aller, y passer : *Je refuse de mettre les pieds dans ce restaurant.* / **Mettre qqch sur pied,** organiser qqch ; mettre qqch en état de fonctionner. / **Mettre qqn au pied du mur,** le mettre en demeure de prendre parti, de répondre. / **Perdre pied,** perdre son appui sur le fond ; au fig., perdre contenance ou ne plus pouvoir suivre ce qui se dit. / **Pied à pied,** pas à pas ; graduellement, insensiblement : *Lutter, avancer pied à pied.* / **Pied de lit,** l'extrémité du lit où se trouvent les pieds du dormeur (par opp. à *chevet*). / **Portrait en pied,** portrait représentant la totalité du corps d'une personne debout. / **Prendre pied,** s'établir solidement, fermement : *Prendre pied sur un terrain, une position.* / *FAM.* **Prendre son pied,** éprouver un vif plaisir, notamm. sexuel. / **Sur le pied de guerre,** se dit d'une armée telle qu'elle est organisée en temps de guerre. / **Sur pied,** avant que le végétal ne soit moissonné, cueilli : *Vendre une récolte sur pied.* / **Sur un grand pied,** avec un grand train de vie : *Vivre sur un grand pied.* / **Sur un, sur le pied de,** en prenant pour mesure, pour base ; sur un plan de : *Discuter sur un pied d'égalité.* **14.** GÉOM. **Pied d'une perpendiculaire,** point de rencontre de cette perpendiculaire avec la droite ou le plan sur lequel elle est abaissée. **15. Pied à coulisse,** instrument de précision pour la mesure des épaisseurs et des diamètres.

pied-à-terre [pjetatɛr] **n.m. inv.** Logement que l'on n'occupe qu'occasionnellement, en passant : *Avoir un pied-à-terre à Paris.*

pied-bot [pjebo] **n.m.** (pl. *pieds-bots*). Personne atteinte d'un pied bot*.

pied-de-biche [pjedbiʃ] **n.m.** (pl. *pieds-de-biche*). **1.** Levier métallique dont la tête, en biais, est aplatie et fendue pour l'arrachage des clous. **2.** Pièce d'une machine à coudre qui maintient et guide l'étoffe, et entre les branches de laquelle passe l'aiguille.

pied-de-mouton [pjedmutɔ̃] **n.m.** (pl. *pieds-de-mouton*). Hydne (champignon).

pied-de-poule [pjedpul] **n.m.** (pl. *pieds-de-poule*). Tissu dont les fils de chaîne et de trame, de couleurs différentes, forment un dessin évoquant une patte de poule. ◆ **adj. inv.** Fait dans cette matière : *Des tissus pied-de-poule.*

pied-droit n.m. ⟶ **piédroit.**

piédestal [pjedɛstal] **n.m.** (it. *piedestallo,* de *piede,* pied, et *stallo,* support) [pl. *piédestaux*]. **1.** Socle d'une colonne, d'une statue, d'un vase décoratif, composé d'une base, d'un corps de forme cubique et d'une corniche : *Inscription gravée sur un piédestal.* **2. Descendre, tomber de son piédestal,** perdre tout son prestige. / **Mettre qqn sur un piédestal,** l'idéaliser, le considérer comme supérieur aux autres (= le porter au pinacle).

pied-noir [pjenwar] **n.** (surnom donné aux chauffeurs des bateaux, souvent algériens, parce qu'ils marchaient pieds nus dans la soute à charbon) [pl. *pieds-noirs*]. FAM. Français d'origine européenne installé en Afrique du Nord, et plus partic. en Algérie, jusqu'à l'indépendance, en 1962. ◆ **adj.** Relatif aux pieds-noirs. ***Rem.*** L'accord de l'adj. au fém., bien que rare, est attesté *(la culture pied-noire).*

piédroit ou **pied-droit** [pjedrwa] **n.m.** (pl. *piédroits, pieds-droits*). **1.** Chacune des parties latérales verticales qui supportent la naissance d'une voûte ou d'un arc. **2.** Chacun des montants latéraux d'une baie, d'un manteau de cheminée (syn. **jambage**).

piège [pjɛʒ] **n.m.** (lat. *pedica,* lien pour les pieds, de *pes, pedis,* pied). **1.** Engin, dispositif pour attirer et prendre des animaux : *Tendre, poser des pièges.* **2.** Moyen détourné dont on se sert contre une personne pour la tromper, la mettre dans une situation difficile : *Tomber dans un piège* (syn. **traquenard**). **3.** Difficulté cachée : *Dictée pleine de pièges* (syn. **embûche**).

piéger [pjeʒe] **v.t.** [conj. 22]. **1.** Chasser au moyen de pièges : *Piéger un renard.* **2.** Prendre au piège ; faire tomber dans un piège : *Le voleur s'est fait piéger par la police.* **3.** Parvenir à retenir, à fixer un phénomène physique : *Piéger de l'énergie, des particules.* **4. Piéger un lieu, un véhicule, etc.,** y disposer un engin, une charge qui explose lorsque l'on y pénètre.

pie-grièche [pigrijɛʃ] **n.f.** (de *pie* et de l'anc. fr. *griesche,* grecque) [pl. *pies-grièches*]. Passereau des bois et des haies, à bec crochu, surtout insectivore.

pie-mère [pimɛr] **n.f.** (lat. médiév. *pia mater,* mère pieuse, parce qu'elle enveloppe le cerveau comme la mère son enfant) [pl. *pies-mères*]. ANAT. Méninge interne, qui enveloppe immédiatement les centres nerveux.

piémont [pjemɔ̃] **n.m.** (de *Piémont,* région d'Italie, angl. *piedmont-glacier,* de l'it. *piemonte*). GÉOGR. Plaine de pente faible, au pied d'un massif montagneux, formée souvent de dépôts glaciaires et détritiques, étalés en cônes aplatis. (On écrit parfois *piedmont.*)

Piémont, région du nord-ouest de l'Italie, formée des prov. d'Alexandrie, d'Asti, de Cuneo, de Novare, de Turin et de Verceil ; 25 399 km^2 ; 4 367 394 hab. *(Piémontais).* CAP. *Turin.* Occupant la majeure partie du bassin supérieur du Pô, le Piémont, au climat continental, comprend une partie alpine et une partie plus basse, de collines et de plaines. Turin, la seule grande ville, capitale régionale, rassemble plus du quart de la population du Piémont.
Romanisée puis conquise par les Ostrogoths, les Lombards et les Francs, la région connaît un début d'unification au Xe s. Au XIe s., le Piémont est réunifié sous l'autorité du marquis de Turin et passe par mariage à la maison de Savoie. Perdu par la Savoie au XIIe s., il lui est définitivement rattaché en 1419 et devient le centre politique des États de la maison de Savoie. Il sera au XIXe s. le foyer de l'unification italienne.

piercing [pirsiŋ] **n.m.** (mot angl.). Pratique consistant à percer la peau du corps ou certains organes, pour y fixer un bijou ; ce bijou.

piéride [pjerid] **n.f.** (de *Piérides,* nom donné aux Muses). Papillon à ailes blanches ou jaunâtres, plus ou moins tachetées de noir ou de gris suivant les espèces, et dont la chenille se nourrit des feuilles du chou, de la rave, etc.

Piero della Francesca, peintre italien (Borgo San Sepolcro, prov. d'Arezzo, v. 1416 - *id.* 1492). Son œuvre est considérée comme la plus haute synthèse des recherches du quattrocento sur la forme, l'espace et la couleur (fresques de la *Légende de la Vraie Croix,* S. Francesco d'Arezzo ; *Madone de Senigallia,* Urbino).

Piéron (Henri), psychologue français (Paris 1881 - *id.* 1964). Il est l'un des fondateurs en France de la psychologie appliquée. Il s'est intéressé à la diversité des aptitudes physiques et intellectuelles *(psychologie différentielle).* Il a défendu l'idée selon laquelle les individus diffèrent selon leurs aptitudes : celles-ci existent en fonction de leurs fondements génétiques, et l'éducation les transforme en capacités.

pierraille [pjɛraj] **n.f.** Amas de petites pierres ; étendue parsemée de pierres : *Chemin de pierraille.*

pierre [pjɛr] **n.f.** (lat. *petra*). **1.** Matière minérale dure et solide, que l'on trouve à l'état naturel agglomérée en blocs ou en masses de taille inégale, et dont il existe de nombreuses variétés : *Pierre dure, tendre* (syn. **roche**). **2.** Morceau, fragment de cette matière, façonné ou non : *Lancer une pierre dans l'eau* (syn. **caillou, galet**). **3.** Morceau de cette matière utilisé pour bâtir, paver, etc. : *Bordure de pierres* (syn. **moellon**). **4.** Fragment d'un minéral recherché pour sa couleur, son éclat, sa pureté et employé en joaillerie, en bijouterie, en ornementation : *Châsse ciselée enrichie de pierres* (syn. **pierreries, gemme**). **5.** VX. Calcul dans les reins, la vessie : *Être opéré de la pierre* (syn. **lithiase**). **6.** Chacun des petits grains durs qui se forment dans la pulpe de certains fruits : *Une poire pleine de pierres.* **7.** (Précédé de l'art. déf.). L'immobilier : *Investir dans la pierre.* **8.** VIEILLI. **Âge de la pierre taillée, de la pierre polie,** époques de la préhistoire caractérisées par la taille, le polissage des instruments en pierre (et dénommées auj. par les spécialistes, respectivement, *paléolithique* et *néolithique*). / **Jeter la pierre à qqn,** l'accuser ; le blâmer : *Ne lui jette pas la pierre, elle a cru bien faire.* / **Marquer un jour d'une pierre blanche, noire,** le compter au nombre des jours heureux, malheureux. **9. En pierres sèches,** en moellons posés les uns sur les autres, sans mortier ni liant quelconque : *Muraille en pierres sèches.* / **Pierre à chaux,** carbonate de calcium naturel. / **Pierre à fusil, à briquet,** silex blond très dur qui donne des étincelles au choc. / **Pierre à plâtre,** gypse. / **Pierre d'autel,** pierre bénite enchâssée dans l'autel sur lequel le prêtre officie. / **Pierre de taille,** bloc de roche, partic. de calcaire, taillé et destiné à être utilisé sans enduit extérieur dans une construction. / **Pierre fine,** utilisée en bijouterie (topaze, améthyste, etc.) ou pour la sculpture de petits objets d'art (pierre dure). / **Pierre précieuse,** utilisée en joaillerie (diamant, émeraude, rubis, saphir). / **Pierres levées,** monuments composés de grands blocs de pierre dressés : *Les dolmens, les menhirs, les cromlechs sont des pierres levées.*

Pierre *(saint),* apôtre de Jésus, chef du collège apostolique et considéré par la tradition romaine comme le premier pape. Son nom primitif était Siméon ou Simon, mais le Nouveau Testament le désigne habituellement par son surnom de Pierre (en grec *Petros,* traduction de l'araméen *Képha,* d'où Céphas), qui fait de lui le « rocher » et souligne qu'il a mission d'« affermir » ses frères dans la foi. Il est très certainement venu à Rome et la tradition veut qu'il y soit mort martyr entre 64 et 67, lors de la persécution de Néron. Sa prééminence dans le collège apostolique survécut à la mort de Jésus et s'élargit par la suite. Des deux épîtres que la tradition lui attribue, l'une serait de l'époque de Domitien (81-96), l'autre de la première moitié du IIe s.

BRÉSIL

Pierre Ier (Queluz, Portugal, 1798 - *id.* 1834), empereur du Brésil (1822-1831), roi de Portugal (1826) sous le nom de Pierre IV. Fils de Jean VI de Portugal, il suivit au Brésil sa famille chassée par l'invasion française (1807). Quand son père rentra à Lisbonne (1821), il devint prince-régent du Brésil, dont il proclama l'indépendance et devint l'empereur (1822). Roi de Portugal à la mort de son père (1826), il laissa ce royaume à sa fille, Marie II. Mais il renonça à la Couronne brésilienne en 1831. En 1834, il reconquit au Portugal le pouvoir confisqué par son frère en 1828, et restaura sa fille Marie.

RUSSIE

Pierre Ier le Grand (Moscou 1672 - Saint-Pétersbourg 1725), tsar (1682-1725) et empereur (1721-1725) de Russie. Relégué à la campagne par la régente Sophie, Pierre investit Moscou avec ses troupes et oblige la régente à renoncer au pouvoir en 1689. Force de la nature, toujours avide de connaissances, il s'adonne avec des maîtres hollandais à la construction navale (1688-1693) et entreprend en 1697-1698 un voyage en Europe occidentale. À son retour, il se consacre avec un enthousiasme et une énergie exceptionnels à la modernisation et à l'occidentalisation de la Russie. Pragmatique, il accorde la priorité aux impératifs imposés par la guerre avec la Suède (1700-1721). Après la défaite que lui inflige Charles XII à Narva (1700), il réorganise sa cavalerie et son artillerie. Il constitue une armée régulière grâce à la conscription, introduite en 1705, avec laquelle il vainc à Poltava (1709) Charles XII, allié à l'hetman d'Ukraine, Mazepa, et occupe en 1710 Vyborg, la Carélie, Revel et Riga. À l'issue de la guerre du Nord, la Russie conserve ses conquêtes sur le littoral de la Baltique (traité de Nystadt, 1721). À l'intérieur, Pierre impose une occidentalisation rapide des mœurs et de la culture, et réforme profondément les institutions politiques, sociales et économiques de la Russie. Pour mettre en œuvre sa politique, il impose à la population une pression fiscale accrue et la mobilise dans l'armée ou la réquisitionne pour la construction des villes et canaux ou l'exploitation minière. Il dote la Russie d'une nouvelle capitale, Saint-Pétersbourg (1712), qui devient le siège des institutions qu'il crée : le Sénat, les collèges spécialisés, dont le Saint-Synode, chargé des affaires religieuses. Il transforme la Russie en un empire (1721), dont le gouvernement est confié à sa mort à Catherine Ire, son épouse.

SERBIE

Pierre Ier Karadjordjević (Belgrade 1844 - id. 1921), roi de Serbie (1903-1918), puis des Serbes, Croates et Slovènes (1918-1921). • **Pierre II Karadjordjević** (Belgrade 1923 - Los Angeles 1970), roi de Yougoslavie (1934-1945). Fils d'Alexandre Ier, réfugié à Londres en 1941, il ne put rentrer en Yougoslavie, où la république fut proclamée en 1945.

DIVERS

Pierre (Henri Grouès, dit l'abbé), prêtre français (Lyon 1912 - Paris 2007). Capucin, il fonde en 1949 l'association Emmaüs, destinée à aider les sans-logis, et se consacre à la défense des déshérités.

Pierre de Cortone (Pietro Berrettini, dit **Pietro da Cortona,** en fr.**)**, peintre et architecte italien (Cortona, prov. d'Arezzo, 1596 - Rome 1669). Héritier du maniérisme, il devint le grand maître, baroque, des décors commandés par l'Église et par la haute société (plafond du palais Barberini, 1636, coupole et voûte de S. Maria in Vallicella, etc.). La façade mouvementée de S. Maria della Pace (1656) illustre son œuvre bâti.

Pierre l'Ermite ou **Pierre d'Achères** ou **Pierre d'Amiens,** prédicateur (Amiens v. 1050 - Neufmoustier, près de Huy, 1115). Il réussit par son éloquence à lancer une croisade populaire en marge de la 1re croisade. Mais, totalement inorganisée, cette expédition fut anéantie par les Turcs en oct. 1096.

pierreries [pjɛrri] **n.f. pl.** Pierres précieuses et pierres fines taillées : *Une montre enrichie de pierreries* (syn. **gemme**).

pierreux, euse [pjerø, -øz] **adj. 1.** Couvert de pierres : *Un chemin pierreux* (syn. **rocailleux, caillouteux**). **2.** De la nature de la pierre : *Une concrétion pierreuse.*

pierrot [pjero] **n.m.** (de *Pierrot,* trad. de l'it. *Pedrolino,* personnage de la comédie italienne). Homme déguisé en Pierrot, personnage de la comédie italienne.

pietà [pjeta] **n.f.** (mot it. « pitié »). Tableau, sculpture représentant une Vierge de pitié*.

piétaille [pjetaj] **n.f.** (lat. pop. **peditalia,* de *pedes, peditis,* fantassin). **1.** VX. L'infanterie. **2.** Les petits ; les subalternes (péjor.) : *Mépriser la piétaille.*

piété [pjete] **n.f.** (lat. *pietas*). **1.** Attachement respectueux et fervent à Dieu et à la religion : *Croyant d'une piété fervente* (syn. **dévotion**). **2.** Affection déférente et tendre : *Piété filiale* (syn. **amour, vénération**).

piétement [pjetmɑ̃] **n.m.** (de *pied*). TECHN. Ensemble des pieds d'un meuble, d'un siège et des traverses qui les relient.

Pietermaritzburg, v. de l'Afrique du Sud, ch.-l. du Kwazulu-Natal ; 597 252 hab. Université. Centre industriel.

piétinement [pjetinmɑ̃] **n.m. 1.** Action de piétiner : *Le piétinement de la foule* (syn. **piaffement**). **2.** Bruit fait en piétinant : *Entendre un piétinement sourd.* **3.** Absence de progrès : *Le piétinement de l'économie* (syn. **stagnation**).

piétiner [pjetine] **v.i.** (de *piéter,* marcher). **1.** S'agiter en remuant vivement les pieds : *Piétiner d'impatience* (syn. **piaffer, trépigner**). **2.** Effectuer les mouvements de la marche en avançant très peu ou pas du tout : *Le cortège piétine* (= marque le pas). **3.** Ne faire aucun progrès ; ne pas avancer : *La négociation piétine* (syn. **stagner**). ◆ **v.t. 1.** Frapper avec les pieds de manière vive et répétée : *Piétiner le sol.* **2.** Malmener ; s'acharner contre : *Piétiner les lois* (syn. **transgresser, enfreindre**).

piétisme [pjetism] **n.m.** (mot all., du lat. *pietas,* piété). Mouvement religieux né dans l'Église luthérienne allemande du XVIIe s., mettant l'accent sur la nécessité de l'expérience religieuse individuelle. ◆ **piétiste adj.** et **n.** Qui concerne le piétisme ; qui le pratique.

1. piéton, onne [pjetɔ̃, -ɔn] **n.** (de *pied*). Personne qui va à pied : *Les trottoirs sont réservés aux piétons.*

2. piéton, onne [pjetɔ̃, -ɔn] et **piétonnier, ère** [pjetɔnje, -ɛr] **adj.** (de *1. piéton*). Réservé aux piétons ; des piétons : *Rue piétonne. Passage piétonnier.*

piètre [pjɛtr] **adj.** (lat. *pedester* [opposé à *chevalier*], qui va à pied, avec infl. de *pire*). SOUT. Qui est de peu de valeur ; très médiocre : *Un piètre écrivain* (syn. **minable**). *Une piètre consolation* (syn. **mince, maigre**).

piètrement [pjɛtrəmɑ̃] **adv.** SOUT. D'une piètre façon : *Symphonie piètrement interprétée* (syn. **médiocrement**).

Pietro da Cortona → Pierre de Cortone.

1. pieu [pjø] **n.m.** (forme picarde du pl. *peus,* de l'anc. fr. *pel,* lat. *palus*) [pl. *pieux*]. Pièce de bois, de métal, etc., pointue à une extrémité et destinée à être fichée dans le sol : *Les pieux d'une clôture* (syn. **piquet, poteau**).

2. pieu [pjø] **n.m.** (p.-ê. var. picarde de *peau*) [pl. *pieux*]. FAM. Lit.

pieusement [pjøzmɑ̃] **adv.** De façon pieuse : *Mourir pieusement* (syn. **religieusement**).

pieuvre [pjœvr] **n.f.** (mot normand, du lat. *polypus*). **1.** Mollusque céphalopode portant huit bras garnis de ventouses (tentacules), vivant dans les creux de rochers près des côtes et se nourrissant de crustacés, de mollusques (syn. **poulpe**). **2.** LITT. Personne avide, insatiable, qui accapare tout.

pieux, euse [pjø, -øz] **adj.** (anc. fr. *piu, pieu,* lat. *pius*). **1.** Qui a de la piété ; qui manifeste de la piété : *Une femme pieuse* (syn. **dévot**). **2. Un pieux mensonge,** un mensonge inspiré par la pitié, la générosité.

piézo-électrique [pjezɔelɛktrik] **adj.** (du gr. *piezein,* presser) [pl. *piézo-électriques*]. Se dit de la propriété qu'ont certains cristaux de voir apparaître à leur surface des charges électriques lorsqu'ils sont soumis à une contrainte mécanique ou, inversement, de se déformer lorsqu'on leur applique une tension électrique ; se dit d'un dispositif utilisant ces propriétés : *Le quartz est piézo-électrique.*

pif [pif] **n.m.** (rad. pop. *piff-*). **1.** FAM. Nez. **2. Au pif,** à vue de nez ; au hasard.

pifer ou **piffer** [pife] **v.t.** (de *pif*). FAM. (Surtout en tournure négative). Supporter : *Il ne peut pas la pifer.*

pifomètre [pifɔmɛtr] **n.m.** (de *pif*). **1.** FAM. Intuition ; flair. **2. Au pifomètre** à vue de nez ; au hasard.

Pigalle (Jean-Baptiste), sculpteur français (Paris 1714 - *id.* 1785). Il a pratiqué un art équilibré entre baroquisme et tradition classique (*Mercure attachant sa talonnière ;* mausolée de Maurice de Saxe à Strasbourg ; bustes).

1. pige [piʒ] **n.f.** (du lat. *pinsare,* fouler). **1.** Longueur arbitraire prise comme référence ; objet matériel (baguette, règle) servant d'unité de mesure. **2.** Mode de rémunération d'un journaliste payé à la ligne : *Travailler à la pige.*

2. pige [piʒ] **n.f.** (de *piger*). FAM. **Faire la pige à qqn** faire mieux que lui, le surpasser.

3. pige [piʒ] **n.f.** FAM. Année d'âge : *Elle a 30 piges* (syn. **an**).

pigeon [piʒɔ̃] **n.m.** (du lat. *pipio, -onis,* pigeonneau). **1.** Oiseau granivore au plumage diversement coloré selon les espèces, au bec droit, aux ailes courtes et larges, de mœurs sociales et parfois migratrices. ▸ Ordre des colombidés. Le pigeon roucoule. Les trois espèces représentées en Europe sont le *pigeon biset,* le *pigeon colombin* et le *pigeon ramier,* ou *palombe.* **2.** FAM. Homme naïf, facile à duper. **3. Pigeon vole,** jeu d'enfants qui consiste à dire rapidement si tel être ou tel objet vole. / **Pigeon voyageur,** qui revient à son nid quel que soit le lieu où on le lâche, très utilisé autref. pour le transport des messages.

pigeonnant, e [piʒɔnɑ̃, -ɑ̃t] **adj.** (de *pigeon*). Se dit d'un soutien-gorge qui maintient la poitrine haute et ronde, et de la poitrine ainsi maintenue.

pigeonne [piʒɔn] **n.f.** Femelle du pigeon.

pigeonneau [piʒɔno] **n.m.** Jeune pigeon.

pigeonnier [piʒɔnje] **n.m.** Petit bâtiment aménagé pour l'élevage des pigeons domestiques (syn. **colombier**).

piger [piʒe] **v.t.** (du lat. pop. **pedicus,* qui prend au piège [v. *piège*], propr. « attraper ») [conj. **17**]. FAM. Comprendre ; saisir : *Ne rien piger.*

pigiste [piʒist] **n.** Journaliste rémunéré à la pige : *Elle est pigiste dans un hebdomadaire.*

pigment [pigmɑ̃] **n.m.** (lat. *pigmentum*). **1.** Substance naturelle colorée produite par les organismes vivants, en partic. végétaux : *La chlorophylle, l'hémoglobine sont des pigments.* **2.** Substance insoluble dans l'eau et dans la plupart des milieux de suspension usuels, douée d'un pouvoir colorant élevé et destinée à donner une coloration superficielle au support sur lequel on l'applique : *Les pigments sont utilisés dans la préparation des peintures.*

pigmentation [pigmɑ̃tasjɔ̃] **n.f. 1.** Formation de pigments dans les tissus vivants, en partic. dans la peau : *La quantité de mélanine joue un rôle essentiel dans la pigmentation de la peau.* **2.** Action de colorer un produit avec un pigment : *Pigmentation d'un enduit.*

pigmenter [pigmɑ̃te] **v.t.** Colorer avec un pigment.

1. pignon [piɲɔ̃] **n.m.** (lat. pop. **pinnio, -onis,* class. *pinna,* créneau). **1.** Partie supérieure, en génér. triangulaire, d'un mur de bâtiment, parallèle aux fermes et portant les versants du toit : *Installer une antenne au pignon de la maison.* **2. Avoir pignon sur rue,** avoir une situation bien établie.

2. pignon [piɲɔ̃] **n.m.** (de *peigne*). **1.** La plus petite des roues dentées d'un engrenage cylindrique ou conique. **2.** Roue dentée située sur l'axe de la roue arrière d'une bicyclette (par opp. à *plateau*).

3. pignon [piɲɔ̃] **n.m.** (anc. prov. *pinhon,* cône de pin). Graine comestible du pin parasol (ou *pin pignon*).

pilaf [pilaf] **n.m.** (mot turc qui se rattache au persan *pûlâd, pôlâd,* riz bouilli). [Souvent en appos.]. Plat composé de riz au gras fortement assaisonné. (On dit aussi *riz pilaf.*)

pilastre [pilastr] **n.m.** (it. *pilastro,* du lat. *pila,* colonne). ARCHIT. Pilier rectangulaire engagé dans un mur, de faible saillie, auquel on donne les mêmes proportions et les mêmes ornements qu'aux colonnes.

Pilat *(mont),* massif de la bordure orientale du Massif central ; 1 432 m. Parc naturel régional (env. 65 000 ha).

Pilate (Ponce), procurateur romain de Judée de 26 à 36, mentionné dans les Évangiles comme ayant prononcé la sentence de mort contre Jésus. Il est alors représenté en train de se laver les mains en signe de non-responsabilité. Son administration dure et maladroite lui valut d'être démis de ses fonctions en Judée par le légat de Syrie.

Pilâtre de Rozier (François), chimiste et aéronaute français (Metz 1754 - Wimille, Pas-de-Calais, 1785). Il effectua, le 21 nov. 1783, avec le marquis d'Arlandes, le premier vol humain dans l'atmosphère, en montgolfière, entre le château de la Muette et la Butte-aux-Cailles. Il périt dans l'incendie de son aérostat lors d'une tentative de traversée de la Manche.

1. pile [pil] **n.f.** (anc. fr. *pille,* coin servant à frapper le revers d'une monnaie). **1.** Côté d'une pièce de monnaie portant génér. l'indication de la valeur de la pièce (par opp. à *face*). **2. Pile ou face,** jeu de hasard qui consiste à parier sur le côté que présentera, en retombant au sol, une pièce de monnaie jetée en l'air : *Jouer à pile ou face.*

2. pile [pil] **n.f.** (lat. *pila,* colonne). **1.** Amas, tas d'objets placés les uns sur les autres : *Une pile de bois* (syn. **tas**). *Une pile de disques.* **2.** Massif de maçonnerie soutenant les arches d'un pont. **3. Pile à combustible,** appareil qui transforme en énergie électrique l'énergie chimique d'un couple combustible-comburant, stocké à l'extérieur. / VIEILLI. **Pile atomique,** réacteur nucléaire. / **Pile électrique,** appareil transformant directement l'énergie développée dans une réaction chimique en énergie électrique (on dit aussi *une pile*).

3. pile [pil] **adv.** (de *1. pile*). **1.** FAM. Très exactement ; de façon précise : *À 9 heures pile.* **2. S'arrêter pile,** s'arrêter brusquement. / **Tomber pile,** arriver, survenir au bon moment : *Vous tombez pile, nous allions partir.* / **Tomber pile sur,** trouver exactement ce que l'on cherchait.

1. piler [pile] **v.t.** (bas lat. *pilare,* enfoncer). **1.** Broyer, réduire en poudre ou en très petits morceaux : *Piler des amandes* (syn. **écraser, pulvériser**). **2.** FAM. Infliger une défaite écrasante à qqn : *Je l'ai pilé au poker* (syn. **écraser**).

2. piler [pile] **v.i.** (de *3. pile*). FAM. Freiner brutalement : *Nous avons dû piler pour ne pas l'écraser.*

pileux, euse [pilø, -øz] **adj.** (lat. *pilosus*). Relatif aux poils, aux cheveux : *Système pileux peu fourni.*

pilier [pilje] **n.m.** (lat. pop. **pilare,* du class. *pila,* colonne). **1.** Support, massif de maçonnerie isolé, élevé pour recevoir une charge (syn. **colonne, pilastre**). **2.** MIN. Masse verticale de minerai laissée au milieu d'une exploitation pour empêcher les éboulements. **3.** Personne, chose qui sert de support à qqch, qui en assure la stabilité : *Vieux militants qui sont les piliers du parti* (syn. **défenseur, soutien**). **4.** Au rugby, chacun des deux avants de première ligne, qui encadrent le talonneur dans la mêlée. **5. Pilier de,** personne qui passe beaucoup de temps dans un lieu déterminé, qui n'en bouge guère : *Pilier de bar.*

pillage [pijaʒ] **n.m.** Action de piller ; dégâts qui en résultent : *Le pillage d'un magasin, d'une région* (syn. **saccage**).

pillard, e [pijar, -ard] **adj.** et **n.** Qui pille : *Soldats pillards.*

piller [pije] **v.t.** (de l'anc. fr. *p[e]ille,* chiffon, du lat. *pilleum,* bonnet). **1.** Dépouiller un lieu des biens, des richesses qui s'y trouvent, en usant de violence, en causant des destructions : *Piller une ville* (= mettre à sac) [syn. **saccager**]. *Piller un magasin* (syn. **dévaliser**). **2.** Voler par des détournements frauduleux : *Piller les deniers de l'État* (syn. **détourner, voler**). **3.** Plagier une œuvre, un auteur : *Piller un ouvrage scientifique, un historien* (syn. **démarquer**).

pilleur, euse [pijœr, -øz] **n.** Personne qui vole, qui pille.

Pillnitz *(déclaration de)* [27 août 1791], déclaration commune signée à Pillnitz (Saxe) par l'empereur germanique, Léopold II, et le roi de Prusse, Frédéric-Guillaume II, afin de lutter contre la menace que la Révolution faisait peser sur le trône de Louis XVI.

pillow-lava [pilolava] **n.f.** (angl. *pillow,* coussin, et *lava,* lave) [pl. *pillow-lavas*]. Lave basaltique de forme ellipsoïdale, résultant de l'émission de lave dans la mer.

pilon [pilɔ̃] **n.m.** (de *1. piler*). **1.** Instrument pour piler ou tasser, fouler une substance à la main dans un mortier ; lourde masse mue mécaniquement, destinée à un usage analogue : *Pilon à papier.* **2.** Partie inférieure d'une cuisse de volaille. **3.** FAM. Jambe de bois. **4. Mettre un livre au pilon,** en détruire les exemplaires invendus.

Pilon (Germain), sculpteur français (Paris v. 1528 - *id.* 1590). Tempérament puissant, à la fois réaliste et maniériste, il est l'auteur du tombeau d'Henri II et de Catherine de Médicis à Saint-Denis, du priant de René de Birague (bronze, Louvre), d'un *Christ ressuscité* (marbre, Louvre), d'une *Vierge de douleur* et de remarquables médailles.

pilonnage [pilɔnaʒ] **n.m.** Action de pilonner.

pilonner [pilɔne] **v.t.** (de *pilon*). **1.** Écraser, broyer au pilon. **2.** Mettre un livre au pilon. **3.** Soumettre à un bombardement intensif : *Pilonner une position.*

pilori [pilɔri] **n.m.** (lat. médiév. *pilorium,* de *pila,* pilier, ou du prov. *espelori*). **1.** Tourelle à étage ou poteau où étaient exposés, en signe d'infamie, certains délinquants, sous l'Ancien Régime. **2. Mettre, clouer au pilori,** signaler à l'indignation publique.

pilo-sébacé, e [pilɔsebase] **adj.** (pl. *pilo-sébacés, es*). ANAT. Relatif au poil et à la glande sébacée qui lui est annexée.

pilosité [pilɔzite] **n.f.** PHYSIOL. Revêtement que forment les poils sur la peau.

pilotage [pilɔtaʒ] **n.m.** Action, art de piloter : *Le pilotage d'un avion.*

1. pilote [pilɔt] **n.** (it. *piloto, pedoto* du gr. byzantin *opêdotês,* de *pêdon,* gouvernail). **1.** Personne qui conduit un avion, une voiture de course, etc. : *Passer son brevet de pilote dans un aéro-club.* **2.** Professionnel qualifié qui guide les navires dans les passages difficiles, à l'entrée des ports. **3.** Personne qui sert de guide : *Servir de pilote à qqn dans une ville* (syn. litt. **cicérone**). **4.** (En appos. avec ou sans trait d'union). Qui sert de modèle, qui ouvre la voie : *Une classe-pilote. Des industries pilotes.* **5. Pilote de chasse,** pilote militaire chargé d'exécuter une mission de combat à bord d'un avion armé. / **Pilote de ligne,** professionnel chargé de la conduite d'un avion sur une ligne commerciale. / **Pilote d'essai,** professionnel chargé de vérifier en vol les performances et la résistance d'un nouvel avion.

2. pilote [pilɔt] **n.m. 1.** Petit poisson des mers chaudes et tempérées qui suit les navires et passait autref. pour guider les requins. **2.** Prototype d'un journal, d'un magazine, d'une émission de télévision : *Le pilote d'une série télévisée* (= le premier épisode). [Pour une publication, on dit aussi *numéro zéro.*] **3.** INFORM. Petit module logiciel qui contrôle un périphérique. **4. Pilote automatique,** dispositif, génér. doté d'un gyroscope, qui permet la conduite d'un avion sans intervention de l'équipage ; dispositif mécanique ou électronique qui assure à un bateau la conservation d'un cap fixé, sans intervention humaine.

piloter [pilɔte] **v.t. 1.** Conduire un avion, une voiture, un navire, etc., en tant que pilote. **2.** Guider une ou plusieurs personnes dans une ville, un musée, etc. : *Piloter des touristes dans Paris.*

pilotis [pilɔti] **n.m.** (de *pilot,* pieu, de *2. pile*). Ensemble de gros pieux de bois à pointe ferrée *(pilots)* qu'on enfonce dans un sol peu consistant ou qui sont immergés pour soutenir une construction : *Maison bâtie sur pilotis.*

pilou [pilu] **n.m.** (de l'anc. fr. *peloux,* poilu, lat. *pilosus*). Tissu de coton pelucheux : *Pyjama de pilou.*

Piłsudski (Józef), maréchal et chef d'État polonais (Zulowo 1867 - Varsovie 1935). Il joua un rôle déterminant dans la restauration de la Pologne en tant que chef de l'État (1919-1922) et commandant en chef de l'armée. Il reprit le pouvoir en 1926 à la suite d'un coup d'État et, véritable maître du pays, pratiqua à partir de 1930 une politique dictatoriale.

pilule [pilyl] **n.f.** (lat. *pilula,* dimin. de *pila,* boule). **1.** Médicament de forme sphérique, destiné à être avalé. **2.** (Précédé de l'art. déf.). Contraceptif oral : *Prendre la pilule.* **3.** FAM. **Avaler la pilule,** supporter une chose pénible sans protester. / FAM. **Dorer la pilule à qqn,** présenter à qqn une chose désagréable sous des dehors avantageux, pour la lui faire accepter.

pimbêche [pɛ̃bɛʃ] **n.f.** (orig. incert., p.-ê. altér. d'un anc. *pince-bêche,* de *pincer* et *bêcher,* donner des coups de bec). FAM. Jeune fille ou femme prétentieuse, qui fait des manières (syn. **mijaurée**).

piment [pimɑ̃] **n.m.** (lat. *pigmentum,* drogue, et en bas lat. « aromate »). **1.** Plante annuelle, dont il existe plusieurs espèces et variétés, cultivées pour leurs fruits, le *piment rouge* ou *brûlant,* qui est utilisé comme épice, et le *piment doux,* ou *poivron.* ▸ Famille des solanacées. **2.** Ce qui met, ajoute un élément piquant ou licencieux à qqch : *Ce quiproquo a mis du piment dans l'affaire* (syn. **piquant, sel**).

pimenter [pimɑ̃te] **v.t. 1.** Assaisonner de piment : *Pimenter une sauce* (syn. **épicer**). **2.** Rendre excitant, plus intéressant : *Pimenter un récit d'anecdotes croustillantes.*

pimpant, e [pɛ̃pɑ̃, -ɑ̃t] **adj.** (de l'anc. fr. *pimper,* enjôler, anc. prov. *pimpar,* parer, d'un rad. expressif *pimp-*). Qui a un air de fraîcheur et d'élégance : *Une toilette pimpante* (syn. **coquet**).

pin [pɛ̃] **n.m.** (lat. *pinus*). Conifère à feuilles en aiguilles, insérées le plus souvent par deux, et dont le bois est très employé en menuiserie, en charpente, etc. : *Pin sylvestre, maritime, parasol. Pin d'Autriche.* ▸ Famille des pinacées. Le pin peut atteindre 50 m de hauteur ; son fruit (la pomme de pin) est un cône d'écailles lignifiées qui s'entrouvre à maturité pour laisser échapper ses graines.

pinacle [pinakl] **n.m.** (lat. ecclés. *pinnaculum,* de *pinna,* créneau). **1.** ARCHIT. Couronnement conique d'une culée, dans l'architecture gothique. **2. Porter au pinacle,** placer très haut, faire un très grand éloge de : *Porter un auteur au pinacle* (= le mettre sur un piédestal).

pinacothèque [pinakɔtɛk] **n.f.** (lat. *pinacotheca,* du gr. *pinax, -akos,* tableau). Musée de peinture.

pinaillage [pinajaʒ] **n.m.** FAM. Action de pinailler.

pinailler [pinaje] **v.i.** (orig. incert., p.-ê. de l'anc. fr. *épinocher,* s'occuper à des bagatelles). FAM. Critiquer, ergoter sur des questions de détail : *À force de pinailler, il ne finira jamais son travail à temps.*

pinailleur, euse [pinajœr, -øz] **n.** et **adj.** FAM. Personne qui pinaille.

pinard [pinar] **n.m.** (de *pinot,* n. d'un cépage). ARG. Vin.

Pinay (Antoine), homme politique français (Saint-Symphorien-sur-Coise, Rhône, 1891 - Saint-Chamond, Loire, 1994). Président du Conseil et ministre des Finances (1952), il prit d'importantes mesures (dont l'émission d'un emprunt indexé sur l'or) pour stabiliser les prix. De nouveau ministre des Finances (1958-1960), il dévalua le franc et procéda à l'institution du franc lourd.

pince [pɛ̃s] **n.f.** (de *pincer*). **1.** Outil à branches articulées dont les extrémités, plates ou rondes, servent à saisir, à tenir qqch : *Pince de menuisier, de chirurgien.* **2.** Dispositif à deux branches pour pincer : *Pince à épiler. Pince à linge.* **3.** Pied-de-biche. **4.** Extrémité des grosses pattes de certains crustacés : *Pince de crabe.* **5.** FAM. Main : *Se serrer la pince.* **6.** Devant du sabot d'un cheval. **7.** Incisive médiane des mammifères herbivores. **8.** COUT. Pli cousu sur l'envers d'un vêtement pour l'ajuster plus près du corps : *Faire des pinces à la taille d'une veste.* **9. Pince universelle,** pince réunissant plusieurs fonctions (pince plate, pince coupante, pince à tubes).

pincé, e [pɛ̃se] **adj.** (de *pincer*). **1.** Qui exprime du dédain, de la froideur : *Prendre des airs pincés* (syn. **hautain**). **2. Avoir les lèvres pincées,** avoir des lèvres minces et serrées.

pinceau [pɛ̃so] **n.m.** (lat. pop. **penicellus,* du class. *penicillus,* de *penis,* queue). **1.** Instrument formé d'un assemblage serré de poils ou de fibres fixé à l'extrémité d'un manche, utilisé pour peindre, pour coller, etc. **2.** Faisceau lumineux de faible ouverture : *Un pinceau de lumière.* **3.** FAM. Pied ; jambe : *S'emmêler les pinceaux.*

pincée [pɛ̃se] **n.f.** (de *pincer*). Petite quantité d'une matière poudreuse ou granulée, que l'on peut prendre entre deux ou trois doigts : *Une pincée de sel.*

pincement [pɛ̃smɑ̃] **n.m. 1.** Action de pincer : *Le pincement des cordes d'un violon.* **2.** ARBOR. Suppression des bourgeons ou de l'extrémité des rameaux pour faire refluer la sève sur d'autres parties du végétal. (On dit aussi *pinçage.*) **3. Pincement au cœur,** sensation passagère de peur, d'anxiété ou de tristesse que l'on ressent notamm. à l'annonce d'une mauvaise nouvelle (syn. **serrement**).

pince-monseigneur [pɛ̃smɔ̃seɲœr] **n.f.** (pl. *pinces-monseigneur*). Levier court aux extrémités aplaties, utilisé notamm. par les cambrioleurs pour forcer les portes.

pince-nez [pɛ̃sne] **n.m. inv.** VIEILLI. Lorgnon qui tient sur le nez grâce à un ressort.

pincer [pɛ̃se] **v.t.** (lat. pop. **pinctiare,* croisement entre **punctiare,* de *punctus,* point, et *piccare,* piquer ou d'un rad. expressif *pints-*) [conj. **16**]. **1.** Presser, serrer plus ou moins fort qqch entre ses doigts : *Pincer la joue de qqn.* **2.** Donner une sensation de pincement : *Le froid leur pinçait les joues* (syn. **mordre, piquer**). **3.** ARBOR. Opérer le pincement de : *Pincer la vigne.* **4.** Serrer étroitement : *La porte lui a pincé un doigt* (syn. **coincer**). **5.** FAM. Prendre sur le fait ; arrêter : *Pincer un voleur.* **6.** FAM. **Ça pince,** il fait très froid. / FAM. **En pincer pour qqn,** être amoureux de qqn. / **Pincer les lèvres,** les rapprocher en serrant.

pince-sans-rire [pɛ̃ssɑ̃rir] **n. inv.** (de *pincer*). Personne qui fait ou dit qqch de drôle, ou qui se moque de qqn, en restant impassible.

pincette [pɛ̃sɛt] **n.f. 1.** (Surtout au pl.). Ustensile à deux branches pour attiser le feu. **2.** Petite pince à deux branches pour les travaux minutieux : *Pincette de bijoutier.* **3.** FAM. **N'être pas à prendre avec des pincettes,** être de très mauvaise humeur.

Pincevent, site préhistorique de la vallée de la Seine (commune de Montereau, Seine-et-Marne). Découvert en 1964, il a été l'objet de fouilles actives sous la conduite de A. Leroi-Gourhan. C'est l'un des principaux campements magdaléniens de l'Europe. Des chasseurs venaient y guetter les troupeaux de rennes qui franchissaient le gué de la Seine. Des ateliers de débitage des rognons de silex ont été retrouvés ; il s'agit d'un outillage du magdalénien relativement récent. L'organisation de l'espace et la vie quotidienne de ces groupes paléolithiques (X[e] millénaire) ont pu être reconstituées (traces des tentes et des foyers ; déchets osseux). Pincevent est devenu un centre de recherches archéologiques auquel est adjoint un musée.

pinçon [pɛ̃sɔ̃] **n.m.** Marque que l'on garde sur la peau lorsque celle-ci a été pincée.

Pindare, poète grec (Cynoscéphales 518 - Argos ? 438 av. J.-C.). Ses poésies appartiennent à tous les genres du lyrisme choral et développent, à travers des récits mythiques, une vérité religieuse et morale. Le seul recueil qui nous soit parvenu intact est celui des *Épinicies.*

Pinde (le), massif montagneux de la Grèce occidentale ; 2 636 m.

pineau [pino] **n.m.** (n. d'un cépage, de *pin,* en raison de la forme d'une grappe). Vin de liqueur charentais, obtenu en ajoutant du cognac au jus de raisin.

pinède [pinɛd] **n.f.** (prov. *pinedo,* lat. *pinetum*). Bois de pins. (On dit parfois *pineraie* ou *pinière.*)

Pinel (Philippe), médecin français (près de Gibrondes, auj. Jonquières, Tarn, 1745 - Paris 1826), fondateur de la psychiatrie moderne. Il considéra l'aliénation mentale comme une maladie au sens des maladies organiques et préconisa le placement de l'aliéné en institution.

Pinget (Robert), écrivain français (Genève 1919 - Tours 1997). Il est l'un des représentants du « nouveau roman » (*Graal Flibuste,* 1956 ; *la Manivelle,* 1986).

pingouin [pɛ̃gwɛ̃] **n.m.** (angl. *penguin,* d'orig. obsc.). Oiseau des mers arctiques, piscivore, à pieds palmés, qui niche sur les côtes de l'Europe occidentale. ▸ Long. 40 cm ; famille des alcidés.

ping-pong [piŋpɔ̃g] **n.m.** (anc. nom déposé ; d'orig. onomat.) [pl. *ping-pongs*]. ⟶ Tennis* de table : *Jouer au ping-pong.*

pingre [pɛ̃gr] **n.** et **adj.** (autref. n. propre, d'orig. obsc.). FAM. Personne d'une avarice sordide (syn. **avare,** litt. **ladre**).

pingrerie [pɛ̃grəri] **n.f.** Avarice sordide et mesquine (syn. litt. **ladrerie**).

pinnipède [pinipɛd] **n.m.** (du lat. *pinna,* nageoire). **Pinnipèdes,** ordre de mammifères carnivores adaptés à la vie marine (pattes transformées en nageoires, corps en fuseau), tels que le phoque, le morse, l'otarie.

Pinochet Ugarte (Augusto), général et homme politique chilien (Valparaíso 1915 - Santiago 2006). Commandant en chef des forces armées (1973), il prend la tête de la junte militaire qui renverse Allende en 1973 et instaure un régime dictatorial. Nommé président de la République en 1974, il achève son mandat en 1990, mais reste commandant en chef de l'armée de terre jusqu'en 1998. Arrêté en oct. 1998 lors d'un séjour à Londres, sur la requête de juges espagnols, il est libéré pour raisons de santé en mars 2000 et retourne au Chili. Il est inculpé par la justice de son pays en 2001, mais bénéficie l'année suivante d'un non-lieu pour sénilité. Il meurt sans avoir été jugé.

pin's [pins] **n.m. inv.** (de l'angl. *pin,* épingle). Petit badge métallique muni d'une pointe, qui se fixe à un embout à travers un vêtement. (Recomm. off. *épinglette.*)

pinson [pɛ̃sɔ̃] **n.m.** (lat. pop. **pincio,* d'orig. gaul.). **1.** Oiseau passereau d'Europe et d'Asie, à plumage bleu et verdâtre coupé de noir, à la gorge rouge. ▸ Le pinson ramage ; famille des fringillidés. **2. Gai comme un pinson,** très gai.

pintade [pɛ̃tad] **n.f.** (port. *pintada,* tachetée, de *pintar,* peindre). Oiseau gallinacé au plumage sombre, originaire d'Afrique. ▸ La pintade criaille.

pintadeau [pɛ̃tado] **n.m.** Jeune pintade.

pinte [pɛ̃t] **n.f.** (lat. pop. **pincta,* [mesure] peinte, marquée, du class. *picta,* de *pingere,* peindre). **1.** Unité de mesure de capacité, valant 0,568 litre en Grande-Bretagne et 0,47 litre aux États-Unis. **2.** Anc. mesure française de capacité pour les liquides, qui valait 0,93 litre ; récipient de cette capacité. **3.** CAN. Anc. mesure de capacité valant 1,136 litre. **4.** QUÉBÉC., FAM. Récipient d'un litre.

Pinter (Harold), acteur et auteur dramatique britannique (Londres 1930 - *id.* 2008). Ses pièces (*le Gardien,* 1960 ; *la Collection,* 1962 ; *le Retour,* 1965 ; *Célébration,* 2000), qui dénoncent la difficulté de communiquer avec autrui dans le monde moderne, illustrent le « théâtre de l'absurde ». (Prix Nobel 2005.)

pin-up [pinœp] **n.f. inv.** (de l'angl. *to pin up,* épingler au mur). **1.** Jolie fille peu vêtue dont on épingle la photo au mur. **2.** Toute jolie fille au charme sensuel.

pinyin [pinjin] **n.m.** (mot chin.). Système de transcription phonétique des idéogrammes chinois, adopté en République populaire de Chine depuis 1958.

pioche [pjɔʃ] **n.f.** (de *pic,* prononcé *pi,* avec le suff. pop. *-oche*). **1.** Outil formé d'un fer, muni d'un manche, et servant à creuser la terre et à défoncer. **2.** Tas de cartes ou de dominos dans lequel on puise à certains jeux ; action d'y puiser ; ce qu'on y puise : *Bonne, mauvaise pioche.* **3.** *FAM.* **Tête de pioche,** personne très têtue.

piocher [pjɔʃe] **v.t. 1.** Creuser, remuer la terre avec une pioche. **2.** Puiser dans un tas.

piolet [pjɔlɛ] **n.m.** (piémontais *piola,* hache). Canne d'alpiniste ferrée à un bout et munie d'un petit fer de pioche à l'autre, utilisée pour les courses de neige et de glace.

1. pion [pjɔ̃] **n.m.** (bas lat. *pedo, pedonis,* fantassin). **1.** Chacune des huit plus petites pièces du jeu d'échecs. **2.** Chacune des pièces du jeu de dames. **3. N'être qu'un pion sur l'échiquier,** jouer un rôle mineur ; avoir peu de liberté d'action.

2. pion, pionne [pjɔ̃, pjɔn] **n.** (de *1. pion*). *ARG. SCOL.* Surveillant.

pionnier, ère [pjɔnje, -ɛr] **n.** (angl. *pioneer,* d'orig. fr.). **1.** Personne qui ouvre la voie dans un certain domaine : *Une pionnière de la biologie. Les pionniers de l'espace.* **2.** Personne qui part défricher des contrées inhabitées : *Les pionniers de l'Ouest américain.* **3.** HIST. En URSS, enfant ou adolescent qui appartenait à une organisation éducative contrôlée par l'État.

pioupiou [pjupju] **n.m.** (d'une onomat. enfantine désignant les poussins). *FAM., VIEILLI.* Jeune soldat.

pipe [pip] **n.f.** (de *piper*). **1.** Objet formé d'un fourneau et d'un tuyau, servant à fumer ; son contenu : *Bourrer sa pipe. Fumer la pipe.* **2.** Tuyau ; conduit : *Pipe d'aération.* **3.** *FAM.* **Casser sa pipe,** mourir. / *FAM.* **Nom d'une pipe,** juron qui sert à exprimer la surprise ou l'indignation. / *FAM.* **Par tête de pipe,** par personne : *20 euros par tête de pipe.*

pipeau [pipo] **n.m.** (dimin. de *pipe*). **1.** Petite flûte à bec à six trous : *Jouer du pipeau.* **2.** CHASSE. Appeau. **3.** *FAM.* **C'est du pipeau,** c'est sans intérêt, cela ne mérite aucune considération : *Dites ce que vous voulez, tout ça c'est du pipeau* (= c'est du vent).

pipelet, ette [piplɛ, -ɛt] **n.** (n. d'un personnage des *Mystères de Paris,* d'Eugène Sue). *FAM.* (Surtout au fém.). Personne bavarde, qui aime les potins : *Quel pipelet, celui-là !*

pipeline ou **pipe-line** [piplin] ou [pajplajn] **n.m.** (mot angl., de *pipe,* tuyau, et *line,* ligne) [pl. *pipelines* ou *pipe-lines*]. Canalisation pour le transport à distance de liquides, notamm. de pétrole *(oléoduc)* ou de gaz *(gazoduc).*

piper [pipe] **v.t.** (lat. pop. **pippare,* class. *pipare,* glousser). *FAM.* **Ne pas piper mot, ne pas piper,** garder le silence. / **Piper les dés, les cartes,** les truquer.

piperade [piperad] **n.f.** (béarnais *piper,* poivron, mot lat. « poivre »). Spécialité basque composée de poivrons cuits, de tomates et d'œufs battus en omelette.

pipette [pipɛt] **n.f.** (dimin. de *pipe*). Petit tube pour prélever un liquide : *Pipette graduée.*

pipi [pipi] **n.m.** (redoublement enfantin de la première syllabe de *pisser*). *FAM.* Urine : *Faire pipi* (= uriner).

pipistrelle [pipistrɛl] **n.f.** (it. *pipistrello,* altér. de *vipistrello,* du lat. *vespertilio,* oiseau de nuit, de *vesper,* soir). Petite chauve-souris commune en France.

piquage [pikaʒ] **n.m.** Action de piquer à la machine à coudre.

piquant, e [pikɑ̃, -ɑ̃t] **adj. 1.** Qui pique : *Barbe piquante.* **2.** *LITT.* Qui provoque l'intérêt, excite la curiosité : *Détail piquant* (syn. **croustillant, pittoresque**). ◆ **piquant n.m. 1.** Épine d'une plante : *Les piquants d'un cactus.* **2.** *LITT.* Attrait, agrément, cocasserie de qqch : *Le piquant de la situation, c'est qu'il ne se doutait de rien* (syn. **piment, sel**).

1. pique [pik] **n.f.** (néerl. *pike*). **1.** Arme ancienne composée d'un fer plat et pointu placé au bout d'une hampe de bois. **2.** *FAM.* **Lancer des piques à qqn,** faire à qqn des réflexions blessantes ou méchantes.

2. pique [pik] **n.m.** (de *1. pique*). JEUX. Une des quatre couleurs du jeu de cartes français, dont la marque est un fer de pique noir stylisé ; carte de cette couleur : *L'as de pique. Avoir deux piques en main.*

1. piqué, e [pike] **adj. 1.** Cousu par un point de couture : *Ourlet mal piqué.* **2.** Marqué de petits trous, de petites taches : *Ce coffre est piqué par les vers* (syn. **vermoulu**). **3.** Se dit d'une boisson devenue aigre au goût : *Le vin est piqué.* **4.** *FAM.* Se dit d'une personne un peu folle. **5.** *FAM.* **Ce n'est pas piqué des vers, des hannetons,** ce n'est vraiment pas banal, c'est très étonnant. / MUS. **Note piquée,** note attaquée de manière incisive et détachée avec vivacité.

2. piqué [pike] **n.m.** (de *piquer*). **1.** Étoffe de coton formée de deux tissus appliqués l'un sur l'autre et unis par des points formant des dessins : *Un col de piqué blanc.* **2.** CHORÉGR. Mouvement qui consiste à faire passer le poids du corps d'un pied sur l'autre en étant sur la pointe ou la demi-pointe. **3.** PHOT. Qualité d'une image bien contrastée et qui restitue le maximum de détails. **4.** AÉRON. Mouvement, trajectoire d'un avion qui pique : *Faire un piqué. Bombardement en piqué.*

pique-assiette [pikasjɛt] **n.** (pl. *pique-assiettes* ou inv.). *FAM.* Personne qui a l'habitude de se faire nourrir par les autres (syn. **parasite**).

pique-feu [pikfø] **n.m. inv.** Tisonnier.

pique-fleur ou **pique-fleurs** [pikflœr] **n.m.** (pl. *pique-fleurs*). Objet servant à maintenir en place les fleurs dans un vase, ou qui constitue lui-même un vase.

pique-nique [piknik] **n.m.** (de *piquer* et *nique,* petite chose sans valeur) [pl. *pique-niques*]. Repas pris en plein air, au cours d'une promenade : *Un pique-nique en forêt.*

pique-niquer [piknike] **v.i.** Faire un pique-nique.

pique-niqueur, euse [piknikœr, -øz] **n.** (pl. *pique-niqueurs, euses*). Personne qui pique-nique.

piquer [pike] **v.t.** (lat. pop. **pikkare,* d'orig. onomat. préromane). **1.** Percer la peau avec qqch de pointu : *Piquer son doigt avec une épingle.* **2.** Enfoncer par la pointe : *Piquer une aiguille dans une pelote* (syn. **ficher, planter**). **3.** Injecter un produit par une piqûre : *Faire piquer un chat contre la rage.* **4.** Faire à un animal une piqûre entraînant la mort : *Ils ont fait piquer leur chien.* **5.** Enfoncer son dard, son aiguillon dans la peau, en parlant d'un insecte ou (abusif) d'un serpent : *Une guêpe m'a piqué.* **6.** Parsemer de petits trous, en parlant d'un insecte : *Les vers piquent le bois* (syn. **attaquer, ronger**). **7.** Parsemer de taches d'humidité : *L'humidité pique le papier, le linge* (syn. **moucheter, tacheter**). **8.** Fixer avec une pointe : *Piquer un papillon sur une planche* (syn. **épingler**). **9.** Prendre avec qqch de pointu : *Piquer une olive avec une fourchette.* **10.** Larder de la viande : *Piquer d'ail un gigot.* **11.** Coudre des étoffes ensemble à la main ou à la machine : *La robe est bâtie, il reste à la piquer.* **12.** Produire une sensation âpre au goût ou à l'odorat, ou aiguë sur la peau : *Cette moutarde pique la langue* (syn. **irriter**). *Le froid pique la peau* (syn. **pincer**). **13.** *LITT.* Exciter un sentiment : *Piquer l'amour-propre, la curiosité de qqn* (syn. **aiguillonner, attiser**). **14.** *FAM.* Voler : *Qui m'a piqué mon stylo ?* (syn. **dérober**). **15.** *FAM.* Prendre qqn sur le fait ; l'arrêter : *Piquer un élève en train de copier* (syn. **attraper**). *Il s'est fait piquer par la police à l'aéroport* (syn. **appréhender**). **16. Piquer qqn au vif,** irriter son amour-propre. / **Piquer une crise, une colère,** avoir une crise, une colère subite. / *FAM.* **Piquer un fard → fard.** ◆ **v.i. 1.** En parlant d'une boisson, commencer à aigrir : *Ce vin pique.* **2.** AÉRON. Effectuer une descente suivant une trajectoire de très forte pente. **3. Piquer du nez,** pencher vers l'avant. ◆ **se piquer v.pr. 1.** Se faire une piqûre : *Se piquer avec une épine.* **2.** *FAM.* S'injecter de la drogue. **3.** *LITT.* Se fâcher : *Il se pique pour un rien* (syn. **se froisser, se vexer**). **4. Se piquer au jeu,** prendre intérêt à qqch que l'on avait entrepris sans ardeur. / *SOUT.* **Se piquer de qqch,** prétendre être connaisseur dans un certain domaine et en tirer vanité : *Se piquer de musique, de théâtre.*

1. piquet [pikɛ] **n.m.** (de *piquer*). **1.** Petit pieu destiné à être enfoncé dans la terre : *Planter un piquet avec un mail-*

let. **2.** *VIEILLI.* **Mettre un enfant au piquet,** le punir en l'envoyant au coin dans une classe. / **Piquet de grève,** groupe de grévistes qui, sur le lieu de travail, assurent l'exécution des consignes de grève. / **Piquet d'incendie,** détachement de soldats formés pour la lutte contre le feu.

2. piquet [pikɛ] **n.m.** (orig. incert., p.-ê. de *piquer*). Jeu qui se jouait à deux avec trente-deux cartes

piquetage [piktaʒ] **n.m. 1.** Action de piqueter. **2.** *QUÉBÉC.* **Faire du piquetage,** manifester collectivement à l'occasion d'une grève, aux abords de son lieu de travail.

piqueter [pikte] **v.t.** (de *1. piquet*) [conj. **27**]. **1.** Tacheter de petits points isolés : *Des étoiles piquetaient le ciel noir* (syn. **moucheter**). **2.** Marquer le tracé d'une route au moyen de piquets. ◆ **v.i.** *QUÉBÉC.* Faire du piquetage.

piquette [pikɛt] **n.f.** (de *piquer*). **1.** Boisson que l'on obtient en jetant de l'eau sur du marc de raisin ou sur d'autres fruits sucrés et en laissant fermenter. **2.** *FAM.* Mauvais vin.

1. piqueur, euse [pikœr, -øz] **adj.** ZOOL. Se dit des organes propres à piquer, des animaux possédant de tels organes : *Insecte piqueur.*

2. piqueur, euse [pikœr, -øz] **n. 1.** Personne qui pique à la machine. **2.** Personne qui s'occupe des écuries dans un manège. **3.** VÉN. Valet de chiens qui suit à cheval la bête poursuivie par la meute.

piqûre [pikyr] **n.f. 1.** Petite plaie produite par un instrument pointu ou faite par un insecte, un serpent (abusif), etc. **2.** Introduction dans l'organisme d'une aiguille creuse *(injection, ponction)* ou pleine *(acupuncture)* dans un but thérapeutique ou diagnostique. **3.** Trou laissé dans un matériau par un insecte (syn. **vermoulure**). **4.** Tache d'humidité sur du papier. **5.** Sensation produite par qqch d'urticant : *Piqûre d'ortie.* **6.** COUT. Série de points serrés réunissant deux tissus.

Pirandello (Luigi), écrivain italien (Girgenti, auj. Agrigente, 1867 - Rome 1936). Son théâtre fut, avant celui de Brecht, l'entreprise la plus systématique de renouvellement de la dramaturgie moderne. Dans ses pièces étranges et tourmentées, il exprime la complexité de la personnalité humaine, sans cesse brisée en mille facettes, divisée en opinions contradictoires et finalement insaisissable (*Chacun sa vérité,* 1917 ; *Six Personnages en quête d'auteur,* 1921 ; *Henri IV,* 1922 ; *Ce soir, on improvise,* 1930). [Prix Nobel 1934.]

Piranèse (Giovanni Battista Piranesi, dit en fr.**),** graveur et architecte italien (Mogliano Veneto, près de Venise, 1720 - Rome 1778). Il est l'auteur de plus de deux mille eaux-fortes (*Prisons, Antiquités de Rome,* etc.), d'un caractère souvent visionnaire, dont s'inspirèrent les artistes néoclassiques, mais qui font également de lui un précurseur du romantisme.

piranha [piraɲa] **n.m.** (mot port., d'orig. tupi). Petit poisson carnassier très vorace, qui vit en bandes dans les eaux douces d'Amazonie.

piratage [pirataʒ] **n.m.** Action de pirater.

pirate [pirat] **n.m.** (lat. *pirata,* du gr. *peiratês*). **1.** Bandit parcourant les mers pour piller. **2.** Homme d'affaires cupide et sans scrupules : *Les pirates de la finance* (syn. **requin**). **3.** INFORM. Personne qui s'introduit dans un système ou un réseau informatique souvent à des fins malveillantes (syn. anglic. déconseillé **crackeur**). **4. Pirate de l'air,** personne qui, sous la menace, détourne un avion en vol. ◆ **adj.** Clandestin ; illicite : *Une radio pirate.*

pirater [pirate] **v.t. 1.** Reproduire une œuvre sans payer les droits de reproduction : *Pirater un enregistrement.* **2.** INFORM. Accéder par effraction à un système informatique en vue d'en copier, d'en modifier ou d'en détériorer le contenu. **3.** *FAM.* Escroquer ; voler. ◆ **v.i.** Se livrer à la piraterie.

piraterie [piratri] **n.f. 1.** Crime, actes de déprédation commis en mer contre un navire, son équipage ou sa cargaison. **2.** INFORM. Action de pirater. **3.** Vol effronté ; escroquerie. **4. Piraterie aérienne,** détournement illicite d'un avion par une ou par plusieurs personnes se trouvant à bord. / **Piraterie commerciale,** imitation frauduleuse de produits de grande marque.

Pirates *(Côte des),* nom français des *Trucial States,* auj. *Émirats arabes unis.*

pire [pir] **adj.** (lat. *pejor,* comparatif de *malus,* mauvais). **1.** Comparatif de *mauvais : Il est devenu pire qu'avant.* **2.** Précédé de l'art. déf. ou d'un adj. poss., superlatif de *mauvais : C'est la pire des catastrophes. Voici votre pire ennemi.* ◆ **n.m. 1.** Ce qu'il y a de plus mauvais, de plus regrettable : *Les époux sont unis pour le meilleur et pour le pire.* **2. Pratiquer la politique du pire,** provoquer une aggravation de la situation pour en tirer parti.

Pirée (Le), port et banlieue industrielle d'Athènes ; 163 688 hab. Le Pirée devint à l'époque des guerres médiques (Vᵉ s. av. J.-C.) le principal port d'Athènes, à laquelle il était relié par un système défensif, les Longs Murs.

pirogue [pirɔg] **n.f.** (esp. *piragua,* mot caraïbe). Embarcation légère d'Amérique, d'Afrique et d'Océanie, de forme allongée, propulsée à la voile ou à la pagaie.

piroguier [pirɔgje] **n.m.** Conducteur de pirogue.

pirouette [pirwɛt] **n.f.** (d'un rad. *pir-,* cheville, d'orig. gr., *p[e]irô,* je transperce). **1.** Tour complet qu'on fait sur la pointe ou le talon d'un seul pied, sans changer de place : *Faire une pirouette* (syn. **virevolte**). **2.** CHORÉGR. Tour entier que les danseurs effectuent sur eux-mêmes en prenant leur jambe d'appui comme pivot. **3.** Changement brusque d'opinion : *Les pirouettes d'un politicien* (syn. **revirement, volte-face**). **4. S'en tirer par une pirouette,** éviter une question embarrassante en répondant à côté.

pirouetter [pirwɛte] **v.i. 1.** Tourner sur soi-même : *Pirouetter sur ses talons.* **2.** CHORÉGR. Faire une pirouette.

1. pis [pi] **n.m.** (lat. *pectus,* poitrine). Mamelle de la vache, de la brebis, etc.

2. pis [pi] **adv.** et **adj.** (lat. *pejus,* comparatif de *male,* mal). **1.** *LITT.* Plus mauvais ; plus mal ; pire : *C'est encore pis, c'est bien pis que je ne pensais. Faire pis.* **2. Au pis aller,** dans l'hypothèse la plus défavorable. / **De mal en pis,** de plus en plus mal : *Sa situation financière va de mal en pis.* / **Tant pis !,** exprime le dépit qu'on a de qqch.

pis-aller [pizale] **n.m. inv.** Solution à laquelle il faut recourir faute de mieux.

Pisanello (Antonio Pisano, dit **[il]),** peintre et médailleur italien (Pise av. 1395 - ? v. 1455). Appelé dans toutes les cours d'Italie (Vérone, Venise, Rome, Ferrare, Mantoue), il illustre l'alliance, propre au style gothique international, de la recherche réaliste (dessins d'animaux, portraits) et d'une féerie imaginative (fresque de l'église S. Anastasia, Vérone). Ses médailles ont fait date par leur style large et franc.

Pisano (Nicola et Giovanni) ⟶ Nicola Pisano.

piscicole [pisikɔl] **adj.** Relatif à la pisciculture : *Établissement piscicole.*

pisciculture [pisikyltyr] **n.f.** (du lat. *piscis,* poisson). Production des poissons par l'élevage. ◆ **pisciculteur, trice n.** Nom de l'éleveur.

piscine [pisin] **n.f.** (lat. *piscina*). Bassin artificiel pour la natation : *Aller à la piscine. Piscine couverte, en plein air.*

piscivore [pisivɔr] **adj.** et **n.** Qui se nourrit de poissons : *Le phoque est un animal piscivore.*

Pise, en it. **Pisa,** v. d'Italie (Toscane), ch.-l. de prov., sur l'Arno ; 87 215 hab. Archevêché. Université. Prestigieux ensemble de la « place des Miracles », aux monuments décorés d'arcatures caractéristiques du style pisan : cathédrale romane (XIᵉ-XIIᵉ s.), baptistère roman et gothique (XIIᵉ-XIVᵉ s.), campanile dit « Tour penchée » et Camposanto, cimetière à galeries gothiques décorées de fresques. Monuments divers. Musée national (sculptures de Nicola et Giovanni Pisano et de leurs successeurs, peintures des écoles toscanes des XIIᵉ-XVᵉ s.). – Grande puissance méditerranéenne à partir du XIe s., Pise déclina après la destruction de sa flotte par Gênes en 1284. Elle fut annexée par Florence en 1406.

pisé [pize] **n.m.** (du franco-prov. *piser,* broyer, lat. *pinsare*). Matériau de construction constitué de terre argileuse moulée sur place à l'aide de panneaux de coffrage.

Pisistrate, tyran d'Athènes (v. 600 - 527 av. J.-C.). Il établit la tyrannie en 560. Continuateur de l'œuvre de Solon, il encouragea le commerce et favorisa le développement de la petite paysannerie. Il donna à Athènes ses premiers grands monuments et développa les grandes fêtes religieuses en hommage à Athéna (Panathénées) et à Dionysos (Dionysies).

Pissarro (Camille), peintre et graveur de l'école française (Saint-Thomas, Antilles, 1830 - Paris 1903), un des maîtres de l'impressionnisme. Installé en Île-de-France, il se consacra à des paysages et à des thèmes ruraux ou urbains. Dans les années 1885-1890, il adopta la technique divisionniste de Seurat et de Signac.

pissat [pisa] **n.m.** (de *pisser*). Urine de certains animaux.

pissenlit [pisɑ̃li] **n.m.** (de *pisser, en* et *lit,* à cause de ses vertus diurétiques). **1.** Plante composée à feuilles dentelées, dite aussi *dent-de-lion,* dont les petits fruits secs sont surmontés d'une aigrette qui facilite leur dissémination par le vent : *Une salade de pissenlits.* **2.** FAM. **Manger les pissenlits par la racine,** être mort et enterré.

pisser [pise] **v.t.** et **v.i.** (lat. pop. **pissiare*). **1.** T. FAM. Uriner. **2.** Couler ou s'écouler fort : *La tuyauterie pisse de partout.* **3. Pisser de la copie,** rédiger abondamment et mal : *C'est un journaliste médiocre qui pisse de la copie.* / **Pisser du sang,** évacuer du sang avec l'urine ; laisser échapper un flot de sang, en parlant d'une plaie, d'un organe.

pissette [pisɛt] **n.f.** TECHN. Récipient de laboratoire souple qui, par légère pression, produit un jet de liquide.

pisseux, euse [pisø, -øz] **adj. 1.** FAM. Qui est imprégné d'urine : *Linge pisseux.* **2.** Jauni, terne, en parlant d'une couleur : *Un vert pisseux* (syn. **jaunâtre**).

pissotière [pisɔtjɛr] **n.f.** FAM. Urinoir public (syn. **vespasienne**).

pistache [pistaʃ] **n.f.** (it. *pistaccio,* lat. *pistacium,* d'orig. gr.). Graine du pistachier, utilisée en confiserie et en cuisine : *Glace à la pistache.* ◆ **adj. inv. Vert pistache,** vert clair.

pistachier [pistaʃje] **n.m.** Arbre des régions chaudes qui produit les pistaches. ▸ Famille des anacardiacées.

piste [pist] **n.f.** (anc. it. *pista,* var. de *pesta,* de *pestare,* broyer, bas lat. *pistare,* class. *pinsare*). **1.** Trace laissée par un animal : *Les chasseurs suivent la piste d'un lion.* **2.** Ensemble d'indications, d'indices qui orientent les recherches de qqn lancé à la poursuite de qqn d'autre ; chemin, voie ainsi tracés : *Suivre, perdre une piste. Se lancer sur la piste d'un voleur.* **3.** Chemin rudimentaire : *Prendre une piste qui mène à la route* (syn. **sentier**). **4.** Chemin réservé à certaines catégories d'usagers : *Piste cyclable.* **5.** Pente balisée pour les descentes à ski. **6.** Terrain spécialement aménagé pour les épreuves d'athlétisme, les courses de chevaux, le sport automobile, etc. **7.** Emplacement, souvent circulaire, servant de scène dans un cirque, d'espace pour danser dans une boîte de nuit, etc. **8.** Bande de terrain aménagée pour le décollage et l'atterrissage des avions : *L'avion s'arrête en bout de piste.* **9.** ÉLECTRON. Élément linéaire d'un support mobile d'informations enregistrées (bande magnétique, disque). **10. Piste sonore,** partie de la bande d'un film ou d'une bande magnétique servant à enregistrer et à reproduire les sons.

pister [piste] **v.t.** Suivre à la piste : *Pister un suspect* (syn. **filer**).

pisteur, euse [pistœr, -øz] **n.** Personne qui entretient et surveille les pistes de ski.

pistil [pistil] **n.m.** (lat. *pistillus,* pilon). Ensemble des pièces femelles d'une fleur, résultant de la soudure de plusieurs carpelles, et comprenant l'ovaire, le style et le stigmate (syn. **gynécée**).

pistole [pistɔl] **n.f.** (tchèque *pištal,* arme à feu). **1.** Ancienne monnaie d'or espagnole. **2.** Ancienne monnaie de compte française, valant 10 livres.

pistolet [pistɔlɛ] **n.m.** (de *pistole*) **1.** Arme à feu individuelle, légère, au canon court : *Pistolet d'alarme.* **2.** Dispositif manuel associé à une pompe et projetant un liquide : *Peindre au pistolet.* **3.** FAM. Urinal. **4.** FAM. **Un drôle de pistolet,** une personne un peu bizarre : *Méfie-toi, c'est un drôle de pistolet.*

pistolet-mitrailleur [pistɔlɛmitrajœr] **n.m.** (pl. *pistolets-mitrailleurs*). Arme automatique individuelle, tirant par rafales (syn. **mitraillette**).

piston [pistɔ̃] **n.m.** (it. *pistone,* de *pestare,* broyer ; v. *piste*). **1.** Disque se déplaçant dans le corps d'une pompe ou dans le cylindre d'un moteur à explosion ou d'une machine à vapeur. **2.** Mécanisme de certains instruments de musique à vent, grâce auquel on peut avoir tous les degrés de l'échelle chromatique : *Cornet à pistons.* **3.** FAM. Appui donné à qqn pour obtenir plus facilement une faveur, un avantage : *Arriver par piston. Avoir du piston.*

pistonner [pistɔne] **v.t.** (de *piston*). FAM. Recommander, appuyer qqn pour une place, un avantage, etc. : *Pistonner un ami auprès du directeur.*

pistou [pistu] **n.m.** (mot prov., de *pestar* ou *pistar,* du lat. *pinsare,* piler, broyer). **1.** Nom donné au basilic dans le Midi provençal. **2.** Soupe provençale de légumes, liée avec du basilic et de l'ail pilés au mortier. (On dit aussi *soupe au pistou.*)

pita [pita] **n.m.** (mot gr.). Pain non levé que l'on fourre de viande, de fromage ou de légumes. ▸ Spécialité grecque et libanaise.

pitance [pitɑ̃s] **n.f.** (de *pitié*). FAM. Nourriture journalière : *Une maigre pitance.*

Pitcairn, île d'Océanie, au sud-est de Tahiti.

pitchpin [pitʃpɛ̃] **n.m.** (angl. *pitchpine,* pin à résine). Arbre résineux d'Amérique du Nord, dont on utilise le bois en ébénisterie. ▸ Famille des pinacées.

piteusement [pitøzmɑ̃] **adv.** De manière piteuse : *Échouer piteusement à un examen* (syn. **lamentablement**).

piteux, euse [pitø, -øz] **adj.** (lat. médiév. *pietosus,* de *pietas,* pitié). **1.** Propre à exciter une pitié où se mêlent de la raillerie, du mépris : *Une piteuse apparence* (syn. **navrant**). **2.** Ridiculement médiocre ou insuffisant : *Piteux résultats* (syn. **déplorable, lamentable**). **3. En piteux état,** se dit de qqch qui est en mauvais état, délabré ; se dit de qqn en mauvais état de santé : *Revenir en piteux état d'un voyage.* / FAM. **Faire piteuse mine, piteuse figure,** avoir un air triste, confus.

pithécanthrope [pitekɑ̃trɔp] **n.m.** (du gr. *pithêkos,* singe, et *anthrôpos,* homme). ANTHROP. Fossile humain découvert à Java.

pitié [pitje] **n.f.** (lat. *pietas, -atis,* piété). **1.** Sentiment qui rend sensible aux souffrances, au malheur d'autrui : *Faire pitié* (= exciter la compassion). **2.** FAM. **À faire pitié,** très mal : *Elle dessine à faire pitié.* / **Avoir, prendre pitié de qqn,** éprouver de la commisération pour qqn. / **Par pitié !,** de grâce ! : *Par pitié, laissez-moi tranquille !* / **Prendre qqn en pitié,** témoigner de l'intérêt à qqn au nom de la pitié qu'il inspire. / **Vierge de pitié,** Vierge représentée éplorée, avec le corps du Christ reposant sur ses genoux, après la descente de Croix (= pietà).

Pitoëff (Georges), acteur et directeur de théâtre français d'origine russe (Tiflis 1884 - Genève 1939). Un des fondateurs du Cartel, il mit en scène et interpréta avec sa femme, **Ludmilla** (Tiflis 1895 - Rueil 1951), Tchekhov, qu'il fit connaître en France, Ibsen, Anouilh, Pirandello, en fondant son esthétique sur la primauté de l'acteur.

piton [pitɔ̃] **n.m.** (d'un rad. lat. *pitt-,* pointe, à rapprocher de **pikkare ;* v. *piquer*). **1.** Clou ou vis dont la tête est en forme d'anneau ou de crochet : *Piton d'alpiniste.* **2.** Pointe d'une montagne élevée.

pitonner [pitɔne] **v.t.** Planter des pitons. ◆ **v.i.** QUÉBÉC., FAM. Changer fréquemment de chaîne à l'aide d'une télécommande lorsqu'on regarde la télévision (syn. **zapper**).

pitoyable [pitwajabl] **adj. 1.** Qui éveille un sentiment de pitié : *Spectacle pitoyable de la misère humaine* (syn. **navrant**). **2.** Mauvais ; sans valeur : *Un auteur, un style pitoyable* (syn. **lamentable, minable**).

pitoyablement [pitwajabləmɑ̃] **adv.** De façon pitoyable : *Nos vacances se sont terminées pitoyablement* (syn. **lamentablement, piteusement**).

pitre [pitr] **n.m.** (mot franc-comtois, var. de *piètre*). Personne qui fait des bouffonneries : *Faire le pitre* (syn. **clown, guignol**).

pitrerie [pitrəri] **n.f.** Action, comportement de pitre : *Il ne cesse de faire des pitreries* (syn. **clownerie, facétie**).

Pitt (William), 1er *comte* **de Chatham,** dit **le Premier Pitt,** homme politique britannique (Londres 1708 - Hayes 1778). Député whig à partir de 1735, il devint le leader du nationalisme anglais face aux Bourbons français et espagnols, et provoqua la chute du ministre Walpole (1742). Premier ministre et ministre de la Guerre (1756) au début de la guerre de Sept Ans, il conduisit le pays à la victoire. Contraint par George III à démissionner (1761), il fut rappelé au pouvoir de 1766 à 1768.

Pitt (William), dit **le Second Pitt,** homme politique britannique (Hayes, Kent, 1759 - Putney, près de Londres, 1806). Fils du précédent, entré au Parlement comme « whig indépendant » (1781), il ne cesse de dénoncer la désastreuse guerre d'Amérique. Chancelier de l'Échiquier (1782-1783), puis Premier ministre (1783-1801), il obtient une majorité triomphale aux élections de 1784. Se consacrant à la restauration des finances, il crée un nouveau fonds d'amortissement de la dette publique et fait conclure un traité de commerce avec la France (1786). Il réorganise par ailleurs les colonies de l'Inde (1784).
Au début de la Révolution française, il se montre plutôt favorable aux révolutionnaires et adopte une attitude de neutralité. Mais l'expansionnisme français l'inquiète. En 1793, il rompt avec la France et anime les coalitions qui se nouent successivement contre elle. Face au nationalisme irlandais, qui menace l'effort de guerre (soulèvement de 1798), Pitt obtient l'intégration politique de l'Irlande dans le royaume britannique (Acte d'union, 1800). Mais George III s'oppose à l'émancipation des catholiques, et Pitt démissionne (1801). Revenu au pouvoir (1804), il gouverne le pays avec la même vigueur et obtient contre Napoléon la victoire de Trafalgar (1805), qui assure au pays la maîtrise des mers, essentielle dans la lutte contre le Blocus continental, bientôt mis en place par l'Empereur.
Fort de l'expérience politique de son père, William Pitt a forgé le Royaume-Uni moderne en défendant avec ardeur les intérêts de son pays contre l'expansionnisme français et en faisant du Premier ministre britannique le principal détenteur du pouvoir politique.

pittoresque [pitɔrɛsk] **adj.** et **n.m.** (it. *pittoresco*, de *pittore*, peintre). **1.** Qui frappe la vue, l'attention par sa beauté, son originalité : *Site pittoresque.* **2.** Qui a du relief, de l'originalité, de la fantaisie : *Un personnage pittoresque* (syn. **cocasse, original**). *Un récit pittoresque* (syn. **coloré, vivant**).

Pittsburgh, v. des États-Unis (Pennsylvanie), sur l'Ohio ; 305 412 hab. (1 965 129 hab. dans l'agglomération). Centre sidérurgique et métallurgique. Musée d'art de l'institut Carnegie.

pityriasis [pitirjazis] **n.m.** (gr. *pituriasis*, de *pituron*, son du blé). MÉD. Dermatose à desquamation en fines écailles.

pivert ou **pic-vert** [pivɛr] **n.m.** (de *1. pic*, oiseau) [pl. *pics-verts*]. Pic de grande taille, commun en France, à plumage vert et jaune sur le corps et à tête rouge.

pivoine [pivwan] **n.f.** (lat. *paeonia*, du gr.). Plante à bulbe que l'on cultive pour ses grosses fleurs rouges, roses ou blanches. ▸ Famille des renonculacées.

pivot [pivo] **n.m.** (orig. obsc.). **1.** Pièce cylindrique qui sert de support à une autre pièce et lui permet de tourner sur elle-même : *Le pivot d'une boussole.* **2.** Support d'une dent artificielle, enfoncé dans la racine. **3.** BOT. Racine qui s'enfonce verticalement dans la terre. **4.** Agent, élément principal de qqch : *Être le pivot d'une entreprise* (= cheville ouvrière).

pivotant, e [pivɔtɑ̃, -ɑ̃t] **adj.** Qui pivote : *Siège pivotant.*

pivotement [pivɔtmɑ̃] **n.m.** Mouvement que peuvent prendre, l'un par rapport à l'autre, deux corps reliés par un seul point : *Le pivotement d'une manette.*

pivoter [pivɔte] **v.i.** Tourner sur un pivot, autour d'un axe ; tourner sur soi-même : *Une porte pivote sur ses gonds. L'enfant pivota sur ses talons et prit la fuite.*

pixel [piksɛl] **n.m.** (contraction de l'angl. *picture element*). Le plus petit élément de teinte homogène d'une image enregistrée (photographie, télévision, télécommunications) : *La qualité de l'image dépend du nombre de pixels.*

pixellisation ou **pixélisation** [pikselizasjɔ̃] **n.f.** (de *pixel*). INFORM. Effet produit lorsque les points (pixels) qui composent une image deviennent apparents.

Pizarro (Francisco), en fr. **François Pizarre,** conquistador espagnol (Trujillo v. 1475 - Lima 1541). Avec l'aide de ses frères **Gonzalo** (Trujillo v. 1502 - près de Cuzco 1548) et **Hernando** (Trujillo v. 1478 ? - *id.* 1578), il conquit l'empire des Incas à partir de 1531. Il s'empara de Cuzco et fit mettre à mort Atahualpa, empereur des Incas (1533). Mais le désaccord éclata entre les conquérants : Pizarro fut tué par les partisans de son rival Almagro.

pizza [pidza] **n.f.** (mot it.). Tarte salée garnie de tomates, d'anchois, d'olives, de fromage, etc. ▸ Spécialité italienne.

pizzeria [pidzerja] **n.f.** (mot it.). Restaurant où l'on sert des pizzas et des spécialités italiennes.

pizzicato [pidzikato] **n.m.** (mot it.) [pl. *pizzicatos* ou *pizzicati*]. Pincement des cordes d'un instrument à archet.

P.J. [peʒi] **n.f.** (sigle). Police judiciaire.

placage [plakaʒ] **n.m.** (de *plaquer*). **1.** Revêtement, en bois précieux, de la surface de certains meubles : *Placage en acajou.* **2.** SPORTS. Plaquage.

placard [plakar] **n.m.** (de *plaquer*). **1.** Armoire aménagée dans ou contre un mur : *Placard à balais.* **2.** Avis affiché publiquement : *Faire mettre un placard sur un panneau d'affichage.* **3.** IMPR. Épreuve en colonnes, pour les corrections. **4.** *FAM.* **Mettre qqn au placard,** le cantonner dans un poste sans responsabilité. ⁄ **Placard publicitaire,** annonce publicitaire occupant une surface importante, dans un journal, une revue.

placarder [plakarde] **v.t.** (de *placard*). Afficher qqch, le coller sur les murs : *Des avis ont été placardés.*

Placards *(affaire des)*, affaire provoquée en France par l'affichage dans plusieurs grandes villes de tracts, ou *placards*, violemment anticatholiques (17-18 oct. 1534) et qui entraîna une sévère répression de François Ier contre les protestants.

place [plas] **n.f.** (lat. pop. **plattea*, class. *platea*, de *platus*, large). **1.** Espace qu'occupe ou que peut occuper une personne, une chose : *Ce meuble prend beaucoup de place. Je n'ai pas assez de place.* **2.** Rang obtenu dans un classement ; rang qu'une personne ou une chose doit occuper : *Ceux qui ont obtenu les premières places au concours.* **3.** Rang dans une file d'attente : *Je te garde ta place.* **4.** Emplacement réservé à un voyageur dans un moyen de transport, à un spectateur dans une salle : *Il reste deux places dans ce compartiment* (syn. **siège**). **5.** Emplacement pour garer une voiture : *Il y a une place libre au coin de la rue.* **6.** Charge, fonctions de qqn : *Avoir une bonne place* (syn. **emploi, métier, situation**). **7.** *BELG.* Pièce d'habitation : *Un appartement de cinq places.* **8.** Espace public découvert, dans une agglomération : *Ils jouent aux boules sur la place du village.* **9.** Ville défendue par des fortifications ; toute ville de garnison. **10.** COMM. Ensemble des négociants, des banquiers d'une ville. **11. À la place de,** au lieu de : *Ils ont diffusé un film à la place du débat prévu.* ⁄ **À votre place,** si j'étais dans votre cas. ⁄ **Entrer dans la place,** s'introduire dans un milieu plutôt fermé. ⁄ **Être en place,** se trouver à l'endroit convenable pour fonctionner, pour entrer en action : *Les forces de police sont déjà en place.* ⁄ **Faire place à,** être remplacé par : *Le vieux cinéma a fait place à un garage.* ⁄ **Mise en place,** installation préliminaire à une action, à une activité donnée : *Procéder à la mise en place d'un réseau informatique.* ⁄ **Ne pas tenir en**

place, s'agiter sans cesse. / **Prendre place,** s'installer : *Les passagers prennent place dans l'avion.* / **Remettre qqn à sa place,** le rappeler aux égards qu'il doit. / **Sur place,** à l'endroit même dont il est question : *La voiture accidentée est restée sur place pendant deux jours.*

placé, e [plase] **adj. Être bien, mal placé (pour),** être dans une situation favorable, défavorable pour avoir telle action : *Tu es bien placé pour la convaincre.* / **Personne haut placée,** personne qui a une position sociale ou hiérarchique élevée, une fonction importante. / TURF. **Jouer un cheval placé,** parier qu'il arrivera dans les trois premiers.

placebo [plasebo] **n.m.** (mot lat. « je plairai »). MÉD. Substance inactive substituée à un médicament pour étudier l'efficacité réelle de celui-ci en éliminant toute participation psychologique du malade.

placement [plasmɑ̃] **n.m. 1.** Action de placer de l'argent ; capital ainsi placé : *Elle a fait un bon placement en achetant cette maison* (syn. **investissement**). **2.** Action de procurer un emploi à qqn : *Bureau de placement.* **3.** Action de mettre selon un certain ordre : *Le placement des convives autour d'une table.* **4.** Action de placer qqn dans une institution sociale, un hôpital psychiatrique : *Placement volontaire, d'office.* (V. aussi *internement.*)

placenta [plasɛ̃ta] **n.m.** (mot lat. « galette »). Organe reliant l'embryon à l'utérus maternel pendant la gestation ou la grossesse.

placentaire [plasɛ̃tɛr] **adj.** Relatif au placenta.

placer [plase] **v.t.** [conj. **16**]. **1.** Mettre à une certaine place, à un endroit déterminé : *Placer les invités à table* (syn. **installer**). *Placer des fleurs dans un vase* (syn. **disposer**). **2.** Assigner une place, un rang à : *Je place la générosité avant l'intelligence.* **3.** Procurer un emploi à : *L'école place ses anciens élèves à la fin de leurs études* (syn. **établir**). **4.** Faire admettre qqn dans un hôpital, une institution sociale, etc. : *Placer un enfant dans un institut médico-pédagogique.* **5.** Donner place à ; loger : *Placer un bon mot dans une conversation* (syn. **glisser, introduire**). **6.** Mettre de l'argent dans une entreprise dans l'intention de le faire fructifier : *Placer ses économies à la Caisse d'épargne* (syn. **déposer**). *Placer son argent dans un terrain* (syn. **investir**). **7.** Réussir à vendre, à écouler : *Les grossistes ont du mal à placer leurs stocks.* **8.** *FAM.* **En placer une,** intervenir dans une conversation ; répliquer à un interlocuteur : *Avec elle, impossible d'en placer une.* / MUS. **Placer sa voix,** lui donner le registre qui convient le mieux à sa propre tessiture. ◆ **se placer v.pr. 1.** Prendre une place, un certain rang : *Placez-vous autour de moi. Se placer parmi les premiers* (syn. **se classer**). **2.** *FAM.* Se mettre en bonne position pour réussir : *C'est quelqu'un qui sait se placer.* **3.** TURF. En parlant d'un cheval, arriver à la deuxième ou à la troisième place dans une course (rapportant ainsi un gain aux parieurs).

placeur, euse [plasœr, -øz] **n.** Personne qui place les gens dans une salle de spectacle, dans une cérémonie, etc.

placide [plasid] **adj.** (lat. *placidus,* de *placere,* plaire, avec infl. de *pax,* paix). Qui garde son calme en toute circonstance : *Rester placide sous les critiques* (syn. **imperturbable**).

placidement [plasidmɑ̃] **adv.** Avec placidité : *Il a répondu placidement* (syn. **calmement, posément**).

placidité [plasidite] **n.f.** Caractère placide : *Garder sa placidité* (syn. **calme, sérénité**).

placier [plasje] **n.m.** (de *place*). **1.** Représentant de commerce qui propose ses articles à des particuliers (syn. **courtier**). **2.** Personne qui loue les places d'un marché public aux commerçants et aux forains.

plafond [plafɔ̃] **n.m.** (de *plat* et *fond*). **1.** Surface horizontale formant la partie supérieure d'une pièce, d'un lieu couvert, d'un véhicule, etc. : *Un lustre pend au plafond.* **2.** (Souvent en appos.). Limite supérieure d'une vitesse, d'une valeur, etc. : *Le plafond des salaires dans l'entreprise. Prix plafond.* **3.** *FAM.* **Crever le plafond,** dépasser la limite normale. / **Plafond nuageux,** hauteur moyenne de la base des nuages au-dessus du sol.

plafonnement [plafɔnmɑ̃] **n.m.** État de ce qui atteint sa limite supérieure : *Plafonnement des prix, de la vitesse.*

plafonner [plafɔne] **v.i. 1.** Atteindre sa vitesse, sa valeur, sa hauteur maximale : *Cette voiture plafonne à 200 km/h. Les salaires, les ventes plafonnent.* **2. Salaire plafonné,** fraction maximale d'un salaire soumise aux cotisations de sécurité sociale.

plafonnier [plafɔnje] **n.m.** Système d'éclairage fixé au plafond d'une pièce, d'un véhicule, etc.

plage [plaʒ] **n.f.** (it. *piaggia,* coteau, du gr. *plagios,* oblique). **1.** Étendue presque plate couverte de sable ou de galets au bord de la mer, sur la rive d'un cours d'eau, d'un lac : *Une plage de sable. Aller à la plage.* **2.** Station balnéaire : *Les plages bretonnes.* **3.** Surface délimitée d'une chose, d'un lieu, etc. : *Plage arrière d'une voiture* (= tablette située sous la lunette arrière). **4.** Laps de temps, durée limitée : *Des plages musicales dans un programme de radio.* **5. Plage d'un disque,** partie de l'enregistrement figurant sur l'une des faces d'un disque, qui correspond à une œuvre ou à un extrait d'œuvre.

plagiaire [plaʒjɛr] **n.** (lat. *plagiarius,* du gr. *plagios,* oblique, fourbe). Personne qui plagie les œuvres des autres : *Être victime d'un plagiaire* (syn. **contrefacteur**).

plagiat [plaʒja] **n.m.** Action du plagiaire : *Condamné pour plagiat* (syn. **copie, démarquage, imitation**).

plagier [plaʒje] **v.t.** (de *plagiaire*) [conj. **9**]. Piller les ouvrages d'autrui en donnant pour siennes les parties copiées : *Plagier un écrivain* (syn. **copier, imiter**).

plagiste [plaʒist] **n.** Personne qui s'occupe de la gestion et de l'entretien d'une plage payante.

1. plaid [plɛd] **n.m.** (mot angl.). Couverture de voyage à carreaux.

2. plaid [plɛ] **n.m.** (lat. *placitum,* ce qui est conforme à la volonté). HIST. Assemblée des évêques, comtes et grands propriétaires autour du roi, à l'époque franque ; décision prise par cette assemblée.

plaider [plede] **v.t.** (de l'anc. fr. *plaid,* assemblée judiciaire). **1.** Défendre oralement en justice la cause d'une partie : *Plaider une affaire devant les assises.* **2.** Exposer dans sa plaidoirie : *Plaider la légitime défense.* **3. Plaider coupable,** se défendre en admettant sa culpabilité. / **Plaider le faux pour savoir le vrai,** dire qqch qu'on sait faux pour amener qqn à dire la vérité. ◆ **v.i. 1.** Défendre une partie, une cause, un accusé devant une juridiction : *Les avocats plaideront demain.* **2. Plaider pour, en faveur de qqn, de qqch,** lui être favorable : *Son passé plaide en sa faveur.*

plaideur, euse [pledœr, -øz] **n.** Personne qui plaide sa cause dans un procès, qui est en procès.

plaidoirie [pledwari] **n.f.** (de l'anc. v. *plaidoyer*). Exposé oral visant à défendre un accusé, à soutenir une cause : *L'avocat termina sa plaidoirie en demandant l'indulgence du jury* (syn. **plaidoyer**).

plaidoyer [pledwaje] **n.m.** (de l'anc. v. *plaidoyer*). **1.** Discours prononcé devant un tribunal pour défendre une cause : *Un plaidoyer éloquent et émouvant* (syn. **plaidoirie**). **2.** Défense en faveur d'une opinion, d'une personne, etc. : *Un plaidoyer pour la liberté* (syn. **apologie, défense**).

plaie [plɛ] **n.f.** (lat. *plaga,* coup). **1.** Déchirure provoquée dans les chairs par une blessure, une brûlure, un abcès : *Une plaie au front.* **2.** *LITT.* Cause de douleur, de chagrin : *La mort d'un enfant est une plaie qui ne guérit pas* (syn. **déchirement, peine**). **3.** *FAM.* Personne ou événement désagréable : *Quelle plaie, cette pluie !* **4. Remuer, retourner le couteau dans la plaie,** insister lourdement sur un sujet douloureux.

plaignant, e [plɛɲɑ̃, -ɑ̃t] **n.** et **adj.** Personne qui dépose une plainte contre une autre, ou qui fait un procès à qqn.

plain-chant [plɛ̃ʃɑ̃] **n.m.** (pl. *plains-chants*). Chant d'église médiéval à une voix.

plaindre [plɛ̃dr] **v.t.** (lat. *plangere*) [conj. **80**]. **1.** Éprouver de la compassion pour qqn : *Je ne le plains pas, il l'a cherché !* (syn. **compatir**). **2. Être, ne pas être à plaindre,** mériter ou non la compassion des autres. / **Ne pas plaindre sa peine, son**

temps, se dépenser sans compter. ◆ **se plaindre** **v.pr. 1.** Se lamenter, exprimer sa souffrance : *Le malade s'est plaint toute la nuit* (syn. **geindre, gémir**). **2. [de].** Manifester son mécontentement : *Il se plaint surtout du bruit* (syn. **protester contre**).

plaine [plɛn] **n.f.** (lat. pop. **planea*, du class. *planus*, plat). Étendue plate, aux vallées peu enfoncées dans le sol : *La plaine d'Alsace.*

de **plain-pied** [plɛ̃pje] **loc. adv. 1.** Au même niveau : *Deux pièces de plain-pied.* **2.** Sur un pied d'égalité : *Se sentir de plain-pied avec son interlocuteur.*

plainte [plɛ̃t] **n.f. 1.** Parole, cri provoqués par une douleur, physique ou morale : *On entendait les plaintes des blessés* (syn. **gémissement**). **2.** Mécontentement que l'on exprime : *Elle commence à lasser tout le monde avec ses plaintes incessantes* (syn. **jérémiade, récrimination**). **3.** Dénonciation en justice d'une infraction par la personne qui en a été la victime : *Porter plainte contre qqn.*

plaintif, ive [plɛ̃tif, -iv] **adj.** Qui a l'accent d'une plainte : *Voix, ton plaintifs* (syn. **dolent, gémissant**).

plaintivement [plɛ̃tivmɑ̃] **adv.** D'une voix plaintive.

plaire [plɛr] **v.t. ind. [à]** (réfection de l'anc. inf. *plaisir*, lat. *placere*) [conj. **110**]. Convenir aux goûts de qqn, lui faire plaisir : *Cette peinture lui a beaucoup plu, il l'a achetée* (syn. **convenir**). *Je ne fais que ce qui me plaît* (syn. **agréer à**). ◆ **v. impers. Comme il vous plaira,** selon vos désirs. / LITT. **Plaît-il ?,** formule de politesse pour faire répéter ce qu'on a mal entendu. / **Plût, plaise au ciel que,** formules de souhait, de regret : *Plaise au ciel qu'il soit encore vivant.* / **S'il te plaît, s'il vous plaît,** formule de politesse exprimant une demande, un ordre : *Puis-je sortir, s'il vous plaît ? Signe ici, s'il te plaît.* ◆ **se plaire** **v.pr. 1.** Se convenir, s'aimer l'un l'autre : *Ils se plaisent beaucoup.* **2.** Prendre plaisir à faire qqch, à se trouver quelque part : *Elle se plaît beaucoup dans sa nouvelle maison.* **3.** Se développer dans un lieu : *Cette plante se plaît à l'ombre* (syn. **prospérer**).

plaisamment [plezamɑ̃] **adv.** De façon plaisante : *Raconter plaisamment un incident* (contr. **sérieusement**).

plaisance [plezɑ̃s] **n.f.** (de *1. plaisant*). **De plaisance,** que l'on pratique pour l'agrément, pendant les loisirs : *Bateau, navigation de plaisance.*

plaisancier, ère [plezɑ̃sje, -ɛr] **n.** Personne qui pratique la navigation de plaisance.

1. plaisant, e [plezɑ̃, -ɑ̃t] **adj. 1.** Qui plaît ; qui charme : *Un séjour très plaisant à la montagne* (syn. **agréable**). **2.** Qui fait rire : *Une histoire plaisante* (syn. **amusant, drôle**).

2. plaisant [plezɑ̃] **n.m.** (de *1. plaisant*). **Mauvais plaisant,** personne qui aime jouer de mauvais tours.

plaisanter [plezɑ̃te] **v.i.** (de *1. plaisant*). **1.** Dire des choses drôles : *Elle plaisante tout le temps.* **2.** Faire des choses avec l'intention de faire rire ou par jeu : *J'ai dit ça pour plaisanter* (syn. **rire**). **3. Ne pas plaisanter avec, sur qqch,** être très strict sur ce chapitre : *Il ne plaisante pas avec l'exactitude* (syn. **badiner**). ◆ **v.t.** Se moquer gentiment de qqn : *Ses collègues la plaisantent sur ses chapeaux* (syn. **railler, taquiner**).

plaisanterie [plezɑ̃tri] **n.f. 1.** Chose que l'on dit ou que l'on fait pour amuser : *Aimer la plaisanterie.* **2.** Chose ridicule ou très facile à faire : *Faire cela, c'est une plaisanterie pour elle !* (= un jeu d'enfant).

plaisantin [plezɑ̃tɛ̃] **n.m. 1.** FAM. Personne qui aime à plaisanter, à faire rire : *C'est un plaisantin* (syn. **farceur, pitre**). **2.** Personne en qui on ne peut avoir confiance (péjor.) : *Tu n'es qu'un petit plaisantin* (syn. **dilettante**).

plaisir [plezir] **n.m.** (de l'anc. inf. *plaisir*, lat. *placere*, plaire). **1.** État de contentement que crée chez qqn la satisfaction d'une tendance, d'un besoin, d'un désir : *J'ai lu ce roman avec plaisir* (syn. **contentement, délectation**). *J'ai le plaisir de vous annoncer que vous êtes reçu* (syn. **joie, satisfaction**). **2.** Ce qui plaît ; ce qui procure à qqn un sentiment de contentement : *La musique est pour moi un plaisir* (syn. **bonheur**). **3. À plaisir,** par caprice ; sans motif valable : *Elle se tourmente à plaisir.* / **Au plaisir,** formule d'adieu. / **Avec plaisir,** volontiers. / **Avoir, prendre plaisir à,** trouver de l'agrément à. / **Faites-moi le plaisir de...,** formule pour demander ou ordonner qqch : *Faites-moi le plaisir de recommencer ce travail tout de suite.* / **Je vous souhaite bien du plaisir,** se dit ironiquement à qqn qui va faire qqch de difficile, de désagréable. / **Le plaisir,** plaisir des sens ; satisfaction sexuelle. / HIST. **Car tel est notre bon plaisir,** formule terminale des édits royaux pour dire « telle est notre décision ».

1. plan [plɑ̃] **n.m.** (de *2. plan*). **1.** Représentation graphique d'un ensemble de constructions, d'un bâtiment, d'une machine, etc. : *Dessiner les plans d'une maison.* **2.** Carte à différentes échelles d'une ville, etc. : *Un plan de la banlieue parisienne.* **3.** Surface unie : *Un plan incliné.* **4.** GÉOM. Surface illimitée qui contient toute droite joignant deux de ses points. **5.** Projet élaboré servant de base à une réalisation : *Faire des plans d'avenir.* **6.** Organisation en différentes parties d'un texte, d'un ouvrage : *Écrire le plan d'une dissertation.* **7.** Ensemble des mesures gouvernementales prises en vue de planifier l'activité économique : *Plan quinquennal.* **8.** Éloignement relatif des objets dans la perception visuelle, dans un tableau, une photo : *Au premier plan, on voit des enfants et, au second plan, une maison.* **9.** CIN. Fragment d'un film tourné en une seule fois ; façon de cadrer la scène filmée : *Plan fixe* (= enregistré par une caméra immobile). *Gros plan* (= qui montre un visage ou un objet). **10.** Aspect sous lequel on considère qqn, qqch : *C'est une opération risquée sur tous les plans* (= à tous égards). **11.** Place occupée par une personne ou par une chose relativement à d'autres : *Un homme politique de premier plan* (syn. **importance**). *La réussite du projet est au premier plan de mes préoccupations.* **12. Laisser en plan,** laisser inachevé ; abandonner : *Laisser son travail en plan. Ne me laisse pas en plan dans cette ville.* / **Plan d'eau,** étendue d'eau sur laquelle on peut, notamm., pratiquer les sports nautiques. / **Plan de cuisson,** ensemble encastrable supportant des plaques électriques. / **Plan de travail,** surface horizontale formant table, dans une cuisine. / **Plan local d'urbanisme** (P.L.U.), plan communal ou intercommunal définissant la nature des zones formant le territoire (naturelles, agricoles, urbaines, à urbaniser), les règles de construction et les espaces relevant d'une réglementation particulière (sites classés, secteurs à risque, etc.). [Il remplace le plan d'occupation des sols (P.O.S.) depuis 2001.] / **Plan social,** ensemble des mesures qu'un employeur doit prendre, dans le cadre d'un projet de licenciements pour motif économique, afin d'en limiter le nombre ou de favoriser le reclassement des salariés. / **Sur le même plan,** au même niveau : *Deux artistes qu'on peut placer sur le même plan.* / **Sur le plan (de),** du point de vue (de) : *Sur le plan du talent il est remarquable.* / AÉRON. **Plan de vol,** document écrit par le pilote d'un avion avec des indications sur l'itinéraire, l'altitude, etc.

2. plan, e [plɑ̃, plan] **adj.** (lat. *planus*, plat). **1.** Sans inégalité de niveau ; uni : *Miroir plan* (syn. **plat**). **2. Figure plane,** figure dont tous les points sont dans un même plan. / **Géométrie plane,** étude des figures planes (par opp. à *géométrie dans l'espace*).

planaire [planɛr] **n.f.** Ver aquatique, plat et non annelé.

planche [plɑ̃ʃ] **n.f.** (bas lat. *planca*, fém. de *plancus*, aux pieds plats). **1.** Pièce de bois sciée, nettement plus large qu'épaisse : *Une cabane en planches.* **2.** Illustration ou ensemble d'illustrations relatives à un même sujet et occupant dans un livre la plus grande partie ou la totalité d'une page : *Une planche de papillons dans un dictionnaire.* **3.** Portion de jardin affectée à une culture : *Une planche de salades, de radis.* **4. Faire la planche,** rester étendu sur le dos à la surface de l'eau et sans faire de mouvements. / **Planche à billets,** plaque gravée sur laquelle on tire les billets de banque. / **Planche à dessin,** plateau de bois parfaitement plan, sur lequel les dessinateurs fixent leur papier. / **Planche à pain,** tablette de bois pour couper le pain ; au fig. et fam., femme qui a peu de poitrine. / **Planche à repasser,** planche recouverte de tissu, souvent montée sur pieds et dont une extrémité est arrondie, utilisée pour repasser le linge. / **Planche à roulettes,** planche montée sur quatre roues, sur laquelle on se déplace, on exécute des sauts, des figures, etc. ; sport ainsi pratiqué (syn. **skateboard**). / **Planche à voile,** flotteur plat muni d'une voile fixée à un mât articulé, utilisé pour la voile de loisir ou de compétition ; sport ainsi pratiqué. / **Planche de salut,** dernière ressource dans une situation désespérée. ◆ **planches** n.f. pl. Le théâtre ; la scène : *Monter sur les planches* (= devenir acteur).

planchéier [plɑ̃ʃeje] **v.t.** (de *planche*) [conj. **9**]. Garnir d'un plancher, de planches : *Planchéier une chambre.*

1. plancher [plɑ̃ʃe] **n.m.** (de *planche*). **1.** Élément de construction horizontal entre deux étages, dans une maison, un édifice, etc. : *Les planchers sont faits de dalles de béton.* **2.** Sol d'une pièce : *Couvrir le plancher avec de la moquette* (syn. **parquet**). **3.** (Souvent en appos.). Niveau minimal, seuil inférieur : *Des prix planchers.* **4.** *FAM.* **Débarrasser le plancher,** partir. / *FAM.* **Le plancher des vaches,** la terre ferme. / *FAM.* **Pied au plancher,** en accélérant au maximum.

2. plancher [plɑ̃ʃe] **v.i.** (de *1. plancher*). *ARG. SCOL.* Être interrogé à une leçon, à un examen ; faire un exposé : *Demain, je planche en physique.* ◆ **v.t. ind. [sur].** *FAM.* Travailler sur un texte : *Plancher sur un rapport.*

planchette [plɑ̃ʃɛt] **n.f.** Petite planche.

planchiste [plɑ̃ʃist] **n.** Personne qui pratique la planche à voile (syn. **véliplanchiste**).

Planchon (Roger), metteur en scène, directeur de théâtre et auteur dramatique français (Saint-Chamond 1931 - Paris 2009), codirecteur ou directeur du Théâtre national populaire de 1972 à 2002. Il a réinterprété, dans une perspective politique et sociale, le répertoire classique (*George Dandin* et *Tartuffe,* de Molière).

Planck (Max), physicien allemand (Kiel 1858 - Göttingen 1947). Pour résoudre le problème du « corps noir » (équilibre thermique du rayonnement), insoluble dans le cadre de la mécanique classique, il émit l'hypothèse selon laquelle les échanges d'énergie s'effectuent de façon discontinue, créant ainsi la théorie quantique. (La *constante de Planck,* qui en est à la base, a pour valeur $h = 6,625 \times 10^{-34}$ joule-seconde.) [Prix Nobel 1918.]

plancton [plɑ̃ktɔ̃] **n.m.** (gr. *plagkton,* qui erre). Ensemble des êtres microscopiques en suspension dans la mer ou l'eau douce.

■ Le plancton est constitué d'êtres vivants, le plus souvent microscopiques ou de petite taille, entraînés passivement par les courants. On distingue le plancton animal (zooplancton) et le plancton végétal (phytoplancton). Ces organismes peuvent flotter grâce à de multiples adaptations. Leur corps possède des expansions augmentant leur surface portante et renferme dans certains cas des gouttelettes d'huile diminuant leur densité.

Le phytoplancton constitue le premier maillon des chaînes alimentaires dans les océans. Dépendant de la lumière pour la photosynthèse, il abonde près de la surface et ne descend pas au-dessous de quelques centaines de mètres. Son abondance dans les différentes régions océaniques dépend de l'éclairement mais aussi de la concentration en éléments minéraux dissous dans l'eau.

La plupart des individus du zooplancton se nourrissent de phytoplancton, qui se trouve ainsi à l'origine de nombreuses chaînes alimentaires aquatiques. À son tour, le zooplancton sert de nourriture à un certain nombre d'animaux de plus grande taille (méduses, harengs, baleines, etc.). Le zooplancton effectue une migration journalière verticale : il se rapproche la nuit de la surface pour se nourrir de phytoplancton, et redescend le jour pour éviter ses prédateurs. ■

plané [plane] **adj. m.** *FAM.* **Faire un vol plané,** une chute par-dessus qqch.

planer [plane] **v.i.** (bas lat. *planare,* du class. *planus,* plat). **1.** Se soutenir en l'air, les ailes étendues, sans mouvement apparent, en parlant d'un oiseau : *Un aigle qui plane au-dessus de sa proie.* **2.** Évoluer sous la seule sollicitation de son poids et des forces aérodynamiques, en parlant d'un planeur (ou d'un avion dont le moteur n'est pas en marche). **3.** Flotter dans l'air : *Un épais nuage de fumée planait au-dessus de la maison incendiée.* **4.** Peser d'une manière plus ou moins menaçante : *Un mystère plane sur cette affaire.* **5.** Ne pas avoir le sens des réalités ; être dans un état de bien-être euphorique, en partic. du fait de l'absorption d'une drogue : *Tu planes complètement* (syn. **rêver**).

1. planétaire [planetɛr] **adj.** (de *planète*). **1.** Qui se rapporte aux planètes : *Mouvement planétaire.* **2.** Qui se rapporte à la Terre : *Un phénomène planétaire* (syn. **mondial, universel**).

2. planétaire [planetɛr] **n.m.** (de *1. planétaire*). MÉCAN. Pignon monté directement sur les arbres à commander, dans un mécanisme différentiel.

planétarisation [planetarizasjɔ̃] **n.f.** Propagation dans le monde entier d'un phénomène humain local : *Éviter la planétarisation du sida* (syn. **mondialisation**).

planétarium [planetarjɔm] **n.m.** Installation qui représente les mouvements des astres sur une voûte hémisphérique grâce à des projections lumineuses.

planète [planɛt] **n.f.** (bas lat. *planeta,* du gr. *planêtês,* errant). **1.** Corps céleste sans lumière propre, qui gravite autour d'une étoile, spécial. du Soleil : *Les planètes du Système solaire.* **2.** *VIEILLI.* **Petite planète,** astéroïde. **3. La planète bleue,** la Terre. / **La planète rouge,** Mars.

■ Selon la définition adoptée en 2006, à Prague, par l'Union astronomique internationale, on distingue à présent autour du Soleil huit planètes principales, qui sont, de la plus proche du Soleil à la plus éloignée : Mercure, Vénus, la Terre, Mars, Jupiter, Saturne, Uranus et Neptune. Elles se répartissent en deux familles :

1° près du Soleil, les planètes telluriques (Mercure, Vénus, la Terre, Mars), petites mais denses, dotées d'une croûte solide, et qui ont profondément évolué depuis leur formation ;

2° plus loin du Soleil, les planètes géantes (Jupiter, Saturne, Uranus et Neptune), nettement plus massives et plus volumineuses, mais peu denses, et dont l'atmosphère, à base d'hydrogène et d'hélium, a gardé une composition très proche de celle de la nébuleuse dont elles sont issues.

Pluton, considérée auparavant comme la neuvième planète du Système solaire, est désormais regardée comme une planète naine. Ces planètes se concentrent autour du Soleil dans un disque d'environ 6 milliards de kilomètres de rayon, une distance que la lumière parcourt en moins de 6 h. Les cinq plus proches de la Terre (Mercure, Vénus, Mars, Jupiter, Saturne) sont visibles à l'œil nu et observées depuis l'Antiquité. Les deux plus lointaines, ainsi que Pluton, ont été découvertes au télescope : Uranus en 1781, Neptune en 1846 (à la suite de calculs) et Pluton en 1930. À l'exception de Mercure et de Vénus, toutes les planètes sont accompagnées d'un ou de plusieurs satellites naturels. Une multitude de petits corps de forme irrégulière gravitent également autour du Soleil : astéroïdes, comètes, etc.

Un très grand nombre d'étoiles possèdent vraisemblablement des planètes (appelées *exoplanètes* ou *planètes extrasolaires,* car n'appartenant pas au Système solaire) : plus de 700 ont été détectées par des méthodes indirectes. Elles sont formées au sein d'une nébuleuse en rotation soit à partir d'instabilités gravitationnelles permettant le développement rapide de grosses « protoplanètes », soit par l'agrégation progressive de matière conduisant à des « planétoïdes » de taille de plus en plus importante. ■

planétologie [planetɔlɔʒi] **n.f.** Science qui a pour objet l'étude des planètes et, plus génér., de tous les corps du Système solaire, à l'exception du Soleil. ◆ **planétologue** **n.** Nom du spécialiste.

planeur [planœr] **n.m.** Aéronef sans moteur que l'on fait évoluer dans les airs en utilisant les courants atmosphériques pour la pratique du vol à voile.

planificateur, trice [planifikatœr, -tris] **adj.** et **n.** Qui a pour objet ou fonction la planification.

planification [planifikasjɔ̃] **n.f.** Action de planifier.

planifier [planifje] **v.t.** (de *1. plan*) [conj. **9**]. Organiser, régler selon un plan le développement, le déroulement ou l'organisation de : *Planifier l'économie. Planifier ses vacances.*

planimétrie [planimetri] **n.f.** (de *2. plan* et *-métrie*). **1.** Géométrie appliquée à la mesure des aires planes. **2.** Détermination de la projection, sur un plan horizontal, de chaque point d'un terrain dont on veut lever le plan.

planisphère [planisfɛr] **n.m.** (de *2. plan* et *sphère*). Carte représentant la sphère terrestre ou la sphère céleste.

plan-masse [plɑ̃mas] **n.m.** (pl. *plans-masses*). ARCHIT. Plan de masse*.

planning [planiŋ] **n.m.** (mot angl.). **1.** Programme de fabrication dans une entreprise ; plan de travail détaillé : *Tenir un planning.* **2. Planning familial,** ensemble des moyens mis en œuvre pour la régulation des naissances.

planque [plɑ̃k] **n.f.** (de *planquer*). **1.** *FAM.* Cachette : *La police a trouvé leur planque.* **2.** Situation où l'on est à l'abri, en partic. en temps de guerre. **3.** Emploi bien rémunéré et où le travail est facile (syn. **sinécure**).

planqué, e [plɑ̃ke] **n.** et **adj.** *FAM.* Personne qui a trouvé une planque : *Les combattants et les planqués* (syn. **embusqué**).

planquer [plɑ̃ke] **v.t.** (var. de *planter,* d'apr. *plaquer*). *FAM.* Mettre à l'abri, cacher qqn, qqch : *Planquer ses économies, un fugitif.* ◆ **se planquer v.pr.** *FAM.* Se mettre à l'abri : *Se planquer derrière un mur* (syn. **se cacher**).

plant [plɑ̃] **n.m.** (de *planter*). **1.** Jeune plante que l'on vient de planter ou que l'on doit repiquer : *Des plants de salade.* **2.** Ensemble des végétaux plantés dans un même terrain ; ce terrain lui-même : *Un plant d'asperges.*

Plantagenêt, branche de la maison d'Anjou qui a régné sur l'Angleterre de 1154 à 1485. Elle doit son nom au comte d'Anjou Geoffroi V, surnommé « Plantagenêt », dont le fils Henri II devint roi d'Angleterre en 1154. L'histoire des Plantagenêts, maîtres d'une partie importante de l'Ouest français, fut d'abord dominée par le conflit entre la France et l'Angleterre, puis, au XVe s., par la rivalité entre les branches collatérales des Lancastres et des Yorks (guerre des Deux-Roses). Celle-ci aboutit, en 1485, à l'élimination des Plantagenêts par les Tudors.

1. plantain [plɑ̃tɛ̃] **n.m.** (lat. *plantago*). **1.** Plante très commune dont la semence sert à la nourriture des petits oiseaux. ▸ Famille des plantaginacées. **2. Plantain d'eau,** plante des étangs. ▸ Famille des alismacées.

2. plantain [plɑ̃tɛ̃] **n.m.** (de l'esp. *plátano,* banane). Bananier dont le fruit *(banane plantain)* est consommé cuit, comme légume.

plantaire [plɑ̃tɛr] **adj.** (lat. *plantaris*). De la plante du pied : *Verrue, voûte plantaire.*

plantation [plɑ̃tasjɔ̃] **n.f.** (lat. *plantatio*). **1.** Action de planter : *La plantation d'arbres.* **2.** Terrain planté : *Les plantations ont été détruites par la grêle.* **3.** Grande exploitation agricole des pays tropicaux : *Une plantation de caféiers.*

1. plante [plɑ̃t] **n.f.** (lat. *planta*). **1.** Tout végétal vivant fixé en terre et dont la partie supérieure s'épanouit dans l'air ou dans l'eau douce : *Racines, tige, feuillage d'une plante.* **2.** *FAM.* **Une belle plante,** une belle femme.

2. plante [plɑ̃t] **n.f.** (lat. *planta*). Face inférieure du pied de l'homme et des animaux (on dit aussi *plante du pied*).

planter [plɑ̃te] **v.t.** (lat. *plantare,* tasser la terre avec le pied). **1.** Mettre en terre une plante, un arbrisseau, un tubercule, une bouture pour qu'ils y croissent : *Planter des salades, des rosiers.* **2.** Garnir (un lieu) d'arbres, de végétaux : *Avenue plantée d'arbres.* **3.** Enfoncer dans une matière plus ou moins dure : *Planter un piquet dans le sol* (syn. **ficher**). *Planter un clou dans un mur.* **4.** Poser, placer debout : *Planter une tente* (syn. **monter**). *Planter un décor* (syn. **dresser**). *Le peintre planta son chevalet devant la mer* (syn. **installer**). **5.** *FAM.* Abandonner, quitter brusquement : *Il m'a planté là, au coin de la rue.* ◆ **se planter v.pr. 1.** Se camper debout et immobile : *Il s'est planté devant moi.* **2.** *FAM.* Faire une erreur ; subir un échec : *Elle s'est plantée dans ses prévisions* (syn. **se tromper**).

planteur [plɑ̃tœr] **n.m.** Propriétaire d'une plantation dans les pays tropicaux.

plantigrade [plɑ̃tigrad] **adj.** et **n.m.** (de *2. plante* et *-grade*). Qui marche sur toute la plante des pieds, et non sur les seuls doigts : *L'ours est un animal plantigrade.*

plantoir [plɑ̃twar] **n.m.** (de *planter*). Outil servant à faire des trous dans la terre pour y mettre des jeunes plants.

planton [plɑ̃tɔ̃] **n.m.** (de *planter*). **1.** Personne (soldat, en partic.) qui assure des liaisons entre différents services. **2.** *AFR.* Garçon de bureau. **3.** *FAM.* **Faire le planton,** attendre debout assez longtemps.

plantureux, euse [plɑ̃tyrø, -øz] **adj.** (altér. de l'anc. fr. *plenteïveus,* du bas lat. *plenitas,* abondance). **1.** D'une grande abondance : *Un dîner plantureux* (syn. **copieux**). **2.** Bien en chair ; épanoui : *Elle a des formes plantureuses* (syn. **rebondi**). **3.** Qui est d'une grande fertilité : *Une vallée plantureuse* (syn. **fécond**).

plaquage [plakaʒ] **n.m. 1.** Action de plaquer une surface, de la recouvrir d'un placage : *Le plaquage de meubles de cuisine.* **2.** SPORTS. Au rugby, action de plaquer. (On écrit aussi *placage.*)

plaque [plak] **n.f.** (de *plaquer*). **1.** Élément d'une matière quelconque, plein, relativement peu épais par rapport à sa surface, et rigide : *Plaque de marbre. Plaque d'égout en fonte.* **2.** Objet ayant la forme, l'aspect d'une plaque : *Plaque chauffante d'une cuisinière.* **3.** Pièce de métal portant une indication ; insigne de certaines professions, de certains grades : *Plaque d'immatriculation d'un véhicule. Plaque de garde-chasse.* **4.** Couche peu épaisse, plus ou moins étendue, de certaines matières : *Une plaque de verglas.* **5.** Tache colorée qui se forme sur la peau ; surface couverte d'excoriations, de boutons : *Avoir des plaques rouges sur le visage.* **6.** GÉOL. Unité structurale rigide, d'environ 100 km d'épaisseur, qui constitue, avec d'autres unités semblables, l'enveloppe externe de la Terre. **7.** *FAM.* **Être, mettre à côté de la plaque,** se tromper, manquer le but. **/ Plaque dentaire,** enduit visqueux et collant, mélange complexe de constituants salivaires, de débris alimentaires et de bactéries, qui se forme à la surface des dents et qui joue un rôle notable dans la formation de la carie. **/ Plaque tournante,** plateforme horizontale pivotant sur un axe, qui servait à faire passer d'une voie à une autre des wagons, des locomotives, etc. ; au fig., centre de multiples opérations ; chose ou personne occupant une position centrale, à partir de laquelle tout rayonne : *Ville qui est la plaque tournante du trafic de la drogue.* **/ Sclérose en plaques ⟶ sclérose.**

plaqué [plake] **n.m. 1.** Métal commun recouvert d'or ou d'argent : *Une montre en plaqué or.* **2.** Bois recouvert d'une feuille de placage.

plaquer [plake] **v.t.** (moyen néerl. *placken,* coller). **1.** Appliquer fortement, étroitement contre qqch : *Le souffle de l'explosion l'a plaqué au mur* (syn. **appuyer**). **2.** Appliquer de manière à rendre plat et lisse : *Plaquer ses cheveux sur son front* (syn. **aplatir**). **3.** SPORTS. Au rugby, faire tomber un adversaire qui porte le ballon en le saisissant aux jambes. **4.** Couvrir d'une feuille mince de métal précieux un autre métal plus commun ; appliquer une feuille de bois précieux sur du bois ordinaire : *Plaquer de l'acajou sur une commode.* **5.** *FAM.* Quitter soudainement : *Elle l'a plaqué du jour au lendemain* (syn. **abandonner**). **6.** MUS. **Plaquer un accord,** en jouer simultanément toutes les notes, au piano.

plaquette [plakɛt] **n.f.** (de *plaque*). **1.** Petit livre peu épais : *Une plaquette de poèmes.* **2.** Petite plaque, de forme le plus souvent rectangulaire, de certaines substances, notamm. alimentaires : *Plaquette de beurre, de chocolat.* **3.** Brochure qui donne des informations sur un produit, un service, une société, etc. : *Plaquette de mise en route d'un téléviseur.* **4.** PHARM. Conditionnement sous plastique, comportant un certain nombre d'alvéoles destinées à contenir chacune un comprimé, une gélule : *Plaquette de pilules.* **5.** Petite plaque métallique frappée, comme une médaille, en l'honneur d'un personnage, en souvenir d'un événement, etc. : *Plaquette commémorative en l'honneur du président.* **6.** MÉD. Petit élément du sang, fragment d'une cellule de la moelle osseuse, qui joue un rôle fondamental dans l'hémostase et la coagulation (syn. **thrombocyte**). ▶ Le nombre normal de plaquettes est de 150 000 à 400 000 par millimètre cube.

plasma [plasma] **n.m.** (mot gr. « ouvrage façonné »). **1.** BIOL. Liquide clair dans lequel les cellules du sang sont en suspension. **2.** PHYS. Fluide composé de molécules gazeuses, d'ions et d'électrons. ▶ On estime que 99 % de la matière de l'Univers est sous forme de plasma. **3. Écran à plasma** dispositif d'affichage d'images ou de données fondé sur la luminescence d'un gaz enfermé sous faible pression et soumis à des décharges électriques. ▶ Cette technologie permet la fabrication d'écrans plats de grandes dimensions.

plasmatique [plasmatik] **adj.** BIOL. Qui se rapporte au plasma.

plasmique [plasmik] **adj.** (de *[cyto]plasme*). BIOL. **Membrane plasmique,** membrane qui entoure la cellule vivante. (On dit aussi *membrane cellulaire.*)

plastic [plastik] **n.m.** (mot angl.). Explosif plastique*.

plasticage n.m. → plastiquage.

plasticien, enne [plastisjɛ̃, -ɛn] **n. 1.** Artiste qui se consacre aux arts plastiques. **2.** Spécialiste de chirurgie plastique.

plasticité [plastisite] **n.f. 1.** Caractéristique d'une matière très malléable. **2.** Possibilité pour qqn de s'adapter avec souplesse à une situation nouvelle : *La plasticité de son caractère l'a beaucoup aidé* (syn. **malléabilité, souplesse**).

plastification [plastifikasjɔ̃] **n.f.** Action de plastifier.

plastifier [plastifje] **v.t.** [conj. **9**]. Recouvrir d'une pellicule de matière plastique transparente : *Plastifier un permis de conduire.*

plastiquage ou **plasticage** [plastikaʒ] **n.m.** Action de plastiquer : *Le plastiquage de la voiture a fait plusieurs blessés.*

plastique [plastik] **adj.** (lat. *plasticus*, gr. *plastikos*, relatif au modelage). **1.** Qui peut être façonné par modelage : *L'argile est plastique* (syn. **malléable**). **2.** Qui vise à donner des corps, des objets une représentation, une impression esthétiques : *La beauté plastique d'une mise en scène.* **3. Arts plastiques,** la sculpture et la peinture, principalement. / **Chirurgie plastique,** spécialité chirurgicale qui vise à restaurer les formes normales en cas d'accident, de malformation, etc. (on dit aussi *chirurgie réparatrice*). / **Explosif plastique,** explosif d'une consistance proche de celle du mastic de vitrier, et qui ne détone que sous l'influence d'un dispositif d'amorçage. / **Matière plastique,** matière synthétique constituée essentiellement de macromolécules et susceptible d'être modelée ou moulée, en génér. à chaud et sous pression. ◆ **n.m. 1.** Matière plastique. **2.** Explosif plastique (syn. **plastic**). ◆ **n.f. 1.** Art de sculpter : *La plastique grecque.* **2.** Conformation physique de qqn : *La belle plastique d'un danseur.*

■ La production et la commercialisation des *matières plastiques* ont débuté, en 1839, avec la vulcanisation du caoutchouc. Le Celluloïd (1870) et le linoléum (1860) précédèrent les résines phénoliques, dites *Bakélite* (1909). Le démarrage de l'industrie des matières plastiques n'a, cependant, vraiment eu lieu que vers 1930 (fabrication du Nylon notamm.). Au fil des ans, la famille des matières plastiques n'a cessé de s'agrandir. Elle comprend une foule de matériaux qui font désormais partie de notre vie quotidienne. Leur succès est dû à leurs nombreuses qualités : durabilité, solidité, légèreté, transparence, résistance aux produits chimiques. S'y ajoute une facilité de fabrication en grande série qui les rend économiques. Toutefois, ils renferment des substances chimiques qui peuvent s'avérer toxiques (comme le bisphénol A par ex., aujourd'hui interdit dans tous les contenants pour bébé). De plus, l'impact environnemental des plastiques est considérable : utilisation pour les produire de combustibles fossiles avec émission de gaz à effet de serre, constitution de déchets dont la durée de vie est très longue, pollution des écosystèmes sur des centaines d'années. C'est pourquoi le principe de leur recyclage et la recherche de nouveaux plastiques biodégradables constituent des priorités.

Types de plastiques. Les plastiques de synthèse issus de la pétrochimie ou de la carbochimie sont classés en deux grandes catégories d'après leur comportement thermique : les *thermoplastiques* et les *thermodurcissables.*

Les thermoplastiques, produits par polyaddition (addition de molécules simples sans élimination), durcissent en se refroidissant, mais cette réaction est réversible : ils se ramollissent de nouveau sous l'action de la chaleur. Cette propriété est utilisée, en partic. dans les gaines rétractables enrobant des palettes de manutention.

Les thermodurcissables, produits par polycondensation (synthèse mettant en jeu des espèces chimiques qui renferment plusieurs arrangements d'atomes différents), durcissent à une température critique. Cette réaction déclenche des réactions chimiques irréversibles.

Les thermoplastiques sont donc en principe récupérables par une nouvelle fusion de leur matière, cependant que les thermodurcissables gardent définitivement la forme qui leur a été donnée et résistent aux températures élevées (300 °C). Les thermoplastiques, polychlorure de vinyle (PVC), polypropylène, polyéthylène, polystyrène, sont largement majoritaires. Parmi ceux-ci, le PVC vient largement en tête avec un million de tonnes par an, devançant les polyéthylènes et le polypropylène.

Appartenant à l'une ou à l'autre des deux grandes familles précédentes, mais différents par leur structure, leurs propriétés ou encore par les techniques de mise en œuvre, se trouvent les *polymères spéciaux,* tels les polymères fluorés et les polycarbonates. D'un prix élevé, ils peuvent être dotés de propriétés spécifiques en vue d'applications dans les technologies de pointe. ■

plastiquer [plastike] **v.t.** Détruire, endommager avec du plastic : *Plastiquer un établissement public.*

plastiqueur, euse [plastikœr, -øz] **n.** Auteur d'un attentat au plastic.

plastron [plastrɔ̃] **n.m.** (it. *piastrone,* haubert). **1.** Empiècement cousu sur le devant d'un corsage ou d'une chemise d'homme : *Un plastron en dentelle.* **2.** Pièce de cuir ou de toile rembourrée avec laquelle les escrimeurs se couvrent la poitrine pour se protéger.

plastronner [plastrɔne] **v.i.** (de *plastron*). *FAM.* Prendre devant qqn une attitude fière, assurée : *Il adore plastronner devant les invités* (syn. **parader, se pavaner**).

1. plat, e [pla, plat] **adj.** (lat. pop. **plattus*, gr. *platus*, large, étendu). **1.** Dont la surface est unie ; qui a peu de relief : *Sol plat* (syn. **égal, plan**). *Mer plate* (= mer sans vagues) [syn. **uni**]. **2.** Dont le creux est peu accusé : *Assiette plate. Avoir les pieds plats* (= peu cambrés). **3.** Qui a peu d'épaisseur ; qui a peu de hauteur : *La sole est un poisson plat. Chaussures à talons plats* (contr. **haut**). **4.** Qui manque de saveur, de caractère, de personnalité : *Vin plat* (syn. **fade**). *Eau plate* (= non gazeuse). *Sa dernière comédie est bien plate* (syn. **banal, terne**). *Une plate imitation* (syn. **médiocre**). **5.** Qui montre de la bassesse, de la servilité : *Il est trop plat devant ses supérieurs* (syn. **obséquieux, servile**). **6. À plat,** sur la surface la plus large : *Poser un livre à plat.* / **Calme plat,** absence de vent sur la mer ; au fig., état, situation où rien de notable ne se produit. / **Être à plat,** être dégonflé, en parlant d'un pneu, ou déchargé, en parlant d'un accumulateur ; *FAM.,* être fourbu, manquer de courage, d'énergie. / **Mettre qqch à plat,** en reconsidérer un à un tous les éléments, procéder à une révision d'ensemble susceptible de conduire à de nouvelles décisions. / **Tomber à plat,** ne trouver aucun écho : *Sa plaisanterie est tombée à plat.* **7.** GÉOM. **Angle plat,** angle de 180° dont les côtés sont deux demi-droites opposées. / **Rimes plates,** qui se suivent deux à deux (deux masculines, deux féminines).

2. plat [pla] **n.m.** (de *1. plat*). **1.** Partie plate de qqch : *Le plat de la main* (syn. **paume**). *Le plat d'un sabre.* **2.** Terrain plat, en partic. dans un cadre sportif : *Cycliste spécialiste du plat.* **3.** FAM. **Faire du plat à qqn,** le flatter ; le courtiser. / SPORTS. **Course de plat,** épreuve se déroulant sur une piste sans obstacles. **4. Plat de côtes,** partie du bœuf comprenant les côtes prises dans le milieu de leur longueur et les muscles correspondants (on dit aussi *plates côtes*).

3. plat [pla] **n.m.** (de *1. plat*). **1.** Pièce de vaisselle de table plus grande que l'assiette, pouvant affecter des formes diverses ; son contenu : *Un plat long, creux, rond. Elle apporta un plat de charcuterie.* **2.** Chacun des éléments d'un repas : *Il a repris de tous les plats.* **3.** FAM. **Faire tout un plat de qqch,** donner une importance exagérée à qqch. / FAM. **Mettre les petits plats dans les grands,** préparer un repas très soigné, un peu cérémonieux. / FAM. **Mettre les pieds dans le plat,** intervenir de façon maladroite ou brutale.

Plata (La), v. d'Argentine, ch.-l. de la prov. de Buenos Aires, près du *Río de la Plata* ; 654 324 hab. Centre administratif, culturel et industriel.

Plata *(Río de la),* estuaire de l'Amérique du Sud, sur l'Atlantique, formé par les fleuves Paraná et Uruguay, et séparant l'Uruguay de l'Argentine. Sur ses rives sont établies Buenos Aires et Montevideo.

platane [platan] **n.m.** (gr. *platanos*). **1.** Arbre commun en France, planté le long des avenues ou des routes, et dont l'écorce se détache par plaques. **2. Faux platane,** érable sycomore.

plat-bord [plabɔr] **n.m.** (pl. *plats-bords*). MAR. Latte de bois entourant le pont d'un navire.

plateau [plato] **n.m.** (de *3. plat*). **1.** Support plat et rigide qui sert à transporter, à présenter des objets divers (notamm. de la vaisselle, des aliments) : *Le garçon de café pose les verres sur son plateau. Un plateau à fromages.* **2.** Partie d'une balance recevant les poids ou les matières à peser. **3.** Étendue de terrain relativement plane, pouvant être située à des altitudes variées, mais toujours entaillée de vallées encaissées (à la différence de la plaine) : *Les hauts plateaux du Tibet.* **4.** Pièce circulaire où l'on place les disques, sur un tourne-disque. **5.** Roue dentée servant à mouvoir, par l'intermédiaire d'une chaîne, la roue arrière d'une bicyclette (par opp. à *pignon*) : *Plateau à cinq vitesses.* **6.** Scène d'un théâtre ; lieu où sont plantés les décors et où évoluent les acteurs dans un studio de cinéma ou de télévision. **7.** Plancher de charge d'un véhicule utilitaire, reposant, génér. par l'intermédiaire d'une structure appropriée, sur le cadre du châssis : *Le plateau d'un pick-up.* **8. Plateau continental,** prolongement du continent sous la mer, limité par le talus continental et s'étendant à des profondeurs génér. inférieures à 200 m (on dit aussi *plateforme continentale* ou *littorale*).

Plateau ou **Mittelland** ou **Moyen-Pays,** région de Suisse, entre le Jura et les Alpes, partie vitale du pays, du lac Léman au lac de Constance.

plateau-repas [platorəpa] **n.m.** (pl. *plateaux-repas*). Plateau compartimenté où l'on peut mettre tous les éléments d'un repas servi dans un self-service, en avion, etc.

plate-bande [platbɑ̃d] **n.f.** (pl. *plates-bandes*). **1.** Espace de terre plus ou moins large qui entoure un carré de jardin, où l'on plante des fleurs, des arbustes, etc. **2.** FAM. **Marcher sur les plates-bandes de qqn,** empiéter sur ses attributions, ses prérogatives.

platée [plate] **n.f.** (de *3. plat*). Contenu d'un plat : *Une platée de choucroute* (syn. **assiettée, plat**).

Platées *(bataille de)* [août 479 av. J.-C.], victoire remportée sur les Perses par la Confédération des Grecs dirigée par le Spartiate Pausanias sous les murs de Platées (Béotie) pendant la seconde guerre médique.

plateforme ou **plate-forme** [platfɔrm] **n.f.** (pl. *plates-formes*). **1.** Support plat, de dimensions très variables, souvent surélevé, destiné à recevoir certains matériels, certains équipements, etc. : *Plateforme de chargement d'un entrepôt.* **2.** Partie arrière de certains autobus, dépourvue de siège, et où les voyageurs se tiennent debout. **3.** INFORM. Ensemble d'outils (logiciels, matériels, systèmes d'exploitation, etc.) destinés au stockage et au partage de contenus virtuels (audio, vidéo ou autres). **4.** Structure utilisée pour le forage ou l'exploitation des puits de pétrole sous-marins. **5.** GÉOGR. Type de structure caractérisé par de légères déformations des couches. **6.** Ensemble d'idées constituant la base d'un programme politique ou revendicatif : *Plateforme électorale.* **7. Plateforme continentale** ou **littorale,** ⟶ plateau* continental.

platement [platmɑ̃] **adv. 1.** De façon plate, banale : *S'exprimer platement* (syn. **banalement**). **2.** De façon basse, servile : *Il s'est excusé platement* (syn. **obséquieusement**).

1. platine [platin] **n.f.** (de *1. plat*). **1.** Dans un appareil de lecture de disque microsillon, ensemble comprenant le châssis, le plateau avec son système d'entraînement et la tête de lecture. **2.** Dans un magnétophone, ensemble comprenant le dispositif d'entraînement de la bande magnétique, les têtes magnétiques et les commandes. **3.** Plaque soutenant les pièces du mouvement d'une montre. **4.** Plaque de métal percée pour faire passer l'aiguille d'une machine à coudre ou la clef d'une serrure. **5.** Plateforme qui sert de support dans un microscope et où l'on place l'objet à étudier.

2. platine [platin] **n.m.** (anc. esp. *platina*, de *plata*, argent). Métal précieux blanc-gris. ▸ Symb. Pt. ◆ **adj. inv.** Se dit d'une couleur de cheveux d'un blond presque blanc (syn. **platiné**).

platiné, e [platine] **adj.** (de *2. platine*). **1.** D'un blond très pâle : *Cheveux platinés* (syn. **platine**). **2. Vis platinée,** pastille au tungstène qui permet l'allumage d'un moteur d'automobile, de motocycle, etc.

platitude [platityd] **n.f.** (de *1. plat*). **1.** Manque d'originalité, d'imprévu : *Un roman d'une rare platitude* (syn. **banalité**). **2.** Parole banale ; lieu commun : *Il ne dit que des platitudes* (syn. **banalité**). **3.** LITT. Acte empreint de bassesse, de servilité : *Faire des platitudes pour obtenir qqch.*

Platon, philosophe grec (Athènes v. 427 - *id.* 348/347 av. J.-C.). Disciple de Socrate, il voyagea en Égypte, en Sicile, revint à Athènes, où il fonda v. 387 une école, l'*Académie*, puis tenta vainement de conseiller le tyran Denys de Syracuse. Son œuvre philosophique est constituée d'une trentaine de dialogues qui mettent en scène disciples et adversaires face à Socrate. Dans le dialogue, Socrate use de la dialectique, qui fait découvrir à ses interlocuteurs des idées qu'ils avaient en eux sans le savoir. L'amour et les mathématiques sont les voies royales qui les conduisent à la vérité. Socrate les fait progresser vers un idéal où le beau, le juste et le bien sont les vérités ultimes de l'existence terrestre de l'âme humaine, et dont l'homme n'aperçoit sur terre que les apparences. Il s'agit enfin de faire naître dans ce monde une cité idéale où l'ordre de justice sera garanti par les philosophes. Les principales œuvres de Platon sont : *le Banquet, Phédon, la République, Phèdre, Parménide, le Sophiste, Timée, les Lois.* Elles ont marqué la pensée occidentale, en passant par Aristote, les Pères de l'Église, la philosophie de l'islam, le Moyen Âge et la Renaissance, jusqu'à certains aspects de l'idéalisme logique contemporain.

platonicien, enne [platɔnisjɛ̃, -ɛn] **adj.** et **n.** Qui se rapporte à la philosophie de Platon ; adepte de cette philosophie.

platonique [platɔnik] **adj.** (lat. *platonicus*, de *Platon*). **1.** Imaginaire ; idéal ; sans réalisation : *Un amour platonique* (syn. **chaste, pur**). **2.** LITT. Sans effet ; sans aboutissement : *Des protestations platoniques* (syn. **formel**).

platoniquement [platɔnikmɑ̃] **adv.** De façon platonique : *Aimer platoniquement* (syn. **chastement**).

platonisme [platɔnism] **n.m.** Philosophie de Platon et de ses disciples.

plâtrage [plɑtraʒ] **n.m.** Action de plâtrer ; ouvrage fait de plâtre : *Il faudrait refaire le plâtrage du plafond* (syn. **plâtre**).

plâtras [plɑtra] **n.m.** (de *plâtre*). Débris de matériaux de construction : *Déblayer des plâtras* (syn. **gravats**).

plâtre [plɑtr] **n.m.** (de *emplâtre*). **1.** Matériau résultant de la déshydratation du gypse, et qui se présente sous forme de poudre blanche qui, mélangée à l'eau, fait prise en formant une masse à la fois solide et tendre : *Boucher un trou avec du plâtre.* **2.** Ouvrage moulé en plâtre ; sculpture en plâtre : *Un plâtre de Molière.* **3.** Appareil d'immobilisation d'un membre cassé, moulé directement sur le patient avec de la tarlatane imprégnée ou d'un autre matériau (résine, par ex.) : *Être dans le plâtre* (= avoir un membre immobilisé par cet appareil). ◆ **plâtres n.m. pl.** Ouvrages légers (ravalement, enduits, etc.) ; murs en plâtre.

plâtrer [platre] **v.t. 1.** Couvrir de plâtre : *Plâtrer un mur.* **2.** Immobiliser par un plâtre : *Plâtrer un poignet.*

plâtrier [platrije] **n.m.** Personne dont le métier consiste à préparer et à travailler le plâtre ; ouvrier qui construit des cloisons en plâtre, qui enduit au plâtre les murs et les plafonds.

plausible [plozibl] **adj.** (lat. *plausibilis*, digne d'être applaudi). **1.** Qui peut être considéré comme vrai : *Alibi plausible* (syn. **admissible, recevable**). **2.** Que l'on peut admettre comme valable : *Hypothèse plausible* (syn. **acceptable**).

Plaute, en lat. **Maccius** (ou **Maccus**) **Plautus,** poète comique latin (Sarsina, Ombrie, 254 - Rome 184 av. J.-C.). Ses pièces les plus connues sont : *Amphitryon, Aulularia, les Ménechmes, le Soldat fanfaron.* Plaute en emprunte les sujets aux auteurs grecs de la comédie nouvelle. Ses personnages annoncent déjà les types de la commedia dell'arte.

playback ou **play-back** [plɛbak] **n.m. inv.** (angl. *play back*). Interprétation mimée d'un enregistrement sonore effectué préalablement : *Chanter en playback.*

playboy ou **play-boy** [plɛbɔj] **n.m.** (angl. *play boy*, viveur) [pl. *play-boys*]. Jeune homme élégant et fortuné, à la mode, qui recherche les succès féminins et les plaisirs de la vie facile.

playlist ou **play-list** [plɛlist] **n.f.** (angl. *play list*) [pl. *play-lists*]. **1.** Liste des morceaux de musique diffusés, à un moment donné, par une station de radio. **2.** Liste de ses morceaux de musique préférés que qqn sélectionne et enregistre sur un baladeur MP3, un site musical, etc.

plèbe [plɛb] **n.f.** (lat. *plebs*). **1.** ANTIQ. ROM. Classe populaire de la société romaine. **2.** *LITT.* Peuple, bas peuple (péjor.) [syn. **populace**].

plébéien, enne [plebejɛ̃, -ɛn] **adj.** (lat. *plebeius*). **1.** ANTIQ. ROM. De la plèbe (par opp. à *patricien*). **2.** Sans éducation ; peu raffiné (péjor.) : *Avoir des goûts plébéiens* (syn. **populacier, vulgaire**).

plébiscitaire [plebisitɛr] **adj.** Qui se rapporte à un plébiscite ; issu d'un plébiscite : *Un pouvoir plébiscitaire.*

plébiscite [plebisit] **n.m.** (lat. *plebiscitum*, décision du peuple). **1.** Consultation électorale par laquelle un homme ayant accédé au pouvoir demande à l'ensemble des citoyens de lui manifester leur confiance en se prononçant par oui ou par non sur un texte donné : *Le plébiscite de 1851 a légalisé le coup d'État de Louis Napoléon Bonaparte.* **2.** Consultation au cours de laquelle la population d'un territoire est appelée à choisir le type d'État dont elle veut relever. **3.** ANTIQ. ROM. Loi votée par l'assemblée de la plèbe.

plébisciter [plebisite] **v.t.** (de *plébiscite*). Élire, approuver à une très forte majorité : *Le peuple a plébiscité la nouvelle orientation politique.*

plectre [plɛktr] **n.m.** (lat. *plectrum*, gr. *plêktron*, de *plêssein*, frapper). **1.** ANTIQ. Baguette avec laquelle on touchait les cordes de la lyre, de la cithare. **2.** MUS. Médiator.

pléiade [plejad] **n.f.** (gr. *Pleiades*, constellation de sept étoiles). *LITT.* Groupe important (de personnes, en partic.) : *Une pléiade de célébrités* (syn. **foule, kyrielle**).

Pléiade (la), nom donné plusieurs fois, au cours de l'histoire de la poésie, à des écoles groupant sept poètes, et en particulier au groupe formé par Ronsard et ses six amis : Du Bellay, Rémy Belleau, Jodelle, J. Peletier du Mans (remplacé à sa mort par Dorat), Baïf et Pontus de Tyard.

1. plein, e [plɛ̃, plɛn] **adj.** (lat. *plenus*). **1.** Qui contient tout ce qu'il peut contenir : *Un verre plein d'eau* (syn. **rempli**). *Une salle pleine de monde* (= comble). **2.** Qui contient qqch en grande quantité : *Lettre pleine de fautes. La place était pleine de gens* (syn. **noir**). **3.** Qui est exactement ce qu'il est censé être : *Donner pleine satisfaction* (syn. **total**). *J'en ai pleine conscience* (syn. **entier**). **4.** Qui atteint son maximum : *La pleine lune* (syn. **entier**). *Travailler à temps plein* (contr. **partiel**). **5.** Dont toute la masse est occupée par une matière : *Mur plein* (contr. **creux**). *Un visage plein* (syn. **épanoui, rebondi**). **6.** Qui est au cœur de qqch : *Le bateau est maintenant en pleine mer* (= au large). *Ils se disputaient en pleine rue* (= au milieu de la rue). **7.** Infatué : *Elle est vraiment trop pleine d'elle-même* (syn. **imbu**). **8.** Entièrement occupé, préoccupé : *Un romancier plein de son sujet* (syn. **imprégné, pétri**). **9.** Se dit d'une femelle qui porte des petits : *Chatte pleine* (syn. **gros**). **10. À plein** (+ n.), indique l'abondance, l'intensité : *Moteur qui tourne à plein régime. Crier à plein gosier.* / **En plein,** dans le milieu ; *FAM.*, complètement : *En plein dans le mille.* / **Le plein air,** l'air libre, l'extérieur : *Jeux de plein air. Vivre en plein air.* / *FAM.* **Plein comme un œuf,** rempli au maximum ; repu. / **Pleins pouvoirs,** délégation du pouvoir législatif accordée temporairement par un Parlement à un gouvernement ; autorisation de négocier et de traiter au nom de la personne ou de la puissance qu'on représente. / **Sens plein d'un mot,** sens originel, sens fort d'un mot : *« Être » perd son sens plein d'« exister » quand il est auxiliaire ou copule.*

2. plein [plɛ̃] **n.m.** (de *1. plein*). **1.** Contenu total d'un réservoir : *Faire le plein d'essence.* **2.** Partie forte et large d'une lettre calligraphiée : *Des pleins et des déliés.* **3. Battre son plein,** être étale avant de commencer à redescendre, en parlant de la mer ; en être au moment où il y a le plus de monde, d'animation, en parlant d'une réunion, d'une fête, etc. : *Les soldes battent leur plein.* / **Faire le plein de qqch,** remplir totalement un lieu ; obtenir le maximum de qqch : *Artiste qui fait le plein des salles où il se produit. Député qui ne fait pas le plein des voix de son parti.*

3. plein [plɛ̃] **adv.** (de *1. plein*). **1.** *FAM.* Beaucoup ; en grande quantité : *Tu veux des disques ? J'en ai plein.* **2. Plein de,** beaucoup de : *Tu as fait plein de fautes. Elle a plein d'amis.* / **Tout plein,** très, extrêmement : *Il est mignon tout plein, ce petit.* ◆ **prép. 1.** *FAM.* En grande quantité, en grand nombre dans : *Il a des bonbons plein les poches. Des vieux journaux ? Il y en a plein le grenier.* **2.** *FAM.* **En avoir plein la bouche de qqn, de qqch,** en parler sans cesse avec admiration. / *FAM.* **En avoir plein le dos, plein les bottes (de),** être fatigué ou dégoûté (par). / *FAM.* **En mettre plein la vue à qqn,** l'impressionner, le séduire.

pleinement [plɛnmɑ̃] **adv.** Entièrement ; tout à fait ; sans réserve : *Il est parti pleinement rassuré* (syn. **totalement**).

plein-emploi ou **plein emploi** [plɛnɑ̃plwa] **n.m. sing.** Emploi de toute la main-d'œuvre disponible dans un pays : *Des mesures pour assurer le plein-emploi.*

plein-temps [plɛ̃tɑ̃] **n.m.** (pl. *pleins-temps*). Activité professionnelle absorbant la totalité du temps de travail : *Faire un plein-temps.*

pléistocène [pleistɔsɛn] **n.m.** et **adj.** (du gr. *pleistos*, nombreux, et *kainos*, nouveau). Période la plus ancienne du quaternaire.

Plekhanov (Gueorgui Valentinovitch), socialiste russe (Goudalovka 1856 - Terijoki 1918). Populiste puis marxiste, il fonda à Genève le groupe « Libération du travail » (1883). Principal divulgateur des idées marxistes en Russie, il rallia en 1903 les mencheviks, socialistes russes opposés aux thèses des bolcheviques.

plénier, ère [plenje, -ɛr] **adj.** (lat. *plenarius*, de *plenus*, plein). **1.** Se dit d'une assemblée où tous les membres sont convoqués. **2. Adoption plénière ⟶ adoption.**

plénipotentiaire [plenipɔtɑ̃sjɛr] **n.** (du lat. *plenus*, plein, et *potentia*, puissance). Agent diplomatique muni des pleins pouvoirs. ◆ **adj. Ministre plénipotentiaire,** grade le plus élevé de la carrière diplomatique.

plénitude [plenityd] **n.f.** (lat. *plenitudo,* de *plenus,* plein). **1.** *LITT.* Totalité : *Garder la plénitude de ses facultés* (syn. **intégrité**). **2.** Plein épanouissement : *Sentiment de plénitude.*

plénum [plenɔm] **n.m.** (du lat. *plenus,* plein). Réunion plénière d'une assemblée.

pléonasme [pleɔnasm] **n.m.** (gr. *pleonasmos,* surabondance, excès). Combinaison de plusieurs mots ou expressions dénotant la même idée : *« Monter en haut » est un pléonasme.*

pléonastique [pleɔnastik] **adj.** (gr. *pleonastikos*). Qui constitue un pléonasme : *Phrase pléonastique.*

plésiosaure [plezjɔzɔr] **n.m.** (du gr. *plêsios,* voisin, et *saura,* lézard). Reptile marin fossile du secondaire, pouvant atteindre 5 m de long.

pléthore [pletɔr] **n.f.** (gr. *plêthôrê,* plénitude). Abondance excessive de choses, de personnes, etc. : *La pléthore de fruits va entraîner une baisse des prix* (syn. **surabondance ;** contr. **pénurie**). *Une pléthore de candidats à un poste* (syn. **excès**).

pléthorique [pletɔrik] **adj.** En nombre excessif : *Des stocks pléthoriques* (syn. **démesuré, surabondant**). *Des effectifs pléthoriques* (syn. **surchargé**).

Pleumeur-Bodou, comm. des Côtes-d'Armor ; 4 167 hab. Anc. centre de télécommunications spatiales (grand radôme), auj. Cité des télécoms (musée des télécommunications).

pleur [plœr] **n.m.** *LITT.* (Surtout au pl.). Larme : *Verser, répandre des pleurs.*

pleurage [plœraʒ] **n.m.** (de *pleurer*). En électroacoustique, variation parasite de la hauteur des sons, sur un disque ou une bande magnétique.

pleural, e, aux [plœral, -o] **adj.** (du gr. *pleura,* côté). Qui se rapporte à la plèvre : *Épanchement pleural.*

pleurant [plœrɑ̃] **n.m.** BX-A. Sculpture funéraire représentant un personnage affligé, dont le visage est souvent caché par un capuchon.

pleurard, e [plœrar, -ard] **adj.** et **n.** *FAM.* Qui pleure souvent. ◆ **adj.** Plaintif (syn. **gémissant**).

pleurer [plœre] **v.i.** (lat. *plorare,* crier, se lamenter). **1.** Verser des larmes : *Cet enfant pleure toute la journée* (syn. **pleurnicher**). *À cette nouvelle, elle se mit à pleurer* (syn. **sangloter**). **2. Pleurer sur,** déplorer : *Cesse de pleurer sur ton sort* (syn. **geindre, gémir**). ◆ **v.t. 1.** Déplorer la mort de qqn, la perte de qqch : *Pleurer un proche.* **2.** *FAM.* **Ne pas pleurer sa peine, son argent,** ne pas les épargner.

pleurésie [plœrezi] **n.f.** (lat. médiév. *pleuresis,* du gr. *pleuritis,* de *pleura,* côté). PATHOL. Inflammation de la plèvre avec épanchement de liquide dans la cavité pleurale.

pleureur, euse [plœrœr, -øz] **adj.** (de *pleurer*). Se dit de certains arbres dont les branches retombent vers le sol : *Saule pleureur.*

pleureuse [plœrøz] **n.f.** Femme appelée spécial. pour pleurer les morts, dans certaines régions de l'Europe du Sud et de l'Afrique du Nord.

pleurnichement [plœrniʃmɑ̃] **n.m.** et **pleurnicherie** [plœrniʃri] **n.f. 1.** Habitude, fait de pleurnicher. **2.** Douleur feinte, peu sincère : *Elle nous a trompés avec ses pleurnicheries* (syn. **lamentation, plainte**).

pleurnicher [plœrniʃe] **v.i. 1.** Pleurer souvent et sans raison : *Cet enfant pleurniche pour des riens.* **2.** Se lamenter d'un ton larmoyant : *Elle est toujours à pleurnicher* (syn. **geindre, se lamenter**).

pleurnicheur, euse [plœrniʃœr, -øz] et *FAM.,* **pleurnichard, e** [plœrniʃar, -ard] **adj.** et **n.** Qui pleurniche.

pleurote [plœrɔt] **n.m.** (du gr. *pleura,* côté, et *ous, ôtos,* oreille). Champignon basidiomycète comestible, qui vit sur le tronc des arbres.

pleutre [pløtr] **n.m.** et **adj.** (flam. *pleute,* chiffon). *LITT.* Homme sans courage (syn. **couard, lâche**).

pleutrerie [pløtrəri] **n.f.** *LITT.* Caractère du pleutre ; action lâche (syn. **lâcheté, poltronnerie**).

pleuvoir [pløvwar] **v. impers.** (bas lat. *plovere,* class. *pluere*) [conj. **68**]. Tomber, en parlant de la pluie : *Il pleut à seaux, à torrents, à verse, des cordes* (= beaucoup). ◆ **v.i.** Tomber en abondance : *Les bombes pleuvaient sur la ville* (syn. **s'abattre**). *Les critiques, les injures pleuvent.*

pleuvoter [pløvɔte] **v. impers.** *FAM.* Pleuvoir légèrement (syn. **bruiner**).

plèvre [plɛvr] **n.f.** (gr. *pleura,* côté). Membrane séreuse qui tapisse le thorax et enveloppe les poumons.

Plexiglas [plɛksiglas] **n.m.** (nom déposé). Matière plastique dure, transparente, déformable à chaud, employée en partic. comme verre de sécurité.

plexus [plɛksys] **n.m.** (mot lat. « entrelacement »). **1.** ANAT. Amas de filets nerveux enchevêtrés. **2. Plexus solaire,** centre du système sympathique, formé de plusieurs ganglions nerveux et situé devant l'aorte à la hauteur de l'estomac.

pli [pli] **n.m.** (de *plier*). **1.** Partie repliée en double, ou pincée, d'une matière souple (étoffe, papier, cuir, etc.) : *Les plis d'un rideau, d'un soufflet d'accordéon.* **2.** Marque qui résulte d'une pliure : *Carte routière qui se déchire aux plis* (syn. **pliure**). **3.** Enveloppe de lettre ; lettre : *Mettre une lettre sous pli. J'ai bien reçu votre pli* (syn. **lettre, missive**). **4.** GÉOL. Ondulation des couches de terrain, qui peut être soit convexe *(anticlinal),* soit concave *(synclinal).* **5.** Levée, aux cartes : *Le dernier pli est pour moi.* **6.** Endroit de la peau formant une sorte de sillon : *Le pli de l'aine.* **7.** *FAM.* **Ça ne fait pas un pli,** cela ne présente aucune difficulté ; cela se produit infailliblement. / **Faux pli,** pliure faite à une étoffe là où il ne devrait pas y en avoir : *Faire des faux plis en repassant une chemise.* / **Prendre le pli de,** prendre l'habitude de. / **Un mauvais pli,** une mauvaise habitude.

pliable [plijabl] **adj.** Qu'on peut plier ; facile à plier : *Une chaise pliable.*

pliage [plijaʒ] **n.m.** Action de plier : *Le pliage des feuilles imprimées se fait automatiquement.*

pliant, e [plijɑ̃, -ɑ̃t] **adj.** Articulé de manière à pouvoir être replié : *Lit pliant. Mètre pliant.* ◆ **pliant n.m.** Siège que l'on peut plier, génér. sans bras ni dossier.

plie [pli] **n.f.** (bas lat. *platessa*). Poisson plat à chair estimée, commun dans la Manche et l'Atlantique, remontant parfois les estuaires (syn. **carrelet**). ▸ Famille des pleuronectes ; long. 40 cm env.

plier [plije] **v.t.** (lat. *plicare*) [conj. **10**]. **1.** Mettre en double une ou plusieurs fois en rabattant sur elle-même une chose souple : *Plier une nappe, un drap. Plier un papier en deux, en quatre.* **2.** Rabattre les unes sur les autres les parties articulées d'un objet : *Plier une tente, un éventail.* **3.** Faire prendre une position courbe à : *Plier de l'osier* (syn. **courber**). *Plier les genoux* (syn. **fléchir, ployer**). **4.** Faire céder ; assujettir : *Plier qqn à sa volonté* (syn. **soumettre**). ◆ **v.i. 1.** S'affaisser, se courber : *Les branches plient sous le poids des fruits* (syn. **fléchir, ployer**). **2.** Se soumettre à une contrainte, une influence : *Plier devant l'autorité* (syn. **céder, reculer**). ◆ **se plier v.pr. [à].** Se soumettre à qqn, à qqch : *Se plier au règlement* (syn. **céder**).

plieuse [plijøz] **n.f.** Machine à plier (le papier, notamm.).

Pline l'Ancien, naturaliste et écrivain latin (Côme 23 apr. J.-C. - Stabies 79). Il était amiral de la flotte de Misène quand survint, en 79, l'éruption du Vésuve, au cours de laquelle il périt. Il est l'auteur d'une *Histoire naturelle,* vaste compilation scientifique en 37 livres.

Pline le Jeune, écrivain latin (Côme 61 ou 62 apr. J.-C. - v. 114), neveu du précédent. Avocat célèbre, il fut consul. Il est l'auteur d'un *Panégyrique de Trajan* et de *Lettres,* document de valeur sur la société de son temps.

plinthe [plɛ̃t] **n.f.** (lat. *plinthus,* du gr.). CONSTR. Planche posée à la base des murs intérieurs d'un appartement ; bande, saillie à la base d'une colonne, d'un bâtiment, etc.

pliocène [plijɔsɛn] **n.m.** (angl. *pliocene,* du gr. *pleiôn,* plus, et *kainos,* nouveau). Dernière période de l'ère tertiaire, succédant au miocène.

Plisnier (Charles), romancier belge d'expression française (Ghlin 1896 - Bruxelles 1952). Il est l'auteur de récits de mœurs (*Faux Passeports,* 1937 ; *Meurtres,* 1939-1941 ; *Mères,* 1946-1950).

plissage [plisaʒ] **n.m.** Action de plisser : *Le plissage d'un tissu pour faire une jupe plissée.*

plissé [plise] **n.m. 1.** Série de plis : *Le plissé d'une chemise.* **2.** Type de plissage : *Plissé soleil.*

plissement [plismɑ̃] **n.m. 1.** Action de plisser : *Le plissement de ses paupières trahissait sa perplexité.* **2.** Déformation des couches géologiques ; ensemble de plis.

plisser [plise] **v.t.** (de *plier*). Marquer de plis : *Plisser une jupe. Il plissait le front d'un air soucieux* (syn. **froncer**). ◆ **v.i.** Faire des plis, présenter des plis : *Tes collants plissent.*

pliure [plijyr] **n.f. 1.** Marque formée par un pli : *Renforcer les pliures d'une carte routière* (syn. **pli**). **2.** IMPR. Action de plier les feuilles d'un livre.

ploiement [plwamɑ̃] **n.m.** *LITT.* Action, fait de ployer : *Saluer qqn d'un ploiement des genoux.*

plomb [plɔ̃] **n.m.** (lat. *plumbum*). **1.** Métal dense, d'un gris bleuâtre : *Un tuyau de plomb. Des soldats de plomb.* ▸ Symb. Pb. **2.** Coupe-circuit à fil de plomb : *Les plombs ont sauté* (syn. **fusible**). **3.** Petite masse de plomb ou d'un autre métal, servant à lester un fil* à plomb. **4.** Balle, grain de plomb dont on charge une arme à feu : *Une décharge de plombs.* **5.** Composition typographique formée de caractères en alliage à base de plomb. **6.** Morceau de métal fixé à une ligne, à un filet pour les lester. **7. À plomb,** verticalement : *Le soleil tombe à plomb sur la campagne.* / **Avoir du plomb dans l'aile,** être atteint dans sa santé, sa fortune, sa réputation. / **N'avoir pas de plomb dans la tête,** être étourdi, irréfléchi. / **Sommeil de plomb,** sommeil profond et lourd.

plombage [plɔ̃baʒ] **n.m. 1.** Action de plomber : *Le plombage d'une caisse à la douane.* **2.** Amalgame avec lequel on obture une dent : *Se faire refaire un plombage.*

plombagine [plɔ̃baʒin] **n.f.** (lat. *plumbago, -inis,* mine de plomb). Graphite naturel appelé aussi *mine de plomb.*

plombé, e [plɔ̃be] **adj. 1.** Garni de plomb : *Canne plombée.* **2.** Scellé par un plomb, par des plombs : *Wagon plombé.* **3.** Qui a la couleur du plomb : *Ciel plombé* (syn. **chargé**). *Teint plombé* (syn. **cireux, livide**).

plomber [plɔ̃be] **v.t. 1.** Garnir de plomb : *Plomber une ligne, un filet.* **2.** Sceller d'un sceau de plomb : *Plomber un camion.* **3. Plomber une dent,** l'obturer avec un alliage, un amalgame.

plomberie [plɔ̃bri] **n.f. 1.** Métier, ouvrage, atelier du plombier. **2.** Ensemble d'installations et de canalisations domestiques ou industrielles d'eau et de gaz : *La plomberie de la maison est à refaire entièrement.*

plombier [plɔ̃bje] **n.m.** (de *plomb*). Entrepreneur, ouvrier qui installe, entretient et répare les canalisations et les appareils de distribution d'eau et de gaz.

plonge [plɔ̃ʒ] **n.f.** (de *plonger*). **Faire la plonge,** laver la vaisselle (dans un café, un restaurant).

plongeant, e [plɔ̃ʒɑ̃, -ɑ̃t] **adj. 1.** Qui va de haut en bas : *Du balcon, on a une vue plongeante sur le jardin.* **2. Tir plongeant,** tir exécuté selon un angle de niveau inférieur à 45°.

plongée [plɔ̃ʒe] **n.f. 1.** Action de plonger, de s'enfoncer dans l'eau ; séjour plus ou moins prolongé en immersion complète : *À chaque plongée, ils espèrent rapporter des perles.* **2.** Mouvement de descente plus ou moins rapide : *L'avion fit une plongée.* **3.** Au cinéma, prise de vues effectuée par une caméra dirigée de haut en bas. **4. Plongée sous-marine,** activité consistant à descendre sous la surface de l'eau, muni d'appareils divers (tuba, scaphandre, palmes, etc.), soit à titre sportif, soit à des fins scientifiques ou militaires. / **Sous-marin en plongée,** sous-marin naviguant au-dessous de la surface de la mer.

plongeoir [plɔ̃ʒwar] **n.m.** Plateforme, tremplin d'où l'on plonge dans l'eau.

1. plongeon [plɔ̃ʒɔ̃] **n.m.** (bas lat. *plumbio,* de *plumbum,* plomb). Oiseau palmipède de l'hémisphère Nord, à long bec droit, que l'on rencontre l'hiver sur les côtes et qui plonge à la recherche de poissons. ▸ Famille des gaviiformes ; long. 70 cm.

2. plongeon [plɔ̃ʒɔ̃] **n.m.** (de *plonger*). **1.** Action de se lancer dans l'eau d'une hauteur plus ou moins grande : *Faire un plongeon en avant, en arrière.* **2.** Chute de qqn, de qqch qui tombe en avant ou de très haut : *La voiture a fait un plongeon dans le ravin* (syn. **saut**). **3.** SPORTS. Au football, détente horizontale, bras en avant, du gardien de but en direction du ballon ou du possesseur du ballon. **4.** *FAM.* **Faire le plongeon,** essuyer un échec ; faire faillite.

plonger [plɔ̃ʒe] **v.t.** (lat. pop. **plumbicare,* de *plumbum,* plomb) [conj. **17**]. **1.** Faire entrer qqch, entièrement ou en partie, dans un liquide : *Plonger sa plume dans l'encrier* (syn. **tremper**). **2.** Enfoncer vivement : *Plonger la main dans un sac* (syn. **enfouir, introduire**). **3.** Mettre brusquement ou complètement dans un certain état physique ou moral : *Ma réponse la plongea dans l'embarras* (syn. **jeter, précipiter**). ◆ **v.i. 1.** S'enfoncer entièrement dans l'eau : *Sous-marin qui plonge.* **2.** Sauter dans l'eau, la tête et les bras en avant : *Elle a plongé du haut de la falaise.* **3.** Aller du haut vers le bas ; descendre brusquement vers qqch : *Rapace qui plonge sur sa proie* (syn. **s'abattre, fondre**). **4.** Être enfoncé profondément dans qqch : *Racines qui plongent dans le sol.* **5.** Au football, effectuer un plongeon. ◆ **se plonger v.pr.** S'adonner entièrement à une activité : *Se plonger dans la lecture* (syn. **s'abîmer, s'absorber**).

plongeur, euse [plɔ̃ʒœr, -øz] **n. 1.** Personne qui plonge : *Ce plongeur a un très bon style.* **2.** Personne qui pratique la plongée sous-marine : *Plongeur démineur.* **3.** Personne chargée de laver la vaisselle dans un café, un restaurant.

plot [plo] **n.m.** (p.-ê. croisement du lat. *plautus,* plat et du germ. *block,* bloc). **1.** ÉLECTR. Pièce métallique faisant contact. **2.** Dans une piscine, cube numéroté pour le départ des compétitions.

Plotin, philosophe alexandrin (Lycopolis, auj. Assiout, Égypte, v. 205 - en Campanie 270). Il essaie de penser le problème que Platon avait laissé sans solution, la dualité du principe formel et du principe matériel *(Ennéades).*

plouf [pluf] **interj.** (onomat.). Indique le bruit que fait un objet en tombant dans un liquide.

ploutocrate [plutɔkrat] **n.** Personnage influent qui tire sa puissance de sa richesse.

ploutocratie [plutɔkrasi] **n.f.** (de *plouto-* et *-cratie*). Gouvernement où le pouvoir appartient aux riches ; pays où prévaut un tel gouvernement.

Plovdiv, anc. **Philippopolis,** v. de Bulgarie, sur la Marica ; 338 153 hab. Centre agricole et industriel. Foire internationale. Pittoresque vieille ville. Musées archéologique et ethnographique.

ployer [plwaje] **v.t.** (lat. *plicare,* plier) [conj. **13**]. *LITT.* Tordre en fléchissant ou en courbant : *Le vent ploie la cime des arbres* (syn. **courber**). ◆ **v.i. 1.** *LITT.* S'infléchir ; se courber : *Charpente qui ploie* (syn. **courber, fléchir**). **2.** Céder devant qqch, sous la contrainte : *Ployer sous le joug* (syn. **s'incliner, obéir**).

P.L.U. [peɛly] **n.m.** (sigle). ⟶ Plan* local d'urbanisme.

pluie [plɥi] **n.f.** (lat. pop. **ploia,* class. *pluvia*). **1.** Chute d'eau sous forme de gouttes qui tombent des nuages sur terre : *Une pluie fine, battante.* **2.** Chute d'objets serrés, en grand nombre : *Une pluie de cendres.* **3.** Ce qui est dispensé, distribué en abondance : *Une pluie de cadeaux* (syn. **avalanche, flot**). **4. Faire la pluie et le beau temps,** être très influent. / **Parler de la pluie et du beau temps,** parler de choses banales. / ÉCOL. **Pluies acides,** chargées d'ions acides (sulfuriques et nitriques surtout) d'origine industrielle, très nuisibles à la végétation, en partic. aux forêts.

plumage [plymaʒ] **n.m.** Ensemble des plumes recouvrant un oiseau : *Le plumage coloré d'un geai.*

plumard [plymar] **n.m.** (de *plume*). FAM. Lit.

plume [plym] **n.f.** (lat. *pluma*). **1.** Organe produit par l'épiderme des oiseaux, formé d'une tige souple portant des barbes, et servant au vol, à la protection du corps et à la régulation de la température : *Le gibier à plume* (par opp. à *gibier à poil*). **2.** Tuyau des grosses plumes de l'oie, etc., taillé en pointe, dont on se servait pour écrire. **3.** Morceau de métal en forme de bec et qui, fixé à un porte-plume, à un stylo, sert à écrire : *Plume en or.* **4. Prendre la plume,** se mettre à écrire : *Je prends la plume pour vous annoncer une bonne nouvelle.* / **Vivre de sa plume,** faire profession d'écrivain. / FAM. **Voler dans les plumes à qqn,** attaquer qqn brusquement / FAM. **Y laisser des plumes,** subir des pertes en une circonstance donnée. / SPORTS. **Poids plume,** catégorie de poids dans divers sports individuels, comme la boxe ; sportif appartenant à cette catégorie.

plumeau [plymo] **n.m.** Ustensile de ménage fait de plumes assemblées autour d'un manche, et servant à épousseter : *Passer un coup de plumeau sur les meubles.*

plumer [plyme] **v.t. 1.** Arracher les plumes d'une volaille, d'un oiseau : *Plumer un poulet avant de le vider.* **2.** FAM. Dépouiller qqn de son argent : *Ils l'ont plumé au jeu* (syn. **ruiner**).

plumet [plymɛ] **n.m.** Bouquet de plumes ornant une coiffure : *Plumet de casque, de shako.*

plumetis [plymti] **n.m.** (de *plumet*). **1.** Broderie exécutée en relief, au moyen de points horizontaux ou obliques sur du bourrage ; le point ainsi exécuté. **2.** Étoffe légère en broché mécanique, imitant cette broderie.

plumier [plymje] **n.m.** (de *plume*). Boîte oblongue servant à ranger des stylos, des crayons.

plumitif [plymitif] **n.m.** (de *plumetis,* brouillon d'un acte, d'apr. *primitif,* texte original, avec infl. de *plume*). FAM. Écrivain médiocre ou employé aux écritures.

plum-pudding [plumpudiŋ] **n.m.** (de l'angl. *plum,* prune, et *pudding,* gâteau) [pl. *plum-puddings*]. Pudding d'une variété caractérisée par l'emploi de graisse de bœuf. ▸ Spécialité britannique préparée pour Noël *(Christmas pudding).*

la **plupart** [plypar] **n.f.** (de *plus* et *part*). **1.** (Avec un compl. du n. au pl., ou reprenant un n. au pl., avec accord au pl. dans les deux cas). Le plus grand nombre de ; la quasi-totalité de : *Dans la plupart des cas, il vaut mieux opérer. La plupart des spectateurs ont aimé ce film.* **2.** (Absol., avec accord au pl.). Le plus grand nombre de personnes ; presque tout le monde : *La plupart croient que la réponse à un problème purement technique peut être immédiate.* **3. La plupart du (de mon, de ton, etc.) temps,** la plus grande partie du temps : *Il passe la plupart de son temps à écrire.* / **La plupart du temps,** le plus souvent. / **Pour la plupart,** quant au plus grand nombre.

plural, e, aux [plyral, -o] **adj.** (lat. *pluralis*). **Vote plural,** système de vote qui attribue plusieurs voix à certains électeurs.

pluralisme [plyralism] **n.m.** (lat. *pluralis*). Conception qui admet la pluralité des opinions et des tendances en matière politique, sociale, économique, syndicale, etc.

pluraliste [plyralist] **adj.** et **n.** Du pluralisme ; partisan du pluralisme : *Une démocratie pluraliste.*

pluralité [plyralite] **n.f.** (lat. *pluralitas,* de *pluralis*). Fait d'être plusieurs : *La pluralité des partis.*

pluricellulaire [plyriselylɛr] **adj.** Se dit des espèces vivantes formées de plusieurs cellules. (On dit aussi *multicellulaire.*)

pluridimensionnel, elle [plyridimɑ̃sjɔnɛl] **adj.** Qui a plusieurs dimensions.

pluridisciplinaire [plyridisiplinɛr] **adj.** Qui concerne simultanément plusieurs disciplines.

pluridisciplinarité [plyridisiplinarite] **n.f.** Caractère de ce qui est pluridisciplinaire (enseignement, etc.).

pluriel, elle [plyrjɛl] **adj.** (anc. fr. *plurier,* de *plurel,* lat. *pluralis*). Qui marque la pluralité, le pluriel : *Soulignez les formes plurielles que vous trouverez dans le texte.* ◆ **pluriel n.m.** GRAMM. Forme particulière d'un mot indiquant un nombre supérieur à l'unité : *En français, « s » et « x » sont les marques écrites du pluriel des noms et des adjectifs.*

pluriethnique [plyriɛtnik] **adj.** Constitué de plusieurs ethnies : *Société pluriethnique.* (syn. **multiethnique**).

plurilingue [plyrilɛ̃g] **adj.** Qui peut utiliser couramment plusieurs langues (syn. **polyglotte**).

plurilinguisme [plyrilɛ̃gɥism] **n.m.** Multilinguisme.

pluripartisme [plyripartism] **n.m.** Système politique admettant l'existence de plusieurs partis.

1. plus [plys] ou [ply] **adv.** (mot lat. « une plus grande quantité de »). **1.** Indique une addition : *Une table plus six chaises.* **2.** Indique un nombre positif ou une température supérieure à 0 °C : *Moins douze divisé par plus quatre égale moins trois. Il fait plus deux.* **3.** Marque, génér. en corrélation avec *que,* le comparatif de supériorité : *Il est plus intelligent que vous ne croyez.* **4.** Marque, précédé de l'art. déf. ou d'un adj. poss., le superlatif relatif de supériorité : *Elle est la plus adroite des trois. C'est ce qui me passionne le plus.* **5. Au plus, tout au plus,** en considérant ceci comme la limite, la quantité maximale : *Il est sorti au plus dix minutes* (= au maximum). / **Bien plus, de plus, qui plus est,** en plus de cela, par-dessus le marché : *Elle est faible et de plus malhonnête.* / **D'autant plus** ⟶ **autant.** / **Ni plus ni moins,** exactement : *Il est ni plus ni moins le meilleur joueur de tennis.* / **Plus de,** un nombre, une quantité supérieure de : *Il me faut plus de temps.* / **Plus ou moins,** presque : *C'est plus ou moins intentionnel de sa part.* / **Sans plus,** sans rien ajouter. ◆ **n.m.** [plys] **1.** MATH. Signe de l'addition (+). **2. Un plus,** qqch de mieux, un atout supplémentaire : *Cette expérience est un plus pour vous.*

2. plus [ply] **adv.** (de *1. plus*). [En corrélation avec *ne* ou précédé de *sans*]. Indique : **1.** La cessation d'une action, d'un état : *Il ne travaille plus. Elle n'est plus fatiguée.* **2.** La privation, la disparition de qqn, de qqch : *Il n'a plus d'ami.*

plusieurs [plyzjœr] **adj.** et **pron. indéf.** (lat. pop. **plusiores,* du class. *plures,* plus nombreux). Indique un nombre de personnes, de choses, supérieur ou égal à deux : *Il y a plusieurs réponses possibles. J'en ai vu plusieurs passer.*

plus-que-parfait [plyskəparfɛ] **n.m.** (lat. grammatical *plus quam perfectum*). GRAMM. Temps du verbe qui exprime une action passée antérieure à une autre action passée : *Dans la phrase « j'avais fini quand vous êtes arrivé », « j'avais fini » est au plus-que-parfait.*

plus-value [plyvaly] **n.f.** (de *1. plus,* et de l'anc. fr. *value,* p. passé fém. substantivé de *valoir*) [pl. *plus-values*]. **1.** Accroissement de la valeur d'une ressource, d'un avoir. **2.** Excédent de recettes entre le produit d'un impôt et son évaluation budgétaire (contr. **moins-value**).

Plutarque, écrivain grec (Chéronée v. 50 - *id.* v. 125). Il composa un grand nombre de traités, que l'on divise depuis l'Antiquité en deux groupes : les *Œuvres morales* et les *Vies parallèles.* Il s'inspire le plus souvent du platonisme, critique le stoïcisme et l'épicurisme, et veut surtout faire œuvre de moraliste par la peinture pittoresque des événements historiques ou légendaires.

Pluton, un des noms, dans la mythologie grecque et romaine, du dieu des Enfers Hadès. Cette appellation, plus tardive que celle d'Hadès, souligne l'aspect bienfaisant du dieu souterrain, duquel dépendait la richesse agricole.

Pluton, planète naine du système solaire, découverte en 1930 par l'Américain Clyde Tombaugh. Demi-grand axe de son orbite : 5 900 000 000 km (39,44 fois celui de l'orbite terrestre). Diamètre : 2 300 km env. Elle décrit en 248 ans env. une orbite inclinée de 17° sur l'écliptique. On lui connaît 3 satellites. La sonde américaine New Horizons lancée en 2006 doit l'explorer en 2015.

plutonique [plytɔnik] **adj.** (de *Pluton*). GÉOL. **Roche plutonique,** roche éruptive qui s'est mise en place en profondeur et qui présente une structure grenue : *Le granite est une roche plutonique.*

plutonium [plytɔnjɔm] **n.m.** Métal obtenu par irradiation de l'uranium avec des neutrons, utilisé dans les surgénérateurs et pour la fabrication des armes nucléaires. ▸ Symb. Pu.

plutôt [plyto] **adv.** (de *plus* et *tôt*). **1.** (Parfois en corrélation avec *que*). Indique une préférence, un choix : *Lisez plutôt ce livre. Plutôt mourir que céder !* **2.** (Toujours en corrélation avec *que*). Marque une précision dans le jugement porté : *Il est plutôt indolent que paresseux.* **3.** Indique une tendance : *Son discours est plutôt ennuyeux* (syn. **assez, passablement**). **4. Ou plutôt,** sert à corriger une affirmation, à améliorer une expression : *Elle est partie, ou plutôt s'est enfuie* (= en réalité ; pour mieux dire). ◆ **plutôt que loc. conj.** SOUT. (Suivi du *ne* explétif). Indique un choix préférentiel : *Il se distrait plutôt qu'il ne travaille* (= il préfère se distraire). ◆ **plutôt que de loc. prép.** Suivi d'un inf., indique un choix préférentiel : *Plutôt que de parler, vous feriez mieux d'écouter* (syn. **au lieu de**).

pluvial, e, aux [plyvjal, -o] **adj.** (lat. *pluvialis*). **1.** Qui provient de la pluie : *Eaux pluviales.* **2. Régime pluvial,** régime des cours d'eau principalement alimentés par les pluies.

pluvier [plyvje] **n.m.** (lat. pop. **plovarius,* de *plovere,* pleuvoir). Oiseau échassier nichant dans les toundras et les zones marécageuses du Nord de l'Eurasie et de l'Amérique et hivernant plus au sud. ▸ Famille des charadriidés.

pluvieux, euse [plyvjø, -øz] **adj.** (lat. *pluviosus*). Caractérisé par la pluie : *Une région pluvieuse. Un été pluvieux.*

pluviomètre [plyvjɔmɛtr] **n.m.** Appareil servant à mesurer la pluviosité d'un lieu.

pluviométrie [plyvjɔmetri] **n.f.** Étude de la répartition des pluies ; cette répartition.

pluviométrique [plyvjɔmetrik] **adj.** (de *pluviomètre*). Relatif à la pluviométrie.

pluviôse [plyvjoz] **n.m.** (lat. *pluviosus,* pluvieux). HIST. Cinquième mois du calendrier républicain, du 20, 21 ou 22 janvier au 18, 19 ou 20 février.

pluviosité [plyvjɔzite] **n.f.** (de *pluvieux*). Quantité moyenne de pluie tombée en un lieu pendant un temps donné.

Plymouth, port de Grande-Bretagne (Devon) ; 256 384 hab. Base militaire. Centre industriel.

Plzeň, en all. **Pilsen,** v. de la République tchèque (Bohême) ; 167 302 hab. Brasserie. Métallurgie. Monuments anciens.

1. P.M.A. [peɛma] **n.f.** (sigle). ⟶ Procréation* médicalement assistée.

2. P.M.A. [peɛma] **n.m. pl.** (sigle de *pays les moins avancés*). Ensemble des pays considérés comme les plus pauvres du monde.

P.M.E. [peɛmø] **n.f.** (nom déposé ; sigle de *petites et moyennes entreprises*). Entreprise employant, selon les classifications, moins de 250 ou moins de 500 salariés.

P.M.U. [peɛmy] **n.m.** (sigle). ⟶ Pari* mutuel urbain.

P.N.B. [peɛnbe] **n.m.** (sigle). ⟶ Produit* national brut.

pneu [pnø] **n.m.** (abrév. de *pneumatique*) [pl. *pneus*]. Bandage déformable et élastique que l'on fixe à la jante des roues de certains véhicules et qui, le plus souvent, protège, en l'enveloppant, une chambre à air : *Vérifier la pression des pneus.*

pneumatique [pnømatik] **adj.** (lat. *pneumaticus,* gr. *pneumatikos,* de *pneuma,* souffle). **1.** Qui fonctionne à l'aide d'air comprimé : *Marteau pneumatique.* **2.** Qui prend sa forme utilisable quand on le gonfle d'air : *Matelas pneumatique.* **3. Machine pneumatique,** machine servant à faire le vide dans un récipient. ◆ **n.m.** ANC. Correspondance sur imprimé spécial expédiée dans certaines villes, d'un bureau postal à un autre, par des tubes à air comprimé (abrév. fam. *pneu*).

pneumocoque [pnømɔkɔk] **n.m.** (de *pneumo-* et *-coque*). Bactérie, agent de diverses infections (pneumonie, notamm.).

pneumogastrique [pnømɔgastrik] **n.m.** et **adj.m.** (de *pneumo-* et *gastrique*). Nerf crânien faisant partie du système parasympathique et qui, partant du bulbe, innerve les bronches, le cœur, l'appareil digestif, les reins. (On l'appelle aussi *nerf vague*.)

pneumologie [pnømɔlɔʒi] **n.f.** Spécialité médicale qui traite du poumon et de ses maladies. ◆ **pneumologue n.** Nom du spécialiste.

pneumonie [pnømɔni] **n.f.** (du gr. *pneumôn,* poumon). Infection aiguë d'un lobe entier de poumon due, le plus souvent, au pneumocoque.

pneumopathie [pnømɔpati] **n.f.** Toute affection du poumon.

pneumothorax [pnømɔtɔraks] **n.m.** Épanchement de gaz dans la cavité pleurale.

P.N.U.D. (Programme des Nations unies pour le développement), organisme créé en 1966 au sein de l'O.N.U. et chargé de l'aide aux pays en voie de développement.

Pnyx, colline à l'ouest d'Athènes, où se tenait l'assemblée des citoyens (l'ecclésia).

Pô (le), principal fl. d'Italie, né dans les Alpes, au mont Viso, tributaire de l'Adriatique, qu'il rejoint en un vaste delta ; 652 km. De direction générale ouest-est, entré très tôt en plaine, le Pô draine avec ses affluents (Tessin, Adda), entre les Alpes et l'Apennin, une vaste région basse, la *plaine du Pô,* partie vitale de l'Italie.

poacée [pɔase] **n.f.** Graminée.

Pobedy ou **Pobiedy *(pic),*** point culminant du Tian Shan, à la frontière de la Chine et du Kirghizistan ; 7 439 m.

pochade [pɔʃad] **n.f.** (de *pocher,* dessiner prestement). **1.** Peinture exécutée en quelques coups de pinceau. **2.** Œuvre littéraire sans prétention, écrite rapidement.

poche [pɔʃ] **n.f.** (frq. **pokka*). **1.** Partie d'un vêtement en forme de petit sac où l'on peut mettre de menus objets : *Poche intérieure d'un veston.* **2.** Contenant de diverses tailles, quelle qu'en soit la matière ; sac : *Poche en papier, en plastique.* **3.** Partie, compartiment d'un sac, d'un cartable, etc. : *Poche extérieure d'un sac de voyage.* **4.** Cavité de l'organisme, normale ou pathologique ; boursouflure : *Poche mammaire. Avoir des poches sous les yeux.* **5.** Fluide contenu dans une cavité souterraine : *Poche de gaz.* **6.** Déformation, faux pli d'un tissu, d'un vêtement : *Pantalon qui fait des poches aux genoux.* **7.** Zone non encore soumise à l'intérieur d'un territoire contrôlé par un ennemi : *Réduire une poche de résistance* (syn. **îlot**). **8. Argent de poche,** somme destinée aux petites dépenses personnelles. / FAM. **C'est dans la poche,** c'est réussi, c'est une affaire réglée. / **De poche,** se dit d'un objet de petites dimensions, que l'on peut porter sur soi ; se dit de livres édités dans un format réduit, tirés à un relativement grand nombre d'exemplaires : *Lampe de poche. Édition de poche.* / **En être de sa poche,** essuyer une perte d'argent. / **Ne pas avoir la langue, les yeux dans sa poche,** parler avec facilité ; être observateur. / **Payer de sa poche,** avec son argent. / **Se remplir les poches,** s'enrichir (souvent malhonnêtement).

pocher [pɔʃe] **v.t.** (de *poche*). **Pocher l'œil, un œil à qqn,** lui donner un coup qui provoque une tuméfaction à l'œil. / **Pocher des œufs,** les faire cuire entiers sans leur coquille dans un liquide bouillant.

pochette [pɔʃɛt] **n.f. 1.** Enveloppe, sachet en papier, en tissu, etc., servant à contenir un, des objets. **2.** Sac à main plat et sans poignée. **3.** Mouchoir de fantaisie destiné à agrémenter la poche supérieure d'une veste.

pochette-surprise [pɔʃɛtsyrpriz] **n.f.** [pl. *pochettes-surprises*]. Cornet de papier contenant, avec des bonbons, un jouet dont la nature n'est pas connue au moment de l'achat.

pochoir [pɔʃwar] **n.m.** (de *pocher,* dessiner prestement). Plaque de carton, de métal découpée permettant de peindre facilement la forme évidée.

podagre [pɔdagr] **adj.** et **n.** (lat. *podagra,* mot gr.). *VX.* Qui souffre de la goutte (syn. **goutteux**).

podcast [pɔdkast] **n.m.** (de *iPod* et de l'angl. *broadcast,* émission). Émission de radio ou de télévision qu'un internaute peut télécharger et transférer sur un baladeur numérique ; fichier correspondant.

podestat [pɔdɛsta] **n.m.** (it. *podestà,* du lat. *potestas,* puissance). Premier magistrat de certaines villes d'Italie aux XIIIe et XIVe s.

podium [pɔdjɔm] **n.m.** (mot lat., du gr. *podion,* petit pied). **1.** Plateforme installée pour accueillir les vainqueurs d'une épreuve sportive, les participants à un jeu, à un récital, etc. : *Athlète qui espère monter sur le podium.* **2.** ANTIQ. Mur épais dressé autour de l'arène d'un amphithéâtre, où se trouvaient les places d'honneur.

podologie [pɔdɔlɔʒi] **n.f.** (de *podo-* et *-logie*). MÉD. Étude du pied et de ses maladies. ◆ **podologue n.** Nom du spécialiste.

podomètre [pɔdɔmɛtr] **n.m.** (de *podo-* et *-mètre*). Appareil qui compte le nombre de pas faits par un piéton et indique ainsi, approximativement, la distance parcourue.

podzol [pɔdzɔl] **n.m.** (mot russe « cendreux »). Dans les régions humides à hiver froid, sol formé en surface par une couche brune, au centre par une couche grisâtre, cendreuse et, à la base, par une couche sombre, imperméable, où s'accumule le fer.

Poe (Edgar Allan), écrivain américain (Boston 1809 - Baltimore 1849). Poète (*le Corbeau,* 1845), hostile aux effusions lyriques du romantisme, il déploie dans ses nouvelles un monde fantastique et morbide, et donne le modèle de ces constructions paralogiques qu'imiteront par la suite les romans policiers (*les Aventures d'Arthur Gordon Pym,* 1838 ; *Histoires extraordinaires,* 1840-1845). Méconnue par ses compatriotes, son œuvre fut révélée à l'Europe par les traductions de Baudelaire.

pœcilotherme adj. et **n.m.** → **poïkilotherme.**

1. poêle [pwal] **n.m.** (lat. *pallium,* manteau). Drap mortuaire dont le cercueil est couvert pendant les funérailles.

2. poêle [pwal] **n.m.** (du lat. *pensilis,* suspendu). Appareil de chauffage à combustible : *Poêle à bois, à charbon.*

3. poêle [pwal] **n.f.** (lat. *patella,* petit plat). Ustensile de cuisine à long manche, en métal, peu profond, pour frire, fricasser : *Poêle à crêpes. Cuire un steak à la poêle.*

poêlée [pwale] **n.f.** Contenu d'une poêle.

poêler [pwale] **v.t.** Cuire à la poêle : *Poêler des champignons.*

poêlon [pwalɔ̃] **n.m.** (de *3. poêle*). Casserole en terre ou en métal épais, à manche creux.

poème [pɔɛm] **n.m.** (lat. *poema,* du gr.). **1.** Texte en vers ou en prose ayant les caractères de la poésie : *Poème épique, élégiaque.* **2.** *FAM.* **C'est (tout) un poème, un vrai poème,** c'est extravagant, incroyable. **3.** MUS. **Poème symphonique,** œuvre orchestrale construite sur un argument littéraire, philosophique, etc.

poésie [pɔezi] **n.f.** (lat. *poesis,* gr. *poiêsis,* création). **1.** Art de combiner les sonorités, les rythmes, les mots d'une langue pour évoquer des images, suggérer des sensations, des émotions : *La poésie d'Aragon.* **2.** Genre poétique : *Poésie épique, lyrique.* **3.** Œuvre, poème en vers de peu d'étendue : *Réciter une poésie* (syn. **poème**). **4.** Caractère de ce qui touche la sensibilité, émeut : *La poésie d'une nuit d'été.* ▸ *Dossier page suivante.*

■ L'étymologie du mot « poésie » est déjà une interprétation du fait poétique : *poiêsis* pour les Grecs signifie « création ». Le poète, qui s'est appelé d'abord l'« aède », le chanteur, est considéré comme le créateur, l'artiste par excellence, car il invente en même temps le langage, avec ses figures et son rythme, et l'objet du langage, que doit conserver l'architecture du poème.

La poésie antique trouve ses origines dans la transmission orale, la musique et la danse. Épique (Homère, Virgile), lyrique (Pindare, Horace) ou dramatique (Sophocle), elle est d'abord considérée comme inspirée par les dieux. Elle sera plus tard définie par l'utilisation du vers et des formes fixes élaborées au Moyen Âge par les troubadours, réinventées à la Renaissance (Pétrarque, Ronsard) et codifiées en France au XVIIe s. (Malherbe).

Si la poésie narrative et didactique domine au XVIIIe s., le romantisme réinvente un lyrisme où le « je » transcende l'humaine condition (Goethe, Novalis). Le poète devient visionnaire engagé (Hugo), s'ouvre à tous les aspects de la modernité (Baudelaire), se fait « voyant » (Rimbaud), atteint une « surréalité » (Breton).

Portée depuis Mallarmé par un projet radical de refondation de la langue et du monde, s'affranchissant de la métrique (poème en prose), revendiquant la rupture avant-gardiste, la poésie hésite au XXe s. entre engagement (Neruda, Aragon, Éluard, Char) et défi formel (poésie visuelle, poésie sonore), exploration des gouffres (Michaux) et retour à l'objet (Ponge). ■

poète [pɔɛt] **n.** (lat. *poeta,* du gr.). **1.** Écrivain qui pratique la poésie : *Baudelaire et Verlaine sont des poètes du siècle dernier.* **2.** Personne qui n'a pas le sens des réalités : *C'est un poète, il n'arrivera à rien* (syn. **rêveur, utopiste**).

poétesse [pɔetɛs] **n.f.** Femme qui écrit des poèmes.

poétique [pɔetik] **adj.** (lat. *poeticus,* du gr. *poetikos*). **1.** Relatif à la poésie ; propre à la poésie : *Œuvre, style poétiques.* **2.** Plein de poésie ; qui touche, émeut : *Un coucher de soleil poétique.* ◆ **n.f. 1.** Étude critique du fonctionnement de l'écriture poétique. **2.** Système poétique propre à un écrivain, à une époque : *La poétique de Mallarmé.*

poétiquement [pɔetikmɑ̃] **adv.** De façon poétique.

poétiser [pɔetize] **v.t.** Rendre poétique ; idéaliser : *Poétiser des souvenirs* (syn. **embellir, enjoliver**).

pognon [pɔɲɔ̃] **n.m.** (de *poigner,* saisir avec la main). *FAM.* Argent.

pogrom ou **pogrome** [pɔgrɔm] **n.m.** (russe *pogrom*). **1.** HIST. Attaque accompagnée de pillage et de meurtres, perpétrée contre une communauté juive (d'abord dans l'Empire russe, partic. en Pologne, en Ukraine et en Bessarabie entre 1881 et 1921). **2.** Agression meurtrière dirigée contre une communauté ethnique ou religieuse.

poids [pwa] **n.m.** (lat. *pensum,* ce qui est pesé). **1.** Force égale au produit de la masse d'un corps par l'intensité de la pesanteur : *Le poids de l'eau.* **2.** Mesure de cette force par rapport à une unité déterminée : *Le poids de ce sac est de deux kilos* (syn. **masse**). **3.** Morceau de métal de masse déterminée, servant à peser d'autres corps : *Poser un poids de 500 grammes sur le plateau d'une balance.* **4.** Corps pesant suspendu aux chaînes d'une horloge, pour lui donner le mouvement : *Remonter le poids d'une horloge.* **5.** SPORTS. Sphère métallique pesant 7,257 kg pour les hommes, 4 kg pour les femmes, qu'on lance d'un seul bras le plus loin possible, dans les concours d'athlétisme : *Le lancer du poids.* **6.** Sensation physique de lourdeur, d'oppression : *Avoir un poids sur l'estomac.* **7.** Ce qui est pénible à supporter ; ce qui oppresse, accable, tourmente : *Accablé sous le poids des impôts* (syn. **fardeau**). *Tout le poids de l'entreprise repose sur ses épaules* (syn. **charge, responsabilité**). **8.** Capacité d'exercer une influence décisive sur qqn ou qqch : *Cela donne du poids à vos paroles* (syn. **importance**). *Des découvertes récentes donnent du poids à cette théorie* (syn. **consistance**). **9. Au poids de l'or,** très cher. / **Avoir deux poids, deux mesures,** juger différemment selon la situation, la diversité des intérêts. / **De poids,** important : *Un argument de poids.* / **Faire le poids,** pour un boxeur, un lutteur, un judoka, etc., avoir le poids correspondant à la catégorie dans laquelle il cherche à combattre ; au fig., avoir l'autorité, les qualités requises. / **Poids mort,** fardeau inutile. **10. Poids lourd,** véhicule automobile destiné au transport des lourdes charges (= camion).

poignant, e [pwaɲɑ̃, -ɑ̃t] **adj.** (de *poindre,* piquer). Qui cause une vive douleur morale : *La situation poignante des réfugiés* (syn. **douloureux, dramatique**).

La poésie lyrique : de l'intime à l'universel

Dans l'Antiquité, on appelait « lyrique » la poésie destinée à être chantée ou accompagnée de la lyre. Aujourd'hui, ce terme s'emploie pour désigner l'expression personnelle d'une émotion. On trouve des passages lyriques dans un roman ou une tragédie, par exemple, mais c'est la poésie qui semble rester le genre le mieux approprié au registre lyrique. Évoquant différents thèmes (joies, souffrances, amour, mort, exaltation de la nature, nostalgie, etc.), le poète s'exprime à la première personne. De qui et de quoi cette voix personnelle du poète est-elle l'expression ?

▶ **L'expression du moi.** La poésie est parfois le moyen d'expression idéal pour confier les émois de son cœur. Joachim Du Bellay exprime ses désillusions dans son recueil lyrique *les Regrets* (1558). Alors qu'il est secrétaire de son cousin (le cardinal Jean Du Bellay) à Rome, le poète se sent exilé de sa patrie et livre son désarroi. Il fait du sonnet l'espace le plus sûr pour dévoiler ses secrets :

Je me plains à mes vers si j'ai quelques regrets
Je me ris avec eux, je leur dis mon secret
Comme étant de mon cœur les plus sûrs secrétaires
(*les Regrets*, I)

Réceptacle des états d'âme, le poème a souvent une fonction d'apaisement. Chez les romantiques en proie au malaise et à l'insatisfaction (le « mal du siècle »), l'expression des sentiments compte plus que tout. Pour Lamartine, la poésie est un soulagement avant même d'être un art en tant que tel : « Je n'imitais plus personne, je m'exprimais moi-même pour moi-même. Ce n'était pas un art, c'était un soulagement de mon propre cœur qui se berçait de ses propres sanglots », écrit-il à propos de ses *Méditations poétiques*. Le poète donne une place essentielle à l'épanchement du cœur humain : « Je suis le premier [...] qui ai donné à ce qu'on nommait la Muse, au lieu d'une lyre à sept cordes de convention, les fibres mêmes du cœur de l'homme, touchées et émues par les innombrables frissons de l'âme et de la nature » (préface de 1849). De même, après la disparition de sa fille Léopoldine, Victor Hugo déverse sa tristesse dans son recueil poétique *les Contemplations* (1856), qu'il nomme « les Mémoires d'une âme ».

▶ **Les artifices de la forme poétique.** L'écriture de soi peut parfois susciter l'interrogation. Dans un poème qui dit *je* comme le ferait une autobiographie, les sensations ne sont pas restituées de manière immédiate, mais avec l'artifice de l'écriture. Le poète peut user abondamment de procédés propres au lyrisme (phrases exclamatives, lexique de l'émotion, répétitions, etc.). L'effet produit sur le lecteur met alors en doute la spontanéité, voire la sincérité, des sentiments exprimés.

Le travail sur la forme et la recherche d'une harmonie tendent à prendre le dessus sur l'expression d'un sentiment personnel. Louise Labé, dans l'un de ses sonnets, analyse les manifestations de l'amour en ces vers : « Je vis, je meurs ; je me brûle et me noie. / J'ai chaud extrême en endurant froidure ; / La vie est trop molle et trop dure. / J'ai grands ennuis entremêlés de joie » (*Sonnets*, VII, 1555). À l'intérieur de la forme figée du sonnet, comment ne pas être sensible à la force des antithèses, aux surprenants rapprochements des contraires ? La recherche formelle semble primer l'authenticité des faits rapportés.

▶ **Le partage des émotions.** Le poète s'efforce de donner une portée universelle à sa propre expérience. Il peut même chercher à établir une connivence avec le lecteur, comme le fait Baudelaire : « Hypocrite lecteur, mon semblable, mon frère ! » (Préface des *Fleurs du mal*). Hugo entend aussi faire partager ses émotions au lecteur : « Ma vie est la vôtre, votre vie est la mienne, vous vivez ce que je vis ; la destinée est une. Prenez donc ce miroir et regardez-vous-y. [...] Ah ! insensé, qui crois que je ne suis pas toi ! » (Préface des *Contemplations*). Par les thèmes abordés et le travail sur les mots, le discours intime du poète devient universel.

Grâce au pouvoir de la suggestion, la poésie lyrique implique affectivement le lecteur. Elle le renvoie à ses propres interrogations. Avant même d'être le reflet de son auteur, elle est le miroir du lecteur. Le *je* personnel du poète devient un *je* universel.

Voir aussi : Bellay (Du) ; Hugo ; Labé ; Lamartine ; romantisme.

poignard [pwaɲar] **n.m.** (anc. fr. *poignal,* du lat. pop. **pugnalis,* de *pugnus,* poing). Arme formée d'un manche et d'une lame courte et pointue.

poignarder [pwaɲarde] **v.t.** Frapper avec un poignard : *Le meurtrier a poignardé ses victimes.*

poigne [pwaɲ] **n.f.** (de *poing*). **1.** Force de la main, du poignet : *Une poigne de fer.* **2.** FAM. Énergie dans l'exercice de l'autorité : *Un homme à poigne.*

poignée [pwaɲe] **n.f.** (de *poing*). **1.** Quantité d'une matière que la main fermée contient : *Une poignée de sel.* **2.** Petit nombre de personnes : *Il n'y avait qu'une poignée de spectateurs.* **3.** Partie d'un objet par où on le saisit, l'empoigne : *Poignée d'une valise.* **4. À poignée(s), par poignée(s),** à pleine(s) main(s), en abondance : *Ils jetaient des dragées par poignées.* / **Poignée de main,** geste par lequel on serre la main de qqn en guise de salutation ou d'accord : *Une poignée de main scella leur réconciliation.*

poignet [pwaɲɛ] **n.m.** (de *poing*). **1.** Région du membre supérieur correspondant à l'articulation entre la main et l'avant-bras. **2.** Extrémité de la manche d'un vêtement : *Poignet de chemise.* **3. À la force du poignet,** en se servant seulement de ses bras ; au fig., uniquement par ses efforts personnels, par ses propres moyens.

poïkilotherme [pɔjkilɔtɛrm] et **pœcilotherme** [pesilɔtɛrm] **adj.** et **n.m.** (gr. *poikilos,* variable, et *thermos,* chaleur). PHYSIOL. Se dit des animaux dont la température varie avec celle du milieu, comme les reptiles, les poissons, etc. (contr. **homéotherme**).

poil [pwal] **n.m.** (lat. *pilus*). **1.** Production filiforme de l'épiderme, couvrant la peau de certains animaux et, en divers endroits, le corps humain : *Gibier à poil* (par opp. à *gibier à plume*). *Il a quelques poils au menton.* ▸ Chaque poil est pourvu, à sa racine, d'une glande sébacée. **2.** Pelage : *Le poil d'un cheval.* **3.** Partie velue des étoffes : *Tissu à long poil.* **4.** BOT. Organe filamenteux et duveteux qui naît sur les diverses parties des plantes. **5.** FAM. **À poil,** tout nu. / FAM. **À un poil près,** à très peu de chose près, presque. / FAM. **Au poil,** parfait ; parfaitement. / FAM. **Avoir un poil dans la main,** être paresseux. / FAM. **Caresser qqn dans le sens du poil,** le ménager ou le flatter pour en obtenir quelque avantage. / **De tout poil,** de toute nature, de toute sorte. / **Être de mauvais poil,** de mauvaise humeur. / FAM. **Reprendre du poil de la bête,** reprendre des forces ou du courage. / FAM. **Un poil,** une très petite quantité.

poil-de-carotte [pwaldəkarɔt] **adj. inv.** FAM. D'un roux lumineux, éclatant, en parlant des cheveux.

poilu, e [pwaly] **adj.** Velu, couvert de poils : *Il a des jambes poilues* (syn. **velu**). ◆ **poilu n.m.** FAM. Soldat français, pendant la Première Guerre mondiale.

Poincaré (Henri), mathématicien français (Nancy 1854 - Paris 1912). Auteur de près de 500 mémoires, il fut un des premiers à étudier les fonctions analytiques à plusieurs variables complexes. À la suite de Riemann et de Weierstrass, il s'est également intéressé à la géométrie algébrique. Il étudia les équations différentielles en relation avec la mécanique céleste et, notamment, le problème des trois corps. Ses recherches en physique mathématique l'ont conduit à des contributions importantes en algèbre et dans la théorie des équations aux dérivées partielles. On peut le considérer comme le fondateur de la topologie algébrique.

Poincaré (Raymond), avocat et chef d'État français (Bar-le-Duc 1860 - Paris 1934), cousin du précédent. Député à partir de 1887, puis sénateur après 1903, il assuma, de 1893 à 1906, différents postes ministériels. À la tête du gouvernement (1912-1913), il se réserva les Affaires étrangères et adopta une politique de fermeté à l'égard de l'Allemagne. Président de la République de 1913 à 1920, il mena le pays à la victoire en faisant appel à Clemenceau. Président du Conseil et ministre des Affaires étrangères de 1922 à 1924, il fit occuper la Ruhr mais dut accepter le plan Dawes, réglant le problème des réparations dues par l'Allemagne. Rappelé au pouvoir après l'échec financier du Cartel des gauches (1926-1929), il forma un gouvernement d'union nationale et dévalua le franc (1928).

poinçon [pwɛ̃sɔ̃] **n.m.** (lat. *punctio, -onis,* piqûre). **1.** Tige de métal pointue servant à percer ou à graver : *Un poinçon de cordonnier.* **2.** Morceau d'acier gravé en relief pour former les matrices, ou coins, des monnaies et des médailles. **3.** Marque appliquée aux pièces d'orfèvrerie, notamm. pour en garantir le titre : *Apposer un poinçon sur une montre en or.*

poinçonnage [pwɛ̃sɔnaʒ] et **poinçonnement** [pwɛ̃sɔnmɑ̃] **n.m.** Action de poinçonner.

poinçonner [pwɛ̃sɔne] **v.t. 1.** Marquer au poinçon : *Poinçonner des pièces d'orfèvrerie* (syn. **estampiller**). **2.** Percer, découper à la poinçonneuse : *Poinçonner des tôles* (syn. **perforer**). **3.** Perforer un titre de transport pour attester un contrôle.

poinçonneur, euse [pwɛ̃sɔnœr, -øz] **n.** Personne qui poinçonne. ◆ **poinçonneuse n.f.** Machine à poinçonner.

poindre [pwɛ̃dr] **v.i.** (lat. *pungere,* piquer) [conj. **82**]. **1.** LITT. Commencer à paraître, en parlant du jour : *Le jour point* (syn. **se lever, naître**). **2.** Commencer à sortir de terre, en parlant des plantes (syn. **percer, pointer**).

poing [pwɛ̃] **n.m.** (lat. *pugnus*). **1.** Main fermée : *Frapper du poing sur la table.* **2. Coup de poing,** coup porté avec la main fermée ; au fig., en appos., se dit d'une action inopinée et vigoureuse : *Des opérations coup(s) de poing de la police.* / **Dormir à poings fermés,** profondément. / **Pieds et poings liés,** dans une totale dépendance, dans l'incapacité complète d'agir.

1. point [pwɛ̃] **n.m.** (lat. *punctum,* de *pungere,* piquer). **1.** Signe graphique approximativement rond et de très petite dimension : *Elle ne met jamais de point sur les « i ».* **2.** Signe de ponctuation utilisant une telle marque graphique : *Une phrase se termine par un point. Point d'exclamation (!), d'interrogation (?).* **3.** Petite marque de forme indéterminée : *Une angine à points blancs.* **4.** Unité d'une échelle de notation d'un travail scolaire, d'une épreuve, etc. : *Combien faut-il de points pour être reçu ?* **5.** Unité de compte dans un jeu, un match : *Jouer une partie en cent points.* **6.** Unité de compte, dans un système de calcul : *Ce parti a perdu trois points aux élections.* **7.** Unité de calcul des avantages d'assurance vieillesse, dans certains régimes de retraite. **8.** Piqûre faite dans une étoffe au moyen d'une aiguille enfilée de fil, de coton, de laine : *Coudre à petits points.* **9.** Appellation de certains travaux faits à l'aiguille : *Point de croix, de chaînette.* **10.** Lieu qui permet de situer qqch ou qui sert de point de repère : *Il a des ecchymoses en plusieurs points du corps. Point d'arrivée, de départ.* **11.** MATH. Figure géométrique sans dimension : *Le point d'intersection de deux droites* **12.** Question particulière ; problème précis : *N'insistez pas sur ce point. Nous allons en discuter point par point.* **13.** Degré atteint, moment dans le cours de qqch : *La situation en est toujours au même point* (syn. **stade**). **14. À point,** au degré de cuisson convenable (spécial. entre « cuit » et « saignant », pour la viande) ; au bon moment : *Ce chèque est arrivé à point.* / **À point nommé,** à propos ; au moment opportun. / **Au point,** bien réglé, parfaitement prêt : *Le moteur est maintenant au point.* / **Au point de, à tel point que,** tellement que : *Il ne fait pas froid au point de mettre un manteau.* / **En tout point,** entièrement : *Vous serez obéi en tout point.* / **Être mal en point,** être dans un piteux état ; être malade. / **Faire le point,** déterminer la position d'un navire, d'un avion ; déterminer où l'on en est dans un processus quelconque. / **Marquer un point,** prendre un avantage ; montrer sa force, sa supériorité. / **Mettre au point,** régler : *Mettre au point le déroulement d'une cérémonie.* / **Point d'attache,** endroit où l'on retourne habituellement. / **Point d'eau,** lieu où se trouve une source, un puits dans une région aride. / **Point de contact,** point commun à une courbe et à sa tangente, à une surface et à son plan tangent, à deux courbes tangentes. / **Point d'orgue** ⟶ **orgue.** / **Point noir,** endroit où la circulation automobile est dangereuse ou difficile. / **Sur le point de,** indique un futur immédiat : *Le vase est sur le point de tomber* (= près de). **15. Mise au point,** opération qui consiste, dans un appareil d'optique, à rendre l'image nette ; explication destinée à éclaircir, à régler des questions restées jusque-là dans le vague. / **Point de côté,** douleur aiguë le plus souvent localisée dans la partie droite du thorax. / **Point de vue,** v. à son ordre alphabétique. / **Point du jour,** moment où le soleil commence à poindre. / **Point mort,** position du levier de changement de vitesse d'un véhicule où celui-là n'est enclenché dans aucune vitesse ; état de qqch, d'une situation qui cesse d'évoluer avant de parvenir à son terme. / **Point noir,** comédon.

2. point [pwɛ̃] **adv.** (de *1. point*). **1.** Équivalent vieilli ou région. de *pas* : *Je n'irai point.* **2. Point n'est besoin de,** il n'y a pas besoin de.

pointage [pwɛ̃taʒ] **n.m. 1.** Action de pointer, de contrôler : *Le pointage des électeurs sur les listes électorales.* **2.** Action de pointer, de diriger sur un objectif : *Le pointage d'un canon.*

point de vue [pwɛ̃dvy] **n.m.** (pl. *points de vue*). **1.** Endroit d'où l'on domine un paysage ; spectacle qui s'offre à l'observateur : *Il ne faut pas manquer le point de vue sur la vallée. Un point de vue grandiose* (syn. **panorama, paysage**). **2.** Manière de considérer les choses : *Votre point de vue sur la question n'est pas acceptable* (syn. **idée, vue**).

pointe [pwɛ̃t] **n.f.** (bas lat. *puncta,* estocade, du class. *pungere,* piquer). **1.** Extrémité pointue ou étroite d'un objet qui va en s'amincissant : *Pointe d'aiguille. Une girouette à la pointe d'un clocher. Pointe d'asperge.* **2.** HÉRALD. Partie inférieure de l'écu. **3.** Langue de terre qui s'avance dans la mer : *Le phare est à la pointe de l'île* (= extrémité). **4.** Clou avec ou sans tête, de même grosseur sur toute sa longueur. **5.** Allusion ironique, blessante : *Elle ne cesse de me lancer des pointes* (syn. **pique**). **6.** Moment où une activité, un phénomène connaissent leur intensité maximale : *Vitesse de pointe* (par opp. à *vitesse de croisière*). **7. À la pointe de,** à l'avant-garde de : *Industrie à la pointe de l'innovation.* / LITT. **À la pointe du jour,** à la première clarté du jour. / **De pointe,** d'avant-garde : *Technologies de pointe.* / **En pointe,** dont l'extrémité va en s'amincissant : *Une barbe en pointe.* / **Heure de pointe,** moment où la consommation de gaz, d'électricité, etc., est la plus grande, où le nombre de voyageurs, de clients est le plus élevé (par opp. à *heure creuse*). / **La pointe des pieds,** le bout des pieds opposé au talon. / **Pointe sèche,** stylet qu'utilise le graveur en taille-douce ; estampe obtenue en utilisant cet outil. / **Pousser, faire une pointe jusqu'à un endroit,** faire un détour pour y aller. / **Sur la pointe des pieds,** sans faire de bruit ; en prenant des précautions : *Il faut aborder ce sujet sur la pointe des pieds.* / **Une pointe de,** une petite quantité de ; un rien de, un soupçon de : *Une pointe d'ail, de piment. Parler avec une pointe d'accent du Midi* (syn. **trace**). ◆ **pointes n.f. pl. 1.** CHORÉGR. Attitude, pas de la danseuse qui se tient sur la pointe du pied, sur l'extrémité d'un chausson à bout rigide ; ce chausson : *Faire des pointes. Une paire de pointes.* **2.** Chaussures d'athlétisme, à la semelle munie de pointes (on dit aussi *chaussures à pointes*).

Pointe-à-Pitre, ch.-l. d'arr. de la Guadeloupe, dans l'île de Grande-Terre ; 15 755 hab. *(Pointois)* [257 361 hab. dans l'agglomération]. Principal débouché maritime de la Guadeloupe. Aéroport.

pointeau [pwɛ̃to] **n.m.** (de *pointe*). **1.** Poinçon en acier servant à marquer la place d'un trou à percer. **2.** Tige métallique conique pour régler le débit d'un fluide à travers un orifice.

Pointe-Noire, port et centre économique du Congo ; 807 257 hab. Tête de ligne du chemin de fer Congo-Océan.

1. pointer [pwɛ̃te] **v.t.** (de *point*). **1.** Marquer d'un point, d'un signe indiquant une vérification, un contrôle : *Pointer un mot, les noms d'une liste* (syn. **cocher**). **2.** Contrôler les heures d'entrée et de sortie des ouvriers, des employés : *Pointer les entrants, les sortants.* **3.** Diriger sur un point, dans une direction : *Pointer son doigt vers qqn. Il pointa son revolver sur nous* (syn. **braquer**). **4.** MUS. **Pointer une note,** la marquer d'un point qui augmente de moitié sa valeur : *Noire pointée.* ◆ **v.i. 1.** Enregistrer son heure d'arrivée ou de départ sur une pointeuse : *Employé qui pointe au bureau.* **2.** Au jeu de boules, à la pétanque, lancer sa boule aussi près que possible du but en la faisant rouler (par opp. à *tirer*). ◆ **se pointer v.pr.** FAM. Se présenter à un endroit : *Elle s'est pointée avec une heure de retard* (syn. **arriver**).

2. pointer [pwɛ̃te] **v.t.** (de *pointe*). Dresser en pointe : *Chien qui pointe les oreilles.* ◆ **v.i. 1.** LITT. S'élever, se dresser verticalement : *Les arbres pointent au-dessus des toits.* **2.** Commencer à paraître : *Le jour pointe à l'horizon.*

pointeuse [pwɛ̃tøz] **n.f.** (de *1. pointer*). Machine servant à enregistrer l'heure d'arrivée et de départ d'un salarié.

pointillé [pwɛ̃tije] **n.m.** (de *pointiller,* tracer avec des points). **1.** Trait fait de points : *Découpez suivant le pointillé.* **2.** FIG. **En pointillé,** d'une manière qui laisse deviner ce que sera telle ou telle chose.

pointilleux, euse [pwɛ̃tijø, -øz] **adj.** (it. *puntiglioso,* de *puntiglio,* petit point). Susceptible dans ses rapports avec les autres : *Examinateur pointilleux* (syn. **exigeant, maniaque**).

pointillisme [pwɛ̃tijism] **n.m.** BX-A. Technique, appelée aussi *divisionnisme,* mise en œuvre par les peintres dits *néo-impressionnistes* de la fin du XIXe s., et consistant à juxtaposer des petites touches de différentes couleurs sur la toile au lieu de mélanger ces couleurs sur la palette. ◆ **pointilliste adj.** et **n.** Relatif au pointillisme ; adepte du pointillisme.

pointu, e [pwɛ̃ty] **adj. 1.** Terminé en pointe ; aigu : *S'écorcher la main sur un clou pointu* (syn. **acéré**). **2.** Qui présente un degré élevé de spécialisation : *Avoir une formation pointue.* **3. Voix pointue, ton pointu,** de timbre aigu, aigre. ◆ **adv. Parler pointu,** de la manière sèche et affectée que les Méridionaux attribuent aux Parisiens.

pointure [pwɛ̃tyr] **n.f.** (bas lat. *punctura,* piqûre). **1.** Nombre qui indique la dimension des chaussures, des gants, des coiffures. **2.** FAM. **Une grosse pointure,** une personne d'une grande valeur dans son domaine.

point-virgule [pwɛ̃virgyl] **n.m.** (pl. *points-virgules*). Signe de ponctuation (;) qui indique une pause intermédiaire entre la virgule et le point.

poire [pwar] **n.f.** (lat. *pirum*). **1.** Fruit comestible du poirier, à pépins, charnu, de forme oblongue. **2.** Objet en forme de poire : *Poire électrique.* **3.** FAM. **Couper la poire en deux,** partager par moitié les avantages et les inconvénients ; composer, transiger. / FAM. **Entre la poire et le fromage,** à la fin du repas, lorsque la gaieté et la liberté sont plus grandes. / FAM. **Garder une poire pour la soif,** se réserver qqch pour les besoins à venir. ◆ **n.f.** et **adj.** FAM. Personne qui se laisse facilement duper : *Comment peut-on être aussi poire ?* (syn. **naïf**).

poireau [pwaro] **n.m.** (altér., d'apr. *poire,* de *porreau,* dér. anc. du lat. *porrum*). **1.** Plante potagère comestible aux longues feuilles vertes engainantes, formant à leur base un cylindre blanc, qui en constitue la partie la plus appréciée. ▸ Famille des liliacées. **2.** FAM. **Faire le poireau,** attendre longuement.

poireauter [pwarote] **v.i.** FAM. Faire le poireau ; attendre longuement. (On écrit aussi *poiroter.*)

poirée [pware] **n.f.** (de *poir[eau]*). Bette d'une variété dite *bette à carde,* voisine de la betterave, dont on consomme les feuilles, les côtes et les pétioles.

poirier [pwarje] **n.m. 1.** Arbre cultivé pour ses fruits, les poires. ▸ Famille des rosacées. **2. Faire le poirier,** se tenir en équilibre à la verticale, le sommet de la tête et les mains appuyés sur le sol.

pois [pwa] **n.m.** (lat. *pisum*). **1.** Plante annuelle cultivée dans les régions tempérées pour ses graines, destinées à l'alimentation humaine (petits pois) ou animale. ▸ Sous-famille des papilionacées. **2.** Graine de cette plante. **3.** Petit disque de couleur différente de celle du fond, disposé, avec d'autres, de manière à former un motif ornemental (sur une étoffe, un papier, un objet, etc.) : *Cravate à pois.* **4. Pois cassés,** pois secs décortiqués divisés en deux, consommés surtout en purée. **5. Pois de senteur,** plante grimpante ornementale.

poison [pwazɔ̃] **n.m.** (lat. *potio, potionis,* breuvage). **1.** Toute substance qui détruit ou altère les fonctions vitales : *L'arsenic est un poison* (syn. **toxique**). **2.** Ce qui exerce une influence dangereuse, pernicieuse : *Cette doctrine est un poison pour la démocratie.* **3.** *FAM.* Personne méchante, acariâtre ; enfant insupportable, capricieux.

Poisons *(affaire des),* série de crimes d'empoisonnement, à Paris, dans lesquels furent impliqués des membres de la cour de Louis XIV.

poisse [pwas] **n.f.** (de *poisser*). *FAM.* Manque de chance : *Quelle poisse, ce retard !* (syn. **déveine, malchance**).

poisser [pwase] **v.t.** (de *poix*). Salir en rendant collant, gluant : *La confiture poisse les doigts.*

poisseux, euse [pwasø, -øz] **adj.** Qui poisse ; qui est gluant : *Un pot de miel poisseux* (syn. **collant, visqueux**).

poisson [pwasɔ̃] **n.m.** (lat. *piscis*). **1.** Vertébré aquatique, génér. ovipare, à respiration branchiale, muni de nageoires paires (pectorales et pelviennes) et impaires (dorsales, caudale et anales), à la peau recouverte d'écailles : *Pêcher du poisson. Le thon est un grand poisson.* **2. Être comme un poisson dans l'eau,** être parfaitement à l'aise dans la situation où l'on se trouve. **3. Poisson rouge,** carassin doré. / **Poisson volant,** exocet. ◆ **Poissons n. inv.** et **adj. inv.** Personne née sous le signe des Poissons : *Elle est Poissons.*

■ L'ensemble des poissons, au sens commun du terme, est très hétérogène. Son existence provient de conceptions anciennes, aujourd'hui réfutées, qui rangeaient alors une grande variété d'animaux aquatiques dans une même classe. Actuellement, on le divise en plusieurs groupes distincts.

Les *agnathes* (selon l'étymologie « dépourvus de mâchoires »), au squelette cartilagineux, vivent dans les eaux douces ou salées. Il s'agit d'un petit groupe d'une soixantaine d'espèces actuelles, comprenant les lamproies et les myxines.

Les *chondrichtyens,* ou *poissons cartilagineux,* ont comme les agnathes un squelette cartilagineux mais sont pourvus de mâchoires. Leur peau est couverte de denticules. Leur régime alimentaire est le plus souvent carnivore. Ils sont représentés par les requins et les roussettes. On en connaît environ 1 200 espèces.

Les *ostéichtyens,* ou *poissons osseux* représentent l'immense majorité des poissons (environ 51 000 espèces connues). Ils ont un squelette osseux, et leurs branchies sont recouvertes d'une plaque osseuse, ou *opercule.* Ils possèdent souvent une vessie natatoire, diverticule du tube digestif rempli de gaz. Cette vessie joue un rôle d'équilibration de la pression de l'eau : lorsque le poisson s'enfonce en profondeur, le volume de sa vessie diminue, équilibrant ainsi la pression du poisson avec celle de l'eau. Les modalités de la nage sont variées. Les meilleurs nageurs, comme le thon ou le maquereau, se déplacent essentiellement par les ondulations de leur corps, les nageoires antérieures servant à l'orientation de l'animal et au freinage. L'univers sensoriel des poissons est avant tout olfactif et lié à une extrême sensibilité chimique, mais les vibrations de l'eau sont elles aussi très bien perçues grâce à un organe, la ligne latérale, constituée de récepteurs sensoriels mécaniques répartis sous la peau, le long d'un canal, de part et d'autre du corps. ■

Poisson (Siméon Denis), mathématicien français (Pithiviers 1781 - Paris 1840). Il est un des créateurs de la physique mathématique. Il a appliqué l'analyse mathématique à la mécanique céleste et à la théorie de l'attraction, à la théorie de la chaleur, à l'électricité, à l'élasticité, à la lumière, au magnétisme et au calcul des probabilités.

poisson-chat [pwasɔ̃ʃa] **n.m.** (pl. *poissons-chats*). Poisson d'eau douce à longs barbillons, importé d'Amérique (syn. **silure**).

poisson-clown [pwasɔ̃klun] **n.m.** (pl. *poissons-clowns*). Poisson marin des récifs coralliens, de couleur orange, jaune ou brune rehaussée de larges bandes blanches, qui vit en symbiose avec des actinies (syn. **amphiprion**). ▶ Ordre des perciformes.

poissonnerie [pwasɔnri] **n.f.** Marché, magasin où l'on vend du poisson, des fruits de mer, des crustacés.

poissonneux, euse [pwasɔnø, -øz] **adj.** Qui abonde en poissons : *Eaux poissonneuses.*

poissonnier, ère [pwasɔnje, -ɛr] **n.** Personne qui vend du poisson, des fruits de mer, des crustacés.

Poissons (les), constellation zodiacale. – Douzième signe du zodiaque, que le Soleil quitte à l'équinoxe de printemps.

poisson-scie [pwasɔ̃si] **n.m.** (pl. *poissons-scies*). Poisson sélacien des mers chaudes et tempérées, au long rostre bordé de dents. ▶ Long. jusqu'à 9 m.

poitevin, e [pwatvɛ̃, -in] **adj.** et **n.** De Poitiers, du Poitou.

Poitiers, ch.-l. du dép. de la Vienne, sur un promontoire dominant le Clain, à 329 km au sud-ouest de Paris ; 90 339 hab. *(Poitevins)* [128 180 hab. dans l'agglomération]. Archevêché. Cour d'appel. Académie et université. Constructions mécaniques et électriques. À 8 km au N. de Poitiers, Futuroscope. – Baptistère St-Jean, des IVe et VIIe s. Remarquables églises romanes, dont St-Hilaire et N.-D.-la-Grande. Cathédrale gothique (XIIe-XIIIe s.) à trois vaisseaux presque d'égale hauteur. Grande salle du palais des Comtes (XIIIe s., embellie pour Jean de Berry). Musée Sainte-Croix (archéologie, beaux-arts). – Poitiers devint très vite l'un des grands foyers religieux de la Gaule. La victoire que Charles Martel y remporta sur les musulmans d'Espagne en 732 brisa leur offensive en Occident. Près de Poitiers, à Maupertuis, le Prince Noir vainquit Jean le Bon et le fit prisonnier (1356).

Poitou, anc. prov. de France qui a donné les départements des Deux-Sèvres, de la Vendée et de la Vienne. Duché à partir du IXe s., le Poitou passe en 1152 à l'Angleterre lors du mariage d'Aliénor avec Henri II Plantagenêt. Repris une première fois par Philippe II Auguste (1204), il est annexé à la France par Charles V (1369-1373).

Poitou-Charentes, Anc. Région administrative regroupant 4 dép. : Charente, Charente-Maritime, Deux-Sèvres et Vienne. ⟶ Aquitaine-Limousin-Poitou-Charentes.

poitrail [pwatraj] **n.m.** (lat. *pectorale,* cuirasse, de *pectus, -oris,* poitrine). Devant du corps du cheval et des quadrupèdes domestiques, situé au-dessous de l'encolure, entre les épaules.

poitrinaire [pwatrinɛr] **adj.** et **n.** (de *poitrine*). *VX.* Tuberculeux.

poitrine [pwatrin] **n.f.** (lat. pop. **pectorina,* de *pectus, -oris,* poitrine). **1.** Partie du tronc, entre le cou et l'abdomen, qui contient le cœur et les poumons ; thorax, torse. **2.** Seins de la femme : *Une belle poitrine* (syn. **buste,** litt. **gorge**). **3.** Partie inférieure de la cage thoracique des animaux de boucherie (côtes avec leur chair) : *Poitrine de veau.*

poivre [pwavr] **n.m.** (lat. *piper*). **1.** Condiment à saveur piquante formé par le fruit *(poivre noir)* ou la graine *(poivre blanc),* habituellement pulvérisés, du poivrier : *Steak au poivre.* **2. Cheveux, barbe poivre et sel,** grisonnants. **3. Poivre de Cayenne,** condiment tiré d'une espèce de piment. / **Poivre vert,** grains immatures du poivrier.

poivré, e [pwavre] **adj. 1.** Assaisonné de poivre. **2.** Qui a le goût ou l'odeur du poivre : *Senteur poivrée.*

poivrer [pwavre] **v.t.** Assaisonner de poivre : *Poivrer un ragoût.*

1. poivrier [pwavrije] **n.m.** Arbuste grimpant des régions tropicales produisant le poivre. ▶ Famille des pipéracées.

2. poivrier [pwavrije] **n.m.** et **poivrière** [pwavrijɛr] **n.f.** Petit ustensile de table où on met le poivre.

poivrière [pwavrijɛr] **n.f. 1.** Plantation de poivriers. **2.** ARCHIT. Échauguette cylindrique à toit conique. **3.** Poivrier (ustensile).

poivron [pwavrɔ̃] **n.m.** (de *poivre*). **1.** Piment doux à gros fruits verts, jaunes ou rouges. **2.** Fruit de cette plante, utilisé en cuisine comme légume : *Poivrons farcis.*

poivrot, e [pwavro, -ɔt] **n.** (de *poivre,* eau-de-vie). FAM. Ivrogne.

poix [pwa] **n.f.** (lat. *pix, picis*). Mélange mou et collant à base de résines et de goudrons végétaux. ▸ Utilisée autref. comme matériau d'étanchéité, la poix sert auj. en cordonnerie pour amalgamer les brins des fils de couture.

poker [pɔkɛr] **n.m.** (mot angl.). **1.** Jeu de cartes d'origine américaine où le vainqueur est celui qui possède la combinaison de cartes la plus forte ou qui réussit à le faire croire à ses adversaires. **2. Coup de poker,** tentative hasardeuse. / **Partie de poker,** opération, en partic. politique ou commerciale, dans laquelle on recourt au bluff pour l'emporter.

polaire [pɔlɛr] **adj. 1.** Situé près des pôles terrestres ; qui leur est propre : *Mers polaires.* **2.** Glacial : *Température, froid polaires.* **3.** ÉLECTR. Relatif aux pôles d'un aimant ou d'un électroaimant. **4. Cercle polaire,** cercle parallèle à l'équateur et situé à 66° 34′ de latitude nord ou sud, qui marque la limite des zones polaires où, lors des solstices, il fait jour ou nuit pendant vingt-quatre heures.

Polaire *(étoile)* ou **la Polaire,** étoile la plus brillante de la constellation de la Petite Ourse. Elle doit son nom à sa proximité (moins de 1°) du pôle céleste Nord.

polaires *(régions)*, régions proches des pôles. On leur donne souvent pour limite l'isotherme de 10 °C pour le mois le plus chaud. La plus grande partie est occupée par la mer dans l'Arctique et par la terre dans l'Antarctique. – Parmi les principales expéditions vers le pôle Nord, il faut citer celles de Parry (1827), de Nordenskjöld (1879), de Nansen (1893-1896), de Peary (qui atteignit le pôle en 1909) et, vers le pôle Sud, celles de Dumont d'Urville (1840), de R. F. Scott (1902), de Shackleton (1909), d'Amundsen (qui atteignit le pôle en 1911, précédant Scott d'un mois).

Polanski (Roman), cinéaste polonais naturalisé français (Paris 1933). Il débuta en Pologne avant d'entreprendre une carrière internationale, développant souvent un univers à la fois ironique et inquiétant : *Répulsion* (1965), *le Bal des vampires* (1967), *Rosemary's Baby* (1968), *Chinatown* (1974), *Tess* (1979), *Pirates* (1986), *Frantic* (1988), *Lunes de fiel* (1992), *le Pianiste* (2002), *Oliver Twist* (2005).

polar [pɔlar] **n.m.** (de [*roman*] *policier* et suffixe arg.). FAM. Roman, film policier (syn. **thriller**).

polarisation [pɔlarizasjɔ̃] **n.f. 1.** Propriété des ondes électromagnétiques (et plus spécial. de la lumière) de présenter une répartition privilégiée de l'orientation des vibrations qui les composent. **2.** Production, dans une pile, un accumulateur parcourus par un courant, d'une force électromotrice de sens opposé à celle qui engendre le courant. **3.** Concentration de l'attention, des activités, des influences sur un même sujet : *La polarisation de l'opinion sur les scandales.*

polarisé, e [pɔlarize] **adj. 1.** Qui a subi une polarisation : *Lumière polarisée.* **2.** ÉLECTR. Qui présente deux pôles de signes opposés.

polariser [pɔlarize] **v.t.** (de *polaire*). **1.** Faire subir la polarisation (optique, électrochimique, etc.) à : *Polariser une pile.* **2.** Attirer l'attention, faire converger sur soi : *Ce problème polarise toute l'activité de l'entreprise.* ◆ **se polariser v.pr.** **[sur].** Concentrer, orienter toute son attention sur (qqn, qqch) : *L'opinion s'est polarisée sur ce scandale.*

polarité [pɔlarite] **n.f.** (de *polaire*). Qualité qui permet de distinguer l'un de l'autre chacun des pôles d'un aimant ou d'un générateur électrique.

Polaroid [pɔlarɔid] **n.m.** (nom déposé). Appareil photographique à développement instantané.

polder [pɔldɛr] **n.m.** (mot néerl.). Terre fertile conquise par l'homme sur la mer ou les marais.

pôle [pol] **n.m.** (lat. *polus,* gr. *polos,* de *polein,* tourner). **1.** Chacun des deux points de la sphère céleste formant les extrémités de l'axe autour duquel elle semble tourner en 23 h 56 min : *Le pôle Nord. Le pôle Sud.* **2.** MATH. Point unique qui reste invariant dans une homothétie, une similitude, une rotation ; chacune des extrémités du diamètre d'une sphère, perpendiculaire au plan d'un cercle tracé sur cette sphère. **3.** ÉLECTR. Chacune des deux extrémités d'un générateur ou d'un récepteur, utilisées pour les connexions au circuit extérieur ; borne. **4.** Élément en complète opposition avec un autre : *Le pôle de la joie et le pôle de la tristesse.* **5. Pôle d'attraction,** ce qui attire l'attention, l'intérêt : *Cette nouvelle librairie est le pôle d'attraction du quartier.* / **Pôle de développement,** région industrielle ou secteur d'activité exerçant un rôle d'entraînement sur le développement de l'économie. / **Pôles d'un aimant,** extrémités de l'aimant, où la force d'attraction est à son maximum. **6. Pôle magnétique,** chacun des deux points d'intersection de l'axe magnétique d'un astre avec sa surface.

Pôle emploi, service public français de l'emploi. Issu de la fusion, en 2009, de l'A.N.P.E. (Agence nationale pour l'emploi, créée en 1967) et des A.S.S.E.D.I.C. (Associations pour l'emploi dans l'industrie et le commerce, organismes paritaires chargés de la mise en œuvre au plan local de l'assurance chômage créée en 1958 et gérée au niveau national par l'U.N.E.D.I.C.), il a pour mission essentielle d'accueillir, d'indemniser, d'orienter et d'accompagner les demandeurs d'emploi. Il conseille aussi les entreprises (en partic. pour leurs recrutements) et les personnes en activité souhaitant faire évoluer leur situation professionnelle.

polémique [pɔlemik] **n.f.** (gr. *polemikos,* relatif à la guerre). Vif débat public, mené le plus souvent par écrit ; controverse. ◆ **adj.** Qui appartient à la polémique : *Vous avez toujours un ton polémique* (syn. **agressif ;** contr. **conciliant**).

polémiquer [pɔlemike] **v.i.** Faire de la polémique : *Les journaux polémiquent à propos d'un nouveau projet de loi* (syn. **débattre**).

polémiste [pɔlemist] **n.** Personne qui polémique : *Journal qui engage un polémiste de talent* (syn. **pamphlétaire**).

polémologie [pɔlemɔlɔʒi] **n.f.** (du gr. *polemos,* guerre). Étude de la guerre considérée comme phénomène d'ordre social et psychologique.

polenta [pɔlɛnta] **n.f.** (mot it., lat. *polenta,* farine d'orge). Bouillie, galette de farine de maïs (en Italie) ou de châtaignes (en Corse).

pole position [polpozisjɔ̃] **n.f.** (mot angl. « position en flèche ») [pl. *pole positions*]. Position en première ligne et à la corde, au départ d'une course automobile.

1. poli, e [pɔli] **adj.** (p. passé de *polir*). Dont la surface est assez lisse pour refléter la lumière : *Du marbre poli.* ◆ **poli** **n.m.** Qualité, aspect d'une surface polie : *Le poli d'une commode en merisier.*

2. poli, e [pɔli] **adj.** (de *polir,* avec infl. du lat. *politus*). Qui observe les usages, les règles de la politesse : *Un enfant très poli* (= bien élevé) [syn. **courtois, respectueux**].

1. police [pɔlis] **n.f.** (lat. *politia,* gr. *politeia,* organisation politique). **1.** Administration, force publique qui veille au maintien de la sécurité publique ; ensemble des agents de cette administration : *Car de police. Agent de police.* **2. Faire la police,** surveiller, maintenir l'ordre ; au fig., tout régenter : *Partout où elle passe, elle donne des ordres et fait la police.* / **Police judiciaire (P.J.),** celle qui a pour but de rechercher et de livrer à la justice les auteurs d'infractions à la loi pénale.

2. police [pɔlis] **n.f.** (it. *polizza,* du lat. médiév. *apodixa,* du gr. *apodeixis,* preuve). **1.** Document écrit qui consigne les clauses d'un contrat d'assurance. **2.** ARTS GRAPH. **Police (de caractères)** ⟶ **1. fonte.**

policé, e [pɔlise] **adj.** (de *policer,* civiliser ; de *1. police*). LITT. Qui a atteint un certain degré de civilité, de raffinement : *Société policée* (syn. **civilisé ;** contr. **barbare**).

polichinelle [pɔliʃinɛl] **n.m.** (napolitain *Polecenella,* n. d'un personnage de farce, it. *Pulcinella*). **1.** (Avec une majuscule). Personnage grotesque, bossu et pansu, du théâtre de marionnettes, issu de la comédie italienne. **2.** Personne ridicule, en qui l'on ne peut placer sa confiance : *Ce politicien est un polichinelle* (syn. **fantoche, pantin**). **3. Secret de Polichinelle,** chose que l'on croit ignorée mais qui est connue de tous.

policier, ère [pɔlisje, -ɛr] **adj.** (de *1. police*). **1.** De la police, relatif à la police : *Une enquête policière.* **2.** Qui s'appuie sur la police : *Régime, État policier.* **3. Film, roman policier,** dont l'intrigue repose sur une enquête criminelle. ◆ **n.** Membre de la police.

■ **Le roman policier.** C'est une création du XIXe s., dont les précurseurs sont l'Américain Edgar Allan Poe *(le Double Assassinat de la rue Morgue, la Lettre volée)* et le Français Émile Gaboriau *(Monsieur Lecoq),* qui campent le type du détective et du policier professionnels. Le genre du roman policier, jeu d'esprit fondé sur une énigme à résoudre, se constitue définitivement avec le Britannique Conan Doyle (*les Aventures de Sherlock Holmes,* 1892). Il se développe en France avec M. Leblanc, G. Leroux, G. Le Rouge. Après 1914, des collections de littérature policière sont lancées (« Le Masque »). Deux histoires se suivent : celle du crime et celle de l'enquête, menée par un détective (H. Poirot chez A. Christie) ou par un policier (Maigret chez Simenon). Aux États-Unis, à partir des années 1920, se développe un type d'histoires criminelles plus proche de la réalité sociale, où le héros se bat pour le respect de certaines valeurs morales, contre le gangstérisme, la corruption politique (Sam Spade chez D. Hammet, Philip Marlowe chez R. Chandler). Le mystère à élucider est remplacé par le suspense. À la curiosité est substituée l'étude d'un milieu représenté : ghettos noirs chez C. Himes, laissés-pour-compte et personnages malchanceux chez W. Irish, D. Goodis, J. Thompson.

En France, après la découverte du roman noir américain, traduit dans la collection « Série noire », et sous l'influence du cinéma, le genre révèle une prédilection pour le social (Léo Malet, G. J. Arnaud). La fin des années 1970 marque la vogue du « néo-polar » avec J. Vautrin, J.-P. Manchette, D. Daeninckx. Depuis, le genre policier se révèle un genre propice aux interprétations les plus variées, de l'humour (D. Pennac) à la parodie (F. Dard), du suspense (Boileau-Narcejac) à l'horreur (P. Highsmith), de l'espionnage (J. Le Carré) à la violence (J. Ellroy, S. Larsson, H. Mankell) et à la psychologie (P. D. James, F. Vargas).

Le film policier. Puisant bien souvent son inspiration dans le roman policier, le film policier apparaît dès l'aube du cinéma. Mais c'est aux États-Unis, à l'époque de la prohibition, que se constituent les deux courants principaux : le film de gangsters et le film noir.

J. von Sternberg, avec *les Nuits de Chicago* (1927), pose les bases du premier genre, faisant entrer le gangster dans la mythologie hollywoodienne : nouveau type de héros, mais aussi nouvelle thématique fondée sur la corruption et la violence. Ce genre triomphera à l'avènement du parlant (*Little Caesar* de M. LeRoy, 1931 ; *Scarface* de H. Hawks, 1932).

J. Huston inaugure, en 1941, avec *le Faucon maltais,* le film noir, inspiré du roman noir américain (D. Hammett, R. Chandler), dont le héros, le détective privé, être hybride entre le gangster et le policier, sera personnifié par Humphrey Bogart. Le personnage évolue dans une atmosphère d'intrigues complexes, où la violence est insidieuse, la culpabilité diffuse et la menace constante.

Le film policier se caractérise aussi par la présence de la femme fatale (incarnée par Rita Hayworth, Ava Gardner ou encore Gene Tierney) et du cadre de la ville, l'autre héroïne du genre.

Miroir trouble des contradictions et des hantises du XXe s., ce genre a inspiré de nombreux réalisateurs, aux États-Unis (A. Hitchcock, F. Lang, B. Wilder, O. Preminger, J. Dassin, R. Walsh, O. Welles) comme en Europe (J.-L. Godard, F. Truffaut, L. Malle, C. Chabrol, R. Polanski, W. Wenders). ■

policlinique [pɔliklinik] **n.f.** (du gr. *polis,* ville, et de *clinique*). Établissement où l'on traite les malades sans les hospitaliser. ***Rem.*** À distinguer de *polyclinique.*

Polignac (Jules Auguste Armand, *prince* **de),** homme politique français (Versailles 1780 - Paris 1847). Élevé dans l'émigration, pair de France appartenant au groupe des ultra-royalistes (1814), il fut ambassadeur à Londres (1823-1829). Président du Conseil en 1829, il fit entreprendre l'expédition d'Algérie et signa les ordonnances à l'origine de la révolution de Juillet 1830. Condamné à la prison perpétuelle, il fut amnistié (1836).

poliment [pɔlimɑ̃] **adv.** Avec courtoisie, politesse : *Il lui a poliment tenu la porte* (syn. **courtoisement**).

poliomyélite [pɔljomjelit] **n.f.** (du gr. *polios,* gris, et *muelos,* moelle). Maladie infectieuse due à un virus qui se fixe sur les centres nerveux, en partic. la moelle épinière, et peut provoquer des paralysies graves (abrév. *polio*).

poliomyélitique [pɔljomjelitik] **adj.** Relatif à la poliomyélite. ◆ **n.** Personne atteinte de la poliomyélite (abrév. fam. *polio*).

polir [pɔlir] **v.t.** (lat. *polire*) [conj. **32**]. **1.** Rendre lisse, poli ; donner un aspect uni et luisant à : *Polir un métal* (syn. **lisser**). **2.** LITT. Rendre aussi soigné, aussi parfait que possible : *Polir ses phrases* (syn. **parachever, parfaire**).

polissage [pɔlisaʒ] **n.m.** Action de polir : *Le polissage d'une pièce d'ébénisterie.*

polisseur, euse [pɔlisœr, -øz] **n.** Personne spécialisée dans le polissage. ◆ **polisseuse n.f.** Machine à polir.

polisson, onne [pɔlisɔ̃, -ɔn] **n.** (de l'anc. arg. *polir,* vendre). Enfant espiègle, désobéissant : *Petit polisson !* (syn. **coquin, galopin**). ◆ **adj.** et **n.** Qui est un peu trop libre, un peu osé : *Une chanson polissonne* (syn. **grivois, paillard**).

polissonnerie [pɔlisɔnri] **n.f.** Action, propos de polisson : *Dire, faire des polissonneries* (syn. **gaillardise, paillardise**).

politesse [pɔlitɛs] **n.f.** (anc. it. *pulitezza,* de *polito,* charmant, civilisé). **1.** Ensemble des règles de savoir-vivre, de courtoisie en usage dans une société ; respect de ces règles : *Je vais vous apprendre la politesse* (syn. **bienséance, courtoisie**). *Formule de politesse* (= celle qu'on écrit à la fin d'une lettre). **2.** Action, parole conforme à ces règles : *Échanger quelques politesses* (syn. **civilité, compliment**).

politicard, e [pɔlitikar, -ard] **n.** et **adj.** Politicien sans envergure qui se complaît en intrigues (péjor.).

politicien, enne [pɔlitisjɛ̃, -ɛn] **n.** (angl. *politician*). Personne qui fait de la politique, qui exerce des responsabilités politiques (souvent péjor.) : *Un politicien sans scrupule.* ◆ **adj.** Qui relève d'une politique intrigante et intéressée : *Politique politicienne. Manœuvre politicienne.*

1. politique [pɔlitik] **adj.** (lat. *politicus,* gr. *politikos,* de la cité). **1.** Relatif à l'organisation du pouvoir dans l'État, à son exercice : *Institutions politiques.* **2.** LITT. Qui a ou qui manifeste beaucoup d'habileté ; qui agit de façon avisée : *Invitation toute politique* (syn. **intéressé**). *Un directeur très politique* (syn. **diplomate**). **3. Droits politiques,** droits en vertu desquels un citoyen peut participer à l'exercice du pouvoir, directement ou par son vote. / **Homme, femme politiques,** qui s'occupent des affaires publiques, qui font de la politique. / **Prisonnier politique,** personne emprisonnée pour des motifs politiques (par opp. à *prisonnier de droit commun*). ◆ **n.** Responsable des affaires publiques : *Le pouvoir des politiques.* ◆ **n.m.** Ce qui est politique : *Le politique et le social.*

2. politique [pɔlitik] **n.f.** (de *1. politique*). **1.** Ensemble des pratiques, faits, institutions et déterminations du gouvernement d'un État ou d'une société : *Politique extérieure.* **2.** Manière d'exercer l'autorité dans un État ou dans une société : *Politique libérale.* **3.** Manière concertée d'agir, de conduire une affaire : *Avoir une politique des prix* (syn. **stratégie, tactique**).

politique-fiction [pɔlitikfiksjɔ̃] **n.f.** (pl. *politiques-fictions*). Fiction fondée sur l'évolution, imaginée dans le futur, d'une situation politique présente ; ce type de fiction en tant que genre (littéraire, cinématographique, etc.).

politiquement [pɔlitikmɑ̃] **adv. 1.** D'un point de vue politique : *Politiquement, le résultat du scrutin est significatif.* **2.** Avec habileté, à-propos : *Elle a agi très politiquement.*

politisation [pɔlitizasjɔ̃] **n.f.** Action de politiser ; fait d'être politisé : *La politisation d'une grève.*

politiser [pɔlitize] **v.t. 1.** Donner un caractère politique à : *Politiser un débat.* **2.** Donner une formation, une conscience politique à : *Chercher à politiser les étudiants.*

politologie [pɔlitɔlɔʒi] **n.f.** Étude des faits politiques dans l'État et dans la société. (On dit aussi *politicologie.*) ◆ **politologue n.** Nom du spécialiste.

poljé [pɔlje] **n.m.** (mot slave « plaine »). GÉOGR. Vaste dépression fermée, dans les régions karstiques.

polka [pɔlka] **n.f.** (mot d'orig. polon. ou tchèque). Danse assez vive, à deux temps, importée de Pologne en France v. 1830.

pollen [pɔlɛn] **n.m.** (mot lat. « farine »). Poudre que forment les grains microscopiques produits par les étamines des plantes à fleurs, et dont chacun constitue un élément reproducteur mâle.

pollinisation [pɔlinizasjɔ̃] **n.f.** Transport du pollen des étamines jusqu'au stigmate d'une fleur de la même espèce, permettant la fécondation.

Pollock (Jackson), peintre américain (Cody, Wyoming, 1912 - Springs, Long Island, 1956). Influencé par les muralistes mexicains, par Picasso, par la culture amérindienne, puis (v. 1942, à New York) par l'automatisme surréaliste, il aboutit vers 1947 à une peinture gestuelle *(action painting),* exemplaire de l'expressionnisme abstrait et se distinguant par la pratique du *dripping* (projection de couleur liquide sur la toile posée au sol).

polluant, e [pɔlɥɑ̃, -ɑ̃t] **adj.** et **n.m.** Se dit d'un produit, d'un agent responsable d'une pollution.

polluer [pɔlɥe] **v.t.** (lat. *polluere,* souiller) [conj. **7**]. Souiller, dégrader, rendre malsain ou dangereux par pollution : *Usine qui pollue une rivière en y déversant ses déchets.*

pollueur, euse [pɔlɥœr, -øz] **adj.** et **n.** Qui pollue ; qui accroît la pollution : *Une usine pollueuse.*

pollution [pɔlysjɔ̃] **n.f.** (bas lat. *pollutio*). **1.** Dégradation d'un milieu naturel par des substances chimiques, des déchets industriels ; dégradation de l'environnement humain par une, des nuisances : *La pollution atmosphérique par des fumées. Pollution par le bruit.* **2.** MÉD. **Pollution nocturne,** éjaculation survenant pendant le sommeil.

■ On parle de pollution lorsqu'une substance est présente dans un milieu en quantité suffisante pour créer une nuisance. Certaines substances ne sont polluantes qu'à partir d'un certain seuil de concentration et, à ce titre, des produits naturels comme les fumées volcaniques peuvent être polluants. On distingue la pollution de l'atmosphère, des eaux et des sols. Celle-ci a une incidence sur la flore, la faune et l'homme.

La pollution atmosphérique. Elle est due à l'émission de produits gazeux ou solides dont les origines sont diverses. Dans les zones urbaines et industrielles, les gaz proviennent des échappements des véhicules et des rejets des cheminées d'usines. L'un des polluants les plus fréquents est le monoxyde de carbone, dû à la combustion des hydrocarbures (pétrole et charbon). D'autres, tels les oxydes d'azote et les anhydrides sulfureux, forment les *smogs,* nuages de gaz provoquant bronchites, troubles pulmonaires et irritation des yeux. Chez les végétaux, ils entraînent une chute prématurée des feuilles, inhibent la croissance et finalement entraînent la mort. Quant au dioxyde de carbone, il crée une couche empêchant la diffusion vers les hautes couches de l'atmosphère des radiations énergétiques *(effet de serre),* ce qui provoque un réchauffement progressif de la Terre. Les chlorofluorocarbures (C.F.C.), contenus notamm. dans les aérosols et les réfrigérants, portent atteinte à la couche d'ozone, qui filtre les rayonnements ultraviolets cancérigènes. Les pays industrialisés ont totalement cessé la production de C.F.C. en 2007 (grâce au protocole de Montréal). Cependant leurs substituts, les hydrochlorofluorocarbures (H.C.F.C.), sont également nocifs pour la couche d'ozone. Le protocole de Montréal prévoit leur élimination totale entre 2030 (pays industrialisés) et 2040 (pays en développement). Transportés par le vent, les polluants gazeux ou poussiéreux diffusent sur de grandes distances. Ils peuvent retomber sous forme de *pluies acides,* provoquant la mort des forêts, comme c'est le cas en Europe centrale et dans l'est de la France.

La pollution des sols et la pollution de l'eau. Elles sont souvent intimement liées. Après épandage sur les sols, les engrais pénètrent en profondeur et se retrouvent dans les nappes phréatiques. Ils peuvent aussi être lessivés en surface par les eaux de pluie et polluer les cours d'eau, qui se déversent ensuite dans les lacs ou dans la mer. À ces engrais s'ajoutent les pesticides et tous les rejets industriels, dont les hydrocarbures. L'augmentation dans les étangs, lacs et rivières de la concentration en sels minéraux (nitrates et phosphates, notamm.) provoque des déséquilibres écologiques. Les algues planctoniques pullulent en surface, formant une couche empêchant la lumière de pénétrer dans l'eau, ce qui entraîne la mort des plantes aquatiques. De plus, les algues planctoniques mortes s'accumulent sur les fonds et sont décomposées par des bactéries consommatrices d'oxygène. L'oxygène se raréfie, ce qui provoque la mort des animaux aquatiques. Ce phénomène, appelé *eutrophisation* quand il a des causes naturelles, est plutôt qualifié de *dystrophisation* quand il est dû à des rejets agricoles ou industriels. ■

Pollux ⟶ **Castor et Pollux.**

polo [polo] **n.m.** (mot angl., du tibétain). **1.** Sport qui oppose deux équipes de quatre cavaliers munis chacun d'un long maillet au moyen duquel ils doivent envoyer une balle de bois dans les buts adverses. **2.** Chemise de sport en tricot, à col rabattu, génér. en jersey.

Polo (Marco), voyageur vénitien (Venise 1254 - *id.* 1324). Sa célébrité vient du récit de son voyage en Asie, *le Devisement du monde,* appelé aussi *Livre des merveilles* et *le Million (Il Milione).* Son père, Niccolo, et son oncle Matteo, négociants de Venise, s'aventurent avant lui jusqu'à Pékin (v. 1260-1269) et reviennent porteurs d'un message de l'empereur Kubilay Khan à destination du pape. Ils reprennent le chemin de Pékin en 1271 avec le jeune Marco, en suivant la route de la soie à travers l'Asie centrale, par Kachgar, Yarkand, Khotan. Ils s'arrêtent un an à Ganzhou, puis continuent leur route, sous la protection d'une escorte officielle, et arrivent en 1275 à Shangdu, résidence du khan (empereur). Tandis que son oncle et son père font des affaires, Marco accomplit diverses missions en Chine, pour le compte du khan. Ces voyages intérieurs lui permettront de faire plus tard son extraordinaire tableau de la Chine, décrivant son organisation administrative, son artisanat original, sa monnaie de papier et les richesses de sa capitale, Cambaluc (Pékin). En 1292, les trois marchands quittent la Chine, par mer jusqu'à Ormuz, puis, par voie de terre jusqu'à Trébizonde ; ils regagnent Venise en 1295. Prisonnier des Génois de 1296 à 1299, Marco Polo dicte ses souvenirs de voyage à un écrivain, Rustichello, qui rédigera *le Devisement du monde* en français.

polochon [pɔlɔʃɔ̃] **n.m.** (p.-ê. de l'anc. fr. *pouloucel,* petit oiseau). *FAM.* Traversin.

Pologne, en polon. **Polska,** État de l'Europe centrale, sur la Baltique ; 313 000 km^2 ; 38 217 000 hab. *(Polonais).* CAP. *Varsovie.* LANGUE : *polonais.* MONNAIE : *złoty.*

GÉOGRAPHIE

Les conditions naturelles. Le pays a un climat continental avec le maximum des pluies en été. Les températures extrêmes oscillent entre + 39 °C et - 36 °C, mais des nuances existent entre l'ouest et l'est, où l'hiver est plus long et plus froid. L'été, les températures augmentent de la Baltique vers l'intérieur. Les paysages sont le plus souvent plats et l'altitude est inférieure à 200 m. La côte, basse, est échancrée par les deltas de l'Oder et de la Vistule. En arrière s'étendent des collines et des plaines (Mazovie-Podlasie, Grande Pologne). Puis, plus au sud, des plateaux (Petite Pologne, Lublin) forment le piémont de la frange montagneuse qui occupe le sud du pays.

La population et l'économie. La population, ethniquement homogène et en majorité catholique, a commencé à décroître en raison du recul de la natalité et du départ à l'étranger de nombreux travailleurs. Elle est urbanisée pour les deux tiers, les deux plus grandes agglomérations étant Varsovie et Katowice.

Devenue socialiste, la Pologne avait collectivisé son économie et mis en place une planification centralisée, tout en maintenant la propriété privée dans le domaine agricole (pour 75 % des terres cultivées). Aujourd'hui, la production agricole demeure notable, associant cultures (blé, betterave à sucre, pomme de terre) et élevage (bovin et surtout porcin). Le sous-sol fournit du cuivre, du soufre, du sel gemme, du lignite et surtout du charbon, base d'une importante industrie sidérurgique et métallurgique, notamment en haute Silésie. Mais la plupart des installations sont anciennes et leur vétusté est la cause de pollutions préoccupantes. Actuellement, les services emploient 53 % de la population active, le tourisme y occupant une place croissante. En dépit du retard pris dans la restructuration de certains secteurs, le passage à l'économie de marché (engagé dans les années 1990) a permis l'obtention de résultats macroéconomiques positifs. En contrepartie, il a créé du chômage et donc accru les inégalités et les tensions sociales.

HISTOIRE

Au cours des migrations des Ve-VIe s., des tribus slaves s'établissent entre l'Oder et l'Elbe. L'ethnie polonaise se forme parmi les Slaves établis dans les bassins de l'Oder et de la Vistule entre le VIIe et le Xe s.

Les Piast. La dynastie des Piast est fondée v. 960 par le duc Mieszko Ier.

966. Baptême du duc Mieszko Ier et entrée de la Pologne dans la chrétienté romaine.

1025. Boleslas Ier le Vaillant est couronné roi.

À partir du XIIe s., les Germains mettent à profit le morcellement du pays, l'anarchie politique et sociale pour reprendre leur poussée vers le nord et l'est. Les chevaliers Teutoniques occupent le littoral de la Baltique : ils conquièrent la Prusse (1230-1283) puis s'emparent de la Poméranie orientale (1308-1309).

1333-1370. Casimir III le Grand lance l'expansion vers l'est (Galicie) et fonde l'université de Cracovie.

Les Jagellons et la république nobiliaire

1385-1386. Union personnelle entre la Lituanie et la Pologne : Jogaila, grand-duc de Lituanie, devient roi de Pologne sous le nom de Ladislas II et fonde la dynastie des Jagellons.

1410. Il remporte sur les chevaliers Teutoniques la victoire de Grunwald.

Les règnes de Sigismond Ier le Vieux (1506-1548) et de Sigismond II Auguste (1548-1572) voient l'apogée de la Pologne, marqué par la diffusion de l'humanisme, la tolérance religieuse et l'essor économique.

1569. L'Union de Lublin assure la fusion de la Pologne et de la Lituanie en une « république » gouvernée par une Diète unique et un souverain élu en commun.

Après la mort de Sigismond II (1572), dernier des Jagellons, la noblesse impose un contrôle rigoureux de l'autorité royale.

1587-1632. Sigismond III Vasa mène des guerres ruineuses contre la Russie, les Ottomans et la Suède.

1648. Révolte des Cosaques de la vallée du Dniepr.

1667. La Pologne doit céder à la Russie la rive gauche du Dniepr (Ukraine orientale).

Les années 1648-1667 sont appelées le « déluge » *(potop)*. La Pologne en sort ruinée.

1674-1696. Règne de Jean III Sobieski, qui repousse les Turcs devant Vienne (1683).

Après son règne, l'anarchie se développe ; les puissances étrangères (France, Russie, Suède) interviennent dans les affaires intérieures du pays et se battent pour imposer leur candidat au trône de Pologne : l'Électeur de Saxe, Auguste II (1697-1733), soutenu par la Russie, Stanislas Ier Leszczyński (1704-1709, 1733-1736), appuyé par la Suède et la France, Auguste III (1733-1763).

1733-1738. Guerre de la Succession de Pologne.

Les trois partages et la domination étrangère

1772. La Russie, l'Autriche et la Prusse procèdent au premier partage de la Pologne.

1791. Adoption par la Diète de la Constitution libérale du 3 mai 1791.

1793. La Russie et la Prusse procèdent au deuxième partage de la Pologne.

1794. L'insurrection de Kościuszko est écrasée.

1795. Le troisième partage supprime le pays.

1807-1813. Napoléon crée le grand-duché de Varsovie.

1815. Le congrès de Vienne crée un royaume de Pologne réuni à l'Empire russe.

1830. L'insurrection de Varsovie est sévèrement réprimée.

1863-1864. Nouvelle insurrection, durement réprimée.

La partie prussienne et la partie russe de la Pologne sont soumises à une politique d'assimilation ; la Galicie-Ruthénie autrichienne sert de refuge à la culture polonaise. Lorsque éclate la Première Guerre mondiale, les Polonais sont enrôlés dans des armées opposées.

La Pologne indépendante

1918. Piłsudski proclame à Varsovie la République indépendante de Pologne.

1918-1920. Dantzig est érigée en ville libre, la Silésie partagée entre la Tchécoslovaquie et la Pologne.

1920-1921. À l'issue de la guerre polono-soviétique, la Pologne acquiert une partie de la Biélorussie et de l'Ukraine. Dans la Pologne ainsi restaurée, les minorités nationales (Ukrainiens, Biélorusses, Allemands, Juifs) représentent un tiers de la population.

1926-1935. Revenu à la faveur d'un coup d'État, Piłsudski exerce un pouvoir de plus en plus autoritaire.

1939. Refusant de céder Dantzig et son corridor, la Pologne est envahie par les troupes allemandes (1er sept.) ; l'Allemagne et l'U.R.S.S. se partagent la Pologne, conformément au pacte germano-soviétique.

1940. Le gouvernement en exil, dirigé par Sikorski, s'établit à Londres, tandis que s'organise la résistance de l'A.K. (*Armia Krajowa :* armée de l'intérieur). Massacre de 4 500 officiers polonais sur ordre de Staline à Katyń.

1943. Anéantissement du ghetto de Varsovie.

1944. Un comité de libération, soutenu par Staline, se forme à Lublin.

1945. Le comité de Lublin s'établit à Varsovie et s'élargit en un gouvernement d'union nationale reconnu par les Alliés. Les frontières du pays sont fixées à Yalta et à Potsdam. L'organisation du pays s'accompagne de transferts massifs de population (les Polonais des régions annexées par l'U.R.S.S. sont dirigés sur les territoires enlevés à l'Allemagne).

1948. Gomułka, partisan d'une voie polonaise vers le socialisme, est écarté.

1953-1956. La lutte de l'État contre l'Église catholique culmine avec l'internement du cardinal Wyszyński.

1956. Après les émeutes ouvrières de Poznań, le parti fait appel à Gomułka pour éviter un soulèvement anticommuniste et antisoviétique.

À partir de 1970, Gierek, qui a remplacé Gomułka, veut remédier aux problèmes de la société polonaise en modernisant l'économie avec l'aide de l'Occident. L'élection de Karol Wojtyła à la papauté sous le nom de Jean-Paul II (1978) encourage les aspirations des Polonais à la liberté intellectuelle et politique.

1980. Le syndicat Solidarité *(Solidarność)* est créé avec à sa tête L. Wałęsa.

1981. Le général Jaruzelski instaure la loi martiale. Les dirigeants de Solidarité sont arrêtés.

1989. Des négociations entre le pouvoir et l'opposition aboutissent au rétablissement du pluralisme syndical et à la démocratisation des institutions. Tadeusz Mazowiecki, un des dirigeants de Solidarność, devient chef d'un gouvernement de coalition. Le rôle dirigeant du parti est aboli.

1990. L. Wałęsa est élu président de la République.

1991. À l'issue des premières élections législatives libres, une trentaine de partis sont représentés à l'Assemblée (Diète). Jan Olszewski (1991-1992) et Hanna Suchocka (1992-1993) se succèdent à la tête du gouvernement.

1992. Les unités russes de combat achèvent leur retrait.

1993. La Diète est dissoute. Les élections sont remportées par les ex-communistes et le parti paysan (Premiers ministres : Waldemar Pawlak, 1993-1995 ; Józef Oleksy, 1995-1996 ; Wlodzimierz Cimoszewicz, 1996-1997).
1995. Le social-démocrate (ex-communiste) Aleksander Kwasniewski est élu à la présidence de la République (réélu en 2000).
1997. Une nouvelle Constitution est adoptée. Les élections consacrent le retour au pouvoir des partis issus de Solidarność. Jerzy Buzek devient Premier ministre.
1999. La Pologne est intégrée dans l'O.T.A.N.
2001. Le pays connaît une nouvelle alternance politique, après la large victoire de la coalition de gauche aux élections législatives. Leszek Miller dirige le gouvernement.
2004. La Pologne adhère à l'Union européenne. Marek Belka est nommé Premier ministre.
2005. Les formations de droite (catholiques conservateurs et libéraux) remportent les élections législatives. Kazimierz Marcinkiewicz – du parti Droit et Justice (PiS), dirigé par Jarosław Kaczyński – forme un gouvernement minoritaire. Lech Kaczyński (frère jumeau de Jarosław) est élu à la présidence de la République.
2006. J. Kaczyński devient Premier ministre et gouverne avec l'appui de l'extrême droite.
2007. Après le succès des libéraux (Plateforme civique) aux élections législatives, leur leader, Donald Tusk, forme un gouvernement de coalition avec le parti paysan.
2010. Le président L. Kaczyński meurt dans un accident d'avion. Bronisław Komorowski lui succède.
2011. La coalition au pouvoir est réélue.

polonais, e [pɔlɔnɛ, -ɛz] **adj.** et **n.** (polon. *poljane*). De Pologne. ◆ **polonais n.m.** Langue slave parlée en Pologne. ◆ **polonaise n.f. 1.** Danse nationale polonaise. **2.** Composition musicale dans le tempo de cette danse.

polonium [pɔlɔnjɔm] **n.m.** (du n. de la Pologne, pays d'origine de Marie Curie). Métal radioactif, souvent associé au radium dans ses minerais. ▸ Symb. Po.

Polonnaruwa, v. de Sri Lanka. Nombreux monuments, pour la plupart du XIIe s. (la ville était la capitale de l'île). Beaux temples et sanctuaire rupestre Gal Vihara, encadré de gigantesques statues du Bouddha.

Pol Pot (Saloth Sar, dit), homme politique cambodgien (prov. de Kompong Thom 1925 ou 1928 - Chong K'sam, près d'Anlong Veng, 1998). Secrétaire du Parti communiste khmer, il fut, à la tête du régime khmer rouge de 1976 à 1979, le principal responsable du génocide perpétré contre le peuple cambodgien.

poltron, onne [pɔltrɔ̃, -ɔn] **adj.** et **n.** (it. *poltrone,* poulain). Qui manque de courage (syn. **couard, lâche, peureux**).

poltronnerie [pɔltrɔnri] **n.f.** Comportement de poltron : *Sa poltronnerie est risible* (syn. **couardise, lâcheté**).

poly [pɔli] **n.m.** (abrév.). *FAM.* Polycopié.

polyacide [pɔliasid] **n.m.** et **adj.** CHIM. Corps possédant plusieurs fonctions acide.

polyamide [pɔliamid] **n.m.** (de *poly-* et *amide*). Composé chimique utilisé dans la fabrication des fibres textiles.

polyandre [pɔliɑ̃dr] **adj.** et **n.f.** SOCIOL. Se dit d'une femme qui pratique la polyandrie. ◆ **adj.** BOT. Qui a plusieurs étamines.

polyandrie [pɔliɑ̃dri] **n.f. 1.** SOCIOL. Fait, pour une femme, d'avoir plusieurs maris (cas particulier de la polygamie). **2.** BOT. Caractère d'une plante polyandre.

polyarthrite [pɔliartrit] **n.f.** Rhumatisme atteignant simultanément plusieurs articulations.

Polybe, historien grec (Megalopolis, Arcadie, v. 200 - v. 120 av. J.-C.). Il fit partie, après la défaite grecque de Pydna (168), des otages livrés aux Romains. À Rome, il se lia avec Scipion Émilien et l'accompagna dans la plupart de ses campagnes. Ses *Histoires,* par le souci qu'il a d'analyser les faits et d'en rechercher les causes, le classent parmi les grands historiens grecs.

polychlorure [pɔliklɔryr] **n.m. Polychlorure de vinyle** (PVC), polymère du chlorure de vinyle, importante classe de matières plastiques (nom générique).

polychrome [pɔlikrom] **adj.** (du gr. *khrôma,* couleur). De plusieurs couleurs : *Vitrail polychrome* (syn. **multicolore**).

polychromie [pɔlikrɔmi] **n.f.** Caractère de ce qui est polychrome.

Polyclète, sculpteur grec du Ve s. av. J.-C. Formé par l'école des bronziers d'Argos, il applique à ses œuvres sa théorie du canon, fondée sur une parfaite connaissance du corps humain alliée à des règles arithmétiques. Ses créations, comme le *Doryphore* (v. 450-440) ou le *Diadumène,* illustrent l'idéal classique ; leur influence sur la sculpture grecque a été considérable.

polyclinique [pɔliklinik] **n.f.** Clinique où l'on soigne des maladies diverses. ***Rem.*** À distinguer de *policlinique.*

polycopie [pɔlikɔpi] **n.f.** Procédé de duplication par stencil ou par report de l'écriture manuscrite sur un papier spécial.

polycopié [pɔlikɔpje] **n.m.** Texte, cours reproduit par polycopie (abrév. fam. *poly*).

polycopier [pɔlikɔpje] **v.t.** [conj. **9**]. Reproduire par polycopie : *Professeur qui fait polycopier son cours.*

polyculture [pɔlikyltyr] **n.f.** Culture d'espèces végétales différentes dans une même exploitation agricole, une même région (par opp. à *monoculture*).

polyèdre [pɔliɛdr] **n.m.** (de *poly-* et *-èdre*). Solide ayant pour frontière des polygones plans appelés *faces* ou *facettes,* dont les côtés communs sont les arêtes ; frontière de ce solide.

polyédrique [pɔliedrik] **adj.** Relatif à un polyèdre ; qui en a la forme.

polyester [pɔliɛstɛr] **n.m.** Matériau synthétique résultant de la condensation de polyacides avec certains alcools.

polyéthylène [pɔlietilɛn] **n.m.** Matière plastique résultant de la polymérisation de l'éthylène.

polygame [pɔligam] **adj.** et **n.m.** (gr. *polugamos*). Se dit d'un homme qui pratique la polygamie. ◆ **adj.** BOT. Qui présente des fleurs hermaphrodites et des fleurs unisexuées, mâles et femelles, sur le même pied.

polygamie [pɔligami] **n.f. 1.** Fait, pour un homme, d'avoir plusieurs épouses. **2.** SOCIOL. Fait d'avoir plusieurs conjoints, soit pour un homme *(polygynie),* soit pour une femme *(polyandrie).* **3.** BOT. Caractère d'une plante polygame.

polyglotte [pɔliglɔt] **adj.** et **n.** (gr. *poluglottos,* de *glôtta,* langue). Qui peut parler plusieurs langues ; plurilingue.

polygonal, e, aux [pɔligɔnal, -o] **adj. 1.** Qui a plusieurs angles : *Des dalles polygonales.* **2.** Dont la base est un polygone, en parlant d'un solide : *Une pyramide polygonale.*

polygone [pɔligon] **n.m.** (de *poly-* et *-gone*). **1.** MATH. Figure formée par une suite ordonnée de segments *(côtés),* dont chacun a une extrémité commune *(sommet)* avec le précédent et le suivant. **2.** MIL. Champ de tir et de manœuvre. **3.** MATH. **Polygone des contraintes,** dans la résolution graphique d'un problème de programmation linéaire, domaine fermé incluant tous les points dont les coordonnées *(x, y)* sont des couples correspondant à un programme réalisable. / STAT. **Polygone statistique,** dans un repère, ligne brisée reliant l'ensemble des points représentatifs d'une série statistique.

polygynie [pɔliʒini] **n.f.** (de *poly-* et du gr. *gunê,* femme). SOCIOL. Fait, pour un homme, d'être marié à plusieurs femmes (cas particulier de la polygamie).

polylobé, e [pɔlilɔbe] **adj.** *DIDACT.* Qui a plusieurs lobes ; qui est découpé en lobes.

polymère [pɔlimɛr] **adj.** et **n.m.** (de *poly-,* et du gr. *merês,* partie). CHIM. Se dit d'un corps formé par polymérisation.

polymérisation [pɔlimerizasjɔ̃] **n.f.** CHIM. Réaction qui, à partir de molécules de faible masse moléculaire (monomères), forme, par les liaisons de celles-ci, des composés de masse moléculaire élevée (macromolécules).

polymériser [pɔlimerize] **v.t.** CHIM. Produire la polymérisation de.

polymorphe [pɔlimɔrf] **adj.** (de *poly-* et *-morphe*). **1.** Qui se présente sous diverses formes. **2.** CHIM., BIOL. Qui présente un polymorphisme. (En biologie, on dit aussi *hétéromorphe.*)

polymorphisme [pɔlimɔrfism] **n.m. 1.** Propriété de ce qui est polymorphe. **2.** CHIM. Propriété que possèdent certaines substances d'affecter plusieurs formes cristallines différentes. **3.** BIOL. Caractère des espèces dont les individus de même sexe présentent des formes diverses d'un individu à l'autre.

Polynésie, partie de l'Océanie, comprenant les îles et archipels situés entre la Nouvelle-Zélande, les îles Hawaii et l'île de Pâques ; 26 000 km^2 (dont les deux tiers pour les Hawaii). Les plantations de cocotiers, la pêche et le tourisme sont les principales ressources de ces îles, souvent volcaniques et coralliennes.

Polynésie française, archipels français du Pacifique sud, formant une collectivité d'outre-mer ; 4 000 km^2 ; 268 270 hab. ; ch.-l. *Papeete* (île de Tahiti). Ce sont les îles de la Société (avec Tahiti), les Marquises, les Tuamotu et les Gambier, les îles Australes. Les îles de la Polynésie française sont occupées dans le courant du XIXe s. par la France, qui y établit un protectorat, avant de les annexer (1880). Devenue en 1946 un territoire d'outre-mer (appelé jusqu'en 1957 *Établissements français de l'Océanie*), puis en 2003 une collectivité d'outremer, la Polynésie française est dotée de statuts successifs instaurant puis renforçant son autonomie interne (attribution, en 2004, du statut de pays d'outre-mer au sein de la République).

polynésien, enne [pɔlinezjɛ̃, -ɛn] **adj.** et **n.** De Polynésie. ◆ **polynésien n.m.** Groupe de langues parlées en Polynésie, branche de la famille austronésienne.

polynévrite [pɔlinevrit] **n.f.** Atteinte simultanée de plusieurs nerfs par une intoxication ou une infection.

polynôme [pɔlinom] **n.m.** (de *poly-* et du gr. *nomos,* division). MATH. Somme algébrique de monômes.

polynucléaire [pɔlinykleɛr] **adj.** BIOL. Se dit d'une cellule dont le noyau, segmenté ou irrégulier, paraît multiple. ◆ **n.m.** BIOL. Globule blanc polynucléaire.

polype [pɔlip] **n.m.** (lat. *polypus,* gr. *polupous,* de *pous,* pied). **1.** Forme fixée des cnidaires (par opp. à *forme libre,* ou *méduse*), comportant un corps cylindrique à paroi double et une cavité digestive en cul-de-sac ; animal marin affectant cette forme. **2.** PATHOL. Tumeur bénigne, molle, qui se développe sur une muqueuse.

polyphasé, e [pɔlifaze] **adj.** ÉLECTR. Se dit d'un circuit, d'un dispositif, d'une machine, etc., qui comporte plusieurs phases : *Courant polyphasé* (par opp. à *monophasé*).

polyphonie [pɔlifɔni] **n.f. 1.** Art, technique de l'écriture musicale à plusieurs parties (en partic. à plusieurs parties vocales superposées en contrepoint). **2.** Pièce chantée à plusieurs voix.

polyphonique [pɔlifɔnik] **adj.** Qui a plusieurs voix, qui constitue une polyphonie : *Musique polyphonique.*

polypier [pɔlipje] **n.m.** ZOOL. Squelette sécrété par les polypes, solitaires ou coloniaux, d'un grand nombre de cnidaires (en partic. de ceux qui participent à la constitution des récifs coralliens).

polypode [pɔlipɔd] **n.m.** (de *poly-* et *-pode*). Fougère des rochers et des murs humides, à feuilles profondément lobées, très commune en France.

polypropylène [pɔlipropilɛn] **n.m.** Matière plastique obtenue par polymérisation du propylène, très utilisée dans la fabrication des moquettes, des non-tissés, des tableaux de bord et en corderie.

polyptyque [pɔliptik] **n.m.** (de *poly-* et du gr. *ptux, ptukhos,* pli). BX - A. Ensemble de panneaux peints ou sculptés liés entre eux et comprenant en génér. des volets qui peuvent se replier sur une partie centrale.

polysémie [pɔlisemi] **n.f.** (du gr. *sêma,* signe, marque). Propriété d'un mot qui présente plusieurs sens.

polysémique [pɔlisemik] **adj.** Qui présente plusieurs sens ; qui relève de la polysémie (par opp. à *monosémique*).

polystyrène [pɔlistirɛn] **n.m.** Matière thermoplastique obtenue par polymérisation du styrène.

polysyllabe [pɔlisilab] **adj.** et **n.m.** Se dit d'un mot qui a plusieurs syllabes (par opp. à *monosyllabe*).

polysyllabique [pɔlisilabik] **adj.** Qui comporte plusieurs syllabes (syn. **polysyllabe**).

polytechnicien, enne [pɔlitɛknisjɛ̃, -ɛn] **n.** Élève ou ancien élève de l'École polytechnique.

polytechnique *(École),* appelée familièrement l'X, école d'enseignement supérieur fondée à Paris en 1794 et relevant du ministère de la Défense. Auj. située à Palaiseau, elle forme à des emplois de haute qualification dans les grands corps civils et militaires de l'État.

polythéisme [pɔliteism] **n.m.** (du gr. *polutheos,* de *theos,* dieu). Religion qui admet l'existence de plusieurs dieux. ◆ **polythéiste n.** et **adj.** Adepte du polythéisme.

polytransfusé, e [pɔlitrɑ̃sfyze] **adj.** et **n.** Qui a reçu des transfusions de sang répétées ou massives.

polytraumatisé, e [pɔlitromatize] **adj.** et **n.** Se dit d'un blessé qui présente plusieurs lésions traumatiques.

polytric [pɔlitrik] **n.m.** (de *poly-* et du gr. *trix,* cheveu). Mousse des bois, aux feuilles raides et piquantes pouvant dépasser 10 cm de haut. ► Genre *Polytricum ;* ordre des eubryales.

polyuréthanne ou **polyuréthane** [pɔliyretan] **n.m.** CHIM. Matière plastique employée dans l'industrie des peintures, des vernis ou pour faire des mousses et des élastomères.

polyvalence [pɔlivalɑ̃s] **n.f.** Caractère de ce qui est polyvalent.

polyvalent, e [pɔlivalɑ̃, -ɑ̃t] **adj.** (du lat. *valens,* p. présent de *valere,* valoir). **1.** Qui est efficace dans plusieurs cas différents : *Vaccin polyvalent.* **2.** Qui offre plusieurs usages possibles : *Salle polyvalente.* **3.** Qui possède des aptitudes, des capacités variées : *Une secrétaire polyvalente.* **4.** CHIM. Dont la valence est supérieure à 1.

polyvalente [pɔlivalɑ̃t] **n.f.** *QUÉBÉC.* École secondaire publique où sont dispensés à la fois un enseignement général et un enseignement professionnel.

polyvinyle [pɔlivinil] **n.m.** Polymère obtenu à partir de monomères dérivés du vinyle et qui a de très nombreuses applications.

Pomaré, nom d'une dynastie qui régna à Tahiti à partir de la fin du XVIIIe s. • **Pomaré IV,** de son vrai nom **Aïmata** (1813-1877), reine de 1827 à 1877, dut accepter en 1847 le protectorat de la France, qu'elle avait vivement combattue. • Son fils **Pomaré V** (1842-1891), roi de Tahiti en 1877, abdiqua en 1880 pour laisser la place à l'administration directe de la France.

Pombal (Sebastião José de Carvalho e Melo, ***marquis*** **de),** homme d'État portugais (Lisbonne 1699 - Pombal 1782). Secrétaire aux Affaires étrangères (1750) et à l'Intérieur, il mena les affaires du royaume sous le règne de Joseph Ier (1750-1777) en appliquant les principes du despotisme éclairé. Il réforma l'administration, modernisa l'économie nationale et fit expulser les jésuites en 1759. À la mort du roi, il fut disgracié.

pomélo ou **pomelo** [pɔmelo] **n.m.** (mot anglo-amér., du lat. *pomum,* fruit). **1.** Arbre du groupe des agrumes. **2.** Fruit de cet arbre, semblable à un gros pamplemousse à peau et à pulpe jaunes ou rouge rosé, de saveur légèrement amère.

Poméranie, région historique, en bordure de la Baltique, partagée par l'Oder entre la Poméranie occidentale et la Poméranie orientale. La région est longtemps soumise aux influences rivales de la Pologne, du Brandebourg et de l'ordre Teutonique. En 1648, la majeure partie de la Poméranie occidentale devient suédoise et la Poméranie orientale est attribuée au Brandebourg. Toute la Poméranie est ensuite cédée à la Prusse (1815). En 1945, la Poméranie orientale est rattachée à la Pologne, la Poméranie occidentale est intégrée à la République démocratique allemande. En 1990, la Poméranie allemande est intégrée à la République fédérale d'Allemagne (Land de Mecklembourg-Poméranie-Occidentale).

pommade [pɔmad] **n.f.** (it. *pomata*). **1.** Composition molle, formée d'un excipient et de médicaments, que l'on applique sur la peau ou les muqueuses : *Enduire une plaie de pommade* (syn. **baume, onguent**). **2.** *FAM.* **Passer de la pommade à qqn,** le flatter pour en obtenir qqch.

pommadé, e [pɔmade] **adj.** Enduit de pommade, d'un cosmétique : *Des cheveux pommadés.*

pomme [pɔm] **n.f.** (lat. pop. **poma,* du class. *pomum,* fruit). **1.** Fruit comestible du pommier, que l'on consomme frais ou en compote, en gelée, en beignet et dont le jus fermenté fournit le cidre : *Une tarte aux pommes.* **2.** Cœur du chou, de la laitue. **3.** Objet dont la forme évoque une pomme : *La pomme d'un arrosoir.* **4.** *ARG.* Individu crédule ou niais : *Quelle pomme !* (syn. **naïf, sot**). **5. Pomme de discorde,** sujet de querelle et de division. **/** *FAM.* **Tomber dans les pommes,** s'évanouir. **6. Pomme d'Adam,** saillie placée à la partie antérieure du cou, formée par le cartilage thyroïde. **/ Pomme d'amour,** tomate. **/ Pomme de pin,** fruit du pin.

pommé, e [pɔme] **adj.** Arrondi comme une pomme : *Chou pommé.*

pommeau [pɔmo] **n.m.** (de l'anc. fr. *pom,* masc. de *pomme*). **1.** Extrémité renflée de la poignée d'une canne, d'un parapluie, d'une épée, etc. **2.** Partie antérieure de l'arçon d'une selle.

pomme de terre [pɔmdətɛr] **n.f.** (trad. du lat. *malum terrae,* fruit de terre) [pl. *pommes de terre*]. Plante originaire d'Amérique du Sud, cultivée pour ses tubercules riches en amidon ; tubercule comestible de cette plante. ▸ Famille des solanacées. La pomme de terre fut introduite en Europe en 1534, mais son usage ne devint général en France qu'au XVIIIe s., sous l'influence de Parmentier.

pommelé, e [pɔmle] **adj.** (de *pomme*). **1.** Marqué de taches rondes mêlées de gris et de blanc : *Un cheval pommelé.* **2.** Couvert de petits nuages blancs ou grisâtres, de forme arrondie : *Ciel pommelé.*

pommer [pɔme] **v.i.** Se former en pomme, en parlant des choux, des laitues, etc.

pommeraie [pɔmrɛ] **n.f.** Lieu planté de pommiers.

pommette [pɔmɛt] **n.f.** (de *pomme*). Partie la plus saillante de la joue, sous l'angle externe de l'œil.

pommier [pɔmje] **n.m.** Arbre à feuilles ovales et dentées, à fleurs blanches ou roses, cultivé pour ses fruits, les pommes. ▸ Famille des rosacées.

Pompadour (Jeanne Antoinette Poisson, *marquise* **de),** favorite de Louis XV (Paris 1721 - Versailles 1764), épouse du fermier général Charles Le Normant d'Étiolles. Maîtresse déclarée du roi à partir de 1745, elle joua un rôle politique important en contribuant au renversement des alliances (1756) qui préluda à la guerre de Sept Ans et en faisant la fortune de Choiseul. Elle eut aussi un rôle culturel, protégeant philosophes, artistes et écrivains.

pompage [pɔ̃paʒ] **n.m.** Action de pomper : *Le pompage des eaux d'égout. Station de pompage* (= installation sur le trajet d'un pipeline pour pomper le fluide transporté).

1. pompe [pɔ̃p] **n.f.** (lat. *pompa,* gr. *pompê,* cortège pompeux). **1.** *LITT.* Cérémonial somptueux ; déploiement de faste : *La pompe d'un couronnement* (syn. **apparat, éclat, magnificence**). **2. En grande pompe,** avec beaucoup d'éclat. ◆ **pompes n.f. pl. Service des pompes funèbres,** service chargé de l'organisation des funérailles.

2. pompe [pɔ̃p] **n.f.** (mot néerl., d'orig. incert., p.-ê. du rad. lat. *pupp-,* sucer, téter). **1.** Appareil pour aspirer, refouler ou comprimer les fluides : *Amorcer une pompe. Pompe aspirante* (= où le liquide monte dans le corps de la pompe par l'effet de la pression atmosphérique). **2.** Appareil utilisé pour la distribution et la vente au détail des carburants : *Pompe à essence.* **3.** *FAM.* Chaussure. **4.** *FAM.* Mouvement de gymnastique qui consiste à soulever le corps, à plat ventre sur le sol, en poussant sur les bras : *Faire des pompes.* **5.** *FAM.* **À toute pompe,** très vite. **/** *FAM.* **Coup de pompe,** fatigue soudaine. **/** *FAM.* **Marcher, être à côté de ses pompes,** ne pas avoir les idées nettes ; être indécis, désorienté, très distrait, etc. **/ Pompe à incendie,** pompe pour éteindre le feu au moyen d'un jet d'eau continu très puissant. **/ Pompe à vélo,** petite pompe à air pour gonfler les chambres à air des pneus de bicyclette.

Pompée, en lat. **Cnaeus Pompeius Magnus,** général et homme d'État romain (106 - Péluse 48 av. J.-C.). Il fit campagne en Sicile et en Afrique contre les fidèles de Marius (82) et rétablit l'ordre en Espagne, où il termina la guerre contre le lieutenant de Marius, Sertorius (77-72). Vainqueur de Spartacus, consul en 70 avec M. Licinius Crassus, il débarrassa la Méditerranée des pirates (67). Il acheva la guerre contre Mithridate VI, roi du Pont (66), et conquit l'Asie Mineure, la Syrie et la Palestine, où il prit Jérusalem (63). Rentré en Italie, mais bientôt en butte à la défiance du sénat, qu'inquiétait son prestige, Pompée forma avec Crassus et César un triumvirat (60), renouvelé en 56 ; la mort de Crassus, en 53, le laissa face à face avec César. Alors que César était en Gaule, Pompée reçut en 52 les pleins pouvoirs pour lutter contre l'anarchie qui s'installait à Rome. L'ambition des deux hommes rendit inévitable la guerre civile. César franchit le Rubicon (janv. 49) et marcha sur Rome. Abandonnant Rome, Pompée regroupa ses forces en Illyrie. Vaincu à Pharsale (48), il se réfugia en Égypte, où il fut assassiné.

Pompéi, en it. **Pompei,** v. anc. d'Italie, en Campanie (prov. de Naples), au pied du Vésuve ; 25 503 hab. La ville, bâtie par les Osques au VIe s. av. J.-C., tombe sous l'influence des Grecs puis des Samnites ; en 290, elle s'allie à Rome et, en 89, prise par Sulla, elle devient colonie romaine et bientôt le lieu de villégiature idéal de riches Romains. L'éruption (24-28 août 79 apr. J.-C.) du Vésuve l'ensevelit sous une pluie de cendres et de lapilli, étouffant de très nombreux habitants. Pompéi s'organisait selon un plan en damier avec un réseau serré de rues, pavées de dalles et bordées de trottoirs, et de grands espaces, où s'élevaient les édifices politiques, religieux et économiques (forum, temples de Jupiter, d'Apollon et des dieux lares, curie, théâtre et l'un des plus anciens amphithéâtres romains [80 av. J.-C.]). Les maisons patriciennes présentent l'heureuse combinaison de l'atrium, élément romain, et du péristyle entourant le jardin, élément hellénistique. Elles ont livré de nombreuses peintures murales du IIe s. av. J.-C. à 79 apr. J.-C. Les mosaïques et tout un ensemble de meubles et d'objets d'art font de Pompéi un reflet de la vie romaine au premier siècle de l'Empire.

pompéien, enne [pɔ̃pejɛ̃, -ɛn] **adj.** et **n. 1.** Qui se rapporte à Pompéi ; inspiré du style antique de Pompéi : *Décor pompéien.* **2.** Qui se rapporte à Pompée.

pomper [pɔ̃pe] **v.t.** (de *2. pompe*). **1.** Puiser, aspirer (un fluide) au moyen d'une pompe : *Pomper l'eau d'une cave inondée.* **2.** Absorber (un liquide) : *L'éponge a pompé toute l'eau.* **3.** *FAM.* Fatiguer, épuiser : *Ce travail l'a pompé* (syn. **éreinter**). **4.** *ARG. SCOL.* Copier, tricher en copiant. **5.** *FAM.* **Pomper l'air à qqn,** l'ennuyer, le lasser.

pompette [pɔ̃pɛt] **adj.** (de l'anc. fr. *pompette,* pompon, et de *pomper,* boire). *FAM.* Un peu ivre (syn. **gris, éméché**).

pompeusement [pɔ̃pøzmɑ̃] **adv.** Avec emphase.

pompeux, euse [pɔ̃pø, -øz] **adj.** (lat. *pomposus*). Qui est empreint d'une solennité excessive ou déplacée : *Discours pompeux* (syn. **ampoulé, emphatique**).

Pompidou *(Centre)* **→ Centre national d'art et de culture Georges-Pompidou.**

Pompidou (Georges), homme d'État français (Montboudif, Cantal, 1911 - Paris 1974). Premier ministre de de Gaulle (1962-

1968), il fut confronté à la crise de mai 1968. Il accéda en 1969 à la présidence de la République et mourut au cours de son mandat.

1. pompier [pɔ̃pje] **n.m.** (de *2. pompe*). **1.** Personne faisant partie d'un corps organisé pour combattre les incendies et intervenir en cas de sinistre ; sapeur-pompier. ▶ Les pompiers de Paris, créés en 1716, font partie de l'armée depuis 1811 et forment auj. une brigade du génie. **2.** FAM. **Fumer comme un pompier,** fumer beaucoup.

2. pompier, ère [pɔ̃pje, -ɛr] **adj.** (de *1. pompe*). D'un académisme emphatique, en parlant d'un style, d'un art ou de qqn qui le pratique. ◆ **pompier n.m. 1.** Art, style, genre pompier. **2.** Artiste pompier.

pompiste [pɔ̃pist] **n.** (de *2. pompe*). Personne chargée de la distribution du carburant dans une station-service.

pompon [pɔ̃pɔ̃] **n.m.** (p.-ê. d'un rad. expressif *pomp-*, ou du lat. *pupa*, sein). **1.** Touffe serrée de fibres textiles formant une houppe arrondie qui sert d'ornement dans le costume et l'ameublement : *Le pompon rouge d'un béret de marin.* **2.** FAM. **Avoir, tenir le pompon,** l'emporter sur les autres (souvent iron.). / FAM. **C'est le pompon !,** c'est le comble ! ◆ **adj. Rose, chrysanthème, dahlia pompons,** appartenant à des variétés à fleurs petites et aux pétales nombreux.

pomponner [pɔ̃pɔne] **v.t.** (de *pompon*). Arranger avec beaucoup d'attention, de soin la toilette de : *Mère qui adore pomponner sa fille.* ◆ **se pomponner v.pr.** S'occuper de sa toilette avec beaucoup de coquetterie, de soin : *Passer des heures à se pomponner.*

ponant [pɔnɑ̃] **n.m.** (anc. prov. *ponen*, du lat. pop. *[sol] ponens*, [soleil] couchant). LITT. Ancienne appellation de l'occident : *Le ponant et le levant* (syn. **couchant**).

ponçage [pɔ̃saʒ] **n.m.** Action de poncer.

ponce [pɔ̃s] **n.f.** et **adj.** (bas lat. *pomex, -icis*, class. *pumex*). Roche volcanique poreuse, légère, très dure, dont on se sert pour polir. (On dit aussi *pierre ponce*.)

poncer [pɔ̃se] **v.t.** (de *ponce*) [conj. **16**]. Polir, décaper avec un abrasif (ponce, émeri, etc.), à la main ou à la machine : *Poncer une poutre avant de la teinter.*

ponceuse [pɔ̃søz] **n.f.** Machine à poncer.

poncho [pɔ̃ʃo] ou [pɔntʃo] **n.m.** (mot esp.). **1.** Manteau fait d'une pièce de laine rectangulaire avec une ouverture pour passer la tête, en usage en Amérique latine. **2.** Chausson d'intérieur dont le dessus en tricot forme chaussette.

poncif [pɔ̃sif] **n.m.** (de *poncer*). Lieu commun, idée sans originalité ; travail conventionnel, où il n'y a aucune recherche de nouveauté : *Discours plein de poncifs* (syn. **banalité, cliché**).

ponction [pɔ̃ksjɔ̃] **n.f.** (lat. *punctio*, piqûre). **1.** CHIR. Introduction d'une aiguille, d'un trocart, etc., dans un organe ou une cavité pour faire une exploration ou un prélèvement : *Ponction lombaire.* **2.** Action de prélever une partie importante de qqch (somme d'argent, en partic.).

ponctionner [pɔ̃ksjɔne] **v.t. 1.** CHIR. Prélever ou vider par une ponction. **2.** Prendre de l'argent à ; prélever (de l'argent) sur le compte de : *On nous ponctionne un tiers de notre salaire.*

ponctualité [pɔ̃ktɥalite] **n.f.** Qualité d'une personne ponctuelle, qui arrive à l'heure : *Elle est connue pour sa ponctualité* (syn. **exactitude, régularité**).

ponctuation [pɔ̃ktɥasjɔ̃] **n.f.** Action, manière de ponctuer : *L'absence de ponctuation rend la phrase incompréhensible. Signes de ponctuation* (= signes graphiques tels que le point, la virgule, les tirets, etc., marquant les pauses entre phrases ou éléments de phrase ainsi que les rapports syntaxiques).

ponctuel, elle [pɔ̃ktɥɛl] **adj.** (lat. médiév. *punctualis*, du class. *punctum*, point). **1.** Qui arrive à l'heure : *Il est très ponctuel* (syn. **exact, régulier**). **2.** Qui porte sur un détail ; qui vise un objectif isolé ou limité : *Opération ponctuelle.* **3.** OPT. Constitué par un point : *Image ponctuelle.*

ponctuellement [pɔ̃ktɥɛlmɑ̃] **adv.** Avec ponctualité : *Arriver ponctuellement à un rendez-vous* (= à l'heure).

ponctuer [pɔ̃ktɥe] **v.t.** (lat. médiév. *punctuare*, du class. *punctum*, point) [conj. **7**]. **1.** Marquer un texte de signes de ponctuation. **2.** Renforcer certains mots par des gestes ou des exclamations : *Il ponctuait ses phrases de coups de poing sur la table.*

pondérable [pɔ̃derabl] **adj.** (lat. *ponderabilis*, de *ponderare*, peser). Qui peut être pesé ; qui a une masse mesurable.

pondéral, e, aux [pɔ̃deral, -o] **adj.** Relatif au poids : *Surcharge pondérale.*

pondérateur, trice [pɔ̃deratœr, -tris] **adj.** LITT. Qui pondère ; qui maintient l'équilibre : *Il manque un élément pondérateur dans cette équipe* (syn. **modérateur**).

pondération [pɔ̃derasjɔ̃] **n.f.** (lat. *ponderatio*). **1.** Caractère d'une personne pondérée : *Elle a montré beaucoup de pondération dans cette circonstance délicate* (syn. **mesure, modération**). **2.** Juste équilibre de tendances contraires dans le domaine politique ou social : *La pondération des pouvoirs* (syn. **balancement, équilibre**). **3.** STAT. Attribution à chacun des éléments servant à élaborer une note, un indice, etc., d'une place proportionnelle à son importance réelle : *Pondération de la hausse des prix.*

pondéré, e [pɔ̃dere] **adj. 1.** Qui sait se contrôler ; calme, modéré dans ses manières, ses prises de position (syn. **modéré, réfléchi**). **2.** STAT. Dont la valeur a été calculée par une méthode de pondération : *Indice pondéré.*

pondérer [pɔ̃dere] **v.t.** (lat. *ponderare*, de *pondus, ponderis*, poids) [conj. **18**]. **1.** Équilibrer qqch par qqch d'autre qui l'atténue : *Pondérer les pouvoirs de l'exécutif par l'indépendance du législatif* (syn. **balancer**). **2.** STAT. Procéder à la pondération des variables en calculant un indice, etc.

pondeur, euse [pɔ̃dœr, -øz] **adj. 1.** Qui pond ; qui pond souvent : *Papillon pondeur.* **2. Poule pondeuse,** poule élevée pour la production d'œufs de consommation (on dit aussi *une pondeuse*).

Pondichéry ou **Puducherry,** en angl. **Pondicherry,** v. de l'Inde, anc. ch.-l. des Établissements français dans l'Inde (qui comprenaient également Chandernagor, Mahé, Karikal et Yanaon), sur la côte orientale ; 654 392 hab. dans l'agglomération. Acquise en 1674 par les Français, qui en firent le siège de la Compagnie des Indes orientales, elle fut conquise par les Britanniques et restituée à la France en 1815. Pondichéry fut cédée à l'Inde en 1956.

pondre [pɔ̃dr] **v.t.** (lat. *ponere*, poser) [conj. **75**]. **1.** Produire, déposer un, des œufs, en parlant de la femelle d'un ovipare : *Les tortues marines pondent leurs œufs dans le sable. Le cri d'une poule qui vient de pondre.* **2.** FAM. Produire une œuvre écrite : *Pondre un rapport* (syn. **écrire, rédiger**).

poney [pɔnɛ] **n.m.** (angl. *pony*, de l'anc. fr. *poulenet*, petit poulain). Cheval de petite taille, à crinière épaisse.

Ponge (Francis), poète français (Montpellier 1899 - Le Bar-sur-Loup 1988). Son œuvre fait des objets, explorés dans leur intégralité physique, le moule concret d'un langage (*le Parti pris des choses*, 1942 ; *le Savon*, 1967).

pongiste [pɔ̃ʒist] **n.** (de *ping-pong*). Joueur, joueuse de tennis de table.

Poniatowski (Józef ou **Joseph,** *prince***),** général polonais et maréchal de France (Vienne 1763 - Leipzig 1813). Nommé par Napoléon ministre de la Guerre du grand-duché de Varsovie (1806), il commanda en 1809 les Polonais contre les Autrichiens puis, en 1812, le 5e corps de la Grande Armée en Russie et fut fait maréchal (1813).

Ponson du Terrail (Pierre Alexis, *vicomte***),** écrivain français (Montmaur, Hautes-Alpes, 1829 - Bordeaux 1871), un des maîtres du roman-feuilleton (*les Exploits de Rocambole*, 1859).

pont [pɔ̃] **n.m.** (lat. *pons, pontis*). **1.** Construction en pierre, en bois ou en métal, pour relier les deux rives d'un cours d'eau, pour franchir une voie ferrée, une route, un estuaire, ou un obstacle quelconque : *Traverser un pont. Pont suspendu.* **2.** Jour ouvrable mais qui, situé entre deux jours fériés ou chômés, est aussi chômé : *Le 14 Juillet tombe un mardi, on fera le pont.* **3.** Figure d'acrobatie au sol dans laquelle le corps, arqué en arrière, repose sur les pieds et sur les mains : *Faire le pont.* **4.** Plancher formant une surface d'un seul tenant, qui ferme par en haut la coque d'un navire ou divise le navire horizontalement en compartiments : *Les passagers prennent le soleil sur le pont arrière.* **5.** Ce qui réunit, forme une jonction ou une transition : *Pont jeté entre le passé et l'avenir* (syn. **passerelle**). **6. Couper les ponts,** rompre les relations avec qqn. / **Être sur le pont,** à son poste et prêt à se mettre au travail. / **Faire un pont d'or à qqn,** lui offrir beaucoup d'argent pour le décider à faire qqch. / **Il passera de l'eau sous les ponts avant que...,** on peut attendre longtemps avant que... / **Pont aérien,** liaison aérienne entre deux points séparés par une zone où les autres communications sont impossibles ou trop lentes. / **Pont aux ânes,** démonstration graphique du théorème sur le carré de l'hypoténuse ; au fig., difficulté qui ne peut arrêter que les ignorants. / **Pont de bateaux,** pont fait de bateaux reliés entre eux. / **Pont d'envol,** piste de décollage et d'atterrissage sur un porte- avions. / **Pont de singe,** passerelle constituée de câbles, l'un sur lequel on déplace les pieds et l'autre (ou les deux autres) auquel on s'agrippe. / **Pont élévateur,** appareil de levage pour entretenir et réparer un véhicule à hauteur d'homme. / **Pont mobile,** pont dont le tablier, mobile en partie ou en totalité, permet d'interrompre le passage des véhicules pour laisser le passage aux navires. / **Pont roulant,** portique se déplaçant sur un chemin de roulement et muni d'un treuil, pour soulever et déplacer latéralement de lourdes charges. / **Ponts et Chaussées,** service public chargé, en France, de la construction et de l'entretien des routes et des voies navigables.

Pont, pays du nord-est de l'Asie Mineure, en bordure de la mer Noire. Devenu royaume (301 av. J.-C.), le Pont fut, sous Mithridate VI (111-63), l'État le plus puissant de l'Asie Mineure.

pontage [pɔ̃taʒ] **n.m.** (de *2. ponter*). **1.** CHIR. Opération qui consiste à rétablir la circulation en aval de la partie obstruée d'une artère par une greffe vasculaire ou un tube plastique. ▸ On y a souvent recours en chirurgie cardiaque. **2.** CHIM. Création de liaisons transversales entre les atomes de chaînes adjacentes de macromolécules.

Pont-Aven, commune du Finistère ; 2 914 hab. – *L'école de Pont-Aven* groupa autour de Gauguin, v. 1886-1891, des peintres comme Émile Bernard et Paul Sérusier (esthétique *synthétiste*). Petit musée.

1. ponte [pɔ̃t] **n.m.** (de *1. ponter*). **1.** Au baccara, à la roulette, etc., joueur qui joue contre le banquier. **2.** *FAM.* Personne ayant un grand pouvoir, une grande autorité dans un domaine quelconque : *Un grand ponte de la faculté.*

2. ponte [pɔ̃t] **n.f.** (de *pondre*). **1.** Action de pondre ; saison pendant laquelle les animaux pondent. **2.** Quantité d'œufs pondus : *La ponte est moins abondante en hiver.*

ponté, e [pɔ̃te] **adj.** (de *2. ponter*). Se dit d'une embarcation dont le creux est couvert par un pont : *Canot ponté.*

1. ponter [pɔ̃te] **v.i.** (de *pont,* anc. p. passé de *pondre,* du lat. *ponere,* poser). Miser contre le banquier, aux jeux de hasard.

2. ponter [pɔ̃te] **v.t.** (de *pont*). **1.** Établir un pont sur un navire, une embarcation. **2.** CHIR. Réunir des vaisseaux par pontage.

pontet [pɔ̃tɛ] **n.m.** (de *pont*). Pièce métallique protégeant la détente d'une arme à feu portative.

Pont-Euxin, ancien nom de la mer Noire.

pontife [pɔ̃tif] **n.m.** (lat. *pontifex*). **1.** Titre donné au pape, chef suprême de la chrétienté, appelé *souverain pontife.* **2.** *FAM.* Homme qui fait autorité dans sa spécialité et qui se donne des airs d'importance.

pontifiant, e [pɔ̃tifjɑ̃, -ɑ̃t] **adj.** Qui pontifie : *Un professeur pontifiant* (syn. **doctoral, pédant**).

pontifical, e, aux [pɔ̃tifikal, -o] **adj.** Qui se rapporte au pape et aux évêques : *Insignes pontificaux* (syn. **épiscopal**). *La bénédiction pontificale* (syn. **papal**).

pontificat [pɔ̃tifika] **n.m.** Dignité, fonction de pape ; durée de cette fonction.

pontifier [pɔ̃tifje] **v.i.** (lat. chrét. *pontificare,* exercer le pontificat) [conj. **9**]. *FAM.* Prendre des airs d'importance ; parler avec emphase, avec prétention : *Il adore pontifier devant ses élèves* (syn. **pérorer**).

Pontine *(plaine),* anc. **marais Pontins,** plaine d'Italie, dans le Latium. Elle a été assainie à partir de 1928.

pont-levis [pɔ̃ləvi] **n.m.** (de *pont* et *levis,* qui se lève) [pl. *ponts-levis*]. Élément de pont mobile autour d'un axe, qui s'abaisse sur un élément fixe du pont ou sur le bord d'un fossé pour donner accès à un ouvrage fortifié et se relève pour en interdire l'entrée : *Un pont-levis protégeait l'accès du château fort.*

Pontoise, ch.-l. du dép. du Val-d'Oise, sur l'Oise, à 27 km au N.-O. de Paris ; 31 570 hab. *(Pontoisiens).* Évêché. Cet anc. ch.-l. du Vexin est devenu un élément de l'agglomération (anc. ville nouvelle) de *Cergy-Pontoise.* Église St-Maclou (XIIe-XVIe s.), auj. cathédrale. Musée.

ponton [pɔ̃tɔ̃] **n.m.** (lat. *ponto, pontonis,* bac, de *pons* ; v. *pont*). **1.** Appontement utilisé comme débarcadère. **2.** Plateforme flottante : *Ponton de ski nautique.* **3.** Vieux navire désarmé servant de dépôt de matériel, de prison, etc. **4.** Grand chaland ponté.

pontonnier [pɔ̃tɔnje] **n.m.** Militaire du génie spécialisé dans la construction des ponts.

Pontormo (Iacopo Carucci, dit le), peintre italien (Pontormo, prov. de Florence, 1494 - Florence 1556). S'inspirant de Michel-Ange, voire de Dürer, il a élaboré un art tendu, contrasté, aux effets étranges, qui fait de lui la personnalité dominante du maniérisme florentin (*Déposition de Croix,* église S. Felicità).

pool [pul] **n.m.** (mot angl.). **1.** Groupement de producteurs, d'entreprises similaires, qui s'entendent momentanément pour contingenter la production, unifier les conditions d'exploitation. **2.** Ensemble de personnes effectuant le même travail dans une entreprise : *Un pool de dactylos.*

Poona → Pune.

pop [pɔp] **n.m.** ou **n.f.** et **pop music** [pɔpmyzik] ou [pɔpmjuzik] **n.f.** (mot anglo-amér., abrév. de *popular music,* musique populaire) [pl. *pop musics*]. Musique populaire d'origine anglo-saxonne, issue princ. du rock and roll et enrichie d'influences diverses (jazz, folk-song, musique classique, électronique, etc.). ◆ **pop adj. inv.** Relatif à cette musique : *Des groupes pop.*

pop art [pɔpart] **n.m.** (mot angl., abrév. de *popular art,* art populaire) [pl. *pop arts*]. Courant artistique essentiellement anglo-américain, apparu en Grande-Bretagne vers 1945-1955, qui s'imposa ensuite aux États-Unis.

■ Par réaction contre la subjectivité de l'expressionnisme abstrait et de l'abstraction lyrique, le pop art porte son intérêt sur la culture populaire, en particulier les images de la publicité, les médias de masse et les produits de grande consommation. Il apparaît aux États-Unis au début des années 1960, précédé par le néo-dadaïsme (Johns, Rauschenberg) et les assemblages de Kienholz. À côté de Warhol, dont les étiquettes de soupe Campbell's ou les portraits de Marilyn Monroe deviendront les emblèmes de l'époque, Lichtenstein, James Rosenquist, Oldenburg, Tom Wesselmann, Jim Dine font le constat ambivalent, entre mise à distance et fascination, des mythes véhiculés par la société de consommation. Ils s'approprient les images du quotidien (enseignes, affiches, bandes dessinées, photographies de presse) et en les reportant sur d'autres supports – plus ou moins transformés – par collage, photographie, peinture ou sérigraphie. Leur style, lui-même inspiré de la publicité, présente une grande efficacité visuelle et remet profondément en cause les critères artistiques.

Fantaisie et sophistication caractérisent les Britanniques (Richard Hamilton, Eduardo Paolozzi, Allen Jones, David

Hockney, ce dernier bientôt passé à une figuration plus classique). En France au même moment, les artistes du « nouveau réalisme » adoptent une démarche parallèle en travaillant plus spécialement sur les objets de récupération. ■

pop-corn [pɔpkɔrn] **n.m. inv.** (mot anglo-amér.). Grains de maïs éclatés à la chaleur, sucrés ou salés.

pope [pɔp] **n.m.** (russe *pop*, du gr. ecclés. *pappos*, grand-père). Prêtre de l'Église orthodoxe slave.

Pope (Alexander), écrivain britannique (Londres 1688 - Twickenham 1744). Ses poèmes didactiques *(Essai sur la critique, Essai sur l'homme)*, héroï-comiques *(la Boucle volée)* et satiriques *(la Dunciade)* font de lui le théoricien et le meilleur représentant du classicisme anglais.

popeline [pɔplin] **n.f.** (angl. *poplin*, du fr. *papeline*, du n. de la ville flamande *Poperinghe*). **1.** Étoffe légère à chaîne de soie et trame de laine. **2.** Tissu d'armure très serré, comprenant beaucoup moins de fils en trame qu'en chaîne : *Chemise en popeline de coton.*

pop music n.f. ⟶ **pop.**

Popocatépetl, volcan du Mexique ; 5 452 m.

popote [pɔpɔt] **n.f.** (arg. mil. « soupe »). **1.** *FAM.* Préparation des repas : *Faire la popote* (syn. **cuisine**). **2.** Table, lieu où plusieurs personnes (spécial. des militaires) prennent leurs repas en commun (syn. **cantine, mess**). ◆ **adj. inv.** *FAM.* Très préoccupé par les détails, les soins du ménage : *Elle est très popote.*

Popper (*sir* **Karl Raimund**), philosophe britannique d'origine autrichienne (Vienne 1902 - Londres 1994). D'abord proche des néopositivistes du cercle de Vienne, il rompt avec eux en montrant la spécificité des théories scientifiques : celles-ci procèdent, en effet, selon lui, par essai et erreur et par conjectures et réfutations, non par induction (*la Logique de la découverte scientifique,* 1934). Le propre d'une théorie scientifique est d'être falsifiable, ce qui signifie qu'elle doit pouvoir être réfutée. Il a retracé la démarche épistémologique, telle qu'il l'a vécue et telle qu'il la préconise, dans *la Quête inachevée* (1974).

populace [pɔpylas] **n.f.** (it. *populaccio*, de *popolo*, peuple). Bas peuple, classe défavorisée de la population, à laquelle on prête des goûts et des mœurs vulgaires (péjor.).

populacier, ère [pɔpylasje, -ɛr] **adj.** Propre à la populace (péjor.) [syn. **vulgaire**].

populage [pɔpylaʒ] **n.m.** (du latin *populus*, peuplier). Plante vivace toxique des lieux humides, à fleurs jaunes et à grandes feuilles (syn. **souci d'eau, souci des marais**). ▸ Famille des renonculacées.

populaire [pɔpylɛr] **adj.** (lat. *popularis*, de *populus*, peuple). **1.** Qui appartient au peuple ; qui concerne le peuple ; issu du peuple : *Expression populaire. Art populaire. Gouvernement populaire.* **2.** Qui s'adresse au peuple, au public le plus nombreux : *Roman populaire.* **3.** Connu et aimé de tous, du plus grand nombre : *Chanteur très populaire.* **4.** LING. Se dit d'un mot ou d'une expression courants dans la langue parlée, mais considérés comme choquants ou vulgaires dans un écrit ou dans une communication orale plus formelle. **5.** LING. Se dit d'une forme qui résulte d'une évolution phonétique et non d'un emprunt (par opp. à *savant*). [Ex. : *livrer*, qui vient du lat. *liberare*, est une forme populaire, alors que *libérer* est une forme savante.]

populairement [pɔpylɛrmɑ̃] **adv.** Dans le langage courant ou familier.

popularisation [pɔpylarizasjɔ̃] **n.f.** Action de populariser ; fait d'être popularisé.

populariser [pɔpylarize] **v.t. 1.** Rendre populaire : *Les médias ont popularisé de nombreux sportifs.* **2.** Faire connaître au plus grand nombre : *Journal qui s'attache à populariser les découvertes médicales.*

popularité [pɔpylarite] **n.f. 1.** Fait d'être connu, aimé du plus grand nombre : *Sa popularité est en baisse* (syn. **célébrité, notoriété, renommée**). **2. Soigner sa popularité,** chercher à conserver la faveur du public.

population [pɔpylasjɔ̃] **n.f.** (du bas lat. *populatio*, par l'angl.). **1.** Ensemble des habitants d'un espace déterminé (continent, pays, etc.) : *La population de l'Europe.* **2.** Ensemble des personnes constituant, dans un espace donné, une catégorie particulière : *La population rurale.* **3.** Ensemble des animaux ou des végétaux de même espèce vivant sur un territoire déterminé (syn. **peuplement**). **4.** STAT. Ensemble d'éléments (individus, valeurs, etc.) soumis à une étude statistique.

■ La population mondiale dépasse, depuis 2011, les 7 milliards d'individus et s'accroît chaque année de près de 800 000 personnes.

Natalité et mortalité. Si la croissance de la population n'est pas nouvelle, sa rapidité, en revanche, est récente. Elle résulte du maintien élevé du *taux de natalité* (nombre de naissances vivantes pour 1 000 habitants), bien qu'il ait récemment globalement diminué, et de la baisse sensible du *taux de mortalité* (nombre de décès pour 1 000 habitants). À l'échelle mondiale, le taux de natalité est compris entre 6 ‰ et 50 ‰ et le taux de mortalité est compris entre 1 ‰ et 20 ‰. En fait, il faut distinguer les pays développés (Amérique du Nord, Australie, Europe et Japon essentiellement) et les pays en développement.

Dans le premier ensemble, qui regroupe environ 17 % de l'humanité, la population ne s'accroît plus qu'à un rythme très réduit, en raison du net abaissement du taux de natalité (souvent au-dessous de 15 ‰, alors que le taux de mortalité est toujours voisin de 10 ‰, voire inférieur, sauf en Europe de l'est), et parfois même elle décroît, comme en Allemagne. L'*espérance de vie* (à la naissance) est de l'ordre de 79 ans (avec une inégalité constante et inexpliquée de 6 à 7 ans privilégiant les femmes). La pyramide des âges révèle une base relativement étroite et ne s'effile que lentement ; la part des moins de 15 ans dans la population totale tombe aux environs de 16 %, alors que celle des plus de 65 ans approche 17 %.

Dans les pays en développement, Chine comprise, le taux de natalité est en moyenne de 22 ‰ mais il avoisine souvent 35 à 40 ‰, alors que le taux de mortalité est tombé en moyenne à 7 ‰ (le maximum est enregistré au Lesotho : 20 ‰). L'espérance de vie à la naissance, bien qu'ayant beaucoup progressé (notamment en raison de la chute de la mortalité infantile), est seulement de l'ordre de 69 ans en moyenne. Il en résulte une structure de la population bien différente de celle des pays développés : les moins de 15 ans constituent en moyenne 28 % de la population (52 % pour le Niger) et les plus de 65 ans représentent en moyenne 6 % de la population totale (2 % seulement au Tchad).

La densité de population. Correspondant au nombre d'habitants par kilomètre carré, la densité de population dépasse 400 aux Pays-Bas, 300 en Belgique, au Japon, et 200 en Allemagne, en Grande-Bretagne, mais on ne peut parler ici de surpeuplement. Ce dernier peut exister avec des chiffres moyens bien inférieurs dans le tiers-monde, si l'on tient compte des superficies réellement habitables. La densité de population de l'Indonésie atteint 129 habitants au kilomètre carré en moyenne (116 en France) mais plus de 136 millions de personnes se concentrent sur l'île de Java, qui n'atteint pas le quart de la superficie de la France. Elle est de 85 habitants au kilomètre carré en Égypte, mais la quasi-totalité des habitants (82 millions) est groupée dans la vallée du Nil, qui couvre à peine 40 000 km^2. Elle dépasse aussi souvent 600 habitants au kilomètre carré dans les plaines et les deltas de l'Inde (densité moyenne de la population : 368 hab./km^2), qui, avec la Chine (densité moyenne de la population : 142 hab./km^2), concentre environ le tiers de la population du monde. ■

populeux, euse [pɔpylø, -øz] **adj.** Très peuplé : *Des banlieues populeuses* (syn. **surpeuplé**).

populisme [pɔpylism] **n.m. 1.** Attitude politique consistant à se réclamer du peuple, de ses aspirations profondes (souvent péjor.). **2.** LITTÉR. Mouvement littéraire qui s'attachait à la description de la vie et des sentiments des milieux populaires. **3.** Idéologie et mouvement politiques des années 1870, en Russie, préconisant une voie spécifique vers le socialisme. **4.** Idéologie de certains mouvements de libération nationale, en Amérique latine notamm. ◆ **populiste adj.** et **n.** Relatif au populisme ; partisan du populisme.

pop-up [pɔpœp] **n.m.** (de l'angl. *to pop up*, surgir) [pl. *pop-ups* ou inv.]. **1.** Fenêtre le plus souvent publicitaire qui s'ouvre automatiquement sur certains sites Internet. (Recomm. off. *fenêtre intruse*). ***Rem.*** S'emploie aussi au fém. **2.** Livre animé ; chacun des éléments mobiles le constituant.

porc [pɔr] **n.m.** (lat. *porcus*). **1.** Mammifère omnivore largement répandu dans le monde, au museau terminé par un groin : *Les grognements d'un porc* (syn. **cochon**). ▸ Le porc mâle s'appelle le *verrat* ; la femelle s'appelle la *truie* ; les petits du porc sont les porcelets, les cochonnets ou les gorets. Famille des *suidés*. **2.** Viande de cet animal : *Rôti, côtelettes de porc.* **3.** Peau tannée de cet animal : *Une ceinture en porc.* **4.** *FAM.* Homme sale, débauché ou glouton (syn. **cochon**).

porcelaine [pɔrsəlɛn] **n.f.** (it. *porcellana*, coquillage, de *porcella*, truie). **1.** Produit céramique à pâte fine, translucide, vitrifiée, recouvert d'une glaçure incolore : *Vase, vaisselle de porcelaine.* (⟶ faïence.) **2.** Objet de porcelaine : *Exposition de porcelaines de Chine.* **3.** Mollusque gastéropode à coquille vernissée et émaillée de couleurs vives, assez commun dans les mers chaudes. ▸ Long. jusqu'à 15 cm.

porcelet [pɔrsəlɛ] **n.m.** Jeune porc.

porc-épic [pɔrkepik] **n.m.** (anc. prov. *porc-espin*, de l'it. *porcospino*, porc-épine, d'apr. *piquer*) [pl. *porcs-épics*]. **1.** Gros mammifère rongeur au dos couvert de longs piquants, herbivore et frugivore. ▸ On distingue les porcs-épics de l'Ancien Monde (Afrique, Asie, sud-est de l'Europe), terrestres (ordre des hystricomorphes), et les porcs-épics du Nouveau Monde (continent américain), arboricoles (ordre des caviomorphes). **2.** Personne revêche, irritable.

porche [pɔrʃ] **n.m.** (lat. *porticus*). Espace couvert en avant de l'entrée d'un édifice : *S'abriter sous un porche d'immeuble.*

porcher, ère [pɔrʃe, -ɛr] **n.** Personne qui garde, qui soigne les porcs.

porcherie [pɔrʃəri] **n.f. 1.** Bâtiment où l'on élève des porcs. **2.** Lieu extrêmement sale, désordonné : *Sa chambre est une porcherie.*

porcin, e [pɔrsɛ̃, -in] **adj.** (lat. *porcinus*). **1.** Du porc : *La production porcine. Des maladies porcines.* **2.** Qui évoque un porc : *Des petits yeux porcins.* ◆ **porcin n.m. Porcins,** groupe d'ongulés à quatre doigts complets par patte, comprenant les porcs sauvages et le cochon domestique.

pore [pɔr] **n.m.** (lat. *porus*, gr. *poros*, trou). **1.** Très petit orifice à la surface de la peau par où s'écoulent la sueur, le sébum : *Un pore bouché peut provoquer un bouton.* **2.** Trou, interstice minuscule dans la texture de certaines matières : *Les pores du bois, d'une pierre* (syn. **orifice**).

poreux, euse [pɔrø, -øz] **adj.** Qui présente des pores ; dont la texture comporte de très nombreux petits trous : *Pierre poreuse. Sol poreux* (syn. **perméable**).

porno [pɔrno] **adj.** (abrév.). *FAM.* Pornographique : *Des films pornos* (= classé X) [syn. **obscène**]. ◆ **n.m.** *FAM.* Genre pornographique : *Bannir le porno des émissions télévisées.*

pornographie [pɔrnɔgrafi] **n.f.** (du gr. *pornê*, prostituée, et de *-graphie*). Représentation complaisante de sujets, de détails obscènes, dans une œuvre littéraire, artistique ou cinématographique.

pornographique [pɔrnɔgrafik] **adj.** Qui relève de la pornographie.

porosité [pɔrozite] **n.f.** État de ce qui est poreux : *La porosité de la pierre ponce* (syn. **perméabilité**).

porphyre [pɔrfir] **n.m.** (it. *porfiro*, lat. *porphyrites*, gr. *porphuritês [lithos]*, [pierre] pourprée). Roche magmatique contenant de grands cristaux de feldspath contrastant avec un fond finement cristallisé, de couleur variable.

Porphyre, philosophe grec (Tyr 234 - Rome 305). Platonicien, il édita les *Ennéades* de son maître Plotin et combattit les chrétiens.

porridge [pɔridʒ] **n.m.** (mot angl., altér. du fr. *potage*). Bouillie de flocons d'avoine.

1. port [pɔr] **n.m.** (lat. *portus*). **1.** Abri naturel ou artificiel pour les navires, aménagé pour l'embarquement et le débarquement du fret et des passagers : *Port maritime, fluvial.* **2.** Ville bâtie auprès, autour d'un port : *Toulon est un port militaire.* **3.** INFORM. Interface physique qui gère et synchronise les échanges de données entre l'unité centrale d'un ordinateur et ses périphériques externes : *Port USB.* **4. Arriver à bon port,** arriver à destination sans accident. / **Faire naufrage en arrivant au port,** échouer au moment même de réussir. / **Port autonome,** grand port maritime de commerce administré par un établissement public national.

2. port [pɔr] **n.m.** (mot occitan). Col, dans les Pyrénées.

3. port [pɔr] **n.m.** (de *porter*). **1.** Action de porter ; fait d'avoir sur soi : *Le port du casque est obligatoire sur le chantier. Le port de la barbe, de lunettes.* **2.** Prix du transport d'une lettre, d'un colis : *Colis en port dû* (= à la charge du destinataire). **3.** Manière dont une personne marche, se tient : *Un port de reine* (syn. **allure, maintien**). **4. Port d'armes,** document délivré par l'Administration autorisant une personne à porter une arme dans un lieu public : *Demander un permis de port d'armes.*

portabilité [pɔrtabilite] **n.f.** Caractère d'un appareil, d'un ordinateur, d'un matériel ou d'un logiciel portable.

portable [pɔrtabl] **adj. 1.** Que l'on peut porter : *Robe encore portable* (syn. **mettable**). **2.** Que l'on peut transporter : *Un téléviseur portable* (syn. **portatif**). **3.** INFORM. Se dit d'un programme capable de fonctionner, sans grande modification, sur des ordinateurs de types différents. ◆ **n.m.** Appareil (notamm. ordinateur, téléviseur, téléphone) portable.

portage [pɔrtaʒ] **n.m. 1.** Transport d'une charge à dos d'homme : *Le portage du matériel des alpinistes.* **2.** *QUÉBÉC.* Transport par voie de terre d'une embarcation, pour éviter un obstacle sur un cours d'eau ; sentier utilisé pour cette opération : *Portage le long d'un rapide.*

portail [pɔrtaj] **n.m.** (de *1. porte*). **1.** Porte principale de grande largeur, parfois de caractère monumental. **2.** Composition architecturale comportant une ou plusieurs portes, sur une façade d'édifice. **3.** INFORM. Site conçu pour être le point d'entrée sur Internet et proposant aux utilisateurs des services thématiques et personnalisés.

portance [pɔrtɑ̃s] **n.f.** (de *1. porter*). **1.** PHYS. Force perpendiculaire à la direction de la vitesse et dirigée vers le haut, résultant du mouvement d'un corps dans un fluide. ▸ La sustentation d'un avion est assurée par la portance qu'engendre le mouvement de l'air autour des ailes. **2.** TR. PUBL. Aptitude d'un sol, d'un élément de soutènement, à supporter des charges, des poussées.

1. portant [pɔrtɑ̃] **n.m.** (de *3. portant*). **1.** Montant qui soutient les décors d'un théâtre. **2.** SPORTS. Armature métallique portant le point d'appui des avirons à l'extérieur des bordages, sur certaines embarcations.

2. portant, e [pɔrtɑ̃, -ɑ̃t] **adj.** (de *1. porter*). **Être bien, mal portant,** être en bonne, en mauvaise santé.

3. portant, e [pɔrtɑ̃, -ɑ̃t] **adj.** (de *1. porter*). **1.** TECHN. Qui porte, soutient : *Mur portant* (syn. **porteur**). **2.** MAR. **Allures portantes,** allures d'un voilier comprises entre le vent arrière et le vent de travers.

Port-Arthur, en chin. **Lüshun,** port de la Chine du Nord-Est (Liaoning), partie de la conurbation de Lüda. Territoire cédé à bail à la Russie (1898), puis conquis par le Japon (1905), il passa sous administration sino-soviétique (1946) puis fut cédé à la Chine en 1954.

portatif, ive [pɔrtatif, -iv] **adj.** Conçu pour être facilement porté avec soi : *Imprimante portative* (syn. **portable**).

Port-au-Prince, cap. et port de la république d'Haïti, sur la *baie de Port-au-Prince* ; 703 023 hab. (2 376 000 hab. dans l'agglomération). Ville ravagée par des séismes en 1751, 1770 et 2010.

Port-Cros, une des îles d'Hyères ; 6,4 km^2. Parc national.

1. porte [pɔrt] **n.f.** (lat. *porta*). **1.** Ouverture permettant d'accéder à un lieu fermé ou enclos et d'en sortir ; panneau mobile, vantail qui permet de fermer cette ouverture : *Ouvrir, fermer la porte. Porte en bois, vitrée, blindée.* **2.** Battant, vantail (fermant autre chose qu'une baie) : *Porte d'un buffet, d'un placard.* **3.** Ouverture, accès ménagé autref. dans l'enceinte fortifiée d'une ville ; emplacement d'une ancienne porte de ville ; quartier qui l'environne : *Habiter (à la) porte de Versailles, à Paris.* **4.** En ski, espace compris entre deux piquets surmontés de fanions et dont le franchissement est obligatoire dans les épreuves de slalom. **5. Aux portes de la mort,** sur le point de mourir. / **C'est la porte à côté,** c'est tout près d'ici. / **C'est la porte ouverte à (qqch),** cela va inéluctablement entraîner telle chose : *C'est la porte ouverte à bien des excès.* / **De porte à porte,** du point de départ au point d'arrivée : *Il faut vingt minutes de porte à porte.* / **Entre deux portes,** très rapidement, sans prêter beaucoup d'attention à : *Recevoir qqn entre deux portes.* / **Entrer par la grande, la petite porte,** accéder d'emblée à un poste important dans une filière, une carrière ; commencer par un emploi modeste. / **Frapper à la bonne, à la mauvaise porte,** s'adresser à qui convient ; s'adresser à qqn qui ne peut rien pour vous. / **Mettre à la porte,** chasser, renvoyer. / **Opération, journée porte(s) ouverte(s),** possibilité offerte au public de visiter librement une entreprise, un service public, etc. / **Porte de sortie,** moyen de se tirer d'affaire. / **Refuser, interdire sa porte à qqn,** lui interdire l'entrée de sa maison.

2. porte [pɔrt] **adj.** (de *1. porte*). ANAT. **Veine porte,** qui conduit le sang depuis l'intestin grêle, le pancréas, la rate et l'estomac jusqu'au foie.

1. porté, e [pɔrte] **adj.** (de *1. porter*). **Être porté à,** être enclin à. / **Être porté sur,** éprouver un goût très vif pour. / PEINT. **Ombre portée,** ombre projetée.

2. porté et **porter** [pɔrte] **n.m.** (de *1. porter*). CHORÉGR. Mouvement exécuté dans un pas de deux, au cours duquel le danseur soulève sa partenaire.

porte-à-faux [pɔrtafo] **n.m. inv. 1.** Partie d'une construction qui n'est pas directement soutenue par un appui. **2.** (Avec ou sans trait d'union). **En porte-à-faux,** qui n'est pas d'aplomb ; au fig., dont la situation est ambiguë, mal assurée : *Un rocher en porte-à-faux qui risque de basculer. Ses mensonges l'ont mise en porte à faux.*

porte-à-porte [pɔrtapɔrt] **n.m. inv.** Technique de prospection ou de vente dans laquelle un démarcheur visite systématiquement les particuliers à leur domicile.

porte-avions [pɔrtavjɔ̃] **n.m. inv.** Bâtiment de guerre spécial. aménagé pour le transport, le décollage et l'appontage des avions.

porte-bagages [pɔrt(ə)bagaʒ] **n.m. inv. 1.** Dispositif accessoire d'un véhicule (bicyclette, motocyclette ; voiture de sport) pour arrimer les bagages. **2.** Filet, treillis, casier, etc., destiné à recevoir les bagages à main, dans un véhicule de transports en commun.

porte-bébé [pɔrt(ə)bebe] **n.m.** (pl. *porte-bébés*). **1.** Nacelle ou petit siège munis de poignées, servant à transporter un bébé. **2.** Sac ou harnais en tissu fort, permettant de transporter un bébé contre soi, sur le ventre ou dans le dos.

porte-bonheur [pɔrt(ə)bɔnœr] **n.m. inv.** Objet, bijou, etc., qui est censé porter chance ; amulette, talisman.

porte-bouteilles [pɔrt(ə)butɛj] **n.m. inv. 1.** Casier pour ranger les bouteilles couchées. **2.** Panier, génér. divisé en cases, pour transporter les bouteilles debout.

porte-cartes [pɔrt(ə)kart] **n.m. inv.** Petit portefeuille à compartiments transparents pour les pièces d'identité, les cartes de visite, etc.

porte-cigarettes [pɔrt(ə)sigarɛt] **n.m. inv.** Étui à cigarettes.

porte-clés ou **porte-clefs** [pɔrtəkle] **n.m. inv.** Anneau ou étui pour porter les clés.

porte-couteau [pɔrt(ə)kuto] **n.m.** (pl. *porte-couteaux*). Ustensile de table sur lequel on pose l'extrémité du couteau, pour ne pas salir la nappe.

porte-documents [pɔrt(ə)dɔkymɑ̃] **n.m. inv.** Serviette plate ne comportant génér. qu'une seule poche.

porte-drapeau [pɔrtədrapo] **n.m.** (pl. *porte-drapeaux*). **1.** Celui qui porte le drapeau d'un régiment ou le fanion, la bannière d'une association. **2.** Chef actif et reconnu : *Elle est devenue le porte-drapeau des mal-logés.*

portée [pɔrte] **n.f.** (de *1. porter*). **1.** Distance la plus grande à laquelle une arme peut lancer un projectile : *Quelle est la portée de ce canon ?* **2.** Distance séparant deux points d'appui consécutifs d'une construction, d'un élément long : *Portée d'un pont, d'une poutre.* **3.** Capacité intellectuelle : *Un esprit d'une grande portée* (syn. **envergure**). **4.** Importance, valeur de qqch : *Événement d'une portée considérable* (syn. **retentissement**). *La portée historique d'une déclaration* (syn. **conséquence**). **5.** Série de cinq lignes horizontales, équidistantes et parallèles, utilisée pour inscrire les notes de musique. **6.** Ensemble des petits qu'une femelle porte et met bas en une fois : *Une portée de quatre chiots.* **7. À portée de,** qui peut être atteint, touché par : *Être à portée de vue, de voix. Ne pas laisser les médicaments à la portée des enfants.* / **Cela est hors de sa portée,** cela dépasse ses facultés de compréhension. / **Être à la portée de qqn,** lui être accessible.

portefaix [pɔrtəfɛ] **n.m.** (de *porter* et *faix*). Homme dont le métier était autref. de porter des fardeaux.

porte-fenêtre [pɔrt(ə)fənɛtr] **n.f.** (pl. *portes-fenêtres*). Porte vitrée, souvent à deux battants, qui ouvre sur une terrasse, un balcon, etc.

portefeuille [pɔrtəfœj] **n.m.** (de *porter* et *feuille [de papier]*). **1.** Étui, muni de compartiments, que l'on porte sur soi et dans lequel on met ses billets de banque, ses papiers d'identité, etc. **2.** Titre, fonction de ministre ; département ministériel : *Il voudrait le portefeuille de l'Agriculture* (syn. **ministère**). **3.** Ensemble des titres, des valeurs mobilières appartenant à une personne ou à une entreprise : *Confier la gestion de son portefeuille à son banquier.*

Porte-Glaive *(chevaliers)*, ordre de chevalerie fondé en 1202 par l'évêque de Riga, Albert von Buxhœveden, pour mener la croisade contre les païens de Livonie. En 1237, il fusionna avec l'ordre Teutonique, mais conserva son grand maître. En 1561, l'ordre fut sécularisé.

porte-greffe [pɔrtəgrɛf] **n.m.** (pl. *porte-greffes*). ARBOR. Sujet sur lequel on fixe le ou les greffons.

porte-hélicoptères [pɔrtelikɔptɛr] **n.m. inv.** Navire de guerre spécial. équipé pour le transport, le décollage et l'appontage des hélicoptères.

porte-jarretelles [pɔrt(ə)ʒartɛl] **n.m. inv.** Pièce de lingerie féminine composée d'une ceinture à laquelle sont fixées les jarretelles.

porte-malheur [pɔrt(ə)malœr] **n.m. inv.** Personne, objet censés porter malheur.

portemanteau [pɔrt(ə)mɑ̃to] **n.m. 1.** Support mural ou sur pied pour suspendre les vêtements : *Accrocher sa veste au portemanteau.* **2.** Support incurvé à crochet permettant de suspendre les vêtements à une tringle (syn. **cintre**).

portement [pɔrtəmɑ̃] **n.m.** BX-A. **Portement de Croix,** représentation de Jésus portant sa croix.

portemine [pɔrtəmin] **n.m.** Instrument pour écrire constitué d'un tube destiné à recevoir une mine de graphite.

porte-monnaie [pɔrt(ə)mɔnɛ] **n.m. inv.** Étui, pochette en matière souple (cuir, plastique, etc.), pour mettre les pièces de monnaie, l'argent de poche.

porte-parapluie [pɔrt(ə)paraplɥi] **n.m.** (pl. *porte-parapluies*). Ustensile dans lequel on dépose les parapluies.

porte-parole [pɔrt(ə)parɔl] **n. inv.** Personne qui parle au nom d'autres personnes, d'un groupe : *Négocier avec la porte-parole des grévistes* (syn. **représentant**). ◆ **n.m. inv.** Journal qui se fait l'interprète de qqn, d'un groupe : *Journal qui est le porte-parole de l'opposition* (syn. **organe**).

porte-plume [pɔrtəplym] **n.m.** (pl. *porte-plumes*). Petit instrument servant de manche pour les plumes à écrire ou à dessiner.

1. porter [pɔrte] **v.t.** (lat. *portare*). **1.** Soutenir (un poids, une charge) ; être chargé de : *Porter un sac sur ses épaules. Une mère qui porte son enfant dans ses bras.* **2.** Avoir sur soi : *Porter un chemisier blanc. Il porte des lunettes.* **3.** Mouvoir une partie du corps : *Porter la main à son front en signe de lassitude.* **4.** Tenir (une partie du corps) de telle ou telle manière : *Porter la tête haute, le buste droit.* **5.** Laisser paraître sur soi ; présenter à la vue : *Porter un air de gaieté sur le visage* (syn. **afficher, arborer**). *La ville porte encore les traces des bombardements.* **6.** Être désigné par tel nom, tel surnom, tel titre : *Elle porte son nom de jeune fille. Il porte le titre de comte.* **7.** Écrire, inscrire : *Porter une mention sur un document* (syn. **noter**). *Porter le chiffre des recettes dans le registre approprié* (syn. **entrer**). **8.** Faire aller, déplacer d'un endroit à un autre : *Porter de l'argent à la banque, une lettre à la poste. Porter un verre à ses lèvres.* **9.** Transmettre qqch à qqn ; faire parvenir qqch quelque part : *Portez-lui la bonne nouvelle. Ils ont porté le différend devant les tribunaux.* **10.** Avoir dans son corps pendant la grossesse ou la gestation : *La femme porte son bébé neuf mois. Chatte qui porte des petits.* **11.** Produire, en parlant d'un végétal : *Un arbre qui porte de beaux fruits.* **12.** Diriger, mouvoir vers : *Porter ses regards sur qqn. Porter ses pas vers sa demeure.* **13.** Pousser qqn à qqch, à faire qqch : *Tout ceci me porte à croire qu'il a menti* (syn. **inciter, induire**). *Son tempérament le porte à l'indulgence* (syn. **incliner**). **14.** Éprouver (un sentiment) : *L'amour qu'elle lui porte* (syn. **vouer**). **15.** Transposer une œuvre d'un domaine artistique dans un autre : *Porter un roman à la scène, à l'écran* (syn. **adapter**). **16.** Suivi d'un n., avec ou sans art., forme une loc. équivalant à un verbe simple : *Porter tort* (= nuire). *Porter secours* (= secourir). *Porter un jugement sur* (= juger). **17. Porter bien son âge,** paraître vigoureux, alerte, en dépit de l'âge. / **Porter les armes,** être militaire. / **Porter ses fruits,** donner un bon résultat, avoir des conséquences heureuses : *Mes efforts ont porté leurs fruits* (= ont été récompensés). ◆ **v.i. 1.** Être efficace, perceptible jusqu'à une certaine distance : *Sa voix porte loin.* **2.** Atteindre un objectif, avoir de l'effet : *Sa remarque a porté.* **3. Porter beau,** avoir de la prestance, de l'élégance en dépit de l'âge. ◆ **v.t. ind. 1. [sur].** Être soutenu par ; s'appuyer sur : *Le poids de la voûte porte sur quatre colonnes* (syn. **reposer**). *Le poids du corps doit porter sur la jambe d'appel.* **2. [sur].** Tomber sur : *L'accent porte sur la dernière syllabe.* **3. [sur].** Avoir pour objet ; se rapporter à : *La discussion portera sur ce point. Leur divergence porte sur un détail.* **4. [contre, sur].** Venir heurter : *Sa tête a porté contre le mur, sur le coin de la table.* **5. [à].** Avoir telle direction, en parlant du vent ou du courant : *Le courant porte au large, à la côte.* **6. Porter à faux,** n'être pas à l'aplomb de son point d'appui, en parlant d'une charge, d'une pièce. / **Porter à la tête,** être fort, entêtant, en parlant d'un parfum ; provoquer l'ivresse en parlant d'un vin. / **Porter sur les nerfs de qqn,** l'irriter énormément (= agacer, énerver). ◆ **se porter v.pr. 1.** Avoir tel état de santé : *Se porter bien, mal.* **2.** Aller vers : *Il s'est porté à la rencontre des nouveaux arrivants.* **3. Se porter à,** se laisser aller à, en venir jusqu'à : *Il s'est porté à des voies de fait* (syn. **se livrer à**). **4. Se porter sur,** se diriger vers : *Les regards, les soupçons se portent sur lui.* **5. Se porter** + n., se présenter en tant que : *Se porter acquéreur d'un immeuble.*

2. porter [pɔrte] **n.m.** ⟶ **porté.**

porte-savon [pɔrt(ə)savɔ̃] **n.m.** (pl. *porte-savons*). Support ou récipient disposé près d'un évier, d'une baignoire, etc., pour recevoir le savon.

Portes de Fer, nom donné au défilé du Danube, à l'extrémité des Carpates.

porte-serviette [pɔrt(ə)sɛrvjɛt] **n.m.** (pl. *porte-serviettes*). Support pour suspendre les serviettes de toilette.

1. porteur, euse [pɔrtœr, -øz] **adj. 1.** Qui porte ou supporte qqch : *Mur porteur* (syn. **portant**). *Onde porteuse.* **2.** Qui est promis à un développement certain ; qui est riche de possibilités (surtout commerciales, techniques) : *Marché porteur. Créneau porteur.* **3. Mère porteuse,** femme qui porte dans son utérus l'ovule, fécondé in vitro, d'une autre femme pour mener la grossesse à son terme.

2. porteur, euse [pɔrtœr, -øz] **n. 1.** Personne dont le métier est de porter des bagages, des colis, notamm. dans une gare. **2.** Celui qui est chargé de remettre une lettre, un télégramme : *Dites au porteur qu'il n'y a pas de réponse.* **3.** Personne au profit de laquelle un effet de commerce a été souscrit ou endossé. **4.** Détenteur d'un titre dit *titre au porteur,* c.-à-d. d'une valeur mobilière transmissible de la main à la main et dont le possesseur est considéré comme le propriétaire (par oppos. à *titre nominatif*). **5. Au porteur,** mention inscrite sur un titre ou sur un chèque dont le bénéficiaire n'est pas désigné nominativement.

porte-voix [pɔrtəvwa] **n.m. inv.** Instrument destiné à diriger et à amplifier le son de la voix, formé d'un pavillon évasé (souvent associé auj. à un haut-parleur) ; mégaphone.

portfolio [pɔrtfɔljo] **n.m.** (mot angl. « portefeuille », de l'it.). Ensemble d'estampes ou de photographies, à tirage limité, réunies dans un emballage spécial, un coffret.

Port Harcourt, port du Nigeria, sur le delta du Niger ; 1 806 612 hab. dans l'agglomération. Raffinage et pétrochimie.

portier, ère [pɔrtje, -ɛr] **n.** (bas lat. *portarius,* du class. *porta,* porte). **1.** Employé qui se tient à l'entrée de certains établissements publics (hôtels et cabarets, notamm.) pour accueillir et guider les clients. **2.** Personne qui garde la porte d'un couvent, d'un monastère.

1. portière [pɔrtjɛr] **n.f.** (de *1. porte*). **1.** Porte d'une voiture automobile ou de chemin de fer : *J'ai entendu claquer des portières de voiture.* **2.** Tenture, tapisserie destinée à masquer une porte.

2. portière [pɔrtjɛr] **adj.f.** (de *1. porter*). Se dit d'une femelle en âge d'avoir des petits : *Brebis portière.*

portillon [pɔrtijɔ̃] **n.m.** (de *1. porte*). Porte à battant génér. assez bas : *Pousser le portillon d'accès au quai.*

portion [pɔrsjɔ̃] **n.f.** (lat. *portio*). **1.** Partie d'un tout divisé : *La portion d'une droite comprise entre deux points* (syn. **segment**). *Une portion de la route est défoncée* (syn. **tronçon**). *La portion la plus pauvre de la population* (syn. **fraction**). **2.** Quantité d'aliments servie à une personne ; part de nourriture : *Une portion de viande* (syn. **ration**).

portique [pɔrtik] **n.m.** (lat. *porticus*). **1.** Galerie couverte, devant une façade ou sur une cour intérieure, dont la voûte est soutenue par des colonnes ou des arcades. **2.** Poutre horizontale soutenue par des poteaux, et à laquelle on accroche les agrès de gymnastique. **3.** Appareil de levage et de manutention comportant une ossature horizontale portée par des pieds, se déplaçant le plus souvent au sol sur des rails et sur laquelle se meut l'engin de manutention. **4. Portique électronique** ou **de sécurité,** dispositif de détection des métaux permettant, dans les aéroports notamm., de déceler si les passagers sont porteurs d'armes.

Port-Louis, cap. de l'île Maurice ; 150 697 hab.

Port Moresby, cap. de la Papouasie-Nouvelle-Guinée, sur la mer de Corail ; 342 904 hab.

porto [pɔrto] **n.m.** (de *Porto,* v. du Portugal). Vin de liqueur produit sur les rives du Douro (Portugal).

Porto, port du Portugal, près de l'embouchure du Douro ; 237 591 hab. (1 355 095 hab. pour l'agglomération). Centre industriel. Commercialisation des vins de Porto. Cathédrale, romane, et église S. Francisco, gothique, toutes deux à riches décors baroques. Musées.

Porto Alegre, v. du Brésil, cap. du Rio Grande do Sul ; 1 365 039 hab. (3 891 719 dans l'agglomération). Métropole économique du Brésil méridional.

Port of Spain, v. de l'île de la Trinité, cap. de l'État de Trinité-et-Tobago ; 65 839 hab. dans l'agglomération.

Porto-Novo, cap. du Bénin, sur le golfe de Guinée ; 314 496 hab.

Porto Rico ou **Puerto Rico,** une des Antilles, à l'est d'Haïti ; 8 897 km^2 ; 3 615 086 hab. *(Portoricains).* CAP. *San Juan.*

GÉOGRAPHIE
De climat chaud et humide, cette île au relief modéré fournit des produits tropicaux (sucre principalement) et possède des industries de montage. Mais la pression démographique et le sous-emploi entraînent une forte émigration vers les États-Unis.

HISTOIRE
L'île est découverte en 1493 par Christophe Colomb. En 1508, le nom de « Porto Rico » est donné à une baie où est fondée (1511) San Juan. En 1898, après la défaite des Espagnols, les États-Unis occupent l'île, dont les habitants reçoivent la nationalité américaine en 1917. En 1952, une nouvelle Constitution, approuvée par référendum, fait de Porto Rico un « État libre associé » aux États-Unis.

portrait [pɔrtrɛ] **n.m.** (de l'anc. fr. *pourtraire,* dessiner). **1.** Image donnée d'une personne par la peinture, le dessin, la sculpture ou la photographie : *Un portrait très ressemblant.* **2.** Représentation, description (de qqn, d'une réalité complexe) par la parole, l'écriture, le cinéma, etc. : *Brosser le portrait d'une société* (syn. **peinture, tableau**). **3.** *FAM.* Visage ; figure : *Abîmer le portrait à qqn* (= le frapper au visage). **4. Être le portrait de qqn,** lui ressembler de manière frappante : *Cet enfant est le portrait de son père.*

portraitiste [pɔrtrɛtist] **n.** Artiste (notamm. peintre) qui fait des portraits.

portrait-robot [pɔrtrɛrɔbo] **n.m.** (pl. *portraits-robots*). Dessin ou photomontage du visage d'un individu (en génér., d'un individu recherché par la police), exécuté d'après la description de divers témoins : *Tous les journaux ont diffusé le portrait-robot du malfaiteur.*

Port-Royal, abbaye cistercienne de femmes fondée au XIIIe s. dans la vallée de Chevreuse et devenue célèbre au début du XVIIe s. lorsque son abbesse, Jacqueline Arnauld, la « Mère Angélique », en entreprit la réforme sous l'influence du jansénisme et de son directeur spirituel, l'abbé de Saint-Cyran. Cette abbaye de Port-Royal des Champs, dédoublée en 1625 avec l'ouverture de Port-Royal de Paris, devint un foyer actif de vie religieuse et intellectuelle qui attira de nombreux solitaires (Pascal, les Arnauld). Plusieurs de ces « messieurs de Port-Royal » se firent pédagogues dans les « Petites Écoles », pour lesquelles furent rédigées notamment la *Grammaire* et la *Logique* dites *de Port-Royal.* En 1656, la persécution s'abat sur le groupe, devenu le noyau le plus irréductible du jansénisme. Les religieuses, qui en 1664 refuseront de souscrire à un « formulaire » de compromis, sont séquestrées et frappées d'interdit. Après un temps de rémission, Louis XIV intensifie la persécution, qui aboutit, en 1709, à l'expulsion des moniales et, en 1710, à la démolition du couvent.

Port-Saïd, port d'Égypte, sur la Méditerranée, à l'entrée du canal de Suez ; 570 603 hab.

Portsmouth, port du sud de la Grande-Bretagne (Hampshire) ; 205 056 hab. (442 252 hab. dans l'agglomération). Construction navale, civile et militaire. Musée du *Victory,* navire amiral de Nelson.

portuaire [pɔrtɥɛr] **adj.** Relatif à un port, aux ports : *Moderniser des installations portuaires.*

portugais, e [pɔrtygɛ, -ɛz] **adj.** et **n.** Du Portugal. ◆ **portugais n.m.** Langue romane parlée princ. au Portugal et au Brésil.

portugais ***(Empire colonial),*** ensemble des territoires possédés par le Portugal du XVe au XXe s. Désireux de se procurer de l'or et des épices, les Portugais se lancent au XVe s. dans l'aventure maritime, encouragés par Henri le Navigateur. Après avoir conquis Madère et les Açores, ils réussissent grâce à leur maîtrise technique à atteindre les Indes en contournant les côtes de l'Afrique, où ils fondent des établissements.

1460. Installation au Cap-Vert.

1488. Bartolomeu Dias double le cap de Bonne-Espérance.

1494. Le traité de Tordesillas délimite à l'ouest les domaines espagnol et portugais.

1498. Vasco de Gama fonde un établissement à Calicut.

1500. Cabral aborde au Brésil.

Au milieu du XVIe s., les Portugais sont établis sur les côtes de l'Angola et du Mozambique, où la colonisation n'est pas durable, ainsi qu'en Inde (côtes de Malabar, Ceylan) et en Asie du Sud-Est (Malacca, Macao). L'« Estado da India », formé des territoires situés à l'est du Cap, est placé sous les ordres d'un gouverneur ou d'un vice-roi établi à Goa. Le monopole commercial du Portugal y est cependant contesté au XVIIe s. par les Hollandais, qui s'emparent de Malacca, de Colombo et de Cochin, et par les Britanniques, qui s'installent à Ormuz. Tandis que l'influence portugaise décline en Asie, le Brésil, où s'effectue un profond brassage ethnique lié à la traite des Noirs, jouit en pratique d'une autonomie grandissante vis-à-vis de la métropole.

1703. Traité de Methuen assurant aux Britanniques la quasi-totalité du commerce brésilien.

1822. Indépendance du Brésil.

1885. La conférence de Berlin contraint le Portugal à limiter ses ambitions en Afrique à l'Angola et au Mozambique.

La transformation des territoires portugais en provinces d'outre-mer ne peut freiner l'essor des mouvements de libération, qui triomphent au lendemain de la « révolution des œillets » de 1974.

1961. L'Inde annexe Goa.

1974. Indépendance de la Guinée-Bissau.

1975. Indépendance du Cap-Vert, de l'Angola et du Mozambique.

1976. L'Indonésie annexe Timor.

1999. Restitution de Macao à la Chine.

portugaise [pɔrtygɛz] **n.f.** Huître d'une variété à valves inégales, naguère abondante sur les côtes portugaises, espagnoles et françaises.

Portugal, État de l'Europe méridionale, dans l'ouest de la péninsule Ibérique, sur l'Atlantique ; 92 000 km^2 ; 10 608 000 hab. *(Portugais).* CAP. *Lisbonne.* LANGUE : *portugais.* MONNAIE : *euro.*

GÉOGRAPHIE
Largement ouvert sur l'Atlantique, le Portugal occupe l'extrémité sud-ouest de l'Europe et a l'Espagne pour seul voisin. Son climat devient plus chaud et plus sec du N. au S. et ses reliefs prolongent ceux de la Meseta espagnole ; le socle ancien est modelé en plateaux qui descendent en gradins vers l'Atlantique. Les altitudes les plus élevées sont dans le Nord : près de 2 000 m dans les serras da Lousã et da Estrela. Le pays n'a que le cours inférieur de ses trois grands fleuves : Douro, Tage et Guadiana. Ils fournissent environ la moitié de l'électricité du pays. La population est concentrée surtout dans les régions côtières (sauf dans le Sud, où les densités restent faibles), l'émigration ayant vidé l'intérieur.

L'agriculture, dont la productivité est faible, occupe environ 13 % des actifs. Les petites exploitations de polyculture (maïs, pomme de terre, vin) du Nord s'opposent à celles du Sud, très étendues (céréales, élevage ovin et bovin). Le pays exporte du vin, des légumes et des fruits, du bois et du liège. Le secteur industriel se développe. Le textile vient en tête, suivi par la confection, la métallurgie, le montage automobile, l'électronique, le travail du cuir et du bois et l'agroalimentaire.

Le tourisme, les envois d'argent des émigrés ne suffisent pas à équilibrer la balance des paiements. Les importations dépassent de loin les exportations, et le pays est endetté.

L'entrée du Portugal (1986) dans la C.E.E. a eu un effet dynamisant sur l'économie, qui est touchée cependant de plein fouet par la crise de la zone euro depuis 2011.

HISTOIRE

La formation de la nation. Le pays est occupé par des tribus en rapport avec les Phéniciens, les Carthaginois et les Grecs. Au cours du IIe s. av. J.-C., l'ouest de la péninsule Ibérique tente de résister à la conquête romaine. Créée sous Auguste, la province de Lusitanie est envahie au Ve s. apr. J.-C. par les Suèves et les Alains, puis par les Wisigoths, qui s'y installent.

711. Les musulmans conquièrent le pays.

La reconquête de la péninsule par les chrétiens se précise au XIe s. En 1097, Alphonse VI, roi de Castille et de León, confie le comté de Portugal à son gendre, Henri de Bourgogne.

1139-1185. Alphonse Henriques, fils d'Henri de Bourgogne, prend le titre de roi de Portugal après sa victoire d'Ourique sur les Maures (1139) et fait reconnaître l'indépendance du Portugal.

La conquête du Sud, accélérée par la victoire de Las Navas de Tolosa (1212) et achevée en 1249, renforce l'indépendance. Pour assurer le repeuplement du pays, la monarchie accorde des avantages (chartes) à la paysannerie libre et limite le rôle de la noblesse et des ordres religieux. Quant aux juifs et aux morisques, malgré leur rôle économique, ils vivent en marge de la nation, où ils ne subsisteront que jusqu'en 1496. Les derniers rois de la dynastie bourguignonne, en particulier Denis Ier (1279-1325), favorisent l'essor économique du pays et l'orientent vers le commerce maritime.

1383-1385. Une crise dynastique est dénouée par la victoire de Jean Ier d'Aviz, soutenu par la bourgeoisie, sur Jean Ier de Castille, candidat de la noblesse.

L'âge d'or. Le Portugal poursuit au XVe s. et au début du XVIe s. son expansion maritime et joue un grand rôle dans les voyages de découvertes sous l'impulsion d'Henri le Navigateur (1394-1460) et des rois Jean II (1481-1495) et Manuel Ier (1495-1521). Les marins portugais progressent le long des côtes d'Afrique, découvrent Madère (1419), les Açores (1432) et les îles du Cap-Vert (1460).

1487-1488. Bartolomeu Dias double le cap de Bonne-Espérance.

1494. Le traité de Tordesillas établit une ligne de partage entre les possessions extra-européennes de l'Espagne et celles du Portugal.

Le voyage de Vasco de Gama en Inde (1497-1498) ouvre la voie à un empire colonial qui s'étend de la Chine au Brésil. Le Portugal contrôle désormais le commerce des épices, du sucre et des esclaves. La période des découvertes est aussi celle de l'apogée artistique (art manuélin) et littéraire (Camões).

1580. La crise dynastique ouverte par la mort de Sébastien permet à Philippe II d'Espagne de s'emparer du Portugal. Mais la politique du ministre espagnol Olivares et la perte de colonies au profit des Hollandais entraînent en 1640 une révolte qui donne le pouvoir au duc de Bragance, sous le nom de Jean IV. Les difficultés de l'Espagne et la guerre anglo-hollandaise (1652) lui permettent de reprendre le Brésil et les comptoirs africains.

Les crises et le déclin

1668. L'Espagne reconnaît l'indépendance portugaise.

À la fin du XVIIe s., se résignant à l'effondrement de ses positions en Asie et à son recul en Afrique, le Portugal se consacre à l'exploitation du Brésil.

1703. Le traité de Methuen lie économiquement le Portugal et la Grande-Bretagne.

Sous le règne de Jean V (1707-1750), l'or du Brésil ne parvient pas à stimuler l'économie métropolitaine.

1750-1777. Pendant le règne de Joseph Ier, le Portugal, sous l'autorité du marquis de Pombal, connaît un régime de « despotisme éclairé ».

La reconstruction de Lisbonne, détruite par le séisme de 1755, la laïcisation de la vie politique, marquée par l'expulsion des jésuites (1759), accompagnent une politique économique qui favorise d'abord le commerce, puis une ébauche d'industrialisation. Mais la réaction menée par les successeurs de Joseph Ier et l'alliance britannique entraînent le Portugal dans les guerres de la Révolution française et de l'Empire.

1807. Jean VI s'enfuit au Brésil, tandis que les Anglo-Portugais, dirigés par le régent Beresford, luttent jusqu'en 1811 contre les Français, qui ont envahi le pays.

1822. Jean VI (1816-1826) revient à Lisbonne à la demande des Cortes et accepte une Constitution libérale. Son fils aîné, Pierre Ier, se proclame empereur du Brésil, dont l'indépendance est reconnue en 1825.

Au début du siècle, la vie politique est marquée par le conflit dynastique opposant Pierre IV, sa fille Marie II (1826-1853) et son frère Miguel, qui s'était proclamé roi sous le nom de Michel Ier.

1834-1853. La tension politique et les luttes civiles persistent entre chartistes (modérés) et septembristes (radicaux). Après l'établissement du suffrage censitaire, le Portugal connaît sous les rois Pierre V (1853-1861), Louis Ier (1861-1889) et Charles Ier (1889-1908) un véritable régime parlementaire ; le pays tente d'entreprendre sa « régénération » et de reconstituer un empire colonial autour de l'Angola et du Mozambique.

La république

1910-1911. La république est proclamée.

Le gouvernement provisoire décrète la séparation de l'Église et de l'État et accorde le droit de grève. Une grande instabilité politique sévit pendant la Ire République ; de plus, le Portugal ne retire pas d'avantages substantiels de sa participation, aux côtés des Alliés, à la Première Guerre mondiale.

1926. Coup d'État du général Gomes da Costa.

En 1928, Carmona, président de la République, appelle aux Finances Salazar, qui opère un redressement spectaculaire. Le Dr Salazar devient en 1932 président du Conseil. Une nouvelle Constitution (1933) instaure l'État nouveau, qui repose sur l'organisation sociale corporative, le nationalisme et la répression des oppositions. Pendant la Seconde Guerre mondiale, le Portugal reste neutre, puis facilite l'effort de guerre anglo-américain. Après la guerre, les structures sociales et agraires archaïques freinent le développement industriel ; l'émigration s'amplifie. Après avoir perdu ses comptoirs indiens (Goa), le Portugal lutte à partir de 1961 contre les mouvements nationalistes de ses provinces africaines. En 1968, Salazar est remplacé par Marcelo Caetano.

Avr. 1974. Un coup d'État dirigé par le général de Spínola renverse le président Caetano. La junte entreprend une libéralisation du régime (« révolution des œillets »), mettant ainsi fin à 48 ans de dictature. Mais en septembre, sous la pression des forces de gauche, Spínola démissionne. La décolonisation est très rapidement réalisée.

Le Portugal depuis 1974. En 1976, A. Eanes est élu président de la République, tandis que se succèdent les gouvernements de M. Soares (socialiste, 1976-1978 et 1983-1985), Sá Carneiro (centre droit, 1979-1980), F. Pinto Balsemão (social-démocrate, 1981-1983). La nouvelle Constitution (1982) abolit la tutelle des militaires.

1985. Le social-démocrate Aníbal Cavaco Silva devient Premier ministre (reconduit après la victoire de son parti aux élections de 1987 et 1991).

1986. Mário Soares est élu président de la République (réélu en 1991). Le Portugal entre dans la Communauté économique européenne (C.E.E.).

1995. Le parti socialiste remporte les élections ; António Guterres est nommé Premier ministre.

1996. Le socialiste Jorge Sampaio est élu président de la République (réélu en 2001).

1999. Le territoire de Macao est rétrocédé à la Chine.

2002 À la suite de la démission de A. Guterres, José Manuel Durão Barroso, du parti social-démocrate, devient Premier ministre. (Il laisse ce poste en 2004 pour devenir président de la Commission européenne.)

2005. Après la victoire de son parti aux élections, le socialiste José Sócrates est nommé à la tête du gouvernement (confirmé dans ses fonctions au terme des élections de 2009).

2006. A. Cavaco Silva est élu président de la République.

2011. Il est réélu tandis que le Parti social-démocrate remporte les élections législatives. Pedro Passos Coelho devient Premier ministre et durcit le plan de rigueur lancé par son prédécesseur socialiste.

portulan [pɔrtylɑ̃] **n.m.** (it. *portolano,* pilote, de *porto,* port). Carte marine de la fin du Moyen Âge et de la Renaissance, indiquant les ports et le contour des côtes.

Portzamparc (Christian de), architecte français (Casablanca 1944). Il est l'auteur notamment de la Cité de la musique à Paris-la Villette (deux parties, 1984-1995).

P.O.S.D.R. → social-démocrate de Russie *(Parti ouvrier).*

pose [poz] **n.f.** (de *poser*). **1.** Action de poser, de mettre en place, d'installer qqch : *La pose d'un tapis, d'une serrure* (syn. **installation**). **2.** Manière de se tenir ; position du corps : *Une pose gracieuse* (syn. **attitude**). **3.** Attitude dans laquelle un modèle se tient pour un artiste, pour un photographe : *Tenir la pose pendant des heures.* **4.** Affectation ; manque de naturel : *Sa prétendue lassitude, c'est de la pose* (syn. **manières**). **5.** PHOT. Durée pendant laquelle le film est exposé aux rayons lumineux à travers l'objectif de l'appareil ; durée pendant laquelle le papier photographique est exposé à la lumière lors du tirage : *Temps de pose.*

posé, e [poze] **adj.** (de *poser*). Calme et mesuré dans ses gestes et ses paroles ; qui manifeste ce calme, cette pondération : *Une personne posée* (syn. **pondéré, sérieux**). *Un air posé* (syn. **grave, réfléchi**).

Poséidon, dieu des Mers, dans la mythologie grecque. Fils de Cronos et de Rhéa, il a reçu en partage la Mer, tandis que son frère Zeus héritait du Ciel et Hadès, des Enfers. Époux d'Amphitrite, il était armé d'un trident et avait un palais dans les profondeurs sous-marines, d'où il faisait trembler la terre. Il avait le patronage de l'île de l'Atlantide et était vénéré dans de nombreux lieux de culte, notamm. Delphes, Athènes, Corinthe, les caps (Sounion, Ténare) et toutes les côtes de la mer.

posément [pozemɑ̃] **adv.** Sans se presser : *Il a répondu posément à toutes nos questions* (syn. **calmement**).

posemètre [pozmɛtr] **n.m.** PHOT. Appareil servant à déterminer les temps de pose ; cellule photoélectrique.

poser [poze] **v.t.** (lat. pop. **pausare,* s'arrêter, de *pausa,* pose). **1.** Cesser de porter, de tenir ; mettre qqch à une place, sur un support : *Poser des livres sur une table* (syn. **placer**). *Poser une échelle contre un mur* (syn. **appuyer**). *Pose ta valise sur la bascule* (syn. **déposer**). **2.** Placer à l'endroit convenable ; installer : *Poser des rideaux* (syn. **accrocher**). *Poser une moquette.* **3.** Appliquer un produit, qqch sur une surface : *Poser de l'enduit, du papier peint sur un mur.* **4.** Écrire conformément aux règles de l'arithmétique, de l'algèbre : *Poser une opération. Sept et cinq font douze, je pose deux et je retiens un.* **5.** Admettre ou avancer comme principe, comme hypothèse : *Posons son élection comme acquise. Poser que qqn donnera son accord à une proposition.* **6.** Conférer de l'importance à qqn, accroître la considération dont il jouit : *Sa dernière publication le pose dans les milieux scientifiques.* **7.** Énoncer, émettre : *Quelqu'un veut-il poser une question ?* (syn. **formuler**). *Je vais te poser une devinette.* **8. Poser les armes,** cesser un combat armé, faire la paix. / **Poser sa candidature,** la présenter dans les formes requises. / **Poser un problème,** être un objet de préoccupation : *L'avenir de ces enfants pose un problème.* ◆ **v.i. 1.** Prendre appui sur ; être soutenu par : *Les solives posent sur ce mur* (syn. **reposer**). **2.** Prendre une certaine attitude, une pose qu'un artiste (peintre, photographe, etc.) va reproduire : *Elle pose pour un magazine de mode.* **3.** Se tenir, se comporter de façon artificielle, affectée : *Regarde-le poser devant ses collaboratrices.* **4.** Observer un temps de pose en photographiant. **5. Poser à,** chercher à se faire passer pour : *Poser au redresseur de torts.* ◆ **se poser v.pr. 1.** Cesser de voler et se mettre sur qqch : *Des hirondelles se sont posées sur les fils téléphoniques. L'avion s'est posé sur la piste centrale* (syn. **atterrir**). **2.** S'appuyer, s'appliquer sur (en parlant d'une partie du corps) : *Sa main s'est posée sur la mienne.* **3.** S'arrêter, rester fixé, en parlant du regard : *Tous les yeux s'étaient posés sur lui.* **4.** Être ou pouvoir être mis en place, installé : *Ce papier peint se pose très facilement.* **5.** Être d'actualité ; intervenir : *La question se pose de savoir s'il faut continuer à négocier. Ce problème se posera à nouveau.* **6. Se poser en, comme,** se donner pour, se définir comme : *Se poser en justicier, en victime.* / FAM. **Se poser là,** être notable, remarquable dans son genre : *Comme égoïste, tu te poses là !*

poseur, euse [pozœr, -øz] **n.** et **adj. 1.** Personne qui procède à la pose de certains objets : *Poseur de parquets.* **2.** Personne qui met de l'affectation dans ses attitudes, ses gestes : *Quel poseur !* (syn. **prétentieux, snob**). *Elle est terriblement poseuse* (syn. **maniéré**).

Posidonius, historien et philosophe stoïcien grec (Apamée, Syrie, v. 135 - Rome 51 av. J.-C.). Son enseignement était un mélange de stoïcisme et de platonisme, qui exerça une forte influence sur la littérature et la pensée latines.

1. positif, ive [pozitif, -iv] **adj.** (lat. *positivus*). **1.** Qui affirme, accepte : *Une réponse positive.* **2.** Qui relève de l'expérience concrète ; qui a un caractère de réalité objective : *Un fait positif* (syn. **avéré, incontestable, réel**). **3.** Qui montre la présence de l'élément ou de l'effet recherché : *Test de cuti-réaction positif* (contr. **négatif**). **4.** Qui fait preuve de réalisme ; qui a le sens pratique : *Un esprit positif* (syn. **réaliste ;** contr. **chimérique**). **5.** Bon ; heureux ; bénéfique : *Un résultat positif.* **6. Charge électrique positive,** charge de même nature que celle qu'on développe sur un morceau de verre frotté avec de la laine. / **Nombre positif,** nombre égal ou supérieur à 0.

2. positif [pozitif] **n.m.** (de *1. positif*). **1.** Ce qui est vraiment utile ; ce qui repose sur des faits, sur l'expérience (par opp. à *imaginaire, à spéculatif*) : *Maintenant, il me faut du positif. Cette information, voilà du positif.* **2.** Image photographique sur film (diapositive) ou sur papier après développement et tirage.

position [pozisjɔ̃] **n.f.** (lat. *positio,* de *ponere,* placer, poser). **1.** Situation dans l'espace ; place occupée par rapport à ce qui est autour : *La position des pièces sur un échiquier* (syn. **place**). *Repérer la position des meubles dans une pièce* (syn. **emplacement, localisation**). *La position d'un navire.* **2.** Situation relative de qqn dans un ensemble hiérarchisé : *Notre candidat occupe la première position* (syn. **place**). **3.** Situation sociale de qqn : *Viser une position brillante* (syn. **poste, rang**). **4.** FIG. Circonstances particulières dans lesquelles qqn se trouve placé : *Le gouvernement est dans une position critique.* **5.** Emplacement occupé par une troupe, une armée : *Chercher une position de repli* (= un endroit où se replier, le cas échéant). **6.** Posture du corps ou d'une partie du corps : *Une position inconfortable* (syn. **attitude**). *Cet enfant est assis dans une mauvaise position* (syn. **posture**). **7.** Opinion professée ; parti adopté par qqn sur un sujet donné, dans une discussion, etc. : *Avoir une position claire, nette* (syn. **point de vue**). *Prendre position sur qqch.* **8. Rester sur ses positions,** ne pas céder de terrain ; ne pas changer d'avis.

positionnement [pozisjɔnmɑ̃] **n.m.** Action de positionner ; fait de se positionner, d'être positionné.

positionner [pozisjɔne] **v.t. 1.** Mettre en position avec une précision imposée : *Positionner une pièce sur une machine-outil.* **2.** COMM. Déterminer la situation d'un produit sur un marché, compte tenu, notamm., de la concurrence des autres produits. **3.** Indiquer ou déterminer les coordonnées géographiques, l'emplacement exact de : *Positionner un missile.* ◆ **se positionner v.pr.** Se placer en un lieu, à un rang précis, déterminé.

positivement [pozitivmɑ̃] **adv. 1.** Avec certitude, précision : *Être positivement sûr de qqch* (syn. **réellement, vraiment**). **2.** D'une façon heureuse, bénéfique : *Situation qui évolue positivement* (syn. **avantageusement**). **3.** Par de l'électricité positive : *Corps électrisé positivement.*

positivisme [pozitivism] **n.m. 1.** Système philosophique d'Auguste Comte ; tout système qui, écartant la métaphysique, considère l'expérience comme le seul fondement de la connaissance. **2. Positivisme logique,** école de pensée contemporaine, issue des travaux du *cercle de Vienne,* déniant toute signification aux énoncés métaphysiques et se donnant les formes du langage comme objet d'étude. ◆ **positiviste adj.** et **n.** Qui relève du positivisme ; partisan du positivisme.

positivité [pozitivite] **n.f. 1.** Caractère de ce qui est positif, constructif : *La positivité de leurs propositions.* **2.** État d'un corps électrisé positivement.

positron [pozitrɔ̃] et **positon** [pozitɔ̃] **n.m.** (de *posit[if]* et *[élect]ron*). PHYS. Antiparticule de l'électron possédant même masse et une charge égale et de signe contraire, c'est-à-dire positive.

Posnanie, ancienne province de Prusse ayant pour capitale Poznań, qui fut attribuée au royaume de Prusse lors du deuxième partage de la Pologne (1793) et fut rendue à la Pologne en 1919.

posologie [pozɔlɔʒi] **n.f.** (du gr. *posos,* combien). **1.** Quantité et rythme d'administration d'un médicament prescrit : *Respectez la posologie.* **2.** Étude du dosage et des modalités d'administration des médicaments.

possédant, e [pɔsedɑ̃, -ɑ̃t] **adj.** et **n.** Qui possède des biens, de la fortune : *Les grands possédants* (syn. **capitaliste**). *Les classes possédantes* (syn. **aisé, fortuné, riche**).

possédé, e [pɔsede] **adj.** et **n.** En proie à une possession démoniaque, occulte : *Exorciser un possédé.*

posséder [pɔsede] **v.t.** (lat. *possidere*) [conj. **18**]. **1.** Avoir à soi, disposer de : *Posséder une maison.* **2.** Avoir en soi, contenir : *Cette région possède des réserves d'eau* (syn. **renfermer**). **3.** Avoir en soi une caractéristique, une qualité, etc. : *Posséder de bons réflexes, une bonne mémoire* (syn. **bénéficier, jouir**). **4.** Connaître parfaitement : *Posséder l'anglais* (syn. **savoir**). **5.** *FAM.* Duper ; tromper : *Tu l'as bien possédé !* (syn. **berner**). **6. Posséder une femme,** avoir des rapports sexuels avec elle. ◆ **se posséder v.pr.** *LITT.* Se maîtriser ; se contrôler : *Quand il est en colère, il ne se possède plus* (syn. **se contenir, se dominer**).

possesseur [pɔsɛsœr] **n.m.** Personne qui a qqch en sa possession : *Ils sont possesseurs d'une grande propriété* (syn. **propriétaire**). *Les possesseurs du permis de conduire* (syn. **détenteur**).

possessif, ive [pɔsɛsif, -iv] **adj.** Qui éprouve un besoin de possession, de domination à l'égard de qqn : *Mère possessive.* ◆ **adj.** et **n.m.** GRAMM. Se dit des adjectifs déterminatifs et des pronoms qui expriment la possession, l'appartenance (ex. : *mon* dans *c'est mon crayon*).

possession [pɔsɛsjɔ̃] **n.f.** (lat. *possessio*). **1.** Fait de posséder un bien ; chose possédée : *La possession d'une grande fortune* (syn. **détention, propriété**). **2.** Territoire possédé par un État (syn. **colonie**). **3.** Maîtrise de son comportement, de ses facultés : *Elle est encore en possession de tous ses moyens.* **4.** État d'une personne possédée par une force démoniaque, occulte : *Divers cas de possession ont été recensés dans cette région.* **5. Avoir en sa possession, être en possession de,** posséder. / **Prendre possession de qqch,** s'en emparer ; en prendre livraison : *Vous pourrez prendre possession de votre nouvelle voiture dès demain.* / **Rentrer en possession de,** recouvrer ; pouvoir de nouveau disposer de.

possessivité [pɔsesivite] **n.f.** Fait de se montrer possessif, dominateur : *La possessivité d'un père à l'égard de sa fille.*

possibilité [pɔsibilite] **n.f.** (lat. *possibilitas*). **1.** Caractère de ce qui est possible : *Je ne vois pas la possibilité de finir ceci pour ce soir* (syn. **éventualité**). **2.** Moyen de faire qqch : *En avez-vous la possibilité ?* (syn. **loisir, pouvoir**). **3.** Ce qui est possible : *Avez-vous envisagé toutes les possibilités ?* ◆ **possibilités n.f. pl.** Aptitudes physiques ou intellectuelles d'une personne : *Cet élève a de grandes possibilités* (syn. **ressources**).

possible [pɔsibl] **adj.** (lat. *possibilis,* de *posse,* pouvoir). **1.** Qui peut exister, se produire : *Un retard est toujours possible* (syn. **envisageable**). *C'est une solution possible* (syn. **admissible, réalisable**). *Envisager tous les cas possibles.* **2.** *FAM.* Que l'on peut éventuellement accepter, supporter : *Il n'est pas possible, ce gosse !* (= il est insupportable). **3. Le(s) plus... possible, le(s) moins... possible,** renforce le superlatif : *Prenez les moins chers possible.* **4. C'est possible,** peut-être. ◆ **n.m. 1.** Ce qui est réalisable, qui peut être : *Évaluer le souhaitable et le possible. Explorer tous les possibles.* **2. Au possible,** extrêmement : *Il est avare au possible.* / **Faire son possible, tout son possible,** faire ce qu'on peut, agir au mieux de ses moyens.

post [pɔst] **n.m.** (de *1. poster*). Message (texte, liens, images) publié sur un blog ou un forum.

post-, préfixe, du lat. *post,* après, marquant la postériorité spatiale *(postposé)* ou temporelle *(postclassique).*

postage [pɔstaʒ] **n.m.** Action de poster, de mettre à la poste.

postal, e, aux [pɔstal, -o] **adj.** De la poste : *Code postal.*

postclassique [pɔstklasik] **adj.** Postérieur à l'époque classique.

postcombustion [pɔstkɔ̃bystjɔ̃] **n.f.** Deuxième combustion, provoquée par l'injection de carburant dans le gaz d'échappement d'un turboréacteur, et qui permet d'augmenter la poussée de celui-ci ; dispositif assurant cette combustion supplémentaire.

postcure [pɔstkyr] **n.f.** Période de repos et de réadaptation progressive à l'activité après une longue maladie, une opération, une cure de désintoxication, etc.

postdater [pɔstdate] **v.t.** Apposer sur un document une date postérieure à la date réelle de sa rédaction.

1. poste [pɔst] **n.f.** (it. *posta,* de *porre,* poser). **1.** Entreprise, génér. publique, chargée du ramassage, du transport et de la distribution du courrier et de certains colis, ainsi que d'opérations financières à l'usage du public : *Le cachet de la poste fera foi.* **2.** Bureau, local où s'effectuent les opérations postales : *La poste ouvre à huit heures. Aller à la poste.* **3.** Relais de chevaux établi autref. le long d'un trajet afin de remplacer les attelages fatigués. **4. Poste restante** ⟶ **restant.**

2. poste [pɔst] **n.m.** (it. *posto*). **1.** Local, lieu affecté à une destination particulière, où qqn, un groupe remplit une fonction déterminée : *Poste de garde d'un hôpital. Un poste de secours.* **2.** Emploi professionnel ; lieu où s'exerce cette activité : *Occuper un poste important. Fonctionnaire qui doit rejoindre son poste.* **3.** Installation distributrice ; emplacement aménagé pour recevoir certaines installations techniques : *Poste d'incendie, de ravitaillement.* **4.** Appareil récepteur de radio ou de télévision : *Un poste portatif.* **5.** Chacun des différents appareils d'une installation téléphonique intérieure : *Je vais prendre la communication sur le poste de la chambre.* **6.** Endroit fixé à un militaire ou à une petite unité pour assurer une mission de surveillance ou de combat ; ensemble des militaires chargés de cette mission : *Établir des postes le long de la frontière. Poste de commandement. Abandonner son poste* (= déserter). **7. Être fidèle au poste,** rester fidèlement là où l'on a été placé ; au fig., ne pas manquer à ses obligations. / **Poste d'aiguillage,** cabine de commande et de contrôle des signaux et des aiguillages d'une gare. / **Poste d'équipage,** partie d'un navire où loge l'équipage. / **Poste d'incendie,** installation hydraulique pour lutter contre l'incendie. / **Poste de pilotage,** dans un avion, une fusée, lieu où se tiennent le pilote, le commandant de bord, etc. / **Poste de police,** locaux d'un commissariat de police ou antenne d'un commissariat. / **Poste de travail,** emplacement où s'effectue une phase dans l'exécution d'un travail ; centre d'activité comprenant tout ce qui est nécessaire (machine, outillage, etc.) à l'exécution d'un travail défini.

posté, e [pɔste] **adj.** (de *2. poste*). Se dit d'un travail organisé suivant un système d'équipes successives.

1. poster [pɔste] **v.t.** (de *1. poste*). **1.** Mettre à la poste ou dans une boîte aux lettres publique. **2.** INFORM. Publier un article, un commentaire, une photo ou une vidéo sur un média Internet.

2. poster [pɔste] **v.t.** (de *2. poste*). Placer à un poste, dans un endroit déterminé pour guetter, surveiller : *Poster des sentinelles* (syn. **disposer**). ◆ **se poster v.pr.** Se placer quelque part pour une action déterminée : *Il se postait toujours derrière un buisson pour la regarder passer* (syn. **s'embusquer**).

3. poster [pɔstɛr] **n.m.** (mot angl. « affiche »). Affiche illustrée ou photo tirée au format d'une affiche, sur papier souple, destinée à la décoration : *Les murs de sa chambre sont tapissés de posters de rockeurs.*

postérieur, e [pɔsterjœr] **adj.** (lat. *posterior*). **1.** Qui vient après dans le temps : *La date de sa naissance est postérieure* *au début du siècle* (syn. **ultérieur ;** contr. **antérieur**). **2.** Qui est placé derrière : *Partie postérieure de la tête* (contr. **antérieur**). **3.** Se dit d'une voyelle ou d'une consonne dont l'articulation se situe dans la partie arrière de la bouche. ◆ **postérieur** n.m. FAM. Fesses.

postérieurement [pɔsterjœrmɑ̃] **adv.** Plus tard ; dans un temps postérieur : *Les réponses arrivées postérieurement à la date limite ne seront pas prises en compte* (syn. **après**).

postériorité [pɔsterjɔrite] **n.f.** État d'une chose postérieure à une autre : *Établir la postériorité d'un fait par rapport à un autre* (contr. **antériorité**).

postérité [pɔsterite] **n.f.** (lat. *posteritas*). **1.** LITT. Suite de ceux qui descendent d'une même souche : *Mourir sans laisser de postérité* (syn. **descendance, lignée**). **2.** Ensemble des générations futures : *La postérité jugera.*

postface [pɔstfas] **n.f.** (d'apr. *préface*). Commentaire placé à la fin d'un livre (contr. **préface**).

postglaciaire [pɔstglasjɛr] **adj.** GÉOL. Qui suit une période glaciaire (en partic. la dernière glaciation quaternaire).

posthume [pɔstym] **adj.** (lat. *postumus*, dernier). **1.** Qui se produit, existe après la mort : *Il a été décoré à titre posthume.* **2.** Publié après le décès de l'auteur : *Ouvrage posthume.* **3.** Né après la mort de son père : *Fils posthume.*

postiche [pɔstiʃ] **adj.** (it. *posticcio*, p. passé de *porre*, mettre). **1.** Fait et ajouté après coup : *Ornement postiche.* **2.** Mis à la place de qqch qui n'existe plus : *Barbe postiche* (syn. **artificiel, faux**). ◆ **n.m. 1.** Faux cheveux (syn. **perruque**). **2.** Fausse barbe ; fausse moustache.

postier, ère [pɔstje, -ɛr] **n.** Employé(e) de la poste.

postillon [pɔstijɔ̃] **n.m.** (it. *postiglione*, de *posta* ; v. *1. poste*). **1.** Autref., conducteur des chevaux des voitures de poste. **2.** FAM. Gouttelette de salive projetée en parlant.

postillonner [pɔstijɔne] **v.i.** FAM. Projeter des postillons en parlant.

postimpressionnisme [pɔstɛ̃presjɔnism] **n.m.** Ensemble des courants artistiques qui, durant la période allant approximativement de 1885 à 1905, divergent de l'impressionnisme ou s'opposent à lui (pointillisme, synthétisme, symbolisme, nabis...). ◆ **postimpressionniste adj.** et **n.** Relatif à ces courants ; qui s'en réclame.

Post-it [pɔstit] **n.m. inv.** (nom déposé). Petit papier enduit, à l'une de ses extrémités, d'une colle qui le rend repositionnable.

postnatal, e, als ou **aux** [pɔstnatal, -o] **adj.** Qui suit immédiatement la naissance : *Faire baisser le taux de mortalité postnatale.*

postopératoire [pɔstɔperatwar] **adj.** Qui se produit, se fait à la suite d'une intervention chirurgicale : *Des complications postopératoires. Assurer les soins postopératoires.*

postposé, e [pɔstpoze] **adj.** LING. Se dit d'un mot, d'un morphème placé après un autre.

post-scriptum [pɔstskriptɔm] **n.m. inv.** (lat. *post scriptum*, écrit après). Ajout fait à une lettre après la signature (abrév. : *P.-S.* ou *P-S*) : *En post-scriptum, il nous annonce sa venue.*

postsynchronisation [pɔstsɛ̃krɔnizasjɔ̃] **n.f.** Enregistrement des dialogues d'un film en synchronisme avec les images, postérieurement au tournage.

postsynchroniser [pɔstsɛ̃krɔnize] **v.t.** Effectuer la postsynchronisation de : *Les scènes d'extérieur seront postsynchronisées.*

postulant, e [pɔstylɑ̃, -ɑ̃t] **n. 1.** Personne qui postule une place, un emploi. **2.** Personne qui se prépare à entrer dans un noviciat religieux.

postulat [pɔstyla] **n.m.** (lat. *postulatum*). **1.** LOG. Principe premier, indémontrable ou qui n'est pas démontré. **2.** Temps qui précède le noviciat religieux.

postuler [pɔstyle] **v.t.** (lat. *postulare*). **1.** Être candidat à un emploi, demander une place : *Les personnes intéressées peuvent postuler cet emploi jusqu'au 31 mars* (syn. **solliciter**). **2.** Poser comme postulat au départ d'une démonstration : *Postulons que x = 0* (syn. **présupposer**). ◆ **v.i.** Être candidat à un emploi, à une fonction : *Postuler à un poste, pour le poste de directeur.*

posture [pɔstyr] **n.f.** (it. *postura*). **1.** Position particulière du corps : *Être assis dans une posture inconfortable* (syn. **attitude**). **2. Être en bonne, mauvaise posture,** être dans une situation favorable, défavorable : *Après cet échec, il est en mauvaise posture pour l'avancement de sa carrière.*

pot [po] **n.m.** (bas lat. *potus*). **1.** Récipient de terre, de métal, etc., de formes et d'usages divers ; son contenu : *Pot de yaourt. Pot à eau. Pot de fleurs. Elle a mangé tout un pot de confiture au petit déjeuner.* **2.** FAM. Verre d'une boisson quelconque ; réunion où l'on boit : *Prendre un pot dans un café* (syn. **consommation**). *Être invité à un pot.* **3.** FAM. Chance : *Avoir du pot.* **4. À la fortune du pot,** sans cérémonie (= à la bonne franquette). / **Découvrir le pot aux roses,** découvrir le secret d'une affaire. / FAM. **Payer les pots cassés,** payer le dommage causé. / **Pot au noir** (prononcé [potonwar]), zone des calmes équatoriaux (en partic. celle de l'Atlantique), où d'épais nuages s'accompagnent de fortes pluies et où les navires restaient longuement encalminés au temps de la navigation à voile ; au fig., situation enbrouillée. / **Poule au pot,** poule bouillie. / **Tourner autour du pot,** user de détours inutiles, ne pas aller droit au but. **5. Pot de chambre,** petit récipient destiné aux besoins naturels. / **Pot d'échappement,** appareil cylindrique où se détendent les gaz brûlés à leur sortie du moteur d'une automobile.

potable [pɔtabl] **adj.** (bas lat. *potabilis*, de *potare*, boire). **1.** Qui peut être bu sans danger : *Attention, eau non potable* (syn. **buvable, consommable**). **2.** FAM. Qui convient à peu près ; dont on peut se contenter : *Travail tout juste potable* (syn. **acceptable, passable**).

potache [pɔtaʃ] **n.m.** (de *pot-à-chien* [chapeau de soie porté autref. dans les collèges]). FAM. Collégien ; lycéen.

potage [pɔtaʒ] **n.m.** (de *pot*). Bouillon préparé à partir de viandes, de légumes, de farineux, etc.

potager, ère [pɔtaʒe, -ɛr] **adj.** (de *potage*). **1.** Se dit des plantes dont on fait une utilisation culinaire : *Les légumes sont des plantes potagères.* **2. Jardin potager,** où l'on cultive des plantes potagères (on dit aussi *un potager*).

Potala, nom du palais du dalaï-lama à Lhassa, fondé au VIIe s. par Songzanganbu. Le palais actuel a été édifié vers 1645 par le 5e dalaï-lama. Véritable ville avec deux tours rondes et treize étages hauts de 178 m, il est typique de l'architecture transhimalayenne légèrement trapézoïdale, aux fenêtres rectangulaires et aux toits plats. Il abrite de nombreux trésors.

potamochère [pɔtamɔʃɛr] **n.m.** (gr. *potamos*, fleuve, et *khoiros*, petit cochon). Porc sauvage d'Afrique et de Madagascar, à pelage brun-roux. Haut. au garrot 65 cm ; nom scientif. *Potamochoerus porcus.*

potasse [pɔtas] **n.f.** (néerl. *potasch*, all. *Potasche*, cendre de pot). **1.** Dérivé potassique utilisé comme engrais, tel que la *potasse d'Alsace* (chlorure de potassium). **2. Potasse caustique,** hydroxyde de potassium, solide blanc, basique, très soluble dans l'eau. ▸ Formule : KOH. Ce produit est utilisé pour le blanchiment du linge, la fabrication du savon noir, etc.

potasser [pɔtase] **v.t.** (orig. obsc.). FAM. Étudier avec application : *Potasser ses maths.*

potassique [pɔtasik] **adj.** Qui dérive du potassium, de la potasse.

potassium [pɔtasjɔm] **n.m.** Métal alcalin extrait de la potasse, léger, mou et très oxydable. ▸ Symb. K.

pot-au-feu [pɔtofø] **n.m. inv.** Plat composé de viande de bœuf bouillie avec carottes, poireaux, navets, etc.

pot-de-vin [podvɛ̃] **n.m.** (pl. *pots-de-vin*). Somme payée en dehors du prix convenu, génér. pour obtenir illégalement un marché ou un avantage, ou pour remercier la personne par l'intermédiaire de laquelle se conclut l'affaire (syn. **dessous-de-table**).

pote [pɔt] **n.m.** (de l'argot *poteau,* camarade). *FAM.* Camarade, copain.

poteau [pɔto] **n.m.** (anc. fr. *post,* du lat. *postis,* jambage de porte). **1.** Toute pièce de charpente dressée verticalement sur un sol, pour servir de support, d'indicateur : *Poteau de bois, de métal, de ciment. Un poteau télégraphique.* **2.** Chacun des éléments verticaux d'un but : *Placer la balle entre les poteaux.* **3. Poteau de départ, d'arrivée,** marquant le départ, l'arrivée d'une course. / **Poteau d'exécution,** où l'on attache ceux que l'on va fusiller.

potée [pɔte] **n.f.** (de *pot*). **1.** Plat composé de viandes diverses et de légumes variés (notamm. de choux, de pommes de terre) cuits longuement ensemble. **2.** Composition servant à faire les moules de fonderie.

potelé, e [pɔtle] **adj.** (de l'anc. fr. *pote,* gros). Qui a les formes rondes et pleines : *Enfant potelé* (syn. **dodu, rebondi**).

Potemkine, cuirassé de la flotte russe de la mer Noire, dont les marins se mutinèrent en juin 1905. Ces derniers gagnèrent Constanţa, où ils capitulèrent. Cette révolte a été célébrée par Eisenstein dans le film *le Cuirassé Potemkine* (1925).

Potemkine (Grigori Aleksandrovitch, *prince***),** homme d'État et officier russe (près de Smolensk 1739 - près de Iaşi 1791). Favori de Catherine II, il joua un rôle actif dans le gouvernement et s'efforça d'étendre l'influence de la Russie autour de la mer Noire aux dépens des Turcs. Il réalisa l'annexion de la Crimée (1783) et commanda en chef les troupes de la guerre russo-turque (1787-1791).

potence [pɔtɑ̃s] **n.f.** (lat. *potentia,* puissance). **1.** Assemblage de pièces de bois ou de métal formant équerre, pour soutenir ou pour suspendre qqch : *Une enseigne suspendue à une potence.* **2.** Instrument servant au supplice de la pendaison ; le supplice lui-même (syn. **gibet**).

potentat [pɔtɑ̃ta] **n.m.** (bas lat. *potentatus,* souveraineté). **1.** Souverain absolu d'un État puissant : *Louis XIV fut le plus grand potentat de son époque* (syn. **monarque**). **2.** Homme qui use de son pouvoir de façon despotique : *Directeur qui se comporte en vrai potentat* (syn. **despote**).

potentialité [pɔtɑ̃sjalite] **n.f.** (de *1. potentiel*). État de ce qui existe virtuellement : *Les potentialités qui se trouvent en chacun de nous* (syn. **possibilité, virtualité**).

1. potentiel, elle [pɔtɑ̃sjɛl] **adj.** (lat. médiév. *potentialis*). **1.** Qui existe virtuellement, en puissance, mais non réellement : *Nous avons deux acheteurs potentiels pour la maison* (syn. **éventuel, virtuel**). **2.** LING. Qui exprime la possibilité : *La phrase « il viendrait si on l'en priait » est une tournure potentielle.* **3.** PHYS. **Énergie potentielle,** énergie d'un système physique due à la position d'une partie du système par rapport à l'autre.

2. potentiel [pɔtɑ̃sjɛl] **n.m.** (de *1. potentiel*). **1.** Ensemble des ressources de tous ordres que possèdent en puissance un pays, un groupe humain, une personne, un être vivant : *Le potentiel militaire d'une nation* (syn. **force, puissance**). **2.** ÉLECTR. Grandeur définie à une constante près, caractérisant les corps électrisés et les régions de l'espace où règne un champ électrique, et liée au travail produit par le champ électrique (on mesure des *différences de potentiel,* ou *tensions*). **3.** LING. Forme verbale qui exprime l'action qui se réaliserait dans l'avenir si telle condition était réalisée : *Dans la phrase « si on me remplaçait, je viendrais », on a un potentiel.*

potentiellement [pɔtɑ̃sjɛlmɑ̃] **adv.** De façon potentielle ; virtuellement.

potentiomètre [pɔtɑ̃sjɔmɛtr] **n.m. 1.** ÉLECTR. Appareil pour la mesure des différences de potentiel ou des forces électromotrices. **2.** Rhéostat à trois bornes permettant d'obtenir une tension variable à partir d'une source de courant à tension constante.

poterie [pɔtri] **n.f.** (de *pot*). **1.** Fabrication de récipients en terre cuite, en grès, façonnés par modelage, moulage ou tournage dans une pâte argileuse : *La poterie est un art artisanal.* (⟶ faïence et ⟶ porcelaine.) **2.** Objet obtenu selon les procédés de cette fabrication : *Les poteries étrusques.*

poterne [pɔtɛrn] **n.f.** (bas lat. *posterula*). Porte dérobée percée dans la muraille d'une fortification ancienne et donnant souvent sur le fossé.

potiche [pɔtiʃ] **n.f.** (de *pot*). **1.** Grand vase décoratif en porcelaine, souvent à couvercle : *Il cache les clefs dans la potiche de l'entrée* (syn. **urne**). **2.** *FAM.* Personne qui a un rôle de représentation, sans pouvoir réel ; fantoche.

potier, ère [pɔtje, -ɛr] **n.** Personne qui fabrique ou vend de la poterie.

potin [pɔtɛ̃] **n.m.** (orig. normande, de *potiner,* bavarder). **1.** *FAM.* (Surtout au pl.). Petit commérage ; cancan : *Faire courir des potins sur qqn* (syn. **ragot**). **2.** Grand bruit : *Ils ont fait un potin épouvantable hier soir* (syn. **tapage, vacarme**).

potion [posjɔ̃] **n.f.** (lat. *potio,* boisson). Préparation médicamenteuse liquide, aqueuse et sucrée destinée à être bue : *On lui a fait prendre une potion calmante.*

potiron [pɔtirɔ̃] **n.m.** (p.-ê. du syriaque *pâturtâ,* morille). Plante potagère voisine de la courge, dont on consomme les énormes fruits à chair orangée, pouvant peser jusqu'à 100 kg.

pot-pourri [popuri] **n.m.** (pl. *pots-pourris*). **1.** Mélange de plusieurs airs, de plusieurs couplets ou refrains de chansons diverses : *Un pot-pourri des succès des années soixante.* **2.** Mélange hétéroclite de choses diverses, en partic. production littéraire formée de divers morceaux. **3.** Mélange de fleurs séchées odorantes.

potron-minet [pɔtrɔ̃minɛ] **n.m. sing.** (de *poitron,* du lat. pop. *posterio,* cul, et *minet,* chat). *VIEILLI.* **Dès potron-minet,** dès la pointe du jour.

Potsdam, v. d'Allemagne, cap. du Brandebourg, au sud-ouest de Berlin ; 156 021 hab. Centre industriel. Autref. surnommée le *Versailles prussien,* elle conserve divers monuments, des musées et surtout, dans le parc de Sans-Souci, le petit château du même nom (joyau de l'art rococo construit en 1745 par Georg Wenzeslaus von Knobelsdorff pour Frédéric II) ainsi que l'immense Nouveau Palais (1763).

Potsdam *(conférence de)* [17 juill. - 2 août 1945], conférence qui réunit les représentants des États-Unis, de la Grande-Bretagne et de l'U.R.S.S. : Truman, Churchill (puis Attlee), Staline. Elle fixa les mesures d'application de l'occupation de l'Allemagne et de l'Autriche, délimita la zone d'occupation française et confia l'administration des territoires allemands situés à l'est de la ligne Oder-Neisse à la Pologne, ainsi qu'à l'U.R.S.S. pour une partie de la Prusse-Orientale.

pottock ou **pottok** [pɔtjɔk] **n.m.** (mot basque). Poney originaire du Pays basque, très résistant.

pou [pu] **n.m.** (du lat. *pediculus,* de *pedis,* pou) [pl. *poux*]. **1.** Insecte sans ailes, parasite externe des mammifères dont il suce le sang. ▸ Les œufs des poux sont appelés *lentes.* Deux espèces parasitent l'homme : le pou de la tête et le pou du pubis (appelé fam. *morpion*) ; long. 2 mm. **2.** *FAM.* **Chercher des poux à qqn,** lui chercher querelle à tout propos.

pouah [pwa] **interj.** Exprime le dégoût : *Pouah ! ce café est imbuvable !*

poubelle [pubɛl] **n.f.** (du n. du préfet de la Seine qui en imposa l'usage en 1884). Récipient destiné à recevoir les ordures ménagères d'un appartement ou d'un immeuble.

pouce [pus] **n.m.** (lat. *pollex, -icis*). **1.** Le plus gros et le plus court des doigts de la main, opposable aux autres doigts chez l'homme et les primates. **2.** Le gros orteil du pied. **3.** Ancienne unité de mesure de longueur qui valait 27,07 mm. ▸ Ce mot sert parfois pour la traduction du mot anglais *inch.* Une entente industrielle entre le Royaume-Uni et les États-Unis lui a attribué la valeur commune de 25,4 mm. **4.** Très petite quantité : *Ne pas céder un pouce de territoire.* **5.** *FAM.* **Manger sur le pouce,** manger à la hâte et sans s'asseoir. / *FAM.* **Mettre les pouces,** céder après une résistance plus ou moins longue. / *FAM.* **Se tourner les pouces,** être inoccupé, oisif. ◆ **interj.** Dans le langage enfantin, se dit en levant le pouce pour arrêter momentanément un jeu : *Pouce ! je ne joue plus !*

Pouchkine (Aleksandr Sergueïevitch), écrivain russe (Moscou 1799 - Saint-Pétersbourg 1837). Ses poèmes (*le Prisonnier du Caucase,* 1821), son roman en vers (*Eugène Onéguine,* 1825-1833), son drame historique (*Boris Godounov,* 1825), ses nouvelles (*la Dame de pique,* 1834 ; *la Fille du capitaine,* 1836) firent de lui le premier écrivain professionnel de la Russie, possédant à un rare degré le sens de la mesure, et le fondateur de la littérature russe moderne, qu'il orienta à la fois vers le lyrisme et le réalisme.

poudingue [pudɛ̃g] **n.m.** (angl. *pudding-stone*). Agglomérat de cailloux réunis par un ciment naturel.

Poudovkine (Vsevolod), cinéaste soviétique (Penza 1893 - Moscou 1953). Théoricien du montage, qu'il érigea en loi absolue, il illustra avec un lyrisme remarquable le thème révolutionnaire de la prise de conscience : *la Mère* (1926), *la Fin de Saint-Pétersbourg* (1927), *Tempête sur l'Asie* (1929).

poudrage [pudraʒ] **n.m. 1.** Action de poudrer, de se poudrer ; son résultat : *Un poudrage blafard.* **2.** TECHN. Réalisation d'un revêtement protecteur ou décoratif par application de résine sous forme de poudre, puis par cuisson du dépôt pour obtenir un revêtement dense et continu.

poudre [pudr] **n.f.** (lat. *pulvis, -eris,* poussière). **1.** Substance solide broyée, divisée en grains très fins et homogènes : *Sucre en poudre.* **2.** Préparation destinée à unifier le teint et à parfaire le maquillage : *Se mettre de la poudre.* **3.** Substance pulvérulente explosive non détonante utilisée notamm. pour le lancement des projectiles d'armes à feu et pour la propulsion d'engins. **4. Jeter de la poudre aux yeux,** chercher à faire illusion. / **Mettre le feu aux poudres,** déclencher, faire éclater un conflit jusqu'alors larvé. / **N'avoir pas inventé la poudre,** être peu intelligent. / **Se répandre comme une traînée de poudre,** se répandre très rapidement : *La nouvelle de leur rupture s'est répandue comme une traînée de poudre.*

poudrer [pudre] **v.t.** Couvrir de poudre : *Poudrer son nez.* ◆ **se poudrer v.pr.** Se mettre de la poudre sur le visage.

poudrerie [pudrəri] **n.f. 1.** Fabrique de poudre, d'explosifs. **2.** QUÉBEC. Neige fraîche que le vent fait tourbillonner.

poudreux, euse [pudrø, -øz] **adj.** Qui a la consistance d'une poudre ; qui est couvert d'une fine poussière : *Route poudreuse.* ◆ **poudreuse n.f.** Neige fraîchement tombée ayant la consistance de la poudre : *Skier dans la poudreuse.*

poudrier [pudrije] **n.m. 1.** Boîte à poudre pour maquillage. **2.** Fabricant de poudre, d'explosifs.

poudrière [pudrijɛr] **n.f. 1.** Autref., dépôt de poudre, de munitions. **2.** Endroit, région où règnent des tensions susceptibles de dégénérer à tout instant en un conflit généralisé : *La poudrière du Proche-Orient.*

poudroiement [pudrwamɑ̃] **n.m.** LITT. Aspect de ce qui poudroie : *Le poudroiement de la neige au soleil* (syn. **scintillement**).

poudroyer [pudrwaje] **v.i.** (de *poudre*) [conj. **13**]. **1.** LITT. S'élever en poussière : *Des tourbillons de sable poudroyaient dans le vent.* **2.** Être couvert de poussière brillante : *La route poudroie.* **3.** Faire scintiller les grains de poussière en suspension dans l'air, en parlant du soleil : *La neige poudroie* (syn. **miroiter, scintiller**).

1. pouf [puf] **n.m.** (de *2. pouf*). Siège bas en cuir ou en tissu rembourré.

2. pouf [puf] **interj.** (onomat.). Exprime un bruit sourd de chute, un choc : *Pouf ! par terre !*

pouffer [pufe] **v.i.** (de *2. pouf*). Éclater d'un rire involontaire, qu'on essaie de réprimer ou de cacher (on dit aussi *pouffer de rire*) : *Elle ne put se retenir de pouffer.*

Pougatchev ou **Pougatchiov (Iemelian Ivanovitch),** chef de l'insurrection populaire russe de 1773-1774 (Zimoveïskaïa v. 1742 - Moscou 1775). Se faisant passer pour le tsar Pierre III (assassiné à l'instigation de Catherine II en 1762), il rassembla des troupes nombreuses d'insurgés cosaques, de paysans et d'allogènes, contre lesquelles Catherine II envoya l'armée. Il fut exécuté.

Pouille (la) ou **Pouilles (les),** anc. **Apulie,** région de l'Italie méridionale, formée par les prov. de Bari, Brindisi, Foggia, Lecce et Tarente ; 19 347 km^2 ; 4 050 817 hab. CAP. *Bari.*

Pouillet (Claude), physicien français (Cusance, Doubs, 1790 - Paris 1868). Il a retrouvé les lois d'Ohm par la méthode expérimentale (1834) pour en arriver aux notions de force électromotrice et de résistance interne des générateurs. Il inventa la boussole des tangentes, premier type de galvanomètre absolu, et un pyromètre magnétique pour les basses températures.

pouilleux, euse [pujø, -øz] **n.** et **adj.** (de *pouil,* anc. forme de *pou*). Couvert de poux, de vermine : *Des mendiants pouilleux.* ◆ **adj.** Qui dénote une misère extrême : *Quartier pouilleux* (syn. **misérable**).

poujadisme [puʒadism] **n.m.** (de P. *Poujade,* n. de son inspirateur). **1.** Doctrine politique antiparlementaire et nationaliste dont les succès s'appuyèrent, dans la France des années 1950, sur le mécontentement des commerçants et artisans. **2.** Attitude politique revendicative, étroitement catégorielle et corporatiste (péjor.). ◆ **poujadiste adj.** et **n.** Relatif au poujadisme ; partisan du poujadisme.

poulailler [pulaje] **n.m. 1.** Abri, enclos pour les poules, les volailles. **2.** FAM. Galerie la plus élevée d'un théâtre, où les places sont les moins chères.

poulain [pulɛ̃] **n.m.** (bas lat. *pullamen,* class. *pullus,* petit d'un animal). **1.** Jeune cheval âgé de moins de 3 ans. **2.** Peau de cet animal apprêtée en fourrure. **3.** Débutant à la carrière prometteuse, appuyé par telle personnalité : *Le poulain d'un entraîneur de boxe.*

poulaine [pulɛn] **n.f.** (fém. de l'anc. fr. *poulain,* polonais). Chaussure à longue pointe relevée, à la mode aux XIVe et XVe s.

poularde [pulard] **n.f.** Jeune poule engraissée pour la table.

poulbot [pulbo] **n.m.** (de *Poulbot,* n. du dessinateur qui créa ce type). Enfant des rues de Montmartre.

1. poule [pul] **n.f.** (lat. *pulla,* fém. de *pullus,* petit d'un animal). **1.** Femelle du coq domestique, élevée pour sa chair et pour ses œufs : *Une poule au riz. La poule vient de pondre.* ▸ Ordre des galliformes ; la poule glousse, caquette ; ses petits sont les poussins, les poulets. **2.** Femelle de divers gallinacés : *Poule faisane* (= faisan femelle). *Poule d'eau* (= oiseau échassier vivant dans les roseaux). **3.** FAM. Terme d'affection à l'adresse d'une femme : *Ma poule.* **4.** FAM. Épouse ; maîtresse. **5.** FAM., VIEILLI. Femme légère ; prostituée. **6. Avoir la chair de poule,** des frissons de froid ou de peur. / **Mère poule,** mère qui entoure ses enfants d'attentions excessives. / FAM. **Poule mouillée,** personne lâche, irrésolue. / **Quand les poules auront des dents,** jamais. / **Se coucher, se lever avec les poules,** très tôt. / **Tuer la poule aux œufs d'or,** détruire une source durable de revenus en cédant à l'appât d'un gain immédiat.

2. poule [pul] **n.f.** (de *1. poule*). **1.** Épreuve sportive dans laquelle chaque concurrent, chaque équipe rencontre successivement chacun de ses adversaires. **2.** Groupe de concurrents, d'équipes concurrentes, destiné(e)s à se rencontrer à un niveau donné dans une telle épreuve.

Poulenc [-lɛ̃k] **(Francis),** compositeur français (Paris 1899 - *id.* 1963). Il écrivit des drames (*Dialogues des carmélites,* 1957, d'après Bernanos ; *la Voix humaine,* 1959, d'après Cocteau), mais aussi des œuvres bouffonnes (*les Mamelles de Tirésias,* 1947, d'après Apollinaire) ou des pages religieuses (*Litanies à la Vierge noire,* 1936) ainsi que des ballets (*les Biches,* 1924) et de la musique pour piano.

poulet [pulɛ] **n.m. 1.** Petit de la poule. ▸ Le poulet piaule. **2.** Poule ou coq non encore adulte : *Poulet de grain.* **3.** Chair comestible de la poule ou du coq non adulte : *Vider un poulet. Poulet rôti.* **4.** FAM. Policier.

poulette [pulɛt] **n.f. 1.** Jeune poule. **2.** FAM. Terme d'affection à l'adresse d'une fillette, d'une jeune fille : *Bonjour, ma poulette !*

pouliche [puliʃ] **n.f.** (mot picard, du lat. *pullinum,* de *pullus,* petit d'un animal). Jument non adulte.

poulie [puli] **n.f.** (gr. tardif **polidion,* du class. *polos,* pivot). Roue portée par un axe et dont la jante est conçue pour recevoir un lien flexible (câble, chaîne, courroie, etc.) destiné à transmettre un effort de levage, de traction, etc. : *Ils ont hissé l'armoire au premier étage avec une poulie.*

pouliner [puline] **v.i.** (du lat. *pullinum ;* v. *pouliche*). Mettre bas, en parlant d'une jument.

poulinière [pulinjɛr] **adj.f.** et **n.f.** Se dit d'une jument destinée à la reproduction.

poulpe [pulp] **n.m.** (provenç. *pourpre ;* du lat. *polypus,* « polype », mot gr.). Pieuvre.

pouls [pu] **n.m.** (lat. *pulsus* [*venarum*], battement des artères). **1.** Battement des artères dû aux contractions cardiaques, perceptible notamm. au poignet. **2. Prendre, tâter le pouls de qqch,** chercher à connaître la façon dont qqch se présente, en observer l'état ou la tendance : *Prendre le pouls de l'économie.* / **Prendre, tâter le pouls de qqn,** compter le nombre des pulsations par minute ; au fig., sonder ses dispositions, ses intentions.

poumon [pumɔ̃] **n.m.** (lat. *pulmo, -onis*). **1.** Organe pair de la respiration, situé dans le thorax et entouré de la plèvre : *Chaque poumon est constitué d'une multitude d'alvéoles. Respirer à pleins poumons* (= en inspirant et en expirant à fond). **2. Crier à pleins poumons,** crier de toutes ses forces. **3. Poumon d'acier** ou **poumon artificiel,** appareil d'assistance respiratoire dans lequel on faisait rentrer le malade jusqu'au cou (auj. remplacé par les respirateurs).

Pound (Ezra Loomis), poète américain (Hailey, Idaho, 1885 - Venise 1972). Il a vécu à Londres, à Paris et surtout en Italie. À l'avant-garde de la poésie américaine, son œuvre réside essentiellement dans ses *Cantos,* poèmes d'une inspiration savante, chargés de symboles.

poupe [pup] **n.f.** (du lat. *puppis*). **1.** Arrière d'un navire (par opp. à *proue*). **2. Avoir le vent en poupe,** être dans une période favorable pour réussir ; être en faveur auprès de beaucoup de gens.

poupée [pupe] **n.f.** (lat. pop. **puppa,* class. *pupa*). **1.** Jouet représentant un personnage souvent féminin ou d'enfant : *Jouer à la poupée.* **2.** Jeune fille, jeune femme fraîche et jolie, au physique un peu frêle ; femme jolie, coquettement mise mais futile et un peu sotte (péjor.). **3.** *FAM.* Pansement entourant un doigt. **4.** MÉCAN. Pièce d'un tour qui supporte l'objet à travailler, lui transmet son mouvement de rotation : *Poupée fixe et poupée mobile.* **5. De poupée,** très petit : *Maison de poupée.*

poupin, e [pupɛ̃, -in] **adj.** (lat. pop. **puppa,* class. *pupa,* poupée). Qui a les traits rebondis, le visage rond : *Enfant poupin. Figure poupine.*

poupon [pupɔ̃] **n.m.** (lat. pop. **puppa, de pupa,* poupée). **1.** Bébé encore au berceau. **2.** Poupée représentant un bébé (syn. **baigneur**).

pouponner [pupɔne] **v.i.** *FAM.* S'occuper assidûment d'un bébé, de bébés : *Elle adore pouponner.*

pouponnière [pupɔnjɛr] **n.f.** Établissement public accueillant de jour et de nuit des enfants de moins de trois ans qui ne peuvent rester au sein de leur famille.

pour [pur] **prép.** (lat. *pro*). Indique : **1.** Le but : *La lutte pour le pouvoir. Se dépêcher pour terminer à temps.* **2.** La destination de qqch, son usage : *Une émission pour tous. Une crème pour les mains.* **3.** Le bénéfice procuré : *Travailler pour un patron.* **4.** La destination géographique : *Partir pour la campagne. L'avion pour New York.* **5.** Le moment où qqch doit se faire : *Nous nous verrons pour Noël.* **6.** Le terme d'un délai ; la durée : *Ce sera fait pour samedi. Elle est en Espagne pour deux mois.* **7.** La cause : *Être condamné pour vol, pour avoir commis un forfait.* **8.** Le point de vue : *Pour moi, cela n'est pas important mais pour lui ça l'est peut-être.* **9.** L'équivalence ou la substitution : *Employer un mot pour un autre* (= à la place de). **10.** L'objet ou la personne concernés : *Pour moi, je préfère rentrer* (= en ce qui me concerne) [syn. **quant à**]. *Pour ce qui est de ton affaire, nous en reparlerons demain.* **11.** *LITT.* (ou, plus souvent, en corrélation avec *assez, trop,* etc.). La conséquence : *J'en ai assez entendu pour me faire une idée.* **12. Être pour qqn, qqch,** en être partisan. / *LITT.* **Être pour** (+ inf.), être sur le point de : *Elle était pour partir.* / **Ne pas être pour** (+ inf.), ne pas être de nature à : *Cela n'est pas pour me déplaire.* / *LITT.* **Pour... que** (+ subj.), indique une concession ou une opposition : *Pour insensible qu'elle soit* (= bien qu'elle soit insensible). ◆ **n.m. Le pour et le contre,** les avantages et les inconvénients : *Peser le pour et le contre avant de prendre une décision.* ◆ **pour que loc. conj.** Suivi du subj., marque : **1.** Le but : *Je te l'ai dit pour que tu saches à quoi t'en tenir* (syn. **afin que**). **2.** (En corrélation avec *assez, trop,* etc.). La conséquence : *Il parle trop pour qu'on ait vraiment envie de l'écouter* (= il parle tellement qu'on n'a pas envie de...).

pourboire [purbwar] **n.m.** (de *pour boire*). Somme d'argent donnée par un client à titre de gratification, en sus du prix d'un service : *Laisser un pourboire royal au garçon.*

pourceau [purso] **n.m.** (lat. *porcellus,* dimin. de *porcus,* porc). *LITT.* Porc.

pourcentage [pursɑ̃taʒ] **n.m.** (de *pour cent*). **1.** Proportion pour cent unités, cent éléments : *Donner des résultats en pourcentage.* **2.** Quantité correspondant à cette proportion : *Le pourcentage des votants.* **3.** Somme qui est fonction d'une autre : *Toucher un pourcentage sur les ventes.*

pourchasser [purʃase] **v.t.** (de l'anc. fr. *por,* pour, et *chacier,* chasser). Poursuivre, rechercher sans répit : *Pourchasser un fugitif. Pourchasser les injustices.*

pourfendeur, euse [purfɑ̃dœr, -øz] **n.** *LITT.* Celui, celle qui pourfend : *Il se veut le pourfendeur des abus.*

pourfendre [purfɑ̃dr] **v.t.** (de *pour* et *fendre*) [conj. **73**]. Critiquer, attaquer vigoureusement : *Pourfendre les mensonges, ses adversaires.*

se pourlécher [purleʃe] **v.pr.** (de *pour* et *lécher*) [conj. **18**]. *FAM.* Passer sa langue sur ses lèvres en signe de gourmandise, de satisfaction : *Se pourlécher les babines.*

pourparlers [purparle] **n.m. pl.** (de l'anc. v. *pourparler,* comploter, discuter). Conversations, entretiens préalables à la conclusion d'une entente : *Engager des pourparlers pour résoudre un conflit* (syn. **discussion, négociation**).

pourpier [purpje] **n.m.** (altér. de *polpié,* lat. pop. **pullipes,* pied de poule). Plante à petites feuilles charnues, dont une espèce est cultivée comme légume et une autre, originaire de l'Amérique du Sud, pour ses fleurs à coloris variés. ▸ Famille des portulacacées.

pourpoint [purpwɛ̃] **n.m.** (de l'anc. fr. *pourpoindre,* piquer). Vêtement ajusté d'homme, en usage du XIIe au XVIIe s., qui couvrait le corps du cou à la ceinture.

pourpre [purpr] **n.f.** (lat. *purpura,* gr. *porphura*). **1.** Matière colorante d'un rouge foncé, tirée autref. d'un coquillage. **2.** Étoffe teinte en pourpre : *Les sénateurs romains portaient une tunique garnie d'une bande de pourpre.* **3.** Vêtement que portaient autref. les rois et les empereurs. **4.** Robe rouge des cardinaux ; dignité de cardinal. (On dit aussi *la pourpre romaine.*) ◆ **adj.** et **n.m.** D'une couleur rouge violacé.

pourpré, e [purpre] **adj.** *LITT.* De couleur pourpre.

pourquoi [purkwa] **adv. interr.** (de *pour* et *quoi*). **1.** Interroge sur la cause ou le but : *On se fâche sans savoir pourquoi. Je me demande pourquoi il est ici.* **2. C'est pourquoi,** c'est la raison pour laquelle : *C'est pourquoi j'ai décidé de ne plus la voir.* ◆ **n.m. inv. 1.** Cause ; raison : *Le pourquoi de toutes choses.* **2.** Question : *Comment répondre à tous les pourquoi ?*

Pourrat (Henri), écrivain français (Ambert 1887 - *id.* 1959). Il a peint les paysages et la vie ancestrale de l'Auvergne (*Gaspard des Montagnes,* 1922-1931 ; *Vent de mars,* 1941).

pourri, e [puri] **adj. 1.** Qui est altéré ; qui est devenu inconsommable : *Fruit pourri* (syn. **avarié, gâté**). **2.** Dont la texture normale est abîmée : *Les planches du parquet sont pourries.* **3.** Corrompu moralement : *Un monde pourri* (syn. **perverti**). **4. Enfant pourri,** enfant mal élevé, trop gâté (syn. **choyé**).

/ FAM. **Être pourri de qqch,** en avoir beaucoup trop : *Il est pourri d'argent* (syn. **bourré, plein**). / **Temps pourri,** temps humide, pluvieux. ◆ **pourri** **n.m.** Partie pourrie de qqch : *Enlever le pourri d'une pomme.*

pourriel [purjɛl] **n.m.** (de *pou[belle]* et *[cou]rriel*). Courrier électronique non sollicité ; spam.

pourrir [purir] **v.i.** (lat. pop. **putrire,* class. *putrescere*) [conj. **32**]. **1.** Se gâter, s'altérer par décomposition lente et continue : *La barque a pourri. La viande pourrit si elle n'est pas conservée au froid* (syn. **se putréfier**). **2.** Se détériorer progressivement : *Situation qui pourrit* (syn. **dégénérer, se dégrader**). **3.** Rester longtemps dans une situation fâcheuse ou dégradante : *Pourrir en prison* (syn. **croupir, moisir**). ◆ **v.t. 1.** Causer la décomposition, la putréfaction de : *L'eau pourrit le bois* (syn. **corrompre, putréfier**). **2.** Altérer la moralité de : *La fortune l'avait pourri* (syn. **corrompre, pervertir**). *Pourrir un enfant* (syn. **gâter**).

pourrissement [purismɑ̃] **n.m. 1.** État de ce qui pourrit : *La réfrigération évite le pourrissement des légumes* (syn. **décomposition, putréfaction**). **2.** Détérioration progressive d'une situation : *Le pourrissement d'une grève* (syn. **dégradation**).

pourriture [purityr] **n.f. 1.** État d'un corps en décomposition : *Une odeur de pourriture montait de la cave* (syn. **putréfaction**). **2.** Corruption morale de qqn, d'un milieu (syn. **avilissement, dépravation**). **3.** AGRIC. Maladie cryptogamique des végétaux.

poursuite [pursɥit] **n.f. 1.** Action de poursuivre, de chercher à rattraper : *Se lancer à la poursuite d'un voleur.* **2.** Recherche assidue de qqch : *L'éternelle poursuite du bonheur.* **3.** Course cycliste sur piste dans laquelle deux coureurs ou deux équipes, placés à des points diamétralement opposés, cherchent à se rejoindre. **4.** Procédure mise en œuvre par un plaideur en vue de se faire rendre justice, ou par le ministère public en vue de faire punir l'auteur d'une infraction pénale : *Un article diffamatoire expose son auteur à des poursuites.*

poursuivant, e [pursɥivɑ̃, -ɑ̃t] **n.** Personne qui poursuit : *Il se jeta à l'eau pour essayer de semer ses poursuivants.*

poursuivre [pursɥivr] **v.t.** (lat. *prosequi*) [conj. **89**]. **1.** Courir après pour atteindre : *Le chien poursuit le gibier. Les journalistes ont poursuivi la star jusqu'à son hôtel* (syn. **pourchasser**). **2.** Chercher à obtenir, à réaliser : *Poursuivre un rêve.* **3.** Continuer sans relâche ; persévérer : *Poursuivre l'œuvre entreprise.* **4.** Ne pas cesser d'accabler qqn : *La malchance le poursuit* (syn. **harceler, persécuter**). *Image qui poursuit qqn sans cesse* (syn. **obséder**). **5.** Agir en justice contre qqn ; engager un procès contre qqn.

pourtant [purtɑ̃] **adv.** (de *pour* et *tant*). **1.** (Marquant une articulation logique). Exprime une opposition forte avec ce qui vient d'être dit (parfois combiné à *et*) : *La douleur était très vive, et pourtant il m'était impossible de la situer exactement* (= malgré cela) [syn. **cependant, néanmoins**]. *Il faut que nous nous séparions et pourtant nous nous aimons toujours* (= bien que nous nous aimions...). **2.** Exprime une opposition entre deux aspects d'une même réalité : *Il avait pourtant l'air bien gentil* (= cette apparence était trompeuse). *Je vous l'ai pourtant répété cent fois.*

pourtour [purtur] **n.m.** (de *pour* et *tour*). Ligne qui fait le tour d'un lieu, d'un objet ; surface qui borde cette ligne : *Le pourtour de la salle était orné de fresques* (syn. **circonférence**). *Les maisons construites sur le pourtour de la place* (syn. **périphérie**).

pourvoi [purvwa] **n.m.** (de *se pourvoir*). Recours porté devant la plus haute juridiction compétente (Cour de cassation ou Conseil d'État) en vue de faire annuler une décision rendue en dernier ressort : *Un pourvoi en cassation, en révision.*

pourvoir [purvwar] **v.t. ind. [à]** (lat. *providere,* propr. « voir en avant ») [conj. **64**]. Donner, fournir à qqn ce qui est nécessaire : *Ses parents pourvoient à ses besoins* (syn. **subvenir**). ◆ **v.t.** Mettre en possession de ce qui est nécessaire, utile : *Pourvoir sa maison de toutes les commodités* (syn. **équiper, garnir**). *Elle est pourvue de grandes qualités* (syn. **doter**). *Ses amis l'ont pourvu de solides recommandations* (syn. **munir, nantir**). ◆ **se pourvoir** **v.pr. 1.** Faire en sorte d'avoir ce qui est nécessaire : *Se pourvoir d'argent* (syn. **se munir**). **2.** Former un pourvoi : *Se pourvoir en cassation.*

pourvoyeur, euse [purvwajœr, -øz] **n.** (de *pourvoir*). Personne qui fournit qqch, approvisionne ; fournisseur.

pourvu que [purvykə] **loc. conj.** (de *pourvoir*). [Suivi du subj.]. **1.** Introduit une condition : *Nous irons faire du ski pourvu qu'il y ait de la neige* (= à condition qu'il y ait). **2.** Dans une phrase exclamative, sert à exprimer un souhait nuancé d'inquiétude : *Pourvu qu'il vienne !*

poussah [pusa] **n.m.** (chin. *p'u sa,* idole bouddhique). Figurine montée sur une demi-boule lestée qui la fait toujours revenir à la verticale.

pousse [pus] **n.f.** (de *2. pousser*). **1.** Croissance, développement d'un végétal ou d'une de ses parties : *La chaleur active la pousse des plantes.* **2.** Bourgeon, plante à son premier état de développement : *Les jeunes pousses des arbres au printemps.* **3.** Croissance de certaines parties d'un corps vivant : *La pousse des dents, des cheveux.*

poussé, e [puse] **adj.** (de *1. pousser*). **1.** Qui a atteint un degré élevé de spécialisation, de précision : *Des études très poussées. Une analyse très poussée* (syn. **pointu**). **2.** Se dit d'un moteur dont les performances sont améliorées après sa construction.

pousse-café [puskafe] **n.m. inv.** FAM. Petit verre d'alcool que l'on boit après le café.

poussée [puse] **n.f.** (de *1. pousser*). **1.** Action de pousser ; fait d'être poussé : *Sous la poussée de la foule, la barrière s'effondra* (syn. **pression**). **2.** Pression exercée par le poids d'un corps contre un obstacle ou un autre corps : *La poussée des eaux sur un barrage.* **3.** Manifestation soudaine et violente d'un trouble organique : *Une poussée de fièvre* (syn. **accès, crise**). **4.** Développement net et soudain d'un mouvement, d'une force, d'un phénomène : *La poussée de tel parti aux élections* (syn. **montée, progression**). **5.** AÉRON., ASTRONAUT. Force de propulsion développée par un moteur à réaction. **6.** PHYS. **Poussée d'Archimède,** force verticale dirigée de bas en haut, à laquelle est soumis tout corps plongé dans un fluide.

pousse-pousse [puspus] **n.m. inv.** Voiture légère tirée par un homme, pour le transport des personnes, en Extrême-Orient.

1. pousser [puse] **v.t.** (lat. *pulsare,* bousculer, secouer). **1.** Exercer une pression, avec ou sans effort, sur qqch pour le déplacer, l'écarter sans le soulever : *Pousser un sac, une voiture. Le vent pousse les nuages dans le ciel* (syn. **chasser**). *Le courant pousse le canot vers le large* (syn. **entraîner**). **2.** Faire avancer, écarter qqn en imprimant une pression sur lui : *Pousser son voisin* (syn. **bousculer**). **3.** Faire aller, diriger devant soi : *Pousser un troupeau vers l'étable.* **4.** Faire fonctionner plus vite, avec davantage de puissance : *Pousser un moteur.* **5.** Engager vivement, inciter qqn à : *Pousser un écolier à travailler* (syn. **encourager, exhorter**). **6.** Porter une situation, un comportement jusqu'à ses extrémités : *Pousser la familiarité jusqu'aux limites de l'inconvenance.* **7.** Faire entendre : *Pousser un cri. Elle poussa un profond soupir* (syn. **émettre**). ◆ **v.i. 1.** Prolonger, poursuivre sa marche, son voyage : *Nous avons poussé jusqu'à Dublin* (syn. **continuer**). **2.** FAM. **Il ne faut pas pousser,** il ne faut pas exagérer. ◆ **se pousser** **v.pr. 1.** Se déplacer pour faire place : *Poussez-vous un peu que je puisse m'asseoir aussi.* **2.** Obtenir une place sociale plus élevée : *Il a su se pousser jusqu'au sommet de la hiérarchie* (syn. **s'imposer**).

2. pousser [puse] **v.i.** (de *1. pousser*). Croître ; se développer : *Ses cheveux ont poussé. Mes plantes poussent très bien ici. Qu'est-ce que cet enfant a poussé !* (syn. **grandir**).

poussette [pusɛt] **n.f. 1.** Petite voiture d'enfant, génér. pliable, formée d'un siège inclinable suspendu à un châssis sur roulettes, et que l'on pousse devant soi. **2.** Armature d'acier légère montée sur roues et munie d'une poignée, destinée à soutenir un sac à provisions.

pousseur [pusœr] **n.m.** ASTRONAUT. Recomm. off. pour *booster.*

A B C D E F G H I J K L M N O P Q R S T U V W X Y Z

poussier [pusje] **n.m.** (de *poussière*). Débris pulvérulents d'une matière quelconque, notamm. de charbon.

poussière [pusjɛr] **n.f.** (de l'anc. fr. *pous,* du lat. pop. *pulvus,* class. *pulvis*). **1.** Poudre très fine et très légère en suspension dans l'air et provenant de matières diverses (terre sèche notamm.) par choc ou frottement : *Essuyer la poussière sur les meubles. La voiture soulevait un nuage de poussière sur la piste.* **2.** Très petite particule de matière : *Poussières interplanétaires.* **3. Avoir une poussière dans l'œil,** avoir dans l'œil un très petit corps étranger provoquant une gêne. / FAM. **… et des poussières,** se dit d'unités qui s'ajoutent à un chiffre rond : *Trois cents euros et des poussières* (= et un peu plus). / **Une poussière de,** une grande quantité de choses de petites dimensions ou de peu d'importance : *Archipel constitué par une poussière d'îlots* (syn. **myriade**).

poussiéreux, euse [pusjerø, -øz] **adj.** Couvert, rempli de poussière : *Des vitres poussiéreuses. Un salon poussiéreux.*

poussif, ive [pusif, -iv] **adj.** (de *pousser,* au sens anc. de « haleter »). **1.** FAM. Qui s'essouffle ; qui respire avec peine (syn. **essoufflé, haletant**). **2.** Qui fonctionne avec peine : *Une voiture poussive.* **3.** Sans inspiration ; sans souffle créateur : *Un style poussif* (syn. **laborieux**).

poussin [pusɛ̃] **n.m.** (bas lat. *pullicenus,* class. *pullus,* petit d'un animal). **1.** Poulet ou jeune oiseau nouvellement éclos : *Des poussins d'un jour.* ▸ Le poussin piaule. **2.** Catégorie de jeunes sportifs de moins de 11 ans. ***Rem.*** Dans ce sens, on rencontre le fém. *poussine.*

Poussin (Nicolas), peintre français (Villers, près des Andelys, 1594 - Rome 1665). Il passa la majeure partie de sa vie à Rome. Ses premières œuvres italiennes (*la Mort de Germanicus* [Minneapolis], *l'Inspiration du poète* [Louvre], des *Bacchanales,* etc.) reflètent l'influence, notamment, de Titien. Il évolua vers un classicisme érudit de plus en plus dépouillé (deux séries de *Sacrements ; Éliézer et Rébecca,* 1648, Louvre ; *les Bergers d'Arcadie,* v. 1650/1655, *ibid.*). Ses derniers paysages (*Orion aveugle,* New York ; *les Quatre Saisons,* Louvre) témoignent d'un lyrisme large et puissant. Son influence fut considérable sur la peinture classique des XVIIe et XVIIIe s.

poussivement [pusivmɑ̃] **adv.** De façon poussive.

poussoir [puswar] **n.m.** Bouton qu'on pousse pour déclencher le fonctionnement d'un mécanisme.

Poutine (Vladimir Vladimirovitch), homme d'État russe (Leningrad 1952). Chef du F.S.B. (Service fédéral de sécurité, ex-K.G.B.), il est nommé Premier ministre en août 1999. Devenu président de la Russie par intérim à la suite de la démission de B. Ieltsine (déc. 1999), il est confirmé à la tête de la Fédération par les élections de 2000 et de 2004. En 2008, ne pouvant se représenter, il devient le Premier ministre de son successeur, Dmitri Medvedev. Ces rôles sont inversés après la réélection de V. Poutine à la présidence en 2012.

poutre [putr] **n.f.** (de l'anc. fr. *poutre,* pouliche). **1.** Pièce de forme allongée en bois, en métal, en béton armé, etc., servant de support de plancher, d'élément de charpente, dans la construction : *De vieilles poutres en chêne.* **2.** Agrès de gymnastique féminine, constitué d'une poutre de bois située à 1,20 m du sol.

poutrelle [putrɛl] **n.f.** Petite poutre : *Des poutrelles métalliques.*

1. pouvoir [puvwar] **v.t.** (lat. pop. **potere,* réfection du class. *posse*) [conj. **58**]. **1.** Être capable de ; avoir la faculté, la possibilité de : *Comment pouvez-vous travailler dans un endroit aussi bruyant ? Ce vieux manteau peut encore servir.* **2.** Avoir le droit, l'autorisation de : *Les élèves peuvent sortir pendant l'interclasse. Puis-je emprunter votre dictionnaire ?* **3.** (Semi-auxiliaire). Indique l'éventualité, la probabilité : *Il peut pleuvoir demain* (syn. **risquer de**). *Ce cas pourrait bien être plus compliqué que prévu.* **4. N'en pouvoir plus,** être épuisé par la fatigue, accablé par le chagrin ; être complètement rassasié ; être très usé. / **Pouvoir quelque chose, beaucoup pour,** apporter une aide, un soutien : *Puis-je quelque chose pour vous ?* / **Y pouvoir (qqch), n'y pouvoir rien,** avoir ou non de l'influence sur : *C'est bien regrettable qu'il abandonne, mais qu'y pouvons-nous ? Moi, je n'y peux rien.* ◆ **se pouvoir v.pr. impers. Il se peut que** (+ subj.), il est possible que : *Il se peut que je me sois trompé.*

2. pouvoir [puvwar] **n.m.** (de *1. pouvoir*). **1.** Possibilité de faire qqch, d'accomplir une action, de produire un effet : *Il n'est pas en mon pouvoir de vous aider* (= je n'ai pas la capacité de...). **2.** Autorité, puissance, de droit ou de fait, détenue sur qqn, sur qqch : *Abuser de son pouvoir. Le pouvoir de l'éloquence.* **3.** Aptitude à agir pour le compte de qqn ; document constatant cette délégation : *Donner un pouvoir par-devant notaire* (syn. **mandat, procuration**). **4.** Autorité constituée, gouvernement d'un pays : *Parvenir au pouvoir.* **5.** Fonction de l'État, correspondant à un domaine distinct et exercée par un organe particulier : *La séparation des pouvoirs.* **6. Le quatrième pouvoir,** la presse. / **Pouvoir calorifique,** quantité de chaleur dégagée lors de la combustion, dans des conditions normalisées, d'une quantité donnée (kilogramme, litre, mètre cube) d'un corps, d'une substance. / **Pouvoir d'achat,** quantité de biens et de services que permet d'obtenir, pour une unité de base donnée (individu, famille, etc.), une somme d'argent déterminée : *Enrayer la baisse du pouvoir d'achat.* / **Pouvoir exécutif,** chargé de l'administration de l'État et de veiller à l'exécution des lois. / **Pouvoir judiciaire,** chargé de rendre la justice. / **Pouvoir législatif,** chargé d'élaborer les lois. / **Pouvoir spirituel,** autorité de l'Église en matière religieuse. ◆ **pouvoirs n.m. pl. 1.** Droits d'exercer certaines fonctions : *Les pouvoirs d'un ambassadeur.* **2. Pouvoirs publics,** ensemble des autorités qui détiennent la conduite de l'État. / **Séparation des pouvoirs,** principe de philosophie selon lequel les domaines exécutif, législatif et judiciaire sont indépendants les uns des autres. ▸ Ce principe est hérité de la pensée de Locke et de Montesquieu. Il pose chaque pouvoir en contre-pouvoir l'un de l'autre et est censé empêcher la concentration des pouvoirs entre les mains d'un seul.

pouzzolane [pudzɔlan] ou [puzɔlan] **n.f.** (de *Pouzzoles,* v. d'Italie du Sud). Roche volcanique à structure alvéolaire, recherchée en construction pour ses qualités d'isolation thermique et phonique.

Powell (Earl, dit **Bud),** pianiste et compositeur de jazz américain (New York 1924 - *id.* 1966). Il a participé à la révolution du be-bop. Instrumentiste virtuose et véloce, il a aussi donné de nombreuses compositions (*Tempus Fugit,* 1949 ; *Un poco loco,* 1951).

Powys (John Cowper), écrivain britannique (Shirley, Derbyshire, 1872 - Blaenau Ffestiniog, pays de Galles, 1963). Son œuvre, mystique et sensuelle, cherche à dégager le fonctionnement de la pensée au contact des êtres, des paysages, des objets (*les Enchantements de Glastonbury,* 1932 ; *Autobiographie,* 1934).

Poznań, v. de Pologne, en Posnanie, ch.-l. de voïévodie, sur la Warta ; 554 696 hab. Centre commercial (foire internationale) et industriel. Hôtel de ville de la Renaissance. Églises gothiques ou baroques. Musées.

P.P.C.M. [pepeseɛm] **n.m.** (sigle). Plus petit commun multiple*.

practice [praktis] **n.m.** (mot angl.). Au golf, terrain ou installations en salle destinés à l'entraînement.

Prado (*musée national du*), grand musée de Madrid. Ouvert en 1819, riche en œuvres de Bosch, le Greco, Ribera, Velázquez, Murillo, Goya, Titien, le Tintoret, Rubens, Van Dyck.

praesidium ou **présidium** [prezidjɔm] **n.m.** (mot russe, du lat.). Organe du Soviet suprême de l'U.R.S.S., qui a exercé jusqu'en 1990 la présidence collégiale de l'État.

pragmatique [pragmatik] **adj.** (lat. *pragmaticus,* gr. *pragmatikos,* de *pragma,* action). **1.** Fondé sur l'action, la pratique ; cautionné par la réussite : *Une politique pragmatique.* **2.** Fondé sur l'étude des faits : *Histoire pragmatique.*

pragmatique sanction de 1713, acte rédigé par l'empereur Charles VI, le 19 avr. 1713, établissant l'indivisibilité de tous les royaumes et pays dont le souverain Habsbourg avait hérité et réglant la succession au trône par ordre de naissance pour les descendants directs, masculins ou féminins. Cet acte réservait la couronne à sa fille Marie-Thérèse, qui dut cependant soutenir la guerre de la Succession d'Autriche pour faire valoir ses droits.

pragmatisme [pragmatism] **n.m.** (angl. *pragmatism*). **1.** PHILOS. Doctrine qui prend pour critère de la vérité la valeur pratique. ▸ Pour le pragmatisme, est vrai ce qui réussit, et il n'y a pas de vérité absolue. **2.** Attitude de qqn qui s'adapte à toutes les situations, qui est orienté vers l'efficacité pratique.

Prague, cap. de la République tchèque, sur la Vltava ; 1 241 664 hab. (*Pragois* ou *Praguois*). Métropole historique et intellectuelle de la Bohême, centre commercial et industriel. – Prestigieux complexe urbain avec l'ensemble du Hradčany (château et ville royale, basilique romane St-Georges, cathédrale gothique St-Guy), le pont Charles, de nombreux monuments civils et religieux de style baroque. Musées, dont la riche Galerie nationale. – Résidence des ducs de Bohême (1061-1140), puis capitale d'Empire sous le règne de Charles IV (1346-1378), Prague déclina à partir de la guerre de Trente Ans (1618-1648). Elle devint en 1918 la capitale de la Tchécoslovaquie (auj. Rép. tchèque).

Prague *(cercle de),* groupe de linguistes, se rattachant au courant structuraliste (R. Jakobson et N. Troubetskoï en furent les principales figures), actif de 1926 à 1939.

praire [prɛr] **n.f.** (mot prov. « prêtre »). Mollusque bivalve comestible, fouisseur, qui vit dans le sable. ▸ Long. 5 cm ; genre *Venus.*

prairial [prɛrjal] **n.m.** (de *prairie*) [pl. *prairials*]. HIST. Neuvième mois du calendrier républicain, du 20 ou 21 mai au 18 ou 19 juin.

prairie [prɛri] **n.f.** (dérivé anc. de *pré*, ou du lat. pop. **prataria*, de *pratum*, pré). **1.** Terrain couvert d'herbe destinée à l'alimentation du bétail, par pâture ou après fenaison : *Les grasses prairies de Normandie* (syn. **herbage, pâturage, pré**). **2. Prairie artificielle,** terre semée de légumineuses (luzerne, sainfoin, trèfle), d'une durée de production de un à trois ans.

Prairie (la), nom donné aux régions (autrefois couvertes d'herbe) des États-Unis, comprises entre le Mississippi et les Rocheuses (elle correspond au Midwest).

pralin [pralɛ̃] **n.m.** (de *praliner*). Préparation à base d'amandes, de sucre et de vanille, utilisée en pâtisserie et en confiserie.

pralinage [pralinaʒ] **n.m.** Action de praliner.

praline [pralin] **n.f.** (du n. du duc de Choiseul de *Plessis-Praslin*, dont le cuisinier inventa cette confiserie). Amande ou noisette grillée enrobée de sucre cuit et glacé.

praliné, e [praline] **adj.** Se dit d'une pâtisserie, d'une confiserie parfumée au pralin. ◆ **praliné n.m.** Mélange de chocolat et de pralines écrasées.

praliner [praline] **v.t.** (de *praline*). Fourrer, parfumer au pralin : *Praliner un gâteau.*

Prandtl (Ludwig), physicien allemand (Freising, Bavière, 1875 - Göttingen 1953). Spécialiste de mécanique des fluides, il introduisit en 1904 la notion de couche limite dans l'écoulement d'un fluide autour d'un obstacle, étudia le mécanisme des phénomènes de décollement et établit la théorie hydrodynamique de l'aile portante.

praticable [pratikabl] **adj. 1.** Où l'on peut circuler, passer : *Route praticable* (syn. **carrossable**). **2.** Qui peut être mis en pratique, en application : *Cette idée n'est absolument pas praticable* (syn. **exécutable, réalisable**). ◆ **n.m. 1.** Plateforme amovible servant d'estrade, de support pour des personnes ou des objets (caméra, projecteurs), sur une scène ou au cours d'un tournage. **2.** Élément d'un décor de théâtre consistant en un objet réel, et non pas seulement figuré.

praticien, enne [pratisjɛ̃, -ɛn] **n. 1.** Personne qui pratique une activité, un métier (par opp. à *théoricien*). **2.** Médecin, dentiste, vétérinaire ou auxiliaire médical qui exerce sa profession en donnant des soins.

pratiquant, e [pratikɑ̃, -ɑ̃t] **adj.** et **n. 1.** Qui observe les pratiques de sa religion : *Une famille très pratiquante.* **2.** Qui pratique habituellement un sport, une activité : *Un pratiquant du handball.*

1. pratique [pratik] **adj.** (bas lat. *practicus*). **1.** Qui s'attache aux faits, à l'action (par opp. à *théorique*) : *Avoir le sens pratique. Un esprit pratique* (syn. **concret, positif** ; contr. **chimérique**). **2.** Commode ; d'application ou d'utilisation facile ; efficace : *Instrument pratique* (syn. **maniable**). *Mon nouvel horaire est très pratique.* **3. Travaux pratiques,** exercices d'application de cours théoriques, magistraux.

2. pratique [pratik] **n.f.** (lat. *practice*, gr. *praktikê*). **1.** Fait d'avoir, d'exercer une activité concrète ; habileté qui résulte de l'exercice suivi de telle activité : *Elle a une longue pratique du bénévolat* (syn. **expérience, habitude**). *Manquer de pratique dans les affaires* (syn. **savoir-faire**). *La pratique d'un sport est souvent bénéfique.* **2.** (Souvent au pl.). Comportement habituel ; façon d'agir : *Des pratiques curieuses* (syn. **coutume, usage**). *Les pratiques inhumaines des geôliers ont été condamnées* (syn. **agissement**). **3.** Observation des prescriptions d'une religion : *Une région où la pratique religieuse est élevée.* **4. En pratique, dans la pratique,** en réalité, en fait. / **Mettre en pratique,** appliquer les règles, les principes (d'une activité). ◆ **pratiques n.f. pl.** Actes, exercices extérieurs de piété : *Les pratiques et la foi.*

pratiquement [pratikmɑ̃] **adv. 1.** Dans la pratique ; en fait : *Théoriquement, on peut être reçu au concours la première année, mais, pratiquement, il faut deux ans de préparation.* **2.** (Emploi critiqué mais très cour.). À peu près ; quasiment ; pour ainsi dire : *Des résultats pratiquement nuls.*

pratiquer [pratike] **v.t.** (de *2. pratique*). **1.** Faire ; exécuter : *Pratiquer un trou dans un mur* (syn. **ménager**). **2.** Se livrer à une activité, à un sport : *Pratiquer la médecine* (syn. **exercer**). *Il pratique le tennis.* **3. Pratiquer une religion,** en observer les prescriptions. ◆ **se pratiquer v.pr.** Être en usage : *Le ski d'été se pratique de plus en plus.*

Pratt (Hugo), dessinateur et scénariste italien de bandes dessinées (Rimini 1927 - Pully 1995). Ses séries d'aventures (*Corto Maltese*, 1967) témoignent d'une rare maîtrise du noir et blanc.

Praxitèle, sculpteur grec, actif vers le milieu du IVe s. av. J.-C., fils de Céphisodote l'Ancien. Sa liaison avec la célèbre courtisane Phryné n'est pas sans influence sur sa production, où flexibilité du mouvement, indolence aimable des expressions et subtilité du modelé participent d'un complet renouveau de l'art classique. Parmi les statues masculines, citons : le *Satyre au repos* ou *Perboëtos*, l'*Apollon Sauroctone*. Il est le premier à avoir dévoilé la nudité d'une déesse et, parmi ses divers types d'Aphrodite, celle de Thespies (la *Vénus d'Arles*, au Louvre, en est la copie la plus complète) reste la plus célèbre.

pré [pre] **n.m.** (lat. *pratum*). **1.** Prairie permanente (syn. **herbage, pâturage, prairie**). **2. Pré carré,** domaine réservé de qqn, d'un groupe : *La diplomatie est le pré carré du président.*

pré-, préfixe, du lat. *prae*, devant, marquant l'antériorité spatiale *(préalpin)* ou temporelle *(préhistoire)*.

préadolescent, e [preadɔlesɑ̃, -ɑ̃t] **n.** Jeune garçon, fillette qui va entrer dans l'adolescence.

préalable [prealabl] **adj.** (de *allable*, anc. adj. de *aller*). **1.** Qui doit normalement être fait, dit, examiné d'abord : *Je ne peux entreprendre cette démarche sans votre accord préalable.* **2.** DR. CONSTIT. **Question préalable,** question posée par un parlementaire pour faire décider par l'assemblée qu'il n'y a pas lieu de délibérer sur le texte, le sujet à l'ordre du jour. ◆ **n.m. 1.** Condition fixée par une des parties en présence avant le début d'une négociation, d'une discussion : *Les préalables d'un traité.* **2. Au préalable,** avant toute chose, d'abord : *Les candidats doivent au préalable subir un examen médical* (syn. **auparavant**).

préalablement [prealabləmɑ̃] **adv.** Au préalable : *Les questions préalablement traitées. Préalablement à toute nouvelle discussion* (syn. **avant**).

Préalpes, ensemble de massifs montagneux, essentiellement calcaires, qui bordent les Alpes centrales au nord et à l'ouest.

préalpin, e [prealpɛ̃, -in] **adj.** Des Préalpes.

préambule [preɑ̃byl] **n.m.** (de *ambulare*, marcher). **1.** Introduction à un discours, à un exposé : *Après un court préambule, l'orateur entra dans le vif du sujet* (syn. **avant-propos**). **2.** Partie préliminaire d'une Constitution, d'un traité, énonçant des principes fondamentaux : *Le préambule de la Déclaration des droits de l'homme.* **3.** Ce qui précède, annonce qqch : *Cet incident était le préambule d'une crise grave* (syn. **prélude, prémices**).

préamplificateur [preɑ̃plifikatœr] **n.m.** ÉLECTRON. Amplificateur de tension du signal de sortie d'un détecteur ou d'une tête de lecture, avant entrée dans un amplificateur de puissance (abrév. fam. *préampli*).

préapprentissage [preaprɑ̃tisaʒ] **n.m.** Période de formation effectuée dans une entreprise au cours des dernières années de la scolarité.

préau [preo] **n.m.** (de *pré*). **1.** Galerie couverte, dans une cour d'école. **2.** Cour intérieure d'une prison.

préavis [preavi] **n.m. 1.** Avertissement préalable avant la dénonciation, la rupture d'un contrat, d'une convention, etc. ; délai qui s'écoule entre cet avertissement et le moment où il prend effet : *Préavis de licenciement.* **2. Préavis de grève,** délai légal à observer avant d'entreprendre une grève.

prébende [prebɑ̃d] **n.f.** (lat. *praebendus*, qui doit être fourni). **1.** LITT. Situation lucrative obtenue par faveur ; revenu, génér. considérable, que l'on en tire. **2.** CATH. Revenu attaché à un titre ecclésiastique, notamm. celui de chanoine ; ce titre lui-même.

précaire [prekɛr] **adj.** (lat. *precarius*, obtenu par prière). **1.** Qui n'a rien de stable, d'assuré : *Santé précaire* (syn. **chancelant, fragile**). *Leur situation est précaire* (syn. **incertain, instable**). **2.** Qui peut être interrompu à tout moment : *Un emploi précaire.* ◆ **n.** Travailleur précaire.

précairement [prekɛrmɑ̃] **adv.** De façon précaire ; à titre précaire : *Nous sommes précairement installés.*

précambrien [prekɑ̃brijɛ̃] **n.m.** (de *cambrien*). Première ère de l'histoire de la Terre, dont on évalue la durée à 4 milliards d'années. ▸ Les roches datant du précambrien n'ont livré que des vestiges rares et fragmentaires d'êtres vivants.

précancéreux, euse [prekɑ̃serø, -øz] **adj.** Se dit de lésions qui précèdent certains cancers.

précarisation [prekarizasjɔ̃] **n.f.** Action de précariser ; fait d'être précarisé.

précariser [prekarize] **v.t.** Rendre précaire, peu stable, peu durable : *La crise économique précarise notre situation.*

précarité [prekarite] **n.f.** Caractère, état de ce qui est précaire : *La précarité de leurs ressources devient inquiétante* (syn. **incertitude**). *Les grèves ont aggravé la précarité de ce gouvernement* (syn. **fragilité, instabilité**).

précaution [prekosjɔ̃] **n.f.** (lat. *praecautio*, de *praecavere*, prendre garde). **1.** Disposition prise par prévoyance pour éviter un mal ou pour en limiter les conséquences : *Prendre ses précautions.* **2.** Fait de prendre garde, d'agir avec circonspection : *Ils s'engagèrent avec précaution sur la passerelle branlante* (syn. **prudence**). **3. Précautions oratoires,** moyens plus ou moins adroits utilisés pour se ménager la bienveillance de son auditoire. / **Principe de précaution** ensemble des mesures prises par les pouvoirs publics pour protéger la population des risques liés à l'utilisation ou à la consommation d'un produit, en cas de doute sur son innocuité.

précautionneusement [prekosjɔnøzmɑ̃] **adv.** LITT. Avec précaution (syn. **prudemment**).

précautionneux, euse [prekosjɔnø, -øz] **adj.** LITT. Qui prend des précautions ; qui dénote la précaution : *Une mère très précautionneuse* (syn. **prudent**). *Des investissements précautionneux.*

précédemment [presedamɑ̃] **adv.** Auparavant : *Comme je vous l'ai dit précédemment* (syn. **antérieurement**).

précédent, e [presedɑ̃, -ɑ̃t] **adj.** (lat. *praecedens, -entis*). Qui est immédiatement avant ; qui précède : *Le jour précédent* (contr. **suivant**). *J'ai traité cette question dans un précédent article* (syn. **antérieur**). ◆ **précédent n.m. 1.** Fait, exemple antérieur invoqué comme référence ou comme justification pour qqch d'analogue : *Sa nomination a créé un précédent.* **2. Sans précédent,** dont il n'existe pas d'exemple antérieur : *Un exploit sans précédent* (syn. **extraordinaire, inouï**). *C'est une catastrophe sans précédent.*

précéder [presede] **v.t.** (lat. *praecedere*) [conj. **18**]. **1.** Marcher devant : *Je vais vous précéder pour vous montrer le chemin* (syn. **devancer**). **2.** Être situé avant, dans l'espace ou dans le temps : *L'article précède le nom. Le jour qui précéda son départ. Plusieurs symptômes ont précédé sa maladie* (syn. **annoncer, préluder à**). **3.** Devancer qqn ; arriver, se trouver en un lieu avant lui : *Il m'a précédé au bureau de quelques minutes. Les locataires qui nous ont précédés.*

précellence [preselɑ̃s] **n.f.** (du lat. *praecellere*, exceller). LITT. Supériorité marquée, échappant à toute hiérarchie commune : *Tenter de démontrer la précellence de la poésie.*

précepte [presɛpt] **n.m.** (lat. *praeceptum*). Règle, enseignement dans un domaine particulier : *Les préceptes de la morale* (syn. **loi, principe**).

précepteur, trice [presɛptœr, -tris] **n.** (lat. *praeceptor*, maître qui enseigne). Personne chargée de l'éducation d'un enfant à domicile.

préceptorat [presɛptɔra] **n.m.** Fonction de précepteur.

précession [presesjɔ̃] **n.f.** (du lat. *praecedere*, précéder). **1.** MÉCAN. Mouvement conique décrit par l'axe de rotation d'un gyroscope. **2.** ASTRON. **Précession des équinoxes** mouvement rétrograde du point vernal sur l'écliptique, qui se traduit par une avance annuelle de l'équinoxe de printemps.

préchauffage [preʃofaʒ] **n.m.** Chauffage préliminaire.

préchauffer [preʃofe] **v.t.** Procéder au préchauffage de : *Préchauffez le four dix minutes.*

prêche [prɛʃ] **n.m. 1.** Sermon, notamm. d'un ministre protestant (syn. **prédication**). **2.** FAM. Discours moralisateur et ennuyeux (syn. **sermon**).

prêcher [prɛʃe] **v.t.** (lat. *praedicare*). **1.** Annoncer, enseigner la parole de Dieu : *Prêcher l'Évangile.* **2.** Recommander avec insistance : *Prêcher la modération* (syn. **préconiser**). ◆ **v.i. 1.** Prononcer un sermon, des sermons. **2. Prêcher dans le désert,** parler devant un auditoire inattentif, ne pas être écouté. / **Prêcher pour sa paroisse, pour son saint,** parler pour son propre intérêt.

prêcheur, euse [prɛʃœr, -øz] **adj.** et **n. 1.** FAM. Qui aime sermonner, faire la morale : *Il est très prêcheur* (syn. **moralisateur**). *C'est une prêcheuse* (syn. **sermonneur**). **2. Frères prêcheurs,** dominicains, religieux voués à la prédication.

prêchi-prêcha [prɛʃiprɛʃa] **n.m. inv.** (redoublement de *prêcher*). FAM. Discours moralisateur et ennuyeux : *Elle m'a infligé un interminable prêchi-prêcha* (syn. **sermon**).

précieuse [presjøz] **n.f.** LITTÉR. Au XVIIe s., femme du monde qui cherchait à se distinguer par l'élégance de ses manières et de son langage.

précieusement [presjøzmɑ̃] **adv.** Avec grand soin : *Garder précieusement des lettres* (syn. **soigneusement**).

précieux, euse [presjø, -øz] **adj.** (lat. *pretiosus*, de *pretium*, prix). **1.** Qui a une grande valeur marchande : *Bijoux précieux.* **2.** Dont on fait grand cas ou qui rend de grands services ; très utile : *De précieux conseils* (syn. **inappréciable**). *Un collaborateur précieux* (syn. **irremplaçable**). **3.** LITTÉR. Relatif à la préciosité : *La littérature précieuse.* ◆ **adj.** et **n.** Affecté dans son langage, ses manières : *Je la trouve un peu précieuse* (syn. **affecté, maniéré**).

préciosité [presjozite] **n.f. 1.** LITTÉR. Tendance au raffinement des sentiments, des manières et de l'expression littéraire, qui se manifesta en France, dans certains salons, au début du XVIIe s. **2.** Affectation dans les manières, le langage, le style : *La préciosité des tournures qu'il utilise prête à sourire* (syn. litt. **afféterie**).

précipice [presipis] **n.m.** (lat. *praecipitium*). **1.** Lieu très profond et escarpé : *Tomber dans un précipice* (syn. **abîme, gouffre**). *La voiture stoppa juste au bord du précipice* (syn. **ravin**). **2.** Situation catastrophique : *Sa gestion nous a conduits au bord du précipice* (syn. **désastre, ruine**).

précipitamment [presipitamɑ̃] **adv.** Avec précipitation : *Nous avons dû partir précipitamment* (syn. **brusquement, soudainement**).

précipitation [presipitasjɔ̃] **n.f. 1.** Grande hâte ; vivacité excessive excluant la réflexion : *Parler, agir avec précipitation* (syn. **hâte, irréflexion**). **2.** CHIM. Phénomène par lequel un corps insoluble se forme dans un liquide et se dépose au fond du récipient. ◆ **précipitations n.f. pl.** Formes variées sous lesquelles l'eau solide ou liquide contenue dans l'atmosphère se dépose à la surface du globe (pluie, brouillard, neige, grêle, rosée) : *Nombreuses précipitations prévues sur le nord du pays demain.*

1. précipité, e [presipite] **adj.** Accompli à la hâte : *Départ précipité* (syn. **brusque, soudain**).

2. précipité [presipite] **n.m.** CHIM. Dépôt formé dans un liquide par une précipitation : *Un précipité bleu se forma dans l'éprouvette.*

précipiter [presipite] **v.t.** (lat. *praecipitare*, de *praeceps*, qui tombe la tête en avant). **1.** Faire tomber d'un lieu élevé dans un lieu beaucoup plus bas : *L'avalanche a précipité de gros rochers dans la vallée.* **2.** Pousser, faire tomber dans une situation funeste : *Précipiter un pays dans la guerre* (syn. **entraîner, jeter, plonger**). **3.** Rendre plus rapide le rythme de : *Précipiter le mouvement, les événements* (syn. **accélérer, hâter, presser**). **4.** Accomplir avec trop de hâte : *Précipiter son départ* (syn. **brusquer**). **5.** CHIM. Provoquer la précipitation de. ◆ **v.i.** CHIM. Former un précipité. ◆ **se précipiter v.pr. 1.** Se jeter de haut en bas : *La malheureuse s'est précipitée du dernier étage* (syn. **sauter**). **2.** S'élancer vivement ; accourir en hâte : *Se précipiter vers un blessé* (syn. **se ruer**). **3.** Agir avec trop de hâte : *Ne nous précipitons pas !* **4.** Prendre un rythme accéléré : *Les événements se précipitent* (syn. **s'accélérer**).

1. précis, e [presi, -iz] **adj.** (lat. *praecisus*, de *praecidere*, couper ras, retrancher). **1.** Qui ne laisse aucune incertitude ; qui est exactement déterminé : *Mesure précise* (syn. **exact, juste**). *Avoir des idées précises sur une question* (syn. **net**). **2.** Fixé, déterminé rigoureusement : *À 15 heures précises* (syn. **sonnant**). **3.** Qui agit avec exactitude, rigueur : *Soyez précis, venez à 10 heures* (syn. **exact, ponctuel**). **4.** Qui est exécuté d'une façon nette : *Un dessin précis* (contr. **vague**).

2. précis [presi] **n.m.** (de *1. précis*). Ouvrage qui expose brièvement l'essentiel d'une matière : *Un précis de grammaire latine* (syn. **abrégé, mémento**).

précisément [presizemɑ̃] **adv. 1.** D'une manière précise ; avec précision : *Répondez précisément à ma question* (syn. **expressément, nettement**). **2.** Marque la coïncidence ou la concordance entre deux séries de faits : *Il est arrivé précisément au moment où je partais* (syn. **justement**).

préciser [presize] **v.t.** (de *1. précis*). **1.** Déterminer, fixer avec précision : *Préciser la date d'un examen.* **2.** Apporter des précisions ; rendre plus précis, plus exact : *Préciser sa pensée* (syn. **expliciter**). ◆ **se préciser v.pr.** Prendre forme ; devenir distinct : *Peu à peu, l'idée s'est précisée.*

précision [presizjɔ̃] **n.f.** (lat. *praecisio*). **1.** Caractère de ce qui est précis, exact : *La précision de sa description* (syn. **fidélité**). **2.** Exactitude dans l'action : *Des gestes d'une grande précision* (syn. **sûreté**). **3.** Netteté rigoureuse dans la pensée, l'expression : *La précision du vocabulaire qu'elle emploie* (syn. **exactitude, rigueur**). **4.** Détail précis qui apporte une plus grande information : *Donnez-moi des précisions.* **5.** Qualité globale d'un instrument de mesure lui permettant de donner des indications qui coïncident, à une haute approximation près, avec la valeur vraie de la grandeur à mesurer : *La précision d'une horloge.*

précité, e [presite] **adj.** Cité précédemment : *Reportez-vous à l'ouvrage précité.*

préclassique [preklasik] **adj.** Antérieur à la période classique : *La littérature préclassique.*

précoce [prekɔs] **adj.** (lat. *praecox*). **1.** Mûr avant le temps normal ou habituel : *Fruit précoce* (syn. **hâtif**). **2.** Dont le développement physique ou intellectuel correspond à un âge supérieur : *Enfant précoce* (syn. **avancé**). **3.** Qui survient plus tôt que d'ordinaire : *Printemps précoce. Calvitie précoce.*

précocement [prekɔsmɑ̃] **adv.** De façon précoce : *Les bourgeons ont éclaté précocement* (syn. **prématurément**).

précocité [prekɔsite] **n.f.** Caractère d'une personne, d'une chose précoce : *La précocité d'un fruit, d'un enfant.*

précolombien, enne [prekɔlɔ̃bjɛ̃, -ɛn] **adj.** Antérieur à la venue de Christophe Colomb, en Amérique : *Art précolombien* (syn. **préhispanique**).

précombustion [prekɔ̃bystjɔ̃] **n.f.** Phase du fonctionnement d'un moteur Diesel précédant l'inflammation du combustible.

préconçu, e [prekɔ̃sy] **adj.** Imaginé par avance, sans examen critique : *Idée préconçue.*

préconiser [prekɔnize] **v.t.** (bas lat. *praeconizare*, publier, de *praeco*, crieur public). Recommander vivement : *Les médecins préconisent qu'il arrête de fumer. Parti qui préconise l'abstention aux élections* (syn. **conseiller**).

préconscient [prekɔ̃sjɑ̃] **n.m.** PSYCHAN. Dans le premier modèle freudien, instance constituant le lieu des actes psychiques qui, non refoulés, sont susceptibles de devenir conscients (par opp. à *inconscient*, à *conscient*).

précontraint, e [prekɔ̃trɛ̃, -ɛ̃t] **adj.** Soumis à la précontrainte : *Béton précontraint.*

précontrainte [prekɔ̃trɛ̃t] **n.f.** Technique de mise en œuvre du béton consistant à le soumettre à des compressions permanentes destinées à augmenter sa résistance.

précuit, e [prekɥi, -it] **adj.** Se dit d'un aliment soumis à une cuisson préalable avant d'être conditionné et qui ne nécessite qu'un temps réduit de cuisson : *Riz précuit.*

précurseur [prekyrsœr] **n.m.** (lat. *praecursor*, de *praecurrere*, courir en avant). **1.** Personne qui, par son action, ouvre la voie à qqn, à une doctrine, à un mouvement : *Poète qui fut un précurseur du romantisme.* **2.** BIOCHIM. Composé qui en précède un autre dans une séquence métabolique. ◆ **adj.m.** Qui vient avant et annonce qqch : *Signes précurseurs d'un orage* (syn. **annonciateur, avant-coureur**).

prédateur, trice [predatœr, -tris] **adj.** et **n.m.** (lat. *praedator*, de *praeda*, proie). **1.** Qui se nourrit d'êtres vivants : *Espèces prédatrices.* **2.** ANTHROP., PRÉHIST. Se dit de l'homme qui vit de la chasse et de la cueillette.

prédation [predasjɔ̃] **n.f.** (lat. *praedatio*). **1.** Mode de nutrition des animaux prédateurs. **2.** Mode de subsistance des populations prédatrices.

prédécesseur [predesesœr] **n.m.** (bas lat. *praedecessor*). Personne qui a précédé qqn dans une fonction, un emploi : *Exalter l'œuvre de son prédécesseur* (syn. **devancier**).

prédécoupé, e [predekupe] **adj.** Découpé à l'avance ou présenté en éléments facilement séparables : *Pain de mie prédécoupé. Un rôti prédécoupé.*

prédélinquant, e [predelɛ̃kɑ̃, -ɑ̃t] **n.** Mineur en danger moral, et susceptible de devenir délinquant.

prédestination [predɛstinasjɔ̃] **n.f.** (lat. *praedestinatio*). **1.** Détermination fatale et immuable des événements futurs (syn. **fatalité, sort**). **2.** THÉOL. Décret éternel de Dieu concernant la fin dernière (salut éternel ou damnation) de la créature humaine.

prédestiné, e [predɛstine] **adj.** et **n.** Dont le destin, heureux ou malheureux, est fixé à l'avance : *Il semble prédestiné au malheur* (syn. **voué**).

prédestiner [predɛstine] **v.t.** (lat. *praedestinare,* réserver à l'avance). **1.** Fixer d'avance le destin de : *Ses origines ne la prédestinaient pas à une carrière aussi prestigieuse* (syn. **prédisposer, vouer**). **2.** THÉOL. Destiner de toute éternité au salut ou à la damnation.

prédéterminer [predetɛrmine] **v.t.** Déterminer à l'avance : *Le comportement de l'accusé était prédéterminé par son éducation.*

prédicat [predika] **n.m.** (lat. *praedicatum,* de *praedicare,* proclamer). **1.** LING. Ensemble des éléments d'une proposition constituant ce qu'on dit de l'être ou de la chose dont on parle (le *thème*) : *Dans la phrase « Pierre mange beaucoup », « mange beaucoup » est le prédicat, « Pierre » est le thème.* **2.** LOG. Expression contenant une ou plusieurs variables et qui est susceptible de devenir une proposition vraie ou fausse selon les valeurs attribuées à ces variables. **3. Calcul des prédicats,** partie de la logique qui traite des propriétés analysées en prédicats.

prédicateur, trice [predikatœr, -tris] **n.** (lat. ecclés. *praedicator*). Personne qui prêche, qui prononce un sermon : *Bossuet fut un grand prédicateur.*

prédication [predikasjɔ̃] **n.f.** (lat. ecclés. *praedicatio*). Action de prêcher ; chose prêchée : *Ma mère ne manquait aucune prédication de l'abbé* (syn. **homélie, sermon**).

prédiction [prediksjɔ̃] **n.f.** (lat. *praedictio*). **1.** Action de prédire : *La prédiction de l'avenir* (syn. **divination**). **2.** Ce qui est prédit : *Les faits ont démenti tes prédictions* (syn. **prévision, pronostic**).

prédilection [predilɛksjɔ̃] **n.f.** (lat. *praedilectio*). **1.** Préférence marquée pour qqn, pour qqch : *J'ai une prédilection pour les romans policiers* (syn. **faible**). **2. De prédilection,** favori : *Son logiciel de prédilection.*

prédire [predir] **v.t.** (lat. *praedicere*) [conj. **103**]. Annoncer d'avance ce qui doit se produire soit par intuition ou divination, soit par des règles certaines, soit par conjecture ou raisonnement : *Prédire l'avenir* (syn. **deviner, prophétiser, prévoir**). *Prédire une crise économique* (syn. **pronostiquer**). *La voyante lui a prédit qu'elle serait princesse.*

prédisposer [predispoze] **v.t.** Mettre par avance dans certaines dispositions : *Mon éducation m'a prédisposé à une vie austère* (syn. **préparer**).

prédisposition [predispozisjɔ̃] **n.f.** Disposition, aptitude naturelle à qqch : *Elle a des prédispositions musicales* (syn. **goût, inclination**). *Une prédisposition à la bonté* (syn. **propension, tendance**).

prédominance [predɔminɑ̃s] **n.f.** Caractère prédominant : *La prédominance des tons bleus dans ses tableaux* (syn. **prépondérance**).

prédominant, e [predɔminɑ̃, -ɑ̃t] **adj.** Qui prédomine : *Trouver du travail est leur souci prédominant* (syn. **majeur, primordial**).

prédominer [predɔmine] **v.i.** Être en plus grande quantité ; avoir une importance prépondérante : *La culture du maïs prédomine dans cette région* (syn. **dominer**). *Son avis a prédominé* (syn. **prévaloir, primer**).

préélectoral, e, aux [preelɛktɔral, -o] **adj.** Qui précède des élections : *L'atmosphère préélectorale.*

préélémentaire [preelemɑ̃tɛr] **adj. Enseignement préélémentaire,** enseignement donné dans les écoles maternelles ou les classes enfantines.

prééminence [preeminɑ̃s] **n.f.** (lat. *praeminentia*). Supériorité absolue sur les autres : *Se disputer la prééminence économique* (syn. **suprématie**).

prééminent, e [preeminɑ̃, -ɑ̃t] **adj.** (lat. *praeminens*). LITT. Qui a la prééminence : *Sa qualité prééminente est la générosité* (syn. **majeur, premier, prépondérant**). *Occuper un rang prééminent* (syn. **supérieur**).

préemption [preɑ̃psjɔ̃] **n.f.** (du lat. *emptio,* achat). Faculté que détient une personne ou une administration, de préférence à toute autre, d'acquérir un bien qui a été mis en vente aux prix et conditions de la cession envisagée : *L'État a un droit de préemption sur les œuvres d'art.*

préenregistré, e [preɑ̃rəʒistre] **adj. 1.** Enregistré à l'avance (par opp. à *en direct*) : *Émission préenregistrée.* **2.** Qui contient déjà un enregistrement (par opp. à *vierge*) : *CD préenregistré.*

préétabli, e [preetabli] **adj. 1.** Établi d'avance : *Les plans préétablis doivent toujours être révisés.* **2. Harmonie préétablie,** harmonie qui, dans la philosophie de Leibniz, explique l'accord entre l'âme et le corps.

préexistant, e [preɛgzistɑ̃, -ɑ̃t] **adj.** Qui préexiste : *Une lésion préexistante à une tumeur.*

préexistence [preɛgzistɑ̃s] **n.f.** Existence antérieure : *La préexistence d'une condamnation alourdit la peine encourue.*

préexister [preɛgziste] **v.i.** et **v.t. ind. [à].** Exister avant : *Une instabilité maladive préexistait à sa dépression.*

préfabrication [prefabrikasjɔ̃] **n.f.** Système de construction au moyen d'éléments préfabriqués.

préfabriqué, e [prefabrike] **adj. 1.** Se dit d'un élément ou d'un ensemble d'éléments standardisés, fabriqués à l'avance et destinés à être assemblés sur place : *Des cloisons préfabriquées.* **2.** Composé exclusivement par un assemblage d'éléments préfabriqués : *Maison préfabriquée.* **3.** Préparé à l'avance : *Accusation préfabriquée* (syn. **arrangé, fabriqué**). *Le sourire préfabriqué d'un camelot* (syn. **artificiel, factice**). ◆ **préfabriqué n.m.** Élément ou ensemble d'éléments préfabriqués.

préface [prefas] **n.f.** (lat. *praefatio,* préambule, de *praefari,* dire d'avance). **1.** Texte de présentation placé en tête d'un livre : *L'auteur explique son choix dans sa préface* (syn. **avant-propos, introduction** ; contr. **postface**). **2.** Ce qui précède ou prépare qqch : *En préface à la conférence au sommet, les ministres se sont réunis* (syn. **préliminaire, prélude**). **3.** RELIG. CHRÉT. Partie de la messe qui introduit la grande prière d'action de grâces.

préfacer [prefase] **v.t.** [conj. **16**]. Écrire la préface de : *Préfacer un livre.*

préfacier, ère [prefasje, -ɛr] **n.** Auteur d'une préface.

préfectoral, e, aux [prefɛktɔral, -o] **adj.** Du préfet : *Arrêté préfectoral.*

préfecture [prefɛktyr] **n.f. 1.** En France, circonscription administrative d'un préfet, correspondant à un département. **2.** Ville, appelée chef-lieu de département, où siège cette administration : *Périgueux est la préfecture de la Dordogne.* **3.** Ensemble des services de l'administration préfectorale ; édifice où ils sont installés : *Aller à la préfecture.* **4.** ANTIQ. ROM. Charge de préfet ; territoire sur lequel s'étendait son autorité. **5. Préfecture de police,** administration chargée de la police à Paris et dans les Bouches-du-Rhône ; siège de cette administration. **/ Préfecture maritime,** port de guerre, chef-lieu d'une région maritime, en France.

préférable [preferabl] **adj.** Qui mérite d'être préféré ; qui convient mieux : *Je trouve la deuxième solution préférable* (syn. **meilleur**). *Il serait préférable de ne pas s'attarder* (= il vaudrait mieux).

préféré, e [prefere] **adj.** et **n.** Que l'on préfère : *Quelle est ta chanson préférée ? Le cadet est son préféré.*

préférence [preferɑ̃s] **n.f. 1.** Fait de préférer : *J'ai une préférence marquée pour sa période anglaise* (syn. **prédilection**). *Par ordre de préférence, je choisirais la bleue, puis la rouge.* **2.** Ce que l'on préfère : *Quelle est ta préférence ?* **3. De préférence (à),** plutôt (que) : *Choisis le grand modèle de préférence au petit.*

préférentiel, elle [preferɑ̃sjɛl] **adj. 1.** Qui établit une préférence à l'avantage de qqn : *Tarif préférentiel* (= de faveur). **2. Vote préférentiel,** système électoral dans lequel l'électeur peut modifier l'ordre des candidats d'une liste.

préférer [prefere] **v.t.** (lat. *praeferre,* porter en avant) [conj. **18**]. **1.** Considérer une personne, une chose avec plus de faveur qu'une autre, la choisir plutôt que qqn ou qqch d'autre ; aimer mieux ; estimer davantage : *Il préfère aller au bord de la mer* (syn. **choisir, opter**). *Il a toujours préféré sa fille* (syn. **pencher pour**). *Si tu préfères, on ira au cinéma.* **2.** Se développer plus particulièrement dans certains lieux, certaines conditions : *Le bouleau préfère les terrains humides* (syn. **aimer, se plaire**).

préfet [prefɛ] **n.m.** (lat. *praefectus,* préposé, de *facere,* faire). **1.** En France, grade de la fonction publique qui donne vocation à occuper l'emploi de représentant de l'État dans le département et la Région : *Les préfets sont nommés par le gouvernement.* **2.** ANTIQ. ROM. Haut fonctionnaire exerçant une charge dans l'armée ou dans l'administration. **3. Préfet de police,** haut fonctionnaire chargé de la police à Paris et dans les Bouches-du-Rhône. / **Préfet maritime,** amiral chargé du commandement d'une région maritime, en France.

préfète [prefɛt] **n.f. 1.** *VIEILLI.* Femme d'un préfet. **2.** Femme préfet. *Rem.* La langue administrative garde la forme du masc. pour désigner les femmes préfets : *Mme X, préfet.*

préfiguration [prefigyrasjɔ̃] **n.f.** Fait de préfigurer qqch ; ce qui préfigure, annonce : *Ce mouvement de révolte fut la préfiguration de ce qui allait se passer par la suite* (syn. **préliminaire, prélude, présage**).

préfigurer [prefigyre] **v.t.** (lat. *praefigurare*). Présenter les caractères d'une chose future ; annoncer par avance : *Cette dispute préfigurait leur rupture* (syn. **annoncer, préluder à**).

préfixation [prefiksasjɔ̃] **n.f.** Formation d'un mot nouveau par adjonction d'un préfixe à un mot préexistant : *À partir de « racisme », on forme « antiracisme » par préfixation.*

préfixe [prefiks] **n.m.** (du lat. *praefixus,* fixé devant). Élément qui s'adjoint au début d'un mot pour constituer un mot nouveau : *En ajoutant le préfixe « re- » à « faire », on obtient le mot « refaire ».*

préfixé, e [prefikse] **adj.** Pourvu d'un préfixe ; employé comme préfixe : *« Relire » est un verbe préfixé. « Extra » est un élément préfixé dans « extraordinaire ».*

préglaciaire [preglasjɛr] **adj.** GÉOL. Antérieur à une période glaciaire (en partic., aux glaciations du quaternaire).

prégnant, e [preɲɑ̃, -ɑ̃t] **adj.** (lat. *praegnans*). *LITT.* Qui s'impose à l'esprit ; qui produit une forte impression : *Le parfum prégnant des lilas en fleur(s).*

préhellénique [preelenik] **adj.** Se dit des civilisations installées sur les bords de la Méditerranée avant la venue des Grecs (XIIe s. av. J.-C.).

préhenseur [preɑ̃sœr] **adj.m.** Qui sert à la préhension : *Organes préhenseurs de certains insectes.*

préhensile [preɑ̃sil] **adj.** Qui a la faculté de saisir ; qui est propre à saisir : *Singe à queue préhensile.*

préhension [preɑ̃sjɔ̃] **n.f.** (lat. *prehensio,* de *prehendere,* saisir). Action de prendre, de saisir matériellement : *La trompe est l'organe de préhension de l'éléphant.*

préhispanique [preispanik] **adj.** Antérieur à la colonisation espagnole ou portugaise, en Amérique (syn. **précolombien**).

préhistoire [preistwar] **n.f. 1.** Période chronologique de la vie de l'humanité depuis l'apparition de l'homme jusqu'à celle de l'écriture. **2.** Ensemble des disciplines scientifiques s'attachant à retracer l'évolution du comportement humain au cours de cette période.

■ La préhistoire débute avec l'humanité, c'est-à-dire, au sens strict, avec les premiers représentants du genre *Homo, Homo rudolfensis* et *Homo habilis,* qui ont vécu il y a 2,5 à 3 millions d'années. Elle se termine avec l'invention de l'écriture, vers 3300 avant J.-C. On la divise en trois périodes : paléolithique, mésolithique et néolithique.

Histoire de la préhistoire. L'âge élevé de la Terre a été entrevu dès le XVIIIe siècle (notamm. avec Buffon), grâce à la géologie, mais celui de l'homme n'est vraiment admis qu'au XIXe s., à la suite en particulier des travaux de Boucher de Crèvecœur de Perthes, Édouard Lartet, Gabriel de Mortillet (auparavant, on attribuait à l'humanité, en suivant le récit biblique de la Création, l'âge de 6 000 ans). Au début du XXe siècle, l'abbé Breuil conçoit une classification fondée sur les « fossiles directeurs », des objets caractéristiques de chaque période *(faciès industriels),* notamm. les outils bifaces. La connaissance de la préhistoire se fonde aussi sur la découverte et l'étude de fossiles d'espèces humaines disparues : l'homme de Neandertal, mis au jour en Allemagne, *Homo erectus* (au départ appelé *sinanthrope*), trouvé en Asie, *Homo ergaster,* en Afrique (Oldoway et vallée de l'Omo), *Homo heidelbergensis* en Europe (Allemagne), etc. Pas à pas, l'âge de l'humanité recule et la préhistoire s'étend dans le passé.

Une discipline scientifique. La préhistoire fait appel à différentes disciplines. Ainsi, l'étude des végétaux, des climats des époques géologiques nous éclaire sur l'environnement écologique des premiers hommes. Associée à de nombreuses techniques, la *dendrochronologie* (étude des variations d'épaisseur des anneaux de croissance des arbres) permet l'établissement de datations fiables. Les préhistoriens étudient également l'origine des matériaux et les différents types d'outils utilisés par les hommes préhistoriques, les traces microscopiques trouvées sur les silex (traces d'usure ou traces laissées par le bambou ou la viande qui ont été découpés), les empreintes de pas, les tombes, les manifestations artistiques (statuettes, dessins, peintures…), etc. Tous ces indices sont révélateurs des *processus culturels* à l'œuvre à cette époque et aident à déduire le comportement humain et social des sociétés disparues. ■

préhistorien, enne [preistɔrjɛ̃, -ɛn] **n.** Archéologue spécialisé dans la préhistoire.

préhistorique [preistɔrik] **adj. 1.** De la préhistoire ; relatif à la préhistoire : *Homme préhistorique.* **2.** *FAM., PAR PLAIS.* Qui est très vieux ou démodé ; dépassé : *Une guimbarde préhistorique* (syn. **antédiluvien**).

préhominien [preɔminjɛ̃] **n.m.** PALÉONT. Mammifère primate fossile présentant des caractères communs à l'homme et aux grands singes.

préimplantatoire [preɛ̃plɑ̃tatwar] **adj.** (de *pré-* et *implantation*). MÉD. Qui se fait sur un embryon obtenu par fécondation in vitro, avant de l'implanter dans l'utérus : *Diagnostic préimplantatoire.*

préindustriel, elle [preɛ̃dystrijɛl] **adj.** Antérieur à la révolution industrielle de la fin du XVIIIe s.

préinscription [preɛ̃skripsjɔ̃] **n.f.** Inscription provisoire dans un établissement d'enseignement supérieur, avant de remplir les conditions requises pour une inscription définitive.

préislamique [preislamik] **adj.** Antérieur à l'islam. (On dit aussi *antéislamique.*)

préjudice [preʒydis] **n.m.** (lat. *praejudicium,* jugement anticipé, de *praejudicare*). **1.** Atteinte portée aux droits, aux intérêts de qqn : *Causer un préjudice* (syn. **dommage, tort**). *Préjudice matériel, préjudice moral.* **2. Au préjudice de,** contre les intérêts de ; au détriment de : *Escroquerie commise au préjudice de l'État. Décision prise au préjudice de la justice* (= au mépris de). / **Porter préjudice à qqn,** lui nuire. / **Sans préjudice de,** sans porter atteinte à ; sans compter, sans parler de : *Vous risquez une amende sans préjudice d'une peine de prison.*

préjudiciable [preʒydisjabl] **adj.** Qui porte ou qui est susceptible de porter préjudice : *Erreur préjudiciable* (syn. **attentatoire, dommageable**).

préjugé [preʒyʒe] **n.m.** (du p. passé de *préjuger*). **1.** Jugement provisoire formé par avance à partir d'indices qu'on interprète : *Il a un préjugé en sa faveur, contre elle* (= un parti pris) [syn. **prévention**]. **2.** Opinion adoptée sans examen par généralisation hâtive d'une expérience personnelle ou imposée par le milieu, l'éducation (péjor.) : *Savoir s'élever au-dessus des préjugés de son milieu* (syn. **a priori**).

préjuger [preʒyʒe] **v.t.** (lat. *praejudicare*) [conj. **17**]. LITT. Juger, décider d'avance sans avoir tous les éléments d'information nécessaires : *Je ne peux préjuger la conduite à tenir* (syn. **conjecturer**). ◆ **v.t. ind. [de].** Prévoir par conjecture ; porter un jugement prématuré sur : *Son attitude ne laisse rien préjuger de sa décision* (syn. **augurer, présager**).

se **prélasser** [prelase] **v.pr.** (de *prélat,* par croisement avec *lasser*). S'abandonner avec nonchalance : *Se prélasser dans un fauteuil.*

prélat [prela] **n.m.** (lat. médiév. *praelatus,* porté en avant). Dignitaire ecclésiastique : *Les archevêques et les évêques sont des prélats.*

prélatin, e [prelatɛ̃, -in] **adj.** et **n.m.** Antérieur à la civilisation et à la langue latines : *Les parlers italiques prélatins.*

prélavage [prelavaʒ] **n.m.** Lavage préliminaire dans le cycle d'un lave-linge ou d'un lave-vaisselle.

prêle ou **prèle** [prɛl] **n.f.** (pour *aprêle,* du lat. pop. **asperella,* du class. *asper,* rugueux). Plante cryptogame des lieux humides, à tige creuse, dont les spores sont produites par des épis terminaux de sporanges disposés en écailles. ▸ Ordre des équisétales ; haut. jusqu'à 1,50 m.

prélèvement [prelɛvmɑ̃] **n.m. 1.** Action de prélever ; quantité, somme prélevée : *Le prélèvement est proportionnel à la somme totale. On met le prélèvement de sang dans des flacons aseptisés.* **2. Prélèvement automatique,** règlement d'une somme, d'une redevance retenues directement et selon une périodicité régulière sur le compte bancaire ou postal du débiteur.

prélever [prelve] **v.t.** (bas lat. *praelevare*) [conj. **19**]. **1.** Prendre une certaine portion sur un total, une masse : *Prélever une taxe sur une recette* (syn. **retenir**). **2.** Extraire de l'organisme (notamm. en vue d'une analyse médicale) : *Prélever du sang à un malade.*

préliminaire [preliminɛr] **adj.** (bas lat. *praeliminaris*). Qui précède et prépare qqch : *Réunion préliminaire* (syn. **préalable, préparatoire**). ◆ **préliminaires n.m. pl.** Ensemble des négociations, des actes qui préparent un accord, un traité : *Préliminaires de paix.*

prélude [prelyd] **n.m.** (du lat. *praeludere* ; v. *préluder*). **1.** Pièce musicale de forme libre servant d'introduction à une œuvre vocale ou instrumentale ou se suffisant à elle-même : *Les préludes de Chopin.* **2.** Suite de notes chantées ou jouées pour essayer sa voix ou son instrument. **3.** Ce qui annonce, précède, fait présager qqch : *Ces événements sont le prélude d'un conflit plus grave* (= signe avant-coureur) [syn. **annonce, prodrome**].

préluder [prelyde] **v.i.** (lat. *praeludere,* se préparer à jouer). **1.** Essayer sa voix, son instrument avant d'interpréter une œuvre : *Le pianiste préluda par une suite d'accords.* **2.** Improviser un prélude. ◆ **v.t. ind. [à].** Préparer, marquer le début de qqch de plus important : *Ces incidents préludaient à une crise plus grave* (syn. **annoncer**).

prématuré, e [prematyre] **adj.** et **n.** (lat. *praematurus,* mûr avant). Né avant terme (avant la 37e semaine, c'est-à-dire avant le 259e jour de la grossesse), mais viable. ◆ **adj. 1.** Qu'il n'est pas temps d'entreprendre encore : *Une démarche prématurée.* **2.** Qui se produit, se manifeste avant le temps normal : *Une mort prématurée.*

prématurément [prematyremɑ̃] **adv.** Avant le temps normal ; trop tôt : *Elle est morte prématurément.*

prémédication [premedikasjɔ̃] **n.f.** (de *médication*). Ensemble des soins préparant un patient à un acte chirurgical.

préméditation [premeditasjɔ̃] **n.f.** (lat. *praemeditatio*). Dessein réfléchi qui a précédé l'exécution d'un acte délictueux : *La préméditation transforme le meurtre en assassinat.*

préméditer [premedite] **v.t.** (lat. *praemeditari*). Préparer avec soin et calcul (le plus souvent un acte coupable ou délictueux) : *Il prémédite un mauvais coup* (syn. **tramer**).

prémices [premis] **n.f. pl.** (lat. *primitiae,* de *primus,* premier). **1.** ANTIQ. Premiers fruits de la terre et du bétail, offerts à la divinité. **2.** LITT. Commencement, premières manifestations : *Les prémices de l'amitié. Les prémices de la guerre.* ***Rem.*** Ne pas confondre avec *prémisses.*

premier, ère [prəmje, -ɛr] **adj.** (lat. *primarius,* de *primus*). **1.** Adjectif numéral ordinal correspondant au nombre *un : Le premier jour du mois. « A » est la première lettre de l'alphabet.* **2.** Qui est à l'origine ; initial ou dans l'état de son origine : *Examiner un manuscrit dans son état premier* (syn. **originel, primitif**). **3.** Qui précède tout le reste dans une explication rationnelle ; qui ne dépend de rien : *Les principes premiers de la connaissance* (syn. **fondamental**). **4.** Qui est classé avant les autres pour son importance, sa valeur : *Acheter des fruits de première qualité. Obtenir la première place à un concours.* **5. Cause première,** en philosophie, cause qui serait à l'origine de l'enchaînement des causes et des effets, c'est-à-dire de tout l'univers. / **En premier,** d'abord ; au premier rang, en tête. / **Matière première** ⟶ **matière.** / **Nombre premier,** nombre qui n'admet pas d'autre diviseur que lui-même et l'unité. / **Nombres premiers entre eux,** nombres entiers ayant pour seul diviseur commun l'unité. / **Premier ministre** ⟶ **ministre.** ◆ **n. 1.** Celui, celle qui occupe le premier rang : *La première de la classe.* **2. Jeune premier, jeune première,** comédien, comédienne qui joue les premiers rôles d'amoureux. / **Le premier venu, la première venue,** qui que ce soit, la première personne prise au hasard.

première [prəmjɛr] **n.f. 1.** Classe la plus chère dans certains moyens de transports publics : *Un billet de première.* **2.** Première représentation d'une pièce ; première projection d'un film : *La première mondiale de son dernier film a eu lieu à Paris.* **3.** En montagne, première ascension, premier parcours d'un itinéraire nouveau : *La première du versant nord.* **4.** En France, classe de l'enseignement secondaire qui précède la terminale. **5.** Vitesse la plus démultipliée d'une automobile, d'une moto : *Passez en première et embrayez doucement.* **6.** Employée principale d'un atelier de couture. **7.** FAM. **De première,** de première qualité ; excellent : *Elle nous avait préparé un repas de première.* / **Une (grande) première,** un événement, un exploit dont on signale la réalisation pour la première fois : *Cette greffe est une grande première.*

premièrement [prəmjɛrmɑ̃] **adv.** En premier lieu ; d'abord : *Je dois vous informer, premièrement que la réunion est reportée, deuxièmement que vous devez y assister* (syn. **primo**).

premier-né, première-née [prəmjene, prəmjɛrne] **adj.** et **n.** (pl. *premiers-nés, premières-nées*). Enfant né le premier dans une famille (par opp. à *cadet* et à *benjamin*).

Preminger (Otto), cinéaste américain d'origine autrichienne (Vienne 1906 - New York 1986). Venu du théâtre, il a affirmé, tout au long d'une œuvre abondante et diverse, un constant souci d'objectivité allié à un style fluide et subtil : *Laura* (1944), *Carmen Jones* (1954), *l'Homme au bras d'or* (1955), *Exodus* (1960), *Rosebud* (1975).

prémisse [premis] **n.f.** (lat. *praemissa [sententia]*, [proposition] mise en avant). **1.** LOG. Chacune des deux premières propositions d'un syllogisme (la majeure et la mineure). **2.** Fait, proposition d'où découle une conséquence : *Poser les prémisses d'un raisonnement.* ***Rem.*** Ne pas confondre avec *prémices.*

prémolaire [premɔlɛr] **n.f.** Dent située entre la canine et les molaires. ▸ Il existe deux prémolaires par demi-mâchoire chez l'homme.

prémonition [premɔnisjɔ̃] **n.f.** (lat. *praemonitio,* avertissement). Intuition qu'un événement va se produire : *Avoir une prémonition* (syn. **intuition, pressentiment**).

prémonitoire [premɔnitwar] **adj.** Qui relève de la prémonition : *Rêve prémonitoire. Cet incident était un signe prémonitoire* (= annonciateur de ce qui allait se passer).

prémunir [premynir] **v.t.** (lat. *praemunire,* protéger) [conj. **32**]. *LITT.* Garantir, protéger par certaines précautions ; mettre en garde contre qqch : *Pour le moment, aucun produit ne prémunit contre cette maladie* (syn. **préserver**). *Prémunir les jeunes contre les dangers de la drogue* (syn. **armer**). ◆ **se prémunir v.pr. [contre].** Prendre des précautions, des mesures contre qqch : *Se prémunir contre le froid.*

prenable [prənabl] **adj.** Qui peut être pris, en parlant d'une ville, d'une place forte : *Cette citadelle est difficilement prenable.*

prenant, e [prənɑ̃, -ɑ̃t] **adj.** (de *prendre*). **1.** Qui captive ; qui intéresse profondément : *Livre prenant* (syn. **captivant**). **2.** Qui occupe beaucoup : *Un travail très prenant* (syn. **absorbant**). **3. Partie prenante,** en termes juridiques, personne qui reçoit de l'argent, une fourniture ; personne, organisation, entreprise, etc., qui est directement concernée par une affaire, un processus quelconque ou qui y est impliquée : *Puisque les choses tournent ainsi, je ne suis plus partie prenante* (= je me retire de l'entreprise).

prénatal, e, als ou **aux** [prenatal, -o] **adj.** Qui précède la naissance : *Allocations prénatales.*

prendre [prɑ̃dr] **v.t.** (lat. *prehendere*) [conj. **79**]. **1.** Saisir avec les mains ou avec un instrument : *Prendre un livre sur une étagère. Prendre qqn par le bras. Prendre des crevettes avec une épuisette* (syn. **attraper**). **2.** Emporter ; se munir de : *Prenez des vêtements chauds. Elle a pris le dossier avec elle.* **3.** Se rendre acquéreur de : *Je prends mon pain à la boulangerie du coin* (syn. **se fournir en**). *N'oublie pas de prendre des fruits* (syn. **acheter**). *Laquelle prenez-vous ?* (syn. **choisir**). **4.** S'emparer de qqch, le voler : *Ils ont pris tous les bijoux* (syn. **dérober, subtiliser**). *Il m'a pris mon idée* (= il l'a utilisée pour son compte). **5.** S'emparer de qqn, d'un lieu : *Nous avons pris des soldats ennemis* (syn. **capturer**). *La ville a été prise par les rebelles. La police a pris le malfaiteur* (syn. **arrêter**). **6.** Aller chercher qqn : *Je passerai prendre les enfants à l'école.* **7.** S'assurer les services de qqn : *Prendre un secrétaire, un avocat* (syn. **engager**). *Prenez trois hommes avec vous* (syn. **emmener**). **8.** Ingérer qqch : *Prendre son petit déjeuner. Prenez un comprimé toutes les quatre heures* (syn. **absorber**). *Je lui ai fait prendre un bouillon* (syn. **avaler**). *Que désirez-vous prendre ?* (syn. **boire**). **9.** Enregistrer ; noter : *Prendre les mesures de qqn. Prendre des notes. Prendre une photo.* **10.** Se procurer des informations : *Prendre des nouvelles de qqn* (syn. **demander**). *Prendre des renseignements sur qqn* (syn. **recueillir**). **11.** Utiliser un moyen de transport : *Prendrez-vous le train ou l'avion ?* (= voyagerez-vous par le train ou l'avion ?). **12.** S'engager sur une voie de communication, dans une direction ; passer par : *Prendre un raccourci* (syn. **emprunter**). *Prenez la direction de Lille. Nous prendrons la route vers huit heures* (= nous partirons par la route). *Veuillez prendre la porte* (= sortir d'ici). **13.** S'installer dans : *Je prendrai une chambre à l'hôtel* (syn. **louer**). *Elle prendra son nouveau poste en mai.* **14.** Livrer son corps à un élément naturel : *Prendre une douche, un bain de soleil. Prendre l'air, le frais* (= s'aérer). **15.** Opter pour un comportement, une action : *Des mesures ont été prises pour enrayer l'épidémie* (syn. **décider**). *Prendre des précautions* (syn. **s'entourer de**). *Prendre une décision.* **16.** Aborder qqn, qqch de telle manière : *Prendre un enfant par la douceur* (syn. **traiter**). *Il faut prendre le problème autrement* (syn. **envisager, traiter**). *Prendre son mal en patience* (= le supporter). **17.** Surprendre qqn en train de commettre une action répréhensible : *Je l'ai pris qui copiait sur son voisin.* **18.** Occuper qqn : *Ses nouvelles fonctions la prennent énormément* (= l'accaparent). **19.** Envahir soudain qqn, en parlant d'un sentiment : *Devant tant d'insolence, la colère le prit* (syn. **s'emparer de**). **20.** Se faire donner ; recevoir : *Prendre des leçons particulières. Je ne prends mes ordres que de lui. Prendre un message pour qqn.* **21.** Recevoir un coup, qqch sur le corps : *Tu vas prendre une gifle. Il a pris le ballon en pleine figure. Prendre la pluie.* **22.** Subir une modification de forme, d'aspect : *Le bébé prend du poids régulièrement.* **23.** Être affecté de telle manière par ce qui arrive : *Il prend tout de travers. Comment a-t-elle pris la nouvelle ? Bien prendre les choses.* **24.** Accueillir ; se charger de : *Prendre un auto-stoppeur. Cet autobus ne prend pas les colis. Le docteur vous prendra à quinze heures* (syn. **recevoir**). *Le lycée ne prend pas de pensionnaires* (syn. **accepter**). **25.** Accrocher, coincer involontairement un vêtement, une partie de son corps : *Elle a pris sa jupe dans les ronces.* **26.** Comporter telle lettre, tel signe, en parlant d'un mot : *« Colonne » ne prend qu'un « l ».* **27. À tout prendre,** tout bien considéré : *À tout prendre, je préfère encore ses œuvres de jeunesse.* / **Prendre en** (+ n.), se mettre à éprouver un sentiment à l'égard de : *Prendre qqn en amitié, en grippe. Prendre qqch en horreur.* / **Prendre pour** (+ n.), choisir en tant que : *Prendre pour femme une amie d'enfance* (= l'épouser). *Prendre qqn pour allié.* / **Prendre pour** (+ n.), se tromper sur le caractère, l'identité de : *Je vous avais pris pour votre frère* (= confondu avec). *Elle a pris mon silence pour un aveu* (= considéré comme). / **Prendre qqch sur soi,** en assumer la responsabilité. ◆ **v.t. ind. [à]. 1.** (Suivi d'un compl. de qualité ou d'un adv.). Demander comme rémunération : *Il ne nous a pas pris cher. Il prend 15 euros de l'heure.* **2.** (Suivi d'un compl. de qualité ou d'un adv.). Nécessiter un certain temps : *Ce travail leur a pris une semaine.* **3.** Venir soudain à qqn, en parlant d'une envie, d'une idée, d'un comportement : *Il lui prit une envie de voyager. Qu'est-ce qui lui prend ? Ça vous prend souvent ?* (= ça vous arrive souvent ?). **4. Bien, mal m'en a pris,** cela m'a été profitable, préjudiciable. ◆ **v.i. 1.** Épaissir, se figer : *Il fait trop froid, le béton a du mal à prendre* (syn. **se solidifier**). **2.** Commencer à se développer : *Bouture qui prend* (syn. **s'enraciner**). *Arrose tes plantations si tu veux qu'elles prennent* (syn. **croître, pousser**). **3.** Commencer à brûler : *Le feu ne veut pas prendre. L'incendie a pris dans la cuisine* (syn. **se déclarer**). **4.** Produire l'effet recherché : *Le vaccin a pris* (syn. **réussir**). **5.** Suivre une direction ; s'engager dans une voie : *Prenez à gauche* (syn. **tourner**). *Nous avons pris à travers champs* (syn. **couper**). **6.** *FAM.* **Ça ne prend pas,** je n'en crois rien, je ne me laisse pas duper. / **Prendre sur soi,** réprimer un mouvement d'humeur, se contraindre. ◆ **se prendre v.pr. 1.** S'accrocher : *Sa veste s'est prise à un clou.* **2. S'en prendre à qqn, qqch,** s'attaquer à, incriminer. / *LITT.* **Se prendre à** (+ inf.), se mettre à : *Il se prit à douter* (= il commença à avoir des doutes). / **Se prendre au jeu,** s'investir de plus en plus dans qqch. / **Se prendre de,** commencer à éprouver tel sentiment : *Se prendre d'amitié pour qqn.* / **Se prendre pour,** se considérer vaniteusement comme : *Il se prend pour un génie.* / **S'y prendre,** agir d'une certaine manière en vue d'un résultat : *Tu t'y prends mal. Il aurait fallu s'y prendre plus tôt.*

preneur, euse [prənœr, -øz] **n. 1.** DR. Personne qui prend à bail (par opp. à *bailleur*). **2.** Personne qui offre d'acheter à un certain prix : *Il n'a pas trouvé preneur pour sa voiture* (syn. **acheteur, acquéreur**). **3. Preneur de son,** opérateur chargé de la prise de son. ◆ **adj.** Qui sert à prendre : *Une benne preneuse.*

prénom [prenɔ̃] **n.m.** (lat. *praenomen*). Nom particulier joint au patronyme et qui distingue chacun des membres d'une même famille : *Si c'est un garçon, son prénom sera Titouan.*

prénommé, e [prenɔme] **adj.** et **n.** Qui a pour prénom : *Mon oncle, prénommé Étienne...*

prénommer [prenɔme] **v.t.** Donner tel prénom à : *Nous l'avons prénommée Isée.* ◆ **se prénommer v.pr.** (Suivi d'un attribut). Avoir pour prénom : *Elle se prénomme Ambre* (syn. **s'appeler**).

prénuptial, e, aux [prenypsjal, -o] **adj.** Qui précède le mariage : *Examen prénuptial.*

préoccupant, e [preɔkypɑ̃, -ɑ̃t] **adj.** Qui préoccupe : *Une situation préoccupante* (syn. **alarmant, grave, inquiétant**).

préoccupation [preɔkypasjɔ̃] **n.f.** (lat. *praeoccupatio*). Souci vif et constant qui absorbe l'esprit : *La maladie de sa mère est sa principale préoccupation* (syn. **inquiétude, tourment**).

préoccupé, e [preɔkype] **adj.** En proie à un vif souci : *Vous avez l'air préoccupé* (syn. **inquiet, soucieux**).

préoccuper [preɔkype] **v.t.** (lat. *praeoccupare,* occuper le premier). Causer du souci à : *Cette affaire le préoccupe* (syn. **inquiéter, tourmenter**). ◆ **se préoccuper v.pr. [de].** Être absorbé par un souci très vif : *Il se préoccupe de l'avenir de ses enfants* (syn. **s'inquiéter, se tourmenter**).

préopératoire [preɔperatwar] **adj.** Qui précède une opération chirurgicale : *Des examens préopératoires.*

préparateur, trice [preparatœr, -tris] **n. 1.** Collaborateur d'un chercheur, d'un professeur de sciences, qui aide celui-ci à préparer ses expériences. **2. Préparateur en pharmacie,** employé (en France, titulaire d'un brevet professionnel) qui exerce sa profession dans une pharmacie d'officine ou hospitalière.

préparatif [preparatif] **n.m.** (Surtout au pl.). Arrangement pris en vue de qqch : *Les préparatifs d'un voyage.*

préparation [preparasjɔ̃] **n.f. 1.** Action de préparer, de se préparer : *Préparation d'un plan* (syn. **étude, élaboration**). *La préparation d'un attentat* (syn. **organisation, maturation**). **2.** Chose préparée : *Préparation culinaire, préparation pharmaceutique.* **3. Préparation militaire,** instruction militaire donnée aux jeunes gens et jeunes filles qui souhaitent découvrir la vie militaire dans une unité de l'armée de terre (abrév. *P.M.*).

préparatoire [preparatwar] **adj. 1.** Qui prépare : *Exercices préparatoires à un sport.* **2. Classe préparatoire,** en France, classe de certains lycées destinée à préparer des candidats au concours d'entrée d'une grande école (abrév. fam. *prépa*). / **Cours préparatoire,** première année de l'enseignement primaire (abrév. *C.P.*).

préparer [prepare] **v.t.** (lat. *praeparare*). **1.** Mettre en état de servir prochainement : *Préparer une chambre, sa monnaie, des bagages.* **2.** Accommoder : *Préparer le dîner, un plat.* **3.** Créer, organiser ce qui n'existait pas : *Préparer une surprise* (syn. **réserver, ménager**). *Préparer un complot* (syn. **tramer,** litt. **ourdir**). **4.** Réserver pour l'avenir ; annoncer : *Le mauvais temps nous prépare un retour difficile* (syn. **promettre**). **5.** Rendre capable de faire qqch : *Préparer un élève à un examen* (syn. **entraîner**). *Enseignement qui prépare aux technologies nouvelles* (syn. **former**). **6.** Rendre psychologiquement prêt à accepter qqch : *Préparer qqn à une mauvaise nouvelle.* **7.** CHIM. Fabriquer ; isoler. ◆ **se préparer v.pr. 1.** Être imminent : *Une catastrophe se prépare* (syn. **menacer**). **2. Se préparer à qqch, à faire qqch,** se disposer à, se mettre en état de faire, de subir qqch : *Se préparer à partir* (syn. **s'apprêter à**).

prépondérance [prepɔ̃derɑ̃s] **n.f.** Qualité de ce qui est prépondérant : *La prépondérance d'un État* (syn. **hégémonie, domination**). *La prépondérance d'un facteur économique.*

prépondérant, e [prepɔ̃derɑ̃, -ɑ̃t] **adj.** (du lat. *praeponderare,* peser plus, l'emporter, de *pondus, -eris,* poids). **1.** Qui a plus d'importance, d'autorité que les autres : *Jouer un rôle prépondérant* (syn. **capital, primordial**). **2. Voix prépondérante,** voix qui l'emporte en cas de partage des voix : *La voix du président est prépondérante.*

préposé, e [prepoze] **n.** (de *préposer*). **1.** Personne chargée d'une fonction spéciale, en génér. subalterne : *Les préposés au vestiaire.* **2.** ADMIN. (Désignation officielle). En France, facteur, factrice de La Poste.

préposer [prepoze] **v.t.** (lat. *praeponere,* refait d'apr. *poser*). Placer qqn à la garde, à la surveillance de qqch : *Préposer qqn à la garde d'un immeuble.*

prépositif, ive [prepozitif, -iv] et **prépositionnel, elle** [prepozisjɔnɛl] **adj. 1.** GRAMM. Relatif à la préposition : *La valeur prépositionnelle d'un mot.* **2. Locution prépositive,** locution qui équivaut à une préposition : *« À cause de », « vis-à-vis de » sont des locutions prépositives.*

préposition [prepozisjɔ̃] **n.f.** (lat. *praepositio,* action de mettre en avant). GRAMM. Mot invariable qui, placé devant un complément, explicite le rapport entre celui-ci et l'élément complété : *« De », « à », « avant » sont des prépositions.*

prépuce [prepys] **n.m.** (lat. *praeputium*). Repli de la peau qui recouvre le gland de la verge.

préraphaélite [prerafaelit] **adj.** et **n.** (de *Raphaël*). Se dit d'un groupe de peintres anglais de l'ère victorienne, qui, sous l'influence de Ruskin, se donnèrent comme modèles idéals les œuvres des prédécesseurs de Raphaël. ▶ Une inspiration littéraire et symbolique, biblique ou historique caractérise les principaux membres de la « confrérie préraphaélite » : Rossetti, Hunt, Millais, Burne-Jones.

prérégler [preregle] **v.t.** [conj. **18**]. TECHN. Effectuer la présélection d'un appareil, d'un circuit, etc.

prérentrée [prerɑ̃tre] **n.f.** Rentrée des personnels enseignants et administratifs dans les établissements scolaires, précédant de quelques jours la rentrée des élèves, et destinée à préparer celle-ci.

préretraite [prerətrɛt] **n.f.** Retraite anticipée ; prestation sociale versée, sous certaines conditions, à un travailleur sans emploi ou qui cesse son emploi avant l'âge légal de la retraite : *Partir, être mis en préretraite.*

préretraité, e [prerətrete] **n.** Personne qui bénéficie d'une préretraite : *Un préretraité de 55 ans.*

prérogative [prerɔgativ] **n.f.** (lat. juridique *praerogativa,* [centurie] qui vote la première, du class. *rogare,* demander, consulter). Avantage particulier attaché à certaines fonctions, certains titres : *Les prérogatives d'un ministre* (syn. **privilège**).

préroman, e [prerɔmɑ̃, -an] **adj.** et **n.m. 1.** Se dit de l'art qui précède, prépare l'art roman. **2.** Se dit des langues antérieures aux langues romanes, en Romania.

près [prɛ] **adv.** (lat. *pressus,* de *premere,* presser, serrer). **1.** À petite distance ; non loin (dans l'espace, le temps) : *Demeurer tout près.* **2. À cela près,** cela mis à part. / **À peu près,** environ ; presque : *Cela vaut à peu près quinze euros. Il est à peu près aveugle.* / **À... près,** sauf, à la différence de, à l'exception de : *C'est vrai à quelques détails près.* / **À l'euro près,** avec une marge d'erreur maximale de un euro. / **De près,** à une faible distance : *Suivi de près par qqn. Être rasé de près* (= très ras) ; *à peu de temps d'intervalle : Les deux coups se sont suivis de près* ; avec attention, vigilance : *Surveiller qqn de près.* / MAR. **Au (plus) près,** dans la direction la plus rapprochée de celle d'où vient le vent. ◆ **prép.** DR. Auprès de : *Expert près les tribunaux.* ◆ **près de loc. prép. 1.** Dans le voisinage de : *Près du pôle.* **2.** Sur le point de : *Être près de partir.* **3.** Presque : *Près de 2 000 euros.* **4. Être près de ses sous,** être avare.

présage [prezaʒ] **n.m.** (lat. *praesagium*). **1.** Signe par lequel on pense pouvoir juger de l'avenir : *Un heureux présage.* **2.** Conjecture tirée d'un tel signe : *Tirer un présage d'un événement* (syn. **prédiction, prévision**).

présager [prezaʒe] **v.t.** et **v.t. ind. [de]** [conj. **17**]. **1.** *LITT.* Annoncer par quelque signe : *L'horizon rouge, le soir, présage le vent.* **2.** Prévoir ce qui va arriver, conjecturer : *Cela ne laisse rien présager de bon* (syn. litt. **augurer**). *Se refuser à présager de l'avenir.*

pré-salé [presale] **n.m.** (de *pré* et *salé*) [pl. *prés-salés*]. Mouton engraissé dans les pâturages proches de la mer, dont la chair acquiert de ce fait une saveur particulière (on dit aussi *mouton de pré-salé*) ; viande de cet animal.

Presbourg, forme fr. de **Pressburg,** nom all. de *Bratislava.*

Presbourg *(traité de)* [26 déc. 1805], traité imposé après la victoire d'Austerlitz par Napoléon à l'Autriche, qui cédait à la France la Vénétie, une partie de l'Istrie et la Dalmatie ; à la Bavière, le Tyrol, le Vorarlberg et le Trentin.

presbyte [prɛsbit] **adj.** et **n.** (gr. *presbutês,* vieillard). Atteint de presbytie : *Un homme âgé est souvent presbyte.*

presbytère [prɛsbitɛr] **n.m.** (lat. ecclés. *presbyterium,* de *presbyter,* prêtre). Habitation du curé, du pasteur, dans une paroisse.

presbytérianisme [prɛsbiterjanism] **n.m.** (angl. *presbyterianism* ; v. *presbytère*). **1.** Système préconisé par Calvin, dans lequel le gouvernement de l'Église est confié à un corps mixte, le *presbyterium,* formé de laïcs et de pasteurs. **2.** Ensemble des Églises réformées ayant adopté ce système ; spécial. ensemble des Églises calvinistes de langue anglaise.

presbytérien, enne [prɛsbiterjɛ̃, -ɛn] **adj.** et **n.** Qui appartient au presbytérianisme : *Ministre presbytérien.*

presbytie [prɛsbisi] **n.f.** (de *presbyte*). Diminution du pouvoir d'accommodation du cristallin, empêchant de voir les objets proches : *Correction de la presbytie par des verres convexes.*

prescience [presjɑ̃s] **n.f.** (lat. ecclés. *praescientia*, du class. *praescire*, saisir d'avance). **1.** SOUT. Connaissance de l'avenir : *Don de prescience* (syn. **anticipation, prévision**). *Une étonnante prescience lui a permis d'annoncer cet événement.* **2.** Intuition : *Avoir la prescience qu'un malheur est arrivé* (syn. **pressentiment, prémonition**).

préscolaire [preskɔlɛr] **adj.** Relatif à la période qui précède la scolarité obligatoire : *Enfants d'âge préscolaire.*

prescripteur, trice [prɛskriptœr, -tris] **n.** Personne qui exerce une influence sur le choix d'un produit ou d'un service : *Les actrices sont les plus efficaces prescriptrices de la mode.*

prescriptible [prɛskriptibl] **adj.** DR. Sujet à la prescription : *Biens, droits prescriptibles.*

prescription [prɛskripsjɔ̃] **n.f.** (lat. *praescriptio*, de *praescribere*, prescrire). **1.** Ordre qui est donné de manière formelle et précise : *Agir conformément aux prescriptions de ses supérieurs* (syn. **instruction**). **2.** Règle générale de conduite qu'il faut observer : *Les prescriptions de la morale.* **3.** Recommandation précise, éventuellement consignée sur ordonnance, en matière de traitement médical : *Suivre les prescriptions du médecin.* **4.** DR. Délai au terme duquel une situation de fait prolongée devient source de droit. **5.** DR. Délai au terme duquel l'action publique s'éteint en matière de poursuites ou de sanctions pénales : *Il ne sera pas condamné, il y a prescription.*

prescrire [prɛskrir] **v.t.** (lat. *praescribere*, de *scribere*, écrire) [conj. **99**]. **1.** Donner un ordre formel et précis : *Accomplir les formalités que prescrit le règlement* (syn. **ordonner, exiger**). **2.** Donner une règle de conduite : *Fais ce que l'honneur te prescrit.* **3.** Préconiser un traitement médical, un régime : *Prescrire des antibiotiques à un malade.* **4.** DR. Être libéré de qqch par prescription : *Les crimes contre l'humanité ne sont jamais prescrits.* ◆ **se prescrire v.pr.** DR. S'acquérir ou se perdre par prescription : *Les peines correctionnelles se prescrivent par cinq ans.*

préséance [preseɑ̃s] **n.f.** (de *séance*, fait de siéger). Droit consacré par l'usage ou fixé par l'étiquette d'être placé avant les autres, de les précéder dans l'ordre honorifique : *Placer les gens par ordre de préséance.*

présélection [preselɛksjɔ̃] **n.f.** **1.** Sélection, choix préalables : *Présélection des candidats, des concurrents.* **2.** TECHN. Réglage préliminaire permettant la sélection automatique du mode de fonctionnement choisi pour un appareil, une machine (vitesse, longueur d'onde, etc.). **3.** AUTOM. Manœuvre par laquelle un conducteur amène son véhicule dans la file de circulation correspondant à la direction qu'il compte prendre : *Flèches de présélection.*

présélectionner [preselɛksjɔne] **v.t.** Choisir par présélection : *Présélectionner des joueurs.*

présence [prezɑ̃s] **n.f.** (lat. *praesentia*). **1.** Fait de se trouver présent (par opp. à *absence*) : *Le maire a honoré la cérémonie de sa présence.* **2.** Qualité d'une personne qui s'impose au public par son talent, sa personnalité : *Avoir de la présence sur scène.* **3. En présence,** face à face ; au fig., en opposition : *Mettre des adversaires en présence* (= les confronter). *Thèses en présence.* / **En présence de qqn,** celui-ci étant présent : *Personne n'ose parler en sa présence.* / **Faire acte de présence,** se montrer brièvement par respect des convenances. / CATH. **Présence réelle,** existence réelle du corps et du sang du Christ dans l'eucharistie, sous les apparences du pain et du vin.

1. présent, e [prezɑ̃, -ɑ̃t] **adj.** et **n.** (lat. *praesens, -entis*, de *praeesse*, être en avant). Qui est ici, dans le lieu dont on parle (par opp. à *absent*) : *Personnes présentes. Combien y a-t-il de présents ?* ◆ **adj. 1.** Qui est, qui existe maintenant, dans le moment, la période où l'on parle : *La situation présente* (syn. **actuel**). **2. La présente lettre,** la lettre en question, que l'on a sous les yeux (on dit aussi *la présente*).

2. présent [prezɑ̃] **n.m.** (de *1. présent*). **1.** Partie du temps qui est actuelle, qui correspond au moment où l'on parle ; la réalité, les événements présents (par opp. à *passé, à futur*) : *Ne songer qu'au présent.* **2.** GRAMM. Temps qui indique que l'action marquée par le verbe se passe actuellement, ou qu'elle est valable tout le temps. **3. À présent,** maintenant : *À présent, parlons un peu.*

3. présent [prezɑ̃] **n.m.** (de *présenter*). LITT. Objet que l'on offre pour faire plaisir : *Faire un présent à qqn* (syn. **cadeau**).

présentable [prezɑ̃tabl] **adj. 1.** Que l'on peut montrer sans arrière-pensée, sans réticence : *Devoir, copie à peine présentables* (syn. **convenable, correct**). **2.** Qui peut paraître dans une société, en public : *Jeune homme tout à fait présentable* (syn. **bien élevé, montrable,** fam. **sortable**).

présentateur, trice [prezɑ̃tatœr, -tris] **n.** Personne qui présente au public un programme, un spectacle, une émission de radio ou de télévision : *La présentatrice du journal télévisé.*

présentation [prezɑ̃tasjɔ̃] **n.f. 1.** Action, manière de présenter qqch à qqn, de le faire connaître, en partic. pour le vendre, le promouvoir : *Mannequins chargés de la présentation des modèles de haute couture.* **2.** Réunion au cours de laquelle on présente un produit, une œuvre : *Être invité à la présentation d'un film.* **3.** Action de présenter une personne à une autre, à d'autres : *La présentation d'un nouvel employé à ses collègues.* **4.** Manière d'être, de se présenter de qqn : *Avoir une excellente présentation* (syn. **allure, apparence**). **5.** MÉD. Manière dont se présente l'enfant lors de l'accouchement : *Présentation de l'épaule, du siège.* **6.** CATH. **Présentation de la Vierge au Temple,** fête commémorée le 21 novembre. / CATH. **Présentation de l'Enfant Jésus au Temple,** fête commémorée, en même temps que la Purification de la Vierge, à la Chandeleur (2 février). ◆ **présentations n.f. pl.** Paroles par lesquelles on présente une personne à une autre : *La maîtresse de maison fait les présentations.*

présentement [prezɑ̃tmɑ̃] **adv.** VIEILLI ou RÉGION. Maintenant ; à présent : *Le directeur est présentement en voyage* (syn. **actuellement**).

présenter [prezɑ̃te] **v.t.** (lat. *praesentare*, offrir). **1.** Mettre une chose devant qqn pour qu'il la prenne, en fasse usage, l'examine : *Présenter des rafraîchissements aux invités* (syn. **proposer**). *Présenter ses papiers d'identité* (syn. **montrer**). **2.** Faire connaître ; mettre en valeur : *Commerçant qui sait présenter ses articles* (syn. **exposer, exhiber**). **3.** Faire l'exposé de : *Présenter un projet. Présenter ses idées* (syn. **exposer**). **4.** Mettre en présence ; introduire une personne auprès d'une autre : *Présenter un parent à un ami.* **5.** Exposer une partie de son corps dans un geste : *Présenter le bras par courtoisie, galanterie* (syn. **donner, tendre**). **6.** Faire apparaître sous tel ou tel jour : *Présenter qqn comme un exemple à suivre.* **7.** Laisser apparaître : *Solution qui présente des inconvénients* (syn. **comporter, comprendre**). **8. Présenter ses vœux, ses excuses, etc.,** les exprimer. / **Présenter une émission, un spectacle,** en être l'animateur. / MIL. **Présenter les armes,** rendre les honneurs par un maniement d'armes. ◆ **v.i. Présenter bien, mal,** faire bonne, mauvaise impression par sa tenue, ses manières. ◆ **se présenter v.pr. 1.** Apparaître, survenir : *Une difficulté se présente* (syn. **se produire**). **2.** Avoir ou prendre telle tournure : *L'affaire se présente bien.* **3.** Paraître en un lieu : *Se présenter à 15 heures à l'audience* (syn. **comparaître**). **4.** Paraître devant qqn et se faire connaître : *Se présenter à ses nouveaux collègues.* **5.** Se mettre sur les rangs ; être candidat : *Se présenter pour un emploi* (syn. **se proposer**). *Se présenter à un concours* (= le passer).

présentoir [prezɑ̃twar] **n.m.** Petit meuble ou élément de vitrine servant à présenter des objets à vendre.

préservatif [prezɛrvatif] **n.m.** (de *préserver*). **1.** Dispositif en matière souple, génér. en caoutchouc, utilisé dans un but contraceptif et recommandé également pour la protection contre les IST. **2. Préservatif féminin,** dispositif en forme de doigt de gant, placé dans le vagin. / **Préservatif (masculin),** étui souple en forme de doigt de gant, placé sur le pénis.

préservation [prezɛrvasjɔ̃] **n.f.** Action de préserver : *Préservation de la nature* (syn. **sauvegarde, protection**).

préserver [prezɛrve] **v.t.** (lat. *praeservare*). **1.** Garantir d'un mal ; mettre à l'abri de qqch : *Préserver du froid, de la conta-*

gion (syn. **protéger, prémunir**). **2.** Soustraire à l'altération, la destruction : *Préserver une espèce animale en voie de disparition* (syn. **sauvegarder**).

présidence [prezidɑ̃s] **n.f. 1.** Fonction de président ; temps pendant lequel cette fonction est exercée : *Briguer la présidence.* **2.** Résidence, bureaux d'un président : *L'ambassadeur s'est rendu à la présidence de la République.*

président, e [prezidɑ̃, -ɑ̃t] **n.** (lat. *praesidens*). **1.** Personne qui dirige les délibérations d'une assemblée, d'une réunion, d'un tribunal : *Président du Sénat.* **2.** Personne qui représente, dirige une collectivité, une société : *Président d'une association culturelle.* **3.** HELV. **Président de commune,** maire. / **Président de la République,** chef de l'État, dans une république, notamm. en France.

président-directeur, présidente-directrice [prezidɑ̃dirɛktœr, prezidɑ̃tdirɛktris] **n.** (pl. *présidents-directeurs, présidentes-directrices*). **Président-directeur général** (P.-D.G.), président du conseil d'administration et directeur général d'une société anonyme.

présidentiable [prezidɑ̃sjabl] **adj.** et **n.** Susceptible de devenir président de la République : *Homme politique trop jeune pour être présidentiable.*

présidentiel, elle [prezidɑ̃sjɛl] **adj. 1.** Qui concerne un président, une présidence : *Fonctions présidentielles.* **2.** Du président de la République : *Résidence présidentielle.* **3. Élection présidentielle,** processus électoral permettant la désignation du président de la République (on dit aussi *la présidentielle*). / **Régime présidentiel,** régime fondé sur la séparation des pouvoirs exécutif et législatif et dans lequel le président, chef de l'État et chef du gouvernement, jouit de prérogatives importantes : *Les États-Unis ont un régime présidentiel.*

présider [prezide] **v.t.** (lat. *praesidere,* de *sedere,* s'asseoir). Diriger une assemblée, ses débats ; être le président de : *Présider un jury d'examen. Présider plusieurs amicales sportives.* ◆ **v.t. ind. [à].** Avoir la responsabilité de ; veiller à l'exécution de : *Présider aux préparatifs d'une fête.*

présidium n.m. ⟶ **praesidium.**

Presley (Elvis), surnommé **The King** (« le Roi »), chanteur de rock et acteur de cinéma américain (Tupelo 1935 - Memphis 1977). Découvert en 1954, il devint très vite le pionnier du rock and roll. En 1956, avec *Heartbreak Hotel,* il fit scandale à la télévision par ses attitudes, lascives pour l'époque. Au-delà de sa musique, il a représenté l'arrivée d'une nouvelle génération, rebelle aux convictions sociales et désireuse d'une émancipation des mœurs.

présocratique [presɔkratik] **adj.** et **n.** Se dit des philosophes grecs qui ont précédé Socrate. ▸ On range parmi les présocratiques Thalès, Anaxagore, Héraclite, Parménide.

présomptif, ive [prezɔ̃ptif, -iv] **adj.** (lat. *praesumptivus,* de *praesumere* ; v. *présumer*). **Héritier présomptif,** celui, celle qui est appelé(e) à hériter. / **Héritier présomptif de la Couronne,** prince destiné à régner.

présomption [prezɔ̃psjɔ̃] **n.f.** (lat. *praesumptio,* de *praesumere* ; v. *présumer*). **1.** Opinion par laquelle on tient pour vrai, pour très vraisemblable, ce qui n'est que probable : *Il s'agit d'une simple présomption* (syn. **supposition, hypothèse**). **2.** Accusation fondée non sur des preuves mais sur des indices : *Certaines présomptions pèsent sur l'accusé* (syn. **charge**). **3.** Opinion trop avantageuse qu'on a de soi-même : *Il a la présomption de se croire supérieur à nous* (syn. **suffisance, prétention**).

présomptueux, euse [prezɔ̃ptɥø, -øz] **adj.** et **n.** (bas lat. *praesumptuosus,* du class. *praesumere* ; v. *présumer*). Qui a une trop haute opinion de soi : *Un jeune présomptueux* (syn. **prétentieux, vaniteux**).

presque [prɛsk(ə)] **adv.** (de *près* et *que*). **1.** Indique qu'un certain stade est très proche, sans être tout à fait atteint : *Il est presque sourd. J'ai presque tout bu.* **2. Ou presque,** sert à corriger, à rectifier une affirmation : *Il n'y avait personne ou presque.* **Rem.** *Presque* ne s'élide que dans le mot *presqu'île.*

presqu'île [prɛskil] **n.f.** Portion de terre reliée au continent par un isthme étroit : *La presqu'île de Quiberon.*

pressage [prɛsaʒ] **n.m.** Action de presser.

pressant, e [prɛsɑ̃, -ɑ̃t] **adj. 1.** Qui ne peut être différé : *Affaires pressantes* (syn. **urgent, pressé**). **2.** Qui insiste, qui exerce une vive pression pour arriver à ses fins : *Créancier qui se fait pressant* (syn. **exigeant, insistant**).

press-book [prɛsbuk] **n.m.** (mot angl.) [pl. *press-books*]. Ensemble de documents (photos, coupures de presse, etc.) concernant la carrière ou les créations d'un mannequin, d'un comédien, d'un styliste, etc., et que ce dernier présente sous la forme d'un album lors de ses contacts professionnels : *Mannequins et acteurs doivent se munir de leur press-book lors d'un casting.*

presse [prɛs] **n.f.** (de *presser*). **1.** Machine équipée d'un dispositif permettant de comprimer, d'emboutir ou de fermer ce qu'on y introduit : *Presse à fourrage.* **2.** Machine à imprimer : *Presse typographique. Presse offset.* **3.** Ensemble des journaux ; activité, monde du journalisme : *Presse d'opinion, presse d'information. Convoquer la presse* (= les journalistes). **4.** Nécessité de se hâter : *Moment de presse* (syn. **hâte, empressement**). **5. Avoir bonne, mauvaise presse,** avoir bonne, mauvaise réputation. / **Liberté de la presse,** liberté de créer un journal, de publier ses opinions dans un journal. ▸ La loi du 29 juillet 1881, même si elle a été souvent modifiée depuis, définit, en France, les droits et les devoirs de la presse (journalistes et directeurs de publication). Pour lancer un journal, il n'est pas nécessaire d'avoir une autorisation préalable, mais il faut nommer au moins un directeur de la publication qui ne bénéficie pas de l'immunité parlementaire et qui pourra être poursuivi en cas d'infraction. Le journaliste a, en principe, le droit de protéger ses sources, c'est-à-dire de ne pas donner l'identité de ses informateurs. Le directeur de la publication est le garant du droit de réponse. / **Sous presse,** en cours d'impression : *Livre sous presse.* ▸ *Dossier page suivante.*

pressé, e [prɛse] **adj. 1.** Qui a été pressé : *Fromage à pâte pressée.* **2.** Qui a hâte ; qui se hâte : *Pressé de partir. Je suis pressé, dépêche-toi.* **3.** Urgent : *Travail pressé* (syn. **pressant**). **4. Citron, orange pressés,** jus extrait de ces fruits. / **N'avoir rien de plus pressé que de,** se dépêcher de (souvent péjor.) : *Tu n'as rien de plus pressé que de regarder la télévision sitôt rentré chez toi ?* / **Parer, aller au plus pressé,** s'occuper de ce qui est le plus urgent.

presse-citron [prɛssitrɔ̃] **n.m.** (pl. *presse-citrons* ou inv.). Ustensile servant à extraire le jus des citrons, des agrumes. (On dit aussi *un presse-agrumes.*)

pressentiment [presɑ̃timɑ̃] **n.m.** (de *pressentir*). Sentiment vague, instinctif, qui fait prévoir ce qui doit arriver : *J'ai le pressentiment qu'un accident est arrivé* (syn. **prémonition, intuition**).

pressentir [presɑ̃tir] **v.t.** (lat. *praesentire,* de *sentire,* sentir) [conj. **37**]. **1.** Prévoir confusément ; se douter de : *Pressentir un malheur* (syn. **deviner, flairer**). **2.** Sonder les dispositions de qqn avant de l'appeler à certaines fonctions : *Pressentir qqn comme ministre.*

presse-papiers [prɛspapje] **n.m. inv.** Objet lourd pour maintenir des papiers sur une table, un bureau : *Se servir d'un galet comme presse-papiers.*

presse-purée [prɛspyre] **n.m. inv.** Ustensile de cuisine pour réduire les légumes en purée.

presser [prese] **v.t.** (lat. *pressare,* fréquentatif de *premere,* même sens). **1.** Comprimer de manière à extraire un liquide : *Presser un citron.* **2.** Soumettre à l'action d'une presse ou d'un pressoir ; fabriquer à la presse : *Presser du raisin* (syn. **pressurer**). *Presser un disque.* **3.** Exercer une pression sur : *Presser un bouton* (syn. **appuyer sur**). **4.** Hâter ; précipiter : *Presser son départ* (syn. **accélérer, activer**). **5.** Obliger à se hâter : *Presser les retardataires* (syn. **bousculer, brusquer**). *Presser qqn de terminer un travail.* **6. Presser le pas,** marcher plus vite. ◆ **v.i. 1.** Être urgent : *L'affaire presse.* **2. Le temps presse,** il ne reste plus beaucoup

Une ouverture à la réflexion ?

Il existe divers types de lecture qui influent sur notre manière de lire : on ne lit pas un roman ou un poème de la même façon qu'on lit un journal. Il y a aussi différentes façons de lire un quotidien : en le parcourant pour être informé rapidement des principales nouvelles qu'il nous donne, ou en portant une attention soutenue aux analyses qu'il propose. Quels bénéfices apporte la lecture de la presse ?

▶ **L'esprit critique.** Exprimant des tendances politiques diverses, les journaux d'information générale donnent une information plus ou moins complète et objective, éclairant d'un jour parfois opposé une même réalité. En comparant ces articles et en croisant les informations qu'ils donnent, le lecteur développe son esprit critique. Il peut mettre en doute les faits tels qu'ils sont présentés, adhérer ou s'opposer à certaines prises de position du journal, qui parfois crée volontairement la polémique, voire change le cours des événements. Ainsi la lettre ouverte d'Émile Zola, *J'accuse*, à la une du quotidien *l'Aurore* le 13 janvier 1898, qui prenait à partie les plus hautes autorités de l'État, ébranla l'opinion publique et s'avéra décisive pour la révision du procès du capitaine Dreyfus. Par ce pamphlet d'un lyrisme virulent et provocateur, le romancier inaugurait la figure moderne de l'intellectuel engagé et faisait de sa plume une arme politique.

▶ **L'esprit de synthèse.** Lire la presse est un acte solitaire, qu'il se fasse sur papier ou en ligne. Le lecteur peut donc choisir son mode de lecture. Dans un premier temps, il peut préférer survoler les articles et porter son regard vers les éléments les plus attrayants du journal, ou traitant de sujets qui le concernent. Du fait de la mise en page, il sera attiré par les mots chocs des gros titres ou par diverses accroches. Il sera amusé par un dessin humoristique ou étonné devant une photographie. Contrairement au lecteur d'un roman, qui respecte l'ordre des pages pour comprendre l'intrigue, le lecteur de presse glane des idées, grappille des informations, et, dans le cas d'une version électronique, va d'un article à l'autre par le biais de renvois hypertextes. Libre à lui d'organiser sa lecture en fonction du temps dont il dispose et de ses centres d'intérêt. Il se repère grâce aux titres et aux paragraphes introductifs (appelés aussi « chapeaux ») des articles qu'il confronte aux documents photographiques. Un lecteur habitué à cette forme de gymnastique intellectuelle sait généralement sélectionner et hiérarchiser les informations. Il acquiert ainsi des qualités de synthèse et est capable de dégager l'essentiel des articles.

▶ **L'ouverture d'esprit.** En parcourant les pages du journal, le lecteur voyage à travers le monde, de rubrique en rubrique ; il est amené à s'interroger sur les divers aspects de la vie de ses contemporains, et donc de sa propre vie. Il porte son regard sur le monde qui l'entoure ou sur des horizons plus lointains. La presse internationale lui offre la possibilité de s'ouvrir aux cultures des autres continents. La curiosité est source infinie de découvertes humaines, politiques, scientifiques. Cette ouverture d'esprit est riche d'expériences tant intellectuelles qu'affectives : ce lecteur-là s'interroge sur des modes de pensée qui lui sont parfois étrangers et il est aussi touché par des problèmes qui ne le concernent pas directement.

▶ **Les qualités d'un lecteur.** La lecture de la presse développe des qualités essentielles : elle apprend à s'orienter rapidement à travers les sujets, les rubriques, les genres. Elle invite le lecteur à mettre en relation des événements, des points de vue, à se situer dans une perspective plus globale. Elle exige que l'on s'adapte à des vocabulaires variés et parfois très techniques, à des sujets, des idées, des formes d'expression et des démarches différents. Ce type de lecture permet d'organiser la pensée et de formuler des avis nuancés.

Butinant de page en page sur les médias en ligne, le lecteur moderne devient lui-même un vecteur d'informations et d'opinions qu'il a faites siennes dans un temps qualifié de « réel ». Curieux et friand de nouveautés, il est aussi un consommateur pressé qui zappe d'un sujet à l'autre. Ce mode d'appropriation de l'actualité ne le prive-t-il pas de l'approfondissement et du recul nécessaires à toute analyse mesurée ?

Voir aussi : Internet ; journalisme.

de temps. ◆ **se presser** **v.pr. 1.** Se hâter : *Pourquoi se presser ?* (syn. **se dépêcher**). **2.** Venir en grand nombre ; s'entasser : *La foule se presse à ce spectacle* (syn. **affluer, se bousculer**).

pressing [presiŋ] **n.m.** (mot angl. « repassage »). **1.** Boutique où l'on nettoie les vêtements, le linge et où on les repasse à la vapeur. **2.** SPORTS. Attaque massive et continue : *Faire le pressing.*

pression [presjɔ̃] **n.f. 1.** Action de presser ou de pousser avec effort : *Une pression de la main.* **2.** PHYS. Force exercée sur une surface ; mesure de cette force, appliquée perpendiculairement à la surface, exprimée par le quotient de son intensité par l'aire de la surface : *Régler la pression des pneus.* **3.** Influence coercitive exercée sur qqn : *Faire pression sur qqn pour le décider* (= l'intimider). *Agir sous la pression de l'opinion publique* (syn. **contrainte**). **4.** Ensemble de deux petites pièces métalliques entrant par pression l'une dans l'autre et servant à fermer un vêtement, une enveloppe de tissu (on dit aussi *bouton-pression*) : *Poser des pressions sur un chemisier.* **5. Être sous pression,** être agité, énervé, tendu. / **Groupe de pression,** groupe de personnes ayant des intérêts communs et agissant sur l'opinion publique, l'État (= lobby). / **Pression artérielle,** produite par le sang sur la paroi des artères (= tension artérielle). / **Pression atmosphérique,** exercée par l'air en un lieu donné, et mesurée à l'aide d'un baromètre. ▸ La pression atmosphérique, qui diminue avec l'altitude, est en moyenne de 1 013 hectopascals au niveau de la mer. / **Pression fiscale,** charge d'impôts supportée par les contribuables.

■ Un élément de surface d'un solide, placé en un point d'un fluide (gaz ou liquide) en équilibre, subit, de la part de ce fluide, une force perpendiculaire à la surface. On appelle *pression du fluide au point considéré* le quotient de la valeur de cette force par l'aire de l'élément de surface considéré. Cette définition repose sur le fait que la valeur de cette force est indépendante de l'orientation de l'élément de surface. Les forces de pression subies par une surface sont perpendiculaires à cette surface, mais la pression est une grandeur scalaire.
Les unités de pression. Dans le Système International (SI), l'unité de pression est le pascal (Pa) ; on utilise aussi le bar, qui vaut 10^5 Pa, et, parfois encore, l'atmosphère (atm), valeur moyenne de la pression atmosphérique normale (1 atm = 1,013 25 . 10^5 Pa). Une ancienne unité de pression est le centimètre de mercure (1 atm = 76 cm de mercure).
La pression hydrostatique. La différence des pressions entre deux points d'un fluide en équilibre est proportionnelle à la différence de niveau des deux points et à la masse volumique du fluide. Importante dans le cas des liquides (de masse volumique appréciable), cette différence de pression a des valeurs négligeables dans le cas d'un gaz enfermé dans un récipient de dimensions raisonnables. On peut parler de la « pression du gaz » enfermé dans le récipient, car elle est alors presque la même partout. À l'échelle macroscopique, celle-ci est la conséquence de l'énergie cinétique, des atomes ou molécules du gaz. On peut la considérer comme la résultante de la multitude de chocs microscopiques exercés sur les parois du récipient par les particules en mouvement. ■

pressoir [preswar] **n.m. 1.** Machine servant à presser certains fruits, notamm. le raisin, pour en extraire le jus : *Pressoir à olives.* **2.** Lieu, salle où se trouve cette machine.

pressurage [presyraʒ] **n.m.** Action de pressurer.

pressurer [presyre] **v.t.** (de *pressoir*). **1.** Soumettre à l'action du pressoir : *Pressurer la vendange, les pommes.* **2.** Écraser, accabler en obligeant à payer, notamm. des impôts, des charges : *Pressurer les contribuables.* ◆ **se pressurer** **v.pr.** FAM. **Se pressurer le cerveau,** faire un effort intellectuel intense.

pressurisation [presyrizasjɔ̃] **n.f.** Action de pressuriser : *Dispositif de pressurisation.*

pressuriser [presyrize] **v.t.** (angl. *to pressurize*). Maintenir sous une pression atmosphérique normale une enceinte fermée, en partic. un avion volant à haute altitude, un vaisseau spatial.

prestance [prɛstɑ̃s] **n.f.** (lat. *praestantia,* de *praestare,* être supérieur). Maintien fier et élégant : *Avoir de la prestance* (= avoir de l'allure). *Manquer de prestance.*

prestataire [prɛstatɛr] **n. 1.** Bénéficiaire d'une prestation. **2.** Personne qui fournit une prestation. **3. Prestataire de services,** personne, collectivité qui vend des services à une clientèle.

prestation [prɛstasjɔ̃] **n.f.** (bas lat. *praestatio,* de *praetare,* fournir). **1.** Action de fournir qqch., notamm. d'exécuter un travail ; service fourni : *Prestations en nature. Les prestations offertes par un voyagiste. Prestations de service.* **2.** (Surtout au pl.). Sommes versées au titre d'une législation sociale : *Prestations familiales.* **3.** (Emploi critiqué). Fait, pour un acteur, un chanteur, un danseur, un orateur, un sportif, etc., de se produire en public : *La prestation réussie d'un chanteur. Prestation télévisée.* **4. Prestation de serment,** action de prononcer un serment.

preste [prɛst] **adj.** (it. *presto,* prompt). SOUT. Agile, leste ; vif dans ses mouvements : *Des acrobates très prestes.*

prestement [prɛstəmɑ̃] **adv.** SOUT. De façon rapide ; lestement (syn. **vivement, rapidement**).

prestidigitateur, trice [prɛstidiʒitatœr, -tris] **n.** Personne qui fait de la prestidigitation : *Les trucs d'un prestidigitateur* (syn. **illusionniste, magicien**).

prestidigitation [prɛstidiʒitasjɔ̃] **n.f.** (de *preste,* et du lat. *digitus,* doigt). Art de produire l'illusion d'opérations de magie par des manipulations et des artifices : *Des tours de prestidigitation* (syn. **illusionnisme, magie**).

prestige [prɛstiʒ] **n.m.** (lat. *praestigium,* artifice, illusion). Attrait, éclat pouvant séduire et impressionner ; influence, ascendant qu'exerce une chose ou une personne : *Le prestige d'une actrice* (syn. **séduction**). *Jouir d'un grand prestige* (syn. **renom, réputation**).

prestigieux, euse [prɛstiʒjø, -øz] **adj.** Qui a du prestige, de l'éclat : *Un musicien prestigieux* (syn. **éblouissant, fascinant**).

prestissimo [prɛstisimo] **adv.** (mot it.). MUS. Très vite : *Jouer prestissimo.* ◆ **n.m.** Morceau de musique exécuté prestissimo.

presto [prɛsto] **adv.** (mot it.). MUS. Vite. ◆ **n.m.** Morceau de musique exécuté presto : *De nombreux concertos se terminent par un presto.*

présumé, e [prezyme] **adj.** Estimé tel par supposition, en présumant : *Le présumé coupable* (syn. **hypothétique, supposé**). *Une tâche présumée facile* (syn. **censé, réputé**).

présumer [prezyme] **v.t.** (lat. *praesumere,* prendre d'avance). Croire d'après certains indices : *Je présume, à votre bronzage, que vous avez eu beau temps* (syn. **conjecturer, supposer**). ◆ **v.t. ind. [de].** Avoir une trop bonne opinion de : *Présumer de son talent, de ses forces* (syn. **surestimer**).

présupposé [presypoze] **n.m.** Ce qui est supposé vrai, préalablement à une action, une énonciation, une démonstration : *Les présupposés d'une conduite, d'une phrase.*

présupposer [presypoze] **v.t. 1.** Admettre préalablement : *Ce refus présuppose qu'on en a évalué les conséquences.* **2.** Nécessiter l'hypothèse de : *Cette tâche présuppose une très grande habileté chez lui.*

présure [prezyr] **n.f.** (lat. pop. **prensura,* ce qui est pris, ce qui fait prendre, du class. *prendere,* prendre). Sécrétion (enzyme) de l'estomac des jeunes ruminants non sevrés (veau, agneau), utilisée dans l'industrie fromagère pour faire cailler le lait.

1. prêt [prɛ] **n.m.** (de *prêter*). **1.** Action de prêter : *Le prêt d'un livre.* **2.** Chose ou somme prêtée : *Rembourser un prêt.* **3.** Contrat par lequel une chose, une somme sont prêtées sous certaines conditions : *Prêt à intérêt.* **4.** Prestation en argent à laquelle ont droit les soldats et sous-officiers accomplissant leur service militaire légal.

2. prêt, e [prɛ, prɛt] **adj.** (bas lat. *praestus,* du class. *praesto,* à portée de main). **1. [à].** Disposé, décidé à ; en état de : *Il est prêt à tout pour la revoir* (syn. **déterminé, résolu**). *Prêt à partir.* **2.** Dont la préparation est terminée ; disponible : *Le repas est prêt. Votre robe sera prête lundi.*

prétantaine ou **prétentaine** [pretɑ̃tɛn] **n.f.** (orig. incert., p.-ê. du normand *pertintaille,* ornement de robe). VIEILLI. **Courir la prétantaine,** chercher des aventures galantes.

prêt-à-porter [prɛtapɔrte] **n.m.** (pl. *prêts-à-porter*). Ensemble des vêtements exécutés selon des mesures normalisées (par opp. à *vêtements sur mesure*) : *Boutique de prêt-à-porter* (syn. **confection**).

prêt-bail *(loi du)* ou **Lend-Lease Act,** loi adoptée par le Congrès des États-Unis en mars 1941 et appliquée jusqu'en août 1945, qui autorisait le président à vendre, céder, échanger, prêter le matériel de guerre et toutes marchandises aux pays en guerre contre l'Axe.

prêté [prɛte] **n.m. C'est un prêté pour un rendu,** c'est une juste revanche.

prétendant, e [pretɑ̃dɑ̃, -ɑ̃t] **n.** Personne qui revendique un pouvoir souverain auquel elle prétend avoir droit : *Prétendant au trône.* ◆ **prétendant n.m.** VIEILLI ou PAR PLAIS. Celui qui veut épouser une femme.

prétendre [pretɑ̃dr] **v.t.** (lat. *praetendere,* tendre en avant) [conj. **73**]. **1.** Affirmer, soutenir une opinion : *Il prétend qu'il est déjà venu. Elle prétend avoir terminé son roman* (syn. **déclarer, alléguer**). **2.** Avoir la prétention de ; se flatter de : *Je ne prétends pas vous convaincre* (syn. **se targuer**). ◆ **v.t. ind. [à].** LITT. Aspirer à : *Prétendre aux honneurs* (syn. **briguer**). ◆ **se prétendre v.pr. Se prétendre** (+ n.), affirmer qu'on est telle personne, qu'on occupe telle fonction : *Il se prétend directeur de la police !*

prétendu, e [pretɑ̃dy] **adj.** Qui n'est pas ce qu'il paraît être : *Cette prétendue maladie n'est qu'un prétexte* (syn. **supposé**). *Un prétendu architecte* (syn. **soi-disant**).

prétendument [pretɑ̃dymɑ̃] **adv.** D'après ce qu'on prétend ; faussement : *Un homme prétendument riche* (syn. **soi-disant**).

prête-nom [prɛtnɔ̃] **n.m.** (pl. *prête-noms*). Personne dont le nom apparaît dans un acte où le véritable contractant ne peut pas ou ne veut pas laisser figurer le sien : *Employer un prête-nom.*

prétentaine n.f. → prétantaine.

prétentieusement [pretɑ̃sjøzmɑ̃] **adv.** De façon prétentieuse.

prétentieux, euse [pretɑ̃sjø, -øz] **adj.** et **n.** (de *prétention*). Qui cherche à en imposer, à se mettre en valeur pour des qualités qu'il n'a pas : *Un homme intelligent mais prétentieux* (syn. **vaniteux, présomptueux**). *Un jeune prétentieux* (syn. **fat, poseur**). ◆ **adj.** Empreint de prétention, de suffisance : *Un style prétentieux* (contr. **simple, sobre**).

prétention [pretɑ̃sjɔ̃] **n.f.** (du lat. *praetendere ;* v. *prétendre*). **1.** Complaisance vaniteuse envers soi-même : *Être plein de prétention* (syn. **fatuité, suffisance**). **2.** Exigence ; revendication : *Cette prétention est légitime* (syn. **requête**). *Avoir des prétentions sur un héritage.* **3. Avoir la prétention de** (+ inf.), se flatter de : *J'ai la prétention de bien connaître ce pays* (= j'affirme bien le connaître). / **Sans prétention,** simple ; (parfois par antiphrase) sans affectation : *Un intérieur douillet mais sans prétention. Un air sans prétention* (= modeste). *Sans prétention aucune, je pense que je peux y arriver.* ◆ **prétentions n.f. pl.** Salaire, rétribution demandés pour un travail déterminé : *Quelles sont vos prétentions ?*

prêter [prete] **v.t.** (lat. *praestare,* fournir). **1.** Céder pour un temps, à charge de restitution : *Prêter de l'argent* (contr. **emprunter**). **2.** Accorder, offrir spontanément : *Prêter assistance à qqn.* **3.** Attribuer une parole, un acte, etc., à qqn qui n'en est pas l'auteur : *Vous me prêtez des intentions que je n'ai pas* (syn. **imputer, supposer**). **4. Prêter attention,** être attentif : *Prêter attention à ce qui se passe.* / **Prêter l'oreille à,** écouter attentivement. / **Prêter serment,** prononcer un serment. ◆ **v.t. ind. [à].** SOUT. Fournir matière à : *Prêter à la critique* (syn. **être sujet à, donner lieu**). *Prêter à rire* (syn. **inciter**). ◆ **se prêter v.pr. [à]. 1.** Se plier à ; consentir à : *Se prêter à un arrangement malhonnête* (syn. **céder, souscrire**). **2.** Être propre à : *Bois qui se prête bien à la sculpture* (syn. **convenir**).

prétérit [preterit] **n.m.** (lat. *praeteritum [tempus],* [temps] passé). GRAMM. Forme verbale exprimant le passé, dans les langues qui ne font pas de distinction entre l'imparfait, l'aoriste et le parfait : *Le prétérit anglais (et allemand) équivaut à l'imparfait et au passé simple français.*

prétérition [preterisjɔ̃] **n.f.** (bas lat. *praeteritio,* du class. *praeterire,* passer sous silence). Figure de rhétorique par laquelle on déclare ne pas vouloir parler d'une chose dont on parle néanmoins par ce moyen (ex. : *Je n'ai pas besoin de vous dire que...*).

préteur [pretœr] **n.m.** (lat. *praetor*). ANTIQ. ROM. Magistrat qui rendait la justice à Rome ou qui gouvernait une province.

prêteur, euse [prɛtœr, -øz] **adj.** et **n.** Qui prête : *« La fourmi n'est pas prêteuse » (La Fontaine). Prêteur de fonds.*

1. prétexte [pretɛkst] **n.m.** (lat. *praetextus,* de *praetexere,* border, pourvoir de). **1.** Raison apparente qu'on met en avant pour cacher le véritable motif d'une manière d'agir : *Trouver un prétexte pour s'absenter. Sa fatigue n'est qu'un prétexte* (syn. **couverture, échappatoire**). **2. Sous aucun prétexte,** en aucun cas. / **Sous prétexte de, que,** en prenant pour prétexte : *Sous prétexte de se rendre utile, il s'est fait inviter. Il se croit tout permis sous prétexte qu'il est puissant.*

2. prétexte [pretɛkst] **n.f.** et **adj.f.** (lat. *praetexta [toga],* de *praetexere,* border). Toge (dite aussi *toge prétexte*) bordée de pourpre que portaient à Rome les magistrats et les praticiens adolescents, de la puberté à l'âge de seize ans.

prétexter [pretɛkste] **v.t.** (de *prétexte*). Alléguer comme prétexte : *Prétexter un voyage. Prétexter un malaise pour se retirer* (syn. **simuler, feindre**).

Preti (Mattia), peintre italien (Taverna, Calabre, 1613 - La Valette, île de Malte, 1699). Surtout actif à Rome, à Naples et à Malte, il a élaboré un langage dramatique et passionné, aux vigoureux effets de clair- obscur (*le Retour du fils prodigue, la Peste de 1656,* Naples).

pretium doloris [presjɔmdɔlɔris] **n.m. inv.** (mots lat. « prix de la douleur »). DR. Ensemble des dommages et intérêts alloués à titre de réparation morale d'un événement dommageable et des souffrances qui en découlent.

prétoire [pretwar] **n.m.** (lat. *praetorium*). **1.** Salle d'audience d'un tribunal. **2.** ANTIQ. ROM. Tente du général, dans un camp ; palais du préteur, dans les provinces.

Pretoria, cap. de l'Afrique du Sud (siège du gouvernement) et ch.-l. de prov., partie, depuis 2000, de l'aire métropolitaine de Tshwane ; 927 818 hab. (1 991 000 hab. dans l'agglomération). Archevêché. Centre universitaire et industriel.

prétorien, enne [pretɔrjɛ̃, -ɛn] **adj.** (lat *praetorianus,* de *praetorium,* prétoire). **Garde prétorienne,** dans la Rome antique, troupe destinée à la garde du préteur et, plus tard, de l'empereur ; auj., garde personnelle d'un dictateur. ◆ **prétorien n.m.** ANTIQ. ROM. Soldat de la garde personnelle de l'empereur.

prétraité, e [pretrete] **adj.** Qui a subi un traitement préalable : *Riz prétraité.*

prêtre [prɛtr] **n.m.** (lat. ecclés. *presbyter,* gr. *presbuteros,* vieillard). **1.** Ministre d'un culte religieux : *Les prêtres de Jupiter, à Rome.* **2.** Celui qui a reçu le sacrement de l'ordre dans l'Église catholique et les Églises orientales.

prêtresse [prɛtrɛs] **n.f.** (de *prêtre*). Femme, jeune fille consacrée au culte d'une divinité : *Les prêtresses de Diane.*

prêtrise [prɛtriz] **n.f. 1.** Fonction et dignité de prêtre (syn. **sacerdoce**). **2.** CATH. Degré du sacrement de l'ordre qui donne le pouvoir de célébrer la messe, de confesser, de donner le sacrement des malades et de bénir les mariages : *Recevoir la prêtrise.*

préture [pretyr] **n.f.** (lat. *praetura,* de *praetor,* préteur). ANTIQ. ROM. Charge, fonction de préteur ; durée de son exercice.

preuve [prœv] **n.f.** (de *prouver*). **1.** Ce qui démontre, établit la vérité de qqch : *J'ai la preuve qu'il ment. Accuser, juger sans preuves.* **2.** MATH. Procédé permettant de vérifier l'exactitude d'un calcul ou la justesse de la solution d'un problème : *Preuve par neuf.* **3.** Marque ; indice ; témoignage : *Cet appartement est la preuve de sa réussite sociale* (syn. **signe**). *Donner une preuve d'amour* (syn. **gage**). **4. Faire preuve de,** manifester : *Faire preuve d'un grand courage.* / **Faire ses preuves,** manifester sa valeur, ses capacités, etc. : *Artiste qui a déjà fait ses preuves.* / FAM. **La preuve,** après une affirmation, introduit la preuve qu'on en donne : *Tu savais qu'il comptait revenir : la preuve, tu l'as attendu.*

preux [prø] **adj.m.** et **n.m.** (bas lat. *prodis,* du class. *prodesse,* être utile). LITT. Brave ; vaillant : *Preux chevaliers.*

prévaloir [prevalwar] **v.i.** (lat. *praevalere*) [conj. **61**]. SOUT. Avoir l'avantage ; l'emporter : *Son opinion a prévalu* (syn. **dominer, prédominer, primer**). ◆ **se prévaloir v.pr. [de].** Tirer avantage de ; faire valoir : *Se prévaloir de son ancienneté.*

prévaricateur, trice [prevarikatœr, -tris] **adj.** et **n.** Qui se rend coupable de prévarication.

prévarication [prevarikasjɔ̃] **n.f.** (lat. *praevaricatio*). Action de celui qui manque aux devoirs de sa charge ; spécial. détournement de fonds publics : *Fonctionnaire qui se rend coupable de prévarication* (syn. **concussion**).

prévenance [prevnɑ̃s] **n.f.** (de *prévenant*). Manière obligeante d'aller au-devant de ce qui peut plaire à qqn : *Faire preuve de prévenance, manquer de prévenance.*

prévenant, e [prevnɑ̃, -ɑ̃t] **adj.** (de *prévenir*). Plein de sollicitude, d'attention à l'égard de qqn : *Un homme prévenant* (syn. **attentionné, obligeant**). *Des manières prévenantes.*

prévenir [prevnir] **v.t.** (lat. *praevenire,* devancer) [conj. **40**]. **1.** Informer par avance : *Prévenir qqn de ce qui va se passer* (syn. **avertir**). *Prévenir d'un changement* (syn. **aviser**). **2.** Aller au-devant de qqch, l'empêcher de se produire en prenant les précautions, les mesures nécessaires : *Les moyens de prévenir une maladie* (syn. **éviter, parer à**). **3.** Satisfaire par avance : *Prévenir les désirs de qqn* (syn. **devancer**). **4. Prévenir qqn contre** ou **en faveur de,** faire adopter par avance à qqn une opinion défavorable ou favorable à l'égard de : *On vous a prévenu contre moi* (syn. **monter**). *Des juges prévenus en faveur de l'accusé.*

préventif, ive [prevɑ̃tif, -iv] **adj.** (du lat. *praeventus,* de *praevenire ;* v. *prévenir*). **1.** Qui a pour effet d'empêcher un mal prévisible : *Médecine préventive.* **2. Détention préventive** ou **préventive n.f.,** détention provisoire* : *Faire six mois de préventive.*

prévention [prevɑ̃sjɔ̃] **n.f.** (lat. *praeventio,* de *praevenire ;* v. *prévenir*). **1.** Ensemble des mesures prises pour prévenir un danger, un risque, un mal, pour l'empêcher de survenir : *Prévention des accidents du travail. Prévention routière.* **2.** Opinion défavorable formée sans examen ; partialité : *Artiste qui se heurte aux préventions du public* (syn. **préjugé, parti pris**). **3.** DR. État d'un individu contre lequel il existe une présomption de délit ou de crime ; détention d'un prévenu.

préventivement [prevɑ̃tivmɑ̃] **adv.** De façon préventive : *Vacciner préventivement les enfants.*

prévenu, e [prevny] **n.** (du p. passé de *prévenir*). Personne poursuivie pour une infraction et qui n'a pas encore été jugée : *Circonstance favorable au prévenu* (syn. **inculpé**).

Prévert (Jacques), poète français (Neuilly-sur-Seine 1900 - Omonville-la-Petite, Manche, 1977). Il allie dans ses poèmes l'image insolite, la cocasserie et la tendresse à la gouaille populaire (*Paroles,* 1946 ; *Spectacle,* 1951 ; *la Pluie et le Beau Temps,* 1955 ; *Fatras,* 1966). Il fut le scénariste de plusieurs films célèbres (*Drôle de drame, les Visiteurs du soir, les Enfants du paradis* de Carné ; *Remorques, Lumière d'été* de Grémillon).

prévisible [previzibl] **adj.** Qui peut être prévu : *Cette catastrophe était prévisible.*

prévision [previzjɔ̃] **n.f.** (bas lat. *praevisio,* du class. *praevidere,* prévoir). **1.** Action de prévoir ; chose prévue : *La prévision du temps, des recettes. Ses prévisions se sont révélées exactes* (syn. **hypothèse, conjecture**). **2. En prévision de qqch,** en pensant que cela pourra se produire : *Prendre un pull en prévision du froid.*

prévisionnel, elle [previzjɔnɛl] **adj.** Qui comporte des calculs de prévision, se fonde sur des prévisions : *Budget prévisionnel. Mesures prévisionnelles.*

prévoir [prevwar] **v.t.** (lat. *praevidere*) [conj. **63**]. **1.** Se représenter à l'avance ce qui doit arriver, ce qui est prévisible : *Prévoir un malheur* (syn. **pressentir, présager**). *Prévoir les conséquences d'un acte* (syn. **calculer, pronostiquer**). **2.** Organiser à l'avance ; envisager : *Tout prévoir pour un voyage. Qu'as-tu prévu pour ce soir ?*

Prévost (Antoine François Prévost d'Exiles, dit **l'abbé),** écrivain français (Hesdin 1697 - Courteuil, Oise, 1763). Auteur de romans de mœurs et d'aventures, il est célèbre pour sa vie aventureuse et pour *Manon Lescaut* (1731), un des chefs-d'œuvre du roman psychologique, récit des amours du chevalier Des Grieux et de la séduisante mais perfide Manon.

prévôt [prevo] **n.m.** (lat. *praepositus,* préposé). **1.** HIST. Agent royal ou seigneurial aux attributions diverses (judiciaires, administratives, militaires) au Moyen Âge et sous l'Ancien Régime : *Prévôt de Paris. Étienne Marcel, prévôt des marchands.* **2.** MIL. Officier de gendarmerie exerçant un commandement dans une prévôté.

prévôté [prevote] **n.f. 1.** HIST. Titre, fonction de prévôt ; juridiction, résidence d'un prévôt. **2.** MIL. Détachement de gendarmerie affecté, en opérations extérieures, à une unité mlilitaire ou à une base, et chargé des missions de police générale et judiciaire.

prévoyance [prevwajɑ̃s] **n.f.** (de l'anc. *pourvoyance,* d'apr. *prévoir*). Qualité de qqn qui sait prévoir et qui prend des dispositions en conséquence : *Faire preuve d'une grande prévoyance.*

prévoyant, e [prevwajɑ̃, -ɑ̃t] **adj.** Qui fait preuve de prévoyance : *Un chef d'entreprise prévoyant* (syn. **avisé, prudent ;** contr. **insouciant**).

Priam, dernier roi de Troie. Il combattit les Amazones. De ses femmes, dont Hécube, il eut cinquante fils, notamment Hector et Pâris, et plusieurs filles, dont Cassandre et Polyxène. Pendant le siège de Troie, il assista à la mort d'Hector. Il fut tué par Néoptolème lors de la prise de la ville.

Priape, étrange petit dieu de la mythologie grecque dont l'attribut est un énorme membre viril en érection. Mais il ne peut pourtant être assimilé à d'autres personnages ithyphalliques (au phallus démesuré), tels que son père Dionysos ou Pan et les satyres. Car, pour ce dieu, le sexe érigé est une infirmité congénitale ; il aurait pu avoir la double fonction d'effrayer les voleurs et de symboliser la pousse des plantations et la fertilité en général.

priapisme [prijapism] **n.m.** (de *Priape*). PATHOL. Érection prolongée, douloureuse, non liée à une stimulation érotique, symptomatique de diverses affections.

Pribilof *(îles),* archipel de la mer de Béring (dépendance de l'Alaska).

prie-Dieu [pridjø] **n.m. inv.** Sorte de chaise basse, munie d'un accoudoir, sur laquelle on s'agenouille pour prier.

prier [prije] **v.t.** (lat. *precari*) [conj. **10**]. **1.** S'adresser par la prière à Dieu, à une divinité : *Prier Dieu à genoux.* **2.** Demander avec instance, fermeté, déférence ou humilité à qqn de faire qqch : *Je vous prie de tout faire pour le sauver* (syn. **supplier, conjurer**). *On les a priés de sortir* (syn. **ordonner à, sommer**). **3. Je vous en prie,** formule de politesse qui sert à répondre à un remerciement, à des excuses : *Merci. – Je vous en prie.*

/ Je vous prie, je vous en prie, formules accompagnant une demande, une invite polie, ou soulignant au contraire une injonction : *Suivez-moi, je vous prie* (= s'il vous plaît). : *Taisez-vous, je vous prie. Ah ! non, je t'en prie, ça suffit.* **/ Se faire prier,** n'accepter de faire qqch qu'après avoir été longuement sollicité : *Accepter sans se faire prier* (= avec empressement). ◆ **v.i.** Intercéder auprès de Dieu, des saints : *Prier pour les morts.*

prière [prijɛr] **n.f.** (lat. pop. **precaria,* du class. *precarius,* qui s'obtient en priant). **1.** Acte par lequel on s'adresse à Dieu, à une divinité pour exprimer l'adoration ou la vénération, une demande, une action de grâces : *Lieu de prière* (= oratoire). **2.** Ensemble de phrases, de formules souvent rituelles par lesquelles on s'adresse à Dieu, à une divinité : *Faire, réciter sa prière.* **3.** Demande instante : *Écoutez ma prière* (syn. **supplique, requête**). **4. Prière de,** il est demandé de : *Prière de ne pas fumer.*

Priestley (Joseph), chimiste, philosophe et théologien britannique (Birstall Fieldhead, près de Leeds, 1733 - Northumberland, Pennsylvanie, 1804). À partir de 1767, il isola une dizaine de gaz nouveaux : oxyde et dioxyde de carbone, oxyde nitreux, gaz chlorhydrique, gaz sulfureux, ammoniac, etc. Il découvrit la respiration des végétaux (1771) et mit en évidence l'importance de la lumière dans la photosynthèse. Mais sa découverte la plus célèbre est celle de l'oxygène (1774), qu'il obtint en chauffant de l'oxyde de mercure. En électrostatique, il vérifia que l'électrisation des conducteurs est superficielle, et en conclut que la loi d'action entre charges électriques est la même que pour la gravitation.

prieur, e [prijœr] **n.** et **adj.** (lat. *prior,* le premier des deux). Supérieur(e) de certaines communautés religieuses.

prieuré [prijœre] **n.m. 1.** Communauté religieuse placée sous l'autorité d'un prieur, d'une prieure. **2.** Église, maison d'une telle communauté.

Prigogine (Ilya), chimiste et philosophe belge d'origine russe (Moscou 1917 - Bruxelles 2003). Il a mis en lumière la valeur créative des phénomènes aléatoires (l'auto-organisation), et proposé une théorie dite *des structures dissipatives.* Celle-ci décrit un système qui, étant loin de son état initial d'équilibre, évolue spontanément vers un état stable plus organisé. Prigogine a construit une nouvelle méthodologie pour la démarche scientifique (*la Nouvelle Alliance,* 1979). [Prix Nobel de chimie 1977.]

prima donna [primadɔna] **n.f.** [mots it. « première dame »] (pl. *prime donne* [primedɔne]). Première chanteuse dans un opéra.

1. primaire [primɛr] **adj.** (lat. *primarius,* du premier rang). **1.** Qui est premier dans le temps, dans une série : *Symptôme primaire d'une affection.* **2.** Qui appartient à l'enseignement du premier degré (de l'école maternelle à l'entrée au collège) : *École, enseignement primaires.* **3.** Simpliste et borné (péjor.) : *Un raisonnement primaire.* **4.** PSYCHOL. Se dit, en caractérologie, d'une personne chez laquelle prédominent les réactions immédiates (par opp. à *secondaire*). **5. Couleurs primaires,** le rouge, le jaune et le bleu (on dit aussi *couleurs fondamentales*). **/ Élection primaire** ou **primaire n.f.,** élection organisée au sein d'un parti politique ou d'une coalition, destinée à désigner leur candidat officiel à une élection nationale, locale, etc. ▶ Elle est pratiquée en particulier aux États-Unis pour l'élection présidentielle. / ÉCON. **Secteur primaire,** ensemble des activités économiques productrices de matières premières, notamm. l'agriculture et les industries d'extraction. **/ Ère primaire ⟶ paléozoïque.**

2. primaire [primɛr] **n.m. 1.** Enseignement primaire. **2.** GÉOL. Ère primaire (syn. **paléozoïque**). **3.** ÉCON. Secteur primaire. **4.** ÉLECTR. Enroulement, alimenté par le réseau, d'un transformateur ou d'une machine asynchrone.

primat [prima] **n.m.** (lat. *primas, -atis,* qui est au premier rang). **1.** Titre honorifique attaché à un siège épiscopal en vertu d'une tradition fondée sur l'importance historique de ce siège : *Le titre de primat donne un droit de préséance sur les archevêques. Le primat des Gaules* (= l'évêque de Lyon). **2.** Dominance, antériorité logique : *Affirmer le primat du cœur sur la raison* (syn. **primauté**).

primate [primat] **n.m.** (lat. *primas, -atis,* qui est au premier rang). **Primates,** ordre de mammifères aux mains préhensiles, aux ongles plats, possédant une denture complète et un cerveau très développé, tels que les lémuriens, les singes et l'homme.

Primatice (Francesco Primaticcio, dit en fr. **[le]),** peintre et architecte italien (Bologne 1504 - Paris 1570). Élève de J. Romain, il arrive en 1532 sur le chantier de Fontainebleau, qu'il dirigera après la mort du Rosso. Son rôle fut celui d'un véritable directeur des beaux-arts des Valois. Le Louvre conserve un ensemble de ses dessins, études d'une élégance précieuse et raffinée pour des décors à sujets mythologiques.

primauté [primote] **n.f.** (du lat. *primus,* premier, d'apr. *royauté*). **1.** Prééminence ; premier rang ; supériorité : *La primauté du spirituel sur le temporel* (syn. **prépondérance, suprématie**). **2. Primauté du pape,** autorité suprême du pape, niée par les Églises protestantes, reconnue par les Églises orientales à titre purement honorifique.

1. prime [prim] **n.f.** (angl. *premium,* lat. *praemium,* récompense). **1.** Somme que l'assuré doit à l'assureur : *Le montant de la prime varie en fonction du risque couvert.* **2.** Somme versée à un salarié en plus de son salaire à titre de gratification ou pour l'indemniser de certains frais ; somme ou don accordés à titre de récompense ou d'encouragement : *Prime de transport.* **3.** Ce qu'on donne en plus ; cadeau offert à un client pour l'attirer ou le retenir : *Stylo en prime pour tout acheteur.* **4.** BOURSE. Dédit payé par l'acheteur en cas de résiliation d'une transaction, dans les opérations dites *à prime* : *Marché à prime.*

2. prime [prim] **adj.** (lat. *primus*). **1.** LITT. Premier (seul. dans quelques expressions) : *La prime jeunesse* (= le tout jeune âge). *De prime abord* (= tout d'abord). **2.** MATH. Se dit d'un symbole littéral affecté d'un accent : *B' s'énonce « B prime ».*

3. prime [prim] **n.f.** (de *2. prime*). Partie de l'office divin qui se récitait au lever du jour : *Chanter, dire prime.*

1. primer [prime] **v.t.** (de *1. prime*). Accorder une récompense, un prix à : *Film primé dans un festival.*

2. primer [prime] **v.t.** ou **v.t. ind. [sur]** (de *2. prime*). L'emporter sur qqn, qqch : *Chez lui, la mémoire prime l'intelligence* (syn. **dominer**). *Cette raison prime sur toutes les autres* (syn. **prévaloir**).

primerose [primroz] **n.f.** (de *2. prime* et *rose*). Rose trémière.

primesautier, ère [primsotje, -ɛr] **adj.** (anc. fr. *prinsaltier,* de *prin saut,* prime abord). LITT. Qui décide, parle, agit avec spontanéité : *Une jeune fille primesautière* (syn. **spontané** ; contr. **réfléchi, pondéré**).

primeur [primœr] **n.f.** (de *2. prime*). **1.** VIEILLI. Caractère de ce qui est nouveau : *Jeune talent dans sa primeur.* **2. Avoir la primeur de qqch,** être le premier ou parmi les premiers à connaître qqch, à en jouir : *Avoir la primeur d'une information.* **/ Vin de primeur,** vin de l'année mis sur le marché le troisième jeudi de novembre avec la mention *primeur* ou *nouveau* (on dit aussi *vin primeur*). ◆ **primeurs n.f. pl. 1.** Fruits ou légumes commercialisés avant la saison normale, provenant d'une culture forcée ou d'une région plus chaude. **2. Marchand de primeurs,** marchand de fruits et légumes en général.

primevère [primvɛr] **n.f.** (anc. fr. *primevoire,* propr. « printemps », lat. pop. **prima vera,* du class. *primum ver,* début du printemps). Plante des prés et des bois, à fleurs jaunes, blanches ou mauves, qui fleurit au printemps. ▶ Famille des primulacées. La primevère officinale est appelée usuellement *coucou.*

primipare [primipar] **adj.** et **n.f.** (lat. *primipara,* de *primus,* premier, et *parere,* accoucher). Qui accouche ou qui met bas pour la première fois.

primitif, ive [primitif, -iv] **adj.** (lat. *primitivus,* premier-né). **1.** Qui appartient au premier état d'une chose : *Forme primitive d'un continent* (syn. **initial, premier, originel**). **2.** Qui constitue l'élément premier, fondamental : *Couleurs primitives* (= les sept couleurs du spectre). **3.** Simple ; fruste ; rudimentaire : *Mœurs primitives. Installation primitive* (syn. **sommaire**). **4.** *VIEILLI.* Se dit des sociétés humaines restées à l'écart de la civilisation mécanique et industrielle et qui ont conservé leurs structures socio-économiques propres. (L'idée d'une « avancée » du « civilisé » par rapport au « primitif » étant dépourvue de tout fondement scientifique, on parle de préférence auj. de sociétés *traditionnelles*.) **5. Église primitive,** Église des deux premiers siècles du christianisme. / MATH. **Fonction primitive d'une autre fonction,** fonction dont cette dernière est la dérivée (on dit aussi *la primitive*). ◆ **n.** et **adj. 1.** *VIEILLI.* Personne appartenant à une société primitive. **2.** Personne fruste. ◆ **primitif n.m.** BX-A. Peintre, sculpteur de la période antérieure à la Renaissance : *Les primitifs italiens, flamands.*

primitivement [primitivmɑ̃] **adv.** À l'origine : *Primitivement fixée au 15 mars, la cérémonie a ensuite été repoussée* (syn. **initialement**).

primo [primo] **adv.** (mot lat.). Premièrement ; en premier lieu : *Primo il est intelligent, secundo il est agréable.*

Primo de Rivera y Orbaneja (Miguel), général et homme politique espagnol (Jerez de la Frontera 1870 - Paris 1930). Capitaine général de Catalogne, il s'empara du pouvoir en 1923. Chef du gouvernement, il forma un directoire militaire qui supprima les libertés démocratiques. Au Maroc, avec l'aide de la France, il mit fin à la rébellion d'Abd el-Krim (1925). Face à l'opposition de l'armée et de l'université, il dut démissionner en 1930.

primo-infection [primoɛ̃fɛksjɔ̃] **n.f.** (pl. *primo-infections*). **1.** MÉD. Première atteinte de l'organisme par un germe. **2. Primo-infection tuberculeuse,** caractérisée par le virage de la cuti-réaction.

primordial, e, aux [primɔrdjal, -o] **adj.** (bas lat. *primordialis,* du class. *primordium,* commencement). **1.** Qui existe depuis l'origine ; qui est le plus ancien : *Instincts primordiaux.* **2.** D'une grande importance : *Rôle primordial* (syn. **fondamental, principal** ; contr. **mineur, secondaire**). *Il est primordial que tu restes* (syn. **essentiel, capital**).

primulacée [primylase] **n.f.** (du lat. scientif. *primula,* primevère). **Primulacées,** famille de plantes dont les fleurs, à pétales soudés, présentent une corolle régulière, comme la primevère, le cyclamen, le mouron rouge.

prince [prɛ̃s] **n.m.** (lat. *princeps,* premier, puis « empereur »). **1.** Noble qui possède une souveraineté ou qui appartient à une famille souveraine : *Le prince de Monaco.* **2.** En France, titre de noblesse le plus élevé sous l'Empire. **3.** *LITT.* Le premier par son talent, son mérite : *Le prince des poètes.* **4.** *FAM.* **Être bon prince,** se montrer accommodant ; faire preuve de générosité. / **Fait du prince,** acte arbitraire d'un pouvoir absolu, d'une autorité quelconque. / **Le prince charmant,** le jeune et beau héros qui, dans les contes, vient délivrer l'héroïne persécutée ; l'homme dont rêvent les jeunes filles romanesques : *Attendre son prince charmant.* / **Les princes de l'Église,** les cardinaux et les évêques.

prince-de-galles [prɛ̃sdəgal] **n.m. inv.** et **adj. inv.** (de *prince de Galles,* titre britannique). Tissu présentant des motifs à lignes croisées en plusieurs tons d'une même couleur : *Costume prince-de-galles.*

Prince-de-Galles ***(île du),*** en angl. **Prince of Wales Island,** île de l'archipel arctique canadien, à proximité de laquelle se trouve le pôle magnétique.

Prince-Édouard ***(île du),*** en angl. **Prince Edward Island,** île et province maritime *(de l'Île-du-Prince-Édouard)* du Canada ; 5 657 km^2 ; 140 204 hab. CAP. *Charlottetown.* La pêche, l'agriculture et l'élevage sont complétés par le tourisme.

Prince-Édouard ***(îles du),*** archipel du sud de l'océan Indien, dépendance de l'Afrique du Sud.

Prince Noir (le) ⟶ **Édouard.**

princeps [prɛ̃sɛps] **adj.** (mot lat. « premier »). **1. Édition princeps,** la première de toutes les éditions d'un ouvrage. **2. Observation princeps,** première description scientifique d'un phénomène.

princesse [prɛ̃sɛs] **n.f. 1.** Fille ou femme d'un prince ; fille d'un souverain ou d'une souveraine. **2.** Souveraine d'un pays. **3.** *FAM.* **Aux frais de la princesse,** aux frais de l'État ou d'une collectivité, sans payer de sa poche. / *FAM.* **Faire la princesse,** prendre de grands airs.

Princeton, v. des États-Unis (New Jersey) ; 12 307 hab. Université fondée en 1746. Musées.

princier, ère [prɛ̃sje, -ɛr] **adj. 1.** De prince : *Famille princière.* **2.** Somptueux ; digne d'un prince : *Cadeau princier* (syn. **luxueux, splendide**).

princièrement [prɛ̃sjɛrmɑ̃] **adv.** D'une façon princière : *Recevoir princièrement ses hôtes* (syn. **somptueusement**).

1. principal, e, aux [prɛ̃sipal, -o] **adj.** (lat. *principalis,* de *princeps,* premier). **1.** Qui est le plus important : *Le personnage principal* (= le protagoniste) [syn. **fondamental, essentiel**]. *Bâtiment principal* (contr. **annexe**). *Raison principale* (syn. **décisif, prédominant** ; contr. **accessoire**). **2.** GRAMM. **Proposition principale,** proposition dont les autres dépendent et qui ne dépend d'aucune autre, par opp. à *proposition subordonnée* (on dit aussi *une principale*) : *Dans la phrase « je souhaite que vous ayez raison », « je souhaite » est la principale.* ◆ **n.** En France, directeur, directrice d'un collège. ◆ **principal n.m.** Premier clerc d'une étude.

2. principal [prɛ̃sipal] **n.m.** (de *1. principal*). **1.** Ce qu'il y a de plus important : *Vous oubliez le principal* (syn. **essentiel**). **2.** Capital d'une dette : *Le principal et les intérêts.* **3.** DR. Montant d'une demande en justice (capital, fruits et intérêts, par opp. à *accessoires* [dépens, etc.]).

principalement [prɛ̃sipalmɑ̃] **adv.** Avant tout ; par-dessus tout (syn. **particulièrement, surtout**).

principauté [prɛ̃sipote] **n.f.** (lat. *principalitas* ; v. *principal*). État indépendant dont le souverain a le titre de prince.

principe [prɛ̃sip] **n.m.** (lat. *principium,* commencement). **1.** Origine ; cause première : *Remonter jusqu'au principe de toutes choses* (syn. **fondement, source**). **2.** Proposition admise comme base d'un raisonnement : *Je pars du principe que...* (syn. **hypothèse**). **3.** Loi générale régissant un ensemble de phénomènes et vérifiée par l'exactitude de ses conséquences : *Principe d'Archimède.* **4.** (Surtout au pl.). Connaissance, règle élémentaire d'une science, d'un art, d'une technique, etc. : *Apprendre les principes de la géométrie* (syn. **base, rudiments**). **5.** Élément constitutif d'une chose ; élément actif : *Fruit riche en principes nutritifs.* **6.** Règle générale théorique qui guide la conduite : *Être fidèle, manquer à ses principes.* **7. De principe,** qui porte sur l'essentiel mais demande confirmation : *Accord de principe.* / **En principe,** en théorie, selon les prévisions : *En principe, il devrait être là* (syn. **théoriquement**). / **Par principe,** en vertu d'une décision a priori : *Il n'est tenu compte, par principe, d'aucune réclamation.* / **Pour le principe,** pour respecter au moins formellement une règle ; par acquit de conscience : *Elle a protesté, mais seulement pour le principe.*

printanier, ère [prɛ̃tanje, -ɛr] **adj.** Du printemps.

printemps [prɛ̃tɑ̃] **n.m.** (du lat. *primus tempus* [*anni*], première saison). **1.** Saison qui succède à l'hiver et précède l'été et qui, dans l'hémisphère boréal, commence le 20 ou 21 mars et finit le 21 ou 22 juin : *Au printemps, la végétation renaît. Printemps tardif, précoce.* **2.** *LITT.* Année d'âge, surtout en parlant d'une personne jeune ou, par plais., d'une personne âgée : *Jeune fille de seize printemps.* **3.** *LITT.* Jeunesse, jeune âge : *Le printemps de la vie.*

prion [prijɔ̃] **n.m.** (de l'anglais *proteinaceous infectious particle,* particule protéique infectieuse). Particule infectieuse de nature protéique, agent probable des maladies du cerveau groupées sous le nom d'encéphalopathies spongiformes, telles la maladie de la vache folle et la maladie de Creutzfeldt-Jacob. ▸ Isolé en 1982, le prion est le premier agent pathogène connu à ne pas posséder de matériel génétique (c'est un « agent infectieux non conventionnel »). Son mécanisme d'action est encore mal connu.

prioritaire [prijɔritɛr] **adj.** et **n.** Qui a la priorité.

prioritairement [prijɔritɛrmɑ̃] **adv.** En priorité.

priorité [prijɔrite] **n.f.** (lat. médiév. *prioritas*, du class. *prior*, le premier des deux). **1.** Fait de venir le premier, de passer avant les autres en raison de son importance ; spécial., droit, établi par un règlement, de passer avant les autres : *Le problème du chômage est une priorité pour le gouvernement. Laisser la priorité aux véhicules venant de droite.* **2.** Antériorité dans le temps : *Établir la priorité d'un fait par rapport à un autre.* **3. En priorité, par priorité,** avant toute autre chose : *Les enfants ont été évacués en priorité.*

pris, e [pri, priz] **adj.** (p. passé de *prendre*). **1.** Accaparé par une occupation : *Le directeur est très pris ce matin.* **2.** Atteint par une maladie : *Avoir le nez pris, la gorge prise* (= enflammé). **3. Taille bien prise,** taille qui a de justes proportions, mince (aussi *prendre*).

prise [priz] **n.f.** (de *pris*). **1.** Action de saisir, de tenir serré : *Maintenir la prise.* **2.** Action, manière de saisir l'adversaire, dans une lutte, un corps à corps : *Prise de judo.* **3.** Ce qui permet de saisir : *Alpiniste qui cherche une prise* (syn. **aspérité, saillie**). **4.** Action de s'emparer de qqch, de faire ou de retenir prisonnier qqn ; ce qui est pris : *Prise de la Bastille. Prise d'otages. Prise de guerre* (syn. **butin**). **5.** Action de recueillir, de capter qqch : *Prise de sang* (syn. **prélèvement**). **6.** Dispositif servant à capter ; bifurcation au moyen de laquelle on détourne une partie de la masse d'un fluide : *Prise d'eau.* **7.** Action d'absorber, notamm. un médicament ; quantité administrée en une fois : *La prise d'un médicament* (syn. **ingestion, absorption**). *La dose sera répartie en plusieurs prises.* **8.** Pincée de tabac en poudre aspirée par le nez. **9.** Action de prendre une attitude, d'adopter un comportement : *Prise de position.* **10.** Fait de se figer, de se durcir : *Ciment à prise rapide.* **11. Avoir prise sur,** avoir des moyens d'action sur : *Il n'a aucune prise sur elle.* / **Donner, laisser prise à,** fournir la matière ou l'occasion de s'exercer à : *Donner prise à la critique.* / **Être aux prises avec,** lutter contre ; être tourmenté par : *Être aux prises avec un problème.* / **Lâcher prise** ⟶ **lâcher.** / **Prise à partie,** action d'attaquer qqn. / **Prise de conscience,** fait de devenir conscient de qqch, notamm. de son rôle, de sa situation, etc. / **Prise de contact,** première rencontre : *Cette prise de contact a été très prometteuse.* / **Prise de possession,** acte par lequel on entre en possession d'un bien, d'une fonction, d'un territoire, etc. / **Prise de son,** ensemble des opérations permettant un enregistrement sonore. / **Prise de vues,** enregistrement des images d'un film ; au pl., ces images elles-mêmes. / **Prise directe,** sur un véhicule automobile, combinaison du changement de vitesse dans laquelle la transmission du mouvement est directe ; au fig., contact immédiat, étroit : *Être en prise directe avec les réalités du terrain.* **12. Prise (de courant),** dispositif de branchement électrique relié à une ligne d'alimentation. / **Prise de terre,** conducteur servant à établir une liaison avec la terre ; prise de courant comportant un tel conducteur.

1. priser [prize] **v.t.** (bas lat. *pretiare*, du class. *pretium*, prix). *LITT.* Faire cas de : *Priser l'élégance par-dessus tout* (syn. **estimer, apprécier**).

2. priser [prize] **v.t.** (de *prise*). Aspirer du tabac par le nez.

prismatique [prismatik] **adj. 1.** Du prisme ; qui a la forme d'un prisme : *Corps prismatiques.* **2.** Qui contient un ou plusieurs prismes : *Jumelle prismatique.* **3.** MATH. **Surface prismatique,** ensemble des droites de direction fixe qui s'appuient sur un polygone.

prisme [prism] **n.m.** (gr. *prisma*, de *prizein*, scier). **1.** GÉOM. Solide limité par une surface prismatique et deux plans parallèles coupant celle-ci selon deux polygones *(bases).* **2.** PHYS. Prisme à base triangulaire, en matériau transparent, qui dévie et décompose les rayons lumineux. **3.** *SOUT.* Ce qui déforme la réalité : *Voir la vie à travers le prisme de ses préjugés.*

prison [prizɔ̃] **n.f.** (lat. *prehensio*, action d'appréhender). **1.** Établissement pénitentiaire où sont détenues les personnes condamnées à une peine privative de liberté ou en instance de jugement : *Mettre un voleur en prison.* **2.** Peine d'emprisonnement : *Mériter la prison.* **3.** Lieu, situation dans lesquels qqn se trouve ou se sent enfermé, séquestré, isolé : *Cet hôpital est une vraie prison.*

prisonnier, ère [prizɔnje, -ɛr] **n.** et **adj. 1.** Personne détenue en prison : *Rendre visite à un prisonnier* (syn. **détenu**). **2.** Personne privée de liberté : *Rester prisonnier dans sa chambre.* **3. Prisonnier de guerre,** militaire pris au combat. ◆ **adj. Prisonnier de,** dont l'indépendance de jugement ou la liberté morale est entravée par : *Être prisonnier de certains préjugés de caste.*

Pritzker *(prix),* prix annuel institué, sur le modèle des prix Nobel, par les mécènes américains Jay et Cindy Pritzker, et décerné depuis 1979 aux plus grands architectes contemporains.

Privas, ch.-l. du dép. de l'Ardèche, sur l'Ouvèze, à 595 km au sud-est de Paris ; 8 695 hab. *(Privadois).* Confiserie.

privatif, ive [privatif, -iv] **adj. 1.** Qui prive : *Peine privative de liberté.* **2.** Dont l'usage est réservé exclusivement à une personne déterminée : *Jardin privatif* (syn. **privé**). **3.** LING. Qui marque la privation, l'absence, le manque : *Dans « insuccès », « in- » est un préfixe privatif.*

privation [privasjɔ̃] **n.f.** Action de priver, de se priver de qqch ; état de qqn qui est privé : *La privation de la vue* (syn. **perte**). ◆ **privations n.f. pl.** Manque, volontaire ou dû aux circonstances, des choses nécessaires et, notamm., de nourriture : *Être affaibli par les privations. S'imposer des privations.*

privatisation [privatizasjɔ̃] **n.f.** (de *privé*, d'apr. *étatisation*). Action de transférer au domaine de l'entreprise privée ce qui était du ressort de l'État : *Privatisation d'un service public.*

privatiser [privatize] **v.t.** Procéder à la privatisation de : *Privatiser une chaîne de télévision.*

privauté [privote] **n.f.** (de *1. privé*). Familiarité malséante à l'égard de qqn dont on ne partage pas l'intimité. ◆ **privautés n.f. pl.** Familiarités, libertés qu'un homme se permet avec une femme et, le plus souvent, jugées déplacées : *Il se permet des privautés avec son assistante.*

1. privé, e [prive] **adj.** (lat. *privatus*). **1.** Qui est strictement personnel : *Vie privée. Correspondance privée* (syn. **intime**). **2.** Qui n'est pas ouvert à tout public : *Club privé.* **3.** Qui appartient en propre à un ou à plusieurs individus : *Propriété privée* (syn. **individuel, particulier** ; contr. **collectif**). **4.** Qui ne dépend pas directement de l'État (par opp. à *public* ou à *étatique*) : *École privée* (syn. **libre**). *Secteur privé. Employer un détective privé* (ou, fam., *un privé*).

2. privé [prive] **n.m. 1.** Secteur privé : *Le public et le privé.* **2. En privé, dans le privé,** dans l'intimité ; hors de la présence de témoins étrangers : *Puis-je vous parler en privé ?* (= en particulier).

priver [prive] **v.t.** (lat. *privare*). **1.** Ôter ou refuser à qqn la possession, la jouissance de qqch : *Priver un enfant de dessert.* **2.** Faire perdre l'usage de : *L'émotion l'a privé de mots. La panne a privé la ville d'électricité.* **3.** Frustrer qqn d'un plaisir, d'une joie, d'une présence : *Un incident nous a privés de notre ami ce soir.* **4.** Créer un manque : *Cela ne vous prive pas de ne plus fumer ?* ◆ **se priver 1.** S'interdire la jouissance, la possession de qqch : *Se priver de vacances.* **2.** S'imposer des privations : *Ils se sont privés pour élever leurs enfants.* **3. Ne pas se priver,** prendre, consommer sans restriction. / **Ne pas se priver de** (+ inf.), ne pas se retenir de ; ne pas hésiter à : *Elle ne s'est pas privée de lui dire son fait.*

privilège [privilɛʒ] **n.m.** (lat. *privilegium*). **1.** Droit, avantage particulier attaché à qqn ou possédé par qqn et que les autres n'ont pas : *Se battre pour conserver ses privilèges* (syn. **prérogative**). **2.** Avantage procuré par une situation quelconque : *Le privilège de l'âge.* **3.** Ce que l'on considère comme un avantage : *J'ai eu le privilège de la voir sur scène* (syn. **chance**). **4.** HIST. En France, sous l'Ancien Régime, autorisation d'imprimer accordée par le pouvoir souverain. (On disait aussi *privilège du Roi, privilège royal.*)

privilégié, e [privileʒje] **adj.** et **n.** Qui jouit de privilèges : *Seuls quelques privilégiés ont assisté à la réception.*

privilégier [privileʒje] **v.t.** [conj. **9**]. **1.** Accorder un avantage, un privilège à : *Privilégier des candidats* (syn. **favoriser**). **2.** Attribuer une importance, une valeur particulière à : *Privilégier la pratique sur la théorie.*

prix [pri] **n.m.** (lat. *pretium*). **1.** Valeur d'une chose, exprimée en monnaie : *Prix d'une marchandise* (syn. **coût**). *Afficher le prix des consommations* (syn. **tarif**). **2.** Valeur, importance attachée à qqch ; ce qu'il en coûte pour obtenir qqch : *Le prix de la liberté* (syn. **tribut, paiement**). **3.** Récompense décernée à qqn pour son mérite ou son excellence dans une discipline intellectuelle, un art, une technique, etc. : *Distribution des prix. Premier prix du conservatoire.* **4. À aucun prix,** en aucun cas : *Tu ne dois accepter à aucun prix.* / **À tout prix,** coûte que coûte : *Il faut à tout prix rattraper cet homme* (syn. **absolument**). / **Hors de prix,** très cher. / **Objet de prix,** objet de grande valeur. / **Prix fixe,** qu'il n'y a pas à débattre. / **Prix garanti,** au-dessous duquel un bien ne peut être payé au producteur, en vertu d'une décision des pouvoirs publics.

pro [pro] **n.** et **adj.** (abrév.). *FAM.* Professionnel.

pro-, préfixe, du lat. ou du gr. *pro,* qui signifie « en avant, pour, en faveur de, à la place de », exprimant le mouvement ou la position en avant *(projeter),* la sympathie *(proaméricain)* ou le remplacement *(pronom).*

probabilité [prɔbabilite] **n.f. 1.** Caractère de ce qui est probable ; opinion, événement probables : *Il y a de fortes probabilités pour que...* (syn. **éventualité, chance**). *Ça fait partie des probabilités* (syn. **possibilité**). **2.** MATH. Quotient du nombre des cas favorables à la réalisation d'un événement aléatoire par le nombre total des cas possibles : *Calcul des probabilités.* **3.** MATH. Nombre, compris entre zéro et un, associé à un événement aléatoire par une loi de probabilité. **4. Selon toute probabilité,** très probablement. / MATH. **Loi de probabilité,** application associant à chaque partie d'un ensemble A, appelé *univers des possibles,* un nombre positif de manière que la probabilité de A soit 1 et que la probabilité de la réunion de deux parties disjointes soit égale à la somme de leurs probabilités respectives.

probable [prɔbabl] **adj.** (lat. *probabilis,* de *probare,* vérifier). Qui a beaucoup de chances de se produire : *Succès probable* (syn. **plausible, vraisemblable**).

probablement [prɔbabləmɑ̃] **adv.** Vraisemblablement : *Elle est probablement partie* (= sans doute).

probant, e [prɔbɑ̃, -ɑ̃t] **adj.** (du lat. *probare,* vérifier, approuver). Qui emporte l'approbation, qui convainc : *Ses raisons ne m'ont pas semblé très probantes* (syn. **concluant, décisif**).

probation [prɔbasjɔ̃] **n.f.** (lat. *probatio,* de *probare,* vérifier). **1.** RELIG. Temps d'épreuve qui précède le noviciat. **2.** DR. Suspension provisoire et conditionnelle de la peine d'un condamné, assortie d'une mise à l'épreuve et de mesures d'assistance et de contrôle.

probatoire [prɔbatwar] **adj.** (lat. *probatorius,* de *probare,* vérifier). Qui permet de vérifier que qqn a bien les capacités, les qualités, les connaissances requises : *Examen probatoire.*

probe [prɔb] **adj.** (lat. *probus*). *LITT.* D'une honnêteté stricte, scrupuleuse : *Un homme probe* (syn. **intègre, droit**).

probiotique [prɔbjɔtik] **n.m.** et **adj.** Bactérie inoffensive pour l'organisme, qui, ingérée sous forme d'aliment ou de médicament, peut améliorer l'équilibre de la flore intestinale.

probité [prɔbite] **n.f.** (lat. *probitas*). Caractère d'une personne probe ; observation rigoureuse des principes de la justice et de la morale : *Faire preuve de probité* (syn. **intégrité, droiture**).

problématique [prɔblematik] **adj.** Dont l'issue, la réalisation, l'action, la réalité est douteuse, hasardeuse : *Le succès de l'entreprise est problématique* (syn. **aléatoire, incertain** ; contr. **assuré**). ◆ **n.f.** *DIDACT.* Ensemble de questions qu'une science ou une philosophie se pose relativement à un domaine particulier.

problème [prɔblɛm] **n.m.** (lat. *problema,* mot gr.). **1.** Question à résoudre par des méthodes logiques, rationnelles, dans le domaine scientifique : *Le problème de l'origine de l'homme* (syn. **question**). **2.** Exercice scolaire consistant à trouver les réponses à une question posée à partir de données connues : *Problème de géométrie.* **3.** Difficulté d'ordre spéculatif, à laquelle on cherche une solution satisfaisante pour l'esprit : *Problème philosophique.* **4.** Difficulté, souvent complexe, à laquelle on est confronté : *Problème technique. J'ai un problème avec ce logiciel !* (syn. **ennui**).

procaryote [prɔkarjɔt] **n.m.** et **adj.m.** (de *pro-* et du gr. *karuon,* noyau). BIOL. Micro-organisme génér. unicellulaire, dont la cellule est dépourvue d'organites et de noyau (par opp. à *eucaryote*) : *Les bactéries sont (des) procaryotes.*

procédé [prɔsede] **n.m.** (de *procéder*). **1.** Moyen, méthode pratique pour faire qqch, pour obtenir un résultat : *Procédé de fabrication* (syn. **processus, technique**). **2.** Manière d'agir, de se comporter : *Un procédé inqualifiable* (syn. **agissement, conduite**). **3.** Technique, moyen utilisés de manière trop systématique et qui lassent, en partic. dans le domaine artistique : *Les procédés du roman d'espionnage* (syn. **cliché, poncif**). *Œuvre qui sent le procédé.*

procéder [prɔsede] **v.i.** (lat. *procedere,* s'avancer) [conj. **18**]. Agir d'une certaine façon : *Procéder méthodiquement* (syn. **opérer**). *Procédons par ordre !* ◆ **v.t. ind. 1. [à].** Faire, exécuter une tâche, une opération dans ses différentes phases : *Procéder à l'établissement d'un dossier. Nous allons procéder au tirage au sort* (syn. **effectuer**). **2. [de].** *LITT.* Tirer son origine de : *Presque tous ses ennuis procèdent de son égoïsme* (syn. **résulter de, découler de**).

procédural, e, aux [prɔsedyral, -o] **adj.** DR. Qui concerne la procédure.

procédure [prɔsedyr] **n.f.** (de *procéder*). **1.** Manière de procéder ; méthode, marche à suivre pour obtenir un résultat : *Procédure expérimentale.* **2.** DR. Ensemble des règles et des formes qu'il convient d'observer pour agir en justice, avant, pendant un procès et jusqu'à son terme ainsi que pour accomplir les actes d'exécution forcée : *Les lenteurs de la procédure.* **3.** DR. Ensemble des règles à suivre, des démarches à effectuer pour l'établissement de certains droits ou de certaines situations juridiques : *Procédure de divorce.* **4.** INFORM. Sous-programme.

procédurier, ère [prɔsedyrje, -ɛr] **adj.** et **n.** Qui aime la procédure, la chicane (péjor.).

procès [prɔsɛ] **n.m.** (lat. *processus,* progression). **1.** Instance en justice : *Intenter un procès. Être en procès avec qqn. Procès criminel.* **2.** LING. Action ou état exprimé par le verbe : *Le futur de l'indicatif situe le procès dans l'avenir.* **3. Faire le procès de,** accuser, condamner : *Faire le procès de la politique gouvernementale.* / **Sans autre forme de procès,** sans formalité ; de manière abrupte : *On l'a renvoyé sans autre forme de procès.*

processeur [prɔsesœr] **n.m.** (de l'angl. *process,* procédé). INFORM. Organe d'un ordinateur qui assure l'interprétation et l'exécution des instructions.

procession [prɔsesjɔ̃] **n.f.** (lat. *processio,* de *procedere,* s'avancer). **1.** Cérémonie de caractère religieux consistant en un cortège solennel, accompagné de chants et de prières. **2.** Longue suite de personnes, de véhicules : *Une procession de visiteurs attendait* (syn. **cortège, défilé**).

processionnaire [prɔsesjɔnɛr] **adj. Chenilles processionnaires,** chenilles qui se déplacent l'une derrière l'autre en files nombreuses, très nuisibles.

processus [prɔsesys] **n.m.** (mot lat. « progression »). **1.** Enchaînement ordonné de faits ou de phénomènes, répondant à un certain schéma et aboutissant à un résultat déterminé : *Le processus d'une intoxication* (syn. **marche, développement**). *Le processus inflationniste* (syn. **mécanisme**). **2.** Suite continue d'opérations visant à un certain résultat : *Processus de fabrication* (syn. **procédé, technique**).

procès-verbal [prɔsɛvɛrbal] **n.m.** (pl. *procès-verbaux*). **1.** Acte établi par un magistrat, un officier ou un agent de police administrative ou judiciaire, ou par un officier public, qui rend compte de ce qu'il a fait, entendu ou constaté dans l'exercice de ses fonctions ; spécial., cet acte, constatant une contravention au Code de la route : *On m'a dressé un procès-verbal* (ou, FAM., *un P.V.*) *pour excès de vitesse* (syn. **contravention**). **2.** Compte rendu écrit des débats et des travaux d'une réunion, d'une assemblée, etc. : *Établir le procès-verbal d'une séance.*

prochain, e [prɔʃɛ̃, -ɛn] **adj.** (lat. pop. **propeanus,* proche, du class. *prope,* près de). **1.** Qui suit immédiatement ; qui est le plus rapproché : *Vendredi prochain. Nous nous arrêterons au prochain arrêt* (syn. **premier, suivant**). **2.** Qui va survenir, arriver (sans précision dans le temps) : *Nous en parlerons une prochaine fois.* ◆ **prochain n.m.** Tout homme, ou l'ensemble des hommes, par rapport à l'un d'entre eux : *Aimer son prochain* (= aimer autrui). ◆ **prochaine n.f. 1.** FAM. **À la prochaine,** à une autre fois, à bientôt. **2. La prochaine,** la station suivante : *Descendez-vous à la prochaine ?*

prochainement [prɔʃɛnmɑ̃] **adv.** Bientôt : *Il doit revenir prochainement.*

proche [prɔʃ] **adj.** (de *prochain*). **1.** Qui n'est pas éloigné, dans l'espace ou dans le temps : *Une maison proche de la mer* (syn. **voisin**). *L'heure du départ est proche* (syn. **imminent**). **2.** Peu différent : *Prévisions proches de la vérité* (syn. **approchant, voisin**). **3. De proche en proche,** par degrés, progressivement : *L'incendie gagne de proche en proche toutes les maisons* (= peu à peu). ⁄ **Un proche parent, un ami proche,** une personne avec qui l'on a d'étroites relations de parenté, d'amitié. ◆ **proche n.m.** (Souvent au pl.). Proche parent ; ami intime : *Avertir ses proches d'un décès* (= en avertir son entourage).

Proche-Orient, ensemble des pays riverains de la Méditerranée orientale (Turquie, Syrie, Liban, Israël, Égypte). On y inclut parfois la Jordanie et les pays du pourtour du golfe Persique.

proclamation [prɔklamasjɔ̃] **n.f. 1.** Action de proclamer : *La proclamation des résultats d'un scrutin* (syn. **annonce**). **2.** Ce qui est proclamé ; appel, manifeste.

proclamer [prɔklame] **v.t.** (lat. *proclamare*). **1.** Reconnaître ; révéler au plus grand nombre possible : *Proclamer la vérité* (syn. **divulguer**). *Proclamer son innocence* (syn. **clamer, crier**). **2.** Faire connaître publiquement et solennellement : *Proclamer un verdict, les résultats d'un concours.*

proclitique [prɔklitik] **n.m.** et **adj.** (du gr. *proklinein,* incliner en avant, d'après *enclitique*). LING. Mot privé d'accent tonique, qui constitue avec le mot suivant une seule unité accentuelle : *L'article français est proclitique.*

1. proconsul [prɔkɔ̃syl] **n.m.** (mot lat.). ANTIQ. ROM. Consul sorti de charge et prorogé dans ses pouvoirs pour gouverner une province ou pour mener à son terme une campagne entreprise.

2. proconsul [prɔkɔ̃syl] **n.m.** (mot lat.). PALÉONT. Grand primate fossile d'Afrique, qui se déplaçait comme le chimpanzé, dont il avait la taille et le mode de vie. ▸ Le proconsul a vécu à la fin du miocène.

Procope, historien byzantin (Césarée, Palestine, fin du Ve s. - Constantinople v. 562), le principal historien de l'époque de Justinien, sur le règne duquel il écrivit le *Livre des guerres.* Ses *Anecdota* ou *Histoire secrète* sont un libelle où il ne ménage ni l'empereur ni l'impératrice Théodora.

procrastination [prɔkrastinasjɔ̃] **n.f.** (lat. *procrastinatio,* ajournement, de *cras,* demain). Tendance à remettre au lendemain.

procréateur, trice [prɔkreatœr, -tris] **adj.** et **n.** LITT. Qui procrée : *Instinct procréateur.*

procréation [prɔkreasjɔ̃] **n.f. 1.** LITT. Action de procréer. **2. Assistance** ou **aide médicale à la procréation (A.M.P.)** ou **procréation médicalement assistée (P.M.A.),** ensemble de procédés qui permettent la fusion d'un ovule et d'un spermatozoïde humains sans relations sexuelles, par une intervention médicale (insémination artificielle ou fécondation in vitro avec transfert de l'embryon dans l'utérus maternel).

procréer [prɔkree] **v.t.** (lat. *procreare*) [conj. **15**]. Engendrer, donner la vie, en parlant de la femme et de l'homme.

procurateur [prɔkyratœr] **n.m.** (lat. *procurator,* mandataire). **1.** ANTIQ. ROM. Fonctionnaire de l'ordre équestre placé par l'empereur à la tête d'un service important ou d'une province impériale. **2.** HIST. Haut magistrat des républiques de Venise et de Gênes.

procuration [prɔkyrasjɔ̃] **n.f.** (lat. *procuratio,* commission). **1.** Pouvoir qu'une personne donne à une autre d'agir en son nom ; acte authentique conférant ce pouvoir : *Donner (sa) procuration à qqn.* **2. Par procuration,** en vertu d'une procuration ; au fig., en s'en remettant à qqn d'autre pour agir, pour éprouver des sentiments, etc. : *Voter par procuration. Vivre des émotions par procuration.*

procure [prɔkyr] **n.f.** Fonction de procureur dans une communauté religieuse ; ensemble des bureaux du procureur.

procurer [prɔkyre] **v.t.** (lat. *procurare,* s'occuper de, de *cura,* soin). **1.** Obtenir pour qqn : *Procurer un travail à qqn* (syn. **fournir**). **2.** Apporter, occasionner à qqn : *Cela nous a procuré bien des ennuis* (syn. **causer, valoir**). *Le plaisir que lui procure la lecture* (syn. **offrir**).

procureur, e [prɔkyrœr] **n.** (de *procurer*). **Procureur de la République,** magistrat qui exerce les fonctions du ministère public près le tribunal de grande instance. ⁄ **Procureur général,** magistrat qui exerce les fonctions du ministère public près la Cour de cassation, la Cour des comptes et les cours d'appel. ◆ **procureur n.m.** Religieux chargé des intérêts temporels d'une communauté.

prodigalité [prɔdigalite] **n.f. 1.** Qualité d'une personne prodigue : *Accorder son temps avec prodigalité.* **2.** (Surtout au pl.). Action d'une personne prodigue : *Ses prodigalités le ruinent* (syn. **dépense, largesse**).

prodige [prɔdiʒ] **n.m.** (lat. *prodigium*). **1.** Fait, événement extraordinaire, qui semble de caractère magique ou surnaturel : *Une éclipse du Soleil apparaissait comme un prodige à ce peuple* (syn. **miracle**). **2.** Ce qui surprend, émerveille : *Les prodiges de la science* (syn. **merveille**). **3.** Personne d'un talent ou d'une intelligence rare, remarquable : *Seul un prodige était capable d'une telle découverte.* **4. Enfant prodige,** enfant exceptionnellement précoce et doué. ⁄ **Tenir du prodige,** être prodigieux, incroyable : *Un redressement économique qui tient du prodige.* ⁄ **Un prodige de** (+ n.), ce qui possède une qualité à un point prodigieux : *Cette interprétation est un prodige de maestria.*

prodigieusement [prɔdiʒjøzmɑ̃] **adv.** De façon prodigieuse : *Prodigieusement intelligent* (syn. **extrêmement**).

prodigieux, euse [prɔdiʒjø, -øz] **adj.** (lat. *prodigiosus*). Qui surprend, qui est extraordinaire par ses qualités, sa rareté, etc. : *Taille prodigieuse* (syn. **colossal, gigantesque**). *Obtenir un succès prodigieux* (syn. **inouï, inimaginable**).

prodigue [prɔdig] **adj.** et **n.** (lat. *prodigus*). **1.** Qui dépense à l'excès, de façon inconsidérée : *Un héritier prodigue* (syn. **dépensier, gaspilleur**). **2. Enfant, fils prodigue,** enfant, fils qui revient au domicile paternel après avoir dissipé son bien, par allusion à la parabole évangélique de l'Enfant prodigue. ⁄ **Prodigue de** (+ n.), qui donne qqch sans compter : *Prodigue de son temps* (contr. **avare de**).

prodiguer [prɔdige] **v.t.** (de *prodigue*) **1.** LITT. Dépenser sans compter : *Prodiguer son argent* (syn. **dilapider, gaspiller**). **2.** Donner généreusement : *Prodiguer des conseils.*

pro domo [prodomo] **loc. adj. inv.** (mots lat. « pour sa maison »). Se dit du plaidoyer d'une personne qui se fait l'avocat de sa propre cause.

prodrome [prodrom] **n.m.** (lat. *prodromus,* gr. *prodromos,* précurseur). LITT. Fait qui présage quelque événement ; signe avant-coureur : *Les prodromes d'une révolution* (syn. **prélude**).

producteur, trice [prɔdyktœr, -tris] **n.** et **adj. 1.** Personne, pays, activité, etc., qui produit des biens, des services (par opp. à *consommateur*) : *Les pays producteurs de pétrole.* **2.** CIN. Personne ou entreprise qui rassemble l'ensemble des éléments nécessaires à la réalisation d'un film (moyens financiers, personnel, etc.). **3.** RADIODIFF., TÉLÉV. Personne qui conçoit une émission et, éventuellement, la réalise.

productif, ive [prɔdyktif, -iv] **adj. 1.** Qui produit, fournit qqch : *Un sol peu productif* (syn. **fertile**). **2.** Qui rapporte de l'argent, qui est rentable (syn. **lucratif, fructueux**).

production [prɔdyksjɔ̃] **n.f. 1.** Action de produire, de faire exister ; fait de se produire, de se former : *La production d'un son strident* (syn. **émission**). *La production de gaz carbonique au cours d'une réaction chimique* (syn. **formation**). **2.** Action de produire, de créer des biens de consommation ou des richesses économiques ; le stade du circuit économique correspondant à cette action (par opp. à la *distribution,* etc.) : *La production du tabac. Le coût à la production.* **3.** Résultat de cette action ; bien produit ; quantité produite : *Entreprise qui écoule sa production. Accélérer sa production* (syn. **rendement**). **4.** Ce qui est produit par la nature : *Les productions maraîchères* (syn. **produit**). **5.** Ce qui est produit par l'art, l'esprit : *La production d'un écrivain.* **6.** CIN. Activité de producteur ; branche de l'industrie cinématographique qui exerce cette activité : *Maison de production.* **7.** Film, émission, spectacle, envisagés du point de vue économique : *C'est une production coûteuse.* **8.** PÉTR. Ensemble des techniques relatives à l'exploitation d'un gisement de pétrole. **9.** Action de montrer, de présenter à l'appui de ses dires, de ses prétentions : *La production d'un acte de naissance.* **10. Moyens de production,** selon Marx, ensemble formé par les matières premières, les instruments de travail et les conditions de production.

productivisme [prɔdyktivism] **n.m.** Tendance à rechercher systématiquement l'amélioration ou l'accroissement de la productivité. ◆ **productiviste adj.** Relatif au productivisme.

productivité [prɔdyktivite] **n.f. 1.** Fait d'être productif : *La productivité d'un sol* (syn. **fécondité, fertilité**). **2.** Rapport mesurable entre une quantité produite (de biens, etc.) et les moyens (machines, matières premières, etc.) mis en œuvre pour l'obtenir : *Calculer la productivité horaire, annuelle* (syn. **rendement**). **3.** BIOL. Quantité de richesses (naturelles, vivantes) que peut fournir une surface ou un volume donné d'un milieu naturel par unité de temps : *La productivité d'un écosystème.*

produire [prɔdɥir] **v.t.** (lat. *producere,* mener en avant, faire avancer, adapté d'apr. *conduire*) [conj. **98**]. **1.** Assurer la production de richesses économiques ; créer des biens, des services, etc. : *Cette région produit du blé* (syn. **fournir, donner**). **2.** Procurer comme profit : *Intérêts produits par un capital* (syn. **rapporter, rendre**). **3.** Créer ; élaborer ; concevoir : *Produire un roman* (syn. **écrire**). *Produire des vers* (syn. **composer**). **4.** Financer un film, assurer les moyens de sa réalisation. **5.** Causer ; permettre d'obtenir : *La guerre produit toutes sortes de maux* (syn. **entraîner, provoquer**). *Cette méthode produit de bons résultats* (syn. **donner**). *Produire une sensation de fraîcheur* (syn. **procurer**). **6.** Montrer, présenter à l'appui de ses dires, de sa cause : *Produire des témoins.* ◆ **se produire v.pr. 1.** Arriver ; survenir : *Un changement s'est produit* (syn. **avoir lieu, s'accomplir**). **2.** Se faire connaître ; se montrer : *Se produire dans les salons* (syn. **s'introduire, se lancer**). **3.** Donner un récital ; interpréter un rôle : *Se produire sur scène.*

produit [prɔdɥi] **n.m.** (de *produire*). **1.** Ce qui naît d'une activité quelconque de la nature : *Les produits de la terre* (syn. **fruit, production**). **2.** Ce qui est obtenu par une activité : *Produit du travail* (syn. **fruit**). **3.** Bénéfices, fonds, sommes obtenus : *Le produit de l'impôt, d'une collecte* (syn. **recette, gain**). **4.** Personne ou chose considérée comme résultant d'une situation, d'une activité quelconque : *C'est le produit de votre imagination* (syn. **rançon, effet**). *Un jeune ingénieur, pur produit des grandes écoles.* **5.** Chacun des articles, objets, biens, services proposés sur le marché par une entreprise : *Ce marchand n'a que de bons produits* (syn. **marchandise**). **6.** Substance que l'on utilise pour l'entretien, les soins ou un usage particulier : *Produit pour la vaisselle.* **7.** MATH. Résultat de la multiplication de deux nombres ; élément résultant de la composition de deux éléments d'un ensemble muni d'une opération à notation multiplicative. **8.** Résultat d'une réaction chimique. **9. Produit financier,** recette dégagée par des activités financières (intérêts, agios, etc.). / **Produit intérieur brut (P.I.B.),** somme des valeurs ajoutées (biens et services) réalisées annuellement sur le territoire national par les entreprises d'un pays, quelle que soit leur nationalité. / **Produit national brut (P.N.B.),** somme totale du P.I.B. et du solde des revenus des facteurs de production transférés par l'étranger ou à l'étranger, souvent retenue pour caractériser la puissance économique d'un pays.

proéminence [prɔeminɑ̃s] **n.f.** Caractère de ce qui est proéminent ; ce qui est proéminent : *La proéminence de la mâchoire, du nez. Une proéminence anormale sur le front* (syn. **bosse, protubérance, saillie**).

proéminent, e [prɔeminɑ̃, -ɑ̃t] **adj.** (bas lat. *proeminens,* du class. *priminere,* être saillant). En relief par rapport à ce qui est autour : *Mâchoire proéminente* (syn. **saillant**).

prof [prɔf] **n.** (abrév.). *FAM.* Professeur.

profanateur, trice [prɔfanatœr, -tris] **adj.** et **n.** Qui profane : *Acte profanateur* (syn. **impie, sacrilège**).

profanation [prɔfanasjɔ̃] **n.f.** Action de profaner : *La profanation d'une sépulture* (syn. **violation**).

1. profane [prɔfan] **adj.** (lat. *profanus,* hors du temple). Qui ne fait pas partie des choses sacrées ; qui ne relève pas de la religion : *Art profane* (syn. **laïque** ; contr. **religieux, sacré**). ◆ **n.m.** Ensemble des choses profanes : *Le profane et le sacré.*

2. profane [prɔfan] **n.** et **adj.** (de *1. profane*). **1.** Personne étrangère à une religion, non initiée à un culte : *Les croyants et les profanes.* **2.** Personne étrangère à une association, à un groupement ; personne qui ignore les usages, les règles d'une activité : *En musique, c'est un profane* (syn. **ignorant, béotien**). *Être profane en matière d'économie* (syn. **incompétent**).

profaner [prɔfane] **v.t.** (lat. *profanare*). **1.** Violer le caractère sacré d'un lieu, d'un objet de culte, etc. : *Profaner un vase sacré.* **2.** *LITT.* Avilir ; dégrader : *Profaner son talent.*

proférer [prɔfere] **v.t.** (lat. *proferre,* porter en avant) [conj. **18**]. Prononcer, articuler à haute voix : *Proférer des injures.*

professer [prɔfese] **v.t.** (de *profession* et *professeur*). **1.** Déclarer, reconnaître publiquement : *Professer une opinion. Professer que la paix est le plus grand des bienfaits* (syn. **proclamer**). **2.** *VIEILLI.* Enseigner.

professeur, e [prɔfesœr] **n.** (lat. *professor,* de *profiteri,* déclarer, enseigner). **1.** Personne qui enseigne une matière, une discipline précise : *Professeur de tennis, de piano. C'est un excellent professeur* (syn. **enseignant**). **2.** Membre de l'enseignement secondaire ou supérieur (abrév. fam. *prof.*). ***Rem.*** Au fém., on rencontre aussi *une professeur.*

profession [prɔfesjɔ̃] **n.f.** (lat. *professio,* de *profiteri,* déclarer enseigner). **1.** Activité régulière exercée pour gagner sa vie : *Mme Dupont, trente ans, sans profession. La profession de journaliste* (syn. **métier, carrière**). **2.** Ensemble des personnes qui exercent le même métier ; réunion de leurs intérêts communs : *Défendre les intérêts de la profession.* **3.** CATH. Acte par lequel un religieux, une religieuse prononce ses vœux, après le noviciat. **4. De profession,** dont c'est la profession, professionnel ; au fig., par habitude, qui est habituellement tel : *Médecin de profession. Paresseux de profession.* / **Faire profession de,** déclarer, reconnaître ouvertement : *Faire profession d'athéisme.* / **Profession de foi,** affirmation faite publiquement par qqn concernant sa foi religieuse et, par ext., ses opinions, ses idées, etc. / CATH. **Profession de foi,** engagement d'un enfant baptisé quant à sa foi, marqué par une cérémonie solennelle (syn. vieilli **communion solennelle**).

professionnalisation [prɔfesjɔnalizasjɔ̃] **n.f. 1.** Tendance que présente un secteur d'activité à être exercé uniquement par des gens de métier, spécialistes de ce domaine. **2.** Fait pour une personne de se professionnaliser.

professionnaliser [prɔfesjɔnalize] **v.t. 1.** Assimiler une activité à une profession : *Professionnaliser un sport.* **2.** Faire devenir professionnel : *Club qui cherche à professionnaliser un de ses membres.* ◆ **se professionnaliser v.pr.** Devenir professionnel : *Sportif qui se professionnalise.*

professionnalisme [prɔfesjɔnalism] **n.m. 1.** Fait, pour une personne, d'exercer une activité de façon professionnelle (par opp. à *amateurisme*). **2.** Qualité de qqn qui exerce une profession avec une grande compétence : *Son professionnalisme lui vaut le respect de tous ses collègues.*

1. professionnel, elle [prɔfesjɔnɛl] **adj. 1.** Relatif à une profession ; propre à une profession : *Exercer une activité professionnelle. Secret professionnel. Conscience professionnelle.* **2.** Se dit d'un sport pratiqué comme une profession : *Le cyclisme professionnel.* **3. École professionnelle,** établissement d'enseignement technique préparant à divers métiers. / **Maladie professionnelle,** maladie provoquée par l'exercice d'une activité professionnelle et qui fait l'objet d'une protection légale.

2. professionnel, elle [prɔfesjɔnɛl] **n.** et **adj. 1.** Personne qui exerce régulièrement une profession, un métier (par opp. à *amateur*) : *Un professionnel de l'informatique.* **2.** Sportif de profession, rétribué pour la pratique d'un sport (par opp. à *amateur*) : *Un joueur de tennis professionnel. Joueur amateur passé professionnel.* **3.** Personne qui a une expérience particulière dans un métier, une activité : *Du travail de professionnel* (contr. **amateur, dilettante**). [Abrév. fam. *pro,* dans les trois acceptions.]

professionnellement [prɔfesjɔnɛlmɑ̃] **adv.** Du point de vue professionnel : *Professionnellement, elle est inattaquable.*

professoral, e, aux [prɔfesɔral, -o] **adj. 1.** Relatif à un professeur, au professorat : *Corps professoral* (syn. **enseignant**). **2.** Qui affecte, avec une certaine solennité, la manière de parler d'un professeur (péjor.) : *Ton professoral* (syn. **doctoral, pédant**).

professorat [prɔfesɔra] **n.m.** Fonction de professeur : *Choisir le professorat comme métier* (syn. **enseignement**).

profil [prɔfil] **n.m.** (anc. fr. *porfil,* bordure, it. *profilo*). **1.** Contour, aspect d'un visage vu de côté : *Avoir un profil régulier.* **2.** Aspect, contour général extérieur de qqch vu de côté : *Profil d'une voiture* (syn. **ligne, silhouette**). **3.** Ensemble des traits qui caractérisent qqn par rapport à son aptitude à exercer un emploi, à occuper une fonction : *Il a le profil d'un diplomate.* **4.** INFORM. Page Web, contenant des renseignements personnels (CV, goûts, photos, etc.), qu'un internaute crée pour devenir membre d'un réseau social. **5.** Configuration générale d'une situation, d'une évolution, à un moment donné : *Le profil des ventes en mars.* **6.** Section, coupe d'un objet par un plan perpendiculaire à une direction donnée : *Profil d'une aile d'avion.* **7. Adopter, choisir un profil bas,** adopter une attitude de mesure, de modération dans ses paroles, ses projets, ses actions, génér. pour des raisons d'opportunité. / **De profil,** vu de côté (par opp. à *de face, de trois quarts*) : *Peindre qqn de profil.* / **Droite** ou **plan de profil,** droite ou plan orthogonal à la ligne de terre, en géométrie descriptive. / **Profil psychologique,** figure obtenue en notant les résultats des divers tests passés par un même sujet. / BX-A. **Profil perdu** ou **fuyant,** représentation d'une tête de profil qui montre davantage la nuque et moins la face : *Dessiner un visage en profil perdu.*

profilage [prɔfilaʒ] **n.m.** TECHN. Opération par laquelle on donne un profil déterminé à une pièce, une carrosserie.

profilé [prɔfile] **n.m.** Produit métallurgique de grande longueur, ayant une section constante et de forme déterminée : *Un rail est un profilé.*

profiler [prɔfile] **v.t. 1.** Représenter en profil : *Profiler un édifice.* **2.** TECHN. Donner un profil déterminé, spécial, à un objet : *Profiler une carlingue.* ◆ **se profiler v.pr. 1.** Se présenter, se détacher de profil, en silhouette : *Nuages qui se profilent à l'horizon* (syn. **se dessiner, se découper**). **2.** Apparaître à l'état d'ébauche : *Une solution se profilait enfin.*

profileur, euse [prɔfilœr, -øz] **n.** (angl. *profiler*). Criminologue qui établit le profil psychologique d'un individu recherché, notamm. d'un tueur en série.

profit [prɔfi] **n.m.** (lat. *profectus,* de *proficere,* progresser). **1.** Avantage matériel ou moral que l'on retire de qqch : *La connaissance de l'allemand lui a été d'un grand profit* (syn. **intérêt, utilité**). **2.** ÉCON. Gain réalisé par une entreprise, correspondant à la différence entre les dépenses nécessitées par la production et les recettes correspondant à la commercialisation : *Cette société a réalisé d'importants profits l'an passé* (syn. **bénéfice**). **3. Au profit de,** dont la recette sera réservée à : *Gala au profit de sinistrés.* / FAM. **Faire du profit,** être avantageux, être longtemps utilisable : *C'est un achat qui vous fera du profit.* / **Faire son profit, tirer profit de qqch,** en retirer un bénéfice, un avantage : *Faire son profit de l'expérience d'un ami* (= en tirer une leçon utile). *Tirer profit des malheurs d'autrui est atroce* (= en profiter). / **Mettre à profit,** employer utilement : *Mettre à profit ses vacances pour aller au cinéma.*

profitable [prɔfitabl] **adj.** Qui procure un avantage : *Une source de revenus très profitable* (syn. **lucratif, rentable**). *Son séjour à la mer lui a été profitable* (syn. **salutaire, utile**).

profiter [prɔfite] **v.t. ind.** (de *profit*). **1. [de].** Tirer un avantage matériel ou moral de : *Profiter du beau temps. Profiter des bons exemples* (= en tirer parti). *Profiter de qqn* (syn. **exploiter**). **2. [à].** Être utile, procurer un avantage à : *Vos conseils lui ont profité* (syn. **servir**). *Dépenses gouvernementales qui ne profitent à personne.* ◆ **v.i. 1.** FAM. Se fortifier, grandir : *Cet enfant profite bien* (syn. **pousser**). **2.** Être avantageux, partic. apte à sa destination, fait pour durer longtemps : *Vêtement, plat qui profite* (= qui fait du profit).

profiterole [prɔfitrɔl] **n.f.** (de *profit*). Petit chou fourré de glace ou de crème pâtissière, arrosé d'une crème au chocolat servie chaude.

profiteur, euse [prɔfitœr, -øz] **n.** (de *profiter*). Personne qui tire profit en toute occasion, souvent au dépens d'autrui.

profond, e [prɔfɔ̃, -ɔ̃d] **adj.** (lat. *profundus*). **1.** Dont le fond est éloigné de la surface, du bord : *Puits profond. Placard profond.* **2. Profond de,** qui a telle dimension dans le sens de la profondeur : *Une armoire profonde de 60 cm.* **3.** Qui existe à un degré élevé : *Joie, douleur profonde* (syn. **extrême, intense**). **4.** Qui est d'une grande ampleur ; qui semble venir du fond du corps : *Un profond soupir. Une voix profonde* (syn. **grave**). **5.** Se dit de ce qui, dans les êtres et dans les choses, est difficile à saisir, mais joue un rôle essentiel : *La nature profonde d'une personne* (syn. **intime**). *Les raisons profondes d'une décision* (syn. **réel, fondamental**). **6.** Qui reflète les tendances sous-jacentes, la mentalité quotidienne, en parlant d'un peuple, d'un pays : *La France profonde.* **7.** Qui pénètre loin, à une grande distance : *De profondes racines. Une blessure profonde* (contr. **léger, superficiel**). **8.** Qui est d'une grande pénétration, d'une grande portée : *Une œuvre profonde* (syn. **élevé, fort**). *Un esprit profond* (syn. **pénétrant, sagace**). ◆ **adv.** À une grande profondeur : *Creuser profond.*

profondément [prɔfɔ̃demɑ̃] **adv. 1.** De manière profonde ; à une grande profondeur : *Respirer profondément* (= à fond). **2.** À un haut degré : *Profondément triste* (syn. **infiniment, extrêmement**). *Souhaiter profondément qqch* (syn. **intensément, ardemment**).

profondeur [prɔfɔ̃dœr] **n.f. 1.** Caractère de ce qui est profond : *La profondeur d'un ravin.* **2.** Dimension de certaines choses, prise de l'entrée, de l'orifice, de la partie antérieure à l'extrémité opposée : *Mesurer la hauteur, la largeur, la profondeur d'une armoire.* **3.** Distance du fond à la surface, à l'ouverture : *Une rivière de plusieurs mètres de profondeur.* **4.** Grande pénétration d'esprit : *La profondeur d'un écrivain* (syn. **perspicacité, sagacité**). **5.** Impénétrabilité : *La profondeur d'un mystère.* **6. En profondeur,** dans la partie profonde de qqch ; dans les parties essentielles, fondamentales, au-delà du superficiel : *Creuser en profondeur. Agir, travailler en profondeur. Changer en profondeur* (= radicalement). ◆ **profondeurs n.f. pl. 1.** Endroits très profonds : *Les profondeurs sous-marines.* **2.** Partie secrète, intime de l'être, difficile à atteindre : *Les profondeurs de l'âme* (syn. **tréfonds**).

profusion [prɔfyzjɔ̃] **n.f.** (lat. *profusio,* de *profundere,* répandre). **1.** Grande abondance, surabondance : *Une pro-*

fusion de lumière, de couleurs (syn. **débauche, luxe**). **2. À profusion,** abondamment : *Au carnaval, on jetait des confettis à profusion* (= à foison).

progéniture [prɔʒenityr] **n.f.** (de *géniture,* enfant engendré, lat. *genitura,* d'apr. *progéniteur,* aïeul, lat. *progenitor*). LITT. Les enfants, par rapport aux parents ; la descendance (aussi par plais.) : *Emmener sa progéniture en voyage.*

progestatif, ive [prɔʒɛstatif, -iv] **adj.** et **n.m.** (du lat. *gestare,* engendrer). MÉD. Se dit d'une substance qui favorise la nidation de l'œuf et la gestation.

progestérone [prɔʒɛsterɔn] **n.f.** (du bas lat. *progestare,* porter en avant et *[horm]one*). Hormone progestative.

progiciel [prɔʒisjɛl] **n.m.** (de *pro[duit]* et *[lo]giciel*). INFORM. Ensemble complet de programmes accompagné d'une documentation et permettant d'effectuer des opérations informatiques standards : *Progiciel de gestion, de traitement de texte.*

prognathe [prɔgnat] **adj.** et **n.** (du gr. *gnathos,* mâchoire). Caractérisé par le prognathisme.

prognathisme [prɔgnatism] **n.m.** Saillie en avant des os maxillaires.

programmable [prɔgramabl] **adj.** Que l'on peut programmer : *Cafetière programmable.*

1. programmateur, trice [prɔgramatœr, -tris] **n.** Personne qui établit un programme de cinéma, de radio, etc.

2. programmateur [prɔgramatœr] **n.m.** Dispositif intégré à certains appareils ménagers, qui commande automatiquement l'exécution des différentes opérations correspondant à un programme.

programmation [prɔgramasjɔ̃] **n.f. 1.** Action, fait de programmer qqch ; planification : *La programmation des vacances.* **2.** Établissement d'un programme audiovisuel, d'un programme de fabrication, etc. **3.** Ensemble des activités liées à la définition, à l'écriture et à l'exécution de programmes informatiques : *Langage de programmation.*

programme [prɔgram] **n.m.** (gr. *programma,* inscription). **1.** Ensemble des activités prévues pour un événement particulier ou pour le travail, l'emploi du temps de qqn : *Avoir un programme chargé. Changement de programme, nous dînons au restaurant.* **2.** Liste des émissions de radio, de télévision, indiquant, pour une période donnée, les horaires, les sujets, etc. : *Il y a un programme intéressant à la télévision.* **3.** Imprimé, livret indiquant le titre d'un spectacle, le nom des interprètes, etc., ou le thème et le déroulement prévu d'une manifestation, d'une fête. **4.** Énoncé des thèmes d'une discipline dont l'étude est prévue dans une classe ou sur lesquels doit porter un examen : *Les programmes de la classe de 6*[e] *sont très chargés.* **5.** Exposé, déclaration des intentions, des projets d'une personne, d'un groupe, etc. (notamm. en politique) : *Établir un programme de réformes.* **6.** INFORM. Séquence d'instructions et de données enregistrée sur un support et susceptible d'être traitée par un ordinateur. **7.** Succession des opérations établies à l'avance dans le fonctionnement d'un appareil ménager : *Lave-linge à dix programmes.* **8. C'est tout un programme,** cela laisse prévoir une suite intéressante ; cela sous-entend bien des choses.

programmé, e [prɔgrame] **adj. 1.** Inscrit à un programme : *Émission programmée à 20 heures.* **2.** Commandé par un programme : *Machine-outil programmée.*

programmer [prɔgrame] **v.t.** (de *programme*). **1.** Établir à l'avance une suite d'opérations, les phases d'un projet, etc. : *Ils avaient programmé cet achat* (syn. **planifier**). *J'ai programmé d'acheter une maison, que j'achèterais une maison.* **2.** Prévoir, inscrire une œuvre, une émission au programme d'une salle de cinéma, d'une chaîne de radio, etc. : *Programmer un film tchèque inédit.* **3.** INFORM. Fournir à un ordinateur les données et les instructions concernant un problème à résoudre, une tâche à exécuter, etc.

programmeur, euse [prɔgramœr, -øz] **n.** Spécialiste chargé de la mise au point de programmes d'ordinateur.

progrès [prɔgrɛ] **n.m.** (lat. *progressus,* de *progredi,* avancer). **1.** Amélioration, développement des connaissances, des capacités de qqn : *Faire des progrès en musique. Élève en progrès* (= qui s'améliore). **2.** (Surtout au pl.). Extension d'un phénomène ; accroissement : *Les progrès d'une inondation.* **3.** Développement de la civilisation et, spécial., développement technique : *Croire au progrès.*

progresser [prɔgrese] **v.i.** (de *progrès*). **1.** Avancer ; se développer ; se propager : *Les troupes progressent. Sa maladie progresse* (syn. **s'aggraver**). *Théorie qui progresse.* **2.** Développer ses connaissances dans un domaine ; améliorer ses résultats : *Élève qui progresse* (= qui fait des progrès).

progressif, ive [prɔgresif, -iv] **adj. 1.** Qui avance par degrés ; qui se développe régulièrement, selon une progression : *Taux progressif de l'intérêt* (syn. **croissant** ; contr. **dégressif**). *L'extension progressive d'un conflit.* **2. Forme progressive,** en grammaire anglaise, forme verbale indiquant qu'une action est en train de s'accomplir (ex. : *I am swimming,* je suis en train de nager, je nage).

progression [prɔgresjɔ̃] **n.f.** (lat. *progressio, -onis,* de *progredi,* avancer). **1.** Mouvement en avant : *La progression d'une troupe* (syn. **avance, marche**). **2.** Développement ; accroissement ; propagation : *La progression d'une idée, d'une doctrine. Ce secteur de l'économie est en pleine progression* (contr. **régression**). **3.** MATH. **Progression arithmétique,** suite de nombres réels tels que chaque terme est la somme du précédent et d'un nombre constant, appelé *raison* (ex. de progression croissante de raison 3 : 1, 4, 7, 10...). / **Progression géométrique,** suite de nombres réels tels que chaque terme est le produit du précédent par un nombre constant appelé *raison* (ex. de progression géométrique de raison 2 : 5, 10, 20, 40...).

progressisme [prɔgresism] **n.m.** Doctrine progressiste (par opp. à *conservatisme*).

progressiste [prɔgresist] **adj.** et **n.** (de *progrès*). Qui a des idées politiques, sociales avancées (par opp. à *conservateur, réactionnaire*) : *Journal progressiste. C'est un progressiste.*

progressivement [prɔgresivmɑ̃] **adv.** D'une manière progressive ; graduellement : *Réduire progressivement sa vitesse* (= peu à peu, petit à petit).

progressivité [prɔgresivite] **n.f.** Caractère de ce qui est progressif : *Progressivité d'un taux d'intérêt.*

prohibé, e [prɔibe] **adj.** Défendu par la loi : *Être condamné pour port d'arme prohibé.*

prohiber [prɔibe] **v.t.** (lat. *prohibere,* écarter). Interdire légalement : *Prohiber le commerce des stupéfiants* (contr. **autoriser**).

prohibitif, ive [prɔibitif, -iv] **adj.** (lat. *prohibitus*). **1.** Qui interdit, défend : *Loi prohibitive.* **2.** Qui est d'un montant si élevé qu'il interdit en fait l'achat : *Prix prohibitif.*

prohibition [prɔibisjɔ̃] **n.f.** (lat. *prohibitio*). **1.** Défense, interdiction légale : *La prohibition de certaines armes.* **2.** Interdiction de la fabrication et de la vente d'alcool aux États-Unis, entre 1919 et 1933 ; cette époque.

proie [prwa] **n.f.** (lat. *praeda*). **1.** Être vivant capturé et dévoré par un animal (le *prédateur*) : *Le tigre épie sa proie.* **2.** Personne qu'on tourmente ou qu'on peut manœuvrer facilement : *Voilà une proie toute désignée pour les escrocs* (syn. **victime**). **3. Être en proie à qqch,** être tourmenté par un sentiment violent : *Être en proie à la jalousie.* / **Être la proie de qqch,** être détruit, ravagé par : *Ce vieil immeuble a été la proie des flammes.* / **Oiseau de proie,** oiseau qui se nourrit d'autres animaux ; rapace.

projecteur [prɔʒɛktœr] **n.m. 1.** Appareil qui renvoie au loin la lumière d'un foyer en un ou plusieurs faisceaux d'une grande intensité : *Projecteurs de chantier, de théâtre.* **2.** Appareil qui sert à projeter sur un écran des vues fixes ou animées : *Projecteur de diapositives, de films super-8.*

projectif, ive [prɔʒɛktif, -iv] **adj.** (anglo-amér. *projective ;* v. *projection*). PSYCHOL. **Test projectif,** test par lequel un sujet est amené, à partir d'un matériel dépourvu de signification (taches d'encre, par ex.), à exprimer les éléments de sa personnalité.

projectile [prɔʒɛktil] **n.m.** (du lat. *projectus,* jeté en avant). **1.** Corps lancé avec force vers un but, une cible. **2.** Corps lancé par une arme de jet ou une arme à feu : *On a extrait le projectile de sa jambe* (= la balle).

projection [prɔʒɛksjɔ̃] **n.f.** (lat. *projectio,* de *projicere,* projeter). **1.** Action de projeter, de lancer qqch dans l'espace : *Projection de vapeur, de gravillons.* **2.** Ce qui est projeté ; matière projetée : *Projections volcaniques.* **3.** Action de projeter, de faire apparaître sur une surface qui forme écran ; image projetée : *La projection d'une ombre sur le sol.* **4.** Action de projeter un film, des photos sur un écran ; image éclairée ainsi formée : *La projection commence. Salle, cabine de projection.* **5.** PSYCHAN. Mécanisme de défense du moi qui consiste à attribuer à autrui un sentiment qu'on éprouve soi-même mais qu'on refuse d'accepter. **6.** MATH. Application qui fait correspondre à un point l'intersection d'une droite ou d'un plan donnés avec la droite de direction donnée passant par ce point ; image d'un point, d'une figure par cette application. **7. Plans de projection,** plan horizontal et plan frontal sur lesquels on projette orthogonalement les figures de l'espace. / **Projection cartographique,** permettant de représenter sur une surface plane un modèle du globe terrestre (sphère ou ellipsoïde) : *Projection de Mercator.*

projectionniste [prɔʒɛksjɔnist] **n.** Professionnel chargé de la projection des films.

projet [prɔʒɛ] **n.m.** (de *projeter*). **1.** Ce qu'on a l'intention de faire : *Avoir un projet de vacances tout à fait original* (syn. **idée**). *Avoir, faire des projets d'avenir* (syn. **plan**). **2.** Idée de qqch à faire qu'on présente dans ses grandes lignes : *Votre projet est irréalisable* (syn. **idée, étude**). *Donner suite à un projet.* **3.** Première rédaction d'un texte : *Un projet de plaquette publicitaire* (syn. **ébauche, esquisse**). **4.** Étude en vue d'une réalisation particulière, notamm. en architecture.

projeter [prɔʒte] **v.t.** (de *jeter*) [conj. **27**]. **1.** Jeter, lancer qqch, qqn avec force en l'air ou au loin : *Projeter du sable sur un mur. L'explosion l'a projeté contre le sol.* **2.** Faire apparaître sur une surface qui forme écran : *Les arbres projettent leur ombre sur la route.* **3.** Faire passer un film, des diapositives dans un appareil qui en envoie les images sur un écran. **4.** MATH. Déterminer l'image d'un point, d'une figure par une projection. **5.** Avoir l'intention de faire qqch : *Il projette un voyage aux États-Unis* (syn. **prévoir, préparer**). *Elle projette de repartir bientôt* (syn. **envisager**).

Prokofiev (Sergueï Sergueïevitch), compositeur et pianiste russe (Sontsovka 1891 - Moscou 1953). Dans ses œuvres pour piano et pour orchestre (sept symphonies), ainsi que dans sa musique de chambre, ses ballets (*Roméo et Juliette,* 1936, créé en 1938) et ses opéras (*l'Ange de feu,* 1927, créé en 1954), on dénote une grande puissance rythmique et un langage tantôt ouvert aux conceptions occidentales avancées, tantôt fidèle à la tradition russe.

prolapsus [prɔlapsys] **n.m.** (du lat. *prolabi,* glisser en avant). PATHOL. Descente d'un organe ou d'une portion d'organe : *Prolapsus de l'utérus.*

prolégomènes [prɔlegɔmɛn] **n.m. pl.** (gr. *prolegomena,* choses dites avant). **1.** *SOUT.* Longue introduction. **2.** *DIDACT.* Ensemble des notions préliminaires à une science.

prolepse [prɔlɛps] **n.f.** (gr. *prolêpsis,* anticipation). Procédé de style par lequel on prévient une objection en la réfutant d'avance (ex. : *vous me direz que j'aurais dû refuser*).

prolétaire [prɔletɛr] **n.** (lat. *proletarius,* de *proles,* descendance, lignée). **1.** Personne exerçant un métier manuel et ne disposant pour vivre que d'une rémunération, génér. peu élevée (par opp. à *bourgeois, capitaliste*). **2.** ANTIQ. ROM. Citoyen de la dernière classe, exempt d'impôts et qui n'était considéré comme utile que par les enfants qu'il engendrait. ◆ **adj.** Relatif au prolétaire ; qui appartient au prolétariat : *Un quartier prolétaire.*

prolétariat [prɔletarja] **n.m. 1.** Ensemble, classe des prolétaires. **2.** Condition de prolétaire.

prolétarien, enne [prɔletarjɛ̃, -ɛn] **adj.** Du prolétariat.

prolétarisation [prɔletarizasjɔ̃] **n.f.** Fait d'être prolétarisé, de se prolétariser.

prolétariser [prɔletarize] **v.t.** Donner un caractère de prolétaire à qqn, à qqch. ◆ **se prolétariser v.pr.** Tendre à devenir prolétaire ; passer à la condition de prolétaire.

prolifération [prɔliferasjɔ̃] **n.f. 1.** Action de proliférer ; augmentation, multiplication rapide : *La prolifération des cafards* (syn. **foisonnement, pullulement**). **2.** BIOL. Accroissement du nombre de cellules par division, sans différenciation : *La prolifération des cellules d'une tumeur.* **3. Prolifération nucléaire,** augmentation du nombre des nations disposant d'armes nucléaires.

proliférer [prɔlifere] **v.i.** (de *prolifère,* qui se multiplie) [conj. **18**]. **1.** Se reproduire en grand nombre et rapidement, en parlant d'organismes vivants : *Les insectes prolifèrent dans cette région marécageuse.* **2.** Être de plus en plus nombreux : *Les clubs de micro-informatique prolifèrent dans le quartier* (syn. **se multiplier, foisonner**).

prolifique [prɔlifik] **adj.** (du lat. *proles,* descendance). **1.** Qui se multiplie rapidement ; fécond : *Les lapins sont très prolifiques.* **2.** Qui produit beaucoup, en parlant d'un artiste, d'un écrivain.

prolixe [prɔliks] **adj.** (lat. *prolixus,* qui se répand abondamment). **1.** Se dit de qqn qui parle ou qui écrit très ou trop abondamment, se dit de son discours : *Un écrivain prolixe* (syn. **bavard**). **2. Ne pas être prolixe,** parler peu.

prolixité [prɔliksite] **n.f.** (lat. *prolixitas*). Caractère d'une personne, d'un texte prolixes : *La prolixité d'un journaliste* (syn. **verbosité** ; contr. **brièveté, concision**).

prologue [prɔlɔg] **n.m.** (lat. *prologus,* du gr.). **1.** Première partie d'une œuvre littéraire ou artistique relatant des événements antérieurs à ceux qui se déroulent dans l'œuvre elle-même. **2.** Ce qui annonce, prépare qqch : *Cette réception a servi de prologue à la conférence* (syn. **introduction**). **3.** MUS. Tableau qui suit l'ouverture dans un opéra, avant le premier acte. **4.** ANTIQ. Partie de la pièce précédant l'entrée du chœur et exposant le sujet. **5.** SPORTS. Brève épreuve précédant le départ réel d'une compétition.

prolongateur [prɔlɔ̃gatœr] **n.m.** Rallonge électrique.

prolongation [prɔlɔ̃gasjɔ̃] **n.f. 1.** Action de prolonger : *La prolongation d'un débat.* **2.** Temps ajouté à la durée normale de qqch : *Obtenir une prolongation de congé.* ◆ **prolongations n.f. pl.** SPORTS. Période de jeu ajoutée au temps réglementaire d'un match pour départager les équipes : *Jouer les prolongations.*

prolongement [prɔlɔ̃ʒmɑ̃] **n.m. 1.** Action d'accroître qqch en longueur : *Travaux de prolongement d'une route.* **2.** Ce qui prolonge : *Cette impasse est située dans le prolongement de la rue.* ◆ **prolongements n.m. pl.** Conséquences, suites d'un événement : *Cette affaire aura des prolongements.*

prolonger [prɔlɔ̃ʒe] **v.t.** (bas lat. *prolongare,* du class. *longus,* long) [conj. **17**]. **1.** Augmenter la durée de qqch : *Prolonger un séjour.* **2.** Accroître la longueur de qqch : *Prolonger un segment de droite.*

promenade [prɔmnad] **n.f. 1.** Action de se promener : *Faire une promenade. Partir en promenade.* **2.** Lieu, voie aménagés pour se promener : *Aménager une promenade sur les remparts. La Promenade des Anglais, à Nice.*

promener [prɔmne] **v.t.** (de *mener*) [conj. **19**]. **1.** Conduire à l'extérieur pour donner de l'air, de l'exercice, pour divertir : *Promener ses enfants.* **2.** Laisser aller, laisser traîner çà et là : *Promener son regard d'une table à l'autre.* ◆ **v.i.** *FAM.* **Envoyer promener qqn, qqch,** éconduire vivement qqn ; rejeter qqn, qqch : *Envoyer promener un importun* (= se débarrasser de lui). ◆ **se promener v.pr.** Aller d'un endroit à un autre, avec ou sans but, pour se distraire ou se détendre : *Se promener sur la plage.*

promeneur, euse [prɔmnœr, -øz] **n.** Personne qui se promène.

promenoir [prɔmənwar] **n.m. 1.** Partie d'une salle de spectacle et, spécial., d'un music-hall où l'on pouvait circuler ou se tenir debout. **2.** Lieu couvert destiné à la promenade : *Le promenoir d'une prison, d'un hôpital.*

promesse [prɔmɛs] **n.f.** (lat. *promissa*, de *promittere* ; v. *promettre*). Action de promettre ; fait de s'engager à faire, à dire ou à fournir qqch : *Tu as ma promesse. Tenir sa promesse* (= la réaliser). *Manquer à sa promesse* (= ne pas la tenir). *Ce sont des promesses en l'air.*

Prométhée, personnage de la mythologie grecque appartenant à la race des Titans. Fils de Japet, il fut l'initiateur de la civilisation en dérobant le feu sacré aux dieux et en l'apportant aux hommes. Mais les dieux envoyèrent à ceux-ci Pandore et la boîte dans laquelle elle tenait enfermés tous les maux. Zeus condamna Prométhée à rester enchaîné sur le Caucase, où un aigle lui rongeait le foie, qui repoussait sans cesse. Héraclès tua l'oiseau d'une flèche et délivra le Titan. On a attribué aussi à Prométhée la création de l'homme, qu'il aurait façonné avec de l'argile et animé avec une parcelle du feu divin.

prometteur, euse [prɔmɛtœr, -øz] **adj.** Qui promet, fait naître des espérances : *Un début prometteur.*

promettre [prɔmɛtr] **v.t.** (lat. *promittere*) [conj. **84**]. **1.** S'engager verbalement ou par écrit à faire, à dire, à donner qqch : *Promettre une récompense. Je vous promets de vous aider. Il lui a promis le mariage* (= qu'il l'épouserait). *Il a promis à sa mère qu'il rentrerait tôt* (syn. **assurer, garantir**). **2.** Annoncer l'avenir ; laisser présager qqch : *La météo promet du soleil* (syn. **prévoir**). ◆ **v.i. 1.** Faire naître des espérances : *La vigne promet beaucoup* (= permet d'espérer une bonne récolte). *Cet enfant promet, il sait lire à quatre ans.* **2.** FAM. **Ça promet !,** c'est un mauvais signe pour l'avenir (iron.) : *Il gèle déjà au mois d'octobre ! Ça promet !* ◆ **se promettre v.pr.** Prendre la ferme résolution de faire qqch, d'agir d'une certaine manière ou d'obtenir qqch : *Elle s'est promis de retourner en Grèce. Se promettre du bon temps.*

promis, e [prɔmi, -iz] **adj.** (p. passé de *promettre*). **1.** Dont on a fait la promesse : *Chose promise, chose due.* **2. Promis à qqch,** se dit de qqn qui est destiné à qqch, à qui qqch doit sûrement arriver : *Jeune fille promise à un brillant avenir.* **3. La Terre promise,** la terre de Canaan, promise par Dieu aux Hébreux ; au fig. et litt., contrée très fertile. ◆ **n.** VX ou RÉGION. Fiancé, fiancée.

promiscuité [prɔmiskɥite] **n.f.** (lat. *promiscuus*, commun, mêlé, de *miscere*, mêler). Situation de voisinage, de proximité, désagréable ou choquante : *Une promiscuité gênante en prison.*

promontoire [prɔmɔ̃twar] **n.m.** (lat. *promuntorium*). Cap élevé s'avançant dans la mer.

promoteur, trice [prɔmɔtœr, -tris] **n.** (bas lat. *promotor*, du class. *promovere*, faire avancer). **1.** LITT. Personne qui donne la première impulsion à qqch : *Le promoteur d'une réforme.* **2. Promoteur immobilier,** personne qui finance et organise la construction d'immeubles.

promotion [prɔmɔsjɔ̃] **n.f.** (lat. *promotio*, avancement). **1.** Nomination, accession d'une ou de plusieurs personnes à un grade ou à une dignité plus élevés, à une fonction ou à une position hiérarchique plus importante : *Cette promotion est assortie d'une augmentation. Sa promotion au poste de directrice fut une surprise.* **2.** Ensemble des personnes bénéficiant simultanément d'une telle nomination : *Une promotion de généraux.* **3.** Accession à un niveau social ou professionnel plus élevé : *Mesures qui favorisent la promotion ouvrière.* **4.** Ensemble des personnes entrées la même année comme élèves dans une école, en partic. dans une grande école (abrév. fam. *promo*) : *Une camarade de promotion.* **5.** Action de favoriser le développement, l'essor de qqch : *Faire la promotion d'une politique.* **6. En promotion,** se dit d'un article vendu à un prix moins élevé pendant une campagne de promotion des ventes. / **Promotion des ventes,** ensemble de mesures destinées à développer les ventes par des actions appropriées du réseau de distribution (publicité, rabais, etc.). / **Promotion immobilière,** activité du promoteur.

promotionnel, elle [prɔmɔsjɔnɛl] **adj.** Qui se rapporte à la promotion d'un produit : *Tarifs promotionnels* (= à prix réduits). *Article promotionnel.*

promouvoir [prɔmuvwar] **v.t.** (lat. *promovere*, faire avancer) [conj. **56**]. (Usité surtout à l'inf., aux temps composés et au passif). **1.** Élever à une dignité ou à un grade supérieurs : *Les officiers de la Légion d'honneur ont été promus commandeurs.* **2.** Favoriser le développement, l'essor de qqch : *Promouvoir une politique de progrès.* **3.** Mettre en œuvre la promotion d'un article, d'un produit : *Promouvoir une nouvelle marque de lessive.*

prompt, e [prɔ̃, prɔ̃t] **adj.** (lat. *promptus*). **1.** LITT. Qui agit rapidement : *Un esprit prompt* (syn. **rapide, vif**). **2.** Qui ne tarde pas, se produit rapidement : *Une prompte repartie.*

promptement [prɔ̃ptəmɑ̃] ou [prɔ̃tmɑ̃] **adv.** LITT. De façon prompte : *L'affaire a été promptement réglée* (syn. **vivement**).

prompteur [prɔ̃ptœr] **n.m.** (de l'anglo-amér. *teleprompter*, de l'angl. *prompter*, souffleur de théâtre). Appareil sur lequel défilent des textes qui sont lus par le présentateur face à une caméra de télévision. (On dit aussi *un téléprompteur.*) [Recomm. off. *télésouffleur.*]

promptitude [prɔ̃ptityd] ou [prɔ̃tityd] **n.f.** LITT. Rapidité à agir ou à penser : *Exécuter des ordres avec promptitude* (syn. **rapidité**).

promu, e [prɔmy] **n.** et **adj.** Personne qui a reçu une promotion : *Les officiers promus.*

promulgation [prɔmylgasjɔ̃] **n.f.** Acte par lequel le chef de l'État constate qu'une loi a été régulièrement adoptée par le Parlement et la rend applicable.

promulguer [prɔmylge] **v.t.** (lat. *promulgare*). Procéder à la promulgation d'une loi.

pronaos [prɔnaɔs] **n.m.** (mot gr., de *naos*, temple). ANTIQ. GR. Vestibule d'un temple antique, donnant accès au naos.

pronation [prɔnasjɔ̃] **n.f.** (bas lat. *pronatio*, du class. *pronare*, pencher en avant). PHYSIOL. Mouvement de l'avant-bras qui fait exécuter à la main une rotation du dehors en dedans ; position de la main résultant de ce mouvement, le dos au-dessus (par opp. à *supination*).

prône [pron] **n.m.** (lat. pop. **protinum*, du class. *protirum*, gr. *prothyra*, vestibule). CATH. Ensemble des annonces que le prêtre fait à la fin de la messe paroissiale.

prôner [prone] **v.t.** (de *prône*). Vanter, recommander vivement, avec insistance : *Prôner la modération* (syn. **préconiser**).

pronom [prɔnɔ̃] **n.m.** (lat. *pronomen*). GRAMM. Mot représentant un nom, un adjectif, une phrase et dont les fonctions syntaxiques sont identiques à celles du nom : *Pronoms personnels, possessifs, démonstratifs, interrogatifs, relatifs, indéfinis.*

pronominal, e, aux [prɔnɔminal, -o] **adj. 1.** Du pronom ou qui s'y rapporte ; qui est en fonction de pronom : *L'emploi pronominal de « tout ». Forme pronominale.* **2. Verbe pronominal,** verbe qui se conjugue avec deux pronoms de la même personne (ex. : *il se flatte ; nous nous avançons*). / **Verbe essentiellement pronominal,** verbe qui n'existe qu'à la forme pronominale (*s'évanouir*, par ex.).

pronominalement [prɔnɔminalmɑ̃] **adv.** En fonction de pronom ou de verbe pronominal.

prononçable [prɔnɔ̃sabl] **adj.** Qui peut être prononcé : *Ce mot est à peine prononçable.*

1. prononcé, e [prɔnɔ̃se] **adj.** Qui apparaît tout de suite, en raison de son importance ou de son caractère marqué : *Nez à la courbure prononcée* (syn. **accentué, accusé**). *Avoir les traits du visage prononcés* (syn. **marqué** ; contr. **effacé**).

2. prononcé [prɔnɔ̃se] **n.m.** DR. Lecture d'une décision du tribunal à l'audience (syn. **prononciation**).

prononcer [prɔnɔ̃se] **v.t.** (lat. *pronuntiare,* déclarer, de *nuntius,* nouvelle) [conj. **16**]. **1.** Articuler d'une certaine manière : *Prononcer les mots. Il prononce très mal.* **2.** Dire : *Prononcer un discours. Elle n'a pas prononcé un seul mot* (syn. **émettre**). **3.** DR. Déclarer avec autorité ; faire connaître une décision : *Prononcer un arrêt.* **4. Prononcer des vœux,** entrer en religion. ◆ **v.i.** DR. Rendre un arrêt, un jugement : *Le tribunal a prononcé* (syn. **statuer**). ◆ **se prononcer v.pr. 1.** Exprimer nettement une opinion sur qqch : *Le médecin ne s'est pas encore prononcé.* **2.** Choisir tel parti : *Se prononcer pour, contre une mesure fiscale* (syn. **opter**).

prononciation [prɔnɔ̃sjasjɔ̃] **n.f. 1.** Manière de prononcer les sons du langage, les mots : *Avoir une prononciation défectueuse* (syn. **accent**). **2.** DR. Prononcé.

pronostic [prɔnɔstik] **n.m.** (bas lat. *prognosticus,* du gr. *prognôstikein,* connaître d'avance). **1.** Prévision, supposition sur ce qui doit arriver : *Journaliste qui se trompe dans ses pronostics.* **2.** MÉD. Jugement porté à l'avance sur l'évolution d'une maladie : *Le médecin a réservé son pronostic.*

pronostiquer [prɔnɔstike] **v.t.** Faire un pronostic ; prédire, prévoir : *Il avait pronostiqué le résultat des élections.*

pronostiqueur, euse [prɔnɔstikœr, -øz] **n.** Personne qui fait des pronostics (notamm. des pronostics sportifs).

pronunciamiento [pronunsjamjɛnto] **n.m.** (mot esp.). Coup d'État militaire.

propagande [prɔpagɑ̃d] **n.f.** (du lat. *congregatio de propaganda fide,* congrégation pour la propagation de la foi). Action systématique exercée sur l'opinion pour faire accepter certaines idées ou doctrines, notamm. dans le domaine politique et social : *Affiches de propagande.*

propagandiste [prɔpagɑ̃dist] **n.** et **adj.** Personne qui fait de la propagande : *Un fervent propagandiste de l'Europe.*

propagateur, trice [prɔpagatœr, -tris] **n.** et **adj.** Personne qui propage un produit, des idées, etc. : *Se faire le propagateur d'une rumeur.*

propagation [prɔpagasjɔ̃] **n.f. 1.** Multiplication des êtres vivants par voie de reproduction. **2.** Fait de s'étendre de proche en proche : *La propagation d'une épidémie* (syn. **extension**). **3.** Action de propager, de répandre une idée, une nouvelle, etc. : *La propagation d'une théorie nouvelle.* **4.** PHYS. Déplacement progressif d'énergie dans un milieu déterminé : *La propagation des ondes sonores.*

propager [prɔpaʒe] **v.t.** (lat. *propagare,* reproduire par bouture) [conj. **17**]. **1.** Multiplier par voie de reproduction : *Propager les espèces utiles.* **2.** Développer, étendre largement qqch : *Le vent a propagé le feu jusqu'à la côte.* **3.** Diffuser, répandre dans le public : *Propager une nouvelle* (syn. **divulguer**). ◆ **se propager v.pr. 1.** S'étendre ; se répandre : *Le son ne peut pas se propager dans le vide.* **2.** Se communiquer ; se diffuser : *Les mauvaises nouvelles se propagent vite* (syn. **circuler**).

propane [prɔpan] **n.m.** (de *[acide] propionique,* du gr. *pro, proto,* premier, et *piôn,* gras). Hydrocarbure saturé gazeux (C_3H_8), employé comme combustible.

proparoxyton [prɔparɔksitɔ̃] **n.m.** PHON. Mot portant l'accent tonique sur sa syllabe antépénultième (ex. le mot latin *dominus*).

propédeutique [prɔpedøtik] **n.f.** (all. *Propädeutik,* du gr. *paideuein,* enseigner). En France, première année d'études dans les facultés des lettres et des sciences, de 1948 à 1966.

propène n.m. ⟶ **propylène.**

propension [prɔpɑ̃sjɔ̃] **n.f.** (lat. *propensio,* de *propendere,* pencher). Inclination, tendance à faire qqch : *Avoir une certaine propension à mentir.*

Properce, poète latin (Ombrie v. 47 - v. 15 av. J.-C.). Il est l'auteur d'*Élégies* imitées des poètes alexandrins.

propergol [prɔpɛrgɔl] **n.m.** (de *prop[ulsion],* et du gr. *ergon,* travail). Mélange de substances *(ergols)* utilisé pour alimenter les moteurs-fusées.

prophète [prɔfɛt] **n.m.** (lat. ecclés. *propheta,* du gr.). **1.** Dans la Bible, homme qui, inspiré par Dieu, parle en son nom pour faire connaître son message : *Isaïe, Jérémie, Ézéchiel et Daniel sont les grands prophètes de l'Ancien Testament.* **2.** Personne qui annonce un événement futur : *Prophète de malheur* (= personne qui ne prédit que des malheurs). **3. Le Prophète,** Mahomet, pour les musulmans.

prophétesse [prɔfetɛs] **n.f.** Femme animée par une inspiration divine ; interprète d'une divinité.

prophétie [prɔfesi] **n.f.** (lat. ecclés. *prophetia*). **1.** Oracle d'un prophète. **2.** Prédiction d'un événement futur : *Ses prophéties en matière politique se sont réalisées.*

prophétique [prɔfetik] **adj. 1.** Qui se rapporte à un prophète, aux prophètes : *Les livres prophétiques.* **2.** Qui tient de la prophétie : *Paroles prophétiques.*

prophétiser [prɔfetize] **v.t. 1.** Annoncer, par inspiration surnaturelle, les desseins de Dieu. **2.** Prévoir par divination, pressentiment ou conjecture : *Prophétiser l'avènement de temps nouveaux* (syn. **prédire**).

prophylactique [prɔfilaktik] **adj.** Qui se rapporte à la prophylaxie : *Mesures prophylactiques.*

prophylaxie [prɔfilaksi] **n.f.** (gr. *prophulaxis,* de *prophulaktein,* veiller sur). Ensemble des mesures prises pour prévenir l'apparition ou la propagation d'une maladie, des maladies : *Centre de prophylaxie dentaire.*

propice [prɔpis] **adj.** (lat. *propitius*). **1.** Qui convient bien, se prête bien à qqch : *Elle a choisi le moment propice pour lui parler* (syn. **favorable, opportun**). *Un temps propice à la pêche* (= bon pour). **2.** SOUT. Marqué par la bienveillance d'un dieu : *Les oracles sont propices* (syn. **favorable**).

propitiatoire [prɔpisjatwar] **adj.** (lat. *propitiatorius*). RELIG. Qui a pour but de rendre propice : *Sacrifice propitiatoire.*

proportion [prɔpɔrsjɔ̃] **n.f.** (lat. *proportio*). **1.** Rapport de grandeur entre deux quantités : *Mettre la même proportion de sucre et de lait dans un gâteau.* **2.** MATH. Égalité de deux rapports, de forme $a/c = b/d$, avec $c \neq 0$ et $d \neq 0$. (Dans une proportion, le produit des extrêmes $a \cdot d$ est égal au produit des moyens $b \cdot c$). **3.** Rapport établi entre les parties d'un tout : *Ce bâtiment a de belles proportions.* **4.** Importance matérielle ou morale de qqch : *L'incident a pris des proportions considérables.* **5. En proportion,** en rapport : *Avoir une famille nombreuse et un appartement en proportion.* / **En proportion de,** suivant l'importance de : *Ce travail est mal rémunéré en proportion des risques encourus* (= eu égard à, par rapport à). / **Hors de proportion,** beaucoup trop grand. ◆ **proportions n.f. pl. 1.** Dimensions considérées par référence à une mesure, à une échelle : *Un pilier de très grandes proportions* (syn. **dimension**). **2. Toutes proportions gardées,** en tenant compte de la différence d'importance ou de grandeur entre les éléments comparés.

proportionnalité [prɔpɔrsjɔnalite] **n.f. 1.** Relation dans laquelle se trouvent des quantités proportionnelles entre elles : *Proportionnalité de l'impôt.* **2.** MATH. **Coefficient de proportionnalité,** valeur par laquelle on multiplie chacun des termes d'une suite pour obtenir chacun des termes d'une suite proportionnelle à la première.

proportionné, e [prɔpɔrsjɔne] **adj. Bien proportionné, mal proportionné,** dont les proportions sont harmonieuses, équilibrées ou, au contraire, inharmonieuses, sans grâce : *Une femme bien proportionnée* (= bien faite).

proportionnel, elle [prɔpɔrsjɔnɛl] **adj. 1.** Se dit d'une quantité qui est dans un rapport de proportion avec une autre ou avec d'autres du même genre, de quantités qui sont dans un rapport de proportion, notamm. en mathématiques : *Grandeur directement proportionnelle. Une rétribution proportionnelle au travail fourni* (= en proportion de). **2. Représentation proportionnelle,** système électoral accordant aux diverses listes un nombre de représentants proportionnel au nombre des suffrages obtenus. (On dit aussi *la proportionnelle.*) **3.** MATH. **Moyenne proportionnelle de deux nombres,** ⟶ moyenne* géométrique de ces nombres.

/ **Nombres proportionnels,** suites de nombres tels que le rapport de deux nombres de même rang est constant. / **Nombres inversement proportionnels,** suites de nombres tels que les nombres de l'une sont proportionnels aux inverses des nombres de l'autre. / **Quatrième proportionnelle,** terme de valeur inconnue de deux suites proportionnelles de deux termes chacune et dont on connaît les trois autres termes. ▶ Le terme inconnu se calcule à partir des trois autres en appliquant la règle dite « de l'égalité du produit des extrêmes et du produit des moyens » ; ce calcul s'appelle aussi la « règle* de trois ».

proportionnellement [prɔpɔrsjɔnɛlmɑ̃] **adv.** Suivant une certaine proportion ; comparativement : *Les salaires n'ont pas augmenté proportionnellement à la hausse des prix.*

proportionner [prɔpɔrsjɔne] **v.t.** Mettre en exacte proportion : *Proportionner ses dépenses à ses ressources.*

propos [prɔpo] **n.m.** (de *proposer*). **1.** (Souvent au pl.). Paroles dites, mots échangés dans une conversation : *Tenir des propos insensés.* **2.** Ce qu'on se propose de faire ou de dire : *Il n'est pas dans mon propos de vous critiquer* (syn. **intention**). **3. À propos,** de façon opportune, au bon moment : *Ce chèque arrive fort à propos.* / **À propos !,** au fait : *À propos, vous a-t-elle téléphoné ?* / **À propos de,** au sujet de : *À propos de cela, à ce propos. Faire des histoires à propos de tout.* / **À tout propos,** sans cesse, en n'importe quelle occasion : *Il parle à tout propos de son travail.* / **Hors de propos,** sans rapport avec ce dont il est question : *Votre intervention était hors de propos* (= inopportune). / **Mal à propos,** de façon inopportune : *Vous tombez mal à propos* (= vous tombez mal).

proposer [prɔpoze] **v.t.** (lat. *proponere,* poser devant, puis « offrir, présenter »). **1.** Offrir au choix, à l'appréciation de qqn : *Proposer une date* (syn. **soumettre**). *Proposer un nouveau produit à ses clients* (syn. **présenter**). *Je vous propose de venir à neuf heures* (= je vous invite à). *Je propose qu'on se retrouve devant l'église* (syn. **suggérer**). **2.** Présenter qqn comme postulant, candidat à un poste, à une fonction. ◆ **se proposer v.pr. 1.** Offrir ses services : *Elle s'est proposée pour assurer la permanence.* **2. Se proposer de** (+ inf.), avoir l'intention de : *Il se propose de vous écrire.*

proposition [prɔpozisjɔ̃] **n.f. 1.** Action de proposer ; ce qui est proposé pour qu'on en délibère : *Faire une proposition à une assemblée. Avancer, rejeter une proposition.* **2.** Condition qu'on propose pour arriver à un arrangement : *Vos propositions ne sont pas raisonnables* (syn. **offre**). **3.** GRAMM. Unité syntaxique élémentaire de la phrase, génér. construite autour d'un verbe : *Proposition indépendante. Proposition principale et propositions subordonnées.* **4.** LOG. Énoncé ne comportant pas de variable et susceptible d'être vrai ou faux. **5.** MATH. Énoncé d'une propriété concernant un ensemble défini par des axiomes. **6.** *FAM.* **Faire des propositions à qqn,** lui proposer une aventure, lui faire des avances amoureuses. / **Sur proposition de, sur la proposition de,** à l'initiative de. / LOG. **Calcul, logique des propositions,** partie de la logique qui traite des propriétés analysées en propositions.

propositionnel, elle [prɔpozisjɔnɛl] **adj.** LOG. Qui concerne les propositions : *Logique propositionnelle.*

1. propre [prɔpr] **adj.** (lat. *proprius*). **1.** Net, sans trace de souillure, de poussière ; qui a été lavé, nettoyé : *Mains propres* (contr. **sale**). *Mettre une chemise propre.* **2.** Bien entretenu ; régulièrement nettoyé : *Un restaurant propre.* **3.** Soigné ; correct ; convenable : *Rendre un travail propre* (= fait avec soin). **4.** Se dit d'un enfant, d'un animal domestique qui contrôle ses sphincters. **5.** Honnête ; moral : *Son passé n'est pas très propre.* **6. Nous voilà propres !,** se dit iron. lorsqu'on se trouve dans une situation fâcheuse, désagréable. ◆ **n.m. Mettre au propre,** mettre sous forme définitive ce qui n'était qu'un brouillon.

2. propre [prɔpr] **adj.** (lat. *proprius*). **1.** Qui appartient spécifiquement à qqn, à qqch, qui lui est personnel : *L'enthousiasme propre à la jeunesse* (= caractéristique de). *Chaque être a ses caractères propres* (syn. **particulier, spécifique**). **2.** (Avant le n.). Qui appartient à la personne même dont il est question, ou qui émane d'elle ; qui est exactement conforme à ce qu'elle a dit ou fait : *C'est écrit de sa propre main. Ce sont ses propres paroles.* **3.** Juste, qui convient exactement, en parlant d'un mot, d'une expression : *C'est le terme propre* (syn. **approprié, exact**). **4. Propre à,** apte à, qui convient pour : *Bois propre à la construction.* **5. Nom propre,** nom qui désigne un être ou un objet considérés comme uniques (par opp. à *nom commun*). / **Remettre qqch en main(s) propre(s),** à la personne même, et non à un intermédiaire. / **Sens propre,** sens premier d'un mot, d'une expression, le plus proche du sens étymologique (par opp. à *sens figuré*). / DR. **Bien propre,** bien qui fait partie du patrimoine personnel de l'un des époux (par opp. à *acquêt*). / ÉCON. **Capitaux propres,** capitaux qui, figurant au passif d'un bilan, ne proviennent pas de l'endettement (le capital social et les réserves essentiellement). ◆ **n.m. 1. En propre,** en propriété particulière : *Posséder une maison en propre.* **2. Le propre de,** la qualité particulière, spécifique de qqn, de qqch : *Le rire est le propre de l'homme.*

propre-à-rien [prɔprarjɛ̃] **n.** (de *2. propre*) [pl. *propres-à-rien*]. *FAM.* Personne sans aucune capacité (= bon à rien) [syn. **incapable**].

proprement [prɔprəmɑ̃] **adv. 1.** D'une façon propre ; avec propreté : *Manger proprement.* **2.** Honnêtement : *Se conduire proprement.* **3.** Au sens propre ; à la lettre : *C'est proprement de l'escroquerie.* **4. À proprement parler,** pour parler en termes exacts : *On ne peut pas, à proprement parler, le traiter de lâche.* / **Proprement dit,** au sens exact, restreint : *Les Parisiens proprement dits.*

propret, ette [prɔprɛ, -ɛt] **adj.** Propre et joli : *Une villa proprette* (syn. **pimpant**).

propreté [prɔprəte] **n.f. 1.** Qualité de ce qui est propre, exempt de saleté : *Veillez à la propreté des lieux.* **2.** Qualité de qqn qui est propre : *Négliger les règles élémentaires de la propreté* (syn. **hygiène**). **3.** Fait, pour un enfant, un animal domestique, d'être propre.

propréteur [prɔpretœr] **n.m.** (lat. *propraetor*). ANTIQ. ROM. Préteur sortant de charge, délégué au gouvernement d'une province.

propriétaire [prɔprijetɛr] **n.** (bas lat. *proprietarius*). **1.** Personne qui possède qqch en propriété : *Le propriétaire d'un tableau, d'un chien, d'une moto.* **2.** Bailleur d'un immeuble, d'une maison (par opp. à *locataire*) : *Donner deux mois de caution à son propriétaire.* **3. Faire le tour du propriétaire,** contrôler l'état de sa propriété, ou, en parlant de qqn qui vient pour la première fois chez une autre personne, visiter la maison, l'appartement.

propriété [prɔprijete] **n.f.** (lat. jur. *proprietas,* de *proprius,* propre). **1.** Droit d'user, de jouir et de disposer de qqch de façon exclusive et absolue sous les seules restrictions établies par la loi : *Accéder à la propriété. Propriété individuelle, collective. Propriété collective des moyens de production* (= système du collectivisme). **2.** Grande maison, entourée de terres, de dépendances, etc., génér. à la campagne : *Avoir une belle propriété dans le sud de la France.* **3.** Ce qui est le propre, la qualité particulière de qqch : *Les propriétés de l'oxygène.* **4.** Adéquation d'un mot, d'une expression à l'idée, à la situation, etc. : *La propriété des termes employés* (syn. **convenance, justesse**). **5. La grande, la petite propriété,** régimes économiques caractérisés par la possession de terres de grande, de petite surface ; ensemble des propriétaires de ces terres. / **Propriété artistique et littéraire,** droit moral et pécuniaire exclusif d'un auteur et de ses ayants droit sur son œuvre. / **Propriété commerciale, industrielle,** droit exclusif d'exploiter un nom commercial, un brevet, une marque de fabrique, etc.

proprioceptif, ive [prɔprijoseptif, -iv] **adj.** (de *2. propre* et *[ré]ceptif, [per]ceptif*). **Sensibilité proprioceptive,** sensibilité propre aux os, aux muscles, aux tendons et aux articulations et qui renseigne sur l'équilibre, le déplacement du corps dans l'espace.

propulser [prɔpylse] **v.t.** (de *propuls[ion]*). **1.** Envoyer au loin, projeter au moyen d'un propulseur : *Propulser un bateau, un avion, une fusée.* **2.** Projeter en avant avec violence : *L'explosion a propulsé les passants à vingt mètres.*

propulseur [prɔpylsœr] **n.m. 1.** Organe, machine ou moteur destinés à imprimer un mouvement de propulsion à un navire, à une fusée. **2.** PRÉHIST. Baguette en bois terminée par un crochet, utilisée par les chasseurs pour augmenter la force de propulsion de la sagaie. **3.** ASTRONAUT. Moteur-fusée. **4. Propulseur auxiliaire,** recomm. off. pour *booster.*

propulsif, ive [prɔpylsif, -iv] **adj.** Relatif à la propulsion, au mouvement de propulsion : *Hélice propulsive.*

propulsion [prɔpylsjɔ̃] **n.f.** (du lat. *propulsus,* de *propellere,* pousser devant soi). Action de propulser ; fait d'être propulsé : *La propulsion à réaction.*

propylée [prɔpile] **n.m.** (gr. *propulaion,* ce qui est devant la porte). **1.** ANTIQ. GR. Entrée monumentale d'un palais, d'un sanctuaire grecs, constituée essentiellement d'une façade à colonnade doublée d'un vestibule. **2. Les Propylées,** ceux l'Acropole d'Athènes.

propylène [prɔpilɛn] et **propène** [prɔpɛn] **n.m.** (de *propane,* d'apr. *éthyle*). Hydrocarbure comportant une double liaison carbone-carbone. ▶ Formule : C_3H_6.

prorata [prɔrata] **n.m. inv.** (lat. *pro rata [parte],* selon la part déterminée). **Au prorata de,** en proportion de : *Percevoir des bénéfices au prorata de sa mise de fonds.*

prorogation [prɔrɔgasjɔ̃] **n.f.** Action de proroger : *La prorogation d'un délai* (syn. **prolongation**).

proroger [prɔrɔʒe] **v.t.** (lat. *prorogare*) [conj. **17**]. **1.** Reporter à une date ultérieure ; prolonger la durée de : *Proroger un contrat.* **2.** DR. Prolonger les fonctions d'une assemblée délibérante au-delà de la date légale ; suspendre et fixer à une date ultérieure les séances d'une assemblée.

prosaïque [prɔzaik] **adj.** (bas lat. *prosaicus,* écrit en prose, du class. *prosa,* prose). Qui manque de noblesse, d'idéal : *Avoir des goûts prosaïques* (syn. **banal, commun**). *Mener une vie très prosaïque* (syn. **ordinaire, terre à terre**).

prosaïquement [prɔzaikmɑ̃] **adv.** De façon prosaïque.

prosaïsme [prɔzaism] **n.m.** Caractère de ce qui est prosaïque : *Le prosaïsme de ses remarques est navrant* (syn. **banalité, platitude**).

prosateur [prɔzatœr] **n.m.** Auteur qui écrit en prose.

proscenium [prɔsenjɔm] **n.m.** (mot lat., du gr. *proskênion,* de *skênê,* scène). **1.** ANTIQ. GR. Devant de la scène d'un théâtre antique. **2.** Avant-scène.

proscription [prɔskripsjɔ̃] **n.f.** (lat. *proscriptio* ; v. *proscrire*). **1.** ANTIQ. ROM. Condamnation arbitraire annoncée par voie d'affiches, et qui donnait licence à quiconque de tuer ceux dont les noms étaient affichés. **2.** Autref., condamnation au bannissement. **3.** Action de proscrire : *La proscription d'un usage* (syn. **interdiction, prohibition**).

proscrire [prɔskrir] **v.t.** (lat. *proscribere,* afficher, puis « porter sur une table de proscription ») [conj. **99**]. **1.** ANTIQ. ROM. Mettre hors la loi par proscription. **2.** Autref., condamner au bannissement. **3.** Interdire formellement ; rejeter l'usage de : *Proscrire le recours à la violence* (syn. **prohiber**).

proscrit, e [prɔskri, -it] **adj.** et **n.** Frappé de proscription : *Vivre en proscrit* (syn. **exilé**).

prose [proz] **n.f.** (lat. *prosa,* de *prosa oratio,* discours qui va en droite ligne, altér. de *prorsus,* ligne droite). Forme ordinaire du discours parlé ou écrit, qui n'est pas assujettie aux règles de rythme et de musicalité propres à la poésie : *Faire de la prose. Poème en prose.*

prosélyte [prozelit] **n.** (lat. ecclés. *proselytus,* converti, gr. *prosêlutos,* étranger domicilié). **1.** HIST. Païen converti au judaïsme. **2.** Nouveau converti à une foi religieuse. **3.** Personne récemment gagnée à une cause, une doctrine : *L'ardeur d'un prosélyte.*

prosélytisme [prozelitism] **n.m.** Zèle ardent pour recruter des adeptes, pour tenter d'imposer ses idées : *Faire du prosélytisme politique.*

Proserpine, déesse romaine de la Germination des plantes assimilée très tôt à la divinité grecque Perséphone. Son culte devint officiel à Rome en 249 av. J.-C.

prosodie [prɔzɔdi] **n.f.** (gr. *prosôdia,* accent tonique, de *ôdê,* chant). **1.** LITTÉR. Ensemble des règles relatives à la quantité des voyelles qui régissent la composition des vers, notamm. grecs et latins. **2.** LING. Partie de la phonétique qui étudie l'intonation, l'accentuation, les tons, le rythme, les pauses, la durée des phonèmes. **3.** MUS. Étude des règles de concordance des accents d'un texte et de ceux de la musique qui l'accompagne.

prosodique [prɔzɔdik] **adj.** Relatif à la prosodie : *Les règles prosodiques.*

prosopopée [prɔzɔpɔpe] **n.f.** (lat. *prosopopeia,* mot gr. de *prosôpon,* personne). RHÉT. Procédé par lequel l'orateur ou l'écrivain prête la parole à des morts ou à des absents, à des êtres inanimés qu'il personnifie.

prospecter [prɔspɛkte] **v.t.** (angl. *to prospect,* du lat. *prospectus,* vue, perspective). **1.** Étudier un terrain afin d'en découvrir les gisements minéraux : *Prospecter une région, un terrain pour trouver du pétrole.* **2.** Parcourir méthodiquement un lieu, une région pour y découvrir qqch : *J'ai prospecté tout le quartier pour trouver une boulangerie.* **3.** Rechercher par divers moyens de prospection : *Prospecter l'Internet à la recherche de nouveaux clients.*

prospecteur, trice [prɔspɛktœr, -tris] **n.** et **adj.** Personne qui prospecte : *Agent prospecteur.*

prospectif, ive [prɔspɛktif, -iv] **adj.** (bas lat. *prospectivus,* de *prospectus,* de *prospicere,* regarder devant). Orienté vers l'avenir : *Étude prospective du marché.*

prospection [prɔspɛksjɔ̃] **n.f. 1.** Action de prospecter un terrain : *Prospection pétrolière.* **2.** Exploration méthodique d'un lieu pour y trouver qqn ou qqch : *Il a fait de la prospection dans le quartier pour trouver un club d'informatique.* **3.** Recherche systématique de la clientèle (notamm. par des envois de circulaires, des visites de représentants, etc.) : *Faire de la prospection par sondages.*

prospective [prɔspɛktiv] **n.f.** (de *prospectif*). Science ayant pour objet l'étude des causes qui accélèrent l'évolution du monde moderne, et la prévision des situations qui en découlent.

prospectus [prɔspɛktys] **n.m.** (mot lat. « vue, aspect »). Imprimé diffusé gratuitement à des fins d'information ou de publicité : *Distribuer des prospectus publicitaires.*

prospère [prɔspɛr] **adj.** (lat. *prosperus,* favorable). **1.** Qui est dans un état heureux de succès, de réussite : *Commerce, affaires prospères* (syn. **florissant**). *Notaire prospère* (syn. **fortuné**). **2.** Qui est en bonne santé ; qui a belle apparence : *Une mine prospère* (syn. **resplendissant**).

prospérer [prɔspere] **v.i.** (lat. *prosperare* ; v. *prospère*) [conj. **18**]. **1.** Connaître un accroissement rapide : *Son commerce prospère* (contr. **péricliter**). **2.** Se développer au mieux : *Les kiwis prospèrent dans cette région.*

prospérité [prɔsperite] **n.f.** État de ce qui est prospère : *Je vous souhaite bonheur et prospérité* (syn. **aisance, richesse**). *L'état de prospérité des affaires* (contr. **marasme**).

prostate [prɔstat] **n.f.** (gr. *prostatês,* qui se tient en avant). Glande de l'appareil génital masculin, qui entoure la partie initiale de l'urètre jusqu'au col de la vessie et sécrète un des composants du sperme.

■ La prostate est située sous la vessie, sur le trajet de l'urètre, autour duquel elle forme une sorte de manchon. Elle sécrète un liquide qui se mélange à celui produit par les glandes séminales et aux spermatozoïdes pour former le sperme.
Les maladies de la prostate peuvent être des inflammations *(prostatites)* ou des tumeurs. Les tumeurs de la prostate, bénignes *(adénomes)* ou malignes *(cancers),* apparaissent génér. après 50 ans. Du fait de la localisa- →

tion de cet organe, ces maladies sont souvent à l'origine de troubles urinaires : mictions difficiles, mictions trop fréquentes, sang dans les urines. ■

prostatique [prɔstatik] **adj.** Relatif à la prostate.

prosternation [prɔstɛrnasjɔ̃] **n.f.** et **prosternement** [prɔstɛrnəmɑ̃] **n.m.** Action de se prosterner ; attitude d'une personne prosternée : *Les prosternations des fidèles.*

se **prosterner** [prɔstɛrne] **v.pr.** (lat. *prosternere,* coucher en avant). Se courber jusqu'à terre en signe d'adoration, de respect : *Se prosterner devant un autel* (syn. **s'incliner**).

prostitué, e [prɔstitɥe] **n.** Personne qui se prostitue.

prostituer [prɔstitɥe] **v.t.** (lat. *prostituere,* exposer en public puis « déshonorer ») [conj. **7**]. **1.** Livrer à la prostitution. **2.** Avilir, dégrader en utilisant pour des tâches indignes ou à des fins vénales : *Prostituer son talent.* ◆ **se prostituer v.pr. 1.** Se livrer à la prostitution. **2.** Avilir son talent ; se vendre : *Artiste qui se prostitue.*

prostitution [prɔstitysjɔ̃] **n.f.** (lat. ecclés. *prostitutio*). **1.** Acte par lequel une personne consent à des rapports sexuels contre de l'argent. **2.** Usage dégradant de dons, de talents, de valeurs : *La prostitution de l'art par des marchands sans scrupule* (syn. **avilissement, dégradation**).

prostration [prɔstrasjɔ̃] **n.f.** (lat. *prostratio,* prosternement). État de profond abattement.

prostré, e [prɔstre] **adj.** (lat. *prostratus,* de *prosternere,* abattre). En état de prostration : *Elle demeura prostrée à l'annonce de la catastrophe* (syn. **abattu, anéanti**).

protagoniste [prɔtagɔnist] **n.** (gr. *prôtagonistês,* de *prôtos,* premier, et *agôn,* combat). **1.** LITTÉR. Acteur, actrice qui a le rôle principal : *Le protagoniste dans la tragédie grecque.* **2.** Personnage important d'une pièce de théâtre, d'un film, d'un roman. **3.** Personne qui joue le rôle principal ou l'un des rôles principaux dans une affaire : *Les protagonistes d'un scandale.*

Protagoras, sophiste grec (Abdère v. 486 - v. 410 av. J.-C.). Il est resté célèbre pour sa proposition selon laquelle « l'homme est la mesure de toute chose », vivement critiquée par Platon.

protecteur, trice [prɔtɛktœr, -tris] **adj.** et **n.** Qui protège : *Société protectrice des animaux* (= qui recueille et défend les animaux contre les sévices). *Le protecteur des faibles. Protecteur des arts* (= mécène). ◆ **adj.** Qui marque une attitude de protection condescendante : *Air, ton protecteur.*

protection [prɔtɛksjɔ̃] **n.f.** (bas lat. *protectio*). **1.** Action de protéger : *Assurer la protection de qqn* (syn. **défense, sauvegarde**). *Se placer sous la protection d'un ami* (= lui demander secours et assistance). **2.** Ce qui protège, assure contre un risque, un danger, un mal : *C'est une protection contre le froid.* **3. Avoir des protections, de hautes protections,** avoir des protecteurs haut placés. **4. Par protection,** par faveur : *Obtenir un poste par protection.* / **Protection civile,** ⟶ sécurité* civile. / **Protection rapprochée,** moyens mis en œuvre pour empêcher toute action menée à courte distance contre une personnalité. / **Protection sociale,** ensemble des régimes qui assurent ou complètent une couverture sociale ainsi que diverses prestations à caractère familial ou social.

protectionnisme [prɔtɛksjɔnism] **n.m.** Politique de protection de la production nationale contre la concurrence étrangère, notamm. par des mesures douanières (par opp. à *libre-échange*). ◆ **protectionniste adj.** et **n.** Propre au protectionnisme ; partisan du protectionnisme.

protectorat [prɔtɛktɔra] **n.m.** Régime juridique caractérisé par la protection qu'un État fort assure à un État faible en vertu d'une convention ou d'un acte unilatéral : *La Tunisie a été sous protectorat français de 1881 à 1956.*

protégé, e [prɔteʒe] **n.** Personne qui bénéficie de la protection de qqn : *C'est la protégée du professeur.* ◆ **adj.** À l'abri des dangers, des dommages : *Site protégé.* (V. aussi *protéger.*)

protège-cahier [prɔtɛʒkaje] **n.m.** (pl. *protège-cahiers*). Couverture souple servant à protéger un cahier.

protéger [prɔteʒe] **v.t.** (lat. *protegere,* couvrir en avant) [conj. **22**]. **1.** Mettre à l'abri de dangers, d'incidents : *Un étui pour protéger les lunettes* (= les préserver des chocs). *Policiers chargés de protéger le ministre. Un imperméable protège de la pluie* (syn. **garantir**). *Le vaccin protège contre les épidémies* (syn. **immuniser**). **2.** Assurer son patronage, son soutien à qqn : *Protéger un candidat* (syn. **favoriser, soutenir**). **3.** Favoriser par une aide le développement d'un domaine d'activité : *Protéger les arts* (syn. **encourager**).

protéiforme [prɔteifɔrm] **adj.** (de *Protée,* qui avait le don de se métamorphoser à volonté). Susceptible de prendre diverses formes, d'en changer fréquemment.

protéine [prɔtein] **n.f.** (du gr. *prôtos,* premier). Macromolécule constituée par une très longue chaîne d'acides aminés.

■ Les protéines sont synthétisées par les ribosomes à partir d'une vingtaine d'acides aminés et d'une matrice d'ARN (acide ribonucléique) messager (ARN m). Elles remplissent des fonctions extrêmement variées au sein de la cellule ou d'un être vivant. Celles qui ont une fonction enzymatique sont indispensables au métabolisme cellulaire, support biochimique de la vie. Certaines sont impliquées dans la structure et l'architecture cellulaires (protéines de structure) tandis que d'autres sont à la base de tous les mouvements des organites ou de la cellule. Elles permettent le transport de nombreuses substances, aussi bien dans le sang (par ex. l'hémoglobine des globules rouges, qui transporte l'oxygène, est une protéine) qu'au travers des membranes cytoplasmiques (elles forment alors des canaux ou jouent le rôle de transporteurs). Les *hormones* sont souvent des protéines et régulent un grand nombre de fonctions physiologiques. Parmi les autres protéines, il faut citer les anticorps responsables des défenses immunitaires ou les récepteurs placés à la surface des cellules, qui captent les hormones et diverses substances de l'organisme. ■

protéinique [prɔteinik] et **protéique** [prɔteik] **adj.** Relatif aux protéines.

protestant, e [prɔtɛstɑ̃, -ɑ̃t] **n.** et **adj.** (de *protester*). Personne qui professe le protestantisme : *L'édit de Nantes a accordé aux protestants le libre exercice de leur culte.* ◆ **adj.** Qui appartient au protestantisme : *La religion protestante.*

protestantisme [prɔtɛstɑ̃tism] **n.m.** Ensemble des Églises et des communautés chrétiennes issues de la Réforme ; leur doctrine.

■ Le nom de protestantisme vient de la « protestation », en 1529 à la diète de Spire, des seigneurs du Saint Empire qui suivaient la doctrine de Luther contre la décision de Charles Quint restreignant la liberté religieuse. Dès lors, il a servi à désigner l'ensemble des Églises issues de la Réforme du XVIe s. L'unité de ces communautés chrétiennes de plus en plus diversifiées tient à quelques affirmations fondamentales : l'autorité souveraine de la Bible en matière de foi (est écarté tout ce qui est tenu pour simple tradition humaine) ; le salut par la foi, qui est pur don de Dieu, les bonnes œuvres n'étant pas la cause, mais seulement la conséquence de la justification ; la force du témoignage intérieur du Saint-Esprit, par lequel le croyant saisit, non pas dans la lettre mais dans son esprit, la parole de Dieu exprimée dans les livres saints. Cependant, le protestantisme repose moins sur un corps de doctrine que sur une attitude commune de pensée et de vie, qui est fidélité personnelle à l'Évangile, en dehors de toute sujétion vis-à-vis d'un magistère ou de l'Église elle-même.

Le protestantisme comprend principalement – outre l'anglicanisme, resté plus proche du catholicisme – un courant luthérien et un courant réformé (issu de Calvin et de Zwingli), d'autres groupes s'étant formés par la suite (Églises congrégationalistes, piétistes, méthodistes, baptistes, libérales, évangélistes, etc.). Engagé très majoritairement dans le projet œcuménique, il compte aujourd'hui environ 400 millions de fidèles. ■

protestataire [prɔtɛstatɛr] **adj.** et **n.** *SOUT.* Qui proteste contre qqn, qqch : *Les députés protestataires* (syn. **contestataire**).

protestation [prɔtɛstasjɔ̃] **n.f. 1.** Action de protester : *Faire grève en signe de protestation.* **2.** *SOUT.* Affirmation vigoureuse de ses bons sentiments : *Multiplier les protestations d'amitié* (syn. **assurance, témoignage**).

protester [prɔtɛste] **v.i.** (lat. *protestari,* déclarer publiquement). Déclarer avec force son opposition ; s'élever contre qqch : *Protester contre une mesure* (= s'opposer à) [syn. **s'élever, s'indigner**]. *J'ai eu beau protester, rien n'y a fait* (syn. **réclamer**). ◆ **v.t. ind. [de].** *SOUT.* Donner l'assurance formelle de sa bonne foi, de ses bons sentiments : *Protester de son innocence.*

protêt [prɔtɛ] **n.m.** (de *protester*). DR. Acte constatant le non-paiement ou le refus d'acceptation d'un effet de commerce et permettant des poursuites immédiates contre le débiteur.

prothalle [prɔtal] **n.m.** (du gr. *thallos,* branche). BOT. Petite lame verte résultant de la germination des spores de fougères ou de plantes voisines et portant les gamètes mâles ou femelles (ou à la fois les uns et les autres).

prothèse [prɔtɛz] **n.f.** (gr. *prothesis,* addition). **1.** Pièce ou appareil de remplacement d'un organe ou d'un membre : *Prothèse dentaire* (syn. **dentier, bridge**). *Avoir une prothèse à la jambe.* **2.** Technique ayant pour objet le remplacement partiel ou total d'un organe ou d'un membre.

prothésiste [prɔtezist] **n.** Fabricant de prothèses et, notamm., de prothèses dentaires.

prothrombine [prɔtrɔ̃bin] **n.f.** Substance contenue dans le sang et qui participe à sa coagulation.

protide [prɔtid] **n.m.** BIOCHIM. Substance constituée de un ou plusieurs acides aminés, tels les peptides et les protéines.

protidique [prɔtidik] **adj.** Relatif aux protides : *Apport protidique journalier.*

protiste [prɔtist] **n.m.** (du gr. *prôtos,* premier). **Protistes,** groupe rassemblant toutes les espèces vivantes unicellulaires à noyau distinct.

■ Les protistes regroupent les êtres vivants formés d'une seule cellule (unicellulaires) et possédant un noyau, à la différence des bactéries, dont la cellule ne renferme pas de véritable noyau : ce sont des unicellulaires eucaryotes.
La diversité du groupe. Il comprend des représentants du règne animal appelés *protozoaires,* tels les flagellés, des *algues unicellulaires* et des *champignons* (levures). La séparation entre végétaux et animaux n'y est cependant pas toujours nette, certains micro-organismes présentant simultanément ou successivement des caractères d'autotrophie (propre au règne végétal) et d'hétérotrophie (propre au règne animal). Ainsi, de nombreux péridiniens, algues marines de couleur jaunâtre, sont normalement pourvus de chloroplastes, mais absorbent également des proies vivantes. Dans certaines conditions de milieu, les eugléniens perdent la chlorophylle qui assure la photosynthèse et deviennent des prédateurs. Malgré ces ambiguïtés, il est généralement possible de reconnaître par des attributs morphologiques ou des caractéristiques biochimiques les représentants de ces deux règnes.
La plupart des protistes sont microscopiques, mais leur taille est très variable selon les groupes. Parmi les protozoaires, les amibes et les flagellés mesurent environ 50 micromètres, mais d'autres, comme ceux qui vivent dans le tube digestif des termites, dépassent rarement 1,5 micromètre. Les foraminifères ont une taille qui peut atteindre 1 mm, ce qui rend certaines espèces visibles à l'œil nu.
L'organisation de la cellule des protistes est similaire à celle des cellules qui composent les êtres vivants pluricellulaires. Le matériel génétique (ADN) est enfermé dans un noyau, séparé du cytoplasme par une membrane nucléaire. Dans le cytoplasme baignent divers organites (mitochondries, appareil de Golgi, etc.). Il existe souvent des organites locomoteurs, de formes et de dispositions variées. Chez les algues unicellulaires, la cellule renferme aussi des chloroplastes (organites caractéristiques du règne végétal), dans lesquels se déroule la photosynthèse.
Modes de vie. La plupart des protistes mènent une vie libre dans le sol, les eaux douces, la mer. Ainsi, les algues unicellulaires forment une grande partie du plancton. Certains protistes sont des parasites, comme par exemple le protozoaire responsable du paludisme, qui se multiplie à l'intérieur des globules rouges.
Reproduction. Les protistes pratiquent la reproduction asexuée : ils se multiplient par simple division de leur cellule *(scissiparité).* Cependant, certains protistes peuvent, dans certaines conditions, pratiquer une forme de reproduction sexuée. Les ciliés et les amibes, par exemple, pratiquent la *conjugaison.* Lors de ce phénomène assez complexe, deux protistes échangent entre eux du matériel génétique ; la conjugaison de deux cellules donne naissance à huit cellules filles, qui ne sont pas des clones comme dans la reproduction asexuée, mais dont le matériel génétique est un mélange de ceux de leurs deux « parents ». ■

protocolaire [prɔtɔkɔlɛr] **adj.** Conforme au protocole ; qui relève du protocole : *Visite protocolaire.*

protocole [prɔtɔkɔl] **n.m.** (lat. *protocollum,* document notarié, gr. *prôtokollon,* propr. « ce qui est collé en premier »). **1.** Ensemble des règles établies en matière d'étiquette, d'honneur et de préséance dans les cérémonies officielles : *Respecter le protocole.* **2.** Procès-verbal consignant les résolutions d'une assemblée, d'une conférence ; ces résolutions elles-mêmes : *Signer un protocole d'accord.* **3.** Énoncé des conditions et des règles de déroulement d'une expérience ou d'un traitement médical : *Protocole thérapeutique.* **4.** Formulaire utilisé pour la rédaction des actes publics, des lettres officielles.

protohistoire [prɔtɔistwar] **n.f.** Période chronologique, intermédiaire entre la préhistoire et l'histoire, correspondant à l'existence de documents écrits rares ou indirects sur l'histoire des sociétés.

■ Antérieure aux premiers documents écrits, elle correspond, en Europe occidentale, à la durée du IIe millénaire av. J.-C. et se prolonge (Gaule) durant le Ier millénaire. Elle prend le relais du néolithique et a pour caractéristique essentielle l'apparition de la métallurgie du bronze puis de celle du fer, qui, succédant à celle du cuivre (chalcolithique), lui valent l'appellation d'*âge du bronze* et d'*âge du fer.* Ce dernier est subdivisé en deux périodes, Hallstatt et La Tène. ■

proton [prɔtɔ̃] **n.m.** (mot angl., du gr. *prôtos,* premier). Particule fondamentale chargée d'électricité positive, entrant avec le neutron dans la composition des noyaux atomiques : *Dans un atome, le nombre de protons est égal au nombre d'électrons.*

prototype [prɔtɔtip] **n.m.** (lat. *prototypus,* du gr. *prototupos*). **1.** Premier exemplaire ; modèle original : *Faire le prototype d'une médaille.* **2.** Premier exemplaire construit d'un ensemble mécanique, d'un appareil, d'une machine, destiné à en expérimenter les qualités en vue de la construction en série : *Un prototype d'avion.*

protoxyde [prɔtɔksid] **n.m.** CHIM. Oxyde le moins oxygéné d'un élément : *Protoxyde d'azote* N_2O.

protozoaire [prɔtɔzɔɛr] **n.m.** (de *proto-,* et du gr. *zôon,* animal). Être vivant unicellulaire, dépourvu de chlorophylle et se multipliant par mitose ou par reproduction sexuée. ▸ L'embranchement des protozoaires comprend notamm. les ciliés, les flagellés, les rhizopodes (amibes, foraminifères, radiolaires) et les hématozoaires (par ex. l'agent du paludisme).

protubérance [prɔtyberɑ̃s] **n.f.** (de *protubérant*). **1.** Saillie en forme de bosse à la surface d'un corps : *Avoir une protubérance sur le cou* (syn. **excroissance, proéminence**). **2.** ASTRON. **Protubérance solaire,** éjection de matière souvent observée autour du disque solaire.

protubérant, e [prɔtyberɑ̃, -ɑ̃t] **adj.** (bas lat. *protuberans,* de *protuberare,* devenir saillant, du class. *tuber, -eris,* excroissance). Qui forme une protubérance : *Pomme d'Adam protubérante* (syn. **proéminent, saillant**).

prou [pru] **adv.** (anc. fr. *proud,* beaucoup, de *prou,* profit, avantage, du lat. *prodesse,* être utile). LITT. **Peu ou prou,** plus ou moins : *Tout le monde le connaît, peu ou prou.*

Proudhon (Pierre Joseph), théoricien socialiste français (Besançon 1809 - Paris 1865). Il publia en 1840 son premier mémoire, *Qu'est-ce que la propriété ?,* où il montre que seuls la disparition du profit capitaliste et le crédit gratuit mettront fin aux injustices sociales. Proudhon énonça ensuite des thèses ouvriéristes et fédéralistes dans *la Philosophie de la misère* (1846), initiative qui mit un terme à l'estime que Marx lui portait. Ses idées sont un mélange d'anarchie et d'individualisme. Son système est mutuelliste au plan économique et social, et fédéraliste au plan politique. Il propose la transformation des grandes unités de production en associations de travailleurs qui échangeraient librement leurs produits.

proue [pru] **n.f.** (prov. *proa,* lat. *prora*). Partie avant d'un navire (par opp. à *poupe*).

prouesse [pruɛs] **n.f.** (de *preux*). Exploit ; action d'éclat : *Prouesses sportives* (syn. **performance**). *Improviser un repas pour dix personnes, c'est une prouesse.*

Prousias ou **Prusias Ier** (m. v. 182 av. J.-C.), roi de Bithynie (v. 230/227-182 av. J.-C.). Pour obtenir l'appui de Rome, il voulut lui livrer Hannibal, qui avait cherché asile auprès de lui ; mais ce dernier s'empoisonna.

Proust (Marcel), écrivain français (Paris 1871 - *id.* 1922). En 1896, il publie *les Plaisirs et les Jours* (préfacés par A. France et R. Hahn), puis il ébauche son roman *Jean Santeuil* (publié en 1952) et traduit les œuvres de Ruskin, qu'il a rencontré à Venise en 1900. Dans *Pastiches et Mélanges* (1919), il rend hommage, sur le mode de l'imitation, aux auteurs qu'il admire, et en particulier à Saint-Simon. Ses *Chroniques* (1927) et un essai critique intitulé *Contre Sainte-Beuve* (1954), où il refuse l'explication de l'œuvre littéraire par la vie de son auteur, ne paraîtront qu'à titre posthume. Après la mort de son père (1903) et de sa mère (1905), il se consacre, malgré son asthme, à la rédaction de *À la recherche du temps perdu* (*Du côté de chez Swann* paraît en 1913 ; *À l'ombre des jeunes filles en fleurs* en 1918). Hanté par la crainte de ne pouvoir terminer son œuvre, il travaille avec acharnement dans la solitude. Ainsi paraissent *le Côté de Guermantes* (1920), *Sodome et Gomorrhe* (1922) et, après sa mort, *la Prisonnière* (1923), *Albertine disparue* (ou *la Fugitive*) [1925] et *le Temps retrouvé* (1927). • **À la recherche du temps perdu** représente un tournant décisif dans l'histoire du roman au XXe s. Cet ensemble romanesque repose sur une architecture complexe (Proust la comparait à une « cathédrale »). Le narrateur retrace le cheminement qui fut le sien dans sa jeunesse : sa vaine recherche du bonheur dans la fréquentation des snobs du faubourg Saint-Germain à l'époque de l'affaire Dreyfus, dans l'amour (sa relation possessive à Albertine) et dans la contemplation des œuvres d'art. Sa quête s'achève par la réalisation de son désir d'écrire, grâce à la découverte du pouvoir d'évocation de la mémoire involontaire, qui réunit le passé et le présent en une même sensation retrouvée (la célèbre petite madeleine trempée dans le thé, par le rappel d'une saveur oubliée, fait revivre toute son enfance). Le style de Proust se caractérise par des phrases souvent longues (ou périodes), suprêmement élégantes et équilibrées, qui révèlent les intentions cachées derrière les apparences sociales, et explorent le monde des désirs inconscients.

proustien, enne [prustjɛ̃, -ɛn] **adj. 1.** Relatif à Marcel Proust, à son œuvre. **2.** Qui évoque le style, l'atmosphère des œuvres de Proust : *Phrase à la musicalité très proustienne.*

prouvable [pruvabl] **adj.** Qui peut être prouvé.

Prouvé (Jean), constructeur français (Nancy 1901 - *id.* 1984). Fils de Victor Prouvé (1858 - 1943), artiste décorateur de l'école de Nancy, il pratiqua d'abord la ferronnerie, puis se tourna vers les menuiseries métalliques, le design, et fut un pionnier de l'architecture industrialisée (préfabrication moderne : emploi des tôles pliées, murs-rideaux, etc.). Il a, notamment, collaboré avec les architectes Eugène Beaudouin et Marcel Lods : marché, maison du peuple de Clichy, 1936-1939.

prouver [pruve] **v.t.** (lat. *probare,* éprouver). **1.** Établir par des raisonnements, des témoignages incontestables la vérité de qqch : *Il cherche à prouver qu'il était absent* (syn. **démontrer**). *Prouver sa bonne foi.* **2.** Marquer, dénoter, faire apparaître la réalité de qqch : *Comment vous prouver ma reconnaissance ?* (syn. **témoigner**).

provenance [prɔvnɑ̃s] **n.f.** (de *provenir*). Origine : *Marchandises de provenance étrangère. Avion en provenance de Lisbonne* (= venant de).

provençal, e, aux [prɔvɑ̃sal, -o] **adj.** et **n.** (du lat. *provincia* [*romana*], province [romaine]). **1.** De la Provence : *La cuisine provençale. Une réunion de Provençaux.* **2.** CUIS. **À la provençale,** épicé avec de l'ail. ◆ **provençal n.m. 1.** Groupe de dialectes occitans parlés princ. dans la basse vallée du Rhône et à l'est de celle-ci. **2.** Par ext., occitan.

Provence, anc. prov. de France, dont la cap. était Aix-en-Provence et qui correspond aux départements des Bouches-du-Rhône, du Var et des Alpes-de-Haute-Provence. Dès le Ve s. av. J.-C. se développe sur les côtes occupées très tôt par les Ligures l'empire maritime de Massalia (Marseille), cité fondée par les Grecs de Phocée. Au IIe s., les Romains luttent avec les Massaliotes contre les Celto-Ligures qui ont formé une vaste confédération à l'intérieur du pays. Les Romains occupent la région (125-121 av. J.-C.) et en font la *Provincia Romana,* à l'origine du mot Provence. Appelée par la suite *Narbonnaise,* elle est profondément romanisée et devient l'un des premiers foyers du christianisme. Au Ve s. apr. J.-C., Wisigoths, Burgondes, Ostrogoths envahissent successivement le pays. La Provence est incorporée en 537 au royaume des Francs. Lorsque les Arabes conquièrent le Midi, Charles Martel doit soumettre les Provençaux qui ont pris leur parti (736-739). En 843 est fondé un premier royaume, bientôt appelé *royaume d'Arles.* Périodiquement uni à la Bourgogne, il est victime des raids des pirates sarrasins. Au XIe s., il passe théoriquement à l'empereur germanique mais subit des partages féodaux favorables aux comtes de Barcelone. Les croisades permettent le développement du commerce avec le Levant et l'enrichissement de la bourgeoisie. En 1246, le comté de Provence est rattaché à la maison d'Anjou. Il connaît une période de prospérité, notamment sous le règne du roi René (1434-1480). En 1481, les états d'Aix reconnaissent Louis XI comme comte de Provence.

Provence *(débarquement de)* [15 août 1944], opération de la Seconde Guerre mondiale (opération Anvil-Dragoon). Déclenché par les Alliés sur les côtes de Provence, combiné aux opérations en Normandie, il aboutit à la libération d'une grande partie du territoire français.

Provence-Alpes-Côte d'Azur, Région administrative du sud-est de la France, regroupant 6 dép. : Alpes-de-Haute-Provence, Hautes-Alpes, Alpes-Maritimes, Bouches-du-Rhône, Var et Vaucluse ; 31 400 km^2 ; 5 022 659 hab. Ch.-l. *Marseille.* On distingue : la Provence rhodanienne, pays de plaines ; la Provence intérieure, au relief varié, formé de chaînons calcaires, de massifs anciens, des Plans de Provence, du plateau de Valensole et de l'ensemble des Préalpes du Sud ; la Provence maritime et la Côte d'Azur, entre l'embouchure du Rhône et la frontière italienne. L'intérieur de la Région juxtapose cultures céréalières et fruitières, vignes dans les bassins intérieurs, mais aussi lavande, miel et huile d'olive, tandis que la montagne est dominée par l'élevage bovin et, surtout, ovin. L'industrie, très localisée, se concentre sur quelques secteurs clés : la haute technologie (microélectronique), le nucléaire, les domaines de l'eau et des déchets, l'aéronautique et la chimie. Marseille et Fos-sur-Mer sont des zones industrialo-portuaires importantes au niveau national. Mais c'est vers le tertiaire que l'économie est surtout orientée, en particulier vers le tourisme (mer et montagne), aux infrastructures de qualité, le commerce, les transports et, plus récemment, vers les services aux entreprises. Ces activités sont localisées dans les grandes métropoles (Marseille, Aix-en-Provence, Nice et Toulon, qui regroupent 78 % de la population de la Région) et sur le littoral (Côte d'Azur).

provenir [prɔvnir] **v.i.** (lat. *provenire*) [conj. **40 ;** auxil. *être*]. **1.** Tirer son origine de qqch ; avoir pour cause : *Ce résultat provient d'une erreur de calcul* (syn. **résulter de**). **2.** (Surtout au p. présent). Venir d'un lieu : *Un vin provenant de Californie* (= en provenance de).

proverbe [prɔvɛrb] **n.m.** (lat. *proverbium,* de *verbum,* mot). Court énoncé exprimant un conseil populaire, une vérité de bon sens ou d'expérience, et qui sont devenus d'usage commun (ex. : *À chaque jour suffit sa peine*).

proverbial, e, aux [prɔvɛrbjal, -o] **adj. 1.** Qui tient du proverbe : *Expression proverbiale.* **2.** Qui est comme passé en proverbe ; qui est connu de tous : *Sa maladresse est proverbiale* (syn. **célèbre, légendaire**).

proverbialement [prɔvɛrbjalmɑ̃] **adv.** De façon proverbiale : *On dit proverbialement que...*

providence [prɔvidɑ̃s] **n.f.** (lat. *providentia,* de *providere,* prévoir). **1.** Suprême sagesse qu'on attribue à Dieu et par laquelle il gouvernerait toutes choses. **2.** (Avec une majuscule). Dieu en tant qu'il gouverne le monde. **3.** Personne, événement, etc., qui arrivent à point nommé pour sauver une situation, ou qui constituent une chance, un secours exceptionnels : *C'est une providence que vous soyez ici précisément maintenant.* **4.** Personne qui veille, aide, protège : *Il est la providence des sans-logis.*

providentiel, elle [prɔvidɑ̃sjɛl] **adj. 1.** Relatif à la Providence ; réglé, voulu, provoqué par elle. **2.** Qui arrive par un heureux hasard, d'une manière opportune et inattendue : *Des secours providentiels* (syn. **inespéré**).

providentiellement [prɔvidɑ̃sjɛlmɑ̃] **adv.** De façon providentielle : *Il est arrivé providentiellement.*

province [prɔvɛ̃s] **n.f.** (lat. *provincia,* de *vincere,* vaincre). **1.** Division territoriale d'un État placée sous l'autorité d'un délégué du pouvoir central ; habitants de ce territoire. **2.** Ensemble de toutes les régions de France à l'exception de Paris et sa banlieue : *Être nommé en province.* **3.** ANTIQ. ROM. Pays, territoire conquis hors de l'Italie, assujetti à Rome et administré par un magistrat romain. **4. La Belle Province,** le Québec. **/ Province ecclésiastique,** ensemble de diocèses dépendant d'un même archevêché ou d'une même métropole.

Provinces des Prairies, ensemble formé par les provinces canadiennes de l'Alberta, de la Saskatchewan et du Manitoba.

Provinces Maritimes, ensemble formé par les trois provinces canadiennes du Nouveau-Brunswick, de la Nouvelle-Écosse et de l'Île-du-Prince-Édouard.

Provinces-Unies, nom porté par la partie septentrionale des Pays-Bas de 1579 à 1795.

1579. L'Union d'Utrecht consacre la sécession des sept provinces calvinistes du Nord (Zélande, Overijssel, Hollande, Gueldre, Frise, Groningue, Utrecht).

1581. Elles répudient solennellement l'autorité de Philippe II d'Espagne.

1609-1621. Trêve de Douze Ans entre l'Espagne et les Provinces-Unies.

1648. Par les traités de Westphalie, l'Espagne reconnaît l'indépendance des Provinces-Unies.

La direction des affaires est confiée, dès l'origine, à un grand pensionnaire (celui de Hollande), le commandement militaire appartenant au stathouder, choisi le plus souvent dans la maison d'Orange-Nassau. L'oligarchie commerçante arrive au pouvoir avec le grand pensionnaire Jean de Witt, en place de 1653 à 1672. Durant cette période, l'essor de l'empire colonial néerlandais et les interventions des Provinces-Unies contre le Danemark (1646), la Suède (1655-1660) et l'Angleterre (1652-1654 et 1665-1667) assurent au pays la maîtrise des mers. Foyer d'une brillante civilisation (Rembrandt, Spinoza), les Provinces-Unies sont aussi le refuge des intellectuels étrangers menacés dans leurs pays.

1672. L'invasion française, lors de la guerre de Hollande, provoque la chute de Jean de Witt. Guillaume III d'Orange est nommé stathouder.

1689. Devenu roi d'Angleterre, Guillaume III sacrifie les intérêts du pays à sa politique anglaise.

1747. À la suite de la guerre de la Succession d'Autriche (1740-1748) et de l'occupation française, la maison d'Orange est restaurée.

Après une guerre désastreuse contre la Grande-Bretagne (1780-1784), l'échec des réformes proposées par le stathouder, les Provinces-Unies sont secouées par des troubles révolutionnaires dirigés contre la maison d'Orange-Nassau.

1795. L'invasion française provoque la chute du régime. Les Provinces-Unies deviennent la République batave.

Constitué en Royaume de Hollande en 1806, au profit de Louis Bonaparte, le pays est annexé au territoire français en 1810. Le Blocus continental, qui gêne son commerce, et la dureté de l'administration française entraînent une révolte en 1813.

1815. Le congrès de Vienne crée un royaume des Pays-Bas comprenant la future Belgique, au profit de Guillaume Ier de Nassau.

provincial, e, aux [prɔvɛ̃sjal, -o] **adj. 1.** D'une province : *Administration provinciale.* **2.** De la province (par opp. à la *capitale*) : *La vie provinciale.* **3.** Qui n'a pas l'aisance que l'on prête habituellement aux habitants de la capitale (péjor.) : *Avoir un air provincial.* ◆ **n.** Personne qui habite la province : *Un jeune provincial qui arrive à Paris.*

provincialisme [prɔvɛ̃sjalism] **n.m. 1.** Mot, tournure propres à une province. **2.** Gaucherie que l'on prête parfois aux gens de la province (péjor.).

proviseur, e [prɔvizœr] **n.** (lat. *provisor,* qui pourvoit à). Fonctionnaire chargé de la direction d'un lycée. ***Rem.*** Au fém., on rencontre aussi *une proviseur.*

provision [prɔvizjɔ̃] **n.f.** (lat. *provisio,* prévoyance, de *providere,* pourvoir). **1.** Accumulation de choses nécessaires en vue d'un usage ultérieur : *Provision de bois* (syn. **réserve, stock**). **2.** Somme déposée en banque destinée à couvrir des paiements ultérieurs : *Chèque sans provision.* **3.** Somme versée à titre d'acompte à un avocat, un notaire, etc. ; avance. **4.** FIN. Somme inscrite au passif d'un bilan pour parer à une perte probable : *Provision pour restructuration.* **5. Une provision de,** une forte quantité de. ◆ **provisions n.f. pl.** Produits alimentaires ou d'entretien nécessaires à l'usage quotidien.

provisionnel, elle [prɔvizjɔnɛl] **adj.** Qui se fait par provision, en attendant le règlement définitif : *Payer son tiers provisionnel à l'administration fiscale. Acompte provisionnel.*

provisionner [prɔvizjɔne] **v.t.** BANQUE. Créditer un compte d'un montant suffisant pour assurer son fonctionnement.

provisoire [prɔvizwar] **adj.** (du lat. *provisus,* prévu, de *providere,* prévoir). **1.** Qui a lieu, qui se fait, qui existe en attendant un état définitif : *Solution provisoire* (syn. **transitoire**). *Un gouvernement provisoire.* **2.** DR. **Détention provisoire,** subie avant un jugement (on disait *détention préventive* ou *préventive*). ◆ **n.m.** Ce qui dure peu de temps ; état transitoire : *Sortir du provisoire.*

provisoirement [prɔvizwarmɑ̃] **adv.** De façon provisoire : *Loger provisoirement à l'hôtel* (syn. **temporairement**).

provocant, e [prɔvɔkɑ̃, -ɑ̃t] **adj. 1.** Qui constitue une provocation ; qui est volontairement agressif : *Paroles provocantes.* **2.** Qui excite la sensualité ; qui incite au désir : *Poses, allures provocantes.*

provocateur, trice [prɔvɔkatœr, -tris] **adj.** et **n. 1.** Qui provoque le désordre, la violence : *Des provocateurs sont à l'origine de l'émeute.* **2.** Se dit d'une personne qui incite à des actes séditieux ou délictueux dans le but de justifier des représailles : *Agent provocateur.*

provocation [prɔvɔkasjɔ̃] **n.f. 1.** Action de provoquer ; incitation à commettre des actes répréhensibles, une infraction : *Cet article est une véritable provocation au meurtre* (syn. **appel, incitation**). **2.** Fait ou geste destiné à provoquer : *Ne pas répondre à une provocation.*

provoquer [prɔvɔke] **v.t.** (lat. *provocare,* appeler dehors). **1.** Exciter par un comportement agressif, inciter à des réactions violentes : *Il m'a attaqué sans que je l'aie provoqué* (syn. **défier**). **2.** Exciter le désir érotique par son attitude : *Hier, elle n'a pas cessé de le provoquer.* **3.** Produire qqch ; être la cause de qqch : *Ces paroles provoquèrent sa colère* (syn. **susciter**). *Provoquer une catastrophe* (syn. **déclencher**).

proxénète [prɔksenɛt] **n.** (lat. *proxeneta,* courtier, gr. *proxenêtês,* de *xenos,* hôte, médiateur). Personne qui se livre au proxénétisme.

proxénétisme [prɔksenetism] **n.m.** Activité consistant à tirer profit de la prostitution d'autrui ou à la favoriser.

Proxima, étoile de la constellation australe du Centaure, la plus proche du système solaire (4,22 années de lumière).

proximité [prɔksimite] **n.f.** (lat. *proximitas,* de *proximus,* très proche). Voisinage immédiat : *La proximité des commerçants est appréciable* (contr. **éloignement**). *Y a-t-il un restaurant à proximité ?* (= tout près).

prude [pryd] **adj.** et **n.f.** (de *preux*). D'une pudeur affectée, outrée ou hypocrite : *Une personne prude* (syn. **pudibond**).

prudemment [prydamɑ̃] **adv.** Avec prudence : *Avancer prudemment* (= avec précaution, circonspection).

prudence [prydɑ̃s] **n.f.** (lat. *prudentia*). Attitude qui consiste à peser à l'avance tous ses actes, à entrevoir les dangers qu'ils comportent et à agir de manière à éviter toute erreur, tout risque inutile : *Faire preuve de prudence* (syn. **circonspection, sagesse**).

prudent, e [prydɑ̃, -ɑ̃t] **adj.** et **n.** (lat. *prudens*). Qui agit avec prudence ; qui dénote de la prudence : *Un automobiliste prudent. Une conduite prudente dans une affaire* (syn. **modéré, mesuré**). *Il jugea qu'il était plus prudent d'attendre* (syn. **raisonnable, sage**).

pruderie [prydri] **n.f.** (de *prude*). Affectation de vertu : *La pruderie d'une sainte-nitouche* (syn. **pudibonderie**).

Prudhoe Bay, baie de la côte nord de l'Alaska. Gisement de pétrole.

prud'homal, e, aux [prydɔmal, -o] **adj.** Relatif aux conseils de prud'hommes : *Conseiller prud'homal.*

prud'homme [prydɔm] **n.m.** (de *preux* et *homme*). **1. Conseil de prud'hommes,** tribunal composé à égalité de représentants des salariés et des employeurs, et dont le rôle est de trancher les conflits individuels du travail (on dit cour. *les prud'hommes*). **2.** Membre du conseil de prud'hommes.

pruine [prɥin] **n.f.** (lat. *pruina,* givre). Couche poudreuse qui recouvre certains fruits.

prune [pryn] **n.f.** (lat. *prunum*). **1.** Fruit comestible du prunier, à la pulpe molle, juteuse et sucrée. **2.** *FAM.* **Pour des prunes,** pour rien : *Je suis venue pour des prunes, elle n'était pas là.* ◆ **adj. inv.** D'une couleur violet foncé.

pruneau [pryno] **n.m.** Prune séchée au four ou au soleil en vue de sa conservation.

1. prunelle [prynɛl] **n.f.** (de *prune*). **1.** Fruit du prunellier. **2.** Liqueur, eau-de-vie faite avec ce fruit.

2. prunelle [prynɛl] **n.f.** (de *1. prunelle*). **1.** Pupille de l'œil. **2. Tenir à qqch comme à la prunelle de ses yeux,** le considérer comme ce qu'on a de plus précieux.

prunellier [prynɛlje] **n.m.** Prunier sauvage épineux.

prunier [prynje] **n.m.** Arbre aux fleurs blanches cultivé surtout pour ses fruits, les prunes. ▶ Famille des rosacées.

prunus [prynys] **n.m.** (lat. scientif. « prunier »). Prunier ou prunellier cultivé comme arbre d'ornement.

prurigineux, euse [pryriʒinø, -øz] **adj.** (du lat. *prurigo*). MÉD. Qui provoque un prurit, une démangeaison.

prurigo [pryrigo] **n.m.** (mot lat. « démangeaison »). MÉD. Dermatose caractérisée par des papules surmontées d'une vésicule et par des démangeaisons intenses.

prurit [pryrit] **n.m.** (lat. *pruritus,* de *prurire,* démanger). MÉD. Vive démangeaison.

Prusiner (Stanley B.), biologiste et neurologue américain (Des Moines 1942). En 1982, il propose sa *théorie protéique,* selon laquelle les encéphalopathies spongiformes (maladie de la vache folle, par ex.) seraient dues non à un agent infectieux « classique » mais à une simple protéine ; en 1983, il isole le prion. (Prix Nobel 1997.)

Prusse, ancien État de l'Allemagne du Nord. CAP. *Berlin.*

Des origines au royaume de Prusse. Peuplée de Borusses, peuple balte païen, la Prusse est conquise au XIIIe s. par l'ordre des chevaliers Teutoniques, ce qui ouvre une période d'essor économique dont profitent des villes rattachées à la Hanse (Dantzig, Toruń, etc.).

1410. Les Polono-Lituaniens remportent, sur l'ordre, la victoire de Grunwald (Tannenberg).

1466. Par la paix de Toruń, l'ordre reconnaît la suzeraineté de la Pologne.

1525. Son grand maître, Albert de Brandebourg, dissout l'ordre et fait de son territoire un duché héréditaire de la couronne de Pologne.

Le duché passe en 1618 aux mains des Hohenzollern, princes-électeurs de Brandebourg, qui, au cours de la guerre de Trente Ans, louvoient entre la Suède et la Pologne.

1660. Le Grand Électeur Frédéric-Guillaume obtient de la Pologne qu'elle renonce à sa suzeraineté sur la Prusse.

1701. Son fils, Frédéric III de Brandebourg, devient « roi en Prusse ».

1713-1740. Frédéric-Guillaume Ier, le « Roi-Sergent », dote le pays de l'armée la plus moderne d'Europe.

Frédéric II (1740-1786), le « roi-philosophe », est un adepte du despotisme éclairé. Il fait de la Prusse, qu'il agrandit de la Silésie et des territoires qu'il reçoit lors du premier partage de la Pologne, une grande puissance européenne.

1806. La Prusse est défaite par Napoléon à Auerstedt et à Iéna. Elle accomplit de 1806 à 1813 un spectaculaire « redressement moral » : abolition du servage, création de l'université de Berlin, foyer du nationalisme allemand, réorganisation de l'armée.

1813-1814. La Prusse joue un rôle déterminant dans la lutte contre Napoléon.

L'hégémonie prussienne en Allemagne

1814-1815. La Prusse obtient au congrès de Vienne le nord de la Saxe, la Westphalie et les territoires rhénans au-delà de la Moselle.

Par l'Union douanière *(Zollverein)* de 1834, elle prépare l'unité des États de l'Allemagne du Nord sous son égide. Celle-ci est mise en œuvre par Bismarck que Guillaume Ier (1861-1888) appelle à la présidence du Conseil en 1862.

1866. L'Autriche est battue à Sadowa.

1871. À l'issue de sa victoire dans la guerre franco-allemande, Guillaume Ier est proclamé empereur d'Allemagne à Versailles. La Prusse constitue dès lors un État de l'Empire allemand, puis de la république de Weimar. Le national-socialisme met fin à l'existence de cet État en 1933-1935.

Prusse-Occidentale, anc. prov. allemande. CAP. *Dantzig.* Organisée en 1815, elle regroupait les territoires échus à la Prusse lors des deux premiers partages de la Pologne (1772, 1793). Elle fut attribuée à la Pologne en 1919, à l'exception de Dantzig.

Prusse-Orientale, anc. prov. allemande partagée en 1945 entre l'U.R.S.S. et la Pologne. CAP. *Königsberg.*

Prusse-Rhénane, anc. prov. allemande constituée au sein du royaume de Prusse en 1824 et qui est auj. partagée entre les États de Rhénanie-du-Nord-Westphalie et de Rhénanie-Palatinat. V. princ. *Coblence.*

prussien, enne [prysjɛ̃, -ɛn] **adj.** et **n.** De Prusse.

prytanée [pritane] **n.m.** (gr. *prutaneion*). **1.** ANTIQ. GR. Édifice public des cités grecques, où l'on entretenait le feu sacré et où les responsables de l'État *(prytanes)* et leurs hôtes prenaient leurs repas. **2.** Établissement militaire d'enseignement du second degré.

P.-S. [pees] **n.m.** (abrév.). Post-scriptum.

psalliote [psaljɔt] **n.f.** (du gr. *psalis,* voûte). Champignon comestible à lames et à anneau dont une espèce, la psalliote des champs, est cour. appelée *champignon de couche* ou *champignon de Paris.* ▸ Classe des basidiomycètes, famille des agaricacées.

psalmodie [psalmɔdi] **n.f.** (lat. ecclés. *psalmodia,* du gr. *psalmos,* psaume, et *ôdê,* chant). **1.** Manière de chanter, de réciter les psaumes. **2.** LITT. Manière monotone de réciter, de chanter.

psalmodier [psalmɔdje] **v.i.** et **v.t.** [conj. **9**]. **1.** Réciter, chanter un, des psaumes sans inflexion de voix, avec des repos marqués. **2.** Dire, débiter d'une manière monotone : *Psalmodier une poésie.*

psaume [psom] **n.m.** (lat. ecclés. *psalmus,* gr. *psalmos,* de *psalleîn,* faire vibrer une corde). Chant liturgique de la religion d'Israël passé dans le culte chrétien et constitué d'une suite variable de versets.

psautier [psotje] **n.m.** (lat. *psalterium,* du gr.). Recueil de psaumes.

pschent [pskɛnt] **n.m.** (mot égyptien). Coiffure des pharaons constituée des couronnes de Haute-Égypte (blanche en forme de mitre) et de Basse-Égypte (couronne rouge) emboîtées, symbole de leur souveraineté sur les deux royaumes.

pseudo-, préfixe, de l'élément gr. *pseudo-,* de *pseudês,* trompeur, exprimant l'idée de fausseté, de tromperie *(pseudo-intellectuel)* ou d'approximation *(pseudopode).* ***Rem.*** Le recours au trait d'union est quasi systématique lorsque *pseudo-* est utilisé de manière productive dans la langue savante.

pseudonyme [psødɔnim] **n.m.** (gr. *pseudônumos,* de *onuma,* nom). Nom d'emprunt choisi par qqn pour dissimuler son identité, notamm. dans le domaine littéraire ou artistique : *George Sand est le pseudonyme d'Aurore Dupin.* (Abrév. fam. *pseudo.*)

pseudopode [psødɔpɔd] **n.m.** (de *pseudo-* et *-pode*). BIOL. Expansion du cytoplasme de la cellule servant à la locomotion et à la phagocytose chez certains protozoaires.

pseudoscorpion [psødɔskɔrpjɔ̃] **n.m.** (de *pseudo-* et *scorpion*). **Pseudoscorpions,** ordre de petits arachnides aplatis à corps tronqué en arrière, à pattes allongées en bras armés de pinces, comme celles des scorpions. ▸ On les appelle aussi des *chernètes* [kɛrnɛt]. Plus de 3 000 espèces connues ; long. max. 8 mm.

psi [psi] **n.m. inv.** Vingt-troisième lettre de l'alphabet grec (Ψ, ψ).

psitt [psit] ou **pst** [pst] **interj.** Sert à appeler, attirer l'attention : *Psitt ! Par ici !*

psittacisme [psitasism] **n.m.** (du lat. *psittacus,* perroquet). Répétition mécanique de phrases, de formules par un sujet qui ne les comprend pas.

psoriasis [psɔrjazis] **n.m.** (mot gr. « éruption galeuse »). Dermatose chronique caractérisée par des plaques rouges recouvertes d'épaisses squames blanches.

psy [psi] **n.** (abrév.). FAM. Psychanalyste ; psychiatre ; psychologue.

psychanalyse [psikanaliz] **n.f.** (all. *Psychoanalyse,* du gr. *psukhê,* âme, et *analyse*). **1.** Théorie de la vie psychique, formulée par S. Freud, posant l'inconscient comme instance qui régit certains comportements à partir d'éléments refoulés. **2.** Méthode d'investigation psychologique reposant sur cette théorie. **3.** Cure mettant en œuvre cette méthode : *Faire une psychanalyse* (syn. **analyse**).

■ **Les principes.** La psychanalyse est née à la fin du XIXe s. à la suite des travaux de Freud. Selon lui, la personnalité se forme à partir du refoulement dans l'inconscient de situations vécues dans l'enfance comme autant de sources d'angoisse et de culpabilité. Le refoulement du souvenir de ces situations traumatisantes est dû au rôle déterminant que joue la figure du père dans le triangle père-mère-enfant et au moment où se constitue le complexe d'Œdipe. Freud a été amené à mettre en évidence l'importance des actes manqués, des rêves, où réapparaissent certains éléments refoulés. Il a élaboré deux modèles de l'appareil psychique *(topiques).* L'un d'eux décrit la personne humaine comme formée de trois instances : l'*inconscient,* c'est-à-dire les pulsions latentes, ou le ça, le *conscient,* ou moi, et le *surmoi,* modèle social, ensemble des règles morales.

La cure psychanalytique. La psychanalyse est surtout une thérapeutique : un symptôme présenté par le sujet est le substitut d'un refoulement ; la prise de conscience par le sujet de ce qui a été refoulé doit entraîner la disparition du symptôme. Dans la cure, la règle fondamentale est que le sujet doit se laisser aller à toutes les associations d'idées qui lui viennent à l'esprit. Cette règle structure la relation entre le sujet et l'analyste : elle permet l'émergence de la résistance et du transfert. Résistance (à l'inconscient) et transfert (des sentiments d'amour et de haine sur l'analyste) conditionnent la reviviscence par le sujet de situations conflictuelles anciennes, refoulées, sources de névroses.

Les disciples de Freud, plus ou moins continuateurs de son œuvre (certains, comme Alfred Adler, Jung, Reich, s'en sont écartés), se regroupent dans l'*International Psychoanalytical Association.* En firent partie Karl Abraham, Sándor Ferenczi, Klein, Winnicott, Lacan. ■

psychanalyser [psikanalize] **v.t.** Soumettre à un traitement psychanalytique ; analyser.

psychanalyste [psikanalist] **n.** Praticien de la psychanalyse (abrév. fam. **psy** ; syn. **analyste**).

psychanalytique [psikanalitik] **adj.** Relatif à la psychanalyse : *Cure psychanalytique.*

psychasthénie [psikasteni] **n.f.** État névrotique caractérisé notamm. par l'aboulie, l'asthénie et le doute.

1. psyché [psiʃe] **n.f.** (de *Psyché,* n. mythol.). Grand miroir inclinable, pivotant sur un châssis reposant sur le sol.

2. psyché [psiʃe] **n.f.** (gr. *psukhê,* âme). PSYCHOL., PSYCHAN. Ensemble des composants relationnels et affectifs du moi.

Psyché, jeune fille qui, dans la mythologie grecque, était d'une grande beauté et qui, grâce à l'amour que lui porta Éros, devint immortelle au terme d'une longue série d'épreuves suscitées notamment par la jalousie d'Aphrodite. Allégorie de l'âme en quête d'idéal, le mythe de Psyché, thème favori des auteurs platoniciens ou néoplatoniciens, a figuré ensuite le destin de l'âme déchue qui, après des épreuves purificatrices, s'unit à l'amour divin.

psychédélique [psikedelik] **adj.** (angl. *psychedelic,* du gr. *delos,* manifeste, visible). **1.** Se dit de l'état résultant de l'absorption d'hallucinogènes. **2.** Qui évoque cet état : *Musique psychédélique.*

psychiatrie [psikjatri] **n.f.** Discipline médicale dont l'objet est l'étude et le traitement des maladies mentales. ◆ **psychiatre** **n.** Nom du spécialiste (abrév. fam. *psy*).

■ **L'histoire de la médecine psychiatrique.** Dès l'Antiquité, les médecins cherchent à distinguer la « folie » du surnaturel, de la magie ou de la possession par les démons. Ce n'est qu'à partir du XVIIIe s., avec les travaux de Pinel, que certains médecins se spécialisent dans les troubles mentaux. Les patients commencent à être isolés dans des institutions spécialisées, les *asiles.* Le terme « psychiatrie » lui-même n'apparaît qu'en 1842. Pinel établit une classification des maladies mentales, associe des maladies à des symptômes, propose ce qu'il appelle un *traitement moral,* fondé sur la compréhension et la bienveillance. À sa suite, d'autres médecins *aliénistes,* tels Esquirol en France ou Emil Kraepelin en Allemagne, élaborent des classifications des maladies mentales. Malheureusement, l'isolement des malades va devenir un instrument de contrainte ; une loi française de 1838 (abolie seulement en 1990) donne tout pouvoir à l'entourage pour faire interner quiconque a un comportement qui paraît inhabituel, déviant. Le « fou », objet de méfiance, devient alors victime d'un rejet social et moral total.

→

À partir de 1840, les médecins rejettent les thèses de Pinel et d'Esquirol (pour qui les troubles mentaux ont des causes morales) et affirment que les maladies mentales ont une cause neurologique : c'est l'approche *organiciste.* Quand ils ne trouvent aucune lésion du cerveau pour expliquer certaines maladies (psychoses), ils font appel à une « cause somatique endogène », totalement hypothétique. Puis, au début du XXᵉ s., à la suite des études sur l'hystérie de Charcot, les travaux de Freud, fondateur de la psychanalyse, mettent en évidence le rôle de l'inconscient dans les troubles mentaux. Au milieu du XXᵉ s., le rôle de l'environnement social des malades est pris en compte. Par ailleurs, la découverte (1952) des neuroleptiques, médicaments agissant au niveau du système nerveux central, fournit de nouveaux traitements.

Les grands modèles. Plusieurs modèles ont été proposés pour expliquer les troubles mentaux, mais aucun n'est suffisant en lui-même.

– La *psychanalyse* considère que les troubles mentaux sont dus à des processus inconscients, au refoulement de pulsions interdites par la société ; ce modèle a permis de grands progrès dans le regard porté sur les maladies mentales.

– Le *modèle neurochimique* est fondé sur la biologie moléculaire. Il a été montré que les troubles mentaux peuvent être associés à des déficits ou des excès de certains neuromédiateurs (des molécules qui permettent la transmission des messages nerveux). C'est sur ce modèle qu'est fondé l'usage des médicaments comme les neuroleptiques, mais les traitements sont purement empiriques.

– Le *modèle psychosociologique* a montré l'importance du groupe dans la formation de certaines atteintes psychiques affectant non pas un seul individu, mais tout un groupe familial ou social.

Aujourd'hui, la psychiatrie s'oriente vers une approche utilisant tous les moyens à sa disposition, et une conduite attentive au sujet et à sa souffrance psychique. Les différences culturelles entre les individus de différentes origines commencent à être prises en compte, au travers de l'ethnopsychiatrie. ■

psychiatrique [psikjatrik] **adj.** Relatif à la psychiatrie : *Hôpital psychiatrique.*

psychique [psiʃik] **adj.** (du gr. *psukhê*, âme). Qui concerne la psyché, la vie mentale, les états de conscience : *Les phénomènes psychiques* (syn. **mental**).

psychisme [psiʃism] **n.m.** Structure mentale, ensemble des caractères psychiques d'un individu.

psychodrame [psikɔdram] **n.m. 1.** Improvisation dirigée de scènes dans lesquelles, dans un but thérapeutique, les personnes d'un groupe jouent un rôle proche de leur situation réelle. **2.** Situation où s'expriment entre des personnes des rapports fortement marqués par l'affectivité et évoquant le psychodrame.

psychogène [psikɔʒɛn] **adj.** DIDACT. Dont la cause est purement psychique : *Troubles psychogènes.*

psycholinguistique [psikɔlɛ̃gɥistik] **n.f.** Étude scientifique des facteurs psychiques qui permettent la production et la compréhension du langage. ◆ **adj.** Relatif à la psycholinguistique.

psychologie [psikɔlɔʒi] **n.f.** (de *psycho-* et *-logie*). **1.** Étude scientifique des faits psychiques. **2.** Connaissance empirique ou intuitive des sentiments, des idées, des comportements d'autrui : *Manquer de psychologie.* **3.** Analyse des sentiments, des états de conscience : *La fine psychologie de Racine.* **4.** Ensemble des manières de penser, de sentir, d'agir qui caractérisent une personne, un groupe : *La psychologie des Français* (syn. **mentalité**).

■ La psychologie est une science récente née au XXᵉ s. avec les premiers psychophysiologistes allemands (Ernst Weber, Wundt, Helmholtz). Elle s'est dotée de théories fécondes avec le béhaviorisme (J. B. Watson), le gestaltisme ou théorie de la forme (Max Wertheimer), de méthodes qui ouvraient des champs nouveaux (les tests avec Binet). Elle s'est aujourd'hui complètement transformée grâce à un nouveau courant, la psychologie cognitive, ou cognitivisme. On peut distinguer plusieurs champs d'application de la psychologie ; mais les champs et les méthodes interfèrent.

La *psychologie animale* et l'*éthologie* s'intéressent aux comportements animaux en ce qu'ils ont de spécifique (comportements rituels, communication, etc.).

La *psychologie de l'enfant et du développement* étudie les évolutions de l'enfant depuis sa naissance : Piaget a mis en évidence la notion de *stade* qui permet de rapporter les acquisitions des connaissances à une succession d'opérations logiques qui reposent sur l'observation des expériences proposées aux enfants. Elle est aujourd'hui remise en question, notamment dans ses aspects de transition.

La *psychologie sociale* prend en compte les interactions de l'individu avec le groupe social auquel il appartient et avec la société. Elle s'intéresse par exemple à la formation des jugements sociaux de chacun, à la communication, aux milieux du travail (psychologie des organisations), à la santé (rôle des experts, relations entre professionnels et leurs clients), à l'environnement (cadre de vie, industrialisation, urbanisation).

La *psychologie différentielle* étudie les différences observées dans les conduites des individus et des groupes placés dans des situations préalablement répertoriées. Ses méthodes reposent sur l'exploitation statistique de tests et de questionnaires ou inventaires. Si certaines applications de la psychologie différentielle (aide au recrutement, orientation) sont critiquées, l'objectif scientifique principal des chercheurs reste de cerner l'origine des différences individuelles. De ce point de vue, la détermination du Q.I. chez les jumeaux dizygotes et monozygotes fait l'objet de travaux importants en France et aux États-Unis.

La *psychologie expérimentale* n'est pas à proprement parler une branche de la psychologie : elle cherche à appliquer en psychologie la *méthode expérimentale,* en formulant des hypothèses, en les mettant à l'épreuve des faits, et en établissant les conditions de la vérification et les applications.

La *psychologie clinique* est une branche particulière qui utilise des méthodes et des concepts extérieurs à la psychologie, par exemple certaines notions issues de la psychanalyse. Son objectif est d'étudier l'individu, malade ou bien portant, dans ce qu'il a de spécifique, irréductible à n'importe quel autre individu.

La *psychophysiologie* est au carrefour de la psychologie et de la physiologie. Ses objets d'études vont, par exemple, de la simple recherche de corrélations entre des comportements et des indices physiologiques à la mise en évidence de liens causaux entre le fonctionnement d'une structure nerveuse et un comportement. Ses méthodes sont pharmacologiques, électrophysiologiques, biochimiques notamment.

La *neuropsychologie* s'intéresse plus précisément à établir un rapport intelligible entre les processus psychologiques supérieurs et le fonctionnement cérébral. Elle est ainsi placée à la limite des neurosciences. Elle s'intéresse notamment aux phénomènes de maturation et de sénescence ; elle a également pour projet d'analyser les déficits comportementaux parallèlement aux atteintes cérébrales (spécialisation des hémisphères cérébraux, localisation, etc.).

La *psychologie cognitive* est aujourd'hui au centre du renouvellement des recherches. En liaison avec la neurobiologie, son centre d'intérêt est l'étude du traitement de l'information, tant du point de vue des processus de ce traitement que du point de vue de la structure de l'information. Elle distingue les représentations des processus qui opèrent sur ces représentations. En opposant les propositions et les images, elle étudie tout particulièrement la mémoire à long terme et la mémoire à court terme. Ses méthodes s'apparentent initialement à la méthode expérimentale ; mais c'est l'intelligence artificielle qui lui fournit ses modèles les plus féconds, qualifiés de « neuromimétiques ». Elle entretient dans ce but des rapports étroits avec d'autres domaines, comme la logique formelle, la linguistique et la neurologie. Le cognitivisme a d'ailleurs enrichi de nombreux secteurs de la recherche : l'un des plus importants est l'acquisition du langage, dont s'occupe la *psycholinguistique*, et ses dysfonctionnements (en particulier la dyslexie). ■

psychologique [psikɔlɔʒik] **adj. 1.** Relatif à la psychologie, aux faits psychiques : *Analyse, étude psychologique. Roman psychologique* (= qui s'attache à l'étude des sentiments). **2.** Qui agit sur le psychisme : *Action, guerre psychologique.* **3.** Qui relève de la vie psychique : *Il se croit malade mais c'est psychologique.* **4. Moment psychologique,** moment opportun pour une action efficace.

psychologiquement [psikɔlɔʒikmɑ̃] **adv.** Au point de vue psychologique : *Un personnage psychologiquement invraisemblable.*

psychologue [psikɔlɔg] **n. 1.** Spécialiste de psychologie ; professionnel de la psychologie appliquée (abrév. fam. *psy*). **2. Psychologue scolaire,** psychologue attaché à un ou plusieurs établissements d'enseignement pour faire passer des tests aux élèves et, le cas échéant, conseiller leur famille. ◆ **adj.** et **n.** Se dit de qqn qui discerne, comprend intuitivement les sentiments, les mobiles d'autrui : *Il n'a pas été très psychologue et il l'a vexé. Serge est un fin psychologue.*

psychométrie [psikɔmetri] **n.f.** Ensemble des méthodes de mesure des phénomènes psychologiques (tests, etc.).

psychométrique [psikɔmetrik] **adj.** Qui se rapporte à la psychométrie.

psychomoteur, trice [psikɔmɔtœr, -tris] **adj. 1.** Qui concerne à la fois la motricité et l'activité psychique : *Le développement psychomoteur chez l'enfant.* **2.** Qui se rapporte aux troubles de la motricité sans support organique : *Rééducation psychomotrice.*

psychomotricité [psikɔmɔtrisite] **n.f.** Intégration des fonctions motrices et mentales sous l'effet de la maturation du système nerveux. ◆ **psychomotricien, enne n.** Nom du spécialiste.

psychopathe [psikɔpat] **n. 1.** Malade mental. **2.** PSYCHIATRIE. Malade atteint d'un trouble de la personnalité se manifestant par des comportements antisociaux sans culpabilité apparente.

psychopathologie [psikɔpatɔlɔʒi] **n.f.** Branche de la psychologie qui a pour objet l'étude des troubles psychiques.

psychopédagogie [psikɔpedagɔʒi] **n.f.** Discipline qui combine la psychologie et la pédagogie.

psychophysiologie [psikɔfizjɔlɔʒi] **n.f.** Étude scientifique des rapports entre les faits psychiques et les faits physiologiques.

psychopompe [psikɔpɔ̃p] **adj.** et **n.** (gr. *psukhopompos*, de *psukhê*, âme, et *pompaios*, qui conduit). MYTHOL. Se dit des conducteurs ou des accompagnateurs des âmes des morts (Charon, Hermès, Orphée).

psychose [psikoz] **n.f. 1.** Affection mentale caractérisée par une altération globale de la personnalité et des fonctions intellectuelles bouleversant les rapports du sujet avec la réalité. ▶ La psychiatrie range dans les psychoses la schizophrénie et la psychose maniaco-dépressive. **2.** Obsession collective provoquée par un événement ou un fléau vécu comme une menace permanente : *Psychose de la guerre.*

psychosensoriel, elle [psikɔsɑ̃sɔrjɛl] **adj.** Qui concerne à la fois les fonctions psychiques et les fonctions sensorielles : *Phénomènes psychosensoriels* (= hallucinations).

psychosociologie [psikɔsɔsjɔlɔʒi] **n.f.** Étude psychologique des faits sociaux.

psychosomatique [psikɔsɔmatik] **adj.** (de *psycho-* et *somatique*). **1.** Qui concerne à la fois le corps et l'esprit : *Médecine psychosomatique.* **2.** Se dit de troubles organiques liés princ. à des facteurs d'ordre psychique (conflits, etc.), alors que les symptômes de maladie mentale font défaut.

psychostimulant, e [psikɔstimylɑ̃, -ɑ̃t] **adj.** et **n.m.** Se dit d'une substance (amphétamine, caféine, etc.) qui stimule la vigilance, l'activité mentale.

psychotechnique [psikɔtɛknik] **adj.** Se dit des tests permettant de mesurer les aptitudes d'un individu, utilisés pour l'orientation et la sélection professionnelles. ◆ **psychotechnicien, enne n.** Nom du spécialiste.

psychothérapie [psikɔterapi] **n.f.** Thérapie par des moyens psychiques, fondée généralement sur la relation personnelle qu'entretiennent le thérapeute et le patient. ◆ **psychothérapeute n.** Nom du spécialiste.

psychothérapique [psikɔterapik] et **psychothérapeutique** [psikɔterapøtik] **adj.** Relatif à la psychothérapie.

psychotique [psikɔtik] **adj.** et **n.** Relatif à la psychose ; atteint de psychose : *Troubles psychotiques.*

psychotrope [psikɔtrɔp] **adj.** et **n.m.** (de *psycho-* et *-trope*). PHARM. Se dit d'une substance chimique naturelle ou artificielle dont l'effet essentiel s'exerce sur le psychisme.

ptéranodon [pteranɔdɔ̃] **n.m.** (de *ptér[o]-*, et du gr. *anodous*, édenté). Grand reptile volant fossile du crétacé, dépourvu de dents. ▶ Ordre des ptérosauriens ; envergure 7 m.

ptérodactyle [pterodaktil] **n.m.** (de *ptéro-* et *-dactyle*). Reptile fossile volant du jurassique d'Europe, à queue courte, à mâchoires recouvertes d'un bec corné. ▶ Ordre des ptérosauriens ; envergure de 1 à 2 m.

Ptolémée, nom des souverains grecs de la dynastie des Lagides, qui régnèrent sur l'Égypte après la mort d'Alexandre le Grand (323). Seize souverains ont porté ce nom. Les plus célèbres sont : • **Ptolémée Ier Sôtêr** (« le Mainteneur ») [v. 367 - 283 av. J.-C.], fondateur de la dynastie, maître de l'Égypte après la mort d'Alexandre (323). Il conquit la Palestine, la Syrie, Chypre et la Cyrénaïque. En 305, il prit le titre de roi, successeur de fait des pharaons. Il fit d'Alexandrie une grande capitale. • **Ptolémée II Philadelphe** (« qui aime sa sœur ») [309 - 246 av. J.-C.], roi d'Égypte (283-246 av. J.-C.). Il donna à l'Égypte l'hégémonie sur la Méditerranée orientale, mais dut abandonner l'Asie Mineure. Il inaugura le phare d'Alexandrie (entrepris par son père, Ptolémée Ier Sôtêr).

Ptolémée (Claude), astronome, géographe et mathématicien grec (Ptolemaïs de Thébaïde v. 100 - Canope v. 170), auteur d'une *Grande Syntaxe mathématique* (ou *Almageste*), vaste compilation des connaissances astronomiques des Anciens, et d'une *Géographie,* qui ont fait autorité jusqu'à la fin du Moyen Âge et à la Renaissance. Il imaginait la Terre fixe au centre de l'Univers et développa un système cosmologique ingénieux, apte à rendre compte, par une combinaison de mouvements circulaires, des mouvements astronomiques observés à son époque.

ptôse [ptoz] **n.f.** (gr. *ptôsis*, chute). PATHOL. Descente, chute d'un organe, due au relâchement des muscles ou des ligaments qui le maintiennent : *Ptôse gastrique.*

puant, e [pɥɑ̃, -ɑ̃t] **adj. 1.** Qui sent mauvais ; qui exhale une odeur forte et fétide : *Une mare puante* (syn. **nauséabond**). *La fouine est une bête puante.* **2.** *FAM.* Se dit d'une personne qui se rend odieuse par sa vanité, ses manières hautaines : *Il est puant d'orgueil. Elle est devenue puante.*

puanteur [pɥɑ̃tœr] **n.f.** (de *puant*). Odeur forte et nauséabonde : *La puanteur d'un cadavre en décomposition.*

1. pub [pœb] **n.m.** (mot angl., abrév. de *public house*). **1.** Établissement où l'on sert des boissons alcoolisées, en Grande-Bretagne et en Irlande. **2.** Café décoré à la manière des pubs anglais, en France.

2. pub [pyb] **n.f.** (abrév.). *FAM.* Publicité : *Travailler dans la pub. Les pubs au cinéma.*

pubalgie [pybalʒi] **n.f.** MÉD. Inflammation des tendons qui s'insèrent sur la symphyse pubienne.

pubère [pybɛr] **adj.** et **n.** (lat. *puber*). Qui a atteint l'âge de la puberté : *Une fille, un garçon pubères.*

pubertaire [pybɛrtɛr] **adj.** Qui se rapporte à la puberté.

puberté [pybɛrte] **n.f.** (lat. *pubertas*). Ensemble des transformations de l'adolescence aboutissant à l'acquisition des caractères sexuels et de la fonction de reproduction ; période de la vie correspondante.

■ Les premiers signes de la puberté apparaissent de façon générale entre 8 et 13 ans chez la fille (modification des organes génitaux externes et des seins, pilosité pubienne, premières règles, etc.) et un peu plus tard, de 9 ans et demi à 14 ans, chez le garçon (développement des organes génitaux externes, mue de la voix, pilosité pubienne, premières éjaculations, etc.). ■

pubien, enne [pybjɛ̃, -ɛn] **adj.** Du pubis.

pubis [pybis] **n.m.** (mot lat., var. de *pubes*, poil). **1.** Partie antérieure de chacun des os iliaques. **2.** Partie inférieure et médiane du bas-ventre, de forme triangulaire, qui se couvre de poils au moment de la puberté.

publiable [pyblijabl] **adj.** Qui peut être publié.

1. public, ique [pyblik] **adj.** (lat. *publicus*). **1.** Qui concerne la collectivité dans son ensemble ou qui en émane (par opp. à *privé*) : *Opinion publique. Il est de notoriété publique qu'il n'est pas l'auteur de ce livre* (= il est notoire que..., tout le monde sait que...). *L'ennemi public numéro un. Personnage public* (= connu de tout le monde). *Faire une déclaration publique* (syn. **officiel**). **2.** Qui est à l'usage de tous ; accessible à tous : *Jardin public. Le procès a lieu en séance publique* (contr. **à huis clos**). **3.** Qui relève de l'État, de l'administration d'un pays ; qui est géré par l'État (par opp. à *privé*) : *Affaires publiques. Monument public. École publique. Entrer dans la fonction publique* (= devenir fonctionnaire). **4.** Qui relève de l'Administration ou des finances de l'État : *Secteur public. Trésor public.*

2. public [pyblik] **n.m.** (de *1. public*). **1.** Ensemble des gens : *Avis au public* (syn. **population**). *Porte interdite au public.* **2.** Ensemble des personnes visées ou atteintes par un média, à qui s'adresse un écrit, qui assistent à un spectacle, etc. : *Ce journal intéresse un public de professionnels* (= des lecteurs). *Le public applaudit* (= les spectateurs). *Parler en public* (= en présence de nombreuses personnes). **3. Être bon public,** réagir d'emblée, apprécier sans façon une histoire drôle, un spectacle, etc. / **Le grand public,** l'ensemble du public (par opp. à *spécialistes*). / **Grand public,** qui est fait pour le grand public : *Un film grand public.*

publication [pyblikasjɔ̃] **n.f. 1.** Action de faire paraître un écrit : *Publication d'un livre.* **2.** Ouvrage imprimé, et en partic. ouvrage périodique : *Publications pour la jeunesse* (syn. **revue, journal**). **3.** Action de rendre public : *Publication des bans de mariage.* **4. Publication assistée par ordinateur (P.A.O.),** microédition.

publiciste [pyblisist] **n. 1.** *VX.* Journaliste. **2.** Juriste spécialiste du droit public. **3.** (Emploi critiqué). Publicitaire.

publicitaire [pyblisitɛr] **adj.** et **n.** Qui s'occupe de publicité : *Un rédacteur publicitaire.* ◆ **adj.** Qui concerne la publicité ; qui relève de la publicité : *Campagne, slogan publicitaires.*

publicité [pyblisite] **n.f.** (de *1. public*). **1.** Activité ayant pour objet de faire connaître une marque, d'inciter le public à acheter un produit, à utiliser un service ; ensemble des moyens et des techniques employés à cet effet : *Agence de publicité. Cette entreprise fait beaucoup de publicité* (abrév. fam. *pub*). **2.** Annonce, encart, film, etc., conçus pour faire connaître et vanter un produit, un service : *Passer une publicité à la télévision* (abrév. fam. *pub*). **3.** Caractère de ce qui est public : *La publicité d'un débat.*

publier [pyblije] **v.t.** (lat. *publicare*, de *publicus*, public) [conj. **10**]. **1.** Faire paraître un ouvrage ; le mettre en vente : *Maison d'édition qui publie des romans* (syn. **éditer**). *Ce professeur a beaucoup publié.* **2.** Faire connaître légalement : *Publier une loi.* **3.** Divulguer, répandre, notamm. par voie de presse : *Publier une information.*

publipostage [pyblipɔstaʒ] **n.m.** Prospection d'un marché et vente par voie postale (syn. [anglic. déconseillé] **mailing**).

publiquement [pyblikmɑ̃] **adv.** En public ; en présence de nombreuses personnes : *Reconnaître publiquement ses torts.*

Puccini (Giacomo), compositeur italien (Lucques 1858 - Bruxelles 1924). C'est avec *Manon Lescaut* (Turin, 1893), qui connaît un vif succès, puis *la Bohème* (Turin, 1896) que Puccini s'impose au public italien. Il compose *Tosca* (Rome, 1900), puis *Madame Butterfly* (Milan, 1904). Pour le public américain, il fait ensuite représenter à New York *La Fanciulla del West* (1910) et *Il Trittico,* qui regroupe trois opéras en un acte : *Il Tabarro, Suor Angelica* et *Gianni Schicchi* (1918). La maladie qui l'emporte l'empêche d'achever *Turandot.* Également auteur d'une *Messe* (1880), d'un *Requiem* (1905), Puccini, grand maître du vérisme, met en scène, dans le cadre d'un drame continu et essentiellement lyrique, des personnages d'un milieu souvent modeste. Son réalisme, son sens de l'action et des ambiances poétiques, son orchestration et ses audaces d'écriture *(La Fanciulla del West, Turandot)* le situent parmi les compositeurs de théâtre les plus marquants du siècle.

puce [pys] **n.f.** (lat. *pulex, -icis*). **1.** Insecte sans ailes et à pattes postérieures sauteuses, parasite des mammifères et des oiseaux dont il puise le sang par piqûre. ▸ Long. de 0,8 à 6 mm ; ordre des siphonaptères. **2. Puce d'eau,** daphnie. **3.** ÉLECTRON. Petite surface de matériau semi-conducteur (silicium) qui supporte un ou plusieurs circuits intégrés, et notamm. un microprocesseur. **4.** *FAM.* **Être excité comme une puce,** être très excité. / *FAM.* **Mettre la puce à l'oreille,** éveiller les doutes ou les soupçons de qqn. / *FAM.* **Secouer les puces à qqn,** le réprimander fortement. **5. Marché aux puces,** endroit où l'on vend des objets d'occasion (on dit aussi *les puces*). ◆ **adj. inv.** D'un rouge brun.

puceau, elle [pyso, -ɛl] **n.** et **adj.** (bas lat. **pullicellus*, dimin. de *puellus*, jeune garçon). **1.** *FAM.* Garçon, fille vierges. **2. La Pucelle, la Pucelle d'Orléans,** Jeanne d'Arc.

pucelage [pyslaʒ] **n.m.** (de *pucelle*). *FAM.* Virginité.

puceron [pysrɔ̃] **n.m.** (de *puce*). Petit insecte qui vit souvent en colonies sur les végétaux dont il puise la sève. ▸ Ordre des homoptères ; long. 1 à 3 mm.

pudding [pudiŋ] **n.m.** (mot angl.). Entremets sucré à base de farine, de sucre et de beurre en proportions égales, et garni de fruits. (On écrit aussi *pouding.*)

puddlage [pœdlaʒ] **n.m.** (de l'angl. *to puddle*, brasser). METALL. *ANC.* Procédé que l'on utilisait pour obtenir du feu un acier à basse teneur en carbone, par brassage d'une masse de fonte liquide avec une scorie oxydante dans un four à réverbère.

pudeur [pydœr] **n.f.** (lat. *pudor*). **1.** Discrétion, retenue qui empêche de dire ou de faire ce qui peut blesser la décence, spécial. en ce qui concerne les questions sexuelles : *Outrage public à la pudeur.* **2.** Réserve de qqn qui évite de choquer le goût des autres, de les gêner moralement : *Il a eu la pudeur de se taire* (syn. **délicatesse**).

pudibond, e [pydibɔ̃, -ɔ̃d] **adj.** (lat. *pudibundus*, de *pudere*, avoir honte). Qui manifeste une pudeur excessive ; prude.

pudibonderie [pydibɔ̃dri] **n.f.** Attitude, caractère pudibonds ; pruderie.

pudique [pydik] **adj.** (lat. *pudicus*). **1.** Qui manifeste de la pudeur : *Un geste pudique. Une jeune fille pudique* (syn. **chaste**). **2.** Qui ne manifeste pas facilement ses sentiments ; qui est plein de réserve : *Faire une remarque pudique sur ses difficultés financières* (syn. **discret**).

pudiquement [pydikmɑ̃] **adv.** D'une manière pudique : *Baisser pudiquement les yeux.*

Puducherry ⟶ **Pondichéry.**

Puebla, v. du Mexique, cap. de l'*État de Puebla* ; 1 539 859 hab. (2 668 347 hab. dans l'agglomération). Centre commercial et industriel. Cathédrale des XVIe-XVIIe s. ; églises baroques aux coupoles revêtues de céramique vernissée. Musées.

Pueblo, Indiens du sud-ouest des États-Unis. Leur apogée se situe au XIIe s. Les principaux sont les Hopi et les Zuñi.

puer [pɥe] **v.i.** (lat. *putere*) [conj. 7]. **1.** (Suivi d'un compl. de qualité). Exhaler l'odeur désagréable de : *Il puait le tabac.* **2.** (Absol.). Répandre une odeur désagréable : *Ça pue dans cette pièce* (= ça sent mauvais). **3.** FIG. Porter l'empreinte évidente et désagréable de : *Ça pue l'hypocrisie ici.*

puériculteur, trice [pɥerikyltœr, -tris] **n.** Auxiliaire médical, spécialiste de puériculture.

puériculture [pɥerikyltyr] **n.f.** (du lat. *puer,* enfant). Ensemble des connaissances et des techniques nécessaires aux soins des tout-petits.

puéril, e [pɥeril] **adj.** (lat. *puerilis,* de *puer,* enfant). **1.** Qui appartient à l'enfance ; qui rappelle l'enfance par sa fraîcheur, sa franchise : *Visage, geste puéril* (syn. **enfantin**). **2.** Qui est naïf, enfantin, et paraît déplacé de la part d'un adulte : *Un comportement puéril.*

puérilement [pɥerilmɑ̃] **adv.** De façon puérile.

puérilité [pɥerilite] **n.f. 1.** Caractère de ce qui est puéril, enfantin : *La puérilité d'un comportement.* **2.** Action ou chose peu sérieuse : *Dire des puérilités* (syn. **banalité, enfantillage, futilité**).

puerpéral, e, aux [pɥɛrperal, -o] **adj.** (du lat. *puerpera,* accouchée, de *puer,* enfant, et *parere,* enfanter). MÉD. Qui est propre aux femmes en couches, à l'accouchement : *Fièvre puerpérale.*

Puerto Rico ⟶ Porto Rico.

Pufendorf (Samuel, *baron* **von),** juriste et historien allemand (Chemnitz 1632 - Berlin 1694). Dans son ouvrage fondamental *Du droit de la nature et des gens* (1672), reprenant et développant les idées de Grotius, il fonde le droit sur des bases rationnelles, un contrat social, et affirme que la paix est l'état naturel. Son *Traité des devoirs de l'homme et du citoyen* eut une grande influence sur Rousseau.

Puget (Pierre), sculpteur, peintre et architecte français (Marseille 1620 - *id.* 1694). Baroque et réaliste, en contradiction avec l'art officiel de son temps, il est l'auteur des *Atlantes* de l'ancien hôtel de ville de Toulon, d'œuvres religieuses à Gênes, des groupes tumultueux de *Milon de Crotone* et *Persée délivrant Andromède* pour Versailles (Louvre). Comme architecte, il a notamment donné les plans de la chapelle de l'hospice de la Charité à Marseille.

Puget Sound (le), fjord de la côte ouest des États-Unis (État de Washington).

pugilat [pyʒila] **n.m.** (lat. *pugilatus,* du rad. de *pugnus,* poing). **1.** ANTIQ. Combat à coups de poing faisant partie des concours athlétiques, en Grèce. **2.** Combat, rixe à coups de poing.

pugiliste [pyʒilist] **n.m. 1.** ANTIQ. Athlète qui pratiquait le pugilat. **2.** LITT. Boxeur.

pugnace [pygnas] **adj.** (lat. *pugnax, -acis*). LITT. Combatif.

pugnacité [pygnasite] **n.f.** (lat. *pugnacitas,* de *pugnax,* combatif). LITT. Combativité, amour de la lutte, de la polémique : *Réussir grâce à sa pugnacité.*

puîné, e [pɥine] **adj.** et **n.** (de *puis* et *né*). VIEILLI. Né après un de ses frères ou une de ses sœurs ; cadet.

puis [pɥi] **adv.** (lat. pop. **postium,* du class. *post,* après). **1.** Introduit un élément qui vient s'ajouter à un élément précédent, dans le temps ou l'espace : *On entendit un crissement de pneus, puis un bruit de tôles froissées* (syn. **ensuite**). **2.** FAM. **Et puis,** d'ailleurs, au reste, de plus : *Je n'ai pas le temps d'aller voir ce film, et puis il ne me tente pas.*

puisage [pɥizaʒ] **n.m.** Action de puiser.

puisard [pɥizar] **n.m.** (de *puits*). Égout vertical fermé dans lequel les eaux usées et les eaux de pluie s'écoulent peu à peu par infiltration.

puisatier [pɥizatje] **n.m.** et **adj.m.** Terrassier spécialisé dans le forage des puits de faible diamètre.

puiser [pɥize] **v.t.** et **v.i.** (de *puits*). **1.** Prendre un liquide avec un récipient : *Puiser de l'eau dans la rivière.* **2.** Extraire, tirer de qqch : *Puiser des thèmes d'inspiration dans le folklore* (syn. **emprunter, trouver**). **3. Puiser aux sources,** consulter, utiliser les auteurs originaux.

puisque [pɥiskə] **conj. sub.** (de *puis* et *que*). **1.** Marque une relation de cause lorsque la raison est connue ou évidente : *Puisque personne ne vous attend, restez donc avec nous* (syn. **vu que, attendu que**). **2.** Dans une exclamative, introduit une justification impatiente : *Mais puisqu'on vous dit que c'est trop tard !* *Rem. Puisque* s'élide devant les mots *il(s), elle(s), on, en, un, une.*

puissamment [pɥisamɑ̃] **adv.** D'une manière puissante : *Avion puissamment armé* (syn. **fortement**).

puissance [pɥisɑ̃s] **n.f.** (de *puissant*). **1.** Pouvoir de commander, de dominer, d'imposer son autorité : *La puissance des lois. Il donne une impression de puissance* (syn. **force**). *User de sa puissance pour obtenir des avantages* (syn. **pouvoir, influence**). **2.** Force pouvant produire un effet, énergie : *La puissance d'un moteur est exprimée en chevaux-vapeur. La puissance des éléments. La puissance d'une nation* (= son potentiel économique). **3.** Qualité de qqn qui agit avec force : *La puissance d'un raisonnement. Sa puissance de travail est considérable* (syn. **capacité**). **4.** État souverain : *Les grandes puissances. Espionnage au profit d'une puissance ennemie.* **5.** PHYS. Quotient du travail accompli par une machine par le temps qu'il lui a fallu pour l'accomplir : *Puissance nominale d'une machine.* **6.** MIN. Épaisseur d'une couche de minerai ou d'un filon. **7.** PHILOS. Possibilité ; virtualité : *La puissance et l'acte. Exister en puissance.* **8.** MATH. Fonction qui, à un nombre *a* muni d'un exposant *n* ou *-n,* fait correspondre le produit de *a* n fois par lui-même dans le cas de a^n (*a* puissance *n*), et l'inverse de ce produit dans le cas de a^{-n} (*a* puissance moins *n*). **9.** OPT. Caractéristique d'un instrument grossissant (loupe, microscope, etc.) dont la valeur, d'autant plus élevée que le pouvoir de résolution est fort, est égale au quotient de l'angle sous lequel on voit un objet à travers l'instrument par la longueur de cet objet. **10. En puissance,** de manière virtuelle : *L'avenir est en puissance dans le présent* (syn. **virtuellement**). / **Puissance administrative** ou **fiscale,** puissance d'un moteur d'automobile ou de motocyclette, calculée pour servir de base à l'imposition fiscale. ◆ **puissances n.f. pl. 1.** LITT. **Les puissances des ténèbres, de l'enfer,** les démons. **2. Puissances occultes,** forces, personnes qui agissent secrètement.

puissant, e [pɥisɑ̃, -ɑ̃t] **adj.** (anc. p. présent de *pouvoir*). **1.** Qui a beaucoup de pouvoir, d'autorité, d'influence : *Un homme d'affaires puissant.* **2.** Qui a un grand potentiel économique, militaire : *De puissants alliés. Une nation puissante.* **3.** Qui a de la force physique ; qui la manifeste : *Un puissant athlète. Une foulée puissante.* **4.** Qui agit avec force ; qui produit une grande énergie dans un temps déterminé : *Un médicament puissant* (syn. **énergique**). *Un moteur extrêmement puissant.* ◆ **puissants n.m. pl.** Ceux qui détiennent le pouvoir, la richesse : *Les puissants de la terre.*

puits [pɥi] **n.m.** (lat. *puteus*). **1.** Trou vertical creusé dans le sol et souvent maçonné, pour atteindre la nappe aquifère souterraine. **2.** Trou creusé dans le sol en vue d'extraire du charbon ou un minerai, ou destiné à toute autre fin industrielle : *Puits de pétrole.* **3. Puits de science,** personne très érudite.

pull [pyl] et **pull-over** [pylɔvɛr] **n.m.** (de l'angl. *to pull over,* tirer par-dessus [la tête]) [pl. *pulls* et *pull-overs*]. Vêtement en laine, en jersey ou en coton qui s'arrête à la taille et qu'on enfile par la tête (syn. **chandail**).

pullman [pulman] **n.m.** (du n. de l'inventeur). **1.** Autocar très confortable. **2.** ANC. Voiture de luxe dans certains trains. (On dit aussi *voiture pullman.*)

pullulation [pylylasjɔ̃] **n.f.** Augmentation très rapide du nombre des individus d'une même espèce, notamm. par disparition de leur prédateur.

pullulement [pylylmɑ̃] **n.m. 1.** Multitude et multiplication d'êtres vivants : *Pullulement d'insectes* (syn. **prolifération**). **2.** Profusion ; surabondance : *Le pullulement des sectes.*

pulluler [pylyle] **v.i.** (lat. *pullulare*, de *pullus*, jeune animal). **1.** Se reproduire vite et en très grand nombre ; proliférer. **2.** Se trouver, être en très grand nombre : *Les vers pullulent dans les restes de nourriture* (syn. **grouiller**). *Les fautes pullulent dans ce texte* (syn. **abonder, fourmiller**).

pulmonaire [pylmɔnɛr] **adj.** (lat. *pulmonarius* ; v. *poumon*). Du poumon ; des poumons : *Congestion pulmonaire.*

pulmoné [pylmɔne] **n.m.** (du lat. *pulmo, pulmonis*, poumon). Mollusque gastéropode terrestre ou d'eau douce, respirant par un poumon, tel que l'escargot, la limace, la limnée. ▸ Les pulmonés forment une des trois sous-classes de gastéropodes.

pulpe [pylp] **n.f.** (lat. *pulpa*). **1.** Partie tendre et charnue des fruits, de certains légumes : *La pulpe du raisin, de la betterave.* **2.** Extrémité charnue des doigts. **3. Pulpe dentaire,** tissu conjonctif de la cavité dentaire.

pulpeux, euse [pylpø, -øz] **adj. 1.** Qui contient de la pulpe ; qui en a la consistance. **2. Lèvres pulpeuses,** lèvres charnues et sensuelles.

pulsar [pylsar] **n.m.** (mot angl., de *pulsating star*, étoile à pulsations). ASTRON. Source de rayonnement radioélectrique, lumineux, X ou gamma, dont les émissions sont très brèves (50 millisecondes env.) et se reproduisent à intervalles extrêmement réguliers.

pulsation [pylsasjɔ̃] **n.f.** (lat. *pulsatio*). Battement du cœur, des artères : *Son cœur bat à cent pulsations à la minute.*

pulser [pylse] **v.t.** (angl. *to pulse*). **1.** TECHN. Faire circuler un fluide par pression. **2. Air pulsé,** air soufflé par un mécanisme de ventilation mis en circulation par pression : *Chauffage à air pulsé.*

pulsion [pylsjɔ̃] **n.f.** (de *impulsion*). PSYCHAN. Force psychique qui pousse un individu à accomplir une action visant à réduire une tension : *Pulsions sexuelles.*

pulsionnel, elle [pylsjɔnɛl] **adj.** PSYCHAN. Relatif aux pulsions.

pulvérisateur [pylverizatœr] **n.m.** Instrument ou machine servant à projeter un liquide en fines gouttelettes.

pulvérisation [pylverizasjɔ̃] **n.f.** Action de pulvériser ; fait d'être pulvérisé : *Pulvérisation de produits insecticides.*

pulvériser [pylverize] **v.t.** (bas lat. *pulverizare*, de *pulvis, -eris*, poussière). **1.** Réduire en poudre, en fines parcelles : *Pulvériser de la craie.* **2.** Projeter un liquide en fines gouttelettes : *Pulvériser de l'eau sur une plante verte.* **3.** Détruire complètement : *Le choc a pulvérisé l'auto* (syn. **broyer, écraser**). **4. Pulvériser un record,** le dépasser très largement.

pulvérulent, e [pylverylɑ̃, -ɑ̃t] **adj.** (lat. *pulverulentus*, de *pulvis, -eris*, poussière). Qui est à l'état de poudre ou qui est réduit en poudre : *La chaux pulvérulente.*

puma [pyma] **n.m.** (mot quechua). Grand félin d'Amérique, au pelage brun-beige à brun-roux (syn. **cougouar** ou **couguar**). ▸ Famille des félidés ; long. 2,50 m env. avec la queue.

punaise [pynɛz] **n.f.** (de l'anc. adj. *punais*, fétide, du lat. *putere*, puer, et *nasus*, nez). **1.** Insecte à corps aplati dégageant souvent une odeur nauséabonde. ▸ Ordre des hétéroptères. **2.** Petit clou à tête large, à pointe courte et très fine, qui s'enfonce par simple pression du pouce.

punaiser [pyneze] **v.t.** Fixer à l'aide de punaises : *Punaiser une photo au mur.*

1. punch [pɔ̃ʃ] **n.m.** (mot angl. ; du hindi) [pl. *punchs*]. Boisson aromatisée, à base de rhum, de sirop de canne et de jus de fruits.

2. punch [pœnʃ] **n.m. inv.** (mot angl. « coup »). **1.** Grande puissance de frappe, pour un boxeur. **2.** *FAM.* Efficacité ; dynamisme : *Avoir du punch.*

puncheur [pœnʃœr] **n.m.** Boxeur dont le punch est la principale qualité.

punching-ball [pœnʃiŋbol] **n.m.** (de l'angl. *punching*, en frappant, et *ball*, ballon) [pl. *punching-balls*]. Ballon maintenu à hauteur d'homme par des liens élastiques et servant à s'entraîner à la boxe.

Pune ou **Poona,** v. de l'Inde (Maharashtra) ; 5 049 968 hab. dans l'agglomération. Centre universitaire et industriel. Cap. de l'Empire marathe au XVIIIe s.

punique [pynik] **adj.** (lat. *punicus*). Relatif à Carthage, aux Carthaginois.

puniques *(guerres)*, long conflit (264-146 av. J.-C.) qui opposa Rome et Carthage et qui aboutit à la ruine de Carthage. La cause en fut la rivalité des deux cités se disputant l'hégémonie de la Méditerranée occidentale.

La première guerre punique (264-241 av. J.-C.). Elle a pour théâtre la Sicile, d'où les Romains tentent d'évincer les Carthaginois. Les Romains, forts des succès de leur flotte (Mylae, 260), débarquent en Afrique. Ils connaissent ensuite une série de revers : défaite et mort de Regulus (255) en Afrique, échecs de la flotte (Drepanum, 249) et de l'armée en Sicile contre Hamilcar Barca. Mais la victoire décisive de la flotte romaine aux îles Égates (241) amène Carthage à demander la paix ; la Sicile passe sous le contrôle de Rome.

La deuxième guerre punique (218-201 av. J.-C.). Elle est marquée par l'offensive d'Hannibal. Partant d'Espagne (prise de Sagonte, 219), le Carthaginois traverse les Pyrénées et les Alpes et entre en Italie, où il bat les Romains au Tessin et à la Trébie (218), au lac Trasimène (217), à Cannes (216) ; mais, ne recevant pas de renforts, il s'attarde à Capoue et doit renoncer à prendre Rome (211). Cependant, les Romains conquièrent la Sicile et l'Espagne. Hasdrubal, qui essaie de rejoindre son frère Hannibal, est vaincu et tué sur les bords du Métaure (207). En 204, Scipion l'Africain porte la guerre en Afrique, après avoir obtenu le soutien du roi numide Masinissa. Hannibal, rappelé d'Italie, est vaincu à Zama (202). La paix de 201 enlève à Carthage ses possessions d'Espagne et la prive de sa flotte et de ses éléphants.

La troisième guerre punique (149-146 av. J.-C.). Elle porte le coup de grâce à Carthage. Le sénat romain, mis en garde par Caton, qui craint la renaissance de la cité (*delenda est Carthago*, « Carthage doit être détruite »), prend prétexte du conflit qui oppose les Carthaginois à Masinissa, allié de Rome, et envoie Scipion Émilien en Afrique. Après trois ans de siège, Carthage est prise et rasée. La puissance punique n'existe plus.

punir [pynir] **v.t.** (lat. *punire*) [conj. **32**]. **1.** Châtier pour un acte délictueux, pour une faute ; infliger une peine à : *Le tribunal a puni le délinquant* (syn. **condamner**). **2.** Frapper d'une sanction ; réprimer un délit, une faute, etc. : *La loi punit les escroqueries* (syn. **sanctionner**). **3.** Faire subir un mal, un désagrément à qqn pour sa conduite : *Une indigestion a puni sa gourmandise.*

punissable [pynisabl] **adj.** Qui mérite une punition : *Un crime punissable de dix ans de réclusion* (syn. **passible**).

punitif, ive [pynitif, -iv] **adj.** Qui a pour objet de punir : *Expédition punitive.*

punition [pynisjɔ̃] **n.f.** (lat. *punitio*). **1.** Action de punir : *La punition des coupables* (syn. **châtiment**). **2.** Peine infligée pour un manquement au règlement : *Recevoir une punition. Infliger une punition* (syn. **sanction**).

punk [pœ̃k] ou [pœnk] **adj. inv.** (mot anglo-amér.). Se dit d'un mouvement musical et culturel apparu en Grande-Bretagne vers 1975, alliant provocation et dérision : *Groupe punk. Mode punk.* ◆ **n.** Adepte de ce mouvement.

pupillaire [pypilɛr] **adj.** (lat. *pupillaris*). DR. Qui concerne un, une pupille : *Les intérêts pupillaires.*

1. pupille [pypij] **n.** (lat. juridique *pupillus*, enfant qui n'a plus ses parents). **1.** DR. Orphelin(e) mineur(e) ou incapable majeur(e) placé(e) en tutelle : *Tuteur qui néglige les intérêts de sa pupille.* **2. Pupille de la Nation,** orphelin de guerre bénéficiant d'une tutelle particulière de l'État. / **Pupille de l'État,** dont la tutelle est déférée à l'État.

2. pupille [pypij] **n.f.** (lat. *pupilla,* petite fille). ANAT. Orifice central de l'iris de l'œil (syn. **prunelle**).

pupitre [pypitr] **n.m.** (lat. *pulpitrum,* estrade). **1.** Petit meuble à plan incliné pour lire, écrire, à une hauteur commode : *Pupitre d'écolier. Pupitre d'orchestre.* **2.** TECHN. Tableau de commande et de contrôle d'une machine ou d'un appareil automatique.

pupitreur, euse [pypitrœr, -øz] **n.** Technicien travaillant au pupitre d'une installation informatique.

pur, e [pyr] **adj.** (lat. *purus*). **1.** Qui est sans mélange : *Vin pur. Une veste en pure laine.* **2.** Qui n'est ni altéré, ni vicié, ni pollué : *Air pur. Eau pure. Rendre un son pur. Une voix pure.* **3.** Qui est sans corruption, sans défaut moral : *Conscience pure* (syn. **net**). **4.** Qui est absolument, exclusivement tel : *Un pur génie* (syn. **authentique, véritable**). **5.** Se dit d'une activité intellectuelle, artistique, etc., considérée hors de toute préoccupation pratique : *Poésie, recherche pure.* **6.** Qui présente une harmonie dépouillée et sans défaut : *Ligne pure.* **7.** Chaste : *Un amour pur* (syn. **platonique ;** contr. **charnel**). **8. Pur et simple,** qui n'est rien d'autre que cela ; sans aucune condition ni restriction : *C'est de la folie pure et simple.* / CHIM. **Corps pur,** composé chimique dans lequel aucun élément étranger ne peut être décelé expérimentalement. ◆ **n. 1.** Personne d'une grande rigueur morale, qui conforme rigoureusement son action à ses principes : *C'est un pur qui n'acceptera aucune compromission.* **2.** Personne fidèle à l'orthodoxie d'un parti : *Il ne restait que les purs au comité de direction.*

Purcell (Henry), compositeur anglais (Londres 1659 - Westminster 1695). Compositeur de la Chapelle royale et organiste de Westminster, il domine toute la musique anglaise, tant par ses œuvres officielles de musique vocale religieuse (odes et anthems) que par ses partitions lyriques, synthèse d'un art anglais, italien, français (*Didon et Énée,* 1689 ; *King Arthur,* 1691 ; *The Fairy Queen,* 1692), sa musique de chambre (sonates, fantaisies) et ses œuvres pour clavier.

purée [pyre] **n.f.** (anc. fr. *purer,* presser pour faire sortir le jus, du bas lat. *purare,* class. *purus,* pur). **1.** Préparation culinaire faite avec des légumes cuits à l'eau et écrasés : *Une purée de pommes de terre.* **2.** FAM. Grande gêne ; misère : *Être dans la purée.* **3. Purée de pois,** brouillard épais.

purement [pyrmɑ̃] **adv. 1.** Exclusivement et totalement : *Faire une chose purement par intérêt* (syn. **uniquement**). **2. Purement et simplement,** sans réserve ni condition : *Ceci est purement et simplement ridicule.*

pureté [pyrte] **n.f. 1.** Qualité de ce qui est pur, sans mélange ni défaut : *La pureté de l'air. La pureté d'un diamant* (syn. **limpidité**). **2.** Qualité d'une personne moralement pure (syn. **honnêteté, innocence**).

purgatif, ive [pyrgatif, -iv] **adj.** et **n.m.** (lat. *purgatives*). Se dit d'un remède qui purge : *Boire un purgatif.*

purgatoire [pyrgatwar] **n.m.** (bas lat. *purgatorius,* de *purgare,* purger). **1.** CATH. État ou lieu symbolique de purification temporaire pour les défunts morts en état de grâce, mais qui n'ont pas encore atteint la perfection qu'exige la vision béatifique. **2.** Période d'épreuve transitoire : *Cet emploi a été un véritable purgatoire.*

purge [pyrʒ] **n.f. 1.** Médication provoquant l'évacuation du contenu intestinal : *Prendre une purge.* **2.** Action de purger, de vidanger, d'éliminer des résidus : *Faire la purge d'une citerne.* **3.** Élimination des personnes jugées indésirables dans un groupe : *Faire une purge dans un parti* (syn. **épuration**). **4.** DR. Opération par laquelle un bien immeuble est libéré des hypothèques qui le grèvent.

purger [pyrʒe] **v.t.** (lat. *purgare*) [conj. **17**]. **1.** Provoquer l'évacuation du contenu intestinal ; traiter par une purge. **2.** TECHN. Vidanger entièrement : *Purger un radiateur.* **3.** Éliminer d'un récipient ou d'une enceinte fermée les gaz, les liquides ou les résidus indésirables. **4. Purger une peine de prison,** demeurer détenu pendant le temps de la peine. / DR. **Purger les hypothèques,** effectuer les formalités nécessaires pour qu'un bien ne soit plus hypothéqué.

purgeur [pyrʒœr] **n.m.** Appareil, dispositif pour purger une tuyauterie, une installation, etc.

purificateur, trice [pyrifikatœr, -tris] **adj.** Qui sert à purifier : *Prière purificatrice* (syn. **purificatoire**). *Le feu est purificateur.* ◆ **purificateur n.m.** Appareil électrique qui aspire l'air et le restitue après l'avoir purifié à travers des filtres.

purification [pyrifikasjɔ̃] **n.f.** (lat. *purificatio*). **1.** Action de purifier : *La purification de l'eau par ébullition.* **2.** CATH. **Purification de la Vierge,** fête en l'honneur de la Sainte Vierge et de sa purification au Temple après la naissance de Jésus. ▸ On la célèbre avec la Présentation de l'Enfant Jésus au Temple, le 2 février, jour de la Chandeleur.

purificatoire [pyrifikatwar] **adj.** Qui purifie, redonne une pureté religieuse : *Cérémonie purificatoire.* ◆ **n.m.** CATH. Linge avec lequel le prêtre essuie le calice, après la communion.

purifier [pyrifje] **v.t.** (lat. *purificare*) [conj. **9**]. **1.** Rendre un liquide, une matière, etc., plus sains en les débarrassant des impuretés : *Purifier l'eau* (syn. **filtrer**). *Purifier l'air* (syn. **assainir**). **2.** Rendre pur religieusement, moralement.

purin [pyrɛ̃] **n.m.** (de l'anc. fr. *purer,* dégoutter). Fraction liquide, principalement constituée d'urines, qui s'écoule du fumier, utilisée comme engrais.

purisme [pyrism] **n.m.** (de *pur*). **1.** Attitude selon laquelle l'utilisation de la langue doit se conformer à une norme idéale et s'opposer à l'évolution et, notamm., aux emprunts. **2.** Souci de la perfection, observation très ou trop stricte des règles dans la pratique d'un art, d'une discipline, d'un métier. **3.** BX-A. Tendance picturale (1917-1925) issue du cubisme et promue par A. Ozenfant et Le Corbusier, où dominent la simplicité géométrique des contours, la recherche de formes épurées.

puriste [pyrist] **adj.** et **n. 1.** Propre au purisme ; partisan du purisme. **2.** Personne qui se montre particulièrement soucieuse de la correction et de la pureté de la langue.

puritain, e [pyritɛ̃, -ɛn] **n.** et **adj.** (angl. *puritan*). **1.** Membre d'une communauté de presbytériens hostiles à l'Église anglicane et rigoureusement attachés à la lettre des Écritures, que les Stuarts persécutèrent au XVIIe s. et dont beaucoup émigrèrent en Amérique. **2.** Personne qui montre ou affecte une grande rigidité de principes : *Des parents puritains.* ◆ **adj. 1.** Du puritanisme ; des puritains. **2.** Qui évoque la rigidité des puritains : *Une éducation puritaine* (syn. **austère, rigoriste**).

puritanisme [pyritanism] **n.m. 1.** Doctrine, attitude des puritains. **2.** Grande austérité de principes : *Un puritanisme étroit* (syn. **rigorisme ;** contr. **laxisme**).

■ Le puritanisme est né en Angleterre au milieu du XVIe s. de la réaction de presbytériens et de membres de l'Église anglicane qui reprochaient à leur Église son laxisme et ses compromissions, et qui préconisaient un retour aux principes de la Réforme : autorité des Écritures, simplicité du ministère, pureté de l'Église. Persécutés à partir de 1570 par Élisabeth Ire, les puritains émigrèrent en grand nombre en Hollande, puis aux États-Unis, où (notamment avec le groupe des « Pères pèlerins » du *Mayflower* en 1620) ils tentèrent de maintenir la rigidité morale primitive et d'édifier une société constituée par la minorité des saints. Ceux qui étaient restés en Angleterre se lièrent, vers 1610, sous Jacques Ier Stuart, à un puritanisme politique opposant au droit divin des rois le droit supérieur de la nation. Le mouvement joua ainsi un rôle important, avec Cromwell, dans la révolution anglaise et la chute de Charles Ier (1649), puis dans l'avènement d'une bourgeoisie capitaliste et de la démocratie parlementaire. Désormais confondus avec les non-conformistes et insistant sur le rôle de l'individu dans la vie religieuse, les puritains eurent une réelle influence sur l'apparition du piétisme allemand et du méthodisme anglais. ■

purpura [pyrpyra] **n.m.** (mot lat. « pourpre »). MÉD. Éruption de taches rouges *(pétéchies)* à la surface de la peau, due à de petites hémorragies consécutives à la rupture de capillaires dans le derme.

purpurin, e [pyrpyrɛ̃, -in] **adj.** (du lat. *purpura,* pourpre). LITT. D'une couleur pourpre ou proche du pourpre.

pur-sang [pyrsɑ̃] **n.m. inv.** Cheval d'une race française élevée pour la course, dite autref. *pur-sang anglais.*

purulence [pyrylɑ̃s] **n.f.** Production de pus.

purulent, e [pyrylɑ̃, -ɑ̃t] **adj.** (lat. *purulentus*). Mêlé de pus ; qui produit du pus : *Abcès purulent. Plaie purulente.*

Purusha ou **Purusa,** mot sansk., signif. « homme » et désignant, dans les *Veda,* l'homme primordial, personnification du macrocosme, premier sacrificateur et premier sacrifié, dont les différentes parties du corps deviennent les éléments de la création. Dans certaines écoles, le Purusha désigne l'âme primordiale qui est conscience pure et qui, en s'identifiant avec la matière originelle *(prakriti),* inaugure l'évolution du monde physique.

pus [py] **n.m.** (lat. *pus, puris*). Liquide jaunâtre, constitué surtout de débris cellulaires et de microbes, qui se forme à la suite d'une inflammation ou d'une infection.

Pusan, principal port de la Corée du Sud, sur le détroit de Corée ; 3 403 000 hab. Centre industriel.

pusillanime [pyzilanim] **adj.** et **n.** (lat. *pusillanimus,* de *pusillus animus,* esprit mesquin). LITT. Qui manque d'audace, de courage ; qui a peur des responsabilités : *Un esprit pusillanime* (syn. **pleutre, timoré**). *Une conduite pusillanime* (syn. **craintif** ; contr. **courageux**).

pusillanimité [pyzilanimite] **n.f.** LITT. Caractère d'une personne pusillanime : *Faire preuve de pusillanimité* (contr. **audace, hardiesse**).

pustule [pystyl] **n.f.** (lat. *pustula*). **1.** Petite bulle contenant du pus et apparaissant sur la peau dans certaines dermatoses et maladies éruptives. **2.** Petite tache ronde sur la peau des crapauds. **3.** Petite vésicule sur la feuille, la tige de certaines plantes.

pustuleux, euse [pystylø, -øz] **adj. 1.** Couvert de pustules. **2.** Qui a l'aspect clinique d'une pustule.

Puszta (la), nom donné à la grande plaine de Hongrie, lorsqu'elle n'était pas encore cultivée.

putain [pytɛ̃] **n.f.** (de l'anc. fr. *pute,* lat. *putidum,* de *putere,* puer). VULG. Prostituée ; femme débauchée (injurieux). [Abrév. *pute.*]

putatif, ive [pytatif, -iv] **adj.** (lat. ecclés. *putativus,* de *putare,* croire, supposer). **1.** DR. Qu'on suppose légal, légitime, malgré l'absence d'un fondement juridique réel : *Titre putatif.* **2.** DR. **Mariage putatif,** mariage nul, mais dont les effets juridiques subsistent pour les enfants *(enfants putatifs),* par suite de la bonne foi de l'un au moins des époux contractants.

Putiphar, officier du pharaon connu par l'histoire de Joseph que rapporte la Genèse. La femme de Putiphar voulut séduire le jeune Hébreu, qui la repoussa en lui abandonnant son manteau. Elle l'accusa auprès de son mari de lui avoir fait violence ; celui-ci fit alors emprisonner Joseph.

putois [pytwa] **n.m.** (de l'anc. fr. *put,* puant). **1.** Petit mammifère carnivore à la fourrure brune marquée de zones claires, qui se nourrit princip. d'amphibiens, de rongeurs et d'oiseaux. ▸ Le furet est un putois domestiqué à fourrure blanche ou brune. **2.** Fourrure de cet animal. **3.** Pinceau rond des peintres sur porcelaine. **4. Crier comme un putois,** crier très fort, protester.

putonghua [pytɔ̃gwa] **n.m.** (mot chin.). Langue commune chinoise officielle, fondée sur le dialecte mandarin, prononcé à la manière de Pékin.

putréfaction [pytrefaksjɔ̃] **n.f.** (bas lat. *putrefactio*). Décomposition bactérienne d'un cadavre, d'un organisme mort : *Un corps en état de putréfaction avancée* (syn. **décomposition**).

putréfier [pytrefje] **v.t.** (du lat. *putrefacere,* pourrir) [conj. **9**]. Provoquer la putréfaction de : *La chaleur a putréfié la viande* (syn. **avarier, gâter**). ◆ **se putréfier v.pr.** Être en putréfaction : *Les cadavres se putréfiaient sur le champ de bataille* (syn. **se décomposer**).

putrescible [pytresibl] **adj.** (bas lat. *putrescibilis*). Susceptible de pourrir : *Une matière putrescible.*

putride [pytrid] **adj.** (lat. *putridus,* de *putris,* pourri). **1.** LITT. En état de putréfaction : *Un étang putride.* **2.** Qui présente les phénomènes de la putréfaction : *Fermentation putride.*

putsch [putʃ] **n.m.** (mot all. « échauffourée »). Coup d'État ou soulèvement organisé par un groupe armé en vue de s'emparer du pouvoir.

putschiste [putʃist] **adj.** et **n.** Relatif à un putsch ; qui y participe : *Les putschistes ont échoué à prendre le pouvoir.*

putt [pœt] **n.m.** (mot angl., de *to put,* placer, mettre). Au golf, coup joué sur le green, pour faire rouler doucement la balle vers le trou. (On dit aussi *un putting.*)

Puvis de Chavannes (Pierre), peintre français (Lyon 1824 - Paris 1898). Il est surtout l'auteur de peintures murales d'esprit symboliste et de style sobrement classique (musées d'Amiens et de Lyon ; palais de Longchamp à Marseille ; Panthéon [*Vie de sainte Geneviève*], Sorbonne [*le Bois sacré*] et Hôtel de Ville à Paris).

puy [pɥi] **n.m.** (lat. *podium,* tertre). Montagne volcanique, dans le Massif central.

Puy-de-Dôme [63], dép. de la Région Auvergne-Rhône-Alpes ; ch.-l. de dép. *Clermont-Ferrand ;* ch.-l. d'arr. *Ambert, Issoire, Riom, Thiers ;* 5 arr., 31 cant., 470 comm. ; 7 970 km^2 ; 655 498 hab.

Puy-en-Velay (Le), anc. **Le Puy,** ch.-l. du dép. de la Haute-Loire, anc. cap. du Velay, à 519 km au sud-est de Paris ; 19 734 hab. (*Aniciens* ou *Ponots*). Évêché. Cathédrale romane à coupoles côtelées et appareil polychrome (peintures murales ; cloître). Églises ou chapelles et maisons anciennes. Musée Crozatier. Centre de fabrication de dentelle depuis le XVe s. « Atelier conservatoire national de la dentelle à la main » fondé en 1976.

puzzle [pœzl] ou [pœzœl] **n.m.** (mot angl.). **1.** Jeu de patience fait de fragments découpés qu'il faut rassembler pour reconstituer une image. **2.** Problème très compliqué dont la résolution exige que soient rassemblés de nombreux éléments épars : *C'est le dernier élément du puzzle* (syn. **énigme**).

P.V. ou **P.-V.** [peve] **n.m.** (sigle de *procès-verbal*). FAM. Contravention.

PVC [pevese] **n.m. inv.** (sigle de l'angl. *PolyVinylChloride*). ⟶ Polychlorure* de vinyle, matière plastique très répandue.

Pygmalion, roi légendaire de Chypre, devenu amoureux d'une statue d'ivoire qui représentait son idéal de la femme et qu'il avait peut-être sculptée. À sa demande, Aphrodite donna vie à l'idole, qu'il décida alors d'épouser.

Pygmées, populations africaines, de petite taille, vivant dans la forêt équatoriale (Rép. dém. du Congo [ex-Zaïre], sud de la République centrafricaine, Gabon, Cameroun). Ils comprennent les *Mbuti* (Est), les *Twa* et les *Binga* (République centrafricaine) et les *Pygmées de l'Ouest* (Gabon, Cameroun).

pyjama [piʒama] **n.m.** (mot angl., empr. à l'hindi). Vêtement de nuit ou d'intérieur, ample et léger, composé d'une veste et d'un pantalon.

pylône [pilon] **n.m.** (gr. *pulôn,* portail). **1.** Support en charpente métallique, en béton, etc., d'un pont suspendu, d'une ligne électrique aérienne, etc. **2.** ARCHÉOL. Massif quadrangulaire en pierre, construit de part et d'autre des portails successifs d'un temple égyptien.

pylore [pilɔr] **n.m.** (gr. *pulôros,* qui garde la porte). ANAT. Orifice faisant communiquer l'estomac et le duodénum.

Pyongyang, cap. de la Corée du Nord ; 2 842 570 hab. Centre administratif et industriel. Musées. Monuments anciens.

pyorrhée [pjɔre] **n.f.** (gr. *puorroia,* de *puon,* pus). MÉD. Écoulement de pus.

Pyralène [piralɛn] **n.m.** (nom déposé). Composé organique liquide utilisé pour l'isolation et le refroidissement des transformateurs électriques, et dont la décomposition accidentelle, sous l'effet de la chaleur, provoque des dégagements toxiques de dioxine.

pyramidal, e, aux [piramidal, -o] **adj. 1.** Qui a la forme d'une pyramide : *Un clocher pyramidal.* **2.** BOT. Dont le port évoque une pyramide : *Peuplier pyramidal.* **3.** ANAT. **Faisceau pyramidal,** faisceau de fibres nerveuses allant du cortex cérébral à la moelle épinière.

pyramide [piramid] **n.f.** (lat. *pyramis, -idis,* du gr.). **1.** Grand monument à base rectangulaire et à quatre faces triangulaires, sépulture royale de l'ancienne Égypte. **2.** Monument d'une forme comparable, mais comportant des degrés, et dont le sommet tronqué porte une plate-forme servant de base à un temple, dans le Mexique précolombien. **3.** MATH. Polyèdre formé d'un polygone convexe plan (appelé *base*) et de tous les triangles ayant pour base les différents côtés du polygone et un sommet commun (*sommet* de la pyramide). ▸ Le volume d'une pyramide est égal au tiers du produit de l'aire de la base par la hauteur. **4.** Représentation graphique évoquant la forme d'une pyramide. **5.** Entassement d'objets, s'élevant en forme de pyramide : *Pyramide de fruits.* **6. Pyramide des âges,** représentation graphique donnant, à une date déterminée, la répartition par âge et par sexe d'un groupe d'individus.

■ ARCHÉOLOGIE. **Égypte.** Ce monument funéraire était, à l'origine, exclusivement réservé au pharaon, dont il abritait la dépouille ; par sa forme, il symbolisait l'escalier menant le pharaon vers Rê, le dieu Soleil. Parfaite dans sa rigueur géométrique à Gizeh (pyramides de Kheops, Khephren et Mykerinus), la pyramide évoque avec gigantisme (146,60 m de haut à l'origine pour celle de Kheops) la pétrification des rayons bénéfiques du soleil. Ses dimensions deviennent plus modestes (à partir de la Ve dynastie) au profit du développement du temple funéraire (tombeau de Montouhotep à Deir el-Bahari), puis la pyramide se réduit pour surmonter un obélisque (pyramidion) ; c'est enfin, à Thèbes, le cadre naturel en pyramide de la montagne qui abrite les sépultures dans la Vallée des Rois, dans celle des Reines ou celle des Nobles.
Parfaitement orientée (au moyen de repères astronomiques) et édifiée pendant l'Ancien Empire en matériaux nobles (calcaire appareillé, revêtement de granite, etc.), la pyramide était toujours le point culminant d'un complexe funéraire monumental. Sous la pyramide même, un réseau de galeries et de chambres profondément creusées abrite les sépultures du pharaon et de sa famille ainsi que de nombreuses offrandes. Saqqarah marque, avec les impressionnants degrés recouvrant le mastaba originel, le départ d'une constante évolution qui aboutit à la perfection de Gizeh.
Monde préhispanique. Les pyramides présentent une succession de degrés et forment le support d'un temple auquel on accède par des escaliers droits taillés sur les faces du monument. Chez les Mayas, elles revêtaient un caractère funéraire. Parmi les principales pyramides préhispaniques, citons : Teotihuacán, Tikal, Palenque, Uxmal, Tula, Chichén Itzá, Tenochtitlán, etc. Plus rares en Amérique du Sud, on les rencontre cependant dans la culture Mochica. ■

Pyramides ***(bataille des)*** [21 juill. 1798], victoire remportée par Bonaparte sur les Mamelouks près des pyramides de Gizeh. Cette victoire lui permit de s'emparer du Caire.

pyrénéen, enne [pireneɛ̃, -ɛn] **adj.** et **n.** Des Pyrénées.

Pyrénées, chaîne de montagnes qui s'étend sur 430 km, du golfe de Gascogne au golfe du Lion ; 3 404 m au *pic d'Aneto.* Le versant nord appartient à la France, le versant sud à l'Espagne. Cependant, la chaîne n'a jamais constitué une barrière humaine infranchissable (les Basques et les Catalans peuplent les deux versants). En dehors de leurs extrémités occidentale et orientale, les Pyrénées sont franchies par le rail ou la route (Roncevaux, Somport, Pourtalet, tunnels de Bielsa et de Viella, cols de Puymorens et d'Ares). Mais la circulation ouest-est demeure difficile en raison de la disposition nord-sud des cours d'eau, qui explique le cloisonnement du relief. Celui-ci a imposé initialement une économie de subsistance fondée sur les cultures vivrières, l'élevage transhumant, celui des ovins essentiellement (associé à l'industrie textile), l'exploitation de la forêt et du sous-sol, et parfois animée par l'industrie (liée à l'hydroélectricité) et surtout le tourisme.

Pyrénées (Hautes-) [65], dép. de la Région Languedoc-Roussillon-Midi-Pyrénées ; ch.-l. de dép. *Tarbes ;* ch.-l. d'arr. *Argelès-Gazost, Bagnères-de-Bigorre ;* 3 arr., 17 cant., 474 comm. ; 4 464 km^2 ; 236 996 hab.

Pyrénées ***(parc national des),*** parc national créé en 1967, couvrant près de 46 000 ha, dans les Pyrénées françaises, le long de la frontière espagnole.

Pyrénées (traité ou **paix des)** [7 nov. 1659], traité signé dans l'île des Faisans, sur la Bidassoa, par Mazarin et Luis Méndez de Haro, mettant fin aux hostilités entre la France et l'Espagne. Celle-ci abandonnait à la France d'importants territoires, notamment le Roussillon, l'Artois et plusieurs places fortes du Nord. Il fut stipulé que Louis XIV épouserait la fille de Philippe IV, Marie-Thérèse, qui renonçait à ses droits sur la couronne d'Espagne moyennant une dot de 500 000 écus d'or.

Pyrénées ariégeoises ***(parc naturel régional des),*** parc naturel couvrant env. 246 000 ha dans l'ouest du dép. de l'Ariège.

Pyrénées-Atlantiques [64], dép. de la Région Aquitaine-Limousin-Poitou-Charentes ; ch.-l. de dép. *Pau ;* ch.-l. d'arr. *Bayonne, Oloron-Sainte-Marie ;* 3 arr., 27 cant., 547 comm. ; 7 645 km^2 ; 682 631 hab.

Pyrénées catalanes ***(parc naturel régional des),*** parc naturel couvrant env. 138 000 ha sur le dép. des Pyrénées-Orientales.

Pyrénées-Orientales [66], dép. de la Région Languedoc-Roussillon-Midi-Pyrénées ; ch.-l. de dép. *Perpignan ;* ch.-l. d'arr. *Céret, Prades ;* 3 arr., 17 cant., 226 comm. ; 4 116 km^2 ; 466 712 hab.

Pyrex [pirɛks] **n.m.** (nom déposé). Verre peu fusible et très résistant : *Un plat en Pyrex.*

pyrite [pirit] **n.f.** (gr. *puritês [lithos]*, [pierre] de feu). Sulfure naturel de fer, donnant des cristaux à reflets dorés. ▸ Symb. FeS_2.

pyroclastique [pirɔklastik] **adj.** (de *pyro-,* et du gr. *klastos,* brisé). **1.** Se dit d'une roche formée de projections volcaniques. **2. Éruption pyroclastique,** éruption volcanique s'accompagnant de projections de débris.

pyrogravure [pirɔgravyr] **n.f.** Décoration du bois, du cuir, etc., au moyen d'une pointe métallique portée au rouge vif.

pyrolyse [pirɔliz] **n.f.** (de *pyro-* et *-lyse*). Décomposition chimique obtenue par chauffage, sans catalyseur : *Un four à pyrolyse* (= qui se nettoie par ce procédé).

pyromanie [pirɔmani] **n.f.** Impulsion obsédante qui pousse certaines personnes à allumer des incendies. ◆ **pyromane n.** Personne sujette à la pyromanie ; incendiaire.

pyromètre [pirɔmɛtr] **n.m.** Instrument pour la mesure des hautes températures.

pyrotechnie [pirɔtɛkni] **n.f.** Fabrication et emploi des pièces explosives servant dans les feux d'artifice.

pyrotechnique [pirɔtɛknik] **adj.** Qui concerne la pyrotechnie.

Pyrrhon, philosophe grec (Élis v. 365 - v. 275 av. J.-C.). Sa philosophie, le scepticisme, se fonde sur les arguments des sophistes qui estiment qu'on ne peut rien connaître avec certitude, puisque tout change à chaque instant. Elle se caractérise par le refus de toute affirmation dogmatique.

Pyrrhos II, en lat. **Pyrrhus** (v. 318 - Argos 272 av. J.-C.), roi d'Épire (295-272). Appelé en Italie méridionale par les habitants de Tarente, il fut vainqueur contre Rome à Héraclée (280) et à Ausculum (279) grâce à ses éléphants (ces succès, obtenus au prix de très lourdes pertes, sont à l'origine de l'expression « victoire à la Pyrrhus »). Mais, vaincu par les Romains à Bénévent (275), il dut retourner en Épire.

Pythagore, mathématicien et philosophe grec (Samos v. 570 - Métaponte v. 480 av. J.-C.), fondateur d'une école mathématique et mystique. Il attire à Crotone de nombreux disciples. Les « pythagoriciens », autour de lui et après lui, forment une secte scientifique, philosophique, politique et religieuse. Pythagore admet la croyance de la transmigration des âmes *(métempsycose).*

Pythagore n'a laissé aucune œuvre écrite. Le théorème sur l'hypoténuse auquel son nom est resté attaché était connu des Babyloniens un millénaire avant lui. Toutefois, on attribue aux pythagoriciens le théorème de la somme des angles du triangle, la construction de certains polyèdres réguliers, ainsi que la découverte de l'incommensurabilité de la diagonale et du côté d'un carré, c'est-à-dire que leurs rapports de longueurs ne peuvent s'exprimer par des fractions rationnelles. Cette découverte, qui aboutira à la mise en évidence des nombres irrationnels, a ouvert une crise profonde, car elle met fin à l'adéquation du monde aux nombres entiers. En effet, pour les pythagoriciens, l'accord musical se réduisait à une proportion mathématique et les nombres représentaient le principe, la source et la racine de toutes choses.

pythagoricien, enne [pitagɔrisjɛ̃, -ɛn] **adj.** et **n.** Qui appartient à la doctrine de Pythagore ; qui en est partisan.

pythie [piti] **n.f.** (lat. *Pythia,* gr. *Puthia,* la Pythienne, de *Puthô,* anc. n. de la région de Delphes). ANTIQ. GR. Prophétesse de l'oracle d'Apollon, à Delphes.

python [pitɔ̃] **n.m.** (gr. *Puthôn,* n. d'un serpent fabuleux tué par Apollon, puis « prophète inspiré par Apollon »). Serpent d'Asie et d'Afrique, non venimeux, qui étouffe ses proies dans ses anneaux. ▸ Le python réticulé (Asie du Sud-Est) mesure de 9 à 10 m et pèse env. 100 kg ; c'est le deuxième plus grand serpent du monde (après l'anaconda géant).

pythonisse [pitɔnis] **n.f.** (du gr. *Puthôn ;* v. *python*). **1.** ANTIQ. GR. Femme douée du pouvoir de prophétie ; pythie, sibylle. **2.** *LITT.* Prophétesse ; voyante.

pyxide [piksid] **n.f.** (gr. *puxis,* boîte, de *puxos,* buis). Fruit sec de certaines plantes dont la partie supérieure s'ouvre comme un couvercle.

Q

q [ky] **n.m. inv. 1.** Dix-septième lettre (consonne) de l'alphabet. **2.** MATH. $\mathbb{Q}$, ensemble des nombres rationnels.

Qacentina ⟶ Constantine.

Qaida (al-) [« la Base »], organisation terroriste islamiste, créée en 1988 en Afghanistan par Oussama Ben Laden. Développant une idéologie panislamique radicale, elle a mis en place un réseau mondial avec lequel elle entend combattre par des actions violentes les gouvernements de pays musulmans jugés « non islamiques » et l'Occident. Elle a revendiqué d'innombrables attentats, dont ceux du 11 septembre* 2001 aux États-Unis. De plus en plus, l'organisation s'appuie sur des bases régionales, avec – outre la « zone rouge » Iraq-Pakistan-Afghanistan – des branches très actives comme al-Qaida pour la péninsule arabique (A.Q.P.A.), basée au Yémen, et al-Qaida au Maghreb islamique (A.Q.M.I.), fondée en Algérie en 1998 sous le nom de Groupe salafiste pour la prédication et le combat (G.S.P.C.), affilié à al-Qaida depuis 2007 et qui essaime auj. vers le Niger, le nord du Mali et la Mauritanie. L'impact de la disparition de O. Ben Laden, tué par les Américains en 2011, sur l'avenir d'al-Qaida ne peut encore être mesuré.

Qatar ou **Katar,** État de l'Arabie, occupant une péninsule sur le golfe Persique ; 11 400 km^2 ; 2 169 000 hab. (*Qatariens, Qataris* ou *Qatariotes*). CAP. *Doha (al-Dawha).* LANGUE : *arabe.* MONNAIE : *riyal du Qatar.* L'économie repose sur l'extraction du pétrole et, surtout, du gaz. Quelques implantations industrielles et quelques ressources agricoles s'y ajoutent. La majeure partie de la population active est immigrée. Indépendant depuis 1971, le Qatar affirme sa puissance financière tandis qu'il joue un rôle de conciliateur dans les conflits (Soudan, Liban) et apporte son soutien aux révolutions et révoltes arabes (Tunisie, Syrie).

Q.C.M. [kyseɛm] **n.m.** (sigle). ⟶ Questionnaire* à choix multiple.

Q.G. [kyʒe] **n.m.** (sigle). ⟶ Quartier* général.

Q.I. [kyi] **n.m.** (sigle). ⟶ Quotient* intellectuel.

Qing ou **Ts'ing,** dynastie chinoise d'origine mandchoue (1644-1911). Les Qing enlevèrent le pouvoir aux Ming et adoptèrent les coutumes chinoises. Ils donnèrent à l'Empire sa plus grande extension mais ne purent faire face à l'intrusion des Occidentaux.

Qingdao, port de Chine (Shandong) ; 3 679 853 hab. dans l'agglomération. Centre culturel et industriel.

Qinling ou **Ts'in-ling,** massif de la Chine centrale, entre les bassins du Huang He et du Yangzi Jiang ; 3 767 m.

Qin Shi Huangdi (259 - 210 av. J.-C.), empereur chinois (221-210), fondateur de la dynastie Qin (221-206). Il unifia les pays chinois et fonda l'Empire en 221. À proximité de Xi'an, son armée en ordre de marche (archers, chars et fantassins) a été recréée grandeur nature en terre cuite et enterrée à la périphérie de son tumulus. Depuis 1974, quelque 2 000 statues (sur un total estimé à 8 000) d'un réalisme saisissant, toutes individualisées, ont été mises au jour.

Qom ou **Qum,** v. de l'Iran, au sud-sud-ouest de Téhéran ; 1 095 871 hab. dans l'agglomération. Ville sainte de l'islam chiite.

q.s. [kyɛs] et **q.s.p.** [kyɛspe] sigle de *quantité suffisante,* de *quantité suffisante pour,* introduisant, dans une formule pharmaceutique, le poids ou le volume d'excipient entrant dans la composition du médicament.

1. quad [kwad] **n.m.** (mot angl., abrév. de *quadrangle,* parallélépipède). Roller dont les roues ne sont pas en ligne.

2. quad [kwad] **n.m.** (mot angl., abrév. de *quadricycle*). Moto à quatre roues, tout-terrain, à usage sportif ou utilitaire.

quadragénaire [k(w)adraʒenɛr] **adj.** et **n.** (lat. *quadragenarius*). Qui a atteint quarante ans.

quadrangulaire [k(w)adrɑ̃gylɛr] **adj.** (bas lat. *quadrangularis*). Qui a quatre angles ; dont la base a quatre angles.

quadrant [kadrɑ̃] **n.m.** (lat. *quadrus,* quart de jour). MATH. Région du plan limitée par deux demi-droites perpendiculaires de même origine.

quadrature [k(w)adratyr] **n.f.** (lat. *quadratura*). **1.** ASTRON. Position de deux astres par rapport à la Terre quand leurs directions forment un angle droit. **2.** Phase du premier ou du dernier quartier de la Lune. **3.** GÉOM. Construction d'un carré ayant la même aire que celle de l'intérieur d'un cercle donné. ▸ Cette construction est impossible si on utilise seulement la règle et le compas. **4.** MATH. Détermination d'une aire ; calcul d'une intégrale. **5. C'est la quadrature du cercle,** se dit d'un problème impossible ou presque impossible à résoudre : *C'est la quadrature du cercle que de tenir ce délai.*

quadriceps [kwadrisɛps] **n.m.** (mot lat.). Muscle antérieur de la cuisse, formé de quatre faisceaux se réunissant sur la rotule.

quadrichromie [k(w)adrikrɔmi] **n.f.** Impression en quatre couleurs (jaune, magenta, cyan et noir) : *Un livre d'art imprimé en quadrichromie.*

quadriennal, e, aux [k(w)adrijenal, -o] **adj.** (bas lat. *quadriennalis*). Qui dure quatre ans ; qui revient tous les quatre ans : *Un plan d'aménagement quadriennal.*

quadrige [k(w)adriʒ] **n.m.** (lat. *quadrigae*). ANTIQ. Char de course et de parade à deux roues, attelé de quatre chevaux de front.

quadrilatéral, e, aux [k(w)adrilateral, -o] et **quadrilatère** [k(w)adrilatɛr] **adj.** Qui a quatre côtés : *Un polygone quadrilatéral.*

quadrilatère [k(w)adrilatɛr] **n.m.** (bas lat. *quadrilaterus*). **1.** MATH. Polygone à quatre côtés ; surface intérieure d'un tel polygone s'il est non croisé. ▸ Les quadrilatères ayant des propriétés particulières sont le trapèze, le parallélogramme, le rectangle, le losange et le carré. **2.** MIL. Position stratégique appuyée sur quatre points ou zones fortifiés.

quadrillage [kadrijaʒ] **n.m.** (de *quadriller*). **1.** Disposition en carrés contigus ; ensemble des lignes qui divisent une surface en carrés : *Le quadrillage d'une feuille.* **2.** Division en carrés, en secteurs, d'une ville, d'une région. **3.** Opération militaire ou policière ayant pour objet de s'assurer le contrôle d'une zone limitée : *Procéder au quadrillage d'un quartier après une attaque à main armée.*

quadrille [kadrij] **n.m.** (esp. *cuadrilla*). **1.** Troupe de cavaliers dans un carrousel. **2.** Danse de la fin du XVIIIe s., exécutée par quatre couples de danseurs ; groupe formé par ces quatre couples ; série de figures exécutées par ce groupe. **3.** CHORÉGR. **Second et premier quadrille,** échelons de la hiérarchie du corps de ballet de l'Opéra de Paris.

quadriller [kadrije] **v.t.** (de *quadrille,* jour, point en losange, de l'esp. *cuadrillo*). **1.** Diviser au moyen d'un quadrillage : *Quadriller du papier.* **2.** Procéder à un quadrillage militaire ou policier : *Quadriller un quartier.*

quadrimoteur [k(w)adrimɔtœr] **n.m.** et **adj.m.** Avion qui possède quatre moteurs.

quadripartite [k(w)adripartit] **adj.** (lat. *quadripartitus*). Composé de quatre parties ou éléments : *Une conférence quadripartite.*

quadriphonie [k(w)adrifɔni] **n.f.** Procédé d'enregistrement et de reproduction des sons faisant appel à quatre canaux : *Un disque enregistré en quadriphonie.*

quadriplégie [kwadripleʒi] **n.f.** Tétraplégie.

quadriplégique [kwadripleʒik] **adj.** Syn. de *tétraplégique.*

quadriréacteur [k(w)adrireaktœr] **n.m.** et **adj.m.** Avion muni de quatre réacteurs.

quadrivalent, e [k(w)adrivalɑ̃, -ɑ̃t] **adj.** Qui a pour valence chimique 4.

quadrumane [k(w)adryman] **adj.** et **n.m.** Qui a quatre mains : *Les singes sont quadrumanes.*

quadrupède [k(w)adrypɛd] **adj.** et **n.** Qui marche sur quatre pattes, en parlant d'un vertébré terrestre.

quadruple [k(w)adrypl] **adj.** et **n.m.** (lat. *quadruplus*). Qui vaut quatre fois autant.

quadruple-croche [k(w)adryplәkrɔʃ] **n.f.** Note valant le quart d'une croche.

quadrupler [k(w)adryple] **v.t.** Multiplier par quatre : *La publicité a quadruplé les ventes.* ◆ **v.i.** Être multiplié par quatre : *Sa fortune a quadruplé en quelques années.*

quadruplés, ées [k(w)adryple] **n. pl.** Groupe de quatre enfants nés d'une même grossesse.

quai [kɛ] **n.m.** (du gaul. *caio*). **1.** Terre-plein aménagé au bord de l'eau pour l'accostage et la circulation des véhicules. **2.** Dans les gares, plateforme ou trottoir qui s'étend le long des voies : *Le train arrive quai numéro quatre.*

quai Branly ***(musée du),*** à Paris, musée national ouvert en 2006 dans un édifice conçu par Jean Nouvel. Il est dédié aux arts et civilisations d'Afrique, d'Asie, d'Océanie et des Amériques.

quaker, eresse [kwekœr, kwekrɛs] **n.** (de l'angl. *to quake,* trembler). Membre d'un groupement religieux protestant fondé en 1652 par un jeune cordonnier anglais, George Fox, et répandu surtout aux États-Unis, où il s'implanta en 1681.

qualifiable [kalifjabl] **adj.** (Surtout en tournure nég.). Se dit d'un acte qu'on peut qualifier.

qualificatif, ive [kalifikatif, -iv] **adj.** (de *qualifier*). **1.** GRAMM. Qui exprime la qualité, la manière d'être : *Adjectif qualificatif.* **2.** Qui permet de se qualifier pour une compétition : *Épreuve qualificative.* ◆ **qualificatif n.m. 1.** Terme indiquant la manière d'être : *Un qualificatif injurieux.* **2.** GRAMM. Adjectif qualificatif.

qualification [kalifikasjɔ̃] **n.f.** (lat. scolast. *qualificatio*). **1.** Attribution d'une valeur, d'un titre : *La qualification de faussaire est exagérée.* **2.** Appréciation, sur une grille hiérarchique, de la valeur professionnelle d'un travailleur, suivant sa formation, son expérience et ses responsabilités : *Acquérir une qualification professionnelle.* **3.** Fait de satisfaire à un ensemble de conditions pour pouvoir participer à une épreuve, à la phase ultérieure d'une compétition.

qualifié, e [kalifje] **adj. 1. Être qualifié pour,** avoir la compétence pour : *Il n'est pas qualifié pour diriger un journal.* **2. Ouvrier qualifié,** ouvrier professionnel. ⁄ **Vol qualifié,** vol commis avec circonstances aggravantes, comme l'effraction, l'abus de confiance, etc.

qualifier [kalifje] **v.t.** (lat. scolast. *qualificare,* de *qualis,* quel) [conj. 9]. **1.** Exprimer la qualité de ; attribuer une qualité, un titre à : *La loi qualifie d'assassinat le meurtre avec préméditation* (syn. **appeler, désigner**). *L'adjectif qualifie le nom auquel il se rapporte.* **2.** Donner à un concurrent, une équipe le droit de participer à une autre épreuve : *Cette victoire les a qualifiés pour la finale.* **3.** Donner à qqn la qualité, la compétence : *Ce diplôme ne vous qualifie pas pour tenir un tel poste.* ◆ **se qualifier v.pr.** Obtenir sa qualification : *L'équipe s'est qualifiée pour la finale.*

qualitatif, ive [kalitatif, -iv] **adj.** (lat. scolast. *qualitativus*). Relatif à la qualité, à la nature des objets : *Analyse qualitative* (par opp. à *quantitatif*).

qualitativement [kalitativmɑ̃] **adv.** Du point de vue de la qualité.

qualité [kalite] **n.f.** (lat. *qualitas,* de *qualis,* quel). **1.** Manière d'être, bonne ou mauvaise, de qqch ; état caractéristique : *La qualité d'une étoffe, d'une terre. La qualité de leurs relations a changé.* **2.** Supériorité, excellence en qqch : *Préférer la qualité à la quantité. Une œuvre romanesque de qualité* (syn. **valeur**). **3.** Ce qui fait le mérite de qqn : *Réunir un grand nombre de qualités* (contr. **défaut**). *Elle a des qualités que je n'ai pas* (syn. **aptitude, capacité**). **4.** Condition sociale, civile, juridique, etc. : *Qualité de citoyen, de maire, de légataire.* **5. En qualité de,** comme, à titre de : *Intervenir en qualité de parent.* ⁄ **Ès qualités,** en tant qu'exerçant telle fonction. ⁄ **Haute Qualité Environnementale (H.Q.E.)** [nom déposé], démarche qui vise à maîtriser l'impact d'une construction neuve sur l'environnement et sur le confort et la santé de ses occupants. ▸ Elle se fonde sur différents critères concernant la conception et l'entretien du bâtiment ainsi que l'organisation du chantier. ⁄ VX. **Homme de qualité,** homme de naissance noble. ⁄ **Qualité de la vie,** tout ce qui contribue à créer des conditions de vie plus harmonieuses ; ces conditions elles-mêmes.

1. quand [kɑ̃] **adv. interr.** (lat. *quando*). Sert à interroger sur le moment d'une action, d'un événement : *Quand vient-il ?*

2. quand [kɑ̃] **conj. sub.** (de *1. quand*). **1.** Marque une relation temporelle (simultanéité approximative ou postériorité de l'action principale) : *Quand vous serez vieux, vous comprendrez* (syn. **lorsque**). *Quand il écrit, il tire légèrement la langue* (= chaque fois que). **2.** SOUT. **Quand, quand (bien) même** (+ cond.), marque une relation d'opposition : *Quand vous le plaindriez, il n'en serait pas pour autant sauvé* (= même si vous le plaigniez). ⁄ **Quand même,** sous la forme exclamative, exprime la fin d'une attente : *Ah ! quand même ! tu arrives* (= enfin) [v. aussi *même*].

quanta [kwɑ̃ta] **n.m. pl.** ⟶ **quantum.**

quant à [kɑ̃ta] **prép.** (du lat. *quantum,* autant que, et *ad,* vers). Sert à isoler qqch, qqn qui se distingue du reste, des autres : *Quant à moi, je pars* (= en ce qui me concerne).

quant-à-soi [kɑ̃taswa] **n.m. inv.** Attitude distante : *Il reste sur son quant-à-soi* (syn. **réserve**). ***Rem.*** Renvoie à un sujet à la troisième personne.

quantième [kɑ̃tjɛm] **n.m.** (de l'anc. fr. *quant,* du lat. *quantus*). **Quantième du mois,** numéro d'ordre du jour dans le mois.

quantifiable [kɑ̃tifjabl] **adj.** Qui peut être mesuré, chiffré.

quantificateur [kɑ̃tifikatœr] **n.m.** MATH., LOG. Symbole indiquant qu'une propriété s'applique à tous les éléments d'un ensemble (*quantificateur universel* ∀), ou seulement à certains d'entre eux (*quantificateur existentiel* ∃).

quantification [kɑ̃tifikasjɔ̃] **n.f.** Action de quantifier : *La quantification d'une variable.*

quantifier [kɑ̃tifje] **v.t.** (du lat. *quantus,* combien grand) [conj. 9]. **1.** Déterminer la quantité de. **2.** PHYS. Imposer à une grandeur une variation discontinue par quantités distinctes et multiples d'une même variation élémentaire : *Une grandeur quantifiée.* **3.** LOG. Attribuer une quantité à une variable.

quantique [k(w)ɑ̃tik] **adj.** PHYS. Relatif aux quanta, à la théorie des quanta : *La physique quantique.*

quantitatif, ive [kɑ̃titatif, -iv] **adj.** Relatif à la quantité : *Analyse quantitative* (par opp. à *qualitatif*).

quantitativement [kɑ̃titativmɑ̃] **adv.** Du point de vue de la quantité.

quantité [kɑ̃tite] **n.f.** (lat. *quantitas*). **1.** Propriété de ce qui peut être mesuré, compté : *Mots qui expriment la quantité.* **2.** Poids, volume, nombre déterminant une portion d'un tout, une collection de choses : *Mesurer la quantité de farine nécessaire.* **3.** Grand nombre (de) : *Quantité de gens ignorent cela* (syn. **nombre**). *Il a reçu une quantité de lettres de vœux* (syn. **avalanche**). *Il y a des fraises en quantité cette année* (= il y en a beaucoup). **4.** PHON. Durée relative d'un phonème ou d'une syllabe.

quantum [kwɑ̃tɔm] **n.m.** (mot lat. « combien grand ») [pl. *quanta*]. **1.** Quantité déterminée ; proportion d'une grandeur dans une répartition, un ensemble. **2.** PHYS. Discontinuité élémentaire d'une grandeur quantifiée (en partic. de l'énergie) : *La théorie des quanta est la base de la physique moderne.*

quarantaine [karɑ̃tɛn] **n.f. 1.** Nombre de quarante ou d'environ quarante : *Une quarantaine de pages.* **2.** Âge d'à peu près quarante ans : *Il a la quarantaine.* **3.** BOT. Herbe ornementale aux fleurs odorantes, voisine de la giroflée. ▸ Famille des crucifères. **4.** MAR. Isolement imposé à un navire portant des personnes, des animaux ou des marchandises en provenance d'un pays où règne une maladie contagieuse. **5. Mettre qqn en quarantaine,** l'exclure temporairement d'un groupe.

quarante [karɑ̃t] **adj. num. card. inv.** (lat. *quadraginta*). **1.** Quatre fois dix : *J'ai invité quarante personnes.* **2.** (En fonction d'ordinal). De rang numéro quarante ; quarantième : *Page quarante.* **3. Les Quarante,** les membres de l'Académie française. / **Se moquer, se soucier de qqch comme de l'an quarante,** n'en tenir aucun compte. ◆ **n.m. inv.** Le nombre qui suit trente-neuf dans la série des entiers naturels : *Quarante plus dix égale cinquante.*

quarante-huitard, e [karɑ̃tɥitar, -ard] **adj.** et **n.** (pl. *quarante-huitards, es*). HIST. Se dit des révolutionnaires de 1848, de ce qui les concerne.

quarantième [karɑ̃tjɛm] **adj. num. ord.** et **n.** De rang numéro quarante : *Elle habite au quarantième étage d'une tour.* ◆ **adj.** et **n.m.** Qui correspond à la division d'un tout en quarante parties égales : *La quarantième partie d'une somme. Un quarantième des recettes.*

quark [kwark] **n.m.** (mot angl., tiré d'un roman de James Joyce). PHYS. Particule qui entrerait dans la constitution des protons, des neutrons, ainsi que d'autres particules lourdes.

quart [kar] **n.m.** (lat. *quartus,* quatrième). **1.** La quatrième partie d'une unité : *Trois est le quart de douze. Manger un quart de tarte.* **2.** Bouteille d'un quart de litre ; son contenu : *Boire un quart de vin.* **3.** Petit gobelet métallique muni d'une anse et contenant un quart de litre. **4.** MAR. Service de veille de quatre heures, sur un bateau : *Être de quart.* **5. Au quart de tour,** immédiatement, avec une grande précision : *Une voiture qui démarre au quart de tour.* / **Aux trois quarts,** en grande partie : *Ce devoir est fini aux trois quarts.* / **De trois quarts,** se dit de qqn qui se tient de telle manière qu'on voit les trois quarts de son visage : *Une photographie de trois quarts.* / FAM. **Les trois quarts du temps,** la plupart du temps : *Il passe les trois quarts du temps à dormir.* / **Officier de quart** ou **officier chef de quart,** officier responsable de la conduite d'un navire suivant les ordres de son commandant. **6. Quart d'heure,** quatrième partie d'une heure, soit quinze minutes ; bref espace de temps : *Je reviens dans un petit quart d'heure. Passer un mauvais quart d'heure* (= vivre un moment pénible). / MUS. **Quart de soupir,** signe de silence d'une durée égale à la double-croche. / SPORTS. **Quart de finale,** phase éliminatoire d'une compétition opposant deux à deux huit équipes ou concurrents. ◆ **adj.m. 1.** VX. Quatrième : *Le Quart Livre.* **2. Quart monde** ⟶ **quart-monde.**

quart-de-rond [kardərɔ̃] **n.m.** (pl. *quarts-de-rond*). Moulure pleine dont le profil est proche du quart de cercle et qui relie deux lignes décalées verticalement.

1. quarte [kart] **adj.f.** (lat. *quartus,* quatrième). MÉD. **Fièvre quarte,** fièvre paludéenne intermittente se manifestant tous les trois jours.

2. quarte [kart] **n.f.** (it. *quarta*). **1.** MUS. Intervalle de quatre degrés dans l'échelle diatonique. **2.** JEUX. Série de quatre cartes qui se suivent dans une même couleur.

Quarté [karte] **n.m.** et **adj.m.** (nom déposé). TURF. Pari dans lequel il faut déterminer les quatre premiers arrivants d'une course.

1. quarteron [kartərɔ̃] **n.m.** (de *quart*). **1.** VX. Quart d'un cent ; vingt-cinq. **2.** Petit nombre (péjor.).

2. quarteron, onne [kartərɔ̃, -ɔn] **n.** (esp. *cuarterón,* de *cuarto,* quart). Métis ayant un quart de sang de couleur et trois quarts de sang blanc.

quartette [kwartɛt] **n.m.** (it. *quartetto*). Formation de jazz composée de quatre musiciens.

quartier [kartje] **n.m.** (de *quart*). **1.** Portion de qqch divisé en quatre parties : *Un quartier de pomme.* **2.** Portion de qqch divisé en parties inégales : *Un quartier de fromage.* **3.** Division naturelle de certains fruits : *Un quartier d'orange* (syn. **tranche**). **4.** Masse importante détachée d'un ensemble : *Un quartier de viande* (syn. **morceau**). **5.** ASTRON. Phase de la Lune dans laquelle la moitié du disque lunaire est visible : *La Lune est dans son premier quartier.* **6.** Division administrative d'une ville : *Le bureau de poste du quartier.* **7.** Partie d'une ville ayant certaines caractéristiques ou une certaine unité : *Quartier commerçant.* **8.** Environs immédiats, dans une ville, du lieu où on se trouve et, en partic., du lieu d'habitation : *Être connu dans son quartier.* **9.** MIL. Tout lieu occupé par une formation militaire, dans une garnison ; autref., zone d'action d'un bataillon sur une position de défense : *Rentrer au quartier le soir.* **10.** DR. Partie d'une prison affectée à une catégorie particulière de détenus. **11.** HÉRALD. Chacune des quatre parties d'un écu écartelé. **12. Avoir quartier libre,** être autorisé à sortir de la caserne ; au fig., être autorisé à sortir ou à faire ce qu'on veut : *Tu as quartier libre ce soir, mais n'en abuse pas.* / **Ne pas faire de quartier,** massacrer tout le monde ; n'avoir aucune pitié. / **Quartiers de noblesse,** ensemble des ascendants nobles d'un individu, pris à la même génération. / **Quartiers d'hiver,** lieux qu'occupent les troupes pendant la mauvaise saison, entre deux campagnes ; durée de leur séjour. **13. Quartier général (Q.G.),** poste de commandement d'un officier général et de son état-major.

Quartier latin (le), partie de la rive gauche de Paris où, depuis le XIIe s., se sont développées les activités universitaires.

quartier-maître [kartjemɛtr] **n.m.** (all. *Quartiermeister*) [pl. *quartiers-maîtres*]. Grade le moins élevé de la hiérarchie de la marine militaire, correspondant à celui de caporal ou de brigadier *(quartier-maître de 2e classe),* ou à celui de caporal-chef ou de brigadier-chef *(quartier-maître de 1re classe).*

quartile [kartil] **n.m.** (lat. *quartus,* quatrième). STAT. Chacune des trois valeurs d'un caractère quantitatif qui divise l'étendue d'une série en quatre parties d'effectifs égaux.

quart-monde [karmɔ̃d] **n.m.** (pl. *quarts-mondes*). **1.** Ensemble des pays les moins avancés économiquement. **2.** Dans un pays développé, partie la plus défavorisée de la population ; ceux qui vivent dans la misère.

quarto [kwarto] **adv.** (mot lat.). Quatrièmement.

Quarton, Charonton ou **Charreton (Enguerrand),** peintre français originaire du diocèse de Laon, mentionné en Provence de 1444 à 1466. Il est l'auteur de la *Vierge de miséricorde* du musée Condé à Chantilly, du *Couronnement de* *la Vierge* de Villeneuve-lès-Avignon, aussi radieux que complexe sur le plan iconographique et, sans doute, de la poignante *Pietà d'Avignon* du Louvre.

quartz [kwarts] **n.m.** (mot all.). Silice cristallisée que l'on trouve dans de nombreuses roches (granite, sable, grès). ▸ Le quartz, habituellement incolore, peut être laiteux, teinté en violet (améthyste), en noir (quartz fumé), etc.

quasar [k(w)azar] **n.m.** (de l'anglo-amér. *quas[i] [stell]ar [object]*). Astre d'apparence stellaire et de très grande luminosité, dont le spectre présente un fort décalage vers le rouge.

1. quasi [kazi] **adv.** (mot lat.). **1.** LITT. Presque ; à peu près : *Il était quasi mort.* **2.** En composition avec un trait d'union devant un nom, marque une très légère restriction : *J'ai la quasi-certitude de ce que j'avance.*

2. quasi [kazi] **n.m.** (orig. incert., p.-ê. du turc *kasi*). Morceau de la cuisse du veau correspondant à la région du bassin.

quasiment [kazimɑ̃] **adv.** (de *1. quasi*). Presque ; à peu près : *Elle était quasiment folle de joie* (syn. litt. **quasi**).

Quasimodo (Salvatore), poète italien (Syracuse 1901 - Naples 1968), représentant de l'école « hermétiste ». (Prix Nobel 1959.)

quaternaire [kwatɛrnɛr] **adj.** (du lat. *quaterni,* quatre à la fois). **1.** Se dit des composés chimiques contenant quatre éléments différents. **2.** Se dit d'un atome de carbone ou d'azote lié à quatre atomes de carbone. **3. Ère quaternaire,** ère la plus récente de l'histoire de la Terre, d'une durée approximative de 2 à 4 millions d'années, caractérisée par de grandes glaciations et par l'apparition et l'évolution de l'homme (on dit aussi *le quaternaire*).

quatorze [katɔrz] **adj. num. card. inv.** (lat. *quattuordecim*). **1.** Treize plus un : *Il a invité quatorze personnes à table.* **2.** (En fonction d'ordinal). De rang numéro quatorze ; quatorzième : *Louis quatorze.* ◆ **n.m. inv.** Le nombre qui suit treize dans la série des entiers naturels : *Douze et deux font quatorze.*

quatorzième [katɔrzjɛm] **adj. num. ord.** et **n.** De rang numéro quatorze : *Le quatorzième siècle. C'est le quatorzième de la liste.* ◆ **adj.** et **n.m.** Qui correspond à la division d'un tout en quatorze parties égales : *La quatorzième partie d'une somme.*

quatorzièmement [katɔrzjɛmmɑ̃] **adv.** En quatorzième lieu.

quatrain [katrɛ̃] **n.m.** (de *quatre*). Strophe de quatre vers.

quatre [katr] **adj. num. card. inv.** (lat. *quatuor*). **1.** Trois plus un : *Les quatre membres. Les quatre cinquièmes d'une somme.* **2.** (En fonction d'ordinal). De rang numéro quatre ; quatrième : *Henri quatre. Page quatre.* **3. Comme quatre,** comme s'il s'agissait de quatre personnes au lieu d'une ; beaucoup : *Il mange comme quatre* (syn. **énormément**). / **Monter, descendre (un escalier) quatre à quatre,** très vite, comme si l'on franchissait chaque fois quatre marches. / **Ne pas y aller par quatre chemins,** aller droit au but. / FAM. **Se mettre, se couper en quatre,** faire tout son possible pour rendre service. ◆ **n.m. inv. 1.** Le nombre qui suit trois dans la série des entiers naturels ; le chiffre représentant ce nombre : *Quatre et deux font six.* **2.** JEUX. Face d'un dé marquée de quatre points ; carte comportant quatre figures, marquée par le numéro quatre : *Tirer un quatre. Le quatre de trèfle.*

Quatre-Cantons ***(lac des),*** en all. **Vierwaldstättersee,** appelé aussi *lac de Lucerne,* lac de Suisse, traversé par la Reuss, entre les cantons d'Uri, Unterwald, Schwyz et Lucerne ; 114 km². Tourisme.

Quatre-Nations ***(collège des),*** établissement fondé à Paris en 1661 à l'initiative de Mazarin. Destiné à accueillir soixante « écoliers » originaires de quatre « nations » récemment réunies à la France (Alsace, Pays-Bas, Roussillon, province de Pignerol), le collège reçut la bibliothèque personnelle du cardinal (future bibliothèque Mazarine). Il fut supprimé en 1793 et ses locaux furent affectés à l'Institut de France (1806).

quatre-quarts [kat(rə)kar] **n.m. inv.** Gâteau dans lequel la farine, le beurre, le sucre, les œufs sont à poids égal.

quatre-quatre [kat(rə)katr] **n.f. inv.** ou **n.m. inv.** Automobile à quatre roues motrices. (On écrit aussi 4 × 4.)

quatre-saisons [kat(rə)sezɔ̃] **n.f. inv. Marchand(e) de(s) quatre-saisons,** marchand(e) qui vend des fruits et des légumes, dans une voiture à bras, sur la voie publique.

quatre-vingt-dix [katrəvɛ̃dis] **adj. num. card. inv. 1.** Quatre-vingts plus dix ; neuf fois dix. **2.** (En fonction d'ordinal). De rang numéro quatre-vingt-dix ; quatre-vingt-dixième : *La page quatre-vingt-dix.* ◆ **n.m. inv.** Le nombre qui suit quatre-vingt-neuf dans la série des entiers naturels.

quatre-vingt-dixième [katrəvɛ̃dizjɛm] **adj. num. ord.** et **n.** De rang numéro quatre-vingt-dix : *Le quatre-vingt-dixième étage d'une tour.* ◆ **adj.** et **n.m.** Qui correspond à la division d'un tout en quatre-vingt-dix parties égales : *Le quatre-vingt-dixième des recettes.*

quatre-vingtième [katrəvɛ̃tjɛm] **adj. num. ord.** et **n.** De rang numéro quatre-vingt. ◆ **adj.** et **n.m.** Qui correspond à la division d'un tout en quatre-vingts parties égales : *Le quatre-vingtième des recettes.*

quatre-vingts [katrəvɛ̃] ou **quatre-vingt** (quand ce mot est suivi d'un autre adj. num. ou se trouve en fonction d'ordinal) **adj. num. card. 1.** Quatre fois vingt ; huit fois dix : *Quatre-vingts hommes. Quatre-vingt-deux euros.* **2.** (En fonction d'ordinal). De rang numéro quatre-vingt ; quatre-vingtième : *Page quatre-vingt.* ◆ **quatre-vingts n.m. inv.** Le nombre qui suit soixante-dix-neuf dans la série des entiers naturels.

quatrième [katrijɛm] **adj. num. ord.** et **n. 1.** De rang numéro quatre : *Au quatrième top, il sera midi. C'est au quatrième* (= au quatrième étage). **2. En quatrième vitesse,** très vite (= à toute vitesse). ◆ **n.** Celui, ce qui occupe le quatrième rang : *C'est le quatrième de la classe.* ◆ **n.f. 1.** En France, classe constituant la troisième année du premier cycle de l'enseignement secondaire : *Passer en quatrième.* **2.** Quatrième vitesse d'un véhicule : *Passer la quatrième.*

quatrièmement [katrijɛmmɑ̃] **adv.** En quatrième lieu.

quattrocento [kwatrɔtʃɛnto] **n.m. sing.** (mot it., de *quattro,* quatre, et *cento,* cent). [Précédé de l'art. déf.] Le XVe siècle italien.

quatuor [kwatɥɔr] **n.m.** (mot lat. « quatre »). **1.** MUS. Composition musicale à quatre parties : *Quatuor à cordes* (= pour deux violons, un alto et un violoncelle). *Quatuor vocal* (= pour soprano, alto, ténor et basse). **2.** MUS. Ensemble vocal ou instrumental de quatre exécutants : *Faire partie d'un quatuor.* **3.** Groupe de quatre personnes.

1. que [kə] **conj. sub.** (lat. *quia,* parce que). [*Que* s'élide en *qu'* devant un mot commençant par une voyelle ou un *h* muet]. **1.** Introduit une proposition complétive : *On dit que l'hiver sera très long cette année. Je veux que vous veniez. L'espoir qu'on le retrouve vivant diminue chaque jour.* **2.** (Suivi du subj.). Dans une proposition principale ou indépendante, introduit un ordre à la 3e personne, un souhait, etc. : *Qu'il aille au diable ! Que viennent des temps meilleurs.* **3.** Dans une proposition subordonnée, coordonnée ou juxtaposée à une autre, reprend la conjonction, quelle qu'elle soit, qui introduit la première subordonnée : *Puisque je l'affirme et que j'en donne les preuves, on peut me croire.* **4.** Introduit le complément du comparatif : *Cette maison est plus ancienne que l'autre.* **5.** Sert de corrélatif à de nombreux adv. ou adj. : *Il n'est pas tel que vous l'imaginez.* **6. Ne... que,** seulement : *Je ne vois ici que des amis.* / LITT. **Que... ne** (+ subj.), sans que : *Il ne se passait pas une journée que quelque incident ne se produisît.*

2. que [kə] **pron. relat.** (lat. *quem,* accusatif de *qui*). [Forme élidée *qu',* comme *1. que*]. Assure, dans une proposition relative, la fonction de compl. d'objet direct : *La leçon que j'étudie.*

3. que [kə] **pron. interr.** (lat. *quid,* quoi). [Forme élidée *qu',* comme *1. que*]. Dans une phrase interr., représente une chose, dans les fonctions de compl. d'objet direct, d'attribut ou de sujet réel : *Que dites-vous ? Je ne sais que penser.*

4. que [kə] **adv. interr.** (de *3. que*). [Forme élidée *qu',* comme *1. que*]. LITT. Interroge sur la cause : *Que ne le disiez-vous plus* *tôt ?* (syn. **pourquoi**). ◆ **adv. exclam. 1.** Indique une intensité : *Que cette histoire est compliquée !* (syn. **comme**). **2.** *FAM.* **Ce que,** indique une intensité : *Ce que tu peux être bête !* / **Que de** (+ n.), quelle grande quantité, quel grand nombre de : *Que de difficultés nous avons rencontrées avant de réussir !* (syn. **combien**).

Québec, v. du Canada, cap. de la prov. du même nom, sur un escarpement dominant le Saint-Laurent, au confluent de ce fleuve et de la rivière Saint-Charles ; 516 622 hab. (765 706 dans l'agglomération) [*Québécois*]. Archevêché. Centre administratif, culturel (université, musées), commercial et industriel. Fondée par le Français Champlain en 1608, Québec fut le berceau de la civilisation française en Amérique.

Québec *(province de* ou *du),* prov. de l'est du Canada ; 1 540 680 km^2 ; 7 903 001 hab. *(Québécois)*. CAP. *Québec*. V. princ. *Montréal*.

GÉOGRAPHIE

La vallée du Saint-Laurent sépare la région appalachienne de plateaux et de collines, au sud, et du bouclier canadien, au nord. Celui-ci occupe plus de 90 % du territoire de la province ; il est creusé d'une multitude de lacs, et les collines des Laurentides en marquent la bordure sud. Le climat, continental, est de plus en plus rude vers le nord. La neige est particulièrement abondante dans l'est et dans la vallée du Saint-Laurent (qui, grâce aux brise-glace, reste navigable l'hiver jusqu'à Québec et Montréal).
La forte natalité traditionnelle des Québécois de souche a commencé à décroître dans les années 1960. La population demeure très majoritairement francophone. Montréal rassemble près de la moitié d'une population urbanisée à 80 %. La vie économique est fondée sur l'industrie. Celle-ci bénéficie, avec les équipements de la baie James, d'un potentiel d'électricité hydraulique très important. Le sous-sol fournit notamment de l'amiante, du fer, du cuivre, de l'or, du zinc, du titane et du sélénium. La métallurgie (aluminium, cuivre et zinc), les industries du bois (papier) et les industries alimentaires sont les principaux secteurs représentés, tournés surtout vers l'exportation. L'agriculture (5 % des actifs) concerne l'élevage bovin et les cultures spécialisées (tabac, fruits et légumes, produits de l'érable). La pêche n'est que relativement importante. Le tourisme se développe.

HISTOIRE

Après la défaite de la France et le traité de Paris (1763), la Grande-Bretagne s'assure le contrôle de l'Amérique du Nord et crée la province de Québec. En 1791, l'arrivée des « loyalistes » fuyant les États-Unis indépendants aboutit à la séparation du Bas-Canada (avec Québec pour capitale), francophone, et du Haut-Canada (actuel Ontario), anglophone. En 1837, les parlementaires des deux Canadas réclament de réels pouvoirs. La rébellion éclate et est durement réprimée (1840). Les deux Canadas (auj. Ontario et Québec) sont réunis en une même province, le Canada-Uni. L'anglais devient seule langue officielle. Le français retrouve son statut en 1848. En 1867, les provinces de la Nouvelle-Écosse, du Nouveau-Brunswick, du Québec et de l'Ontario sont fédérées par l'Acte de l'Amérique du Nord britannique. La vie politique est marquée par la division entre libéraux et conservateurs cléricaux, qui se succèdent au pouvoir. Au Québec, le courant indépendantiste se développe.
1976. Le parti québécois (P.Q.), indépendantiste, remporte les élections ; son chef, René Lévesque, devient Premier ministre du Québec.
1980. Les Québécois se prononcent par référendum contre le projet de « souveraineté-association » du P.Q.
1985. Les libéraux, dirigés par Robert Bourassa (déjà Premier ministre de 1970 à 1976), reviennent au pouvoir.
1990. L'échec du projet d'accord constitutionnel dit « du lac Meech », destiné à satisfaire les demandes minimales du Québec, ouvre une crise politique sans précédent, aggravée par des revendications amérindiennes.
1992. Un nouveau projet de réforme constitutionnelle est rejeté par référendum dans le Canada tout entier.
1994. Les élections ramènent au pouvoir le parti indépendantiste et J. Parizeau devient Premier ministre.
1995. Le référendum sur la souveraineté du Québec voit la courte victoire des partisans du maintien dans la Confédération canadienne.
1996. Lucien Bouchard remplace J. Parizeau à la tête du parti québécois et du gouvernement.
2001. Bernard Landry (parti québécois) lui succède.
2003. Les libéraux retrouvent la direction du gouvernement, avec Jean Charest pour Premier ministre.
2012. À la suite d'importantes manifestations estudiantines, des élections anticipées conduisent à la victoire du parti québécois qui n'obtient cependant pas la majorité des sièges. Pauline Marois est la première femme à accéder à la tête de la province.

québécisme [kebesism] **n.m.** Fait de langue propre au français parlé au Québec.

québécois, e [kebekwa, -az] **adj.** et **n.** De la province du Québec ou de la ville de Québec.

quechua [ketʃwa] ou **quichua** [kitʃwa] **n.m.** Langue indienne du Pérou et de la Bolivie, et qui fut la langue de l'Empire inca.

Quechua ou **Quichua,** Indiens d'Amérique du Sud (Bolivie, Chili, Argentine). Ils parlent le quechua.

Queensland, État du nord-est de l'Australie ; 1 727 500 km^2 ; 4 332 739 hab. CAP. *Brisbane*.

quel, quelle [kɛl] **adj. interr.** (lat. *qualis*). Interroge sur l'identité, la qualité : *Quel est cet homme ? Quelle heure est-il ? Quel temps fait-il ?* ◆ **adj. exclam.** Marque l'admiration, l'indignation : *Quels beaux objets ! Quel goujat !* ◆ **quel que, quelle que loc. relat. indéf.** Suivi du subj., introduit une proposition relative à une nuance concessive : *Quelles qu'aient été ses erreurs, il s'est à présent racheté.*

quelconque [kɛlkɔ̃k] **adj. indéf.** (lat. *qualiscumque*). N'importe quel : *Donner un prétexte quelconque.* ◆ **adj.** Médiocre ; sans valeur : *C'est un homme bien quelconque.*

1. quelque [kɛlk] **adj. indéf.** (de *quel* et *que*). **1.** (Au sing.). Indique une quantité, une durée, une valeur, un degré indéterminés, génér. faibles : *À quelque distance. Pendant quelque temps. J'ai eu quelque peine à le reconnaître.* **2.** (Au pl.). Indique un petit nombre : *Quelques personnes. Il a écrit quelques articles.* **3. Et quelques,** après un nom de nombre, indique une addition peu importante : *Il a vingt ans et quelques.* / *LITT.* **Quelque... que** (+ subj.), indique une concession ou une opposition (avec un adj., reste invariable) : *Quelques objections qu'il mette en avant, il finira par se rallier à notre cause* (= quelles que soient les objections). *Quelque profondes que soient les réformes, elles arrivent trop tard.* **Rem.** *Quelque* ne s'élide que devant *un* et *une*.

2. quelque [kɛlk] **adv.** (de *1. quelque*). Indique une approximation : *Il y a quelque cinquante ans* (= à peu près) [syn. **environ**]. *Rem.* Cet adverbe ne s'élide jamais.

quelque chose [kɛlkəʃoz] **pron. indéf. m. 1.** Désigne une chose indéterminée : *Dis quelque chose.* **2.** Indique un événement, une situation, etc., dont on n'ose pas dire ou dont on ignore la nature : *Il se passe quelque chose.*

quelquefois [kɛlkəfwa] **adv.** Dans certaines circonstances ; de temps à autre : *Il souriait quelquefois* (syn. **parfois**).

quelque part [kɛlkəpar] **adv. 1.** Indique un lieu quelconque : *Tu vas quelque part pour les vacances ?* **2.** Indique un lieu, un point abstrait, qu'on a du mal à définir : *Il y a quelque part dans ce contrat un point obscur.* **3.** *FAM.* S'emploie par euphémisme pour désigner telle ou telle chose considérée comme inconvenante : *Je vais lui flanquer mon pied quelque part* (= dans le derrière).

quelques-uns [kɛlkəzœ̃], **quelques-unes** [kɛlkəzyn] **pron. indéf. pl.** Indique un nombre indéterminé mais limité de personnes ou de choses : *J'ai écrit à tous mes amis, quelques-uns n'ont pas répondu* (syn. **certains**).

quelqu'un, e [kɛlkœ̃, -yn] **pron. indéf.** *LITT.* Indique une personne quelconque entre plusieurs : *Quelqu'un de vos parents. Quelqu'une de vos amies.* ◆ **quelqu'un**

pron. indéf. masc. **1.** Désigne une personne indéterminée : *Quelqu'un vous demande en bas.* **2. Être, se croire quelqu'un,** être, se croire une personne d'importance, de valeur. / **Quelqu'un de** (+ adj.), une personne ayant telle qualité : *C'est quelqu'un de très aimable.*

quémander [kemɑ̃de] **v.t.** et **v.i.** (de l'anc. fr. *caïmand,* mendiant). Solliciter humblement et avec insistance.

quémandeur, euse [kemɑ̃dœr, -øz] **n.** Personne qui quémande, qui sollicite.

qu'en-dira-t-on [kɑ̃diratɔ̃] **n.m. inv.** *FAM.* L'opinion d'autrui : *Se moquer du qu'en-dira-t-on.*

Queneau (Raymond), écrivain français (Le Havre 1903 - Paris 1976). Lié un temps aux surréalistes, cofondateur de l'Oulipo, il a fait de son œuvre romanesque (*Pierrot mon ami,* 1942 ; *Zazie dans le métro,* 1959) et poétique (*les Ziaux,* 1943 ; *Cent Mille Milliards de poèmes,* 1961) une expérimentation continue du langage, fondée sur l'humour et la fantaisie (*Exercices de style,* 1947).

quenelle [kənɛl] **n.f.** (de l'all. *Knödel,* boule de pâte). Rouleau de poisson ou de viande hachés, lié à l'œuf.

quenotte [kənɔt] **n.f.** (mot dialect., dimin. de *quenne,* dent). *FAM.* Dent de petit enfant.

quenouille [kənuj] **n.f.** (du bas lat. *conocula,* du class. *colus*). **1.** Tige, génér. de bois ou d'osier, munie d'une tête renflée ou fourchue, souvent décorée, utilisée autref. pour maintenir le textile à filer. **2.** Chanvre, lin, soie, etc., dont une quenouille est chargée.

Quercia (Jacopo della) ⟶ Jacopo della Quercia.

Quercy (le), région du bassin d'Aquitaine, en bordure du Massif central, formée par le *haut Quercy* (ou *Causses du Quercy*), plateau calcaire entaillé par les vallées du Lot et de la Dordogne, et par le *bas Quercy,* autour de Montauban, pays de collines de molasse, vouées à la polyculture. Le Quercy fut réuni au domaine royal au XVe s.

querelle [kərɛl] **n.f.** (lat. *querela,* plainte en justice). **1.** Contestation amenant des échanges de mots violents : *Elle est restée à l'écart de cette querelle* (syn. **conflit, dispute**). **2. Chercher querelle à qqn,** le provoquer.

quereller [kərele] **v.t.** (bas lat. *querellare*). *SOUT.* Faire des reproches à qqn : *On l'a querellé sur son retard.* ◆ **se quereller v.pr.** S'adresser mutuellement des reproches : *Ils se querellent sans arrêt pour des broutilles* (syn. **se disputer**).

querelleur, euse [kərelœr, -øz] **adj.** et **n.** Qui aime à se quereller : *Un gamin querelleur* (syn. **batailleur**).

quérir [kerir] **v.t.** (anc. fr. *querre,* lat. *quaerere,* chercher). *LITT.* Chercher avec l'intention d'amener, d'apporter : *Envoyer quérir le médecin.* ***Rem.*** Seulement à l'inf., après les verbes *aller, venir, envoyer, faire.*

Quesnay (François), médecin et économiste français (Méré 1694 - Versailles 1774). Il a été l'inspirateur de l'école des physiocrates. Il publia en 1758 son œuvre maîtresse, le *Tableau économique,* où il compare la circulation des biens et des services à la circulation du sang dans le corps humain. Pour Quesnay, la terre est la source première de la richesse. Son apport essentiel est l'invention, avant la lettre, de la macroéconomie (découverte du « circuit »). Quesnay défend en économie le libre jeu des lois naturelles.

questeur [kɛstœr] **n.m.** (lat. *quaestor*). **1.** ANTIQ. ROM. Magistrat chargé surtout de fonctions financières. **2.** Membre élu du bureau d'une assemblée parlementaire, chargé de la gestion financière et de l'administration intérieure. ▶ Il y a trois questeurs à l'Assemblée nationale et au Sénat, en France.

question [kɛstjɔ̃] **n.f.** (lat. *quaestio,* de *quaerere,* rechercher). **1.** Demande faite pour obtenir une information, vérifier des connaissances : *La police l'a pressé de questions* (= l'a interrogé). *Poser une question embarrassante.* **2.** Sujet à examiner ou à discuter : *La question a été débattue* (syn. **problème, sujet**). **3.** Ce dont il s'agit ; affaire, problème : *Ils se sont disputés pour des questions d'argent.* **4.** Technique de contrôle parlementaire qui permet aux membres des assemblées d'obtenir du gouvernement des renseignements ou des explications : *Question écrite, orale, avec ou sans débat.* **5.** HIST. Torture légale appliquée aux accusés et aux condamnés pour leur arracher des aveux : *Soumettre qqn à la question.* ▶ La question a été abolie en 1780 par Louis XVI. **6. En question,** dont il s'agit, dont on parle : *Dans le texte en question, le sujet n'a pas été abordé.* / **Être en question,** poser un problème : *Sa compétence est en question.* / **Faire question,** être douteux, discutable : *Ses qualités d'organisateur font question.* / **Il est question de,** il s'agit de : *Un film où il est question de l'exil.* / **(Il n'en est) pas question,** exprime un refus catégorique : *Finirez-vous par céder ? – Il n'en est pas question.* / **Mettre en question,** soumettre à une discussion. / *FAM.* **Question (de)** [+ n.], en ce qui concerne... : *Question argent, tout est réglé.* / **Question de confiance ⟶ confiance.** / **Question de principe,** question essentielle d'où dérive le reste ; règle à observer en toutes circonstances : *Il refuse de changer d'avis, pour lui c'est une question de principe.*

questionnaire [kɛstjɔnɛr] **n.m. 1.** Série de questions auxquelles on doit répondre : *Remplir un questionnaire.* **2.** PSYCHOL., SOCIOL. Dans une enquête par sondage, série de questions écrites ou orales posées aux membres d'un échantillon représentatif pour connaître leur opinion sur les sujets abordés par l'enquête. **3. Questionnaire à choix multiple (Q.C.M.),** questionnaire utilisé pour certains examens et dans lequel, à chaque question posée, sont associées plusieurs réponses entre lesquelles il faut choisir.

questionnement [kɛstjɔnmɑ̃] **n.m.** Fait de s'interroger sur un problème.

questionner [kɛstjɔne] **v.t.** Poser des questions à : *La police l'a questionné sur ses relations* (syn. **interroger**).

questionneur, euse [kɛstjɔnœr, -øz] **n.** et **adj.** *LITT.* Personne qui pose sans cesse des questions.

questure [kɛstyr] **n.f.** (lat. *quaestura*). **1.** Bureau des questeurs d'une assemblée délibérante. **2.** ANTIQ. ROM. Charge de questeur.

quête [kɛt] **n.f.** (de l'anc. fr. *querre,* lat. *quaerere,* chercher). **1.** *LITT.* Action de chercher : *La quête du bonheur.* **2.** Action de demander et de recueillir des dons en argent ou en nature pour des œuvres pieuses ou charitables ; somme recueillie : *Faire une quête à l'église* (syn. **collecte**). **3. En quête de,** à la recherche de : *Partir en quête d'un taxi.*

Quételet (Adolphe), astronome, mathématicien et statisticien belge (Gand 1796 - Bruxelles 1874). Il est surtout connu pour l'application qu'il fit de la théorie des probabilités aux sciences morales et politiques, ainsi qu'en anthropométrie. Il posa, l'un des premiers, les principes de l'étude de l'homme en tant que membre de corps sociaux. Grâce à la statistique, il entendait étudier les lois de la natalité, de la croissance physique et intellectuelle, du comportement mental et de la mortalité.

quêter [kete] **v.t.** (de *quête*). Rechercher comme une faveur : *Quêter des louanges* (syn. **solliciter**). ◆ **v.i.** Recueillir des aumônes, faire la quête : *Quêter à domicile.*

quêteur, euse [ketœr, -øz] **n.** Personne qui quête.

quetsche [kwɛtʃ] **n.f.** (mot alsacien). **1.** Grosse prune oblongue, de couleur violette. **2.** Eau-de-vie faite avec ce fruit.

Quetzalcóatl, dieu de la mythologie du Mexique préhispanique dont le nom signifie « serpent à plumes ». Régnant à Teotihuacán sur la végétation, à côté de Tlaloc, le dieu de la Pluie, il devint, à l'époque aztèque, le dieu des Prêtres, de la Pensée religieuse et des Arts. Topiltzin Quetzalcóatl, souverain de Tula, qui avait contribué à l'implantation des arts et des techniques, fut confondu dans la légende avec son protecteur, ce même dieu Quetzalcóatl.

1. queue [kø] **n.f.** (lat. *cauda*). **1.** Partie du corps de nombreux vertébrés, postérieure à l'anus, souvent allongée et flexible, dont l'axe squelettique est un prolongement de la colonne vertébrale : *Le chien remue la queue.* **2.** Extrémité du corps, plus ou moins effilée, opposée à la tête, chez diverses espèces animales : *Queue d'un scorpion.* **3.** Appendice en forme de queue : *Queue d'une note, d'une lettre.* **4.** Pétiole d'une feuille ; pédoncule des fleurs et des fruits : *Queue d'une poire.* **5.** Partie d'un objet, de forme allongée, servant à le saisir : *Queue d'une casserole* (syn. **manche**). **6.** ASTRON. Traînée lumineuse, constituée de gaz ou de poussières, issue de la chevelure d'une comète et toujours dirigée à l'opposé du Soleil sous l'effet du vent solaire ou de la pression du rayonnement solaire. **7.** Dernière partie, derniers rangs d'un groupe qui avance : *La queue d'un cortège.* **8.** File de personnes qui attendent leur tour : *Faire la queue.* **9.** Ensemble des dernières voitures d'un train, d'une rame de métro : *Monter dans le wagon de queue.* **10.** Derniers rangs d'un classement : *Être à la queue de sa classe.* **11.** Ce qui est à la fin, au bout de qqch : *La queue d'un orage.* **12.** Tige de bois garnie à son extrémité la plus petite d'une rondelle de cuir, avec laquelle on pousse les billes, au billard. **13. À la queue leu leu** ⟶ **1. leu.** / **Faire une queue de poisson,** se rabattre brusquement après avoir dépassé un véhicule. / **Finir en queue de poisson,** se terminer brusquement, sans conclusion satisfaisante : *Le film a fini en queue de poisson.* / FAM. **Sans queue ni tête,** incohérent : *Un récit sans queue ni tête.*

2. queue n.f. ⟶ **2. queux.**

queue-d'aronde [kødarɔ̃d] **n.f.** (pl. *queues-d'aronde*). Tenon en forme de queue d'hirondelle, pénétrant dans une entaille de même forme pour constituer un assemblage.

queue-de-cheval [kødʃəval] **n.f.** (pl. *queues-de-cheval*). Coiffure où les cheveux sont resserrés sur le sommet de la tête par un nœud ou une barrette, et retombent sur la nuque.

queue-de-pie [kødpi] **n.f.** (pl. *queues-de-pie*). FAM. Habit de cérémonie aux basques en pointe.

queue-de-rat [kødra] **n.f.** (pl. *queues-de-rat*). Lime ronde et pointue pour limer dans les creux.

queuter [køte] **v.i.** (de *queue*). Au billard, garder la queue en contact avec la bille au moment où celle-ci rencontre la seconde bille ou une bande.

1. queux [kø] **n.m.** (lat. *coquus,* de *coquere,* cuire). LITT. **Maître queux,** cuisinier.

2. queux ou **queue** [kø] **n.f.** (lat. *cos, cotis*). Pierre à aiguiser : *Queux à faux.*

Queyras (le), vallée et région des Hautes-Alpes, que draine le Guil, affl. de la Durance (r.g.). Parc naturel régional (env. 60 000 ha).

Quezón City, v. fondée en 1948 à 16 km au nord-est de Manille, cap. des Philippines jusqu'en 1976 ; 2 679 450 hab.

1. qui [ki] **pron. relat.** (mot lat.). **1.** Assure la fonction de sujet d'une proposition relative : *C'est une région qui m'a séduit.* **2.** S'emploie comme compl. prépositif (désignant seul. des personnes) : *L'homme avec qui je vis* (syn. **lequel**). **3.** S'emploie comme sujet ou compl. indéterminé (sans antécédent) : *Rira bien qui rira le dernier* (= celui qui rira le dernier). *Qui est déjà passé par cette épreuve me comprendra* (syn. **quiconque**). *Consultez qui vous voudrez.* **4.** LITT. **Qui..., qui...,** l'un..., l'autre... ; les uns..., les autres... : *Ils se sont dispersés qui d'un côté, qui de l'autre.* ◆ **qui que loc. relat. indéf.** Suivi du subj., introduit une proposition relative à nuance concessive : *Qui que vous soyez, vous êtes la bienvenue.*

2. qui [ki] **pron. interr.** (lat. *quis*). Dans une phrase, une proposition interrogative, représente une personne dans les fonctions de : **1.** Sujet : *Qui est là ? Je sais qui a fait cela.* **2.** Compl. d'objet direct : *Qui avez-vous vu ?* **3.** Compl. prépositif : *De qui parlez-vous ?*

à quia [kɥija] **loc. adv.** (lat. *quia,* parce que). LITT. **Être à quia, mettre qqn à quia,** être réduit, réduire qqn à ne pouvoir répondre.

quiche [kiʃ] **n.f.** (de l'alsacien *küchen,* gâteau). Tarte salée en pâte brisée garnie de lardons et recouverte d'un mélange d'œufs battus et de crème. ▶ La quiche est une spécialité lorraine.

Quiché, peuple amérindien du Guatemala parlant une langue maya.

quichua n.m. ⟶ **quechua.**

quick [kwik] **n.m.** (mot angl. « rapide »). Matière synthétique dure, poreuse, légèrement granuleuse, utilisée comme revêtement de certains courts de tennis en plein air.

quiconque [kikɔ̃k] **pron. relat. indéf.** (de l'anc. fr. *qui qu'onques,* rapproché ensuite du lat. *quicumque*). Dans une proposition relative, représente une personne indéterminée dans la fonction de sujet : *La loi punit quiconque est coupable. Il sera critiqué par quiconque a un peu de connaissances en la matière* (= toute personne qui) [syn. **qui**]. ◆ **pron. indéf.** À l'intérieur d'une proposition (surtout après un comparatif), représente une personne indéterminée : *Il est à la portée de quiconque de résoudre ce problème* (syn. **n'importe qui**). *Je sais mieux que quiconque ce qu'il me reste à faire* (syn. **personne**).

quidam [kidam] **n.m.** (mot lat. « un certain »). FAM. Homme dont on ignore ou dont on tait le nom : *Un quidam est passé voir si tu étais là.*

quiescence [kɥiɛsɑ̃s] **n.f.** (du lat. *quiescere,* se reposer). BIOL. Arrêt de développement des insectes en cas de conditions extérieures défavorables (température insuffisante ou sécheresse).

quiet, ète [kjɛ, kjɛt] **adj.** (lat. *quietus*). LITT. Tranquille, calme : *Existence quiète.*

quiétude [kjetyd] **n.f.** (bas lat. *quietudo*). LITT. Tranquillité d'esprit ; atmosphère calme : *Attendre en toute quiétude le résultat d'un examen* (syn. **sérénité**).

Quignard (Pascal), écrivain français (Verneuil-sur-Avre 1948). Son érudition, servie par une écriture exigeante, nourrit une œuvre variée, réunissant textes courts (*Petits Traités,* 1981-1990), romans (*le Salon du Wurtemberg,* 1986 ; *Tous les matins du monde,* 1991 ; *Terrasse à Rome,* 2000 ; *Villa Amalia,* 2006) et essais (*le Sexe et l'Effroi,* 1994), jusqu'à transcender les genres (*Dernier Royaume,* 7 vol., 2002 [vol. 1 : *les Ombres errantes*]-2012).

quignon [kiɲɔ̃] **n.m.** (altér. de *coignon,* de *coin*). Morceau de gros pain ou extrémité d'un pain long, contenant beaucoup de croûte.

1. quille [kij] **n.f.** (de l'all. *Kiel*). MAR. Élément axial de la partie inférieure de la charpente d'un navire, prolongé à l'avant par l'étrave et à l'arrière par l'étambot.

2. quille [kij] **n.f.** (de l'anc. haut all. *kegil*). **1.** Chacune des pièces de bois tournées, posées verticalement sur le sol, qu'un joueur doit renverser en lançant une boule, dans le jeu dit *jeu de quilles.* **2.** ARG. **La quille,** la fin du service militaire.

quimboiseur [kɛ̃bwazœr] **n.m.** (mot du créole antillais). CRÉOL. Sorcier ; jeteur de sorts.

Quimper, ch.-l. du dép. du Finistère, anc. cap. du comté de Cornouaille, sur l'Odet, à 551 km à l'ouest de Paris ; 66 905 hab. *(Quimpérois).* Évêché. Centre administratif et commercial. Cathédrale gothique des XIIIe-XVIe s. Maisons anciennes. Musée départemental breton et musée des Beaux-Arts (peintures flamandes, hollandaises, françaises ; école de Pont-Aven, peintres de la Bretagne ; etc.).

Quinault (Philippe), poète français (Paris 1635 - *id.* 1688). Ses tragédies *(Astrate),* entachées de préciosité, lui valurent les attaques de Boileau. À partir de 1672, il composa les livrets des opéras de Lully.

quincaillerie [kɛ̃kajri] **n.f.** (altér. de *clinquaille,* du rad. onomat. *clinq-*). **1.** Ensemble d'objets, d'ustensiles en métal servant au ménage, à l'outillage, etc. ; industrie correspondante. **2.** Magasin où on vend ces objets. **3.** FAM. Bijoux faux, ou d'un luxe ostentatoire, tapageur.

quincaillier, ère [kɛ̃kaje, -ɛr] **n.** Marchand ou fabricant de quincaillerie.

quinconce [kɛ̃kɔ̃s] **n.m.** (lat. *quincunx* [par analogie avec la disposition des points marqués sur la monnaie de ce nom]). **En quinconce,** selon un assemblage d'objets disposés par cinq dont quatre aux quatre angles d'un carré, d'un losange ou d'un rectangle et le cinquième au milieu : *Dans ce parc, les arbres sont plantés en quinconce.*

Quine (Willard Van Orman, dit **Willard),** logicien américain (Akron 1908 - Boston 2000). Il est l'auteur d'une théorie sur les fondements de la logique, et plus particulièrement sur ses aspects sémantiques (*Logic and the Reification of Universalia,* 1953).

Quinet (Edgar), historien français (Bourg-en-Bresse 1803 - Paris 1875). Professeur au Collège de France, il fut suspendu en 1846 pour son anticléricalisme. Député en 1848, proscrit après le coup d'État de 1851, rentré en France en 1870, député en 1871, il fut le maître à penser de la république laïque. On lui doit notamment : *les Révolutions d'Italie* (1852) et *l'Esprit nouveau* (1874).

quinine [kinin] **n.f.** (de *quinquina*). Alcaloïde amer contenu dans l'écorce de quinquina, employé lors des crises de paludisme.

quinquagénaire [kɥɛ̃kwaʒenɛr] ou [kɛ̃kaʒenɛr] **adj.** et **n.** (lat. *quinquagenarius*). Qui a atteint cinquante ans.

quinquennal, e, aux [kɛ̃kenal, -o] **adj.** (lat. *quinquennalis*). **1.** Qui se fait, se célèbre tous les cinq ans : *Élection quinquennale.* **2.** Qui s'étend sur cinq ans : *Plan, mandat quinquennal.*

quinquennat [kɛ̃kena] **n.m.** Durée d'un plan, d'un mandat quinquennal : *Un quinquennat présidentiel.*

quinquet [kɛ̃kɛ] **n.m.** (de *A. Quinquet,* qui perfectionna cette lampe). **1.** Lampe à huile à double courant d'air, et dont le réservoir est plus haut que la mèche. **2.** *FAM.* Œil : *Ouvre tes quinquets !*

quinquina [kɛ̃kina] **n.m.** (mot esp., du quechua). Arbre originaire d'Am. centrale et des Andes, cultivé pour son écorce, riche en quinine. ▸ Famille des rubiacées.

quintal [kɛ̃tal] **n.m.** (bas lat. *quintale,* ar. *quintar*) [pl. *quintaux*]. Unité de mesure de masse, valant 10^2 kilogrammes. ▸ Symb. q.

quinte [kɛ̃t] **n.f.** (du lat. *quintus,* cinquième). **1.** MUS. Intervalle de cinq degrés dans l'échelle diatonique. **2.** JEUX. Série de cinq cartes qui se suivent. **3.** Accès de toux.

Quinté [kɛ̃te] **n.m.** et **adj.m.** (nom déposé). TURF. Pari dans lequel il faut déterminer les cinq premiers arrivants d'une course.

quintessence [kɛ̃tesɑ̃s] **n.f.** (de l'anc. fr. *quinte essence,* la cinquième essence, désignant l'éther, le plus subtil des cinq éléments de l'univers). *LITT.* Ce qu'il y a de principal, de meilleur, de plus parfait dans qqch : *La quintessence d'un livre.*

quintet [kɛ̃tɛt] **n.m.** (mot angl.). Formation de jazz composée de cinq musiciens.

quintette [k(ɥ)ɛ̃tɛt] **n.m.** (it. *quintetto*). **1.** MUS. Composition musicale à cinq parties. **2.** Ensemble vocal ou instrumental de cinq exécutants.

quintil [k(ɥ)ɛ̃til] **n.m.** (du lat. *quintus,* cinquième). Strophe de cinq vers sur deux rimes.

Quintilien, rhéteur latin (Calagurris Nassica, auj. Calahorra, Espagne, v. 30 - v. 100 apr. J.-C.). Dans son ouvrage sur la formation de l'orateur *(De l'institution oratoire),* il réagit contre les tendances nouvelles représentées par Sénèque et proposa l'imitation de Cicéron.

quinto [k(ɥ)ɛ̃to] **adv.** (mot lat.). Cinquièmement ; en cinquième lieu.

quintuple [kɛ̃typl] **adj.** et **n.m.** (bas lat. *quintuplex*). Qui vaut cinq fois autant : *Trente est le quintuple de six.*

quintupler [kɛ̃typle] **v.t.** Multiplier par cinq : *Quintupler une somme.* ◆ **v.i.** Être multiplié par cinq : *Les prix ont quintuplé.*

quintuplés, ées [kɛ̃typle] **n. pl.** Groupe de cinq enfants nés d'une même grossesse.

quinzaine [kɛ̃zɛn] **n.f. 1.** Groupe d'environ quinze unités : *Une quinzaine d'euros.* **2.** Deux semaines : *On se revoit dans une quinzaine* (= quinze jours). *La dernière quinzaine de juillet* (= les deux dernières semaines).

quinze [kɛ̃z] **adj. num. card. inv.** (lat. *quindecim*). **1.** Quatorze plus un. **2.** (En fonction d'ordinal). De rang numéro quinze ; quinzième : *Louis quinze. Le chapitre quinze* (= le quinzième chapitre). ◆ **n.m. inv. 1.** Le nombre qui suit quatorze dans la suite des entiers naturels ; le chiffre représentant ce nombre : *Douze et trois font quinze.* **2.** (Précédé de l'art. déf. et suivi d'un adj. ou d'un compl.). Équipe de rugby : *Le XV de France.*

quinzième [kɛ̃zjɛm] **adj. num. ord.** et **n.** De rang numéro quinze : *Le quinzième arrondissement. Habiter le quinzième étage. Le quinzième de la liste.* ◆ **adj.** et **n.m.** Qui correspond à la division d'un tout en quinze parties égales : *La quinzième partie d'une somme. Un quinzième des bénéfices.*

quinzièmement [kɛ̃zjɛmmɑ̃] **adv.** En quinzième lieu.

quiproquo [kiprɔko] **n.m.** (lat. scolast. *quid pro quod,* une chose pour une autre désignant une faute d'interprétation) [pl. *quiproquos*]. Méprise, erreur qui fait prendre une chose, une personne pour une autre : *Cette pièce de théâtre repose sur une série de quiproquos* (syn. **malentendu**).

Quirinal ***(mont),*** l'une des sept collines de Rome, au nord-ouest de la ville. À partir de 1574, les papes y firent construire le palais du Quirinal, auj. résidence des présidents de la République italienne.

Quirinus, ancienne divinité romaine dont le culte était établi sur le Quirinal. Il faisait partie avec Jupiter et Mars de la plus antique triade divine vénérée comme protectrice de Rome. Par la suite, Quirinus fut associé à Romulus divinisé.

Quisling (Vidkun), homme politique norvégien (Fyresdal 1887 - Oslo 1945). Favorable au nazisme, chef du gouvernement après l'invasion allemande (févr. 1942), il fut condamné à mort et exécuté à la Libération.

Quito, cap. de l'Équateur, dans les Andes, à 2 500 m d'alt. env. ; 1 622 390 hab. Centre culturel, financier et industriel. Beaux monuments d'époque coloniale (XVIe- XVIIIe s.), aux peintures et aux sculptures dorées et polychromées de production locale. Musées (archéologie, histoire, art équatorien, etc.).

quittance [kitɑ̃s] **n.f.** (de *quitter*). Attestation écrite par laquelle un créancier déclare un débiteur quitte envers lui : *Apportez une quittance de loyer ou d'électricité.*

quitte [kit] **adj.** (lat. médiév. *quitus,* du class. *quietus,* tranquille). **1.** Libéré d'une dette pécuniaire, d'une obligation, d'un devoir moral : *Être quitte d'une corvée, d'une visite.* **2. En être quitte pour,** n'avoir à subir que l'inconvénient de : *L'accident n'a pas été grave, nous en avons été quittes pour la peur.* / **Jouer quitte ou double,** risquer, hasarder tout. / **Tenir quitte,** dispenser : *On ne peut le tenir quitte de sa promesse.* ◆ **quitte à loc. prép.** (suivi de l'inf.). Sans s'interdire de ; au risque de : *Il vaut mieux vérifier les comptes, quitte à perdre du temps.*

quitter [kite] **v.t.** (lat. médiév. *quitare,* du class. *quietus,* tranquille). **1.** Laisser une personne, se séparer provisoirement ou définitivement d'elle : *Je vous quitte pour un moment. Elle a quitté son mari.* **2.** Abandonner un lieu, une activité : *Quitter la ville pour la campagne* (= s'en aller de). *Il a quitté ses fonctions* (= il s'est retiré). *Elle quitte son travail tous les jours à six heures* (= elle en sort). **3.** Ôter un vêtement ; se déshabiller : *Quittez votre manteau* (syn. **retirer**). **4.** *LITT.* Mourir : *Il nous a quittés hier soir.* **5. Ne pas quitter des yeux,** avoir toujours les regards fixés sur. / **Ne quitte (quittez) pas,** reste (restez) en ligne, au téléphone.

quitus [kitys] **n.m.** (mot lat.). DR. Acte par lequel la gestion d'une personne est reconnue exacte et régulière : *Donner quitus à un trésorier.*

qui vive [kiviv] **loc. interj.** Cri poussé par les sentinelles pour reconnaître un individu isolé, une troupe. ◆ **qui-vive n.m. inv. Sur le qui-vive,** sur ses gardes dans l'attente d'une attaque.

Qumran → **Morte *(mer).***

1. quoi [kwa] **pron. relat.** (lat. *quid,* forme neutre de *quis,* quel). **1.** Assure la fonction de compl. prépositif pour renvoyer à un antécédent indéfini ou à une proposition, une phrase entière : *Il n'est rien à quoi je ne sois prêt. C'est justement ce pour quoi je viens.* **2. De quoi,** ce qui est suffisant pour ; ce qui est nécessaire pour : *Avoir de quoi vivre. Il n'y a pas de quoi rire* (= il n'y pas de raison pour rire). *Je vous remercie. – Il n'y a pas de quoi* (= cela n'en vaut pas la peine). ◆ **quoi que loc. relat. indéf. 1.** Suivi du subj., introduit une proposition relative marquant une nuance concessive : *Quoi que vous disiez, je m'en tiendrai à ma première idée.* ***Rem.*** À distinguer de *quoique* en un seul mot, conj. de subordination. **2. Quoi qu'il en soit,** en tout état de cause, en tout cas.

2. quoi [kwa] **pron. interr.** (de *1. quoi*). Dans une phrase, une proposition interrogative, représente qqch d'indéfini, dans les fonctions de : **1.** Compl. d'objet direct : *Quoi faire ? Je ne sais quoi dire.* **2.** Compl. prépositif : *À quoi pensez-vous ? Devinez avec quoi il joue.* **3.** SOUT. Sujet (en partic. dans des phrases nominales) : *Quoi de plus triste que cette histoire ?* (= qu'y a-t-il de plus triste ?). ◆ **adv. exclam. 1.** Exprime une surprise, une indignation : *Quoi, il est dix heures et tu n'es toujours pas levé !* **2.** Sert à souligner une affirmation : *Je menais une vie réglée et monotone, insipide, quoi !*

quoique [kwakə] **conj. sub.** (de *quoi* et *que*). Suivi du subj. ou du p. présent, marque l'opposition, la concession : *Quoiqu'il se sente soutenu, il hésite encore à agir. Quoique étant riche (quoique riche), il n'était guère généreux* (syn. **bien que**). ***Rem.*** *Quoique* s'élide devant *il(s), elle(s), on, en, un, une.*

quolibet [kɔlibɛ] **n.m.** (du lat. [*disputationes de*] *quod libet,* ce qui plaît, débats, questions sur n'importe quel sujet). Plaisanterie ironique ou injurieuse lancée à qqn ; raillerie malveillante : *Être victime de quolibets incessants* (syn. **pique, sarcasme**).

quorum [kɡ(w)ɔrɔm] **n.m.** (de *quorum,* mot lat. par lequel commence le bill du Parlement angl. relatif à la présence de ses membres). **1.** Nombre de membres qu'une assemblée doit réunir pour pouvoir valablement délibérer. **2.** Nombre de votants nécessaire pour qu'une élection soit valable.

quota [kɔta] **n.m.** (angl. *quota,* mot lat.). **1.** Pourcentage ; part ; contingent : *Le gouvernement a réduit les quotas d'importation.* **2.** STAT. Modèle réduit d'une population donnée, permettant la désignation d'un échantillon représentatif.

quote-part [kɔtpar] **n.f.** (lat. *quota pars,* part qui revient à chacun) [pl. *quotes-parts*]. Part que chacun doit payer ou recevoir dans la répartition d'une somme : *Payer sa quote-part à un dîner* (syn. **contribution, écot**).

1. quotidien, enne [kɔtidjɛ̃, -ɛn] **adj.** (lat. *quotidianus*). Qui se fait ou revient chaque jour : *Le travail quotidien.*

2. quotidien [kɔtidjɛ̃] **n.m.** (de *1. quotidien*). Journal qui paraît tous les jours : *Quotidien national, régional.*

quotidiennement [kɔtidjɛnmɑ̃] **adv.** Tous les jours.

quotidienneté [kɔtidjɛnte] **n.f.** Caractère quotidien de qqch.

quotient [kɔsjɑ̃] **n.m.** (lat. *quotiens,* autant de fois que). **1.** MATH. Résultat de la division : *Le quotient de douze divisé par quatre est trois.* **2. Quotient de deux entiers** ou **quotient euclidien,** quotient d'une division euclidienne. **3.** PSYCHOL. **Quotient intellectuel (Q.I.),** rapport entre l'âge mental mesuré par les tests et l'âge réel de l'enfant ou de l'adolescent, multiplié par 100. ▸ La notion de Q.I. est parfois étendue aux adultes, elle correspond alors à une mesure de l'efficience intellectuelle.

quotité [kɔtite] **n.f.** (lat. *quotus,* d'apr. *quantité*). **1.** Somme fixe à laquelle se monte chaque quote-part. **2. Quotité disponible,** fraction des biens dont on peut disposer par donation ou testament.

R

r [ɛr] **n.m. inv. 1.** Dix-huitième lettre (consonne) de l'alphabet. **2.** ℝ, ensemble des nombres réels.

Râ ⟶ **Rê.**

rab [rab] **n.m.** (abrév.). FAM. Supplément ; rabiot.

rabâchage [rabaʃaʒ] **n.m.** FAM. Défaut de celui qui rabâche ; ses propos (syn. **radotage**).

rabâcher [rabaʃe] **v.t.** et **v.i.** (de l'anc. fr. *rabaster,* faire du tapage). FAM. Redire sans cesse et de manière lassante la même chose : *Rabâcher les mêmes histoires* (syn. **ressasser**).

rabâcheur, euse [rabaʃœr, -øz] **adj.** et **n.** FAM. Qui ne fait que rabâcher (syn. **radoteur**).

rabais [rabɛ] **n.m.** (de *rabaisser*). **1.** Diminution faite sur le prix d'une marchandise : *Ils m'ont fait un rabais* (syn. **remise, ristourne**). **2. Au rabais,** avec une réduction : *Acheter une marchandise au rabais.*

rabaisser [rabese] **v.t. 1.** Mettre plus bas ; ramener à un degré inférieur : *Il faudra qu'il rabaisse ses prétentions.* **2.** Mettre qqn, qqch au-dessous de leur valeur : *Rabaisser les mérites de qqn* (syn. **déprécier, dévaluer**). ◆ **se rabaisser v.pr.** S'avilir (syn. **s'abaisser, déchoir**).

rabane [raban] **n.f.** (du malgache *rebana*). TEXT. Tissu de fibre de raphia.

rabat [raba] **n.m. 1.** Partie d'un objet conçue pour pouvoir se rabattre, se replier : *Poches à rabat.* **2.** CHASSE. Rabattage. **3.** Revers de col faisant office de cravate, porté par les magistrats et les avocats en robe, les professeurs d'université en toge et, autref., par les hommes d'Église.

Rabat, cap. du Maroc, port sur l'Atlantique, à l'embouchure du Bou Regreg ; 627 932 hab. (1 932 000 d'hab. dans l'agglomération). Centre administratif, commercial et industriel. Monuments du XIIe au XVIIIe s. Remarquables remparts (XIIe s.) aux portes fortifiées, dont la magistrale porte des Oudaïa, l'une des réussites de l'art almohade. Musées.

rabat-joie [rabaʒwa] **n.m. inv.** et **adj. inv.** Personne qui trouble la joie des autres par son humeur chagrine : *Il est un peu rabat-joie* (syn. **trouble-fête**).

rabattage [rabataʒ] **n.m.** Action de rabattre le gibier (syn. **rabat**).

rabattement [rabatmɑ̃] **n.m.** Action de rabattre.

rabatteur, euse [rabatœr, -øz] **n. 1.** CHASSE. Personne chargée de rabattre le gibier. **2.** Personne qui essaie d'amener la clientèle chez un commerçant ou de recruter des adhérents pour un parti (péjor.).

rabattre [rabatr] **v.t.** [conj. **83**]. **1.** Ramener qqch vers le bas ; replier : *Rabattre son col de chemise* (syn. **baisser** ; contr. **relever**). *Rabattre le couvercle d'un coffre.* **2.** Amener dans une direction, dans une position plus basse : *Rabattre une balle de tennis.* **3.** Consentir un rabais : *Rabattre 5 % sur le prix affiché* (syn. **diminuer, réduire**). **4.** CHASSE. Rassembler, pousser le gibier vers les chasseurs ou vers des panneaux tendus. ◆ **v.i. 1.** Quitter soudain une direction pour se diriger vers un endroit : *Il rabattait à travers champs.* **2. En rabattre,** réduire ses prétentions : *Il est très sûr de lui, mais il en a rabattu.* ◆ **se rabattre v.pr. 1.** Quitter brusquement une direction pour en prendre une autre : *Le camion s'est rabattu trop vite.* **2. [sur].** Accepter qqch, qqn, faute de mieux : *Se rabattre sur une formule de vacances moins onéreuse.*

rabbin [rabɛ̃] **n.m.** (de l'hébr. *rabbi,* mon maître). **1.** Chef religieux, guide spirituel et ministre du culte d'une communauté juive. **2. Grand rabbin,** chef d'un consistoire israélite.

rabbinat [rabina] **n.m. 1.** Fonction de rabbin. **2.** Ensemble du corps des rabbins, dans un pays donné.

rabbinique [rabinik] **adj.** Relatif aux rabbins.

rabe [rab] **n.m.** (abrév.). FAM. Rab.

Rabelais (François), écrivain français (La Devinière, près de Chinon, v. 1494 - Paris 1553). Cordelier à Fontenay-le-Comte où il étudie le grec (1520), Rabelais passe en 1524-1525 dans l'ordre des Bénédictins de Maillezais. Renonçant à la vie monacale en 1527, il entreprend le tour de France des universités, qui le conduit à la faculté de médecine de Montpellier. Devenu médecin de l'hôpital du Pont-du-Rhône à Lyon, il publie en 1532 des ouvrages de droit et de médecine, et les *Horribles et Épouvantables Faits et Prouesses du très renommé Pantagruel* ainsi qu'un almanach facétieux, la *Pantagruéline Prognostication.* Il accompagne l'évêque de Paris, Jean du Bellay, dans sa mission à Rome et, de retour à Lyon, fait paraître la *Vie inestimable du Grand Gargantua, père de Pantagruel* (1534). Après plusieurs séjours à Rome, il se consacre de 1536 à 1546 à l'exercice de la médecine et dédie à Marguerite de Navarre le *Tiers Livre des faits et dicts héroïques du noble Pantagruel* (1546) qui est, comme les ouvrages précédents, condamné par la Sorbonne. Réfugié à Metz, puis à Rome, Rabelais publie, en passant par Lyon, les premiers chapitres du *Quart Livre de Pantagruel* (1548), dont l'ensemble paraît en 1552. Il devient en 1551 curé de Meudon. L'édition complète du *Cinquième Livre* ne sera publiée qu'en 1564. L'« œuvre-univers » de Rabelais, résumé des aspirations de la première moitié du XVIe s., concilie culture savante et tradition populaire. Rabelais développe dans ses récits héroï-comiques la leçon de l'humanisme nouveau. Derrière le gros rire et la farce, il invite à lire l'appel à un renouveau de l'idéal philosophique et moral à la lumière de la pensée antique et une profession de foi dans la nature humaine et dans la science. Le génie rabelaisien réside dans un langage truculent, fait d'inventions verbales et servi par un vocabulaire riche, imagé, qui fait appel à la diversité des langues et des registres. • **Vie inestimable du grand Gargantua, père de Pantagruel** (1534), roman écrit postérieurement à *Pantagruel,* il sera placé en tête des œuvres complètes. Gargantua, fils de Grandgousier, appartient à des légendes populaires que Rabelais utilisa pour exposer ses critiques contre les « Sorbonagres » (intellectuels attardés), les fanatiques et les conquérants. Les principaux épisodes de l'ouvrage sont ceux de la guerre contre Picrochole et de la fondation de l'abbaye de Thélème pour frère Jean des Entommeures.

rabelaisien, enne [rablezjɛ̃, -ɛn] **adj. 1.** Relatif à Rabelais, à son œuvre. **2.** Qui évoque le style truculent de Rabelais : *Une chronique gastronomique rabelaisienne.*

rabibocher [rabibɔʃe] **v.t. 1.** FAM. Réparer sommairement qqch. **2.** Réconcilier ; remettre d'accord.

Rabin (Yitzhak), général et homme politique israélien (Jérusalem 1922 - Tel-Aviv-Jaffa 1995). Chef d'état-major (1964-1967), Premier ministre à la tête d'un gouvernement travailliste (1974-1977), ministre de la Défense (1984-1990), il redevient, en 1992, chef du gouvernement et occupe, parallèlement, le poste de ministre de la Défense. Il est l'un des artisans de l'accord israélo-palestinien signé, à Washington, en 1993. Il a été assassiné en 1995 par un extrémiste israélien. (Prix Nobel de la paix, avec S. Peres et Y. Arafat, 1994.)

rabiot [rabjo] **n.m.** (gascon *rabiot,* rebut de pêche, de *rabe,* œufs de poisson). **1.** FAM. Ce qui reste de vivres après la distribution. **2.** Temps de service supplémentaire imposé à des recrues. **3.** Supplément : *Avoir un rabiot de sommeil.* (Abrév. fam. *rabe* ou *rab* pour les trois sens.)

rabioter [rabjɔte] **v.t.** FAM. Prendre en plus de la part convenue ; gagner : *Rabioter un jour de vacances.*

rabique [rabik] **adj.** (du lat. *rabies,* rage). Relatif à la rage.

râble [rabl] **n.m.** (de *râble,* sorte de râteau, par analogie de forme). Partie du lièvre et du lapin, qui s'étend depuis le bas des épaules jusqu'à la queue.

râblé, e [rable] **adj. 1.** Qui a le râble épais : *Un lièvre bien râblé.* **2.** Se dit d'une personne plutôt petite et de forte carrure : *Un garçon râblé et trapu.*

rabot [rabo] **n.m.** (de l'anc. fr. *rabotte,* lapin). Outil de menuisier servant à moulurer et à aplanir le bois.

rabotage [rabɔtaʒ] **n.m.** Action de raboter.

raboter [rabɔte] **v.t.** Aplanir avec un rabot : *Raboter une planche.*

raboteur [rabɔtœr] **n.m.** Ouvrier qui rabote.

raboteuse [rabɔtøz] **n.f.** (de *raboter*). **1.** Machine-outil de grandes dimensions servant à usiner des pièces métalliques. **2.** Machine servant à raboter le bois.

raboteux, euse [rabɔtø, -øz] **adj.** (de *rabot*). Inégal ; couvert d'aspérités : *Bois raboteux* (syn. **rugueux**).

rabougri, e [rabugri] **adj.** Qui n'a pas atteint son développement normal : *Quelques plantes rabougries* (syn. **chétif**).

rabougrir [rabugrir] **v.t.** (de l'anc. fr. *abougrir,* de *bougre,* faible) [conj. **32**]. Retarder la croissance de : *Le froid rabougrit les arbres* (syn. **atrophier**). ◆ **se rabougrir v.pr.** Se recroqueviller sous l'effet de la sécheresse, de l'âge, etc. : *Son visage s'est rabougri* (syn. **se ratatiner**).

rabouter [rabute] **v.t.** Assembler bout à bout des pièces de bois, de métal, de tissu, etc.

rabrouer [rabrue] **v.t.** (du moyen fr. *brouer,* gronder). Accueillir, traiter avec rudesse une personne envers laquelle on est mal disposé : *Rabrouer un importun.*

racaille [rakaj] **n.f.** (de **rasquer,* du lat. pop. **rasicare,* gratter, class. *radere*). Ensemble de personnes jugées viles et méprisables.

raccommodage [rakɔmɔdaʒ] **n.m.** Action de raccommoder.

raccommodement [rakɔmɔdmɑ̃] **n.m.** FAM. Réconciliation.

raccommoder [rakɔmɔde] **v.t.** (de *accommoder*). **1.** Remettre en bon état ; réparer : *Raccommoder des chaussettes* (syn. **repriser**). **2.** FAM. Réconcilier après une brouille. ◆ **se raccommoder v.pr.** FAM. Se réconcilier.

raccompagner [rakɔ̃paɲe] **v.t.** Reconduire qqn qui s'en va : *Je l'ai raccompagné à son hôtel.*

raccord [rakɔr] **n.m.** (de *raccorder*). **1.** Liaison destinée à assurer la continuité entre deux parties séparées ou différentes, ou à rétablir l'homogénéité des diverses parties d'un ensemble : *Faire un raccord de peinture.* **2.** TECHN. Pièce destinée à assurer l'assemblage, sans fuite, de deux éléments de tuyauterie, auxquels elle est fixée par des brides ou au moyen de filetages : *Un raccord de tuyau.* **3.** CIN. Ajustement des éléments de l'image ou du son entre deux plans successifs, destiné à éviter les incohérences visuelles ou sonores ; plan tourné pour assurer cet ajustement : *Faire un raccord au montage d'un film.*

raccordement [rakɔrdəmɑ̃] **n.m. 1.** Action de raccorder ; la jonction elle-même : *Travaux de raccordement d'une route nationale à l'autoroute.* **2.** CH. DE F. Court tronçon de ligne servant à relier deux lignes distinctes.

raccorder [rakɔrde] **v.t.** (de *accorder*). **1.** Réunir deux choses distinctes, séparées : *Raccorder deux canalisations* (syn. **rabouter**). **2.** Constituer une jonction entre : *Plusieurs ponts raccordent les deux rives* (syn. **relier**).

raccourci [rakursi] **n.m. 1.** Chemin plus court : *Prendre un raccourci.* **2.** Manière de s'exprimer en termes concis : *Un raccourci saisissant.* **3.** Réduction de certaines dimensions des objets et des figures sous l'effet de la perspective.

raccourcir [rakursir] **v.t.** [conj. **32**]. Rendre plus court : *Raccourcir une robe, un texte.* ◆ **v.i.** Devenir plus court : *Les jours raccourcissent en hiver* (syn. **diminuer**).

raccourcissement [rakursismɑ̃] **n.m.** Action, fait de raccourcir ; son résultat : *Le raccourcissement des jours en automne* (syn. **diminution, réduction**).

raccroc [rakro] **n.m.** (de *raccrocher*). **Par raccroc,** d'une manière heureuse et inattendue : *Réussir son examen par raccroc.*

raccrocher [rakrɔʃe] **v.t. 1.** Accrocher de nouveau ; remettre à sa place ce qui avait été décroché : *Raccrocher un tableau* (contr. **décrocher**). **2.** FAM. Ressaisir, rattraper ce qu'on croyait perdu ou très compromis : *Raccrocher une affaire* (syn. **rattraper**). ◆ **v.i. 1.** Remettre sur son support le combiné du téléphone : *Il a raccroché brutalement.* **2.** FAM. Abandonner définitivement une activité : *Ce grand champion a raccroché l'année dernière.* ◆ **se raccrocher v.pr. 1.** Se cramponner à qqch pour ne pas tomber : *Se raccrocher à une branche* (syn. **s'agripper**). **2.** Trouver dans qqch ou auprès de qqn un réconfort : *Il se raccroche à tout ce qui lui rappelle le passé.*

race [ras] **n.f.** (it. *razza,* du lat. *ratio*). **1.** Subdivision d'une espèce animale : *Races canines.* **2.** Catégorie de classement de l'espèce humaine selon des critères morphologiques ou culturels, scientifiquement aberrante, dont l'emploi est au fondement des divers racismes et de leurs pratiques. (⟶ racisme.) **3.** LITT. Ensemble des ascendants ou des descendants d'une famille. **4.** Ensemble de personnes présentant des caractères communs et que l'on réunit dans une même catégorie : *La race des poètes.* **5. De race,** de bonne lignée, non métissé, en parlant d'un animal : *Chien de race.*

■ **Le faux concept de « races humaines ».** Face à la diversité humaine, on tenta d'établir des classifications, en Europe, dès la fin du XVIIe s., en utilisant les critères physiques les plus immédiatement apparents (couleur de la peau, taille, etc.) et en les associant à des caractéristiques socioculturelles. La répartition des êtres humains en groupes identifiés dériva ensuite vers une hiérarchisation de ces groupes en faveur des Occidentaux (à l'origine de l'élaboration de ce système). Cela constitua le terreau sur lequel se développèrent, au cours du XIXe s., les théories racistes, fondées sur des critères biologiques (et non des critères géographiques et environnementaux) : ce *racisme* dit *scientifique* (ou *racisme biologique*) conduisit, au début du XXe s., à l'élaboration des théories nazies. Après la Seconde Guerre mondiale, la prise de conscience de l'étendue des crimes nazis et la décolonisation ont concouru à l'abandon de toute idée de hiérarchisation des êtres humains. Parallèlement, les travaux en génétique humaine ont ôté toute validité et toute pertinence au concept de race humaine.

→

A B C D E F G H I J K L M N O P Q R S T U V W X Y Z

S'il perdure dans certaines sociétés (comme aux États-Unis), le concept de race humaine est exclusivement socioculturel. Car il ne faut pas oublier que, du point de vue de la science moderne, il est impossible de définir des races (c'est-à-dire des sous-espèces) à l'intérieur de l'espèce humaine – ni par la biologie, ni par l'anthropologie.
Diversité apparente, unité biologique. On définit une race animale comme un groupe d'individus possédant un ensemble de gènes communs, absents des autres races de la même espèce. Or, la génétique a montré qu'aucun groupe humain ne possède en propre des gènes que l'on ne retrouverait pas dans d'autres groupes. Autrement dit, chaque population humaine renferme la quasi-totalité des gènes présents dans l'humanité.
Quand aux différences anatomiques visibles (pigmentation de la peau, texture des cheveux, forme du nez, des yeux, taille), il s'agit d'adaptations superficielles à un milieu, auxquelles nous, êtres humains, attachons beaucoup d'importance – sans doute parce que la vue joue un rôle fondamental dans notre perception –, surtout lorsque ces différences sont amplifiées par les différences culturelles ! De plus, ces différences sont le résultat de l'activité de gènes *communs :* ainsi, la couleur de la peau, par ex., provient des mêmes gènes chez tous les êtres humains (ceux à l'origine de la fabrication d'un pigment brun, la mélanine). C'est, en fait, le niveau d'*expression* de ces gènes qui donne une couleur de peau différente, selon qu'ils produisent peu ou beaucoup de mélanine (un peu comme de mêmes cordes vocales sont capables de produire des sons différents, du plus aigu au plus grave).
Par ailleurs, la science a montré que la diversité génétique de l'espèce humaine est très faible : il n'y a que 0,5 % environ de différence dans l'ADN de deux êtres humains, quelle que soit leur origine ethnique (c'est moins que ce qui existe, par exemple, entre deux zèbres d'une même espèce). La raison en est sans doute l'apparition récente (à l'échelle de l'histoire de la vie sur la Terre) de notre espèce, à partir d'une unique population peu nombreuse. *Homo sapiens* est en effet apparu il y a 150 000 ans environ, en Afrique, foyer à partir duquel la Terre s'est peuplée par des migrations successives : autant d'éléments qui portent un coup fatal à l'idée de subdivisions au sein de l'espèce humaine. ■

racé, e [rase] **adj. 1.** Se dit d'un animal possédant les qualités propres à une race : *Cheval racé.* **2.** Qui a de la classe, de l'élégance.

rachat [raʃa] **n.m. 1.** Action de racheter qqch, d'acheter de nouveau : *Rachat d'une voiture.* **2.** FIG. Pardon d'une faute : *Le rachat d'un péché* (syn. **rédemption**). **3.** Délivrance au moyen d'une rançon. **4.** Extinction d'une obligation au moyen d'une indemnité : *Négocier le rachat d'une pension.*

Rachel, l'une des deux épouses du patriarche biblique Jacob, mère de Joseph et de Benjamin ; elle mourut en mettant au monde le dernier des fils de Jacob.

Rachel (Élisabeth Rachel Félix, dite Mlle), actrice française (Mumpf, Suisse, 1821 - Le Cannet 1858). Elle contribua à faire revivre la tragédie classique.

racheter [raʃte] **v.t.** [conj. **28**]. **1.** Acheter ce qu'on a vendu : *Racheter un tableau.* **2.** Acheter de nouveau : *J'ai dû racheter du pain.* **3.** Acheter d'occasion : *Racheter la voiture d'un ami.* **4.** Compenser ; faire oublier : *Sa loyauté rachète son mauvais caractère.* **5.** Délivrer en payant une rançon : *Racheter des prisonniers.* **6.** Se libérer à prix d'argent de : *Racheter une rente.* **7. Racheter ses péchés,** en obtenir le pardon : *Racheter ses péchés par la pénitence* (syn. **expier**). ◆ **se racheter v.pr.** Réparer ses fautes passées par une conduite méritoire : *Donner à qqn l'occasion de se racheter.*

rachidien, enne [raʃidjɛ̃, -ɛn] **adj. 1.** Relatif au rachis : *Bulbe rachidien.* **2. Canal rachidien,** canal formé par les vertèbres et qui contient la moelle épinière. / **Nerfs rachidiens,** nerfs qui naissent de la moelle épinière. ▸ L'homme en possède 31 paires.

rachis [raʃi] **n.m.** (gr. *rhakhis*). ANAT. Colonne vertébrale ou épine dorsale.

rachitique [raʃitik] **adj.** et **n.** (gr. *rhakhitês,* de *rhakhis,* épine dorsale). Atteint de rachitisme : *Un enfant rachitique.*

rachitisme [raʃitism] **n.m.** (de *rachitique*). Maladie de la croissance, observée chez le nourrisson et le jeune enfant, caractérisée par une insuffisance de calcification des os et des cartilages, et due à une carence en vitamine D.

Rachmaninov ou **Rakhmaninov (Sergueï Vassilievitch),** compositeur et pianiste russe (domaine d'Oneg, près de Novgorod, 1873 - Beverley Hills 1943). Après le célèbre *Prélude* de 1891 qui fit sa gloire, il écrivit de multiples pages pour le piano dont 4 concertos (de 1891 à 1926), 3 symphonies (1895, 1907, 1936), des poèmes symphoniques, de la musique de chambre, environ 80 mélodies, des cantates et de la musique d'église.

racial, e, aux [rasjal, -o] **adj.** Relatif à la race : *Discrimination raciale.*

racine [rasin] **n.f.** (bas lat. *radicina,* du class. *radix, -icis*). **1.** Organe des plantes vasculaires, dont la fonction est de fixer la plante au sol et de puiser, par les poils absorbants, l'eau et les sels minéraux dissous. **2.** Partie par laquelle un organe est implanté dans un tissu : *Racine des cheveux, des dents.* **3.** Ce qui est à la base, à l'origine de qqch : *Attaquer le mal par la racine.* **4.** LITT. Lien solide, attache profonde à un lieu, un milieu, un groupe : *Ce parti a de profondes racines dans le pays.* **5.** LING. Forme abstraite obtenue après élimination des affixes et des désinences, et qui est porteuse de la signification du mot. ▸ Ainsi *chanter, chanteur, cantique, incantation* ont la même racine qui se réalise en français par deux radicaux : *chant-* et *cant-*. **6. Prendre racine,** s'attarder quelque part, y demeurer longtemps : *Il a pris racine toute la soirée.* **7.** MATH. **Racine carrée (d'un nombre réel positif α),** nombre réel positif dont le carré est égal au nombre α. ▸ Tout entier positif α a deux racines carrées opposées $\sqrt{a}$ et $-\sqrt{a}$. / MATH. **Racine d'une équation,** solution de cette équation.

Racine (Jean), poète tragique français (La Ferté-Milon 1639 - Paris 1699). Orphelin, élevé par les religieuses de Port-Royal de 1645 à 1658, il suit des études de logique au collège d'Harcourt. En 1660, il écrit *la Nymphe de la Seine* et part pour Uzès à la vaine recherche d'un bénéfice ecclésiastique. De retour à Paris, il fait représenter sa première tragédie, *la Thébaïde* (1664), puis *Alexandre le Grand* (1665). Esprit hardi et souvent mordant, il entame une ascension rapide et une brillante carrière. Avec *Andromaque* (1667) s'ouvre la période des chefs-d'œuvre : *Britannicus* (1669), *Bérénice* (1670), *Bajazet* (1672), *Mithridate* (1673), *Iphigénie en Aulide* (1674), *Phèdre* (1677), auxquels il faut ajouter la comédie *les Plaideurs* (1668), spirituelle critique des mœurs judiciaires. En 1677, Racine abandonne le théâtre. Réconcilié avec ses maîtres de Port-Royal, il est nommé historiographe du roi par Louis XIV. Douze ans plus tard, à la demande de Mme de Maintenon, il écrit pour les élèves de Saint-Cyr deux pièces : *Esther* (1689) et *Athalie* (1691). Racine a non seulement réalisé la règle des trois unités de la tragédie classique, mais il a encore fait de la simplicité d'action l'un des ressorts de sa dramaturgie : en montrant des hommes confrontés non à des forces extérieures mais à des passions qui les détruisent, il a su organiser chacune de ses pièces autour d'une décision cruciale. Ses tragédies font une place majeure à la cruauté : la victime entre toujours dans le jeu du bourreau, et, loin de penser prévenir le crime en le défendant, accepte de se figer dans son innocence et précipite ainsi la crise. D'où le caractère rituel de ce théâtre qui s'inscrit, comme ses modèles grecs, dans un temps mythique et répétitif. Magnifié par une langue très pure, d'une grande recherche poétique dans ses rythmes et ses images, ce tragique dénudé s'accompagne de multiples effets d'atténuation (euphémismes et litotes) : les angoisses et les soufffrances des personnages, suggérées plutôt qu'affirmées, en sont d'autant plus poignantes. • **Phèdre** (1677). S'inspirant d'Euripide et de Sénèque, Racine retrouve le sens du sacré propre à la tragédie antique et met en relief le personnage de Phèdre, épouse de Thésée (roi d'Athènes), dévorée d'une passion adultère et dévastatrice pour son beau-fils Hippolyte.

racinien, enne [rasinjɛ̃, -ɛn] **adj. 1.** Relatif à Jean Racine, à son œuvre. **2.** Qui évoque le caractère des œuvres, des personnages de Racine : *Un héros racinien.*

racisme [rasism] **n.m. 1.** Idéologie fondée sur la croyance qu'il existe une hiérarchie entre les groupes humains, autref. appelés « races » ; comportement inspiré par cette idéologie. **2.** Attitude d'hostilité systématique à l'égard d'une catégorie déterminée de personnes : *Le racisme envers les jeunes.*

■ HISTOIRE. La théorie raciste a été développée au XIXe s., notamment par l'essayiste français J. A. de Gobineau (1816 - 1882), puis par l'écrivain allemand H. S. Chamberlain (1855 - 1927). Le racisme a d'abord cru pouvoir s'appuyer sur une prétendue notion scientifique de race et sur une hiérarchie qui existerait entre les groupes humains sur le plan intellectuel et affectif. Cette idéologie a été poussée à son paroxysme par le nazisme. Elle n'a cependant été que très exceptionnellement érigée en système social légal (cas de l'apartheid en Afrique du Sud jusqu'en 1991). ■

raciste [rasist] **adj.** et **n.** Qui relève du racisme ; qui fait preuve de racisme : *Des propos racistes.*

racket [rakɛt] **n.m.** (mot anglo-amér.). Extorsion d'argent par intimidation et violence : *Être victime d'un racket.*

racketter [rakete] **v.t.** Soumettre à un racket.

racketteur, euse [raketœr, -øz] **n.** Malfaiteur exerçant un racket.

raclée [rakle] **n.f.** (de *racler*). **1.** *FAM.* Volée de coups : *Si tu continues à me harceler, tu vas prendre une raclée !* **2.** Défaite écrasante : *Notre équipe a pris une raclée.*

racler [rakle] **v.t.** (du prov. *rasclar,* du lat. pop. **rasiculare,* du class. *rasus,* rasé). **1.** Enlever les aspérités d'une surface en grattant pour nettoyer, égaliser : *Racler l'intérieur d'une casserole* (syn. **frotter**). **2.** *FAM.* **Racler les fonds de tiroirs,** chercher le peu d'argent encore disponible. ◆ **se racler v.pr. Se racler la gorge,** s'éclaircir la voix.

raclette [raklɛt] **n.f. 1.** Mets préparé en présentant à la flamme un fromage coupé en deux et dont on racle la partie ramollie ; fromage qui sert à cette préparation. **2.** TECHN. Outil utilisé pour gratter et lisser les surfaces planes (syn. **racloir**).

racloir [raklwar] **n.m. 1.** TECHN. Raclette. **2.** PRÉHIST. Outil de pierre formé par un éclat dont le bord le plus long a été retouché, rectifié.

raclure [raklyr] **n.f.** Petite partie qu'on enlève d'un corps en le raclant : *Des raclures de bois* (syn. **déchet, rognure**).

racolage [rakɔlaʒ] **n.m.** Action de racoler.

racoler [rakɔle] **v.t.** (de *accoler,* embrasser). **1.** Attirer, recruter par des moyens publicitaires ou autres : *Racoler des clients.* **2.** Accoster des passants, en parlant de qqn qui se livre à la prostitution. **3.** HIST. Recruter par surprise ou par force pour le service militaire (syn. **embrigader**).

racoleur, euse [rakɔlœr, -øz] **adj.** et **n.** Qui racole : *Publicité racoleuse.*

racontable [rakɔ̃tabl] **adj.** Qui peut être raconté : *Cette anecdote est difficilement racontable devant les enfants.*

racontar [rakɔ̃tar] **n.m.** *FAM.* Propos médisant : *Il ajoute foi à des racontars invraisemblables.*

raconter [rakɔ̃te] **v.t.** (de *conter*). **1.** Faire le récit de ; rapporter : *Raconter une histoire* (syn. **narrer**). **2.** Tenir des propos peu crédibles : *Ne crois pas tout ce qu'on te raconte.*

raconteur, euse [rakɔ̃tœr, -øz] **n.** *LITT.* Personne qui raconte, aime raconter ; conteur.

racornir [rakɔrnir] **v.t.** (de *corne*) [conj. **32**]. Dessécher ; rendre dur et coriace comme de la corne : *Travail qui racornit le bout des doigts* (syn. **durcir**). ◆ **se racornir v.pr.** Devenir dur et sec : *Le morceau de viande s'est racorni sur le grill* (syn. **se dessécher**).

racornissement [rakɔrnismɑ̃] **n.m.** Fait de se racornir : *Le racornissement des plantes sous l'effet du gel.*

rad [rad] **n.m.** (de *radiation*). MÉTROL. Nom parfois donné à une unité de dose absorbée de rayonnements puissants équivalant à 1/100 de gray.

radar [radar] **n.m.** (sigle de l'angl. *Radio Detection And Ranging,* détection et télémétrie par radio). Appareil qui permet de déterminer la position et la distance d'un obstacle, d'un aéronef, etc., par l'émission d'ondes radioélectriques et la détection des ondes réfléchies à sa surface : *L'avion volait trop bas pour être détecté par les radars.*

■ Un radar est un équipement qui sert à détecter l'existence d'objets (appelés « cibles ») et à les localiser plus ou moins complètement. Pour ce faire, il concentre, grâce à une antenne suffisamment grande, une émission d'ondes électromagnétiques dans une zone réduite (ce qui permet une mesure de la direction des cibles). Les ondes émises se réfléchissent sur les cibles et une (très faible) partie d'entre elles est reçue par l'antenne au retour. Après un tri adéquat des signaux « utiles » reçus par rapport aux signaux parasites présents dans le récepteur radar (bruit de « friture » ou brouillage intentionnel d'un adversaire), on compare les signaux réfléchis et les signaux émis : le décalage temporel donne la distance de la cible, le décalage en fréquence *(effet Doppler)* donne des indications sur sa vitesse.
Il existe un très grand nombre de types de radars, mais les deux familles les plus importantes sont : les radars de surveillance panoramique, à la base du contrôle du trafic aérien, et les radars de poursuite, servant à pointer et à suivre une cible ou à guider une arme chargée de la détruire.
La défense aérienne fait appel à des radars, installés au sol, à bord des navires, embarqués sur des avions ou encore à des antennes incorporées dans la surface même de ces derniers. Les radars sont également utilisés à bord d'avions de combat pour d'autres missions (chasse, navigation, vol à basse altitude). Ils servent, à partir du sol, à détecter des véhicules terrestres ou des piétons, ou à guider l'atterrissage des avions et des hélicoptères. À bord des avions de ligne ou dans les centres météorologiques, ils permettent de localiser les systèmes nuageux. Il existe de nombreuses autres applications civiles par les radars : aide à la navigation portuaire, repérage des véhicules dépassant les vitesses autorisées sur les routes, etc. ■

radariste [radarist] **n.** Spécialiste de la mise en œuvre et de l'entretien des radars.

Radcliffe (Ann Ward, *Mrs.***),** femme de lettres britannique (Londres 1764 - *id.* 1823), auteur de « romans noirs » à succès (*les Mystères d'Udolphe,* 1794).

Radcliffe-Brown (Alfred Reginald), anthropologue britannique (Birmingham 1881 - Londres 1955). Il a commencé par inventorier les systèmes de parenté, notamment chez les Australiens. Puis il a mis en évidence les rapports qui existent entre les systèmes de parenté et l'organisation sociale (*Structure et fonction dans les sociétés primitives,* 1952).

rade [rad] **n.f.** (de l'angl. *rad*). **1.** Grand bassin naturel ou artificiel ayant issue libre vers la mer, et où les navires peuvent mouiller. **2.** *FAM.* **Laisser en rade,** laisser tomber ; abandonner. / *FAM.* **Rester, être en rade,** être en panne : *La voiture est en rade sur l'autoroute.*

radeau [rado] **n.m.** (de l'anc. prov. *radel,* de *rat,* du lat. *ratis*). **1.** Petite construction flottante plate, en bois ou en métal : *Radeau de sauvetage.* **2.** Train de bois sur une rivière.

radial, e, aux [radjal, -o] **adj.** (du lat. *radius,* rayon). **1.** Relatif au rayon ; disposé suivant un rayon. **2.** ANAT. Relatif au radius : *Nerf radial.*

radiale [radjal] **n.f.** (de *radial*). Voie routière reliant un centre urbain à sa périphérie (par opp. à *pénétrante*).

radian [radjɑ̃] **n.m.** (mot angl., du lat. *radius,* rayon). Unité de mesure d'angle équivalant à l'angle qui, ayant son sommet au centre d'un cercle, intercepte sur la circonférence de ce cercle un arc d'une longueur égale à celle du rayon du cercle : *1 radian est égal à 180/π degrés.* ▶ Symb. rad.

radiant, e [radjɑ̃, -ɑ̃t] **adj.** (lat. *radians*). Qui se propage par radiations ; qui émet des radiations : *Chaleur radiante.*

radiateur [radjatœr] **n.m.** (de *1. radiation*). **1.** Réservoir dans lequel se refroidit l'eau chaude en provenance du moteur d'une automobile. **2.** Élément du chauffage central assurant l'émission de la chaleur.

1. radiation [radjasjɔ̃] **n.f.** (lat. *radiatio,* de *radiare,* rayonner). PHYS. Émission de particules ou d'un rayonnement monochromatique ; ces particules ou ce rayonnement lui-même.

2. radiation [radjasjɔ̃] **n.f.** (du lat. médiév. *radiare,* fausse étym. de *rayer*). **1.** Action de radier d'une liste ; fait d'être radié : *Radiation des listes électorales.* **2.** Sanction à l'égard de qqn qu'on radie d'une liste de professionnels habilités : *Radiation de l'ordre des médecins.*

1. radical, e, aux [radikal, -o] **adj.** (du bas lat. *radicalis,* de *radix, -icis,* racine). **1.** Qui appartient à la nature profonde de qqn, de qqch ; qui vise à atteindre qqch dans ses causes profondes : *Nous avons constaté un changement radical dans son attitude* (syn. **complet, total**). **2.** Se dit d'un genre d'action ou de moyen très énergique, très efficace, dont on use pour combattre qqch : *Une action radicale contre la fraude* (syn. **draconien, strict**). *Un remède radical contre la toux* (syn. **infaillible, souverain**). **3.** Qui appartient à la racine d'une plante.

2. radical, e, aux [radikal, -o] **adj.** et **n.** (de *1. radical*). Qui est partisan du radicalisme, doctrine des républicains libéraux et laïques, dont le rôle politique a été prédominant sous la IIIe République. ◆ **adj.** Se dit d'une organisation, d'une attitude visant à des réformes profondes de la société : *Un journal très radical.*

3. radical [radikal] **n.m.** (de *1. radical*) [pl. *radicaux*]. **1.** CHIM. Partie d'un composé moléculaire qui peut exister à l'état non combiné *(radical libre)* ou qui reste inchangée dans une réaction *(radical organique)*. **2.** LING. Forme réelle prise par la racine d'un mot : *Les formes du verbe « chanter » sont formées sur le radical « chant- ».* **3.** MATH. Signe désignant une racine ($\sqrt{\ }$ pour la racine carrée, $\sqrt[n]{\ }$ pour la racine $n^{ième}$).

radicalement [radikalmɑ̃] **adv.** De façon radicale.

radicalisation [radikalizasjɔ̃] **n.f.** Action de radicaliser ; fait de se radicaliser.

radicaliser [radikalize] **v.t.** (de *1. radical*). Rendre plus intransigeant, plus dur : *Les dernières mesures gouvernementales n'ont fait que radicaliser les revendications* (syn. **durcir, renforcer**). ◆ **se radicaliser v.pr.** Devenir plus dur, plus intransigeant : *Le mouvement de grève s'est radicalisé.*

radicalisme [radikalism] **n.m.** (de *2. radical*). **1.** Attitude d'esprit et doctrine de ceux qui veulent une rupture complète avec le passé institutionnel et politique. **2.** Ensemble des positions du parti radical et radical-socialiste (auj. scindé en parti radical et parti radical de gauche), en France. **3.** Attitude d'esprit d'une intransigeance absolue : *Son radicalisme ne permet aucune discussion.*

radical-socialisme [radikalsɔsjalism] **n.m. sing.** Doctrine politique apparentée au socialisme, apparue en France dans les années 1880-1890. ◆ **radical-socialiste, radicale-socialiste adj.** et **n.** (pl. *radicaux-socialistes, radicales-socialistes*). Relatif au radical-socialisme ; qui en est partisan.

radicande [radikɑ̃d] **n.m.** MATH. Nombre ou expression figurant sous un radical.

radicelle [radisɛl] **n.f.** (lat. *radicula,* petite racine). Racine secondaire, très petite.

radiculaire [radikylɛr] **adj.** (du lat. *radicula*). **1.** Relatif aux racines, aux radicules. **2.** ANAT. Relatif à la racine des nerfs crâniens ou rachidiens, à la racine d'une dent.

radicule [radikyl] **n.f.** (lat. *radicula,* petite racine). Partie de l'embryon d'une plante qui fournit la racine.

radier [radje] **v.t.** (de *radiation*) [conj. **9**]. **1.** Rayer le nom de qqn sur une liste, sur un registre : *Radier un candidat.* **2.** Exclure qqn d'un groupe ; lui interdire d'exercer une activité : *Avocat radié du barreau.*

radiesthésie [radjɛstezi] **n.f.** (de *radi[ation]* et du gr. *aisthêsis,* sensation). **1.** Faculté que posséderaient certaines personnes de capter les radiations émises par différents corps. **2.** Méthode de détection d'objets, de maladies, fondée sur cette faculté : *La radiesthésie s'exerce à l'aide d'une baguette ou d'un pendule.*

radiesthésiste [radjɛstezist] **n.** Personne qui pratique la radiesthésie.

radieux, euse [radjø, -øz] **adj.** (lat. *radiosus*). **1.** Qui émet des rayons lumineux d'un vif éclat, en parlant du Soleil ; très ensoleillé, en parlant du temps : *Soleil radieux* (syn. **éblouissant, éclatant**). *Journée radieuse* (syn. **lumineux, splendide**). **2.** Qui rayonne de joie, de bonheur : *Visage radieux* (syn. **épanoui, rayonnant**).

Radiguet (Raymond), écrivain français (Saint-Maur-des-Fossés 1903 - Paris 1923). Il est l'auteur de romans psychologiques (*le Diable au corps,* 1923 ; *le Bal du comte d'Orgel,* 1924) qui, par la pureté du style et la finesse de l'analyse, se situent dans la tradition classique.

radin, e [radɛ̃, -in] **adj.** et **n.** (d'un mot arg. signif. « gousset »). *FAM.* Qui regarde à la dépense : *Ce qu'il peut être radin !* (syn. **avare, regardant**).

radinerie [radinri] **n.f.** *FAM.* Avarice.

radio [radjo] **n.f.** (abrév.). **1.** Radiodiffusion ; station de radiodiffusion : *Les radios locales privées dites « radios libres » ont été légalisées en France en 1981.* **2.** Radiographie : *Passer une radio.* **3.** Tout type de radiocommunication : *La radio de bord.* **4.** Poste récepteur de radiodiffusion sonore. (Au Canada, on dit souvent *un radio* dans ce sens.) ◆ **adj. inv.** Produit par radiocommunication : *Message, liaison radio.*

radioactif, ive [radjɔaktif, -iv] **adj.** (de *radio-* et *actif*). Doué de radioactivité : *Le plutonium est un minerai radioactif.*

radioactivité [radjɔaktivite] **n.f.** Propriété que possèdent certains éléments chimiques (radium, uranium, etc.) de désintégrer leurs noyaux atomiques en émettant des particules, des électrons ou des rayonnements électromagnétiques.

■ Le phénomène de la radioactivité fut découvert en 1896 par H. Becquerel sur l'uranium et très vite confirmé par Marie Curie pour le thorium.

Principales transformations radioactives. Les types de radioactivité sont :

– l'*émission* α, émission par un noyau d'une particule α, ou noyau d'hélium, qui diminue le numéro atomique de 2 unités et la masse de 4 unités ;

– les *transformations,* ou *radioactivités* β : émission d'électron pour les radio-isotopes riches en neutrons, ou émission d'électron positif (positron), pour les noyaux déficients en neutrons. Dans ces deux transformations, le numéro atomique varie d'une unité et le nombre de masse est inchangé ;

– la *radioactivité,* ou *émission* γ, émission d'un rayonnement électromagnétique, qui fait passer le noyau d'un état excité à un autre état moins excité ou stable.

On connaît aussi d'autres types de radioactivité, comme la fission spontanée d'un noyau lourd ou la radioactivité par émission de protons. La « période » d'une transformation radioactive est le temps nécessaire pour que la moitié des noyaux de l'élément considéré se désintègre. Elle varie considérablement d'un noyau à l'autre (de 10^{-12} seconde à 10^{17} années).

La physique du noyau. L'étude de la radioactivité ainsi que l'utilisation des rayonnements qu'elle engendre ont largement aidé à comprendre la structure des noyaux atomiques. Ceux-ci ne sont pas des objets simples puisqu'ils sont composés de deux espèces de particules, les *protons* et les *neutrons.* La façon dont protons et neutrons se combinent a conduit à la notion d'*isotope,* à l'étude des conditions de stabilité des noyaux et à la reconnaissance de deux espèces de forces s'exerçant dans les noyaux : l'*interaction forte* et l'*interaction faible.*

En bombardant des noyaux à l'aide de rayons α, Irène et Jean-Frédéric Joliot-Curie ont provoqué la formation de noyaux radioactifs nouveaux (radioactivité artificielle). C'est un moyen d'obtenir un grand nombre d'isotopes radioactifs dont les utilisations sont multiples. De manière analogue, on sait aujourd'hui projeter sur d'autres atomes des ions lourds et obtenir ainsi des combinaisons nucléaires nouvelles, le plus souvent très instables, pouvant présenter des formes de radioactivité atypique comme l'émission de noyaux de carbone.

Applications. La radioactivité, même si elle peut représenter un très grave danger pour les êtres vivants, à cause de l'émission de rayonnements ionisants, est mise à profit, cependant, par l'usage fait de cette émission à des fins biomédicales (traitement des cancers avec le cobalt, par exemple). Elle est également utilisée pour la datation (grâce à la loi de décroissance radioactive) : technique du carbone 14, par exemple, ou pour diverses applications scientifiques ou industrielles, dont la production d'énergie électrique (centrales nucléaires). ■

radioamateur, trice [radjɔamatœr, -tris] **n.** (de *radio*). Personne titulaire d'une licence l'autorisant à effectuer des radiocommunications à usage privé, sans but lucratif.

radioastronomie [radjɔastrɔnɔmi] **n.f.** Branche de l'astronomie qui a pour objet l'étude du rayonnement radioélectrique des astres. ◆ **radioastronome n.** Nom du spécialiste.

radiocommande [radjɔkɔmɑ̃d] **n.f.** (de *radio*). Commande à distance, génér. d'un engin mobile, grâce à des ondes radioélectriques.

radiocommunication [radjɔkɔmynikasjɔ̃] **n.f.** Télécommunication réalisée à l'aide d'ondes radioélectriques.

radiodiffuser [radjɔdifyze] **v.t.** Diffuser par la radio.

radiodiffusion [radjɔdifyzjɔ̃] **n.f. 1.** Radiocommunication à usage public qui comporte des programmes sonores, des programmes de télévision, etc. : *Les premières émissions de radiodiffusion réalisées en France eurent lieu en 1921 à partir de la tour Eiffel.* **2.** Organisme spécialisé dans cette activité. (⟶ télécommunication.)

radioélectricité [radjɔelɛktrisite] **n.f.** Technique permettant la transmission à distance de messages et de sons à l'aide des ondes électromagnétiques.

radioélectrique [radjɔelɛktrik] **adj.** Qui concerne la radioélectricité (syn. **hertzien**).

radioélément [radjɔelemɑ̃] **n.m.** Élément chimique radioactif (syn. **radio-isotope**).

radiofréquence [radjɔfrekɑ̃s] **n.f.** Fréquence d'une onde hertzienne utilisée en radiocommunication.

radiogramme [radjɔgram] **n.m.** Message transmis par radiotélégraphie.

radiographie [radjɔgrafi] **n.f.** (de *radio-* et *-graphie*). **1.** MÉD. Technique de formation et d'enregistrement de l'image d'une partie du corps sur un film photographique, au moyen des rayons X ; image ainsi obtenue. (Abrév. *radio.*) **2.** *LITT.* Description objective et en profondeur d'un phénomène, d'une personnalité : *Une radiographie de l'électorat.*

radiographier [radjɔgrafje] **v.t.** [conj. **9**]. **1.** MÉD. Photographier à l'aide de rayons X : *Radiographier les poumons d'un patient.* **2.** *LITT.* Analyser avec précision et objectivité : *Radiographier l'opinion publique.*

radioguidage [radjɔgidaʒ] **n.m. 1.** Guidage d'un engin mobile par ondes radioélectriques : *Le radioguidage d'une fusée.* **2.** Diffusion d'informations radiophoniques concernant la circulation routière.

radioguider [radjɔgide] **v.t.** Procéder au radioguidage de : *Radioguider un satellite* (syn. **télécommander**).

radio-isotope [radjɔizɔtɔp] **n.m.** (pl. *radio-isotopes*). Radioélément.

radiolaire [radjɔlɛr] **n.m.** (lat. scientif. *radiolaria*, du class. *radiolus*, dimin. de *radius*, rayon). Protozoaire des mers chaudes, faisant partie du plancton, formé d'un squelette siliceux grillagé autour duquel rayonnent de fins pseudopodes. ▸ Embranchement des rhizopodes.

radiologie [radjɔlɔʒi] **n.f.** (de *radio-* et *-logie*). Partie de la médecine qui utilise les rayons X, les isotopes radioactifs et les radiations non ionisantes (ultrasons) à des fins diagnostiques ou thérapeutiques. ◆ **radiologue** et **radiologiste n.** Noms du spécialiste.

radiologique [radjɔlɔʒik] **adj.** Relatif à la radiologie ; obtenu par la radiologie : *Un examen radiologique.*

radiolyse [radjɔliz] **n.f.** (de *radio-* et *-lyse*). CHIM., PHYS. Décomposition de substances chimiques par l'action de rayonnements ionisants.

radiomètre [radjɔmɛtr] **n.m.** (angl. *radiometer*). Appareil qui permet de mesurer le flux d'énergie transportée par les ondes électromagnétiques ou acoustiques.

radionavigant, e [radjɔnavigɑ̃, -ɑ̃t] **n.** Opérateur de radio faisant partie de l'équipage d'un navire ou d'un avion.

radionavigation [radjɔnavigasjɔ̃] **n.f.** Technique de navigation faisant appel à des procédés radioélectriques.

radiophare [radjɔfar] **n.m.** Station émettrice d'ondes radioélectriques, permettant à un navire ou à un avion de déterminer sa position et de suivre la route prévue.

radiophonie [radjɔfɔni] **n.f.** Système de transmission des sons utilisant les propriétés des ondes radioélectriques.

radiophonique [radjɔfɔnik] **adj.** Relatif à la radiophonie, à la radiodiffusion : *Jeux radiophoniques.*

radiorécepteur [radjɔresɛptœr] **n.m.** Poste récepteur de radiocommunication.

radioreportage [radjɔrəpɔrtaʒ] **n.m.** Reportage diffusé par le moyen de la radiodiffusion.

radioréveil ou **radio-réveil** [radjɔrevɛj] **n.m.** (pl. *radios-réveils*). Appareil de radio associé à un réveil électronique.

radioscopie [radjɔskɔpi] **n.f.** (de *radio-* et *-scopie*). Technique de radiologie dans laquelle une partie du corps est projetée sur un écran de télévision.

radiosondage [radjɔsɔ̃daʒ] **n.m.** Mesure météorologique effectuée au moyen d'un ballon-sonde équipé d'appareils radioélectriques émetteurs.

radiosonde [radjɔsɔ̃d] **n.f.** Appareil qui transmet automatiquement les renseignements météorologiques recueillis par un ballon-sonde au cours de son ascension.

radio-taxi [radjɔtaksi] **n.m.** (pl. *radio-taxis*). Taxi relié à sa compagnie par un équipement radiophonique.

radiotechnique [radjɔtɛknik] **n.f.** Ensemble des techniques d'utilisation des rayonnements radioélectriques. ◆ **adj.** Relatif à la radiotechnique.

radiotélégraphie [radjɔtelegrafi] **n.f.** Télégraphie sans fil.

radiotélégraphiste [radjɔtelegrafist] **n.** Spécialiste de radiotélégraphie (abrév. *radio*).

radiotéléphone [radjɔtelefɔn] **n.m.** Téléphone utilisant un réseau de radiotéléphonie ; téléphone mobile.

radiotéléphonie [radjɔtelefɔni] **n.f.** Téléphonie par voie radioélectrique avec des mobiles.

radiotélescope [radjɔtelɛskɔp] **n.m.** ASTRON. Instrument destiné à capter les ondes radioélectriques émises par les astres.

radiotélévisé, e [radjɔtelevize] **adj.** Transmis à la fois par la radiodiffusion et par la télévision : *Discours radiotélévisé.*

radiotélévision [radjɔtelevizjɔ̃] **n.f.** Ensemble des installations et des programmes de radio et de télévision.

radiothérapie [radjɔterapi] **n.f.** (de *radio-* et *thérapie*). Traitement d'une maladie par les rayons X, les rayons γ et les radiations ionisantes. ◆ **radiothérapeute n.** Nom du spécialiste.

radis [radi] **n.m.** (it. *radice,* du lat. *radix, -icis,* racine). **1.** Plante potagère, à racine charnue comestible ; cette racine. ▸ Famille des crucifères. **2.** FAM. **N'avoir pas un radis,** ne pas avoir d'argent.

radium [radjɔm] **n.m.** (lat. *radius,* rayon). Élément chimique extrêmement radioactif. ▸ Symb. Ra. Découvert en 1898 par P. et M. Curie, le radium est un métal analogue au baryum.

radius [radjys] **n.m.** (mot lat. « rayon »). Le plus externe des deux os de l'avant-bras. ▸ Le radius tourne autour du cubitus, permettant les mouvements de pronation et de supination.

radjah n.m. ⟶ raja.

radôme [radom] **n.m.** (angl. *radome,* de *ra[dar]* et *dome,* dôme). Dôme, coupole destinés à protéger une antenne de télécommunication contre les intempéries.

radon [radɔ̃] **n.m.** Élément gazeux radioactif. ▸ Symb. Rn.

radotage [radɔtaʒ] **n.m.** Action de radoter ; propos de qqn qui radote : *J'en ai assez d'écouter ses radotages* (syn. **divagation, élucubration**).

radoter [radɔte] **v.i.** (du préf. *re-,* renforcé en *ra,* et du moyen néerl. *doten,* rêver, retomber en enfance). **1.** Tenir des propos peu cohérents ou peu sensés : *Vieillard qui radote* (syn. **divaguer**). **2.** Répéter sans cesse les mêmes choses : *Tu radotes, tu nous l'as déjà dit !* (syn. **ressasser**).

radoteur, euse [radɔtœr, -øz] **n.** Personne qui radote.

radoub [radu] **n.m.** Réparation, entretien de la coque d'un navire : *Bassin de radoub.*

radouber [radube] **v.t.** (de *adouber,* armer chevalier, puis « équiper »). **1.** Réparer un navire. **2.** Refaire les mailles qui manquent à un filet de pêche.

radoucir [radusir] **v.t.** [conj. **32**]. **1.** Rendre plus doux : *La pluie a radouci la température* (syn. **réchauffer**). **2.** Rendre plus conciliant : *Mes excuses l'ont radouci* (syn. **adoucir, apaiser**). ◆ **se radoucir v.pr. 1.** Devenir plus doux : *Le temps se radoucit.* **2.** Devenir plus conciliant : *Il a fini par se radoucir* (syn. **s'apaiser, se calmer**).

radoucissement [radusismɑ̃] **n.m.** Action de radoucir ; fait de se radoucir : *Radoucissement des températures.*

RAF (Royal Air Force), nom donné depuis 1918 à l'armée de l'air britannique.

rafale [rafal] **n.f.** (de *affaler,* avec infl. de l'it. *raffica*). **1.** Coup de vent violent et momentané : *Le vent soufflait par rafales* (syn. **bourrasque**). **2.** Ensemble de coups tirés sans interruption par une arme automatique, une pièce ou une unité d'artillerie : *Des rafales de mitrailleuse* (syn. **salve, volée**). **3.** Manifestation soudaine, violente : *Une rafale d'applaudissements* (syn. **salve**).

Raffarin (Jean-Pierre), homme politique français (Poitiers 1948). Centriste puis membre de l'U.M.P. (Union pour un mouvement populaire), ministre des Petites et Moyennes Entreprises, du Commerce et de l'Artisanat (1995-1997), il a été Premier ministre de 2002 à 2005.

raffermir [rafɛrmir] **v.t.** [conj. **32**]. **1.** Rendre plus ferme : *Raffermir les gencives* (syn. **durcir**). **2.** Rendre plus assuré, plus fort : *Le succès aux élections a raffermi le gouvernement* (syn. **consolider**). ◆ **se raffermir v.pr.** Devenir plus stable, plus fort : *Sa situation s'est raffermie.*

raffermissement [rafɛrmismɑ̃] **n.m.** Action de raffermir ; fait de se raffermir (syn. **durcissement**).

raffinage [rafinaʒ] **n.m. 1.** Action de purifier le sucre, les métaux, l'alcool, le caoutchouc, etc. **2.** Ensemble des procédés de fabrication des produits pétroliers.

raffiné, e [rafine] **adj. 1.** Débarrassé de ses impuretés : *Sucre raffiné.* **2.** Qui témoigne d'une grande délicatesse, d'une recherche subtile : *Goût raffiné* (syn. **distingué, fin**). *Nourriture raffinée* (syn. **choisi, délicat**). ◆ **adj.** et **n.** Se dit d'une personne de goût, d'esprit très délicats.

raffinement [rafinmɑ̃] **n.m. 1.** Caractère d'une personne ou d'une chose raffinée, délicate : *Le raffinement dans les manières* (syn. **distinction, élégance**). **2.** Recherche de qqch poussée à un degré extrême : *Un raffinement de cruauté.*

raffiner [rafine] **v.t.** (de *affiner*). **1.** Soumettre (un produit industriel) au raffinage. **2.** LITT. Rendre plus subtil, plus délicat : *Raffiner ses manières, son langage* (syn. **affiner, châtier, épurer**). ◆ **v.i.** Chercher le détail subtil.

raffinerie [rafinri] **n.f.** Usine où l'on raffine certaines substances (sucre, pétrole, notamm.).

raffineur, euse [rafinœr, -øz] **n.** Personne qui travaille dans une raffinerie, qui exploite une raffinerie.

raffoler [rafɔle] **v.t. ind. [de]** (de *affoler*). FAM. Aimer à l'excès : *Elle raffole de danse* (syn. **adorer**). *Tous les adolescents raffolent d'elle* (syn. **aduler, idolâtrer**).

raffut [rafy] **n.m.** (de *raffuter,* battre, faire du bruit). **1.** FAM. Bruit violent : *Quel raffut chez les voisins !* (syn. **tapage, vacarme**). **2.** Éclat scandaleux : *La nouvelle a fait du raffut* (syn. **esclandre, scandale**).

rafiot [rafjo] **n.m.** (orig. obsc.). FAM. Mauvais ou vieux bateau.

rafistolage [rafistɔlaʒ] **n.m.** FAM. Action de rafistoler ; son résultat : *C'est du rafistolage* (= c'est une réparation de fortune).

rafistoler [rafistɔle] **v.t.** (de l'anc. fr. *afistoler,* tromper). FAM. Réparer grossièrement : *Rafistoler un livre déchiré.*

rafle [rafl] **n.f.** (all. *Raffel,* de *raffen,* emporter vivement). **1.** Action de rafler, de tout emporter : *Les cambrioleurs ont fait une rafle dans le musée.* **2.** Opération policière exécutée à l'improviste dans un lieu suspect ; arrestation massive de personnes : *Être pris dans une rafle.*

rafler [rafle] **v.t.** (de *rafle*). **1.** FAM. S'emparer de choses recherchées : *Cet élève rafle tous les prix* (syn. **remporter**). **2.** Saisir avec rapidité : *Rafler un livre* (syn. **dérober, voler**).

rafraîchir [rafreʃir] **v.t.** [conj. **32**]. **1.** Rendre frais ou plus frais : *Rafraîchir du vin.* **2.** Remettre en meilleur état, redonner de l'éclat à : *Rafraîchir un tableau, une peinture* (syn. **rénover, restaurer**). **3.** FAM. **Rafraîchir la mémoire,** rappeler à qqn le souvenir d'une chose. / **Rafraîchir une coupe de cheveux,** les couper légèrement. ◆ **v.i.** Devenir frais : *On a mis le champagne à rafraîchir.* ◆ **se rafraîchir v.pr. 1.** Devenir plus frais : *Le temps se rafraîchit* (contr. **se réchauffer**). **2.** Se désaltérer : *Se rafraîchir au buffet.*

rafraîchissant, e [rafreʃisɑ̃, -ɑ̃t] **adj. 1.** Qui donne de la fraîcheur : *Brise rafraîchissante.* **2.** Qui calme la soif : *Boisson rafraîchissante.*

rafraîchissement [rafreʃismɑ̃] **n.m. 1.** Action de rendre ou fait de devenir plus frais : *Le rafraîchissement de la température.* **2.** Action de réparer, de redonner l'éclat du neuf : *Le rafraîchissement d'un mobilier.* **3.** Boisson fraîche que l'on prend en dehors des repas.

raft [raft] **n.m.** (mot angl. « radeau »). Radeau pneumatique utilisé pour le rafting.

rafting [raftiŋ] **n.m.** Descente sportive, en raft, de cours d'eau coupés de rapides.

ragaillardir [ragajardir] **v.t.** (de *gaillard*) [conj. **32**]. FAM. Redonner de la gaieté, de la force à : *Buvez une tasse de thé, cela va vous ragaillardir* (syn. **revigorer**).

rage [raʒ] **n.f.** (lat. pop. **ragia,* class. *rabies*). **1.** Maladie due à un virus, transmissible à l'homme par morsure de certains animaux, et caractérisée par des phénomènes d'excitation, puis de la paralysie et enfin la mort : *La vaccination contre la rage fut mise au point par Pasteur.* **2.** Mouvement violent de dépit, de colère, de désir, de haine : *Fou de rage. Trembler de rage.* **3. Faire rage,** se déchaîner, atteindre une grande violence : *L'incendie fait rage.* **4. Rage de dents,** mal de dents provoquant une violente douleur.

rageant, e [raʒɑ̃, -ɑ̃t] **adj.** FAM. Qui fait rager (syn. **exaspérant, irritant**).

rager [raʒe] **v.i.** (de *rage*) [conj. **17**]. FAM. Être très irrité : *Ce qui me fait rager, c'est d'être injustement accusé* (syn. **enrager**).

rageur, euse [raʒœr, -øz] **adj. 1.** FAM. Sujet à des colères violentes : *Un enfant rageur* (syn. **coléreux, emporté**). **2.** Qui dénote la mauvaise humeur : *Répondre sur un ton rageur* (syn. **hargneux**).

rageusement [raʒøzmɑ̃] **adv.** D'une manière rageuse : *Se précipiter rageusement sur qqn* (syn. **agressivement**).

raglan [raglɑ̃] **adj. inv.** (de lord *Raglan*, général britannique). **Manches raglan,** manches qui remontent jusqu'à l'encolure par des coutures en biais.

ragondin [ragɔ̃dɛ̃] **n.m.** (orig. obsc.). Gros rongeur originaire d'Amérique du Sud, de mœurs aquatiques, à fourrure estimée. ▸ Long. 50 cm.

ragot [rago] **n.m.** (d'un rad. *rag-*, bas lat. *ragere*, pousser des cris, grogner). FAM. Bavardage malveillant : *Elle ignore les ragots du voisinage* (syn. **commérage**).

ragoût [ragu] **n.m.** (de *ragoûter* ; v. *ragoûtant*). Plat de viande, de légumes ou de poisson, coupés en morceaux et cuits dans une sauce : *Un ragoût de mouton.*

ragoûtant, e [ragutɑ̃, -ɑ̃t] **adj.** (de *ragoûter*, réveiller le goût, de *goût*). [Seul. en tournure négative]. **1.** Qui excite l'appétit : *Mets peu ragoûtant* (syn. **appétissant**). **2.** Qui est agréable ; qui plaît : *Une besogne qui n'est pas ragoûtante* (syn. **plaisant**).

ragtime [ragtajm] **n.m.** (mot anglo-amér., de *rag*, chiffon, et *time*, temps). Style musical très syncopé en vogue vers la fin du XIXe s., issu à la fois du folklore négro-américain et des airs de danse blancs, et qui fut une des sources du jazz ; style pianistique et orchestral qui en découle.

Raguse → Dubrovnik.

rai [rɛ] **n.m.** (lat. *radius*, rayon). LITT. Faisceau lumineux : *Un rai de soleil filtre sous la porte* (syn. **rayon**).

raï [raj] **n.m. inv.** (mot ar. *« opinion »*), genre musical chanté algérien, apparu au milieu des années 1970. ▸ Caractérisé par une synthèse entre l'improvisation traditionnelle déclamée en arabe dialectal, le rock et le blues et par des paroles au contenu très libre et satirique, il est parfois nettement contestataire. Il a été popularisé par des artistes comme Cheb Mami et Cheb Khaled.

raid [rɛd] **n.m.** (forme écossaise de l'anc. angl. *râd*, route). **1.** Opération militaire rapide et de durée limitée menée en territoire inconnu ou ennemi par une formation très mobile en vue de démoraliser l'adversaire, de désorganiser ses arrières, de recueillir des renseignements, etc. ; spécial. attaque aérienne : *Commando qui opère un raid* (= coup de main) [syn. **incursion**]. **2.** Longue épreuve, génér. sportive, destinée à montrer l'endurance des hommes qui l'accomplissent et du matériel que ceux-ci utilisent : *Le raid du Dakar.* **3.** Opération boursière destinée à prendre le contrôle d'une entreprise.

raide [rɛd] **adj.** (lat. *rigidus*). **1.** Très tendu ; difficile à plier : *Une corde raide* (syn. **rigide** ; contr. **élastique**). *Jambe raide* (contr. **flexible**). **2.** Que la pente, l'inclinaison rend difficile à monter : *Le sentier qui mène à la maison est raide* (syn. **abrupt**). **3.** Sans souplesse ; sans grâce : *Attitude raide* (syn. **gourmé, guindé**). **4.** Peu accommodant : *Son caractère raide en fait une directrice redoutée* (syn. **autoritaire, inflexible**). **5.** FAM. Difficile à croire, à accepter : *Votre histoire est un peu raide !* (syn. **étonnant, incroyable**). **6.** FAM. Se dit d'une boisson alcoolisée forte et âpre : *Elle est raide, ton eau-de-vie.* **7.** Qui choque la bienséance : *Il y a des passages un peu raides dans ce roman* (syn. **osé, hardi**). ◆ **adv. 1.** Tout d'un coup ; brutalement : *Tomber raide mort.* **2.** De façon abrupte : *Un escalier qui monte raide.*

raideur [rɛdœr] **n.f. 1.** État de ce qui est raide ou raidi : *La raideur des membres après la mort* (syn. **rigidité**). **2.** Manque de grâce dans les gestes, d'abandon dans les rapports avec autrui : *Danser avec raideur. Répondre avec raideur.*

raidillon [rɛdijɔ̃] **n.m.** Court chemin en pente raide.

raidir [redir] **v.t.** [conj. **32**]. **1.** Rendre raide ; tendre avec force : *Raidir ses muscles* (syn. **bander, contracter**). **2.** Rendre intransigeant, inflexible : *Cette remarque n'a fait que le raidir dans une attitude négative* (syn. **conforter**). ◆ **se raidir v.pr. 1.** Devenir raide : *Ses membres se raidissent* (syn. **se durcir**). **2.** Résister à une menace, à un danger en rassemblant son courage, sa volonté : *Se raidir contre la douleur.*

raidissement [rɛdismɑ̃] **n.m. 1.** Action de raidir ; fait de se raidir : *Un raidissement de la nuque* (syn. **contraction, tension**). **2.** Augmentation de la tension entre personnes, groupes, etc. : *On constate un raidissement dans l'attitude des négociateurs* (syn. **durcissement**).

1. raie [rɛ] **n.f.** (gaul. **rica*, du bas lat. *riga*, ligne, sillon). **1.** Ligne tracée sur une surface avec une substance colorante ou un instrument : *Tracer des raies au crayon sur un papier* (syn. **trait**). **2.** Ligne ou bande étroite sur le pelage de certains animaux, sur du tissu, du papier, etc. : *Les raies noires du pelage d'un zèbre* (syn. **rayure**). **3.** Séparation des cheveux : *Porter la raie au milieu.* **4.** PHYS. Ligne obscure interrompant un spectre continu, ou ligne brillante formant avec d'autres un spectre d'émission.

2. raie [rɛ] **n.f.** (lat. *raia*). Poisson cartilagineux à corps aplati et nageoires pectorales triangulaires très développées et soudées à la tête, vivant génér. près des fonds marins. ▸ Classe de chondrichtyens, ordre des rajiformes.

raifort [refɔr] **n.m.** (de l'anc. fr. *raiz*, racine, et de *fort*). Plante cultivée pour sa racine charnue à saveur poivrée, utilisée comme condiment. ▸ Famille des crucifères.

rail [raj] **n.m.** (mot angl. *rail*, barrière, barreau ; anc. fr. *raille* ou *reille*, du lat. *regula*, barre). **1.** Bande d'acier laminé, constituant le chemin de roulement et de guidage des roues des trains. **2.** Voie ferrée ; chemin de fer : *Transport par rail.* **3. Remettre sur les rails,** donner de nouveau les moyens de fonctionner normalement.

railler [raje] **v.t.** (anc. prov. *ralhar*, plaisanter, du lat. pop. **ragulare*, bramer). Tourner en ridicule : *Il ne peut souffrir qu'on le raille* (syn. **se moquer de, ridiculiser**).

raillerie [rajri] **n.f.** Action de railler : *Ses railleries sont insupportables* (syn. **moquerie, persiflage, sarcasme**).

railleur, euse [rajœr, -øz] **adj.** et **n.** Qui raille : *Prendre un ton railleur* (syn. **caustique, ironique, narquois**).

Raimond, nom de sept comtes de Toulouse, dont : • **Raimond IV**, dit **Raimond de Saint-Gilles** (Toulouse 1042 - Tripoli 1105), comte de Toulouse (1093-1105), qui participa à la première croisade et entreprit (1102) la conquête du futur comté de Tripoli, État latin fondé en Syrie ; • **Raimond VI** (1156 - Toulouse 1222), comte de Toulouse (1194-1222), protecteur des albigeois et adversaire de Simon de Montfort ; • **Raimond VII** (Beaucaire 1197 - Millau 1249), comte de Toulouse (1222-1249). Il fut contraint par Saint Louis de reconnaître la fin de l'indépendance du comté (1243).

Raimu (Jules Muraire, dit**),** acteur français (Toulon 1883 - Neuilly-sur-Seine 1946). Célèbre après sa création de César dans la pièce de M. Pagnol, *Marius* (1929), il a marqué de sa personnalité, mélange de naturel et de grandiloquence, de faconde et d'émotion, de nombreux rôles à la scène et à l'écran (*l'Étrange M. Victor*, de J. Grémillon, 1938 ; *la Femme du boulanger*, de M. Pagnol, 1938).

rainer [rene] **v.t.** Creuser d'une rainure, de rainures : *Rainer une planche.*

rainette [renɛt] **n.f.** (anc. fr. *raine*, lat. *rana*, grenouille). Petite grenouille arboricole, à doigts adhésifs. ▸ Long. 5 cm env. ; famille des hylidés. La rainette verte d'Europe est capable de changer de couleur en réaction à son environnement.

Rainier III, prince de Monaco (1949-2005), de la maison de Grimaldi (Monaco 1923 - *id.* 2005). Successeur de son grand-père Louis II, il avait épousé en 1956 l'actrice américaine Grace Kelly.

rainurage [renyraʒ] **n.m.** Ensemble de rainures creusées sur certaines chaussées en béton pour les rendre moins glissantes aux véhicules à quatre roues.

rainure [renyr] **n.f.** (de *roisner,* faire une rainure avec la *roisne* [outil tranchant]). **1.** Entaille longue et étroite, dans une pièce de bois, de métal, etc. : *La porte coulisse dans la rainure.* **2.** Entailles faites à la surface d'une chaussée en béton pour la rendre moins glissante.

raire [rɛr] [conj. **112**] et **réer** [ree] [conj. **15**] **v.i.** (bas lat. *ragere*). Bramer, crier, en parlant du cerf, du chevreuil.

Rais, Rays ou **Retz (Gilles de),** maréchal de France (v. 1400 - Nantes 1440). Compagnon de Jeanne d'Arc, il se retira dans ses terres v. 1435, et les crimes innombrables qu'il y commit sur des enfants conduisirent à son exécution.

raïs [rais] **n.m.** (ar. *ra'īs,* chef). Dans les pays arabes (Égypte notamm.), chef de l'État, président.

raisin [rezɛ̃] **n.m.** (lat. *racemus,* grappe de raisin). **1.** Fruit de la vigne, ensemble de baies *(grains de raisin)* formant une grappe : *Raisin rouge, blanc, noir.* **2. Raisins de Corinthe,** raisins secs, à petits grains, venant des îles Ioniennes et utilisés en cuisine.

raison [rezɔ̃] **n.f.** (lat. *ratio, -onis,* calcul, compte). **1.** Faculté propre à l'homme par laquelle il peut connaître, juger et agir selon des principes : *La raison s'oppose parfois à l'instinct* (syn. **entendement, intelligence**). **2.** Manière de penser ; ensemble des principes permettant de bien juger et de bien agir : *J'en appelle à votre raison* (= bon sens) [syn. **discernement**]. **3.** Ensemble des facultés intellectuelles considérées dans leur fonctionnement normal : *Il n'a plus toute sa raison* (syn. **lucidité**). **4.** Ce qui explique, justifie un acte, un fait : *S'absenter pour raison de santé* (syn. **motif**). *Une angoisse sans raison s'empara d'elle* (syn. **cause, sujet**). *Il n'y a pas de raison.* **5.** MATH. Différence entre deux termes consécutifs d'une suite arithmétique ; quotient de deux termes consécutifs d'une suite géométrique. **6. Âge de raison,** âge auquel les enfants sont censés être conscients de leurs actes et des conséquences de ceux-ci. / **À plus forte raison,** pour un motif d'autant plus fort. / **À raison de,** sur la base de ; à proportion de. / **Avec raison,** en ayant une justification valable, fondée. / **Avoir raison, avoir raison de** (+ inf.), être dans le vrai. / **Avoir raison de** (+ n.), vaincre la résistance de ; venir à bout de. / **Comme de raison,** comme il est juste. / **Donner raison à,** approuver qqn ; être conforme à ce qui a été prédit : *Les événements lui ont donné raison.* / **En raison de,** en considération de, à cause de. / **Entendre raison,** se soumettre à ce qui est raisonnable. / **Mariage de raison,** mariage fondé sur des considérations matérielles (par opp. à *mariage d'amour*). / **Mettre qqn à la raison,** le réduire par force ou par persuasion. / **Plus que de raison,** plus qu'il n'est convenable ; d'une façon excessive. / **Raison de plus,** c'est un motif, un argument supplémentaire pour continuer dans la même voie. / **Raison de vivre, raison d'être,** ce qui justifie l'existence de qqn à ses propres yeux : *Cet enfant était sa seule raison de vivre.* / **Se faire une raison,** se résigner, accepter à contrecœur. **7. Raison d'État** ⟶ **État. 8. Raison directe,** rapport entre deux quantités qui augmentent ou diminuent dans la même proportion. / **Raison inverse,** rapport entre deux quantités dont l'une diminue dans la proportion où l'autre augmente. / **Raison sociale,** nom sous lequel une société ou une entreprise exerce son activité.

raisonnable [rezɔnabl] **adj. 1.** Doué de raison : *L'homme est un animal raisonnable. Ses propos ne sont pas très raisonnables* (syn. **rationnel, réfléchi**). **2.** Qui est conforme à la sagesse, à l'équité : *Prétention raisonnable* (syn. **fondé, légitime**). **3.** Qui est conforme à la moyenne : *Leurs prix sont raisonnables* (syn. **acceptable, convenable**).

raisonnablement [rezɔnabləmɑ̃] **adv.** D'une manière raisonnable : *Agir raisonnablement* (syn. **rationnellement**). *Boire raisonnablement* (syn. **modérément**).

raisonné, e [rezɔne] **adj.** (de *raisonner*). **1.** Fondé sur le raisonnement : *Analyse raisonnée* (syn. **logique, rationnel**). **2.** Classé, organisé, et éventuellement accompagné d'explications, de références : *Catalogue raisonné d'une exposition. Bibliographie raisonnée.* **3. Agriculture raisonnée,** mode de production d'une exploitation agricole qui vise à concilier le respect de l'environnement, la sécurité sanitaire et la rentabilité économique.

raisonnement [rezɔnmɑ̃] **n.m.** (de *raison*). **1.** Faculté, action ou manière de raisonner : *Faire appel au raisonnement pour convaincre qqn.* **2.** Suite de propositions déduites les unes des autres : *Élaborer un raisonnement* (syn. **argumentation, démonstration**).

raisonner [rezɔne] **v.i.** (lat. *rationare*). **1.** Se servir de sa raison pour connaître, pour juger : *Raisonner juste, faux.* **2.** Passer d'un jugement à un autre pour aboutir à une conclusion : *Nous devons raisonner avant de conclure* (syn. **argumenter**). **3.** Répliquer ; alléguer des excuses : *Il est inutile de raisonner avec elle, elle n'écoute pas* (syn. **discuter**). ◆ **v.t. 1.** Chercher par des raisonnements à amener qqn à une attitude raisonnable : *Raisonner un enfant.* **2.** Appliquer le raisonnement à ce qu'on fait : *Raisonner un problème pour tenter de le résoudre* (syn. **analyser, étudier**).

raisonneur, euse [rezɔnœr, -øz] **adj.** et **n.** Qui veut raisonner sur tout : *Un insupportable raisonneur* (syn. **chicaneur, ergoteur**).

raja, rajah [raʒa] et **radjah** [radʒa] **n.m.** (mot hindi). **1.** Roi, dans les pays hindous. **2.** Grand vassal de la Couronne, dans l'Inde britannique.

Rajasthan, État du nord-ouest de l'Inde ; 342 000 km^2 ; 68 621 012 hab. ; CAP. *Jaipur.*

rajeunir [raʒœnir] **v.t.** (de *jeune*) [conj. **32**]. **1.** Donner la vigueur, l'apparence de la jeunesse à ; faire paraître plus jeune : *Ce séjour à la montagne l'a rajeunie. Cette coiffure vous rajeunit.* **2.** Attribuer à une personne un âge moindre qu'elle n'a : *Vous me rajeunissez !* **3.** Donner une apparence, une fraîcheur nouvelle à qqch : *Rajeunir le mobilier d'une entreprise* (syn. **moderniser**). **4.** Abaisser l'âge moyen d'un groupe en y incluant des éléments jeunes : *Rajeunir les cadres.* ◆ **v.i.** Recouvrer la vigueur de la jeunesse : *Je rajeunis quand j'ai mes petits-enfants autour de moi.* ◆ **se rajeunir v.pr.** Se dire plus jeune qu'on ne l'est.

rajeunissement [raʒœnismɑ̃] **n.m.** Fait de rajeunir : *Cure de rajeunissement. Le rajeunissement des cadres d'une entreprise.*

rajout [raʒu] **n.m.** Action de rajouter ; chose rajoutée : *Faire des rajouts à un texte.*

rajouter [raʒute] **v.t. 1.** Ajouter de nouveau ; mettre en plus : *Rajouter du sel dans une sauce.* **2.** FAM. **En rajouter,** forcer la vérité, la réalité ; exagérer.

rajustement [raʒystəmɑ̃] et **réajustement** [reaʒystəmɑ̃] **n.m.** Action de rajuster : *Rajustement des salaires.*

rajuster [raʒyste] et **réajuster** [reaʒyste] **v.t. 1.** Remettre en bonne place, en ordre : *Rajuster sa cravate.* **2.** Relever en fonction du coût de la vie : *Rajuster les salaires.*

Rákóczi, famille d'aristocrates hongrois. L'un de ses membres, **Ferenc** ou **François II R.** (Borsi 1676 - Rodosto 1735), fut porté à la tête de la révolte des Hongrois contre les Habsbourg, mais dut s'exiler après 1711.

râlant, e [rɑlɑ̃, -ɑ̃t] **adj.** FAM. Qui provoque du dépit : *C'est râlant d'échouer pour un point !* (syn. **contrariant, vexant**).

1. râle [rɑl] **n.m.** (de *râler*). Oiseau échassier, au bec fort et pointu, qui vit en plaine *(râle des genêts)* ou aux abords des marécages *(râle d'eau).* ▸ Famille des rallidés.

2. râle [rɑl] **n.m.** (de *1. râle*). **1.** Bruit anormal perçu à l'auscultation des poumons et naissant dans les alvéoles ou les bronches. **2.** Respiration des agonisants.

ralenti [ralɑ̃ti] **n.m. 1.** Faible régime de rotation du moteur lorsqu'il ne transmet plus d'énergie au véhicule. **2.** CIN. Effet spécial, réalisé le plus souvent à la prise de vues, donnant l'illusion de mouvements plus lents que dans la réalité : *Le ralenti augmente la sensation d'angoisse.* **3. Au ralenti,** en diminuant la vitesse, l'énergie, le rythme : *Travailler, vivre au ralenti.*

ralentir [ralɑ̃tir] **v.t.** (de l'anc. fr. *alentir*) [conj. **32**]. **1.** Rendre plus lent : *Ralentir sa marche* (contr. **accélérer**). **2.** Rendre moins intense : *Ralentir son effort* (syn. **diminuer, freiner**). ◆ **v.i.** Aller plus lentement : *Les voitures doivent ralentir aux carrefours.*

ralentissement [ralɑ̃tismɑ̃] **n.m.** Diminution de mouvement, de vitesse, d'énergie : *Le ralentissement du train. Le ralentissement de l'expansion* (syn. **baisse, récession**).

ralentisseur [ralɑ̃tisœr] **n.m. 1.** Dispositif monté sur la transmission d'un véhicule lourd, et ayant pour fonction de réduire sa vitesse. **2.** Dos-d'âne en travers d'une chaussée, destiné à contraindre les véhicules à ralentir.

râler [rɑle] **v.i.** (doublet de *racler*). **1.** Faire entendre des râles en respirant ; avoir la respiration bruyante et précipitée propre aux agonisants : *Des soldats mourants râlaient sur le champ de bataille.* **2.** *FAM.* Manifester son mécontentement par des plaintes, des récriminations : *Elle râle tout le temps* (syn. **grogner, protester**).

râleur, euse [rɑlœr, -øz] **adj.** et **n.** *FAM.* Qui proteste, râle : *C'est un râleur* (syn. **grincheux**).

ralingue [ralɛ̃g] **n.f.** (d'un anc. scand., de *rad,* vergue et *lik,* lisière d'une voile). MAR. Cordage auquel sont cousus les bords d'une voile pour les renforcer.

ralliement [ralimɑ̃] **n.m. 1.** Action de rallier, de se rallier : *Le ralliement des troupes* (syn. **rassemblement, regroupement** ; contr. **dispersion**). **2. Mot, signe de ralliement,** formule, signe permettant aux membres d'un groupe de se reconnaître. / **Point de ralliement,** endroit où des troupes, des groupes de personnes doivent se réunir.

rallier [ralje] **v.t.** (de *allier*) [conj. **9**]. **1.** Rassembler (des gens dispersés) : *Rallier ses troupes* (syn. **regrouper, réunir**). **2.** Se rendre en un endroit ; rejoindre un groupe : *Fonctionnaire appelé à rallier son poste* (syn. **rejoindre**). **3.** Constituer l'élément qui rassemble un groupe, qui fait son unité : *Solution qui rallie tous les suffrages* (syn. **emporter**). ◆ **se rallier v.pr. [à].** Donner son adhésion : *Se rallier à un avis* (syn. **adopter, souscrire à**).

rallonge [ralɔ̃ʒ] **n.f.** (de *rallonger*). **1.** Pièce qu'on ajoute à un objet pour en augmenter la longueur : *Table à rallonges.* **2.** Câble électrique souple comportant à l'une de ses extrémités une fiche mâle et à l'autre une fiche femelle, et permettant le raccordement d'un appareil à une prise de courant trop éloignée (syn. **prolongateur**). **3.** *FAM.* Supplément qui augmente ce qui était prévu : *Obtenir une rallonge de vacances* (syn. **supplément**). *J'ai réussi à avoir une rallonge de trois cents euros* (syn. **augmentation**). **4.** *FAM.* **À rallonge(s),** se dit d'un nom de famille comportant plusieurs éléments réunis par des particules.

rallongement [ralɔ̃ʒmɑ̃] **n.m.** Action de rallonger ; fait d'être rallongé : *Le rallongement d'une jupe, d'un congé.*

rallonger [ralɔ̃ʒe] **v.t.** [conj. **17**]. Rendre qqch plus long : *Rallonger un rideau avec un galon.* ◆ **v.i.** Devenir plus long : *Les jours rallongent* (syn. **allonger**).

rallumer [ralyme] **v.t. 1.** Allumer de nouveau : *Rallumer le feu, la lumière.* **2.** Faire renaître : *Rallumer de vieilles haines* (syn. **ranimer, réveiller**). ◆ **se rallumer v.pr.** Être allumé de nouveau ; reprendre de l'intensité : *La guerre s'est rallumée* (syn. **renaître, reprendre**).

rallye [rali] **n.m.** (de l'angl. *to rally,* rassembler). **1.** Compétition dans laquelle les concurrents (génér. en voiture) doivent rallier un lieu après avoir satisfait à diverses épreuves (consistant notamm. à répondre à diverses questions qui les guident) : *Un rallye dans la campagne champenoise.* **2.** Course automobile comportant des épreuves chronométrées sur routes fermées : *Le rallye de Monte-Carlo.* **3.** Suite de réunions dansantes organisées de façon à favoriser les rencontres entre les jeunes gens en vue d'éventuels mariages, dans les familles aisées.

Rallye-Raid [raliʀɛd] **n.m.** (nom déposé). [pl. *Rallyes-Raid*]. Compétition automobile de vitesse et de navigation sur longues distances, comportant des épreuves chronométrées sur chemins ou sur routes fermées.

Rama, septième incarnation *(avatara)* du dieu hindou Vishnou et héros du *Ramayana.* Guerrier valeureux et pieux, il est représenté tenant un arc, un carquois et une épée. Il est souvent accompagné de sa femme Sita, de son frère Lakshmana et du singe Hanuman. Rama, resté très populaire, est particulièrement vénéré à Ayodhya, l'une des sept villes sacrées de l'Inde.

ramadan [ramadɑ̃] **n.m.** (mot ar.). Neuvième mois du calendrier islamique, période de jeûne et de privations (abstention de nourriture, de boisson, de tabac et de relations sexuelles du lever au coucher du soleil).

ramage [ramaʒ] **n.m.** (du lat. *ramus,* rameau). Chant des oiseaux dans les arbres (syn. **gazouillement**). ◆ **ramages n.m. pl.** Dessins représentant des rameaux, des fleurs, etc., sur une étoffe : *Tenture à ramages.*

Raman (*sir* **Chandrasekhara Venkata**), physicien indien (Trichinopoly, auj. Tiruchirapalli, 1888 - Bangalore 1970). Il a découvert, en 1928, le processus de diffusion de la lumière par les molécules, les ions et les atomes dans les milieux transparents, appelé depuis *effet Raman.* (Prix Nobel 1930.)

ramassage [ramasaʒ] **n.m. 1.** Action de ramasser : *Le ramassage des vieux papiers* (syn. **collecte**). **2.** Organisation du transport par autocar des écoliers, des travailleurs, entre leur domicile et leur école ou leur lieu de travail.

ramassé, e [ramase] **adj.** (de *ramasser*). **1.** Exprimé en peu de mots : *Expression ramassée* (syn. **concis**). **2.** Qui a des formes épaisses, courtes et larges, en parlant d'un être animé : *Une personne ramassée* (syn. **courtaud, trapu**).

ramasse-miettes [ramasmjɛt] **n.m. inv.** Ustensile qui sert à ramasser les miettes sur la table.

ramasser [ramase] **v.t. 1.** Rassembler des choses plus ou moins éparses : *Ramasser les feuilles mortes. Le professeur ramasse les copies.* **2.** Prendre, relever (ce qui est à terre) : *Ramasser ses gants. Il aime ramasser les champignons* (syn. **cueillir**). **3.** Présenter sous une forme réduite, en éliminant le superflu : *Ramasser sa pensée en un raccourci saisissant* (syn. **condenser**). **4.** *FAM.* Recevoir, attraper (qqch de fâcheux) : *Ramasser une gifle* (syn. **prendre**). **5. Ramasser ses forces,** rassembler toute son énergie pour fournir un ultime effort. / *FAM.* **Se faire ramasser,** se faire réprimander brutalement ; subir une déconvenue, un échec. ◆ **se ramasser v.pr. 1.** Se replier sur soi pour se défendre ou attaquer : *Le hérisson se ramasse dès qu'on le touche* (syn. **se pelotonner**). **2.** *FAM.* Se remettre debout après être tombé (syn. **se relever**). **3.** *FAM.* Subir un échec : *Il s'est encore ramassé à l'examen* (syn. **échouer**).

1. ramasseur, euse [ramasœr, -øz] **n.** Personne qui ramasse qqch par terre : *Ramasseur de balles au tennis.*

2. ramasseur [ramasœr] **n.m.** Organe de ramassage de nombreuses machines de récolte.

ramassis [ramasi] **n.m.** Réunion de choses de peu de valeur, de personnes jugées peu estimables : *Ses discours ne sont qu'un ramassis de vieux clichés* (syn. **amas, fatras**). *Un ramassis de crapules* (syn. **bande, clique**).

Ramayana, épopée sacrée hindoue (premiers siècles av. J.-C.) attribuée à Valmiki. Le *Ramayana* relate la vie de Rama, roi d'Ayodhya, incarnation de Vishnou.

rambarde [rɑ̃bard] **n.f.** (anc. it. *rambata,* de *arrembar,* aborder un bateau). Rampe légère formant garde-corps (syn. **garde-fou**).

Rambouillet, ch.-l. d'arr. des Yvelines, dans la *forêt de Rambouillet* (13 200 ha) ; 26 595 hab. *(Rambolitains).* Ferme nationale créée par Louis XVI ; école des bergers. Électronique. Château des XIVe-XVIIIe s., auj. une des résidences des présidents de la République.

1. rame [ram] **n.f.** (fém. de l'anc. fr. *raim,* du lat. *ramus,* branche). Branche ou perche de bois servant de tuteur à certaines plantes grimpantes cultivées : *Soutenir des pois, des haricots avec des rames.*

2. rame [ram] **n.f.** (lat. *remus*). Longue pièce de bois élargie à une extrémité dont on se sert pour faire avancer une embarcation (syn. **aviron, pagaie**).

3. rame [ram] **n.f.** (esp. *resma,* de l'ar. *rizma,* ballot). **1.** Ensemble de cinq cents feuilles de papier vierge : *La rame est l'unité adoptée pour la vente en gros du papier.* **2.** Ensemble de wagons attelés ensemble : *Une rame de métro.*

rameau [ramo] **n.m.** (lat. *ramus*). **1.** Petite branche ; division d'une branche d'arbre : *Le rameau d'olivier est un symbole de paix.* **2.** Subdivision d'un ensemble (linguistique, généalogique, etc.) représenté sous forme d'arbre : *Le gaulois est un rameau de la branche de l'indo-européen.* ◆ **Rameaux n.m. pl.** RELIG. CHRÉT. **Les Rameaux,** fête commémorant l'entrée triomphale de Jésus à Jérusalem, célébrée le dernier dimanche du carême, qui précède la fête de Pâques.

Rameau (Jean-Philippe), compositeur français (Dijon 1683 - Paris 1764). Claveciniste et organiste, il contribua à fixer la science de l'harmonie (*Traité de l'harmonie,* 1722) et, dans ses opéras (*Hippolyte et Aricie,* 1733 ; *Castor et Pollux,* 1737 ; *Dardanus,* 1739 ; *Zoroastre,* 1749) et ses opéras-ballets (*les Indes galantes,* 1735 ; *les Fêtes d'Hébé,* 1739), porta l'émotion, le sentiment dramatique à leur plus haut point grâce à la souplesse de sa rythmique, le relief et la vigueur de son style instrumental, la puissance ou la tendresse de ses thèmes. On lui doit, en outre, des cantates, des *Livres de pièces de clavecin,* des suites et des *Pièces de clavecin en concerts* (1741).

ramée [rame] **n.f.** (de *1. rame*). LITT. Ensemble des branches feuillues d'un arbre (syn. **frondaison, ramure**).

ramener [ramne] **v.t.** [conj. **19**]. **1.** Amener de nouveau dans un endroit : *Ramener ses enfants à l'école.* **2.** Faire revenir une personne dans le lieu d'où elle était partie : *Elle était souffrante, je l'ai ramenée chez elle* (syn. **raccompagner, reconduire**). **3.** Remettre en place ; mettre dans une certaine position : *Ramener un châle sur ses épaules.* **4.** Faire revenir à un état antérieur : *Ramener qqn à la raison* (syn. **rappeler**). **5.** Faire renaître : *Ramener la paix* (syn. **restaurer, rétablir**). **6.** Porter à un certain point de simplification ; mettre à un niveau accessible : *Ramener une équation à sa plus simple expression* (syn. **réduire**). **7.** Faire converger vers le même point : *L'égoïste ramène tout à lui.* **8.** FAM. **La ramener, ramener sa fraise,** intervenir dans une discussion en faisant l'important. ◆ **se ramener v.pr. 1.** Être réductible à qqch : *Le problème se ramène à une question de financement* (syn. **se réduire à**). **2.** FAM. Venir : *Il s'est ramené à 8 heures* (syn. **arriver**).

ramequin [ramkɛ̃] **n.m.** (néerl. *rammeken*). **1.** Petit récipient en terre ou en porcelaine utilisé pour la cuisson au four. **2.** Tartelette garnie d'une crème au fromage.

ramer [rame] **v.i.** (lat. pop. **remare,* de *remus,* rame). **1.** Manœuvrer une rame ; faire avancer un bateau à la rame : *Ramer en cadence* (syn. **souquer**). **2.** FAM. Avoir beaucoup de peine à faire qqch : *Il rame pour gagner sa vie* (syn. **se démener, peiner**).

ramette [ramɛt] **n.f.** (de *3. rame*). Paquet de cent vingt-cinq feuilles de papier : *Une ramette de papier à lettres.*

rameur, euse [ramœr, -øz] **n.** (de *ramer*). Personne qui rame : *Un bateau à quatre, huit rameurs.*

rameuter [ramøte] **v.t.** Rassembler, mobiliser pour une action : *Parti qui rameute ses militants* (syn. **regrouper**).

ramier [ramje] **adj.m.** (de l'anc. fr. *raim,* rameau). **Pigeon ramier** ou **ramier, n.m.,** gros pigeon à tête et dos gris-bleu, aux ailes barrées de blanc, très commun dans les villes d'Europe (on dit aussi *pigeon ramier*) [syn. **palombe**]. ▸ Long. 40 cm.

ramification [ramifikasjɔ̃] **n.f.** (lat. scientif. *ramificatio*). **1.** Division d'un végétal arborescent : *Les ramifications d'une tige.* **2.** Division d'une artère, d'un nerf, etc., en parties plus petites qui en sont comme les rameaux. **3.** Subdivision d'une organisation, d'un centre d'activités : *Complot qui a des ramifications dans l'Europe entière.*

se **ramifier** [ramifje] **v.pr.** (lat. médiév. *ramificare,* de *ramus,* rameau) [conj. **9**]. **1.** Se partager en plusieurs branches : *Tige qui se ramifie.* **2.** S'étendre par des prolongements : *Organisation qui s'est ramifiée dans le monde entier* (syn. **se subdiviser**).

ramille [ramij] **n.f.** (de l'anc. fr. *raim ;* v. *1. rame*). [Surtout au pl.]. Dernière division des rameaux : *Ramasser des ramilles pour allumer le feu* (syn. **brindille**).

ramollir [ramɔlir] **v.t.** [conj. **32**]. Rendre mou : *Les pluies ont ramolli le sol* (syn. **ameublir**). ◆ **se ramollir v.pr. 1.** Devenir mou : *La cire chauffée se ramollit* (syn. **fondre**). **2.** FAM. Perdre peu à peu ses facultés mentales : *Se ramollir avec l'âge* (syn. **baisser, décliner**).

ramollissement [ramɔlismɑ̃] **n.m.** Fait de se ramollir, d'être ramolli : *Le ramollissement d'un sorbet sous l'effet de la chaleur.*

Ramon (Gaston), biologiste et vétérinaire français (Bellechaume, Yonne, 1886 - Garches 1963). Il fabrique les premières anatoxines (toxines bactériennes ayant perdu leur pouvoir toxique et utilisées comme vaccin). Il est aussi le précurseur des vaccinations associées (plusieurs vaccinations réalisées en même temps).

ramonage [ramɔnaʒ] **n.m.** Action de ramoner : *Le ramonage des cheminées est à la charge du locataire.*

ramoner [ramɔne] **v.t.** (de l'anc. fr. *ramon,* balai, de *raim,* rameau). Débarrasser un conduit, un appareil de la suie qui s'y est déposée : *Ramoner une cheminée.*

ramoneur [ramɔnœr] **n.m.** Personne dont le métier est de ramoner les cheminées.

Ramón y Cajal (Santiago), médecin et biologiste espagnol (Petilla de Aragón, Navarre, 1852 - Madrid 1934). Il a découvert que le neurone est la cellule de base du système nerveux. (Prix Nobel 1906, avec C. Golgi.)

1. rampant, e [rɑ̃pɑ̃, -ɑ̃t] **adj.** (de *ramper*). **1.** Qui rampe : *Animal rampant.* **2.** Bassement soumis devant les supérieurs : *Un individu rampant* (syn. **obséquieux, servile**). **3.** Dont l'évolution est peu sensible : *Inflation rampante.* **4.** Se dit de plantes qui se développent en s'étalant sur le sol.

2. rampant [rɑ̃pɑ̃] **n.m.** (de *ramper*). FAM. Membre du personnel au sol de l'aviation (par opp. à *volant*).

rampe [rɑ̃p] **n.f.** (de *ramper*). **1.** Partie inclinée d'une rue, d'une route, d'une voie de chemin de fer : *Gravir la rampe d'accès d'un garage* (= plan incliné). **2.** Balustrade portant une main courante et bordant un escalier du côté du vide : *Tenir la rampe.* **3.** Rangée de lumières sur le devant de la scène d'un théâtre, dans la devanture d'un magasin, etc. : *Affronter les feux de la rampe.* **4. Passer la rampe,** toucher le public. / **Rampe de lancement,** plan incliné pour le lancement des avions catapultés ou des projectiles autopropulsés.

ramper [rɑ̃pe] **v.i.** (frq. **hrampon,* grimper avec des griffes). **1.** Progresser grâce à des mouvements divers du corps qui prend appui par sa face ventrale ou inférieure, en parlant de certains animaux : *Les reptiles, les vers, les gastropodes rampent.* **2.** Avancer lentement, le ventre au contact du sol et en s'aidant des quatre membres, en parlant de qqn : *Passer sous un barbelé en rampant.* **3.** S'étaler sur un support en s'y accrochant au moyen de vrilles ou de crampons, ou se développer sur le sol, en parlant de certaines plantes : *Lierre qui rampe à terre.* **4.** Se montrer soumis, servile, devant qqn : *Ramper devant ses supérieurs.*

Ramsay (*sir* William), chimiste britannique (Glasgow, Écosse, 1852 - High Wycombe, Buckinghamshire, 1916). Il expliqua en 1879 le mouvement brownien comme résultant des chocs moléculaires et participa aux découvertes de l'argon (1894), de l'hélium (1895), puis des autres gaz rares de l'air. (Prix Nobel 1904.)

Ramsès ou **Ramessès** (en égyptien « le dieu Rê l'a mis au monde »), nom porté par 11 pharaons des XIXe et XXe dynasties. • **Ramsès II** (1301-1235 av. J.-C.), fils de Seti Ier, est l'un des grands pharaons de l'histoire d'Égypte. Pour dissocier le pouvoir politique de la puissance grandissante du clergé thébain d'Amon, et pour se rapprocher de la Syrie, menacée par les Hittites (qui préparent alors une coalition contre l'Égypte), il installe sa capitale à Pi-Ramsès (Qantir, près de Tanis) et développe considérablement l'armée. En l'an 5 du règne, une bataille entre Ramsès II et Mouwattali (souverain hittite) a lieu à Qadesh, sur l'Oronte : il semble que Ramsès II l'ait emporté, à la suite d'un exploit personnel. En l'an 7, Mouwattali fomente une révolte, en Canaan, contre Ramsès II ; après avoir pacifié Canaan, celui-ci remonte vers le nord et défait de nouveau l'armée hittite. En 1295, la mort de Mouwattali ouvre une crise dynastique qui affaiblit alors le royaume hittite. Lorsque Hattousili III monte enfin sur le trône, la puissance assyrienne devenant de plus en plus menaçante, Ramsès II et le roi hittite Hattousili III jugent nécessaire de se rapprocher et concluent, en 1283, un traité d'alliance dont le texte a été conservé. Cette alliance est confirmée par un mariage entre Ramsès II et une fille du souverain hittite, qui vient en visite officielle en Égypte. Cette entente ouvre une ère de prospérité ; l'Égypte apparaît alors comme le pays le plus riche de la Méditerranée orientale. En témoignent notamment les constructions gigantesques entreprises par Ramsès II : salle hypostyle du grand temple d'Amon-Rê à Karnak, temples d'Abou-Simbel en Nubie, temple funéraire à Thèbes-Ouest (Ramesseum). La fin du règne est marquée par de graves événements extérieurs : d'une part, l'Assyrie s'installe sur l'Euphrate, s'empare de Ninive et domine désormais toute la Mésopotamie ; d'autre part, les Peuples de la Mer, en quête de terres nouvelles, forment une vaste ligue et se dirigent vers le sud. C'est le fils et successeur de Ramsès II, Mineptah, qui les refoulera pour la première fois. • **Ramsès III** (1198-1166 av. J.-C.), premier pharaon de la XXe dynastie. Il sauva l'Égypte des tentatives d'invasion des Peuples de la Mer, mais perdit une bonne partie de ses possessions d'Asie. Des difficultés intérieures et des complots de palais marquèrent la fin du règne.

ramure [ramyr] **n.f.** (de *1. rame*). **1.** Ensemble des branches et des rameaux d'un arbre (syn. **branchage, frondaison, ramée**). **2.** Bois du cerf, du daim.

Ramuz (Charles-Ferdinand), écrivain suisse d'expression française (Lausanne 1878 - Pully 1947). Il a exprimé dans ses romans la poésie de la nature et de la vie vaudoises (*la Grande Peur dans la montagne,* 1926 ; *Derborence,* 1934).

Ranavalona III (Tananarive 1862 - Alger 1917), reine de Madagascar (1883-1897). Sur l'initiative de Gallieni, elle fut déposée et exilée en 1897 par les Français, qui venaient d'établir leur protectorat sur le pays (1895).

rancard, rancart ou **rencard** [rɑ̃kar] **n.m.** (orig. incert., p.-ê. de *rancart*). **1.** ARG. Renseignement. **2.** FAM. Rendez-vous.

rancart [rɑ̃kar] **n.m.** (du normand « mettre au récart », de *récarter,* éparpiller). FAM. **Mettre au rancart,** se débarrasser de ce dont on ne se sert plus (= mettre au rebut).

rance [rɑ̃s] **adj.** (lat. *rancidus*). Se dit d'un corps gras qui a contracté une odeur forte et une saveur âcre : *Lard rance.* ◆ **n.m.** Odeur ou saveur rance : *Beurre qui sent le rance.*

Rance (la), fl. de Bretagne, qui passe à Dinan et se jette dans la Manche ; 100 km. Usine marémotrice sur son estuaire.

Rancé (Armand Jean Le Bouthillier de), religieux français réformateur de l'ordre cistercien (Paris 1626 - Soligny, Orne, 1700). Ordonné prêtre en 1654, il mène une vie dissolue avant de se convertir (1660) et de se retirer en 1664 à l'abbaye de la Grande-Trappe, en Normandie, dont il était l'abbé commendataire. Il y introduit une réforme rigoureuse qui donnera naissance à l'ordre de la Trappe, ou Cisterciens réformés de la stricte observance.

ranch [rɑ̃tʃ] ou [rɑ̃ʃ] **n.m.** (mot anglo-amér.) [pl. *ranchs* ou *ranches*]. Grande ferme d'élevage extensif de la Prairie américaine.

ranci [rɑ̃si] **n.m.** Odeur, goût de rance.

rancir [rɑ̃sir] **v.i.** [conj. **32**]. Devenir rance : *Lard qui a ranci.* ◆ **v.t.** Rendre rance : *La chaleur a ranci le jambon.*

rancissement [rɑ̃sismɑ̃] **n.m.** Altération des aliments contenant des matières grasses, caractérisée par l'apparition de goût et d'odeur désagréables.

rancœur [rɑ̃kœr] **n.f.** (bas lat. *rancor,* état de ce qui est rance). Amertume profonde que l'on garde à la suite d'une déception, d'une injustice (syn. **rancune, ressentiment**).

rançon [rɑ̃sɔ̃] **n.f.** (du lat. *redemptio,* rachat). **1.** Somme d'argent exigée pour la délivrance de qqn retenu prisonnier : *Les kidnappeurs exigent une rançon.* **2.** Inconvénient accompagnant inévitablement un plaisir : *La rançon de la gloire* (syn. **contrepartie, tribut**).

rançonnement [rɑ̃sɔnmɑ̃] **n.m.** Action de rançonner qqn : *Le rançonnement des commerçants du quartier par des mafieux* (syn. **racket**).

rançonner [rɑ̃sɔne] **v.t.** (de *rançon*). **1.** Exiger de qqn, par la contrainte, une remise d'argent : *Voleurs qui rançonnent les passants.* **2.** FAM. Faire payer un prix excessif : *Hôtelier qui rançonne les touristes* (syn. **escroquer**).

rancune [rɑ̃kyn] **n.f.** (de l'anc. fr. *rancure,* du lat. pop. **rancura,* de *rancor* ; v. *rancœur*). **1.** Ressentiment qu'on garde d'une offense, d'une injustice, et qui s'accompagne d'un désir de vengeance : *Garder rancune à qqn de qqch* (syn. **animosité, rancœur**). **2. Sans rancune,** formule qui invite à la réconciliation après une brouille passagère.

rancunier, ère [rɑ̃kynje, -ɛr] **adj.** et **n.** Qui garde facilement rancune : *Elle est très rancunière* (syn. **vindicatif** ; contr. **indulgent**).

randomiser [rɑ̃dɔmize] **v.t.** (de l'angl. *random,* fortuit). STAT. Introduire un élément aléatoire dans un calcul ou dans un raisonnement.

randonnée [rɑ̃dɔne] **n.f.** (de l'anc. fr. *randonner,* courir rapidement). **1.** Promenade de longue durée où, génér., on revient à son point de départ : *Une randonnée à pied, à skis* (syn. **excursion, tour**). **2. Sentier de grande randonnée (G.R.),** sentier spécial. balisé qui permet des randonnées sur des itinéraires très longs.

randonneur, euse [rɑ̃dɔnœr, -øz] **n.** Personne qui fait une randonnée ou qui pratique la randonnée de loisir.

Randstad Holland, région de l'ouest des Pays-Bas, englobant notamment les villes d'Amsterdam, La Haye, Rotterdam et Utrecht. Densément peuplée, elle regroupe la majeure partie des activités du pays.

rang [rɑ̃] **n.m.** (frq. **hring,* cercle, anneau). **1.** Suite de personnes ou de choses disposées les unes à côté des autres, sur une même ligne : *Le premier rang des spectateurs* (syn. **rangée**). *Un collier à trois rangs de perles.* **2.** Catégorie de personnes ayant les mêmes opinions, les mêmes intérêts : *Elle a demandé à être admise dans nos rangs. Ils iront grossir le rang des mécontents* (syn. **nombre**). **3.** Situation de qqn dans une classification : *Classer par rang d'ancienneté, de taille.* **4.** Place occupée par qqn dans la hiérarchie sociale et qui lui est attribuée en raison de son emploi, de sa valeur, de sa naissance : *Il a désormais rang d'ambassadeur* (syn. **grade**). *Il a été traité avec les honneurs dus à son rang* (syn. **poste, situation**). **5.** Degré d'importance, de valeur attribué à qqn, qqch : *Un écrivain de second rang* (syn. **ordre**). *Ce projet est au premier rang de nos préoccupations.* **6. Au rang de,** dans la catégorie de, des ; au nombre de, parmi ; au grade de : *Expression passée au rang de proverbe. Mettre qqn au rang de ses amis.* / **Militaire du rang,** militaire qui n'est ni officier ni sous-officier (on disait autref. *homme de troupe, homme du rang*). / **Rentrer dans le rang,** renoncer à ses prérogatives ; abandonner ses ambitions ou ses velléités d'indépendance. / **Serrer les rangs,** se rapprocher les uns des autres pour tenir moins de place ; au fig., se soutenir mutuellement. / **Sortir du rang,** avoir conquis ses grades sans passer par une école militaire, en parlant d'un officier. **7.** MATH. **Rang d'une matrice,** ordre maximal des déterminants non nuls que l'on peut former avec les éléments de cette matrice en supprimant un certain nombre de lignes et de colonnes de celle-ci.

rangé, e [rɑ̃ʒe] **adj.** (de *1. ranger*). **1.** Qui a de l'ordre ; qui mène une vie régulière : *Homme rangé* (syn. **sérieux** ; contr.

dévergondé). **2. Bataille rangée,** bataille que se livrent deux armées régulièrement disposées l'une en face de l'autre ; rixe générale.

rangée [rɑ̃ʒe] **n.f.** (de *1. ranger*). Suite de personnes ou d'objets disposés sur une même ligne : *Rangée d'arbres. Deux rangées de soldats le long d'un cortège* (syn. **cordon**).

rangement [rɑ̃ʒmɑ̃] **n.m. 1.** Action ou manière de ranger : *Se mettre au rangement de ses papiers* (syn. **classement**). **2.** Endroit où l'on peut ranger des objets : *Appartement moderne où les rangements sont encastrés* (syn. **placard**).

1. ranger [rɑ̃ʒe] **v.t.** (de *rang*) [conj. **17**]. **1.** Mettre en rang : *Ranger des troupes en ordre de bataille* (syn. **aligner**). **2.** Arranger selon un ordre déterminé : *Ranger des dossiers par année* (syn. **classer**). **3.** Mettre de l'ordre dans : *Ranger une chambre.* **4.** Mettre de côté un véhicule pour laisser la voie libre à la circulation : *L'agent lui demanda de ranger son véhicule sur le bas-côté* (syn. **garer, parquer**). **5.** *LITT.* Gagner qqn à sa cause, à son opinion : *L'orateur a réussi à ranger l'auditoire à son avis.* **6.** Mettre au nombre de : *Ranger un auteur parmi les classiques* (syn. **compter, placer**). ◆ **se ranger v.pr. 1.** Se placer dans un certain ordre : *Se ranger avant d'entrer en classe* (syn. **s'aligner**). **2.** S'écarter pour faire de la place : *Rangez-vous pour laisser passer l'ambulance* (syn. **se garer**). **3.** Revenir à une conduite régulière, moins désordonnée : *Depuis son mariage, il s'est rangé* (syn. **s'assagir**). **4. Se ranger à l'avis de,** adopter le point de vue de. / **Se ranger du côté de,** s'engager dans le parti de.

2. ranger [randʒœr] **n.m.** (mot anglo-amér.). **1.** Soldat d'une unité de choc de l'armée américaine. **2.** Chaussure de marche, souvent en cuir et pourvue d'une courte guêtre.

Rangoun ou **Rangoon,** en birm. **Yangon,** anc. cap. de la Birmanie, près de l'embouchure de l'Irrawaddy ; 4 355 639 hab. dans l'agglomération. Port et principal centre économique du pays. Pèlerinage bouddhiste. Célèbre pagode Shwedagon. Musée national.

ranidé [ranide] **n.m.** (du lat. *rana,* grenouille). **Ranidés,** famille des grenouilles.

ranimer [ranime] **v.t. 1.** Faire revenir à soi ; réanimer : *Nous avons eu du mal à la ranimer après sa syncope.* **2.** Redonner de l'activité, de la vigueur à : *Ranimer le feu. Son acte ranima le courage des autres* (syn. **attiser, éperonner**). *Ne ranimez pas sa colère* (syn. **réveiller**). ◆ **se ranimer v.pr. 1.** Revenir à soi : *Le boxeur commençait à se ranimer après son knock-out* (syn. **revivre**). **2.** Reprendre une activité ou une intensité nouvelle : *Volcan qui se ranime* (syn. **se réveiller**).

raout [raut] **n.m.** (angl. *rout,* anc. fr. *route,* compagnie). *VX.* ou *PAR PLAIS.* Réunion, fête mondaine.

rap [rap] **n.m.** (mot angl. « tape »). Style de musique soutenant un chant aux paroles, improvisées ou non, scandées sur un rythme très martelé.

rapace [rapas] **adj.** (lat. *rapax, -acis*). **1.** *LITT.* Avide d'argent : *Un usurier rapace* (syn. **cupide**). **2.** Se dit d'un oiseau qui poursuit ses proies avec voracité : *Un vautour rapace* (syn. **vorace**). ◆ **n.m. Rapaces,** oiseaux carnivores, à bec crochu et à griffes fortes et recourbées : *L'aigle est un rapace diurne, la chouette un rapace nocturne.*

rapacité [rapasite] **n.f.** (lat. *rapacitas*). **1.** Caractère d'une personne rapace : *La rapacité d'un usurier* (syn. **avidité, cupidité**). **2.** Caractère rapace d'un animal : *La rapacité d'un tigre* (syn. **férocité, voracité**).

Rapallo ***(traité de)*** → **Guerre mondiale *(Première).***

rapatrié, e [rapatrije] **n. 1.** Personne ramenée dans son pays d'origine par les soins des autorités officielles : *Un premier avion transportant les rapatriés est arrivé ce soir.* **2.** Français d'Algérie installé en métropole après l'indépendance de ce pays (1962).

rapatriement [rapatrimɑ̃] **n.m.** Action de rapatrier : *Le rapatriement des prisonniers, des capitaux.*

rapatrier [rapatrije] **v.t.** [conj. **10**]. Faire revenir des personnes, des biens, des capitaux dans leur pays d'origine : *Des prisonniers ont été rapatriés.*

râpe [rɑp] **n.f.** (du germ. **raspôn,* par le lat. *raspa,* grappe de raisin sans ses grains). **1.** Ustensile de ménage pour réduire en poudre certaines substances alimentaires : *Une râpe à fromage, à muscade.* **2.** Grosse lime d'acier plate ou demi-ronde, pour user la surface des matières tendres : *Râpe de cordonnier, de menuisier.*

1. râpé, e [rɑpe] **adj.** (de *râper*). **1.** Réduit en poudre, en miettes, avec une râpe : *Gruyère râpé.* **2.** Usagé au point que l'étoffe montre la trame : *Vêtement râpé* (syn. **élimé**). **3.** *FAM.* Raté ; fichu : *C'est râpé pour demain, je ne pourrai pas me libérer* (syn. **manqué**).

2. râpé [rɑpe] **n.m.** (de *1. râpé*). Fromage râpé : *Mettre du râpé pour faire un gratin.*

râper [rɑpe] **v.t.** (germ. **raspôn,* rafler). **1.** Réduire en poudre avec une râpe : *Râper du fromage, de la muscade.* **2.** User la surface d'un corps avec une râpe, pour la dresser ou l'arrondir : *Sculpteur qui râpe un morceau de marbre.* **3.** Donner une sensation d'âpreté : *Ce vin râpe le gosier* (syn. **gratter, racler**).

rapetasser [raptase] **v.t.** (prov. *petas,* morceau de cuir ou d'étoffe). *FAM.* Réparer sommairement : *Rapetasser de vieux vêtements* (syn. **raccommoder, ravauder**).

rapetissement [raptismɑ̃] **n.m.** Action ou fait de rapetisser.

rapetisser [raptise] **v.t. 1.** Rendre plus petit ; faire paraître plus petit : *La distance rapetisse les objets.* **2.** Diminuer le mérite de : *Rapetisser les actions des autres* (syn. **amoindrir, déprécier**). ◆ **v.i.** Devenir plus petit, plus court : *Les jours rapetissent* (syn. **diminuer**).

râpeux, euse [rɑpø, -øz] **adj.** (de *râpe*). **1.** Rude au toucher : *La langue râpeuse d'un chat* (syn. **rêche, rugueux**). **2.** Qui a une saveur âpre : *Vin râpeux* (syn. **aigre**).

Raphaël, l'un des sept anges qui, selon la Bible, « se tiennent devant Dieu » ; il apparaît dans le livre de Tobie, où sous le nom d'Azarias il accompagne le jeune homme en son voyage, et dans l'écrit apocryphe juif d'Hénoch.

Raphaël (Raffaello Sanzio ou **Santi,** dit en fr.**),** peintre italien (Urbino 1483 - Rome 1520). Élève du Pérugin, il travailla à Pérouse, Florence, Rome et fut, à la cour des papes Jules II et Léon X, architecte en chef et surintendant des édifices (villa Madama, 1517, etc.). L'art de ce maître du classicisme allie précision du dessin, harmonie des lignes, délicatesse du coloris avec une ampleur spatiale et expressive toute nouvelle. Parmi ses chefs-d'œuvre, outre des portraits et des madones célèbres, signalons : *le Mariage de la Vierge* (1504, Brera, Milan), *le Triomphe de Galatée* (1511, Farnésine, Rome), *la Transfiguration* (1518-1520, Pinacothèque vaticane) et une partie des fresques des « chambres » du Vatican (*le Triomphe de l'eucharistie, l'École d'Athènes, le Parnasse, Héliodore chassé du Temple,* etc.) [1509-1514], le reste de la décoration (comme celle des « loges ») étant exécuté par ses élèves. On lui doit encore les cartons de tapisserie des *Actes des Apôtres.* Son influence a été immense jusqu'à la fin du XIXe s.

raphia [rafja] **n.m.** (mot malgache). **1.** Palmier d'Afrique et d'Amérique, fournissant une fibre très solide, qui sert à faire des liens. **2.** La fibre qu'on en tire : *Un sac en raphia.*

rapiat, e [rapja, -at] **adj.** (de l'arg. scol. *faire rapiamus,* duper). *FAM.* Qui dépense avec parcimonie : *Ils sont très rapiats* (syn. **avare** ; contr. **dépensier**).

1. rapide [rapid] **adj.** (lat. *rapidus*). **1.** Qui parcourt beaucoup d'espace en peu de temps : *Un coureur rapide* (syn. **véloce**). *Voiture très rapide.* **2.** Qui s'accomplit très vite ou trop vite : *Guérison rapide* (syn. **fulgurant, prompt**). *Une lecture rapide* (syn. **hâtif, sommaire**). **3.** Où l'on circule rapidement : *Voie rapide.* **4.** Très incliné : *Pente rapide* (syn. **abrupt, raide**). **5.** Qui agit vite ; qui comprend facilement : *Rapide dans son travail* (syn. **diligent**). *Intelligence rapide* (syn. **vif**). **6.** Qui fait effet très vite : *Colle à prise rapide.*

2. rapide [rapid] **n.m.** (de *1. rapide*). **1.** Section d'un cours d'eau où l'écoulement est accéléré en raison d'une augmentation brutale de la pente du lit. **2.** Train effectuant un parcours à vitesse élevée, et ne s'arrêtant qu'à des gares très importantes.

rapidement [rapidmɑ̃] **adv.** Avec rapidité : *Essayez de terminer ce travail rapidement* (syn. **promptement, vite**). *Ne répondez pas trop rapidement* (syn. **hâtivement**).

rapidité [rapidite] **n.f.** Caractère de ce qui est rapide : *La rapidité d'un coureur* (syn. **vélocité**). *La rapidité d'une fusée* (syn. **vitesse**).

rapiècement [rapjɛsmɑ̃] et **rapiéçage** [rapjesaʒ] **n.m.** Action de rapiécer (syn. **raccommodage**).

rapiécer [rapjese] **v.t.** [conj. **20**]. Réparer un vêtement en y posant une ou des pièces : *Un pantalon tellement déchiré qu'on ne peut plus le rapiécer* (syn. **raccommoder**).

rapière [rapjɛr] **n.f.** (de [*espee*] *rapiere*, de *râper*). Épée à lame fine et longue, dont on se servait dans les duels (XVe-XVIIIe s.).

rapine [rapin] **n.f.** (lat. *rapina*, de *rapere*, prendre). **1.** *LITT.* Action de s'emparer de qqch par la violence : *Les soldats se sont livrés à la rapine* (syn. **pillage**). **2.** Ce qui est volé par rapine : *Vivre de ses rapines* (syn. **larcin, vol**).

rapparier [raparje] **v.t.** [conj. **9**]. Réassortir deux choses qui vont par paire : *Rapparier des gants.*

rappel [rapɛl] **n.m.** (de *rappeler*). **1.** Action par laquelle on rappelle, on fait revenir qqn : *Le rappel d'un ambassadeur. Le pianiste a eu trois rappels.* **2.** Paiement d'une portion d'appointements ou d'arrérages restée en suspens : *Toucher un rappel.* **3.** En alpinisme, procédé de descente d'une paroi verticale à l'aide d'une corde double. **4.** MIL. Batterie de tambour, sonnerie de clairon pour rassembler une troupe. **5.** Action de rappeler, de faire se souvenir : *Le rappel de ces moments tragiques l'a bouleversé* (syn. **évocation, mention**). **6.** Système de retour en arrière d'un mécanisme : *Ressort de rappel.* **7.** Nouvelle injection d'un vaccin pratiquée un certain temps après une vaccination pour consolider l'immunité conférée par le vaccin : *N'oubliez pas de faire le rappel dans un an.* **8. Battre le rappel,** s'employer à rassembler, réunir toutes les personnes ou toutes les choses exigées par les circonstances. / **Rappel à l'ordre** ⟶ **ordre.**

rappelé, e [raple] **adj.** et **n.** Convoqué de nouveau sous les drapeaux.

rappeler [raple] **v.t.** [conj. **24**]. **1.** Appeler de nouveau, spécial., au téléphone : *Elle est sortie, rappelez-la demain.* **2.** Faire revenir en appelant ; faire revenir une personne absente : *Rappeler le médecin. Rappeler les acteurs* (syn. **bisser**). *Rappeler des militaires sous les drapeaux.* **3.** Faire revenir qqn d'un pays étranger où il exerçait des fonctions : *Rappeler un ambassadeur.* **4.** En parlant d'un fabricant ou d'un distributeur, faire revenir un produit susceptible d'être défectueux : *Rappeler des modèles présentant des défauts.* **5.** Faire revenir à la mémoire : *Tout ici me rappelle mon enfance* (syn. **évoquer**). **6.** Présenter une ressemblance avec : *Fille qui rappelle son père.* **7. Rappeler qqn à la vie,** lui faire reprendre connaissance (= le ranimer). ◆ **se rappeler** v.pr. **Se rappeler qqn, qqch,** en garder le souvenir, s'en souvenir : *Je me rappelle très bien notre première rencontre* (syn. **se remémorer**). *Elle se rappelle que vous lui avez posé la question* (syn. **se souvenir**). ***Rem.*** La construction *se rappeler de qqn, qqch* est familière et fautive.

rapper [rape] **v.i.** (de *rap*). Composer, chanter du rap.

rappeur, euse [rapœr, -øz] **n.** Personne qui compose, interprète du rap.

rappliquer [raplike] **v.i.** (de *appliquer*). *FAM.* Venir ou revenir en un lieu : *Il a rappliqué illico* (syn. **arriver**).

rapport [rapɔr] **n.m.** (de *rapporter*). **1.** Profit tiré de l'exploitation d'un bien : *Des terres en plein rapport* (syn. **rendement**). *Immeuble d'un bon rapport* (syn. **bénéfice, revenu**). **2.** Exposé dans lequel on relate ce qu'on a vu ou entendu : *Rédiger un rapport sur une réunion* (syn. **compte rendu**). **3.** Réunion au cours de laquelle un chef militaire expose ses intentions et donne ses ordres : *Tous les officiers doivent être au rapport.* **4.** Lien ou relation entre deux ou plusieurs choses : *Étudier le rapport entre deux événements* (syn. **corrélation, relation**). **5.** Élément commun à certaines choses et que l'esprit peut percevoir : *Étudier les rapports entre le français et le latin* (syn. **analogie, correspondance**). **6. De rapport,** dont la location procure des revenus au propriétaire : *Immeuble de rapport.* / **En rapport avec,** proportionné à : *Trouver un emploi en rapport avec ses capacités.* / **Mettre en rapport,** en communication : *J'ai tout fait pour les mettre en rapport.* / **Par rapport à,** relativement à : *La Terre est petite par rapport au Soleil.* / **Sous le rapport de,** du point de vue de, eu égard à. / MATH. **Rapport de *a* à** (ou **sur**) ***b*,** quotient de *a* par *b*. / MATH. **Rapport de projection orthogonale (de deux axes),** quotient $\frac{\overline{A'B'}}{\overline{AB}}$, A et B étant deux points quelconques d'un axe et A' et B' leurs projections orthogonales sur l'autre axe. ◆ **rapports n.m. pl. 1.** Relations entre des personnes ou des groupes : *Avoir de bons rapports avec ses voisins.* **2. Avoir des rapports avec qqn,** avoir des relations sexuelles avec lui (on dit aussi *rapports sexuels*). / **Sous tous (les) rapports,** à tous égards : *Jeune homme bien sous tous rapports.*

rapporté, e [rapɔrte] **adj. 1.** Qui a été ajouté pour compléter : *Jardin en terrasse avec des terres rapportées.* **2. Pièce rapportée,** élément d'un ensemble, assemblé après avoir été façonné à part ; *FAM.*, personne qui ne fait partie d'une famille que par alliance : *Il dit que sa belle-sœur est une pièce rapportée.*

rapporter [rapɔrte] **v.t.** (de *apporter*). **1.** Remettre une chose à l'endroit où elle était ; rendre à qqn : *Rapporte les fourchettes à la cuisine. Rapportez-lui son livre* (syn. **restituer**). **2.** Apporter de nouveau ou en plus : *Pouvez-vous nous rapporter du pain ?* **3.** Apporter avec soi en revenant d'un lieu : *Rapporter des fleurs de la campagne.* **4.** Déclarer nulle une décision administrative : *Le ministre a annoncé qu'il rapportait le décret* (syn. **abroger, annuler**). **5.** Appliquer une pièce de tissu sur qqch : *Rapporter des poches unies sur une jupe écossaise.* **6.** Procurer un gain, un bénéfice à : *Cette terre rapporte beaucoup de blé* (syn. **produire**). *Ce mensonge ne vous rapportera rien.* **7.** Faire le récit de ce qu'on a vu et entendu : *Rapporter un fait comme il s'est passé* (syn. **relater, retracer**). **8.** Répéter qqch à qqn de façon indiscrète ou malicieuse : *On n'ose rien dire devant lui, il rapporte tout.* **9.** Établir un rapport exclusif avec : *Il est égoïste et rapporte tout à lui* (syn. **concentrer, ramener**). **10.** Mettre qqch en relation, en partic. numérique, avec qqch d'autre pour permettre une comparaison : *Rapporter l'histoire de la Terre à l'échelle humaine.* ◆ **se rapporter v.pr. [à]. 1.** Avoir un rapport avec qqch ; être relatif à qqn : *La réponse ne se rapporte pas à la question* (syn. **s'appliquer à, cadrer avec**). *Le pronom relatif se rapporte à son antécédent.* **2. S'en rapporter à,** s'en remettre à, faire confiance à.

1. rapporteur, euse [rapɔrtœr, -øz] **adj.** et **n.** (de *rapporter*). Qui rapporte, par indiscrétion ou par malice, ce qu'il a vu ou entendu : *Un enfant rapporteur.* ◆ **n.** Personne qui est chargée de faire l'exposé d'un procès, d'une affaire, de faire le rapport des conclusions que propose une commission parlementaire, etc. : *Le rapporteur de la commission des Finances.* ***Rem.*** Au fém., on rencontre aussi *une rapporteure.*

2. rapporteur [rapɔrtœr] **n.m.** (de *rapporter*). Instrument en forme de demi-cercle gradué, servant à mesurer des angles sur un dessin.

rapprendre v.t. ⟶ **réapprendre.**

rapprochement [raprɔʃmɑ̃] **n.m. 1.** Action de rapprocher, de se rapprocher : *Le rapprochement des lèvres d'une plaie avant suture* (syn. **jonction, réunion**). **2.** Rétablissement de bonnes relations : *Le rapprochement de deux nations* (syn. **réconciliation**). **3.** Action de mettre en parallèle des faits, des idées, pour les comparer ; rapport que l'on discerne entre elles : *Faire un rapprochement entre deux événements* (syn. **association, comparaison**).

rapprocher [raprɔʃe] **v.t. 1.** Mettre, faire venir plus près en déplaçant : *Rapprocher une chaise d'une table* (syn. **avancer**). *Rapprocher les bouts de deux tuyaux* (syn. **joindre, réunir**). **2.** Rendre plus proche dans l'espace ou le temps : *L'avion rapproche l'Europe de l'Amérique.* **3.** Mettre en évidence les rapports entre des choses : *Rapprocher des textes* (syn. **comparer**). **4.** Établir ou rétablir de bonnes relations entre des personnes ou des groupes : *Leurs goûts communs les ont rapprochés* (syn. **lier, réunir**). ◆ **se rapprocher** v.pr. [de]. **1.** Venir plus près : *Rapproche-toi du feu.* **2.** Avoir des relations plus étroites : *Pays qui se rapprochent après des années d'hostilité* (syn. **se réconcilier**). **3.** Avoir certaines ressemblances avec qqn, qqch : *École de peinture qui se rapproche du cubisme* (syn. **ressembler**).

rapsode n.m., **rapsodie** n.f. → **rhapsode, rhapsodie.**

rapt [rapt] **n.m.** (lat. *raptus*, enlèvement). Enlèvement illégal d'une personne ; kidnapping.

raptus [raptys] **n.m.** (mot lat. « enlèvement »). PSYCHIATRIE. Comportement paroxystique à caractère impulsif et irrésistible : *Raptus anxieux.*

raquette [rakɛt] **n.f.** (lat. médiév. *rasceta [manus]*, de l'ar. *râhat*, paume de la main). **1.** Instrument formé d'un cadre ovale garni de cordes (boyaux ou fibres synthétiques) et terminé par un manche, pour jouer notamm. au tennis. **2.** Lame de bois, recouverte génér. de caoutchouc et munie d'un manche, pour jouer au tennis de table. **3.** Chacune des deux zones du terrain de basket-ball situées sous les paniers. **4.** Large semelle pour marcher sur la neige molle. **5.** BOT. Tige aplatie de l'opuntia, portant des épines.

rare [rar] **adj.** (lat. *rarus*). **1.** Qui n'est pas commun ; qu'on ne voit pas souvent : *Un livre rare* (syn. **introuvable**). **2.** Peu fréquent : *De rares visites* (syn. **espacé**). **3.** Qui existe en petit nombre : *Les commerçants sont rares ici.* **4.** Surprenant par son caractère inhabituel : *C'est rare de vous voir à cette heure* (syn. **étonnant, extraordinaire**). **5.** Peu dense : *Une herbe rare* (syn. **clairsemé**). **6. Se faire rare,** espacer ses visites ; se trouver de moins en moins souvent.

raréfaction [rarefaksjɔ̃] **n.f.** (lat. *rarefactio*). Le fait de se raréfier : *La raréfaction de l'air en altitude.*

raréfier [rarefje] **v.t.** (lat. *rarefacere*) [conj. **9**]. **1.** Rendre rare : *La sécheresse a raréfié les légumes.* **2.** PHYS. Diminuer la densité, la pression de : *Raréfier de l'air.* ◆ **se raréfier** v.pr. Devenir plus rare, moins dense, moins fréquent : *Ses cheveux commencent à se raréfier. Ses visites se sont raréfiées.*

rarement [rarmɑ̃] **adv.** Peu souvent : *Il gagne rarement aux jeux de hasard.*

rareté [rarte] **n.f.** Caractère de ce qui est rare ; chose rare : *La neige en mai est une rareté en France* (syn. **curiosité**).

rarissime [rarisim] **adj.** Très rare : *Un timbre rarissime* (syn. **unique**).

ras, e [ra, raz] **adj.** (lat. *rasus*, rasé). **1.** Coupé au niveau de la peau, en parlant des poils, des cheveux : *Barbe rase.* **2.** Très court : *Chien à poil ras.* **3.** Jusqu'au niveau du bord : *Mesure rase.* **4. Faire table rase,** mettre de côté, considérer comme nul ce qui a été dit ou fait antérieurement. / **Rase campagne,** pays plat et découvert. ◆ **ras** adv. De très près : *Ongles coupés ras.* ◆ **ras** n.m. **À ras,** très court : *Gazon tondu à ras.* / **À ras de, au ras de,** au niveau de, au plus près de : *À ras de terre.* / **Ras du cou,** se dit d'un vêtement dont l'encolure s'arrête au niveau du cou.

rasade [razad] **n.f.** (de *ras*). Quantité de boisson représentant un verre rempli à ras bord : *Une rasade d'eau.*

rasage [razaʒ] **n.m.** Action de raser ou de se raser : *Lotion à utiliser avant, après le rasage.*

rasant, e [razɑ̃, -ɑ̃t] **adj. 1.** FAM. Qui ennuie, lasse : *Livre rasant* (syn. **ennuyeux, fastidieux**). **2.** Qui passe au plus près d'une surface, en partic. du sol : *La lumière rasante du soleil couchant* (syn. **frisant**). **3.** MIL. Qui ne s'élève pas à une hauteur supérieure à celle de l'objectif : *Tir rasant.*

rascasse [raskas] **n.f.** (prov. *rascasso*, de *rasco*, teigne). Poisson à chair très estimée des eaux tropicales et tempérées chaudes, à la tête épineuse, aussi appelé *scorpion* ou *crapaud de mer.*

rase-mottes [razmɔt] **n.m. inv.** AÉRON. Vol effectué par un avion au plus près du sol : *Avion qui fait du rase-mottes.*

raser [raze] **v.t.** (lat. pop. **rasare*, class. *radere*, tondre). **1.** Couper avec un rasoir et au ras de la peau les cheveux, la barbe : *Le coiffeur rase un client. Avoir le crâne rasé.* **2.** Abattre à ras de terre : *Raser un édifice* (syn. **abattre, démolir**). **3.** Passer tout près de : *Raser les murs* (syn. **frôler**). *La balle a rasé le filet* (syn. **effleurer**). **4.** FAM. Importuner ; ennuyer : *Elle nous rase avec ses jérémiades* (syn. **lasser**). ◆ **se raser** v.pr. **1.** Se couper la barbe : *Se raser avec un rasoir électrique.* **2.** FAM. S'ennuyer : *On se rase à ses cours.*

raseur, euse [razœr, -øz] **n.** FAM. Personne ennuyeuse (syn. **importun**).

ras le bol [ralbɔl] **loc. adv.** FAM. **En avoir ras le bol (de),** être excédé, ne plus supporter qqch. ◆ **ras-le-bol** n.m. inv. FAM. Fait d'être excédé : *Le ras-le-bol est général* (syn. **exaspération**).

Rasmussen (Knud), explorateur danois (Jakobshavn, Groenland, 1879 - Copenhague 1933). Il dirigea plusieurs expéditions dans l'Arctique et étudia la vie des Esquimaux.

rasoir [razwar] **n.m.** Instrument servant à raser, à se raser : *Rasoir électrique. Coupe de cheveux au rasoir.*

Raspail (François), chimiste et homme politique français (Carpentras 1794 - Arcueil 1878). Vulgarisateur d'une médecine populaire, gagné aux idées républicaines, il prit part aux journées de 1830. Son activité d'opposant, sous la monarchie de Juillet, le fit emprisonner. Fondateur de *l'Ami du peuple* (1848), il fut candidat socialiste à l'élection présidentielle (déc. 1848). Banni en 1849, il se retira en Belgique. De retour en France, il fut député en 1869, puis de 1876 à 1878, après un nouvel emprisonnement.

Raspoutine (Grigori Iefimovitch), aventurier russe (Pokrovskoïe 1864 ou 1865 - Petrograd 1916). Ayant acquis une réputation de saint homme et de guérisseur, il soulagea le fils du tsar, Alexis, atteint d'hémophilie. Protégé par l'impératrice Aleksandra Fedorovna, il contribua à jeter le discrédit sur la cour, en raison de sa vie débauchée, et fut assassiné par le prince Ioussoupov.

raspoutitsa [rasputitsa] **n.f.** (mot russe « chemin rompu »). En Russie, période de dégel qui transforme la surface du sol en boue.

rassasiement [rasazimɑ̃] **n.m.** État d'une personne rassasiée.

rassasier [rasazje] **v.t.** (de l'anc. fr. *assasier*, du lat. médiév. *assatiare*, class. *satiare*, de *satis*, assez) [conj. **9**]. **1.** Apaiser la faim de : *Nous manquons de vivres pour rassasier tous les réfugiés* (syn. **contenter**). **2.** Satisfaire pleinement les désirs de : *Il n'est jamais rassasié de la voir* (syn. **combler**).

rassemblement [rasɑ̃bləmɑ̃] **n.m. 1.** Action de rassembler, de se rassembler : *Rassemblement de documents* (syn. **collecte, réunion**). *À mon signal, rassemblement !* **2.** Grande réunion de personnes : *Disperser un rassemblement* (syn. **attroupement**).

rassembler [rasɑ̃ble] **v.t. 1.** Faire venir dans le même lieu : *Il est difficile de rassembler toute la famille* (syn. **réunir**). *Rassembler des moutons dans un enclos* (syn. **regrouper**). **2.** Mettre ensemble ce qui est épars : *Rassembler des documents pour écrire un ouvrage* (syn. **amasser, collecter**). **3.** Remettre en ordre pour entreprendre qqch : *Rassembler ses souvenirs. Rassembler ses idées* (= se concentrer). ◆ **se rassembler** v.pr. Se réunir, se grouper : *Les manifestants se sont rassemblés sur la place* (syn. **se masser**).

rasseoir [raswar] **v.t.** [conj. **65**]. Asseoir de nouveau : *Rasseoir un enfant dans sa poussette.* ◆ **se rasseoir** v.pr. S'asseoir de nouveau, après s'être levé.

rasséréner [raserene] **v.t.** (de *serein*) [conj. **18**]. Rendre la sérénité, le calme à : *Cette bonne nouvelle l'a rasséréné* (syn. **rassurer, tranquilliser**). ◆ **se rasséréner** v.pr. Retrouver son calme (syn. **se calmer**).

rassir [rasir] **v.i.** (de *rassis*) [conj. **32 ;** auxil. *avoir* ou *être*]. Se dessécher progressivement : *Pain qui a rassi.*

rassis, e [rasi, -iz] **adj.** (p. passé de *rasseoir,* diminuer). **1.** Qui n'est plus frais, en parlant du pain, de produits à base de farine : *Pâtisserie rassise.* **2.** SOUT. **Esprit rassis,** personne calme, réfléchie (syn. **pondéré, posé**).

rassortiment n.m., **rassortir** v.t. → **réassortiment, réassortir.**

rassurant, e [rasyrɑ̃, -ɑ̃t] **adj.** Propre à rendre confiance, à tranquilliser : *Nouvelle rassurante* (syn. **tranquillisant ;** contr. **alarmant**).

rassurer [rasyre] **v.t.** Rendre sa confiance, sa tranquillité à qqn ; dissiper les craintes de : *Ce que vous me dites là me rassure* (syn. **rasséréner, tranquilliser**).

rasta [rasta] et **rastafari** [rastafari] **adj. inv.** et **n.** (de *ras Tafari,* nom porté par Hailé Sélassié). Se dit d'un mouvement mystique, politique et culturel propre aux Noirs de la Jamaïque et des Antilles anglophones ; qui en est partisan. ▸ La musique reggae en est, notamm., une manifestation.

rastaquouère [rastakwɛr] **n.m.** (esp. *rastracuero,* traîne-cuir). FAM., VIEILLI. Étranger étalant un luxe suspect (péjor.).

rat [ra] **n.m.** (orig. obsc.). **1.** Mammifère rongeur, très nuisible, originaire d'Asie. ▸ Famille des muridés. Le *rat noir* a envahi l'Europe au XIIIe s. et a été supplanté au XVIIe s. par le *surmulot,* ou *rat d'égout,* ou *rat gris.* **2.** Jeune élève de la classe de danse, à l'Opéra. **3.** FAM. **Être fait comme un rat,** être pris, dupé, arrêté. / FAM. **Rat de bibliothèque,** personne qui passe son temps à consulter des livres dans les bibliothèques. / **Rat d'hôtel,** filou qui dévalise les hôtels. / **Rat musqué,** ondatra. ◆ **adj.** et **n.m.** FAM. Très avare : *Il est si rat !* (syn. **pingre**).

ratafia [ratafja] **n.m.** (p.-ê. du mot créole *tafia,* même sens, du lat. *rata fiat,* que le marché soit conclu). Liqueur préparée par macération de fruits, de fleurs, de tiges, etc., dans l'alcool ou par mélange de marc et de moût de raisin.

ratage [rataʒ] **n.m.** Action de rater : *Sa vie est un ratage complet* (syn. **échec, insuccès**).

ratatiné, e [ratatine] **adj. 1.** Rapetissé et déformé : *Des pommes ratatinées* (syn. **flétri, ridé**). **2.** FAM. Démoli : *Sa voiture est ratatinée* (syn. **endommagé**).

ratatiner [ratatine] **v.t.** (mot expressif tiré d'un rad. *tat-* exprimant l'amoindrissement). **1.** Rapetisser en déformant : *L'âge et la misère l'ont ratatinée.* **2.** FAM. Endommager gravement : *Il a ratatiné sa moto contre un mur* (syn. **démolir**). **3.** FAM. Battre à plate couture : *Notre équipe a ratatiné l'équipe adverse* (syn. **écraser**). ◆ **se ratatiner v.pr.** Se tasser ; se recroqueviller : *Vieillard qui paraît se ratatiner* (syn. **se rabougrir, rapetisser**).

ratatouille [ratatuj] **n.f.** (du croisement de *tatouiller* et *ratouiller,* salir, tremper). Mélange d'aubergines, de courgettes, de poivrons, d'oignons et de tomates assaisonnés et cuits.

1. rate [rat] **n.f.** (de *rat*). Femelle du rat.

2. rate [rat] **n.f.** (p.-ê. du moyen néerl. *rate,* rayon de miel, par analogie de forme). **1.** Organe situé dans l'abdomen, sous la partie gauche du diaphragme, au-dessus du rein gauche et en arrière de l'estomac : *La rate fabrique des globules blancs et tient en réserve des globules rouges.* **2.** FAM. **Se dilater la rate,** rire beaucoup.

1. raté [rate] **n.m.** (de *rater*). **1.** Fonctionnement défectueux de qqch : *La négociation a connu des ratés.* **2.** Coup d'une arme à feu qui n'est pas parti. **3.** Légère détonation produite par un moteur à explosion lorsque l'allumage est défectueux : *Le moteur eut quelques ratés puis cala.*

2. raté, e [rate] **n.** et **adj.** (de *rater*). FAM. Personne qui n'a pas réussi : *C'est un raté. Une actrice ratée.*

râteau [rato] **n.m.** (lat. *rastellus,* de *raster ;* v. *ratine*). **1.** Outil agricole et de jardinage formé d'une traverse portant des dents et munie d'un manche. **2.** Raclette à manche avec laquelle le croupier ramasse les mises et les jetons sur les tables de jeu.

râtelier [ratəlje] **n.m.** (de *râteau*). **1.** Assemblage à claire-voie de barres de bois, pour mettre le foin et la paille qu'on donne aux animaux. **2.** Tringle, support destinés à recevoir des outils ou d'autres objets : *Un râtelier à pipes, à tubes à essai. Râtelier d'armes* (= pour ranger les fusils). **3.** FAM. Dentier. **4.** FAM. **Manger à tous les râteliers,** servir indifféremment plusieurs causes dans le seul but d'en tirer profit.

rater [rate] **v.i.** (de [prendre un] *rat,* ne pas lâcher son coup, en parlant d'une arme à feu). **1.** Ne pas partir, en parlant du coup d'une arme à feu : *J'ai tiré sur le faisan, mais le coup a raté.* **2.** Ne pas réussir : *Projet qui rate* (syn. **échouer**). ◆ **v.t. 1.** Ne pas atteindre son objectif : *Rater un lièvre* (syn. **manquer**). **2.** Ne pas rencontrer qqn : *Je l'ai raté de deux minutes* (syn. **manquer**). **3.** FAM. **Ne pas en rater une,** commettre tous les impairs possibles. / FAM. **Ne pas rater qqn,** lui faire une réponse bien sentie ; le prendre sur le fait pour le punir.

ratiboiser [ratibwaze] **v.t.** (croisement de *ratisser* et d'*emboiser,* tromper). **1.** FAM. Prendre ; rafler : *Il m'a ratiboisé tout mon argent* (syn. **voler**). **2.** Ruiner qqn au jeu : *Ratiboiser un joueur de poker* (syn. **couler**). **3.** Couper ras les cheveux de qqn.

ratière [ratjɛr] **n.f.** Piège à rats.

ratification [ratifikasjɔ̃] **n.f.** (lat. médiév. *ratificatio*). Action de ratifier : *La ratification d'un traité* (syn. **confirmation**).

ratifier [ratifje] **v.t.** (lat. médiév. *ratificare,* de *ratum facere,* rendre valable) [conj. **9**]. **1.** Approuver ce qui a été fait ou dit : *Ratifier un contrat* (syn. **entériner, sanctionner**). **2.** Reconnaître comme vrai : *Je ratifie ce qu'on vous a promis en mon nom* (syn. **confirmer**).

ratine [ratin] **n.f.** (de l'anc. fr. *raster,* racler). Étoffe de laine dont le poil est tiré en dehors et frisé.

ratio [rasjo] **n.m.** (mot lat.). ÉCON. Rapport entre deux grandeurs économiques ou financières, et qui est utilisé comme indicateur de gestion des entreprises.

ratiocination [rasjɔsinasjɔ̃] **n.f.** (lat. *ratiocinatio*). LITT. Abus du raisonnement ; raisonnement trop subtil.

ratiociner [rasjɔsine] **v.i.** (lat. *ratiocinari,* de *ratio,* raison). LITT. Raisonner d'une façon trop subtile.

ration [rasjɔ̃] **n.f.** (lat. *ratio,* calcul, compte). **1.** Quantité d'un aliment attribuée à qqn ou à un animal pour une journée : *Ration de fourrage pour un cheval.* **2.** Ce qui est apporté par le sort à qqn : *Elle a eu sa ration d'épreuves* (syn. **lot, part**). **3. Ration de combat,** ensemble des diverses denrées nécessaires à l'alimentation d'un ou de plusieurs combattants pendant une journée.

rationalisation [rasjɔnalizasjɔ̃] **n.f. 1.** Action de rendre rationnel ; résultat de cette action : *Rationalisation du travail d'une équipe.* **2.** Perfectionnement d'une organisation technique en vue de son meilleur fonctionnement : *La rationalisation d'une chaîne de montage* (syn. **normalisation**).

rationaliser [rasjɔnalize] **v.t.** (de *rationnel*). **1.** Organiser suivant des calculs ou des raisonnements : *Rationaliser le fonctionnement d'une administration.* **2.** Rendre plus efficace et moins coûteux un processus de production : *Rationaliser une fabrication* (syn. **normaliser**).

rationalisme [rasjɔnalism] **n.m.** (du lat. *rationalis,* rationnel). **1.** Doctrine qui rejette toute autre autorité que celle de la raison, et qui, en partic., refuse toute croyance religieuse : *Diderot et Voltaire furent des tenants du rationalisme.* **2.** Disposition d'esprit qui n'accorde de valeur qu'à la raison, au raisonnement. ◆ **rationaliste adj.** et **n.** Qui relève du rationalisme ; qui en est partisan.

rationalité [rasjɔnalite] **n.f.** (du lat. *rationalis,* rationnel). Caractère de ce qui est rationnel : *La rationalité d'un fait scientifique.*

rationnel, elle [rasjɔnɛl] **adj.** (lat. *rationalis,* de *ratio,* raison). **1.** Qui est fondé sur la raison : *Méthode rationnelle.* **2.** Qui est déduit par le raisonnement et n'a rien d'empirique : *Certitude rationnelle.* **3.** Déterminé par des calculs ou par des raisonnements : *Organisation rationnelle de la production* (syn. **méthodique**). **4.** Conforme au bon sens : *Ce que vous dites n'est pas rationnel* (syn. **raisonnable, sensé**). **5.** MATH. **Fraction** ou **fonc-**

tion rationnelle, fonction numérique égale au quotient de deux polynômes. / **Nombre rationnel,** élément de l'ensemble ℚ égal au quotient de deux entiers.

rationnellement [rasjɔnɛlmɑ̃] **adv.** De façon rationnelle : *Procéder rationnellement* (syn. **méthodiquement**).

rationnement [rasjɔnmɑ̃] **n.m.** Action de rationner ; fait d'être rationné : *On envisage le rationnement de l'essence.*

rationner [rasjɔne] **v.t. 1.** Réduire, par une répartition en quantités limitées, la consommation de : *Rationner l'eau en raison de la sécheresse.* **2.** Limiter dans sa consommation d'un produit donné : *On a rationné les troupes en prévision du siège de la ville.*

Ratisbonne, en all. **Regensburg,** v. d'Allemagne (Bavière), sur le Danube ; 135 403 hab. Université. Centre commercial. Cathédrale gothique entreprise au XIIIe s. (sculptures, vitraux) ; anc. hôtel de ville des XIVe-XVe s. ; église St-Emmeram, anc. abbatiale romane à décor baroque. Musées. – Ville libre impériale en 1245, Ratisbonne devint en 1663 le siège permanent de la diète du Saint Empire *(Reichstag).* Elle fut annexée à la Bavière en 1810.

ratissage [ratisaʒ] **n.m.** Action de ratisser : *Le ratissage des allées d'un jardin. Le ratissage d'un quartier* (syn. **fouille**).

ratisser [ratise] **v.t.** (de l'anc. v. *raster* « racler », d'apr. *râteau*). **1.** Nettoyer et égaliser avec un râteau : *Ratisser une allée.* **2.** Fouiller méthodiquement un lieu pour rechercher qqn : *La police ratisse la région* (syn. **contrôler, fouiller**). **3.** *FAM.* **Ratisser qqn,** le ruiner. ◆ **v.i.** *FAM.* **Ratisser large,** tenter, sans trop se soucier des critères de sélection, de rassembler le plus grand nombre de personnes ou de choses : *Politicien qui ratisse large pour tâcher d'être élu.*

raton [ratɔ̃] **n.m. 1.** Petit rat. **2. Raton laveur,** mammifère carnivore d'Amérique à fourrure gris-fauve et à longue queue annelée blanc et noir. ► Famille des procyonidés. En captivité, le raton laveur trempe ses aliments dans l'eau avant de les manger, mais ce comportement n'existe pas dans la nature.

ratonnade [ratɔnad] **n.f.** (d'un sens injurieux et raciste de *raton*). *FAM.* Expédition punitive ou brutalités exercées contre des Maghrébins et, par ext., contre d'autres personnes (péjor.).

R.A.T.P. (Régie autonome des transports parisiens), établissement public industriel et commercial, fondé en 1948, exploitant le métro, le R.E.R avec la S.N.C.F., et les transports de surface en région parisienne.

rattachement [rataʃmɑ̃] **n.m.** Action de rattacher : *Le rattachement des membres de la famille à la couverture sociale du titulaire.*

rattacher [rataʃe] **v.t. 1.** Attacher de nouveau : *Rattacher les lacets de ses chaussures.* **2.** Faire dépendre qqch d'une chose principale ; établir un rapport entre des choses ou des personnes : *Rattacher une commune à un canton* (syn. **incorporer**). *Rattacher une question à une autre* (syn. **relier**). ◆ **se rattacher v.pr. [à].** Être lié : *Dialectes qui se rattachent à la langue d'oc* (syn. **dériver de**).

rattrapable [ratrapabl] **adj.** Qui peut être rattrapé : *Cette erreur est rattrapable* (syn. **réparable**).

rattrapage [ratrapaʒ] **n.m. 1.** Action de rattraper ou de se rattraper : *Le rattrapage d'une maladresse.* **2.** Action de compenser un manque, de combler un retard : *Classe, cours de rattrapage.*

rattraper [ratrape] **v.t. 1.** Attraper, saisir de nouveau : *Rattraper un prisonnier* (syn. **reprendre**). **2.** Saisir qqch, qqn afin de les empêcher de tomber : *J'ai rattrapé le vase au moment où il basculait* (syn. **retenir**). **3.** Rejoindre qqn, qqch qui a de l'avance : *Allez devant, je vous rattraperai.* **4.** Atténuer un défaut, une erreur : *Il a essayé de rattraper cette parole malheureuse* (syn. **racheter, réparer**). ◆ **se rattraper v.pr. 1.** Regagner l'argent ou le temps qu'on a perdu : *J'ai pris du retard dans mon travail, mais je me rattraperai la semaine prochaine.* **2.** Atténuer une erreur qu'on était en train de commettre : *J'allais dire une bêtise, mais je me suis rattrapé à temps* (syn. **se reprendre, se ressaisir**). **3. Se rattraper à,** se retenir : *Se rattraper à une branche* (syn. **s'accrocher, s'agripper**).

rature [ratyr] **n.f.** (lat. pop. **raditura*, de *radere*, raser, gratter). Trait tracé sur ce qu'on a écrit pour l'annuler : *Sa lettre est pleine de ratures* (syn. **biffure**).

raturer [ratyre] **v.t.** Annuler ce qui est écrit en traçant un trait dessus : *Raturer un mot* (syn. **barrer, biffer, rayer**).

rauque [rok] **adj.** (lat. *raucus*). Se dit d'une voix rude et comme enrouée (syn. **éraillé**).

Rauschenberg (Robert), peintre et assemblagiste américain (Port Arthur, Texas, 1925 - Captiva Island, Floride, 2008). Il a fait la liaison entre expressionnisme abstrait et pop art, a utilisé les matériaux de rebut ainsi que le report photographique par sérigraphie, et s'est intéressé aux rapports de l'art et de la technologie.

Ravachol (François Claudius Kœnigstein, dit**),** anarchiste français (Saint-Chamond 1859 - Montbrison 1892). Ouvrier teinturier, il perpétra à Paris, en 1892, de nombreux attentats destinés à venger des anarchistes condamnés. Il fut guillotiné.

ravage [ravaʒ] **n.m.** (de *ravir*). **1.** Dommage ou dégât matériel important, causé de façon violente par l'action des hommes, par les agents naturels, etc. : *Les ravages de la guerre* (syn. **dévastation**). *L'inondation a causé des ravages* (syn. **destruction**). **2.** Effet désastreux de qqch sur qqn, sur l'organisme, dans la société : *Les ravages de l'alcoolisme.* **3.** *FAM.* **Faire des ravages,** susciter des passions amoureuses.

ravager [ravaʒe] **v.t.** [conj. **17**]. **1.** Causer des dommages considérables par l'effet d'une action violente : *Le séisme a ravagé cette région* (syn. **dévaster, saccager**). **2.** *LITT.* Causer à qqn de graves troubles physiques ou moraux : *Le chagrin l'a ravagé* (syn. **anéantir, miner**). **3.** *FAM.* **Être ravagé,** être fou.

ravageur, euse [ravaʒœr, -øz] **adj.** et **n.** Qui ravage : *Un cyclone ravageur* (syn. **destructeur, dévastateur**).

Ravaillac (François), domestique français au service d'un couvent (Touvre, près d'Angoulême, 1578 - Paris 1610). Il assassina Henri IV et mourut écartelé.

ravalement [ravalmɑ̃] **n.m. 1.** Nettoyage d'une façade d'immeuble par grattage, lavage et, le cas échéant, application d'un enduit. **2.** *LITT.* Action de déprécier ; fait d'être déprécié : *Ravalement à une condition inférieure* (syn. **abaissement**).

ravaler [ravale] **v.t.** (de l'anc. fr. *avaler*, descendre). **1.** Procéder au ravalement de : *Ravaler un immeuble.* **2.** Avaler de nouveau : *Ravaler sa salive.* **3.** Garder pour soi ce qu'on s'apprêtait à manifester : *Ravaler sa colère* (syn. **contenir, retenir**). **4.** Mettre, placer à un niveau inférieur : *Des instincts qui ravalent l'homme au niveau de la bête* (syn. **abaisser, avilir**). **5.** *FAM.* **Faire ravaler ses paroles à qqn,** l'obliger à se rétracter.

ravaleur [ravalœr] **n.m.** Professionnel qui effectue le ravalement d'un immeuble.

ravaudage [ravodaʒ] **n.m.** *VIEILLI.* Raccommodage de vêtements usés.

ravauder [ravode] **v.t.** (de l'anc. fr. *ravault*, diminution de valeur, de *ravaler*). *VIEILLI.* Raccommoder à l'aiguille ; repriser.

1. rave [rav] **n.f.** (franco-prov. *rava*, du lat. *rapa*, var. de *rapum*). Nom donné à plusieurs plantes potagères cultivées pour leurs racines : *Chou-rave. Céleri-rave.*

2. rave [rɛv] **n.f.** (de l'angl. *to rave*, délirer). Rassemblement dansant, nocturne et souvent clandestin, d'amateurs de musique techno. (Recomm. off. *fête techno.*)

Ravel (Maurice), compositeur français (Ciboure 1875 - Paris 1937). Il est le plus classique des créateurs modernes français. On lui doit des partitions lyriques : *l'Heure espagnole* (1911), *l'Enfant et les sortilèges* (1920-1925). Attiré par la musique symphonique (*la Valse,* 1919-1920 ; *Boléro,* 1928 ; suites de *Daphnis et Chloé,* 1909-1912), il a également écrit pour le piano (*Jeux d'eau*, 1901 ; *Gaspard de la nuit*, 1908 ; *Concerto pour la main gauche,* 1931) ainsi que des cycles de mélodies (*Shéhérazade*, 1903). Son œuvre est remarquable par la précision de son dessin mélodique et la richesse de son orchestration.

Ravenne, v. d'Italie (Émilie), ch.-l. de prov., près de l'Adriatique ; 155 373 hab. Ville riche en monuments byzantins des Vᵉ et VIᵉ s. (S. Vitale, S. Apollinare Nuovo, mausolée de Galla Placidia, S. Apollinare in Classe, deux baptistères), célèbres pour leurs remarquables mosaïques, dont certaines à fonds d'or. Tombeau de Dante. – Centre de l'Empire romain d'Occident de 402 à 476, Ravenne fut ensuite la capitale du roi des Ostrogoths Théodoric Iᵉʳ (493). Reprise par Byzance (540), elle devint en 584 le siège d'un exarchat qui groupait les possessions byzantines d'Italie. Conquise par les Lombards (751), elle fut donnée au pape par Pépin le Bref (756). Ravenne fut rattachée au Piémont en 1860.

Ravensbrück, camp de concentration allemand réservé aux femmes (1939-1945), dans le Brandebourg.

raveur, euse [rɛvœr, -øz] **n.** Personne qui participe à une rave.

ravi, e [ravi] **adj. 1.** Très content : *Avoir un air ravi* (syn. **radieux, rayonnant**). **2.** S'emploie dans une formule de politesse : *Ravi de vous revoir* (syn. **enchanté**).

ravier [ravje] **n.m.** (de *rave*). Petit plat oblong, dans lequel on sert des hors-d'œuvre.

ravigotant, e [ravigɔtɑ̃, -ɑ̃t] **adj.** *FAM.* Qui ravigote, revigore : *Un petit café ravigotant.*

ravigote [ravigɔt] **n.f.** (de *ravigoter*). Vinaigrette additionnée de fines herbes, de câpres et d'échalotes : *Tête de veau à la ravigote.*

ravigoter [ravigɔte] **v.t.** (de l'anc. fr. *ravigorer*, par changement de suffixe, du lat. *vigor*, vigueur). *FAM.* Redonner de la vigueur, de la force à qqn : *Cette boisson chaude va vous ravigoter* (syn. **revigorer**).

ravin [ravɛ̃] **n.m.** (de *ravine*). **1.** Dépression allongée et profonde creusée par un torrent : *La voiture est tombée dans le ravin.* **2.** Vallée sauvage et encaissée.

ravine [ravin] **n.f.** (lat. *rapina*, de *rapere*, saisir). **1.** Petit ravin. **2.** Amorce d'un ravinement.

ravinement [ravinmɑ̃] **n.m.** Formation de sillons, de ravines par les eaux de pluie : *Le ravinement d'un versant.*

raviner [ravine] **v.t.** Creuser le sol de ravines : *L'orage a raviné les terres.*

ravioli [ravjɔli] **n.m.** (mot it., pl. de *raviolo*). Petit carré de pâte à nouille farci de viande, d'herbes hachées, etc., et poché : *Des raviolis.*

ravir [ravir] **v.t.** (lat. pop. **rapire*, class. *rapere*, saisir) [conj. **32**]. **1.** Plaire vivement à qqn : *Cette musique me ravit* (syn. **enchanter**). **2.** *LITT.* Enlever de force (syn. **kidnapper**). **3.** *LITT.* Arracher qqn à l'affection de ses proches : *La mort leur a ravi leur fille* (syn. **enlever**). **4. À ravir,** admirablement : *Cette robe lui va à ravir.*

se **raviser** [ravize] **v.pr.** (de *aviser*). Revenir sur une résolution : *Elle allait dire quelque chose mais elle se ravisa.*

ravissant, e [ravisɑ̃, -ɑ̃t] **adj.** Qui est extrêmement joli ; qui plaît par sa beauté : *Une jeune fille ravissante* (syn. **séduisant, délicieux**).

ravissement [ravismɑ̃] **n.m.** État de l'esprit transporté de joie, d'admiration : *Elle écoutait une symphonie avec ravissement* (syn. **extase**).

ravisseur, euse [ravisœr, -øz] **n.** Personne qui enlève qqn par la force ou la ruse : *Les ravisseurs exigent une forte rançon en échange de l'otage* (syn. **kidnappeur**).

ravitaillement [ravitajmɑ̃] **n.m. 1.** Action de ravitailler : *Le ravitaillement d'une troupe, d'une ville* (syn. **approvisionnement**). **2.** Denrées nécessaires à la consommation : *Nous avons du ravitaillement pour une semaine* (syn. **provisions, vivres**).

ravitailler [ravitaje] **v.t.** (de l'anc. fr. *avitailler*, de *vitaille*, victuailles). **1.** Fournir des vivres, des munitions à qqn : *Ravitailler un village isolé* (syn. **approvisionner**). **2.** Fournir du carburant à un véhicule : *Ravitailler un avion en plein vol.*

1. ravitailleur, euse [ravitajœr, -øz] **n.** MIL. Personne préposée au ravitaillement.

2. ravitailleur [ravitajœr] **n.m.** Navire ou avion chargé du ravitaillement en vivres, en munitions, en carburant au cours d'opérations.

ravivage [ravivaʒ] **n.m.** Action de raviver.

raviver [ravive] **v.t.** (de *aviver*). **1.** Rendre plus vif : *Raviver le feu* (syn. **ranimer**). **2.** Redonner de l'éclat, de la fraîcheur à : *Raviver des couleurs* (syn. **rafraîchir**). **3.** TECHN. Aviver de nouveau une pièce pour améliorer son éclat ou ses arêtes tranchantes.

ravoir [ravwar] **v.t.** (Seul. à l'inf.). **1.** Avoir de nouveau ; reprendre possession de qqch : *Je lui avais prêté mon vélo et j'ai dû attendre longtemps pour le ravoir* (syn. **récupérer**). **2.** *FAM.* Redonner l'aspect du neuf à qqch : *Frotter des cuivres pour essayer de les ravoir.*

Rawalpindi, v. du Pakistan septentrional ; 1 409 768 hab. (2 098 000 hab. dans l'agglomération). Centre universitaire et touristique avec quelques industries.

Ray (Man) ⟶ Man Ray.

Ray (Raymond Nicholas Kienzle, dit Nicholas), cinéaste américain (Galesville, Wisconsin, 1911 - New York 1979). Dès son premier film *les Amants de la nuit* (1949), il se révèle par son romantisme fiévreux, son goût de la révolte. On lui doit aussi : *les Indomptables* (1952), *Johnny Guitare* (1954), *la Fureur de vivre* (1955), *Derrière le miroir* (1956), *la Forêt interdite* (1958), *Traquenard* (1958).

Ray (Satyajit), cinéaste indien (Calcutta 1921 - *id.* 1992). Poursuivant les traditions du cinéma bengali, il allie un remarquable sens plastique à une profonde humanité, peignant l'homme indien entre les traditions du passé et la réalité contemporaine. Son œuvre la plus connue est une trilogie : *la Complainte du sentier* (1955), *l'Invaincu* (1956), *le Monde d'Apu* (1959). Il a réalisé de nombreux autres films, dont *le Salon de musique* (1958), *la Déesse* (1960), *Charulata* (1964), *Tonnerres lointains* (1973), *les Joueurs d'échecs* (1977), *la Maison et le Monde* (1984), *les Branches de l'arbre* (1991), qui tous confirment sa place incontestée de maître du cinéma indien.

rayé, e [reje] **adj.** Qui a des raies ou des rayures : *Du papier rayé. Un tissu rayé* (contr. **uni**). *Un disque rayé.*

rayer [reje] **v.t.** (de *raie*) [conj. **11**]. **1.** Faire des raies sur ; détériorer une surface polie par des rayures : *Rayer une glace* (syn. **érafler**). **2.** Annuler au moyen d'un trait : *Rayer un mot* (syn. **barrer, biffer**). **3.** Exclure ; éliminer : *Rayer qqn d'une liste* (syn. **radier**). **4.** TECHN. Pratiquer des rayures dans le canon d'une arme à feu.

Rayleigh (John William Strutt, *lord***),** physicien britannique (près de Maldon, Essex, 1842 - Witham, Essex, 1919). Il détermina les dimensions de certaines molécules, grâce à l'étude des couches minces monomoléculaires, donna une valeur du nombre d'Avogadro (1892), découvrit l'argon, avec Ramsay, et étudia la diffusion de la lumière dans l'atmosphère. (Prix Nobel 1904.)

Raynaud (Jean-Pierre), artiste français (Colombes 1939). Froide et obsessionnelle, son œuvre poursuit une exploration des rapports du monde mental et du monde réel (« psycho-objets », assemblages des années 1963-1970 env. ; environnements en carrelages blancs à joints noirs, depuis 1973 ; motif répétitif du pot de fleur).

1. rayon [rɛjɔ̃] **n.m.** (anc. fr. *ree*, du frq. **hrâta*, miel vierge). **1.** Chaque tablette d'une bibliothèque, d'une armoire, etc. (syn. **étagère**). **2.** Ensemble des comptoirs d'un magasin affectés à un même type de marchandises : *Le rayon de l'alimentation, de la parfumerie. Chef de rayon.* **3.** Gâteau de cire fait par les abeilles et constitué d'une juxtaposition d'alvéoles : *Les* *rayons d'une ruche.* **4.** FAM. **Ce n'est pas mon (ton, son, etc.) rayon,** cela ne me regarde pas, cela n'est pas mon affaire. / FAM. **En connaître un rayon,** être très compétent dans un domaine.

2. rayon [rɛjɔ̃] **n.m.** (de *rai,* lat. *radius*). **1.** Trait, ligne qui part d'un centre lumineux : *Les rayons du soleil.* **2.** Ce qui laisse espérer qqch : *Un rayon d'espoir* (syn. **lueur**). **3.** MATH. Segment qui relie le centre d'un cercle, d'une sphère, à un point quelconque de la circonférence ; longueur de ce segment : *Le rayon est égal à la moitié du diamètre.* **4.** Pièce de bois ou de métal qui relie le moyeu à la jante d'une roue. **5.** ZOOL. Chacune des pièces squelettiques qui soutiennent les nageoires des poissons. **6. Dans un rayon de,** à une certaine distance à la ronde : *Chercher un disparu dans un rayon de 10 km.* / **Rayon d'action,** distance maximale que peut franchir à une vitesse donnée un navire, un avion, etc., sans ravitaillement en combustible ; zone d'influence, d'activité : *Cette industrie a étendu son rayon d'action.* / **Rayon vert,** bref éclat vert que l'on aperçoit, dans une atmosphère très pure, au point de l'horizon où le soleil commence à se lever ou vient de se coucher. / **Rayon visuel,** ligne idéale allant de l'objet à l'œil de l'observateur. ◆ **rayons n.m. pl.** Nom générique de certains rayonnements : *Rayons X. Rayons alpha, bêta, gamma.*

rayonnage [rɛjɔnaʒ] **n.m.** Assemblage de planches, d'étagères constituant une bibliothèque, une vitrine, etc. : *J'ai fait faire des rayonnages pour ranger mes livres.*

rayonnant, e [rɛjɔnɑ̃, -ɑ̃t] **adj. 1.** Qui produit des rayonnements ou des radiations : *Chaleur rayonnante.* **2.** Qui est disposé en forme de rayons traçant des lignes droites à partir d'un centre : *Motif rayonnant.* **3.** Éclatant ; radieux : *Un visage rayonnant de joie, de santé.*

rayonne [rɛjɔn] **n.f.** (anglo-amér. *rayon,* du mot fr. « sillon »). Fil textile continu réalisé en viscose ; étoffe tissée avec ce fil. (On disait aussi autref. *soie artificielle.*)

rayonnement [rɛjɔnmɑ̃] **n.m. 1.** Fait de rayonner : *Le rayonnement d'une chandelle.* **2.** Mode de propagation de l'énergie sous forme d'ondes ou de particules : *Chauffage par rayonnement.* **3.** Ensemble des radiations émises par un corps : *Rayonnement solaire.* **4.** Action, influence qui se propage : *Le rayonnement d'une civilisation. Le rayonnement d'un pays par sa culture* (syn. **prestige**). **5.** LITT. Éclat qui se manifeste sur le visage du fait d'une vive satisfaction.

rayonner [rɛjɔne] **v.i. 1.** Émettre des rayons, des rayonnements : *Les feux de joie rayonnent dans la nuit* (syn. **briller, flamboyer**). **2.** Être disposé comme les rayons d'un cercle : *Les avenues qui rayonnent de l'Arc de triomphe.* **3.** Se déplacer dans un certain rayon : *Rayonner autour de Paris.* **4.** Faire sentir son influence sur une certaine étendue : *La civilisation grecque a rayonné sur tout l'Occident.* **5.** S'éclairer sous l'effet d'une vive satisfaction : *Visage qui rayonne de joie* (syn. **irradier**).

Rays (Gilles de) ⟶ **Rais.**

Raysse (Martial), peintre français (Golfe-Juan 1936). L'un des « nouveaux réalistes », il a donné à partir de 1959, dans ses panneaux et ses assemblages, une image à la fois clinquante et lyrique de la société de consommation. Dans les années 1970, il a renoué avec la tradition d'une peinture sensible, libre et chatoyante.

rayure [rɛjyr] **n.f.** (de *rayer*). **1.** Trace laissée sur un objet par un corps pointu, coupant ou rugueux : *Faire des rayures sur un meuble* (syn. **éraflure**). **2.** Bande ou ligne qui se détache sur un fond : *Une étoffe à rayures* (syn. **raie**). *Le zèbre a un pelage à rayures* (syn. **zébrure**). **3.** Rainure hélicoïdale d'une arme à feu, pour imprimer au projectile un mouvement de rotation qui en augmente la précision.

Raz *(pointe du)*, cap de Bretagne (Finistère), à l'extrémité de la Cornouaille, en face de l'île de Sein. Passage dangereux pour la navigation.

raz de marée ou **raz-de-marée** [radmare] **n.m. inv.** (de *raz,* mot breton, de l'anc. scand. *râs,* courant). **1.** Énorme vague, qui peut atteindre de 20 à 30 m de hauteur, provoquée par un tremblement de terre ou une éruption volcanique sous-marine ; tsunami. **2.** FIG. Phénomène brutal et massif qui bouleverse une situation donnée : *Un raz de marée électoral.*

razzia [razja] ou [radzja] **n.f.** (mot ar.). **1.** Incursion en territoire ennemi afin d'enlever les troupeaux, de faire du butin, etc. (syn. **raid**). **2. Faire une razzia sur qqch,** s'en saisir avec rapidité ; se ruer sur : *Ils ont fait une razzia sur les spécimens présentés.*

razzier [razje] ou [radzje] **v.t.** [conj. **9**]. Faire une razzia sur : *Razzier un village* (syn. **piller**).

R.D.A., sigle de *République démocratique allemande.*

ré [re] **n.m. inv.** (première syllabe de *resonare,* dans l'hymne de saint Jean-Baptiste). Note de musique, deuxième degré de la gamme de *do.*

re-, préfixe, de l'élément lat. *re-,* pouvant aussi prendre les formes *ré-, r-, res-,* et exprimant la répétition de l'action (ex. : *relire, réaffirmer, rajuster, ressaigner*).

Ré *(île de)*, île de l'océan Atlantique (Charente-Maritime) qui forme 1 cant. ; 85 km^2 ; 17 828 hab. *(Rétais).* Tourisme. Un pont relie l'île au continent depuis 1988.

Rê, dieu solaire, dans la religion de l'Égypte ancienne. Son culte et sa théologie se développèrent principalement à Héliopolis. Dénommé anciennement Râ, il était représenté avec une tête de faucon portant le disque solaire. Son influence fut considérable : il domina le panthéon égyptien au point que les dieux dynastiques, tel Amon de Thèbes, durent accepter de s'associer avec lui et de revêtir l'aspect solaire, et que la réforme d'Amarna, à l'initiative d'Aménophis IV devenu Akhénaton, donna à son culte l'allure d'un véritable monothéisme. Depuis l'Ancien Empire jusqu'à la fin de la royauté pharaonique, les souverains d'Égypte se proclamaient « fils de Rê ».

réabonnement [reabɔnmɑ̃] **n.m.** Nouvel abonnement.

réabonner [reabɔne] **v.t.** Abonner de nouveau. ◆ **se réabonner v.pr.** S'abonner de nouveau.

réac [reak] **adj.** et **n.** (abrév.). FAM. Réactionnaire.

réaccoutumer [reakutyme] **v.t.** Accoutumer de nouveau. ◆ **se réaccoutumer v.pr.** S'accoutumer de nouveau : *Elle se réaccoutume lentement à la vie active.*

réacteur [reaktœr] **n.m.** (de *réaction*). **1.** (Impropre en aéron. pour *turboréacteur*). Propulseur aérien utilisant l'air ambiant comme comburant, et fonctionnant par réaction directe sans entraîner d'hélice. **2.** Installation industrielle où s'effectue une réaction chimique en présence d'un catalyseur. **3. Réacteur nucléaire,** appareil dans lequel il est possible de produire et de diriger une réaction nucléaire de fission ou de fusion.

réactif [reaktif] **n.m.** CHIM. Substance qui peut réagir avec une ou plusieurs espèces chimiques : *Le nitrate d'argent est un réactif.*

réaction [reaksjɔ̃] **n.f.** (de *action*). **1.** Modification d'un organe, d'un organisme résultant de l'action d'une excitation extérieure, d'une cause morbide, d'un remède, etc. : *Réaction au chaud, au froid, à l'altitude.* **2.** Manière dont qqn, un groupe réagit face à un événement ou à l'action de qqn d'autre : *Avoir des réactions violentes* (syn. **riposte**). *Quelle a été sa réaction quand elle a su la nouvelle ?* (syn. **attitude**). *Réaction à un stimulus* (syn. **réponse**). **3.** CHIM. Transformation se produisant lorsque plusieurs corps chimiques sont mis en présence ou lorsqu'un corps reçoit un apport extérieur de nouvelles substances. **4.** MÉCAN. Force qu'exerce en retour un corps soumis à l'action d'un autre corps : *La réaction est toujours égale et opposée à l'action.* **5.** Mouvement d'opinion opposé à un mouvement antérieur : *La Contre-Réforme, réaction de l'Église catholique contre la Réforme protestante.* **6.** POLIT. Tendance politique qui s'oppose au progrès social et s'efforce de rétablir un état de choses ancien ; hommes, partis qui s'en réclament. **7. Avion à réaction,** avion propulsé par un moteur fonctionnant par éjection d'un flux gazeux sous pression et à grande vitesse *(moteur à réaction).* / **Réaction nucléaire,**

phénomène obtenu en bombardant le noyau d'un atome par une particule élémentaire, un autre noyau, etc., et qui donne naissance au noyau d'un nouvel élément. (→ radioactivité.)

réactionnaire [reaksjɔnɛr] **adj.** et **n.** Qui appartient à la réaction politique : *Gouvernement réactionnaire.* (Abrév. fam. *réac.*)

réactionnel, elle [reaksjɔnɛl] **adj. 1.** Relatif à une réaction chimique, physiologique, etc. : *Mécanisme réactionnel.* **2.** Se dit de tout trouble psychique se manifestant après un événement traumatisant, qui en serait responsable.

réactivation [reaktivasjɔ̃] **n.f.** Action de réactiver.

réactiver [reaktive] **v.t. 1.** Activer de nouveau : *Réactiver le feu* (syn. **ranimer**). **2.** Redonner une nouvelle vigueur à : *Réactiver les pourparlers* (syn. **relancer**). **3.** CHIM. Régénérer.

réactualisation [reaktɥalizasjɔ̃] **n.f.** Action de réactualiser ; fait d'être réactualisé.

réactualiser [reaktɥalize] **v.t.** Remettre à jour : *Réactualiser les abattements fiscaux.*

réadaptation [readaptasjɔ̃] **n.f.** Action de réadapter ; fait de se réadapter : *Réadaptation d'un mutilé* (syn. **rééducation**). *Réadaptation à de nouvelles conditions d'existence.*

réadapter [readapte] **v.t. 1.** Adapter de nouveau : *Réadapter un joint à un tuyau.* **2.** Rendre de nouveau fonctionnel un organe : *Réadapter les muscles de la jambe après un accident* (syn. **rééduquer**). ◆ **se réadapter v.pr.** S'adapter de nouveau : *Animaux qui se réadaptent à la vie sauvage.*

ready-made [rɛdimɛd] **n.m.** (mot angl., de *ready,* prêt, et *made,* fait) [pl. inv. ou *ready-mades*]. BX-A. Objet manufacturé, modifié ou non, promu au rang d'objet d'art par le seul choix de l'artiste.

■ Marcel Duchamp, inventeur de la dénomination, réalise les premiers ready-mades pendant la période dada : roue de bicyclette collée sur un tabouret (1913), porte-bouteilles (1914), urinoir en faïence fixé à l'envers (1917). L'exposition d'objets du quotidien le plus trivial, détournés ainsi de leur utilité pour devenir œuvres d'art, choque le public. Mais, pour Duchamp, il ne s'agit pas de simples « pieds de nez ». Ses ready-mades visent un double but : la mise en scène « absurde » de ces objets est adéquate pour dénoncer l'absurdité de l'actualité d'alors, le chaos de la Première Guerre mondiale ; il s'agit ensuite, en s'emparant d'objets banals sans même chercher à les rendre beaux, de s'inscrire contre les critères traditionnels de l'art, jugé trop coupé du réel. Cette expérience de Duchamp, qui cherche par le ready-made à produire un effet d'étrangeté sur la réalité, exercera une véritable fascination sur de nombreux artistes des générations suivantes (Bertrand Lavier par ex.). ■

réaffirmer [reafirme] **v.t.** Affirmer de nouveau et avec force : *Réaffirmer l'hostilité de son parti à un projet de loi.*

Reagan (Ronald Wilson), homme d'État américain (Tampico, Illinois, 1911 - Los Angeles 2004). Acteur de cinéma, puis gouverneur républicain de la Californie (1967-1974), il fut président des États-Unis de 1981 à 1989. Il appliqua en économie un programme ultralibéral et fit preuve de fermeté dans sa politique étrangère (Moyen-Orient, Amérique centrale). Réélu en 1984, il fut contesté, en 1987, à l'occasion du scandale créé par la livraison d'armes à l'Iran. En décembre de la même année, il signa, avec M. Gorbatchev, un accord sur l'élimination des missiles à moyenne portée en Europe.

réagir [reaʒir] **v.i.** (de *agir*) [conj. **32**]. **1.** Présenter une modification qui est un effet direct de l'action exercée par un agent extérieur : *Organe qui réagit à une excitation* (syn. **répondre**). **2.** CHIM. Entrer en réaction : *Le tournesol réagit en présence d'un acide.* **3.** Répondre d'une certaine manière à une action, à un événement : *Bien réagir à une critique.* **4.** S'opposer activement à l'action de qqch ; résister : *Organisme qui réagit contre l'infection* (syn. **lutter, se défendre**). *Réagir contre les abus* (syn. **s'élever contre**). **5.** Agir en retour sur qqch : *Trouble psychique qui réagit sur l'organisme* (syn. **se répercuter**).

réajustement n.m., réajuster v.t. → **rajustement, rajuster.**

réalignement [realiɲmɑ̃] **n.m.** Nouvelle définition du taux de change d'une monnaie par rapport à une autre : *Le réalignement de l'euro par rapport au yen.*

réaligner [realiɲe] **v.t.** Procéder au réalignement d'une monnaie.

réalisable [realizabl] **adj. 1.** Qui peut être réalisé : *Projet réalisable* (syn. **faisable, possible**). **2.** Qui peut être vendu ou escompté : *Valeurs réalisables.*

réalisateur, trice [realizatœr, -tris] **n. 1.** Personne qui réalise qqch : *Il n'est pas que le concepteur du projet, il en est aussi le réalisateur.* **2.** Personne responsable de la réalisation d'un film, d'une émission de télévision ou de radio : *Le réalisateur contrôle toutes les opérations de tournage.*

réalisation [realizasjɔ̃] **n.f. 1.** Action de réaliser : *La réalisation d'un projet* (syn. **accomplissement, exécution**). **2.** Ce qui a été réalisé : *Une remarquable réalisation* (syn. **création**). **3.** Direction de la préparation et de l'exécution d'un film ou d'une émission de télévision ou de radio ; fait d'assurer leur mise en scène ou en ondes ; le film ou l'émission ainsi réalisés. **4.** DR. Vente de biens en vue de leur transformation en argent (syn. **liquidation**).

réaliser [realize] **v.t.** (de *réel,* d'apr. le lat. *realis*). **1.** Rendre réel et effectif : *Réaliser un rêve* (syn. **concrétiser**). *Réaliser un projet* (syn. **exécuter**). *Réaliser un exploit* (syn. **accomplir**). **2.** Procéder à la réalisation d'un film, d'une émission de télévision ou de radio. **3.** (Calque de l'angl. *to realize*). Prendre une conscience nette de la réalité d'un fait : *Réaliser la gravité de la situation* (syn. **comprendre, saisir**). **4.** Convertir un bien en argent liquide : *Réaliser un portefeuille d'actions* (syn. **vendre, liquider**). ◆ **se réaliser v.pr. 1.** Devenir réel : *Son rêve s'est réalisé.* **2.** Rendre effectives les virtualités qui sont en soi : *Se réaliser dans son travail* (syn. **s'épanouir**).

réalisme [realism] **n.m.** (de *réel,* d'apr. le lat. *realis*). **1.** Disposition à voir la réalité telle qu'elle est et à agir en conséquence : *Faire preuve de réalisme et de bon sens* (contr. **irréalisme**). **2.** Caractère de ce qui est une description objective de la réalité, qui ne masque rien de ses aspects les plus crus : *Le réalisme d'un récit, d'une peinture.* **3.** Tendance littéraire et artistique de la seconde moitié du XIXe s., qui privilégie la représentation exacte, non idéalisée, de la nature et des hommes. **4.** PHILOS. Doctrine qui affirme que la connaissance du réel constitue le réel lui-même, que cette connaissance soit la seule réalité ou qu'à côté d'elle figure une autre réalité, l'objet auquel elle s'applique. **5. Réalisme socialiste,** doctrine esthétique, proclamée en U.R.S.S., en 1934, sous l'influence déterminante de Jdanov, qui condamne les recherches formelles ainsi que l'attitude critique de l'écrivain à l'égard de la société.

■ LITTÉRATURE. Le réalisme, qui correspond à l'apogée de la civilisation bourgeoise, marque une réaction contre le romantisme et ses excès. Influencé par le développement des sciences, qui engendrent le respect des faits, la précision dans l'observation et l'analyse, le courant réaliste trouva son expression philosophique dans le positivisme d'Auguste Comte et le déterminisme de Taine. Il s'incarne en littérature dans la recherche de la « sincérité dans l'art » avec Champfleury et Duranty et, bien qu'ils s'en défendent parfois, Flaubert, les Goncourt, Maupassant et Zola, qui le fera évoluer vers le naturalisme. Présidant à la création du drame bourgeois et de la comédie de mœurs (É. Augier, A. Dumas fils), le réalisme revêt une forme moins rigoureuse en Angleterre (Thackeray, G. Eliot), en Italie (Verga), en Allemagne (G. Hauptmann) et en Scandinavie (G. Brandes). ■

■ BEAUX-ARTS. **Le XIXe siècle.** On a parlé de réalisme, en art, à propos notamment de courants qui se sont manifestés au XVIIe s. en réaction contre le maniérisme. Ils étaient représentés par le Caravage, les Carrache, en Italie ; Zurbarán, Velázquez, Murillo, Ribera, en Espagne ; Hals, Vermeer, certains peintres de genre et de paysages, en Hollande ; →

les Le Nain et autres « peintres de la réalité », en France ; etc. Mais le terme désigne plus particulièrement une tendance apparue au milieu du XIXe s. en France, qui manifeste une double réaction, contre le classicisme académique et contre les aspirations romantiques. Ce courant est marqué par diverses influences. La peinture en plein air de l'école de Barbizon, les idées positivistes ainsi que le socialisme naissant incitent Courbet à privilégier la substance du vécu quotidien, Millet à se consacrer à la vie et au travail des paysans, Daumier à dépeindre le peuple de Paris et à fustiger juges et notables. Puis, dans le climat du naturalisme de Zola, Manet apporte sa marque au mouvement avant de rejoindre, tout comme Degas, une voie picturale divergente, celle de l'impressionnisme. En Europe, le courant réaliste touche divers pays, que ce soit avec les peintres de l'école de La Haye (Jacob Maris), le Belge Meunier, les *macchiaioli* italiens (Giovanni Fattori), le Russe Ilia Repine, etc. **Depuis la Première Guerre mondiale.** Au XXe s., en réaction contre les forces dominantes de la plastique pure et de l'abstraction, le réalisme réapparaît d'abord en Allemagne avec la *nouvelle objectivité* (Max Beckmann, Otto Dix), vision sans complaisance, sombre et violente, de la société au lendemain de la Première Guerre mondiale. À partir des années 1930, le *réalisme socialiste* de l'U.R.S.S., puis, plus tard, celui des démocraties populaires, se révèle ni plus ni moins qu'un embrigadement idéologique et un académisme stérile. Dans les années 1960, en même temps que le *pop art* américain, le *nouveau réalisme* européen (Y. Klein) porte un regard sociologique sur le monde par un art de l'assemblage (Daniel Spoerri, Tinguely, Raysse), de l'« accumulation » (Arman), de la « compression » (César) ou encore de l'emballage (Christo et Jeanne-Claude), souvent à partir d'objets de rebut récupérés dans l'espace public. Enfin, au tournant de la décennie, le courant *hyperréaliste* américain (Duane Hanson), préparé dès l'entre-deux-guerres par l'œuvre de Hopper, cherche à produire un effet d'étrangeté sur des scènes banales du quotidien, par une précision photographique déroutante.

Le réalisme cesse ensuite progressivement d'être une problématique explicite en art, de même que s'estompe l'opposition entre figuratif et non figuratif à la faveur de l'élargissement et de la quasi-généralisation de la notion de *ready-made* (par ex. avec la nouvelle sculpture anglaise des années 1980, la sculpture d'objet et le néo-pop [Koons]). ■

réaliste [realist] **adj. 1.** Qui appartient au réalisme, en philosophie, en art, en littérature : *Film réaliste. Une romancière réaliste.* **2.** Qui dépeint les aspects vulgaires du réel : *Ce film comporte des scènes très réalistes* (syn. **cru**). **3.** Qui témoigne du sens des réalités : *Un point de vue réaliste* (contr. **utopique**). ◆ **adj.** et **n.** Qui a l'esprit pratique : *Un homme d'État réaliste* (syn. **pragmatique ;** contr. **idéaliste, utopiste**).

réalité [realite] **n.f.** (bas lat. *realitas*). **1.** Caractère de ce qui est réel : *Douter de la réalité d'un fait* (syn. **matérialité**). **2.** Ce qui est réel, par opp. à ce qui est rêvé, fictif : *La réalité dépasse la fiction. Regarder la réalité en face.* **3.** Chose réelle ; fait réel : *Être confronté à de dures réalités.* **4. En réalité,** en fait ; réellement.

réaménagement [reamenaʒmɑ̃] **n.m.** Action de réaménager.

réaménager [reamenaʒe] **v.t.** [conj. **17**]. **1.** Aménager de nouveau, sur de nouvelles bases : *Réaménager des horaires.* **2.** Transformer les caractéristiques d'une dette, notamm., en allégeant les taux ou en allongeant les délais de remboursement.

réanimateur, trice [reanimatœr, -tris] **n.** Spécialiste de réanimation.

réanimation [reanimasjɔ̃] **n.f.** MÉD. Ensemble des moyens propres à rétablir et à maintenir un équilibre des fonctions vitales normales (respiration, circulation, rythme cardiaque, etc.) ; mise en œuvre de ces moyens.

réanimer [reanime] **v.t.** Soumettre à la réanimation.

réapparaître [reaparɛtr] **v.i.** [conj. **91 ;** auxil. *être* ou *avoir*]. Apparaître de nouveau après une absence : *Les fruits et légumes ont réapparu sur les marchés.*

réapparition [reaparisjɔ̃] **n.f.** Fait de réapparaître.

réapprendre [reaprɑ̃dr] et **rapprendre** [raprɑ̃dr] **v.t.** [conj. **79**]. Apprendre de nouveau : *Réapprendre à marcher.*

réapprovisionnement [reaprɔvizjɔnmɑ̃] **n.m.** Action de réapprovisionner : *Le réapprovisionnement du pays en matières premières.*

réapprovisionner [reaprɔvizjɔne] **v.t.** Approvisionner de nouveau : *Les producteurs ont réapprovisionné les marchés.*

réarmement [rearməmɑ̃] **n.m.** Action de réarmer : *Poursuivre une politique de réarmement.*

réarmer [rearme] **v.t. 1.** Armer de nouveau : *Réarmer un navire. Réarmer un appareil photo.* **2.** Doter d'une armée : *Réarmer un pays vaincu.* ◆ **v.i.** ou **se réarmer v.pr.** Reconstituer ses forces armées, sa puissance militaire.

réassort [reasɔr] **n.m.** (de *réassortir*). COMM. Ensemble de marchandises destinées au réassortiment.

réassortiment [reasɔrtimɑ̃] et **rassortiment** [rasɔrtimɑ̃] **n.m.** COMM. Action de réassortir ; réassort.

réassortir [reasɔrtir] et **rassortir** [rasɔrtir] **v.t.** [conj. **32**]. COMM. Fournir de nouveau des marchandises pour rétablir un assortiment.

réassurance [reasyrɑ̃s] **n.f.** Opération par laquelle une compagnie d'assurances, après avoir assuré un client, se couvre de tout ou partie du risque, en se faisant assurer à son tour par une ou plusieurs autres compagnies.

Réaumur (René Antoine Ferchault de), physicien et naturaliste français (La Rochelle 1683 - Saint-Julien-du-Terroux 1757). Il fut le premier à utiliser le microscope pour examiner la structure des métaux, fondant ainsi la métallographie (1722), et étudia la préparation et la trempe de l'acier. Il construisit un thermomètre à alcool, pour lequel il utilisait l'échelle 0-80 (v. 1730). Il observa la vie et les mœurs des insectes, des mollusques, des crustacés, des oiseaux, etc.

rébarbatif, ive [rebarbatif, -iv] **adj.** (de l'anc. fr. *se rebarber*, tenir tête). **1.** Qui a un aspect rebutant : *Visage rébarbatif* (syn. **revêche ;** contr. **engageant**). **2.** Qui manque d'attrait, ennuyeux : *Sujet rébarbatif* (syn. **fastidieux**).

rebâtir [rəbɑtir] **v.t.** [conj. **32**]. Bâtir de nouveau ce qui a été détruit : *Rebâtir une ville* (syn. **reconstruire**).

rebattre [rəbatr] **v.t.** [conj. **83**]. **1.** Battre de nouveau : *Rebattre les cartes.* **2. Rebattre les oreilles à qqn de qqch,** répéter sans cesse la même chose à qqn : *On nous rebat les oreilles des derniers sondages.*

rebattu, e [rəbaty] **adj.** Répété à satiété ; sans originalité : *Un sujet rebattu* (syn. **banal**).

Rébecca, épouse d'Isaac, d'après le livre biblique de la Genèse. Mère des jumeaux Ésaü et Jacob, elle manifeste une nette partialité pour ce dernier et réussit à lui faire obtenir de la part d'Isaac une bénédiction destinée à Ésaü.

rebelle [rəbɛl] **adj.** et **n.** (lat. *rebellis*, de *bellum*, guerre). Qui est en révolte ouverte contre une autorité constituée : *Troupes rebelles.* ◆ **adj. 1.** Qui est fortement opposé, hostile à qqch : *Un enfant rebelle à toute discipline* (syn. **rétif, récalcitrant**). **2.** Qui manque de dispositions pour qqch : *Être rebelle à la musique* (syn. **fermé, réfractaire**). **3.** Qui est difficile à guérir : *Fièvre rebelle* (syn. **tenace**).

se rebeller [rəbele] **v.pr.** (lat. *rebellare*). **1.** Refuser de se soumettre à l'autorité légitime : *Plusieurs unités se sont rebellées* (syn. **se soulever**). **2.** Ne plus vouloir accepter la tutelle de ce qu'on estime être une contrainte insupportable : *Artistes qui se rebellent contre l'académisme* (syn. **s'élever, se révolter**).

rébellion [rebeljɔ̃] **n.f. 1.** Action de se rebeller : *La rébellion a éclaté dans le pays* (syn. **révolte, sédition**). *Être puni pour rébellion* (syn. **insoumission**). **2.** Ensemble des rebelles : *Engager des pourparlers avec la rébellion.*

se **rebiffer** [rəbife] **v.pr.** (orig. incert., p.-ê. du même rad. que *biffer*). FAM. Se refuser à qqch avec brusquerie : *Se rebiffer contre un ordre stupide* (syn. **regimber**).

rebiquer [rəbike] **v.i.** (de *bique*, au sens dialect. de « corne »). FAM. Se dresser ; se retrousser : *Cheveux qui rebiquent.*

reboisement [rəbwazmɑ̃] **n.m.** Plantation d'arbres sur un terrain nu ou sur un sol anciennement boisé.

reboiser [rəbwaze] **v.t.** Pratiquer le reboisement : *Reboiser le versant d'une montagne.*

rebond [rəbɔ̃] **n.m.** Fait de rebondir ; mouvement de qqch qui rebondit : *Les rebonds d'une balle* (syn. **rebondissement**).

rebondi, e [rəbɔ̃di] **adj.** (de *rebondir*). Se dit d'une partie du corps bien ronde : *Un visage rebondi* (syn. **dodu, potelé**).

rebondir [rəbɔ̃dir] **v.i.** [conj. **32**]. **1.** Faire un ou plusieurs bonds après avoir touché un obstacle : *La balle a rebondi sur un mur* (syn. **ricocher**). **2.** Avoir des conséquences imprévues, des développements nouveaux : *Sa question a fait rebondir la discussion* (syn. **reprendre**). *L'action de la pièce rebondit* (syn. **renaître, repartir**).

rebondissement [rəbɔ̃dismɑ̃] **n.m. 1.** Mouvement de ce qui rebondit (syn. **rebond**). **2.** Développement nouveau et imprévu d'une affaire après un arrêt momentané : *Scandale qui connaît de nombreux rebondissements.*

rebord [rəbɔr] **n.m.** (de *bord*, ou de *reborder*). **1.** Partie en saillie qui forme le bord de qqch : *Rebord en pierre d'un bassin* (syn. **bordure**). **2.** Bord naturel le long d'une excavation, d'une dénivellation : *Le rebord du fossé.*

reboucher [rəbuʃe] **v.t.** Boucher de nouveau : *Reboucher un trou, une bouteille.*

à **rebours** [rəbur] **loc. adv.** (bas lat. *reburrus*, hérissé, puis **rebursus*, par croisement avec *reversus*). **1.** À contre-pied ; à contresens : *Prendre l'ennemi à rebours. Faire tout à rebours* (syn. **à l'envers**). **2. À rebours de,** au contraire de, à l'inverse de : *Il fait tout à rebours de ce qu'on lui dit.* / **Compte à rebours,** séquence des opérations de lancement qui précèdent la mise à feu d'un véhicule spatial.

rebouteux, euse [rəbutø, -øz] et **rebouteur, euse** [rəbutœr, -øz] **n.** (de *rebouter*, remettre, de *bouter*, mettre, du frq. **button*, frapper). Personne qui soigne fractures, luxations ou douleurs par des moyens empiriques, sans avoir fait d'études médicales.

à **rebrousse-poil** [rəbruspwal] **loc. adv. 1.** Dans le sens opposé à la direction des poils : *Caresser un chat à rebrousse-poil* (syn. **à contre-poil**). **2. Prendre qqn à rebrousse-poil,** agir avec lui si maladroitement qu'il se vexe.

rebrousser [rəbruse] **v.t.** (anc. fr. *reborser*, de *rebours*). **1.** Relever en sens contraire du sens naturel : *Le vent lui rebroussait les cheveux.* **2. Rebrousser chemin,** retourner en arrière ; revenir sur ses pas.

rebuffade [rəbyfad] **n.f.** (anc. fr. *rebuffe*, it. *rebuffo*). Mauvais accueil ; refus accompagné de paroles dures : *Essuyer une rebuffade* (syn. **affront, camouflet**).

rébus [rebys] **n.m.** (du lat. *de rebus quae geruntur*, au sujet des choses qui se passent, libelle comportant des dessins énigmatiques). Jeu d'esprit qui consiste à exprimer des mots ou des phrases par des dessins ou des signes dont la lecture phonétique révèle ce que l'on veut faire entendre.

rebut [rəby] **n.m.** (de *rebuter*). **1.** Ce qui est rejeté, considéré comme sans valeur : *Marchandises de rebut.* **2.** SOUT. En parlant des personnes, ce qu'il y a de plus vil : *Rebut de l'humanité* (syn. **lie**). **3. Mettre au rebut,** se débarrasser d'une chose sans valeur ou inutilisable.

rebutant, e [rəbytɑ̃, -ɑ̃t] **adj.** Qui rebute : *Travail rebutant* (syn. **fastidieux**). *Mine rebutante* (syn. **rébarbatif**).

rebuter [rəbyte] **v.t.** (de *but*, propr. « écarter du but »). **1.** Décourager ; dégoûter : *Il voulait apprendre le piano, mais le solfège l'a rebuté* (syn. **refroidir**). **2.** Inspirer de l'antipathie à : *Ses manières me rebutent* (syn. **déplaire**).

récalcitrant, e [rekalsitrɑ̃, -ɑ̃t] **adj.** et **n.** (du lat. *recalcitrare*, ruer, de *calx, calcis*, talon). Qui résiste avec entêtement : *Un cheval récalcitrant* (syn. **rétif**). *Son patron se montre récalcitrant à toute augmentation de salaire* (syn. **rebelle**).

recaler [rəkale] **v.t.** (de *caler*). FAM. Refuser qqn à un examen.

Récamier (Jeanne Françoise Julie Adélaïde Bernard, Mme) [Lyon 1777 - Paris 1849], amie de Mme de Staël et de Chateaubriand. Elle tint sous la Restauration un salon célèbre.

récapitulatif, ive [rekapitylatif, -iv] **adj.** et **n.m.** Se dit d'un tableau, d'un résumé, etc., qui récapitule, qui contient une récapitulation.

récapitulation [rekapitylasjɔ̃] **n.f.** (lat. *recapitulatio*). Reprise sommaire de ce qu'on a déjà dit ou écrit ; rappel.

récapituler [rekapityle] **v.t.** (lat. *recapitulare*, de *capitulum*, chapitre). **1.** Résumer ; redire sommairement : *Récapituler les principaux points d'un discours* (syn. **reprendre**). **2.** Rappeler en examinant de nouveau : *Récapituler les événements de l'année passée* (= passer en revue).

recaser [rəkaze] **v.t.** FAM. Procurer un nouvel emploi a qqn ; remettre à sa place qqch qui a été déplacé.

recéder [rəsede] **v.t.** [conj. **18**]. Céder à qqn ce qu'on a acheté : *Il m'en a recédé la moitié* (syn. **revendre**).

recel [rəsɛl] **n.m.** (de *receler*). Infraction consistant à détenir sciemment des choses enlevées, détournées ou obtenues à l'aide d'un crime ou délit, ou à soustraire qqn aux recherches de la justice.

receler [rəsəle] **v.t.** (de *celer*, cacher) [conj. **25**]. **1.** Garder et cacher une chose volée par un autre : *Receler des bijoux.* **2.** Soustraire aux recherches de la justice : *Receler un meurtrier* (syn. **cacher**). **3.** SOUT. Contenir en soi : *Ce pays recèle d'ineffables beautés.*

receleur, euse [rəsəlœr, -øz] **n.** Personne qui pratique le recel.

récemment [resamɑ̃] **adv.** Dans un passé proche : *Elle a été nommée récemment à ce poste* (syn. **dernièrement**).

recensement [rəsɑ̃smɑ̃] **n.m. 1.** Action de recenser : *Le recensement de la population. Faire le recensement des livres d'une bibliothèque* (syn. **inventaire**). **2.** Dénombrement des jeunes soumis aux obligations du service national, effectué par les mairies dès leurs 16 ans.

recenser [rəsɑ̃se] **v.t.** (lat. *recensere*, passer en revue). **1.** Faire le dénombrement officiel d'une population. **2.** Dénombrer, inventorier des personnes, des choses : *Recenser les volontaires pour un travail déterminé.*

recenseur, euse [rəsɑ̃sœr, -øz] **n.** et **adj.** Personne chargée d'un recensement.

récent, e [resɑ̃, -ɑ̃t] **adj.** (lat. *recens, -entis*, humide, frais). Qui appartient à un passé proche ; qui existe depuis peu : *Découverte récente. Immeuble récent* (syn. **moderne**).

recentrage [rəsɑ̃traʒ] **n.m.** Action de recentrer ; fait d'être recentré.

recentrer [rəsɑ̃tre] **v.t.** (de *centrer*). **1.** Remettre dans l'axe ce qui a été désaxé. **2.** Déterminer une politique par rapport à un nouvel objectif.

récépissé [resepise] **n.m.** (lat. *recepisse*, de *recipere*, recevoir). Écrit par lequel on reconnaît avoir reçu un colis, une somme, etc. : *Récépissé d'un recommandé* (syn. **reçu**).

réceptacle [reseptakl] **n.m.** (lat. *receptaculum*, de *receptare*, fréquentatif de *recipere*, recevoir). **1.** Emplacement, lieu qui reçoit des choses diverses : *Cette rivière est devenue le réceptacle des égouts.* **2.** BOT. Extrémité du pédoncule d'une fleur, sur laquelle s'insèrent les pièces florales, et qui peut être bombée, plate ou creusée en coupe.

1. récepteur, trice [reseptœr, -tris] **adj.** Qui reçoit un courant, un signal, une onde, etc. : *Poste récepteur* (contr. **émetteur**).

2. récepteur [reseptœr] **n.m.** (lat. *receptor*). **1.** Dispositif qui reçoit une énergie ou un signal et fournit une énergie ou un signal différents : *Récepteur d'un radiotélescope.* **2.** Appareil recevant un signal de télécommunication et le transformant en sons, en images : *Récepteur téléphonique* (syn. **appareil**). *Récepteur de télévision* (syn. **poste**). **3.** BIOCHIM. Molécule sur laquelle vient se lier et agir une autre molécule. **4.** ÉLECTR. Dispositif dans lequel l'énergie électrique produit un effet énergétique (mécanique, chimique, etc.) autre que l'effet Joule, et qui se trouve, de ce fait, doué de force contre-électromotrice. **5.** LING. Personne qui reçoit et décode le message (par opp. à *émetteur*). **6.** PHYSIOL. Partie d'un organe sensoriel (rétine, oreille, peau, etc.) assurant la conversion d'une stimulation en un message transmis au cerveau.

réceptif, ive [resɛptif, -iv] **adj.** (lat. *receptus*). **1.** Susceptible d'accueillir facilement des impressions, des suggestions : *Caractère peu réceptif* (syn. **perméable, sensible à**). **2.** MÉD. Se dit d'un organisme particulièrement sensible à l'action de certains agents pathogènes.

réception [resɛpsjɔ̃] **n.f.** (lat. *receptio*). **1.** Action de recevoir : *Accuser réception d'une lettre. La réception d'une émission radiophonique.* **2.** Action, manière de recevoir qqn : *Une réception glaciale* (syn. **accueil**). **3.** Réunion mondaine : *Donner une réception en l'honneur de qqn.* **4.** Cérémonie qui marque l'entrée officielle de qqn dans un cercle, une société, etc. : *Discours de réception à l'Académie.* **5.** Service d'une entreprise, d'un hôtel où l'on accueille les visiteurs ; personnel affecté à ce service : *S'adresser à la réception.* **6.** SPORTS. Manière de se recevoir, de retomber au sol après un saut : *Se fouler la cheville à la suite d'une mauvaise réception.* **7.** SPORTS. Manière de recevoir, de réceptionner un ballon, une balle.

réceptionnaire [resɛpsjɔnɛr] **n. 1.** Personne chargée de la réception de marchandises. **2.** Chef de la réception dans un hôtel.

réceptionner [resɛpsjɔne] **v.t.** (de *réception*). **1.** Prendre livraison de marchandises et vérifier leur état. **2.** Recevoir la balle, le ballon, dans un jeu.

réceptionniste [resɛpsjɔnist] **n.** (de *réception*). Personne chargée d'accueillir les visiteurs, les clients d'un hôtel, d'un magasin, etc.

réceptivité [resɛptivite] **n.f. 1.** Aptitude à recevoir des impressions, des informations, à répondre à certaines stimulations (syn. **sensibilité**). **2.** MÉD. Aptitude à contracter certaines maladies, notamm. les maladies infectieuses : *La fatigue accroît la réceptivité* (contr. **résistance**).

récessif, ive [resesif, -iv] **adj.** (de *récession*). BIOL. Se dit d'un caractère héréditaire, ou d'un gène, qui ne se manifeste qu'en l'absence du gène contraire, dit *dominant*.

récession [resesjɔ̃] **n.f.** (lat. *recessio,* de *cedere,* aller). **1.** Ralentissement ou fléchissement de l'activité économique. **2.** Mouvement de fuite des galaxies les unes par rapport aux autres, avec une vitesse proportionnelle à leur distance, dû à l'expansion de l'Univers.

recette [rəsɛt] **n.f.** (lat. *recepta,* de *recipere,* recevoir). **1.** Montant total des sommes reçues, gagnées, qui sont entrées en caisse à un moment donné : *Compter la recette de la journée* (syn. **gain**). **2.** Description détaillée de la façon de préparer un mets : *Un livre de recettes de cuisine.* **3.** Méthode empirique pour atteindre un but, pour réussir dans telle circonstance : *Une recette pour enlever les taches* (syn. **secret**). **4.** Fonction de receveur des deniers publics ; bureau d'un receveur des impôts : *Être nommé à une recette générale.* **5. Faire recette,** rapporter beaucoup d'argent ; avoir du succès. / **Recettes publiques,** ensemble des ressources financières de l'État ou des collectivités locales.

recevabilité [rəsəvabilite] **n.f.** DR. Qualité de ce qui est recevable : *La recevabilité d'une demande en justice.*

recevable [rəsəvabl] **adj. 1.** Qui peut être reçu, admis : *Excuse recevable* (syn. **acceptable, admissible**). **2.** DR. Se dit de qqn admis à poursuivre en justice, ou d'une demande en justice à laquelle ne s'oppose aucune fin de non-recevoir.

receveur, euse [rəsəvœr, -øz] **n. 1.** Personne chargée de recevoir les deniers publics : *Receveur des contributions directes.* **2.** Employé qui percevait la recette dans les transports publics. **3.** Chef d'établissement d'un bureau de poste. **4.** Sujet à qui l'on injecte du sang ou un de ses composants, ou sur lequel on a greffé un tissu ou transplanté un organe prélevé sur un donneur. **5. Receveur universel,** individu appartenant au groupe sanguin AB, à qui l'on peut transfuser le sang de tous les groupes.

recevoir [rəsəvwar] **v.t.** (anc. fr. *recivre,* lat. *recipere*) [conj. **52**]. **1.** Entrer en possession de ce qui est donné, offert, transmis, envoyé : *Recevoir une lettre. Recevoir des ordres. Recevoir sa pension* (syn. **toucher**). **2.** Être l'objet de ; éprouver : *Recevoir des coups* (syn. **attraper, prendre**). *Le projet a reçu des modifications* (syn. **subir**). **3.** Laisser entrer ; recueillir : *Un bassin qui reçoit les eaux de pluie. La Lune reçoit la lumière du Soleil.* **4.** Inviter chez soi ; accueillir : *Recevoir des amis.* **5.** Admettre à un examen : *Recevoir un candidat.* ◆ **se recevoir v.pr.** Reprendre contact avec le sol après un saut.

de **rechange** [rəʃɑ̃ʒ] **n.m.** (de *rechanger,* de *changer*). **1.** Qui sert à remplacer les objets non disponibles ou hors d'usage : *Vêtements, pièces de rechange.* **2.** Qui peut se substituer à ce qui s'est révélé inadéquat.

rechaper [rəʃape] **v.t.** (de *chape*). Remplacer ou rénover la bande de roulement d'un pneu usagé.

réchapper [reʃape] **v.i.** ou **v.t. ind. [à, de]** (auxil. *avoir* ou *être*). Échapper par chance à un danger menaçant : *Réchapper à un accident* (= s'en tirer). *Réchapper d'un cancer* (syn. **guérir**).

recharge [rəʃarʒ] **n.f.** (de *recharger*). **1.** Remise en état de fonctionnement : *Recharge d'une batterie.* **2.** Ce qui permet de recharger ; partie d'un équipement qui peut remplacer un élément usé : *Une recharge de briquet, de stylo.*

rechargeable [rəʃarʒabl] **adj.** Que l'on peut recharger.

recharger [rəʃarʒe] **v.t.** (de *charger*) [conj. **17**]. **1.** Placer de nouveau une charge sur un véhicule. **2.** Approvisionner de nouveau qqch pour le remettre en état de fonctionner : *Recharger un fusil, une batterie.* **3.** Ajouter de la matière dans les parties usées d'une pièce, d'un outil.

réchaud [reʃo] **n.m.** (de *réchauffer,* d'apr. *chaud*). Appareil de cuisson portatif : *Réchaud électrique, à gaz.*

réchauffage [reʃofaʒ] **n.m.** Action de réchauffer.

réchauffé [reʃofe] **n.m. 1.** Nourriture réchauffée : *Ce café a un goût de réchauffé.* **2.** Ce qui est vieux, trop connu : *Ta plaisanterie, c'est du réchauffé !*

réchauffement [reʃofmɑ̃] **n.m. 1.** Fait de se réchauffer : *Le réchauffement du climat.* **2. Réchauffement climatique global,** modification du climat de la Terre caractérisée par un accroissement de la température moyenne à sa surface.

réchauffer [reʃofe] **v.t. 1.** Chauffer, rendre chaud ou plus chaud ce qui s'est refroidi : *Réchauffer du potage. Une tasse de thé te réchauffera.* **2.** Ranimer un sentiment, lui redonner de la force : *Réchauffer l'ardeur des soldats* (syn. **ranimer, réveiller**). ◆ **se réchauffer v.pr. 1.** Redonner de la chaleur à son corps : *Courir pour se réchauffer.* **2.** Devenir plus chaud : *La mer s'est réchauffée.*

rechausser [rəʃose] **v.t. 1.** Chausser de nouveau : *Rechausser un enfant.* **2. Rechausser un arbre,** remettre de la terre au pied d'un arbre. / **Rechausser un mur,** réparer le pied d'un mur par une substitution de matériaux.

rêche [rɛʃ] **adj.** (frq. **rubisk*). **1.** Qui est rude au toucher : *Drap rêche* (syn. **rugueux ;** contr. **doux**). **2.** Qui est âpre au goût : *Vin rêche* (syn. **râpeux**). **3.** LITT. D'un abord désagréable : *Un homme rêche* (syn. **revêche, rude**).

recherche [rəʃɛrʃ] **n.f. 1.** Action de rechercher : *La recherche d'un appartement* (syn. **prospection**). **2.** Ensemble des activités, des travaux scientifiques auxquels se livrent les chercheurs : *La recherche scientifique.* **3.** Souci de se distinguer du commun : *S'habiller avec recherche.* **4. Recherche et développement (R&D),** ensemble des étapes liées à la recherche de l'innovation (conception, mise au point et fabrication d'un nouveau produit).

recherché, e [rəʃɛrʃe] **adj. 1.** Auquel on attache du prix, difficile à trouver : *Ouvrage très recherché* (syn. **rare**). **2.** Qu'on cherche à voir, à entendre, à fréquenter : *Acteur, conférencier recherché* (syn. **prisé**). **3.** Qui est raffiné, original, ou qui manque de naturel : *Décoration recherchée. Style trop recherché* (syn. **affecté, maniéré**).

rechercher [rəʃɛrʃe] **v.t. 1.** Reprendre qqn, qqch à l'endroit où ils sont : *Je passerai vous rechercher demain.* **2.** Tâcher de retrouver avec soin, persévérance : *Rechercher un livre rare.* **3.** Chercher à définir ce qui est peu ou mal connu : *Rechercher la cause d'un phénomène* (syn. **étudier**). **4.** Tenter de retrouver par une enquête policière ou judiciaire : *Criminel recherché par toutes les polices* (syn. **poursuivre**). **5.** Tâcher d'obtenir : *Rechercher l'amitié de qqn.* **6.** Essayer d'établir des relations avec qqn : *Rechercher les gens influents* (contr. **éviter**).

rechigner [rəʃiɲe] **v.i.** et **v.t. ind. [à]** (anc. fr. *rechignier les denz*, grincer des dents, du frq. **kînan*, tordre la bouche). Témoigner, par sa mauvaise humeur, de la mauvaise volonté à faire qqch : *Rechigner à un travail* (syn. **renâcler**).

rechute [rəʃyt] **n.f.** (de *chute*, d'apr. l'anc. fr. *rechoir*, retomber). **1.** Reprise évolutive d'une maladie qui était en voie de guérison : *La rechute se distingue de la récidive.* **2.** Action de retomber dans une mauvaise habitude.

rechuter [rəʃyte] **v.i.** Faire une rechute : *Elle a arrêté de fumer quelques mois, mais elle a rechuté.*

récidive [residiv] **n.f.** (lat. médiév. *recidiva*, class. *recidivus*, qui retombe, qui revient). **1.** DR. Action de commettre, dans des conditions précisées par la loi, une deuxième infraction après une première condamnation pénale définitive. **2.** MÉD. Réapparition d'une maladie, d'un mal dont un sujet déjà atteint avait complètement guéri.

récidiver [residive] **v.i.** (lat. médiév. *recidivare* ; v. *récidive*). **1.** Commettre de nouveau la même infraction, la même faute ; retomber dans la même erreur (syn. **rechuter**). **2.** MÉD. En parlant d'une maladie, d'un mal, réapparaître après une guérison (syn. **reprendre**).

récidiviste [residivist] **n.** et **adj.** DR. Personne qui est en état de récidive : *Un dangereux récidiviste.*

récif [resif] **n.m.** (esp. *arrecife*, de l'ar. *ar-rasîf*, chaussée, digue). **1.** Rocher ou groupe de rochers à fleur d'eau, génér. au voisinage des côtes. **2. Récif corallien,** formé de coraux, dans les mers tropicales.

Recife, anc. **Pernambuco (Pernambouc),** port du Brésil, cap. de l'État de Pernambouc, sur l'Atlantique ; 1 472 202 hab. (3 684 317 hab. dans l'agglomération). Centre commercial et industriel. Églises baroques du XVIIIe s. – La ville jumelle d'*Olinda*, au nord, conserve un ensemble de monuments religieux plus sévères, surtout du XVIIe s.

récipiendaire [resipjɑ̃dɛr] **n.** (du lat. *recipiendus*, qui doit être reçu). **1.** Personne que l'on reçoit dans une compagnie, dans un corps savant, avec un certain cérémonial : *À l'Académie française, le récipiendaire prononce un discours.* **2.** Personne qui reçoit un diplôme universitaire, une médaille, etc.

récipient [resipjɑ̃] **n.m.** (lat. *recipiens*, p. présent de *recipere*, recevoir). Tout ustensile creux capable de contenir des substances liquides, solides ou gazeuses.

réciprocité [resiprɔsite] **n.f.** (bas lat. *reciprocitas*). Caractère de ce qui est réciproque : *Traité de réciprocité entre États.*

réciproque [resiprɔk] **adj.** (lat. *reciprocus*). **1.** Qui marque un échange équivalent entre deux personnes, deux groupes, deux choses : *Une aide réciproque* (syn. **mutuel**). **2.** GRAMM. Se dit d'un verbe pronominal qui exprime l'action exercée par deux ou plusieurs sujets les uns sur les autres (ex. : *ils se battent*). **3.** LOG. Se dit de deux propositions dont l'une implique nécessairement l'autre. **4. Proposition réciproque (de la proposition « A implique B »),** la proposition « B implique A » (on dit aussi *une réciproque*). ◆ **n.f.** L'action inverse : *Rendre la réciproque à qqn* (= la pareille). *La réciproque est vraie* (syn. **inverse**).

réciproquement [resiprɔkmɑ̃] **adv. 1.** De façon réciproque : *Ils se sont rendu réciproquement des services* (syn. **mutuellement**). **2. Et réciproquement,** et vice versa ; et inversement.

récit [resi] **n.m.** (de *réciter*). Relation écrite ou orale de faits réels ou imaginaires : *Récit historique* (syn. **relation**). *Elle nous a fait le récit de sa mésaventure* (syn. **narration**).

récital [resital] **n.m.** (angl. *recital*, du v. *to recite*, du fr. *réciter*) [pl. *récitals*]. **1.** Concert où se fait entendre un seul exécutant : *Pianiste qui donne un récital.* **2.** Spectacle artistique donné par un seul interprète ou consacré à un seul genre : *Un récital de danse.*

récitant, e [resitɑ̃, -ɑ̃t] **n. 1.** Personne qui récite un texte. **2.** MUS. Narrateur qui, dans une œuvre musicale, déclame un texte.

récitatif [resitatif] **n.m.** (it. *recitativo*). MUS. Dans l'opéra, l'oratorio ou la cantate, fragment narratif, dont la déclamation chantée se rapproche du langage parlé, et qui est soutenu par un accompagnement très léger.

récitation [resitasjɔ̃] **n.f. 1.** Action, manière de réciter : *La récitation des leçons.* **2.** Texte littéraire que les élèves doivent apprendre par cœur et réciter de mémoire : *Apprendre sa récitation.*

réciter [resite] **v.t.** (lat. *recitare*). Dire à haute voix un texte qu'on sait par cœur : *Réciter une leçon.*

réclamation [reklamasjɔ̃] **n.f.** Action de réclamer ou de protester : *Bureau des réclamations* (syn. **plainte**).

réclame [reklam] **n.f.** (de *réclamer*). **1.** VX. Petit article d'un journal faisant l'éloge d'un produit. **2.** VIEILLI. Publicité. **3. En réclame,** à prix réduit pour attirer la clientèle : *Article, produit en réclame* (= en promotion). **/ Faire de la réclame à,** attirer l'attention sur qqch ou sur qqn.

réclamer [reklame] **v.t.** (lat. *reclamare*, protester). **1.** Demander avec insistance : *Enfant qui pleure et réclame sa mère.* **2.** Demander une chose due ou juste : *Réclamer sa part d'héritage* (syn. **revendiquer**). **3.** Nécessiter ; avoir besoin de : *La vigne réclame beaucoup de soins* (syn. **demander**). ◆ **v.i.** Faire une réclamation : *Il est victime d'une injustice, mais il n'ose pas réclamer* (syn. **protester**). ◆ **se réclamer v.pr. [de].** Invoquer la caution de : *Se réclamer d'appuis officiels pour obtenir un avantage* (syn. **se prévaloir de, se recommander de**).

reclassement [rəklasmɑ̃] **n.m. 1.** Action de reclasser : *Le reclassement des objets d'une collection.* **2.** Action de placer dans une activité nouvelle des personnes qui ont dû abandonner leur précédente activité : *Reclassement des chômeurs, des handicapés.*

reclasser [rəklase] **v.t. 1.** Classer de nouveau : *Reclasser des timbres, des fiches.* **2.** Procéder au reclassement de personnes : *Reclasser des ouvriers licenciés.* **3.** Rétablir les traitements, les salaires, par référence à ceux d'autres catégories : *Reclasser des fonctionnaires.*

reclus, e [rəkly, -yz] **adj.** et **n.** (de l'anc. fr. *reclure*, du bas lat. *recludere*, enfermer). Qui vit retiré du monde : *Mener une existence recluse* (syn. **solitaire, isolé**).

réclusion [reklyzjɔ̃] **n.f.** (de *reclus*, d'apr. le lat. *reclusio*). **1.** État de qqn qui vit retiré du monde (syn. **claustration, isolement**). **2.** DR. **Réclusion criminelle,** peine criminelle de droit commun consistant en une privation de liberté.

recoiffer [rəkwafe] **v.t.** Coiffer de nouveau. ◆ **se recoiffer v.pr. 1.** Remettre ses cheveux en ordre (syn. **se repeigner**). **2.** Remettre son chapeau.

recoin [rəkwɛ̃] **n.m.** (de *coin*). **1.** Endroit caché, le moins en vue : *Chercher qqch dans tous les recoins d'une maison.* **2.** Partie la plus cachée, la plus secrète : *Les recoins du cœur.*

recollage [rəkɔlaʒ] et **recollement** [rəkɔlmɑ̃] **n.m.** Action de recoller : *Le recollage d'un vase brisé.*

recoller [rəkɔle] **v.t.** Coller de nouveau ce qui est décollé ; réparer en collant : *Recoller une semelle de chaussure.* ◆ **v.t. ind. [à].** SPORTS. Rejoindre : *Recoller au peloton.*

récoltant, e [rekɔltɑ̃, -ɑ̃t] **adj.** et **n.** Qui récolte ; qui procède lui-même à la récolte : *Propriétaire récoltant.*

récolte [rekɔlt] **n.f.** (it. *ricolta*, de *ricogliere*, lat. *recolligere*, recueillir). **1.** Action de recueillir les produits de la terre ; ces produits eux-mêmes : *La récolte du raisin* (= les vendanges). *Une récolte abondante.* **2.** Ce qu'on rassemble à la suite de recherches : *Récolte de documents* (syn. **collecte**).

récolter [rekɔlte] **v.t.** (de *récolte*). **1.** Faire la récolte de : *Récolter du blé* (syn. **moissonner**). **2.** Obtenir qqch comme conséquence de son action : *Dans cette affaire, il n'a récolté que des ennuis* (syn. **recueillir**).

recommandable [rəkɔmɑ̃dabl] **adj.** Qui mérite d'être recommandé : *Une personne tout à fait recommandable* (syn. **estimable**).

recommandation [rəkɔmɑ̃dasjɔ̃] **n.f. 1.** Exhortation pressante sur la conduite à tenir : *Avant son départ, ses parents lui firent les recommandations d'usage* (syn. **conseil, avertissement**). **2.** Action de recommander qqn, qqch : *Se présenter avec une lettre de recommandation. Suivre les recommandations d'un ami.* **3.** Opération par laquelle la poste assure la remise en main propre d'une lettre, d'un paquet, moyennant une taxe spéciale pour l'expéditeur.

recommandé, e [rəkɔmɑ̃de] **adj.** et **n.m.** Se dit d'un envoi ayant fait l'objet d'une recommandation postale : *Lettre recommandée. Envoyer un colis en recommandé.*

recommander [rəkɔmɑ̃de] **v.t.** (de *commander*). **1.** Conseiller vivement qqch à qqn : *Recommander la prudence* (syn. **préconiser**). *Je vous recommande cet hôtel, il est très bien.* **2.** Signaler qqn à l'attention, à la bienveillance : *Se faire recommander pour obtenir une place* (syn. **appuyer**). *Il m'a été chaudement recommandé* (syn. **vanter**). **3.** Envoyer une lettre, un paquet sous recommandation. ◆ **se recommander v.pr.** Invoquer en sa faveur l'appui de qqn pour obtenir qqch : *Vous pouvez vous recommander de moi* (syn. **se réclamer de**).

recommencement [rəkɔmɑ̃smɑ̃] **n.m.** Action de recommencer ; fait d'être recommencé : *L'histoire est un perpétuel recommencement* (syn. **répétition**).

recommencer [rəkɔmɑ̃se] **v.t.** [conj. **16**]. **1.** Refaire depuis le début : *Recommencer un travail.* **2.** Reprendre une action interrompue : *Recommencer à travailler à 14 heures.* **3.** Faire une nouvelle fois : *Recommencer les mêmes erreurs* (syn. **refaire, répéter**). ◆ **v.i.** Reprendre après une interruption : *La pluie recommence* (syn. **reprendre**).

récompense [rekɔ̃pɑ̃s] **n.f.** (de *récompenser*). Ce qui est offert, accordé à qqn en reconnaissance d'un service rendu, d'un mérite particulier, d'un comportement exemplaire : *Élève qui a reçu de nombreuses récompenses* (syn. **prix**).

récompenser [rekɔ̃pɑ̃se] **v.t.** (lat. *recompensare*). Accorder une récompense à : *Récompenser un bon élève.*

recomposé, e [rəkɔ̃poze] **adj. Famille recomposée,** famille dans laquelle les enfants sont issus d'une union antérieure de chacun des parents.

recomposer [rəkɔ̃poze] **v.t.** Composer, organiser de nouveau : *Recomposer un bouquet. Recomposer une équipe, un parti.*

recomposition [rəkɔ̃pozisjɔ̃] **n.f.** Action de recomposer.

réconciliation [rekɔ̃siljasjɔ̃] **n.f.** (lat. *reconciliatio*). Action de réconcilier des personnes brouillées ; fait de se réconcilier : *Un baiser de réconciliation. Travailler à la réconciliation de deux États* (syn. **rapprochement**).

réconcilier [rekɔ̃silje] **v.t.** (lat. *reconciliare*) [conj. **9**]. **1.** Rétablir des relations amicales entre des personnes brouillées : *Réconcilier deux amis* (syn. **réunir**). **2.** Inspirer à qqn une opinion plus favorable de qqn, de qqch : *Ce concert m'a réconcilié avec la musique contemporaine* (syn. **rapprocher de**). ◆ **se réconcilier v.pr.** Faire cesser le désaccord qui existait avec qqn (syn. **renouer avec**).

reconductible [rəkɔ̃dyktibl] **adj.** Qui peut être reconduit, renouvelé : *Bail reconductible.*

reconduction [rəkɔ̃dyksjɔ̃] **n.f.** (lat. *reconductio*). **1.** Action de reconduire, de poursuivre : *Reconduction de la politique actuelle* (syn. **continuation**). **2.** DR. Renouvellement d'un bail, d'une location, d'un crédit. **3. Tacite reconduction,** renouvellement d'un contrat au-delà du terme prévu, sans qu'il soit besoin d'accomplir une formalité.

reconduire [rəkɔ̃dɥir] **v.t.** (de *conduire*) [conj. **98**]. **1.** Accompagner une personne qui s'en va, ou la ramener chez elle : *Reconduire un visiteur jusqu'à sa voiture* (syn. **raccompagner**). *Reconduire un enfant chez ses parents* (syn. **ramener**). **2.** Continuer selon les mêmes modalités : *Reconduire une politique.* **3.** DR. Renouveler par reconduction : *Reconduire un bail.*

réconfort [rekɔ̃fɔr] **n.m.** Soutien ; secours ; consolation : *Les lettres sont un puissant réconfort pour les prisonniers.*

réconfortant, e [rekɔ̃fɔrtɑ̃, -ɑ̃t] **adj.** Qui réconforte, console : *Paroles réconfortantes.*

réconforter [rekɔ̃fɔrte] **v.t.** (de *conforter*). **1.** Redonner des forces physiques, de la vigueur à : *Une boisson chaude l'a réconfortée* (syn. **revigorer**). **2.** Aider à supporter une épreuve : *L'affection de ses amis l'a un peu réconforté dans son malheur* (syn. **consoler** ; contr. **désespérer**).

reconnaissable [rəkɔnesabl] **adj.** Facile à reconnaître.

reconnaissance [rəkɔnesɑ̃s] **n.f. 1.** Action de reconnaître comme sien, comme vrai, réel ou légitime : *Reconnaissance d'un crime. Reconnaissance du talent de qqn.* **2.** Action de reconnaître, d'identifier en fonction de certains signes : *Porter un œillet à la boutonnière en signe de reconnaissance. Reconnaissance automatique des formes, de la parole.* **3.** Sentiment qui incite à se considérer comme redevable envers la personne de qui on a reçu un bienfait : *Témoigner sa reconnaissance à qqn* (syn. **gratitude**). **4.** Examen détaillé d'un lieu ; mission de recherche de renseignements sur le terrain ou sur l'ennemi : *La reconnaissance d'un terrain. Aviation de reconnaissance.* **5.** DR. Acte par lequel on admet l'existence d'une obligation : *Signer une reconnaissance de dettes.* **6.** Acte par lequel on reconnaît un nouvel État ou un gouvernement comme légal.

reconnaissant, e [rəkɔnesɑ̃, -ɑ̃t] **adj.** (de *reconnaître*). Qui a de la reconnaissance : *Se montrer reconnaissant envers un bienfaiteur* (contr. **ingrat**).

reconnaître [rəkɔnɛtr] **v.t.** (lat. *recognoscere*) [conj. **91**]. **1.** Juger, déterminer comme déjà connu : *Reconnaître un air, une écriture. Je vous reconnais bien là, vous êtes toujours aussi ponctuelle* (syn. **retrouver**). **2.** Identifier en fonction d'un caractère donné : *Reconnaître qqn à sa voix. Reconnaître un arbre à ses feuilles.* **3.** Admettre comme vrai, réel, légitime : *Reconnaître un État, un gouvernement. Je reconnais qu'elle avait raison* (syn. **concéder**). *Reconnaître ses torts* (syn. **avouer, confesser**). **4.** Chercher à déterminer la situation d'un lieu : *Reconnaître un parcours* (syn. **explorer**). **5. Reconnaître un enfant,** se déclarer le père ou la mère d'un enfant naturel. ◆ **se reconnaître v.pr. 1.** Retrouver ses traits, ses manières dans une autre personne : *Se reconnaître dans ses enfants.* **2.** Localiser sa position et être capable de retrouver son chemin : *Se reconnaître dans un dédale de rues* (syn. **se situer**). **3.** Comprendre clairement une situation ou une explication complexe : *Laissez-moi le temps de m'y reconnaître* (syn. **se retrouver**). **4.** S'avouer comme étant tel : *Se reconnaître coupable.*

reconnu, e [rəkɔny] **adj. 1.** Admis pour vrai, pour incontestable : *Un fait reconnu* (syn. **avéré, notoire**). **2.** Admis comme ayant une réelle importance : *Un auteur reconnu.*

reconquérir [rəkɔ̃kerir] **v.t.** [conj. **39**]. Conquérir de nouveau ; recouvrer par une lutte : *Reconquérir l'estime de qqn* (syn. **regagner, retrouver**).

reconquête [rəkɔ̃kɛt] **n.f.** Action de reconquérir.

Reconquista, mot espagnol désignant la reconquête de la péninsule Ibérique par les chrétiens sur les musulmans. Cette entreprise débuta au milieu du VIIIe s., dans les Asturies. Elle s'acheva par la prise de Grenade (1492).

reconsidérer [rəkɔ̃sidere] **v.t.** (de *considérer*) [conj. **18**]. Reprendre l'examen d'une question en vue d'une nouvelle décision : *Votre nouvelle situation nous oblige à reconsidérer votre demande* (syn. **réexaminer**).

reconstituant, e [rəkɔ̃stitɥɑ̃, -ɑ̃t] **adj.** et **n.m.** Se dit d'un médicament qui ramène l'organisme fatigué à l'état normal (syn. **fortifiant, remontant**).

reconstituer [rəkɔ̃stitɥe] **v.t.** [conj. **7**]. **1.** Constituer, former de nouveau : *Reconstituer un parti dissous* (syn. **reformer**). **2.** Rétablir dans sa forme primitive : *Reconstituer le plan d'une ville d'après des documents.* **3.** Déterminer, après enquête, la façon dont un événement s'est déroulé : *Reconstituer un crime.*

reconstitution [rəkɔ̃stitysjɔ̃] **n.f.** Action de reconstituer : *Ce film est une bonne reconstitution historique. Reconstitution d'un crime.*

reconstruction [rəkɔ̃stryksjɔ̃] **n.f.** Action de reconstruire : *La reconstruction d'une région dévastée.*

reconstruire [rəkɔ̃strɥir] **v.t.** [conj. **98**]. Construire de nouveau : *Reconstruire un immeuble* (syn. **rebâtir**). *Tenter de reconstruire une amitié* (syn. **rétablir, reconstituer**). *C'est un idéaliste qui voudrait reconstruire le monde* (syn. **refaire**).

reconversion [rəkɔ̃vɛrsjɔ̃] **n.f.** Action de reconvertir, de se reconvertir.

reconvertir [rəkɔ̃vɛrtir] **v.t.** (de *convertir*) [conj. **32**]. **1.** Adapter une activité économique à de nouveaux besoins, à une production nouvelle : *Reconvertir des chantiers navals.* **2.** Affecter à un nouvel emploi ; donner une nouvelle formation à qqn : *Reconvertir les ouvriers de la sidérurgie.* ◆ **se reconvertir v.pr.** Changer de profession, d'activité : *Se reconvertir dans l'hôtellerie.*

recopier [rəkɔpje] **v.t.** [conj. **9**]. **1.** Copier un texte déjà écrit : *Recopier une citation* (syn. **transcrire**). **2.** Mettre au net, au propre : *Recopier un brouillon.*

record [rəkɔr] **n.m.** (mot angl., de *to record,* enregistrer, de l'anc. fr. *recorder,* rappeler). **1.** Performance sportive officiellement constatée et surpassant toute autre performance précédente dans la même épreuve ou discipline : *Battre, détenir un record. Le record du monde de saut à la perche.* **2.** Résultat, niveau supérieur à tous ceux obtenus antérieurement dans un domaine quelconque : *Un record d'affluence.* ◆ **adj. inv.** Qui constitue un maximum jamais atteint ou très exceptionnel : *Chiffres record.*

recordman [rəkɔrdman] **n.m., recordwoman** [rəkɔrdwuman] **n.f.** [pl. *recordmans, recordwomans* ou *recordmen, recordwomen*]. (Faux anglicisme). Détenteur, détentrice d'un ou de plusieurs records.

recoucher [rəkuʃe] **v.t.** Coucher de nouveau. ◆ **se recoucher v.pr.** Se coucher de nouveau.

recoudre [rəkudr] **v.t.** [conj. **86**]. Coudre ce qui est décousu, mal cousu ou disjoint.

recoupement [rəkupmɑ̃] **n.m.** Vérification d'un fait au moyen de renseignements issus de sources différentes : *On a pu établir la date par recoupement.*

recouper [rəkupe] **v.t. 1.** Couper de nouveau : *Recouper du pain.* **2.** Donner une coupe différente à un vêtement, le retoucher. **3.** Coïncider avec ; apporter une confirmation à : *Témoignage qui en recoupe un autre.*

recourber [rəkurbe] **v.t.** Courber par le bout : *Recourber l'extrémité d'un bâton pour en faire une canne.*

recourir [rəkurir] **v.i.** et **v.t.** (de *courir*) [conj. **45**]. Courir de nouveau. ◆ **v.t. ind. [à]. 1.** S'adresser à qqn pour obtenir de l'aide : *Recourir à un expert.* **2.** Se servir de qqch dans une circonstance donnée : *Recourir à la force* (syn. **user de**).

recours [rəkur] **n.m.** (lat. juridique *recursus*). **1.** Action de recourir à qqn ou à qqch : *Le recours à la force peut quelquefois s'avérer nécessaire* (syn. **emploi, usage**). **2.** Personne ou chose à laquelle on recourt : *Vous êtes mon dernier recours* (syn. **ressource, secours**). **3.** DR. Action de déférer à une autorité ou à une juridiction administrative un acte ou une décision en vue d'en obtenir le retrait, l'annulation, l'abrogation, la réformation ou l'interprétation. **4. Avoir recours à qqn, qqch,** faire appel à, user de : *J'aurai recours à elle pour une traduction. Avoir recours à la ruse.* / **Avoir un recours contre qqn, qqch,** avoir les moyens légaux de réclamer la réparation d'un dommage. / **En dernier recours,** comme ultime ressource. / **Recours en grâce,** demande adressée au chef de l'État en vue de la remise ou de la commutation d'une peine.

recouvrable [rəkuvrabl] **adj.** Qui peut être recouvré : *Somme recouvrable.*

1. recouvrement [rəkuvrəmɑ̃] **n.m. 1.** Action de recouvrer ce qui était perdu. **2.** Perception de sommes dues : *Le recouvrement des taxes.*

2. recouvrement [rəkuvrəmɑ̃] **n.m. 1.** Action de recouvrir : *Le recouvrement des terres par l'inondation.* **2.** MATH. **Recouvrement d'un ensemble E,** famille d'ensembles dont la réunion inclut E.

recouvrer [rəkuvre] **v.t.** (lat. *recuperare*). **1.** Rentrer en possession de ce qu'on avait perdu : *Recouvrer la vue* (syn. **retrouver**). **2.** Opérer la perception de : *Recouvrer l'impôt* (syn. **percevoir**).

recouvrir [rəkuvrir] **v.t.** [conj. **34**]. **1.** Couvrir de nouveau : *Recouvrir des sièges.* **2.** Pourvoir d'une couverture, d'un élément protecteur : *Recouvrir des livres.* **3.** Couvrir entièrement : *La neige recouvre la plaine.* **4.** Correspondre, se superposer, s'appliquer à : *Cette réalisation recouvre les deux projets* (syn. **embrasser**). **5.** Masquer sous de fausses apparences : *Son attitude désinvolte recouvre une grande timidité* (syn. **cacher, dissimuler**).

recracher [rəkraʃe] **v.t.** et **v.i.** Cracher ce qu'on a pris dans la bouche.

récréatif, ive [rekreatif, -iv] **adj.** Qui divertit, récrée : *Lecture, séance récréative* (syn. **amusant, délassant**).

récréation [rekreasjɔ̃] **n.f.** (lat. *recreatio*). **1.** Ce qui interrompt le travail et délasse : *Prendre un peu de récréation* (syn. **détente**). **2.** Temps accordé aux enfants dans les écoles pour jouer : *Surveiller des élèves en récréation.*

recréer [rəkree] **v.t.** (de *créer*) [conj. **15**]. **1.** Reconstruire ; refaire : *Recréer le monde.* **2.** Rendre l'aspect de qqch qui a disparu : *Recréer l'atmosphère de la Belle Époque* (= la faire revivre).

récréer [rekree] **v.t.** (lat. *recreare*) [conj. **15**]. *LITT.* Divertir par un amusement quelconque.

se **récrier** [rekrije] **v.pr.** (de *s'écrier*) [conj. **10**]. **1.** *LITT.* Laisser échapper des exclamations exprimant des sentiments vifs et agréables (admiration, surprise, etc.) : *Ils se sont récriés à la vue de ce tableau.* **2.** Manifester avec véhémence son désaccord : *Ils se sont récriés contre cette loi.*

récrimination [rekriminasjɔ̃] **n.f.** Action de récriminer ; reproche : *Se répandre en continuelles récriminations* (syn. **plainte, critique**).

récriminer [rekrimine] **v.i.** (lat. médiév. *recriminari,* du class. *crimen,* accusation). Trouver à redire ; critiquer avec virulence : *Il n'est jamais content, il récrimine à propos de tout* (syn. **se plaindre, protester**).

récrire v.t. ⟶ **réécrire.**

recroquevillé, e [rəkrɔkvije] **adj.** Ramassé, replié sur soi : *Des fleurs fanées aux pétales recroquevillés.*

se **recroqueviller** [rəkrɔkvije] **v.pr.** (de l'anc. fr. *recoquiller,* avec infl. de *croc* et de l'anc. fr. *ville,* vis). **1.** Se rétracter, se tordre sous l'action de la sécheresse, du froid : *Les feuilles brûlées par le gel se recroquevillent* (syn. **se racornir**). **2.** Se ramasser, se replier sur soi : *Il se recroquevillait sous la couverture* (syn. **se pelotonner**).

recru, e [rəkry] **adj.** (anc. fr. *se recroire,* se rendre, bas lat. *se recredere,* se remettre à la merci). *LITT.* Harassé : *Recru de fatigue.*

recrudescence [rəkrydesɑ̃s] **n.f.** (du lat. *recrudescere,* saigner davantage, de *crudus,* saignant). **1.** Reprise, avec une intensité accrue, des manifestations d'une maladie, des ravages d'une épidémie : *Une recrudescence de la grippe.* **2.** Brusque réapparition de qqch avec redoublement d'intensité : *Recrudescence du froid* (syn. **regain**). *Recrudescence des combats* (syn. **reprise**).

recrudescent, e [rəkrydesɑ̃, -ɑ̃t] **adj.** Qui reprend de l'intensité : *Une épidémie recrudescente.*

recrue [rəkry] **n.f.** (de *recroître,* compléter [un régiment]). **1.** Jeune militaire qui vient d'être incorporé (syn. **conscrit**). **2.** Nouveau membre d'une société, d'un groupe : *Le parti vient de faire une excellente recrue.*

recrutement [rəkrytmɑ̃] **n.m.** Action de recruter : *La valeur d'une entreprise dépend de son recrutement.*

recruter [rəkryte] **v.t.** (de *recrue*). **1.** Appeler des recrues ; lever des troupes (syn. **enrôler, mobiliser**). **2.** Engager du personnel : *Recruter des rédacteurs, des collaborateurs* (syn. **embaucher**). **3.** Amener à faire partie d'une société, d'un parti (syn. **enrôler, embrigader**).

recruteur, euse [rəkrytœr, -øz] **n.** Personne qui recrute des adhérents, des clients, du personnel.

recta [rɛkta] **adv.** (adv. lat. « tout droit »). *FAM.* Ponctuellement ; exactement : *Payer recta.*

rectal, e, aux [rɛktal, -o] **adj.** Du rectum : *Température rectale.*

rectangle [rɛktɑ̃gl] **n.m.** (lat. *rectangulus,* de *angulus,* angle). Quadrilatère plan dont les quatre angles sont droits. ◆ **adj.** Qui a deux faces ou deux côtés perpendiculaires : *Parallélépipède rectangle* (= dont deux faces non parallèles sont perpendiculaires). *Trapèze rectangle* (= dont deux côtés consécutifs sont perpendiculaires). *Triangle rectangle* (= dont deux côtés sont perpendiculaires).

rectangulaire [rɛktɑ̃gylɛr] **adj. 1.** Qui a la forme d'un rectangle : *Un champ rectangulaire.* **2.** Qui forme un angle droit.

recteur, trice [rɛktœr, -tris] **n.** (lat. *rector,* de *regere,* gouverner). Haut fonctionnaire de l'Éducation nationale, placé à la tête d'une académie. ◆ **recteur n.m. 1.** Prêtre desservant une église non paroissiale. **2.** Supérieur d'un collège de jésuites. **3.** En Bretagne, curé d'une paroisse.

rectificatif, ive [rɛktifikatif, -iv] **adj.** et **n.m.** Qui rectifie ; qui sert à rectifier : *Note rectificative. Publier un rectificatif.*

rectification [rɛktifikasjɔ̃] **n.f. 1.** Action de rectifier ; texte, paroles qui rectifient : *La rectification d'un alignement, d'une adresse.* **2.** CHIM. Distillation fractionnée d'un liquide volatil pour le purifier ou en séparer les constituants.

rectifier [rɛktifje] **v.t.** (bas lat. *rectificare,* redresser, du class. *rectus,* droit) [conj. **9**]. **1.** Modifier pour rendre adéquat : *Rectifier le tracé d'une route* (syn. **redresser**). **2.** Rendre exact en corrigeant : *Rectifier un calcul* (syn. **corriger**). **3.** MÉCAN. Parachever à la meule la surface d'une pièce usinée. **4.** CHIM. Soumettre à la rectification.

rectiligne [rɛktiliɲ] **adj.** (bas lat. *rectilineus,* de *rectus,* droit, et *linea,* ligne). **1.** Qui est ou qui se fait en ligne droite : *Un tracé de route rectiligne.* **2.** GÉOM. Formé de droites ou de segments de droites : *Triangle rectiligne.*

rectitude [rɛktityd] **n.f.** (bas lat. *rectitudo*). **1.** *LITT.* Caractère de ce qui est droit, rectiligne : *La rectitude d'une ligne.* **2.** Conformité à la raison, à la justice, à la rigueur : *Rectitude de jugement* (syn. **justesse**).

recto [rɛkto] **n.m.** (de la loc. lat. *folio recto,* sur le feuillet qui est à l'endroit). Première page d'un feuillet (par opp. à *verso*) : *Le recto correspond à la page de droite d'un livre ouvert.*

rectoral, e, aux [rɛktɔral, -o] **adj.** Du recteur d'une académie : *Décision rectorale.*

rectorat [rɛktɔra] **n.m. 1.** Charge de recteur. **2.** Bureau de l'administration rectorale d'une académie.

recto verso [rɛktovɛrso] **loc. adv.** (de *recto* et *verso*). Sur les deux pages d'un feuillet : *Écrire recto verso.*

rectum [rɛktɔm] **n.m.** (du lat. *rectum intestinum,* intestin droit). Dernière partie du côlon, qui aboutit à l'anus.

1. reçu, e [rəsy] **adj.** (p. passé de *recevoir*). Se dit de ce qui est admis, reconnu par le plus grand nombre : *Idées reçues* (syn. **consacré, établi**) [v. aussi *recevoir*].

2. reçu [rəsy] **n.m.** (du p. passé de *recevoir*). Écrit sous seing privé dans lequel on reconnaît avoir reçu une somme, un objet : *L'Administration délivre un reçu pour un paquet recommandé* (syn. **récépissé**).

recueil [rəkœj] **n.m.** (de *recueillir*). Ouvrage où sont réunis des écrits, des documents, des gravures, etc. : *Recueil de lois. Recueil de poésies* (syn. **anthologie, florilège**).

recueillement [rəkœjmɑ̃] **n.m.** Fait de se recueillir : *Un lieu propice au recueillement* (syn. **méditation**). *Écouter qqn avec recueillement* (syn. **ferveur**).

recueillir [rəkœjir] **v.t.** (lat. *recolligere*) [conj. **41**]. **1.** Réunir en collectant, en ramassant : *Recueillir des documents, des dons, des témoignages* (syn. **amasser, collecter**). **2.** Prendre, retenir, ramasser pour garder, conserver : *Recueillir la résine* (syn. **récolter**). *Bassin qui recueille les eaux de pluie* (syn. **recevoir**). *Recueillir une déposition* (syn. **enregistrer**). **3.** Obtenir : *Recueillir la moitié des suffrages* (syn. **gagner, remporter**). **4.** Retirer un avantage, un profit : *Recueillir le fruit de son travail, de ses efforts.* **5.** Recevoir par héritage : *Recueillir une succession.* **6.** Accueillir chez soi ; donner l'hospitalité à : *Recueillir des sinistrés.* ◆ **se recueillir v.pr. 1.** S'abstraire du monde extérieur pour réfléchir, méditer. **2.** Se plonger dans une méditation religieuse.

recuire [rəkɥir] **v.t.** [conj. **98**]. **1.** Soumettre à une seconde cuisson. **2.** Améliorer les qualités d'un métal, d'un verre, par le recuit. ◆ **v.i.** Subir une nouvelle cuisson.

recuit [rəkɥi] **n.m.** (du p. passé de *recuire*). **1.** Action de recuire, de soumettre de nouveau à l'action de la chaleur. **2.** Chauffage d'un produit métallurgique à une température suffisante pour assurer son équilibre physico-chimique et structural, et que l'on fait suivre d'un refroidissement lent. **3.** VERR. Chauffage d'un verre à la température permettant le relâchement des tensions nées au formage, que l'on fait suivre d'un refroidissement lent.

recul [rəkyl] **n.m.** (de *reculer*). **1.** Mouvement en arrière : *Recul d'une armée* (syn. **repli, retraite**). *Recul de la civilisation* (syn. **régression** ; contr. **progrès**). **2.** Mouvement vers l'arrière d'une arme à feu, au départ du coup. **3.** Espace libre pour reculer : *Dans cette galerie, on manque de recul pour voir les tableaux.* **4.** Éloignement dans l'espace et le temps pour juger d'un événement : *Il faut un certain recul pour apprécier l'importance d'un fait historique.*

reculade [rəkylad] **n.f.** Action de reculer, de céder : *Des fanfaronnades qui aboutissent à une piteuse reculade.*

reculé, e [rəkyle] **adj. 1.** Isolé : *Région reculée* (syn. **perdu, retiré**). **2.** Éloigné dans le temps : *Époque reculée* (syn. **lointain**).

reculer [rəkyle] **v.t.** (de *cul*). **1.** Déplacer vers l'arrière : *Reculer sa chaise.* **2.** Reporter plus loin : *Reculer une clôture* (syn. **repousser**). **3.** Reporter à une date plus éloignée : *Reculer un paiement* (syn. **retarder, ajourner, différer**). ◆ **v.i. 1.** Aller en arrière : *Reculer d'un pas.* **2.** Perdre du terrain ; rétrograder : *Faire reculer la criminalité.* **3.** Renoncer, céder devant une difficulté : *Cette voiture me plaisait beaucoup, mais j'ai reculé devant son prix.* **4. Reculer pour mieux sauter,** retarder une décision désagréable mais inévitable.

à reculons [rəkylɔ̃] **loc. adv.** En reculant ; en allant en arrière : *Marcher, s'éloigner à reculons.*

reculotter [rəkylɔte] **v.t.** Remettre sa culotte, son pantalon à. ◆ **se reculotter v. pr.** Remettre sa culotte, son pantalon.

récupérable [rekyperabl] **adj.** Qui peut être récupéré : *Matériaux récupérables. Journées récupérables.*

récupérateur, trice [rekyperatœr, -tris] **adj. 1.** Qui permet de récupérer, de reprendre des forces : *Sieste récupératrice.* **2.** Qui relève de la récupération politique. ◆ **adj.** et **n.** Qui récupère des matériaux usagés. ◆ **récupérateur n.m.** IND. Appareil destiné à la récupération de la chaleur ou de l'énergie.

récupération [rekyperasjɔ̃] **n.f. 1.** Action de récupérer ; fait d'être récupéré : *Récupération des métaux non ferreux.* **2.** Fait de reprendre à son profit une action collective : *Récupération d'un mouvement de grève spontané par un syndicat.*

récupérer [rekypere] **v.t.** (lat. *recuperare*) [conj. **18**]. **1.** Rentrer en possession de qqch qui avait été perdu ou confié pour un temps : *Récupérer une somme que l'on avait prêtée* (syn. **ravoir, recouvrer**). **2.** Recueillir pour utiliser ce qui pourrait être perdu : *Récupérer de la ferraille.* **3.** Reprendre des idées, un mouvement social, en les détournant de leur but premier : *Récupérer un mouvement syndical.* **4.** Fournir un temps de travail compensant celui qui a été perdu ; prendre un congé compensant un temps de travail supplémentaire. ◆ **v.i.** Reprendre ses forces après un effort, après une maladie : *Un athlète qui récupère très vite* (syn. **se remettre, se rétablir**).

récurage [rekyraʒ] **n.m.** Action de récurer.

récurer [rekyre] **v.t.** (de *écurer,* du lat. *curare,* prendre soin). Nettoyer en frottant : *Récurer des casseroles.*

récurrence [rekyrɑ̃s] **n.f. 1.** Caractère de ce qui est récurrent ; répétition d'un phénomène : *Récurrence d'un thème dans une symphonie* (syn. **réapparition, retour**). **2.** MATH. Démonstration utilisant le principe selon lequel une propriété qui est vérifiée pour tout entier $n + 1$ dès qu'elle l'est pour n est vérifiée pour tout entier dès qu'elle l'est pour 0. **3.** LOG. **Raisonnement par récurrence,** raisonnement par lequel on étend à une série de termes homogènes la vérité d'une propriété d'au moins deux de ces termes (syn. **induction**).

récurrent, e [rekyrɑ̃, -ɑ̃t] **adj.** (lat. *recurrens,* de *recurrere,* courir en arrière). **1.** Qui revient, réapparaît, se reproduit : *Rêves récurrents.* **2.** ANAT. Qui revient en arrière : *Nerf récurrent. Artère récurrente.* **3. Image récurrente,** image qui subsiste après que l'œil a reçu une vive impression lumineuse. / MATH. **Série récurrente,** suite dont le terme général s'exprime à partir de termes le précédant. ◆ **adj.** et **n.** Se dit d'un héros de fiction qui réapparaît d'œuvre en œuvre : *L'héroïne récurrente d'une série télévisée.*

récursif, ive [rekyrsif, -iv] **adj.** (angl. *recursive,* du lat. *recurrere*). DIDACT. Qui peut être répété indéfiniment : *Une procédure informatique récursive.*

récursivité [rekyrsivite] **n.f.** Propriété de ce qui est récursif.

récusable [rekyzabl] **adj.** Qui peut être récusé : *Témoin, témoignage récusable.*

récusation [rekyzasjɔ̃] **n.f.** (lat. *recusatio*). DR. Fait de refuser, par soupçon de partialité, un juge, un juré, un arbitre, un expert, dans les cas spécifiés par la loi.

récuser [rekyze] **v.t.** (lat. *recusare,* de *causa,* cause). **1.** User de la faculté ou du droit de récusation à l'encontre de : *Récuser un juge, un expert.* **2.** Ne pas admettre l'autorité de qqn, la valeur de qqch dans une décision : *Je récuse votre témoignage* (syn. **contester**). ◆ **se récuser v.pr. 1.** Se déclarer incompétent pour juger une cause. **2.** Refuser une charge, une mission, un poste.

recyclable [rəsiklabl] **adj.** Que l'on peut recycler : *Déchets recyclables.*

recyclage [rəsiklaʒ] **n.m.** (de *cycle*). **1.** Formation complémentaire donnée à un professionnel pour lui permettre de s'adapter aux progrès industriels et scientifiques. **2.** Action de récupérer la partie utile des déchets et de la réintroduire dans le cycle de production dont ils sont issus : *Recyclage du verre.*

■ **Les différents aspects du recyclage.** Le recyclage des déchets passe par la séparation de ces derniers en plusieurs catégories, au cours du *tri* (papier, carton, aluminium, verre, bouteilles en plastique, ordures ménagères...). Dans la plupart des communes aujourd'hui, les particuliers disposent de containers de différentes couleurs pour y déposer les divers types de déchets. Un tri ultérieur *(récupération)* permet ensuite d'envoyer les déchets dans les filières où ils vont être *valorisés* (transformés en matières premières) : l'acier des boîtes de conserve est fondu, les fibres de carton sont transformées en papier, les bouteilles de verre sont broyées et fondues, etc.

Intérêt du recyclage. L'avancée des techniques de recyclage mais surtout l'augmentation, au cours des années 1970, du prix des matières premières et de l'énergie ont largement contribué à ce que certains déchets, résidus inévitables de la consommation et des processus industriels, soient aujourd'hui considérés comme des gisements de matières premières. Économes en matières premières, énergie, devises, les techniques de recyclage sont appelées à continuer à se développer, même si elles occasionnent parfois certains surcoûts ponctuels. En effet, la réutilisation des déchets demande des investissements notables dès le stade de la collecte. Outre l'économie de matières premières « neuves » (et donc la préservation de nombreuses ressources) et la récupération de certaines matières (produits pétroliers importés, métaux pour alliages, etc.), le recyclage permet de diminuer le volume des déchets, de prolonger la durée de vie des décharges, et de diminuer la pollution (avec toutes ses conséquences pour l'environnement). Dans l'industrie, le recyclage des réactifs est de plus en plus fréquent, ce qui contribue à diminuer la quantité des rejets dans l'environnement.

Les actions visant à améliorer le recyclage incluent également la diminution du volume des déchets envisagée dès la fabrication, notamm. en réduisant la quantité d'emballages autour des produits. ■

recycler [rəsikle] **v.t.** Soumettre à un recyclage : *Recycler du papier. Recycler des ingénieurs.* ◆ **se recycler v.pr.** Acquérir une formation nouvelle par recyclage.

rédacteur, trice [redaktœr, -tris] **n.** (du lat. *redactus,* p. passé de *redigere,* arranger). Personne qui rédige un texte, qui participe à la rédaction d'un journal, d'un livre.

rédaction [redaksjɔ̃] **n.f. 1.** Action ou manière de rédiger un texte : *Une commission est chargée de la rédaction des statuts.* **2.** Exercice scolaire destiné à apprendre aux élèves à rédiger : *Un sujet de rédaction* (syn. **narration**). **3.** Ensemble des rédacteurs d'un journal, d'une maison d'édition ; locaux où ils travaillent.

rédactionnel, elle [redaksjɔnɛl] **adj.** Relatif à la rédaction : *Travail rédactionnel.*

reddition [redisjɔ̃] **n.f.** (lat. *redditio,* de *reddere,* rendre). Action de se rendre, de mettre bas les armes : *La reddition d'une armée* (syn. **capitulation**).

redécouvrir [rədekuvrir] **v.t.** [conj. **34**]. Découvrir de nouveau : *Redécouvrir un auteur oublié.*

redéfinir [rədefinir] **v.t.** [conj. **32**]. Définir de nouveau ou autrement : *Redéfinir une orientation politique.*

redemander [rədmɑ̃de] **v.t.** Demander de nouveau ou davantage.

redémarrage [rədemaraʒ] **n.m.** Action de redémarrer : *Le redémarrage d'une activité économique* (syn. **reprise**).

redémarrer [rədemare] **v.i.** Démarrer de nouveau : *Il a calé et n'a pas réussi à redémarrer. L'économie redémarre* (syn. **repartir, reprendre**).

rédempteur, trice [redɑ̃ptœr, -tris] **adj.** et **n.** (lat. ecclés. *redemptor,* de *redimere,* racheter). **1.** *LITT.* Qui rachète, réhabilite : *Des souffrances rédemptrices* (syn. litt. **salvateur**). *Le travail considéré comme un rédempteur* (syn. **sauveur**). **2. Le Rédempteur,** Jésus-Christ, qui a racheté le genre humain du péché (syn. **le Sauveur**).

rédemption [redɑ̃psjɔ̃] **n.f.** (lat. *redemptio*). **1.** *LITT.* Action de ramener qqn au bien, de se racheter : *Le repentir est le chemin vers la rédemption* (syn. **salut**). **2.** THÉOL. **La Rédemption,** le salut apporté par Jésus-Christ à l'humanité pécheresse.

redéploiement [rədeplwamɑ̃] **n.m.** (de *déploiement*). **1.** ÉCON. Réorganisation d'une activité économique, notamm. par l'accroissement des échanges avec l'extérieur. **2.** MIL. Réorganisation d'un dispositif militaire.

redescendre [rədesɑ̃dr] **v.i.** [conj. **73**]. Descendre de nouveau ou après s'être élevé : *Ballon qui redescend* (contr. **remonter**). ◆ **v.t.** Porter de nouveau en bas : *Vous redescendrez les valises à la cave.*

redevable [rədəvabl] **adj.** (de *redevoir*). **1.** Qui doit encore qqch après un paiement : *Je vous suis encore redevable de cent euros.* **2.** Qui a une obligation envers qqn : *Elle vous est redevable de sa réussite* (= elle vous la doit). ◆ **n.** Personne tenue de verser une redevance.

redevance [rədəvɑ̃s] **n.f.** (de *redevoir*). **1.** Dette, charge, taxe, rente qui doit être acquittée à termes fixes : *Payer la redevance de la télévision.* **2.** Somme due au détenteur d'un droit, d'un brevet, au propriétaire d'un sol où sont assurées certaines exploitations, etc. (anglic. déconseillé : **royalties**).

redevenir [rədəvnir] **v.i.** (de *devenir*) [conj. **40** ; auxil. *être*.] Recommencer à être ce que l'on était auparavant : *Ils sont redevenus amis.*

rédhibition [redibisjɔ̃] **n.f.** (lat. juridique *redhibitio*). DR. Annulation d'une vente obtenue par l'acheteur, lorsque la chose achetée est entachée d'un vice rédhibitoire.

rédhibitoire [redibitwar] **adj.** (lat. juridique *redhibitorius*, de *redhibere*, restituer). **1.** Qui constitue un obstacle radical : *Un prix rédhibitoire* (syn. **prohibitif**). **2.** DR. Qui peut motiver l'annulation d'une vente : *Vice rédhibitoire.*

rediffuser [rədifyze] **v.t.** Diffuser une nouvelle fois : *Rediffuser un film, une émission de radio.*

rediffusion [rədifyzjɔ̃] **n.f. 1.** Action, fait de rediffuser. **2.** Émission rediffusée : *Trop de rediffusions à la télévision.*

rédiger [rediʒe] **v.t.** (lat. *redigere*, ramener, arranger) [conj. **17**]. Exprimer par écrit, dans l'ordre voulu et selon une forme donnée : *Rédiger le compte rendu d'une conférence* (syn. **libeller**). *Rédiger une lettre de remerciement* (syn. **écrire**).

redingote [rədɛ̃gɔt] **n.f.** (de l'angl. *riding-coat*, vêtement pour aller à cheval). **1.** Manteau de femme ajusté à la taille. **2.** *ANC.* Ample veste d'homme croisée, à longues basques.

redire [rədir] **v.t.** [conj. **102**]. **1.** Répéter ce qu'on a déjà dit ou ce qu'un autre a dit : *Il redit toujours les mêmes choses* (syn. **rabâcher**). **2.** Répéter, rapporter par indiscrétion : *N'allez pas le lui redire* (syn. **raconter**). **3. Avoir, trouver à redire à,** critiquer : *Je n'ai rien à redire à cette décision.*

rediscuter [rədiskyte] **v.t.** Discuter de nouveau : *Nous en rediscuterons demain* (syn. **reparler**).

redistribuer [rədistribɥe] **v.t. 1.** Distribuer de nouveau : *Redistribuer les cartes.* **2.** Distribuer selon des principes nouveaux, plus équitables : *Redistribuer les richesses.*

redistribution [rədistribysjɔ̃] **n.f. 1.** Action de redistribuer. **2.** Correction dans la répartition des revenus grâce, notamm., à l'impôt.

redite [rədit] **n.f.** (de *redire*). Répétition inutile : *Évitez les redites* (syn. **redondance**).

Redon (Odilon), peintre, dessinateur et graveur français (Bordeaux 1840 - Paris 1916). Il a pratiqué un art symboliste et visionnaire dans ses « noirs » (*l'Araignée souriante,* 1881, Louvre), comme dans ses œuvres colorées d'après 1890 (série des *Chars d'Apollon*).

redondance [rədɔ̃dɑ̃s] **n.f.** (lat. *redundantia*). **1.** Abondance de mots, de paroles ; terme redondant : *S'exprimer avec redondance* (syn. **verbiage**). *Les redondances sont souvent ennuyeuses* (syn. **redite**). **2.** LING. Caractère d'un énoncé qui réitère sous plusieurs formes différentes un même trait signifiant.

redondant, e [rədɔ̃dɑ̃, -ɑ̃t] **adj.** (lat. *redundans*). **1.** Qui est superflu dans un texte : *Épithètes redondantes.* **2.** Qui présente des redondances : *Style redondant.*

redonner [rədɔne] **v.t. 1.** Donner de nouveau la même chose : *Redonner du dessert.* **2.** Rendre ce qui avait été perdu ou retiré : *Passe-moi le ballon, je te le redonnerai* (syn. **restituer**). *Redonner confiance* (syn. **rendre**).

redorer [rədɔre] **v.t. 1.** Dorer de nouveau : *Faire redorer un cadre.* **2.** Retrouver un prestige, un lustre ancien : *Redorer sa réputation.* **3. Redorer son blason,** épouser une riche roturière, en parlant d'un noble ruiné ; recouvrer de son prestige.

redoublant, e [rədublɑ̃, -ɑ̃t] **n.** Élève qui redouble sa classe.

redoublé, e [rəduble] **adj.** Qui est répété : *Consonne redoublée. Frapper à coups redoublés.*

redoublement [rədubləmɑ̃] **n.m. 1.** Fait de redoubler, de croître en force, en intensité : *Redoublement de fureur* (syn. **recrudescence**). **2.** Fait de redoubler une classe. **3.** LING. Répétition d'un ou de plusieurs éléments d'un mot (ex. : *fifille*).

redoubler [rəduble] **v.t. 1.** Rendre double : *Redoubler une consonne.* **2.** Augmenter la force, l'intensité de : *Redoubler ses efforts* (syn. **intensifier**). **3.** Recommencer une année d'études dans la même classe. ◆ **v.t. ind. [de].** Faire preuve d'encore plus de : *Redoubler de prudence.* ◆ **v.i.** Augmenter en intensité : *La fièvre redouble.*

redoutable [rədutabl] **adj.** Qui est à redouter, à craindre : *Adversaire redoutable* (syn. **dangereux, terrible**). *Maladie redoutable* (syn. **sérieux, inquiétant**). *Aspect redoutable* (syn. **effrayant, terrifiant**).

redoute [rədut] **n.f.** (de l'ital. *ridotto*, refuge, abri). *ANC.* Petit ouvrage de fortification isolé, de forme carrée.

redouter [rədute] **v.t.** (de *douter*, craindre). Craindre vivement : *Redouter l'avenir* (syn. **appréhender**). *Je redoute qu'elle apprenne la nouvelle* (syn. **trembler**).

redoux [rədu] **n.m.** (de *doux*). Radoucissement de la température au cours de la saison froide.

redressement [rədrɛsmɑ̃] **n.m. 1.** Action de redresser ; fait de se redresser : *Le redressement d'un pays après une guerre* (syn. **redémarrage, relèvement**). **2.** ÉLECTR. Transformation d'un courant alternatif en un courant unidirectionnel. **3.** DR. FISC. Correction conduisant à une majoration des sommes dues au titre de l'impôt : *Redressement fiscal.* **4.** *ANC.* **Maison de redressement,** établissement chargé de la rééducation de jeunes délinquants.

redresser [rədrese] **v.t.** (de *dresser*). **1.** Remettre à la verticale : *Redresser un poteau* (syn. **relever**). **2.** Remettre droit ce qui est déformé, courbé, tordu : *Redresser une barre* (syn. **dégauchir, détordre**). **3.** Rétablir dans son état primitif ; remettre en ordre : *Redresser la situation.* **4.** ÉLECTR. Effectuer le redressement d'un courant alternatif. ◆ **v.i. 1.** Remettre en ligne droite les roues d'un véhicule automobile après un virage, lors d'une manœuvre, etc. **2.** Faire reprendre de la hauteur à un avion après une perte de vitesse. ◆ **se redresser v.pr. 1.** Se remettre droit ou vertical ; donner au corps une attitude droite. **2.** Reprendre sa progression après un fléchissement : *L'économie se redresse* (syn. **se relever**).

redresseur [rədrɛsœr] **n.m. 1.** ÉLECTR. Convertisseur d'énergie qui transforme un système de courants alternatifs en un courant unidirectionnel. **2. Redresseur de torts,** chevalier errant qui vengeait les personnes victimes d'injustices ; personne qui prétend corriger les abus.

réducteur, trice [redyktœr, -tris] **adj.** Qui réduit ; qui diminue : *Analyse trop réductrice d'une situation.* ◆ **adj.** et **n.m.** CHIM. Se dit d'un corps qui a la propriété de réduire : *Le carbone est un réducteur.*

réductible [redyktibl] **adj. 1.** Qui peut être réduit, diminué : *Dépenses réductibles.* **2.** MATH. Se dit d'une équation dont le degré peut être abaissé. **3.** MÉD. Se dit d'un os luxé ou fracturé qui peut être remis en place. **4. Fraction réductible,** fraction dont le numérateur et le dénominateur ne sont pas premiers entre eux.

réduction [redyksjɔ̃] **n.f.** (lat. *reductio*). **1.** Action de réduire, de diminuer : *Réduction des dépenses* (syn. **diminution ;** contr. **augmentation**). *Réduction du personnel dans une entreprise* (syn. **compression**). **2.** Diminution de prix : *Consentir une réduction à un client* (syn. **rabais, remise**). **3.** Action de reproduire à une échelle plus petite ; copie ainsi exécutée : *Une réduction en plâtre de la Vénus de Milo.* **4.** MATH. Opération par laquelle on remplace une figure géométrique par une figure semblable, mais plus petite. **5.** CHIM. Réaction dans laquelle une partie de son oxygène est enlevée à un corps ou, plus génér., dans laquelle un atome ou un ion gagne des électrons. **6.** MÉD. Action de remettre en place un os luxé ou fracturé. **7.** BIOL. **Réduction chromatique,** diminution de moitié du nombre des chromosomes d'une cellule, qui se réalise au cours de la méiose. / MATH. **Réduction de fractions au même dénominateur,** recherche d'un dénominateur commun à ces fractions. / MATH. **Réduction d'une somme algébrique,** réduction du nombre de ses termes.

réduire [redɥir] **v.t.** (lat. *reducere,* ramener, de *ducere,* conduire) [conj. **98**]. **1.** Ramener à une dimension, à une quantité moindre : *Réduire une longueur* (syn. **raccourcir**). *Réduire un texte* (syn. **abréger**). *Réduire ses dépenses* (syn. **diminuer**). *Réduire les prix de 20 %* (syn. **baisser**). **2.** Reproduire en plus petit, avec les mêmes proportions : *Réduire une photo.* **3.** Ramener à une forme plus simple, plus élémentaire : *Réduire une fraction. Réduire une question à l'essentiel.* **4.** Transformer, mettre sous une autre forme : *Réduire le grain en farine* (=moudre). **5.** Amener à une situation pénible par force, par autorité, par nécessité : *Réduire au silence, à la mendicité* (syn. **contraindre, obliger**). **6.** Amener à se soumettre ; vaincre : *Réduire les poches de résistance* (syn. **mater**). **7.** MÉD. Remettre en place un os fracturé, luxé : *Réduire une fracture.* **8.** CHIM. Effectuer la réduction de : *Réduire un oxyde.* **9.** Rendre plus concentré par évaporation : *Réduire une sauce.* **10.** *HELV.* Ranger qqch, le remettre à sa place. **11. Réduire une équation,** abaisser le degré d'une équation. ◆ **v.i.** Diminuer en quantité, par évaporation, et devenir plus concentré : *Ce sirop n'a pas assez réduit.* ◆ **se réduire v.pr. [à, en]. 1.** Se transformer en : *Les bûches se réduisent en cendres.* **2.** Se ramener à : *Leur querelle se réduit à un simple malentendu* (syn. **se limiter**).

1. réduit, e [redɥi, -it] **adj.** Qui a subi une réduction : *Prix, tarif réduit.*

2. réduit [redɥi] **n.m.** (lat. pop. *reductum,* qui est à l'écart, du class. *reducere,* d'apr. *réduire*). Petite pièce retirée ; recoin : *Un réduit qui peut servir de débarras* (syn. **cagibi**).

rééchelonnement [reeʃlɔnmɑ̃] **n.m.** (de *échelonnement*). ÉCON. Allongement de la durée de remboursement d'une dette, notamm. d'une dette internationale.

réécouter [reekute] **v.t.** Écouter de nouveau.

réécrire [reekrir] et **récrire** [rekrir] **v.t.** [conj. **99**]. **1.** Écrire de nouveau : *Ce texte est plein de fautes, réécris-le.* **2.** (Seul. *réécrire*). Assurer la réécriture d'un texte (syn. [anglic.] **rewriter**).

réécriture [reekrityr] **n.f.** Remaniement d'un texte, qui en améliore le style et la présentation : *Faire de la réécriture* (syn. [anglic.] **rewriting**).

rééditer [reedite] **v.t. 1.** Faire une nouvelle édition de : *Rééditer un ouvrage ancien, un auteur.* **2.** Accomplir de nouveau : *Rééditer un exploit* (syn. **réitérer**).

réédition [reedisjɔ̃] **n.f. 1.** Nouvelle édition. **2.** Répétition du même fait, du même comportement : *Cette émeute apparaît comme une réédition des troubles précédents.*

rééducation [reedykasjɔ̃] **n.f. 1.** Action de rééduquer un membre, une fonction ; ensemble des moyens mis en œuvre pour rééduquer : *Rééducation motrice.* **2.** Ensemble des mesures d'assistance, de surveillance ou d'éducation ordonnées par le juge à l'égard de l'enfance délinquante ou des mineurs en danger.

rééduquer [reedyke] **v.t. 1.** Soumettre qqn à un traitement afin de rétablir chez lui l'usage d'un membre, d'une fonction. **2.** Corriger, amender par une éducation nouvelle ; en partic., réadapter socialement un délinquant.

réel, elle [reɛl] **adj.** (lat. médiév. *realis,* du class. *res,* chose). **1.** Qui existe ou a existé véritablement : *Un personnage réel* (syn. **historique** ; contr. **imaginaire, fictif**). **2.** Qui est conforme à ce qu'il doit être ou prétend être : *Il a un réel désir de vous aider* (syn. **authentique, véritable** ; contr. **feint**). **3.** OPT. Se dit d'une image qui se forme à l'intersection de rayons convergents (contr. **virtuel**). **4.** MATH. **Nombre réel,** élément du corps $\mathbb{R}$ qui peut être construit axiomatiquement ou défini par extension du corps $\mathbb{Q}$ des rationnels, un nombre réel étant alors une limite de suites de nombres rationnels : *L'ensemble des nombres réels comprend les nombres entiers, rationnels et irrationnels.* ◆ **réel n.m.** Ce qui existe effectivement : *Le réel et l'imaginaire* (syn. **réalité**).

réélection [reelɛksjɔ̃] **n.f.** Action de réélire.

réélire [reelir] **v.t.** [conj. **106**]. Élire de nouveau.

réellement [reɛlmɑ̃] **adv.** Effectivement ; véritablement : *Cet événement a réellement eu lieu* (syn. **vraiment**).

réémetteur [reemetœr] **n.m.** TÉLÉCOMM. Émetteur servant à retransmettre les signaux provenant d'un émetteur principal (syn. **relais**).

réemployer v.t. → **remployer.**

réemprunter v.t. → **remprunter.**

réengagement n.m., **réengager** v.t. → **rengagement, rengager.**

rééquilibrage [reekilibraʒ] **n.m.** Action de rééquilibrer.

rééquilibrer [reekilibre] **v.t.** Rétablir l'équilibre de : *Rééquilibrer le budget.*

réer v.i. → **raire.**

réescompte [reɛskɔ̃t] **n.m.** BANQUE. Opération qui consiste, pour une banque centrale, à acheter un effet déjà escompté avant son échéance.

réessayer [reeseje] et **ressayer** [reseje] **v.t.** [conj. **11**]. Essayer de nouveau.

réévaluation [reevalɥasjɔ̃] **n.f. 1.** Action de réévaluer. **2.** Relèvement de la parité d'une monnaie (contr. **dévaluation**).

réévaluer [reevalɥe] **v.t.** [conj. **7**]. **1.** Évaluer de nouveau : *Réévaluer un mobilier en vue de l'assurer.* **2.** Effectuer la réévaluation d'une monnaie.

réexaminer [reɛgzamine] **v.t.** Examiner de nouveau : *Votre cas sera réexaminé* (syn. **reconsidérer**).

réexpédier [reɛkspedje] **v.t.** [conj. **9**]. Expédier de nouveau ; renvoyer : *Réexpédier le courrier de qqn* (= faire suivre).

refaire [rəfɛr] **v.t.** [conj. **109**]. **1.** Faire de nouveau ce qui a déjà été fait : *Refaire une addition* (syn. **recommencer**). **2.** Remettre en état ce qui a subi un dommage : *Refaire une toiture* (syn. **réparer**). **3.** *FAM.* Tromper ; duper : *On ne le refait pas facilement* (syn. **berner**). ◆ **se refaire v.pr. 1.** *FAM.* Rétablir sa situation financière, partic. après des pertes au jeu : *Il a tout perdu, mais il compte bien se refaire.* **2. Se refaire** (+ n.), rétablir un état antérieur : *Se refaire une santé. Se refaire des amis.*

réfection [refɛksjɔ̃] **n.f.** (lat. *refectio,* de *reficere,* refaire). Action de refaire, de remettre à neuf : *Réfection d'une route.*

réfectoire [refɛktwar] **n.m.** (lat. ecclés. *refectorium,* bas lat. *refectorius,* qui restaure). Salle où les membres d'une communauté prennent leurs repas : *Un réfectoire de collège.*

refend [rəfɑ̃] **n.m.** (de *refendre*). CONSTR. **Bois de refend,** bois scié en long. / **Mur de refend,** mur porteur intérieur, qui sert de séparation et de soutien dans un bâtiment.

référé [refere] **n.m.** (de *référer*). DR. Procédure d'urgence qui permet d'obtenir du juge une mesure provisoire, appelée *ordonnance de référé* : *Être condamné en référé.*

référence [referɑ̃s] **n.f.** (angl. *reference,* même orig. que *référer*). **1.** Action de se référer à qqch : *Indemnité fixée par référence au règlement. Cette scène du film fait référence à l'œuvre d'un autre cinéaste* (= elle y renvoie). **2.** Ce à quoi on se réfère ; texte auquel on renvoie : *Citer ses références.* **3.** Base d'une comparaison ; personne ou chose à partir de laquelle on définit, estime, calcule qqch : *On prendra l'année 2005 comme référence pour estimation.* **4.** Indication précise permettant de se reporter à un texte, d'identifier qqch : *Fournir la référence d'une citation. Pour toute réclamation, rappeler le numéro de référence.* **5.** LING. Fonction par laquelle un signe linguistique renvoie à un objet du monde réel. **6. Ouvrage de référence,** ouvrage qui est destiné à la consultation et non à la lecture : *Les dic-*

tionnaires sont des ouvrages de référence. ◆ **références** **n.f. pl.** Attestations servant de recommandation : *Avoir de bonnes références.*

référencer [referɑ̃se] **v.t.** [conj. **16**]. Donner une référence à qqch : *Référencer un produit.*

référendaire [referɑ̃dɛr] **adj.** Relatif à un référendum.

référendum [referɛ̃dɔm] **n.m.** (du lat. *ad referendum,* ce qui doit être rapporté). **1.** Procédure qui permet à tous les citoyens d'un pays de manifester par un vote l'approbation ou le rejet d'une mesure proposée par les pouvoirs publics : *Soumettre un projet de loi au référendum.* **2.** *HELV.* Institution de droit public en vertu de laquelle les citoyens se prononcent sur une loi ou un arrêté. **3.** Consultation des membres d'une collectivité : *Revue qui organise des référendums auprès de ses lecteurs.*

1. référent, e [referɑ̃, -ɑ̃t] **adj.** Se dit d'une personne ou d'un service compétents pour exercer une mission spécifique auprès d'un groupe : *Éducateur référent.*

2. référent [referɑ̃] **n.m.** (angl. *referent ;* v. *référence*). LING. Être ou objet auquel renvoie un signe linguistique.

référentiel [referɑ̃sjɛl] **n.m.** (de *référence*). **1.** *DIDACT.* Ensemble d'éléments formant un système de référence. **2.** MATH. Ensemble dont on étudie les sous-ensembles. **3.** PHYS. Système de repérage permettant de situer un événement dans l'espace et le temps (syn. **repère**).

référer [refere] **v.t. ind. [à]** (lat. *referre,* rapporter) [conj. **18**]. **1.** Faire référence à ; se rapporter à : *Cette note réfère à un passé déjà ancien.* **2.** LING. Avoir pour référent. **3. En référer à,** en appeler à : *En référer aux autorités concernées.* ◆ **se référer v.pr. [à]. 1.** Se rapporter à : *Se référer à un texte* (syn. **consulter**). **2.** S'en rapporter, recourir à : *Je m'en réfère à vous* (syn. **s'en remettre**).

refiler [rəfile] **v.t.** (de *filer*). **1.** *FAM.* Donner, vendre, écouler qqch dont on veut se débarrasser : *On lui a refilé un faux billet.* **2.** Transmettre : *Il m'a refilé sa grippe.*

réfléchi, e [refleʃi] **adj. 1.** Qui est dit, pensé, fait avec réflexion : *Une action réfléchie* (syn. **calculé, raisonné**). **2.** Qui agit avec réflexion : *Un garçon réfléchi* (syn. **pondéré, posé**). **3.** Se dit d'une onde, d'une particule, etc., qui est renvoyée par la surface qu'elle vient de frapper dans le milieu d'où elle provient : *Rayon réfléchi.* **4. Pronom réfléchi,** pronom personnel complément représentant la personne qui est le sujet du verbe (ex. : *me* dans *je me suis promis de revenir*). / **Verbe pronominal réfléchi,** verbe qui indique que le sujet exerce l'action sur lui-même (ex. *se laver*).

réfléchir [refleʃir] **v.t.** (lat. *reflectere,* recourber, ramener, d'apr. *fléchir*) [conj. **32**]. En parlant d'une surface qui sépare deux milieux, renvoyer les rayonnements dans le milieu d'où ils proviennent : *Les miroirs réfléchissent la lumière* (syn. **refléter, réverbérer**). ◆ **v.i.** et **v.t. ind. [à, sur].** Penser, examiner longuement : *Réfléchir aux conséquences d'un acte* (syn. **considérer, envisager**). *Réfléchir sur une question* (syn. **étudier**). ◆ **se réfléchir v.pr.** Donner une image par réflexion : *Les arbres se réfléchissent dans le lac.*

réfléchissant, e [refleʃisɑ̃, -ɑ̃t] **adj.** Qui réfléchit la lumière, le son : *Une surface réfléchissante.*

réflecteur [reflɛktœr] **n.m.** (du lat. *reflectus,* de *reflectere ;* v. *réfléchir*). **1.** Dispositif servant à réfléchir la lumière, la chaleur, les ondes. **2.** Télescope (par opp. à *réfracteur*). ◆ **adj.m.** Qui renvoie par réflexion : *Un miroir réflecteur.*

reflet [rəflɛ] **n.m.** (it. *riflesso,* du bas lat. *reflexus,* du class. *reflexum,* supin de *reflectere ;* v. *réfléchir*). **1.** Image provenant de la réflexion de la lumière par la surface d'un corps : *Les reflets du soleil sur la neige.* **2.** Nuance colorée variant selon l'éclairage : *Cheveux aux reflets roux.* **3.** Ce qui reproduit, comme par réflexion, les traits dominants de qqch : *L'art, reflet d'une époque* (syn. **écho**).

refléter [rəflete] **v.t.** (de *reflet*) [conj. **18**]. **1.** Renvoyer la lumière : *Les carreaux blancs reflètent la lumière* (syn. **réfléchir, réverbérer**). **2.** Reproduire ; traduire : *Presse qui reflète l'image d'un monde violent. Visage qui reflète le bonheur* (syn. **exprimer**). ◆ **se refléter v.pr.** Transparaître : *Sa joie se reflète dans ses yeux.*

refleurir [rəflœrir] **v.i.** et **v.t.** [conj. **32**]. Fleurir de nouveau : *Le géranium est en train de refleurir.*

reflex [reflɛks] **adj. inv.** (mot angl.). Se dit d'un système de visée photographique caractérisé par le renvoi de l'image sur un verre dépoli au moyen d'un miroir incliné à 45°. ◆ **n.m. inv.** Appareil muni d'un système reflex.

réflexe [reflɛks] **n.m.** (lat. *reflexus,* réfléchi). **1.** Réaction très rapide anticipant toute réflexion, en présence d'un événement : *Un bon conducteur doit avoir des réflexes rapides.* **2.** PHYSIOL. Réponse motrice inconsciente ou involontaire provoquée par une stimulation sensitive ou sensorielle. **3. Réflexe conditionné** ⟶ **conditionné.** ◆ **adj.** Relatif au réflexe, qui se fait par réflexe : *Mouvement réflexe.*

■ Le réflexe est une réaction de l'organisme, automatique et indépendante de la volonté, à un stimulus. Il ne peut génér. pas être inhibé, même par la volonté. Un exemple type de réflexe est le *réflexe rotulien,* qui, lorsque la rotule est percutée par le marteau du médecin, provoque l'extension de la jambe (ce test permet de déceler d'éventuelles lésions du système nerveux). Retirer sa main d'un objet chaud, par ex., ou cligner des yeux quand on a le soleil en face sont aussi des réflexes. Les circuits de neurones impliqués dans les réflexes sont très simples (deux neurones seulement sont mis en jeu dans le réflexe rotulien). À côté de ces réflexes naturels, innés, on peut créer de nouveaux réflexes à la suite d'un *conditionnement.* On parle alors de *réflexe conditionnel* ou de *réflexe conditionné.* C'est I. Pavlov qui, le premier, a mis en évidence ce type de réflexes quand il étudiait le réflexe (inné) de salivation chez le chien à la vue de nourriture. Il a associé pendant quelques séances la présence de nourriture au son d'une cloche (phase de conditionnement). Finalement, le son seul de la cloche, sans nourriture, déclenchait la salivation. C'est le réflexe conditionné, connu aussi sous le nom de « réflexe de Pavlov ». ■

réflexif, ive [reflɛksif, -iv] **adj.** (de *reflexivus*). **1.** PHILOS. Se dit de la conscience qui se prend elle-même pour objet. **2.** MATH. **Relation réflexive,** relation binaire sur un ensemble telle que tout élément de cet ensemble est en relation avec lui-même : *L'égalité est une relation réflexive.*

réflexion [reflɛksjɔ̃] **n.f.** (bas lat. *reflexio,* du class. *reflexum,* supin de *reflectere ;* v. *réfléchir*). **1.** Phénomène par lequel des ondes, particules ou vibrations, se réfléchissent sur une surface : *La réflexion des rayons du soleil sur un mur blanc* (syn. **réverbération**). **2.** Action de réfléchir, d'arrêter sa pensée sur qqch pour l'examiner en détail : *Un moment de réflexion lui a suffi pour se décider* (syn. **délibération, méditation**). **3.** Capacité de réfléchir : *Manquer de réflexion* (syn. **discernement**). **4.** Action de réfléchir ; conclusion à laquelle on arrive : *Se laisser aller à des réflexions amères* (syn. **considération, pensée**). **5.** Observation critique adressée à qqn : *Faire des réflexions désobligeantes à qqn* (syn. **remarque**). **6. Réflexion faite,** après avoir bien réfléchi : *Réflexion faite, je ne céderai pas.* **7.** OPT. **Angle de réflexion,** angle formé par le rayon réfléchi avec la normale à la surface réfléchissante au point d'incidence.

réflexivité [reflɛksivite] **n.f.** MATH. Propriété d'une relation réflexive : *La réflexivité est une propriété des relations d'équivalence.*

refluer [rəflye] **v.i.** (lat. *refluere,* couler en arrière). **1.** Retourner vers le lieu d'où il a coulé, en parlant d'un liquide : *Liquide qui reflue dans un conduit bouché* (syn. **remonter**). **2.** Revenir vers le lieu d'où elles sont parties, en parlant de personnes : *Les visiteurs refluent vers la sortie.*

reflux [rəfly] **n.m.** (de *flux*). **1.** Mouvement de la mer descendante (syn. **jusant**). **2.** Mouvement de personnes qui reviennent en arrière : *Reflux des manifestants* (syn. **recul**). **3.** MÉD. Retour d'un liquide organique dans le sens opposé au sens physiologique : *Reflux œsophagien.*

refondre [rəfɔ̃dr] **v.t.** [conj. **75**]. **1.** Fondre de nouveau : *Refondre un métal.* **2.** Refaire entièrement : *Refondre un dictionnaire* (syn. **remanier**).

refonte [rəfɔ̃t] **n.f.** Action de refondre : *La refonte d'une monnaie. Commencer la refonte d'un dictionnaire.*

réformateur, trice [refɔrmatœr, -tris] **n.** (lat. *reformator*). **1.** Personne qui pratique des réformes : *S'ériger en réformateur de la langue.* **2.** Promoteur de la Réforme protestante du XVIe s. ◆ **adj.** Qui réforme, vise à réformer : *Un esprit réformateur.*

réforme [refɔrm] **n.f.** (de *réformer*). **1.** Changement important apporté à qqch en vue d'une amélioration : *Réforme de la Constitution* (syn. **révision**). **2.** Retour à une observance stricte de la règle primitive, dans un ordre religieux : *Réforme monastique.* **3.** MIL. Classement comme inapte au service dans les armées.

Réforme (la), mouvement religieux qui, au XVIe s., a soustrait une partie de l'Europe à l'obédience du catholicisme romain et donné naissance aux Églises protestantes. L'initiateur de ce mouvement fut Martin Luther ; sa doctrine se répandit dans les pays germaniques et scandinaves, où se constituèrent de puissantes Églises d'État. Deux autres foyers principaux apparurent avec Zwingli à Zurich et avec Bucer à Strasbourg. La Réforme se répandit dans les pays francophones avec Jean Calvin, qui implanta en France et en Suisse un autre style de protestantisme ; le calvinisme atteindra la Pologne, la Bohême, la Hongrie, les îles Britanniques, où, avec l'anglicanisme, le mouvement prendra une voie encore différente, moins éloignée du catholicisme. En marge de ces trois grands courants, qui se constituèrent en Églises organisées, se développèrent, dès le XVIe s. et surtout par la suite, depuis les anabaptistes jusqu'aux méthodistes, des courants parallèles généralement moins institutionnalisés et se présentant explicitement comme issus de la Réforme.

Réforme catholique ou **Contre-Réforme,** expression par laquelle on désigne l'ensemble des réformes entreprises, dès le milieu du XVIe s., par l'Église catholique face aux progrès de la Réforme protestante. Comme ce mouvement ne se borna pas à une réaction défensive et qu'il eut une efficacité positive, on préfère aujourd'hui à Contre-Réforme, nom que l'usage avait consacré, l'expression de Réforme catholique. Les étapes principales en sont les suivantes : la reconstitution du tribunal de l'Inquisition (1542) ; la création de la congrégation de l'Index (1543) ; la réunion (sur la convocation du pape Paul III) et les décisions du concile de Trente (1545-1563), qui eurent une importance capitale, à la fois doctrinale et disciplinaire, pour l'époque et pour les siècles suivants. L'action du concile entraîna la création dans les diocèses de séminaires pour la formation des prêtres ; la parution et l'extension à toute l'Église du catéchisme romain (1566) ; la publication du bréviaire romain (1568) et du missel romain (1570) ; les initiatives rénovatrices de nombreux évêques, dont Charles Borromée, archevêque de Milan ; la création de plusieurs congrégations ou ordres religieux ; la réforme ou l'essor de certains ordres anciens ou récents (telle la Compagnie de Jésus, fondée en 1540) ; le renouveau spirituel et mystique, qui s'est épanoui particulièrement en France au XVIIe s. avec Bérulle, Vincent de Paul, l'abbé de Rancé, Jean-Jacques Olier. La Réforme catholique fut animée, après le concile de Trente, par les papes Pie V, Grégoire XIII, Sixte V et Clément VIII. Elle trouva aussi son expression propre dans les domaines de l'iconographie sacrée et de l'architecture. Celle-ci est alors empreinte d'une majesté austère et diffère donc de l'art baroque, qui ne triomphera qu'au XVIIIe s.

1. réformé, e [refɔrme] **adj.** et **n. 1.** Religieux d'un ordre réformé. **2.** Protestant de confession calviniste (par opp. à *luthérien* et à *anglican*). ◆ **adj. 1.** Né de la Réforme : *Église réformée.* **2. Religion réformée,** protestantisme.

2. réformé [refɔrme] **n.m.** Militaire qui a été mis à la réforme.

reformer [rəfɔrme] **v.t.** Reconstituer : *Reformer un gouvernement. Reformer les rangs.* ◆ **se reformer v. pr.** Se reconstituer : *Parti qui se reforme après avoir été dissous.*

réformer [refɔrme] **v.t.** (lat. *reformare*). **1.** Changer en mieux : *Réformer les méthodes de travail* (syn. **améliorer, amender**). **2.** DR. Modifier une décision de justice d'une juridiction inférieure. **3.** Supprimer ce qui est nuisible : *Réformer un abus.* **4.** MIL. Prononcer la réforme de : *Être réformé pour déficience cardiaque.*

réformisme [refɔrmism] **n.m. 1.** Doctrine et comportement visant à la transformation et à l'amélioration, par des voies légales, des structures politiques, économiques et sociales. **2.** Dans les partis politiques, en partic. ceux qui se réclament du marxisme, courant préconisant une évolution de la doctrine. ◆ **réformiste adj.** et **n.** Relatif au réformisme ; qui en est partisan.

refoulé, e [rəfule] **adj.** et **n.** Qui empêche ses désirs, spécial. ses pulsions sexuelles, de se manifester, de se réaliser. ◆ **refoulé n.m.** PSYCHAN. Ce qui a subi le refoulement dans l'inconscient : *Retour du refoulé.*

refoulement [rəfulmɑ̃] **n.m. 1.** Action de refouler, de repousser qqn : *Refoulement d'un intrus.* **2.** Action, fait d'empêcher une réaction d'ordre affectif de s'extérioriser, de refuser d'accepter ou de satisfaire une tendance naturelle : *Le refoulement de la colère.* **3.** PSYCHAN. Mécanisme de défense du moi par lequel le sujet cherche à maintenir dans l'inconscient un désir inconciliable avec la morale ou avec ses autres désirs : *Le refoulement, selon Freud, serait à l'origine des psychoses et des névroses.*

refouler [rəfule] **v.t.** (de *fouler*). **1.** Faire reculer : *Refouler l'ennemi* (syn. **rejeter, repousser**). **2.** Faire refluer un liquide en s'opposant à son écoulement : *La marée refoule les eaux d'un fleuve dans son estuaire.* **3.** Empêcher une réaction, un sentiment de s'extérioriser : *Refouler ses larmes* (syn. **contenir, réprimer**). **4.** PSYCHAN. Soumettre au refoulement (syn. **censurer**).

1. réfractaire [refraktɛr] **adj.** (lat. *refractarius,* de *refringere,* briser). **1.** Qui refuse de se soumettre : *Un individu réfractaire à toute autorité* (syn. **rebelle**). **2.** Qui résiste à certaines influences physiques ou chimiques ; qui résiste à de très hautes températures : *Argile réfractaire.* **3.** Insensible, inaccessible à qqch, à un sentiment : *Un juge réfractaire à la pitié. Il est réfractaire à la peinture moderne.* **4.** MÉD. Qui résiste à une infection microbienne.

2. réfractaire [refraktɛr] **adj.** et **n.m.** HIST. Se dit des prêtres qui, sous la Révolution française, avaient refusé de prêter serment à la Constitution civile du clergé (par opp. à *assermenté*).

réfracter [refrakte] **v.t.** (angl. *to refract,* du lat. *refractum,* de *refringere,* briser). Produire la réfraction de : *Le prisme réfracte la lumière* (= il la fait dévier).

réfracteur, trice [refraktœr, -tris] **adj.** Qui réfracte : *Prisme réfracteur.* ◆ **réfracteur n.m.** Lunette astronomique (par opp. à *réflecteur*).

réfraction [refraksjɔ̃] **n.f.** (lat. *refractio,* de *refringere,* briser). **1.** PHYS. Changement de direction d'une onde passant d'un milieu dans un autre : *Un bâton, plongé en partie dans l'eau, paraît brisé à cause de la réfraction.* **2.** MÉD. Pouvoir réfringent de l'œil.

refrain [rəfrɛ̃] **n.m.** (altér. de l'anc. fr. *refrait,* d'apr. *refraindre,* lat. pop. **refrangere,* briser). **1.** Suite de mots ou phrases identiques qui se répètent à la fin de chaque couplet d'une chanson ou d'un poème. **2.** Phrase musicale qui revient après chaque couplet d'une composition en strophe ou en rondeau. **3.** *FAM.* Paroles sans cesse répétées : *Change de refrain !* (syn. **antienne**).

réfrangible [refrɑ̃ʒibl] **adj.** (angl. *refrangible,* du lat. pop. **refrangere,* briser). Susceptible de réfraction : *Les rayons violets sont les plus réfrangibles.*

refréner [rəfrene] ou **réfréner** [refrene] **v.t.** (lat. *refrenare,* de *frenum,* frein) [conj. **18**]. Mettre un frein à : *Refréner sa colère* (syn. **retenir, réprimer**).

réfrigérant, e [refriʒerɑ̃, -ɑ̃t] **adj. 1.** Propre à abaisser la température : *Appareil réfrigérant.* **2.** Qui refroidit, coupe tout élan : *Un regard réfrigérant* (syn. **glaçant**).

A B C D E F G H I J K L M N O P Q R S T U V W X Y Z

réfrigérateur [refriʒeratœr] **n.m.** Appareil ménager muni d'une source de froid artificiel capable de réfrigérer et conserver les aliments et de produire de la glace.

réfrigération [refriʒerasjɔ̃] **n.f.** (lat. *refrigeratio* ; v. *réfrigérer*). Refroidissement d'un produit alimentaire, par un moyen artificiel, sans que soit atteint son point de congélation.

réfrigéré, e [refriʒere] **adj. 1.** Qui a subi la réfrigération : *Légumes réfrigérés.* **2.** FAM. Qui a très froid (syn. **frigorifié, gelé**). **3. Wagon réfrigéré,** wagon utilisé pour le transport des denrées périssables.

réfrigérer [refriʒere] **v.t.** (lat. *refrigerare,* de *frigus, -oris,* froid) [conj. **18**]. **1.** Soumettre à la réfrigération : *Réfrigérer de la viande* (syn. **frigorifier**). **2.** Mettre mal à l'aise par un comportement désagréable : *Ses remarques m'ont réfrigéré* (syn. **refroidir, glacer**).

réfringence [refrɛ̃ʒɑ̃s] **n.f.** (de *réfringent*). PHYS. Propriété de réfracter la lumière : *La réfringence du verre.*

réfringent, e [refrɛ̃ʒɑ̃, -ɑ̃t] **adj.** (lat. *refringens, -entis,* de *refringere,* briser). PHYS. Qui réfracte la lumière : *Milieu réfringent.*

refroidir [rəfrwadir] **v.t.** [conj. **32**]. **1.** Abaisser la température de : *Refroidir une tasse de thé* (syn. **tiédir**). **2.** Diminuer l'ardeur de : *Cet échec l'a refroidi* (syn. **décourager** ; contr. **stimuler**). *Son attitude nous a refroidis* (syn. **geler, glacer**). ◆ **v.i.** Devenir froid : *Ton café va refroidir.* ◆ **se refroidir v.pr. 1.** Devenir plus froid : *Le temps se refroidit.* **2.** Prendre froid : *Il s'est refroidi à attendre l'autobus* (syn. **s'enrhumer**). **3.** Devenir moins vif : *Son zèle s'est refroidi.*

refroidissement [rəfrwadismɑ̃] **n.m. 1.** Abaissement de la température : *Constater un net refroidissement du temps.* **2.** Indisposition causée par un froid subit : *Souffrir d'un refroidissement.* **3.** Relâchement d'un lien affectif, d'une relation : *Refroidissement dans les rapports entre deux pays* (syn. **éclipse**). **4.** Évacuation de l'excédent de chaleur produit dans un moteur, une machine.

refuge [rəfyʒ] **n.m.** (lat. *refugium*). **1.** Lieu où l'on se retire pour échapper à un danger, se mettre à l'abri : *Les églises étaient jadis des lieux de refuge* (syn. **asile**). **2.** Abri de haute montagne : *Passer la nuit dans un refuge.* **3.** Emplacement aménagé au milieu d'une voie large et passante, ou sur le tablier d'un pont, permettant aux piétons et aux véhicules de se mettre à l'abri de la circulation. **4.** ÉCON. **Valeurs refuges,** valeurs achetées en période de crise par les épargnants qui craignent une dépréciation de la monnaie (biens fonciers, métaux précieux, œuvres d'art, etc.).

réfugié, e [refyʒje] **adj.** et **n.** Se dit d'une personne qui a quitté son pays pour des raisons politiques, religieuses, raciales : *Venir en aide aux réfugiés.*

se **réfugier** [refyʒje] **v.pr.** (de *refuge*) [conj. **9**]. Se retirer en un lieu pour y trouver la sécurité : *Se réfugier sous un arbre* (syn. **s'abriter**). *Se réfugier à l'étranger pour échapper à des persécutions* (syn. **émigrer, s'expatrier**).

refus [rəfy] **n.m. 1.** Action de refuser : *Un refus catégorique* (contr. **acceptation, approbation**). **2.** FAM. **Ce n'est pas de refus,** volontiers : *Voulez-vous du thé ? – Ce n'est pas de refus.*

refuser [rəfyze] **v.t.** (lat. pop. **refusare,* croisement de *recusare,* refuser, et *refutare,* réfuter). **1.** Ne pas accepter ce qui est proposé : *Refuser une invitation* (syn. **décliner, rejeter**). **2.** Ne pas accorder ce qui est demandé ; ne pas consentir : *Refuser sa signature.* **3.** Ne pas laisser entrer en surnombre : *Ce théâtre refuse du monde tous les soirs.* **4.** Ne pas recevoir à un examen : *Refuser un candidat* (syn. **ajourner**). **5.** ÉQUIT. S'arrêter devant un obstacle, en parlant d'un cheval. ◆ **v.i.** MAR. En parlant du vent, prendre une direction moins favorable à la marche. ◆ **se refuser v.pr. 1.** Se priver volontairement de : *Il se refuse tout plaisir* (syn. **s'interdire**). **2. Se refuser à,** ne pas consentir à : *Il se refuse à me croire.*

réfutable [refytabl] **adj.** Qui peut être réfuté : *Argument facilement réfutable* (syn. **attaquable**).

réfutation [refytasjɔ̃] **n.f.** Action de réfuter ; paroles, actions qui réfutent : *Réfutation d'une théorie* (syn. **infirmation**).

réfuter [refyte] **v.t.** (lat. *refutare*). Démontrer la fausseté d'une affirmation par des preuves contraires : *Réfuter une hypothèse* (syn. **ruiner, infirmer**).

reg [rɛg] **n.m.** (de l'ar.). PÉDOL. Plaine caillouteuse des régions désertiques, les éléments les plus fins ayant été emportés par le vent.

regagner [rəgaɲe] **v.t. 1.** Retrouver, reprendre, recouvrer ce qu'on avait perdu : *Joueur qui regagne son argent en fin de partie* (syn. **récupérer**). *Regagner le cœur de qqn* (syn. **reconquérir**). **2.** Revenir vers, rejoindre un lieu : *Regagner Paris* (syn. **revenir à**). **3. Regagner le temps perdu,** compenser une perte de temps par un effort accru.

1. regain [rəgɛ̃] **n.m.** (de l'anc. fr. *gaïn,* pâturage, du frq. **waidan,* prairie). Herbe qui repousse dans un pré après la fauche : *Faucher le regain.*

2. regain [rəgɛ̃] **n.m.** (de *regagner,* avec infl. de *1. regain*). Recrudescence ; renouveau : *Regain de jeunesse, d'activité.*

régal [regal] **n.m.** (anc. fr. *gale,* réjouissance, avec infl. de *rigoler,* se divertir) [pl. *régals*]. **1.** Mets particulièrement apprécié : *Le chocolat est son régal* (syn. **délice**). **2.** Vif plaisir pris à qqch : *Cette musique est un régal.*

régalade [regalad] **n.f.** (d'un mot dialect. *galade,* de *galet,* gosier [lat. *galla*], d'apr. *régal*). **Boire à la régalade,** boire en faisant couler la boisson dans la bouche sans que le récipient qui la contient ne touche les lèvres.

régale [regal] **adj.f.** (p.-ê. lat. *regalis,* royal). CHIM. **Eau régale,** mélange d'acide nitrique et d'acide chlorhydrique qui dissout l'or et le platine.

régaler [regale] **v.t.** (de *régal*). **1.** Offrir des boissons, des mets savoureux à : *Régaler qqn de son plat préféré.* **2.** (Absol.). Offrir à boire et à manger : *Aujourd'hui, c'est moi qui régale !* (syn. **inviter**). ◆ **se régaler v.pr. 1.** Prendre un vif plaisir à boire ou à manger qqch : *Se régaler de gigot* (syn. **savourer**). **2.** Éprouver un grand plaisir : *Se régaler à lire un roman, se régaler d'un bon film* (syn. **se délecter**).

régalien, enne [regaljɛ̃, -ɛn] **adj.** (du lat. *regalis,* royal). Qui est le propre de la royauté et, par ext., de l'État : *La frappe de la monnaie est un droit régalien.*

regard [rəgar] **n.m.** (de *regarder*). **1.** Action, manière de regarder : *Parcourir l'assistance du regard. Jeter un regard sur qqn* (= coup d'œil). **2.** Expression des yeux : *Un regard tendre* (syn. **œillade**). **3.** TECHN. Ouverture pour faciliter la visite d'un conduit. **4. Au regard de,** par rapport à : *Être en règle au regard de la loi.* / **Droit de regard,** droit de surveillance que peut se réserver l'une des parties dans un contrat. / **En regard,** vis-à-vis, en face : *Traduction avec texte en regard.*

regardant, e [rəgardɑ̃, -ɑ̃t] **adj. 1.** FAM. Qui regarde de trop près à la dépense : *Un patron très regardant* (syn. **chiche, parcimonieux**). **2.** (Souvent en tournure nég.). Minutieux : *Ils ne sont pas très regardants sur la propreté, ici !*

regarder [rəgarde] **v.t.** (de *garder,* veiller). **1.** Porter la vue sur : *Regarder qqn en face* (syn. **contempler, examiner**). *Regarder les gens qui passent* (syn. **observer**). **2.** Avoir en vue ; considérer ; envisager : *Regardez dans quelle situation nous sommes ! Il ne regarde que son intérêt* (syn. **rechercher**). **3.** Concerner ; intéresser : *Cette affaire me regarde.* **4.** (Absol.). Diriger son regard vers ; observer : *J'ai regardé partout.* **5. Regarder qqn, qqch d'un bon œil,** considérer qqn, qqch avec bienveillance : *Ils regardent ce mariage d'un bon œil.* ◆ **v.i.** Être orienté dans telle direction : *Notre maison regarde vers la mer, au sud.* ◆ **v.t. ind.** [**à**]. **1.** Être très attentif à qqch : *Regardez bien à ce que vous faites !* (syn. **penser à**). **2. Regarder à la dépense,** être excessivement économe. / **Regarder de près à qqch, y regarder de près,** y prêter grande attention : *Il ne faut pas y regarder de trop près* (= il ne faut pas être trop exigeant). / **Y regarder à deux fois,** bien réfléchir avant d'agir. ◆ **se regarder v.pr.**

1. Contempler sa propre image : *Se regarder dans une glace.* **2.** S'observer l'un l'autre : *Elles se regardaient avec animosité.* **3.** Être l'un en face de l'autre : *Maisons qui se regardent.*

régate [regat] **n.f.** (vénitien *regata,* défi, de *regatar,* rivaliser, de *gatto,* chat). Course de bateaux à voile.

régence [reʒɑ̃s] **n.f.** (de *régent*). Fonction de régent ; durée de cette fonction. ◆ **adj. inv. 1.** Qui rappelle les mœurs, le style de la Régence : *Une atmosphère très régence.* **2. Style Régence,** style de transition entre le Louis XIV et le Louis XV.

Régence (la) [1715-1723], gouvernement de Philippe d'Orléans pendant la minorité de Louis XV. Cette période est caractérisée par une réaction contre l'austérité qui avait marqué la fin du règne de Louis XIV.
1715. Les ministres sont remplacés par des conseils dominés par la noblesse (« polysynodie »).
1716-1720. Système de Law, mis en place dans le but de résoudre la crise des finances de l'État.
Sur le plan extérieur, le Régent se rapproche des puissances ennemies de Louis XIV, notamment l'Angleterre, et mène une guerre victorieuse contre Philippe V d'Espagne.
1722. L'abbé Dubois est nommé Premier ministre.
La fin de la Régence voit le retour à la tradition (toute-puissance du Premier ministre, lutte contre le jansénisme et rapprochement avec l'Espagne).

régénérateur, trice [reʒeneratœr, -tris] **adj.** et **n.** Qui régénère : *Crème régénératrice. Principe régénérateur.*

régénération [reʒenerasjɔ̃] **n.f. 1.** Action de régénérer : *La régénération de la société.* **2.** BIOL. Reconstitution naturelle d'un organe détruit ou supprimé : *La régénération de l'épiderme après une coupure.* **3.** CHIM. Rétablissement de l'activité d'une substance (catalyseur, résine).

régénérer [reʒenere] **v.t.** (lat. *regenerare*) [conj. **18**]. **1.** Reconstituer des tissus organiques après destruction : *L'organisme régénère les tissus lésés.* **2.** CHIM. Rendre à une substance ses propriétés initiales, altérées ou modifiées au cours d'un traitement : *Caoutchouc régénéré.* **3.** *LITT.* Réformer en ramenant à un état antérieur jugé meilleur : *Régénérer un parti* (syn. **assainir**).

Regensburg → Ratisbonne.

régent, e [reʒɑ̃, -ɑ̃t] **n.** (lat. *regens,* de *regere,* diriger). **1.** Chef du gouvernement pendant la minorité, l'absence ou la maladie du souverain : *Anne d'Autriche fut régente pendant la minorité de Louis XIV.* **2.** HIST. **Le Régent,** Philippe II, duc d'Orléans, régent de France de 1715 à 1723.

régenter [reʒɑ̃te] **v.t.** (de *régent*). Diriger de manière trop autoritaire : *Il veut régenter tout le monde.*

reggae [rege] **n.m.** (mot angl. de la Jamaïque). Musique populaire jamaïquaine caractérisée par un rythme binaire syncopé ; morceau de cette musique ; danse sur cette musique. ◆ **adj. inv.** Relatif au reggae : *Groupe reggae.*

1. régicide [reʒisid] **n.m.** (lat. médiév. *regicidium*). Meurtre d'un roi : *Commettre un régicide.*

2. régicide [reʒisid] **n.** et **adj.** (lat. médiév. *regicida*). **1.** Assassin d'un roi. **2.** HIST. Chacun de ceux qui avaient voté la condamnation à mort de Charles Ier d'Angleterre, de Louis XVI. **3.** HIST. Nom donné, en France, sous la Restauration, à ceux qui avaient voté la mort de Louis XVI.

régie [reʒi] **n.f.** (de *régir*). **1.** Gestion d'un service public qu'assurent soit des agents nommés par l'autorité (État, Région, etc.) et appointés par elle, soit une personne physique ou morale n'en supportant pas les risques mais intéressée au résultat de l'exploitation. **2.** Nom de certaines entreprises publiques : *Régie autonome des transports parisiens (R.A.T.P.).* **3.** Perception directe des impôts et revenus par l'État ou les collectivités locales : *Régie des tabacs.* **4.** Organisation matérielle d'un spectacle (théâtre, cinéma, audiovisuel, etc.). **5.** Local attenant à un studio de radio ou de télévision où sont groupés les organes de commande et de contrôle permettant de réaliser un programme.

regimber [rəʒɛ̃be] **v.i.** (anc. fr. *regiber,* ruer, de *giber,* secouer, d'orig. obsc.). **1.** Résister en se cabrant, en ruant, en parlant d'un cheval. **2.** Résister, se montrer récalcitrant : *Regimber contre l'autorité* (syn. **s'insurger**).

1. régime [reʒim] **n.m.** (lat. *regimen,* de *regere,* diriger). **1.** Mode de fonctionnement d'une organisation politique, sociale, économique, d'un État : *Régime parlementaire.* **2.** Ensemble des dispositions légales qui régissent une institution, un système : *Régime matrimonial.* **3.** LING. Mot, groupe de mots régi par un autre, partic. un verbe ou une préposition (ex. : dans la phrase *Paul descend l'escalier,* le syntagme *l'escalier* est le régime de *descend*). **4.** Ensemble de prescriptions concernant l'alimentation et destinées à maintenir ou rétablir la santé : *Régime lacté. Suivre un régime, être au régime* (= souvent, un régime amaigrissant) [syn. **diète**]. **5.** PHYS. Caractère de l'écoulement d'un fluide : *Régime turbulent.* **6.** Ensemble des variations subies par le débit d'un cours d'eau. **7.** Mode de fonctionnement d'une machine à l'état normal ; vitesse de rotation d'un moteur : *Tourner à plein régime.* **8. Cas régime,** en ancien français, cas exprimant les fonctions grammaticales autres que celle de sujet. ⁄ **Régime de croisière,** régime d'une machine, d'un moteur tel qu'en même temps le rendement soit élevé, la consommation faible et l'usure acceptable ; au fig., rythme normal d'activité après une période de mise en train. ⁄ **Régime pénitentiaire,** ensemble des règles qui régissent la vie en prison ; vie des détenus ainsi réglée.

2. régime [reʒim] **n.m.** (mot des Antilles, p.-ê. de l'esp. *racimo,* raisin, d'apr. *1. régime*). Assemblage en grappe des fruits du bananier, du palmier-dattier.

régiment [reʒimɑ̃] **n.m.** (bas lat. *regimentum,* direction, de *regere,* diriger). **1.** Unité militaire de l'armée de terre formant corps, commandée par un colonel et groupant plusieurs formations. **2.** *FAM.* Service militaire : *Faire son régiment.* **3.** *FAM.* Grand nombre : *Il a un régiment de cousins* (syn. **multitude**).

régimentaire [reʒimɑ̃tɛr] **adj.** MIL. Relatif au régiment.

région [reʒjɔ̃] **n.f.** (lat. *regio,* de *regere,* diriger). **1.** Étendue de pays qui doit son unité à des causes naturelles (climat, végétation) ou humaines (peuplement, économie, etc.) : *Une région industrielle. Les régions polaires* (syn. **terre, contrée**). **2.** (Avec une majuscule). En France, collectivité territoriale dont l'organe exécutif est le président du conseil régional : *La Région Auvergne-Rhône-Alpes.* ▸ Il y a 13 Régions en métropole et 5 Régions outre-mer. **3.** Partie déterminée du corps : *La région lombaire* (syn. **zone**). **4. Région aérienne, maritime,** homologue pour l'armée de l'air ou la marine de la région militaire pour l'armée de terre. ⁄ **Région militaire,** circonscription territoriale militaire correspondant à plusieurs départements et commandée par un officier général.

régional, e, aux [reʒjɔnal, -o] **adj. 1.** Qui concerne une région : *Une coutume régionale. Conseil régional.* **2. Élections régionales,** élection des conseillers généraux.

régionalisation [reʒjɔnalizasjɔ̃] **n.f.** Transfert aux Régions de compétences qui appartenaient au pouvoir central : *La régionalisation du budget.*

régionaliser [reʒjɔnalize] **v.t.** Procéder à la régionalisation de : *Régionaliser l'entretien des routes.*

régionalisme [reʒjɔnalism] **n.m. 1.** Mouvement ou doctrine affirmant l'existence d'entités régionales et revendiquant leur reconnaissance. **2.** Tendance à conserver et à développer les caractères originaux d'une région. **3.** LING. Mot, tournure propres à une région : *Une écrivaine qui emploie des régionalismes.*

régionaliste [reʒjɔnalist] **adj.** et **n.** Qui concerne le régionalisme ; qui en est partisan : *Revendications régionalistes.*

régir [reʒir] **v.t.** (lat. *regere,* diriger) [conj. **32**]. **1.** Déterminer l'organisation, le déroulement, la nature de : *Les lois qui régissent le mouvement des astres* (syn. **régler**). **2.** Gouverner : *Régir les actes de quelqu'un* (syn. **commander**). **3.** GRAMM. Être suivi de telle catégorie grammaticale, tel cas, tel mode en parlant d'un verbe ou d'une préposition : *La conjonction « bien que » régit le subjonctif.*

régisseur, euse [reʒisœr, -øz] **n.** (de *régir*). **1.** Personne chargée d'administrer un domaine pour le compte d'un propriétaire (syn. **intendant**). **2.** Personne responsable de l'organisation matérielle d'un spectacle.

registre [rəʒistr] **n.m.** (adaptation, d'apr. *epistre,* épître, de l'anc. fr. *regeste,* récit, histoire, bas lat. *regesta,* de *regerere,* reporter, transcrire, consigner). **1.** Livre, public ou particulier, sur lequel on inscrit les faits, les actes dont on veut garder le souvenir ou la trace : *Registre de l'état civil. Registre comptable d'un commerçant* (syn. **livre**). **2.** INFORM. Organe de base d'un ordinateur capable de stocker une information élémentaire pour la mettre en relation directe avec les organes de calcul. **3.** MUS. Chacune des trois parties (le *grave,* le *médium,* l'*aigu*) qui composent l'échelle sonore ou la tessiture d'une voix. **4.** Commande de chacun des jeux de l'orgue. **5.** Ton, caractère particulier d'une œuvre artistique : *Film dans le registre intimiste* (syn. **tonalité**). **6.** LING. Niveau de langue : *Le registre familier.* **7.** Étendue des moyens dont on dispose dans un domaine artistique ou littéraire : *Poète qui a un registre très étendu* (syn. **palette, éventail**).

réglable [reglabl] **adj.** Qui peut être réglé : *Une perceuse à vitesse réglable.*

réglage [reglaʒ] **n.m.** **1.** Action, manière de régler un mécanisme : *Le réglage d'une montre, d'un moteur.* **2.** Action, manière de régler du papier.

règle [rɛgl] **n.f.** (lat. *regula,* principe). **1.** Instrument long, à arêtes vives et rectilignes, pour tracer des lignes ou pour mesurer des longueurs : *Une règle de dessinateur.* **2.** Prescription qui s'impose à qqn dans un cas donné ; principe de conduite : *Les règles de la politesse* (syn. **loi, usage**). *Avoir pour règle de faire confiance aux gens* (syn. **précepte**). **3.** Principe qui dirige l'enseignement d'une science, d'une technique : *Règles de grammaire* (syn. **norme**). *Les règles du jeu* (syn. **convention**). **4.** RELIG. Ensemble des statuts imposés par son fondateur à un ordre religieux : *La règle de saint Benoît* (syn. **observance**). **5.** Ce qui se produit ordinairement dans une situation donnée : *Fait qui n'échappe pas à la règle* (syn. **norme**). **6. En bonne règle,** selon le bon usage, la bonne méthode. / **En règle, dans les règles,** conforme aux prescriptions légales : *Demande en règle.* / **En règle générale,** dans la plupart des cas : *En règle générale, il ne se trompe pas.* / **Être en règle,** être dans une situation régulière au regard de la loi. **7. Règle à calcul,** instrument utilisé pour les calculs rapides, constitué de deux règles coulissant l'une dans l'autre et portant une graduation logarithmique. / MATH. **Règle de trois,** calcul d'un nombre inconnu à partir de trois autres connus, dont deux varient soit en proportion directe, soit en proportion inverse, en application de la règle de la quatrième proportionnelle*. ◆ **règles n.f. pl.** Écoulement sanguin qui se produit chaque mois, lors de la menstruation, chez la femme (syn. vx **menstrues**).

■ Les règles sont la manifestation la plus visible du cycle menstruel*. Elles correspondent à l'élimination périodique d'une partie de la muqueuse de l'utérus. L'écoulement de sang dure de 2 à 8 jours selon les femmes (en moyenne 5 jours), et représente un volume de 5 à 25 ml. En France, l'âge auquel arrivent les premières règles est de 13 ans en moyenne, mais elles peuvent débuter plus tôt (dès 10,5 ans) ou plus tard (jusqu'à 16 ans). La ou les premières années, les règles sont souvent irrégulières, avant de se stabiliser. Elles peuvent être douloureuses (maux de ventre) ou s'accompagner de maux de tête ou encore de nausées. Divers facteurs externes peuvent interférer avec les cycles menstruels et rendre les règles irrégulières, voir les interrompre (fatigue, stress, certains médicaments, anorexie mentale, etc.). ■

réglé, e [regle] **adj.** **1.** Rayé de lignes droites : *Papier réglé.* **2.** Soumis à des règles, des principes : *Avoir une vie bien réglée* (syn. **régulier**). **3.** Auquel on a trouvé une solution : *Affaire réglée* (syn. **terminé, résolu**). **4.** MATH. **Surface réglée,** surface engendrée par une droite mobile dépendant d'un paramètre.

règlement [rɛgləmɑ̃] **n.m.** **1.** Action de régler, de fixer, d'arrêter de manière définitive : *Règlement d'une affaire* (syn. **conclusion**). *Règlement d'un conflit* (syn. **arbitrage**). **2.** Action de régler une somme due : *Règlement par chèque* (syn. **acquittement, paiement**). **3.** Ensemble des prescriptions, auxquelles sont soumis les membres d'un groupe : *Observer, transgresser le règlement* (syn. **réglementation**). **4. Règlement intérieur,** écrit fixant les conditions du travail et de la discipline dans une entreprise ; ensemble des règles d'organisation et de fonctionnement d'une assemblée délibérante (syn. **statuts**).

réglementaire [rɛgləmɑ̃tɛr] **adj.** **1.** Qui concerne le règlement : *Dispositions réglementaires.* **2.** Conforme au règlement : *Tenue réglementaire.*

réglementation [rɛgləmɑ̃tasjɔ̃] **n.f.** **1.** Action de réglementer : *S'opposer à toute réglementation des prix* (syn. **fixation**). **2.** Ensemble des mesures légales et réglementaires régissant une question : *La réglementation du travail.*

réglementer [rɛgləmɑ̃te] **v.t.** Soumettre à un règlement : *Réglementer la circulation. Stationnement réglementé.*

régler [regle] **v.t.** (de *règle*) [conj. **18**]. **1.** Tracer à la règle des lignes droites sur du papier. **2.** Assujettir à certaines règles ; conformer : *Régler sa dépense sur son revenu.* **3.** Soumettre à un certain ordre : *Régler l'emploi de son temps* (syn. **fixer, arrêter**). *Régler le déroulement d'une cérémonie* (syn. **établir, déterminer**). **4.** Donner une solution complète, définitive : *Régler une affaire* (syn. **conclure**). *Régler un différend* (syn. **trancher**). **5.** Payer : *Régler une note* (syn. **acquitter**). **6.** Rendre exact un instrument de mesure : *Régler sa montre.* **7.** Mettre au point un mécanisme, une machine : *Régler le ralenti d'une voiture. Régler un moteur.* **8.** FAM. **Régler son compte à qqn,** le punir, le tuer par vengeance.

réglette [reglɛt] **n.f.** Petite règle.

réglisse [reglis] **n.f.** (contraction, sous l'infl. de *règle,* de *ricolice* et *licorice,* bas lat. *liquiritia,* gr. *glukurrhiza,* racine douce). **1.** Papilionacée dont la racine est employée pour composer des pâtes à sucer et des boissons rafraîchissantes : *Bâton de réglisse.* **2.** Jus de cette plante, à saveur sucrée, et qui a des propriétés adoucissantes.

réglo [reglo] **adj. inv.** FAM. Régulier ; correct ; loyal : *Ils ont été réglo.*

réglure [reglyr] **n.f.** (de *régler*). Action de régler du papier ; lignes tracées.

régnant, e [reɲɑ̃, -ɑ̃t] **adj.** **1.** Qui règne : *Prince régnant.* **2.** Dominant : *La morale régnante.*

Regnard (Jean-François), auteur dramatique français (Paris 1655 - château de Grillon, près de Dourdan, 1709). Après une vie aventureuse, il écrivit pour le Théâtre-Italien et le Théâtre-Français des comédies restées célèbres (*le Joueur,* 1696 ; *le Légataire universel,* 1708).

règne [rɛɲ] **n.m.** (lat. *regnum,* de *rex, regis,* roi). **1.** Gouvernement d'un souverain ; durée de ce gouvernement : *Le règne de Louis XIV. Un long règne.* **2.** Pouvoir absolu exercé par qqn, qqch : *Le règne d'une favorite. Le règne de la mode.* **3.** BIOL. Chacune des grandes divisions du monde vivant, qui se divise en embranchements. ▸ On divise actuellement le monde vivant en cinq règnes : bactéries, protistes, champignons, végétaux et animaux. L'expression *règne minéral* n'est plus usitée.

régner [reɲe] **v.i.** (lat. *regnare,* de *regnum* ; v. *règne*) [conj. **18**]. **1.** Gouverner un État en tant que souverain : *Louis XIV régna de 1643 à 1715.* **2.** Dominer ; être en vogue : *La mode qui règne en ce moment* (syn. **prédominer, prévaloir**). **3.** S'établir, être établi : *La confiance règne.*

Régnier (Mathurin), poète français (Chartres 1573 - Rouen 1613). Neveu de Desportes, vigoureux satiriste, il défendit, contre Malherbe, la libre inspiration et la fantaisie.

regonfler [rəgɔ̃fle] **v.t. 1.** Gonfler de nouveau : *Regonfler un ballon.* **2.** FAM. Redonner du courage à : *Ces propos optimistes l'ont complètement regonflé* (syn. **remonter**).

regorger [rəgɔrʒe] **v.i.** (de *gorge*) [conj. **17**]. **1.** Refluer d'un contenant trop plein, en parlant d'un liquide : *Eau qui regorge d'une canalisation.* **2. Regorger de,** avoir en très grande abondance : *Magasins qui regorgent de marchandises* (syn. **foisonner, abonder en**).

régresser [regrese] **v.i.** (de *régression,* d'apr. *progresser*). Subir une régression : *Mal qui régresse* (syn. **reculer ;** contr. **se développer, progresser**).

régressif, ive [regresif, -iv] **adj.** Qui revient sur soi-même ; qui constitue une régression : *Une phase régressive.*

régression [regresjɔ̃] **n.f.** (lat. *regressio*). **1.** Retour à un état antérieur : *Régression de la mortalité infantile* (syn. **baisse**). *La production automobile est en pleine régression* (syn. **récession, déclin**). **2.** BIOL. Perte ou atrophie, chez une espèce vivante, d'un organe qui était développé chez ses ancêtres. **3.** PSYCHAN. Retour du sujet à un état antérieur de sa vie libidinale par suite de frustrations : *La régression constitue un mécanisme de défense.*

regret [rəgrɛ] **n.m.** (de *regretter*). **1.** Chagrin causé par la perte de qqch ou par la mort de qqn ; contrariété causée par la non-réalisation d'un désir : *Le regret du passé* (syn. **nostalgie**). *C'est avec regret que je l'ai vu partir* (syn. **déplaisir, peine**). **2.** Repentir : *Regret d'une faute commise* (syn. **remords**). **3. À regret,** à contrecœur, malgré soi : *Accepter à regret.* / **Avoir le regret de, être au regret de,** éprouver un déplaisir d'avoir à faire qqch : *Je suis au regret de ne pouvoir satisfaire à votre requête.*

regrettable [rəgretabl] **adj.** Qui mérite d'être regretté : *Un incident regrettable* (syn. **fâcheux, déplorable**). *Il est regrettable qu'il ait échoué* (syn. **malheureux**).

regretter [rəgrete] **v.t.** (p.-ê. de l'anc. scand. *grâta,* pleurer). **1.** Ressentir comme un manque douloureux l'absence de : *Regretter ses amis disparus, sa jeunesse* (syn. **pleurer sur**). **2.** Se reprocher ce qu'on a fait : *Regretter une faute* (syn. **se repentir de**).

regroupement [rəgrupmɑ̃] **n.m.** Action de regrouper.

regrouper [rəgrupe] **v.t.** Rassembler des êtres dispersés : *Regrouper les bêtes d'un troupeau.* ◆ **se regrouper v.pr.** Se rassembler dans un certain but : *Les enfants se regroupent autour du professeur.*

régularisation [regylarizasjɔ̃] **n.f.** Action de régulariser ; fait d'être régularisé : *La régularisation d'un compte, d'une situation.*

régulariser [regylarize] **v.t.** (du lat. *regula,* règle). **1.** Rendre conforme aux règlements, à la loi : *Faire régulariser un passeport.* **2.** Rendre régulier : *Régulariser un cours d'eau.*

régularité [regylarite] **n.f. 1.** Caractère de ce qui est conforme aux règles : *Régularité des élections* (syn. **légalité**). **2.** Caractère de ce qui est proportionné, équilibré : *Régularité des traits du visage* (syn. **harmonie, symétrie**). **3.** Caractère de ce qui se produit de manière ponctuelle : *Régularité des repas.*

régulateur, trice [regylatœr, -tris] **adj.** (du bas lat. *regulare,* diriger, régler). Qui règle, régularise : *Système régulateur.* ◆ **régulateur n.m.** Appareil capable de maintenir ou de faire varier suivant une loi déterminée un élément de fonctionnement d'une machine : *Régulateur de vitesse.*

régulation [regylasjɔ̃] **n.f.** (de l'anc. v. *réguler,* décider, déterminer, bas lat. *regulare,* diriger, régler). **1.** Fait d'assurer un bon fonctionnement, un rythme régulier : *Régulation du trafic ferroviaire.* **2.** CYBERN. Mode de fonctionnement d'un système asservi dans lequel la grandeur réglée tend à se rapprocher d'une grandeur de référence. **3.** PHYSIOL. **Fonctions de régulation,** fonctions qui assurent la constance des caractères du milieu intérieur d'un animal en dépit des variations du milieu extérieur.

régulier, ère [regylje, -ɛr] **adj.** (lat. *regularis,* de *regula,* règle). **1.** Qui est conforme aux dispositions légales, constitutionnelles : *Gouvernement régulier* (contr. **illégal**). *Procédure régulière* (syn. **réglementaire**). **2.** Qui répond aux règles, aux conventions sociales : *Mener une vie régulière* (syn. **réglé, rangé**). **3.** Qui respecte les usages : *Être régulier en affaires* (syn. **honnête, loyal**). **4.** Conforme à un modèle : *Poème de forme régulière.* **5.** Qui est soumis à un rythme constant : *Mouvement régulier* (syn. **égal, uniforme ;** contr. **intermittent**). *Travail régulier* (syn. **continu, suivi**). **6.** Qui se produit à moments fixes : *Visites régulières* (syn. **périodique**). **7.** Qui a un caractère permanent : *Service régulier d'autocars* (syn. **habituel ;** contr. **exceptionnel**). **8.** Qui est exact, ponctuel : *Employé régulier* (syn. **assidu**). **9.** Dont la forme présente des proportions harmonieuses, équilibrées, égales : *Visage régulier* (syn. **symétrique**). **10.** BOT. Se dit d'une corolle, d'un calice dont les éléments sont égaux. **11. Clergé régulier,** appartenant à un ordre, et donc soumis à une règle (par opp. à *clergé séculier*). / **Troupes régulières,** troupes recrutées et organisées par les pouvoirs publics pour constituer les forces armées officielles d'un État (par opp. à *francs-tireurs*). / **Verbes réguliers,** verbes conformes aux types de conjugaison donnés comme modèles. / MATH. **Polyèdre régulier,** polyèdre dont les faces sont des polygones réguliers égaux. / MATH. **Polygone régulier,** polygone dont les côtés ont la même longueur.

régulièrement [regyljɛrmɑ̃] **adv.** De façon régulière : *Des hachures régulièrement espacées* (syn. **uniformément**). *Payer régulièrement son loyer* (syn. **ponctuellement**).

régurgitation [regyrʒitasjɔ̃] **n.f. 1.** Retour dans la bouche, sans effort de vomissement, de matières contenues dans l'estomac ou l'œsophage. **2.** Chez certains oiseaux, rejet dans le bec des jeunes d'aliments prédigérés dans le jabot des parents (syn. **réjection**).

régurgiter [regyrʒite] **v.t.** (du lat. *gurges, gurgitis,* gorge). Rejeter involontairement les aliments qui viennent d'être avalés : *Régurgiter son repas* (syn. **vomir**).

réhabilitation [reabilitasjɔ̃] **n.f.** Action de réhabiliter : *La réhabilitation d'un homme politique. La réhabilitation d'un immeuble délabré* (syn. **rénovation, restauration**).

réhabiliter [reabilite] **v.t.** (de *habiliter*). **1.** Rétablir une personne dans des droits, une capacité, une situation juridique qu'elle avait perdus : *Réhabiliter un condamné.* **2.** Rétablir qqn, qqch dans l'estime d'autrui : *Cette action l'a réhabilité dans l'opinion publique* (syn. **revaloriser**). **3.** Remettre en état, rénover un immeuble, un quartier ancien.

réhabituer [reabitɥe] **v.t.** [conj. **7**]. Faire reprendre une habitude à : *Réhabituer peu à peu ses yeux à la lumière.*

rehaussement [rəosmɑ̃] **n.m.** Action de rehausser : *Le rehaussement d'une muraille.*

rehausser [rəose] **v.t. 1.** Placer plus haut ; augmenter la hauteur de : *Rehausser un plancher* (syn. **surélever**). *Rehausser un plafond* (syn. **remonter**). **2.** Faire ressortir : *Les bijoux rehaussent la beauté des femmes.* **3.** BX-A. Accentuer, relever par des rehauts : *Rehausser un lavis gris de gouache blanche.*

rehaut [rəo] **n.m.** (de *rehausser*). BX-A. Dans un dessin, une peinture, retouche d'un ton clair, servant à faire ressortir la partie à laquelle elle s'applique : *Rehauts de bleu, de rose.*

réhydratation [reidratasjɔ̃] **n.f.** Action de réhydrater.

réhydrater [reidrate] **v.t.** Hydrater ce qui a été desséché : *Crème qui réhydrate la peau.*

Reich, mot all. signifiant *empire.* On distingue le Ier Reich, ou Saint Empire romain germanique (962-1806), le IIe Reich (1871-1918), fondé par Bismarck, et le IIIe Reich (1933-1945), ou régime national-socialiste.

Reich (Wilhelm), médecin et psychanalyste autrichien (Dobrzcynica, Galicie, 1897 - pénitencier de Lewisburg, Pennsylvanie, 1957). Il se distingua au sein de la société psychanalytique de Vienne par son engagement dans le parti communiste autrichien. Il chercha à justifier la psychanalyse par rapport à la théorie marxiste. Il critiqua la morale conjugale et la famille (*la Lutte sexuelle des jeunes,* 1932). Il analysa le fascisme (*Psychologie de masse du fascisme,* 1933).

En 1934, il fut exclu du mouvement analytique et, à la même date, du parti communiste. Il émigra alors aux États-Unis, où il entreprit des recherches sur l'« orgone », prétendue énergie vitale cosmique ; accusé d'escroquerie, il fut arrêté et mourut en prison.

Reichstag, diète (assemblée) du Saint Empire romain germanique jusqu'en 1806. – Chambre législative allemande siégeant à Berlin (1867-1933).

réifier [reifje] **v.t.** (dérivé savant du lat. *res,* chose) [conj. **9**]. PHILOS. Transformer qqch de mouvant, de dynamique en qqch de statique : *La mécanisation des tâches réifie la conscience de l'homme* (syn. **chosifier**).

réimpression [reɛ̃presjɔ̃] **n.f.** Impression nouvelle d'un ouvrage : *Roman en cours de réimpression.*

réimprimer [reɛ̃prime] **v.t.** Imprimer de nouveau.

Reims, ch.-l. d'arr. de la Marne, sur la Vesle, affl. de l'Aisne ; 185 868 hab. *(Rémois)* [210 311 hab. dans l'agglomération]. Archevêché. Académie et université. Cour d'appel. Constructions mécaniques et électriques. Préparation du vin de Champagne. – La ville conserve sa cathédrale, chef-d'œuvre d'architecture et de sculpture gothiques (XIIIe s.), l'abbatiale St-Remi (XIe-XIIIe s.), un arc romain (« porte de Mars »), etc. Musées, dont celui de l'abbaye St-Remi (archéologie antique et médiévale), celui du palais du Tau, ancien et luxueux palais archiépiscopal, et le musée des Beaux-Arts. – Métropole de la province romaine de Gaule Belgique, Reims fut le siège d'un évêché dès 290. Clovis y fut baptisé (v. 496) et la plupart des rois de France y furent sacrés. À Reims fut signée le 7 mai 1945 la capitulation de l'armée allemande.

Reims *(Montagne de)*, plateau du dép. de la Marne, entre Reims et Épernay. Vignobles sur les pentes. Parc naturel régional (env. 50 000 ha).

rein [rɛ̃] **n.m.** (lat. *renes,* n.m. pl.). **1.** Viscère pair qui sécrète l'urine, placé de chaque côté de la colonne vertébrale dans les fosses lombaires, et chargé de filtrer certains déchets (urée, acide urique, etc.). [⟶ urinaire.] **2. Rein artificiel,** appareillage permettant d'épurer le sang des personnes atteintes d'insuffisance rénale. ◆ **reins n.m. pl. 1.** Lombes, partie inférieure de l'épine dorsale : *Avoir mal aux reins.* **2.** *FAM.* **Avoir les reins solides,** être assez riche et puissant pour faire face à une épreuve. / **Casser les reins à qqn,** le ruiner, briser sa carrière.

■ Les reins sont au nombre de deux ; ce sont des organes en forme de haricot situés dans l'abdomen, de part et d'autre de la colonne vertébrale. Leur face interne est marquée en son centre par une dépression, le *hile,* occupée par une sorte d'entonnoir, le *bassinet,* qui recueille l'urine excrétée. Du bassinet part l'uretère, canal qui conduit l'urine à la vessie. Le rein fonctionne comme un filtre complexe qui purifie le sang. Son unité de fonctionnement est le *néphron,* sorte de tube microscopique longé par des vaisseaux sanguins, qui forme l'urine à partir du sang, en éliminant les substances inutiles ou toxiques et en conservant les autres. La fonction d'épuration des reins est indispensable au bon fonctionnement de l'organisme. Un seul rein peut suffire à remplir ce rôle, mais lorsque aucun des deux reins ne fonctionne suffisamment bien (*insuffisance rénale* sévère), il faut pratiquer une épuration artificielle du sang *(dialyse)* à l'aide d'un rein artificiel. Dans les cas les plus graves, on a recours à une greffe de rein. ■

réincarnation [reɛ̃karnasjɔ̃] **n.f. 1.** Fait de se réincarner. **2.** Dans certaines religions, migration de l'âme dans un autre corps au moment de la mort : *Cycle des réincarnations* (syn. **métempsycose, transmigration**).

se **réincarner** [reɛ̃karne] **v.pr.** (de *incarner*). Revivre sous une nouvelle forme corporelle : *Se réincarner en chat.*

reine [rɛn] **n.f.** (lat. *regina*). **1.** Souveraine d'un royaume. **2.** Femme d'un roi. **3.** Femme qui domine, dirige, l'emporte en qqch : *La reine de la soirée* (syn. **vedette**). **4.** Ce qui domine, s'impose : *Ici l'ironie est reine.* **5.** Femelle reproductrice, chez les insectes sociaux (abeilles, fourmis, termites). **6.** Dame, aux échecs, aux cartes.

Reine-Charlotte *(îles de la)*, archipel canadien (Colombie-Britannique) du Pacifique.

reine-claude [rɛnklod] **n.f.** (abrév. de *prune de la reine Claude* [femme de François Ier]) [*pl. reines-claudes*]. Prune de couleur dorée ou verte.

Reine-Élisabeth *(îles de la)*, partie de l'archipel Arctique canadien, au nord des détroits de Lancaster et de Melville.

reine-marguerite [rɛnmargərit] **n.f.** (de *marguerite,* n. de fleur) [pl. *reines-marguerites*]. Plante voisine de la marguerite, originaire d'Asie, cultivée pour ses capitules à languettes blanches, rouges, bleues.

reinette [rɛnɛt] **n.f.** (de *reine*). Pomme de l'ouest de la France dont il existe plusieurs variétés.

Reinhardt (Jean-Baptiste, dit **Django),** guitariste et compositeur de jazz français (Liberchies, Belgique, 1910 - Samois-sur-Seine 1953). D'origine tsigane, il a créé, en 1934, avec le violoniste Stéphane Grappelli, le quintette à cordes du Hot Club de France. Il ne savait pas lire la musique, et sa main droite était amputée de deux doigts ; malgré cela, il était doué d'un swing éblouissant. Sa musique, fondamentalement jazz, se parfume d'accents tsiganes. Il reste un grand modèle pour tous les guitaristes.

réinscription [reɛ̃skripsjɔ̃] **n.f.** Action de se réinscrire : *Les réinscriptions ont lieu en septembre.*

se **réinscrire** [reɛ̃skrir] **v.pr.** [conj. **99**]. S'inscrire de nouveau : *Se réinscrire en faculté.*

réinsérer [reɛ̃sere] **v.t.** [conj. **18**]. Insérer, introduire de nouveau : *Réinsérer un marginal dans la société.*

réinsertion [reɛ̃sɛrsjɔ̃] **n.f.** Action de réinsérer ; fait d'être réinséré : *La réinsertion sociale des délinquants.*

réintégration [reɛ̃tegrasjɔ̃] **n.f.** Action de réintégrer ; fait d'être réintégré : *Obtenir sa réintégration dans un poste.*

réintégrer [reɛ̃tegre] **v.t.** (lat. médiév. *reintegrare,* class. *redintegrare,* rétablir, de *integer,* intact) [conj. **18**]. **1.** Revenir dans un lieu qu'on avait quitté : *Réintégrer son domicile* (syn. **regagner**). **2.** DR. Rendre la possession intégrale de ses droits à : *Réintégrer un salarié licencié.*

réinventer [reɛ̃vɑ̃te] **v.t.** Donner une nouvelle dimension à qqch qui existe déjà : *Réinventer le monde.*

réinvestir [reɛ̃vɛstir] **v.t.** et **v.i.** [conj. **32**]. Investir de nouveau : *Réinvestir dans l'industrie.*

réitération [reiterasjɔ̃] **n.f.** Action de réitérer : *La réitération des mêmes actes* (syn. **répétition**).

réitérer [reitere] **v.t.** et **v.i.** (bas lat. *reiterare,* recommencer, du class. *iterum,* de nouveau) [conj. **18**]. Faire de nouveau ce qu'on a déjà fait : *Réitérer une demande* (syn. **renouveler, répéter**).

reître [rɛtr] **n.m.** (all. *Reiter,* cavalier). **1.** HIST. Du XVe au XVIIe s., cavalier allemand mercenaire au service de la France. **2.** *LITT.* Guerrier brutal (syn. **soudard**).

rejaillir [rəʒajir] **v.i.** (de *jaillir*) [conj. **32**]. **1.** Jaillir avec force, en parlant des liquides : *L'eau du caniveau rejaillit sur les passants* (syn. **gicler sur, éclabousser**). **2.** Atteindre en retour : *Le scandale a rejailli sur lui* (syn. **retomber sur**).

rejaillissement [rəʒajismɑ̃] **n.m.** Mouvement de ce qui rejaillit ; fait de rejaillir : *Le rejaillissement d'une cascade. Le rejaillissement de son succès sur son entourage.*

Réjane (Gabrielle Réju, dite**),** actrice française (Paris 1856 - *id.* 1920). Elle contribua au succès d'un grand nombre de pièces (*Madame Sans-Gêne,* de V. Sardou).

réjection [reʒɛksjɔ̃] **n.f.** Régurgitation.

rejet [rəʒɛ] **n.m.** (de *rejeter*). **1.** Action de rejeter, d'expulser, d'envoyer ailleurs (ce qui est inutile) ; action de ne pas agréer : *Rejet d'un projet de loi* (syn. **refus**). **2.** AGRIC. Pousse qui se développe à partir d'une tige ou à partir d'une souche d'arbre coupé. **3.** MÉD. Réaction de défense caractérisée par l'apparition d'anticorps qui détruisent le greffon, après une greffe d'organe. **4.** MÉTR. Action de rejeter au début du vers suivant un ou plusieurs mots nécessaires au sens (ex. : *« Même il m'est arrivé quelquefois de manger / Le berger »* [La Fontaine]).

rejeter [rəʒ(ə)te] **v.t.** (lat. *rejectare*) [conj. **27**]. **1.** Renvoyer en lançant ; repousser : *Rejeter une balle* (syn. **relancer**). *Rejeter l'envahisseur hors des frontières* (syn. **chasser, refouler**). **2.** Renvoyer ; jeter hors de soi : *Rejeter la nourriture* (syn. **vomir**). **3.** Ne pas admettre ; refuser : *Rejeter une offre* (syn. **décliner** ; contr. **accepter**). **4. Rejeter qqch sur qqn,** désigner un autre que soi comme responsable de qqch : *Rejeter les torts sur son adversaire.* ◆ **v.i.** AGRIC. Donner des rejets : *Arbre qui rejette de souche.* ◆ **se rejeter v.pr. 1.** Se porter vivement en arrière. **2.** *LITT.* Se reporter faute de mieux sur : *Se rejeter sur une solution de compromis* (syn. **se rabattre sur**).

rejeton [rəʒ(ə)tɔ̃] **n.m.** (de *rejeter*). **1.** Pousse qui apparaît au pied de la tige d'une plante. **2.** *FAM.* Descendant ; enfant : *Le dernier rejeton d'une famille.*

rejoindre [rəʒwɛ̃dr] **v.t.** (de *joindre*) [conj. **82**]. **1.** Aller retrouver ; rattraper : *Je vous rejoindrai d'ici peu* (syn. **retrouver**). **2.** Aboutir à un endroit : *Ce chemin rejoint la nationale.* **3.** Devenir membre d'un groupe : *Il a rejoint l'opposition* (syn. **rallier**).

rejouer [rəʒwe] **v.t.** et **v.i.** [conj. **6**]. Jouer de nouveau : *Rejouer un morceau, une pièce.*

réjoui, e [reʒwi] **adj.** Qui exprime la joie, la gaieté : *Air réjoui* (syn. **radieux, épanoui**).

réjouir [reʒwir] **v.t.** (de l'anc. fr. *esjouir*) [conj. **32**]. Donner de la joie à : *Cette nouvelle réjouit tout le monde* (syn. **ravir, enchanter**). ◆ **se réjouir v.pr.** Éprouver de la joie, de la satisfaction : *Se réjouir d'un succès* (syn. **se féliciter**).

réjouissance [reʒwisɑ̃s] **n.f.** Joie collective : *Maisons illuminées en signe de réjouissance* (syn. **liesse**). ◆ **réjouissances n.f. pl.** Fêtes destinées à célébrer un événement heureux : *De grandes réjouissances célébrèrent sa naissance.*

réjouissant, e [reʒwisɑ̃, -ɑ̃t] **adj.** Qui réjouit : *Une nouvelle qui n'est pas réjouissante* (syn. **gai, drôle**).

1. relâche [rəlɑʃ] **n.f.** (de *relâcher*). **1.** *LITT.* Interruption dans un travail, un exercice : *S'accorder un moment de relâche* (syn. **pause, répit**). **2.** Suspension momentanée des représentations d'un théâtre : *Le dimanche est le jour de relâche.* **3. Sans relâche,** sans interruption : *Travailler sans relâche* (= constamment). *Rem.* Ce nom était autref. masc.

2. relâche [rəlɑʃ] **n.f.** (de *relâcher*). MAR. Action de relâcher ; lieu où l'on relâche : *Ce bateau fait relâche à Tahiti* (syn. **escale**).

relâché, e [rəlɑʃe] **adj.** Qui manque de fermeté, de rigueur : *Style relâché* (syn. **négligé** ; contr. **châtié, soigné**). *Mœurs relâchées* (syn. **dissolu** ; contr. **strict, sévère**).

relâchement [rəlɑʃmɑ̃] **n.m. 1.** Diminution de tension : *Le relâchement des cordes d'un violon* (syn. **distension**). **2.** Ralentissement d'activité, d'ardeur, de sévérité, etc. : *Relâchement dans le travail* (syn. **laisser-aller, négligence**).

relâcher [rəlɑʃe] **v.t.** (anc. fr. *relaschier,* pardonner une faute, lat. *relaxare*). **1.** Rendre plus lâche ; diminuer la tension de : *Relâcher une corde* (syn. **détendre**). *Lutteur qui relâche son étreinte* (syn. **desserrer**). **2.** Remettre en liberté : *Relâcher un prisonnier* (syn. **libérer**). **3.** Rendre moins sévère, moins intense : *Relâcher la discipline* (syn. **assouplir**). *Relâcher ses efforts* (syn. **diminuer**). ◆ **v.i.** MAR. Faire relâche. ◆ **se relâcher v.pr. 1.** Devenir moins tendu : *Muscles qui se relâchent* (syn. **se détendre**). **2.** Perdre de son ardeur ; diminuer d'activité : *Cet écolier se relâche* (syn. **fléchir, mollir**). *La discipline se relâche* (syn. **s'assouplir**).

relais [rəlɛ] **n.m.** (de *relayer,* d'apr. *relaisser*). **1.** Autref., chevaux de poste frais et placés de distance en distance sur une route pour remplacer les chevaux fatigués ; lieu où ces chevaux étaient placés. **2.** Personne, chose qui sert d'intermédiaire : *Servir de relais.* **3.** ÉLECTR. Appareil destiné à produire des modifications dans un circuit de sortie lorsque certaines conditions sont remplies dans le circuit d'entrée dont il subit l'action. **4.** TÉLÉCOMM. Réémetteur. **5. Prendre le relais de,** succéder à ; poursuivre l'action de : *Les jeunes ont pris le relais de leurs aînés pour la sauvegarde de la nature.* / SPORTS. **Course de relais,** épreuve dans laquelle les membres d'une même équipe se succèdent à distances déterminées (on dit aussi *un relais*).

relance [rəlɑ̃s] **n.f.** (de *relancer*). **1.** Action de donner un nouvel élan, un nouvel essor : *Relance de l'économie.* **2.** Action de relancer qqn : *La relance de la clientèle.* **3.** À certains jeux de cartes, action de surenchérir sur l'adversaire ; somme ainsi engagée.

relancer [rəlɑ̃se] **v.t.** [conj. **16**]. **1.** Lancer de nouveau : *Relancer la balle* (syn. **renvoyer**). **2.** Solliciter de nouveau pour tenter d'obtenir qqch : *Relancer qqn pour le faire changer d'avis.* **3.** Donner un nouvel essor à : *Relancer la production.* ◆ **v.i.** Au jeu, faire une relance.

relaps, e [rəlaps] **adj.** et **n.** (lat. *relapsus,* retombé, de *labi,* tomber). Se disait d'un chrétien retombé dans l'hérésie : *Jeanne d'Arc fut condamnée comme relapse.*

relater [rəlate] **v.t.** (du lat. *relatus,* de *referre,* raconter). Raconter en détaillant les circonstances de : *Relater un incident* (syn. **rapporter, retracer**).

relatif, ive [rəlatif, -iv] **adj.** (lat. *relativus,* de *relatum,* supin de *referre,* rapporter). **1.** Qui se rapporte à : *Les documents relatifs à la vérification des comptes* (syn. **concernant**). **2.** Qui n'a rien d'absolu ; qui dépend d'autre chose : *Les goûts sont relatifs* (syn. **subjectif** ; contr. **objectif**). **3.** Incomplet ; approximatif : *Un silence relatif* (syn. **partiel**). **4.** GRAMM. **Proposition relative,** proposition subordonnée introduite par un mot relatif (on dit aussi *une relative*). / MATH. **Entier relatif,** élément de l'ensemble $\mathbb{Z}$. / **Nombre relatif,** nombre positif ou négatif (on dit aussi *un relatif*). ◆ **adj.** et **n.m.** GRAMM. Se dit d'un mot qui met génér. en relation un nom ou un pronom qu'il représente (l'antécédent) et une proposition subordonnée complétant cet antécédent : *Pronoms relatifs (qui, que, quoi, etc.). Adjectifs relatifs (lequel, laquelle, etc.). Adverbes relatifs (où, quand, etc.). Locutions relatives (qui que, quoi que, etc.).*

relation [rəlasjɔ̃] **n.f.** (lat. *relatio,* rapport, récit). **1.** Action de relater : *Relation de voyage* (syn. **récit, narration**). **2.** Lien existant entre deux choses : *Relation de cause à effet* (syn. **rapport, corrélation**). **3.** Personne avec laquelle on est en rapport : *Relation d'affaires* (syn. **connaissance**). **4.** LOG. Prédicat à plusieurs variables : *L'égalité (=) est une relation à deux variables.* **5.** MATH. Propriété de certains couples d'éléments d'un ensemble. **6. Avoir des relations,** connaître des personnes influentes. / **Relations internationales,** relations entre États, constituant une branche du droit international public. / **Relations publiques,** activités professionnelles visant à informer l'opinion sur les réalisations d'une collectivité et à les promouvoir. / **Théorie des relations,** partie fondamentale de la logique moderne, comprenant le calcul des relations et l'étude des divers types de relations et de leurs propriétés générales. ▸ On étudie notamm. les relations d'équivalence et d'ordre.

relationnel, elle [rəlasjɔnɛl] **adj.** Relatif aux relations entre les individus : *Avoir des problèmes relationnels.*

relationniste [rəlasjɔnist] **n.** *QUÉBÉC.* Spécialiste des relations publiques.

relativement [rəlativmɑ̃] **adv. 1.** D'une manière relative : *Elle est relativement sérieuse* (= jusqu'à un certain point). **2. Relativement à,** par comparaison avec : *Ce n'est pas cher relativement à ce qu'on a obtenu* (= par rapport à).

relativiser [rəlativize] **v.t.** Rendre relatif ; faire perdre son caractère absolu à : *Relativiser un problème.*

relativisme [rəlativism] **n.m. 1.** PHILOS. Doctrine soutenant la relativité de la connaissance : *Le relativisme de la philosophie kantienne.* **2.** Attitude de celui qui pense que les valeurs sont relatives.

relativiste [rəlativist] **adj.** Qui relève de la théorie de la relativité.

relativité [rəlativite] **n.f. 1.** Caractère de ce qui est relatif : *La relativité de la connaissance.* **2.** PHYS. **Théories de la relativité,** ensemble de théories selon lesquelles, à partir de référentiels équivalents, les grandeurs relatives à l'un se déduisant des mêmes grandeurs relatives à un autre, on peut exprimer des lois physiques invariantes.

■ La mécanique classique, valable en cas de vitesses faibles, ne l'est plus quand les vitesses ne sont pas négligeables devant celle de la lumière. Alors s'impose une mécanique relativiste, élaborée par Einstein en deux étapes.

La relativité restreinte. D'après cette théorie, conçue en 1905, la durée d'un phénomène, évaluée par divers observateurs en mouvement, est une quantité propre à chaque observateur, qui dépend de sa position et de sa vitesse. Cette relativité du temps impose celle des longueurs. On ne peut plus appréhender l'Univers en ne considérant que les trois dimensions de l'espace, mais il faut également prendre en compte le temps, les phénomènes se déroulant dans un référentiel à quatre dimensions, l'*espace-temps.* La vitesse de la lumière dans le vide *c* (300 000 km/s) est une vitesse limite et ne peut être dépassée. Les vitesses ne s'additionnent jamais simplement. Cette théorie a pour conséquence l'équivalence de la masse et de l'énergie, donnée par la relation célèbre $E=mc^2$, qui régit notamment le bilan des réactions nucléaires.

La relativité généralisée. Énoncée en 1916, elle impose aux lois physiques d'être indépendantes du système de référence et identifie la gravitation à une inertie. Elle a pour conséquences la déviation de la lumière par la pesanteur et le ralentissement des horloges dans les champs de gravitation. La géométrie euclidienne classique n'est pas applicable à l'espace-temps, qui est courbé au voisinage des îlots de matière, et exclut l'existence des lignes droites. L'Univers ne peut se trouver en équilibre, prédiction corroborée par la fuite apparente des galaxies, qui s'interprète comme un effet de l'expansion de celui-ci. ■

relax ou **relaxe** [rəlaks] **adj.** (de l'angl. *to relax,* se détendre). **1.** *FAM.* Reposant ; calme : *Vacances relaxes.* **2.** À l'aise, détendu : *Elle est très relax* (syn. **décontracté**).

relaxant, e [rəlaksɑ̃, -ɑ̃t] **adj.** Qui relaxe : *Bain relaxant.*

relaxation [rəlaksasjɔ̃] **n.f. 1.** Action de se relaxer ; détente progressive : *Relaxation musculaire.* **2.** PSYCHOL. Action psychothérapique utilisant le relâchement conscient et la maîtrise du tonus musculaire.

relaxe [rəlaks] **n.f.** (de *relaxer*). DR. Décision d'un tribunal correctionnel déclarant un prévenu non coupable : *Obtenir la relaxe.*

relaxer [rəlakse] **v.t.** (lat. *relaxare,* relâcher). **1.** Mettre en état de décontraction : *Un bain moussant qui relaxe* (syn. **reposer**). **2.** DR. Accorder la relaxe à un prévenu (syn. **libérer**). ◆ **se relaxer v.pr.** *FAM.* Détendre ses muscles, son esprit : *Se relaxer après le travail* (syn. **se détendre**).

relayer [rəleje] **v.t.** (de l'anc. fr. *laier,* laisser) [conj. **11**]. **1.** Remplacer qqn dans un travail, une action pour éviter toute interruption : *Relayer un camarade fatigué* (syn. **relever**). **2.** SPORTS. Succéder à un équipier dans une course de relais. **3.** Substituer à qqch qqch d'autre : *Relayer un appareil défaillant par un autre.* **4.** TÉLÉCOMM. Retransmettre un programme par émetteur, par satellite. ◆ **se relayer v.pr.** Se remplacer, alterner pour assurer la continuité d'une tâche : *Se relayer auprès d'un malade.*

relecture [rəlɛktyr] **n.f.** Nouvelle lecture : *La relecture d'un manuscrit.*

relégation [rəlegasjɔ̃] **n.f.** DR. Action de reléguer, d'exiler.

reléguer [rəlege] **v.t.** (lat. *relegare,* éloigner) [conj. **18**]. **1.** DR. Exiler dans un endroit déterminé : *Reléguer un condamné* (syn. **bannir**). **2.** Éloigner ; mettre à l'écart : *Reléguer un meuble au grenier* (syn. **remiser**). *Reléguer qqn au bout de la table.*

relent [rəlɑ̃] **n.m.** (du lat. *lentus,* tenace, humide). **1.** Mauvaise odeur qui persiste : *Un relent d'égout.* **2.** *LITT.* Trace, reste : *Un relent de chauvinisme.*

relève [rəlɛv] **n.f.** (de *relever*). **1.** Action de remplacer une équipe par une autre ; équipe qui assure ce remplacement : *La relève de la garde. La relève arrive.* **2. Prendre la relève,** relayer : *Les nouveaux prendront la relève.*

1. relevé, e [rəlve] **adj.** (de *relever*). Épicé : *Sauce très relevée* (syn. **fort**).

2. relevé [rəlve] **n.m.** (de *relever*). **1.** Action de relever, de noter par écrit ; son résultat : *Faire le relevé des dépenses* (syn. **liste**). **2.** Représentation en plan, coupe ou élévation, d'un bâtiment existant : *Faire un relevé topographique.* **3. Relevé d'identité bancaire (R.I.B.),** pièce délivrée par une banque à ses clients, et permettant d'identifier leur compte.

relèvement [rəlɛvmɑ̃] **n.m. 1.** Action de relever : *Relèvement d'un mur, des impôts.* **2.** Redressement : *Le relèvement d'un pays.* **3.** MAR. Détermination de l'angle que fait avec le nord la direction d'un point à terre, d'un bateau, d'un astre, etc. ; valeur de cet angle.

relever [rəlve] **v.t.** (de *lever*) [conj. **19**]. **1.** Remettre debout ; remettre dans sa position naturelle : *Relever un enfant. Relever une statue tombée* (syn. **redresser**). *Relever un mur en ruine* (syn. **reconstruire**). **2.** Ramasser ; collecter : *Relever les copies.* **3.** Rendre la prospérité à : *Relever l'économie.* **4.** Mettre en valeur : *Le maquillage relève sa beauté* (syn. **rehausser**). **5.** Constater ; faire remarquer : *Relever des traces* (syn. **noter, observer**). *Relever une faute* (syn. **souligner**). **6.** Consigner ; noter par écrit : *Relever le compteur. Relever une cote* (syn. **copier, inscrire**). **7.** Marquer que l'on entend, que l'on voit qqch : *Ne pas relever une impertinence.* **8.** Diriger vers le haut ; remettre plus haut : *Relever la tête* (syn. **lever, redresser**). *Relever la vitre d'une voiture* (syn. **remonter**). **9.** Accroître le niveau, la valeur de : *Relever les salaires* (syn. **augmenter, majorer**). **10.** Donner un goût plus prononcé à : *Relever une sauce* (syn. **assaisonner, épicer**). **11.** Remplacer dans un travail, une fonction : *Relever une équipe* (syn. **relayer**). **12.** Libérer d'une obligation, d'un engagement : *Relever un ami de sa promesse* (syn. **dégager, délier**). **13.** Priver de sa charge, de son poste : *Relever un officier de son commandement* (syn. **destituer, révoquer**). ◆ **v.t. ind. [de]. 1.** Se remettre ; se rétablir : *Relever d'une grippe.* **2.** Dépendre de l'autorité de ; être du ressort de : *Ne relever de personne. Affaire qui relève de la cour d'assises* (syn. **ressortir de**). ◆ **se relever v.pr. 1.** Se remettre debout : *Enfant qui se relève tout seul* (syn. **se redresser**). **2.** Sortir d'une situation pénible : *Il ne s'en relèvera jamais* (syn. **se remettre**).

releveur, euse [rəlvœr, -øz] **n.** Personne employée par une compagnie de distribution d'eau, de gaz, etc., pour relever les compteurs.

relief [rəljɛf] **n.m.** (de *relever,* d'apr. les anc. formes toniques comme *je relief,* avec infl. de l'ital. *rilievo* [en sculpture], de *rilevare,* relever). **1.** Ce qui fait saillie sur une surface : *Le relief d'une médaille. Lettres en relief.* **2.** Ensemble des inégalités de la surface terrestre : *Le relief d'un pays.* **3.** Sculpture dans laquelle le motif se détache en saillie plus ou moins forte sur un fond *(bas-relief, haut-relief).* **4.** Éclat qui naît de l'opposition, du contraste : *Portrait qui a du relief.* **5.** Ce qui ressort, se distingue du commun : *Personnage de roman qui a beaucoup de relief* (syn. **caractère, force**). **6. Mettre en relief,** faire ressortir ; mettre en évidence : *Cet exploit a mis en relief son courage.* ◆ **reliefs n.m. pl.** *LITT.* Restes d'un repas.

relier [rəlje] **v.t.** (de *lier*) [conj. **9**]. **1.** Lier ensemble : *Relier les points d'une figure par un trait* (syn. **réunir, joindre**). **2.** Unir ; établir un lien entre : *Relier plusieurs phénomènes à une même cause* (syn. **associer**). **3.** Faire communiquer : *Relier les deux berges d'une rivière par un pont* (syn. **joindre**). **4.** Effectuer la reliure d'un livre.

relieur, euse [rəljœr, -øz] **n.** et **adj.** (de *relier*). **1.** Personne qui effectue la reliure des livres. **2.** Propriétaire d'une entreprise de reliure.

religieuse [rəliʒjøz] **n.f.** (de *religieuse,* nonne, par analogie de forme). Gâteau composé de deux choux superposés fourrés de crème pâtissière et glacés au fondant.

religieusement [rəliʒjøzmɑ̃] **adv. 1.** D'une manière religieuse : *Être élevé religieusement* (syn. **pieusement**). **2.** Avec une exactitude scrupuleuse : *Observer religieusement un traité* (syn. **minutieusement**).

religieux, euse [rəliʒjø, -øz] **adj.** (lat. *religiosus*). **1.** Qui appartient à une religion ; qui se fait selon les rites d'une religion : *Chant religieux* (syn. **sacré ;** contr. **profane**). *Mariage religieux* (contr. **civil**). **2.** Qui concerne des gens dont la vie est vouée à la religion : *L'habit religieux.* **3.** Qui pratique sa religion avec piété : *Il est très religieux* (syn. **croyant, pieux**). **4.** Qui est empreint de gravité et invite au recueillement : *Silence religieux.* ◆ **n.** Personne qui a prononcé des vœux dans un institut religieux : *Les religieux de Saint-Benoît* (syn. **moine**). *Un couvent de religieuses* (syn. vieilli **nonne**).

religion [rəliʒjɔ̃] **n.f.** (lat. *religio,* vénération, de *relegere,* recueillir, rassembler). **1.** Ensemble de croyances et de dogmes définissant le rapport de l'homme avec le sacré : *Prôner la tolérance en matière de religion.* **2.** Ensemble de pratiques et de rites propres à chacune de ces croyances : *Religion chrétienne, juive, musulmane* (syn. **confession, culte**). **3.** Adhésion à une doctrine religieuse : *Homme sans religion* (= athée) [syn. **foi, croyance**]. **4. Entrer en religion,** se consacrer à la religion au sein d'un monastère, d'un institut religieux.

■ **Le fait religieux.** La religion, dans son sens moderne, consiste dans la relation de l'homme avec le sacré ou, de façon plus concrète, dans les rapports entre les humains et l'être transcendant qu'est Dieu. En réalité, le latin *religio,* auquel correspond ce mot, n'avait, d'après Cicéron, que la signification d'attachement « scrupuleux » aux rites cultuels, mais des auteurs chrétiens, depuis Lactance et Tertullien, l'ont fait dériver de *religare* (« relier »), ce qui s'harmoniserait avec le sens actuel des relations que l'homme religieux entretient avec la divinité. Il faut cependant remarquer que le mot « religion » ne convient guère qu'à des civilisations – surtout occidentales – qui peuvent désigner par un vocable spécial un appareil de croyances et de rites plus ou moins clairement distinct des autres institutions sociales. Les sociétés archaïques ou traditionnelles, quant à elles, sont si profondément imprégnées par le surnaturel qu'elles n'ont justement pas à isoler celui-ci de l'ensemble du social, lequel étant, chez elles, religieux intrinsèquement et dans sa totalité.

La science des religions. L'étude scientifique des phénomènes religieux, qui s'est constituée au prix d'une rupture avec la théologie, ne connaît qu'une pluralité des religions et non l'essence de « la religion ». Dans sa phase évolutionniste, notamment chez Edward Burnett Tylor (1832 - 1917), elle soutenait que la forme la plus primitive de celle-ci était l'animisme, qui, par le stade intermédiaire du polythéisme, devait aboutir au monothéisme. À cette méthode s'est substituée celle d'historiens comme Friedrich Max Müller, Rudolf Otto, Gerardus Van der Leeuw et Mircea Eliade, qui, par l'étude comparée des rites, des thèmes et des mythes des différentes religions, ont cherché à mettre en lumière la permanence et l'unité fondamentale d'une dialectique du sacré que ne rompt pas la grande diversité de ses expressions. L'anthropologie et la sociologie religieuses d'aujourd'hui se réclament, elles aussi, de la méthode comparatiste. Elles se montrent cependant de plus en plus convaincues de l'indétermination du champ proprement religieux, non seulement dans les sociétés traditionnelles (où le social fonctionne comme du religieux), mais aussi dans le monde postmoderne, où la religion, fortement sécularisée, a souvent tendance à fonctionner comme du culturel. ■

Religion *(guerres de)* [1562-1598], conflits armés qui, en France, opposèrent catholiques et protestants. Cette longue période de troubles fut l'aboutissement d'un état de tension dû aux progrès des idées de la Réforme et à leur répression systématique à partir du règne d'Henri II. Huit guerres confuses vont se succéder alors, qui ont pour motif autant l'ambition politique de grandes maisons (Guises, Bourbons) que le différend religieux proprement dit. C'est le massacre de protestants à Wassy (1562) qui déclencha la révolte armée des protestants. Les épisodes les plus marquants de cette longue suite de guerres furent le massacre de la Saint-Barthélemy (24 août 1572), l'assassinat du duc de Guise (1588) et celui d'Henri III (1589). Converti au catholicisme en 1593, Henri IV mit fin à ces guerres par la paix de Vervins et l'édit de Nantes (1598), instituant une tolérance religieuse (d'ailleurs mal acceptée par les catholiques) presque unique en Europe. Ces guerres civiles mettent en relief le manque de cohésion qui caractérise le royaume : l'esprit d'indépendance et d'insoumission des provinces, l'aptitude des grandes familles à se révolter contre l'autorité royale, l'appel des deux parties à l'intervention étrangère, considérée alors comme normale.

religiosité [rəliʒjozite] **n.f.** Tendance de la sensibilité conduisant à une vague religion, sans dogme précis.

reliquaire [rəlikɛr] **n.m.** (de *relique*). Boîte, coffret, etc., souvent en orfèvrerie, destiné à contenir des reliques.

reliquat [rəlika] **n.m.** (lat. *reliqua,* choses restantes). **1.** *SOUT.* Ce qui subsiste de qqch : *Garder un reliquat de haine à l'égard de qqn* (syn. **reste, résidu**). **2.** DR. Ce qui reste dû après un arrêté de comptes : *Toucher un reliquat.*

relique [rəlik] **n.f.** (lat. *reliquiae,* restes). **1.** Ce qui reste du corps d'un martyr, d'un saint ou d'un objet relatif à son histoire, qui fait l'objet d'un culte : *Les reliques de sainte Geneviève.* **2.** Objet auquel on attache une valeur sentimentale : *Conserver des reliques de son enfance.*

relire [rəlir] **v.t.** [conj. **106**]. Lire de nouveau ce qu'on a déjà lu ou ce qu'on vient d'écrire. ◆ **se relire v.pr.** Lire ce qu'on a soi-même écrit : *Il n'arrive pas à se relire.*

reliure [rəljyr] **n.f. 1.** Couverture cartonnée, recouverte de cuir, de toile, etc., dont on habille un livre pour le protéger ou le décorer : *Reliure en maroquin.* **2.** Activité industrielle ou artisanale consistant à relier les livres.

reloger [rəlɔʒe] **v.t.** [conj. **17**]. Trouver un logement de remplacement à qqn : *Reloger des sinistrés.*

reluire [rəlɥir] **v.i.** (lat. *relucere*) [conj. **97**]. **1.** Briller ; luire : *Faire reluire des cuivres* (syn. **étinceler**). **2.** *FAM.* **Passer, manier la brosse à reluire,** flatter qqn.

reluisant, e [rəlɥizɑ̃, -ɑ̃t] **adj. 1.** Qui reluit : *Un mobilier reluisant* (syn. **miroitant**). **2. Peu reluisant,** médiocre : *Situation peu reluisante* (syn. **brillant**).

reluquer [rəlyke] **v.t.** (du moyen fr. *luquer,* regarder, moyen néerl. *loeken,* même sens, par l'intermédiaire des parlers wallons et picards). *FAM.* Regarder avec curiosité ou convoitise : *Reluquer une femme* (syn. **lorgner**).

rem [rɛm] **n.m.** (sigle, de l'angl. *Röntgen equivalent man,* équivalent-homme de Röntgen). Unité d'équivalent de dose*. ▸ 1 rem égale 0,01 sievert.

remâcher [rəmɑʃe] **v.t. 1.** Mâcher une seconde fois, en parlant des ruminants. **2.** Retourner dans son esprit : *Remâcher ses ennuis, ses souvenirs* (syn. **ruminer**).

remaillage [rəmajaʒ] ou **remmaillage** [rɑ̃majaʒ] **n.m.** Action ou manière de remailler.

remailler [rəmaje] ou **remmailler** [rɑ̃maje] **v.t.** Reconstituer les mailles d'un tricot, d'un filet.

remake [rimɛk] **n.m.** (mot angl. de *to remake,* refaire). Nouvelle version d'un film, d'une œuvre littéraire, théâtrale, etc. : *Il ne tourne que des remakes.*

rémanent, e [remanɑ̃, -ɑ̃t] **adj.** (lat. *remanens,* de *remanere,* rester). **1.** *LITT.* Qui subsiste : *Chagrin rémanent* (syn. **persistant**). **2. Image rémanente,** image qui reste après la disparition du stimulus.

remaniement [rəmanimɑ̃] **n.m.** Action de remanier ; résultat de cette action : *Un remaniement ministériel* (syn. **changement, modification**).

remanier [rəmanje] **v.t.** (de *manier*) [conj. **9**]. Changer complètement la composition de : *Remanier un ouvrage* (syn. **modifier, refondre, transformer**).

remariage [rəmarjaʒ] **n.m.** Nouveau mariage.

se **remarier** [rəmarje] **v.pr.** [conj. **9**]. Se marier de nouveau : *Après son divorce, il ne s'est pas remarié.*

remarquable [rəmarkabl] **adj.** Digne d'être remarqué : *Événement remarquable* (syn. **marquant, notable**). *Un médecin remarquable* (syn. **émérite**).

remarquablement [rəmarkabləmɑ̃] **adv.** De façon remarquable : *Une femme remarquablement intelligente.*

remarque [rəmark] **n.f.** (de *remarquer*). **1.** Observation : *Remarque judicieuse* (syn. **réflexion**). *Faire une remarque à qqn sur sa tenue* (syn. **critique, remontrance**). **2.** Note ; observation écrite : *Ouvrage plein de remarques* (syn. **annotation, commentaire**).

Remarque (E. Paul Remark, dit Erich Maria), écrivain allemand, naturalisé américain (Osnabrück 1898 - Locarno 1970). Il est l'auteur de *À l'Ouest, rien de nouveau* (1929), célèbre roman pacifiste sur la Première Guerre mondiale vue du côté allemand.

remarquer [rəmarke] **v.t.** (de *marquer*). **1.** Faire attention à : *Tu n'as rien remarqué d'anormal ?* (syn. **constater, observer**). *Faire remarquer une erreur* (= relever). **2.** Distinguer parmi d'autres : *Remarquer qqn dans la foule* (syn. **apercevoir, discerner**). **3. Se faire remarquer,** se singulariser (péjor.) : *Se faire remarquer par ses excentricités.*

remballer [rɑ̃bale] **v.t.** Emballer de nouveau : *Remballer les produits invendus.*

rembarquement [rɑ̃barkəmɑ̃] **n.m.** Action de rembarquer ou de se rembarquer : *Le rembarquement des troupes.*

rembarquer [rɑ̃barke] **v.t.** Embarquer de nouveau : *Rembarquer du matériel.* ◆ **v.i** ou **se rembarquer v. pr.** S'embarquer de nouveau : *Corps expéditionnaire qui rembarque après une mission.*

rembarrer [rɑ̃bare] **v.t.** (de *embarrer,* enfoncer). *FAM.* Reprendre vivement qqn, le remettre à sa place : *Il a voulu me parler de vous en mal, je l'ai vite rembarré* (syn. **rabrouer**).

remblai [rɑ̃blɛ] **n.m.** (de *remblayer*). **1.** Action de remblayer ; son résultat : *Le remblai d'une excavation* (syn. **remblayage**). **2.** TR. PUBL. Masse de terre rapportée pour élever un terrain ou combler un creux.

remblaiement [rɑ̃blɛmɑ̃] **n.m.** (de *remblayer*). Action de l'eau qui dépose tout ou partie des matériaux qu'elle transporte.

remblayage [rɑ̃blɛjaʒ] **n.m.** Action de remblayer (syn. **remblai**).

remblayer [rɑ̃bleje] **v.t.** (de l'anc. v. *emblaer,* remplir, ensemencer de blé) [conj. **11**]. Remettre des matériaux pour hausser ou combler : *Remblayer une route.*

rembobiner [rɑ̃bɔbine] **v.t.** Enrouler de nouveau ce qui est débobiné : *Rembobiner du fil, une bande magnétique.*

remboîter [rɑ̃bwate] **v.t.** (de *emboîter*). Remettre en place ce qui est déboîté : *Remboîter un barreau de chaise.*

rembourrage [rɑ̃buraʒ] **n.m.** **1.** Action de rembourrer : *Le rembourrage d'un fauteuil* (syn. **capitonnage**). **2.** Matière avec laquelle on rembourre : *Siège qui perd son rembourrage* (syn. **bourre**).

rembourrer [rɑ̃bure] **v.t.** (de *embourrer,* de *1. bourre*). Garnir, remplir de crin, de bourre, etc. : *Rembourrer un fauteuil* (syn. **capitonner**).

remboursable [rɑ̃bursabl] **adj.** Qui peut, qui doit être remboursé : *Emprunt remboursable en vingt ans.*

remboursement [rɑ̃bursəmɑ̃] **n.m.** **1.** Action de rembourser : *Le remboursement des frais de déplacement.* **2. Envoi contre remboursement,** envoi d'une marchandise délivrable contre paiement de sa valeur et, éventuellement, des frais de port.

rembourser [rɑ̃burse] **v.t.** (de *embourser,* mettre de l'argent en poche, en réserve). **1.** Rendre à qqn l'argent emprunté : *Rembourser un créancier.* **2.** Rendre à qqn l'argent qu'il a déboursé : *Rembourser qqn de ses frais.*

Rembrandt (Rembrandt Harmenszoon Van Rijn, dit**),** peintre et graveur néerlandais (Leyde 1606 - Amsterdam 1669), fixé à Amsterdam v. 1631. La force expressive de ses compositions comme de ses portraits, servie par sa science du clair-obscur, et la valeur universelle de sa méditation sur la destinée humaine le font considérer comme un des plus grands maîtres de la peinture. Parmi ses chefs-d'œuvre, citons : au Rijksmuseum d'Amsterdam, *le Prophète Jérémie* (1630), *la Ronde de nuit* (portrait collectif d'une formation de la milice bourgeoise, 1642), *le Reniement de saint Pierre* (1660), *les Syndics des drapiers* (1662), *la Fiancée juive* (v. 1665) ; au Louvre, *les Pèlerins d'Emmaüs* (deux versions), *Bethsabée* (1654), *Saint Matthieu et l'ange* (1661), *le Bœuf écorché* (1655), *Autoportrait au chevalet* (1660). Rembrandt est, en outre, un dessinateur prestigieux, et sans doute l'aquafortiste le plus célèbre qui soit *(les Trois Arbres, la Pièce aux cent florins, Jésus prêchant).*

se **rembrunir** [rɑ̃brynir] **v.pr.** (de *brun,* au sens anc. de « sombre ») [conj. **32**]. Devenir sombre, triste : *À ce souvenir, il s'est rembruni* (syn. **s'assombrir**).

remède [rəmɛd] **n.m.** (lat. *remedium*). **1.** *VIEILLI.* Tout ce qui peut servir à prévenir ou à combattre une maladie : *Prendre les remèdes ordonnés par le médecin* (syn. **médicament**). **2.** Ce qui sert à prévenir ou à combattre une souffrance morale : *Il n'y a pas de remède à son angoisse* (syn. **antidote, recours**). **3.** Moyen, mesure propres à diminuer un mal, à résoudre une difficulté : *Chercher un remède à l'inflation* (syn. **solution, expédient**).

remédiable [rəmedjabl] **adj.** À quoi l'on peut apporter remède : *C'est là un mal remédiable* (syn. **curable, guérissable**). *Une perte remédiable* (syn. **réparable**).

remédier [rəmedje] **v.t. ind. [à]** (lat. *remediare*) [conj. **9**]. Apporter un remède à : *Remédier à une rage de dents* (syn. **soulager, calmer**). *Remédier au déséquilibre budgétaire.*

remembrement [rəmɑ̃brəmɑ̃] **n.m.** (de *remembrer*). Aménagement foncier qui a pour but de substituer au morcellement excessif des terres des parcelles moins nombreuses, plus grandes et pourvues d'accès faciles.

remembrer [rəmɑ̃bre] **v.t.** (de *membre,* d'apr. *démembrer*). Effectuer le remembrement de : *Remembrer une région.*

remémorer [rəmemɔre] **v.t.** (bas lat. *rememorari*). *LITT.* Remettre en mémoire ; rappeler : *Remémorer un fait* (syn. **évoquer**). ◆ **se remémorer v.pr.** Se rappeler : *Essaie de te remémorer cette histoire* (syn. **se souvenir de**).

remerciement [rəmɛrsimɑ̃] **n.m.** Action de remercier ; paroles par lesquelles on remercie : *Lettre de remerciement.*

remercier [rəmɛrsje] **v.t.** (de l'anc. fr. *mercier,* de *merci*) [conj. **9**]. **1.** Exprimer sa gratitude à qqn pour qqch : *Je vous remercie de, pour vos conseils.* **2.** Congédier : *Remercier un employé* (syn. **renvoyer, licencier**).

remettre [rəmɛtr] **v.t.** (lat. *remittere,* renvoyer, laisser) [conj. **84**]. **1.** Replacer qqn, qqch à l'endroit où il était : *Remettre un livre à sa place* (syn. **rapporter, reposer**). **2.** Reconnaître : *Je vous remets très bien à présent.* **3.** Replacer ; remboîter : *Remettre un os démis.* **4.** Mettre de nouveau : *Remettre un manteau sur soi.* **5.** Mettre en remplacement ou en supplément de qqch : *Remettre des cordes à une raquette. Remettre du lait dans une purée* (syn. **ajouter**). **6.** Rétablir la santé de qqn : *L'air de la campagne l'a remis* (syn. **revigorer, remonter**). **7.** Mettre entre les mains, en la possession, au pouvoir de qqn : *Vous devez lui remettre cette lettre en main propre* (syn. **donner**). *Remettre les clefs de son appartement au concierge* (syn. **laisser, confier**). *Remettre un criminel à la justice* (syn. **livrer**). **8.** Faire grâce de : *Remettre la peine de qqn* (= gracier qqn). **9.** Différer : *Remettre une affaire au lendemain* (syn. **ajourner, repousser**). **10.** *FAM.*

En remettre, exagérer. / FAM. **Remettre ça,** recommencer : *Les voisins remettent ça avec leurs disputes.* / **Remettre qqn au pas,** le contraindre à faire son devoir. ◆ **se remettre** v.pr. **1.** Se replacer : *Se remettre à table.* **2.** Recommencer à : *Se remettre à jouer.* **3.** Revenir à un meilleur état de santé : *Se remettre après un accident* (syn. **récupérer, se rétablir**). **4. S'en remettre à qqn,** s'en rapporter à lui : *Il s'en est remis à un avocat pour régler son litige* (syn. **se reposer sur**).

Remi ou **Remy *(saint)*,** évêque (Laon v. 437 - Reims v. 530). Nommé évêque de Reims vers 459, Remi fut très lié au roi des Francs, Clovis ; il joua un rôle prépondérant dans la conversion de ce dernier et le baptisa, probablement à Reims, le 25 déc. 498 (date incertaine).

rémige [remiʒ] **n.f.** (lat. *remex, remigis,* rameur). Chacune des grandes plumes de l'aile d'un oiseau.

Remington (Philo), industriel américain (Litchfield, État de New York, 1816 - Silver Springs, Floride, 1889). Il mit au point un fusil à chargement par la culasse et fut le premier à entreprendre la fabrication en série d'une machine à écrire.

réminiscence [reminisɑ̃s] **n.f.** (bas lat. philos. *reminiscentia,* du class. *reminisci,* se souvenir). **1.** PSYCHOL. Retour involontaire d'un souvenir. **2.** Souvenir vague et imprécis : *Il a des réminiscences de son accident.*

remise [rəmiz] **n.f.** (de *remettre*). **1.** Action de remettre dans un lieu : *La remise en place d'un meuble.* **2.** Action de remettre, de livrer : *La remise d'un paquet à son destinataire* (syn. **livraison, délivrance**). **3.** Rabais consenti sur le prix de certaines marchandises : *Consentir une remise de 5 %* (syn. **réduction**). **4.** Local servant d'abri à des véhicules ou à du matériel : *L'échelle est dans la remise* (syn. **hangar, resserre**). **5.** DR. **Remise de peine,** grâce que l'on accorde à un condamné de tout ou partie de sa peine.

remiser [rəmize] **v.t. 1.** Placer dans une remise, un garage : *Remiser un tracteur* (syn. **garer**). **2.** Mettre à sa place habituelle : *Remiser ses affaires* (syn. **ranger**).

rémissible [remisibl] **adj.** (lat. *remissibilis*). Digne de pardon : *Péché rémissible* (syn. **pardonnable**).

rémission [remisjɔ̃] **n.f.** (lat. ecclés. *remissio,* de *remittere,* remettre). **1.** CATH. Pardon : *Rémission des péchés* (=absolution). **2.** MÉD. Atténuation momentanée d'un mal : *Rémission de la douleur* (syn. **accalmie, répit**).

remmaillage n.m., **remmailler** v.t. → **remaillage, remailler.**

remmener [rɑ̃mne] **v.t.** [conj. **19**]. Emmener après avoir amené : *Accompagner un enfant chez le médecin, puis le remmener chez lui* (syn. **ramener, reconduire**).

remodelage [rəmɔdlaʒ] **n.m. 1.** Action de remodeler. **2.** Remaniement, rénovation effectués sur de nouvelles bases : *Remodelage d'un vieux quartier.*

remodeler [rəmɔdle] **v.t.** (de *modeler*) [conj. **25**]. **1.** Modifier la forme ou l'aspect de qqch pour le rendre conforme à un modèle ou améliorer son esthétique : *Remodeler un visage.* **2.** Donner à qqch une forme nouvelle adaptée aux besoins actuels, à une fonction spécifique : *Remodeler le système scolaire* (syn. **restructurer**).

remontage [rəmɔ̃taʒ] **n.m.** (de *remonter*). **1.** Action d'assembler de nouveau les diverses pièces d'une machine : *Le remontage d'un moteur.* **2.** Action de tendre le ressort d'un mécanisme : *Remontage d'une montre.*

1. remontant, e [rəmɔ̃tɑ̃, -ɑ̃t] **adj.** (de *remonter*). Se dit d'une plante qui refleurit à diverses époques de l'année : *Rosiers, fraisiers remontants.*

2. remontant [rəmɔ̃tɑ̃] **n.m.** (de *remonter*). Aliment, boisson ou médicament qui redonnent des forces : *Prendre un remontant* (syn. **fortifiant, reconstituant**).

remontée [rəmɔ̃te] **n.f. 1.** Action de remonter : *La remontée des spéléologues.* **2. Remontée mécanique,** toute installation utilisée par les skieurs pour remonter les pentes (télésièges, téléskis, télécabines).

remonte-pente [rəmɔ̃tpɑ̃t] **n.m.** (pl. *remonte-pentes*). Téléski.

remonter [rəmɔ̃te] **v.i. 1.** Monter de nouveau quelque part ; regagner l'endroit d'où l'on est descendu : *Remonter dans sa chambre. Remonter du fond d'une mine.* **2.** Atteindre un niveau supérieur après avoir baissé : *Les températures remontent.* **3.** Suivre une courbe ascendante : *La route remonte après la rivière. L'avion descend puis remonte.* **4.** Aller vers la source d'un cours d'eau ; retourner dans un endroit situé plus au nord : *Vacanciers qui remontent vers la ville.* **5.** Se reporter à une époque ou à un fait antérieurs ; établir une relation de dépendance entre deux faits : *Remonter à la source d'une rumeur.* **6.** MAR. **Remonter au vent, dans le vent,** naviguer au plus près du vent, louvoyer. ◆ **v.t. 1.** Parcourir de bas en haut ce qu'on a descendu : *Remonter l'escalier en vitesse.* **2.** Rattraper un concurrent : *Coureur qui remonte ceux qui l'avaient dépassé* (syn. **rejoindre**). **3.** Parcourir un cours d'eau ou le longer d'aval en amont : *Remonter un fleuve de son embouchure à sa source.* **4.** Aller dans le sens inverse du mouvement général : *Remonter le flot des voyageurs.* **5.** Mettre, placer qqch à un niveau plus élevé : *Remonter un mur* (syn. **exhausser**). *Remonter le col de sa veste* (syn. **relever**). **6.** Redonner à un ressort l'énergie nécessaire à son fonctionnement : *Remonter une montre.* **7.** Redonner à qqn de la vigueur, de l'énergie : *Elle est très déprimée et a besoin qu'on la remonte* (syn. **soutenir, réconforter**). *Ce médicament l'a remonté* (syn. **tonifier, revigorer**). **8.** Pourvoir de nouveau qqch de ce qui lui a fait défaut : *Remonter sa garde-robe* (syn. **regarnir, reconstituer**). **9.** Réajuster les parties d'un objet démonté : *Remonter une armoire, un moteur.* **10. Remonter le moral,** redonner du courage. ◆ **se remonter** **v.pr.** Se redonner des forces, du dynamisme.

remontoir [rəmɔ̃twar] **n.m.** Organe au moyen duquel on peut remonter un mécanisme : *Montre à remontoir.*

remontrance [rəmɔ̃trɑ̃s] **n.f.** (de *remontrer*). **1.** Avertissement ; réprimande : *Faire des remontrances à un enfant désobéissant* (syn. **observation, reproche**). **2.** HIST. Dans la France d'Ancien Régime, observation adressée au roi par le parlement et les autres cours souveraines pour lui signaler les inconvénients d'un de ses actes législatifs.

remontrer [rəmɔ̃tre] **v.t. 1.** Montrer de nouveau qqch à qqn : *Je te remontrerai les photos un autre jour.* **2. En remontrer à qqn,** lui prouver qu'on lui est supérieur : *Il se croit très fort et veut en remontrer à tout le monde.*

rémora [remɔra] **n.m.** (lat. *remora,* retard). Poisson marin, possédant sur la tête un disque formant ventouse, qui lui permet de se faire transporter par d'autres poissons, des cétacés, parfois des bateaux. ▸ Long. 40 cm.

remords [rəmɔr] **n.m.** (de *remordre,* lat. *remordere,* mordre, ronger en retour). Douleur morale causée par la conscience d'avoir mal agi : *Être bourrelé de remords.*

remorquage [rəmɔrkaʒ] **n.m.** Action de remorquer ; fait d'être remorqué : *Le remorquage d'un bateau, d'un planeur.*

remorque [rəmɔrk] **n.f.** (de *remorquer*). **1.** Traction exercée par un véhicule sur un autre véhicule : *Prendre un bateau en remorque.* **2.** Véhicule sans moteur remorqué par un autre. **3. Être à la remorque,** rester en arrière. / **Être à la remorque de qqn,** se laisser conduire, diriger entièrement par qqn.

remorquer [rəmɔrke] **v.t.** (it. *rimorchiare,* du bas lat. *remulcare,* de *remulcum,* corde de halage). Tirer un véhicule, un bateau derrière soi : *Remorquer une voiture en panne* (syn. **haler**).

remorqueur [rəmɔrkœr] **n.m.** Bâtiment de navigation conçu pour déplacer d'un point à un autre d'autres bâtiments dans un port, sur un fleuve, une rivière ou en mer.

rémoulade [remulad] **n.f.** (probabl. du picard *rémola, ramolas,* du lat. *armoracia,* raifort d'apr. *salade,* et p.-ê. infl. de *remolade,* onguent de vétérinaire). Mayonnaise additionnée de moutarde et de fines herbes : *Céleri rémoulade.*

rémouleur [remulœr] **n.m.** (de l'anc. fr. *rémoudre,* aiguiser de nouveau, de *émoudre*). Personne qui aiguise les couteaux et les instruments tranchants.

remous [rəmu] **n.m.** (prov. *remou,* réfection de *revou,* tourbillon, du lat. *revolvere,* retourner). **1.** Tourbillon d'eau qui se forme derrière un navire en marche. **2.** Tourbillon qui se forme après le passage de l'eau sur un obstacle. **3.** Mouvement en sens divers : *Les remous de la foule* (syn. **agitation**). **4.** Mouvements divers qui divisent et agitent l'opinion : *Cette réforme va faire des remous.*

rempaillage [rɑ̃pajaʒ] **n.m.** Action de rempailler ; ouvrage du rempailleur : *Le rempaillage d'un fauteuil.*

rempailler [rɑ̃paje] **v.t.** (de *empailler*). Regarnir de paille le siège des chaises, des fauteuils, etc.

rempailleur, euse [rɑ̃pajœr, -øz] **n.** Personne qui rempaille des sièges (syn. **empailleur**).

rempaqueter [rɑ̃pakte] **v.t.** [conj. **27**]. Empaqueter de nouveau : *Rempaqueter ses affaires.*

rempart [rɑ̃par] **n.m.** (de l'anc. v. *remparer,* fortifier [de *s'emparer*], avec *t* final, par analogie avec l'anc. forme *boulevart*). **1.** Levée de terre ou forte muraille entourant une place de guerre ou un château fort : *Abattre les remparts* (syn. **enceinte**). **2.** LITT. Ce qui sert de défense : *Faire à qqn un rempart de son corps* (syn. **bouclier**).

rempiler [rɑ̃pile] **v.t.** (de l'anc. fr. *soi rempiler,* se joindre à un groupe, de *empiler*). Empiler de nouveau : *Rempiler des assiettes.* ◆ **v.i.** ARG. MIL. Se rengager.

remplaçant, e [rɑ̃plasɑ̃, -ɑ̃t] **n.** Personne qui en remplace une autre : *Professeur remplaçant* (syn. **suppléant**).

remplacement [rɑ̃plasmɑ̃] **n.m.** Action de remplacer une chose par une autre, ou une personne dans une fonction ; fait d'être remplacé : *Le remplacement des pneus usés. Assurer le remplacement d'un professeur* (syn. **intérim, suppléance**).

remplacer [rɑ̃plase] **v.t.** (de l'anc. fr. *emplacer,* mettre en place) [conj. **16**]. **1.** Mettre à la place de : *Remplacer un carreau cassé* (syn. **changer**). **2.** Prendre la place de qqn, de qqch d'autre : *Remplacer qqn pendant son absence* (syn. **suppléer**). *Son fils le remplacera à la direction* (syn. **succéder**). *Quand tu seras fatigué, je te remplacerai* (syn. **relayer**). *L'énergie nucléaire peut-elle remplacer le pétrole ?*

remplir [rɑ̃plir] **v.t.** (de *emplir*) [conj. **32**]. **1.** Mettre qqch en assez grande quantité dans un contenant, le rendre plein : *Remplir une bouteille* (contr. **vider**). **2.** Occuper entièrement un espace libre : *Faits divers qui remplissent les journaux* (syn. **submerger**). *Les vacanciers remplissent les plages* (syn. **envahir, inonder**). **3.** Pénétrer qqn d'un sentiment : *Cette nouvelle me remplit de joie* (syn. **gonfler**). **4.** Accomplir, réaliser une fonction, un rôle, etc. : *Remplir ses engagements, une promesse* (syn. **respecter, tenir**). **5.** Compléter un imprimé en portant les indications demandées dans les espaces prévus à cet effet : *Remplir un questionnaire.* **6. Remplir l'attente, les espérances de qqn,** accomplir ce qu'il attendait, ne pas trahir sa confiance. ◆ **se remplir v.pr.** Recevoir qqch comme contenu : *La citerne est en train de se remplir.*

remplissage [rɑ̃plisaʒ] **n.m. 1.** Action de remplir : *Le remplissage d'un tonneau, d'un bassin.* **2.** Développement inutile ou étranger au sujet : *Il y a beaucoup de remplissage dans cette pièce* (syn. **longueurs**). **3.** CONSTR. Matériau intermédiaire compris entre deux appareils de revêtement.

remployer [rɑ̃plwaje] et **réemployer** [reɑ̃plwaje] **v.t.** [conj. **13**]. Employer de nouveau : *Remployer des matériaux. Réemployer une expression célèbre.*

se **remplumer** [rɑ̃plyme] **v.pr.** (de *emplumer*). **1.** Se recouvrir de nouveau de plumes, en parlant des oiseaux. **2.** FAM. Rétablir sa situation financière : *Joueur malchanceux qui se remplume.* **3.** FAM. Reprendre du poids : *Il a beaucoup maigri, il faut qu'il se remplume* (syn. **grossir**).

remporter [rɑ̃pɔrte] **v.t. 1.** Emporter ce qu'on avait apporté : *N'oubliez pas de remporter votre livre* (syn. **reprendre**). **2.** Gagner ; obtenir : *Remporter une victoire.*

rempotage [rɑ̃pɔtaʒ] **n.m.** Action de rempoter.

rempoter [rɑ̃pɔte] **v.t.** Changer une plante de pot.

remprunter [rɑ̃prœ̃te] et **réemprunter** [reɑ̃prœ̃te] **v.t.** Emprunter de nouveau : *Puis-je remprunter votre livre ?*

remuant, e [rəmɥɑ̃, -ɑ̃t] **adj.** Qui est sans cesse en mouvement : *Un enfant remuant* (syn. **agité, turbulent**).

remue-ménage [rəmymenaʒ] **n.m. inv. 1.** Déplacement bruyant de meubles, d'objets : *Les enfants ont fait du remue-ménage dans leur chambre* (syn. **branle-bas, dérangement**). **2.** Agitation bruyante de gens qui vont en tous sens : *Le remue-ménage d'un quai de gare un jour de départ en vacances* (syn. **confusion, grouillement**).

remue-méninges [rəmymenɛ̃ʒ] **n.m. inv.** Recomm. off. pour *brainstorming.*

remuement [rəmymɑ̃] **n.m.** LITT. Action, mouvement de ce qui remue : *Le remuement des lèvres.*

remuer [rəmɥe] **v.t.** (de *muer*) [conj. **7**]. **1.** Changer de place : *Remuer des meubles* (syn. **bouger, déplacer**). **2.** Mouvoir une partie du corps : *Remuer la tête* (syn. **agiter**). **3.** Émouvoir profondément : *Remuer l'auditoire* (syn. **bouleverser, toucher**). **4.** Imprimer un mouvement à qqch : *Remuer son café* (syn. **tourner**). ◆ **v.i.** Changer de place ; faire un ou des mouvements : *Cet enfant remue continuellement* (syn. **s'agiter, bouger**). ◆ **se remuer v.pr. 1.** Se déplacer ; se mouvoir : *Depuis son accident, elle a de la peine à se remuer.* **2.** Se donner de la peine pour réussir : *Il s'est beaucoup remué pour que tout aille bien* (syn. **se démener, se dépenser**).

remugle [rəmygl] **n.m.** (d'un anc. scand. *mygla,* moisissure). Odeur particulière que prennent les objets longtemps enfermés ou exposés à l'air vicié.

rémunérateur, trice [remyneratœr, -tris] **adj.** (bas lat. *remunerator*). Qui est avantageux ; qui procure des bénéfices : *Un placement rémunérateur* (syn. **lucratif, rentable**).

rémunération [remynerasjɔ̃] **n.f.** (lat. *remuneratio*). Prix d'un travail, d'un service rendu : *Ils m'offraient une meilleure rémunération* (syn. **rétribution, salaire**).

rémunérer [remynere] **v.t.** (lat. *remunerare,* de *munus, -eris,* cadeau) [conj. **18**]. Payer pour un travail, un service : *Rémunérer un employé* (syn. **rétribuer**).

Remus → Romulus.

renâcler [rənakle] **v.i.** (de *renifler,* et du moyen fr. *renaquer,* de *naquer,* flairer, lat. pop. **nasicare,* du class. *nasus,* nez). **1.** Faire du bruit en reniflant, en parlant d'un animal : *Les porcs renâclent dans leur enclos.* **2.** FAM. Témoigner de la répugnance pour qqch ; se refuser de faire : *Elle a tout fait sans renâcler* (syn. **rechigner**).

renaissance [rənesɑ̃s] **n.f. 1.** Action de renaître : *La renaissance du Phénix* (syn. **résurrection**). **2.** Action de connaître un nouvel essor, de réapparaître : *La renaissance du cinéma français* (syn. **renouveau, réveil**). ◆ **adj. inv.** (Avec une majuscule). Qui appartient à la Renaissance : *Des plafonds Renaissance.*

Renaissance, grand mouvement littéraire, artistique et scientifique qui se développe en Europe aux XVe et XVIe s. Le terme de *Rinascita* (« Renaissance ») apparaît seulement en 1568, dans la seconde édition des *Vite* (« Vies ») de Vasari, mais pour exprimer un phénomène qui remonte au siècle précédent : la rénovation des arts sous l'influence de l'Antiquité retrouvée, qui a permis à ceux-ci d'échapper à une prétendue « barbarie » du style gothique. L'histoire de l'art du XXe s. a relativisé cette vision, d'une part en mettant l'accent sur la vitalité du gothique, hors d'Italie, jusqu'au XVIe s., d'autre part en étudiant *les* renaissances (carolingienne, romane...) qui, outre celle de Giotto (point de départ de Vasari), ont précédé *la* Renaissance des XVe-XVIe s. Celle-ci va cependant beaucoup plus loin : le retour aux sources antiques se traduit par un système cohérent d'architecture et de décoration (régularité des plans, tracés modulaires, systèmes d'ordres), un répertoire nouveau de thèmes mythologiques et allégoriques, où le nu trouve une place importante. Il s'accompagne d'aspirations esthético-scientifiques (rendu de l'espace en peinture par, notamm., une étude approfondie de la perspective), d'une

tentative de mettre fin au cloisonnement entre les arts, les techniques, la pensée, d'un climat général qui est celui de l'humanisme (v. ce mot).
C'est à Florence, dès la première moitié du quattrocento, que ces éléments se conjuguent dans l'art des Brunelleschi, Donatello, Masaccio, et dans la pensée d'un L. B. Alberti. Cette *première Renaissance,* robuste et savoureuse dans la fraîcheur de sa révolution, gagne rapidement l'ensemble de l'Italie, trouvant de nouveaux élans dans les cours princières d'Urbino, Ferrare, Mantoue, Milan, etc. En 1494, l'arrivée des troupes françaises bouleverse l'équilibre italien, et Rome recueille le flambeau du modernisme, jusqu'à la dispersion des artistes qui suit le pillage de la ville papale en 1527 : c'est la *seconde Renaissance.* Elle est l'œuvre d'artistes d'origines diverses rassemblés par les papes, et qui réalisent au plus haut degré les aspirations florentines d'universalisme, de polyvalence, de liberté créatrice : Bramante, Raphaël, Michel-Ange (Léonard de Vinci étant, lui, contraint à une carrière nomade). D'autres foyers contribuent à cet apogée classique de la Renaissance : Parme, avec le Corrège ; Venise, surtout, avec Giorgione, puis avec le long règne de Titien (qu'accompagnera bientôt celui de Palladio en architecture). Cette époque voit le début de la diffusion du nouvel art en Europe. Dürer s'imprègne de la première Renaissance vénitienne (Giovanni Bellini), et le voyage de J. Gossart à Rome (1508) prépare, pour la peinture des Pays-Bas, la voie du « romanisme ». L'Espagne et la France sont d'abord touchées, surtout, par le biais du décor : grotesques et rinceaux, médaillons, pilastres et ordres plaqués sur une architecture traditionnelle tendent à remplacer le répertoire gothique.
Dans le deuxième tiers du XVIe s., environ, se situe la phase de la Renaissance généralement qualifiée de *maniériste,* que caractérise une exaspération des acquis antérieurs ; elle coïncide souvent, en architecture, avec l'acquisition progressive du vocabulaire classique (Lescot et Delorme en France). Le désir d'égaler la « manière » des grands découvreurs du début du siècle conduit, dans une atmosphère de crise (crise politique de l'Italie, crise religieuse de la Réforme), à l'irréalisme fiévreux d'un Pontormo, à la grâce sophistiquée d'un Parmesan, à l'emphase d'un J. Romain, aux développements subtils de l'art de cour à Fontainebleau. À la fin du siècle, Prague sera un autre centre du maniérisme.
Une dernière phase se joue en Italie avec la conclusion du concile de Trente, en 1563. La réforme de l'art religieux est portée au premier plan, avec le retour d'un classicisme de tendance puriste en architecture (Vignole ; style grandiose de l'Escurial en Espagne), naturaliste en peinture (les Carrache). Et, tandis que partout en Europe s'est imposé le vocabulaire de la Renaissance, avec ses versions régionales, l'Italie, encore, verra naître à la fin du siècle les courants qui marqueront le début d'une ère nouvelle : le réalisme populiste et dramatique du Caravage, la poétique illusionniste du baroque.

▸ *Dossier page suivante.*

renaissant, e [rənesɑ̃, -ɑ̃t] **adj. 1.** Qui renaît : *L'antagonisme renaissant entre deux nations.* **2.** De la Renaissance : *L'art renaissant.*

renaître [rənɛtr] **v.i.** [conj. **92 ;** inusité aux temps composés]. **1.** Naître de nouveau ; revenir à la vie : *On dit que le Phénix renaissait de ses cendres* (syn. **ressusciter**). **2.** Croître de nouveau, en parlant des végétaux : *Les fleurs renaissent au printemps* (syn. **repousser, reverdir**). **3.** Reparaître ; recommencer à exister : *L'espoir renaît* (syn. **reparaître, ressurgir**). ◆ **v.t. ind. [à].** LITT. Retrouver un certain état, une aptitude à éprouver tel ou tel sentiment : *Renaître à l'espérance.*

rénal, e, aux [renal, -o] **adj.** (du lat. *ren, renis,* rein). Relatif aux reins : *Souffrir d'insuffisance rénale.*

Renan (Ernest), écrivain français et historien des religions (Tréguier 1823 - Paris 1892). Élève au séminaire Saint-Sulpice de Paris, il revient, au terme d'une crise religieuse, à la vie laïque et se consacre totalement à l'étude des langues sémitiques et à l'histoire des religions. Nommé en 1861 professeur d'hébreu au Collège de France (mais empêché d'occuper cette chaire jusqu'en 1870 à cause de l'opposition de Napoléon III), il exprime ses positions dans *l'Avenir de la science* (1890) et dans l'*Histoire des origines du christianisme* (1863-1881), dont le premier volume, la *Vie de Jésus,* eut un grand retentissement. (Acad. fr.)

renard [rənar] **n.m.** (de *Renart,* n.pr., qui a éliminé l'anc. *goupil,* à cause du succès du *Roman de Renart,* du frq. **Reginhart*). **1.** Mammifère carnivore à queue touffue et à museau pointu, qui se nourrit d'oiseaux, de petits mammifères, d'insectes et de baies. ▸ Famille des canidés. Le renard glapit. **2.** Fourrure de cet animal : *Renard roux, argenté.* **3.** Homme rusé et parfois fourbe : *Prenez garde, c'est un vieux renard.* **4.** TECHN. Fissure dans un bassin, un barrage, par où se produit une fuite (syn. **fente**).

Renard (Jules), écrivain français (Châlons, Mayenne, 1864 - Paris 1910). Auteur de récits réalistes à l'ironie souvent cruelle *(Histoires naturelles, les Philippe),* il créa le type de l'enfant souffre-douleur dans *Poil de carotte* (1894). Son *Journal* est une précieuse source de renseignements sur la vie littéraire de son époque.

renarde [rənard] **n.f.** Renard femelle.

renardeau [rənardo] **n.m.** Jeune renard.

renardière [rənardjɛr] **n.f.** Tanière du renard.

Renaud (Madeleine), actrice française (Paris 1900 - Neuilly-sur-Seine 1994). Elle a appartenu à la Comédie-Française (1921-1947) avant de fonder avec son mari J.-L. Barrault la compagnie « Renaud-Barrault ». Interprète du répertoire traditionnel et moderne (Beckett), elle a également tourné de nombreux films.

Renault (Louis), ingénieur et industriel français (Paris 1877 - *id.* 1944). Il fut un des pionniers de l'industrie automobile. Pendant la Première Guerre mondiale, ses usines travaillèrent pour l'aviation, fabriquèrent des munitions et mirent au point en 1918 le *tank Renault.* En 1945, son entreprise fut nationalisée. Elle est retournée au secteur privé en 1996.

rencard n.m. → **rancard.**

renchérir [rɑ̃ʃerir] **v.i.** [conj. **32**]. **1.** Devenir plus cher : *Les loyers renchérissent* (syn. **augmenter, monter**). **2.** Faire une enchère supérieure (syn. **enchérir, surenchérir**). ◆ **v.t. ind. [sur].** En dire ou faire plus : *Il renchérit sur tout ce que je dis.*

renchérissement [rɑ̃ʃerismɑ̃] **n.m.** Augmentation de prix ; hausse du coût de la vie.

rencogner [rɑ̃kɔɲe] **v.t.** (de *cogner*). Pousser, serrer dans un coin : *Rencogner qqn dans une embrasure* (syn. **acculer, coincer**). ◆ **se rencogner v.pr.** Se serrer dans un coin : *Il se rencogna dans son siège et fit mine de dormir* (syn. **se blottir**).

rencontre [rɑ̃kɔ̃tr] **n.f. 1.** Fait de rencontrer fortuitement qqn ; fait pour des choses de se trouver en contact : *Faire une rencontre inattendue. La rencontre de deux trains entrant en gare* (syn. **collision, télescopage**). **2.** Entrevue, conversation concertée entre deux ou plusieurs personnes : *Une rencontre de chefs d'État* (syn. **conférence, réunion**). **3.** Compétition sportive : *Une rencontre de rugby* (syn. **match**). *Une rencontre de boxe* (syn. **combat**). **4.** Combat singulier (syn. **duel**). **5. Aller à la rencontre de,** aller au-devant de. ⁄ **De rencontre,** qui arrive, survient par hasard : *Amour de rencontre.*

rencontrer [rɑ̃kɔ̃tre] **v.t.** (de l'anc. v. *encontrer,* venir en face, de *encontre*). **1.** Se trouver en présence de qqn sans l'avoir voulu ; faire la connaissance de qqn, entrer en relation avec lui : *Je la rencontre de temps en temps dans la rue* (syn. **croiser**). *Rencontrer des gens intéressants durant un voyage.* **2.** Affronter un adversaire, une équipe dans un match, une compétition : *L'équipe de France rencontrera celle d'Angleterre le mois prochain.* **3.** Trouver qqch sur son chemin : *Rencontrer des difficultés* (syn. **se heurter à**). ◆ **se rencontrer v.pr. 1.** Se trouver en même temps au même endroit : *Nous nous sommes rencontrés au marché.* **2.** Faire connaissance de : *Quand nous sommes-nous rencontrés ?* **3.** LITT. Être du même avis que qqn : *Sur ce point-là, nous nous rencontrons* (syn. **converger**).

rendement [rɑ̃dmɑ̃] **n.m.** (de *rendre*). **1.** Production évaluée par rapport à une norme, à une unité de mesure : *Cette terre a un rendement de dix quintaux à l'hectare* (syn. **rapport**).

Quel renouveau ?

La période de la Renaissance correspond à la redécouverte de la culture gréco-romaine. Cette époque d'essor intellectuel trouve un écho notamment dans les domaines architectural, sculptural et pictural dès le XVe siècle. Comment cette révolution artistique s'est-elle exprimée ?

▶ **Une nouvelle représentation de l'espace.** Un regard différent de l'homme sur le monde donne naissance à une nouvelle théorie de la perspective. Contrairement à la représentation que s'en faisaient les Anciens, l'espace est supposé homogène et la perspective permet de l'inscrire sur une surface plane. Dans son traité *De la peinture* (1435), l'architecte Alberti définit le tableau comme une sorte de « fenêtre » ouverte sur le monde. Si la représentation se veut fidèle à la nature, elle ne se conçoit toutefois qu'en référence à un modèle mathématique. L'architecte Brunelleschi met ainsi au point la perspective géométrique. À partir d'un point de fuite placé à l'horizon dans le tableau, l'artiste trace des lignes de fuite jusqu'aux bords inférieurs, souvent soulignées par l'architecture et le pavage. Grâce à une connaissance précise des proportions, des peintres comme Piero della Francesca ou encore Mantegna appliquent de manière scientifique les lois de la perspective. Le procédé requiert à la fois une connaissance de la géométrie et de l'anatomie, et une maîtrise parfaite du dessin pour définir les formes et réaliser les détails (voiles transparents, broderies, tissus, fleurs et fruits, etc.).

La représentation d'un espace à trois dimensions accorde une nouvelle importance au jeu de la lumière. Au XVe s. (le *quattrocento*, en italien), le procédé du clair-obscur, qui introduit de savantes modulations entre ombre et lumière, permet de suggérer le volume. La technique inventée par Léonard de Vinci, le *sfumato*, produit le degré suprême d'illusion : la méthode consiste à estomper les contours en une brume vaporeuse de manière à faire fondre les personnages dans le paysage. Le développement de la peinture à l'huile (découverte par les Flamands et pratiquée par Jan Van Eyck notamment) permet de traduire l'éloignement par la dégradation des tons et des contours : c'est la perspective dite « atmosphérique ». Le XVIe s. effectue la synthèse de tous les procédés pour parvenir à la sensation de vie (rendu de la peau, vérité des poses, mouvement, présence psychologique).

▶ **Un renouveau par le sujet.** Humanistes par leur approche archéologique et philosophique, les artistes redécouvrent l'Antiquité païenne. Désormais, l'homme – et non plus Dieu – est placé au centre de leur vision du monde. Même dans les sujets religieux (l'Incarnation, l'Annonciation, la Vierge à l'Enfant, etc.), les peintres tentent de restituer un monde perçu par l'œil humain, où même la figure de Dieu s'humanise. La multiplication des portraits, scènes allégoriques et historiques, témoigne de ce nouveau culte que les artistes de l'époque vouent à l'homme. Les peintres de la Renaissance empruntent aussi à l'Antiquité gréco-romaine des sujets mythologiques (*le Printemps* de Botticelli) et la représentation du nu (*la Naissance de Vénus* du même auteur). S'ils créent à partir de l'observation de la nature, l'étude des civilisations antiques les guide cependant vers un idéal de perfection qui vise moins le réalisme que la beauté et l'harmonie. Le type humain, tel que le célèbre *David* de Michel-Ange, répond ainsi à divers canons classiques (proportions savamment étudiées, puissante musculature, ovale du visage, nez droit, front triangulaire, expression mesurée, équilibre dynamique du corps). Cette représentation, notamment héritée de la lecture de Vitruve, architecte du Ier s. av. J.-C., qui avait introduit l'idée que la forme humaine pouvait s'inscrire dans des figures géométriques parfaites, tient davantage de l'idéalisation que d'une observation réelle et précise d'un corps humain.

À la suite de Raphaël et de Michel-Ange, les maniéristes peignent « à la manière » de ces deux grands modèles. Ils vont tendre au raffinement et à l'emphase, allant parfois jusqu'à cultiver l'étrange, voire le fantastique, poursuivant la quête essentielle de l'époque, celle de la beauté idéale.

Voir aussi : humanisme ; Léonard de Vinci ; maniérisme ; Michel-Ange ; Raphaël ; Titien.

2. Rentabilité d'une somme placée ou investie : *Le rendement de ces actions est intéressant* (syn. **profit**). **3.** Efficacité de qqn dans le travail : *Son rendement est insuffisant* (syn. **productivité**). **4.** Rapport de l'énergie ou d'une autre grandeur fournie par une machine à l'énergie ou à la grandeur correspondante consommée par cette machine.

rendez-vous [rɑ̃devu] **n.m. 1.** Convention entre deux ou plusieurs personnes de se trouver à la même heure en un même lieu ; lieu où l'on doit se trouver : *Prendre des rendez-vous. Arriver le premier au rendez-vous.* **2.** Lieu où l'on a l'habitude de se réunir : *Ce parc est le rendez-vous des promeneurs.* **3. Rendez-vous spatial** ou **orbital,** rapprochement volontaire dans l'espace de deux ou de plusieurs satellites, génér. en vue de leur amarrage mutuel.

rendormir [rɑ̃dɔrmir] **v.t.** [conj. **36**]. Endormir de nouveau. ◆ **se rendormir v.pr.** S'endormir de nouveau : *Je n'ai pas pu me rendormir.*

rendre [rɑ̃dr] **v.t.** (lat. pop. **rendere,* class. *reddere* avec infl. de *prendere,* saisir) [conj. **73**]. **1.** Restituer à qqn ce qui lui appartient ou ce qui lui revient de droit : *Rendre des livres empruntés* (syn. **redonner**). *Je vous rendrai cet argent demain* (syn. **rembourser**). **2.** Renvoyer, redonner à qqn ce qu'on a reçu de lui et qu'on ne veut ou ne peut garder : *Rendre un cadeau à qqn. Rendre un article défectueux à un commerçant* (syn. **rapporter, retourner**). **3.** Faire revenir qqn à un état antérieur : *Cette cure lui a rendu la santé.* **4.** Donner en retour, en échange : *Rendre une invitation* (syn. **retourner**). *Rendre la monnaie.* **5.** Formuler un avis, un jugement : *Rendre un arrêt* (syn. **émettre, prononcer**). **6.** FAM. Expulser par la bouche ce qui est contenu dans l'estomac : *Rendre son déjeuner* (syn. **vomir**). **7.** Émettre tel ou tel son : *Violon qui rend des sons harmonieux* (syn. **produire**). **8.** Fournir qqch en plus ou moins grande quantité, en parlant d'une terre : *Cette terre rend peu de blé* (syn. **donner, produire**). **9.** Faire passer qqn, qqch à un nouvel état : *Votre arrivée l'a rendu heureux.* **10. Rendre les armes,** s'avouer vaincu. ◆ **se rendre v.pr. 1.** Aller quelque part : *Se rendre à Paris.* **2.** Cesser le combat : *Se rendre à l'ennemi* (syn. **capituler**). *Se rendre à la police* (syn. **se livrer**). **3.** Agir de façon à être, à devenir, à apparaître tel : *Se rendre utile.* **4. Se rendre à l'évidence,** admettre ce qui est incontestable. / **Se rendre maître de,** s'emparer de.

1. rendu, e [rɑ̃dy] **adj.** (de *rendre*). **1.** VIEILLI. Extrêmement fatigué : *Nous étions rendus après cette course en plein soleil* (syn. **épuisé, harassé**). **2.** Parvenu à destination : *Enfin, nous voilà rendus* (syn. **arrivé**).

2. rendu [rɑ̃dy] **n.m.** (de *1. rendu*). Qualité expressive de l'exécution dans une œuvre d'art : *Le rendu des visages dans un tableau.*

rêne [rɛn] **n.f.** (lat. pop. **retina,* du class. *retinaculum,* lien, de *retinere,* retenir). **1.** Courroie fixée au mors du cheval et que tient le cavalier pour guider sa monture : *Tirer sur les rênes pour ralentir l'allure d'un cheval* (syn. **bride**). **2. Tenir les rênes de qqch,** en avoir la direction.

René Ier le Bon (Angers 1409 - Aix-en-Provence 1480), duc d'Anjou et comte de Provence (1434-1480), duc de Lorraine (1431-1453), roi effectif de Naples (1438-1442) et roi titulaire de Sicile (1434-1480). Après avoir été vaincu par les Bourguignons (1431), il fut chassé de Naples par les Aragonais (1442) et se retira après 1453 à Angers puis à Aix-en-Provence. Il écrivit des traités et des poésies, et s'entoura de gens de lettres et d'artistes. Sous la pression de Louis XI, il prépara la réunion de ses possessions à la couronne de France.

renégat, e [rənega, -at] **n.** (it. *rinnegato,* de *rinnegare,* renier). **1.** Personne qui renie sa religion (syn. **apostat**). **2.** Personne qui abjure ses opinions ou trahit sa patrie : *On le considère comme un renégat* (syn. **parjure, traître**).

renégocier [rənegɔsje] **v.t.** [conj. **9**]. Négocier de nouveau : *Renégocier l'échelonnement d'un remboursement.*

1. renfermé, e [rɑ̃fɛrme] **adj.** (de *renfermer*). FAM. Peu communicatif : *Un enfant très renfermé* (syn. **secret**).

2. renfermé [rɑ̃fɛrme] **n.m.** (de *1. renfermé*). Mauvaise odeur qu'exhale une pièce qui a été longtemps fermée : *Sa chambre sent le renfermé.*

renfermement [rɑ̃fɛrməmɑ̃] **n.m.** Fait de se renfermer sur soi-même : *Essayer de tirer un timide de son renfermement* (syn. **isolement, repliement**).

renfermer [rɑ̃fɛrme] **v.t. 1.** Enfermer de nouveau : *Renfermer un prisonnier évadé.* **2.** Avoir en soi : *Ce livre renferme de grandes vérités* (syn. **comprendre, contenir**). *Le sous-sol renferme des matières premières* (syn. **receler**). ◆ **se renfermer v.pr.** Ne rien communiquer de ses sentiments : *Se renfermer dans le silence* (syn. **se murer**).

renfiler [rɑ̃file] **v.t.** Enfiler de nouveau (syn. **remettre**).

renflé, e [rɑ̃fle] **adj.** Plus épais en une partie ; dont le diamètre est plus grand vers la partie médiane : *Un vase à la panse renflée* (syn. **bombé**). *Colonne renflée.*

renflement [rɑ̃fləmɑ̃] **n.m.** État de ce qui est renflé ; partie renflée : *Le renflement d'un bulbe, d'une tige.*

renfler [rɑ̃fle] **v.t.** (de *enfler*). Donner une forme convexe à : *Le vent renfle les voiles* (syn. **gonfler**).

renflouage [rɑ̃fluaʒ] et **renflouement** [rɑ̃flumɑ̃] **n.m.** Action de renflouer : *Le renflouage d'un pétrolier accidenté. Le renflouement d'une entreprise* (syn. **redressement**).

renflouer [rɑ̃flue] **v.t.** (du normand *flouée,* marée, flot). **1.** Remettre à flot : *Renflouer un paquebot échoué.* **2.** Fournir les fonds nécessaires pour rétablir une situation financière : *Renflouer une entreprise de construction.*

renfoncement [rɑ̃fɔ̃smɑ̃] **n.m. 1.** Ce qui est en creux, renfoncé : *Se cacher dans le renfoncement d'une porte* (syn. **décrochement**). **2.** IMPR. Blanc qui précède une ou plusieurs lignes en retrait sur le reste du texte.

renfoncer [rɑ̃fɔ̃se] **v.t.** [conj. **16**]. Enfoncer de nouveau ou plus avant : *Renfoncer le bouchon d'une bouteille.*

renforcement [rɑ̃fɔrsəmɑ̃] **n.m.** Action de renforcer : *Le renforcement d'un mur* (syn. **consolidation, étaiement**).

renforcer [rɑ̃fɔrse] **v.t.** (de l'anc. fr. *enforcier*) [conj. **16**]. **1.** Rendre plus fort, plus solide, plus vif : *Renforcer une poutre* (syn. **consolider**). *Renforcer une couleur* (syn. **aviver, intensifier**). **2.** Rendre plus puissant, plus nombreux : *Renforcer des équipes de secours* (syn. **grossir**).

renfort [rɑ̃fɔr] **n.m.** (de *renforcer*). **1.** Accroissement du nombre des personnes ou des moyens matériels d'un groupe, lui permettant une action plus efficace : *Les pompiers ont reçu le renfort de bénévoles.* **2.** (Souvent au pl.). Effectif ou matériel supplémentaire : *Les renforts leur sont-ils parvenus ?* **3.** Pièce qui en double une autre pour en augmenter la résistance ou pour remédier à l'usure : *Collants, chaussettes avec des renforts aux talons.* **4. À grand renfort de qqch,** en employant une grande quantité de ; en recourant abondamment à tel moyen : *Laver un local à grand renfort d'eau de Javel.*

se **renfrogner** [rɑ̃frɔɲe] **v.pr.** (var. de *refrogner,* de l'anc. fr. *frogner,* froncer le nez). Manifester son mécontentement, sa mauvaise humeur en contractant le visage.

rengagement [rɑ̃gaʒmɑ̃] **n.m.** Acte par lequel un militaire libérable contracte un nouvel engagement. (On dit aussi *réengagement.*)

rengager v.i. et **se rengager** [rɑ̃gaʒe] **v.pr.** [conj. **17**]. Contracter un rengagement. (On dit aussi [se] *réengager.*)

rengaine [rɑ̃gɛn] **n.f.** (de *rengainer*). **1.** Paroles répétées à satiété : *Avec toi, c'est toujours la même rengaine* (syn. **refrain**). **2.** Refrain populaire ou chanson à succès.

rengainer [rɑ̃gene] **v.t.** (de *engainer,* enserrer dans une gaine). **1.** Remettre dans la gaine, dans le fourreau : *Rengainer son épée.* **2.** Supprimer ou ne pas achever ce qu'on voulait dire : *Rengainer son discours* (syn. **ravaler**).

se **rengorger** [rɑ̃gɔrʒe] **v.pr.** [conj. **17**]. **1.** Avancer, faire saillir la gorge en ramenant la tête en arrière, en parlant d'un oiseau : *Le paon se rengorge.* **2.** Faire l'important ; se gonfler d'orgueil : *Depuis qu'elle a eu cette promotion, elle se rengorge* (syn. **parader, plastronner**).

Reni (Guido), parfois dit en fr. **le Guide,** peintre italien (Bologne 1575 - *id.* 1642). Actif à Rome et surtout à Bologne, influencé par les Carrache, mais fasciné par Raphaël, il porta le classicisme à un haut degré de raffinement et de lyrisme (*Samson victorieux, le Massacre des Innocents,* Bologne ; *Nessus et Déjanire,* Louvre).

reniement [rənimɑ̃] **n.m.** Action de renier : *Certains ne lui ont pas pardonné ses reniements* (syn. **abjuration, apostasie**).

renier [rənje] **v.t.** (lat. pop. **renegare,* du class. *negare,* nier) [conj. **9**]. **1.** Déclarer, contre la vérité, qu'on ne connaît pas qqn, qqch : *Saint Pierre renia Jésus.* **2.** Refuser de reconnaître comme sien : *Renier son fils* (syn. **désavouer, répudier**). **3.** Ne pas rester fidèle à un engagement, une idée : *Renier ses opinions, sa foi* (syn. **abjurer**).

reniflement [rənifləmɑ̃] **n.m.** Action de renifler ; bruit fait en reniflant.

renifler [rənifle] **v.i.** (de l'anc. fr. *nifler,* onomat.). Aspirer fortement par le nez en faisant du bruit : *Cesse de renifler et mouche-toi !* ◆ **v.t. 1.** Aspirer par le nez : *Renifler les odeurs environnantes* (syn. **humer, sentir**). **2.** FAM. Soupçonner ; flairer : *Renifler une bonne affaire* (syn. **subodorer**).

renne [rɛn] **n.m.** (all. *Reen,* empr. au scand.). Mammifère ruminant vivant dans le nord de l'Eurasie et au Canada (où on l'appelle *caribou*). ▸ Famille des cervidés.

Rennes, ch.-l. de la Région Bretagne et du dép. d'Ille-et-Vilaine, au confl. de l'Ille et de la Vilaine, dans le *bassin de Rennes,* à 344 km à l'ouest de Paris ; 215 916 hab. *(Rennais)* [318 127 hab. dans l'agglomération]. Archevêché. Cour d'appel. Académie et université. Institut national d'enseignement supérieur et de recherche agronomique et agroalimentaire (partie d'Agro campus Ouest). Siège de la zone de défense Ouest. École des transmissions (Cesson-Sévigné). Centre d'électronique de l'armement (Bruz). Industrie automobile. Édition. Électronique et télécommunications. – Palais de justice du XVIIe s., sur plans de S. de Brosse (décors intérieurs), hôtel de ville du XVIIIe s. Demeures anciennes. Musée des Beaux-Arts ; espace culturel Les Champs libres (musée de Bretagne, espace des Sciences, bibliothèque), dans un édifice de C. de Portzamparc. – Festival musical (« Rencontres Trans Musicales »). – Capitale des ducs de Bretagne au Xe s., la ville devint le siège du parlement de Bretagne en 1554.

Renoir (Auguste), peintre français (Limoges 1841 - Cagnes-sur-Mer 1919). Parmi les maîtres de l'impressionnisme, il est celui qui a exécuté le plus d'œuvres d'après la figure humaine et les scènes d'une vie contemporaine heureuse (*la Balançoire* et *Bal du Moulin de la Galette,* 1876, musée d'Orsay ; *Mme Charpentier et ses enfants,* 1878, New York). Par-delà la phase « ingresque » ou « acide » des années 1884-1887, qui reflète son attachement aux maîtres anciens (*l'Après-Midi des enfants à Wargemont,* Berlin), sa vitalité sensuelle s'est particulièrement affirmée dans ses portraits féminins et ses nus (*Jeunes Filles au piano,* diverses versions [1892] ; *Gabrielle à la rose* [1911], *les Baigneuses* [v. 1918], musée d'Orsay).

Renoir (Jean), cinéaste français (Paris 1894 - Beverly Hills, Californie, 1979). Influencé par l'esthétique impressionniste de son père, le peintre A. Renoir, il demeure l'un des auteurs les plus importants du cinéma. Au cours des années 1920 et 1930, ses films, sortes de « drames gais », s'imposent par leur style à la fois réaliste, poétique, bouffon et satirique (*Nana,* 1926 ; *la Chienne,* 1931 ; *Boudu sauvé des eaux,* 1932 ; *Une partie de campagne,* 1936). Durant le Front populaire, ses films adhèrent plus étroitement aux réalités de la société française ; partant de faits divers, ils analysent des destins de classe *(le Crime de M. Lange, les Bas-Fonds, la Marseillaise, la Bête humaine).* En 1937, avec *la Grande Illusion,* Renoir réalise une œuvre pacifiste sur la tourmente de la Première Guerre mondiale, où des liens fraternels se créent malgré les clivages sociaux et nationaux. Ce Renoir humaniste touche au sommet de son art avec *la Règle du jeu* (1939) : dans une atmosphère de marivaudage frivole, les intrigues des maîtres et celles des valets s'entremêlent en un cruel jeu de rôles où la seule règle est de paraître. En 1940, Renoir part pour Hollywood où il réalise plusieurs films, dont *l'Homme du Sud* (1945). À partir de cette date, ses films se veulent plus universels : il s'y livre au plaisir d'inventer des histoires et des spectacles sans pour autant renoncer à faire passer quelques messages idéologiques ou moraux. De l'Inde, il rapporte *le Fleuve* (1951), puis, d'Italie, *le Carrosse d'or* (1953). En France, il tourne notamment *French Cancan* (1955) et *le Déjeuner sur l'herbe* (1959). À la fin de sa vie, il tourne pour la télévision *(le Petit Théâtre de Jean Renoir),* puis se retire aux États-Unis.

renom [rənɔ̃] **n.m.** (de *renommer,* célébrer, louer). Opinion favorable, largement répandue dans le public : *Savant qui doit son renom à une découverte majeure* (syn. **célébrité, notoriété, renommée**).

renommé, e [rənɔme] **adj.** (de *renommer ;* v. *renom*). Qui jouit d'un grand renom : *Vin renommé* (syn. **fameux, réputé**).

renommée [rənɔme] **n.f.** (de *renommé*). Considération favorable largement répandue dans le public sur qqn, qqch : *Cantatrice dont la renommée est universelle* (syn. **célébrité, renom**). *La renommée des vins de France* (syn. **réputation**).

renoncement [rənɔ̃smɑ̃] **n.m. 1.** Action de renoncer : *Le renoncement du candidat local a surpris l'électorat* (syn. **renonciation, retrait**). **2.** Abnégation, sacrifice complet de soi-même : *Mener une vie de renoncement* (syn. **sacrifice**).

renoncer [rənɔ̃se] **v.t. ind. [à]** (lat. *renuntiare,* annoncer en réponse) [conj. **16**]. **1.** Se désister du droit qu'on a sur qqch : *Renoncer à un droit* (contr. **conserver, garder**). *Renoncer au pouvoir* (= abdiquer). **2.** Cesser de s'attacher à qqch ; se résoudre à cesser toute relation avec qqn : *Renoncer à ses opinions* (syn. **abjurer, renier**). *Renoncer à celle qu'on aime.* **3.** Cesser de considérer comme possible : *Renoncer à un projet de voyage* (syn. **abandonner**). *Je renonce à vous convaincre* (contr. **persévérer, persister**).

renonciation [rənɔ̃sjasjɔ̃] **n.f.** Action de renoncer à qqch : *Renonciation à un projet* (syn. **abandon, renoncement**).

renonculacée [rənɔ̃kylase] **n.f. Renonculacées,** vaste famille de plantes à pétales séparés, aux carpelles indépendants fixés sur un réceptacle bombé, telles que la renoncule, la clématite, l'anémone, l'ancolie, la pivoine, etc. ▸ Ordre des ranunculales.

renoncule [rənɔ̃kyl] **n.f.** (lat. *ranunculus,* petite grenouille [une des espèces, la *grenouillette,* est aquatique]). Petite plante aux fleurs jaunes (bouton-d'or) ou blanches (bouton-d'argent), abondante dans les prairies au printemps. ▸ Famille des renonculacées.

renouer [rənwe] **v.t.** [conj. **6**]. **1.** Nouer une chose dénouée : *Renouer sa cravate. Renoue ton lacet* (syn. **rattacher**). **2.** Reprendre après interruption : *Renouer la conversation* (syn. **reprendre**). ◆ **v.i.** Se lier de nouveau : *Renouer avec qqn* (syn. **se réconcilier**).

renouveau [rənuvo] **n.m. 1.** Retour à un état précédent : *Mode qui connaît un renouveau de succès* (syn. **recrudescence, regain**). *Le renouveau du cinéma français* (syn. **renaissance**). **2.** LITT. Retour du printemps.

renouvelable [rənuvlabl] **adj. 1.** Qui peut être renouvelé : *Bail renouvelable.* **2. Énergie renouvelable,** dont la consommation n'aboutit pas à la diminution des ressources naturelles, parce qu'elle fait appel à des éléments qui se recréent naturellement (la biomasse, l'énergie solaire).

renouveler [rənuvle] **v.t.** (de l'anc. fr. *noveler,* de *novel,* nouveau) [conj. **24**]. **1.** Remplacer une personne ou une chose par une nouvelle : *Renouveler les membres d'une équipe* (syn. **changer**). *Renouveler sa garde-robe* (syn. **remonter**). **2.** Remplacer une chose altérée par qqch de neuf : *Renouveler l'air d'une pièce, l'eau d'une piscine* (syn. **régénérer**). **3.** Rendre nouveau en transformant : *Renouveler son style* (syn. **rénover**). **4.** Faire, donner de nouveau : *Renouveler une promesse* (syn. **réitérer, répéter**). *Renouveler sa confiance à qqn.* **5.** Conclure un nouveau contrat du même type que celui qui expire : *Renouveler* *un bail* (syn. **prolonger, proroger**). ◆ **se renouveler** **v.pr.** **1.** Se transformer : *La nature se renouvelle au printemps* (syn. **renaître**). **2.** Prendre une forme nouvelle : *Écrivain qui ne sait pas se renouveler* (syn. **évoluer, se transformer**). **3.** Se produire de nouveau : *Que cet incident ne se renouvelle pas !* (syn. **recommencer, se répéter**).

renouvellement [rənuvɛlmɑ̃] **n.m.** Action de renouveler ; fait de se renouveler : *Le renouvellement d'un stock* (syn. **réapprovisionnement**). *Le renouvellement d'un passeport* (syn. **prorogation**).

rénovateur, trice [renɔvatœr, -tris] **adj.** et **n.** (bas lat. *renovator*). **1.** Qui rénove : *Une théorie picturale rénovatrice.* **2.** Partisan d'une évolution au sein d'une organisation : *Les rénovateurs du parti.*

rénovation [renɔvasjɔ̃] **n.f.** (lat. *renovatio*). Changement en mieux ; transformation : *La rénovation des méthodes de travail* (syn. **modernisation**). *La rénovation d'un quartier.*

rénover [renɔve] **v.t.** (lat. *renovare*). **1.** Remettre à neuf : *Rénover un appartement* (syn. **moderniser, restaurer**). **2.** Donner une nouvelle forme : *Rénover les institutions politiques* (syn. **rajeunir, réformer**).

renseignement [rɑ̃sɛɲəmɑ̃] **n.m.** **1.** Parole ou écrit qui fait connaître qqch à qqn : *Demander, obtenir un renseignement* (syn. **éclaircissement, précision, information**). **2.** (Souvent au pl.). Ensemble des connaissances de tous ordres sur un adversaire potentiel, utiles aux pouvoirs publics et au commandement militaire : *Service de renseignements.* ◆ **renseignements** **n.m. pl.** Bureau, service chargé d'informer le public (dans une administration, etc.) : *Les renseignements sont près de l'entrée.*

renseigner [rɑ̃seɲe] **v.t.** (de *enseigner*). Donner des indications, des éclaircissements à qqn : *Renseigner un passant* (syn. **éclairer, informer**). ◆ **se renseigner** **v.pr.** Prendre des renseignements : *Renseignez-vous dans les gares* (syn. **demander, s'informer**).

rentabilisation [rɑ̃tabilizasjɔ̃] **n.f.** Action de rentabiliser : *La rentabilisation de la production.*

rentabiliser [rɑ̃tabilize] **v.t.** Rendre rentable : *Rentabiliser un service, une entreprise.*

rentabilité [rɑ̃tabilite] **n.f.** Caractère de ce qui est rentable : *La rentabilité d'un placement financier.*

rentable [rɑ̃tabl] **adj.** (de *rente*). Qui donne un bénéfice satisfaisant : *Une affaire rentable* (syn. **lucratif**).

rente [rɑ̃t] **n.f.** (lat. pop. **rendita*, class. *reddita*, somme rendue). **1.** Revenu annuel ; ce qui est dû tous les ans pour des fonds placés ou un bien mis à ferme : *Rente foncière. Vivre de ses rentes.* **2.** Emprunt d'État à long ou à moyen terme négociable en Bourse : *Acheter de la rente à 5 %.* **3.** Somme d'argent versée périodiquement à qqn : *Servir une rente à un vieux serviteur* (syn. **retraite**). **4.** FAM. Personne ou chose dont on tire un profit régulier : *Avec ses migraines, elle est une vraie rente pour son médecin !* **5. Rente de situation,** avantage tiré du seul fait que l'on a une situation protégée ou bien placée.

rentier, ère [rɑ̃tje, -ɛr] **n.** Personne qui possède des rentes ou qui vit de revenus non professionnels.

rentoiler [rɑ̃twale] **v.t.** Renforcer la toile usée d'une peinture en la collant sur une toile neuve : *Rentoiler un tableau de Rembrandt.*

rentrant, e [rɑ̃trɑ̃, -ɑ̃t] **adj.** **Angle** ou **secteur angulaire rentrant,** angle dont la mesure est supérieure à celle d'un angle plat (180°).

1. rentré, e [rɑ̃tre] **adj.** (de *rentrer*). **1.** Qui ne se manifeste pas extérieurement : *Colère rentrée* (syn. **contenu, refoulé**). **2.** En parlant d'une partie du visage, qui est renfoncé : *Yeux rentrés* (syn. **enfoncé**). *Joues rentrées* (syn. **cave, creux**).

2. rentré [rɑ̃tre] **n.m.** (de *1. rentré*). Repli du tissu sur l'envers d'un vêtement : *Faire un rentré avant de faufiler un ourlet.*

rentre-dedans [rɑ̃trədədɑ̃] **n.m. inv. Faire du rentre-dedans à qqn,** chercher à le séduire de façon assez directe ou le flatter ostensiblement.

rentrée [rɑ̃tre] **n.f.** (de *1. rentré*). **1.** Action de mettre qqch à l'intérieur : *La rentrée des foins.* **2.** Action de revenir dans un lieu qu'on avait quitté, de reparaître après une absence : *Député qui prépare sa rentrée politique.* **3.** Action de reprendre ses fonctions, ses activités après l'interruption des vacances ; période qui succède aux congés annuels, en début d'automne : *La rentrée des classes* (syn. **reprise**). *Le premier mardi après la rentrée.* **4.** Retour d'un engin spatial dans l'atmosphère terrestre. **5.** Recouvrement de fonds ; somme recouvrée : *Attendre une rentrée importante.*

rentrer [rɑ̃tre] **v.i.** [auxil. *être*]. **1.** Entrer de nouveau quelque part après être sorti : *Rentrer tous les jours déjeuner chez soi* (syn. **revenir**). **2.** Revenir dans une situation, un état qu'on avait quittés : *Rebelles qui rentrent dans la légalité.* **3.** Revenir chez soi ou à son lieu habituel : *Rentrer de voyage. Elle rentrera lundi.* **4.** Reprendre ses activités, ses occupations après une interruption : *Les tribunaux sont rentrés.* **5.** Être reçu, perçu : *Fonds qui rentrent mal.* **6.** Recouvrer ; récupérer : *Rentrer dans ses droits* (syn. **retrouver**). **7.** Entrer : *L'eau rentre par les fissures* (syn. **s'infiltrer**). **8.** Se loger avec précision dans qqch : *Les rallonges rentrent sous la table* (syn. **s'emboîter**). **9.** Être compris, contenu, inclus : *Cela ne rentre pas dans mes attributions.* **10.** Se jeter violemment sur qqch, qqn : *La voiture est rentrée dans un mur* (syn. **percuter, télescoper**). **11.** FAM. **Rentrer dans qqn, lui rentrer dedans, dans le chou, dans le lard,** se jeter sur lui pour le battre, le mettre à mal ou se livrer à une violente attaque verbale contre lui. **/ Rentrer en grâce auprès de qqn,** obtenir son pardon. **/ Rentrer en soi-même,** faire un retour sur soi-même, sur son passé ; réfléchir sur sa conduite. ◆ **v.t.** [auxil. *avoir*]. **1.** Mettre ou remettre à l'abri, à l'intérieur : *Rentrer des foins, des bestiaux.* **2.** Faire pénétrer : *Rentrer la clé dans la serrure* (syn. **introduire**). **3.** Ramener en arrière certaines parties du corps : *Rentrer la tête dans les épaules. Chat qui rentre ses griffes* (syn. **rétracter**). **4.** Refouler ; cacher : *Rentrer ses larmes, sa colère* (syn. **contenir, étouffer, ravaler**).

renversant, e [rɑ̃vɛrsɑ̃, -ɑ̃t] **adj.** FAM. Qui étonne au plus haut point : *Une nouvelle renversante* (syn. **stupéfiant**).

renverse [rɑ̃vɛrs] **n.f. À la renverse,** sur le dos, en arrière : *Tomber à la renverse.*

renversé, e [rɑ̃vɛrse] **adj.** **1.** Qui est ou paraît être dans une position contraire à la position normale : *L'image d'un objet est renversée sur la rétine.* **2.** FAM. Étonné au plus haut point : *Elle était renversée d'apprendre que tu te mariais* (syn. **abasourdi, déconcerté**). **3. C'est le monde renversé,** cela va contre la raison, contre le bon sens.

renversement [rɑ̃vɛrsəmɑ̃] **n.m.** Action de renverser ; fait de se renverser : *Le renversement d'un gouvernement* (syn. **chute, écroulement**). *Renversement de situation* (syn. **retournement**).

renverser [rɑ̃vɛrse] **v.t.** (de l'anc. fr. *enverser*, de *2. envers*). **1.** Mettre à l'envers, sens dessus dessous : *Renverser un sablier* (syn. **retourner**). **2.** Pencher, incliner, rejeter en arrière : *Renverser la tête pour regarder en l'air.* **3.** Faire tomber qqn, qqch ou lui faire quitter sa position d'équilibre : *Renverser son adversaire d'un croc-en-jambe* (syn. **faucher**). *Renverser une chaise* (syn. **culbuter**). **4.** Changer brusquement et complètement qqch : *Cet événement a renversé mon opinion sur la question* (syn. **bouleverser**). **5.** Provoquer la chute de : *Renverser un gouvernement.* **6.** FAM. Plonger dans l'étonnement : *Cette nouvelle nous a renversés* (syn. **ébahir, stupéfier**). **7. Renverser la vapeur,** changer le sens de la circulation de la vapeur dans le cylindre d'une machine pour la freiner ou l'arrêter rapidement ; au fig., changer totalement sa façon d'agir : *Si tu veux réussir tes examens, il faut renverser la vapeur.* ◆ **se renverser** **v.pr.** **1.** Incliner le corps en arrière : *Il se renversa sur sa chaise et se mit à réfléchir.* **2.** Se retourner sens dessus dessous : *La voiture s'est renversée* (syn. **capoter**). *Le voilier s'est renversé* (syn. **chavirer**).

renvoi [rɑ̃vwa] **n.m. 1.** Action de renvoyer : *Le renvoi des marchandises est aux frais du client* (syn. **retour**). *Renvoi d'un élève* (syn. **expulsion**). **2.** Action d'ajourner ou de renvoyer devant une commission, une autre juridiction : *Renvoi d'un procès à huitaine* (syn. **report**). **3.** Indication par laquelle le lecteur d'un livre est invité à se reporter à un autre endroit du texte. **4.** Émission, par la bouche, de gaz provenant de l'estomac (syn. **éructation, rot**).

renvoyer [rɑ̃vwaje] **v.t.** [conj. **30**]. **1.** Envoyer qqn, qqch une nouvelle fois : *Je l'ai renvoyé chercher ce qu'il avait oublié.* **2.** Faire retourner qqn d'où il vient : *Renvoyer un élève malade dans sa famille.* **3.** Retourner ce qu'on a reçu ; envoyer en sens contraire : *Renvoyer une lettre à l'expéditeur* (syn. **réexpédier**). *Elle lui a renvoyé sa bague de fiançailles* (syn. **rendre**). *Renvoyer le ballon.* **4.** Réfléchir la lumière, le son, en parlant d'une surface : *La vitre renvoie les rayons du soleil* (syn. **réverbérer**). **5.** Congédier ; mettre à la porte : *Renvoyer un élève* (syn. **expulser**). *Ils ont renvoyé une partie du personnel* (syn. **licencier**). **6.** Inviter qqn à s'adresser à qqn d'autre, à se rendre à un autre endroit, à consulter tel texte : *Renvoyer le lecteur à des notes en bas de page.* **7.** Remettre à plus tard : *Renvoyer un débat* (syn. **ajourner, reporter**). **8.** DR. Ajourner une audience ou attribuer une affaire à une autre juridiction.

réorganisation [reɔrganizasjɔ̃] **n.f.** Action de réorganiser : *Réorganisation des services administratifs.*

réorganiser [reɔrganize] **v.t.** Organiser de nouveau, sur de nouvelles bases : *Réorganiser les services de police.*

réorientation [reɔrjɑ̃tasjɔ̃] **n.f.** Action de réorienter : *La réorientation d'un élève vers des études scientifiques.*

réorienter [reɔrjɑ̃te] **v.t.** Orienter dans une nouvelle direction : *Réorienter la politique économique d'un pays.*

réouverture [reuvɛrtyr] **n.f.** Action de rouvrir : *Réouverture du magasin à 14 heures 30.*

repaire [rəpɛr] **n.m.** (de *repairer,* être au gîte, en parlant d'une bête). **1.** Lieu de refuge des bêtes sauvages : *Le repaire d'un ours* (syn. **antre, tanière**). **2.** Lieu où se réunissent des malfaiteurs, des individus dangereux.

repaître [rəpɛtr] **v.t.** (de *paître*) [conj. **91**]. *LITT.* Fournir à qqn ce qui peut satisfaire son esprit, ses aspirations : *Repaître son esprit de connaissances nouvelles* (syn. **nourrir**). ◆ **se repaître v.pr. [de].** *LITT.* Trouver une satisfaction dans : *Se repaître de romans policiers.*

répandre [repɑ̃dr] **v.t.** (de *épandre*) [conj. **74**]. **1.** Laisser tomber en dispersant : *Répandre du vin par terre* (syn. **renverser**). **2.** Envoyer hors de soi ; être la source de : *Répandre des larmes* (syn. **verser**). *Répandre une odeur* (syn. **exhaler**). **3.** Faire connaître : *Répandre une nouvelle* (syn. **colporter, publier**). *Répandre des idées* (syn. **diffuser, propager**). **4.** Distribuer : *Répandre des bienfaits.* ◆ **se répandre v.pr. 1.** S'écouler ; se dégager : *La fumée se répand dans la pièce* (syn. **emplir, envahir**). **2.** Se propager : *Cet usage se répand* (syn. **s'étendre, gagner**). **3. Se répandre en invectives, en compliments,** dire beaucoup d'injures, faire beaucoup de compliments.

répandu, e [repɑ̃dy] **adj.** Communément admis : *L'opinion la plus répandue* (syn. **commun**).

réparable [reparabl] **adj.** Qui peut être réparé.

reparaître [rəparɛtr] **v.i.** [conj. **91** ; auxil. *avoir* ou *être*]. **1.** Paraître, se montrer de nouveau : *Ne reparaissez plus ici* (syn. **revenir**). **2.** Être de nouveau publié : *Notre bulletin reparaîtra en septembre.*

réparateur, trice [reparatœr, -tris] **n.** Personne qui répare : *Un réparateur de vélos.* ◆ **adj. 1.** Qui redonne des forces : *Un sommeil réparateur.* **2. Chirurgie réparatrice,** chirurgie plastique*.

réparation [reparasjɔ̃] **n.f.** (lat. chrét. *reparatio*). **1.** Action de réparer qqch d'endommagé ; résultat de cette action : *La réparation sera terminée demain.* **2.** Fait, pour un organisme, de se rétablir, de revenir à un état normal : *La réparation des forces, des tissus lésés* (syn. **reconstitution, restauration**). **3.** Action de réparer une faute commise, un préjudice moral : *Demander la réparation d'une offense.* **4.** DR. Dédommagement d'un préjudice par la personne qui en est responsable ; peine frappant l'auteur d'une infraction (syn. **dommages-intérêts, indemnité**). **5. Surface de réparation,** au football, zone délimitée devant le but à l'intérieur de laquelle toute faute commise peut donner lieu à un *coup de pied de réparation* (ou penalty*). ◆ **réparations n.f. pl. 1.** Travaux effectués en vue de la conservation ou de l'entretien de locaux : *Les grosses réparations sont à la charge du propriétaire.* **2.** Prestations dues par les États vaincus aux États vainqueurs, à la suite d'une guerre, et tendant à réparer les dommages dont les États vaincus sont considérés comme responsables (syn. **dédommagement**). **3.** HIST. **Question des réparations,** relative aux problèmes posés par le paiement des dommages de guerre exigé de l'Allemagne par le traité de Versailles, en 1919.

réparer [repare] **v.t.** (lat. *reparare,* de *parare,* apprêter, arranger). **1.** Remettre en état ce qui a subi une détérioration : *Réparer une montre* (syn. **arranger**). **2.** Faire disparaître un mal ou en atténuer les conséquences : *Réparer des négligences* (syn. **remédier à**). **3.** Donner en compensation d'un préjudice matériel ou moral : *Réparer une offense* (syn. **racheter**). **4. Réparer ses forces,** les restaurer ; se rétablir.

reparler [rəparle] **v.i.** et **v.t. ind.** Parler de nouveau : *On en reparlera.*

repartie [rəparti] ou [reparti] **n.f.** Réponse vive et spirituelle : *Une repartie adroite* (syn. **réplique, riposte**). *Avoir de la repartie, l'esprit de repartie.*

1. repartir [rəpartir] ou [repartir] **v.t.** (de *partir,* se séparer de) [conj. **43** ; auxil. *avoir*]. *LITT.* Répliquer promptement : *Il ne lui a reparti que des impertinences.*

2. repartir [rəpartir] **v.i.** [conj. **43** ; auxil. *être*]. Partir de nouveau : *Je suis reposée, nous pouvons repartir.*

répartir [repartir] **v.t.** (de l'anc. fr. *partir,* partager) [conj. **32**]. Partager, distribuer d'après certaines règles : *Répartir une somme entre des héritiers* (syn. **diviser**). *Répartir les troupes dans les points stratégiques* (syn. **disperser**).

répartition [repartisjɔ̃] **n.f. 1.** Action de répartir : *Répartition des tâches* (syn. **attribution**). *Une répartition inégale des revenus* (syn. **distribution, partage**). **2.** Manière dont sont distribués, répartis des êtres ou des choses : *La répartition des pièces dans un appartement* (syn. **distribution, agencement**).

reparution [rəparysjɔ̃] **n.f.** Fait de reparaître : *On annonce la reparution de ce magazine.*

repas [rəpa] **n.m.** (anc. fr. *past,* nourriture, du lat. *pascere,* paître, d'apr. *repaître*). Nourriture qu'on prend chaque jour à certaines heures : *Le repas du soir* (= dîner). *Le repas de midi* (= déjeuner).

repassage [rəpasaʒ] **n.m. 1.** Action d'aiguiser un couteau, un canif, etc. **2.** Action de repasser du linge ; linge à repasser : *Avoir du repassage en retard.*

repasser [rəpase] **v.i. 1.** Passer de nouveau dans un endroit : *Je repasserai ce soir* (syn. **revenir**). **2.** Vérifier que qqch a été bien fait ; suivre une nouvelle fois un tracé existant : *Il faut toujours repasser derrière elle. Repasser à l'encre sur un dessin au crayon.* ◆ **v.t. 1.** Passer, franchir de nouveau : *L'armée a repassé la frontière* (syn. **retraverser**). **2.** Affûter : *Repasser un couteau* (syn. **aiguiser**). **3.** Défriper au moyen d'un fer chaud : *Repasser du linge.* **4.** Relire, redire pour s'assurer que l'on sait : *Repasser sa leçon* (syn. **répéter, réviser, revoir**).

repasseuse [rəpasøz] **n.f. 1.** Femme dont le métier est de repasser le linge. **2.** Machine électrique qui repasse le linge entre deux tambours.

repêchage [rəpɛʃaʒ] **n.m. 1.** Action de repêcher, de ressortir de l'eau qqn, qqch qui y était tombé : *Le repêchage d'un noyé.* **2.** Épreuve supplémentaire réservée à des candidats éliminés : *Obtenir son examen à la session de repêchage.*

repêcher [rəpeʃe] **v.t. 1.** Pêcher d'autres poissons, en pêcher une autre fois. **2.** Retirer de l'eau : *On a repêché le corps dans la Saône.* **3.** *FAM.* Recevoir après une épreuve de repêchage : *On l'a repêché car il lui manquait deux points.*

repeindre [rəpɛ̃dr] **v.t.** [conj. **81**]. Peindre de nouveau : *Repeindre une cuisine, un plafond.*

repenser [rəpɑ̃se] **v.t. ind. [à].** Penser de nouveau à : *J'ai repensé à son attitude.* ◆ **v.t.** Examiner d'un point de vue différent : *Repenser une question* (syn. **reconsidérer**).

repentant, e [rəpɑ̃tɑ̃, -ɑ̃t] **adj.** Qui se repent : *Un pécheur repentant.*

repenti, e [rəpɑ̃ti] **adj.** et **n.** Qui s'est repenti : *Les âmes repenties.*

repentir [rəpɑ̃tir] **n.m.** (de *se repentir*). Action de reconnaître une faute et de promettre de la réparer : *Exprimer un repentir sincère* (syn. **contrition, remords**).

se **repentir** [rəpɑ̃tir] **v.pr.** (bas lat. *repoenitere*, du class. *poenitere*) [conj. **37**]. **1.** Manifester du remords d'avoir commis une faute : *Se repentir de ses péchés.* **2.** Regretter vivement d'avoir fait ou de n'avoir pas fait qqch : *Elle se repent d'avoir dit oui* (syn. **se reprocher**).

repérable [rəperabl] **adj. 1.** Qui peut être repéré : *Le camouflage rendait les chars difficilement repérables.* **2. Grandeur, quantité repérable,** telle qu'on peut définir l'égalité ou l'inégalité, mais non la somme ou le rapport de deux grandeurs de cette espèce : *Les degrés d'une échelle de température sont des grandeurs repérables.*

repérage [rəperaʒ] **n.m. 1.** Action de repérer qqch dans un espace : *Patrouille chargée du repérage des mouvements de l'ennemi.* **2.** CIN. Recherche, effectuée pendant la préparation d'un film, des lieux où se déroulera le tournage.

répercussion [reperkysjɔ̃] **n.f.** (lat. *repercussio*). **1.** Action de répercuter ; fait de se répercuter : *Répercussion du son* (syn. **réverbération**). **2.** Conséquence : *Événement qui aura de graves répercussions* (syn. **retentissement**).

répercuter [reperkyte] **v.t.** (lat. *repercutere*, repousser). **1.** Renvoyer en prolongeant : *Paroi qui répercute la voix* (syn. **réfléchir, réverbérer**). **2.** Faire en sorte que qqch soit transmis : *Répercuter les consignes* (syn. **transmettre**). **3.** DR. FISC. Faire supporter par d'autres personnes la charge de : *Répercuter la taxe à la valeur ajoutée sur les consommateurs.* ◆ **se répercuter v.pr. 1.** Être renvoyé : *Le grondement du tonnerre se répercute dans la montagne.* **2.** Avoir des conséquences directes : *L'augmentation du prix de l'essence se répercute sur les tarifs des transports* (syn. **influer sur**).

repère [rəpɛr] **n.m.** (anc. fr. *repaire*, du lat. *reperire*, retrouver). **1.** Marque ou objet permettant de s'orienter dans l'espace, de localiser qqch, d'évaluer une distance, une mesure, une valeur, etc. : *On a tracé des repères pour mesurer le niveau des eaux.* **2.** PHYS. Référentiel. **3.** MATH. Ensemble d'éléments de l'espace permettant de définir un système de coordonnées : *Repère affine, cartésien, orthonormé.* **4.** FIG. Chacun des éléments stables à partir desquels s'organise un système de valeurs : *Adolescent qui n'a plus de repères.* **5. Point de repère,** point déterminé qui permet de s'orienter ; indice qui permet de situer un événement dans le temps : *Fait qui sert de point de repère dans l'étude d'une période* (syn. **jalon**).

repérer [rəpere] **v.t.** [conj. **18**]. **1.** Marquer de repères : *Repérer le tracé d'une course* (syn. **baliser, jalonner**). **2.** Déterminer la position exacte de : *Repérer un sous-marin* (syn. **localiser**). **3.** Apercevoir, trouver parmi d'autres : *Repérer un ami dans la foule* (syn. **distinguer**). ◆ **se repérer v.pr.** Déterminer sa position exacte grâce à des repères : *On a du mal à se repérer avec ce brouillard* (syn. **s'orienter**).

répertoire [repertwar] **n.m.** (bas lat. *repertorium*, de *reperire*, trouver). **1.** Table, recueil où les matières sont rangées dans un ordre qui les rend faciles à trouver : *Répertoire alphabétique. Répertoire des métiers* (syn. **catalogue, fichier**). **2.** Cahier dont les pages sont munies d'onglets pour permettre une consultation rapide : *Un répertoire de numéros de téléphone* (syn. **agenda, carnet**). **3.** Ensemble des œuvres qui constituent le fonds d'un théâtre, d'une compagnie de ballet. **4.** Ensemble des œuvres interprétées habituellement par un artiste : *Chanteuse qui inscrit une nouvelle chanson à son répertoire.*

répertorier [repertɔrje] **v.t.** [conj. **9**]. Inscrire dans un répertoire : *Répertorier les livres d'une bibliothèque.*

répéter [repete] **v.t.** (lat. *repetere*, de *petere*, chercher à obtenir) [conj. **18**]. **1.** Dire qqch une nouvelle fois : *Je vais répéter ma question* (syn. **réitérer**). *Je vous le dis, mais ne le répétez à personne* (syn. **raconter, rapporter**). **2.** Refaire ce qu'on a déjà fait : *Répéter une expérience* (syn. **renouveler**). **3.** Reproduire plusieurs fois : *Répéter un motif décoratif* (syn. **recopier**). **4.** S'exercer à dire, à exécuter : *Répéter un rôle* (syn. **repasser, réviser**). ◆ **se répéter v.pr. 1.** Redire les mêmes choses sans nécessité : *Orateur qui se répète.* **2.** Se produire à nouveau, en parlant d'un événement : *L'histoire, dit-on, ne se répète pas.*

répétiteur, trice [repetitœr, -tris] **n.** (lat. *repetitor*). Personne qui donne des leçons particulières à des élèves.

répétitif, ive [repetitif, -iv] **adj.** (de *répétition*). Qui se répète sans cesse : *Un travail répétitif.*

répétition [repetisjɔ̃] **n.f.** (lat. *repetitio*). **1.** Retour de la même idée, du même mot : *Évitez les répétitions dans vos dissertations* (syn. **redite**). **2.** Séance de travail au cours de laquelle des artistes mettent au point ce qu'ils présenteront au public : *Répétition générale* (= celle qui précède la première et à laquelle on convie la critique). **3.** Leçon particulière donnée autref. par un professeur à un ou à plusieurs élèves. **4.** Fait de recommencer une action : *La répétition d'un geste* (syn. **réitération**). **5. Arme à répétition,** arme à feu dont la cadence de tir est augmentée par le chargement automatique des munitions dans la chambre (on dit aussi *arme semi-automatique*).

répétitivité [repetitivite] **n.f.** Caractère de ce qui est répétitif : *La répétitivité du travail à la chaîne.*

repeuplement [rəpœpləmɑ̃] **n.m. 1.** Action de repeupler un lieu ; fait de se repeupler, d'être repeuplé : *Repeuplement d'une région en personnes, en animaux.* **2.** Reconstitution d'un massif forestier.

repeupler [rəpœple] **v.t. 1.** Peupler une région dépeuplée ; s'installer dans un lieu : *Des colons ont repeuplé cette région.* **2.** Regarnir un lieu d'espèces animales ou végétales : *Repeupler un lac* (syn. **aleviner**). *Repeupler une forêt de nouvelles essences* (syn. **reboiser**).

repiquage [rəpikaʒ] **n.m. 1.** Action de transplanter une jeune plante venue de semis : *Le repiquage de salades.* **2.** Opération consistant à copier un disque, une bande magnétique ; enregistrement obtenu : *C'est le repiquage d'un vieux microsillon.*

repiquer [rəpike] **v.t.** (de *piquer*). **1.** Copier un enregistrement. **2.** Faire le repiquage d'une jeune plante : *Repiquer des poireaux* (syn. **transplanter**). ◆ **v.i.** et **v.t. ind. [à].** FAM. Recommencer, se remettre à faire qqch : *Il avait arrêté de fumer, mais il a repiqué.*

répit [repi] **n.m.** (lat. *respectus*, regard en arrière puis « délai »). **1.** Arrêt momentané de qqch de pénible : *Ses crises ne lui laissent aucun répit* (syn. **rémission, trêve**). **2.** Interruption dans une occupation : *Vous devriez vous accorder un moment de répit* (syn. **relâche, repos**). **3. Sans répit,** sans arrêt : *Travailler sans répit* (syn. **continuellement**).

replacer [rəplase] **v.t.** [conj. **16**]. **1.** Remettre à sa place, dans la bonne position : *Replacer un livre dans la bibliothèque.* **2.** Placer, situer dans telles circonstances : *Replacer un événement dans son contexte.*

replanter [rəplɑ̃te] **v.t.** Planter de nouveau ; regarnir de plantes : *Replanter de la vigne. Replanter un terrain.*

replat [rəpla] **n.m.** (de *plat*). Sur un versant, adoucissement très prononcé de la pente.

replâtrage [rəplatraʒ] **n.m. 1.** Réparation en plâtre : *Le replâtrage d'un mur.* **2.** Remaniement sommaire et imparfait : *Replâtrage ministériel.*

replâtrer [rəplatre] **v.t. 1.** Recouvrir de plâtre : *Replâtrer un plafond.* **2.** Arranger superficiellement pour donner l'apparence du neuf : *Replâtrer des programmes scolaires.* **3.** Tenter de recréer une certaine cohésion au sein d'un groupe : *Replâtrer un ménage* (syn. **raccommoder**).

replet, ète [rəplɛ, -ɛt] **adj.** (lat. *repletus,* rempli). Qui a de l'embonpoint : *Un homme replet* (syn. **empâté, grassouillet**).

réplétion [replesjɔ̃] **n.f.** (bas lat. *repletio*). MÉD. État d'un organe rempli : *Réplétion gastrique.*

repli [rəpli] **n.m.** (de *replier*). **1.** Pli double, rabattu : *Faire un repli au bas d'un pantalon* (syn. **revers**). **2.** Fait de revenir à une position qui marque une régression : *Repli des valeurs boursières* (syn. **baisse, recul**). **3.** Retraite volontaire d'une armée : *Le bataillon a effectué un repli de quelques kilomètres* (syn. **recul, retraite**). ◆ **replis n.m. pl.** Ondulations d'une surface : *Les replis de la peau* (syn. **pli, ride**).

repliable [rəplijabl] **adj.** Qui peut être replié : *Carte routière aisément repliable.*

réplication [replikasjɔ̃] **n.f.** BIOL. Duplication chromosomique.

replier [rəplije] **v.t.** [conj. **10**]. **1.** Plier une chose qui avait été dépliée : *Replier une couverture.* **2.** Ramener en pliant : *Au repos, l'aigle replie ses ailes.* ◆ **se replier v.pr. 1.** Se plier, se courber une ou plusieurs fois : *Serpent qui se replie dans son vivarium* (syn. **se lover**). **2.** Faire un mouvement en arrière et en bon ordre : *La brigade se replia au pied de la colline* (syn. **reculer**). **3. Se replier sur soi-même,** s'isoler du monde extérieur ; intérioriser ses émotions.

réplique [replik] **n.f. 1.** Réponse vive à ce qui a été dit ou écrit : *Sa réplique était habile* (syn. **objection, repartie**). *Un argument sans réplique* (= auquel on ne peut rien objecter). **2.** Partie d'un dialogue théâtral dite par un acteur : *Oublier, manquer une réplique.* **3.** Personne, action, œuvre qui semble être l'image d'une autre : *Ce garçon est la réplique de son père* (syn. **portrait, sosie**). **4.** Copie plus ou moins fidèle d'une œuvre d'art, exécutée ou non sous le contrôle de l'auteur : *La réplique d'une statuette* (syn. **copie, reproduction**).

répliquer [replike] **v.t.** et **v.i.** (lat. jur. *replicare,* répondre). Répondre avec vivacité, en s'opposant : *Il répliqua qu'il n'était pas d'accord. Obéis et ne réplique pas.*

replonger [rəplɔ̃ʒe] **v.t.** [conj. **17**]. Plonger de nouveau qqch dans un liquide : *Replonger des frites dans un bain de friture.* ◆ **v.i.** Plonger de nouveau : *À peine sorti de l'eau, il replongeait.* ◆ **se replonger v.pr.** S'adonner de nouveau avec ardeur à qqch : *Se replonger dans sa lecture.*

répondant, e [repɔ̃dɑ̃, -ɑ̃t] **n.** Personne qui se porte garante de qqn : *Être le répondant de qqn* (syn. **caution**). ◆ **répondant n.m.** *FAM.* **Avoir du répondant,** avoir des capitaux servant de garantie ; avoir le sens de la repartie.

répondeur [repɔ̃dœr] **n.m.** Appareil relié à un poste téléphonique, permettant de faire entendre un message enregistré aux correspondants et, dans le cas d'un *répondeur-enregistreur,* d'enregistrer leurs messages.

répondre [repɔ̃dr] **v.t.** (lat. *respondere*) [conj. **75**]. Dire, énoncer qqch en retour à qqn qui a parlé, posé une question : *Il ne voyait rien à répondre à cela* (syn. **objecter, répliquer**). *Répondre « présent » à l'appel de son nom.* ◆ **v.i.** Faire une réponse : *Ce n'est pas la peine de lui écrire, elle ne répond jamais. Il était stupéfait et n'a pas su quoi répondre* (syn. **répliquer, riposter**). ◆ **v.t. ind. [à]. 1.** Fournir la réponse demandée : *Répondre à un questionnaire.* **2.** Être conforme à ce qui est attendu : *Cela répond à notre attente* (syn. **convenir, correspondre**). **3.** Envoyer une lettre à qqn faisant suite à celle qu'il a adressée : *Écrivez-moi, je vous répondrai.* **4.** Apporter des raisons contre : *Répondre à une objection* (syn. **riposter**). **5.** Manifester en retour une certaine attitude à l'égard de qqn : *Répondre à un sourire par un sourire. Répondre par la violence.* **6.** (Absol.). Produire une réaction, l'effet attendu : *Les freins ne répondent plus* (syn. **obéir, réagir**). ◆ **v.t. ind. [de].** Se porter garant pour qqn : *Je réponds de son honnêteté* (syn. **garantir**). ◆ **se répondre v.pr.** Faire entendre un son alternativement : *La trompette et les violons se répondent.*

répons [repɔ̃] **n.m.** (lat. ecclés. *responsum*). Chant alterné dans l'office liturgique romain.

réponse [repɔ̃s] **n.f.** (fém. de *répons*). **1.** Parole ou écrit adressés pour répondre : *Réponse affirmative.* **2.** Solution, éclaircissement apportés à une question : *Il n'y a pas de réponse à cette énigme* (syn. **explication**). **3.** Réaction d'un organe, d'un appareil, etc., à une excitation : *Une réponse musculaire.* **4. Avoir réponse à tout,** n'être jamais à court d'arguments ; écarter toutes les objections pour se donner raison. / **Droit de réponse,** droit accordé à toute personne désignée ou mise en cause par un organe de presse, un média, d'exiger l'insertion gratuite de sa réponse.

report [rəpɔr] **n.m. 1.** Action de reporter un total d'une colonne ou d'une page sur une autre ; la somme ainsi reportée : *Faire un report, le report d'une somme.* **2.** Action de remettre à un autre moment : *Le report d'une question à une autre séance.*

reportage [rəpɔrtaʒ] **n.m.** (de *reporter*). **1.** Article de journal, programme radiodiffusé ou télévisé écrit d'après l'enquête d'un reporter : *Reportage de notre envoyé spécial. Diffuser des reportages.* **2.** Fonctions, service de reporter dans un journal : *Un spécialiste du reportage.*

reporter [rəpɔrte] **v.t.** (de *porter*). **1.** Porter une chose au lieu où elle était auparavant : *Reporter un livre dans la bibliothèque* (syn. **rapporter**). **2.** Placer à un autre endroit : *Reporter une somme à une autre page.* **3.** Appliquer une chose à une autre destination : *Électeurs qui reportent leurs voix sur un autre candidat.* **4.** Remettre à un autre moment : *Reporter une fête* (syn. **repousser**). ◆ **se reporter v.pr. [à]. 1.** Se transporter en pensée : *Se reporter aux jours de son enfance.* **2.** Se référer à : *Se reporter à un document.*

reporteur, trice [rəpɔrtœr, -tris] ou **reporter** [rəpɔrtɛr] **n.** (mot angl.). Journaliste qui recueille des informations qui sont diffusées par la presse, la radio, la télévision.

repos [rəpo] **n.m. 1.** Absence de mouvement : *Tous ses muscles étaient au repos* (syn. **immobilité**). **2.** Fait pour qqn de se reposer : *Prendre un peu de repos* (syn. **délassement, détente**). **3.** *LITT.* État de qqn qui se repose ou dort : *Être respectueux du repos des autres* (syn. **sommeil**). **4.** Période, jour pendant lesquels qqn cesse son travail : *Une heure de repos l'après-midi* (syn. **pause**). *Le lundi est mon jour de repos* (syn. **congé**). **5.** *LITT.* État de qqn qui est sans inquiétude ni préoccupation : *Ce grave problème lui ôte tout repos* (syn. **sérénité, tranquillité**). **6. De tout repos,** qui ne présente aucun risque, qui offre toute garantie : *Une occupation de tout repos.* / MIL. **Repos !,** commandement indiquant l'abandon de la position du garde-à-vous pour celle du repos, le pied gauche légèrement en avant, la main gauche sur la boucle du ceinturon.

reposant, e [rəpozɑ̃, -ɑ̃t] **adj.** Qui repose : *Une lecture reposante* (syn. **délassant**).

repose [rəpoz] **n.f.** (de *1. reposer*). Action de remettre en place ce qui avait été enlevé ou déposé : *Facturer la dépose et la repose d'un moteur.*

reposé, e [rəpoze] **adj.** (de *2. reposer*). **1.** Qui ne présente plus trace de fatigue : *Air, visage reposé* (syn. **détendu**). **2. À tête reposée,** après avoir réfléchi hors de toute contrainte : *Faire un choix à tête reposée.*

repose-pieds n.m. inv. ou **repose-pied** [rəpozpje] **n.m.** (pl. *repose-pieds*). **1.** Appui pour les pieds, attenant à un fauteuil. **2.** Appui fixé au cadre d'une motocyclette, sur lequel on peut poser le pied.

1. reposer [rəpoze] **v.t.** (de *poser*). **1.** Poser ce qu'on a soulevé : *Reposer son livre sur la table.* **2.** Remettre en place ce qui a été enlevé, déposé : *Reposer une serrure.*

2. reposer [rəpoze] **v.t.** (bas lat. *repausare,* de *pausare,* s'arrêter). Mettre qqn, son corps, son esprit dans des conditions propres à les délasser : *Une bonne nuit vous reposera* (syn. **délasser, détendre**). *Reposer ses yeux.* ◆ **v.i. 1.** *LITT.* En parlant d'un défunt, être étendu ou enseveli en tel endroit : *Reposer sur son lit de mort. Ici repose X* (= ci-gît X). **2.** Rester au repos, de sorte que les éléments en suspension tombent au fond du récipient, ou que telle modification se produise : *Laisser reposer le mélange, une pâte à tarte.* **3. Laisser reposer une terre,**

la laisser sans culture. ◆ **v.t. ind. [sur]. 1.** Être posé sur qqch qui sert de support : *Les chevrons reposent sur des poutres* (syn. **s'appuyer**). **2.** Être établi, fondé sur : *Ce raisonnement ne repose sur rien.* ◆ **se reposer v.pr. 1.** Cesser de faire qqch pour éliminer la fatigue : *Reposez-vous un instant* (syn. **se délasser, se détendre**). **2. Se reposer sur qqn,** lui faire confiance, s'en remettre à lui. / **Se reposer sur ses lauriers,** vivre sur une gloire, un succès passés sans chercher à se renouveler.

repose-tête [rəpoztɛt] **n.m. inv.** Appui-tête.

repositionnable [rəpozisjɔnabl] **adj.** Se dit d'un adhésif qui peut être décollé et recollé : *Affichettes repositionnables.*

repoussant, e [rəpusɑ̃, -ɑ̃t] **adj.** Qui inspire du dégoût, de l'aversion : *Une laideur repoussante* (syn. **hideux**).

repousse [rəpus] **n.f.** (de *2. repousser*). Action de repousser : *Un nouveau produit pour activer la repousse des cheveux.*

1. repousser [rəpuse] **v.t. 1.** Pousser en arrière ; faire reculer : *Repousser les manifestants* (syn. **refouler**). **2.** S'opposer avec succès à : *Repousser l'ennemi.* **3.** Résister à : *Repousser une tentation* (syn. **chasser, refuser**). **4.** Ne pas admettre ; ne pas accepter : *Repousser une demande* (syn. **écarter, rejeter**).

2. repousser [rəpuse] **v.i.** Pousser, croître de nouveau : *Laisser repousser sa barbe.*

repoussoir [rəpuswar] **n.m.** (de *1. repousser*). **1.** Tons vivement colorés appliqués sur les premiers plans d'un tableau pour faire paraître les autres plus éloignés et créer un effet de profondeur. **2.** Chose ou personne qui en fait valoir une autre par opposition, par contraste ; faire-valoir : *Ce comique sert de repoussoir au jeune premier.* **3.** Personne très laide.

répréhensible [repreɑ̃sibl] **adj.** (bas lat. *reprehensibilis*). Digne de blâme : *Un acte répréhensible* (syn. **blâmable**). *Il n'y a rien de répréhensible dans son attitude* (syn. **critiquable**).

reprendre [rəprɑ̃dr] **v.t.** [conj. **79**]. **1.** Prendre de nouveau ; prendre une autre fois, en plus : *Reprendre sa place* (syn. **regagner**). *Reprendre du pain.* **2.** Rentrer en possession de : *Reprendre ses bagages à la consigne* (syn. **récupérer, retirer**). **3.** Devenir le propriétaire ou le responsable de : *Reprendre une boutique, une entreprise* (syn. **racheter**). **4.** Admettre de nouveau qqn près de soi, dans un groupe : *Il a repris son ancienne secrétaire.* **5.** Prendre, arrêter de nouveau : *La police a repris les évadés.* **6.** Récupérer une marchandise vendue en acceptant d'en annuler la vente : *Les soldes ne sont pas repris.* **7.** Retrouver un état, une disposition, une faculté : *Convalescent qui reprend des forces* (syn. **recouvrer**). **8.** Continuer une chose interrompue : *Reprendre son travail* (syn. **se remettre à**). *Elle a repris ses études* (syn. **recommencer**). **9.** Jouer, donner de nouveau : *Reprendre une tragédie de Brecht.* **10.** Énoncer de nouveau : *Reprendre en chœur un refrain.* **11.** (Souvent en incise). Parler de nouveau, après un silence : *« Ce n'est qu'un sot », reprit-il en riant.* **12.** Apporter des corrections, faire subir des transformations à : *Il n'y a rien à reprendre dans cet article* (syn. **retoucher**). **13.** Rétrécir en refaisant les coutures ou les pinces : *Reprendre une robe à la taille.* **14.** Critiquer qqn sur ce qu'il dit ou fait : *Reprendre un enfant sur sa conduite* (syn. **réprimander**). **15. On ne m'y reprendra plus,** je me garderai désormais d'une telle erreur ; je ne m'exposerai plus à pareil désagrément ; je ne me laisserai plus duper. ◆ **v.i. 1.** Se développer normalement après avoir été transplanté : *Cet arbre reprend bien* (syn. **repousser**). **2.** Se manifester de nouveau : *Le froid reprend* (syn. **recommencer**). **3.** Continuer après une interruption : *La séance reprend.* **4.** En parlant du commerce, redevenir actif après une stagnation : *Le tourisme reprend lentement.* ◆ **se reprendre v.pr. 1.** Retrouver la maîtrise de soi : *Il se reprend après une période de dépression* (syn. **réagir, se ressaisir**). **2.** Se corriger ; rectifier un propos : *Commettre un lapsus et se reprendre.* **3. Se reprendre à** (+ inf.), se remettre à : *Tout le monde se reprend à espérer.* / **S'y reprendre à plusieurs fois pour,** faire plusieurs tentatives infructueuses avant de réussir à : *J'ai dû m'y reprendre à deux fois pour soulever la caisse.*

repreneur, euse [rəprənœr, -øz] **n.** ÉCON. Personne qui reprend, rachète une entreprise en difficulté.

représailles [rəprezaj] **n.f. pl.** (lat. médiév. *represalia*, de l'it. médiév. *ripresaglia*, de *riprendere*, reprendre). **1.** Violences que l'on fait subir à un ennemi à titre de réciprocité ou à titre de punition : *Des otages furent exécutés en représailles* (syn. **rétorsion**). **2.** Action par laquelle on riposte aux mauvais procédés de qqn (syn. **vengeance**).

représentant, e [rəprezɑ̃tɑ̃, -ɑ̃t] **n. 1.** Personne qui représente une autre personne ou un groupe : *Le ministre a reçu les représentants des grévistes* (syn. **délégué, porte-parole**). *Élire les représentants du personnel.* **2.** Intermédiaire chargé de prospecter une clientèle et de prendre des commandes pour une entreprise (on dit aussi *représentant de commerce*). **3.** MATH. Élément d'une classe d'équivalence. **4. Représentant du peuple,** parlementaire.

représentatif, ive [rəprezɑ̃tatif, -iv] **adj. 1.** Qui représente une collectivité et peut parler en son nom : *Syndicat représentatif.* **2.** Considéré comme le modèle d'une catégorie : *Échantillon représentatif des électeurs.* **3. Régime représentatif,** régime fondé sur le principe de la souveraineté nationale, dans lequel les citoyens donnent mandat à leurs élus au Parlement de décider en leur nom.

représentation [rəprezɑ̃tasjɔ̃] **n.f.** (lat. *repraesentatio*). **1.** Action de représenter qqch au moyen d'une figure, d'un symbole, d'un signe : *L'écriture est la représentation de la langue parlée.* **2.** Image, figure, symbole, signe qui représentent un phénomène, une idée : *Le bonnet phrygien est la représentation de la République* (syn. **emblème**). **3.** Action de représenter par le moyen de l'art : *La représentation d'une scène biblique sur le plafond d'une église* (syn. **figuration**). **4.** Action de donner un spectacle devant un public, en partic. au théâtre ; ce spectacle lui-même : *Donner une représentation supplémentaire* (syn. **séance**). **5.** Fait de représenter des électeurs dans une assemblée ; la personne, les personnes qui en sont chargées : *Le Parlement assure la représentation du peuple.* **6.** Activité de qqn qui représente une entreprise commerciale dans un secteur déterminé : *Faire de la représentation pour une maison d'articles de bureau.* **7.** MATH. **Représentation graphique (d'une fonction),** ensemble des points du plan qui, relativement à un repère, ont pour abscisse un nombre quelconque et pour ordonnée l'image de ce nombre pour la fonction.

représentativité [rəprezɑ̃tativite] **n.f. 1.** Qualité de qqn, d'un parti ou d'un syndicat dont l'audience dans la population fait qu'il peut s'exprimer valablement en son nom : *Nous contestons la représentativité d'un président élu dans ces conditions.* **2.** Qualité d'un échantillon constitué de façon à contenir les mêmes caractéristiques que la population qu'il représente.

représenter [rəprezɑ̃te] **v.t.** (lat. *repraesentare*, rendre présent). **1.** Rendre perceptible, sensible par une figure, un symbole, un signe : *Représenter l'évolution des salaires par un graphique* (syn. **exprimer**). **2.** Évoquer, reproduire par un moyen artistique ou un autre procédé : *Le décor représente une place publique.* **3.** Décrire, évoquer par le langage, l'écriture : *Balzac a représenté la société de son époque dans ses romans* (syn. **dépeindre**). **4.** Jouer ou faire jouer devant un public : *Troupe qui représente « l'Avare »* (syn. **donner, interpréter**). **5.** Avoir reçu mandat pour agir au nom de qqn : *Représenter son pays à une conférence internationale.* **6.** Être le représentant d'une entreprise commerciale : *Il représente un fabricant de cycles.* **7.** Être le symbole, l'incarnation de qqch : *Ces personnes représentent la classe moyenne* (syn. **personnifier**). **8.** Correspondre à qqch : *Découverte qui représente une révolution* (syn. **constituer**). ◆ **se représenter v.pr. 1.** Se figurer ; imaginer : *Je ne me représentais pas son père comme ça !* (syn. **s'imaginer**). **2.** Se présenter de nouveau : *Se représenter à un examen.*

répressif, ive [represif, -iv] **adj.** (du lat. *repressus*, de *reprimere*, d'apr. *oppressif*, pour servir d'adj. à *réprimer*). Qui réprime ; qui a pour but de réprimer : *Juridiction répressive.*

répression [represjɔ̃] **n.f.** (du lat. *repressus*, d'apr. *oppression*, pour servir de subst. à *réprimer*). **1.** Action de réprimer, de punir : *La répression d'une insurrection* (syn. **écrasement**). **2.** Action d'exercer des contraintes graves, des violences sur qqn ou un groupe afin d'empêcher le développement d'un désordre : *La répression des menées terroristes* (syn. **châtiment, punition**).

réprimande [reprimɑ̃d] **n.f.** (du lat. *reprimenda* [*culpa*], [faute] qui doit être réprimée). Reproche que l'on adresse à qqn pour une faute (syn. **remontrance, semonce**).

réprimander [reprimɑ̃de] **v.t.** Faire une réprimande à : *Son père l'a réprimandé sur sa conduite* (syn. **gronder**, litt. **admonester, tancer**).

réprimer [reprime] **v.t.** (lat. *reprimere*). **1.** Arrêter la manifestation, le développement de : *Réprimer un mouvement de colère* (syn. **contenir, refouler**). **2.** Empêcher par la contrainte le développement d'une action jugée dangereuse : *Réprimer une révolte* (syn. **écraser, étouffer**).

reprint [rəprint] **n.m.** (mot angl.). Réimpression en fac-similé d'un ouvrage épuisé ; cet ouvrage : *De magnifiques reprints.*

repris [rəpri] **n.m.** (de *reprendre*). **Repris de justice,** personne qui a déjà subi une condamnation pénale.

reprise [rəpriz] **n.f.** (de *reprendre*). **1.** Action de reprendre, de s'emparer de nouveau de : *La reprise d'une ville tombée aux mains de l'ennemi* (syn. **reconquête**). **2.** Continuation d'une chose interrompue : *La reprise des travaux sur un chantier* (syn. **recommencement**). **3.** Nouvel essor : *La reprise économique* (syn. **redémarrage**). **4.** Fait de jouer de nouveau une pièce, un film : *Reprise des premiers films de Steven Spielberg.* **5.** MUS. Répétition d'une partie d'un morceau, indiquée par des *barres de reprise ;* partie d'une chanson qui doit être exécutée deux fois, bien qu'elle ne soit écrite qu'une fois. **6.** SPORTS. Chacune des parties d'un combat de boxe (syn. **round**). **7.** Rachat d'un matériel, d'un objet usagé à celui à qui on vend un matériel neuf ; somme correspondante. **8.** Somme d'argent versée par un nouveau locataire à son prédécesseur pour entrer dans un local : *Reprise justifiée.* **9.** Réparation faite à une étoffe déchirée : *La reprise est presque invisible* (syn. **réparation, stoppage**). **10.** TECHN. Passage d'un bas régime de moteur à un régime supérieur sans utilisation du changement de vitesse : *Voiture qui a d'excellentes reprises* (syn. **accélération**). **11. À plusieurs reprises,** plusieurs fois successivement : *Je vous l'ai demandé à plusieurs reprises.*

repriser [rəprize] **v.t.** Réparer en faisant des reprises (syn. **raccommoder**).

réprobateur, trice [reprɔbatœr, -tris] **adj.** Qui exprime la réprobation : *Moue réprobatrice* (syn. **désapprobateur**).

réprobation [reprɔbasjɔ̃] **n.f.** (lat. ecclés. *reprobatio*). Jugement par lequel qqn blâme la conduite de qqn d'autre : *Encourir la réprobation de ses collègues* (syn. **désapprobation**).

reproche [rəprɔʃ] **n.m. 1.** Ce qu'on dit à qqn pour lui exprimer son mécontentement, sa désapprobation sur son comportement : *Vos reproches sont fondés* (syn. **critique, remontrance**). **2. Sans reproche,** à qui l'on ne peut rien reprocher.

reprocher [rəprɔʃe] **v.t.** (lat. pop. **repropriare,* rapprocher, mettre sous les yeux). **1.** Adresser des reproches à qqn en le rendant responsable d'une faute, d'une chose fâcheuse : *Reprocher à qqn son ingratitude.* **2.** Trouver un défaut à : *Qu'est-ce que tu reproches à cette voiture ?* ◆ **se reprocher v.pr.** Se considérer comme responsable de qqch : *Se reprocher d'avoir été si négligent* (syn. **se blâmer**).

reproducteur, trice [rəprɔdyktœr, -tris] **adj.** Qui sert à la reproduction des êtres vivants ; qui concerne la reproduction : *Organes reproducteurs.* ◆ **n.** Animal d'élevage, mâle ou femelle, employé à la reproduction.

reproductible [rəprɔdyktibl] **adj.** Qui peut être reproduit : *Une expérience reproductible* (syn. **renouvelable**).

reproduction [rəprɔdyksjɔ̃] **n.f. 1.** Fonction par laquelle les êtres vivants perpétuent leur espèce : *La reproduction des abeilles. Reproduction de végétaux par bouturage.* **2.** Image obtenue à partir d'un original : *Une reproduction d'un dessin de Picasso* (syn. **copie, imitation**). **3.** Action de reproduire un texte, une illustration, des sons ; imitation fidèle : *Autoriser la reproduction d'un article dans une revue.*

■ On distingue deux grands modes de reproduction : la reproduction sexuée, qui fait intervenir deux individus parents, et la reproduction asexuée, dans laquelle l'organisme se reproduit seul.

La reproduction sexuée. Dans la reproduction sexuée, le nouvel individu est formé à partir de deux cellules spécialisées, les cellules sexuelles, ou *gamètes*. Le gamète mâle *(spermatozoïde)* et le gamète femelle *(ovule)* fusionnent au cours de la *fécondation*. De celle-ci naît une cellule-œuf (un *zygote*), dont l'information génétique provient pour moitié de chaque parent. La cellule-œuf se divise un grand nombre de fois et forme un *embryon,* qui lui-même donnera un bébé.

À l'intérieur de ce cadre général, les variations sont nombreuses. Les gamètes peuvent être libérés dans le milieu extérieur ; c'est notamment le cas de nombreux invertébrés marins (oursins par exemple), ainsi que de nombreux poissons. Dans ce cas, les gamètes sont émis en très grande quantité, augmentant ainsi la probabilité de rencontre. C'est une *fécondation externe.* Chez de nombreux amphibiens, il y a accouplement du mâle et de la femelle, mais la fécondation est aussi externe : le mâle dépose son sperme (le liquide contenant les spermatozoïdes) sur les œufs que la femelle est en train de pondre. Chez les reptiles, les oiseaux et les mammifères (notamm.), la fécondation est *interne :* le mâle dépose ses spermatozoïdes à l'intérieur des voies génitales de la femelle au cours de l'accouplement.

La rencontre des partenaires sexuels nécessite dans de nombreux cas des moyens de communication divers, car les partenaires vivent souvent séparément en dehors de la période de reproduction. C'est le rôle des *parades nuptiales* (combats entre mâles, parades des mâles devant les femelles, chants dans le cas des oiseaux, « danses », mais aussi modification du pelage ou de la coloration de la peau…). Chez certaines espèces, les partenaires s'attirent par le biais de messages odorants ou lumineux (lucioles par ex.). Chez les végétaux, qui sont immobiles, ce sont les cellules reproductrices qui se déplacent pour assurer la rencontre. Les grains de pollen (qui renferment les cellules sexuelles mâles), notamm., sont transportés par le vent et vont se déposer sur le pistil des fleurs (qui renferme l'ovule).

La reproduction sexuée aboutit à la naissance d'individus tous différents (à l'exception des vrais jumeaux) : il y a en effet *brassage* des gènes des deux parents au cours de la fécondation et de la formation des cellules-œufs. Dans le monde végétal et animal, c'est le mode de reproduction le plus répandu.

La reproduction asexuée. Elle se produit chez toutes les bactéries et chez les protistes (êtres vivants unicellulaires), qui se multiplient par *scissiparité* (simple division cellulaire). Elle existe également chez de nombreux végétaux. Beaucoup, par exemple, sont capables de produire un nouveau plant à partir d'une branche se retrouvant dans la terre ou l'eau, et sur laquelle se forment des racines. Le bouturage est une application de la reproduction asexuée. Parmi les animaux, la reproduction asexuée concerne surtout les invertébrés aquatiques. Chez les méduses ou les hydres par exemple, l'individu parent produit des « bourgeons » qui se détachent et forment ensuite de nouveaux organismes adultes *(bourgeonnement).* Chez de nombreux vers et certains insectes (pucerons, abeilles), on observe le phénomène de *parthénogenèse* (développement d'un œuf sans qu'il y ait eu fécondation).

Dans la reproduction asexuée, il n'y a pas de brassage de gènes ni de cellule-œuf : les individus produits sont génétiquement identiques à leurs parents et entre eux (ce sont des *clones*). Chez les plantes et les invertébrés, la reproduction asexuée est un mode qui existe à côté de la reproduction sexuée. Les protistes peuvent également, dans certaines conditions environnementales, pratiquer une forme de reproduction sexuée. Au cours de celle-ci, appelée *conjugaison,* les deux partenaires échangent du matériel génétique. Au cours de la conjugaison des bactéries, une bactérie donneuse injecte du matériel génétique à la bactérie receveuse. ■

reproduire [rəprɔdɥir] **v.t.** (de *produire*) [conj. **98**]. **1.** Donner un équivalent aussi fidèle que possible de : *Reproduire les sons avec un magnétophone. Peintre qui reproduit un tableau* (syn. **copier, imiter**). **2.** Faire paraître un texte, une œuvre qui a déjà fait l'objet d'une publication : *Demander l'autorisation de reproduire une photographie.* ◆ **se reproduire v.pr. 1.** Donner naissance à des individus de son espèce : *Les mulets ne se reproduisent pas.* **2.** Se produire de nouveau : *Cet incident ne se reproduira plus* (syn. **se renouveler, se répéter**).

reprogrammer [rəprɔgrame] **v.t. 1.** Programmer de nouveau : *Reprogrammer une émission.* **2.** En génie génétique, pratiquer une manipulation permettant à une bactérie d'accomplir un programme précis (fabrication de vaccins, d'hormones, etc.).

reprographie [rəprɔgrafi] **n.f.** (de *repro[duction]* et *-graphie*). Ensemble des techniques permettant de reproduire un document.

réprouver [repruve] **v.t.** (bas lat. *reprobare,* condamner, de *probare,* trouver bon). **1.** Rejeter un acte en désapprouvant : *Des actes que la morale réprouve* (syn. **condamner**). *Nous réprouvons sa conduite* (syn. **désavouer**). **2.** En parlant de Dieu, exclure un pécheur du salut éternel.

reps [rɛps] **n.m.** (mot angl.). Étoffe d'ameublement à côtes perpendiculaires aux lisières.

reptation [rɛptasjɔ̃] **n.f.** (lat. *reptatio,* de *repere,* ramper). **1.** Action de ramper : *La reptation de soldats lors des manœuvres.* **2.** Mode de locomotion animale dans lequel le corps progresse sans l'aide des membres, sur une surface solide ou dans le sol : *La reptation d'un serpent.*

reptile [rɛptil] **n.m.** (bas lat. *reptilis,* de *repere,* ramper). Vertébré tétrapode à peau couverte d'écailles kératinisées, respirant par des poumons, et dont la température varie en fonction de l'environnement, tels que les tortues et les lézards. ▸ Env. 7 000 espèces. Les reptiles actuels comprennent : les squamates (lézards [lacertiliens] et serpents [ophidiens]), les chéloniens (tortues), les crocodiliens (crocodiles, alligators, caïmans) et les rhynchocéphales (un seul représentant actuel, le sphénodon, ou hattéria). À l'ère secondaire, l'« âge des reptiles », les reptiles étaient beaucoup plus nombreux et diversifiés qu'aujourd'hui.

■ **Caractéristiques.** Les reptiles ont une peau épaisse, couverte d'écailles (à l'exception de quelques tortues les ayant perdues secondairement). Chez les tortues, elle est renforcée par des plaques dermiques rigides formant une carapace. Hormis les serpents, qui sont dépourvus de pattes (les boas et pythons ont toutefois des vestiges de membres postérieurs), les reptiles ont quatre membres, et une queue parfois longue (lézards, crocodiliens). Une autre caractéristique est leur *poïkilothermie* (température variable en fonction de l'environnement) : ce sont des animaux « à sang froid ». Ils doivent chercher l'abri d'un endroit frais s'il fait trop chaud (sinon ils risquent de mourir si leur corps atteint une température dite « létale ») ; à l'inverse, ils doivent essayer d'augmenter leur température si celle du milieu est trop faible, notamment en se chauffant au soleil.

Alimentation. À l'exception des tortues terrestres, herbivores, et de quelques familles omnivores, les reptiles sont des carnivores prédateurs et vertébrés. Ils saisissent leurs proies entre leurs mâchoires, mais, le plus souvent, l'avalent tout entière. Les serpents, grâce à l'extraordinaire faculté de distension de leurs mâchoires (reliées par un ligament élastique) et de leur tube digestif, sont capables d'ingérer des proies bien plus larges qu'eux.

Reproduction. La fécondation est interne. La plupart des reptiles sont *ovipares ;* les œufs, entourés d'une coquille protectrice, sont pondus au nombre de un à quelques centaines selon les espèces. Certaines espèces de serpents et de lézards sont *ovovivipares :* les œufs ne sont pas pondus mais restent dans les voies génitales de la femelle jusqu'à la naissance des petits.

Les reptiles disparus. Les premiers reptiles connus apparurent au carbonifère (- 359 à - 299 millions d'années) et devinrent abondants dès le permien (- 299 à - 251 millions d'années). Caractérisés par des formes colossales pouvant aller jusqu'à 15 m de hauteur ou 30 m de longueur, les reptiles conquirent alors tous les milieux : aquatique (ichtyosaures), terrestre (dinosaures) et aérien (ptérosaures). Leur régime alimentaire était carnivore ou herbivore.

La disparition des grands reptiles tels les dinosaures, il y a 65 millions d'années, n'est toujours pas élucidée avec certitude. L'hypothèse le plus couramment admise est celle d'un obscurcissement du ciel durant plusieurs mois, provoqué par la collision de la Terre avec une météorite géante (qui, lors de l'impact, aurait projeté dans l'atmosphère d'énormes quantités de poussières et de roches) et/ou par l'intense activité volcanique qui régnait à l'époque, avec son cortège de fumées crachées par les cratères. L'absence de lumière aurait provoqué une forte baisse de la température, ainsi que la mort des plantes vertes, affectant ainsi les animaux herbivores, puis les carnivores. ■

reptilien, enne [rɛptiljɛ̃, -ɛn] **adj.** Relatif aux reptiles.

repu, e [rəpy] **adj.** (de *repaître*). Qui a satisfait sa faim : *Les convives, repus, se mirent à chanter* (syn. **gavé, rassasié**).

républicain, e [repyblikɛ̃, -ɛn] **adj.** Qui appartient à une république ou à la République : *Régime, gouvernement républicain.* ◆ **adj.** et **n. 1.** Qui est partisan de la république. **2.** Relatif au parti républicain, l'un des deux grands partis politiques des États-Unis ; membre ou sympathisant de ce parti.

républicain *(parti),* un des deux grands partis qui dominent la vie politique aux États-Unis, fondé en 1856 autour d'un programme antiesclavagiste. L'issue de la guerre de Sécession consacra la supériorité des républicains sur les démocrates et leur maintien au pouvoir, pratiquement sans interruption de 1861 à 1913, puis de 1921 à 1933. Le parti républicain a ensuite donné plusieurs présidents aux États-Unis : D. Eisenhower, R. Nixon, G. Ford, R. Reagan, G. Bush, G. W. Bush.

républicanisme [repyblikanism] **n.m.** Doctrine des républicains ; attachement au régime républicain.

république [repyblik] **n.f.** (du lat. *res publica,* propr. « chose publique »). **1.** Régime politique dans lequel la loi s'applique à tous sans exception et où la fonction de chef de l'État n'est pas héréditaire : *Une république fédérale.* **2.** État, pays ayant cette forme d'organisation : *La République française. La république de Corée.*

■ La définition du mot « république » a beaucoup varié dans l'histoire et le terme a recouvert des réalités politiques très diverses ; mais, comme l'indique son étymologie, il repose sur le principe selon lequel le pouvoir politique est, dans son but et son exercice, « chose publique ». Selon les époques, différentes interprétations en ont été données.

Dans l'Antiquité et au Moyen Âge. La république est apparue à Rome après la chute de la monarchie, vers 509 av. J.-C. Le terme provient de l'expression *res publica,* elle-même issue de *res populica,* c'est-à-dire la « chose du peuple ». En cela, la république s'oppose à *regnum* (royaume), ou « propriété du roi ». Si cette notion fait du peuple la source du pouvoir politique et implique son intervention dans les affaires publiques, de façon directe ou indirecte, elle n'induit pas nécessairement un régime démocratique. C'est le cas des républiques antiques, où la citoyenneté n'est accordée qu'à quelques individus et où le pouvoir est souvent dominé, comme à Rome, par de puissantes familles ; c'est aussi le cas des républiques aristocratiques apparues au Moyen Âge (à Venise, notamm.). En France, sous l'Ancien Régime, le terme de « république » est utilisé pour désigner l'État, dont la forme est pourtant monarchique (*les Six Livres de la république* de Jean Bodin, 1576).

Depuis le XVIIIe **s.** Dans *De l'esprit des lois,* publié en 1748, Montesquieu définit le gouvernement républicain comme celui « où le peuple en corps, ou seulement une partie du peuple, a la puissance souveraine ». Et c'est au XVIIIe s. que le terme, jusque-là réservé à des ensembles politiques de faibles dimensions, est appliqué pour la première fois et dans une acception plus démocratique à de grands →

pays, les États-Unis (formés en 1776) et la France (1792). Il faut cependant attendre la fondation de la IIIe République (1870) pour que la France connaisse un régime républicain durable. Si les régimes de ces deux pays ont pu servir d'exemples de gouvernements démocratiques, les notions de république et de démocratie ne sont pas pour autant strictement superposables. Il existe en effet des régimes monarchiques ayant adopté le suffrage universel et le multipartisme, ainsi que des régimes républicains limitant le droit de vote et le nombre des partis. ■

République (Ire), régime politique de la France du 21 sept. 1792 au 18 mai 1804. Mise en place après l'abolition de la royauté (10 août 1792), la Ire République s'achève à la proclamation de l'Empire. Pendant cette période se succèdent la Convention, le Directoire, le Consulat.

République (IIe), régime politique de la France du 25 févr. 1848 au 2 déc. 1852. Issue de la révolution de 1848 qui met fin à la monarchie de Juillet, elle est proclamée par un gouvernement provisoire, qui instaure le suffrage universel et s'oriente d'abord vers des réformes sociales (organisation des Ateliers nationaux, chantiers destinés aux ouvriers sans travail). Mais l'Assemblée constituante, élue en avr., se montre plus modérée sur le plan social.

Juin 1848. La fermeture des Ateliers nationaux provoque une grande insurrection populaire, écrasée par Cavaignac.
La Constitution de nov. confie le pouvoir législatif à une seule assemblée, indissoluble, et l'exécutif à un président élu pour 4 ans et non rééligible ; mais rien n'est prévu en cas de désaccord entre les deux pouvoirs.

Déc. 1848. Le prince Louis Napoléon Bonaparte est élu à la présidence de la République.
L'Assemblée législative, élue en mai 1849, est dominée par le parti de l'Ordre regroupant les légitimistes et les orléanistes et organise la « République sans les républicains » (Thiers). Après avoir réprimé l'opposition démocrate (juin), la droite monarchiste toute-puissante promulgue une série de lois réactionnaires.

Mars 1850. La loi Falloux avantage l'enseignement catholique.

Mai 1850. Une loi électorale restreint le suffrage universel. La liberté de la presse est atteinte également. Un conflit apparaît bientôt entre l'Assemblée, décidée à une restauration monarchique, et le prince-président, qui se désolidarise de sa politique.

2 déc. 1851. Coup d'État de Louis Napoléon Bonaparte, qui dissout l'Assemblée et rétablit le suffrage universel.
Le coup d'État est approuvé, en déc., par un plébiscite.

Janv. 1852. Une nouvelle Constitution prépare le rétablissement de l'Empire.

République (IIIe), régime politique de la France du 4 sept. 1870 au 10 juill. 1940. Elle est proclamée après la capitulation de Sedan, qui entraîne la chute du second Empire, tandis que se constitue le gouvernement de la Défense nationale. Celui-ci est contraint de signer un armistice avec la Prusse (janv. 1871).

La fondation de la République (1871-1879)

Févr. 1871. Une Assemblée nationale à majorité royaliste est élue.
Thiers, élu chef du pouvoir exécutif, négocie la paix avec l'Allemagne. La décision de l'Assemblée de s'installer à Versailles et les maladresses du gouvernement provoquent l'insurrection de la Commune de Paris.

1873. Après la démission de Thiers (1873), remplacé par Mac-Mahon à la présidence de la République, l'Assemblée nationale échoue dans sa tentative de restauration de la royauté, en raison des dissensions entre légitimistes et orléanistes.

1875. Adoption des lois constitutionnelles organisant la IIIe République.
Le pouvoir législatif est partagé entre la Chambre des députés, élue pour 4 ans au suffrage universel, et le Sénat. Le président de la République, élu pour 7 ans par les deux chambres, n'a que des pouvoirs limités. Le président du Conseil est le chef du gouvernement. Après la démission de Mac-Mahon (1879), remplacé par Jules Grévy, les républicains sont maîtres du régime.

La République modérée (1879-1899). Les républicains sont divisés entre opportunistes, partisans de réformes progressives, et radicaux. Si Gambetta est l'un des chefs républicains les plus populaires, c'est Jules Ferry qui réalise, en 1881-1882, les principales réformes : liberté de presse et de réunion, liberté municipale et syndicale, école primaire gratuite, laïque et obligatoire. Le régime doit cependant faire face à de graves crises : l'agitation antiparlementaire du général Boulanger (1887-1889), le scandale financier de Panama (1892-1893) et l'affaire Dreyfus, déclenchée en 1894, qui déchire le pays et permet l'accession au pouvoir des radicaux. À l'extérieur, la République fonde un puissant empire colonial.

La République radicale (1899-1914). Les radicaux, un temps soutenus par les socialistes, mettent en œuvre une politique anticléricale, dont É. Combes est l'un des artisans.

1905. Séparation des Églises et de l'État.
La question sociale passe au premier plan. Les mouvements syndical et socialiste, en plein essor, organisent de multiples grèves, brutalement réprimées par Clemenceau. Sur le plan extérieur, la France resserre son alliance avec la Russie et réalise l'Entente cordiale avec la Grande-Bretagne (1904). Sous la direction de Poincaré, la République se prépare à la guerre.

De la Première à la Seconde Guerre mondiale (1914-1940)

1914-1918. Lors de la Première Guerre mondiale, l'« Union sacrée » regroupe tous les partis.

1919. Après la victoire, les élections donnent le pouvoir à la droite.

1920. Au congrès de Tours, la scission au sein de la S.F.I.O. entraîne la création du parti communiste français.

1924. La droite est battue aux élections par l'opposition, regroupée dans le Cartel des gauches et animée par Herriot.

1926-1929. Poincaré dirige un gouvernement d'Union nationale et restaure la situation financière.
La crise économique mondiale atteint la France vers 1931-1932. L'instabilité ministérielle s'aggrave et l'opposition (extrême droite et communistes) se renforce.

6 févr. 1934. Une manifestation antiparlementaire provoque la démission du gouvernement.

1936. Les partis de gauche s'unissent en un Front populaire qui l'emporte aux élections de mai.

Avr. 1938. L'expérience du Front populaire s'interrompt avec la chute du second gouvernement Blum.

Sept. 1938. Daladier signe les accords de Munich.

Sept. 1939. La France déclare la guerre à l'Allemagne, qui a envahi la Pologne.

22 juin 1940. Le maréchal Pétain signe l'armistice avec l'Allemagne.

10 juill. 1940. L'Assemblée lui accorde les pleins pouvoirs, mettant fin à la IIIe République, à laquelle succède l'État français (gouvernement de Vichy).

République (IVe), régime politique de la France d'oct. 1946 à oct. 1958. À la Libération, le « Gouvernement provisoire de la République » succède à l'État français et procède à d'importantes réformes de structure (nationalisations, création de comités d'entreprise, généralisation de la Sécurité sociale). Hostile au projet de Constitution, le général de Gaulle démissionne du gouvernement (janv. 1946). La vie politique est d'abord marquée par le tripartisme, associant au pouvoir socialistes, communistes et démocrates-chrétiens.

Oct. 1946. Adoption de la Constitution.

1947. Vincent Auriol est élu président de la République.
Caractérisé par l'instabilité ministérielle, le régime voit dès lors se succéder des gouvernements dits de « Troisième Force », regroupant démocrates-chrétiens, socialistes et radicaux, qui sont combattus par l'opposition communiste et gaulliste. Ils doivent affronter de graves problèmes intérieurs (inflation) et extérieurs (guerre d'Indochine). Avec l'aide américaine (plan Marshall, 1947), ils amorcent le redressement de l'économie.

1949. La France signe le pacte de l'Atlantique Nord.
Après 1952, des gouvernements de centre droit se succèdent (dont celui de A. Pinay).

1953. René Coty devient président de la République.

1954. P. Mendès France met fin à la guerre d'Indochine (juill.). Les nationalistes algériens déclenchent une insurrection en nov. (début de la guerre d'Algérie).

1956. Le Front républicain, créé par les radicaux et les socialistes, triomphe aux élections.
Le gouvernement Guy Mollet (1956-1957) applique alors un programme de réformes sociales et de décolonisation. Il signe le traité de Rome qui institue le Marché commun (1957), mais échoue dans l'expédition de Suez (1956).
1958. La crise gouvernementale et l'aggravation de la situation en Algérie (émeute du 13 mai à Alger) provoquent la chute du régime et le retour de de Gaulle au pouvoir.

République (V^e^), régime politique de la France instauré en oct. 1958. Rappelé au gouvernement à la suite de la crise du 13 mai 1958 et investi des pleins pouvoirs, le général de Gaulle établit une Constitution approuvée par référendum (sept.). L'Assemblée nationale élue en nov. est dominée par les gaullistes.
Déc. 1958. De Gaulle est élu président de la République.
Le gouvernement, dirigé par Michel Debré, s'emploie à rétablir la stabilité monétaire (dévaluation, création d'un nouveau franc) et à mettre fin à la guerre d'Algérie. La politique d'« autodétermination » conduit à des négociations qui aboutissent aux accords d'Évian (mars 1962) et à l'indépendance de l'Algérie. Après la nomination de Georges Pompidou comme Premier ministre (avr.), le caractère présidentiel du pouvoir s'accentue.
Oct. 1962. Référendum approuvant le principe de l'élection du président de la République au suffrage universel.
Une forte opposition de gauche se reconstitue.
1965. De Gaulle est réélu à la présidence.
Après la crise de mai 1968, les élections législatives de juin marquent un net recul de l'opposition au profit des gaullistes. Maurice Couve de Murville remplace G. Pompidou.
Avr. 1969. Un projet sur la régionalisation est repoussé par référendum. De Gaulle démissionne.
Juin 1969. Georges Pompidou est élu président de la République. Au gouvernement de Jacques Chaban-Delmas succèdent, à partir de 1972, les deux gouvernements de Pierre Messmer.
Mai 1974. Après la mort de G. Pompidou, Valéry Giscard d'Estaing est élu à la présidence de la République.
Il nomme Jacques Chirac à la tête du gouvernement et procède à des réformes libérales. À partir de 1976, les gouvernements de Raymond Barre s'emploient à juguler la crise économique.
Mai 1981. François Mitterrand est élu président de la République.
Victorieux aux élections législatives (juin), le gouvernement socialiste de Pierre Mauroy met en œuvre des réformes fondamentales sur les plans juridique (abolition de la peine de mort), institutionnel (décentralisation), économique (nationalisations) et social (droit du travail). Mais, à partir de 1983, des mesures de rigueur économique sont adoptées. En 1984, Laurent Fabius est nommé à la tête du gouvernement.
Mars 1986. L'opposition remporte les élections législatives et régionales. En nommant J. Chirac Premier ministre, F. Mitterrand inaugure le premier gouvernement dit « de cohabitation », les deux responsables du pouvoir exécutif appartenant à deux formations politiques opposées.
Mai 1988. F. Mitterrand est réélu président. Il fait appel à Michel Rocard, auquel succèdent Édith Cresson (1991) et Pierre Bérégovoy (1992).
Mars 1993. L'opposition remporte les élections législatives. F. Mitterrand nomme Édouard Balladur Premier ministre. Deuxième gouvernement de « cohabitation ».
Mai 1995. Jacques Chirac est élu président de la République. Il nomme Alain Juppé à la tête du gouvernement.
1997. La gauche gagne très largement les élections législatives organisées à la suite de la dissolution, par J. Chirac, de l'Assemblée nationale. Lionel Jospin, Premier ministre d'une nouvelle cohabitation, forme un gouvernement à majorité socialiste, avec une participation des communistes et des écologistes.
Sept. 2000. Le remplacement du septennat par le quinquennat est approuvé par référendum. La durée d'un mandat présidentiel coïncide désormais avec celle d'une législature.
Mai 2002. J. Chirac est réélu président de la République. Il nomme Jean-Pierre Raffarin Premier ministre.
Mai 2005. J.-P. Raffarin est remplacé par Dominique de Villepin.
Mai 2007. Nicolas Sarkozy est élu président de la République en mai. Il nomme François Fillon à la tête du gouvernement.
Mai 2012. Candidat du parti socialiste, François Hollande est élu président de la République. Il nomme Jean-Marc Ayrault (2012-2014) puis Manuel Valls (depuis 2014) à la tête du gouvernement.

répudiation [repydjasjɔ̃] **n.f.** (lat. *repudiatio*). Action de répudier : *La répudiation d'une épouse.*

répudier [repydje] **v.t.** (lat. *repudiare,* repousser) [conj. **9**]. **1.** Dans les législations antiques et le droit musulman, renvoyer sa femme en vertu de dispositions légales par décision du mari : *Répudier une épouse.* **2.** *LITT.* Renoncer à qqch : *Répudier une opinion* (syn. **rejeter, renier**).

répugnance [repyɲɑ̃s] **n.f.** (lat. *repugnantia*). Vif sentiment de dégoût, de mépris pour qqn, qqch : *Avoir de la répugnance pour les huîtres* (syn. **aversion, répulsion**).

répugnant, e [repyɲɑ̃, -ɑ̃t] **adj.** Qui inspire de la répugnance : *Une odeur répugnante* (syn. **fétide, infect**). *Un individu répugnant* (syn. **abject**).

répugner [repyɲe] **v.t. ind. [à]** (lat. *repugnare,* lutter contre). **1.** Inspirer de la répugnance, de l'aversion à : *Cette nourriture, cet homme me répugnent* (syn. **dégoûter, écœurer**). **2.** Éprouver de l'aversion à faire qqch : *Je répugne à l'accuser* (syn. **rechigner, renâcler**).

répulsif, ive [repylsif, -iv] **adj.** (du lat. *repulsus,* de *repellere,* repousser). Qui provoque la répulsion (syn. **rebutant, repoussant**).

répulsion [repylsjɔ̃] **n.f.** (bas lat. *repulsio,* action de repousser). **1.** Vive répugnance pour qqn, qqch : *Éprouver de la répulsion pour qqn* (syn. **dégoût, écœurement**). *Avoir de la répulsion pour le mensonge* (syn. **aversion, exécration**). **2.** PHYS. Force en vertu de laquelle certains corps se repoussent mutuellement.

réputation [repytasjɔ̃] **n.f.** (lat. *reputatio, -onis,* évaluation). **1.** Manière dont qqn, qqch est considéré : *Il a la réputation d'être honnête.* **2.** Opinion favorable ou défavorable : *Jouir d'une bonne réputation* (syn. **estime, renommée**). **3. De réputation,** seulement par ce qu'on en a entendu dire : *Je le connais de réputation.*

réputé, e [repyte] **adj.** (de *réputer,* du lat. *reputare,* évaluer). **1.** Qui est considéré comme : *Homme réputé égoïste. Plante réputée guérir les maux d'estomac.* **2.** Qui jouit d'un grand renom : *Région réputée pour ses vins* (syn. **célèbre, fameux**). *Une avocate réputée* (syn. **connu**).

requérir [rəkerir] **v.t.** (lat. pop. **requaerere,* du class. *requirere,* d'après « quérir ») [conj. **39**]. **1.** Impliquer le recours à : *Cette phrase requiert une explication* (syn. **nécessiter, réclamer**). **2.** DR. Demander en justice : *Requérir la réclusion criminelle à perpétuité.* **3.** DR. Effectuer une réquisition : *Le maire a requis les propriétaires de ravaler leurs immeubles* (syn. **enjoindre**). **4.** Délivrer à une autorité militaire une réquisition de la force armée.

requête [rəkɛt] **n.f.** (anc. fr. *requeste,* p. passé de *requerre,* requérir). **1.** Demande instante, écrite ou verbale : *Présenter une requête à un ministre* (syn. **supplique**). **2.** DR. Demande effectuée auprès d'une juridiction ou d'un juge, dans le dessein d'obtenir une décision provisoire : *Adresser une requête au président d'un tribunal* (syn. **pétition**). **3.** INFORM. Instruction permettant une recherche sélective d'informations dans une base de données ou sur Internet.

requiem [rekɥijɛm] **n.m. inv.** (mot lat., de *requies,* repos, commençant la prière qu'il désigne). Prière catholique pour les morts ; musique composée sur cette prière.

requin [rəkɛ̃] **n.m.** (orig. incert., p.-ê. du lat. *requiem*). **1.** Poisson cartilagineux, marin, au corps fuselé doté de cinq à sept fentes branchiales situées sur le côté du corps. **2.** *FIG.* Homme, femme d'affaires impitoyable.

■ On connaît plus de 460 espèces de requins. La plupart sont des prédateurs de poissons ; certains s'attaquent aussi aux tortues de mer, aux oiseaux et aux mammifères →

marins. Le requin-baleine (15 m ; 12,5 t), le requin-pèlerin (12 m) et le requin grande gueule (4,5 m) se nourrissent de plancton. Si le requin-baleine est le plus grand poisson de la planète, tous les requins ne sont pas de grande taille. Les trois plus petites espèces (requin-chat pygmée, squale nain et sagre-elfe) mesurent entre 15 et 20 cm.
En dépit de leur réputation de « mangeurs d'hommes », peu d'espèces (une trentaine) sont potentiellement dangereuses pour l'homme, et seules quatre sont à l'origine de la majorité des accidents (le grand requin blanc, le requin-tigre, le requin-bouledogue et le requin-taureau). On dénombre une centaine d'attaques dans le monde chaque année. En fait, la plupart se produisent sur des surfeurs, que les requins prennent, vus du dessous, pour des tortues ou des otaries. La victime n'est d'ailleurs pas dévorée, car la chair humaine n'est pas assez grasse pour le requin. Le nombre de décès est très réduit : une dizaine par an (les chutes de noix de coco en provoquent 15 fois plus, et les serpents entre 2 000 et 10 000 fois plus).
Les requins sont pêchés de façon intensive, essentiellement pour leurs ailerons, consommés en Asie. Ils sont également victimes de la pêche sportive et de captures accidentelles dans les filets. Chaque année, ce sont entre 70 et 100 millions de requins qui sont sortis des océans. En fait, les trois quarts des espèces sont aujourd'hui menacées d'extinction. ■

requinquer [rəkɛ̃ke] **v.t.** (de l'anc. fr. *reclinquer,* donner du clinquant). *FAM.* Redonner des forces, de l'entrain à : *Buvez un peu de café, ça va vous requinquer* (syn. **remonter, revigorer**). ◆ **se requinquer v.pr.** *FAM.* Se rétablir après une maladie (syn. **récupérer, se remettre**).

requis, e [rəki, -iz] **adj.** (p. passé de *requérir*). Conforme à ce qui est demandé : *Les conditions requises pour obtenir un avancement* (syn. **exigé, prescrit**).

réquisition [rekizisjɔ̃] **n.f.** (lat. *requisitio*). **1.** Procédure qui autorise l'Administration à contraindre un particulier à lui céder un bien ou à effectuer une prestation : *Le préfet a ordonné la réquisition des grévistes.* **2. Réquisition de la force armée,** acte écrit par lequel certaines autorités publiques confèrent à une autorité militaire une mission de maintien de l'ordre ou de police judiciaire.

réquisitionner [rekizisjɔne] **v.t.** (de *réquisition*). **1.** Se procurer des biens, utiliser les services de qqn par acte de réquisition : *Réquisitionner des logements, les troupes.* **2.** *FAM.* Faire appel à qqn pour un service quelconque : *Réquisitionner des amis pour un déménagement* (syn. **mobiliser**).

réquisitoire [rekizitwar] **n.m.** (du lat. *requisitus,* p. passé de *requirere ;* v. *requérir*). **1.** DR. Plaidoirie par laquelle le ministère public requiert l'application ou non de la loi pénale envers le prévenu ou l'accusé. **2.** Discours dans lequel on accumule les accusations contre qqn, une institution, etc. : *Dresser un réquisitoire contre le gouvernement.*

R.E.R. [ɛrøɛr] **n.m.** (sigle de *réseau express régional*). Métro régional constitué de lignes au gabarit international des chemins de fer, desservant Paris et sa région.

rescapé, e [rɛskape] **adj.** et **n.** (forme wallonne de *réchappé,* répandu lors de la catastrophe minière de Courrières, le 10 mars 1906). Sorti vivant d'un accident : *Les personnes rescapées ont été dirigées vers les hôpitaux de la région.*

rescousse [rɛskus] **n.f.** (réfection de l'anc. fr. *recousse,* p. passé f. de *rescourre,* reprendre, délivrer). **À la rescousse,** en renfort, pour porter assistance.

réseau [rezo] **n.m.** (lat. *retiolus,* dimin. de *retis,* filet). **1.** Ensemble de lignes entrecroisées : *Un réseau de fines veines sur une main.* **2.** Ensemble de voies ferrées, de lignes électriques, de canalisations d'eau ou de gaz, etc., reliant une même unité géographique : *Réseau routier, téléphonique.* **3.** Ensemble de personnes qui sont en liaison en vue d'une action clandestine : *Un réseau de résistance.* **4.** PHYS. Surface striée d'un ensemble de traits fins, parallèles et très rapprochés qui diffractent la lumière. **5.** INFORM. Système d'ordinateurs géographiquement éloignés les uns des autres, interconnectés par des télécommunications. **6. Réseau hydrographique,** ensemble formé par un fleuve et ses affluents drainant tout un bassin hydrographique. ⁄ INFORM. **Réseau social,** site Web sur lequel des internautes échangent des informations personnelles (textes et images), créant ainsi une communauté virtuelle et interactive.

résection [resɛksjɔ̃] **n.f.** (du lat. *resecare,* retrancher). CHIR. Action de retrancher une portion d'organe, en rétablissant la continuité de sa fonction : *Résection intestinale.*

réséda [rezeda] **n.m.** (du lat. *reseda,* impér. de *resedare,* calmer). Plante herbacée dont on cultive une espèce, originaire d'Afrique, pour ses fleurs odorantes.

réséquer [reseke] **v.t.** (lat. *resecare,* de *secare,* couper) [conj. **18**]. CHIR. Pratiquer la résection de.

réservataire [rezɛrvatɛr] **adj.** et **n.** DR. CIV. Se dit de l'héritier qui bénéficie légalement de tout ou partie de la réserve héréditaire.

réservation [rezɛrvasjɔ̃] **n.f.** (angl. *reservation*). Action de retenir une place dans un avion, un train, une chambre dans un hôtel, etc. : *Avez-vous une réservation ?*

réserve [rezɛrv] **n.f. 1.** Chose mise de côté pour un usage ultérieur : *Avoir une bonne réserve d'argent. Constituer des réserves de denrées alimentaires* (syn. **provisions**). **2.** Local où l'on entrepose les marchandises : *Aller dans la réserve chercher un article qu'on n'a plus en magasin* (syn. **arrière-boutique**). **3.** Fraction d'un héritage dont une personne ne peut disposer au détriment de certains héritiers : *Réserve héréditaire.* **4.** Ensemble de citoyens n'appartenant pas à l'armée d'active et pouvant la renforcer (réserve opérationnelle) ou apporter un concours dans les relations armée-nation (réserve citoyenne) ; formation maintenue à la disposition du commandement pour être employée en renfort. **5.** Attitude de qqn qui agit avec prudence : *C'est un modèle de discrétion et de réserve* (syn. **retenue**). *Faire preuve de réserve dans une circonstance délicate* (syn. **modération**). **6.** Portion de territoire soumise à une réglementation spéciale pour la protection d'espèces animales ou végétales : *Réserve botanique, ornithologique. Réserve de chasse, de pêche.* **7.** Ensemble des œuvres d'un musée non exposées, des livres d'une bibliothèque publique qui ne sont pas accessibles sans contrôle : *Demander à consulter un ouvrage de la réserve.* **8. De réserve,** destiné à être utilisé en temps opportun : *Du matériel de réserve.* ⁄ **En réserve,** à part, de côté : *Avoir de grosses sommes en réserve.* ⁄ **Obligation de réserve,** obligation à la discrétion qui s'impose aux agents de l'Administration, dans l'expression de leurs opinions. ⁄ **Réserve amérindienne** ou **indienne** en Amérique, territoire réservé aux Indiens et soumis à un régime spécial. ⁄ **Sans réserve,** sans limite, sans restriction : *Je vous approuve sans réserve.* ⁄ **Sous toute réserve,** en faisant la part d'une rectification possible ; sans garantie : *Publier une nouvelle sous toute réserve.* ◆ **réserves n.f. pl. 1.** Limitation apportée à un jugement que l'on émet, à un accord que l'on donne : *Une acceptation assortie de réserves* (syn. **restriction**). **2.** Quantités identifiées de ressources naturelles : *Réserves de pétrole.* **3.** PHYSIOL. Substances entreposées dans un organe en vue de leur utilisation ultérieure (ex. les lipides dans la moelle jaune des os).

réservé, e [rezɛrve] **adj.** (p. passé de *réserver*). **1.** Qui fait preuve de réserve : *Être réservé dans ses jugements* (syn. **circonspect, modéré**). **2.** Destiné exclusivement à une personne, à son usage : *Chasse réservée. Places réservées.*

réserver [rezɛrve] **v.t.** (lat. *reservare*). **1.** Mettre de côté en vue d'un usage particulier : *Réserver une bonne bouteille pour des amis* (syn. **garder**). **2.** Destiner : *Nul ne sait ce que l'avenir nous réserve.* **3.** Faire la réservation de : *Réserver une chambre d'hôtel* (syn. **retenir**). **4.** Affecter à une destination : *On réserve le local aux réunions.* ◆ **se réserver v.pr. 1.** S'accorder qqch à soi-même : *Se réserver quelques jours de liberté.* **2.** S'abstenir de manger afin de conserver de l'appétit pour un autre plat : *Je me réserve pour le dessert.* **3. Se réserver de** (+ inf.), envisager la possibilité de faire qqch au moment convenable : *Je me réserve d'intervenir.*

réserviste [rezɛrvist] **n.** Personne qui appartient à la réserve des forces armées ou à la réserve civile.

réservoir [rezɛrvwar] **n.m.** (de *réserver*). **1.** Lieu aménagé pour accumuler et conserver certaines choses : *Un réservoir d'eau potable* (syn. **citerne**). **2.** Lieu où sont amassées diverses réserves : *Réservoir de matières premières.* **3.** Récipient contenant des produits liquides ou gazeux.

résidant, e [rezidɑ̃, -ɑ̃t] **n.** ⟶ **1. résident.**

résidence [rezidɑ̃s] **n.f.** (lat. médiév. *residentia*). **1.** Demeure habituelle dans un lieu déterminé : *Famille qui change de résidence* (syn. **domicile**). **2.** Ensemble d'habitations destinées à une catégorie donnée de personnes : *Résidence universitaire. Résidence pour personnes âgées.* **3.** Groupe d'habitations d'un certain confort : *Les luxueuses résidences des beaux quartiers.* **4. Résidence de la famille,** domicile choisi d'un commun accord par les époux. (A remplacé l'appellation *domicile conjugal.*) / **Résidence secondaire,** lieu d'habitation s'ajoutant au logement habituel, et dans lequel, en génér., on séjourne pendant les vacances et les week-ends. / **Résidence surveillée,** imposée à un individu jugé dangereux pour l'ordre public et que les autorités veulent pouvoir surveiller.

1. résident, e ou **résidant, e** [rezidɑ̃, -ɑ̃t] **n.** (lat. *residens,* qui réside). Personne qui habite dans un lieu déterminé : *Carte de stationnement pour résidents. Les résidants d'une maison de retraite.*

2. résident, e [rezidɑ̃, -ɑ̃t] **n.** (lat. *residens,* qui réside). **1.** Personne qui réside dans un autre endroit que son pays d'origine : *Les cartes de résident sont délivrées par le consulat.* **2.** HIST. **Résident général,** à l'époque coloniale, haut fonctionnaire placé par le pays protecteur auprès du souverain d'un pays sous protectorat, en Tunisie et au Maroc, notamm.

résidentiel, elle [rezidɑ̃sjɛl] **adj.** (de *résidence*). **1.** Qui est réservé à l'habitation, en parlant d'une ville, d'un quartier : *Banlieue résidentielle.* **2.** Qui offre un haut niveau de confort, de luxe : *Immeuble résidentiel.*

résider [rezide] **v.i.** (lat. *residere,* de *sidere,* être assis). **1.** Avoir sa résidence à tel endroit : *Ils ont choisi de résider à Paris* (syn. **demeurer, habiter**). **2.** Être, consister en qqch : *L'inconvénient de cet appareil réside dans son prix.*

résidu [rezidy] **n.m.** (du lat. *residuum,* qui reste). **1.** Matière qui subsiste après une opération physique ou chimique, un traitement industriel, etc. **2.** *LITT.* Ce qui reste, inutilisable ou sans valeur, de qqch.

résiduaire [rezidɥɛr] **adj.** Qui forme un résidu : *Les eaux résiduaires industrielles.*

résiduel, elle [rezidɥɛl] **adj.** (de *résidu*). **1.** Qui est de la nature des résidus ; qui constitue un résidu : *Matières résiduelles.* **2.** GÉOL. **Roches résiduelles,** roches exogènes formées par concentration sélective de certains éléments d'une roche préexistante, les autres étant dissous.

résignation [reziɲasjɔ̃] **n.f.** Fait de se résigner ; renoncement : *Accepter son sort avec résignation* (syn. **fatalisme**).

résigné, e [reziɲe] **adj.** et **n.** Qui a renoncé à lutter ; qui s'est soumis au sort qui lui est réservé : *Un malade résigné.*

résigner [reziɲe] **v.t.** (du lat. *resignare,* annuler). *LITT.* Renoncer volontairement à : *Résigner sa fonction* (syn. **démissionner de**). ◆ **se résigner v.pr.** Se soumettre sans protestation à qqch de pénible, de désagréable : *Se résigner à son sort* (syn. **se soumettre**).

résiliable [reziljabl] **adj.** Qui peut être résilié : *Bail résiliable tous les trois ans.*

résiliation [reziljasjɔ̃] **n.f.** Annulation d'un contrat par l'accord des parties ou la volonté de l'une d'entre elles : *Résiliation d'une vente.*

résilience [reziljɑ̃s] **n.f.** PSYCHOL. Aptitude d'un individu à se construire et à vivre de manière satisfaisante en dépit de circonstances traumatiques.

résilient, e [reziljɑ̃, -ɑ̃t] **adj.** et **n.** PSYCHOL. Qui est capable de résilience.

résilier [rezilje] **v.t.** (lat. *resilire,* propr. « sauter en arrière ») [conj. **9**]. Mettre fin à un contrat : *Locataire qui résilie son bail* (syn. **annuler** ; contr. **reconduire**).

résille [rezij] **n.f.** (de l'esp. *redecilla,* d'apr. *réseau*). **1.** Filet à larges mailles qui sert à maintenir la chevelure. **2. Bas résille,** bas formé d'un réseau de larges mailles.

résine [rezin] **n.f.** (lat. *resina*). **1.** Produit solide ou semi-liquide, translucide et insoluble dans l'eau, que sécrètent certaines espèces végétales, notamm. les conifères. **2.** Composé naturel ou synthétique utilisé dans la fabrication des matières plastiques, des peintures, etc. (⟶ plastique.)

résiner [rezine] **v.t. 1.** Extraire la résine de : *Résiner un pin.* **2.** Enduire de résine : *Résiner des allumettes.*

résineux, euse [rezinø, -øz] **adj.** Qui tient de la résine ; qui en produit : *Matière résineuse. Bois résineux.* ◆ **résineux n.m.** Arbre forestier gymnosperme, riche en matières résineuses. ▸ Les principaux résineux sont des conifères : pin, sapin, épicéa, mélèze, if, cyprès, cèdre, genévrier et thuya.

résinier, ère [reziɲe, -ɛr] **n.** Professionnel effectuant des saignées dans les pins et récoltant la résine qui s'en écoule. ◆ **adj.** Qui a trait aux produits résineux.

résipiscence [resipisɑ̃s] **n.f.** (lat. ecclés. *resipiscentia,* de *resipiscere,* revenir à la raison). *LITT.* **Venir, amener à résipiscence,** reconnaître, amener à reconnaître sa faute avec la volonté de s'amender.

résistance [rezistɑ̃s] **n.f. 1.** Action de résister, de s'opposer à qqn : *Se laisser arrêter sans résistance* (syn. **réaction**). **2.** Capacité à résister à une épreuve physique ou morale : *Avoir une bonne résistance à la fatigue* (syn. **endurance**). **3.** Propriété que possède un corps de résister, de s'opposer aux effets d'un agent extérieur : *Ce tissu a été utilisé pour sa résistance* (syn. **solidité**). **4.** PHYS. Force qui s'oppose au mouvement d'un corps dans un fluide : *La résistance de l'air.* **5.** ÉLECTR. Propriété d'un conducteur caractérisant sa capacité à s'opposer au passage du courant (elle s'exprime en ohms ; symb. Ω). ▸ La résistance est égale au quotient de la tension aux bornes des conducteurs par l'intensité du courant qui le parcourt (R = U/I, ce qui constitue l'expression de la loi d'Ohm). **6.** ÉLECTR. Dipôle passif dans lequel toute l'énergie électrique mise en jeu est convertie en chaleur par l'effet Joule : *Changer la résistance d'un fer à repasser.* **7.** PSYCHAN. Manifestation du refus du sujet de reconnaître des contenus inconscients. **8. Plat de résistance,** plat principal d'un repas. **9. Résistance des matériaux,** partie de la mécanique appliquée ayant pour objet l'évaluation des contraintes et des déformations subies par une structure sous l'action de forces extérieures données. / HIST. **La Résistance,** action clandestine menée pendant la Seconde Guerre mondiale contre l'occupation allemande par des organisations civiles et militaires de plusieurs pays d'Europe.

■ HISTOIRE. Les objectifs de la Résistance débordent du cadre militaire (libération du territoire) car ils prévoient, une fois la victoire acquise, la prise du pouvoir et de nouvelles institutions de l'État.
En Europe occidentale, la Résistance est surtout caractérisée par la prédominance de la guerre psychologique et sa dépendance à l'égard de la Grande-Bretagne. En France, les mouvements de résistance sont fédérés en 1943 par le Conseil national de la Résistance (C.N.R.). Par son activité (informations transmises aux Alliés, maquis, sabotages, etc.), la Résistance a fortement contribué à la libération du territoire.
En Europe orientale, elle s'affirme davantage dans les maquis et dans la guérilla, opérant parfois en liaison avec l'Armée rouge. Plus qu'ailleurs, elle a revêtu un caractère populaire. ■

résistant, e [rezistɑ̃, -ɑ̃t] **adj. 1.** Qui supporte bien les épreuves physiques : *Homme résistant* (syn. **robuste**). **2.** Qui résiste à une force extérieure, à l'usure : *Tissu résistant* (contr. **fragile**). ◆ **adj.** et **n. 1.** Qui s'oppose à une occupation ennemie. **2.** Membre de la Résistance pendant la Seconde Guerre mondiale.

résister [reziste] **v.t. ind. [à]** (lat. *resistere,* de *sistere,* s'arrêter). **1.** S'opposer par la force à celui ou à ceux qui emploient des moyens violents : *Résister à un agresseur* (= se défendre contre). **2.** Ne pas céder sous l'action d'un choc, d'une force : *Le plancher ne pourra pas résister à un tel poids* (syn. **supporter**). **3.** S'opposer à la volonté de qqn, à ses desseins, à ses désirs : *Ses parents n'osent pas lui résister* (syn. **contrarier**). **4.** Lutter contre ce qui attire : *Résister à une proposition malhonnête* (syn. **repousser ;** contr. **céder**). **5.** Supporter victorieusement des épreuves physiques ou morales : *Résister à la fatigue.*

résistivité [rezistivite] **n.f.** ÉLECTR. Caractéristique d'une substance conductrice, exprimant sa résistance en fonction des dimensions dans lesquelles elle est utilisée.

résistor [rezistɔr] **n.m.** (angl. *resistor*). ÉLECTRON. Composant transformant totalement en chaleur l'énergie électrique qu'il consomme.

Resnais (Alain), cinéaste français (Vannes 1922 - Paris 2014). Remarqué pour la qualité de ses courts métrages (*Van Gogh,* 1948 ; *Guernica,* 1950 ; *Nuit et brouillard,* 1955), il s'affirma, avec ses deux premiers films de fiction (*Hiroshima mon amour,* 1959 ; *l'Année dernière à Marienbad,* 1961), comme l'un des réalisateurs les plus originaux de sa génération. Il tourna ensuite : *Providence* (1976), *Mon oncle d'Amérique* (1980), *La vie est un roman* (1983), *Mélo* (1986), *Smoking/No Smoking* (1993), *On connaît la chanson* (1997), *Cœurs* (2006), *les Herbes folles* (2009).

résolu, e [rezɔly] **adj.** (p. passé de *résoudre*). Ferme dans ses projets ; hardi, déterminé : *Il se montre très résolu à ne pas céder* (syn. **décidé**). *Une attitude résolue.*

résoluble [rezɔlybl] **adj.** (de *résoudre*). DR. Qui peut être annulé : *Contrat résoluble.*

résolument [rezɔlymɑ̃] **adv.** De manière résolue, décidée ; sans hésitation : *Il s'est mis résolument au travail* (syn. **fermement**).

résolutif, ive [rezɔlytif, -iv] **adj.** et **n.m.** (du lat. *resolutum,* de *resoluere ;* v. *résoudre*). **1.** MÉD. Se dit d'un médicament qui fait disparaître une inflammation. **2.** Se dit d'une substance qui favorise le relâchement musculaire.

résolution [rezɔlysjɔ̃] **n.f.** (lat. *resolutio,* de *resolvere ;* v. *résoudre*). **1.** Fait de trancher un cas douteux, une question : *Résolution d'une difficulté, d'un problème.* **2.** Décision prise avec la volonté de s'y tenir : *Résolution inébranlable* (syn. **détermination**). **3.** Fait de se résoudre, de se réduire : *Résolution d'un nuage en pluie.* **4.** DR. Dissolution d'un contrat pour inexécution des engagements. **5.** MÉD. Retour à l'état normal, sans suppuration, d'un tissu enflammé. **6.** PHYSIOL. État de relâchement des muscles. **7.** POLIT. Motion adoptée par une assemblée délibérante, qui constitue soit un simple vœu, soit une disposition du règlement intérieur. **8.** MATH. **Résolution d'une équation,** détermination de ses solutions. / MUS. **Résolution d'un accord,** action d'enchaîner sur une dissonance un accord ou un intervalle consonant. / OPT. **Pouvoir de résolution,** pouvoir séparateur d'un instrument d'observation.

résolutoire [rezɔlytwar] **adj.** DR. Qui entraîne la résolution d'un acte, d'un contrat : *Une clause résolutoire.*

résonance [rezɔnɑ̃s] **n.f.** (lat. *resonantia*). **1.** Propriété d'accroître la durée ou l'intensité du son : *La résonance d'une salle.* **2.** Effet, écho produit dans l'esprit, le cœur : *Ce poème éveille des résonances profondes.* **3.** PHYS. Augmentation de l'amplitude d'une oscillation sous l'influence d'impulsions périodiques de fréquence voisine. **4.** CHIM. Particularité de certaines molécules organiques qui ne peuvent être représentées que par un ensemble de structures différant par la localisation des électrons. **5.** PHYS. Particule élémentaire instable de vie moyenne très courte. **6. Résonance magnétique nucléaire (R.M.N.),** méthode d'analyse spectroscopique utilisée en imagerie médicale (dite *imagerie par résonance magnétique,* ou *I.R.M.*).

résonant, e ou **résonnant, e** [rezɔnɑ̃, -ɑ̃t] **adj.** PHYS. Susceptible d'entrer en résonance.

résonateur [rezɔnatœr] **n.m.** PHYS. Appareil, système qui vibre par résonance.

résonner [rezɔne] **v.i.** (lat. *resonare,* de *sonus,* son). **1.** Renvoyer le son en augmentant sa durée ou son intensité : *Cette salle résonne trop* (syn. **retentir, vibrer**). **2.** Produire un son : *Cette cloche résonne faiblement* (syn. **sonner, tinter**).

résorber [rezɔrbe] **v.t.** (lat. *resorbere*). **1.** Faire disparaître peu à peu : *Résorber un déficit.* **2.** MÉD. Opérer la résorption d'une tumeur, d'un abcès, etc. ◆ **se résorber v.pr.** Disparaître progressivement : *Abcès qui se résorbe bien.*

résorption [rezɔrpsjɔ̃] **n.f.** (de *résorber,* d'apr. *absorption*). **1.** Fait de se résorber ; disparition progressive, totale ou partielle, d'une tumeur, d'un corps étranger, d'un organe. **2.** Suppression progressive : *Un plan économique qui vise à la résorption du chômage* (syn. **élimination**).

résoudre [rezudr] **v.t.** (adaptation, d'apr. l'anc. fr. *soudre,* du lat. *resolvere,* délier) [conj. **88**]. **1.** *LITT.* Décomposer un corps en ses éléments constituants : *Le temps résout les corps en poussière* (syn. **réduire**). **2.** MÉD. Faire disparaître peu à peu et sans suppuration. **3.** Prendre le parti, la détermination de faire qqch : *Il a résolu de partir à l'étranger* (syn. **décider**). **4.** Trouver une solution, une réponse à une question, un problème : *La police n'a pas réussi à résoudre cette énigme* (syn. **débrouiller, démêler**). **5.** ASTRON. Mettre en évidence des astres distincts au sein d'un objet céleste : *Résoudre une galaxie en étoiles.* **6.** MATH. **Résoudre une équation,** déterminer l'ensemble des solutions d'une équation, d'un système d'équations. ◆ **se résoudre v.pr. [à]. 1.** Consentir finalement à : *Se résoudre à partir* (syn. **se décider**). **2.** Se ramener, aboutir finalement à tel résultat ; consister en : *Un différend qui se résout à une querelle de personnes.*

respect [rɛspɛ] **n.m.** (lat. *respectus,* de *respicere,* regarder en arrière). **1.** Sentiment qui porte à traiter qqn, qqch, avec de grands égards, à ne pas porter atteinte à qqch : *Respect filial* (syn. **déférence**). *Respect des lois.* **2.** *VX.* **Sauf votre respect,** que cela ne vous offense pas. / **Tenir qqn en respect,** le contenir, lui en imposer ; le menacer avec une arme. ◆ **respects n.m. pl.** *LITT.* (Dans des formules de politesse). Civilités ; hommages : *Présenter ses respects.*

respectabilité [rɛspɛktabilite] **n.f.** (angl. *respectability*). Qualité d'une personne respectable : *Le souci de sa respectabilité lui donnait un air compassé* (syn. **dignité**).

respectable [rɛspɛktabl] **adj. 1.** Digne de respect : *Un homme respectable* (syn. **honorable**). *Une attitude respectable.* **2.** D'une importance dont on doit tenir compte ; assez grand : *Un nombre respectable de spectateurs* (syn. **appréciable ;** contr. **insignifiant**).

respecter [rɛspɛkte] **v.t.** (de *respect*). **1.** Traiter, considérer avec respect : *Respecter les convictions de qqn.* **2.** Ne pas porter atteinte à qqch ; ne pas troubler : *Respecter les traditions* (contr. **enfreindre**). *Respecter le sommeil de qqn.* ◆ **se respecter v.pr.** Se comporter avec la dignité qui convient : *Un acteur qui se respecte n'accepte pas n'importe quel rôle.*

respectif, ive [rɛspɛktif, -iv] **adj.** (lat. scolast. *respectivus,* du class. *respectus,* égard, considération). Qui concerne chaque personne, chaque chose, par rapport aux autres : *Les droits respectifs du salarié et de l'entreprise* (syn. **particulier, personnel**). *Déterminer la position respective des astres.*

respectivement [rɛspɛktivmɑ̃] **adv.** Chacun en ce qui le concerne : *Trois points désignés respectivement par* a, b *et* c.

respectueusement [rɛspɛktɥøzmɑ̃] **adv.** Avec respect.

respectueux, euse [rɛspɛktɥø, -øz] **adj.** Qui témoigne du respect ; qui marque du respect : *Un homme respectueux des convenances. Présenter ses respectueuses salutations.*

Respighi (Ottorino), compositeur italien (Bologne 1879 - Rome 1936). Directeur de l'Académie Sainte-Cécile à Rome, il a notamment composé des poèmes symphoniques (*les Fontaines de Rome,* 1916 ; *les Pins de Rome,* 1924) et des œuvres lyriques.

respirable [rɛspirabl] **adj.** Que l'on peut respirer : *Atmosphère à peine respirable.*

respirateur [rɛspiratœr] **n.m. 1.** Masque qui filtre l'air. **2.** MÉD. Appareil destiné à assurer une ventilation pulmonaire artificielle.

respiration [rɛspirasjɔ̃] **n.f. 1.** Le fait de respirer : *Avoir une respiration difficile. Perdre la respiration.* **2.** PHYSIOL., BOT. Ensemble des fonctions qui permettent l'absorption de l'oxygène et le rejet du gaz carbonique chez l'homme, les animaux et les espèces végétales. **3.** MÉD. **Respiration artificielle,** ensemble des manœuvres destinées à suppléer, à rétablir chez un asphyxié la respiration naturelle. / **Respiration cellulaire,** ensemble des réactions biochimiques se produisant dans les mitochondries, qui permettent de produire l'énergie nécessaire à la cellule, à partir de l'oxydation du glucose et avec libération de dioxyde de carbone et d'eau.

■ Le rôle de la respiration est de pourvoir les cellules en oxygène : celles-ci possèdent un organite, la mitochondrie, qui utilise l'oxygène pour dégrader les molécules organiques (glucose, par ex.) et fournir l'énergie nécessaire à l'activité cellulaire (chez les bactéries, les réactions biochimiques de la respiration se produisent dans la membrane bactérienne). Cette libération d'énergie entraîne une production de dioxyde de carbone et d'eau.
La respiration est un phénomène existant chez tous les êtres vivants à l'exception des rares organismes vivant en anaérobie (sans oxygène). Oxygène, dioxyde de carbone et eau sont échangés en permanence par l'organisme au niveau d'organes. Chez les invertébrés, la peau richement vascularisée peut jouer ce rôle. Chez d'autres, comme les insectes, les échanges gazeux avec le milieu extérieur ont lieu par de petits orifices respiratoires de la trachée, les stigmates. Les poissons ont développé des branchies qui leur permettent de respirer l'oxygène dissous dans l'eau. Les poumons des vertébrés aériens captent l'oxygène de l'air. Leur paroi fine, de grande surface et richement vascularisée, facilite la diffusion des gaz. Après avoir traversé la membrane des poumons, l'oxygène se fixe à une molécule des globules rouges, l'hémoglobine, pour être transporté aux cellules. Le dioxyde de carbone suit le chemin inverse jusqu'aux poumons. L'air pauvre en oxygène et riche en dioxyde de carbone doit être rejeté. La *ventilation* est l'ensemble des phénomènes qui font que l'air est alternativement expulsé et absorbé par le poumon. Pendant l'inspiration, les muscles des côtes et le diaphragme sont contractés, ce qui augmente le volume de la cage thoracique et provoque l'entrée d'air dans les poumons. Au cours de l'expiration, la cage thoracique s'affaisse et chasse l'air des poumons. ■

respiratoire [rɛspiratwar] **adj. 1.** Qui sert à respirer : *Appareil respiratoire.* **2.** Relatif à la respiration : *Troubles respiratoires.*

■ **L'appareil respiratoire.** L'appareil respiratoire de l'homme est constitué de deux poumons qui ont chacun la forme d'un demi-cône. Ils sont situés de part et d'autre du cœur et des organes médians (trachée, bronches, œsophage) du thorax. Leur base repose sur le diaphragme qui sépare thorax et abdomen. Ils sont protégés par la cage thoracique, formée par les côtes.
Chaque poumon est divisé en lobes (deux pour le poumon gauche, trois pour le poumon droit), et enveloppé par une double membrane qui délimite une cavité : la plèvre. Le transport de l'air dans chaque poumon est assuré par une bronche (reliée à la trachée). À l'intérieur des poumons, chaque bronche se divise en conduits plus petits, qui se divisent à leur tour, pour se terminer en conduits très fins appelés *bronchioles.* Chaque bronchiole aboutit à un lobule pulmonaire. Celui-ci groupe de petits sacs à paroi très fine et élastique, les *alvéoles,* dans lesquels s'effectuent les échanges gazeux avec le sang. Le sang chargé de gaz carbonique est apporté par les artères pulmonaires (en provenance du cœur droit). Au niveau des alvéoles, il libère son dioxyde de carbone et se charge d'oxygène. Il ressort par les veines pulmonaires, qui le ramènent au cœur gauche (il entre ensuite dans la grande circulation).
Les maladies. Les maladies de l'appareil respiratoire sont variées. Les plus fréquentes sont d'origine infectieuse comme les pneumonies, les abcès, la tuberculose ; ou liées au tabac comme les *broncho-pneumopathies chroniques obstructives (B.P.C.O.)* ou le cancer broncho-pulmonaire. L'asthme, d'origine souvent allergique, est une maladie des petites bronches, caractérisée par leur hyperactivité (diminution de diamètre pouvant gêner fortement la respiration). Les insuffisances respiratoires chroniques apparaissent après de nombreuses années d'évolution d'atteintes bronchiques ou pulmonaires, comme les bronchites chroniques ou l'emphysème pulmonaire (dans lequel le poumon est détruit et distendu par la formation de bulles). Les embolies pulmonaires se constituent par la migration d'un caillot dans le système artériel pulmonaire, qui est ainsi obstrué en partie ; elles peuvent représenter une menace pour la vie. ■

respirer [rɛspire] **v.i.** (lat. *respirare,* de *spirare,* souffler). **1.** Absorber l'air ambiant et le rejeter après qu'il a régénéré le sang : *Respirer par le nez. Respirer à fond.* **2.** Absorber l'oxygène de l'air et rejeter du gaz carbonique, en parlant des êtres vivants. **3.** FAM. Avoir un moment de répit : *Je viens de rentrer, laissez-moi respirer un moment.* ◆ **v.t. 1.** Absorber en aspirant : *Respirer l'air pur de la montagne* (syn. **inhaler**). *Respirer un parfum* (syn. **sentir**). **2.** Marquer ; manifester, exprimer : *Cet homme respire la santé.*

resplendir [rɛsplɑ̃dir] **v.i.** (lat. *resplendere,* être éclatant) [conj. **32**]. Briller avec grand éclat : *La lune resplendit. Son visage resplendit de joie* (syn. **rayonner**).

resplendissant, e [rɛsplɑ̃disɑ̃, -ɑ̃t] **adj.** Qui resplendit : *Une femme resplendissante* (syn. **rayonnant, radieux**).

resplendissement [rɛsplɑ̃dismɑ̃] **n.m.** LITT. Éclat de ce qui resplendit.

responsabilisation [rɛspɔ̃sabilizasjɔ̃] **n.f.** Action de responsabiliser ; fait d'être responsabilisé : *La responsabilisation des conducteurs.*

responsabiliser [rɛspɔ̃sabilize] **v.t. 1.** Rendre responsable ; donner des responsabilités à. **2.** Rendre conscient de ses responsabilités : *Responsabiliser un adolescent.*

responsabilité [rɛspɔ̃sabilite] **n.f. 1.** Capacité de prendre une décision sans en référer préalablement à une autorité supérieure : *Avoir une lourde responsabilité.* **2.** DR. Obligation de réparer une faute, de remplir une charge, un engagement : *Responsabilité civile.*

responsable [rɛspɔ̃sabl] **adj.** (du lat. *responsus,* de *respondere,* répondre). **1.** Qui doit répondre de ses actes ou de ceux des personnes dont il a la charge : *Les parents sont responsables des dommages causés par leurs enfants mineurs.* **2.** Qui est l'auteur de qqch : *Être responsable d'un accident.* **3.** Qui est réfléchi ; qui pèse les conséquences de ses actes : *Agir en homme responsable.* ◆ **adj.** et **n. 1.** Qui est à l'origine d'un mal, d'une erreur : *Le vrai responsable, c'est l'alcool* (syn. **coupable**). **2.** Personne qui a la charge d'une fonction, qui exerce un pouvoir de décision : *Un responsable syndical* (syn. **dirigeant**).

resquille [rɛskij] **n.f.** et **resquillage** [rɛskijaʒ] **n.m.** FAM. Action de resquiller.

resquiller [rɛskije] **v.t.** (du prov. *resquiha,* glisser). FAM. Se procurer par quelque menue fraude un avantage auquel on n'a pas droit : *Resquiller une place au match.* ◆ **v.i.** FAM. Entrer dans une salle de spectacle, un moyen de transport sans attendre son tour, sans payer sa place ; frauder.

resquilleur, euse [rɛskijœr, -øz] **n.** FAM. Personne qui resquille ; fraudeur.

ressac [rəsak] **n.m.** (esp. *resaca,* de *resacar,* tirer en arrière). MAR. Retour violent des vagues sur elles-mêmes, lorsqu'elles se brisent contre un obstacle.

ressaisir [rəsɛzir] **v.t.** [conj. **32**]. Saisir de nouveau ; reprendre possession : *Il n'a pas ressaisi l'occasion.* ◆ **se ressaisir v.pr.** Reprendre son calme, son sang-froid ; redevenir maître de soi.

ressasser [rəsase] **v.t.** (de *sas,* tamis). Répéter sans cesse : *Ressasser les mêmes histoires* (syn. **rabâcher**).

ressaut [rəso] **n.m.** (de l'anc. v. *ressaillir*). **1.** CONSTR. Rupture d'alignement d'un mur, notamm. liée à une avancée ou à un renfoncement du bâtiment. **2.** Saillie qui interrompt un plan horizontal.

ressayer v.t. → **réessayer.**

ressemblance [rəsɑ̃blɑ̃s] **n.f.** (de *ressembler*). **1.** Rapport entre des personnes présentant des traits physiques, psychologiques, etc., communs : *Il y a une certaine ressemblance entre les deux frères.* **2.** Rapport entre deux choses ayant certains éléments communs : *Je ne vois aucune ressemblance entre ces situations* (syn. **similitude, analogie**). **3.** Conformité entre une œuvre d'art, une représentation et son modèle : *Parfaite ressemblance d'un portrait.*

ressemblant, e [rəsɑ̃blɑ̃, -ɑ̃t] **adj.** Qui a de la ressemblance avec un modèle : *Portrait ressemblant.*

ressembler [rəsɑ̃ble] **v.t. ind. [à]** (de *sembler*). Avoir de la ressemblance avec qqn, qqch : *Elle ressemble à sa mère* (syn. **tenir de**). *Il cherche à ressembler à l'idole du moment* (syn. **copier, imiter**). ◆ **se ressembler v.pr.** Offrir une ressemblance mutuelle : *Les deux maisons se ressemblent.*

ressemelage [rəsəmlaʒ] **n.m.** Action de ressemeler.

ressemeler [rəsəmle] **v.t.** (de *semelle*) [conj. **24**]. Mettre une semelle neuve à une chaussure.

ressenti [rəsɑ̃ti] **n.m.** (de *ressentir*). PSYCHOL. Impression liée à la manière dont on perçoit qqch, une situation : *Exprimer son ressenti.*

ressentiment [rəsɑ̃timɑ̃] **n.m.** (de *ressentir*). Souvenir que l'on garde d'une injure, d'une injustice avec désir de s'en venger : *Nourrir de sombres ressentiments* (syn. **rancune, rancœur**).

ressentir [rəsɑ̃tir] **v.t.** (de *sentir*) [conj. **37**]. **1.** Éprouver une sensation, un sentiment, de façon agréable ou pénible : *Ressentir une douleur* (syn. **endurer**). *Ressentir une joie profonde* (syn. **sentir**). **2.** Être affecté par qqch, en subir les effets : *Entreprise qui ressent les contrecoups de la crise.* ◆ **se ressentir v.pr. [de].** Éprouver les suites, les conséquences fâcheuses de : *Il se ressent de son opération à la jambe.*

resserre [rəsɛr] **n.f.** (de *reserrer,* au sens vieilli de « ranger, remettre en place »). Endroit où l'on met qqch à l'abri : *Mettre les outils dans la resserre* (syn. **réserve, remise**).

resserré, e [rəsere] **adj.** Contenu étroitement dans ses limites : *Une vallée resserrée* (syn. **encaissé, étranglé**).

resserrement [rəsɛrmɑ̃] **n.m.** Action de resserrer ; fait d'être resserré : *Resserrement d'un lien* (syn. **renforcement**).

resserrer [rəsere] **v.t.** (de *serrer*). **1.** Serrer de nouveau ou davantage : *Resserrer sa ceinture.* **2.** Rendre qqch plus serré, plus étroit, ou plus compact : *Resserrer le cercle des badauds.* **3.** Renforcer, raffermir des relations : *Resserrer des liens, une amitié* (syn. **cimenter, consolider**). ◆ **se resserrer v.pr. 1.** Devenir plus étroit : *Rue qui se resserre* (syn. **se rétrécir**). **2.** Devenir plus intime, plus proche : *Nos relations se sont resserrées* (syn. **se raffermir**).

resservir [rəsɛrvir] **v.t.** [conj. **38**]. Servir qqch de nouveau ou en plus : *Je vous ressers du poulet ?* ◆ **v.i.** Être encore utilisable : *Cela peut toujours resservir.* ◆ **se resservir v.pr.** Se servir de nouveau de : *Il reste des frites, resservez-vous* (syn. **reprendre**).

1. ressort [rəsɔr] **n.m.** (de *1. ressortir*). **1.** Organe élastique pouvant supporter d'importantes déformations, et destiné à exercer une force en tendant à reprendre sa forme initiale après avoir été plié, tendu, comprimé ou tordu : *Les ressorts d'un sommier.* **2.** LITT. Force qui fait agir : *L'argent est le ressort de bien des conflits* (syn. **moteur**). **3.** Force morale, énergie qui permet de faire face : *Manquer de ressort* (syn. **caractère, courage**).

2. ressort [rəsɔr] **n.m.** (de *2. ressortir*). **1.** DR. Limite de la compétence matérielle et territoriale d'une juridiction : *Le ressort d'un tribunal.* **2. Être du ressort de qqn,** être de sa compétence : *Je ne peux pas vous aider, le problème n'est pas de mon ressort.* / **Juger en premier, en dernier ressort,** juger une affaire susceptible, non susceptible d'appel.

1. ressortir [rəsɔrtir] **v.i.** (de *sortir*) [conj. **43** ; auxil. *être*]. **1.** Sortir une nouvelle fois ; sortir après être entré : *Il est ressorti acheter du pain.* **2.** Reparaître à l'extérieur après avoir pénétré dans qqch : *Le clou est ressorti de l'autre côté de la paroi.* **3.** Se détacher sur un fond ; paraître par contraste : *Le dessin ressort bien sur ce fond beige* (syn. **trancher**). **4.** Être mis en relief, en valeur : *La crise économique a fait ressortir les difficultés de l'entreprise* (= les a mises en évidence) [syn. **souligner**]. **5.** Être de nouveau publié, joué, représenté : *Vieux film qui ressort.* ◆ **v. impers.** Résulter : *Il ressort de l'enquête que son alibi est faux* (= il se dégage de, on peut en conclure que).

2. ressortir [rəsɔrtir] **v.t. ind. [à]** (de *1. ressortir*) [conj. **32** ; auxil. *être*]. **1.** Être du ressort d'une juridiction, de sa compétence : *Votre affaire ressortissait au tribunal de première instance.* **2.** LITT. Se rapporter à ; concerner ; dépendre de : *Une question qui ressortit à l'économie.*

ressortissant, e [rəsɔrtisɑ̃, -ɑ̃t] **n.** (de *2. ressortir*). Personne protégée par les représentants diplomatiques ou consulaires d'un pays donné, lorsqu'elle réside dans un autre pays : *Les ressortissants français.*

ressouder [rəsude] **v.t. 1.** Souder de nouveau : *Ressouder un tuyau.* **2.** Recréer une union, une cohésion : *Cette aventure a ressoudé la famille.*

ressource [rəsurs] **n.f.** (de *resours,* p. passé de l'anc. v. *resourdre,* se relever, lat. *resurgere*). Ce qu'on emploie dans une situation fâcheuse pour se tirer d'embarras : *À présent, vous êtes ma dernière ressource* (syn. **recours, secours**). ◆ **ressources n.f. pl. 1.** Moyens d'existence d'une personne : *Elle n'a que de maigres ressources pour vivre* (syn. **moyens, revenu**). **2.** Éléments de la richesse ou de la puissance d'une nation : *Les ressources agricoles du pays.* **3. Ressources naturelles,** ensemble des potentialités qu'offre le milieu physique, notamm. dans les domaines énergétique, minier, forestier, etc.

se **ressourcer** [rəsurse] **v.pr.** (de *ressource*) [conj. **16**]. Revenir à ses sources ; retrouver ses racines profondes : *Se ressourcer à la campagne.*

ressurgir v.i. → **resurgir.**

ressusciter [resysite] **v.i.** (lat. *ressuscitare,* ranimer). **1.** Revenir de la mort à la vie, d'une grave maladie à la santé (syn. **renaître, revivre**). **2.** LITT. Réapparaître, manifester une vie nouvelle : *Cette coutume a ressuscité.* ◆ **v.t. 1.** Ramener de la mort à la vie, d'une grave maladie à la santé : *Ressusciter un noyé* (syn. **ranimer, sauver**). **2.** LITT. Faire réapparaître : *Ressusciter une mode* (syn. **restaurer, rétablir**).

restant, e [rɛstɑ̃, -ɑ̃t] **adj. 1.** Qui reste : *Le seul héritier restant.* **2. Poste restante,** mention indiquant qu'une lettre doit rester au bureau de poste pendant un certain délai afin de permettre à son destinataire de venir la réclamer : *Écrivez-moi poste restante.* ◆ **restant n.m.** Ce qui reste : *Payer le restant d'une somme* (syn. **reliquat, reste**).

restaurant [rɛstɔrɑ̃] **n.m.** (de *2. restaurer*). Établissement public où l'on sert des repas moyennant paiement : *Manger dans un restaurant de bas étage* (= une gargote). *Manger au restaurant d'entreprise* (= à la cantine).

restaurateur, trice [rɛstɔratœr, -tris] **n. 1.** Personne qui répare une œuvre d'art : *Restaurateur de tableaux.* **2.** Personne qui tient un restaurant.

1. restauration [rɛstɔrasjɔ̃] **n.f.** (lat. *restauratio*). **1.** Réparation ; réfection : *Restauration d'un monument* (syn. **rénovation**). **2.** Nouvelle vigueur, nouvelle existence donnée à qqch : *La restauration de la paix.* **3.** Rétablissement d'une dynastie déchue : *Restauration des Bourbons.* **4.** Opération ponctuelle qui consiste à sauvegarder et à mettre en valeur des immeubles à conserver : *Procéder à la restauration d'un quartier* (syn. **réhabilitation, rénovation**). **5. Style Restauration,** en France, style décoratif des années 1815-1830, époque de la restauration des Bourbons.

2. restauration [rɛstɔrasjɔ̃] **n.f.** (de *1. restauration,* d'apr. *restaurant*). **1.** Métier de restaurateur ; ensemble des restaurants et de leur administration. **2. Restauration rapide,** recomm. off. pour *fast-food.*

Restauration, régime politique de la France d'avr. 1814 à juill. 1830.
Avr. 1814. Après l'effondrement du premier Empire, la monarchie est rétablie en faveur des Bourbons.
Mai 1814. Le premier traité de Paris rétablit la paix et reconnaît à la France ses frontières de 1792.
Juin 1814. Le roi octroie une Charte constitutionnelle.
Les institutions comprennent une Chambre des pairs, héréditaire, nommée par le roi, et une Chambre des députés, élue au suffrage censitaire. Mais les pouvoirs du roi restent prépondérants.
Mars-juin 1815. Épisode des Cent-Jours, qui s'achève par l'exil de Napoléon et le retour de Louis XVIII.
Août 1815. Les ultraroyalistes triomphent aux élections et forment la « Chambre introuvable ».
Des royalistes se livrent à des massacres contre les bonapartistes : c'est la Terreur blanche (juill.-oct. 1815).
Nov. 1815. La France, occupée par les Alliés, signe le second traité de Paris.
1816. Dissolution de la Chambre introuvable.
1818. Traité d'Aix-la-Chapelle et retrait des troupes d'occupation de la France.
Après le ministère Richelieu, le roi fait appel à Decazes, instigateur d'une politique libérale.
1820. Assassinat du duc de Berry.
Sous le ministère Villèle, nommé en 1821, la France intervient en Espagne pour rétablir l'absolutisme royal (1823).
1824. Avènement de Charles X.
Villèle accentue sa politique de réaction, poursuivie, après sa démission (1828), par Polignac (1829-1830). L'emprise grandissante du clergé sur le roi et sur l'Université suscite l'opposition de la bourgeoisie, qui n'admet pas d'être écartée du pouvoir alors qu'elle joue un rôle économique important.
Juill. 1830. Après la dissolution de la Chambre par le roi, de nouvelles élections entraînent la victoire d'une majorité d'opposants. Dans le même temps, Alger est conquise.
Charles X tente alors de résoudre cette situation par un coup d'État : le 25 juillet, il signe quatre ordonnances suspendant la liberté de la presse, prévoyant la dissolution de la nouvelle Chambre et la tenue de nouvelles élections, et modifiant la loi électorale en faveur des grands propriétaires. Ces mesures provoquent la révolution de juill. 1830. Charles X abdique et doit s'exiler.

1. restaurer [rɛstɔre] **v.t.** (lat. *restaurare*). **1.** Réparer ; remettre en bon état : *Restaurer une statue* (syn. **arranger, rénover**). **2.** LITT. Remettre en vigueur, en honneur : *Restaurer la liberté* (syn. **rétablir**). **3. Restaurer une dynastie,** la remettre sur le trône.

2. restaurer [rɛstɔre] **v.t.** (lat. *restaurare*). LITT. Faire manger qqn : *On nous a restaurés avec des produits locaux* (syn. **nourrir**). ◆ **se restaurer v.pr.** Reprendre des forces en mangeant : *Prévoir une halte pour se restaurer.*

reste [rɛst] **n.m.** (de *rester*). **1.** Ce qui reste d'un ensemble dont on a retranché ou dont on considère à part une ou plusieurs parties : *Il occupe trois pièces et loue le reste de la maison. Le reste de la journée, de la vie.* **2.** Ce qui reste ou resterait à dire, à faire, etc. ; toute chose qui vient en plus : *Je terminerai le reste de mon travail ce soir* (syn. **restant, reliquat**). **3. Au reste, du reste,** au surplus, d'ailleurs : *Il est avocat, comme son père, du reste.* / **Demeurer, être en reste avec qqn,** lui devoir encore qqch. / **De reste,** plus qu'il ne faut. / **Ne pas demander son reste,** se retirer promptement de crainte d'avoir à subir d'autres désagréments. / **Un reste de,** une petite quantité demeurant de. **4.** MATH. **Reste d'une division,** différence entre le dividende et le produit du diviseur par le quotient. ◆ **restes n.m. pl. 1.** Ce qui n'a pas été consommé au cours d'un repas : *On mangera les restes ce soir* (syn. **rogatons,** litt. **reliefs**). **2.** Cadavre, ossements, cendres d'un être humain. **3.** FAM. **Avoir de beaux restes,** conserver des signes certains de sa beauté ou de son intelligence d'autrefois.

rester [rɛste] **v.i.** (lat. *restare*) [auxil. *être*]. **1.** Subsister après disparition de qqch, de qqn, d'un groupe : *Voilà tout ce qui reste de sa fortune.* **2.** Continuer à séjourner dans un lieu ou auprès de qqn : *Rester à Paris tout l'été. Il est resté deux ans à l'étranger* (syn. **séjourner**). *Restez ici, je reviens tout de suite* (syn. **attendre**). **3.** Demeurer en un endroit ; ne pas changer de place : *La voiture est restée au garage.* **4.** AFR. Habiter, résider quelque part : *Il reste près du port.* **5.** Se maintenir, continuer à être dans la même position, le même état : *Il est resté dans le coma pendant cinq jours.* **6. En rester là,** ne pas poursuivre une action, une collaboration, des relations. / **Il reste que, il n'en reste pas moins que,** on ne peut cependant nier que : *Toutes les précautions ont été prises, il n'en reste pas moins qu'il y a encore des risques.*

Restif (ou **Rétif**) **de La Bretonne** (**Nicolas Restif,** dit), écrivain français (Sacy, Yonne, 1734 - Paris 1806). Il se révéla, dans plus de 200 ouvrages qu'il imprima lui-même, un observateur aigu des mœurs de la fin du XVIIIe s. (*le Paysan perverti ou les Dangers de la ville,* 1775 ; *la Vie de mon père,* 1779 ; *Monsieur Nicolas ou le Cœur humain dévoilé,* 1794-1797).

restituable [rɛstitɥabl] **adj.** Qui peut ou qui doit être restitué : *Une somme restituable.*

restituer [rɛstitɥe] **v.t.** (lat. *restituere,* de *statuere,* établir) [conj. **7**]. **1.** Rendre ce qui a été pris ou ce qui est possédé indûment : *Restituer le bien d'autrui* (syn. **remettre**). **2.** Rétablir, remettre en son premier état : *Restituer un texte, le plan d'un édifice* (syn. **reconstituer**). **3.** Reproduire un son enregistré : *Un magnétophone qui restitue fidèlement les sons.* **4.** TOPOGR. Opérer une restitution.

restitution [rɛstitysjɔ̃] **n.f. 1.** Action de restituer ; fait d'être restitué : *La restitution d'un objet volé.* **2.** TOPOGR. Reconstitution, en plan ou en élévation, d'un objet ou d'un terrain photographié en stéréoscopie.

restreindre [rɛstrɛ̃dr] **v.t.** (lat. *restringere,* resserrer) [conj. **81**]. Réduire à des limites plus étroites ; limiter : *Restreindre les crédits* (syn. **diminuer**). ◆ **se restreindre v.pr.** Réduire ses dépenses.

restrictif, ive [rɛstriktif, -iv] **adj.** Qui restreint ; qui limite : *Clause restrictive.*

restriction [rɛstriksjɔ̃] **n.f.** (bas lat. *restrictio,* du class. *restringere ;* v. *restreindre*). **1.** Condition, modification qui restreint : *Cette mesure a été adoptée sans restriction* (syn. **réserve**). **2.** Action de limiter, de réduire la quantité, l'importance de qqch : *Restriction des crédits* (syn. **diminution**). ◆ **restrictions n.f. pl.** Mesures de rationnement édictées en temps de pénurie économique : *Des restrictions alimentaires* (syn. **limitation, réduction**).

restructuration [rəstryktyrasjɔ̃] **n.f.** Action de réorganiser selon de nouveaux principes, avec de nouvelles structures, un ensemble devenu inadapté : *Restructuration d'une industrie* (syn. **réorganisation**).

restructurer [rəstryktyre] **v.t.** Effectuer la restructuration de : *Restructurer une entreprise* (syn. **réorganiser**).

resucée [rəsyse] **n.f.** (de *resucer,* sucer de nouveau). FAM. Chose déjà faite, vue, entendue, goûtée plusieurs fois : *Chanson qui est une resucée d'un grand succès* (syn. **répétition, reprise**).

résultante [rezyltɑ̃t] **n.f. 1.** Résultat de l'action conjuguée de plusieurs facteurs : *Cette crise est la résultante de plusieurs erreurs accumulées* (syn. **conséquence**). **2.** MATH. **Résultante d'un système de vecteurs,** vecteur unique, s'il existe, équivalant à un système de vecteurs. ▸ Des vecteurs concourants ont toujours une résultante : leur somme géométrique appliquée au point de concours de leurs supports.

résultat [rezylta] **n.m.** (lat. scolast. *resultatum,* de *resultare ;* v. *résulter*). **1.** Ce qui résulte d'une action, d'un fait, d'un principe, d'un calcul : *Le résultat d'une addition* (syn. **somme**). *Le résultat d'une division* (syn. **quotient**). *Le résultat d'une multiplication* (syn. **produit**). *Le résultat d'une soustraction* (syn. **reste**). *Les résultats d'une négociation* (syn. **conclusion**). **2.** Réussite ou échec à un examen ou à un concours. ◆ **résultats n.m. pl. 1.** Réalisations concrètes : *Obtenir des résultats.* **2.** ÉCON. Bénéfices ou pertes d'une entreprise au cours d'un exercice.

résulter [rezylte] **v.i.** et **v. impers.** **[de]** (lat. scolast. *resultare,* rebondir, de *saltare,* sauter) [auxil. *être* ou *avoir*]. S'ensuivre ; être la conséquence, l'effet de : *Que résultera-t-il de toutes ces démarches ? Ma conviction résulte d'une observation attentive* (syn. **découler**).

résumé [rezyme] **n.m.** (de *résumer*). **1.** Exposé donnant en peu de mots l'essentiel de ce qui a été dit ou écrit : *Résumé d'un discours* (syn. **récapitulation, sommaire**). **2. En résumé,** pour résumer ; en récapitulant : *En résumé, je proposerai cette conclusion.*

résumer [rezyme] **v.t.** (lat. *resumere,* reprendre, recommencer, de *sumere,* prendre). Rendre en moins de mots ce qui a été dit, écrit, représenté plus longuement : *Résumer un livre, un film* (syn. **récapituler, synthétiser**). ◆ **se résumer v.pr.** **1.** Reprendre sommairement ce qu'on a dit : *Pour me résumer, je dirais que...* **2. [à].** Consister essentiellement dans : *Le problème se résume à un manque de crédits.*

résurgence [rezyrʒɑ̃s] **n.f.** (de *résurgent*). **1.** Réapparition à l'air libre, sous forme de grosse source, d'eaux infiltrées dans un massif calcaire. **2.** *LITT.* Fait de réapparaître, de resurgir : *La résurgence des doctrines racistes* (syn. **renaissance, réveil**).

résurgent, e [rezyrʒɑ̃, -ɑ̃t] **adj.** (lat. *resurgens,* de *resurgere,* renaître, rejaillir). HYDROL. Qui réapparaît à l'air libre après un trajet souterrain : *Rivière résurgente.*

resurgir ou **ressurgir** [rəsyrʒir] **v.i.** [conj. **32**]. **1.** Surgir de nouveau : *La source resurgit plus loin.* **2.** Réapparaître ; revenir à la conscience : *Faire ressurgir de vieux souvenirs.*

résurrection [rezyrɛksjɔ̃] **n.f.** (lat. ecclés. *resurrectio,* de *resurgere,* se relever). **1.** Retour de la mort à la vie : *La Résurrection,* celle du Christ. **2.** Réapparition, nouvel essor d'un phénomène artistique, littéraire, etc. : *La résurrection du théâtre* (syn. **renaissance, renouveau**). **3.** BX-A. (Avec une majuscule). Œuvre qui représente la résurrection du Christ.

retable [rətabl] **n.m.** (esp. *retablo,* de *tabla,* planche). Dans une église, construction verticale portant un décor peint ou sculpté, placée sur un autel ou en retrait de celui-ci.

rétablir [retablir] **v.t.** (de *établir*) [conj. **32**]. **1.** Remettre en son premier état ou en meilleur état : *Des mesures destinées à rétablir la situation économique* (syn. **relever**). *Rétablir le courant.* **2.** Ramener, faire exister de nouveau, remettre en vigueur : *Rétablir l'ordre. Rétablir la monarchie* (syn. **restaurer**). **3.** Redonner des forces à : *Ce régime l'a rétabli* (syn. **guérir**). **4. Rétablir les faits, la vérité,** dissiper les erreurs en faisant connaître la vérité. ◆ **se rétablir v.pr.** Recouvrer la santé (syn. **récupérer, se remettre**).

rétablissement [retablismɑ̃] **n.m.** **1.** Action de rétablir : *Le rétablissement des relations diplomatiques.* **2.** Retour à la santé : *Je vous souhaite un prompt rétablissement* (syn. **guérison**). **3.** Mouvement de gymnastique permettant de s'élever en prenant un point d'appui sur chaque poignet, après une traction sur les bras.

rétamage [retamaʒ] **n.m.** Action de rétamer.

rétamer [retame] **v.t.** **1.** Étamer de nouveau une surface métallique. **2.** *FAM.* **Se faire rétamer,** se faire battre au jeu ; échouer à un examen.

rétameur [retamœr] **n.m.** Ouvrier qui procède au rétamage des objets métalliques.

retape [rətap] **n.f.** (de *retaper*). **1.** *ARG.* Racolage. **2.** *FAM., VIEILLI.* Publicité tapageuse. **3.** *ARG.* **Faire de la retape,** racoler.

retaper [rətape] **v.t.** (de *taper*). **1.** *FAM.* Remettre sommairement en état : *Ils ont retapé une vieille maison dans le Midi* (syn. **réparer, arranger**). **2.** Remettre en forme ; redonner des forces : *Les vacances l'ont retapé* (syn. **guérir, remettre**). **3. Retaper un lit,** le refaire sommairement en tirant draps et couvertures. ◆ **se retaper v.pr.** *FAM.* Recouvrer la forme, la santé ; récupérer, se rétablir.

retard [rətar] **n.m.** (de *retarder*). **1.** Action d'arriver, d'agir trop tard : *Apporter du retard à qqch. Combler son retard.* **2.** Différence entre l'heure marquée par une pendule, une horloge, etc., qui retarde et l'heure réelle : *Votre montre a dix minutes de retard* (contr. **avance**). **3.** État de qqn, de qqch qui n'est pas aussi développé, avancé qu'il devrait l'être : *Un enfant en retard pour son âge. Le retard économique d'un pays.* **4. Sans retard,** sans délai. ◆ **adj. inv.** PHARM. Se dit d'un médicament préparé de manière à libérer progressivement et avec un taux efficace et constant son principe dans l'organisme (ex. : *pénicilline retard*) ; se dit de l'injection et de l'effet pharmacologique d'un tel médicament.

retardataire [rətardatɛr] **n.** et **adj.** Personne qui est en retard : *On attend les retardataires.*

retardateur, trice [rətardatœr, -tris] **adj.** Qui ralentit un mouvement, une action chimique.

retardé, e [rətarde] **adj.** et **n.** *FAM.* Qui est en retard dans son développement intellectuel : *Un enfant retardé.*

retardement [rətardəmɑ̃] **n.m.** **1.** *SOUT.* Action de retarder ; fait d'être retardé : *Ce projet ne doit souffrir aucun retardement* (syn. **retard**). **2. À retardement,** se dit d'un engin muni d'un dispositif qui en retarde l'explosion jusqu'à un moment déterminé : *Une bombe à retardement ;* au fig., après un certain délai, quand il est trop tard : *Comprendre à retardement.*

retarder [rətarde] **v.t.** (lat. *retardare,* de *tardus,* tard). **1.** Faire perdre un temps plus ou moins long sur la durée prévue ; faire arriver ou se produire plus tard que prévu : *La pluie nous a retardés* (syn. **ralentir**). **2.** Remettre à un temps ultérieur : *Retarder son départ* (syn. **reculer, repousser ;** contr. **avancer**). **3.** Remettre qqch à plus tard : *Retarder la date d'un examen* (syn. **ajourner, reporter**). **4.** Régler une montre, une horloge sur une heure moins avancée. ◆ **v.i.** **1.** Indiquer une heure antérieure à l'heure légale, en parlant d'une montre, d'une pendule ou de celui qui la possède : *Votre montre retarde. Je retarde de cinq minutes.* **2.** *FAM.* Ignorer ce que les autres connaissent déjà ; ne pas être au fait de l'actualité, de la mode, etc.

retendre [rətɑ̃dr] **v.t.** [conj. **73**]. Tendre de nouveau ce qui était détendu : *Retendre une corde* (contr. **détendre**).

retenir [rətənir] **v.t.** (bas lat. **retenere,* du class. *retinere*) [conj. **40**]. **1.** Garder par-devers soi ce qui est à un autre : *Retenir chez soi des livres empruntés* (syn. **conserver**). **2.** Prélever une partie d'une somme : *Retenir tant sur un salaire* (syn. **retrancher, soustraire**). **3.** MATH. Déterminer une retenue lors d'une opération arithmétique. **4.** Se faire réserver qqch pour pouvoir en disposer le moment voulu : *Retenir une place dans le train* (syn. **louer, réserver**). **5.** Considérer une idée, une proposition, etc., comme digne d'intérêt : *Retenir un projet.* **6.** Empêcher de se mouvoir, de se déplacer, de tomber : *Il a été retenu dans sa chute par un arbre* (syn. **arrêter, bloquer**). **7.** Empêcher de partir ; inviter à demeurer quelque part : *Retenir qqn à dîner* (syn. **garder**). **8.** Maintenir en place ; contenir : *Retenir les eaux d'une rivière* (syn. **endiguer**). **9.** Empêcher un sentiment, une réaction, etc., de se manifester : *Retenir sa colère, ses larmes* (syn. **ravaler, rentrer**). **10.** Fixer dans sa mémoire : *Retenir une adresse* (syn. **se souvenir ;** contr. **oublier**). **11.** *FAM.* **Je te (vous, le, etc.) retiens,** se dit à qqn ou de qqn qui a mal agi, mal accompli une tâche. ◆ **se retenir v.pr.** **1.** Se rattraper à qqch pour éviter une chute, ralentir un mouvement vers le bas (syn. **s'agripper, se raccrocher**). **2.** Résister à une envie : *Se retenir de rire.* **3.** *FAM.* Différer de satisfaire un besoin naturel.

rétention [retɑ̃sjɔ̃] **n.f.** (lat. *retentio,* de *retinere ;* v. *retenir*). **1.** Fait de retenir qqn ou qqch : *Faire de la rétention d'information.* **2.** GÉOGR. Phénomène par lequel l'eau des précipitations ne rejoint pas immédiatement les cours d'eau : *Rétention des éboulis, des terrains perméables.* **3.** MÉD. Accumulation excessive dans l'organisme de produits qui doivent normalement être éliminés : *Faire de la rétention d'eau.* **4.** DR. Fait, pour le représentant d'une autorité, de retenir qqn un certain temps près de lui (pour vérification d'identité par ex.). **5.** PSYCHOL. Propriété de la mémoire qui consiste à conserver de l'information.

retentir [rətɑ̃tir] **v.i.** (de l'anc. fr. *tentir,* lat. pop. **tinnitire,* class. *tinnire,* résonner) [conj. **32**]. **1.** Rendre, renvoyer un son éclatant, puissant, qui résonne : *Un violent coup de tonnerre a retenti dans la vallée* (syn. **éclater**). *La chambre retentit du bruit* *d'un camion qui passe* (syn. **résonner**). **2.** Avoir des effets, des répercussions sur qqch d'autre : *Sa démission retentit loin des frontières* (syn. **se répercuter**).

retentissant, e [rətɑ̃tisɑ̃, -ɑ̃t] **adj. 1.** Qui rend un son puissant : *Voix retentissante* (syn. **tonitruant**). **2.** Qui attire l'attention du public : *Scandale retentissant.*

retentissement [rətɑ̃tismɑ̃] **n.m. 1.** LITT. Fait de retentir ; son répercuté : *Le retentissement d'une trompette.* **2.** Réactions suscitées dans le public par un événement : *Cette nouvelle a eu un grand retentissement* (syn. **répercussion**).

retenue [rətəny] **n.f.** (de *retenir*). **1.** Action de retenir, de garder : *Retenue des marchandises par la douane.* **2.** Prélèvement des cotisations sociales opéré par l'employeur, que ce dernier est tenu de verser, pour le compte du salarié, aux organismes correspondants. **3.** Privation de récréation ou de sortie, dans les établissements scolaires : *Si tu continues, tu auras une heure de retenue.* **4.** Qualité d'une personne qui contient ses sentiments, garde une réserve discrète : *Une femme d'une très grande retenue* (syn. **modération, réserve**). **5.** Ralentissement de la circulation routière ; bouchon, encombrement : *Une retenue de 12 km.* **6.** CONSTR. Assujettissement des extrémités d'une poutre dans un mur. **7.** MATH. Dans une opération mathématique élémentaire, chiffre reporté pour être ajouté au chiffre du rang suivant. **8.** TR. PUBL. Hauteur d'eau emmagasinée dans un réservoir, un bief ; l'eau ainsi emmagasinée.

Rethondes *(armistices de),* armistices signés dans une clairière de la forêt de Compiègne, proche de Rethondes (Oise). Le premier, demandé par les armées allemandes face aux Alliés, marquait la fin de la Première Guerre mondiale (11 nov. 1918). Le second fut demandé à Hitler par Pétain après la défaite de l'armée française (22 juin 1940).

rétiaire [retjɛr] ou [resjɛr] **n.m.** (lat. *retiarius,* de *rete,* filet). Chez les Romains, gladiateur armé d'un trident et d'un filet, qui était génér. opposé à un mirmillon.

réticence [retisɑ̃s] **n.f.** (lat. *reticentia,* silence obstiné, de *reticere,* de *tacere,* taire). **1.** Omission volontaire de qqch qu'on devrait ou qu'on pourrait dire : *Parler sans réticence* (syn. **dissimulation, sous-entendu**). **2.** Attitude de qqn qui hésite à dire sa pensée, à prendre une décision : *Elle m'a invité avec beaucoup de réticence* (syn. **hésitation, réserve**).

réticent, e [retisɑ̃, -ɑ̃t] **adj.** Qui manifeste de la réticence : *Se montrer réticent devant un projet* (syn. **hésitant, réservé**).

réticulaire [retikylɛr] **adj.** (du lat. *reticulum ;* v. *réticule*). **1.** Qui a la forme d'un réseau. **2.** Relatif à un réseau cristallin.

réticule [retikyl] **n.m.** (lat. *reticulum,* réseau, sac à mailles, de *rete,* rets, filet). **1.** Petit sac à main. **2.** OPT. Disque percé d'une ouverture circulaire coupée par deux fils très fins se croisant à angle droit, et qui sert à faire des visées dans une lunette.

réticulé, e [retikyle] **adj.** (de *réticule*). Marqué de nervures formant réseau : *Élytre réticulé.*

rétif, ive [retif, -iv] **adj.** (lat. pop. **restivus,* de *restitivus,* du class. *restare,* s'arrêter, résister). **1.** Qui s'arrête ou recule au lieu d'avancer : *Cheval rétif* (syn. **récalcitrant**). **2.** Difficile à conduire, à persuader : *Un enfant rétif* (syn. **indocile, rebelle**).

rétine [retin] **n.f.** (lat. médiév. *retina,* du class. *rete,* filet). Membrane du fond de l'œil, formée de cellules nerveuses qui se poursuivent par les fibres du nerf optique, et sensible à la lumière.

rétinien, enne [retinjɛ̃, -ɛn] **adj.** Relatif à la rétine : *Les images rétiniennes.*

retirage [rətiraʒ] **n.m.** Nouveau tirage d'un livre, d'une photo.

retiré, e [rətire] **adj.** (p. passé de *retirer*). **1.** Peu fréquenté : *Village retiré* (syn. **écarté, isolé**). **2.** Qui a cessé toute activité professionnelle : *Un artisan retiré* (syn. **retraité**).

retirer [rətire] **v.t.** (de *tirer*). **1.** Tirer à soi ; ramener en arrière : *Retirer une écharde du doigt de qqn* (syn. **extirper, extraire**). **2.** Faire sortir qqn, qqch de l'endroit où ils étaient : *Retirer un enfant du lycée. Elle retira son mouchoir de son sac* (syn. **sortir**). **3.** Enlever qqch qu'on porte sur soi : *Retirer un bijou* (syn. **enlever**). **4.** Reprendre, ôter : *Retirer à qqn sa confiance.* **5.** Renoncer à : *Retirer ses accusations, sa candidature.* **6.** Tirer un bien matériel ou moral de qqch : *Il n'a retiré que des désagréments de cette affaire* (syn. **recueillir, obtenir**). ◆ **se retirer** **v.pr. 1.** S'en aller ; s'éloigner : *Se retirer à la campagne.* **2.** Aller dans un lieu pour y trouver refuge : *Se retirer dans sa chambre.* **3.** Prendre sa retraite. **4.** Cesser de participer à qqch : *Se retirer de la compétition.* **5. La mer se retire,** elle descend. / **La rivière se retire,** elle rentre dans son lit après avoir inondé les berges.

retombée [rətɔ̃be] **n.f.** (de *retomber*). **1.** Action de retomber après s'être élevé : *La retombée d'une fusée. Retombées radioactives.* **2.** (Surtout au pl.). Conséquence fâcheuse : *Les retombées politiques d'un scandale* (syn. **répercussion**). **3.** LITT. Action de retomber après une exaltation : *La retombée de l'enthousiasme populaire* (syn. **chute**). **4.** CONSTR. Partie intérieure de chacune des deux montées d'un arc, d'une voûte, au-dessus des piédroits.

retomber [rətɔ̃be] **v.i.** (auxil. *être*). **1.** Tomber de nouveau ; tomber après s'être élevé ou après avoir été élevé ou lancé : *La vapeur retombe en pluie.* **2.** Se trouver une nouvelle fois dans un état (en partic. mauvais) ; avoir de nouveau tel type de comportement, d'action (en partic. négatif) : *Retomber dans ses erreurs. Retomber malade* (= rechuter). **3.** Disparaître ou faiblir : *Sa colère est retombée.* **4.** Atteindre qqn, lui revenir par contrecoup : *Tout retombe toujours sur moi.*

retordre [rətɔrdr] **v.t.** (lat. *retorquere*) [conj. **76**]. **1.** Tordre de nouveau : *Retordre du linge.* **2.** TECHN. Tordre ensemble deux ou plusieurs fils textiles.

rétorquer [retɔrke] **v.t.** (lat. *retorquere,* tourner en arrière, renvoyer). Répondre vivement : *Il m'a rétorqué que j'avais tort* (syn. **répliquer**).

retors, e [rətɔr, -ɔrs] **adj.** (anc. p. passé de *retordre*). **1.** Qui a été tordu plusieurs fois : *Soie retorse.* **2.** Qui manie la ruse avec une finesse tortueuse : *Un politicien retors prêt à toutes les intrigues* (syn. **machiavélique, roué**).

rétorsion [retɔrsjɔ̃] **n.f.** (lat. médiév. *retorsio,* de *retorquere ;* v. *rétorquer*). Action de répliquer par des procédés, des mesures analogues à celles dont qqn s'est servi contre soi : *Mesures de rétorsion* (syn. **représailles**).

retouche [rətuʃ] **n.f.** (de *retoucher*). **1.** Action de retoucher un texte, une photo, une peinture ; correction : *Elle apporte les dernières retouches à son roman.* **2.** Rectification d'un vêtement de prêt-à-porter, aux mesures d'un client.

retoucher [rətuʃe] **v.t.** (de *toucher*). Apporter des modifications à ; perfectionner, corriger : *Retoucher une photo, un vêtement* (syn. **reprendre**).

retoucheur, euse [rətuʃœr, -øz] **n. 1.** Personne qui fait la retouche des photographies. **2.** Personne qui effectue les retouches d'un vêtement.

retour [rətur] **n.m.** (de *retourner*). **1.** Action de se déplacer, de se mouvoir en sens inverse du mouvement précédent. **2.** Fait pour qqn, qqch, de repartir, de revenir vers l'endroit d'où il est venu ; déplacement, voyage ainsi accompli : *Il va falloir penser au retour.* **3.** Titre de transport permettant de faire à l'inverse le voyage fait à l'aller : *Prendre un billet aller et retour.* **4.** Fait d'être de nouveau quelque part après un congé, une absence : *Il est de mauvaise humeur depuis son retour.* **5.** Action ou fait de revenir à un état antérieur : *Retour au calme.* **6.** Fait pour qqch d'être rendu, réexpédié : *Le retour d'un colis.* **7.** COMM. Renvoi à un éditeur des volumes invendus ; ces volumes eux-mêmes. **8.** Fait de se répéter, de se reproduire : *Le retour de la fièvre* (syn. **reprise**). **9.** Mouvement imprévu ou brutal en sens opposé : *Retour offensif du froid.* **10.** Mouvement de va-et-vient, de réciprocité : *Un amour qui ne peut se passer de retour* (syn. **réciprocité**). **11.** Coude, angle que fait une ligne : *Retour d'une façade.* **12.** Partie destinée à être retournée, rabattue : *Un retour de drap.* **13. En retour,** en échange. / **Être de retour,** être revenu. / **Être sur le retour,** être sur le point de partir pour regagner le lieu d'où l'on est venu ; au fig., commencer à vieillir, à décliner. / **Par retour du courrier,** dès la réception d'une correspondance, sans délai. / **Retour d'âge,** moment de l'existence où l'on commence à vieillir ; ménopause. / **Retour de couches,** première menstruation après un accouchement. / **Retour de flamme,** poussée brusque et inattendue de flammes qui jaillissent hors du foyer ; au fig., renouveau d'activité, de passion. / FAM. **Retour de manivelle** ou **de bâton,** conséquence néfaste ou dangereuse ; choc en retour, contrecoup subi. / **Retour en arrière,** vue rétrospective ; dans un récit, un film, évocation d'événements passés (recomm. off. pour *flash-back*). / **Sans retour,** pour toujours, à jamais : *Partir sans retour.* **14.** PHILOS. **Éternel retour,** théorie d'une évolution cyclique où le monde passe éternellement par les mêmes phases.

retournement [rətuʀnəmɑ̃] **n.m. 1.** Action de retourner, de se retourner : *Il m'avait donné son accord, je ne comprends pas son retournement* (syn. **revirement, volte-face**). **2.** Changement brusque et complet de direction, d'orientation : *Le retournement de la situation* (syn. **renversement**).

retourner [rətuʀne] **v.t.** (de *tourner*) [auxil. *avoir*]. **1.** Mettre qqch à l'envers, le tourner de façon à placer le dessus en dessous, le devant derrière, etc. : *Retourner une carte, un vêtement.* **2.** Tourner qqch en tous sens : *Retourner la salade* (syn. **remuer**). *Retourner des idées dans sa tête* (= les examiner sous tous les aspects). **3.** Renvoyer à l'expéditeur son envoi, à un commerçant, un fabricant une marchandise qui ne convient pas : *Retourner une lettre.* **4.** FAM. Faire changer qqn, un groupe, d'opinion, de camp : *On le retourne comme une crêpe.* **5.** Troubler qqn profondément, lui causer une violente émotion : *La vue de l'accident l'a retourné* (syn. **bouleverser**). ◆ **v.i.** (auxil. *être*). **1.** Se rendre de nouveau dans un lieu où l'on est déjà allé : *Retourner chaque année à la mer* (syn. **revenir**). **2.** Revenir à l'endroit d'où l'on est parti ; regagner son domicile ou le lieu que l'on a quitté : *Retourner chez soi prendre un livre.* **3.** Revenir à une attitude, à un sentiment dont on s'était défait : *Retourner à ses premières amours.* **4.** Être restitué à qqn, à un groupe : *Maison qui retourne aux héritiers* (syn. **revenir**). ◆ **se retourner v.pr. 1.** Se tourner dans un autre sens, sur un autre côté : *Se retourner dans son lit.* **2.** Tourner la tête, le buste ou le corps tout entier : *Elle se retourna pour mieux voir la scène.* **3.** Se renverser : *Le véhicule s'est retourné dans le fossé.* **4.** FAM. Agir au mieux, prendre ses dispositions dans une circonstance donnée : *Laissez-lui donc le temps de se retourner.* **5.** Nuire après avoir été utile : *L'argument s'est retourné contre lui.* **6.** DR. Reporter contre qqn les charges d'une faute ou d'un dommage dont on est considéré comme responsable : *Se retourner contre le propriétaire.* **7. S'en retourner (quelque part),** partir pour regagner le lieu d'où l'on est venu. ◆ **retourner v. impers. Savoir de quoi il retourne,** ce qui se passe, ce dont il s'agit.

retracer [rətʀase] **v.t.** [conj. **16**]. **1.** Tracer de nouveau ou autrement : *Retracer un plan.* **2.** Raconter, exposer, rappeler au souvenir : *Retracer des faits.*

rétractable [ʀetʀaktabl] **adj.** Se dit d'un matériau qui peut présenter une rétraction.

rétractation [ʀetʀaktasjɔ̃] **n.f.** (lat. *retractatio*). Action de se rétracter, de désavouer ce qu'on a fait ou dit : *Une rétractation des témoins* (syn. **désaveu**).

1. rétracter [ʀetʀakte] **v.t.** (lat. *retractare*, retirer). LITT. Désavouer ce qu'on a dit, fait : *Il a refusé de rétracter ses déclarations* (syn. **retirer, démentir**). ◆ **se rétracter v.pr.** Revenir sur ce qu'on a dit : *Se rétracter publiquement* (syn. **se dédire**).

2. rétracter [ʀetʀakte] **v.t.** (lat. *retractum*, de *retrahere*, tirer en arrière). Faire se rétrécir ; contracter : *L'escargot rétracte ses cornes* (syn. **rentrer**). ◆ **se rétracter v.pr.** Se contracter ; subir une rétraction : *Le muscle s'est rétracté.*

rétractile [ʀetʀaktil] **adj.** (du lat. *retractus*, de *retrahere* ; v. 2. *rétracter*). Qui a la possibilité de se rétracter : *Le chat a des griffes rétractiles.*

rétraction [ʀetʀaksjɔ̃] **n.f.** (lat. *retractio*). **1.** MÉD. Raccourcissement, contraction de certains tissus ou organes : *Rétraction musculaire.* **2.** TECHN. Diminution de volume d'un matériau (plâtre, béton, etc.) durant sa prise.

retrait [ʀətʀɛ] **n.m.** (de l'anc. fr. *retraire*, se retirer). **1.** Action de retirer : *Retrait bancaire* (syn. **prélèvement**). *Retrait du permis de conduire* (syn. **suppression**). **2.** Action de se retirer : *Retrait des troupes* (syn. **évacuation**). **3.** TECHN. Diminution de volume d'un matériau due à une perte d'eau *(retrait hydraulique)* ou à une baisse de température *(retrait thermique).* **4.** Aptitude du bois à varier de dimensions et de volume en fonction de son humidité. **5. En retrait,** en arrière d'un alignement, d'une ligne déterminée, d'une opinion.

retraite [ʀətʀɛt] **n.f.** (de l'anc. fr. *retraire*, se retirer). **1.** Action de se retirer de la vie active ; état de qqn qui a cessé ses activités professionnelles : *Prendre sa retraite. Il est à la retraite depuis un an.* **2.** Pension versée à qqn qui a pris sa retraite : *Toucher sa retraite.* **3.** Éloignement momentané de ses occupations habituelles, pour se recueillir, se préparer à un acte important ; lieu où l'on se retire : *Faire une retraite dans un monastère.* **4.** Action de se retirer d'un lieu ; départ. **5.** Marche en arrière d'une armée après des combats malheureux (syn. **débâcle, repli**). **6.** MIL. Signal marquant la fin d'une manœuvre ou d'un tir : *Sonner la retraite.* **7. Battre en retraite** ⟶ **battre.** / **Caisse de retraite,** organisme qui gère un régime légal ou complémentaire de retraite. / **Retraite aux flambeaux,** défilé nocturne organisé à l'occasion d'une fête publique.

retraité, e [ʀətʀete] **n.** et **adj.** Personne qui a pris sa retraite et qui perçoit une retraite : *C'est un retraité très actif.*

retraitement [ʀətʀɛtmɑ̃] **n.m.** (de *traitement*). **1.** Traitement chimique permettant d'isoler et de récupérer les éléments utilisables contenus dans un produit déjà employé : *Le retraitement des déchets.* **2. Retraitement nucléaire,** traitement chimique du combustible nucléaire irradié, après son utilisation dans un réacteur. ▸ Son but est de récupérer l'uranium et le plutonium en les séparant des produits de fission fortement radioactifs.

retraiter [ʀətʀete] **v.t.** (de *traiter*). Pratiquer le retraitement du combustible nucléaire.

retranchement [ʀətʀɑ̃ʃmɑ̃] **n.m.** (de *retrancher*). **1.** Obstacle naturel ou artificiel, organisé pour défendre une position. **2.** VX. Suppression ; diminution : *Le retranchement d'une scène dans une pièce de théâtre* (syn. **coupure**). **3. Attaquer qqn dans ses derniers retranchements,** d'une manière telle qu'il se trouve à bout d'arguments.

retrancher [ʀətʀɑ̃ʃe] **v.t.** (de *trancher*). Ôter d'un tout : *Retrancher un nombre d'un autre* (syn. **soustraire**). *Retrancher les cotisations du salaire* (syn. **déduire**). *Retrancher un passage d'un ouvrage* (syn. **couper**). ◆ **se retrancher v.pr. 1.** Se mettre à l'abri derrière des défenses. **2. Se retrancher derrière qqch,** l'invoquer comme moyen de défense contre des demandes, des accusations, etc.

retransmettre [ʀətʀɑ̃smɛtʀ] **v.t.** [conj. **84**]. **1.** Transmettre de nouveau ou à d'autres : *Retransmettre un message.* **2.** Diffuser une émission radiophonique ou télévisée : *Cette émission sera retransmise en direct de New York.*

retransmission [ʀətʀɑ̃smisjɔ̃] **n.f.** Action de retransmettre ; émission retransmise : *La retransmission d'un match.*

retravailler [ʀətʀavaje] **v.t.** Soumettre qqch à un nouveau travail pour l'améliorer : *Retravailler un roman.* ◆ **v.i.** Travailler de nouveau après une interruption.

rétrécir [ʀetʀesiʀ] **v.t.** (de l'anc. fr. *étrécir*, du lat. *strictus*, étroit) [conj. **32**]. **1.** Rendre plus étroit : *Rétrécir une robe* (syn. **ajuster, resserrer**). **2.** Diminuer l'ampleur, la capacité : *Des restrictions budgétaires ont rétréci son champ d'action* (syn. **limiter, restreindre**). ◆ **v.i.** Devenir plus étroit : *Ce pull a rétréci au lavage* (contr. **s'agrandir**). ◆ **se rétrécir v.pr.** Devenir de plus en plus étroit.

rétrécissement [ʀetʀesismɑ̃] **n.m. 1.** Action de rétrécir. **2.** MÉD. Diminution du diamètre d'un orifice, d'un vaisseau, d'un canal (syn. **sténose**).

retremper [rətrɑ̃pe] **v.t.** Tremper de nouveau : *Retremper du linge dans l'eau.* ◆ **se retremper v.pr.** Reprendre contact avec qqch, qqn : *Se retremper dans les problèmes.*

rétribuer [retribɥe] **v.t.** (lat. *retribuere,* donner en retour, en échange) [conj. **7**]. Payer pour un travail : *Rétribuer un employé* (syn. **appointer**). *Rétribuer un service* (syn. **rémunérer**).

rétribution [retribysjɔ̃] **n.f.** Somme d'argent donnée en échange d'un travail, d'un service : *Percevoir une rétribution* (syn. **rémunération, salaire**).

1. rétro [retrɔ] **adj. inv.** et **n.m.** (de *rétrograde*). *FAM.* Se dit d'une mode, d'un style, d'une œuvre (littéraire, artistique, cinématographique, etc.) inspirés par des tendances du siècle dernier (notamm. celles des années 1920 à 1960).

2. rétro [retrɔ] **n.m.** (abrév.). *FAM.* Rétroviseur.

rétroactif, ive [retrɔaktif, -iv] **adj.** (du lat. *retroactus,* de *retroagere,* ramener en arrière). Qui exerce une action sur des faits survenus antérieurement : *La loi n'a pas d'effet rétroactif.*

rétroaction [retrɔaksjɔ̃] **n.f.** (du lat. *retroactus,* d'apr. *action*). **1.** Effet rétroactif. **2.** CYBERN. Feed-back.

rétroactivement [retrɔaktivmɑ̃] **adv.** De façon rétroactive.

rétroactivité [retrɔaktivite] **n.f.** Caractère rétroactif : *La rétroactivité d'une augmentation de salaire.*

rétrocéder [retrɔsede] **v.t.** (lat. *retrocedere,* reculer) [conj. **18**]. **1.** Céder ce qui nous a été cédé auparavant : *Rétrocéder une donation* (syn. **rendre, restituer**). **2.** Céder une chose achetée pour soi-même : *Ils ont rétrocédé leur appartement à leur fils* (syn. **revendre**).

rétrocession [retrɔsesjɔ̃] **n.f.** (lat. médiév. *retrocessio*). DR. Acte par lequel on rétrocède un droit, un bien acquis.

rétrocontrôle [retrɔkɔ̃trol] **n.m.** PHYSIOL. Feed-back.

rétrofusée [retrɔfyze] **n.f.** Fusée utilisée pour freiner un engin spatial.

rétrogradation [retrɔgradasjɔ̃] **n.f. 1.** Action de rétrograder : *La rétrogradation de certaines valeurs morales* (syn. **recul, régression**). **2.** Mesure disciplinaire par laquelle un militaire ou un fonctionnaire est placé dans une situation hiérarchique inférieure à celle qu'il occupait.

rétrograde [retrɔgrad] **adj.** (lat. *retrogradus*). **1.** Qui va, qui se fait en arrière : *Marche rétrograde.* **2.** Opposé au progrès : *Esprit rétrograde* (syn. **immobiliste, réactionnaire**). **3.** MÉCAN., ASTRON. Se dit du sens du mouvement des aiguilles d'une montre.

rétrograder [retrɔgrade] **v.i.** (lat. *retrogradare*). **1.** Revenir en arrière : *L'armée a été contrainte de rétrograder* (syn. **reculer, se replier**). **2.** Perdre ce que l'on avait acquis : *L'économie du pays a rétrogradé* (syn. **régresser**). **3.** Passer le rapport de boîte de vitesses inférieur à celui qui est utilisé présentement : *Rétrogradez avant de freiner.* ◆ **v.t.** Soumettre à la rétrogradation : *Rétrograder un militaire.*

rétroprojecteur [retrɔprɔʒɛktœr] **n.m.** Appareil permettant de projeter, sans obscurcir la salle, des documents rédigés ou imprimés sur un support transparent.

rétrospectif, ive [retrɔspɛktif, -iv] **adj.** (lat. *retro,* en arrière, et *spectare,* regarder). **1.** Qui concerne le passé, l'évolution antérieure de qqch : *Un examen rétrospectif de la situation.* **2.** Qui se manifeste après coup, à l'évocation d'un événement : *Une peur rétrospective.*

rétrospective [retrɔspɛktiv] **n.f.** (du lat. *spectare,* regarder). **1.** Exposition présentant de façon récapitulative les œuvres d'un artiste, d'une école, d'une époque : *Voir la rétrospective Picasso.* **2.** Émission, film, récit, etc., qui présentent de façon récapitulative et chronologique des faits appartenant à un domaine précis : *Une rétrospective des événements de l'année.*

rétrospectivement [retrɔspɛktivmɑ̃] **adv.** De façon rétrospective : *J'ai eu peur rétrospectivement* (= après coup).

retroussé, e [rətruse] **adj. Nez retroussé,** dont le bout est un peu relevé.

retrousser [rətruse] **v.t.** (de *trousser*). **1.** Relever le bas, les manches d'un vêtement vers le haut : *Retrousser ses manches.* **2.** Relever vers le haut : *Retrousser ses babines.*

retrouvailles [rətruvaj] **n.f. pl.** Fait de retrouver des personnes dont on était séparé : *De touchantes retrouvailles.*

retrouver [rətruve] **v.t. 1.** Trouver qqch qui avait disparu, qui était égaré ou oublié : *Retrouver ses clefs* (syn. **récupérer**). **2.** Découvrir qqn qui avait disparu ; reprendre qqn qui était en fuite : *Retrouver les auteurs d'un vol* (syn. **rattraper**). **3.** Recouvrer un état, une faculté : *Il a retrouvé ses forces* (syn. **récupérer**). **4.** Rejoindre : *Je te retrouverai à midi au café.* ◆ **se retrouver v. pr. 1.** Être de nouveau en un lieu, parmi des personnes, dans une situation qu'on avait quittés : *Nous nous retrouverons aux prochaines vacances* (syn. **se rencontrer, se revoir**). **2.** Être soudainement ou finalement dans telle situation : *Se retrouver seul.* **3.** S'orienter dans un lieu, dans une question, dans une situation complexes : *Ne pas se retrouver dans un dédale de rues* (syn. **se reconnaître**). **4.** *FAM.* **S'y retrouver,** équilibrer les recettes et les dépenses ; faire un profit.

rétroversion [retrɔvɛrsjɔ̃] **n.f.** (du lat. *vertere,* tourner). MÉD. Position d'un organe, en partic. l'utérus, basculé en arrière.

rétrovirus [retrɔvirys] **n.m.** Virus à ARN dont la famille comprend notamm. le virus V.I.H., responsable du sida.

rétroviseur [retrɔvizœr] **n.m.** (du lat. *visere,* d'apr. *viseur*). Miroir disposé à l'intérieur ou à l'extérieur d'un véhicule pour permettre au conducteur de surveiller les véhicules qui suivent (abrév. fam. *rétro*).

rets [rɛ] **n.m.** (bas lat. *retis,* class. *rete*). **1.** *LITT.* Filet pour prendre du gibier, des poissons. **2.** Piège qu'on tend à qqn : *Prendre qqn dans ses rets* (= le prendre au piège).

Retz (Gilles de) ⟶ Rais.

Retz [rɛ] **(Jean-François Paul de Gondi,** *cardinal* **de),** homme politique et écrivain français (Montmirail 1613 - Paris 1679). Coadjuteur (adjoint) de son oncle, l'archevêque de Paris, rival malheureux de Mazarin, il joua un rôle important dans les troubles de la Fronde. Prisonnier au château de Vincennes, puis à Nantes, il s'échappa et ne rentra en France qu'après avoir démissionné de l'archevêché de Paris, dont il était titulaire depuis 1654. Il a laissé un récit de la *Conjuration de Fiesque* et des *Mémoires,* l'un des premiers chefs-d'œuvre de la prose classique.

réunification [reynifikasjɔ̃] **n.f.** Action de réunifier : *La réunification de l'Allemagne.*

réunifier [reynifje] **v.t.** (de *unifier*) [conj. **9**]. Rétablir l'unité d'un pays, d'un parti, etc.

réunion [reynjɔ̃] **n.f. 1.** Action de réunir des personnes ; fait de se rassembler ; groupe de personnes rassemblées ; temps pendant lequel on se réunit : *Réunion d'anciens élèves* (syn. **assemblée**). *Une réunion de chercheurs* (syn. **congrès**). *La réunion a duré deux heures* (syn. **séance**). **2.** Action de réunir des éléments épars : *La réunion des pièces d'un dossier* (syn. **rassemblement**). **3.** Action de rattacher un territoire à un autre ou à un État.

Réunion (La) [974], île de l'océan Indien, à l'est de l'Afrique, formant un dép. français d'outre-mer, ayant le statut de Région ; 2 511 km^2 ; 843 617 hab. *(Réunionnais).* Ch.-l. de dép. *Saint-Denis ;* ch.-l. d'arr. *Saint-Benoît, Saint-Paul, Saint-Pierre ;* 4 arr., 25 cant., 24 comm.

GÉOGRAPHIE

Dans l'océan Indien, à l'E. de Madagascar, par 21° de lat. S., La Réunion, d'origine volcanique, a un relief accidenté (3 069 m au piton des Neiges). L'Est, « au vent », est beaucoup plus humide que l'Ouest, abrité, mais l'ensemble peut être affecté par des cyclones. Les températures sont constamment élevées (modérées localement par l'altitude). La population est dense (plus de 230 hab. au km^2) avec une croissance toutefois ralentie par l'émigration et par un début de contrôle des naissances. La canne à sucre est la ressource essentielle, base des exportations (complétées par du rhum, de l'essence de géranium, un peu de vanille), qui ne représentent guère en valeur que le dixième des importations. Avec un fort taux de chômage (environ le tiers de la population active), La Réunion est étroitement dépendante de l'aide financière de la métropole, qui a favorisé l'extension du réseau routier, l'amélioration de l'infrastructure scolaire et hospitalière.

HISTOIRE

L'île, découverte par les Portugais en 1528, est occupée par les Français en 1638. Elle prend le nom d'île Bourbon qu'elle abandonne en 1793 pour son nom actuel. Elle est administrée par la Compagnie des Indes orientales de 1664 à 1767. L'esclavage y est aboli en 1848. Devenue un département français d'outre-mer (1946), l'île est dotée depuis 1982 du statut de Région.

réunionnais, e [reynjɔnɛ, -ɛz] **adj.** et **n.** De La Réunion.

Réunions *(politique des)* [1679-1684], politique d'annexions menée par Louis XIV, en pleine paix, au lendemain des traités de Nimègue, pour renforcer la frontière du nord-est de la France. À l'issue de la guerre de la ligue d'Augsbourg (1688-1697), la France ne conserva de ces réunions que Sarrelouis, Strasbourg et l'Alsace.

réunir [reynir] **v.t.** (de *unir*) [conj. **32**]. **1.** Rassembler ; grouper : *Réunir des preuves* (syn. **collecter, recueillir**). *Réunir des amis chez soi* (syn. **inviter**). **2.** Rapprocher des choses séparées de façon à les mettre en contact : *Réunir les deux bouts d'un cordage* (syn. **joindre**). **3.** Faire communiquer : *Réunir deux villes par une voie rapide* (syn. **raccorder**). **4.** Rassembler en soi des éléments différents : *Cette époque réunit des styles architecturaux très différents* (syn. **associer, combiner**). ◆ **se réunir v.pr.** Se retrouver ensemble en un lieu ; former une assemblée : *Le Conseil des ministres se réunit demain* (syn. **se rencontrer**).

réussi, e [reysi] **adj. 1.** Exécuté avec succès : *Une photographie tout à fait réussie* (contr. **raté**). **2.** Parfait en son genre : *Une soirée réussie* (syn. **brillant**).

réussir [reysir] **v.i.** (it. *riuscire,* ressortir, de *uscire,* sortir) [conj. **32**]. **1.** Avoir un résultat heureux ; se terminer par un succès : *Le lancement de la fusée a réussi* (syn. **aboutir ;** contr. **échouer**). **2.** Obtenir un succès, en partic. réaliser ses ambitions : *Elle réussit dans tout ce qu'elle entreprend* (syn. **gagner, triompher**). **3.** S'acclimater ; se développer favorablement : *La vigne réussit dans cette région* (syn. **pousser, prospérer**). ◆ **v.t. ind. [à]. 1.** Parvenir à faire qqch : *J'ai réussi à lui parler* (syn. **parvenir**). **2.** Être bénéfique à qqn : *L'air de la mer lui réussit.* ◆ **v.t.** Faire avec succès : *Réussir un plat. Réussir un but* (syn. **marquer**).

réussite [reysit] **n.f.** (it. *riuscita*). **1.** Succès, résultat favorable : *La réussite d'une entreprise* (syn. **réalisation ;** contr. **échec**). **2.** Entreprise, action, œuvre qui connaît le succès : *Notre voyage n'a pas été une réussite* (syn. **succès**). **3.** Jeu de cartes au cours duquel un joueur solitaire s'efforce de placer ou d'employer toutes les cartes selon certaines règles, dans une combinaison déterminée par le hasard (syn. **patience**).

réutiliser [reytilize] **v.t.** Utiliser de nouveau.

revaloir [rəvalwar] **v.t.** (de *valoir*) [conj. **60**]. Rendre la pareille à qqn, en bien ou en mal : *Je vous revaudrai cela.*

revalorisation [rəvalɔrizasjɔ̃] **n.f.** Action de revaloriser.

revaloriser [rəvalɔrize] **v.t.** (de *valoriser*). Rendre son ancienne valeur ou une valeur plus grande à : *Revaloriser une monnaie, les salaires* (syn. **majorer, relever**).

revanchard, e [rəvɑ̃ʃar, -ard] **adj.** et **n.** *FAM.* Qui est dominé par le désir de revanche, en partic. militaire.

revanche [rəvɑ̃ʃ] **n.f.** (de l'anc. fr. *revancher,* de *vencher,* var. de *venger*). **1.** Action de rendre la pareille pour qqch, souvent pour un mal que l'on a reçu : *J'aurai ma revanche* (syn. **vengeance**). **2.** Seconde partie qu'on joue après avoir perdu la première : *Le match de revanche.* **3. En revanche,** en retour ; inversement, au contraire : *Le début du film est médiocre, en revanche, la fin est brillante* (syn. **par contre**).

rêvasser [revase] **v.i.** (de *rêver*). Se laisser aller à la rêverie : *Arrête de rêvasser pendant les cours* (syn. **rêver**).

rêvasserie [revasri] **n.f.** Fait de rêvasser ; pensée vague (syn. **rêverie**).

rêve [rɛv] **n.m.** (de *rêver*). **1.** Production psychique survenant pendant le sommeil, et pouvant être partiellement mémorisée : *L'analyse des rêves* (syn. **songe**) [⟶ **sommeil**]. **2.** Représentation, plus ou moins idéale ou chimérique, de ce qu'on veut réaliser, de ce qu'on désire : *Accomplir un rêve de jeunesse. Trouver la maison de ses rêves.* **3. De rêve,** qui présente des qualités telles qu'on a peine à le croire réel ; irréel : *Des vacances de rêve.*

rêvé, e [reve] **adj.** Qui convient tout à fait : *C'est un endroit rêvé pour travailler tranquillement* (syn. **idéal**).

revêche [rəvɛʃ] **adj.** (orig. incert., p.-ê. du lat. pop. **reversicus,* de *reverti,* revenir en arrière). Peu accommodant ; rébarbatif ; bourru : *Une concierge revêche* (syn. **acariâtre**).

1. réveil [revɛj] **n.m.** (de *réveiller*). **1.** Passage de l'état de sommeil à l'état de veille : *Sauter du lit dès son réveil.* **2.** *FIG.* Retour à l'activité : *Le réveil d'une douleur. Le réveil d'un volcan* (syn. **renaissance**). **3.** Sonnerie de clairon qui annonce aux soldats l'heure du lever.

2. réveil [revɛj] **n.m.** et, *VIEILLI,* **réveille-matin** [revɛjmatɛ̃] **n.m. inv.** Petite pendule à sonnerie, pour réveiller à une heure déterminée à l'avance.

réveiller [reveje] **v.t.** (de *éveiller*). **1.** Tirer du sommeil : *Réveiller un enfant* (syn. **éveiller ;** contr. **endormir**). **2.** Susciter de nouveau ; faire renaître : *Réveiller l'appétit, le courage* (syn. **attiser, ranimer**). ◆ **se réveiller v.pr. 1.** Cesser de dormir (syn. **s'éveiller**). **2.** Se ranimer : *De vieilles rancœurs se réveillent* (syn. **réapparaître, renaître**).

réveillon [revejɔ̃] **n.m.** (de *réveiller*). Repas pris au milieu de la nuit de Noël et du jour de l'An ; réjouissances qui l'accompagnent.

réveillonner [revejɔne] **v.i.** Prendre part à un réveillon : *Réveillonner en famille.*

révélateur, trice [revelatœr, -tris] **adj.** Qui indique, révèle : *Symptôme révélateur d'une maladie* (syn. **caractéristique, significatif**). ◆ **révélateur n.m. 1.** Ce qui révèle, indique, manifeste : *Être le révélateur de la crise.* **2.** PHOT. Bain transformant l'image latente en image visible.

révélation [revelasjɔ̃] **n.f. 1.** Action de révéler ; ce qui est révélé : *Révélation d'un secret* (syn. **divulgation**). *Faire des révélations* (syn. **confidence, aveu**). **2.** Personne ou chose dont le public découvre brusquement les qualités exceptionnelles : *Cet artiste est une révélation.* **3.** RELIG. Manifestation d'un mystère ou dévoilement d'une vérité par Dieu ou par un homme inspiré de Dieu.

révélé, e [revele] **adj.** Communiqué par révélation divine : *Dogme révélé. Religion révélée.*

révéler [revele] **v.t.** (lat. *revelare,* découvrir, de *velum,* voile) [conj. **18**]. **1.** Faire connaître ce qui était inconnu et secret : *Révéler ses desseins, ses projets* (syn. **dévoiler, communiquer, divulguer**). **2.** Laisser voir ; être l'indice, la marque de : *Ce roman révèle un grand talent* (syn. **indiquer, montrer**). **3.** RELIG. Faire connaître par révélation. ◆ **se révéler v.pr.** Se manifester : *Son génie se révéla tout à coup.*

revenant, e [rəvənɑ̃, -ɑ̃t] **n.** (de *revenir*). **1.** Âme d'un mort qui se manifesterait à un vivant sous une forme physique (syn. **apparition, esprit, fantôme**). **2.** *FAM.* Personne qu'on n'a pas vue depuis longtemps et qu'on ne s'attendait pas à revoir.

revendeur, euse [rəvɑ̃dœr, -øz] **n.** Personne qui achète pour revendre : *Un revendeur de voitures.*

revendicateur, trice [rəvɑ̃dikatœr, -tris] **n.** et **adj.** Personne qui exprime une revendication.

revendicatif, ive [rəvɑ̃dikatif, -iv] **adj.** Qui exprime ou comporte une revendication : *Un esprit revendicatif.*

revendication [rəvɑ̃dikasjɔ̃] **n.f.** (du lat. juridique *rei vindicatio,* réclamation d'une chose). **1.** Action de revendiquer ;

son résultat : *Des revendications syndicales* (syn. **réclamation**). **2.** DR. Action en justice dont l'objet est de faire reconnaître un droit de propriété.

revendiquer [rəvɑ̃dike] **v.t.** (de l'anc. fr. *vendiquer*, lat. *vindicare*, réclamer en justice). **1.** Réclamer ce dont on est le possesseur et dont on est privé : *Revendiquer sa part d'héritage* (syn. **exiger, requérir**). **2.** Réclamer l'exercice d'un droit politique ou social, une amélioration des conditions de vie ou de travail, en parlant d'une collectivité. **3.** Réclamer pour soi ; assumer : *Revendiquer la responsabilité de ses actes* (syn. **endosser**).

revendre [rəvɑ̃dr] **v.t.** [conj. **73**]. **1.** Vendre ce qu'on a acheté. **2.** Vendre de nouveau : *Revendre des voitures d'occasion*. **3.** *FAM.* **Avoir de qqch à revendre,** en avoir en abondance : *Avoir de l'esprit à revendre.*

revenez-y [rəvənezi] **n.m. inv.** *FAM.* **Un goût de revenez-y,** un goût agréable, qui incite à recommencer : *Ce vin a un goût de revenez-y.*

revenir [rəvənir] **v.i.** (de *venir*) [conj. **40** ; auxil. *être*]. **1.** Venir de nouveau, une autre fois, quelque part : *Il revient ici tous les ans.* **2.** Regagner le lieu où l'on était, où l'on est habituellement : *Revenir à la maison* (syn. **rentrer**). **3.** Se livrer, s'adonner de nouveau à qqch : *Revenir au projet initial* (syn. **retourner à**). *Revenir à ses études* (syn. **se remettre à**). *Revenir à une conversation* (syn. **reprendre**). **4.** Passer de nouveau à un état physique ou moral antérieur ; quitter un état : *Revenir à de meilleures dispositions.* **5.** Reconsidérer ce que l'on a dit ou fait, changer d'avis : *On ne reviendra pas sur cette décision* (syn. **reconsidérer, réexaminer**). **6.** Abandonner une manière de sentir, de penser, la désavouer : *Revenir d'une illusion. Revenir sur ses aveux* (= se rétracter). **7.** Se présenter, se manifester de nouveau : *Le froid est revenu* (syn. **réapparaître**). **8.** Se présenter de nouveau à l'esprit, à la conscience de qqn : *Son nom ne me revient pas* (= je l'ai oublié). **9.** Être recouvré, récupéré par qqn : *L'appétit lui revient.* **10.** Être dévolu à qqn ; appartenir à qqn : *Cela lui revient de droit. C'est à vous qu'il revient de diriger cette affaire* (syn. **incomber**). **11.** S'élever au total, à la somme de ; coûter tant à qqn : *L'entretien de cette voiture me revient cher. L'intervention va revenir à 300 euros.* **12.** Être équivalent à qqch d'autre, s'y ramener : *Cela revient au même* (syn. **équivaloir**). **13.** *FAM.* Plaire ; inspirer confiance : *Sa tête ne me revient pas.* **14.** SPORTS. Se rapprocher d'un concurrent, d'une équipe : *Coureur qui revient sur le peloton* (syn. **rattraper**). **15. En revenir, être revenu de tout,** être complètement désabusé, indifférent à tout. / **Faire revenir un aliment,** le faire dorer dans un corps gras chaud, en début de cuisson. / **Il m'est revenu que,** je me suis rappelé que. / *FAM.* **Ne pas en revenir** ou **n'en pas revenir,** être extrêmement surpris : *Quand on lui a rapporté la nouvelle, il n'en est pas revenu.* / **Revenir à soi,** reprendre conscience après un évanouissement. / **Revenir de loin,** échapper à un grand danger, guérir d'une maladie grave. / **Revenir sur ses pas,** rebrousser chemin.

revente [rəvɑ̃t] **n.f.** Action de vendre ce qu'on a acheté.

revenu [rəvəny] **n.m.** (du p. passé de *revenir*). **1.** Somme annuelle perçue par une personne ou une collectivité soit à titre de rente, soit à titre de rémunération d'une activité ou d'un travail : *Avoir de faibles revenus* (syn. **gain**). *Les revenus d'un domaine agricole* (syn. **profit, rentrée**). *Impôt sur le revenu.* **2. Revenu de solidarité active (R.S.A.),** en France, allocation attribuée par la loi du 1er décembre 2008 aux personnes sans emploi et aux travailleurs pauvres. ▶ Le R.S.A. (R.M.I. avant 2009) correspond à un revenu minimum pour les personnes sans travail et à un complément de ressources pour les personnes qui reprennent un emploi afin qu'elles ne subissent pas une diminution de leurs ressources. / **Revenu minimum d'insertion (R.M.I.),** en France, revenu garanti par la loi du 1er décembre 1988 aux personnes les plus démunies, et destiné à faciliter leur insertion sociale. ▶ Il a été remplacé en 2009 par le revenu de solidarité active (R.S.A.). / **Revenu national,** valeur nette des biens économiques produits par la nation.

rêver [reve] **v.i.** (d'un anc. v. *esver*, du gallo-romain *esvo*, vagabond, du bas lat. **exvagus*, class. *vagus*). **1.** Faire des rêves pendant son sommeil : *Se souvenir d'avoir rêvé.* **2.** Laisser aller sa pensée, son imagination : *Rester des heures à rêver* (syn. **rêvasser**). **3.** Concevoir, exprimer des choses déraisonnables, chimériques : *Si tu crois que tout se passera bien, tu rêves !* (syn. **divaguer**). **4.** *QUÉBÉC.* **Rêver en couleurs,** faire des projets chimériques. ◆ **v.t. ind. [à, de]. 1.** Voir en rêve pendant la nuit : *J'ai rêvé de lui.* **2.** Désirer vivement : *Rêver d'une vie meilleure* (syn. **espérer, souhaiter**). *Je rêve à ce projet depuis longtemps* (syn. **songer à**). ◆ **v.t. 1.** Voir en rêve : *J'ai rêvé que nous partions.* **2.** Imaginer : *Ce n'est pas vrai, tu l'as rêvé* (syn. **inventer**). **3. Ne rêver que plaies et bosses,** être batailleur, querelleur.

réverbération [reverberasjɔ̃] **n.f.** (de *réverbérer*). **1.** Renvoi, réflexion de la lumière par une surface qui la diffuse : *La réverbération du soleil sur la neige.* **2.** ACOUST. Persistance d'un son dans un espace clos ou semi-clos après interruption de la source sonore.

réverbère [reverbɛr] **n.m.** (de *réverbérer*). Dispositif à réflecteurs pour l'éclairage des lieux publics.

réverbérer [reverbere] **v.t.** (lat. *reverberare*, repousser) [conj. **18**]. Renvoyer la lumière, la chaleur, le son : *Les murs réverbèrent la chaleur du soleil* (syn. **réfléchir**).

reverdir [rəvɛrdir] **v.t.** [conj. **32**]. Rendre de nouveau vert. ◆ **v.i.** Redevenir vert : *Les arbres reverdissent.*

révérence [reverɑ̃s] **n.f.** (lat. *reverentia*). **1.** *LITT.* Respect profond ; vénération : *Traiter qqn avec révérence* (syn. **déférence**). **2.** Mouvement du corps que l'on fait pour saluer, soit en s'inclinant, soit en pliant les genoux. **3. Tirer sa révérence,** saluer en s'en allant ; s'en aller.

révérencieux, euse [reverɑ̃sjø, -øz] **adj.** *LITT.* Qui manifeste de la révérence, du respect (syn. **respectueux**).

révérend, e [reverɑ̃, -ɑ̃d] **n.** et **adj.** (lat. ecclés. *reverendus*, qui doit être révéré). **1.** Titre d'honneur donné aux religieux et aux religieuses. **2.** Titre donné aux membres du clergé anglican.

révérendissime [reverɑ̃disim] **n.m.** et **adj.** (lat. ecclés. *reverendissimus*). RELIG. Titre d'honneur donné aux prélats et aux supérieurs de congrégations ou d'ordres religieux.

révérer [revere] **v.t.** (lat. *revereri*) [conj. **18**]. Honorer, traiter avec un profond respect : *Révérer la mémoire de qqn* (syn. **vénérer**).

rêverie [rɛvri] **n.f.** (de *rêver*). État de distraction pendant lequel l'activité mentale n'est plus dirigée par l'attention et s'abandonne à des souvenirs, à des images vagues ; objet qui occupe alors l'esprit : *Être perdu dans de continuelles rêveries* (syn. **rêvasserie, songerie**).

revers [rəvɛr] **n.m.** (lat. *reversus*, de *revertere*, retourner). **1.** Côté d'une chose opposé au côté principal ou à celui qui se présente le premier ou le plus souvent à la vue : *Le revers d'une tapisserie* (syn. **dos, envers, verso**). **2.** Côté d'une médaille, d'une monnaie, opp. à *droit*, ou *avers*. **3.** Envers, replié sur l'endroit, d'un col, d'un bas de manche ou de pantalon (syn. **parement, rabat**). **4.** Coup de raquette, au tennis et au tennis de table, effectué à gauche par un droitier et à droite par un gaucher (par opp. à *coup droit*). **5.** Événement malheureux qui transforme une situation ; défaite : *Subir des revers de fortune* (= des échecs). **6.** GÉOGR. Plateau doucement incliné qui forme l'une des deux pentes d'une côte, par opp. à *talus*. **7. À revers,** par-derrière. / **Revers de la main,** dos de la main, surface opposée à la paume. / **Revers de la médaille,** mauvais côté d'une chose ; inconvénient d'une situation.

reversement [rəvɛrsəmɑ̃] **n.m.** Transfert de fonds d'une caisse à une autre : *Le reversement d'une pension.*

reverser [rəvɛrse] **v.t. 1.** Verser de nouveau : *Reverser de l'orangeade à tout le monde.* **2.** Transporter, reporter sur : *Reverser une somme d'un compte sur un autre.*

réversibilité [reversibilite] **n.f.** Qualité de ce qui est réversible : *La réversibilité d'un mouvement.*

réversible [reversibl] **adj.** (du lat. *reversus*, retourné). **1.** Qui peut revenir en arrière ; qui peut se produire en sens inverse : *Mouvement réversible.* **2.** Se dit d'une transformation mécanique, physique ou chimique qui peut, à un instant quelconque, changer de sens sous l'influence d'une modification infinitésimale dans les conditions de production du phénomène. **3.** Se dit d'une étoffe, d'un vêtement qui peuvent être mis à l'envers comme à l'endroit : *Un imperméable réversible.* **4.** DR. Se dit d'un bien devant faire l'objet d'une réversion ou d'une rente assurée à d'autres personnes après la mort du titulaire.

réversion [revɛrsjɔ̃] **n.f.** (lat. *reversio*). **1.** DR. Droit en vertu duquel les biens dont une personne a disposé en faveur d'une autre lui reviennent quand celle-ci meurt sans enfants ou si le donataire meurt avant le donateur. **2. Pension de réversion,** retraite versée au conjoint survivant d'une personne décédée qui avait acquis des droits à la retraite.

revêtement [rəvɛtmɑ̃] **n.m.** (de *revêtir*). **1.** Tout ce qui sert à recouvrir pour protéger, consolider : *Revêtement de sol.* **2.** Partie supérieure d'une chaussée : *Un revêtement antidérapant.* **3.** Placage dont on recouvre le gros œuvre d'une construction. **4.** Dépôt effectué sur une pièce métallique pour lui conférer des propriétés particulières.

revêtir [rəvɛtir] **v.t.** (de *vêtir*) [conj. **44**]. **1.** Mettre sur soi un vêtement : *Revêtir un manteau* (syn. **endosser**). **2.** Recouvrir, garnir d'un revêtement : *Revêtir un mur de papier peint* (syn. **couvrir, tapisser**). **3.** DR. Pourvoir un acte, un document de ce qui est nécessaire pour qu'il soit valide : *Revêtir un passeport d'un visa.* **4.** Prendre tel ou tel aspect : *Cette affaire revêt une importance particulière.*

rêveur, euse [revœr, -øz] **adj.** et **n.** Qui se laisse aller à la rêverie ; qui se complaît dans des pensées vagues ou chimériques. ◆ **adj. 1.** Qui indique la rêverie : *Un air rêveur* (syn. **songeur**). **2.** FAM. **Cela laisse rêveur,** perplexe.

rêveusement [revøzmɑ̃] **adv.** En rêvant ; avec un air rêveur : *Elle le contemplait rêveusement* (syn. **pensivement**).

revient [rəvjɛ̃] **n.m.** (de *revenir*). **Prix de revient,** somme représentant le total des dépenses nécessaires pour élaborer et distribuer un produit ou un service.

revigorant, e [rəvigɔrɑ̃, -ɑ̃t] **adj.** Qui revigore ; stimulant, tonique.

revigorer [rəvigɔre] **v.t.** (du bas lat. *vigorare*). Redonner des forces, de la vigueur à : *Ce déjeuner m'a revigoré* (syn. **remonter**).

revirement [rəvirmɑ̃] **n.m.** (de l'anc. v. *revirer,* de *virer*). Changement brusque et complet dans les opinions, les comportements : *Il y a eu un revirement dans l'opinion publique* (syn. **retournement, volte-face**).

réviser [revize] **v.t.** (lat. *revisere,* revenir voir). **1.** Revoir, examiner de nouveau, pour modifier s'il y a lieu : *Réviser son jugement* (syn. **reconsidérer**). *Réviser une pension.* **2.** Examiner en vue de réparer ; remettre en bon état de marche : *Réviser un moteur* (syn. **vérifier**). **3.** Étudier de nouveau une matière en vue d'un examen, d'un concours : *Révise ton programme d'histoire* (syn. **revoir**).

réviseur, euse [revizœr, -øz] **n. 1.** Personne qui revoit après une autre. **2.** IMPR. Correcteur chargé de vérifier les corrections sur la première feuille imprimée.

révision [revizjɔ̃] **n.f.** (lat. *revisio*). **1.** Action d'examiner de nouveau, de mettre à jour, de modifier : *La révision de la Constitution* (syn. **réforme, remaniement**). **2.** Opération périodique de vérification et de remise en état d'un moteur : *La voiture a besoin d'une révision* (syn. **vérification**). **3.** Action d'étudier de nouveau un sujet, un programme, en vue d'un examen, d'un concours : *Il est en pleine révision pour le bac.* **4.** DR. Voie de recours extraordinaire destinée à faire rétracter une décision de justice passée en force de chose jugée, en raison de l'erreur qui l'entache.

révisionnisme [revizjɔnism] **n.m.** (de *révision*). **1.** Doctrine remettant en cause un dogme ou une théorie, notamm. celle d'un parti politique. **2.** Remise en question de l'histoire de la Seconde Guerre mondiale, tendant à nier ou à minimiser le génocide des Juifs par les nazis.

révisionniste [revizjɔnist] **adj.** et **n.** Qui relève du révisionnisme ; partisan du révisionnisme.

revisiter [rəvizite] **v.t. 1.** Visiter de nouveau. **2.** Donner un éclairage nouveau à une œuvre, un artiste : *Revisiter les classiques.*

revisser [rəvise] **v.t.** Visser de nouveau ce qui est dévissé.

revitaliser [rəvitalize] **v.t.** Donner une vitalité nouvelle à : *Revitaliser l'industrie textile* (syn. **réveiller, vivifier**).

revivifier [rəvivifje] **v.t.** (de *vivifier*) [conj. **9**]. LITT. Redonner des forces, de la vitalité à qqn : *Ce séjour à la montagne l'a revivifié* (syn. **remonter, revigorer**).

reviviscence [rəvivisɑ̃s] **n.f.** (du lat. *reviviscere,* revenir à la vie). **1.** Propriété de certains animaux ou végétaux qui peuvent, après avoir été longtemps desséchés, reprendre vie à l'humidité. **2.** LITT. Réapparition d'un état de conscience déjà éprouvé : *La reviviscence d'une émotion.*

revivre [rəvivr] **v.i.** (lat. *revivere*) [conj. **90**]. **1.** Revenir à la vie (syn. **ressusciter**). **2.** Reprendre des forces, de l'énergie : *Dès que j'arrive à la campagne, je revis* (syn. **renaître**). **3.** Apparaître une nouvelle fois ; se produire de nouveau : *L'espoir revit dans les cœurs* (syn. **réapparaître, renaître**). ◆ **v.t. 1.** Vivre de nouveau qqch : *Elle ne voudrait pas revivre ce qu'elle a enduré.* **2. Faire revivre qqch,** le renouveler, lui rendre son éclat.

révocabilité [revɔkabilite] **n.f.** État de celui ou de ce qui est révocable.

révocable [revɔkabl] **adj.** Qui peut être révoqué : *Un fonctionnaire révocable.*

révocation [revɔkasjɔ̃] **n.f.** (lat. *revocatio,* rappel). **1.** Action de révoquer : *Révocation d'un testament* (syn. **annulation, invalidation**). **2.** Sanction disciplinaire frappant un fonctionnaire, et consistant en son éviction des cadres de l'Administration (syn. **destitution, limogeage**).

revoici [rəvwasi] **prép.** Voici de nouveau : *Me revoici parmi vous.*

revoilà [rəvwala] **prép.** Voilà de nouveau : *Revoilà le soleil.*

1. revoir [rəvwar] **v.t.** [conj. **62**]. **1.** Voir qqn de nouveau : *Je vous reverrai demain* (syn. **retrouver**). **2.** Revenir dans un lieu, s'y retrouver après un temps assez long : *Revoir sa maison natale.* **3.** Regarder de nouveau ce à quoi on porte de l'intérêt ; assister une nouvelle fois à un événement : *J'ai revu ce film plusieurs fois.* **4.** Examiner qqch pour le corriger ou le vérifier : *Revoir un article avant publication* (syn. **réviser**). **5.** Étudier de nouveau une matière d'enseignement, un texte, pour se les remettre en mémoire : *Il n'a pas revu son programme de physique* (syn. **réviser**). ◆ **se revoir v.pr.** Être de nouveau en présence l'un de l'autre : *Nous nous reverrons à Noël* (syn. **se retrouver**).

2. revoir [rəvwar] **n.m.** (de *1. revoir*). **Au revoir,** formule de politesse pour prendre congé.

révoltant, e [revɔltɑ̃, -ɑ̃t] **adj.** Qui révolte, indigne : *Un procédé révoltant* (syn. **choquant, écœurant, scandaleux**).

révolte [revɔlt] **n.f.** (de *révolter*). **1.** Rébellion, soulèvement contre l'autorité établie : *Fomenter une révolte* (syn. litt. **sédition**). *Réprimer une révolte* (syn. **insurrection**). **2.** Refus d'obéissance ; opposition à une autorité quelconque : *Esprit de révolte* (syn. **contestation**).

révolté, e [revɔlte] **adj.** et **n.** En état de révolte : *Un adolescent révolté* (syn. **contestataire, insoumis**).

révolter [revɔlte] **v.t.** (it. *rivoltare,* retourner, de *rivolgere,* lat. *revolvere,* rouler en arrière). Choquer violemment ; susciter l'indignation, la réprobation : *Ses procédés révoltent ses partenaires* (syn. **écœurer, indigner, scandaliser**). ◆ **se révolter v.pr. 1.** Se soulever contre une autorité : *Se révolter contre le gouvernement* (syn. **se rebeller, se mutiner**). **2.** S'indigner ; s'irriter : *Se révolter contre une mesure injuste* (syn. **s'élever, s'insurger**).

révolu, e [revɔly] **adj.** (lat. *revolutus,* p. passé de *revolvere,* rouler en arrière). **1.** Achevé ; complet : *Avoir vingt ans révolus. Une année révolue* (syn. **accompli**). **2.** Qui est passé ; qui n'existe plus : *Une époque révolue.*

révolution [revɔlysjɔ̃] **n.f.** (bas lat. *revolutio*). **1.** ASTRON. Mouvement orbital périodique d'un corps céleste, notamm. d'une planète ou d'un satellite, autour d'un autre de masse prépondérante ; période de ce mouvement, appelée aussi *période de révolution : La révolution de la Terre autour du Soleil.* **2.** GÉOM. Mouvement périodique d'un objet autour d'un axe ou d'un point central. **3.** Changement brusque et violent dans la structure politique et sociale d'un État, souvent d'origine populaire : *La révolution de 1848.* **4.** (Précédé d'un art. déf., avec une majuscule). La Révolution française de 1789. **5.** Changement brusque, d'ordre économique, moral, culturel, qui se produit dans une société : *Une révolution dans l'art* (syn. **bouleversement**). **6.** *FAM.* Agitation soudaine et passagère, provoquée par un fait inhabituel : *Le quartier est en révolution* (syn. **émoi**). **7. Révolution culturelle,** bouleversement profond des valeurs fondamentales d'une société. / **Révolution de palais,** action qui porte au pouvoir de nouveaux responsables, à la suite d'intrigues ; changement soudain, mais limité, dans le personnel dirigeant d'une institution, d'une entreprise. / GÉOM. **Surface de révolution,** surface engendrée par la rotation d'une courbe (la *génératrice*) autour d'une droite fixe appelée *axe de révolution*.

Révolution culturelle, période de l'histoire de la Chine pendant laquelle les autorités administratives et politiques traditionnelles (tel Deng Xiaoping) furent évincées, alors que les jeunes des écoles et des universités (fermées de 1966 à 1972) s'organisaient en associations de « gardes rouges », se réclamant de la pensée de Mao Zedong. Marquée par le déplacement massif de populations des campagnes vers les villes et des villes vers les champs, par des affrontements sanglants dans les provinces, par l'incarcération ou la mise à mort d'artistes et d'intellectuels, par la destruction d'œuvres d'art traditionnelles (monuments et livres), la Révolution culturelle prit fin avec la mort de Mao (1976).

Révolution française (1789-1799), ensemble de mouvements révolutionnaires qui mirent fin, en France, à l'Ancien Régime. À la fin du XVIIIe s., la bourgeoisie, dont le rôle économique s'est accru, désire accéder au pouvoir ; les idées de philosophes comme Montesquieu, Voltaire, Diderot, Rousseau, qui combattent l'absolutisme, se propagent rapidement. D'autre part, à la suite de mauvaises récoltes, le pays connaît une crise économique, tandis que le déficit de l'État rend indispensable une réforme fiscale. ▶ *Dossier page suivante.*

Les États généraux et l'Assemblée constituante. Une assemblée de notables, convoquée en 1787 par Calonne, refuse un impôt foncier qui pèserait sur tous, y compris sur les aristocrates.
Elle demande la convocation des États généraux.
5 mai 1789. Réunion des États généraux.
9 juill. 1789. Les États généraux se proclament Assemblée nationale constituante, après le ralliement à la cause du tiers état de nombreux membres de la noblesse et du clergé.
14 juill. 1789. Prise de la Bastille.
4 août 1789. Les députés abolissent les privilèges.
26 août 1789. L'Assemblée vote la Déclaration des droits de l'homme et du citoyen.
L'Assemblée instaure la monarchie constitutionnelle, organise l'administration locale (création des départements), la justice et les finances (création des assignats) et vote la Constitution civile du clergé. Mais ces transformations ne sont acceptées par le roi que sous la pression du peuple de Paris (journées des 5 et 6 oct. 1789).
20-25 juin 1791. Fuite du roi, arrêté à Varennes.
13 sept. 1791. Le roi accepte la Constitution.

L'Assemblée législative
1er oct. 1791. Ouverture de l'Assemblée législative.
Elle adopte une série de décrets contre les émigrés et les prêtres réfractaires, auxquels le roi oppose son veto.
20 avr. 1792. La France déclare la guerre à l'Autriche.
Cette décision a été prise sous l'impulsion des Girondins, au gouvernement depuis mars, afin de combattre la contre-révolution. Mais les premiers échecs de la guerre et la politique trop modérée des Girondins, issus pour la plupart de la bourgeoisie d'affaires, creusent un fossé entre ceux-ci et les sans-culottes parisiens.
10 août 1792. Une insurrection renverse la royauté.
La réalité du pouvoir passe aux mains de la Commune de Paris. Parallèlement à l'élection de la Convention, le mouvement révolutionnaire s'amplifie (massacres de Septembre).
20 sept. 1792. Victoire de Valmy, qui arrête l'invasion étrangère.

La Convention nationale
22 sept. 1792. La Convention proclame la république.
6 nov. 1792. La victoire de Jemmapes permet la conquête de la Belgique.
21 janv. 1793. Louis XVI est exécuté.
Cette exécution consomme la rupture entre les Montagnards et les Girondins, qui n'ont pas voté la mort du roi. D'autre part, elle provoque la formation de la première coalition européenne contre la France. Aux échecs militaires s'ajoute l'opposition intérieure, notamment la révolte des vendéens.
2 juin 1793. Arrestation des Girondins.
Les Montagnards, animés par Danton et Robespierre, font du Comité de sûreté générale et du Comité de salut public les instruments essentiels de leur gouvernement. Sous la pression des sans-culottes et devant les difficultés créées par la guerre, le Comité prend une série de mesures dites *de salut public* : levée en masse, mise en place de la Terreur, loi contre les suspects, loi du maximum des prix et des salaires, impôts sur les riches.
Mars-avr. 1794. Hébert, Danton et leurs partisans sont exécutés.
La Terreur permet alors d'arrêter les révoltes intérieures de Vendée et de Provence et d'obtenir les premières victoires sur la coalition (Fleurus, 26 juin 1794).
9 et 10 thermidor an II (27-28 juill. 1794). Chute de Robespierre et de ses partisans.
La Convention thermidorienne supprime les mesures de Terreur. Confrontée à une grave crise économique, elle doit faire face au réveil des royalistes dans le Midi (Terreur blanche) ainsi qu'à des émeutes sociales. Les traités de Bâle et de La Haye accordent à la France des avantages territoriaux.
22 août 1795. La Constitution de l'an III est ratifiée par référendum.
26 oct. 1795. La Convention thermidorienne se sépare, laissant la place au Directoire.

Le Directoire
27 mai 1797. Exécution de Babeuf, chef de la conspiration des Égaux.
18 oct. 1797. Traité de Campoformio, signé à l'issue de la campagne d'Italie.
La vie politique est marquée par des coups d'État successifs contre les Jacobins et les royalistes.
19 mai 1798. Début de la campagne d'Égypte.
La France doit faire face à une nouvelle coalition.
18 brumaire an VIII (9 nov. 1799). Coup d'État de Bonaparte.
La mise en place du Consulat sonne le glas de la Révolution.

Les acquis de la Révolution. Certaines innovations de la Révolution (calendrier révolutionnaire, culte de l'Être suprême) ne durent que quelques années. D'autres sont abolies pour de nombreuses années soit par la Terreur, soit par les régimes autoritaires et centralisateurs du Consulat et de l'Empire. Cependant, les principes fondamentaux de la Révolution demeurent : la liberté et l'égalité, proclamées dans la Déclaration des droits de l'homme et du citoyen. Ainsi sont instaurées la liberté individuelle, les libertés d'opinion et d'expression. L'égalité, en revanche, se heurte aux limites que lui impose la bourgeoisie. Principale bénéficiaire de la Révolution, c'est elle qui acquiert la moitié, et parfois plus, des terres du clergé et d'une partie de la noblesse. Enfin, de nombreuses institutions créées par la Révolution ne seront pas remises en cause : organisation des départements, système métrique, Code civil (dont la rédaction est terminée en 1804). Par ailleurs, la Révolution française joue un rôle important dans l'histoire des idées politiques en mettant en évidence le rôle de la révolution elle-même, du processus révolutionnaire. Alors que, pour la bourgeoisie, la Révolution est unique et achevée, des théoriciens développent l'idée que son principe est sans cesse à relancer et à poursuivre. C'est aussi durant la Révolution française que Babeuf et les Égaux exposent pour la première fois l'idée d'une révolution sociale à caractère communiste.

Pourquoi 1789 ?

L'année 1789 marque une rupture incontestable dans l'histoire française : la Révolution met fin à la monarchie absolue et à l'ordre social de l'Ancien Régime. Après 1789, la souveraineté n'appartient plus à un seul, les privilèges ne constituent plus la norme de la société. Pourquoi une révolution si radicale a-t-elle été nécessaire pour faire éclore les idéaux de la démocratie ?

▶ **La révolution constituante.** En mai et juin 1789, les députés du tiers état (l'ordre qui s'oppose à la noblesse et au clergé) écrivent le premier acte de la Révolution. Louis XVI n'a pas su écouter les doléances de ces bourgeois, représentants de 96 % des Français. Il n'a pas compris les revendications d'un peuple qui ne remettait pourtant en cause ni son pouvoir ni le rôle de l'Église, mais qui ne supportait plus l'arrogance de la noblesse. Le roi a maintenu les droits seigneuriaux (impôts payés par les paysans aux seigneurs) et les privilèges les plus exorbitants. Par exemple, le noble n'est pas assujetti à la taille, cet impôt n'étant destiné qu'aux roturiers. Le roi s'est entêté à conserver la séparation des trois ordres, qui favorise la noblesse et le clergé : le paysan n'a pas le droit de chasser, le bourgeois ne peut commander un régiment, etc. Louis XVI a refusé de reconnaître la représentation du peuple, n'a pas daigné partager le pouvoir législatif et a renvoyé ses ministres réformateurs. Tous ces griefs à l'égard du roi ne peuvent s'exprimer que par une révolution de l'appareil législatif. Influencés par les idées des philosophes du siècle des Lumières, les députés du tiers état se proclament Assemblée nationale (le 17 juin) et refusent de se séparer avant d'avoir donné une Constitution à la France. C'est ainsi qu'ils vont mettre fin à la monarchie absolue.

▶ **La révolution parisienne.** Le peuple parisien a faim (le pain est cher) et a peur de l'intervention des troupes royales. De plus, le 11 juillet, le renvoi de Necker, qui était apprécié par le peuple, met le feu aux poudres. Le 14 juillet, la foule s'empare de la forteresse royale de la Bastille. Favorisée par le ralliement de la Garde nationale, la prise de la Bastille permet à l'Assemblée nationale de poursuivre son œuvre législative.

Au lendemain du 14 juillet, le roi doit accepter le drapeau tricolore, le pouvoir de la municipalité parisienne, le régime parlementaire, le projet d'une Constitution. La Révolution aurait pu s'arrêter là. Mais deux forces antagonistes empêchent la monarchie d'évoluer vers le modèle de la royauté anglaise où le roi règne sans gouverner, où une assemblée élue (par les classes aisées) vote l'impôt. D'une part, une partie de la noblesse émigre ou complote contre la Révolution à partir de Versailles. D'autre part, à Paris, les artisans, les boutiquiers, les ouvriers des fabriques prennent conscience de leur force, d'autant plus que de nombreux tribuns les y encouragent.

▶ **La révolution paysanne.** Les historiens ont donné le nom de « Grande Peur » à l'insurrection paysanne qui a lieu quelques jours après le 14 juillet. Décidés à mettre fin aux droits seigneuriaux, les paysans attaquent les châteaux et brûlent les registres fonciers qui consignent les droits des seigneurs. Ils réclament la propriété des terres qu'ils cultivent, l'abolition du droit de justice du seigneur sur les villages. Ces révoltes paysannes sont l'écho de la prise de la Bastille. Dans la nuit du 4 août, l'Assemblée nationale, sous la pression de la révolte paysanne, abolit les privilèges et les droits seigneuriaux. Une grande partie des paysans deviennent propriétaires et libres de l'emprise seigneuriale.

La Déclaration des droits de l'homme et du citoyen enterre l'Ancien Régime. Elle marque la synthèse des aspirations bourgeoises et paysannes, un renouveau de l'ordre social et de l'esprit philosophique des Lumières. Les bouleversements révolutionnaires qui l'ont amenée ont permis d'instaurer en France les idéaux d'une république démocratique, laïque et sociale, sur le modèle desquels se développèrent plusieurs mouvements européens.

Voir aussi : absolutisme ; Ancien Régime ; bourgeoisie ; Constituante ; droits de l'homme et du citoyen (Déclaration des).

révolution française de 1830 (27, 28, 29 juill. 1830), mouvement révolutionnaire étendu sur trois journées, appelées *les Trois Glorieuses,* qui aboutit à l'abdication de Charles X et à l'instauration de la monarchie de Juillet, avec pour roi Louis-Philippe Ier.

révolution française de 1848 (22, 23 et 24 févr. 1848), mouvement révolutionnaire qui aboutit à l'abdication de Louis-Philippe (24 févr.) et à la proclamation de la IIe République. Elle s'inscrit dans un mouvement plus vaste, touchant l'ensemble de l'Europe (⟶ **révolutions de 1848**).

révolution russe de 1905, ensemble des manifestations qui ébranlèrent la Russie en 1905. À la fin de 1904, l'agitation lancée par les zemstvos (assemblées territoriales assurant l'administration locale) gagne les milieux ouvriers, qui réclament une constitution.

9 (22) janv. 1905. L'armée tire sur les manifestants (Dimanche rouge).

Les grèves se multiplient et des mutineries éclatent (celle du cuirassé *Potemkine* en juin). Cette crise est aggravée par les défaites de la guerre russo-japonaise.

17 (30) oct. 1905. Nicolas II promulgue le manifeste qui garantit les principales libertés et promet la réunion d'une douma d'État élue au suffrage universel.

Déc. 1905 - janv. 1906. Les soviets (conseils) de députés ouvriers tentent une insurrection, qui est écrasée.

L'ordre rétabli, Nicolas II promulgue en mai 1906 les lois fondamentales, brisant ainsi la prétention des libéraux de transformer la douma en assemblée constituante.

révolution russe de 1917, ensemble des mouvements révolutionnaires qui, en Russie, amènent l'abdication de Nicolas II, la prise du pouvoir par les bolcheviks et la création de la République socialiste soviétique fédérative de Russie.

La révolution de Février. Depuis les revers militaires de l'hiver 1915-1916, la population a perdu confiance dans le gouvernement. L'agitation et les grèves se développent à partir de 1916.

23-28 févr. (8-13 mars) 1917. Manifestations à Petrograd ; grève générale ; mutinerie des soldats ; création du soviet des députés ouvriers et soldats de Petrograd.

2 (15) mars 1917. Abdication de Nicolas II.

Le double pouvoir. Dès lors, le pouvoir est détenu par le gouvernement provisoire, dominé par les libéraux, et par les soviets, majoritairement socialistes.

7 (20) avr. Retour de Lénine en Russie.

20-21 avr. (3-4 mai). Manifestations contre la poursuite de la guerre.

Lénine parvient à faire adopter sa tactique par les bolcheviks : pas de soutien au gouvernement provisoire ; tout le pouvoir aux soviets.

4 (17) juill. Mandat d'arrêt contre Lénine lancé par le gouvernement provisoire.

Les grèves révolutionnaires se développent.

La révolution d'Octobre

24-25 oct. (6-7 nov.). Les bolcheviks lancent l'insurrection armée et prennent le pouvoir à Petrograd. Le IIe congrès des soviets élit le premier gouvernement soviétique : le conseil des commissaires du peuple, présidé par Lénine.

18 (31) janv. 1918. Proclamation de la République socialiste fédérative soviétique de Russie.

révolutions d'Angleterre, révolutions qui aboutirent au renversement de deux souverains Stuarts en Angleterre au XVIIe s.

Première révolution d'Angleterre ou « Grande Rébellion » (1642-1649). Elle mit fin au règne de Charles Ier et établit la république sous la direction de Cromwell, qui prit le titre de lord-protecteur. Elle eut pour principale cause les progrès de l'absolutisme royal des Stuarts et opposa les royalistes, en majorité anglicans, aux partisans du Parlement désireux de limiter les pouvoirs du roi et comptant parmi eux de nombreux protestants. Après la victoire des parlementaires (Naseby, 1645), le chef de l'armée, Cromwell, soumit le Parlement à son autorité (1648). Charles Ier fut exécuté en 1649.

Seconde révolution d'Angleterre, dite la « Glorieuse Révolution » (1688-1689). Elle substitua sur le trône d'Angleterre Guillaume III de Nassau à Jacques II Stuart. Elle fut provoquée par la crainte de voir s'établir une dynastie catholique, après la conversion de Jacques II au catholicisme et la naissance d'un héritier. Son gendre Guillaume d'Orange fut reconnu roi par le Parlement, conjointement avec sa femme (Marie II). Jacques II s'enfuit en France. Par une déclaration commune, les deux souverains reconnurent officiellement les droits du Parlement.

révolutions de 1848, ensemble des mouvements libéraux et nationaux qui agitèrent l'Europe en 1848 et en 1849.

Janv. 1848. Insurrection de Palerme.

Févr. 1848. Promulgation de Constitutions à Naples et en Toscane ; proclamation de la république en France.

Mars 1848. Le Piémont, qui a déclaré la guerre à l'Autriche, se donne une Constitution. Les révolutions éclatent à Vienne, Venise, Berlin, Milan et Munich.

L'empereur accorde une Constitution et reconnaît le Statut hongrois tandis qu'un Congrès panslave se réunit à Prague. En mai, un Parlement est réuni à Francfort pour doter l'Allemagne d'une Constitution unitaire. La réaction est déclenchée à partir du mois de juin. L'Autriche bat le Piémont (Custoza, juill.) et réprime la révolution en oct., quelques mois avant la Prusse.

Févr. 1849. Proclamation de la République romaine.

Mars 1849. La nouvelle défaite de Charles-Albert devant les Autrichiens sonne le glas des révolutions italiennes.

Juin 1849. Le Parlement de Francfort est dispersé.

Août 1849. Les Hongrois capitulent devant une coalition austro-russe.

En dépit de leurs échecs, les révolutions de 1848 ont aboli les derniers liens serviles en Europe centrale et accéléré le processus de formation d'ensembles nationaux.

révolutions démocratiques de 1989, ensemble des événements qui aboutirent à la chute des régimes communistes en Europe centrale et orientale. L'U.R.S.S. ne s'y opposa pas, acceptant ainsi la perte du contrôle qu'elle exerçait sur cette partie de l'Europe depuis la fin de la Seconde Guerre mondiale. Commencés en Pologne (victoire de Solidarność [Solidarité] aux élections de juin), poursuivis par la Hongrie (qui ouvrit le rideau de fer en mai), par la R.D.A. (démantèlement du mur de Berlin en nov.) et par la Tchécoslovaquie, les mouvements de contestation des régimes en place et de lutte pour l'instauration de la démocratie furent pacifiques. Des évolutions plus confuses conduisirent au renversement des gouvernements de Bulgarie et de Roumanie.

révolutionnaire [revɔlysjɔnɛr] **adj. 1.** Relatif à des révolutions politiques ou à une révolution en partic. : *Une période révolutionnaire.* **2.** Qui apporte de grands changements ; qui est radicalement nouveau : *Une découverte révolutionnaire* (syn. **novateur, original**). ◆ **adj.** et **n.** Partisan d'une transformation radicale des structures d'un pays : *Avoir des opinions révolutionnaires.*

révolutionner [revɔlysjɔne] **v.t.** Apporter des innovations importantes dans un domaine : *L'informatique a révolutionné l'entreprise* (syn. **bouleverser, métamorphoser**).

revolver [revɔlvɛr] **n.m.** (mot angl., de *to revolve,* tourner). **1.** Arme à feu individuelle, à répétition, approvisionnée par un magasin cylindrique, le *barillet,* contenant génér. cinq ou six cartouches. **2. Poche revolver,** poche fendue ou plaquée située au dos d'un pantalon.

révoquer [revɔke] **v.t.** (lat. *revocare*). **1.** DR. Ôter à qqn les fonctions, le pouvoir qu'on lui avait donnés : *Révoquer un fonctionnaire* (syn. **destituer**). **2.** DR. Déclarer nul : *Révoquer un testament* (syn. **annuler, invalider**).

revue [rəvy] **n.f.** (de *revoir*). **1.** Action d'examiner avec soin et de façon méthodique un ensemble d'éléments : *Faire la revue de ses vêtements* (syn. **inventaire**). **2.** Inspection détaillée des effectifs ou du matériel d'un corps de troupes : *Passer une revue de détail.* **3.** Parade militaire : *La revue du 14 Juillet* (syn. **défilé**). **4.** Publication périodique spécialisée dans un domaine donné : *Revue littéraire, scientifique* (syn. **périodique, magazine**). **5.** Spectacle de music-hall comportant une succession de tableaux fastueux, animés par des danseuses habillées de plumes ou bien dévêtues : *La revue des Folies-Bergère.*

6. Pièce comique ou satirique évoquant des événements de l'actualité, des personnages connus : *Une revue de chansonniers.* **7. Passer en revue,** examiner tour à tour ou successivement. ⁄ **Revue de presse,** compte rendu des principaux articles de journaux, permettant de donner un panorama de ce qu'écrivent les journalistes sur l'actualité.

révulsé, e [revylse] **adj.** Retourné ; bouleversé : *Avoir les yeux révulsés. Les traits révulsés par la douleur.*

révulser [revylse] **v.t.** (du lat. *revulsus,* p. passé de *revellere,* arracher). **1.** *LITT.* Marquer une émotion par un bouleversement du visage : *La frayeur révulsait son visage.* **2.** *FAM.* Provoquer chez qqn une vive réaction de dégoût, de rejet : *Ça me révulse de voir ça.* **3.** MÉD. Produire une révulsion.

révulsif, ive [revylsif, -iv] **adj.** et **n.m.** Se dit d'un médicament qui produit une révulsion.

révulsion [revylsjɔ̃] **n.f.** (lat. *revulsio,* de *revulsus*). MÉD. Irritation locale provoquée pour faire cesser un état congestif : *Le cataplasme est un moyen de révulsion.*

1. rewriter [rərajtœr] **n.m.** (mot angl., de *to rewrite,* réécrire). Personne chargée par un éditeur de faire la réécriture de textes destinés à la publication.

2. rewriter [rərajte] **v.t.** (de l'angl. *to rewrite,* réécrire). Réécrire un texte, le remanier en vue de sa publication.

rewriting [rərajtiŋ] **n.m.** (mot angl.). Action de rewriter ; réécriture.

Reykjavík, cap. et principal port de l'Islande ; 121 841 hab. (184 000 hab. [la moitié de la population du pays] dans l'agglomération).

Reynaud (Paul), homme politique français (Barcelonnette 1878 - Neuilly 1966). Plusieurs fois ministre sous la IIIe République, il succéda à Daladier comme président du Conseil en mars 1940. Opposé à l'armistice, il laissa la place au maréchal Pétain (16 juin). Interné en sept., il fut déporté en Allemagne (1942-1945), puis devint député sous la IVe et la Ve République.

Reynolds (*sir* **Joshua),** peintre britannique (Plympton, Devon, 1723 - Londres 1792). Portraitiste fécond, admirateur des grands Italiens et de Rembrandt, il fut en 1768 cofondateur et président de la Royal Academy (où il prononça, de 1769 à 1790, quinze *Discours sur les arts*).

Reza (Yasmina), écrivaine française (Paris 1955). Son théâtre (*Conversations après un enterrement,* 1987 ; *« Art »,* 1994 ; *Trois Versions de la vie,* 2000 ; *le Dieu du carnage,* 2006), qui connaît un succès international, et ses récits sont dominés par les thèmes du temps, de la complexité des rapports humains, des failles du discours.

rez-de-chaussée [redʃose] **n.m. inv.** (de l'anc. fr. *rez,* var. de *ras* et de *chaussée*). Partie d'un bâtiment située au niveau du sol ; appartement occupant cette partie.

rez-de-jardin [redʒardɛ̃] **n.m. inv.** (d'apr. *rez-de-chaussée*). Partie d'un bâtiment de plain-pied avec un jardin.

R.F.A., sigle de *République fédérale d'Allemagne.*

rhabdomancie [rabdɔmɑ̃si] **n.f.** (du gr. *rhabdos,* baguette, et *-mancie*). Radiesthésie pratiquée avec une baguette.

rhabdomancien, enne [rabdɔmɑ̃sjɛ̃, -ɛn] **n.** Personne qui pratique la rhabdomancie.

rhabillage [rabijaʒ] **n.m. 1.** Action de rhabiller, de se rhabiller. **2.** Action de remettre en état, de réparer : *Le rhabillage d'une montre.*

rhabiller [rabije] **v.t. 1.** Habiller de nouveau : *Rhabiller un enfant après le bain.* **2.** Remettre en état : *Rhabiller une vieille horloge* (syn. **réparer, restaurer**). ◆ **se rhabiller** **v.pr.** Remettre ses habits.

Rhadamante, héros de la mythologie grecque. Crétois, fils de Zeus et d'Europe, frère de Minos, il acquit une réputation de sagesse et de justice qui lui valut de devenir, après sa mort, un des trois juges des Enfers avec Minos et Éaque.

rhapsode ou **rapsode** [rapsɔd] **n.m.** (gr. *rhapsôdos,* de *rhaptein,* coudre, et *ôdê,* chant). ANTIQ. GR. Chanteur qui allait de ville en ville en récitant des poèmes épiques, spécial. les poèmes homériques.

rhapsodie ou **rapsodie** [rapsɔdi] **n.f.** (gr. *rhapsodia,* de *rhapsôdos ;* v. *rhapsode*). **1.** ANTIQ. Chant ou morceau contenant un épisode épique. **2.** MUS. Composition musicale de caractère improvisé, de style brillant, écrite sur des thèmes populaires.

rhénan, e [renɑ̃, -an] **adj.** (lat. *rhenanus*). Relatif au Rhin, à la Rhénanie : *Légende rhénane.*

rhénan *(Massif schisteux),* massif d'Allemagne, de part et d'autre du Rhin, dans le prolongement de l'Ardenne. Il est composé de plateaux boisés entaillés de vallées (Rhin, Moselle, Lahn) qui portent des cultures et des vignobles. Tourisme.

Rhénanie, en all. **Rheinland,** région d'Allemagne, sur le Rhin, de la frontière française à la frontière néerlandaise. Envahie au ve s. par les Francs du Rhin, la région entre progressivement dans la mouvance germanique et fait partie du Saint Empire à partir de 925. Elle est intégrée au XIXe s. au domaine prussien. Démilitarisée à la suite du traité de Versailles (1919), la Rhénanie fut réoccupée par Hitler en 1936.

Rhénanie-du-Nord-Westphalie, en all. **Nordrhein-Westfalen,** Land d'Allemagne ; 34 070 km^2 ; 17 538 251 hab. CAP. *Düsseldorf.* Le Land, de loin le plus peuplé de l'Allemagne, s'étend au sud sur l'extrémité du Massif schisteux rhénan, au centre sur la grande région industrielle et urbaine de la Ruhr, au nord sur le bassin de Münster.

Rhénanie-Palatinat, en all. **Rheinland-Pfalz,** Land d'Allemagne s'étendant sur le Massif schisteux rhénan ; 19 847 km^2 ; 3 989 808 hab. CAP. *Mayence.*

rhéologie [reɔlɔʒi] **n.f.** (de *rhéo-* et *-logie*). Branche de la physique qui étudie l'élasticité, la plasticité, la viscosité et l'écoulement de la matière en général.

rhéostat [reɔsta] **n.m.** (de *rhéo-,* et du lat. *stare,* rester immobile). Résistance électrique réglable qui, placée dans un circuit, permet de modifier l'intensité du courant.

rhésus [rezys] **n.m.** (lat. *Rhesus,* gr. *Rhêsos,* roi légendaire de Thrace). Macaque à queue courte de l'Asie du Sud-Est, dont le nom reste attaché à la découverte du facteur sanguin Rhésus. ◆ **Rhésus** **adj.** et **n.m.** (Avec une majuscule). Se dit d'un antigène (appelé naguère *facteur Rhésus*), porté par les globules rouges, et du système de groupes sanguins correspondant : *Facteur Rhésus A positif, négatif.*

rhéteur [retœr] **n.m.** (lat. *rhetor,* du gr.). **1.** ANTIQ. Professeur d'art oratoire. **2.** *LITT., VIEILLI.* Homme dont l'éloquence est emphatique et formelle.

Rhétie, anc. région des Alpes centrales correspondant au Tyrol et au S. de la Bavière, soumise aux Romains par Tibère et Drusus en 15 av. J.-C.

rhétoricien, enne [retɔrisjɛ̃, -ɛn] **adj.** et **n.** Qui use de la rhétorique. ◆ **n. 1.** Spécialiste de rhétorique. **2.** *BELG.* Élève de la classe de rhétorique.

rhétorique [retɔrik] **n.f.** (lat. *rhetorica,* du gr. *rhêtorikê,* de *rhêtôr,* orateur). **1.** LITTÉR. Art du discours ; ensemble des procédés permettant de s'exprimer avec éloquence : *La métaphore est une figure de rhétorique* (= figure de style). **2.** *BELG.* Classe de terminale des lycées. **3.** *FAM.* Affectation ; déploiement d'éloquence : *Ce n'est que de la rhétorique* (syn. **emphase, grandiloquence**). ◆ **adj.** Qui relève de la rhétorique : *Procédé, style rhétorique.*

■ **Un art de convaincre.** L'art oratoire est d'abord judiciaire. Dans les cités grecques de l'Antiquité, le logographe peut rédiger la plaidoirie, mais chaque partie au procès se défend elle-même de vive voix, sans l'entremise d'un avocat. Il semble donc important de savoir comment transmettre, comment enseigner l'art de persuader un auditoire. Avec les sophistes, la rhétorique devient plus littéraire. Pour Protagoras, la rhétorique est liée à la polémique, l'art de se persuader les uns les autres, puisque dans une démocratie, on n'impose pas, on argumente et on persuade, et que ceux qui ont rang de citoyen doivent savoir délibérer. Il faut donc savoir comment composer un discours, en disposer les parties, de l'exorde à la péroraison. Mais Platon discrédite durablement la rhétorique des sophistes, art de plaire en flattant les passions, et non art philosophique visant le Vrai, le Juste et le Beau.

Aristote reste le meilleur théoricien de la rhétorique. C'est, pour lui, un art de persuader qui s'appuie sur le vraisemblable, mais aussi une connaissance, élément nécessaire d'une culture générale de l'élève. Il étudie notamment les types d'arguments à utiliser pour convaincre, les lieux communs, les figures du langage à maîtriser, les passions à savoir mettre en jeu chez l'auditeur.

Une matière scolaire. Au Moyen Âge, où la pensée est très largement influencée par les écrits d'Aristote, la rhétorique est une discipline pédagogique à part entière : elle fait partie des arts libéraux. Dans l'enseignement du XVIIe siècle, chez les jésuites notamment, l'adolescent, nourri d'exemples classiques, apprend à produire lui-même un texte, par exemple l'éloge d'un personnage historique ou mythique, ou des plaidoiries fictives pour et contre une cause imaginaire.

Vers un regard critique. Dans la mesure où l'agencement des mots, le rythme et la construction ne sont jamais gratuits mais choisis à dessein (*cf.* figures de style), on a tendance aujourd'hui à considérer que tout discours visant à persuader, donc à plaire, instruire, émouvoir, est de la rhétorique : narration littéraire, publicité, voire propagande politique... Dans la mesure où elle stimulerait l'esprit critique, la rhétorique permettrait de résister à la manipulation. Déceler les procédés dans le discours d'autrui serait donc gage de liberté. ■

Rhin (le), en all. **Rhein,** en néerl. **Rijn,** fl. de l'Europe occidentale ; 1 320 km. Formé en Suisse par la réunion de deux torrents alpins (le *Rhin antérieur,* né dans le massif du Saint-Gothard, et le *Rhin postérieur,* issu du massif de l'Adula), le fleuve traverse le lac de Constance, franchit le Jura (chutes de Schaffhouse), reçoit l'Aar avant d'atteindre Bâle. En aval, le Rhin s'écoule vers le nord, dans une vallée élargie, entre les Vosges et la Forêt-Noire et reçoit l'Ill (r. g.), le Neckar (r. dr.) et le Main (r. dr.). Au-delà de Mayence, le lit se resserre à travers le Massif schisteux rhénan : c'est le « Rhin héroïque », qui se grossit de la Moselle. À Bonn, le Rhin entre définitivement en plaine, reçoit la Ruhr (r. dr.), pénètre aux Pays-Bas, où il rejoint la mer du Nord par trois bras principaux.
Le régime se modifie d'amont en aval : hautes eaux d'été et maigres d'hiver en amont de Bâle, débit plus régulier en aval. Le rôle économique du fleuve est considérable. C'est la plus importante artère navigable de l'Europe occidentale, desservant la Suisse, la France de l'Est, une partie de l'Allemagne (dont la Ruhr) et les Pays-Bas. Il est relié au Danube par un canal empruntant partiellement la vallée du Main. Accessible aux convois poussés de 5 000 t jusqu'à Bâle, le fleuve est jalonné de ports actifs, dont les principaux, mis à part Rotterdam, sont Duisburg, Mannheim et Ludwigshafen, Strasbourg, Bâle. Le Rhin alimente aussi des centrales hydroélectriques et fournit l'eau de refroidissement des centrales nucléaires.

Rhin (Bas-) [67], dép. de la Région Alsace-Champagne-Ardenne-Lorraine ; ch.-l. de dép. *Strasbourg ;* ch.-l. d'arr. *Haguenau, Molsheim, Saverne, Sélestat, Wissembourg ;* 5 arr., 23 cant., 527 comm. ; 4 755 km^2 ; 1 124 434 hab. *(Bas-Rhinois).*

Rhin (Haut-) [68], dép. de la Région Alsace-Champagne-Ardenne-Lorraine ; ch.-l. de dép. *Colmar ;* ch.-l. d'arr. *Altkirch, Guebwiller, Mulhouse, Ribeauvillé, Thann ;* 4 arr., 17 cant., 377 comm. ; 3 525 km^2 ; 771 668 hab. *(Haut-Rhinois).*

rhinencéphale [rinɑ̃sefal] **n.m.** (de *rhin(o)-,* et *encéphale*). ANAT. Partie la plus primitive du cortex cérébral, située sur la face interne de chaque hémisphère cérébral (syn. **système limbique**). ▸ Chez les reptiles, le rhinencéphale intervient dans l'olfaction ; chez les mammifères, il est impliqué dans le comportement, les émotions et la mémoire.

rhingrave [rɛ̃grav] **n.m.** (all. *Rheingraf*). HIST. Titre de princes allemands de la région rhénane.

rhinite [rinit] **n.f.** (de *rhin(o)-,* et *-ite*). Inflammation de la muqueuse nasale (syn. **coryza**).

rhinocéros [rinɔserɔs] **n.m.** (de *rhino-* et du gr. *keras,* corne). Grand mammifère des régions chaudes d'Afrique et d'Asie, caractérisé par la présence d'une ou deux cornes médianes sur le museau. ▸ Le rhinocéros barrit, renâcle, grogne. Il en existe cinq espèces : deux en Afrique et trois en Asie. Elles sont toutes menacées par une chasse excessive (pour leurs cornes, dont on tire une poudre aux prétendues vertus aphrodisiaques).

rhino-pharyngé, e [rinofarɛ̃ʒe] et **rhino-pharyngien, enne** [rinofarɛ̃ʒjɛ̃, -ɛn] **adj.** (pl. *rhino-pharyngés, es, rhino-pharyngiens, ennes*). Relatif au rhino-pharynx.

rhino-pharyngite [rinofarɛ̃ʒit] **n.f.** (pl. *rhino-pharyngites*). Inflammation du rhino-pharynx ; inflammation du nez et du pharynx.

rhino-pharynx [rinofarɛ̃ks] **n.m. inv.** Partie du pharynx située en arrière des fosses nasales.

rhizome [rizom] **n.m.** (du gr. *rhiza,* racine). Tige souterraine vivace, souvent horizontale, émettant chaque année des racines et des tiges aériennes.

rhô [ro] **n.m. inv.** Dix-septième lettre de l'alphabet grec (Ρ, ρ).

rhodanien, enne [rɔdanjɛ̃, -ɛn] **adj.** (du lat. *Rhodanus,* Rhône). Relatif au Rhône : *Le sillon rhodanien* (= la région drainée par le Rhône de Lyon vers la Méditerranée).

Rhodes, île grecque de la mer Égée (Dodécanèse), près de la Turquie ; 1 400 km^2 ; 115 290 hab. Escale commerciale importante entre l'Égypte, la Phénicie et la Grèce, Rhodes connut dans l'Antiquité une grande prospérité à partir du IVe s. av. J.-C. et devint province romaine sous Vespasien. En 1309, les hospitaliers de Saint-Jean-de-Jérusalem, chassés de Chypre, s'y installèrent. Devenue turque après le long siège de 1522, l'île passa à l'Italie en 1912 et à la Grèce en 1947. – La ville de *Rhodes* (54 802 hab.), ch.-l. du Dodécanèse, est un centre touristique (vestiges antiques, remparts et quartiers médiévaux).

Rhodes (Cecil), homme politique britannique (Bishop's Stortford 1853 - Muizenberg, près du Cap, 1902). Homme d'affaires établi en Afrique du Sud, il fonda la British South Africa Company, qui obtint de la Couronne en 1889 l'exploitation et l'administration d'une partie du bassin du Zambèze, berceau des futures Rhodésies. Premier ministre du Cap (1890), il échoua dans une opération contre les Boers (1895) et dut démissionner.

Rhodes-Extérieures, demi-canton de Suisse ; 243 km^2 ; 53 017 hab. ; ch.-l. *Herisau.* C'est une subdivision du canton d'Appenzell, à majorité protestante.

Rhodes-Intérieures, demi-canton de Suisse ; 172,5 km^2 ; 15 688 hab. ; ch.-l. *Appenzell.* C'est une subdivision du canton d'Appenzell, à majorité catholique.

rhododendron [rɔdɔdɛ̃drɔ̃] **n.m.** (de *rhodo-,* et du gr. *dendron,* arbre). Arbuste des régions tempérées de l'hémisphère Nord, dont certaines espèces sont cultivées pour leurs grandes fleurs ornementales. ▸ Famille des éricacées.

Rhodoïd [rɔdɔid] **n.m.** (nom déposé). Matière thermoplastique à base d'acétate de cellulose.

Rhodope (le) ou **Rhodopes (les),** massif de Bulgarie et de Grèce.

rhomboèdre [rɔ̃bɔɛdr] **n.m.** (du gr. *rhombos,* losange, et de *-èdre*). Cristal parallélépipédique dont les six faces sont des losanges égaux.

rhomboïde [rɔ̃bɔid] **adj.m.** et **n.m.** (du gr. *rhombos,* losange, et de *-oïde*). ANAT. Se dit d'un muscle large et mince de la région dorsale, en forme de losange.

Rhône (le), fl. de Suisse et de France ; 812 km (dont 522 en France). Né à 1 750 m d'altitude, dans le massif du Saint-Gothard, le Rhône draine le couloir du Valais, où il est alimenté par de grands glaciers, puis entre dans le lac Léman, où ses

eaux se décantent. Au sortir du lac, il reçoit l'Arve, entre en France, traverse le Jura par des défilés (Bellegarde), remonte vers le nord-ouest, se grossit de l'Ain, puis vient se heurter, à Lyon (au confluent de la Saône [r. dr.]), au Massif central. Il coule alors du nord au sud entre le Massif central et les Alpes, tantôt s'encaissant, tantôt s'élargissant, et reçoit l'Isère, puis, en aval d'Avignon, la Durance. Sa vallée est ici un grand axe de circulation. À partir d'Arles commence le delta.
En raison de la rapidité de son cours, le fleuve a posé des problèmes difficiles à la navigation. La *Compagnie nationale du Rhône,* créée en 1934, a accompli une œuvre considérable, au triple point de vue de l'amélioration des conditions de navigation (en aval de Lyon), de la fourniture d'hydroélectricité (les centrales hydrauliques rhodaniennes sont les plus productives de France) et de l'extension de l'irrigation dans la vallée. Le fleuve alimente aussi partiellement les canaux d'irrigation des plaines du Languedoc et, surtout, fournit de l'eau de refroidissement à plusieurs centrales nucléaires.

Rhône [69], dép. de la Région Auvergne-Rhône-Alpes ; ch.-l. de dép. *Lyon ;* ch.-l. d'arr. *Villefranche-sur-Saône ;* 2 arr., 13 cant., 287 comm. ; 3 249 km^2 ; 1 795 663 hab. *(Rhodaniens).*

Rhône-Alpes, Anc. Région administrative regroupant 8 dép. : Ain, Ardèche, Drôme, Isère, Loire, Rhône, Savoie, Haute-Savoie. ⟶ Auvergne-Rhône-Alpes.

Rhovyl [rɔvil] **n.m.** (nom déposé). Fibre synthétique obtenue par filage de polychlorure de vinyle.

rhubarbe [rybarb] **n.f.** (bas lat. *rheubarbarum,* racine barbare). Plante vivace aux larges feuilles, dont les pétioles sont comestibles après cuisson. ▸ Famille des polygonacées.

rhum [rɔm] **n.m.** (angl. *rum,* abrév. de *rumbullion,* grand tumulte). Eau-de-vie obtenue par la fermentation et la distillation des jus de canne à sucre ou, le plus souvent, des mélasses : *Rhum blanc. Rhum agricole des Antilles.*

rhumatisant, e [rymatizɑ̃, -ɑ̃t] **adj.** et **n.** Atteint de rhumatisme.

rhumatismal, e, aux [rymatismal, -o] **adj.** Qui relève du rhumatisme : *Douleur rhumatismale.*

rhumatisme [rymatism] **n.m.** (lat. *rhumatismus,* gr. *rheumatismos,* écoulement d'humeurs, de *rhein,* couler). Nom générique d'affections douloureuses d'origines très diverses, caractérisées par une atteinte inflammatoire ou dégénérative des articulations.

rhumatoïde [rymatɔid] **adj.** Se dit d'une douleur analogue à celle des rhumatismes.

rhumatologie [rymatɔlɔʒi] **n.f.** Partie de la médecine qui traite les affections des articulations *(rhumatismes),* du squelette, et de certains nerfs et muscles. ◆ **rhumatologue** **n.** Nom du spécialiste.

rhume [rym] **n.m.** (lat *rheuma,* mot gr., de *rhein,* couler). **1.** Toute affection qui produit la toux et, en partic., catarrhe de la muqueuse nasale : *Attraper un rhume.* **2. Rhume de cerveau,** coryza, rhinite. / **Rhume des foins,** irritation de la muqueuse des yeux et du nez, d'origine allergique (pollen, poussière, etc.).

rhumerie [rɔmri] **n.f.** Usine où l'on fabrique le rhum.

ria [rija] **n.f.** (mot esp.). GÉOGR. Partie aval d'une vallée encaissée, envahie par la mer.

rial [rjal] **n.m.** (pl. *rials*). Unité monétaire principale de l'Iran, de la république du Yémen et du sultanat d'Oman.

riant, e [rijɑ̃, -ɑ̃t] **adj. 1.** Qui annonce la gaieté, la bonne humeur : *Visage riant* (syn. **radieux, réjoui**). **2.** Se dit d'un cadre naturel agréable à la vue : *Campagne riante.*

R.I.B. [rib] ou [ɛribe] **n.m.** (sigle). Relevé d'identité bancaire.

ribambelle [ribɑ̃bɛl] **n.f.** (orig. incert., p.-ê. du dialect. *riban,* ruban). *FAM.* Longue suite de personnes ; grande quantité de choses : *Une ribambelle d'enfants* (syn. **défilé, procession**). *J'ai encore une ribambelle de choses à faire* (syn. **kyrielle**).

Ribbentrop (Joachim von), homme politique allemand (Wesel 1893 - Nuremberg 1946). Ministre des Affaires étrangères du IIIe Reich (1938-1945), il fut condamné à mort par le tribunal de Nuremberg.

Ribera (José de), dit en it. **lo Spagnoletto,** peintre et graveur espagnol (Játiva, prov. de Valence, 1591 - Naples 1652). Il travailla surtout à Naples, où son art, interprétation riche et nuancée du caravagisme, fit école. (Au Louvre : *le Pied-Bot, Adoration des bergers ;* au musée d'Amiens : *Miracle de saint Donat.*)

riboflavine [riboflavin] **n.f.** Vitamine B2 (syn. **lactoflavine**).

ribonucléique [ribonykleik] **adj.** BIOCHIM. **Acide ribonucléique** ⟶ **ARN.**

ribosome [ribozom] **n.m.** Organite du cytoplasme des cellules vivantes, assurant la synthèse des protéines.

ricanement [rikanmɑ̃] **n.m.** Action de ricaner : *Il ne peut retenir ses petits ricanements.*

ricaner [rikane] **v.i.** (anc. fr. *recaner,* braire, avec infl. de *rire*). Rire d'une manière méprisante, sarcastique ou stupide : *Au lieu de répondre, elle s'est mise à ricaner.*

ricaneur, euse [rikanœr, -øz] **adj.** et **n.** Qui ricane : *Un visage ricaneur* (syn. **moqueur**).

Ricardo (David), économiste britannique (Londres 1772 - Gatcomb Park, Gloucestershire, 1823). Chef de file de l'école classique anglaise, il énonça, dans la ligne de Malthus, la loi de la rente foncière. Il établit également la loi des rendements décroissants, reprise de Turgot, et une théorie de la valeur fondée sur le travail, qui est probablement sa plus importante contribution à l'économie politique. Il énonça aussi la théorie des coûts comparatifs, mettant en lumière l'intérêt du libre-échange.

richard, e [riʃar, -ard] **n.** *FAM.* Personne très riche (péjor.) : *Une grosse voiture de richard.*

Richard Ier Cœur de Lion (Oxford 1157 - Châlus, Limousin, 1199), roi d'Angleterre (1189-1199), troisième fils d'Henri II et d'Aliénor d'Aquitaine. Investi du duché d'Aquitaine en 1168, il sera plus un chevalier aquitain qu'un roi anglais. Il se joint à la révolte de ses frères (1173), puis s'allie au roi de France Philippe II Auguste contre son père Henri II (1188), qu'il vainc peu avant la mort de celui-ci (1189). Devenu roi, il renonce à l'alliance française. Il participe à la croisade en 1190, conquiert Chypre, s'empare de Saint-Jean-d'Acre (1191). Sa bravoure et ses talents militaires lui font remporter de brillants succès mais il se brouille rapidement avec le roi de France. Les intrigues nouées entre Philippe II Auguste et son frère Jean sans Terre l'amènent à quitter la Palestine (1192). À son retour, il est fait prisonnier par le duc d'Autriche, qui le livre à l'empereur germanique Henri VI. Libéré contre la promesse d'une rançon, Richard n'est de retour qu'en 1194. Entreprenant de récupérer les territoires dont Philippe II Auguste s'est emparé sur le continent (notamment la Normandie), il fait montre d'une écrasante supériorité militaire. Il est mortellement blessé lors du siège de Châlus.
Brillant guerrier, poète à ses heures, Richard Ier Cœur de Lion est devenu le modèle du roi chevalier et le héros de nombreuses légendes.

Richard III (Fotheringhay 1452 - Bosworth 1485), roi d'Angleterre (1483-1485), à la suite du meurtre des enfants de son frère Édouard IV, dont il était le tuteur. Il régna par la terreur, mais fut vaincu et tué par Henri Tudor.

Richardson (Samuel), écrivain anglais (Macworth, Derbyshire, 1689 - Parson's Green 1761). Ses romans, qui allient le réalisme à une sentimentalité moralisante, enchantèrent toute l'Europe du XVIIIe s. (*Paméla ou la Vertu récompensée,* 1740 ; *Clarisse Harlowe,* 1747-1748).

riche [riʃ] **adj.** et **n.** (frq. **riki,* puissant). Qui possède de l'argent, de la fortune, des biens importants : *Des loisirs réservés aux riches* (syn. **nanti**). ◆ **adj. 1.** Dont la situation financière ou économique est prospère, florissante : *Les pays riches.* **2.** Qui a des ressources abondantes et variées, qui produit beaucoup : *Une terre riche* (syn. **fécond, fertile**). *Vocabulaire* *riche* (syn. **étendu**). **3. Rimes riches,** rimes qui comportent trois éléments vocaliques ou consonantiques communs (ex. : *vaillant, travaillant*).

richelieu [riʃəljø] **n.m.** (de *Richelieu*) [pl. *richelieus*]. Chaussure basse à lacets.

Richelieu (Armand Emmanuel Du Plessis, *duc* **de),** homme politique français (Paris 1766 - *id.* 1822), appartenant à la famille du cardinal de Richelieu. Il émigra en 1789 et servit le tsar, qui lui confia le gouvernement de la province d'Odessa. Devenu Premier ministre à la Restauration (1815), il procéda à la dissolution de la Chambre introuvable aux mains des ultraroyalistes (1816) et s'appuya sur les partisans de la Constitution. Après avoir obtenu l'évacuation anticipée du territoire (1818), il put faire entrer la France dans la Quadruple-Alliance. Démissionnaire en déc. 1818, il fut rappelé au pouvoir en 1820-1821.

Richelieu (Armand Jean Du Plessis, *cardinal* **de),** prélat et homme d'État français (Paris 1585 - *id.* 1642). Il entre dans les ordres afin de conserver à sa famille les revenus de l'évêché de Luçon, en Vendée (1606). Député remarqué aux états généraux de 1614, il gagne la faveur de Marie de Médicis, qui le fait nommer secrétaire d'État à la Guerre et aux Affaires étrangères (1616). Il partage sa disgrâce après l'assassinat de Concini mais réussit à réconcilier Louis XIII et sa mère, ce qui donne un nouveau départ à sa carrière. Cardinal (1622), il entre au Conseil du roi (1624) et en devient le chef et principal ministre. Il gouvernera la France pendant dix-huit ans en accord profond avec Louis XIII, qui, sans abandonner ses prérogatives, se ralliera constamment à ses vues. On appellera ce système de gouvernement le *ministériat*. Son programme de redressement, réalisé par étapes avec un remarquable opportunisme, vise la sécurité et l'indépendance du royaume, la puissance du roi et de la France et le renforcement de l'absolutisme monarchique.
Après la journée des Dupes (1630), ayant triomphé du parti dévot, hostile aux réformes et à la guerre contre les Habsbourg, il s'attache à supprimer toute forme d'opposition. Il s'attaque ainsi à la noblesse (édits contre les duels [1626], démantèlement des châteaux forts, exécution des désobéissants). La lourde fiscalité qu'il impose répand la misère dans les campagnes et provoque des révoltes (Limousin, 1637 ; Normandie, 1639-1640), qui sont durement brisées. La multiplication des intendants et la soumission des parlements contribuent à assurer l'autorité monarchique. Pourtant, jusqu'au bout, Richelieu devra déjouer des complots (Cinq-Mars*, 1642). Pour vaincre les protestants et les couper de l'aide anglaise, il assiège La Rochelle, qui capitule (1628). La paix d'Alès (1629) marque la défaite finale du protestantisme politique français (liberté de culte, mais perte des places fortes et des garanties militaires). La politique économique, strictement mercantiliste, se caractérise par la rénovation de la marine, la fondation de manufactures et la création de compagnies de commerce extérieur, qui jettent les bases de la colonisation française (Canada, Sénégal, Madagascar). Il fait par ailleurs construire la chapelle de la Sorbonne et le Palais-Cardinal (Palais-Royal), contribue à la fondation de l'Académie française (1635).
Aussi longtemps qu'il le peut, Richelieu évite une participation directe à la guerre de Trente Ans. Ses premiers succès sont une alliance avec l'Angleterre, dirigée contre l'Espagne (mariage d'Henriette de France et de Charles Ier), et une expédition dans le nord de l'Italie (Valteline) [1625], destinée à couper les communications des impériaux avec le Milanais. Après avoir soutenu par des subsides les ennemis de l'empereur (Gustave II Adolphe, ligue des princes protestants), il doit se résoudre à la guerre (1635). Après des revers (invasion espagnole jusqu'à Corbie, 1636), une partie de l'Alsace (1638) et de l'Artois (1640), puis le Roussillon sont occupés (1642).
À la mort du cardinal s'annonce l'avènement de la puissance française en Europe : les progrès de l'Espagne et l'encerclement du royaume par les Habsbourg sont arrêtés tandis que, à l'intérieur, les fondements de l'absolutisme monarchique sont définitivement établis.

richement [riʃmɑ̃] **adv.** De manière riche : *Appartement richement décoré* (syn. **luxueusement, magnifiquement**).

richesse [riʃɛs] **n.f. 1.** Abondance de biens : *Faire étalage de sa richesse* (syn. **fortune, opulence**). *Le commerce fait la richesse de notre région* (syn. **prospérité**). **2.** Caractère de ce qui renferme ou produit qqch en abondance : *La richesse d'un sol.* **3.** Qualité de ce qui est précieux, luxueux : *La richesse d'un bijou* (syn. **somptuosité**). *Ameublement d'une grande richesse* (syn. **luxe, magnificence**). ◆ **richesses n.f. pl. 1.** Ressources naturelles d'un pays, d'une région, exploitées ou non : *Les richesses du sol.* **2.** Produits de l'activité économique d'une collectivité : *Circulation des richesses* (syn. **biens, ressources**). **3.** Valeurs d'ordre intellectuel, spirituel : *Les richesses d'une œuvre musicale.*

Richet (Charles), physiologiste français (Paris 1850 - *id.* 1935). En 1902, il découvre avec P. Portier (1866-1962) le phénomène de l'anaphylaxie (une forme d'allergie aiguë), et reçoit le prix Nobel de médecine en 1913. Il s'est aussi intéressé à la parapsychologie et aux sciences occultes.

Richier (Germaine), sculpteur français (Grans, Bouches-du-Rhône, 1904 - Montpellier 1959). Son œuvre, expressionniste, est une sorte de poème de la genèse et de la métamorphose (*l'Araignée*, bronze, 1946 ; *la Montagne*, *id.*, 1956).

Richier (Ligier), sculpteur français (Saint-Mihiel, Meuse, v. 1500 ? - Genève 1567). Son chef-d'œuvre est la statue funéraire, dressée et décharnée, de René de Chalon (1547, collégiale St-Étienne, Bar-le-Duc) ; dans le *Sépulcre* de Saint-Mihiel se manifeste une influence de l'art italien. • Son fils **Gérard** (Saint-Mihiel 1534 - *id.* v. 1600) et deux de ses petits-fils furent également sculpteurs.

richissime [riʃisim] **adj.** FAM. Extrêmement riche.

Richmond, v. des États-Unis, cap. de la Virginie, sur la James River ; 217 853 hab. (984 495 hab. dans l'agglomération). Capitole construit sur plans de T. Jefferson. Capitale des sudistes pendant la guerre de Sécession, elle fut conquise par Grant en 1865.

Richter (Charles Francis), géophysicien américain (Butler Country, Ohio, 1900 - Pasadena, Californie, 1985). Il établit, en 1935, une échelle de mesure de la magnitude (énergie libérée) des séismes, qui porte son nom.

Richter (échelle de) [de C. F. *Richter*], échelle logarithmique ouverte (sans limite supérieure théorique) et mesurant la magnitude des séismes.

Richter (Johann Paul Friedrich), dit **Jean-Paul,** écrivain allemand (Wunsiedel 1763 - Bayreuth 1825). Un des représentants les plus originaux du romantisme allemand, il joint à la sensibilité l'humour et l'ironie (*Hesperus*, 1795 ; *le Titan*, 1800-1803).

ricin [risɛ̃] **n.m.** (lat. *ricinus*). **1.** Plante oléagineuse aux grandes feuilles palmées, aux graines toxiques d'aspect bigarré. ▸ Famille des euphorbiacées. **2. Huile de ricin,** huile fournie par les graines de ricin et utilisée en pharmacie pour son action laxative et purgative ainsi que dans l'industrie comme lubrifiant.

ricocher [rikɔʃe] **v.i.** Faire ricochet (syn. **rebondir**).

ricochet [rikɔʃɛ] **n.m.** (orig. incert., p.-ê. de *cochet*, dimin. de *coq* dans une ritournelle où le mot *coq* revient souvent). **1.** Rebond que fait un objet plat lancé obliquement sur la surface de l'eau ou un projectile frappant obliquement un obstacle : *Les ricochets d'un galet à la surface d'un lac.* **2. Par ricochet,** indirectement, par contrecoup : *Elle est débordée de travail et, par ricochet, sa secrétaire aussi.*

Ricœur (Paul), philosophe français (Valence 1913 - Châtenay-Malabry 2005). Marqué par la phénoménologie, il définit le bon usage de Nietzsche et de Freud dans la perspective morale d'un humanisme chrétien. Ses principales œuvres sont : *Finitude et culpabilité* (1960), *De l'interprétation. Essai sur Freud* (1965), *Temps et récit* (1983-1985), *la Mémoire, l'Histoire, l'Oubli* (2000).

ric-rac [rikrak] **adv.** (onomat. ; v. *riquiqui*). FAM. De façon juste suffisante ; de justesse : *Réussir ric-rac son examen.*

rictus [riktys] **n.m.** (mot lat. « ouverture de la bouche »). Contraction des muscles de la face, donnant au visage l'expression d'un rire crispé : *Rictus de colère.*

ride [rid] **n.f.** (de *rider*). **1.** Pli de la peau, provoqué par l'âge, l'amaigrissement, etc. : *Un visage couvert de rides.* **2.** Légère ondulation sur une surface : *Le vent forme des rides sur l'étang.* **3.** Léger sillon sur une surface : *Une pomme couverte de rides.*

ridé, e [ride] **adj.** Couvert de rides : *Des mains ridées* (syn. **flétri, fripé, parcheminé**).

rideau [rido] **n.m.** (de *rider*, plisser). **1.** Voile ou pièce d'étoffe mobile que l'on peut tendre à volonté pour tamiser ou intercepter le jour, isoler du froid, du bruit, protéger des regards, etc. : *Ouvrir, fermer les rideaux. Doubles rideaux* (= rideaux en tissu épais qui se rejoignent au centre). **2.** Grande toile peinte ou draperie qu'on lève ou qu'on abaisse devant la scène d'un théâtre. **3.** Ensemble, suite de choses susceptibles de masquer la vue ou de former un obstacle ou une protection : *Un rideau d'arbres isole la maison de la rue* (syn. **écran**). **4.** FAM. **En rideau,** en panne : *Mon ordinateur est en rideau.* / FAM. **Rideau !,** c'est assez ! ça suffit ! / **Rideau de fer,** fermeture métallique qui sert à protéger la devanture d'un magasin ; dispositif obligatoire qui sépare la scène de la salle d'un théâtre en cas d'incendie ; au fig., frontière qui séparait, dès 1947, les États socialistes de l'Europe de l'Est des États d'Europe occidentale. ▶ Il fut démantelé en 1989.

ridelle [ridɛl] **n.f.** (moyen haut all. *reidel*, rondin). Châssis léger, plein ou à claire-voie, composant chacun des côtés d'un chariot, d'une remorque, d'un camion découvert, pour maintenir la charge.

rider [ride] **v.t.** (anc. haut all. *rîdan*, tordre). Marquer de rides : *Les soucis ont ridé son visage* (syn. **flétrir, friper**). *Le vent ride la surface de l'eau* (syn. **onduler**). ◆ **se rider v.pr.** Se couvrir de rides : *Quand son front se ride, cela signifie qu'elle est contrariée* (syn. **se plisser**).

ridicule [ridikyl] **adj.** (lat. *ridiculus*, de *ridere*, rire). **1.** Propre à exciter le rire, la moquerie : *Un chapeau ridicule* (syn. **grotesque, risible**). **2.** Qui n'est pas sensé : *C'est ridicule de se fâcher pour si peu* (syn. **déraisonnable**). **3.** Qui est insignifiant, qui est de peu d'importance : *Une somme ridicule* (syn. **dérisoire, infime**). ◆ **n.m. 1.** Ce qui est ridicule ; côté ridicule de qqch : *Ne pas avoir peur du ridicule. Molière a peint les ridicules de son temps* (syn. **travers**). **2. Tourner en ridicule,** se moquer, en soulignant les aspects qui prêtent à rire : *Un cynique qui tourne tout en ridicule.*

ridiculement [ridikylmɑ̃] **adv.** De façon ridicule : *Elle est toujours ridiculement coiffée.*

ridiculiser [ridikylize] **v.t.** Tourner en ridicule, rendre ridicule : *Les chansonniers ridiculisent souvent les hommes politiques* (syn. **persifler, railler**). ◆ **se ridiculiser v.pr.** Se couvrir de ridicule : *Il s'est ridiculisé en se fâchant ainsi.*

ridule [ridyl] **n.f.** Petite ride : *Des ridules au coin des yeux.*

Riemann (Bernhard), mathématicien allemand (Breselenz, Hanovre, 1826 - Selasca, sur le lac Majeur, 1866). Sa thèse sur la théorie des fonctions de variables complexes (1851) a complètement bouleversé les mathématiques. Il fonda la théorie des fonctions algébriques, ce qui marqua la naissance de la topologie. En théorie des nombres, il entreprit les premières recherches sur la répartition asymptotique des nombres premiers. En 1854, il développa une théorie de l'intégration plus générale que celle de Cauchy. Enfin, il a été l'un des premiers à envisager une géométrie non euclidienne fondée sur l'hypothèse selon laquelle, par un point n'appartenant pas à une droite, on ne peut mener aucune parallèle à cette droite. Ses travaux ont eu un retentissement considérable sur les mathématiques du XIXe s.

riemannien, enne [rimanjɛ̃, -ɛn] **adj.** (de B. *Riemann*, mathématicien). **Géométrie riemannienne,** géométrie selon laquelle deux droites ne sont jamais parallèles.

Riemenschneider (Tilman), sculpteur allemand (Heiligenstadt ?, district d'Erfurt, v. 1460 - Würzburg 1531). Installé à Würzburg, c'est un maître de la dernière floraison gothique, d'une vigueur et d'un lyrisme apaisés (retable de la Vierge, en bois de tilleul, Creglingen, au sud de Würzburg).

1. rien [rjɛ̃] **pron. indéf.** (lat. *rem*, accusatif de *res*, chose). **1.** (En corrélation avec *ne* ou précédé de *sans*, ou bien dans une phrase nominale). Aucune chose ; aucun être vivant : *Je ne vois rien. Rien ne l'arrête. Rien à l'horizon. Rien de cassé ? Sans rien oublier.* **2.** (Sans négation). Quelque chose : *Avez-vous jamais rien vu d'aussi drôle ?* **3. Cela ne fait rien,** cela importe peu. / FAM. **Ce n'est pas rien,** c'est très important. / **Ce n'est rien,** ce n'est pas grave, c'est sans importance. / **Comme si de rien n'était,** comme s'il ne s'était rien passé : *Il a fait comme si de rien n'était.* / FAM. **De rien,** se dit par politesse après avoir reçu des remerciements : *Mille mercis. – De rien.* / **De rien du tout,** sans importance, insignifiant : *Une égratignure de rien du tout.* / **En moins que rien,** en très peu de temps : *Il a terminé ses devoirs en moins que rien.* / **En rien,** en quoi que ce soit : *Il n'a en rien changé ses habitudes* (syn. **nullement**). / **Il n'en est rien,** c'est faux. / **N'avoir rien de** (+ n.), ne pas être précisément : *Elle n'a rien d'une star.* / **N'être rien à, pour qqn,** n'être nullement lié à lui par parenté ou affection. / **Pour rien,** sans utilité : *Se déplacer pour rien ;* gratuitement ou pour très peu d'argent : *Acheter une maison pour rien.* / FAM. **Rien que,** seulement : *Ce n'est rien qu'un petit rhume.*

2. rien [rjɛ̃] **n.m.** (de *1. rien*). **1.** Chose sans importance : *Un rien l'irrite* (syn. **broutille, vétille**). *S'amuser à des riens* (syn. **bagatelle, futilité**). **2.** FAM. **Comme un rien,** très facilement : *Ce dîner coûtera 150 euros comme un rien.* / **En un rien de temps,** en très peu de temps : *Réparer qqch en un rien de temps* (= en un tour de main). / **Un rien de,** un petit peu de : *Ajoutez un rien de curry.* / **Un(e) rien du tout, un(e) moins que rien,** une personne tout à fait méprisable.

Riesener (Jean-Henri), ébéniste français d'origine allemande (Gladbeck, près d'Essen, 1734 - Paris 1806). Formé dans l'atelier parisien de Jean-François Œben (lui aussi venu d'Allemagne), personnel et raffiné, il est l'un des principaux maîtres du style Louis XVI.

rieur, euse [rijœr, -øz] **adj.** et **n. 1.** Qui rit volontiers ; qui aime à rire, à railler, à plaisanter : *Un enfant rieur* (syn. **enjoué, gai**). **2. Avoir, mettre les rieurs de son côté,** faire rire aux dépens de son adversaire. ◆ **adj.** Qui exprime la joie, la gaieté : *Des yeux rieurs.*

Rif, massif du nord du Maroc, qui s'étire sur 350 km de longueur environ. (Hab. *Rifains.*)

Rif *(campagnes du)*, opérations menées dans le Rif marocain par les Espagnols (1921-1924) puis par les Français (1925-1926) contre la révolte d'Abd el-Krim. Abandonné par les tribus, ce dernier se rendit.

rififi [rififi] **n.m.** (de *rif*, bagarre, arg. it. *ruffo*, feu, lat. *rufus*, rouge). ARG. Rixe, échauffourée.

riflard [riflar] **n.m.** (de l'anc. fr. *rifler*, érafler). **1.** Rabot à deux poignées pour dégrossir le bois. **2.** Ciseau à lame large employé par les maçons.

rifle [rifl] **n.m.** (mot angl., de *to rifle*, faire des rainures, de l'anc. fr. *rifler*). **Carabine (de) 22 long rifle,** carabine d'un calibre de 22/100 de pouce (soit 5,58 mm), employée pour le sport et le tir du moyen gibier.

Rift Valley, grande fracture de l'écorce terrestre, qui s'étend de la vallée du Jourdain (Asie occidentale) au cours inférieur du Zambèze (sud de l'Afrique), correspondant à une série de fossés d'effondrement. Gisements préhistoriques, dont celui d'Olduvai et celui, en Éthiopie, où a été découvert l'australopithèque « Lucy ».

Riga, cap. de la Lettonie, port sur la Baltique, au fond du *golfe de Riga ;* 701 135 hab. Centre industriel.

Rigaud (Hyacinthe Rigau y Ros, dit **Hyacinthe),** peintre français (Perpignan 1659 - Paris 1743), auteur de portraits d'apparat : *Louis XIV, Bossuet, Louis XV* (Louvre et Versailles).

rigaudon [rigodɔ̃] et **rigodon** [rigɔdɔ̃] **n.m.** (orig. incert., p.-ê. de *Rigaud,* n. de l'inventeur de cette danse). Air et danse vive à deux temps, d'origine provençale (XVIIe-XVIIIe s.).

rigide [riʒid] **adj.** (lat. *rigidus*). **1.** Qui résiste aux efforts de torsion : *Une barre de fer rigide* (syn. **raide** ; contr. **flexible, souple**). **2.** D'une grande sévérité ; qui se refuse aux compromis : *Un juge rigide* (syn. **inflexible, intraitable, rigoureux**). *Une morale rigide* (syn. **austère, puritain**).

se **rigidifier** [riʒidifje] **v.t.** [conj. **9**]. Devenir rigide : *Le corps s'est rigidifié.*

rigidité [riʒidite] **n.f.** (lat. *rigiditas*). **1.** Résistance qu'oppose une substance solide aux efforts de torsion ou de cisaillement : *La rigidité d'un étui à lunettes.* **2.** Rigueur intransigeante ; austérité inflexible ; manque de souplesse : *La rigidité d'un magistrat* (syn. **rigorisme**). **3. Rigidité cadavérique,** durcissement des muscles qui, apparaissant de 1 h à 6 h après la mort, rend les membres rigides.

rigolade [rigɔlad] **n.f. 1.** *FAM.* Action de rire, de se divertir sans contrainte : *Aimer la rigolade* (syn. **amusement, divertissement**). **2.** Propos peu sérieux ou fantaisiste : *Tout ça, c'est de la rigolade* (syn. **baliverne, sornettes**). **3.** Chose faite sans effort, comme par jeu : *Soulever cette malle, pour lui c'est une rigolade* (= un jeu d'enfant).

rigolard, e [rigɔlar, -ard] **adj.** et **n.** *FAM.* Qui aime à rire : *C'est un rigolard* (syn. **plaisantin, farceur**). ◆ **adj.** *FAM.* Qui exprime l'amusement : *Air rigolard* (syn. **facétieux**).

rigole [rigɔl] **n.f.** (moyen néerl. *regel,* rangée, et *richel,* fossé d'écoulement, du lat. *regula,* règle). **1.** Canal étroit et en pente pour l'écoulement des eaux. **2.** Petite tranchée creusée pour recevoir les fondations d'un mur.

rigoler [rigɔle] **v.i.** (orig. incert., p.-ê. croisement de *rire,* de l'anc. fr. *galer,* s'amuser, et de *riole,* partie de plaisir). **1.** *FAM.* S'amuser beaucoup : *Il faisait le pitre pour faire rigoler ses camarades* (syn. **rire**). **2.** Ne pas parler sérieusement : *Tu rigoles en disant ça ?* (syn. **plaisanter**).

rigolo, ote [rigɔlo, -ɔt] **adj. 1.** *FAM.* Plaisant, amusant : *Raconter des histoires rigolotes* (syn. **comique, drôle**). **2.** Qui est étrange ; qui dit ou fait qqch d'étrange : *C'est rigolo cette coïncidence* (syn. **cocasse, curieux**). ◆ **n. 1.** *FAM.* Personne qui fait rire : *C'est une vraie rigolote* (syn. **farceur**). **2.** Personne qu'on ne peut pas prendre au sérieux : *C'est un rigolo, votre fameux spécialiste* (syn. **fumiste**).

rigorisme [rigɔrism] **n.m.** (du lat. *rigor, -oris,* rigueur). Attachement rigoureux aux règles morales ou religieuses : *Son rigorisme nous fait fuir* (syn. **austérité, rigidité**). ◆ **rigoriste adj.** et **n.** Qui manifeste du rigorisme.

rigoureusement [rigurøzmɑ̃] **adv. 1.** Avec rigueur et précision : *Accomplir rigoureusement son devoir* (syn. **scrupuleusement**). **2.** D'une manière incontestable : *C'est rigoureusement vrai* (syn. **absolument, totalement**).

rigoureux, euse [rigurø, -øz] **adj.** (lat. *rigorosus*). **1.** Qui fait preuve ou qui est empreint de rigueur, de sévérité : *Une discipline rigoureuse* (syn. **rigide, sévère, strict**). **2.** Pénible, difficile à supporter : *Hiver rigoureux* (syn. **rude** ; contr. **doux**). **3.** Qui est d'une exactitude inflexible : *Examen rigoureux des faits* (syn. **précis, strict**).

rigueur [rigœr] **n.f.** (lat. *rigor, -oris,* dureté). **1.** Caractère, manière d'agir de qqn qui se montre sévère, inflexible : *Réprimer un soulèvement avec une extrême rigueur* (syn. **dureté, sévérité**). **2.** Dureté extrême d'une règle, d'une obligation, d'une action. **3.** Caractère de ce qui est dur à supporter, notamm. des conditions atmosphériques : *La rigueur des hivers canadiens* (syn. **âpreté, inclémence**). **4.** Grande exactitude, exigence intellectuelle : *La rigueur d'une analyse* (syn. **justesse, précision, rectitude**). **5.** Politique économique consistant à réduire le niveau des dépenses publiques (et accompagnée d'une hausse de la fiscalité, par ex.). **6. À la rigueur,** au pis aller, en cas de nécessité absolue. / **De rigueur,** imposé par les usages, les règlements ; indispensable : *Tenue de soirée de rigueur* (= obligatoire). / **Tenir rigueur à qqn de qqch,** lui en garder du ressentiment.

Rijeka, anc. **Fiume,** principal port de la Croatie, sur l'Adriatique ; 127 498 hab. Monuments, du Moyen Âge au baroque. Musées.

rikiki adj. inv. ⟶ **riquiqui.**

Rila (le), montagne de l'ouest de la Bulgarie, prolongeant le Rhodope ; 2 925 m. Célèbre monastère fondé au XIIIe s., reconstruit au XIXe (œuvres d'art) ; églises et chapelles anciennes aux environs.

Rilke (Rainer Maria), écrivain autrichien (Prague 1875 - sanatorium de Val-Mont, Montreux, 1926). Poète romantique, puis symboliste (*le Livre des images,* 1902), il parcourut l'Europe et devint le secrétaire de Rodin (1905-1906). Ses recueils (*le Livre d'heures,* 1905) et son roman autobiographique (*les Cahiers de Malte Laurids Brigge,* 1910) expriment son inquiétude profonde et sa soif de vivre. Malade, il passa ses dernières années en Suisse, où il essaya, à travers la méditation poétique, de dominer l'angoisse de la mort (*Élégies de Duino,* 1923 ; *Sonnets à Orphée,* 1923).

rillettes [rijɛt] **n.f. pl.** (de l'anc. fr. *rille,* morceau de porc, var. dialect. de *reille,* planchette, lat. *regula*). Préparation réalisée par cuisson dans la graisse de viandes découpées de porc, de lapin ou de volaille.

rimailler [rimaje] **v.t.** et **v.i.** (de *rimer*). *FAM., VIEILLI.* Faire de mauvais vers, de la poésie médiocre.

rimailleur, euse [rimajœr, -øz] **n.** *FAM., VIEILLI.* Poète médiocre.

Rimbaud (Arthur), poète français (Charleville 1854 - Marseille 1891). Virtuose en vers latins et lauréat, à quinze ans, du concours académique, il compose, à seize ans, des poèmes qui révèlent un génie d'une rare précocité (« le Bal des pendus », « le Bateau ivre ») ; il les présente à Verlaine, qu'il rencontre en 1871 à Paris et qu'il suivra en Angleterre et en Belgique. Blessé à Bruxelles (1873) d'un coup de revolver par Verlaine, qu'il veut quitter, il écrit, la même année, les poèmes en prose d'*Une saison en enfer,* où il exprime ses « délires », puis il entre dans le silence, ayant choisi l'aventure, qui le mène en Allemagne, en Italie, aux îles de la Sonde (1877), à Chypre (1879) et en Éthiopie, où il devient trafiquant d'armes. De retour en France, blessé au genou, il est amputé et meurt à l'hôpital, à Marseille. Entre-temps, en 1886, la revue *la Vogue* a publié son recueil, *Illuminations,* composé de proses poétiques et de vers libres. La poésie hallucinatoire de Rimbaud se fonde sur un travail de déconstruction syntaxique et sur la recherche d'une langue nouvelle (« Alchimie du verbe ») capable de « fixer des vertiges ». Nourrie de révolte, auréolée de légendes, revendiquée par le surréalisme, son œuvre a profondément influencé la poésie moderne. • **Illuminations** (recueil paru en 1886 mais composé entre 1871 et 1875). Le titre joue sur le sens anglais (« enluminures », « images colorées ») et sur le sens français d'inspiration soudaine. Il s'agit avant tout de fragments, d'aphorismes, d'où jaillissent des images insolites, violentes et bariolées.

rime [rim] **n.f.** (de *rimer*). **1.** Retour du même son à la fin de deux ou plusieurs vers : *Rimes masculines, féminines.* **2. N'avoir ni rime ni raison,** être absurde, incohérent ; n'avoir pas de sens.

rimer [rime] **v.i.** (frq. **riman,* de **rim,* série, nombre). **1.** Avoir les mêmes sons, en parlant des finales des mots : *« Étude » et « solitude » riment.* **2. Ne rimer à rien,** être dépourvu de sens et d'utilité : *Cette dispute ne rime à rien.*

rimeur, euse [rimœr, -øz] **n.** Poète sans inspiration.

Rimmel [rimɛl] **n.m.** (nom déposé). Fard pour les cils.

Rimski-Korsakov (Nikolaï Andreïevitch), compositeur russe (Tikhvine 1844 - Lioubensk, près de Saint-Pétersbourg, 1908). Il révéla l'école russe à Paris au cours de l'exposition de 1889. Ses pages orchestrales *(Ouverture de la Grande Pâque russe, Shéhérazade)* témoignent d'une grande maîtrise des sonorités. Hormis son concerto pour piano (1882) et quelques œuvres de musique de chambre, il excella dans l'opéra, où, attaché aux mythes de la Russie païenne, il rechercha cependant le réalisme populaire cher au groupe des Cinq, dont il faisait partie (*le Coq d'or,* 1909).

rinçage [rɛ̃saʒ] **n.m.** Action de rincer ; passage à l'eau pure de ce qui a été lavé : *Le lave-linge effectue trois rinçages.*

rinceau [rɛ̃so] **n.m.** (du bas lat. *ramusculus,* petit rameau). BX-A., ARTS DÉC. Ornement fait d'éléments végétaux disposés en enroulements successifs.

rince-doigts [rɛ̃sdwa] **n.m. inv.** Bol contenant de l'eau tiède, génér. parfumée de citron, pour se rincer les doigts à table.

rincer [rɛ̃se] **v.t.** (anc. fr. *recincier,* lat. pop. **recentiare,* du class. *recens,* frais) [conj. **16**]. **1.** Nettoyer en passant à l'eau : *Rincer un verre.* **2.** Passer dans une eau nouvelle après un nettoyage pour retirer toute trace des produits de lavage : *Rincer le linge.* ◆ **se rincer v.pr. Se rincer la bouche,** se laver la bouche avec un liquide que l'on recrache. / *FAM.* **Se rincer l'œil,** regarder avec plaisir une personne attrayante, un spectacle érotique.

rinçure [rɛ̃syr] **n.f.** Eau qui a servi à rincer.

Riner (Teddy), judoka français (Pointe-à-Pitre 1989). Champion du monde en catégorie lourds (2007, 2009, 2010, 2011) et en toutes catégories (2008), il est le premier judoka à remporter cinq titres mondiaux. Il obtient aussi la consécration du titre olympique (catégorie lourds) en 2012.

1. ring [riŋ] **n.m.** (mot angl. « cercle »). Estrade entourée de cordes pour des combats de boxe, de catch.

2. ring [riŋ] **n.m.** (mot all. « cercle »). *BELG.* Boulevard périphérique ; rocade.

ringard, e [rɛ̃gar, -ard] **n.** (orig. obsc.). **1.** *FAM.* Acteur, comédien médiocre ou oublié : *Un ringard qui cherche à décrocher un petit rôle.* **2.** Bon à rien ; minable. ◆ **adj.** *FAM.* Qui est médiocre, dépassé, démodé : *Une chanson ringarde.*

Rio de Janeiro, État du Brésil ; 43 653 km^2 ; 15 180 636 hab. CAP. *Rio de Janeiro.*

Rio de Janeiro, anc. cap. du Brésil, cap. de l'*État de Rio de Janeiro* ; 5 940 224 hab. (11 959 725 dans l'agglomération) [*Cariocas*]. Archevêché. Université. Musées. Ce grand port, établi sur la baie de Guanabara, est dominé par des pitons abrupts. Centre commercial, industriel et culturel. Célèbre carnaval.

Río de la Plata ⟶ Plata *(Río de la).*

Rio Grande ou **Río Bravo,** fl. d'Amérique du Nord, long de 3 060 km, qui sert de frontière entre les États-Unis et le Mexique (en aval d'El Paso) avant de rejoindre le golfe du Mexique.

Rio Grande do Norte, État du nord-est du Brésil ; 3 121 451 hab. CAP. *Natal.*

Rio Grande do Sul, État du Brésil méridional ; 282 000 km^2 ; 10 576 758 hab. CAP. *Porto Alegre.*

Rioja (La), région historique et actuelle communauté autonome de l'Espagne, correspondant à la province de Logroño ; 321 173 hab. Vignobles.

Riom *(procès de)* [févr.-avr. 1942], procès, exigé par les Allemands, qui se déroula à Riom (Puy-de-Dôme), et qui se proposait de juger les hommes politiques de la IIIe République considérés comme responsables de la défaite de 1940 (L. Blum, É. Daladier, le général Gamelin...). Tournant au détriment du régime de Vichy, il fut interrompu à la demande de Hitler.

ripage [ripaʒ] et **ripement** [ripmɑ̃] **n.m. 1.** MAR. Action de riper : *Le ripage d'un cordage* (syn. **glissement**). **2.** Déplacement des marchandises d'un navire dont l'arrimage ne tient pas du fait d'un roulis violent.

ripaille [ripaj] **n.f.** (de *riper*). *FAM., VIEILLI.* **Faire ripaille,** se livrer à des excès de nourriture et de boisson (= faire bombance).

ripailler [ripaje] **v.i.** *FAM., VIEILLI.* Faire ripaille (syn. **banqueter, festoyer**).

ripe [rip] **n.f.** (de *riper*). Outil de maçon et de sculpteur en forme de S allongé, à deux extrémités tranchantes.

riper [ripe] **v.t.** (moyen néerl. *rippen,* racler). **1.** Travailler (une moulure, une sculpture) à la ripe. **2.** MAR. Faire glisser, déplacer sans soulever, en laissant frotter contre le sol, le support, etc. : *Riper des caisses.* ◆ **v.i.** Déraper : *La voiture a ripé sur le pavé mouillé* (syn. **glisser**).

riposte [ripɔst] **n.f.** (it. *risposta,* de *rispondere,* répondre). **1.** Réponse vive et immédiate à une attaque verbale : *Avoir la riposte facile* (syn. **repartie, réplique**). **2.** Action qui répond sur-le-champ à une attaque : *La riposte d'une armée à un acte de sabotage* (syn. **contre-attaque**).

riposter [ripɔste] **v.t. ind. [à]** (de *riposte*). **1.** Répondre vivement à : *Riposter à une raillerie* (syn. **repartir, répliquer**). **2.** Rendre immédiatement à un adversaire la contrepartie de ce qu'on a subi : *Nos troupes riposteront à toute agression* (syn. **contre-attaquer**). ◆ **v.t.** Répondre qqch à qqn avec vivacité : *Il m'a riposté qu'il n'était pas d'accord.*

ripou [ripu] **adj.** et **n.** (verlan de *pourri*) [pl. *ripoux* ou *ripous*]. *FAM.* Se dit d'un policier, d'un fonctionnaire corrompu.

riquiqui ou **rikiki** [rikiki] **adj. inv.** (rad. *ric, rik,* onomat. désignant ce qui est petit, médiocre). *FAM.* Petit et d'aspect mesquin, étriqué : *Un appartement riquiqui.*

1. rire [rir] **v.i.** (lat. *ridere*) [conj. **95**]. **1.** Manifester un sentiment de gaieté par un mouvement des lèvres, de la bouche, accompagné de sons rapidement égrenés : *Sa plaisanterie nous a fait rire. Rire aux éclats.* **2.** Prendre une expression de gaieté : *Des yeux qui rient.* **3.** S'amuser ; prendre du bon temps : *Aimer à rire* (syn. **se divertir**). **4.** Agir, parler, faire qqch par jeu, sans intention sérieuse : *J'ai dit cela pour rire* (syn. **plaisanter**). **5. Avoir le mot pour rire,** savoir dire des choses plaisantes. / **Prêter à rire,** donner sujet de rire, de railler : *Une coiffure qui prête à rire.* / **Rire au nez, à la barbe de qqn,** se moquer de lui en face. / **Vous me faites rire,** ce que vous dites est absurde. / **Vous voulez rire,** vous ne parlez pas sérieusement. ◆ **v.t. ind. [de].** Se moquer de : *Tous rient de sa sottise* (syn. **persifler, railler**). ◆ **se rire v.pr. [de].** Se moquer, ne pas tenir compte de : *Il se rit de tous nos avertissements* (syn. **ignorer**).

2. rire [rir] **n.m.** (de *1. rire*). **1.** Action de rire : *Éclater, pouffer de rire. Son rire est communicatif. Déclencher les rires* (syn. **hilarité**). **2. Fou rire,** rire qu'on ne maîtrise pas, qu'on ne peut arrêter.

1. ris [ri] **n.m. pl.** (lat. *risus,* rire). *LITT.* Plaisirs : *Aimer les jeux et les ris.*

2. ris [ri] **n.m.** (anc. scand. *rif,* pl. *rifs*). MAR. Partie d'une voile destinée à être serrée sur une vergue ou une bôme pour pouvoir être soustraite à l'action du vent.

3. ris [ri] **n.m.** (orig. obsc.). Thymus du veau et de l'agneau, qui constitue un mets délicat.

1. risée [rize] **n.f.** (de *1. ris*). **1.** Moquerie collective : *Mauvais acteur qui essuie la risée du public* (syn. **dérision, raillerie**). **2. Être la risée de,** être un objet de moquerie pour : *Cet enfant est la risée de ses camarades.*

2. risée [rize] **n.f.** (anc. scand. *rif* ; v. 2. *ris*). En mer, petite brise subite et passagère.

risette [rizɛt] **n.f.** (de *1. ris*). *FAM.* Sourire d'un jeune enfant à l'adresse de qqn : *Bébé qui fait des risettes à sa mère.*

risible [rizibl] **adj.** (bas lat. *risibilis*). Qui provoque le rire ou la moquerie : *Aventure risible* (syn. **burlesque, ridicule**).

Risorgimento (mot ital. signif. « renaissance »), nom donné au mouvement idéologique et politique qui a permis l'unification et la démocratisation de l'Italie, entre la seconde moitié du XVIIIe s. et 1860.

risotto [rizɔto] **n.m.** (mot it.). Plat de la cuisine italienne fait de riz mouillé de bouillon et agrémenté de divers ingrédients.

risque [risk] **n.m.** (anc. it. *risco,* bas lat. *risicus,* p.-ê. du lat. *resecare,* couper ou du gr. *rhizikon,* de *rhiza,* racine). **1.** Danger, inconvénient plus ou moins probable auquel on est exposé : *Courir un risque. Il faut savoir prendre des risques* (= agir audacieusement). **2.** Préjudice, sinistre éventuel que les compagnies d'assurance garantissent moyennant le paiement d'une prime : *S'assurer contre le risque d'incendie. Une assurance tous risques pour une voiture.* **3. À risque(s),** prédisposé à certains inconvénients ; qui expose à un danger, à une perte, à un échec : *Grossesse à risque. Capitaux à risques.* / **À ses risques et périls,** en assumant toute la responsabilité de qqch, d'une entreprise. / **Au risque de,** en s'exposant au danger de : *J'ai dit ce que j'en pensais au risque de le vexer.*

risqué, e [riske] **adj.** Qui comporte un risque : *Une entreprise risquée* (syn. **dangereux, hasardeux**).

risquer [riske] **v.t.** (de *risque*). **1.** Exposer à un risque, à un danger, à une éventualité fâcheuse : *Risquer de l'argent dans une affaire* (syn. **engager, hasarder**). **2.** S'exposer à faire ou à subir telle chose : *Vous risquez un accident grave.* **3. Risquer le coup,** tenter une entreprise malgré son issue incertaine. ◆ **v.t. ind. [de].** Avoir une chance de ; s'exposer à subir telle ou telle chose : *Ce cadeau risque de lui plaire. Attention, tu risques de tomber.* ◆ **se risquer v.pr. 1.** Aller dans un lieu où l'on court un risque, un danger : *Ne vous risquez pas dans les sentiers non balisés* (syn. **s'aventurer**). **2.** S'engager dans une entreprise incertaine : *Se risquer dans une spéculation douteuse* (syn. **s'engager, se lancer**). **3.** Se hasarder à : *Je ne me risquerai pas à la contredire.*

risque-tout [riskətu] **n. inv.** Personne très audacieuse, imprudente (syn. **casse-cou, téméraire**).

rissoler [risɔle] **v.t.** et **v.i.** (de *rissole,* sorte de pâtisserie salée). Rôtir de manière à faire prendre une couleur dorée : *Rissoler des pommes de terre dans une cocotte.*

ristourne [risturn] **n.f.** (it. *ristorno*). Avantage pécuniaire consenti à un client par un commerçant : *Obtenir une ristourne sur le prix d'une voiture* (syn. **rabais, réduction, remise**).

ritardando [ritardɑ̃do] **adv.** (mot it.). MUS. En retenant le mouvement.

rite [rit] **n.m.** (lat. *ritus*). **1.** Ensemble des règles et des cérémonies qui se pratiquent dans une Église, une communauté religieuse : *Le rite romain.* **2.** Ensemble des règles fixant le déroulement d'un cérémonial quelconque ; rituel : *Les rites maçonniques.* **3.** Action accomplie conformément à des règles et faisant partie d'un cérémonial : *Rites de la remise des prix.* **4.** Manière d'agir propre à qqn ou à un groupe social et revêtant un caractère invariable : *Ses soirées se déroulent selon un rite immuable* (syn. **coutume, tradition**).

ritournelle [riturnɛl] **n.f.** (it. *ritornello,* de *ritorno,* retour). **1.** Courte phrase musicale qui précède et termine un air ou en sépare les strophes. **2.** FAM. Propos que qqn répète continuellement (syn. **chanson, refrain, rengaine**).

Rítsos (Ghiánnis), poète grec (Malvoisie 1909 - Athènes 1990). Il réinterprète les mythes antiques à la lumière des luttes sociales et politiques modernes (*Épitaphe,* 1936 ; *Hélène,* 1972 ; *Erotica,* 1981).

ritualisme [ritɥalism] **n.m.** (de *rituel*). Respect strict des rites, poussé jusqu'au formalisme.

1. rituel, elle [ritɥɛl] **adj.** (lat. *ritualis*). **1.** Conforme aux rites ; réglé par un rite : *Chant rituel.* **2.** Qui est comme réglé par une coutume immuable : *Les visites rituelles à la famille pour Noël* (syn. **habituel, traditionnel**).

2. rituel [ritɥɛl] **n.m.** (de l'anc. adj. *ritual,* relatif aux rites). **1.** Ensemble des rites d'une religion (gestes, symboles, prières) : *Le rituel orthodoxe.* **2.** Dans l'Église latine, recueil liturgique des rites accomplis par le prêtre, notamm. lors de la célébration des sacrements. **3.** Ensemble des règles et des habitudes fixées par la tradition : *Le rituel de la rentrée parlementaire.*

rituellement [ritɥɛlmɑ̃] **adv.** D'une manière rituelle : *Il arrive rituellement à 9 heures.*

rivage [rivaʒ] **n.m.** (de *rive*). Bande de terre qui borde une étendue d'eau marine : *Les rivages de la Méditerranée.*

rival, e, aux [rival, -o] **n.** (lat. *rivalis,* pl. *rivales,* riverain faisant usage d'un même cours d'eau, de *rivus,* ruisseau). **1.** Personne, groupe en compétition ouverte avec d'autres pour l'obtention d'un avantage ne pouvant revenir qu'à un seul : *C'est un rival redoutable* (syn. **adversaire, compétiteur, concurrent**). **2.** Se dit d'une personne qui dispute à une autre l'amour de qqn : *La fiancée ignorait qu'elle avait une rivale.* **3. Sans rival,** sans équivalent, inégalable : *Un athlète sans rival.* ◆ **adj.** Opposé à d'autres pour l'obtention d'un avantage : *Des équipes rivales.*

rivaliser [rivalize] **v.i.** (de *rival*). Chercher à égaler ou à surpasser qqn : *Rivaliser d'élégance* (= faire assaut de).

rivalité [rivalite] **n.f.** (lat. *rivalitas*). Concurrence de personnes qui prétendent à la même chose : *Il n'y a plus de rivalité entre eux* (syn. **compétition, concurrence**).

Rivarol (Antoine Rivarol, dit le Comte de), écrivain et journaliste français (Bagnols-sur-Cèze 1753 - Berlin 1801). Il est l'auteur d'un *Discours sur l'universalité de la langue française* (1784).

rive [riv] **n.f.** (lat. *ripa*). **1.** Bande de terre qui borde une étendue d'eau : *La rive d'un lac* (syn. **bord**). *Les rives d'un fleuve* (syn. **berge**). **2.** Partie d'une ville qui borde un cours d'eau ou en est proche : *Habiter (sur) la rive gauche.*

river [rive] **v.t.** (de *rive*). **1.** Assembler deux ou plusieurs éléments par écrasement d'une partie de l'un d'eux dans une partie adéquate de l'autre. **2.** Attacher étroitement qqn à : *La passion de l'informatique le rive à son écran* (syn. **enchaîner**). **3.** Riveter. **4.** Rabattre et aplatir la pointe d'un clou, d'un rivet, etc., sur l'autre côté de l'objet qu'il traverse. **5. River ses yeux, son regard sur qqn, qqch,** les regarder fixement et longuement. / FAM. **River son clou à qqn,** lui répondre vertement, le réduire au silence.

Rivera (Diego), peintre mexicain (Guanajuato 1886 - Mexico 1957). Il est le principal représentant de l'école mexicaine dite *muraliste.*

riverain, e [rivrɛ̃, -ɛn] **adj.** et **n.** (de *rivière*). **1.** Qui se situe ou habite le long d'une rivière : *Les propriétés riveraines.* **2.** Qui est situé ou qui habite à proximité d'un lieu quelconque : *Stationnement interdit sauf pour les riverains.*

rivet [rivɛ] **n.m.** (de *river*). Élément d'assemblage de pièces plates, formé d'une tige cylindrique renflée à une extrémité et dont on écrase l'autre extrémité après l'avoir enfilée dans un trou ménagé dans les pièces à assembler.

riveter [rivte] **v.t.** [conj. **27**]. Assembler, assujettir, fixer au moyen de rivets : *Riveter deux tôles* (syn. **river**).

Rivette (Jacques), cinéaste français (Rouen 1928). Dans une œuvre exigeante à l'écart des modes, il mène une recherche sur le récit cinématographique et littéraire, sur la durée, l'improvisation : *Paris nous appartient* (1961), *Céline et Julie vont en bateau* (1974), *la Belle Noiseuse* (1991), *Va savoir* (2001).

Riviera (la), nom donné au littoral italien du golfe de Gênes, de la frontière française à La Spezia. (Le nom de *Riviera* est parfois étendu à la Côte d'Azur française, surtout entre Nice et la frontière italienne.)

rivière [rivjɛr] **n.f.** (lat. pop. **riparia,* du class. *riparius,* qui se trouve sur la rive). **1.** Cours d'eau de faible ou de moyenne importance qui se jette dans un autre cours d'eau. **2.** ÉQUIT. Obstacle de steeple-chase constitué d'une étendue d'eau peu profonde, génér. précédée d'une petite haie. **3. Rivière de diamants,** collier composé de diamants sertis dans une monture très discrète.

Rivoli *(bataille de)* [14 janv. 1797], victoire de Bonaparte et de Massena sur les Autrichiens en Vénétie, sur l'Adige. Cette victoire fut suivie peu après de la capitulation de Mantoue.

rixe [riks] **n.f.** (lat. *rixa*). Querelle violente accompagnée de menaces et de coups (syn. **bagarre**).

Riyad ou **Riad,** cap. de l'Arabie saoudite ; 5 450 820 hab. *(Riyadiens).*

riyal [rijal] **n.m.** Unité monétaire principale de l'Arabie saoudite et du Qatar.

riz [ri] **n.m.** (it. *riso,* du lat. *oryza,* mot gr. d'orig. orientale). **1.** Céréale des régions chaudes, cultivée sur un sol humide ou submergé *(rizière)* et dont le grain est très utilisé dans l'alimentation humaine. ▸ Famille des graminées ; genre *Oryza.* **2.** Grain de cette plante, préparé pour la consommation : *Un paquet de riz. Un gâteau de riz.* **3. Paille de riz,** paille fournie par la partie ligneuse du riz, utilisée pour la confection de chapeaux. / **Poudre de riz,** fécule de riz réduite en poudre et parfumée pour le maquillage, les soins de beauté.

rizerie [rizri] **n.f.** Usine où l'on traite le riz.

riziculture [rizikyltyr] **n.f.** Culture du riz. ◆ **riziculteur, trice** **n.** Personne qui cultive le riz.

rizière [rizjɛr] **n.f.** Terrain où l'on cultive le riz.

R.M.I. [ɛrɛmi] **n.m.** (sigle). ⟶ Revenu* minimum d'insertion.

R.M.N. [ɛrɛmɛn] **n.f.** (sigle). ⟶ Résonance* magnétique nucléaire.

Roanne, ch.-l. d'arr. de la Loire, sur la Loire, dans la *plaine de Roanne,* ou *Roannais* (entre les monts de la Madeleine et ceux du Beaujolais) ; 37 179 hab. *(Roannais).* Textile. Métallurgie. Musée Joseph-Déchelette, dans une demeure du XVIIIe s. (archéologie ; peinture ; céramiques des XVIe-XXe s.).

Roba (Jean), dessinateur et scénariste belge de bandes dessinées (Bruxelles 1930 - *id.* 2006). Il est le créateur en 1959, dans le journal *Spirou,* de la série *Boule et Bill* (un petit garçon et son chien), devenue un best-seller de la bande dessinée.

Robbe-Grillet (Alain), écrivain français (Brest 1922 - Caen 2008). Théoricien (*Pour un nouveau roman,* 1963) et chef de file du « nouveau roman », il est l'auteur de récits d'où est bannie la psychologie traditionnelle et où le réel est perçu à travers une série d'interprétations entrecroisées (*les Gommes,* 1953 ; *la Jalousie,* 1957 ; *Djinn,* 1981 ; *la Reprise,* 2001). Scénariste du film de A. Resnais *l'Année dernière à Marienbad,* il fut aussi réalisateur (*l'Immortelle,* 1963 ; *Trans-Europ-Express,* 1966 ; *Glissements progressifs du plaisir,* 1974). [Acad. fr.]

Robbins (Jerome), danseur et chorégraphe américain (New York 1918 - *id.* 1998). Créateur d'un style où voisinent le plus pur académisme et le jazz, il s'imposa avec *Fancy Free* en 1944. Engagé (1949) au New York City Ballet, où il affirma ses dons de chorégraphe, il reprit sa liberté pour travailler à Broadway et au cinéma (*West Side Story,* 1957 et 1961). Il fonda une troupe (les Ballets USA, 1958-1962) puis revint en 1969 au New York City Ballet, dont il assuma la codirection avec Balanchine puis Peter Martins jusqu'en 1989. Il a signé de nombreuses créations, parmi lesquelles *Dances at a Gathering* (1969).

robe [rɔb] **n.f.** (germ. **rauba,* butin, spécial. « vêtement pris comme butin »). **1.** Vêtement féminin composé d'un corsage et d'une jupe d'un seul tenant : *Robe longue, courte. Robe de mariée. Robe du soir* (syn. **tenue, toilette**). **2.** Vêtement long et ample, que portent les juges, les avocats dans l'exercice de leurs fonctions, les professeurs dans certaines cérémonies officielles (syn. **toge**). **3.** Feuille de tabac constituant l'enveloppe d'un cigare. **4.** Ensemble des poils du cheval, des bovins, considéré du point de vue de sa couleur : *Robe isabelle* (syn. **pelage, toison**). **5.** Couleur d'un vin. **6.** Enveloppe de certains fruits ou légumes : *Robe d'une fève, d'un oignon* (syn. **peau, pelure**). **7. Homme de robe,** magistrat. / **Pommes de terre en robe des champs, en robe de chambre,** cuites dans leur peau. / **Robe de chambre,** vêtement d'intérieur descendant le plus souvent en dessous du genou.

Robert (Hubert), peintre français (Paris 1733 - *id.* 1808). Ses vues de ruines ou de monuments romains librement regroupés s'agrémentent de scènes familières (*le Port de Ripetta,* École des beaux-arts, Paris). Il s'occupa d'aménagement de parcs (Méréville [Essonne], Versailles...).

Robert Ier (v. 866 - Soissons 923), roi de France (922-923), second fils de Robert le Fort. Élu par les grands du royaume à Reims, il fut tué en combattant Charles III le Simple. • **Robert II le Pieux** (Orléans v. 972 - Melun 1031), roi de France (996-1031). Fils et successeur d'Hugues Capet, il fut, malgré sa piété, excommunié pour avoir répudié sa femme (Rozala) et épousé sa cousine (Berthe). Il se maria par la suite avec Constance de Provence. Il lutta contre l'anarchie féodale, agrandit le domaine royal et conquit le duché de Bourgogne, qu'il laissa à son fils.

Robert II Courteheuse (v. 1054 - Cardiff 1134), duc de Normandie (1087-1106). Fils aîné de Guillaume Ier le Conquérant, contre qui il se révolta, il participa à la première croisade. Il chercha en vain à s'emparer de la couronne d'Angleterre.

Robert le Fort (m. à Brissarthe, Maine-et-Loire, en 866), comte d'Anjou et de Blois, marquis de Neustrie. Fondateur de la dynastie des Robertiens, il lutta contre les Normands.

Robert (Yves), acteur et cinéaste français (Saumur 1920 - Paris 2002). Interprète au service de ses propres films ou d'autres réalisateurs (*Un mauvais fils,* C. Sautet, 1980), il signa plusieurs grands succès animés par un esprit de fraternité populaire et un humour facétieux (*la Guerre des boutons,* 1962 ; *le Grand Blond avec une chaussure noire,* 1972 ; *Un éléphant ça trompe énormément,* 1976 ; *la Gloire de mon père,* 1990).

Robertiens, dynastie française issue de Robert le Fort, ancêtre de celle des Capétiens, et qui régna par intermittence de 888 à 936.

Robert Guiscard (v. 1015-1085), comte (1057-1059) puis duc de Pouille, de Calabre et de Sicile (1059-1085). D'origine normande, il obtint du pape Nicolas II l'investiture ducale, chassa les Byzantins d'Italie (1071) et enleva la Sicile aux Sarrasins.

Roberval (Gilles Personne ou Personier de), mathématicien et physicien français (Roberval, Oise, 1602 - Paris 1675). Il étudia la quadrature des surfaces et le volume des solides, fut un précurseur de l'analyse infinitésimale, donna la règle de composition des forces et imagina une balance à deux fléaux et plateaux libres (1670) qui porte son nom. Membre de l'Académie des sciences dès sa fondation (1666), il participa à tous les grands débats scientifiques de son temps.

Robespierre (Maximilien de), homme politique français (Arras 1758 - Paris 1794). Issu d'une famille de petite noblesse, orphelin, il est d'abord avocat à Arras. Député aux États généraux, orateur influent puis principal animateur du club des Jacobins, il est acclamé comme l'incorruptible défenseur du peuple. Il prend position contre la guerre, jugée imprudente tant que survivent les ennemis intérieurs. Membre de la Commune de Paris après l'insurrection du 10 août 1792, puis député de Paris à la Convention, il devient le chef des Montagnards. Il se prononce pour la condamnation du roi, contribue à l'institution du gouvernement révolutionnaire, accuse les Girondins et provoque leur chute (juin 1793). Entré au Comité de salut public (juill. 1793), il devient l'âme de la dictature instaurée par les Montagnards, affirmant que le ressort de la démocratie est à la fois terreur et vertu. Il se débarrasse des « hébertistes », extrémistes dirigés par Hébert (mars 1794), puis (avr.) des « indulgents », révolutionnaires plus modérés dont Danton est le chef de file, et inaugure la Grande Terreur (loi du 22 prairial an II, 10 juin 1794). Il cherche l'appui du peuple, tentant de réaliser un commencement d'égalité sociale (impôt sur la fortune, aide aux indigents, loi du maximum limitant notamment le prix de certaines denrées). Enfin, il impose le culte de l'Être suprême, dont la fête, le 20 prairial an II (8 juin 1794), se déroule sous sa présidence. Le 8 thermidor an II, à la Convention, Robespierre menace ses ennemis d'une vaste épuration. Affolés, ceux-ci s'assurent l'appui du centre et, le 9 thermidor (27 juill.), demandent et obtiennent sa mise en accusation. Il est emprisonné. La Commune le fait délivrer par la foule, qui l'amène à l'Hôtel de Ville, mais, celui-ci étant cerné par les gardes nationaux, Robespierre a la mâchoire fracassée par une balle. Le même jour, il est guillotiné sur la place de la Révolution.
Sauveur de la Révolution menacée par des périls extérieurs et intérieurs pour les uns, symbole du fanatisme révolutionnaire pour les autres, Robespierre reste une des figures emblématiques du jacobinisme.

robinet [rɔbinɛ] **n.m.** (de *Robin,* surnom donné au mouton au Moyen Âge, l'extrémité des tuyaux de fontaines étant souvent ornée d'une tête de mouton). Appareil servant à interrompre ou à rétablir la circulation d'un fluide dans une canalisation, à l'aide d'un obturateur commandé de l'extérieur : *Fermer, ouvrir un robinet. Robinet d'eau, de gaz.*

robinetterie [rɔbinɛtri] **n.f. 1.** Industrie des robinets. **2.** Ensemble des robinets d'une installation d'eau.

robinier [rɔbinje] **n.m.** (de *Robin,* jardinier du roi [1550-1629]). Arbre épineux originaire d'Am. du Nord aux feuilles composées pennées à folioles arrondies, aux grappes de fleurs blanches et parfumées, souvent appelé, à tort, *acacia.* ▸ Sous-famille des papilionacées.

Roboam Ier, fils et successeur de Salomon, premier souverain du royaume de Juda (931-913 av. J.-C.). Son manque de sens politique provoqua la sécession des tribus du Nord et la division de la Palestine en deux royaumes : celui d'Israël au nord et celui de Juda au sud.

roboratif, ive [rɔbɔratif, -iv] **adj.** (du lat. *roborare,* fortifier). LITT. Qui donne ou redonne des forces ; fortifiant.

robot [rɔbo] **n.m.** (du tchèque *robota,* corvée, mot créé par K. Čapek pour désigner des « travailleurs artificiels »). **1.** Dans les œuvres de science-fiction, machine à l'aspect humain, capable de se mouvoir, d'exécuter des opérations, de parler. **2.** Appareil automatique capable de manipuler des objets ou d'exécuter des opérations selon un programme fixe ou modifiable : *Utiliser des robots pour des opérations de déminage.* **3.** Bloc-moteur électrique combinable avec divers accessoires, destiné à différentes opérations culinaires : *Le batteur et le mixeur sont des robots ménagers.* **4.** Personne qui agit comme un automate.

robotique [rɔbɔtik] **n.f.** Science et technique de la conception et de la construction des robots. ◆ **adj.** Qui concerne la robotique. ◆ **roboticien, enne n.** Nom du spécialiste.

robotisation [rɔbɔtizasjɔ̃] **n.f.** Action de robotiser : *Introduire la robotisation dans une usine.*

robotiser [rɔbɔtize] **v.t. 1.** Introduire l'emploi de robots industriels : *Robotiser une chaîne de montage.* **2.** Enlever à qqn toute initiative ; réduire un travail à une tâche automatique, comparable à celle d'un robot.

robuste [rɔbyst] **adj.** (lat. *robustus,* de *robur,* force). **1.** Capable de supporter la fatigue, solidement constitué : *Une personne robuste* (syn. **fort, vigoureux**). *Un joueur de rugby aux jambes robustes* (syn. **puissant**). **2.** Dont les qualités principales sont la résistance et la solidité, en parlant de qqch : *Une voiture robuste* (syn. **solide**).

robustesse [rɔbystɛs] **n.f.** Caractère de qqn, de qqch de robuste ; résistance, solidité.

roc [rɔk] **n.m.** (forme masc. de *roche*). **1.** Masse de pierre très dure et cohérente faisant corps avec le sous-sol : *Un escalier creusé dans le roc* (syn. **roche, rocher**). **2.** Symbole de fermeté ou d'insensibilité d'une personne : *Cet homme est un roc, il ne se laissera pas fléchir.*

rocade [rɔkad] **n.f.** (de *roquer,* terme d'échecs, à cause du va-et-vient qui s'opère sur la ligne de rocade). Voie destinée à détourner la circulation d'une région ou qui relie deux voies principales.

rocaille [rɔkaj] **n.f.** (de *roc*). **1.** Amas de petites pierres sur le sol ; terrain rempli de cailloux : *Marcher dans la rocaille* (syn. **pierraille**). **2.** Tendance des arts décoratifs en vogue en France d'env. 1710 à 1750. ▸ Aspect particulier du style Louis XV, la rocaille se caractérise par la fantaisie de compositions dissymétriques, où règnent les formes contournées, déchiquetées, évoquant concrétions minérales, coquillages, sinuosités végétales. ◆ **adj. inv.** Relatif au style rocaille.

rocailleux, euse [rɔkajø, -øz] **adj. 1.** Couvert de rocaille, de cailloux : *Chemin rocailleux* (syn. **caillouteux, pierreux**). **2.** Dénué d'harmonie, de grâce, en parlant d'une expression littéraire : *Style rocailleux* (syn. **heurté, raboteux**). **3. Voix rocailleuse,** voix rauque, râpeuse.

Rocamadour, comm. du Lot ; 657 hab. *(Amadouriens).* Site pittoresque. Célèbre pèlerinage à la Vierge. Fortifications médiévales, sanctuaires divers.

rocambolesque [rɔkɑ̃bɔlɛsk] **adj.** (de *Rocambole,* héros des romans-feuilletons de Ponson du Terrail). Rempli de péripéties invraisemblables, extraordinaires : *Raconter une histoire rocambolesque* (syn. **extravagant, fantastique**).

Rocard (Michel), homme politique français (Courbevoie 1930). Secrétaire général du parti socialiste unifié (P.S.U.) de 1967 à 1973, il adhère au parti socialiste en 1974. Ministre du Plan et de l'Aménagement du territoire (1981-1983), puis de l'Agriculture (1983-1985), il est Premier ministre de 1988 à 1991. Il est premier secrétaire du P.S. d'avr. 1993 à juin 1994.

Rochambeau (Jean-Baptiste de Vimeur, *comte* **de),** maréchal de France (Vendôme 1725 - Thoré 1807). Il commanda les troupes royales pendant la guerre de l'Indépendance américaine. Placé à la tête de l'armée du Nord en 1790, il fut arrêté pendant la Terreur.

roche [rɔʃ] **n.f.** (lat. pop. **rocca*). **1.** Matière constitutive de l'écorce terrestre, formée d'un agrégat de minéraux et présentant une homogénéité de composition, de structure et de mode de formation : *Roches calcaires, granitiques, volcaniques* (syn. **roc, rocher**). **2.** Morceau de cette matière : *Un éboulis de roches obstruait la route* (syn. **caillou, pierre, rocher**). **3. Clair comme l'eau de roche,** limpide, évident. **4.** GÉOL., PÉDOL. **Roche mère,** roche à partir de laquelle se développe un sol et que l'on retrouve inaltérée à la base de ce dernier ; couche géologique dans laquelle se sont formés les hydrocarbures.

■ Les roches sont le plus souvent solides, responsables des reliefs et formant l'ossature des paysages. À l'échelle microscopique, ce sont des agrégats d'éléments ou de minéraux de taille et de composition variables. Elles sont parfois liquides (pétrole).

Les types de roches. On distingue trois grands types de roches selon leur processus de formation.

Les *roches magmatiques,* ou *éruptives,* se forment à partir d'un liquide, le magma, issu de l'intérieur de l'écorce terrestre. Celui-ci peut remonter jusqu'à la surface et s'épancher en coulées pour donner les *roches volcaniques,* ou *effusives,* comme le basalte ; il peut aussi refroidir en profondeur et aboutir aux *roches plutoniques,* ou *intrusives,* tel le granite.

Les *roches sédimentaires* et *résiduelles* proviennent de la destruction de roches préexistantes sous l'effet de l'érosion. Les premières résultent du transport puis du dépôt de matière soustraite aux reliefs à l'état de particules solides ou de composés chimiques en solution, alors que les secondes se forment in situ, par ablation de matière et concentration des éléments restants.

Les *roches métamorphiques* se forment par modification de roches préexistantes (magmatiques ou sédimentaires) entraînées en profondeur et subissant de nouvelles conditions de température et de pression.

Les roches métamorphiques et magmatiques, qui ont leurs origines en profondeur, sont aussi appelées *roches endogènes.* À l'inverse, les roches sédimentaires sont des *roches exogènes.*

La pétrographie. Déterminer la nature et l'origine des roches est l'objet de la pétrographie. Pour identifier une roche, il faut connaître son mode de gisement, c'est-à-dire ses relations avec les roches environnantes, son extension, ses contacts. À l'échelle d'une région, c'est l'établissement d'une carte géologique qui apporte ces renseignements. Les caractéristiques principales d'une roche sont : son débit (manière dont elle se fragmente), qui peut être massif, feuilleté, stratifié ; sa texture (manière dont sont agencés les minéraux qui la constituent) ; sa composition minéralogique, déterminée au microscope polarisant ou par diffraction des rayons X ; enfin, sa composition chimique, étudiée par fluorescence X ou par absorption atomique. ■

Rochefort, ch.-l. d'arr. de la Charente-Maritime, sur la Charente ; 25 569 hab. *(Rochefortais).* Anc. base navale, devenue port de commerce. Constructions aéronautiques. Édifices des XVIIe (Corderie royale) et XVIIIe s. Musée d'Art et d'Histoire, musée de la Marine, maison de P. Loti. La base navale, créée en 1666 par Colbert et fortifiée par Vauban, demeura importante jusqu'à la fin de la marine à voile (milieu du XIXe s.).

Rochefort (Henri, *marquis* de Rochefort-Luçay, dit Henri), journaliste et homme politique français (Paris 1831 - Aix-les-Bains 1913). Adversaire du second Empire, contre lequel il fonda l'hebdomadaire *la Lanterne,* il prit part à la Commune et fut déporté en Nouvelle-Calédonie. Rallié au général Boulanger, il milita en faveur d'un nationalisme intransigeant.

Rochelle (La), ch.-l. du dép. de la Charente-Maritime, sur l'Atlantique, à 466 km au sud-ouest de Paris ; 77 119 hab. *(Rochelais)* [126 435 hab. dans l'agglomération]. Évêché. Port de pêche. Constructions mécaniques. – Tours du vieux port, des XIVe et XVe s. Hôtel de ville Renaissance. Cathédrale et divers hôtels du XVIIIe s. Musées, dont celui des Beaux-Arts et celui du Nouveau-Monde (rapports France-Amérique). – Festival musical (« les Francofolies »). – Grâce à son port, La Rochelle se développa durant la guerre de Cent Ans puis après la découverte de l'Amérique. Gagnée au protestantisme au XVIe s., la ville fut assiégée par Richelieu (1627-1628), qui triompha de l'opiniâtre résistance du maire, Guiton, et de la flotte anglaise venue à son secours.

rocher [rɔʃe] **n.m.** (de *roche*). **1.** Grande masse de pierre dure ; éminence, génér. escarpée : *Grimper au sommet d'un rocher. Le rocher de Gibraltar.* **2.** ANAT. Partie massive de l'os temporal, qui renferme l'oreille moyenne et l'oreille interne. **3.** Gâteau ou bouchée au chocolat ayant la forme et l'aspect rugueux de certains rochers.

Roche-sur-Yon (La), ch.-l. de la Vendée, à 419 km au sud-ouest de Paris ; 56 186 hab. *(Yonnais).* Constructions électriques. Cette ville, créée par Napoléon Ier et appelée *Napoléon,* a porté le nom de *Bourbon-Vendée* sous le gouvernement de la Restauration et celui de *Napoléon-Vendée* sous le second Empire.

Rocheuses *(montagnes),* massif montagneux de l'ouest de l'Amérique du Nord. On étend parfois cette appellation à l'ensemble des hautes terres de l'Ouest américain de la frontière du Mexique à l'Alaska, mais, en fait, elle s'applique seulement à sa partie orientale, dominant les Grandes Plaines.

rocheux, euse [rɔʃø, -øz] **adj.** Couvert, formé de roches, de rochers : *Un littoral rocheux.*

rock [rɔk] **n.m.** et **rock and roll** [rɔkɛndrɔl] **n.m. inv.** (mot angl., de *to rock,* balancer, et *to roll,* rouler). **1.** Musique de danse très populaire, à prédominance vocale, née aux États-Unis dans les années 1950, issue du jazz, du blues et du rhythm and blues noirs et empruntant des éléments au folklore rural. **2.** Morceau de rock, joué et chanté : *Elle a interprété des rocks.* **3.** Danse sur cette musique : *Danser un rock.* ◆ **rock adj. inv.** De rock, de rock and roll : *Des concerts rock.*

■ Caractérisé par un rythme 4/4 vigoureusement appuyé sur le deuxième et le quatrième temps, le rock and roll utilise une instrumentation où dominent les guitares électriques et la batterie. Issu de la rencontre entre des musiques populaires blanches et le rhythm and blues noir, le genre apparaît en 1954 avec *Rock around the Clock,* de Bill Haley, et les succès d'Elvis Presley *(Blue Suede Shoes, Heartbreak Hotel).* Très vite, chanteurs et groupes prolifèrent. Le *rockabilly* représente le courant blanc (Buddy Holly, Eddie Cochran, Gene Vincent), alors que les Noirs développent un rock plus marqué par la tradition du blues (Fats Domino, Chuck Berry, Bo Diddley).

À partir de 1962, le rock connaît une mutation avec le développement de jeunes groupes comme les Beatles et les Rolling Stones en Grande-Bretagne, les Byrds, le Grateful Dead, Jefferson Airplane, les Doors et la personnalité marquante de Bob Dylan aux États-Unis. Sous le label « pop music », le rock conquiert le monde entier, exprimant principalement les aspirations de la jeunesse, parfois sa révolte, contribuant à unir les jeunes par-delà les frontières, autour d'une culture à part entière. Au cours de son développement, le rock s'est différencié en de multiples tendances : folk, jazz-rock, hard-rock, heavy metal, progressive rock, punk, punk hard-core, grunge, new wave, house, techno... ■

Rockefeller (John Davison), industriel américain (Richford, État de New York, 1839 - Ormond Beach, Floride, 1937). L'un des premiers à avoir pressenti l'avenir du pétrole, il fonda la Standard Oil (1870) et acquit l'une des plus grosses fortunes du monde, dont il distribua une partie à plusieurs institutions, notamment à l'université de Chicago.

rockeur, euse [rɔkœr, -øz] **n.** et **rocker** [rɔkœr] **n.m.** **1.** Chanteur de rock. **2.** FAM. Adepte de la musique rock, qui dans son comportement imite les chanteurs de rock.

rocking-chair [rɔkiŋʃɛr] **n.m.** (mot angl., de *to rock,* balancer, et *chair,* siège) [pl. *rocking-chairs*]. Fauteuil à bascule.

rococo [rɔkoko] **n.m.** (de *rocaille*). Style artistique en vogue au XVIIIe s. (en Allemagne, Autriche, Espagne, notamm.), inspiré à la fois du baroque*italien et du décor rocaille français. ◆ **adj. inv. 1.** Qui appartient au rococo : *Le style rococo.* **2.** Ridiculement compliqué et qui appartient aux goûts d'un autre âge : *Elle porte toujours des chapeaux rococo* (syn. **démodé, vieillot**).

rodage [rɔdaʒ] **n.m. 1.** Fonctionnement contrôlé d'un moteur neuf, au cours duquel les pièces soumises à un frottement subissent une très légère usure, entraînant un ajustage parfait de celles-ci ; période correspondant à cette mise en route pendant laquelle le moteur ne doit pas être soumis à des efforts excessifs. **2.** Action de mettre progressivement qqch en pratique ou d'entraîner qqn à une tâche nouvelle ; durée de cette adaptation : *Le rodage des nouvelles institutions.*

Rodenbach (Georges), écrivain belge d'expression française (Tournai 1855 - Paris 1898). Ami de Verhaeren, il collabora à *la Jeune Belgique* et s'installa à Paris. Ses romans à succès (*Bruges-la-Morte,* 1892) et ses recueils poétiques *la Jeunesse blanche* (1886) et *le Règne du silence* (1891) ont su traduire la poésie de la Flandre.

rodéo [rɔdeo] **n.m.** (hispano-amér. *rodeo* propr. « encerclement du bétail »). **1.** Dans la Pampa, en Argentine, rassemblement des troupeaux pour marquer les jeunes animaux. **2.** Jeu sportif, aux États-Unis et au Mexique, comportant plusieurs épreuves chronométrées de lutte avec des animaux qu'il faut maîtriser (chevaux, taureaux, etc.). **3.** FAM. Course bruyante de voitures, de motos.

roder [rɔde] **v.t.** (lat. *rodere,* ronger). **1.** Utiliser un appareil, un véhicule dans les conditions voulues par le rodage : *Il faut rouler environ 3 000 km pour roder un moteur de voiture.* **2.** Mettre progressivement au point, rendre efficace, par des essais répétés : *Roder une équipe.*

rôder [rode] **v.i.** (anc. prov. *rodar,* tourner, lat. *rotare,* faire tourner). Errer, aller çà et là, souvent avec de mauvaises intentions : *Un individu rôde autour de la maison.*

rôdeur, euse [rodœr, -øz] **n.** Personne qui rôde ; individu louche aux intentions douteuses (syn. **vagabond**).

Rodez, ch.-l. du dép. de l'Aveyron, sur l'Aveyron, à 615 km au sud de Paris ; 25 711 hab. *(Ruthénois).* Évêché. Centre administratif et commercial. Anc. cap. du Rouergue. Cathédrale des XIIIe-XVIe s. Musées Fenaille (archéologie) et Denys-Puech (beaux-arts).

Rodin (Auguste), sculpteur français (Paris 1840 - Meudon 1917). La découverte de Michel-Ange en Italie (1875), combinée avec sa connaissance de l'Antiquité et de la sculpture gothique, le libère d'une première formation qui a fait de lui un exécutant impeccable. Il est dès lors l'auteur, à la fois romantique et puissamment réaliste, de figures ou de monuments d'une expression fiévreuse, qui le font considérer comme un des maîtres de la sculpture de tous les temps : *Fugit amor* (1885-1887) ; *le Baiser* (1886), marbre ; *Saint Jean-Baptiste* (1878-1880) ; *les Bourgeois de Calais* (1884-1895) ; *Balzac* (1891-1898), bronze ; *le Penseur* (1880), une des nombreuses figures de la *Porte de l'Enfer,* commande de l'État qui ne fut jamais entièrement achevée. La dernière résidence parisienne du sculpteur, l'hôtel Biron (VIIe arrond.), est devenue le musée Rodin (annexe à la « villa des Brillants », Meudon).

Rodolphe *(lac)* ⟶ Turkana *(lac).*

Rodolphe Ier de Habsbourg (Limburg an der Lahn 1218 - Spire 1291), roi des Romains (1273-1291). Il étendit son domaine (Basse-Autriche, Styrie) au détriment d'Otakar II, roi de Bohême, et fonda ainsi la puissance des Habsbourg.

rodomontade [rɔdɔmɔ̃tad] **n.f.** (de *Rodomont,* n. d'un roi d'Alger, brave mais altier et insolent, personnage du *Roland furieux* de l'Arioste). *LITT.* Fanfaronnade.

Rodríguez Zapatero (José Luis), homme politique espagnol (Valladolid 1960). Président du parti socialiste ouvrier espagnol (P.S.O.E.) depuis 2000, il a été président du gouvernement de 2004 à 2011.

rœntgen n.m. ⟶ **röntgen.**

rœsti ou **rösti** [røsti] **n.m. pl.** (de l'all. *rösten,* griller, rôtir). *HELV.* Plat fait de pommes de terres émincées dorées à la poêle.

rogatoire [rɔgatwar] **adj.** (du lat. *rogatus,* interrogé). **Commission rogatoire,** acte par lequel un juge d'instruction charge un autre juge ou un officier de police judiciaire de procéder à certaines opérations de l'instruction.

rogaton [rɔgatɔ̃] **n.m.** (lat. médiév. *rogatum,* demande). **1.** *FAM.* Rebut, reste de peu de valeur ; vieillerie : *Se contenter des rogatons.* **2.** (Souvent pl.). Bribe d'aliment, reste d'un repas : *Dîner de rogatons de fromage.*

Roger Ier (Normandie 1031 - Mileto, Calabre, 1101), comte de Sicile (1062-1101). D'origine normande, il conquit, avec son frère Robert Guiscard, la Calabre (1061) puis la Sicile (1091). • **Roger II** (v. 1095 - Palerme 1154), fils du précédent, fut roi de Sicile (1130-1154).

Rogers (Carl Ransom), psychopédagogue américain (Oak Park, Illinois, 1902 - La Jolla, Californie, 1987). Il a défini une méthode psychothérapique sans distanciation médicale entre le thérapeute et le malade, et sans intervention (le *non-directivisme*).

rogne [rɔɲ] **n.f.** (de *rogner,* grogner). *FAM.* Mécontentement, mauvaise humeur : *Se mettre en rogne* (syn. **colère**).

rogner [rɔɲe] **v.t.** (lat. pop. **rotundiare,* couper en rond). **1.** Couper qqch sur son pourtour, sur les bords : *Rogner un livre.* **2.** Diminuer faiblement ce qui doit revenir à qqn pour en tirer un petit profit : *Rogner les revenus de qqn.* **3. Rogner les ailes à qqn,** limiter ses moyens d'action, l'empêcher d'agir. ◆ **v.t. ind. [sur].** Faire de petites économies sur qqch : *Rogner sur la nourriture, les loisirs.*

rognon [rɔɲɔ̃] **n.m.** (lat. pop. **renio,* class. *ren,* rein). **1.** Rein de certains animaux, considéré pour son utilisation culinaire : *Des rognons de veau.* **2.** GÉOL. Masse minérale irrégulièrement arrondie contenue dans une roche de nature différente : *Rognon de silex dans la craie.*

rognure [rɔɲyr] **n.f. 1.** Ce qui tombe, se détache de qqch qu'on rogne : *Rognures d'ongles.* **2.** Restes ; débris : *Rognures de viande pour le chat* (syn. **déchet**).

rogue [rɔg] **adj.** (anc. scand. *hrôkr,* arrogant). D'une raideur hautaine et déplaisante : *Air, ton rogue* (syn. **arrogant, outrecuidant**).

Rohan (Louis René Édouard, *prince* **de),** cardinal français et grand aumônier de France (Paris 1734 - Ettenheim, Bade, 1803). Évêque de Strasbourg (1779), il fut compromis dans l'affaire du Collier de la reine (1785-1786).

Rohmer (Jean-Marie Maurice Schérer, dit **Éric),** cinéaste français (Tulle 1920 - Paris 2010). Organisée le plus souvent en cycles, son œuvre se présente comme une série de variations sur les comportements affectifs et sociaux de ses contemporains : *Ma nuit chez Maud* (1969), *le Genou de Claire* (1970), *les Nuits de la pleine lune* (1984), *l'Ami de mon amie* (1987), *Conte d'automne* (1998). Il a aussi réalisé des adaptations d'œuvres littéraires (*la Marquise d'O.,* 1976 ; *Perceval le Gallois,* 1979 ; *l'Anglaise et le Duc,* 2001).

roi [rwa] **n.m.** (lat. *rex, regis*). **1.** Homme qui, en vertu de l'élection ou, le plus souvent, de l'hérédité, exerce, d'ordinaire à vie, le pouvoir souverain dans une monarchie : *Couronner un roi* (syn. **monarque, souverain**). **2.** Personne, être, chose qui domine, qui est supérieur, dans un domaine particulier : *Le roi de la java. Le roi du pétrole* (syn. **magnat**). **3.** Aux échecs, pièce la plus importante : *Mettre le roi blanc échec et mat.* **4.** Chacune des quatre figures d'un jeu de cartes représentant un roi : *Le roi de cœur.* **5. Le jour des Rois,** l'Épiphanie. / **Le roi des,** le plus grand des : *Le roi des imbéciles.* / **Le roi des animaux,** le lion. / **Le Roi des rois,** le souverain d'Éthiopie. / **Le Roi Très Chrétien,** titre officiel du roi de France aux XVIIe et XVIIIe s. / **Les Rois Catholiques,** Isabelle Ire, reine de Castille, et Ferdinand II, roi d'Aragon. / **Roi des Romains,** dans le Saint Empire romain germanique, titre que portait l'empereur avant son couronnement par le pape, puis à partir de 1508 le successeur désigné de l'empereur régnant. / **Tirer les Rois,** partager la galette des Rois, dans laquelle est placée une fève qui désignera le roi. / **Un morceau de roi,** un mets exquis.

Rois *(Vallée des),* vallon d'Égypte, sur la rive occidentale du Nil, en face de Louqsor. Site choisi comme lieu de sépulture par les souverains du Nouvel Empire. Un important mobilier funéraire, dont celui de Toutankhamon, a été tiré de ses hypogées.

Roissy-en-France, comm. du Val-d'Oise, au nord-est de Paris ; 2 841 hab. Aéroport Charles-de-Gaulle.

roitelet [rwatlɛ] **n.m.** (de l'anc. fr. *roitel,* petit roi). **1.** Roi d'un tout petit État (iron.) ; roi peu puissant (péjor.). **2.** Très petit oiseau passereau insectivore, dont le mâle porte une huppe orange ou jaune.

Rojas (Fernando de), écrivain espagnol (Puebla de Montalbán v. 1465 - Talavera de la Reina 1541). Il est l'auteur présumé de la tragi-comédie *la Célestine,* ou *Tragi-comédie de Calixte et Mélibée,* sorte de roman dialogué destiné à la lecture à haute voix, à l'origine du théâtre espagnol.

Rol-Tanguy (Henri Tanguy, puis **Henri),** militant communiste et résistant français (Morlaix 1908 - Ivry-sur-Seine 2002). Il fut membre des Brigades internationales (1937). Nommé en 1944 chef des FFI de la région Île-de-France, il dirigea, sous le nom de colonel Rol, l'insurrection qui mena à la Libération de Paris et signa aux côtés du général Leclerc la reddition de von Choltitz.

Roland, l'un des douze pairs légendaires de Charlemagne, mort à la bataille de Roncevaux, immortalisé par *la Chanson de Roland.* C'est le modèle du chevalier chrétien.

Roland de La Platière (Jean-Marie), homme politique français (Thizy, Rhône, 1734 - Bourg-Beaudouin, Eure, 1793). Nommé ministre de l'Intérieur en 1792, il fut proscrit en 1793. C'est lui qui tria les documents contenus dans l'Armoire* de fer. Il se donna la mort en apprenant la condamnation de sa femme, Jeanne-Marie ou Manon **Phlipon,** Mme **Roland de La Platière** (Paris 1754 - *id.* 1793). Égérie des Girondins, elle périt sur l'échafaud.

rôle [rol] **n.m.** (du lat. *rota,* rouleau). **1.** Ce que doit dire ou faire un acteur dans un film, une pièce de théâtre, un danseur dans un ballet, un chanteur dans une œuvre musicale ; le personnage ainsi représenté : *Apprendre, revoir son rôle.* **2.** Emploi, fonction, influence exercés par qqn : *Le rôle du maire dans la commune* (syn. **mandat, mission, attributions**). *Quel est son rôle dans cette affaire ?* **3.** Fonction d'un élément (dans un ensemble) : *Le rôle du verbe dans la phrase.* **4.** Liste de personnes qui composent une équipe : *Rôle d'équipage* (= liste des membres de l'équipage d'un bateau). **5.** DR. Registre sur lequel sont inscrites dans l'ordre chronologique les affaires soumises à un tribunal : *Affaire inscrite au rôle.* **6.** DR. Feuillet sur lequel est transcrit recto et verso un acte juridique (acte notarié, etc.). **7. À tour de rôle,** chacun à son tour, au rang qui est le sien. / **Avoir le beau rôle,** agir, être dans une position où l'on paraît à son avantage. / **Jeu de rôle,** jeu de stratégie où chaque joueur incarne un personnage qui devra réagir en fonction du scénario.

rôle-titre [roltitr] **n.m.** (pl. *rôles-titres*). Rôle du personnage qui donne son nom à l'œuvre interprétée : *Jouer le rôle-titre dans « le Cid »* (= jouer ce personnage).

Rolland (Romain), écrivain français (Clamecy 1866 - Vézelay 1944). Le culte des êtres d'exception *(Beethoven, Tolstoï),* sa sympathie pour tous les hommes animent son œuvre dramatique *(Danton)* et ses deux romans-fleuves : *Jean-Christophe* (1904-1912) et *l'Âme enchantée* (1922-1934). Il fonda la revue *Europe.* (Prix Nobel 1915.)

roller [rɔlœr] **n.m.** (de l'angl. *roller skate* « patin à roulettes »). Patin à roulettes fixé à une chaussure spéciale.

rolleur, euse [rɔlœr, -øz] **n.** Personne qui pratique le roller.

Rolling Stones *(The),* groupe vocal et instrumental de rock britannique, formé en 1962, composé à l'origine de Mick Jagger (né en 1943, auj. *sir*), chanteur, parolier et leader, Keith Richards (né en 1943), guitariste et compositeur, Brian Jones (1942-1969), guitariste, Bill Wyman (né en 1941), bassiste, et Charlie Watts (né en 1941), batteur. À sa mort, Brian Jones fut remplacé par Mick Taylor (né en 1949), puis, en 1974, par Ron Wood (né en 1947). Amateurs de blues et de rhythm and blues, ils apparurent presque en même temps que les Beatles, figurant la face sulfureuse de la pop music, adoptant des attitudes agressives envers l'ordre établi (*Satisfaction,* 1965 ; *Sympathy for the devil,* 1968 ; *Angie,* 1973).

rollmops [rɔlmɔps] **n.m.** (mot all., de *rollen,* enrouler). Hareng cru, fendu et maintenu roulé autour d'un cornichon par une brochette de bois, mariné dans du vinaigre.

Rollon, chef normand (m. v. 930/932 ?). Il reçut de Charles III le Simple une partie de la Neustrie, déjà occupée par les Normands et qui prit le nom de Normandie (traité de Saint-Clair-sur-Epte, 911).

rom [rɔm] **adj.** et **n.** Qui se rapporte aux Roms ; qui appartient à ce peuple.

Romagne, anc. prov. d'Italie, sur l'Adriatique, qui forme auj., avec l'Émilie, la région d'*Émilie-Romagne.* Donnée à la papauté par Pépin le Bref (756), la Romagne fut annexée au Piémont en 1860.

romain, e [rɔmɛ̃, -ɛn] **adj.** et **n.** (lat. *romanus*). **1.** Qui appartient à l'ancienne Rome, à l'Empire romain : *Le calendrier romain.* **2.** Qui appartient à la Rome moderne, actuelle ; qui y habite : *Les musées romains. La population romaine.* **3.** Qui concerne l'Église catholique latine : *Rite romain.* **4. Chiffres romains,** lettres I, V, X, L, C, D, M servant de symboles pour la numération romaine et représentant respectivement 1, 5, 10, 50, 100, 500 et 1 000 (par opp. à *chiffres arabes*). / **Un travail de Romain,** un travail long et pénible. ◆ **romain adj.m.** et **n.m.** IMPR. Se dit d'un caractère droit, dont le dessin est perpendiculaire à sa ligne de base (par opp. à *italique*).

Romain (Giulio Pippi, dit **Giulio Romano,** en fr. **Jules),** peintre et architecte italien (Rome 1499 - Mantoue 1546). Élève de Raphaël, maniériste, il a notamment construit et décoré le palais du Te, à Mantoue (1525-1534), caractérisé par de subtils détournements des règles architecturales classiques et par le style emphatique de ses fresques (« salle des Géants »).

1. romaine [rɔmɛn] **adj.f.** et **n.f.** (anc. prov. *romana,* ar. *rummāna,* grenade [les grenades ayant servi de poids en Orient]). **Balance romaine** ou **romaine,** balance à levier, formée d'un fléau à bras inégaux (sur le bras le plus long, qui est gradué, on fait glisser un poids pour équilibrer l'objet suspendu à l'autre bras).

2. romaine [rɔmɛn] **n.f.** (abrév. de [*laitue*] *romaine*). Laitue d'une variété à feuilles allongées et croquantes.

Romains (Jules), écrivain français (Saint-Julien-Chapteuil 1885 - Paris 1972). Principal représentant de l'unanimisme (doctrine selon laquelle l'écrivain ne doit peindre que la vie collective et l'individu pris dans les rapports sociaux), il est l'auteur de poèmes, d'essais, de pièces de théâtre à l'humour parodique (*Knock,* 1923) et de la série romanesque *les Hommes de bonne volonté* (1932-1947).

1. roman, e [rɔmɑ̃, -an] **adj.** (lat. pop. **romanice,* à la façon des Romains [par opp. aux Francs], puis « récit en langue courante [par opp. au latin] »). **1.** Se dit des langues dérivées du latin populaire (catalan, espagnol, français, italien, portugais, occitan, roumain). **2.** Se dit de l'art (architecture, sculpture, peinture...) qui s'est épanoui en Europe aux XIe et XIIe s : *Églises romanes.* ◆ **roman n.m. 1.** Langue dérivée du latin, parlée entre le Ve et le Xe s., et qui se différenciait, selon les régions, en *gallo-roman, hispano-roman, italo-roman,* etc. **2.** Art, style roman.

■ BEAUX-ARTS. Art symbolique qui, dans sa création majeure, celle des édifices religieux, tend avant tout à l'expression du sacré, l'art roman est d'une grande clarté fonctionnelle dans ses procédés : mise au point, pour échapper aux catastrophiques incendies de charpentes, de systèmes variés de voûtes de pierre (berceaux, voûtes d'arêtes) avec leurs *contrebutements* appropriés (tribunes ou hauts collatéraux [bas-côtés] de part et d'autre du vaisseau principal des églises, contreforts) ; stricte localisation de la sculpture en des points vitaux (chapiteaux) ou privilégiés (tympans et ébrasements des portails) de l'édifice ; soumission des plans aux besoins liturgiques (circulation organisée des fidèles, par les collatéraux et le déambulatoire, dans les grandes églises de pèlerinage, comme St-Martin de Tours au début du XIe s.).

Empruntant aux sources les plus variées (carolingienne, antique, de l'Orient chrétien, de l'islam, de l'Irlande), l'art roman brille en France dès la seconde moitié du Xe s. (abbatiale de Cluny II, auj. disparue) et à partir de l'an mille : narthex à étages de Tournus (Saône-et-Loire) [qui rappelle les constructions de ce qu'on a appelé *le premier art roman,* petites églises répandues dans certaines régions montagneuses, de la Catalogne aux Grisons], rotonde de St-Bénigne de Dijon, tour Gauzlin de Saint-Benoît-sur-Loire (Loiret) [où s'affirme la renaissance de la sculpture monumentale]. Le XIe s. est le temps de toutes les inventions et, déjà, d'une parfaite maîtrise, qui allie volontiers jaillissement et massivité (Conques, Payerne [cant. de Vaud], Jumièges [Seine-Maritime]). L'œuvre de la fin du XIe s. et de la première moitié du XIIe s., en France (St-Sernin de Toulouse, Cluny III, églises de Normandie, d'Auvergne, du Poitou, de Provence, de Bourgogne, églises à coupoles du Périgord) ou en Angleterre (Ely, Durham), n'en est que l'épanouissement, avec une remarquable amplification des programmes iconographiques, sculptés (cloître puis porche de Moissac, tympans bourguignons [Autun, Vézelay], etc.) ou peints (fresques ou peintures murales de S. Angelo in Formis près de Capoue [Campanie], de Tavant [Indre-et-Loire], de Saint-Savin, de la Catalogne, etc.).

Des édifices d'une grande majesté s'élèvent dans les pays germaniques, de l'époque ottonienne (env. 950 à 1030 : St-Michel de Hildesheim, églises de Cologne) à la fin du XIIe s., dans la région mosane (Ste-Gertrude de Nivelles) et en Italie (cathédrale de Pise), ce dernier pays demeurant toutefois sous l'influence dominante des traditions paléochrétienne et byzantine ; ici et là, les problèmes de voûtement demeurent secondaires, les grands vaisseaux restant (à l'exception, majeure, de Spire) couverts en charpente.

On n'oubliera pas, enfin, la production de la période romane dans les domaines de l'enluminure des manuscrits (ateliers monastiques d'Allemagne, d'Angleterre, d'Espagne, de France), du vitrail, de la ferronnerie, ainsi que dans un ensemble de techniques où brille notamment la région de la Meuse : travail de l'ivoire, émaillerie, orfèvrerie, objets en laiton coulé (cuve baptismale de St-Barthélemy de Liège). ■

2. roman [rɔmɑ̃] **n.m.** (de *1. roman*). **1.** Œuvre littéraire, récit en prose génér. assez long, dont l'intérêt est dans la narration d'aventures, l'étude de mœurs ou de caractères, l'analyse de sentiments ou de passions, la représentation, objective ou subjective, du réel : *Un roman de Georges Perec.* **2.** LITTÉR. Œuvre narrative, en prose ou en vers, écrite en langue romane : *Le « Roman de la Rose ». Le « Roman de Renart ».* **3.** Longue histoire compliquée, riche en épisodes imprévus ; récit dénué de vraisemblance : *Sa vie est un roman.* **4.** LITTÉR. **Nouveau roman,** tendance littéraire contemporaine qui refuse les conventions du roman traditionnel (rôle et psychologie des personnages, déroulement chronologique et relation prétendument objective des événements, etc.) et met l'accent sur les techniques du récit.

■ Le roman s'est défini d'abord comme un phénomène de langue : est « roman » ce qui est écrit en langue romane, c'est-à-dire dans la langue parlée par le peuple, le français (par opposition à la langue écrite, le latin). Au Moyen Âge, le *roman de chevalerie* n'en a que le nom : il tient plutôt du poème épique, qu'il met à la portée d'un public plus vaste. Le *fabliau,* par la peinture de la réalité quotidienne, des caractères, des conditions sociales et des mœurs, annonce un des traits fondamentaux du roman. Au XVIe s., parodie nostalgique du roman de chevalerie, le *Don Quichotte* de Cervantès ouvre l'ère du roman moderne : ce héros négatif d'une épopée inverse consacre la disparition d'une éthique et la naissance d'une esthétique nouvelle, caractérisée par une absence de l'harmonie rêvée entre le héros, les valeurs et le monde.

Au XVIIe s. prévaut le *roman précieux,* avec son idéalisation des personnages, son goût pour les sentiments raffinés et leur analyse. Le premier chef-d'œuvre du *roman d'analyse* est *la Princesse de Clèves* (1678) de Mme de Lafayette, qui, par son dépouillement, son observation pénétrante des sentiments, ouvre la voie aux *Liaisons dangereuses* de Laclos (1782), à l'*Adolphe* de Benjamin Constant (1816). Le roman se révèle dès lors une forme d'une extraordinaire souplesse, traduisant la curiosité réaliste et exotique du XVIIIe s. (dans la lignée du récit *picaresque*) avec Defoe, Swift, Fielding, Voltaire, Prévost et Bernardin de Saint-Pierre, faisant le bilan d'une expérience humaine (*Bildungsroman* ou roman de formation) et poétique avec Goethe, Hölderlin et Novalis.

Au XIXe s., « le siècle du roman », il se fait lieu de la confession personnelle (*René* de Chateaubriand), moyen d'observation visionnaire pour Balzac ou « miroir », inquiet et lucide, « promené » par Stendhal « le long du chemin », instrument d'analyse scientifique pour les écrivains naturalistes. Le mysticisme de Melville *(Moby Dick)* et le sens du sacré du roman russe avec Tolstoï et surtout Dostoïevski remettent en cause l'équilibre du roman, qui aspire à la totalité avec Proust, Joyce, Broch et Musil.

La première moitié du XXe s. a vu l'apparition du *roman policier* et du *roman d'anticipation* (ou de *science-fiction*), préfiguré par Jules Verne. Mais, dans la seconde moitié du XXe s., certains écrivains ont refusé le schéma du roman traditionnel, ordonné autour de personnages dont la psychologie est révélée suivant un ordre logique d'événements. Par réaction s'est créé le *nouveau roman* (illustré par Nathalie Sarraute, Marguerite Duras, Claude Simon, Alain Robbe-Grillet, Michel Butor), qui, ayant éliminé intrigue et personnages, s'ordonne le plus souvent autour des choses, des objets, dont le romancier enregistre les contours et qui semblent seuls avoir une existence véritable. Depuis, à côté du roman de type traditionnel, qui fleurit toujours (prix littéraires), le genre romanesque semble plutôt s'orienter vers une recherche sur le langage (Pierre Michon, Pierre Bergounioux). ■

1. romance [rɔmɑ̃s] **n.m.** (mot esp.). LITTÉR. ESP. Poème en vers octosyllabes, dont les vers pairs sont assonancés, et les impairs libres.

2. romance [rɔmɑ̃s] **n.f.** (de *1. romance*). **1.** Mélodie accompagnée, d'un style simple et touchant. **2.** Pièce instrumentale inspirée de la mélodie du même nom : *Les romances de Schubert, de Brahms.* **3.** Chanson à couplets, dont les paroles, accompagnées d'une musique facile, ont un caractère tendre et sentimental : *Les romances populaires de l'entre-deux-guerres* (syn. **refrain, rengaine**).

romancer [rɔmɑ̃se] **v.t.** (de l'anc. fr. *romanz,* roman) [conj. **16**]. Donner la forme ou le caractère d'un roman : *Romancer une biographie.*

romancero [rɔmɑ̃sero] **n.m.** (mot esp.) [pl. *romanceros*]. LITTÉR. ESP. Recueil de romances de la période préclassique contenant les plus anciennes légendes nationales ; ensemble de tous les romances.

romanche [rɔmɑ̃ʃ] **n.m.** (du lat. pop. **romanice,* en langue latine). Langue romane, parlée en Suisse, dans le canton des Grisons. ▸ C'est, depuis 1937, la 4e langue officielle de la Suisse. ◆ **adj.** Relatif au romanche.

Romanches, population de la Suisse (Grisons), parlant le romanche.

romancier, ère [rɔmɑ̃sje, -ɛr] **n.** Auteur de romans.

romand, e [rɔmɑ̃, -ɑ̃d] **adj.** et **n.** (autre forme de l'adj. *roman*). Se dit de la partie de la Suisse où l'on parle le français, de ses habitants.

Roman de la Rose, poème allégorique et didactique, en deux parties : la première, attribuée à Guillaume de Lorris (1230-1235), est un art d'aimer selon les règles de la société courtoise ; la seconde, satirique et encyclopédique, est due à Jean de Meung (1275-1280).

Roman de Renart, suite de récits, ou « branches », en vers (XIIe et XIIIe s.), dont le personnage central est le goupil Renart. Ces récits évoluent de la parodie du roman de chevalerie à la satire sociale et politique.

romanesque [rɔmanɛsk] **adj.** et **n.m.** (it. *romanesco*). **1.** Propre au genre du roman : *La littérature romanesque.* **2.** Qui présente les caractères attribués traditionnellement au roman : *Aventure romanesque.* **3.** Rêveur, qui voit la vie comme un roman : *Esprit romanesque. Une jeune femme romanesque* (syn. **sentimental**).

roman-feuilleton [rɔmɑ̃fœjtɔ̃] **n.m.** (pl. *romans-feuilletons*). **1.** Roman dont le récit, publié en épisodes dans un quotidien, un magazine, suscite l'intérêt du lecteur par les rebondissements répétés de l'action. **2.** Histoire aux épisodes multiples et inattendus : *Leur liaison est un véritable roman-feuilleton.*

roman-fleuve [rɔmɑ̃flœv] **n.m.** (pl. *romans-fleuves*). **1.** Roman très long mettant en scène de nombreux personnages. **2.** FAM. Récit très long, qui n'en finit pas : *Les lettres de ma mère sont des romans-fleuves.*

romani [rɔmani] **n.m.** LING. Langue des Roms ; tsigane.

Romania, ensemble des pays de langue latine, puis romane, résultant du démembrement de l'Empire romain.

romanichel, elle [rɔmaniʃɛl] **n.** (de *romani*). **1.** PÉJOR. Tsigane ; Rom. **2.** Individu sans domicile fixe ; vagabond.

romaniser [rɔmanize] **v.t.** (de *romain*). **1.** Imposer la civilisation des Romains, la langue latine à. **2.** Transcrire une langue grâce à l'alphabet latin.

romaniste [rɔmanist] **n. 1.** Spécialiste des langues romanes. **2.** Spécialiste de droit romain.

Romanov, dynastie qui régna sur la Russie de 1613 à 1917. Famille de boyards russes (nobles de haut rang), cette dynastie accéda au trône de Russie avec Michel Fedorovitch (1613-1645) et y fut relayée par la branche des Holstein-Romanov, de Pierre III à Nicolas II (1762-1917).

roman-photo [rɔmɑ̃fɔto] **n.m.** (pl. *romans-photos*). Récit romanesque présenté sous forme de photos accompagnées de textes succincts intégrés aux images.

Romans-sur-Isère, ch.-l. de c. de la Drôme, sur l'Isère ; 34 578 hab. *(Romanais).* Industrie de la chaussure. Collégiale St-Bernard, des XIIe-XIVe s. Musées (dont celui de la Chaussure) dans un anc. couvent.

romantique [rɔmɑ̃tik] **adj.** (angl. *romantic,* pittoresque). **1.** Propre au romantisme ; relatif au romantisme : *La littérature romantique.* **2.** Qui touche la sensibilité, invite à l'émotion, à la rêverie : *Site romantique.* ◆ **adj.** et **n. 1.** Se dit des écrivains et des artistes qui se réclament du romantisme, au XIXe s. : *Les classiques et les romantiques.* **2.** Chez qui la sensibilité et l'imagination l'emportent sur la rationalité : *Un projet romantique* (syn. **chimérique, utopique**). *Un jeune homme romantique.*

romantisme [rɔmɑ̃tism] **n.m.** (de *romantique*). **1.** Ensemble des mouvements intellectuels et artistiques qui, à partir de la fin du XVIIIe s., firent prévaloir le sentiment sur la raison et l'imagination sur l'analyse critique : *Le romantisme littéraire et le romantisme musical.* **2.** Caractère, comportement d'une personne romantique, dominée par sa sensibilité : *Le romantisme de l'adolescence.*

■ LITTÉRATURE. Le romantisme est un mouvement européen qui se manifeste dans les lettres dès la fin du XVIIIe s. en Angleterre et en Allemagne, puis au XIXe s. en France, en Italie et en Espagne. Il se caractérise par une réaction du sentiment contre la raison : cherchant l'évasion dans le rêve, dans l'exotisme ou dans le passé, il exalte le goût du mystère et du fantastique. Il réclame la libre expression de la sensibilité et, prônant le culte du moi, affirme son opposition à l'idéal classique. Le romantisme se dessine dès les romans de Richardson (*Clarisse Harlowe,* 1747) et les poèmes d'Ossian et prend forme avec Goethe (*les Souffrances du jeune Werther,* 1774), Novalis et Hölderlin en Allemagne, Southey et Wordsworth (*Ballades lyriques,* 1798) en Grande-Bretagne. Plus tardif dans le reste de l'Europe, le romantisme triomphe en France avec Lamartine, Hugo, Vigny, Musset, qui prolongent un courant remontant à J.-J. Rousseau en passant par Mme de Staël et Chateaubriand. Entre la révolution de 1830 et celle de 1848, le romantisme s'impose comme « une nouvelle manière de sentir », notamment en Italie (Manzoni, Leopardi) et en Espagne (J. Zorrilla). Son influence dépasse les genres littéraires proprement dits ; c'est à lui qu'est dû le développement de l'histoire au XIXe s. (A. Thierry, Michelet) et de la critique (Sainte-Beuve). À partir du milieu du XIXe s., le romantisme survit à travers la poésie de V. Hugo et les œuvres des écrivains scandinaves, tandis que les littératures occidentales voient l'apparition du réalisme. ■

■ BEAUX-ARTS. S'élaborant contre la tradition académique et contre le néoclassicisme de l'école de David, le courant romantique fait triompher, dès la fin du XVIIIe s., mais surtout dans la première moitié du XIXe s., la spontanéité et la révolte (annoncées par Goya), là où dominaient la froideur et la raison. Les transformations du monde (surtout la Révolution française) ramènent au premier plan l'individu, avec ses propres bouleversements, ses inquiétudes devant la réalité, ses mythes et sa lucidité (Géricault : *le Radeau de la Méduse,* 1819), ses cauchemars et ses rêves (Heinrich Füssli, peintre suisse installé en Angleterre ; Turner), ses errements (portraits d'aliénés de Géricault), ses indignations et ses espoirs (Delacroix : *Scènes des massacres de Scio,* 1824 ; *la Liberté guidant le peuple,* 1830). La solitude, la nuit, la mort voisinent avec le bouillonnement de la vie et avec la lumière selon l'artiste, son tempérament, sa culture. Le romantisme connaît ainsi une grande diversité.
Les paysagistes anglais (Turner, Constable...), avec leur attirance pour une nature sauvage, apportent un renouveau du métier pictural, notamment par l'aquarelle. Ils mêlent à leurs œuvres une partie d'imaginaire, tandis que Blake atteint à la puissance d'un mysticisme visionnaire, et Füssli à un fantastique inquiétant. Tous deux sont marqués par un goût littéraire (la Bible, Shakespeare, Milton) en accord avec leurs aspirations, comme le peintre allemand Friedrich l'est par Novalis lorsqu'il peint l'infini, la solitude ou la nuit (paysages des monts des Géants).
Annoncé aussi bien par les paysages peuplés de ruines antiques de Robert que par le coloris audacieux de Gros (*les Pestiférés de Jaffa,* 1804), le romantisme français se développe dans une exaltation passionnée, dans une recherche incessante du mouvement et de la richesse chromatique chez Géricault et Delacroix. Les thèmes littéraires (Delacroix : *Dante et Virgile aux Enfers,* 1822) côtoient les sujets contemporains (Géricault : le *Cuirassier blessé,* 1814), tandis que l'histoire, et notamment celle du Moyen Âge gothique, interprétée avec fantaisie, est une source abondante tant pour l'architecture (néogothique anglais puis français) que pour la peinture et la lithographie (Célestin Nanteuil). La connaissance de l'Orient et de l'Afrique fournit de nouveaux coloris, des rythmes inédits, un mélange insolite de réel et d'imaginaire : c'est le courant orientaliste, en partie dérivé du romantisme et que représentent notamment Alexandre Decamps, Chassériau, Fromentin. ■

■ MUSIQUE. Issu du *Sturm und Drang* allemand, comme de l'idéologie de la Révolution française, le romantisme musical établit sa spécificité par rapport au classicisme en accordant la prépondérance au sentiment, à l'idée, en prônant l'éclatement de la forme et la recherche du contraste. D'inspiration extramusicale (littéraire, philosophique, picturale), cette esthétique favorise l'épanouissement du lied, du piano (l'instrument romantique par excellence), du drame lyrique et de l'orchestre, qui s'enrichit, se diversifie, les instruments étant recherchés pour leur timbre, leur couleur. Ce mouvement trouve sa terre d'élection dans les pays germaniques et son modèle dans les partitions majeures de Beethoven.
Parmi les œuvres représentatives de cette période (et dans des genres différents), on peut citer : *Marguerite au rouet* de Schubert, le *Freischütz* de Weber, la *Symphonie fantastique* de Berlioz, les *24 Préludes opus 28* de Chopin, *les Amours du poète* de Schumann, *Rigoletto* de Verdi, la *Sonate en « si » mineur* de Liszt, *Tristan et Isolde* de Wagner. ■

romarin [rɔmarɛ̃] **n.m.** (lat. *rosmarinus* propr. « rosée de la mer »). Arbuste aromatique du littoral méditerranéen, à feuilles persistantes et à fleurs bleues. ▸ Famille des labiées.

rombière [rɔ̃bjɛr] **n.f.** (orig. incert., p.-ê. du rad. expressif *rom-* qui évoque le grondement). *FAM.* Femme, génér. d'âge mûr, un peu ridicule et prétentieuse.

Rome, un des principaux États de l'Antiquité, issu de la ville du même nom. ▸ *Dossier page suivante.*

HISTOIRE

Rome : les origines et la royauté (753-509 av. J.-C.). Aux VIIIe-VIIe s. av. J.-C. s'effectuent les premiers établissements sur le mont Palatin (753, date légendaire de la fondation de Rome par Romulus), qui s'étendent au VIIe s. sur les sept collines. Les villages latins et sabins se transforment en cité sous la domination des rois étrusques, qui lui donnent ses premiers monuments.

La République romaine (509-27 av. J.-C.). L'élaboration progressive du régime républicain se fait au travers de magistratures, généralement collégiales (préture, consulat, censure), tandis que le sénat, composé des chefs patriciens, assure la continuité de la république. Le reste de la population, la plèbe, n'a ni droits politiques ni statut juridique. Les nécessités de la guerre (conquête du Latium) favorisent la lutte des plébéiens, qui obtiennent l'égalité juridique et la désignation de nouveaux magistrats, les tribuns de la plèbe.

IIIe s. av. J.-C. Après plusieurs siècles de lutte, les plébéiens obtiennent l'égalité avec les patriciens, y compris l'accès au sénat.

L'apparence démocratique des assemblées du peuple *(comices)* cache cependant une prédominance des riches (plébéiens ou patriciens) aussi effective qu'au sénat.

Ve-IIIe s. av. J.-C. Rome conquiert l'Italie méridionale.

264-146 av. J.-C. Les guerres puniques lui permettent d'anéantir sa grande rivale, Carthage.

IIe-Ier s. av. J.-C. Elle réduit la Grèce en province romaine puis conquiert l'Asie Mineure, la Judée, la Syrie, l'Espagne et la Gaule.

La conquête va faire de Rome l'héritière des civilisations du bassin méditerranéen et transformer la société romaine : la noblesse sénatoriale et les chevaliers s'enrichissent tandis que le déclin de la petite propriété entraîne l'essor d'une nouvelle plèbe, qui forme la « clientèle » des riches. L'échec des tentatives de réformes des Gracques (133-123) permet à des généraux ambitieux d'utiliser les luttes sociales pour établir leur dictature. Les luttes intestines ne tardent pas à affaiblir la République.

Comment la culture latine s'est-elle imposée ?

Du IXe au Ve siècle avant J.-C., Rome n'est qu'une cité modeste qui peine à sauvegarder sa liberté face aux autres peuples latins, aux Gaulois et aux cités grecques ou étrusques plus développées. Quelques siècles plus tard, elle est la capitale d'un immense empire qui s'étend sur toutes les rives de la Méditerranée. Rome est à l'origine d'une civilisation qui va marquer l'histoire. Comment cette destinée s'est-elle accomplie ?

▶**La croissance d'une cité.** Les premières traces de civilisation font remonter l'origine de Rome au IXe s. avant notre ère. Rome est d'abord une bourgade agricole entourée de murailles. Les Romains sont de bons agriculteurs, d'excellents commerçants et surtout les meilleurs combattants ; la conjonction de tous ces éléments va être le moteur d'une expansion qui se poursuit avec l'assimilation des peuples voisins. Rome fédère les peuples du Latium pour agrandir son territoire et sa population. Pendant un temps, les sources écrites opposent les peuples « latins » (de la région du Latium) et « romains » (Rome n'est alors qu'une province du Latium), avant que ces deux mots ne deviennent synonymes.

Au contact des Étrusques, qui dominent Rome jusqu'en 509 av. J.-C., les Romains acquièrent le sens de l'État, de nouvelles divinités, le goût de l'urbanisme ainsi qu'un alphabet. Les succès militaires, obtenus grâce à la mobilisation des citoyens et aux qualités de stratèges de ses chefs, donnent à Rome des visées impérialistes.

▶**La romanisation de la Méditerranée.** L'hégémonie de la République romaine sur la Méditerranée occidentale est due à ses innombrables victoires militaires : la conquête de l'Italie centrale puis méridionale (achevée en -272), la lutte victorieuse contre Carthage (les guerres puniques se terminent en -146), la soumission d'une grande partie de l'Espagne (-133), des régions méditerranéennes de la Gaule (-120), puis du pays entier (la guerre des Gaules marquée par la victoire de César sur Vercingétorix, -52). En Orient, les légions romaines triomphent des successeurs d'Alexandre le Grand pour soumettre la Grèce (-146), la Palestine (-63), l'Égypte (-30). Les institutions républicaines sont remplacées par celles de l'Empire. La force du pouvoir impérial protège les échanges économiques, qui enrichissent Rome. Les régions de la Méditerranée fournissent aux Romains des matières premières (fer, or, pierres), des aliments de base (blé, vigne, olivier) et de la main-d'œuvre (des millions d'esclaves). S'ils reçoivent l'héritage de la civilisation grecque, les Romains apportent aussi aux élites locales de l'Empire les bienfaits de leur propre civilisation : embellissement des villes, construction des voies romaines, des aqueducs, des théâtres. Les soldats, les marchands et les magistrats romains font du latin une langue de communication, tandis que les langues celtiques s'effacent peu à peu.

▶**L'essor de la culture latine.** L'alphabet latin s'impose comme la seule écriture dans la partie occidentale. C'est dans cette écriture que se transmet la culture antique. Depuis l'édit de Caracalla (212), tout habitant libre de l'Empire a le droit à la citoyenneté romaine. D'abord combattu par les Romains, le christianisme devient la religion officielle de l'Empire au IVe s. L'évêque de Rome affirme sa prétention à être le pape de tous les chrétiens. Si, en 476, les invasions barbares mettent un terme à l'Empire romain d'Occident, la culture romaine ne s'effondre pas pour autant. Les Francs, en se convertissant au christianisme romain, permettent à la culture latine de se maintenir. Les clercs et les moines sont presque les seuls à compiler par écrit les textes antiques. La christianisation de pays occidentaux (Irlande, Germanie) permet la diffusion de l'alphabet latin au-delà des limites de l'Empire romain. Gaulois, Ibères et Italiens parlent aussi des langues latines. En 1066, les Normands réintroduisent en Angleterre un vocabulaire d'origine latine.

Malgré la chute de l'Empire romain d'Occident, la culture latine a pu se perpétuer. Elle demeure l'un des fondements de la civilisation mondiale. Rome est en outre la capitale religieuse de centaines de millions de catholiques. Aujourd'hui, notre civilisation ne repose-t-elle pas en grande partie sur l'héritage culturel gréco-romain ?

Voir aussi : Carolingiens ; christianisme ; Grèce ; latin.

107-86 av. J.-C. Marius puis Sulla (82-79) gouvernent avec l'appui de l'armée.
60 av. J.-C. Pompée, Crassus et Jules César imposent une alliance à trois (triumvirat), renouvelée en 55.
Après une période de guerre civile, Pompée est vaincu par César à Pharsale (48). César, dictateur, est assassiné aux ides de mars 44.
43 av. J.-C. Second triumvirat : Antoine, Octavien, Lépide.
27 av. J.-C. Après sa victoire sur Antoine à Actium (31 av. J.-C.), Octavien s'arroge tous les pouvoirs sous des apparences républicaines et reçoit le titre d'Auguste.

Le Haut-Empire. Auguste dispose du pouvoir militaire *(imperium)*, civil (magistratures) et religieux (grand pontife). Il réorganise l'armée, l'administration centrale et celle des provinces, et fixe les frontières de l'Empire au Rhin et au Danube. Quatre dynasties vont se succéder.
14-68 apr. J.-C. Les Julio-Claudiens poursuivent son œuvre. Sous Tibère, l'Empire s'étend par la conquête de la Bretagne, mais les relations entre l'empereur et le sénat sont difficiles. Elles vont se dégrader sous Caligula et sous Néron.
69-96. Les Flaviens (Vespasien, Titus, Domitien) consolident le pouvoir impérial, stabilisent les frontières.
96-235. L'Empire est à son apogée territoriale, économique et culturelle sous les Antonins (96-192) et les premiers Sévères. La stabilité politique assurée par les Antonins (Nerva, Trajan, Hadrien, Antonin, Marc Aurèle et Commode) favorise la prospérité agricole, industrielle et commerciale. Une classe dirigeante où se mêlent sénateurs, chevaliers et bourgeoisie municipale s'enrichit, tandis que les villes, foyers de romanisation, se couvrent de monuments. L'unité de civilisation s'affirme dans tout l'Empire. En 212, l'édit de Caracalla donne le droit de cité à tous les hommes libres de l'Empire.

L'Empire tardif, ou Bas-Empire
235-284. Pressé par les Germains et par les Perses, l'Empire manque de se disloquer.
Cette période est marquée par la ruine de la paysannerie devant l'essor des grands domaines, l'appauvrissement des villes, l'arrêt des conquêtes profitables et la menace extérieure. Le poids croissant de l'armée entraîne une période d'anarchie militaire (235-268), puis l'arrivée au pouvoir d'empereurs originaires d'Illyrie (268-284), qui vont restaurer provisoirement l'ordre romain avec Aurélien puis Dioclétien (284-305). Celui-ci, pour faciliter l'administration et la défense de l'Empire, établit le régime de la tétrarchie (293), système collégial de gouvernement par deux Augustes et deux Césars.
313-337. Constantin reconstitue l'unité de l'Empire et crée une nouvelle capitale, Constantinople, désormais rivale de Rome. Il accorde également aux chrétiens le droit de pratiquer leur religion (313).
395. À la mort de Théodose, l'Empire romain est définitivement partagé entre l'Empire d'Occident (cap. Rome) et l'Empire d'Orient (cap. Constantinople).
Au ᴠᵉ s., les invasions barbares touchent durement l'Empire d'Occident. En 476, le roi barbare Odoacre dépose le dernier empereur, Romulus Augustule ; c'est la fin de l'Empire d'Occident. En Orient, l'Empire byzantin va durer jusqu'en 1453.

RELIGIONS

Les antiques religions romaines comprennent l'ensemble des cultes en vigueur non seulement dans la cité de Rome, mais aussi dans les autres régions de l'Empire. Elles débordaient largement la sphère du culte public romain et étaient extrêmement diverses, notamment du fait de l'entrée progressive de nombreux rites et croyances d'origine étrangère. À l'époque où les religions proprement romaines font preuve d'une certaine stabilité (du IIᵉ s. av. J.-C. au IIIᵉ s. apr. J.-C.), elles se caractérisent principalement par le polythéisme et par le ritualisme. Un Romain adorait à la fois les dieux de sa famille (mânes, lares, pénates), ceux de son quartier, ceux de sa profession, enfin ceux de la cité. Ces derniers, qui avaient pour souverain Jupiter, étaient répartis en divers groupements dont le plus ancien était la triade précapitoline (Jupiter, Mars et Quirinus), relayée à partir du ᴠᵉ s. av. J.-C. par la triade dite *capitoline* parce qu'elle était installée dans le temple du Capitole (Jupiter, Junon et Minerve). Les dieux de la cité étaient classés en deux catégories : les divinités traditionnelles, ou indigènes (Jupiter, Junon, Mars, Vesta...), et les divinités nouvellement installées (Apollon, Esculape, Cybèle, Isis...). La seconde caractéristique de la religion romaine tenait au fait que le culte était toujours une affaire communautaire et devait s'exprimer par des rites parfaitement définis, soit dans le cadre domestique, soit au niveau de la cité. L'exécution méticuleuse du rite était alors plus importante que l'idée plus ou moins orthodoxe qu'on pouvait se faire des dieux. C'est d'abord par ce ritualisme qu'un lien (*religio* ayant le sens de « ce qui relie ») était établi avec la divinité. Du fait que les collèges des prêtres, simples fonctionnaires du culte public, se préoccupaient plus des aspects rituels et matériels du culte que des croyances elles-mêmes, la religion romaine devenait très perméable à l'introduction de doctrines nouvelles. Ainsi s'explique la rapidité avec laquelle le christianisme put se répandre à Rome et dans tout l'Empire.

Rome, cap. de l'Italie, cap. du Latium et ch.-l. de prov., sur le Tibre ; 2 612 068 hab. *(Romains)* [3 697 000 hab. dans l'agglomération]. Résidence papale et ville remarquable par l'abondance des monuments anciens et des œuvres d'art. La ville, cap. de l'Italie depuis 1870, est un centre politique, intellectuel, artistique, religieux et touristique, avec quelques industries.

HISTOIRE

Rome est née au ᴠɪɪɪᵉ s. av. J.-C. du regroupement de plusieurs villages latins et sabins établis sur des collines, sept selon la tradition. Les Étrusques contribuèrent largement (ᴠɪɪᵉ-ᴠɪᵉ s. av. J.-C.) à faire de Rome une cité bien organisée, pourvue de remparts et de monuments. La ville devint bientôt la capitale d'un empire immense ; sous les empereurs, elle compta un million d'habitants. L'apparition des Barbares l'amena à organiser sa défense (ɪɪɪᵉ s. apr. J.-C.) et à se replier dans l'enceinte fortifiée d'Aurélien. Constantin lui porta un coup fatal en faisant de Constantinople une seconde capitale (330). Privée de la présence impériale, Rome déclina avant d'être mise à sac par les Barbares (en 410, 455, 472). Centre du christianisme, capitale des États pontificaux et siège de la papauté (sauf à l'époque de la papauté d'Avignon et du Grand Schisme, entre 1309 et 1420), elle connut ensuite un regain de prestige. Mais ce ne fut qu'à partir du xᴠᵉ s. que les papes renouvelèrent son visage, Rome devenant le rendez-vous des grands artistes de la Renaissance. Au xɪxᵉ s., à partir de 1848, se posa la Question romaine, à savoir l'existence d'États souverains de l'Église dans une Italie en voie d'unification puis dans un État italien (⟶ **États de l'Église**).

ARCHÉOLOGIE ET BEAUX-ARTS

La Rome primitive. Les premiers ensembles monumentaux sont édifiés par les Étrusques à partir du milieu du ᴠɪɪᵉ s. av. J.-C. Les grands travaux *(Cloaca maxima)* sont attribués par la tradition au premier roi étrusque, Tarquin l'Ancien. La ville républicaine laisse peu de monuments intacts, en dehors des temples de Vesta et de la Fortune virile, au pied du Capitole.

La Rome impériale. Elle s'épanouit autour des forums, qui forment le centre politique de la cité. Vaste place rectangulaire, souvent bordée de portiques, chaque forum s'accompagne de nombreux monuments (marchés, basiliques...). Les forums impériaux, dont celui de Trajan, œuvre d'Apollodore de Damas, avec son marché, la basilique Ulpia et les deux bibliothèques encadrant la colonne Trajane, constituent un ensemble archéologique tout aussi impressionnant que celui du Forum romain (Curie, basiliques Aemilia, Julia et de Maxence, arcs de Septime Sévère, de Titus et de Constantin). Non loin s'élèvent le théâtre de Marcellus et, à l'opposé, l'immense Colisée. Citons encore les thermes de Constantin, de Trajan et de Dioclétien (église Ste-Marie-des-Anges et Musée national) ainsi que les thermes gigantesques de Caracalla, le Panthéon, le château Saint-Ange (mausolée d'Hadrien), etc. La *Domus aurea* de Néron conserve des peintures murales proches de celles des débuts de l'art paléochrétien (catacombes de saint Callixte, de saint Sébastien, de sainte Domitille, de sainte Priscille...).

Moyen Âge et Temps modernes. Les premières basiliques chrétiennes (en général très remaniées par la suite) sont imprégnées de la grandeur impériale : St-Jean-de-Latran, Ste-Marie-Majeure (mosaïque des ɪᴠᵉ, ᴠᵉ et xɪɪɪᵉ s.), St-Paul-hors-les-Murs, St-Laurent-hors-les-Murs (décors « cosmatesques », cloître roman), S. Clemente (mosaïques et fresques).

Beaucoup de petites églises associent les traditions antique, paléochrétienne et byzantine : S. Sabina (ᴠᵉ s.), S. Maria Antiqua (fresques des ᴠɪᵉ-ᴠɪɪɪᵉ s.), S. Prassede (ɪxᵉ s.), S. Maria in Trastevere (mosaïques), etc. La première manifestation de la Renaissance est la construction du palais de Venise (v. 1455), suivie des décors initiaux de la chapelle Sixtine (v. ce mot). Les entreprises du pape Jules II, confiées au génie de Bramante, de Raphaël ou de Michel-Ange, font de Rome le grand foyer de la Renaissance classique : travaux du Vatican (v. ce mot), début de la reconstruction de la basilique Saint-Pierre (v. ce mot), esquisse d'un nouvel urbanisme où s'insèrent églises et demeures nobles (palais Farnèse). Entreprise en 1568 par Vignole, l'église du Gesù sera le monument typique de la Contre-Réforme. C'est à Rome que le style baroque se dessine avec les œuvres de Maderno, puis explose dans celles de Bernin, de Borromini et de P. de Cortone. Un des lieux caractéristiques de l'expression baroque est la piazza Navona (anc. cirque de Domitien), avec les fontaines de Bernin et l'église S. Agnese. Le xᴠɪɪɪᵉ s. et le début du xɪxᵉ font écho aux créations antérieures en multipliant fontaines, perspectives, façades et escaliers monumentaux : fontaine de Trevi, 1732 ; piazza del Popolo, au pied des jardins du Pincio, 1816.
Principaux musées (outre ceux du Vatican) : musées de l'ensemble du Capitole, conçu par Michel-Ange (antiques) ; musée national des Thermes de Dioclétien (antiques) ; musée de la villa Giulia (art étrusque) ; galerie Borghèse (peinture et sculpture) ; galerie nationale d'Art ancien, dans les palais Barberini et Corsini ; galerie Doria-Pamphili.

Rome *(traité de)* [25 mars 1957], traité qui a créé la Communauté économique européenne (C.E.E.). Un autre *traité de Rome,* signé le même jour, a créé l'Euratom.

Rommel (Erwin), maréchal allemand (Heidenheim, Wurtemberg, 1891 - Herrlingen, près d'Ulm, 1944). Commandant le quartier général de Hitler en 1939, il se distingua en France (1940) et, à la tête de l'Afrikakorps, en Libye (1941-1943), où, après avoir menacé l'Égypte, il fut battu par le général Montgomery à El-Alamein (1942). Il commanda, en 1944, le front de Normandie, mais sa sympathie pour les conjurés du 20 juill. entraîna son arrestation et son suicide sur ordre de Hitler.

rompre [rɔ̃pr] **v.t.** (lat. *rumpere*) [conj. **78**]. **1.** LITT. Mettre en morceaux, faire céder, par effort ou par pression : *Le vent a rompu une branche* (syn. **briser**). *Le chien essayait de rompre sa chaîne* (syn. **casser**). **2.** Faire cesser, mettre fin à un contrat : *Rompre un marché* (syn. **annuler, dénoncer**). *Rompre des fiançailles. Rompre le silence.* **3. Applaudir à tout rompre,** applaudir très fort, avec enthousiasme. / **Rompre les rangs,** se séparer à la fin d'une manœuvre d'ordre serré ; se disperser. ◆ **v.i. 1.** LITT. Céder brusquement : *Les amarres ont rompu.* **2.** En escrime, reculer. ◆ **v.t. ind. [avec]. 1.** Mettre fin brutalement à des relations, spécial. des relations amoureuses : *Elle a rompu avec son petit ami.* **2.** Renoncer à qqch : *Rompre avec une habitude.* **3.** Être très différent de qqch, s'y opposer : *Son film rompt avec la tradition.* ◆ **se rompre v.pr. 1.** LITT. Se briser, se casser brusquement : *La corde s'est rompue et la chèvre s'est sauvée* (syn. **se casser**). **2. Se rompre le cou,** se tuer ou se blesser grièvement en faisant une chute.

rompu, e [rɔ̃py] **adj. 1.** LITT. **Être rompu à la discussion,** y être entraîné, exercé. / **Être rompu de fatigue,** être très fatigué. **2.** BX-A. **Ton rompu,** ton, teinte résultant d'un mélange par lequel on a altéré la pureté d'une couleur.

Roms → Tsiganes.

romsteck et **rumsteck** [rɔmstɛk] **n.m.** (angl. *rumpsteak,* de *rump,* croupe, et *steak,* tranche de viande à griller). Partie tendre du bœuf correspondant à la croupe.

Romulus, fondateur légendaire et premier roi de Rome, descendant d'Énée, fils de Mars et de Rhea Silvia. Celle-ci étant vestale, son oncle Amulius, le roi d'Albe, exposa dans une corbeille sur le Tibre, Romulus et son frère jumeau Remus. Les deux enfants furent recueillis par une louve, qui les allaita. Après une période de brigandage, ils décidèrent de fonder une ville, dont Romulus traça l'enceinte en creusant un sillon sur le Palatin (21 avr. 753 av. J.-C.). Romulus, qui avait tué son frère au cours d'une querelle, accueillit des fugitifs, qui enlevèrent de jeunes Sabines. Il régna trente-trois ans et disparut au cours d'un orage. Les Romains le vénérèrent sous le nom du dieu Quirinus.

ronce [rɔ̃s] **n.f.** (du lat. *rumex, -icis,* dard). Arbuste souvent épineux, très envahissant, aux baies noires *(mûres sauvages)* rafraîchissantes. ▸ Famille des rosacées. Le framboisier est une espèce cultivée de ronce.

ronceraie [rɔ̃srɛ] **n.f.** Terrain envahi par les ronces.

Roncevaux *(bataille de)* [15 août 778], bataille qui eut lieu, selon la tradition, dans un vallon boisé des Pyrénées proche du col de Roncevaux ou d'Ibañeta, et où l'arrière-garde de l'armée de Charlemagne, avec le comte Roland, fut surprise et défaite par les montagnards basques (Vascons) alliés aux sarrasins.

ronchon, onne [rɔ̃ʃɔ̃, -ɔn] **adj.** et **n.** FAM. Qui ronchonne pour un oui ou pour un non (syn. **bougon, grincheux**).

ronchonnement [rɔ̃ʃɔnmɑ̃] **n.m.** FAM. Action de ronchonner ; son, parole émis en ronchonnant.

ronchonner [rɔ̃ʃɔne] **v.i.** (du mot dialect. *roncher,* ronfler, du lat. *roncare*). FAM. Manifester son mécontentement, sa mauvaise humeur par des grognements, des murmures (syn. **bougonner, grogner, maugréer**).

ronchonneur, euse [rɔ̃ʃɔnœr, -øz] **n.** et **adj.** FAM. Personne qui ronchonne (syn. **bougon, grincheux, grognon**).

roncier [rɔ̃sje] **n.m.** et **roncière** [rɔ̃sjɛr] **n.f.** Buisson de ronces.

1. rond, e [rɔ̃, rɔ̃d] **adj.** (lat. *rotundus,* de *rota,* roue). **1.** Qui a la forme d'un cercle, d'une sphère, d'un cylindre : *Un plat rond* (syn. **circulaire**). **2.** Dont la forme est arrondie ou présente une courbe : *Des tuiles rondes* (contr. **plat**). **3.** FAM. Court et assez corpulent : *Un petit homme rond* (syn. **replet**). **4.** Charnu et bien rempli : *Joues rondes* (syn. **charnu, potelé, rebondi**). **5.** FAM. Qui a trop bu : *Il est rentré chez lui complètement rond* (syn. **ivre**). **6.** Se dit d'un nombre entier ou, selon sa grandeur, d'un nombre sans dizaine ou centaine : *Faire un compte rond* (= supprimer les décimales ou les dizaines). **7. Le ballon rond,** le football (par opp. au *ballon ovale,* le rugby). ◆ **rond adv. Avaler tout rond,** avaler sans mâcher. / FAM. **Ne pas tourner rond,** n'être pas dans son état normal ; présenter des troubles psychiques. / FAM. **Tourner rond,** tourner régulièrement sans ratés, en parlant d'un moteur.

2. rond [rɔ̃] **n.m.** (de *1. rond*). **1.** Figure, tracé en forme de circonférence : *Dessiner un rond* (syn. **cercle**). **2.** FAM. Sou ; argent : *Il n'a pas un rond, pas le rond.* **3. En rond,** en cercle ; au fig., en revenant toujours au point de départ : *Les élèves sont assis en rond autour du professeur. Discussion qui tourne en rond* (= qui ne progresse pas). / **Faire des ronds de jambe,** faire des politesses exagérées.

rond-de-cuir [rɔ̃dkɥir] **n.m.** (par allusion à la forme du coussin de cuir posé sur le siège) [pl. *ronds-de-cuir*]. VIEILLI. Employé de bureau (péjor.).

1. ronde [rɔ̃d] **n.f.** (de *2. ronde*). **1.** Parcours et visite d'un lieu effectués par des officiers, policiers, gardiens chargés de veiller au bon ordre et au respect des consignes : *Les gendarmes font des rondes de nuit.* **2.** Groupe de personnes chargé de cette mission : *La ronde vient de passer* (syn. **patrouille**).

2. ronde [rɔ̃d] **n.f.** (de *1. rond*). **1.** Danse où les danseurs se tiennent par la main ; chanson, air sur lesquels s'exécute cette danse : *Les enfants font une ronde dans le jardin.* **2.** Écriture à jambages courbes, à panses et à boucles presque circulaires. **3.** MUS. Note dont la durée correspond à quatre temps dans une mesure qui a la noire pour unité. **4. À la ronde,** dans l'espace qui s'étend tout autour d'un lieu : *Être connu à dix lieues à la ronde* (= alentour).

rondeau [rɔ̃do] **n.m.** (de *1. rond*). Poème à forme fixe sur deux rimes et un refrain. (On disait autref. *un rondel.*)

ronde-bosse [rɔ̃dbɔs] **n.f.** (pl. *rondes-bosses*). Ouvrage de sculpture (statue, groupe) pleinement développé dans les trois dimensions (par opp. à *relief*). ***Rem.*** On écrit la locution *en ronde bosse* sans trait d'union.

rondelet, ette [rɔ̃dlɛ, -ɛt] **adj.** (dimin. de *1. rond*). **1.** *FAM.* Qui présente un certain embonpoint : *Une fillette rondelette* (syn. **dodu, replet**). **2.** Se dit d'une somme d'argent assez importante : *Il a retiré une somme rondelette de cette transaction.*

rondelle [rɔ̃dɛl] **n.f.** (de *1. rond*). **1.** Petit disque percé que l'on place entre une vis ou un écrou et la pièce à serrer pour répartir l'effort de serrage sur la pièce. **2.** Petite tranche ronde découpée dans un produit comestible : *Rondelle de saucisson.* **3.** *QUÉBEC.* Palet de hockey sur glace en caoutchouc dur.

rondement [rɔ̃dmɑ̃] **adv.** (de *1. rond*). **1.** Avec décision et rapidité : *Affaire rondement menée* (syn. **promptement, vivement**). **2.** De façon franche et directe ; sans façon : *Dire rondement les choses* (syn. **nettement**).

rondeur [rɔ̃dœr] **n.f.** (de *1. rond*). **1.** État de ce qui est rond, sphérique : *La rondeur d'une pomme.* **2.** État du corps, des parties du corps charnues, arrondies : *Les rondeurs des jambes d'un bébé.*

rondin [rɔ̃dɛ̃] **n.m.** (de *1. rond*). **1.** Bois de chauffage rond et court. **2.** Bille de bois non équarrie, dans le commerce des bois tropicaux.

rondo [rɔ̃do] **n.m.** (it. *rondo*). MUS. Forme instrumentale ou vocale caractérisée par l'alternance d'un refrain et de couplets.

rondouillard, e [rɔ̃dujar, -ard] **adj.** (dimin. de *1. rond*). *FAM.* Qui a des formes plutôt rondes, de l'embonpoint : *Un petit homme rondouillard* (syn. **grassouillet, replet**).

rond-point [rɔ̃pwɛ̃] **n.m.** (pl. *ronds-points*). Carrefour, place circulaire où aboutissent plusieurs voies.

Ronéo [rɔneo] **n.f.** (nom déposé). Machine servant à reproduire des textes dactylographiés ou des dessins préalablement portés sur un stencil.

ronéoter [rɔneɔte] et **ronéotyper** [rɔneɔtipe] **v.t.** Reproduire à la Ronéo.

ronflant, e [rɔflɑ̃, -ɑ̃t] **adj.** (de *ronfler*). **1.** Plein d'emphase et creux : *Discours plein de phrases ronflantes* (syn. **ampoulé, déclamatoire, pompeux**). **2. Promesses ronflantes,** magnifiques, mais mensongères.

ronflement [rɔ̃fləmɑ̃] **n.m. 1.** Bruit que fait un dormeur en ronflant : *Ses ronflements m'empêchent de dormir.* **2.** Sonorité sourde et prolongée : *Le ronflement d'un moteur.*

ronfler [rɔ̃fle] **v.i.** (de l'anc. fr. *ronchier,* du lat. *runcare,* d'apr. *souffler*). **1.** Produire, en respirant pendant le sommeil, un bruit sonore venant de la gorge et des narines : *À peine endormi, il commence à ronfler.* **2.** Produire un bruit sourd, régulier : *Le poêle plein de bûches ronflait.*

ronfleur, euse [rɔ̃flœr, -øz] **n.** (de *ronfler*). Personne qui ronfle : *Intervention chirurgicale qui guérit les ronfleurs.*

ronger [rɔ̃ʒe] **v.t.** (du lat. *rumigare,* ruminer, croisé avec *rodere,* ronger) [conj. **17**]. **1.** Entamer, déchiqueter avec les dents : *Le chien ronge un os* (syn. **grignoter**). *Ronger ses ongles* (syn. **mordiller**). **2.** En parlant des vers, des insectes, attaquer, détruire : *Les chenilles rongent les feuilles.* **3.** Attaquer, user par une action lente, progressive : *La rouille ronge le fer* (syn. **corroder, entamer**). **4.** Consumer à force d'inquiétude, de soucis : *Le chagrin le ronge* (syn. **miner**). *La jalousie la ronge* (syn. **tenailler**).

rongeur, euse [rɔ̃ʒœr, -øz] **adj.** Qui ronge : *Un mammifère rongeur.* ◆ **rongeur n.m. Rongeurs,** ordre de mammifères, végétariens ou omnivores, souvent nuisibles aux cultures, possédant de longues incisives tranchantes, tels que le rat, l'écureuil et le porc-épic.

ronron [rɔ̃rɔ̃] **n.m.** (onomat.). **1.** Ronflement sourd par lequel le chat manifeste son contentement. **2.** Bruit sourd et continu : *Être bercé par le ronron d'un moteur* (syn. **bourdonnement, ronflement**). **3.** *FIG.* Monotonie ; routine : *Le ronron de la vie quotidienne* (syn. **train-train**).

ronronnement [rɔ̃rɔnmɑ̃] **n.m.** Action, fait de ronronner ; bruit de ce qui ronronne.

ronronner [rɔ̃rɔne] **v.i. 1.** Faire entendre des ronrons, en parlant du chat. **2.** Émettre, en fonctionnant, un bruit sourd et régulier : *Le moteur ronronne.*

Ronsard (Pierre de), poète français (château de la Possonnière, Couture-sur-Loir, 1524 - Saint-Cosme-en-l'Isle, près de Tours, 1585). Il étudie les lettres latines et grecques, et se propose, avec ses amis de la Pléiade, de renouveler l'inspiration et la forme de la poésie française. Après ses *Odes* (1550), imitées de Pindare, il en vient à une poésie plus personnelle et moins savante dans les *Amours* (1552-1555). Il trouve ensuite dans les *Hymnes* (1555-1556) le ton de l'épopée. Poète de la cour de Charles IX, il prend parti, dans les *Discours* (1562-1563), contre la Réforme. Son épopée *la Franciade* (1572) reste inachevée.

röntgen ou **rœntgen** [rœntgɛn] **n.m.** (de W. C. *Röntgen,* physicien). Unité d'exposition de rayonnement X ou γ équivalant à 2,58 × 10^{-4} coulomb par kilogramme. ▸ Symb. R.

Röntgen (Wilhelm Conrad), physicien allemand (Lennep, Rhénanie, 1845 - Munich 1923). Il a découvert les rayons X (1895), étudié leur propagation, leur pouvoir de pénétration, et observé qu'ils produisent une ionisation de l'air. (Prix Nobel 1901.)

Roosevelt (Franklin Delano), homme d'État américain (Hyde Park, État de New York, 1882 - Warm Springs 1945). Cousin et neveu par alliance de Theodore Roosevelt, il est élu sénateur démocrate de l'État de New York (1910), devient secrétaire adjoint à la Marine (1913-1921) et renforce la flotte américaine. En 1921, une attaque de poliomyélite interrompt son activité. Gouverneur de l'État de New York (1929-1933), il accède à la présidence des États-Unis en pleine crise économique mondiale (1933).
Entouré d'intellectuels libéraux, il fait voter les lois du New Deal (« Nouvelle Donne »), qui visent à relancer l'économie par l'augmentation de la consommation, la réorganisation du crédit et le contrôle de la concurrence. S'appuyant sur l'opinion publique, il réforme les banques, supprime la prohibition, abandonne l'étalon-or (avr. 1933) et dévalue le dollar (1934). Enfin, il cherche à faire reculer le chômage par une politique de grands travaux et s'efforce de réglementer les conditions de travail (1935) et les salaires (1938). Certaines de ces lois sont annulées par la Cour suprême, où se retranche l'opposition conservatrice, mais Roosevelt est réélu triomphalement (1936) et impose sa législation.
À l'extérieur, Roosevelt pratique une politique de bon voisinage avec les États latino-américains. À partir de sept. 1939, allant à l'encontre d'une opinion américaine majoritairement isolationniste, il accorde une aide militaire aux adversaires de l'Allemagne et de l'Italie (loi prêt-bail, 1941). En 1940, il est réélu pour un troisième mandat. Après l'attaque japonaise contre Pearl Harbor (déc. 1941), suivie de la déclaration de guerre au Japon, à l'Allemagne et à l'Italie, Roosevelt dirige avec énergie l'effort de guerre des États-Unis, décide la fabrication de la bombe atomique et, par une diplomatie active, prépare l'après-guerre. En 1943, il accepte l'idée d'une Organisation des nations unies, dont il fait élaborer le plan (1944). Il participe avec Churchill et Staline aux conférences de Téhéran (1943) et de Yalta (1945), où son attitude conciliatrice permet d'éviter la rupture avec l'U.R.S.S. Réélu pour un quatrième mandat en nov. 1944, il meurt en avr. 1945.
Jouissant d'une remarquable popularité auprès des Américains, Roosevelt a considérablement renforcé les pouvoirs fédéraux, notamment ceux du président. Par son action pendant la Seconde Guerre mondiale, il a préparé le nouveau rôle des États-Unis sur la scène internationale.

Roosevelt (Theodore), homme politique américain (New York 1858 - Oyster Bay, État de New York, 1919). Républicain, il participa à la guerre hispano-américaine (1898) et contribua à l'annexion des Philippines. Gouverneur de l'État de New York (1898), il devint vice-président des États-Unis en 1900 puis président en 1901, après l'assassinat de McKinley, et fut réélu en 1904. Il renforça la législation fédérale et s'attaqua au monopole des trusts. À l'extérieur, il pratiqua une politique impérialiste et interventionniste (Panama, Cuba, Saint-Domingue). [Prix Nobel de la paix 1906.]

roque [rɔk] **n.m.** (de *roquer*). Aux échecs, mouvement consistant à placer l'une de ses tours auprès de son roi et à faire passer le roi de l'autre côté de la tour.

roquefort [rɔkfɔr] **n.m.** (de *Roquefort-sur-Soulzon*). Fromage à moisissures internes, fabriqué avec du lait de brebis.

Roquefort-sur-Soulzon, comm. de l'Aveyron ; 642 hab. On y affine le célèbre fromage au lait de brebis (le roquefort) dans des grottes calcaires.

roquer [rɔke] **v.i.** (de *roc,* anc. n. de la tour aux échecs). Aux échecs, faire un roque.

roquet [rɔkɛ] **n.m.** (de *roquer,* croquer, mot dialect.). Petit chien hargneux qui aboie sans cesse.

roquette [rɔkɛt] **n.f.** (angl. *rocket,* fusée). Projectile autopropulsé et non guidé, tiré depuis un avion ou un navire, ou depuis la terre, employé dans les tirs d'artillerie et antichars.

rorqual [rɔrkwal] **n.m.** (anc. norvég. *raudh-hwalr,* baleine rouge) [pl. *rorquals*]. Balénoptère.

Rorschach (Hermann), psychiatre suisse (Zurich 1884 - Herisau 1922), créateur en 1921 d'un test (appelé *test de Rorschach*) fondé sur l'interprétation de taches d'encre symétriques obtenues par pliage. (L'analyse des réponses du sujet permet de déceler certains aspects de sa personnalité.)

rosace [rozas] **n.f.** (de *1. rose,* d'apr. le lat. *rosaceus,* de rose). **1.** ARCHIT. Ornement d'architecture, en forme de rose épanouie inscrite dans un cercle. **2.** Grand vitrail d'église de forme circulaire : *La rosace est l'un des éléments développés par l'architecture religieuse gothique* (syn. **rose**).

rosacée [rozase] **n.f.** (lat. *rosaceus,* de *rosa,* rose). **Rosacées,** famille de plantes aux fleurs à pétales séparés, à nombreuses étamines, souvent pourvues d'un double calice, et dont les types sont le rosier et la plupart des arbres fruitiers d'Europe.

rosaire [rozɛr] **n.m.** (lat. ecclés. *rosarium,* couronne de roses [de la Vierge]). Grand chapelet composé de quinze dizaines de petits grains, représentant les Ave, que séparent des grains plus gros, les Pater ; prière récitée en égrenant le rosaire : *Dire son rosaire.*

Rosario, v. de l'Argentine, sur le Paraná ; 1 193 605 hab. (1 264 242 hab. dans l'agglomération). Centre commercial et industriel.

Rosas (Juan Manuel de), homme politique argentin (Buenos Aires 1793 - Southampton, Angleterre, 1877). Il gouverna la province de Buenos Aires en dictateur (1829-1831 et 1835-1852), avant d'être renversé par une coalition sud-américaine.

rosâtre [rozɑtr] **adj.** Qui a une teinte rose peu vive.

rosbif [rɔsbif] **n.m.** (de l'angl. *roast,* rôti, et *beef,* bœuf). Pièce de bœuf ou de cheval destinée à être rôtie.

1. rose [roz] **n.f.** (lat. *rosa*). **1.** Fleur du rosier : *Des roses rouges, jaunes.* **2.** ARCHIT. Grande baie circulaire d'église, à armature de pierre décorative garnie de vitraux : *Les roses latérales d'une cathédrale* (syn. **rosace**). **3.** *FAM.* **À l'eau de rose,** mièvre et sentimental : *Roman à l'eau de rose.* / **Eau de rose,** eau de toilette préparée au cours de la distillation de l'essence de rose. / *FAM.* **Envoyer qqn sur les roses,** le repousser avec rudesse, s'en débarrasser vivement. / **Être frais, fraîche comme une rose,** avoir le teint éclatant, l'air reposé. / *FAM.* **Ne pas sentir la rose,** sentir mauvais. **4. Bois de rose,** palissandre d'Amérique tropicale, de couleur jaune-blanc veiné de rose, dont une espèce est utilisée en ébénisterie. ▶ Famille des légumineuses ; arbre d'Amérique tropicale, au bois très odorant, fournissant l'essence de rose. ▶ Famille des lauracées. / **Rose de Jéricho,** plante des régions sèches de l'Afrique du Nord et du Proche-Orient, qui se contracte en boule par temps sec et s'étale à l'humidité. ▶ Famille des crucifères. / **Rose de Noël,** hellébore noir. / **Rose des sables,** concrétion de gypse, jaune ou rose, qui se forme par évaporation dans les marécages salés des régions désertiques. / **Rose des vents,** étoile à trente-deux branches, correspondant à chacune des divisions du cadran de la boussole qui indiquent la direction du vent par rapport aux points cardinaux. / **Rose trémière,** plante voisine des guimauves à très haute tige, cultivée pour ses grandes fleurs de couleurs variées, appelée aussi *primerose, passerose, althéa.* ▶ Famille des malvacées.

2. rose [roz] **adj.** (de *1. rose*). **1.** Qui a la couleur pourpre pâle de la rose commune : *Des chemisiers roses. Des étoffes rose clair.* **2.** Dont les idées politiques sont socialistes ou progressistes, sans être révolutionnaires (par opp. à *rouge*). **3.** Qui a rapport au sexe, au commerce charnel : *Messageries roses.* **4. Ce n'est pas (tout) rose,** ce n'est pas agréable, pas gai : *Ce n'est pas rose de vivre avec toi.* / **Rose bonbon,** rose vif. / **Rose thé,** d'un jaune rosé (comme la fleur du même nom). / **Vieux rose,** d'une couleur évoquant la rose fanée.

3. rose [roz] **n.m.** (de *2. rose*). **1.** Couleur rose : *Le rose lui va bien.* **2. Voir tout, la vie en rose,** voir le bon côté des choses, être optimiste.

Rose *(mont),* massif des Alpes pennines, partagé entre la Suisse et l'Italie ; 4 634 m à la *pointe Dufour.*

rosé, e [roze] **adj.** (de *3. rose*). **1.** Faiblement teinté de rouge : *Un teint rosé.* **2. Vin rosé,** vin de couleur rosée obtenu le plus souvent avec des raisins rouges ou, dans certains cas, avec un mélange de raisins rouges et de raisins blancs (on dit aussi *du rosé*).

roseau [rozo] **n.m.** (de l'anc. fr. *ros,* du germ. **raus,* roseau). Plante à rhizome du bord des étangs, à tige droite, lisse, creuse ou remplie de moelle et pourvue d'un épi de fleurs terminal. ▶ Famille des graminées.

rosé-des-prés [rozedepre] **n.m.** (pl. *rosés-des-prés*). Psalliote comestible à lames rosées.

rosée [roze] **n.f.** (bas lat. *rosata,* du class. *ros, roris*). **1.** Vapeur d'eau qui se dépose, le matin et le soir, en gouttelettes très fines sur les végétaux et d'autres corps à l'air libre. **2. Point de rosée,** température à laquelle la vapeur d'eau de l'air commence à se condenser.

roséole [rozeɔl] **n.f.** (de *3. rose,* d'apr. *rougeole*). MÉD. Éruption de taches rosées caractéristique de certaines maladies infectieuses ou manifestant une intolérance à certains médicaments.

roseraie [rozrɛ] **n.f.** (de *rosier*). Terrain planté de rosiers.

rosette [rozɛt] **n.f.** (de *1. rose*). **1.** Nœud formé d'une ou deux boucles qu'on peut détacher en tirant les bouts : *Faire des rosettes aux lacets de ses souliers.* **2.** Insigne de certains ordres civils ou militaires, qui se porte à la boutonnière : *La rosette de la Légion d'honneur.* **3.** Saucisson cru de Lyon.

Rosette *(pierre de),* fragment de stèle en basalte noir découvert en 1799 à Rosette, en Égypte (auj. au British Museum). Daté de 196 av. J.-C., il porte un décret de Ptolémée V, inscrit en caractères hiéroglyphiques, démotiques et grecs, et est à l'origine du déchiffrement des hiéroglyphes par Champollion.

roseval [rozval] **n.f.** (pl. *rosevals*). Pomme de terre d'une variété à chair rose.

rosier [rozje] **n.m.** (de *1. rose*). Arbuste épineux à tige dressée ou rampante, cultivé pour ses superbes fleurs odorantes. ▶ Famille des rosacées ; genre *Rosa.*

rosière [rozjɛr] **n.f.** (de *1. rose*). *ANC.* Jeune fille vertueuse à laquelle on décernait solennellement une récompense.

rosir [rozir] **v.t.** (de *2. rose*) [conj. **32**]. Donner une teinte rose à : *L'air froid nous rosissait les joues* (syn. **colorer**). ◆ **v.i.** Devenir rose : *L'horizon rosit au levant, le soleil va se lever.*

Rosny (J.-H.), pseudonyme de deux écrivains français : **Joseph Henri Boex, dit Rosny aîné** (Bruxelles 1856 - Paris 1940), et **Séraphin Justin Boex, dit Rosny jeune** (Bruxelles 1859 - Ploubazlanec 1948), frère de Rosny aîné. Le premier est l'auteur de *la Guerre du feu* (1911) ; le second écrivit seul ou avec son frère des romans réalistes ou fantastiques *(les Xipéhuz).*

Rosny-sous-Bois, commune de la Seine-Saint-Denis, à l'est de Paris ; 42 430 hab. *(Rosnéens).* Centre national d'information routière.

Ross (*sir* **John),** marin britannique (Balsarrach Dumfries and Galloway, Écosse, 1777 - Londres 1856). Il découvrit l'extrémité nord du continent américain (1829-1833).

Ross (*sir* **Ronald),** médecin britannique (Almora, Inde, 1857 - Londres 1932). Il a démontré que le paludisme est transmis par les moustiques anophèles. (Prix Nobel 1902.)

rosse [rɔs] **n.f.** (all. *Ross,* cheval). **1.** *FAM.* Mauvais cheval, sans vigueur : *Une carriole tirée par une vieille rosse* (syn. **haridelle**). **2.** Personne méchante, dure : *Quelle rosse, il a refusé tous nos projets.* ◆ **adj. 1.** *FAM.* D'une ironie mordante : *Une caricature rosse* (syn. **sarcastique**). **2.** Exigeant, sévère : *Un professeur rosse* (syn. **dur, méchant**).

Rossellini (Roberto), cinéaste italien (Rome 1906 - *id.* 1977). Révélé par *Rome, ville ouverte* (1945) et *Paisà* (1946), films phares du néoréalisme, il se hausse d'un coup au premier rang des cinéastes de sa génération. Avec des moyens de fortune, des interprètes non professionnels mêlés à des acteurs chevronnés, il témoigne de la souffrance et prodigue des messages d'espoir et de fraternité. Sa rencontre avec Ingrid Bergman marquera son œuvre : les films qu'il tourne avec elle sont des radiographies d'un couple moderne, des pages d'un journal intime, où l'anecdote est réduite à sa plus simple expression, de *Stromboli* (1949) à *la Peur* (1954) en passant par *Voyage en Italie.* Après une période de tâtonnements et l'échec de *Anima nera* (1962), il abandonne le cinéma pour la télévision, où il réalisera : *la Prise du pouvoir par Louis XIV* (1966), *Socrate* (1970). En 1975, il tourne un dernier film qui constitue un admirable point de convergence de toute son œuvre : *le Messie.*

Rossellino (Bernardo), architecte et sculpteur italien (Settignano, près de Florence, 1409 - Florence 1464). Disciple d'Alberti, il construisit le palais Rucellai à Florence (1446-1450) et travailla à Pienza (prov. de Sienne) pour Pie II. • Son frère et élève **Antonio** (Settignano 1427 - Florence 1479), sculpteur, est l'auteur de la chapelle du cardinal de Portugal à S. Miniato de Florence, chef-d'œuvre de raffinement.

rosser [rɔse] **v.t.** (anc. fr. *roissier,* du lat. pop. **rustiare,* de **rustia,* gaule). *FAM.* Battre qqn violemment, le rouer de coups.

rosserie [rɔsri] **n.f.** *FAM.* Caractère d'une personne rosse ; parole ou action rosse : *Elle est d'une incroyable rosserie* (syn. **cruauté, dureté**). *Lancer des rosseries* (syn. **méchanceté**).

Rossetti (Dante Gabriel), peintre et poète britannique d'origine italienne (Londres 1828 - Birchington-on-Sea, Kent, 1882). Un des initiateurs du mouvement préraphaélite, il s'est inspiré de légendes médiévales et de la poésie ancienne anglaise et italienne (*la Demoiselle élue,* poème de 1847 et tableau de 1875-1879 [Port Sunlight, près de Liverpool]).

Rossi (Aldo), architecte et théoricien italien (Milan 1931 - *id.* 1997). Il a défendu un concept d'architecture *rationnelle* incluant des composantes historiques, régionales et symboliques, ce qui fait de lui l'une des figures du postmodernisme.

rossignol [rɔsiɲɔl] **n.m.** (lat. *luscinia,* altéré par *russus,* roux). **1.** Oiseau passereau d'Europe, d'Afrique et du Moyen-Orient brun clair, renommé pour son chant crépusculaire. ▸ Famille des turdidés ; le rossignol chante. **2.** *FAM.* Crochet dont se servent les serruriers et les cambrioleurs pour ouvrir les serrures. **3.** *FAM.* Marchandise défraîchie ; objet démodé, sans valeur.

rossinante [rɔsinɑ̃t] **n.f.** (esp. *Rocinante,* n. du cheval de don Quichotte). *LITT.* Cheval maigre.

Rossini (Gioacchino), compositeur italien (Pesaro 1792 - Paris 1868). Ses premiers opéras sérieux, *Tancredi, l'Italienne à Alger* (Venise, 1813) et *le Barbier de Séville* (Rome, 1816), le font considérer comme le plus grand compositeur lyrique italien de l'époque. De 1815 à 1823, il produit chaque année deux opéras nouveaux à Milan, Venise, Rome et Naples. Parmi ceux-ci : *Otello, La Cenerentola (Cendrillon), la Pie voleuse, Semiramide.* À l'occasion du sacre de Charles X, il écrit *le Voyage à Reims* (1825), transformé sous le titre de *Comte Ory,* et les opéras *le Siège de Corinthe* (1825) et *Moïse* (1827). Directeur du Théâtre-Italien, intendant de la musique royale jusqu'à la révolution de Juillet, il écrit un dernier opéra, *Guillaume Tell* (1829), et ne compose plus que le *Stabat Mater* (1832-1841), quelques pièces religieuses, des cantates et des pages pour piano.

Rossini excelle dans l'expression de la gaieté, de la vivacité et de l'esprit. Doté d'un sens remarquable du théâtre et de ses effets, il fait preuve d'une technique consommée et d'une inspiration mélodique exceptionnelle.

Rosso (Giovanni Battista de Rossi, dit **le),** peintre italien (Florence 1494 - Paris 1540). François Ier confia à ce grand artiste maniériste, en 1531, la direction des travaux de décoration du château de Fontainebleau (fresques et stucs de la galerie François-Ier, composant une glorification alambiquée du souverain).

Rostand (Edmond), auteur dramatique français (Marseille 1868 - Paris 1918). Auteur d'un drame, *l'Aiglon* (1900), qu'interpréta Sarah Bernhardt, il est surtout connu pour sa comédie *Cyrano de Bergerac* (1897), qui fait de l'écrivain libertin du XVIIe s. un escrimeur invincible et généreux, mais défiguré par un nez grotesque. (Acad. fr.)

Rostand (Jean), biologiste et écrivain (Paris 1894 - Ville-d'Avray 1977), fils d'Edmond Rostand. Il a réalisé d'importants travaux sur la parthénogenèse artificielle et sur l'apparition des anomalies chez les amphibiens. Par la vulgarisation, il a aussi fait connaître la génétique au grand public français. Humaniste et pacifiste, il s'est attaché à montrer la valeur culturelle de cette science et sa portée humaine.

rösti n.m. → **rœsti.**

Rostov-sur-le-Don, v. de Russie, près de la mer d'Azov ; 1 089 851 hab. Port fluvial. Centre administratif, culturel et industriel.

Rostow (Walt Whitman), économiste américain (New York 1916 - Austin 2003). Il distingue, dans les *Étapes de la croissance économique* (1960), cinq stades dans toute société en voie d'industrialisation : la société traditionnelle, les conditions préalables au démarrage, le démarrage, les progrès vers la maturité et l'ère de la consommation de masse. On lui doit le concept de take-off (« décollage ») appliqué au développement économique.

rostre [rɔstr] **n.m.** (lat. *rostrum,* bec, éperon). **1.** Éperon d'un navire de guerre antique. **2.** Ensemble des pièces buccales saillantes et piqueuses de certains insectes (punaises, pucerons) ; prolongement antérieur de la carapace de certains crustacés (crevettes).

rot [ro] **n.m.** (bas lat. *ruptus,* du class. *ructus*). Émission par la bouche de gaz stomacaux (syn. **éructation, renvoi**).

rôt [ro] **n.m.** *VX.* Rôti.

rotang [rɔtɑ̃g] **n.m.** (mot malais). Palmier d'Inde et de Malaisie à tige grêle, appelé aussi *jonc d'Inde,* et dont une espèce fournit le rotin.

rotatif, ive [rɔtatif, -iv] **adj.** Qui agit en tournant ; qui est animé d'un mouvement de rotation : *Axe rotatif.*

rotation [rɔtasjɔ̃] **n.f.** (lat. *rotatio, -onis,* de *rotare,* tourner). **1.** Mouvement d'un corps autour d'un point, d'un axe fixe, matériel ou non : *La rotation de la Terre.* **2.** Emploi méthodique et successif de matériel, de procédés, etc. ; alternance périodique d'activités, de fonctions : *Rotation des stocks, des équipes.* **3.** AGRIC. Succession, au cours d'un nombre d'années donné, d'un certain nombre de cultures, selon un ordre déterminé, sur une même parcelle. **4.** MATH. **Rotation de centre O et d'angle α°,** transformation qui associe à tout point A du plan un point A' tel que la mesure de l'angle orienté AOA' soit égale à α°.

rotative [rɔtativ] **n.f.** (de *rotatif*). Presse dont la forme imprimante est cylindrique et dont le mouvement rotatif continu permet une très grande vitesse d'impression : *Les rotatives d'un journal.*

rotatoire [rɔtatwar] **adj.** Relatif à une rotation ; caractérisé par la rotation : *Mouvement rotatoire.*

roter [rɔte] **v.i.** (bas lat. *ruptare,* class. *ructare*). *FAM.* Faire un, des rots (syn. **éructer**).

Roth (Philip), écrivain américain (Newark 1933). Il est l'un des romanciers les plus représentatifs de l'« école juive » nord-américaine (*Portnoy et son complexe,* 1969 ; *la Leçon d'anatomie,* 1983 ; *Opération Shylock,* 1993 ; *la Tache,* 2000 ; *Exit le fantôme,* 2007).

Rothschild, famille de banquiers d'origne allemande de confession israélite. **Meyer Amschel** (Francfort-sur-le-Main 1743 - *id.* 1812) fonda la fortune familiale en s'occupant des affaires de l'Électeur Guillaume Ier de Hesse-Cassel. Ses cinq fils amplifièrent son œuvre en donnant à la maison un caractère international. Leur réseau et la possession d'un service de courriers particulier leur permirent de réaliser d'importantes opérations ; après avoir contribué à la défaite de Napoléon, ils devinrent les banquiers de la Restauration et de la monarchie de Juillet. La famille a légué d'importantes collections aux Musées nationaux et créé de nombreuses fondations hospitalières, charitables et scientifiques.

rôti [roti] **n.m.** (p. passé de *rôtir*). Pièce de viande, de volaille ou de gibier, cuite à la broche ou au four.

rôtie [roti] **n.f.** (de *rôtir*). Tranche de pain rôtie ou grillée (syn. **toast**).

rotin [rɔtɛ̃] **n.m.** (de *rotang*). Partie de la tige du rotang dont on fait des cannes, des sièges, etc.

rôtir [rotir] **v.t.** (frq. **raustjan,* griller) [conj. **32**]. **1.** Faire cuire de la viande à la broche ou au four, à feu vif et sans sauce : *Rôtir un gigot, un poulet* (= le faire rôtir). **2.** Produire un effet comparable à une brûlure : *Le soleil rôtit les fleurs* (syn. **brûler, griller**). ◆ **v.i.** ou **se rôtir v.pr.** *FAM.* Être exposé à une chaleur, à un soleil très vifs : *Se rôtir au soleil. Vacanciers qui rôtissent sur la plage.*

rôtissage [rotisaʒ] **n.m.** Action de rôtir : *Le rôtissage de volailles.*

rôtisserie [rotisri] **n.f. 1.** Boutique du rôtisseur. **2.** Restaurant où l'on fait rôtir les viandes dans la salle des repas.

rôtisseur, euse [rotisœr, -øz] **n.** Personne qui prépare et vend des viandes rôties.

rôtissoire [rotiswar] **n.f. 1.** Ustensile de cuisine qui sert à rôtir la viande, et qui comprend une broche et une lèchefrite : *Installer une rôtissoire devant le feu d'une cheminée.* **2.** Appareil électrique comportant un tournebroche et un élément chauffant à feu vif.

rotonde [rɔtɔ̃d] **n.f.** (it. *rotonda,* du lat. *rotundus,* rond). Bâtiment de plan circulaire, ou proche du cercle, souvent surmonté d'une coupole : *La rotonde du Panthéon de Rome.*

rotondité [rɔtɔ̃dite] **n.f.** (lat. *rotunditas*). **1.** État de ce qui est rond : *La rotondité de la Terre* (syn. **rondeur**). **2.** *FAM.* Embonpoint ; rondeur (souvent au pl.).

rotor [rɔtɔr] **n.m.** (contraction du lat. *rotator,* qui fait tourner). **1.** Ensemble constitué par le moyeu et les surfaces en rotation assurant la sustentation et la propulsion des hélicoptères. **2.** ÉLECTR. Partie mobile d'un générateur (par opp. à la partie fixe, le *stator*).

Rotterdam, port des Pays-Bas (Hollande-Méridionale), sur la « Nouvelle Meuse » (Nieuwe Maas), branche du delta commun au Rhin et à la Meuse ; 616 294 hab. (1 010 025 hab. dans l'agglomération). Rotterdam prit son essor au XIXe s. avec l'aménagement du Rhin pour la navigation et le développement industriel de la Ruhr. L'un des tout premiers ports du monde (transit vers l'Allemagne et la Suisse) et centre industriel (raffinage du pétrole et chimie principalement), commercial et financier. Nouvel urbanisme remontant aux années 1950. Riche musée d'art Boymans-Van Beuningen.

rotule [rɔtyl] **n.f.** (lat. *rotula,* petite roue). **1.** Petit os circulaire et plat situé à la partie antérieure du genou. **2.** MÉCAN. Pièce de forme sphérique, utilisée comme articulation : *La rotule d'une lampe de bureau.* **3.** *FAM.* **Être sur les rotules,** être sur les genoux, être fourbu.

rotulien, enne [rɔtyljɛ̃, -ɛn] **adj.** ANAT. Relatif à la rotule : *Les réflexes rotuliens.*

roture [rɔtyr] **n.f.** (lat. *ruptura,* fracture, rupture, et par ext. « terre rompue », puis « redevance due à un seigneur pour une terre à défricher »). **1.** HIST. Condition de qqn qui n'est pas noble. **2.** Ensemble des roturiers, par opp. à la *noblesse* (syn. **masse, peuple**).

roturier, ère [rɔtyrje, -ɛr] **adj.** et **n.** Qui n'est pas noble.

rouage [rwaʒ] **n.m. 1.** Chacune des roues d'un mécanisme : *Les rouages d'une montre.* **2.** *FIG.* Chaque élément d'un organisme, considéré dans sa participation au fonctionnement de l'ensemble : *Les rouages de l'Administration.*

rouan, anne [rwɑ̃, rwan] **adj.** (esp. *roano,* du lat. *ravus,* gris foncé). Se dit d'un cheval, d'une vache dont la robe est composée d'un mélange de poils blancs, alezans et noirs. ◆ **rouan n.m.** Cheval rouan.

Rouault (Georges), peintre français (Paris 1871 - *id.* 1958). Il a pratiqué, en puissant coloriste, un expressionnisme tour à tour satirique et mystique. Il a gravé, notamment, la suite en noir et blanc du *Miserere* (1922-1927). Important fonds au M.N.A.M.

Roubaix, ch.-l. de c. du Nord, au nord-est de Lille ; 95 182 hab. *(Roubaisiens).* Centre textile (laine surtout). Vente par correspondance. Musée d'Art et d'Industrie.

roublard, e [rublar, -ard] **adj.** et **n.** (orig. incert., p.-ê. arg. anc. *roubliou,* feu). *FAM.* Habile et capable d'user de moyens peu délicats : *Un marchand roublard* (syn. **malin, retors, rusé**).

roublardise [rublardiz] **n.f. 1.** *FAM.* Caractère de qqn qui est roublard : *Méfie-toi de sa roublardise* (syn. **rouerie**). **2.** Acte de roublard : *Ses roublardises ne se comptent plus* (syn. **fourberie, stratagème**).

rouble [rubl] **n.m.** Unité monétaire principale de la Russie et de la Biélorussie (après avoir été l'unité monétaire principale de l'U.R.S.S.).

Rouch (Jean), cinéaste français (Paris 1917 - près de Konni, Niger, 2004). Ethnologue, il a renouvelé la technique du film documentaire : *Moi, un Noir* (1958), *la Pyramide humaine* (1959), *Chronique d'un été* (1960), *Cocorico, Monsieur Poulet* (1974).

roucoulade [rukulad] **n.f. 1.** Chant que font entendre les pigeons, les tourterelles qui roucoulent ; roucoulement. **2.** *LITT.* Échange de propos tendres entre amoureux.

roucoulement [rukulmɑ̃] **n.m.** Cri des pigeons et des tourterelles (syn. **roucoulade**).

roucouler [rukule] **v.i.** (onomat.). **1.** Émettre un roucoulement, un chant tendre et monotone, en parlant du pigeon, de la tourterelle. **2.** Tenir des propos tendres et langoureux. ◆ **v.t.** Dire ou chanter langoureusement : *Roucouler une romance.*

roudoudou [rududu] **n.m.** (pl. *roudoudous*). *FAM.* Caramel coloré coulé dans un coquillage.

roue [ru] **n.f.** (anc. fr. *rode,* refait sur *rouer,* lat. *rota*). **1.** Organe de forme circulaire, destiné à tourner autour d'un axe passant par son centre, et qui permet à un véhicule de rouler : *Les roues d'une automobile, d'un train. La roue d'une brouette.* **2.** Organe de forme circulaire entrant dans la constitution d'une machine, et qui transmet le mouvement soit grâce aux dents dont son pourtour est garni, soit grâce à un lien flexible passant sur sa périphérie : *Les roues d'une horloge* (syn. **rouage**). **3.** Objet circulaire que l'on fait tourner : *Roue de loterie.* **4.** Supplice qui consistait à laisser mourir sur une roue un condamné dont on avait rompu les membres : *Condamné à la roue.* **5. Faire la roue,** tourner latéralement sur soi-même en s'appuyant successivement sur les mains et sur les pieds ; déployer en éventail les plumes de sa queue, en parlant de certains volatiles comme le paon ; au fig., faire l'avantageux, se pavaner. / **Grande roue,** attraction foraine en forme de roue. / **Pousser à la roue,** aider à la réussite d'une affaire. / **Roue à aubes,** propulseur de navire, à aubes articulées ou fixes. / **Roue de gouvernail** ou **roue à barre,** roue garnie de rayons prolongés par des poignées que l'on fait tourner pour agir sur la barre du gouvernail. / **Roue libre,** dispositif permettant à un organe moteur d'entraîner un mécanisme sans être entraîné par lui.

roué, e [rwe] **adj.** et **n.** (de *roué,* propr. « débauché qui mérite le supplice de la roue », de *rouer*). Sans moralité et sans scrupule : *Méfie-t'en, c'est une rouée* (syn. **madré**).

rouelle [rwɛl] **n.f.** (bas lat. *rotella,* petite roue). Tranche épaisse tirée du cuisseau de veau.

Rouen, ch.-l. de la Région Normandie et du dép. de la Seine-Maritime, sur la Seine, à 123 km au nord-ouest de Paris ; 114 265 hab. *(Rouennais)* [l'agglomération compte 465 879 hab.]. Cour d'appel. Archevêché. Académie et université. Centre d'une agglomération industrielle (métallurgie, textile, produits chimiques et alimentaires), dont l'activité est liée à celle du port (trafic d'hydrocarbures, céréales, produits tropicaux). – La ville conserve de remarquables monuments : la cathédrale gothique (XIIe-XVIe s.), à la façade et aux tours richement ornementées, les églises St-Ouen (vitraux des XIVe et XVIe s.) et St-Maclou (flamboyante), le Gros-Horloge (XIVe et XVIe s.), le palais de justice gothique, très restauré, etc. Église Ste-Jeanne-d'Arc (1979). Riches musées des Beaux-Arts (peinture), de la Céramique (faïences de Rouen, etc.), Le Secq des Tournelles (ferronnerie). Centre de production de faïence du XVIe au XVIIIe s. Évêché dès le IIIe s., Rouen devint la résidence principale des ducs de Normandie et reçut des Plantagenêts une charte avant d'être rattachée au domaine du roi de France (1204-1419). Jeanne d'Arc y fut brûlée (1431) durant l'occupation anglaise (1419-1449). La ville fut, au Moyen Âge et encore au XVIe s., une importante ville drapière et un grand port fluvial.

rouer [rwe] **v.t.** (de *roue*) [conj. **6**]. **1.** HIST. Faire mourir par le supplice de la roue. **2. Rouer qqn de coups,** le frapper violemment, à coups répétés.

rouergat, e [rwɛrga, -at] **adj.** et **n.** Du Rouergue.

Rouergue, anc. pays du midi de la France, correspondant approximativement à l'actuel département de l'Aveyron. CAP. *Rodez.* Le Rouergue a été réuni à la Couronne en 1607 par Henri IV.

rouerie [ruri] **n.f.** (de *roué*). *LITT.* Ruse ; fourberie.

rouet [rwɛ] **n.m.** (de *roue*). **1.** Ancien instrument à roue mû par une pédale, et servant à filer la laine, le chanvre et le lin. **2.** Rondelle d'acier dentée qui, en butant sur un silex, provoquait l'étincelle des anciennes armes à feu.

rouflaquette [ruflakɛt] **n.f.** (orig. obsc.). *FAM.* (Surtout au pl.). Chez un homme, patte de cheveux descendant sur la joue (syn. **favori**).

1. rouge [ruʒ] **adj.** (lat. *rubeus,* roux, de *ruber*). **1.** De la couleur du sang, du coquelicot, etc. : *Fruits rouges. Des tissus rouge foncé. Du vin rouge.* **2.** Qui a le visage coloré par l'émotion, l'effort, le froid : *Être rouge de colère, de honte.* **3.** Se dit des cheveux, d'un pelage d'un roux ardent : *Un garçon aux cheveux rouges.* **4.** Qui a été chauffé et porté à l'incandescence : *Le dessus du poêle était rouge.* ◆ **adj.** et **n.** Se dit des partisans de l'action révolutionnaire et de groupements politiques de gauche. ◆ **adv. Se fâcher tout rouge,** manifester violemment sa colère. / **Voir rouge,** avoir un vif accès de colère.

2. rouge [ruʒ] **n.m.** (de *1. rouge*). **1.** Couleur rouge : *Teindre une robe en rouge.* ► Cette couleur est placée à l'extrémité du spectre visible correspondant aux grandes longueurs d'onde. **2.** Couleur que prend un métal porté à l'incandescence : *Barre de fer portée au rouge.* **3.** Fard rouge : *Rouge à lèvres, à joues.* **4.** Couleur caractéristique des signaux d'arrêt ou de danger : *Le feu de signalisation va passer au rouge.* **5.** Coloration vive de la peau du visage sous l'effet du froid, d'une émotion : *Le rouge de la honte lui monta au visage.* **6.** *FAM.* Vin rouge : *Un litre de rouge. Du gros rouge* (= du vin rouge de mauvaise qualité). **7.** Situation déficitaire, solde débiteur de qqn, d'une entreprise, d'un pays : *La balance commerciale sort du rouge. Compte en rouge à la banque.*

Rouge *(fleuve),* en vietnamien **Sông Hông** ou **Sông Nhi Ha,** fl. du Viêt Nam, né au Yunnan (Chine), qui rejoint le golfe du Tonkin en un vaste delta (riziculture) ; 1 200 km.

Rouge *(mer),* anc. **golfe Arabique** ou **mer Érythrée,** long golfe de l'océan Indien, entre l'Arabie et l'Afrique, relié à la Méditerranée par le canal de Suez. C'est un fossé d'effondrement envahi par les eaux.

Rouge *(place),* place principale de Moscou (Russie), en bordure du Kremlin. Mausolée de Lénine.

rougeâtre [ruʒɑtr] **adj.** D'une couleur qui tire sur le rouge : *Une brique rougeâtre.*

rougeaud, e [ruʒo, -od] **adj.** et **n.** Qui a le visage rouge : *Un gros homme rougeaud* (syn. **congestionné, empourpré, sanguin**).

rouge-gorge [ruʒgɔrʒ] **n.m.** (pl. *rouges-gorges*). Oiseau passereau d'Europe, d'Asie et d'Afrique du Nord brun à gorge et poitrine orange à rouge, qui se nourrit d'insectes. ► Famille des turdidés.

Rougemont (Denis de), écrivain suisse d'expression française (Neuchâtel 1906 - Genève 1985). Il a analysé des composantes de la civilisation occidentale (*l'Amour et l'Occident,* 1939) et s'est fait le défenseur du fédéralisme européen.

rougeoiement [ruʒwamɑ̃] **n.m.** Lueur, reflet rouges : *Les derniers rougeoiements d'un feu qui s'éteint.*

rougeole [ruʒɔl] **n.f.** (altér., d'apr. *vérole,* de *rougeule,* du lat. pop. **rubeola,* class. *rubeus,* rouge). Maladie infectieuse contagieuse due à un virus, caractérisée par une éruption de taches rouges sur la peau, fréquente chez les enfants.

rougeoyant, e [ruʒwajɑ̃, -ɑ̃t] **adj.** Qui rougeoie : *Les lueurs rougeoyantes de l'incendie.*

rougeoyer [ruʒwaje] **v.i.** [conj. **13**]. Prendre une teinte rougeâtre : *Le soleil rougeoie au couchant.*

rouget [ruʒɛ] **n.m.** (de *1. rouge*). **1.** Poisson marin à chair recherchée, au menton garni de barbillons (d'où son nom de *rouget barbet*). **2. Rouget grondin,** grondin rouge.

Rouget de Lisle (Claude), officier et compositeur français (Lons-le-Saunier 1760 - Choisy-le-Roi 1836). Capitaine à Strasbourg, il composa en 1792 les paroles et peut-être la musique du *Chant de guerre pour l'armée du Rhin,* qui devint *la Marseillaise.*

rougeur [ruʒœr] **n.f. 1.** Couleur rouge : *La rougeur de l'horizon au couchant.* **2.** Tache rouge sur la peau : *Avoir des rougeurs sur la figure.* **3.** Teinte rouge passagère qui apparaît sur la peau du visage et qui révèle une émotion : *Sa rougeur trahissait son embarras.*

rough [rœf] **n.m.** (mot angl. « brut ») [pl. *roughs*]. Maquette plus ou moins élaborée d'un avant-projet de campagne publicitaire. (Recomm. off. *crayonné, esquisse.*)

rougir [ruʒir] **v.t.** [conj. **32**]. Rendre rouge : *Fer rougi au feu.* ◆ **v.i. 1.** Devenir rouge : *Le couchant rougit au crépuscule. Elle ne bronze pas, elle rougit.* **2.** Devenir rouge sous l'effet d'une émotion, en parlant du visage : *Rougir de plaisir, de honte.*

rougissant, e [ruʒisɑ̃, -ɑ̃t] **adj. 1.** Qui devient rouge : *Feuilles d'automne rougissantes.* **2.** Qui rougit d'émotion : *Un jeune homme rougissant.*

rougissement [ruʒismɑ̃] **n.m.** Action de rendre rouge ; fait de devenir rouge : *Le rougissement du métal en fusion.*

rouille [ruj] **n.f.** (lat. *robigo, -inis*). **1.** Oxyde ferrique hydraté, d'un brun roux, qui altère les métaux ferreux exposés à l'air humide : *Une grille attaquée par la rouille.* **2.** BOT. Maladie des plantes due à des champignons, atteignant surtout les céréales et se manifestant par des taches brunes ou jaunes sur les tiges et les feuilles. **3.** CUIS. Aïoli relevé de piments rouges, accompagnant la soupe de poisson et la bouillabaisse. ◆ **adj. inv.** De la couleur de la rouille ; brun-roux.

rouiller [ruje] **v.t. 1.** Produire de la rouille sur un corps ferreux : *L'humidité rouille le fer.* **2.** Faire perdre sa souplesse physique ou intellectuelle à qqn : *La paresse finit par rouiller l'esprit* (syn. **engourdir, paralyser**). ◆ **v.i.** ou **se rouiller v.pr. 1.** Se couvrir de rouille : *Passer du minium sur une grille pour l'empêcher de rouiller.* **2.** Perdre de sa souplesse, de ses facultés, par manque d'activité : *Sportif qui se rouille faute d'entraînement* (syn. **se scléroser**).

rouir [ruir] **v.t.** (frq. **rotjan*) [conj. **32**]. Éliminer partiellement, par immersion dans l'eau ou par exposition à l'air, les matières pectiques dans lesquelles sont noyés les faisceaux de fibres de certaines plantes textiles : *Rouir du lin.*

rouissage [ruisaʒ] **n.m.** Action de rouir.

roulade [rulad] **n.f.** (de *rouler*). **1.** Roulé-boulé. **2.** MUS. Effet de voix qui alterne deux ou plusieurs notes sur un même son ; vocalise : *Faire des roulades.* **3.** CUIS. Tranche de veau ou de porc, roulée sur elle-même autour d'une farce et cuite.

roulage [rulaʒ] **n.m. 1.** Action de rouler qqch. **2.** MAR. Transport des marchandises entre la terre et le bord par engins roulants. **3.** MIN. Transport du charbon ou du minerai dans la mine.

roulant, e [rulɑ̃, -ɑ̃t] **adj. 1.** Qui peut être déplacé grâce à ses roues : *Table roulante.* **2.** *FAM.* Très plaisant, comique : *Histoire roulante* (syn. **désopilant**). **3. Cuisine roulante,** cuisine ambulante employée par les troupes en campagne (on dit aussi *une roulante*). / **Escalier, trottoir roulant,** escalier, plateforme mobiles actionnés mécaniquement, pour le déplacement des piétons ou des marchandises. / **Feu roulant,** tir d'une troupe dont les hommes font feu à volonté ; au fig., succession vive et ininterrompue : *Un feu roulant de questions, de critiques, de bons mots.* / **Personnel roulant,** personnel employé à bord de véhicules de transport en commun.

roulé, e [rule] **adj. 1.** Enroulé ; disposé en rond, en rouleau, en boule : *Un pull à col roulé. Faire cuire une épaule roulée* (= un morceau d'épaule désossée et parée sous forme de rouleau). **2.** *FAM.* **Bien roulé,** bien proportionné, surtout en parlant d'une femme.

rouleau [rulo] **n.m.** (de *rôle,* et de l'anc. fr. *ruele,* petite roue, bas lat. *rotella,* dimin. du class. *rota,* roue). **1.** Objet de forme cylindrique : *Rouleau à pâtisserie. Déplacer des blocs de marbre à l'aide de rouleaux.* **2.** Bande de papier, de tissu, de métal, etc., enroulée sur elle-même ou sur une tige cylindrique : *Rouleau de parchemin. Rouleau de pellicule photo* (= une bobine). **3.** Instrument composé de cylindres que l'on passe sur le sol pour briser les mottes, tasser le sol : *Passer le rouleau sur un court de tennis en terre battue.* **4.** PEINT. Manchon en peau de mouton ou en plastique pour étaler la peinture. **5.** Gros bigoudi. **6.** Vague déferlante dont la crête est enroulée. **7.** SPORTS. Saut en hauteur effectué en passant la barre sur le ventre. **8.** *FAM.* **Être au bout du rouleau,** être sans ressources ; être à bout de forces ; être sur le point de mourir. / TR. PUBL. **Rouleau compresseur,** engin automoteur composé d'un ou de plusieurs cylindres formant des roues et utilisé pour le compactage des sols ; au fig., phénomène massif et irrésistible : *Le rouleau compresseur de la mondialisation.*

roulé-boulé [rulebule] **n.m.** (pl. *roulés-boulés*). Action de se rouler en boule au cours d'une chute, afin d'amortir le choc (syn. **roulade**).

roulement [rulmɑ̃] **n.m. 1.** Action de rouler ; mouvement de ce qui roule : *Le roulement d'une bille. Un roulement des épaules.* **2.** Bruit, son sourd et continu évoquant un objet, un véhicule qui roule : *Roulement de tonnerre, de tambour* (syn. **grondement**). **3.** MÉCAN. Organe destiné, dans un système en rotation, à substituer un frottement de roulement à un frottement de glissement entre les paliers et les arbres : *Roulement à billes, à rouleaux, à aiguilles.* **4.** Circulation et utilisation de l'argent pour les paiements, les transactions : *Le roulement des capitaux.* **5.** Succession de personnes, d'équipes, dans un travail : *Le roulement des membres d'un tribunal. Équipes qui travaillent par roulement* (= à tour de rôle).

rouler [rule] **v.t.** (de *rouelle,* roue). **1.** Déplacer qqch en le faisant tourner sur lui-même : *Rouler un fût.* **2.** Pousser qqch qui est muni de roues : *Rouler un chariot.* **3.** Mettre en rouleau : *Rouler un tapis, une cigarette.* **4.** Enrouler ; envelopper : *Rouler qqn dans une couverture.* **5.** Tourner et retourner sur toute la surface : *Rouler des fraises dans du sucre.* **6.** Tourner et retourner dans sa tête : *Rouler de sombres pensées* (syn. **ressasser, ruminer**). **7.** Imprimer un balancement à : *Rouler les épaules, les hanches* (syn. **onduler**). **8.** *FAM.* Duper ; tromper : *Rouler un acheteur* (syn. **berner**). **9.** *FAM.* **Rouler les mécaniques,** marcher en balançant les épaules pour faire valoir sa carrure ; faire le fier-à-bras. / **Rouler les « r »,** les faire vibrer fortement. / **Rouler les yeux,** les porter vivement de côté et d'autre par émotion, par surprise. ◆ **v.i. 1.** Avancer, tomber en tournant sur soi-même : *Bille qui roule. Rouler dans l'escalier* (syn. **dégringoler**). **2.** Se déplacer, en parlant d'un véhicule, de ses passagers : *Rouler à grande vitesse* (syn. **circuler**). **3.** MAR. En parlant d'un navire, être affecté par le roulis. **4.** Faire entendre des roulements : *Coup de tonnerre qui roule dans la montagne* (syn. **gronder**). **5.** *FAM.* **Ça roule,** tout va bien. / **Rouler sur,** avoir pour objet principal ; dépendre de : *Conversation qui roule sur l'argent. Tout roule là-dessus.* / **Rouler sur l'or,** être fort riche. ◆ **se rouler v.pr. 1.** Se tourner de côté et d'autre ; se retourner dans, sur qqch : *Se rouler sur le gazon, dans la boue* (syn. **se vautrer**). **2.** S'envelopper : *Se rouler dans une couverture* (syn. **s'enrouler**). **3. Se rouler en boule,** s'enrouler sur soi-même. / *FAM.* **Se rouler par terre,** se tordre de rire : *Des histoires à se rouler par terre.*

roulette [rulɛt] **n.f.** (de *rouelle,* rattaché à *rouler*). **1.** Petite roue tournant en tous sens, fixée sur un objet, sous le pied d'un meuble, etc. : *Fauteuil à roulettes.* **2.** *FAM.* Fraise dentaire. **3.** Ustensile constitué d'une petite roue dentée montée sur un manche, servant à imprimer des marques sur une surface, en couture, en cuisine, etc. **4.** Jeu de casino où le gagnant est désigné par l'arrêt d'une bille sur l'un des numéros (de 0 à 36) d'un plateau tournant. **5.** *FAM.* **Aller, marcher comme sur des roulettes,** ne rencontrer aucun obstacle, en parlant d'une affaire, d'un travail.

rouleur [rulœr] **n.m.** Cycliste spécialiste du plat et, partic., des épreuves contre la montre.

roulis [ruli] **n.m.** (de *rouler*). Mouvement d'oscillation d'un bord sur l'autre que prend un véhicule, partic. un bateau, autour d'un axe longitudinal, sous l'influence d'une force perturbatrice.

roulotte [rulɔt] **n.f.** (de *rouler*). **1.** Grande voiture où logent les forains, les bohémiens, etc. **2.** Voiture hippomobile de louage aménagée en caravane pour le tourisme itinérant. **3.** *FAM.* **Vol à la roulotte,** vol commis dans une voiture en stationnement.

roulure [rulyr] **n.f.** (de *rouler*). **1.** *FAM.* Femme dépravée ; prostituée (terme injurieux). **2.** AGRIC. Décollement des couches ligneuses du bois des arbres sous l'effet de la gelée.

roumain, e adj. et **n.** De Roumanie. ◆ **roumain n.m.** Langue romane parlée en Roumanie.

Roumanie, État de l'Europe orientale ; 237 000 km^2 ; 21 699 000 hab. *(Roumains).* CAP. *Bucarest.* LANGUE : *roumain.* MONNAIE : *leu.*

GÉOGRAPHIE

Les Carpates constituent les principaux reliefs. La chaîne forme un arc de cercle qui entoure la Transylvanie, d'où émergent les monts Apuseni. À la périphérie de cet ensemble se succèdent plateaux et plaines : Moldavie roumaine au nord-est, Munténie et Dobroudja à l'est, Valachie au sud. Le climat est continental, relativement peu arrosé (de 500 à 600 mm de précipitations par an).

La population compte plusieurs minorités (dont la principale est constituée par les Hongrois). Le secteur agricole fournit surtout du blé, du maïs et de la betterave à sucre. Les ressources énergétiques (gaz, pétrole, lignite, hydroélectricité) alimentent une industrie où dominent la métallurgie, la pétrochimie et la mécanique. Mais ce tissu industriel souffre d'une insuffisante restructuration et, souvent encore, d'équipements vétustes. Le tourisme est présent sur la mer Noire. Le passage de la gestion communiste à l'économie de marché a contribué globalement à développer le pays, qui était dans un état désastreux, mais s'est accompagné d'une baisse du niveau de vie pour une partie de la population et d'une aggravation des disparités régionales. Les envois des émigrés (nombreux) constituent un apport non négligeable. L'adhésion à l'Union européenne a accéléré les réformes économiques et favorisé les investissements, mais la Roumanie pâtit aujourd'hui des effets de la crise financière et économique mondiale.

HISTOIRE
Si la Roumanie en tant que nation indépendante n'apparaît qu'au XIXe s., la formation de son peuple et de sa langue est liée à la romanisation de l'État dace après sa conquête par Trajan et sa transformation en province de Dacie (106 apr. J.-C.).
271. La Dacie est évacuée par les Romains.
VIe s. Les Slaves s'établissent dans la région.
XIe s. Le christianisme s'y répand ; l'Église adopte la liturgie slavonne.
Les principautés de Moldavie, de Valachie et de Transylvanie. Du Xe au XIIIe s., les invasions turco-mongoles perturbent la région, tandis que les Hongrois conquièrent la Transylvanie (XIe s.). Les principautés de Valachie et de Moldavie sont créées au XIVe s. ; elles s'émancipent de la suzeraineté hongroise, la première v. 1330 sous Basarab Ier, la seconde v. 1359 sous Bogdan Ier.
1386-1418. Sous Mircea le Vieux, la Valachie doit accepter de payer un tribut aux Ottomans.
1455. La Moldavie est également soumise au tribut.
1526. Les Turcs, victorieux à Mohács, vassalisent la Transylvanie.
1691. La Transylvanie est annexée par les Habsbourg.
1711. Après l'échec de D. Cantemir, qui s'était allié à la Russie contre les Ottomans, les Turcs imposent un régime plus dur à la Moldavie et à la Valachie.
1775. La Bucovine est annexée par l'Autriche.
1812. La Bessarabie est cédée à la Russie.
1859. Les principautés de Moldavie et de Valachie élisent un seul prince, Alexandre-Jean Cuza, et Napoléon III soutient leur union.
La Roumanie contemporaine
1866. Le pays prend le nom de *Roumanie*. Le pouvoir est confié au prince Charles de Hohenzollern-Sigmaringen (Charles Ier).
1878. L'indépendance du pays est reconnue.
1881. Charles Ier devient roi de Roumanie.
1916. La Roumanie s'engage dans la Première Guerre mondiale aux côtés des Alliés.
1918. Les troupes roumaines pénètrent en Transylvanie.
Les traités de Neuilly, de Saint-Germain, de Trianon et de Paris (1919-1920) attribuent à la Roumanie la Dobroudja, la Bucovine, la Transylvanie, le Banat et la Bessarabie. Dans les années 1930 se développe un mouvement fasciste, encadré par la Garde de fer.
1940. Antonescu instaure la dictature.
Bien qu'alliée de l'Allemagne, la Roumanie est dépouillée de la Bessarabie et de la Bucovine du Nord (annexées par l'U.R.S.S.), d'une partie de la Transylvanie (récupérée par la Hongrie), de la Dobroudja méridionale (donnée à la Bulgarie).
1941. La Roumanie entre en guerre contre l'U.R.S.S.
1944. Antonescu est renversé. Un armistice est signé avec l'U.R.S.S.
1947. Le traité de Paris entérine l'annexion de la Bessarabie et de la Bucovine du Nord par l'U.R.S.S.
Le roi Michel (1927-1930 ; 1940-1947) abdique et une république populaire est proclamée à la fin de 1947. Un régime de type soviétique est instauré.
1965. Ceauşescu devient secrétaire général du parti communiste roumain.
1968. Il refuse de participer à l'invasion de la Tchécoslovaquie.
1974. Ceauşescu est président de la République. Le pays connaît des difficultés économiques et de graves pénuries qui engendrent un climat social d'autant plus sombre que le régime demeure centralisé et répressif.
1987. La contestation se développe (émeutes de Braşov).
1989. Une insurrection (déc.) renverse le régime.
Ceauşescu et son épouse sont arrêtés et exécutés. Un Conseil du Front de salut national, présidé par Ion Iliescu, assure la direction du pays.
1990. Les premières élections libres sont remportées par le Front de salut national ; I. Iliescu est élu à la présidence.
1996. Le chrétien-démocrate Emil Constantinescu est élu à la présidence de la République. I. Iliescu lui succède en 2000.
2004. La Roumanie est intégrée dans l'O.T.A.N. Traian Băsescu, chef de l'opposition de centre-droit, devient président de la République (réélu en 2009).
2007. La Roumanie adhère à l'Union européenne mais reste sous la surveillance de la Commission européenne.
2012. Après avoir tenté sans succès de destituer le président T. Băsescu, l'opposition, regroupée dans l'Union sociale-libérale, remporte les élections législatives.

Roumélie, nom donné par les Ottomans à l'ensemble de leurs provinces européennes jusqu'au milieu du XVIe s. Le congrès de Berlin (1878) créa une province de Roumélie-Orientale, qui s'unit en 1885 à la Bulgarie.

round [rawnd] ou [rund] **n.m.** (mot angl. « tour »). Reprise, dans un combat de boxe.

1. roupie [rupi] **n.f.** (orig. obsc.). **1.** *FAM., VX.* Goutte sécrétée par les fosses nasales et qui pend au nez. **2. De la roupie de sansonnet,** une chose insignifiante, sans valeur.

2. roupie [rupi] **n.f.** Unité monétaire principale de l'Inde, de l'Indonésie *(rupiah),* des Maldives *(rufiyaa),* de l'île Maurice, du Népal, du Pakistan, des Seychelles et du Sri Lanka.

roupiller [rupije] **v.i.** (orig. incert., probabl. onomat.). *FAM.* Dormir.

roupillon [rupijɔ̃] **n.m.** (de *roupiller*). *FAM.* Petit somme : *Piquer un roupillon.*

rouquin, e [rukɛ̃, -in] **adj.** et **n.** (altér. arg. de *rouge* ou *roux*). *FAM.* Qui a les cheveux roux.

rouspéter [ruspete] **v.i.** (de l'anc. fr. *rousser,* gronder, et *péter*) [conj. **18**]. *FAM.* Manifester en paroles son opposition, son mécontentement : *Il n'est jamais content, il rouspète tout le temps* (syn. **grogner, protester**).

rouspéteur, euse [ruspetœr, -øz] **adj.** et **n.** *FAM.* Qui a l'habitude de rouspéter ; grincheux, râleur.

roussâtre [rusɑtr] **adj.** Qui tire sur le roux.

Rousseau (Henri, dit le Douanier), peintre français (Laval 1844 - Paris 1910). Les tableaux, au dessin naïf, de cet autodidacte sont d'une invention poétique étrange et d'une grande sûreté plastique (*la Guerre ou la Chevauchée de la discorde* [1894, M.N.A.M.], *la Charmeuse de serpents* [1907, musée d'Orsay], *le Rêve* [1910, New York]). Apollinaire, Delaunay, Picasso reconnurent ses dons.

Rousseau (Jean-Jacques), écrivain et philosophe genevois de langue française (Genève 1712 - Ermenonville 1778). De famille protestante, orphelin de mère et abandonné à dix ans par son père, il connaît une enfance difficile avant d'être pris en charge par Mme de Warens (1728). Précepteur un temps à Lyon et après un voyage à Venise (1743), il se fixe à Paris (1744), où il commence une longue liaison avec une servante, Thérèse Levasseur, qui lui donnera cinq enfants, tous déposés aux Enfants-Trouvés. Remarqué grâce à son opéra *les Muses galantes* (1745), il écrit, à la demande de son ami Diderot, des articles sur la musique pour l'*Encyclopédie.* Rejetant la célébrité que lui vaut le couronnement, par l'Académie de Dijon, de son *Discours sur les sciences et les arts* (1750), Rousseau décide de vivre en conformité avec ses principes ; redevenu citoyen de Genève et calviniste, il étonne par son *Discours sur l'origine de l'inégalité* (1755), où il démontre que le passage de l'état de nature à l'état de société détruit l'harmonie entre les hommes, la propriété, protégée par les lois, engendrant l'inégalité et les injustices sociales. Un séjour à l'Ermitage (forêt de Montmorency), interrompu par une passion malheureuse pour Mme d'Houdetot, belle-sœur de son hôtesse, Mme d'Épinay, des désaccords avec les Encyclopédistes préfigurent la période la plus féconde de sa vie, passée dans le domaine du maréchal de Luxembourg, à Montmorency. Il publie la *Lettre à d'Alembert sur les spectacles* (1758), que suivent le roman à succès *Julie ou la Nouvelle Héloïse* (1761), aux accents préromantiques, et le traité politique *Du contrat social* (1762), où il décrit le principe et les conditions d'une vie communautaire harmonieuse et établit le peuple souverain comme la seule origine possible d'un gouvernement légitime. La condamnation de son roman pédagogique *Émile* (1762) l'oblige à passer en Suisse (1763-1765), où il se défend notamment contre Voltaire (*Lettre sur la Providence,* 1764). Il gagne ensuite l'Angleterre

(1766) mais, s'étant brouillé avec le philosophe Hume, il repart pour la France en 1767. De retour à Paris (1770), il peaufine les *Confessions*, écrites (1765-1770) en réponse à l'hostilité persistante des Encyclopédistes et publiées en 1782-1789, et rédige les *Dialogues (Rousseau juge de Jean-Jacques)* [1772-1776], publiés en 1789. Renonçant à polémiquer, il se livre à ses *Rêveries du promeneur solitaire* (1776-1778), publiées en 1782. Fatigué, malade, il accepte l'hospitalité du marquis de Girardin mais meurt peu de temps après. Chantre de la liberté individuelle et théoricien de l'État tout-puissant, Rousseau a renouvelé les idées dans le domaine de l'éducation et de la politique, préparé les grands changements de la Révolution et influencé la philosophie de Kant ; il a créé des thèmes nouveaux en littérature, ouvert les sources du lyrisme et préparé l'avènement du romantisme. • **Les Confessions.** Désireux de « tout dire » dans cette autobiographie, offrant l'« histoire de son âme » en réponse aux calomnies et aux attaques personnelles, Rousseau recherche par un effort de la mémoire les « chaînes d'affection secrètes » qui constituent la trame d'une vie. Tandis que les premiers livres reposent sur un retour en forme d'évasion au temps heureux de l'enfance et de la jeunesse, l'amertume du présent assombrit la fin de l'ouvrage.

Rousseff (Dilma), économiste et femme politique brésilienne (Belo Horizonte 1947). Engagée dans la guérilla contre la dictature militaire dans les années 1960-1970, membre du parti des Travailleurs, chef de cabinet de Lula (2005-2010), elle est présidente de la République depuis 2011.

Roussel (Albert), compositeur français (Tourcoing 1869 - Royan 1937). Élève de Vincent d'Indy, influencé par Debussy et par l'impressionnisme (*Évocations,* 1910-1911), il se distingua ensuite par l'âpreté de son harmonie et l'austérité de sa pensée (opéra-ballet *Padmâvatî,* 1914-1918, créé en 1923). À partir de 1926 naquirent ses chefs-d'œuvre, tantôt rudes ou graves, tantôt truculents ou d'une langueur insinuante (*Suite en « fa »,* 1926 ; ballet *Bacchus et Ariane,* 1931 ; ballet *Aeneas,* 1935).

Roussel (Raymond), écrivain français (Paris 1877 - Palerme 1933). Revendiqué par les surréalistes comme un précurseur, il pratiqua une exploration poétique du langage et engendra par une série de procédés formels ses histoires et ses machines fantastiques (*Impressions d'Afrique,* 1910 ; *Locus Solus,* 1914).

rousserolle [rusrɔl] **n.f.** (du germ. *rusk,* jonc). Fauvette des marais d'Eurasie et d'Afrique, construisant près des eaux un nid suspendu. ▸ Famille des sylviidés.

roussette [rusɛt] **n.f.** (de l'anc. fr. *rousset,* roux). **1.** Grande chauve-souris frugivore au pelage roux, d'Afrique, d'Asie et d'Océanie. **2.** Petit requin inoffensif des eaux littorales, à robe claire parsemée de taches brunes, commercialisé sous le nom de *saumonette.*

rousseur [rusœr] **n.f. 1.** Couleur rousse. **2. Tache de rousseur,** éphélide.

roussi [rusi] **n.m.** (de *roussir*). **1.** Odeur d'une chose que le feu a brûlée superficiellement. **2.** FAM. **Ça sent le roussi,** les choses prennent une mauvaise tournure.

Roussillon, anc. prov. française correspondant à la majeure partie du dép. des *Pyrénées-Orientales.* CAP. *Perpignan.* Occupée successivement par les Romains, les Wisigoths et les Arabes, la province est rattachée au royaume franc par les Carolingiens au VIIIe s.
Devenu possession aragonaise en 1172, il est un des enjeux de la lutte entre Français et Espagnols. Le traité des Pyrénées (1659) le rattache définitivement à la France.

roussillonnais, e [rusijɔnɛ, -ɛz] **adj.** et **n.** Du Roussillon.

roussir [rusir] **v.t.** [conj. **32**]. **1.** Rendre roux : *La gelée a roussi l'herbe.* **2.** Brûler superficiellement : *Roussir du linge en le repassant.* ◆ **v.i.** Devenir roux : *Barbe qui roussit.*

roussissement [rusismɑ̃] **n.m.** et **roussissure** [rusisyr] **n.f.** Action de roussir ; état de ce qui est roussi.

routage [rutaʒ] **n.m. 1.** Triage d'imprimés, de journaux, de prospectus, etc., à diffuser par lieux de destination, effectué par l'entreprise éditrice ou la messagerie. **2.** MAR. Action de router un navire.

routard, e [rutar, -ard] **n.** (de *route*). FAM. Personne qui voyage à pied ou en auto-stop à peu de frais.

route [rut] **n.f.** (lat. pop.* *[via] rupta,* voie frayée). **1.** Voie carrossable, aménagée hors agglomération : *Route à grande circulation. Construire, aménager une route. La route d'Orléans* (= qui mène à Orléans). **2.** Moyen de communication utilisant ce genre de voie : *La concurrence du rail et de la route.* **3.** Espace à parcourir, itinéraire à suivre pour aller d'un endroit à un autre : *Nous avons une longue route à faire* (syn. **trajet, parcours**). *Souhaiter bonne route à qqn* (syn. **voyage**). *Demander sa route* (syn. **chemin**). *La route des Indes.* **4.** Ligne de conduite suivie par qqn ; direction de vie : *Des obstacles se sont trouvés sur ma route. Elle est sur la bonne route* (syn. **voie**). **5. En route, en cours de route,** pendant le trajet ; pendant le temps que dure qqch : *On l'a semé en cours de route. J'ai commencé ce roman mais je me suis arrêté en route.* / **Faire fausse route,** s'écarter de sa route, s'égarer ; se tromper. / **Faire route vers,** se diriger vers. / MIL. **Feuille de route,** consignes précises et circonstanciées données à un subordonné. / **Mettre en route,** mettre en marche ; faire fonctionner.

router [rute] **v.t.** (de *route*). **1.** Effectuer le routage de journaux, d'imprimés, de prospectus, etc. **2.** MAR. Diriger un navire sur une route déterminée.

routeur, euse [rutœr, -øz] **n. 1.** Professionnel du routage. **2.** MAR. Personne qui effectue le routage d'un navire.

1. routier, ère [rutje, -ɛr] **adj.** (de *route*). **1.** Relatif aux routes : *Le réseau routier.* **2. Carte routière,** qui indique les routes. ◆ **routier n.m.** Restaurant simple situé en bordure des routes à grande circulation.

2. routier, ère [rutje, -ɛr] **n.** (de *route*). **1.** Conducteur spécialisé dans la conduite de camions à longue distance. **2.** Cycliste spécialiste des courses sur route.

3. routier [rutje] **n.m.** (de l'anc. fr. *route,* bande). **1.** HIST. Soldat appartenant à l'une des bandes d'irréguliers et de pillards qui sévirent du XIIe au XVe s. **2. Vieux routier,** homme devenu très habile, et parfois même retors, grâce à une longue expérience.

routière [rutjɛr] **n.f.** (de *route*). Automobile, motocyclette permettant de réaliser de longues étapes dans d'excellentes conditions.

1. routine [rutin] **n.f.** (de *route*). Manière d'agir toujours de la même façon : *Être esclave de la routine. Une vérification de routine.*

2. routine [rutin] **n.f.** (angl. *routin*). INFORM. Sous-programme.

routinier, ère [rutinje, -ɛr] **adj.** et **n.** Qui se conforme à une routine ; qui agit par routine : *Un esprit routinier.*

rouvre [ruvr] **n.m.** (anc. fr. *robre,* du lat. *robur,* chêne). Chêne des forêts plutôt sèches, à feuilles pétiolées et à glands sessiles.

rouvrir [ruvrir] **v.t.** [conj. **34**]. **1.** Ouvrir de nouveau : *Rouvrir un livre, une école.* **2. Rouvrir une blessure, une plaie,** ranimer, raviver une peine, un chagrin. ◆ **v.i.** Être de nouveau ouvert : *Les magasins rouvrent à 14 h.*

1. roux, rousse [ru, rus] **adj.** (lat. *russus*). D'une couleur orangée tirant sur le marron ou sur le rouge. ◆ **adj.** et **n.** Qui a les cheveux roux : *Une jolie rousse.*

2. roux [ru] **n.m. 1.** Couleur rousse : *Un blond tirant sur le roux.* **2.** Préparation faite avec de la farine roussie dans du beurre, et qui sert à lier les sauces.

Roux (Émile), bactériologiste français (Confolens 1853 - Paris 1933). Collaborateur de L. Pasteur, il a notamment mis au point avec lui le principe des vaccins avec des bactéries atténuées (ayant perdu une grande partie de leur virulence). Il a étudié les toxines et introduit en France la sérothérapie dans le traitement de la diphtérie. Il a dirigé l'Institut Pasteur de 1904 à sa mort.

Rowling (Joanne Kathleen) → **Harry Potter.**

royal, e, aux [rwajal, -o] **adj.** (lat. *regalis*). **1.** Qui est propre au roi, à sa fonction : *Pouvoir royal* (syn. **régalien**). **2.** Qui appartient, se rapporte à un roi : *Famille, résidence royale.* **3.** Qui relève de l'autorité du roi : *Ordonnance royale.* **4.** Digne d'un roi : *Cadeau royal* (syn. **magnifique, somptueux**). *Mépris royal* (syn. **souverain**). *Avoir une paix royale* (syn. **parfait**). **5. Prince royal, princesse royale,** héritier, héritière présomptifs de la Couronne. / **Voie royale,** moyen le plus glorieux pour parvenir à qqch. ◆ **royale n.f.** *FAM.* **La Royale,** la Marine nationale.

royalement [rwajalmɑ̃] **adv. 1.** De manière royale : *Ils nous ont reçus royalement* (syn. **magnifiquement**). **2.** *FAM.* Indique un degré extrême : *Je m'en moque royalement* (syn. **complètement**).

royalisme [rwajalism] **n.m.** Attachement à la monarchie.

royaliste [rwajalist] **adj.** et **n. 1.** Qui est partisan du roi, de la monarchie (syn. **monarchiste**). **2. Être plus royaliste que le roi,** défendre qqn, un parti avec plus d'ardeur que ne le font les principaux intéressés eux-mêmes.

royalties [rwajaltiz] **n.f. pl.** (mot angl. « royautés »). Anglic. déconseillé pour *redevance*.

Royan, ch.-l. de c. de la Charente-Maritime, à l'entrée de la Gironde ; 18 389 hab. *(Royannais).* La ville, bombardée par erreur lors de sa libération en 1945 et reconstruite selon des conceptions modernes, est une grande station balnéaire. Église (1954) par Guillaume Gillet.

royaume [rwajom] **n.m.** (altér., d'apr. *royal,* de l'anc. fr. *roiame,* lat. *regimen, -minis,* direction, gouvernement). **1.** État à régime monarchique (syn. **monarchie**). **2. Le royaume des cieux,** le paradis. / MYTH. **Le royaume des morts,** le séjour des morts.

Royaume-Uni de Grande-Bretagne et d'Irlande du Nord → Grande-Bretagne.

royauté [rwajote] **n.f. 1.** Dignité de roi : *Renoncer à la royauté.* **2.** Régime monarchique : *Les luttes de la royauté et de la papauté.*

Royer-Collard (Pierre Paul), homme politique français (Sompuis 1763 - Châteauvieux, Loir-et-Cher, 1845). Avocat, député (1815), il fut sous la Restauration le chef des doctrinaires, partisans d'une libéralisation du régime laissant toutefois de grandes prérogatives au roi.

R.S.A. [ɛrɛsa] **n.m.** (sigle). → Revenu* de solidarité active.

R.T.T. [ɛrtete] **n.f.** (sigle). Réduction du temps de travail. ▸ Le principe de la réduction du temps de travail, avec une durée légale fixée à 35 heures par semaine au lieu de 39 heures, a été adopté en 1998. La R.T.T. est entrée en vigueur en 2000 pour les entreprises de plus de 20 salariés et a été étendue en 2002 à toutes les entreprises.

ru [ry] **n.m.** (lat. *rivus*). *LITT.* Petit ruisseau ; ruisselet.

ruade [rɥad] **n.f.** Action de ruer ; mouvement d'un animal qui rue.

Ruanda → Rwanda.

ruban [rybɑ̃] **n.m.** (moyen néerl. *ringhband,* collier). **1.** Ornement de tissu plat et étroit : *Attacher ses cheveux avec un ruban* (syn. **faveur**). **2.** Marque de décoration portée à la boutonnière : *Le ruban de la croix de guerre. Le ruban rouge* (= la Légion d'honneur). **3.** Bande mince et étroite de matière souple et flexible : *Ruban adhésif. Un ruban d'acier.* **4.** *LITT.* Ce qui est long et étroit comme un ruban : *Ruban d'une rivière.* **5. Ruban bleu,** trophée symbolique accordé autref. au paquebot qui traversait le plus rapidement l'Atlantique ; reconnaissance symbolique d'une réussite, d'un mérite.

Rubbia (Carlo), physicien italien (Gorizia 1934). Il a été à l'origine de la découverte, en 1983, au Cern, des bosons W et Z. (Prix Nobel 1984.)

Rubens (Petrus Paulus), peintre flamand (Siegen, Westphalie, 1577 - Anvers 1640). Il travailla pour les Gonzague à Mantoue, pour l'archiduc Albert, gouverneur des Pays-Bas, pour Marie de Médicis (galerie du Luxembourg, 1622-1625, transférée au Louvre), pour Philippe IV d'Espagne, etc. Chef d'un important atelier à Anvers, il a affirmé sa personnalité dans un style fougueux et coloré, aussi expressif dans la plénitude sensuelle que dans la violence. Exemplaire du courant baroque, son œuvre réalise une synthèse du réalisme flamand et de la grande manière italienne : *la Descente de Croix* (1612, cathédrale d'Anvers), *la Mise au tombeau* (1616, église St-Géry, Cambrai), *le Combat des Amazones* (1617, Munich), *l'Adoration des Mages* (versions de Bruxelles, Malines, Lyon, Anvers), *l'Enlèvement des filles de Leucippe* (1628, Munich), *le Coup de lance* (1620, Anvers), *le Jardin d'amour* (1635, Prado), *la Kermesse* (1636, Louvre), les divers portraits de sa seconde femme, *Hélène Fourment.*

rubéole [rybeɔl] **n.f.** (du lat. *rubeus,* roux, d'apr. *rougeole*). Maladie virale éruptive, contagieuse et épidémique, ressemblant à la rougeole.

rubiacée [rybjase] **n.f.** (du lat. *rubia,* garance). **Rubiacées,** famille de plantes à fleurs à pétales soudés, telles que le caféier, le quinquina, la garance, le gardénia.

Rubicon (le), riv. séparant l'Italie de la Gaule Cisalpine. César le franchit avec son armée en 49 av. J.-C., dans la nuit du 11 au 12 janv., sans l'autorisation du sénat : ce fut le commencement de la guerre civile. « Franchir le Rubicon » signifie prendre une décision grave et en accepter les conséquences.

rubicond, e [rybikɔ̃, -ɔ̃d] **adj.** (lat. *rubicundus,* de *ruber,* rouge). Rouge, en parlant du visage : *Face rubiconde* (syn. **vermeil, rougeaud**).

rubigineux, euse [rybiʒinø, -øz] **adj.** (du lat. *rubigo, -inis,* rouille). Qui a la couleur de la rouille.

Rubinstein (Artur), pianiste polonais naturalisé américain (Lódź 1887 - Genève 1982). Virtuose réputé, il a interprété la musique romantique (Chopin).

rubis [rybi] **n.m.** (du lat. *rubeus,* rougeâtre). **1.** Pierre précieuse, variété de corindon, transparente et d'un rouge vif. **2.** Pierre dure servant de support à un pivot de rouage d'horlogerie. **3. Payer rubis sur l'ongle,** payer immédiatement et intégralement ce que l'on doit.

rubrique [rybrik] **n.f.** (lat. *rubrica,* terre rouge, puis « titre en rouge »). **1.** Indication de la matière d'un article, d'un développement, dans un ouvrage : *Ce mot entre dans la rubrique « MATH. »* (= dans le domaine des mathématiques). **2.** Catégorie d'articles sur un sujet déterminé paraissant régulièrement, dans un journal : *Tenir la rubrique sportive* (syn. **chronique**). **3.** Catégorie, dans un classement : *La rubrique « dépenses »* (syn. **chapitre**). **4.** CATH. Dans les livres liturgiques, indication en lettres rouges concernant les rites à observer dans la célébration.

ruche [ryʃ] **n.f.** (bas lat. *rusca,* écorce, d'orig. gaul.). **1.** Habitation d'une colonie d'abeilles ; colonie qui la peuple : *Ruche d'osier, de paille, de bois* (syn. **essaim**). **2.** Endroit où s'activent de nombreuses personnes : *Cette usine est une vraie ruche* (syn. **fourmilière**).

rucher [ryʃe] **n.m. 1.** Endroit où sont placées des ruches. **2.** Ensemble de ruches.

rude [ryd] **adj.** (lat. *rudis,* brut, grossier). **1.** Dur, rugueux au toucher : *Peau rude* (syn. **rêche ;** contr. **doux**). **2.** Désagréable à entendre : *Voix rude* (syn. **rauque**). **3.** Difficile à supporter ; qui exige de la résistance, des efforts : *Hiver, climat rude* (syn. **dur, rigoureux**). *Le métier de mineur est très rude* (syn. **épuisant, fatigant**). *Être soumis à rude épreuve* (syn. **pénible**). *Soutenir un rude combat* (syn. **violent**). **4.** Qui mène une vie simple, dure ; qui est dépourvu de raffinement : *Un rude montagnard* (syn. **fruste**). *Des manières rudes et gauches* (syn. **grossier ;** contr. **distingué, raffiné**). *Être rude avec qqn* (syn. **sévère, brutal**). **5.** Difficile à vaincre : *Un rude adversaire* (syn. **redoutable**). **6.** *FAM.* Remarquable en son genre : *Un rude appétit* (syn. **fameux**).

Rude (François), sculpteur français (Dijon 1784 - *id.* 1855). Un des maîtres de l'école romantique, bien que nourri de tradition classique, il est l'auteur du colossal haut-relief dit « *la Marseillaise* » (arc de triomphe de l'Étoile, à Paris, 1835), d'une statue du maréchal Ney, d'un *Napoléon s'éveillant à l'immortalité* (Fixin, Côte-d'Or).

rudement [rydmɑ̃] **adv. 1.** De façon rude, brutale : *Être rudement éprouvé* (syn. **cruellement**). *Traiter qqn rudement* (syn. **sèchement**). **2.** FAM. Très : *Il fait rudement froid* (syn. **extrêmement**).

rudesse [rydɛs] **n.f. 1.** Caractère de ce qui est dur à supporter : *Rudesse du climat* (syn. **rigueur**). **2.** Caractère de ce qui manque de délicatesse : *Rudesse des traits, de la voix, des manières* (syn. **grossièreté, rusticité**). *La rudesse d'un tissu* (syn. **rugosité**). **3.** Caractère de qqn, de son comportement qui est dur, insensible : *Traiter qqn avec rudesse* (syn. **brusquerie, brutalité**).

rudiment [rydimɑ̃] **n.m.** (lat. *rudimentum,* apprentissage, de *rudis,* grossier, informe). **1.** LITT., VX. Élément encore grossier ; ébauche de qqch : *Un rudiment de théorie* (syn. **embryon, germe**). **2.** EMBRYOL. Organe animal ou végétal inachevé, non fonctionnel. ◆ **rudiments n.m. pl.** Notions élémentaires d'une science, d'un art : *Des rudiments de physique* (syn. **bases, éléments**).

rudimentaire [rydimɑ̃tɛr] **adj.** Élémentaire ; peu développé : *Connaissances rudimentaires* (syn. **sommaire**). *Organe rudimentaire.*

rudoiement [rydwamɑ̃] **n.m.** LITT. Action de rudoyer.

rudoyer [rydwaje] **v.t.** (de *rude*) [conj. **13**]. Traiter rudement, sans ménagement ; maltraiter : *Vous n'obtiendrez rien en la rudoyant* (syn. **brutaliser, malmener**).

rue [ry] **n.f.** (lat. *ruga,* ride, d'où en lat. pop. « chemin »). **1.** Voie publique aménagée dans une agglomération, entre les maisons ou les propriétés closes : *Une rue passante, déserte* (syn. **artère**). **2.** Ensemble des habitants des maisons qui bordent une rue : *Toute la rue commentait la nouvelle.* **3. À tous les coins de rue,** partout. / **Être à la rue,** être sans abri. / **L'homme de la rue,** le citoyen moyen ; n'importe qui.

ruée [rɥe] **n.f.** Action de se ruer quelque part, sur qqch ; mouvement impétueux d'une foule : *La ruée des banlieusards vers le métro* (syn. **rush**). *La ruée vers l'or.*

Rueil-Malmaison, ch.-l. de c. des Hauts-de-Seine ; 81 110 hab. *(Ruellois).* Institut français du pétrole. Château (auj. musée) de Malmaison, qui fut le séjour préféré du Premier consul, puis de l'impératrice Joséphine après son divorce.

ruelle [rɥɛl] **n.f.** (dimin. de *rue*). **1.** Petite rue étroite (syn. **venelle**). **2.** Espace entre un côté du lit et le mur. **3.** LITTÉR. Au XVIe et au XVIIe s., partie de la chambre à coucher où se trouvait le lit, et où les dames de haut rang recevaient leurs visiteurs.

ruer [rɥe] **v.i.** (bas lat. *rutare,* intensif du class. *ruere,* pousser violemment) [conj. **7**]. Jeter en l'air avec force les pieds de derrière, en parlant d'un cheval, d'un âne, etc. ◆ **se ruer v.pr. [sur].** Se jeter avec violence, se précipiter en masse sur qqn, qqch : *Il se rua sur lui et le frappa* (syn. **s'élancer**). *Les invités se ruèrent sur le buffet* (syn. **se jeter sur**).

ruffian ou **rufian** [ryfjɑ̃] **n.m.** (it. *ruffiano,* entremetteur). Homme hardi et sans scrupule qui vit d'expédients ; aventurier.

rugby [rygbi] **n.m.** (de *Rugby,* école angl. où fut inventé ce sport). Sport qui oppose deux équipes de 15 joueurs et qui consiste à porter un ballon ovale, joué au pied ou à la main, dans l'en-but adverse (essai), ou à le faire passer, par un coup de pied, au-dessus de la barre transversale entre les poteaux de but (transformation, drop-goal).

■ Né en 1823 (inventé par William Webb Ellis) au collège de Rugby (Warwickshire), adapté et développé à Oxford et Cambridge, le rugby a fait son apparition en France en 1872 et s'est répandu surtout dans le Sud-Ouest.

Le rugby à XV. Le ballon est joué au pied ou à la main, chaque équipier devant se tenir en arrière de celui qui est en possession du ballon, sous peine d'être hors jeu. Quand le ballon franchit la ligne de touche, les deux groupes des avants essaient de se l'approprier dans une phase de jeu dite « remise en jeu à la touche ». Certaines fautes (passe en avant à la main) sont sanctionnées par une mêlée, d'autres (hors-jeu, obstructions, irrégularités graves) par un coup de pied de pénalité, les moins graves par un coup franc. Pour s'opposer aux mouvements de l'adversaire, il est permis de bloquer ou de plaquer le porteur du ballon. Les points s'obtiennent par l'essai (cinq points), la transformation de l'essai (deux points supplémentaires) et le but (trois points) réussi à la suite d'un coup de pied de pénalité ou d'un coup de pied tombé, ou drop-goal. La partie se dispute en deux mi-temps de 40 minutes.

La principale compétition internationale annuelle est le tournoi des Six-Nations, qui, depuis 2000, oppose les équipes de l'Angleterre, de l'Écosse, de l'Irlande, du pays de Galles, de la France (anc. *tournoi des Cinq-Nations,* créé en 1910) et de l'Italie. Depuis 1987, tous les quatre ans est organisée une Coupe du monde.

Le rugby à XIII. Il est né en 1895 d'une scission au sein de la Rugby Union d'Angleterre. Dans ce sport (où le professionnalisme est officiellement admis), les équipes sont composées de 13 joueurs : les avants aile de troisième ligne du rugby à XV ont été supprimés. Les touches sont remplacées par des mêlées ; tout équipier joue lui-même le ballon au pied à l'endroit où il a été arrêté. Ces différences sont destinées à obtenir un jeu plus clair et plus rapide que celui du rugby à XV. Un essai compte trois points ; un coup de pied de pénalité, deux points ; un drop, un point ; la transformation de l'essai ajoute deux points. ■

Rugby, v. de Grande-Bretagne, sur l'Avon ; 87 449 hab. Collège célèbre (où naquit le *rugby* en 1823).

rugbyman [rygbiman] **n.m.** (faux anglic.) [pl. *rugbymans* ou *rugbymen*]. Joueur de rugby. ***Rem.*** Le fém. est *joueuse de rugby.*

rugir [ryʒir] **v.i.** (lat. *rugire*) [conj. **32**]. **1.** Émettre un rugissement, en parlant du lion. **2.** Pousser des cris de fureur, de menace ; produire des cris, des bruits rauques et terribles : *Rugir de colère* (syn. **hurler, vociférer**).

rugissant, e [ryʒisɑ̃, -ɑ̃t] **adj.** Qui rugit.

rugissement [ryʒismɑ̃] **n.m. 1.** Cri du lion. **2.** Cri, bruit violent : *Pousser des rugissements de colère* (syn. **hurlement**). *Le rugissement de la tempête* (syn. **mugissement**).

rugosité [rygɔzite] **n.f. 1.** État d'une surface rugueuse : *La rugosité de la langue du chat* (syn. **rudesse**). **2.** Petite saillie, point dur et rêche au toucher, sur une surface, sur la peau : *Les rugosités d'une planche* (syn. **aspérité**).

rugueux, euse [rygø, -øz] **adj.** (lat. *rugosus,* ridé). Dont la surface présente des aspérités ; rude au toucher : *Peau rugueuse* (syn. **rêche** ; contr. **doux**).

Ruhlmann (Jacques Émile), décorateur français (Paris 1879 - *id.* 1933). Son mobilier, exemplaire du style Arts déco et d'une grande élégance, est traité dans des bois et des matières rares (ivoire, écaille, etc.).

Ruhr, région d'Allemagne (Rhénanie-du-Nord-Westphalie), traversée par la *Ruhr,* fortement industrialisée (houille, métallurgie, chimie), avec un développement plus récent de services, et urbanisée (Essen, Duisburg, Düsseldorf, Dortmund). La Ruhr fut occupée par la France et la Belgique (1923-1925) à la suite de la non-exécution des clauses du traité de Versailles.

ruine [rɥin] **n.f.** (lat. *ruina,* écroulement, de *ruere,* tomber, s'écrouler). **1.** Dégradation, écroulement d'une construction pouvant aboutir à sa destruction : *Maison qui tombe en ruine, qui menace ruine, qui est en ruine* (syn. **délabrement**). **2.** Bâtiment délabré : *Restaurer une ruine.* **3.** Destruction progressive de qqch, de qqn, qui aboutit à sa perte ; chute, écroulement : *Le gouvernement va à sa ruine.* **4.** Perte de ses biens, de sa fortune : *Les prodigalités de leur fils les mèneront à la ruine* (syn. **naufrage**). **5.** Ce qui entraîne des dépenses importantes : *L'entretien de cette voiture est une ruine* (syn. **gouffre**). **6.** FAM. Personne usée physiquement ou intellectuellement ; épave, loque. ◆ **ruines n.f. pl.** Restes, décombres de construction partiellement écroulée : *Les ruines de Pompéi* (syn. **vestiges**).

ruiner [rɥine] **v.t. 1.** Causer la ruine, la perte de la fortune de : *La guerre a ruiné le pays.* **2.** Infirmer ; détruire : *Ruiner un raisonnement* (syn. **annihiler, démolir**). **3.** LITT. Ravager ; endommager gravement : *La grêle a ruiné les vignes* (syn. **saccager**). *L'alcool a ruiné sa santé* (syn. **miner, user**). ◆ **se ruiner v.pr.** Causer sa propre ruine ; dépenser trop : *Se ruiner au jeu.*

ruineux, euse [rɥinø, -øz] **adj.** (lat. *ruinosus,* écroulé). Qui provoque des dépenses excessives : *Un voyage ruineux* (syn. **dispendieux**).

Ruisdael ou **Ruysdael (Jacob Van),** peintre néerlandais (Haarlem 1628/1629 - *id.* 1682). Son œuvre marque à la fois un sommet de l'école paysagiste hollandaise et le dépassement de celle-ci par la force d'une vision dramatique ou lyrique qui préfigure le romantisme (*le Cimetière juif,* versions de Dresde et de Détroit ; *le Coup de soleil,* Louvre). Il était le neveu d'un autre paysagiste, **Salomon Van Ruysdael** (Naarden v. 1600 - Haarlem 1670).

ruisseau [rɥiso] **n.m.** (lat. pop. **rivuscellus,* dimin. du class. *rivus*). **1.** Petit cours d'eau peu profond ; son lit. **2.** LITT. Liquide coulant en abondance : *Un ruisseau de larmes.* **3.** SOUT. Situation dégradante ; origine vile ou méprisable : *Tirer qqn du ruisseau* (= de la misère). **4. Les petits ruisseaux font les grandes rivières,** à force d'accumuler de petites sommes, on en constitue une grosse (proverbe).

ruisseler [rɥisle] **v.i.** (de *ruisseau*) [conj. **24**]. **1.** Couler, se répandre sans arrêt : *La pluie ruisselle sur les vitres.* **2.** Être couvert d'un liquide qui coule : *Ruisseler de sueur.*

ruisselet [rɥislɛ] **n.m.** Petit ruisseau (syn. **ru**).

ruissellement [rɥisɛlmɑ̃] **n.m. 1.** Fait de ruisseler : *Le ruissellement des eaux de pluie. Un ruissellement de lumière.* **2.** GÉOGR. Écoulement instantané et temporaire des eaux sur un versant, à la suite d'une averse.

Ruiz (Raúl ou **Raoul),** cinéaste chilien et français (Puerto Montt 1941 - Paris 2011). Auteur de plus de cent films, il a poursuivi une exploration baroque des différentes manières de construire un récit (*les Trois Couronnes du matelot,* 1983 ; *Trois Vies et une seule mort,* 1996), notamm. à partir d'œuvres littéraires (*le Temps retrouvé,* 1999 ; *les Âmes fortes,* 2001 ; *Mystères de Lisbonne,* 2010).

rumba [rumba] **n.f.** (mot esp. des Antilles). Danse cubaine caractérisée par un déhanchement latéral alterné.

rumen [rymɛn] **n.m.** (mot lat. « mamelle »). ZOOL. Premier compartiment de l'estomac des ruminants (syn. **panse**).

rumeur [rymœr] **n.f.** (lat. *rumor, -oris,* bruit, rumeur publique). **1.** Bruit confus de voix : *Une rumeur de protestation s'éleva dans l'assistance* (syn. **murmure**). **2.** Nouvelle vraie ou fausse qui se répand dans le public : *Faire courir une rumeur.*

ruminant, e [ryminɑ̃, -ɑ̃t] **adj.** Qui rumine. ◆ **ruminant n.m. Ruminants,** mammifères ongulés munis d'un estomac à trois ou quatre poches et pratiquant la rumination. ▸ Ils comprennent les bovidés (bœuf, mouton, chèvre, antilope, etc.), les cervidés (cerf, daim, renne, etc.), les girafidés (girafe, okapi) et, pour certains auteurs, les camélidés (chameau, dromadaire, lama).

rumination [ryminasjɔ̃] **n.f. 1.** Action de ruminer. **2.** PSYCHOL. Méditation irrépressible et anxieuse de la même préoccupation.

■ Le bol alimentaire, broyé sommairement une première fois dans la bouche, passe dans la *panse,* où les végétaux sont brassés avec la salive, et où des bactéries digèrent la cellulose. L'animal régurgite ensuite le bol alimentaire pour le mâcher à nouveau (c'est la rumination proprement dite). Avalés encore une fois, les végétaux réduits à l'état de bouillie passent dans les compartiments suivants : le *bonnet* (qui arrête les particules grossières et les cailloux), *le feuillet,* où la bouillie est « essorée », et la *caillette,* qui fonctionne comme l'estomac des autres mammifères ; la bouillie alimentaire passe ensuite dans l'intestin, où la digestion s'achève. ■

ruminer [rymine] **v.t.** (lat. *ruminare,* de *rumen, -inis,* gosier). **1.** Remâcher les aliments ramenés de la panse dans la bouche, en parlant des ruminants. **2.** Tourner et retourner qqch dans son esprit : *Ruminer un projet.*

rumsteck n.m. ⟶ **romsteck.**

rune [ryn] **n.f.** (scand. *runar*). Caractère de l'ancien alphabet utilisé par les peuples germaniques et scandinaves.

runique [rynik] **adj.** Relatif aux runes ; formé de runes : *Inscription runique.*

rupestre [rypɛstr] **adj.** (du lat. *rupes,* rocher). **1.** Qui croît dans les rochers : *Plante rupestre.* **2.** Réalisé sur des rochers, sur les parois des grottes ; taillé dans la roche : *Peintures rupestres. Art rupestre.*

rupin, e [rypɛ̃, -in] **adj.** et **n.** (de l'arg. anc. *rupe,* dame, du moyen fr. *ripe,* gale). ARG. Riche ; luxueux : *Habiter un quartier rupin.*

rupteur [ryptœr] **n.m.** (de *rompre*). Dispositif servant à interrompre périodiquement le courant.

rupture [ryptyr] **n.f.** (bas lat. *ruptura,* du class. *ruptum,* supin de *rumpere,* rompre). **1.** Fait de se rompre sous l'effet d'un choc : *Rupture d'un câble, d'une digue. Rupture d'un tendon* (syn. **déchirure**). **2.** Action de considérer comme nul un engagement : *Rupture de contrat* (syn. **annulation**). *Rupture de fiançailles.* **3.** Fait d'interrompre des relations : *Scène de rupture* (syn. **séparation**). *Rupture des relations diplomatiques entre deux pays.* **4.** Absence de continuité ; opposition entre des choses : *Rupture de rythme.* **5. Rupture de charge,** interruption d'un transport due à un changement de véhicule ou de mode de transport. / **Rupture de stock,** niveau d'un stock de marchandises devenu insuffisant pour satisfaire la demande.

rural, e, aux [ryral, -o] **adj.** (bas lat. *ruralis,* de *rus, ruris,* campagne). Qui concerne les paysans, la campagne : *Vie rurale* (syn. **champêtre ;** contr. **urbain**). ◆ **n.** Habitant de la campagne (contr. **citadin**).

rurbain, e [ryrbɛ̃, -ɛn] **adj.** (de *rural* et *urbain*). Relatif à la rurbanisation. ◆ **n.** Habitant d'une zone rurbaine.

rurbanisation [ryrbanizasjɔ̃] **n.f.** Développement des villages proches des grandes villes dont ils deviennent les banlieues.

ruse [ryz] **n.f.** (de *ruser*). **1.** Procédé habile et déloyal dont on se sert pour parvenir à ses fins : *Déjouer les ruses de qqn* (syn. **stratagème, subterfuge**). **2.** Habileté de qqn à agir de façon trompeuse, déloyale : *Obtenir qqch par ruse.*

rusé, e [ryze] **adj.** et **n.** Qui dénote la ruse ; qui agit avec ruse : *Rusé comme un renard* (syn. **matois, malin**).

ruser [ryze] **v.i.** (lat. *recusare,* refuser, puis « repousser »). Se servir de ruses ; agir avec ruse : *Savoir ruser pour parvenir à ses fins* (syn. **louvoyer, manœuvrer**).

rush [rœʃ] **n.m.** (mot angl. « ruée ») [pl. *rushs* ou *rushes*]. **1.** Effort final impétueux ; assaut. **2.** Afflux d'une foule : *Le rush des vacanciers* (syn. **ruée**).

rushes [rœʃ] **n.m. pl.** (mot angl.). CIN. (Anglic. déconseillé). Copies positives tirées au fur et à mesure du tournage, et permettant de sélectionner les prises de vues avant le montage. (Recomm. off. *épreuves de tournage.*)

Ruskin (John), critique et historien de l'art, sociologue et écrivain britannique (Londres 1819 - Brantwood, Cumberland, 1900). Alliant la prédication morale et les initiatives pratiques à la réflexion sur l'art, il exalta l'architecture gothique et soutint le mouvement préraphaélite ainsi que la renaissance des métiers d'art. Il a notamment écrit : *les Sept Lampes de l'architecture* (1849), *les Pierres de Venise* (1851-1853), *l'Économie politique de l'art* (1857).

russe [rys] **adj.** et **n.** (de *Russie*). De la Russie. ◆ **n.m.** Langue slave parlée principalement en Russie, s'écrivant à l'aide de l'alphabet cyrillique. ▸ Le russe était la langue officielle de l'U.R.S.S.

Russell (Bertrand, *3e comte***),** philosophe et logicien britannique (Trelleck, pays de Galles, 1872 - Penrhyndeudraeth, pays de Galles, 1970). Toute sa vie, il a mené de front militantisme et recherches logiques. Il est ainsi condamné à la prison pour pacifisme en 1918 ; anarchiste de tempérament, il a fondé une école sur des bases pédagogiques de liberté (1927). En 1966, il institue le « tribunal Russell » pour juger les crimes de guerre américains au Viêt Nam. Dans le domaine scientifique et logique, il commença par élaborer une critique des relations telles qu'elles sont définies par Leibniz, responsable, selon lui, des aberrations du monisme et de l'idéalisme : son premier texte, *The Principles of Mathematics* (1903), constitue ainsi une première formulation de sa théorie, le « logicisme ». Celle-ci admet l'existence d'objets imaginaires ou fantastiques au même titre que celle des nombres. L'autre contribution de Russell à la logique est la théorie des types, qui cherche à éliminer les paradoxes logiques relatifs aux classes : par exemple, le paradoxe du Crétois menteur. À cet effet, Russell distingue plusieurs niveaux de langage qu'il appelle « types ». Il a donné à ses théories leur forme définitive dans les *Principia mathematica,* écrits en collaboration avec A. N. Whitehead (1910-1913). [Prix Nobel de littérature 1950.]

Russie ***(Fédération de),*** État de l'Europe orientale et de l'Asie, 17 075 400 km^2 ; 142 834 000 hab. *(Russes).* CAP. *Moscou.* LANGUE : *russe.* MONNAIE : *rouble russe.*

GÉOGRAPHIE

Le milieu naturel. La Russie, le plus vaste État du monde, est bordée au nord par l'océan Arctique et à l'est par le Pacifique, elle s'étend sur la majeure partie de l'Europe orientale et surtout sur le nord de l'Asie. D'ouest en est, on distingue quatre ensembles : la plaine russe de l'Europe orientale, les hauteurs de l'Oural, la plaine de Sibérie occidentale et la Sibérie orientale, où les plateaux (entre Ienisseï et Lena) sont bordés de chaînes et d'arcs montagneux (monts de Verkhoïansk, du Kamtchatka, chaîne de Sikhote-Aline). Sous des latitudes froides et tempérées, le climat devient de plus en plus continental vers l'est, où l'on relève des températures parmi les plus froides du globe (- 48 °C en moyenne en janvier à Verkhoïansk). La toundra borde le littoral arctique et est remplacée par la taïga au sud du cercle polaire. La forêt de feuillus assure ensuite la transition avec la steppe, aux terres noires très fertiles, qui occupe la Russie méridionale et le sud de la plaine de Sibérie occidentale.

La population. La population, majoritairement russe (plus de 80 %), compte plusieurs minorités, qui totalisent environ 30 millions de personnes. Un nombre à peu près égal de Russes vit en dehors des frontières de la Fédération (notamm. en Ukraine, au Kazakhstan, en Estonie). La majeure partie de la population est urbanisée. Moscou et Saint-Pétersbourg dominent le réseau urbain, mais une douzaine d'autres villes comptent plus d'un million d'habitants (essentiellement dans la partie occidentale du pays). Aujourd'hui, la Russie est confrontée à la constante diminution de sa population, liée notamment à une baisse de la fécondité et à une hausse de la mortalité, phénomène qui devient pour le pays un enjeu majeur.

L'économie. Les ressources naturelles sont à la mesure de l'étendue du territoire. La Russie se situe parmi les premiers producteurs mondiaux de pétrole et de gaz naturel, de minerai de fer (et aussi d'acier). Mais la situation est moins brillante dans les branches élaborées (électronique, chimie, plastique, automobiles), dans l'agriculture aussi, où le volume de la production (blé et pomme de terre notamment), du cheptel (bovins et porcins) ne doit pas masquer la faiblesse des rendements. En réalité, la Russie paie la rançon d'une ancienne planification centralisée et dirigiste (liée au développement tentaculaire de la bureaucratie), ainsi que le manque de stimulation, d'innovation, de responsabilité propre à l'appropriation collective des moyens de production et à leur gestion, ignorant les lois du marché dans un espace longtemps isolé commercialement. Elle subit les conséquences du déclin des échanges avec les territoires limitrophes et l'ancienne Europe de l'Est, à la fois clients et fournisseurs obligés. Elle souffre enfin de phénomènes plus « naturels » : les aléas climatiques, la distance (cause d'une fréquente dissociation spatiale des ressources et des besoins).

Après la dissolution de l'U.R.S.S., la Russie s'est engagée sur la voie de l'économie de marché. Mais la faible compétitivité a multiplié les fermetures d'usines et accru le chômage. Les inégalités sociales se sont développées, ainsi que (localement) les tensions ethniques. Les problèmes de l'environnement sont à l'échelle du pays et de la négligence des autorités. Pourtant, malgré ces difficultés et une absence de diversification la rendant très dépendante des exportations de ressources naturelles, l'économie russe reste une puissance notable (fragilisée toutefois aujourd'hui par les effets de la crise financière et économique mondiale).

HISTOIRE

À partir du Ve s. apr. J.-C., des tribus slaves s'installent sur le Dniepr. Elles entrent en contact avec les Varègues scandinaves, mi-pillards, mi-marchands, qui vont les dominer et, au IXe s., fonder des principautés dont les chefs sont semi-légendaires (Askold à Kiev, Riourik à Novgorod).

Les premiers États russes

882. Oleg le Sage unifie les terres russes autour de Kiev.

L'État kiévien, qui dure jusqu'en 1240, contrôle le commerce de la Baltique à la mer Noire. La pénétration du christianisme y est suivie du baptême de Vladimir Ier v. 988.

1019-1054. Sous le règne de Iaroslav le Sage, la Russie voit se développer une civilisation urbaine influencée par Byzance.

1169. Un second État russe est fondé dans le Nord-Est (région de Vladimir-Souzdal).

1238-1240. Les Mongols (Tatars) conquièrent presque tout le pays.

1242. Le grand-prince de Novgorod, Alexandre Nevski, élimine à l'O. la menace germanique en battant les chevaliers Porte-Glaive.

Tandis que le commerce de Novgorod passe sous le contrôle des marchands de la Hanse s'affirme progressivement la prééminence de Moscou, qui devient capitale politique et religieuse. Mais les princes moscovites, qui ont obtenu des Mongols en 1328 la dignité de « grand-prince », doivent disputer l'hégémonie à l'État lituanien, en pleine expansion.

L'ascension de la Moscovie

1380. Dimitri Donskoï (1362-1389) se dresse contre les Mongols et les bat à Koulikovo. Cette victoire n'est pas décisive, mais l'affranchissement de la Moscovie va être facilité par le déclin de la Horde d'Or.

1480. Ivan III (1462-1505) se proclame autocrate (qui gouverne par lui-même, indépendant).

Il se fait reconnaître « souverain de toutes les Russies » et, mettant à profit la chute de Constantinople (1453), il proclame Moscou héritière de celle-ci, et donc « troisième Rome ».

1533-1584. Ivan IV le Terrible, qui prend le titre de tsar, essaie de moderniser le pays et recourt à la terreur.

Il lutte contre la noblesse traditionnelle, les boyards, au profit d'une aristocratie de fonctionnaires, et entreprend de fixer les paysans à la terre en leur interdisant de se déplacer (1581), mesure qui est à l'origine du servage. Il reconquiert sur les Tatars la vallée de la Volga (Kazan, Astrakhan) et lance la conquête de la Sibérie.

1598-1613. Des troubles politiques et sociaux, liés à la famine, se produisent dès le règne de Boris Godounov (1598-1605).

Après sa mort, l'anarchie se développe, mise à profit par les Suédois et les Polonais, qui font couronner leur candidat au trône de Russie (1610).

1613. Une assemblée nationale *(zemski sobor)* dénoue la crise en élisant Michel III Romanov.

Ses successeurs luttent contre leurs puissants voisins (Pologne, Suède) et affrontent révoltes paysannes et troubles religieux (*raskol,* ou schisme des vieux-croyants).

1682-1725. Pierre le Grand mène de façon autoritaire une politique de réformes inspirée de l'Occident.

Il renforce son pouvoir, réorganise l'armée et les Finances, fonde Saint-Pétersbourg et crée l'Empire russe (1721).

L'Empire russe. L'œuvre de Pierre le Grand ne touche qu'une minorité de la population ; elle est partiellement abandonnée par ses successeurs, sous le règne desquels se suivent révolutions de palais et ministres allemands.

1741-1762. Sous le règne d'Élisabeth (fille de Pierre le Grand), la Russie, alliée de la France et de l'Autriche pendant la guerre de Sept Ans, bat Frédéric de Prusse, qui est sauvé de la défaite par l'avènement de Pierre III.

1762-1796. Catherine II, après avoir éliminé son mari Pierre III, règne en despote éclairé.

Liée aux philosophes (Voltaire, etc.), la « Grande Catherine » fait des réformes qui visent essentiellement au renforcement du pouvoir impérial, centralisant l'Administration et favorisant le développement économique. S'appuyant sur la noblesse,

elle renforce le servage, ce qui provoque des révoltes. Enfin, elle agrandit la Russie aux dépens de l'Empire ottoman (1768-1792) et de la Pologne (partages de 1772, 1793 et 1795).
1796-1815. La Russie joue un rôle actif en Europe.
Paul Ier (1796-1801) participe aux coalitions contre la France, puis s'oppose à l'Angleterre. Alexandre Ier (1801-1825), vaincu par Napoléon, s'allie avec lui (Tilsit, 1807), puis prend une part active à sa chute (campagne de Russie, 1812). Il participe au congrès de Vienne (1815), et, instigateur de la Sainte-Alliance, il se fait le gardien de l'ordre établi.
1825-1855. Nicolas Ier mène une politique autoritaire en matant la conspiration « décabriste » (1825) et la révolte polonaise (1831). Il poursuit l'expansion russe dans le Caucase. Mais les ambitions russes devant la faiblesse ottomane inquiètent l'Angleterre, et la guerre de Crimée est un échec pour la Russie.
1855-1881. Alexandre II modernise son empire : le tsar abolit le servage (1861), crée des assemblées élues, les « zemstvos », et réforme la justice. Il aide les peuples des Balkans à se libérer des Turcs et commence la conquête de l'Asie centrale. Ses réformes sont jugées insuffisantes et les libéraux se tournent vers l'action révolutionnaire. Le tsar est assassiné en 1881.
1881-1894. Alexandre III mène une politique de réaction autocratique qui accentue le divorce avec un pays en pleine évolution économique et sociale.
Il impose une russification systématique et traque les opposants. Si l'industrie progresse, la misère paysanne s'accroît, sauf pour une minorité : les *koulaks*.
1894-1917. La même politique est poursuivie par Nicolas II, mais les oppositions s'amplifient (particulièrement parmi les ouvriers, touchés par le marxisme).
La défaite militaire contre le Japon favorise la révolution de 1905. Après avoir fait des concessions libérales, Nicolas revient à l'autocratisme. La participation de la Russie à la Première Guerre mondiale et les difficultés qui en découlent accroissent le mécontentement et entraînent la révolution de 1917. Le succès de celle-ci est suivi de la chute du tsarisme.
La Russie soviétique
1918. Création de la République socialiste fédérative soviétique de Russie (R.S.F.S.R.).
1922. La R.S.F.S.R. adhère à l'U.R.S.S. (→ **U.R.S.S.**). Constituant dès lors le centre de l'Union soviétique, la Russie joue un rôle fédérateur à l'égard des républiques périphériques (14 depuis la Seconde Guerre mondiale), dans lesquelles l'emploi de la langue russe et l'établissement des Russes sont considérés comme les vecteurs de la consolidation des valeurs soviétiques. Cependant, après 1985, les aspirations à la démocratie se développent rapidement, entraînant une rupture avec le système soviétique.
1990. Le Soviet suprême issu des premières élections républicaines libres élit Boris Ieltsine à sa présidence.
1991. B. Ieltsine, élu président de la république de Russie, s'oppose au putsch tenté contre Gorbatchev (août).
La Fédération de Russie. Après la dissolution de l'U.R.S.S. (déc.), la Russie adhère à la C.E.I., au sein de laquelle elle cherche à jouer un rôle prépondérant. Elle succède à l'U.R.S.S. comme membre permanent du Conseil de sécurité de l'O.N.U. et prend le nom officiel de « Fédération de Russie ». Celle-ci est confrontée en 1992 à des troubles, notamment en Ossétie, en Ingouchie et en Tchétchénie. Le passage à l'économie de marché entraîne l'aggravation de la pauvreté et de la corruption.
1993. B. Ieltsine dissout le Soviet suprême (sept.) et brise sa résistance en le faisant assaillir par les forces armées. À l'issue du référendum et des élections législatives de déc., une nouvelle Constitution entre en vigueur.
1994-1996. Les forces armées interviennent contre la Tchétchénie sécessionniste.
1995. Les élections sont marquées par un retour en force des communistes.
1996. B. Ieltsine est réélu à la présidence. Mais, affaibli par la maladie, il ne peut assurer qu'une gestion incertaine du pouvoir qui exacerbe les rivalités politiques dans un pays en proie à une grave crise économique et financière.
1999. Les troupes russes lancent une nouvelle offensive en Tchétchénie. La coalition présidentielle, conduite par le Premier ministre Vladimir Poutine, fait jeu égal, lors des élections législatives (déc.), avec les communistes. B. Ieltsine démissionne (31 déc.) et nomme V. Poutine président par intérim.
2000. V. Poutine est élu président de la Russie (mars).
2001. Après les attentats du 11 sept., la Russie, appelant à une lutte commune contre le terrorisme, se rapproche des États-Unis et des pays occidentaux.
2004. V. Poutine est réélu à la tête de la Fédération.
2008. Dmitri Medvedev est élu président de la Russie (mars). V. Poutine devient Premier ministre. À la suite d'une offensive lancée par les autorités de Tbilissi dans la province séparatiste d'Ossétie du Sud, la Russie, qui admettra ouvertement avoir encouragé la montée des tensions, mène une guerre éclair en territoire géorgien (août). Moscou reconnaît l'indépendance de l'Ossétie du Sud ainsi que celle de l'Abkhazie, une autre province sécessionniste dans le nord-ouest de la Géorgie.
2012. V. Poutine est de nouveau élu président à la suite d'une élection très contestée par l'opposition démocratique, qui tente avec peine de rassembler ses forces. D. Medvedev prend le poste de Premier ministre.

Russie ***(campagne de)*** [24 juin - 30 déc. 1812], expédition menée en Russie par les armées de Napoléon allié à la Prusse et à l'Autriche (600 000 hommes dont 300 000 Français). Après avoir remporté la bataille de la Moskova (7 sept.) et pris Moscou (14 sept.), ces armées durent entamer une longue et désastreuse retraite, marquée par le passage de la Berezina (25-29 nov.).

Russie Blanche → Biélorussie.

russification [rysifikasjɔ̃] **n.f.** Action de russifier ; fait d'être russifié.

russifier [rysifje] [conj. **9**] et **russiser** [rysize] **v.t.** Faire adopter les institutions ou la langue russe à un peuple, à un pays.

russo-japonaise ***(guerre)*** [févr. 1904-sept. 1905], guerre entre la Russie et le Japon, qui se termina par la victoire de ce dernier. Le conflit fut marqué par le siège de Port-Arthur par les Japonais, qui défirent les Russes à Moukden et, sur mer, à Tsushima. Le traité de Portsmouth contraignit les Russes à évacuer la Mandchourie et établit le protectorat japonais sur la Corée.

russophone [rysofɔn] **adj.** et **n.** (de *russe* et *-phone*). De langue russe.

russo-turques ***(guerres),*** guerres que se livrèrent les Empires ottoman et russe, particulièrement aux XVIIIe et XIXe s. Les guerres de 1736-1739, 1768-1774 et 1787-1791 permirent à la Russie d'acquérir le littoral septentrional de la mer Noire. Les guerres de 1828-1829 (intervention en faveur de l'indépendance grecque), 1853/1854-1856 (guerre de Crimée) et de 1877-1878 (intervention dans les Balkans) contribuèrent à libérer les Balkans de la domination ottomane.

russule [rysyl] **n.f.** (lat. scientif. *russula*, du class. *russulus*, rougeâtre). Champignon dont certaines variétés sont comestibles *(russule charbonnière)* et d'autres toxiques.

rustaud, e [rysto, -od] **adj.** et **n.** (de *rustre*). Gauche ou grossier dans ses manières.

rusticité [rystisite] **n.f. 1.** Caractère de ce qui est rustique : *La rusticité d'un habitat* (syn. **simplicité**). **2.** Absence de raffinement, d'élégance : *La rusticité des mœurs* (syn. **rudesse**). **3.** Caractère d'une plante ou d'un animal rustique.

Rustine [rystin] **n.f.** (nom déposé ; de *Rustin*, n. d'un industriel). Petite rondelle de caoutchouc, servant à réparer une chambre à air de bicyclette.

rustique [rystik] **adj.** (lat. *rusticus*, de *rus*, campagne). **1.** Se dit d'un mobilier fabriqué artisanalement dans le style traditionnel d'une province : *Bureau rustique provençal. Style rustique* (syn. **campagnard**). **2.** Qui a le caractère, la simplicité de la campagne ; d'une simplicité un peu fruste : *Mener une vie rustique* (syn. **agreste, champêtre**). **3.** AGRIC. Qui est apte à supporter des conditions de vie difficiles, en parlant d'une plante, d'un animal : *L'âne est un animal rustique* (syn. **résistant**).

rustre [rystr] **adj.** et **n.** (du lat. *rusticus*). Grossier ; qui manque d'éducation : *Se conduire comme un rustre* (syn. **butor, malappris**).

rut [ryt] **n.m.** (lat. *rugitus*, rugissement, par allusion au cri du cerf en rut). Période d'activité sexuelle des mammifères.

rutabaga [rytabaga] **n.m.** (suéd. *rotabaggar*). Plante des régions froides de l'Europe occidentale voisine du navet, cultivée pour sa racine renflée à chair jaunâtre, appelée aussi *chou-navet*. ▸ Famille des crucifères.

rutacée [rytase] **n.f.** (du lat. *ruta*, rue [plante à fleurs jaunes]). **Rutacées,** famille de plantes dicotylédones, telles que le citronnier, l'oranger, le pamplemoussier.

Rutebeuf, poète français (XIIIe s.). Il est l'auteur de poèmes satiriques, d'une branche du *Roman de Renart (Renart le Bestourné)* et d'un des plus anciens « miracles de Notre-Dame », *le Miracle de Théophile* (v. 1260).

Ruth, femme du pays de Moab, héroïne du livre biblique qui porte son nom. Jeune veuve, elle suivit sa belle-mère, la Juive Noémi, qui avait décidé de revenir dans sa ville natale de Bethléem. Elle y rencontra un riche propriétaire, Booz, qui l'épousa et auquel elle donna un fils, Obed, ancêtre de David et, selon une tradition évangélique, de Jésus lui-même. Le charmant récit de ce mariage, ainsi glorifié dans sa descendance, d'un Israélite avec une étrangère a le sens d'une contestation des mesures prises, au retour de l'Exil, par Néhémie et Esdras, et qui tendaient à isoler le peuple juif de son entourage.

Ruthénie subcarpatique ⟶ Ukraine subcarpatique.

Rutherford of Nelson (Ernest, *lord*), physicien britannique (Nelson, Nouvelle-Zélande, 1871 - Cambridge 1937). Il découvrit en 1899 la radioactivité du thorium et donna, avec Soddy, en 1903, la loi des transformations radioactives. Il distingua les rayons β et α, montrant que ces derniers sont constitués de noyaux d'hélium. Grâce aux rayons α du radium, il réalisa en 1919 la première transmutation provoquée, celle de l'azote en oxygène, qui s'accompagne d'une production de protons. Il proposa un modèle d'atome composé d'électrons satellites et d'un noyau central. En prônant l'utilisation de particules artificiellement accélérées, il est à l'origine de la physique nucléaire. (Prix Nobel de chimie 1908.)

rutilant, e [rytilɑ̃, -ɑ̃t] **adj. 1.** LITT. D'un rouge vif, éclatant : *Soleil rutilant.* **2.** Qui brille d'un vif éclat : *Une carrosserie rutilante* (syn. **étincelant**).

rutiler [rytile] **v.i.** (lat. *rutilare*). **1.** LITT. Briller d'un rouge éclatant. **2.** Briller d'un vif éclat (syn. **flamboyer**).

Ruysdael ⟶ Ruisdael.

Ruyter (Michiel Adriaanszoon de), amiral néerlandais (Flessingue 1607 - près de Syracuse 1676). Il remonta la Tamise et incendia les navires anglais aux portes de Londres (1667), arrêta la flotte anglo-française en Zélande (1673) et fut vaincu par Duquesne en 1676 devant le port sicilien d'Augusta.

ruz [ry] **n.m.** (mot jurassien « ruisseau »). GÉOGR. Vallée creusée sur le flanc d'un anticlinal, dans le Jura ou dans un relief jurassien.

Rwanda, anc. **Ruanda,** État de l'Afrique centrale ; 26 338 km² ; 11 777 000 hab. *(Rwandais)*. CAP. *Kigali*. LANGUES : *anglais, français* et *kinyarwanda*. MONNAIE : *franc rwandais*.

GÉOGRAPHIE

Petit pays enclavé, le Rwanda, qui a l'une des densités de population les plus élevées d'Afrique, fait partie des pays les moins avancés. L'altitude à proximité de l'équateur modère les températures. Les deux principales communautés, Hutu (beaucoup plus nombreux) et Tutsi, qui composent la population (rurale à 90 %) s'opposent en permanence. L'agriculture vivrière (patates douces, haricots, bananes) occupe la majorité des terres cultivables. Les cultures commerciales, café et thé, fournissent l'essentiel des exportations. Les communications se font par le Kenya et la Tanzanie. Les principaux partenaires commerciaux sont, après la Belgique, les autres pays de l'Union européenne, la Chine, le Japon et le Kenya. Outre la rivalité intercommunautaire, le pays doit faire face à deux problèmes majeurs, la pression démographique et l'érosion des sols.

HISTOIRE

Peuplé par les Tutsi, pasteurs, et les Hutu, agriculteurs, le pays est difficilement contrôlé par les Allemands à la fin du XIXe s.
1923. La Belgique reçoit de la S.D.N. un mandat sur le Rwanda et le Burundi (Ruanda-Urundi).
1962. Indépendance de la République rwandaise.
La vie politique est marquée par la lutte entre les Hutu et les Tutsi, dont une partie a trouvé refuge en Ouganda.
1973. Coup d'État militaire de Juvénal Habyarimana.
1991. Une nouvelle Constitution instaure le multipartisme.
1992-1993. Les négociations entre le gouvernement et les rebelles tutsi du Front patriotique du Rwanda (F.P.R.), qui ont envahi le nord du pays, aboutissent à un accord de paix.
1994. La mort de J. Habyarimana (probablement dans un attentat) ouvre un épisode sanglant de l'histoire du pays. La minorité tutsi est victime d'un véritable génocide, organisé par les extrémistes hutu, et les populations hutu, elles-mêmes victimes de massacres, fuient massivement (au Zaïre, en Tanzanie) devant la progression du F.P.R. Ce dernier, sous la conduite de Paul Kagame – qui deviendra président de la République en 2000 –, prend le contrôle du pays. Mais l'ampleur du traumatisme rend la réconciliation nationale problématique.
2009. Le Rwanda devient membre du Commonwealth.
2010. P. Kagame est réélu président de la République.

Rykiel (Sonia), couturière française (Paris 1930). Installée depuis 1968 dans le quartier de Saint-Germain-des-Prés, elle invente un style qui veut libérer le corps de tous les carcans et propose aux femmes d'adapter la mode à leur personnalité. Le tricot (dès son mini pull-over des années 1960), le noir, les rayures, les coutures à l'envers signent notamm. l'univers de cette créatrice flamboyante.

Ryswick ***(traités de)*** [1697], traités signés à Ryswick, près de La Haye, mettant fin à la guerre de la Ligue d'Augsbourg. Le premier fut signé le 20 sept. entre la France, les Provinces-Unies, l'Angleterre et l'Espagne ; le second, le 30 oct., entre la France et le Saint Empire. Louis XIV restituait les territoires occupés (Lorraine, Palatinat, Catalogne) ou annexés grâce à sa politique des Réunions, sauf Strasbourg et Sarrelouis (dans la Sarre).

rythme [ritm] **n.m.** (lat. *rhythmus*, gr. *rhuthmos*). **1.** En prosodie, cadence régulière imprimée par la distribution d'éléments linguistiques (temps forts et temps faibles, accents, etc.) à un vers, une phrase musicale, etc. ; mouvement général qui en résulte. **2.** MUS. Combinaison des valeurs des notes, des durées : *Le rythme syncopé du jazz* (syn. **cadence, tempo**). **3.** Balancement harmonieux de lignes, de volumes, de couleurs, de valeurs ; succession de temps forts et de temps faibles imprimant un mouvement général : *Le rythme d'un tableau, d'une façade. Le rythme d'un film* (syn. **mouvement**). **4.** Retour à intervalles réguliers des diverses phases d'un mouvement, d'un phénomène, d'un processus périodique : *Le rythme des saisons. Le rythme respiratoire, cardiaque.* **5.** Allure à laquelle s'effectue une action, un processus : *Le rythme trépidant de la vie moderne.*

rythmer [ritme] **v.t.** Donner du rythme à ; régler selon un rythme, une cadence : *Rythmer son pas au son du tam-tam.*

rythmique [ritmik] **adj.** (lat. *rhytmicus*, gr. *rhuthmikos*). Relatif au rythme ; soumis à un certain rythme : *Section rythmique d'un jazz-band.* ◆ **n.f.** Méthode d'éducation physique, musicale et respiratoire visant l'harmonisation des mouvements du corps.

Ryukyu, archipel japonais du Pacifique, entre Kyushu et Taïwan ; 2 250 km² ; 1 318 220 hab. Ch.-l. *Naha* (dans l'île d'Okinawa, la plus grande de l'archipel).

S

S [ɛs] **n.m. inv. 1.** Dix-neuvième lettre (consonne) de l'alphabet. **2.** Succession de deux courbes de sens contraire : *Virage en S.* **3. S.**, abrév. de *sud.*

sa adj. poss. → **son.**

SA (abrév. de *Sturmabteilung,* section d'assaut), formation paramilitaire de l'Allemagne nazie, créée en 1921 par Ernst Röhm. Comptant environ 3 millions de membres en 1933, les SA jouèrent un rôle essentiel dans l'accession de Hitler au pouvoir. Après l'élimination de Röhm (« Nuit des longs couteaux », 1934), elles perdirent leur importance.

Saba, ancien royaume du sud-ouest de la péninsule arabique (Yémen). Il fut très prospère entre le VIIIe et le Ier s. av. J.-C. La Bible relate le voyage de la reine de Saba à Jérusalem et sa visite au roi Salomon. Mentionnée par le Coran et connue des musulmans sous le nom de *Balkis,* elle régnait plutôt sur une des colonies établies en Arabie du Nord. La tradition abyssine fait de cette « reine de Saba » l'ancêtre de la dynastie des empereurs d'Éthiopie, par un fils qu'elle aurait eu de Salomon.

Sabah, anc. **Bornéo-Septentrional,** État de la Malaisie ; 73 700 km^2 ; 3 117 405 hab. CAP. *Kota Kinabalu.* Colonie britannique de 1877 à 1963.

Sabatier (Paul), chimiste français (Carcassonne 1854 - Toulouse 1941). En collaboration avec J.-B. Senderens (1856-1937), il a découvert les propriétés du nickel réduit relativement aux hydrogénérations catalytiques et il a ainsi synthétisé de nombreux hydrocarbures. (Prix Nobel 1912.)

sabayon [sabajɔ̃] **n.m.** (it. *zabaione*). Crème à base de vin ou de liqueur, d'œufs et de sucre, que l'on consomme en dessert.

sabbat [saba] **n.m.** (lat. ecclés. *sabbatum,* de l'hébr. *shabbāt,* repos, par le gr. *sabbakon*). **1.** RELIG. Dans la religion juive, jour de repos hebdomadaire (du vendredi soir au samedi soir), consacré à Dieu (syn. **shabbat**). **2.** Assemblée nocturne de sorciers et de sorcières qui, suivant la tradition populaire, se tenait le samedi à minuit sous le patronage de Satan.

sabbatique [sabatik] **adj. 1.** Propre au sabbat : *Repos sabbatique.* **2. Année sabbatique,** année de congé accordée à certains employés ou cadres dans les entreprises, à des professeurs d'université de certains pays ; dans la loi mosaïque, chaque septième année, durant laquelle les terres étaient laissées en jachère et leurs produits naturels abandonnés aux pauvres.

Sabins, anc. peuple de l'Italie centrale. Mêlés aux Latins, les Sabins ont formé la première population de Rome. Selon la légende, deux rois sabins y ont régné après Romulus : Numa Pompilius (v. 715-672 av. J.-C.) et Ancus Martius (v. 640-616 av. J.-C.).

sabir [sabir] **n.m.** (de l'esp. *saber,* savoir). Toute langue composite née du contact de communautés linguistiques différentes pour permettre notamm. les transactions commerciales. ▸ Le sabir était à l'origine un jargon mêlé d'arabe, de français, d'italien, d'espagnol en usage dans les ports méditerranéens.

sablage [sablaʒ] **n.m.** Action de sabler ; son résultat.

1. sable [sabl] **n.m.** (lat. *sabulum,* sable). **1.** Roche sédimentaire meuble, formée de grains, souvent de quartz, dont la taille varie de 0,02 à 2 mm : *Plage de sable fin. Carrière de sable.* **2. Bâtir sur le sable,** fonder une entreprise sur qqch de peu solide. ◆ **sables n.m. pl. 1.** Vaste étendue de sable : *Les sables du désert.* **2. Sables mouvants,** sable humide, peu consistant et où l'on risque de s'enliser. ◆ **adj. inv.** D'une couleur beige clair.

2. sable [sabl] **n.m.** (polon. *sabol,* russe *sobol,* martre zibeline, par le lat. médiév. *sabellum*). HÉRALD. La couleur noire.

sablé, e [sable] **adj. 1.** Couvert de sable : *Allée sablée.* **2.** CUIS. **Pâte sablée,** pâte friable comportant une forte proportion de jaunes d'œufs et de sucre. ◆ **sablé n.m.** Petite galette en pâte sablée.

sabler [sable] **v.t. 1.** Couvrir de sable : *Sabler une allée.* **2.** Nettoyer, décaper par projection d'un jet de sable ou de tout autre abrasif : *Sabler une façade.* **3. Sabler le champagne,** boire du champagne à l'occasion d'une réjouissance.

sableur, euse [sablœr, -øz] **n.** Personne qui pratique le sablage.

sableuse [sabløz] **n.f. 1.** Appareil tracté pour le sablage des chaussées. **2.** Machine à l'aide de laquelle on projette avec force un jet de sable fin pour décaper, dépolir.

sableux, euse [sablø, -øz] **adj.** (anc. prov. *sablos*). Qui contient du sable : *Une eau sableuse.*

sablier [sablije] **n.m.** Appareil pour mesurer le temps, constitué de deux récipients superposés en verre, communiquant par un étroit conduit où du sable fin s'écoule du récipient du haut dans l'autre.

sablière [sablijɛr] **n.f. 1.** Carrière de sable. **2.** CH. DE F. Réservoir contenant du sable et qui est relié à un conduit amenant le sable devant les roues motrices en cas de patinage. **3.** CONSTR. Grosse pièce de charpente posée horizontalement sur l'épaisseur d'un mur et recevant le bas des chevrons de la couverture.

sablonner [sablɔne] **v.t.** Couvrir de sable une surface.

sablonneux, euse [sablɔnø, -øz] **adj.** Où il y a beaucoup de sable : *Terre sablonneuse.*

sabord [sabɔr] **n.m.** (de *bord* et d'un premier élément obscur). Ouverture quadrangulaire pratiquée dans la muraille d'un navire et munie d'un dispositif de fermeture étanche.

sabordage [sabɔrdaʒ] et **sabordement** [sabɔrdəmɑ̃] **n.m.** Action de saborder : *Le sabordage d'une flotte.*

saborder [sabɔrde] **v.t.** (de *sabord*). **1.** Couler volontairement un navire pour éteindre un incendie (dans un port, par ex.) ou pour l'empêcher de tomber entre les mains de l'ennemi. **2.** Ruiner, détruire volontairement une entreprise, un projet : *Il préféra saborder l'entreprise plutôt que de la voir tomber dans d'autres mains* (syn. **couler, torpiller**). ◆ **se saborder v.pr. 1.** Saborder son navire, sa flotte. **2.** Mettre volontairement fin à ses activités : *Le comité s'est sabordé.*

sabot [sabo] **n.m.** (probabl. croisement de l'anc. fr. *bot,* masc. de *botte,* et de *savate*). **1.** Chaussure faite d'une pièce de bois creusée ou d'une semelle de bois et d'un dessus en cuir. **2.** Ongle développé entourant l'extrémité des doigts des mammifères ongulés (cheval, bœuf, porc, etc.) et sur lequel ils marchent. **3.** Garniture de métal aux pieds de certains meubles. **4.** Garniture protégeant l'extrémité d'un poteau, d'une pièce de charpente, etc. **5. Baignoire sabot,** baignoire de longueur réduite conçue pour être utilisée en position assise (on dit aussi *un sabot*). / **Sabot de Denver,** dispositif utilisé par la police afin d'immobiliser les voitures en stationnement illicite par le blocage d'une roue. / *FAM.* **Voir venir qqn avec ses gros sabots,** deviner clairement ses intentions.

sabotage [sabɔtaʒ] **n.m. 1.** Action de saboter un travail. **2.** Acte qui a pour but de détériorer ou de détruire intentionnellement du matériel, des installations : *Le sabotage d'une voie ferrée.*

saboter [sabɔte] **v.t.** (de *sabot*). **1.** Mal exécuter un travail, le faire sans soin : *C'est du travail saboté !* (syn. **bâcler**). **2.** Détériorer ou détruire volontairement qqch : *Saboter des installations militaires.* **3.** Chercher à faire échouer : *Saboter une négociation* (syn. **saper, torpiller**). **4.** *AFR.* Mépriser, dédaigner qqn.

saboteur, euse [sabɔtœr, -øz] **n.** Personne qui exécute mal un travail, détériore une machine, du matériel, entrave la bonne exécution d'une tâche, d'une entreprise.

sabotier, ère [sabɔtje, -ɛr] **n.** Artisan qui fabrique et vend des sabots.

sabre [sabr] **n.m.** (all. *Säbel,* du hongr. *szablya*). **1.** Arme blanche, droite ou recourbée, qui ne tranche que d'un côté ; art du maniement de cette arme : *Sabre de cavalerie.* **2.** En escrime, arme légère (500 g) présentant une coquille prolongée pour protéger le dessus de la main ; discipline utilisant cette arme. **3.** *FAM., VIEILLI.* Rasoir à manche et à longue lame : *Se raser au sabre.* **4.** Symbole de la force militaire, de l'armée (souvent péjor.) : *L'alliance du sabre et du goupillon* (= de l'armée et de l'Église). **5. Sabre d'abattis,** sabre assez court, à large lame, utilisé pour se frayer un chemin à travers la brousse.

sabrer [sabre] **v.t. 1.** Frapper à coups de sabre : *Sabrer une patrouille ennemie.* **2.** Sillonner de traits, de hachures : *Un devoir sabré de coups de stylo rouge* (syn. **barrer, biffer**). **3.** Faire de larges coupures dans un texte : *Sabrer un manuscrit* (syn. **caviarder**). **4.** *FAM.* Noter sévèrement ; refuser à un examen ; renvoyer d'un poste : *Examinateur qui sabre les copies. Le directeur s'est fait sabrer* (syn. **congédier**).

sabreur, euse [sabrœr, -øz] **n.** Escrimeur spécialiste du sabre. ◆ **sabreur n.m.** Soldat qui se bat au sabre ou qui donne des coups de sabre.

1. sac [sak] **n.m.** (lat. *saccus,* gr. *sakkos,* d'orig. sémitique). **1.** Contenant ouvert seulement par le haut, fait de diverses matières souples : *Sac à pommes de terre. Sac de plage. Sac à provisions* (= cabas). *Sac de voyage. Un sac d'écolier* (= un cartable, une serviette). **2.** Contenu d'un sac : *Moudre un sac de café.* **3.** Accessoire servant à ranger des objets personnels que l'on garde avec soi lors de déplacements (on dit aussi *sac à main*) : *Mettre ses clés dans son sac.* **4.** ANAT. Cavité de l'organisme tapissée d'une membrane : *Sac lacrymal.* **5.** *ARG., VIEILLI.* Somme de dix francs. **6.** *FAM.* **Avoir plus d'un tour dans son sac,** être rusé, habile. / *FAM.* **L'affaire est dans le sac,** l'affaire est pratiquement réglée ; le succès est assuré. / *FAM.* **Mettre dans le même sac,** confondre dans le même mépris, la même réprobation. / *FAM.* **Prendre qqn la main dans le sac,** prendre qqn sur le fait, en flagrant délit de malhonnêteté. / *FAM.* **Sac à vin,** ivrogne. / *FAM.* **Sac d'embrouilles, de nœuds,** affaire très compliquée. / *FAM.* **Vider son sac,** dire tout ce qu'on a sur le cœur. / BOT. **Sac embryonnaire,** masse centrale de l'ovule, contenant le gamète. **7. Sac à dos,** sac de toile muni de sangles et d'une armature, utilisé par les campeurs, les alpinistes, etc. ; accessoire de même principe utilisé à la place d'un sac à main, d'un cartable, etc. / **Sac à viande,** enveloppe de tissu fin isolant le campeur de son sac de couchage. / **Sac de couchage,** grand sac de toile, de Nylon, de coton garni de duvet, dans lequel le campeur, l'alpiniste se glisse pour dormir (syn. **duvet**).

2. sac [sak] **n.m.** (it. *sacco,* de l'all. *Sakman,* pillard, brigand, de *sak,* sac). **1.** *LITT.* Pillage d'une ville ; massacre de ses habitants. **2. Mettre à sac,** piller, dévaster.

saccade [sakad] **n.f.** (de l'anc. fr. *saquer,* tirer). Mouvement brusque et irrégulier : *Le moteur fonctionnait mal et la voiture avançait par saccades* (syn. **à-coup, secousse**).

saccadé, e [sakade] **adj.** Qui se fait par saccades : *Mouvements, gestes saccadés. Style saccadé* (= aux phrases courtes, hachées).

saccage [sakaʒ] **n.m.** Action de saccager : *Les cambrioleurs ont fait un saccage dans l'appartement.*

saccager [sakaʒe] **v.t.** (it. *saccheggiare,* de *saccheggio,* de *sacco,* pillage) [conj. **17**]. **1.** Mettre à sac ; livrer au pillage : *Saccager une ville* (syn. **piller, ravager**). **2.** *FAM.* Mettre en désordre ; dévaster : *Les enfants ont saccagé les parterres de fleurs* (syn. **abîmer, endommager**).

saccageur, euse [sakaʒœr, -øz] **n.** Personne qui saccage.

saccharide [sakarid] **n.m.** *VX.* Glucide.

saccharine [sakarin] **n.f.** (du lat. *saccharum,* sucre). Substance blanche sans rapport avec les vrais sucres, sans valeur nutritive, donnant cependant une saveur sucrée, et utilisée comme succédané du sucre.

saccharose [sakaroz] **n.m.** (du lat. *saccharum,* sucre). Glucide, constituant des sucres de canne et de betterave, fournissant, par hydrolyse, du glucose et du fructose.

sacerdoce [sasɛrdɔs] **n.m.** (lat. *sacerdotium,* de *sacerdos,* prêtre). **1.** Dignité et fonctions du prêtre, dans diverses religions (syn. **prêtrise**). **2.** Fonction qui présente un caractère respectable en raison du dévouement qu'elle exige : *Le sacerdoce des infirmières.*

sacerdotal, e, aux [sasɛrdɔtal, -o] **adj.** (lat. *sacerdotalis*). Relatif aux prêtres, au sacerdoce.

sachem [saʃɛm] **n.m.** (mot iroquois). Chef de tribu, chez les Indiens de l'Amérique du Nord.

sachet [saʃɛ] **n.m.** Petit sac : *Thé en sachets.*

sacoche [sakɔʃ] **n.f.** (it. *saccoccia*). **1.** Sac de toile ou de cuir, de formes diverses, et muni d'une courroie : *Une sacoche de rangement pour ordinateur portable.* **2.** *BELG., QUÉBÉC.* Sac à main.

sac-poubelle [sakpubɛl] **n.m.** (pl. *sacs-poubelle*). Sac de plastique destiné à contenir les ordures ménagères.

sacquer ou **saquer** [sake] **v.t.** (de *1. sac*). **1.** *FAM.* Chasser ; renvoyer : *Sacquer un employé* (syn. **congédier, licencier**). **2.** Noter, punir sévèrement ; se montrer sévère : *Professeur qui sacque ses élèves.* **3. Ne pas pouvoir sacquer qqn,** détester qqn, ne pas le supporter.

sacral, e, aux [sakral, -o] **adj.** (lat. médiév. *sacralis*). Relatif au sacré ; qui a un caractère sacré : *Langue sacrale* (contr. **profane**).

sacralisation [sakralizasjɔ̃] **n.f.** (de *sacraliser*). Action d'attribuer un caractère sacré à ; fait d'être sacralisé : *La sacralisation de la famille.*

sacraliser [sakralize] **v.t.** (de *sacral*). Attribuer un caractère sacré à : *Les religions qui ont sacralisé le mariage.*

sacramentel, elle [sakramɑ̃tɛl] **adj.** (var. de l'anc. adj. *sacramental*). Se dit des paroles ou d'une action par lesquelles est conféré un sacrement : *Formules sacramentelles.*

Sacramento, v. des États-Unis, cap. de la Californie, sur le *Sacramento* (620 km) ; 485 199 hab. (1 729 710 hab. dans l'agglomération).

1. sacre [sakr] **n.m.** (de *sacrer*). **1.** Cérémonie religieuse pour le couronnement d'un souverain. **2.** Ordination d'un évêque conférant la plénitude du sacrement de l'ordre (on dit auj. *ordination épiscopale*).

2. sacre [sakr] **n.m.** *QUÉBÉC.* Blasphème, juron issu du vocabulaire religieux.

3. sacre [sakr] **n.m.** (ar. *çaqr*). Grand faucon de l'Europe méridionale et de l'Asie.

1. sacré, e [sakre] **adj.** (p. passé de *sacrer,* pour traduire l'adj. lat. *sacer*). **1.** Qui a rapport au religieux, au divin (par opp. à *profane*) : *Musique sacrée. Art sacré* (syn. **religieux**). **2.** À qui ou à quoi l'on doit un respect absolu ; qui s'impose par sa haute valeur : *Les lois sacrées de l'hospitalité* (syn. **inviolable**). **3.** *FAM.* Renforce un terme injurieux ou admiratif : *C'est un sacré menteur* (syn. **fieffé**). **4. Livres sacrés,** la Bible, pour les chrétiens. **/ Sacré Collège,** collège des cardinaux formant le sénat de l'Église romaine et le conseil du pape. ◆ **sacré n.m.** Dans l'interprétation des phénomènes religieux, caractère de ce qui transcende l'humain (par opp. à *profane*).

2. sacré, e [sakre] **adj.** ANAT. Qui appartient au sacrum : *Vertèbres sacrées.*

sacrebleu [sakrəblø] **interj.** (de *1. sacre,* et altér. euphémique de *Dieu*). Juron vieilli (on trouve aussi la forme non euphémique *sacredieu*).

sacrement [sakrəmɑ̃] **n.m.** (lat. *sacramentum,* serment puis « acte ou objet sacré »). **1.** Acte rituel ayant pour but la sanctification de celui qui en est l'objet. ▸ L'Église catholique et les Églises orientales reconnaissent sept sacrements : le *baptême,* la *confirmation,* l'*eucharistie,* la *pénitence,* le *sacrement des malades (extrême-onction),* l'*ordre* et le *mariage.* Les Églises protestantes n'en retiennent que deux : le *baptême* et l'*eucharistie,* ou *Sainte Cène.* **2. Les derniers sacrements,** la pénitence, l'onction des malades et la communion en viatique. **/ Le saint sacrement,** l'eucharistie, l'hostie consacrée.

sacrément [sakremɑ̃] **adv.** *FAM.* Extrêmement : *Je suis sacrément contente d'avoir fini.*

sacrer [sakre] **v.t.** (lat. *sacrare*). Conférer un caractère sacré, notamm. par la cérémonie du sacre, à : *Charlemagne fut sacré empereur par le pape Léon III* (syn. **consacrer**). ◆ **v.i.** *VX* ou *QUÉBEC.* Proférer des jurons, blasphémer (syn. **jurer**).

sacrificateur, trice [sakrifikatœr, -tris] **n.m.** ANTIQ. Prêtre ou prêtresse qui offrait les sacrifices.

sacrifice [sakrifis] **n.m.** (lat. *sacrificium,* de *sacrificare*). **1.** Offrande à une divinité et, en partic., immolation de victimes. **2.** Renoncement volontaire à qqch : *Faire le sacrifice de ses congés* (syn. **don**). *Monument qui commémore le sacrifice des résistants* (syn. **abnégation, renoncement**). **3.** CATH. **Le Saint Sacrifice,** la messe. ◆ **sacrifices n.m. pl.** Perte qu'on accepte, privation, en partic. sur le plan financier : *Faire des sacrifices.*

sacrificiel, elle [sakrifisjɛl] **adj.** Propre à un sacrifice religieux : *Rite sacrificiel.*

sacrifié, e [sakrifje] **adj.** et **n.** Se dit de qqn qui est sacrifié ou qui se sacrifie : *Jouer les sacrifiés.* ◆ **adj. Prix sacrifiés,** prix très bas de marchandises que l'on veut absolument écouler.

sacrifier [sakrifje] **v.t.** (lat. *sacrificare,* de *sacrum facere,* faire un acte sacré) [conj. **9**]. **1.** Offrir comme victime en sacrifice : *Sacrifier des agneaux à une divinité* (syn. **immoler**). **2.** Abandonner, négliger volontairement qqn, qqch au profit de qqn, de qqch qu'on fait passer avant : *Sacrifier ses amis à ses intérêts. Elle a tout sacrifié à sa famille.* **3.** Faire ou laisser périr qqn pour la réalisation d'un intérêt ; renoncer à qqn, à qqch, s'en défaire avec peine : *Sacrifier des troupes pour sauver une situation. Sacrifier des marchandises* (= s'en débarrasser à bas prix). ◆ **v.t. ind. [à].** *LITT.* Se conformer à qqch par faiblesse ou conformisme : *Sacrifier à la mode.* ◆ **se sacrifier v.pr.** Faire le sacrifice de sa vie, de ses intérêts.

1. sacrilège [sakrilɛʒ] **n.m.** (lat. *sacrilegium,* vol d'objets sacrés). **1.** Acte impie commis contre des personnes, des lieux ou des choses sacrés (syn. **profanation**). **2.** Action qui porte atteinte à qqn ou à qqch de respectable, de vénérable : *C'est un sacrilège d'abîmer un livre* (syn. **crime**).

2. sacrilège [sakrilɛʒ] **adj.** et **n.** (lat. *sacrilegus,* impie, profanateur). Qui se rend coupable d'un sacrilège (syn. **profanateur**). ◆ **adj.** Qui a le caractère d'un sacrilège : *Intention sacrilège.*

sacripant [sakripɑ̃] **n.m.** (de *Sacripante,* n. d'un personnage que l'Arioste a emprunté à Boiardo). Mauvais sujet capable de mauvais coups (syn. **chenapan, vaurien**).

sacristain [sakristɛ̃] **n.m.** (lat. ecclés. *sacristanus*). Employé chargé de l'entretien de l'église et des objets du culte.

sacristi interj. ⟶ **sapristi.**

sacristie [sakristi] **n.f.** (lat. ecclés. *sacristia,* de *sacer,* sacré). Annexe d'une église où l'on conserve les vases sacrés, les ornements d'église et où les prêtres se préparent pour célébrer le service divin.

sacristine [sakristin] **n.f.** (de *sacristain*). Femme, religieuse ou laïque, qui s'occupe de l'église et de la sacristie.

sacro-iliaque [sakroiljak] **adj.** (pl. *sacro-iliaques*). Relatif au sacrum et à l'os iliaque : *Articulation sacro-iliaque.*

sacro-saint, e [sakrosɛ̃, -sɛ̃t] **adj.** (lat. *sacrosanctus*) [pl. *sacro-saints, es*]. *FAM.* Qui est l'objet d'un respect quasi religieux : *Sa sacro-sainte collection de papillons.*

sacrum [sakrɔm] **n.m.** (lat. *os sacrum,* os sacré [offert aux dieux en sacrifice]). Os formé par la soudure des cinq vertèbres sacrées et s'articulant avec les os iliaques pour former le bassin.

Sadate (Anouar el-), homme d'État égyptien (gouvernorat de Ménoufieh 1918 - Le Caire 1981). Après avoir participé au coup d'État de 1952, il devint président de l'Assemblée nationale (1960-1969). Il succéda à Nasser à la tête de l'État en 1970. Après la quatrième guerre israélo-arabe (1973), il rompit totalement avec l'U.R.S.S. (1976) et se rapprocha d'Israël, avec qui il signa en 1979 le traité de Washington. Il fut assassiné en 1981. (Prix Nobel de la paix 1978.)

Sade (Donatien Alphonse François, *comte* **de Sade,** dit **le Marquis de),** écrivain français (Paris 1740 - Charenton 1814). Écrite en prison, où il passa la majeure partie de sa vie pour ses débauches, son œuvre n'a été reconnue que depuis les surréalistes. Détournant dans ses récits les valeurs du siècle des Lumières, Sade amplifie par l'écriture perversions et fantasmes sexuels, faisant alterner les scènes libertines et les discours philosophiques prononcés par ses personnages (*les Cent Vingt Journées de Sodome,* 1782-1785 ; *Justine ou les Malheurs de la vertu,* 1791 ; *la Philosophie dans le boudoir,* 1795).

Sadi ou **Saadi (Mocharrafoddin),** poète persan (Chiraz v. 1213 - *id.* 1292), auteur des recueils lyriques et didactiques le *Golestan* et le *Bostan.*

sadique [sadik] **adj. 1.** PATHOL. Relatif au sadisme. **2.** Qui témoigne d'une méchanceté systématique ; cruel. ◆ **adj.** et **n. 1.** PATHOL. Qui fait preuve de sadisme. **2.** Qui manifeste une méchanceté gratuite.

sadiquement [sadikmɑ̃] **adv.** De façon sadique ; avec sadisme.

sadisme [sadism] **n.m.** (du n. du marquis de *Sade*). **1.** Plaisir à faire ou à voir souffrir les autres ; cruauté. **2.** PSYCHAN. Perversion dans laquelle la satisfaction sexuelle ne peut être obtenue qu'en infligeant des souffrances physiques, morales au partenaire.

sadomasochisme [sadomazɔʃism] **n.m.** PSYCHAN. Perversion sexuelle qui associe des pulsions sadiques et masochistes.

sadomasochiste [sadomazɔʃist] **adj.** et **n.** Qui relève du sadomasochisme.

Sadowa ***(bataille de)*** [3 juill. 1866], victoire de l'armée prussienne de Frédéric-Charles sur les Autrichiens à Sadowa (en tchèque Sadová), en Bohême orientale, lors de la guerre austro-prussienne. Révélant la puissance des armements prussiens, la bataille eut un grand retentissement en Europe.

safari [safari] **n.m.** (mot swahili, de l'ar. *safora,* voyager). Expédition de chasse aux gros animaux sauvages, en Afrique noire.

safari-photo [safarifoto] **n.m.** (pl. *safaris-photos*). Excursion dans une réserve naturelle, destinée à photographier ou à filmer des animaux sauvages.

1. safran [safrɑ̃] **n.m.** (lat. médical *safranum,* de l'ar. *zafarân*). **1.** Crocus cultivé pour ses fleurs, dont le stigmate fournit une teinture jaune et une poudre servant d'assaisonnement ; cette teinture ; cette poudre. **2. Safran des prés,** colchique. ◆ **adj. inv.** et **n.m.** Couleur jaune-orangé.

2. safran [safrɑ̃] **n.m.** (esp. *azafrán,* d'orig. ar.). MAR. Pièce plate qui constitue la partie essentielle du gouvernail.

safrané, e [safrane] **adj.** Aromatisé au safran ; de la couleur du safran : *Riz safrané.*

saga [saga] **n.f.** (mot scand. « conte »). **1.** Ensemble de récits et de légendes en prose, caractéristiques des littératures scandinaves (Norvège, Islande) du XIIe au XIVe s. **2.** Épopée familiale quasi légendaire se déroulant sur plusieurs générations ; œuvre romanesque la relatant.

sagace [sagas] **adj.** (lat. *sagax, -acis,* qui a l'odorat subtil). Doué de sagacité : *Esprit sagace* (syn. **fin, subtil**).

sagacité [sagasite] **n.f.** (lat. *sagacitas*). Perspicacité ; pénétration ; finesse d'esprit.

sagaie [sagɛ] **n.f.** (esp. *azagaya,* de l'ar. *az-zaghâya,* d'orig. berbère). Javelot utilisé comme arme par certains peuples.

Sagan (Françoise Quoirez, dite **Françoise),** femme de lettres française (Cajarc, Lot, 1935 - Honfleur 2004). Ses romans (*Bonjour tristesse,* 1954) et ses pièces de théâtre (*Château en Suède,* 1960) font le portrait désinvolte d'une société aisée et désabusée.

1. sage [saʒ] **adj.** et **n.** (lat. pop. **sapius,* du class. *sapidus,* qui a du goût, avec infl. de *sapiens*). Qui fait preuve de sûreté dans ses jugements et sa conduite : *Agir en homme sage, en sage. Vous avez été sage de partir à temps* (syn. **raisonnable, avisé ;** contr. **imprudent**). ◆ **adj. 1.** Qui n'est pas turbulent ; qui se comporte avec calme, docilité : *Un enfant sage comme une image* (syn. **docile, gentil**). **2.** Qui se conduit avec pudeur et chasteté : *Un jeune homme sage* (syn. **vertueux ;** contr. **dévergondé**). **3.** Conforme aux règles de la raison et de la morale : *Un sage conseil* (syn. **judicieux, sensé**). *Une conduite sage* (contr. **déréglé**).

2. sage [saʒ] **n.m.** (de *1. sage*). **1.** Personne qui est parvenue à la maîtrise de soi et tend à réaliser un modèle idéal de vie. **2.** Personne compétente et indépendante, chargée par les pouvoirs publics d'étudier une question délicate : *Conseil des sages.*

sage-femme [saʒfam] **n.f.** (de *sage,* savant) [pl. *sages-femmes*]. Praticienne exerçant une profession médicale à compétence limitée au diagnostic et à la surveillance de la grossesse et à la pratique de l'accouchement normal. ▸ Depuis 1982, la profession est ouverte aux hommes, en France *(hommes sages-femmes).*

sagement [saʒmɑ̃] **adv.** De façon sage : *Agir, parler, vivre sagement* (syn. **raisonnablement**). *Enfant qui joue sagement* (syn. **tranquillement**).

sagesse [saʒɛs] **n.f.** (de *sage*). **1.** Qualité de qqn qui fait preuve d'un jugement droit, sûr, averti dans ses décisions, ses actions : *Agir avec sagesse* (syn. **circonspection, discernement, prudence**). **2.** Comportement d'un enfant tranquille, obéissant : *Enfant d'une sagesse exemplaire* (syn. **docilité**). **3.** Caractère de ce qui demeure traditionnel, classique, éloigné des audaces ou des outrances : *La sagesse d'une mode* (syn. **sobriété**). **4.** Idéal supérieur de vie proposé par une doctrine morale ou philosophique ; comportement de qqn qui s'y conforme : *La sagesse orientale.*

1. sagittaire [saʒitɛr] **n.m.** (lat. *sagittarius,* archer, de *sagitta,* flèche). ANTIQ. ROM. Archer. ◆ **Sagittaire n. inv.** et **adj. inv.,** personne née sous le signe du Sagittaire : *Elles sont Sagittaire.*

2. sagittaire [saʒitɛr] **n.f.** (du lat. *sagitta,* flèche). Plante des eaux douces calmes, à feuilles aériennes en forme de fer de flèche (on l'appelle aussi *la flèche d'eau, la sagette*). ▸ Famille des alismatacées.

Sagittaire (le), constellation zodiacale dont la direction correspond à celle du centre de la Galaxie. – Neuvième signe du zodiaque, que le Soleil quitte au solstice d'hiver.

sagittal, e, aux [saʒital, -o] **adj.** (du lat. *sagitta,* flèche). **1.** En forme de flèche. **2.** Suivant le plan de symétrie : *Coupe sagittale.* **3.** MATH. **Diagramme sagittal (d'une relation),** schéma d'une relation d'un ensemble fini vers un ensemble fini où les flèches joignent les éléments associés par cette relation.

Sagonte, en esp. **Sagunto,** v. d'Espagne (prov. de Valence) ; 65 813 hab. Sidérurgie. – Le siège de Sagonte, alliée de Rome, par Hannibal (219 av. J.-C.) déclencha la deuxième guerre punique.

1. sagouin [sagwɛ̃] **n.m.** (port. *saguim,* var. de *sagui,* du tupi *sahy*). Petit singe d'Amérique du Sud.

2. sagouin, e [sagwɛ̃, -in] **n.** *FAM.* Personne, enfant malpropres, grossiers.

Saguenay (le), riv. du Canada (Québec), affl. du Saint-Laurent (r. g.) ; 200 km. Installations hydroélectriques.

Sahara (le), le plus vaste désert du monde, en Afrique. Il couvre plus de 8 millions de km^2 entre l'Afrique du Nord méditerranéenne et l'Afrique noire, l'Atlantique et la mer Rouge.

GÉOGRAPHIE

De part et d'autre du tropique du Cancer, il s'étend sur le Maroc, l'Algérie, la Tunisie, la Libye, l'Égypte, le Soudan, le Tchad, le Niger, le Mali et la Mauritanie. L'unité du Sahara est due à la sécheresse extrême du climat (moins de 100 mm d'eau par an), qui rend les cultures impossibles en dehors des oasis. Seul le Nil traverse le désert. Le relief présente des aspects variés : au centre et à l'est, les grands massifs, en partie volcaniques, du *Hoggar,* de l'*Aïr* et du *Tibesti ;* au nord, les dunes du *Grand Erg ;* dans de nombreuses autres régions, de vastes plaines et des plateaux couverts de pierres (les regs). Un million et demi de personnes environ vivent au Sahara *(Sahariens),* où le nomadisme a reculé, alors que s'est développée l'industrie extractive (hydrocarbures essentiellement).

HISTOIRE

L'abondance des fossiles et de l'outillage néolithique atteste une ère de vie foisonnante. Dans l'Antiquité, la sécheresse imposa l'abandon du cheval et son remplacement par le dromadaire à partir du IIe s. av. J.-C. Les Arabes s'infiltrèrent au Sahara à partir du VIIe s., implantant l'islam. À la fin du XIXe s., le Sahara fut, dans sa majeure partie, conquis par la France, qui prit Tombouctou en 1894. L'Espagne organisa à partir de 1884 sa colonie du Sahara occidental et l'Italie s'établit en Cyrénaïque et en Tripolitaine en 1911-1912. La décolonisation intervint entre 1951 et 1976.

Sahara occidental, territoire correspondant à l'anc. Sahara espagnol ; 266 000 km^2 ; *(Sahraouis).* Phosphates. Il est administré aujourd'hui par le Maroc (auquel s'oppose le Front Polisario). Après l'enlisement du projet de référendum d'autodétermination des habitants envisagé en 1988, les négociations restent dans l'impasse.

saharien, enne [saarjɛ̃, -ɛn] **adj.** et **n.** Du Sahara.

saharienne [saarjɛn] **n.f.** Veste de toile ceinturée, aux nombreuses poches, inspirée de l'uniforme militaire.

sahraoui, e [sarawi] **adj.** et **n.** Du Sahara occidental.

Sahel (le) [de l'ar. *sahil,* rivage], terme désignant à la fois les régions proches des côtes en Algérie et en Tunisie et, surtout, aujourd'hui, la zone de transition entre le Sahara et les régions tropicales humides, sujette à de désastreuses sécheresses, du Sénégal au Soudan.

sahélien, enne [saeljɛ̃, -ɛn] **adj.** Relatif au Sahel.

saï [sai] **n.m.** (mot tupi). Petit singe d'Amérique centrale.

saie [sɛ] **n.f.** (lat. *sagum,* empr. au gaul.). Manteau court en laine, vêtement militaire des Romains et des Gaulois.

saïga [saiga] **n.m.** (mot russe, d'orig. turque). Antilope des steppes entre la Caspienne et l'Oural.

saignant, e [seɲɑ̃, -ɑ̃t] **adj. 1.** Qui saigne, dégoutte de sang (syn. **sanguinolent**). **2.** Se dit d'une viande cuite de manière à laisser perler le sang à la surface, mais pas davantage : *Steak saignant* (= entre « bleu » et « à point »).

saignée [seɲe] **n.f.** (de *saigner*). **1.** Ouverture d'une veine que l'on pratiquait autref. pour tirer du sang à des fins thérapeutiques. **2.** Pli formé par le bras et l'avant-bras. **3.** Entaille faite le long d'une surface ; entaille pratiquée dans un arbre pour en recueillir la sève : *Faire une saignée dans un mur pour faire passer des fils électriques.* **4.** Rigole creusée dans un terrain pour faciliter l'écoulement des eaux. **5.** Prélèvement d'argent qui affecte sensiblement un budget (syn. **ponction**). **6.** *LITT.* Pertes humaines importantes au cours d'une guerre.

saignement [sɛɲmɑ̃] **n.m.** Écoulement de sang.

saigner [seɲe] **v.t.** (lat. *sanguinare,* de *sanguis, -inis,* sang). **1.** Faire une saignée à qqn. **2.** Tuer un animal en le vidant de son sang : *Saigner un poulet.* **3.** Soutirer de l'argent à qqn : *Saigner les contribuables.* **4.** TECHN. Pratiquer une entaille, une rigole dans : *Saigner un hévéa pour récolter le latex.* ◆ **v.i. 1.** Laisser du sang s'échapper, perdre du sang : *Saigner du nez.* **2.** *LITT.* Ressentir une grande douleur morale : *Son cœur saigne à cette pensée.* ◆ **se saigner v.pr.** S'imposer de lourdes dépenses : *Se saigner aux quatre veines* (= se priver de tout au profit de qqn).

Saigon → **Hô Chi Minh-Ville.**

Sailer (Toni), skieur autrichien (Kitzbühel 1935 - Innsbruck 2009), triple champion olympique de ski alpin en 1956.

saillant, e [sajɑ̃, -ɑ̃t] **adj.** (p. présent de *saillir*). **1.** Qui avance, dépasse : *Balcon saillant.* **2.** Qui attire l'attention ; remarquable, frappant : *Trait saillant.* **3. Angle** (ou **secteur angulaire**) **saillant,** angle (ou secteur) dont la mesure est inférieure à celle d'un angle plat (180°) [contr. **rentrant**]. ◆ **saillant n.m.** Partie d'un ouvrage, partic. de fortification, qui fait saillie.

1. saillie [saji] **n.f.** (de *1. saillir*). **1.** Éminence à la surface de certains objets, partie qui avance : *Toit en saillie.* **2.** *LITT.* Trait d'esprit brillant et imprévu (syn. **repartie**).

2. saillie [saji] **n.f.** (de *2. saillir*). Accouplement des animaux domestiques.

1. saillir [sajir] **v.i.** (lat. *salire,* sauter) [conj. **50**]. S'avancer en dehors ; dépasser l'alignement : *Balcon qui saille trop* (syn. **déborder**). *Ses côtes saillent* (syn. **ressortir**).

2. saillir [sajir] **v.t.** (lat. *salire,* couvrir une femelle) [conj. **32**]. S'accoupler à, en parlant d'un animal mâle : *Étalon qui saillit une jument* (syn. **couvrir**).

sain, e [sɛ̃, sɛn] **adj.** (lat. *sanus*). **1.** Dont l'organisme est bien constitué ; qui ne présente aucune atteinte pathologique ou anomalie (par opp. à *malade*) : *Un enfant sain* (= bien portant). *Une race de chiens robuste et saine.* **2.** En bon état ; qui n'est pas gâté : *Des dents saines. Des fruits sains* (contr. **pourri**). *Une économie saine.* **3.** Qui n'est pas corrompu, perverti : *Un esprit sain* (syn. **équilibré**). *Un jugement sain. Avoir de saines lectures.* **4.** Qui contribue à la bonne santé des individus : *Air, climat sain* (syn. **salubre**). **5.** MAR. Qui ne présente aucun danger : *Une côte saine.* **6. Sain et sauf,** en bon état physique après un danger : *Elle est sortie saine et sauve de son accident* (syn. **indemne**).

saindoux [sɛ̃du] **n.m.** (du lat. *sagina,* graisse, et *doux*). Graisse de porc fondue.

sainement [sɛnmɑ̃] **adv.** D'une manière saine.

sainfoin [sɛ̃fwɛ̃] **n.m.** (de *sain* et *foin*). Plante fourragère vivace utilisée dans les prairies artificielles. ▸ Sous-famille des papilionacées.

saint, e [sɛ̃, sɛ̃t] **adj.** et **n.** (lat. *sanctus,* vénéré). **1.** Se dit d'un chrétien qui a été béatifié ou canonisé et auquel est rendu un culte public : *La Sainte Vierge. L'Évangile selon saint Jean. La vie des saints* (syn. **bienheureux**). **2.** Se dit d'une personne d'une piété, d'une bonté, d'une vie exemplaires : *Un saint homme* (syn. **pieux**). **3. La Saint-X, la Sainte-Y,** la fête de saint X, de sainte Y : *La Saint-Jean.* / **Les saints de glace,** saint Mamert, saint Pancrace et saint Servais, dont les fêtes (autref. 11, 12 et 13 mai) passent pour être souvent accompagnées de gelées tardives. ◆ **adj. 1.** Essentiellement pur ; souverainement parfait : *Dieu est saint. La Sainte-Trinité.* **2.** Qui est dédié, consacré à Dieu ; qui sert à un usage sacré : *La sainte hostie. Les livres saints.* **3.** Se dit de chacun des jours de la semaine qui précède le dimanche de Pâques : *Vendredi saint.* **4.** *FAM.* Profond, extrême : *Avoir une sainte horreur du mensonge.* **5. Année sainte,** année jubilaire de l'Église catholique, célébrée ordinairement tous les 25 ans. / *FAM.* **Toute la sainte journée,** la journée tout entière, sans arrêt. ◆ **saint n.m. Le saint des saints,** la partie du Temple de Jérusalem où se trouvait l'arche d'alliance ; l'endroit le plus protégé dans une demeure : *Être admis dans le saint des saints.*

Saint-Amant (Marc Antoine Girard, *sieur* **de),** poète français (Quevilly 1594 - Paris 1661). Il a écrit des poèmes bachiques *(le Melon),* satiriques et lyriques *(la Solitude).*

Saint Andrews, v. de Grande-Bretagne (Écosse), sur la mer du Nord ; 14 209 hab. Université. Golf. Cathédrale en ruine (XIIe-XIVe s.).

Saint-Anton → **Sankt Anton am Arlberg.**

Saint-Barthélemy [97133], une des Antilles françaises, formant une collectivité d'outre-mer ; 25 km^2 ; 9 269 hab. Ch.-l. *Gustavia.* Suédoise de 1784 à 1876, l'île devient ensuite une dépendance de la Guadeloupe, avant d'être dotée, en 2007, du statut de collectivité d'outre-mer.

Saint-Barthélemy (la) [nuit des 23-24 août 1572], massacre des protestants exécuté, à Paris et en province, à l'instigation de Catherine de Médicis et des Guises, inquiets de l'ascendant pris par l'amiral de Coligny sur le roi Charles IX et de sa politique de soutien aux Pays-Bas révoltés contre l'Espagne. Il y eut environ 3 000 victimes. Le roi de Navarre (le futur Henri IV), qui venait d'épouser Marguerite de Valois, sauva sa vie en abjurant. Affaire politique, la Saint-Barthélemy, célébrée comme une victoire par le roi d'Espagne Philippe II et le pape Grégoire XIII, est restée le symbole de l'intolérance religieuse.

Saint-Benoît-sur-Loire, comm. du Loiret ; 2 098 hab. Sa basilique à clocher-porche est un chef-d'œuvre de l'architecture romane des XIe-XIIe s.

saint-bernard [sɛ̃bɛrnar] **n.m. inv.** (du n. du col du *Grand-Saint-Bernard*). Chien de très forte taille, à la robe fauve et blanche, dressé pour le sauvetage en montagne.

Saint-Bernard (Grand-), col des Alpes, entre la Suisse (Valais) et l'Italie (Val d'Aoste), à 2 469 m d'alt., franchi par une route. Tunnel routier à 1 915 m d'alt. Hospice fondé au Xe s. par saint Bernard de Menthon. Bonaparte franchit le col en 1800.

Saint-Bernard (Petit-), col des Alpes entre la France (Tarentaise) et l'Italie (Val d'Aoste), à 2 188 m d'alt. Couvent et hospice fondés par saint Bernard de Menthon.

Saint-Brieuc, ch.-l. du dép. des Côtes-d'Armor, sur la Manche, à 443 km à l'ouest de Paris ; 47 918 hab. *(Briochins).* Cathédrale reconstruite aux XIVe-XVe s. Musée d'Art et d'Histoire.

Saint-Chamond, ch.-l. de c. de la Loire ; 36 180 hab. (*Saint-Chamonais* ou *Couramiauds*). Métallurgie. Chimie.

Saint-Christophe-et-Niévès (en angl. **Saint Kitts and Nevis** ou **Saint Christopher and Nevis**) → **Saint-Kitts-et-Nevis.**

Saint-Cyr-Coëtquidan, appellation courante donnée à l'ensemble des écoles militaires installées depuis la Libération au camp de Coëtquidan (Morbihan). L'École spéciale militaire de formation des officiers de l'armée de terre eut son siège à Saint-Cyr (Yvelines) de 1808 à 1940.

saint-cyrien, enne [sɛ̃sirjɛ̃, -ɛn] **n.** (pl *saint-cyriens, ennes*). Élève ou ancien élève de l'École spéciale militaire de Saint-Cyr.

Saint-Denis, ch.-l. d'arr. de la Seine-Saint-Denis, sur le *canal de Saint-Denis,* au nord de Paris ; 109 408 hab. *(Dionysiens).* Évêché. Église abbatiale gothique (XIIe-XIIIe s.), auj. cathédrale, abritant les sépultures des rois de France. Construite sur l'emplacement d'une première fondation de

Dagobert (vers 630), l'abbaye connut un grand essor grâce à Suger, abbé à partir de 1122 ; commencée par ce dernier dans un style gothique précoce, l'église aura quelque peu à souffrir de la Révolution ; admirables tombeaux, notamment de la Renaissance. Musée d'Art et d'Histoire. Stade de France.

Saint-Denis, ch.-l. du dép. de La Réunion, sur la côte nord de l'île ; 146 763 hab. (175 576 hab. dans l'agglomération). Cour d'appel. Évêché.

Saint Denis (Ruth Dennis, dite **Ruth),** danseuse américaine (Newark v. 1877 - Hollywood 1968). Avec son partenaire et mari Ted Shawn, elle est la fondatrice de la Denishawn School à Los Angeles (1915-1931), où seront formés les chefs de file de la *modern dance.*

Saint-Dié-des-Vosges, anc. **Saint-Dié,** ch.-l. d'arr. des Vosges, sur la Meurthe ; 22 089 hab. *(Déodatiens).* Évêché. Festival international de géographie. Cathédrale en partie romane en grès rouge, cloître gothique et église romane.

Saint-Dizier, ch.-l. d'arr. de la Haute-Marne, sur la Marne ; 26 300 hab. *(Bragards).* Matériel agricole.

Saint-Domingue, anc. nom de l'île d'Haïti*.

Saint-Domingue, en esp. **Santo Domingo,** anc. **Ciudad Trujillo,** cap. de la République dominicaine ; 2 190 990 hab. dans l'agglomération. Fondée en 1496, elle fut prospère au XVe s. Monuments de cette époque, dont la cathédrale et l'« alcazar de Colomb ».

Sainte-Beuve (Charles Augustin), écrivain français (Boulogne-sur-Mer 1804 - Paris 1869). Il fit d'abord partie du cénacle romantique, publia des recueils de poésies (*Vie, poésies et pensées de Joseph Delorme,* 1829) et un roman (*Volupté,* 1834) puis se consacra à la critique et à l'histoire littéraires en saisissant les écrivains dans leur milieu historique et social (*Portraits littéraires,* 1836-1839 ; *Port-Royal,* 1840-1859 ; *Causeries du lundi,* 1851-1862).

Sainte-Geneviève *(abbaye),* anc. abbaye parisienne fondée à l'emplacement d'une basilique érigée par Clovis et où fut déposé le corps de sainte Geneviève. En 1764 fut commencée, sous la direction de Soufflot, l'église monumentale qui allait devenir le Panthéon*. En 1802, les bâtiments de l'abbaye ont été affectés au lycée Napoléon, actuel lycée Henri-IV.

Sainte-Hélène, en angl. **Saint Helena Island,** île britannique de l'Atlantique sud, à 1 850 km des côtes d'Afrique ; 122 km^2 ; 4 255 hab. Ch.-l. *Jamestown.* L'île est célèbre par la captivité de Napoléon Ier de 1815 à sa mort, en 1821.

Saint Elias, en fr. **Saint-Élie,** massif de l'Amérique du Nord, aux confins du Canada et de l'Alaska ; 6 050 m au *mont Logan,* le point culminant du Canada.

Sainte-Lucie, en angl. **Saint Lucia,** État insulaire des Antilles ; 616 km^2 ; 182 000 hab. CAP. *Castries.* LANGUE : *anglais.* MONNAIE : *dollar des Caraïbes orientales.* L'île est indépendante, dans le cadre du Commonwealth, depuis 1979. Production de bananes. Tourisme.

saintement [sɛ̃tmɑ̃] **adv.** D'une manière sainte ; comme un saint : *Vivre saintement.*

Saint Empire romain germanique, empire fondé par Otton Ier le Grand (962) et comprenant à l'origine les royaumes de Germanie et d'Italie. Il fut dissous en 1806. La région située à l'est du Rhône et de la Saône (Bourgogne puis Franche-Comté) demeure dans sa mouvance de 1032 au XVIIe s.

L'Empire et la papauté. Sacré empereur en 962, Otton Ier le Grand se veut l'héritier d'une antique tradition qui a survécu à la chute de l'Empire romain d'Occident (476 apr. J.-C.) et à la désagrégation de l'Empire carolingien au Xe s. Associant l'idéal de l'universalisme impérial à celui de l'unité chrétienne, les empereurs accentuent, jusqu'au milieu du XIe s., leur mainmise sur la papauté et font élire des papes à leur dévotion. Puis s'affirme le renouveau religieux inspiré du monachisme clunisien. Les papes entendent s'affranchir de la tutelle impériale. Les deux pouvoirs (les « deux glaives ») s'engagent alors dans une lutte acharnée pour la suprématie : querelle des Investitures (1076-1122), lutte du Sacerdoce et de l'Empire (1157-1250), à l'issue de laquelle l'Allemagne plonge dans l'anarchie du Grand Interrègne (1250-1273).

Les institutions. L'Empire n'a jamais été doté d'institutions centralisées ; seuls les princes, ecclésiastiques et laïques, exercent, dans les limites de leurs territoires, un pouvoir politique et un contrôle social réels. Le roi de Germanie (ou le « roi des Romains ») est élu par ses vassaux immédiats. Par la Bulle d'or (1356), Charles IV institue un collège de sept princes électeurs, véritables arbitres du pouvoir. Le pape accorde la couronne impériale au roi des Romains et, au Moyen Âge, nul ne lui conteste ce droit.

Le repli sur l'Allemagne et le déclin. L'expansion capétienne au XIVe s. et l'affranchissement des marches orientales du royaume d'Italie (XIVe-XVe s.) entraînent un repli de l'Empire sur le domaine germanique. À partir de 1438, il a presque toujours à sa tête un Habsbourg, chef de la maison d'Autriche. La Réforme et la guerre de Trente Ans (1618-1648) ruinent le Saint Empire, dont les traités de Westphalie (1648) sanctionnent le morcellement territorial et la division religieuse. Dans la seconde moitié du XVIIe s., l'Empire contient les derniers assauts des Ottomans en Europe orientale. Mais il se fait dépouiller de ses marches occidentales par Louis XIV. Il combat en vain l'ascension de la Prusse au XVIIIe s. Institution devenue désuète, l'Empire ne résiste pas aux conquêtes napoléoniennes et est aboli en 1806.

sainte-nitouche [sɛ̃tnituʃ] **n.f.** (de *sainte* et *n'y touche* [*pas*]) [pl. *saintes-nitouches*]. Personne qui se donne une apparence de sagesse, qui affecte l'innocence et, en partic., femme qui affecte la pruderie.

Saintes, ch.-l. d'arr. de la Charente-Maritime, sur la Charente ; 27 140 hab. *(Saintais).* École technique de l'armée de l'air. Vestiges romains. Belles églises romanes St-Eutrope et anc. abbaye aux Dames. Musée archéologique et musée régional Dupuy-Mestreau.

Saintes-Maries-de-la-Mer, commune des Bouches-du-Rhône, en Camargue ; 2 522 hab. Église romane fortifiée. Pèlerinages en mai (celui des gitans autour du tombeau de Sara, servante noire des saintes) et en octobre.

Sainte-Sophie de Constantinople *(église),* édifice construit de 532 à 537, sous le règne de Justinien. Cette très vaste église témoigne de l'audace de ses architectes, Anthémios de Tralles et Isidore de Milet, qui couvrent l'édifice, de plan presque carré, d'une immense coupole centrale sur pendentifs contrebutée par deux demi-coupoles, à l'est et à l'ouest. Beau décor de mosaïque postérieur à la crise iconoclaste. Lorsqu'elle devient mosquée (1453), les Turcs lui ajoutent quatre élégants minarets. Depuis l'avènement de la République turque, elle est transformée en musée.

Saint-Esprit [sɛ̃tɛspri] **n.m. sing.** THÉOL. Troisième personne de la Trinité, nommée après le Père et le Fils.

sainteté [sɛ̃təte] **n.f.** (réfection, d'apr. le lat. *sanctitas,* de l'anc. fr. *saintée*). **1.** Qualité de celui ou de ce qui est saint. **2. Sa Sainteté,** titre d'honneur et de respect donné au pape.

Saint-Étienne, ch.-l. du dép. de la Loire, sur le Furan, à 517 m d'alt., à 462 km au sud-est de Paris ; 174 587 hab. *(Stéphanois)* [371 937 hab. dans l'agglomération]. Université. Évêché. Métallurgie. Textile. Musée d'Art et d'Industrie, musée d'Art moderne, musée de la Mine (site Couriot). Cité du design, sur le site de l'ancienne Manufacture d'armes.

Saint-Évremond (Charles de Marguetel de Saint-Denis de), écrivain français (Saint-Denis-le-Gast, Manche, v. 1614 - Londres 1703). Compromis dans le procès de Fouquet, il dut s'exiler à Londres. Il est l'auteur de la satire *Comédie des académistes* et d'essais qui témoignent de son scepticisme religieux et de son sens de l'histoire.

Saint-Exupéry (Antoine de), aviateur et écrivain français (Lyon 1900 - disparu en mission au large de l'île de Riou, au sud de Marseille, en 1944). Ses romans (*Vol de nuit,* 1931 ; *Terre des hommes,* 1939 ; *Pilote de guerre,* 1942) célèbrent la solidarité exaltante dans l'accomplissement d'un métier dangereux.

Le Petit Prince (1943), conte accessible aux enfants par son charme poétique et source de méditation par ses symboles pour le lecteur adulte, lui a valu une renommée mondiale.

saint-frusquin [sɛ̃fryskɛ̃] **n.m. inv.** (de l'arg. *frusquin,* habit). **1.** *FAM.* Ensemble d'affaires personnelles et de vêtements sans grande valeur que possède qqn. **2. Et tout le saint-frusquin,** et tout le reste.

Saint-Gall, en all. **Sankt Gallen,** v. de Suisse, ch.-l. du cant. du même nom ; 72 959 hab. (152 389 hab. dans l'agglomération). Centre commercial et industriel. Anc. abbaye bénédictine, fondée au VIIIe s., qui connut un grand essor littéraire et artistique aux Xe-XIIe s. Saint-Gall adhéra en 1454 à la Confédération suisse. Cathédrale, anc. abbatiale, reconstruite au XVIIIe s. (riches décors rococo). Musées. Bibliothèque de l'abbaye.

Saint-Gall (canton de), canton de Suisse ; 2 025 km^2 ; 478 907 hab. ; *(Saint-Gallois).* ch.-l. *Saint-Gall.* Il a été créé par l'Acte de médiation de 1803.

Saint-Germain-en-Laye, ch.-l. d'arr. des Yvelines, au-dessus de la Seine ; 41 048 hab. *(Saint-Germanois).* Forêt de plus de 3 500 ha, bordée par la terrasse de Le Nôtre. Château reconstruit pour François Ier, englobant la chapelle et le donjon d'époque gothique, et très restauré au XIXe s. Le musée d'Archéologie nationale y est installé ; l'importance de ses collections en fait l'un des plus riches musées de préhistoire depuis le paléolithique jusqu'à l'époque gallo-romaine. Musée municipal et musée du Prieuré (symbolistes et nabis).

Saint-Germain-en-Laye *(traité de)* ⟶ Guerre mondiale *(Première).*

à la **saint-glinglin** [sɛ̃glɛ̃glɛ̃] **loc. adv.** (probabl. altér. de *seing* [lat. *signum,* signal, puis « sonnerie de cloche »], confondu avec *saint,* et du dialect. *glinguer,* sonner). *FAM.* À une date indéterminée ; à un moment qui n'arrivera jamais : *Il te paiera à la saint-glinglin.*

Saint-Gothard, anc. **Gothard,** en all. **Sankt Gotthard,** massif des Alpes suisses, percé par un tunnel ferroviaire long de 15 km, emprunté par la ligne Bâle-Milan, et par un tunnel routier long de 16,9 km. Une route touristique utilise, en été, le *col du Saint-Gothard* (2 112 m).

Saint Helens *(mont),* volcan actif du nord-ouest des États-Unis (Washington).

saint-honoré [sɛ̃tɔnɔre] **n.m. inv.** (de *saint Honoré,* patron des boulangers). Gâteau bordé d'une couronne de petits choux à la crème et garni au centre de crème Chantilly.

Saint-Jacques-de-Compostelle, en esp. **Santiago de Compostela,** v. d'Espagne, cap. de la Galice ; 95 397 hab. L'un des pèlerinages les plus fréquentés de la chrétienté occidentale, autour de la dépouille de saint Jacques le Majeur, qui aurait été déposée là miraculeusement. Ce pèlerinage prit de l'ampleur au XIe s. avec la Reconquista. Majestueuse cathédrale romane construite de 1078 à 1130 (porche de la Gloire, 1188 ; cloître gothique [musées] ; façade baroque du XVIIIe s.). Autres églises et monastères.

Saint-Jean *(lac),* lac du Canada (Québec), qui se déverse dans le Saint-Laurent par le Saguenay ; 1 040 km^2 env.

Saint-John Perse (Alexis Leger, dit **Alexis Saint-Leger Leger,** puis**),** diplomate et poète français (Pointe-à-Pitre 1887 - Giens 1975). Ses recueils se caractérisent par l'audace des images, qui cherchent à rendre compte des richesses d'un monde sacralisé. La recherche du vocabulaire, l'ampleur du rythme, le caractère abrupt de la syntaxe confèrent à sa poésie une surprenante beauté (*Éloges,* 1911 ; *Anabase,* 1924 ; *Exil,* 1942 ; *Amers,* 1957 ; *Oiseaux,* 1963). [Prix Nobel 1960.]

Saint-Just (Louis Antoine), homme politique français (Decize 1767 - Paris 1794). Député à la Convention (1792), admirateur de Robespierre, membre de la Montagne et du club des Jacobins, il demande l'exécution sans jugement du roi et prône une république centralisatrice, égalitaire et vertueuse. Membre du Comité de salut public (mai 1793), il précipite la chute des Girondins. « Archange » de la Terreur, il mène une lutte implacable contre les « ennemis de la République ». Représentant en mission, il contribue à la victoire de Fleurus (26 juin 1794). Entraîné dans la chute de Robespierre (9 Thermidor), il est guillotiné.

Saint-Kitts-et-Nevis ou **Saint-Christophe-et-Niévès,** en angl. **Saint Kitts and Nevis** ou **Saint Christopher and Nevis,** État insulaire des Antilles ; 269 km^2 ; 54 000 hab. CAP. *Basseterre.* LANGUE : *anglais.* MONNAIE : *dollar des Caraïbes orientales.* Formé des îles de Saint-Kitts (ou Saint-Christophe) [168 km^2] et de Nevis (ou Niévès), il est indépendant depuis 1983 dans le cadre du Commonwealth. Le tourisme s'est ajouté à l'agriculture (canne à sucre, banane, coton). Mais, conséquence du sous-emploi, l'émigration reste importante.

Saint-Laurent, fl. de l'Amérique du Nord, émissaire du lac Ontario, tributaire de l'Atlantique rejoint par un long estuaire qui s'ouvre dans le *golfe du Saint-Laurent ;* 1 140 km. Drainant le sud-est du Canada, il passe à Montréal et à Québec. De grands travaux l'ont rendu accessible aux navires de 25 000 t huit mois par an.

Saint-Lô, ch.-l. du dép. de la Manche, sur la Vire, à 286 km à l'ouest de Paris ; 20 116 hab. *(Saint-Lois).* Marché. Électroménager. Musée des Beaux-Arts. La ville avait été détruite lors de la bataille de Normandie en 1944.

Saint Louis ⟶ Louis IX.

Saint-Louis, v. des États-Unis (Missouri), près du confluent du Mississippi et du Missouri ; 317 419 hab. (2 350 919 hab. dans l'agglomération). Port fluvial, nœud ferroviaire, centre commercial et industriel. Musées.

Saint-Louis, port du Sénégal ; 177 662 hab. Point de transit avec la Mauritanie.

Saint-Malo, ch.-l. d'arr. de l'Ille-et-Vilaine, à l'embouchure de la Rance ; 46 382 hab. *(Malouins).* Saint-Malo fut, au XVIe s., le point de départ d'expéditions vers le Nouveau Monde. Aux XVIIe et XVIIIe s., la ville s'enrichit dans le commerce lointain et dans la course. Grand port de pêche (morue de Terre-Neuve) au XIXe s. et au début du XXe, Saint-Malo est surtout, aujourd'hui, un important centre touristique. La vieille ville, partiellement détruite pendant la Seconde Guerre mondiale, a été reconstruite. Elle conserve de beaux remparts, en partie des XIIe -XIIIe s., une anc. cathédrale remontant au XIIe s. et un château du XVe (musée).

saint-marcellin [sɛ̃marsəlɛ̃] **n.m. inv.** (de *Saint-Marcellin* n.pr.). Petit fromage rond au lait de vache, fabriqué dans le Dauphiné.

Saint-Marin, en it. **San Marino,** État d'Europe enclavé dans le territoire italien, à l'est de Florence ; 61 km^2 ; 31 000 hab. CAP. *Saint-Marin* (4 280 hab.). LANGUE : *italien.* MONNAIE : *euro.* L'activité principale est le tourisme. La ville fut autonome dès le IXe s. Son territoire devint *république* au XIIIe s. Celle-ci, dont les rapports avec l'Italie sont régis par diverses conventions, est dirigée par un Grand Conseil (60 membres) et deux capitaines-régents élus par lui pour six mois.

Saint-Martin, une des Petites Antilles, partagée entre la France (ch.-l. *Marigot*) et les Pays-Bas (ch.-l. *Philipsburg*) ; 53 km^2 et 36 286 hab. (pour la partie française). Longtemps dépendance de la Guadeloupe, Saint-Martin (partie française) a été dotée en 2007 du statut de collectivité d'outre-mer.

Saint-Maur-des-Fossés, ch.-l. de c. du Val-de-Marne, dans une boucle de la Marne ; 75 051 hab. *(Saint-Mauriens).* Église des XIIe-XIVe s.

Saint-Mihiel *(bataille de)* [24 septembre 1914], bataille de la Première Guerre mondiale. Victoire des Allemands qui s'emparèrent de Saint-Mihiel (Meuse) dans le but d'isoler Verdun. Les Français tentèrent vainement de reprendre la ville en 1915. – Bataille de **Saint-Mihiel** (12-15 sept. 1918), bataille de la Première Guerre mondiale. Victoire des Américains sur les Allemands, chassés définitivement des Hauts de Meuse.

Saint-Moritz, en all. **Sankt Moritz,** en romanche **San Murezzan,** grande station d'altitude et de sports d'hiver (alt. 1 856-3 303 m) de Suisse (Grisons), dans la haute Engadine, au bord du *lac de Saint-Moritz* ; 5 202 hab.

Saint-Nazaire, ch.-l. d'arr. de la Loire-Atlantique, à l'embouchure de la Loire ; 70 637 hab. *(Nazairiens)* [148 141 hab. dans l'agglomération]. Avant-port de Nantes et principal centre français de constructions navales. Constructions aéronautiques.

saint-nectaire [sɛ̃nɛktɛr] **n.m. inv.** (de *Saint-Nectaire* n.pr.). Fromage au lait de vache, à pâte non cuite, fabriqué en Auvergne.

Saint-Office, congrégation romaine créée en 1542 par le pape Paul III sous l'appellation de *Congrégation de la Suprême Inquisition* pour lutter contre les progrès du protestantisme. Elle prit le nom de *Saint-Office* en 1908 et, en 1917, se vit adjoindre la *Congrégation de l'Index*. En 1965, elle fut remplacée par la *Congrégation pour la doctrine de la foi,* qui use de procédures plus souples.

Saintonge, anc. province de l'ouest de la France (cap. *Saintes*), constituant auj. le sud du dép. de la *Charente-Maritime*. Elle fut réunie à la Couronne en 1375.

Saint Paul, v. des États-Unis, cap. du Minnesota, sur le Mississippi ; 297 640 hab. (2 801 553 hab. dans l'agglomération). Elle forme avec Minneapolis une conurbation.

Saint-Paul, ch.-l. d'arr. de La Réunion ; 106 193 hab. (172 274 hab. dans l'agglomération).

saintpaulia [sɛ̃polja] **n.m.** (du n. de W. von *Saint-Paul,* qui découvrit cette plante ornementale). Plante herbacée, à feuilles velues, vert foncé, aux fleurs ornementales bleu-violet ou roses.

saint-père [sɛ̃pɛr] **n.m.** (pl. *saints-pères*). Nom par lequel on désigne le pape.

Saint-Pétersbourg, de 1914 à 1924 **Petrograd,** puis **Leningrad** jusqu'en 1991, port et deuxième ville de la Russie, à l'embouchure de la Neva ; 4 848 742 hab. Centre industriel diversifié. Saint-Pétersbourg, fondée par Pierre le Grand en 1703, devint la capitale de la Russie en 1712 et fit l'objet d'un prestigieux développement urbanistique. Les principales constructions du XVIIIe s. et du début du XIXe sont l'œuvre des Italiens Bartolomeo Rastrelli (palais d'Hiver) et Giacomo Quarenghi (théâtre de l'Ermitage), des Français Vallin de La Mothe (académie des Beaux-Arts, Petit Ermitage) et Thomas de Thomon (Bourse), des Russes Adrian Zakharov (Amirauté) et Karl Rossi, etc. Musées, dont celui de l'Ermitage et le Musée russe. La ville fut le théâtre principal des révolutions de 1905 et de 1917. Le Conseil des commissaires du peuple l'évacua (1918) pour s'établir à Moscou. Elle soutint un dur siège contre les Allemands de 1941 à 1943.

saint-pierre [sɛ̃pjɛr] **n.m. inv.** Poisson des mers tempérées à corps haut et comprimé latéralement, dont les côtés portent une tache circulaire noire, et à chair très appréciée. ▶ Famille des zéidés ; long. de 30 à 50 cm.

Saint-Pierre, ch.-l. d'arr. de La Réunion ; 81 769 hab. (155 980 hab. dans l'agglomération).

Saint-Pierre, basilique de Rome (Vatican), le plus vaste des temples chrétiens. Des fouilles (1940-1949) ont permis de reconnaître dans ses fondations une tombe qui serait celle de saint Pierre. Consacrée en 326 sous Constantin, la basilique fut reconstruite à partir de 1506 sur les plans grandioses de Bramante, puis de Michel-Ange (édifice en croix grecque sous coupole) et enfin de Carlo Maderno au début du XVIIe s. (nef prolongée en croix latine et façade). Tombeaux monumentaux, œuvres d'art. Place avec colonnade de Bernin.

Saint-Pierre-et-Miquelon, archipel français voisin de Terre-Neuve ; 242 km^2 ; 6 299 hab. Ch.-l. *Saint-Pierre,* sur l'*île Saint-Pierre*.

GÉOGRAPHIE
L'archipel est formé de l'*île Saint-Pierre* (26 km^2 ; 5 691 hab.) et de *Miquelon* (216 km^2 ; 627 hab.), constituée de deux îles : *Miquelon,* ou *Grande Miquelon,* et *Langlade,* ou *Petite Miquelon,* reliées par un isthme sableux. Le climat est froid, perpétuellement humide et venteux. La pêche demeure la ressource essentielle. La fonction d'escale et le tourisme ne suffisent pas à retenir une population qui émigre au Canada.

HISTOIRE
Fréquenté par les pêcheurs français dès le XVIe s., l'archipel est âprement disputé entre les Anglais et les Français, qui l'acquièrent définitivement en 1816. Territoire (1946), puis département (1976) d'outre-mer, il devient une collectivité territoriale à statut particulier en 1985. Le nouveau cadre institutionnel défini pour l'outre-mer en 2003 en fait une collectivité d'outre-mer (avec un statut propre précisé en 2007).

Saint-Quentin, ch.-l. d'arr. de l'Aisne, sur la Somme ; 57 761 hab. *(Saint-Quentinois)*. Industries mécaniques, électriques et textiles. Grande église collégiale des XIIIe-XVe s. Au musée, collection de pastels de La Tour. La ville fut prise d'assaut et ravagée en 1557 par les Espagnols.

Saint-Quentin-en-Yvelines, ville de la région parisienne, entre Versailles et Rambouillet.

Saint-Raphaël, ch.-l. de c. du Var, sur la Méditerranée ; 34 716 hab. *(Raphaëlois)*. Station balnéaire. Musée (archéologie sous-marine). Un des lieux du débarquement franco-américain du 15 août 1944. Mémorial de l'armée française d'Afrique (1975).

Saint-Saëns [-sɑ̃s] **(Camille),** compositeur, pianiste et organiste français (Paris 1835 - Alger 1921). Il est l'auteur d'ouvrages lyriques (*Samson et Dalila,* 1877), d'une symphonie avec orgue, de poèmes symphoniques *(Danse macabre),* du *Carnaval des animaux* (1886), de cinq concertos pour piano, de pages pour orgue et de musique de chambre. L'œuvre de cet improvisateur-né, partisan de la « musique pure », toute française d'inspiration, vaut par la clarté et la perfection de la forme.

Saint-Savin, commune de la Vienne, sur la Gartempe ; 892 hab. Ancienne abbatiale (2e moitié du XIe s.) à trois vaisseaux d'égale hauteur, offrant le plus important ensemble de peintures pariétales romanes conservé en France (v. 1100).

Saint-Sébastien, en esp. **San Sebastián,** v. d'Espagne, ch.-l. de la province basque de Guipúzcoa ; 185 512 hab. Port et station balnéaire.

Saint-Sépulcre, important sanctuaire chrétien de Jérusalem, élevé à l'endroit où, selon la tradition, Jésus aurait été enseveli ; à l'emplacement de l'actuel édifice, qui a conservé des éléments de l'époque des croisés, Constantin avait fait construire une magnifique basilique (IVe s.).

Saint-Siège, ensemble des organismes (curie romaine) qui secondent le pape, chef de l'État du Vatican, dans l'exercice de ses fonctions de gouvernement.

Saint-Simon (Claude Henri de Rouvroy, *comte* **de),** philosophe et économiste français (Paris 1760 - *id.* 1825). Il prit part à la guerre de l'Indépendance américaine. En 1816 et dans les années qui suivirent, il met au point son système – la « physique sociale » – dans lequel l'industrie et la « classe industrielle » (physiciens, chimistes, banquiers, industriels, agriculteurs) occupent une place prépondérante. De 1820 à 1823, il se préoccupe des moins favorisés, et recommande l'amélioration du sort des ouvriers (*Du système industriel ; le Catéchisme des industriels,* 1823-1824). Il chercha à définir un socialisme planificateur et technocratique, qui eut une influence sur certains industriels du second Empire (les frères Pereire, F. de Lesseps).

Saint-Simon (Louis de Rouvroy, *duc* **de),** écrivain français (Paris 1675 - *id.* 1755). Dans ses *Mémoires,* qui vont de 1694 à 1723, il relate, dans un style imagé et elliptique, les incidents de la vie à la cour de Louis XIV et ses efforts pour défendre les prérogatives des ducs et des pairs ; il y fait aussi le portrait des grands personnages de son temps.

saint-simonien, enne [sɛ̃simɔnjɛ̃, -ɛn] **adj.** et **n.** (pl. *saint-simoniens, ennes*). Relatif au saint-simonisme ; adepte du saint-simonisme.

saint-simonisme [sɛ̃simɔnism] **n.m. sing.** Doctrine du comte de Saint-Simon et de ses disciples.

saint-synode [sɛ̃sinɔd] **n.m.** (pl. *saints-synodes*). Dans les églises orthodoxes, conseil d'évêques qui assiste le patriarche et gouverne avec lui les diocèses.

Saint Thomas *(île)*, la plus peuplée des îles Vierges américaines (Antilles) ; CAP. *Charlotte Amalie.*

Saint-Tropez, commune du Var, sur le *golfe de Saint-Tropez* ; 4 525 hab. *(Tropéziens).* Importante station balnéaire et touristique. Armement. Citadelle des XVIe-XVIIe s. (musée naval). Musée d'Art moderne dans l'anc. chapelle de l'Annonciade (Signac, Matisse, Bonnard, Derain, Dufy, etc.). Un des lieux du débarquement franco-américain du 15 août 1944.

Saint-Vincent-et-les-Grenadines, État des Antilles, indépendant depuis 1979 dans le cadre du Commonwealth ; 388 km^2 ; 109 000 hab. CAP. *Kingstown.* LANGUE : *anglais.* MONNAIE : *dollar des Caraïbes orientales.* Le tourisme est l'activité principale.

Saïs, v. ancienne de la Basse-Égypte, sur le delta du Nil. À partir de la XXVIe dynastie (663-525 av. J.-C.), elle fut résidence royale et foyer de civilisation.

saisi, e [sezi] **n.** (de *saisir*). DR. Personne dont on saisit un bien. ◆ **adj.** Se dit du bien ayant fait l'objet d'une saisie.

saisie [sezi] **n.f.** (de *saisir*). **1.** DR. Prise de possession, par l'administration fiscale ou la justice, des produits d'une infraction ; voie d'exécution forcée par laquelle un créancier s'assure des biens de son débiteur en vue de garantir le paiement d'une dette. **2.** INFORM. Enregistrement d'une information en vue de son traitement ou de sa mémorisation.

saisie-arrêt [seziarɛ] **n.f.** (pl. *saisies-arrêts*). DR. Saisie par laquelle un créancier (le *saisissant*) immobilise entre les mains d'un tiers (le *tiers saisi*) des sommes dues ou des objets mobiliers appartenant au débiteur du saisissant (le *saisi*).

saisine [sezin] **n.f.** (de *saisir*). DR. Fait de porter un litige devant une juridiction.

saisir [sezir] **v.t.** (bas lat. *sacire,* prendre possession, du frq. **sakjan,* revendiquer, et **satjan,* poser) [conj. **32**]. **1.** Prendre fermement de la main, d'un mouvement précis et rapide : *Saisir une barre de fer pour se défendre* (syn. **empoigner**). *Elle fit un faux pas et saisit la rampe pour ne pas tomber* (syn. **agripper**). **2.** Prendre qqch en main ou avec un instrument de façon à pouvoir le porter, le déplacer, en faire usage : *Saisir un outil par le manche* (syn. **tenir**). *Saisir un fer chaud avec une pince* (syn. **attraper**). **3.** Prendre qqch ou qqn de vive force pour l'immobiliser, l'arrêter dans son mouvement ou sa trajectoire : *Saisir qqn aux épaules.* **4.** Mettre à profit un événement au moment où il se présente : *Saisir l'occasion.* **5.** Comprendre qqch, en percevoir le sens : *Avez-vous bien saisi la différence entre les deux mots ?* (syn. **discerner**). **6.** Faire une impression vive et forte sur les sens, sur l'esprit : *Froid qui saisit. Le désespoir l'a saisi* (syn. **s'emparer de**). **7.** Exposer un aliment à un feu vif : *Saisir une viande.* **8.** DR. Opérer une saisie ; porter un litige devant une juridiction ; faire une saisine. **9.** INFORM. Effectuer une saisie. **10. Être saisi,** être ému, frappé subitement d'étonnement, de douleur : *Elle fut tellement saisie par la nouvelle qu'elle ne put rien dire* (syn. **ébranler, retourner**). ◆ **se saisir v.pr. [de].** S'emparer de qqch, de qqn : *Se saisir d'un bâton pour se défendre. Les agents se sont saisis du malfaiteur.*

saisissable [sezisabl] **adj. 1.** Qui peut être saisi, compris. **2.** DR. Qui peut faire l'objet d'une saisie.

saisissant, e [sezisɑ̃, -ɑ̃t] **adj. 1.** Qui surprend tout d'un coup : *Froid saisissant.* **2.** Qui émeut vivement : *Spectacle saisissant* (syn. **frappant, surprenant**).

saisissement [sezismɑ̃] **n.m.** (de *saisir*). Impression subite et violente causée par le froid ou par une émotion forte et soudaine : *Être muet de saisissement.*

saison [sezɔ̃] **n.f.** (lat. *satio, -onis,* semailles). **1.** Chacune des quatre parties (le printemps, l'été, l'automne et l'hiver) en lesquelles l'année se trouve divisée par les équinoxes et les solstices. **2.** Climat, conditions atmosphériques, activité de la nature, qui correspondent à chacune de ces parties de l'année : *La saison des pluies. La belle saison* (= la fin du printemps et l'été). *La mauvaise saison* (= la fin de l'automne et l'hiver). *La saison des amours.* **3.** Époque de l'année correspondant à la récolte de certains produits ou à des travaux agricoles : *La saison des vendanges.* **4.** Époque de l'année correspondant au maximum d'activité d'un secteur donné : *La saison théâtrale. La saison des courses.* **5.** Période de l'année où, dans certains lieux touristiques, affluent les vacanciers : *La saison a été bonne. En saison. Hors saison.* **6.** Cure que l'on fait dans une station balnéaire, thermale, etc. : *Faire une saison à Vittel.* **7. Être de saison,** être opportun, approprié. / **Haute saison,** période correspondant au maximum d'affluence dans une région touristique (par opp. à *basse saison*). / **Hors de saison,** fait ou dit mal à propos, déplacé, incongru.

■ La division de l'année en saisons résulte de l'inclinaison de l'axe de rotation de la Terre par rapport à son plan de translation autour du Soleil. Comme l'axe des pôles garde au cours de l'année une direction fixe dans l'espace, c'est tantôt le pôle Nord, tantôt le pôle Sud qui est éclairé par le Soleil, et la durée du jour aux différents points du globe varie. Au solstice de juin, le Soleil passe au zénith du tropique du Cancer, et l'hémisphère Nord connaît les jours les plus longs ; au solstice de décembre, il passe au zénith du tropique du Capricorne, et c'est l'hémisphère Sud qui connaît les jours les plus longs et il y fait ainsi, en moyenne, plus chaud que pendant le reste de l'année. Aux équinoxes (mars et sept.), le Soleil se trouve exactement dans le plan de l'équateur ; en tout point du globe, le jour et la nuit ont la même durée.
Si l'orbite de la Terre était circulaire et parcourue d'un mouvement uniforme, les saisons auraient toutes la même durée. Mais cette orbite est elliptique et parcourue plus ou moins rapidement selon sa distance au Soleil (2e loi de Kepler). En outre, son grand axe tourne lentement dans son propre plan, ce qui provoque une lente variation de la durée des saisons. Les valeurs actuelles sont, pour l'hémisphère Nord : printemps 92 j 19 h ; été 93 j 23 h ; automne 89 j 3 h ; hiver 89 j 0 h. Le mécanisme des saisons est commun à toutes les planètes dont l'axe de rotation n'est pas perpendiculaire au plan de l'orbite ; ces saisons ont une durée d'autant plus voisine que l'orbite de la planète s'écarte peu d'un cercle. ■

saisonnier, ère [sezɔnje, -ɛr] **adj. 1.** Propre à une saison : *Température saisonnière.* **2.** Qui ne s'exerce, qui n'est actif que pendant une certaine période de l'année : *Travail, travailleur saisonnier.* **3.** DR. **Propriété saisonnière,** multipropriété. ◆ **n.** Personne qui loue ses services pour des travaux saisonniers (moisson, vendanges, etc.).

sajou [saʒu] **n.m.** (mot tupi). Autre nom du *sapajou.*

saké [sake] **n.m.** (mot jap.). Boisson japonaise alcoolisée, à base de riz fermenté.

Sakha, jusqu'en 1991 **Iakoutie,** république de Russie, en Sibérie ; 3 103 200 km^2 ; 958 291 hab. ; CAP. *Iakoutsk.* Les Iakoutes de souche ne représentent que le tiers de la population de cet immense territoire, qui compte environ 50 % de Russes.

Sakha ⟶ Iakoutes.

Sakhaline *(île)*, île montagneuse de Russie, à l'est de l'Asie continentale, entre la mer d'Okhotsk et celle du Japon ; 87 100 km^2 ; 497 899 hab. Pêcheries. Houille et pétrole. Partagée en 1905 entre la Russie, qui l'occupait depuis les années 1850, et le Japon, elle appartient entièrement à l'U.R.S.S. depuis 1945, à la Russie depuis 1991.

Sakharov (Andreï Dmitrievitch), physicien soviétique (Moscou 1921 - *id.* 1989). L'un des principaux artisans de la bombe H soviétique, il est aussi l'auteur de contributions importantes en physique des particules et en cosmologie théorique. Défenseur des droits de l'homme en U.R.S.S., il fut, de 1980 à 1986, assigné à résidence à Gorki. (Prix Nobel de la paix 1975.)

Sakkarah ⟶ Saqqarah.

salace [salas] **adj.** (lat. *salax, -acis,* lubrique, de *salire,* couvrir une femelle). **1.** *LITT.* Porté, de façon exagérée, aux plaisirs sexuels ; lubrique. **2.** Se dit de propos grivois ou obscènes ; licencieux.

Salacrou (Armand), auteur dramatique français (Rouen 1899 - Le Havre 1989). Ses pièces traitent sur un rythme boulevardier les problèmes humains et sociaux du monde moderne *(l'Inconnue d'Arras, l'Archipel Lenoir, Comme les chardons...).*

1. salade [salad] **n.f.** (it. *insalata,* prov. *salada,* mets salé). **1.** Plante potagère feuillue telle que la laitue, la chicorée, le cresson, etc. : *Cultiver des salades.* **2.** Plat composé de feuilles de ces plantes, crues et assaisonnées : *Manger la salade avant le fromage.* **3.** Mets composé de légumes crus ou cuits, de viande ou de poisson, etc., assaisonnés avec une vinaigrette : *Salade de tomates. Une salade composée.* **4.** *FAM.* Mélange confus, hétéroclite : *Son devoir est une de ces salades !* **5. Salade de fruits,** assortiment de fruits coupés, accommodés avec du sucre et, parfois, de l'alcool. / **Salade russe,** macédoine de légumes coupés en petits morceaux et assaisonnés de mayonnaise. / *FAM.* **Vendre sa salade,** essayer de convaincre. ◆ **salades n.f. pl.** *FAM.* Mensonges ; histoires : *Raconter des salades* (syn. **sornettes**).

2. salade [salad] **n.f.** (it. *celata,* pourvue d'une voûte). Casque en usage du XVe au XVIIe s.

saladier [saladje] **n.m.** Récipient où l'on prépare et sert la salade ; contenu de ce récipient.

Saladin Ier, en ar. **Salah al-Din Yusuf** (Takrit, Mésopotamie, 1138 - Damas 1193), sultan (1171-1193) appartenant à la dynastie ayyubide, dynastie musulmane d'origine kurde, qui régna sur la Syrie et l'Égypte aux XIIe-XIIIe s. Il est l'un des plus illustres souverains du Moyen Âge musulman : champion de la contre-croisade, il reprit Jérusalem en 1187. Vizir des Fatimides depuis 1169, il supprima le califat fatimide en 1171 en plaçant de nouveau l'Égypte dans l'obédience du califat abbasside de Bagdad. Ainsi le sunnisme fut-il officiellement restauré en Égypte, qui n'avait que très superficiellement adhéré au chiisme de ses souverains fatimides. Respectueux de l'autorité du calife, le sultan Saladin agit à sa guise dans ses États. Il réunit sous son autorité l'Égypte, le Hedjaz, la Syrie et la Mésopotamie.
Champion de la guerre sainte, il remporta sur les Latins la bataille de Hattin et s'empara de Jérusalem (1187), ce qui fut à l'origine de la troisième croisade (1189-1192). Après que les croisés eurent repris Acre, Jaffa et Ascalon, Saladin conclut avec Richard Ier Cœur de Lion une paix de compromis. Saladin conserva la Syrie et la Palestine intérieures, y compris Jérusalem, et presque toute la côte revint aux Francs, qui obtinrent le droit de visiter les Lieux saints. Cette paix ouvrit une période d'une cinquantaine d'années de coexistence pacifique au Levant.
Comparable à Saint Louis par la dignité de son comportement, Saladin a forcé l'estime de ses contemporains, chrétiens ou musulmans. Il est à l'origine, tant en chrétienté qu'en islam, d'un cycle de légendes.

salafisme [salafism] **n.m.** Courant fondamentaliste de l'islam, qui prône auj. un retour à la religion pure des anciens en recourant à une lecture littérale des sources. ▸ Par son caractère radical, il n'a plus de rapport avec la Salafiyya du XIXe s.

salafiste [salafist] **adj.** et **n.** Relatif au salafisme ; qui en est partisan.

Salafiyya, courant réformiste de l'islam qui, au XIXe s., prônait un retour à la religion pure des anciens *(salafi).*

salage [salaʒ] **n.m.** Action de saler ; son résultat : *Le salage d'un jambon. Le salage des routes en hiver.*

salaire [salɛr] **n.m.** (lat. *salarium,* de *sal,* sel, propr. « argent pour acheter du sel », d'où « solde militaire »). **1.** Rémunération du travail effectué par une personne pour le compte d'une autre, en vertu d'un contrat de travail : *Salaire mensuel, horaire* (syn. **appointements, paie, traitement**). **2.** Récompense : *Toute peine mérite salaire.* **3. Salaire brut** ou **salaire réel,** salaire avant retenue des cotisations sociales (par opp. au *salaire net*). / **Salaire de base,** salaire mensuel fixé suivant un coefficient ou des points et qui correspond à une fonction. / **Salaire minimum de croissance** (autref. **salaire minimum interprofessionnel de croissance**), salaire minimum au-dessous duquel, en France, aucun salarié travaillant à plein-temps ne peut en principe être rémunéré (abrév. *S.M.I.C.*).

salaison [salɛzɔ̃] **n.f. 1.** Opération consistant à saler une denrée alimentaire pour faciliter sa conservation. **2.** (Surtout au pl.). Produit de charcuterie traité au sel.

salamalecs [salamalɛk] **n.m. pl.** (ar. *salām 'alayk,* paix sur toi, formule de salut des musulmans). *FAM.* Marques de politesse exagérées et hypocrites : *Faire des salamalecs.*

salamandre [salamɑ̃dr] **n.f.** (lat. *salamandra,* du gr.). **1.** Amphibien urodèle de l'Europe, ayant la forme d'un lézard. **2.** (Nom déposé ; avec une majuscule). Poêle à combustion lente.

Salamanque, en esp. **Salamanca,** v. d'Espagne, ch.-l. de prov., en Castille-León ; 151 658 hab. Université. C'est l'une des villes d'Espagne les plus riches en monuments du Moyen Âge (vieille cathédrale, XIIe s.), de la Renaissance (nouvelle cathédrale) et des époques classique et baroque. Célèbre Plaza Mayor (XVIIIe s.). Musée provincial dans un palais de la fin du XVe s.

salami [salami] **n.m.** (pl. de l'it. *salame,* chose salée). Gros saucisson sec à viande finement hachée.

Salamine *(bataille de)* [sept. 480 av. J.-C.], victoire décisive de Thémistocle, à la tête de la flotte grecque, sur la flotte du Perse Xerxès Ier (seconde guerre médique), non loin des côtes de l'île de Salamine, dans le golfe d'Égine.

Salan (Raoul), général français (Roquecourbe, Tarn, 1899 - Paris 1984). Commandant en chef en Indochine (1952-1953), puis en Algérie (1956-1958), il joua un rôle important dans l'appel au général de Gaulle (1958), dont il combattit ensuite la politique algérienne. En 1961, il participa au putsch d'Alger, puis fonda l'O.A.S. Arrêté en 1962 et condamné à la détention perpétuelle, il fut libéré en 1968 et amnistié en 1982.

salangane [salɑ̃gan] **n.f.** (du malais *sarang,* nid, ou de *salanga,* mot des Philippines). Oiseau passereau de l'Asie et de l'Océanie, dont on consomme, sous le nom de « nids d'hirondelle », les nids faits de gélose.

salant [salɑ̃] **adj.m.** (p. présent de *saler*). Qui produit ou qui contient du sel : *Puits salant. Marais salants.*

salarial, e, aux [salarjal, -o] **adj. 1.** Relatif au salaire : *Conventions salariales.* **2. Masse salariale,** somme des rémunérations, directes ou indirectes, perçues par l'ensemble des salariés d'un pays, d'une entreprise.

salariat [salarja] **n.m. 1.** État, condition de salarié ; mode de rémunération du travail par le salaire. **2.** Ensemble des salariés (par opp. à *patronat*).

salarié, e [salarje] **n.** et **adj.** Personne liée à une autre par un contrat de travail, qui prévoit la rémunération, par un salaire, du travail qu'elle lui fournit : *Un travailleur salarié. Une simple salariée* (syn. **employé, ouvrier**).

salarier [salarje] **v.t.** [conj. **9**]. **1.** Donner un salaire à. **2.** Conférer le statut de salarié à.

salaud [salo] **n.m.** (de *sale*). *T. FAM.* (Terme d'injure). Homme méprisable, qui agit de manière déloyale. ***Rem.*** Au fém., on emploie la forme *salope.* ◆ **adj.m.** *T. FAM.* (Injurieux). Méprisable, ignoble ; moralement répugnant.

Salazar (António de Oliveira), homme politique portugais (Vimieiro, près de Santa Comba Dão, 1889 - Lisbonne 1970). Professeur d'économie politique, ministre des Finances (1928), président du Conseil en 1932, il institua, à partir de 1933, l'« État nouveau », régime autoritaire fondé sur le nationalisme et le catholicisme, corporatiste et marqué par l'anticommunisme. Après 1953, il dut compter avec une opposition intérieure grandissante et, à partir de 1960, avec les mouvements nationaux en Afrique. Il démissionna en 1968.

salchow [salko] **n.m.** (du n. d'un patineur suédois). En patinage artistique, saut consistant en une rotation d'un tour avec appel sur la jambe arrière et changement de jambe.

sale [sal] **adj.** (frq. *salo*). **1.** Couvert de crasse, de poussière, de taches : *Avoir la figure sale* (syn. **malpropre, barbouillé**). *Avoir les mains sales* (syn. **crasseux, poisseux**). *Des chaussures sales* (syn. **boueux, crotté**). *De la vaisselle, du linge sales* (syn. **souillé**). **2.** Qui néglige les soins de propreté élémentaire : *Un enfant sale* (syn. **dégoûtant, malpropre ;** contr. **soigné**). **3.** Qui manque de soin dans ce qu'il fait : *Un écolier sale et brouillon* (contr. **soigneux**). **4.** Susceptible de salir : *Faire un travail sale* (syn. **salissant**). **5.** Se dit d'une couleur qui manque d'éclat : *Un blanc sale.* **6.** Qui blesse la pudeur : *Histoires sales* (syn. **ordurier, obscène**). **7.** (Avant le n.). FAM. Très désagréable ; très ennuyeux : *Sale temps* (syn. **vilain**). *Sale coup* (syn. **méchant**). *Une sale tête* (syn. **antipathique**). *Sale histoire.* **8.** Méprisable : *Un sale type* (syn. **ignoble, infâme**).

1. salé, e [sale] **adj.** (de *saler*). **1.** Qui contient du sel, qui en a le goût : *Beurre salé.* **2.** Conservé dans du sel, de la saumure : *Viande, poisson salés.* **3.** FAM. Très libre ; grivois : *Une histoire salée* (syn. **cru, leste**). **4.** FAM. Exagéré ; excessif : *L'addition est salée !* (syn. **exorbitant**).

2. salé [sale] **n.m.** (de *1. salé*). **1.** Chair de porc salée. **2. Petit salé,** chair de porc conservée par salaison, qui se consomme cuite à l'eau.

salement [salmɑ̃] **adv. 1.** De façon sale : *Manger salement* (syn. **malproprement**). **2.** FAM. Indique un haut degré : *Il est salement malade* (= très).

saler [sale] **v.t.** (du lat. *sal*, sel). **1.** Assaisonner avec du sel : *Saler la soupe.* **2.** Imprégner une denrée de sel, la plonger dans la saumure pour la conserver : *Saler du porc, du poisson.* **3.** Répandre du sel pour faire fondre la neige, le verglas : *Saler les routes.* **4.** FAM. Faire payer un prix excessif : *Saler la note* (syn. **majorer**).

saleté [saltɛ] **n.f. 1.** État de ce qui est sale : *Être d'une saleté repoussante* (syn. **malpropreté**). *Vivre dans la saleté* (syn. **crasse**). **2.** Chose malpropre ; ordure : *Il y a des saletés dans l'eau* (syn. **impureté**). *Le chat a fait des saletés dans le salon* (syn. **excréments**). **3.** FAM. Chose sans valeur : *Vendre des saletés* (syn. **pacotille**). **4.** Action vile ; procédé peu délicat : *Il m'a fait une saleté* (syn. **méchanceté,** litt. **vilenie**). **5.** Propos, acte obscène : *Dire des saletés.*

salicaire [salikɛr] **n.f.** (lat. *salix, -icis*, saule). Plante herbacée des lieux humides, à fleurs roses ou pourprées. ▸ Genre *Lythrum ;* famille des lythracées.

salicorne [salikɔrn] **n.f.** (de l'ar. *salcoran*, avec attraction de *corne*). Plante des rivages et des lieux salés, à tige charnue sans feuilles, consommée comme condiment, et dont on extrayait la soude. ▸ Famille des chénopodiacées.

salicylé, e [salisile] **adj.** Relatif à l'acide salicylique ou à ses sels : *Dérivés salicylés.*

salicylique [salisilik] **adj.** (du lat. *salix, -icis*, saule). PHARM. Se dit d'un acide doué de propriétés antiseptiques et dont les dérivés (tels que l'aspirine et le salicylate de soude) ont une action anti-inflammatoire.

salière [saljɛr] **n.f. 1.** Petit récipient pour présenter le sel sur la table. **2.** Enfoncement au-dessus des yeux des vieux chevaux. **3.** FAM. Creux en arrière des clavicules, chez les personnes maigres.

Salieri (Antonio), compositeur italien (Legnago 1750 - Vienne 1825). Compositeur et maître de chapelle de la cour et directeur des théâtres de Vienne, il a écrit de la musique religieuse et des opéras (*les Danaïdes,* 1784 ; *Falstaff,* 1799). La légende selon laquelle il aurait empoisonné son rival, Mozart, est sans fondement.

salifier [salifje] **v.t.** (du lat. *sal*, sel) [conj. **9**]. CHIM. Transformer en sel.

1. salin, e [salɛ̃, -in] **adj.** (lat. *salinus*). **1.** Qui contient du sel : *Concrétion saline. Goût salin.* **2.** CHIM. Qui a les caractères d'un sel. **3. Roches salines,** roches sédimentaires solubles dans l'eau et provenant de l'évaporation de l'eau de mer dans des lagunes (gypse [sulfate de calcium hydraté], sel gemme [chlorure de sodium], etc.).

2. salin [salɛ̃] **n.m.** (lat. *salinum*). Marais salant.

saline [salin] **n.f.** (lat. *salinae*). Usine dans laquelle on produit du sel en extrayant le sel gemme ou en faisant évaporer des eaux saturées extraites du sous-sol.

Salinger (Jerome David), écrivain américain (New York 1919 - Cornish, New Hampshire, 2010). Ses récits et son roman (*l'Attrape-cœurs,* 1951) expriment les obsessions et les préoccupations de la jeunesse américaine de son temps.

salinité [salinite] **n.f.** Teneur en sel : *La salinité d'une eau.*

salique [salik] **adj.** (lat. médiév. *salicus,* du bas lat. *Salii,* n. d'une tribu franque établie sur les bords de la rivière *Sala,* auj. *l'Yssel*). **1.** HIST. Relatif aux Francs Saliens. **2. Loi salique,** recueil de lois des anciens Francs Saliens et, notamm., disposition excluant les femmes de la succession à la terre, interprétée plus tard de façon à les évincer de la couronne de France.

salir [salir] **v.t.** [conj. **32**]. **1.** Rendre sale : *Salir ses vêtements* (syn. **tacher, maculer**). **2.** Déshonorer ; porter atteinte à : *Salir la réputation de qqn* (syn. **souiller**). *Ses ennemis ont cherché à le salir* (syn. **diffamer**).

Salisbury (Robert Cecil, *marquis* **de),** homme politique britannique (Hatfield 1830 - *id.* 1903). Chef du parti conservateur après la mort de Disraeli (1881), ministre des Affaires étrangères et Premier ministre (1885-1892, 1895-1902), il combattit le nationalisme irlandais et eut à faire face à la crise franco-anglaise née de Fachoda (1898). Il mena la guerre contre les Boers (1899-1902).

salissant, e [salisɑ̃, -ɑ̃t] **adj. 1.** Qui se salit aisément : *Le blanc est une couleur salissante.* **2.** Qui salit : *Travail salissant.* **3.** En parlant des plantes et des cultures, qui favorise le développement des mauvaises herbes.

salissure [salisyr] **n.f.** Ce qui rend une chose sale : *Un meuble couvert de salissures* (syn. **tache, souillure**).

salivaire [salivɛr] **adj. 1.** Relatif à la salive : *Sécrétion salivaire.* **2.** ANAT. **Glandes salivaires,** glandes qui sécrètent la salive. ▸ On en compte trois paires chez l'homme : les *parotides,* les *sous-maxillaires* et les *sublinguales.*

salivation [salivasjɔ̃] **n.f.** Sécrétion de la salive.

salive [saliv] **n.f.** (lat. *saliva*). **1.** Liquide clair et filant produit par la sécrétion des glandes salivaires et qui facilite la déglutition. **2.** FAM. **Dépenser beaucoup de salive,** parler beaucoup et, souvent, en vain.

saliver [salive] **v.i. 1.** Sécréter de la salive. **2.** FAM. **Faire saliver qqn,** donner, faire envie à qqn.

Salk (Jonas Edward), bactériologiste américain (New York 1914 - La Jolla 1995). Il a contribué à réaliser la vaccination antipoliomyélitique (1954-1955).

salle [sal] **n.f.** (frq. **sal*). **1.** Pièce d'une habitation destinée à un usage particulier (indiqué par un compl. du n.) : *Salle de bains. Salle à manger.* **2.** Autref., vaste pièce de réception dans une grande demeure : *Salle basse. Salle haute.* **3.** Lieu vaste et couvert, aménagé en fonction de sa destination et destiné à recevoir un public : *Salle de spectacle. Salle de classe.* **4.** Public qui remplit une salle : *Toute la salle applaudit* (syn. **assistance, auditoire**). **5.** Dortoir dans un hôpital : *Salle commune.* **6. Salle d'armes,** local où les maîtres d'armes donnent leurs leçons d'escrime. ⁄ **Salle de marché,** lieu où, dans les banques, sont regroupés les spécialistes réalisant des opérations sur les devises, les titres et les produits financiers. ⁄ **Salle des pas perdus,** grande salle, hall d'un palais de justice ou d'une gare. ⁄ **Les salles obscures,** les salles de cinéma.

Sallé (Marie), danseuse française (? 1707 - Paris 1756). L'une des plus célèbres danseuses de son époque, elle rénova le costume féminin.

Salluste, en lat. **Caius Sallustius Crispus,** historien romain (Amiternum, Sabine, 86 av. J.-C. - v. 35 av. J.-C.). Protégé de César, gouverneur de Numidie (46), où il fit fortune, il se fit construire à Rome, sur le Quirinal, une maison superbe *(Horti Sallustiani)*. À la mort du dictateur, en 44, il se retira de la vie politique et se consacra aux études historiques *(Guerre de Jugurtha, Conjuration de Catilina, Histoires)*.

Salmanasar III (858-823 av. J.-C.), roi d'Assyrie, fils et successeur d'Assournazirpal II (883-858). Continuant l'œuvre de son père, il mena de nombreuses campagnes en Ourartou et en Syrie, mais ne put vaincre les rois araméens.

salmigondis [salmigɔ̃di] **n.m.** (de *sel* et du suff. *-gondin, -gondis,* p.-ê. tiré du moyen fr. *condir,* assaisonner). *FAM.* Assemblage confus et disparate.

salmis [salmi] **n.m.** (abrév. de *salmigondis*). Ragoût de pièces de gibier ou de volailles déjà cuites à la broche.

salmonelle [salmɔnɛl] **n.f.** (de *Salmon,* n. d'un médecin américain). Bactérie responsable des salmonelloses.

salmonellose [salmɔneloz] **n.f.** MÉD. Infection due à des salmonelles (fièvres typhoïde et paratyphoïde ; gastro-entérites).

salmonidé [salmɔnide] **n.m.** (du lat. *salmo, -onis,* saumon). **Salmonidés,** famille de poissons osseux à deux nageoires dorsales, dont la seconde est adipeuse, aimant les eaux fraîches et oxygénées, tels le saumon et la truite.

saloir [salwar] **n.m.** Récipient dans lequel on place les viandes, les poissons, etc., à saler.

Salomé, princesse juive (m. v. 72 apr. J.-C.), fille d'Hérode Philippe Ier et d'Hérodiade. À l'instigation de sa mère, elle obtint de son oncle Hérode Antipas, en récompense d'une danse, la tête du prophète Jean-Baptiste, qui avait dénoncé l'adultère d'Hérodiade.

Salomon *(îles)*, en angl. **Solomon Islands,** archipel de la Mélanésie ; 30 000 km^2 ; 561 000 hab. CAP. *Honiara.* LANGUE : *anglais.* MONNAIE : *dollar des îles Salomon.*

GÉOGRAPHIE

Les îles principales s'alignent en deux rangées : *Choiseul, Santa Isabel, Malatia* au N.-E. ; *Vella, Lavella, Nouvelle-Géorgie, Guadalcanal, Russel, Florida* et *San Cristobal* au S.-O. Les pluies sont très abondantes (de 2 à 4 m). La majorité de la population se concentre sur les littoraux (pêche). Malgré quelques exportations (bois, coprah, épices, huile de palme), la balance commerciale reste déficitaire.

HISTOIRE

L'archipel a été partagé, en 1899, entre la Grande-Bretagne (partie orientale) et l'Allemagne (Bougainville et Buka). Aujourd'hui, l'ancienne partie allemande, sous tutelle australienne depuis 1921, dépend de la Papouasie-Nouvelle-Guinée. Les Salomon ont été, de 1942 à 1945, le théâtre de violents combats entre Américains et Japonais. La partie britannique a accédé à l'indépendance en 1978.

Salomon, troisième roi des Hébreux (v. 970-931 av. J.-C.). Fils de David et de Bethsabée, il dut aux intrigues de celle-ci d'hériter du royaume, auquel il donna la prospérité en le dotant d'une bureaucratie de type égyptien, d'une puissante armée, d'un commerce florissant. Il entreprit des constructions prestigieuses, notamment celles de son propre palais et du premier Temple de Yahvé. Salomon est considéré comme le père du mouvement et de la littérature hébraïques de sagesse. Mais son règne fastueux comporte des signes de dégénérescence. L'accroissement des corvées et des impôts, l'édification d'un harem somptueux, les coûts d'une diplomatie ambitieuse et les compromissions idéologiques qu'elle entraînait suscitèrent des révoltes. Il en sortit plus tard la division politique du royaume et le schisme religieux.

salon [salɔ̃] **n.m.** (it. *salone,* augment. de *sala,* salle). **1.** Pièce d'un appartement, d'une maison, destinée à recevoir les visiteurs : *Salon contigu à la salle à manger.* **2.** Mobilier propre à cette pièce : *Salon de style moderne.* **3.** Société mondaine : *Fréquenter des salons huppés. Conversation de salon.* **4.** LITTÉR. Réunion de personnalités des lettres, des arts et de la politique qui, partic. aux XVIIe et XVIIIe s., se tenait chez une femme distinguée. **5.** Salle de certains établissements commerciaux : *Salon de thé, de coiffure.* **6.** (Avec une majuscule). Manifestation commerciale permettant périodiquement aux entreprises de présenter leurs nouveautés : *Le Salon de l'automobile.* **7.** (Avec une majuscule). Exposition collective périodique d'artistes vivants : *Le Salon d'automne.*

Salon-de-Provence, ch.-l. de c. des Bouches-du-Rhône ; 44 502 hab. École de l'air et École militaire de l'air. Centrale hydroélectrique sur la Durance canalisée. Monuments médiévaux et classiques. Musée national d'Art et d'Histoire militaires dans le château de l'Empéri, remontant au Xe s. ; musée de Salon et de la Crau dans une demeure du XIXe s. ; maison de Nostradamus.

Salonique → Thessalonique.

salonnard, e [salɔnar, -ard] **n.** *FAM., PÉJOR.* Personne qui fréquente les salons, les gens du monde.

saloon [salun] **n.m.** (mot anglo-amér., du fr. *salon*). Bar du Far West américain.

salopard [salɔpard] **n.m.** (de *salop,* var. de *salaud*). *T. FAM.* Individu sans scrupule qui agit d'une façon ignoble.

salope [salɔp] **n.f.** (de *sale* et de *hoppe,* forme dialect. de *huppe*). *VULG.* (Terme d'injure). Femme dévergondée, de mauvaise vie ; femme méprisable, qui agit de manière déloyale.

saloper [salɔpe] **v.t.** (de *salope*). **1.** *T. FAM.* Exécuter un travail très mal, sans soin : *Du travail salopé* (syn. **gâcher**). **2.** Salir ; couvrir de taches : *Il a salopé son pantalon neuf.*

saloperie [salɔpri] **n.f.** (de *salope*). **1.** *FAM.* Saleté ; grande malpropreté. **2.** Chose de très mauvaise qualité, sans valeur ; camelote : *Débarrasse-toi des saloperies qui encombrent ta cave !* (syn. **saleté**). **3.** Action, propos bas et vils : *Faire une saloperie à qqn.*

salopette [salɔpɛt] **n.f.** (de *salope*). Vêtement constitué d'un pantalon prolongé par une bavette à bretelles : *Salopette de mécanicien* (syn. **combinaison, bleu, cotte**).

Salouen (la ou **le),** fl. de l'Asie du Sud-Est, né au Tibet, qui sépare la Birmanie de la Thaïlande et rejoint l'océan Indien ; 2 800 km.

salpêtre [salpɛtr] **n.m.** (du lat. *sal,* sel et *petrae,* de pierre). **1.** Nitrate et, partic., nitrate de potassium. **2. Salpêtre du Chili,** nitrate de sodium.

salpingite [salpɛ̃ʒit] **n.f.** (du gr. *salpigx, salpingos,* trompe). MÉD. Inflammation d'une trompe utérine.

salsa [salsa] **n.f.** (mot esp. « sauce »). Musique de danse afro-cubaine au tempo vif.

salsepareille [salsəparɛj] **n.f.** (esp. *zarzaparilla,* de *zarza,* ronce, et *parilla,* dimin. de *parra,* treille). Plante volubile croissant surtout au Mexique et en Asie centrale, naguère d'usage médicinal. ▸ Famille des smilacacées.

salsifis [salsifi] **n.m.** (it. *salsefica,* d'orig. obsc.). Plante cultivée pour sa longue racine charnue comestible, à la saveur mucilagineuse et sucrée. ▸ Famille des composées.

saltimbanque [saltɛ̃bɑ̃k] **n.** (it. *saltimbanco,* propr. « [celui qui] saute sur l'estrade »). Personne qui fait des tours d'adresse, des acrobaties sur les places publiques, dans les foires (syn. **bateleur**).

Salt Lake City, v. des États-Unis, cap. de l'Utah, près du Grand lac Salé ; 190 884 hab. (1 040 172 hab. dans l'agglomération). Centre commercial et industriel fondé en 1847 par les mormons.

salto [salto] **n.m.** (mot it. « saut »). SPORTS. Saut périlleux.

salubre [salybr] **adj.** (lat. *salubris,* de *salus,* santé). Favorable à la santé : *Air, appartement salubre* (syn. **sain**).

salubrité [salybrite] **n.f.** (lat. *salubritas*). **1.** Caractère de ce qui est salubre : *La salubrité de l'air marin.* **2. Salubrité publique,** ensemble des mesures édictées par l'Administration en matière d'hygiène des personnes, des animaux et des choses.

saluer [salɥe] **v.t.** (lat. *salutare,* souhaiter la santé) [conj. **7**]. **1.** Donner à qqn une marque d'attention, de civilité, de respect : *Saluer un ami de la main.* **2.** Honorer du salut militaire ou d'une marque de respect précisée par un règlement : *Saluer* *un supérieur, le drapeau.* **3.** Accueillir par des manifestations d'approbation ou d'hostilité : *Saluer par des sifflets l'équipe perdante.* **4.** Rendre hommage : *Saluer le courage des sauveteurs.* **5.** Reconnaître en tant que tel : *On l'a salué comme le chef de file.* **6.** En parlant d'un artiste, revenir en scène et s'incliner devant le public, à la fin d'un spectacle.

salure [salyr] **n.f.** Caractère de ce qui est salé ; teneur en sel : *La salure d'une eau.*

1. salut [saly] **n.m.** (lat. *salus, -utis*, santé, conservation, action de saluer, compliment). **1.** Fait d'échapper à un danger, à un malheur : *Ne devoir son salut qu'à la fuite.* **2.** RELIG. Fait d'être sauvé de l'état de péché et d'accéder à la vie éternelle.

2. salut [saly] **n.m.** (lat. *salus, -utis* ; v. *1. salut*). **1.** Action ou manière de saluer ; marque de civilité donnée à qqn qu'on rencontre ou qu'on quitte : *Adresser un salut de la main.* **2.** Acte réglementaire par lequel on exprime son respect à qqn, à qqch ou son appartenance à un corps : *Salut militaire.* **3.** CATH. Court office du soir. ◆ **interj.** *FAM.* (Pour aborder des amis ou les quitter). Bonjour ; au revoir : *Salut, ça va ? Salut, je m'en vais.*

Salut *(îles du)*, petit archipel de la Guyane, au nord de Cayenne (île du Diable, etc.). Ancien bagne.

salutaire [salytɛr] **adj.** (lat. *salutaris* ; v. *1. salut*). **1.** Qui est propre à conserver ou à rétablir la santé physique ou morale : *Remède salutaire.* **2.** Qui peut avoir un effet bienfaisant sur qqn : *Un conseil salutaire* (syn. **utile**).

salutation [salytasjɔ̃] **n.f.** (lat. *salutatio*). **1.** Action de saluer ; salut. **2.** (Au pl.). Terme employé dans des formules de politesse en fin de lettre : *Salutations distinguées.*

Salvador, en esp. **El Salvador,** république de l'Amérique centrale ; 21 000 km^2 ; 6 340 000 hab. *(Salvadoriens).* CAP. *San Salvador.* LANGUE : *espagnol.* MONNAIES : *colón salvadorien* et *dollar des États-Unis.*

GÉOGRAPHIE

C'est le plus petit mais le plus densément peuplé (plus de 250 habitants au km^2) des États d'Amérique centrale. Ouvert sur le Pacifique, c'est un pays montagneux et volcanique. Le climat, chaud et humide, a toutefois une saison sèche de 4 à 5 mois. La population est urbanisée pour plus de 60 %. L'agriculture juxtapose un secteur vivrier (maïs) pauvre et une agriculture commerciale en grandes exploitations : café sur les hautes terres, coton dans les plaines côtières, fournissant l'essentiel des exportations. Le secteur industriel, sans être négligeable, ne fonctionne pas à sa pleine capacité.

HISTOIRE

Le pays est conquis par les Espagnols à partir de 1524.
1821. Proclamation de l'indépendance.
1822. Le pays est rattaché de force au Mexique.
1823-1838. Il constitue une des Provinces-Unies d'Amérique centrale. La vie politique est marquée par l'opposition entre conservateurs et libéraux puis par la succession de gouvernements autoritaires (Martínez, 1931-1944) ou plus libéraux (Oscar Osorio, 1950-1956).
1969. Guerre avec le Honduras.
1972. Les militaires imposent leur candidat contre celui de l'opposition, José Napoleón Duarte. Dès lors sévissent guérilla (dont plusieurs mouvements s'unissent en 1980 pour former le Front Farabundo Martí pour la libération nationale, ou F.M.L.N.) et terrorisme.
1980-1982. Un putsch installe J.N. Duarte à la tête de l'État.
1984-1989. Redevenu président de la République, ce dernier tente d'engager un processus de paix à l'intérieur du pays et avec les États voisins d'Amérique centrale.
1989. Alfredo Cristiani, de l'Alliance républicaine nationaliste (ARENA, droite), est élu à la présidence.
1992. Les négociations entre le gouvernement et la guérilla aboutissent à un accord de paix qui met fin à onze ans de guerre civile.
Le F.M.L.N. se transforme en un parti de gauche et devient une composante majeure de la vie politique. Mais l'ARENA se maintient à la tête de l'État avec Armando Calderón Sol (1994-1999), Francisco Flores (1999-2004) et Elías Antonio Saca (2004-2009).
2009. L'élection de Mauricio Funes à la présidence de la République marque l'accession au pouvoir du F.M.L.N.

Salvador, anc. **Bahia,** port du Brésil, cap. de l'État de Bahia ; 2 480 790 hab. (3 946 582 hab. dans l'agglomération). Centre industriel et commercial. Églises renaissantes ou baroques de la ville haute (architecture coloniale portugaise, XVIe-XVIIIe s.).

salvateur, trice [salvatœr, -tris] **adj.** (lat. *salvatrix*). *LITT.* Qui sauve : *Des mesures salvatrices.*

salve [salv] **n.f.** (du lat. *salve*, salut !, de *salvere*, se bien porter). **1.** Décharge simultanée d'armes à feu, au combat, en l'honneur de qqn ou en signe de réjouissance : *Salve d'artillerie.* **2. Salve d'applaudissements,** applaudissements qui éclatent tous en même temps.

Salzbourg, en all. **Salzburg,** v. d'Autriche, ch.-l. de la *prov. de Salzbourg,* au pied des *Préalpes de Salzbourg,* sur la Salzach ; 145 270 hab. Archevêché. Université. L'ensemble des monuments médiévaux, classiques et baroques de la ville composent un cadre captivant. Musées. Patrie de Mozart (festival de musique annuel).

Samara, de 1935 à 1990 **Kouïbychev,** v. de Russie, sur la Volga ; 1 164 896 hab. Port fluvial. Centrale hydroélectrique. Centre industriel.

samare [samar] **n.f.** (lat. *samara*, graine d'orme). BOT. Fruit sec indéhiscent, à péricarpe prolongé en aile membraneuse, de l'érable, de l'orme, du frêne ; akène.

Samarie, région de la Palestine centrale, entre la Galilée au N. et la Judée au S. (Hab. *Samaritains.*)

Samarie, anc. ville de Palestine, fondée v. 880 av. J.-C., capitale du royaume d'Israël. Elle fut prise et détruite en 721 av. J.-C. par l'Assyrien Sargon II, et sa population déportée. Sa chute marqua la fin du royaume d'Israël.

Samarkand, v. d'Ouzbékistan, en Asie centrale ; 361 339 hab. Agroalimentaire. Tourisme. Tamerlan en fit sa capitale à la fin du XIVe s. Monuments des XIVe-XVIIe s., dont les mausolées à coupole de la nécropole de Chah-e Zendeh et celui de Tamerlan, le Gur-e Mir (1405). Elle fut conquise par les Russes en 1868.

samba [sɑ̃ba] **n.f.** (mot port. du Brésil). Danse de salon, d'origine brésilienne ; air sur lequel elle se danse.

Sambre (la), riv. de France et de Belgique, qui passe à Maubeuge, à Charleroi et rejoint la Meuse à Namur (r. g.) ; 190 km.

same [sam] **n.m.** Nom que les Lapons donnent à leur langue.

samedi [samdi] **n.m.** (lat. pop. **sambati dies*, jour du sabbat, du class. *sabbatum*, sabbat, et *dies*, jour). Sixième jour de la semaine : *Tous les samedis soir.*

samizdat [samizdat] **n.m.** (mot russe « auto-édition »). Dans l'ex-U.R.S.S., ensemble des moyens utilisés pour diffuser clandestinement les ouvrages interdits par la censure ; ouvrage ainsi diffusé.

Samnites, peuple italique établi dans le Samnium. Les Samnites furent soumis par Rome au IIIe s. av. J.-C., après trois longues guerres (343-290) ; c'est au cours de cette lutte que les Romains subirent l'humiliante défaite des fourches Caudines (321 av. J.-C.).

Samoa, archipel d'Océanie, formé de l'État des *Samoa* et des *Samoa américaines.* Découvert en 1722 par les Hollandais, l'archipel fut partagé en 1900 entre Américains (*Samoa américaines*) et Allemands (*Samoa occidentales,* auj. *Samoa*).

Samoa, anc. **Samoa occidentales,** État d'Océanie ; 2 842 km^2 ; 238 519 hab. CAP. *Apia.* LANGUES : *samoan* et *anglais.* MONNAIE : *tala.* Coprah. Bananes et agrumes. Pêche. Tourisme. Sous tutelle néo-zélandaise à partir de 1920, les Samoa occidentales deviennent indépendantes en 1962, entrent dans le Commonwealth en 1970, à l'O.N.U. en 1976, et prennent le nom de Samoa en 1997.

Samoa américaines, parfois **Samoa orientales,** partie orientale et dépendance américaine de l'archipel des Samoa (197 km^2 ; 55 519 hab.). Elles sont administrées par un gouverneur dépendant de Washington.

Samory Touré, chef malinké (Manyambaladougou v. 1830 - N'Djolé 1900). Il se constitua à partir de 1861 un empire à l'est du Niger, mais sa politique d'islamisation forcée provoqua l'insurrection de 1888-1890. Après la reprise de l'offensive française (1891), il abandonna son ancien domaine et conquit une partie de la Côte d'Ivoire et du Ghana. Il fut arrêté par les Français en 1898.

Samos, île grecque de la mer Égée, dans les Sporades ; 472,5 km^2 ; 32 760 hab. Ch.-l. *Samos*. Riche musée. Vins doux. Un des principaux centres commerciaux et culturels de la mer Égée. Elle connut sa plus grande prospérité au VIe s. av. J.-C.

Samothrace, île grecque de la mer Égée, près des côtes de la Thrace ; 178 km^2 ; 2 840 hab. En 1863 y fut mise au jour la célèbre statue de la *Victoire* (Louvre), représentant une femme ailée sur une proue de galère.

samouraï [samuraj] **n.m.** (mot jap., de *samurau,* servir). Membre de la classe des guerriers, dans l'organisation shogunale du Japon d'avant 1868.

samovar [samɔvar] **n.m.** (mot russe). Bouilloire à robinet destinée à fournir l'eau chaude pour le thé, en Russie.

samoyède [samɔjɛd] **n.m.** Langue ouralienne parlée par les Samoyèdes.

Samoyèdes, peuple de Russie de langue ouralienne, habitant des régions du cours inférieur de l'Ob et de l'Ienisseï. Ils ont été classés en quatre groupes, dont le plus nombreux est celui des Nenets.

sampan [sɑ̃pɑ̃] **n.m.** (mot chin., de *san,* trois, et *pan,* bords). Embarcation asiatique à fond plat, marchant à la godille ou à l'aviron et qui comporte, au centre, un dôme en bambou tressé pour abriter les passagers.

Samson, un des « juges » d'Israël (XIIe s. av. J.-C.). D'une force herculéenne, célèbre par ses exploits contre les Philistins, il fut trahi par Dalila, femme du camp ennemi qu'il avait épousée. Celle-ci, ayant appris par ruse que Samson tenait sa force de sa chevelure, lui rasa la tête durant son sommeil et le livra à ses ennemis. Le captif, exhibé dans le temple de Dagan, mais ayant retrouvé sa force avec la pousse de ses cheveux, ébranla les colonnes de l'édifice, écrasant avec lui un grand nombre de Philistins.

S.A.M.U. ou **Samu** [samy] **n.m.** (acronyme de *Service d'aide médicale d'urgence*). **1.** Service hospitalier disposant d'unités mobiles, équipé pour assurer les premiers soins aux victimes d'accidents, leur transport vers un centre hospitalier ou toute réanimation urgente. **2. Samu social,** structure mobile d'aide aux sans-abri.

Samuel, le dernier des « juges » d'Israël (XIe s. av. J.-C.). Il joua un rôle déterminant dans l'institution de la monarchie. C'est lui qui donna l'onction royale à Saül et à David. Les deux livres bibliques qui portent son nom couvrent la période qui va des débuts de la monarchie à la fin du règne de David. Formant un ensemble de traditions légendaires et historiques rédigées au VIIe s. av. J.-C., ils ont reçu leur forme définitive au temps de l'Exil (VIe s.).

Samuelson (Paul Anthony), économiste américain (Gary, Indiana, 1915 - Belmont, Massachusetts, 2009). Tout en adoptant certaines des thèses keynésiennes, il s'attache à la défense des théories néoclassiques. Son analyse des faits économiques recourt largement à la formalisation mathématique. Outre *les Fondements de l'analyse économique* (1947), on lui doit également des ouvrages de vulgarisation, *l'Économique* (1948) et *Readings in Economics* (1952). [Prix Nobel 1970.]

Sanaa, cap. du Yémen ; 2 833 000 hab. dans l'agglomération. Pittoresque vieille ville à 2 350 m d'alt.

Sanaga (la), principal fl. du Cameroun ; 520 km. Aménagements hydroélectriques.

San Andreas ***(faille de),*** fracture de l'écorce terrestre allant du golfe de Californie au nord de San Francisco.

sanatorium [sanatɔrjɔm] **n.m.** (mot angl., du bas lat. *sanator,* celui qui guérit) [pl. *sanatoriums*]. Établissement de cure destiné au traitement de la tuberculose ou de certaines maladies chroniques (abrév. fam. *sana*).

Sanci, site archéologique de l'Inde centrale (Madhya Pradesh), haut lieu de l'art bouddhique indien. Ses stupas sont parmi les mieux conservés du pays (Ier s. av. J.-C.-Ier s. apr. J.-C.). Les portes monumentales et la grande balustrade qui accompagnent le plus grand d'entre eux sont décorées d'une parure sculptée justement célèbre. Nombreux sanctuaires et monastères (Xe-XIe s.). Musée.

sanctifiant, e [sɑ̃ktifjɑ̃, -ɑ̃t] **adj.** Qui sanctifie : *Grâce sanctifiante.*

sanctificateur, trice [sɑ̃ktifikatœr, -tris] **adj.** et **n.** Se dit d'une personne ou d'une chose qui sanctifie.

sanctification [sɑ̃ktifikasjɔ̃] **n.f. 1.** Action de sanctifier ; effet de ce qui sanctifie : *La sanctification des âmes.* **2.** Célébration selon la loi religieuse : *La sanctification d'une fête religieuse.*

sanctifier [sɑ̃ktifje] **v.t.** (du lat. *sanctus,* saint) [conj. **9**]. **1.** Rendre saint : *La grâce nous sanctifie.* **2.** Révérer comme saint : *Que son nom soit sanctifié.* **3.** Célébrer suivant la loi religieuse.

sanction [sɑ̃ksjɔ̃] **n.f.** (lat. *sanctio,* de *sancire,* rendre irrévocable, prescrire puis « punir »). **1.** Consécration, confirmation considérée comme nécessaire : *Mot qui a reçu la sanction de l'usage.* **2.** Mesure répressive infligée par une autorité pour l'inexécution d'un ordre, l'inobservation d'un règlement, d'une loi : *Prendre des sanctions. Une sanction scolaire* (syn. **punition**). **3.** DR. PÉN. Peine prévue par la loi et appliquée aux personnes ayant commis une infraction. **4.** Conséquence, bonne ou mauvaise, d'un acte : *L'échec a été la sanction de son imprudence.*

sanctionner [sɑ̃ksjɔne] **v.t.** (de *sanction*). **1.** Apporter une consécration officielle ou quasi officielle à : *Sanctionner les propositions d'un médiateur* (syn. **consacrer, approuver**). **2.** Réprimer, punir une infraction, une faute : *La loi sanctionne ce genre d'infractions.*

sanctuaire [sɑ̃ktɥɛr] **n.m.** (lat. ecclés. *sanctuarium,* de *sanctus,* saint). **1.** Partie de l'église, située autour de l'autel, où s'accomplissent les cérémonies liturgiques. **2.** Édifice religieux ; lieu saint en général. **3.** Asile, espace inviolable : *Cette île est un sanctuaire pour les oiseaux.*

sanctus [sɑ̃ktys] **n.m.** (mot lat. « saint »). CATH. Hymne de louange à Dieu commençant par ce mot et qui se place à la messe après la préface ; musique composée sur cette hymne.

Sancy ***(puy de),*** point culminant du Massif central, dans les monts Dore ; 1 885 m. Téléphérique.

Sand (Aurore Dupin, *baronne* **Dudevant,** dite **George),** femme de lettres française (Paris 1804 - Nohant 1876). Sa vie et son œuvre évoluèrent au gré de ses passions (Sandeau, Musset, Pierre Leroux, Chopin). Ses romans sont ainsi d'inspiration sentimentale (*Indiana,* 1832 ; *Lélia,* 1833), sociale (*le Compagnon du tour de France,* 1840 ; *Consuelo,* 1842-1843) et rustique (*la Mare au diable,* 1846 ; *François le Champi,* 1847-1848 ; *la Petite Fadette,* 1849).

sandale [sɑ̃dal] **n.f.** (lat *sandalium,* du gr.). Chaussure formée d'une simple semelle retenue au pied par des cordons, des lanières.

sandalette [sɑ̃dalɛt] **n.f.** Sandale légère faite d'une tige cousue directement sur la semelle et fermée par une boucle.

San Diego, port des États-Unis (Californie), sur le Pacifique *(baie de San Diego)* ; 1 381 069 hab. (3 119 757 hab. dans l'agglomération). Base navale et port de pêche (thon). Aéronautique. Institut océanographique. Musées, dont celui des Beaux-Arts et la Timken Art Gallery.

A B C D E F G H I J K L M N O P Q R S T U V W X Y Z

Sandow [sɑ̃do] **n.m.** (nom déposé). Câble extensible, utilisé notamm. dans les extenseurs et pour le lancement des planeurs ou pour fixer des objets sur un porte-bagages, une galerie de voiture, etc.

sandre [sɑ̃dr] **n.m.** (lat. scientif. *sandra,* d'orig. néerl.). Poisson osseux des eaux douces d'Europe, voisin de la perche, à chair estimée. ▸ Long. jusqu'à 1 m ; famille des percidés.

sandwich [sɑ̃dwitʃ] **n.m.** (du n. de lord *Sandwich,* qui se faisait servir ce mets à sa table de jeu) [pl. *sandwichs* ou *sandwiches*]. **1.** Tranches de pain entre lesquelles on met une tranche de jambon, de fromage, etc. **2.** *FAM.* **Prendre en sandwich,** coincer ou attaquer de deux côtés à la fois. ◆ **adj.** et **n.m.** Se dit de tout matériau dont la structure évoque un sandwich (une couche entre deux couches d'un matériau plus noble, par ex.) ou de cette structure elle-même.

Sandwich *(îles)* ⟶ Hawaii *(îles).*

sandwicherie [sɑ̃dwitʃ(ə)ri] **n.f.** Boutique où l'on vend des sandwichs.

San Francisco, v. des États-Unis (Californie), sur la *baie de San Francisco,* qui débouche dans le Pacifique par la Golden Gate ; 852 469 hab. (3 681 072 hab. dans l'agglomération). Port important, débouché de la région ouest des États-Unis. Centre industriel (raffinage du pétrole, construction navale et automobile). Musées d'art : California Palace of the Legion of Honor (art français et arts européens), M. H. De Young Museum (peinture américaine), musée des arts de l'Asie, musée d'Art moderne. Musée Walt Disney.

sang [sɑ̃] **n.m.** (lat. *sanguis, -inis*). **1.** Liquide rouge qui circule dans les veines, les artères, le cœur et les capillaires et qui irrigue tous les tissus de l'organisme, auxquels il apporte éléments nutritifs et oxygène et dont il recueille les déchets pour les conduire vers les organes qui les éliminent (reins, poumons, peau). **2.** Vie ; existence : *Payer de son sang.* **3.** *LITT.* Race ; famille ; extraction : *Elle est d'un sang noble* (syn. **origine**). **4. Apport de sang frais,** arrivée d'éléments nouveaux, plus jeunes ; apport de capitaux. / *FAM.* **Avoir du sang dans les veines,** être énergique, audacieux. / **Avoir le sang chaud,** être impétueux, ardent, irascible. / **Avoir le sang qui monte à la tête,** être frappé d'une émotion violente ; être sur le point d'éclater de colère. / *FAM.* **Avoir qqch dans le sang,** y être porté instinctivement, en être passionné : *Il a la musique dans le sang.* / **Donner son sang,** sacrifier sa vie. / **La voix du sang,** l'esprit de famille. / **Le sang a coulé,** il y a eu des blessés ou des morts. / **Liens du sang,** relation de parenté ; liens affectifs entre personnes de la même famille. / **Mettre un pays à feu et à sang,** le saccager. / **Prince du sang,** prince issu de la famille royale par les mâles. / *FAM.* **Se faire du mauvais sang, un sang d'encre, se ronger, se manger les sangs,** se tourmenter à l'extrême ; être très inquiet. / **Un être de chair et de sang,** un être bien vivant, avec ses passions, ses appétits.

■ **Composition du sang.** Le sang se compose de deux parties, le plasma et les éléments figurés (cellules et plaquettes). Le *plasma* renferme des protéines, en particulier des anticorps (immunoglobulines) et de l'albumine. Il contient également des sels minéraux (bicarbonates, chlorure de sodium, phosphates), des substances nutritives et les déchets du fonctionnement cellulaire. Le plasma transporte aussi les hormones produites par les glandes endocrines. Le dosage des constituants normaux du sang contribue à l'étude des anomalies de l'organisme malade.
Les *éléments figurés* sont : les hématies, ou globules rouges, qui transportent l'oxygène grâce à l'hémoglobine qu'ils contiennent ; les globules blancs, ou leucocytes, chargés de la défense contre les infections ; les plaquettes, ou thrombocytes, responsables de l'hémostase (arrêt du saignement, qui comprend la coagulation). Tous ces éléments sont étudiés quand on pratique une numération, ou formule sanguine (dénombrement des éléments figurés du sang), dont les chiffres normaux sont, chez l'adulte, par millimètre cube de sang : 4 à 6 millions pour les globules rouges, 4 000 à 10 000 pour les globules blancs, 150 000 à 450 000 pour les plaquettes sanguines. La formation des globules blancs, des globules rouges et des plaquettes, appelée *hématopoïèse,* a lieu tout au long de la vie dans la moelle rouge des os, à partir de cellules souches spécifiques à chaque lignée cellulaire.
Anomalies et maladies du sang. L'*anémie* est une diminution du taux d'hémoglobine dans le sang. Elle peut être due à de nombreuses causes, comme par ex. une carence en fer. Les *leucocytoses* correspondent à une augmentation du nombre de leucocytes dans le sang. La leucémie, qui se traduit par un envahissement du sang par les leucocytes, est due à une maladie maligne de la moelle osseuse. Inversement, les *leucopénies* correspondent à une diminution du nombre de leucocytes. Les troubles de la coagulation peuvent être liés à une anomalie d'un facteur biologique de coagulation (par ex., les facteurs VIII ou IX pour l'hémophilie) ou à un défaut de sa production. ■

Sangallo (les), architectes florentins, maîtres de la Renaissance classique. • **Giuliano Giamberti,** dit **Giuliano da Sangallo** (Florence v. 1443 - *id.* 1516), a donné les deux édifices les plus représentatifs de la fin du XVᵉ s., la villa de Poggio a Caiano (entre Florence et Pistoia), qui annonce Palladio, et l'église S. Maria delle Carceri de Prato. • **Antonio,** dit **Antonio da Sangallo l'Ancien** (Florence v. 1453 - *id.* v. 1534), frère du précédent, collabora avec celui-ci (par ex. à St-Pierre de Rome), réalisa des forteresses puis construisit à Montepulciano l'église S. Biagio (1518). • **Antonio Cordini,** dit **Antonio da Sangallo le Jeune** (Florence 1484 - Rome 1546), neveu des précédents, développa l'agence familiale au service des papes Médicis. Le palais Farnèse, à Rome, montre sa maîtrise totale des leçons antiques.

sang-froid [sɑ̃frwa] **n.m. inv. 1.** Tranquillité ; maîtrise de soi : *Garder son sang-froid dans une situation grave* (syn. **calme**). **2. De sang-froid,** de façon délibérée ; calmement, sans emportement : *Tuer qqn de sang-froid.*

San Gimignano, v. d'Italie (Toscane) ; 7 663 hab. Cité médiévale bien conservée, que dominent treize tours de palais. Cathédrale remontant au XIIᵉ s. (œuvres d'art) ; églises, dont S. Agostino (fresques de Benozzo Gozzoli, 1465). Musées.

sanglant, e [sɑ̃glɑ̃, -ɑ̃t] **adj.** (bas lat. *sanguilentus,* du class. *sanguinolentus*). **1.** Taché de sang : *Mains sanglantes.* **2.** Qui contribue à répandre le sang ou s'accompagne d'une grande effusion de sang ; meurtrier : *Des combats sanglants.* **3.** *LITT.* Qui a la couleur rouge du sang : *Les lueurs sanglantes du soleil couchant.* **4.** Dur, blessant : *S'exposer à de sanglants reproches.* **5. Mort sanglante,** mort violente avec effusion de sang.

sangle [sɑ̃gl] **n.f.** (lat. *cingula,* de *cingere,* ceindre). **1.** Bande de cuir ou de toile large et plate, qui sert à entourer, à serrer, etc. **2. Lit de sangle,** lit composé de deux châssis croisés en X sur lesquels sont tendues des sangles ou une toile.

sangler [sɑ̃gle] **v.t. 1.** Serrer avec une sangle : *Sangler la selle d'un cheval.* **2.** Serrer fortement la taille : *Cette veste le sanglait de façon ridicule.*

sanglier [sɑ̃glije] **n.m.** (du lat. *singularis* [*porcus*], [porc] solitaire). **1.** Porc sauvage des forêts d'Eurasie et d'Afrique du Nord, à énorme tête triangulaire (hure) et à poil raide, qui peut causer des dégâts dans les champs. ▸ Famille des suidés. La femelle est la laie, et les petits sont les marcassins. Le sanglier grogne, grommelle. **2.** Chair de cet animal.

sanglot [sɑ̃glo] **n.m.** (lat. pop. **singluttus,* altér., d'apr. *gluttire,* avaler, du class. *singultus,* hoquet). [Souvent au pl.]. Contraction spasmodique du diaphragme sous l'effet de la douleur ou de la peine, accompagnée de larmes, suivie de l'émission brusque et bruyante de l'air contenu dans la poitrine : *Éclater en sanglots.*

sangloter [sɑ̃glɔte] **v.i.** (lat. pop. **singluttare,* du class. *singultare* ; v. *sanglot*). Pousser des sanglots ; pleurer en sanglotant : *Il s'est mis à sangloter sans raison.*

sang-mêlé [sɑ̃mele] **n. inv.** *VX.* Métis, métisse.

Sangnier (Marc), journaliste et homme politique français (Paris 1873 - *id.* 1950). Il développa dans le Sillon, mouvement créé en 1894, les idées d'un catholicisme social et démocratique. Désavoué par Pie X (1910), il fonda la Jeune République (1912). Il fut le créateur de la Ligue française des auberges de la jeunesse (1929).

sangria [sɑ̃grija] **n.f.** (mot esp., de *sangre,* sang). Boisson d'origine espagnole faite de vin sucré où macèrent des morceaux de fruits.

sangsue [sɑ̃sy] **n.f.** (lat. *sanguisuga,* suceuse de sang). **1.** Ver marin, d'eau douce ou des forêts tropicales humides, dont le corps est terminé par une ventouse à chaque extrémité et qui se nourrit du sang des vertébrés. ▸ Embranchement des annélides ; classe des hirudinées. **2.** *LITT.* Personne avide, qui s'enrichit par tous les moyens. **3.** *FAM.* Personne importune, dont on ne peut se défaire.

sanguin, e [sɑ̃gɛ̃, -in] **adj.** (lat. *sanguineus*). **1.** Relatif au sang : *Écoulement sanguin. Vaisseaux sanguins.* **2. Tempérament sanguin,** se dit de qqn qui a un tempérament impulsif (on dit aussi *un sanguin*).

sanguinaire [sɑ̃ginɛr] **adj. 1.** Qui n'hésite pas à répandre le sang : *Un être sanguinaire* (syn. **cruel, féroce**). **2.** *LITT.* Qui est marqué par des effusions de sang : *Luttes sanguinaires.* **3.** *LITT.* Cruel ; qui incite à la cruauté.

sanguine [sɑ̃gin] **n.f.** (de *sanguin*). **1.** Minerai d'hématite rouge, à base d'oxyde de fer. **2.** Crayon fait avec ce minerai ; dessin, de couleur rouge, fait avec ce crayon : *Portrait à la sanguine. Une sanguine de Watteau.* **3.** Orange à chair plus ou moins rouge, très estimée.

sanguinolent, e [sɑ̃ginɔlɑ̃, -ɑ̃t] **adj.** (lat. *sanguinolentus*). Teinté ou mêlé de sang ; couleur de sang : *Des crachats sanguinolents.*

sanhédrin [sanedrɛ̃] **n.m.** (araméen *sanhedrîn,* du gr. *synedrion,* assemblée, conseil). Ancien conseil suprême du judaïsme, siégeant à Jérusalem et présidé par le grand prêtre. ▸ Créé à la fin du IIIe s. av. J.-C., il cessa d'exister en fait à la disparition de l'État juif, en 70 apr. J.-C.

sanie [sani] **n.f.** (lat. *sanies*). *LITT.* Pus mêlé de sang qui s'écoule d'une plaie.

sanitaire [sanitɛr] **adj.** (du lat. *sanitas,* santé). **1.** Relatif à la conservation de la santé publique : *Règlement sanitaire.* **2.** Relatif aux installations et appareils destinés aux soins de propreté, d'hygiène : *Équipement sanitaire.* ◆ **sanitaires n.m. pl.** Ensemble des installations de propreté (lavabos, water-closets, etc.) d'un lieu.

San Jose, v. des États-Unis (Californie) ; 1 015 785 hab. (1 789 819 hab. dans l'agglomération).

San José, cap. du Costa Rica, à plus de 1 100 m d'alt. ; 309 672 hab. (1 160 000 hab. dans l'agglomération).

San Juan, cap. de Porto Rico ; 381 931 hab. (2 466 000 hab. dans l'agglomération). Ensemble bien conservé de la vieille ville, avec sa forteresse, sa cathédrale, ses forts et autres constructions anciennes, dont beaucoup remontent au XVIe s. Musées.

Sankt Anton am Arlberg, station de sports d'hiver d'Autriche (Tyrol) [alt. 1 304-2 811 m] ; 2 490 hab.

San Martín (José de), général et homme politique argentin (Yapeyú 1778 - Boulogne-sur-Mer 1850). Après avoir participé à l'indépendance de l'Argentine (1816), il libéra le Chili (1817-1818) et contribua à l'indépendance du Pérou, dont il devint Protecteur (1821). En désaccord avec Bolívar, il démissionna (1822) et s'exila en Europe.

Sanraku ⟶ Kano.

San Remo, v. d'Italie (Ligurie), sur la Méditerranée ; 53 617 hab. Station touristique et balnéaire.

sans [sɑ̃] **prép.** (lat. *sine*). **1.** Indique la privation, l'absence, l'exclusion : *Sans argent. Sans effort. Rester plusieurs jours sans manger.* **2.** Indique une condition négative : *Sans vous, j'aurais gagné mon procès* (= si vous ne vous en étiez pas mêlé). **3.** S'emploie en composition avec certains noms, pour indiquer l'absence : *Les sans-abri. Quel sans-gêne ! Un sans-faute.* **4. Non sans,** souligne une circonstance, une action : *Je l'ai trouvée non sans peine. Il nous a brutalement quittés non sans avoir empoché ses gains.* / **Sans quoi,** sinon, autrement : *Partez, sans quoi vous serez en retard.* ◆ **sans que loc. conj.** (Suivi du subj.). Indique une circonstance non réalisée : *Il est parti sans que je m'aperçoive de rien.*

sans-abri [sɑ̃zabri] **n. inv.** Personne qui n'a pas de logement (syn. litt. **sans-logis**).

San Salvador, cap. du Salvador, au pied du *volcan San Salvador ;* 316 090 hab. (1 097 000 hab. dans l'agglomération). Plusieurs fois ravagée par des séismes.

sans-cœur [sɑ̃kœr] **adj. inv.** et **n. inv.** *FAM.* Qui est sans pitié, sans sensibilité : *Ces enfants sont sans-cœur* (syn. **insensible**).

sanscrit, e adj. et **n.m. ⟶ sanskrit.**

sans-culotte [sɑ̃kylɔt] **n.m.** (pl. *sans-culottes*). Sous la Convention, nom donné aux révolutionnaires parisiens les plus engagés, qui portaient le pantalon à rayures (par opp. à la *culotte,* considérée comme un symbole de l'Ancien Régime).

sans-emploi [sɑ̃zɑ̃plwa] **n. inv.** Chômeur.

sans-faute [sɑ̃fot] **n.m. inv.** Parcours ou prestation sans faute, parfait : *Faire un sans-faute.*

sans-fil [sɑ̃fil] **adj. inv.** Se dit des télécommunications sans liaison matérielle, ainsi que des technologies ou des appareils qui les autorisent (par opp. à *filaire*) : *Réseau, alarme sans-fil.* ◆ **sans-fil n.m. inv.** Poste téléphonique dont le combiné est utilisable sans fil grâce à une liaison radioélectrique avec le socle, lui-même relié au réseau.

sans-gêne [sɑ̃ʒɛn] **n.m. inv.** Manière d'agir sans tenir compte des formes habituelles de politesse, indélicatesse. ◆ **n. inv.** Personne qui agit de cette manière.

sans-grade [sɑ̃grad] **n. inv.** *FAM.* Subordonné sans pouvoir de décision ; subalterne.

sanskrit ou **sanscrit** [sɑ̃skri] **n.m.** (sanskrit *samskrita,* parfait). Langue indo-aryenne qui fut la langue sacrée et la langue littéraire de l'Inde ancienne. ◆ **sanskrit, e** ou **sanscrit, e adj.** Relatif au sanskrit : *Textes sanskrits.*

sans-le-sou [sɑ̃lsu] **n. inv.** *FAM.* Personne qui n'a pas d'argent ; démuni.

sans-logis [sɑ̃lɔʒi] **n.** *LITT.* Sans-abri.

Sanson, famille de bourreaux parisiens, d'origine florentine et dont les membres furent, de 1688 à 1847, exécuteurs des hautes œuvres dans la capitale. Le plus célèbre d'entre eux est **Charles** (Paris 1740 - ? 1806), qui guillotina Louis XVI.

sansonnet [sɑ̃sɔnɛ] **n.m.** (dimin. de *Samson*). Étourneau.

Sansovino (Andrea Contucci, dit il), sculpteur italien (Monte San Savino, Arezzo, 1460 - *id.* 1529). D'un classicisme délicat, il a travaillé à Florence (*Baptême du Christ* du baptistère, 1502-1505), Rome, Lorette. • Son disciple, **Jacopo Tatti,** dit aussi **il Sansovino,** sculpteur et architecte (Florence 1486 - Venise 1570), travailla surtout à Venise (*loggetta* du campanile de St-Marc [1536-1540], Libreria Vecchia).

sans-papiers [sɑ̃papje] **n.** Personne qui ne possède pas les documents lui permettant de justifier de son identité ou de la régularité de sa situation en France.

sans-parti [sɑ̃parti] **n. inv.** Personne qui n'est inscrite à aucun parti politique.

santal [sɑ̃tal] **n.m.** (lat. médiév. *sandalum,* du sanskrit *candana*) [pl. *santals*]. **1.** Arbuste d'Asie dont le bois est utilisé en parfumerie, en petite ébénisterie, etc. ▸ Type de la famille des santalacées. **2.** Bois de cet arbre : *Un marque-page en santal.* **3.** Essence qui en est extraite : *Un parfum à base de santal.*

Santander, port d'Espagne, ch.-l. de la Cantabrique, sur le golfe de Gascogne ; 178 095 hab. Musée de Préhistoire et d'Archéologie.

santé [sɑ̃te] **n.f.** (lat. *sanitas, -atis,* de *sanus,* sain). **1.** État de qqn dont l'organisme fonctionne bien : *Être plein de santé. Ménager sa santé. Respirer la santé.* **2.** État de l'organisme, bon ou mauvais : *Être en bonne santé. Elle a une santé de fer* (= une santé

A B C D E F G H I J K L M N O P Q R S T U V W X Y Z

excellente). *Avoir une santé délicate.* **3.** Équilibre de la personnalité, maîtrise de ses moyens intellectuels : *Santé mentale.* **4.** État sanitaire des membres d'une collectivité : *Constater une amélioration de la santé du pays.* **5.** État d'un système, d'une branche d'activité quelconques : *Santé économique d'une région.* **6.** Formule de vœux exprimée lorsqu'on lève son verre en l'honneur de qqn : *Santé ! À votre santé !* **7. Boire à la santé de qqn,** former des vœux relatifs à sa santé, considérée comme condition de son bonheur. / ANC. **Maison de santé,** établissement privé où l'on traite spécialement les maladies mentales. / **Santé publique,** service administratif chargé du contrôle et de la protection sanitaires des citoyens.
▸ *Dossier page suivante.*

santiag [sɑ̃tjag] **n.f.** FAM. Botte courte, à bout pointu et à talon oblique.

Santiago, cap. du Chili ; 4 658 687 hab. (6 472 000 hab. dans l'agglomération). Archevêché. Université. Centre commercial et industriel, qui regroupe plus du tiers de la population du Chili. La ville fut fondée en 1541.

santon [sɑ̃tɔ̃] **n.m.** (prov. *santoun,* propr. « petit saint »). Petite figurine en terre cuite peinte servant, en Provence, à décorer les crèches de Noël.

Santorin, archipel grec de la partie méridionale des Cyclades ; 15 250 hab. L'île principale est *Santorin,* ou *Thíra ;* 13 447 hab. Volcan actif.

Santos-Dumont (Alberto), aéronaute et aviateur brésilien (Palmyra, auj. Santos Dumont, 1873 - Sao Paulo 1932). Venu très jeune en France, il créa, de 1898 à 1905, plusieurs modèles de dirigeables. Il effectua le 23 oct. 1906 le premier vol propulsé homologué en Europe. Ses avions du type *Demoiselle,* créés à partir de 1909, sont les précurseurs des avions légers modernes.

São Francisco (le), fl. du Brésil, né dans le Minas Gerais ; 3 100 km. Aménagements hydroélectriques.

Saône (la), riv. de l'est de la France, née dans le dép. des Vosges, qui passe à Chalon-sur-Saône et Mâcon et se jette dans le Rhône (r. dr.) à Lyon ; 480 km (bassin de près de 30 000 km^2). Elle régularise le régime du Rhône grâce à ses hautes eaux hivernales.

Saône (Haute-) [70], dép. de la Région Bourgogne-Franche-Comté ; ch.-l. de dép. *Vesoul ;* ch.-l. d'arr. *Lure ;* 2 arr., 17 cant., 545 comm. ; 5 360 km^2 ; 247 742 hab.

Saône-et-Loire [71], dép. de la Région Bourgogne-Franche-Comté ; ch.-l. de dép. *Mâcon ;* ch.-l. d'arr. *Autun, Chalon-sur-Saône, Charolles, Louhans ;* 5 arr., 29 cant., 572 comm. ; 8 574 km^2 ; 574 111 hab.

Sao Paulo, en port. **São Paulo,** v. du Brésil, cap. de l'*État de Sao Paulo ;* 10 659 386 hab. (19 924 458 hab. dans l'agglomération). Université. Plus grande ville et métropole économique du Brésil (textile, métallurgie, constructions mécaniques et électriques, chimie, alimentation, édition). Musées. Biennale d'art moderne.

Sao Paulo (État de), en port. **Estado de São Paulo,** État le plus peuplé du Brésil ; 248 256 km^2 ; 39 924 091 hab. CAP. *Sao Paulo.*

São Tomé-et-Príncipe, en portugais **São Tomé e Príncipe,** État insulaire du golfe de Guinée, formé des îles de *São Tomé* (836 km^2) et de *Príncipe* (ou *île du Prince ;* 128 km^2) ; 193 000 hab. CAP. *São Tomé.* LANGUE : *portugais.* MONNAIE : *dobra.* Ancienne colonie portugaise, indépendante depuis 1975. Des réformes soutenues par le F.M.I. ont été engagées pour moderniser l'agriculture, qui fournit ses principales ressources (cacao, café, coprah) à l'archipel.

saoul, e adj., saouler v.t. ⟶ **soûl, soûler.**

sapajou [sapaʒu] **n.m.** (tupi *sapaiou*). Petit singe de l'Amérique centrale et de l'Amérique du Sud, à longue queue, appelé aussi *sajou.*

1. sape [sap] **n.f.** (de *saper*). **1.** Tranchée creusée sous un mur, un ouvrage, etc., pour le renverser. **2.** MIL. Dans la guerre de siège, communication enterrée ou souterraine. **3. Travail de sape,** menées plus ou moins secrètes pour détruire qqn, qqch.

2. sape [sap] **n.f.** (de *se saper*). FAM. (Surtout au pl.). Vêtement, habit.

sapement [sapmɑ̃] **n.m. 1.** Action de saper. **2.** Destruction d'un relief par la base, sous la forme d'une mise en porte à faux génér. due à l'action d'un cours d'eau.

saper [sape] **v.t.** (it. *zapparo,* de *zappa,* boyau). **1.** Creuser une sape sous les fondements d'une construction pour provoquer son écroulement : *Saper un mur.* **2.** En parlant des eaux, entamer une formation à sa partie inférieure et y causer des éboulements : *La mer sape les falaises* (syn. **creuser**). **3.** Chercher à détruire qqch à la base par une action progressive et secrète : *Saper le moral de la population* (syn. **ébranler, miner**).

se **saper** [sape] **v.pr.** (orig. obsc.). FAM. S'habiller ; se vêtir : *Il se sape comme un prince.*

saperlipopette [sapɛrlipɔpɛt] **interj.** Juron plaisant ou vieilli marquant souvent l'étonnement.

sapeur [sapœr] **n.m.** (de *saper*). Soldat de l'arme du génie.

sapeur-pompier [sapœrpɔ̃pje] **n.m.** (pl. *sapeurs-pompiers*). Pompier.

saphique [safik] **adj.** Relatif au saphisme.

saphir [safir] **n.m.** (bas lat. *sapphirus,* gr. *sappheiros,* d'orig. sémitique). **1.** Pierre précieuse transparente, le plus souvent bleue, variété de corindon. **2.** Petite pointe qui fait partie de la tête de lecture d'un électrophone, d'un tourne-disque. ◆ **adj. inv.** D'un bleu lumineux.

saphisme [safism] **n.m.** (du n. de *Sappho,* poétesse grecque). LITT. Homosexualité féminine (syn. **lesbianisme**).

Sapho ⟶ **Sappho.**

sapide [sapid] **adj.** (lat. *sapidus,* de *sapere,* avoir du goût). DIDACT. Qui a de la saveur.

sapidité [sapidite] **n.f.** Caractère de ce qui est sapide.

sapin [sapɛ̃] **n.m.** (lat. *sapinus,* du gaul. **sappus,* croisé avec *pinus,* pin). **1.** Arbre résineux (conifère) de l'hémisphère Nord et de l'Amérique centrale, dont les feuilles persistantes (aiguilles), courtes, sont insérées régulièrement sur les tiges (ce qui les distingue de celles du pin). ▸ Ordre des conifères ; famille des pinacées. **2.** QUÉBEC., FAM. **Passer un sapin à qqn,** le berner, le duper.

sapine [sapin] **n.f.** (de *sapin*). **1.** Grue fixe ou mobile de faible puissance. **2.** Planche, solive de sapin. **3.** Baquet en bois de sapin.

sapinette [sapinɛt] **n.f. 1.** Épicéa ornemental de l'Amérique du Nord. **2.** RÉGION. Cèdre.

sapinière [sapinjɛr] **n.f.** Terrain planté de sapins.

Sapir (Edward), linguiste américain (Lauenburg, Allemagne, 1884 - New Haven, Connecticut, 1939). Sous l'influence de F. Boas, il commence une description des langues amérindiennes. Sa conception fondamentale est que toute langue, représentation symbolique de la réalité sensible, est porteuse d'une conception spécifique du monde. C'est un des initiateurs du courant structuraliste (*le Langage, une introduction à l'étude de la parole,* 1921).

saponacé, e [sapɔnase] **adj.** (du lat. *sapo, -onis,* savon). Qui a les caractères du savon ; qui peut être employé aux mêmes usages que le savon.

saponaire [sapɔnɛr] **n.f.** (lat. médiév. *saponaria,* du class. *sapo, -onis,* savon). Plante à fleurs roses des régions tempérées d'Eurasie, dont la tige et les racines contiennent une substance (la *saponine*) qui fait mousser l'eau comme du savon. ▸ Famille des caryophyllacées ; haut. 50 cm.

saponification [sapɔnifikasjɔ̃] **n.f. 1.** Transformation des matières grasses en savon à la suite de leur décomposition par une base telle que la soude. **2.** CHIM. Action de saponifier.

saponifier [sapɔnifje] **v.t.** (du lat. *sapo, -onis,* savon) [conj. **9**]. **1.** Transformer en savon : *Saponifier des huiles.* **2.** CHIM. Décomposer un ester par une base.

La santé de l'humanité s'améliore-t-elle ?

« La santé est un état de complet bien-être physique, mental et social, et ne consiste pas seulement en une absence de maladie ou d'infirmité », telle est la définition de l'Organisation mondiale de la santé (O.M.S.). Dans les pays industrialisés, les progrès de la science et le développement économique ont permis d'améliorer considérablement le niveau de santé depuis un siècle. Mais quels sont les enjeux de santé au niveau de la planète ?

▶ **28 années de vie gagnées.** Depuis le début du XXe s., l'espérance de vie a augmenté d'environ 28 ans dans les pays européens. Ces progrès ont principalement reposé sur le recul de la mortalité infantile et celui des maladies infectieuses, grâce à l'amélioration des techniques médicales, à la diffusion des vaccins et des antibiotiques. On dispose aujourd'hui de médicaments efficaces contre de très nombreuses maladies, et la production de traitements a bénéficié des progrès des biotechnologies. Par exemple, depuis les années 1980, l'insuline, hormone utilisée pour le traitement du diabète, est produite en laboratoire par des bactéries ou des levures auxquelles a été transféré le gène de l'insuline. Enfin, de nouvelles voies de recherche (thérapie génique, clonage thérapeutique) ouvrent des perspectives pour lutter contre les maladies génétiques.

▶ **Des maladies nouvelles.** Cependant, la fréquence des cancers, des maladies cardio-vasculaires, de l'obésité est en augmentation, en particulier dans les pays industrialisés. Le vieillissement de la population, la dégradation de l'environnement, l'importance du tabagisme, le manque d'exercice physique (sédentarité), une alimentation déséquilibrée (excès de graisses et de sucres rapides, déficit en fruits et légumes) sont les principaux facteurs incriminés. Des maladies nouvelles sont aussi apparues, comme le sida (identifié en 1981), mais également des épidémies émergentes (sras, virus Ebola, nouvelles souches de grippe, etc.) placées sous haute surveillance par les autorités sanitaires mondiales afin d'enrayer le risque de pandémie. Par ailleurs, des maladies que l'on croyait maîtrisées sont en expansion, comme la tuberculose. Enfin, diverses maladies bactériennes deviennent difficiles à soigner, car l'usage massif des antibiotiques a provoqué l'apparition de souches bactériennes résistantes à ces médicaments.

▶ **Un monde d'inégalités.** Si, dans les pays riches, le défi est surtout de bien vieillir, celui des pays pauvres serait plutôt de, simplement, vieillir. L'écart d'espérance de vie entre les habitants des pays les plus riches et ceux des pays les plus pauvres dépasse en effet 40 ans ! En 2011, l'espérance de vie était d'à peine 47,8 ans en Sierra Leone, et de 48,1 ans en Guinée-Bissau...

Les pays pauvres doivent faire face à plusieurs problèmes majeurs : la malnutrition (dont souffrent 350 millions d'enfants et d'adultes), l'accès à une eau de mauvaise qualité (entraînant tout un cortège de maladies : typhoïde, choléra, poliomyélite, diarrhées, hépatites A et E, etc.), et un accès limité aux soins et à l'éducation. De plus, les maladies infectieuses, en affectant les populations actives, aggravent la pauvreté. Trois maladies sont particulièrement ravageuses : le sida, qui a tué 1,8 million de personnes en 2010 (plus de 30 millions de morts depuis le début de l'épidémie), le paludisme, qui tue près de 3 000 enfants par jour, la tuberculose, avec 2 millions de décès chaque année.

▶ **Les objectifs du millénaire.** Face à cette situation dramatique dans les pays pauvres, l'O.N.U. a adopté, en 2000, la Déclaration du millénaire, une charte comprenant divers « Objectifs du millénaire pour le développement », dont beaucoup concernent la santé : réduire la faim, la mortalité des enfants de moins de 5 ans, le nombre de femmes mourant pendant la grossesse ou en accouchant ; combattre les maladies qui causent le plus de décès ; réduire l'extrême pauvreté. Il s'agit également de développer l'accès aux soins et aux médicaments, les structures d'assainissement, et d'assurer l'éducation et l'information, indispensables à la prévention de nombreuses maladies.

« Toute personne a droit à un niveau de vie suffisant pour assurer sa santé, son bien-être et ceux de sa famille », stipule la Déclaration universelle des droits de l'homme. Alors qu'une partie de la population mondiale vit avec moins de 1 dollar par jour, que, chaque minute, 21 enfants meurent sur la planète, que 500 000 femmes par an meurent en accouchant... la coopération internationale permettra-t-elle un jour d'atteindre cet idéal ?

Voir aussi : antibiotique ; cancer ; génétique ; hépatite ; médecine ; paludisme ; sida.

sapote [sapɔt] et **sapotille** [sapɔtij] **n.f.** (esp. *zapote, zapotillo,* du nahuatl *tzapotl*). Grosse baie charnue et très sucrée, fruit du *sapotier,* ou *sapotillier,* arbre des Antilles.

Sappho ou **Sapho,** poétesse grecque (Lesbos fin du VIIe s. - *id.* VIe s. av. J.-C.). Son œuvre, dont il ne reste que 650 vers, connut dans l'Antiquité un succès considérable. Chantre de l'amour et de la beauté, elle a créé des rythmes et des mètres nouveaux : la strophe dite *saphique*.

Sapporo, v. du Japon, ch.-l. de l'île de Hokkaido ; 1 914 434 hab. (2 714 289 hab. dans l'agglomération). Centre administratif, commercial et industriel.

sapristi [sapristi] et **sacristi** [sakristi] **interj.** (de *sacré* et *Christ,* avec modifications euphémiques). Juron marquant souvent l'étonnement.

saprophyte [saprɔfit] **n.m.** et **adj.** (du gr. *sapros,* putride, et de *-phyte*). **1.** Végétal qui tire sa nourriture de substances organiques en décomposition. ▸ La plupart des champignons sont saprophytes : amanites, bolets, etc. **2. Micro-organisme saprophyte,** germe qui vit sur un hôte sans y provoquer de maladie.

Saqqarah ou **Sakkarah,** v. d'Égypte (prov. de Gizeh), faubourg de l'ancienne Memphis, dont il abrite la nécropole (7 km de long). Celle-ci, grâce aux mastabas et aux pyramides des premières dynasties, grâce aussi au complexe funéraire de Djoser (XXVIIIe s. av. J.-C.), permet de suivre l'évolution de l'architecture égyptienne et de constater, dès l'origine, la présence d'éléments décoratifs essentiels. Nombreux bas-reliefs, parmi les plus réussis de l'Ancien Empire.

saquer v.t. → **sacquer.**

sar [sar] **n.m.** (mot prov.). Poisson comestible voisin de la daurade, commun en Méditerranée, à rayures noires verticales. ▸ Famille des sparidés.

sarabande [sarabɑ̃d] **n.f.** (esp. *zarabanda,* arabo-persan *serbend,* danse). **1.** Danse noble et composition musicale à trois temps (XVIIe-XVIIIe s.). **2.** *FAM.* Désordre, vacarme dû à des jeux bruyants.

Saragosse, en esp. **Zaragoza,** v. d'Espagne, cap. de la communauté autonome d'Aragon et anc. cap. du royaume d'Aragon, sur l'Èbre ; 678 115 hab. Archevêché (1317). Université (1474). Centre administratif, commercial et industriel. Aljafería, anc. palais des souverains musulmans (XIe s.), puis des Rois Catholiques ; cathédrale des XIIe-XVIIe s. au riche mobilier (musée de tapisseries) ; basilique du Pilar (XVIIe-XVIIIe s.). Musée provincial. La ville soutint un siège héroïque contre les Français (1808-1809).

Sarah ou **Sara,** femme d'Abraham et mère d'Isaac. Les traditions bibliques qui la concernent évoquent son enfantement comme un don de Dieu, qui a guéri miraculeusement sa stérilité.

Sarajevo, cap. de la Bosnie-Herzégovine ; 389 042 hab. *(Sarajéviens).* Université. Centre artisanal et industriel. Mosquées turques. Musées. La ville a été gravement touchée par la guerre civile en ex-Yougoslavie (1992-1995).

Sarajevo *(attentat de)* [28 juin 1914], attentat perpétré par le Serbe G. Princip contre l'archiduc François-Ferdinand, qui préluda à la Première Guerre mondiale.

Saratoga Springs ou **Saratoga,** v. des États-Unis (État de New York), au nord d'Albany ; 26 586 hab. Capitulation du général britannique Burgoyne, qui assura l'indépendance des États-Unis (17 oct. 1777).

Saratov, v. de Russie, sur la Volga ; 837 831 hab. Port fluvial et centre industriel. Monuments des XVIIe-XIXe s. Musées.

Sarawak, État membre de la Malaisie, dans le nord-ouest de Bornéo ; 125 000 km^2 ; 2 399 839 hab. Ch.-l. *Kuching.* Pétrole et gaz naturel.

sarbacane [sarbakan] **n.f.** (altér., d'apr. *canne,* de *sarbatane,* de l'esp. *zerbatana,* de l'ar. *zarbatana*). Long tuyau dans lequel on souffle pour lancer de petits projectiles.

sarcasme [sarkasm] **n.m.** (lat. *sarcasmus,* gr. *sarkasmos,* de *sarkazein,* mordre la chair). Raillerie insultante ; ironie mordante : *Accabler qqn de sarcasmes* (syn. **moquerie**).

sarcastique [sarkastik] **adj. 1.** Qui tient du sarcasme : *Rire sarcastique* (syn. **sardonique**). **2.** Qui emploie le sarcasme : *Écrivain sarcastique.*

sarcelle [sarsɛl] **n.f.** (lat. pop. **cercedula,* class. *querquedula*). Petit canard des plans d'eau douce ou saumâtres et des marais, de l'hémisphère Nord, omnivore et migrateur. ▸ Famille des anatidés.

Sarcelles, ch.-l. d'arr. du Val-d'Oise ; 58 093 hab. *(Sarcellois).* Vaste ensemble résidentiel. Église des XIIe-XVIe s.

sarclage [sarklaʒ] **n.m.** Action de sarcler : *Sarclage de la vigne.*

sarcler [sarkle] **v.t.** (bas lat. *sarculare,* du class. *sarculum,* houe). Arracher les mauvaises herbes à l'aide d'un sarcloir.

sarcloir [sarklwar] **n.m.** Outil voisin de la houe, utilisé pour sarcler.

sarcomateux, euse [sarkɔmatø, -øz] **adj.** Relatif au sarcome.

sarcome [sarkom] **n.m.** (bas lat. *sarcoma,* mot gr. « excroissance de chair »). MÉD. Tumeur maligne du tissu conjonctif, osseux ou musculaire ; cancer.

sarcophage [sarkɔfaʒ] **n.m.** (lat. *sarcophagus,* gr. *sarkophagos,* qui mange de la chair). **1.** Cercueil de pierre de l'Antiquité et du haut Moyen Âge. **2.** Sac de couchage à capuchon.

sarcopte [sarkɔpt] **n.m.** (de *sarco-* et du gr. *koptein,* couper). Acarien parasite de certains vertébrés, dont une espèce provoque la gale chez l'homme. ▸ La femelle du sarcopte de la gale creuse des galeries dans l'épiderme, où elle dépose ses œufs. Long. 0,3 mm.

Sardaigne, île et région italienne, au sud de la Corse, formée des prov. de *Cagliari, Nuoro, Oristano* et *Sassari ;* 24 090 km^2 ; 1 642 528 hab. *(Sardes).* CAP. *Cagliari.*

GÉOGRAPHIE

L'île est formée surtout de plateaux et de moyennes montagnes, le Campidano étant la seule plaine notable. Quelques activités industrielles et le tourisme ne suffisent pas à combler le retard économique de l'île ni à enrayer l'émigration.

HISTOIRE

Grâce à ses mines (fer, plomb, argent), la Sardaigne connaît une grande prospérité à l'âge du bronze et au début de l'âge du fer (civilisation des nuraghes). L'île est conquise par Rome en 238 av. J.-C. Occupée par les Vandales au Ve s., la Sardaigne est reconquise par les Byzantins, puis subit les incursions sarrasines. Aux XIe-XIIIe s., Gênes et Pise se disputent l'île, qui est conquise par le royaume d'Aragon en 1323-1324. La domination espagnole marque profondément la Sardaigne, qui est hispanisée et coupée du reste de l'Italie. Elle passe en 1718 à la maison de Savoie, dont les possessions prennent le nom d'« États sardes ». Son histoire se confond désormais avec celle du Piémont et, en 1861, elle est intégrée au royaume d'Italie. Elle reçoit en 1948 le statut de région autonome.

Sardanapale, roi légendaire d'Assyrie selon les traditions grecques. Il aurait été le dernier souverain de ce pays. Assiégé par les Mèdes et se voyant perdu, il mit le feu à son palais, dit-on, et périt dans l'incendie avec ses femmes et ses trésors. Cette légende est sans doute inspirée par deux événements historiques : la mort du frère d'Assourbanipal dans son palais en flammes (648 av. J.-C.) et l'incendie de Ninive par les Mèdes en 612.

sardane [sardan] **n.f.** (catalan *sardana*). Air et ronde qu'on danse sur cet air, populaires en Catalogne.

sarde [sard] **adj.** et **n.** (lat. *Sardus,* gr. *Sardô,* Sardaigne). De la Sardaigne. ◆ **n.m.** Langue romane parlée en Sardaigne.

sardine [sardin] **n.f.** (lat. *sardina,* gr. *sardênê,* [poisson] de Sardaigne). **1.** Poisson voisin du hareng, au dos bleu-vert, au ventre argenté et commun dans la Méditerranée et l'Atlantique. ▸ Famille des clupéidés ; long. 20 cm. L'été, les sardines se déplacent par bancs en surface ; on les pêche pour les consommer fraîches ou conservées dans l'huile. **2.** FAM. Galon de sous-officier.

sardinerie [sardinri] **n.f.** Endroit où l'on prépare des conserves de sardines.

sardinier, ère [sardinje, -ɛr] **n.** **1.** Pêcheur, pêcheuse de sardines. **2.** Ouvrier, ouvrière travaillant à la mise en conserve de la sardine. ◆ **sardinier** **n.m.** Bateau pour la pêche de la sardine.

sardonique [sardɔnik] **adj.** (gr. *sardonikos* ou *sardonios,* rattaché au lat. *sardonia herba,* herbe de Sardaigne [dont l'ingestion provoque un rictus]). Qui exprime une moquerie méchante : *Un rire sardonique* (syn. **sarcastique**).

sargasse [sargas] **n.f.** (port. *sargaço,* du lat. *salix, -icis,* saule). Algue brune flottante, dont l'accumulation forme, au large des côtes de Floride *(mer des Sargasses),* une couche épaisse où pondent les anguilles.

Sargasses *(mer des),* vaste région de l'Atlantique, au nord-est des Antilles, couverte d'algues.

Sargon d'Akkad, fondateur de l'empire d'Akkad (début du XXIIIe s. av. J.-C.).

Sargon II, roi d'Assyrie (722/721 - 705 av. J.-C.). Il prit Samarie en 721, conquit Israël, la Syrie et l'Ourartou et rétablit l'autorité assyrienne sur Babylone.

sari [sari] **n.m.** (mot hindi). En Inde, costume féminin composé d'une pièce de coton ou de soie, drapée et ajustée sans coutures ni épingles.

Sarkozy (Nicolas Sarközy de Nagy-Bocsa, dit Nicolas), homme d'État français (Paris 1955). Ministre du Budget et porte-parole du gouvernement, puis ministre en charge de la Communication (1993-1995), il est ensuite ministre de l'Intérieur (2002-2004 et 2005-2007), et ministre de l'Économie, des Finances et de l'Industrie (2004). Président de l'U.M.P. (Union pour un mouvement populaire) [2004-2007], il est élu président de la République en 2007. Candidat pour un second mandat en 2012, il est battu par François Hollande.

sarigue [sarig] **n.f.** (du tupi). Mammifère marsupial d'Amérique, dont la femelle possède une longue queue préhensile à laquelle s'accrochent les jeunes montés sur son dos. ▸ Il existe plusieurs espèces de sarigues, parmi lesquelles l'opossum de Virginie.

S.A.R.L. [ɛsaɛrɛl] **n.f.** (sigle). Société à responsabilité limitée.

Sarmates, peuple nomade d'origine iranienne, qui occupa le pays des Scythes et atteignit le Danube (Ier s. apr. J.-C.). Ils ont été submergés par les Goths, puis par les Huns.

sarment [sarmɑ̃] **n.m.** (lat. *sarmentum*). **1.** Jeune rameau de vigne. **2.** BOT. Tige ou branche ligneuse grimpante.

saroual [sarwal] ou **sarouel** [sarwɛl] **n.m.** (ar. *sirwāl*) [pl. *sarouals* ou *sarouels*]. Pantalon traditionnel d'Afrique du Nord, à jambes bouffantes et à entrejambe bas.

1. sarrasin, e [sarazɛ̃, -in] **n.** et **adj.** (bas lat. *Sarracenus,* de l'ar. *charqīyīn,* pl. de *charkī,* oriental). Nom par lequel les Occidentaux du Moyen Âge désignaient les musulmans.

2. sarrasin [sarazɛ̃] **n.m.** (de *1. sarrasin,* à cause de la couleur noire du grain). Plante herbacée annuelle, très rustique, cultivée pour ses graines riches en amidon *(blé noir).*

sarrau [saro] **n.m.** (moyen haut all. *sarrok*) [pl. *sarraus*]. **1.** Tablier d'enfant boutonné derrière. **2.** Blouse de travail ample que l'on porte par-dessus les vêtements.

Sarraute (Nathalie), femme de lettres française (Ivanovo, Russie, 1900 - Paris 1999). Elle a donné au « nouveau roman » l'un de ses manifestes : *l'Ère du soupçon* (1956). Ses personnages tentent en vain, au milieu des banalités des objets et du langage quotidiens, d'établir une communication authentique (*le Planétarium,* 1959 ; *les Fruits d'or,* 1963 ; *Enfance,* 1983).

Sarre (la), en all. **Saar,** riv. de France et d'Allemagne, née dans les Vosges, qui passe à Sarreguemines, Sarrebruck et Sarrelouis avant de rejoindre la Moselle (r. dr.) ; 246 km.

Sarre, en all. **Saarland,** Land d'Allemagne ; 2 568 km^2 ; 999 623 hab. *(Sarrois).* CAP. *Sarrebruck.* La région devint en grande partie française sous Louis XIV, puis prussienne en 1814-1815. À la suite du traité de Versailles en 1919, elle fut séparée pendant quinze ans de l'Allemagne et confiée à la S.D.N., la propriété des gisements houillers étant transférée à la France. En 1935, un plébiscite décida son retour à l'Allemagne. En 1947, la Sarre, autonome, fut rattachée économiquement à la France, mais elle fit retour à l'Allemagne le 1er janv. 1957 à la suite d'un référendum (oct. 1955).

Sarrebruck, en all. **Saarbrücken,** v. d'Allemagne, cap. de la Sarre ; 175 853 hab. *(Sarrebruckois).* Église St-Louis, baroque, du XVIIIe s. Musées.

Sarreguemines, ch.-l. d'arr. de la Moselle, sur la Sarre ; 22 177 hab. *(Sarregueminois).* Pneumatiques. Faïencerie.

sarriette [sarjɛt] **n.f.** (dimin. de l'anc. fr. *sarrice,* lat. *satureia*). Plante aromatique utilisée dans les assaisonnements. ▸ Famille des labiées.

Sarthe (la), riv. de l'ouest de la France, née dans le Perche, qui passe à Alençon, au Mans et se joint à la Mayenne pour former la Maine ; 285 km.

Sarthe [72], dép. de la Région Pays de la Loire ; ch.-l. de dép. *Le Mans ;* ch.-l. d'arr. *La Flèche, Mamers ;* 3 arr., 21 cant., 370 comm. ; 6 206 km^2 ; 583 633 hab. *(Sarthois).*

Sarto (Andrea del) ⟶ Andrea del Sarto.

Sartre (Jean-Paul), philosophe et écrivain français (Paris 1905 - *id.* 1980). Il a écrit des pièces de théâtre et des romans (*la Nausée,* 1938 ; *le Mur,* 1939 ; *les Mouches,* 1943 ; *Huis clos,* 1944). Marquée par la phénoménologie et par Heidegger, la philosophie sartrienne connaît trois phases, dont la première serait « phénoménologique », la seconde « existentialiste » et la troisième « phénoméno-marxiste ». À la première se rattachent *Esquisse d'une théorie des émotions* (1939), *l'Imagination* (1936), *l'Imaginaire* (1940). La seconde phase est celle où la liberté est placée comme le fondement de l'« être-au-monde », l'homme (*l'Être et le Néant,* 1943). La troisième préconise l'engagement comme le seul comportement authentique de l'homme (*Critique de la raison dialectique,* 1960-1985). Sartre a également écrit des essais (*Situations,* 1947-1976), un récit autobiographique (*les Mots,* 1964), une étude sur Flaubert (*l'Idiot de la famille,* 1971-1972). Toute sa vie, ses choix littéraires et politiques ont été pris aux côtés de Simone de Beauvoir. En 1964, il refusa le prix Nobel de littérature. Après sa mort ont paru notamment *Cahiers pour une morale* (1983), *Carnets de la drôle de guerre* (1983) et *Vérité et Existence* (1989).

Sartrouville, ch.-l. de c. des Yvelines ; 52 073 hab.

sas [sas] ou [sa] **n.m.** (lat. médiév. *setacium,* class. *seta,* soie de porc, crin). **1.** Partie d'un canal comprise entre les deux portes d'une écluse. **2.** Petite chambre munie de deux portes étanches, permettant de mettre en communication deux milieux dans lesquels les pressions sont différentes : *Le sas d'un sous-marin.* **3.** Tamis de crin, de soie, entouré d'un cercle de bois. **4. Sas de sécurité,** petit local servant de passage, pour contrôler les entrées : *Sas de sécurité d'une banque, d'une ambassade.*

Saskatchewan (la), riv. de la Prairie canadienne, formée par l'union de la *Saskatchewan du Nord* et de la *Saskatchewan du Sud,* qui rejoint le lac Winnipeg.

Saskatchewan, prov. du centre du Canada ; 652 000 km^2 ; 1 033 381 hab. CAP. *Regina.* Ressources agricoles (céréales, plantes fourragères, élevage) et minières.

sassafras [sasafra] **n.m.** (esp. *sasafras,* mot amérindien). Lauracée d'Amérique, dont les feuilles sont employées comme condiment.

Sassanides, dynastie iranienne qui régna sur un empire qui s'étendait de la Mésopotamie à l'Indus, de 224/226 à la conquête arabe (651).

sasser [sase] **v.t.** (de *sas*). **1.** Passer au sas, au tamis. **2.** Faire franchir le sas d'une écluse : *Sasser une péniche.*

Sassou-Nguesso (Denis), homme d'État congolais (Edou 1943). Président de la République (1979-1992, et depuis 1997).

Satan, nom qui en hébreu signif. « adversaire » ou « accusateur » (traduit en grec par *diabolos,* « le diable ») et qui désigne dans la tradition juive et chrétienne le prince des démons. Dans le Nouveau Testament, où il reçoit des noms variés (le Diable, le Malin, l'Ennemi, l'Ange apostat, Bélial, le Prince des ténèbres ou de ce monde), il est celui qui tente Jésus dans le désert, qui inspire à Judas le dessein de livrer son maître et qui, selon l'Apocalypse, lutte contre l'Agneau sous les traits de l'Antéchrist.

satané, e [satane] **adj.** (de *Satan*). FAM. (Avant le nom). Abominable : *Satané farceur* (syn. **sacré**). *Quel satané temps !* (syn. **mauvais**).

satanique [satanik] **adj. 1.** Propre à Satan, au satanisme : *Culte satanique.* **2.** Qui est ou semble inspiré par Satan : *Ruse satanique* (syn. **diabolique**).

satanisme [satanism] **n.m.** Culte voué à Satan et au mal. ◆ **sataniste adj.** et **n.** Relatif au satanisme ; adepte du satanisme.

satellisation [satɛlizasjɔ̃] **n.f.** Action de satelliser ; fait d'être satellisé.

satelliser [satɛlize] **v.t. 1.** Placer un engin en orbite autour d'un astre. **2.** Réduire un pays à la condition de satellite d'un autre pays.

satellite [satɛlit] **n.m.** (lat. *satelles, satellitis,* escorte). **1.** ASTRON. Corps qui gravite autour d'une planète : *Un satellite géostationnaire.* **2.** Astre qui gravite autour d'un autre, de masse plus importante : *La Lune est le satellite de la Terre.* **3.** Bâtiment annexe d'une aérogare, à proximité immédiate de l'aire de stationnement des avions, relié, en génér., au bâtiment principal par un couloir souterrain. **4.** ASTRONAUT. **Satellite artificiel,** engin placé par un système de transport spatial (fusée, navette) en orbite autour de la Terre ou d'un astre quelconque. ◆ **adj.** et **n.m.** Se dit d'un pays qui dépend d'un autre sur le plan politique ou économique et administratif.

■ Le premier *satellite artificiel* de la Terre, Spoutnik 1, a été lancé le 4 oct. 1957 par l'U.R.S.S. Depuis, des satellites artificiels ont été placés en orbite autour d'autres astres du Système solaire : le Soleil lui-même (premier engin satellisé : Luna 1, en 1959), la Lune (Luna 10, 1966), Mars (Mariner 9, 1971) ; Vénus (Venera 9, 1975), Mercure (Messenger, 2004) et une comète (Rosetta, 2004).

L'orbite et ses caractéristiques. La trajectoire balistique d'un satellite est appelée l'*orbite.* C'est une ellipse, définie par plusieurs paramètres : *périastre* et *apoastre* (*périgée* et *apogée* dans le cas d'un satellite de la Terre), *demi-grand axe, inclinaison du plan de l'orbite, période de révolution.* La vitesse minimale qu'il faut communiquer à un corps pour le satelliser autour de la Terre, au départ du sol, est voisine de 7,9 km/s *(première vitesse cosmique).* Pratiquement, aucune satellisation n'est possible à moins de 130 km d'altitude, car le frottement de l'air provoque alors une retombée rapide du satellite.

L'orbite à 35 800 km d'altitude joue un rôle particulier : sa période de 23 h 56 min est égale à la période de rotation de la Terre, et on la qualifie de *géosynchrone.* Si son plan est en outre confondu avec celui de l'équateur, un satellite y paraît immobile à un observateur terrestre : on le qualifie alors de *géostationnaire.* C'est le cas de la plupart des satellites de télécommunications.

Une autre orbite particulière est l'orbite *héliosynchrone,* qui conserve une position fixe dans l'espace par rapport au Soleil. Elle est utilisée par les satellites d'observation de la Terre, dont les passages à l'aplomb d'un point donné de la planète s'effectuent ainsi toujours à la même heure locale, donc dans des conditions d'éclairement identiques.

Les types de satellites. Les satellites connaissent des applications très variées. Dans le domaine militaire, ils sont utilisés pour la reconnaissance photographique, la surveillance, la détection de missiles adverses ou d'explosions nucléaires, le guidage de missiles et les communications. Dans le domaine civil, on les emploie à des fins scientifiques (astronomie, géodésie, météorologie, télédétection des ressources terrestres) ou commerciales (télécommunications, télédiffusion directe, géolocalisation).

Seuls les satellites en orbite basse retombent rapidement et se désagrègent dans l'atmosphère. À terme, la prolifération des objets spatiaux autour de la Terre pourrait devenir préoccupante. ■

Satie (**Alfred Erik Leslie Satie,** dit **Erik**), compositeur français (Honfleur 1866 - Paris 1925). Précurseur du dadaïsme et du surréalisme (ballet *Parade,* 1917), il fut aussi l'inspirateur du groupe des Six. Il prôna d'abord le dépouillement (*Trois Gymnopédies,* 1888 ; *Trois Gnossiennes,* 1890) puis s'intéressa à la forme, mais avec humour *(Morceaux en forme de poire),* avant de nier l'art pour expérimenter la « musique d'ameublement », entouré chez lui de quelques disciples (H. Cliquet-Pleyel, R. Désormière, H. Sauguet, M. Jacob) qui constituent l'école d'Arcueil.

satiété [sasjete] **n.f.** (lat. *satietas,* de *satis,* assez). **1.** État d'une personne complètement rassasiée : *Boire à satiété.* **2. À satiété,** jusqu'à la lassitude : *Répéter qqch à satiété.*

satin [satɛ̃] **n.m.** (ar. *zaytūnī ;* de *Zaytūn,* n. ar. d'une ville chinoise où l'on fabriquait cette étoffe). Étoffe de soie, de laine, de coton ou de fibre synthétique, fine, moelleuse et brillante.

satiné, e [satine] **adj. 1.** Qui a l'apparence, le brillant du satin : *Un papier photographique satiné. Un tissu satiné.* **2. Peau satinée,** peau douce comme du satin.

satiner [satine] **v.t.** Donner à une étoffe, du papier, un métal, etc., un caractère satiné.

satinette [satinɛt] **n.f.** Étoffe de coton et de soie, ou de coton seul, offrant l'aspect du satin.

satire [satir] **n.f.** (lat. *satira,* var. de *satura,* farce). **1.** LITTÉR. Pièce de vers dans laquelle l'auteur attaque les vices et les ridicules de son temps : *Les satires de Boileau.* **2.** Discours, écrit, dessin, etc., qui s'attaque aux mœurs publiques ou privées, ou qui tourne qqn ou qqch en ridicule : *Ce film est une satire du monde politique.*

Satire Ménippée, pamphlet politique (1594) rédigé par plusieurs auteurs, prosateurs et poètes, pour se moquer des chefs ligueurs et soutenir la royauté légitime (Henri IV).

satirique [satirik] **adj.** et **n. 1.** LITTÉR. Qui appartient au genre de la satire : *Un poète satirique.* **2.** Enclin à la médisance, à la raillerie ; qui tient de la satire : *Chanson, dessin satiriques.*

satiriste [satirist] **n.** Auteur de satires, de dessins satiriques.

satisfaction [satisfaksjɔ̃] **n.f.** (lat. *satisfactio*). **1.** Action de satisfaire une réclamation, un besoin, un désir : *La satisfaction d'une envie* (syn. **assouvissement**). **2.** Contentement, plaisir qui résulte de l'accomplissement de ce qu'on attend, de ce qu'on désire : *Éprouver une profonde satisfaction* (syn. **joie**). *Apprendre la nouvelle avec satisfaction.* **3.** LITT. Acte par lequel on obtient la réparation d'une offense, en partic. par les armes : *Réclamer satisfaction.*

satisfaire [satisfɛr] **v.t.** (lat. *satisfacere,* de *satis,* assez, et *facere,* faire) [conj. **109**]. **1.** Accorder à qqn ce qu'il désire, répondre à sa demande : *On ne peut pas satisfaire tout le monde* (syn. **contenter**). **2.** Agir de façon à contenter un désir, à assouvir un besoin : *Satisfaire son besoin d'évasion.* ◆ **v.t. ind. [à].** Répondre à ce qui est exigé, remplir les conditions requises : *Satisfaire à ses obligations.* ◆ **se satisfaire v.pr. [de].** Considérer qqch comme acceptable ; s'en contenter : *Il se satisfait de cette explication.*

satisfaisant, e [satisfəzɑ̃, -ɑ̃t] **adj.** Qui contente, satisfait.

satisfait, e [satisfɛ, -ɛt] **adj. 1.** Content de ce qui est, ou de ce qui a été fait ou dit : *Je suis satisfait de vos progrès.* **2.** Assouvi : *Curiosité, désir satisfaits.*

satisfecit [satisfesit] **n.m. inv.** (mot lat. « il a satisfait »). **1.** LITT. Témoignage d'approbation : *Obtenir un satisfecit pour son travail.* **2.** VX. Billet attestant le bon travail d'un élève.

satrape [satrap] **n.m.** (lat. *satrapes,* mot gr., empr. au perse). Gouverneur d'une satrapie, chez les anciens Perses.

satrapie [satrapi] **n.f.** Province de l'Empire perse gouvernée par un satrape.

saturant, e [satyrɑ̃, -ɑ̃t] **adj. 1.** Qui sature, qui a la propriété de saturer. **2.** PHYS. **Vapeur saturante,** vapeur d'un corps en équilibre avec la phase liquide de ce corps.

saturateur [satyratœr] **n.m. 1.** Récipient plein d'eau adapté aux radiateurs d'appartement et qui humidifie l'air par évaporation. **2.** Appareil servant à saturer divers liquides de certains gaz.

saturation [satyrasjɔ̃] **n.f. 1.** Action de saturer ; fait d'être saturé : *La saturation d'un marché* (syn. **encombrement**). *Manger jusqu'à saturation* (syn. **satiété**). **2.** CHIM. Transformation en liaisons simples des liaisons multiples d'un composé organique.

saturé, e [satyre] **adj. 1.** Qui est rempli, imprégné à l'excès de qqch : *Sol saturé de sel.* **2.** Encombré à l'excès : *Marché saturé. Autoroute saturée.* **3.** Qui a atteint le degré au-delà duquel qqch n'est plus supportable : *Être saturé de publicité.* **4.** Se dit d'une solution qui ne peut dissoudre une quantité supplémentaire de la substance dissoute. **5.** CHIM. Se dit d'un composé organique ne possédant pas de liaisons multiples.

saturer [satyre] **v.t.** (lat. *saturare,* rassasier). **1.** Encombrer, remplir à l'excès : *Le nombre de connexions a saturé le site Internet du chanteur.* **2.** Amener une solution à contenir la plus grande quantité possible de corps dissous. **3.** CHIM. Transformer les liaisons multiples d'un composé en liaisons simples.

saturnales [satyrnal] **n.f. pl.** (lat. *saturnalia*). Fêtes de la Rome antique célébrées au solstice d'hiver en l'honneur de Saturne, durant lesquelles régnait la plus grande licence.

Saturne, divinité italique et romaine identifiée au Cronos des Grecs. Regardé comme l'ancêtre lointain des rois du Latium, il avait son temple sur le Forum. En dehors des saturnales, les manifestations de son culte à Rome étaient rares, alors que ce dieu était très populaire en Afrique, où il était en réalité un Baal.

Saturne, planète du Système solaire située au-delà de Jupiter (9,4 fois le diamètre équatorial de la Terre ; 95,2 fois sa masse). Comme Jupiter, elle est constituée principalement d'hydrogène et d'hélium. Elle est entourée d'un vaste système d'anneaux formés d'une multitude de blocs de glace mêlés à des poussières, des fragments minéraux, etc. Depuis 2004, elle fait l'objet d'une étude rapprochée par la sonde américaine Cassini. On lui connaît une cinquantaine de satellites.

saturnien, enne [satyrnjɛ̃, -ɛn] **adj. 1.** Relatif à la planète Saturne. **2.** *LITT.* Triste ; mélancolique.

saturnin, e [satyrnɛ̃, -in] **adj.** (de *Saturne*). MÉD. Relatif au plomb ; provoqué par le plomb : *Colique saturnine.*

saturnisme [satyrnism] **n.m.** (de *saturne,* n. donné au plomb par les alchimistes). MÉD. Intoxication chronique par le plomb ou par les sels de plomb.

satyre [satir] **n.m.** (lat. *satyrus,* gr. *saturos*). **1.** MYTH. GR. Demi-dieu rustique à jambes de bouc, avec de longues oreilles pointues, des cornes et une queue, et au corps couvert de poils (syn. **silène**). **2.** Exhibitionniste. **3.** ZOOL. Papillon de jour aux grandes ailes variées de brun, de roux, de gris et de jaune.

sauce [sos] **n.f.** (lat. pop. **salsa,* du class. *salsus,* salé). **1.** Préparation plus ou moins liquide servie avec certains aliments : *Une sauce au vin blanc. Une sauce tomate.* **2.** *FAM.* Ce qui est accessoire ; accompagnement souvent inutile : *Allonger la sauce.* **3.** Crayon noir très friable pour dessiner à l'estompe. **4. En sauce,** se dit d'un mets accompagné d'une sauce. / *FAM.* **Mettre qqn, qqch à toutes les sauces,** l'utiliser de toutes sortes de façons.

saucée [sose] **n.f.** (de *saucer*). *FAM.* Averse.

saucer [sose] **v.t.** [conj. **16**]. **1.** Débarrasser de la sauce avec un morceau de pain. **2.** *FAM.* **Être saucé, se faire saucer,** être mouillé par une pluie abondante.

saucier [sosje] **n.m. 1.** Cuisinier chargé des sauces. **2.** Appareil électroménager pour faire les sauces.

saucière [sosjɛr] **n.f.** Récipient dans lequel on sert une sauce sur la table.

saucisse [sosis] **n.f.** (lat. pop. **salsicia,* du class. *salsicius,* de *salsus,* salé). **1.** Produit de charcuterie, boyau rempli de chair de porc, de bœuf, etc., hachée et assaisonnée. **2.** *FAM.* **Ne pas attacher son chien avec des saucisses,** être avare.

saucisson [sosisɔ̃] **n.m.** (it. *salsiccione*). Grosse saucisse que l'on consomme cuite (saucisson à l'ail, en brioche) ou crue après maturation (saucisson sec).

saucissonner [sosisɔne] **v.i.** (de *saucisson*). *FAM.* Prendre un repas froid sur le pouce : *Saucissonner sur l'herbe* (syn. **pique-niquer**). ◆ **v.t. 1.** *FAM.* Diviser en tranches, tronçonner : *Saucissonner un livre en fascicules.* **2.** Ficeler, attacher comme un saucisson.

1. sauf, sauve [sof, sov] **adj.** (lat. *salvus*). **1.** Sauvé, tiré d'un péril de mort : *Avoir la vie sauve. Être sain et sauf.* **2.** Qui n'est point atteint : *L'honneur est sauf* (syn. **intact**).

2. sauf [sof] **prép.** (de *1. sauf*). **1.** Marque l'exception : *J'ai toute la collection sauf deux numéros* (syn. **hormis, excepté**). **2.** Sous la réserve de ; excepté le cas de : *Sauf erreur. Sauf avis contraire.* **3.** *LITT.* **Sauf à** (+ inf.), quitte à : *Décidons de clore le débat, sauf à le reprendre plus tard* (= ce qui ne nous empêche pas de le reprendre). / *FAM.* **Sauf que,** excepté que : *Tout a bien marché, sauf qu'on s'est ennuyés* (= sinon que). / **Sauf votre respect, sauf le respect que je vous dois,** expressions utilisées pour s'excuser d'une formule qui pourrait paraître choquante, irrévérencieuse.

sauf-conduit [sofkɔ̃dɥi] **n.m.** (pl. *sauf-conduits*). Permission donnée par une autorité d'aller en quelque endroit, d'y séjourner un certain temps et de s'en retourner librement, sans crainte d'être arrêté : *Solliciter un sauf-conduit.*

sauge [soʒ] **n.f.** (lat. *salvia,* de *salvus,* sauf). Plante à fleurs, ligneuse ou herbacée, dont diverses variétés sont cultivées pour leurs propriétés toniques ou comme plantes ornementales. ▸ Famille des labiées. La sauge officinale est utilisée en cuisine et en pharmacie.

saugrenu, e [sogrəny] **adj.** (de *sau,* forme de *sel* et *grenu,* de *grain*). D'une bizarrerie ridicule : *Question saugrenue* (syn. **absurde**).

Sauguet (Henri), compositeur français (Bordeaux 1901 - Paris 1989). Il est l'auteur de nombreux ballets *(les Forains)* et d'ouvrages lyriques *(la Chartreuse de Parme, Boule de suif).*

Saül, premier roi des Hébreux (v. 1030-1010 av. J.-C.). Désigné comme roi et oint par Samuel, résidant à Gibea, il se constitue une armée permanente autour de son fils Jonathan, de son général, Abner, et du chef des gardes, le futur roi David. Il est cependant battu par les Philistins à Gelboé dans une bataille au cours de laquelle il se donne la mort.

saulaie [solɛ] et **saussaie** [sosɛ] **n.f.** Lieu planté de saules.

saule [sol] **n.m.** (frq. **sahla,* a éliminé l'anc. fr. *saus,* du lat. *salix*). Arbre ou arbrisseau à feuilles lancéolées, vivant près de l'eau. ▸ Famille des salicacées. Le saule pleureur a des rameaux retombants.

saumâtre [somɑtr] **adj.** (lat. pop. **salmaster,* du class. *samalcidus*). **1.** Qui a un goût salé ; qui est mélangé d'eau de mer : *Eaux saumâtres.* **2.** *FAM.* **La trouver saumâtre,** trouver qqch très désagréable, de mauvais goût.

saumon [somɔ̃] **n.m.** (lat. *salmo, salmonis*). Poisson voisin de la truite, à chair rose-orangé, atteignant jusqu'à 1,50 m de long. ▸ Famille des salmonidés. ◆ **adj. inv.** D'une teinte rose-orangé qui rappelle la chair du saumon.

saumoné, e [somone] **adj.** Se dit des poissons à la chair rose-orangé, comme celle du saumon : *Truite saumonée.*

Saumur, ch.-l. d'arr. de Maine-et-Loire, dans le *Saumurois,* au confluent du Thouet et de la Loire ; 28 978 hab. *(Saumurois).* Vins blancs mousseux. Important château des ducs d'Anjou, des XIVe-XVIe s. (musées des Arts décoratifs et du Cheval). Églises N.-D.-de-Nantilly (en partie romane ; tapisseries), St-Pierre (gothique) et N.-D.-des-Ardilliers (rotonde du XVIIe s.). École nationale d'équitation (avec le Cadre noir). Écoles militaires de Saumur et École de cavalerie (musée des blindés).

saumurage [somyraʒ] **n.m.** Action de saumurer.

saumure [somyr] **n.f.** (lat. pop. **salmuria,* du class. *sal,* sel, et *muria,* saumure). **1.** Solution aqueuse de sel, dans laquelle on conserve des viandes, des poissons ou des légumes. **2.** Eau salée concentrée qu'on évapore pour en retirer le sel.

saumurer [somyre] **v.t.** Conserver dans la saumure.

sauna [sona] **n.m.** (mot finnois). **1.** Bain de vapeur sèche, d'origine finlandaise. **2.** Établissement où l'on prend ce bain. **3.** Appareil permettant de prendre ce bain.

saunier [sonje] **n.m.** (lat. pop. **salinarius*). **1.** Personne qui travaille à la production du sel. **2.** Celui qui le vend. **3.** HIST. **Faux saunier,** celui qui se livrait à la contrebande du sel.

saupiquet [sopikɛ] **n.m.** (de *sau,* var. dialect. de *sel,* et *piquer*). Jambon poêlé servi avec une sauce piquante.

saupoudrage [sopudraʒ] **n.m.** Action de saupoudrer.

saupoudrer [sopudre] **v.t.** (de *sau,* forme atone de *sel,* et *poudrer*). **1.** Poudrer de sel, de farine, de sucre, etc. : *Saupoudrer un gâteau de sucre.* **2.** Mettre qqch en divers endroits : *Saupoudrer son discours de citations* (syn. **parsemer**).

saupoudreuse [sopudrøz] **n.f.** Flacon à bouchon percé de trous, servant à saupoudrer.

saur [sɔr] **adj.m.** (moyen néerl. *soor,* séché). **Hareng saur,** hareng salé puis séché à la fumée.

Saura (Carlos), cinéaste espagnol (Huesca 1932). Il a été un observateur corrosif de la société franquiste : *le Jardin des délices* (1970), *Ana et les loups* (1972), *Cría cuervos* (1975), *Elisa vida mía* (1977), avant de filmer la musique et la danse : *Noces de sang* (1981), *Carmen* (1983), *Tango* (1998), *Fados* (2007).

saurien [sɔrjɛ̃] **n.m.** (gr. *saura,* lézard). Lacertilien.

saussaie n.f. ⟶ **saulaie.**

Saussure (Ferdinand de), linguiste suisse (Genève 1857 - Vufflens, canton de Vaud, 1913). Après des études à Leipzig, où il soutient une thèse sur l'*Emploi du génitif absolu en sanskrit* (1880), il enseigne la grammaire comparée à Paris puis à Genève. C'est là que, de 1907 à 1911, il donne un cours de linguistique générale, dont les éléments seront publiés après sa mort d'après des notes d'étudiants (*Cours de linguistique générale,* 1916). Il privilégie l'étude synchronique de la langue par rapport à la perspective diachronique ou historique. La langue est considérée comme une structure faite de signes en rapports d'opposition et de complémentarité. Il considère la linguistique comme un système de signes parmi d'autres, dont l'étude sera l'objet de la sémiologie.

Saussure (Horace Bénédict de), naturaliste et physicien suisse (Conches, près de Genève, 1740 - *id.* 1799). Il a découvert de nombreux minéraux, énoncé les premières hypothèses de stratigraphie et de tectonique des plaques, et posé les principes d'une météorologie rationnelle. Il est aussi l'inventeur de plusieurs instruments de physique (par ex. l'hygromètre à cheveux). Avec J. Balmat, il a réalisé, en 1787, la deuxième ascension du mont Blanc.

saut [so] **n.m.** (lat. *saltus*). **1.** Mouvement brusque avec détente musculaire, par lequel le corps s'enlève du sol et se projette en l'air. **2.** Action de sauter d'un lieu élevé à un lieu plus bas : *Saut en parachute.* **3.** Exercice physique qui consiste à sauter de telle ou telle manière : *Saut à la corde.* **4.** Mode de déplacement de certains animaux (sauterelle, lapin, grenouille, etc.). **5.** Passage sans transition à une situation, à un état, à un degré différents : *Saut dans l'inconnu.* **6.** SPORTS. Nom donné à diverses épreuves d'athlétisme exigeant que l'athlète décolle du sol : *Saut en hauteur* (= dans le sens vertical, au-dessus d'une barre et sans l'aide d'aucun instrument). *Saut en longueur* (= dans le sens horizontal). *Triple saut* (= enchaînement de trois sauts en longueur exécutés différemment). *Saut à la perche* (= dans le sens vertical, au-dessus d'une barre, en s'aidant d'une perche* en fibre de verre). **7.** INFORM. Instruction provoquant une modification de la séquence normale des instructions d'un programme d'ordinateur. **8. Au saut du lit,** dès le lever. / **Faire le saut,** se décider à faire qqch qui posait problème ; franchir le pas. / FAM. **Faire un saut quelque part,** y passer rapidement. / **Saut périlleux,** saut acrobatique sans appui consistant en une rotation du corps dans l'espace (syn. **salto**). ◆ **sauts n.m. pl.** CHORÉGR. Ensemble de tous les temps d'élévation, simples ou battus, avec ou sans parcours.

saut-de-lit [sodli] **n.m.** (pl. *sauts-de-lit*). Peignoir léger porté par les femmes au sortir du lit.

saute [sot] **n.f.** (de *sauter*). Changement brusque : *Saute d'humeur. Saute de température. Saute de vent.*

sauté [sote] **n.m.** (de *sauter*). Aliment en morceaux cuit à feu vif avec un corps gras dans une sauteuse ou une poêle : *Un sauté de veau.*

saute-mouton [sotmutɔ̃] **n.m. inv.** Jeu dans lequel un joueur saute par-dessus un autre joueur qui se tient courbé.

sauter [sote] **v.i.** (lat. *saltare,* danser, de *salire,* sauter). **1.** S'élever de terre avec effort ou s'élancer d'un lieu dans un autre : *Sauter haut. Sauter sur la table* (syn. **bondir**). *Sauter à pieds joints.* **2.** S'élancer d'un lieu élevé vers le bas : *Sauter en parachute.* **3.** S'élancer et saisir avec vivacité : *Sauter à la gorge de qqn* (syn. **assaillir, attaquer**). **4.** Passer d'une chose à une autre sans transition : *Sauter d'un sujet à l'autre. Sauter de troisième en première.* **5.** Être projeté ou déplacé soudainement : *Le bouchon de la bouteille a sauté.* **6.** Être détruit par une explosion ; voler en éclats : *La poudrière a sauté.* **7.** Être affecté de brusques variations : *L'image de télévision saute.* **8.** Fondre, en parlant de fusibles : *Les plombs ont sauté.* **9.** Être oublié, effacé, annulé : *Un mot a sauté dans la phrase. Faire sauter une contravention.* **10. Faire sauter un aliment,** le faire revenir à feu vif, avec un corps gras : *Faire sauter un poulet. Pommes de terre sautées.* **11.** FAM. **Et que ça saute !,** dépêchez-vous ! / FAM. **Faire sauter qqn,** lui faire perdre sa place. / **Faire sauter une serrure,** la forcer. / FAM. **Sauter aux nues, au plafond,** se mettre en colère, être fort surpris. / FAM. **Se faire sauter la cervelle,** se tuer d'un coup de pistolet dans la tête. ◆ **v.t. 1.** Franchir en faisant un saut : *Sauter un fossé.* **2.** Omettre : *Sauter un repas.* **3.** Passer qqch pour aller directement à ce qui suit : *Sauter son tour. Sauter une classe.*

sauterelle [sotrɛl] **n.f.** (de *sauter*). **1.** Insecte sauteur de couleur jaune ou verte, aux longues pattes postérieures et longues antennes, et dont la femelle possède une tarière (organe servant à déposer les œufs [ovipositeur]) en forme de sabre ou de faucille. ▸ Ordre des orthoptères. La sauterelle se distingue du criquet par la longueur de ses antennes, sa couleur (le criquet est génér. gris ou brun) et par le fait que ce dernier n'a jamais de tarière. **2.** FAM. Personne maigre.

sauterie [sotri] **n.f.** (de *sauter*). FAM., VIEILLI. Petite réunion dansante.

1. sauteur, euse [sotœr, -øz] **n.** Athlète spécialisé dans les épreuves de saut : *Sauteuse en hauteur.*

2. sauteur, euse [sotœr, -øz] **adj. 1.** Se dit des insectes dont les pattes postérieures sont adaptées au saut. **2. Scie sauteuse,** scie à lame très étroite utilisée pour le découpage de plantes de faible épaisseur (on dit aussi *une sauteuse*). ◆ **sauteur n.m.** Cheval dressé pour le saut d'obstacles.

sauteuse [sotøz] **n.f. 1.** Casserole à bords bas, pour faire sauter les aliments. **2.** Scie sauteuse.

sautillant, e [sotijɑ̃, -ɑ̃t] **adj.** Qui sautille ; qui se déplace par petits bonds : *Une allure sautillante.*

sautillement [sotijmɑ̃] **n.m.** Action de sautiller : *Le sautillement des oiseaux.*

sautiller [sotije] **v.i. 1.** Avancer par petits sauts : *Marcher en sautillant. Danser en sautillant* **2.** S'exprimer de façon décousue, en petites phrases : *Sautiller d'un sujet à un autre.*

sautoir [sotwar] **n.m.** (de *sauter*). **1.** Collier féminin très long. **2.** SPORTS. Aire sur laquelle un sauteur prend son élan et se reçoit. **3.** Disposition de deux objets mis l'un sur l'autre de manière à former une espèce d'X ou de croix de Saint-André : *Deux épées en sautoir sur un cercueil.* **4. Porter une décoration en sautoir,** en porter le ruban ou le cordon en forme de collier tombant en pointe sur la poitrine.

sauvage [sovaʒ] **adj.** (bas lat. *salvaticus,* altér. du class. *silvaticus,* de *silva,* forêt). **1.** Qui n'est pas apprivoisé : *Animaux sauvages.* **2.** Qui pousse naturellement, sans culture : *Chicorée sauvage.* **3.** Désert ; inculte : *Site sauvage.* **4.** Qui a qqch de féroce, de cruel, de violent, de grossier : *Haine sauvage.* **5.** Qui s'organise spontanément, en dehors des lois, des règlements : *Grève, vente sauvage.* ◆ **adj.** et **n. 1.** Qui n'est pas civilisé ; qui vit en dehors de la civilisation : *Peuplade sauvage.* **2.** Qui fuit la société des hommes, qui vit seul : *On ne le voit jamais avec qqn, c'est un vrai sauvage* (syn. **solitaire**).

sauvagement [sovaʒmɑ̃] **adv.** Avec sauvagerie.

1. sauvageon [sovaʒɔ̃] **n.m.** AGRIC. Jeune arbre poussé sans avoir été cultivé.

2. sauvageon, onne [sovaʒɔ̃, -ɔn] **n. 1.** Enfant farouche, sauvage. **2.** Enfant qui a grandi sans éducation.

sauvagerie [sovaʒri] **n.f. 1.** Caractère de celui qui fuit la société, les contacts humains : *Enfant d'une grande sauvagerie.* **2.** Caractère, comportement de celui qui agit avec violence, haine, cruauté : *Frapper qqn avec sauvagerie.*

sauvagine [sovaʒin] **n.f.** (de *sauvage*). **1.** Gibier d'eau (mer, rivière, marais) caractérisé par un goût, une odeur particuliers. **2.** Peaux de petits animaux à fourrure (renards, fouines, blaireaux, etc.), servant à faire des fourrures communes.

sauvegarde [sovgard] **n.f.** (de *1. sauf* et *garde*). **1.** Garantie, protection accordées par une autorité ou assurées par une institution : *Les lois sont la sauvegarde de la liberté.* **2.** Protection ; défense : *Servir de sauvegarde.* **3.** INFORM. Opération consistant à recopier un ensemble d'informations, afin d'en conserver un exemplaire, en cas de perte ou de destruction de l'original. **4.** MAR. Corde, chaîne qui empêche le gouvernail ou tout autre objet de tomber à la mer.

sauvegarder [sovgarde] **v.t. 1.** Effectuer la protection, la défense de qqch : *Sauvegarder l'indépendance d'un pays* (syn. **protéger, défendre, préserver**). **2.** INFORM. Effectuer une sauvegarde par copie périodique des informations : *Sauvegarder un fichier sur un cédérom* (syn. **sauver**).

sauve-qui-peut [sovkipø] **n.m. inv.** (de *sauver* et *pouvoir,* propr. « que se sauve celui qui le peut »). Fuite désordonnée, débandade générale due à une panique.

sauver [sove] **v.t.** (bas lat. *salvare,* du class. *salvus,* sauf). **1.** Tirer qqn du danger, de la mort, du malheur : *Sauver qqn de la noyade.* **2.** Préserver de la perte, de la destruction : *Sauver un vieux quartier.* **3.** Pallier, masquer ce qui est défectueux : *La forme de ce livre sauve le fond.* **4.** RELIG. Procurer le salut éternel. **5.** INFORM. Sauvegarder. **6.** *FAM.* **Sauver les meubles,** réussir à tirer d'un désastre ce qui permet de survivre. ◆ **se sauver v.pr. 1.** Fuir ; s'échapper : *Se sauver à toutes jambes.* **2.** *FAM.* S'en aller vivement ; prendre congé rapidement : *Je me sauve, il est tard.* **3.** RELIG. Assurer son salut éternel.

sauvetage [sovtaʒ] **n.m. 1.** Action de soustraire qqn, qqch à ce qui menace sa vie, sa sécurité : *Équipe de sauvetage.* **2.** Action de tirer qqn, qqch d'une situation critique : *Sauvetage d'une entreprise en difficulté.* **3.** MAR. Secours porté à un navire ou à un engin flottant par un autre navire. **4. Ceinture, brassière** ou **gilet de sauvetage,** accessoire gonflable ou constitué d'un matériau insubmersible et qui permet à une personne de se maintenir à la surface de l'eau.

sauveteur, euse [sovtœr, -øz] **n.** Personne qui prend part à un sauvetage, qui le réalise.

à la **sauvette** [sovɛt] **loc. adv.** (de *se sauver*). **1.** Avec hâte, avec le sentiment d'être soupçonné : *Il est parti à la sauvette.* **2. Vente à la sauvette,** vente sur la voie publique sans autorisation.

sauveur [sovœr] **n.m.** et **adj.m.** (lat. ecclés. *salvator, -oris*). **1.** Celui qui sauve, qui apporte le salut. **2.** (Précédé de l'art. déf., avec une majuscule). Jésus-Christ.

Sauvy (Alfred), démographe et économiste français (Villeneuve-de-la-Raho, Pyrénées-Orientales, 1898 - Paris 1990). Il fut le chef de file des démographes français. Ses travaux d'économie, fondés sur une observation statistique scrupuleuse, lui confèrent, en outre, une place originale parmi les économistes français contemporains. Il a écrit d'importants ouvrages sur la population et sur la croissance économique.

savamment [savamɑ̃] **adv. 1.** De façon savante : *Discuter savamment d'une question* (syn. **doctement**). **2.** Avec habileté : *Intrigue savamment concertée* (syn. **adroitement, habilement**). **3.** En connaissance de cause : *Ce n'est pas facile d'obtenir des crédits, j'en parle savamment.*

savane [savan] **n.f.** (esp. *sabana,* d'une langue d'Haïti). **1.** Formation végétale à hautes herbes caractéristique des régions chaudes à saison sèche marquée. **2.** *QUÉBEC.* Terrain marécageux. **3.** *CRÉOL.* Place principale d'une ville.

savant, e [savɑ̃, -ɑ̃t] **adj.** et **n.** (de *savoir*). Qui a des connaissances étendues dans divers domaines ou dans une discipline particulière : *C'est une femme très savante en astronomie* (syn. **érudit, instruit**). ◆ **adj. 1.** Qui porte la marque de connaissances approfondies : *Un savant exposé.* **2.** Qui dénote du savoir-faire, de l'habileté : *Manœuvre savante* (syn. **astucieux, ingénieux**). **3.** Difficile à comprendre : *Un problème de géométrie trop savant pour des élèves de ce niveau* (syn. **ardu, compliqué, dur**). **4.** Se dit d'un animal dressé à exécuter certains tours ou exercices : *Chien savant.* **5.** LING. Se dit d'une forme qui résulte d'un emprunt direct et non d'une évolution phonétique (par opp. à *populaire*). **6. Société savante,** association dont les membres rendent compte de leurs travaux et recherches, se réunissent pour en discuter. ◆ **savant n.m.** Personne qui a une compétence exceptionnelle dans une discipline scientifique : *Marie Curie a été un grand savant.*

savarin [savarɛ̃] **n.m.** (de [*Brillat-*]*Savarin,* gastronome et écrivain). Gâteau en pâte levée, ayant la forme d'une couronne, imbibé de rhum ou de kirsch et souvent garni de crème.

savate [savat] **n.f.** (turc *çabata,* par l'it. *ciabatta*). **1.** Pantoufle, chaussure vieille et usée. **2.** Sport de combat codifié, dans lequel on peut frapper avec les pieds et les poings, proche de la boxe française. **3.** *FAM.* **Traîner la savate,** être dans l'indigence ; ne rien faire.

Save (la), riv. née en Slovénie, affl. du Danube (r. dr.), qu'elle rejoint à Belgrade (Serbie) ; 945 km.

savetier [savtje] **n.m.** *VX.* Cordonnier.

saveur [savœr] **n.f.** (du lat. *sapor, -oris*). **1.** Sensation produite par certains corps sur l'organe du goût : *Saveur piquante, amère* (syn. **goût**). **2.** Ce qui est susceptible de plaire par son originalité : *Un récit plein de saveur* (syn. **charme, piquant, sel**).

Savignac (Raymond), affichiste français (Paris 1907 - Trouville 2002). L'humour graphique moderne, un schématisme privilégiant l'impact visuel immédiat sont à la base de son œuvre (*Lancelot du lac,* pour le film de Bresson, 1974).

Savoie, région historique de la France occupant le nord des Alpes françaises et correspondant aux deux départements actuels de Savoie et de Haute-Savoie. (Hab. *Savoyards.*) Peuplée par des Celtes, les Allobroges, la région est conquise par les Romains à partir du IIe s. av. J.-C. Après l'installation des Burgondes, au Ve s. apr. J.-C., l'annexion de leur royaume par les fils de Clovis (534) l'intègre dans le royaume mérovingien. Aux IXe-XIe s., la région appartient au royaume de Bourgogne puis est incorporée au Saint Empire (1032). Au XIe s., elle voit l'émergence des comtes de Savoie, avec Humbert Ier aux Blanches Mains. Ses successeurs constituent les États de la maison de Savoie (⟶ **Savoie [États de la maison de]**), dont les chefs portent après 1416 le titre de duc. À partir du XVe s., le Piémont devient prédominant ; la Savoie proprement dite conserve sa langue, le français, et ses institutions, mais est amputée territorialement au profit de la France au début du XVIIe s. Elle est cédée à la France en 1860.

Savoie [73], dép. de la Région Auvergne-Rhône-Alpes, formé de la partie sud du duché de Savoie ; ch.-l. de dép. *Chambéry ;* ch.-l. d'arr. *Albertville, Saint-Jean-de-Maurienne ;* 3 arr., 19 cant., 304 comm. ; 6 028 km^2 ; 411 007 hab.

Savoie (Haute-) [74], dép. de la Région Auvergne-Rhône-Alpes, formé de la partie nord du duché de Savoie ; ch.-l. de dép. *Annecy ;* ch.-l. d'arr. *Bonneville, Thonon-les-Bains, Saint-Julien-en-Genevois ;* 4 arr., 17 cant., 294 comm. ; 4 388 km^2 ; 780 341 hab.

Savoie *(États de la maison de)*, États issus du rassemblement de divers territoires, autour de la Savoie, par une famille comtale remontant au Xe s. Dès le XIe s., les comtes de Savoie accroissent leur patrimoine familial, situé à l'origine au sud du lac Léman, en devenant marquis de Turin. La progression territoriale des États, dont Chambéry devient la capitale au XIIIe s., est freinée par la puissance de la France et des Habsbourg. Le roi Jean II le Bon fixe les frontières de la Savoie avec la France en 1354-1355, et l'expansion savoyarde s'oriente progressivement vers l'Italie. L'achat du comté de Nice (1388) donne aux États un débouché maritime. Amédée VIII obtient, en 1416, de l'empereur germanique l'érection du comté de Savoie en duché. Il incorpore le Piémont à ses États en 1419 et la capitale est définitivement transférée à Turin en 1562. Amputé par la France des pays entre Saône et Rhône (Bresse, Bugey, pays de Gex), le duché est à plusieurs reprises occupé par les Français, qui acquièrent la forteresse de Pignerol (1631). La Savoie entre dans les coalitions formées contre Louis XIV, et le traité d'Utrecht (1713) attribue à Victor-Amédée II la couronne de Sicile, échangée contre la Sardaigne en 1718. La Savoie prend le nom d'« États sardes ». Occupée et annexée à la France en 1792-1793, elle est restituée en 1815 à Victor-Emmanuel Ier, qui recouvre la totalité de ses États et acquiert la république de Gênes. Charles-Albert accorde une Constitution libérale (1848). Entré en lutte avec l'Autriche, il est battu à Custoza et à Novare, et abdique en faveur de Victor-Emmanuel II (1849). Celui-ci s'appuie sur Cavour pour réaliser l'unité italienne avec l'aide de Napoléon III. Nice et la Savoie sont cédées à la France en 1860 tandis que les différents États italiens se rallient au Piémont. Victor-Emmanuel II est proclamé roi d'Italie en 1861.
L'histoire des États sardes se confond dès lors avec celle de l'Italie.

1. savoir [savwar] **v.t.** (du lat. *sapere,* avoir du goût) [conj. **59**]. **1.** Être instruit dans (qqch) ; posséder un métier, être capable d'exercer une activité dont on a la pratique : *Savoir nager. Savoir l'anglais* (syn. **connaître**). **2.** Avoir le pouvoir, le talent, le moyen : *Savoir se défendre.* **3.** Avoir dans la mémoire, de manière à pouvoir répéter : *Savoir sa leçon.* **4.** Être informé de : *Savoir un secret.* **5.** Prévoir : *Qui sait ce qui nous attend ?* **6.** BELG. Être en mesure de : *Je ne saurai pas venir* (syn. **pouvoir**). **7. À savoir** ou **savoir,** marquent une énumération : *Il y a trois solutions, à savoir...* / **À savoir que,** introduit une explication : *Vous oubliez une chose, à savoir qu'il est en vacances.* / **Faire savoir,** informer : *Elle nous a fait savoir que la réunion s'était bien passée* (= elle nous l'a appris). / **Que je sache,** autant que je peux en juger. / **Qui sait ?,** ce n'est pas impossible ; peut-être. ◆ **se savoir v.pr. 1.** Avoir conscience d'être dans telle situation : *Malade qui se sait incurable.* **2.** Être su, connu : *Cela finira par se savoir* (syn. **filtrer, se répandre**).

2. savoir [savwar] **n.m.** (de *1. savoir*). Ensemble des connaissances acquises par l'étude : *Une personne qui possède un grand savoir* (syn. **culture, érudition, instruction**).

savoir-faire [savwarfɛr] **n.m. inv.** Habileté à réussir ce qu'on entreprend ; compétence professionnelle : *Faites-lui confiance, il a du savoir-faire* (syn. **compétence, talent**).

savoir-vivre [savwarvivr] **n.m. inv.** Connaissance et pratique des usages du monde : *Ils n'ont aucun savoir-vivre* (syn. **correction, éducation**).

savon [savɔ̃] **n.m.** (lat. *sapo, -onis,* du germ. **saipon*). **1.** Produit obtenu par l'action d'une base sur un corps gras, et servant au nettoyage ainsi qu'au blanchissage ; morceau moulé de ce produit : *Un savon doux. Du savon en poudre. Du savon liquide.* **2.** FAM. Verte réprimande ; remontrance : *Passer un savon à qqn.* **3. Bulle de savon,** bulle transparente, irisée, que l'on produit en soufflant dans de l'eau chargée de savon.

Savonarole (Jérôme), en it. **Girolamo Savonarola,** prédicateur italien (Ferrare 1452 - Florence 1498). Dominicain à Bologne, hanté par le désir de réformer l'Église, il est nommé en 1491 prieur du couvent Saint-Marc de Florence et gagne par son éloquence la faveur du public. Ayant annoncé des événements, qui se réalisent peu après, il redouble d'audace et prédit l'arrivée d'un nouveau Cyrus, que le peuple croit voir dans l'envahisseur français Charles VIII. Consulté par la seigneurie, il exerce alors une véritable dictature sur Florence (1494-1497). Ses idées politiques sont liées à des projets de réforme morale et religieuse, qu'il met en œuvre avec un extrême rigorisme mais qui divisent l'opinion. Excommunié par Alexandre VI en 1497, il veut convoquer un concile. La foule de ses ennemis, conduite par les franciscains, se déchaîne contre lui : Savonarole est emprisonné, condamné à mort, pendu, brûlé et ses cendres jetées dans l'Arno.

savonnage [savɔnaʒ] **n.m.** Lavage au savon : *Savonnage des cols et des poignets de chemises.*

savonner [savɔne] **v.t. 1.** Laver au savon : *Savonne tes mains, elles sont très sales.* **2.** FAM. Réprimander : *Son père l'a savonné quand il est rentré* (syn. **chapitrer, sermonner**).

savonnerie [savɔnri] **n.f.** Établissement industriel où l'on fabrique le savon.

savonnette [savɔnɛt] **n.f.** Petit savon parfumé pour la toilette.

savonneux, euse [savɔnø, -øz] **adj. 1.** Qui contient du savon : *Eau savonneuse.* **2.** Mou et onctueux comme le savon : *Argile savonneuse.*

1. savonnier, ère [savɔnje, -ɛr] **adj.** Relatif au savon, à sa fabrication, à son commerce : *Industrie savonnière.* ◆ **savonnier n.m.** Fabricant de savon ; ouvrier qui travaille dans une savonnerie.

2. savonnier [savɔnje] **n.m.** (de *savon*). Arbre des régions chaudes d'Asie et d'Amérique dont l'écorce et les graines sont riches en saponine (une substance qui fait mousser l'eau comme du savon). ▸ Famille des sapindacées.

savourer [savure] **v.t.** (de *saveur*). **1.** Goûter lentement avec attention et plaisir : *Savourer une tasse de café* (syn. **déguster**). **2.** Jouir sans réserve de qqch : *Savourer sa vengeance* (syn. **se délecter de, se repaître de**).

savoureux, euse [savurø, -øz] **adj. 1.** Qui a une saveur très agréable : *Goûte ce sorbet, il est savoureux* (syn. **délicieux, succulent**). **2.** Qu'on entend ou qu'on voit avec grand plaisir ; qui a du piquant : *Il connaît des histoires savoureuses* (syn. **délectable**).

savoyard, e [savwajar, -ard] **adj.** et **n.** De la Savoie.

saxe [saks] **n.m.** Porcelaine de Saxe : *Une collection de saxes.*

Saxe, en all. **Sachsen,** Land d'Allemagne, s'étendant sur le versant nord-ouest de l'Erzgebirge et sur son avant-pays ; 18 337 km^2 ; 4 056 799 hab. *(Saxons).* CAP. *Dresde.* La Saxe est parsemée de centres urbains (Leipzig, Dresde, Chemnitz, Zwickau), où les industries se sont développées à partir des ressources du sous-sol, aujourd'hui partiellement épuisées. Incorporée à l'Empire franc sous Charlemagne, constituée en duché au IXe s., la Saxe est intégrée au royaume de Germanie en 843. La dynastie saxonne règne sur le Saint Empire de 962 à 1024. Le duché est partagé entre Haute- et Basse-Saxe en 1260 et le duc de Haute-Saxe devient Électeur d'Empire en 1356. De nouveau partagée au XVe s., la Saxe devient au XVIe s. un des bastions du luthéranisme. De 1697 à 1763, les Électeurs de Saxe sont en même temps rois de Pologne. Érigée en royaume (1806), la Saxe est amputée au profit de la Prusse (1815) et est intégrée dans l'Empire allemand (1871). La république y est proclamée en 1918. De 1949 à 1990, la Saxe est intégrée à la R.D.A. et répartie à partir de 1952 entre différents districts.

Saxe (Basse-), en all. **Niedersachsen,** Land d'Allemagne, sur la mer du Nord ; 47 344 km^2 ; 4 168 732 hab. CAP. *Hanovre.*

Saxe (**Maurice,** *comte* **de**) ⟶ **Maurice,** *comte* **de Saxe.**

Saxe-Anhalt, en all. **Sachsen-Anhalt,** Land d'Allemagne ; 20 445 km^2 ; 2 287 040 hab. CAP. *Magdebourg.*

Saxe-Weimar (**Bernard,** *duc* **de**), général allemand (Weimar 1604 - Neuenburg 1639). Pendant la guerre de Trente Ans, il succéda à Gustave-Adolphe à la tête de l'armée suédoise ; vaincu à Nördlingen dans le sud de l'Allemagne (1634), il passa au service de la France et enleva Brisach (1638) aux impériaux.

saxhorn [saksɔrn] **n.m.** (de *Sax,* n. de l'inventeur, et de l'all. *Horn,* cor). Instrument de musique à vent, en cuivre, à embouchure et à pistons : *Famille des saxhorns* (= qui comprend les bugles et le tuba).

saxifrage [saksifraʒ] **n.f.** (bas lat. *saxifraga [herba],* du class. *saxifragum,* [herbe qui] brise les rochers, de *saxum,* roc, et de *frangere,* briser). Plante herbacée qui pousse au milieu des pierres et dont on cultive certaines espèces ornementales.

Saxons, peuple germanique qui habitait la Frise et les pays de l'embouchure de l'Elbe. Au Vᵉ s., les Saxons envahirent le sud de l'actuelle Grande-Bretagne, où ils fondèrent des royaumes. En Germanie, ils s'étendirent jusqu'aux abords de l'Elbe. Charlemagne les soumit (772-804) et leur imposa le christianisme.

saxophone [saksɔfɔn] **n.m.** (de *Sax,* n. de l'inventeur, et de *-phone*). Instrument de musique à vent à anche simple, muni d'un bec semblable à celui de la clarinette et de clés (abrév. *saxo*). ▸ Quatre modèles sont surtout utilisés : le soprano, l'alto, le ténor, le baryton.

saxophoniste [saksɔfɔnist] **n.** Musicien qui joue du saxophone (abrév. *saxo*).

Say (**Jean-Baptiste**), économiste français (Lyon 1767 - Paris 1832). Auteur du premier traité d'économie politique, Say est considéré comme un vulgarisateur d'Adam Smith, dont il clarifie, précise et corrige les théories. Son apport personnel peut se résumer en trois points : le principe selon lequel la valeur n'est pas le travail mais l'« utilité » ; la « loi des débouchés », selon laquelle un produit, une fois élaboré, est vendu, permettant, en échange, un débouché à d'autres produits, qui trouvent naturellement des acquéreurs ; enfin le rôle fondamental de l'entrepreneur. Son influence a été considérable durant la seconde partie du XIXᵉ s.

saynète [sɛnɛt] **n.f.** (esp. *sainete,* morceau délicat, dimin. de *sain,* graisse, rattaché à *scène*). **1.** LITTÉR. Petite pièce comique du théâtre espagnol. **2.** Petite pièce comique, à deux ou trois personnages (syn. **sketch**).

sbire [sbir] **n.m.** (it. *sbirro,* altér. de *birro,* du lat. *birrus,* roux, gr. *purrhos,* couleur de feu, à cause de la casaque rouge des sbires ou de la valeur symbolique du rouge). Individu chargé d'exécuter certaines basses besognes : *Le mafioso et ses sbires* (= ses hommes de main).

scabreux, euse [skabrø, -øz] **adj.** (bas lat. *scabrosus,* du class. *scaber,* rude, rugueux). **1.** Qui présente des difficultés, des risques : *Une entreprise scabreuse* (syn. **dangereux, périlleux, risqué**). **2.** De nature à choquer la décence : *Un sujet scabreux* (syn. **indécent, licencieux, osé**).

1. scalaire [skalɛr] **adj.** (angl. *scalar,* du lat. *scalaris,* d'escalier). **1.** MATH. Se dit d'une grandeur entièrement définie par sa mesure. **2. Produit scalaire de deux vecteurs,** somme des produits de leurs composantes de même rang relativement à une base orthonormée. ◆ **n.m.** Élément du corps des réels ou des complexes sur lequel est défini un espace vectoriel.

2. scalaire [skalɛr] **n.m.** (lat. *scalaris,* de *scalae,* escalier). Poisson d'Amérique du Sud à corps aplati verticalement, souvent élevé en aquarium. ▸ Famille des cichlidés ; long. 15 cm env.

scalène [skalɛn] **adj.** et **n.m.** (lat. *scalenus,* gr. *skalênos,* oblique). ANAT. Se dit des muscles inspirateurs tendus entre les vertèbres cervicales et les deux premières paires de côtes. ◆ **adj.** MATH. Se dit d'un triangle dont les trois côtés sont de longueur inégale.

scalp [skalp] **n.m.** (mot angl. « cuir chevelu »). Chevelure détachée du crâne avec la peau et que certains Indiens d'Amérique conservaient comme trophée.

scalpel [skalpɛl] **n.m.** (lat. *scalpellum,* de *scalpere,* inciser). Instrument en forme de petit couteau à manche étroit et à lame, qui sert pour inciser et disséquer ; bistouri.

scalper [skalpe] **v.t.** (angl. *to scalp*). Détacher la peau du crâne avec un instrument tranchant.

scampi [skɑ̃pi] **n.m.** (it. *scampi [fritti],* langoustines [frites]). Friture de langoustines en beignets. (Cuisine italienne.)

scandale [skɑ̃dal] **n.m.** (bas lat. *scandalum,* piège, obstacle, du gr.). **1.** Effet fâcheux, indignation produits dans l'opinion publique par un fait, un acte estimé contraire à la morale, aux usages : *Sa grossièreté a fait scandale.* **2.** Affaire malhonnête qui émeut l'opinion publique : *Un scandale financier.* **3.** Querelle bruyante ; tapage : *Faire du scandale* (syn. **esclandre**). **4.** Fait qui heurte la conscience, le bon sens, la morale, suscite l'émotion, la révolte : *Le scandale de la faim dans le monde* (syn. **honte**).

scandaleusement [skɑ̃daløzmɑ̃] **adv.** De façon scandaleuse : *Star qui vit scandaleusement.*

scandaleux, euse [skɑ̃dalø, -øz] **adj. 1.** Qui cause ou est capable de causer du scandale : *Vie scandaleuse* (syn. **choquant, déshonorant**). **2.** Qui choque par son excès : *Prix scandaleux* (syn. **honteux, révoltant**).

scandaliser [skɑ̃dalize] **v.t.** (bas lat. *scandalizare*). Soulever l'indignation de, choquer très vivement : *Sa conduite scandalise tout le monde* (syn. **choquer, offusquer**). *L'acquittement de ce criminel a scandalisé l'opinion* (syn. **horrifier, outrer**). ◆ **se scandaliser v.pr. [de].** Ressentir de l'indignation à propos de qqch : *Beaucoup se sont scandalisés de sa conduite* (syn. **s'indigner, s'offusquer**).

scander [skɑ̃de] **v.t.** (lat. *scandere,* monter). **1.** MÉTR. Prononcer un vers grec ou latin en le rythmant, en marquant l'alternance des longues et des brèves et en insistant sur les temps forts. **2.** Prononcer une phrase, des mots en détachant les groupes de mots ou de syllabes : *Manifestants qui scandent des slogans.*

scandinave [skɑ̃dinav] **adj.** et **n.** (lat. *Scandinavia,* anc. germ. **skadinaja*). **1.** De la Scandinavie. **2. Langues scandinaves,** langues nordiques.

Scandinavie, région du nord de l'Europe qui englobe, au sens large, le Danemark, la Norvège, la Suède, la Finlande et l'Islande. Des conditions naturelles rudes, les fonctions maritimes, la présence de la forêt, une faible densité de population (surtout au nord), des régimes politiques libéraux sont les principaux traits communs de ces États.

Scanie (**la**), extrémité méridionale et partie la plus fertile de la Suède. V. princ. *Malmö.*

1. scanner [skanɛr] **n.m.** (de l'angl. *to scan,* examiner). **1.** MÉD. Appareil d'exploration du corps humain, qui associe la technique des rayons X et l'informatique (syn. **tomodensitomètre**). [Recomm. off. *scanographe.*] **2.** Appareil de télédétection utilisé en cartographie et capable de capter, grâce à un dispositif opérant par balayage, les radiations émises par des surfaces étendues. (Recomm. off. *scanneur.*) **3.** IMPR. Appareil servant à réaliser, par balayage électronique d'un document original en couleurs, les sélections nécessaires à sa reproduction.

2. scanner [skane] et **scannériser** [skanerize] **v.t.** IMPR. Numériser un document à l'aide d'un scanner.

scanneur [skanœr] **n.m.** Recomm. off. pour *1. scanner.*

scanographe [skanɔgraf] **n.m.** MÉD. Recomm. off. pour *1. scanner.*

scanographie [skanɔgrafi] **n.f. 1.** MÉD. Tomodensitométrie. **2.** Image obtenue par tomodensitométrie, à l'aide d'un scanner.

scansion [skɑ̃sjɔ̃] **n.f.** MÉTR. Action ou façon de scander des vers.

scaphandre [skafɑ̃dr] **n.m.** (du gr. *skaphê,* barque, et *anêr, andros,* homme). **1.** Équipement hermétiquement clos, dans lequel est assurée une circulation d'air au moyen d'une pompe, et dont se revêtent les plongeurs pour travailler sous l'eau. **2. Scaphandre autonome,** appareil respiratoire individuel permettant à un plongeur d'évoluer sous les eaux sans lien avec la surface. / **Scaphandre spatial,** équipement que portent les astronautes à l'intérieur de leurs vaisseaux, lors du lancement et du retour, ou pour sortir dans l'espace.

scaphandrier [skafɑ̃drije] **n.m.** Plongeur utilisant un scaphandre non autonome.

1. scapulaire [skapylɛr] **adj.** (lat. médiév. *scapulare,* du class. *scapula,* épaule). **1.** ANAT. Relatif à l'épaule. **2. Ceinture scapulaire,** squelette de l'épaule, formé de deux os chez l'homme et les mammifères, auxquels s'adjoint l'os dit *coracoïde* chez les autres tétrapodes.

2. scapulaire [skapylɛr] **n.m.** (du lat. *scapula,* épaule). CATH. Pièce du costume monastique consistant en un capuchon et deux pans d'étoffe rectangulaires couvrant les épaules et retombant jusqu'aux pieds.

scarabée [skarabe] **n.m.** (lat. *scarabeus,* gr. *karabos*). Insecte coléoptère au corps massif, qui se nourrit de débris végétaux ou d'excréments. ▸ Famille des scarabéidés ; env. 30 000 espèces décrites.

scarificateur [skarifikatœr] **n.m. 1.** AGRIC. Instrument agricole équipé de dents métalliques, servant à ameublir la terre sans la retourner. **2.** CHIR. Instrument pour faire de petites incisions sur la peau.

scarification [skarifikasjɔ̃] **n.f.** (lat. *scarificatio*). **1.** Petite incision superficielle de la peau (notamm., incision faite avec une petite lancette pour les cuti-réactions ou certaines vaccinations). **2.** *AFR.* (Souvent au pl.). Incision superficielle de la peau pratiquée de manière à laisser une cicatrice, dans un dessein symbolique ou rituel ; cicatrice laissée par une telle incision.

scarifier [skarifje] **v.t.** (lat. *scarificare,* du gr. *skariphastai,* de *skariphos,* stylet) [conj. **9**]. Faire des scarifications.

scarlatine [skarlatin] **n.f.** (lat. médiév. *scarlatinum,* du lat. *scarlatum,* écarlate). Maladie fébrile contagieuse, caractérisée par l'existence de plaques écarlates sur la peau et les muqueuses.

Scarlatti (Alessandro), compositeur italien (Palerme 1660 - Naples 1725). Un des fondateurs de l'école napolitaine, maître de chapelle à la Cour, auteur d'opéras (*La Griselda,* 1721) remarquables par leurs ouvertures et la qualité mélodique de leurs airs, il laissa également beaucoup de cantates, oratorios et pièces pour clavecin. • Son fils **Domenico** (Naples 1685 - Madrid 1757), claveciniste réputé et compositeur, vécut à la cour de Lisbonne, puis à Madrid. Il écrivit, outre des opéras, quelque 600 « Essercizi per gravicembalo » ou sonates pour son instrument, qui constituent son plus précieux message.

scarole [skarɔl] **n.f.** (it. *scariola,* du bas lat. *escariola,* endive). Chicorée à larges feuilles, mangée en salade.

Scarpe-Escaut *(parc naturel régional),* parc naturel couvrant env. 48 000 ha sur le dép. du Nord.

Scarron (Paul), écrivain français (Paris 1610 - *id.* 1660). Il lança la mode du burlesque *(le Virgile travesti),* puis donna des comédies imitées du théâtre espagnol *(Dom Japhet d'Arménie).* Mais il reste surtout l'auteur du *Roman comique,* récit inachevé des aventures d'une troupe de comédiens ambulants.

scat [skat] **n.m.** (mot anglo-amér.). Dans le jazz, style d'improvisation vocale dans lequel les paroles sont remplacées par des onomatopées.

scatologie [skatɔlɔʒi] **n.f.** (du gr. *skôr, skatos,* excrément, et de *-logie*). Propos ou écrits grossiers où il est question d'excréments.

scatologique [skatɔlɔʒik] **adj.** Relatif à la scatologie.

sceau [so] **n.m.** (lat. pop. **sigellum,* class. *sigillum,* de *signum,* marque). **1.** Cachet officiel sur lequel sont gravées des armes, une devise ou une effigie et qui authentifie un acte : *Le sceau de l'État, de l'Université.* **2.** L'empreinte même de ce cachet sur de la cire : *Apposer son sceau sur un traité.* **3.** *LITT.* Caractère distinctif ; ce qui donne une marque particulière, éminente : *Récit marqué du sceau de la sincérité* (syn. **cachet, empreinte**). **4. Garde des Sceaux** ⟶ **garde.** / **Sous le sceau du secret,** sous la condition que le secret sera bien gardé.

scélérat, e [selera, -at] **n.** (lat. *sceleratus,* de *scelus, sceleris,* crime). Personne qui a commis ou qui est capable de commettre des crimes : *La bande de scélérats est sous les verrous* (syn. **bandit, criminel**). ◆ **adj.** *LITT.* Qui manifeste des intentions ou des sentiments criminels ou perfides : *Conduite scélérate* (syn. **ignoble, vil**).

scélératesse [seleratɛs] **n.f. 1.** *LITT.* Caractère, manière d'agir d'un scélérat : *Il a eu la scélératesse de m'accuser* (syn. **perfidie**). **2.** Action scélérate : *Capable des pires scélératesses* (syn. **noirceur, vilenie**).

scellement [sɛlmɑ̃] **n.m.** Action de fixer une pièce dans un trou (en génér. de maçonnerie) ou sur un support, à l'aide d'un liant qui s'y durcit : *Le scellement d'une grille.*

sceller [sele] **v.t.** (du lat. *sigillare*) [conj. 4]. **1.** Appliquer un sceau sur : *Sceller un acte à la cire rouge.* **2.** Apposer les scellés sur : *Sceller la porte d'un logement.* **3.** Fermer hermétiquement. **4.** Faire un scellement : *Sceller un lavabo.* **5.** Confirmer solennellement : *Sceller un pacte* (syn. **entériner, ratifier**). **6. Sceller une lettre,** la cacheter.

scellés [sele] **n.m. pl.** (de *sceller*). Ensemble de la bande de papier ou d'étoffe et des cachets de cire revêtus d'un sceau officiel, apposé par autorité de justice pour empêcher l'ouverture d'un meuble, d'un local : *Briser les scellés.*

scénario [senarjo] **n.m.** (mot it., du lat. *scena,* scène). **1.** Canevas d'une pièce, d'un roman (syn. **plan**). **2.** CIN. Document écrit décrivant scène par scène ce qui sera tourné (syn. **script, synopsis**). **3.** Récit d'une bande dessinée. **4.** Déroulement programmé ou prévu d'une action : *Le cambriolage s'est déroulé selon le scénario habituel* (syn. **schéma**). ***Rem.*** Graphie savante : *scenario.*

scénariste [senarist] **n.** Auteur de scénarios pour le cinéma, la télévision, la bande dessinée, etc.

scène [sɛn] **n.f.** (lat. *scaena,* gr. *skênê*). **1.** Partie du théâtre où jouent les acteurs : *Un groupe de personnages traverse la scène* (syn. **plateau**). **2.** Lieu où se passe l'action théâtrale : *La scène représente une forêt* (syn. **décor**). **3.** Lieu où se passe une action quelconque : *La scène du crime* (syn. **lieu**). **4.** Le théâtre ; l'art dramatique : *Vedettes de la scène et de l'écran.* **5.** Subdivision d'un acte d'une pièce de théâtre : *La première scène du troisième acte.* **6.** Action dans une pièce de théâtre : *La scène se passe en 2033.* **7.** Toute action partielle ayant une unité (dans une œuvre littéraire, cinématographique, etc.) : *Ce film comporte des scènes susceptibles de heurter la sensibilité des spectateurs* (syn. **séquence, tableau**). **8.** Spectacle, action auxquels on assiste en simple spectateur : *Une scène attendrissante.* **9.** Emportement auquel on se livre ; querelle violente : *Faire une scène à qqn. Scènes de ménage, de jalousie.* **10. Mettre en scène,** assurer la réalisation de (une œuvre théâtrale, cinématographique). / **Mettre, porter à la scène (un événement, un personnage, etc.),** en faire le sujet d'une pièce. / **Occuper le devant de la scène,** être connu du public ; être au centre de l'actualité. / **Quitter la scène,** en parlant d'un acteur, abandonner le théâtre ; au fig., ne plus être d'actualité.

scénique [senik] **adj.** (lat. *scaenicus,* du gr.). Relatif à la scène, au théâtre : *Indication scénique.*

scénographie [senɔgrafi] **n.f.** (lat. *scaenographia,* du gr.). **1.** Art de l'organisation de la scène et de l'espace théâtral.

2. Aménagement de l'espace scénique ou d'autres espaces : *La scénographie d'une exposition.* ◆ **scénographe** n. Nom du spécialiste.

scénographique [senɔgrafik] **adj.** Relatif à la scénographie : *Procédés, aménagements scénographiques.*

scepticisme [sɛptisism] **n.m.** (de *sceptique*). **1.** Attitude incrédule ou méfiante touchant la véracité d'un fait, la réussite d'un projet, etc. : *Accueillir une information avec scepticisme* (syn. **incrédulité, méfiance**). **2.** PHILOS. Doctrine qui soutient que la vérité absolue n'existe pas et qu'en conséquence il faut suspendre son jugement.

sceptique [sɛptik] **adj.** et **n.** (lat. *scepticus*, gr. *skeptikos*, de *skeptomai*, observer). **1.** Qui manifeste du scepticisme : *Je reste sceptique* (syn. **défiant, méfiant**). **2.** PHILOS. Qui appartient au scepticisme ; adepte du scepticisme.

sceptre [sɛptr] **n.m.** (lat. *sceptrum*, gr. *skêptron*, bâton). **1.** Bâton de commandement, qui est un des insignes du pouvoir suprême (royauté, empire). **2.** *LITT.* Symbole du pouvoir monarchique, de la royauté, de l'autorité suprême : *S'emparer du sceptre.*

Scève (Maurice), poète français (Lyon 1501 - *id.* v. 1560). Il est resté célèbre grâce à son recueil des 449 dizains de la *Délie* (1544), dont ses contemporains critiquèrent l'hermétisme. En 1562 paraît le *Microcosme,* épopée qui chante la chute de l'homme et la reconquête de sa dignité.

Schaffhouse, en all. **Schaffhausen,** v. de Suisse, ch.-l. du cant. du même nom, en amont de l'endroit où le Rhin forme une chute ; 34 943 hab. (67 461 hab. dans l'agglomération). Cathédrale romane et autres témoins de la ville médiévale. Riche musée.

Schaffhouse (canton de), canton de Suisse ; 298,5 km^2 ; 76 356 hab. *(Schaffhousois)* ; ch.-l. *Schaffhouse.* Il entra dans la Confédération en 1501.

schako n.m. ⟶ **shako.**

Scharnhorst (Gerhard von), général prussien (Bordenau, Hanovre, 1755 - Prague 1813). Avec le maréchal Gneisenau, il réorganisa l'armée prussienne de 1807 à 1813. Chef d'état-major de Blücher, il fut mortellement blessé à Lützen.

Scheele (Carl Wilhelm), chimiste et pharmacien suédois (Stralsund 1742 - Köping 1786). Il isola l'hydrogène en 1768, découvrit l'oxygène en 1773, peu de temps avant Priestley, et obtint le chlore. Il montra que le graphite est du carbone, étudia le phosphore, le chlorure d'argent et découvrit l'acide fluorhydrique (1771), la glycérine (1779) et l'acide cyanhydrique (1782).

Schéhadé (Georges), écrivain libanais d'expression française (Alexandrie 1907 - Paris 1989). Poète, il a également créé un « théâtre de poésie » teinté d'humour (*Monsieur Bob'le,* 1951 ; *l'Émigré de Brisbane,* 1965).

Schelling (Friedrich Wilhelm Joseph von), philosophe allemand (Leonberg, Wurtemberg, 1775 - Bad Ragaz, Suisse, 1854). Il a proposé une philosophie de la nature débouchant sur une conception panthéiste, qui aura une grande influence sur le romantisme (*Idées pour une philosophie de la nature,* 1797 ; *Philosophie de la mythologie,* 1842).

schéma [ʃema] **n.m.** (lat. *schema*, gr. *skhêma*, figure). **1.** Dessin, tracé figurant les éléments essentiels d'un objet, d'un ensemble complexe, d'un phénomène, d'un processus, et destinés à faire comprendre sa conformation et/ou son fonctionnement : *Un schéma de la révolution des planètes dans le Système solaire* (syn. **croquis, diagramme**). **2.** Grandes lignes, points principaux qui permettent de comprendre un projet, un ouvrage, etc. : *Le ministre a présenté un schéma de la réorganisation* (syn. **canevas, plan**).

schématique [ʃematik] **adj. 1.** Qui a le caractère d'un schéma : *Coupe schématique de l'oreille.* **2.** Qui schématise à l'excès : *Interprétation schématique* (syn. **simpliste, sommaire**).

schématiquement [ʃematikmɑ̃] **adv.** De façon schématique : *Voici, schématiquement, comment j'envisage de procéder* (= en gros, dans les grandes lignes).

schématisation [ʃematizasjɔ̃] **n.f.** Action de schématiser : *Gardons-nous de toute schématisation* (syn. **simplification**).

schématiser [ʃematize] **v.t. 1.** Représenter au moyen d'un schéma : *Schématiser la circulation du sang dans l'organisme.* **2.** Simplifier à l'excès : *En disant cela, vous schématisez.*

schématisme [ʃematism] **n.m.** Caractère schématique, simplificateur de qqch ; simplisme.

schème [ʃɛm] **n.m.** (de *schéma*). *DIDACT.* Structure d'ensemble d'un processus, telle qu'elle est reconstruite par la raison à partir des éléments de l'expérience.

Schengen *(accords de),* accords signés en 1985 et en 1990 à Schengen (Luxembourg) par l'Allemagne, la Belgique, la France, le Luxembourg et les Pays-Bas, auxquels se sont joints par la suite la grande majorité des autres pays membres de l'Union européenne (au total : 22 États de l'U.E., la Grande-Bretagne, l'Irlande, la Bulgarie, Chypre et la Roumanie restant en dehors), ainsi que – à titre de pays associés – l'Islande, la Norvège, la Suisse et le Liechtenstein. Visant à instaurer, par la suppression progressive des frontières, la libre circulation des personnes à l'intérieur de l'espace communautaire ainsi défini (*espace Schengen*) et à améliorer, par une étroite coopération, la sécurité au sein de cet espace, ces accords connaissent une mise en application graduelle depuis 1995. Ils sont depuis 1997 intégrés aux traités de l'Union européenne.

scherzo [skɛrdzo] **n.m.** (mot it., propr. « badinage »). MUS. Morceau de mesure ternaire, d'un style léger et brillant, qui peut remplacer le menuet dans la sonate et la symphonie ou constituer une pièce isolée.

Schiller (Friedrich von), écrivain allemand (Marbach 1759 - Weimar 1805). Auteur d'une *Histoire de la guerre de Trente Ans* (1791-1793) et de poésies lyriques (*l'Hymne à la joie,* 1785 ; *Ballades,* 1798), il a surtout écrit des drames historiques, où il dénonce la tyrannie et les préjugés sociaux (*les Brigands,* 1782 ; *la Conjuration de Fiesque,* 1783 ; *Don Carlos,* 1787), et entrepris de saisir la marche de l'histoire à travers de grands personnages (*Wallenstein,* 1798-1799 ; *Marie Stuart,* 1800 ; *la Pucelle d'Orléans,* 1801 ; *la Fiancée de Messine,* 1803 ; *Guillaume Tell,* 1804). Ami de Goethe, influencé par Rousseau et Kant, il a cherché dans son théâtre un compromis entre la tragédie classique et le drame shakespearien. Les écrivains romantiques français ont subi l'influence de ses théories dramatiques.

schilling [ʃiliŋ] **n.m.** Anc. unité monétaire principale de l'Autriche. (Devenu, dès le 1er janv. 1999, une subdivision de l'euro, le schilling a cessé d'exister, au profit de la monnaie unique européenne, en 2002.)

Schinkel (Karl Friedrich), architecte et peintre allemand (Neuruppin, district de Potsdam, 1781 - Berlin 1841). Élève des architectes David et Friedrich Gilly, néoclassique (Corps de garde et Musée ancien à Berlin), il évolua vers un éclectisme d'inspiration romantique.

Schiphol, aéroport d'Amsterdam.

Schirmeck, camp de concentration allemand établi dans le Bas-Rhin pendant la Seconde Guerre mondiale.

schismatique [ʃismatik] **adj.** et **n.** Qui provoque un schisme ; qui adhère à un schisme : *Prise de position schismatique. Ramener les schismatiques dans le sein de l'Église.*

schisme [ʃism] **n.m.** (lat. ecclés. *schisma*, gr. *skhisma*, séparation, de *skhizein*, fendre). **1.** Rupture de l'union dans l'Église chrétienne : *Le schisme d'Orient.* **2.** Division dans un parti, un groupement (syn. **dissidence, scission**).

schisme d'Occident *(grand),* conflit religieux qui divisa l'Église de 1378 à 1417 et pendant lequel la chrétienté eut simultanément plusieurs papes. Ce conflit commença avec l'élection d'Urbain VI, à laquelle s'opposèrent la plupart des cardinaux non italiens. Ceux-ci élirent le Français Clément VII, qui, établi en Avignon, avait le soutien de la France des Valois, de l'Écosse et des États ibériques. La « voie de fait » (les armes) n'ayant pas abouti, on recourut à la voie conciliaire. Mais, tandis qu'au concile de Pise était élu Alexandre V (1409), remplacé bientôt, à sa mort, par Jean XXIII (1410-1415), les deux papes, de Rome et d'Avignon, déclarés déchus, restèrent en place. Finalement, le concile de Constance (1415-1417) déposa ces trois pontifes et convoqua un conclave, qui élit un pape unique, Martin V (1417).

schisme d'Orient, nom donné à la rupture, devenue effective en 1054, entre l'Église romaine et l'Église byzantine. Trois causes principales expliquent cette séparation : 1° le césaropapisme des empereurs d'Orient, qui isole l'Église grecque de la chrétienté occidentale ; 2° les efforts des patriarches de Constantinople pour faire de leur siège un pôle ecclésial ayant sur l'Orient une primauté égale à celle de Rome sur l'Occident ; 3° l'éloignement mutuel puis les divergences qui s'établissent progressivement entre les Grecs et les Latins dans les domaines canonique, liturgique, théologique et psychologique. La rupture entre les deux courants de la chrétienté s'est faite en deux phases : au IXe s., éclatent le schisme – assez bref (863-886) mais passionné – de Photios et l'affaire du *Filioque,* qui est une querelle moins de doctrine que de formulation, relative à la Trinité ; au XIe s. la séparation est irrévocable, avec les excommunications mutuelles du patriarche Michel Keroularios et du pape Léon IX. Par la suite, d'autres patriarcats d'Orient suivront Constantinople. Des tentatives de rapprochement (au concile de Lyon de 1274 et à celui de Ferrare et Florence en 1439) ne parviennent pas à désarmer une hostilité réciproque, qui ne cessera qu'en décembre 1965, lorsque le patriarche Athénagoras Ier et le pape Paul VI déclareront « abolie » la mémoire des anciens anathèmes.

schiste [ʃist] **n.m.** (lat. *schistus,* du gr. *skhistos,* fendu). **1.** Toute roche susceptible de se débiter en feuilles et, en partic., roche à grain fin et à structure foliacée. ▸ Les schistes peuvent être sédimentaires ou métamorphiques. **2. Gaz, pétrole** ou **huile de schiste,** hydrocarbures formés dans les schistes, dont la méthode d'extraction (fracturation hydraulique) est controversée en raison de ses risques sanitaires et environnementaux. / **Schiste bitumineux,** schiste à forte concentration en kérogène (matière organique fossilisée), dont on peut extraire, par traitement thermique, une huile semblable au pétrole.

schisteux, euse [ʃistø, -øz] **adj.** De la nature du schiste.

schizophrène [skizɔfrɛn] **n.** et **adj.** Malade atteint de schizophrénie.

schizophrénie [skizɔfreni] **n.f.** (du gr. *skhizein,* fendre, et *phrên, phrenos,* pensée). Psychose délirante chronique entraînant une perturbation du rapport au monde extérieur et du raisonnement, comprenant des épisodes aigus génér. accompagnés d'hallucinations auditives (la personne entend des voix).

schizophrénique [skizɔfrenik] **adj.** Relatif à la schizophrénie : *Comportement schizophrénique.*

Schlegel (August Wilhelm von), écrivain allemand (Hanovre 1767 - Bonn 1845), membre du premier groupe romantique allemand et auteur d'un *Cours de littérature dramatique,* où il condamne la tragédie classique. • Son frère **Friedrich** (Hanovre 1772 - Dresde 1829), écrivain et orientaliste, fonda, avec lui, la revue *Athenäum* (1798).

Schleswig-Holstein, Land d'Allemagne, dans la plaine du Nord et la partie méridionale du Jylland ; 15 727 km^2 ; 2 800 119 hab. CAP. *Kiel.* Le duché de Schleswig (ou Slesvig) devint propriété personnelle du roi de Danemark, en 1460, ainsi que le comté de Holstein (duché en 1474). En 1815, le congrès de Vienne donna les duchés de Holstein et de Lauenburg au roi de Danemark, à titre personnel, en compensation de la perte de la Norvège. Ils furent dans le même temps intégrés dans la Confédération germanique. Les tentatives faites à partir de 1843-1845 par le Danemark pour annexer les duchés aboutirent à la guerre des Duchés (1864), puis à la guerre austro-prussienne (1866). La Prusse, victorieuse, annexa les duchés. En 1920, le nord du Schleswig fut rendu au Danemark après plébiscite.

Schlieffen (Alfred, *comte* **von),** maréchal allemand (Berlin 1833 - *id.* 1913). Chef de l'état-major de 1891 à 1906, il donna son nom au plan de campagne appliqué par l'Allemagne en 1914, et qui consistait à contenir le front de l'Est afin de détruire l'armée française à l'ouest.

Schliemann (Heinrich), archéologue allemand (Neubukow 1822 - Naples 1890). Il découvrit les ruines de Troie et de Mycènes.

schlittage [ʃlitaʒ] **n.m.** Transport du bois au moyen de la schlitte.

schlitte [ʃlit] **n.f.** (all. *Schlitten,* traîneau). Autref., traîneau servant à descendre le bois des montagnes, notamm. dans les Vosges, et glissant sur une voie faite de troncs d'arbres.

schnaps [ʃnaps] **n.m.** (mot all., de *schnappen,* aspirer). *FAM.* Dans les pays germaniques, eau-de-vie.

Schœlcher (Victor), homme politique français (Paris 1804 - Houilles 1893). Député de la Martinique et de la Guadeloupe, sous-secrétaire d'État à la Marine en 1848, il prépara le décret d'abolition de l'esclavage dans les colonies (avr. 1848). Il s'opposa au coup d'État du 2 déc. 1851 et fut proscrit.

Schola cantorum, école de musique fondée à Paris, en 1894, par Ch. Bordes en collaboration avec A. Guilmant et V. d'Indy. D'abord spécialisée dans l'étude du chant liturgique et de la musique religieuse, elle devint une école supérieure d'enseignement musical.

scholie n.f. → **scolie.**

Schönberg (Arnold), compositeur autrichien (Vienne 1874 - Los Angeles 1951). Dès ses premières œuvres, il s'inspire de Wagner (*Nuit transfigurée,* 1899 ; *Gurrelieder,* 1900-1911). Puis son écriture évolue vers l'atonalité, avec *Erwartung,* op. 17 (*l'Attente,* 1909). Il écrit un *Traité d'harmonie* (1911) et se lie avec ses élèves A. von Webern et A. Berg ainsi qu'avec les peintres Kandinsky, Klee et Kokoschka. Il compose le *Pierrot lunaire* (1912), pour voix et petit ensemble instrumental. De 1912 à 1921, son cercle d'élèves s'élargit et il met au point le dodécaphonisme sériel (*Suite pour piano,* op. 25, 1923 ; *Variations pour orchestre,* op. 31, 1928). Professeur de composition à Berlin (1925), il travaille à l'opéra *Moïse et Aaron.* À l'avènement du nazisme, il se réfugie aux États-Unis. Professeur à New York et à Boston (1936 à 1944), il compose alors de grandes œuvres sérielles (concerto pour violon, 1936 ; 4e quatuor à cordes, 1936). Parmi ses ultimes créations se détachent un *Trio à cordes* (1946), *Un survivant de Varsovie* (1947) et un *De profundis* (1950).

Schongauer (Martin), graveur et peintre alsacien (Colmar v. 1450 - Brisach 1491). Il est l'auteur de célèbres burins caractéristiques du gothique tardif *(la Mort de la Vierge, la Tentation de saint Antoine),* et que Dürer admira. Son panneau de la *Vierge au buisson de roses* (1473) est à l'église St-Martin de Colmar.

Schopenhauer (Arthur), philosophe allemand (Dantzig 1788 - Francfort-sur-le-Main 1860). Il considère que le monde n'est qu'une macabre représentation à laquelle il convient de n'opposer qu'un pessimisme actif. Son esthétique a marqué Nietzsche et le XXe s. Il a écrit notamment *le Monde comme volonté et comme représentation* (1818).

Schröder (Gerhard), homme politique allemand (Mossenberg, Rhénanie-du-Nord-Westphalie, 1944). Social-démocrate, il fut chancelier de 1998 à 2006.

Schrödinger (Erwin), physicien autrichien (Vienne 1887 - *id.* 1961). Dans un mémoire publié en 1926, il a donné une formalisation nouvelle de la théorie quantique, introduisant en particulier l'équation fondamentale qui porte son nom et qui est à la base de tous les calculs de la spectroscopie. (Prix Nobel 1933.)

Schubert (Franz), compositeur autrichien (Vienne 1797 - *id.* 1828). Boursier à la chapelle de la cour (1808), il suit les leçons de Salieri dès 1813 et compose *Marguerite au rouet* en 1814, *le Roi des aulnes* en 1815. Après une brève carrière de maître d'école, il enseigne la musique aux filles du comte Johann Esterházy (1818). Épris de liberté, et de caractère généreux,

Schubert souffrira toute sa vie de difficultés financières et sera exploité par ses éditeurs. Il a écrit de la musique d'orchestre, dont la musique de scène de *Rosamund* (1823) et dix symphonies. Mais c'est avec ses pièces pour piano (sonates, danses, impromptus, *Wanderer-Fantasie* [1822], *Fantaisie en « fa » mineur* [1828]) qu'il donne le meilleur de lui-même. Sa musique de chambre comporte notamment des quatuors, dont *la Jeune Fille et la Mort* (1824), des quintettes (*la Truite*, 1819). Avec près de six cents lieder, Schubert apparaît, avant même Schumann et Wolf, comme le maître de ce genre romantique : *la Belle Meunière* (1823), *le Voyage d'hiver* (1827), *le Chant du cygne* (1828).

Schuman (Robert), homme politique français (Luxembourg 1886 - Scy-Chazelles, Moselle, 1963). Principal dirigeant démocrate-chrétien, ministre des Finances (1946), président du Conseil (1947-1948), ministre des Affaires étrangères (1948-1953), il fut l'auteur du plan de la Communauté européenne du charbon et de l'acier (1951) et l'initiateur de la réconciliation franco-allemande. Président du Parlement européen (1958-1960), il est considéré comme l'un des « pères de l'Europe ».

Schumann (Robert), compositeur allemand (Zwickau 1810 - Endenich, près de Bonn, 1856). Il étudie d'abord le droit tout en suivant l'enseignement du pianiste F. Wieck, dont il épouse la fille Clara en 1840. En 1843, il devient professeur au conservatoire de Leipzig puis est nommé directeur de la musique à Düsseldorf (1850). Il sombre peu à peu dans la folie. Sa production s'étend sur deux grandes périodes. De 1829 à 1844, Schumann compose des pièces pour piano qui s'inscrivent dans un style profondément personnel et romantique : *Carnaval* (1835), *Études symphoniques* (1837), *Scènes d'enfants* (1838), *Kreisleriana* (1838), *Novelettes* (1838), etc. ; des lieder (en 1840) : *l'Amour et la vie d'une femme* et *les Amours du poète*. À partir de 1841, il écrit de la musique pour orchestre et de la musique de chambre. Dans une seconde période (1844-1853), il s'exprime dans des cadres plus conventionnels (forme sonate) et utilise une écriture néoclassique : *Fugues sur le nom de Bach* (1845), les *Scènes de Faust* (1844-1853), *Genoveva* (1849), quatre symphonies, des concertos pour violoncelle ou violon.

Schumpeter (Joseph), économiste autrichien (Třešť, Moravie, 1883 - Salisbury, Connecticut, 1950). On lui doit une analyse du processus d'évolution de l'économie capitaliste, où il perçoit l'inévitable arrivée du socialisme, et une mise en lumière du rôle de l'entrepreneur, agent, par l'innovation, de la croissance économique.

Schuschnigg (Kurt von), homme politique autrichien (Riva, lac de Garde, 1897 - Muters 1977). Chancelier d'Autriche en 1934, il s'opposa à l'annexion de son pays par l'Allemagne (Anschluss) en 1938 et fut emprisonné de 1938 à 1945.

schuss [ʃus] **n.m.** (all. *Schuss*, élan). Descente directe à skis suivant la ligne de la plus grande pente et sans ralentissement. ◆ **adv.** *FAM.* **Tout schuss,** très vite, à tombeau ouvert : *Descendre tout schuss.*

Schütz (Heinrich), compositeur allemand (Köstritz 1585 - Dresde 1672), maître de chapelle de l'Électeur de Saxe à Dresde. Il a composé de nombreuses œuvres religieuses (*Psaumes de David*, 1619 ; *la Résurrection*, 1623 ; *Musikalische Exequien*, 1636 ; *les Sept Paroles du Christ* ; trois *Passions*), où fusionnent le style polyphonique du motet protestant et le langage nouveau de Monteverdi.

Schwarzenberg (Karl Philipp, *prince* **zu),** général et diplomate autrichien (Vienne 1771 - *id.* 1820). Il commanda les armées alliées qui vainquirent Napoléon à Leipzig (1813) et envahirent la France (1814). Son neveu **Felix** (Krumau 1800 - Vienne 1852), chancelier d'Autriche (1848-1852), organisa la réaction contre les révolutions de 1848 et rétablit l'autorité des Habsbourg.

Schwarzkopf (Elisabeth), cantatrice allemande naturalisée britannique (Jarotschin, Posnanie, 1915 - Schruns, Autriche 2006). Elle s'est distinguée aussi bien dans l'interprétation des lieder romantiques de Schubert à Hugo Wolf que dans celle des opéras (en particulier ceux de Mozart et de R. Strauss).

Schwechat, aéroport de Vienne (Autriche).

Schweitzer (Albert), pasteur, médecin et musicologue français (Kaysersberg 1875 - Lambaréné 1965). Philanthrope, créateur de l'hôpital de Lambaréné (Gabon), A. Schweitzer s'est intéressé en début de carrière à la facture de l'orgue et a écrit des ouvrages sur la musique (*J.-S. Bach*, 1905-1908). Son œuvre d'exégète et de théologien (*Recherches sur la vie de Jésus, la Mystique de l'apôtre Paul, les Grands Penseurs de l'Inde*) est marquée par le libéralisme protestant. (Prix Nobel de la paix 1952.)

Schwerin, v. d'Allemagne, cap. du Land de Mecklembourg-Poméranie-Occidentale ; 91 293 hab.

Schwitters (Kurt), peintre, sculpteur et écrivain allemand (Hanovre 1887 - Ambleside, Angleterre, 1948). Sa contribution à dada et au constructivisme réside dans ses collages, assemblages et constructions « Merz », faits de déchets divers et dont il transposa le principe dans la poésie phonétique.

Schwyz, cant. de Suisse ; 908 km^2 ; 146 730 hab. C'est l'un des trois cantons primitifs de la Confédération. Le nom de la « Suisse » dérive de celui du canton.

sciage [sjaʒ] **n.m.** Action de scier ; travail de celui qui scie le bois, la pierre : *Le sciage de bûches, d'un bloc de marbre.*

Scialytique [sjalitik] **n.m.** (nom déposé ; du gr. *skia*, ombre, et *luein*, dissoudre). Dispositif d'éclairage qui ne projette pas d'ombre, utilisé en chirurgie.

Sciascia (Leonardo), écrivain italien (Racalmuto 1921 - Palerme 1989). Son œuvre compose, dans les registres historique (*les Oncles de Sicile*, 1958 ; *le Cliquet de la folie*, 1970), romanesque (*Todo Modo*, 1974) ou dramatique (*l'Évêque, le Vice-Roi et les pois chiches*, 1970), une analyse satirique des oppressions sociales et politiques à travers l'exemple de l'histoire de la Sicile.

sciatique [sjatik] **adj.** (bas lat. *sciaticus*, du gr. *iskhiadikos*, de *iskhion*, hanche). **1.** Qui a rapport à la hanche ou à l'ischion. **2. Nerf sciatique,** nerf qui innerve les muscles de la cuisse et de la jambe (on dit aussi *le sciatique*). ◆ **n.f.** Affection très douloureuse du nerf sciatique.

scie [si] **n.f.** (de *scier*). **1.** Lame, ruban, disque ou chaîne d'acier portant sur un côté une suite de dents tranchantes et servant à débiter le bois, la pierre, les métaux, etc. : *Scie circulaire* (= constituée par un disque d'acier à bord denté). **2.** Chose trop souvent répétée et qui devient ennuyeuse ; rengaine. **3. Scie musicale,** instrument de musique constitué par une lame d'acier qui, frottée par un archet, vibre plus ou moins selon sa tension.

sciemment [sjamɑ̃] **adv.** (du lat. *sciens*, qui sait). En toute connaissance de cause : *Elle a agi ainsi sciemment* (syn. **exprès, volontairement**).

science [sjɑ̃s] **n.f.** (lat. *scientia*, de *scire*, savoir). **1.** Ensemble cohérent de connaissances relatives à certaines catégories de faits, d'objets ou de phénomènes obéissant à des lois et vérifiées par les méthodes expérimentales : *Les progrès de la science.* **2.** Manière habile de mettre en œuvre des connaissances acquises dans une technique : *Professeur qui a une science étendue de la psychologie des adolescents.* **3. Science pure,** recherche fondamentale (par opp. à *science appliquée*). ◆ **sciences n.f. pl. 1.** Discipline ayant pour objet l'étude des faits, des relations vérifiables : *Les sciences physiques.* **2.** Disciplines scolaires et universitaires comprenant la physique, la chimie, les mathématiques, la biologie, les sciences de la Terre (par opp. aux *lettres* et aux *sciences humaines*) : *Étudiant en sciences.* **3. Sciences humaines,** ensemble des disciplines ayant pour objet l'homme et ses comportements : *La psychologie, la sociologie et la linguistique font partie des sciences humaines.*

science-fiction [sjɑ̃sfiksjɔ̃] **n.f.** (pl. *sciences-fictions*). Genre littéraire et cinématographique où l'on présente un avenir plus ou moins lointain ou une civilisation extraterrestre techniquement plus avancée que la nôtre.

■ LITTÉRATURE. La science-fiction, ou S.F., a pour ancêtre le plus direct le récit d'anticipation de la fin du XIXe s., dont les deux représentants majeurs sont J. Verne (qui a prévu de nombreuses inventions et la conquête de la Lune) et H. G. Wells *(la Machine à explorer le temps)*. Elle est ainsi contemporaine de la révolution scientifique et industrielle. Né aux États-Unis, le genre a connu un essor énorme et populaire dès les années 1920 avec la floraison de magazines bon marché, mais c'est surtout après la Seconde Guerre mondiale et l'émergence du danger atomique qu'il a pris une place considérable dans la littérature anglo-saxonne (avec notamment l'écrivain R. Bradbury, le biochimiste I. Asimov, A. C. Clarke, A. Huxley, G. Orwell, P. K. Dick, J. G. Ballard, M. Moorcock). En France, le premier à aborder le genre est R. Barjavel *(Ravage)*, suivi notamment de R. Merle et de P. Boulle. À travers les thèmes de la conquête de l'espace, de la rencontre avec des civilisations extraterrestres, du voyage dans le temps, du pouvoir des machines (robots et ordinateurs), des manipulations génétiques, la science-fiction nous amène, comme son ancêtre l'utopie, à regarder autrement le présent de notre planète. ■

■ CINÉMA. Issue du cinéma fantastique, la science-fiction emploie des modes narratifs variés : utopie, féerie scientifique, film catastrophe, politique-fiction... Dans les années 1920-1930, le cinéma expressionniste allemand lui donne ses premières œuvres significatives comme *le Cabinet du docteur Caligari* (R. Wiene, 1919), *Metropolis* (1927) et *la Femme sur la Lune* (1929), de F. Lang.
Aux États-Unis naît, dès les débuts du parlant, une importante production, divisée entre deux influences : celle de l'expressionnisme allemand associé aux sources littéraires *(Frankenstein, Docteur Jekyll et Mister Hyde)*, et celle des bandes dessinées populaires *(Dick Tracy, Flash Gordon)*. La Seconde Guerre mondiale et la guerre froide qui s'ensuit renouvellent les thèmes (l'horreur atomique, la conquête de l'espace), faisant des années 1950 une période féconde en films de S.F. Dans les années 1960, trois films revitalisent le genre (*le Voyage fantastique*, de R. Fleischer, 1966 ; *la Planète des singes*, de F. J. Schaffner, 1967 ; *2001, l'Odyssée de l'espace*, de S. Kubrick, 1968), contenant en germe toute la production à venir et, par les exigences dans la qualité des effets spéciaux, faisant de la S.F. le terrain privilégié des nouvelles techniques cinématographiques (trucages optiques, images, dites virtuelles, conçues par ordinateur). Parmi ces réalisations : *la Guerre des étoiles* (G. Lucas, 1977), *Rencontres du troisième type* (S. Spielberg, 1977), *Alien* (R. Scott, 1979), *Tron* (S. Lisberger, 1982). *Dune* (D. Lynch, 1984), *Retour vers le futur* (R. Zemeckis, 1985), *l'Armée des douze singes* (T. Gilliam, 1995), *Bienvenue à Gattaca* (A. Niccol, 1999), *Matrix* (A. et L. Wachowski, 1999), *X-Men* (B. Singer, 2000), *Minority Report* (S. Spielberg, 2002), *Avatar* (J. Cameron, 2009). ■

scientificité [sjɑ̃tifisite] **n.f.** Caractère de ce qui est scientifique : *La scientificité d'une expérience de chimie.*

scientifique [sjɑ̃tifik] **adj.** (bas lat. *scientificus*). **1.** Relatif à la science, à une science : *La recherche scientifique.* **2.** Qui, dans le domaine de la connaissance, présente les caractères de rigueur, d'exigence, d'objectivité caractéristiques des sciences. **3. Écriture scientifique d'un nombre**, écriture d'un nombre sous la forme $a \times 10^n$, où a est un nombre décimal dont la valeur est comprise entre 1 et 10, et n un entier relatif. ◆ **adj.** et **n.** Spécialiste d'une science, des sciences.

scientifiquement [sjɑ̃tifikmɑ̃] **adv.** D'une manière, d'un point de vue scientifiques : *Démontrer scientifiquement qqch.*

scientisme [sjɑ̃tism] **n.m.** Opinion philosophique de la fin du XIXe s., qui affirme que la science nous fait connaître la totalité des choses qui existent et que cette connaissance suffit à satisfaire toutes les aspirations humaines. ▸ C'est une forme de positivisme. ◆ **scientiste adj.** et **n.** Qui relève du scientisme ; qui en est adepte.

scier [sje] **v.t.** (lat. *secare*, avec *c*, d'apr. *scieur* pour distinguer de *sieur*) [conj. **9**]. **1.** Couper, diviser avec une scie : *Scier du bois, du marbre.* **2.** FAM. Étonner vivement : *Cette nouvelle m'a scié* (syn. **abasourdir, stupéfier**).

scierie [siri] **n.f.** Usine où le bois est débité en planches, poutres, etc., à l'aide de scies mécaniques.

scieur [sjœr] **n.m.** Ouvrier qui exécute un travail de sciage.

scinder [sɛ̃de] **v.t.** (lat. *scindere*, fendre). Diviser un tout en parties séparées et indépendantes : *Scinder une question pour mieux la traiter* (syn. **fragmenter, morceler**). *Scinder une classe en deux groupes* (syn. **fractionner, séparer**). ◆ **se scinder v.pr.** [**en**]. Se séparer en plusieurs parties : *Parti qui se scinde en deux tendances* (syn. **se diviser**).

scintigraphie [sɛ̃tigrafi] **n.f.** (de *scinti[llation]* et *-graphie*). Procédé d'étude ou d'analyse de la structure des corps opaques au moyen de rayons gamma, utilisé notamm. en médecine.

scintillant, e [sɛ̃tijɑ̃, -ɑ̃t] **adj.** Qui scintille : *Bijoux scintillants* (syn. **étincelant**).

scintillation [sɛ̃tijasjɔ̃] **n.f.** (lat. *scintillatio*). **1.** Fluctuation rapide de l'éclat lumineux : *Scintillation d'une étoile.* **2.** PHYS. Fluctuation rapide de l'intensité, de la vitesse, de la fréquence ou d'une autre caractéristique d'un phénomène physique ou d'un appareil.

scintillement [sɛ̃tijmɑ̃] **n.m.** (de *scintiller*). **1.** Fluctuation de l'éclat lumineux ; scintillation. **2.** En télévision, sensation de discontinuité de la perception des images lumineuses, due à l'intervalle de temps séparant les images successives.

scintiller [sɛ̃tije] **v.i.** (lat. *scintillare*, de *scintilla*, étincelle). **1.** Émettre des reflets à l'éclat variable ; présenter une scintillation : *Les étoiles scintillent.* **2.** Briller en jetant des éclats par intermittence : *Joyau qui scintille* (syn. **étinceler, flamboyer**).

scion [sjɔ̃] **n.m.** (frq. *kīth*, rejeton). **1.** Pousse de l'année. **2.** Jeune branche destinée à être greffée.

Scipion, famille de la Rome antique, de la gens Cornelia. Ses deux membres les plus illustres sont : • **Scipion l'Africain,** général romain (235 - Liternum 183 av. J.-C.). Proconsul en 211, il mit un terme à la domination de Carthage en Espagne (prise de Carthagène, 209). Consul en 205, il débarqua en Afrique et, par sa victoire de Zama (202) sur Hannibal, mit fin à la deuxième guerre punique. • **Scipion Émilien** (185 ou 184 - Rome 129 av. J.-C.), fils de Paul Émile et petit-fils adoptif du précédent. Consul en 147, il acheva la troisième guerre punique par la destruction de Carthage (146). En 134, de nouveau consul, il fit capituler Numance, en Espagne (133). Aristocrate, il s'opposa aux lois agraires des Gracques. Grand lettré, adepte du stoïcisme et de la culture grecque, il entretint un cercle brillant, où figurèrent Polybe et Térence.

scission [sisjɔ̃] **n.f.** (lat. *scissio*, de *scindere* ; v. *scinder*). Division dans une assemblée, un parti politique, un syndicat, une association (syn. **dissidence**).

scissionniste [sisjɔnist] **adj.** et **n.** Qui tend à provoquer une scission : *Un groupe scissionniste* (syn. **dissident**).

scissipare [sisipar] **adj.** (du lat. *scissum*, de *scindere*, fendre). Se dit des êtres qui se multiplient par scissiparité.

scissiparité [sisiparite] **n.f.** Mode de division des êtres unicellulaires consistant à doubler de longueur, puis à se partager en deux cellules identiques qui peuvent se séparer, comme le font de nombreuses bactéries.

scissure [sisyr] **n.f.** (lat. *scissura*, de *scindere*, fendre). ANAT. Fente naturelle à la surface de certains organes (poumon, foie, cerveau).

sciure [sjyr] **n.f.** Déchet en poussière qui tombe d'une matière qu'on scie, en partic. du bois.

sciuridé [sjyride] **n.m.** (du lat. *sciurus*, gr. *skiouros*, écureuil). **Sciuridés,** famille de mammifères rongeurs de petite taille, tels que l'écureuil.

sclérose [skleroz] **n.f.** (gr. *sklêrôsis*). **1.** MÉD. Induration pathologique d'un organe ou d'un tissu, due à une augmentation du tissu conjonctif qu'il contient : *Sclérose cicatricielle.* **2.** Incapacité à évoluer, à s'adapter à une nouvelle situation par manque de dynamisme, par vieillissement : *La sclérose d'un parti politique* (syn. **immobilisme**). **3. Sclérose en plaques,** grave affection de la substance blanche du système nerveux.

sclérosé, e [skleroze] **adj.** Atteint de sclérose : *Tissu anatomique sclérosé. Administration sclérosée.*

scléroser [skleroze] **v.t. 1.** MÉD. Provoquer la sclérose d'un organe, d'un tissu : *Scléroser des varices.* **2.** Empêcher d'évoluer : *Son manque de dynamisme a fini par scléroser l'entreprise* (syn. **engourdir, paralyser**). ◆ **se scléroser v.pr. 1.** MÉD. S'altérer sous l'effet de la sclérose : *Tissus cicatriciels qui se sclérosent* (syn. **se durcir**). **2.** Perdre toute capacité de réagir à des situations nouvelles : *Se scléroser dans ses habitudes* (syn. **se figer, se fossiliser**).

sclérotique [sklerɔtik] **n.f.** (lat. médiév. *sclerotica*, du gr. *sklêrotês*, dureté). Membrane externe du globe oculaire, résistante, formant le blanc de l'œil.

Scola (Ettore), cinéaste italien (Trevico, Campanie, 1931 - Rome 2016). Il concilia la comédie et la critique sociale (*Drame de la jalousie*, 1970 ; *Nous nous sommes tant aimés*, 1974 ; *Une journée particulière*, 1977 ; *le Bal*, 1983 ; *Macaroni*, 1985 ; *Splendor*, 1989 ; *Quelle heure est-il ?, id.* ; *Le voyage du capitaine Fracasse*, 1990).

scolaire [skɔlɛr] **adj.** (bas lat. *scholaris*, du class. *schola*, école). **1.** Qui a rapport à l'école, à l'enseignement : *Programme scolaire.* **2.** Qui évoque l'école et l'enseignement qu'on y délivre ; sans originalité (péjor.) : *Une critique théâtrale très scolaire* (syn. **livresque**). **3. Âge scolaire,** période de la vie durant laquelle les enfants sont légalement soumis à l'obligation d'aller à l'école.

scolarisable [skɔlarizabl] **adj.** Susceptible d'être scolarisé.

scolarisation [skɔlarizasjɔ̃] **n.f. 1.** Action de scolariser : *La scolarisation des régions rurales.* **2.** Fait d'être scolarisé : *Le taux de scolarisation de ces pays est en hausse.*

scolarisé, e [skɔlarize] **adj.** Qui suit l'enseignement d'un établissement scolaire : *Des enfants scolarisés à quatre ans.*

scolariser [skɔlarize] **v.t. 1.** Doter des établissements nécessaires à l'enseignement : *Scolariser une région.* **2.** Soumettre à l'obligation de fréquenter l'école : *Scolariser les jeunes jusqu'à l'âge de seize ans.*

scolarité [skɔlarite] **n.f.** (lat. médiév. *scholaritas*). **1.** Fait de suivre régulièrement les cours dans un établissement d'enseignement : *En France, la scolarité est obligatoire de six à seize ans. Scolarité perturbée par la maladie.* **2.** Études ainsi faites ; leur durée : *Elle a fait toute sa scolarité dans le même établissement. Prolonger la scolarité.*

scolastique [skɔlastik] **adj.** (lat. *scholasticus*, gr. *skholastikos*, de l'école). **1.** Relatif à la scolastique : *La philosophie scolastique.* **2.** Se dit de toute doctrine considérée comme dogmatique et sclérosée (péjor.) : *Une interprétation scolastique d'un poème* (syn. **formaliste, traditionnel**). ◆ **n.f.** Enseignement philosophique et théologique propre au Moyen Âge, fondé sur la tradition aristotélicienne interprétée par les théologiens.

scolie ou **scholie** [skɔli] **n.f.** (gr. *skholion*, explication, de *skholê*, école). Remarque grammaticale, critique ou historique faite dans l'Antiquité sur un texte.

scoliose [skɔljoz] **n.f.** (gr. *skoliôsis*, de *skolios*, tortueux). Déviation latérale de la colonne vertébrale.

scolopendre [skɔlɔpɑ̃dr] **n.f.** (lat. *scolopendrium* et *scolopendra*, du gr.). **1.** Fougère à feuilles en fer de lance atteignant 50 cm de long. **2.** Mille-pattes venimeux des régions tropicales et méditerranéennes. ▸ Classe des myriapodes ; long. max. 30 cm.

sconse ou **skunks** [skɔ̃s] **n.m.** (angl. *skunk*, de l'algonquin *segankw*). **1.** Petit mammifère d'Amérique (syn. **moufette**). **2.** Fourrure provenant des carnassiers du genre moufette.

scoop [skup] **n.m.** (mot anglo-amér.). Information importante ou sensationnelle donnée en exclusivité par une agence de presse ou par un journaliste. (Recomm. off *exclusivité, primeur.*)

scooter [skutœr] ou [skutɛr] **n.m.** (mot anglo-amér.). Véhicule à moteur, à deux roues, génér. petites, à cadre ouvert et plus ou moins caréné, où le conducteur n'est pas assis à califourchon.

Scopas, architecte et sculpteur grec, actif vers le milieu du IVe s. av. J.-C. Il a travaillé à Némée, à Halicarnasse et à Tégée, dont le fronton ouest du temple est probablement l'une des rares créations de sa main subsistant au XXe s. Il a su conférer à ses œuvres un rythme nouveau et une intensité d'expression qui influenceront profondément la sculpture de l'époque hellénistique.

scorbut [skɔrbyt] **n.m.** (lat. médiév. *scorbutus*, d'orig. scand.). Maladie due à de graves carences en vitamine C, caractérisée par des hémorragies multiples et un affaiblissement général progressif.

scorbutique [skɔrbytik] **adj.** et **n.** Relatif au scorbut ; atteint de scorbut : *Symptômes scorbutiques.*

score [skɔr] **n.m.** (mot angl.). **1.** Nombre de points acquis par chaque équipe ou par chaque adversaire dans un match : *Le score final est de deux buts à zéro* (syn. **marque**). **2.** Nombre de points à un test ; nombre de voix à une élection : *Candidat qui fait un excellent score aux municipales.*

scoriacé, e [skɔrjase] **adj.** De la nature des scories : *Lave scoriacée.*

scorie [skɔri] **n.f.** (lat. *scoria*, gr. *skôria*, écume du fer). [Surtout au pl.]. **1.** Sous-produit d'opération d'élaboration métallurgique, ayant une composition à base de silicates. **2.** GÉOL. Fragment rugueux de lave solidifiée, comportant des bulles de gaz.

scorpion [skɔrpjɔ̃] **n.m.** (lat. *scorpio*, du gr.). Arthropode des régions chaudes portant en avant une paire de pinces, et dont l'abdomen mobile se termine par un aiguillon venimeux. ▸ Classe des arachnides ; long. entre 3 et 20 cm. ◆ **Scorpion n. inv.** et **adj. inv.** Personne née sous le signe du Scorpion : *Elles sont Scorpion.*

Scorpion (le), constellation zodiacale, située entre la Balance et le Sagittaire. – Huitième signe du zodiaque, que le Soleil traverse du 23 octobre au 22 novembre.

1. scotch [skɔtʃ] **n.m.** (mot angl. « écossais »). Whisky écossais.

2. Scotch [skɔtʃ] **n.m.** (nom déposé). Ruban adhésif transparent.

scotcher [skɔtʃe] **v.t.** Coller avec du Scotch.

Scot Érigène (Jean), théologien irlandais (en Irlande v. 810 - v. 877). Son œuvre, néoplatonicienne, est à l'origine d'un courant qui détache la philosophie de la théologie. On lui doit un traité, *De divisione naturae* (v. 865).

Scotland, nom angl. de l'Écosse.

Scotland Yard, siège de la police londonienne, le long de la Tamise, près de Westminster Bridge. L'appellation « Scotland Yard » est tirée du nom de la propriété où le roi d'Écosse, en visite en Angleterre, trouvait jadis l'hospitalité. L'organisation de cette police, en 1829, est due au ministre R. Peel.

Scots, peuple originaire d'Irlande qui s'établit à partir du Ve s. au nord de l'île de Bretagne et qui donna son nom au pays (*Scotland*, Écosse).

Scott (Robert Falcon), explorateur britannique (Devonport 1868 - dans l'Antarctique 1912). Il dirigea deux expéditions dans l'Antarctique (1901-1904 et 1910-1912) et périt au retour d'un raid au cours duquel il avait, peu après Amundsen, atteint le pôle Sud.

Scott (*sir* **Walter**), écrivain britannique (Édimbourg 1771 - Abbotsford 1832). Il devint célèbre dès la parution de *Waverley* (1814) pour ses romans historiques, qui exercèrent une profonde influence sur les écrivains romantiques *(la Fiancée de Lammermoor, Ivanhoé, Quentin Durward, la Jolie Fille de Perth)*.

scottish-terrier [skɔtiʃtɛrje] **n.m.** (de l'angl. *scottish,* écossais, et de *terrier*) [pl. *scottish-terriers*]. Chien terrier à poil dur, d'origine écossaise.

scoumoune [skumun] **n.f.** (du bas lat. *excommunicare* [v. *excommunier*], par le corse ou l'it.). *ARG.* Malchance : *Avoir la scoumoune* (= être malchanceux).

scout, e [skut] **n.** (abrév. de l'angl. *boy-scout,* garçon-éclaireur). Enfant, adolescent faisant partie d'une association de scoutisme. ◆ **adj. 1.** Relatif aux scouts, au scoutisme : *Camp scout. Chansons scoutes.* **2.** Qui rappelle les règles et les comportements des scouts : *Avoir un petit côté scout.*

scoutisme [skutism] **n.m.** Organisation créée en 1907 par Baden-Powell, ayant pour but d'organiser des jeunes garçons et des jeunes filles en groupes hiérarchisés, afin de développer chez eux des qualités morales et sportives.

Scrabble [skrabl] ou [skrabəl] **n.m.** (nom déposé). Jeu d'origine américaine consistant à former des mots et à les placer sur une grille spéciale.

scrabbleur, euse [skrablœr, -øz] **n.** Joueur, joueuse de Scrabble.

scrapbooking [skrapbukiŋ] **n.m.** (mot anglo-amér., de *scrap,* fragment, et *book,* album). Loisir créatif consistant à mettre en scène des photographies, génér. rassemblées en album, dans un décor que l'on réalise soi-même.

scratcher [skratʃe] **v.t.** (de l'angl. *to scratch,* rayer). SPORTS. Éliminer un concurrent pour absence, retard, etc.

Scriabine ou **Skriabine (Aleksandr Nikolaïevitch),** pianiste et compositeur russe (Moscou 1872 - *id.* 1915). Ses œuvres pour piano et pour orchestre, chargées d'un message mystique, dénotent d'intéressantes recherches d'ordre harmonique (*Prométhée* ou le *Poème du feu,* 1908-1910).

scribe [skrib] **n.m.** (lat. *scriba,* de *scribere,* écrire). **1.** Dans les civilisations anciennes, personne qui sait lire, copier et rédiger des textes, notamm. des actes administratifs, commerciaux, diplomatiques, religieux ou juridiques. **2.** Employé de bureau chargé des écritures, des copies (péjor.). **3.** Docteur juif, interprète officiel des Saintes Écritures, dans les écrits du Nouveau Testament.

scribouillard, e [skribujar, -ard] **n.** *FAM.* Employé aux écritures (péjor.).

script [skript] **n.m.** (mot angl., du lat. *scriptum,* écrit). **1.** CIN. Scénario (syn. **synopsis**). **2.** Type d'écriture manuscrite simplifiée dans lequel les lettres se rapprochent des capitales d'imprimerie.

scripte [skript] **n.** (francisation de l'angl. *script-girl*). Auxiliaire du réalisateur d'un film ou d'une émission de télévision chargé de noter tous les détails techniques et artistiques relatifs à chaque prise de vues.

scriptorium [skriptɔrjɔm] **n.m.** (mot lat.) [pl. *scriptoriums* ou *scriptoria*]. Dans les anciens monastères, local, atelier réservé à l'écriture des manuscrits.

scriptural, e, aux [skriptyral, -o] **adj.** (du lat. *scriptura,* écriture). **1.** Relatif à l'écriture (par opp. à *oral*). **2. Monnaie scripturale,** ensemble des avoirs détenus sous forme de dépôts auprès des banques et circulant par des jeux d'écritures.

scrofule [skrɔfyl] **n.f.** (bas lat. *scrofulae*). Maladie des écrouelles.

scrotum [skrɔtɔm] **n.m.** (mot lat.). Enveloppe cutanée des testicules ; bourses.

scrupule [skrypyl] **n.m.** (lat. *scrupulum,* petit caillou). **1.** Inquiétude de conscience, hésitation inspirée par une grande délicatesse morale. **2. Se faire un scrupule de qqch,** hésiter à le faire par délicatesse de conscience, par sentiment du devoir.

scrupuleusement [skrypyløzmɑ̃] **adv.** De façon scrupuleuse : *Vérifier scrupuleusement un compte* (syn. **méticuleusement, minutieusement**).

scrupuleux, euse [skrypylø, -øz] **adj. 1.** D'une grande exigence quant à l'honnêteté : *Un caissier scrupuleux* (syn. **probe**). **2.** Qui met un soin minutieux à exécuter ce qu'il a à faire : *Un ouvrier scrupuleux* (syn. **consciencieux, méticuleux**). *Être scrupuleux dans le remboursement de ses dettes* (syn. **exact, ponctuel**).

scrutateur, trice [skrytatœr, -tris] **adj.** *LITT.* Qui vise à découvrir qqch en observant attentivement : *Un coup d'œil scrutateur.* ◆ **n.** Personne qui concourt au bon déroulement et au dépouillement d'un scrutin.

scruter [skryte] **v.t.** (lat. *scrutari,* fouiller). **1.** Chercher à pénétrer à fond, à comprendre : *Scruter les intentions de qqn* (syn. **sonder**). **2.** Examiner attentivement en parcourant du regard : *Scruter l'horizon* (syn. **inspecter, observer**).

scrutin [skrytɛ̃] **n.m.** (bas lat. *scrutinium,* examen). **1.** Ensemble des opérations qui constituent un vote ou une élection : *Premier tour de scrutin.* **2.** Modalité d'une élection : *Le scrutin uninominal, à l'occasion de l'élection présidentielle.*

Scudéry (Madeleine de), femme de lettres française (Le Havre 1607 - Paris 1701). Elle écrivit des romans précieux, très goûtés à l'époque : *Artamène ou le Grand Cyrus* (1649-1653) et *Clélie* (1654-1660), où figure la « Carte du Tendre », métaphore spatiale propre à mesurer les étapes et les effets de l'amour. • **Georges,** son frère, écrivain français (Le Havre 1601 - Paris 1667), fit paraître sous son nom des romans qui sont presque entièrement dus à sa sœur. Auteur de pièces de théâtre, il fut un adversaire de Corneille.

sculpter [skylte] **v.t.** (lat. *sculpere,* d'apr. *sculpteur*). **1.** Tailler un matériau dur avec divers outils en vue de dégager des formes, des volumes d'un effet artistique : *Sculpter de la pierre, du marbre, du bois.* **2.** Créer une œuvre d'art à trois dimensions par tout procédé, y compris le modelage : *Sculpter un bas-relief* (syn. **ciseler**). *Sculpter un buste dans de l'argile* (syn. **modeler**). ◆ **v.i.** Pratiquer la sculpture : *Apprendre à sculpter.*

sculpteur, trice [skyltœr, -tris] **n.** (lat. *sculptor*). Artiste qui sculpte : *Sculpteur sur bois.*

sculptural, e, aux [skyltyral, -o] **adj. 1.** Relatif à la sculpture, qui évoque la sculpture : *Art sculptural. Les décorations sculpturales d'une église.* **2.** Qui évoque la beauté formelle d'une sculpture classique : *Un corps sculptural.*

sculpture [skyltyr] **n.f.** (lat. *sculptura*). **1.** Art de sculpter : *Pratiquer la sculpture sur métal.* **2.** Ensemble d'œuvres sculptées : *La sculpture romane.*

■ **Évolution historique.** Apparue dès les temps préhistoriques, la sculpture a brillé aussi bien dans l'Égypte ancienne, la Grèce (Phidias, Praxitèle) et la Rome antiques qu'en Chine, en Inde ou dans l'Amérique préhispanique avant de se développer dans l'Occident médiéval à partir de l'époque romane. Sa destination a d'abord été essentiellement religieuse (images des divinités, génies, saints personnages...) ou magique (art funéraire, source importante de la petite statuaire et du portrait). C'est surtout à la Renaissance qu'une sculpture profane, ou à fin purement esthétique, prend son essor (Michel-Ange, Donatello, Jean Goujon), pour s'épanouir pleinement aux XVIIe et XVIIIe s. dans l'Europe monarchique : la sculpture baroque (le Bernin) puis classique (Girardon) se voue aux décorations publiques ou de palais, aux statues et aux bustes commémoratifs. La tendance débouchera au XIXe s. sur le néoclassicisme (Canova, Carpeaux), avant le renouveau marqué par le réalisme (Degas) et les recherches formelles (Rodin). Des mutations profondes interviennent au XXe s., qui voit à la fois l'approfondissement et le dépassement de la spécificité de la discipline : Brancusi (puis Giacometti) dissocie la sculpture de la représentation, en allant vers des formes simplifiées à l'extrême ; Marcel Duchamp, lui, élar-

git la notion avec le *ready-made,* promouvant au statut d'œuvre d'art des objets déjà existants. Il inaugure ainsi des pratiques d'assemblages dont s'emparera le surréalisme (Miró) suivi, dans la seconde moitié du siècle, par les artistes néo-dada américains (Rauschenberg), les « nouveaux réalistes » français (Arman, Tinguely, Niki de Saint Phalle), le pop art (Oldenburg), l'art minimal (Don Judd) et l'art pauvre *(arte povera).* Aujourd'hui, dans la lignée de Calder, la pratique de l'installation et des environnements tend à estomper davantage les frontières entre peinture, sculpture et architecture (Richard Serra, Anish Kapoor) ; parallèlement, sous l'influence du land art, la sculpture peut aussi perdre son statut d'œuvre éternelle pour devenir un élément éphémère au sein d'un paysage.
Les techniques. On distingue : la *sculpture en ronde bosse,* entièrement dégagée dans les trois dimensions, et les *reliefs,* plus ou moins liés à un fond *(bas-relief, haut-relief...)* ; la *sculpture monumentale* (statues et groupes, reliefs à figures) ; la *sculpture d'ornement* ainsi que la *petite sculpture* (statuettes, figurines).
L'œuvre sculptée est obtenue soit par l'intermédiaire du *modelage* (terre, cire, plâtre, etc.), soit par *taille directe* sur marbre, pierre, bois ainsi qu'ivoire ou pierres dures pour certaines petites pièces. Le modelage est généralement suivi d'un moulage (confection d'un *modèle,* le plus souvent en plâtre) et d'une exécution. La taille directe, par le sculpteur lui-même s'aidant de dessins ou d'esquisses modelées, a été à peu près abandonnée au XIXe s., pour renaître au XXe s. Aux matériaux traditionnels (les plus nobles étant le marbre et le bronze) se sont joints, au XXe s., divers métaux (fer, acier, aluminium, notamment soudés) et, plus récemment, les résines synthétiques et autres matières plastiques, tandis que les nouvelles technologies (logiciels de sculpture virtuelle, imprimantes 3D) redéfinissent le geste traditionnel du sculpteur. ■

Scylla, écueil du détroit de Messine, en face de Charybde.

Scythes, peuple de langue iranienne établi entre le Danube et le Don à partir du XIIe s. av. J.-C. Mentionnés dans les annales assyriennes au VIIIe s. av. J.-C., les Scythes ravagèrent la Syrie et menacèrent l'Égypte. Les Achéménides se heurtèrent aux cavaliers scythes, qui les tinrent en échec. Ils disparurent au IIe s. av. J.-C.
Les créations artistiques des Scythes présentent de nombreux éléments empruntés aux civilisations voisines avant de subir fortement l'influence hellénique à partir du Ve s. av. J.-C. Leur orfèvrerie (retrouvée dans les sépultures sous tumulus, dits « kourganes ») était rehaussée de décor poinçonné, ciselé, filigrané ou incrusté. La variété des techniques s'allie à la richesse du répertoire décoratif animalier, d'un réalisme complexe ; pièces de harnachement et armes de bronze confirment leur talent de métallurgistes.

S.D.F. [ɛsdeɛf] **adj.** et **n.** (sigle). Sans domicile* fixe.

S.D.N. ou **Société des Nations,** organisme créé en 1920 entre les États signataires du traité de Versailles pour développer la coopération entre les nations et garantir la paix et la sécurité. Affaiblie par le départ de l'Allemagne et du Japon (1933) et par l'inefficacité des mesures qu'elle prit contre l'invasion de l'Éthiopie par l'Italie (1935-1936), elle assista sans réagir aux crises qui précédèrent la Seconde Guerre mondiale. Elle fut remplacée en 1946 par l'O.N.U. Son siège était à Genève.

se [sə] **pron. pers.** (lat. *se*). [*Se* s'élide en *s'* devant un mot commençant par une voyelle ou un *h* muet]. Désigne, dans les formes verbales pronominales, la 3e pers. (sing. et pl.), aux deux genres, avec les fonctions de : **1.** Compl. d'objet direct : *Ils se sont battus. Elle s'est regardée dans la glace.* **2.** Compl. d'objet indirect : *Ils se sont succédé. Elle s'est dit que...* **3.** Compl. d'attribution : *Ils se sont donné trois jours pour réfléchir.* **4.** Simple reprise du sujet dans des formes où le pronom ne représente aucun complément particulier : *Elle s'est aperçue de sa duplicité.*

Seaborg (Glenn), chimiste américain (Ishpeming, Michigan, 1912 - Lafayette, Californie, 1999). Il a découvert le plutonium en 1941, en collaboration avec E. M. McMillan, et mis au point les méthodes d'extraction de ce métal. Par la suite, il obtint d'autres transuraniens : l'américium, le curium et, en 1950, le berkélium et le californium. (Prix Nobel 1951.)

séance [seɑ̃s] **n.f.** (de *séant,* p. présent de *seoir*). **1.** Réunion d'une assemblée constituée ; durée de cette réunion : *Ouvrir, suspendre, lever la séance.* **2.** Temps consacré à une occupation ininterrompue, à un travail avec d'autres personnes : *Des séances de culture physique.* **3.** Temps où l'on donne un spectacle, un concert, une conférence, etc. : *Séance de marionnettes* (syn. **spectacle**). *Aller au cinéma à la séance de 14 heures* (syn. **représentation**).

1. séant, e [seɑ̃, -ɑ̃t] **adj.** (de *seoir*). LITT. Qui sied, qui convient à qqn ou à qqch : *Il n'est pas séant de vous habiller ainsi* (syn. **convenable, décent**).

2. séant [seɑ̃] **n.m.** (de *seoir*). LITT. **Se mettre, être sur son séant,** s'asseoir, être assis.

Seattle, port des États-Unis (État de Washington) ; 668 342 hab. (3 297 766 hab. dans l'agglomération). Constructions navales et aéronautiques. Musées.

seau [so] **n.m.** (lat. pop. **sitellus,* class. *sitella*). **1.** Récipient cylindrique en bois, en métal, en plastique, etc., pour puiser et transporter de l'eau, etc. : *Aller chercher un seau d'eau à la fontaine.* **2.** Récipient de même forme, servant à divers usages ; son contenu : *Un seau à glace, à charbon.* **3.** FAM. **Il pleut à seaux,** il pleut très fort.

sébacé, e [sebase] **adj.** (lat. *sebaccus,* de *sebum,* suif). Relatif au sébum : *Glandes sébacées* (= qui produisent le sébum). *Kyste sébacé* (= résultant de la dilatation kystique d'une glande sébacée).

Sébastien ***(saint),*** martyr chrétien de Rome au IIIe s. Chef d'une cohorte prétorienne et dénoncé pour sa conversion au christianisme, il fut percé de flèches puis laissé pour mort. Repris, après avoir été soigné par une coreligionnaire, il fut flagellé à mort. Son corps est enseveli dans la catacombe romaine qui porte son nom.

Sébastopol, port d'Ukraine, en Crimée ; 342 451 hab. Constructions navales.

Sébastopol ***(sièges de),*** le premier (1854-1855) se déroula au cours de la guerre de Crimée, et, à son issue, la ville fut prise par les Franco-Britanniques. Le second, pendant la Seconde Guerre mondiale (nov. 1941-juill. 1942), se termina par la prise de la ville par les Allemands.

sébile [sebil] **n.f.** (p.-ê. de l'ar. *sabil,* aumône). LITT. Récipient en forme de coupe peu profonde où les mendiants recueillaient les aumônes.

séborrhée [sebɔre] **n.f.** (de *sébum* et *-rrhée*). Augmentation de la sécrétion des glandes sébacées, qui est à l'origine de diverses affections cutanées.

sébum [sebɔm] **n.m.** (lat., *sebum,* suif). Sécrétion grasse produite par les glandes sébacées.

sec, sèche [sɛk, sɛʃ] **adj.** (lat. *siccus*). **1.** Qui ne renferme pas d'eau ; qui n'est pas ou plus mouillé ; qui a perdu son élément liquide : *Un terrain sec* (syn. **aride, desséché**). *Des vêtements secs* (contr. **humide**). *Peinture sèche* (contr. **frais**). **2.** Sans humidité atmosphérique ; qui reçoit peu de pluies : *Air, climat sec. Saison sèche* (contr. **pluvieux**). **3.** Qui a perdu son humidité naturelle, sa fraîcheur ; se dit d'aliments qu'on a laissés se déshydrater ou qu'on a soumis à un traitement spécial pour être conservés : *Du bois sec* (contr. **vert**). *Légumes secs et légumes frais. Saucisson sec.* **4.** Qui n'est pas additionné d'eau : *Un whisky sec.* **5.** Se dit d'un son rapide, sans ampleur ou résonance, ou de qqch qui provoque sur les sens une impression vive mais sans prolongement : *Un claquement, un bruit sec.* **6.** Qui manque de douceur, d'ampleur et d'ornements : *Un style sec. Un récit trop sec* (syn. **rébarbatif, rebutant**). **7.** Se dit d'une partie de l'organisme qui manque des sécrétions appropriées : *Avoir la bouche, la peau sèche.* **8.** Qui est maigre, dépourvu de graisse : *Un homme grand et sec.* **9.** Qui est dépourvu de chaleur, de générosité, de sensibilité : *Un cœur sec* (syn. **dur, insensible**). **10.** Se dit d'une manière de parler brusque, rude : *Un ton sec* *et tranchant* (syn. **âpre, brutal, cassant**). **11. À pied sec,** sans se mouiller les pieds. / **Coup sec,** coup donné vivement en retirant aussitôt la main ou l'instrument. / **Être au pain sec,** n'avoir que du pain comme aliment. / **Licenciement sec,** sans mesures sociales d'accompagnement. / **Perte sèche,** perte qui n'est atténuée par aucune compensation. / **Regarder d'un œil sec,** sans être ému, sans ressentir de pitié. / FAM. **Régime sec,** régime sans alcool. / **Vin sec,** vin peu sucré et dont la saveur est plus ou moins acide. / **Vol sec,** trajet en avion qui ne comprend que le transport et aucune prestation annexe (transfert, nuitée, etc.). **12. Guitare sèche,** guitare acoustique traditionnelle dont le son n'est pas amplifié électriquement. / **Toux sèche,** toux sans expectorations (par opp. à *toux grasse*). / PHYS. **Vapeur sèche,** vapeur non saturante. ◆ **sec adv. 1.** D'une manière rude, brusque : *Démarrer sec* (syn. **brutalement**). **2.** FAM. **Aussi sec,** immédiatement et sans la moindre hésitation. / **Boire sec,** boire abondamment des boissons alcoolisées. / FAM. **L'avoir sec,** être déçu, contrarié. / FAM. **Rester sec,** être incapable de répondre à une question. ◆ **sec n.m. 1.** Lieu qui n'est pas humide : *Tenir des médicaments au sec.* **2. À sec,** sans eau ; au fig., fam., sans argent, à court d'idées : *Tous les puits sont à sec* (= sont taris). / MAR. **Se mettre au sec,** échouer son bateau.

sécable [sekabl] **adj.** (lat. *secabilis*, de *secare*, couper). Qui peut être coupé : *Comprimés sécables.*

sécant, e [sekɑ̃, -ɑ̃t] **adj.** (lat. *secans*, de *secare*, couper). MATH. Se dit de deux courbes ou surfaces ayant un ou plusieurs points communs sans être tangentes. ◆ **sécante n.f.** MATH. Droite sécante (relativement à une courbe, à une surface).

sécateur [sekatœr] **n.m.** (du lat. *secare*, couper). **1.** Outil en forme de gros ciseaux pour tailler les rameaux, les branches. **2.** Instrument analogue pour découper les volailles.

sécession [sesesjɔ̃] **n.f.** (lat. *secessio*, de *secedere*, se retirer). Action menée par une fraction de la population d'un État en vue de se séparer de la collectivité nationale pour former un État distinct ou se réunir à un autre ; dissidence : *Une guerre de sécession.*

Sécession *(guerre de)*, guerre civile qui, aux États-Unis, opposa, de 1861 à 1865, les États confédérés du Sud aux États du Nord et se termina par la victoire de ces derniers. Dès 1850, la vie politique de l'Union est dominée par la question de l'esclavage des Noirs, qui oppose aux intérêts des planteurs du Sud ceux des industriels du Nord et des colons des nouveaux États de l'Ouest.

1860. L'élection à la présidence de l'antiesclavagiste Abraham Lincoln entraîne la sécession du Sud.

Onze États sudistes s'organisent, avec un président, Jefferson Davis, et une capitale, Richmond.

Avr. 1861. Les « sudistes », ou « confédérés », commandés par Lee, prennent l'offensive ; celle-ci est enrayée à Gettysburg en juill. 1863.

Dépendant de l'extérieur pour son approvisionnement, le Sud est gêné par le blocus qu'exerce la flotte nordiste. À l'O., le général nordiste Grant est vainqueur à Vicksburg (juill. 1863) ; son successeur Sherman prend Atlanta (nov. 1864), puis Savannah, sur la côte atlantique.

Avr. 1865. Grant fait capituler Lee à Appomattox.

Cinq jours après la fin du conflit, qui fit plus de 600 000 morts, Lincoln était assassiné par un sudiste.

sécessionniste [sesesjɔnist] **adj.** et **n.** Qui fait sécession (syn. **séparatiste**).

séchage [seʃaʒ] **n.m. 1.** Action de sécher ou de faire sécher : *Le séchage des cheveux.* **2.** Opération qui a pour but d'éliminer d'un corps, en totalité ou en partie, l'eau qui s'y trouve incorporée : *Séchage d'une peau avant tannage.*

sèche-cheveux [sɛʃʃəvø] **n.m. inv.** Appareil électrique qui sèche les cheveux grâce à un courant d'air chaud (syn. **séchoir**).

sèche-linge [sɛʃlɛ̃ʒ] **n.m. inv.** Appareil électroménager permettant de sécher le linge grâce à un courant d'air chaud.

sèche-mains [sɛʃmɛ̃] **n.m. inv.** Dispositif à air chaud pulsé qui permet de se sécher les mains.

sèchement [sɛʃmɑ̃] **adv.** (de *sec*). **1.** D'une façon dure, forte, brusque : *Frapper sèchement une balle* (syn. **brutalement, violemment**). **2.** D'une façon brève et brutale : *Répliquer sèchement* (syn. **froidement, rudement**).

sécher [seʃe] **v.t.** (lat. *siccare*) [conj. **18**]. **1.** Rendre sec, débarrasser de son humidité : *Sécher ses vêtements devant le feu.* **2.** Consoler : *Sécher les larmes de qqn.* **3.** FAM. Ne pas assister à un cours, à une réunion : *Sécher le lycée* (syn. **manquer**). ◆ **v.i. 1.** Devenir sec : *Ces fleurs ont séché.* **2.** FAM. Ne pouvoir répondre à une question : *Là, je sèche.*

sécheresse [seʃrɛs] **n.f.** (de *sécher*). **1.** État de ce qui est sec : *La sécheresse du sol* (syn. **aridité, dessèchement**). **2.** Absence de pluie : *Période de sécheresse.* **3.** Caractère d'une personne qui manque de sensibilité, de générosité : *Répondre avec sécheresse* (syn. **dureté, froideur**).

séchoir [seʃwar] **n.m. 1.** Support pour faire sécher le linge. **2.** Sèche-cheveux. **3.** Local servant au séchage de diverses matières : *Un séchoir à bois.*

1. second, e [səgɔ̃, -ɔ̃d] **adj.** (lat. *secundus*, suivant, de *sequi*, suivre). **1.** Qui vient immédiatement après le premier : *C'est son second mariage* (syn. **deuxième**). **2.** Qui s'ajoute à qqch de nature identique : *Une seconde jeunesse* (syn. **nouveau**). **3.** Qui vient après le premier dans l'ordre de la valeur, du rang, de la hiérarchie : *Obtenir le second prix, la seconde place. Voyager en seconde classe. Un second rôle.* **4. De seconde main,** indirectement : *Renseignements obtenus de seconde main.* / **État second,** état anormal, où l'on cesse d'avoir la pleine conscience de ses actes. ◆ **seconde adj.f.** MATH. Se dit d'un symbole littéral affecté de deux accents : *A″ s'énonce « A seconde ».*

2. second [səgɔ̃] **n.m.** (de *1. second*). **1.** Personne qui en aide une autre dans une affaire, dans un emploi : *Elle y arrivera, elle a un brillant second* (syn. **adjoint, assistant, auxiliaire**). **2.** Officier venant immédiatement après le commandant sur un navire de commerce (on dit aussi *capitaine en second*) ; officier qui vient immédiatement après le commandant d'un bâtiment de guerre (on dit aussi *officier en second*). **3. En second,** au second rang ; sous les ordres d'un autre : *Commander en second.*

1. secondaire [səgɔ̃dɛr] **adj.** (lat. *secundarius*). **1.** Qui n'occupe pas le premier rang dans un domaine donné ; qui n'a qu'une importance de second ordre : *Son intervention est tout à fait secondaire* (syn. **accessoire, mineur** ; contr. **principal**). **2.** Qui se produit dans un deuxième temps, comme conséquence de qqch : *Les effets secondaires de ces mesures, de ce médicament* (syn. **indirect**). **3.** Qui appartient, en France, à l'enseignement du second degré (de la sixième à la terminale) : *Enseignement secondaire.* **4.** PSYCHOL. Se dit, en caractérologie, d'une personne dont les réactions aux événements sont lentes, durables et profondes (par opp. à *primaire*). **5. Ère secondaire,** ou **secondaire n.m.** ⟶ **mésozoïque.** / **Secteur secondaire,** ensemble des activités économiques correspondant à la transformation des matières premières en biens productifs ou en biens de consommation. / BIOL. **Caractère sexuel secondaire,** différence entre les adultes mâle et femelle d'une espèce animale ne portant pas sur l'appareil génital lui-même. ▸ La multiplication et la netteté de ces caractères aboutissent au *dimorphisme sexuel.*

2. secondaire [səgɔ̃dɛr] **n.m.** (de *1. secondaire*). **1.** Enseignement secondaire. **2.** GÉOL. Ère secondaire (syn. **mésozoïque**). **3.** ÉCON. Secteur secondaire. **4.** ÉLECTR. Enroulement relié au circuit d'utilisation dans un transformateur, ou enroulement non connecté au réseau dans une machine asynchrone.

secondairement [səgɔ̃dɛrmɑ̃] **adv.** De façon secondaire, accessoire (syn. **accessoirement**).

seconde [səgɔ̃d] **n.f.** (du lat. *[minuta] secunda*, par opp. à *[minuta] prima*). **1.** Unité SI de mesure de temps, équivalant à la durée de 9 192 631 770 périodes de la radiation correspondant à la transition entre deux niveaux spécifiés de l'état fondamental de l'atome de césium 133 ; soixantième partie de la minute. ▸ Symb. s. **2.** Temps très court ; moment : *Attendez une* *seconde* (syn. **instant**). **3.** En France, classe constituant la cinquième année de l'enseignement secondaire : *La seconde est la première année du second cycle.* **4.** MUS. Intervalle de deux degrés dans l'échelle diatonique. **5.** Unité de mesure d'angle plan (symb. ") valant 1/60 de minute, soit π/648 000 radian.

secondement [səgɔ̃dmɑ̃] **adv.** *SOUT.* Deuxièmement (syn. **secundo**).

seconder [səgɔ̃de] **v.t.** (de *2. second*). Servir d'aide (à qqn) dans un travail ; venir en aide à : *Elle me seconde très bien* (syn. **assister**).

secouer [səkwe] **v.t.** (réfection de l'anc. fr. *secourre*, d'apr. les formes *secouons, secouez*) [conj. **6**]. **1.** Agiter fortement et à plusieurs reprises : *Secouer un flacon. Secouer la salade.* **2.** Agiter vivement la tête, la main, les épaules, etc., de manière répétée en signe de dénégation : *Secouer la tête* (syn. **branler, hocher**). **3.** Se débarrasser de qqch par des mouvements brusques : *Secouer la poussière d'un tapis.* **4.** Ne pas ménager qqn ; réprimander ; inciter à l'effort : *Il faut le secouer, sinon il ne fera rien* (syn. **bousculer, harceler**). **5.** Causer un choc physique ou moral : *Cette maladie l'a secoué* (syn. **ébranler, traumatiser**). ◆ **se secouer v.pr. 1.** S'agiter vivement pour se débarrasser de qqch qui incommode : *Un chien qui se secoue en sortant de l'eau* (syn. **s'ébrouer**). **2.** *FAM.* Réagir contre le découragement, l'inertie : *Allons, secoue-toi, nous avons bientôt fini.*

secourable [səkurabl] **adj.** Qui porte secours aux autres : *Un homme secourable* (syn. **bon, obligeant**).

secourir [səkurir] **v.t.** (adaptation, d'apr. *courir*, de l'anc. fr. *succurre*, du lat. *succurrere*) [conj. **45**]. Venir en aide, porter assistance à : *Secourir un blessé* (syn. **aider**). *Secourir un ami dans la gêne* (syn. **assister, soutenir**).

secourisme [səkurism] **n.m.** Ensemble des moyens pratiques et thérapeutiques simples mis en œuvre pour porter secours aux personnes en danger et leur donner les premiers soins.

secouriste [səkurist] **n. 1.** Membre d'une organisation de secours pour les victimes d'un accident, d'une catastrophe. **2.** Personne capable de pratiquer les gestes ou les méthodes du secourisme.

secours [səkur] **n.m.** (lat. *succursum*, de *succurrere*). **1.** Action de secourir qqn qui est en danger : *Demander secours. Appeler un ami à son secours. Porter secours à qqn* (syn. **assistance**). **2.** Aide financière, matérielle : *Distribuer des secours* (syn. **subside, subvention**). **3.** Moyens pour porter assistance à qqn en danger : *Secours aux blessés* (syn. **soins**). *Secours en mer.* **4.** Ce qui est utile : *Sans le secours d'une carte routière je me serais perdu* (syn. **aide**). **5.** Renfort en hommes, en matériel : *La colonne de secours a atteint les blessés.* **6. De secours,** destiné à servir en cas de nécessité, en remplacement de qqch : *Roue de secours. Sortie de secours.* ◆ **n.m. pl.** Choses qui servent à secourir : *Des secours en espèces* (syn. **appui, ressource**).

Secours catholique, organisation caritative française créée en 1946 pour lutter contre les diverses formes de la pauvreté et organiser des secours d'urgence en cas de catastrophe.

secousse [səkus] **n.f.** (de l'anc. fr. *secourre*, secouer). **1.** Mouvement brusque qui agite un corps, ébranlement : *Donner une secousse* (syn. **choc, ébranlement**). *La voiture démarra sans secousse* (syn. **à-coup, saccade**). **2.** Chacune des oscillations du sol, dans un tremblement de terre : *La première secousse a détruit tout le centre de la ville.* **3.** Choc psychologique : *Cette maladie a été pour lui une secousse* (syn. **bouleversement, commotion**).

1. secret, ète [səkrɛ, -ɛt] **adj.** (lat. *secretus*, de *secernere*, séparer, écarter). **1.** Peu connu ; que l'on tient caché : *Documents, renseignements secrets* (syn. **confidentiel**). *Des menées secrètes* (syn. **clandestin**). *Négociation secrète.* **2.** Qui est placé de façon à être dissimulé : *Escalier secret* (syn. **dérobé**). **3.** Qui n'est pas apparent ; qui ne se manifeste pas : *Vie secrète* (syn. **caché, intime**). **4.** *LITT.* Qui ne fait pas de confidences : *C'est un garçon secret* (syn. **insaisissable, renfermé**).

2. secret [səkrɛ] **n.m.** (lat. *secretum*). **1.** Ce qui doit être tenu caché : *Confier un secret à un ami. Trahir un secret.* **2.** Silence qui entoure qqch : *Promettre le secret absolu sur une affaire* (syn. **discrétion**). **3.** Moyen caché, peu connu ou difficile à acquérir pour réussir qqch : *Le secret du bonheur* (syn. **clef, recette**). **4.** Mécanisme caché, combinaison dont la connaissance est nécessaire pour faire fonctionner qqch : *Une serrure à secret.* **5. Dans le secret de son cœur,** dans son for intérieur. / **En secret,** secrètement, sans témoins. / **Être, mettre dans le secret,** dans la confidence. / **Ne pas avoir de secret pour qqn,** ne rien lui cacher ; être connu parfaitement de lui. / **Secret d'État,** chose dont la divulgation nuirait aux intérêts de la nation. / **Secret professionnel,** silence, discrétion auxquels sont tenues certaines professions sur l'état ou la vie privée de leurs clients.

1. secrétaire [səkretɛr] **n.** (lat. *secretarium*, de *secretus* ; v. *1. secret*). **1.** Personne chargée de rédiger le courrier de qqn, de classer ses documents, de préparer des dossiers, etc. : *Secrétaire de direction.* **2.** Personne qui met par écrit les délibérations d'une assemblée, qui est chargée de son organisation, de son fonctionnement : *Secrétaire de séance.* **3.** Personne chargée de tâches concernant la gestion, l'organisation, la coordination de qqch : *Secrétaire de mairie. Secrétaire d'une organisation. Secrétaire de rédaction* (= qui coordonne les activités rédactionnelles d'un journal). *Secrétaire de plateau* (= scripte). **4. Secrétaire d'État,** membre du gouvernement, en France, génér. placé sous l'autorité d'un ministre ou du Premier ministre, et qui agit sur délégation. / **Secrétaire général** (ou, parfois, **premier secrétaire**), personne assumant des responsabilités dans l'organisation et la direction de certains organismes publics ou privés, de certains partis politiques, etc. : *Secrétaire général du gouvernement. Le secrétaire général de l'O.N.U.*

2. secrétaire [səkretɛr] **n.m.** (même étym. que *1. secrétaire*). **1.** Meuble à tiroirs et à casiers comportant une surface pour écrire, escamotable ou non. **2.** ZOOL. Serpentaire.

Secrétan (Charles), philosophe suisse (Lausanne 1815 - *id.* 1895). Il a tenté un rapprochement entre le christianisme et la pensée rationaliste (*la Philosophie de la liberté,* 1848-1849).

secrétariat [səkretarja] **n.m. 1.** Emploi, fonction de secrétaire ; métier de secrétaire : *Apprendre le secrétariat.* **2.** Bureau où un(e) ou plusieurs secrétaires travaillent à des écritures, des expéditions, des enregistrements, des classements : *Adressez-vous au secrétariat.* **3.** Ensemble des tâches concernant la gestion, l'organisation de qqch : *C'est elle qui assure le secrétariat de notre organisation.* **4. Secrétariat d'État,** ensemble des services dirigés par un secrétaire d'État. / **Secrétariat général,** organe administratif dirigé par un secrétaire général.

secrètement [səkrɛtmɑ̃] **adv.** En secret : *S'introduire secrètement dans un lieu* (syn. **clandestinement, furtivement**).

sécréter [sekrete] **v.t.** (de *sécrétion*) [conj. **18**]. **1.** Opérer la sécrétion de : *Le foie sécrète la bile.* **2.** *LITT.* **Sécréter l'ennui,** le répandre autour de soi, le distiller.

sécréteur, trice [sekretœr, -tris] **adj.** Qui sécrète : *Glande sécrétrice. Canal sécréteur.*

sécrétion [sekresjɔ̃] **n.f.** (lat. *secretio*, dissolution, de *secernere*, éliminer). **1.** PHYSIOL. Opération par laquelle les cellules, spécial. les éléments des épithéliums glandulaires, élaborent des matériaux qui sont évacués par un canal excréteur vers un autre organe ou vers l'extérieur (*sécrétion externe* ou *exocrine*), ou encore déversés directement dans le sang (*sécrétion interne* ou *endocrine*) : *Sécrétion salivaire.* **2.** Substance ainsi élaborée : *Des sécrétions nasales.*

sectaire [sɛktɛr] **adj.** et **n.** (de *secte*). Se dit de qqn qui, par intolérance ou étroitesse d'esprit, se refuse à admettre les opinions différentes de celles qu'il professe : *Un esprit sectaire* (syn. **fanatique, intolérant**). *Un militant sectaire.* ◆ **adj.** Relatif aux sectes religieuses : *Les ramifications d'un groupe sectaire.*

sectarisme [sɛktarism] **n.m.** Caractère d'une personne sectaire (syn. **fanatisme, intolérance**).

sectateur, trice [sɛktatœr, -tris] **n.** (lat. *sectator*). **1.** LITT. Partisan déclaré de la doctrine, des opinions de qqn : *Les sectateurs de Platon* (syn. **adepte**). **2.** VX. Membre d'une secte.

secte [sɛkt] **n.f.** (lat. *secta*, de *sequi*, suivre). **1.** Ensemble de personnes professant une même doctrine (philosophique, religieuse, etc.) : *La secte d'Épicure* (syn. **école**). **2.** Groupement religieux, clos sur lui-même et créé en opposition à des idées et à des pratiques religieuses dominantes. **3.** Petit groupe animé par une idéologie doctrinaire : *Essayer d'arracher son enfant de l'emprise d'une secte.*

secteur [sɛktœr] **n.m.** (lat. *sector*, de *secare*, couper). **1.** Domaine défini d'activité économique dans un État, une organisation, une institution : *Un secteur de pointe. Un secteur clé de l'industrie. Secteur primaire, secondaire, tertiaire.* **2.** Division de l'activité économique nationale sur la base de la propriété des entreprises : *Secteur privé, public, semi-public.* **3.** FAM. Endroit quelconque : *Qu'est-ce que tu fais dans le secteur ?* (syn. **environs, parages**). **4.** Subdivision d'une zone d'urbanisme soumise à un régime particulier : *Secteur sauvegardé.* **5.** Subdivision d'un réseau de distribution électrique : *Une panne de secteur.* **6.** GÉOM. **Secteur angulaire,** partie de plan limitée par deux demi-droites de même sommet. / GÉOM. **Secteur circulaire,** partie d'un disque limitée par deux rayons.

section [sɛksjɔ̃] **n.f.** (lat. *sectio*, division, de *secare*, couper). **1.** Action de couper ; fait d'être coupé : *La section des tendons* (syn. **sectionnement**). *Section accidentelle de la moelle épinière.* **2.** TECHN. Dessin en coupe mettant en évidence certaines particularités d'une construction, d'une machine, etc. **3.** Partie d'une voie de communication : *Section d'autoroute en réparation.* **4.** Division du parcours d'une ligne d'autobus, servant de base au calcul du prix d'un trajet : *Fin de section.* **5.** Groupe local d'adhérents d'un parti, d'un syndicat, constituant une subdivision de celui-ci : *Réunion de la section syndicale.* **6.** MIL. Petite unité élémentaire constitutive de la batterie dans l'artillerie, de la compagnie dans l'armée de l'air, l'infanterie, le génie, les transmissions et la plupart des services. **7.** MATH. **Section droite (d'un cylindre** ou **d'un prisme),** intersection de la surface avec un plan perpendiculaire aux génératrices. / MATH. **Section plane d'un volume,** intersection du volume avec un plan.

sectionnement [sɛksjɔnmɑ̃] **n.m.** Action de sectionner ; fait d'être sectionné (syn. **section**).

sectionner [sɛksjɔne] **v.t. 1.** Diviser par sections : *Sectionner une administration* (syn. **fractionner, morceler**). **2.** Couper net : *La balle a sectionné l'artère* (syn. **trancher**).

sectoriel, elle [sɛktɔrjɛl] **adj.** Relatif à un secteur, à une catégorie professionnels : *Revendications sectorielles.*

sectorisation [sɛktɔrizasjɔ̃] **n.f.** Répartition en plusieurs secteurs géographiques : *La sectorisation des universités autonomes.*

sectoriser [sɛktɔrize] **v.t.** Procéder à la sectorisation de.

séculaire [sekylɛr] **adj.** (lat. *saecularis*, de *saeculum*, siècle). **1.** Qui a lieu tous les cent ans : *Cérémonie séculaire.* **2.** Qui existe depuis plusieurs siècles : *Un chêne séculaire.* **3. Année séculaire,** qui termine le siècle.

sécularisation [sekylarizasjɔ̃] **n.f.** Action de séculariser : *La sécularisation d'un couvent.*

séculariser [sekylarize] **v.t.** (de *séculier*, d'apr. le bas lat. ecclés. *saecularis*, du siècle). **1.** Rendre à la vie laïque : *Séculariser des moines.* **2.** Laïciser des biens d'Église : *Les biens du clergé furent sécularisés en 1789.*

séculier, ère [sekylje, -ɛr] **adj.** (bas lat. ecclés. *saecularis*, du siècle). **1.** Se dit d'un prêtre qui n'appartient à aucun ordre ou institut religieux (par opp. à *régulier*). **2.** Se disait de la justice laïque, temporelle (par opp. à *ecclésiastique*). **3. Bras séculier,** puissance de la justice laïque temporelle.

secundo [səgɔ̃do] **adv.** (mot lat.). Secondement ; en second lieu : *Primo, cela ne te regarde pas, secundo, il peut se débrouiller tout seul.*

sécurisant, e [sekyrizɑ̃, -ɑ̃t] **adj.** Qui sécurise : *Créer une atmosphère sécurisante* (syn. **rassurant**).

sécurisé, e [sekyrize] **adj.** INFORM. Se dit d'un support d'information protégé contre les accès non autorisés et les dégradations accidentelles ou malveillantes.

sécuriser [sekyrize] **v.t. 1.** Donner un sentiment de sécurité à ; enlever la crainte, l'anxiété : *Sécuriser un malade* (syn. **rassurer, tranquilliser**). **2.** Rendre plus sûr (qqch) : *Sécuriser l'emploi des jeunes* (syn. **assurer, stabiliser**).

sécuritaire [sekyritɛr] **adj. 1.** Relatif à la sécurité publique : *Mettre en place une politique sécuritaire.* **2.** QUÉBEC. Se dit d'un lieu, d'un véhicule qui offre des garanties de sécurité, qui ne présente pas de danger : *Installation sécuritaire.*

sécurité [sekyrite] **n.f.** (lat. *securitas*, de *securus*, sûr). **1.** Situation dans laquelle qqn, qqch n'est exposé à aucun danger, à aucun risque d'agression physique, d'accident, de vol, de détérioration : *Cette installation présente une sécurité totale. Sécurité de l'emploi.* **2.** Situation de qqn qui se sent à l'abri du danger, qui est rassuré : *J'avais une impression de totale sécurité* (syn. **quiétude, sérénité**). **3.** ARM. Dispositif du mécanisme d'une arme à feu interdisant tout départ intempestif du coup : *Revolver muni d'une sécurité* (syn. **sûreté**). **4. De sécurité,** destiné à prévenir un accident ou un événement dommageable ou à en limiter les effets : *Ceinture de sécurité. Marge de sécurité.* / **Sécurité alimentaire,** situation d'une population qui a accès à une nourriture satisfaisante en quantité et en qualité. / **Sécurité civile,** ensemble des mesures de prévention et de secours que requiert, en toutes circonstances, la sauvegarde des populations. / **Sécurité publique,** ensemble des conditions que l'État doit assurer pour permettre à ses citoyens de vivre en paix. / **Sécurité routière,** ensemble des règles et des services visant à la protection des usagers de la route. ► Les accidents de la route constituent une des principales causes de mortalité (sans doute la première chez les jeunes de plus de 10 ans) et du nombre de blessés graves (handicaps). La plupart des accidents graves sont dus, soit à un matériel (pneus, freins, habitacle) défectueux, soit au comportement irresponsable du conducteur : conduite en état de fatigue, d'ivresse, ou sous l'emprise de la drogue, vitesse excessive, refus des règles de priorité, refus du port du casque ou de la ceinture de sécurité. La lutte des pouvoirs publics contre l'insécurité routière commence en France au début des années 1970 et reste un chantier national. L'enseignement du code de la route est obligatoire à partir de l'école élémentaire. / **Sécurité sociale,** ensemble des mesures législatives et administratives qui ont pour objet de garantir les individus et les familles contre certains risques, appelés « risques sociaux » ; ensemble des organismes administratifs chargés d'appliquer ces mesures.

Sedaine (Michel Jean), auteur dramatique français (Paris 1719 - *id.* 1797). Il est le meilleur représentant de la « comédie sérieuse » (*le Philosophe sans le savoir,* 1765).

Sedan, ch.-l. d'arr. des Ardennes, sur la Meuse ; 18 962 hab. *(Sedanais).* Textile. Métallurgie. Brasserie. Point principal de la percée allemande vers l'ouest le 13 mai 1940. Vaste forteresse des XVe-XVIIe s. (musée).

Sedan *(bataille de)* [1er sept. 1870], défaite et capitulation des troupes françaises devant les Prussiens, qui entraîna la capture et la chute de Napoléon III, et la proclamation de la république à Paris.

sédatif, ive [sedatif, -iv] **adj.** et **n.m.** (lat. médiév. *sedativus*, du class. *sedatum*, de *sedare*, calmer). MÉD. Se dit de toute substance qui agit contre la douleur, l'anxiété, l'insomnie ou qui modère l'activité d'un organe : *Prescrire des sédatifs* (syn. **analgésique, tranquillisant**).

sédentaire [sedɑ̃tɛr] **adj.** et **n.** (lat. *sedentarius*, de *sedere*, être assis). **1.** Qui sort peu ; qui reste ordinairement chez soi : *Un vieux couple sédentaire* (syn. **casanier**). **2.** Qui reste dans une région déterminée (par opp. à *nomade*) : *Peuplades sédentaires.* ◆ **adj. 1.** Qui ne comporte ou n'exige pas de déplacements : *Emploi sédentaire.* **2. Mode de vie** ou **activité sédentaire,** mode de vie comportant très peu de déplacements et d'activité physique.

sédentarisation [sedɑ̃tarizasjɔ̃] **n.f.** Passage de l'état de nomade à l'état sédentaire.

sédentariser [sedɑ̃tarize] **v.t.** Rendre sédentaire : *Sédentariser une population nomade.*

sédentarité [sedɑ̃tarite] **n.f.** État d'une société sédentaire.

sédiment [sedimɑ̃] **n.m.** (lat. *sedimentum,* dépôt, de *sedere,* être assis). Dépôt meuble laissé par les eaux, le vent, les autres agents d'érosion, et qui, d'après son origine, peut être marin, fluvial, lacustre, glaciaire, etc.

sédimentaire [sedimɑ̃tɛr] **adj. Roche sédimentaire,** roche formée par le dépôt plus ou moins continu de matériaux prélevés sur les continents après altération des roches préexistantes et transport par des agents mécaniques externes (eau ou vent).

sédimentation [sedimɑ̃tasjɔ̃] **n.f. 1.** GÉOL. Ensemble des phénomènes qui conduisent à la formation et au dépôt d'un sédiment. **2. Vitesse de sédimentation (globulaire),** examen du sang qui consiste à mesurer la vitesse de chute des hématies dans une éprouvette contenant du sang rendu incoagulable, et qui permet de connaître l'importance d'un processus infectieux ou inflammatoire.

■ GÉOLOGIE. La sédimentation est l'un des processus de formation des roches qui recouvrent la plus grande partie de la surface de la Terre. Ces roches, dites « exogènes » parce qu'elles ne proviennent pas de l'intérieur du globe, résultent de la dégradation du relief (érosion) et du dépôt, ailleurs, des matériaux issus de cette dégradation. Ainsi, les agrégats de cristaux que sont les roches sont détruits ou remaniés, lorsque celles-ci affleurent, par le soleil, la pluie, le vent ou le gel. Les eaux circulant dans des roches telles que le granite mettent en solution de la silice et des éléments métalliques. Les torrents transportent le sable et les argiles vers l'aval. Dans les vallées, au fond des lacs, sur le talus continental des océans, la matière se dépose sous forme de sédiments, lits successifs de dépôts horizontaux appelés « strates ».

Les roches sédimentaires. Elles se forment à partir de ces dépôts, par précipitation d'un ciment liant entre eux les grains ou fragments de minéraux restés libres, puis s'entassent en couches épaisses, les unes au-dessus des autres, pour constituer des massifs qui peuvent atteindre plusieurs centaines de mètres d'épaisseur. Certains dépôts proviennent aussi d'un processus chimique de précipitation des éléments minéraux dissous dans l'eau, en présence de restes d'organismes vivants tels que des coquilles ou des squelettes. C'est le cas de nombreuses roches calcaires, formées de l'accumulation de coquilles de calcite (carbonate de calcium), élément prélevé par les organismes marins à l'eau de mer.

Les roches sédimentaires des littoraux et des fonds marins – ou des régions anciennement baignées par l'océan – offrent ainsi la particularité de contenir des fossiles, restes d'animaux ou de plantes. Ces derniers constituent des guides précieux pour dater ces roches, les comparer et reconstituer l'histoire géologique d'un site. ■

sédimenter [sedimɑ̃te] **v.i., se sédimenter** [sedimɑ̃te] **v.pr.** Être affecté d'un processus de sédimentation : *Bras de mer qui se sédimente.*

séditieux, euse [sedisjø, -øz] **adj.** et **n.** (lat. *seditiosus*). *LITT.* Qui prend part à une sédition, qui fomente une sédition : *Journaliste séditieux* (syn. **agitateur, frondeur**). *Mesures prises contre les séditieux* (syn. **contestataire, émeutier**). ◆ **adj.** *LITT.* Qui incite à la sédition : *Des écrits séditieux* (syn. **incendiaire, subversif**).

sédition [sedisjɔ̃] **n.f.** (lat. *seditio*). *LITT.* Soulèvement concerté et préparé contre l'autorité établie : *Fomenter, réprimer une sédition* (syn. **insurrection, rébellion**).

séducteur, trice [sedyktœr, -tris] **adj.** et **n.** (lat. *seductor*). Qui exerce un attrait irrésistible ; qui fait des conquêtes amoureuses : *Le pouvoir séducteur des mots* (syn. **envoûtant**). *C'est une grande séductrice* (syn. **charmeur, ensorceleur**).

séduction [sedyksjɔ̃] **n.f.** (lat. *seductio*). **1.** Action, fait d'attirer par un charme irrésistible : *Le pouvoir de séduction de l'argent* (= l'attraction, la fascination). **2.** Moyen, pouvoir de séduire : *Une femme pleine de séduction* (syn. **attrait, charme**).

séduire [sedɥir] **v.t.** (lat. *seducere* propr. « emmener à l'écart ») [conj. **98**]. **1.** Attirer fortement, s'imposer (à qqn) par telle qualité : *Son style et sa voix ont séduit le public* (syn. **charmer, fasciner**). **2.** *LITT.* Amener qqn à avoir des relations sexuelles hors du mariage : *Il a séduit la fille des voisins.*

séduisant, e [sedɥizɑ̃, -ɑ̃t] **adj. 1.** Qui exerce un vif attrait sur autrui par son charme, ses qualités : *Un homme très séduisant* (syn. **charmeur, envoûtant**). **2.** Qui est propre à tenter qqn : *Des propositions séduisantes* (syn. **alléchant, tentant**).

séfarade [sefarad] **n.** et **adj.** (de l'hébr. *Sefarad,* Espagne). Juif originaire des pays méditerranéens (par opp. à *ashkénaze*).

Seféris (Gheórghios Seferiádhis, dit **Georges),** diplomate et poète grec (Smyrne 1900 - Athènes 1971). Il unit les mythes antiques aux problèmes du monde moderne (*Strophe,* 1931 ; *Journal de bord,* 1940-1955). [Prix Nobel 1963.]

Séfévides, dynastie qui régna sur l'Iran de 1501 à 1736. Fondée par Ismaïl Ier, chef de la confrérie safawi, elle imposa le chiisme duodécimain à l'Iran, qu'elle parvint à protéger des Ottomans à l'ouest et des Ouzbeks à l'est.

Segalen (Victor), écrivain français (Brest 1878 - Huelgoat 1919). Il découvrit en Chine les monuments funéraires des Han et le mysticisme oriental, qui inspira ses poèmes (*Stèles,* 1912) et ses romans (*les Immémoriaux*).

segment [sɛgmɑ̃] **n.m.** (lat. *segmentum,* de *secare,* couper). **1.** Portion bien délimitée, détachée d'un ensemble : *Il y a des travaux sur ce segment d'autoroute* (syn. **section, tronçon**). **2.** ZOOL. Anneau du corps des annélides et des arthropodes. **3.** GÉOM. **Segment circulaire,** portion de plan limitée par un arc de cercle et la corde qui le sous-tend. / **Segment de droite,** portion de droite limitée par deux points. ▸ Le segment de droite orienté est doté d'un sens.

segmentation [sɛgmɑ̃tasjɔ̃] **n.f. 1.** Division en segments ; fractionnement, morcellement. **2.** BIOL. Ensemble des premières divisions de l'œuf après la fécondation.

segmenter [sɛgmɑ̃te] **v.t.** Partager en segments ; diviser ; couper : *Segmenter une barre de fer* (syn. **sectionner**).

Ségovie, en esp. **Segovia,** v. d'Espagne, ch.-l. de prov., en Castille-León ; 54 945 hab. Vieille ville riche en monuments : aqueduc romain, alcazar très restauré, série d'églises romanes (XIIe-XIIIe s.), cathédrale gothique du XVIe s. (cloître, œuvres d'art).

ségrégatif, ive [segregatif, -iv] **adj.** Qui relève de la ségrégation ; qui la pratique ou la favorise : *Demander la levée des mesures ségrégatives* (syn. **ségrégationniste**).

ségrégation [segregasjɔ̃] **n.f.** (lat. *segregatio,* de *segregare,* séparer du troupeau). Action de séparer les personnes en raison de leurs origines, de leur religion, de leur niveau social, de leur sexe, etc., à l'intérieur d'un même pays, d'une collectivité : *Ségrégation raciale, sociale* (syn. **discrimination**).

ségrégationnisme [segregasjɔnism] **n.m.** Politique de ségrégation raciale. ◆ **ségrégationniste adj.** et **n.** Du ségrégationnisme ; partisan de la ségrégation raciale.

séguedille [segədij] **n.f.** (esp. *seguidilla,* de *seguida,* suite). Chanson et danse populaires espagnoles rapides, à trois temps, d'origine andalouse.

Ségur (Sophie Rostopchine, *comtesse* **de),** femme de lettres française (Saint-Pétersbourg 1799 - Paris 1874). Elle écrivit des ouvrages pour la jeunesse (*les Petites Filles modèles,* 1858 ; *les Malheurs de Sophie,* 1864 ; *le Général Dourakine,* 1866).

seiche [sɛʃ] **n.f.** (lat. *sepia,* mot gr.). Mollusque marin voisin du calmar, à coquille interne *(os),* dont la tête porte huit bras courts munis de ventouses et deux grands tentacules, et qui projette un liquide noir *(sepia)* lorsqu'il est attaqué. ▶ Classe des céphalopodes ; long. env. 30 cm.

séide [seid] **n.m.** (de l'ar. *Zayd,* n. d'un affranchi de Mahomet). *LITT.* Homme d'un dévouement aveugle et fanatique : *Un mafieux et ses séides* (syn. **partisan, nervi**).

seigle [sɛgl] **n.m.** (lat. *secale,* de *secare,* couper). Céréale cultivée sur les terres pauvres et froides, pour son grain et comme fourrage. ▶ Famille des graminées.

seigneur [seɲœr] **n.m.** (du lat. *seniorem,* de *senior,* plus âgé). **1.** Propriétaire féodal. **2.** Personne noble de haut rang, sous l'Ancien Régime. **3. En grand seigneur,** avec luxe et magnificence ou avec noblesse. **/ Être grand seigneur,** dépenser sans compter et de manière ostentatoire. **/ Le Seigneur,** Dieu.

seigneurial, e, aux [seɲœrjal, -o] **adj. 1.** Qui dépendait d'un seigneur ; qui appartenait à un seigneur : *Droits seigneuriaux.* **2.** *LITT.* Digne d'un seigneur : *Train de vie seigneurial.*

seigneurie [seɲœri] **n.f. 1.** Droit, puissance, autorité d'un seigneur sur les personnes et les biens relevant de ses domaines. **2.** Terre sur laquelle s'exerce une puissance seigneuriale. **3. Votre Seigneurie,** titre d'honneur des anciens pairs de France et des membres actuels de la Chambre des lords, en Angleterre.

sein [sɛ̃] **n.m.** (lat. *sinus,* pli, courbe et par extension « poitrine » [la toge faisant un pli en travers de la poitrine]). **1.** Chacune des mamelles de la femme : *Elle a une douleur au sein gauche.* **2.** Le même organe, atrophié et rudimentaire, chez l'homme. **3.** *LITT.* Partie antérieure du thorax : *Presser qqn contre son sein* (syn. **buste, poitrine**). **4.** *LITT.* Siège de la conception : *Enfant encore dans le sein de sa mère* (syn. **entrailles, ventre**). **5.** *LITT.* Partie interne que renferme qqch : *Le sein de la terre, de l'océan.* **6. Au sein de,** au milieu de, dans le cadre de. **7. Donner le sein à un enfant,** l'allaiter.

Sein *(île de),* île et comm. du Finistère ; 197 hab. *(Sénans).* Pêche.

seine n.f. ⟶ **senne.**

Seine (la), fl. de France, drainant une partie du Bassin parisien ; 776 km. Née sur le plateau de Langres, à 471 m d'alt., la Seine traverse la Champagne, passant à Troyes. Entre son confluent avec l'Aube (r. dr.) et l'Yonne (r. g.) à Montereau, elle longe la côte de l'Île-de-France. Peu en amont de Paris, elle reçoit son affluent le plus long, la Marne (r. dr.). Elle décrit alors de très grands méandres et reçoit l'Oise (r. dr.). Après le confluent de l'Eure (r. g.), elle forme de nouveau des méandres très allongés, passe à Rouen et rejoint la Manche par un vaste estuaire, sur lequel est établi Le Havre. Dans l'ensemble, elle a un régime régulier avec de modestes écarts de débit. Toutefois, des crues redoutables peuvent se produire par suite de pluies exceptionnelles sur les terrains de son bassin supérieur. Aujourd'hui, la réalisation de plusieurs réservoirs (dits « Seine », « Marne » et « Aube ») en limite l'intensité. La Seine demeure une voie navigable utilisée essentiellement entre la Manche et Paris.

Seine *(dép. de la),* anc. dép. du Bassin parisien, correspondant à la ville de Paris et à sa proche banlieue. La loi de 1964 a amené sa subdivision en quatre nouveaux départements (Hauts-de-Seine, Paris, Seine-Saint-Denis et Val-de-Marne).

Seine-et-Marne [77], dép. de la Région Île-de-France ; ch.-l. de dép. *Melun ;* ch.-l. d'arr., *Fontainebleau, Meaux, Provins, Torcy ;* 5 arr., 23 cant., 513 comm. ; 5 915 km^2 ; 1 377 102 hab.

Seine-et-Oise *(dép. de),* anc. dép. du Bassin parisien (préf. *Versailles*), partagé, par la loi de 1964, entre les trois dép. de l'Essonne, du Val-d'Oise et des Yvelines, principalement.

Seine-Maritime [76], dép. de la Région Normandie ; ch.-l. de dép. *Rouen ;* ch.-l. d'arr. *Dieppe, Le Havre ;* 3 arr., 35 cant., 745 comm. ; 6 278 km^2 ; 1 279 955 hab.

Seine-Saint-Denis [93], dép. créé par la loi de 1964 et s'étendant sur le nord-est de l'anc. dép. de la Seine et sur des comm. de l'anc. Seine-et-Oise ; ch.-l. de dép. *Bobigny ;* ch.-l. d'arr. *Le Raincy, Saint-Denis ;* 3 arr., 21 cant., 40 comm. ; 236 km^2 ; 1 551 739 hab.

seing [sɛ̃] **n.m.** (lat. *signum,* signe). **1.** DR. Signature d'une personne sur un acte, pour en attester l'authenticité. **2. Sous seing privé,** se dit d'un acte non établi devant un officier public.

séisme [seism] **n.m.** (gr. *seismos,* tremblement de terre). **1.** Mouvement brusque de l'écorce terrestre, produit à une certaine profondeur, à partir d'un épicentre (= secousse sismique ou tellurique). **2.** Bouleversement de l'ordre des choses : *Un séisme électoral.*

■ Les séismes sont des manifestations des mouvements des plaques lithosphériques qui forment la couche la plus externe de la Terre. Ces mouvements entraînent aux frontières des plaques des contraintes gigantesques. Lorsqu'elles deviennent trop importantes, la croûte terrestre se rompt, provoquant une secousse ou une série de secousses : le séisme, ou tremblement de terre. L'endroit d'où part le séisme est appelé le *foyer ;* en surface, le point correspondant, à sa verticale, est l'*épicentre.* Les secousses se propagent sous la forme d'*ondes sismiques,* dont il existe deux types : les ondes P (« primaires »), qui se propagent dans tous les milieux, et les ondes S (« secondaires »), qui ne se propagent que dans les solides. Ce sont les ondes S qui provoquent, en surface, les mouvements d'oscillation horizontale qui se transmettent aux bâtiments.

Les effets. Par essence, les séismes sont des phénomènes violents, mais leur intensité est variable. Ils peuvent n'être perceptibles que par des instruments très sensibles, mais peuvent aussi provoquer de véritables catastrophes. Lors de violents séismes, les secousses principales, les plus fortes, sont généralement suivies de secousses secondaires de moindre intensité, ou *répliques.* Malheureusement, il est très rare que des secousses préliminaires avertissent de l'imminence d'un violent séisme.

Les plus fortes secousses provoquent l'ouverture de fissures dans le sol, dont les conséquences sont particulièrement dramatiques dans les régions urbanisées. Elles sont responsables de l'effondrement des constructions, immeubles ou barrages, de la rupture des canalisations de gaz (souvent accompagnée d'incendies) ou d'eau, etc. Les secours sont d'autant plus difficiles à organiser que toutes les communications sont généralement interrompues : routes coupées, rails de chemins de fer tordus. Dans la mer, l'onde de choc peut provoquer la formation d'énormes vagues, les *raz de marée,* ou *tsunamis,* qui vont parfois dévaster des côtes situées à des milliers de kilomètres.

Mesure et prévision. La magnitude (énergie libérée) d'un séisme est évaluée à l'aide de l'*échelle ouverte de Richter* (échelle logarithmique). Il existe aussi des échelles qui mesurent l'intensité des séismes, c'est-à-dire leurs effets, telles les échelles de Mercalli, MSK et EMS ; ces échelles, applicables uniquement dans les zones habitées, aident à mettre au point des constructions parasismiques.

Étant donné les conséquences dramatiques des séismes, les recherches sur la prévision sismique sont nombreuses, et même prioritaires dans des pays particulièrement menacés comme le Japon ou les États-Unis. Elles sont fondées sur la recherche de signes avant-coureurs qui permettraient de prévenir les populations.

Aucune méthode, malheureusement, ne permet encore de prévoir l'imminence d'un séisme en un lieu donné avec une probabilité de réussite suffisante qui justifierait l'évacuation organisée des populations. Il reste donc plus efficace de tabler sur la prévention, en particulier en utilisant dans les zones à risques la construction parasismique. ■

séismicité n.f., **séismique** adj., **séismographe** n.m., **séismologie** n.f. ⟶ **sismicité, sismique, sismographe, sismologie.**

seize [sɛz] **adj. num. card. inv.** (lat. *sedecim*). **1.** Quinze plus un : *Elle a seize ans.* **2.** (En fonction d'ordinal). De rang numéro seize ; seizième : *Page seize.* ◆ **n.m. inv.** Le nombre qui suit quinze dans la série des entiers naturels : *Quatorze et deux font seize.*

seizième [sɛzjɛm] **adj. num. ord.** et **n.** De rang numéro seize : *Le seizième jour du mois. C'est la seizième de la liste.* ◆ **adj.** et **n.m.** Qui correspond à la division d'un tout en seize parties égales : *La seizième partie d'une somme. Un seizième des recettes.*

seizièmement [sɛzjɛmmɑ̃] **adv.** En seizième lieu.

séjour [seʒur] **n.m. 1.** Fait de séjourner dans un lieu, dans un pays, pendant un certain temps ; durée pendant laquelle on séjourne : *Faire un séjour à la montagne. Un séjour de deux semaines.* **2.** LITT. Lieu où l'on séjourne : *Ce village est un agréable séjour d'été* (syn. **résidence, villégiature**). **3. Salle de séjour,** pièce d'un appartement servant à la fois de salle à manger et de salon (on dit aussi *le séjour*).

séjourner [seʒurne] **v.i.** (lat. pop. **subdiurnare,* du bas lat. *diurnare,* durer, du class. *diurnus,* de chaque jour). Rester quelque temps dans un endroit : *Séjourner à Paris pendant un mois* (syn. **demeurer, résider**). *J'ai séjourné chez eux l'an passé* (syn. **habiter**).

sel [sɛl] **n.m.** (lat. *sal*). **1.** Substance incolore, cristallisée, friable, soluble et d'un goût âcre, employée pour l'assaisonnement ou la conservation des aliments : *Sel fin* ou *sel de table.* **2.** Ce qu'il y a de piquant, de savoureux dans un propos, un écrit, une situation, ou ce qui augmente vivement leur intérêt : *Plaisanterie pleine de sel* (syn. **humour, piquant**). **3.** CHIM. Corps de structure ionique résultant de l'action d'un acide sur une base ou d'un acide ou d'une base sur un métal. **4. Gros sel,** sel marin en gros cristaux. / LITT. **Le sel de la terre,** l'élément actif, généreux, l'élite d'un groupe. / **Sel gemme** → **gemme.** / **Sel marin,** chlorure de sodium tiré de l'eau de mer. ◆ **sels n.m. pl. 1.** Mélanges acides ou alcalins qui servaient à ranimer par inhalation les personnes défaillantes : *Faire respirer des sels à une personne évanouie.* **2. Sels de bain,** mélange parfumé de sels minéraux ajoutés à l'eau du bain, pour la parfumer et l'adoucir.

■ Dès le XIe s., le sel joue un rôle important dans la vie sociale et politique du monde médiéval. Sa production et son commerce sont l'un des fondements de la richesse des États, tant en Méditerranée qu'autour de la mer du Nord et de la Baltique. Jusqu'à la fin du XVIIIe s., l'impôt sur le sel (*gabelle,* en France) a constitué une part essentielle de leurs ressources fiscales. Aujourd'hui, le sel est devenu une matière première de l'industrie chimique.

Physico-chimie et gisements. Constitué par du chlorure de sodium (NaCl) plus ou moins pur, le sel est très abondant dans la nature. Les mers en renferment environ 30 kg/m³. Il existe également dans le sous-sol (*sel gemme,* ou *halite*), provenant de l'évaporation des mers des temps géologiques. Le sel se trouve aussi dans les lacs salés, dont certains, desséchés, constituent d'importants dépôts (*chotts,* ou *sebkhas* d'Afrique du Nord). En France, les gisements de sel gemme se trouvent surtout en Lorraine et dans la *sylvinite* des mines de potasse, exploitées au XXe siècle en Alsace.

Le sel renferme généralement de 1 à 10 % d'impuretés, constituées principalement par des sulfates ou des chlorures de calcium et de magnésium, et des corps divers. Le sel extrait de l'eau de mer contient de 96 à 98 % de chlorure de sodium.

La production. Le sel minier est raffiné dans des salines industrielles, le sel marin se récolte sur des salins, ou marais salants. En France, les salins du Languedoc (Aigues-Mortes) sont les principaux producteurs ; sur l'Atlantique, quelques marais salants, tels ceux de la Charente-Maritime (Guérande), continuent à produire.

Les utilisations. Le sel est une matière première importante de la grande industrie chimique, qui en extrait le *chlore* (base de nombreuses fabrications et synthèses) et le *sodium* (matière première de l'industrie de la soude). Le sel sert également au salage des peaux, au fonctionnement des épurateurs d'eau, au déneigement des routes, à la conservation des aliments (salaison), etc.

CHIMIE. Un sel est formé d'ions de signes opposés : l'anion, négatif, provient de l'acide, c'est sa base conjuguée ; le cation, positif, provient de la base, c'est son acide conjugué. (→ acide.) Il en résulte qu'un monoacide neutralisé par une monobase ne peut donner qu'un seul sel. Ainsi, Na^+Cl^- (le chlorure de sodium) résulte de l'action de HCl (l'acide chlorhydrique) sur NaOH (l'hydroxyde de sodium, ou soude). En revanche, un polyacide possédant plusieurs bases conjuguées peut fournir plusieurs sels avec une monobase : c'est, par exemple, le cas de H_2SO_4 (l'acide sulfurique) qui, avec NaOH, donne l'hydrogénosulfate de sodium $Na^+HSO_4^-$ et le sulfate disodique $2Na^+SO_4^{2-}$. Les sels sont des électrolytes forts. Leur solubilité dans un solvant dépend de la charge et de la dimension des ions, etc. Pour les sels peu solubles, on peut définir un *produit de solubilité,* qui permet d'évaluer leur capacité à se dissoudre. ■

sélacien [selasjɛ̃] **n.m.** (du gr. *selakhos,* requin). **Sélaciens,** sous-classe de poissons marins à squelette cartilagineux, à la peau recouverte d'écailles rugueuses, comprenant les raies et les torpilles, les roussettes et les requins.

Seldjoukides ou **Saldjuqides,** dynastie turque, qui domina l'Orient musulman du XIe au XIIIe s. Adeptes de l'islam sunnite, ils conquirent l'Iran (à partir de 1038) puis Bagdad, où le calife donna à leur chef le titre de sultan (1055). Ils dominèrent l'Iran, l'Iraq, la Syrie, l'Arménie et l'Asie Mineure, région qu'ils enlevèrent aux Byzantins. Leur puissance s'effrita au XIIe s. et seul le sultanat de Rum survécut en Anatolie jusqu'en 1308, victime dès le XIIIe s. des raids mongols.

sélect, e [selɛkt] **adj.** (angl. *select*). FAM. Où ne sont admis que des personnes choisies, élégantes, en parlant d'un groupe, d'un lieu : *Un club sélect* (syn. **distingué, chic**).

sélecteur [selɛktœr] **n.m.** (de *sélect[ion]*). **1.** Commutateur ou dispositif permettant de choisir un organe, un parcours, une gamme ou un canal de fréquences, etc., parmi un certain nombre de possibilités : *Sélecteur de programmes d'un récepteur de radio, de télévision.* **2.** Pédale actionnant le changement de vitesse sur une motocyclette ou certains vélomoteurs.

sélectif, ive [selɛktif, -iv] **adj. 1.** Qui vise à opérer une sélection ou qui repose sur une sélection : *Méthode sélective. Recrutement sélectif.* **2.** Se dit d'un poste récepteur de radiodiffusion qui opère une bonne séparation des ondes de fréquences voisines.

sélection [selɛksjɔ̃] **n.f.** (lat. *selectio, -onis,* tri). **1.** Action de sélectionner, de choisir les personnes ou les choses qui conviennent le mieux : *Faire une sélection parmi des candidats* (syn. **choix**). **2.** Ensemble des éléments choisis : *Présenter une sélection de modèles de haute couture* (syn. **assortiment, collection**). **3.** (Précédé de l'art. déf.). Limitation du nombre de personnes autorisées à suivre un enseignement donné par l'élévation du niveau des connaissances requises et par un contrôle accru de ces dernières : *Être pour, contre la sélection.* **4.** Sur un matériel, un appareil, choix de ce qui correspond à une demande ponctuelle : *Bouton de sélection des programmes, sur un lave-linge.* **5.** MIL. Opération préliminaire à l'engagement. **6.** Choix, dans une espèce animale ou végétale, des individus reproducteurs dont les qualités ou les caractéristiques permettront d'améliorer l'espèce ou de la modifier dans un sens déterminé. **7.** BIOL. **Sélection naturelle,** survivance des variétés animales ou végétales les mieux adaptées aux dépens des moins aptes.

sélectionné, e [selɛksjɔne] **adj.** et **n.** Choisi parmi d'autres, en vue d'une épreuve, d'un concours : *Les joueurs sélectionnés disputeront le match.* ◆ **adj.** Qui a fait l'objet d'un choix répondant à un critère de qualité : *Vins sélectionnés.*

sélectionner [selɛksjɔne] **v.t.** Choisir, dans un ensemble, les éléments qui répondent le mieux à un critère donné : *Sélectionner des graines pour la semence.*

sélectionneur, euse [selɛksjɔnœr, -øz] **n.** Personne (dirigeant sportif, technicien) qui procède à une sélection : *Le sélectionneur de l'équipe de football.*

sélectivement [selɛktivmɑ̃] **adv.** De façon sélective ; par sélection : *Recruter sélectivement des candidats.*

sélène [selɛn] **adj.** (gr. *selênê*, la Lune). DIDACT. Qui appartient, qui est relatif à la Lune.

sélénium [selenjɔm] **n.m.** (du gr. *selênê*, Lune [par anal. avec le *tellure*]). Non-métal solide, analogue au soufre, fusible à 217 °C, dont la conductivité électrique augmente avec la lumière qu'il reçoit. ▸ Symb. Se ; densité 4,8.

Séleucides, dynastie hellénistique, fondée par Séleucos Ier, qui régna de 312/305 à 64 av. J.-C. Son empire, né des conquêtes d'Alexandre et qui s'étendit de l'Indus à la Méditerranée, se réduisit finalement à la Syrie, annexée à Rome par Pompée en 64 av. J.-C.

Séleucos Ier Nikatôr (« le Vainqueur »), général macédonien (Europos v. 355 - près de Lysimacheia 280 av. J.-C.). Lieutenant d'Alexandre, roi fondateur de la dynastie des Séleucides en 305, il reconstitua l'empire d'Alexandre, à l'exception de l'Égypte et de la Grèce. Il établit sa capitale sur l'Oronte, à Antioche, qu'il fonda en 300.

self [sɛlf] **n.m.** (abrév.). Self-service.

self-control [sɛlfkɔ̃trol] **n.m.** (mot angl.) [pl. *self-controls*]. Maîtrise, contrôle de soi.

self-made-man [sɛlfmɛdman] **n.m.** (mot angl. « homme qui s'est fait lui-même ») [pl. *self-made-mans* ou *self-made-men*]. Personne qui ne doit sa réussite qu'à elle-même.

self-service [sɛlfsɛrvis] et **self** [sɛlf] **n.m.** (mot angl. « libre-service ») [pl. *self-services* et *selfs*]. Restaurant dans lequel le client se sert lui-même : *Aller manger au self.*

Selim Ier le Terrible (Amasya 1466 - Çorlu 1520), sultan ottoman (1512-1520). Il conquit la Syrie, la Palestine et l'Égypte (1516-1517), et se fit reconnaître protecteur des villes saintes d'Arabie. Selon la tradition, le calife abbasside d'Égypte lui aurait cédé son titre de calife.

Selkirk (monts), chaîne de montagnes du Canada occidental (Colombie-Britannique) ; 3 533 m.

selle [sɛl] **n.f.** (lat. *sella*, siège). **1.** Siège incurvé en cuir que l'on place sur le dos d'une monture : *Sauter en selle.* **2.** Petit siège sur lequel s'assoit un cycliste, un motocycliste ou un conducteur de tracteur. **3.** Morceau de viande (agneau, mouton, chevreuil) correspondant à la région lombaire avec les muscles abdominaux. **4.** Support muni d'un plateau tournant sur lequel le sculpteur place le bloc de matière qu'il modèle. **5. Aller à la selle,** déféquer. / **Cheval de selle,** cheval propre à servir de monture. / **Être bien en selle,** bien affermi dans sa situation, dans son emploi. / **Remettre qqn en selle, se remettre en selle,** l'aider à rétablir ses affaires, rétablir sa propre situation. ◆ **selles n.f. pl.** Matières fécales.

seller [sele] **v.t.** Munir d'une selle (un cheval, un mulet, un dromadaire, etc.).

sellerie [sɛlri] **n.f. 1.** Ensemble des selles et des harnais des chevaux d'une écurie ; lieu où l'on range les selles et les harnais des chevaux. **2.** Technique de fabrication des selles et harnais ; activité et commerce du sellier.

sellette [sɛlɛt] **n.f.** (dimin. de *selle*). **1.** Petit siège de bois sur lequel on faisait asseoir un accusé au tribunal. **2.** Petite selle de sculpteur. **3.** Petit siège suspendu à une corde, à l'usage des ouvriers du bâtiment. **4. Être sur la sellette,** être accusé ou mis en cause. / **Mettre qqn sur la sellette,** le presser de questions, chercher à le faire parler.

sellier [sɛlje] **n.m.** Artisan, ouvrier qui fabrique, répare et vend des selles et des articles de harnachement.

selon [səlɔ̃] **prép.** (lat. pop. **sublongum*, le long de). **1.** Conformément à : *J'ai agi selon vos désirs.* **2.** Proportionnellement à : *Dépenser selon ses moyens.* **3.** Du point de vue de ; d'après : *Selon vous, que faut-il faire ?* **4.** En fonction de ; suivant : *Choisir tel itinéraire selon l'état des routes.* **5.** FAM. **C'est selon,** cela dépend des circonstances. ◆ **selon que loc. conj.** (En corrélation avec *ou*). Indique une alternative : *Selon qu'il fera beau ou non.*

selve [sɛlv] et **selva** [sɛlva] **n.f.** (port. *selva*, du lat. *silva*, forêt). Forêt dense équatoriale, et, plus partic., forêt amazonienne.

Sem, un des trois fils de Noé, d'après la Genèse. Ce livre fait de lui l'ancêtre des peuples dits *sémites* (Élamites, Assyriens, Araméens, Hébreux).

semailles [səmaj] **n.f. pl.** (lat. *seminalia*, de *semen*, graine). **1.** Action de semer : *Les semailles se font au printemps ou en automne.* **2.** Ensemble des travaux agricoles comprenant les semis ; époque où l'on sème.

semaine [səmɛn] **n.f.** (lat. ecclés. *septimana*). **1.** Période de sept jours consécutifs du lundi au dimanche inclus : *Je reviendrai au début de la semaine prochaine.* **2.** Cette période, consacrée aux activités professionnelles ; ensemble des jours ouvrables : *Semaine de cinq jours. Semaine de 35 heures.* ***Rem.*** Une recommandation internationale préconise de considérer le lundi comme premier jour de la semaine. **3.** Suite de sept jours consécutifs sans considération du jour de départ : *Louer une voiture à la semaine.* **4.** Salaire hebdomadaire : *Toucher sa semaine.* **5.** Période de sept jours consacrée à une activité ou marquée par un trait dominant : *La semaine des arts ménagers.* **6.** FAM. **À la petite semaine,** sans plan d'ensemble, au jour le jour : *Gérer une entreprise à la petite semaine.* **7.** QUÉBÉC. **Fin de semaine,** week-end.

semainier [səmenje] **n.m. 1.** Calendrier, agenda de bureau qui indique les jours en les groupant par semaines. **2.** Petit meuble à sept tiroirs. **3.** Bracelet à sept anneaux.

sémantique [semɑ̃tik] **adj.** (gr. *sêmantikos*, qui signifie). **1.** Relatif au sens, à la signification des unités linguistiques : *Contenu sémantique d'un mot.* **2.** Qui relève de la sémantique : *Analyse sémantique.* **3. Champ sémantique,** ensemble des différents sens d'un mot ou d'un groupe de mots. ◆ **n.f. 1.** Étude scientifique du sens des unités linguistiques et de leurs combinaisons (par opp. à l'étude des formes, ou *morphologie*, et à celle des rapports entre les termes de la phrase, ou *syntaxe*). [⟶ linguistique.] **2.** LOG. Étude de propositions d'une théorie déductive du point de vue de leur vérité ou de leur fausseté.

sémaphore [semafɔr] **n.m.** (de *séma-* et *-phore*). **1.** Poste de signalisation établi sur une côte pour communiquer par signaux optiques avec les navires en vue. **2.** CH. DE F. Signal d'arrêt des trains, constitué par une aile (barre) rouge horizontale en signalisation mécanique et par un feu rouge en signalisation lumineuse.

semblable [sɑ̃blabl] **adj.** (de *sembler*). **1.** Qui ressemble à qqn, à qqch d'autre ; qui est de même nature, de même qualité : *Une maison semblable à la nôtre* (syn. **pareil, similaire**). *Que faire dans un cas semblable ?* (syn. **analogue, identique**). *Je me suis déjà trouvée dans des circonstances semblables* (syn. **comparable**). **2.** De cette nature ; tel : *Qui vous a raconté de semblables histoires ?* (syn. **pareil**). **3.** GÉOM. **Figures semblables,** figures du plan telles qu'il existe une similitude transformant l'une en l'autre. ◆ **n. 1.** (Avec un poss.). Être humain, personne semblables : *Toi et tes semblables* (syn. **pareil**). **2.** Être animé, considéré par rapport à ceux de son espèce : *Partager le sort de ses semblables* (syn. **congénère**).

semblant [sɑ̃blɑ̃] **n.m. Faire semblant (de),** donner l'apparence de : *Faire semblant de chanter* (syn. **feindre**). *Elle ne dort pas, elle fait semblant* (syn. **simuler**). / **Ne faire semblant de rien,** feindre l'indifférence, l'ignorance ou l'inattention. / **Un semblant de,** une apparence de : *Il y a un semblant de vérité dans ses propos.*

sembler [sɑ̃ble] **v.i.** (bas lat. *similare*, du class. *similis*, semblable). Présenter l'apparence de, donner l'impression d'être, de faire qqch : *Ce vin semble trouble. Vous semblez préoccupé* (syn. **paraître**). ◆ **v. impers.** SOUT. **Ce me semble, me semble-t-il, à ce qu'il me semble,** à mon avis, selon moi. / **Il me semble que,** je crois que : *Il me semble qu'elle ne pouvait faire autrement.* / **Il semble que,** il y a fort à penser que, on dirait que : *Il semble que tu aies* ou *que tu as raison.* / LITT. **Que vous en semble ?,** qu'en pensez-vous ? / **Si (comme, quand) bon me semble,** si (comme, quand) cela me plaît : *Je le ferai si bon me semble.*

sème [sɛm] **n.m.** (de *sém[antique]*, d'apr. *phonème, morphème*). LING. Unité minimale de signification entrant, comme composant, dans le sens d'une unité lexicale.

semelle [səmɛl] **n.f.** (p.-ê. altér. du picard *lemelle*, lat. *lamella*, petite lame). **1.** Pièce de cuir, de corde, de caoutchouc, etc., qui forme le dessous de la chaussure et qui se trouve en contact avec le sol : *Mes semelles sont trouées.* **2.** Pièce de garniture que l'on place à l'intérieur d'une chaussure. **3.** FAM. Viande coriace : *On nous a servi de la semelle.* **4.** Pièce plate servant d'appui : *Semelle d'un fer à repasser. Semelle de béton d'un édifice. La semelle d'un ski.* **5. Battre la semelle,** frapper le sol de ses pieds, pour les réchauffer. / **Ne pas bouger, ne pas avancer d'une semelle,** ne faire aucun progrès : *La négociation n'a pas avancé d'une semelle.* / **Ne pas quitter, ne pas lâcher qqn d'une semelle,** l'accompagner, le suivre partout. / **Ne pas reculer d'une semelle,** rester ferme sur ses positions.

semence [səmɑ̃s] **n.f.** (bas lat. *sementia*, du class. *sementis*, ensemencement, de *semen*). **1.** Graine, ou autre partie d'un végétal, apte à former une plante complète après semis ou enfouissement : *Semences sélectionnées* (syn. **grain**). **2.** Sperme. **3.** Petit clou à tige courte et tête plate, aminci de la tête à la pointe, utilisé par les tapissiers.

semer [səme] **v.t.** (lat. *seminare*, de *semen, -inis*, graine) [conj. **19**]. **1.** Mettre en terre (une graine destinée à germer) : *Semer des céréales.* **2.** Répandre, jeter çà et là : *Les gens semaient des fleurs sur le passage du cortège.* **3.** SOUT. Propager : *Semer la discorde.* **4.** FAM. Quitter adroitement ; se débarrasser de : *Semer un importun* (syn. **distancer**).

semestre [səmɛstr] **n.m.** (lat. *semestris*, de *sex*, six, et *mensis*). **1.** Espace de six mois consécutifs, à partir du début de l'année civile ou scolaire ; chacune des deux moitiés de l'année. **2.** Rente, pension qui se paie tous les six mois.

semestriel, elle [səmɛstrijɛl] **adj. 1.** Qui a lieu tous les six mois : *Assemblée semestrielle.* **2.** Qui dure six mois : *Congé semestriel.*

semeur, euse [səmœr, -øz] **n.** Personne qui sème.

semi- préfixe, de l'élément lat. *semi-*, exprimant l'idée de moitié *(semi-circulaire)* ou d'état intermédiaire *(semi-conducteur)*.

semi-automatique [səmiɔtɔmatik] **adj.** (pl. *semi-automatiques*). **1.** Se dit d'un appareil, d'une installation dont le fonctionnement comprend des phases à déroulement automatique séparées par des interventions manuelles : *Distributeur semi-automatique d'étiquettes.* **2. Arme semi-automatique,** arme à répétition.

semi-auxiliaire [səmiɔksiljɛr] **adj.** et **n.m.** (pl. *semi-auxiliaires*). GRAMM. Se dit des verbes auxiliaires qui permettent d'exprimer certains aspects ou certaines modalités de l'action verbale : *« Faire », « laisser », « aller », « venir » peuvent être utilisés comme semi-auxiliaires.*

semi-conducteur, trice [səmikɔ̃dyktœr, -tris] **adj.** et **n.m.** (pl. *semi-conducteurs, trices*). Se dit d'un corps non métallique qui conduit imparfaitement l'électricité, et dont la résistivité décroît lorsque la température augmente.

semi-consonne n.f. → semi-voyelle.

semi-fini [səmifini] **adj.m.** (pl. *semi-finis*). **Produit semi-fini,** produit de l'industrie, intermédiaire entre la matière première et le produit fini.

semi-liberté [səmilibɛrte] **n.f.** (pl. *semi-libertés*). DR. PÉN. Régime permettant à un condamné de quitter l'établissement pénitentiaire pour le temps nécessaire à l'exercice d'une activité professionnelle ou à un traitement médical.

sémillant, e [semijɑ̃, -ɑ̃t] **adj.** (anc. fr. *semilleus*, rusé). LITT. Qui est d'une vivacité pétillante et gaie : *Jeune fille sémillante.*

semi-marathon [səmimaratɔ̃] **n.m.** (pl. *semi-marathons*) Course à pied de fond sur route de 21,1 km.

séminaire [seminɛr] **n.m.** (lat. *seminarium*, pépinière, de *semen*, graine). **1.** Établissement religieux où l'on instruit les jeunes gens qui se destinent à l'état ecclésiastique : *Grand séminaire. Petit séminaire.* **2.** Série de conférences, de travaux consacrés à une discipline particulière ; petit nombre de personnes réunies pour étudier une ou plusieurs questions précises sous la direction d'un animateur : *Un séminaire sur la traduction.* **3.** Groupe d'étudiants et de chercheurs travaillant sous la direction d'un enseignant : *Diriger un séminaire de linguistique appliquée.*

séminal, e, aux [seminal, -o] **adj.** (lat. *seminalis*, de *semen*, graine). **1.** Relatif à la semence des végétaux. **2.** Relatif au sperme : *Liquide séminal.*

séminariste [seminarist] **n.m.** Élève d'un séminaire.

séminifère [seminifɛr] **adj.** (du lat. *semen*, graine, et de *-fère*). ANAT. Qui conduit le sperme : *Canal séminifère.*

semi-nomade [səminɔmad] **adj.** et **n.** (pl. *semi-nomades*). Qui pratique le semi-nomadisme.

semi-nomadisme [səminɔmadism] **n.m.** (pl. *semi-nomadismes*). Genre de vie combinant une agriculture occasionnelle et un élevage nomade, le plus souvent en bordure d'un désert.

sémiologie [semjɔlɔʒi] **n.f.** (du gr. *sêmeion*, signe, et de *-logie*). **1.** Partie de la médecine qui traite des signes cliniques et des symptômes des maladies. **2.** Sémiotique.

sémiologique [semjɔlɔʒik] **adj.** Relatif à la sémiologie.

sémiotique [semjɔtik] **n.f.** (gr. *sêmeiôtikê*, de *sêmeion*, signe). **1.** Science des modes de production, de fonctionnement et de réception des différents systèmes de signes de communication entre individus ou collectivités (syn. **sémiologie**). **2.** Cette science appliquée à un domaine particulier de la communication. ◆ **adj.** De la sémiotique, de la sémiologie.

semi-ouvert, e [səmiuvɛr, -ɛrt] **adj.** (pl. *semi-ouverts, es*). MATH. Se dit d'un intervalle de nombres qui ne contient pas l'une de ses extrémités.

semi-public, ique [səmipyblik] **adj.** (pl. *semi-publics, iques*). Se dit d'un organisme relevant du droit privé et du droit public, ou d'un secteur de l'économie régi par le droit privé mais contrôlé par une personne publique.

Sémiramis, reine légendaire assyrienne à qui la tradition grecque attribue la fondation de Babylone et la création de ses fameux jardins suspendus, puis la conquête de la majeure partie de l'Orient. Cette légende semble avoir pour fondement historique le règne de Shammou-ramat, reine assyrienne qui exerça le pouvoir absolu de 810 à 806 av. J.-C. durant la minorité de son fils.

semi-remorque [səmirəmɔrk] **n.f.** (pl. *semi-remorques*). Véhicule de transport dont la partie avant, dépourvue d'essieu de roulement, s'articule sur l'arrière d'un tracteur routier. ◆ **n.m.** Ensemble formé par ce véhicule et son tracteur.

semis [səmi] **n.m.** (de *semer*). **1.** Mise en place des semences dans un terrain préparé à cet effet : *Semis à la volée.* **2.** Plant d'arbrisseau, de fleur, etc., qui a été semé en graines : *Ne marchez pas sur les semis.* **3.** Ensemble de choses menues, de petits motifs décoratifs parsemant une surface : *Tissu décoré d'un semis d'étoiles.*

sémite [semit] **adj.** et **n.** (de *Sem*, n. de l'un des fils de Noé). Qui appartient à un ensemble de peuples du Proche-Orient parlant ou ayant parlé dans l'Antiquité des langues sémitiques (Akkadiens [Assyro-Babyloniens], Amorrites, Araméens, Phéniciens, Arabes, Hébreux, Éthiopiens).

sémitique [semitik] **adj. 1.** Relatif aux Sémites. **2. Langues sémitiques,** groupe de langues chamito-sémitiques de l'Asie occidentale et du nord de l'Afrique (arabe, berbère, hébreu, araméen, amharique, etc.) [on dit aussi *le sémitique*].

semi-voyelle [səmivwajɛl] et **semi-consonne** [səmikɔ̃sɔn] **n.f.** (pl. *semi-voyelles, semi-consonnes*). Son du langage intermédiaire entre les voyelles et les consonnes, tel que [j], [w], [ɥ] dans *yeux, oui, huit.*

Semmering (le), col des Alpes autrichiennes, emprunté par la route et la voie ferrée de Vienne à Trieste et Zagreb ; 980 m.

semnopithèque [sɛmnɔpitɛk] **n.m.** (du gr. *sêmnos,* vénérable, et de *-pithèque*). Singe des forêts d'Asie du Sud, vivant en bandes. ▸ Long. 75 cm sans la queue ; famille des cercopithécidés.

semoir [səmwar] **n.m. 1.** Sac ou panier dans lequel le semeur portait les grains qu'il semait à la volée. **2.** Machine servant à semer les graines.

semonce [səmɔ̃s] **n.f.** (de l'anc. fr. *semondre,* lat. *submonere,* avertir en secret). **1.** Avertissement mêlé de reproches ; remontrance, réprimande. **2.** MAR. Ordre donné à un navire de montrer ses couleurs, de stopper. **3. Coup de semonce,** coup de canon à blanc ou réel, appuyant la semonce d'un navire ; au fig., avertissement brutal donné à qqn.

semoncer [səmɔ̃se] **v.t.** [conj. **16**]. **1.** Donner à un navire un ordre de semonce. **2.** *LITT.* Faire une semonce, une réprimande à (qqn) : *Son père l'a vertement semoncé* (syn. **réprimander**).

semoule [səmul] **n.f.** (it. *semola,* lat. *simila,* fleur de farine). Fragments de grains de céréales (blé dur essentiellement, mais aussi maïs, riz), obtenus par mouture des grains humidifiés, suivie de séchage et de tamisage : *Un gâteau de semoule. Préparer la semoule pour un couscous.*

sempiternel, elle [sɑ̃pitɛrnɛl] **adj.** (lat. *sempiternus,* d'apr. *éternel*). Qui est répété indéfiniment au point de fatiguer : *Ses sempiternelles jérémiades* (syn. **continuel, perpétuel**).

sempiternellement [sɑ̃pitɛrnɛlmɑ̃] **adv.** D'une manière sempiternelle ; sans arrêt, sans cesse : *Répéter sempiternellement la même chose* (syn. **perpétuellement**). *Sempiternellement coiffé de son chapeau vert* (syn. **invariablement**).

sénat [sena] **n.m.** (lat. *senatus,* de *senex,* vieux). **1.** Nom donné à diverses assemblées politiques de l'Antiquité (à Rome, à Carthage, à Byzance). **2.** (Avec une majuscule). Seconde chambre ou chambre haute dans les régimes à caractère parlementaire : *Le Sénat des États-Unis d'Amérique.* **3.** (Avec une majuscule). Assemblée qui, avec l'Assemblée nationale, constitue le Parlement français. **4.** Lieu, bâtiment où se réunissent les sénateurs.

■ **Le rôle du Sénat.** En France, sous la Ve République, le Sénat assure la représentation des collectivités territoriales de la République et, avec l'Assemblée nationale, celle des Français établis à l'étranger. Les pouvoirs du Sénat sont les mêmes que ceux de l'Assemblée nationale, sous trois réserves : les lois de finances sont toujours soumises en premier lieu à l'Assemblée nationale ; en cas de désaccord entre le Sénat et l'Assemblée nationale, le gouvernement peut demander à l'Assemblée nationale de se prononcer en dernier ressort ; la responsabilité politique du gouvernement ne peut être mise en cause par le Sénat. Le président du Sénat est le deuxième personnage de la République ; il assure l'intérim en cas de vacance de la présidence de la République.

Les sénateurs. On compte auj. 348 sénateurs, élus pour six ans (avec renouvellement par moitié tous les trois ans). Ils sont élus au suffrage universel indirect, autrement dit par des personnes elles-mêmes déjà élues (on les appelle *grands électeurs*), notamm. au niveau de la commune, du département, de la Région. Pour être élu sénateur, il faut avoir au moins 24 ans. ■

sénateur, trice [senatœr, -tris] **n.** (lat. *senator*). Membre d'un sénat : *En France, les sénateurs sont élus au suffrage indirect.*

sénatorial, e, aux [senatɔrjal, -o] **adj.** Relatif au Sénat, aux sénateurs : *Une commission sénatoriale. Élections sénatoriales.*

sénatus-consulte [senatyskɔ̃sylt] **n.m.** (lat. *senatus consultum*) [pl. *sénatus-consultes*]. **1.** ANTIQ. Texte formulant l'avis du sénat romain. **2.** HIST. Acte voté par le Sénat, pendant le Consulat, le premier et le second Empire, et ayant la valeur d'une loi.

séné [sene] **n.m.** (lat. médiév. *sene,* ar. *senā*). **1.** Arbre ou arbuste dont le fruit en gousse contient un principe purgatif (syn. **cassier**). ▸ Sous-famille des césalpiniacées. **2.** Laxatif extrait de la gousse du cassier.

sénéchal [seneʃal] **n.m.** (frq. **siniskalk,* propr. « serviteur le plus âgé ») [pl. *sénéchaux*]. **1.** HIST. En France, grand officier qui commandait l'armée et rendait la justice au nom du roi. **2.** HIST. Dans certaines provinces, agent du roi ayant les attributions d'un bailli.

sénéchaussée [seneʃose] **n.f. 1.** Étendue de la juridiction d'un sénéchal. **2.** Tribunal du sénéchal.

séneçon [sensɔ̃] **n.m.** (lat. *senecio,* de *senex,* vieillard). Plante dont il existe de nombreuses espèces herbacées et arborescentes à capitules génér. jaunes. ▸ Famille des composées.

Sénégal (le), fl. d'Afrique, né dans le Fouta-Djalon, qui rejoint l'Atlantique ; 1 700 km.

Sénégal, État de l'Afrique occidentale, au sud du *fleuve Sénégal* ; 197 000 km^2 ; 14 133 000 hab. *(Sénégalais).* CAP. *Dakar.* LANGUE : *français.* MONNAIE : *franc C.F.A.*

GÉOGRAPHIE

En dehors du sud-est du pays, contrefort du Fouta-Djalon, le pays est formé de plateaux peu élevés, entaillés au N. par le fleuve Sénégal, au S. par la Gambie et la Casamance. La côte est sableuse, interrompue par les seuls reliefs de la presqu'île du Cap-Vert. Les températures, élevées dans l'intérieur (28 °C en moyenne), s'abaissent sur le littoral (24 °C). Les pluies décroissent du Sud au Nord. De grandes forêts au sud du pays font place à la savane au centre et au sud-est, puis à la steppe au nord.

Les Ouolof forment l'ethnie la plus nombreuse parmi la vingtaine que compte le pays. Les Sénégalais sont musulmans à plus de 80 %. Le tiers ouest du pays concentre la majorité de la population. L'agriculture occupe près de 70 % des actifs, mais les productions vivrières (mil, riz) restent insuffisantes. L'arachide est la principale culture commerciale, devant le coton, la canne à sucre, les fruits et légumes. L'élevage et une pêche active (première place aux exportations) complètent les ressources alimentaires. Par ailleurs, on extrait des phosphates et un peu de sel. Le secteur industriel est concentré autour de Dakar. Le déficit commercial n'est pas comblé par les revenus du tourisme.

HISTOIRE

Le pays, peuplé dès la préhistoire, a connu le passage de populations successives et des métissages.

IXe s. Formation du royaume de Tekrour, progressivement islamisé et vassalisé par l'empire du Mali.

XIVe s. Constitution du royaume Dyolof.

XVe s. Les Portugais installent des comptoirs sur la côte.

XVIe s. Le royaume Dyolof se morcelle en plusieurs États.

1659. Les Français fondent Saint-Louis.

1677. Ils enlèvent Gorée aux Hollandais.

1854-1865. Le général Faidherbe mène une politique d'expansion.

La conquête est achevée par ses successeurs vers 1890.

1895. Le siège de l'Afrique-Occidentale française est fixé à Dakar. Le Sénégal est doté d'un statut privilégié.

La colonisation favorise la production de l'arachide.

1958. Le Sénégal devient république autonome au sein de la Communauté.

1959-1960. Il forme avec le Mali une éphémère fédération.

1960. Le Sénégal devient indépendant.

Son président, Léopold Sédar Senghor, instaure en 1963 un régime à parti unique, remplacé par un régime tripartite en 1976.

1981. Abdou Diouf, socialiste, succède à L. S. Senghor et institue le multipartisme.

1982-1989. Le pays forme avec la Gambie la confédération de Sénégambie.

Un mouvement séparatiste se développe depuis les années 1980 en Casamance, partie méridionale du pays.

2000. Abdoulaye Wade, le leader de l'opposition libérale, est élu à la tête de l'État (réélu en 2007).
2012. Chef de l'opposition à A. Wade qui cherche à obtenir un troisième mandat, Macky Sall est élu président de la République.

Sénèque, en lat. **Lucius Annaeus Seneca,** dit **Sénèque le Philosophe,** philosophe latin (Cordoue v. 2 av. J.-C. - 65 apr. J.-C.). Précepteur de Néron (49-62), consul en 57, il fut compromis dans la conspiration de Pison et reçut l'ordre de s'ouvrir les veines. Sénèque fit l'apologie de l'ascétisme stoïcien et du renoncement aux biens terrestres dans une œuvre dont il ne reste que des *Consolations,* des traités de direction morale (*De la tranquillité de l'âme, De la clémence, De la brièveté de la vie* et *Des bienfaits*), les *Lettres à Lucilius,* un traité scientifique *(Quaestiones naturales),* ainsi que des tragédies, dont *les Troyennes, Médée, Phèdre, Œdipe.*

sénescence [senɛsɑ̃s] **n.f.** (du lat. *senescere,* vieillir). **1.** Vieillissement naturel des tissus et de l'organisme. **2.** Baisse des activités, des performances propres à la période de vie qui suit la maturité (syn. **vieillesse**).

sénescent, e [senɛsɑ̃, -ɑ̃t] **adj.** Atteint par la sénescence.

senestre [sənɛstr] ou **sénestre** [senɛstr] **adj.** (lat. *sinister,* gauche). HÉRALD. Qui est sur le côté gauche de l'écu (par opp. à *dextre*).

sénevé [senve] **n.m.** (lat. *sinapi,* mot gr.). Moutarde sauvage.

Senghor (Léopold Sédar), homme d'État et écrivain sénégalais (Joal 1906 - Verson, Calvados, 2001). Député à l'Assemblée nationale française (1946), il participa au gouvernement d'Edgar Faure (1955-1956). Élu président de la République du Sénégal lors de l'indépendance (1960), il quitta volontairement le pouvoir en 1980. Son œuvre littéraire, dans laquelle il définit la notion de « négritude », exprime l'amour de sa terre natale (*Éthiopiques,* 1956 ; *Nocturnes,* 1961). [Acad. fr.]

sénile [senil] **adj.** (lat. *senilis,* de *senex,* vieillard). **1.** Qui est caractéristique de la vieillesse : *Tremblement, démence séniles.* **2.** Dont les facultés intellectuelles sont dégradées par l'âge : *Il ne vous comprend pas, il est sénile* (syn. **gâteux**).

sénilité [senilite] **n.f.** Affaiblissement physique et surtout intellectuel produit par la vieillesse (syn. **gâtisme**).

senior [senjɔr] **adj.** (mot lat. « plus âgé »). **1.** Qui concerne les personnes de plus de cinquante ans : *Des clubs seniors.* **2.** Qui a de l'expérience : *Une informaticienne senior.* **3.** SPORTS, JEUX. Se dit d'un concurrent qui a dépassé l'âge limite des juniors (20 ans, génér.) et qui n'est pas encore vétéran (qui a moins de 45 ans, génér.). ◆ **n. 1.** Personne de plus de cinquante ans. **2.** Sportif de 20 à 45 ans env., entre junior et vétéran.

Sennachérib, roi d'Assyrie (705-680 av. J.-C.). Il maintint contre les Mèdes et les Araméens l'hégémonie assyrienne et rasa Babylone (689), qui avait repris son indépendance. Il entreprit à Ninive, sa capitale, de grands travaux.

senne ou **seine** [sɛn] **n.f.** (lat. *sagena,* du gr.). Filet de pêche qu'on traîne sur les fonds sableux.

Sennett (Michael Sinnott, dit **Mack),** cinéaste américain (Richmond, Québec, 1880 - Hollywood 1960). Il fut le grand pionnier du burlesque, produisant et réalisant lui-même d'innombrables petits films comiques. Fondateur de la Keystone Company en 1912, il lança des vedettes comiques du muet : Chaplin, Langdon, Fatty.

Sénoufo, peuple de la Côte d'Ivoire, du Mali et du Burkina, parlant une langue voltaïque.

sens [sɑ̃s] **n.m.** (lat. *sensus,* de *sentire,* percevoir, comprendre). **1.** Fonction psychique et physiologique par laquelle un organisme reçoit des informations sur certains éléments du milieu extérieur, de nature physique ou chimique : *La vue, l'ouïe, le toucher, le goût et l'odorat sont les cinq sens. Les organes des sens.* **2.** Connaissance immédiate : *Il n'a pas le sens des affaires* (syn. **don, instinct**). *J'adore son sens de l'humour* (= son esprit). **3.** Manière de comprendre, de juger : *Abonder dans le sens de qqn* (syn. **opinion, sentiment**). *À mon sens, vous ne devriez pas faire ça* (syn. **avis**). **4.** Raison d'être de qqch, ce qui justifie et explique qqch : *Donner un sens à son action* (syn. **finalité**). *Comment donner un sens à sa vie ?* (syn. **signification**). **5.** Ensemble des représentations que suggère un mot, un énoncé : *Chercher le sens d'un mot dans un dictionnaire* (syn. **signification**). **6.** Direction dans laquelle se fait un mouvement : *Nous nous sommes trompés, changeons de sens* (syn. **orientation**). **7.** Côté d'un corps, d'une chose : *Couper un objet dans le sens de la longueur. La photo est placée dans le mauvais sens* (syn. **position**). **8. En dépit du bon sens,** contrairement à la simple raison. ⁄ **Le bon sens, le sens commun,** capacité de distinguer le vrai du faux, d'agir raisonnablement ; ensemble des opinions dominantes dans une société donnée. ⁄ **Sens dessus dessous** [sɑ̃dəsydəsu], de façon que ce qui devait être dessus ou en haut se trouve dessous ou en bas ; dans un grand désordre, un grand trouble. ⁄ **Sens devant derrière** [sɑ̃dəvɑ̃dɛrjɛr], de telle sorte que ce qui devait être devant se trouve derrière. ⁄ **Sens unique,** voie sur laquelle la circulation, par décision administrative, ne s'effectue que dans une seule direction. ⁄ **Sixième sens,** intuition. ⁄ **Tomber sous le sens,** être évident. ◆ **n.m. pl.** Ensemble des fonctions de la vie organique qui procurent les plaisirs physiques : *Troubler les sens* (syn. **sensualité**).

Sens, ch.-l. d'arr. de l'Yonne, sur l'Yonne ; 25 867 hab. *(Sénonais).* Archevêché. Constructions mécaniques et électriques. Signalisation routière. Cathédrale gothique précoce, construite de 1130 à la fin du XIIe s. (transept du XVIe s. ; trésor), palais synodal du XIIIe s., très restauré, et autres monuments. Musée consacré surtout à la préhistoire et à l'époque gallo-romaine (vestiges monumentaux, stèles funéraires sculptées).

sensation [sɑ̃sasjɔ̃] **n.f.** (lat. *sensatio,* de *sentire,* sentir). **1.** Phénomène qui traduit, de façon interne chez un individu, une stimulation des organes récepteurs : *Sensation visuelle.* **2.** État psychologique découlant des impressions reçues et à prédominance affective ou psychologique : *Sensation de bien-être.* **3. À sensation,** de nature à causer l'émotion, à attirer l'attention : *Journal à sensation.* ⁄ **Avoir la sensation que, de,** avoir l'impression que, de. ⁄ **Faire sensation,** produire une vive impression d'intérêt, de surprise, d'admiration, etc.

sensationnel, elle [sɑ̃sasjɔnɛl] **adj.** (de *sensation*). **1.** Qui produit une impression de surprise, d'intérêt, d'admiration : *Ce fut un événement sensationnel* (syn. **extraordinaire, stupéfiant**). **2.** FAM. Qui est remarquable, d'une valeur exceptionnelle : *Une voiture sensationnelle* (syn. **fabuleux, merveilleux**). ◆ **sensationnel n.m.** Tout ce qui peut produire une forte impression de surprise, d'intérêt ou d'émotion : *Lecteurs avides de sensationnel.*

sensé, e [sɑ̃se] **adj.** Qui a du bon sens ; raisonnable : *Personne sensée* (syn. **sage**). *Discours sensé* (syn. **judicieux**).

sensément [sɑ̃semɑ̃] **adv.** LITT. De façon sensée ; avec bon sens : *Agir, s'exprimer sensément* (syn. **judicieusement, raisonnablement**).

sensibilisateur, trice [sɑ̃sibilizatœr, -tris] **adj.** Qui sensibilise qqn, l'opinion à qqch : *Discours sensibilisateur.*

sensibilisation [sɑ̃sibilizasjɔ̃] **n.f. 1.** Action de sensibiliser ; fait d'être sensibilisé : *Une campagne de sensibilisation aux problèmes de la drogue.* **2.** MÉD. Introduction dans un organisme intact d'une substance étrangère (antigène) entraînant le développement d'anticorps.

sensibiliser [sɑ̃sibilize] **v.t. 1.** Rendre sensible, réceptif à : *Sensibiliser les jeunes aux dangers de la vitesse.* **2.** MÉD. Provoquer une sensibilisation : *Sensibiliser un organisme à un antigène.* **3.** Rendre qqn, un groupe sensible, réceptif à qqch : *Sensibiliser l'opinion à la protection de l'environnement.*

sensibilité [sɑ̃sibilite] **n.f.** (bas lat. *sensibilitas*). **1.** Aptitude à réagir à des excitations externes ou internes : *Sensibilité au froid.* **2.** Aptitude à s'émouvoir, à éprouver de la pitié, de la tendresse, un sentiment esthétique : *Un enfant d'une grande sensibilité* (syn. **émotivité**). *Faire appel à la sensibilité de qqn* (syn. **pitié, tendresse**). **3.** Opinion, courant politiques : *Les diverses sensibilités qu'on trouve au sein de ce parti* (syn. **tendance**). **4.** MÉTROL. Aptitude d'un instrument de mesure à déceler de très petites variations : *La sensibilité d'une balance.*

5. PHOT. Réponse d'une émulsion à l'action d'une certaine quantité de lumière, exprimée en valeur numérique : *Sensibilité d'une pellicule.*

1. sensible [sɑ̃sibl] **adj.** (lat. *sensibilis,* de *sentire,* sentir). **1.** Perçu par les sens : *Le monde sensible* (syn. **concret, matériel**). **2.** Susceptible d'éprouver des perceptions, des sensations : *Avoir l'oreille sensible* (syn. **fin**). **3.** Facilement affecté par la moindre action ou agression extérieure : *Avoir la gorge sensible* (syn. **délicat, fragile**). **4.** Qui est facilement ému, touché : *Âme sensible* (= personne émotive). **5.** Accessible, réceptif à certains sentiments, certaines impressions : *Elle est sensible aux misères d'autrui* (syn. **compatissant, ouvert**). *Sensible aux compliments.* **6.** Se dit d'un endroit du corps où l'on ressent une douleur plus ou moins vive : *Plaie sensible* (syn. **douloureux**). **7.** Que l'on doit traiter avec une attention, une vigilance particulière : *Dossier sensible* (syn. **délicat, difficile**). **8.** Qu'on remarque aisément : *Progrès sensibles* (syn. **notable**). **9.** Qui indique les plus légères variations : *Balance sensible* (syn. **précis**). **10.** PHOT. Se dit de la qualité d'une couche, d'une émulsion susceptibles d'être impressionnées par la lumière. **11. Point sensible (de qqn),** ce qui le touche particulièrement. / **Quartier sensible,** espace urbain où règnent la précarité sociale, la délinquance et l'insécurité qui en résulte.

2. sensible [sɑ̃sibl] **n.f.** (de *[note] sensible*). MUS. Septième degré d'une gamme diatonique.

sensiblement [sɑ̃sibləmɑ̃] **adv. 1.** D'une manière très perceptible : *La fièvre a sensiblement baissé* (syn. **considérablement**). **2.** À peu de chose près ; presque : *Ils sont sensiblement du même âge* (syn. **approximativement**).

sensiblerie [sɑ̃sibləri] **n.f.** (de *1. sensible*). Sensibilité affectée et outrée : *Sa défense des animaux vire à la sensiblerie.*

sensitif, ive [sɑ̃sitif, -iv] **adj.** (lat. médiév. *sensitivus*). Qui conduit l'influx nerveux d'un organe sensoriel à un centre : *Nerf sensitif.* ◆ **adj.** et **n.** D'une sensibilité excessive : *Sa sœur est une sensitive* (syn. **hypersensible**).

sensoriel, elle [sɑ̃sɔrjɛl] **adj.** (du bas lat. *sensorium*). Relatif aux organes des sens : *Impressions sensorielles.*

sensualisme [sɑ̃sɥalism] **n.m.** (du lat. ecclés. *sensualis,* qui concerne les sens). PHILOS. Doctrine selon laquelle nos connaissances proviennent de nos sensations : *Le sensualisme de Condillac.* ◆ **sensualiste adj.** et **n.** Relatif au sensualisme ; partisan du sensualisme.

sensualité [sɑ̃sɥalite] **n.f.** (lat. ecclés. *sensualitas*). **1.** Aptitude à goûter les plaisirs des sens, à être réceptif aux sensations physiques, en partic. sexuelles : *Homme d'une grande sensualité* (syn. **concupiscence**). **2.** Caractère de qqn, de qqch de sensuel : *La sensualité qui émane de certains tableaux de Renoir.*

sensuel, elle [sɑ̃sɥɛl] **adj.** (lat. ecclés. *sensualis*). Qui est porté vers les plaisirs des sens (plaisirs érotiques, notamm.) ou qui les évoque : *Des appétits sensuels* (syn. **charnel**). *Une bouche sensuelle, des formes sensuelles* (syn. **voluptueux**). ◆ **n.** Personne sensuelle.

sente [sɑ̃t] **n.f.** (lat. *semita*). *LITT.* Petit sentier.

sentence [sɑ̃tɑ̃s] **n.f.** (lat. *sententia*). **1.** Décision rendue par un arbitre, un juge, un tribunal ; en partic., décision des tribunaux d'instance et des conseils de prud'hommes : *Prononcer une sentence* (syn. **jugement, verdict**). **2.** Courte phrase de portée générale ; précepte de morale : *Parler par sentences* (syn. **dicton, maxime**).

sentencieusement [sɑ̃tɑ̃sjøzmɑ̃] **adv.** De façon sentencieuse : *Discourir sentencieusement* (syn. **pompeusement**).

sentencieux, euse [sɑ̃tɑ̃sjø, -øz] **adj.** (lat. *sententiosus*). **1.** Qui parle par sentences : *Personne sentencieuse* (syn. **doctoral, dogmatique**). **2.** Qui contient des sentences : *Discours sentencieux* (syn. **emphatique, pompeux**).

senteur [sɑ̃tœr] **n.f.** (de *sentir*). *LITT.* Odeur agréable : *La senteur qu'exhale le lilas* (syn. **effluve, parfum**).

senti, e [sɑ̃ti] **adj. Bien senti,** exprimé avec force et sincérité : *Une réplique bien sentie.*

sentier [sɑ̃tje] **n.m.** (de *sente*). **1.** Chemin étroit : *Un sentier forestier* (= un layon). **2.** *LITT.* Voie que l'on suit pour atteindre un but : *Les sentiers de la gloire* (syn. **chemin**).

sentiment [sɑ̃timɑ̃] **n.m.** (de *sentir*). **1.** Connaissance plus ou moins claire donnée d'une manière immédiate : *Elle a le sentiment de sa force* (syn. **conscience**). *J'ai le sentiment que je me trompe* (syn. **impression, intuition**). **2.** État affectif complexe et durable, lié à certaines émotions ou représentations : *Sentiment religieux* (syn. **élan**). **3.** Manifestation d'une tendance, d'un penchant : *Être animé de mauvais sentiments* (syn. **disposition**). **4.** Disposition à être facilement ému, touché ; émotivité, sensibilité. **5.** *LITT.* Manière de penser, d'apprécier : *Exprimer son sentiment* (syn. **opinion, point de vue**).

sentimental, e, aux [sɑ̃timɑ̃tal, -o] **adj.** (mot angl., de *sentiment*). Relatif aux sentiments tendres, à l'amour : *Chanson sentimentale* (syn. **romanesque, romantique**). ◆ **adj.** et **n.** Qui a ou qui manifeste une sensibilité un peu romanesque, excessive : *C'est un grand sentimental* (syn. **tendre**).

sentimentalement [sɑ̃timɑ̃talmɑ̃] **adv.** De façon sentimentale : *Être sentimentalement attaché à un bijou.*

sentimentalisme [sɑ̃timɑ̃talism] **n.m.** Attitude de qqn qui se laisse guider par une sensibilité exacerbée.

sentimentalité [sɑ̃timɑ̃talite] **n.f.** Caractère, inclination, attitude d'une personne sentimentale ; caractère de ce qui est sentimental : *Rengaine d'une sentimentalité mièvre.*

sentine [sɑ̃tin] **n.f.** (lat. *sentina*). *LITT.* Lieu sale et humide.

sentinelle [sɑ̃tinɛl] **n.f.** (it. *sentinella,* de *sentire,* entendre, lat. *sentire,* percevoir). **1.** Soldat en armes placé en faction : *Relever une sentinelle* (syn. **garde**). **2.** Personne qui fait le guet : *L'un des cambrioleurs était en sentinelle au coin de la rue* (syn. **guetteur**).

sentir [sɑ̃tir] **v.t.** (lat. *sentire,* percevoir, comprendre) [conj. **37**]. **1.** Percevoir une impression physique : *Sentir le froid, la faim* (syn. **ressentir**). *Être capable de sentir la différence entre un bon vin et un vin ordinaire* (syn. **goûter**). **2.** Percevoir par l'odorat : *On sent l'odeur des bois* (syn. **flairer, humer**). **3.** Avoir conscience de ; connaître par intuition : *Je sens que ce livre vous plaira* (syn. **deviner, pressentir**). *J'ai tout de suite senti où il voulait en venir* (syn. **prévoir, soupçonner**). **4. Faire sentir,** faire éprouver ; faire reconnaître : *Faire sentir son autorité.* / **Ne pouvoir sentir qqn,** avoir pour lui de l'antipathie. / **Se faire sentir,** se manifester : *La pénurie de matières premières commence à se faire sentir.* ◆ **v.i. 1.** (suivi d'un compl. de qualité ou d'un adv.). Répandre une odeur : *Ce parfum sent bon, sent le jasmin* (syn. **exhaler**). **2.** (Absol.). Exhaler une mauvaise odeur : *Ce poisson sent* (syn. **puer**). **3.** Avoir telle saveur : *Ce vin sent la framboise.* **4.** Avoir l'apparence de ; avoir tel caractère : *Garçon qui sent la province.* ◆ **se sentir v.pr. 1.** Connaître, apprécier dans quelle disposition physique ou morale on se trouve : *Je ne me sens pas bien. Elle se sent capable de le faire* (syn. **s'estimer, se juger**). **2.** Être perceptible, appréciable : *Ça se sent qu'il fait froid.* **3.** *FAM.* **Ne plus se sentir,** ne plus pouvoir se contrôler ; être grisé par le succès.

seoir [swar] **v.t. ind.** (lat. *sedere,* être assis) [conj. **67** ; seul. 3e pers. et temps simples]. Aller bien, convenir à : *Cette robe vous sied à ravir.* ◆ **v. impers. 1.** *LITT.* Être souhaitable : *Il sied de ne plus le voir, que vous ne le voyiez plus* (syn. **convenir**). **2. Il sied (à qqn) de,** il (lui) appartient de : *Il vous siéra de prendre la décision finale.*

Séoul, cap. de la Corée du Sud, fondée au XIe s. ; 9 735 857 hab. Centre administratif et industriel. Musée national.

sep [sɛp] **n.m.** (lat. *cippus,* pieu). Pièce de la charrue glissant sur le fond du sillon pendant le labour.

sépale [sepal] **n.m.** (lat. scientif. *sepalum,* gr. *skepê,* enveloppe). BOT. Chacune des pièces du calice d'une fleur.

séparable [separabl] **adj.** (lat. *separabilis*). Qui peut se séparer : *Le fil de raccordement est séparable de l'appareil.*

séparateur, trice [separatœr, -tris] **adj.** (lat. *separator*). **1.** Qui sépare : *Élever une cloison séparatrice.* **2.** OPT. **Pouvoir séparateur,** qualité de l'œil, d'un instrument d'optique, qui permet de distinguer deux points rapprochés.

séparation [separasjɔ̃] **n.f.** (lat. *separatio*). **1.** Action de séparer, d'isoler ; fait d'être séparé : *La séparation des globules rouges et du plasma.* **2.** Fait de distinguer, de mettre à part : *Séparation des pouvoirs.* **3.** Fait de se séparer, de rompre un lien, de se quitter ; fait d'être séparé, d'être éloigné : *Cette dispute a provoqué leur séparation* (syn. **brouille, rupture**). *Il redoutait la séparation d'avec sa mère* (syn. **éloignement**). **4.** DR. **Séparation de biens,** régime matrimonial qui permet à chaque époux d'administrer tous ses biens présents ou futurs. / **Séparation de corps,** suppression du devoir de cohabitation entre époux et substitution du régime de séparation de biens au régime matrimonial antérieur par jugement. / **Séparation des Églises et de l'État,** système législatif dans lequel les Églises sont considérées par l'État comme des personnes privées. ▶ En France, elle est instituée depuis le 9 déc. 1905.

séparatisme [separatism] **n.m.** Mouvement, tendance des habitants d'un territoire désireux de le séparer de l'État dont il fait partie. ◆ **séparatiste** **adj.** et **n.** Relatif au séparatisme ; partisan du séparatisme.

séparé, e [separe] **adj. 1.** Distinct ; isolé (d'un ensemble) : *Envoi par pli séparé.* **2.** DR. Qui est sous un régime de séparation : *Époux séparés.*

séparément [separemɑ̃] **adv.** À part l'un de l'autre : *Je désire vous entendre séparément* (syn. **isolément**).

séparer [separe] **v.t.** (lat. *separare,* disposer à part). **1.** Mettre à part, éloigner l'une de l'autre (les choses, les personnes qui étaient ensemble) : *Séparer des adversaires* (syn. **écarter**). **2.** Ranger, classer à part : *Séparer les fruits et les légumes* (syn. **trier**). **3.** Partager (un espace, un lieu) : *Séparer une pièce par une cloison* (syn. **diviser**). **4.** Former une limite, une séparation entre : *La route nous sépare de la mer* (syn. **isoler**). **5.** Être source d'éloignement, cause de désunion : *La politique les a séparés* (syn. **brouiller, diviser**). **6.** Considérer, examiner (chaque chose pour elle-même, en elle-même) : *Séparer les questions politiques des questions financières* (syn. **disjoindre, dissocier**). ◆ **se séparer** **v.pr. 1.** Cesser de vivre ensemble ; cesser de vivre avec : *Époux qui se séparent* (syn. **rompre, se quitter**). *Elle s'est séparée de son mari* (syn. **quitter**). **2.** Cesser d'être en relations avec : *Associés qui se séparent.* **3.** Ne plus conserver avec soi : *Se séparer de ses poupées* (syn. **se débarrasser**). **4.** Se diviser en plusieurs éléments : *Le fleuve se sépare en plusieurs bras* (syn. **se scinder**).

sépia [sepja] **n.f.** (it. *seppia,* lat. *sepia,* seiche, encre). **1.** Liquide sécrété par la seiche. **2.** Matière colorante brune, autref. faite avec la sépia de seiche, utilisée pour le dessin et le lavis : *Passer un dessin à la sépia.* **3.** Dessin exécuté à la sépia : *Une belle sépia.* ◆ **adj. inv.** De la couleur de la sépia : *Des photos sépia.*

seppuku [sepuku] **n.m.** (mot jap.). Suicide par incision du ventre, propre au Japon et improprement appelé *hara-kiri.*

sept [sɛt] **adj. num. card. inv.** (lat. *septem*). **1.** Six plus un : *Ils ont sept enfants.* **2.** (En fonction d'ordinal). De rang numéro sept ; septième : *Tome sept. Charles VII.* ◆ **n.m. inv. 1.** Le nombre qui suit six dans la série des entiers naturels ; le chiffre représentant ce nombre : *Cinq et deux font sept. Le sept arabe.* **2.** Carte comportant sept figures, marquée par le numéro sept : *Le sept de cœur.*

septain [sɛtɛ̃] **n.m.** Strophe ou poème de sept vers.

Sept Ans *(guerre de),* guerre qui vit s'affronter, de 1756 à 1763, la Grande-Bretagne et la Prusse d'un côté, l'Autriche, la France et leurs alliés (Russie, Suède, Espagne) de l'autre. Ses causes résident dans la volonté de Marie-Thérèse d'Autriche de récupérer la Silésie, cédée à la Prusse (1742), et dans la rivalité franco-anglaise sur mer et dans les colonies. Aussi les opérations se déroulèrent-elles dans les colonies et en Allemagne.
1757. Frédéric II de Prusse écrase les Français à Rossbach et les Autrichiens à Leuthen.
Une offensive russe permet cependant aux coalisés de s'emparer de Berlin, mais Frédéric est sauvé par la mort de la tsarine Élisabeth.
1759-1761. Les Français sont défaits par les Anglais au Canada (prise de Québec) et en Inde.
Par le traité de Paris (10 févr. 1763), la France perd le Canada, l'Inde et la Louisiane. Par le traité de Hubertsbourg (15 févr. 1763), la Prusse garde la Silésie. Ces traités consacrent l'hégémonie britannique sur mer, et la puissance prussienne en Europe.

septante [sɛptɑ̃t] **adj. num. card. inv.** et **n.m. inv.** *BELG., HELV.* Soixante-dix.

Septante *(version des),* la plus ancienne des versions grecques de la Bible hébraïque. Effectuée entre 250 et 130 av. J.-C. environ par les juifs d'Alexandrie pour leurs coreligionnaires de la diaspora hellénique, elle sera utilisée par l'Église chrétienne ancienne.

septembre [sɛptɑ̃br] **n.m.** (lat. *september,* septième mois, l'année romaine commençant en mars). Neuvième mois de l'année.

Septembre *(massacres de)* [2-6 sept. 1792], exécutions sommaires qui eurent lieu dans les prisons de Paris et en province, et dont furent principalement victimes les aristocrates et les prêtres réfractaires (plus d'un millier de personnes). Ces massacres furent provoqués par la nouvelle de l'invasion prussienne.

septembre 2001 *(attentats du 11),* attaques lancées contre le territoire des États-Unis et dont la responsabilité fut revendiquée par O. Ben Laden et par son réseau terroriste islamiste al-Qaida. Quatre avions de ligne américains sont détournés par des commandos-suicides ; deux sont précipités sur les tours jumelles du World Trade Center (qui s'effondrent), à New York, un – dont la cible demeure inconnue – s'écrase en Pennsylvanie et un autre, sur le Pentagone, à Washington, faisant au total environ 3 000 victimes. Ces attentats, retransmis en direct à la télévision, ont provoqué un grave traumatisme aux États-Unis et dans le monde entier.

septennal, e, aux [sɛptenal, -o] **adj.** (bas lat. *septennalis*). Qui arrive tous les sept ans ; qui dure sept ans.

septennat [sɛptena] **n.m.** (de *septennal*). **1.** Période de sept ans. **2.** En France, durée du mandat du président de la République, de 1873 à 2002. ▶ C'est le 20 nov. 1873 que l'Assemblée nationale, face à l'échec de la restauration monarchique, disposa que le pouvoir exécutif serait confié pour sept ans au maréchal de Mac-Mahon, avec le titre de président de la République. La règle du septennat dans la présidence fut conservée dans les Constitutions de 1946 et de 1958. Mais la révision constitutionnelle du 2 oct. 2000, appliquée à compter de 2002, a réduit la durée du mandat présidentiel de 7 à 5 ans (quinquennat).

septentrion [sɛptɑ̃trijɔ̃] **n.m.** (lat. *septemtrio,* les sept étoiles de la Grande ou de la Petite Ourse). *LITT.* Nord.

septentrional, e, aux [sɛptɑ̃trijɔnal, -o] **adj.** *LITT.* Situé au nord ; qui appartient aux régions du nord : *La partie septentrionale du pays* (syn. **nordique ;** contr. **méridional**).

septicémie [sɛptisemi] **n.f.** (de *septique* et *-émie*). Infection générale due à la pullulation dans le sang de bactéries pathogènes.

septième [sɛtjɛm] **adj. num. ord.** (lat. *septimus*). **1.** De rang numéro sept : *Le septième jour de la semaine.* **2. Être au septième ciel,** être dans le ravissement ; atteindre les sommets du plaisir, du bonheur. / **Le septième art,** le cinéma. ◆ **n.** Celui, celle qui occupe le septième rang : *C'est la septième de la promotion.* ◆ **adj.** et **n.m.** Qui correspond à la division d'un tout en sept parties égales : *La septième partie d'une somme. Réserver le septième des recettes.* ◆ **n.f. 1.** En France, classe constituant la deuxième année du cours moyen de l'enseignement primaire, avant l'entrée en sixième. **2.** MUS. Intervalle de sept degrés dans l'échelle diatonique.

septièmement [sɛtjɛmmɑ̃] **adv.** En septième lieu.

Septime Sévère, en lat. **Lucius Septimius Severus Pertinax** (Leptis Magna 146 - Eburacum, auj. York, 211), empereur romain (193-211). Porté au pouvoir par les légions d'Illyrie, Sévère gouverna en monarque absolu. Il enleva aux Parthes la Mésopotamie et fortifia la frontière nord de la Bretagne (auj. Angleterre). Son règne fut favorable à l'extension des cultes orientaux.

septique [sɛptik] **adj.** (lat. *septicus,* qui putréfie). **1.** Dû à une infection microbienne (par opp. à *aseptique*) : *Foyer septique.* **2.** Contaminé par des micro-organismes ou résultant de cette contamination : *Plaie septique.* **3. Fosse septique,** fosse d'aisances où les matières fécales subissent, sous l'action des bactéries, une fermentation rapide, qui les liquéfie.

septuagénaire [sɛptɥaʒenɛr] **adj.** et **n.** (lat. *septuagenarius*). Qui a atteint soixante-dix ans.

septuor [sɛptɥɔr] **n.m.** (de *sept,* formé sur *quatuor*). **1.** MUS. Composition musicale à sept parties. **2.** Ensemble vocal ou instrumental de sept exécutants.

septuple [sɛptypl] **adj.** et **n.m.** (bas lat. *septuplum*). Qui vaut sept fois autant.

septupler [sɛptyple] **v.t.** Multiplier par sept. ◆ **v.i.** Être multiplié par sept : *Les bénéfices ont septuplé.*

sépulcral, e, aux [sepylkral, -o] **adj.** (lat. *sepulcralis*). **1.** LITT. Qui se rapporte à un sépulcre : *Pierre sépulcrale* (syn. **tombal**). **2.** Qui évoque les sépulcres, les tombeaux : *Clarté sépulcrale.* **3. Voix sépulcrale,** voix sourde, qui semble sortir d'un tombeau (= voix caverneuse).

sépulcre [sepylkr] **n.m.** (lat. *sepulcrum*). **1.** LITT. Tombeau (syn. **caveau, tombe**). **2. Le Saint-Sépulcre,** la sépulture où fut déposé Jésus après sa mort.

sépulture [sepyltyr] **n.f.** (lat. *sepultura*). **1.** LITT. Action de mettre un mort en terre ; fait d'être inhumé : *Donner une sépulture aux victimes d'un séisme* (syn. **enterrement, inhumation**). **2.** Lieu où l'on inhume un corps : *La sépulture de leur famille est en Provence* (syn. **caveau, sépulcre, tombeau**).

séquelle [sekɛl] **n.f.** (lat. *sequela,* de *sequi,* suivre). **1.** Trouble qui persiste après la guérison d'une maladie ou après une blessure. **2.** (Surtout au pl.). Conséquence plus ou moins lointaine qui est le contrecoup d'un événement, d'une situation : *Les séquelles de la guerre.*

séquençage [sekɑ̃saʒ] **n.m. 1.** GÉNÉT. Détermination de l'ordre et de la fonction des constituants d'un fragment d'ADN. **2. Séquençage du génome humain,** programme de recherche visant à déterminer la localisation et la fonction des constituants de tous les gènes humains.

séquence [sekɑ̃s] **n.f.** (bas lat. *sequentia,* de *sequi,* suivre). **1.** Suite ordonnée d'éléments, d'objets, d'opérations, de mots, etc. : *Le cours s'articule en trois séquences* (syn. **phase**). **2.** CIN. Suite de plans formant un tout du point de vue de la construction du film : *La séquence de la cave dans « Psychose » d'Hitchcock.* **3.** JEUX. Série d'au moins trois cartes de même couleur qui se suivent. **4.** INFORM. Succession des phases opératoires d'un programme d'automatisme séquentiel.

séquencer [sekɑ̃se] **v.t.** [conj. **16**]. BIOL. Déterminer l'ordre dans lequel se succèdent les éléments constituant une macromolécule.

séquentiel, elle [sekɑ̃sjɛl] **adj. 1.** Qui appartient, se rapporte à une séquence, à une suite ordonnée d'opérations : *Un fichier informatique séquentiel.* **2.** Se dit d'un brûleur à gaz à fonctionnement intermittent.

séquestration [sekɛstrasjɔ̃] **n.f.** Action de séquestrer ; fait d'être séquestré : *Être accusé de séquestration d'enfant.*

séquestre [sekɛstr] **n.m.** (lat. *sequestrum,* dépôt). DR. Dépôt provisoire, entre les mains d'un tiers, d'un bien dont la possession est discutée, en vue de sa conservation ; dépositaire de ce bien : *Mettre un bien sous séquestre.*

séquestrer [sekɛstre] **v.t.** (lat. *sequestrare,* propr. « mettre en dépôt »). **1.** Maintenir arbitrairement, illégalement qqn enfermé : *Les ravisseurs l'ont séquestré dans une ferme.* **2.** DR. Mettre sous séquestre : *Séquestrer les biens d'un aliéné.*

sequin [səkɛ̃] **n.m.** (it. *zecchino,* de l'ar.). Ducat créé à Venise à la fin du XIIIe s., qui devint la monnaie du grand commerce méditerranéen.

séquoia [sekɔja] **n.m.** (lat. scientif. *sequoia*). Conifère de Californie qui atteint 140 m de haut et peut vivre plus de 2 000 ans.

sérac [serak] **n.m.** (mot savoyard, du lat. *serum,* petit-lait). Amas chaotique de glaces aux endroits où la pente du lit glaciaire s'accentue.

sérail [seraj] **n.m.** (it. *serraglio,* du turco-perse *serâi*). **1.** Dans l'Empire ottoman, palais (notamm. celui du sultan d'Istanbul). **2.** Harem de ce palais. **3.** Milieu restreint, entourage immédiat d'une personnalité où se nouent de nombreuses intrigues : *Fils de ministre, il a été élevé dans le sérail politique.*

séraphin [serafɛ̃] **n.m.** (lat. ecclés. *seraphim,* mot hébr. au pl., de *saraph,* brûler). RELIG. CHRÉT. Ange de la première hiérarchie.

séraphique [serafik] **adj.** (lat. ecclés. *seraphicus*). **1.** Qui appartient aux séraphins. **2.** LITT. Éthéré, digne des anges : *Une voix séraphique* (syn. **céleste, suave**).

Sérapis, dieu égyptien dont le culte fut introduit par Ptolémée Ier Sôtêr. Principalement vénéré à Memphis, il répondait au souci de trouver un culte pouvant unir les Grecs et les Égyptiens. Il eut ensuite une grande popularité dans le monde gréco-romain, très liée à celle d'Isis, auprès de laquelle il supplantait Osiris.

Serbie, en serbe **Srbija,** État de l'Europe balkanique ; 77 474 km^2 (Vojvodine incluse) ; 7 777 128 hab. *(Serbes).* CAP. *Belgrade.* LANGUE : *serbe.* MONNAIE : *dinar serbe.*

GÉOGRAPHIE

La Serbie s'étend sur les bassins du Danube, de la Morava, du Timok, de la Tisza et sur une partie de la Posavina. C'est un pays de collines, de moyennes montagnes et de plaines, transition structurale entre le massif dinarique à l'ouest, la Stara Planina et le Rhodope à l'est. La partie septentrionale (nord de la Serbie proprement dite et Vojvodine), basse, est une région de cultures intensives et d'élevage (aux céréales [blé et maïs], au tournesol et à la betterave à sucre s'ajoute l'élevage industriel des bovins, des porcs et de la volaille). La partie méridionale, appartenant aux Alpes dinariques, au relief accidenté, est encore largement forestière et pastorale. Outre l'agglomération de Belgrade, la partie la plus active est constituée par l'axe de la Morava, riche région agricole (céréales, élevage, vigne, vergers) et voie de passage vers la Macédoine, la Grèce et la Bulgarie, jalonnée de centres d'industries de transformation (métallurgie, sidérurgie, constructions mécaniques, chimie, agroalimentaire) comme Niš, Svetozarevo, Kragujevac. Du gaz naturel est extrait en Vojvodine. Les montagnes périphériques du sud, en voie de dépeuplement, ont des foyers industriels isolés, comme les mines de cuivre de Bor et de Majdanpek, et des mines de lignite et de plomb.
La population est majoritairement serbe et orthodoxe, mais comprend des minorités importantes au nord (Hongrois dans l'extrémité septentrionale de la Vojvodine).

HISTOIRE

La Serbie médiévale et ottomane La région, peuplée d'Illyriens, de Thraces puis de Celtes, est intégrée au IIe s. av. J.-C. à l'Empire romain.

VIe - VIIe s. Elle est submergée par les Slaves.

2e moitié du IXe s. Sous l'influence de Byzance, les Serbes sont christianisés.

v. 1170 - v. 1196. Étienne Nemanja émancipe les terres serbes de la tutelle byzantine.

1217. Son fils Étienne Ier Nemanjić (v. 1196 - 1227) devient roi. Il crée une Église serbe indépendante.

1321 - 1331. Règne d'Étienne VIII. Par sa victoire sur les Bulgares alliés aux Byzantins (1330), il assure l'hégémonie serbe dans les Balkans.

1331 - 1355. Sous Étienne IX Dušan, qui prend le titre de tsar en 1346, la Serbie médiévale connaît son apogée : elle domine la Macédoine et la Thessalie.

1389. Les Serbes sont défaits par les Turcs à Kosovo.

1389 - 1459. Une principauté de Serbie, vassale des Ottomans, subsiste grâce au soutien des Hongrois.

1459. La Serbie est intégrée à l'Empire ottoman.

XVe - XIXe s. Pour protester contre le joug ottoman, certains Serbes rejoignent les « hors-la-loi » *(haïdouks),* d'autres fuient vers le nord, la Hongrie ou l'Adriatique. L'Église serbe maintient la culture nationale.

1690. Les Serbes délaissent le Kosovo pour la Vojvodine.

La libération et l'indépendance
1804 - 1813. Les Serbes se révoltent sous la conduite de Karageorges.
1815. Miloš Obrenović est reconnu prince de Serbie par les Ottomans.
1830. Il obtient l'autonomie complète.
1842 - 1889. Des luttes violentes opposent les Karadjordjević et les Obrenović, qui détiennent tour à tour le pouvoir.
1867. Les dernières troupes turques évacuent le pays.
1878. La Serbie obtient son indépendance au congrès de Berlin.
1882. Milan Obrenović est proclamé roi.
1889. Il abdique en faveur de son fils Alexandre (1889 - 1903).
1903. Assassinat d'Alexandre Obrenović ; Pierre Karadjordjević (1903 - 1921) lui succède. Il se rapproche de la Russie.
1908. Il doit accepter l'annexion de la Bosnie-Herzégovine par l'Autriche.
1912 - 1913. La Serbie participe aux deux guerres balkaniques et obtient la majeure partie de la Macédoine.
1914. À la suite de l'attentat de Sarajevo, la Serbie rejette l'ultimatum autrichien, déclenchant ainsi la Première Guerre mondiale.
1915 - 1918. Elle est occupée par les forces des puissances centrales et de la Bulgarie.
La Serbie au sein de la Yougoslavie
1918. Le royaume des Serbes, Croates et Slovènes est créé.
1921. Alexandre Karadjordjević, qui en assumait la régence, devient roi.
1929. Le royaume prend le nom de Yougoslavie.
1945. La Serbie constitue une des républiques fédérées de la Yougoslavie. De nombreux Serbes vivent en dehors de la république de Serbie, particulièrement en Croatie (Slavonie, Krajina) et en Bosnie-Herzégovine.
1986. Slobodan Milošević devient président de la Ligue communiste serbe.
1989. Une révision de la Constitution réduit l'autonomie du Kosovo et de la Vojvodine.
1990. Les premières élections libres sont remportées par le parti socialiste serbe, continuateur de la Ligue communiste. S. Milošević est élu à la présidence de la république.
1991 - 1992. Favorable au maintien de la fédération yougoslave, la Serbie s'oppose à l'indépendance de la Slovénie, de la Croatie (elle fait intervenir l'armée fédérale aux côtés des milices serbes de Croatie), de la Bosnie-Herzégovine (elle y soutient les Serbes partisans de la partition du pays) et de la Macédoine. Finalement, elle décide de former avec le Monténégro la République fédérale de Yougoslavie (avr. 1992), à l'encontre de laquelle l'O.N.U. décrète un embargo. S. Milošević est réélu (déc.).
1995. Au lendemain de l'accord de Dayton sur la Bosnie-Herzégovine (le président Milošević ayant négocié au nom des Serbes de Bosnie), l'embargo est levé.
1997. S. Milošević renonce à la présidence de la Serbie pour se faire élire à la tête de la Yougoslavie.
1999. Infligeant aux séparatistes albanais du Kosovo une répression violente, accompagnée d'épuration ethnique, la Serbie est soumise à des frappes aériennes de l'O.T.A.N. (mars-juin). Le Kosovo est placé provisoirement sous administration internationale.
2000. La Serbie renoue avec la communauté internationale après le départ de Milošević (auquel succède Vojislav Koštunica).
2003. Une nouvelle Charte constitutionnelle transforme la Yougoslavie en une fédération rénovée portant le nom de Serbie-et-Monténégro.
2004. V. Koštunica devient Premier ministre de la Serbie (jusqu'en 2008). Boris Tadić est élu à la présidence.
La Serbie à nouveau indépendante
2006. L'union entre la Serbie et le Monténégro prend fin, ce dernier ayant choisi de recouvrer son indépendance (juin).
2008. B. Tadić est réélu à la tête de l'État. La Serbie récuse totalement la proclamation unilatérale d'indépendance du Kosovo (févr.). Le parti démocrate, pro-européen, du président Tadić remporte les élections législatives (mai).
2012. Après avoir signé un accord de coopération avec les autorités du Kosovo, la Serbie obtient le statut de candidat officiel à l'entrée dans l'U.E. Le nationaliste Tomislav Nikolić remporte pourtant l'élection présidentielle anticipée et forme un gouvernement avec le parti socialiste dont le chef, Ivica Dačić, devient Premier ministre.

Serbie-et-Monténégro, nom porté de 2003 à 2006 (fin de l'union entre Serbie et Monténégro) par l'ex-République fédérale de Yougoslavie.

serbo-croate [sɛrbokrɔat] **adj.** (pl. *serbo-croates*). Qui relève à la fois de la Serbie et de la Croatie. ◆ **n.m.** Langue slave qui était parlée par la majorité des populations de l'anc. Yougoslavie. (Il a donné naissance, dans les États issus de l'éclatement [1992] de cette Fédération, à quatre langues officielles : le bosniaque, le croate, le serbe et le monténégrin.)

serein, e [sərɛ̃, -ɛn] **adj.** (lat. *serenus*). **1.** Qui marque le calme, la tranquillité d'esprit : *Visage serein* (syn. **paisible, placide**). **2.** LITT. Clair, pur et calme : *Ciel serein.*

sereinement [sərɛnmɑ̃] **adv.** De façon sereine.

sérénade [serenad] **n.f.** (it. *serenata*, propr. « ciel serein »). **1.** Concert donné la nuit sous les fenêtres de qqn, pour lui rendre hommage : *Donner la sérénade à une belle.* **2.** FAM. Bruit ; cris confus : *Nos voisins ont fait une de ces sérénades, hier soir !* (syn. **tapage, vacarme**).

sérénissime [serenisim] **adj.** (it. *serenissimo*). **1.** Qualificatif donné à quelques princes ou hauts personnages : *Altesse sérénissime.* **2. La Sérénissime République,** la république de Venise aux XVe et XVIe s.

sérénité [serenite] **n.f.** (lat. *serenitas*). État de calme, de tranquillité ; état serein (syn. **calme, quiétude**).

séreuse [serøz] **n.f.** ANAT. Se dit d'une membrane formée de deux feuillets accolés (péritoine, plèvre, péricarde, etc.).

séreux, euse [serø, -øz] **adj.** (du lat. *serum*, petit-lait). MÉD. Relatif au sérum sanguin, à une sérosité ou à une séreuse.

serf, serve [sɛr, sɛrv] ou [sɛrf, sɛrv] **n.** et **adj.** (lat. *servus*, esclave). FÉOD. Personne attachée à une terre et dépendant d'un seigneur. ◆ **adj.** Relatif au servage : *Condition serve.*

serfouette [sɛrfwɛt] **n.f.** Outil de jardinage, houe légère dont le fer forme lame d'un côté et fourche de l'autre.

serfouir [sɛrfwir] **v.t.** (lat. *circumfodere*, creuser autour) [conj. 32]. Sarcler, biner avec une serfouette.

serge [sɛrʒ] **n.f.** (du lat. *serica*, étoffes de soie). **1.** Tissu léger de laine dérivant du sergé. **2.** Étoffe de soie travaillée comme la serge.

sergé [sɛrʒe] **n.m.** Armure utilisée pour le tissage d'étoffes présentant des côtes obliques.

sergent [sɛrʒɑ̃] **n.m.** (du lat. *serviens, -entis*, qui sert). **1.** Sous-officier titulaire du grade le moins élevé de la hiérarchie dans l'infanterie, le génie et l'armée de l'air. **2. Sergent de ville,** autref., gardien de la paix. **3. Sergent-chef** (pl. *sergents-chefs*), sous-officier des armées de terre et de l'air (grade compris entre sergent et adjudant).

Serguiev Possad, anc. **Zagorsk,** v. de Russie, au N. de Moscou ; 110 878 hab. Important ensemble du monastère de la Trinité-Saint-Serge (XVe-XVIIIe s.).

séricicole [serisikɔl] **adj.** (du lat. *sericus*, de soie, et de *-cole*). Relatif à la sériciculture.

sériciculture [serisikyltyr] **n.f.** (du lat *sericus*, de soie, et de *culture*). Élevage des vers à soie et récolte des cocons qu'ils produisent. ◆ **séricicuIteur, trice n.** Nom de l'éleveur.

série [seri] **n.f.** (lat. *series*). **1.** Suite, ensemble de choses de même nature ou présentant des caractères communs : *Une série de questions* (syn. **succession**). *Une série de casseroles* (syn. **batterie**). **2.** MUS. Succession, dans un ordre fixé par le compositeur, d'au moins deux sons de l'échelle chromatique tempérée. **3.** CHIM. Groupe de composés organiques présentant un rapport caractéristique entre le nombre d'atomes de carbone et le nombre d'atomes d'hydrogène. **4.** MATH. Somme infinie dont les termes sont les éléments d'une suite. ► Une *série géométrique* est, par exemple, la somme des termes $1 + 1/2 + 1/4 + ... + 1/2^n + ...$ **5.** SPORTS. Classification ; éliminatoire :

Joueur de tennis qui est tête de série. Être éliminé en série. **6. Film de série B,** film à petit budget tourné rapidement. ⁄ **Hors série,** qui n'est pas de fabrication courante ; fig., inhabituel, remarquable. ⁄ **Série noire,** suite d'accidents, de malheurs. ⁄ **Série télévisée,** ensemble d'épisodes ayant chacun leur unité et diffusés à intervalles réguliers. ⁄ **Travail, fabrication en série,** travail exécuté sur un grand nombre de pièces avec des méthodes permettant d'abaisser le prix de revient. ⁄ (Calque de l'angl. *serial killer*). **Tueur en série,** criminel qui tue plusieurs personnes successivement et selon la même méthode. ⁄ **Voiture de série,** voiture d'un type répété à de nombreux exemplaires et fabriquée à la chaîne (par opp. à *prototype*). ⁄ ÉLECTR. **En série,** se dit du couplage de dispositifs parcourus par le même courant (par opp. à *en parallèle,* à *en dérivation*). ⁄ STAT. **Série statistique,** liste des valeurs prises par un caractère dans une population donnée.

sériel, elle [serjɛl] **adj. 1.** *DIDACT.* Relatif à une série ; qui forme une série : *Ordre sériel.* **2. Musique sérielle,** musique qui applique les principes du dodécaphonisme à d'autres paramètres que celui de la hauteur des sons (durées, tempos, etc.).

sérier [serje] **v.t.** [conj. 9]. Classer par séries, par nature, par importance : *Sérier les questions.*

sérieusement [serjøzmɑ̃] **adv. 1.** D'une façon sérieuse : *Réponds sérieusement, s'il te plaît.* **2.** Pour de bon : *Elle songe sérieusement à quitter la France* (syn. **réellement, véritablement**). **3.** Dangereusement : *Sérieusement blessé* (syn. **grièvement**). **4.** Avec application, ardeur : *S'occuper sérieusement d'une affaire* (syn. **consciencieusement**).

1. sérieux, euse [serjø, -øz] **adj.** (lat. *serius*). **1.** Qui agit avec réflexion, avec application ; qui inspire confiance : *Un élève sérieux* (syn. **appliqué, soigneux**). *Une maison de commerce sérieuse* (syn. **sûr**). **2.** Sur quoi on peut se fonder : *Argument sérieux* (syn. **solide**). **3.** Qui ne plaisante pas : *Air sérieux* (syn. **grave, posé**). **4.** Qui ne fait pas d'écart de conduite : *Fille sérieuse* (syn. **sage, vertueux**). **5.** Qui peut avoir des suites fâcheuses : *Sérieux troubles de la vision* (syn. **grave**). *La situation est sérieuse* (syn. **critique**).

2. sérieux [serjø] **n.m.** (de *1. sérieux*). **1.** Air, expression graves : *Garder son sérieux* (syn. **gravité**). **2.** Qualité de qqn de posé, de réfléchi : *Il fait preuve de beaucoup de sérieux pour un débutant* (syn. **application, conscience**). **3.** Caractère de ce qui mérite attention du fait de son importance, de sa gravité : *Le sérieux de la situation.* **4. Prendre au sérieux,** regarder comme réel, important, digne de considération. ⁄ **Se prendre au sérieux,** attacher à sa personne, à ses actions une considération exagérée.

sérigraphie [serigrafi] **n.f.** (du lat. *sericus,* de soie, et de *-graphie*). Procédé d'impression à travers un écran de tissu, dérivé du pochoir. (⟶ estampe.)

serin, e [sərɛ̃, -in] **n.** (gr. *seirên,* sirène). **1.** Petit oiseau des îles Canaries, à plumage ordinairement jaune. ▸ Famille des fringillidés. **2.** *FAM.* Niais ; étourdi ; naïf.

seriner [sərine] **v.t.** (de *serin*). *FAM.* Répéter sans cesse qqch à qqn pour le lui apprendre : *Seriner des conseils à qqn.*

seringa ou **seringat** [sərɛ̃ga] **n.m.** (lat. scientif. *syringa,* seringue, gr. *syrinx*). Arbuste des régions tempérées de l'hémisphère Nord souvent cultivé pour ses fleurs blanches odorantes. ▸ Famille des saxifragacées.

seringue [sərɛ̃g] **n.f.** (bas lat. *syringa*). MÉD. Instrument qui permet d'injecter ou de prélever un liquide dans les tissus ou les cavités naturelles, formé d'un piston et d'un corps de pompe muni d'un embout où l'on adapte une aiguille.

sérique [serik] **adj.** MÉD. Relatif au sérum sanguin.

Serlio (Sebastiano), architecte italien (Bologne 1475 - Lyon ou Fontainebleau 1554/55). Il vint en 1541 travailler à Fontainebleau et donna peut-être les plans du château d'Ancy-le-Franc (Yonne). Surtout, il exerça une influence considérable sur le classicisme européen par son traité, la *Règle générale d'architecture* (sept livres, dont deux publiés à Venise en 1537, deux à Paris en 1545, etc.), qui fut traduit en plusieurs langues.

serment [sɛrmɑ̃] **n.m.** (lat. *sacramentum,* de *sacrare,* rendre sacré). **1.** Affirmation solennelle, en vue d'attester la vérité d'un fait, la sincérité d'une promesse, l'engagement de bien remplir les devoirs de sa profession (officiers ministériels, avocats, médecins) ou de sa fonction (garde-chasse) : *Prêter serment devant un tribunal.* **2.** Promesse solennelle : *Je fais le serment de venger mon père* (syn. **vœu**). **3.** *FAM.* **Serment d'ivrogne,** sur lequel il ne faut pas compter, que l'on n'a pas l'intention d'honorer.

sermon [sɛrmɔ̃] **n.m.** (lat. *sermo,* discours). **1.** Prédication faite au cours de la messe : *Prononcer un sermon* (syn. **homélie, prêche**). **2.** Remontrance importune ; discours moralisateur et ennuyeux : *Il est ennuyeux avec ses sermons.*

sermonner [sɛrmɔne] **v.t.** Faire des remontrances à : *Sermonner un enfant* (syn. **admonester, réprimander**).

sermonneur, euse [sɛrmɔnœr, -øz] **n.** Personne qui aime à sermonner. ◆ **adj.** Ennuyeux et moralisateur comme un sermon : *Ton sermonneur.*

sérodiagnostic [serodjagnɔstik] **n.m.** (de *sérum* et *diagnostic*). Diagnostic des maladies infectieuses fondé sur la recherche d'anticorps spécifiques de l'agent infectieux responsable dans le sérum des malades.

sérologie [serɔlɔʒi] **n.f.** Étude des sérums, de leurs propriétés, de leurs applications.

séronégatif, ive [seronegatif, -iv] **adj.** et **n.** Qui présente un sérodiagnostic négatif.

séropositif, ive [seropozitif, -iv] **adj.** et **n.** Qui présente un sérodiagnostic positif, en partic. pour le virus du sida.

séropositivité [seropozitivite] **n.f.** MÉD. Caractère séropositif.

sérosité [serozite] **n.f.** (de *séreux*). Liquide de composition analogue à celle du sérum sanguin, contenu normalement dans les membranes séreuses, et constituant certains épanchements (œdèmes).

sérothérapie [seroterapi] **n.f.** Méthode de traitement de certaines maladies infectieuses par les sérums.

serpe [sɛrp] **n.f.** (lat. pop. **sarpa,* du class. *sarpere,* tailler). **1.** Outil tranchant à manche court, à fer plat et large servant à couper les branches. **2. Visage taillé à coups de serpe,** visage anguleux, aux traits accusés.

serpent [sɛrpɑ̃] **n.m.** (lat. *serpens,* de *serpere,* ramper). **1.** Reptile dépourvu de membres et de paupières, se déplaçant par reptation. ▸ Le serpent siffle ; le petit est appelé *serpenteau.* Les serpents (env. 2 700 espèces) forment le sous-ordre des ophidiens. Ils sont tous carnivores ; ils tuent leurs proies par des crochets venimeux (vipères, cobras, crotales, etc.) ou en les étouffant entre leurs anneaux *(constriction)* [boas, pythons, anacondas], et les avalent ensuite entières. Leurs mâchoires, reliées par un ligament élastique, peuvent s'écarter de façon démesurée, ce qui leur permet d'avaler des proies plus larges qu'eux. **2. Serpent de mer,** très grand animal marin d'existence hypothétique, qui aurait été observé dans l'océan Indien et le Pacifique ; au fig., fam., sujet qui revient dans l'actualité dans les moments où celle-ci est peu fournie. ⁄ ÉCON. **Serpent monétaire européen,** système monétaire instauré en 1972, dans lequel les fluctuations que pouvaient subir les monnaies étaient limitées, et dont la représentation graphique évoquait la forme d'un serpent. ▸ Il a été remplacé en 1979 par le *Système monétaire européen (S.M.E.).*

serpentaire [sɛrpɑ̃tɛr] **n.m.** (lat. scientif. *serpentarius*). Grand oiseau des savanes africaines, aux très longues pattes et à la tête huppée, qui se nourrit surtout de serpents et de petits vertébrés (syn. **secrétaire**). ▸ Famille des sagittariidés.

serpenter [sɛrpɑ̃te] **v.i.** Décrire des sinuosités.

serpentin [sɛrpɑ̃tɛ̃] **n.m.** (lat. *serpentinus*). **1.** Accessoire de cotillon, longue et étroite bande de papier coloré enroulée sur elle-même, et qui se déroule quand on la lance. **2.** TECHN. Tube d'un appareil thermique enroulé en hélice ou en spirale de manière à être le plus long possible : *Le serpentin d'un chauffe-eau.*

serpette [sɛrpɛt] **n.f.** Petite serpe.

serpillière [sɛrpijɛr] **n.f.** (du lat. *scirpiculus,* de jonc). Carré de tissage gaufré, utilisé pour laver les sols.

serpolet [sɛrpɔlɛ] **n.m.** (du moyen fr. *serpol,* lat. *serpullum*). Plante aromatique voisine du thym, utilisée comme condiment. ▸ Famille des labiées.

Serra (Richard), sculpteur américain (San Francisco 1939). Proche, à ses débuts, de l'art pauvre, il travaille des matériaux d'origine industrielle tels que le caoutchouc vulcanisé (*Belts,* 1966-1967) ou le plomb en fusion. Avec l'acier, il aborde un art monumental (*Torqued Ellipses,* à partir de 1996 ; *The Matter of Time,* Bilbao, 2005 ; *7,* Doha, 2011).

serrage [sɛraʒ] **n.m. 1.** Action de serrer ; fait d'être serré : *Le serrage des freins, d'une vis.* **2.** Blocage d'un moteur, en partic. à 2 temps, par manque de lubrifiant.

1. serre [sɛr] **n.f.** (de *serrer*). [Surtout au pl.]. Griffe des oiseaux de proie.

2. serre [sɛr] **n.f.** (de *serrer*). **1.** Construction à parois translucides permettant de créer pour les plantes des conditions de végétation meilleures que dans la nature : *Faire pousser des fleurs en serre.* **2. Effet de serre,** phénomène de réchauffement des basses couches de l'atmosphère terrestre induit par des gaz (gaz carbonique, méthane, vapeur d'eau, etc., dits *gaz à effet de serre* [G.E.S.]) qui les rendent opaques au rayonnement infrarouge émis par la Terre.

serré, e [sere] **adj. 1.** Ajusté, collé au corps : *Jupe serrée* (syn. **moulant**). **2.** Constitué d'éléments très rapprochés : *Écriture serrée.* **3.** Qui présente des arguments bien ordonnés et convaincants : *Argumentation serrée* (syn. **méthodique, rigoureux**). **4.** Qui offre peu de latitude, de choix, de possibilités : *Emploi du temps serré.* **5. Café serré,** café express très fort, tassé. / **Être serré,** manquer d'argent. ◆ **adv.** Avec prudence et application : *Jouer serré.*

serre-fils [sɛrfil] **n.m. inv.** ÉLECTR. Pièce reliant, par serrage, deux ou plusieurs conducteurs.

serre-joint [sɛrʒwɛ̃] **n.m.** (pl. *serre-joints*). TECHN. Instrument pour maintenir serrées des pièces de bois l'une contre l'autre.

serre-livres [sɛrlivr] **n.m. inv.** Objet, souvent décoratif, servant à maintenir des livres serrés debout, les uns contre les autres.

serrement [sɛrmɑ̃] **n.m. Serrement de cœur,** oppression causée par une émotion douloureuse : *J'eus un serrement de cœur en la voyant s'éloigner.* / **Serrement de main,** action de serrer la main de qqn (= poignée de main).

serrer [sere] **v.t.** (lat. pop. **serrare,* altér. du bas lat. *serare,* de *sera,* verrou). **1.** Exercer une double pression sur qqch pour le tenir, l'empêcher de s'échapper, le maintenir en place : *Serrer une pièce de métal dans un étau* (syn. **coincer**). **2.** Maintenir fermement ; étreindre : *Serrer un objet dans sa main* (syn. **presser**). *Serrer un ami dans ses bras* (syn. **embrasser, enlacer**). **3.** Comprimer le corps, une partie du corps, en parlant d'un vêtement : *Chaussures qui serrent trop* (syn. **comprimer, écraser**). *Ce veston me serre* (syn. **brider**). **4.** Rapprocher les uns des autres (les éléments d'un tout, les membres d'un groupe) : *Serrer les bagages dans le coffre* (syn. **entasser, tasser**). *Serrer les convives autour d'une table* (syn. **rapprocher**). **5.** Tirer sur les extrémités d'un lien et le tendre : *Serrer les nœuds de ses lacets.* **6.** Agir sur un dispositif de fixation, de commande mécanique, de fermeture, de façon à assujettir plus solidement : *Serrer une vis* (syn. **bloquer**). **7.** Approcher au plus près de qqch, qqn : *Ne serrez pas tant le mur, vous allez rayer la carrosserie !* (syn. **frôler, raser**). **8.** Pousser qqn contre un obstacle pour l'empêcher de se dégager : *Serrer son adversaire dans une encoignure* (syn. **coincer**). **9.** *LITT.* ou *RÉGION.* Mettre en lieu sûr : *Serrer ses économies dans un coffre* (syn. **enfermer, ranger**). **10. Serrer le cœur, la gorge,** causer de l'angoisse, de l'émotion. / **Serrer les dents,** rapprocher fortement ses mâchoires, notamm. pour lutter contre la douleur, l'émotion. / **Serrer qqch de près,** l'analyser avec attention, l'exprimer avec précision. / **Serrer qqn de près,** le poursuivre à très peu de distance ; lui faire une cour assidue. ◆ **se serrer v.pr.** Se placer tout près de ; se rapprocher de : *L'enfant se serra contre sa mère* (syn. **se blottir**). *Serrez-vous un peu pour que je puisse entrer.*

Serres (Michel), philosophe français (Agen 1930). Il s'intéresse notamment aux problèmes de la communication (*Hermès,* 1969-1980) et s'attache à définir une philosophie qui s'adresse autant à la sensibilité qu'à l'intelligence conceptuelle (*les Cinq Sens,* 1985 ; *Statues,* 1987 ; *le Contrat naturel,* 1990 ; *le Tiers instruit,* 1991 ; *Hominescence,* 2001).

Serres (Olivier de), agronome français (Villeneuve-de-Berg 1539 - Le Pradel, près de Villeneuve-de-Berg, 1619). Il est l'auteur d'un *Théâtre d'agriculture et mesnage des champs* (1600). Il contribua à améliorer la productivité de l'agriculture grâce aux assolements comprenant des prairies artificielles et des plantes à racines pour l'alimentation du bétail, et supprimant les jachères. Il introduisit en France le mûrier, le houblon, la garance, le maïs.

serre-tête [sɛrtɛt] **n.m. inv.** Bandeau, demi-cercle qui maintient la chevelure en place.

serrure [seryr] **n.f.** (de *serrer,* fermer). Appareil de fermeture se manœuvrant soit à la main au moyen d'un accessoire génér. amovible (clef, béquille, etc.), soit à distance par un dispositif technique particulier.

serrurerie [seryrri] **n.f. 1.** Branche de la construction qui s'occupe de la fabrication de tous les dispositifs de fermeture et des objets en métal ouvré. **2.** Métier, ouvrage de serrurier.

serrurier, ère [sɛryrje, -ɛr] **n.** Personne qui fabrique, vend, pose ou répare les clefs, les serrures, etc.

sertir [sɛrtir] **v.t.** (anc. fr. *sartir,* du lat. *sarcire,* réparer) [conj. **32**]. **1.** En joaillerie, fixer une pierre dans une monture (syn. **enchâsser, monter**). **2.** TECHN. Fixer une ou des pièces de métal mince, des tôles en en rabattant les bords : *Sertir des boîtes de conserve.*

sertissage [sɛrtisaʒ] **n.m. 1.** Action de sertir. **2.** En joaillerie, procédé qui consiste à sertir une pierre dans le métal.

sertisseur, euse [sɛrtisœr, -øz] **n.** et **adj.** Personne qui sertit.

sertissure [sɛrtisyr] **n.f.** Manière dont une pierre est sertie ; partie du chaton qui la sertit.

sérum [serɔm] **n.m.** (lat. *serum,* petit-lait). **1.** Liquide se séparant du caillot après coagulation du sang, d'une composition proche de celle du plasma. **2. Sérum physiologique,** solution de chlorure de sodium de composition déterminée et de même concentration moléculaire que le plasma sanguin. / PHARM. *VIEILLI.* **Sérum thérapeutique,** sérum riche en antitoxines extrait du sang d'un animal, princ. du cheval, vacciné contre une maladie microbienne ou contre une toxine, permettant une lutte rapide contre l'affection correspondante déclarée chez l'homme : *Sérum antitétanique.*

servage [sɛrvaʒ] **n.m.** (de *serf*). **1.** État de serf. **2.** *LITT.* État de dépendance : *Peuple qui refuse le servage imposé par l'occupant* (syn. **esclavage, servitude**).

■ **La condition du serf.** Le servage lie héréditairement le serf à la parcelle de terre qu'il exploite et à la volonté de son maître. Si le serf n'est pas un homme libre, il n'est pas non plus un esclave. À la différence de ce dernier, il ne peut être acheté ou vendu sans la terre qu'il exploite et il subvient lui-même à sa propre subsistance. Mais il est privé de nombreuses libertés personnelles : il ne peut ni quitter la terre ou le village où il travaille ni se marier sans la permission de son seigneur. Il est de plus astreint à des corvées (travail gratuit exigé par le seigneur) et à toutes sortes de taxes. Le serf ne peut échapper à sa condition que par l'affranchissement ou par la fuite.

Expansion et déclin du servage. Dans l'Europe médiévale, une grande partie de la paysannerie est astreinte au servage à partir du Xe-XIe s. Cependant, le servage décline fortement dans l'Europe occidentale à partir du XIIIe s. Après la grande crise démographique qui suit la Peste noire (1347-1352), la plupart des paysans recouvrent les libertés personnelles, même si leur condition économique ne s'améliore pas beaucoup. En revanche, en Europe orientale, le servage se développe à l'époque moderne. En dépit de graves révoltes paysannes, il n'est complètement et définitivement aboli qu'en 1807 en Prusse, en 1848 dans l'Empire austro-hongrois et en 1861 en Russie. ■

A B C D E F G H I J K L M N O P Q R S T U V W X Y Z

serval [sɛrval] **n.m.** (port. *cerval,* cervier) [pl. *servals*]. Grand chat sauvage d'Afrique, haut sur pattes.

servant [sɛrvɑ̃] **n.m.** Militaire affecté au service d'une arme : *Servant de canon.* ◆ **adj. m. Chevalier servant** ⟶ **chevalier.**

servante [sɛrvɑ̃t] **n.f.** *VX.* Femme ou fille à gages employée aux travaux domestiques (syn. **domestique**).

Servet (Michel), médecin et théologien espagnol (Tudela, Navarre, ou Villanueva de Sigena, Huesca, 1511 - Genève 1553). Adepte de la Réforme, il publie *Des erreurs de la Trinité* (1531) et *De la restitution chrétienne* (1553), ouvrages jugés inacceptables aussi bien par les protestants que par les catholiques. Échappant de justesse à l'Inquisition, il se rend à Genève, où il est arrêté et brûlé à la suite d'un procès dans lequel Calvin a joué un rôle déterminant.

1. serveur, euse [sɛrvœr, -øz] **n. 1.** Personne employée dans un café, un restaurant, pour servir la clientèle : *Le serveur apporta les verres* (syn. **barman, garçon**). *La serveuse nota la commande* (syn. **barmaid**). **2.** Aux cartes, joueur qui donne les cartes. **3.** SPORTS. Joueur qui met la balle en jeu au tennis, au tennis de table, au volley-ball, etc.

2. serveur [sɛrvœr] **n.m.** (de *servir*). **1.** INFORM. Système informatique permettant la consultation et l'utilisation d'une ou de plusieurs banques de données : *Serveur de données.* **2.** Dans un réseau, ordinateur qui a pour mission de rendre un ou plusieurs services spécifiés.

serviabilité [sɛrvjabilite] **n.f.** Caractère d'une personne serviable.

serviable [sɛrvjabl] **adj.** (de *servir*). Qui rend volontiers service : *Un ami serviable* (syn. **obligeant, prévenant**).

service [sɛrvis] **n.m.** (lat. *servitium,* esclavage). **1.** Action de servir ; ensemble des obligations qu'ont les citoyens envers l'État, une communauté ; travail déterminé effectué pour leur compte : *Le service de l'État. Service de surveillance.* **2.** Célébration de l'office divin : *Célébrer un service funèbre.* **3.** Action ou manière de servir un maître, un client, etc. : *Dans ce restaurant, le service est rapide.* **4.** Pourcentage de la note d'hôtel, de restaurant affecté au personnel : *Le service de 15 % est perçu par le personnel.* **5.** Ensemble des repas servis à des heures échelonnées dans une cantine, un wagon-restaurant : *Premier service à 12 heures.* **6.** Assortiment de vaisselle ou de lingerie pour la table : *Service à thé.* **7.** Dans divers sports (tennis, tennis de table, volley-ball, etc.), mise en jeu de la balle : *Manquer son service.* **8.** Usage que l'on peut faire de qqch : *Outil qui rend de grands services.* **9.** Fonctionnement d'une machine, d'un appareil, d'un moyen de transport : *Mettre en service une nouvelle ligne de métro.* **10.** Ce que l'on fait pour être utile à qqn : *Demander, rendre un service à qqn. Elle aime rendre service aux autres* (= les aider). **11.** Activité professionnelle exercée dans une entreprise, une administration : *Il prend son service à 8 heures* (syn. **travail**). **12.** *AFR.* Lieu de travail, en partic. bureau. **13.** Organisme qui fait partie d'un ensemble administratif ou économique ; organe d'une entreprise chargé d'une fonction précise ; ensemble des bureaux, des personnes assurant cette fonction : *Le service du personnel.* **14.** Expédition, distribution d'une publication : *Faire le service d'une revue. Le service des dépêches.* **15. Hors service,** hors d'usage : *Cabine téléphonique hors service.* / **Porte, escalier de service,** réservés au personnel de la maison, aux fournisseurs, etc. / **Service civique,** engagement que peut choisir de souscrire tout jeune Français à l'issue de la journée défense et citoyenneté, auprès d'une personne morale agréée, pour une période minimale de six mois et moyennant une indemnité. / **Service de presse,** service qui envoie les ouvrages d'une maison d'édition aux journalistes ; ouvrage ainsi envoyé ; service d'un organisme, d'une entreprise chargé des relations avec la presse, le public. / **Service national,** ensemble des obligations imposées à tout citoyen français pour répondre aux besoins de la défense et à divers impératifs de solidarité. ▶ Le service national soumet tout Français (homme ou femme) âgé de 16 ans à l'obligation de se faire recenser et de participer à la journée défense et citoyenneté (J.D.C.), au cours de laquelle lui sont offertes des possibilités d'engagement militaire ou civil. / **Service public,** activité d'intérêt général, assurée par un organisme public ou privé ; organisme assurant une activité de ce genre. ◆ **services n.m. pl. 1.** Travaux effectués pour qqn : *On ne peut se passer de ses services.* **2.** Avantages ou satisfactions fournis par les entreprises ou l'État au public à titre gratuit ou onéreux (transport, recherche, travail ménager, consultation médicale ou juridique, etc.) [par opp. à *biens*]. **3. Services spéciaux,** services nationaux de recherche et d'exploitation des renseignements. / **Société de services,** entreprise fournissant à titre onéreux un travail, des prestations, du personnel, à l'exclusion de biens matériels.

serviette [sɛrvjɛt] **n.f.** (de *servir*). **1.** Pièce de tissu en éponge, en coton ou en lin, utilisée pour s'essuyer la peau : *Serviette de toilette, de bain.* **2.** Pièce de linge de table servant à s'essuyer la bouche, à protéger les vêtements pendant le repas : *Serviette damassée. Serviette en papier.* **3.** Sac rectangulaire à compartiments, qui sert à porter des documents, des livres : *Ranger un dossier dans sa serviette* (syn. **cartable, porte-documents**). **4. Serviette hygiénique,** bande absorbante de coton ou de cellulose, utilisée comme protection externe au moment des règles.

serviette-éponge [sɛrvjɛtepɔ̃ʒ] **n.f.** (pl. *serviettes-éponges*). Serviette de toilette en tissu-éponge.

servile [sɛrvil] **adj.** (lat. *servilis,* de *servus,* esclave). **1.** Relatif à l'état de serf, au servage : *Condition servile.* **2.** Qui fait preuve d'une soumission excessive : *Un homme servile* (syn. **obséquieux, plat**). *Obéissance servile.* **3.** Qui suit trop étroitement le modèle : *Traduction servile.*

servilement [sɛrvilmɑ̃] **adv.** De façon servile : *Flatter servilement ses supérieurs* (syn. **bassement**).

servilité [sɛrvilite] **n.f. 1.** Esprit de servitude, de basse soumission : *Sa servilité est sans limites* (syn. **obséquiosité**). **2.** Exactitude trop étroite dans l'imitation (contr. **créativité, originalité**).

servir [sɛrvir] **v.t.** (lat. *servire,* être esclave) [conj. **38**]. **1.** S'acquitter de certains devoirs, de certaines fonctions envers qqn, une collectivité : *Servir sa patrie.* **2.** Présenter les plats à, donner d'un mets, d'une boisson : *Servir les convives. Je vous sers une tranche de rôti ?* **3.** Vendre des marchandises à : *Ce commerçant me sert depuis longtemps* (syn. **fournir**). **4.** Être utile à : *Les circonstances l'ont bien servi* (syn. **favoriser**). **5.** Placer sur la table qqch à consommer : *Servir le dîner.* **6.** Verser (une somme) à date fixe : *Servir une rente, des intérêts* (syn. **payer**). **7.** Vendre, fournir une marchandise : *Servir deux kilos de poires.* **8.** Raconter ; débiter : *Il nous sert toujours les mêmes arguments.* **9.** Donner ses soins à qqch, s'y consacrer : *Servir les intérêts de qqn.* **10. Servir Dieu,** lui rendre le culte qui lui est dû. / **Servir la messe,** assister le prêtre pendant sa célébration. / **Servir l'État,** exercer un emploi public ; être militaire. ◆ **v.t. ind. [à, de]. 1.** Être utile, profitable à (qqn) : *Sa connaissance des langues lui a servi.* **2.** Être bon, propre à qqch : *Cet instrument sert à découper le verre.* **3.** Être utilisé en tant que ; tenir lieu de : *Servir de guide.* ◆ **v.i. 1.** Être militaire : *Servir dans l'infanterie.* **2.** Dans certains sports, mettre la balle, le ballon en jeu. ◆ **se servir v.pr. [de]. 1.** Prendre d'un mets : *Se servir de pain, de viande.* **2.** Se fournir en marchandises : *Se servir chez tel commerçant.* **3.** Utiliser, faire usage de : *Se servir du compas. Se servir de ses relations.*

serviteur [sɛrvitœr] **n.m.** (bas lat. *servitor*). **1.** Celui qui est au service de qqn, d'une collectivité : *Les serviteurs de l'État.* **2.** *VIEILLI.* Domestique.

servitude [sɛrvityd] **n.f.** (bas lat. *servitudo,* de *servire,* être esclave). **1.** État de qqn, d'un pays privé de son indépendance : *Tenir qqn dans la servitude* (syn. **soumission, sujétion**). **2.** Contrainte, assujettissement à des occupations habituelles, à des obligations : *Les servitudes d'un métier.* **3.** DR. Charge qui grève un bien immeuble *(fonds servant)* au profit d'un autre bien immeuble *(fonds dominant)* : *Servitude de passage.*

servocommande [sɛrvɔkɔmɑ̃d] **n.f.** (du lat. *servus,* esclave, et de *commande*). CYBERN. Mécanisme auxiliaire destiné à suppléer la force musculaire de l'homme en assurant automatiquement, par amplification, la force nécessaire au fonctionnement d'un ensemble.

servofrein [sɛrvɔfrɛ̃] **n.m.** Servocommande assurant une assistance pour le fonctionnement des freins.

servomécanisme [sɛrvɔmekanism] **n.m.** (du lat. *servus,* esclave, et de *mécanisme*). CYBERN. Mécanisme conçu pour réaliser seul un certain programme d'action grâce à une comparaison permanente entre les consignes qui lui sont données et le travail qu'il exécute.

servomoteur [sɛrvɔmɔtœr] **n.m.** (du lat. *servus,* esclave, et de *moteur*). CYBERN. Moteur électrique, hydraulique ou pneumatique qui agit sur un asservissement ou un système à régulation.

ses adj. poss. ⟶ **son.**

1. sésame [sezam] **n.m.** (lat. *sesamum,* du gr.). Plante annuelle à fleurs à pétales soudés, très anc. cultivée en Asie tropicale pour ses graines, qui fournissent jusqu'à 50 % d'huile.

2. sésame [sezam] **n.m.** (de la formule *Sésame ouvre-toi,* par laquelle Ali Baba obtenait l'ouverture de sa caverne). Moyen infaillible pour accéder à qqch, pour se faire ouvrir toutes les portes, surmonter tous les obstacles.

Sesshu, moine peintre japonais (région de Bitchu, prov. d'Okayama, 1420 - Yamaguchi 1506). Il est célèbre pour avoir conféré à la peinture monochrome d'origne chinoise un accent personnel teinté du lyrisme proprement nippon. Son séjour en Chine (1467-1469) lui révèle les bases spirituelles du paysage chinois, auquel il associe un certain réalisme, comme dans le *Paysage d'Amano-hashidate* (site fameux de la mer du Japon).

session [sesjɔ̃] **n.f.** (mot angl., du lat. *sessio, -onis,* action de s'asseoir). **1.** Période de l'année pendant laquelle une assemblée, un tribunal est en droit et a le devoir de siéger : *En France, le Parlement se réunit, depuis 1995, en une session unique.* **2.** Période pendant laquelle des examens ont lieu : *Il a eu son examen à la session de rattrapage.*

sesterce [sɛstɛrs] **n.m.** (lat. *sestertius*). ANTIQ. Monnaie romaine d'argent, puis de laiton.

set [sɛt] **n.m.** (mot angl., de *to set,* placer, poser). **1.** Pièce de tissu, de matière plastique, etc., sur laquelle on place les couverts d'une personne. (On dit aussi *set de table.*) **2.** Manche d'un match de tennis, de tennis de table, de volley-ball.

Sète, ch.-l. de c. de l'Hérault ; 45 166 hab. *(Sétois).* École d'hydrographie. Port sur la Méditerranée et l'étang de Thau. Chimie. Musée municipal Paul-Valéry.

Seth, patriarche biblique, troisième fils d'Adam, né après le meurtre d'Abel par Caïn.

Seth, dieu égyptien personnifiant les forces du mal opposées à Mât, la déesse de l'Ordre et de la Justice. Seth est originellement le dieu des Orages, des puissances violentes et stériles de la nature, puis il apparaît, dans la légende d'Osiris, dont il est le frère meurtrier, comme le symbole des forces maléfiques. Mais il est aussi le dieu de la Vaillance, qui perce de sa lance les ennemis de Rê. Les Grecs l'assimilèrent à Typhon et les Asiatiques à Baal.

Seti ou **Sethi,** nom de deux pharaons de la XIXe dynastie. Le plus important, **Seti Ier** (1312-1298 av. J.-C.), reconquit la Syrie ; il fut le père de Ramsès II.

Sétif, v. d'Algérie orientale, ch.-l. de wilaya ; 288 461 hab. Centre commercial et industriel.

setter [sɛtɛr] **n.m.** (mot angl., de *to set,* s'arrêter). Chien d'arrêt d'une race à poil long, doux et ondulé.

seuil [sœj] **n.m.** (du lat. *solea,* plante du pied p.-ê. avec infl. de *solum,* sol). **1.** Dalle de pierre, pièce de bois en travers et en bas de l'ouverture d'une porte : *Elle m'attendait sur le seuil* (= le pas de la porte). **2.** Endroit par où l'on pénètre dans une maison, une pièce : *Franchir le seuil d'une maison* (syn. **entrée**). **3.** *LITT.* Limite marquant le passage à un état différent : *Le seuil de la vie* (syn. **aube**). *Être au seuil de la vieillesse* (syn. **commencement**). **4.** Limite au-delà de laquelle des conditions sont changées : *Seuil de rentabilité d'une affaire.* **5.** PSYCHOL., PHYSIOL. Limite à partir de laquelle est perçue une sensation *(seuil absolu)* ou une variation dans la sensation *(seuil différentiel) : Seuil de perception.*

seul, e [sœl] **adj.** (lat. *solus*). **1.** Qui est sans compagnie ; isolé : *Un homme seul dans la foule. Vivre seul* (syn. **solitaire**). *Je me sens un peu seule* (syn. **esseulé**). *Être seul au monde* (= sans famille). **2.** (Précédé d'un déterminant). Unique ; excluant toute autre personne ou chose : *Adorer un seul Dieu. Tu l'as vu une seule fois. C'est la seule personne qui puisse l'aider.* **3.** (En appos., antéposé ou postposé). À l'exclusion des autres : *Moi seul connais la réponse.* **4. Seul à seul,** en tête à tête : *Nous en parlerons seul à seul.* / **Tout seul,** sans aide, sans secours : *Elle a retrouvé son chemin toute seule* (= d'elle-même).

seulement [sœlmɑ̃] **adv.** (de *seul*). **1.** Sans rien ou personne de plus : *Il est resté quelques jours seulement. Être deux seulement* (= pas davantage). **2.** À l'exclusion de toute autre chose : *J'ai fait cela seulement pour lui rendre service* (syn. **uniquement**). **3.** Pas plus tôt que : *Il arrive seulement ce soir.* **4.** (Marquant une articulation logique). Exprime une restriction : *Il est d'accord, seulement il demande des garanties* (syn. **mais, toutefois, cependant**). **5. Non seulement** (en corrélation avec *mais* ou *mais encore*), introduit le premier de deux groupes dont le second marque une insistance, une addition, etc. : *Non seulement on respecte cet homme, mais on l'aime.* / **Pas seulement,** pas même : *Elle était là il n'y a pas seulement cinq minutes.* / **Si seulement,** si au moins : *Si seulement il profitait des leçons de l'expérience.*

seulet, ette [sœlɛ, -ɛt] **adj.** *LITT.* Esseulé.

Seurat (Georges), peintre et dessinateur français (Paris 1859 - *id.* 1891). Initiateur et maître du divisionnisme, il a cherché à reconstruire, selon une harmonie rigoureuse dont les bases se voulaient scientifiques, la forme que Monet dissolvait. Ses compositions les plus ambitieuses sont *Un dimanche après-midi à la Grande Jatte* (1884-1885, Chicago), synthèse de l'impressionnisme et d'une stylisation classique à la Piero della Francesca, *les Poseuses* (1887-1888, Merion, Pennsylvanie), *Parade de cirque* (*id.,* New York), *Chahut* (1888-1890, Otterlo, Pays-Bas). Il fut, avec Signac, un des fondateurs du Salon des indépendants (1884).

Sevan *(lac),* lac de l'Arménie, au S. du Caucase ; 1 416 km^2.

sève [sɛv] **n.f.** (lat. *sapa,* vin cuit). **1.** Liquide nourricier circulant dans les diverses parties des végétaux : *Sève brute* (= qui monte des racines vers les feuilles). *Sève élaborée* (= produite par les feuilles). **2.** *LITT.* Ce qui donne la force, la vigueur : *La sève de la pensée* (syn. **puissance**).

sévère [sevɛr] **adj.** (lat. *severus,* grave). **1.** Qui est sans indulgence ; qui punit lourdement : *Parents sévères* (syn. **autoritaire**). *Verdict sévère. La critique est un peu sévère* (syn. **dur**). **2.** Strict et rigoureux : *Règlement sévère* (syn. **draconien**). *Un professeur sévère* (syn. **strict**). *Être sévère pour soi-même* (contr. **indulgent**). **3.** Dépourvu d'ornements, de fantaisie : *Architecture sévère* (syn. **austère, dépouillé**). **4.** Grave, lourd à supporter : *Défaite sévère* (syn. **sérieux**).

sévèrement [sevɛrmɑ̃] **adv. 1.** D'une manière dure, rigoureuse : *Élever ses enfants sévèrement* (syn. **durement**). **2.** D'une manière sérieuse, inquiétante ; gravement : *Des blessés sévèrement atteints.*

Sévères (les), dynastie romaine (193-235), qui compta les empereurs Septime Sévère, Caracalla, Geta, Élagabal et Sévère Alexandre. À leur règne succéda l'anarchie militaire (235-270).

sévérité [severite] **n.f.** (lat. *severitas*). **1.** Manière d'agir d'une personne sévère : *Élever ses enfants avec sévérité.* **2.** Caractère de ce qui est sévère, sans ornement : *La sévérité d'une façade* (syn. **austérité, froideur**).

Seveso, v. d'Italie (Lombardie), au N. de Milan ; 22 796 hab. Pollution par la dioxine en 1976. (L'U.E. impose auj. que soient classés «Seveso» les sites industriels abritant des substances dangereuses et présentant des risques d'accidents majeurs.)

sévices [sevis] **n.m. pl.** (du lat. *saevitia,* violence). Mauvais traitements exercés sur qqn qu'on a sous sa responsabilité ou son autorité : *Exercer des sévices sur un enfant.*

Sévigné (Marie de Rabutin-Chantal, *marquise* **de),** femme de lettres française (Paris 1626 - Grignan 1696). Elle écrivit, pendant plus de trente ans, des *Lettres* à sa fille et à ses amis, qui forment un témoignage pittoresque sur les mœurs du temps et qui, par leur style impressionniste, rompent avec le formalisme rhétorique du genre.

Séville, en esp. **Sevilla,** v. d'Espagne, cap. de l'Andalousie et ch.-l. de prov., sur le Guadalquivir ; 698 042 hab. Archevêché. Centre commercial et touristique. – Alcazar, surtout du XIVe s. (art mudéjar ; beaux décors et jardins). Cathédrale du XVe s. (nombreuses œuvres d'art) avec tour de la *Giralda,* minaret de l'ancienne Grande Mosquée, surélevé au XVIe s. Édifices civils, palais et églises de l'époque mudéjare au baroque. Musée archéologique provincial et riche musée des Beaux-Arts (Zurbarán, Murillo, Juan de Valdés Leal, le sculpteur Juan Martínez Montañés...). – Séville fut une des villes les plus florissantes de l'Espagne arabe. Après avoir appartenu au califat omeyyade (712-1031), la ville devint la capitale des Abbadides et connut une grande prospérité à l'époque almohade (XIIe s.). Conquise par Ferdinand III de Castille (1248), elle obtint au XVIe s. le monopole du commerce avec le Nouveau Monde.

sévir [sevir] **v.i.** (lat. *saevire,* être furieux) [conj. **32**]. **1.** Agir avec rigueur contre qqn : *Sévir contre un coupable* (= le châtier, le punir). *Si ces pratiques continuent, je serai obligé de sévir.* **2.** Se faire sentir vivement ; exercer des ravages : *Le froid sévit encore.* **3.** Être en usage et avoir des effets nuisibles : *Doctrine qui sévit encore dans certains milieux.* **4.** *FAM.* ou PAR PLAIS. Avoir une action, une influence néfaste ou exercer une autorité pénible : *Ce chanteur sévissait déjà du temps de mes parents.*

sevrage [səvraʒ] **n.m. 1.** Action de sevrer un enfant, un animal ; fait d'être sevré. **2.** Privation progressive d'alcool ou de drogue lors d'une cure de désintoxication.

sevrer [səvre] **v.t.** (lat. pop. **seperare,* class. *separare,* séparer) [conj. **19**]. **1.** Cesser l'allaitement d'un enfant ou d'un petit animal pour lui donner une alimentation plus solide. **2.** Priver, désaccoutumer qqn de qqch, spécial. d'alcool, d'une drogue. **3.** Priver qqn d'un plaisir : *Sevrer un enfant de caresses.*

sèvres [sɛvr] **n.m.** (nom d'une localité). Porcelaine fabriquée à la manufacture de Sèvres.

Sèvres (Deux-) [79], dép. de la Région Aquitaine-Limousin-Poitou-Charentes ; ch.-l. de dép. *Niort ;* ch.-l. d'arr. *Bressuire, Parthenay ;* 3 arr., 17 cant., 303 comm. ; 5 999 km^2 ; 383 123 hab.

Sèvres *(traité de)* ⟶ Guerre mondiale *(Première).*

sexagénaire [sɛksaʒenɛr] **adj.** et **n.** (lat. *sexagenarius*). Qui a atteint soixante ans.

sexagésimal, e, aux [sɛksaʒezimal, -o] **adj.** (du lat. *sexagesimus*). Qui a pour base le nombre soixante.

sex-appeal [sɛksapil] **n.m.** (mot anglo-amér. « attrait du sexe ») [pl. *sex-appeals*]. Charme sensuel qui émane de qqn : *Avoir du sex-appeal* (= être désirable).

sexe [sɛks] **n.m.** (lat. *sexus*). **1.** Ensemble des caractères qui permettent de distinguer chez la plupart des êtres vivants le genre mâle et le genre femelle : *Enfant du sexe féminin* (= fille), *du sexe masculin* (= garçon). **2.** Organe de la génération et du plaisir ; organes génitaux externes de l'homme et de la femme. **3.** Ensemble des personnes du même sexe : *L'égalité des sexes.* **4.** *FAM.* Sexualité : *L'obsession du sexe.* **5.** *FAM., VIEILLI.* **Le beau sexe, le sexe faible,** les femmes (par opp. au *sexe fort*).

sexisme [sɛksism] **n.m.** Attitude discriminatoire fondée sur le sexe. ◆ **sexiste adj.** et **n.** Relatif au sexisme ; qui fait preuve de sexisme.

sexologie [sɛksɔlɔʒi] **n.f.** Étude de la sexualité, de ses troubles. ◆ **sexologue n.** Nom du spécialiste.

sex-shop [sɛksʃɔp] **n.m.** (mot angl.) [pl. *sex-shops*]. Magasin spécialisé dans la vente de revues, de livres, de films, d'objets érotiques ou pornographiques.

sex-symbol [sɛkssɛ̃bɔl] **n.m.** (mot angl.) [pl. *sex-symbols*]. Vedette symbolisant l'idéal masculin ou féminin sur le plan de la sensualité et de la sexualité.

sextant [sɛkstɑ̃] **n.m.** (lat. *sextans, -antis,* sixième partie, l'instrument étant gradué d'un sixième de circonférence). Instrument qui permet de mesurer la hauteur des astres à partir d'un navire ou d'un aéronef et de déterminer la latitude.

sexto [sɛksto] **adv.** (de la loc. lat. *sexto [loco]*). Sixièmement ; en sixième lieu.

sextuor [sɛkstɥɔr] **n.m.** (du lat. *sex,* six, d'apr. *quatuor*). **1.** MUS. Composition musicale à six parties. **2.** Ensemble vocal ou instrumental de six exécutants.

sextuple [sɛkstypl] **adj.** et **n.m.** (bas lat. *sextuplus*). Qui vaut six fois autant : *Trente-six est le sextuple de six.*

sextupler [sɛkstyple] **v.t.** Multiplier par six. ◆ **v.i.** Être multiplié par six : *Revenu qui a sextuplé.*

sexualité [sɛksɥalite] **n.f.** (de *sexuel*). **1.** BIOL. Ensemble des phénomènes sexuels ou liés au sexe, observables chez les êtres vivants. **2.** Ensemble des diverses modalités de la satisfaction sexuelle : *Troubles de la sexualité.*

sexué, e [sɛksɥe] **adj.** Qui possède l'un des deux sexes et ne peut se reproduire sans le concours de l'autre sexe : *Animaux sexués. Reproduction sexuée* (par opp. à *reproduction asexuée* et à *reproduction végétative*).

sexuel, elle [sɛksɥɛl] **adj.** (bas lat. *sexualis*). **1.** Qui caractérise le sexe des êtres vivants : *Parties sexuelles. Caractères sexuels primaires* (= organes génitaux). *Caractères sexuels secondaires* (= pilosité, mue de la voix, etc.). **2.** Relatif à la sexualité : *Éducation sexuelle. Pratiques, relations sexuelles.* **3. Acte sexuel,** copulation, coït. / **Chromosome sexuel,** hétérochromosome.

sexuellement [sɛksɥɛlmɑ̃] **adv. 1.** En ce qui concerne le sexe ou la sexualité ; du point de vue de la sexualité. **2. Infection sexuellement transmissible (I.S.T.)** ou **maladie sexuellement transmissible (M.S.T.),** infection, maladie pouvant être transmise au cours d'un rapport sexuel.

■ Les maladies vénériennes d'autrefois, comme la syphilis ou la gonococcie (produite par un gonocoque : blennorragie, par ex.), sont désormais intégrées dans un vaste ensemble appelé infections sexuellement transmissibles (I.S.T.) regroupant les infections génitales ou générales dues à des bactéries (chlamydia, mycoplasme), des virus (herpès, papillomavirus, hépatite B, V.I.H.), des parasites et des champignons. La transmission des I.S.T. est favorisée par la multiplication des partenaires et des rapports sexuels (quel qu'en soit le mode) non protégés par le seul moyen préventif efficace : le préservatif. Des vaccins protecteurs sont disponibles contre une grande partie des papillomavirus et contre l'hépatite B.
Les complications de la plupart des I.S.T. sont essentiellement la stérilité. Le papillomavirus est l'agent du cancer du col utérin, l'hépatite B peut détruire le foie et le V.I.H. est le virus du redoutable sida, qui se transmet également par voie sanguine (seringues contaminées) mais pas par la salive. ■

sexy [sɛksi] **adj. inv.** (mot d'arg. anglo-amér.). *FAM.* Qui inspire le désir sexuel ; qui a du sex-appeal : *Une jupe sexy. Des filles très sexy* (syn. **désirable**).

seyant, e [sɛjɑ̃, -ɑ̃t] **adj.** (de *seoir*). Qui sied ; qui va bien : *Une coiffure seyante* (syn. **avantageux**).

Seychelles (les), État insulaire de l'océan Indien, au nord-est de Madagascar, constitué par un archipel volcanique ; 410 km^2 ; 93 000 hab. CAP. *Victoria* (dans l'île Mahé). LANGUES : *créole, français* et *anglais.* MONNAIE : *roupie des Seychelles.* De la trentaine d'îles et de la soixantaine d'îlots volcaniques et coralliens, Mahé est l'île la plus étendue et la plus peuplée. Le tourisme représente la moitié du P.I.B. ; il est complété par la pêche (conserveries) et l'agriculture. Découvertes par les Portugais (XVIe s.), ces îles furent cédées à la France (1756), puis passèrent sous le contrôle britannique en 1814. Depuis

1976, elles forment une république indépendante, membre du Commonwealth, présidée par France-Albert René (1977-2004), puis par James Michel.

Seyne-sur-Mer (La), ch.-l. de c. du Var, sur la rade de Toulon ; 64 695 hab. *(Seynois).*

S.F. [ɛsɛf] **n.f.** (sigle). Science-fiction.

Sfar (Joann), dessinateur et scénariste français de bandes dessinées (Nice 1971). Son œuvre foisonnante, nourrie par la culture juive, allie fantastique, drôlerie et poésie (*Donjon* [avec notamm. L. Trondheim], depuis 1998 ; *Petit Vampire,* depuis 1999 ; *le Chat du Rabbin,* depuis 2002 [qu'il a porté à l'écran en 2011] ; *Klezmer,* depuis 2005). Il a aussi réalisé le film *Gainsbourg (vie héroïque)* en 2010.

Sfax, port de Tunisie, sur le golfe de Gabès ; 295 496 hab. Chimie. Exportation de phosphates. Remparts du IXe s. Grande Mosquée (IXe-XIe s.).

Sforza, dynastie ducale de Milan (1450-1535). Elle est issue de **Muzio** (ou **Giacomo**) **Attendolo** (Cotignola 1369 - près de Pescara 1424), condottiere italien.Ses descendants les plus célèbres sont : • **François Ier** (San Miniato 1401 - Milan 1466), premier des Sforza à recevoir le titre de duc (1450), fils de Muzio ; • **Ludovic** ⟶ **Ludovic Sforza** *(le More)* ; • **Maximilien** (1493 - Paris 1530), fils de Ludovic, duc en 1512, qui fut battu à Marignan (1515) et dut céder ses États au roi de France François Ier ; • **François II** (1495 - 1535), deuxième fils de Ludovic le More, qui récupéra son duché grâce à Charles Quint, à qui il le légua en mourant.

sforzando [sfɔrzɑ̃do] **adv.** (mot ital.). MUS. Avec ralentissement progressif du tempo sur une note ou un accord.

Shaba ⟶ **Katanga.**

shabbat [ʃabat] **n.m.** (mot hébr. « repos »). RELIG. Jour de repos hebdomadaire (du vendredi soir au samedi soir) consacré à Dieu, selon la loi mosaïque (syn. **sabbat**).

shah n.m. ⟶ **chah.**

shaker [ʃɛkœr] **n.m.** (mot angl., de *to shake,* secouer). Double gobelet fermé dans lequel on agite, avec de la glace, les éléments d'un cocktail pour le servir frappé.

Shakespeare (William), poète dramatique anglais (Stratford-on-Avon 1564 - *id.* 1616). On possède si peu de renseignements précis sur sa vie que certains lui ont dénié la paternité de son œuvre immense, extraordinaire par sa richesse et sa diversité. On sait, cependant, qu'il était fils d'un commerçant ruiné, qu'il se maria à dix-huit ans et qu'en 1594 il était acteur et actionnaire de la troupe du lord chambellan. En 1598, il s'installe au théâtre du Globe et, en 1613, il se retire à Stratford.
Auteur de poèmes et d'un recueil de *Sonnets,* Shakespeare a surtout écrit pour la scène. Son théâtre comprend des pièces historiques, des comédies, des drames et des tragédies. On peut y distinguer trois époques. Durant la première, celle de la jeunesse (1590-1600), Shakespeare compose de grandes fresques historiques qui flattent l'orgueil national du public élisabéthain *(Henri VI, Richard III, Jules César),* des comédies légères *(la Mégère apprivoisée, le Songe d'une nuit d'été, le Marchand de Venise, les Joyeuses Commères de Windsor, la Nuit des rois)* ainsi qu'un drame, *Roméo et Juliette,* qui met en scène l'amour de deux jeunes gens de Vérone bravant la haine qui déchire leurs familles. La deuxième période (1600-1608), marquée par des déceptions politiques et personnelles liées à la fin du règne d'Élisabeth et au début de celui de Jacques Ier, correspond aux grandes tragédies sombres (*Hamlet ; Othello,* tragédie de la jalousie ; *Macbeth,* drame sanglant dominé par le thème de la culpabilité ; *le Roi Lear,* tragédie de l'absurde et de la perte de pouvoir ; *Antoine et Cléopâtre ; Coriolan*). La dernière période (à partir de 1608) est celle du retour à l'apaisement avec les pièces romanesques (*Cymbeline ; Conte d'hiver ; la Tempête,* comédie-féerie et utopie politique).
Shakespeare se veut le défenseur du respect de la hiérarchie, des êtres, des choses, des biens, mais il montre aussi que l'ordre est fragile, le désordre contagieux et la passion dévastatrice : c'est l'arrière-plan spirituel de l'action, du pouvoir et de la passion qui le fascine. Quoique férocement hostile à la théologie puritaine, sa hantise est bien celle du salut collectif : le mal, c'est la trahison, la défection, l'usurpation, la transgression du statut de l'hôte ; le bien, c'est l'accueil retrouvé. Peintre de la violence de son époque, dominant le théâtre élisabéthain, Shakespeare a su jouer mieux que tout autre sur l'imbrication du tragique et du grotesque, sur la puissance d'évocation de la métaphore, sur la diversité sociale et psychologique de ses personnages. Sa maîtrise de la construction dramatique, son art du tissage verbal et scénique ont assuré à son théâtre une densité hallucinante et inégalée. • **Hamlet,** drame en 5 actes (v. 1601), a pour cadre le château d'Elseneur, au Danemark. Prince rêveur et velléitaire, Hamlet apprend par le spectre de son père que ce dernier a été assassiné. Pour le venger, il doit tuer son oncle devenu roi et qui a épousé sa mère, la reine Gertrude, complice du meurtre. Hamlet simule la démence et n'est convaincu de la culpabilité du couple royal qu'après avoir mis en scène devant lui la représentation théâtrale du crime. Délaissant sa fiancée, Ophélie, qui devient folle et se noie, Hamlet finit par accomplir sa vengeance en y laissant sa propre vie.

shakespearien, enne [ʃɛkspirjɛ̃, -ɛn] **adj. 1.** Relatif à William Shakespeare, à son œuvre dramatique : *Un drame shakespearien.* **2.** Qui évoque le style, l'atmosphère du théâtre de Shakespeare : *Une violence shakespearienne.*

shako ou **schako** [ʃako] **n.m.** (du hongr. *csákó*). Coiffure militaire tronconique, portée notamm. par les gardes républicains et les élèves de l'école de Saint-Cyr.

shampooing ou **shampoing** [ʃɑ̃pwɛ̃] **n.m.** (mot angl. « massage », de *to shampoo,* du hindi *châmpo,* masser). **1.** Produit servant à traiter ou à laver les cheveux : *Shampooing pour cheveux secs.* **2.** Lavage des cheveux avec ce produit : *Se faire un shampooing.* **3.** Nom donné à des produits liquides et moussants destinés au nettoyage, au lavage : *Shampooing pour moquettes.*

shampouiner [ʃɑ̃pwine] **v.t.** Faire un shampooing.

1. shampouineur, euse [ʃɑ̃pwinœr, -øz] **n.** Personne qui fait les shampooings, dans un salon de coiffure.

2. shampouineur [ʃɑ̃pwinœr] **n.m.** et **shampouineuse** [ʃɑ̃pwinøz] **n.f.** Appareil servant à nettoyer à l'aide d'un détergent les tapis et moquettes.

Shandong, prov. de la Chine orientale ; 150 000 km^2 ; 95 792 719 hab. CAP. *Jinan.*

Shanghai ou **Chang-hai,** v. de Chine, sur le Huangpu au débouché du Yangzi Jiang ; dans le district municipal, qui couvre 6 000 km^2 et dépend du pouvoir central ; 20 207 612 hab. dans l'agglomération. Premier port de Chine et un des tout premiers du monde, et principal centre industriel du pays, la ville a été largement réaménagée depuis l'ouverture de la Chine à l'international (années 1990) et à l'occasion de l'Exposition universelle de 2010. Riche musée d'Art et d'Histoire.

Shannon (le), principal fl. d'Irlande, tributaire de l'Atlantique ; 368 km. Il forme plusieurs lacs.

shantung ou **shantoung** [ʃɑ̃tuŋ] **n.m.** (du n. de la prov. chin. de *Shandong,* où est produite cette étoffe). Étoffe de soie présentant un grain très prononcé.

Shaw (George Bernard), écrivain irlandais (Dublin 1856 - Ayot Saint Lawrence, Hertfordshire, 1950). Ses comédies raillent avec humour les préjugés moraux et sociaux (*Candida,* 1897 ; *César et Cléopâtre,* 1901 ; *le Héros et le Soldat,* 1904 ; *Pygmalion,* 1913 ; *Sainte Jeanne,* 1923). [Prix Nobel 1925.]

Shawn (Edwin Myers Shawn, dit Ted), danseur et chorégraphe américain (Kansas City, Missouri, 1891 - Orlando, Floride, 1972). Cofondateur avec son épouse Ruth Saint Denis de la Denishawn School (1915), il se préoccupe de mettre en valeur la danse masculine et fonde (1933) un groupe uniquement composé de danseurs.

Sheffield, v. de Grande-Bretagne (Yorkshire) ; 439 866 hab. (640 720 hab. dans l'agglomération). Centre métallurgique. Musées.

shekel [ʃekɛl] **n.m.** Unité monétaire principale d'Israël.

Shelley (Percy Bysshe), poète britannique (Field Place, Sussex, 1792 - au large de La Spezia 1822). Il écrivit des essais, des poèmes *(la Reine Mab, Prométhée délivré, l'Ode au vent d'ouest),* des drames *(les Cenci)* où l'inspiration romantique, marquée par le désir de lier l'homme et la nature en un même rythme vital, s'unit à l'influence de Platon. • Sa femme, **Mary Wollstonecraft** (Londres 1797 - *id.* 1851), est l'auteur du roman noir *Frankenstein ou le Prométhée moderne* (1818).

Shenyang, anc. **Moukden,** v. de la Chine, cap. du Liaoning ; 5 468 771 hab. dans l'agglomération. Métropole de la Chine du Nord-Est, centre administratif, universitaire et industriel.

Shepp (Archie), saxophoniste, pianiste, chanteur et compositeur de jazz américain (Fort Lauderdale, Floride, 1937). Il est un des initiateurs de la révolution du free jazz, dans la lignée de Coltrane. À partir de 1972, il est revenu au répertoire classique du jazz, auquel il donne sa perspective personnelle.

Sheridan (Richard Brinsley), auteur dramatique et homme politique britannique (Dublin 1751 - Londres 1816). Auteur de comédies *(les Rivaux, l'École de la médisance),* il abandonna les lettres pour la politique.

shérif [ʃerif] **n.m.** (angl. *sheriff,* de *shire,* comté). **1.** Officier d'administration qui représente la Couronne dans chaque comté d'Angleterre. **2.** Aux États-Unis, officier d'administration élu, ayant un pouvoir judiciaire limité.

Sherman (Cindy), photographe américaine (Glen Ridge, New Jersey, 1954). Elle explore l'identité féminine et ses représentations, en jouant de sa propre image (*Untitled Film Stills,* 1975-1980 ; *History Portraits,* 1988-1990) ou de substituts (poupées et éléments corporels dans *Sex Pictures,* depuis 1992).

Sherman (William), général américain (Lancaster, Ohio, 1820 - New York 1891). Un des meilleurs chefs nordistes de la guerre de Sécession, il reste célèbre par sa « Grande Marche vers la mer » (1864) de Chattanooga (Tennessee) à Atlanta (Géorgie).

sherpa [ʃɛrpa] **n.m.** (du n. d'un peuple du Népal). Guide ou porteur des expéditions d'alpinisme dans l'Himalaya.

shetland [ʃɛtlɑ̃d] **n.m.** (de *Shetland,* en Écosse). **1.** Tissu fabriqué avec la laine des moutons des îles Shetland. **2.** Pull-over fait avec cette laine. **3.** Race de poneys.

Shetland, archipel au nord de l'Écosse ; 1 433 km^2 ; 23 167 hab. Ch.-l. *Lerwick.* Terminal pétrolier.

Shetland du Sud, archipel britannique, au sud des Falkland, dont il dépend.

Shikoku, une des îles du Japon, au sud de Honshu ; 18 800 km^2 ; 3 977 205 hab.

shilling [ʃiliŋ] **n.m. 1.** Ancienne unité monétaire divisionnaire anglaise qui valait 1/20 de livre. **2.** Unité monétaire principale du Kenya, de l'Ouganda, de la Somalie et de la Tanzanie.

Shimazaki Toson, écrivain japonais (Magome 1872 - Oiso 1943). D'abord poète romantique, il devint le chef du mouvement naturaliste avec la publication de son roman *Hakai (Transgression)* [1906].

shingle [ʃingœl] **n.m.** (mot angl. « bardeau »). Élément de couverture en matériau imprégné de bitume imitant le bardeau ou l'ardoise.

shintoïsme [ʃintoism] ou **shinto** [ʃinto] **n.m.** (jap. *shintô,* voie des dieux). Religion propre au Japon, antérieure au bouddhisme, qui honore des divinités, les ancêtres et l'empereur. ◆ **shintoïste adj.** et **n.** Relatif au shintoïsme ; adepte du shintoïsme.

■ Le shinto est la religion fondamentale du Japon, où elle se constitua en un ensemble de rites et de croyances animistes avant que le bouddhisme ne vînt l'y concurrencer, vers le VIe s. Cette ancienne religion japonaise peuple l'espace de myriades de puissances divines dont elle désigne les plus importantes sous le *kami.* Les dieux sont la personnification de forces naturelles : le Soleil *(Amaterasu),* la Tempête *(Susanoo),* la Lune *(Tsukiyomi),* etc. Les liens de ces divinités avec leurs sanctuaires respectifs sont si forts qu'elles sont souvent désignées par le nom de ceux-ci plutôt que par leur nom propre ; ainsi, Amaterasu est plus la déesse d'Ise que l'astre solaire. Par cet enracinement local, les dieux sont en étroite communication avec les humains, selon des modes qui vont de l'affrontement à la communion. Les contacts entre le shinto et le bouddhisme ont profondément modifié les deux religions, au point de donner naissance à une formule syncrétiste, le *ryobu-shinto.* En 1868, le gouvernement de Meiji a séparé officiellement le shinto des autres cultes et en a fait une sorte de religion d'État, dans le cadre de laquelle l'empereur est quasiment divinisé. Après le désastre national de 1945, le shinto a perdu cette situation privilégiée, tout en restant, dans un univers religieux fort composite, le garant de l'identité japonaise. ■

shipchandler [ʃipʃɑ̃dlœr] **n.m.** (mot angl., de *ship,* bateau, et *chandler,* droguiste). Marchand d'articles de marine.

Shiva, Siva ou **Çiva,** troisième dieu de la trinité *(trimurti)* hindoue, que l'on considère, d'un point de vue classique, comme présidant à la destruction de l'univers, alors que ses deux partenaires, Brahma et Vishnou, assument respectivement la création et la conservation de celui-ci. Shiva est représenté communément par la pierre phallique du *linga* (symbole du *purusha,* principe spirituel masculin) émergeant d'un disque évidé, la *yoni* (symbole de la *prakriti,* principe matériel féminin). Il prend souvent la primauté dans la dévotion d'une multitude de fidèles. De nombreux temples lui sont dédiés, en même temps qu'à la déesse son épouse, Parvati ou Kali, et à ses enfants, dont Ganesha.

shivaïsme ou **sivaïsme** [ʃivaism] **n.m.** Courant religieux issu de l'hindouisme, qui fait de Shiva un dieu plus important que Vishnou et Brahma, et qui est à l'origine de plusieurs sectes. ◆ **shivaïte** ou **sivaïte adj.** et **n.** Relatif au shivaïsme ; adepte du shivaïsme.

Shoah (la), mot hébreu signifiant « anéantissement » et par lequel on désigne aussi l'Holocauste*.

shogun ou **shogoun** [ʃɔgun] **n.m.** (mot jap. « général »). Chef militaire et civil du Japon, de 1192 à 1867, qui exerçait, parallèlement aux dynasties impériales, le véritable pouvoir.

shogunal, e, aux ou **shogounal, e, aux** [ʃɔgunal, -o] **adj.** Relatif aux shoguns.

shoot [ʃut] **n.m.** (mot angl., de *to shoot,* tirer). **1.** Au football, tir. **2.** *FAM.* Injection de drogue.

shooter [ʃute] **v.i.** (de *shoot*). Tirer, au football.

se **shooter** [ʃute] **v.pr.** (de l'arg. anglo-amér. *shoot,* piqûre de drogue). *FAM.* Se droguer par injection.

shopping [ʃɔpiŋ] **n.m.** (mot angl., de *shop,* boutique). Action d'aller dans les magasins pour regarder les vitrines et faire des achats.

short [ʃɔrt] **n.m.** (angl. *shorts,* de *short,* court). Culotte courte portée pour le sport, en vacances, etc.

show [ʃo] **n.m.** (mot angl., de *to show,* montrer). **1.** Spectacle de variétés centré sur une vedette : *Show télévisé.* **2.** Prestation d'un homme politique, d'une personnalité : *Un show électoral.*

show-business [ʃobiznɛs] et, *FAM.,* **show-biz** [ʃobiz] **n.m. inv.** (mot angl.). Industrie, métier du spectacle.

showroom [ʃorum] **n.m.** (mot angl.). Local où un industriel, un commerçant, etc., expose ses nouveaux produits ; salon, magasin d'exposition.

Shqipëria, nom albanais de l'Albanie.*

shrapnell ou **shrapnel** [ʃrapnɛl] **n.m.** (mot angl., du n. de l'inventeur, le général *Shrapnel*). Ancien type d'obus chargé de balles.

Shumway (Norman Edward), chirurgien américain (Kalamazoo, Michigan, 1923 - Palo Alto, Californie, 2006), pionnier de la chirurgie cardiaque. Il a réalisé, en 1968, la première transplantation de cœur chez l'homme aux États-Unis (la quatrième dans le monde).

shunt [ʃœt] **n.m.** (mot angl., de *to shunt*, dériver). **1.** ÉLECTR. Dispositif conducteur connecté en parallèle avec une partie d'un circuit électrique pour dériver une fraction du courant qui la traverse. **2.** MÉD. Communication créée par un chirurgien au niveau du cœur ou des vaisseaux, par ex. pour traiter une malformation cardiaque.

shunter [ʃœte] **v.t.** ÉLECTR. Munir d'un shunt.

1. si [si] **conj. sub.** (lat. *si*). [*Si* s'élide en *s'* devant *il(s)*]. **1.** Introduit une hypothèse, une condition réalisable ou non : *Si elle vient, je t'appellerai. S'il venait, serais-tu contente ? Si j'avais de l'argent, je vous en prêterais.* **2.** Dans une phrase exclamative, exprime le souhait ou le regret : *Si nous allions nous promener ! Si j'avais su !* **3. Si** (+ ne), à moins que : *Les voilà, si je ne me trompe.* / **Si ce n'est, excepté,** sinon, sauf, excepté : *Vous aviez tout prévu, si ce n'est un détail, si ce n'est que rien ne s'est produit comme vous le désiriez.* / **Si tant est que** (+ subj.), s'il est vrai que ; pour autant que : *Avouez-lui la vérité, si tant est que vous en soyez capable.* ◆ **n.m. inv.** Hypothèse ; condition restrictive : *Avec lui, il y a toujours des si et des mais.*

2. si [si] **adv. interr.** (lat. *si*). [*Si* s'élide en *s'* devant *il(s)*]. Introduit une proposition interrogative indirecte : *Je me demande s'il viendra.*

3. si [si] **adv.** (lat. *sic*, ainsi). **1.** (Souvent en corrélation avec *que* consécutif). Marque une intensité : *Le vent est si fort qu'il est préférable de tout fermer* (syn. **tellement**). *Ne courez pas si vite* (syn. **aussi**). **2. Si... que** (+ subj.), introduit une concession, une restriction : *Si petit qu'il soit, il parvient à ouvrir la porte.*

4. si [si] **adv.** (de *1. si*). Oui, en réponse à une phrase interro-négative : *Vous ne l'avez pas vue ? – Si.*

5. si [si] **n.m. inv.** (initiales de *Sanctus Iohannes*, dans l'hymne de saint Jean-Baptiste). Note de musique, septième degré de la gamme de *do*.

SI , [ɛsi] sigle de *Système* International* (d'unités).

sialagogue [sjalagɔg] **adj.** et **n.m.** (gr. *sialon*, salive, et *agogos*, qui attire). PHARM. Se dit d'une substance qui augmente la production de salive.

Siam → Thaïlande.

Siam *(golfe de* ou *du),* anc. nom du golfe de Thaïlande.

siamois, e [sjamwa, -az] **adj.** et **n. 1.** Du Siam. **2. Chat siamois,** chat d'une race d'Extrême-Orient, à la face brun foncé, à la robe crème, aux yeux bleus. / **Frères, sœurs siamois(es),** jumeaux rattachés l'un à l'autre par deux parties homologues de leurs corps.

Sian → Xi'an.

Sibelius (Johan Julius Christian, dit **Jean),** compositeur finlandais (Hämeenlinna 1865 - Järvenpää 1957). La symphonie *Kullervo*, d'après le *Kalevala* (1892), fonde sa renommée en Finlande. Il participe aux revendications nationalistes de son pays. Naissent alors *Finlandia* (1899) puis les symphonies n°s 1 et 2. Après 1904, ses œuvres tendent vers l'universalité et le classicisme : concerto pour violon, symphonies n° 3 à n° 7 (1904-1924), quatuor à cordes *Voces intimae* (1909), poème symphonique *Tapiola* (1926).

Sibérie, partie septentrionale de l'Asie.

GÉOGRAPHIE

Comprise entre l'Oural et le Pacifique, l'océan Arctique et les chaînes de l'Asie centrale, entièrement englobée dans les républiques de Russie (principalement) et du Kazakhstan, la Sibérie couvre plus de 12,5 millions de km^2 (approximativement vingt-trois fois la France). Les plateaux entre Ienisseï et Lena y séparent une partie occidentale, basse et marécageuse, d'une région orientale, montagneuse. La rigueur du climat, aux hivers très froids et très longs, augmente généralement avec la longitude et la latitude. Avec la disposition des reliefs, elle explique la succession zonale de la végétation : toundra, taïga, steppe. Les conditions climatiques, limitant considérablement les possibilités agricoles (les steppes du Sud-Ouest sont cependant partiellement mises en valeur), ont entravé le peuplement. Celui-ci (env. 25 millions d'hab.), amorcé avec la construction du Transsibérien, s'est développé rapidement, mais très localement, avec l'exploitation d'importantes ressources minières (charbon du Kouzbass, notamment) et, plus récemment, avec l'édification de grandes centrales hydrauliques (Bratsk, Krasnoïarsk) et l'extraction des hydrocarbures, qui ont amené l'implantation de l'industrie lourde.

PRÉHISTOIRE ET HISTOIRE

Progressivement libérée des glaces, la Sibérie a été le foyer de nombreuses cultures préhistoriques avec, au paléolithique, une production, entre - 24 000 et - 22 000, de statuettes féminines en ivoire. À l'est, les cultures du Baïkal participent à l'élaboration du néolithique chinois. Au nord de l'Altaï, des sépultures princières (VIe-IIIe s. av. J.-C.) ont livré un riche mobilier funéraire au répertoire décoratif proche de celui des Scythes. À la fin du IIIe s. av. J.-C., des populations mongolo-turques se substituent aux anciennes populations autochtones. Au XVe s. se constitue le khanat mongol de Sibérie, détruit en 1598 par les Cosaques. Vers 1582 débute la colonisation russe, qui atteint la mer d'Okhotsk en 1639. En 1860, la Chine reconnaît la domination russe sur les territoires de l'Amour et de l'Oussouri. La construction du Transsibérien (1891-1916) permet alors la mise en valeur de la Sibérie méridionale.

sibérien, enne [siberjɛ̃, -ɛn] **adj.** et **n.** De Sibérie.

sibilant, e [sibilɑ̃, -ɑ̃t] **adj.** (du lat. *sibilare*, siffler). MÉD. Qui a le caractère d'un sifflement : *Râle sibilant.*

sibylle [sibil] **n.f.** (lat. *sibylla*, du gr.). ANTIQ. Femme inspirée, qui transmettait les oracles des dieux.

sibyllin, e [sibilɛ̃, -in] **adj.** (lat. *sibyllinus*). **1.** Relatif aux sibylles : *Oracles sibyllins.* **2.** LITT. Obscur ; dont le sens est difficile à saisir : *Un langage sibyllin* (syn. **énigmatique**).

sic [sik] **adv.** (mot lat. « ainsi »). Se met entre parenthèses après un mot, une expression, pour indiquer que l'on cite textuellement, si bizarre ou incorrect que cela paraisse.

sicaire [sikɛr] **n.m.** (lat. *sicarius*, de *sica*, poignard). LITT. Tueur à gages.

sicav [sikav] **n.f. inv.** (sigle de *société d'investissement à capital variable*). Société dont le capital fluctue librement au gré des entrées et des sorties des souscripteurs et dont le rôle est de gérer un portefeuille de valeurs dont chaque porteur de titre détient une fraction ; cette fraction : *Acheter des sicav.*

siccatif, ive [sikatif, -iv] **adj.** et **n.m.** (bas lat. *siccativus*, de *siccare*, sécher). Se dit d'une matière qui accélère le séchage des peintures, des vernis, des encres.

Sichem, ville de la Palestine centrale, où s'établirent les Hébreux et où se trouvait le tombeau de Joseph. Première capitale du royaume d'Israël avant Samarie, elle devint, au retour de l'Exil, la métropole religieuse des Samaritains. Elle fut détruite en 128 av. J.-C. par Hyrcan Ier ; il n'en restera qu'un village, à côté duquel Vespasien fondera, en 72 apr. J.-C., Flavia Neapolis (auj. Naplouse).

Sichuan, province la plus peuplée de la Chine ; 487 000 km^2 ; 80 417 528 hab. CAP. *Chengdu.*

Sicile, grande île italienne de la Méditerranée, constituant une région formée de neuf provinces : Agrigente, Caltanissetta, Catane, Enna, Messine, Palerme, Raguse, Syracuse et Trapani ; 25 708 km^2 ; 4 999 164 hab. *(Siciliens).* CAP. *Palerme.*

GÉOGRAPHIE

Le nord de l'île est montagneux, partiellement volcanique (Etna) et assez humide. Le centre et le sud, moins arrosés, sont formés de collines. Quelques petites plaines jalonnent le littoral, site des principales villes (Palerme, Catane, Messine).

Malgré l'émigration, la densité de la population reste élevée. L'agriculture est variée, mais l'industrie demeure peu développée, beaucoup moins que le tourisme.

HISTOIRE

La préhistoire et l'Antiquité. Peuplée à l'origine par les Élymes, les Sicanes et les Sicules, la Sicile est d'abord colonisée par les Phéniciens au IXe s. av. J.-C., suivis à partir du VIIIe s. par les Grecs, qui fondent sur le littoral des comptoirs commerciaux et des colonies de peuplement. Aux IVe-Ve s., la cité grecque de Syracuse exerce son hégémonie sur l'île. À l'issue de la première guerre punique, Rome conquiert la Sicile (212 av. J.-C.), qui devient l'un de ses greniers à blé.

Le Moyen Âge. Au Ve s. apr. J.-C., l'île subit successivement les incursions des Vandales et des Ostrogoths. En 535, Bélisaire reconquiert la Sicile pour le compte de Byzance. La conquête arabe la transforme en un émirat prospère et fait de Palerme un centre brillant de la culture islamique (IXe- Xe s.). Roger de Hauteville, frère de Robert Guiscard, établit la domination normande sur l'ensemble de l'île (1061-1091). La Sicile devient le centre d'une puissante monarchie, qui étend sa domination hors de l'île et voit s'épanouir une civilisation brillante. En 1194, le royaume passe à la dynastie impériale des Hohenstaufen, dont Frédéric II est le principal représentant. En 1266, Charles Ier d'Anjou, frère de Saint Louis, devient roi de Sicile. Mais la révolte des Vêpres siciliennes (1282) fait passer la Sicile sous la domination aragonaise. En 1442, les royaumes de Naples et de Sicile sont réunis et forment le royaume des Deux-Siciles.

L'époque moderne et contemporaine. En 1458, la Sicile est séparée du royaume de Naples. Elle suit pendant plusieurs siècles les destinées de l'Aragon, puis de l'Espagne avant d'être attribuée à la maison de Savoie (1713), qui la cède aux Habsbourg contre la Sardaigne (1718). Elle est ensuite attribuée à une branche des Bourbons d'Espagne (1734). En 1816, le royaume des Deux-Siciles est reconstitué. Après l'invasion de l'île par les troupes de Garibaldi et le soulèvement qu'elle suscite, la Sicile est incorporée par plébiscite au royaume d'Italie (1860). En 1948, la Sicile reçoit un statut particulier d'autonomie. L'une des régions les plus pauvres de l'Italie, elle est encore affaiblie par la lutte entre l'État et la Mafia.

sicilienne [sisiljɛn] **n.f.** (de *sicilien*). MUS. Composition vocale ou instrumentale, à caractère expressif et au rythme balancé.

sida [sida] **n.m.** (acronyme de *syndrome d'immunodéficience acquise*). MÉD. Affection grave, transmissible par voie sexuelle ou sanguine, et caractérisée par l'effondrement ou la disparition des réactions immunitaires de l'organisme.

■ Le sida est dû à un rétrovirus, le V.I.H. (virus d'immunodéficience humaine, HIV en anglais), identifié en 1983 par Luc Montagnier en France puis confirmé par Robert Gallo aux États-Unis. On en connaît deux types, le V.I.H. 1 et le V.I.H. 2. Fin 2010, on estime que 34 millions de personnes dans le monde vivaient avec le V.I.H. et que plus de 65 millions de personnes ont été contaminées depuis le début de l'épidémie. Le sida est une maladie mortelle (en 2008, il a tué 2 millions de personnes) ; il est ralenti par les traitements, mais ne peut être guéri.

Mécanismes de l'infection. Le V.I.H. s'attaque à certains globules blancs, les lymphocytes T-CD4 qui coordonnent les réponses immunitaires, et les détruit. Quand le taux de ces lymphocytes devient trop bas, l'organisme n'est plus capable de se défendre contre les maladies infectieuses, ni de détruire les cellules anormales. Les malades sont alors très sensibles aux maladies dites *opportunistes,* qui ne se développent pas chez des personnes dont le système immunitaire est efficace.

Modes de contamination. Il existe trois modes de transmission possibles du V.I.H. :

– par *voie sexuelle :* transmission lors de relations sexuelles (hétérosexuelles ou homosexuelles) non protégées par un préservatif ;

– par *voie sanguine :* transfusions de sang ou de dérivés de sang (depuis 1985, diverses techniques, notamm. de dépistage, ont rendu ce risque pratiquement nul en Europe), piqûre accidentelle avec des aiguilles souillées par du sang contaminé (personnel soignant), et toxicomanie par voie intraveineuse avec partage de seringues ;

– par *voie materno-infantile* (de la mère à l'enfant) : le V.I.H. peut se transmettre au fœtus pendant la grossesse, et au bébé au cours de l'accouchement puis pendant l'allaitement.

Les signes de la maladie. La contamination passe le plus souvent inaperçue ou se traduit par un léger état grippal. L'absence de signes physiques peut ensuite durer des années (pendant lesquelles le virus se multiplie dans le corps), avant que n'apparaissent les premiers signes de la maladie. Le sida se manifeste alors par une altération de l'état général (amaigrissement, fatigue, etc.) et par l'apparition de maladies opportunistes. Le poumon est souvent touché (infection par le parasite *Pneumocystis carinii*), ainsi que le système nerveux central (toxoplasmose cérébrale). La rétine, le système digestif, les muqueuses et la peau peuvent aussi être touchés. Des cancers rares apparaissent également, tel le *sarcome de Kaposi,* qui forme des taches violacées sur la peau.

Dépistage et traitements. Le dépistage consiste en la détection dans le sang des anticorps dirigés contre le virus *(sérologie à V.I.H.).* La *séropositivité* correspond à la présence de ces anticorps, et indique que la personne a été contaminée ; la *séronégativité* est le statut sérologique des personnes non infectées. Le degré évolutif de la maladie est évalué par la mesure de la charge virale (nombre de particules virales dans chaque millilitre de sang). Les traitements actuels se fondent sur l'association de plusieurs antiviraux : le plus courant est la *trithérapie* (association de trois molécules différentes). Ils permettent d'endiguer l'évolution de la maladie, mais non d'éradiquer le virus. La mise au point d'un vaccin s'avère quant à elle très difficile.

Prévention. À chaque mode de transmission du virus correspond un mode de prévention. L'usage de préservatifs est aujourd'hui le seul mode efficace de protection contre la transmission par voie sexuelle. En ce qui concerne la transmission sanguine, la prévention se fonde sur l'analyse et le traitement thermique de tous les produits dérivés du sang, et sur l'usage de seringues stériles à usage unique. Des antirétroviraux pris pendant la grossesse limitent le risque de transmission de la mère au fœtus ; l'allaitement est déconseillé. ■

side-car [sidkar] ou [sajdkar] **n.m.** (mot angl., de *side,* côté, et *car,* voiture) [pl. *side-cars*]. Véhicule à une seule roue, accouplé latéralement à une motocyclette.

sidéen, enne [sideɛ̃, -ɛn] **adj.** et **n.** Atteint du sida.

sidéral, e, aux [sideral, -o] **adj.** (lat. *sideralis,* de *sidus, -eris,* astre). Relatif aux astres : *Observations sidérales. Jour sidéral* (= durée de la rotation de la Terre sur elle-même).

sidérant, e [siderɑ̃, -ɑ̃t] **adj.** Qui sidère : *Une nouvelle sidérante* (syn. **époustouflant, stupéfiant**).

sidération [siderasjɔ̃] **n.f.** (lat. *sideratio*). PATHOL. Anéantissement subit des forces vitales, marqué par l'arrêt de la respiration et un état de mort apparente.

sidéré, e [sidere] **adj.** Stupéfait ; abasourdi : *Ne prends pas cet air sidéré !* (syn. **éberlué, interloqué**).

sidérer [sidere] **v.t.** (lat. *siderari,* subir l'influence néfaste des astres) [conj. **18**]. **1.** Frapper de stupeur : *Sa réponse m'a sidéré* (syn. **abasourdir, stupéfier**). **2.** PATHOL. Provoquer la sidération, l'anéantissement des forces vitales.

sidérose [sideroz] et **sidérite** [siderit] **n.f.** (du gr. *sidêros,* fer). Carbonate naturel de fer.

sidérurgie [sideryrʒi] **n.f.** (du gr. *sidêrourgos,* forgeron). Ensemble des techniques permettant d'élaborer et de mettre en forme le fer, la fonte et l'acier.

sidérurgique [sideryrʒik] **adj.** Relatif à la sidérurgie.

sidérurgiste [sideryrʒist] **n.** Ouvrier, industriel de la sidérurgie.

Sidi Bel Abbes, v. d'Algérie, ch.-l. de wilaya ; 212 935 hab. Garnison de base de la Légion étrangère française de 1843 à 1962.

Sidon, auj. **Sayda,** v. de Phénicie, capitale d'un royaume cananéen (XVe s. av. J.-C.). Elle devint la rivale de Tyr et fut à son apogée du XIIe au Xe s. av. J.-C. Elle fut détruite par les Assyriens (677) puis par les Perses (343).

siècle [sjɛkl] **n.m.** (lat. *saeculum*). **1.** Durée de cent années : *Le séquoia vit plusieurs siècles.* **2.** Période de cent années comptée à partir d'une origine chronologique appelée *ère : Le vingt et unième siècle* (= de 2001 à 2100). **3.** Temps, époque où l'on vit : *Être de son siècle.* **4.** Époque marquée par un grand homme, une découverte, etc. : *Le siècle de Périclès. Le siècle de l'atome.* **5.** FAM. Grand espace de temps indéterminé : *Il y a un siècle qu'on ne vous a vu* (syn. **éternité**). **6.** RELIG. Société humaine, vie profane, par opp. à la vie religieuse : *Renoncer au siècle.* **7. Le Grand Siècle,** l'époque de Louis XIV, en France.

il **sied** → **seoir.**

Siegbahn (Manne), physicien suédois (Örebro 1886 - Stockholm 1978). Il a étudié les spectres des rayons X et découvert, en 1925, leur réfraction. (Prix Nobel 1924.)

siège [sjɛʒ] **n.m.** (lat. pop. **sedicum*, de **sedicare*, class. *sedere*, être assis). **1.** Meuble ou tout objet fait pour s'asseoir ; partie horizontale de ce meuble, de cet objet, sur laquelle on s'assied : *Un siège pliant. Les sièges d'une voiture. Le dossier et le siège d'un fauteuil.* **2.** Postérieur ; fesses : *Bain de siège. Enfant qui se présente par le siège lors d'un accouchement.* **3.** Place occupée par un membre d'une assemblée délibérante : *Perdre des sièges aux élections législatives.* **4.** Endroit où réside une autorité, une assemblée, la direction d'une entreprise, etc. : *Le siège d'un tribunal.* **5.** Point où naît, se développe un phénomène : *Le siège d'une douleur* (syn. **centre**). **6.** MIL. Opération menée contre un ouvrage, une place forte, en vue de l'affaiblir et de s'en emparer : *Faire le siège d'une ville* (= l'assiéger). **7. Lever le siège,** replier l'armée assiégeante sans s'être emparé de la place / DR. **Magistrature du siège,** ensemble des magistrats qui jugent à un procès (syn. **magistrature assise**). / **Siège social,** lieu où siège la direction d'une société, domicile d'une société. **8. État de siège** → **1. état.**

siéger [sjeʒe] **v.i.** [conj. **22**]. **1.** Faire partie d'une assemblée, d'un tribunal : *Siéger au Sénat.* **2.** Résider ; tenir ses séances : *La Cour de cassation siège à Paris.* **3.** Avoir son origine, son centre de rayonnement en un certain point : *L'endroit où siège le mal.*

Siegfried *(ligne)*, position fortifiée construite par l'Allemagne de 1936 à 1940 sur sa frontière occidentale. Elle fut conquise par les Alliés au cours de l'hiver 1944-1945.

Siemens (von), famille d'ingénieurs et d'industriels allemands. • **Werner** (Lenthe, près de Hanovre, 1816 - Berlin 1892) établit la première grande ligne télégraphique européenne entre Berlin et Francfort (1848-1849), et réalisa la première locomotive électrique (1879). • **Wilhelm** (Lenthe 1823 - Londres 1883), frère du précédent, émigré en 1844 en Grande-Bretagne, perfectionna le procédé d'élaboration de l'acier. • **Friedrich** (Menzendorf 1826 - Dresde 1904), frère des précédents, imagina avec Wilhelm le four à récupérateur de chaleur pour la fonte de l'acier et du verre (1856).

sien, enne [sjɛ̃, -ɛn] **pron. poss.** (lat. *suus*, refait d'apr. *mien*). [Précédé de l'art. déf.]. **1.** Désigne ce qui appartient ou se rapporte à un possesseur de la 3e pers. du sing. : *Ce n'est pas ma veste, mais la sienne.* **2. Faire des siennes,** faire des bêtises, des folies. / **Les siens,** ses parents, ses proches. ◆ **adj. poss.** SOUT. (*VX* ou *LITT.* en fonction d'épithète). Qui est à lui, à elle : *Faire sienne une idée. Un sien cousin.*

Sienkiewicz (Henryk), écrivain polonais (Wola Okrzejska 1846 - Vevey, Suisse, 1916). Il est l'auteur de *Quo vadis ?* (1896), roman sur les persécutions subies par les chrétiens du Ier s., à Rome. (Prix Nobel 1905.)

Sienne, v. d'Italie (Toscane), ch.-l. de prov. ; 52 988 hab. *(Siennois).* Archevêché. Le visage de la vieille ville demeure celui qu'ont modelé les XIIIe et XIVe s. Cathédrale des XIIe- XIVe s. (chaire de Nicola Pisano, rare pavement historié et nombreuses œuvres d'art). Sur la place en éventail du Campo, palais public gothique du XIVe s., au campanile élancé (fresques de S. Martini et de A. Lorenzetti ; reliefs de la *Fonte Gaia* de Jacopo della Quercia). Églises et palais. Musée de l'Œuvre de la cathédrale (*Maestà* de Duccio). Pinacothèque (école siennoise, XIIIe-XVIe s.).

sierra [sjɛra] **n.f.** (mot esp. « *scie* », du lat. *serra*). Chaîne de montagnes, dans les pays de langue espagnole.

Sierra Leone (la), État de l'Afrique occidentale ; 72 000 km^2 ; 6 092 000 hab. CAP. *Freetown.* LANGUE : *anglais.* MONNAIE : *leone.*

GÉOGRAPHIE

Plat, en dehors des hauteurs de l'Est, où le pic Bintimane (1 948 m) est le point culminant de l'Afrique de l'Ouest, le pays est très arrosé, surtout au sud. La population est en majorité agricole. Riz, mil, arachide, manioc sont les principales ressources vivrières, complétées par des cultures commerciales (café, cacao et amandes de palmiste). L'industrie est peu développée. Les diamants et la bauxite constituent les principales ressources.

HISTOIRE

La côte de la Sierra Leone est explorée dans la deuxième moitié du XVe s. par les Portugais, qui s'y livrent au commerce (or, esclaves). Ils sont supplantés par les Anglais au XVIIe s.

1787. La société antiesclavagiste britannique achète la zone côtière et y accueille des Noirs affranchis venus d'Amérique et des Caraïbes.

1808. Le littoral devient une colonie britannique.

1896. Les Britanniques imposent leur protectorat à l'intérieur du pays.

1961. La Sierra Leone accède à l'indépendance dans le cadre du Commonwealth.

1971-1985. Siaka Stevens dirige le pays en y instaurant un système de parti unique.

1991. Le multipartisme est rétabli.

À partir de 1992, le pays connaît plusieurs coups d'État militaires. Il est par ailleurs ravagé par des combats opposant un mouvement rebelle aux forces gouvernementales.

1996. Ahmed Tejan Kabbah est élu à la présidence de la République. Renversé en 1997, il est rétabli à la tête du pays en 1998 avec l'aide du Nigeria (réélu en 2002).

2002. Un accord de paix est conclu avec la rébellion.

2007. Ernest Bai Koroma accède à la présidence. Il est reconduit dans ses fonctions en 2012.

sieste [sjɛst] **n.f.** (esp. *siesta*, du lat. *sexta* [*hora*], sixième [heure], midi). Repos, temps de sommeil pris après le repas de midi : *Faire la sieste.*

sieur [sjœr] **n.m.** (de l'anc. fr. *sire* ; v. *seigneur*). Qualification dont on fait précéder un nom propre d'homme, en style juridique : *Le sieur X s'est fait représenter au tribunal par son avocat.*

sievert [sivœrt] **n.m.** (de *Sievert*, n. d'un physicien suédois). Unité de mesure d'équivalent de dose* de rayonnement ionisant. ▸ Symb. Sv.

Sieyès (Emmanuel Joseph), homme politique français (Fréjus 1748 - Paris 1836). Vicaire de l'évêque de Chartres, il publia en 1789 une brochure, *Qu'est-ce que le tiers état ?*, qui lui valut une grande popularité. Député du tiers aux États généraux, il se montra partisan d'une monarchie constitutionnelle mais, élu à la Convention en 1792, il vota la mort du roi. De nouveau député sous le Directoire (1795), puis Directeur (mai 1799), il prépara avec Bonaparte le coup d'État de Brumaire (nov. 1799), qui fit de lui un des consuls provisoires. Mais, ayant rédigé un projet de Constitution qui déplut à Bonaparte, il fut écarté du pouvoir, bien que comblé d'honneurs.

sifflant, e [siflɑ̃, -ɑ̃t] **adj. 1.** Qui produit un sifflement : *Prononciation sifflante.* **2. Consonne sifflante,** consonne fricative caractérisée par un sifflement : [s] *et* [z] *sont des sifflantes.* (On dit aussi *une sifflante.*)

sifflement [sifləmɑ̃] **n.m.** Son fait en sifflant ou produit par le vent, un projectile, etc. : *Le sifflement d'un merle.*

siffler [sifle] **v.i.** (bas lat. *sifilare,* du class. *sibilare*). **1.** Produire un son aigu soit avec la bouche, soit avec un instrument : *Siffler pour appeler un animal.* **2.** Produire un son aigu, en parlant de l'air, d'un corps en mouvement, etc. : *Entendre siffler les balles.* ◆ **v.t. 1.** Reproduire en sifflant : *Siffler un air.* **2.** Appeler en sifflant : *Siffler un chien.* **3.** Signaler en soufflant dans un sifflet : *L'arbitre siffle la fin de la partie.* **4.** Huer en sifflant : *Siffler un mauvais acteur.* **5.** FAM. Boire rapidement : *Siffler un verre de rhum* (syn. **vider**).

sifflet [siflɛ] **n.m. 1.** Petit instrument avec lequel on siffle : *Sifflet à roulette* (= dans lequel est placée une petite bille qui modifie le son). **2.** Appareil de signalisation sonore actionné par la vapeur ou l'air comprimé : *Sifflet à vapeur d'une locomotive.* **3.** FAM. **Couper le sifflet à qqn,** le mettre hors d'état de répondre. / TECHN. **En sifflet,** en biseau. ◆ **sifflets n.m. pl.** Sifflements marquant la désapprobation : *Les sifflets du public* (syn. **huées**).

siffleur, euse [siflœr, -øz] **adj.** et **n.** Qui siffle : *Le merle est un oiseau siffleur.*

sifflotement [siflɔtmɑ̃] **n.m.** Action de siffloter ; son produit par qqn qui sifflote.

siffloter [siflɔte] **v.i.** et **v.t.** Siffler doucement, négligemment : *Siffloter en marchant. Siffloter une chanson.*

sigillé, e [siʒile] **adj.** (du lat. *sigillum,* sceau). Marqué d'un sceau ou d'une empreinte semblable à celle d'un sceau : *Vases gallo-romains sigillés.*

sigillographie [siʒilɔgrafi] **n.f.** (du lat. *sigillum,* sceau). Science auxiliaire de l'histoire qui a pour objet l'étude des sceaux.

Sigismond de Luxembourg (Nuremberg 1368 - Znaim 1437), roi de Hongrie (1387-1437), roi des Romains (1411-1433), empereur germanique (1433-1437) et roi de Bohême (1419-1437). Fils de l'empereur Charles IV, il convoqua le concile de Constance (1414), qui mit fin au grand schisme d'Occident, et y laissa condamner le réformateur tchèque Jan Hus. Il ne fut reconnu roi de Bohême qu'en 1436.

Sigismond II Auguste Jagellon (Cracovie 1520 - Knyszyn 1572), grand-duc de Lituanie et roi de Pologne de 1548 à 1572. Il prépara l'Union de Lublin (1569), qui réunit la Pologne et le grand-duché de Lituanie.

sigle [sigl] **n.m.** (lat. juridique *sigla,* signes abréviatifs). Groupe de lettres initiales constituant l'abréviation de mots fréquemment employés (par ex. O.N.U. ; P.A.O. ; C.A.P.E.S.).

sigma [sigma] **n.m. inv.** Dix-huitième lettre de l'alphabet grec (Σ, σ).

sigmoïde [sigmɔid] **adj.** (de *sigma*). **1.** ANAT. Qui a la forme d'un S ou de la lettre grecque *sigma.* **2. Valvule sigmoïde,** chacune des trois valvules situées à l'origine de l'aorte et de l'artère pulmonaire.

Signac (Paul), peintre français (Paris 1863 - *id.* 1935). Ami et continuateur de Seurat, il fut l'un des promoteurs du Salon des indépendants (1884) et publia *D'Eugène Delacroix au néo-impressionnisme* (1899). La même recherche de la lumière caractérise ses toiles, à grosses touches mosaïquées, et ses aquarelles, d'une facture plus libre.

signal [siɲal] **n.m.** (réfection, d'apr. *signe,* de l'anc. fr. *seignal,* lat. pop. **signale,* du bas lat. *signalis,* qui sert de signe). **1.** Signe convenu pour avertir, donner un ordre, etc. : *Attendre le signal pour agir. Lancer un signal de détresse.* **2.** Appareil qui produit ce signe : *Tirer le signal d'alarme.* **3.** Appareil, panneau disposé sur le bord d'une voie pour régler la marche des véhicules : *Signal d'arrêt* (= stop). *Signaux lumineux.* **4.** Fait, événement qui annonce ou marque le début de qqch : *Cette faillite a été le signal de l'effondrement de l'économie.* **5.** INFORM., TÉLÉCOMM. Variation d'une grandeur physique de nature quelconque porteuse d'information. **6. Donner le signal de qqch,** être le premier à faire une action qui sert d'exemple ; provoquer : *Donner le signal du départ en se levant.*

signalé, e [siɲale] **adj.** (it. *segnalato,* p. passé de *segnalare,* rendre illustre). LITT. Qui attire l'attention, l'estime : *Rendre un signalé service* (syn. **important, remarquable**).

signalement [siɲalmɑ̃] **n.m.** (de *signaler un soldat,* l'inscrire). Description physique de qqn destinée à le faire reconnaître : *Donner le signalement d'un criminel.*

signaler [siɲale] **v.t. 1.** Annoncer, indiquer par un signal : *Balises qui signalent l'emplacement d'une piste.* **2.** Appeler l'attention sur qqn, qqch, le faire connaître : *Signaler qqn à la police* (syn. **dénoncer**). *Je vous signale que la réunion est reportée* (= je vous fais remarquer, observer que) [syn. **annoncer**]. ◆ **se signaler v.pr.** Acquérir une certaine réputation par ses agissements, son travail, etc. : *Se signaler par sa bravoure* (syn. **s'illustrer, se distinguer**).

signalétique [siɲaletik] **adj.** (de *signaler*). Qui donne le signalement de qqn, la description de qqch : *Fiche signalétique.* ◆ **n.f. 1.** Ensemble des moyens de signalisation d'un lieu, d'un réseau de transport : *La signalétique indique les sorties de secours.* **2.** Ensemble des éléments signalant l'articulation d'un texte, d'un ouvrage.

signalisation [siɲalizasjɔ̃] **n.f.** (de *signaliser*). **1.** Installation, disposition de signaux pour donner des renseignements à distance : *Appareils de signalisation* (= phares, sirènes, drapeaux, etc.). **2.** Installation de signaux sur une route, une voie ferrée, etc. ; ensemble de ces signaux : *Accident de chemin de fer dû à une erreur de signalisation.*

signaliser [siɲalize] **v.t.** (de *signaler*). Munir d'une signalisation : *Signaliser une autoroute.*

signataire [siɲatɛr] **adj.** et **n.** Qui a signé un acte, une pièce quelconque : *Les signataires d'un traité, d'une pétition.*

signature [siɲatyr] **n.f.** (lat. médiév. *signatura,* du class. *signator,* signataire). **1.** Action de signer un texte, un document, etc. : *La signature d'un contrat.* **2.** Nom ou marque personnelle qu'on met en bas d'une œuvre, d'un texte, d'un document, etc., pour attester qu'on en est l'auteur ou qu'on en approuve le contenu : *Apposer sa signature* (syn. **paraphe**). **3.** IMPR. Lettre ou chiffre imprimés au bas de la première page de chaque cahier d'un livre, et indiquant l'emplacement de ce cahier dans le livre. **4. Avoir la signature,** posséder une délégation de pouvoir, en partic. pour recevoir ou allouer des fonds. / PHYS. **Signature spectrale d'un corps,** figure montrant la longueur d'onde et l'intensité respectives des diverses radiations électromagnétiques émises par ce corps.

signe [siɲ] **n.m.** (lat. *signum*). **1.** Ce qui permet de connaître, de deviner, de prévoir : *Ces nuages sont un signe de pluie* (syn. **indice**). *Il n'a aucun signe particulier* (= aucune caractéristique physique distinctive). **2.** Mot, geste, mimique permettant de faire connaître, de communiquer : *Se parler par signes. Tendre la main à qqn en signe de réconciliation.* **3.** Marque matérielle distinctive : *Marquer ses livres d'un signe.* **4.** Représentation matérielle de qqch, ayant un caractère conventionnel : *Signes de ponctuation. Signe d'égalité mathématique.* **5.** Unité linguistique constituée de l'association d'une forme concrète *(le signifiant)* et d'un contenu sémantique *(le signifié).* **6.** MATH. Symbole + ou − servant à noter respectivement les nombres positifs ou négatifs. **7.** MÉD. Manifestation élémentaire d'une maladie : *Le cœur de ce malade donne des signes de défaillance* (syn. **symptôme**). **8. C'est bon signe, c'est mauvais signe,** c'est de bon, de mauvais augure. / **Donner, ne pas donner signe de vie,** donner, ne pas donner de ses nouvelles. / **Faire signe à qqn,** entrer en contact avec lui : *Quand vous l'aurez vu, faites-moi signe.* / **Faire signe à qqn de** (+ inf.), **que** (+ ind.), lui indiquer par un geste ce qu'il doit ou peut faire : *Il m'a fait signe d'entrer, que je pouvais entrer.* / **Signe de (la) croix,** geste de piété chrétienne consistant à tracer sur soi une croix avec la main. / **Signe du zodiaque,** chacune des douze divisions du zodiaque. / **Sous le signe de,** sous l'influence de. **9. Langue des signes,** langage codé des sourds-muets, fait de gestes et de mimiques. ◆ **signes n.m. pl. Signes extérieurs de richesse,** manifestations extérieures de la richesse d'un contribuable qui entrent dans le cadre des éléments du train de vie.

signer [siɲe] **v.t.** (lat. *signare*). **1.** Marquer, revêtir de sa signature : *Signer une pétition.* **2.** Attester par sa marque ou sa signature qu'on est l'auteur de qqch : *Signer un tableau, un meuble.* **3. C'est signé,** se dit d'une action dont on devine facilement l'auteur : *Ne cherchez pas le responsable : c'est signé ! /* **Signer (de) son nom,** apposer sa signature. ◆ **v.i.** Utiliser le langage des signes pour communiquer avec des sourds-muets. ◆ **se signer v.pr.** Faire le signe de la croix.

signet [siɲɛ] **n.m.** (de *signe*). **1.** Ruban fixé en haut du dos d'un volume relié et s'insérant entre les pages. **2.** INFORM. Mode d'accès rapide à l'adresse électronique d'un site Internet stockée dans la mémoire d'un ordinateur.

signifiant, e [siɲifjɑ̃, -ɑ̃t] **adj.** Qui signifie ; qui est porteur de sens : *Le symbole est signifiant.* ◆ **signifiant n.m.** LING. Forme concrète, acoustique du signe linguistique.

significatif, ive [siɲifikatif, -iv] **adj.** (bas lat. *significativus*). Qui exprime de manière manifeste une pensée, une intention : *Geste significatif* (syn. **éloquent, révélateur**).

signification [siɲifikasjɔ̃] **n.f.** (lat. *significatio*). **1.** Ce qui signifie, représente un signe, un geste, un fait, etc. : *Quelle est la signification de son discours ?* (syn. **sens**). **2.** Sens et valeur d'un mot : *Les dictionnaires de langue donnent les différentes significations des mots* (syn. **acception**). **3.** Notification d'un acte, d'un jugement, faite par un huissier de justice.

significativement [siɲifikativmɑ̃] **adv.** De façon significative.

signifié [siɲifje] **n.m.** LING. Contenu sémantique du signe linguistique ; concept.

signifier [siɲifje] **v.t.** (lat. *significare*) [conj. **9**]. **1.** Avoir un sens déterminé : *Le mot latin « murus » signifie « mur »* (= veut dire). *Je ne comprends pas ce que signifie ce geste* (syn. **indiquer**). **2.** SOUT. Faire connaître d'une manière expresse : *Signifier ses intentions.* **3.** DR. Notifier par huissier : *Signifier son congé à un locataire* (syn. **intimer**).

Signoret (Simone Kaminker, dite **Simone),** actrice française (Wiesbaden 1921 - Autheuil-Authouillet, Eure, 1985). De *Casque d'or* (J. Becker, 1952) à *la Vie devant soi* (M. Mizrahi, 1977) en passant par *Thérèse Raquin* (M. Carné, 1953) ou *la Veuve Couderc* (P. Granier-Deferre, 1971), elle s'est imposée comme l'une des personnalités marquantes du cinéma français. Elle était l'épouse d'Yves Montand.

sikh [sik] **adj.** et **n.** (sanskrit *çishya,* disciple). Relatif au sikhisme ; adepte du sikhisme.

sikhisme [sikism] **n.m.** L'une des quatre grandes religions de l'Inde, qui affirme l'existence d'un unique Dieu créateur, rejette le système des castes et prône la réconciliation entre hindous et musulmans.

Sikkim, État de l'Inde, dans l'Himalaya oriental ; 7 100 km^2 ; 607 688 hab. CAP. *Gangtok.* Il est depuis 1975 un État de l'Union indienne.

sil [sil] **n.m.** (mot lat.). Argile rouge ou jaune.

silence [silɑ̃s] **n.m.** (lat. *silentium*). **1.** Absence de bruit : *Le silence de la nuit* (syn. **paix, tranquillité**). **2.** Action, fait de se taire : *Garder, observer le silence. Un silence éloquent* (syn. **mutisme**). *On vous demande le silence le plus absolu sur cette affaire* (syn. **secret**). *Réduire l'opposition au silence* (= la bâillonner, la museler). **3.** Fait de cesser de donner de ses nouvelles, notamm. par lettre : *S'inquiéter du silence d'un ami.* **4.** Absence de mention de qqch dans un écrit : *Le silence de la loi sur ce délit* (syn. **omission**). **5.** MUS. Interruption plus ou moins longue du son ; signe qui sert à l'indiquer. **6. Passer qqch sous silence,** ne pas en parler, l'omettre volontairement.

silencieusement [silɑ̃sjøzmɑ̃] **adv.** En silence : *L'assistance écoutait silencieusement.*

1. silencieux, euse [silɑ̃sjø, -øz] **adj.** (lat. *silentiosus*). **1.** Qui garde le silence, s'abstient de parler ; qui est peu communicatif : *Demeurer silencieux* (syn. **muet**). *Personne calme et silencieuse* (syn. **taciturne**). **2.** Qui se fait, qui fonctionne sans bruit ou avec peu de bruit : *Moteur silencieux* (contr. **bruyant**). **3.** Se dit d'un endroit où l'on n'entend aucun bruit : *Parc silencieux* (syn. **paisible**).

2. silencieux [silɑ̃sjø] **n.m.** (de *1. silencieux*). **1.** Appareil fixé sur la bouche du canon d'une arme à feu pour amortir le bruit de la détonation. **2.** Dispositif servant à amortir, dans un moteur, les bruits dus à l'expulsion des gaz.

silène [silɛn] **n.m.** (de *Silène,* lat. *Silenus,* n. du père nourricier de Bacchus). **1.** Plante herbacée de l'hémisphère Nord tempéré, poussant dans les prairies et les champs cultivés, au calice en forme d'outre. ▸ Famille des caryophyllacées. **2.** MYTH. GR. Satyre.

Silésie, région d'Europe, traversée par l'Odra, partagée entre la Pologne (essentiellement) et la République tchèque (vers Ostrava). En Pologne, la *haute Silésie,* à l'E., est une grande région houillère et industrielle (métallurgie, chimie), centrée sur Katowice. La *basse Silésie,* à l'O., autour de Wrocław, demeure plus rurale.

silex [silɛks] **n.m.** (mot lat.). Roche siliceuse très dure, constituée de calcédoine, de quartz et d'opale, se présentant en rognons dans certaines roches calcaires.

silhouette [silwɛt] **n.f.** (de É. de *Silhouette,* contrôleur des finances impopulaire du XVIIIe s.). **1.** Contour, lignes générales du corps humain ou d'un objet : *Avoir une silhouette élégante* (syn. **allure**). *La silhouette d'une voiture* (syn. **ligne, profil**). **2.** Forme générale, dessin d'un être, d'un objet, dont les contours se profilent sur un fond : *Distinguer au loin des silhouettes.*

silhouetter [silwete] **v.t.** LITT. Dessiner en silhouette. ◆ **se silhouetter v.pr.** LITT. Apparaître en silhouette : *Le clocher se silhouette sur le ciel bleu* (syn. **se profiler**).

silicate [silikat] **n.m.** (de *silice*). Minéral formé d'éléments tétraédriques comportant un atome de silicium au centre et des atomes d'oxygène aux quatre sommets, constituant essentiel des roches magmatiques et métamorphiques, et utilisé notamm. dans les industries du bâtiment, de la verrerie. ▸ Formule SiO_4.

silice [silis] **n.f.** (du lat. *silex, -icis*). Substance minérale très dure formée d'oxyde de silicium. ▸ Formule SiO_2. Il existe plusieurs variétés naturelles : le quartz cristallisé, la calcédoine, l'opale amorphe.

siliceux, euse [silisø, -øz] **adj.** (lat. *siliceus*). Qui contient de la silice : *Roches siliceuses.*

silicium [silisjɔm] **n.m.** (de *silice*). Non-métal d'une couleur brune à l'état amorphe, d'un gris de plomb à l'état cristallisé, fusible à 1 410 °C et se volatilisant au four électrique. ▸ Symb. Si ; densité 2,33. Ses propriétés semi-conductrices le font employer dans les circuits intégrés.

■ Présent dans la nature sous forme de composés (*silice* et *silicates*), le silicium représente environ 28 % de l'écorce terrestre, ce qui en fait le deuxième élément le plus abondant après l'oxygène.

La physico-chimie. Le silicium est un corps très dur, qui ne se dissout que dans quelques métaux (plomb, argent, zinc). Il existe sous forme amorphe (poudre brune) et sous forme cristallisée (octaèdres gris-noir). Il est attaqué par les halogènes et brûle dans l'oxygène pour donner de la silice (SiO_2). Il se combine à chaud à l'hydrogène, au soufre, à l'azote et donne avec le carbone du *carbure de silicium* (SiC), matériau d'une grande dureté. Les dérivés de la forme R_2SiO (R étant un groupement alkyle ou phényle) sont les *silicones,* classe importante de polymères synthétiques.

Les utilisations. Les deux principales utilisations industrielles du silicium sont la préparation de ferrosilicium, élément d'alliage pour les fontes et les aciers, et l'électronique. Le silicium ultra-pur à 99,999 % et sous forme de monocristaux dopés avec du bore ou de l'arsenic en est le premier matériau de base. (⟶ électronique, semi-conducteur.) On l'emploie dans les circuits intégrés (effet transistor) et dans les photopiles (effet photovoltaïque). ■

silicone [silikon] **n.f.** (de *silicium*). Substance analogue aux composés organiques, dans laquelle le silicium remplace le carbone.

silicose [silikoz] **n.f.** (de *silice*). Maladie, en génér. professionnelle, due à l'inhalation de poussière de silice et qui se marque par une transformation fibreuse du poumon.

sillage [sijaʒ] **n.m.** (de *sillon*). **1.** Zone de perturbations que laisse derrière lui un corps en mouvement dans un fluide. **2. Marcher, être dans le sillage de qqn,** suivre sa trace, son exemple.

sillet [sijɛ] **n.m.** (it. *ciglietto*, dimin. de *ciglio*, du lat. *cilium*, cils). **1.** Fine baguette de bois, d'ivoire ou d'os fixée sur le manche des instruments de musique à cordes. **2.** Jonc métallique placé sur le cadre des instruments à cordes munis d'un clavier.

sillon [sijɔ̃] **n.m.** (d'un rad. gaul. **selj-*). **1.** Trace laissée à la surface d'un champ par un instrument de labour : *Ouvrir un sillon.* **2.** Piste gravée à la surface d'un disque phonographique et contenant l'enregistrement. **3.** Trace longitudinale : *Sillon de feu tracé par une fusée* (syn. **traînée**).

sillonner [sijɔne] **v.t.** Parcourir un lieu, le traverser en tous sens : *Des avions ont sillonné le ciel toute la nuit.*

silo [silo] **n.m.** (esp. *silo*, et anc. prov. *sil*, du lat. *sirus*, vase pour conserver le blé). **1.** Fosse pratiquée dans la terre pour y conserver les végétaux. **2.** Réservoir de grande capacité qu'on emplit par le haut et dans lequel on stocke les récoltes ou les fourrages verts : *Silo à betteraves, à céréales.* **3.** ARM. **Silo lance-missile,** cavité bétonnée creusée dans le sol pour stocker et lancer un missile stratégique.

Siloé (Gil de), sculpteur flamand, actif à Burgos dans le dernier quart du XVe s., auteur, à la chartreuse de Miraflores, d'un retable et de tombeaux d'un style gothique exubérant. • Son fils **Diego,** architecte et sculpteur (Burgos v. 1495 - Grenade 1563), séjourna en Italie, travailla à Burgos puis se fixa à Grenade, où, à partir de 1528, il fit triompher le style de la Renaissance classique dans la construction de la cathédrale. Ce style sera repris aux cathédrales de Jaén, de Málaga, œuvres de D. de Siloé ou de ses continuateurs.

silure [silyr] **n.m.** (lat. *silurus*, du gr.). **1.** Poisson-chat. **2.** ZOOL. Poisson à barbillons, à peau sans écailles, dont la plupart des espèces vivent en eau douce.

silurien [silyrjɛ̃] **n.m.** (de *Silures*, n. d'un peuple anc. d'Angleterre). GÉOL. Troisième période de l'ère primaire, située entre l'ordovicien et le dévonien.

simagrée [simagre] **n.f.** (orig. obsc.). [Surtout au pl.]. Façons maniérées destinées à donner le change : *Faire des simagrées* (syn. **manières, minauderies**).

Simenon (Georges), écrivain belge d'expression française (Liège 1903 - Lausanne 1989), auteur de nouvelles *(le Bateau d'Émile)*, de pièces de théâtre *(La neige était sale)* et de nombreux romans policiers reliés par la figure du commissaire Maigret *(Pietr-le-Letton, Maigret et le clochard).*

Siméon Ier (m. en 927), khan des Bulgares (893-927). Il investit Constantinople (913) pour s'y faire sacrer empereur (basileus) puis envahit la Thrace et la Macédoine et soumit la Serbie (924).

simien, enne [simjɛ̃, -ɛn] **adj.** (du lat. *simius*, singe). Relatif au singe. ◆ **simien n.m.** Mammifère primate, végétarien ou omnivore, caractérisé notamm. par un cerveau volumineux et un comportement social élaboré. ▶ Les simiens forment un sous-ordre comprenant les singes et, pour de nombreux scientifiques, l'homme.

simiesque [simjɛsk] **adj.** (du lat. *simius*, singe). Qui rappelle le singe : *Visage simiesque.*

similaire [similɛr] **adj.** (du lat. *similis*, semblable). Se dit de choses qui peuvent, d'une certaine façon, être assimilées les unes aux autres : *Savons, détersifs et produits similaires* (syn. **analogue, semblable**).

similarité [similarite] **n.f.** SOUT. Caractère de ce qui est similaire : *Similarité de comportements* (syn. **ressemblance**).

simili [simili] **n.m.** (du lat. *similis*, semblable). **1.** IMPR. Cliché de photogravure obtenu par une trame et permettant de reproduire un document original en demi-teintes. **2.** FAM. Toute matière qui est une imitation d'une autre : *Bijoux en simili* (syn. **imitation**).

similigravure [similigravyr] **n.f.** IMPR. Procédé de photogravure permettant d'obtenir des clichés typographiques tramés à partir d'originaux en demi-teintes. (Abrév. *simili.*)

similitude [similityd] **n.f.** (lat. *similitudo*). **1.** Grande ressemblance entre deux ou plusieurs choses : *Similitude de caractère* (syn. **analogie**). **2.** MATH. Propriété que possèdent deux figures semblables. **3.** Transformation ponctuelle d'un plan, conservant les angles, composée d'une rotation et d'une homothétie de même centre.

Simon (Claude), écrivain français (Tananarive 1913 - Paris 2005), un des représentants du « nouveau roman ». Recomposant dans des phrases immenses une réalité fragmentée, procédant par une sorte de télescopage des images et des événements, il brise le moule classique du récit sans pour autant s'attacher à la disparition des « histoires » (*la Route de Flandres*, 1960 ; *Leçon de choses*, 1975 ; *les Géorgiques*, 1981 ; *l'Acacia*, 1989). [Prix Nobel 1985.]

Simon (Jules Suisse, dit **Jules),** homme politique français (Lorient 1814 - Paris 1896). Professeur de philosophie, suspendu en 1851, député de l'opposition républicaine (1863-1870), ministre de l'Instruction publique (1870, 1871-1873), il devint président du Conseil en 1876 mais Mac-Mahon le contraignit à démissionner en mai 1877.

Simon (François, dit **Michel),** acteur français d'origine suisse (Genève 1895 - Bry-sur-Marne 1975). Il débuta au théâtre (*Jean de la Lune*, de M. Achard, 1929) et triompha au cinéma, imposant son anarchisme goguenard et sa sensibilité : *la Chienne* (J. Renoir, 1931) ; *Boudu sauvé des eaux* (id., 1932) ; *l'Atalante* (J. Vigo, 1934) ; *Drôle de drame* (M. Carné, 1937).

simonie [simɔni] **n.f.** (lat. ecclés. *simonia*, du n. de *Simon le Magicien*). RELIG. CHRÉT. Trafic d'objets sacrés, de biens spirituels ou de charges ecclésiastiques.

simoun [simun] **n.m.** (angl. *simoon*, de l'ar. *samūm*). Vent chaud et violent du désert.

1. simple [sɛ̃pl] **adj.** (lat. *simplex*). **1.** Qui n'est formé que d'un seul élément : *Feuille de copie simple* (contr. **double**). *L'or, l'oxygène sont des corps simples* (contr. **composé**). *En partant, donnez un simple tour de clé* (syn. **seul**). *Phrase simple* (= à une seule proposition). **2.** (Avant le n.). Qui suffit à soi seul ; qui n'a besoin de rien d'autre pour produire l'effet attendu : *Croire qqn sur sa simple parole* (syn. **seul**). **3.** Qui est facile à comprendre, à suivre, à exécuter, à appliquer (par opp. à *compliqué*) : *Fournir des explications simples* (syn. **limpide**). *Un travail simple* (syn. **facile**). **4.** Qui est constitué d'un petit nombre d'éléments qui s'organisent de manière claire (par opp. à *complexe*) : *Arme de maniement simple* (syn. **aisé**). *L'intrigue de cette pièce est très simple* (syn. **élémentaire**). **5.** Qui est sans recherche ni apprêt : *Un repas simple* (= sans façon) [contr. **fastueux**]. *Un style simple et touchant* (syn. **dépouillé** ; contr. **recherché, emphatique**). *Avoir des goûts simples* (syn. **modeste**). **6.** (Avant le n.). Se dit de qqn qui est seulement ce que son nom indique : *Un simple soldat* (= sans grade). **7.** Qui se comporte avec franchise et naturel : *Des gens simples* (= sans prétention). **8.** Qui manque de finesse ; qui est par trop naïf : *Il est gentil mais un peu simple* (syn. **crédule, innocent**). **9.** FAM. **C'est simple comme bonjour,** c'est extrêmement simple. / **Un simple particulier,** personne qui n'exerce aucune fonction officielle. **10.** CHIM. **Simple liaison,** liaison entre deux atomes assurée par une paire d'électrons : *La liaison C–H est une simple liaison.* / DR. **Adoption simple ⟶ adoption.** / GRAMM. **Temps simple,** forme verbale formée sans auxiliaire de conjugaison. / MUS. **Mesure simple,** mesure binaire (par opp. à *mesure composée* ou *ternaire*).

2. simple [sɛ̃pl] **n.m.** (de *1. simple*). **1.** Partie de tennis ou de tennis de table entre deux joueurs (par opp. à *double*) :

Disputer un simple. **2.** (Surtout au pl.). Plante à usage médicinal. **3. Passer, varier du simple au double,** être multiplié par deux. **4. Simple d'esprit,** arriéré mental.

simplement [sɛ̃pləmɑ̃] **adv. 1.** Avec simplicité : *Être vêtu simplement* (syn. **sobrement**). *Dire simplement les choses* (syn. **directement, franchement**). **2.** À l'exclusion d'autre chose ; uniquement : *Il a simplement voulu te faire peur* (syn. **seulement**).

simplet, ette [sɛ̃plɛ, -ɛt] **adj.** Un peu simple d'esprit ; niais.

simplicité [sɛ̃plisite] **n.f.** (lat. *simplicitas*). Qualité de celui ou de ce qui est simple : *Parler avec simplicité* (contr. **emphase**). *La simplicité d'un raisonnement.*

simplifiable [sɛ̃plifjabl] **adj.** Qui peut être simplifié : *Problème simplifiable. Fraction simplifiable* (syn. **réductible**).

simplificateur, trice [sɛ̃plifikatœr, -tris] **adj.** et **n.** Qui simplifie : *Un esprit simplificateur.*

simplification [sɛ̃plifikasjɔ̃] **n.f.** Action de simplifier : *La simplification de l'orthographe.*

simplifier [sɛ̃plifje] **v.t.** (lat. médiév. *simplificare*) [conj. **9**]. **1.** Rendre plus simple, moins compliqué : *Simplifier un problème, un mécanisme.* **2.** MATH. **Simplifier une fraction,** trouver, si elle existe, la fraction irréductible équivalente en réduisant également les deux termes.

simplisme [sɛ̃plism] **n.m.** Tendance à simplifier d'une manière excessive.

simpliste [sɛ̃plist] **adj.** et **n.** D'une simplicité exagérée ; qui ne considère qu'un aspect des choses : *Un argument simpliste.*

Simplon, passage des Alpes suisses, entre le Valais et le Piémont, à 2 005 m d'alt., utilisé par une route, praticable toute l'année ; celle-ci est complétée par un tunnel ferroviaire de 19,8 km (à 700 m d'alt. de moyenne).

Simpson (les), série d'animation télévisée américaine *(The Simpsons)* conçue par Matt Groening en 1989. Elle fait, par l'entremise des aventures loufoques d'une famille de la classe moyenne, la satire de la société américaine contemporaine. Elle a été adaptée en bande dessinée et au cinéma.

simulacre [simylakr] **n.m.** (lat. *simulacrum,* représentation figurée). Fausse apparence : *Un simulacre de réconciliation* (syn. **simulation**).

1. simulateur, trice [simylatœr, -tris] **n.** (lat. *simulator*). Personne qui simule un trouble, un symptôme, une maladie : *Un simulateur qui se fait passer pour fou.*

2. simulateur [simylatœr] **n.m.** Dispositif capable de reproduire le comportement d'un appareil dont on désire soit étudier le fonctionnement, soit enseigner l'utilisation, ou d'un corps dont on veut suivre l'évolution : *Simulateur de vol.*

simulation [simylasjɔ̃] **n.f.** (lat. *simulatio*). **1.** Action de simuler et, spécial., de faire croire que l'on est atteint d'une maladie pour en tirer un avantage. **2.** TECHN. Méthode de mesure et d'étude consistant à remplacer un phénomène, un système à étudier par un modèle plus simple mais ayant un comportement analogue : *Simulation de vol spatial.*

simulé, e [simyle] **adj.** Feint ; qui n'est pas réel : *Compassion simulée.*

simuler [simyle] **v.t.** (lat. *simulare,* feindre). **1.** Faire paraître comme réelle une chose qui ne l'est pas : *Simuler une maladie* (syn. **feindre**). *Simuler la fatigue* (= faire semblant d'être fatigué). **2.** Offrir l'apparence de : *Décor de théâtre qui simule un paysage* (syn. **imiter**).

simultané, e [simyltane] **adj.** (lat. médiév. *simultaneus,* du class. *simul,* en même temps). Qui se produit, existe en même temps : *Des événements simultanés* (syn. **concomitant**). ◆ **simultanée** **n.f.** Épreuve au cours de laquelle un joueur d'échecs affronte plusieurs adversaires en même temps.

simultanéité [simyltaneite] **n.f.** Existence de plusieurs actions dans le même instant : *La simultanéité de deux actions* (syn. **coïncidence, coexistence**).

simultanément [simyltanemɑ̃] **adv.** En même temps : *Deux coups de fusil sont partis simultanément.*

Sinaï, péninsule montagneuse et désertique d'Égypte, entre les golfes de Suez et d'Aqaba ; 2 641 m. Gisements de pétrole. Une tradition ancienne y a localisé la « montagne de Dieu », où Moïse reçut de Yahvé le Décalogue. Au Vᵉ s., le Sinaï fut un centre du monachisme chrétien. Enjeu de violents combats pendant les guerres israélo-arabes de 1967 et de 1973, la région, occupée par Israël, a été restituée à l'Égypte (1982).

Sinan (Mimar), architecte turc (près de Kayseri 1489 - Istanbul 1588). Une œuvre abondante révèle son génie créatif, mais aussi son esprit de synthèse sachant allier la grande tradition architecturale du Proche-Orient ancien à celle de Byzance. De subtils jeux de coupoles confèrent à ses œuvres une majesté et une élégance typiques de l'architecture classique ottomane. Citons la mosquée Süleymaniye (1550-1557) et celle de Rüstem Paşa (v. 1555-1561) à Istanbul, la Selimiye (1569-1574) à Édirne.

sinanthrope [sinɑ̃trɔp] **n.m.** (du lat. *Sina,* Chine, et du gr. *anthrôpos,* homme). Hominidé fossile appartenant à l'espèce *Homo erectus,* découvert en Chine, près de Pékin, et appelé aussi, pour cette raison, *homme de Pékin.* ▸ Il a vécu de - 500 000 à - 230 000 ans env.

sinapisme [sinapism] **n.m.** (lat. scientif. *sinapismus,* gr. *sinapismos,* de *sinapi,* moutarde). Cataplasme à base de farine de moutarde noire.

sincère [sɛ̃sɛr] **adj.** (lat. *sincerus,* pur). **1.** Qui s'exprime sans déguiser sa pensée : *Homme sincère* (syn. **franc** ; contr. **faux, hypocrite**). **2.** Qui est éprouvé, dit ou fait d'une manière franche : *Regrets sincères* (syn. **authentique, vrai**).

sincèrement [sɛ̃sɛrmɑ̃] **adv.** De façon sincère : *Il regrette sincèrement son geste* (= du fond du cœur).

sincérité [sɛ̃serite] **n.f.** (lat. *sinceritas*). Qualité de ce qui est sincère : *Je doute de sa sincérité* (syn. **franchise, loyauté**).

Sind (le), extrémité sud-est du Pakistan. V. princ. *Karachi.* Région aride, partiellement mise en culture (riz, coton) grâce à l'irrigation.

sinécure [sinekyr] **n.f.** (du lat. *sine cura,* sans souci). **1.** Situation de tout repos. **2.** *FAM.* **Ce n'est pas une sinécure,** c'est un travail pénible ; cela donne beaucoup de soucis.

sine die [sinedje] **loc. adv.** (mots lat. « sans jour fixé »). DR. Sans fixer de jour : *Réunion ajournée sine die.*

sine qua non [sinekwanɔn] **loc. adj. inv.** (loc. du lat. scol. « [condition] sans laquelle il n'y a rien à faire »). **Condition, clause sine qua non,** condition, clause indispensable pour que qqch existe, se fasse.

Singapour, en angl. **Singapore,** État insulaire de l'Asie du Sud-Est, à l'extrémité sud de la péninsule Malaise ; 699 km² ; 5 517 000 hab. CAP. *Singapour.* LANGUES : *anglais, chinois, malais* et *tamoul.* MONNAIE : *dollar de Singapour.*

GÉOGRAPHIE

Sous un climat équatorial (2 400 mm de pluies par an), la forêt est encore présente sur les collines centrales. L'île est reliée à la péninsule par un viaduc routier et ferroviaire. Il s'agit d'un État-ville, dont la population est majoritairement d'origine chinoise. L'île a connu des années 1960 jusqu'en 2000 un brillant essor économique. L'industrie se spécialise dans des activités à haute technicité. Les services fournissent la plus grande partie du P.I.B., les activités du port (premier rang mondial pour les conteneurs) et le raffinage du pétrole venant en tête. Le rôle financier est également important. L'île, britannique à partir de 1819 et occupée par les Japonais de 1942 à 1945, devint un des quatorze États de la Malaisie (1963), puis se transforma en république indépendante (1965).

singe [sɛ̃ʒ] **n.m.** (lat. *simius*). **1.** Mammifère primate à face nue, à mains et pieds préhensiles et terminés par des ongles. ▸ Les singes forment le sous-ordre des simiiformes. **2.** Personne qui contrefait, imite les autres, leurs actions. **3. Être adroit, agile, malin comme un singe,** être très adroit, très agile, très malin. / *FAM.* **Payer en monnaie de singe,** se répandre en belles paroles, en promesses vaines au lieu de s'acquitter.

singer [sɛ̃ʒe] **v.t.** [conj. **17**]. Imiter qqn de façon grotesque pour le tourner en dérision : *Singer un camarade.*

Singer (Isaac Bashevis), écrivain américain d'expression yiddish (Radzymin, près de Varsovie, 1904 - Miami 1991). Ses romans font revivre la Pologne de son enfance sur le rythme des conteurs juifs traditionnels *(la Corne du bélier, le Magicien de Lublin).* [Prix Nobel 1978.]

Singer (Isaac Merrit), inventeur américain (Pittstown, New York, 1811 - Torquay, Devon, 1875). Il perfectionna en 1851, à Boston, une machine à coudre et fonda à New York, pour construire celle-ci, une usine qui devait devenir la Singer Company.

singerie [sɛ̃ʒri] **n.f. 1.** Imitation, grimace, geste comiques (syn. **pitrerie**). **2.** Ménagerie de singes. ◆ **singeries n.f. pl.** FAM. Manières affectées, hypocrites (syn. **simagrées**).

single [singəl] **n.m.** (mot angl. « seul », de l'anc. fr. *sengle* ou du lat. *singulus*). **1.** Compartiment de voiture-lit à une seule place. **2.** Chambre individuelle dans un hôtel. **3.** Disque de variétés ne comportant qu'un ou deux morceaux (par opp. à *album*).

singleton [sɛ̃glətɔ̃] **n.m.** (mot angl., de *single,* seul). MATH. Ensemble constitué d'un seul élément.

singulariser [sɛ̃gylarize] **v.t.** (de *1. singulier*). Distinguer des autres par qqch d'inusité : *Votre conduite vous singularise.* ◆ **se singulariser v.pr.** Se faire remarquer par qqch d'étrange (syn. **se distinguer, se signaler**).

singularité [sɛ̃gylarite] **n.f.** (bas lat. *singularitas,* unicité). **1.** Caractère original ou étrange, insolite de qqch : *La singularité d'une tenue* (syn. **bizarrerie, étrangeté**). **2.** Manière extraordinaire, bizarre de parler, d'agir : *Ses singularités n'étonnent plus personne* (syn. **excentricité**).

1. singulier, ère [sɛ̃gylje, -ɛr] **adj.** (lat. *singularis*). **1.** Qui se distingue par qqch d'inusité, d'extraordinaire : *Une vie singulière* (syn. **particulier, unique**). *Vous avez une singulière façon de raconter les choses* (syn. **étrange**). **2. Combat singulier,** combat qu'organisent deux adversaires qui décident de s'affronter seuls ; duel.

2. singulier [sɛ̃gylje] **n.m.** et **adj.m.** (de *1. singulier*). GRAMM. Forme d'un mot exprimant un nombre égal à l'unité (par opp. à *pluriel*) ou l'absence d'opposition de nombre dans les noms non comptables *(du beurre).*

singulièrement [sɛ̃gyljɛrmɑ̃] **adv. 1.** Beaucoup ; fortement : *Être singulièrement affecté par un événement* (syn. **considérablement**). **2.** Principalement ; notamment : *Tout le monde a souffert de la crise et singulièrement les salariés* (syn. **particulièrement**). **3.** D'une manière bizarre : *S'habiller singulièrement* (syn. **bizarrement, étrangement**).

siniser [sinize] **v.t.** (du lat. médiév. *Sina,* Chine). Diffuser la civilisation, la culture, la langue chinoise dans un pays.

1. sinistre [sinistr] **adj.** (lat. *sinister,* qui est à gauche). **1.** De mauvais augure ; qui présage le malheur : *Bruit sinistre* (syn. **effrayant**). **2.** Qui fait naître l'effroi : *Regard sinistre* (syn. **inquiétant**). **3.** Triste ; lugubre : *Réunion sinistre. Appartement sinistre* (syn. **funèbre**).

2. sinistre [sinistr] **n.m.** (it. *sinistro,* du lat. *sinister*). **1.** Événement catastrophique qui entraîne de grandes pertes matérielles et humaines : *Le sinistre a fait de nombreuses victimes* (syn. **catastrophe**). *Les pompiers ont maîtrisé le sinistre* (syn. **incendie**). **2.** DR. Fait dommageable pour soi-même ou pour autrui, de nature à mettre en jeu la garantie d'un assureur.

sinistré, e [sinistre] **adj.** et **n.** Victime d'un sinistre.

Sin-kiang → Xinjiang.

Sinn Féin, mouvement nationaliste et républicain irlandais. Organisé à partir de 1902, il fomente l'insurrection de 1916, obtient un triomphe aux élections de 1918 et constitue un gouvernement républicain provisoire, dirigé par De Valera. Opposé à la constitution en 1921 d'un État libre d'Irlande amputé de l'Ulster, il ne prend plus part aux campagnes électorales de 1927 à 1957. Il est actif en Irlande du Nord après les troubles de 1968 et y entretient des relations étroites avec l'IRA. Présidé depuis 1983 par Gerry Adams, il participe à partir de 1997 aux négociations sur l'avenir institutionnel de l'Irlande du Nord, cosigne l'accord de Stormont (1998) et participe au gouvernement autonome nord-irlandais depuis son instauration, en 1999.

sino-japonaises *(guerres),* conflits qui opposèrent le Japon et la Chine en 1894-1895, puis de 1937 à 1945.

sinologie [sinɔlɔʒi] **n.f.** (du lat. *Sina,* Chine, et de *-logie*). Étude de l'histoire, de la langue et de la civilisation chinoises. ◆ **sinologue n.** Nom du spécialiste. (On dit parfois *sinisant, e,* en partic. pour un spécialiste de la langue.)

sinon [sinɔ̃] **adv.** (de *si* et *non*). Marque : **1.** Une articulation logique exprimant une hypothèse négative : *Mettez-vous au travail tout de suite, sinon vous n'aurez pas terminé à temps* (= faute de quoi, sans quoi) [syn. **autrement**]. **2.** Un renchérissement : *Il est un des rares, sinon le seul à connaître la nouvelle* (= peut-être même le seul). **3.** Une concession (souvent en corrélation avec *du moins*) : *J'espérais, sinon un mieux, du moins une accalmie.* **4.** (En fonction prép.). Une exception, une restriction dans une phrase interrogative ou négative : *Que choisir sinon la fuite ?* (syn. **excepté**). *Je ne sais rien, sinon qu'il est venu* (= si ce n'est que).

sinople [sinɔpl] **n.m.** (lat. *sinopis,* terre rouge de Sinope). HÉRALD. La couleur verte.

Sint-Martens-Latem → Laethem-Saint-Martin.

sinueux, euse [sinɥø, -øz] **adj.** (lat. *sinuosus*). **1.** Qui fait des replis, des détours : *Le cours sinueux de la Seine.* **2.** Qui ne va pas droit au but : *Pensée sinueuse* (syn. **tortueux**).

sinuosité [sinɥozite] **n.f.** Détour que fait qqch de sinueux.

sinus [sinys] **n.m.** (mot lat. « pli »). **1.** ANAT. Cavité de certains os de la tête, en communication avec les fosses nasales : *Sinus frontal.* **2.** MATH. Fonction associant à un arc de cercle $\overset{\frown}{AM}$ ou à l'angle au centre $\widehat{AOM}$ correspondant le quotient des mesures algébriques de OQ et de OB, où Q est la projection orthogonale de M sur le diamètre OB perpendiculaire à OA. ▸ Symb. sin.

sinusite [sinyzit] **n.f.** Inflammation des sinus osseux de la face.

sinusoïdal, e, aux [sinyzɔidal, -o] **adj. 1.** MATH. Se dit d'un mouvement ou d'une courbe décrivant une sinusoïde. **2.** MATH. Se dit d'une fonction ayant pour graphe une sinusoïde. **3.** PHYS. Se dit d'un phénomène périodique dont la grandeur caractéristique est représentée par une fonction sinusoïdale du temps.

sinusoïde [sinyzɔid] **n.f.** (de *sinus* et *-oïde*). MATH. Courbe plane représentant graphiquement les variations du sinus ou du cosinus d'un angle. ▸ Une sinusoïde présente une alternance régulière de sommets positifs et de sommets négatifs.

Sion, nom primitif d'une des collines de Jérusalem, distincte de la montagne du Temple et sur laquelle était bâtie la citadelle prise par David. Dans la Bible, ce nom évoque l'espérance d'Israël et sa foi dans la présence divine. Il est, par là, devenu synonyme de Jérusalem.

sionisme [sjɔnism] **n.m.** (de *Sion*). Mouvement dont l'objet fut la constitution d'un État juif en Palestine. ◆ **sioniste adj.** et **n.** Qui relève du sionisme ; qui en est partisan.

■ L'espérance du retour du peuple juif en Palestine est une donnée constante de la pensée juive, où elle est associée à l'idée d'avènement messianique. Mais il faut attendre la seconde moitié du XIXe s. pour que le sionisme commence à prendre corps avec la fondation en Palestine, par des Juifs russes fuyant les persécutions (pogroms), des premières communautés agricoles juives. Dans le même temps, il devient à la fois une doctrine et un projet politique grâce à l'écrivain Theodor Herzl. Auteur de *l'État juif* (1896), ce dernier réunit, en 1897, le premier congrès sioniste mondial, qui crée l'Organisation sioniste mondiale, dont le comité exécutif permanent est à Vienne. En 1901 est fondé le Fonds national juif pour le rachat des terres en Palestine. Ce n'est qu'à partir de 1917, avec la déclaration Balfour, que la possibilité de la création d'un foyer national juif en

Palestine est prise en compte par les puissances occidentales, notamment par les Britanniques. Détenteurs d'un mandat sur la Palestine, ceux-ci sont cependant amenés à y freiner l'immigration des Juifs en raison des nombreux conflits opposant les communautés juives et arabes. Après le génocide nazi, l'O.N.U. adopte un plan de partage de la Palestine et l'État d'Israël est créé en 1948. Les organisations sionistes poursuivent leurs activités, encourageant l'immigration des Juifs en Israël. ■

Sioux, ensemble de peuples de l'Amérique du Nord (Crow, Hidatsa, Winnebago, Iowa, Omaha, Osage, Dakota, etc.) parlant des langues voisines et qui vivaient dans les plaines s'étendant de l'Arkansas aux Rocheuses.

siphon [sifɔ̃] **n.m.** (lat. *sipho,* du gr.). **1.** Tube recourbé à deux branches inégales pour transvaser les liquides. **2.** Tube recourbé deux fois et servant à évacuer les eaux usées tout en empêchant le dégagement des mauvaises odeurs. **3.** En spéléologie, conduit naturel envahi par l'eau. **4.** Carafe en verre épais, fermée par une soupape commandée par un levier, pour obtenir l'écoulement d'un liquide sous pression.

siphonner [sifɔne] **v.t.** Transvaser un liquide ou vider un récipient à l'aide d'un siphon.

sire [sir] **n.m.** (du lat. *senior,* propr. « plus vieux »). **1.** Titre porté par les seigneurs à partir du XIIIe s., puis donné aux souverains. **2. Un triste sire,** un individu peu recommandable.

1. sirène [sirɛn] **n.f.** (bas lat. *sirena,* class. *siren,* du gr.). MYTH. Démon marin femelle représenté sous forme d'oiseau ou de poisson avec une tête et une poitrine de femme : *Les sirènes attiraient les voyageurs par la douceur de leurs chants.*

■ Personnifiant à la fois les dangers et les séductions de la mer, les sirènes étaient deux, trois ou quatre, chantant ou jouant ensemble de leurs instruments, lyre et flûte. Dans *l'Odyssée,* Ulysse échappa à leurs chants en se faisant attacher au mât de son navire et en faisant boucher avec de la cire les oreilles de ses compagnons. ■

2. sirène [sirɛn] **n.f.** (de *1. sirène*). Appareil qui produit un son puissant servant de signal ou d'alerte.

sirénien [sirenjɛ̃] **n.m.** (de *1. sirène*). **Siréniens,** ordre de mammifères herbivores marins et fluviaux à nageoires tels que le dugong.

Sirius, étoile α de la constellation du Grand Chien, la plus brillante du ciel.

sirocco [sirɔko] **n.m.** (it. *scirocco,* de l'ar. *chargī,* vent oriental). Vent très sec et très chaud qui souffle du Sahara vers le littoral lorsque des basses pressions règnent sur la Méditerranée.

sirop [siro] **n.m.** (lat. médiév. *sirupus,* de l'ar. *charāb,* boisson). Liquide formé de sucre en solution concentrée et de substances aromatiques ou médicamenteuses : *Sirop de groseille. Sirop contre la toux.*

siroter [sirɔte] **v.t.** et **v.i.** *FAM.* Boire à petits coups, en dégustant : *Siroter son café.*

sirtaki [sirtaki] **n.m.** (mot gr.). Danse d'origine grecque.

sirupeux, euse [sirypø, -øz] **adj.** Qui est de la nature, de la consistance du sirop : *Un liquide sirupeux* (syn. **épais, visqueux**).

sis, e [si, siz] **adj.** (p. passé de *seoir*). DR. Situé : *Maison sise à Paris.*

sisal [sizal] **n.m.** (de *Sisal,* n. d'un port du Yucatán) [pl. *sisals*]. Agave du Mexique dont les feuilles fournissent une fibre textile ; cette fibre : *Corde, sac en sisal.*

Sisley (Alfred), peintre britannique de l'école française (Paris 1839 - Moret-sur-Loing, Seine-et-Marne, 1899). Influencé par Corot, puis par Monet et Renoir, il est l'un des principaux maîtres du paysage impressionniste. Le musée d'Orsay conserve notamment des années 1870-1892 : *Vue du canal Saint-Martin, Paris ; les Régates à Molesey ; la Forge à Marly-le-Roi ; l'Inondation à Port-Marly ; la Neige à Louveciennes ; Cour de ferme à Saint-Mammès ; le Canal du Loing, Moret-sur-Loing.*

sismicité [sismisite] et **séismicité** [seismisite] **n.f.** Localisation et fréquence des tremblements de terre, qui sont en rapport avec les grandes lignes de fracture de l'écorce terrestre.

sismique [sismik] et **séismique** [seismik] **adj.** (du gr. *seismos,* tremblement de terre). **1.** Relatif aux tremblements de terre : *Mouvements sismiques.* **2. Prospection sismique,** méthode de prospection géophysique fondée sur la réfraction ou la réflexion d'ondes sonores provoquées par une explosion voisine du sol (on dit aussi *la sismique*).

sismogramme [sismɔgram] **n.m.** Tracé d'un sismographe.

sismographe [sismɔgraf] et **séismographe** [seismɔgraf] **n.m.** Appareil destiné à enregistrer l'heure, la durée et l'amplitude des tremblements de terre.

sismologie [sismɔlɔʒi] et **séismologie** [seismɔlɔʒi] **n.f.** Science des tremblements de terre. ◆ **sismologue n.** Nom du spécialiste.

sismologique [sismɔlɔʒik] **adj.** De la sismologie.

Sismondi (Jean Charles Léonard Simonde de), historien et économiste suisse (Genève 1773 - *id.* 1842). S'intéressant à la science économique, il adopte d'abord les idées d'Adam Smith, puis en vient à dénoncer, en 1803, dans *De la richesse commerciale,* l'erreur des économistes libéraux classiques qui prônent avant tout la richesse. Il défend l'intervention de l'État dans les mécanismes économiques en vue de protéger les travailleurs contre les conséquences néfastes d'un laisser-faire absolu. Ses idées ont influencé Marx et les théoriciens socialistes.

sistre [sistr] **n.m.** (lat. *sistrum,* gr. *seîstron,* de *seiein,* agiter). ANTIQ. Instrument de musique à percussion en usage chez les Égyptiens.

Sisyphe, roi mythique de Corinthe, fils d'Éole, célèbre pour sa ruse et pour le châtiment qu'il encourut. Parce qu'il avait tenté d'enchaîner Thanatos, le dieu de la Mort, il fut condamné, dans les Enfers, à rouler éternellement sur la pente d'une montagne un rocher qui retombait à chaque fois avant d'avoir atteint le sommet.

sitar [sitar] **n.m.** (mot hindi). Instrument de musique de l'Inde, à cordes pincées.

site [sit] **n.m.** (lat. *situs,* situation). **1.** Paysage considéré du point de vue de son aspect pittoresque : *Château qui domine un site grandiose* (syn. **panorama, point de vue**). **2.** Lieu géographique considéré du point de vue de ses activités : *Site industriel.* **3.** GÉOGR. Configuration propre d'un lieu d'implantation humaine, d'une ville, etc. : *Le site de Paris. Un site néolithique.* **4.** INFORM. Serveur de données dans un réseau de télécommunications : *Un site Web ou Internet* (= ensemble de données accessibles via Internet à une adresse donnée).

sit-in [sitin] **n.m. inv.** (mot angl., de *to sit,* s'asseoir). Manifestation non violente consistant, pour les participants, à s'asseoir sur la voie publique.

sitôt adv. (de *si* et *tôt*). **1.** Marque la postériorité immédiate de l'action principale : *Sitôt averti de l'accident, il s'est rendu à l'hôpital.* **2. De sitôt,** s'emploie dans des phrases négatives avec un verbe au futur pour nier une postériorité immédiate : *Il ne reviendra pas de sitôt.* / **Sitôt dit, sitôt fait,** se dit lorsque qqch a été fait immédiatement après que l'idée en a été lancée. ◆ **sitôt que loc. conj.** Aussitôt que : *Nous partirons sitôt qu'il aura terminé* (syn. **dès que**).

situation [sitɥasjɔ̃] **n.f.** (de *situer*). **1.** Position géographique d'une localité, d'un emplacement, d'un édifice, etc. : *La situation d'un parc au centre d'une ville* (syn. **emplacement, localisation**). **2.** GÉOGR. Localisation d'une ville, d'un territoire, etc., par rapport à un ensemble géographique plus large : *La situation de la Ruhr en Allemagne.* **3.** État, fonction de qqn, de qqch dans un groupe : *Situation de la France au sein de la C.E.* (syn. **place, rang**). **4.** Place, emploi rémunérés et stables : *Avoir une belle situation* (syn. **fonction, poste**). *Perdre sa situation* (syn. **travail**). **5.** État de qqch, d'un groupe, d'une nation par rapport à une conjoncture donnée, dans un domaine déterminé : *La* *situation économique d'un pays. Se trouver dans une situation critique* (syn. **position**). *Améliorer sa situation matérielle* (syn. **condition**). **6.** État d'une entreprise du point de vue financier : *La situation de cette société est saine.* **7.** LITTÉR. État caractéristique issu d'une action ou d'un événement et que traduisent un ou plusieurs personnages d'un récit, d'une pièce : *Situation comique.* **8. En situation,** dans des conditions aussi proches que possible de la réalité : *Mettre des stagiaires en situation.*

situationnisme [sitɥasjɔnism] **n.m.** Mouvement d'avant-garde culturel et politique des années 1960, dont les analyses et les formes de contestation radicale de la société de consommation ont exercé une influence particulière en mai 1968. ◆ **situationniste adj.** et **n.** Qui relève du situationnisme ; adepte du situationnisme.

situé, e [sitɥe] **adj.** Se dit d'une ville, d'un édifice, etc., par rapport aux environs, à l'exposition : *Pavillon situé dans une banlieue agréable. Maison bien située* (syn. **orienté**).

situer [sitɥe] **v.t.** (lat. médiév. *situare,* du class. *situs,* situation) [conj. 7]. **1.** Déterminer la place, la situation de qqn, de qqch dans l'espace ou le temps : *Situer une ville sur une carte. On situe la naissance de Mahomet vers 570.* **2.** Considérer qqch, qqn comme un élément d'un groupe ; classer : *J'ai du mal à situer cet ouvrage dans la production contemporaine.* **3.** Déterminer le milieu de qqn, ses opinions et ce qui permet de le connaître : *Je ne le situe pas bien politiquement.*

Siva ⟶ **Shiva.**

sivaïsme n.m., **sivaïte** adj. et n. ⟶ **shivaïsme, shivaïte.**

Siwalik, montagnes de l'Inde, avant-monts de l'Himalaya.

six [sis] (sinon [si] ou [siz]) **adj. num. card. inv.** (lat. *sex*). **1.** Cinq plus un : *Les six premiers de la classe.* **2.** (En fonction d'ordinal). De rang numéro six ; sixième : *Le tome six. Charles VI.* ◆ **n.m. 1.** Le nombre qui suit cinq dans la série des entiers naturels ; le chiffre représentant ce nombre : *Quatre et deux font six. Vos six sont illisibles.* **2.** JEUX. Face d'un dé marquée de six points ; carte comportant six figures, marquée par le numéro six : *Si tu lances un six, tu rejoues. Le six de carreau.*

Six *(groupe des),* association de six compositeurs français fondée à Paris en 1918. Elle comprenait L. Durey, A. Honegger, D. Milhaud, F. Poulenc, G. Auric et G. Tailleferre, qui, en réaction contre l'influence de Debussy, prirent E. Satie comme chef de file.

sixain n.m. ⟶ **sizain.**

sixième [sizjɛm] **adj. num. ord.** De rang numéro six : *Le sixième étage.* ◆ **n.** Celui qui occupe le sixième rang : *C'est le sixième de la liste.* ◆ **adj.** et **n.m.** Qui correspond à la division d'un tout en six parties égales : *La sixième partie d'une somme. Vous en aurez chacun le sixième.* ◆ **n.f.** En France, classe constituant la première année du premier cycle de l'enseignement secondaire : *Entrer en sixième.*

sixièmement [sizjɛmmɑ̃] **adv.** En sixième lieu.

sixte [sikst] **n.f.** (du lat. *sextus*). MUS. Intervalle de six degrés dans l'échelle diatonique.

Sixte V, dit **Sixte Quint** (Felice **Peretti**) [Grottamare, Marches, 1520 - Rome 1590], pape de 1585 à 1590. Vicaire général des frères mineurs conventuels, inquisiteur à Venise (1557), puis à Rome (1560), cardinal (1570), il succède à Grégoire XIII. Il assainit l'administration et les mœurs de ses États et fait preuve de la même sévérité dans la réforme de l'Église. Il donne au Sacré Collège sa forme définitive, partage l'administration romaine entre quinze congrégations et fait publier la traduction latine de la Bible qu'on appelle *Vulgate* (1588).

Sixtine *(chapelle),* chapelle du Vatican, construite sur l'ordre de Sixte IV et décorée de fresques par Botticelli, Domenico Ghirlandaio, Luca Signorelli, le Pérugin (1481-1482) ainsi que par Michel-Ange (célèbres scènes de *la Création* à la voûte, dans un complexe dispositif en trompe-l'œil, 1508-1512 ; pathétique *Jugement dernier* sur le mur du fond, 1536-1541). Les fresques ont été entièrement restaurées entre 1979 et 1999.

sizain ou **sixain** [sizɛ̃] **n.m.** Strophe ou poème de six vers.

Sjaelland, en all. **Seeland,** la plus grande des îles danoises, dans la Baltique ; 7 444 km^2 ; 2 115 317 hab. V. princ. *Copenhague.*

Sjöström (Victor), cinéaste suédois (Silbodal 1879 - Stockholm 1960). Cet auteur lyrique et visionnaire fut l'un des grands pionniers de l'art cinématographique. Ses films, où le rôle de la nature est souvent prépondérant, furent souvent des drames inspirés par la littérature scandinave du début du XXe s. (*Ingeborg Holm,* 1913 ; *les Proscrits,* 1917 ; *la Charrette fantôme,* 1920). Engagé à Hollywood en 1923, il tourna *la Lettre écarlate* (1926) et, surtout, *le Vent* (1928).

Skagerrak ou **Skagerak,** détroit entre le Jylland danois et la Norvège, qui unit la mer du Nord au Cattégat.

Skaï [skaj] **n.m.** (nom déposé). Matériau synthétique imitant le cuir.

Skanderbeg ou **Scanderbeg (Georges Castriota,** dit), prince albanais (1405 - Allessio 1468). Chef de la lutte contre les Ottomans, il bénéficia du soutien de la papauté, de Naples et de Venise.

skateboard [skɛtbɔrd] et **skate** [skɛt] **n.m.** (de l'angl. *to skate,* patiner, et *board,* planche). Planche à roulettes.

sketch [skɛtʃ] **n.m.** (mot angl. « esquisse ») [pl. *sketchs* ou *sketches*]. Œuvre dialoguée de courte durée, génér. comique, représentée au théâtre, au music-hall, à la télévision ou au cinéma.

ski [ski] **n.m.** (mot norvég.). **1.** Chacun des deux longs patins utilisés pour glisser sur la neige ou sur l'eau : *Chausser ses skis.* **2.** Sport pratiqué sur la neige sur ces patins : *Faire du ski.* **3.** Sports d'hiver : *Aller au ski.* **4. Ski alpin** ou **ski de piste,** ski pratiqué sur des pentes génér. accentuées auxquelles on accède par des remontées mécaniques. / **Ski artistique,** ski juxtaposant figures et acrobaties sautées sur un champ de neige bosselé ou à partir d'un tremplin. / **Ski de fond,** ski pratiqué sur des parcours de faible dénivellation. / **Ski de randonnée,** ski pratiqué hors des pistes balisées. / **Ski nautique,** sport dans lequel l'exécutant, tracté par un bateau à moteur, glisse sur l'eau en se maintenant sur un ou deux skis. / **Ski nordique,** discipline sportive englobant les courses de ski de fond, le saut à partir d'un tremplin et le biathlon.

■ Le ski sportif est né à la fin du XIXe s. en Norvège (en 1877 fut fondé le Ski Club de Christiania [Oslo]) et dans les Alpes (le premier club français fut créé dans le Dauphiné en 1896).
Le ski alpin. Il comprend la descente et les slaloms (slalom spécial et slalom géant, auquel s'est ajouté le super-g[éant]). Épreuve de vitesse pure, la *descente* se dispute (pour les hommes) sur une distance de 2,5 à 4 km, avec une dénivellation comprise entre 800 et 1 000 m (de 500 à 700 m pour les femmes). Parmi les descentes célèbres figurent celles du Lauberhorn (à Wengen, en Suisse) et du Hahnenkamm (à Kitzbühel, en Autriche). Le *slalom spécial* est une courte descente sur un terrain pentu et consiste en un parcours sinueux avec franchissement obligatoire de 55 à 75 portes pour les hommes (de 40 à 60 pour les femmes) sur une dénivellation de 180 à 220 m (de 120 à 180 pour les femmes). Le *slalom géant* est une descente sinueuse, avec le franchissement de 50 portes au moins (pour les hommes), jalonnant une dénivellation d'au moins 400 m (300 m pour les femmes). Le slalom géant, comme le slalom spécial, se dispute en deux manches avec addition des temps réalisés. Le *super-g* est un compromis entre la descente et le slalom géant.
Le ski nordique. Il englobe d'abord la traditionnelle *course de fond,* qui doit se dérouler sur un parcours comprenant un tiers de plat, un tiers de montée (douce) et un tiers de descente (également faible). Les hommes courent sur 1,5, 15, 30 et 50 km (et un relais de 4 x 10 km), les femmes sur 1,5, 10, 15 et 30 km (et un relais de 4 x 5 km). Mais le ski nordique comprend aussi la spectaculaire épreuve de *saut*

(réservée aux hommes), qui a lieu sur un moyen tremplin (dit « tremplin de 90 m »), et un grand tremplin (de 120 m). Le saut est jugé selon la longueur et la qualité du style (position en vol et réception). Le *combiné nordique* est une épreuve où sont associés les résultats obtenus dans une course de fond (15 km) et un saut (moyen tremplin). Le *biathlon* est une course de fond (10, 12,5, 15 et 20 km et un relais de 4 x 7,5 km pour les hommes ; 7,5, 10, 12,5 et 15 km et un relais de 4 x 6 km pour les femmes) entrecoupée de séances de tir à la carabine.
Des disciplines (*ski acrobatique, slopestyle, surf des neiges* [ou *snowboard*]) ont été admises aux J.O. plus récemment. ■

skiable [skjabl] **adj.** Où l'on peut skier : *Domaine skiable.*

skicross [skikrɔs] **n.m.** Discipline sportive dans laquelle plusieurs skieurs s'élancent en même temps sur un parcours bosselé et très incliné comportant des virages et des tremplins.

skier [skje] **v.i.** [conj. **10**]. Pratiquer le ski : *Skier hors pistes.*

skieur, euse [skjœr, -øz] **n.** Personne qui pratique le ski.

skiff ou **skif** [skif] **n.m.** (mot angl., du fr. *esquif*). Bateau de sport très étroit et très long, à un seul rameur.

skinhead [skinɛd] et **skin** [skin] **n.** (mot angl. « tondu », de *skin,* peau, et *head,* tête). Jeune marginal adoptant un comportement de groupe agressif, volontiers xénophobe et raciste, et manifestant son adhésion aux idéologies guerrières par un crâne rasé de près.

Skinner (Burrhus Frederic), psychologue américain (Susquehanna, Pennsylvanie, 1904 - Cambridge, Massachusetts, 1990). Auteur de travaux sur l'apprentissage, il a développé au sein du béhaviorisme (une école de psychologie scientifique) un courant autonome.

skipper [skipœr] **n.m.** (mot angl.). **1.** Commandant de bord d'un yacht. **2.** Barreur d'un bateau à voile de régate.

Skopje, cap. de la Macédoine, sur le Vardar ; 501 000 hab. dans l'agglomération. Université. Sidérurgie. Musées nationaux de Macédoine. La ville fut la capitale de l'Empire macédonien de Samuel (xe s.). – Aux environs, monastères byzantins, dont, à Nerezi, celui de S. Pantelejmon (XIIe s., fresques remarquables).

Skriabine → Scriabine.

skunks n.m. → **sconse.**

Skylab, station spatiale américaine placée en orbite autour de la Terre en 1973, et retombée dans l'atmosphère en 1979 après avoir été occupée en 1973-1974 par trois équipages successifs d'astronautes.

slalom [slalɔm] **n.m.** (mot norvég.). **1.** Descente à skis sur un parcours sinueux jalonné de portes à franchir : *Slalom géant.* **2.** Parcours très sinueux, comprenant de nombreux virages : *Le motard faisait du slalom entre les voitures.*

slalomer [slalɔme] **v.i.** Effectuer un parcours en slalom.

slalomeur, euse [slalɔmœr, -øz] **n.** Spécialiste du slalom.

slam [slam] **n.m.** (de l'angl. *to slam,* claquer). Poésie orale, urbaine, déclamée dans un lieu public, sur un rythme scandé.

slameur, euse [slamœr, -øz] **n.** (de *slam*). Personne qui interprète, compose du slam.

slave [slav] **adj.** et **n.** (lat. médiév. *sclavus,* esclave). Du groupe qui comprend les Russes, les Biélorusses, les Ukrainiens, les Polonais, les Serbes, les Croates, les Tchèques, les Slovaques, etc. : *Les langues slaves. Les Slaves de l'Ouest.* ◆ **n.m.** Groupe de langues indo-européennes parlées par les Slaves.

Slaves, groupe ethno-linguistique de la branche orientale de la famille indo-européenne parlant des langues de même origine (les langues slaves) et occupant la majeure partie de l'Europe centrale et orientale. Les Slaves sont différenciés en Slaves orientaux (Russes, Ukrainiens, Biélorusses), Slaves occidentaux (Polonais, Tchèques, Slovaques, Serbes de Lusace) et Slaves méridionaux (Serbes, Croates, Bulgares, Slovènes, Macédoniens).

slavisant, e [slavizɑ̃, -ɑ̃t] et **slaviste** [slavist] **n.** Spécialiste des langues slaves.

slavon [slavɔ̃] **n.m.** Langue liturgique des Slaves orthodoxes, issue de la traduction des Évangiles par les apôtres slaves saint Cyrille et saint Méthode. (On dit aussi *vieux slave.*)

Slavonie, région de Croatie, entre la Save et la Drave.

sleeping [slipiŋ] **n.m.** (de l'angl. *sleeping car,* de *to sleep,* dormir, et *car,* voiture). VIEILLI. Wagon-lit. (On disait aussi *un sleeping-car.*)

Slesvig → Schleswig.

slim [slim] **n.m.** (mot angl. « mince »). Pantalon très moulant (jean Stretch, par ex.) qui amincit la silhouette.

slip [slip] **n.m.** (mot angl. « petit morceau d'étoffe »). Culotte moulante à taille basse servant de sous-vêtement ou de culotte de bain.

slogan [slɔgɑ̃] **n.m.** (gaélique *sluagh-ghairm,* cri de guerre d'un clan des Highlands d'Écosse). **1.** Formule brève et frappante lancée pour propager une opinion, soutenir une action : *Slogan politique.* **2.** Phrase publicitaire concise et originale, conçue en vue de bien inscrire dans l'esprit du public le nom d'un produit, d'une firme.

sloop [slup] **n.m.** (néerl. *sloep,* du moyen fr. *chaloppe*). Navire à voiles à un mât, n'ayant qu'un seul foc à l'avant.

slovaque [slɔvak] **adj.** et **n.** De Slovaquie. ◆ **n.m.** Langue slave parlée en Slovaquie.

Slovaquie, en slovaque **Slovensko,** État de l'Europe centrale ; 49 000 km^2 ; 5 450 000 hab. *(Slovaques).* CAP. *Bratislava.* LANGUE : *slovaque.* MONNAIE : *euro.* Occupant l'extrémité nord-ouest des Carpates, la Slovaquie est longtemps demeurée presque exclusivement forestière et pastorale. L'industrie s'y est développée vers Bratislava et Košice. La population compte une notable minorité hongroise.

HISTOIRE

Les Hongrois détruisent au xe s. l'État slave de Grande-Moravie et annexent la Slovaquie, qui constitue dès lors la Haute-Hongrie.

1526. Celle-ci entre avec le reste de la Hongrie dans le domaine des Habsbourg.

Après 1540, la plaine hongroise étant occupée par les Ottomans, le gouvernement hongrois s'établit à Presbourg (auj. Bratislava) et y demeure jusqu'en 1848. Le mouvement national slovaque se développe.

1918. La Slovaquie est intégrée à l'État tchécoslovaque.

1939. Un État slovaque séparé, sous protectorat allemand et gouverné par Mgr Tiso, est créé.

1945-1948. La région est réintégrée dans la Tchécoslovaquie et la centralisation rétablie.

1969. La Slovaquie devient une république fédérée.

À partir de 1990, les Slovaques militent pour une redéfinition des rapports entre les républiques tchèque et slovaque. Le processus de partition de la Tchécoslovaquie est engagé (1992) sous l'égide de Vladimír Mečiar (Premier ministre de la république fédérée de Slovaquie à partir de 1990, puis de la Slovaquie indépendante jusqu'en 1998) et de son homologue tchèque, V. Klaus.

1993. La Slovaquie accède à l'indépendance.

2004. Elle est intégrée dans l'O.T.A.N. et adhère à l'Union européenne.

2012. Les sociaux-démocrates remportent la majorité absolue aux élections. Leur chef Robert Fico (Premier ministre de 2006 à 2010) reprend la tête du gouvernement.

slovène [slɔvɛn] **adj.** et **n.** De Slovénie. ◆ **n.m.** Langue slave parlée en Slovénie.

Slovénie, en slovène **Slovenija,** État d'Europe ; 20 200 km^2 ; 2 072 000 hab. *(Slovènes).* CAP. *Ljubljana.* LANGUE : *slovène.* MONNAIE : *euro.*

GÉOGRAPHIE

La Slovénie concentre sur le piémont alpin la majeure partie de sa population et de ses activités agricoles (polyculture et élevage) et industrielles (extraction du charbon, centrale nucléaire, métallurgie, électronique, textile). Le Karst, au sud-ouest, a quelques centres miniers. Le tourisme et l'exploitation forestière animent les Alpes.

HISTOIRE

Des Slaves (Slovènes) s'établissent dans la région au VIe s.

1278. Celle-ci passe sous la domination des Habsbourg. Un mouvement culturel et national se développe au XIXe s.

1918. La Slovénie entre dans le royaume des Serbes, Croates et Slovènes.

1929. Ce royaume prend le nom de *Yougoslavie*.

1941-1945. Il est partagé entre l'Allemagne, l'Italie et la Hongrie.

1945. La Slovénie devient une des républiques fédérées de Yougoslavie.

1991. Elle proclame son indépendance, reconnue par la communauté internationale en 1992.

2004. La Slovénie est intégrée dans l'O.T.A.N. et adhère à l'Union européenne.

2007. Elle entre dans la zone euro. Danilo Türk, candidat indépendant, est élu président de la République.

2012. Janez Janša (Premier ministre de 2004 à 2008) reprend la tête d'un gouvernement de coalition de centre-droit. L'ancien Premier ministre social-démocrate, Borut Pahor, l'emporte à l'élection présidentielle.

slow [slo] **n.m.** (mot angl. « lent »). **1.** Fox-trot lent, dansé dans les années 1920. **2.** Danse lente sur des musiques de blues, de chansons sentimentales, etc., où les partenaires se tiennent étroitement enlacés ; cette musique.

slum [slœm] **n.m.** (mot angl.). Bidonville.

Sluter (Claus), sculpteur néerlandais (Haarlem v. 1340/1350 - Dijon 1405/1406). Installé à Dijon en 1385, il succède à Jean de Marville (m. en 1389) comme imagier du duc Philippe le Hardi. La plus célèbre de ses œuvres conservées est l'ensemble des six prophètes du *puits de Moïse* (anc. chartreuse de Champmol), sans doute achevé par son neveu Claus de Werve (v. 1380 - 1439). Son réalisme influencera l'art européen du XVe s.

smala ou **smalah** [smala] **n.f.** (ar. *zamala*). **1.** Ensemble de la maison d'un chef arabe, avec ses tentes, ses serviteurs, ses troupeaux et ses équipages. **2.** *FAM.* Famille ou suite nombreuse et encombrante : *Il arrive avec toute sa smala.*

smart [smart] **adj. inv.** (mot angl.). *FAM., VIEILLI.* Élégant : *Un quartier très smart* (syn. **chic**).

Smartphone [smartfɔn] **n.m.** (nom déposé). Téléphone intelligent. (Recomm. off. *ordiphone*.)

smash [smaʃ] ou [smatʃ] **n.m.** (mot angl., de *to smash,* écraser) [pl. *smashs* ou *smashes*]. SPORTS. Au tennis, au tennis de table, au volley-ball, coup consistant à rabattre violemment une balle haute sur la surface de jeu.

smasher [smaʃe] ou [smatʃe] **v.i.** et **v.t.** Faire un smash.

S.M.E. [ɛsɛmø] **n.m.** (sigle). Système monétaire européen.

Smetana (Bedřich), compositeur et pianiste tchèque (Litomyšl 1824 - Prague 1884). Auteur de l'opéra *la Fiancée vendue* (1866) et de poèmes symphoniques (*Ma patrie,* comprenant *la Moldau,* 1874-1879), il est le principal représentant de la musique romantique de Bohême.

S.M.I. [ɛsɛmi] **n.m.** (sigle). Système monétaire international.

S.M.I.C. [smik] **n.m.** (sigle). Salaire minimum interprofessionnel de croissance.

smicard, e [smikar, -ard] **n.** *FAM.* Salarié rémunéré au taux du S.M.I.C.

smiley [smajlɛ] **n.m.** (de l'angl., *to smile,* sourire). INFORM. Dans un message électronique, association de caractères typographiques évoquant un visage expressif. (Recomm. off. *frimousse*.)

Smith (Adam), économiste britannique (Kirkcaldy, Écosse, 1723 - Édimbourg 1790). Auteur des *Recherches sur la nature et les causes de la richesse des nations* (1776), il pense que la recherche par les hommes de leur intérêt personnel mène à la réalisation de l'intérêt général : il prône donc la liberté. Il approfondit la notion de valeur en distinguant valeur d'usage et valeur d'échange. Smith condamne le mercantilisme, les réglementations et entraves corporatistes et préconise la non-intervention de l'État en matière économique.

Smith (Elizabeth, dite **Bessie),** chanteuse de blues américaine (Chattanooga, Tennessee, 1894 - Clarksdale, Mississippi, 1937). Elle enregistra son premier disque en 1923. Les premiers jazzmen l'accompagnèrent. Surnommée « l'Impératrice du blues », elle fut une grande vedette jusqu'en 1930, avant de sombrer dans la misère.

smocks [smɔk] **n.m. pl.** (de l'angl. *smock-frock,* blouse de paysan). COUT. Fronces rebrodées sur l'endroit, servant de garniture à certains vêtements.

smog [smɔg] **n.m.** (mot angl., de *smoke,* fumée, et *fog,* brouillard). Mélange de fumée et de brouillard, sévissant parfois au-dessus des concentrations urbaines et surtout industrielles.

smoking [smɔkiŋ] **n.m.** (de l'angl. *smoking-jacket,* veste d'intérieur [pour fumer]). Costume habillé d'homme, à revers de soie.

SMS [ɛsɛmɛs] **n.m.** (sigle de l'angl. *short message service*). Minimessage (syn. **texto**).

Smuts (Jan Christiaan), homme politique sud-africain (Bovenplaats 1870 - Irene 1950). Après avoir combattu contre les Anglais dans les rangs des Boers (1899-1902), il participa à l'unification des colonies britanniques d'Afrique du Sud (1910). Il fut Premier ministre de 1919 à 1924 et de 1939 à 1948.

snack-bar [snakbar] et **snack** [snak] **n.m.** (mot anglo-amér., de *snack,* repas léger et hâtif) [pl. *snack-bars, snacks*]. Restaurant servant des plats standardisés à toute heure.

Snel Van Royen (Willebrord), dit **Willebrordus Snellius,** astronome et mathématicien hollandais (Leyde 1580 - *id.* 1626). Il découvrit, avant Descartes, la loi de la réfraction de la lumière (1620) et introduisit en géodésie la méthode de triangulation.

sniff ou **snif** [snif] **interj.** Évoque un bruit de reniflement.

sniffer [snife] **v.t.** (de l'angl. *to sniff,* renifler). *FAM.* Absorber une drogue en la prisant.

Snijders ou **Snyders (Frans),** peintre flamand (Anvers 1579 - *id.* 1657). Ses natures mortes de victuailles, avec ou sans personnages, ont une ampleur décorative et un dynamisme qui doivent à l'exemple de Rubens (*le Garde-manger,* Bruxelles). Il a également peint animaux et scènes de chasse.

snob [snɔb] **adj.** et **n.** (mot angl. « cordonnier », en arg. de l'université de Cambridge, « celui qui n'était pas de l'université »). Qui fait preuve de snobisme : *Il a des manières snobs. Une snob qui suit la mode sans discernement.*

snober [snɔbe] **v.t.** Traiter qqn, qqch avec mépris, en le rejetant d'un air supérieur : *Snober ses anciens amis.*

snobinard, e [snɔbinar, -ard] **adj.** et **n.** *FAM.* Un peu snob.

snobisme [snɔbism] **n.m.** Admiration pour tout ce qui est en vogue dans les milieux tenus pour distingués : *Suivre la mode par snobisme.*

Snorri Sturluson, poète islandais (Hvammur v. 1179 - Reykjaholt 1241). Il est l'auteur de l'*Edda prosaïque* et d'une vaste collection de sagas des rois de Norvège.

snowboard [snobɔrd] **n.m.** (mot angl. « planche à neige »). Surf des neiges.

snow-boot [snobut] **n.m.** (mot angl., de *snow,* neige, et *boot,* bottine) [pl. *snow-boots*]. *VIEILLI.* Chaussure de caoutchouc qu'on porte par-dessus les chaussures ordinaires.

Soares (Mário), homme d'État portugais (Lisbonne 1924). Secrétaire général du parti socialiste (1973-1986), ministre des Affaires étrangères (1974-1975), puis Premier ministre (1976-1978 et 1983-1985). Il a été président de la République de 1986 à 1996.

sobre [sɔbr] **adj.** (lat. *sobrius*). **1.** Qui mange ou boit avec modération et, en partic., qui boit peu de boissons alcoolisées : *Il est habituellement sobre* (syn. **tempérant**). **2.** Se dit d'un animal qui mange peu et qui peut rester longtemps sans boire : *Le chameau, l'âne sont sobres.* **3.** Qui montre de la mesure, de la réserve : *Être sobre dans ses déclarations* (syn. **modéré, réservé**). **4.** Qui n'a pas recours aux surcharges, aux ornements inutiles : *Architecture, style sobres* (syn. **dépouillé**).

sobrement [sɔbrəmɑ̃] **adv.** D'une manière sobre : *Vivre sobrement.*

sobriété [sɔbrijete] **n.f.** (lat. *sobrietas*). **1.** Comportement d'une personne, d'un animal sobres : *La sobriété est une condition de bonne santé* (syn. **frugalité, tempérance**). **2.** LITT. Qualité de qqn qui se comporte avec retenue : *Sobriété des gestes* (syn. **modération, pondération**). **3.** Qualité de ce qui se caractérise par une absence d'ornements superflus : *La sobriété d'un décor* (syn. **simplicité**).

sobriquet [sɔbrikɛ] **n.m.** (orig. obsc.). Surnom familier, donné par dérision, moquerie ou affection : *« La Pucelle d'Orléans » est le sobriquet de Jeanne d'Arc.*

soc [sɔk] **n.m.** (lat. pop. **soccus*, d'orig. gaul.). Partie de la charrue qui s'enfonce dans la terre et y creuse des sillons.

sociabiliser [sɔsjabilize] **v.t.** Rendre sociable ; intégrer dans la vie sociale : *L'école sociabilise les enfants.*

sociabilité [sɔsjabilite] **n.f.** Qualité d'une personne sociable : *Sa sociabilité est très appréciée* (syn. **amabilité**).

sociable [sɔsjabl] **adj.** (lat. *sociabilis*, de *sociare*, associer). **1.** Qui recherche la compagnie de ses semblables : *L'être humain est naturellement sociable* (syn. **social** ; contr. **solitaire**). **2.** Avec qui il est facile de vivre : *Caractère sociable et généreux* (syn. **avenant** ; contr. **acariâtre, bourru**).

social, e, aux [sɔsjal, -o] **adj.** (lat. *socialis*, de *socius*, compagnon). **1.** Relatif à une société, à une collectivité humaine : *Organisation sociale. Corps social* (= société). **2.** Qui concerne les rapports entre un individu et les autres membres de la collectivité : *Vie sociale. Rapports sociaux.* **3.** Qui vit en société : *Être, animal social.* **4.** Qui concerne les rapports entre les divers groupes ou classes qui constituent la société : *Inégalités sociales. Climat social.* **5.** Qui vise à l'amélioration des conditions de vie et, en partic., des conditions matérielles des membres de la société : *Promouvoir une politique sociale. Logements sociaux.* **6.** Relatif aux sociétés civiles et commerciales : *Raison sociale. Capital social.* **7. Droit social,** ensemble des textes législatifs et réglementaires concernant le droit du travail ou de la Sécurité sociale. / **Psychologie sociale,** qui étudie les interactions entre l'individu et les groupes auxquels il appartient. / **Risque social,** événement dont le système de sécurité sociale vise à réparer les conséquences ou à rembourser les frais engagés (maladie, maternité, invalidité, chômage, etc.). / **Sciences sociales,** ensemble des sciences (sociologie, économie, etc.) qui étudient les groupes humains, leur comportement, leur évolution. / **Sécurité sociale** ⟶ **sécurité.** / **Travailleur social,** personne dont la fonction consiste à venir en aide aux membres d'une collectivité, d'un établissement : *Les aides maternelles, les travailleuses familiales, les assistants sociaux sont des travailleurs sociaux.*

social-démocrate, sociale-démocrate [sɔsjaldemɔkrat] **adj.** et **n.** (de l'all. *Sozialdemokrat*) [pl. *sociaux-démocrates, sociales-démocrates*]. Se dit d'un partisan de la social-démocratie.

social-démocrate de Russie *(parti ouvrier)* ou **P.O.S.D.R.,** parti politique russe. Fondé en 1898, il se scinda en 1903 en mencheviques et en bolcheviques. Ceux-ci lui donnèrent en mars 1918 le nom de parti communiste (bolchevique) de Russie.

social-démocratie [sɔsjaldemɔkrasi] **n.f.** (pl. *social-démocraties*). **1.** Courant d'idées issues du marxisme et auquel se référaient les partis politiques de langue allemande et les pays scandinaves au sein de la IIe Internationale. **2.** Ensemble des organisations et des hommes politiques qui se rattachent au socialisme parlementaire et réformiste.

socialement [sɔsjalmɑ̃] **adv.** Dans l'ordre social ; relativement à la société : *Pays socialement en retard.*

socialisation [sɔsjalizasjɔ̃] **n.f. 1.** Collectivisation des moyens de production et d'échange, des sources d'énergie, du crédit, etc. **2.** Processus par lequel l'enfant intériorise les divers éléments de la culture environnante et s'intègre dans la vie sociale.

socialiser [sɔsjalize] **v.t. 1.** Collectiviser certains moyens de production ou d'échange, des sources d'énergie, etc. **2.** Adapter un individu aux exigences de la vie sociale.

socialisme [sɔsjalism] **n.m.** Dénomination de diverses doctrines économiques, sociales et politiques, liées par une commune condamnation de la propriété privée des moyens de production et d'échange : *Socialisme utopique de Charles Fourier. Socialisme scientifique* (= marxisme).

■ **L'histoire des théories.** Le mot *socialisme,* qui existe dès le XVIIIe s., commence à être fréquemment employé en France et en Grande-Bretagne autour des années 1830. Il désigne des théories comme celles de Claude Saint-Simon, Charles Fourier, Robert Owen et traduit un refus global de l'organisation sociale qui se met en place avec l'industrialisation et le capitalisme, marqués par l'exploitation à outrance du travail de l'homme, femmes et enfants compris, l'insécurité dans les conditions de travail, l'entassement urbain, l'absence de toute protection sociale, l'interdiction de toute coalition ouvrière. Vers 1848, la désignation de « socialiste » s'applique à des systèmes philosophiques idéalistes généraux, qui ont pour idéal commun l'accès – avec ou sans violence – à un système social respectant l'individu : certains théoriciens préconisent la libre association pour la production et la consommation, d'autres, l'organisation du travail par ceux que la société reconnaît comme compétents. Le terme de *socialiste* commence à s'opposer à celui de *communiste,* qui désigne le partisan d'une théorie visant à supprimer les classes sociales, à transformer puis à supprimer l'État comme expression de leurs rapports conflictuels, et à rendre égaux les hommes. Le mot *communiste* est alors davantage réservé aux théoriciens tels que E. Cabet, P. Leroux puis Marx. Chez ce dernier, qui s'affirme *socialiste scientifique,* le *socialisme* désigne une phase de l'évolution historique à venir, où les classes auront disparu : les continuateurs de Marx qualifieront au XXe s. de « socialistes » les régimes qui ont pris le pouvoir au nom du parti censé représenter le prolétariat, mais sans jamais tenter d'abolir ni les classes sociales ni l'État. Ceux qui, dès le XIXe s., se réclament du socialisme sans se rattacher au mouvement internationaliste qui s'affirme marxiste appartiennent à des courants de pensée très divers. En Allemagne, le courant politique dit *socialisme de la chaire,* parce que soutenu par les professeurs d'université, qui apparaît en 1872, préconise la toute-puissance de l'État. En France, nombre de catholiques pensent que l'Évangile comporte un message spirituel où l'amour du prochain est indissociable du besoin de justice sociale (La Mennais) et qu'il doit être mis en pratique par les chrétiens eux-mêmes. Ce courant, qui va de H. Lacordaire et F. Ozanam à M. Sangnier puis à E. Mounier, peut être appelé *socialisme chrétien.* Les opposants à Marx au sein de la Ire Internationale ont eu pour point commun le souci d'exalter la liberté individuelle. P. J. Proudhon, M. Stirner, M. Bakounine se situent dans cette ligne, dite *socialisme libertaire.*

Les partis socialistes et sociaux-démocrates. Après l'échec de la IIe Internationale et face à la IIIe Internationale (1919), les socialistes qui ont refusé le modèle soviétique fondent en 1923 l'Internationale ouvrière socialiste et, en 1951, l'Internationale socialiste. Après les années 1920-1925, et plus encore après la Seconde Guerre mondiale, ils manifestent vigoureusement leur opposition au socialisme soviétique. Leur objectif commun est de faire progresser la situation par des lois sur la famille, la sécurité sociale, le plein emploi, le logement. Nombre de ces points figurent aux programmes des partis, qu'ils s'appellent « socialistes » ou « sociaux-démocrates » : partis espagnol (fondé en 1879, mais dont la majorité a refusé en 1921 d'adhérer au communisme), italien (fondé en 1892, dissous en 1926 et recréé en 1947), belge (fondé en 1945 après la dissolution du parti ouvrier belge), danois (fondé en 1871), suédois (fondé en 1889, d'abord favorable puis hostile

⟶

au marxisme après 1920), norvégien (fondé en 1887, communiste de 1919 à 1923), finlandais (fondé en 1899 et dont l'aile communiste se sépare en 1919), allemand (social-démocrate, fondé en 1875, séparé des communistes en 1922, dissous en 1933 et recréé en 1946 sous le nom de SPD), français (fondé en 1971 sur les ruines de la S.F.I.O.), autrichien, grec, portugais.

La plupart de ces partis, tout en reconnaissant la réalité de la lutte des classes, refusent la référence aux thèses marxistes et reprochent aux régimes dits « socialistes », qui se réclament du marxisme-léninisme, leurs pratiques totalitaires et expansionnistes. L'affaiblissement ou la disparition des partis communistes dans la plupart des pays du monde après les années 1990 n'ont pas entraîné de renforcement nettement perceptible des partis socialistes. ■

socialiste [sɔsjalist] **adj.** et **n.** Relatif au socialisme ; qui en est partisan : *Parti socialiste français, espagnol. Député socialiste.* ◆ **n.** Membre d'un parti socialiste.

sociétaire [sɔsjetɛr] **adj.** et **n. 1.** Qui fait partie de certaines sociétés, d'une mutuelle, etc. : *Les sociétaires d'une coopérative.* **2. Sociétaire de la Comédie-Française,** acteur qui possède un certain nombre de parts dans la distribution des bénéfices du théâtre (par opp. à *pensionnaire,* qui touche un traitement fixe). ◆ **adj.** Relatif à une société, à son régime juridique : *Entreprise sociétaire.*

sociétariat [sɔsjetarja] **n.m.** Qualité de sociétaire.

société [sɔsjete] **n.f.** (lat. *societas,* association, de *socius,* compagnon). **1.** Mode de vie propre à l'homme et à certains animaux, caractérisé par une association organisée d'individus en vue de l'intérêt général : *Les abeilles, les fourmis, les guêpes vivent en société.* **2.** Ensemble d'individus vivant en groupe organisé ; milieu humain caractérisé par ses institutions, ses lois, ses règles : *Les conflits entre l'individu et la société* (syn. **collectivité, communauté**). *Sociétés primitives, féodales.* **3.** Groupe social formé de personnes qui se fréquentent, se réunissent, entretiennent des relations mondaines : *Une société choisie* (syn. **cercle, compagnie**). *La haute société* (= les personnes en vue par leur position sociale ou leur fortune). **4.** FAM. Ensemble des personnes réunies dans un même lieu : *Saluer la société* (syn. **assistance**). **5.** LITT. Fait d'avoir des relations suivies, des contacts avec d'autres individus : *Rechercher la société des femmes* (syn. **compagnie, fréquentation**). **6.** Association de personnes réunies pour une activité ou des intérêts communs et soumises à des règlements : *Société littéraire. Société de bienfaisance.* **7.** DR. Contrat par lequel deux ou plusieurs personnes mettent en commun soit des biens, soit leur activité en vue de réaliser des bénéfices, qui seront ensuite partagés entre elles : *Conseil d'administration d'une société. Société anonyme,* ou *S.A.* (= dont le capital est divisé en actions négociables). *Société à responsabilité limitée,* ou *S.A.R.L.* (= dont les parts ne peuvent être cédées librement à des personnes étrangères à la société). **8. Jeu de société,** jeu propre à divertir dans les réunions familiales, amicales. **/ Société civile,** la société dans son fonctionnement concret, le corps social, par opp. à la classe politique.

Société ***(îles de la),*** principal archipel de la Polynésie française (Océanie) ; 1 647 km^2 ; 235 503 hab. Ch.-l. *Papeete.* On distingue les îles du Vent, avec Tahiti et Moorea, et les îles Sous-le-Vent. Plantations de cocotiers. Pêche. Tourisme. Découvertes par Wallis (1767) et Cook (1769), ces îles furent d'abord placées sous protectorat français (1843) puis annexées par la France (1880-1888).

Société des Nations → **S.D.N.**

socioculturel, elle [sɔsjɔkyltyrɛl] **adj.** Relatif aux structures sociales et à la culture qui contribue à les caractériser : *L'héritage socioculturel d'un peuple.*

socio-économique [sɔsjɔekɔnɔmik] **adj.** (pl. *socio-économiques*). Relatif aux problèmes sociaux dans leur relation avec les problèmes économiques.

socio-éducatif, ive [sɔsjɔedykatif, -iv] **adj.** (pl. *socio-éducatifs, ives*). Relatif aux phénomènes sociaux dans leurs relations avec l'éducation, l'enseignement.

sociolinguistique [sɔsjɔlɛ̃gɥistik] **n.f.** Discipline qui étudie les relations entre la langue et les facteurs sociaux.

sociologie [sɔsjɔlɔʒi] **n.f.** Étude scientifique des sociétés humaines et des faits sociaux. ◆ **sociologue n.** Nom du spécialiste.

■ La sociologie étudie la naissance des groupes sociaux, leur organisation, les types de relations qu'entretiennent ces groupes entre eux et leurs influences sur les comportements individuels. Auguste Comte, qui créa le mot en 1836, avait l'ambition d'en faire la science de la réalité sociale dans son ensemble. Aujourd'hui, la sociologie est devenue empirique, analytique et quantitative.

C'est A. Comte qui érigea la sociologie en science, la définissant comme « une étude positive de l'ensemble des lois fondamentales propres aux phénomènes sociaux ». Un peu plus tard, Marx fait de la lutte des classes le moteur de l'évolution des sociétés et met en évidence l'interdépendance de l'infrastructure, principalement économique, et des éléments de la superstructure, notamment le monde des idéologies. Aux fondateurs de la sociologie, il faut adjoindre Tocqueville et Frédéric Le Play. Mais c'est Durkheim qui, le premier, a ouvert la voie à une étude véritablement scientifique des différents faits sociaux (*Règles de la méthode sociologique,* 1894). Après Durkheim, puis M. Weber, dont l'œuvre n'a été découverte en France que tardivement, la sociologie, à côté de ses grands domaines traditionnels (sociologie du travail, des classes sociales, de la religion, de la connaissance, du droit, etc.), a élargi son champ d'investigation et s'est appliquée à l'art, à la littérature, à la culture, à la mode, à l'urbanisme, aux loisirs, à la bureaucratie, au milieu rural, aux communications de masse, à l'économie, au développement, aux relations internationales, etc.

Dans le domaine des méthodes et des techniques, la période contemporaine a vu la diffusion des instruments mathématiques et statistiques, l'affinement de certains concepts sociométriques (mesures des rapports existant entre individus d'un même groupe), la multiplication des types de questionnaires et de tests, le perfectionnement des méthodes de description de style ethnographique, notamment le recours à des « histoires de vie », enfin l'utilisation croissante de modèles linguistiques. ■

sociologique [sɔsjɔlɔʒik] **adj.** Relatif à la sociologie, aux faits qu'elle étudie.

socioprofessionnel, elle [sɔsjɔprɔfesjɔnɛl] **adj. Professions et catégories socioprofessionnelles (P.C.S.)** ou **catégories socioprofessionnelles (C.S.P.),** méthode de classement de la population active en catégories sociales homogènes sur la base de critères définis par l'I.N.S.E.E. (situation professionnelle, position hiérarchique, statut). ▸ En 1982, les P.C.S. ont remplacé les catégories socioprofessionnelles (C.S.P.) datant de 1954.

socle [sɔkl] **n.m.** (it. *zoccolo,* sabot, du lat. *socculus*). **1.** Soubassement sur lequel s'élèvent une colonne, un motif d'architecture, une pendule, etc. **2.** GÉOL. Ensemble de terrains anciens aplanis par l'érosion, recouverts ou non par des sédiments plus récents.

Socotora, île de l'océan Indien, dépendance du Yémen ; 3 580 km^2.

socque [sɔk] **n.m.** (lat. *soccus,* sandale). **1.** ANTIQ. Chaussure basse des acteurs comiques. **2.** Chaussure à semelle de bois.

socquette [sɔkɛt] **n.f.** Chaussette basse s'arrêtant à la cheville.

Socrate, philosophe grec (Alôpekê, Attique, 470 - Athènes 399 av. J.-C.). Il n'est connu que grâce à trois de ses contemporains : Aristophane, qui se moque de lui, Xénophon, qui fait de lui un moraliste simplet, et son disciple Platon, qui fait de lui le personnage central de ses *Dialogues.* L'image qui subsiste à travers ce triple témoignage est celle d'un homme qui interroge tout en enseignant (c'est l'*ironie socratique*), qui fait découvrir à son interlocuteur ce qu'il croyait ignorer (c'est la *maïeutique,* ou art d'accoucher les esprits) et qui le fait avancer sur la voie de la vérité (c'est la *dialectique*). Il fut condamné à boire la ciguë, sous l'accusation d'impiété envers les dieux et de corruption de la jeunesse.

socratique [sɔkratik] **adj.** Relatif à Socrate et à sa philosophie : *L'ironie socratique.*

soda [sɔda] **n.m.** (de l'angl. *soda water*, eau gazeuse, propr. « eau de soude »). Boisson gazeuse faite d'eau chargée de gaz carbonique, additionnée de sirop de fruit.

Soddy (*sir* **Frederick),** chimiste et physicien britannique (Eastbourne, Sussex, 1877 - Brighton 1956). Ses recherches sur la radioactivité lui permirent d'expliquer le mécanisme de la désintégration des atomes et de donner la loi de filiation (1902). Il découvrit en 1903 le phénomène d'isotopie. (Prix Nobel de chimie 1921.)

sodé, e [sɔde] **adj.** Qui contient du sodium ou de la soude.

sodique [sɔdik] **adj.** Relatif au sodium ou qui en contient.

sodium [sɔdjɔm] **n.m.** (angl. *soda*, du fr. *soude*). Métal alcalin blanc et mou très répandu dans la nature à l'état de chlorure (sel marin et sel gemme) et de nitrate, fondant à 98 °C. ▸ Symb. Na ; densité 0,97. Le sodium s'altère rapidement à l'air humide en donnant naissance à de la soude caustique.

Sodome → Gomorrhe.

sodomie [sɔdɔmi] **n.f.** (de *Sodome*). Pratique du coït anal.

sodomiser [sɔdɔmize] **v.t.** Pratiquer la sodomie sur qqn.

Soekarno → Sukarno.

sœur [sœr] **n.f.** (lat. *soror*). **1.** Fille née du même père et de la même mère qu'une autre personne : *Sœur aînée.* **2.** *LITT.* Celle avec qui on partage le même sort : *Elle était ma sœur d'infortune.* **3.** Femme appartenant à une congrégation religieuse ; titre qu'on lui donne : *Les sœurs de la Charité. Ma sœur.* **4.** Nom que se donnent les membres de certaines associations (par ex. les franc-maçonnes). **5.** *FAM.* **Bonne sœur,** religieuse. ◆ **adj.** et **n.f. 1.** Se dit de choses apparentées : *L'envie est la sœur de la calomnie.* **2. Âme sœur → âme.**

sœurette [sœrɛt] **n.f.** *FAM.* Petite sœur.

sofa [sɔfa] **n.m.** (ar. *suffa*, coussin). Canapé rembourré, muni de dossiers sur trois côtés.

Sofia, cap. de la Bulgarie, dans une plaine fertile, au pied du massif de la Vitoša ; 1 222 000 hab. dans l'agglomération. Centre administratif et industriel. Musées. Aux environs, église médiévale de Bojana (fresques) et monastères anciens.

software [sɔftwɛr] **n.m.** (mot anglo-amér., de *soft*, mou, et *ware*, marchandise, d'apr. *hardware*). INFORM. Logiciel (par opp. à *hardware*). [Abrév. *soft.*]

Sogdiane, anc. contrée de l'Asie centrale, au N. de la Bactriane. Elle correspond à l'Ouzbékistan. V. princ. *Samarkand.*

soi [swa] **pron. pers.** (lat. *se*, en position accentuée). **1.** Après une prép., désigne, en qualité de pron. réfléchi, la 3e pers. du sing., aux deux genres, en partic. pour renvoyer à un sujet indéterminé : *Que chacun travaille pour soi ! Avoir de l'argent sur soi.* **2. Cela va de soi,** c'est évident, naturel. / **En soi,** par lui-même, de nature.

soi-disant [swadizɑ̃] **adj. inv. 1.** Qui prétend être tel : *De soi-disant philosophes.* **2.** (Emploi critiqué). Qu'on prétend tel : *Cette soi-disant liberté d'expression* (syn. **prétendu**). ◆ **adv.** À ce qu'on prétend : *Il est venu soi-disant pour te parler.*

soie [swa] **n.f.** (du lat. *saeta*, poil rude). **1.** Substance filamenteuse sécrétée par divers arthropodes (certaines chenilles, diverses araignées). **2.** Étoffe faite avec la soie produite par la chenille du bombyx du mûrier, ou *ver à soie* : *Une robe de soie.* **3.** Ce qui est fin, brillant, doux comme les fils de soie : *La soie de ses cheveux.* **4.** Poil dur et raide du porc, du sanglier et de certains invertébrés comme le lombric : *Une brosse en soies de sanglier.* **5. Papier de soie,** papier très fin et translucide.

soie (route de la), voie de commerce qui reliait la région des capitales chinoises (proches de l'actuelle Xi'an) à l'Europe. Ouverte au IIe s. av. J.-C., elle fut abandonnée à la fin du XIIIe s. Les caravanes empruntaient divers itinéraires à travers l'Asie centrale.

soierie [swari] **n.f. 1.** Étoffe de soie : *Les soieries de Lyon.* **2.** Fabrication, commerce de la soie.

soif [swaf] **n.f.** (lat. *sitis*). **1.** Besoin de boire et sensation que produit ce besoin : *Étancher sa soif. Avoir soif.* **2.** Désir ardent, impatient, passionné de qqch : *La soif de l'argent, du pouvoir* (syn. **appétit**). *La soif de connaître* (syn. **faim**). **3.** *FAM.* **Jusqu'à plus soif,** sans fin ; à satiété ; d'une façon excessive : *Danser jusqu'à plus soif.*

soiffard, e [swafar, -ard] **n.** *FAM.* Personne qui aime à boire, qui boit trop de boissons alcoolisées.

soignant, e [swaɲɑ̃, -ɑ̃t] **adj.** Qui donne des soins : *Le personnel soignant d'un hôpital.*

soigné, e [swaɲe] **adj. 1.** Qui prend soin de sa personne, de sa mise : *Une personne très soignée* (contr. **négligé**). **2.** Exécuté avec soin : *Travail soigné* (contr. **bâclé**).

soigner [swaɲe] **v.t.** (bas lat. *soniare*, du frq. **sunnjôn*, s'occuper de). **1.** Procurer les soins nécessaires à la guérison de qqn : *Le médecin l'a bien soigné* (syn. **traiter**). **2.** Avoir soin de qqn, de qqch, s'en occuper avec sollicitude : *Soigner ses invités* (syn. **choyer, gâter**). *Soigner son jardin* (syn. **entretenir**). **3.** Apporter de l'application à qqch : *Soigner son style* (syn. **peaufiner, parfaire**). ◆ **se soigner v.pr. 1.** Prendre les moyens nécessaires pour rétablir sa santé : *Il ne veut pas se soigner.* **2.** Pouvoir être traité, guéri : *Cette maladie se soigne aisément aujourd'hui.*

soigneur, euse [swaɲœr, -øz] **n.** (de *soigner*). Personne qui prend soin de l'état physique d'un athlète, d'un boxeur.

soigneusement [swaɲøzmɑ̃] **adv.** Avec soin : *Un texte soigneusement préparé* (syn. **minutieusement**). *Examiner soigneusement une proposition* (syn. **attentivement**).

soigneux, euse [swaɲø, -øz] **adj.** (de *soin*). **1.** Qui apporte du soin, de l'application à ce qu'il fait : *Un artisan soigneux dans son travail* (syn. **minutieux**). **2.** Qui prend soin des objets, veille à leur état, ne les abîme pas : *Un enfant soigneux qui ne casse jamais rien.* **3.** *LITT.* Qui est fait, exécuté de façon sérieuse, méthodique : *De soigneuses recherches ont conduit à cette conclusion* (syn. **minutieux**). **4. Soigneux de,** qui prend soin de, veille à préserver telle chose : *Être soigneux de sa réputation.*

soin [swɛ̃] **n.m.** (frq. **suni*, souci). **1.** Attention, application à qqch : *Objet travaillé avec soin* (syn. **minutie**). **2.** Charge, devoir de veiller à qqch : *Confier à qqn le soin de ses livres* (syn. **responsabilité**). **3. Avoir, prendre soin de,** être attentif à qqn, à qqch ; veiller sur : *Avoir soin d'un animal. Prendre soin de ses affaires.* / **Avoir, prendre soin de** (+ inf.), faire en sorte de ; penser à : *Avant de partir, prenez soin de fermer la fenêtre* (= veillez à). ◆ **soins n.m. pl. 1.** Moyens par lesquels on s'efforce de rendre la santé à un malade : *Les blessés ont reçu les premiers soins* (syn. **traitement**). **2. Aux bons soins de,** formule inscrite sur une lettre pour demander au destinataire de la faire parvenir à une seconde personne. / *FAM.* **Être aux petits soins pour qqn,** avoir pour lui des attentions délicates.

Soïouz ou **Soyouz,** type de vaisseau spatial piloté utilisé pour la desserte des stations orbitales russes.

soir [swar] **n.m.** (lat. *sero*, tard, de *serus*, tardif). Moment du déclin, de la fin du jour : *Le soir tombe. Je finirai ce travail ce soir* (= dans la soirée). ◆ **adv.** Dans la soirée : *Dimanche soir, nous irons au théâtre.*

soirée [sware] **n.f. 1.** Espace de temps depuis le déclin du jour jusqu'au moment où l'on se couche : *Passer la soirée au restaurant* (syn. **soir, veillée**). **2.** Fête, réunion dans la soirée, pour causer, jouer, etc. : *Une soirée dansante.* **3.** Spectacle donné dans la soirée (par opp. à *matinée*) : *Aller au théâtre en soirée.*

Soissons, ch.-l. d'arr. de l'Aisne, sur l'Aisne, dans le *Soissonnais* ; 29 426 hab. *(Soissonnais).* Évêché. Construction mécanique. Caoutchouc. – Belle cathédrale gothique des XIIe-XIIIe s. (très restaurée), reste de l'anc. abbaye St-Jean-des-Vignes et autres monuments. Musée (archéologie, beaux-arts). – En 486, Clovis y vainquit le Romain Syagrius, victoire qui est à l'origine de l'anecdote célèbre dite du *vase de Soissons :* Clovis ayant réclamé à un soldat, en surplus de sa part de butin, un vase pris dans une église afin de le remettre à l'évêque de Reims, le soldat brisa le vase, rappelant au roi l'égalité des guerriers dans le partage des dépouilles. L'année suivante, alors qu'il passait en revue les troupes, le roi fendit le crâne du soldat en disant : « Ainsi as-tu fait du vase de Soissons. »

1. soit [swa] **conj. coord.** (subj. prés. du v. *être*). **1.** Introduit une explication, une précision : *Il a perdu une forte somme, soit un million* (syn. **c'est-à-dire**). **2. Soit** (+ n. sing.), **soient** ou **soit** (+ n. pl.), introduit les données d'un problème : *Soit* (ou *soient*) *deux parallèles* (syn. **étant donné**). / **Soit..., soit...,** marque une alternative : *Soit l'un, soit l'autre.* / **Soit que..., soit que...** (+ subj.), indique une alternative : *Soit que vous restiez, soit que vous partiez.*

2. soit [swat] **adv.** (subj. prés. du v. *être*). Marque l'approbation : *Soit, j'accepte* (syn. **d'accord**). *Il est un peu maladroit, soit* (= admettons).

soixantaine [swasɑ̃tɛn] **n.f. 1.** Nombre de soixante ou d'environ soixante : *Une soixantaine d'euros.* **2.** Âge d'à peu près soixante ans : *Approcher de la soixantaine.*

soixante [swasɑ̃t] **adj. num. card. inv.** (lat. *sexaginta*). **1.** Six fois dix : *Inviter soixante personnes.* **2.** (En fonction d'ordinal). De rang numéro soixante ; soixantième : *Page soixante.* ◆ **n.m. inv.** Le nombre qui suit cinquante-neuf dans la série des entiers naturels : *Quarante plus vingt égale soixante.*

soixante-dix [swasɑ̃tdis] **adj. num. card. inv. 1.** Soixante plus dix : *Avoir soixante-dix euros.* **2.** (En fonction d'ordinal). De rang numéro soixante-dix ; soixante-dixième : *Les années soixante-dix. Chambre soixante-dix.* ◆ **n.m. inv.** Le nombre qui suit soixante-neuf dans la série des entiers naturels.

soixante-dixième [swasɑ̃tdizjɛm] **adj. num. ord.** et **n.** De rang numéro soixante-dix : *Le soixante-dixième étage d'une tour.* ◆ **adj.** et **n.m.** Qui correspond à la division d'un tout en soixante-dix parties égales : *La soixante-dixième partie d'une somme. Prélever un soixante-dixième de la recette.*

soixante-huitard, e [swasɑ̃tɥitar, -ard] **adj.** et **n.** (pl. *soixante-huitards, es*). Se dit des personnes qui ont participé aux événements de mai 1968, en France (ou qui ont adhéré à certaines idées contestataires de cette époque), de ce qui les concerne.

soixantième [swasɑ̃tjɛm] **adj. num. ord.** et **n.** De rang numéro soixante : *Il est mort dans sa soixantième année.* ◆ **adj.** et **n.m.** Qui correspond à la division d'un tout en soixante parties égales : *La soixantième partie d'une somme. Elle a deux soixantièmes dans le capital de la société.*

soja [sɔʒa] **n.m.** (mot d'une langue de Mandchourie, du jap. *soy*). **1.** Plante oléagineuse grimpante, voisine du haricot, cultivée pour ses graines, qui fournissent une huile alimentaire et un tourteau très utilisé dans l'alimentation animale. **2. Germe de soja,** germe d'une plante voisine, originaire d'Asie tropicale et que l'on consomme fraîche ou germée.

1. sol [sɔl] **n.m.** (lat. *solum*). **1.** Terre considérée quant à sa nature ou à ses qualités productives : *Sol calcaire. Sol fertile, aride.* **2.** PÉDOL. Partie superficielle, meuble, de l'écorce terrestre, résultant de la transformation, au contact de l'atmosphère, de la couche *(roche mère)* sous-jacente et soumise à l'érosion et à l'action de l'homme ; partie superficielle qui recouvre les autres planètes du système solaire. **3.** Surface de la terre, aménagée ou non : *L'avion s'est écrasé au sol. Le sol natal* (= la patrie). **4.** Surface formant le plancher d'un local, d'une habitation : *Sol carrelé.* **5. Coefficient d'occupation des sols (C.O.S.),** coefficient déterminant la densité de construction autorisée. / **Mécanique des sols,** qui étudie les problèmes de fondations. / **Plan d'occupation des sols (P.O.S.),** document fixant les conditions d'utilisation des sols. (Auj. remplacé par le plan local d'urbanisme [P.L.U.].)

■ Le profil d'un sol, dont l'épaisseur varie de quelques centimètres à plusieurs mètres, montre une succession de couches, appelées *horizons.* Chaque horizon est caractérisé par la nature de la matière minérale, la quantité de matière organique qu'il contient, la texture (taille des éléments constitutifs), la structure (type d'agencement de ces éléments entre eux, qui forment des agrégats), l'acidité, etc. Dans un sol, on observe généralement : un *horizon A,* composé d'une couche d'humus résultant de la décomposition de la matière végétale sous l'action de micro-organismes (bactéries), qui surmonte un horizon de lessivage par les eaux d'infiltration ; un *horizon B,* d'accumulation, où se concentrent les produits lessivés plus haut, argile, fer, matière organique ; un *horizon C,* faiblement altéré (c'est le matériau aux dépens duquel se sont formés les horizons A et B) ; enfin, la roche mère *(horizon R).* Au sein où à la limite d'une nappe d'eau permanente, on trouve enfin un *horizon G,* gris verdâtre, riche en fer ferreux, à taches rouille.

Les types de sol varient avec la composition de la roche mère et le climat, qui déterminent, en particulier, la couverture végétale. Leur étude fait l'objet d'une science, la *pédologie.*

L'existence, dans les formations anciennes, de *paléosols,* ou sols fossilisés sous des dépôts postérieurs et qui n'évoluent plus, renseigne sur les conditions climatiques qui régnaient à l'époque de leur genèse. Ainsi, les bauxites du midi de la France (paléosols tropicaux) montrent que cette région a connu un climat chaud et humide.

La nature des sols joue un rôle important dans l'implantation humaine, car elle a des conséquences directes sur l'agriculture. Le déboisement, la monoculture, etc., provoquent l'érosion des sols. ■

2. sol [sɔl] **n.m. inv.** (première syllabe de *solve,* dans l'hymne de saint Jean-Baptiste). **1.** MUS. Note de musique, cinquième degré de la gamme de *do.* **2. Clé de sol,** clé indiquant l'emplacement de cette note (sur la deuxième ligne de la portée).

solaire [sɔlɛr] **adj.** (lat. *solaris*). **1.** Relatif au Soleil : *Année solaire.* **2.** Relatif à l'énergie fournie par le Soleil ; qui fonctionne avec l'énergie fournie par le Soleil : *Capteur solaire. Four solaire. Centrale solaire* (= qui produit de l'électricité à partir de l'énergie solaire). *Cellule* ou *pile solaire* (= photopile). **3.** Qui protège du soleil : *Crème, huile solaire.* **4.** ANAT. **Plexus solaire** ⟶ **plexus.** / ASTRON. **Système solaire,** ensemble du Soleil et des astres qui gravitent autour de lui. / ASTRON. **Vent solaire,** flux de particules chargées émis en permanence par le Soleil. / PHYS. **Constante solaire,** flux d'énergie solaire reçu par unité de surface, à l'entrée de l'atmosphère.

solanacée [sɔlanase] **n.f.** (du lat. *solanum,* morelle [plante à petites fleurs]). **Solanacées,** famille de plantes à fleurs à pétales soudés, telles que la pomme de terre, la tomate, la belladone, le tabac.

solarisation [sɔlarizasjɔ̃] **n.f.** (du lat. *solaris,* solaire). PHOT. Effet spécial obtenu par insolation de la surface sensible pendant le développement.

solarium [sɔlarjɔm] **n.m.** (mot lat. « lieu exposé au soleil ») [pl. *solariums*]. **1.** Établissement où l'on traite certaines affections par la lumière solaire. **2.** Emplacement aménagé pour les bains de soleil.

soldat, e [sɔlda, -at] **n.** (it. *soldato,* de *soldare,* payer une solde). **1.** Personne équipée et instruite par l'État pour la défense du pays. **2.** *FIG.* Personne qui lutte pour faire triompher une cause : *Les petits soldats de l'humanitaire.* **3. Soldat de deuxième classe,** premier grade de la hiérarchie des militaires du rang dans les armées de terre et de l'air. (On dit aussi *simple soldat.*) / **Soldat de première classe,** soldat titulaire d'une distinction en raison de sa conduite. ◆ **soldat n.m.** ZOOL. Dans les sociétés de fourmis et de termites, individu adulte, à tête très développée, qui paraît préposé à la défense de la communauté.

soldatesque [sɔldatɛsk] **adj.** (it. *soldatesco*). Qui a la rudesse du soldat : *Manières soldatesques.* ◆ **n.f.** Troupe de soldats indisciplinés et brutaux.

Soldat inconnu (le), soldat français d'identité inconnue, tombé pendant la Première Guerre mondiale et inhumé en 1920 sous l'Arc de Triomphe, à Paris. Il symbolise le sacrifice des Français morts à la guerre.

1. solde [sɔld] **n.f.** (it. *soldo*, pièce de monnaie). **1.** Traitement des militaires et de certains fonctionnaires assimilés : *Toucher sa solde.* **2. Être à la solde de qqn,** être payé pour défendre ses intérêts : *Être à la solde d'une puissance étrangère* (= au service de).

2. solde [sɔld] **n.m.** (de *solder*). **1.** Différence entre le débit et le crédit d'un compte. **2.** Reliquat d'une somme à payer : *Le solde d'une facture.* **3.** (Souvent au pl.). Marchandise vendue au rabais : *Magasin qui fait des soldes.* **4. En solde,** se dit d'un article vendu au rabais, soldé. / **Pour solde de tout compte,** formule marquant qu'un paiement solde un compte, et destinée à prévenir toute contestation ultérieure. **5.** DÉMOGR. **Solde migratoire,** bilan entre les mouvements d'immigration et d'émigration dans une région, un pays. / **Solde naturel,** bilan entre les naissances et les décès dans une région, un pays.

solder [sɔlde] **v.t.** (it. *saldare*). **1.** Vendre des marchandises au rabais : *Solder les vêtements d'été.* **2. Solder un compte,** le régler, le fermer. ◆ **se solder v.pr. [par].** Avoir pour résultat : *Les discussions se sont soldées par un échec.*

soldeur, euse [sɔldœr, -øz] **n.** Personne dont le métier consiste à acheter des articles en fin de stock pour les revendre : *Soldeur de vêtements, de livres.*

1. sole [sɔl] **n.f.** (anc. prov. *sola*, du lat. pop. **sola*, du class. *solea*, semelle, en raison de sa forme). Poisson marin plat, qui vit couché sur le flanc gauche sur les fonds sableux peu profonds.

2. sole [sɔl] **n.f.** (lat. *solea*, semelle, avec influence de *solum*, sol). **1.** Plaque cornée formant le dessous du sabot d'un animal. **2.** Pièce horizontale de la charpente soutenant le bâti d'une machine. **3.** Fond d'un bateau plat. **4.** Partie d'un four sur laquelle on place les produits à traiter. **5.** MIN. Partie inférieure d'une galerie ; terrain qui est sous la galerie.

3. sole [sɔl] **n.f.** (de *2. sole*). Partie des terres labourables d'une exploitation, affectée à l'une des cultures de l'assolement.

solécisme [sɔlesism] **n.m.** (lat. *solaecismus*, du gr. *soloikismos*, de *Soles*, v. de Cilicie où les Athéniens parlaient un grec très incorrect). Construction syntaxique s'écartant de la forme grammaticale admise. (Ex. : *quoiqu'il est tard* pour *quoiqu'il soit tard.*)

soleil [sɔlɛj] **n.m.** (lat. pop. **soliculus*, du class. *sol, solis*). **1.** (Avec une majuscule). Étoile autour de laquelle gravite la Terre. **2.** Étoile quelconque : *Il y a des milliards de soleils dans chaque galaxie* (syn. **astre**). **3.** Lumière, chaleur, rayonnement du Soleil ; temps ensoleillé : *Il fait (du) soleil. Se mettre au soleil.* **4.** LITT. Symbole de ce qui brille, de la bienfaisance ou de l'influence rayonnante de qqn, de qqch : *Elle est mon soleil.* **5.** Nom usuel de l'*hélianthe* (syn. **tournesol**). **6.** Tour complet exécuté en arrière autour d'une barre fixe, en gymnastique. **7.** Pièce d'artifice tournante, qui jette des feux évoquant les rayons du Soleil. **8. L'empire du Soleil-Levant,** le Japon. / **Sous le soleil,** sur la terre, dans notre monde : *Rien de nouveau sous le soleil.* / HIST. **Le Roi-Soleil,** Louis XIV.

■ **Caractéristiques.** Situé à environ 150 millions de km de la Terre, le Soleil est l'une des quelque 100 milliards d'étoiles de la Galaxie, au sein de laquelle il occupe une position assez excentrique, dans un bras spiral, à 28 000 années-lumière du centre galactique. Son rayon est de 696 000 km env. (109 fois celui de la Terre) et sa masse est évaluée à 2.10^{30} kg (quelque 333 000 fois celle de la Terre). Sa masse volumique moyenne est voisine de 1 400 $kg.m^{-3}$. Il tourne sur lui-même, dans le sens direct, autour d'un axe incliné de 82°45′ sur l'écliptique avec une période de 25,38 j à l'équateur (rotation sidérale).

Le Soleil est, en fait, une étoile banale, mais sa proximité est telle qu'il représente la seule étoile sur laquelle on puisse observer des détails. Le rayonnement qu'il émet couvre l'ensemble du spectre électromagnétique avec un maximum au voisinage de 500 nm de longueur d'onde, ce qui explique son apparence jaune.

État physique et structure. Le Soleil est une sphère de gaz incandescents au centre de laquelle la température (env. 15 millions de kelvins) et la densité permettent le déroulement de réactions nucléaires qui réalisent la fusion de noyaux d'atomes d'hydrogène en noyaux d'atomes d'hélium avec une perte de masse compensée par un dégagement d'énergie rayonnante. La région ordinairement visible, appelée *photosphère,* n'est qu'une mince « pellicule » d'environ 300 km d'épaisseur. Au-dessus s'étendent la *chromosphère* et la *couronne.*

Il y a environ 5 milliards d'années que s'effectue au cœur du Soleil la fusion d'hydrogène en hélium et ce processus devrait se poursuivre encore pendant approximativement le même laps de temps avant que le Soleil ne se transforme en géante rouge, au diamètre 50 fois plus important, puis en naine blanche, d'un diamètre voisin de la Terre, dont l'éclat déclinera lentement.

L'étude du Soleil constitue un moyen d'information permettant d'accéder à certains processus fondamentaux d'évolution des étoiles et de vérifier certaines hypothèses et méthodologies utilisées pour des recherches d'astrophysique.

Influence du Soleil sur la Terre. L'alternance des jours, des nuits et des saisons est la première des relations globales entre le Soleil, la Terre et son climat. D'autres relations à court terme sont à présent bien établies, par ex. entre les éruptions solaires, responsables des aurores polaires, et les perturbations magnétiques de l'atmosphère terrestre. La mise en évidence des relations Soleil-Terre à l'échelle du globe fait aujourd'hui l'objet d'actives recherches. ■

solennel, elle [sɔlanɛl] **adj.** (lat. *sollemnis*, propr. « qui revient tous les ans »). **1.** Qui est célébré avec éclat, revêt un caractère majestueux, public : *Des obsèques solennelles.* **2.** Qui présente une gravité, une importance particulières par sa nature ou du fait des circonstances : *Une déclaration solennelle* (syn. **officiel**). **3.** Qui est empreint d'une gravité souvent affectée, qui prend des airs d'importance : *Ton solennel* (syn. **pompeux, sentencieux**). **4.** DR. **Acte solennel,** acte dont la validité est subordonnée à l'accomplissement de formalités légales déterminées.

solennellement [sɔlanɛlmɑ̃] **adv.** De façon solennelle : *Un mariage célébré solennellement.*

solennité [sɔlanite] **n.f.** (lat. *solennitas*). **1.** Caractère de ce qui est solennel : *La solennité d'une réception* (syn. **apparat, cérémonial**). **2.** Fête solennelle ; cérémonie de caractère officiel : *La solennité de Pâques.* **3.** LITT. Caractère de ce qui est empreint d'une gravité majestueuse : *Parler avec solennité* (syn. **emphase**). **4.** DR. Formalité qui accompagne les actes solennels.

solénoïde [sɔlenɔid] **n.m.** (du gr. *sôlên*, canal). ÉLECTR. Fil métallique enroulé en hélice sur un cylindre et qui, parcouru par un courant, crée un champ magnétique comparable à celui d'un aimant droit.

Soleure, v. de Suisse, ch.-l. du canton de *Soleure,* sur l'Aar ; 16 066 hab. *(Soleurois)* [73 900 dans l'agglomération]. Cathédrale baroque et musées.

Soleure, en all. **Solothurn,** cant. de Suisse ; 791 km^2, 255 284 hab. *(Soleurois).* Ch.-l. *Soleure.* Il a été admis dans la Confédération en 1481.

solfatare [sɔlfatar] **n.f.** (it. *solfatara* ou *zolfatara*, propr. n. d'un volcan, de *solfo*, soufre). Lieu de dégagement d'une fumerolle avec dépôt de soufre.

solfège [sɔlfɛʒ] **n.m.** (it. *solfeggio*, de *solfeggiare* ; v. *solfier*). **1.** Discipline qui permet d'apprendre les signes de la notation musicale et de reconnaître les sons qu'ils représentent : *Professeur, classe de solfège.* **2.** Recueil d'exercices musicaux : *Acheter un solfège.*

Solferino *(bataille de)* [24 juin 1859], victoire française de Napoléon III sur les Autrichiens à Solferino (Lombardie), lors de la campagne d'Italie. Le caractère sanglant de cette bataille fut à l'origine de la fondation de la Croix-Rouge.

solfier [sɔlfje] **v.t.** (it. *solfeggiare,* de *solfa,* gamme, de *sol* et *fa*) [conj. **9**]. Chanter un morceau de musique en nommant les notes.

solidaire [sɔlidɛr] **adj.** (lat. juridique *in solidum,* pour le tout, de *solidus,* entier). **1.** Qui est ou s'estime lié à qqn d'autre ou à un groupe par une responsabilité commune, des intérêts communs : *Des sinistrés solidaires dans le malheur.* **2.** Se dit de choses qui dépendent l'une de l'autre : *La bielle est solidaire du vilebrequin.* **3.** DR. Se dit des personnes qui répondent juridiquement les unes des autres. **4. Économie solidaire** ⟶ **économie.**

solidairement [sɔlidɛrmɑ̃] **adv.** D'une façon solidaire : *Associés solidairement responsables.*

solidariser [sɔlidarize] **v.t.** Constituer la réunion, la jonction entre des pièces, des parties de mécanisme. ◆ **se solidariser v.pr. [avec].** Se déclarer solidaire de : *Plusieurs employés se sont solidarisés avec les grévistes* (syn. **s'unir**).

solidarité [sɔlidarite] **n.f.** (de *solidaire*). **1.** Dépendance mutuelle entre les hommes : *Solidarité professionnelle.* **2.** Sentiment qui pousse les hommes à s'accorder une aide mutuelle : *Par solidarité, nous devons secourir les plus défavorisés* (syn. **fraternité**).

1. solide [sɔlid] **adj.** (lat. *solidus,* massif). **1.** Qui présente une consistance relativement ferme (par opp. à *fluide,* à *liquide*) : *La lave devient solide en se refroidissant* (syn. **dur, ferme**). *Nourriture solide* (syn. **consistant**). **2.** Capable de durer, de résister : *Un tissu solide* (syn. **résistant**). **3.** Indestructible ; stable : *Une amitié solide* (syn. **indéfectible, durable**). **4.** Qui est bien établi ; sur lequel on peut se fonder : *De solides raisons* (syn. **sérieux**). **5.** Qui est vigoureux ; qui a de la résistance : *C'est un solide gaillard* (syn. **robuste**). *Avoir l'esprit solide, les nerfs solides.* **6.** MATH. **Angle solide,** volume délimité par toutes les demi-droites de même origine (sommet de l'angle) s'appuyant sur un contour donné. / PHYS. **État solide,** état de la matière présenté par les corps ayant une forme et un volume propres. ▸ Dans cet état, les atomes oscillent autour de positions fixes ayant une distribution soit arbitraire *(solides amorphes),* soit ordonnée *(cristaux).*

2. solide [sɔlid] **n.m.** (de *1. solide*). **1.** Figure géométrique à trois dimensions limitée par une surface fermée : *Les polyèdres sont des solides.* **2.** PHYS. Corps qui se trouve à l'état solide, en partic. à la température et à la pression ordinaires (par opp. aux *liquides* et aux *gaz*) : *À l'exception du mercure, les métaux sont des solides.* **3. Du solide,** ce qui est solide : *Acheter du solide. Manger du solide ;* au fig., fam., ce qui est sérieux, fondé : *Cette preuve, c'est du solide.*

■ L'état solide est l'un des états fondamentaux de la matière, avec l'état gazeux et l'état liquide. Dans l'état solide, les atomes constitutifs d'un corps donné sont maintenus étroitement rapprochés les uns des autres par des forces de cohésion, et à des positions déterminées. La découverte de la structure atomique du solide a donné naissance au début du siècle à une discipline nouvelle : la physique du solide.

Solides et cristallisation. Mettant à profit une technique d'investigation telle que la diffraction des rayons X par les cristaux, la physique du solide a montré que la grande majorité des corps solides est constituée de petits cristaux agrégés les uns aux autres. Au sein de chaque cristal, des milliards d'atomes assurent la véritable structure du corps solide. Des solides d'apparence différente peuvent, du point de vue atomique, être des corps identiques ; c'est le cas du graphite et du diamant, qui sont deux variétés de carbone.

La répétition régulière d'un même motif d'atomes suivant trois directions de l'espace est caractéristique des cristaux. Cette géométrie microscopique est souvent visible à l'œil nu. Un cristal de glace montre ainsi la symétrie hexagonale de l'arrangement dans l'espace de ses molécules d'eau. La parfaite périodicité d'un cristal se trouve parfois interrompue par la présence de défauts, de dislocations ou d'impuretés qui ont une influence déterminante sur ses propriétés physiques.

Sur de « longues distances » à l'échelle atomique, l'ordre du modèle cristallin disparaît totalement chez les solides « amorphes », dont les atomes ou molécules sont disposés arbitrairement. Il existe aussi des matériaux présentant toutes les apparences de l'état solide, comme le verre, qui sont en réalité dans un état intermédiaire entre solide et liquide. Les cristaux liquides, enfin, sont constitués de molécules dont le degré d'organisation rappelle l'état solide.

Influence de la température. Aux très basses températures, c'est-à-dire au voisinage de - 273 °C, le zéro absolu, tous les corps se trouvent à l'état solide. Leurs atomes, rigidement liés les uns aux autres, tendent vers une immobilité parfaite. Si la température augmente, ils sont soumis à une agitation thermique croissante ; chacun d'eux vibre autour d'une position moyenne invariable jusqu'à ce que, le point de fusion étant atteint, l'agitation thermique surpasse les forces qui assurent leur cohésion. Le corps passe alors à l'état liquide. ■

solidement [sɔlidmɑ̃] **adv.** De façon solide : *Nouer solidement une corde. Un raisonnement solidement argumenté.*

solidification [sɔlidifikasjɔ̃] **n.f.** Passage d'un corps de l'état liquide ou gazeux à l'état solide : *La solidification de l'eau par le gel.*

solidifier [sɔlidifje] **v.t.** [conj. **9**]. Faire passer à l'état solide : *Solidifier de l'eau en la congelant.* ◆ **se solidifier v.pr.** Devenir solide : *Le ciment se solidifie en séchant* (syn. **durcir** ; contr. **se liquéfier**).

solidité [sɔlidite] **n.f.** (lat. *soliditas*). Qualité de ce qui est solide : *La solidité d'un vêtement* (syn. **résistance, robustesse**). *La solidité d'une argumentation* (syn. **sérieux**).

soliflore [sɔliflɔr] **n.m.** (du lat. *solus,* seul, et *flos, floris,* fleur). Vase destiné à ne contenir qu'une seule fleur.

soliloque [sɔlilɔk] **n.m.** (bas lat. *soliloquium,* du class. *solus,* seul, et *loqui,* parler). **1.** Discours de qqn qui se parle à lui-même : *Soucieux, il poursuivait son soliloque* (syn. **monologue**). **2.** Discours de qqn qui, en compagnie, est seul à parler : *Avec lui, la conversation tourne souvent au soliloque.*

soliloquer [sɔlilɔke] **v.i.** (de *soliloque*). Se parler à soi-même : *Soliloquer en marchant* (syn. **monologuer**).

Soliman Ier, en turc **Süleyman Ier Kanunî « le Législateur »,** surnommé **le Magnifique** par les Occidentaux (Trébizonde 1494 - Szigetvár, Hongrie, 1566), 10e sultan ottoman (1520-1566). Fils de Selim Ier, il lui succède avec une expérience des affaires acquise comme gouverneur de province. « Législateur », il crée un ensemble de lois et d'institutions pour administrer son immense empire (organisation de l'armée, de la féodalité militaire, de la propriété territoriale, des impôts sur les sujets). C'est également un conquérant, qui porte les armes de l'islam dans plus de dix campagnes, la plupart couronnées de succès. En 1521, il enlève Belgrade. Il s'empare de Rhodes (1522), bat le roi de Hongrie à Mohács (1526) et entre dans Buda. En 1529, il assiège Vienne sans succès. Il attaque la Perse, prend Tabriz et Bagdad (1534). Au début des années 1550, il lance presque simultanément des opérations en Europe et en Orient contre la Perse. Les corsaires Khayr al-Din Barberousse, Piyale Paşa et Dragut mènent de fructueuses opérations en mer (occupation passagère de Tunis, prise de Nice, de Djerba) pour son compte. La paix signée en 1550 avec le chah d'Iran consacre la suprématie des Ottomans.

Homme politique avisé, arbitre de nombreux conflits en Europe (« capitulations » signées avec le roi de France, François Ier, qu'il soutient contre les Habsbourg), le *padişah* (« souverain des souverains ») domine son époque, à la tête du plus puissant État d'alors, en Asie comme en Europe.

solipsisme [sɔlipsism] **n.m.** (du lat. *solus,* seul, et *ipse,* soi-même). PHILOS. Doctrine, conception selon laquelle le moi, avec ses sensations et ses sentiments, constitue la seule réalité existante.

soliste [sɔlist] **n.** (it. *solista*). **1.** Artiste qui exécute un solo. **2.** Étoile, dans une troupe de danse moderne.

1. solitaire [sɔlitɛr] **adj.** et **n.** (lat. *solitarius,* de *solus,* seul). Qui est seul ; qui vit, agit seul : *Vivre en solitaire* (syn. **reclus, sauvage**). *Navigateur solitaire.* ◆ **adj. 1.** Qui est placé dans un lieu écarté : *Hameau solitaire* (syn. **écarté, isolé**). **2.** Qui se fait, qui se passe dans la solitude : *Aimer les promenades solitaires.*

2. solitaire [sɔlitɛr] **n.m.** (de *1. solitaire*). **1.** Diamant taillé en brillant monté seul, le plus souvent sur une bague : *Offrir un solitaire à sa fiancée.* **2.** Jeu de combinaisons, à un seul joueur, composé d'une tablette percée de 37 trous dans lesquels se logent des fiches. **3.** VÉN. Vieux sanglier qui s'est séparé des compagnies et vit solitaire.

solitairement [sɔlitɛrmɑ̃] **adv.** De façon solitaire.

solitude [sɔlityd] **n.f.** (lat. *solitudo,* de *solus,* seul). État d'une personne seule ; isolement psychologique ou moral : *Profiter d'un instant de solitude pour réfléchir. La solitude de certains adolescents.*

solive [sɔliv] **n.f.** (de *2. sole*). Pièce de charpente horizontale supportant un plancher et reposant sur des poutres ou appuyée sur des saillies dans le mur.

soliveau [sɔlivo] **n.m.** Petite solive.

Soljenitsyne (Aleksandr Issaïevitch), écrivain russe (Kislovodsk 1918 - Moscou 2008). Son œuvre, qui dénonce le régime de Staline et le système de pensée sur lequel il est fondé (*Une journée d'Ivan Denissovitch,* 1962 ; *le Pavillon des cancéreux,* 1968 ; *l'Archipel du Goulag,* 1973-1976), lui valut en 1974 d'être expulsé d'U.R.S.S. En 1994, il revint dans son pays après des années d'exil aux États-Unis. (Prix Nobel 1970.)

Sollers (Philippe), écrivain français (Talence 1936). Animateur de la revue *Tel quel* (1960-1982), il passe d'une écriture d'avant-garde (*le Parc,* 1961 ; *Nombres,* 1968) à un ton plus romanesque, traversée brillante de la société contemporaine et de la culture (*Femmes,* 1983 ; *le Secret,* 1993 ; *les Voyageurs du temps,* 2009).

sollicitation [sɔlisitasjɔ̃] **n.f.** (lat. *sollicitatio*). [Surtout au pl.]. Prière, démarche instante en faveur de qqn : *Céder aux sollicitations de ses amis* (syn. **requête**).

solliciter [sɔlisite] **v.t.** (lat. *sollicitare,* remuer totalement, de *sollus,* tout, et *ciere,* mouvoir). **1.** Demander avec déférence : *Solliciter une audience* (syn. **requérir, réclamer**). **2.** Faire appel à qqn : *Il est sollicité de toutes parts.* **3.** Attirer ; provoquer : *Solliciter l'attention des spectateurs.* **4.** Exercer une action physique sur qqch, une action physiologique sur un organisme : *La pesanteur sollicite les corps vers le bas. Médicament qui sollicite le foie* (= qui le fait fonctionner).

solliciteur, euse [sɔlisitœr, -øz] **n.** Personne qui sollicite une place, une grâce, une faveur : *Ses nouvelles fonctions lui attirent une foule de solliciteurs* (syn. **quémandeur**).

sollicitude [sɔlisityd] **n.f.** (lat. *sollicitudo*). Soins attentifs, affectueux : *Être plein de sollicitude à l'égard de qqn* (syn. **attention, prévenance**).

1. solo [sɔlo] **n.m.** (mot it. « seul ») [pl. *solos* ou *soli*]. **1.** MUS. Morceau joué ou chanté par un seul artiste, que les autres accompagnent. **2.** CHORÉGR. Partie d'un ballet dansée par un seul artiste. **3. En solo,** exécuté par une personne seule : *Escalade en solo* (= en solitaire). ◆ **adj.** Qui joue seul : *Violon solo.*

2. solo [sɔlo] **n.** (pl. *solos*). Célibataire.

Sologne (la), région sableuse et argileuse dans la boucle de la Loire, longtemps marécageuse et insalubre, aujourd'hui assainie. Partiellement boisée, c'est surtout aujourd'hui une terre de chasse.

solognot, e [sɔlɔɲo, -ɔt] **adj.** et **n.** De la Sologne.

Solon, homme d'État athénien (v. 640 - v. 558 av. J.-C.). Son nom est attaché à la réforme sociale et politique qui provoqua l'essor d'Athènes. Ayant accédé au pouvoir (594-593), il partage les citoyens en quatre classes censitaires. Les riches ont accès aux magistratures, les pauvres (les thètes) participent aux réunions de l'*ecclésia* (assemblée des citoyens) et siègent désormais à l'*héliée* (tribunal populaire). Il semble qu'il ait eu le souci de développer en Attique l'artisanat et le commerce. Solon figure au nombre des Sept Sages de la Grèce.

solstice [sɔlstis] **n.m.** (lat. *solstitium,* de *sol,* soleil, et *stare,* s'arrêter). Époque de l'année où le Soleil, dans son mouvement apparent sur l'écliptique, atteint sa plus forte déclinaison boréale ou australe et qui correspond à une durée du jour maximale ou minimale : *Solstice d'été, d'hiver.* ▸ Le 21 ou le 22 juin, début de l'été ; et le 21 ou le 22 décembre, début de l'hiver (dans l'hémisphère Nord).

solubilisé, e [sɔlybilize] **adj.** Qu'on a rendu soluble : *Café solubilisé.*

solubilité [sɔlybilite] **n.f.** Qualité de ce qui est soluble.

soluble [sɔlybl] **adj.** (bas lat. *solubilis,* du class. *solvere,* dissoudre). **1.** Qui peut se dissoudre dans un solvant : *Le sucre est soluble dans l'eau.* **2.** Qui peut être résolu : *Problème soluble* (syn. **résoluble**).

soluté [sɔlyte] **n.m.** (lat. *solutus,* dissous). **1.** Solution d'une substance médicamenteuse : *Soluté buvable, injectable.* **2.** CHIM. Corps dissous.

solution [sɔlysjɔ̃] **n.f.** (lat. *solutio,* de *solvere,* résoudre). **1.** Dénouement d'une difficulté ; réponse à une question, à un problème : *Trouver la solution d'une énigme* (syn. **clef, résolution**). **2.** Décision, manière d'agir qui peuvent résoudre une difficulté : *Choisir la meilleure solution* (syn. **moyen**). **3.** Manière dont une situation, une affaire complexe se termine : *Crise qui demande une prompte solution* (syn. **conclusion, issue**). **4.** Mélange homogène, présentant une seule phase, de deux ou plusieurs corps et, partic., liquide contenant un corps dissous : *Une solution sucrée* (syn. **soluté**). **5. Solution de continuité,** interruption qui se présente dans l'étendue d'un corps, d'un ouvrage, dans le déroulement d'un phénomène : *La solution de continuité dans les approvisionnements d'une ville* (= interruption). / **Solution solide,** mélange homogène de plusieurs solides, partic. de métaux. / HIST. **Solution finale,** plan d'extermination des Juifs et des Tsiganes, dans la terminologie nazie. / MATH. **Solution d'une équation,** élément qui, substitué à l'inconnue, rend vraie l'égalité proposée.

solutionner [sɔlysjɔne] **v.t.** (Néologisme critiqué). Donner une solution à : *Solutionner un problème* (syn. **résoudre**).

solvabilité [sɔlvabilite] **n.f.** Fait d'être solvable.

solvable [sɔlvabl] **adj.** (du lat. *solvere,* payer). Qui a les moyens de payer ses créanciers : *Débiteur solvable.*

solvant [sɔlvɑ̃] **n.m.** (du lat. *solvere,* dissoudre). Substance capable de dissoudre un corps et qui sert génér. de diluant ou de dégraissant : *L'essence de térébenthine est un solvant très efficace* (syn. **dissolvant**).

Soma, divinisation, dans l'Inde védique, d'un breuvage de ce nom qui, obtenu à partir d'une plante mal déterminée et représentant le sperme comme source de vie, avait des effets hallucinogènes et était particulièrement utilisé lors des sacrifices. Dans l'hindouisme classique, Soma est aussi un des noms de la Lune, que l'on comparait alors à une coupe pleine de « soma ».

somali, e [sɔmali] et **somalien, enne** [sɔmaljɛ̃, -ɛn] **adj.** et **n.** De Somalie. ◆ **somali n.m.** Langue couchitique parlée en Somalie, où elle est langue officielle.

Somalie, État occupant la Corne orientale de l'Afrique ; 638 000 km^2 ; 10 496 000 hab. *(Somaliens).* CAP. *Muqdisho. (Mogadiscio).* LANGUES : *somali* et *arabe.* MONNAIE : *shilling somalien.*

GÉOGRAPHIE

Au N., des montagnes dominent le golfe d'Aden tandis que la large plaine côtière de l'océan Indien se raccorde dans l'intérieur à un plateau. Le pays est semi-aride (de 250 à 400 mm de pluies par an) sauf dans le Sud, que traversent deux fleuves, le Chébéli et le Djouba, issus des hautes terres éthiopiennes, et où les pluies atteignent 600 mm par an, ce qui permet des cultures irriguées de sorgho, sésame, maïs, canne à sucre, coton, bananes (2e produit d'exportation). Le nomadisme pastoral (dromadaires, bovins, ovins et caprins) fournit le premier poste d'exportation (viande en conserve et sur pied). Le secteur industriel est modeste : alimentation, textile, cimenterie. La guerre civile a entraîné le gel de l'aide internationale, pourtant indispensable, la Somalie se classant parmi les pays les plus pauvres du monde.

HISTOIRE

Les commerçants musulmans entrent très tôt en contact avec la population noire du littoral. À partir du xe s., les Somalis, venus du Yémen et de l'Arabie, s'y installent.

XIVe-XVIe s. Les royaumes musulmans combattent l'Éthiopie, chrétienne.

1887. Les Britanniques créent le protectorat de Somaliland le long du littoral septentrional.

1889. Les Italiens imposent leur protectorat sur la côte orientale et méridionale.

Devenue colonie en 1905, la Somalie italienne (Somalia) s'agrandit de l'Ogaden à l'issue de la campagne d'Éthiopie (1935-1936).

1941. Après avoir dû évacuer le Somaliland, la Grande-Bretagne reconquiert l'ensemble de la région.

Elle l'administre jusqu'en 1950, date à laquelle l'Italie reçoit de l'O.N.U. la tutelle sur son ancienne colonie (hormis l'Ogaden, restitué à l'Éthiopie).

1960. La république est proclamée. Son territoire regroupe les anciens Somaliland et Somalia.

1969. Le général Siyad Barre s'empare du pouvoir et instaure la République démocratique de Somalie.

1977-1978. Un conflit oppose l'Éthiopie, soutenue par l'U.R.S.S., à la Somalie, qui revendique l'Ogaden.

1988. Un accord de paix met fin à la guerre larvée entre les deux pays.

1991. Le général Siyad Barre est renversé.

Une guerre civile déchire le pays, frappé d'une terrible famine.

1992. Intervention d'une force multinationale à prépondérance américaine sous l'égide de l'O.N.U.

Les forces de l'O.N.U. prennent le relais de cette opération en 1993, mais ne parviennent pas à désarmer les factions rivales. Elles se désengagent à partir de 1994.

2000. Des institutions de transition sont mises en place, mais leur légitimité reste précaire.

2006. Des miliciens islamistes prennent le pouvoir. Des forces éthiopiennes interviennent pour les chasser.

2009. Mises en échec, elles se retirent. La Somalie reste en proie à l'anarchie et à la violence, tandis que se développe le long de ses côtes une piraterie maritime à grande échelle.

2012. Alors que les offensives de l'armée régulière et des troupes de l'Union africaine (ainsi que du Kenya et de l'Éthiopie depuis 2011) se poursuivent contre les milices islamistes, une Constitution provisoire est adoptée dans le but de rétablir une autorité centrale. Hassan Sheikh Mohamud, un modéré, est élu président de la République par le nouveau Parlement.

Somalis, peuple parlant une langue couchitique et vivant en Somalie, en Éthiopie et à Djibouti.

somatique [sɔmatik] **adj.** (du gr. *sôma, sômatos,* corps). Qui concerne le corps (par opp. à *psychique*) : *Affection somatique* (syn. **organique, physiologique**).

somatisation [sɔmatizasjɔ̃] **n.f.** PSYCHOL. Traduction d'un conflit psychique en affection somatique.

somatiser [sɔmatize] **v.t.** (de *soma[tique]*). PSYCHOL. Opérer la somatisation de : *Somatiser son angoisse, un conflit.*

sombre [sɔ̃br] **adj.** (d'un anc. v. **sombrer,* faire de l'ombre, du lat. *subumbrare,* de *umbra,* ombre). **1.** Peu éclairé : *Maison sombre* (syn. **obscur**). **2.** Se dit d'une couleur mêlée de noir ou de brun : *Une robe sombre* (syn. **foncé** ; contr. **clair**). **3.** Mélancolique ; taciturne ; morne : *Humeur sombre* (syn. **morose, chagrin** ; contr. **gai, joyeux**). **4.** Qui ne laisse place à aucun espoir : *L'avenir est sombre* (syn. **menaçant, angoissant**).

sombrer [sɔ̃bre] **v.i.** (de *sombre,* parce que le bateau disparaît comme une ombre dans les eaux). **1.** Être englouti dans l'eau : *Navire qui sombre* (= faire naufrage) [syn. **couler**]. **2.** S'anéantir ; se perdre : *Sombrer dans le désespoir* (syn. **s'abîmer, plonger**).

sombrero [sɔ̃brero] **n.m.** (mot esp., de *sombra,* ombre). Chapeau à larges bords, dans les pays hispaniques.

sommable [sɔmabl] **adj.** (de *1. somme*). MATH. Se dit d'une famille d'éléments dont on peut effectuer la somme ou montrer qu'elle tend vers une limite lorsque le nombre de termes s'accroît indéfiniment.

1. sommaire [sɔmɛr] **adj.** (lat. *summarium,* abrégé, de *summa,* somme). **1.** Exposé en peu de mots : *Un compte rendu sommaire* (syn. **succinct**). **2.** Qui est réduit à la forme la plus simple : *Installation sommaire* (syn. **rudimentaire**). *Examen sommaire* (syn. **rapide, superficiel**). **3. Exécution sommaire,** exécution sans jugement préalable.

2. sommaire [sɔmɛr] **n.m.** (de *1. sommaire*). **1.** Analyse abrégée d'un ouvrage (syn. **résumé**). **2.** Liste des chapitres d'un ouvrage ; table des matières.

sommairement [sɔmɛrmɑ̃] **adv.** De façon sommaire.

1. sommation [sɔmasjɔ̃] **n.f.** (de *1. sommer*). **1.** DR. Acte d'huissier mettant qqn en demeure de payer ou de faire qqch ; assignation. **2.** MIL. Appel lancé par une sentinelle, un représentant qualifié de la force publique, enjoignant à une ou plusieurs personnes de s'arrêter : *Faire les sommations réglementaires* (syn. **semonce**).

2. sommation [sɔmasjɔ̃] **n.f.** (de *2. sommer*). MATH. **Sommation d'une série,** opération produisant la somme d'une série et dont le symbole est la majuscule grecque Σ.

1. somme [sɔm] **n.f.** (lat. *summa,* de *summus,* qui est au point le plus haut). **1.** Résultat d'une addition : *Somme de deux nombres* (syn. **total**). **2.** Ensemble de choses qui s'ajoutent : *Fournir une énorme somme de travail* (syn. **quantité**). **3.** Quantité déterminée d'argent : *Il me doit une somme considérable.* **4.** Œuvre, ouvrage importants qui font la synthèse des connaissances dans un domaine : *Somme philosophique.* **5. Somme toute, en somme,** enfin, en résumé : *C'est en somme assez simple* (= au fond). *Somme toute, elle avait raison* (= finalement). / LOG. **Somme logique,** ensemble de l'extension de deux ou plusieurs concepts. / MATH. **Somme de deux éléments,** résultat d'une opération notée additivement : *Somme de deux vecteurs.* / MATH. **Somme d'une série,** limite de la somme des *n* premiers termes de la suite associée, quand *n* tend vers l'infini.

2. somme [sɔm] **n.f.** (bas lat. *sagma,* bât, charge). **Bête de somme,** animal employé à porter des fardeaux.

3. somme [sɔm] **n.m.** (lat. *somnus,* d'apr. *sommeil*). Action de dormir pour un temps assez court : *Faire un somme.*

Somme (la), fl. de Picardie, qui se jette dans la Manche *(baie de Somme)* ; 245 km. Elle passe à Saint-Quentin, Péronne, Amiens, Abbeville. Théâtre, de juill. à nov. 1916, d'une offensive franco-britannique victorieuse qui soulagea le front de Verdun.

Somme [80], dép. de la Région Nord-Pas-de-Calais-Picardie ; ch.-l. de dép. *Amiens* ; ch.-l. d'arr. *Abbeville, Montdidier, Péronne* ; 4 arr., 23 cant., 782 comm. ; 6 170 km² ; 583 783 hab.

sommeil [sɔmɛj] **n.m.** (bas lat. *somniculus,* du class. *somnus*). **1.** État d'une personne dont la vigilance se trouve suspendue de façon immédiatement réversible : *Être plongé dans un sommeil profond.* **2.** Envie, besoin de dormir : *Avoir sommeil.* **3.** État momentané d'inertie, d'inactivité : *Mettre qqch en sommeil* (= l'interrompre provisoirement). **4.** *LITT.* **Le sommeil éternel,** la mort. **5. Maladie du sommeil,** maladie parasitaire due à un protozoaire flagellé (trypanosome) transmis par la piqûre de la mouche tsé-tsé (syn. **trypanosomiase humaine africaine**). ▸ Elle sévit en Afrique tropicale et équatoriale.

■ Chez l'homme, la durée du sommeil passe de 16 heures sur 24 à la naissance à 6 heures sur 24 vers 70 ans. L'alternance activité/repos existe chez tous les êtres vivants, mais on ne peut parler de sommeil que pour ceux chez lesquels on a pu mesurer des variations de l'activité cérébrale. Chez tous les mammifères, on trouve deux états de sommeil manifestés par l'électroencéphalogramme (E.E.G.) : le *sommeil lent* et le *sommeil paradoxal* (le sommeil des rêves). Chez l'homme, on peut distinguer sur les tracés de l'E.E.G. du sommeil lent quatre stades au fur et à mesure que le dormeur s'enfonce dans le sommeil : ils vont de l'endormissement au sommeil profond.

Dans tous ces stades, le dormeur est calme, sa tension artérielle s'abaisse, son E.E.G., distinct à chaque stade, est ponctué d'activités qui le rendent apparemment irrégulier. Si on le réveille pendant le sommeil profond, il a besoin d'un temps de latence pour se resituer dans la réalité. Après le quatrième stade apparaît le sommeil paradoxal, qui est un sommeil encore plus profond ; celui-ci se caractérise par des mouvements oculaires rapides, une extrême baisse du tonus musculaire et par un E.E.G. proche du tracé de veille. Si on réveille le dormeur pendant le sommeil paradoxal, il rapporte généralement un rêve. Le sommeil lent et le sommeil paradoxal se succèdent au cours de cycles de 90 à 120 min survenant 4 ou 5 fois pendant la nuit. Le sommeil paradoxal représente environ 20 % du temps de sommeil, le sommeil lent 80 %. Les phases intermédiaires (3 ou 4) sont de très courte durée.

Durant l'endormissement, on a parfois des sensations étranges, comme une impression de tomber : ce sont des hallucinations (dites *hallucinations hypnagogiques*), et non des rêves, qui ne se produisent que pendant le sommeil paradoxal.

Troubles du sommeil. L'*insomnie* correspond à une difficulté à s'endormir ou à dormir suffisamment ; l'*hypersomnie*, au contraire, est un excès de sommeil. La *narcolepsie*, rare, se manifeste par de brusques accès de sommeil en pleine journée. Au cours des accès de *somnambulisme* (qui touche surtout les enfants), la personne se lève et déambule, parfois s'habille ou se met à parler ; elle ne garde ensuite aucun souvenir de ce qu'elle a fait. ■

sommeiller [sɔmeje] **v.i. 1.** Dormir d'un sommeil léger : *Elle ne dort pas tout à fait, elle sommeille* (syn. **somnoler**). **2.** Exister à l'état latent : *Passions qui sommeillent.*

sommelier, ère [sɔməlje, -ɛr] **n.** (anc. prov. *saumalier*, de *saumada*, charge d'une bête de somme). Personne chargée du service des vins et liqueurs dans un restaurant.

1. sommer [sɔme] **v.t.** (lat. médiév. *summare*, du class. *summa*, résumé, conclusion). **1.** DR. Faire une sommation : *Sommer un débiteur de payer.* **2.** Signifier à qqn, dans les formes requises, qu'il a à faire qqch ; demander impérativement : *Sommer les rebelles de se rendre* (= mettre en demeure de). *Je vous somme de partir* (syn. **ordonner, enjoindre**).

2. sommer [sɔme] **v.t.** (de *1. somme*). MATH. Faire la somme de ; effectuer une sommation : *Sommer les termes d'une série* (syn. **additionner, totaliser**).

sommet [sɔmɛ] **n.m.** (anc. fr. *som*, du lat. *summum*, de *summus*, le plus élevé). **1.** Le haut ; la partie la plus élevée : *Le sommet d'une montagne* (syn. **cime**). **2.** Degré suprême d'une hiérarchie ; point culminant : *Parvenir au sommet de l'échelle sociale* (syn. **faîte**). **3. Conférence au sommet,** conférence internationale réunissant les dirigeants de pays concernés par un problème particulier (on dit aussi *un sommet*). **4.** MATH. **Sommet d'un angle,** point commun aux deux côtés de l'angle. ⁄ MATH. **Sommet d'un angle solide, d'un cône,** point commun à toutes les génératrices de l'angle, du cône. ⁄ MATH. **Sommet d'un polyèdre,** point commun à trois faces au moins. ⁄ MATH. **Sommet d'un triangle, d'un polygone,** point commun à deux côtés consécutifs.

sommier [sɔmje] **n.m.** (du bas lat. *sagmarium*). **1.** Châssis plus ou moins souple qui, dans un lit, supporte le matelas : *Sommier à ressorts, à lattes de bois.* **2.** Traverse métallique maintenant les barreaux d'une grille. **3.** Caisse en bois contenant l'air sous pression, dans un orgue ; pièce destinée à recevoir les chevilles auxquelles sont fixées les cordes, dans un piano et un clavecin. **4.** *ANC.* Registre utilisé par certains comptables ou économes.

sommité [sɔmite] **n.f.** (bas lat. *sommitas*, du class. *summus*, sommet). **1.** Personne éminente dans un domaine quelconque : *Un congrès qui réunit les sommités de la médecine.* **2.** BOT. Extrémité d'une tige garnie de petites fleurs groupées (inflorescence complexe).

somnambule [sɔmnɑ̃byl] **adj.** et **n.** (du lat. *somnus*, sommeil et *ambulare*, marcher). Qui est en proie au somnambulisme.

somnambulique [sɔmnɑ̃bylik] **adj.** Relatif au somnambulisme : *Crise somnambulique.*

somnambulisme [sɔmnɑ̃bylism] **n.m.** (de *somnambule*). Activité motrice qui se produit pendant un sommeil, naturel ou provoqué, et dont aucun souvenir ne reste au réveil.

somnifère [sɔmnifɛr] **adj.** et **n.m.** (du lat. *somnus*, sommeil, et de *-fère*). Se dit d'une substance qui provoque le sommeil : *Elle ne peut dormir sans prendre de somnifère* (syn. **narcotique, soporifique**).

somnolence [sɔmnɔlɑ̃s] **n.f.** (bas lat. *somnolentia*). **1.** État de sommeil léger. **2.** Manque d'activité ; mollesse : *Le pays est plongé dans une inquiétante somnolence* (syn. **inertie, torpeur**).

somnolent, e [sɔmnɔlɑ̃, -ɑ̃t] **adj.** (bas lat. *somnolentus*, assoupi). **1.** Relatif à la somnolence : *État somnolent.* **2.** Qui semble plongé dans un état de torpeur : *Une bourgade somnolente* (syn. **endormi, engourdi**).

somnoler [sɔmnɔle] **v.i.** Être en état de somnolence : *Après les repas, elle somnole un peu* (syn. **s'assoupir, sommeiller**).

somptuaire [sɔ̃ptɥɛr] **adj.** (lat. *sumptuarius*, dans la loc. *lex sumptuaria*, loi somptuaire [qui règle les dépenses]). Se dit de dépenses excessives faites pour le superflu, le luxe, considérées partic. du point de vue de la fiscalité ou de la gestion des entreprises.

somptueusement [sɔ̃ptɥøzmɑ̃] **adv.** De façon somptueuse : *Être somptueusement vêtu* (syn. **richement**).

somptueux, euse [sɔ̃ptɥø, -øz] **adj.** (lat. *sumptuosus*, de *sumptus*, dépense, de *sumere*, prendre, employer). Dont la magnificence suppose une grande dépense : *Cadeau somptueux* (syn. **fastueux, princier, luxueux**).

somptuosité [sɔ̃ptɥozite] **n.f.** Caractère de ce qui est somptueux : *La somptuosité d'un palais* (syn. **magnificence, splendeur**).

1. son [sɔ̃], **sa** [sa], **, ses** [sɛ] **adj. poss.** (forme atone du lat. *suus*). Correspondent à un possesseur de la 3e pers. du sing., pour indiquer : **1.** Un rapport de possession : *Voici son chapeau, sa tunique et ses bottes.* **2.** Un rapport d'ordre, de hiérarchie, de filiation : *Son frère et sa sœur. Ses supérieurs hiérarchiques.* ***Rem.*** S'accorde en genre et en nombre avec le nom qu'il introduit mais on emploie *son* au lieu de *sa* devant un nom ou un adj. fém. commençant par une voyelle ou un *h* muet : *Son amie.*

2. son [sɔ̃] **n.m.** (lat. *sonum*). **1.** Sensation auditive engendrée par une onde acoustique : *La vitesse de propagation du son.* **2.** Toute vibration acoustique considérée du point de vue des sensations auditives ainsi créées : *Son strident.* **3.** Intensité sonore d'un appareil : *Baisser le son* (syn. **volume**). **4.** Ensemble des techniques d'enregistrement et de reproduction des sons, partic. au cinéma, à la radio, à la télévision : *Ingénieur du son.* **5. Au(x) son(s) de qqch,** en suivant la musique, les rythmes de : *Danser au son des violons.* ⁄ **Spectacle son et lumière,** spectacle nocturne, ayant pour cadre un site ancien, et qui se propose de retracer son histoire à l'aide d'illuminations et d'évocations sonores, musicales.

3. son [sɔ̃] **n.m.** (p.-ê. anglo-saxon *seon*, du lat. *secundus*, qui suit). **1.** Fragments d'enveloppes de grains de céréales qui résultent de la mouture : *Pain au son.* **2. Tache de son,** tache de rousseur.

sonar [sɔnar] **n.m.** (sigle de l'angl. *so[und] na[vigation] r[anging]*). Appareil de détection sous-marine, utilisant les ondes sonores et permettant le repérage, la localisation et l'identification des objets immergés.

sonate [sɔnat] **n.f.** (it. *sonata*, de *sonare*, jouer sur un instrument). **1.** Composition musicale en un ou en plusieurs mouvements, pour soliste ou ensemble instrumental : *Sonates de*

Mozart. **2.** MUS. **Forme sonate,** plan du premier mouvement de la sonate, constitué par l'exposition, le développement et la nouvelle exposition de deux thèmes.

■ **Le XVIIe siècle.** Le mot *sonate,* d'abord appliqué à toute pièce *sonnée* sur des instruments, désigne maintenant un genre de musique instrumentale définitivement élaboré au XVIIe s. La sonate s'inspire de la suite, et figure aux offices – *sonata da chiesa* (sonate d'église) – ou agrémente la vie à la cour – *sonata da camera* (sonate de chambre). Avec A. Corelli, elle s'organise autour de quatre mouvements, lents et vifs alternés. Après lui, elle subit de nombreuses modifications (J.-M. Leclair, J.-S. Bach).

Du XVIIIe au XXe siècle. La structure adoptée par Haydn, Mozart et Clementi se compose de trois ou quatre mouvements (*allégro, adagio* ou *andante, menuet* et son *trio, allégro* final). Beethoven prendra des libertés avec la forme sonate, remplaçant notamment le *menuet* par un *scherzo,* qu'il élargira dans un but expressif ouvrant la voie à l'épanchement romantique.

Avec Chopin, Schumann, Liszt, Brahms, la sonate, support d'une confession intime, devient aussi prétexte pour exhiber la virtuosité. Franck, Fauré, Debussy, Ravel apportent une harmonie rénovée par un retour à la modalité, un langage libre, suggestif. La sonate connaît ensuite une transformation grâce aux apports du folklore, du jazz (Bartók, Kodály, Enesco) et de la musique sérielle (Schönberg, Boulez). ■

sonatine [sɔnatin] **n.f.** (it. *sonatina*). Œuvre instrumentale de même forme que la sonate, mais plus courte et d'exécution plus facile.

sondage [sɔ̃daʒ] **n.m. 1.** Action de sonder un milieu quelconque, une cavité, une étendue d'eau, un sol ; spécial., creusement d'un trou pour prélever un échantillon de roche ou effectuer une mesure : *Le sondage d'un terrain.* **2.** MÉTÉOR. Exploration verticale de l'atmosphère, soit in situ (radiosondes, ballons, fusées), soit à distance (radar, radiomètre, etc.). **3.** MÉD. Introduction dans un conduit naturel d'une sonde destinée à évacuer le contenu d'une cavité, à étudier le calibre, la profondeur d'un organe, ou à y introduire un médicament. **4.** Interrogation rapide de quelques personnes pour se faire une opinion : *Faire un sondage auprès de ses amis.* **5. Sondage (d'opinion),** procédure d'enquête sur certaines caractéristiques d'une population, à partir d'observations sur un échantillon limité, considéré comme représentatif de cette population ; rapide contrôle à partir duquel on extrapole une conclusion valable pour un ensemble. ► L'enquête par sondage sert notamm. à étudier un marché potentiel pour le lancement d'un produit, à prévoir le comportement politique avant une élection, etc.

sonde [sɔ̃d] **n.f.** (de l'anglo-saxon *sund,* mer, dans *sundgyrd,* perche à sonder). **1.** MAR. Appareil servant à déterminer la profondeur de l'eau et la nature du fond. **2.** MÉD. Instrument cylindrique plein ou creux, que l'on introduit dans un trajet ou un conduit afin de pratiquer un sondage. **3.** PÉTR., MIN. Appareil de forage. **4.** ASTRON. **Sonde spatiale,** engin non habité lancé hors de l'atmosphère terrestre et destiné à étudier un astre du système solaire ou l'espace interplanétaire.

Sonde *(archipel de la),* îles d'Indonésie, prolongeant la presqu'île de Malacca jusqu'aux Moluques. Les principales sont Sumatra et Java, séparées des *petites îles de la Sonde* (Bali, Timor, etc.) par le *détroit de la Sonde.*

sonder [sɔ̃de] **v.t. 1.** MAR. Mesurer, au moyen d'une sonde ou d'un sondeur, la profondeur de la mer, d'une cavité, etc. : *Sonder le lit d'un fleuve.* **2.** Explorer en profondeur un sol pour en déterminer la nature ou pour y déceler un minerai, de l'eau, etc. : *Sonder un terrain pour découvrir un gisement* (syn. **prospecter, forer**). **3.** MÉD. Procéder au sondage d'une plaie, d'un conduit, etc. **4.** Interroger qqn de manière insidieuse pour connaître sa pensée : *Tâchez de le sonder pour savoir où il veut en venir* (syn. **tâter**). **5.** Soumettre un ensemble de personnes à un sondage d'opinion : *Établir un questionnaire pour sonder la clientèle d'un magasin.*

1. sondeur, euse [sɔ̃dœr, -øz] **n.** Personne qui sonde, fait des sondages.

2. sondeur [sɔ̃dœr] **n.m.** TECHN. Appareil de sondage : *Sondeur à ultrasons.*

sondeuse [sɔ̃døz] **n.f.** Machine automotrice ou remorquée utilisée pour le forage des puits à faible profondeur.

Song, dynastie qui régna sur la Chine de 960 à 1279. Elle gouverna un territoire considérablement réduit par rapport à celui des périodes précédentes (Tang) et constamment menacé par des populations du Nord et du Nord-Est. Elle dut se réfugier dans le Sud en 1127. La Chine connut sous cette dynastie une grande avance technologique. Les Song furent éliminés par les Mongols.

songe [sɔ̃ʒ] **n.m.** (lat. *somnium,* rêve, de *somnus,* sommeil). LITT. Rêve : *Faire un songe. Voir qqn en songe.*

songe-creux [sɔ̃ʒkrø] **n.m. inv.** LITT. Homme qui nourrit sans cesse son esprit de chimères.

songer [sɔ̃ʒe] **v.t. ind. [à]** (lat. *somniare*) [conj. **17**]. **1.** Avoir présent à l'esprit ; avoir l'intention de : *Songer à se marier* (syn. **envisager de, projeter de**). **2.** Penser à qqn, à qqch qui mérite attention : *Songez à ce que vous faites* (syn. **réfléchir**). *Avant de songer à soi, il faut songer aux autres* (syn. **s'occuper de, s'intéresser**). **3. Sans songer à mal,** sans avoir de mauvaises intentions : *Il a dit ça sans songer à mal.* ◆ **v.i.** LITT. S'abandonner à des rêveries : *Elle passe ses journées à songer* (syn. **rêvasser**).

songerie [sɔ̃ʒri] **n.f.** Pensée vague ; rêverie.

songeur, euse [sɔ̃ʒœr, -øz] **adj.** Qui est perdu dans une rêverie, absorbé dans une réflexion, une préoccupation ; qui reflète cet état : *Il est tout songeur* (syn. **pensif**). *Air songeur* (syn. **méditatif**).

Songhaï ou **Sonrhaï,** peuple du Niger et du Mali, sur les deux rives du Niger, parlant une langue nilo-saharienne.

songhaï *(Empire),* empire qui, lors de son apogée (XVIe s.), s'étendit du Sénégal à la boucle du Niger et disparut après l'occupation marocaine (1591). Ses souverains les plus illustres sont Sonni Ali (1464-1492) et Askia Mohammed (1492-1528).

sonique [sɔnik] **adj. 1.** Qui concerne la vitesse du son : *Barrière sonique* (= mur du son). **2.** Qui possède une vitesse égale à celle du son : *Avion sonique* (par opp. à *subsonique,* à *supersonique*).

sonnaille [sɔnaj] **n.f.** (de *sonner*). **1.** Clochette attachée au cou des bestiaux. **2.** Son produit par des clochettes.

sonnant, e [sɔnɑ̃, -ɑ̃t] **adj. 1.** Qui sonne ; qui peut sonner : *Horloge sonnante.* **2.** Précis, en parlant de l'heure : *À midi sonnant. À 8 heures sonnantes.*

sonné, e [sɔne] **adj. 1.** Annoncé par une cloche, une sonnerie : *Il est midi sonné.* **2.** FAM. Révolu ; accompli : *Il a cinquante ans sonnés* (= il a dépassé cinquante ans). **3.** FAM. Qui vient de recevoir un coup violent : *Boxeur sonné* (syn. **assommé, groggy**).

sonner [sɔne] **v.i.** (lat. *sonare,* de *sonus,* son). **1.** Produire un son : *Cloche qui sonne* (syn. **tinter, retentir**). **2.** Faire fonctionner une sonnerie, une sonnette : *Sonner à la porte* (syn. **carillonner**). **3.** Être annoncé par une sonnerie : *Midi vient de sonner.* **4.** Tirer des sons de : *Sonner du cor.* **5.** FAM. **Se faire sonner les cloches,** se faire réprimander vivement. / **Sonner bien (mal),** être agréable (désagréable) à entendre, en parlant d'un mot, d'une expression : *Voilà un titre qui sonne bien.* / **Sonner faux, juste,** donner une impression de fausseté, de vérité : *Rire qui sonne faux.* ◆ **v.t. 1.** Faire résonner : *Sonner les cloches.* **2.** Annoncer par une sonnerie : *Sonner la retraite.* **3.** Appeler par le son d'une sonnette : *Sonner l'infirmière.* **4.** FAM. Assommer, étourdir ; causer un violent ébranlement moral à qqn : *Boxeur qui a sonné son adversaire. Cet échec sentimental l'a sonnée* (syn. **abattre**).

sonnerie [sɔnri] **n.f.** (de *sonner*). **1.** Son de cloches, d'un réveil, d'un téléphone, etc. : *Une sonnerie stridente. Une sonnerie électrique.* **2.** Ensemble des cloches d'une église : *La grosse, la petite sonnerie.* **3.** Mécanisme servant à faire sonner une pendule, un appareil d'alarme ou de contrôle, etc. :

Remonter la sonnerie d'un réveil. **4.** Air sonné par un clairon, ou une trompette, par un ou par plusieurs cors de chasse : *La sonnerie de l'hallali.* **Sonnerie militaire,** air réglementaire servant à marquer un emploi du temps (réveil), un commandement (cessez-le-feu) ou à rendre les honneurs (au drapeau).

sonnet [sɔnɛ] **n.m.** (it. *sonetto,* du fr. *sonet,* chansonnette, de *son,* poème). Pièce de poésie de quatorze vers, composée de deux quatrains et de deux tercets, et soumise à des règles fixes pour la disposition des rimes.

sonnette [sɔnɛt] **n.f.** (de *sonner*). **1.** Clochette ou timbre pour appeler ou pour avertir : *La sonnette d'une bicyclette.* **2.** Appareil avertisseur actionné par le courant électrique : *Appuyer sur le bouton de la sonnette.* **3. Serpent à sonnette,** crotale.

sonneur [sɔnœr] **n.m.** Celui qui sonne les cloches, qui joue du cor, etc.

sono [sɔno] **n.f.** (abrév.). FAM. Sonorisation.

sonomètre [sɔnɔmɛtr] **n.m.** (du lat. *sonus,* son). Instrument destiné à mesurer les niveaux d'intensité sonore.

sonore [sɔnɔr] **adj.** (lat. *sonorus*). **1.** Propre à rendre des sons : *Signal sonore.* **2.** Qui a un son éclatant : *Voix, rire sonores* (syn. **retentissant**). **3.** Qui renvoie bien le son : *Amphithéâtre sonore.* **4.** Qui concerne les sons : *Ondes sonores.* **5.** PHON. **Consonne sonore,** consonne voisée, par opp. à *consonne sourde :* [b], [d], [g] *sont des consonnes sonores.* (On dit aussi *une sonore.*)

sonorisation [sɔnɔrizasjɔ̃] **n.f. 1.** Action de sonoriser ; son résultat : *La sonorisation d'un documentaire, d'une salle de cinéma.* **2.** Ensemble des équipements permettant une amplification électrique des sons émis en un lieu donné (abrév. fam. *sono*). **3.** PHON. Passage d'une consonne sourde à la voisée correspondante.

sonoriser [sɔnɔrize] **v.t. 1.** Adjoindre le son, une bande sonore à un film cinématographique. **2.** Équiper d'une installation de sonorisation : *Sonoriser une salle.* **3.** PHON. Rendre sonore une consonne voisée.

sonorité [sɔnɔrite] **n.f. 1.** Qualité de ce qui est sonore : *La sonorité d'une voix. La sonorité d'une salle* (syn. **acoustique**). **2.** Qualité de ce qui rend un son agréable : *Sonorité d'un violon.* **3.** PHON. Caractère sonore, voisé d'un phonème.

sophisme [sɔfism] **n.m.** (lat. *sophisma,* mot gr.). Raisonnement qui n'est logiquement correct qu'en apparence et qui est conçu avec l'intention d'induire en erreur : *Réfuter un sophisme.*

sophiste [sɔfist] **n.m.** (lat. *sophistes,* mot gr.). Chez les anciens Grecs, philosophe rhéteur : *Socrate combattit les sophistes.* ◆ **n.** Personne qui use de sophismes.

sophistication [sɔfistikasjɔ̃] **n.f. 1.** Action de sophistiquer, de raffiner à l'extrême. **2.** Caractère sophistiqué, artificiel : *La sophistication d'une mise en scène.* **3.** Complexité technique : *Un appareil d'une grande sophistication.*

sophistique [sɔfistik] **adj.** (du lat. *sophisticus,* du gr. *sophistikos*). De la nature du sophisme.

sophistiqué, e [sɔfistike] **adj. 1.** Très raffiné ; étudié : *Une tenue sophistiquée.* **2.** D'une complication, d'une subtilité extrêmes : *Une argumentation sophistiquée.* **3.** Très perfectionné : *Matériel sophistiqué.*

sophistiquer [sɔfistike] **v.t.** (bas lat. *sophisticari*). Perfectionner à l'extrême un appareil, une étude, etc.

Sophocle, poète tragique grec (Colone v. 495 - Athènes 406 av. J.-C.). Il ne reste de lui que sept pièces *(Ajax, Antigone, Œdipe roi, Électre, les Trachiniennes, Philoctète, Œdipe à Colone)* et un fragment des *Limiers.* Il donna à la tragédie sa forme définitive : il ajouta un troisième acteur et porta de douze à quinze le nombre des choreutes. Il substitua à la trilogie liée (trois épisodes du même mythe) la trilogie libre (chaque drame est autonome). Il modifia le sens du tragique en faisant de l'évolution du héros et de son caractère une part essentielle de la manifestation du destin et de la volonté des dieux.

sophrologie [sɔfrɔlɔʒi] **n.f.** (du gr. *sôs,* harmonieux, et *phrên,* esprit). Méthode visant à dominer les sensations douloureuses et de malaise psychique par des techniques de relaxation proches de l'hypnose.

soporifique [sɔpɔrifik] **adj.** et **n.m.** (du lat. *sopor,* sommeil profond). Se dit d'une substance qui provoque le sommeil : *Prendre un soporifique pour dormir* (syn. **somnifère, narcotique**). ◆ **adj.** Très ennuyeux : *Livre soporifique* (syn. **endormant**).

sopraniste [sɔpranist] **n.m.** Chanteur adulte qui a conservé une voix de soprano.

soprano [sɔprano] **n.m.** (mot it., propr. « qui est au-dessus », du lat. *supra*). Voix de femme ou de jeune garçon, la plus élevée des voix. ◆ **n.** Personne qui a cette voix. *Rem.* Pour une femme n.f. ou n.m. Pluriel savant : *soprani.*

sorbe [sɔrb] **n.f.** (lat. *sorbum*). Fruit comestible du sorbier.

sorbet [sɔrbɛ] **n.m.** (it. *sorbetto,* du turc *chorbet,* ar. pop. *chourba,* class. *charbat,* boissons). Glace sans crème, à base de jus de fruits : *Sorbet à la framboise.*

sorbetière [sɔrbətjɛr] **n.f.** Appareil pour préparer les glaces et les sorbets.

sorbier [sɔrbje] **n.m.** (de *sorbe*). Arbre de l'hémisphère Nord, dont certaines espèces (alisier, cormier) produisent des fruits comestibles. ▸ Famille des rosacées ; haut. jusqu'à 15 ou 20 m.

Sorbonne (la), établissement public d'enseignement supérieur, à Paris. Elle a pris le nom de son fondateur, Robert de Sorbon (1257). Dès 1554, la Sorbonne devint le lieu des délibérations générales de la faculté de théologie, que l'on s'habitua dès lors à désigner sous le nom de « Sorbonne ». Hostile aux jésuites au XVIe s., elle condamna les jansénistes au XVIIe s. Elle intervenait en tant que tribunal ecclésiastique de la censure. La Sorbonne fut rebâtie par Richelieu sur plans de Lemercier ; la chapelle, édifiée de 1635 à 1653, abrite le tombeau du cardinal par Girardon (1694). Les bâtiments des facultés ont été entièrement reconstruits, de 1885 à 1901, par l'architecte Paul Nénot.

sorcellerie [sɔrsɛlri] **n.f.** (d'une forme non attestée **sorcererie,* de *sorcier*). **1.** Opérations magiques du sorcier : *La sorcellerie était considérée au Moyen Âge comme un crime* (syn. **magie**). **2.** FAM. Ce qui paraît incroyable, extraordinaire : *C'est de la sorcellerie* (syn. **magie**). **3.** ANTHROP. Capacité de guérir ou de nuire, propre à un individu au sein d'une société ou d'un groupe donnés, par des procédés et des rituels magiques.

sorcier, ère [sɔrsje, -ɛr] **n.** (p.-ê. lat. pop. **sortiarius,* diseur de sorts). **1.** Personne qu'on croit en liaison avec le diable et qui peut opérer des maléfices. **2.** ANTHROP. Personne qui pratique la sorcellerie : *Chez certaines peuplades, les sorciers jouent un rôle social important.* **3. Chasse aux sorcières,** poursuite et élimination systématique, par le pouvoir en place, des opposants politiques. / FAM. **Il ne faut pas être (grand) sorcier pour,** il n'est pas nécessaire d'avoir des dons spéciaux pour comprendre, deviner, etc. ◆ **adj.** FAM. **Ce n'est pas sorcier,** ce n'est pas difficile à comprendre, à résoudre, à exécuter, etc.

sordide [sɔrdid] **adj.** (lat. *sordidus,* de *sordes,* saleté). **1.** Misérable ; d'une saleté repoussante : *Zone sordide de bidonvilles* (syn. **dégoûtant, malpropre**). **2.** Qui fait preuve de bassesse morale, de mesquinerie : *Égoïsme sordide* (syn. **ignoble**). *Avarice sordide* (syn. **répugnant**).

sordidement [sɔrdidmɑ̃] **adv.** De façon sordide : *Ils économisent sordidement.*

Sorel (Agnès), favorite de Charles VII (Fromenteau, Touraine, ou Froidmantel, Somme, v. 1422 - Anneville, Normandie, 1450). Elle fut surnommée **la Dame de Beauté,** du nom de la seigneurie de Beauté-sur-Marne, que lui avait donnée le roi. Elle fut la première maîtresse officielle d'un roi de France.

Sørensen (Søren), chimiste danois (Havrebjerg 1868 - Copenhague 1939). Auteur de travaux sur la théorie des ions et l'acido-alcalimétrie, il préconisa, en 1909, l'emploi de l'indice connu sous le nom de pH pour évaluer l'acidité d'un milieu.

sorgho [sɔrgo] **n.m.** (it. *sorgo,* d'orig. obsc.). Graminée tropicale et méditerranéenne, alimentaire et fourragère, appelée aussi *gros mil.*

sornette [sɔrnɛt] **n.f.** (de l'anc. fr. *sorne,* raillerie, probabl. de l'anc. prov. *sorn,* obscur). [Surtout au pl.]. Propos frivole, extravagant : *Conter, débiter des sornettes* (syn. **fadaise, baliverne**).

sororal, e, aux [sɔrɔral, -o] **adj.** LITT. Qui concerne la sœur, les sœurs : *Héritage sororal.*

sort [sɔr] **n.m.** (lat. *sors, sortis*). **1.** Décision par le hasard : *Tirer au sort.* **2.** Effet malfaisant, attribué à des pratiques de sorcellerie : *Jeter un sort* (syn. **maléfice, sortilège**). **3.** LITT. Puissance surnaturelle qui semble gouverner la vie humaine : *Le sort en a décidé ainsi* (syn. **destin, hasard**). **4.** Condition, situation matérielle de qqn : *Se plaindre de son sort* (syn. **lot**). **5.** FAM. **Faire un sort à,** en finir radicalement avec ; spécial., consommer entièrement : *Faire un sort à de vieux papiers* (= les jeter). *On a fait un sort au gigot.* / **Le sort en est jeté,** le parti en est pris ; advienne que pourra.

sortable [sɔrtabl] **adj.** (de *sortir*). [Surtout en tournure nég.]. FAM. Qu'on peut montrer en public ; correct : *Tu ris trop fort, tu n'es pas sortable !* (syn. **convenable**).

sortant, e [sɔrtɑ̃, -ɑ̃t] **adj.** Qui sort à une tombola : *Numéro sortant* (syn. **gagnant**). ◆ **adj.** et **n. 1.** Personne qui sort : *Les entrants et les sortants.* **2.** Dont le mandat électif prend fin : *Députés sortants.*

sorte [sɔrt] **n.f.** (probabl. empr. tardif du lat. *sors, sortis,* en bas lat. « manière, façon »). **1.** Espèce, catégorie d'êtres ou de choses : *Toutes sortes de bêtes, de plantes* (syn. **variété, type**). *Des difficultés de toute(s) sorte(s)* [syn. **genre**]. **2. De la sorte,** de cette façon : *Qui vous a autorisé à parler de la sorte ?* (= ainsi). / **En quelque sorte,** pour ainsi dire : *Ne pas protester, c'est en quelque sorte accepter* (= presque). / **Faire en sorte de** ou **que,** tâcher d'arriver à ce que ; agir de manière à : *Faites en sorte que tout soit prêt en temps voulu.* / **Une sorte de** (+ n.), une chose ou une personne qui ressemble à : *Elle portait sur la tête une sorte de chapeau* (= un genre de). ◆ **de sorte que, de telle sorte que loc. conj. 1.** Suivi de l'ind., indique la conséquence réalisée : *Il s'est réveillé trop tard, de sorte qu'il a raté son train* (syn. **si bien que**). **2.** Suivi du subj., indique le but : *J'ai travaillé de telle sorte que tout soit fini avant les vacances* (syn. **de façon que, de manière que**). [On dit aussi, litt., *en sorte que.*]

sortie [sɔrti] **n.f. 1.** Action de sortir, d'aller se promener : *C'est sa première sortie depuis son opération* (syn. **promenade, tour**). **2.** Spectacle, dîner, réception, etc., pour lesquels on sort de chez soi : *Être de sortie. Avoir plusieurs sorties dans la semaine.* **3.** Au théâtre, action de quitter la scène ; au fig., action de quitter une pièce, une assemblée : *Acteur qui fait une fausse sortie. Rater sa sortie.* **4.** Manière d'échapper à une difficulté : *Se ménager une sortie* (syn. **échappatoire**). **5.** Action de s'échapper, de s'écouler : *La sortie des gaz* (syn. **échappement**). *La sortie des eaux* (syn. **évacuation, écoulement**). **6.** Endroit par où l'on sort : *Cette maison a deux sorties* (syn. **issue, porte**). **7.** Mise en vente, présentation au public d'un produit nouveau : *Sortie d'un livre* (syn. **publication, parution**). *La sortie d'un film.* **8.** COMPTAB. Somme dépensée : *Faire le bilan des entrées et des sorties* (syn. **dépense**). **9.** INFORM. Transfert d'une information traitée dans un ordinateur, de l'unité centrale vers l'extérieur. **10.** MIL. Opération menée par une troupe assiégée, ou par une force navale, pour rompre un blocus ; mission de combat accomplie par un aéronef militaire : *Le 6 juin 1944, l'aviation alliée effectua plus de douze mille sorties.* **11.** FAM. Emportement soudain contre qqn : *Je ne m'attendais pas à cette sortie* (syn. **invective, algarade**). **12. À la sortie de,** au moment où l'on sort de : *À la sortie du spectacle, nous sommes allés au restaurant* (= au sortir de). *Tomber malade à la sortie de l'hiver* (= à la fin de).

sortie-de-bain [sɔrtidbɛ̃] **n.f.** (pl. *sorties-de-bain*). Peignoir que l'on porte après le bain.

sortilège [sɔrtilɛʒ] **n.m.** (du lat. *sortilegus,* qui dit le sort). **1.** Enchantement, procédé magique : *Les sortilèges d'un sorcier* (syn. **charme, ensorcellement**). **2.** Effets comparables à ceux de la magie : *Les sortilèges du théâtre* (syn. **enchantement, magie**).

1. sortir [sɔrtir] **v.i.** (du lat. *sortiri,* tirer au sort, ou du lat. pop. **surctus,* class. *surrectus,* de *surgere,* surgir) [conj. **43 ;** auxil. *être*]. **1.** Quitter un lieu pour aller dehors ou pour aller dans un autre lieu : *Sortir se dégourdir les jambes.* **2.** Aller hors de chez soi pour une distraction, un spectacle, un dîner, etc. : *Couple qui sort beaucoup.* **3.** Commencer à paraître ; pousser au-dehors : *Les blés sortent de terre* (syn. **percer**). **4.** Être visible, saillant : *Clou qui sort d'une planche* (syn. **dépasser, saillir**). **5.** Se répandre au-dehors : *Une odeur délicieuse sort de la cuisine* (syn. **s'échapper**). **6.** Quitter une période, un état, une situation, etc. ; ne plus s'y trouver : *Sortir de l'hiver. Sortir de maladie, de l'enfance.* **7.** S'éloigner de ; franchir une limite : *Sortir du sujet* (syn. **s'écarter de**). *Le ballon sort du terrain.* **8.** Être mis en vente ; être distribué : *Ce livre vient de sortir* (syn. **paraître**). *Ce film sort prochainement.* **9.** Être tiré au sort : *Sujet qui sort à un examen.* **10.** Être tel après un événement, une modification, etc. : *Sortir indemne d'un accident, grandi d'une épreuve.* **11.** Avoir comme résultat : *Que sortira-t-il de tout cela ?* (syn. **résulter**). **12.** Être issu, venir de : *Sortir du peuple* (syn. **provenir**). **13. Les yeux lui sortent de la tête,** il est animé par un sentiment violent. / FAM. **Sortir avec qqn,** fréquenter qqn ; avoir une relation amoureuse avec qqn. / **Sortir de la mémoire, de l'esprit, de la tête,** être oublié. / **Sortir d'une école,** y avoir été élève. ◆ **v.t.** (auxil. *avoir*). **1.** Mener dehors ; faire sortir : *Sortir un cheval de l'écurie. Sortir ses mains de ses poches* (syn. **enlever, ôter**). **2.** Aider qqn à se dégager d'un état, d'une situation : *Sortir qqn d'embarras* (syn. **tirer**). **3.** Emmener pour la promenade, pour une visite, etc. : *Sortir un bébé* (syn. **promener**). **4.** Mettre en vente un produit : *Sortir un roman* (syn. **commercialiser, éditer**). **5.** FAM. Tirer un numéro, une carte dans un jeu de hasard : *J'ai encore sorti un 7.* **6.** FAM. Éliminer un concurrent, un adversaire : *Elle a sorti la championne.* **7.** FAM. Dire : *Sortir des âneries* (syn. **débiter**). ◆ **se sortir v.pr. Se sortir de qqch,** s'acquitter d'une tâche difficile ; parvenir à sortir sans dommage d'une situation périlleuse, d'une maladie : *Ne t'inquiète pas, il s'en sortira très bien* (= il y arrivera). *Se sortir d'affaire.*

2. sortir [sɔrtir] **n.m.** (de *1. sortir*). **Au sortir de,** au moment où l'on sort de : *Au sortir du printemps, on songe aux vacances* (= à la fin de).

S.O.S. [ɛsoɛs] **n.m.** (suite de trois lettres de l'alphabet Morse [trois points, trois traits, trois points]). Signal de détresse radiotélégraphique, émis par les navires ou les avions en danger : *Lancer un S.O.S.* ▸ Son emploi international, adopté en 1912 après le drame du *Titanic,* a pris fin en 1999.

sosie [sɔzi] **n.m.** (de *Sosie,* n. du valet d'Amphitryon, dans l'*Amphitryon* de Molière). Personne qui ressemble parfaitement à une autre : *Elle est le sosie d'une actrice connue.*

sot, sotte [so, sɔt] **adj.** et **n.** (mot pop. d'orig. obsc.). Dénué d'esprit, de jugement : *Je ne suis pas assez sotte pour le croire* (syn. **stupide, bête**). ◆ **adj.** Qui dénote un manque d'intelligence : *Une remarque sotte* (syn. **absurde, inepte**).

Sotho ou **Bassouto,** ensemble de peuples bantous de l'Afrique méridionale.

sotie n.f. → **sottie.**

sot-l'y-laisse [soliles] **n.m. inv.** Morceau délicat qui se trouve au-dessus du croupion d'une volaille.

sottement [sɔtmɑ̃] **adv.** De façon sotte : *Parler, agir sottement* (syn. **stupidement**).

sottie ou **sotie** [sɔti] **n.f.** (de *sot*). LITTÉR. Genre dramatique médiéval (XIVe-XVIe s.) qui relève de la satire sociale ou politique.

sottise [sɔtiz] **n.f.** (de *sot*). **1.** Manque de jugement, d'intelligence : *Individu d'une sottise incroyable* (syn. **stupidité, bêtise**). **2.** Propos ou acte irréfléchi : *Faire, commettre une sottise* (syn. **maladresse, bévue**). *Dire une sottise* (syn. **ânerie, absurdité**).

sottisier [sɔtizje] **n.m.** (de *sottise*). Recueil d'erreurs comiques, de phrases ridicules relevées dans la presse, les livres, etc. (syn. **bêtisier**).

Sottsass (Ettore), designer italien (Innsbruck 1917 - Milan 2007). Parti du design industriel, il a manifesté pour le style Arts déco ainsi que pour les formes ludiques et gratuites un goût qui fait de lui l'un des maîtres du « nouveau design ». Il a été l'un des fondateurs, à Milan, en 1981, du groupe international Memphis, s'inspirant tant du pop art que du postmodernisme architectural.

sou [su] **n.m.** (bas lat. *soldus,* pièce d'or, de *solidus,* massif). **1.** Dans la France d'Ancien Régime, pièce de cuivre ou de bronze qui valait 1/20 de livre. **2.** Pièce de 5 centimes, à partir de 1793. **3.** FAM. **N'avoir pas le sou, être sans le sou,** être dépourvu d'argent : *La guerre l'a laissé sans le sou.* / FAM. **N'avoir pas un sou de, pas pour un sou de,** n'avoir pas de : *N'avoir pas pour un sou de bon sens.* / **Propre, net comme un sou neuf,** très propre. / **Sou à sou,** par petites sommes : *Amasser une fortune sou à sou.* ◆ **sous n.m. pl. 1.** Argent : *Compter ses sous.* **2. De quatre sous,** sans importance, sans valeur : *Une robe de quatre sous.* / FAM. **Question de gros sous,** question d'argent, d'intérêt. / FAM. **S'ennuyer à cent sous de l'heure,** s'ennuyer énormément.

Souabe, en all. **Schwaben,** région historique d'Allemagne, à cheval sur l'ouest de la Bavière et le Bade-Wurtemberg. CAP. *Augsbourg.* Au Xe s., la Souabe est constituée en duché, qui est aux mains des Hohenstaufen de 1079 à 1268. En 1648, la Souabe est démantelée aux traités de Westphalie.

souahéli, e adj. et **n.m.** ⟶ **swahili.**

soubassement [subasmɑ̃] **n.m.** (de *sous* et *bas*). **1.** Partie inférieure, massive, d'une construction, qui surélève celle-ci au-dessus du sol : *Un rez-de-chaussée surélevé reposant sur un soubassement.* **2.** Base, fondements de qqch : *Les soubassements d'une affaire.* **3.** GÉOL. Socle sur lequel reposent des couches de terrain.

soubresaut [subrəso] **n.m.** (prov. *sobresaut,* esp. *sobresalto*). **1.** Saut brusque et imprévu : *Le cheval fit un soubresaut.* **2.** Mouvement brusque et involontaire du corps : *Avoir un soubresaut* (syn. **haut-le-corps, tressaillement**).

soubrette [subrɛt] **n.f.** (prov. *soubreto,* fém. de *soubret,* affecté, de *soubra,* être de reste, laisser de côté, lat. *superare*). Suivante, femme de chambre de comédie.

souche [suʃ] **n.f.** (gaul. **tsukka,* correspondant à l'all. *Stock*). **1.** Partie du tronc de l'arbre qui reste dans la terre après que l'arbre a été coupé : *Arracher une souche.* **2.** Personne, animal à l'origine d'une suite de descendants : *La souche d'une dynastie.* **3.** BIOL. Ensemble des individus issus de repiquages successifs d'une colonie microbienne. **4.** Origine ; source ; principe : *Mot de souche indo-européenne.* **5.** Partie reliée des feuilles d'un registre, dont l'autre partie se détache : *Carnet à souches* (syn. **talon**). **6.** FAM. **Dormir comme une souche,** profondément. / **Faire souche,** donner naissance à une lignée de descendants. / **Souche de cheminée,** ouvrage de maçonnerie renfermant un ou plusieurs conduits de fumée et s'élevant au-dessus d'un toit.

1. souci [susi] **n.m.** (bas lat. *solsequia,* tournesol, du class. *sol,* soleil, et *sequi,* suivre, d'apr. *2. souci*). Plante aux fleurs réunies en grands capitules jaunes, dont une espèce est cultivée pour l'ornement, et une autre, le souci officinal, pour ses propriétés médicinales. ▸ Famille des composées. **Souci d'eau, des marais,** populage.

2. souci [susi] **n.m.** (de *se soucier*). **1.** Préoccupation qui trouble la tranquillité d'esprit : *Cette affaire lui donne bien du souci* (syn. **tracas**). *Se faire du souci* (= s'inquiéter). **2.** Personne ou chose à l'origine de cette préoccupation : *Son fils est son seul souci* (syn. **inquiétude**). *Des soucis familiaux, financiers* (syn. **ennui, problème**). **3. Avoir le souci de** (+ n. ou + inf.), y attacher de l'importance : *Avoir le souci de plaire* (syn. **obsession**). *Avoir le souci de la vérité.*

se soucier [susje] **v.pr.** [de] (lat. *sollicitare,* inquiéter) [conj. 9]. **1.** S'inquiéter, se préoccuper de : *Se soucier de son avenir.* **2.** FAM. **Se soucier de (qqch, qqn) comme de l'an quarante, comme de sa première chemise,** s'en désintéresser, n'y attacher aucune importance.

soucieux, euse [susjø, -øz] **adj. 1.** Qui a du souci ; qui manifeste cet état : *Mère soucieuse* (syn. **inquiet, préoccupé**). *Air soucieux.* **2.** Qui se préoccupe de qqch : *Soucieux de rendre service* (syn. **attentif à**).

soucoupe [sukup] **n.f.** (de l'anc. n. *soutecoupe,* de l'it. *sottocoppa*). **1.** Petite assiette qui se place sous une tasse. **2. Soucoupe volante,** objet mystérieux que certaines personnes prétendent avoir aperçu dans l'atmosphère ou au sol, et supposé habité par des êtres extraterrestres. (Auj., on dit plutôt *ovni.*)

soudage [sudaʒ] **n.m.** Action de souder.

soudain, e [sudɛ̃, -ɛn] **adj.** (lat. pop. **subitanus,* class. *subitaneus,* de *subitus,* subit). Qui se produit, arrive tout à coup : *Un soudain accès de gaieté* (syn. **brusque**). *Une mort soudaine* (syn. **subit**). ◆ **soudain adv.** Dans le même instant ; tout à coup : *Soudain, un orage éclata.*

soudainement [sudɛnmɑ̃] **adv.** Subitement : *Un mal qui apparaît soudainement* (syn. **brusquement**).

soudaineté [sudɛnte] **n.f.** Caractère de ce qui est soudain (syn. **brusquerie, rapidité**).

Soudan, zone climatique de l'Afrique boréale, intermédiaire entre le Sahel et la zone équatoriale, caractérisée par le passage, du nord au sud, de la steppe à la savane, résultat de l'allongement de la saison des pluies (été).

Soudan, État de l'Afrique orientale, sur la mer Rouge ; 1 844 797 km² ; 37 964 000 hab. *(Soudanais).* CAP. *Khartoum.* LANGUE : *arabe.* MONNAIE : *livre soudanaise.*

GÉOGRAPHIE

Le Soudan vient au 2e rang des pays d'Afrique pour sa superficie. Sa population a été en grande partie islamisée et arabisée. Le pays est généralement plat, les hauteurs se situant à la périphérie, et le Nil le traverse du sud au nord. Entre les 10e et 15e parallèles se situe le cœur du pays, qui reçoit entre 300 et 600 mm de pluies. Dans la Gezireh, entre le Nil Blanc et le Nil Bleu, grâce à des barrages, des périmètres irrigués produisent du coton ainsi que des cultures diversifiées (sorgho, blé, canne à sucre). À l'ouest, les cultures pluviales sont possibles (coton, sorgho, millet, arachide, sésame, acacia dont on tire la gomme arabique), complétées en altitude (Darfour) par le blé et l'élevage. Dans le Nord s'étend le domaine saharien, parcouru par des nomades (chameaux, bovins), sauf au nord-ouest, pratiquement vide. L'agriculture n'est possible que dans les oasis et le long de la vallée du Nil, densément peuplée. L'agriculture emploie plus des trois quarts de la population active, mais ne satisfait pas la demande intérieure. La disponibilité en eau reste le problème crucial.

Par ailleurs, les régions sahéliennes, fragiles, se désertifient par endroits. Le coton, l'élevage, avec un des troupeaux les plus importants d'Afrique (bovins, ovins, caprins, camélidés), le sorgho, l'arachide, le sésame et la gomme arabique fournissent l'essentiel des exportations du pays. Les industries concernent le traitement du coton, l'alimentation, les cimenteries et le raffinage du pétrole dont la plupart des gisements sont possédés par le Soudan du Sud ; elles sont localisées dans la région de Khartoum, Atbara et Port-Soudan. Le pays, qui doit faire face à de graves dissensions internes, est endetté et dépend de l'aide internationale.

HISTOIRE

Dans l'Antiquité, l'histoire du Soudan se confond avec celle de la Nubie, qui en couvre la partie septentrionale. Appelée pays de Koush par les Égyptiens, la Nubie est conquise par les Pharaons au début du IIe millénaire.

VIe s. av. J.-C. Fondation du royaume de Méroé, capitale de la Nubie.

V. 350 apr. J.-C. Méroé est détruite par les Éthiopiens.

Des royaumes chrétiens s'y succèdent à partir du VIe s., progressivement soumis par les Arabes, qui y diffusent l'islam. À partir du XVe s. se constituent des sultanats. De vastes zones sont dépeuplées par la traite.

1820-1840. Méhémet-Ali, vice-roi d'Égypte, conquiert la région, dont Khartoum devient la capitale.

1881. Début de l'insurrection du Mahdi, chef musulman qui proclame la guerre sainte contre les Britanniques.

1898. Le général Kitchener rétablit le pouvoir anglo-égyptien, qui prend la forme d'un condominium (1899).

1956. La République indépendante du Soudan est proclamée.

1969-1985. Le général Nimayri dirige le pays, où il instaure un régime à parti unique. Les dissensions entre le Nord, musulman et arabisé, et le Sud, en majorité animiste et chrétien, conduisent à la reprise du conflit entre les deux parties du pays en 1983.
1989. Les militaires renversent le gouvernement civil et, sous la conduite du général Umar Hasan al-Bachir, instaurent un régime d'inspiration islamiste.
À partir de 1992. L'armée ne parvient pas à réduire la rébellion sudiste, dirigée par le colonel John Garang. Les populations du Sud sont durement touchées par la famine.
1996. Le général al-Bachir est confirmé à la tête de l'État par une élection (réélu en 2000).
Depuis 2003. Au Darfour, la répression meurtrière de mouvements d'insurrection par des milices locales, appuyées par l'armée, provoque une catastrophe humanitaire.
2005. Le gouvernement soudanais et la rébellion sudiste signent un accord de paix. Le général Salva Kiir (successeur de J. Garang, mort accidentellement en juillet) devient premier vice-président de la République et un gouvernement d'union nationale est mis en place.
2009. L'inculpation du président al-Bachir par la Cour pénale internationale, pour crimes contre l'humanité et crimes de guerre au Darfour, génère de fortes tensions.
2011. Le Soudan du Sud accède à l'indépendance.

Soudan du Sud (en angl. **South Sudan**), État d'Afrique orientale ; 644 329 km^2 ; 8 260 490 hab. (*Soudanais du Sud* ou *Sud-Soudanais*). CAP. *Djouba.* LANGUE : *anglais.* MONNAIE : *livre du Soudan du Sud.*

GÉOGRAPHIE
Le pays, au climat très chaud, est constitué d'une cuvette centrale, traversée par le Nil et ses affluents, et de zones à l'altitude plus élevée sur les pourtours du Sud et de l'Ouest. Il rassemble de nombreux peuples (dont les Dinka et les Nuer), animistes ou chrétiens, sans unité linguistique. Comptant parmi les pays les plus pauvres du monde, il est tributaire de l'aide internationale. Un espoir vient cependant du début d'exploitation d'importants gisements de pétrole.

HISTOIRE
2005. Après vingt-deux ans d'un conflit meurtrier, le Nord et le Sud du Soudan signent un accord de paix.
2011. Le Soudan du Sud accède à l'indépendance sous la direction de Salva Kiir, successeur de John Garang, à la tête de l'Armée populaire de libération du Soudan (A.P.L.S.).
2012-2013. Alors que les violences reprennent dans les provinces frontalières, les deux États parviennent à un accord provisoire sur les conditions de l'acheminement du pétrole du Sud à travers le Nord.

soudard [sudar] **n.m.** (de *sold, soud,* forme anc. de *sou*). **1.** *VX.* Soldat, mercenaire. **2.** *LITT.* Individu grossier et brutal (syn. **reître**).

soude [sud] **n.f.** (lat. médiév. *soda,* de l'ar. *suwwād*). **1.** Carbonate de sodium qu'on prépare auj. à partir du chlorure de sodium. ▸ Formule Na_2CO_3. **2.** Plante des terrains salés du littoral, dont on tirait autrefois la soude. ▸ Famille des chénopodiacées. **3. Soude caustique,** hydroxyde de sodium, solide blanc fondant à 320 °C, fortement basique. ▸ Symb. NaOH.

souder [sude] **v.t.** (lat. *solidare,* affermir, de *solidus,* solide). **1.** Effectuer une soudure : *Souder deux tuyaux.* **2.** Unir, lier étroitement : *Ils étaient soudés autour de leur chef.* ◆ **se souder v.pr.** En parlant de deux parties distinctes, se réunir pour former un tout.

soudeur, euse [sudœr, -øz] **n.** Personne qui soude.

soudoyer [sudwaje] **v.t.** (de *sold, soud,* forme anc. de *sou*) [conj. **13**]. S'assurer le concours de qqn à prix d'argent (péjor.) : *Soudoyer des témoins* (syn. **acheter, corrompre**).

soudure [sudyr] **n.f.** (de *souder*). **1.** Assemblage permanent de deux pièces métalliques ou de certains produits synthétiques, exécuté par voie thermique : *Soudure des métaux.* **2.** Endroit où deux pièces ont été soudées ; manière dont elles ont été soudées : *Le tuyau s'est cassé à la soudure.* **3.** Alliage fusible à basse température, avec lequel on soude. **4.** MÉD. Jonction de certains tissus, de certains os effectuée par adhésion. **5. Faire la soudure,** satisfaire aux besoins des consommateurs à la fin d'une période comprise entre deux récoltes, deux livraisons ; assurer la transition.

soue [su] **n.f.** (bas lat. *sutis,* d'orig. obsc.). Étable à porcs.

soufflage [suflaʒ] **n.m.** (de *souffler*). Procédé traditionnel de fabrication de la verrerie creuse.

soufflant, e [suflɑ̃, -ɑ̃t] **adj. 1.** Qui envoie de l'air chaud : *Brosse à cheveux soufflante.* **2.** *FAM.* Qui stupéfie : *Une nouvelle soufflante* (syn. **époustouflant**).

souffle [sufl] **n.m.** (de *souffler*). **1.** Agitation de l'air ; courant d'air : *Il n'y a pas un souffle de vent* (syn. **bouffée**). **2.** Air exhalé par la bouche ou par les narines en respirant ; bruit ainsi produit : *Retenir son souffle* (syn. **respiration**). *Un souffle bruyant* (syn. litt. **soufflement**). *Le souffle de la baleine.* **3.** MÉD. Bruit anormal perçu à l'auscultation de certaines parties du corps. **4.** Capacité à emmagasiner de l'air dans ses poumons : *Reprendre son souffle.* **5.** Déplacement d'air extrêmement brutal, provoqué par une explosion. **6.** Bruit de fond continu émis par un haut-parleur. **7. Avoir du souffle,** avoir une respiration telle qu'elle permette un effort physique. / *FAM.* **Couper le souffle,** étonner vivement : *Cette nouvelle m'a coupé le souffle* (= m'a stupéfié). / **Être à bout de souffle,** être épuisé ; ne pas pouvoir poursuivre, continuer un effort, une entreprise. / *FAM.* **Manquer de souffle,** s'essouffler rapidement ; manquer d'inspiration, de force : *Ce poète manque de souffle.* / *FAM.* **Ne pas manquer de souffle,** avoir de l'aplomb, du culot. / SPORTS. **Second souffle,** regain de vitalité après une défaillance momentanée ; au fig., nouvelle période d'activité : *Un parti politique à la recherche d'un second souffle.*

soufflé [sufle] **n.m.** Préparation culinaire salée ou sucrée, servie chaude, comprenant des blancs d'œufs battus en neige qui provoquent, à la cuisson, une augmentation de volume : *Soufflé au fromage, à la framboise.*

soufflement [sufləmɑ̃] **n.m.** *LITT.* Bruit fait en soufflant.

souffler [sufle] **v.i.** (lat. *sufflare,* souffler sur de *flare,* souffler). **1.** Agiter, déplacer l'air : *Le mistral s'est mis à souffler.* **2.** Chasser de l'air par la bouche ou, parfois, par le nez : *Souffler sur ses doigts.* **3.** Respirer avec difficulté, en expirant l'air bruyamment : *Elle ne peut monter les escaliers sans souffler* (syn. **haleter**). *Souffler comme un bœuf, un cachalot* (= très fort). **4.** S'arrêter pour reprendre haleine, après un effort physique : *Laisser souffler son cheval.* **5.** Observer un temps d'arrêt au cours d'une action : *Laisser ses auditeurs souffler* (syn. **se reposer**). ◆ **v.t. 1.** Diriger son souffle ou un courant d'air sur : *Le vent a soufflé le feu* (= il l'a attisé). *Souffler des bougies* (= les éteindre). **2.** Déplacer qqch, le projeter au moyen du souffle, de l'air : *Souffler des bulles de savon autour de soi.* **3.** Détruire par un souffle violent : *La maison a été soufflée par une bombe.* **4.** Dire discrètement à qqn ; rappeler tout bas : *Souffler son texte à un acteur.* **5.** Suggérer qqch à qqn : *Il m'a soufflé une bonne idée* (syn. **inspirer, conseiller**). **6.** *FAM.* Causer à qqn une vive stupéfaction : *Il a été soufflé en apprenant leur divorce* (syn. **ahurir, époustoufler**). **7.** *FAM.* Enlever qqch, qqn à qqn par ruse, de façon plus ou moins déloyale : *Souffler un emploi à qqn* (syn. **prendre**). **8. Ne pas souffler mot,** ne rien dire, se taire sur qqch. / **Souffler n'est pas jouer,** au jeu de dames, se dit pour signifier que l'on peut jouer un coup après avoir soufflé un pion. / **Souffler une dame, un pion,** au jeu de dames, l'enlever à son adversaire qui a omis de s'en servir pour prendre. **9.** TECHN. **Souffler le verre, l'émail,** en faire des ouvrages par soufflage à l'aide d'un tube.

soufflerie [sufləri] **n.f.** (de *souffler*). **1.** Machine destinée à produire le vent nécessaire à la marche d'une installation métallurgique, à l'aération d'une mine, à un essai aérodynamique, etc. **2.** Ensemble des soufflets d'un orgue, d'une forge, etc.

soufflet [suflɛ] **n.m.** (de *souffler*). **1.** Instrument qui sert à souffler de l'air, à produire du vent pour ranimer le feu : *Un soufflet de forge.* **2.** Partie pliante d'une chambre photographique, d'un accordéon. **3.** *LITT.* Coup du plat ou du revers de la main ; au fig., affront, outrage : *Recevoir un soufflet* (syn. **claque, gifle**). **4.** CH. DE F. Couloir flexible de communication entre deux voitures de voyageurs.

souffleter [suflǝte] **v.t.** (de *souffler*) [conj. **27**]. *LITT.* Donner un soufflet, une claque à qqn : *Souffleter un insolent* (syn. **gifler**).

1. souffleur, euse [suflœr, -øz] **n.** Personne qui, au théâtre, est chargée de souffler leur texte aux acteurs en cas de défaillance.

2. souffleur [suflœr] **n.m.** TECHN. Ouvrier soufflant le verre à chaud pour lui donner sa forme définitive.

3. souffleur [suflœr] **n.m.** Cétacé du genre dauphin.

souffleuse [sufløz] **n.f.** *QUÉBÉC.* Chasse-neige muni d'un dispositif qui projette la neige à distance.

Soufflot (Germain), architecte français (Irancy, près d'Auxerre, 1713 - Paris 1780). Il a contribué à l'embellissement de Lyon (hôtel-Dieu), a rempli diverses charges officielles et a construit à partir de 1764, à Paris, l'église Ste-Geneviève (devenue en 1791 le Panthéon), un des premiers monuments néoclassiques.

soufflure [suflyr] **n.f.** TECHN. Cavité remplie de gaz, formée au cours de la solidification d'une masse de métal ou de verre fondu.

souffrance [sufrɑ̃s] **n.f. 1.** Fait de souffrir ; tourment moral ou physique : *J'ai eu ma part de souffrance* (syn. **peine**). *Être dur à la souffrance* (syn. **douleur**). **2. Affaires en souffrance,** affaires en suspens. / **Colis en souffrance,** colis qui n'a pas été délivré ou réclamé.

souffrant, e [sufrɑ̃, -ɑ̃t] **adj.** Qui est légèrement malade : *Se sentir souffrant* (syn. **indisposé**).

souffre-douleur [sufrədulœr] **n.m. inv.** Personne, animal sur qui convergent les mauvais traitements, les railleries, les tracasseries : *Être le souffre-douleur de ses camarades.*

souffreteux, euse [sufrətø, -øz] **adj.** (de l'anc. fr. *sofraite, soufraite,* privation, lat. pop. **suffracta,* de **suffrangere,* class. *suffringere,* rompre, d'apr. *souffrir*). De santé débile : *Un enfant souffreteux* (syn. **chétif, malingre**).

souffrir [sufrir] **v.t.** (lat. pop. **sufferire,* class. *sufferre,* supporter) [conj. **34**]. **1.** Supporter qqch de pénible : *Souffrir la torture, la faim* (syn. **endurer, subir**). **2.** *LITT.* Permettre : *Je ne souffre pas que l'on me parle ainsi* (syn. **tolérer**). **3.** *LITT.* Admettre ; être susceptible de : *Cela ne souffre aucun retard* (syn. **supporter**). **4. Ne pas pouvoir souffrir qqn, qqch,** éprouver de l'antipathie, de l'aversion pour qqn, qqch : *Il ne peut pas la souffrir* (= il la déteste). **5. Souffrir le martyre, mille morts,** éprouver de grandes douleurs. ◆ **v.i.** et **v.t. ind. [de]. 1.** Éprouver de la souffrance ; avoir mal à : *J'ai souffert toute la nuit. Souffrir des dents.* **2.** Être tourmenté par : *Souffrir de la faim.* **3.** Être endommagé par : *Les vignes ont beaucoup souffert de la grêle. Le mécanisme n'a pas trop souffert* (syn. **s'abîmer**). ◆ **se souffrir v.pr.** Se supporter mutuellement (surtout en tournure nég.) : *Ces deux collègues ne peuvent se souffrir.*

soufi, e [sufi] **adj.** et **n.** (mot ar. « vêtu de laine »). Relatif au soufisme ; adepte du soufisme.

soufisme [sufism] **n.m.** Courant mystique de l'islam, né au VIIIe s.

■ Les adeptes du soufisme, qui s'est répandu dans le monde musulman malgré l'opposition du chiisme et du sunnisme, cherchent à vivre la révélation du Coran comme une vérité qu'on s'approprie personnellement et à passer de l'ascétisme pieux à un mysticisme faisant de l'amour de Dieu un idéal quotidien. La dévotion caractéristique du soufi est une prière, le *dhikr,* qui est un moyen de « purifier le cœur ». Parmi les principaux soufis, on peut citer : Hasan al-Basri (VIIIe s.), al-Bistami (IXe s.), al-Halladj (fin IXe-Xe s.), Farid al-Din Attar (XIIe s.), Ibn al-Arabi (XIIIe s.) et Djalal al-Din Rumi (XIIIe s.). On estime aujourd'hui à 3 % le nombre des musulmans appartenant à ce courant mystique, dont les confréries se sont implantées aussi bien en Asie et en Europe qu'en Afrique. ■

soufrage [sufraʒ] **n.m.** Action de soufrer ; son résultat : *Le soufrage des allumettes.*

soufre [sufr] **n.m.** (lat. *sulfur, sulphur* ou *sulpur*). **1.** Corps non métallique inodore, insipide, d'une couleur jaune clair, qui fond vers 115 °C et bout à 444,6 °C, très répandu dans la nature. ▶ Symb. S. **2. Sentir le soufre,** présenter un caractère d'hérésie. ◆ **adj. inv.** De la couleur du soufre : *Jaune soufre.*

soufrer [sufre] **v.t. 1.** Enduire de soufre. **2.** Répandre du soufre en poudre sur des végétaux pour lutter contre certaines maladies : *Soufrer la vigne.*

soufreuse [sufrøz] **n.f.** Appareil pour répandre du soufre en poudre sur les végétaux.

soufrière [sufrijɛr] **n.f.** Lieu d'où l'on extrait le soufre.

souhait [swɛ] **n.m.** (de *souhaiter*). **1.** Désir que qqch s'accomplisse : *Formuler des souhaits de bonheur* (syn. **vœu**). *Accomplir, réaliser un souhait* (syn. **aspiration, rêve**). **2.** *LITT.* **À souhait,** selon ses désirs : *Tout lui réussit à souhait.* / **À vos souhaits !,** formule de politesse adressée à une personne qui éternue.

souhaitable [swɛtabl] **adj.** Que l'on peut souhaiter : *Elle a toutes les qualités souhaitables* (syn. **désirable**).

souhaiter [swete] **v.t.** (gallo-romain **subtus-haitare,* promettre de façon à ne pas trop s'engager, du frq. **hait,* vœu). **1.** Désirer pour soi ou pour autrui l'accomplissement de qqch : *Je souhaite qu'il vienne* (syn. **espérer**). *Souhaiter plus de justice* (syn. **aspirer à, rêver de**). **2.** Exprimer sous forme de vœu, de compliment : *Souhaiter la bonne année, la bienvenue.*

souille [suj] **n.f.** (anc. fr. *soil,* bourbier). **1.** CHASSE. Lieu bourbeux où se vautre le sanglier. **2.** MAR. Enfoncement formé dans la vase ou le sable par un navire échoué.

souiller [suje] **v.t.** (de l'anc. fr. *soil* ; v. *souille*). **1.** *LITT.* Tacher, couvrir de boue, d'ordure : *Souiller ses draps de vomissures* (syn. **maculer, salir**). **2.** Déshonorer ; avilir : *Souiller sa réputation* (syn. **entacher, flétrir**).

souillon [sujɔ̃] **n.** (de *souiller*). *LITT.* Personne malpropre.

souillure [sujyr] **n.f. 1.** *LITT.* Ce qui souille, tache : *Un vêtement couvert de souillures* (syn. **saleté, tache**). **2.** Tache morale : *La souillure du péché* (syn. **flétrissure**).

souk [suk] **n.m.** (mot ar.). **1.** Marché couvert, dans les pays arabes. **2.** *FAM.* Désordre : *Quel souk !* (syn. **capharnaüm**).

soul [sɔl] **n.f.** et **adj. inv.** et **soul music** [sɔlmjuzik] **n.f.** (mots angl. *soul,* âme, et *music,* musique) [pl. *soul musics*]. Musique des Noirs américains, issue du jazz, du blues et du gospel ; qui est relatif à cette musique : *Les grands airs soul, de la soul music.*

soûl, e ou **saoul, e** [su, sul] **adj.** (lat. *satullus,* rassasié, dimin. de *satur,* de *satis,* assez). **1.** Qui est ivre : *Rentrer soûl d'un cocktail.* **2. Être soûl de qqch,** en être rassasié jusqu'au dégoût ; en être grisé : *Être soûl de télévision.* ◆ **soûl n.m.** *FAM.* **Tout son soûl,** autant qu'on peut en désirer : *Manger, dormir tout son soûl* (= à satiété).

soulagement [sulaʒmɑ̃] **n.m.** Diminution d'une charge, d'une douleur physique ou morale : *Une parole de soulagement* (syn. **consolation, aide**). *La piqûre lui a procuré un soulagement immédiat* (syn. **apaisement**).

soulager [sulaʒe] **v.t.** (lat. pop. **subleviare,* adapté, d'apr. *alleviare,* alléger ; du class. *sublevare,* soulever) [conj. **17**]. **1.** Débarrasser qqn d'une partie d'un fardeau : *Soulager un porteur trop chargé* (syn. **décharger**). **2.** Diminuer, adoucir une souffrance physique ou morale : *Soulager la douleur* (syn. **apaiser, calmer**). **3.** Aider, diminuer la peine : *La machine a-t-elle soulagé le travailleur ?* **4.** TECHN. Diminuer l'effort subi par qqch : *Soulager une poutre en l'étayant* (syn. **décharger**). ◆ **se soulager v.pr. 1.** Se procurer du soulagement : *Se soulager par l'aveu d'une faute.* **2.** *FAM.* Satisfaire un besoin naturel.

Soulages (Pierre), peintre et graveur français (Rodez 1919). Des balafres immenses, associant le noir et la couleur, ont longtemps échafaudé le puissant clair-obscur de ses toiles

A B C D E F G H I J K L M N O P Q R S T U V W X Y Z

(*Peinture 1957,* M.N.A.M.). Depuis 1979 env., il élabore des monochromes noirs d'une composition matiériste rigoureuse (*Peinture, 29 juin 1979,* ibid.).

soûlant, e [sulɑ̃, -ɑ̃t] **adj.** FAM. Se dit de qqn (ou des propos de qqn) qui fatigue, ennuie à force de paroles : *Il est soûlant avec ses considérations morales.*

soûlard, e [sular, -ard] et **soûlaud, e** [sulo, -od] ou **soûlot, e** [sulo, -ɔt] **n.** FAM. Ivrogne ; ivrognesse.

soûler ou **saouler** [sule] **v.t. 1.** FAM. Faire trop boire qqn : *Ils l'ont soûlé pour son anniversaire* (syn. **enivrer**). **2.** Provoquer une sorte d'euphorie chez qqn ; monter à la tête de qqn : *Les succès rapides l'ont soûlé* (syn. **étourdir, griser**). ◆ **se soûler** ou **se saouler v.pr.** FAM. S'enivrer.

soûlerie [sulri] **n.f.** Ivresse ; beuverie.

soulèvement [sulɛvmɑ̃] **n.m. 1.** Fait de soulever, d'être soulevé : *Le soulèvement des flots.* **2.** Mouvement de révolte collective : *Réprimer un soulèvement* (syn. **insurrection**).

soulever [sulve] **v.t.** (de *lever,* d'apr. le lat. *sublevare*) [conj. **19**]. **1.** Lever à une faible hauteur : *Soulever un fardeau. Soulever un malade dans son lit* (syn. **redresser**). **2.** Susciter des sentiments : *Soulever l'enthousiasme, l'indignation* (syn. **provoquer**). *Soulever des applaudissements, des protestations* (syn. **déclencher**). **3.** Pousser à la révolte : *Soulever le peuple* (syn. **ameuter**). **4.** Provoquer la colère, l'hostilité : *Il a soulevé tout le monde contre lui.* **5. Soulever le voile, un coin du voile,** découvrir en partie, faire connaître ce qui était jusqu'alors tenu secret. / **Soulever une question, un problème,** les faire naître, en provoquer la discussion. ◆ **se soulever v.pr. 1.** Se lever légèrement : *Il est si faible qu'il ne peut se soulever de sa chaise.* **2.** Se révolter : *L'armée s'est soulevée et a pris le pouvoir* (syn. **s'insurger, se rebeller**).

soulier [sulje] **n.m.** (bas lat. *subtelaris [calceus],* [chaussure] pour la plante du pied, du bas lat. *subtel,* creux sous la plante du pied). **1.** Chaussure à semelle rigide, qui couvre le pied partiellement ou entièrement. **2.** FAM. **Être dans ses petits souliers,** être embarrassé.

soulignage [suliɲaʒ] et **soulignement** [suliɲmɑ̃] **n.m.** Action de souligner : *Le soulignage d'un texte au crayon rouge.*

souligner [suliɲe] **v.t.** (de *sous* et *ligne*). **1.** Tirer un trait, une ligne sous : *Souligner un mot.* **2.** Attirer l'attention sur qqch : *Souligner l'importance d'un fait* (syn. **signaler, insister sur**).

soul music n.f. ⟶ **soul.**

soûlot, e n. ⟶ **soûlard.**

Soult (Jean de Dieu Nicolas), *duc* **de Dalmatie,** maréchal de France (Saint-Amans-la-Bastide, auj. Saint-Amans-Soult, 1769 - *id.* 1851). Engagé en 1785, il prit part aux guerres de la Révolution, puis s'illustra à Austerlitz (1805) et commanda en Espagne (1808-1811 et 1814). Rallié à Louis XVIII en 1814, il devint ministre de la Guerre, mais combattit aux côtés de l'Empereur pendant les Cent-Jours. Banni en 1816, il fut sous Louis-Philippe ministre de la Guerre (1830-1832), puis plusieurs fois président du Conseil. En 1847, il reçut le titre de maréchal général de France.

soumettre [sumɛtr] **v.t.** (lat. *submittere*) [conj. **84**]. **1.** Ranger sous sa puissance, sous son autorité ; astreindre à une loi, un règlement : *Soumettre des rebelles* (syn. **mater**). *Soumettre un pays* (syn. **conquérir**). *Revenu soumis à l'impôt* (syn. **assujettir**). **2.** Proposer au jugement, au contrôle, à l'approbation, à l'examen de qqn : *Je vous soumets ce projet* (syn. **présenter**). **3.** Faire subir une opération à : *Soumettre un produit à une analyse.* ◆ **se soumettre v.pr. 1.** [à] Accepter de subir, de passer : *Se soumettre à un traitement, à un examen.* **2.** Accepter une décision, un règlement ; obéir à une injonction : *Je me soumets à sa décision* (syn. **obtempérer, se conformer à**).

soumis, e [sumi, -iz] **adj. 1.** Disposé à l'obéissance : *Un fils soumis* (syn. **docile** ; contr. **indiscipliné, récalcitrant**). **2.** Qui annonce la soumission : *Air soumis* (syn. **humble** ; contr. **dominateur**).

soumission [sumisjɔ̃] **n.f.** (lat. *submissio*). **1.** Fait de se soumettre ; disposition à obéir : *La soumission de militaires révoltés. On lui demande une totale soumission* (syn. **docilité, obéissance**). **2.** DR. Déclaration écrite par laquelle une entreprise s'engage à respecter le cahier des charges d'une adjudication au prix fixé par elle-même.

soupape [supap] **n.f.** (de *sous,* et de l'anc. fr. *paper,* manger). **1.** Obturateur dont le soulèvement et l'abaissement alternatifs permettent de régler le mouvement d'un fluide : *Soupape d'admission* (= entre collecteur et cylindre). *Soupape d'échappement* (= entre cylindre et échappement). **2. Soupape de sécurité, de sûreté,** appareil de robinetterie destiné à limiter la pression d'un fluide à une valeur prédéterminée ; au fig., ce qui permet d'empêcher, d'éviter un bouleversement, ce qui sert d'exutoire : *Les larmes sont une soupape de sécurité.*

Soupault (Philippe), écrivain français (Chaville 1897 -Paris 1990). Poète et auteur de récits, il a participé à l'implantation du mouvement dada en France ainsi qu'à la naissance du surréalisme, à travers notamment la première expérience d'écriture automatique (*les Champs magnétiques* avec André Breton en 1920).

soupçon [supsɔ̃] **n.m.** (bas lat. *suspectionem,* accusatif de *suspectio,* class. *suspicio,* de *suspicere,* regarder de bas en haut). **1.** Opinion défavorable à l'égard de qqn, de son comportement, fondée sur des indices, des impressions, des intuitions, mais sans preuves précises : *De graves soupçons pèsent sur lui* (= il est suspect). *Un homme au-dessus de tout soupçon* (syn. **suspicion**). **2.** Simple conjecture ; idée vague : *J'ai quelques soupçons sur l'origine de cette rumeur.* **3. Un soupçon de,** une très faible quantité de : *Du thé avec un soupçon de lait* (= un nuage de lait).

soupçonner [supsɔne] **v.t. 1.** Avoir des soupçons sur qqn : *Soupçonner qqn de fraude* (syn. **suspecter**). **2.** Conjecturer l'existence ou la présence de : *Je soupçonne une ruse de sa part* (syn. **présumer, pressentir**).

soupçonneux, euse [supsɔnø, -øz] **adj.** Enclin à soupçonner : *Un mari jaloux et soupçonneux* (syn. **défiant, méfiant**).

soupe [sup] **n.f.** (frq. **suppa,* de même famille que le gotique **supôn,* assaisonner). **1.** Potage ou bouillon épaissi avec des tranches de pain, des légumes, etc. **2.** FAM. Repas des soldats : *Aller à la soupe.* **3.** FAM. Neige fondante : *Impossible de skier, c'est de la soupe.* **4.** FAM. **Gros plein de soupe,** homme très gros (péjor.). / FAM. **Soupe au lait,** se dit de qqn qui se met facilement en colère. / **Soupe populaire,** institution de bienfaisance qui distribue des repas aux indigents. / FAM. **Trempé comme une soupe,** très mouillé. **5.** BIOL. **Soupe primitive,** milieu liquide complexe au sein duquel la vie serait apparue sur la Terre il y a environ 3,5 milliards d'années.

soupente [supɑ̃t] **n.f.** (de l'anc. v. *souspendre,* lat. *suspendere,* suspendre). Réduit pratiqué dans la partie haute d'une pièce coupée en deux par un plancher.

1. souper [supe] **n.m.** (de *2. souper*). **1.** VX ou RÉGION. Repas du soir : *L'heure du souper* (syn. **dîner**). **2.** Repas qu'on fait dans la nuit à la sortie d'un spectacle, au cours d'une soirée.

2. souper [supe] **v.i.** (de *soupe*). **1.** Prendre le souper : *Souper en ville* (syn. **dîner**). **2.** FAM. **En avoir soupé,** en avoir assez : *On en a soupé de vos reproches.*

soupeser [supəze] **v.t.** (de *sous* et *peser*) [conj. **19**]. **1.** Soulever qqch avec la main pour en estimer le poids : *Soupeser un colis.* **2.** FIG. Évaluer : *Soupeser les inconvénients d'une affaire.*

soupière [supjɛr] **n.f.** Récipient creux et large avec couvercle pour servir la soupe, le potage.

soupir [supir] **n.m.** (de *soupirer*). **1.** Respiration forte et profonde occasionnée par la douleur, une émotion, etc. : *Un soupir de soulagement.* **2.** MUS. Silence dont la durée correspond à celle d'une noire ; signe qui note ce silence. **3.** LITT. **Rendre le dernier soupir,** mourir.

soupirail [supiraj] **n.m.** (de *soupirer,* exhaler, d'apr. le lat. *spiraculum,* de *spirare,* respirer) [pl. *soupiraux*]. Ouverture donnant un peu d'air et de lumière à un sous-sol : *Les soupiraux de la cave.*

soupirant [supirɑ̃] **n.m.** VIEILLI ou PAR PLAIS. Celui qui fait la cour à une femme.

soupirer [supire] **v.i.** (lat. *suspirare,* de *spirare,* souffler). **1.** Pousser des soupirs exprimant la satisfaction ou le déplaisir, un état agréable ou pénible : *Soupirer de plaisir, d'ennui.* **2.** LITT. Être amoureux : *Soupirer pour une jeune beauté.* ◆ **v.t.** Dire qqch avec des soupirs, dans un soupir : *C'est impossible, soupira-t-il.* ◆ **v.t. ind. [après].** LITT. Désirer vivement ; attendre avec impatience : *Soupirer après les honneurs* (syn. **aspirer à**).

souple [supl] **adj.** (lat. *supplex, supplicis,* suppliant). **1.** Qui se plie facilement : *Tige souple* (syn. **flexible**). **2.** Qui donne une impression de légèreté, d'élasticité : *Démarche souple d'un félin.* **3.** Qui a le corps flexible : *La gymnastique l'aide à rester souple* (syn. **agile**). **4.** Accommodant ; complaisant ; capable de s'adapter : *Négociateur qui reste souple dans les pourparlers* (syn. **conciliant**).

souplement [supləmɑ̃] **adv.** De manière souple ; avec souplesse : *Se faufiler souplement* (syn. **agilement**).

souplesse [suplɛs] **n.f.** Qualité de celui ou de ce qui est souple : *La souplesse d'un acrobate* (syn. **agilité**). *Manœuvrer avec souplesse* (syn. **adresse, diplomatie**).

souquer [suke] **v.t.** (prov. *souca,* serrer un nœud). MAR. Raidir ; serrer fortement : *Souquer un nœud, une amarre.* ◆ **v.i.** Tirer sur les avirons.

sourate n.f. → **surate.**

source [surs] **n.f.** (l'anc. p. passé *sors, sours,* de *sourdre*). **1.** Point d'émergence à la surface du sol de l'eau emmagasinée à l'intérieur : *Capter, exploiter une source. Source d'un cours d'eau.* ▸ L'eau d'infiltration revient au jour sous forme de source lorsque la couche imperméable sur laquelle elle coule affleure à l'air libre, à flanc de coteau par ex. **2.** Principe, cause, origine de qqch : *La jalousie est une source de discordes. Trouver la source du mal pour pouvoir le combattre* (= son point de départ) [syn. **racine**]. **3.** Origine d'une information, d'un renseignement : *Ne pas révéler ses sources.* **4.** Ce qui produit qqch : *Une source importante de revenus.* **5.** Système qui peut fournir de façon permanente une énergie des particules : *Source de chaleur, de lumière. Source sonore.* **6.** ÉLECTRON. Une des électrodes d'un transistor à effet de champ, souvent reliée à une masse. **7. Langue source,** langue du texte que l'on traduit dans une autre langue (par opp. à *langue cible*). / **Remonter à la source,** retrouver l'origine d'une affaire. / **Retour aux sources,** action de revenir aux débuts, jugés plus purs, d'une doctrine. / DR. FISC. **Retenue à la source,** système dans lequel l'impôt est prélevé sur le revenu avant le paiement de celui-ci.

sourcier, ère [sursje, -ɛr] **n.** Personne qui possède le don de découvrir les sources souterraines à l'aide d'une baguette, d'un pendule, etc.

sourcil [sursi] **n.m.** (lat. *supercilium*). **1.** Saillie arquée, revêtue de poils, qui s'étend au-dessus de l'orbite de l'œil : *S'épiler les sourcils.* **2. Froncer les sourcils,** témoigner du mécontentement, de la mauvaise humeur.

sourcilier, ère [sursilje, -ɛr] **adj.** Qui concerne les sourcils : *Le muscle sourcilier. L'arcade sourcilière.*

sourciller [sursije] **v.i.** (de *sourcil*). Manifester par un mouvement des sourcils, du regard, sa perplexité ou son mécontentement : *Il a écouté sans sourciller.*

sourcilleux, euse [sursijø, -øz] **adj.** (lat. *superciliosus*). LITT. Qui fait preuve d'une exactitude, d'une minutie extrême, d'une exigence pointilleuse : *Un magistrat sourcilleux* (syn. **vétilleux**).

sourd, e [sur, surd] **adj.** et **n.** (lat. *surdus*). **1.** Qui est privé du sens de l'ouïe ou chez qui la perception des sons est perturbée : *Avec l'âge, il devient sourd. Il est sourd comme un pot* (= extrêmement sourd). **2. Crier, frapper comme un sourd,** crier, frapper de toutes ses forces. / **Faire la sourde oreille,** faire semblant de ne pas entendre : *Il fait la sourde oreille pour ne pas avoir à répondre.* ◆ **adj. 1.** Qui ne se laisse pas fléchir : *Sourd à la pitié* (syn. **fermé, inaccessible**). **2.** Dont le son est étouffé, peu sonore : *Bruit sourd* (syn. **amorti, assourdi**). *Voix sourde* (syn. **voilé** ; contr. **éclatant, retentissant**). **3.** Qui ne se manifeste pas nettement : *Douleur sourde* (contr. **aigu**). *Inquiétude sourde* (syn. **vague**). **4.** Qui se fait secrètement : *De sourdes machinations* (syn. **clandestin**). **5. Teinte sourde,** teinte terne, peu éclatante. / PHON. **Consonne sourde,** consonne non voisée (par opp. à *consonne sonore*) : [k], [t], [p] *sont des consonnes sourdes.* (On dit aussi *une sourde.*)

sourdement [surdəmɑ̃] **adv. 1.** LITT. Avec un bruit ou un son étouffé : *Le tonnerre grondait sourdement.* **2.** D'une manière secrète et insidieuse : *Le doute s'insinuait sourdement dans les esprits* (syn. **insidieusement**).

sourdine [surdin] **n.f.** (it. *sordina,* de *sordo,* sourd). **1.** Dispositif permettant d'assourdir le son de certains instruments de musique : *La sourdine d'une trompette, d'un violon.* **2. En sourdine,** sans bruit ; secrètement, à la dérobée : *Protester en sourdine. Négocier une affaire en sourdine.* / FAM. **Mettre une sourdine à,** atténuer, modérer : *Mettre une sourdine à ses prétentions* (= les rabattre).

sourd-muet, sourde-muette [surmɥɛ] ou [surdmɥɛt] **n.** (pl. *sourds-muets, sourdes-muettes*). Personne atteinte de surdimutité.

sourdre [surdr] **v.i.** (lat. *surgere*) [conj. **73** ; seul. à l'inf. et à la 3e pers. de l'ind. prés. et imp.]. **1.** LITT. Sortir de terre, en parlant de l'eau ; jaillir, en parlant d'un liquide, d'une lumière, d'un son : *L'eau sourd de tous côtés dans cette région.* **2.** Se manifester peu à peu ; s'élever : *Le mécontentement commence à sourdre* (syn. **surgir, poindre**).

souriant, e [surjɑ̃, -ɑ̃t] **adj.** Qui sourit ; qui témoigne d'un caractère aimable : *Un visage souriant* (syn. **gai**).

souriceau [suriso] **n.m.** Petit de la souris.

souricière [surisjɛr] **n.f. 1.** Piège pour prendre les souris. **2.** FIG. Piège tendu par la police en un lieu précis où des malfaiteurs ou des suspects doivent se rendre : *Tendre, dresser une souricière.*

1. sourire [surir] **v.i.** (lat. *subridere,* de *ridere,* rire) [conj. **95**]. Avoir un sourire, le sourire : *Sourire malicieusement. Répondre en souriant.* ◆ **v.t. ind. [à]. 1.** Adresser un sourire : *Sourire à son interlocuteur.* **2.** Être agréable à qqn, lui convenir : *Cette perspective ne me sourit guère* (syn. **enchanter, plaire**). **3.** Être favorable à qqn : *La fortune sourit aux audacieux* (syn. **favoriser**).

2. sourire [surir] **n.m.** (de *1. sourire*). **1.** Expression rieuse, marquée par de légers mouvements du visage et, en partic., des lèvres, qui indique le plaisir, la sympathie, l'affection, etc. : *Un sourire aimable, spirituel, moqueur.* **2. Avoir le sourire,** laisser paraître sa satisfaction, être content de qqch : *Maintenant qu'il a réussi, il a le sourire.* / **Garder le sourire,** rester de bonne humeur en dépit d'une situation malheureuse.

souris [suri] **n.f.** (lat. pop. **sorix, -icis,* class. *sorex, -icis*). **1.** Petit mammifère rongeur dont l'espèce la plus commune a un pelage gris. ▸ Famille des muridés. La souris peut avoir de 4 à 6 portées annuelles, de 4 à 8 souriceaux chacune. La souris chicote. **2.** FAM. Jeune femme. **3.** BOUCH. Muscle charnu qui tient à l'os du gigot, près de la jointure. **4.** INFORM. Dispositif dont le déplacement manuel permet de désigner une zone sur un écran de visualisation. **5. Gris souris,** se dit d'une couleur d'un gris proche de celui du pelage de la souris.

sournois, e [surnwa, -az] **adj.** et **n.** (probabl. de l'anc. prov. *sorn,* sombre). Qui cache ce qu'il pense ; qui agit en dessous : *Un individu sournois* (syn. **dissimulé, fourbe**). ◆ **adj.** Qui dénote la dissimulation : *Un air sournois* (syn. **chafouin, doucereux, patelin**).

sournoisement [surnwazmɑ̃] **adv.** De façon sournoise : *Attaquer qqn sournoisement* (syn. **insidieusement**).

sournoiserie [surnwazri] **n.f.** LITT. Caractère ou action d'une personne sournoise : *Enfant d'une sournoiserie inquiétante* (syn. **dissimulation** ; contr. **franchise**). *Attendons-nous à toutes les sournoiseries de sa part* (syn. **fourberie**).

sous [su] **prép.** (lat. *subtus,* dessous). **1.** Marque la position par rapport à ce qui est plus haut, qu'il y ait contact ou non : *Mettre un oreiller sous sa tête. S'asseoir sous un arbre.* **2.** Marque une situation d'ordre géographique : *Sous telle latitude* (= à telle latitude). *Sous les tropiques* (= dans la zone tropicale). *Sous un climat pareil.* **3.** Indique l'inclusion dans un contenant : *Mettre une lettre sous enveloppe* (= dans une enveloppe).

4. Exprime la situation par rapport à une période historique donnée : *Sous Louis XIV.* **5.** Désigne une relation de subordination : *Avoir des hommes sous ses ordres.* **6.** Désigne une relation de dépendance : *Parler sous hypnose, sous la torture. On l'a mise sous cortisone. Agir sous l'emprise de la colère.* **7.** Marque la soumission à un contrôle extérieur : *Être conduit chez le juge sous bonne garde. Être sous observation, sous monitoring.* **8.** Marque une manière, une condition : *Écrire sous un faux nom. Être libéré sous caution.* **9.** Exprime le point de vue : *Regarder un objet sous toutes ses faces.* **10.** Marque un délai proche : *Sous peu. Sous huitaine.* **11.** S'emploie en composition pour indiquer une position inférieure ou un rapport de deuxième degré : *Un sous-bois. Sous-cutané. Un sous-directeur. Sous-traiter. Sous-entendre.*

sous-alimentation [suzalimɑ̃tasjɔ̃] **n.f.** (pl. *sous-alimentations*). Insuffisance quantitative de l'apport alimentaire assez prolongée pour provoquer des troubles organiques ou fonctionnels : *Souffrir de sous-alimentation* (contr. **suralimentation**).

sous-alimenté, e [suzalimɑ̃te] **adj.** Qui souffre de sous-alimentation : *Des populations sous-alimentées.*

sous-alimenter [suzalimɑ̃te] **v.t.** Alimenter insuffisamment : *Sous-alimenter des prisonniers* (contr. **suralimenter**).

sous-bois [subwa] **n.m. 1.** Végétation qui pousse sous les arbres d'une forêt : *Arracher le sous-bois.* **2.** Espace recouvert par les arbres d'une forêt : *Chemin qui s'enfonce dans le sous-bois.* **3.** Dessin, peinture représentant l'intérieur d'une forêt : *Les sous-bois de l'école de Barbizon.*

sous-chef [suʃɛf] **n.m.** (pl. *sous-chefs*). Celui qui seconde le chef, qui dirige en son absence.

sous-classe [suklas] **n.f.** (pl. *sous-classes*). BIOL. Subdivision d'une classe.

sous-commission [sukɔmisjɔ̃] **n.f.** (pl. *sous-commissions*). Commission nommée en son sein par une commission pour l'étude d'une question.

sous-consommation [sukɔ̃sɔmasjɔ̃] **n.f.** (pl. *sous-consommations*). Consommation inférieure à la normale.

sous-continent [sukɔ̃tinɑ̃] **n.m.** (pl. *sous-continents*). **Sous-continent indien,** partie de l'Asie continentale située au sud de l'Himalaya.

sous-couche [sukuʃ] **n.f.** (pl. *sous-couches*). Première couche de peinture, de vernis, etc. sur une surface.

souscripteur [suskriptœr] **n.m. 1.** Celui qui souscrit un effet de commerce. **2.** Celui qui prend part à une souscription.

souscription [suskripsjɔ̃] **n.f.** (lat. *subscriptio*). **1.** Engagement pris de s'associer à une entreprise, d'acheter un ouvrage en cours de publication, etc. ; somme qui doit être versée par le souscripteur : *Dictionnaire vendu uniquement par souscription. Les souscriptions sont reçues par le trésorier.* **2.** DR. Signature mise au bas d'un acte pour l'approuver : *Il ne manque que la souscription au bas du contrat.* **3.** BOURSE. Participation à une augmentation de capital par appel au public, à une émission publique d'obligations. **4. Droit de souscription,** privilège accordé à un actionnaire de participer par priorité à une augmentation de capital.

souscrire [suskrir] **v.t.** (lat. *subscribere,* propr. « écrire dessous ») [conj. **99**]. **1.** DR. Revêtir un écrit de sa signature pour l'approuver : *Souscrire un pacte.* **2.** S'engager à verser une certaine somme en contrepartie de qqch : *Souscrire un abonnement à une revue.* ◆ **v.t. ind. [à]. 1.** Donner son adhésion, son approbation à qqch : *Souscrire à une proposition* (syn. **approuver**). *Souscrire à un arrangement* (syn. **accepter, consentir**). **2.** S'engager à contribuer financièrement à qqch, à prendre sa part d'une dépense commune : *Souscrire à la construction d'un monument pour 2 000 €.* **3.** Prendre l'engagement d'acheter, moyennant un prix convenu, un ouvrage qui doit être publié : *Souscrire à une encyclopédie.*

sous-cutané, e [sukytane] **adj.** (pl. *sous-cutanés, es*). **1.** Situé sous la peau : *Tumeur sous-cutanée.* **2.** Qui se fait sous la peau ; hypodermique : *Une injection sous-cutanée* (on dit aussi *une sous-cutanée*).

sous-développé, e [sudevlɔpe] **adj.** et **n.** (pl. *sous-développés, es*). **1.** Qui se trouve en deçà d'un niveau normal de développement : *L'infrastructure routière est sous-développée dans cette région.* **2.** Se disait d'un pays dont les habitants avaient un faible niveau de vie en raison, notamm., de l'insuffisance de la production agricole, du développement médiocre de l'industrie et, fréquemment, d'une croissance démographique plus rapide que la progression du revenu national : *L'aide aux pays sous-développés.* (On dit aussi *pays en développement* ou *pays moins avancé.*)

sous-développement [sudevlɔpmɑ̃] **n.m.** (pl. *sous-développements*). État d'un pays sous-développé.

sous-directeur, trice [sudirɛktœr, -tris] **n.** (pl. *sous-directeurs, trices*). Personne qui dirige en second.

sous-dominante [sudɔminɑ̃t] **n.f.** (pl. *sous-dominantes*). MUS. Quatrième degré d'une gamme diatonique, au-dessous de la dominante.

sous-effectif [suzefɛktif] **n.m.** (pl. *sous-effectifs*). Effectif inférieur à la normale.

sous-embranchement [suzɑ̃brɑ̃ʃmɑ̃] **n.m.** (pl. *sous-embranchements*). BIOL. Subdivision d'un embranchement.

sous-emploi [suzɑ̃plwa] **n.m.** (pl. *sous-emplois*). Emploi d'une partie seulement de la main-d'œuvre disponible : *Le sous-emploi est une des conséquences de la crise économique.*

sous-employer [suzɑ̃plwaje] **v.t.** [conj. **13**]. Employer de manière insuffisante : *Sous-employer le personnel, les équipements d'une entreprise* (syn. **sous-utiliser**).

sous-ensemble [suzɑ̃sɑ̃bl] **n.m.** (pl. *sous-ensembles*). MATH. **Sous-ensemble (d'un ensemble),** partie de cet ensemble.

sous-entendre [suzɑ̃tɑ̃dr] **v.t.** [conj. **73**]. **1.** Faire comprendre qqch sans le dire ; ne pas exprimer franchement et explicitement sa pensée : *Expliquez-moi ce que vous sous-entendez par ces paroles* (syn. **insinuer**). **2. Être sous-entendu,** être implicite ; ne pas être exprimé mais pouvoir être facilement supposé, rétabli : *« Par ici ! » est une phrase où le verbe est sous-entendu.*

sous-entendu [suzɑ̃tɑ̃dy] **n.m.** (pl. *sous-entendus*). Ce qu'on fait comprendre sans le dire ; allusion souvent perfide : *Une lettre pleine de sous-entendus* (syn. **insinuation**).

sous-équipé, e [suzekipe] **adj.** (pl. *sous-équipés, es*). ÉCON. Dont l'équipement est insuffisant : *Région sous-équipée.*

sous-équipement [suzekipmɑ̃] **n.m.** (pl. *sous-équipements*). ÉCON. État d'une nation, d'une région sous-équipée : *Déplorer le sous-équipement hôtelier d'une région.*

sous-estimation [suzɛstimasjɔ̃] **n.f.** (pl. *sous-estimations*). Action de sous-estimer ; fait d'être sous-estimé : *La sous-estimation d'un titre de Bourse* (syn. **sous-évalution**).

sous-estimer [suzɛstime] **v.t.** Apprécier au-dessous de sa valeur réelle : *Sous-estimer la capacité de résistance d'un adversaire* (syn. **minimiser**). *Sous-estimer un bien* (syn. **sous-évaluer**).

sous-évaluation [suzevalɥasjɔ̃] **n.f.** (pl. *sous-évaluations*). Action de sous-évaluer ; fait d'être sous-évalué : *La sous-évaluation d'une fortune* (syn. **sous-estimation**).

sous-évaluer [suzevalɥe] **v.t.** Évaluer qqch au-dessous de sa valeur : *Sous-évaluer un stock* (syn. **sous-estimer**).

sous-exploitation [suzɛksplwatasjɔ̃] **n.f.** (pl. *sous-exploitations*). ÉCON. Exploitation insuffisante : *La sous-exploitation d'un gisement, d'une région* (contr. **surexploitation**).

sous-exploiter [suzɛksplwate] **v.t.** ÉCON. Exploiter insuffisamment : *Mine sous-exploitée* (contr. **surexploiter**).

sous-exposer [suzɛkspoze] **v.t.** PHOT. Exposer insuffisamment une émulsion photographique (par opp. à *surexposer*) : *Photo sous-exposée.*

sous-exposition [suzɛkspozisjɔ̃] **n.f.** (pl. *sous-expositions*). PHOT. Exposition insuffisante.

sous-famille [sufamij] **n.f.** (pl. *sous-familles*). BIOL. Niveau de la classification venant immédiatement après la famille.

sous-fifre [sufifr] **n.m.** (du fr. pop. *fifre,* maladroit, de *fifrelin,* chose sans valeur) [pl. *sous-fifres*]. *FAM.* Personne qui occupe un emploi secondaire (péjor.) : *J'avais rendez-vous avec le directeur mais c'est un sous-fifre qui m'a reçu* (syn. **subalterne**).

sous-homme [suzɔm] **n.m.** (pl. *sous-hommes*). Homme traité comme un inférieur, qui a perdu sa dignité d'homme.

sous-jacent, e [suʒasɑ̃, -ɑ̃t] **adj.** (de *sous* et du lat. *jacens, -entis,* de *jacere,* être étendu, d'apr. *adjacent*) [pl. *sous-jacents, es*]. **1.** Qui est placé dessous : *Muscles sous-jacents.* **2.** Caché : *Idées, sentiments sous-jacents* (syn. **latent**).

sous-lieutenant, e [suljøtnɑ̃, -ɑ̃t] **n.** (pl. *sous-lieutenants, es*). Officier titulaire du premier grade de la hiérarchie dans les armées de terre et de l'air : *Le sous-lieutenant porte un seul galon à la couleur de son arme.*

sous-locataire [sulɔkatɛr] **n.** (pl. *sous-locataires*). Personne qui occupe un local en sous-location : *Le preneur est responsable des dégradations et pertes occasionnées par son sous-locataire.*

sous-location [sulɔkasjɔ̃] **n.f.** (pl. *sous-locations*). Action de sous-louer : *Prendre un appartement en sous-location.*

sous-louer [sulwe] **v.t. 1.** Donner à loyer la totalité ou une partie d'une maison ou d'un appartement dont on est le locataire principal. **2.** Prendre à loyer du locataire principal une portion de maison ou d'appartement.

sous-main [sumɛ̃] **n.m. inv. 1.** Accessoire de bureau sur lequel on place la feuille de papier où l'on écrit. **2. En sous-main,** en cachette, secrètement : *Négocier un avantage en sous-main.*

1. sous-marin, e [sumarɛ̃, -in] **adj.** (pl. *sous-marins, es*). **1.** Qui est sous la mer : *Volcan sous-marin.* **2.** Qui s'effectue sous la mer : *Navigation sous-marine.* **3. Chasse, pêche sous-marine,** sport qui consiste à s'approcher sous l'eau, à la nage, du poisson et à le tirer avec un fusil à harpon.

2. sous-marin [sumarɛ̃] **n.m.** (pl. *sous-marins*). **1.** Bâtiment de guerre conçu pour naviguer sous l'eau, de façon prolongée et autonome et pour combattre en plongée. **2.** Tout bâtiment capable d'être immergé pour accomplir une mission de recherche ou de sauvetage. **3.** *FAM.* Personne qui s'introduit dans une organisation pour espionner (syn. **espion**). **4.** *QUÉBÉC.* Petit pain allongé et fendu sur le côté garni de viande, de fromage, de laitue.

■ **Les sous-marins classiques.** Après quelques essais à la fin du XVIIIe s., les premières réalisations modernes en France ont été, en 1888, le *Gymnote* et, en 1893, le *Gustave-Zédé.* Mais le premier sous-marin de combat fut, en 1899, le *Narval,* à double coque, de l'ingénieur Laubeuf. Jusqu'à la propulsion nucléaire, il demeure le prototype de tous les sous-marins dont la capacité à évoluer sous l'eau est techniquement réalisable grâce au remplissage de réservoirs appelés *ballasts.* L'évacuation de ces derniers provoque la remontée du bâtiment en surface. Les sous-marins disposent de deux moteurs, l'un à vapeur (puis Diesel) pour la navigation courante, qui a lieu en surface, l'autre électrique pour la navigation en plongée, réservée au combat.

Les sous-marins jouent un rôle essentiel pendant les deux guerres mondiales, notamment dans la marine allemande. Sur le plan technique, cette période est marquée par la mise en service, en 1940, de l'*asdic,* ancêtre du sonar, qui permet de repérer par ultrasons les sous-marins en plongée. Mais ceux-ci bénéficient du *schnorchel,* tube rétractable de 8 à 10 m monté sur kiosque, et qui, en laissant seule émerger sa tête, permet au sous-marin de faire route, sans être vu.

Le sous-marin nucléaire. Le développement du moteur nucléaire, avec le *Nautilus* américain, en service en 1954, constitue une véritable révolution tactique et stratégique (rayon d'action pratiquement illimité, affranchissement total de la surface). En 1960 apparaît, avec le *George Washington,* le premier sous-marin nucléaire armé de 16 missiles de type Polaris lancés en plongée. Le sous-marin nucléaire lanceur d'engins (S.N.L.E.) tient depuis une place essentielle dans les forces de dissuasion des puissances nucléaires.

L'exploration sous-marine. Pour l'exploration océanographique, on a mis au point d'abord des *bathyscaphes* (A. Piccard, 1948). L'un d'eux, le *Trieste,* descendit en 1960 à 10 916 m de profondeur dans la fosse des Mariannes. Mais ces engins sont lourds, d'entretien difficile, coûteux à mettre en œuvre. Ils ont cédé la place à des *submersibles,* plus légers, plus maniables, plus mobiles, et ainsi mieux à même d'effectuer des mesures et des prélèvements. La *Soucoupe 350* du commandant Cousteau, transportée par bateau sur le lieu de plongée, a été le premier spécimen d'une génération d'engins océanographiques habités qui a marqué les années 1970. L'*Alvin,* construit aux États-Unis, a effectué quelques découvertes majeures comme celle, en 1977, au large des Galápagos, de la faune vivant autour des sources hydrothermales. En 1984, la France a lancé le *Nautile,* sous-marin de recherche pouvant embarquer 3 hommes et une charge utile de 280 kg, et capable de descendre à 6 000 m. Cet engin a visité à plusieurs reprises depuis 1987 l'épave du *Titanic,* par 4 000 m de fond.

Des engins d'intervention habités ou robotisés sont également mis au point pour la recherche du pétrole sous-marin. ■

sous-marinier, ère [sumarinje, -ɛr] **n.** (pl. *sous-mariniers, ères*). Membre de l'équipage d'un sous-marin.

sous-marque [sumark] **n.f.** (pl. *sous-marques*). Marque utilisée par un fabricant qui exploite par ailleurs une marque plus connue.

sous-médicalisé, e [sumedikalize] **adj.** (pl. *sous-médicalisés, es*). Se dit d'un pays ou d'une région où la densité médicale trop faible ne permet pas de répondre correctement aux besoins de la population sur le plan de la santé.

sous-ministre [suministr] **n.m.** (pl. *sous-ministres*). Au Canada, haut fonctionnaire qui seconde un ministre.

sous-multiple [sumyltipl] **adj.** et **n.m.** (pl. *sous-multiples*). **1.** MATH. Se dit d'un nombre contenu un nombre entier de fois dans un autre nombre : *3 est le sous-multiple de 9.* **2.** MÉTROL. Quotient d'une unité de mesure par une puissance entière, positive de 10 : *Le centimètre est un sous-multiple du mètre.*

sous-nutrition [sunytrisjɔ̃] **n.f.** (pl. *sous-nutritions*). Nutrition insuffisante.

sous-officier [suzɔfisje] **n.m.** (pl. *sous-officiers*). Militaire d'un corps intermédiaire entre celui des officiers et de la troupe (abrév. fam. *sous-off*).

sous-ordre [suzɔrdr] **n.m.** (pl. *sous-ordres*). **1.** Personne soumise aux ordres d'une autre : *Avoir affaire à un quelconque sous-ordre* (syn. **subalterne**). **2.** BIOL. Niveau de la classification venant immédiatement après l'ordre.

sous-payer [supeje] **v.t.** [conj. **11**]. Payer au-dessous du taux légal ou insuffisamment : *Être sous-payé.*

sous-peuplement [supœpləmɑ̃] **n.m.** (pl. *sous-peuplements*). Peuplement insuffisant eu égard aux ressources exploitées ou potentielles d'un pays (par opp. à *surpeuplement*).

sous-préfecture [suprefɛktyr] **n.f.** (pl. *sous-préfectures*). **1.** Subdivision de département administrée par un sous-préfet. **2.** Ville où réside le sous-préfet. **3.** Ensemble des services de l'administration sous-préfectorale.

sous-préfet [suprefɛ] **n.m.** (pl. *sous-préfets*). Fonctionnaire, représentant de l'État dans l'arrondissement. ▶ Le grade de sous-préfet donne vocation à occuper des fonctions de secrétaire général de la préfecture ou de directeur du cabinet du préfet.

sous-préfète [suprefɛt] **n.f.** (pl. *sous-préfètes*). **1.** Femme sous-préfet. **2.** Femme d'un sous-préfet.

sous-production [suprɔdyksjɔ̃] **n.f.** (pl. *sous-productions*). Production de biens de consommation inférieure aux besoins (par opp. à *surproduction*).

sous-produit [suprɔdɥi] **n.m.** (pl. *sous-produits*). **1.** Produit dérivé d'un autre. **2.** Mauvaise imitation ; produit de qualité médiocre : *Certains musiciens considèrent le rock comme un sous-produit du jazz.* **3.** Corps obtenu accessoirement dans une préparation chimique industrielle ou comme résidu d'une extraction : *La paraffine est un des nombreux sous-produits du pétrole.*

sous-programme [suprɔgram] **n.m.** (pl. *sous-programmes*). INFORM. Séquence d'instructions réalisant une fonction particulière, conçue pour être utilisée dans différents programmes (syn. **procédure, routine**).

sous-prolétariat [suprɔletarja] **n.m.** (pl. *sous-prolétariats*). Couche sociale confrontée à la surexploitation et à une particulière précarité, et ne disposant pas des modes d'organisation et de défense propres au prolétariat.

soussigné, e [susiɲe] **adj.** et **n.** (du lat. *subsignare*, inscrire au bas, à la suite). DR. Qui a mis son nom au bas d'un acte : *La soussignée. Les témoins soussignés. Je soussigné X déclare...*

sous-sol [susɔl] **n.m.** (pl. *sous-sols*). **1.** Couche immédiatement au-dessous de la terre végétale : *Un sous-sol sablonneux.* **2.** Partie ou ensemble des couches géologiques d'une région : *Les richesses du sous-sol.* **3.** Étage souterrain ou partiellement souterrain d'un bâtiment : *La voiture est garée au troisième sous-sol.*

sous-tasse [sutas] **n.f.** (pl. *sous-tasses*). Soucoupe.

sous-tendre [sutɑ̃dr] **v.t.** (lat. *subtendere*) [conj. **73**]. **1.** GÉOM. Être la corde d'un arc de courbe. **2.** Être à l'origine, à la base de qqch : *Les principes qui sous-tendent une théorie.*

sous-titrage [sutitraʒ] **n.m.** (pl. *sous-titrages*). CIN. Action de sous-titrer ; ensemble des sous-titres d'un film.

sous-titre [sutitr] **n.m.** (pl. *sous-titres*). **1.** Titre placé après le titre principal d'un livre, d'une publication, etc. : *« La Nouvelle Héloïse » est le sous-titre de « Julie » de J.-J. Rousseau.* **2.** CIN. Traduction des dialogues d'un film en version originale, qui paraît au bas de l'image sur l'écran : *Je n'arrive pas à lire les sous-titres.*

sous-titrer [sutitre] **v.t.** Mettre un sous-titre, des sous-titres à : *Sous-titrer un article de revue. Sous-titrer un film italien.*

soustractif, ive [sustraktif, -iv] **adj.** MATH. Relatif à la soustraction : *Signe soustractif. Méthode soustractive.*

soustraction [sustraksjɔ̃] **n.f.** (lat. *substractio*). **1.** DR. Prise de possession d'une chose contre le gré et à l'insu de son détenteur légitime. **2.** MATH. Opération notée - (moins), inverse de l'addition, qui, deux nombres a et b étant donnés, consiste à trouver un nombre c, nommé *différence*, tel que $a = b + c$.

soustraire [sustrɛr] **v.t.** (lat. *subtrahere*) [conj. **112**]. **1.** Retrancher une quantité d'une autre, en faire la soustraction : *Si l'on soustrait 50 de 120, on obtient 70* (syn. **retirer, déduire**). **2.** Prendre qqch, l'enlever de qqch, génér. par des moyens irréguliers : *Soustraire une pièce d'un dossier* (syn. **dérober, détourner**). **3.** *LITT.* Dérober qqch à qqn : *Le faux inspecteur lui a soustrait une somme considérable* (syn. **voler**). **4.** *LITT.* Permettre à qqn d'échapper à qqch de néfaste ; mettre à l'abri de : *Rien ne peut vous soustraire à cette obligation* (syn. **dispenser de**). **5.** *LITT.* **Soustraire qqn, qqch aux regards, à la vue,** les cacher, les placer pour qu'ils ne soient pas vus : *Enfermer une lettre pour la soustraire aux regards indiscrets.* ◆ **se soustraire v. pr. [à]** Refuser de se soumettre à, de comparaître : *Se soustraire à la justice, à la loi.*

sous-traitance [sutrɛtɑ̃s] **n.f.** (pl. *sous-traitances*). Exécution, par un artisan ou un industriel, d'une fabrication ou d'un traitement de pièces pour le compte d'un autre industriel : *Travailler en sous-traitance.*

sous-traitant, e [sutrɛtɑ̃, -ɑ̃t] **adj.** et **n.** (pl. *sous-traitants, es*). Qui fait de la sous-traitance : *Faire appel à un sous-traitant.*

sous-traiter [sutrɛte] **v.t.** Confier à un sous-traitant tout ou partie d'un marché primitivement conclu par un autre : *Sous-traiter la construction d'une école.*

sous-utiliser [suzytilize] **v.t.** Utiliser de façon insuffisante : *Sous-utiliser un local* (syn. **sous-employer**). *Ses compétences sont sous-utilisées.*

sous-ventrière [suvɑ̃trijɛr] **n.f.** (pl. *sous-ventrières*). Courroie attachée aux deux limons d'une voiture ou d'une charrette, et qui passe sous le ventre du cheval.

sous-verre [suvɛr] **n.m. inv.** Ensemble constitué d'une image (gravure, dessin, photographie) placée entre une plaque de verre et un carton.

sous-vêtement [suvɛtmɑ̃] **n.m.** (pl. *sous-vêtements*). Pièce de lingerie ou de bonneterie que l'on porte sous les vêtements (slip, maillot de corps, soutien-gorge).

soutache [sutaʃ] **n.f.** (du hongr.). Tresse de galon qui sert d'ornement sur des vêtements, princ. des uniformes.

soutane [sutan] **n.f.** (it. *sottana*, vêtement de dessous, de *sotto*, sous). Vêtement long en forme de robe, porté par les ecclésiastiques.

soute [sut] **n.f.** (anc. prov. *sota*, du lat. pop. **sobta*, class. *subtus*, sous). **1.** Compartiment fermé de l'entrepont et des cales d'un navire, servant à contenir du matériel, du combustible, des munitions ou des vivres : *Soute à voiles.* **2.** Compartiment réservé au fret ou aux bagages, aménagé dans le fuselage d'un avion : *Soute à bagages.* ◆ **soutes n.f. pl.** Combustibles liquides pour les navires.

soutenable [sutnabl] **adj. 1.** Qui peut être supporté, enduré : *Des scènes de violence difficilement soutenables* (syn. **supportable**). **2.** Qui peut se soutenir par de bonnes raisons : *Opinion soutenable* (syn. **défendable**).

soutenance [sutnɑ̃s] **n.f.** Action de soutenir une thèse, un mémoire : *Assister à une soutenance.*

soutènement [sutɛnmɑ̃] **n.m.** (de *soutenir*). **1.** Action de soutenir les parois d'une excavation ; dispositif de soutien : *Pilier qui sert de soutènement* (syn. **contrefort**). **2. Mur de soutènement,** ouvrage résistant à la poussée des terres ou des eaux : *Mur de soutènement séparant la plage de la promenade* (= épaulement).

souteneur [sutnœr] **n.m.** (de *soutenir*). Individu qui vit de la prostitution de filles qu'il prétend protéger ; proxénète.

soutenir [sutnir] **v.t.** (lat. pop. **sustenire*, class. *sustinere*) [conj. **40**]. **1.** Maintenir dans une position grâce à un support, servir de support, d'appui à : *Piliers qui soutiennent une voûte* (syn. **supporter**). **2.** Maintenir qqn debout, l'empêcher de tomber, de s'affaisser : *Deux personnes le soutenaient pour marcher* (syn. **porter, tenir**). **3.** Empêcher qqn, un organe de s'affaiblir, de défaillir : *Ce médicament est destiné à soutenir le cœur* (syn. **stimuler, remonter**). **4.** Procurer une aide, un réconfort, etc., à qqn : *Soutenir le moral de qqn* (= l'encourager). *Soutenir qqn dans les épreuves* (syn. **épauler, assister**). **5.** Agir pour maintenir qqch à un certain niveau ; empêcher de faiblir : *Soutenir la monnaie, l'économie* (syn. **stimuler**). *Soutenir l'intérêt de ses lecteurs* (syn. **attiser, exciter**). *Soutenir son effort.* **6.** Appuyer ; défendre : *Parti qui soutient le gouvernement.* **7.** Renforcer une enchère du partenaire, aux cartes. **8.** Affirmer une opinion : *Je soutiens qu'il se trompe* (syn. **prétendre**). **9.** Résister sans faiblir à : *Soutenir les assauts de l'ennemi.* **10. Soutenir la comparaison avec qqn, qqch,** ne pas leur être inférieur : *Pension de famille qui soutient la comparaison avec les meilleurs hôtels.* / **Soutenir le regard de qqn,** le regarder dans les yeux sans se laisser intimider. / **Soutenir une thèse, un mémoire,** les exposer devant un jury. ◆ **se soutenir v.pr. 1.** Se maintenir en position d'équilibre dans l'air, dans l'eau : *Se soutenir dans l'eau grâce à une bouée.* **2.** Se maintenir au même degré ; conserver son niveau : *Un film dont l'intérêt se soutient du début à la fin.* **3.** Être affirmé valablement : *Un point de vue qui peut se soutenir* (syn. **se défendre**). **4.** Se prêter une mutuelle assistance : *Se soutenir dans l'adversité* (syn. **s'entraider**).

soutenu, e [sutny] **adj.** (p. passé de *soutenir*). **1.** Qui ne se relâche pas : *Intérêt soutenu* (syn. **constant**). *Travail soutenu* (syn. **assidu**). *Efforts soutenus.* **2.** Qui présente une certaine intensité, en parlant d'une couleur : *Un bleu soutenu* (syn. **vif**). **3. Langue soutenue,** niveau de langue caractérisé par une certaine recherche dans le choix des mots et la syntaxe. / **Style soutenu,** constamment noble, élevé, élégant (par opp. à *familier*).

1. souterrain, e [suterɛ̃, -ɛn] **adj.** (de *terre,* d'apr. le lat. *subterraneus*). **1.** Situé sous terre : *Abri souterrain.* **2.** Qui se trame secrètement : *Menées souterraines* (syn. **caché**). **3. Économie souterraine,** ensemble des activités économiques non déclarées (travail au noir, transactions occultes, production clandestine, etc.).

2. souterrain [suterɛ̃] **n.m.** (de *1. souterrain*). Couloir, galerie qui s'enfonce sous terre ; ouvrage construit au-dessous du niveau du sol pour livrer passage à une voie de communication (tunnel) ou à une galerie d'amenée ou d'évacuation des eaux.

Southampton, port de Grande-Bretagne (Hampshire), sur la Manche ; 234 224 hab.

soutien [sutjɛ̃] **n.m.** (de *soutenir*). **1.** Action de soutenir qqn, qqch : *Nous vous apporterons notre soutien* (syn. **appui, protection**). *Mesures de soutien à l'économie* (syn. **aide**). **2.** Personne, groupe qui soutiennent qqn, un groupe : *C'est un des plus sûrs soutiens du gouvernement* (syn. **pilier, défenseur**). **3.** Ce qui soutient qqch : *Cette colonne est le soutien de la voûte* (syn. **support**). **4.** DR. **Soutien de famille,** personne qui assure la subsistance matérielle de sa famille.

soutien-gorge [sutjɛ̃gɔrʒ] **n.m.** (pl. *soutiens-gorge*). Pièce de lingerie féminine servant à maintenir la poitrine.

soutier [sutje] **n.m.** (de *soute*). **1.** *ANC.* Matelot qui était chargé d'alimenter en charbon les chaufferies d'un navire. **2.** *FIG.* Personne qui occupe une fonction subalterne et ingrate, génér. indispensable : *Les soutiers du développement économique.*

Soutine (Chaïm), peintre français d'origine lituanienne (Smilovitchi, près de Minsk, 1893 - Paris 1943). Il a pratiqué, non sans raffinement de palette, un expressionnisme qui désarticule le motif avec virulence. Au musée de l'Orangerie à Paris (coll. Walter-Guillaume) : *Paysage* (Cagnes, autour de 1920), *le Petit Pâtissier* (1922 ?), *Bœuf et tête de veau* (1925 ?), *Enfant de chœur* (1928 ?), etc.

soutirage [sutiraʒ] **n.m.** Action de soutirer.

soutirer [sutire] **v.t.** (de *sous* et *tirer*). **1.** Transvaser doucement du vin, un liquide ou un gaz d'un récipient dans un autre : *Soutirer du vin, du cidre pour le clarifier. Soutirer du gasoil.* **2.** Obtenir par ruse ou par adresse : *Soutirer de l'argent à qqn* (syn. **extorquer**).

soutra n.m. ⟶ **sutra.**

souvenance [suvnɑ̃s] **n.f.** (de *se souvenir*). *LITT.* **Avoir souvenance de qqch,** en avoir le souvenir : *Je n'ai pas vu ce film, du moins je n'en ai pas souvenance.*

souvenir [suvnir] **n.m.** (de *se souvenir*). **1.** Survivance dans la mémoire d'une sensation, d'une impression, d'une idée, d'un événement passés : *Un souvenir vague, confus* (syn. **réminiscence**). **2.** Ce qui rappelle la mémoire de qqn ou d'un événement : *Acceptez ce bijou comme souvenir* ou *en souvenir.* **3.** Petit objet vendu aux touristes sur les lieux particulièrement visités : *Boutique de souvenirs.* **4. Veuillez me rappeler au bon souvenir de (qqn),** formule de politesse par laquelle on prie son interlocuteur de transmettre à qqn l'expression de sa sympathie.

se **souvenir** [suvnir] **v.pr. [de]** (lat. *subvenire,* se présenter à l'esprit) [conj. **40**]. **1.** Avoir présente à l'esprit une image liée au passé : *Souvenez-vous de vos promesses* (syn. **se rappeler**). *Se souvenir d'une histoire* (syn. **se remémorer**). **2. Je m'en souviendrai,** je me vengerai, on me le paiera. ◆ **v. impers.** *LITT.* Revenir à la mémoire : *Vous souvient-il de nos jeux d'autrefois ?*

souvent [suvɑ̃] **adv.** (lat. *subinde,* aussitôt). **1.** Plusieurs fois en peu de temps ; de manière répétée : *Elle vient souvent* (syn. **fréquemment** ; contr. **rarement**). **2.** D'ordinaire ; dans de nombreux cas : *C'est souvent ce qui arrive quand on roule trop vite* (syn. **généralement**).

1. souverain, e [suvrɛ̃, -ɛn] **adj.** (lat. médiév. *superanus,* du class. *super,* dessus). **1.** *LITT.* Qui atteint le plus haut degré : *Un bonheur souverain* (syn. **suprême**). *Un souverain mépris* (syn. **extrême**). **2.** Qui exerce un pouvoir suprême : *Le peuple est souverain dans une démocratie.* **3.** Qui n'est susceptible d'aucun recours : *Jugement souverain.* **4. Remède souverain,** dont l'efficacité est certaine, infaillible.

2. souverain, e [suvrɛ̃, -ɛn] **n.** (de *1. souverain*). Personne qui exerce le pouvoir suprême : *Le souverain d'une nation* (syn. **monarque, roi, empereur**).

souverainement [suvrɛnmɑ̃] **adv. 1.** Au plus haut point : *Livre souverainement ennuyeux* (syn. **suprêmement, extrêmement**). **2.** Sans appel ; avec un pouvoir souverain : *Décider, juger souverainement.*

souveraineté [suvrɛnte] **n.f.** (de *souverain*). **1.** Autorité suprême : *Souveraineté du peuple.* **2.** Pouvoir suprême reconnu à l'État, qui implique l'exclusivité de sa compétence sur le territoire national et son indépendance dans l'ordre international où il n'est limité que par ses propres engagements : *État qui défend sa souveraineté* (syn. **autonomie**). **3. Souveraineté nationale,** principe du droit public français selon lequel la souveraineté, jadis exercée par le roi, l'est aujourd'hui par l'ensemble des citoyens.

souverainisme [suvrenism] **n.m.** (de *souverain*). Doctrine des défenseurs d'une Europe constituée de nations souveraines. ▸ Elle s'oppose à celle des partisans d'une Europe fédérale.

souverainiste [suvrenist] **n.** et **adj. 1.** Partisan du souverainisme. **2.** *QUÉBÉC.* Partisan de l'accession de la province au statut d'État souverain.

Souvorov (Aleksandr Vassilievitch, *comte,* puis *prince*), général russe (Moscou 1729 ou 1730 - Saint-Pétersbourg 1800). Plusieurs fois vainqueur des Turcs (1787-1789), il réprima l'insurrection polonaise (1794), et fut nommé feld-maréchal (maréchal de camp) par Catherine II. Lors de la deuxième coalition, il lutta avec succès contre les Français en Italie, mais fut arrêté par Masséna à Zurich (1799).

soviet [sɔvjɛt] **n.m.** (mot russe « conseil »). **1.** HIST. Assemblée des délégués élus, en Russie, puis en U.R.S.S. **2. Soviet suprême,** organe supérieur du pouvoir d'État en U.R.S.S., jusqu'en 1991.

soviétique [sɔvjetik] **adj.** et **n.** HIST. Relatif aux soviets, à l'U.R.S.S. : *L'économie soviétique.*

soviétologue [sɔvjetɔlɔg] **n.** Spécialiste de l'Union soviétique.

sovkhoze ou **sovkhoz** [sɔvkoz] **n.m.** (abrév. des mots russes *sov[ietskoïé]*, soviétique *khoz[iaïastvo]*, économie). HIST. Grande exploitation agricole d'État, en U.R.S.S.

Soweto, banlieue de Johannesburg (Afrique du Sud), à forte majorité noire. Musée de l'Apartheid. De graves émeutes s'y produisirent en 1976.

soyeux, euse [swajø, -øz] **adj.** (de *soie*). Fin et doux au toucher comme de la soie : *Cheveux soyeux.* ◆ **soyeux n.m.** Industriel travaillant la soie ou négociant en soieries, à Lyon.

Soyinka (Wole), écrivain nigérian d'expression anglaise (Abeokuta 1934). Son théâtre, ses poèmes, ses romans et son autobiographie (*Aké, les années d'enfance,* 1981 ; *Ibadan, les années pagaille,* 1994 ; *Il te faudra partir à l'aube,* 2006) brossent un tableau satirique de l'Afrique décolonisée et évoquent la disparition de la culture ancestrale. (Prix Nobel 1986.)

Spaak (Paul Henri), homme politique belge (Schaerbeek 1899 - Bruxelles 1972). Député socialiste, il fut à plusieurs reprises ministre des Affaires étrangères et Premier ministre entre 1936 et 1949. Président de l'Assemblée consultative du Conseil de l'Europe (1949-1951), puis de la C.E.C.A. (1952-1954), il revint aux Affaires étrangères (1954). Secrétaire général de l'O.T.A.N. (1957-1961), il fut encore vice-Premier ministre (1961-1965) et ministre des Affaires étrangères (1961-1966).

Spacelab, laboratoire spatial européen modulaire, conçu pour fonctionner dans la soute des orbiteurs de la navette spatiale américaine. Sa première mission a eu lieu en 1983 et sa dernière, en 1998.

spacieusement [spasjøzmɑ̃] **adv.** De façon spacieuse : *Être logé spacieusement* (contr. **petitement**).

spacieux, euse [spasjø, -øz] **adj.** (lat. *spatiosus,* de *spatium,* espace). Vaste ; où l'on dispose de beaucoup d'espace : *Maison spacieuse* (syn. **grande**).

spadassin [spadasɛ̃] **n.m.** (it. *spadaccino,* de *spada,* épée). **1.** *VX.* Amateur de duels. **2.** *LITT.* Tueur à gages.

spaghetti [spageti] **n.m.** (mot it., dimin. de *spago,* bas lat. *spacus,* petite ficelle). Pâte alimentaire de semoule de blé dur, déshydratée et présentée sous forme de longs bâtonnets pleins : *Des spaghettis.*

spahi [spai] **n.m.** (turc *sipahi,* cavalier). Cavalier de l'armée française appartenant à un corps créé en 1834 en Algérie, avec un recrutement en principe autochtone. ▶ Ce corps fut dissous en 1962.

spam [spam] **n.m.** (mot angl.). Courrier électronique commercial ou publicitaire envoyé à de nombreux internautes sans qu'ils l'aient sollicité ; pourriel.

sparadrap [sparadra] **n.m.** (lat. médiév. *sparadrapum,* d'orig. obsc.). Bande de tissu ou de matière plastique, dont une face est enduite de substance adhésive, et qui est destinée à maintenir en place de petits pansements.

spart ou **sparte** [spart] **n.m.** (lat. *spartum,* du gr.). Graminée telle que l'alfa, dont les feuilles sont utilisées, après rouissage, en sparterie.

Spartacus, chef des esclaves révoltés contre Rome (m. en Lucanie en 71 av. J.-C.). Esclave devenu gladiateur, il mena la plus grande révolte des esclaves de l'Antiquité et tint en échec l'armée romaine pendant deux ans (73-71) ; il fut vaincu et tué par Crassus.

spartakisme [spartakism] **n.m.** (all. *Spartakusbund,* groupe Spartacus, du n. du chef des esclaves romains.). Mouvement socialiste, puis communiste, allemand, dirigé par Karl Liebknecht et Rosa Luxemburg de 1914-1916 à 1919, qui réunit des éléments minoritaires de la social-démocratie, et qui fut finalement vaincu en janv. 1919 par les forces conservatrices. ◆ **spartakiste adj.** et **n.** Relatif au spartakisme ; partisan de ce mouvement.

Sparte ou **Lacédémone,** v. de la Grèce ancienne dans le sud du Péloponnèse.

La formation de la puissance spartiate

Fin du IXe s. av. J.-C. Sparte est constituée par la fusion de quatre villages doriens.

La tradition fait de Lycurgue, personnage mythique, le responsable de ses institutions. La cité des Lacédémoniens est composée de citoyens de plein droit, les égaux *(homoioi),* qui reçoivent de l'État un lot de terre *(cléros)* cultivé par des *ilotes* (vaincus asservis). À la périphérie du territoire, des *périèques,* également soumis aux égaux, mais pouvant posséder des terres, vivent dans leurs cités selon leurs propres coutumes. Deux rois commandent l'armée ; une assemblée de notables, la *gerousia,* domine la vie politique ; l'assemblée des citoyens, ou *apella,* a peu de pouvoirs ; cinq *éphores* surveillent l'ensemble de la vie publique.

VIIIe s. Une crise sociale (manque de terres) entraîne la conquête de la Messénie.

Entre 650 et 620. La révolte des ilotes de Messénie limite les interventions hors du Péloponnèse, tandis que les institutions se figent.

L'apogée de Sparte. Avec les autres cités du Péloponnèse, Sparte établit une politique d'alliance qui aboutit à la constitution de la ligue Péloponnésienne (symmachie).

464-459/458 av. J.-C. Sparte réprime une nouvelle révolte en Messénie.

Au moment des guerres médiques, Sparte laisse à Athènes la gloire de sauver l'Hellade puis s'efface devant l'essor de la puissance athénienne sur mer. Mais l'affrontement devient inévitable quand Athènes prétend arbitrer les affaires de la Grèce.

431-404 av. J.-C. La guerre du Péloponnèse marque la victoire de Sparte, qui hérite de l'Empire athénien, mais ne sait pas le gérer.

Affaiblie par la guerre, elle voit se dresser contre son despotisme une coalition animée par Athènes (394) et doit accepter l'arbitrage perse (« paix du Roi », 387-386).

371. Sa défaite à Leuctres, devant les Thébains, marque la fin de sa puissance.

La décadence. Sparte est la proie d'une grave crise sociale et ne peut s'opposer à l'ascension de la Macédoine. Dès lors, réduite à la Laconie par Philippe II, elle décline après l'échec de tentatives de réformes.

146. Sparte est intégrée à l'Empire romain.

Les invasions barbares du IVe s. apr. J.-C. la ramènent au rang d'une simple bourgade.

Sparte fut, à l'origine de l'histoire de la Grèce, la plus accomplie des cités grecques. Mais, pour avoir continué de raisonner en termes anciens dans un monde hellénistique, la cité a sombré définitivement dans la médiocrité, avant même que Rome ne soit maîtresse de la Grèce.

sparterie [spartəri] **n.f.** (de *spart[e]*). Ouvrage, tel que corde, natte, tapis, panier, etc., tressé en spart ; fabrication de ces objets.

spartiate [sparsjat] **adj.** et **n.** (lat. *spartiates,* de *Sparta,* Sparte). **1.** De Sparte. **2.** Qui rappelle la rigueur, l'austérité des coutumes de Sparte : *Une éducation spartiate* (syn. **ascétique**). ◆ **n.f.** Sandale à lanières.

spasme [spasm] **n.m.** (lat. *spasmus,* gr. *spasmos,* de *span,* contracter). Contraction pathologique des muscles et, spécial., des muscles lisses : *Avoir des spasmes de l'estomac.*

spasmodique [spasmɔdik] **adj.** (angl. *spasmodic,* gr. *spasmôdes*). Relatif au spasme ; qui a les caractères du spasme : *Agité d'un rire spasmodique* (syn. **convulsif**).

spasmophilie [spasmɔfili] **n.f.** Affection caractérisée par un état d'extrême excitabilité nerveuse et musculaire se manifestant par des crampes, des fourmillements, des crises d'agitation et des malaises. ◆ **spasmophile adj.** et **n.** Atteint de spasmophilie.

spath [spat] **n.m.** (mot all.). Nom de divers minerais pierreux à structure lamellaire et cristalline.

spatial, e, aux [spasjal, -o] **adj.** (du lat. *spatium*). **1.** Qui se rapporte à l'espace, à l'étendue : *La perception spatiale.* **2.** Qui se rapporte à l'espace interplanétaire ou intersidéral : *Recherche spatiale. Vaisseau spatial.* **3. Guerre spatiale,** conflit entre grandes puissances caractérisé par l'emploi, dans l'espace, de moyens militaires offensifs ou défensifs.

spationaute [spasjonot] **n.** Occupant d'un engin spatial, quelle que soit sa nationalité. *Rem.* Voir aussi *astronaute, cosmonaute, taïkonaute.*

spatio-temporel, elle [spasjɔtɑ̃pɔrɛl] **adj.** (pl. *spatio-temporels, elles*). Relatif à la fois à l'espace et au temps.

spatule [spatyl] **n.f.** (lat. *spatula*). **1.** Instrument de métal, de bois, etc., en forme de petite pelle : *Faire un raccord de plâtre avec une spatule.* **2.** Partie antérieure et recourbée d'un ski. **3.** Oiseau échassier d'Eurasie, d'Afrique et d'Amérique, au bec élargi à son extrémité, qui niche sur les côtes ou dans les roseaux. ▶ Long. 80 cm.

speaker, speakerine [spikœr, spikrin] **n.** (mot angl.). Personne qui annonce les programmes, les nouvelles à la radio, à la télévision (syn. **annonceur, présentateur**).

Spearman (Charles), psychologue et mathématicien britannique (Londres 1863 - *id.* 1945). Il a introduit l'analyse factorielle en psychologie.

spécial, e, aux [spesjal, -o] **adj.** (lat. *specialis,* propr. « relatif à l'espèce », de *species,* espèce). **1.** Particulier à une espèce de personnes ou de choses ; approprié à un but : *Formation spéciale. Train spécial.* **2.** Qui constitue une exception : *Faveur spéciale* (syn. **extraordinaire**). **3.** Qui n'est pas commun, bizarre :

Une mentalité un peu spéciale (syn. **singulier**). ◆ **spéciale** **n.f. 1.** Huître plus grasse qu'une fine de claire, en raison d'un plus long séjour en claire (plusieurs mois). **2.** Dans un rallye automobile, épreuve sur parcours imposé.

spécialement [spesjalmɑ̃] **adv.** De façon spéciale : *Elle est venue spécialement pour te voir* (syn. **exprès**). *Il s'intéresse spécialement à la peinture baroque* (syn. **particulièrement**).

spécialisation [spesjalizasjɔ̃] **n.f.** Action de spécialiser ; fait de se spécialiser : *La recherche scientifique exige une grande spécialisation.*

spécialisé, e [spesjalize] **adj. 1.** Limité à une spécialité ; affecté à un travail déterminé : *Entreprise spécialisée dans le nettoyage de bureaux.* **2. Centre hospitalier spécialisé (C.H.S.)**, en France, désignation officielle de l'hôpital psychiatrique.

spécialiser [spesjalize] **v.t.** (de *spécial*). **1.** Rendre compétent dans un domaine déterminé ; rendre apte à un métier, à un travail particulier : *Spécialiser des médecins dans une certaine branche.* **2.** Restreindre le domaine d'action d'une activité, d'une entreprise tout en les rendant plus performantes : *Spécialiser les usines d'une région.* ◆ **se spécialiser v.pr.** Se consacrer à une branche déterminée, à un domaine particulier : *Se spécialiser en pédiatrie.*

spécialiste [spesjalist] **n.** et **adj. 1.** Personne qui a des connaissances théoriques ou pratiques dans un domaine précis : *Il faut demander à un spécialiste d'informatique* (syn. **technicien**). **2.** Médecin qui se consacre à une discipline médicale ou aux maladies d'un système, d'un organe en particulier (par opp. à *généraliste*).

spécialité [spesjalite] **n.f.** (bas lat. *specialitas*, du class. *specialis*, particulier). **1.** Activité à laquelle on se consacre particulièrement ; ensemble des connaissances approfondies acquises dans une branche déterminée : *Se cantonner dans sa spécialité* (syn. **domaine, partie**). *Spécialité médicale* (= celle exercée par un spécialiste). **2.** Produit caractéristique d'une région, d'un restaurant, etc. : *Le cassoulet est une spécialité toulousaine.* **3.** PHARM. Médicament préparé à l'avance, présenté sous un conditionnement particulier, caractérisé par une dénomination spéciale et enregistré au ministère de la Santé. **4.** *FAM.* Manie particulière de qqn : *Il a la spécialité de ne jamais arriver à l'heure* (syn. **caractéristique, particularité**).

spéciation [spesjasjɔ̃] **n.f.** (angl. *speciation*, du lat. *species*, espèce). BIOL. Apparition d'une nouvelle espèce par différenciation entre deux populations issues d'une même espèce.

spécieusement [spesjøzmɑ̃] **adv.** De façon spécieuse : *Argumenter spécieusement* (syn. **fallacieusement**).

spécieux, euse [spesjø, -øz] **adj.** (lat. *speciosus*, de *species*, aspect). Qui n'a qu'une apparence de vérité ; sans valeur : *Raisonnement spécieux* (syn. **captieux, fallacieux**).

spécification [spesifikasjɔ̃] **n.f.** (lat. scientif. *specificatio*). **1.** Action de déterminer spécifiquement qqch : *Sans spécification d'heure ni de date* (syn. **détermination, précision**). **2.** Définition des caractéristiques essentielles (qualité, dimensions, etc.) que doit avoir une marchandise, une construction, un matériel, etc.

spécificité [spesifisite] **n.f.** Caractère spécifique : *La notice précise la spécificité du médicament.*

spécifier [spesifje] **v.t.** (bas lat. *specificare*, du class. *species*, espèce) [conj. **9**]. Exprimer, déterminer de manière précise : *J'avais bien spécifié que je voulais le modèle vert* (syn. **indiquer, mentionner, préciser**).

spécifique [spesifik] **adj.** (bas lat. *specificus*, du class. *species*, espèce). **1.** Qui appartient en propre à une espèce, à une chose : *Les qualités spécifiques de la laine* (syn. **particulier, propre**). *Une odeur spécifique* (syn. **caractéristique**). **2.** BIOL. **Nom spécifique**, nom latin propre à une seule espèce à l'intérieur du genre.

spécifiquement [spesifikmɑ̃] **adv.** De façon spécifique : *Un comportement spécifiquement machiste* (syn. **typiquement**).

spécimen [specimɛn] **n.m.** (lat. *specimen*). **1.** Être ou objet qui donne une idée de l'espèce, de la catégorie dont il fait partie : *Ce cheval est un beau spécimen de la race percheronne* (syn. **échantillon**). *Maison qui est un spécimen de l'architecture de la Renaissance* (syn. **modèle, type**). **2.** Exemplaire d'un livre, d'une revue offert gratuitement : *Envoi d'un spécimen sur simple demande.*

spectacle [spɛktakl] **n.m.** (lat. *spectaculum*, de *spectare*, regarder). **1.** Ce qui se présente au regard, à l'attention, et qui est capable d'éveiller un sentiment : *Le quartier bombardé offrait un spectacle de désolation.* **2.** Représentation théâtrale, projection cinématographique, etc. : *La rubrique des spectacles dans un journal.* **3.** Ensemble des activités du théâtre, du cinéma, du music-hall, etc. : *L'industrie du spectacle.* **4. À grand spectacle**, se dit d'un film, d'une pièce, d'une revue qui mettent en œuvre d'importants moyens et dont la mise en scène est luxueuse. / **Se donner, s'offrir en spectacle**, s'afficher en public, attirer l'attention sur soi.

spectaculaire [spɛktakylɛr] **adj.** Qui frappe l'imagination ; qui fait sensation : *Accident spectaculaire* (syn. **impressionnant**). *Résultats spectaculaires* (syn. **remarquable**). ◆ **n.m.** Ce qui est fait pour frapper, impressionner : *Médias qui recourent au spectaculaire.*

spectateur, trice [spɛktatœr, -tris] **n.** (lat. *spectator*, qui regarde). **1.** Témoin oculaire d'un événement, d'une action quelconque : *Être le spectateur d'un drame de la rue* (syn. **témoin**). **2.** Personne qui assiste à un spectacle artistique, à une manifestation sportive, etc. : *Les spectateurs lui ont fait une ovation* (syn. **auditoire, public**).

spectral, e, aux [spɛktral, -o] **adj. 1.** Qui a le caractère d'un spectre, d'un fantôme : *Pâleur spectrale* (syn. **fantomatique**). **2.** MATH. Qui se rapporte au spectre d'une matrice. **3.** PHYS. Qui concerne un spectre lumineux.

spectre [spɛktr] **n.m.** (lat. *spectrum*, de *spectare*, regarder). **1.** Apparition fantastique et effrayante d'un mort : *Elle prétend avoir vu un spectre* (syn. **fantôme, revenant**). **2.** *FAM.* Personne hâve et maigre : *Il a l'air d'un spectre depuis sa maladie* (syn. **squelette**). **3.** Représentation effrayante d'une idée, d'un événement menaçants : *Le spectre de la guerre, du scandale* (syn. **épouvantail**). **4.** PHYS. Ensemble des radiations résultant de la décomposition d'une lumière complexe et, plus génér., répartition de l'intensité d'une onde (acoustique, électromagnétique), d'un faisceau de particules, en fonction de la fréquence, de l'énergie. **5.** MÉD. Ensemble des bactéries sensibles à un antibiotique. **6.** MATH. **Spectre d'une matrice**, ensemble des valeurs propres de cette matrice.

spectrogramme [spɛktrɔgram] **n.m.** Photographie d'un spectre lumineux.

spectrographe [spɛktrɔgraf] **n.m.** Appareil servant à enregistrer les spectres lumineux sur une plaque photographique.

spectrographie [spɛktrɔgrafi] **n.f.** Étude des spectres lumineux à l'aide de spectrographes.

spectrographique [spɛktrɔgrafik] **adj.** Relatif à la spectrographie.

spectromètre [spɛktrɔmɛtr] **n.m.** PHYS. Appareil enregistrant et mesurant les spectres élément par élément à l'aide d'un détecteur photoélectrique et d'un système de mesure.

spectroscope [spɛktrɔskɔp] **n.m.** Appareil destiné à observer les spectres lumineux.

spectroscopie [spɛktrɔskɔpi] **n.f.** Étude des spectres lumineux.

spectroscopique [spɛktrɔskɔpik] **adj.** Relatif à la spectroscopie.

spéculaire [spekylɛr] **adj.** (lat. *specularis*, de *speculum*, miroir). Relatif au miroir : *Image spéculaire.*

spéculateur, trice [spekylatœr, -tris] **n.** (lat. *speculator*, observateur). Personne qui fait des spéculations commerciales ou financières.

spéculatif, ive [spekylatif, -iv] **adj.** (bas lat. *speculativus*). **1.** ÉCON. Relatif à une spéculation commerciale ou financière :

Des manœuvres spéculatives. **2.** PHILOS. Qui a pour objet la connaissance pure, sans égard à l'action ou à la pratique : *Recherches spéculatives* (syn. **abstrait, théorique**).

spéculation [spekylasjɔ̃] **n.f.** (bas lat. *speculatio*). **1.** ÉCON. Opération aléatoire fondée sur la prévision de l'évolution des cours boursiers ou commerciaux : *Se livrer à des spéculations hasardeuses.* **2.** PHILOS. Recherche, construction abstraite ; théorie (par opp. à *pratique*).

spéculer [spekyle] **v.i.** (lat. *speculari*, observer). **1.** Faire des opérations financières ou commerciales sur des choses négociables, afin de tirer profit des variations de leurs cours : *Spéculer sur le sucre* (syn. **boursicoter**). **2.** Compter sur qqch pour en tirer un avantage, pour parvenir à ses fins : *Spéculer sur la cupidité des hommes* (syn. **tabler sur**). **3.** *LITT.* Réfléchir sur une question ; faire de qqch un objet de réflexion, d'étude : *Spéculer sur la destinée humaine* (syn. **méditer, réfléchir**).

spéculum [spekylɔm] **n.m.** (lat. *speculum*, miroir). MÉD. Instrument servant à élargir certaines cavités du corps (vagin, conduit auditif) et à en faciliter l'examen.

speech [spitʃ] **n.m.** (mot angl.) [pl. *speechs* ou *speeches*]. *FAM.* Petit discours de circonstance : *Il a tenu à nous faire un speech* (syn. **allocution**).

spéléologie [speleɔlɔʒi] **n.f.** (de *spélé[o]-* et *-logie*). Science et sport qui ont pour objet l'étude ou l'exploration des cavités naturelles du sous-sol, telles que les grottes, cavernes ou gouffres. ◆ **spéléologue** **n.** Nom du spécialiste.

■ **Équipement et matériel.** L'équipement individuel comporte, sur un sous-vêtement protégeant du froid et de l'humidité, une combinaison et des gants en plastique imperméable, des bottes en caoutchouc. Le casque, protégeant des chocs ou des chutes de pierres, est muni d'un éclairage frontal. Le matériel d'exploration est varié : cordes ou échelles souples en Nylon, autobloqueurs, canots pneumatiques, scaphandres autonomes, appareils de mesure pour l'orientation, l'inclinaison, le développement des galeries, matériel de camping souterrain, etc.

Les activités spéléologiques. La spéléologie intéresse des disciplines et des sujets d'études très variés : la géologie, la minéralogie et la cristallographie, puisque les spéléologues évoluent au sein des roches, de même que l'hydrogéologie (formation et datation des cavernes, étude des cours d'eau souterrains) et ses applications aux chapitres de l'hydraulique des travaux publics et de l'industrie hydroélectrique. Les problèmes de pollution ou de recherche d'eau potable peuvent relever aussi de la spéléologie. La météorologie des cavernes (anomalies de températures, renversement de courants d'air, formation de brouillards, géothermie, etc.) constitue un autre pôle d'intérêt. La paléontologie et l'archéologie préhistorique doivent beaucoup aux spéléologues, dont les recherches ont aussi permis l'aménagement de grottes pour le tourisme. Enfin, la médecine s'intéresse à ces dernières, à cause de leurs climats et des radiations qui y existent. L'air y est remarquablement pur, exempt de poussières et de microbes, fortement ionisé et souvent radioactif. ■

spéléologique [speleɔlɔʒik] **adj.** Relatif à la spéléologie.

Spemann (Hans), biologiste allemand (Stuttgart 1869 - Fribourg-en-Brisgau 1941). Auteur d'études sur le développement embryonnaire des amphibiens, il a ausi fait des recherches sur les mécanismes de l'évolution. (Prix Nobel 1935.)

spencer [spɛnsœr] **n.m.** (mot angl., du n. de lord John Charles *Spencer*, qui mit ce vêtement à la mode). Habit sans basques ou veste de tailleur courte.

Spencer (Herbert), philosophe et sociologue britannique (Derby 1820 - Brighton 1903), auteur d'une philosophie qui met en avant le passage de l'homogène à l'hétérogène comme facteur principal de l'évolution (*Principes de sociologie*, 1877-1896).

spermaceti [spɛrmaseti] **n.m.** (lat. médiév. *spermaceti*, propr. « sperme de cétacé »). ZOOL. Blanc de baleine.

spermatique [spɛrmatik] **adj.** (lat. *spermaticus*, du gr.). **1.** Relatif au sperme. **2. Cordon spermatique,** ensemble du canal déférent et des veines et artères du testicule.

spermatozoïde [spɛrmatɔzɔid] **n.m.** (du gr. *sperma*, semence, et *zooeides*, semblable à un animal). **1.** BIOL. Gamète mâle de l'homme, des animaux et de certaines plantes, habituellement formé d'une tête, contenant le noyau haploïde, et de un ou deux flagelles, qui assurent son déplacement. **2.** Anthérozoïde.

sperme [spɛrm] **n.m.** (bas lat. *sperma*, semence, mot gr.). Liquide émis par les glandes reproductrices mâles, et contenant les spermatozoïdes.

spermicide [spɛrmisid] **adj.** et **n.m.** Se dit d'une substance qui, placée dans les voies génitales féminines, agit comme contraceptif en détruisant les spermatozoïdes.

sphénodon [sfenɔdɔ̃] **n.m.** (du grec *sphên*, coin, et *odous, odontos*, dent). Reptile de Nouvelle-Zélande à l'allure de lézard (syn. **hattéria, tuatara**). ▸ C'est le seul survivant actuel de l'ordre des rhynchocéphales, florissant à l'ère secondaire.

sphénoïde [sfenɔid] **adj.** et **n.m.** (du gr. *sphên*, coin, et de *-oïde*). **Os sphénoïde** ou **sphénoïde,** un des os de la tête, à la base du crâne.

sphère [sfɛr] **n.f.** (lat. *sphaera*, du gr.). **1.** Surface fermée dont tous les points sont à la même distance d'un point intérieur appelé *centre* ; solide limité par la surface précédente : *La Terre a la forme d'une sphère* (syn. **boule, globe**). *Les sections planes d'une sphère sont des cercles.* **2.** Domaine, milieu dans lequel s'exerce une activité, ou l'action, l'influence de qqn, de qqch : *Étendre la sphère des connaissances humaines* (syn. **champ**). *Les hautes sphères de la finance* (syn. **cercle**). **3. Sphère céleste,** en astronomie, sphère imaginaire de rayon indéterminé, ayant pour centre l'œil de l'observateur et servant à définir la direction des astres indépendamment de leur distance. / **Sphère d'influence,** région du globe sur laquelle une grande puissance s'est vu reconnaître par les autres, explicitement ou tacitement, des droits d'intervention particuliers.

sphéricité [sferisite] **n.f.** État de ce qui est sphérique.

sphérique [sferik] **adj.** **1.** Qui a la forme d'une sphère : *Figure sphérique* (syn. **rond**). **2.** MATH. Relatif à la sphère. **3. Calotte sphérique** ⟶ **calotte.** / **Secteur sphérique,** solide engendré par un secteur circulaire tournant autour d'un diamètre du cercle qui ne traverse pas le secteur. / **Segment sphérique,** portion du volume de la sphère (solide) comprise entre deux parallèles. / **Triangle sphérique,** triangle tracé sur la sphère, et dont les côtés sont des arcs de grands cercles.

sphéroïde [sferɔid] **n.m.** GÉOM. Ellipsoïde de révolution aplati. ▸ La surface de la Terre est un sphéroïde.

sphincter [sfɛ̃ktɛr] **n.m.** (mot lat., du gr. *sphigtêr*, lien). Muscle annulaire qui ferme ou resserre un orifice ou un canal naturel : *Le sphincter de l'anus.*

sphinx [sfɛ̃ks] **n.m.** (mot lat., du gr.). **1.** Monstre mythique à corps de lion et à tête humaine, parfois pourvu d'ailes et préposé, dans l'Égypte pharaonique, à la garde des sanctuaires funéraires, sous forme de statue. ▸ Le mythe du sphinx passa ensuite en Grèce, où il était surtout rattaché à la légende d'Œdipe. **2.** Personne énigmatique. **3.** Papillon nocturne dont les nombreuses espèces se nourrissent de plantes différentes (troène, liseron, etc.).

spi **n.m.** ⟶ **spinnaker.**

spider [spidɛr] **n.m.** (mot angl. « araignée »). Partie arrière d'une automobile à une seule banquette, se terminant génér. par un volume fermé de forme arrondie.

Spiegelman (Arthur, dit **Art),** dessinateur et scénariste américain de bandes dessinées (Stockholm 1948). Figure du mouvement underground, il s'impose avec *Maus* (1972), roman graphique au dessin minimaliste sur la Shoah (transposée dans un univers animalier). Également illustrateur (*The New Yorker*), il évoque dans *À l'ombre des tours mortes* (2004) les attentats du 11 septembre 2001.

Spielberg (Steven), cinéaste américain (Cincinnati 1946). Réalisateur de films d'aventures, de science-fiction ou de terreur (*les Dents de la mer,* 1975 ; *Rencontres du troisième type,* 1977 ; *les Aventuriers de l'arche perdue,* 1981, et les *Indiana Jones,* 1984, 1989 et 2008 ; *E.T.,* 1982 ; *Jurassic Park,* 1993 ; *Minority Report,* 2002 ; *les Aventures de Tintin. Le secret de la Licorne,* 2011), il aborde également l'histoire à travers des destins particuliers (*la Liste de Schindler,* 1994 ; *Il faut sauver le soldat Ryan,* 1998 ; *Munich,* 2005).

spin [spin] **n.m.** (mot angl.). PHYS. Grandeur physique caractéristique d'une particule élémentaire en rotation.

spinal, e, aux [spinal, -o] **adj.** (lat. *spinalis,* de *spina,* épine). **1.** ANAT. Relatif à la moelle épinière. **2. Nerf spinal,** nerf crânien pair, moteur des muscles du cou, du larynx et du pharynx.

spinnaker [spinɛkœr] et **spi** [spi] **n.m.** (mot angl.). Grande voile triangulaire, légère et creuse, envoyée dans la marche au vent arrière et aux allures portantes.

spinosaure [spinɔzɔr] **n.m.** (du lat. *spina,* épine, et du gr. *saurus,* lézard). Dinosaure carnivore du crétacé, au crâne et aux mâchoires évoquant ceux d'un crocodile, qui consommait probablement beaucoup de poissons, et dont certaines espèces possédaient sur le dos une voilure soutenue par de fortes épines. ▸ Groupe des saurischiens ; long. probablement jusqu'à 17 m ; haut. jusqu'à 5 m ; poids jusqu'à 6 t.

Spinoza (Baruch), philosophe hollandais (Amsterdam 1632 - La Haye 1677). Il étudia pour devenir rabbin. Descartes exerça sur lui une influence prépondérante. Mais l'esprit du doute l'atteignit au point de remettre en question les valeurs politiques et religieuses de tous les dogmes. Aussi fut-il exclu de la communauté juive en 1656, renié de ses parents. Il vécut quarante années d'ostracisme et cinq ans d'exil volontaire. Il devint artisan pour vivre (il polissait des verres de lunettes) et fut toute sa vie en butte aux persécutions des autorités après la publication des *Principes de la philosophie de Descartes* (1663) et du *Tractatus theologico-politicus* (1670). Ses autres œuvres paraîtront après sa mort : l'*Éthique,* le *Traité de la réforme de l'entendement,* le *Traité politique.* Spinoza s'est assigné comme objectif fondamental la transmission d'un message libérateur à l'égard de toutes les servitudes, et porteur de la joie que donne la connaissance (béatitude). Pour arriver à la connaissance de la nature, c'est-à-dire de Dieu, il faut accéder à celle des causes qui donnent à chaque être, dont l'homme, sa spécificité. De cette nature, dite substance, l'homme ne peut percevoir que deux attributs : l'étendue et la pensée *(Éthique).*Il existe trois modes de connaissance : la croyance, le raisonnement, l'intuition rationnelle *(Traité de la réforme de l'entendement).* La vie en société ne peut se concevoir autrement que comme la réunion d'êtres qui se sont mutuellement acceptés ; il existe donc un droit à l'insurrection quand la liberté publique est bafouée.

spiral, e, aux [spiral, -o] **adj.** (lat. médiév. *spiralis*). *DIDACT.* Qui a la forme d'une spirale : *Un coquillage spiral.* ◆ **spiral n.m.** Petit ressort en spirale qui fait osciller à une fréquence constante le balancier d'une montre.

spirale [spiral] **n.f.** (de *spiral*). **1.** Suite de circonvolutions : *Des spirales de fumée s'échappent de la cheminée* (syn. **volute**). **2.** Montée rapide et irrésistible de phénomènes interactifs : *La spirale des prix et des salaires.* **3.** MATH. Courbe plane décrivant des révolutions autour d'un point fixe en s'en éloignant. **4.** Fil métallique hélicoïdal reliant les feuillets d'un cahier : *Cahier à spirale.*

spire [spir] **n.f.** (lat. *spira,* du gr.). **1.** Tour complet d'une spirale, d'une hélice : *Les spires d'un ressort.* **2.** Partie élémentaire d'un enroulement électrique dont les extrémités sont, génér., très rapprochées l'une de l'autre. **3.** Ensemble des tours d'une coquille enroulée, comme celle des gastropodes ; chacun de ces tours.

Spire, en all. **Speyer,** v. d'Allemagne (Rhénanie-Palatinat), sur le Rhin ; 49 540 hab. Prestigieuse cathédrale romane du XIe s., très restaurée. Ville libre impériale en 1294, Spire accueillit plusieurs diètes, dont celle de 1529, où les princes réformés « protestèrent » contre la décision de Charles Quint restreignant la liberté religieuse.

spirille [spirij] **n.m.** (lat. scientif. *spirillum,* du class. *spira,* spire). BIOL. Nom générique d'une bactérie en forme de filaments allongés et contournés en spirale.

spirite [spirit] **adj.** et **n.** (de l'angl. *spirit[-rapper]*, esprit [frappeur]). Relatif au spiritisme ; qui le pratique.

spiritisme [spiritism] **n.m.** (de *spirite*). Doctrine fondée sur l'existence et les manifestations des esprits, en partic. des esprits humains désincarnés ; pratique consistant à tenter d'entrer en communication avec ces esprits par le moyen de supports matériels inanimés (tables tournantes) ou de sujets en état de transe hypnotique (médiums).

spiritualisme [spiritɥalism] **n.m.** Philosophie qui considère l'esprit comme une réalité irréductible et première (par opp. à *matérialisme*). ◆ **spiritualiste adj.** et **n.** Qui relève du spiritualisme ; adepte de cette philosophie.

spiritualité [spiritɥalite] **n.f.** (lat. ecclés. *spiritualitas*). **1.** Qualité de ce qui est esprit, de ce qui est dégagé de toute matérialité : *Spiritualité de l'âme* (syn. **immatérialité**). **2.** Ce qui concerne la vie spirituelle (syn. **mysticisme, piété**).

spirituel, elle [spiritɥɛl] **adj.** (lat. ecclés. *spiritualis,* du class. *spiritus,* esprit). **1.** Qui est de l'ordre de l'esprit, de l'âme : *Vie spirituelle.* **2.** Relatif au domaine de l'intelligence, de l'esprit, de la morale : *Valeurs spirituelles* (syn. **intellectuel**). **3.** Relatif à la religion, à l'Église : *Pouvoir spirituel* (syn. **religieux ;** contr. **temporel**). **4.** Qui a de la vivacité d'esprit, de la finesse, de l'intelligence : *Réponse spirituelle* (syn. **fin, plaisant**). *Elle est très spirituelle.* ◆ **spirituel n.m.** Le pouvoir spirituel (par opp. à *temporel*).

spirituellement [spiritɥɛlmɑ̃] **adv. 1.** Par l'esprit : *Communier spirituellement avec le prêtre* (syn. **mentalement**). **2.** Avec esprit, humour : *Répondre spirituellement* (syn. **finement**).

spiritueux, euse [spiritɥø, -øz] **adj.** (du lat. *spiritus,* esprit). Se dit d'une boisson qui contient un fort pourcentage d'alcool : *Le cognac et le whisky sont des boissons spiritueuses.* ◆ **spiritueux n.m.** Boisson spiritueuse : *Commerçant en vins et spiritueux.*

spirographe [spirɔgraf] **n.m.** (lat. scientif. *spirographis*). Ver marin construisant dans le sable vaseux un tube souple, d'où sort son panache branchial en hélice. ▸ Embranchement des annélides ; long. 30 cm.

spiroïdal, e, aux [spirɔidal, -o] **adj.** En forme de spirale : *Mouvement spiroïdal.*

spiromètre [spirɔmɛtr] **n.m.** (du lat. *spirare,* respirer). Appareil servant à mesurer la capacité respiratoire des poumons.

spirorbe [spirɔrb] **n.m.** (lat. scientif. *spirorbis*). Petit ver marin très abondant sur les côtes, où il construit un tube calcaire blanc, spiralé, de 2 mm de diamètre. ▸ Embranchement des annélides.

Spitz (Mark), nageur américain (Modesto, Californie, 1950), sept fois champion olympique en 1972.

Spitz (René Arpad), médecin et psychanalyste américain d'origine austro-hongroise (Vienne 1887 - Denver, Colorado, 1974). Ses travaux ont porté sur l'importance de la relation mère-enfant et sur l'enfant durant les deux premières années de sa vie.

Spitzberg ou **Spitsberg,** principale île du Svalbard.

spleen [splin] **n.m.** (mot angl. « rate, humeur noire »). *LITT.* Vague à l'âme ; état passager de dégoût de tout : *Les romantiques avaient le spleen* (syn. **ennui, mélancolie**).

splendeur [splɑ̃dœr] **n.f.** (lat. *splendor,* de *splendere,* resplendir). **1.** Magnificence ; éclat ; luxe : *Splendeur d'un spectacle* (syn. **féerie, somptuosité**). **2.** Chose splendide : *Les splendeurs de l'art antique* (syn. **merveille**). **3.** *LITT.* Grand éclat de lumière : *La splendeur du Soleil* (syn. **clarté, luminosité**).

splendide [splɑ̃did] **adj.** (lat. *splendidus*). **1.** Qui provoque l'admiration par son éclat, sa beauté : *Paysage splendide* (syn. **magnifique, superbe**). **2.** D'un éclat lumineux : *Temps splendide* (syn. **éblouissant, resplendissant**).

splendidement [splɑ̃didmɑ̃] **adv.** Avec splendeur : *Palais splendidement décoré* (syn. **magnifiquement, superbement**).

splénique [splenik] **adj.** (lat. *splenicus*, de *splen*, rate). ANAT. Qui concerne la rate.

splénomégalie [splenomegali] **n.f.** (v. *splénique*). PATHOL. Augmentation de volume de la rate.

Split, en ital. **Spalato,** port de la Croatie sur l'Adriatique ; 165 893 hab. Dioclétien fit construire sur le site, au début du IVe s., un vaste et majestueux ensemble palatial rectangulaire, dont les anciens habitants de Salone (cité voisine détruite par les Avars v. 615) firent le noyau d'une nouvelle ville. Petites églises préromanes (IXe-XIe s.). Palais gothiques du XVe s. Musées.

spoiler [spɔjlœr] **n.m.** (mot angl. « aérofrein »). **1.** AUTOM. Élément de carrosserie fixé sous le pare-chocs avant d'une automobile pour améliorer l'aérodynamisme du véhicule. **2.** AVIAT. Volet escamotable placé sur l'extrados d'une aile, pour diminuer la portance.

spoliateur, trice [spɔljatœr, -tris] **adj.** et **n.** Qui spolie : *Des troupes spoliatrices* (syn. **pillard**).

spoliation [spɔljasjɔ̃] **n.f.** Action de spolier : *La spoliation d'un héritier* (syn. **dépouillement, privation**).

spolier [spɔlje] **v.t.** (lat. *spoliare*, de *spolia*, dépouilles) [conj. **9**]. Dépouiller qqn de qqch par force ou par ruse : *Spolier un orphelin de son héritage* (syn. **déposséder, frustrer**).

Sponde (Jean de), humaniste et poète français (Mauléon 1557 - Bordeaux 1595). Ses sonnets sont un modèle de poésie baroque.

spondée [spɔ̃de] **n.m.** (lat. *spondeus*, du gr.). MÉTR. ANC. Pied composé de deux syllabes longues.

spongiaire [spɔ̃ʒjɛr] **n.m.** (lat. *spongia*, éponge, du gr.). **Spongiaires,** Embranchement d'animaux aquatiques sans organes ni tissus définis, dépourvus de système nerveux organisés, formés de cellules regroupées en deux feuillets, au squelette composé de spicules calcaires ou siliceux, appelé aussi *éponges* (syn. **porifères**). ► On en connaît plus de 9 000 espèces, pour la plupart marines.

spongieux, euse [spɔ̃ʒjø, -øz] **adj.** (lat. *spongiosus*). **1.** Qui s'imbibe de liquide comme une éponge : *Sol spongieux.* **2.** De la nature de l'éponge ; poreux : *Tissu anatomique spongieux.*

spongiforme [spɔ̃ʒifɔrm] **adj.** Se dit d'une maladie au cours de laquelle les tissus, vus au microscope, évoquent une éponge.

sponsor [spɔ̃sɔr] **n.m.** (mot angl.). [Anglic. déconseillé]. Personne ou entreprise qui apporte une aide matérielle ou financière à qqn (artiste, sportif) ou à un projet. (Recomm. off. *parraineur, commanditaire*.)

sponsoring [spɔ̃sɔriŋ] **n.m.** (Anglic. déconseillé). Activité d'un sponsor. (Recomm. off. *parrainage*.)

sponsoriser [spɔ̃sɔrize] **v.t.** (Anglic. déconseillé). Agir en qualité de sponsor. (Recomm. off. *parrainer* ou *commanditer*.)

spontané, e [spɔ̃tane] **adj.** (lat. *spontaneus*, de *spons, spontis*, volonté). **1.** Qui agit, qui se produit de soi-même, sans intervention extérieure : *Inflammation spontanée d'un combustible. Aveux spontanés* (syn. **volontaire** ; contr. **dicté**). **2.** Qui agit sans calcul, sans détour ; qui se fait sans réfléchir : *Enfant spontané* (syn. **direct, primesautier**). *Geste spontané* (syn. **instinctif, irréfléchi**). **3. Génération spontanée** ⟶ **génération.**

spontanéisme [spɔ̃taneism] **n.m.** Attitude ou doctrine qui privilégie la spontanéité dans l'action politique ou sociale. ◆ **spontanéiste adj.** et **n.** Relatif au spontanéisme ; qui en est partisan.

spontanéité [spɔ̃taneite] **n.f.** Caractère de qqn, qqch qui est spontané : *La spontanéité d'une repartie* (syn. **franchise, naturel**). *Il n'y a aucune spontanéité dans sa réponse* (syn. **sincérité**).

spontanément [spɔ̃tanemɑ̃] **adv.** De façon spontanée : *Spontanément, j'ai dit oui* (syn. **instinctivement**). *Il nous a aidés spontanément* (syn. **librement, volontairement**).

Spontini (Gaspare), compositeur italien naturalisé français (Maiolati 1774 - *id.* 1851). À Paris (1803), il a connu un grand succès lyrique avec *la Vestale* (1807), qui témoigne d'un sens dramatique nouveau, puis avec *Fernand Cortez* (1809).

Sporades, îles grecques de la mer Égée. On distingue les *Sporades du Nord*, voisines de l'île d'Eubée, et les *Sporades du Sud*, ou Dodécanèse, proches de la Turquie, et comprenant notamment Samos et Rhodes.

sporadique [spɔradik] **adj.** (gr. *sporadikos*, dispersé). Qui existe çà et là, de temps à autre : *Grèves sporadiques* (syn. **isolé**). *Combats sporadiques* (syn. **irrégulier**). *Maladie sporadique* (par opp. à *épidémique, endémique*).

sporadiquement [spɔradikmɑ̃] **adv.** De façon sporadique : *Il a neigé sporadiquement toute la semaine.*

sporange [spɔrɑ̃ʒ] **n.m.** (de *spore*, et du gr. *aggos*, vase). BOT. Sac ou urne contenant les spores chez les fougères, les mousses, les moisissures, les algues, etc.

spore [spɔr] **n.f.** (gr. *spora*, semence). Élément unicellulaire produit et disséminé par les végétaux, et dont la germination donne soit un nouvel individu (bactéries), soit une forme préparatoire à la reproduction sexuée (mousse, prothalle de fougère, mycélium de champignon, etc.). ► La spore mâle des plantes à fleurs est le *grain de pollen*.

sport [spɔr] **n.m.** (mot angl., de l'anc. fr. *desport*, amusement). **1.** Ensemble des exercices physiques se présentant sous forme de jeux individuels ou collectifs, pouvant donner lieu à compétition et pratiqués en observant certaines règles ; chacune des formes particulières de ces exercices : *Faire du sport. Elle pratique plusieurs sports.* **2.** FAM. **C'est du sport,** c'est un exercice difficile : *Mener une chose à bien avec lui, c'est du sport.* / FAM. **Il va y avoir du sport,** les choses vont mal tourner ; on risque d'en venir aux mains. **3. Sports de combat,** où l'élimination de l'adversaire est recherchée par des coups ou des prises (boxe, judo, karaté, lutte, etc.). / **Sports d'hiver,** sports de neige (ski, luge) ou de glace (patinage, hockey) ; vacances d'hiver en montagne, n'impliquant pas obligatoirement la pratique active de ces sports. ◆ **adj. inv. 1.** Se dit de chaussures, de vêtements d'un style confortable (par opp. à *habillé* ou *de ville*) : *Vêtements sport.* **2.** Se dit d'une personne qui se comporte avec loyauté : *Ils ont été très sport* (syn. **fair-play, loyal**).

sportif, ive [spɔrtif, -iv] **adj. 1.** Qui concerne un sport, le sport : *Épreuve sportive.* **2.** Qui manifeste de la sportivité : *Il a été très sportif* (syn. **fair-play, loyal**). ◆ **n.** Personne qui pratique un ou plusieurs sports.

sportivement [spɔrtivmɑ̃] **adv.** Avec les qualités morales d'un sportif : *Les deux adversaires se serrèrent sportivement la main* (syn. **loyalement**).

sportivité [spɔrtivite] **n.f.** Caractère sportif (syn. **fair-play, loyauté**).

sportswear [spɔrtswɛr] **n.m.** (mot angl.). Ensemble des vêtements, des chaussures de style sport.

sporulation [spɔrylasjɔ̃] **n.f.** BIOL. Reproduction par spores ; émission de spores.

spot [spɔt] **n.m.** (mot angl. « tache »). **1.** Petit projecteur orientable assurant un éclairage localisé, en partic. d'un comédien, d'une partie de décor. **2.** Tache lumineuse formée par le pinceau d'électrons sur l'écran d'un tube cathodique. **3.** (Anglic. déconseillé). Message audio-visuel à caractère publicitaire : *Film interrompu par des spots.*

S.P.O.T. (*Satellite Pour l'Observation de la Terre*), nom des satellites français destinés à l'observation civile et scientifique de la Terre (cartographie, prospection minière, gestion des forêts, hydrologie, etc.), lancés depuis 1986.

Spoutnik, nom donné aux trois premiers satellites artificiels soviétiques. Spoutnik 1, placé sur orbite le 4 oct. 1957, fut le premier satellite artificiel de la Terre.

sprat [sprat] **n.m.** (mot angl.). Poisson abondant dans la Manche et dans la mer du Nord, voisin du hareng, mais plus petit, et que l'on pêche pendant l'été. ▸ Famille des clupéidés ; long. 15 cm env.

spray [sprɛ] **n.m.** (mot angl. « brouillard »). Aérosol obtenu avec une bombe de liquide sous pression (médicament, laque, produit ménager, lubrifiant, etc.).

springbok [spriŋbɔk] **n.m.** (mot néerl. « bouc sauteur »). Antilope commune en Afrique du Sud.

sprint [sprint] **n.m.** (mot angl.). **1.** Accélération d'un coureur à l'approche du but : *Se faire battre au sprint.* **2.** Épreuve de vitesse sur une courte distance.

sprinter [sprinte] **v.i.** Augmenter sa vitesse en arrivant près du but.

sprinteur, euse [sprintœr, -øz] **n.** ou **sprinter** [sprintœr] **n.m.** (angl. *sprinter*). Coureur de vitesse sur petites distances ; coureur capable de pointes de vitesse en fin d'une longue course.

spumeux, euse [spymø, -øz] **adj.** (lat. *spumosus*). Couvert, rempli d'écume : *Liquide spumeux* (syn. **écumant**).

squale [skwal] **n.m.** (lat. *squalus*). Requin ; roussette.

squame [skwam] **n.f.** (lat. *squama,* écaille). MÉD. Lamelle épidermique qui se détache de la peau.

squameux, euse [skwamø, -øz] **adj.** (lat. *squamosus*). MÉD. Couvert de squames ; caractérisé par des squames : *Éruption squameuse.*

square [skwar] **n.m.** (mot angl. « carré », anc. fr. *esquarre, esquerre,* équerre). Jardin public, génér. clôturé.

squash [skwaʃ] **n.m.** (mot angl., de *to squash,* écraser). Sport, pratiqué en salle, opposant deux joueurs qui, placés côte à côte, se renvoient la balle avec une raquette, en la faisant rebondir sur les quatre murs.

squat [skwat] **n.m.** (mot angl.). Action de squatter un logement ; logement ainsi occupé.

squatter [skwate] et **squattériser** [skwaterize] **v.t.** Occuper un logement vide sans droit ni titre.

squatteur, euse [skwatœr, -øz] **n.** ou **squatter** [skwatœr] **n.m.** (angl. *squatter*). Personne sans logement qui occupe illégalement un logement vacant ou destiné à la destruction.

squaw [skwo] **n.f.** (mot angl.). Chez les Indiens de l'Amérique du Nord, femme mariée.

squeezer [skwize] **v.t.** (angl. *to squeeze,* presser). Au bridge, obliger un adversaire à se défausser.

squelette [skəlɛt] **n.m.** (gr. *skeleton,* de *skeletos,* desséché). **1.** Charpente du corps, d'une partie du corps de l'homme et des animaux : *Le squelette humain* (syn. **ossature**). *Squelette de la main.* **2.** Ossature d'un bâtiment : *Squelette d'un hangar* (syn. **carcasse**). **3.** FAM. Personne très maigre. **4.** Charpente d'une œuvre, d'un discours réduits à l'essentiel : *Présenter le squelette de son exposé* (syn. **canevas**).

■ Chez les invertébrés, beaucoup d'espèces possèdent un squelette interne *(endosquelette),* composé de différentes pièces dures : cuticule des insectes, carapaces des crustacés, spicules des éponges, plaques des échinodermes, etc. Chez les vertébrés, le squelette est également interne. Au cours du développement embryonnaire, il passe par un stade cartilagineux, avant de s'ossifier. Seuls quelques groupes (agnathes et poissons cartilagineux) conservent même adultes un squelette de cartilage et non d'os.

Le squelette humain. Le squelette du corps humain compte environ 200 os distincts, parmi lesquels : 12 paires de côtes, 33 vertèbres et 128 os pour les membres. On distingue *les os longs* (fémurs, par ex.), *les os plats* (omoplates, par ex.) et *les os courts* (vertèbres, par ex.). Les os sont composés de fibres protéiques, de sels minéraux (calcium et phosphore principalement) et de cellules qui renouvellent constamment le tissu osseux. Moyens d'union entre deux ou plusieurs pièces osseuses, des articulations permettent des mouvements. Les surfaces articulaires recouvertes de cartilage sont maintenues au contact l'une de l'autre par la capsule articulaire tapissée au-dedans par la membrane synoviale, et renforcée au-dehors par les ligaments. La synoviale sécrète et résorbe le liquide articulaire qui lubrifie le cartilage. ■

squelettique [skəletik] **adj. 1.** Relatif au squelette : *Les éléments squelettiques de la jambe.* **2.** D'une extrême maigreur : *Bras squelettiques* (syn. **décharné, étique**). **3.** Très réduit ; peu important : *Un exposé squelettique.*

sras [sras] **n.m.** (acronyme de *syndrome respiratoire aigu sévère*). MÉD. Infection pulmonaire grave et contagieuse, d'origine virale.

Sri Lanka, jusqu'en 1972 **Ceylan,** État insulaire de l'Asie méridionale au sud-est de l'Inde ; 66 000 km^2 ; 21 273 000 hab. *(Sri Lankais).* CAP. *Colombo* (cap. commerciale) et *Sri Jayawardenepura Kotte* (cap. politique). LANGUES : *cinghalais* et *tamoul.* MONNAIE : *roupie du Sri Lanka.*

GÉOGRAPHIE

Les plaines littorales et les plateaux de l'île, située dans le domaine équatorial, sont dominés au sud par un massif qui culmine à 2 524 m (Pidurutalagala). Celui-ci arrête la mousson du Sud-Ouest, si bien que le sud de l'île reçoit plus 2,5 m de pluies (avec un maximum l'été) tandis que le Nord, plus sec (1,5 m de pluie par an), est arrosé surtout en automne, avec une saison sèche variant de 4 à 8 mois. La population est en majorité rurale et concentrée surtout dans le quart sud-ouest de l'île. C'est là que sont localisées les principales plantations commerciales fournissant thé et caoutchouc. Dans le reste de l'île domine la riziculture irriguée. Outre les pierres précieuses, on extrait du graphite et de l'ilménite. L'industrie, localisée dans la région de Colombo, reste modeste (raffinerie de pétrole, réparation navale, cimenterie, textile, alimentation). La situation économique, déjà difficile, a empiré en raison de la lutte opposant les deux principales ethnies : Cinghalais (70 % de la population) et Tamouls (20 %). Ce conflit meurtrier a également provoqué un déclin du tourisme, affecté par ailleurs par le tsunami dévastateur du 26 décembre 2004.

HISTOIRE

IIIe s. av. J.-C. Le bouddhisme est introduit à Ceylan dans le royaume d'Anuradhapura.

Xe s. apr. J.-C. L'État passe sous la domination d'un royaume tamoul de l'Inde.

XIe s. L'île est reconquise par un prince cinghalais.

À partir du XIVe s., les Cinghalais refluent progressivement vers le sud tandis que, au nord, les Tamouls constituent un royaume indépendant.

XVIe s. Le Portugal occupe la côte.

1658. Les Hollandais évincent les Portugais.

1796. La Grande-Bretagne annexe l'île.

Les Britanniques soumettent le royaume de Kandy, État cinghalais situé à l'intérieur du pays, et développent une économie de plantation (thé, café).

1948. Ceylan devient un État indépendant, dans le cadre du Commonwealth.

Les conservateurs (conduits par Don Stephen Senanayake, puis par son fils Dudley Senanayake) et la gauche (Solomon Bandaranaike et, après son assassinat en 1959, sa veuve Sirimavo Bandaranaike) alternent au pouvoir.

1972. Ceylan devient la république du Sri Lanka.

À compter de 1974, des organisations tamoules militent en faveur de la création, dans le nord du pays, d'un État tamoul indépendant.

1978-1989. Junius Richard Jayawardene dirige le pays.

À partir de 1983. Les affrontements entre Cinghalais et Tamouls (avec leur bras armé, les Tigres de libération de l'Eelam tamoul [LTTE]) menacent l'unité du pays.

1987-1990. L'intervention des troupes indiennes, à la demande du Sri Lanka, ne résoud pas le conflit intérieur.

1989. Ranasinghe Premadasa devient président de la République. Il est assassiné en 1993.
1994. Chandrika Bandaranaike Kumaratunga, fille de Solomon et Sirimavo B., accède à la tête de l'État.
1995. Après un cessez-le-feu éphémère, l'armée lance une vaste offensive contre les séparatistes (prise de Jaffna).
2001. Des négociations sont relancées entre le pouvoir central et les rebelles tamouls, avec la médiation de la Norvège (une nouvelle trêve est conclue en 2002).
2005. Mahinda Rajapakse est élu à la présidence. La confrontation avec les Tamouls reprend un tour violent.
2008-2009. La rébellion tamoule est écrasée dans le sang.
2010. Mahinda Rajapakse est réélu à la tête de l'État.

Srinagar, v. de l'Inde, à plus de 1 500 m d'altitude, cap. (avec Jammu) de l'État de Jammu-et-Cachemire ; 894 940 hab. (1 273 312 hab. dans l'agglomération). Tourisme. Musée. Monuments anciens dont la mosquée Madani, du XVe s. ; jardins fondés par les empereurs moghols.

SS (sigle de *SchutzStaffel,* échelon de protection), organisation paramilitaire et policière nazie créée en 1925 comme garde personnelle de Hitler. Dirigée par Himmler (1929), elle permit à Hitler de briser Röhm et les SA en 1934. À cette époque, les SS furent chargés de la sécurité intérieure du Reich puis, à partir de 1939, du contrôle des territoires occupés. Il assurèrent également la gestion et la garde des camps de concentration (SS « tête de mort »). Ils constituèrent en outre, à partir de 1940, des unités militaires, dites *Waffen-SS,* troupes de choc engagées dans toutes les offensives et contre-offensives décisives, et qui encadrèrent les volontaires étrangers de l'armée allemande.

stabat mater [stabatmatɛr] **n.m. inv.** (mots lat. « la Mère était debout »). Chant de la liturgie catholique composé au XIVe s. sur les douleurs de la Vierge durant la Passion de Jésus, dont le texte a inspiré des compositions musicales.

stabilisant, e [stabilizɑ̃, -ɑ̃t] **adj.** et **n.m.** Se dit d'une substance incorporée à une matière pour en améliorer la stabilité chimique.

stabilisateur, trice [stabilizatœr, -tris] **adj.** Qui stabilise : *L'élément stabilisateur d'une équipe* (syn. **équilibrant**). ◆ **stabilisateur n.m. 1.** Mécanisme, dispositif destiné à éviter ou à amortir des oscillations, notamm. sur un véhicule. **2.** Chacun des plans fixes formant l'empennage d'un avion, l'un horizontal, l'autre vertical.

stabilisation [stabilizasjɔ̃] **n.f.** Action de stabiliser ; son résultat : *Un plan de stabilisation de la monnaie d'un pays* (syn. **affermissement, consolidation**).

stabiliser [stabilize] **v.t.** Rendre stable : *Stabiliser les prix* (syn. **bloquer**).

stabilité [stabilite] **n.f. 1.** Caractère de ce qui est stable, de ce qui tend à conserver son équilibre : *Vérifier la stabilité d'un pont* (syn. **aplomb, solidité**). **2.** Caractère de ce qui se maintient durablement sans profondes variations : *Stabilité de la monnaie* (syn. **fermeté**). *La stabilité du pouvoir* (syn. **continuité, permanence**). **3.** Caractère d'une personne stable : *Manquer de stabilité* (syn. **équilibre**). **4.** MÉCAN. Propriété qu'a un système dynamique de revenir à son régime établi après en avoir été écarté.

stable [stabl] **adj.** (lat. *stabilis,* de *stare,* être debout). **1.** Qui est dans un état, une situation fermes, solides ; qui ne risque pas de tomber : *Un échafaudage stable* (syn. **d'aplomb, solide** ; contr. **branlant**). **2.** Qui se maintient, reste dans le même état : *Situation stable* (syn. **durable** ; contr. **précaire**). **3.** Dont la conduite est marquée par la constance, la permanence : *Garçon stable* (syn. **équilibré**). *Humeur stable* (syn. **constant**). **4.** Qui a une bonne position d'équilibre : *Bateau stable.* **5.** CHIM. **Composé stable,** qui résiste à la décomposition. / MÉCAN. **Équilibre stable,** qui n'est pas détruit par une faible variation des conditions.

stabulation [stabylasjɔ̃] **n.f.** (du lat. *stabulum,* étable). **1.** Élevage du bétail à l'étable ; l'étable elle-même. **2. Stabulation libre,** mode d'élevage dans lequel le bétail n'est pas attaché et peut même se déplacer sur une aire extérieure.

staccato [stakato] **adv.** (mot it. « détaché »). MUS. En détachant nettement les notes.

stade [stad] **n.m.** (lat. *stadium,* du gr.). **1.** Terrain aménagé pour la pratique du sport, pouvant accueillir des spectateurs : *Stade d'athlétisme, de football. Les gradins du stade se remplissent.* **2.** Période, degré d'un développement : *En psychanalyse, on distingue le stade oral, le stade anal et le stade génital* (syn. **phase**).

stadier, ère [stadje, -ɛr] **n.** Personne chargée de l'accueil, du placement et de la sécurité du public dans les stades.

Staël [stal] **(Germaine Necker,** *baronne* **de Staël-Holstein,** dite **M**[me] **de),** femme de lettres française (Paris 1766 - *id.* 1817). Fille de Necker, elle épousa le baron de Staël-Holstein, ambassadeur de Suède à Paris. Au début de la Révolution, elle ouvrit son salon à des hommes de tendances politiques différentes, puis émigra et fit la connaissance de B. Constant en 1794. Suspecte au Directoire, elle dut s'exiler à Coppet lorsque Bonaparte témoigna son hostilité à B. Constant. Elle parcourut alors l'Europe. Elle est l'auteure de romans (*Delphine,* 1802 ; *Corinne,* 1807) et du livre *De l'Allemagne* (1810), qui créa l'image d'une Allemagne mystique et eut une grande influence sur le romantisme français.

Staël [stal] **(Nicolas de),** peintre français d'origine russe (Saint-Pétersbourg 1914 - Antibes 1955). Plasticien audacieux et coloriste raffiné, il est passé de l'abstraction (1943) à une stylisation très personnelle du monde visible (*les Toits,* 1952, M.N.A.M. ; *les Musiciens, souvenir de Sydney Bechet,* 1953, *ibid.* ; *Agrigente,* 1953, Zurich).

1. staff [staf] **n.m.** (mot angl. « état-major »). **1.** Groupe formé par les dirigeants d'une entreprise, d'une organisation : *Réunion du staff directorial* (syn. **équipe**). **2.** Groupe de personnes travaillant ensemble ; équipe.

2. staff [staf] **n.m.** (de l'all. *staffieren,* orner). Matériau constitué de plâtre à mouler armé de fibres végétales.

stage [staʒ] **n.m.** (de l'anc. fr. *estage,* séjour). **1.** Période d'études pratiques exigée des candidats à l'exercice de certaines professions : *À leur sortie de l'école, les futurs ingénieurs font un stage en usine. Stage pédagogique.* **2.** Période pendant laquelle une personne exerce une activité temporaire dans une entreprise, en vue de sa formation : *Un stage de recyclage en informatique.*

stagflation [stagflasjɔ̃] **n.f.** (de *stag*[*nation*] et [*in*]*flation*). ÉCON. Situation d'un pays qui souffre de l'inflation sans connaître un développement économique notable ni le plein-emploi.

stagiaire [staʒjɛr] **adj.** et **n.** Qui fait un stage : *Une avocate stagiaire. Une séance d'information pour les stagiaires.*

stagnant, e [stagnɑ̃, -ɑ̃t] **adj. 1.** Qui ne coule pas : *Eaux stagnantes* (syn. **immobile** ; contr. **courant**). **2.** Qui ne fait aucun progrès : *L'état stagnant des affaires.*

stagnation [stagnasjɔ̃] **n.f. 1.** État d'un fluide stagnant : *La stagnation de la brume dans la vallée* (syn. **immobilité**). **2.** Absence de progrès, d'activité : *Stagnation économique* (syn. **immobilisme, inertie**).

stagner [stagne] **v.i.** (lat. *stagnare,* de *stagnum,* étang). **1.** Être stagnant, en parlant d'un fluide : *À la suite de l'inondation, de l'eau stagnait dans les caves* (syn. **croupir**). **2.** Fonctionner au ralenti, en parlant d'une activité : *Les affaires stagnent depuis plusieurs mois* (syn. **languir**).

stakhanovisme [stakanɔvism] **n.m.** (de *Stakhanov,* n. d'un mineur russe, qui établit des records de production). En U.R.S.S. et dans les pays socialistes, méthode de rendement fondée sur les innovations techniques et l'émulation des travailleurs, qui fut appliquée de 1930 à 1950. ◆ **stakhanoviste adj.** et **n.** Qui concerne ou qui pratique le stakhanovisme.

stalactite [stalaktit] **n.f.** (du gr. *stalaktos*, qui coule goutte à goutte). Colonne, formée par des concrétions calcaires, qui descend de la voûte d'une grotte.

stalag [stalag] **n.m.** (abrév. de l'all. *Stammlager*, camp de base). Camp de sous-officiers et de soldats prisonniers en Allemagne pendant la Seconde Guerre mondiale.

stalagmite [stalagmit] **n.f.** (du gr. *stalagmos*, écoulement goutte à goutte). Colonne formée par des concrétions calcaires à partir du sol d'une grotte.

Staline (Iossif Vissarionovitch Djougachvili, dit **Joseph),** homme d'État soviétique (Gori, gouvern. de Tiflis, 1878 [officiellement 1879] - Moscou 1953). Ancien élève du séminaire orthodoxe de Tiflis, il milite à partir de 1898 dans la social-démocratie géorgienne, puis prend le parti des bolcheviques. En 1917, il se rallie aux « thèses d'avril » de Lénine et assure avec Sverdlov la direction du parti lorsque Lénine part pour la Finlande. Commissaire du peuple aux Nationalités (1917-1922), il met en œuvre une politique de centralisation. Secrétaire général du parti à partir de 1922, il élimine de 1924 à 1929 les autres candidats à la succession de Lénine. S'alliant d'abord avec Kamenev et Zinoviev contre Trotski, il les évince tous les trois en 1927 avant d'éliminer Boukharine et Rykov (1929). En 1929-1930, il engage l'U.R.S.S. dans une politique de collectivisation totale et immédiate des terres, les koulaks étant déportés par millions dans les camps du goulag. Pour développer l'industrie lourde, il recourt au travail forcé et à l'émulation socialiste, imposant sa volonté grâce à un appareil policier très puissant. Il fait procéder à des purges massives lors de procès truqués (« procès de Moscou », 1935-1938), liquidant ainsi la majorité des anciens dirigeants du parti, du Komintern et de l'Armée rouge. Malgré la signature du pacte germano-soviétique (août 1939), l'U.R.S.S. est attaquée par l'Allemagne en juin 1941 et Staline redresse une situation initialement compromise en faisant appel au sentiment patriotique. Il place sous l'influence soviétique les pays européens libérés par son armée, crée le Kominform (1947) et engage contre l'Occident la « guerre froide ». Objet d'un culte, célébré tant en U.R.S.S. que par les partis communistes des démocraties populaires et des pays occidentaux, Staline, surnommé le « petit père des peuples », fait procéder à de nouvelles purges (« complot des blouses blanches »), avant de mourir en mars 1953.

Stalingrad *(bataille de)* [sept. 1942 - févr. 1943], ensemble de combats qui se déroulèrent devant Stalingrad (auj. Volgograd) et au cours desquels les forces allemandes qui assiégeaient la ville furent encerclées et contraintes à la capitulation (reddition du général von Paulus le 2 févr.) par les Soviétiques. Cette victoire marqua le tournant de la guerre sur le front russe.

stalinien, enne [stalinjɛ̃, -ɛn] **adj.** et **n.** Relatif à Staline, au stalinisme ; qui en est partisan.

stalinisme [stalinism] **n.m.** Théorie et ensemble de pratiques développées par Staline en U.R.S.S. de 1924 à 1953, dans le mouvement communiste international à la même époque et, après la Seconde Guerre mondiale, dans les démocraties populaires des pays d'Europe de l'Est.

■ **Le grand tournant.** À la mort de Lénine (1924), Staline, secrétaire général du parti bolchevik depuis 1922, affirme de plus en plus son autorité. Parvenu à éliminer en 1927 l'opposition unifiée de Trotski, Zinoviev et Kamenev, Staline s'oppose à la droite du parti et impose le « grand tournant », un projet de collectivisation massive de la campagne et d'industrialisation rapide du pays.
La collectivisation de l'économie. Prenant prétexte de la faiblesse des récoltes, Staline entreprend une vaste offensive contre la paysannerie et lance une campagne de réquisitions forcées des céréales. Les paysans doivent abandonner leurs exploitations privées et travailler au sein de kolkhozes* et des sovkhozes*. Le lancement du Ier plan quinquennal (1929-1933) donne priorité à l'industrie lourde et marque le début des grands chantiers pour la modernisation du pays. Au rythme d'une propagande sans relâche, la planification se donne des objectifs de plus en plus irréalistes. Le lancement du mouvement stakhanoviste en 1935 – du nom du mineur Stakhanov ayant réalisé 14 fois la norme d'extraction – annonce la nouvelle mobilisation exigée de la société pour la « consolidation du socialisme ».
La terreur érigée en système de gouvernement. Régime totalitaire, le stalinisme élimine toute forme de contestation. S'appuyant sur la police politique (Guépéou*, puis, à partir de 1934, NKVD), toutes sortes d'individus sont déportées dans les camps de travail du goulag, l'administration principale des camps qui inaugure le système concentrationnaire soviétique. Sont déportés non seulement ses opposants (il n'y en a plus après 1933), mais tous les cadres et militants qui pourraient être tentés de créer une hiérarchie parallèle au sein du parti ou de l'État. Ponctuée par les grands procès publics (procès de Moscou) des dirigeants historiques du bolchevisme (obligés d'avouer, sous la torture des crimes qu'ils n'ont pas commis), la Grande Terreur (1936-1938) est la période des purges les plus sanglantes : 2 millions d'arrestations, un tiers d'entre elles se soldant par des exécutions. La répression touche en particulier les cadres de l'armée, de l'administration, du monde scientifique et artistique, mais elle n'épargne pas non plus les simples citoyens. Dès 1944, la répression se déplace touchant des peuples entiers accusés de collaboration avec l'ennemi : les déportations des Tatars de Crimée, des Tchétchènes, etc. grossissent les effectifs du goulag de plus d'un million de personnes.
Le culte de la personnalité. Le stalinisme s'exprime également dans le culte du chef, dont les portraits et les statues apparaissent partout. Au XIVe Congrès du parti, dit « des vainqueurs », en 1934, Staline est devenu « le plus grand homme de tous les temps et de tous les pays ». Cette déification atteint son apogée en 1936 – année de l'adoption de la nouvelle Constitution soviétique, dite « stalinienne » –, puis lors du 60e et du 70e anniversaire de Staline.
Propagande et éducation. Pour exercer la domination de l'État sur les esprits, le stalinisme dispose de plusieurs outils : la présentation de l'histoire selon les besoins du pouvoir, la mainmise sur les médias, l'imposition d'un art officiel, le martèlement des slogans et la multiplication des défilés militaires, l'embrigadement des masses dans une « compétition socialiste » étroitement encadrée par le parti. Dès leur plus jeune âge, les enfants sont éduqués selon la doctrine du parti (programmes scolaires, chansons, poèmes à la gloire de Staline). Âgés de moins de 10 à 14 ans, ils sont appelés à adhérer aux pionniers avant d'intégrer les komsomols* de 15 à 18 ans. ■

stalle [stal] **n.f.** (it. *stallo*, stalle d'église, frq. **stal*). **1.** Dans une écurie, une étable, emplacement occupé par un animal et délimité par des cloisons : *Chaque cheval connaît l'emplacement de sa stalle* (syn. **box**). **2.** Chacun des sièges de bois, à dossier haut, garnissant les deux côtés du chœur de certaines églises, réservés au clergé.

staminé, e [stamine] **adj.** (du lat. *stamen, -inis*, fil). BOT. **Fleur staminée,** fleur qui a des étamines mais pas de pistil.

stance [stɑ̃s] **n.f.** (it. *stanza*, repos puis« strophe » [chaque strophe étant suivie d'un repos]). Groupe de vers offrant un sens complet et suivi d'un repos. ◆ **n.f. pl.** Poème lyrique, religieux ou élégiaque, formé de strophes de même structure : *Les stances du « Cid », de Corneille.*

stand [stɑ̃d] **n.m.** (mot angl., de *to stand*, se dresser). **1.** Endroit où l'on s'entraîne au tir de précision à la cible avec des armes à feu. **2.** Espace réservé aux participants d'une exposition : *Vous pouvez examiner nos produits sur notre stand dans l'allée principale.* **3.** Poste de ravitaillement d'un véhicule sur piste (auto, moto) : *La voiture s'arrêta au stand pour changer de roues.*

1. standard [stɑ̃dar] **adj.** (mot angl.). **1.** Conforme à une norme de fabrication, à un modèle, à un type : *Pneus standards* (syn. **normalisé**). ***Rem.*** On peut trouver cet adjectif invariable : *Des serrures standard,* mais son emploi courant le fait varier en nombre. **2.** Qui correspond à un type courant, habituel, sans originalité : *Équipement standard d'une cuisine* (syn. **ordinaire**).

3. Se dit de la langue la plus couramment employée dans une communauté linguistique : *Le français standard* (syn. **courant, usuel**). **4. Échange standard** ⟶ **échange.**

2. standard [stɑ̃dar] **n.m.** (de *1. standard*). **1.** Règle fixée à l'intérieur d'une entreprise pour caractériser un produit, une méthode de travail, une quantité à produire, etc. : *Le culot des ampoules électriques est toujours du même standard en France.* **2.** Appareil permettant la desserte de nombreux postes téléphoniques connectés à un groupe très restreint de lignes : *Ici le standard, quel poste demandez-vous ?* **3.** MUS. Thème classique de jazz, sur lequel on peut improviser.

standardisation [stɑ̃dardizasjɔ̃] **n.f.** Action de standardiser : *La standardisation des lave-vaisselle* (syn. **normalisation**).

standardiser [stɑ̃dardize] **v.t.** Ramener à une norme commune, à un standard : *Standardiser des modèles de robinets* (syn. **normaliser, uniformiser**).

standardiste [stɑ̃dardist] **n.** Personne affectée au service d'un standard téléphonique.

standing [stɑ̃diŋ] **n.m.** (mot angl. « situation »). **1.** Position sociale, niveau de vie d'une personne : *Avoir un haut standing.* **2.** Niveau de confort d'un immeuble : *Appartement de grand standing* (syn. **classe**).

Stanislas Ier Leszczyński (Lwów 1677 - Lunéville 1766), roi de Pologne en titre de 1704 à 1766, en fait de 1704 à 1709 et de 1733 à 1736. Beau-père de Louis XV, il dut abdiquer à la fin de la guerre de la Succession de Pologne (1733-1738) et reçut le duché de Bar et la Lorraine (1738). Il embellit ses capitales : Nancy, Lunéville.

Stanislavski (Konstantine Sergueïevitch Alekseïev, dit**)**, acteur et metteur en scène de théâtre russe (Moscou 1863 - *id.* 1938). Fondateur et animateur du Théâtre d'art de Moscou, pédagogue et théoricien (*Ma vie dans l'art,* 1925), il entreprit une rénovation systématique de la pratique théâtrale et de l'art dramatique, fondant sa méthode sur la prise de conscience intérieure, par l'acteur, de son personnage.

Stanley (John Rowlands, puis *sir* **Henry Morton)**, explorateur britannique (Denbigh, pays de Galles, 1841 - Londres 1904). Journaliste, il fut envoyé en Afrique à la recherche de Livingstone, qu'il retrouva (1871). Au cours d'un deuxième voyage (1874-1877), il traversa l'Afrique équatoriale d'est en ouest, découvrant le cours du Congo. Il se mit, en 1879, au service du roi des Belges Léopold II, créant pour lui l'État indépendant du Congo (1885).

stannifère [stanifɛr] **adj.** (du lat. *stannum,* étain, et de *-fère*). Qui contient de l'étain.

staphylocoque [stafilɔkɔk] **n.m.** (du gr. *staphulê,* grain de raisin, et de *-coque*). Bactérie de forme sphérique dont les individus sont groupés par grappes. ▸ Une espèce, le *staphylocoque doré* provoque le furoncle, l'anthrax, l'ostéomyélite, la septicémie, etc.

star [star] **n.f.** (mot angl. « étoile »). **1.** Vedette de cinéma : *Les stars hollywoodiennes.* **2.** Vedette du monde politique, financier, etc. : *Une star du football.* **3.** Chose supérieure aux autres dans un domaine quelconque : *Cette voiture est la star des grandes routières.*

Starck (Philippe), designer et architecte d'intérieur français (Paris 1949). Créateur de séries de meubles et d'objets d'une structure simple, mais inventive, il est attaché à l'expression symbolique des formes comme de l'espace.

starlette [starlɛt] **n.f.** Jeune actrice de cinéma cherchant à devenir une star.

starter [startɛr] **n.m.** (mot angl., de *to start,* faire partir). **1.** Personne qui, dans certaines courses, donne le signal du départ. **2.** Dispositif auxiliaire du carburateur qui facilite le départ à froid d'un moteur à explosion en augmentant la richesse en carburant du mélange gazeux.

starting-block [startiŋblɔk] **n.m.** (mot angl.) [pl. *starting-blocks*]. Butoir facilitant le départ des coureurs dans une course à pied.

start-up [startœp] **n.f. inv.** (mot anglo-amér., de *start,* démarrage, et *up,* haut). Jeune entreprise innovante, dans le secteur des nouvelles technologies. (Recomm. off. *jeune pousse.*)

stase [staz] **n.f.** (gr. *stasis,* arrêt). PATHOL. Arrêt ou ralentissement de la circulation d'un liquide organique : *Stase sanguine.*

statère [statɛr] **n.m.** (gr. *statêr*). ANTIQ. GR. Unité de poids et de monnaie.

station [stasjɔ̃] **n.f.** (lat. *statio,* de *stare,* se tenir debout). **1.** Façon de se tenir : *Station verticale* (syn. **posture**). *Station debout* (syn. **position**). **2.** Arrêt, de durée variable, au cours d'un déplacement : *Faire une longue station à l'ombre d'un arbre* (syn. **halte, pause**). **3.** Lieu où s'arrêtent les véhicules de transport en commun pour prendre ou laisser des voyageurs : *Station d'autobus* (syn. **arrêt**). **4.** Établissement de recherches scientifiques : *Station météorologique.* **5.** Installation remplissant une ou plusieurs missions déterminées : *Station d'épuration des eaux. Station de pompage.* **6.** Lieu de séjour temporaire permettant certains traitements ou certaines activités : *Station thermale. Station de sports d'hiver.* **7.** RELIG. Chacune des quatorze pauses du chemin de croix ; leur représentation en tableaux, sculptures, etc. **8. Station de radiodiffusion** (ou **de radio**), **de télévision,** ensemble des installations permettant d'assurer l'émission de programmes de radio, de télévision. ⁄ **Station orbitale** ou **spatiale,** véhicule spatial non récupérable satellisé autour de la Terre, disposant d'équipements de recherche et capable d'abriter des astronautes pour des séjours de longue durée et auquel peuvent venir s'amarrer des vaisseaux spatiaux. ⁄ INFORM. **Station de travail,** système qui peut être connecté ou non, mis à la disposition d'un individu pour une tâche déterminée.

stationnaire [stasjɔnɛr] **adj.** (lat. *stationarius,* qui est de garde). **1.** Qui ne subit aucune évolution, reste dans le même état : *L'état du malade est stationnaire.* **2.** PHYS. **Ondes stationnaires,** ondes dans lesquelles les phénomènes d'oscillation sont, en tout point, soit en concordance, soit en opposition de phase.

stationnement [stasjɔnmɑ̃] **n.m.** Fait de stationner, de s'arrêter en un lieu : *Le stationnement est interdit de ce côté-ci de la rue. Parc de stationnement* (= parking).

stationner [stasjɔne] **v.i.** (de *station*). **1.** S'arrêter momentanément en un lieu : *Il est interdit de stationner dans un couloir d'autobus* (syn. **se garer**). **2.** En parlant de troupes, rester dans un pays, une région.

station-service [stasjɔ̃sɛrvis] **n.f.** (pl. *stations-service*). Poste d'essence offrant aux automobilistes et aux motocyclistes toutes les ressources nécessaires à la bonne marche de leur véhicule, y compris les dépannages d'urgence.

1. statique [statik] **adj.** (gr. scientif. *statikos,* relatif à l'équilibre, de *istanai,* placer). **1.** Qui n'évolue pas ; qui n'envisage pas les phénomènes dans leur évolution (par opp. à *dynamique*) : *Situation statique* (syn. **figé** ; contr. **évolutif**). *Une politique statique.* **2.** Qui est sans mouvement, sans action : *Film statique.* **3.** PHYS. **Électricité statique,** électricité dans les conducteurs en équilibre.

2. statique [statik] **n.f.** (même étym. que *1. statique*). PHYS. Branche de la mécanique qui a pour objet l'équilibre des systèmes de forces : *Statique des fluides* (⟶ **mécanique**).

statisticien, enne [statistisjɛ̃, -ɛn] **n.** Personne s'occupant de travaux statistiques.

1. statistique [statistik] **n.f.** (all. *Statistik,* du lat. *status,* état). **1.** Ensemble de méthodes mathématiques qui, à partir du recueil et de l'analyse de données réelles, permettent l'élaboration de modèles autorisant les prévisions : *La statistique s'applique aujourd'hui à de nombreux domaines.* **2.** Tableau numérique d'un phénomène se prêtant à l'analyse statistique : *Statistique de la natalité.*

2. statistique [statistik] **adj.** (de *1. statistique*). Relatif à la statistique : *Méthode statistique.*

statistiquement [statistikmɑ̃] **adv.** D'une manière statistique : *Phénomène statistiquement établi.*

stator [statɔr] **n.m.** (du lat. *status,* fixé). TECHN. Partie fixe d'une machine tournante (par opp. à *rotor*).

statuaire [statɥɛr] **adj.** Relatif aux statues : *L'art statuaire de l'Antiquité.* ◆ **n.** Sculpteur qui fait des statues : *Rodin fut un grand statuaire.* ◆ **n.f.** Art de faire des statues : *La statuaire grecque.*

statue [staty] **n.f.** (lat. *statua,* de *statuere,* placer). Ouvrage de sculpture en ronde bosse, représentant un être animé entier et isolé : *Statue de marbre, de bronze. Une statue de Napoléon.* ▸ L'usage réserve la dénomination de *statue* aux figurations d'une dimension égale à la moitié au moins de la taille naturelle.

statuer [statɥe] **v.i.** (lat. *statuere,* placer, établir) [conj. **7**]. Régler avec l'autorité que confère la loi : *Statuer sur un litige.*

statuette [statɥɛt] **n.f.** Petite statue. ▸ Entre 25 et 80 cm env. pour une figure humaine ; au-dessous, on parle de *figurine.*

statufier [statyfje] **v.t.** [conj. **9**]. **1.** Élever une statue à qqn ; représenter qqn en statue : *Les anciens Grecs statufiaient leurs dieux.* **2.** Rendre semblable à une statue : *Son arrivée statufia l'auditoire* (syn. **figer, pétrifier**).

statu quo [statykwo] **n.m. inv.** (du lat. *[in] statu quo [ante],* [dans] l'état où [se trouvaient les choses]). État des choses à un moment donné : *Maintenir, rétablir le statu quo.*

stature [statyr] **n.f.** (lat. *statura,* de *stare,* se tenir debout). **1.** Hauteur d'une personne : *Une personne d'une stature moyenne* (syn. **taille**). **2.** Importance de qqn sur le plan humain : *Ce fut un chef d'État d'une stature exceptionnelle* (syn. **envergure**).

statut [staty] **n.m.** (bas lat. *statutum,* de *statuere,* fixer, établir). **1.** Texte ou ensemble de textes fixant les garanties fondamentales accordées à une collectivité, à un corps : *Le statut des fonctionnaires.* **2.** Situation de fait, position, par rapport à la société : *Le statut de la femme* (syn. **condition**). ◆ **statuts n.m. pl.** Acte constitutif d'une société ou d'une association, qui en fixe légalement les règles de fonctionnement : *Rédiger et voter les statuts d'une association caritative.*

statutaire [statytɛr] **adj.** Conforme aux statuts ; désigné par les statuts : *Cette procédure n'est pas statutaire. Le gérant statutaire de la société.*

statutairement [statytɛrmɑ̃] **adv.** Conformément aux statuts : *Secrétaire statutairement désigné.*

steak [stɛk] **n.m.** (mot angl.). Bifteck : *Un steak frites.*

steamer [stimœr] **n.m.** (mot angl., de *steam,* vapeur). ANC. Navire à vapeur.

stéarine [stearin] **n.f.** (du gr. *stear,* graisse). Corps gras, principal constituant des graisses animales.

stéarique [stearik] **adj.** (du gr. *stear,* graisse). Se dit d'un acide contenu dans les graisses animales et servant surtout à fabriquer des bougies.

steeple-chase [stipœltʃɛz] et **steeple** [stipl] **n.m.** (mot angl. « course au clocher », de *steeple,* clocher, et *chase,* chasse) [pl. *steeple-chases, steeples*]. **1.** Course de chevaux qui comporte des haies ainsi que des obstacles de différentes natures. **2.** SPORTS. **3 000 m steeple,** course à pied de 3 000 m, sur piste, avec une série d'obstacles artificiels.

stégomyie [stegomii] et **stegomya** [stegomja] **n.f.** (du gr. *stegos,* abri, et *muia,* mouche). Moustique des pays chauds, qui propage la fièvre jaune par ses piqûres.

Steichen (Edward), photographe américain (Luxembourg 1879 - West Redding, Connecticut, 1973). L'un des principaux adeptes de la photographie directe, sans manipulations, dont l'œuvre a profondément marqué l'expression photographique. C'est en partie grâce à l'action qu'il mena à la tête du département photographique du Museum of Modern Art à New York, que la photographie a été reconnue comme moyen d'expression artistique autonome.

Stein (Gertrude), femme de lettres américaine (Allegheny, Pennsylvanie, 1874 - Neuilly-sur-Seine 1946). Établie à Paris et mêlée au mouvement littéraire et pictural d'avant-garde, elle a eu une grande influence sur les romanciers de la « génération perdue » (Dos Passos, Fitzgerald, Hemingway) [*Autobiographie d'Alice B. Toklas,* 1933].

Stein (Karl, *baron* **vom und zum),** homme politique prussien (Nassau 1757 - Kappenberg 1831). Ministre d'État (1804-1808), il fit d'importantes réformes libérales, notamm. l'abolition du servage. Napoléon obtint son renvoi (1808).

Steinbeck (John), écrivain américain (Salinas, Californie, 1902 - New York 1968). Ses romans peignent les milieux populaires californiens (*Tortilla Flat,* 1935 ; *Des souris et des hommes,* 1937 ; *les Raisins de la colère,* 1939 ; *À l'est d'Éden,* 1952). [Prix Nobel 1962.]

Steinberg (Saul), dessinateur américain d'origine roumaine (Rîmnicu Sărat, Munténie, 1914 - New York 1999). Installé aux États-Unis en 1942 et collaborateur, notamment, de l'hebdomadaire *The New Yorker,* il a renouvelé l'humour et la satire par son exceptionnelle invention plastique, nourrie aussi bien d'anciennes traditions calligraphiques que de l'influence du cubisme.

Steiner (Rudolf), philosophe et pédagogue autrichien (Kraljević, Croatie, 1861 - Dornach, près de Bâle, 1925). Il est l'auteur d'un système, l'anthroposophie, et d'une pédagogie nouvelle qui décloisonne les matières traditionnelles et intègre les activités artisanales.

stèle [stɛl] **n.f.** (lat. *stela,* du gr.). Monument monolithe vertical, le plus souvent funéraire, orné d'une inscription.

Stella (Frank), peintre et sculpteur américain (Malden, Massachusetts, 1936). Parti d'un strict minimalisme, puis travaillant les formes et les bandes de couleur de ses « toiles découpées » des années 1960, il est parvenu au baroque débridé des reliefs métalliques polychromes de la fin des années 1970.

stellaire [stelɛr] **adj.** (bas lat. *stellaris,* de *stella,* étoile). **1.** Relatif aux étoiles : *Clarté stellaire.* **2.** Rayonné en étoile : *Disposition stellaire d'un rond-point.* **3.** ANAT. **Ganglion stellaire,** ganglion cervical du système sympathique, aux ramifications étoilées.

stem ou **stemm** [stɛm] **n.m.** (mot norvég.). En ski, virage qui utilise le transfert du poids du corps d'un ski sur l'autre.

stencil [stɛnsil] ou [stɛ̃sil] **n.m.** (mot angl., de *to stencil,* orner de couleurs, de l'anc. fr. *estenceler*). Matrice d'impression constituée par un papier spécial imprégné de paraffine rendu perméable à l'encre fluide par frappe dactylographique sans ruban et se comportant comme un pochoir.

Stendhal (Henri Beyle, dit**),** écrivain français (Grenoble 1783 - Paris 1842). Marqué par la mort de sa mère, puis par la tyrannie d'une famille bourgeoise bigote et réactionnaire, il cherche à quitter Grenoble qu'il exècre. En 1799, il vient à Paris, et devient le secrétaire de son cousin Daru (le futur ministre de Napoléon), qui l'emmène à Milan (1800). La découverte de l'Italie marquera profondément sa sensibilité. Entraîné par le tourbillon napoléonien, il part pour l'Allemagne et l'Autriche comme intendant militaire (1806-1808), puis pour la Russie comme auditeur au Conseil d'État (1812). À la chute de l'Empire, il va vivre à Milan (1814-1821) et commence à écrire des opuscules sur la peinture et la musique. Il fait paraître à Paris, sous le pseudonyme de Stendhal, un récit de voyage : *Rome, Naples et Florence* (1817). Il revient en France en 1821 avec un livre, inspiré d'une de ses liaisons malheureuses, *De l'amour* (1822), où il décrit les étapes de la *cristallisation* amoureuse, et un essai sur le romantisme, *Racine et Shakespeare* (1823 et 1825). En 1827, il publie son premier roman, *Armance ;* en 1829, *les Promenades dans Rome,* et, en 1830, *le Rouge et le Noir.* Envoyé par la monarchie de Juillet comme consul à Trieste puis, peu après, à Civitavecchia, il écrit alors infatigablement, se racontant dans les *Souvenirs d'égotisme* (1892) et la *Vie de Henri Brulard* (1890), qui, comme ses deux romans inachevés, *Lamiel* (1889) et *Lucien Leuwen* (1894), ne paraîtront qu'après sa mort. Profitant d'un congé à Paris, il publie les *Mémoires d'un touriste* (1838), les principales *Chroniques italiennes* et son roman *la Chartreuse de Parme* (1839), récit des aventures de Fabrice del Dongo, jeune aristocrate épris de liberté, qui illustrent la conception stendhalienne de la « chasse au bonheur ». • **Le Rouge et le Noir (1830).** Dans ce roman, Stendhal décrit le fonctionnement de la société de la Restauration, dans laquelle la gloire militaire étant interdite (le Rouge), le Noir s'impose (l'Église et toute forme d'opportunisme carriériste). Le héros, Julien Sorel, jeune paysan instruit et ambitieux, met toute son énergie à dominer ses faiblesses pour conquérir sa place dans le monde. Il devient l'amant de Mme de Rénal, mère des enfants dont il est le précepteur, puis va à Paris, où il est secrétaire du marquis de La Môle. Il conquiert sa fille Mathilde. Sur le point de l'épouser, il est dénoncé par Mme de Rénal et tire sur elle deux coups de pistolet.

sténo n., n.f. ⟶ **sténographe, sténographie.**

sténodactylo [stenodaktilo] **n.** Dactylo pratiquant la sténographie.

sténodactylographie [stenodaktilɔgrafi] **n.f.** Emploi de la sténographie et de la dactylographie combinées.

sténographe [stenɔgraf] et **sténo** [steno] **n.** Personne capable de prendre en dictée, à la vitesse de la conversation, un texte en sténographie.

sténographie [stenɔgrafi] et **sténo** [steno] **n.f.** (du gr. *stenos*, serré, et de *-graphie*). Procédé d'écriture formé de signes abréviatifs et conventionnels, qui sert à transcrire la parole aussi rapidement qu'elle est prononcée.

sténographier [stenɔgrafje] **v.t.** [conj. **9**]. Prendre, noter en sténographie : *Sténographier un discours.*

sténose [stenoz] **n.f.** (gr. *stenosis*, de *stenos*, serré). MÉD. Rétrécissement d'un conduit ou d'un orifice.

sténotype [stenotip] **n.f.** (de *sténo[graphie]* et *-type*). Machine pour transcrire, à la vitesse de la parole la plus rapide, des textes sous une forme phonétique simplifiée.

sténotypie [stenotipi] **n.f.** Technique d'écriture de la parole à l'aide d'une sténotype.

sténotypiste [stenotipist] **n.** Personne pratiquant la sténotypie.

stentor [stɑ̃tɔr] **n.m.** (n. d'un héros troyen à la voix puissante). **Voix de stentor,** voix extrêmement puissante et sonore.

Stephenson (George), ingénieur britannique (Wylam, près de Newcastle, 1781 - Tapton House, Chesterfield, 1848). Il est le créateur de la traction à vapeur sur voie ferrée. Il comprit le premier le principe de l'adhérence des roues lisses sur une surface lisse (1813), augmenta le tirage du foyer des locomotives en faisant déboucher le tuyau d'échappement de la vapeur dans la cheminée et utilisa pour la chaudière le chauffage tubulaire. Son œuvre capitale fut l'établissement du chemin de fer de Liverpool à Manchester (1826-1830).

steppe [stɛp] **n.f.** (russe *step*). Formation discontinue de végétaux adaptés aux climats secs, souvent herbacés, des régions tropicales et des régions semi-arides de climat continental.

steppique [stepik] **adj.** Formé de steppes : *Les plaines steppiques de l'Asie centrale.*

stéradian [steradjɑ̃] **n.m.** (de *stéréo-* et *radian*). Unité de mesure d'angle équivalant à l'angle qui, ayant son sommet au centre d'une sphère, découpe, sur la surface de cette sphère, une aire équivalant à celle d'un carré dont le côté est égal au rayon de la sphère. ▸ Symb. sr.

stercoraire [stɛrkɔrɛr] **n.m.** (lat. *stercorarius*, de *stercus*, *-coris*, excrément). Oiseau palmipède à plumage brun et blanc, des mers arctiques, qui se nourrit de poissons dérobés à d'autres oiseaux, surnommé *mouette ravisseuse* (syn. **labbe**). ▸ Ordre des lariformes ; jusqu'à 60 cm de long.

stère [stɛr] **n.m.** (du gr. *stereos*, solide). Quantité de bois (rondins ou quartiers) correspondant à un volume extérieur de 1 m^3. ▸ Symb. st.

stéréo n.f., adj. inv. ⟶ **stéréophonie, stéréophonique.**

stéréochimie [stereɔʃimi] **n.f.** Partie de la chimie qui étudie l'arrangement tridimensionnel des atomes dans les molécules.

stéréométrie [stereɔmetri] **n.f.** (gr. *stereometria*, de *stereometrês*, qui mesure les corps solides). Ensemble des méthodes géométriques utilisées dans la mesure des volumes.

stéréométrique [stereɔmetrik] **adj.** De la stéréométrie.

stéréophonie [stereɔfɔni] et **stéréo** [stereo] **n.f.** (de *stéréo-* et *-phonie*). Technique de la reproduction des sons enregistrés ou transmis par radio, caractérisée par la reconstitution spatiale des sources sonores.

stéréophonique [stereɔfɔnik] **adj.** et **stéréo** [stereo] **adj. inv.** Relatif à la stéréophonie.

stéréoscope [stereɔskɔp] **n.m.** (de *stéréo-* et *-scope*). Instrument d'optique dans lequel deux images planes donnent l'impression d'une seule image en relief.

stéréoscopie [stereɔskɔpi] **n.f.** Procédé donnant l'impression du relief par examen de deux images d'un sujet prises avec un écartement comparable à celui des yeux.

stéréoscopique [stereɔskɔpik] **adj.** Relatif à la stéréoscopie.

stéréotomie [stereɔtɔmi] **n.f.** (de *stéréo-* et *-tomie*). **1.** Art traditionnel de la coupe des matériaux employés dans la construction (taille des pierres ; art du trait en charpenterie). **2.** Agencement résultant de l'application de cette technique.

stéréotype [stereɔtip] **n.m.** (de *stéréo-* et *type*). Formule banale ; opinion dépourvue d'originalité : *Discours plein de stéréotypes* (syn. **cliché, poncif**).

stéréotypé, e [stereɔtipe] **adj.** Qui se présente toujours sous la même forme ; banal, sans originalité : *Sourire stéréotypé* (syn. **figé**). *Formules stéréotypées* (= toutes faites).

stérile [steril] **adj.** (lat. *sterilis*). **1.** Qui ne porte pas de fruits ; qui ne produit pas : *Arbre stérile* (syn. **improductif**). *Terre stérile* (syn. **pauvre** ; contr. **fertile**). **2.** Qui est inapte à la génération : *Femelle stérile* (syn. **infécond**). **3.** MÉD. Qui est exempt de tout germe microbien : *Chambre stérile* (syn. **aseptique**). **4.** Qui ne produit rien de fructueux : *Esprit stérile* (syn. **desséché**). *Discussions stériles* (syn. **oiseux, vain**).

stérilement [sterilmɑ̃] **adv.** De façon stérile : *Ils ont discuté stérilement pendant des heures* (syn. **inutilement**).

stérilet [sterilɛ] **n.m.** Dispositif contraceptif en matière plastique ou en cuivre, placé dans la cavité utérine.

stérilisant, e [sterilizɑ̃, -ɑ̃t] **adj.** Qui stérilise.

stérilisateur [sterilizatœr] **n.m.** Appareil de stérilisation.

stérilisation [sterilizasjɔ̃] **n.f. 1.** Action de détruire les toxines et les microbes dans un local, dans une substance, sur un instrument chirurgical, etc., par des procédés physiques (chaleur, radiations ultraviolettes) ou chimiques (antiseptiques) : *La stérilisation d'un bloc opératoire* (syn. **aseptisation, désinfection**). **2.** LITT. Action de stériliser les esprits, la créativité.

stérilisé, e [sterilize] **adj. 1.** Soumis à la stérilisation : *Pansements stérilisés* (syn. **aseptisé**). **2. Lait stérilisé,** lait qui a été porté à haute température, et qui peut être conservé plusieurs mois.

stériliser [sterilize] **v.t. 1.** Rendre stérile ; rendre inapte à la génération, à la production, à l'invention : *Une grande sécheresse stérilise la terre* (syn. **appauvrir, épuiser**). *Stériliser un chat* (syn. **châtrer, couper**). **2.** Opérer la stérilisation de : *Stériliser des compresses* (syn. **aseptiser**).

stérilité [sterilite] **n.f.** (lat. *sterilitas*). État de ce qui est stérile, de qqn de stérile : *La stérilité d'un sol* (syn. **improductivité, infertilité**). *Traitement contre la stérilité d'une femme* (syn. **infécondité**).

■ Une personne est dite *stérile* (ou infertile) si elle est dans l'impossibilité d'avoir des enfants, pour des raisons médicales. Un couple est considéré comme stérile s'il n'y a pas de grossesse après un délai minimal de un an de rapports sexuels non protégés et réguliers.

Les principales causes masculines sont l'insuffisance de formation des spermatozoïdes et l'anomalie de leur cheminement dans les voies génitales. Chez la femme, la stérilité peut être due à une anomalie de l'ovulation, ou de l'utérus et du vagin (malformation, séquelle d'infection etc.). Après des examens approfondis des appareils reproducteurs de l'homme et de la femme, des traitements médicamenteux ou chirurgicaux peuvent permettre de rétablir la fécondité, en fonction de la cause de la stérilité. Si aucun traitement ne donne de résultat, le couple peut avoir recours à une technique de procréation médicalement assistée. ■

sterling [stɛrliŋ] **n.m. inv.** (mot angl.). Livre sterling. ◆ **adj. inv. Zone sterling,** zone monétaire liée à la livre sterling (jusqu'en 1979).

sternal, e, aux [stɛrnal, -o] **adj.** Relatif au sternum.

Sternberg (Josef von), cinéaste américain d'origine autrichienne (Vienne 1894 - Los Angeles 1969). Peintre des passions violentes et des atmosphères troubles, magicien de l'image et de la lumière, il réalise tout d'abord *les Nuits de Chicago* (1927), puis s'impose avec *l'Ange bleu* en 1930. C'est avec la vedette de ce film, Marlene Dietrich, dont il devait faire l'archétype de l'aventurière et de la femme fatale, qu'il tourne ensuite plusieurs films romanesques, insolites et baroques, remarquables par leur composition plastique raffinée (*Cœurs brûlés* [*Morocco*], 1930 ; *Shanghai Express,* 1932 ; *l'Impératrice rouge,* 1934 ; *la Femme et le Pantin,* 1935).

sterne [stɛrn] **n.f.** (lat. scientif. *sterna,* de l'anc. angl. *stern*). Oiseau palmipède à tête noire et à dos gris, vivant sur les côtes (nom usuel : *hirondelle de mer).*). ▸ Long. 40 cm env.

Sterne (Laurence), écrivain britannique (Clonmel, Irlande, 1713 - Londres 1768). Pasteur de Sutton-on-the-Forest, il devint célèbre lors de la publication de *la Vie et les opinions de Tristram Shandy, gentleman* (1759-1767). D'un séjour en France, il rapporta *le Voyage sentimental* (1768), plein d'humour et de fantaisie. Il a exercé sur Diderot une influence notable.

sternum [stɛrnɔm] **n.m.** (mot lat., du gr.). **1.** Os plat, situé en avant de la cage thoracique et auquel sont reliées les sept premières côtes chez l'homme. **2.** Pièce ventrale médiane de la cage thoracique des vertébrés supérieurs.

sternutation [stɛrnytasjɔ̃] **n.f.** (du lat. *sternutare,* éternuer). MÉD. Action d'éternuer ; suite d'éternuements répétés.

sternutatoire [stɛrnytatwar] **adj.** (du lat. *sternutare,* éternuer). MÉD. Qui provoque l'éternuement.

stéroïde [sterɔid] **adj. Hormone stéroïde,** hormone dérivée des stérols et sécrétée par les glandes endocrines (corticosurrénales, glandes génitales, placenta).

stérol [sterɔl] **n.m.** (de [*chole*]*stérol*). CHIM. Alcool ayant plusieurs cycles, dans le groupe duquel se trouvent le cholestérol et les vitamines D.

stéthoscope [stetɔskɔp] **n.m.** (du gr. *stêthos,* poitrine, et de *-scope*). Instrument dont se sert le médecin pour l'auscultation du thorax : *Le stéthoscope fut inventé par Laennec.*

Stevenson (Robert Louis Balfour), écrivain britannique (Édimbourg 1850 - Vailima, îles Samoa, 1894). En 1883, il connaît le succès avec son roman d'aventures *l'Île au trésor.* Il a également publié des romans historiques, des romans fantastiques (*Docteur Jekyll et Mister Hyde,* 1886) et des récits pour les enfants.

steward [stiwart] **n.m.** (mot angl.). Maître d'hôtel, serveur à bord des paquebots, des avions.

stick [stik] **n.m.** (mot angl.). **1.** Canne flexible utilisée par les cavaliers (syn. **cravache**). **2.** Conditionnement d'un produit (rouge à lèvres, déodorant, colle, etc.) solidifié sous forme de bâtonnet : *Un stick de fard à paupières.*

sticker [stikœr] **n.m.** (mot angl.). **1.** Autocollant. **2.** Élément décoratif consistant en un adhésif repositionnable, découpé aux contours exacts d'un motif.

Stieglitz (Alfred), photographe américain (Hoboken 1864 - New York 1946). Jusqu'à l'âge de quarante ans, il subit fortement l'influence de la tradition picturale, puis découvre la « photographie pure » et devient un véritable pionnier en dirigeant la revue *Camera Work,* en fondant une galerie où sont accueillis les artistes modernes américains et européens, et en adoptant une écriture dépouillée et très nette, seulement exaltée par la lumière.

stigmate [stigmat] **n.m.** (du lat. *stigma, -atis*). **1.** Marque durable que laisse une plaie, une maladie : *Les stigmates de la varicelle* (syn. **cicatrice**). **2.** LITT. (Souvent au pl.). Trace, marque qui révèle une dégradation : *Les stigmates du vice* (syn. **marque**). **3.** BOT. Partie supérieure du pistil (organe femelle), qui reçoit le pollen. **4.** ZOOL. Orifice respiratoire des trachées chez les insectes, les arachnides. ◆ **stigmates n.m. pl.** Marques semblables à celles des cinq plaies de Jésus crucifié, que certains saints ou mystiques chrétiens ont présentées sur leur corps durant leur vie.

stigmatisation [stigmatizasjɔ̃] **n.f.** Action de stigmatiser : *La stigmatisation des crimes contre l'humanité* (syn. **anathème, blâme, condamnation**).

stigmatiser [stigmatize] **v.t.** (de *stigmate*). Condamner avec dureté et publiquement : *Stigmatiser les violations des droits de l'homme* (syn. **blâmer, flétrir**).

stigmatisme [stigmatism] **n.m.** (de *stigmate*). OPT. Qualité d'un système optique qui donne une image nette d'un point objet.

Stijl (De), groupe et revue artistiques néerlandais fondés en 1917 par Mondrian et par un autre peintre, Theo Van Doesburg (1883-1931), sur les bases théoriques d'une abstraction strictement construite, dite *néoplasticisme.* Ont notamment participé au mouvement (qui se désagrège à la mort de Van Doesburg) les architectes Jacobus Johannes Pieter Oud (1890-1963) et Gerrit Thomas Rietveld (1888-1964), le peintre et sculpteur belge Georges Vantongerloo (1886-1965).

stimulant, e [stimylɑ̃, -ɑ̃t] **adj. 1.** Propre à stimuler, à accroître l'activité physique, intellectuelle : *Climat stimulant* (syn. **vivifiant** ; contr. **lénifiant**). **2.** Qui augmente l'ardeur : *Succès stimulant* (syn. **encourageant**). ◆ **stimulant n.m. 1.** Substance, médicament qui activent les fonctions psychiques : *Le thé est un stimulant* (syn. **excitant ;** contr. **tranquillisant**). **2.** Ce qui est de nature à redonner du courage à qqn : *Votre approbation est un stimulant pour moi* (syn. **aiguillon, encouragement**).

stimulateur [stimylatœr] **n.m. Stimulateur cardiaque,** appareil électrique provoquant la contraction cardiaque quand celle-ci ne s'effectue plus normalement (syn. **pacemaker**).

stimulation [stimylasjɔ̃] **n.f. 1.** Action de stimuler les fonctions organiques : *La stimulation de l'appétit.* **2.** Action de stimuler l'ardeur, l'énergie de qqn : *Avoir besoin de stimulation pour achever un travail* (syn. **encouragement**).

stimuler [stimyle] **v.t.** (lat. *stimulare,* de *stimulus,* propr. « aiguillon »). **1.** Inciter, pousser à agir : *Les premiers succès l'ont stimulé* (syn. **aiguillonner, encourager**). **2.** Accroître l'activité de (un sentiment, une activité, une fonction organique, etc.) : *Stimuler l'industrie* (syn. **éperonner, réveiller**). *Médicament qui stimule l'appétit* (syn. **aiguiser**).

stimuline [stimylin] **n.f.** Nom générique d'une hormone sécrétée par l'hypophyse et stimulant l'activité d'une glande endocrine pour la sécrétion d'une autre hormone.

stimulus [stimylys] **n.m.** (mot lat., propr. « aiguillon ») [pl. inv. ou *stimuli*]. PHYSIOL. Agent physique ou chimique capable de déclencher une réaction (physiologique ou psychologique) chez un organisme vivant.

stipe [stip] **n.m.** (du lat. *stipes,* souche). BOT. Tige ligneuse des fougères ; tronc non ramifié des palmiers ; pied des champignons à chapeau.

stipendié, e [stipɑ̃dje] **adj.** (du lat. *stipendiari,* toucher une solde). LITT. Qui est payé pour accomplir une action (péjor.) : *Des calomniateurs stipendiés* (syn. **soudoyé**).

stipulation [stipylasjɔ̃] **n.f.** (lat. *stipulatio*). Clause, mention dans un contrat ; action de faire savoir expressément : *Les livres vous sont prêtés avec la stipulation qu'ils doivent être rendus sous huitaine* (syn. **condition**).

stipule [stipyl] **n.f.** (lat. *stipula,* paille). BOT. Petit appendice membraneux ou foliacé, qui se rencontre au point d'insertion des feuilles.

stipuler [stipyle] **v.t.** (lat. *stipulari,* propr. « exiger un engagement formel »). **1.** DR. Énoncer une clause, une condition dans un contrat : *Le formulaire stipule qu'il y a une garantie de deux ans* (syn. **spécifier**). **2.** Faire savoir expressément : *Il est stipulé que l'augmentation partira du mois d'août* (syn. **énoncer, préciser**).

St. John's, v. du Canada, cap. de la province de Terre-Neuve–et–Labrador ; 106 172 hab.

S.T.O. (Service du travail obligatoire), service institué en France par une loi du gouvernement Laval (16 février 1943) pour fournir de la main-d'œuvre à l'effort de guerre allemand. Malgré les nombreux réfractaires qui gagnèrent le maquis, 875 000 Français furent envoyés en Allemagne.

1. stochastique [stɔkastik] **adj.** (gr. *stokhastikos,* de *stokhazein,* viser). DIDACT. Qui dépend du hasard : *Processus stochastique* (syn. **aléatoire**).

2. stochastique [stɔkastik] **n.f.** (de *1. stochastique*). Calcul des probabilités appliqué à l'analyse des données statistiques.

stock [stɔk] **n.m.** (mot angl.). **1.** Ensemble des marchandises disponibles sur un marché, dans un magasin, etc. : *Avoir une marchandise en stock* (syn. **réserve**). *Renouveler son stock* (syn. **assortiment**). **2.** Ensemble des marchandises, des matières premières, des produits semi-ouvrés, des produits finis, etc., qui sont la propriété d'une entreprise : *Entreprise qui informatise la gestion de son stock.* **3.** Ensemble de choses possédées et gardées en réserve : *Avoir un stock de romans policiers* (syn. **provision**).

stockage [stɔkaʒ] **n.m.** Action de stocker ; fait d'être stocké : *Le stockage du blé en silos* (syn. **conservation**).

stock-car [stɔkkar] **n.m.** (mot angl. « voiture de série ») [pl. *stock-cars*]. Voiture automobile engagée dans une course où les obstructions et les carambolages sont de règle ; la course elle-même.

stocker [stɔke] **v.t. 1.** Mettre en stock ; faire des réserves de qqch : *Stocker des denrées alimentaires* (syn. **emmagasiner**). **2.** Conserver un produit, une énergie en attente pour une utilisation ultérieure.

stockfisch [stɔkfiʃ] **n.m.** (moyen néerl. *stocvisch,* poisson séché sur un bâton). **1.** Morue séchée à l'air libre. **2.** Tout poisson séché.

Stockhausen (Karlheinz), compositeur allemand (Mödrath, près de Cologne, 1928 - Kürten, Rhénanie du Nord-Westphalie, 2007). Il débute au Studio de musique électronique de Cologne (*Klavierstücke,* 1952-1962) et réalise la première utilisation simultanée de la bande magnétique et des instruments traditionnels. Avec *Gruppen,* pour 3 orchestres (1958), il s'oriente vers la musique aléatoire. *Stimmung* (1968) est typique de la période méditative, influencée par les musiques de l'Inde. Il fait également appel à la danse, *Inori* (1974). Après l'achèvement de *Sirius* (1977), il se consacre à de grands cycles : *Licht* (1977-2003), vaste opéra dont l'exécution est répartie sur les sept soirées d'une semaine, et *Klang* (à partir de 2005).

Stockholm, cap. de la Suède, s'étendant sur des îles et des presqu'îles du lac Mälaren et de la Baltique ; 911 989 hab. (1 464 000 hab. dans l'agglomération). Résidence du roi. Centre administratif, commercial, culturel et industriel. – Église des Chevaliers, du XIIIe s., cathédrale des XVe et XVIIIe s. ; édifices civils élevés à partir du XVIIe s., dont le château royal, œuvre de Nicodemus Tessin le Jeune. Musées consacrés aux antiquités nationales (Musée nordique), au folklore (musée de plein air de Skansen), aux arts suédois et européens (Musée national), à l'art moderne, etc. – Fondée vers 1250, Stockholm affirma son rôle politique à partir de 1523, avec l'affranchissement du royaume par Gustave Ier Vasa.

stœchiométrie [stekjɔmetri] **n.f.** (du gr. *stoikheion,* élément). CHIM. Étude des proportions suivant lesquelles les corps se combinent entre eux.

stœchiométrique [stekjɔmetrik] **adj.** CHIM. Relatif à la stœchiométrie.

stoïcien, enne [stɔisjɛ̃, -ɛn] **adj.** et **n.** (lat. *stoicus,* du gr. *stoa,* portique, parce que les philosophes stoïciens se rassemblaient sous un portique, à Athènes). **1.** Qui appartient au stoïcisme ; qui en est adepte. **2.** Qui témoigne d'une impassibilité courageuse devant le malheur, la douleur, etc. : *Elle a montré une fermeté stoïcienne dans cette épreuve.*

stoïcisme [stɔisism] **n.m. 1.** Doctrine philosophique de Zénon de Kition, puis de Chrysippe, Sénèque, Épictète et Marc Aurèle. ▸ On l'a fréquemment opposée à l'*épicurisme.* **2.** Attitude d'impassibilité pouvant aller jusqu'au mépris vis-à-vis de la douleur physique ou morale : *Supporter ses malheurs avec stoïcisme* (syn. **courage, fermeté**).

stoïque [stɔik] **adj.** (lat. *stoicus,* du gr. *stoa,* portique ; v. *stoïcien*). Se dit de qqn qui supporte la douleur, le malheur avec courage : *Se montrer stoïque dans l'adversité* (syn. **impassible, imperturbable**).

stoïquement [stɔikmɑ̃] **adv.** De façon stoïque : *Elle endure stoïquement son calvaire* (syn. **courageusement, héroïquement**).

stolon [stɔlɔ̃] **n.m.** (lat. *stolo, -onis,* rejeton). BOT. Tige aérienne rampante, terminée par un bourgeon qui, de place en place, produit des racines adventives, point de départ de nouveaux pieds : *Le fraisier produit des stolons.*

Stolypine (Petr Arkadievitch), homme d'État russe (Dresde 1862 - Kiev 1911). Président du Conseil (1906), il réprima durement l'opposition, fit dissoudre la deuxième douma (assemblée parlementaire) en 1907 et favorisa le démantèlement de la commune rurale *(mir)* afin de lutter contre le paupérisme paysan. Il fut assassiné par un révolutionnaire.

stomacal, e, aux [stɔmakal, -o] **adj.** (du lat. *stomachus,* estomac). Qui appartient à l'estomac ; gastrique.

stomachique [stɔmaʃik] **adj.** Relatif à l'estomac : *Artère stomachique.* ◆ **adj.** et **n.m.** Se dit de médicaments propres à améliorer le fonctionnement de l'estomac : *Comprimés stomachiques* (syn. **gastrique**).

stomate [stɔmat] **n.m.** (du gr. *stoma, -atos,* bouche). BOT. Appareil microscopique de l'épiderme des végétaux, percé d'un *ostiole,* orifice par lequel s'effectuent les échanges gazeux.

stomatite [stɔmatit] **n.f.** Inflammation de la muqueuse buccale.

stomatologie [stɔmatɔlɔʒi] **n.f.** (de *stomato-* et *-logie*). Spécialité médicale dont l'objet est l'étude et le traitement des affections de la bouche et du système dentaire. ◆ **stomatologiste** et **stomatologue n.** Noms du spécialiste.

Stonehenge, site archéologique de Grande-Bretagne (Wiltshire). Impressionnant monument mégalithique dont le premier état remonte au néolithique (v. 2500 av. J.-C.), et qui subit ensuite plusieurs modifications jusqu'à l'âge du bronze (v. 1500 av. J.-C.). D'autres pierres dressées – dont certaines atteignent 50 t – sont alors ajoutées aux monolithes primitifs et disposées en quatre cercles concentriques *(cromlech),* les pierres du cercle extérieur étant réunies par d'énormes linteaux fixés aux pierres verticales par des tenons et des mortaises. L'orientation du monument (lever du soleil au solstice d'été dans l'axe d'entrée) laisse supposer qu'il s'agissait d'un sanctuaire solaire.

1. stop [stɔp] **interj.** (mot angl.). Exprimant l'ordre d'arrêter, de cesser toute manœuvre : *Stop ! n'avancez plus.*

2. stop [stɔp] **n.m.** (de *1. stop*). **1.** Panneau de signalisation routière exigeant impérativement un arrêt : *Respecter, brûler un stop.* **2.** Signal lumineux placé à l'arrière d'un véhicule, et qui s'allume quand on freine. (On dit aussi *feu stop.*) **3.** FAM. Auto-stop : *Voyager en stop.* **4.** Mot quelquefois employé dans les messages télégraphiés pour séparer les phrases.

stoppage [stɔpaʒ] **n.m.** (de *1. stopper*). Réfection de la trame et de la chaîne d'un tissu pour réparer une déchirure.

1. stopper [stɔpe] **v.t.** (du néerl. *stoppen,* étouper). Faire un stoppage à : *Stopper un collant, un chandail.*

2. stopper [stɔpe] **v.t.** (de *1. stop*). **1.** Arrêter la marche de (un navire, une machine, etc.) : *Le machiniste a stoppé le train avant la collision* (syn. **arrêter, bloquer**). **2.** Empêcher d'avancer, de progresser ; arrêter définitivement : *Les chutes de neige ont stoppé les sauveteurs* (syn. **immobiliser**). ◆ **v.i.** S'arrêter : *Les voitures stoppent au feu rouge.*

1. stoppeur, euse [stɔpœr, -øz] **n.** et **adj.** (de *1. stopper*). Personne qui fait le stoppage : *Une stoppeuse sur soie.*

2. stoppeur, euse [stɔpœr, -øz] **n.** (de *2. stopper*). **1.** FAM. Auto-stoppeur. **2.** Au football, joueur (joueuse) placé(e) au centre de la défense.

store [stɔr] **n.m.** (it. dialect. *stora,* lat. *storea,* natte). Rideau de tissu ou panneau en lattes de bois, de plastique, etc., qui se lève et se baisse devant une fenêtre, une devanture : *Baisser un store pour se protéger du soleil.*

Stoss (Veit), en polon. **Wit Stwosz,** sculpteur sans doute d'origine souabe (? v. 1448 - Nuremberg 1533). Son chef-d'œuvre, gothique, est le colossal retable en bois polychrome de Notre-Dame de Cracovie (1477-1486, *Dormition de la Vierge,* au centre), d'une grande intensité expressive et d'un lyrisme tourmenté.

stoupa n.m. ⟶ **stupa.**

strabisme [strabism] **n.m.** (du gr. *strabos,* qui louche). Défaut de parallélisme des axes optiques des yeux, entraînant un trouble de la vision binoculaire.

Stradivari (Antonio), dit **Stradivarius,** célèbre luthier italien (Crémone ? 1644 - *id.* 1737). Ses plus beaux violons sont sortis de son atelier de Crémone entre 1700 et 1725.

stradivarius [stradivarjys] **n.m.** Violon, violoncelle ou alto fabriqué par Antonio Stradivari.

Strand (Paul), photographe et cinéaste américain (New York 1890 - Orgeval, France, 1976). Un langage réaliste puissant et hiératique marque son œuvre. Il a notamment réalisé, en collaboration avec Fred Zinnemann et E. Gómez Muriel, le film *les Révoltés d'Alvarado* (1935).

strangulation [strɑ̃gylasjɔ̃] **n.f.** (du lat. *strangulare,* étrangler). Action d'étrangler : *Mort par strangulation* (syn. **étranglement**).

strapontin [strapɔ̃tɛ̃] **n.m.** (it. *strapuntino,* de *strapunto,* matelas). **1.** Siège d'appoint fixe à abattant, dans une salle de spectacle, un véhicule, etc. **2.** Fonction, place de peu d'importance dans une assemblée, une organisation : *On lui a donné un strapontin au conseil d'administration.*

Strasbourg, ch.-l. de la Région Alsace-Champagne-Ardenne-Lorraine et du dép. du Bas-Rhin, sur l'Ill et le Rhin, à 457 km à l'est de Paris ; 278 937 hab. *(Strasbourgeois)* [454 475 hab. dans l'agglomération]. Siège du Conseil de l'Europe et du Parlement européen. Académie et université. Archevêché. Port fluvial sur le Rhin et centre industriel (métallurgie surtout, produits alimentaires). – Magnifique cathédrale reconstruite du XIIe au XVe s. (flèche haute de 142 m ; sculptures du XIIIe s., vitraux des XIIe-XIVe s.) ; musée de l'Œuvre. Autres monuments et maisons anciennes. Palais Rohan construit sur les plans de R. de Cotte (1730 et suiv.), abritant le Musée archéologique, les musées des Beaux-Arts et des Arts décoratifs. Musées alsacien, historique de la ville, d'Art moderne et contemporain. – D'abord intégrée à la Lotharingie (843), allemande en 870, Strasbourg fut dominée par ses évêques jusqu'en 1201, où elle devint ville libre d'Empire. Foyer intense d'humanisme et de réforme religieuse (Calvin) aux XVe et XVIe s., siège d'une université (1621), la ville fut annexée par Louis XIV en 1681. Prise par les Allemands en 1870, capitale du Reichsland d'Alsace-Lorraine à partir de 1871, elle revint à la France en 1918. Réoccupée par les Allemands pendant la Seconde Guerre mondiale, elle fut libérée par Leclerc en 1944.

Strasbourg *(serment de)* [842], serment prononcé par Louis le Germanique et Charles le Chauve, ligués contre leur frère Lothaire, pour confirmer leur alliance. Les formules de ce serment sont les plus anciens témoins des langues française et allemande.

strass ou **stras** [stras] **n.m.** (de *Strass,* n. de l'inventeur). Verre coloré à l'aide d'oxydes métalliques, qui imite diverses gemmes : *Des bijoux en strass.*

stratagème [strataʒɛm] **n.m.** (lat. *strategema,* ruse de guerre). Moyen habile : *Recourir à un stratagème pour triompher de son adversaire* (syn. **ruse, subterfuge**).

strate [strat] **n.f.** (lat. *stratum,* couche). **1.** Chacune des couches géologiques qui constituent un terrain, partic. un terrain sédimentaire. **2.** Chacun des niveaux, des plans qui, accumulés, superposés, sont constitutifs de qqch : *Les strates de la personnalité d'un individu.* **3.** Chacun des sous-ensembles en lesquels on divise une population à échantillonner (syn. **catégorie, classe**).

stratège [stratɛʒ] **n.m.** (lat. *strategus,* gr. *stratêgos,* de *stratos,* armée, et *agein,* conduire). **1.** Spécialiste ou praticien de la stratégie ; chef militaire : *Un grand stratège de notre époque.* **2.** HIST. Principal magistrat, à Athènes ; commandant d'armée. **3.** Personne qui dirige avec compétence un certain nombre d'opérations : *Un stratège du syndicalisme.*

stratégie [strateʒi] **n.f.** (lat. *strategia,* du gr.). **1.** Art de coordonner l'action de forces militaires, politiques, économiques et morales impliquées dans la conduite d'une guerre ou la préparation de la défense d'une nation ou d'une coalition. **2.** Art de coordonner des actions, de manœuvrer habilement pour atteindre un but : *La stratégie électorale.* **3.** MATH. Ensemble de décisions prises en fonction d'hypothèses de comportement des personnes intéressées dans une conjoncture déterminée, dans la théorie des jeux. **4. Jeu de stratégie,** jeu de simulation historique, dont les règles suivent les principes de la stratégie ou de la tactique.

■ La stratégie est définie au plus haut niveau de l'État (en France, par le Conseil de défense et de sécurité nationale présidé par le président de la République) et se combine avec celle qui est arrêtée dans les alliances auxquelles participe le pays (O.T.A.N., par ex.). Elle se décline selon le milieu (stratégie maritime, aérienne, terrestre), l'effet à produire (stratégie de dissuasion, de coercition), les moyens à mettre en œuvre (stratégie des armements). Elle est influencée par les contraintes économiques et la pression des opinions publiques. ■

stratégique [strateʒik] **adj.** Qui relève de la stratégie : *Point stratégique. Voies stratégiques.*

stratification [stratifikasjɔ̃] **n.f.** (lat. *stratificatio*). **1.** GÉOL. Disposition des sédiments ou des roches sédimentaires en strates superposées. **2.** Disposition en couches superposées de ce qui s'accumule : *La stratification des souvenirs.* **3.** Technique particulière d'enquête par sondage, dans laquelle la population à étudier est préalablement partagée en strates.

stratifié, e [stratifje] **adj.** Qui se présente en couches superposées : *Dépôts marins stratifiés.* ◆ **adj.** et **n.m.** Se dit d'un matériau fabriqué par agglomération de supports divers (papier, toile, etc.) et d'un vernis qui se durcit en refroidissant.

stratigraphie [stratigrafi] **n.f.** (de *strate* et *-graphie*). Partie de la géologie qui étudie les couches de l'écorce terrestre en vue d'en établir l'ordre normal de superposition et l'âge relatif.

stratigraphique [stratigrafik] **adj. 1.** Relatif à la stratigraphie : *Méthodes stratigraphiques.* **2. Échelle stratigraphique,** chronologie des événements qui se sont succédé à la surface de la Terre, au cours des temps géologiques.

strato-cumulus [stratɔkymylys] **n.m. inv.** (de *stratus* et *cumulus*). Couche continue ou ensemble de bancs nuageux, génér. mince et d'épaisseur régulière.

stratosphère [stratɔsfɛr] **n.f.** (du lat. *stratus*, étendu, d'apr. *atmosphère*). Partie de l'atmosphère entre la troposphère et la mésosphère, qui est épaisse d'une trentaine de kilomètres et où la température s'accroît faiblement.

stratus [stratys] **n.m.** (mot lat. « étendu »). Nuage bas qui se présente en couche uniforme grise.

Strauss, famille de compositeurs et violonistes autrichiens. • **Johann I** (Vienne 1804 - *id.* 1849), directeur des bals de la cour (1846), fit de la valse une danse de société indissociable de la bourgeoisie viennoise du XIXe s. • Son fils **Johann II** (Vienne 1825 - *id.* 1899), d'abord concurrent, lui succéda. Il est considéré comme le « roi de la valse » avec près de 200 compositions, dont *le Beau Danube bleu* (1867), *Sang viennois* (1873), *Valse de l'Empereur* (1889). Il laisse également quelque 32 mazurkas, 140 polkas, 80 quadrilles et 16 opérettes, dont *la Chauve-Souris* (1874) et *le Baron tzigane* (1885).

Strauss (Richard), compositeur et chef d'orchestre allemand (Munich 1864 - Garmisch-Partenkirchen 1949). Il fut successivement chef d'orchestre de l'Opéra de Munich (1886), maître de chapelle adjoint de la cour de Weimar (1889), chef d'orchestre de l'Opéra de la cour de Berlin (1898), directeur général de la musique (1908) puis directeur de l'Opéra de Vienne, avec Franz Schalk, de 1919 à 1924. Son abondante production débuta avec des poèmes symphoniques, parmi lesquels *Don Juan* (1889), *Mort et Transfiguration* (1890), *Till Eulenspiegel* (1895), *Ainsi parla Zarathoustra* (1896). Il s'orienta ensuite vers l'opéra avec *Salomé* (1905) et *Elektra* (1909), ouvrages très violents en un acte, puis avec *le Chevalier à la rose* (1911) et *Ariane à Naxos* (1912), où revit le XVIIIe s. baroque. En fin de carrière, il parvint à un classicisme épuré : *Capriccio* (1942) ; son dernier opéra, *Metamorphosen* (1945) ; les *Quatre Derniers Lieder,* son testament artistique.

Stravinsky ou **Stravinski (Igor),** compositeur russe, naturalisé français, puis américain (Oranienbaum, près de Saint-Pétersbourg, 1882 - New York 1971). Autodidacte, puis élève de Rimski-Korsakov, il devient célèbre avec trois ballets représentés à Paris par la compagnie des Ballets russes : *l'Oiseau de feu* (1910), *Petrouchka* (1911) et *le Sacre du printemps* (1913). Il écrit ensuite *Renard* (1916), *l'Histoire du soldat* (1918), qui marque sa rupture avec l'école orchestrale russe, et *Noces* (1917-1923), cantate dansée. Avec *Pulcinella,* d'après Pergolèse (1919), débute la période néoclassique marquée par le *Concerto pour piano et orchestre d'harmonie* (1924), la *Symphonie de psaumes* (1930), *The Rake's Progress* (1951). Vers 1950, face à l'impact grandissant de l'école de Vienne et de Varèse, il se tourne vers la musique sérielle : *Canticum sacrum* (1956), le ballet *Agon* (1957). Dans cette ultime période créatrice, l'inspiration religieuse occupe une place prépondérante (*Threni,* 1958).

Strawson (*sir* **Peter Frederick),** logicien britannique (Londres 1919 - Oxford 2006). Il s'est intéressé aux rapports de la logique et de la grammaire naturelle (*les Individus,* 1959). Il est l'un des principaux représentants de la philosophie analytique britannique.

streaming [strimiŋ] **n.m.** (mot anglo-amér.). INFORM. ⟶ Diffusion* en continu.

Strehler (Giorgio), acteur et metteur en scène de théâtre italien (Barcola, près de Trieste, 1921 - Lugano, Suisse, 1997). Cofondateur (1947) et directeur (jusqu'en 1996) du Piccolo Teatro de Milan, directeur du Théâtre de l'Europe, à Paris, de 1983 à 1990, il s'est attaché, à travers notamment Brecht, Goldoni, Shakespeare, à renouveler les formes du spectacle théâtral.

streptocoque [strɛptɔkɔk] **n.m.** (du gr. *streptos,* arrondi, et de *-coque*). Bactérie de forme sphérique dont les individus sont disposés en chaînettes et dont plusieurs espèces produisent des infections graves (érysipèle, impétigo, scarlatine, septicémies, méningites).

streptomycine [strɛptɔmisin] **n.f.** (du gr. *streptos,* arrondi, et *mukês,* champignon). Antibiotique tiré d'une moisissure du sol, actif contre de nombreux bacilles (tuberculose, diphtérie, etc.) et bactéries (pneumocoque, etc.).

Stresemann (Gustav), homme politique allemand (Berlin 1878 - *id.* 1929). Député national-libéral au Reichstag, il fut l'un des fondateurs du parti du Peuple (1918) qu'il dirigea jusqu'à sa mort. Ministre des Affaires étrangères (1923-1929), il accepta le plan Dawes (1924), qui réglait la question des réparations de guerre dues par l'Allemagne, obtint l'évacuation de la Ruhr par la France (1925) et, après la reconnaissance des frontières issues de la Première Guerre mondiale (Locarno, 1925), l'admission de l'Allemagne à la S.D.N. (Prix Nobel de la paix 1926.)

stress [strɛs] **n.m.** (mot angl.). Ensemble de perturbations biologiques et psychiques provoquées par une agression quelconque sur un organisme : *Le stress la rend nerveuse* (syn. **surmenage**). *Les stress de la vie moderne.*

■ La notion de stress s'applique à tous les êtres vivants : animaux, plantes, champignons ou micro-organismes. Par exemple, une plante qui a besoin de beaucoup d'eau subit un stress quand elle en est privée. Le terme de stress caractérise à la fois l'agression subie par l'organisme et la réponse de celui-ci.

Le stress chez l'homme. L'agent responsable peut être physique (opération chirurgicale, exposition au froid, etc.) ou psychologique et environnemental (deuil, chômage, bruit, transports, etc.). Il déclenche une réaction de l'hypothalamus, centre cérébral de commande des viscères, qui active alors deux systèmes : le système nerveux végétatif sympathique et la sécrétion d'adrénaline, d'une part, et la sécrétion de corticoïdes par la glande corticosurrénale, d'autre part. Les signes observés (accélération du rythme cardiaque, augmentation de la pression artérielle, élévation du glucose sanguin), ainsi que le vécu psychique, représentent en fait une préparation au combat ou à la fuite.

Les effets indésirables. Le stress aigu peut être trop intense et inhiber les réactions du sujet (par la panique, par exemple). L'exposition chronique au stress tendrait à provoquer des maladies psychiques et physiques : anxiété, dépression, hypertension artérielle, ulcère de l'estomac, douleurs musculaires. De plus, une certaine tendance à consommer des excitants tels que l'alcool et le tabac ne fait qu'aggraver les troubles. Le sport, la relaxation, une bonne hygiène de vie, les activités culturelles constituent de bons moyens de lutte contre le stress. ■

stressant, e [strɛsɑ̃, -ɑ̃t] **adj.** Qui stresse : *Un rythme de travail stressant* (syn. **traumatisant**).

stresser [strese] **v.t.** Provoquer un stress : *Ces nouvelles responsabilités le stressent* (syn. **perturber, traumatiser**).

Stretch [strɛtʃ] **n.m.** et **adj. inv.** (nom déposé). Procédé de traitement des tissus les rendant élastiques dans le sens de la largeur ; tissu ainsi traité : *Velours Stretch.*

stretching [strɛtʃiŋ] **n.m.** (mot angl., de *to stretch,* étendre). SPORTS. Mise en condition physique fondée sur le principe de la contraction *(tension)* puis du relâchement *(détente)* du muscle, précédant son étirement.

strette [strɛt] **n.f.** (it. *stretta,* étreinte, resserrement, du lat. *strictus,* étroit). MUS. Partie d'une fugue, précédant la conclusion, où les entrées du thème se multiplient et se chevauchent.

strict, e [strikt] **adj.** (lat. *strictus,* serré, étroit, rigoureux). **1.** Qui ne laisse aucune liberté : *Stricte exécution de la consigne* (syn. **rigoureux**). **2.** Qui ne tolère aucune négligence : *Professeur strict* (syn. **sévère**). **3.** Sobre ; dépourvu d'ornements : *Costume strict* (syn. **classique**). **4.** Qui constitue un minimum ; réduit à la plus petite valeur : *Le strict nécessaire* (syn. **juste**). **5.** MATH. **Inégalité stricte** (ou **au sens strict**), inégalité du type $a < b$ avec $a \neq b$.

strictement [striktəmɑ̃] **adv.** De façon stricte : *Fumer est strictement interdit* (syn. **formellement, rigoureusement**).

striction [striksjɔ̃] **n.f.** (bas lat. *strictio, -onis,* de *stringere,* serrer). Constriction, resserrement pathologique d'un organe : *La striction d'un vaisseau.*

stricto sensu [striktosɛ̃sy] **loc. adv.** (mots lat.). Au sens étroit, strict (syn. **littéralement, proprement**).

stridence [stridɑ̃s] **n.f.** Caractère d'un son strident ; sonorité stridente.

strident, e [stridɑ̃, -ɑ̃t] **adj.** (du lat. *stridere,* grincer). Se dit d'un son aigu, perçant : *Le bruit strident d'une sirène.*

stridulation [stridylasjɔ̃] **n.f.** (du lat. *stridulus,* strident). Crissement aigu que produisent certains insectes (criquets, grillons, cigales).

striduler [stridyle] **v.i.** Produire une stridulation.

strie [stri] **n.f.** (lat. *stria,* sillon). Chacun des sillons peu profonds, parallèles entre eux, qui marquent une surface : *Les stries d'un coquillage* (syn. **raie, striure**).

strié, e [strije] **adj.** (lat. *striatus*). **1.** Dont la surface présente des stries : *Une coquille striée.* **2. Muscle strié,** muscle à contraction rapide et volontaire, dont les fibres montrent, au microscope, un ensemble de stries transversales, dues à l'alternance de disques clairs et sombres dans les fibrilles (par opp. à *muscle lisse*).

strier [strije] **v.t.** [conj. **10**]. Marquer de stries ou de raies plus ou moins parallèles : *Éclairs qui strient le ciel.*

Strindberg (August), écrivain suédois (Stockholm 1849 - *id.* 1912). Après une enfance difficile, qu'il décrit dans *le Fils de la servante,* il publie le premier roman naturaliste suédois (*la Chambre rouge,* 1879). Une vie amoureuse et conjugale mouvementée accentue son déséquilibre nerveux et nourrit ses nouvelles *(Mariés),* ses récits autobiographiques *(Plaidoyer d'un fou, Inferno),* son théâtre (*Père,* 1887 ; *Mademoiselle Julie,* 1888). Auteur de pièces historiques *(Éric XIV, Christine)* et naturalistes (*la Danse de mort,* 1901), introducteur du symbolisme en Suède (*le Songe),* il évolue vers le mysticisme et crée le Théâtre-Intime, où il fait jouer les « Kammarspel » *(la Sonate des spectres, le Pélican).* Son œuvre a fortement influencé le théâtre moderne, notamment l'expressionnisme allemand.

string [striŋ] **n.m.** (mot angl. « corde »). Cache-sexe qui laisse les fesses nues.

stripping [stripiŋ] **n.m.** (mot angl., de *to strip,* dépouiller). [Anglic. déconseillé]. MÉD. Éveinage.

strip-tease [striptiz] **n.m.** (mot angl., de *to strip,* déshabiller, et *to tease,* agacer) [pl. *strip-teases*]. Spectacle de cabaret consistant en un numéro de déshabillage lent et suggestif exécuté sur une musique de fond.

strip-teaseur, euse [striptizœr, -øz] **n.** (pl. *strip-teaseurs, euses*). Personne exécutant un numéro de strip-tease.

striure [strijyr] **n.f.** État de ce qui est strié ; manière dont qqch est strié : *La striure d'une colonne* (syn. **cannelure**).

stroboscope [strɔbɔskɔp] **n.m.** (du gr. *strobos,* tourbillon, et de *-scope*). Appareil permettant d'observer des objets animés d'un mouvement périodique très rapide, comme s'ils étaient au repos ou animés d'un mouvement très lent, en les illuminant d'éclairs brefs et réguliers.

stroboscopie [strɔbɔskɔpi] **n.f.** Observation d'un mouvement périodique rapide à l'aide d'un stroboscope.

Stroheim (Erich Oswald Stroheim, dit **Erich von),** cinéaste et acteur américain d'origine autrichienne (Vienne 1885 - Maurepas, France, 1957). Le faste et les audaces de ses films (*Folies de femmes,* 1922 ; *les Rapaces,* 1923-1925 ; *la Veuve joyeuse,* 1925 ; *la Symphonie nuptiale,* 1928 ; *Queen Kelly,* 1928), leur réalisme puissant dressèrent contre lui l'industrie hollywoodienne. Il se consacra ensuite à sa carrière d'acteur (*la Grande Illusion,* de J. Renoir, 1937 ; *Boulevard du crépuscule,* de B. Wilder, 1950).

Stromboli, une des îles Éoliennes, formée par un volcan actif (926 m).

strontium [strɔ̃sjɔm] **n.m.** (de *Strontian,* n. d'un village d'Écosse où ce métal fut découvert). Métal jaune analogue au calcium. ▸ Symb. Sr. On utilise le *nitrate de strontium* en pyrotechnie, pour colorer les flammes en rouge.

strophe [strɔf] **n.f.** (lat. *stropha,* gr. *strophê,* évolution du chœur, de *strephein,* tourner). Division d'un poème formant une unité, qui se caractérise par un nombre déterminé de vers (génér. de quatre à quatorze) et par une disposition fixe des mètres et des rimes.

Strozzi, famille florentine rivale de celle des Médicis (XVe-XVIe s.) et qui, comme elle, bâtit sa fortune sur la banque. À partir du XVIe s., elle passa au service de la France.

Strozzi (Bernardo), peintre et graveur italien (Gênes 1581 - Venise 1644). Il subit l'influence flamande (*la Cuisinière,* Gênes), puis, fixé à Venise en 1630, s'orienta vers une manière plus claire et plus brillante, d'esprit baroque (décors monumentaux, portraits).

structural, e, aux [stryktyral, -o] **adj. 1.** Relatif à la structure : *Analyse structurale. Changement structural.* **2.** Relatif au structuralisme : *Anthropologie structurale.* **3. Géologie structurale,** partie de la géologie qui étudie la structure de l'écorce terrestre.

structuralisme [stryktyralism] **n.m. 1.** Tendance commune à plusieurs sciences humaines visant à définir l'objet de leur étude (catégorie de faits humains), en fonction de l'ensemble organisé auquel il appartient, et à rendre compte de ce dernier à l'aide de modèles. ▸ Le structuralisme, qui a dominé la vie intellectuelle des années 1960, a été illustré notamment en linguistique par Jakobson et en anthropologie par Lévi-Strauss. **2.** LING. Démarche théorique qui consiste à envisager la langue comme une structure, c'est-à-dire un ensemble d'éléments entretenant des relations formelles (on dit aussi *la linguistique structurale*). ◆ **structuraliste adj.** et **n.** Relatif au structuralisme ; partisan du structuralisme.

structuration [stryktyrasjɔ̃] **n.f.** Action de structurer ; fait d'être structuré : *Structuration de la personnalité.*

structure [stryktyr] **n.f.** (lat. *structura,* de *struere,* construire). **1.** Manière dont les parties d'un ensemble concret ou abstrait sont arrangées entre elles : *Structure d'une plante, d'une roche* (syn. **constitution**). *Structure d'un réseau routier* (syn. **organisation**). *Structure d'un discours* (syn. **canevas, composition**). **2.** Organisation des parties d'un système, qui lui donne sa cohérence et en est la caractéristique permanente : *Structure d'un État, d'une entreprise* (syn. **constitution**). **3.** Organisation, système complexes considérés dans leurs éléments fondamentaux : *Les structures administratives.* **4.** TECHN. Constitution, disposition et assemblage des éléments qui forment l'ossature d'un bâtiment, d'une carrosserie, d'un fuselage, etc. (syn. **armature, charpente**). **5.** Disposition des couches géologiques les unes par rapport aux autres ; agencement des différentes parties constituant une roche : *Une structure plissée. La structure schisteuse d'une masse rocheuse.* **6.** Ensemble des caractères relativement stables d'un système économique à une période donnée : *La structure et la conjoncture.* **7.** MATH. Ensemble muni d'une ou plusieurs lois de composition et d'une ou plusieurs relations : *Structures algébriques, topologiques.*

structuré, e [stryktyre] **adj.** Se dit de ce qui a telle ou telle structure : *Parti politique très structuré* (syn. **organisé**).

structurel, elle [stryktyrɛl] **adj. 1.** Relatif aux structures, à une structure : *Modifications structurelles d'un système* (par opp. à *conjoncturel*). **2. Chômage structurel,** chômage lié aux changements des structures économiques, sociales ou démographiques.

structurer [stryktyre] **v.t.** Doter d'une structure : *Structurer une entreprise, une administration* (syn. **organiser**).

Struthof, camp de concentration établi par les Allemands de 1941 à 1944 dans un écart de la commune de Natzwiller (Bas-Rhin). Nécropole nationale des victimes du système concentrationnaire nazi (1950).

strychnine [striknin] **n.f.** (lat. scientif. *strychnos*). Alcaloïde très toxique extrait de la noix vomique utilisé comme stimulant à très faibles doses.

Stuart, dynastie écossaise qui a régné sur l'Écosse à partir de 1371, et dont les souverains furent également rois d'Angleterre de 1603 à 1714. Elle est issue de l'ancienne famille écossaise des *Stewart,* dont le nom est orthographié *Stuart* depuis 1542.

stuc [styk] **n.m.** (it. *stucco,* germ. **stukki*). Enduit imitant le marbre, composé ordinairement de plâtre fin, d'une colle et de poussière de marbre ou de craie : *Moulures de stuc.*

stud-book [stœdbuk] **n.m.** (mot angl. « livre de haras ») [pl. *stud-books*]. Registre où sont inscrites la généalogie et les performances des chevaux de race.

studette [stydɛt] **n.f.** Petit studio d'habitation.

studieusement [stydjøzmɑ̃] **adv.** Avec application ; de façon studieuse : *Occuper studieusement ses soirées.*

studieux, euse [stydjø, -øz] **adj.** (lat. *studiosus,* de *studium,* étude, zèle). **1.** Qui se consacre avec application à l'étude : *Écolier studieux* (syn. **appliqué, travailleur** ; contr. **paresseux**). **2.** Consacré à l'étude : *Vacances studieuses.*

studio [stydjo] **n.m.** (mot it. « atelier d'artiste », du lat. *studium,* étude). **1.** Petit appartement comprenant une seule pièce principale. **2.** Local où opère un photographe (syn. **atelier**). **3.** Local où se font les prises de vues ou de son pour le cinéma, la télévision, la radio, etc. : *Scène tournée en studio.* **4.** Bâtiment ou groupe de bâtiments aménagés pour le tournage des films : *Les studios d'Hollywood.* **5.** Salle de cours, d'entraînement et de répétition de danse.

stupa ou **stoupa** [stupa] **n.m.** (sanskrit *stūpa*). Monument funéraire ou commémoratif d'origine indienne, en forme de dôme plein, élevé sur des reliques du Bouddha ou de religieux éminents.

stupéfaction [stypefaksjɔ̃] **n.f.** (bas lat. *stupefactio,* de *stupefacere,* paralyser). Étonnement profond qui empêche toute réaction : *À la stupéfaction générale, il n'a pas relevé l'allusion* (syn. **surprise**).

stupéfaire [stypefɛr] **v.t.** (lat. *stupefacere,* paralyser) [conj. **109** ; seul. 3e pers. sing. ind. présent et aux temps composés]. Frapper de stupeur : *Il a stupéfait tout le monde en réussissant* (syn. **stupéfier**).

stupéfait, e [stypefɛ, -ɛt] **adj.** (lat. *stupefactus,* de *stupefieri,* être étonné). Frappé de stupéfaction : *Je suis stupéfait qu'elle ait réussi à le convaincre* (syn. **sidéré, éberlué**).

1. stupéfiant, e [stypefjɑ̃, -ɑ̃t] **adj.** (de *stupéfier*). Qui stupéfie ; qui frappe de stupeur : *Nouvelle stupéfiante* (syn. **ahurissant, renversant**).

2. stupéfiant [stypefjɑ̃] **n.m.** (de *1. stupéfiant*). Substance psychotrope qui provoque l'accoutumance et un état de besoin pouvant conduire à une toxicomanie.

stupéfier [stypefje] **v.t.** (lat. *stupefieri,* être étonné, de *stupefacere,* paralyser) [conj. **9**]. Causer une grande surprise à : *Cette nouvelle nous a stupéfiés* (syn. **méduser, stupéfaire**).

stupeur [stypœr] **n.f.** (lat. *stupor,* paralysie). **1.** Étonnement profond qui prive momentanément qqn de ses moyens physiques et intellectuels : *Personne frappée de stupeur à la vue d'un atroce spectacle* (syn. **effarement, saisissement**). **2.** PSYCHIATRIE. État d'inhibition motrice d'origine psychique (syn. **hébétude**).

stupide [stypid] **adj.** (lat. *stupidus,* frappé de stupeur). **1.** D'un esprit lourd et pesant ; qui manque d'intelligence : *Elle n'est pas assez stupide pour croire cette histoire* (syn. **bête, imbécile, sot**). **2.** Dépourvu de sens : *Votre remarque est stupide* (syn. **idiot, inepte**).

stupidement [stypidmɑ̃] **adv.** De façon stupide : *Agir stupidement* (syn. **idiotement, sottement**).

stupidité [stypidite] **n.f.** (lat. *stupiditas*). **1.** Caractère d'une personne stupide : *Personne d'une stupidité incroyable* (syn. **bêtise, imbécillité**). **2.** Parole, action stupide : *Arrête de dire des stupidités* (syn. **ânerie, idiotie**).

stupre [stypr] **n.m.** (lat. *stuprum*). LITT. Débauche honteuse ; luxure.

Sturm und Drang (de *Tempête et Élan,* titre d'une tragédie de Klinger), mouvement littéraire créé en Allemagne vers 1770 par réaction contre le rationalisme et le classicisme *(Aufklärung).* Goethe et Schiller y participèrent.

Stuttgart, v. d'Allemagne, cap. du Bade-Wurtemberg, sur le Neckar ; 585 890 hab. (2 700 000 hab. dans l'agglomération). Centre industriel (automobile, électronique), tertiaire et culturel. Monuments, très restaurés : collégiale gothique, Château Vieux, Nouveau Château, etc. Musées.

Stutthof, en polon. **Sztutowo,** près de Gdańsk (Pologne). Camp de concentration allemand (1939-1944).

Stwosz (Wit) → **Stoss** (Veit).

style [stil] **n.m.** (lat. *stilus,* poinçon servant à écrire). **1.** Manière particulière d'exprimer sa pensée, ses émotions, ses sentiments par le langage : *Avoir un style simple. Exercice de style* (syn. **écriture**). **2.** Forme de langue propre à une activité, à un milieu ou à un groupe social : *Style administratif. Style publicitaire.* **3.** Manière personnelle de pratiquer un art, un sport, etc., définie par un ensemble de caractères : *Le style de Watteau* (syn. **patte, touche**). **4.** Manière particulière à un genre, à une époque, notamm. en matière d'art, définie par un ensemble de caractères formels : *Style épique. Style gothique.* **5.** Ensemble des goûts, des manières d'être de qqn ; façon personnelle de s'habiller, de se comporter, etc. : *Adopter un style sportif* (syn. **allure**). *Style de vie* (syn. **mode**). **6.** Qualité de qqch ou de qqn qui présente des caractéristiques esthétiques originales : *Maison qui a du style* (syn. **cachet**). *Manquer de style.* **7.** ANTIQ. Poinçon de métal servant à écrire sur des tablettes enduites de cire. **8.** TECHN. Aiguille servant à l'inscription sur un appareil enregistreur. **9.** Tige dont l'ombre marque l'heure sur un cadran solaire. **10.** BOT. Colonne surmontant l'ovaire et portant les stigmates à son sommet. **11. De style,** se dit de meubles, d'objets fabriqués conformément à un style de décoration ancien.

stylé, e [stile] **adj.** Qui exécute son service dans les règles, en parlant d'un employé de maison ou d'hôtel : *Un personnel stylé.*

stylet [stilɛ] **n.m.** (it. *stiletto,* de *stilo,* poignard, lat. *stilus*). **1.** Petit poignard à lame très effilée. **2.** Petite tige métallique fine à pointe mousse utilisée en chirurgie pour explorer une fistule, une plaie, etc. **3.** ZOOL. Organe fin et pointu, servant à perforer, propre à certains invertébrés (organe piqueur du moustique, par ex.).

stylisation [stilizasjɔ̃] **n.f.** Action de styliser ; fait d'être stylisé : *Stylisation d'une œuvre architecturale.*

styliser [stilize] **v.t.** Représenter sous une forme simplifiée, synthétique, donnant un aspect décoratif ou un caractère particuliers : *Un cep de vigne stylisé.*

styliste [stilist] **n. 1.** Professionnel qui conçoit des formes nouvelles dans le domaine de l'habillement, de l'ameublement, de la carrosserie automobile, etc. **2.** Écrivain qui brille surtout par le style.

stylistique [stilistik] **n.f.** LING. Étude scientifique des procédés de style que permet une langue : *Stylistique comparée de l'italien et du français.* ◆ **adj.** Relatif à la stylistique, au style : *Emploi stylistique d'un mot.*

stylo [stilo] **n.m.** (de *stylo[graphe]*, angl. *stylograph,* du lat. *stilus,* poinçon servant à écrire). **1.** Instrument pour écrire ou dessiner, muni d'une plume et dont le manche contient un réservoir ou une cartouche d'encre (on dit aussi *un stylo à encre, un stylo plume ;* on disait autref. *un stylographe*). **2.** Instrument analogue utilisant une encre grasse et dans lequel la plume est remplacée par une petite bille métallique (on dit aussi *un stylo à bille, un stylo bille*).

stylobate [stilɔbat] **n.m.** (lat. *stylobata*). ARCHIT. Soubassement portant une colonnade.

stylo-feutre [stilɔføtr] **n.m.** (pl. *stylos-feutres*). Feutre qui a la forme d'un stylo (on dit aussi *un feutre*).

stylomine [stilɔmin] **n.m.** Porte-mine.

styrax [stiraks] **n.m.** (mot lat., gr. *sturax,* résine). Arbrisseau exotique fournissant le benjoin et un baume (nom usuel : *aliboufier*) ; ce baume. ▸ Famille des styracacées.

styrène [stirɛn] **n.m.** (de *styrax*). Hydrocarbure benzénique, servant de matière première pour de nombreuses matières plastiques. ▸ Formule : C_8H_8.

Styrie, en all. **Steiermark,** prov. du sud-est de l'Autriche ; 16 387 km^2 ; 1 208 575 hab. Ch.-l. *Graz.* – Duché en 1180, la Styrie passa aux Habsbourg en 1278. Elle a été amputée en 1919 de ses zones de peuplement slovène.

Styron (William), écrivain américain (Newport News 1925 - Oak Bluffs, île de Martha's Vineyard, Massachusetts, 2006). Ses romans et ses nouvelles dénoncent l'univers traumatisant de la société américaine (*Un lit de ténèbres,* 1951 ; *les Confessions de Nat Turner,* 1967 ; *le Choix de Sophie,* 1979).

Styx, nom donné, dans la mythologie grecque, à un des fleuves des Enfers. Ses eaux passaient pour avoir des propriétés magiques. Elles constituaient une sorte de garantie d'inviolabilité dans le cas d'un serment prononcé par un dieu ; si celui-ci se parjurait ensuite, il était soumis à de longues et terribles épreuves.

su [sy] **n.m. Au vu et au su de qqn** ⟶ **1. vu.**

suaire [sɥɛr] **n.m.** (lat. *sudarium,* linge pour essuyer la sueur). **1.** ANTIQ. Voile dont on couvrait la tête et le visage des morts. **2.** *LITT.* Linceul. **3. Le saint suaire,** le linceul qui servit à ensevelir Jésus-Christ.

Suárez (Francisco), théologien jésuite espagnol (Grenade 1548 - Lisbonne 1617). Professeur à Rome et dans diverses facultés espagnoles, il s'imposa, par ses nombreux ouvrages, comme le penseur le plus estimé de la Compagnie de Jésus. Opérant un véritable tournant par rapport à la théologie et à la philosophie scolastiques, il intervint aussi dans les problèmes politiques et éthiques posés à la conscience espagnole par la conquête de l'Amérique.

suave [sɥav] **adj.** (lat. *suavis,* a remplacé l'anc. fr. *souef*). D'une douceur agréable à la vue, à l'odorat, à l'ouïe : *Parfum, musique suaves* (syn. **enchanteur, exquis**).

suavement [sɥavmɑ̃] **adv.** De façon suave.

suavité [sɥavite] **n.f.** (lat. *suavitas*). Qualité de ce qui est suave : *La suavité d'une mélodie* (syn. **grâce, harmonie**).

sub- préfixe, du lat. *sub,* sous, exprimant la position inférieure dans l'espace *(subaérien),* la dépendance *(subalterne),* un degré moindre dans la qualité ou la quantité *(subsonique).*

subaigu, uë [sybegy] **adj.** MÉD. Se dit d'un état pathologique moins accusé que l'état aigu.

subalpin, e [sybalpɛ̃, -in] **adj.** Se dit des régions situées en bordure des Alpes.

subalterne [sybaltɛrn] **adj.** et **n.** (lat. *subalternus,* de *alter,* autre). **1.** Qui est subordonné à qqn ; qui dépend d'un autre : *Officier subalterne. Nous avons eu affaire à des subalternes* (syn. **subordonné**). **2.** Qui est hiérarchiquement inférieur : *Emploi subalterne* (syn. **inférieur, mineur**).

subconscient, e [sybkɔ̃sjɑ̃, -ɑ̃t] **adj.** Se dit d'un état psychique dont le sujet n'a pas conscience, mais qui influe sur son comportement. ◆ **subconscient n.m.** Ensemble des états psychiques subconscients.

subdésertique [sybdezɛrtik] **adj.** Relatif à une région dont les conditions climatiques et biologiques sont proches de celles des déserts.

subdiviser [sybdivize] **v.t.** Diviser une partie d'un tout déjà divisé : *Subdiviser un chapitre en plusieurs paragraphes.*

subdivision [sybdivizjɔ̃] **n.f.** Division d'une des parties d'un tout déjà divisé : *Divisions et subdivisions d'un discours.*

subduction [sybdyksjɔ̃] **n.f.** (du lat. *subducere,* tirer de dessous). GÉOL. Glissement d'une plaque lithosphérique de nature océanique sous une plaque adjacente. ▸ La subduction s'accompagne de séismes dont les foyers se situent jusqu'à plus de 600 km de profondeur.

subéquatorial, e, aux [sybekwatɔrjal, -o] **adj.** Proche de l'équateur, du climat équatorial.

subéreux, euse [syberø, -øz] **adj.** (du lat. *suber,* liège). Constitué de liège.

subir [sybir] **v.t.** (lat. *subire,* propr. « aller sous ») [conj. **32**]. **1.** Être soumis malgré soi à (ce qui est prescrit, ordonné, imposé) : *Subir une intervention. Plusieurs prisonniers ont subi des tortures* (syn. **endurer, souffrir**). **2.** Supporter à contrecœur la présence de (qqn qui déplaît) : *Nous devons le subir tous les dimanches.* **3.** Être soumis à ; être l'objet de : *Les prix ont subi une hausse* (syn. **connaître**).

subit, e [sybi, -it] **adj.** (lat. *subitus,* de *subire,* se présenter). Qui arrive tout à coup : *Mort subite* (syn. **brutal**). *Une inspiration subite* (syn. **soudain**). *Subite aggravation du froid* (syn. **brusque**).

subitement [sybitmɑ̃] **adv.** Soudainement : *Mourir subitement d'une crise cardiaque* (syn. **brusquement, brutalement**). *La pluie s'est mise à tomber subitement.*

subito [sybito] **adv.** (mot lat.). *FAM.* Subitement ; immédiatement : *Il a répondu subito* (syn. **sur-le-champ**).

subjectif, ive [sybʒɛktif, -iv] **adj.** (lat. *subjectivus,* qui se rapporte au sujet ; placé dessous). **1.** *DIDACT.* Qui relève du sujet défini comme être pensant, comme conscience individuelle (par opp. à *objectif*). **2.** Se dit de ce qui est individuel et susceptible de varier en fonction de la personnalité de chacun : *Une interprétation subjective d'un texte* (syn. **personnel**).

subjectivement [sybʒɛktivmɑ̃] **adv.** De façon subjective : *Réagir subjectivement* (contr. **objectivement**).

subjectivité [sybʒɛktivite] **n.f. 1.** Caractère de ce qui est subjectif (par opp. à *objectivité*). **2.** Manière propre à un individu de considérer la réalité à travers ses seuls états de conscience : *S'efforcer de faire abstraction de sa subjectivité.*

subjonctif [sybʒɔ̃ktif] **n.m.** (bas lat. *subjunctivus* [*modus*], de *subjungere,* subordonner). GRAMM. Mode personnel du verbe employé soit dans des propositions subordonnées, soit pour exprimer le doute, l'incertitude, la volonté, le souhait, etc. : *Dans la phrase « pourvu qu'il veuille », le verbe « vouloir » est au subjonctif présent.*

subjuguer [sybʒyge] **v.t.** (bas lat. *subjugare,* placer sous le joug, de *jugum,* joug). Exercer un puissant ascendant, une vive séduction sur : *Chanteur qui subjugue les jeunes* (syn. **ensorceler, envoûter, fasciner**).

sublimation [syblimasjɔ̃] **n.f.** (bas lat. *sublimatio*). **1.** Passage d'un corps de l'état solide à l'état gazeux : *La sublimation du camphre.* **2.** PSYCHAN. Processus par lequel l'énergie d'une pulsion sexuelle ou agressive est orientée vers une valeur, un but social, plus élevés.

sublime [syblim] **adj.** (lat. *sublimis,* haut). **1.** Qui est le plus élevé, en parlant de choses morales, intellectuelles ou artistiques : *Sublime abnégation* (syn. **noble**). **2.** Dont les sentiments et la conduite atteignent une grande élévation : *Il a été sublime dans cette circonstance* (syn. **admirable, héroïque**). ◆ **n.m.** Ce qu'il y a de plus élevé dans le style, les sentiments, etc. : *Éloquence qui atteint au sublime.*

sublimé [syblime] **n.m.** CHIM. Produit obtenu en sublimant une substance.

Sublime-Porte (la), nom donné autrefois au gouvernement ottoman.

sublimer [syblime] **v.t.** (lat. *sublimare,* élever, de *sublimis,* haut). **1.** CHIM. Faire passer directement de l'état solide à l'état gazeux. **2.** *LITT.* Orienter (une tendance, une passion) vers une valeur sociale positive ou vers un intérêt moral : *Sublimer ses pulsions. Sublimer l'amour que l'on porte à qqn* (syn. **magnifier, purifier**).

sublimité [syblimite] **n.f.** (lat. *sublimitas*). *LITT.* Caractère de ce qui est sublime : *La sublimité du dévouement.*

sublingual, e, aux [syblɛ̃gwal, -o] **adj.** (de *lingual*). **1.** ANAT. Qui se trouve sous la langue : *Glande sublinguale.* **2.** PHARM. Se dit de la voie d'administration d'un médicament que l'on laisse fondre sous la langue.

submerger [sybmɛrʒe] **v.t.** (lat. *submergere,* de *mergere,* plonger) [conj. **17**]. **1.** Recouvrir complètement d'eau : *L'eau a submergé les rives du fleuve* (syn. **inonder, noyer**). **2.** Imposer sa domination par sa supériorité numérique ou sa puissance : *Les manifestants ont submergé le service d'ordre* (syn. **déborder**). **3.** Envahir d'une façon irrésistible : *Être submergé de travail* (syn. **accabler**).

1. submersible [sybmɛrsibl] **adj.** (du lat. *submersus,* de *submergere*). Qui peut être submergé : *Terres submersibles* (syn. **inondable**).

2. submersible [sybmɛrsibl] **n.m.** (de *1. submersible*). **1.** Sous-marin à propulsion classique et à taux de flottabilité élevé. **2.** Véhicule autonome et habité, destiné à l'observation des fonds marins. ▸ Il s'oppose, par sa maniabilité, sa légèreté, sa mobilité, au bathyscaphe.

submersion [sybmɛrsjɔ̃] **n.f.** LITT. Action de submerger : *Mort par submersion* (syn. **noyade**). *La submersion d'une vallée par une crue* (syn. **inondation**).

subodorer [sybɔdɔre] **v.t.** (du lat. *odorari,* sentir). Se douter de ; pressentir : *Je subodore une machination* (syn. **deviner, flairer, soupçonner**).

subordination [sybɔrdinasjɔ̃] **n.f.** (lat. médiév. *subordinatio*). **1.** Ordre établi entre les personnes, et qui rend les unes dépendantes des autres : *La subordination des employés au chef de service* (syn. **sujétion**). **2.** Dépendance d'une chose par rapport à une autre : *La subordination des intérêts privés à l'intérêt public* (syn. **assujettissement**). **3.** GRAMM. Mode de rattachement d'une proposition à une autre (par opp. à *coordination, juxtaposition*).

subordonnant [sybɔrdɔnɑ̃] **n.m.** GRAMM. Mot ou locution qui institue un rapport de subordination : *Les conjonctions de subordination, les pronoms relatifs et interrogatifs sont des subordonnants.*

subordonné, e [sybɔrdɔne] **adj.** et **n.** Qui est soumis à un supérieur (syn. **subalterne**). ◆ **adj. 1.** Qui dépend de qqn, de qqch : *Ses vacances sont subordonnées à la date de l'examen.* **2.** GRAMM. **Proposition subordonnée,** proposition qui complète le sens d'une autre, à laquelle elle est rattachée par un subordonnant (on dit aussi *une subordonnée*).

subordonner [sybɔrdɔne] **v.t.** (réfection d'apr. *ordonner,* de l'anc. fr. *surbordiner*). **1.** Mettre sous l'autorité de qqn d'autre : *L'organisation militaire subordonne le lieutenant au capitaine* (syn. **soumettre**). **2.** Faire dépendre de : *Subordonner une commande à l'obtention de facilités de paiement.*

subornation [sybɔrnasjɔ̃] **n.f.** (lat. médiév. *subornatio*). DR. **Subornation de témoins,** délit consistant à faire pression sur un témoin pour le déterminer à déposer en justice contrairement à la vérité.

suborner [sybɔrne] **v.t.** (lat. *subornare,* dresser en vue d'une mauvaise action). DR. Inciter un témoin à faire de faux témoignages : *L'avocat a prouvé que le témoin avait été suborné.*

suborneur, euse [sybɔrnœr, -øz] **n.** Personne qui suborne un témoin.

subreptice [sybrɛptis] **adj.** (lat. *subrepticius,* clandestin). Qui se fait furtivement, d'une façon déloyale : *Des manœuvres subreptices* (syn. **illégal, illicite**). *D'un geste subreptice, il avertit son complice* (syn. **furtif**).

subrepticement [sybrɛptismɑ̃] **adv.** D'une façon subreptice : *Partir subrepticement* (syn. **discrètement, furtivement**).

subrogation [sybrɔgasjɔ̃] **n.f.** (bas lat. *subrogatio*). DR. Substitution, dans un rapport juridique, d'une personne ou d'une chose à une autre.

subrogatoire [sybrɔgatwar] **adj.** DR. Qui subroge : *Acte subrogatoire* (= fondé sur une subrogation).

subroger [sybrɔʒe] **v.t.** (lat. *subrogare,* faire venir à la place de) [conj. **17**]. DR. Substituer par subrogation.

subsaharien, enne [sybsaarjɛ̃, -ɛn] **adj.** Relatif à l'Afrique située au sud du Sahara.

subséquemment [sypsekamɑ̃] **adv.** DR. En conséquence de quoi.

subséquent, e [sypsekɑ̃, -ɑ̃t] **adj.** (lat. *subsequens,* qui suit immédiatement). **1.** LITT. Qui vient à la suite dans l'ordre du temps, du rang : *Tous les explorateurs subséquents ont décrit la beauté sauvage de ce pays* (syn. **suivant**). **2.** GÉOGR. Se dit des affluents de rivières responsables du déblaiement des dépressions au pied des fronts de cuesta.

subside [sypsid] ou [sybsid] **n.m.** (lat. *subsidium,* réserve, soutien). [Souvent au pl.]. Somme d'argent versée à titre de secours : *La municipalité a accordé des subsides aux sinistrés* (syn. **don, subvention**).

subsidence [sypsidɑ̃s] ou [sybsidɑ̃s] **n.f.** (du lat. *subsidere,* tomber au fond). GÉOL. Lent mouvement d'affaissement d'un bassin sédimentaire sous le poids de ses dépôts.

subsidiaire [sypsidjɛr] ou [sybsidjɛr] **adj.** (lat. *subsidiarius,* de réserve). **1.** Donné accessoirement pour venir à l'appui de qqch de principal : *Arguments subsidiaires* (syn. **complémentaire**). **2. Question subsidiaire,** question supplémentaire, qui sert à départager les concurrents ex aequo.

subsistance [sybzistɑ̃s] **n.f.** Nourriture et entretien de qqn, satisfaction de ses besoins élémentaires : *Assurer la subsistance de sa famille.*

subsister [sybziste] **v.i.** (lat. *subsistere,* s'arrêter). **1.** Exister encore ; continuer d'être : *Une erreur subsiste dans ce programme* (syn. **persister**). *Il ne subsiste que des ruines de ce vieux château* (syn. **rester**). **2.** Pourvoir à ses besoins, à son entretien : *Travailler pour subsister* (syn. **vivre**).

subsonique [sypsɔnik] **adj.** Dont la vitesse est inférieure à celle du son (par opp. à *sonique, supersonique*).

substance [sypstɑ̃s] **n.f.** (lat. *substantia,* de *substare,* être dessous). **1.** Matière dont qqch est formé : *Substance solide, liquide.* **2.** Ce qu'il y a d'essentiel dans un ouvrage, dans un acte, etc. : *La substance d'un entretien* (syn. **essence, fond**). **3.** PHILOS. Ce qui est en soi et par soi ; ce qu'il y a de permanent dans les choses qui changent (par opp. à *accident*). **4. En substance,** en ne retenant que l'essentiel, en résumé : *Voici en substance ce qu'on nous a dit.*

substantiel, elle [sypstɑ̃sjɛl] **adj.** (lat. *substantialis*). **1.** Rempli de substance nutritive : *Repas substantiel* (syn. **copieux, nourrissant**). **2.** Important : *Obtenir une augmentation substantielle* (syn. **considérable**). **3.** Essentiel ; capital : *Extraire d'un livre ce qu'il a de substantiel* (syn. **fondamental, primordial**). **4.** PHILOS. Relatif à la substance (par opp. à *accidentel*).

substantif [sypstɑ̃tif] **n.m.** (lat. *substantivum*). GRAMM. Nom : *Les substantifs et les adjectifs.*

substantifique [sypstɑ̃tifik] **adj.** (mot créé par Rabelais). LITT. **La substantifique moelle,** ce qu'il y a d'essentiel dans un ouvrage de l'esprit.

substantivation [sypstɑ̃tivasjɔ̃] **n.f.** GRAMM. Action de substantiver : *La substantivation de « pourquoi » dans « expliquer le pourquoi de ses actes ».*

substantiver [sypstɑ̃tive] **v.t.** GRAMM. Donner à un mot la valeur, la fonction d'un substantif.

substituable [sypstitɥabl] **adj.** Qui peut être substitué à autre chose : *Synonymes substituables* (syn. **commutable**).

substituer [sypstitɥe] **v.t.** (lat. *substituere,* propr. « placer sous ») [conj. **7**]. **1.** Mettre en lieu et place de qqn, de qqch d'autre : *Substituer un enfant à un autre* (syn. **remplacer**). **2.** CHIM. Remplacer (un atome, une molécule d'un composé) par un autre atome, une autre molécule, sans en modifier la structure globale. ◆ **se substituer v.pr. [à].** Prendre la place d'un autre : *Un hebdomadaire qui se substitue à un quotidien du même nom.*

substitut [sypstity] **n.m.** (lat. *substitutus*). **1.** Ce qui peut remplacer qqch en jouant le même rôle : *Un substitut d'alcool* (syn. **ersatz, succédané**). **2.** DR. Magistrat du parquet chargé d'assister le procureur général de la cour d'appel *(substitut général)* ou le procureur de la République.

substitutif, ive [sypstitytif, -iv] **adj.** (lat. *substitutivus*). Se dit de qqch qui sert de substitut à autre chose : *Médicament substitutif* (= de remplacement).

substitution [sypstitysjɔ̃] **n.f.** (lat. *substitutio*). **1.** Action de substituer ; fait de se substituer : *Il y a eu substitution de documents* (syn. **échange, remplacement**). **2.** CHIM. Réaction chimique dans laquelle un atome d'un composé est remplacé par un autre atome ou groupe d'atomes. **3.** MATH. Permutation sur un ensemble fini. **4. Peine de substitution,** peine que le tribunal peut prononcer à la place d'une peine d'emprisonnement (confiscation, travail d'intérêt général).

substrat [sypstra] **n.m.** (lat. *substratum,* de *substernere,* étendre sous). **1.** Ce qui sert de base, d'infrastructure à qqch : *Le substrat industriel de l'économie.* **2.** TECHN. Matériau sur lequel sont réalisés les éléments d'un circuit intégré. **3.** LING. Première langue connue ayant existé dans un territoire donné, repérable par les traces qu'elle a laissées dans la langue parlée actuellement dans ce territoire.

subterfuge [sypterfyʒ] **n.m.** (bas lat. *subterfugium,* de *subterfugere,* fuir en cachette). Moyen détourné pour se tirer d'embarras ; échappatoire, ruse : *User de subterfuges.*

subtil, e [syptil] **adj.** (réfection de l'anc. fr. *soutil,* du lat. *subtilis,* fin, délié). **1.** Qui a beaucoup de finesse ; qui est capable de percevoir des nuances délicates : *Un esprit subtil* (syn. **délié, fin**). *Il fut un subtil diplomate* (syn. **ingénieux, perspicace**). **2.** Qui exige beaucoup de finesse, de sagacité : *Question subtile* (syn. **sophistiqué**).

subtilement [syptilmɑ̃] **adv.** De façon subtile : *Se tirer subtilement d'affaire* (syn. **adroitement**).

subtilisation [syptilizasjɔ̃] **n.f.** Action de subtiliser : *La subtilisation des papiers de qqn* (syn. **vol**).

subtiliser [syptilize] **v.t.** (de *subtil*). Dérober adroitement, sans se faire remarquer : *Pickpocket qui subtilise les portefeuilles des passants* (syn. **escamoter, voler**).

subtilité [syptilite] **n.f.** (lat. *subtilitas*). **1.** Caractère d'une personne, d'une chose subtile : *La subtilité de sa réponse les a fait taire* (syn. **finesse, perspicacité, sagacité**). **2.** Raffinement excessif de la pensée, de l'expression, etc. : *Des subtilités de style* (syn. **maniérisme, préciosité**).

subtropical, e, aux [sybtrɔpikal, -o] **adj.** Qui est proche des tropiques : *Climat subtropical* (= climat chaud, à longue saison sèche).

suburbain, e [sybyrbɛ̃, -ɛn] **adj.** (lat. *suburbanus*). Qui est à la périphérie immédiate d'une ville : *Les communes suburbaines* (= de banlieue).

subvenir [sybvənir] **v.t. ind. [à]** (lat. *subvenire,* venir au secours de) [conj. **40 ;** auxil. *avoir*]. Procurer à qqn ce qui lui est nécessaire : *Subvenir aux besoins de ses parents âgés* (syn. **pourvoir**).

subvention [sybvɑ̃sjɔ̃] **n.f.** (bas lat. *subventio,* secours, aide). Aide financière versée par l'État ou une personne publique à une personne privée, dans le but de favoriser l'activité d'intérêt général à laquelle elle se livre : *Accorder une subvention à une association* (syn. **don, subside**).

subventionner [sybvɑ̃sjɔne] **v.t.** Accorder une subvention à (un organisme, une personne, etc.) : *Subventionner un théâtre, une industrie* (syn. **doter**).

subversif, ive [sybvɛrsif, -iv] **adj.** (du lat. *subvertere,* renverser). Qui est de nature à troubler ou à renverser l'ordre social ou politique : *Théories subversives* (syn. **séditieux**).

subversion [sybvɛrsjɔ̃] **n.f.** (lat. *subversio*). Action visant à saper les valeurs et les institutions établies : *Déjouer une tentative de subversion.*

subvertir [sybvɛrtir] **v.t.** (lat. *subvertere,* renverser) [conj. **32**]. *LITT.* Renverser un état de choses : *Subvertir l'État, les valeurs morales* (syn. **bouleverser, renverser**).

suc [syk] **n.m.** (lat. *sucus,* sève). **1.** Liquide organique susceptible d'être extrait des tissus animaux et végétaux (syn. **jus**). **2.** *LITT.* Le meilleur de la substance de qqch : *Tirer le suc d'une lecture* (syn. **quintessence**). **3.** Sécrétion organique contenant des enzymes : *Suc gastrique.*

succédané [syksedane] **n.m.** (lat. *succedaneus,* qui remplace). Produit de remplacement : *Un succédané de café* (syn. **ersatz**).

succéder [syksede] **v.t. ind. [à]** (lat. *succedere,* venir sous, à la place de) [conj. **18**]. **1.** Venir après ; prendre la place de : *La nuit succède au jour* (syn. **suivre**). **2.** Parvenir après un autre à un emploi, à une dignité, à une charge : *On dit qu'il succédera à son père* (syn. **relever, remplacer**). ◆ **se succéder v.pr.** Succéder l'un à l'autre ; venir l'un après l'autre ; former une série : *Les voitures se sont succédé toute la soirée sur l'autoroute* (syn. **se suivre**).

succès [syksɛ] **n.m.** (lat. *successus,* de *succedere,* succéder). **1.** Résultat heureux obtenu dans une tentative, un travail : *Son succès n'a étonné personne* (syn. **réussite, victoire ;** contr. **échec**). **2.** Approbation du public : *La pièce a eu du succès. Le succès d'une mode* (syn. **triomphe**). **3. À succès,** qui plaît au plus grand nombre : *Auteur à succès.*

successeur [syksesœr] **n.m.** (lat. *successor*). **1.** Personne qui prend la suite d'une autre dans un état, une profession, ou dans ses droits ou obligations : *Il a désigné son successeur* (syn. **continuateur, remplaçant**). **2.** MATH. **Successeur d'un entier naturel** ***n***, l'entier $n + 1$.

successif, ive [syksesif, -iv] **adj.** (lat. *successivus*). Qui se succède : *Les générations successives.*

succession [syksesjɔ̃] **n.f.** (lat. *successio*). **1.** Suite, série de personnes ou de choses qui se succèdent sans interruption ou à peu d'intervalle : *La succession des jours et des nuits* (syn. **alternance**). *Une succession d'incidents* (syn. **cascade**). **2.** Transmission légale à des personnes vivantes des biens et obligations d'une personne décédée. **3.** Biens qu'une personne laisse en mourant : *Se partager une succession* (syn. **héritage**). **4. Droits de succession,** impôts que les bénéficiaires d'une succession doivent verser à l'enregistrement.

Succession d'Autriche ***(guerre de la)*** [1740-1748], conflit qui opposa, en Europe, la Prusse, la France, la Bavière, la Saxe et l'Espagne à l'Autriche, et qui se doubla d'une guerre, en partie maritime et coloniale, opposant l'Angleterre, alliée de l'Autriche, à la France, alliée de la Prusse. L'origine de ce conflit est la contestation de la pragmatique sanction de 1713 qui assurait le trône à Marie-Thérèse, fille de l'empereur Charles VI (m. en 1740).
1742. L'Autriche cède la Silésie à la Prusse.
1745. Marie-Thérèse accorde la paix à la Bavière, vaincue, et parvient à faire élire empereur germanique son mari, François de Lorraine. La France remporte la victoire de Fontenoy qui lui livre les Pays-Bas.
1748. La paix d'Aix-la-Chapelle consacre la reconnaissance de la pragmatique sanction et la cession de la Silésie ; en dépit de sa victoire, Louis XV renonce à toutes ses conquêtes.

Succession de Pologne ***(guerre de la)*** [1733-1738], conflit qui opposa la France, alliée de l'Espagne, de la Sardaigne et de la Bavière, à la Russie et à l'Autriche, à propos de la succession d'Auguste II, roi de Pologne. La Russie et l'Autriche soutenaient l'Électeur de Saxe, Auguste III, tandis que Stanislas Leszczyński était proclamé roi de Pologne par la diète de Varsovie, avec l'appui de son gendre, Louis XV.
1733. Auguste III chasse Stanislas. Tandis que la Pologne passe sous l'autorité austro-russe, la France occupe la Lorraine.
1738. Signature de la paix de Vienne. Auguste III est reconnu roi de Pologne, Stanislas obtenant en compensation les duchés de Lorraine et de Bar. Naples et la Sicile échoient à une branche des Bourbons d'Espagne.

Succession d'Espagne ***(guerre de la)*** [1701-1714], conflit qui opposa la France et l'Espagne à une coalition européenne, formée à la suite du testament de Charles II de Habsbourg, qui assurait la couronne d'Espagne à Philippe d'Anjou (Philippe V), petit-fils de Louis XIV, lequel prétendait maintenir ses droits à la couronne de France. La France dut combattre à la fois l'Autriche, l'Angleterre et les Provinces-Unies.
1702-1703. Victoires françaises en Allemagne.
1705. L'archiduc Charles, fils de Léopold Ier, est proclamé roi d'Espagne.

1708. Les armées françaises sont défaites à Oudenaarde, dans les Flandres.
1709. L'invasion de la France est arrêtée par Villars à la bataille de Malplaquet.
1711. Élection de l'archiduc Charles à l'Empire sous le nom de Charles VI.
1712. Victoire de Villars à Denain.
Les traités d'Utrecht (1713) et de Rastatt (1714) mettent fin au conflit. Philippe V conserve la couronne d'Espagne, mais il renonce à ses prétentions à la couronne de France et abandonne à l'Autriche et à la Savoie ses territoires européens extérieurs à l'Espagne. La France garde ses frontières de 1700 mais Louis XIV reconnaît la succession protestante en Angleterre. Celle-ci reçoit plusieurs bases maritimes (Gibraltar, Minorque, Terre-Neuve, Acadie).

successivement [syksesivmɑ̃] **adv.** L'un après l'autre ; par degrés successifs ; tour à tour : *S'entretenir successivement avec tous les candidats à un poste.*

successoral, e, aux [syksesɔral, -o] **adj.** (de *successeur*). DR. Relatif à une succession : *Le notaire s'occupe des formalités successorales.*

succinct, e [syksɛ̃, -ɛ̃t] **adj.** (lat. *succinctus,* court vêtu). **1.** Qui est dit en peu de mots : *Récit succinct* (syn. **bref, concis**). *Être succinct dans ses réponses* (syn. **laconique**). **2.** Peu abondant : *Repas succinct* (syn. **léger, maigre**).

succinctement [syksɛ̃tmɑ̃] **adv.** Brièvement : *Exposer succinctement l'ordre du jour* (syn. **sommairement**).

succion [sysjɔ̃] ou [syksjɔ̃] **n.f.** (lat. médiév. *suctio,* de *sugere,* sucer). Action de sucer, d'aspirer un liquide en le prenant entre ses lèvres : *Un bruit de succion.*

succomber [sykɔ̃be] **v.i.** (lat. *succumbere,* propr. « tomber sous »). **1.** Mourir : *Le malade a succombé* (syn. **décéder, disparaître**). **2.** Perdre un combat ; être vaincu : *Nos troupes ont succombé sous le nombre* (syn. **céder**). ◆ **v.t. ind. [à].** Ne pas résister à : *Succomber à la tentation* (syn. **s'abandonner à, céder à**).

succube [sykyb] **n.m.** (lat. *succuba,* concubine, de *cubare,* coucher). Démon femelle qui, dans la tradition médiévale, séduit les hommes pendant leur sommeil (par opp. à *incube,* à *démon mâle*).

succulence [sykylɑ̃s] **n.f.** *LITT.* Qualité de ce qui est succulent : *La succulence d'un mets* (syn. **délicatesse, saveur**).

succulent, e [sykylɑ̃, -ɑ̃t] **adj.** (lat. *succulentus,* de *sucus,* sève). Qui a une saveur délicieuse : *Viande succulente* (syn. **exquis, savoureux**).

succursale [sykyrsal] **n.f.** (du lat. *succurrere,* aider). Établissement commercial ou financier dépendant d'un autre, bien que jouissant d'une certaine autonomie.

succursalisme [sykyrsalism] **n.m.** Système d'organisation du commerce s'appuyant sur des magasins à succursales multiples.

sucement [sysmɑ̃] **n.m.** Action de sucer.

sucer [syse] **v.t.** (lat. pop. **suctiare,* du class. *sugere,* de *sucus,* suc) [conj. **16**]. **1.** Aspirer en prenant entre ses lèvres un liquide, une substance : *Sucer le jus d'un fruit.* **2.** En parlant de certains animaux, aspirer avec un organe spécial (le suc d'une plante, un liquide, etc.) : *Les sangsues sucent le sang.* **3.** Porter, garder un objet à la bouche et y exercer une succion : *Sucer son crayon* (syn. **suçoter**). *Il suce encore son pouce.* **4.** Faire fondre dans sa bouche : *Sucer un bonbon.*

sucette [sysɛt] **n.f.** **1.** Bonbon en sucre cuit aromatisé, fixé à l'extrémité d'un bâtonnet. **2.** Petite tétine de caoutchouc que l'on donne à sucer aux jeunes enfants.

suceur, euse [sysœr, -øz] **adj.** **1.** ZOOL. Se dit des organes propres à exercer une succion, des animaux possédant de tels organes. **2.** TECHN. Qui fonctionne en aspirant un fluide : *Drague suceuse* (syn. **aspirant**).

suçoir [syswar] **n.m.** **1.** BOT. Organe fixant une plante parasite à son hôte et y prélevant la sève. **2.** ZOOL. Organe buccal de certains insectes, qui sert à sucer.

suçon [sysɔ̃] **n.m.** *FAM.* Marque qu'on fait à la peau en la suçant fortement.

suçoter [sysɔte] **v.t.** Sucer négligemment, du bout des lèvres : *Suçoter sa pipe* (syn. **sucer**).

sucrage [sykraʒ] **n.m.** Action de sucrer : *Le sucrage des fruits se fait en fin de cuisson.*

sucrant, e [sykrɑ̃, -ɑ̃t] **adj.** Qui sucre : *Le pouvoir sucrant du miel.*

sucre [sykr] **n.m.** (it. *zucchero,* ar. *sukkar*). **1.** Substance alimentaire de saveur douce, extraite, sous forme de fins cristaux, de la canne à sucre et de la betterave à sucre : *Sucre en poudre. Sucre en morceaux.* **2.** Morceau de cette substance : *Manger un sucre.* **3.** CHIM. Glucide. **4. Sucre glace,** sucre en poudre extrêmement fin obtenu par un broyage très poussé, employé surtout en pâtisserie.

■ Le sucre est principalement fabriqué à partir des racines de la betterave à sucre et des tiges (cannes) de la canne à sucre.
Par broyage des cannes, on obtient un jus sucré, ou *vesou,* et les résidus des cannes, ou *bagasses.* Les betteraves, quant à elles, sont lavées, découpées en lanières, ou *cossettes,* qui sont envoyées dans des batteries de diffusion où le sucre est extrait par diffusion dans l'eau chaude.
Les jus sucrés obtenus sont épurés, c.-à-d. débarrassés des substances qu'ils contiennent autres que le sucre.
Le jus épuré est ensuite concentré par chauffage ; dans des évaporateurs, il passe de 15 à 70 % de sucre. Enfin, le jus concentré subit la cristallisation, ou *cuite,* réalisée dans un appareil à cuire. À la sortie de l'appareil, on recueille des cristaux de sucre blanc et de l'*eau mère.* Celle-ci contient encore des cristaux, qui sont extraits par centrifugation. La partie qui n'est pas susceptible de cristalliser, la *mélasse,* sirop visqueux riche en sucre, est utilisée en distillerie ou dans les aliments pour le bétail.
Après cristallisation, le sucre est stocké en vrac pour les usages industriels, ou conditionné en paquets sous diverses formes (morceaux, poudre, etc.). ■

Sucre, anc. **Chuquisaca,** cap. constitutionnelle de la Bolivie, dans les Andes, à plus de 2 700 m d'alt. ; 259 388 hab. Cathédrale du XVIIe s.

Sucre (Antonio José de), patriote vénézuélien (Cumaná 1795 - Berruecos, Colombie, 1830). Lieutenant de Bolívar, il remporta la victoire d'Ayacucho (1824). Élu président de la Bolivie (1826), il abdiqua en 1828 et défendit la Colombie contre les Péruviens. Il fut assassiné.

sucré, e [sykre] **adj.** Qui contient du sucre, qui a le goût du sucre : *Aimer le café bien sucré. Poire sucrée.* ◆ **adj.** et **n.** Se dit d'une personne qui affecte des manières doucereuses : *Un ton sucré* (syn. **mielleux, patelin**). *Elle fait sa sucrée.*

sucrer [sykre] **v.t.** **1.** Ajouter du sucre à (un liquide, un aliment) ; adoucir avec du sucre : *Sucrer son café* (syn. **édulcorer**). **2.** *FAM.* Supprimer : *On lui a sucré ses vacances.* ◆ **se sucrer v.pr.** *FAM.* S'attribuer la plus grosse part dans une affaire, un partage : *Les intermédiaires se sont sucrés.*

sucrerie [sykrəri] **n.f.** **1.** Usine où l'on fabrique le sucre. **2.** (Souvent au pl.). Friandise préparée avec du sucre : *Ces enfants mangent trop de sucreries* (syn. **confiserie, douceurs**). **3.** *QUÉBÉC.* Lieu où l'on fabrique le sirop d'érable et ses dérivés. **4.** *AFR.* Boisson sucrée non alcoolisée.

Sucrette [sykrɛt] **n.f.** (nom déposé). Petit comprimé de sucre de synthèse.

1. sucrier, ère [sykrije, -ɛr] **adj.** Relatif à la production du sucre. ◆ **n.** **1.** Fabricant de sucre. **2.** Ouvrier, ouvrière qui travaille à la fabrication du sucre.

2. sucrier [sykrije] **n.m.** Récipient où l'on met du sucre.

sud [syd] **n.m. inv.** (anc. angl. *suth*). **1.** L'un des quatre points cardinaux, situé à l'opposé du nord : *Nantes est au sud de Rennes. Marcher en direction du sud* (syn. **midi**). **2.** (Avec une majuscule). Partie d'un territoire ou du globe terrestre située vers ce point : *Le Sud marocain.* **3.** (Avec une majuscule). Ensemble des pays en voie de développement (par opp. à *pays industrialisés*). ◆ **adj. inv.** Situé au sud : *Le versant sud d'un puy.*

Sud ***(île du)***, la plus vaste (154 000 km^2 avec les dépendances), mais la moins peuplée (1 004 397 hab.) des deux grandes îles constituant la Nouvelle-Zélande.

sud-africain, e [sydafrikɛ̃, -ɛn] **adj.** et **n.** (pl. *sud-africains, es*). De l'Afrique du Sud.

sud-américain, e [sydamerikɛ̃, -ɛn] **adj.** et **n.** (pl. *sud-américains, es*). De l'Amérique du Sud.

sudation [sydasjɔ̃] **n.f.** (lat. *sudatio*). Production de sueur physiologique ou artificielle : *Sudation provoquée par une forte fièvre* (syn. **transpiration**).

sud-est [sydɛst] **n.m. inv.** et **adj. inv. 1.** Point de l'horizon situé entre le sud et l'est. **2.** Partie d'un territoire située vers ce point : *Le sud-est de l'Espagne. L'Afrique du Sud-Est.*

Sudètes ***(monts des)***, bordure nord-est de la Bohême, dans la République tchèque. – Sur le plan historique, le nom des *Sudètes* s'est appliqué à toute la bordure de la Bohême (où les Allemands constituaient une partie importante du peuplement) et à sa population allemande. La *région des Sudètes* fut annexée par l'Allemagne de 1938 à 1945. Lors de sa restitution à la Tchécoslovaquie, en 1945, la population d'origine allemande a été transférée vers l'Allemagne.

sudiste [sydist] **n.** et **adj.** Partisan des États du Sud, dans la guerre de Sécession des États-Unis (1861-1865).

sudorifique [sydɔrifik] **adj.** et **n.m.** (du lat. *sudor*, sueur, et de *-fique*). Qui provoque ou augmente la sécrétion de la sueur : *Substance sudorifique.*

sudoripare [sydɔripar] **adj.** (du lat. *sudor*, sueur, et de *-pare*). ANAT. Qui produit la sueur : *Glandes sudoripares.*

sud-ouest [sydwɛst] **n.m. inv.** et **adj. inv. 1.** Point de l'horizon situé entre le sud et l'ouest. **2.** Partie d'un territoire située vers ce point : *Le sud-ouest de l'Angleterre. L'Afrique du Sud-Ouest.*

Sue (**Marie-Joseph,** dit **Eugène**), écrivain français (Paris 1804 - Annecy 1857). Ses romans (*les Mystères de Paris,* 1842-1843 ; *le Juif errant,* 1844-1845), parus en feuilletons dans les journaux de l'époque, remportèrent un grand succès. D'inspiration sociale et humanitaire, ils décrivent la misère des bas-fonds parisiens.

suède [sɥɛd] **n.m.** (de *Suède*). Peausserie ou cuir utilisés avec le côté chair à l'extérieur : *Des gants en suède.*

Suède, en suéd. **Sverige,** État de l'Europe septentrionale ; 450 000 km^2 ; 9 571 000 hab. *(Suédois).* CAP. *Stockholm.* LANGUE : *suédois.* MONNAIE : *krona (couronne suédoise).*

GÉOGRAPHIE

Les conditions naturelles. Les altitudes décroissent de la frontière norvégienne au golfe de Botnie, bordé de basses plaines littorales. De nombreux fleuves coulent vers la Baltique ; leurs hautes vallées, barrées par des moraines, ont formé des lacs, utilisés par l'hydroélectricité. Le Norrland occupe près de la moitié nord du pays ; presque vide, il a des ressources naturelles (bois, mines) et une vocation touristique. La Suède centrale correspond à une dépression traversée par la ligne de partage des eaux entre le Skagerrak et la Baltique. Dominée par les deux plus grandes villes, Göteborg et Stockholm, cette région a été le premier foyer industriel du pays et a également de bonnes capacités agricoles. La partie méridionale est bordée par les îles Gotland et Öland, les forêts y alternent avec les zones agricoles, et elle ouvre les communications, avec le Danemark, par Malmö et Hälsingborg et, avec l'Allemagne, par Trälleborg.

Dans le Nord, les températures moyennes de février varient entre - 6 °C et - 12,5 °C, tandis que, plus au sud, les perturbations venues de la mer de Norvège adoucissent le climat. Néanmoins, la majorité des précipitations tombent durant l'été. La forêt, de pins et de sapins (les feuillus ne poussant que dans le Sud), couvre plus de 50 % du territoire.

La population et l'économie. La population, urbanisée à près de 84 %, est concentrée dans le tiers sud du pays. Son accroissement naturel est infime et son vieillissement s'accentue. Dans des conditions naturelles difficiles, l'agriculture utilise environ 7 % de la superficie du pays, emploie 2 % de la population active et satisfait la plus grande partie des besoins du pays. L'élevage, bovin (surtout laitier) et porcin, repose en grande partie sur les céréales : orge, avoine et blé. La betterave à sucre, les oléagineux, les légumes sont les autres productions notables auxquelles s'ajoutent les revenus de la pêche.

L'exploitation forestière, ancienne, a été restructurée. Les parts de l'hydroélectricité et du nucléaire sont prépondérantes dans la production électrique. La principale ressource minière est le fer, dont la production est en baisse. Le secteur industriel emploie environ 23 % de la population active. Si certaines branches traditionnelles ont reculé (chantiers navals, acier, textiles), les secteurs à haute technologie se sont développés, en particulier l'électroménager, l'automobile, la robotique, l'électronique et les télécommunications. En raison de l'étroitesse du marché intérieur, plus de la moitié de la production industrielle est exportée. Viennent en tête les produits du bois et la pâte à papier, suivis par le matériel mécanique, le fer, l'acier et les produits chimiques.

La Suède se situe parmi les premiers pays du monde pour le produit par habitant. Ses échanges se font pour plus de la moitié avec les pays de l'Union européenne.

HISTOIRE

Les origines. Peuplée dès le néolithique, la Suède établit au IIe millénaire des relations avec les pays méditerranéens. Aux IXe et XIe s., tandis que les Danois et les Norvégiens écument l'Ouest européen, les Suédois, connus sous le nom de *Varègues,* commercent avec les pays de la mer Noire et de la Caspienne. La christianisation du pays progresse après le baptême du roi Olof Skötkonung (1008).

Formation de la nation suédoise. L'extinction de la dynastie crée une anarchie politique qui dure jusqu'en 1222 et favorise l'émancipation de l'Église. Celle-ci, qui obtient d'importants privilèges, pousse Erik IX le Saint (1156-1160) à entreprendre une croisade contre les Finnois païens, prélude à la conquête de la Finlande (1157).

1164. Création de l'archevêché d'Uppsala, qui devient la capitale religieuse de la Suède.

1250. Birger Jarl fonde la dynastie des Folkung et établit sa capitale à Stockholm.

Les institutions féodales sont établies dans le pays. La monarchie s'affaiblit au profit de la noblesse, tandis que la Hanse, à partir de Visby, renforce son rôle commercial.

1319-1363. La dynastie des Folkung unit la Suède et la Norvège.

Mais la peste de 1346, la sécession de la Norvège, la mainmise de Lübeck sur le commerce et les luttes dynastiques affaiblissent le pays, dont s'empare Marguerite, régente de la Norvège et du Danemark, en 1389.

1397. Par l'Union de Kalmar, son héritier, Erik de Poméranie, reçoit les trois couronnes.

L'opposition nationale suédoise crée une régence, confiée à partir de 1470 à la famille des Sture. En 1520, Christian II de Danemark triomphe de cette opposition, mais le « bain de sang de Stockholm » suscite un soulèvement général dirigé par Gustave Ier Vasa.

L'époque de la Réforme

1523-1560. Élu roi, Gustave Ier Vasa supprime les privilèges commerciaux de la Hanse et fait reconnaître l'hérédité de la Couronne (1544) ; le luthéranisme devient religion d'État.

Son successeur, Erik XIV, tente de contrôler le commerce russe, mais, battu au cours d'une guerre de sept ans (1563-1570), il est déposé par la noblesse au profit de son frère Jean III, qui continue une politique de conquête à l'est. Sigismond Vasa, roi de Pologne, qui veut rétablir le catholicisme, est évincé à son tour.

La période de grandeur

1611-1632. Gustave II Adolphe pose les bases de la puissance suédoise.

Il réorganise les institutions et l'armée, développe l'économie (mines et métallurgie), poursuit la conquête de la côte baltique russe, puis occupe la Prusse polonaise et intervient victorieusement dans la guerre de Trente Ans. Le régent Oxenstierna, puis la reine Christine (1632-1654) poursuivent la même politique, et la Suède obtient le contrôle de la Baltique après les traités de Brömsebro (1645), Westphalie (1648) et Roskilde (1658).

1697-1718. Charles XII gouverne en souverain absolu. Entraîné dans la guerre du Nord (1700-1721), le roi épuise son pays dans de coûteuses campagnes.

L'ère de la liberté et l'épopée gustavienne. Au XVIIIe s., sous l'influence des idées nouvelles, l'économie se développe et la vie culturelle atteint son apogée avec Celsius, Linné, Swedenborg. Le Parlement *(Riksdag)*, contrôlé par la noblesse, s'empare du pouvoir. La victoire du parti des Chapeaux, soutenu par la France, sur le parti pacifiste des Bonnets entraîne la Suède dans la guerre de Sept Ans et dans une guerre contre la Russie, qui lui fait perdre le sud-est de la Finlande.

1771-1792. Gustave III restaure l'absolutisme.

1808. Gustave IV Adolphe perd la Finlande et est renversé en 1809.

1809-1818. Charles XIII poursuit la politique antifrançaise de Gustave IV Adolphe et adopte (1810) comme successeur le maréchal français Bernadotte, qui s'allie (1812) avec l'Angleterre et la Russie contre Napoléon.

L'union avec la Norvège

1814. Par le traité de Kiel, la Norvège est unie à la Suède.

1818-1844. Roi sous le nom de Charles XIV, Bernadotte mène une politique absolutiste et doit accepter des réformes libérales en 1840.

L'évolution libérale se poursuit pendant tout le XIXe s., en même temps que la modernisation économique du pays, accélérée par l'adoption du libre-échange (1888). Le développement de l'industrie, s'il favorise l'apparition du parti social-démocrate (1889), ne peut absorber l'excédent de population rurale, qui émigre vers les États-Unis.

1905. La Norvège se sépare de la Suède.

La démocratie moderne. Sous le règne de Gustave V (1907-1950), la Suède connaît une période de prospérité économique sans précédent et conserve sa neutralité durant les deux guerres mondiales. Les progrès de la social-démocratie entraînent l'adoption du suffrage universel (1907) et des réformes sociales (assurance vieillesse, journée de huit heures, vote des femmes) qui s'amplifient à partir de 1920 (premier gouvernement social-démocrate, dirigé par Branting). Monarchie constitutionnelle, la Suède est, de 1932 à 1976, gouvernée sans interruption par le parti social-démocrate.

1976-1982. Gouvernements conservateurs.

1982. Retour des sociaux-démocrates au pouvoir, avec Olof Palme.

1986. Olof Palme est assassiné. Le social-démocrate Ingvar Carlsson lui succède au poste de Premier ministre.

1991. Les conservateurs retrouvent la direction du gouvernement, avec Carl Bildt.

1994. I. Carlsson redevient Premier ministre.

1995. La Suède adhère à l'Union européenne.

1996. I. Carlsson démissionne. Göran Persson lui succède à la tête du parti social-démocrate et du gouvernement.

2006. Les conservateurs, conduits par Fredrik Reinfeldt, reviennent au pouvoir.

2010. Pour la première fois, l'extrême droite entre au Parlement. Arrivés en tête des élections, les conservateurs forment un gouvernement minoritaire.

suédine [sɥedin] **n.f.** Tissu de coton qui rappelle le suède.

suédois, e [sɥedwa, -az] **adj.** et **n.** De Suède. ◆ **suédois n.m.** Langue nordique parlée princ. en Suède.

suée [sɥe] **n.f.** (p. passé de *suer*). FAM. Transpiration abondante à la suite d'un travail pénible, d'une émotion : *Cette ascension nous a donné une bonne suée.*

suer [sɥe] **v.i.** (lat. *sudare*) [conj. **7**]. **1.** Sécréter la sueur par les pores de la peau : *Il suait à grosses gouttes* (syn. **transpirer**). **2.** Se couvrir d'humidité qui dégoutte : *Les murs de la cave suent* (syn. **suinter**). **3.** FAM. Se donner beaucoup de peine, de fatigue : *Il a sué pour rédiger cet exposé* (syn. **s'échiner, peiner**). **4.** FAM. **Faire suer qqn,** le fatiguer, l'exaspérer. / FAM. **Se faire suer,** s'ennuyer. ◆ **v.t. 1.** Exprimer, laisser transparaître par des signes extérieurs : *Petit village qui sue l'ennui* (syn. **dégager, exhaler**). *Visage qui sue la vanité* (syn. **respirer, sentir**). **2. Suer sang et eau,** se donner une peine extrême, faire des efforts considérables.

Suess (Eduard), géologue autrichien (Londres 1831 - Vienne 1914). Il est l'auteur de *la Face de la Terre,* première vaste synthèse de la géologie du globe (1883-1909). Son enseignement et ses œuvres eurent une grande influence sur la diffusion de la géologie.

Suétone, en lat. **Caius Suetonius Tranquillus,** historien latin (fin du Ier s. - IIe s.). Protégé par Pline le Jeune, archiviste de l'empereur Hadrien, il fut disgracié et se consacra à la rédaction des *Vies des douze Césars* et du *De viris illustribus*.

sueur [sɥœr] **n.f.** (lat. *sudor*). **1.** Liquide incolore, salé et d'une odeur particulière, sécrété par les glandes sudoripares, qui suinte par les pores de la peau : *Visage ruisselant de sueur* (syn. **transpiration**). ▸ La sueur contient des sels minéraux (chlorure de sodium) et des matières organiques (urée). **2.** Symbole d'un travail intense, pénible : *Vivre de la sueur du peuple* (syn. **labeur**). **3. À la sueur de son front,** par un travail pénible et persévérant : *Gagner sa vie à la sueur de son front.* / **Sueurs froides,** vive inquiétude : *Quand je l'ai vu plonger de si haut, j'ai eu des sueurs froides.*

Suèves, ensemble de populations germaniques habitant entre la Baltique et le Danube. Ils se fixèrent surtout en Souabe (pays des Suèves). Lors des grandes invasions, ils atteignirent l'Espagne, où ils fondèrent un royaume en Galice (409), détruit en 585 par les Wisigoths.

Suez *(canal de)*, voie navigable, perçant l'*isthme de Suez*. Le canal a 161 km de Port-Saïd à Suez (195 km au total y compris les chenaux en Méditerranée et en mer Rouge) ; il abrège de près de moitié le trajet entre le golfe Persique et la mer du Nord. Il fut réalisé de 1859 à 1869 sous la direction de Ferdinand de Lesseps. La Grande-Bretagne en devint le principal actionnaire (1875) et en conserva le contrôle militaire jusqu'en 1954-1956. La nationalisation de la Compagnie du canal par Nasser (juill. 1956) provoqua en oct.-nov. une guerre menée conjointement par Israël, la France et la Grande-Bretagne, que fit cesser l'intervention de l'U.R.S.S., des États-Unis et de l'O.N.U. Le canal a été fermé à la navigation de 1967 à 1975 à la suite des guerres israélo-arabes.

Suez *(isthme de)*, isthme entre la mer Rouge et la Méditerranée, séparant l'Asie et l'Afrique.

suffire [syfir] **v.t. ind. [à]** (réfection de l'anc. fr. *soufire,* d'apr. le lat. *sufficere,* supporter, résister) [conj. **100**]. **1.** Être capable de fournir le nécessaire ; pouvoir satisfaire à : *Sa famille lui suffit, il n'a pas d'amis. Un logement de trois pièces nous suffit.* **2.** Être en assez grande quantité pour : *Cette somme lui suffira pour deux semaines.* **3.** Être l'élément essentiel pour obtenir tel résultat ; être la personne capable de fournir ce qui est nécessaire : *Une serrure suffit pour verrouiller la porte. Une secrétaire suffit pour effectuer ce travail, pour ce travail.* **4. Cela** ou **ça suffit !, il suffit !, suffit !,** c'est assez ! / **Il suffit de, que,** il faut seulement, il est seulement nécessaire que : *Il suffit de me prévenir une semaine à l'avance.* ◆ **se suffire v.pr. [à].** N'avoir pas besoin du secours des autres : *Leurs enfants commencent à se suffire à eux-mêmes* (= subvenir eux-mêmes à leurs besoins).

suffisamment [syfizamɑ̃] **adv.** De manière suffisante : *Nous n'aurons pas suffisamment de pain* (syn. **assez**).

suffisance [syfizɑ̃s] **n.f. 1.** Présomption dans les manières, dans le ton ; satisfaction de soi : *Un homme plein de suffisance* (syn. **fatuité, présomption**). **2. En suffisance,** en quantité assez grande : *Cette année, ils ont du blé en suffisance* (= suffisamment).

suffisant, e [syfizɑ̃, -ɑ̃t] **adj.** Qui est en quantité assez grande : *Des retraités qui n'ont pas des ressources suffisantes.* ◆ **adj.** et **n.** Qui est excessivement satisfait de soi-même (péjor.) : *Écrivain suffisant lorsqu'il évoque son œuvre* (syn. **fat, prétentieux, vaniteux**).

suffixal, e, aux [syfiksal, -o] **adj.** Relatif aux suffixes, à la suffixation : *Élément suffixal.*

suffixation [syfiksasjɔ̃] **n.f.** Dérivation à l'aide d'un suffixe : *De « arroser », on obtient « arrosage » par suffixation.*

suffixe [syfiks] **n.m.** (du lat. *suffixus,* de *suffigere,* propr. « fixé par-dessous »). Élément qui s'adjoint à la fin d'un mot ou d'un radical pour constituer un mot nouveau (le *dérivé*) : *« Calmement » est formé de l'adjectif « calme » et du suffixe « -ment ».*

suffixé, e [syfikse] **adj.** Pourvu d'un suffixe.

suffocant, e [syfɔkɑ̃, -ɑ̃t] **adj.** Qui produit une suffocation : *La fumée qui s'échappait de la grange en feu était suffocante* (syn. **asphyxiant, oppressant**).

suffocation [syfɔkasjɔ̃] **n.f.** (lat. *suffocatio*). Fait de suffoquer : *Crises de suffocation* (syn. **asphyxie, étouffement**).

suffoquer [syfɔke] **v.t.** (lat. *suffocare,* étouffer). **1.** Rendre la respiration très difficile à : *Les émanations de caoutchouc brûlé nous suffoquaient* (syn. **asphyxier, étouffer**). **2.** Causer à qqn une émotion ou une surprise très vive : *Son insolence m'a suffoqué* (syn. **sidérer, stupéfier**). ◆ **v.i. 1.** Avoir du mal à respirer : *Ouvrez les fenêtres, on suffoque ici* (syn. **étouffer**). **2.** Avoir le souffle coupé sous l'effet d'une violente émotion : *Suffoquer de colère, d'indignation.*

suffrage [syfraʒ] **n.m.** (lat. *suffragium,* de *suffragari,* voter pour). **1.** Vote, voix donnés en matière d'élection : *Exercer son droit de suffrage* (= voter). **2.** Opinion favorable à l'égard d'une œuvre, d'une cause : *Sa pièce a enlevé tous les suffrages du public* (syn. **adhésion, approbation**). **3. Suffrage direct,** système dans lequel les citoyens élisent sans intermédiaire leurs représentants. / **Suffrage exprimé,** qui exprime un choix, conformément aux prescriptions de la loi électorale (par opp. à *suffrage blanc, suffrage nul*). / **Suffrage indirect,** système dans lequel les citoyens élisent des intermédiaires, qui à leur tour éliront des représentants. / **Suffrage universel,** système dans lequel le corps électoral est constitué par tous les citoyens qui ont la capacité électorale : *Élection du président de la République au suffrage universel.*

suffragette [syfraʒɛt] **n.f.** (mot angl.). HIST. Militante qui réclamait pour les femmes le droit de voter, en Grande-Bretagne. ▸ Le mouvement des suffragettes, né en 1865, prit une forme militante entre 1903 et 1917.

Suffren de Saint-Tropez (Pierre André de), dit **le bailli de Suffren,** marin français (Saint-Cannat, près d'Aix-en-Provence, 1729 - Paris 1788). Commandeur et bailli de l'ordre de Malte, il servit dans la marine royale française. Après avoir participé à la guerre de l'Indépendance américaine, il remporta aux Indes une série de victoires contre les Anglais (1782-1783).

Suger, abbé et homme d'État français (Saint-Denis ou Argenteuil v. 1081 - Saint-Denis 1151). Habile diplomate, il fut à la fois abbé de Saint-Denis (1122) et conseiller des rois Louis VI et Louis VII. Pendant la 2e croisade, il fut régent du royaume (1147-1149). Se faisant de la royauté une conception très élevée, tout inspirée de l'idéal chrétien, il a assigné au souverain, placé au sommet de la pyramide féodale, une mission de défense de l'Église, des pauvres et de la paix au sein du royaume. Il est également à l'origine de la reconstruction de l'abbatiale de Saint-Denis, le premier chef-d'œuvre de l'architecture gothique. Il est l'auteur de *Lettres,* d'une *Histoire de Louis le Gros* et d'un *Mémoire sur mon administration abbatiale.* On lui attribue l'*Histoire de Louis VII.*

suggérer [sygʒere] **v.t.** (lat. *suggerere,* propr. « mettre sous ») [conj. **18**]. **1.** Proposer une idée à qqn : *Je te suggère de prendre l'autoroute* (syn. **conseiller**). **2.** Amener qqn à imaginer : *Sa remarque me suggère une autre interprétation. Une musique qui suggère la tempête* (syn. **évoquer**).

suggestif, ive [sygʒɛstif, -iv] **adj.** (angl. *suggestive*). **1.** Qui suggère des idées, des sentiments, des images : *Senteur suggestive* (syn. **évocatrice**). **2.** Qui inspire des idées érotiques : *Un décolleté suggestif* (syn. **aguichant, provocant**).

suggestion [sygʒɛstjɔ̃] **n.f.** (lat. *suggestio*). **1.** Action de suggérer : *Ce que j'ai dit n'est qu'une suggestion* (syn. **conseil**). **2.** PSYCHOL. Phénomène subconscient dans lequel un sujet devient le siège d'un état mental ou affectif, ou l'auteur d'un acte en vertu d'une influence extérieure.

suggestionner [sygʒɛstjɔne] **v.t.** Faire penser ou agir par suggestion.

Suharto, général et homme d'État indonésien (Godean, près de Jogjakarta, 1921 - Jakarta 2008). Il évinça progressivement Sukarno en 1966-67 et devint président de la République en 1968. Sous la pression de l'opposition, il dut abandonner le pouvoir en 1998.

suicidaire [sɥisidɛr] **adj.** et **n.** Qui tend vers le suicide, l'échec ; qui semble prédisposé au suicide : *Comportement suicidaire.*

suicide [sɥisid] **n.m.** (du lat. *sui,* de soi, et de *-cide,* d'apr. *homicide*). **1.** Action de se donner soi-même la mort : *Tentative de suicide.* **2.** Action de se détruire ou de se nuire gravement : *Partir en mer par ce temps, c'est du suicide !* ◆ **adj.** (Avec ou sans trait d'union). Qui comporte des risques mortels ; qui implique la mort de la personne qui y participe : *Opération suicide. Des commandos-suicides.*

suicidé, e [sɥiside] **adj.** et **n.** Qui s'est donné la mort.

se **suicider** [sɥiside] **v.pr. 1.** Se donner la mort : *De désespoir, il s'est suicidé* (syn. **se supprimer, se tuer**). **2.** Détruire soi-même son influence, son autorité : *Parti politique qui se suicide* (syn. **se détruire**).

suidé [sɥide] **n.m.** (du lat. *sus, suis,* porc). **Suidés,** famille de mammifères ongulés non ruminants, au museau tronqué en groin, à fortes canines, tels que le sanglier, le phacochère, le porc, le pécari.

suie [sɥi] **n.f.** (orig. incert., p.-ê. du gaul. **sudia*). Matière noire et épaisse résultant d'une combustion incomplète, que la fumée dépose à la surface d'un corps mis en contact avec elle : *Un conduit de cheminée couvert de suie.*

suif [sɥif] **n.m.** (de l'anc. fr. *sue,* du lat. *sebum,* graisse). Graisse de ruminants, autref. utilisée dans la fabrication des chandelles et pour la préparation des cuirs.

sui generis [sɥiʒeneris] **loc. adj. inv.** (mots lat. « de son espèce »). Qui appartient en propre à l'être ou à la chose dont il est question : *Odeur sui generis* (syn. **caractéristique**).

suint [sɥɛ̃] **n.m.** (de *suer*). Graisse qui imprègne la toison des moutons.

suintant, e [sɥɛ̃tɑ̃, -ɑ̃t] **adj.** Qui suinte : *Des murs suintants.*

suintement [sɥɛ̃tmɑ̃] **n.m.** Fait de suinter : *Le suintement de la vapeur d'eau sur la fenêtre. Le suintement d'une plaie.*

suinter [sɥɛ̃te] **v.i.** (de *suint*). **1.** S'écouler, sortir presque insensiblement (en parlant des liquides) : *La résine suinte le long du tronc des pins* (syn. **couler, dégoutter**). **2.** Laisser s'écouler un liquide : *Ce mur suinte.* **3.** Transparaître ; se dégager : *L'ennui suinte dans ce bureau* (syn. **s'exhaler**).

suisse [sɥis] **adj.** et **n.** (de l'all. *Schweiz*). **1.** De la Suisse. *Rem.* Le fém. du n. est parfois *Suissesse.* **2. Garde suisse,** soldat de la garde pontificale au Vatican. ▸ L'origine des gardes suisses remonte à 1506. **3.** HIST. **Troupes suisses,** unités de l'armée française composées de Suisses. ▸ C'est à Louis XI, renouvelant en 1474 l'accord passé en 1453 par Charles VII, que l'on doit le recrutement des soldats suisses, qui a duré jusqu'en 1830. ◆ **n.m. 1.** Employé d'église en uniforme qui, autref., ouvrait les cortèges, veillait au bon ordre des offices. **2.** FAM. **Manger, boire en suisse,** tout seul, sans inviter personne.

Suisse, en all. **die Schweiz,** en ital. **Svizzera,** État d'Europe ; 41 293 km^2 ; 8 078 000 hab. *(Suisses).* CAP. *Berne.* Villes princ. *Zurich, Genève, Bâle* et *Lausanne.* LANGUES : *allemand, français, italien, romanche.* MONNAIE : *franc suisse.* La Suisse est formée de 23 cantons : Appenzell (constitué de deux demi-cantons : Rhodes-Extérieures et Rhodes-Intérieures), Argovie, Bâle (constitué de deux demi-cantons : Bâle-Ville et Bâle-Campagne), Berne, Fribourg, Genève, Glaris, Grisons, Jura, Lucerne, Neuchâtel, Saint-Gall, Schaffhouse, Schwyz, Soleure, Tessin, Thurgovie, Unterwald (constitué de deux demi-cantons : Obwald et Nidwald), Uri, Valais, Vaud, Zoug et Zurich.

GÉOGRAPHIE

Les conditions naturelles. Essentiellement montagneux, le pays se compose de trois ensembles, tous les trois orientés S.-O./N.-E. : le Jura, le Plateau suisse, ou *Mittelland,* et les Alpes. Celles-ci occupent environ 60 % du territoire. Leur partie ouest est divisée en deux ensembles par les hautes vallées du Rhône et du Rhin. Au sud de ce sillon, les Alpes Pennines dominent la plaine du Pô. Au nord, des massifs cristallins (Alpes de Glaris, massif de l'Aar-Gothard) précèdent des massifs sédimentaires. À l'est de la partie méridienne de la vallée du Rhin, les Alpes grisonnes prolongent les Alpes Pennines et sont bordées de massifs sédimentaires. Entre les Alpes et le Jura, le Plateau est plutôt un ensemble de collines et de vallées qui s'abaisse du sud (1 000 m) au nord (400 m). Zone agricole (céréales, betterave à sucre, vergers), la région concentre plus des deux tiers de la population et la plupart des grandes villes. Le nord du pays est occupé par les parties est et nord-est du Jura, région de forêts, d'élevage et d'artisanat, au climat froid et humide, qui se dépeuple.

La population. La population se partage selon la langue : allemand (65 %), français (18 %, surtout à l'ouest), italien (10 %), romanche (1 %). Elle est urbanisée à 67 % et son accroissement naturel annuel est très faible (0,2 %). En dehors des travailleurs frontaliers, la population active immigrée représente plus de 20 % de l'ensemble de la population active totale.

L'économie. La vie économique a des caractéristiques spécifiques : taux relativement élevé d'actifs dans l'agriculture (largement soutenue par les pouvoirs publics), industrie à très fort taux de valeur ajoutée, secteur tertiaire dominé par les activités bancaires, par celles des nombreux sièges de sociétés transcontinentales et d'organismes internationaux et par celles du tourisme, d'été et d'hiver. En outre, au cœur de l'Europe, le pays joue le rôle de carrefour routier, ferroviaire et aérien. Le port de Bâle lui donne, par le Rhin, un accès à la mer. L'agriculture occupe moins de 10 % de la superficie du pays et près de la moitié des agriculteurs ont une autre activité. Le blé, l'orge, la pomme de terre et la betterave à sucre viennent en tête des productions, suivies par les fruits et légumes, le tabac et la vigne. L'élevage bovin, de grande qualité, se maintient. La production d'électricité, d'origine hydraulique et nucléaire, est exportée partiellement.

L'industrie importe des matières premières, des produits semi-finis, des hydrocarbures. Certaines branches traditionnelles ont perdu de leur importance comme le textile, l'habillement et, surtout, l'horlogerie et la bijouterie, concurrencées par les productions asiatiques. Les trois secteurs dominants sont la mécanique (moteurs, matériel ferroviaire, machines-outils), la chimie (avec un important secteur pharmaceutique) et l'alimentation.

La Suisse, qui n'est pas membre de l'Union européenne, effectue avec celle-ci plus de la moitié de ses échanges.

HISTOIRE

Les origines et la Confédération. À l'âge du fer, les civilisations de Hallstatt et de La Tène se développent. Habité par des Celtes, les Helvètes, le pays est conquis par César (58 av. J.-C.) et romanisé.

Les invasions barbares du Vᵉ s. (Burgondes et Alamans) germanisent le Nord et le Centre en refoulant les parlers romans, qui se diversifient (français à l'O., italien au S. et romanche à l'E.).

888. L'Helvétie entre dans le royaume de Bourgogne, puis est intégrée avec celui-ci dans le Saint Empire romain germanique (1032).

Mais l'affaiblissement du pouvoir impérial facilite la naissance de principautés féodales comme celle des Zähringen, dont les possessions tombent, par héritage, après 1218, aux mains des Habsbourg. Ceux-ci étendent leur influence et menacent, par l'intermédiaire de leurs baillis, les libertés traditionnelles des communautés paysannes, en particulier lorsque Rodolphe de Habsbourg est élu en 1273 au trône impérial.

À la fin du XIIIᵉ s., dans des circonstances devenues légendaires (Guillaume Tell), les cantons défendent leurs libertés.

1291. À la mort de Rodolphe les trois cantons forestiers (Uri, Schwyz, Unterwald) se lient en un pacte perpétuel ; c'est l'acte de naissance de la Confédération suisse.

Leurs droits confirmés par l'empereur (1309), ils résistent aux Habsbourg, qu'ils défont à Morgarten (1315). D'autres cantons les rejoignent (Lucerne, Zurich, Glaris, Zoug et Berne), dont l'indépendance est reconnue par les Habsourg après de nouvelles défaites (Sempach, 1386 ; Näfels, 1388). En 1415, la Confédération annexe l'Argovie et, en 1460, la Thurgovie.

1474. Par la « paix perpétuelle », la Confédération est définitivement émancipée dans le cadre de l'Empire, dont elle ne s'affranchira qu'en 1499 après avoir battu Maximilien Iᵉʳ ; le Saint Empire n'exerce plus qu'une suzeraineté nominale.

L'atténuation de la menace autrichienne et l'affirmation de la valeur militaire des Suisses, après les victoires sur Charles le Téméraire (Grandson, Morat en 1476), laissent réapparaître des dissensions entre cantons ; un compromis permet le rattachement de Fribourg et Soleure (1481). Bâle et Schaffhouse (1501) puis Appenzell (1513) rejoignent la Confédération, dont les ambitions en Italie s'opposent à celles de François Iᵉʳ. Battus par celui-ci à Marignan, les Suisses signent la paix de Fribourg (1516) qui, transformée ensuite en alliance, va permettre aux rois de France de lever des mercenaires en Suisse jusqu'en 1789.

XVIᵉ s. La Réforme se répand grâce aux humanistes bâlois, puis à l'action de Zwingli (qui est tué en 1531 après une défaite contre les cantons catholiques à Kappel) et enfin à celle de Calvin qui fait de Genève, en 1536, la « Rome du protestantisme ». Un équilibre s'établit entre les cantons : sept sont catholiques, quatre réformés et deux mixtes.

1648. Les traités de Westphalie reconnaissent l'indépendance totale de la Suisse. L'immigration de protestants français stimule l'activité industrielle (textiles, horlogerie), tandis que le commerce et les activités bancaires se développent aux XVIIᵉ et XVIIIᵉ s. Cet essor économique profite aux classes privilégiées et accentue les tensions sociales.

L'époque contemporaine. La France révolutionnaire annexe des territoires jurassiens puis, sous le Directoire, impose une *République helvétique* unitaire (1798). Devant la réaction fédéraliste, Bonaparte impose l'*Acte de médiation* (1803) qui lui laisse le contrôle du pays (jusqu'en 1813) tout en reconstituant l'organisation confédérale. Mais l'économie suisse souffre du Blocus continental.

1815. Un nouveau pacte confédéral entre 22 cantons est ratifié par le congrès de Vienne, qui reconnaît la neutralité suisse. À partir de 1831, la bourgeoisie libérale impose des réformes à 12 cantons (suffrage universel), mais les cantons montagnards gardent des gouvernements conservateurs. L'essor du radicalisme anticlérical entraîne même les 7 cantons catholiques à signer un pacte, le *Sonderbund,* en 1845, mais ils sont vaincus deux ans après.

1848. Une nouvelle Constitution instaure un État fédératif, doté d'un gouvernement central siégeant à Berne.

L'expansion économique est favorisée à la fin du XIXᵉ s. par le percement de tunnels (Saint-Gothard, Simplon) et l'essor industriel s'accompagne du renforcement de la social-démocratie qui prend après 1918 une orientation très modérée. Neutre durant les deux guerres mondiales, la Suisse est le siège de conférences pacifistes pendant la Première Guerre mondiale, et abrite, de 1920 à 1946, la Société des Nations.

1979. Création d'un autre canton de langue française, le Jura. Les Suisses rejettent par référendum l'entrée de leur pays dans l'Espace économique européen.

1999. Une nouvelle Constitution est adoptée.

2002. La Suisse devient membre de l'O.N.U.

2003. L'Union démocratique du Centre (U.D.C., droite nationaliste) devient le premier parti au Conseil national, une position confirmée aux élections de 2007 et de 2011.

suite [sɥit] **n.f.** (du lat. pop. **sequita,* poursuite, de **sequitus,* var. du class. *secutus,* p. passé de *sequi,* suivre). **1.** Enchaînement de faits qui se suivent : *Sa vie a été une suite d'aventures* (syn. **série, succession**). **2.** Ordre, liaison logique entre des choses, des actes : *Il y a de la suite dans son argumentation* (syn. **cohérence**). **3.** Ce qui vient après une chose déjà connue : *Pour* *comprendre ce passage, il faut lire la suite.* **4.** Ce qui résulte de qqch : *Cette affaire aura des suites graves* (syn. **conséquence, répercussion**). **5.** Continuation d'une œuvre écrite : *Les lecteurs attendent la suite de cette saga.* **6.** Ensemble de personnes qui accompagnent un haut personnage : *Le président et sa suite* (syn. **escorte**). **7.** Appartement dans un hôtel de luxe. **8.** MUS. Série de pièces instrumentales écrites dans le même ton et relevant de la danse : *Suites de Couperin.* **9.** Série de choses placées les unes à côté des autres : *Suite de mots.* **10.** Ensemble d'objets de même nature : *Suite d'estampes* (syn. **collection**). **11.** MATH. Famille d'éléments indexée par l'ensemble des entiers naturels. **12. À la suite (de),** après ; derrière : *À la suite de cet accident, elle a dû cesser toute activité. L'aïeul ouvrait le cortège, les enfants venaient à la suite.* / **Avoir de la suite dans les idées,** être persévérant, opiniâtre. / **De suite,** sans interruption : *Faire dix kilomètres de suite.* / **Donner suite à qqch,** le prendre en considération : *Je ne puis donner suite à votre demande.* / **Esprit de suite,** disposition d'esprit qui pousse à persévérer dans ses entreprises. / **Et ainsi de suite,** et de même en continuant. / **Faire suite à,** venir après, dans le temps ou dans l'espace : *L'appartement fait suite à l'arrière-boutique.* / **Sans suite,** incohérent : *Tenir des propos sans suite* ; se dit d'un article de magasin dont l'approvisionnement n'est plus renouvelé : *Solder les modèles sans suite.* / DR. **Droit de suite,** pour un créancier, droit de saisir ce qui n'appartient plus au débiteur en cas d'hypothèque ; pour un auteur, droit de toucher un pourcentage sur la vente de ses œuvres. **13. Par la suite,** plus tard : *Ce n'est que par la suite que j'ai compris pourquoi elle avait dit ça.* / **Tout de suite,** immédiatement, sans délai.

1. suivant, e [sɥivɑ̃, -ɑ̃t] **adj.** (de *suivre*). Qui est après : *Au chapitre suivant. Faites entrer la personne suivante.* ◆ **n. 1.** Personne qui en suit une autre dans une file, une énumération, etc. : *Au suivant, s'il vous plaît !* **2.** Celui ou celle qui accompagne, escorte, notamm. dans les pièces de théâtre : *La suivante de Phèdre.*

2. suivant [sɥivɑ̃] **prép.** (de *suivre*). Indique : **1.** La conformité à une direction : *Marcher suivant un axe. Découper suivant les pointillés.* **2.** Le rapport, la proportion, la correspondance : *Chacun suivant sa force. Suivant les cas. Suivant son habitude.* **3.** L'origine d'un propos, d'une information : *Suivant les journalistes, la crise va s'aggraver* (syn. **selon**). ◆ **suivant que loc. conj.** (En corrélation avec *ou*). Indique une alternative : *Suivant qu'on a ajouté ou non un élément...* (syn. **selon que**).

suiveur, euse [sɥivœr, -øz] **adj. Voiture suiveuse,** qui accompagne une course cycliste sur route. ◆ **n. 1.** Celui qui suit une course cycliste. **2.** Celui qui suit au lieu de diriger, d'innover ; suiviste.

suivi, e [sɥivi] **adj. 1.** Qui a lieu de manière continue : *Relations suivies* (syn. **assidu**). **2.** Où on trouve un enchaînement rigoureux : *Raisonnement bien suivi* (syn. **cohérent**). **3.** Dont le public est nombreux et assidu ; fréquenté : *Ses cours sont très suivis.* **4.** Se dit d'un article commercial dont la production et la vente doivent se poursuivre sans interruption ni modification. ◆ **suivi n.m. 1.** Contrôle permanent sur une période prolongée : *Suivi médical.* **2.** Ensemble d'opérations consistant à suivre et à surveiller un processus : *Le suivi d'une affaire.*

suivisme [sɥivism] **n.m. 1.** Tendance à suivre les événements sans les critiquer. **2.** Attitude de qqn qui adopte globalement les idées d'un parti politique, d'un syndicat, etc., sans les examiner, sans esprit critique.

suiviste [sɥivist] **adj.** et **n.** Qui fait preuve de suivisme ; suiveur.

suivre [sɥivr] **v.t.** (refait sur *il suit,* du lat. pop. *sequit, sequere,* class. *sequi*) [conj. **89**]. **1.** Aller, venir, être après qqn, qqch en mouvement : *Suivre qqn pas à pas* (= lui emboîter le pas). *Nous avons suivi sa voiture pendant tout le trajet.* **2.** Marcher derrière pour surveiller : *Suivre un malfaiteur* (syn. **épier**). **3.** Venir après (dans le temps) : *Les bagages suivront. Dans les jours qui ont suivi...* **4.** Aller dans une direction déterminée : *Suivre la lisière du bois* (syn. **côtoyer, longer**). **5.** Être attentif, s'intéresser à : *Suivre un match à la télévision. Suivre un élève, un malade.* **6.** Se conformer à des principes, des normes : *Suivre la mode* (syn. **adopter**). *Un exemple à suivre* (syn. **imiter**). **7.** Comprendre : *Essayez de suivre mon raisonnement.* **8.** Approuver qqn ; agir dans le même sens : *Tous vous suivront* (syn. **soutenir**). **9.** Conformer sa pensée, son comportement à qqch : *Suivre son idée, un conseil.* **10. À suivre,** formule indiquant que le récit n'est pas terminé et que sa publication continuera dans les numéros suivants d'un périodique. / **Faire suivre,** formule mise sur les lettres pour indiquer qu'elles doivent être réexpédiées à la nouvelle adresse du destinataire. / **Suivre ses goûts,** s'y abandonner. / **Suivre un cours,** y assister assidûment. / **Suivre une affaire,** en prendre connaissance au fur et à mesure de son déroulement. / **Suivre (un cours, un exposé),** assimiler un enseignement, se montrer apte à le comprendre : *Élève qui ne suit pas.* / **Suivre un traitement,** s'y soumettre avec régularité, assiduité. ◆ **v. impers.** LITT. Résulter : *Il suit de votre exposé que nos craintes étaient justifiées.* ◆ **v.i.** Au poker, miser afin de pouvoir rester dans le jeu. ◆ **se suivre v.pr. 1.** Être placé l'un après l'autre dans un ordre régulier : *Numéros qui se suivent.* **2.** Se succéder : *Les jours se suivent.* **3.** S'enchaîner : *Ses arguments se suivent.*

1. sujet [syʒɛ] **n.m.** (lat. *subjectus,* p. passé de *subjicere,* propr. « mettre sous »). **1.** Matière sur laquelle on parle, on écrit, on compose : *Le sujet d'une conversation* (syn. **objet**). *Trouver un sujet de film* (syn. **matière**). *Sujet d'examen* (syn. **question**). **2.** Cause, fondement d'une action, d'un sentiment : *Quel est le sujet de votre dispute ?* (syn. **motif, raison**). **3.** GRAMM. Fonction grammaticale exercée par un groupe nominal, un pronom, un verbe à l'infinitif, etc., et qui confère au verbe ses catégories de personne et de nombre. **4.** Être vivant qu'on soumet à des observations : *Les souris sont souvent des sujets d'expérience dans les laboratoires.* **5.** CHORÉGR. Danseur, danseuse de ballet, selon la hiérarchie du corps de ballet de l'Opéra de Paris. **6.** PHILOS. Être pour lequel le monde extérieur, le contenu de sa pensée constituent un objet. **7. Au sujet de,** à propos de, relativement à. / **Avoir sujet de,** avoir un motif légitime de : *Avoir sujet de se plaindre.* / **Brillant sujet,** personne digne d'éloges. / **Mauvais sujet,** personne dont on désapprouve la conduite. / LING. **Sujet parlant,** locuteur d'une langue possédant une compétence linguistique qui est la grammaire de sa langue.

2. sujet, ette [syʒɛ, -ɛt] **adj.** (de *1. sujet*). **1.** Exposé à éprouver certaines maladies, certains inconvénients : *Elle est sujette à la migraine.* **2.** Porté à ; enclin à ; susceptible de : *Il est sujet à de violentes colères.*

3. sujet, ette [syʒɛ, -ɛt] **n.** (de *1. sujet*). **1.** Membre d'un État soumis à l'autorité d'un souverain : *Les sujets de Sa Gracieuse Majesté* (= les citoyens britanniques). **2.** Ressortissant d'un pays : *Un sujet américain.*

sujétion [syʒesjɔ̃] **n.f.** (du lat. *subjectio,* soumission, d'apr. *1. sujet*). **1.** État de celui qui est soumis à un pouvoir, à une domination : *Vivre dans la sujétion* (syn. **dépendance, joug**). **2.** Contrainte, assujettissement à une nécessité : *Certaines habitudes deviennent des sujétions.*

Sukarno ou **Soekarno,** homme d'État indonésien (Surabaya, Java, 1901 - Jakarta 1970). Fondateur du parti national indonésien (1927), il proclama en 1945 l'indépendance de la République indonésienne dont il fut le premier président. Il imposa, après 1948, une forme de gouvernement autoritaire et chercha à s'imposer comme chef de file de l'Asie du Sud-Est révolutionnaire. Il fut dépossédé de ses titres et fonctions par Suharto (1966-1967).

Sulawesi → Célèbes.

sulfamide [sylfamid] **n.m.** (de *sulfate d'ammoniaque anhydre*). Nom générique de composés organiques azotés et soufrés, bases de plusieurs groupes de médicaments anti-infectieux, antidiabétiques et diurétiques.

sulfatage [sylfataʒ] **n.m.** AGRIC. Épandage sur les végétaux d'une solution de sulfate de cuivre ou de sulfate de fer pour combattre les maladies causées aux végétaux par des champignons microscopiques.

sulfate [sylfat] **n.m.** (du lat. *sulfur,* soufre). Sel de l'acide sulfurique.

sulfaté, e [sylfate] **adj.** Qui renferme un sulfate ; qui a subi le sulfatage.

sulfater [sylfate] **v.t.** (de *sulfate*). Opérer le sulfatage de : *Sulfater des vignes, des tomates.*

sulfhydrique [sylfidrik] **adj.m.** (du lat. *sulfur,* soufre, et du gr. *hudôr,* eau). **Acide sulfhydrique,** acide formé de soufre et d'hydrogène, gaz incolore, très toxique, à odeur d'œuf pourri, produit par la décomposition des matières organiques (on dit aussi *hydrogène sulfuré*). ▸ Formule : H_2S.

sulfite [sylfit] **n.m.** (du lat. *sulfur,* soufre). CHIM. Sel de l'acide sulfureux.

sulfurage [sylfyraʒ] **n.m.** Action de sulfurer.

sulfure [sylfyr] **n.m.** (lat. *sulfur,* soufre). **1.** CHIM. Combinaison du soufre et d'un élément. **2.** CHIM. Sel de l'acide sulfhydrique.

sulfuré, e [sylfyre] **adj. 1.** À l'état de sulfure. **2. Hydrogène sulfuré,** acide sulfhydrique.

sulfurer [sylfyre] **v.t. 1.** CHIM. Combiner avec le soufre. **2.** AGRIC. Introduire dans le sol du sulfure de carbone pour détruire les insectes nuisibles.

sulfureux, euse [sylfyrø, -øz] **adj.** (lat. *sulfurosus*). **1.** CHIM. Qui a la nature du soufre ; qui contient une combinaison du soufre : *Vapeurs sulfureuses.* **2.** Qui évoque l'enfer, l'hérésie : *Discours sulfureux* (syn. **démoniaque, diabolique**). **3. Anhydride sulfureux,** composé oxygéné dérivé du soufre (on dit parfois *gaz sulfureux*). ▸ Formule : SO_2. C'est un gaz incolore, suffocant, employé comme décolorant et désinfectant.

sulfurique [sylfyrik] **adj. Acide sulfurique,** acide oxygéné dérivé du soufre, corrosif violent. ▸ Formule : H_2SO_4. Il sert à la fabrication de nombreux acides, des sulfates et aluns, des superphosphates, du glucose, d'explosifs et de colorants, etc.

sulfurisé, e [sylfyrize] **adj.** Se dit d'un papier rendu imperméable par traitement à l'acide sulfurique.

sulky [sylki] **n.m.** (mot angl. « boudeur », parce que cette voiture n'a qu'une place). Voiture très légère, sans caisse, à deux roues, utilisée dans les courses de trot attelé.

Sulla ou **Sylla (Lucius Cornelius),** général et homme d'État romain (138 - Cumes 78 av. J.-C.). Lieutenant de Marius, qu'il rejoignit en Afrique, il se fit livrer Jugurtha par Bocchus, roi de Mauritanie (105). Consul en 88 av. J.-C., il mit fin à la « guerre sociale ». Déposséďé illégalement de son commandement par Marius, il s'empara de Rome avec son armée, tandis que Marius, mis hors la loi par le sénat, s'exilait en Afrique. Vainqueur de Mithridate VI Eupator, roi du Pont (96), il devint le chef du parti aristocratique et écrasa le parti de Marius (82). Il proscrivit les opposants, renforça les pouvoirs du sénat et se fit attribuer une dictature à vie (82). Parvenu à l'apogée de sa puissance, il renonça brusquement à ses pouvoirs et se retira en Campanie (79 av. J.-C.).

Sullivan (Louis), architecte et théoricien américain (Boston 1856 - Chicago 1924). Son Wainwright Building de Saint-Louis (avec l'ingénieur Dankmar Adler, 1890) a apporté la solution type des problèmes de construction du gratte-ciel. Des œuvres comme les magasins Carson, Pirie et Scott de Chicago (1899) associent au fonctionnalisme un décor d'esprit Art nouveau.

Sully (Maximilien de Béthune, *baron* **de Rosny,** *duc-pair* **de),** ministre d'Henri IV (Rosny-sur-Seine 1559 - Villebon, Eure-et-Loire, 1641). Protestant, il devint, après avoir combattu aux côtés d'Henri IV (1576-1590), surintendant des Finances (1598) avec rang de principal ministre. Il assainit les finances de l'État, créant en 1604 la paulette, droit versé par les détenteurs d'un office. Il assura le redressement économique du pays, en favorisant notamment l'agriculture et la construction de routes et de canaux. Surintendant des Fortifications, il prit également une part active à la diplomatie. Après l'assassinat d'Henri IV (1610), il se consacra à ses Mémoires (*Économies royales,* 1638).

Sully Prudhomme (René François Armand Prudhomme, dit), poète français (Paris 1839 - Châtenay-Malabry 1907). Collaborateur au *Parnasse contemporain,* il chercha, après ses premiers recueils (*Solitudes,* 1869), à dépasser l'idéal plastique des parnassiens pour exprimer son message philosophique (*la Justice,* 1878 ; *le Bonheur,* 1888). [Prix Nobel 1901.]

sultan [syltɑ̃] **n.m.** (arabo-turc *soltân*). HIST. Titre des souverains de divers États musulmans.

sultanat [syltana] **n.m.** Dignité, règne d'un sultan ; État placé sous l'autorité d'un sultan : *Le sultanat d'Oman.*

sultane [syltan] **n.f.** Épouse d'un sultan.

sumac [symak] **n.m.** (ar. *soummâq*). Arbre des régions chaudes, fournissant des vernis, des laques, des tanins et dont certaines espèces sont cultivées comme plantes ornementales. ▸ Famille des anacardiacées.

Sumatra, la plus grande des îles de la Sonde (Indonésie) ; 473 600 km^2 ; 47 705 201 hab. V. princ. *Medan, Palembang.* Cultures vivrières (riz) et commerciales (épices, café, hévéas). Pétrole et gaz naturel.

Sumer, région de la basse Mésopotamie antique, près du golfe Persique.

sumérien, enne [symerjɛ̃, -ɛn] **adj.** Relatif à Sumer, aux Sumériens. ◆ **sumérien n.m.** La plus ancienne langue écrite (en caractères cunéiformes), qui fut parlée dans le sud de la Mésopotamie pendant le IIIe millénaire av. J.-C.

Sumériens, peuple d'origine mal déterminée, établi au IVe millénaire en basse Mésopotamie. Les Sumériens fondèrent les premières cités-États (Lagash, Larsa Ourouk, Our, Nippour, etc.), où s'épanouirent la première architecture religieuse avec la création de la ziggourat, la statuaire, la glyptique, et où fut inventée l'écriture à la fin du IVe millénaire. L'établissement des Sémites en Mésopotamie (fin du IIIe millénaire) élimina les Sumériens de la scène politique ; mais leur culture littéraire et religieuse a survécu dans toutes les cultures du Proche-Orient.

summum [sɔmmɔm] **n.m.** (mot lat.). Plus haut degré : *Être au summum de la célébrité* (syn. **apogée, zénith**).

sumo [symo] ou [sumo] **n.m.** (jap. *sumō*). **1.** Lutte traditionnelle, liée au culte shinto, pratiquée au Japon. **2.** Sumotori.

sumotori [symotɔri] ou [sumotɔri] et **sumo** [symo] ou [sumo] **n.m.** Lutteur de sumo.

sunlight [sœnlajt] **n.m.** (mot angl. « lumière du soleil »). Puissant projecteur pour prises de vues cinématographiques.

sunna [suna] ou [syna] **n.f.** (mot ar. *sunna,* coutume, précepte). Ensemble des paroles et actions de Mahomet et de la tradition *(hadith)* qui les rapporte.

sunnisme [synism] **n.m.** Courant majoritaire de l'islam, qui s'appuie sur la sunna et le consensus communautaire qu'elle suscite.

■ En se réclamant de la *sunna* (coutume du Prophète), le sunnisme est le courant majoritaire de l'islam. Il se présente comme la voie moyenne de la religion musulmane (entre le chiisme et le kharidjisme [sorte de puritanisme]). Historiquement, les sunnites ont admis, dès l'origine, comme successeurs du Prophète les quatre premiers califes, puis les Omeyyades et les Abbassides, tandis que les chiites ne reconnaissent, pour un tel office, que Ali et les imams de sa famille qui lui ont succédé. Le sunnisme, fidèle à une interprétation littérale des textes sacrés, se déclare hostile à toute nouveauté venant d'une tradition humaine et à tout système ésotérique. Défendant l'idée du regroupement communautaire, il s'est cependant diversifié en quatre rites, ou écoles juridiques : le *malékisme,* le *hanafisme,* le *chafiisme* et le *hanbalisme.* ■

sunnite [synit] **adj.** et **n.** Relatif au sunnisme ; adepte du sunnisme.

Sun Yat-sen ou **Sun Zhongshan,** homme d'État chinois (Xiangshan, Guangdong, 1866 - Pékin 1925). Il fonda la Société pour la régénération de la Chine (1894), puis la Ligue jurée (1905) dont le programme politique est à l'origine de celui du Guomindang, qu'il créa en 1912. Lors de la révolution de 1911, il fut élu président de la République à Nankin, mais dut abandonner le pouvoir en 1912. Élu à nouveau président de la République (1921), il s'imposa à Pékin en 1925, après avoir réalisé l'alliance du Guomindang et du parti communiste chinois (1923-1924).

1. super [sypɛr] **adj. inv.** (du préf. *super-*). *FAM.* Qui est au-dessus de l'ordinaire : *Ce film est super* (syn. **extraordinaire, formidable**).

2. super [sypɛr] **n.m.** (abrév.). Supercarburant : *Moteur qui ne marche qu'au super.*

super-, préfixe du lat. *super,* au-dessus de, exprimant une supériorité dans la qualité ou le degré *(supercarburant, superordre, superstructure),* une supériorité hiérarchique *(supermarché).*

superamas [sypɛrama] **n.m.** ASTRON. Amas d'amas de galaxies.

1. superbe [sypɛrb] **adj.** (lat. *superbus,* orgueilleux). **1.** D'une beauté éclatante : *Une femme superbe* (syn. **belle, splendide**). **2.** Très agréable : *Il fait un temps superbe* (syn. **magnifique, radieux**).

2. superbe [sypɛrb] **n.f.** (lat. *superbia,* orgueil). *LITT.* Orgueil visant à intimider : *Elle n'a rien perdu de sa superbe* (syn. **hauteur, fierté**).

superbement [sypɛrbəmɑ̃] **adv.** (de *1. superbe*). Magnifiquement : *Notre équipe a superbement joué.*

supercarburant [sypɛrkarbyrɑ̃] **n.m.** Essence de qualité supérieure, dont l'indice d'octane avoisine et parfois dépasse 100 (abrév. *super*).

supercherie [sypɛrʃəri] **n.f.** (it. *soperchieria,* excès, affront, de *soperchio,* surabondant). Tromperie calculée et exécutée avec subtilité : *Il s'est aperçu que c'était une supercherie* (syn. **mystification**).

supérette [syperɛt] **n.f.** (anglo-amér. *superette*). Magasin d'alimentation en libre-service d'une superficie comprise, en France, entre 120 et 400 m^2.

superfétatoire [sypɛrfetatwar] **adj.** (du lat. *superfetare,* concevoir de nouveau). *LITT.* Qui s'ajoute inutilement : *Des détails superfétatoires* (syn. **superflu**).

superficie [sypɛrfisi] **n.f.** (lat. *superficies,* propr. « partie supérieure »). **1.** Mesure de l'étendue, de la surface d'un corps, d'un terrain déterminé : *La superficie d'une forêt* (syn. **aire**). **2.** *LITT.* Aspect superficiel, apparent : *Ne voir que la superficie des choses* (syn. **dehors, extérieur**).

superficiel, elle [sypɛrfisjɛl] **adj.** (lat. *superficialis*). **1.** Qui est limité à la surface, à la partie extérieure de (qqch) : *Humidité superficielle. Plaie superficielle* (syn. **léger**). **2.** Qui ne va pas au fond des choses ; incomplet, non approfondi : *Esprit superficiel* (syn. **frivole, futile**). *Connaissances superficielles* (syn. **rudimentaire, sommaire**). **3.** PHYS. Relatif à la surface d'un solide ou d'un liquide : *Tension superficielle.*

superficiellement [sypɛrfisjɛlmɑ̃] **adv.** De façon superficielle : *Il est blessé superficiellement* (syn. **légèrement**).

superflu, e [sypɛrfly] **adj.** (bas lat. *superfluus,* du class. *superfluere,* déborder). Qui est de trop : *C'est une dépense superflue* (syn. **inutile** ; contr. **indispensable**). *Tout ce que tu as dit ensuite était superflu* (syn. **oiseux, vain**). ◆ **superflu n.m.** Ce qui est au-delà du nécessaire : *Se passer du superflu.*

super-héros, super-héroïne [sypɛrero, sypɛrerɔin] **n.** Dans les comics, personnage aux pouvoirs extraordinaires combattant des menaces contre lesquelles les forces de l'ordre traditionnelles restent impuissantes.

super-huit [sypɛrɥit] **adj. inv.** et **n.m. inv.** CIN. Format de film amateur, supérieur au modèle courant de huit millimètres. ***Rem.*** On écrit aussi *super-8.*

supérieur, e [syperjœr] **adj.** (lat. *superior,* comparatif de *superus,* qui est au-dessus). **1.** Situé en haut, plus haut, au-dessus (par opp. à *inférieur*) : *Étage supérieur.* **2.** Plus grand que ; qui atteint un degré plus élevé : *Température supérieure à la normale.* **3.** Qui surpasse les autres en mérite, en force, en rang, en qualité, etc. : *Son travail est supérieur au vôtre* (syn. **meilleur**). **4.** Qui témoigne d'un sentiment de supériorité : *Air supérieur* (syn. **fier, hautain**). **5.** Se dit de la partie d'un fleuve la plus rapprochée de la source (par opp. à *inférieur*) : *Cours supérieur du Nil.* **6.** BIOL. Plus avancé dans l'évolution : *Les animaux supérieurs.* **7.** MATH. **Élément *x* d'un ensemble ordonné, supérieur à un élément *y*,** élément *x* vérifiant la relation d'inégalité $x > y$. ◆ **n. 1.** Personne qui commande à d'autres en vertu d'une hiérarchie : *Obéir à ses supérieurs* (syn. **chef**). **2.** Personne qui dirige une communauté religieuse.

Supérieur *(lac),* le plus vaste et le plus occidental des Grands Lacs de l'Amérique du Nord, entre les États-Unis et le Canada, communiquant avec le lac Huron par la rivière Sainte-Marie ; 82 700 km^2.

supérieurement [syperjœrmɑ̃] **adv.** De façon supérieure : *Être supérieurement doué* (syn. **éminemment**).

supériorité [syperjɔrite] **n.f.** (lat. médiév. *superioritas*). **1.** Caractère de ce qui est supérieur (en qualité, en valeur) : *La supériorité d'une voiture sur une autre.* **2.** Situation avantageuse, dominante : *Supériorité militaire* (syn. **suprématie**). **3.** Attitude de qqn qui se croit supérieur aux autres : *Air de supériorité* (syn. **arrogance, hauteur, suffisance**).

superlatif, ive [sypɛrlatif, -iv] **adj.** (bas lat. *superlativus,* de *superlatum,* supin de *superferrere,* porter au-dessus). **1.** *VIEILLI.* Porté au plus haut point ; exagéré : *Éloges superlatifs.* **2.** GRAMM. Qui exprime le superlatif : *Adverbe superlatif.* ◆ **superlatif n.m.** GRAMM. Degré de signification ou de comparaison des adjectifs ou des adverbes qui exprime une qualité portée à un point très élevé *(superlatif absolu),* au point le plus ou le moins élevé *(superlatif relatif)* ; terme comportant ce degré : *« Très grand », « le plus grand », « le moins grand » sont les trois formes de « grand » au superlatif. « Le mieux » est le superlatif de l'adverbe « bien ».*

supermarché [sypɛrmarʃe] **n.m.** Magasin de grande surface (400 à 2 500 m^2) offrant des produits vendus en libre-service.

supernova [sypɛrnɔva] **n.f.** (pl. *supernovae* [sypɛrnɔve]). ASTRON. Étoile de forte masse qui se manifeste lors de son explosion en devenant momentanément très lumineuse.

superordre [sypɛrɔrdr] **n.m.** BIOL. Niveau de classification des êtres vivants, qui se situe entre la classe et l'ordre.

superphosphate [sypɛrfɔsfat] **n.m.** Produit obtenu par traitement de certains phosphates par l'acide sulfurique, et utilisé comme engrais.

superposable [sypɛrpozabl] **adj.** Qui peut être superposé à un autre : *Deux triangles égaux et semblables sont superposables.*

superposer [sypɛrpoze] **v.t.** (du lat. *superponere,* d'apr. *poser*). Poser l'un sur l'autre : *Superposer des livres sur une étagère* (syn. **empiler**). ◆ **se superposer v.pr. [à].** S'ajouter : *Des ennuis financiers se sont superposés à son divorce.*

superposition [sypɛrpozisjɔ̃] **n.f.** (lat. médiév. *superpositio*). Action de superposer, de se superposer ; ensemble de choses superposées : *La superposition des strates géologiques* (syn. **étagement**).

superproduction [sypɛrprɔdyksjɔ̃] **n.f.** Film réalisé avec des moyens financiers et matériels très importants.

superpuissance [sypɛrpɥisɑ̃s] **n.f.** État dont le pouvoir et la zone d'influence, sur le plan mondial, dépassent ceux des autres puissances.

supersonique [sypɛrsɔnik] **adj.** Dont la vitesse est supérieure à celle du son (par opp. à *sonique, subsonique*). ◆ **n.m.** *VIEILLI.* Avion supersonique.

superstar [syperstar] **n.f.** *FAM.* Vedette, personnalité dont tout le monde parle : *Une superstar de la télé-réalité.*

superstitieusement [syperstisjøzmɑ̃] **adv.** De façon superstitieuse : *Croiser superstitieusement les doigts.*

superstitieux, euse [syperstisjø, -øz] **adj.** et **n.** (lat. *superstitiosus*). Qui croit à des influences occultes, surnaturelles et en redoute les effets : *Elle se défend d'être superstitieuse.* ◆ **adj.** Entaché de superstition : *Craintes superstitieuses.*

superstition [syperstisjɔ̃] **n.f.** (lat. *superstitio*, de *superstare*, propr. « se tenir dessus »). **1.** Croyance à divers présages tirés d'événements fortuits (salière renversée, nombre treize, etc.). **2.** Attachement excessif et irraisonné à : *Avoir la superstition de l'ordre.*

superstructure [syperstryktyr] **n.f. 1.** CONSTR. Partie d'une construction située au-dessus du sol. **2.** MAR. Partie d'un navire placée sur le pont supérieur, faisant corps avec la coque et s'étendant sur toute la largeur du bâtiment. **3.** Dans l'analyse marxiste, ensemble formé par le système politique (appareil d'État) et le système idéologique (juridique, scolaire, culturel, religieux), qui repose sur une base économique donnée (par opp. à *infrastructure*).

Supervielle (Jules), écrivain français (Montevideo, Uruguay, 1884 - Paris 1960). Poète *(Débarcadères, Gravitations),* il humanise le merveilleux dans son théâtre *(la Belle au bois)* et ses nouvelles *(l'Arche de Noé).*

superviser [sypervize] **v.t.** (angl. *to supervise*, du bas lat. *supervidere*, inspecter). Contrôler et réviser un travail fait, sans entrer dans le détail : *Superviser la rédaction d'un ouvrage collectif.*

superviseur [sypervizœr] **n.m.** Personne qui supervise.

supervision [sypervizjɔ̃] **n.f.** Contrôle exercé par la personne qui supervise : *Assurer la supervision d'un film.*

supin [sypɛ̃] **n.m.** (lat. scolast. *supinum*, de *supinus*, inerte). GRAMM. Forme nominale du verbe latin.

supination [sypinasjɔ̃] **n.f.** (lat. *supinatio*, de *supinare*, renverser sur le dos). Mouvement de rotation de l'avant-bras plaçant la paume de la main en avant et le pouce à l'extérieur ; position de la main résultant de ce mouvement (par opp. à *pronation*).

supplanter [syplɑ̃te] **v.t.** (lat. *supplantare*, faire un croc-en-jambe). **1.** Écarter qqn de la place qu'il occupe pour se substituer à lui : *Supplanter un rival* (syn. **détrôner, évincer**). **2.** Prendre la place de qqch dans l'usage qui en est fait : *L'automobile n'a pas supplanté le train* (syn. **remplacer**).

suppléance [sypleɑ̃s] **n.f.** Fait d'être suppléant : *Assurer la suppléance d'un professeur malade* (syn. **remplacement**).

suppléant, e [sypleɑ̃, -ɑ̃t] **adj.** et **n.** Qui supplée qqn dans ses fonctions sans être titulaire : *Député suppléant. Elle n'est pas titulaire, elle est suppléante* (syn. **remplaçant**).

suppléer [syplee] **v.t.** (réfection de l'anc. fr. *souploier*, du lat. *supplere*, remplir, compléter) [conj. **15**]. **1.** *LITT.* Ajouter ce qui manque : *Si vous ne pouvez réunir toute la somme due, nous suppléerons le reste* (syn. **compléter**). **2.** Remplacer dans ses fonctions : *Suppléer un professeur* (syn. **remplacer**). ◆ **v.t. ind. [à].** Remédier au manque de qqch : *Essayer de suppléer à l'épuisement des ressources pétrolières par l'énergie nucléaire* (syn. **remplacer, substituer**).

supplément [syplemɑ̃] **n.m.** (lat. *supplementum*, de *supplere*, compléter). **1.** Ce qui s'ajoute à qqch pour le compléter, l'améliorer, etc. : *Recevoir un supplément de crédits* (syn. **surplus**). *Attendre un supplément d'information* (syn. **surcroît**). *Le supplément littéraire d'un journal* (syn. **complément**). **2.** Somme payée en plus pour obtenir qqch qui n'était pas compris dans le prix initial : *Pour avoir une couchette, j'ai payé un supplément* (syn. **appoint, complément**). **3. En supplément,** en plus, en sus de ce qui est normal, prescrit, indiqué : *Faire une commande de livres et recevoir un fascicule en supplément.* **4.** MATH. **Supplément d'un angle,** angle ayant pour mesure celle d'un angle plat diminuée de celle de l'angle donné.

supplémentaire [syplemɑ̃tɛr] **adj. 1.** Qui sert de supplément ; qui constitue un supplément ; qui est fait en supplément : *Heures supplémentaires. Demander des crédits supplémentaires.* **2.** Se dit d'un moyen de transport qui en double un autre en période de trafic intense : *Avion, train supplémentaire.* **3.** MATH. **Angles supplémentaires,** angles dont la somme des mesures est celle d'un angle plat.

supplétif, ive [sypletif, -iv] **adj.** et **n.m.** (lat. médiév. *suppletivus*). Se disait de militaires autochtones engagés temporairement en complément de troupes régulières. ◆ **adj.** Qui complète, supplée : *Articles supplétifs d'un contrat.*

suppliant, e [syplijɑ̃, -ɑ̃t] **adj.** et **n.** Qui supplie, implore : *Une voix suppliante. Un regard suppliant* (syn. **implorant**).

supplication [syplikasjɔ̃] **n.f.** (lat. *supplicatio*). Prière faite avec instance et soumission : *Rester insensible aux supplications de qqn* (syn. **adjuration, imploration**).

supplice [syplis] **n.m.** (lat. *supplicium*, supplication, au sens de « sacrifice religieux célébré à l'occasion d'une exécution pour laver le sang versé »). **1.** DR. ANC. Peine corporelle ordonnée par arrêt de justice : *Le supplice de la roue.* **2.** Sévices corporels graves : *Même les supplices n'ont pu le faire dénoncer ses camarades* (syn. **torture**). **3.** Douleur physique violente et insupportable : *Ce mal de dents est un vrai supplice* (syn. **torture, tourment**). **4.** Ce qui est extrêmement pénible à supporter : *Ce discours est un supplice* (syn. **calvaire**). **5. Être au supplice,** souffrir terriblement ; au fig., se trouver dans une situation fort désagréable : *Tout le monde s'est retourné quand je suis entrée, j'étais au supplice.* / *LITT.* **Le dernier supplice,** la peine de mort. / **Supplice de Tantale,** souffrance qu'éprouve qqn qui ne peut satisfaire un désir dont l'objet reste cependant à sa portée.

supplicié, e [syplisje] **n.** Personne qui subit ou qui a subi un supplice : *Les suppliciés de la Résistance.*

supplicier [syplisje] **v.t.** [conj. **9**]. *LITT.* Livrer qqn au supplice ou l'exécuter : *Supplicier un condamné.*

supplier [syplije] **v.t.** (réfection de l'anc. fr. *souploier*, lat. *supplicare*, se plier [sur les genoux]) [conj. **10**]. Demander avec insistance et humilité, de manière pressante : *Je vous supplie de me croire* (syn. **implorer**). *Laissez-moi partir, je vous en supplie* (syn. **adjurer, conjurer**).

supplique [syplik] **n.f.** (it. *supplica*, du lat. *supplicare*, supplier). Requête écrite pour demander une grâce, une faveur : *Supplique au président de la République.*

support [sypɔr] **n.m. 1.** Ce qui supporte ; appui ou soutien de qqch : *Le support d'une statue* (syn. **piédestal, socle**). **2.** Document écrit, audiovisuel, etc., servant d'appui à une conférence, à un enseignement, etc. : *Un dictionnaire sur support papier.* **3.** INFORM. Tout milieu matériel susceptible de recevoir une information, de la véhiculer ou de la conserver, puis de la restituer à la demande : *La disquette, le disque dur, le cédérom, la bande magnétique sont des supports électroniques.* **4.** PEINT. Surface que le peintre doit enduire avant d'y poser la couche de peinture (syn. **fond**). **5. Support publicitaire,** média quel qu'il soit (presse, télévision, affichage, etc.) considéré dans son utilisation pour la publicité.

supportable [sypɔrtabl] **adj.** Qu'on peut endurer, tolérer, excuser : *Une douleur supportable* (syn. **tolérable**). *Sa conduite n'est plus supportable* (syn. **acceptable, admissible**).

supporter [sypɔrte] **v.t.** (lat. *supportare*, porter). **1.** Maintenir par-dessous pour empêcher de tomber : *Piliers qui supportent une voûte* (syn. **soutenir**). **2.** Subir avec patience, courage (ce qui est pénible) : *Supporter un malheur* (syn. **endurer**). **3.** Tolérer la présence, l'attitude de qqn : *Il est odieux : personne ne peut plus le supporter* (syn. **accepter, s'accommoder de**). **4.** Prendre en charge : *Supporter les frais d'un procès.* **5.** Résister à (une épreuve, une action physique) : *Ce livre ne supporte pas l'examen* (syn. **résister à**). *Supporter la chaleur* (syn. **tolérer**). **6.** SPORTS. (Emploi critiqué). Soutenir, encourager (un concurrent, une équipe). **7.** *AFR.* Subvenir aux besoins de qqn, l'avoir à sa charge. ◆ **se supporter v.pr.** Se tolérer mutuellement : *Ils ne se supportent pas et se disputent sans arrêt.*

supporteur, trice [sypɔrtœr, -tris] **n.** ou **supporter** [sypɔrtœr] ou [sypɔrtɛr] **n.m.** (angl. *supporter*). SPORTS Personne qui soutient et encourage exclusivement un concurrent ou une équipe.

Supports/Surfaces ou **Support/Surface,** nom adopté en 1970 par un groupe de jeunes plasticiens dont l'action organisée couvre surtout les années 1969-1971. Ces artistes (dont les peintres Louis Cane, Daniel Dezeuze, Claude Viallat, le sculpteur Toni Grand), s'inspirant notamment de Matisse, de l'art minimal américain (et de formes d'abstraction qui lui sont liées), de Français tels que Simon Hantaï et Daniel Buren, ont développé, sur un fond d'engagement politique, des expériences et des théories relatives à la matérialité de l'art.

supposé, e [sypoze] **adj. 1.** Qui est donné pour authentique, avec ou sans idée de tromperie : *Testament supposé* (syn. **faux**). **2.** Admis, posé comme hypothèse : *Cette circonstance supposée...* **3.** Présumé : *Le responsable supposé de l'attentat.* **4. Supposé que,** dans la supposition que, en admettant que.

supposer [sypoze] **v.t.** (du lat. *supponere,* propr. « mettre sous »). **1.** Poser par hypothèse une chose comme établie : *Supposons que cela soit vrai* (syn. **imaginer, présumer**). *Son attitude laisse supposer qu'elle est excédée* (= dénote, indique). **2.** Exiger logiquement, nécessairement l'existence de : *Les droits supposent les devoirs* (syn. **impliquer**). **3.** Juger probable, vraisemblable que : *Je suppose que tout va bien* (syn. **conjecturer, croire**).

supposition [sypozisjɔ̃] **n.f.** (lat. *suppositio*). Action d'admettre par hypothèse ; ce qui est ainsi supposé : *Ce qu'il dit est une pure supposition* (syn. **conjecture, hypothèse**).

suppositoire [sypozitwar] **n.m.** (bas lat. *suppositorium,* de *suppositorius,* qui est en dessous). Médicament solide, génér. de forme conique ou ovoïde, qui s'utilise par voie rectale.

suppôt [sypo] **n.m.** (lat. *suppositus,* placé dessous). **1.** *LITT.* Complice des mauvais desseins de qqn : *Les suppôts d'un tyran* (syn. **agent, partisan, séide**). **2. Suppôt de Satan,** personne malfaisante.

suppression [sypresjɔ̃] **n.f.** (lat. *suppressio*). Action de supprimer ; partie supprimée : *Lutter contre les suppressions d'emploi. Faire des suppressions dans un texte* (syn. **coupure, retranchement**).

supprimer [syprime] **v.t.** (lat. *supprimere,* enfoncer, étouffer, de *premere,* presser). **1.** Mettre un terme à l'existence de : *Supprimer des emplois.* **2.** Enlever qqch à qqn : *Supprimer son permis de conduire à un chauffard* (syn. **ôter, retirer**). **3.** Se débarrasser de qqn en le tuant : *Ils ont supprimé un témoin gênant* (syn. **abattre**). ◆ **se supprimer v.pr.** Se donner la mort (syn. **se suicider**).

suppurant, e [sypyrɑ̃, -ɑ̃t] **adj.** Qui suppure : *Plaie suppurante.*

suppuration [sypyrasjɔ̃] **n.f.** (lat. *suppuratio*). Production de pus : *Pommade qui arrête la suppuration.*

suppurer [sypyre] **v.i.** (lat. *suppurare,* de *pus, puris,* pus). Produire du pus : *La plaie commence à suppurer.*

supputation [sypytasjɔ̃] **n.f.** (lat. *supputatio*). Action de supputer, de calculer qqch ; évaluation plus ou moins exacte : *Supputation de la date de naissance d'un écrivain de l'Antiquité* (syn. **calcul, reconstitution**). *Faire des supputations à propos de qqch* (syn. **hypothèse, supposition**).

supputer [sypyte] **v.t.** (lat. *supputare*). *LITT.* Évaluer indirectement une quantité par le calcul de certaines données : *Supputer le montant d'une dépense* (syn. **calculer, estimer**). *Supputer les chances de réussite d'un candidat* (syn. **jauger, mesurer, peser**).

supra [sypra] **adv.** (mot lat.). Plus haut, ci-dessus (par opp. à *infra*).

supraconducteur, trice [syprakɔ̃dyktœr, -tris] **adj.** et **n.m.** Qui présente le phénomène de supraconduction.

supraconduction [syprakɔ̃dyksjɔ̃] et **supraconductivité** [syprakɔ̃dyktivite] **n.f.** PHYS. Phénomène présenté par certains métaux, alliages ou céramiques dont la résistivité électrique devient pratiquement nulle au-dessous d'une certaine température.

supranational, e, aux [sypranasjɔnal, -o] **adj.** Placé au-dessus des institutions de chaque nation.

suprématie [sypremasi] **n.f.** (angl. *supremacy,* du fr. *suprême*). **1.** Situation dominante conférant une autorité incontestée : *Avoir la suprématie militaire* (syn. **domination, hégémonie**). **2.** Supériorité de qqn, de qqch sur les autres : *Exercer une suprématie intellectuelle sur ses confrères* (syn. **prédominance, prééminence**).

1. suprême [syprɛm] **adj.** (lat. *supremus,* superlatif de *superus,* supérieur). **1.** Qui est au-dessus de tout ; qui ne saurait être dépassé : *Dignité suprême.* **2.** Qui vient en dernier : *Un suprême effort* (syn. **ultime**). **3. Cour suprême,** juridiction qui tranche en dernier ressort. / *LITT.* **Heure suprême,** le moment, l'heure de la mort. / **Pouvoir suprême,** la souveraineté. / **Volontés suprêmes,** dernières dispositions d'un mourant.

2. suprême [syprɛm] **n.m.** (de *1. suprême*). Filets de poisson ou de volaille, servis avec un velouté à la crème (dit *sauce suprême*).

suprêmement [syprɛmmɑ̃] **adv.** Extrêmement : *Un enfant suprêmement intelligent* (syn. **prodigieusement**).

1. sur [syr] **prép.** (du lat. *super* ou *supra,* par croisement avec *sus*). **1.** Indique la position par rapport à ce qui est plus bas, qu'il y ait contact ou non : *Mettre sa tête sur un oreiller. Monter sur un bateau.* **2.** Marque le point d'application ou de destination : *La foudre est tombée sur le clocher. Instituer un impôt sur le capital.* **3.** Indique la direction : *Les troupes marchaient sur la capitale. Revenir sur Paris.* **4.** Indique la proximité ; l'approximation temporelle : *Être sur le départ. Cela a dû se produire sur les onze heures* (syn. **vers**). **5.** Marque la supériorité : *L'emporter sur tous les concurrents. Avoir de l'autorité sur qqn.* **6.** Indique un des deux nombres dans une proportion, une dimension, une évaluation : *Sur cent candidats sept ont réussi. Une pièce de deux mètres sur six. Il a eu douze sur vingt à sa dissertation.* **7.** Indique le thème considéré : *Se prononcer sur un projet. S'expliquer sur qqch.* **8.** Indique le critère : *Juger les gens sur la mine, sur les apparences, sur le mérite.* **9.** S'emploie en composition pour indiquer une intensité excessive ou une situation supérieure : *Surproduction, surintendant.*

2. sur, e [syr] **adj.** (frq. **sur*). D'un goût acide et aigre : *Des pommes sures* (syn. **acide, aigrelet**).

sûr, e [syr] **adj.** (lat. *securus,* libre de souci). **1.** En qui l'on peut avoir confiance : *Ami sûr* (syn. **dévoué, fidèle**). **2.** Qui n'offre aucun danger : *Ce quartier n'est pas sûr la nuit* (syn. **tranquille**). **3.** Dont on ne peut douter ; qui est vrai, exact : *Le fait est sûr* (syn. **avéré, incontestable**). **4.** Qui sait d'une manière certaine : *J'en suis sûr* (syn. **assuré, certain**). **5.** Qui n'est marqué par aucune hésitation : *Le geste sûr du chirurgien.* **6. Bien sûr,** c'est évident ; certainement. / **En lieu sûr,** dans un lieu où il n'y a rien à craindre, ou bien d'où l'on ne peut s'échapper. / **Le temps n'est pas sûr,** il peut changer, se gâter. / *FAM., VIEILLI.* **Pour sûr,** assurément.

Surabaya ou **Surabaja,** port d'Indonésie (Java) ; 2 765 908 hab. Centre industriel.

surabondance [syrabɔ̃dɑ̃s] **n.f.** Grande abondance : *Il y a eu surabondance de fruits* (syn. **pléthore, surproduction**).

surabondant, e [syrabɔ̃dɑ̃, -ɑ̃t] **adj.** Abondant jusqu'à l'excès : *Récolte surabondante* (syn. **extraordinaire, pléthorique**). *Détails surabondants* (syn. **redondant, superflu**).

surabonder [syrabɔ̃de] **v.i.** Exister en quantité très ou trop abondante : *Le gibier surabonde dans cette région* (syn. **foisonner, grouiller, pulluler**).

suractivité [syraktivite] **n.f.** Activité intense au-delà de la normale : *Nous avons connu une période de suractivité.*

suraigu, uë [syregy] **adj.** Très aigu : *Le sifflement suraigu d'une locomotive.*

surajouter [syraʒute] **v.t.** Ajouter par surcroît : *Quelques mots ont été surajoutés à la note.* ◆ **se surajouter v.pr.** Venir s'ajouter, en excès, à qqch : *Ce travail est venu se surajouter à mes tâches quotidiennes.*

suralimentation [syralimɑ̃tasjɔ̃] **n.f. 1.** Ingestion régulière d'une quantité de nourriture supérieure à la ration d'entretien : *De nombreux médecins condamnent la suralimentation qui règne dans les pays riches.* **2.** Alimentation d'un moteur à combustion interne avec de l'air à une pression supérieure à la pression atmosphérique.

suralimenté, e [syralimɑ̃te] **adj.** Qui se nourrit trop : *Les maladies cardio-vasculaires menacent les personnes suralimentées* (contr. **sous-alimenté**).

suralimenter [syralimɑ̃te] **v.t.** Soumettre à une suralimentation : *Suralimenter un convalescent* (contr. **sous-alimenter**). *Le moteur est suralimenté par un compresseur.*

suranné, e [syrane] **adj.** (de *sur* et *an*). Qui n'est plus en usage : *Des vêtements surannés* (syn. **démodé**). *Des méthodes surannées* (syn. **archaïque, désuet, périmé**).

surarmement [syrarməmɑ̃] **n.m.** Armement excédant les besoins de la défense d'un État.

Surat, port de l'Inde (Gujerat) ; 4 585 367 hab. dans l'agglomération). Monuments anciens (XVIe-XVIIe s.).

surate ou **sourate** [surat] **n.f.** (ar. *sūrat,* chapitre). Chacun des chapitres du Coran.

surbaissé, e [syrbese] **adj. 1.** Se dit d'une automobile dont on a notablement abaissé le centre de gravité afin d'améliorer sa tenue de route. **2.** ARCHIT. Se dit d'un arc ou d'une voûte dont la flèche est inférieure à la moitié de la portée (contr. **surhaussé**).

surbooké, e [syrbuke] **adj.** (de *1. sur* et de l'angl. *booked,* réservé). *FAM.* Qui est surchargé de travail, de projets : *Elle est surbookée en ce moment.*

surcharge [syrʃarʒ] **n.f. 1.** Excès de charge ; poids supplémentaire excessif : *Accident de la route dû à la surcharge du véhicule.* **2.** Poids de bagages excédant celui qui est alloué à chaque voyageur : *En avion, la surcharge peut coûter très cher* (= l'excédent de bagages). **3.** Surcroît de peine, de dépense : *S'imposer une surcharge de travail.* **4.** Mot écrit sur un autre mot : *En comptabilité, les surcharges sont interdites* (syn. **correction, rajout**). **5.** Impression typographique faite sur un timbre-poste, génér. pour en modifier la valeur.

surcharger [syrʃarʒe] **v.t.** [conj. **17**]. **1.** Imposer une charge excessive à : *Surcharger un cheval. Surcharger d'impôts* (syn. **accabler, écraser, grever**). **2.** Faire une surcharge sur un texte, un timbre, etc.

surchauffe [syrʃof] **n.f. 1.** Chauffage exagéré d'un métal ou d'un alliage, mais sans fusion, même partielle. **2.** État d'une économie en expansion menacée d'inflation.

surchauffer [syrʃofe] **v.t. 1.** Chauffer de manière excessive : *Surchauffer un appartement.* **2.** Provoquer un phénomène de surchauffe.

surchoix [syrʃwa] **n.m.** Premier choix, première qualité d'une marchandise : *Des cuirs de surchoix.*

surclasser [syrklase] **v.t.** Montrer une indiscutable supériorité sur (qqn, qqch d'autre) : *Elle a surclassé tous ses concurrents* (syn. **dépasser, surpasser**).

surcomposé, e [syrkɔ̃poze] **adj.** GRAMM. Se dit d'un temps composé où l'auxiliaire est lui-même à un temps composé : *Dans « je suis parti quand j'ai eu fini », le verbe de la subordonnée est à un temps surcomposé.*

surcompression [syrkɔ̃presjɔ̃] **n.f.** Augmentation de la compression d'un corps soit par réduction de volume, soit par élévation de la pression à laquelle on le soumet.

surconsommation [syrkɔ̃sɔmasjɔ̃] **n.f.** ÉCON. Consommation supérieure aux besoins : *Tenter de freiner la surconsommation de médicaments.*

surcontrer [syrkɔ̃tre] **v.t.** JEUX. À certains jeux de cartes, confirmer une annonce contrée par un adversaire.

surcot [syrko] **n.m.** (de *cotte*). Au Moyen Âge, vêtement qui se portait au-dessus de la cotte.

Surcouf (Robert), marin français (Saint-Malo 1773 - *id.* 1827). Corsaire, il mena dans l'océan Indien une redoutable guerre au commerce britannique (1795-1801 et 1807-1809). Il devint un riche armateur de Saint-Malo.

surcouper [syrkupe] **v.t.** JEUX. Aux cartes, couper avec un atout supérieur à celui qui vient d'être posé.

surcoût [syrku] **n.m.** Somme qui vient en excédent du coût normal de qqch.

surcroît [syrkrwa] **n.m.** (de l'anc. v. *surcroître,* croître au-delà de la mesure ordinaire). **1.** Ce qui s'ajoute à ce que l'on a : *Surcroît de travail* (syn. **supplément, surplus**). **2. Par surcroît, de surcroît,** en plus : *Son livre est utile et intéressant de surcroît.*

surdimensionné, e [syrdimɑ̃sjɔne] **adj.** Doté de dimensions supérieures aux besoins réels : *Un incinérateur d'ordures surdimensionné.*

surdimutité ou **surdi-mutité** [syrdimytite] **n.f.** (pl. *surdi-mutités*). Perte de l'usage de la parole provoquée par une surdité congénitale ou précoce.

surdité [syrdite] **n.f.** (du lat. *surdus,* sourd). Perte ou grande diminution du sens de l'ouïe.

surdosage [syrdozaʒ] **n.m.** Dosage excessif ; administration d'un médicament à une dose excessive : *En cas de surdosage, avertir immédiatement le médecin.*

surdose [syrdoz] **n.f.** Dose excessive d'un stupéfiant ou d'un médicament psychotrope, susceptible d'entraîner la mort (syn. **overdose**).

surdoué, e [syrdwe] **adj.** et **n.** Se dit d'un enfant dont les capacités intellectuelles évaluées par les tests sont supérieures à celles de la majorité des enfants du même âge.

sureau [syro] **n.m.** (anc. fr. *seür,* altér. de *seü,* lat. *sabucus*). Arbuste à fleurs blanches et à fruits acides rouges ou noirs. ▸ Famille des caprifoliacées ; haut. env. 10 m.

sureffectif [syrefɛktif] **n.m.** Effectif considéré comme trop important : *Un sureffectif de fonctionnaires.*

surélévation [syrelevasjɔ̃] **n.f.** Action de surélever ; augmentation de la hauteur de qqch : *La surélévation d'une maison. Une surélévation de trois mètres.*

surélever [syrelve] **v.t.** [conj. **19**]. Donner un surcroît de hauteur à : *Surélever un mur* (syn. **hausser**).

sûrement [syrmɑ̃] **adv. 1.** De façon certaine, évidente : *Il est déjà sûrement arrivé* (syn. **assurément, certainement**). **2.** Sert à renforcer une affirmation ou une négation : *Viendras-tu à la réunion ? – Sûrement ! Sûrement pas !* **3.** D'une manière infaillible, inéluctable : *Ce témoignage le condamne sûrement* (syn. **immanquablement, inévitablement**).

surenchère [syrɑ̃ʃɛr] **n.f. 1.** DR. Acte par lequel une personne forme une nouvelle enchère dans les dix jours suivant la première adjudication. **2.** Action d'aller encore plus loin que ce que l'on a fait auparavant : *Une surenchère de violences* (syn. **escalade**).

surenchérir [syrɑ̃ʃerir] **v.i.** [conj. **32**]. **1.** Effectuer une surenchère : *L'immeuble avait été adjugé à cette personne, mais une autre est venue surenchérir.* **2.** Promettre, faire plus qu'un rival : *Il surenchérit toujours sur moi.*

surendettement [syrɑ̃dɛtmɑ̃] **n.m.** État de qqn, d'un pays qui est endetté à l'excès.

surentraînement [syrɑ̃trɛnmɑ̃] **n.m.** SPORTS. Entraînement excessif qui fait perdre la forme.

suréquipement [syrekipmɑ̃] **n.m.** Équipement supérieur aux possibilités de consommation, de production.

surestimation [syrɛstimasjɔ̃] **n.f.** Estimation exagérée : *L'expert a fait une surestimation des dégâts* (syn. **surévaluation**).

surestimer [syrɛstime] **v.t.** Estimer au-delà de sa valeur, de son importance réelle : *Nous avions surestimé sa capacité à prendre des initiatives* (syn. **surévaluer**).

suret, ette [syrɛ, -ɛt] **adj.** (de *2. sur*). Un peu acide : *Un vin suret* (syn. **aigrelet**).

sûreté [syrte] **n.f.** (de *sûr,* d'apr. le lat. *securitas,* sécurité). **1.** Qualité d'un endroit ou d'un objet qui offre des garanties, une protection : *La sûreté des routes dépend de leur bon entretien. Faire vérifier la sûreté des freins de sa voiture.* **2.** Situation d'un individu, d'une collectivité garantis contre les risques de tout genre qui pourraient les menacer : *La loi assure la sûreté publique* (syn. **sécurité**). **3.** Caractère précis, efficace de qqn ou de qqch, sur lequel on peut compter d'une façon certaine : *La sûreté de son coup d'œil, de sa main* (syn. **précision**). **De sûreté**, se dit d'objets, de dispositifs conçus pour assurer le moins de danger possible : *Une allumette, une épingle de sûreté.* / **En sûreté,** à l'abri de toute atteinte, de tout péril ; dans un endroit d'où l'on ne peut s'échapper. / (Avec une majuscule). **Sûreté nationale,** ou **la Sûreté,** direction générale du ministère de l'Intérieur chargée de la police, devenue, en 1966, *Police nationale.*

surévaluation [syrevalɥasjɔ̃] **n.f.** Action de surévaluer ; fait d'être surévalué : *La surévaluation des biens d'un héritage* (syn. **surestimation**).

surévaluer [syrevalɥe] **v.t.** [conj. **7**]. Attribuer à une chose une valeur supérieure à celle qu'elle a réellement : *Surévaluer un patrimoine* (syn. **surestimer**).

surexcitation [syrɛksitasjɔ̃] **n.f. 1.** Très vive excitation : *La surexcitation des enfants à la veille de Noël* (syn. **énervement, frénésie**). **2.** Animation passionnée : *La surexcitation le saisit dès qu'on aborde ce sujet* (syn. **exaltation**).

surexcité, e [syrɛksite] **adj.** Qui est dans un état de surexcitation : *Des esprits surexcités* (syn. **exalté, survolté**).

surexciter [syrɛksite] **v.t. 1.** Mettre dans un état de grande excitation : *La récréation a surexcité les élèves* (syn. **énerver, exalter** ; contr. **calmer**). **2.** Porter un sentiment à un degré extrême d'intensité : *Surexciter les haines* (syn. **déchaîner, exacerber** ; contr. **apaiser**).

surexploitation [syrɛksplwatasjɔ̃] **n.f.** Action de surexploiter : *La surexploitation d'un sol* (contr. **sous-exploitation**).

surexploiter [syrɛksplwate] **v.t.** Exploiter de façon excessive : *Surexploiter une terre* (contr. **sous-exploiter**). *Un pays où l'on surexploite la main-d'œuvre.*

surexposer [syrɛkspoze] **v.t.** PHOT. Soumettre (une émulsion) à une exposition trop longue à la lumière.

surexposition [syrɛkspozisjɔ̃] **n.f.** PHOT. Exposition trop prolongée d'une surface sensible à la lumière.

surf [sœrf] **n.m.** (mot anglo-amér., de l'angl. *surf,* ressac). **1.** Sport consistant à se maintenir en équilibre sur une planche portée par une vague déferlante. **2.** Planche permettant de pratiquer le surf ou le surf des neiges. **3. Surf des neiges,** descente d'une pente enneigée sur une planche spéciale (syn. **snowboard**).

surface [syrfas] **n.f.** (de *sur* et *face,* d'apr. le lat. *superficies,* surface). **1.** Partie, face extérieure d'un corps, d'un liquide : *La surface du lac est agitée par le vent.* **2.** Toute étendue, plane ou non, d'une certaine importance : *Calculer la surface d'un appartement* (syn. **aire, superficie**). **3.** MATH. Ensemble des points de l'espace dont les coordonnées varient continûment en fonction de deux paramètres. **4.** Extérieur, apparence des choses : *Ne considérer que la surface des choses* (syn. **dehors, façade**). **5. En surface,** au niveau de l'eau ou juste en dessous ; au fig., sans aller au fond des choses : *Sous-marin qui navigue en surface. Traiter un problème en surface* (= superficiellement). / **Faire surface,** émerger, en parlant d'un sous-marin ; remonter à l'air libre pour respirer. / **Refaire surface,** connaître de nouveau la renommée après une période d'effacement, d'obscurité ; recouvrer ses forces, sa santé ou sa fortune après une période de faiblesse, de maladie ou de gêne. **6. Grande surface,** magasin exploité en libre-service, et présentant une superficie consacrée à la vente supérieure à 400 m^2. / DR. **Surface corrigée,** élément de calcul des loyers de certains locaux d'habitation, tenant compte de la situation et du confort d'un logement (par rapport à sa surface réelle).

surfacer [syrfase] **v.t.** [conj. **16**]. TECHN. Assurer la réalisation de surfaces régulières par l'emploi de machines ou d'appareils spéciaux : *Surfacer un bloc de marbre.*

surfait, e [syrfɛ, -ɛt] **adj.** (de l'ancien v. *surfaire,* surestimer). **1.** Qui n'a pas toutes les qualités qu'on lui prête : *Réputation surfaite.* **2.** Estimé au-dessus de sa valeur : *Un auteur surfait.*

surfaix [syrfɛ] **n.m.** (de *faix,* charge). Bande servant à attacher une couverture sur le dos d'un cheval ou utilisée dans le travail à la longe.

surfer [sœrfe] **v.i. 1.** Pratiquer le surf. **2.** INFORM. Naviguer : *Surfer sur Internet.* **3.** FIG. Se laisser porter par une conjoncture favorable : *Le ministre surfe sur les sondages.*

surfeur, euse [sœrfœr, -øz] **n.** Personne qui pratique le surf.

surfil [syrfil] **n.m.** (de *surfiler*). COUT. Surjet lâche, exécuté sur le bord d'un tissu pour éviter qu'il ne s'effiloche.

surfiler [syrfile] **v.t.** (de *filer*). **1.** COUT. Exécuter un surfil. **2.** TEXT. Filer plus fin que la grosseur des fibres ne le permet normalement.

surfin, e [syrfɛ̃, -in] **adj.** De qualité supérieure : *Des chocolats surfins.*

surgélation [syrʒelasjɔ̃] **n.f.** Opération consistant à congeler rapidement à très basse température un produit alimentaire.

surgelé, e [syrʒəle] **adj.** Se dit d'une substance alimentaire conservée par surgélation : *Des légumes surgelés.* ◆ **surgelé** **n.m.** Produit surgelé : *Le rayon des surgelés.*

surgeler [syrʒəle] **v.t.** [conj. **25**]. Pratiquer la surgélation de : *Surgeler des framboises.*

surgénérateur, trice [syrʒeneratœr, -tris] **adj.** Se dit d'un réacteur nucléaire dans lequel se produit la surgénération. ◆ **surgénérateur** **n.m.** Réacteur nucléaire dans lequel se produit une surgénération.

surgénération [syrʒenerasjɔ̃] **n.f.** PHYS. Production, à partir de matière nucléaire fertile, d'une quantité de matière fissile supérieure à celle qui est consommée.

surgeon [syrʒɔ̃] **n.m.** (altér., d'apr. le lat. *surgere,* de l'anc. fr. *sorjon,* de *sourdre*). Rejeton qui sort au pied d'un arbre (syn. **pousse**).

surgir [syrʒir] **v.i.** (lat. *surgere,* propr. « se lever ») [conj. **32**]. **1.** Apparaître brusquement, en s'élançant, en sortant, en s'élevant : *Une voiture surgit du brouillard.* **2.** Se manifester brusquement : *De nouvelles difficultés surgissent* (syn. **naître, se présenter**).

surgissement [syrʒismɑ̃] **n.m.** Fait de surgir : *Le surgissement d'un bateau dans la brume.*

surhaussé, e [syrose] **adj.** ARCHIT. Se dit d'un arc ou d'une voûte dont la flèche est supérieure à la moitié de la portée (contr. **surbaissé**).

surhomme [syrɔm] **n.m. 1.** Être humain pourvu de dons intellectuels ou physiques exceptionnels : *Pour soulever ce fardeau, il faudrait être un surhomme.* **2.** Selon Nietzsche, type humain supérieur dont l'avènement est inscrit dans les possibilités de l'humanité.

surhumain, e [syrymɛ̃, -ɛn] **adj.** Qui est au-dessus des forces ou des qualités de l'homme : *Un effort surhumain.*

surimi [syrimi] **n.m.** (mot jap.). Pâte de chair de poisson aromatisée au crabe et vendue génér. sous forme de bâtonnets.

surimposer [syrɛ̃poze] **v.t.** Frapper d'un surcroît d'impôt ou d'un impôt trop lourd : *Surimposer les plus-values boursières* (syn. **surtaxer**).

surimposition [syrɛ̃pozisjɔ̃] **n.f.** Surcroît d'impôt ; imposition excessive.

surimpression [syrɛ̃presjɔ̃] **n.f. 1.** Impression de deux ou plusieurs images sur la même surface sensible. **2.** Passage d'une nouvelle impression sur une feuille imprimée, par ex. pour y déposer un vernis.

surin [syrɛ̃] **n.m.** (du tsigane *chouri,* couteau). *ARG.* Couteau.

Suriname ou **Surinam (le),** anc. **Guyane hollandaise,** État du nord de l'Amérique du Sud ; 163 265 km^2 ; 539 000 hab. *(Surinamiens).* CAP. *Paramaribo.* LANGUE : *néerlandais.* MONNAIE : *dollar du Suriname.*

GÉOGRAPHIE

Une plaine côtière, large de 20 à 90 km, précède une pénéplaine et des hauteurs formées par le bouclier des Guyanes. Le climat est équatorial, chaud (26 °C en moyenne), avec des pluies abondantes qui alimentent notamment la Courantyne, le Suriname et le Maroni et expliquent la présence de la forêt (95 % du territoire). Les Indiens (35 %), les créoles (30 %) et les Indonésiens sont les groupes les plus importants de populations variées, qui ont toutes une croissance démographique élevée. Par ailleurs, l'émigration vers les Pays-Bas et la Guyane française a été accrue par la guerre civile. L'agriculture est localisée sur la côte. Le riz, la canne à sucre, les bananes et les fruits tropicaux sont les principales productions, partiellement exportées, ainsi que les crevettes. La ressource essentielle est la bauxite.

HISTOIRE

1667. Occupée par les Anglais, la région est cédée aux Hollandais, qui y cultivent la canne à sucre.

1796-1802 ; 1804-1816. Le pays est de nouveau occupé par les Britanniques.

Après l'abolition de l'esclavage (1863), la région se peuple d'Indiens et d'Indonésiens.

1948. Le pays prend le nom de Suriname.

1975. Il accède à l'indépendance.

Dès lors, régimes militaires et présidents civils (dont Ronald Venetiaan, à la tête de l'État de 1991 à 1996 et, à nouveau, de 2000 à 2010) se succèdent.

2010. « Desi » Bouterse (auteur du coup d'État de 1980) revient au pouvoir à l'issue de l'élection présidentielle.

suriner [syrine] **v.t.** *ARG.* Donner un coup de couteau (syn. **poignarder**).

surinfection [syrɛ̃fɛksjɔ̃] **n.f.** Infection survenant chez un sujet déjà atteint d'une maladie.

surinformé, e [syrɛ̃fɔrme] **adj.** Qui reçoit trop d'informations : *Des téléspectateurs surinformés.*

surintendance [syrɛ̃tɑ̃dɑ̃s] **n.f.** HIST. Charge de surintendant.

surintendant [syrɛ̃tɑ̃dɑ̃] **n.m. 1.** Autref., celui qui dirigeait en chef un service, un secteur. **2.** HIST. En France, chef de certaines administrations sous l'Ancien Régime : *Nicolas Fouquet fut le dernier surintendant général des Finances.*

surintensité [syrɛ̃tɑ̃site] **n.f.** ÉLECTR. Courant supérieur au courant assigné.

surir [syrir] **v.i.** [conj. **32**]. Devenir sur, aigre.

surjectif, ive [syrʒɛktif, -iv] **adj.** MATH. **Application surjective,** application de E dans F telle que tout élément de F a au moins un antécédent dans E.

surjection [syrʒɛksjɔ̃] **n.f.** (de [*in*]*jection*). MATH. Application surjective.

surjet [syrʒɛ] **n.m. 1.** COUT. Point exécuté à cheval en lisière de deux tissus à assembler bord à bord. **2.** CHIR. Suture par fil unique.

surjeter [syrʒəte] **v.t.** (de l'anc. fr. *sourgeter,* jeter pardessus) [conj. **27**]. Coudre en surjet.

sur-le-champ [syrləʃɑ̃] **adv.** Sans délai, aussitôt : *Ils m'ont demandé de me décider sur-le-champ* (syn. **immédiatement**).

surlendemain [syrlɑ̃dmɛ̃] **n.m.** Jour qui suit le lendemain : *Nous sommes vendredi, le surlendemain de mercredi.*

surligner [syrliɲe] **v.t.** Recouvrir une partie d'un texte à l'aide d'un surligneur.

surligneur [syrliɲœr] **n.m.** Feutre servant à mettre en valeur une partie d'un texte à l'aide d'une encre très lumineuse.

surmenage [syrmənaʒ] **n.m.** Fait de se surmener ; état de fatigue excessive en résultant : *Souffrir de surmenage* (syn. **épuisement**).

surmener [syrməne] **v.t.** (de *mener*) [conj. **19**]. Imposer (à qqn, à son organisme) un effort physique ou intellectuel excessif : *Cette professeure surmène ses étudiants.* ◆ **se surmener v.pr.** Se fatiguer à l'excès : *Elle se surmène sans prendre garde à sa santé* (syn. **s'épuiser**).

surmoi [syrmwa] **n.m. inv.** PSYCHAN. Dans le second modèle freudien, l'une des trois instances psychiques, distinguée du ça et du moi, caractérisée par l'identification de l'enfant au parent représentant de l'autorité.

surmontable [syrmɔ̃tabl] **adj.** Que l'on peut surmonter : *Ces difficultés sont surmontables.*

surmonter [syrmɔ̃te] **v.t. 1.** Être placé au-dessus de qqch : *Statue qui surmonte une colonne.* **2.** Venir à bout de ; avoir le dessus sur : *Surmonter les obstacles* (syn. **dominer, vaincre**). *Surmonter sa colère* (syn. **dompter, maîtriser**).

surmulot [syrmylo] **n.m.** (de *mulot*). Rat commun, appelé aussi *rat d'égout* ou *rat gris.* ▸ Long. env. 25 cm sans la queue.

surmultiplié, e [syrmyltiplije] **adj. 1.** AUTOM. Se dit du rapport d'une boîte de vitesses tel que la vitesse de rotation de l'arbre de transmission est supérieure à celle de l'arbre moteur. **2. Vitesse surmultipliée,** obtenue avec ce rapport (on dit aussi *une surmultipliée*).

surnager [syrnaʒe] **v.i.** [conj. **17**]. **1.** Se maintenir à la surface d'un liquide : *Quand on verse de l'huile dans de l'eau, l'huile surnage* (syn. **flotter**). **2.** Subsister au milieu de choses qui tombent dans l'oubli : *De toute son œuvre, un seul livre surnage* (syn. **se maintenir, survivre**).

surnatalité [syrnatalite] **n.f.** Taux de natalité excessif, dépassant l'accroissement de la production des biens de consommation.

surnaturel, elle [syrnatyrɛl] **adj. 1.** Qu'on juge ne pas appartenir au monde naturel ; qui semble en dehors du domaine de l'expérience et échapper aux lois de la nature : *Croire aux phénomènes surnaturels* (syn. **magique, paranormal**). **2.** Qui est révélé, produit, accordé par la grâce de Dieu : *La vie surnaturelle.* **3.** *LITT.* Qui est trop extraordinaire pour être simplement naturel : *Une beauté surnaturelle* (syn. **féerique, prodigieux**). ◆ **surnaturel n.m.** Domaine de ce qui est surnaturel, de ce qui ne relève pas de l'ordre naturel des choses : *Croire au surnaturel.*

surnom [syrnɔ̃] **n.m.** Nom ajouté ou substitué au nom de qqn et souvent tiré d'un trait caractéristique de sa personne ou de sa vie : *Comme il est très malin, ses collègues lui ont donné le surnom de « Renard »* (syn. **sobriquet**).

surnombre [syrnɔ̃br] **n.m. 1.** Nombre supérieur au nombre prévu et permis : *Surnombre de réservations pour ce voyage* (syn. **excédent**). **2. En surnombre,** en excédent, en trop : *Il n'y a que quatre places, nous sommes en surnombre.*

surnommer [syrnɔme] **v.t.** Donner un surnom à : *Charles Trenet était surnommé « le Fou chantant ».*

surnuméraire [syrnymerɛr] **adj.** et **n.** (du moyen fr. *supernuméraire*). Qui est en surnombre : *Employé surnuméraire.*

suroît [syrwa] **n.m.** (forme normande de *sud-ouest*). **1.** Vent soufflant du sud-ouest. **2.** Chapeau de marin imperméable, dont le bord se prolonge derrière la tête pour protéger le cou.

surpassement [syrpasmɑ̃] **n.m.** Action de surpasser, de se surpasser : *Le surpassement de soi-même* (syn. **dépassement**).

surpasser [syrpase] **v.t. 1.** Faire mieux que qqn : *Surpasser ses concurrents* (syn. **devancer, distancer, surclasser**). **2.** *LITT.* Excéder les forces, les ressources de : *Cela surpasse ses moyens* (syn. **dépasser**). ◆ **se surpasser v.pr.** Faire encore mieux qu'à l'ordinaire : *Dans son dernier film, il s'est surpassé* (syn. **se dépasser**).

surpayer [syrpeje] **v.t.** [conj. **11**]. Payer au-delà de ce qui est habituel, en plus ; acheter trop cher : *Surpayer un appartement.*

surpeuplé, e [syrpœple] **adj.** Peuplé à l'excès : *Région surpeuplée.*

surpeuplement [syrpœpləmɑ̃] **n.m.** Peuplement excessif par rapport au niveau de développement ou d'équipement d'un pays ou d'une ville : *Le surpeuplement est un facteur de misère* (syn. **surpopulation**).

surpiqûre [syrpikyr] **n.f.** Piqûre apparente faite sur un vêtement dans un but décoratif.

surplace [syrplas] **n.m.** (de la loc. adv. *sur place*). **Faire du surplace,** dans une épreuve de vitesse cycliste, rester en équilibre, immobile, pour démarrer dans la meilleure position ; ne pas avancer : *Faire du surplace sur l'autoroute. Les négociations font du surplace.*

surplis [syrpli] **n.m.** (lat. médiév. *superpellicium,* qui est sur la pelisse). CATH. Vêtement liturgique de toile fine, blanche, qui se porte par-dessus la soutane.

surplomb [syrplɔ̃] **n.m. 1.** État d'une partie qui est en saillie par rapport aux parties qui sont au-dessous : *Escalade difficile en raison des surplombs.* **2. En surplomb,** en avant de l'aplomb : *Balcons en surplomb sur une façade.*

surplomber [syrplɔ̃be] **v.t.** (anc. prov. *sobreplombar,* de *sur* et *plomb*). Faire saillie au-dessus de qqch : *Les rochers surplombent le ravin* (syn. **déborder, dépasser, saillir**).

surplus [syrply] **n.m. 1.** Ce qui est en plus : *Vendre le surplus de sa récolte* (syn. **excédent**). **2. Au surplus,** au reste, en outre : *Cette décision est impopulaire, au surplus, elle est inefficace.* ◆ **n.m. pl.** Matériel militaire, de toute nature (équipements, vêtements, etc.), en excédent après une guerre.

surpoids [syrpwa] **n.m.** MÉD. Surcharge pondérale.

surpopulation [syrpɔpylasjɔ̃] **n.f.** Population en excès dans un pays par rapport aux moyens de subsistance et à l'espace disponible ; surpeuplement.

surprenant, e [syrprənɑ̃, -ɑ̃t] **adj.** (de *surprendre*). **1.** Qui cause de la surprise ; étonnant : *Faire une rencontre surprenante* (syn. **déconcertant, imprévu**). *Quel homme surprenant !* (syn. **curieux, singulier**). **2.** Qui présente un caractère exceptionnel : *Faire des progrès surprenants* (syn. **prodigieux, remarquable, stupéfiant**).

surprendre [syrprɑ̃dr] **v.t.** (de *prendre*) [conj. **79**]. **1.** Prendre sur le fait : *Surprendre un voleur.* **2.** Prendre à l'improviste, au dépourvu, par surprise : *La pluie nous a surpris.* **3.** Frapper l'esprit par qqch d'inattendu : *Cette nouvelle m'a surpris* (syn. **déconcerter, étonner, stupéfier**). **4.** Être le témoin involontaire de : *Surprendre un secret, une conversation.*

surpression [syrpresjɔ̃] **n.f.** Pression excessive.

surprise [syrpriz] **n.f.** (du p. passé de *surprendre*). **1.** État de qqn qui est frappé par qqch d'inattendu : *Leur mariage a causé une grande surprise* (syn. **étonnement, stupéfaction**). **2.** Événement inattendu : *Tout s'est déroulé sans surprise* (= comme prévu). **3.** Cadeau ou plaisir inattendu fait à qqn : *J'ai préparé une surprise pour son anniversaire.* **4.** (En appos., avec ou sans trait d'union). Se dit d'une chose inattendue et soudaine : *Grève surprise. Visite-surprise du ministre dans une usine.* **5. Par surprise,** à l'improviste, en prenant au dépourvu : *Attaquer l'ennemi par surprise.*

surprise-partie [syrprizparti] **n.f.** (angl. *surprise party*) [pl. *surprises-parties*]. VIEILLI. Réunion où l'on danse, surtout chez les adolescents.

surproduction [syrprɔdyksjɔ̃] **n.f.** Production excessive d'un produit ou d'une série de produits par rapport aux besoins (par opp. à *sous-production*).

surprotéger [syrprɔteʒe] **v.t.** [conj. **22**]. Protéger qqn à l'excès (sur le plan psychologique) : *Surprotéger ses enfants.*

surréalisme [syrrealism] **n.m.** Mouvement littéraire et artistique né en France au lendemain de la Première Guerre mondiale, qui se dresse contre les conventions logiques, morales, sociales et qui leur oppose les valeurs du rêve, de l'instinct, du désir et de la révolte, dans l'expression du « fonctionnement réel de la pensée ». ▶ *Dossier page suivante.*

■ LITTÉRATURE. Le surréalisme, annoncé par Apollinaire (*l'Esprit nouveau,* 1917) et défini par André Breton, chef de file et théoricien (*Manifeste du surréalisme,* 1924), prolonge le mouvement dada de Tristan Tzara. Il voit des précurseurs en Nerval, Lautréamont, Rimbaud, Jarry, et se réclame de la psychanalyse et de philosophes comme Hegel. Se voulant une « dictée de la pensée, en l'absence de tout contrôle exercé par la raison, en dehors de toute préoccupation esthétique ou morale » (Breton), le surréalisme donne d'abord lieu à une révolution poétique : l'écriture automatique, les comptes-rendus de rêves, les jeux de « cadavre exquis », la recherche d'images et d'associations insolites, tous ces exercices pratiqués sur un mode ludique vont permettre d'accéder à un « au-delà » du langage (le merveilleux, l'inconscient) et vont fortement inspirer des poètes et écrivains tels que Philippe Soupault, Louis Aragon, Paul Éluard, Raymond Queneau, Benjamin Péret, Robert Desnos, Jacques Prévert, René Char, Henri Michaux. Dès ses débuts, le groupe surréaliste se signale par des manifestations qui font scandale, par des publications (les revues *Littérature, la Révolution surréaliste*) et par des prises de position politiques (contre la guerre du Rif, l'Exposition coloniale, le fascisme). Le groupe surréaliste évolue ensuite au gré des engagements (adhésion au parti communiste d'Aragon, de Breton, d'Éluard et de Péret en 1930), des querelles et des anathèmes (départ de Desnos, de Leiris, de Prévert et de Queneau en 1929 ; affaire Aragon en 1931-1932). Exclu du parti communiste en 1935, Breton se déclare désormais en faveur d'un art qui porte en lui-même sa propre force révolutionnaire. Les scissions successives font qu'après la Seconde Guerre mondiale André Breton et Benjamin Péret se retrouvent isolés. Mais les valeurs surréalistes vont continuer à exercer jusqu'à aujourd'hui une influence considérable dans tous les domaines de l'art et de la pensée. La mort d'André Breton, en 1966, a entraîné la fin du surréalisme en tant que mouvement organisé (dissolution du groupe français en 1969). ■

■ BEAUX-ARTS. Si le surréalisme n'a pas défini une esthétique, les surréalistes ont pratiqué les arts plastiques comme des médiateurs parmi d'autres, susceptibles d'exprimer « le fonctionnement réel de la pensée ». Les sources sont multiples : visions symbolistes (G. Moreau), étrangeté « métaphysique » (De Chirico), radicalité dadaïste (Duchamp), remise en question cubiste (Picasso), spontanéité lyrique de l'abstraction (Kandinsky), créativité primitive ou irrationnelle (arts amérindien, océanien, africain ; art naïf, art des aliénés mentaux), où les surréalistes ont trouvé, à des degrés divers, la manifestation d'un « modèle intérieur », selon l'expression de Breton dans *le Surréalisme et la Peinture* (1928). Ce sont en effet la libération des richesses de l'inconscient et la quête d'une connaissance du plus profond de l'homme que vont poursuivre, notamment par le moyen de l'automatisme, plusieurs générations d'artistes, très différents quant au style, mais portés par la même ferveur poétique. Ils ont en commun un non-conformisme, parfois un humour ou un délire qui rompent avec les formes habituelles de l'expression artistique. Cet état d'esprit se vérifie chez les premiers grands peintres surréalistes (Ernst, Masson, Miró, Arp, Tanguy, Magritte) comme chez ceux qui apparaissent dans une seconde période, marquée notamment par la pratique de l'assemblage (« objets surréalistes ») – Dalí, Giacometti, Hans Bellmer, Victor Brauner, Roberto Matta –, puis chez ceux (Wifredo Lam, Arshile Gorky) qui les rejoignent durant la Seconde Guerre mondiale. Après celle-ci, des ruptures se produisent, mais de nouveaux adeptes prennent la relève, tels Max Walter Svanberg ou le sculpteur Agustin Cárdenas. ■

surréaliste [syrrealist] **adj.** et **n.** Qui appartient au surréalisme : *Un poète surréaliste.* ◆ **adj.** Qui, par son étrangeté, évoque les œuvres surréalistes : *Une situation surréaliste.*

Un mouvement révolutionnaire ?

« *Transformer le monde* a dit Marx, *changer la vie* a dit Rimbaud. Ces deux mots d'ordre pour nous n'en font qu'un », affirme André Breton (*Position politique du surréalisme*, 1935). S'étant diffusé dans toute l'Europe à partir des années 1920 et 1930, le surréalisme a ébranlé des domaines aussi divers que la peinture, le cinéma et la littérature. Quel fut l'impact de la secousse ?

▶ L'impact de la Première Guerre mondiale. Avant la guerre déjà la remise en question des formes artistiques commence à s'exprimer. Le peintre italien Giorgio De Chirico affirme en 1913 : « Ce qu'il faut surtout, c'est débarrasser l'art de tout ce qu'il contient de connu jusqu'à présent, tout sujet, toute idée, toute pensée, tout symbole doivent être mis de côté. » En 1916, face à l'absurdité et à l'horreur de la guerre, naît le mouvement dada, qui veut faire table rase du passé. André Breton, interne à l'hôpital militaire de Nantes, a été bouleversé par le carnage dans lequel il ne voit qu'un « cloaque de sang, de sottise et de boue ». D'abord sensible à l'insurrection dada, il n'adhère pourtant pas au mouvement et s'oriente vers une révolte moins destructrice. En 1924, il écrit le *Manifeste du surréalisme*, créant ainsi un nouveau mouvement littéraire dont il devient le chef de file.

▶ Les ancêtres du surréalisme. Les surréalistes rendent hommage à Apollinaire, qui inventa le mot « surréalisme » dans son drame *les Mamelles de Tirésias* (1917). Rimbaud et surtout Lautréamont figurent parmi les inspirateurs du mouvement. La liberté totale qui transparaît dans leur langage attire les surréalistes. Le rapprochement surprenant de réalités éloignées est un modèle d'écriture révolutionnaire : « beau [...] comme la rencontre fortuite d'une machine à coudre et d'un parapluie sur une table de dissection » (Lautréamont, *les Chants de Maldoror*, VI). Alfred Jarry, qui inventa le personnage d'Ubu, est également un de leurs modèles : c'est « celui qui revolver », dit Breton dans son *Anthologie de l'humour noir*. Ainsi, le surréalisme construit un imaginaire nouveau en bouleversant d'abord le langage d'une manière insolite.

▶ Une révolution du langage. L'Autrichien Sigmund Freud, fondateur de la psychanalyse, ouvre de nouvelles voies d'exploration pour les surréalistes. Ces derniers puisent dans l'inconscient pour y trouver de nouvelles méthodes d'écriture. La pratique de l'hypnose devient une véritable technique d'écriture : Benjamin Péret, Robert Desnos et bien d'autres trouvent leur source d'inspiration dans le sommeil hypnotique ou le rêve éveillé. La règle psychanalytique, dite « association libre », inspire aussi les artistes. Cette méthode consiste à dire tout ce qui vient à l'esprit, sans rien censurer ni reconstruire. C'est à partir de cette méthode que les surréalistes inventent l'écriture automatique et divers jeux expérimentaux tels que les « cadavres exquis ». Le principe de l'écriture automatique est simple : il s'agit d'écrire en continu, sans penser à rien, jusqu'à ce que des images inattendues surgissent de la fatigue. Ce type d'écriture libère ainsi la création de tout contrôle de la raison. C'est l'une des caractéristiques du surréalisme, défini par son théoricien, André Breton, en ces termes : « Automatisme psychique pur par lequel on se propose d'exprimer, soit verbalement, soit par écrit, soit de toute autre manière, le fonctionnement réel de la pensée. Dictée de la pensée, en l'absence de tout contrôle exercé par la raison, en dehors de toute préoccupation esthétique ou morale » *(Manifeste du surréalisme)*. La frontière entre réalité et rêve, raison et folie disparaît.

▶ Une révolution des modes de pensée. En 1924, le groupe fonde une revue intitulée *la Révolution surréaliste*. Les surréalistes s'insurgent contre tous les mots d'ordre de la société bourgeoise. Mais l'engagement au Parti communiste, auquel Breton avait adhéré avec d'autres, ne dure qu'un temps. La volonté de changement est de portée plus générale : « Le surréalisme n'est pas une forme poétique. Il est le cri de l'esprit qui se tourne vers lui-même et est bien décidé à broyer désespérément ses entraves. Et, au besoin, par des moyens matériels » (déclaration du 27 janvier 1925).

En révolte contre le monde établi, le surréalisme enfreint toutes les règles, jusqu'à déranger les esprits. C'est un mouvement porteur d'une véritable révolution et non pas une simple école littéraire et artistique dans ce qu'elle aurait de figé.

Voir aussi : Breton ; dada ; Freud ; Jarry ; Lautréamont.

surrénal, e, aux [syrrenal, -o] **adj.** et **n.f. Glande** ou **capsule surrénale,** chacune des deux glandes endocrines situées au-dessus des reins (on dit aussi *une surrénale*).

surround [sœrund] **adj. inv.** (de l'angl. *to surround,* entourer). AUDIOVIS. **Son surround** ou **surround n.m.,** ambiance sonore obtenue par l'utilisation de plusieurs enceintes et donnant à l'auditeur la sensation d'être enveloppé par le son.

sursaturer [syrsatyre] **v.t. 1.** Rassasier jusqu'au dégoût : *Nous sommes sursaturés de récits de crimes.* **2.** Donner à une solution une concentration plus forte que celle de la solution saturée.

sursaut [syrso] **n.m.** (de *saut*). **1.** Mouvement brusque, occasionné par quelque sensation subite ou violente : *Il eut un sursaut en entendant la sonnerie du téléphone* (syn. **soubresaut, tressaillement**). **2.** Action de se ressaisir, de reprendre brusquement courage : *Sursaut d'énergie* (syn. **regain**). **3. En sursaut,** brusquement : *Se réveiller en sursaut.*

sursauter [syrsote] **v.i.** Avoir un sursaut : *Il sursauta en entendant son nom* (syn. **tressaillir**).

surseoir [syrswar] **v.t. ind. [à]** (de *seoir,* d'apr. le lat. *supersedere,* être assis sur) [conj. **66**]. DR. Remettre à plus tard : *Surseoir à des poursuites* (syn. **interrompre**). *Surseoir à prononcer un jugement.*

sursis [syrsi] **n.m.** (du p.passé de *surseoir*). **1.** Remise de qqch à une date ultérieure, délai pendant lequel l'exécution d'une décision est suspendue : *Avoir un sursis pour payer ses dettes.* **2.** DR. Dispense d'exécution de tout ou partie d'une peine. **3. En sursis,** qui bénéficie d'un répit avant un événement fâcheux.

sursitaire [syrsitɛr] **n.** Personne qui bénéficie d'un sursis.

surtaxe [syrtaks] **n.f.** Taxe supplémentaire : *Surtaxe postale.*

surtaxer [syrtakse] **v.t.** Frapper d'une surtaxe ; surimposer : *Surtaxer une lettre insuffisamment affranchie.*

surtension [syrtɑ̃sjɔ̃] **n.f.** Tension électrique supérieure à la tension assignée (on dit aussi, à tort, *survoltage*).

1. surtout [syrtu] **adv.** (de *sur* et *tout*). **1.** Principalement, par-dessus tout : *Elle aime surtout l'histoire ancienne.* **2.** Sert à renforcer un conseil, un ordre : *N'y allez surtout pas.* **3.** *FAM.* **Surtout que,** d'autant plus que : *Prêtez-moi votre livre, surtout que ce ne sera pas pour longtemps.*

2. surtout [syrtu] **n.m.** (de *sur* et *tout*). **1.** *ANC.* Vêtement ample porté par-dessus les autres vêtements. **2.** Grande pièce de vaisselle ou d'orfèvrerie décorative.

surveillance [syrvejɑ̃s] **n.f. 1.** Action de surveiller : *Exercer une surveillance active* (syn. **contrôle**). *Tromper la surveillance de ses gardiens* (syn. **vigilance**). **2. Sous la surveillance de,** surveillé par : *Être sous la surveillance de la police.*

surveillant, e [syrvejɑ̃, -ɑ̃t] **n. 1.** Personne chargée de la surveillance d'un lieu, d'un service, d'un groupe de personnes : *Un surveillant de prison* (syn. **gardien**). *La surveillante d'une salle d'hôpital* (syn. **garde**). **2.** Personne chargée de la discipline dans un établissement d'enseignement : *Surveillant d'externat, d'internat.*

surveiller [syrveje] **v.t.** (de *veiller*). **1.** Observer attentivement pour contrôler : *Peux-tu surveiller mes affaires un instant, s'il te plaît ?* (syn. **garder**). **2.** Être attentif à, prendre soin de : *Surveiller sa santé.*

survenir [syrvənir] **v.i.** [conj. **40** ; auxil. *être*]. Arriver inopinément ou accidentellement : *Un incident est survenu* (syn. **advenir, se produire**).

survenue [syrvəny] **n.f. 1.** Arrivée soudaine et inattendue. **2.** Fait pour un événement de survenir : *La survenue d'une complication.*

survêtement [syrvɛtmɑ̃] **n.m.** Vêtement chaud et souple, composé d'un pantalon et d'un blouson, que les sportifs mettent par-dessus leur tenue entre les épreuves ou au cours de séances d'entraînement. (abrév. fam. *survêt.*)

survie [syrvi] **n.f.** (de *vie*). **1.** Prolongement de l'existence au-delà d'un certain terme : *Accorder quelques mois de survie à un malade* (syn. **rémission**). **2.** *SOUT.* Prolongement de l'existence au-delà de la mort ; vie future.

survitrage [syrvitraʒ] **n.m.** Vitrage supplémentaire qui se pose sur le châssis d'une fenêtre à des fins d'isolation.

survivance [syrvivɑ̃s] **n.f.** (de *survivre*). Ce qui subsiste d'un ancien état, d'une chose disparue : *Survivance d'une coutume.*

survivant, e [syrvivɑ̃, -ɑ̃t] **adj.** et **n. 1.** Qui survit à qqn : *L'héritage va au conjoint survivant.* **2.** Qui est resté en vie après un événement ayant fait des victimes : *Les survivants d'un naufrage* (syn. **rescapé**). **3.** Qui survit à une époque révolue : *Les derniers survivants de l'époque beatnik.*

survivre [syrvivr] **v.i.** et **v.t. ind. [à]** [conj. **90**]. **1.** Demeurer en vie après une autre personne : *Elle a survécu quatre ans à son mari.* **2.** Échapper à la mort ; continuer à vivre dans des conditions difficiles, pénibles : *Ils ont survécu à la catastrophe aérienne* (syn. **réchapper**). *Comment ont-ils pu survivre dans ce désert ?* **3.** Continuer à exister : *Usage qui survit encore de nos jours.*

survol [syrvɔl] **n.m.** (de *survoler*). **1.** Action de survoler : *Le survol d'un territoire.* **2.** Examen rapide et superficiel : *Le survol d'une question.*

survoler [syrvɔle] **v.t. 1.** Voler au-dessus de : *Survoler l'Atlantique.* **2.** Lire, examiner très rapidement, de manière superficielle : *Survoler un dossier, un article de revue.*

survoltage [syrvɔltaʒ] **n.m.** (de *voltage*). ÉLECTR. (Abusif). Surtension.

survolté, e [syrvɔlte] **adj. 1.** Très excité ; marqué par une très grande excitation : *Personne survoltée.* **2.** ÉLECTR. Soumis à une tension supérieure à la valeur assignée.

sus [sys] ou [sy] **adv.** (lat. pop. **susum,* class. *sursum,* en haut). *LITT.* **Courir sus à qqn,** le poursuivre avec des intentions hostiles. / **Sus à...,** appel pour une poursuite, une attaque : *Sus à l'ennemi !* / **En sus de,** en plus de.

susceptibilité [sysɛptibilite] **n.f.** Disposition à se vexer trop facilement : *Ménager la susceptibilité d'un ami.*

susceptible [sysɛptibl] **adj.** (bas lat. *susceptibilis,* de *suscipere,* prendre par-dessous). **1.** Capable de recevoir certaines qualités, de subir certaines modifications, de produire un effet, d'accomplir un acte : *Un texte susceptible de plusieurs interprétations* (syn. **propre à**). *Un projet susceptible d'être amélioré. Ce cheval est susceptible de gagner* (syn. **apte à**). **2.** Qui se vexe, s'offense facilement : *C'est une personne très susceptible, évite de la critiquer* (syn. **ombrageux**).

susciter [sysite] **v.t.** (lat. *suscitare,* de *citare,* de *ciere,* mouvoir). Faire naître ; provoquer l'apparition de : *Susciter des ennuis* (syn. **attirer, occasionner**). *Susciter l'intérêt* (syn. **éveiller, exciter, soulever**).

suscription [syskripsjɔ̃] **n.f.** (bas lat. *superscriptio,* inscription sur). Inscription de l'adresse sur l'enveloppe qui contient une lettre.

susdit, e [sysdi, -it] **adj.** et **n.** Nommé ci-dessus.

Suse, anc. capitale de l'Élam depuis le IVe millénaire, détruite en 639 av. J.-C. par Assourbanipal. À la fin du VIe s. av. J.-C., Darios Ier en fit la capitale de l'Empire achéménide. Chapiteaux, reliefs, sculptures, orfèvrerie, etc., ont été recueillis, depuis 1884, dans les ruines (sur 123 ha) des cités élamite et achéménide.

sushi [suʃi] **n.m.** (mot jap.). Boulette de riz couronnée de lamelles de poisson cru et enroulée dans une feuille d'algue. ▸ Cuisine japonaise.

Su Shi, dit aussi **Su Dongpo,** poète chinois (au Sichuan 1036 - Changzhou 1101). Il fut le plus grand poète de la dynastie des Song *(la Falaise rouge).*

Susiane, nom grec de la satrapie perse, puis séleucide, qui avait Suse pour capitale, correspondant au Khuzestan actuel.

susnommé, e [sysnɔme] **adj.** et **n.** Nommé précédemment ou plus haut : *Le délinquant susnommé.*

suspect, e [syspɛ, -ɛkt] **adj.** (lat. *suspectus*, de *suspicere*, regarder de bas en haut). **1.** Qui inspire de la défiance : *Un témoignage suspect* (syn. **louche**). **2.** Dont la qualité est douteuse : *Un vin suspect.* **3. Suspect de,** qui est soupçonné, qui mérite d'être soupçonné de : *Suspect de partialité, d'hérésie.* ◆ **adj.** et **n.** Que la police considère comme l'auteur possible d'une infraction : *Interroger un suspect.*

suspecter [syspɛkte] **v.t.** Tenir pour suspect : *Suspecter qqn à tort* (syn. **soupçonner**). *Suspecter l'honnêteté de qqn.*

suspects *(loi des)*, loi votée par la Convention le 17 sept. 1793 et abrogée en oct. 1795. Définissant les suspects (partisans du fédéralisme, ennemis de la liberté, nobles, parents d'émigrés) et ordonnant leur arrestation, elle fut le moteur de la seconde Terreur.

suspendre [syspɑ̃dr] **v.t.** (anc. fr. *soupendre*, lat. *suspendere*) [conj. **73**]. **1.** Fixer en haut et laisser pendre : *Suspendre un lustre, un vêtement* (syn. **accrocher, pendre**). **2.** Interrompre pour quelque temps ; remettre à plus tard : *Suspendre sa marche* (syn. **cesser, stopper**). *Suspendre une exécution* (syn. **différer, repousser**). **3.** Interdire ou interrompre pour un temps : *Suspendre un journal. Suspendre la vente d'une voiture* (syn. **cesser, stopper** ; contr. **continuer**). **4.** Retirer temporairement ses fonctions à qqn : *Suspendre un fonctionnaire* (syn. **démettre, destituer**).

suspendu, e [syspɑ̃dy] **adj. 1.** Maintenu par le haut, la partie basse restant libre : *Lustre suspendu au plafond* (syn. **pendu**). *Pont suspendu* (= dont le tablier est soutenu par des câbles ou des chaînes). **2.** Se dit de ce qui surplombe ou domine d'une certaine hauteur : *Des chalets suspendus au-dessus d'un torrent. Les jardins suspendus de Babylone* (= en terrasses). **3.** Qui est en suspens : *Permission suspendue jusqu'à nouvel ordre* (syn. **différé**). **4.** Rattaché à ; dépendant de : *Le succès de l'entreprise est suspendu à sa décision* (syn. **tributaire de**). **5.** Se dit d'une voiture dont le poids est transmis aux essieux par l'intermédiaire d'un système élastique (ressorts ou autre) : *Voiture bien, mal suspendue.* **6. Être suspendu aux lèvres de qqn,** l'écouter avec une extrême attention.

en **suspens** [syspɑ̃] **loc. adv.** et **loc. adj. inv.** (lat. *suspensus*). Non résolu ; non terminé : *Laisser une affaire en suspens.*

suspense [syspɛns] **n.m.** (mot angl., du fr. *suspens*). Moment d'un film, d'une œuvre littéraire, où l'action tient le spectateur, l'auditeur ou le lecteur dans l'attente angoissée de ce qui va se produire.

suspensif, ive [syspɑ̃sif, -iv] **adj.** (lat. scolast. *suspensivus*). DR. Qui suspend l'exécution d'un jugement, d'un contrat : *Arrêt suspensif.*

suspension [syspɑ̃sjɔ̃] **n.f.** (lat. *suspensio*). **1.** Action de suspendre ; état de ce qui est suspendu : *Vérifier la suspension d'une balançoire.* **2.** Cessation momentanée ; arrêt : *Suspension de séance* (syn. **interruption**). *Suspension du travail. Suspension d'armes* (= trêve). **3.** Interdiction temporaire, par mesure disciplinaire, d'exercer une activité ou une profession. **4.** Luminaire suspendu au plafond (syn. **lustre**). **5.** Ensemble des organes qui assurent la liaison entre un véhicule et ses roues, transmettent aux essieux le poids du véhicule et servent à amortir les chocs dus aux inégalités de la surface de roulement. **6.** PHYS. État d'un solide très divisé, mêlé à la masse d'un fluide : *Grains de poussière en suspension dans l'air.* **7. Points de suspension,** signe de ponctuation (...) indiquant que l'énoncé est interrompu pour une raison quelconque (convenance, émotion, réticence, etc.).

suspente [syspɑ̃t] **n.f.** (var. de *soupente*, de l'anc. v. *souspendre*). **1.** MAR. Chaîne, cordage amarrés à un mât, et qui soutiennent une vergue en son milieu. **2.** Chacun des câbles qui relient le harnais d'un parachute à la voilure. **3.** Chacune des cordes rattachant la nacelle au filet d'un ballon.

suspicieux, euse [syspisjø, -øz] **adj.** *LITT.* Qui manifeste de la suspicion : *Regards suspicieux* (syn. **soupçonneux**).

suspicion [syspisjɔ̃] **n.f.** (lat. *suspicio*, de *suspicere* ; v. *soupçon*). Fait de tenir pour suspect : *Avoir de la suspicion pour qqn* (syn. **défiance, méfiance**). *Une politique frappée de suspicion* (syn. **soupçon**).

Sussex, région d'Angleterre, au sud de Londres, sur la Manche, partagée en deux comtés (East Sussex et West Sussex). Le royaume saxon du Sussex, fondé au Ve s., fut conquis par le royaume du Wessex, qui l'annexa définitivement vers la fin du VIIIe s.

sustentation [systɑ̃tasjɔ̃] **n.f.** (lat. *sustentatio*, de *sustentare*, soutenir, nourrir). **1.** État d'équilibre d'un aéronef. **2. Plan de sustentation,** aile d'un avion. / **Polygone de sustentation,** courbe fermée, convexe, contenant tous les points par lesquels un corps solide repose sur un plan horizontal. / **Sustentation magnétique,** état d'un corps maintenu à faible distance au-dessus d'une surface et sans contact avec elle, grâce à un champ magnétique.

sustenter [systɑ̃te] **v.t.** (lat. *sustentare*, alimenter, de *sustinere*, soutenir). Nourrir, entretenir les forces de qqn par des aliments. ◆ **se sustenter v. pr.** *VIEILLI* ou *PAR PLAIS.* Se nourrir.

susurrement [sysyrmɑ̃] **n.m.** Action de susurrer ; murmure.

susurrer [sysyre] **v.i.** et **v.t.** (lat. *susurrare*, d'orig. onomat.). Murmurer doucement : *Susurrer une confidence à qqn* (syn. **chuchoter**).

Sutlej ou **Satledj (la),** riv. de l'Inde et du Pakistan, l'une des cinq rivières du Pendjab ; 1 370 km.

sutra ou **soutra** [sutra] **n.m.** (mot sanskrit « fil conducteur »). Chacun des textes qui, dans le brahmanisme et le bouddhisme, réunissent les règles du rituel, de la morale, de la vie quotidienne.

suture [sytyr] **n.f.** (lat. *sutura*, de *suere*, coudre). **1.** CHIR. Opération consistant à coudre les lèvres d'une plaie. **2.** ANAT. Articulation dentelée de deux os. **3.** BOT. Ligne de soudure entre les carpelles d'un pistil.

suturer [sytyre] **v.t.** CHIR. Faire une suture.

suzerain, e [syzrɛ̃, -ɛn] **n.** et **adj.** (de l'adv. *sus*, d'apr. *souverain*). FÉOD. Seigneur qui avait concédé un fief à un vassal. ◆ **adj.** Qui appartenait au suzerain.

suzeraineté [syzrɛnte] **n.f. 1.** FÉOD. Qualité de suzerain. **2.** Droit d'un État sur un État qui possède un gouvernement distinct, mais qui ne jouit pas de toute son autonomie.

Suzhou ou **Sou-tcheou,** v. de Chine (Jiangsu), sur le Grand Canal ; 1 344 709 hab. (3 248 306 hab. dans l'agglomération). Centre industriel. Ville pittoresque traversée de nombreux canaux ; remarquables jardins, dont certains ont été fondés au XIIe s. par les Song.

Svalbard, archipel de l'océan Arctique, au nord-est du Groenland, comprenant notamment l'archipel du Spitzberg (dont la principale terre est l'île du Spitzberg occidental, qui recèle un gisement houiller) ; 62 700 km^2 ; 2 642 hab. V. princ. *Longyearbyen.*

svastika [svastika] **n.m.** (mot sanskrit « de bon augure », de *svasti*, salut). Symbole religieux hindou en forme de croix gammée aux branches coudées orientées vers la gauche ou vers la droite (on écrit aussi *swastika*) : *La croix gammée nazie était un svastika aux branches coudées vers la droite.*

svelte [svɛlt] **adj.** (it. *svelto*, de *svellere*, arracher). D'une forme légère et élancée : *Jeune femme svelte* (syn. **mince**). *Taille svelte* (syn. **fin** ; contr. **épais**).

sveltesse [svɛltɛs] **n.f.** Caractère svelte : *Conserver sa sveltesse* (syn. **minceur**).

Sverdlovsk → **Iekaterinbourg.**

Svevo (Ettore Schmitz, dit Italo), écrivain italien (Trieste 1861 - Motta di Livenza, Trévise, 1928). *La Conscience de Zeno* (1923) l'imposa comme un maître du roman introspectif et intimiste.

S.V.P. [ɛsvepe] ou [silvuplɛ] (abrév.). S'il vous plaît.

swahili, e [swaili] et **souahéli, e** [swaeli] **adj.** Relatif au swahili. ◆ **swahili** et **souahéli n.m.** Langue bantoue parlée dans l'est de l'Afrique, et qui est la langue officielle du Kenya et de la Tanzanie.

Swaziland, État de l'Afrique australe, 17 363 km^2 ; 1 250 000 hab. *(Swazi).* CAP. *Mbabane.* LANGUES : *swati* et *anglais.* MONNAIE : *lilangeni.*

GÉOGRAPHIE

Quatre régions s'étendent d'ouest en est : le Highveld (1 300 m d'alt. env.) ; le Middleveld (700 m d'alt. env.), qui regroupe la moitié de la population ; le Lowveld (200 m d'alt.), longtemps insalubre ; et le mont Lebombo (600 m). Des plantations forestières (pins et eucalyptus) s'ajoutent à l'élevage et aux cultures (canne à sucre, maïs, coton, riz, agrumes). L'amiante, le charbon et les diamants sont les principales ressources minières. Une partie de la population travaille en Afrique du Sud, pays avec lequel s'effectue aussi l'essentiel des échanges.

HISTOIRE

1815. Fondation d'un royaume indépendant.
1902. Il passe sous le protectorat britannique.
1968. Il redevient indépendant, sous la conduite du roi Sobhuza II (chef suprême depuis 1921).
Après la mort du roi (1982), sa veuve Ntombi exerce la régence (1983-1986), jusqu'à l'accession au trône de son fils Mswati III, qui maintient une monarchie absolue.

sweater [switœr] ou [swɛtœr] **n.m.** (mot angl., de *to sweat,* suer). Gilet en maille, à manches longues, boutonné devant.

sweat-shirt [switʃœrt] ou [swɛtʃœrt] **n.m.** (de l'angl. *to sweat,* suer) [pl. *sweat-shirts*]. Pull-over ou polo en coton molletonné ou en tissu-éponge.

Swedenborg (Emanuel), théosophe suédois (Stockholm 1688 - Londres 1772). Savant et ingénieur de renommée européenne, conseiller et ami du roi Charles XII, il eut en 1743-1744 des visions où il était persuadé d'entrer en contact intime avec le monde surnaturel. Il abandonna alors ses activités scientifiques pour rédiger de nombreux ouvrages, dont les *Arcanes célestes* (1749-1756) et les *Merveilles du ciel et de l'enfer* (1758), et pour diffuser en Europe sa doctrine sur le monde des esprits et sur le sens spirituel de toutes choses. En 1788, une société swedenborgienne fut créée sous le nom de Nouvelle Église.

Swift (Jonathan), écrivain irlandais (Dublin 1667 - *id.* 1745). Secrétaire d'un diplomate puis précepteur d'une jeune fille à qui il adressa le *Journal à Stella,* il entra dans le clergé anglican et prit parti dans les luttes littéraires *(la Bataille des livres),* religieuses *(le Conte du tonneau)* et politiques *(Lettres de M. B., drapier).* Ses ambitions déçues lui inspirèrent une satire de la société anglaise et de la civilisation de son époque, *les Voyages de Gulliver* (1726).

swing [swiŋ] **n.m.** (mot angl., de *to swing,* balancer). **1.** En boxe, coup porté latéralement en balançant le bras. **2.** Manière d'exécuter le jazz, consistant en une distribution typique des accents, donnant un balancement rythmique vivant et souple.

swinguer [swiŋge] **v.i.** Chanter ou jouer avec swing.

Sybaris, anc. v. grecque de l'Italie péninsulaire, sur le golfe de Tarente. Elle fut l'une des plus riches cités de la Grande-Grèce. Ses habitants avaient la réputation de vivre dans le luxe et le raffinement. Sa rivale Crotone la détruisit en 510 av. J.-C.

sybarite [sibarit] **n.** et **adj.** (lat. *sybarita,* mot gr. « habitant de Sybaris »). *SOUT.* Personne qui mène une vie facile et voluptueuse.

sycomore [sikɔmɔr] **n.m.** (lat. *sycomorus,* gr. *sukomoros,* de *sukon,* figue, et *moron,* mûre). Érable d'une variété appelée aussi *faux platane.*

sycophante [sykɔfɑ̃t] **n.m.** (lat. *sycophanta,* du gr. *sukophantês,* celui qui dénonce les voleurs de figues). **1.** ANTIQ. GR. Personne qui dénonçait les atteintes au bien public. **2.** *LITT.* Délateur ; calomniateur.

Sydenham (Thomas), médecin anglais (Wynford Eagle, Dorset, 1624 - Londres 1689). Il a décrit la chorée dite *de Sydenham,* une maladie bactérienne de l'enfant se manifestant par la survenue de mouvements involontaires brefs et rapides, autref. appelée *danse de Saint-Guy.* Il a aussi préconisé l'usage du laudanum (une préparation à base d'opium) contre la douleur.

Sydney, port de l'Australie, cap. de la Nouvelle-Galles du Sud, sur une baie formée par l'océan Pacifique ; 4 391 674 hab. Grand centre industriel et commercial. Université. Opéra de Jorn Utzon (1957).

Sykes-Picot *(accord)* [16 mai 1916], accord secret franco-britannique relatif au démembrement et au partage entre les Alliés des provinces non turques de l'Empire ottoman (Syrie, Palestine, etc.).

Sylla → Sulla.

syllabaire [silabɛr] **n.m. 1.** Livre élémentaire pour apprendre à lire aux enfants. **2.** LING. Système d'écriture dans lequel chaque signe représente une syllabe.

syllabe [silab] **n.f.** (lat. *syllaba,* gr. *sullabê,* de *sullambanein,* prendre ensemble). Unité phonétique groupant des consonnes et des voyelles qui se prononcent d'une seule émission de voix : *« Paris » a deux syllabes.*

syllabique [silabik] **adj. 1.** Relatif aux syllabes. **2. Écriture syllabique,** écriture où chaque syllabe est représentée par un caractère. / **Vers syllabique,** vers où la mesure est déterminée par le nombre et non par la valeur des syllabes.

Syllabus, document publié, par ordre du pape Pie IX, le 8 déc. 1864. Il condamnait 80 propositions représentant les grandes « erreurs » du temps : panthéisme, naturalisme, rationalisme, socialisme, franc-maçonnerie, gallicanisme, etc., toutes formes du libéralisme moderne. Il suscita une grande émotion dans le monde et mit pour longtemps les catholiques dans l'embarras.

syllepse [silɛps] **n.f.** (du gr. *sullêpsis,* compréhension). **1.** GRAMM. Accord des mots dans la phrase selon le sens et non selon les règles grammaticales (par ex. : *Minuit sonnèrent.*). **2.** Figure de style qui consiste à employer un mot à la fois dans son sens propre et dans son sens figuré dans un même énoncé : *Mettre qqn sous les verrous.*

syllogisme [silɔʒism] **n.m.** (lat. *syllogismus,* gr. *sullogismos,* calcul). LOG. Raisonnement qui contient trois propositions (la majeure, la mineure et la conclusion), et tel que la conclusion est déduite de la majeure par l'intermédiaire de la mineure (ex. : *Si tous les hommes sont mortels* [majeure] ; *si tous les Grecs sont des hommes* [mineure] ; *donc tous les Grecs sont mortels* [conclusion]).

syllogistique [silɔʒistik] **adj.** Qui appartient au syllogisme.

sylphe [silf] **n.m.** (lat. *sylphus,* génie). Génie de l'air des mythologies celte et germanique.

sylphide [silfid] **n.f.** (de *sylphe*). **1.** Sylphe femelle. **2.** *LITT.* Femme gracieuse et légère.

sylvestre [silvɛstr] **adj.** (lat. *sylvester* ou *silvester,* de *sylva* ou *silva,* forêt). *LITT.* Relatif aux forêts.

sylvicole [silvikɔl] **adj.** Relatif à la sylviculture ; forestier.

sylviculture [silvikyltyr] **n.f.** (du lat. *sylva,* forêt). Entretien et exploitation des forêts. ◆ **sylviculteur, trice n.** Personne pratiquant la sylviculture.

■ Les méthodes de la sylviculture varient en fonction de la composition et de la structure des peuplements forestiers : taillis ou futaies, feuillus ou conifères, essences d'ombre ou de lumière, forêt de plaine et forêt de montagne, des zones froides ou de la zone intertropicale. La forêt est une ressource naturelle renouvelable qui, du fait de la longévité des arbres, nécessite une gestion à long terme.

Les types de traitements de la forêt. Le mode de traitement (ou régime) le plus simple d'un peuplement forestier est le taillis, utilisé pour les espèces d'arbres dont les souches produisent des rejets (chêne, châtaignier, hêtre, eucalyptus) et qui ne fournissent que du petit bois. Dans ce type de traitement, on coupe tous les arbres au ras du sol. Après quelques semaines apparaissent des rejets sur le pourtour de la souche ; on coupe les rejets tous les 20 ou 25 ans.

Pour obtenir du bois d'œuvre, on réserve les arbres issus de graines disséminées entre les souches du taillis. Cette opération *(balivage)* conduit peu à peu à un régime nouveau : le taillis sous futaie. En laissant vieillir le taillis, les arbres

→

réservés s'imposent dans le peuplement et l'on passe à un nouveau régime, celui de la *futaie*, le plus répandu car il permet d'atteindre le meilleur rendement en bois d'œuvre de qualité. La régénération de la futaie est obtenue par une *coupe rase* (ou *coupe à blanc*) dans le cas du pin maritime, par exemple, ou, plus souvent, par la méthode des coupes progressives : ensemencement, éclaircies, coupe définitive. Ce traitement *(futaie régulière)* est utilisé en plaine pour le chêne, le hêtre, le sapin ou l'épicéa. En montagne, on préfère la *futaie jardinée*, méthode plus proche de la nature, mais plus coûteuse : tous les 10 ou 15 ans, on enlève les arbres exploitables ainsi que les sujets morts ou dépérissants.

Les menaces sur la forêt. La forêt est un écosystème fragile, soumis à de nombreuses agressions dues au climat (vents violents, fortes gelées, sécheresse prolongée) ou aux êtres vivants (certains insectes et champignons provoquent des maladies quelquefois mortelles). L'homme lui-même est aussi responsable d'agressions : cultures sur brûlis dans la zone intertropicale, incendies de forêts dans la zone tempérée. Les écosystèmes forestiers sont également sensibles à la pollution : les pluies acides sont en partie responsables du dépérissement de certaines forêts dans les régions industrielles d'Europe et d'Amérique du Nord. ■

symbiose [sɛ̃bjoz] **n.f.** (gr. *sumbiôsis*, de *sumbioun*, vivre ensemble). **1.** ÉCOL. Association étroite de deux ou plusieurs organismes différents, mutuellement bénéfique, voire indispensable à leur survie. **2.** Union étroite entre des personnes, des choses : *Vivre en symbiose avec son milieu.*

■ La symbiose est la forme la plus poussée du *mutualisme*, association mutuellement bénéfique entre – le plus souvent – deux êtres vivants d'espèces différentes. En effet, dans les cas de symbiose, les organismes impliqués ne peuvent se développer ou vivre l'un sans l'autre dans les conditions données de leur milieu. Par exemple, les lichens représentent la symbiose entre un champignon et une algue (ou une bactérie) : le champignon protège l'algue du dessèchement ; l'algue synthétise des sucres (grâce à la photosynthèse) qui nourrissent le champignon. Cette association indispensable leur permet de coloniser des milieux aux conditions difficiles (rochers battus par le vent, sable des régions désertiques, troncs d'arbre, etc.) et fait d'eux des *organismes pionniers* (les premiers à s'installer dans un milieu dépourvu de végétation).

Les animaux qui se nourrissent de bois, d'herbes ou de feuilles, tels les termites ou les ruminants, hébergent dans leur appareil digestif des bactéries ou des protistes qui transforment la cellulose ; sans ces micro-organismes symbiotiques, ils seraient incapables de digérer et d'assimiler cette substance. En retour, les micro-organismes trouvent dans le milieu intestinal des aliments (sels minéraux), un abri et des conditions de vie stables et idéales pour leur développement. La flore intestinale joue aussi le rôle de barrière écologique : sa présence limite les risques que des micro-organismes pathogènes s'installent et provoquent des maladies.

Parmi les plantes, les légumineuses vivent en symbiose avec des bactéries, les *rhizobiums*, installés dans des nodules situés entre les racines. Ces rhizobiums fournissent à la plante de l'azote organique ; en échange, elles se nourrissent des matières organiques fabriquées par la plante. ■

symbole [sɛ̃bɔl] **n.m.** (lat. ecclés. *symbolum*, symbole de foi, class. *symbolus*, signe, marque, du gr. *sumbolon*). **1.** Signe figuratif, être animé ou chose, qui représente un concept, qui en est l'image, l'attribut : *La balance, symbole de la justice* (syn. **emblème**). **2.** Tout signe conventionnel abréviatif : *Les panneaux du Code de la route utilisent des symboles.* **3.** CHIM. Lettre ou groupe de lettres servant à désigner les éléments. **4.** MATH. Signe graphique figurant un objet mathématique ou une opération logique. **5.** THÉOL. (Avec une majuscule). Formulaire abrégé de la foi chrétienne : *Le Symbole des Apôtres.*

symbolique [sɛ̃bɔlik] **adj. 1.** Qui a le caractère d'un symbole ; qui recourt à des symboles : *Figure symbolique* (syn. **emblématique**). *Langage symbolique.* **2.** Qui n'a pas de valeur en soi, mais qui est significatif d'une intention : *L'euro symbolique* (= somme infime par laquelle un tribunal reconnaît le bien-fondé de la demande d'un plaignant ou par laquelle l'acquéreur d'un bien indique qu'il juge nulle la valeur de ce bien). **3.** INFORM. Relatif aux langages évolués de programmation, utilisant des mots et des caractères alphanumériques. ◆ **n.m.** Ce qui est symbolique : *Le symbolique et le sacré.* ◆ **n.f. 1.** Ensemble systématique de symboles relatif à un domaine, à une période : *La symbolique médiévale.* **2.** Interprétation, explication des symboles.

symboliquement [sɛ̃bɔlikmɑ̃] **adv.** De façon symbolique.

symbolisation [sɛ̃bɔlizasjɔ̃] **n.f.** Action de symboliser ; son résultat.

symboliser [sɛ̃bɔlize] **v.t.** Exprimer par un symbole ; être le symbole de : *On symbolise la victoire par la palme et le laurier* (syn. **représenter**). *L'olivier symbolise la paix* (syn. **figurer**).

symbolisme [sɛ̃bɔlism] **n.m. 1.** Système de symboles destinés à interpréter des faits ou à exprimer des croyances : *Symbolisme scientifique, religieux.* **2.** Système de signes écrits dont l'agencement répond à des règles, et qui traduit visuellement la formalisation d'un raisonnement. **3.** Mouvement littéraire et artistique né à la fin du XIXe s., qui réagit contre le réalisme naturaliste et le formalisme parnassien, et qui, s'attachant au mystère et à l'essence spirituelle des choses et des êtres, cherche à donner des « équivalents plastiques » de la nature et de la pensée littéraire.

■ LITTÉRATURE. L'exclamation de Verlaine : « Symbolisme ? Connais pas ! Ce doit être un mot allemand ! » et la boutade de Valéry : « Le symbolisme est l'ensemble des gens qui ont cru que le mot symbole avait un sens » disent assez combien la définition de ce mouvement est introuvable. Mouvement de rupture, de révolte même, mouvement moderne s'il en fut, entre autres pour son culte exclusif de la littérature, le symbolisme ne se comprend que dans le contexte français des années 1880, c'est-à-dire de la décennie qui suivit la défaite de 1870 et l'éclair de la Commune. Face au positivisme triomphant, au naturalisme englué dans la « réalité » qu'il prétendait reproduire, contre le Parnasse même et son amour jaloux de la forme rigide, des poètes (Verlaine et Mallarmé, mais Laforgue aussi, Ghil, Moréas, Merrill), des dramaturges (Maeterlinck), des musiciens (Debussy, Fauré, Ravel) proclament les droits de l'idéalisme et du mysticisme, cherchent dans le rêve et le surpassement de la réalité de quoi assouvir leur faim de mystère et esquissent les contours d'un art de l'inquiétude et de la suggestion.

Le symbolisme, qui n'atteindra le grand public que par le théâtre, notamment celui de Maeterlinck, devient international avec les poètes belges (Rodenbach, Verhaeren), irlandais (Oscar Wilde), allemands (Stefan George), russes (Balmont), espagnols (R. Darío), hongrois (Endre Ady) et danois (Georg Brandes). À la mort de Mallarmé (1898), le symbolisme voit son énergie décroître. Mais son influence se fera sentir sur toutes les recherches artistiques du XXe s. ■

■ BEAUX-ARTS. L'inquiétude que beaucoup ressentent à la fin du XIXe s. devant les conséquences de la civilisation industrielle, le symbolisme tente de la formuler par un idéalisme qui retrouve certaines aspirations essentielles du romantisme (notamm. allemand et anglais). Sa quête de l'indicible et de l'invisible, sa prédilection pour le rêve et les fantasmes se mêlent au goût, déjà affirmé par les préraphaélites anglais, pour une histoire mythique et légendaire.

La primauté proclamée de l'idée sur la forme explique la variété stylistique des peintres symbolistes. Ainsi, la fidélité académique, posée en principe par Puvis de Chavannes, domine, avec ce que l'exactitude peut dégager de mystère, l'art du Belge Fernand Khnopff ou du Français Lucien Lévy-Dhurmer, tandis que, dans un courant teinté de fantastique dont la poésie doit beaucoup à Gustave Moreau, on peut regrouper Odilon Redon, le Suisse Arnold Böcklin, l'Allemand Max Klinger, mais aussi des peintres comme Giovanni Segantini, attirés par la technique néo-impressionniste.

Plus novateur du point de vue stylistique, un autre courant puise dans le synthétisme de Gauguin et des nabis (ainsi le Néerlandais Johan Thorn-Prikker) et manifeste d'évidentes convergences avec l'Art nouveau (le Néerlandais Jan Toorop, le Britannique Beardsley, l'Autrichien Klimt). Mais les aspects les plus intéressants du symbolisme sont peut-être à chercher aux frontières de l'expressionnisme, où se tiennent le Belge Léon Spilliaert comme le Norvégien E. Munch, ainsi que dans les préfigurations du surréalisme que recèlent les dessins et les gravures de l'Italien Alberto Martini, les toiles du Belge William Degouve de Nuncques. Ainsi apparaissent dans leur diversité, l'esprit et la sensibilité qui vont rejaillir dans le futurisme, le surréalisme et même l'abstraction. ■

symboliste [sɛ̃bɔlist] **adj.** et **n.** Relatif au symbolisme littéraire et artistique ; qui s'en réclame.

symétrie [simetri] **n.f.** (lat. *symmetria*, gr. *summetria*, de *metron*, mesure). **1.** Correspondance de position de deux ou de plusieurs éléments par rapport à un point, à un plan médian : *Vérifier la parfaite symétrie des fenêtres sur une façade.* **2.** Aspect harmonieux résultant de la disposition régulière, équilibrée des éléments d'un ensemble : *Un visage qui manque de symétrie* (syn. **harmonie**). **3.** MATH. Transformation ponctuelle qui, à un point M, associe un point M' tel que le segment MM' a ou bien un point fixe comme milieu *(symétrie par rapport à un point)*, ou bien une droite fixe comme médiatrice *(symétrie par rapport à une droite)*, ou bien un plan fixe comme plan médiateur *(symétrie par rapport à un plan)*. **4.** PHYS. Propriété d'une loi physique dont l'expression ne peut être modifiée par un changement de référentiel.

symétrique [simetrik] **adj. 1.** Qui a de la symétrie : *Un arrangement symétrique* (syn. **harmonieux**). *Des phrases symétriques* (syn. **équilibré, régulier**). **2.** Se dit de deux choses semblables et opposées ; se dit de l'une de ces choses par rapport à l'autre : *Les deux parties du visage ne sont pas absolument symétriques.* **3.** MATH. **Élément symétrique (d'un élément *a*)**, élément d'un ensemble muni d'une opération possédant un élément neutre dont le composé avec *a* est l'élément neutre. / MATH. **Figure symétrique,** figure globalement invariante dans une symétrie. / MATH. **Relation symétrique,** relation binaire sur un ensemble telle que l'énoncé « *a* est en relation avec *b* » équivaut à « *b* est en relation avec *a* » pour tout couple (*a*, *b*) d'éléments de l'ensemble : *L'égalité est une relation symétrique.* ◆ **n.m.** MATH. Élément, point, figure symétrique d'un autre.

symétriquement [simetrikmɑ̃] **adv.** Avec symétrie.

sympathie [sɛ̃pati] **n.f.** (lat. *sympathia*, gr. *sumpatheia*, de *pathos*, souffrance). **1.** Penchant naturel, spontané qui porte deux personnes l'une vers l'autre : *Avoir de la sympathie pour qqn* (syn. **inclination, attirance**). **2.** Participation à la joie ou à la douleur : *Témoigner sa sympathie à qqn* (syn. **compassion, compréhension**).

1. sympathique [sɛ̃patik] **adj.** Qui inspire de la sympathie ; agréable : *Un garçon sympathique* (syn. **avenant**). *Un accueil sympathique* (syn. **amical**). [Abrév. fam. *sympa*.]

2. sympathique [sɛ̃patik] **n.m.** et **adj.** (de *sympathique*, au sens anc. « qui est en relation avec autre chose »). ANAT. L'un des deux systèmes nerveux régulateurs de la vie végétative (l'autre étant le système *parasympathique*).

sympathiquement [sɛ̃patikmɑ̃] **adv.** Avec sympathie.

sympathisant, e [sɛ̃patizɑ̃, -ɑ̃t] **adj.** et **n.** Qui approuve les idées d'un parti ou d'une organisation mais sans en être membre.

sympathiser [sɛ̃patize] **v.i.** ou **v.t. ind. [avec].** Avoir de la sympathie, de l'amitié pour qqn ; s'entendre avec qqn : *Ils ont tout de suite sympathisé. Sympathiser avec un voisin.*

symphonie [sɛ̃fɔni] **n.f.** (lat. *symphonia*, gr. *sumphônia*, de *phônê*, son). **1.** Sonate pour orchestre caractérisée par la multiplicité des exécutants pour chaque partie instrumentale et par la diversité des timbres. **2.** SOUT. Ensemble harmonieux de choses qui vont parfaitement ensemble : *Une symphonie de couleurs* (syn. **harmonie**).

■ Si les théoriciens grecs et ceux du Moyen Âge donnaient à ce terme le sens de « sons simultanés », d'« harmonies consonantes », la Renaissance et le classicisme en retinrent l'idée de collectivité, d'abord vocale et instrumentale (G. Gabrieli, Schütz), puis simplement instrumentale. Sous cette dernière forme, dénommée souvent *sinfonia*, on désignait des ouvertures, des suites, des ritournelles. Au début du XVIIIe s., la symphonie rejoint la sonate, en pleine éclosion (A. Scarlatti, Vivaldi), et lui emprunte son plan. Bientôt elle ne sera plus qu'une sonate pour orchestre, qui fleurit à Milan (Sammartini), à Mannheim (les Stamitz), à Londres (J. C. Bach), à Paris (Gossec) et qui atteint son point de perfection à Vienne, avec Haydn, Mozart et Beethoven. Sa fusion avec le concerto – le concerto grosso notamment – aboutira un temps à la *symphonie concertante* en France.
La voie est ouverte à une floraison ininterrompue d'œuvres germaniques (Schubert, Mendelssohn, Schumann, Brahms, Bruckner, Mahler), françaises (Berlioz, Franck et ses élèves, Saint-Saëns, Roussel, Honegger, Dutilleux) et slaves ou nordiques (Tchaïkovski, Dvořák, Prokofiev, Sibelius, Chostakovitch), dont les influences s'interpénètrent. Certains excès dans le traitement de la matière instrumentale ou du travail thématique (Mahler) ont provoqué, en réaction, un retour à la *sinfonietta* ou à la *symphonie de chambre* (Schönberg, Hindemith, Roussel). ■

symphonique [sɛ̃fɔnik] **adj.** Relatif à la symphonie : *Orchestre symphonique.*

symphoniste [sɛ̃fɔnist] **n.** Personne qui compose ou exécute des symphonies.

symphyse [sɛ̃fiz] **n.f.** (gr. *sumphusis*, union naturelle). ANAT. Articulation peu mobile, formée par du cartilage fibreux et du tissu conjonctif élastique : *Symphyse pubienne.*

symposium [sɛ̃pozjɔm] **n.m.** (gr. *sumposion*, festin). Réunion ou congrès de spécialistes, sur un thème scientifique particulier (syn. **colloque, séminaire**).

symptomatique [sɛ̃ptɔmatik] **adj. 1.** MÉD. Qui est le symptôme d'une maladie : *Anémie symptomatique.* **2.** Qui révèle un certain état de choses, un état d'esprit particulier : *Un événement symptomatique* (syn. **caractéristique, révélateur**).

symptôme [sɛ̃ptom] **n.m.** (lat. médiév. *symptoma*, gr. *sumptôma*, coïncidence). **1.** MÉD. Phénomène qui révèle un trouble fonctionnel ou une lésion : *Le diagnostic se fonde sur la connaissance des symptômes.* **2.** Indice ; présage : *Des symptômes de crise économique* (syn. **prodrome**).

synagogue [sinagɔg] **n.f.** (lat. ecclés. *sunagoga*, du gr. *sunagôgê*, réunion). Édifice où est célébré le culte israélite, sous la présidence du rabbin.

■ Le mot *synagogue* désigne le lieu de culte juif. L'édifice est généralement orienté vers Jérusalem. Son mobilier consiste essentiellement en une armoire, ou arche sainte *(aron qodesh)*, dans laquelle sont déposés les rouleaux de la Loi *(Torah)* ; devant elle est suspendue une lampe, toujours allumée, rappelant la « lumière perpétuelle » *(ner tamid)* qui brillait dans le sanctuaire biblique du dieu d'Israël (Exode, XXVII, 20-21). Un candélabre évoque le chandelier à sept branches du Temple de Jérusalem *(menora)* ; sur une estrade *(bima)* est placée une table pupitre où est déposé le rouleau de la Torah pour la lecture. La synagogue, qui était au Moyen Âge le centre de la vie sociale et religieuse des communautés juives, ne peut être utilisée de nos jours que pour le culte et l'étude de la Loi. Des salles attenantes sont réservées aux activités intellectuelles et sociales. ■

synapse [sinaps] **n.f.** (gr. *sunapsis*, point de jonction). NEUROL. Zone de contact entre deux neurones assurant la transmission des messages de l'un à l'autre.

synchrone [sɛ̃kron] **adj.** (bas lat. *synchronus*, gr. *sugkhronos*, de *khronos*, temps). **1.** Se dit des mouvements qui se font dans un même temps : *Les oscillations de ces deux pendules sont synchrones* (syn. **synchronique**). **2.** Se dit d'une machine électrique dans laquelle la fréquence des forces électromotrices et la vitesse sont dans un rapport constant.

synchronie [sɛ̃krɔni] **n.f.** LING. État de langue à un moment déterminé, indépendamment de son évolution (par opp. à *diachronie*).

synchronique [sɛ̃krɔnik] **adj. 1.** Qui se passe dans le même temps (syn. **synchrone**). **2.** Qui représente ou étudie des faits arrivés en même temps en différents lieux : *Tableau synchronique.*

synchroniquement [sɛ̃krɔnikmɑ̃] **adv.** De façon synchronique.

synchronisation [sɛ̃krɔnizasjɔ̃] **n.f. 1.** Action de synchroniser. **2.** CIN. Mise en concordance des images et des sons dans un film.

synchroniser [sɛ̃krɔnize] **v.t. 1.** Assurer le synchronisme de : *Danseurs qui synchronisent leurs mouvements.* **2. Synchroniser un film,** rendre simultanées la projection de l'image et l'émission du son.

synchronisme [sɛ̃krɔnism] **n.m. 1.** État de ce qui est synchrone : *Le synchronisme des pulsations cardiaques et artérielles.* **2.** Coïncidence de dates, identité d'époques, simultanéité de plusieurs événements : *Le synchronisme de plusieurs attentats* (syn. **concomitance**).

synchrotron [sɛ̃krɔtrɔ̃] **n.m.** (du gr. *sugkhronos*, qui a lieu en même temps et *[cyclo]tron*). PHYS. Accélérateur de particules dans lequel le champ magnétique croît avec la vitesse des particules.

synclinal, e, aux [sɛ̃klinal, -o] **adj.** et **n.m.** (du gr. *sum*, avec, et *klinein*, incliner). GÉOL. Se dit d'un pli dont la convexité est tournée vers le bas (par opp. à *anticlinal*).

syncope [sɛ̃kɔp] **n.f.** (lat. *syncopa*, gr. *sugkopê*, de *sugkoptein*, briser). **1.** Perte de connaissance brutale et de brève durée, due à la diminution du débit sanguin cérébral : *Tomber en syncope* (syn. **évanouissement, malaise**). **2.** MUS. Procédé rythmique qui consiste à déplacer, en le prolongeant, un temps faible sur un temps fort ou sur la partie forte d'un temps. **3.** PHON. Chute d'un ou de plusieurs phonèmes à l'intérieur d'un mot (ex. : *Les v'là* pour *les voilà*).

syncopé, e [sɛ̃kɔpe] **adj.** MUS. **Rythme syncopé, mesure syncopée,** rythme, mesure qui comportent des syncopes.

syncrétique [sɛ̃kretik] **adj.** Relatif au syncrétisme.

syncrétisme [sɛ̃kretism] **n.m.** (gr. *sugkrêtismos*, union des Crétois). Système philosophique ou religieux qui tend à faire fusionner plusieurs doctrines différentes.

syndic [sɛ̃dik] **n.m.** (lat. ecclés. *syndicus*, gr. *sundikos*, celui qui assiste qqn en justice). **1.** Mandataire du syndicat des copropriétaires d'un immeuble chargé de représenter ce syndicat, d'exécuter ses décisions et d'administrer l'immeuble. **2.** *HELV.* Titre porté par le président d'une commune dans les cantons de Vaud et de Fribourg.

syndical, e, aux [sɛ̃dikal, -o] **adj. 1.** Relatif à un syndicat : *Conseil syndical.* **2.** Relatif au syndicalisme : *Revendications syndicales.*

syndicalisation [sɛ̃dikalizasjɔ̃] **n.f.** Action de syndicaliser ; fait d'être syndicalisé, d'entrer dans une organisation syndicale.

syndicalisme [sɛ̃dikalism] **n.m. 1.** Mouvement ayant pour objet de grouper les personnes exerçant une même profession, en vue de la défense de leurs intérêts. **2.** Activité exercée dans un syndicat.

■ Le syndicalisme ouvrier a une histoire récente mais fortement diversifiée. Les premières « chambres syndicales » se sont constituées en Grande-Bretagne, en France et aux États-Unis sur des bases locales et dans des corps de métiers précis.

Les traditions syndicalistes. Les syndicats se regroupent en confédérations dans tous les pays : ainsi, le Trades Union Congress (Grande-Bretagne) en 1868, la Confédération générale du travail (France) en 1895, l'Allgemeiner Deutscher Gewerkschaftsbund issu de la Generalkommission der Gewerkschaften Deutschlands (créée en 1890) [Allemagne] en 1919, l'American Federation of Labor (AFL) [États-Unis] en 1886, les Landsorganisationen (LO) en 1898 pour la Suède et le Danemark, en 1899 pour la Norvège.

Trois grandes traditions se constituent dès le XIXe s. dans toutes ces organisations.

La *tradition corporatiste,* dans le droit-fil des compagnonnages, des mutuelles et des fraternelles du XVIIIe s., favorise la constitution, par métier, de fédérations régionales et nationales. Comme les premières chambres syndicales, elle mobilise surtout des ouvriers qualifiés qui se défendent contre les risques de prolétarisation que l'introduction du machinisme et de l'industrie libérale leur fait courir. Aux États-Unis, l'AFL a été principalement organisée sur le mode corporatiste, avec des syndicats de métier, jusqu'à sa fusion en 1955 avec le Congress of Industrial Organizations (CIO).

La *tradition réformiste* ne met pas en cause l'organisation capitaliste de la société et cherche à négocier dans les meilleures conditions avec les responsables économiques des entreprises et de l'État. Dans cette tradition se situent la politique des conventions collectives et les grandes négociations nationales pour améliorer la protection sociale et le Code du travail. Les syndicats anglo-saxons sont souvent particulièrement rompus à cette forme de syndicalisme.

La *tradition révolutionnaire,* très vivante en France et en Allemagne à la fin du XIXe s., se manifeste dans des regroupements de travailleurs destinés à favoriser la solidarité de classe et à créer les conditions du renversement du système capitaliste. La grève générale est, à l'époque, le but que se donnent les syndicalistes révolutionnaires pour obtenir la chute de la bourgeoisie. Ils professent, pour la plupart, un antimilitarisme virulent : « Les travailleurs n'ont pas de patrie. » Cette période a pris fin avec la Première Guerre mondiale.

La liaison syndicat-partis. Le problème de la liaison entre le syndicat et les partis politiques ouvriers a donné lieu à quatre grands types de formule dans l'histoire du syndicalisme.

L'*anarcho-syndicalisme* considère que le syndicat doit être absolument indépendant de tout parti politique. La France, l'Italie et l'Espagne ont été très fortement marquées par l'anarcho-syndicalisme, dont la C.G.T. était, à son congrès d'Amiens en 1906, imprégnée. Le *trade-unionisme,* pour fournir une ouverture politique à la revendication syndicale, envoie des syndicalistes au Parlement au sein d'un parti politique du travail, émanation directe de l'organisation syndicale. C'est dans cette optique qu'a été créé, en 1906, le Labour Party britannique, émanation de l'Independant Labour Party fondé en 1893. La *social-démocratie* donne l'initiative et la prééminence au parti socialiste pour représenter politiquement les aspirations ouvrières. La conférence syndicale allemande de 1875 affirmait le devoir des travailleurs de tenir la politique éloignée des syndicats ; l'obligation morale pour les ouvriers de s'affilier au parti social-démocrate, qui seul peut représenter la condition ouvrière. Le *léninisme* accorde au parti communiste un rôle dirigeant dans la lutte de classes. Le syndicat est incapable d'élaborer une politique sans l'aide du parti. C'est dans ce sens qu'on a pu parler, à propos du syndicat, de « courroie de transmission » entre le parti et le monde ouvrier.

D'autres syndicats sont organisés sur des bases religieuses. Ainsi, tous les syndicats catholiques d'Europe, depuis le début du siècle, se sont constitués avec comme but de mettre en application la doctrine sociale de l'Église.

Le syndicat dans les pays totalitaires. Le corporatisme et son projet de réconciliation entre classes sous l'égide de l'État a été appliqué par le régime fasciste en Italie jusqu'au milieu des années 1930. Dans l'Allemagne nazie, où les anciens syndicats ont été également interdits, cette idéologie a imprégné certaines organisations prétendument syndicales inféodées au parti nazi. Dans les pays anciennement « socialistes », après les discussions sur l'indépendance syndicale par rapport au pouvoir (dont Lénine était partisan), la soumission complète des syndicats à l'État depuis les années 1925, ainsi que l'inexistence constitutionnelle du droit de grève ou son interdiction, a entraîné leur inefficacité totale puis, après les années 1980, leur effacement complet. Aujourd'hui, la construction de centrales syndicales indépendantes est à l'ordre du jour au même titre que la reconstruction de l'économie elle-même. ■

syndicaliste [sɛ̃dikalist] **adj.** Relatif au syndicalisme, aux syndicats. ◆ **n.** Personne qui milite dans un syndicat.

syndicat [sɛ̃dika] **n.m.** (de *syndic*). **1.** Groupement constitué pour la défense d'intérêts professionnels communs : *Syndicat ouvrier. Syndicat patronal.* **2.** Organisme gérant des intérêts communs : *Les parties communes d'un immeuble sont administrées par un syndicat de copropriétaires.* **3. Syndicat d'initiative,** organisme dont le but est de favoriser le tourisme dans une localité ou une région.

syndiqué, e [sɛ̃dike] **n.** et **adj.** Membre d'un syndicat.

syndiquer [sɛ̃dike] **v.t.** Organiser en syndicat : *Syndiquer une profession.* ◆ **se syndiquer v.pr.** S'affilier, adhérer à un syndicat.

syndrome [sɛ̃drom] **n.m.** (gr. *sundromê,* concours, réunion). **1.** MÉD. Ensemble des signes et des symptômes qui caractérisent une maladie, une affection. **2.** *FIG.* Ensemble de comportements communs à un groupe humain ayant subi une même situation traumatisante ; ensemble d'indices signalant une situation préoccupante : *Le syndrome abandonnique.*

synecdoque [sinɛkdɔk] **n.f.** (lat. *synecdoche,* gr. *sunekdokhê,* compréhension simultanée). Procédé de style qui consiste à prendre la partie pour le tout *(payer tant par tête),* le tout pour la partie *(acheter un vison),* le genre pour l'espèce, l'espèce pour le genre, etc.

synérèse [sinerɛz] **n.f.** (lat. *synoeresis,* gr. *sunairesis,* rapprochement). PHON. Fusion de deux voyelles contiguës en une seule syllabe, par opp. à *diérèse* (ex : *souhait* [suɛ] prononcé [swɛ]).

synergie [sinɛrʒi] **n.f.** (gr. *sunergia,* coopération). **1.** PHYSIOL. Association de plusieurs organes pour l'accomplissement d'une fonction. **2.** Mise en commun de plusieurs actions concourant à un effet unique avec une économie de moyens : *Utiliser les synergies entre deux entreprises.*

synergique [sinɛrʒik] **adj.** Relatif à une synergie.

Synge (John Millington), auteur dramatique irlandais (Rathfarnham 1871 - Dublin 1909). Ses drames mêlent les thèmes folkloriques à l'observation réaliste de la vie de province (*le Baladin du monde occidental,* 1907).

syngnathe [sɛ̃gnat] **n.m.** (du gr. *gnathos,* mâchoire). Poisson marin, à corps et museau très allongés. ▸ Famille des syngnathidés.

synodal, e, aux [sinɔdal, -o] **adj.** (lat. tardif *synodalis*). Relatif à un synode.

synode [sinɔd] **n.m.** (lat. *synodus,* gr. *sunodos,* réunion). **1.** Dans l'Église catholique, assemblée d'ecclésiastiques ou d'évêques, convoquée par un évêque ou par le pape, pour délibérer des affaires d'un diocèse ou des problèmes généraux de l'Église : *Synode diocésain, épiscopal.* **2.** Dans l'Église réformée, assemblée des délégués (pasteurs et laïcs) des conseils paroissiaux ou régionaux.

synonyme [sinɔnim] **adj.** et **n.m.** (bas lat. *synonymus,* du gr.). Se dit de deux ou de plusieurs mots de même fonction grammaticale, qui ont un sens analogue ou très voisin : *Les verbes « briser », « casser » et « rompre » sont synonymes* (contr. **antonyme**).

synonymie [sinɔnimi] **n.f.** (lat. *synonymia,* gr. *synônumia*). Relation entre des termes synonymes.

synonymique [sinɔnimik] **adj.** Qui concerne la synonymie.

synopsis [sinɔpsis] **n.m.** (gr. *sunopsis,* vue d'ensemble). Bref exposé écrit d'un sujet de film, constituant l'ébauche d'un scénario.

synoptique [sinɔptik] **adj.** (gr. *sunoptikos*). **1.** Qui offre une vue générale d'un ensemble : *Tableau synoptique d'histoire.* **2. Évangiles synoptiques,** les trois premiers Évangiles, de saint Matthieu, saint Marc et saint Luc, qui présentent de grandes ressemblances (on dit aussi *les synoptiques*).

synovial, e, aux [sinɔvjal, -o] **adj.** **1.** Qui renferme la synovie : *Gaine, membrane synoviale.* **2. Membrane synoviale,** tissu mince, transparent, qui tapisse toute la cavité articulaire, et sécrète la synovie (on dit aussi *la synoviale*).

synovie [sinɔvi] **n.f.** (lat. médiév. *synovia*). Liquide incolore, visqueux, d'aspect filant, qui lubrifie les articulations : *Épanchement de synovie.*

synovite [sinɔvit] **n.f.** Inflammation d'une membrane synoviale.

syntagmatique [sɛ̃tagmatik] **adj.** **1.** LING. Relatif à un syntagme. **2.** Se dit des relations existant entre des unités qui apparaissent effectivement dans la chaîne parlée (par opp. à *paradigmatique*).

syntagme [sɛ̃tagm] **n.m.** (gr. *suntagma*). LING. Groupe de mots formant une unité fonctionnelle repérable lors de la décomposition syntaxique d'une phrase : *Syntagme nominal, verbal, adjectival.*

syntaxe [sɛ̃taks] **n.f.** (lat. grammatical *syntaxis,* mise en ordre). **1.** LING. Partie de la grammaire qui décrit les règles par lesquelles les unités linguistiques se combinent en phrases ; ensemble de ces règles, caractéristiques de telle ou telle langue (⟶ linguistique). **2.** Ensemble de règles qui régissent un moyen d'expression donné (musique, cinéma, etc.) : *La syntaxe dramaturgique* **3.** LOG. Étude des relations entre les expressions d'un langage formel.

syntaxique [sɛ̃taksik] **adj.** **1.** Relatif à la syntaxe d'un langage naturel, d'un langage artificiel, d'un moyen d'expression quelconque. **2.** LOG. Qui se rapporte à l'aspect formel d'un langage, d'un système (par opp. à *sémantique*).

synthé [sɛ̃te] **n.m.** (abrév.). *FAM.* Synthétiseur.

synthèse [sɛ̃tɛz] **n.f.** (lat. *synthesis,* gr. *sunthesis,* composition). **1.** Opération intellectuelle par laquelle on réunit en un tout cohérent, structuré et homogène divers éléments de connaissance concernant un domaine particulier : *La synthèse est l'opération inverse de l'analyse.* **2.** Exposé d'ensemble ; aperçu global : *Synthèse historique.* **3.** CHIM. Préparation d'un corps composé à partir des éléments constitutifs : *Médicaments de synthèse.* **4. Images, sons de synthèse,** images, sons artificiels produits par des moyens optiques, électroniques ou informatiques. / **Synthèse additive, synthèse soustractive,** procédés de trichromie qui permettent de tirer des photographies en couleurs soit par addition des trois couleurs fondamentales, soit par soustraction du blanc des trois couleurs complémentaires.

synthétique [sɛ̃tetik] **adj.** **1.** Qui se rapporte à la synthèse ; qui en résulte : *Raisonnement synthétique.* **2.** Qui présente une synthèse, considère les choses dans leur ensemble, leur totalité : *Une vue synthétique de la situation.* **3.** CHIM. Obtenu par synthèse : *Caoutchouc synthétique* (syn. **artificiel**). *Textile synthétique* (contr. **naturel**).

synthétiquement [sɛ̃tetikmɑ̃] **adv.** D'une manière synthétique ; par une synthèse.

synthétisable [sɛ̃tetizabl] **adj.** Qui peut être synthétisé.

synthétiser [sɛ̃tetize] **v.t.** **1.** Réunir par synthèse ; présenter sous forme synthétique. **2.** CHIM. Préparer par synthèse.

synthétiseur [sɛ̃tetizœr] **n.m.** **1.** Appareil électronique actionné par un clavier ou des potentiomètres, et capable de produire un son à partir de signaux électriques numériques

A B C D E F G H I J K L M N O P Q R S T U V W X Y Z

(abrév. fam. *synthé*). **2. Synthétiseur d'images,** générateur électronique d'images de télévision, muni d'une mémoire et d'un programme de traitement.

synthétisme [sɛ̃tetism] **n.m.** Technique et esthétique picturale française de la fin des années 1880, fondée sur l'usage de grands aplats de couleur aux contours vigoureusement cernés (on dit aussi *le cloisonnisme*).

syntonisation [sɛ̃tɔnizasjɔ̃] **n.f.** (du gr. *suntonos,* qui résonne en accord). PHYS. Méthode de réglage des récepteurs de radiodiffusion, utilisant l'accord en résonance de plusieurs circuits électriques oscillant sur une même fréquence *(syntonie).*

syntoniseur [sɛ̃tɔnizœr] **n.m.** Recomm. off. pour *tuner.*

syphilis [sifilis] **n.f.** (mot lat., du n. du berger *Syphilus,* dans les *Métamorphoses* d'Ovide). Maladie infectieuse et contagieuse, vénérienne, due à une bactérie *(le tréponème pâle),* et se manifestant par un chancre initial et par des atteintes viscérales et nerveuses tardives.

syphilitique [sifilitik] **adj.** et **n.** Relatif à la syphilis ; atteint de syphilis.

Syracuse, port d'Italie (Sicile), ch.-l. de prov. ; 115 675 hab. Vestiges grecs et romains (temples, théâtre, amphithéâtre, latomies, etc.) ; monuments du Moyen Âge et de l'époque baroque. Riche Musée archéologique. – Colonie corinthienne fondée v. 734 av. J.-C., Syracuse imposa au Vᵉ s. av. J.-C. son hégémonie sur la Sicile en refoulant les Carthaginois. Avec Denys l'Ancien (405-367 av. J.-C.), son influence s'étendit aux cités grecques de l'Italie méridionale. Elle fut conquise par Rome au cours de la deuxième guerre punique.

Syr-Daria (le), anc. **Iaxarte,** fl. d'Asie ; 3 019 km. Né au Kirghizistan (sous le nom de *Naryn*), il se jette dans la mer d'Aral.

syriaque [sirjak] **n.m.** Langue sémitique dérivée de l'araméen, restée comme langue littéraire et liturgique de nombreuses communautés chrétiennes du Moyen-Orient.

Syrie, région historique de l'Asie occidentale, englobant les États actuels de la Syrie, du Liban, d'Israël et de la Jordanie.

HISTOIRE

La Syrie antique. Au IIᵉ millénaire av. J.-C., la région est envahie successivement par les Cananéens (dont les Phéniciens sont un rameau), les Amorrites, les Hourrites, les Araméens (auxquels appartiennent les Hébreux) et les Peuples de la Mer.

539 av. J.-C. La prise de Babylone par Cyrus II met fin à la domination assyro-babylonienne.

La Syrie est incorporée à l'Empire perse.

332 av. J.-C. Le pays est conquis par Alexandre.

La Syrie est alors intégrée au royaume séleucide, dont la capitale, Antioche, est fondée en 301.

64-63 av. J.-C. La Syrie devient une province romaine.

395 apr. J.-C. Elle est intégrée à l'Empire d'Orient.

Antioche devient un important foyer du christianisme.

La Syrie musulmane

636. Les Arabes, vainqueurs des Byzantins sur la rivière Yarmouk, conquièrent le pays.

661-750. Sous les Omeyyades, la Syrie et Damas deviennent le centre de l'Empire musulman.

VIIIᵉ s. Les Abbassides transfèrent la capitale de l'Empire de Damas à Bagdad.

1076-1077. Les Turcs Seldjoukides prennent Damas puis Jérusalem.

À partir du XIᵉ s., les croisés organisent la principauté d'Antioche (1098-1268), le royaume de Jérusalem (1099-1291) et le comté de Tripoli (1109-1289). Ils entretiennent des rapports pacifiques avec Saladin (1171-1193) et ses successeurs.

1260-1291. Les Mamelouks arrêtent les Mongols, reconquièrent les dernières possessions franques de Palestine et de Syrie, et imposent leur autorité sur la région.

1516. Les Ottomans conquièrent la Syrie qu'ils conserveront plus de quatre siècles.

1831-1840. Ils sont momentanément chassés du pays par Méhémet-Ali et Ibrahim Pacha.

1860. La France intervient au Liban en faveur des maronites.

1916. La Grande-Bretagne et la France délimitent leur zone d'influence au Moyen-Orient (accords Sykes-Picot).

1920-1943. La France exerce le mandat que lui a confié la S.D.N. sur le pays.

Syrie, État de l'Asie occidentale, sur la Méditerranée ; 185 000 km² ; 21 898 000 hab. *(Syriens).* CAP. *Damas.* LANGUE : *arabe.* MONNAIE : *livre syrienne.*

GÉOGRAPHIE

La Syrie est une voie de passage traditionnelle entre l'Orient et l'Occident. En dehors des ports (Lattaquié, Baniyas, Tartous), les grandes villes (Alep, Hama, Homs, Damas) sont situées dans des bassins en limite des régions steppiques et du désert qui occupe l'est du pays.

Au nord-ouest, le djebel Ansariyya isole une plaine côtière chaude et humide, domaine de la polyculture méditerranéenne. Vers l'est, la zone du « Croissant fertile » reçoit entre 200 et 400 mm de pluies. Steppe herbeuse à l'état naturel, elle est localement irriguée et produit des céréales, du coton et des fruits. La vallée de l'Euphrate fait l'objet de grands travaux d'irrigation (barrage de Tabqa). La population a un fort taux d'accroissement. Concentrée dans l'ouest du pays, elle est en majeure partie urbanisée.

Le secteur agricole emploie environ le quart de la population active. Les cultures (blé, orge, coton, fruits et légumes, tabac) sont complétées par l'élevage ovin. Puis ce sont les ressources du sous-sol, pétrole et gaz essentiellement, qui constituent les principales ressources finançant l'industrie (sidérurgie, coton, engrais).

Les tensions internationales et régionales ont un fort impact sur la vie économique du pays et les dépenses militaires pèsent fortement sur le budget.

HISTOIRE

1941. Le général Catroux, au nom de la France libre, proclame l'indépendance du pays.

1943-1944. Le mandat français sur la Syrie prend fin.

1946. Les dernières troupes françaises et britanniques quittent le pays.

1948. La Syrie participe à la 1ʳᵉ guerre israélo-arabe.

1949-1956. Des putschs portent au pouvoir des chefs d'État favorables ou hostiles aux Hachémites.

1958-1961. L'Égypte et la Syrie forment la République arabe unie.

1963. Le parti Baath, nationaliste et révolutionnaire, prend le pouvoir.

1967. La guerre des Six-Jours (3ᵉ guerre israélo-arabe) entraîne l'occupation du Golan par Israël.

1970. Hafiz al-Asad accède au pouvoir.

1973. La Syrie s'engage dans la 4ᵉ guerre israélo-arabe.

À partir de 1976, elle intervient militairement au Liban et renforce, en 1985, son contrôle sur le pays, consacré en 1991 par un traité de fraternité syro-libanais.

1991. Lors de la guerre du Golfe, la Syrie participe à la force multinationale engagée contre l'Iraq. Elle prend part à la conférence de paix sur le Proche-Orient.

1994. Des négociations s'ouvrent entre la Syrie et Israël sur la restitution du Golan.

2000. Hafiz al-Asad meurt ; son fils Bachar lui succède.

2005. Mise en cause dans l'assassinat de l'ex-Premier ministre libanais Rafic Hariri, la Syrie retire ses troupes du Liban.

2011-2012. Confronté, après la Tunisie et l'Égypte, à une insurrection populaire, l'État répond par une répression féroce. Les affrontements se transforment en guerre civile. L'O.N.U. tente d'intervenir mais elle est freinée par la Russie et la Chine, opposées à des mesures fermes contre le régime.

Syrie *(désert de),* région aride de l'Asie, aux confins de la Syrie, de l'Iraq et de la Jordanie.

syringe [sirɛ̃ʒ] **n.f.** (du gr. *surigx,* tuyau). ARCHÉOL. Sépulture souterraine de l'Égypte pharaonique.

systématique [sistematik] **adj. 1.** Relatif à un système ; combiné d'après un système : *Raisonnement systématique* (syn. **méthodique, rationnel**). **2.** Qui est fait avec méthode, selon un ordre déterminé à l'avance : *Classement systématique* (syn. **méthodique, logique**). **3.** Qui pense et agit d'une manière rigide, péremptoire, sans tenir compte des circonstances ; qui manifeste ce comportement : *Opposition, refus systématiques* (syn. **automatique**).

systématiquement [sistematikmɑ̃] **adv.** De façon systématique : *Elle refuse systématiquement toutes les invitations* (= par principe) [syn. **automatiquement**].

systématisation [sistematizasjɔ̃] **n.f.** Action de systématiser ; fait d'être systématisé.

systématiser [sistematize] **v.t. 1.** Réduire en système ; organiser en un système défini : *Systématiser des recherches.* **2.** (Absol.). Juger à partir d'idées préconçues, de partis pris : *Ne systématisez pas, toutes les industries ne sont pas polluantes.*

système [sistɛm] **n.m.** (gr. *sustêma,* assemblage). **1.** Ensemble ordonné d'idées scientifiques ou philosophiques : *Système newtonien. Système philosophique* (syn. **doctrine, théorie**). **2.** Combinaison d'éléments réunis de façon à former un ensemble autour d'un centre : *Système solaire, moléculaire.* **3.** Ensemble d'organes ou de tissus de même nature, et destinés à des fonctions analogues : *Système nerveux. Système pileux.* **4.** Ensemble de termes définis par les relations qu'ils entretiennent entre eux : *Système linguistique, phonologique.* **5.** Mode d'organisation ; méthode de classification : *Système alphabétique. Système de signalisation. Système de parenté. Le système de Linné en histoire naturelle.* **6.** Ensemble de méthodes, de procédés destinés à assurer une fonction définie ou à produire un résultat : *Système d'éducation. Système de défense.* **7.** Moyen habile pour obtenir, réussir qqch : *Trouver un système pour faire fortune* (syn. **recette, combinaison, astuce**). **8.** Mode de gouvernement, d'administration, d'organisation sociale : *Système capitaliste. Système électoral. Système pénitentiaire.* **9.** Appareil ou dispositif formé d'éléments agencés, et assurant une fonction déterminée : *Système d'éclairage, de fermeture.* **10.** SPORTS. Pièce métallique montée sur pivot dans laquelle se pose l'aviron. **11.** *FAM.* **Courir, taper sur le système,** exaspérer, énerver. / **Esprit de système,** tendance à tout réduire en système, à agir, penser en partant d'idées préconçues. / **Système d'équations,** ensemble de plusieurs équations liant simultanément plusieurs variables. / **Système international d'unités (SI),** système de mesures métrique décimal à sept unités de base (mètre, kilogramme, seconde, ampère, kelvin, mole, candela). / **Système nuageux,** ensemble des différents types de nuages qui accompagnent une perturbation complète. / **Théorie des systèmes,** théorie générale et interdisciplinaire qui étudie les systèmes en tant qu'ensembles d'éléments, matériels ou non, en relation les uns avec les autres et formant un tout. / INFORM. **Système d'exploitation,** logiciel gérant un ordinateur, indépendant des programmes d'application mais indispensable à leur mise en œuvre. / INFORM. **Système expert,** programme élaboré pour résoudre des problèmes spécifiques en exploitant les connaissances accumulées dans un domaine spécialisé et en canalisant la recherche des solutions. / LOG. **Systèmes déductifs équipollents,** systèmes dans lesquels tout théorème de l'un est théorème ou axiome de l'autre. / PHYS. **Système de référence,** ensemble de corps, considérés eux-mêmes comme fixes, par rapport auxquels on définit le mouvement d'un autre corps.

systole [sistɔl] **n.f.** (gr. *sustolê,* contraction). Période de contraction du cœur et des artères (par opp. à *diastole*).

syzygie [siziʒi] **n.f.** (du gr. *suzugia,* union). ASTRON. Conjonction ou opposition de la Lune avec le Soleil (nouvelle ou pleine lune).

Szczecin, en all. **Stettin,** port de Pologne, sur l'Odra ; 410 131 hab. Centre industriel. Églises gothiques et château de la Renaissance, très restaurés.

Szymanowski (Karol), compositeur polonais (Tymoszówka, auj. en Ukraine, 1882 - Lausanne 1937). Cofondateur du groupe Jeune-Pologne, il a été influencé par la musique arabe et la culture musulmane : les *Chants d'amour de Hafiz,* 3ᵉ symphonie *(Chant de la nuit).*

T

t [te] **n.m. inv. 1.** Vingtième lettre (consonne) de l'alphabet. **2. En T,** en forme de T : *Tables disposées en T.*

ta adj. poss. ⟶ ton.

1. tabac [taba] **n.m.** (esp. *tabaco,* du haïtien *tzibalt*). **1.** Plante annuelle ou vivace, dont l'espèce principale est cultivée pour ses feuilles riches en nicotine : *Plantation de tabac.* ▸ Famille des solanacées. **2.** Feuilles de tabac séchées et préparées qui se fument, se prisent ou se mâchent : *Tabac à priser. Tabac brun, blond.* **3.** Débit de tabac : *Aller au tabac.* **4.** FAM. **Le même tabac,** la même chose : *Quelque chose du même tabac* (= du même genre). ◆ **adj. inv.** De couleur brun-roux rappelant celle du tabac séché.

2. tabac [taba] **n.m.** (rad. onomat. *tabb-* évoquant des coups violents, avec infl. de *1. tabac*). **Coup de tabac,** tempête violente mais brève. / FAM. **Faire un tabac,** avoir un grand succès. / FAM. **Passer qqn à tabac,** le rouer de coups.

tabagie [tabaʒi] **n.f.** (mot algonquin « festin »). **1.** Endroit où l'on a beaucoup fumé, qui est rempli de fumée ou qui conserve l'odeur du tabac. **2.** QUÉBEC. Magasin où l'on vend du tabac, des confiseries, des journaux et des revues.

tabagisme [tabaʒism] **n.m.** Intoxication chronique par le tabac.

■ La fumée de tabac contient de la nicotine (alcaloïde toxique pour l'appareil cardiovasculaire et surtout responsable du phénomène de dépendance) et aussi d'autres substances dangereuses pour la santé, notamment celles qui résultent de la combustion du tabac, du papier et des additifs incorporés à la cigarette. Les plus dangereuses sont les goudrons cancérigènes et l'oxyde de carbone.

Au moins un tiers des cancers et 80 % des *broncho-pneumopathies chroniques obstructives (B.P.C.O.)* conduisant à l'insuffisance respiratoire chronique sont liés au tabac. En association avec les autres facteurs de risque, le tabac est un des responsables des maladies cardiovasculaires. On estime qu'il est la cause de 3 millions de morts par an dans les pays industrialisés, dont environ la moitié avant l'âge de 65 ans. La consommation de tabac tend à toucher des sujets de plus en plus jeunes (50 % des adolescents sont fumeurs entre 16 et 18 ans, avec un pourcentage pratiquement égal entre garçons et filles).

Cancers du fumeur. Le risque de cancer bronchique croît avec l'intensité du tabagisme et surtout la durée en années de celui-ci : plus le début d'un tabagisme a été précoce, plus le risque de développer un cancer bronchique apparaît tôt. La croyance répandue que le « petit fumeur » ne court aucun risque est donc erronée : il n'existe pas de seuil au-dessous duquel le risque d'être atteint par un cancer bronchique serait nul. Les cancers de la bouche (cigarettes et cigares, fumeurs de pipe), du rhino-pharynx, du larynx et de l'œsophage sont également, dans de très nombreux cas, provoqués par la consommation de tabac, le risque étant renforcé par l'alcool. De très nombreux autres cancers (de la vessie, du col utérin, du sein, du rein, du pancréas, du côlon) sont eux aussi liés au tabagisme.

Dépendance au tabac. La nicotine est la principale substance responsable de cette dépendance. La molécule de nicotine ressemble à celle de l'acétylcholine, un neurotransmetteur très important. Elle se fixe sur les récepteurs spécifiques présents dans plusieurs zones cérébrales, notamment dans celle où se situe le « système de récompense », source de la sensation de plaisir, sur lequel agissent toutes les drogues. Lorsque la fumée est inhalée, la nicotine est absorbée très rapidement dans les alvéoles pulmonaires et se fixe en moins de 10 secondes sur les récepteurs de l'acétylcholine, avec apparition des signes qu'elle provoque : accélération du pouls, élévation de la tension artérielle et surtout effets psychologiques responsables de la dépendance.

Sevrage du tabac. Sans motivation forte, il est illusoire d'espérer un arrêt durable du tabagisme. Différentes méthodes peuvent aider le fumeur. Certaines font appel à des substituts de la nicotine (gomme et timbre transdermique à la nicotine) afin de limiter les troubles liés au manque. Toutefois, cet apport nicotinique ne doit pas être présenté comme un remède miracle et doit s'accompagner d'un soutien par le médecin ou le tabacologue. L'administration de médicaments (antidépresseur agissant sur la dépendance à la nicotine, molécule agissant sur des récepteurs nicotiniques) doit être bien encadrée en raison de leurs effets indésirables. Les thérapies comportementales et cognitives aident à corriger la dépendance comportementale et psychologique.

Une prise de poids peut accompagner le sevrage. Elle est due, d'une part, à un phénomène de compensation, d'autre part à l'interruption de l'apport de nicotine et nécessite des mesures diététiques adaptées. ■

tabasser [tabase] **v.t.** (de *2. tabac*). FAM. Rouer de coups ; passer à tabac.

tabatière [tabatjɛr] **n.f. 1.** Petite boîte pour le tabac à priser. **2. Fenêtre à tabatière,** petite fenêtre à charnière sur un toit (on dit aussi *une tabatière*).

tabernacle [tabɛrnakl] **n.m.** (lat. *tabernaculum,* tente). **1.** RELIG. HÉBRAÏQUE. Sanctuaire itinérant contenant l'arche d'alliance où étaient déposées les Tables de la Loi jusqu'à la construction du Temple de Salomon (Xᵉ s. av. J.-C.). **2.** CATH. Petite armoire placée sur l'autel ou encastrée dans le mur du chœur d'une église, destinée à conserver l'eucharistie.

tablature [tablatyr] **n.f.** (lat. médiév. *tabulatura,* de *tabula,* refait d'apr. *table*). Notation musicale dont le principe repose sur l'utilisation de chiffres et de lettres indiquant l'emplacement des doigts sur l'instrument.

table [tabl] **n.f.** (lat. *tabula,* planche, tablette). **1.** Meuble composé d'un plateau horizontal posé sur un ou plusieurs pieds, et servant à divers usages : *Table basse. Table à repasser.* **2.** Meuble sur pieds sur lequel on dépose les mets et les objets nécessaires au repas ; table dressée pour le repas : *Retenir une table de 8 couverts.* **3.** Le fait d'être assis autour d'une table pour y prendre son repas ; le repas lui-même : *Être, passer à table.* **4.** Repas, nourriture servis à une table : *Une table abondante.* **5.** Ensemble de personnes assises autour d'une table : *Sa plaisanterie a fait rire toute la table* (syn. **tablée**). **6.** Plateau, plaque en matière quelconque et de forme plane : *Table de* *cuisson* (= plaque chauffante, au gaz ou à l'électricité). *Table de lecture* (= platine d'un lecteur de disques). **7.** Ensemble de données numériques présentées de façon à pouvoir être facilement consultées : *Table de logarithmes, de multiplication.* **8.** Inventaire présenté sous forme de liste ou de tableau et récapitulant un ensemble de renseignements : *Table des matières.* **9.** En athlétisme, mode de cotation des performances, utilisé notamm. dans le décathlon. **10. Se mettre à table,** s'asseoir autour d'une table pour prendre un repas ; fam., avouer, dénoncer. **11. Sainte table,** clôture basse séparant le chœur de la nef et devant laquelle les fidèles se présentaient pour communier ; l'autel lui-même. ⁄ **Table de lancement,** dispositif assurant le support d'un véhicule spatial en position verticale jusqu'à son décollage. ⁄ **Table de nuit, de chevet,** petit meuble qui se place à côté du lit. ⁄ **Table de saut,** agrès sur lequel les gymnastes prennent appui, après une course d'élan, pour effectuer un saut. ⁄ **Table d'harmonie,** surface en bois ou en peau, sur laquelle passent les cordes des instruments. ⁄ **Table d'hôte,** table où l'on sert à heure et prix fixes des repas pris en commun. ⁄ **Table d'opération,** table articulée sur laquelle on place le patient pour les interventions chirurgicales. ⁄ **Table d'orientation,** table circulaire sur laquelle sont indiqués les détails d'un panorama, d'un point de vue. ⁄ **Table roulante,** petite table à plusieurs plateaux, montée sur roulettes. ⁄ **Tables de la Loi,** tables de pierre que Dieu, selon la Bible, remit à Moïse et sur lesquelles était gravé le Décalogue. ⁄ **Table traçante,** périphérique d'ordinateur donnant directement le tracé graphique que calcule celui-ci (= traceur de courbes). **12. Table ronde,** réunion tenue par plusieurs personnes pour discuter, sur un pied d'égalité, des questions d'intérêt commun.

tableau [tablo] **n.m.** (de *table*). **1.** Œuvre picturale exécutée sur un panneau de bois, une toile tendue sur un châssis, génér. présentée dans un cadre : *Galerie, exposition de tableaux* (syn. **toile, peinture**). *Tableau de chevalet* (= de petites dimensions). **2.** Ce qui s'offre à la vue et provoque une certaine impression : *Un tableau émouvant* (syn. **spectacle, scène**). **3.** Description orale ou écrite évoquant une situation : *Brosser un tableau fidèle des événements.* **4.** THÉÂTRE. Subdivision d'un acte, marquée par un changement de décor : *Pièce en un acte et cinq tableaux.* **5.** Support d'écriture mural : *Écrire à la craie sur un tableau noir ou au marqueur sur un tableau blanc.* **6.** Panneau plan destiné à recevoir des renseignements, des annonces, etc. : *Tableau d'affichage.* **7.** Support plan destiné à recevoir des objets : *Mettre ses clés au tableau.* **8.** Ensemble comprenant l'appareillage de commande des dispositifs électriques : *Tableau de commandes.* **9.** Liste contenant des informations, des données, des renseignements disposés de façon claire, systématique ou méthodique ; disposition graphique en colonnes : *Tableau chronologique, synoptique. Récapitulatif sous forme de tableau.* **10.** Liste des membres d'un ordre professionnel : *Tableau des avocats.* **11.** MAR. Partie plane et quasi verticale de l'arrière d'un voilier ou d'un canot. **12. Jouer, miser sur les deux tableaux,** se ménager des avantages de deux parties adverses, quel que soit le vainqueur. **13. Tableau d'autel,** peinture encadrée placée au-dessus et en arrière d'un autel, dans une église. ⁄ **Tableau d'avancement,** liste, dressée périodiquement, du personnel civil ou militaire d'une administration ou d'un corps, jugé digne d'avancement. ⁄ **Tableau de bord,** ensemble des appareils de contrôle placés devant le pilote ou le conducteur, lui permettant de surveiller la marche de son véhicule ; ensemble des renseignements permettant dans une entreprise de vérifier la bonne marche des différents services. ⁄ **Tableau de chasse,** exposition des animaux abattus groupés par espèces ; ensemble des avions ennemis abattus. ⁄ **Tableau de contrôle,** ensemble des appareils de commande, de mesure, de réglage et de sécurité d'une machine ou d'une installation complète. ⁄ **Tableau d'honneur,** liste des meilleurs élèves d'une classe. ⁄ **Tableau économique d'ensemble,** tableau synthétique des comptes de la nation, qui figure l'ensemble des opérations effectuées par les différents agents. ⁄ **Tableau vivant,** groupe de personnages immobiles disposés sur une scène de façon à représenter une peinture ou une sculpture connue du public.

tableautin [tablotɛ̃] **n.m.** Petit tableau (peinture).

tablée [table] **n.f.** Ensemble des personnes prenant un repas à la même table.

tabler [table] **v.t. ind.** **[sur]** (de *table*). Fonder ses calculs sur : *Elle table sur la chance pour réussir* (syn. **compter sur**).

Table ronde ***(cycle de la)*** **→ Arthur.**

tablette [tablɛt] **n.f.** (de *table*). **1.** Planche, plateau faits de diverses matières, disposés pour recevoir divers objets : *Les tablettes d'une bibliothèque* (syn. **étagère**). **2.** Pierre plate qui surmonte les murs d'appui ou d'autres parties de construction : *Tablette de cheminée.* **3.** Préparation moulée, de forme plate : *Tablette de chocolat* (syn. **plaque, plaquette**). **4. Tablette (électronique** ou **tactile),** appareil extrêmement plat avec écran tactile, sans clavier, pouvant être connecté à Internet et au réseau Wi-Fi, et permettant d'utiliser diverses applications et d'afficher des livres et journaux électroniques. ◆ **tablettes n.f. pl. 1.** ANTIQ. Plaquettes d'argile, ou plaquettes de bois ou d'ivoire enduites de cire, sur lesquelles on écrivait avec un poinçon. **2. Rayer qqn, qqch de ses tablettes,** ne plus compter sur eux ; les effacer de son souvenir.

tabletterie [tablɛtri] **n.f. 1.** Fabrication de petits objets soignés, en bois, ivoire, os, nacre, plastique, par assemblage, marqueterie, incrustation, sculpture, etc. **2.** Objets ainsi fabriqués (échiquiers, jeux, coffrets, etc.).

tableur [tablœr] **n.m.** INFORM. Programme de création et de manipulation interactives de tableaux numériques.

tablier [tablije] **n.m.** (de *table*). **1.** Vêtement de protection que l'on attache devant soi pour préserver ses vêtements ; blouse : *Un tablier de cuisinier.* **2.** Dans un pont, plate-forme horizontale supportant la chaussée ou la voie ferrée. **3.** Cloison pare-feu. **4.** *AFR.* Petit commerçant, vendant de menus objets à l'éventaire. **5.** *FAM.* **Rendre son tablier,** se démettre de ses fonctions.

tabloïd [tablɔid] **adj.** et **n.m.** (anglo-amér. *tabloid*). Se dit d'une publication dont le format est la moitié du format habituel des journaux.

1. tabou [tabu] **n.m.** (angl. *taboo,* du polynésien *tapu,* interdit, sacré). **1.** ANTHROP. Interdit religieux qui frappe un être, un objet ou un acte en raison du caractère sacré ou impur qu'on leur attribue. **2.** Interdit de caractère social et moral : *Le tabou de l'inceste.*

2. tabou, e [tabu] **adj. 1.** Qui est l'objet d'un tabou, d'une interdiction religieuse : *Lieu tabou.* **2.** Qu'il serait malséant d'évoquer, en vertu des convenances sociales ou morales : *Des pensées taboues.* **3.** Que l'on ne peut critiquer, mettre en cause : *Une institution taboue.*

taboulé [tabule] **n.m.** (d'un mot ar. « mélange »). Mélange de semoule de blé crue et d'un fin hachis de légumes et de feuilles de menthe, arrosé d'huile d'olive et de jus de citron. ▸ Cuisine libanaise.

tabouret [taburɛ] **n.m.** (de l'anc. fr. *tabour,* tambour, d'apr. sa forme). Siège à piétement, sans dossier ni bras.

Tabriz, anc. **Tauris,** v. de l'Iran, principal centre de l'Azerbaïdjan iranien ; 1 494 998 hab. dans l'agglomération. Beau décor de céramique émaillée (XVe s.) de la mosquée Bleue.

tabulaire [tabylɛr] **adj.** (lat. *tabularius*). En forme de table ; plat : *Relief tabulaire.*

tabulateur [tabylatœr] **n.m.** (de *tabulaire*). Dispositif d'une machine à écrire ou d'un logiciel de traitement de texte, permettant de retrouver automatiquement les mêmes zones d'arrêt à chaque ligne.

tabulatrice [tabylatris] **n.f.** *ANC.* Machine servant à exploiter les cartes perforées.

tac [tak] **n.m.** (onomat.). **Répondre, riposter du tac au tac,** répondre vivement, rendre coup pour coup.

tache [taʃ] **n.f.** (probabl. du frq. **têkan,* gotique *taikko,* signe). **1.** Marque naturelle sur la peau de l'homme ou le poil des animaux : *Taches de rousseur.* **2.** Marque de couleur, de lumière, d'ombre : *L'oasis forme une tache verte au milieu du désert.* **3.** Marque qui salit : *Tache de graisse, d'encre, d'huile* (syn. **éclaboussure**). **4.** *SOUT.* Tout ce qui atteint l'honneur, la réputation : *Une vie sans tache* (syn. litt. **souillure, flétrissure**). **5.** ASTRON. Structure temporaire sombre sur le disque du Soleil. **6. Faire tache,** causer un contraste choquant, une impression fâcheuse. **7. Tache de vin,** angiome. / ANAT. **Tache auditive,** zone de l'oreille interne sensible à la pesanteur et aux accélérations.

tâche [taʃ] **n.f.** (lat. médiév. *taxa,* prestation rurale). **1.** Travail à faire dans un temps fixé et sous certaines conditions : *Assigner une tâche à chacun* (syn. **besogne**). *Faciliter la tâche à qqn* (syn. **travail**). **2.** Ce qu'on a à faire par devoir ou par nécessité : *La tâche des éducateurs est de former l'intelligence et le caractère* (syn. **fonction, rôle**). **3. À la tâche,** payé selon l'ouvrage exécuté : *Travail à la tâche.*

tacher [taʃe] **v.t. 1.** Salir en faisant une tache : *Tacher un vêtement avec de l'encre. Les fruits tachent* (= font des taches). **2.** *LITT.* Ternir ; souiller : *Une réputation tachée.*

tâcher [taʃe] **v.t.** (de *tâche*). **Tâcher de** (+ inf.), faire en sorte de : *Tâchez de terminer ce travail avant ce soir* (syn. **s'efforcer de, essayer de**).

tâcheron, onne [taʃrɔ̃, -ɔn] **n. 1.** Petit entrepreneur, ouvrier qui travaille à la tâche. **2.** Personne qui exécute une tâche ingrate et sans éclat (péjor.).

tacheté, e [taʃte] **adj.** Qui est marqué de nombreuses petites taches : *Fourrure tachetée de noir.*

tachisme [taʃism] **n.m.** Tendance de la peinture abstraite des années 1950, caractérisée par des taches et des coulures. ◆ **tachiste adj.** et **n.** Relatif au tachisme ; qui le pratique.

Tachkent, cap. de l'Ouzbékistan, en Asie centrale ; 2 226 580 hab. Nœud ferroviaire, centre administratif, culturel et industriel.

tachycardie [takikardi] **n.f.** (de *tachy-*, et du gr. *kardia,* cœur). Accélération du rythme cardiaque.

tacite [tasit] **adj.** (lat. *tacitus,* de *tacere,* se taire). Qui n'est pas formellement exprimé, mais qui est sous-entendu : *Consentement, aveu tacite* (syn. **implicite**).

Tacite, en lat. **Publius Cornelius Tacitus,** historien latin (v. 55 - v. 120). Tout en remplissant les charges d'une carrière qu'il acheva comme proconsul d'Asie (v. 110-113), il écrivit les *Annales,* les *Histoires, la Vie d'Agricola* (qui était son beau-père), *la Germanie* et le *Dialogue des orateurs.* Historien bien documenté, il possède un style expressif, dense et concis qui fait de lui un maître de la prose latine.

tacitement [tasitmɑ̃] **adv.** De façon tacite.

taciturne [tasityrn] **adj.** (lat. *taciturnus*). Qui parle peu ; silencieux : *Ses préoccupations le rendent taciturne* (contr. **bavard, loquace, volubile**).

tacot [tako] **n.m.** (d'un rad. onomat. *takk-*, évoquant un bruit sec). *FAM.* Vieille voiture défectueuse.

tact [takt] **n.m.** (lat. *tactus,* de *tangere,* toucher). **1.** PHYSIOL. Sensation produite par le contact mécanique d'un objet avec la peau. ▸ Le tact n'est qu'une partie du toucher, qui comprend aussi les sensations thermiques et douloureuses. **2.** Sentiment délicat de la mesure, des nuances, des convenances dans les relations avec autrui : *Agir avec tact* (syn. **délicatesse, doigté**).

tacticien, enne [taktisjɛ̃, -ɛn] **n. 1.** Spécialiste ou théoricien de la tactique militaire. **2.** Personne qui a l'art d'employer des moyens pour réussir : *Elle a négocié en habile tacticienne.*

tactile [taktil] **adj.** (lat. *tactilis*). **1.** Du toucher : *Corpuscules tactiles.* **2.** Se dit d'un écran de visualisation qui réagit au simple contact du doigt.

1. tactique [taktik] **n.f.** (gr. *taktikê* [*tekhnê*], [art] de disposer des troupes). **1.** Art de diriger une bataille, en combinant par la manœuvre l'action des différents moyens de combat et les effets des armes ; cette manière de combattre elle-même pendant la bataille **2.** Ensemble de moyens habiles employés pour obtenir le résultat voulu : *Changer de tactique* (syn. **méthode, système**). *La tactique parlementaire.*

2. tactique [taktik] **adj.** Relatif à la tactique : *Un plan tactique.*

Tadjikistan, État de l'Asie centrale, à la frontière de la Chine et de l'Afghanistan ; 143 100 km^2 ; 8 208 000 hab. CAP. *Douchanbe.* LANGUE : *tadjik.* MONNAIE : *somoni.*

GÉOGRAPHIE

C'est un pays de hautes montagnes (particulièrement dans l'Est), où vivent principalement des Tadjiks (62 %) et des Ouzbeks (23 %), qui se caractérisent par une forte croissance démographique.

L'élevage transhumant, les cultures dans les bassins et les vallées (coton) sont les activités principales. En dehors de Douchanbe et de petits centres urbains, le seul site industriel notable est la centrale de Nourek (aluminium).

HISTOIRE

Formé d'une région de l'Asie centrale conquise par les Russes à partir de 1865 et d'une partie de l'ancien khanat de Boukhara, le Tadjikistan devient en 1929 une république fédérée de l'U.R.S.S.

1991. Il accède à l'indépendance.

1992-1997. Une guerre oppose les forces islamo-démocratiques et procommunistes, à l'issue de laquelle un gouvernement « procommuniste » est établi.

Les procommunistes se maintiennent au pouvoir sous la direction d'Emomali Rakhmonov (élu président de la République en 1992 et réélu en 1994, 1999 et 2006), mais la paix intérieure reste très fragile.

Tadj Mahall ou **Taj Mahal,** mausolée de marbre blanc incrusté de pierres de couleur, élevé au XVIIe s., près d'Agra, par l'empereur Chah Djahan à la mémoire de son épouse, Mumtaz Mahall. L'une des plus belles réussites de l'architecture moghole.

Taegu, v. de la Corée du Sud ; 2 444 000 hab. Centre commercial et industriel.

taffetas [tafta] **n.m.** (it. *taffeta,* du turco-persan *tâfta,* tressé). Toile légère de soie ou de fibres synthétiques.

tafia [tafja] **n.m.** (mot créole antillais). Autref., toute eau-de-vie de canne à sucre produite dans les Antilles françaises, puis eau-de-vie obtenue des seules mélasses ; auj., eau-de-vie fraîchement distillée à partir du jus ou des mélasses de canne.

tag [tag] **n.m.** (mot anglo-amér. « label »). Graffiti tracé ou peint, caractérisé par un graphisme proche de l'écriture et constituant un signe de reconnaissance.

tagalog [tagalɔg] et **tagal** [tagal] **n.m.** (du malais *taga,* indigène). Langue du groupe indonésien parlée aux Philippines, où elle est la base de la langue officielle, le *filipino.*

Tagalog ou **Tagal,** peuple des Philippines, principal groupe de l'île de Luçon, parlant le tagalog.

Tage (le), en esp. **Tajo,** en port. **Tejo,** le plus long fl. de la péninsule Ibérique ; 1 120 km (dont 210 au Portugal). Né en Espagne, il passe à Tolède, traverse le Portugal et rejoint l'Atlantique par un estuaire sur lequel est établie Lisbonne. Aménagements hydrauliques.

tagine ou **tajine** [taʒin] **n.m.** (de l'ar.). **1.** Ragoût de mouton, de volaille ou de légumes cuits à l'étouffée. ▸ Cuisine marocaine, tunisienne. **2.** Récipient en terre, formé d'un plat épais muni d'un couvercle conique, pour cuire ce ragoût.

tagliatelle [taljatɛl] **n.f.** (it. *tagliatelli,* petites branches). Pâte alimentaire d'origine italienne, en forme de lanière : *Des tagliatelles.*

Taglioni (Filippo), danseur et chorégraphe italien (Milan 1777 - Côme 1871). Pygmalion de sa fille Maria, il règle pour elle de nombreux ouvrages, dont *la Sylphide,* premier ballet romantique créé en 1832 à Paris. • **Maria** (Stockholm 1804 - Marseille 1884) est la première danseuse à maîtriser la technique des pointes pour lui donner une signification poétique dans *la Sylphide.*

Tagore (Rabindranath), écrivain indien (Calcutta 1861 - Santiniketan 1941). Le plus grand écrivain bengali, il est l'auteur de poèmes d'inspiration mystique ou patriotique (*Gitanjali*, traduit de l'anglais par Gide sous le titre de *l'Offrande lyrique*), de romans et de drames. (Prix Nobel 1913.)

taguer [tage] **v.t.** Tracer des tags sur : *Taguer un mur.*

tagueur, euse [tagœr, -øz] **n.** Personne qui trace des tags.

Tahiti, île principale de l'archipel de la Société (Polynésie française) ; 1 042 km^2 ; 183 645 hab. Ch.-l. *Papeete*. Coprah. Tourisme. Découverte par S. Wallis en 1767, dirigée par la dynastie des Pomaré au début du XIXe s., l'île devient protectorat français en 1843, puis colonie française en 1880. En 1959, elle est intégrée au territoire d'outre-mer de la Polynésie française.

tahitien, enne [taisjɛ̃, -ɛn] **adj.** et **n.** De Tahiti. ◆ **tahitien n.m.** Langue polynésienne parlée dans toute la Polynésie française.

taïaut ou **tayaut** [tajo] **interj.** (onomat.). Dans la chasse à courre, cri du veneur pour signaler un animal.

taie [tɛ] **n.f.** (lat. *theca*, gr. *thêkê*, boîte, coffre). **1.** Enveloppe de tissu dans laquelle on glisse un oreiller ou un traversin. **2.** Tache permanente de la cornée due à des traumatismes ou à des ulcérations.

taïga [taiga] **n.f.** (mot russe). Forêt de conifères qui longe en une ceinture presque ininterrompue le nord de l'Eurasie et de l'Amérique, au sud de la toundra.

taïkonaute [tajkɔnot] **n.** (du chin. *taikong*, espace). Occupant d'un vaisseau spatial chinois. ***Rem.*** Voir aussi *astronaute, cosmonaute, spationaute.*

taillable [tajabl] **adj. 1.** HIST. Assujetti à l'impôt de la taille. **2. Taillable et corvéable à merci,** se dit d'un subordonné soumis à toutes sortes d'obligations.

taillade [tajad] **n.f.** (it. *tagliata*, même orig. que *tailler*). **1.** Entaille dans les chairs provoquée par un instrument tranchant : *Se faire une taillade en se rasant* (syn. **estafilade, balafre**). **2.** Incision en long : *Creuser des taillades dans un arbre.*

taillader [tajade] **v.t.** Faire des entailles dans. ◆ **se taillader v.pr. Se taillader qqch (une partie du corps),** l'entailler : *Se taillader les veines* (syn. **couper, entailler**).

taillanderie [tajɑ̃dri] **n.f.** (de *taillandier*). Fabrication, commerce des outils propres à tailler, couper, etc. ; ces outils eux-mêmes (cisailles, sécateurs, etc.).

taillandier [tajɑ̃dje] **n.m.** (de *tailler*). Fabricant d'articles de taillanderie.

1. taille [taj] **n.f.** (de *tailler*). **1.** Action de tailler, de couper : *La taille de la vigne. La taille des pierres.* **2.** Manière de tailler ; façon donnée à l'objet taillé : *La taille en rose d'un diamant.* **3.** GRAV. Incision de la planche qui servira à tirer une estampe (taille d'épargne* et taille-douce*). **4.** Tranchant d'une épée : *Frapper de taille et d'estoc.* **5.** MIN. Chantier allongé qui progresse simultanément sur toute sa longueur.

2. taille [taj] **n.f.** (de *1. taille*). HIST. Impôt direct levé sur les roturiers, en France, sous l'Ancien Régime.

3. taille [taj] **n.f.** (de *1. taille*). **1.** Hauteur du corps humain : *Un homme de grande taille* (syn. **stature**). **2.** Hauteur et grosseur des animaux : *Un cheval de belle taille.* **3.** Dimension, grandeur de qqch : *Une pomme rabougrie de la taille d'une prune* (syn. **grosseur**). *Un plat de grande taille* (syn. **gabarit**). **4.** Ensemble des dimensions du corps servant de modèle pour les vêtements ; dimension standard : *Cette robe n'est pas à ma taille. Ces chaussures sont trop étroites, donnez-moi la taille au-dessus* (syn. **pointure**). **5.** Partie du corps située à la jonction du thorax et de l'abdomen ; partie ajustée du vêtement qui la marque : *Avoir la taille fine. Tour de taille* (syn. **ceinture**). **6. De taille,** d'importance : *Un argument de taille.* / **Être de taille à,** être capable de : *Elle est de taille à se défendre.*

taillé, e [taje] **adj. 1.** Qui a telle taille ; qui est bâti de telle façon : *Être taillé en hercule.* **2.** HÉRALD. Se dit d'un écu partagé par une ligne oblique allant de l'angle senestre du chef à l'angle dextre de la pointe. **3. Être taillé pour,** être fait pour, apte à : *Être taillé pour la course.*

taille-crayon [tajkrejɔ̃] **n.m.** (pl. *taille-crayons*). Petit outil servant à tailler les crayons.

taille-douce [tajdus] **n.f.** (pl. *tailles-douces*). **1.** Ensemble des procédés de gravure en creux sur métal (burin, eau-forte, pointe-sèche, etc., par opp. à *taille d'épargne*). **2.** Estampe obtenue par un de ces procédés.

tailler [taje] **v.t.** (lat. pop. **taliare*, de *talea*, bouture). **1.** Couper, retrancher ce qu'il y a de superflu pour donner une forme, pour rendre propre à tel usage : *Tailler des pierres. Tailler des arbres fruitiers* (syn. **élaguer, émonder**). **2.** Couper dans un tissu les pièces nécessaires à la confection d'un vêtement : *Tailler une robe dans un coupon de soie.* **3.** Façonner la surface du verre au moyen de la meule : *Cristal taillé.* **4. Tailler en pièces une armée,** la défaire entièrement. ◆ **v.i.** (Suivi d'un compl. de qualité ou d'un adv.). S'ajuster au corps de telle manière, en parlant de vêtements : *Veste qui taille grand.* ◆ **se tailler v.pr. 1.** S'attribuer, remporter : *Se tailler un empire. Se tailler un succès.* **2.** FAM. S'en aller ; s'enfuir.

taillerie [tajri] **n.f. 1.** Art de tailler les cristaux et les pierres fines. **2.** Atelier où s'exécute ce travail.

1. tailleur [tajœr] **n.m.** (de *tailler*). **1.** Artisan qui fait des vêtements sur mesure. **2.** Ouvrier spécialisé dans la taille de certains matériaux : *Tailleur de pierre(s).* **3. En tailleur,** assis les jambes repliées et les genoux écartés.

2. tailleur [tajœr] **n.m.** (de *1. tailleur*). Tenue féminine composée d'une jupe et d'une veste assortie.

taillis [taji] **n.m.** (de *tailler*). Bois qu'on coupe à des intervalles rapprochés, constitué d'arbres de petite dimension.

tailloir [tajwar] **n.m.** ARCHIT. Couronnement mouluré du corps de certains chapiteaux (syn. **abaque**).

tain [tɛ̃] **n.m.** (altér. de *étain*). Amalgame d'étain, qui sert à l'étamage des glaces.

Taine (Hippolyte), philosophe, historien et critique français (Vouziers 1828 - Paris 1893). S'inspirant du positivisme, il a essayé d'expliquer les œuvres artistiques par la triple influence de la race, du milieu et de l'époque. Il s'intéressa aux domaines les plus variés : critique littéraire (*Essai de critique et d'histoire*, 1858 ; *Histoire de la littérature anglaise*, 1864-1872) ; philosophie (*De l'intelligence*, 1870) ; histoire (*Origines de la France contemporaine*, 1875-1894) et esthétique (*Philosophie de l'art*, 1882).

Taipei, cap. de Taïwan ; 2 654 039 hab. dans l'agglomération. Centre commercial et industriel. Musée national (l'une des plus riches collections de peinture chinoise ancienne).

Taiping, mouvement politique et religieux qui agita la Chine de 1851 à 1864. Fondé par Hong Xiuquan (1814-1864), qui voulait sauver la Chine de la décadence, il fut appuyé par les sociétés secrètes hostiles à la dynastie des Qing. Il fut anéanti en 1864, avec l'aide des Occidentaux.

taire [tɛr] **v.t.** (réfection de l'anc. v. *taisir*, du lat. *tacere*) [conj. **111**]. **1.** Ne pas dire ; passer sous silence : *Taire la vérité* (syn. **cacher**). **2. Faire taire,** imposer silence à, empêcher de se manifester : *Faites taire ce bavard ! Faire taire son imagination.* ◆ **se taire v.pr. 1.** Garder le silence ; s'abstenir de parler. **2.** Ne pas divulguer un secret : *Confiez-vous à moi, je saurai me taire.* **3.** Ne pas faire de bruit : *Les vents et la mer se sont tus.*

Taïwan, anc. **Formose,** État insulaire de l'Asie orientale, séparé de la Chine continentale par le *détroit de Taïwan* ; 36 000 km^2 ; 23 200 000 hab. CAP. *Taipei.* LANGUE : *chinois.* MONNAIE : *dollar de Taïwan.*

GÉOGRAPHIE

L'île est dominée à l'E. par un ensemble de montagnes dont les plus élevées approchent de 4 000 m. Des collines séparent cet ensemble de la plaine alluviale de l'O. Le climat est tropical, chaud et arrosé, mais les précipitations varient en fonction du relief et de l'exposition, passant de 1 500-2 000 mm dans la plaine à 6 m sur la côte orientale, hauteur qui explique la

présence de la forêt sur plus de la moitié de l'île. La population, constituée essentiellement de Chinois, s'accroît de 1 % par an environ. Elle est concentrée sur le tiers ouest de l'île, où les densités sont très élevées.
L'agriculture prospère : canne à sucre, riz, légumes et fruits (bananes, ananas), thé. Un peu de houille et de gaz sont les seules ressources notables du sous-sol. L'électricité est fournie pour un tiers environ par les centrales nucléaires.
Le secteur industriel, fondement de la puissance économique, importe ses matières premières et produits de base et exporte des produits élaborés. Dominé autrefois par les industries de main-d'œuvre (délocalisées, en Chine populaire notamm.), il concerne maintenant de plus en plus les secteurs de la technologie de pointe. Aux exportations, les matériels électriques et électroniques précèdent les textiles synthétiques, les jouets et objets de plastique.
Les investissements à l'étranger sont notables, vers la Thaïlande, l'Indonésie, les Philippines et la Malaisie, mais aussi vers la Chine, l'Europe et les États-Unis.

HISTOIRE
Fréquentée depuis des siècles par des pirates et des marchands chinois, l'île est massivement peuplée par des immigrants chinois au XVIIe s. À la même époque, Hollandais et Espagnols s'établissent dans l'île.
1683. Elle passe sous le contrôle des empereurs Qing.
1895. L'île est cédée au Japon au traité de Shimonoseki, qui met fin à la guerre sino-japonaise.
1945. Elle est restituée à la Chine.
1949. Après la victoire des communistes sur le continent, l'île sert de refuge au gouvernement nationaliste du Guomindang. Dirigée par Jiang Jieshi (Tchang Kaï-chek), Taïwan représente la Chine au Conseil de sécurité de l'O.N.U. jusqu'à l'admission de la Chine populaire à cette organisation en 1971.
1975. Jiang Jingguo succède à son père. Depuis, Taïwan refuse l'« intégration pacifique » que lui propose la Chine, ce qui crée une vive tension entre les deux pays.
1979. Les États-Unis reconnaissent officiellement la Chine populaire et mettent fin à leurs relations diplomatiques avec Taïwan.
1988. Mort de Jiang Jingguo. Lee Teng-hui lui succède (confirmé à la tête de l'État en 1996 par la première élection présidentielle au suffrage universel).
2000. Chen Shui-bian, leader d'un parti appartenant à la mouvance indépendantiste, est élu président, mettant un terme à un demi-siècle de pouvoir du Guomindang. Il est réélu en 2004.
2008. Ma Ying-jeou lui succède, consacrant le retour au sommet de l'État du Guomindang. S'ensuit une nette amélioration des relations avec la Chine.
2012. Ma Ying-jeou est réélu.

Taiyuan, v. de Chine, cap. du Shanxi ; 3 392 059 hab. dans l'agglomération. Sidérurgie. Chimie.

tajine n.m. ⟶ **tagine.**

Talbot (William Henry Fox), physicien britannique (Lacock Abbey, près de Chippenham, 1800 - *id.* 1877). Le premier, il mit au point, de 1835 à 1841, la photographie avec négatif et sur papier (*calotype* ou *talbotypie*), alors que Daguerre n'obtenait qu'un positif unique sur plaque métallique.

talc [talk] **n.m.** (ar. *talq*). **1.** Silicate naturel de magnésium, onctueux et tendre, constitué de lamelles, qu'on rencontre dans les schistes cristallins. **2.** Poudre tirée de cette substance et que l'on utilise en dermatologie.

talé, e [tale] **adj.** (du germ. **talôn*, arracher). Meurtri, en parlant d'un fruit.

1. talent [talɑ̃] **n.m.** (lat. *talentum,* du gr. *talanton,* plateau de balance). ANTIQ. Unité de poids et de monnaie : *Talent d'or.*

2. talent [talɑ̃] **n.m.** (de *1. talent*). **1.** Aptitude, habileté naturelle ou acquise à faire qqch, en partic. dans le domaine intellectuel ou artistique : *Avoir du talent pour la musique, la peinture* (syn. **don, disposition**). *Un artiste de talent.* **2.** Personne qui a une aptitude, un don particuliers : *Encourager les jeunes talents.*

talentueux, euse [talɑ̃tɥø, -øz] **adj.** FAM. Qui a du talent : *Un artiste talentueux* (syn. **doué**).

taliban [talibɑ̃] **n.m.** (pl. d'un mot ar. « étudiant »). Étudiant en théologie islamique d'ethnie pachtoune. ▸ Les talibans, issus des écoles du Pakistan et de l'Afghanistan, ont formé une armée qui a pris le pouvoir dans ce dernier pays en 1996 et y a fait régner un régime de terreur jusqu'en 2001. ◆ **taliban, e adj.** Relatif aux talibans : *Dictature talibane.*

talion [taljɔ̃] **n.m.** (lat. *talio*). **1.** Punition identique à l'offense, qui inspira la législation hébraïque. **2. Loi du talion,** loi qui exige de punir l'offense par une peine du même ordre que celle-ci ; au fig., façon de se venger en rendant la pareille : *La loi du talion est résumée par la formule « œil pour œil, dent pour dent ».*

talisman [talismɑ̃] **n.m.** (ar. pop. *tilasamān,* pl. de *tilsam,* du bas gr. *telesma,* rite religieux). Objet, image préparés rituellement pour leur conférer une action magique ou protectrice (syn. **amulette, fétiche, porte-bonheur**).

talith [talit] et **taleth** [talɛt] **n.m.** (mot hébr.). Châle rituel dont se couvrent les juifs pour la prière. (On trouve aussi d'autres graphies, dont *talleth.*)

talkie-walkie [tokiwoki] **n.m.** (mot anglo-amér., de *to talk,* parler, et *to walk,* marcher) [pl. *talkies-walkies*]. Petit appareil de radio émetteur et récepteur, de faible portée.

Talleyrand-Périgord (Charles Maurice de), homme politique français (Paris 1754 - *id.* 1838). Devenu boiteux dans son enfance, il est destiné, malgré son droit d'aînesse, à une carrière ecclésiastique et devient évêque d'Autun (1788). Député du clergé aux états généraux, il joue un rôle de premier plan sous la Constituante en faisant voter la mise à disposition de la nation des biens du clergé (nov. 1789). Après l'adoption de la Constitution civile du clergé, il devient le chef du clergé constitutionnel dont il sacre les premiers évêques : condamné par le pape, il rompt alors avec l'Église. Soupçonné de compromission avec le roi, il est porté sur la liste des émigrés et voyage aux États-Unis (1794-1796).
Nommé ministre des Relations extérieures (1797), sous le Directoire, il participe au complot du 18 Brumaire. Passé au service de Napoléon, il négocie les traités de Lunéville, Amiens, Presbourg et Tilsit et reçoit les plus hautes dignités (grand chambellan, 1804 ; prince de Bénévent, 1806). Mais, cherchant à freiner les ambitions impériales, il perd son ministère (1807). Resté conseiller de l'Empereur, il pousse cependant le tsar Alexandre Ier à tenir tête à Napoléon, lors de l'entrevue d'Erfurt (1808), et est disgracié (1809). En avr. 1814, il forme un gouvernement provisoire, fait voter par le Sénat la déchéance de Napoléon et la proclamation de Louis XVIII. Ministre des Affaires étrangères, il représente la France au congrès de Vienne et parvient, en divisant les Alliés, à modérer leurs exigences. Le retour de Napoléon (mars 1815) détruit son œuvre. Il ne joue plus, après la seconde Restauration, qu'un rôle de second plan. Mais, à la fin du règne de Charles X, il passe dans l'opposition et se rapproche de Louis-Philippe d'Orléans, dont il favorise l'accession au trône en 1830. Nommé ambassadeur à Londres (1830-1835), il négocie le rapprochement franco-anglais et le règlement de la question belge.
Fin politique, Talleyrand a accordé ses services aux cinq régimes successifs qu'a connus la France de 1789 à 1830. Personnage énigmatique et intrigant, il sut déployer une grande habileté diplomatique.

Tallien (Jean Lambert), homme politique français (Paris 1767 - *id.* 1820). Député à la Convention, il fit partie des Montagnards. Sous l'influence de Thérésa Cabarrus, qu'il épousa par la suite, il revint à des positions plus modérées et fut l'un des instigateurs du 9 Thermidor. • Sa femme, **Mme Tallien** (Thérésa Cabarrus), *marquise* **de Fontenay** (Carabanchel Alto, près de Madrid, 1773 - Chimay 1835), surnommée *Notre-Dame de Thermidor,* fut la plus célèbre des merveilleuses.

Tallinn, anc. **Reval** ou **Revel,** cap. de l'Estonie, port sur le golfe de Finlande ; 393 222 hab. Centre industriel. Université. Citadelle médiévale et autres monuments.

Tallon (Roger), designer français (Paris 1929 - *id.* 2011). Ses réalisations concernent l'ensemble de la production industrielle (équipement ménager ; luminaires ; téléphones ; métro de Mexico [1969] ; T.G.V. Atlantique [1986-1988]).

Talma (François Joseph), acteur français (Paris 1763 - *id.* 1826). Il fut l'acteur tragique préféré de Napoléon Ier. Soucieux de vérité historique dans les costumes et les décors, il rendit aussi la diction plus naturelle.

Talmud, vaste compilation de commentaires sur la Loi mosaïque, qui constitue l'œuvre la plus importante du judaïsme postbiblique. Considéré comme l'interprétation authentique de la Torah, ou Loi écrite, et reflétant l'enseignement des grandes écoles rabbiniques des premiers siècles de notre ère, le Talmud est composé de la Mishna, rédigée en hébreu (fin du IIe-IIIe s.), et de la Gemara, écrite en araméen. Celle-ci s'étant élaborée en deux ensembles distincts, dans deux milieux différents (écoles juives de Palestine [IVe s.] et de Babylonie [VIe-VIIe s.], il en résulta la constitution de deux Talmud : le Talmud palestinien (appelé improprement « de Jérusalem ») et le Talmud babylonien.

talmudique [talmydik] **adj.** Relatif au Talmud.

talmudiste [talmydist] **n.m.** Savant juif versé dans l'étude du Talmud.

taloche [talɔʃ] **n.f.** (de *taler,* meurtrir, avec suff. arg.). FAM. Coup donné sur la tête ou la figure avec le plat de la main.

talon [talɔ̃] **n.m.** (lat. pop. **talo, -onis,* class. *talus*). **1.** Partie postérieure du pied de l'homme. **2.** Partie postérieure du pied du cheval. **3.** Partie d'une chaussure, d'un bas, sur laquelle repose la partie postérieure de la plante du pied : *Chaussures à talons hauts.* **4.** Extrémité arrière du ski. **5.** Croûton d'un pain ; extrémité d'un jambon. **6.** Partie non détachable d'une feuille de carnet à souches, d'un chéquier (syn. **souche**). **7.** Ce qui reste des cartes après distribution à chaque joueur. **8.** MAR. Partie inférieure de l'étambot, qui se raccorde à la quille. **9.** ARCHIT., ARTS DÉC. Moulure convexe en haut, concave en bas. **10. Marcher sur les talons de qqn,** marcher immédiatement derrière lui. / **Montrer, tourner les talons,** s'enfuir. **11. Talon d'Achille,** point faible, côté vulnérable de qqn.

talonnade [talɔnad] **n.f.** SPORTS. Au football, coup de pied en arrière dans le ballon, donné avec le talon.

talonnage [talɔnaʒ] **n.m.** Action de talonner le ballon.

talonner [talɔne] **v.t. 1.** Presser du talon ou de l'éperon : *Talonner son cheval* (syn. **éperonner**). **2.** Poursuivre de près ; presser vivement : *Être talonné par ses créanciers* (syn. **poursuivre, pourchasser**). **3.** Au rugby, faire sortir le ballon de la mêlée, en le poussant vers son camp du talon ou de la face interne du pied. ◆ **v.i. 1.** En parlant d'un navire, toucher le fond, de l'extrémité arrière de la quille. **2.** MÉCAN. En parlant de deux organes mécaniques, entrer en contact en des zones qui normalement ne devraient pas se toucher.

talonnette [talɔnɛt] **n.f. 1.** Partie de l'arrière de la tige de la chaussure entourant le talon du pied. **2.** Garniture placée à l'intérieur de la chaussure, sous le talon du pied. **3.** Morceau d'extrafort cousu intérieurement au bas d'un pantalon pour en éviter l'usure.

talonneur, euse [talɔnœr, -øz] **n.** Au rugby, joueur placé en mêlée entre les deux piliers et chargé de talonner le ballon.

talquer [talke] **v.t.** Saupoudrer, enduire de talc : *Talquer les fesses d'un bébé.*

talus [taly] **n.m.** (lat. *talutium,* du gaul. *talo,* front). **1.** Terrain en pente. **2.** Face d'un mur ou d'une partie de mur ayant une forte inclinaison. **3. Tailler, couper en talus,** tailler, couper obliquement. / GÉOMORPH. **Talus continental,** pente limitant vers l'océan le plateau continental.

talweg [talvɛg] **n.m.** (mot all., de *Thal,* vallée, et *Weg,* chemin). **1.** GÉOGR. Ligne joignant les points les plus bas du fond d'une vallée. **2.** MÉTÉOR. Creux barométrique entre deux zones de hautes pressions.

tamanoir [tamanwar] **n.m.** (caraïbe de la Guyane *tamanoa,* du tupi *tamandoa*). Mammifère de l'Amérique du Sud, qui se nourrit d'insectes capturés avec sa longue langue visqueuse, et appelé aussi *grand fourmilier.* ▶ Ordre des xénarthres ; long. 2,50 m env. avec la queue.

1. tamarin [tamarɛ̃] **n.m.** (lat. médiév. *tamarindus,* de l'ar. *tamār hindi,* datte de l'Inde). **1.** Tamarinier. **2.** Fruit laxatif de cet arbre.

2. tamarin [tamarɛ̃] **n.m.** (d'une langue indienne de l'Amazonie). Singe de l'Amérique du Sud, voisin du ouistiti.

tamarinier [tamarinje] **n.m.** (de *1. tamarin*). Arbre cultivé dans les régions tropicales pour son fruit. ▶ Sous-famille des césalpiniacées.

tamaris [tamaris] et **tamarix** [tamariks] **n.m.** (lat. *tamariscus,* de l'ar. *tamâr,* datte). Arbrisseau à très petites feuilles et à grappes de fleurs roses, souvent planté dans le Midi et près des littoraux.

tambouille [tɑ̃buj] **n.f.** (p.-ê. abrév. de *pot-en-bouille,* var. de *pot-bouille,* ordinaire du ménage). **1.** FAM. Ragoût, cuisine médiocre. **2. Faire la tambouille,** faire la cuisine.

tambour [tɑ̃bur] **n.m.** (p.-ê. du persan *tabir,* nasalisé sous l'infl. de l'ar. *at-tambour,* sorte de lyre). **1.** Caisse cylindrique dont les fonds sont formés de peaux tendues, dont l'une est frappée avec deux baguettes pour en tirer des sons : *Roulement de tambour.* **2.** Personne qui bat du tambour. **3.** Nom donné à diverses pièces en forme de cylindre : *Tambour d'une machine à laver. Tambour d'un treuil.* **4.** Petit métier à broder circulaire. **5.** Cylindre portant à sa périphérie une graduation permettant de mesurer une grandeur, par lecture en face d'un index. **6.** Ouvrage de menuiserie rotatif formant enceinte, avec une ou plusieurs portes, placé à l'entrée de certains édifices pour empêcher le vent ou le froid d'y pénétrer. **7.** ARCHIT. Chacune des assises de pierre cylindriques composant le fût d'une colonne. **8.** ARCHIT. Construction de plan circulaire, elliptique, polygonal, etc., exhaussant une coupole. **9.** FAM. **Sans tambour ni trompette,** sans bruit, en secret. / FAM. **Tambour battant,** vivement, avec énergie : *Mener une affaire tambour battant.* / TECHN. **Tambour de frein,** pièce circulaire solidaire de la pièce à freiner, et sur laquelle s'exerce le frottement du segment de frein.

tambourin [tɑ̃burɛ̃] **n.m. 1.** Tambour provençal à deux peaux, à fût long et étroit, que l'on bat avec une seule baguette. **2.** Petit cercle de bois tendu d'une peau pour jouer à certains jeux de balle. **3.** Air de danse de rythme vif à deux temps dont on marque la mesure sur le tambourin ; cette danse.

tambourinaire [tɑ̃burinɛr] **n. 1.** Joueur de tambourin, en Provence. **2.** Tambour de ville. **3.** Joueur de tambour, en Afrique noire.

tambourinement [tɑ̃burinmɑ̃] et **tambourinage** [tɑ̃burinaʒ] **n.m.** Action de tambouriner ; bruit fait en tambourinant.

tambouriner [tɑ̃burine] **v.i. 1.** VX. Battre du tambour ; jouer du tambourin. **2.** Frapper à coups répétés sur qqch : *Tambouriner à, sur la porte* (syn. **marteler**). *Tambouriner nerveusement sur une table* (syn. **pianoter**). ◆ **v.t. 1.** Jouer au tambour ou en imitant le bruit du tambour : *Tambouriner un air.* **2.** VX. Annoncer au son du tambour.

tambourineur, euse [tɑ̃burinœr, -øz] **n.** Personne qui joue du tambourin ou du tambour.

tambour-major [tɑ̃burmaʒɔr] **n.m.** (pl. *tambours-majors*). Sous-officier, chef des tambours ou de la clique dans une musique militaire.

Tamerlan ou **Timur Lang** (« le Seigneur de fer boiteux ») [Kech, près de Samarkand, Ouzbékistan, 1336 - Otrar, sur le Syr-Daria, 1405], émir de Transoxiane (1370-1405). Se déclarant l'héritier et le continuateur de Gengis Khan, il instaure un immense et éphémère Empire turc (Transoxiane, Kharezm, Iran, Iraq et Pendjab), fondé sur la force militaire, sur la terreur et sur un système juridico-religieux alliant lois mongole et islamique. Musulman dévot, il ruine tous les empires musulmans de l'époque. Son règne se passera en guerres décousues, toujours à recommencer, car il se contente de détruire sans organiser ses conquêtes. À partir de 1380, il mène plusieurs campagnes en Iran et en Afghanistan, y ravageant les villes et y décimant les populations. Puis, de 1391 à 1395, il pourchasse Tuktamich, autre chef mongol, à travers les steppes en Crimée et en Transcaucasie. Il abat en Inde le sultanat musulman de Delhi (1398-1399), dévaste Alep, Damas et Bagdad au cours de la campagne de 1400-1401 et vainc et capture Bayezid Ier, sultan ottoman, près d'Ankara (1402). Tamerlan s'est entouré de lettrés, de savants, d'artistes et d'artisans, parfois déportés des villes conquises, qui ont fait de Samarkand un grand centre intellectuel et artistique.

Tamil Nadu, anc. **État de Madras,** État de l'Inde ; 130 000 km^2 ; 72 138 958 hab. CAP. *Madras.*

tamis [tami] **n.m.** (lat. pop. **tamisium,* probabl. du gaul.). **1.** Cadre sur lequel est tendu un réseau plus ou moins serré de métal, textile, crin ou vannerie, pour passer des matières en grain, liquides ou pulvérulentes. **2.** Surface de cordage d'une raquette de tennis. **3.** SOUT. **Passer au tamis,** examiner attentivement, sévèrement : *Passer au tamis la conduite de qqn.*

tamisage [tamizaʒ] **n.m.** Action de tamiser.

Tamise (la), en angl. **Thames,** fl. de Grande-Bretagne, qui traverse Londres et rejoint la mer du Nord par un large estuaire ; 338 km.

tamiser [tamize] **v.t. 1.** Passer une substance au tamis pour en séparer certains éléments : *Tamiser de la farine* (syn. **bluter**). **2.** Laisser passer la lumière en en diminuant l'intensité : *Les rideaux tamisent la lumière* (syn. **voiler**).

tamoul, e [tamul] **adj.** Des Tamouls. ◆ **tamoul n.m.** Langue dravidienne parlée principalement en Inde (État du Tamil Nadu) et au Sri Lanka.

Tamouls ou **Tamils,** peuple de l'Inde méridionale et de Sri Lanka, de religion hindouiste et parlant une langue dravidienne. Hindouistes, ils sont organisés en castes à filiation patrilinéaire. Dans l'île de Sri Lanka, ils habitent le Nord et constituent une forte minorité à laquelle s'opposent les Sri Lankais de religion bouddhiste.

tampico [tɑ̃piko] **n.m.** (de *Tampico,* n. d'un port mexicain). Fibre végétale tirée des feuilles d'un agave du Mexique, employée pour la fabrication des matelas et des brosses.

tampon [tɑ̃pɔ̃] **n.m.** (var. nasalisée de *tapon,* frq. **tappo,* linge chiffonné en bouchon). **1.** Gros bouchon de matière dure servant à obturer un orifice. **2.** Petite masse faite de tissu ou d'une autre matière, utilisée pour frotter une surface, absorber, faire pénétrer ou étaler un liquide, etc. : *Tampon à récurer. Tampon imbibé d'éther.* **3.** Petite plaque de métal ou d'élastomère gravée que l'on encre en l'appliquant sur un *tampon encreur* pour imprimer le timbre d'une administration, d'une société, etc. ; timbre ainsi imprimé (syn. **cachet**). **4.** FIG. (Parfois en appos.). Ce qui sert à atténuer les heurts, les chocs : *État tampon. Servir de tampon entre deux adversaires.* **5.** CONSTR. Plaque, génér. en fonte, servant à obturer un regard. **6.** Cheville de bois ou de métal, pour la fixation de vis ou de clous dans un mur. **7.** Calibre cylindrique lisse ou fileté, utilisé pour la vérification des dimensions d'un trou à paroi lisse *(alésage)* ou filetée *(taraudage).* **8.** CHIM. Substance, solution qui maintient la constance du pH (ex. le mélange acide carbonique-carbonate dans le sang). **9.** CH. DE F. Dispositif constitué d'un plateau vertical muni de ressorts, placé à l'extrémité des voitures ou des wagons pour amortir les chocs.

tamponné, e [tɑ̃pɔne] **adj.** PHARM. **Comprimé tamponné,** comprimé dont la dissolution produit une solution à pH constant.

tamponnement [tɑ̃pɔnmɑ̃] **n.m. 1.** Action de tamponner. **2.** Rencontre brutale de deux véhicules, de deux convois (syn. **collision**). **3.** MÉD. Introduction d'une compresse, d'une mèche dans une cavité naturelle.

tamponner [tɑ̃pɔne] **v.t. 1.** Essuyer, étancher avec un tampon, une matière roulée en tampon : *Tamponner une plaie, ses yeux.* **2.** Marquer d'un tampon, d'un cachet : *Faire tamponner un passeport.* **3.** Heurter, rencontrer avec violence : *Train qui en tamponne un autre* (syn. **emboutir, télescoper**). **4.** Préparer un mur en le perçant et en y plaçant un tampon, une cheville. **5.** CHIM. Dissoudre dans un liquide les corps nécessaires pour en faire une solution tampon. ◆ **se tamponner v.pr. 1.** Se heurter. **2.** FAM. **S'en tamponner,** s'en moquer complètement (on dit aussi *s'en tamponner l'œil*).

tamponneur, euse [tɑ̃pɔnœr, -øz] **adj. Autos tamponneuses,** petites voitures électriques à deux places qui s'entrechoquent sur une piste, dans les fêtes foraines.

tamponnoir [tɑ̃pɔnwar] **n.m.** Pointe d'acier servant à faire, dans la maçonnerie, des trous destinés à recevoir des tampons, des chevilles.

tam-tam [tamtam] **n.m.** (onomat. créole) [pl. *tam-tams*]. **1.** Tambour à membrane africain servant à la transmission des messages ou à l'accompagnement des danses. **2.** Gong chinois en bronze martelé, aux bords légèrement relevés. **3.** FAM. Publicité tapageuse ; vacarme.

tan [tɑ̃] **n.m.** (p.-ê. du gaul. **tann-,* chêne). Écorce de chêne moulue servant au tannage des peaux.

tanagra [tanagra] **n.m.** ou **n.f.** (de *Tanagra,* village de Grèce). **1.** ARCHÉOL. Figurine polychrome de terre cuite, simple et gracieuse, produite à Tanagra. **2.** Jeune fille, jeune femme aux formes fines et gracieuses.

Tananarive → Antananarivo.

tancer [tɑ̃se] **v.t.** (lat. pop. **tentiare,* de *tentus,* p. passé de *tendere,* combattre) [conj. **16**]. SOUT. Réprimander ; admonester : *Tancer vertement un enfant* (syn. **morigéner, sermonner**).

tanche [tɑ̃ʃ] **n.f.** (bas lat. *tinca,* mot gaul.). Poisson cyprinidé, trapu et ovale, qui se plaît dans les fonds vaseux des étangs et dont la chair est estimée.

tandem [tɑ̃dɛm] **n.m.** (mot angl., du lat. *tandem,* enfin, pris dans le sens de « à la longue »). **1.** Bicyclette conçue pour deux personnes placées l'une derrière l'autre. **2.** Association de deux personnes, de deux groupes collaborant à une œuvre commune : *Travailler en tandem.*

tandis que [tɑ̃dikə] ou [tɑ̃dikə] **loc. conj.** (du lat. *tamdiu,* aussi longtemps, et de *que*). Marque : **1.** La simultanéité de deux actions : *Il est arrivé tandis qu'elle déjeunait* (syn. **pendant que**). **2.** Le contraste, l'opposition : *Elle aime l'opéra, tandis que lui préfère le jazz* (syn. **alors que**).

Tanegashima, île du Japon, au S. de Kyushu. Au sud-est, base de lancement d'engins spatiaux.

Tang, dynastie qui a régné sur la Chine de 618 à 907. Fondée par Tang Gaozu (618-626), elle étendit le territoire de l'empire en Asie centrale (VIIe s.), au Viêt Nam, en Mongolie et en Mandchourie méridionale. La civilisation des Tang exerça une influence déterminante sur la Corée, le Viêt Nam et le Japon, qui empruntèrent de nombreux traits de la civilisation chinoise (bouddhisme, écriture, urbanisme).

tangage [tɑ̃gaʒ] **n.m.** (de *tanguer*). **1.** Mouvement d'oscillation d'un navire dans le sens de sa longueur (par opp. à *roulis*). **2.** Mouvement d'oscillation d'un aéronef autour d'un axe parallèle à l'envergure des ailes.

Tanganyika, nom que prit la partie de l'Afrique-Orientale allemande (colonie allemande de l'est de l'Afrique) qui passa sous tutelle britannique en 1920. Le territoire correspond auj. à la partie continentale de la Tanzanie.

Tanganyika *(lac),* grand lac de l'Afrique orientale, entre la Rép. dém. du Congo (ex-Zaïre), le Burundi, la Tanzanie et la Zambie, qui se déverse dans le Congo (r. dr.) par la Lukuga ; 31 900 km^2.

Tange Kenzo, architecte et urbaniste japonais (Imabari, Shikoku, 1913 - Tokyo 2005). Utilisateur audacieux du béton armé et adepte d'une architecture « additive », expansible au sein de l'organisme urbain, il a exercé une influence internationale (centre de la Paix à Hiroshima, 1955 ; stade olympique de Tokyo, 1960-1964).

tangence [tɑ̃ʒɑ̃s] **n.f.** État ou propriété de ce qui est tangent.

tangent, e [tɑ̃ʒɑ̃, -ɑ̃t] **adj.** (lat. *tangens, -entis,* de *tangere,* toucher). **1.** GÉOM. Qui a un point commun avec une courbe ou une surface, sans la couper : *Droite tangente à un cercle.* **2.** *FAM.* Qui est à la limite, très près du niveau nécessaire pour obtenir un résultat : *Il a réussi, mais c'était tangent* (syn. **juste**). **3. Plan tangent à une surface en un point,** plan contenant les tangentes à toutes les courbes tracées sur la surface et passant par ce point.

tangente [tɑ̃ʒɑ̃t] **n.f. 1.** MATH. Position limite d'une droite passant par deux points d'une courbe, lorsqu'un des points d'intersection se rapproche indéfiniment de l'autre en restant sur cette courbe. **2.** *FAM.* **Prendre la tangente,** s'esquiver ; dégager habilement sa responsabilité. **3.** MATH. **Tangente à une surface,** tangente à une courbe quelconque tracée sur cette surface. / **Tangente d'un angle** ou **d'un arc,** quotient du sinus par le cosinus de cet angle ou de cet arc (symb. tg).

tangentiel, elle [tɑ̃ʒɑ̃sjɛl] **adj.** MATH. Relatif à la tangente ; tangent.

Tanger, port du Maroc, ch.-l. de prov., sur le détroit de Gibraltar ; 1 065 601 hab. dans l'agglomération. Tanger fut ville internationale de 1923 à 1956, sauf pendant l'occupation espagnole (1940-1945). C'est un port franc depuis 1962.

tangible [tɑ̃ʒibl] **adj.** (bas lat. *tangibilis,* de *tangere,* toucher). **1.** Que l'on peut percevoir par le toucher : *Une réalité tangible* (syn. **palpable, sensible**). **2.** Sensible ; réel : *Signe, preuve tangibles* (syn. **concret, matériel**).

tango [tɑ̃go] **n.m.** (mot hispano-amér.). Danse originaire d'Argentine, de rythme lent, qui se danse en couple.

tanguer [tɑ̃ge] **v.i.** (p.-ê. du frison *tangeln,* vaciller). **1.** Être soumis au tangage, en parlant d'un navire, d'un aéronef. **2.** *FAM.* Osciller dans sa marche : *Ivrogne qui tangue* (syn. **tituber, zigzaguer**).

Tanguy (Yves), peintre français naturalisé américain (Paris 1900 - Woodbury, Connecticut, 1955). Autodidacte, l'un des plus purs « rêveurs » du surréalisme, il s'installa aux États-Unis en 1939 (*À quatre heures d'été, l'espoir* [1929], *le Palais aux rochers de fenêtres* [1942], M.N.A.M., Paris).

tanière [tanjɛr] **n.f.** (lat. pop. **taxonaria,* du gaul. *taxo,* blaireau). **1.** Cavité souterraine servant de repaire aux bêtes sauvages (syn. **antre**). **2.** Habitation, lieu très retirés : *Rentrer dans sa tanière.*

tanin ou **tannin** [tanɛ̃] **n.m.** (de *tan*). Substance amorphe contenue dans de nombreux végétaux (écorce de chêne, de châtaignier, noix de galle, etc.), qui rend les peaux imputrescibles : *Les tanins fournissent aussi des encres.*

Tanis, ville de l'Égypte ancienne, dans le Delta. Elle devint capitale sous la XXIe dynastie (1085-950 av. J.-C.). Elle a été identifiée à Avaris, la capitale des Hyksos, sur les ruines de laquelle fut édifiée Pi-Ramsès, résidence de la dynastie des Ramsès. Vestiges du grand temple d'Amon, édifié par Ramsès II, qui a livré des œuvres sculptées, mais surtout les tombes, inviolées, de plusieurs pharaons des XXIe et XXIIe dynasties, dont le mobilier funéraire comprenait, entre autres, de belles orfèvreries.

Tanjore ⟶ Thanjavur.

tank [tɑ̃k] **n.m.** (mot angl. « citerne »). **1.** Réservoir de stockage : *Tank à lait* (syn. **citerne**). **2.** MIL. Char de combat. **3.** *FAM.* Très grosse automobile.

tanker [tɑ̃kœr] **n.m.** (mot angl.). Navire-citerne.

tankiste [tɑ̃kist] **n.** (de *tank*). Servant d'un char de combat.

tannage [tanaʒ] **n.m.** Action de tanner les peaux.

tannant, e [tanɑ̃, -ɑ̃t] **adj. 1.** Propre au tannage : *Écorces tannantes.* **2.** *FAM.* Qui épuise, fatigue, importune (syn. **ennuyeux, lassant**).

tanné, e [tane] **adj. 1.** Préparé par tannage. **2.** Qui a pris l'aspect, la couleur du cuir : *Peau tannée par le soleil.*

tannée [tane] **n.f. 1.** Vieux tan dépourvu de son tanin, qui a servi à la préparation des cuirs. **2.** *FAM.* Correction ; volée de coups. **3.** *FAM.* Défaite humiliante.

Tannenberg *(bataille de)* [15 juill. 1410] ⟶ **Grunwald *(bataille de).***

Tannenberg *(bataille de)* [26-29 août 1914], victoire décisive des Allemands de Hindenburg sur l'armée russe, remportée en Prusse-Orientale, à Tannenberg (auj. Stebark).

tanner [tane] **v.t.** (de *tan*). **1.** Transformer en cuir la peau naturelle brute des animaux sous l'action chimique de tanins ou d'autres produits. **2.** *FAM.* Harceler de demandes importunes : *Il me tanne pour avoir des bonbons.* **3.** *FAM.* **Tanner le cuir à qqn,** le battre, le rosser.

Tanner (Alain), cinéaste suisse (Genève 1929). Figure marquante du nouveau cinéma suisse, il a réalisé *Charles mort ou vif* (1969), *la Salamandre* (1971), *les Années lumière* (1981), *Dans la ville blanche* (1983), *la Vallée fantôme* (1987), *la Femme de Rose Hill* (1989), *le Journal de Lady M* (1993), *Paul s'en va* (2004).

tannerie [tanri] **n.f. 1.** Établissement où l'on tanne les peaux. **2.** Industrie du tannage.

tanneur, euse [tanœr, -øz] **n.** et **adj. 1.** Ouvrier qui tanne les peaux. **2.** Artisan, industriel qui possède une tannerie et vend des cuirs.

Tannhäuser, poète allemand (Tannhausen ? v. 1205 - v. 1268). Chanteur errant, auteur de poèmes lyriques et de chansons, il est devenu le héros légendaire de récits populaires et inspire le livret et l'opéra de R. Wagner, qui porte son nom (1845, 1861, 1875).

tannin n.m. ⟶ tanin.

tan-sad [tɑ̃sad] **n.m.** (de l'angl. *tandem,* et *saddle,* selle) [pl. *tan-sads*]. Siège supplémentaire placé derrière la selle d'une motocyclette.

tant [tɑ̃] **adv.** (lat. *tantum*). **1.** Marque l'intensité : *Il l'aime tant* (syn. **tellement**). **2.** (En corrélation avec *que*). Dans une phrase nég., comparatif d'égalité : *Elle ne lit pas tant que moi* (syn. **autant**). **3.** Indique une quantité indéterminée, à titre d'exemple : *Gagner tant par mois.* **4. Si tant est que,** à supposer que : *Si tant est qu'on puisse lui faire confiance.* / **Tant bien que mal,** péniblement : *Il a réussi tant bien que mal* (= avec difficulté). / **Tant de,** un si grand nombre, une si grande quantité de : *Tant d'erreurs pour un petit texte.* / **Tant et plus,** beaucoup, énormément : *Des livres, j'en ai consulté tant et plus.* / **Tant et si bien que,** indique l'intensité : *Il a fait tant et si bien qu'elle a fini par le renvoyer* (= il a agi de telle manière que). / **Tant mieux,** c'est très bien ainsi. / **Tant pis,** c'est dommage. / **Tant s'en faut,** loin de là, bien au contraire : *Est-il d'un abord facile ? – Non, tant s'en faut.* / **Tant soit peu, un tant soit peu,** si peu que ce soit : *Si vous vous concentrez tant soit peu, vous comprendrez.* ◆ **tant que loc. conj. 1.** Indique une concomitance : *Tant que je vivrai* (= aussi longtemps que je vivrai). *Baignons-nous tant qu'il fait beau* (= pendant qu'il fait encore beau). **2. En tant que,** en qualité de : *Je viens vous voir non pas en tant que maire, mais en tant que voisin.* / **Tant qu'à** (+ inf.), introduit une circonstance qui suggère d'agir d'une certaine manière : *Tant qu'à prendre la voiture, je peux te raccompagner. Tant qu'à faire, on pourrait finir le travail ce soir* (= au point où l'on en est).

tantale [tɑ̃tal] **n.m.** (de *Tantale,* n.pr.). Métal blanc d'argent, très dur et très dense, qui fond à 2 985 °C.

Tantale, personnage de la mythologie grecque, célèbre par le supplice qui lui fut infligé. Admis à la table des dieux, il y avait dérobé le nectar et l'ambroisie pour les faire goûter aux mortels et servi à ses hôtes la chair de son fils Pélops qu'il venait d'égorger. Zeus ressuscita celui-ci et précipita le père dans les Enfers. Là, Tantale, plongé dans un lac sous des arbres chargés de fruits, est tourmenté par une soif et une faim inextinguibles sans pouvoir jamais atteindre ni l'eau ni les fruits.

tante [tɑ̃t] **n.f.** (altér. de l'anc. fr. *ante,* lat. *amita,* tante paternelle). **1.** Sœur du père ou de la mère ; femme de l'oncle. **2.** VULG. Homosexuel. **3.** FAM. **Ma tante,** le Crédit municipal : *Mettre ses bijoux chez ma tante* (= au mont-de-piété).

tantième [tɑ̃tjɛm] **n.m.** (de *tant*). Part proportionnelle d'une quantité déterminée.

un **tantinet** [tɑ̃tinɛ] **loc. adv.** (de *tant*). FAM. Un peu : *Il est un tantinet roublard.*

tantôt [tɑ̃to] **adv.** (de *tant* et *tôt*). **1.** VIEILLI ou RÉGION. Cet après-midi : *Il est venu, il viendra tantôt.* **2. Tantôt..., tantôt...,** exprime l'alternance, la succession : *Des yeux tantôt bleus, tantôt verts. Tantôt il pleure, tantôt il rit.*

tantrisme [tɑ̃trism] **n.m.** (de *tantra,* mot sanskrit, propr. « trame d'un tissu » puis « doctrine »). Courant religieux syncrétique relevant de l'hindouisme et du bouddhisme tardif, dont il utilise des textes et des pratiques connus sous le nom de *tantra.*

■ Le mot *tantrisme* a été forgé au XIXe s. en Occident à partir du mot sanscrit *tantra,* signifiant « trame », « chaîne », pour désigner l'ensemble des textes, des doctrines et des rites de l'hindouisme. Le tantrisme essaie d'atteindre la réalisation de l'identité du monde phénoménal et du monde de l'absolu par des pratiques physiques et psychologiques qui s'apparentent à celles du yoga et qui s'expriment en un langage ésotérique et érotique. Il utilise fréquemment, par exemple, le symbole de la rencontre entre l'énergie femelle *(shakti)* et l'énergie mâle *(purusha)* comme figurant l'unité recherchée, ou la métaphore du réveil de la *kundalini,* c'est-à-dire de l'énergie lovée à la base de la colonne vertébrale comme un serpent femelle et qui va se dérouler et remonter le long de celle-ci pour atteindre le centre vital suprême au sommet du crâne. Mais ces pratiques s'intègrent dans une vision du cosmos pour laquelle tous les niveaux sont en correspondance les uns avec les autres, l'homme participant, par les pouvoirs de son ascèse, au mouvement de l'énergie divine qui se déploie comme un vaste jeu cosmique. ■

Tanzanie, État de l'Afrique orientale ; 940 000 km^2 ; 49 253 000 hab. *(Tanzaniens).* CAP. *Dar es Salam* (*Dodoma* étant la capitale désignée). LANGUES : *swahili* et *anglais.* MONNAIE : *shilling tanzanien.*

GÉOGRAPHIE

La majeure partie du pays est constituée par un plateau s'abaissant au N. vers le lac Victoria. Il est bordé à l'O. par la Rift Valley, où se logent les lacs Tanganyika, Rukwa et Malawi, et à l'E. par la Rift Valley orientale, occupée par les lacs Natron, Manyara et Eyasi. Le Kilimandjaro (5 895 m) et le mont Meru les dominent vers le N.-E. Cet ensemble est bordé au S. et à l'E. par des monts et des hauts plateaux qui surplombent les basses terres du littoral de l'océan Indien. Le climat est chaud, aride dans le nord-est du pays (steppe masaï), plus humide ailleurs (côtes, îles) selon l'exposition et l'altitude.
La population, en majorité bantoue, est essentiellement rurale. Le manioc, le maïs, la patate douce et le mil sont les principales cultures vivrières, tandis que le café, le coton, le sisal, le thé, les noix de cajou et les clous de girofle (Zanzibar et Pemba) fournissent, avec le bois, l'essentiel des exportations. L'exploitation des ressources minières (diamants, or, étain, phosphates, charbon, fer) et le tourisme se développent. Le secteur industriel reste très modeste.

HISTOIRE

Peuplé de Bantous, le pays est très tôt intégré au commerce arabe. Installés sur le littoral sans doute à partir du IXe s., des Arabes d'Oman et du golfe Persique et des Persans s'unissent aux Bantous pour former le peuple et la civilisation swahilis.
XIIe s. Les ports de Kilwa et de Zanzibar prospèrent grâce au commerce de l'or, de l'ivoire et des esclaves.
1498. Vasco de Gama atteint le pays.
1652. Les Arabes chassent les Portugais de Zanzibar.
La domination portugaise fait place à la domination arabe. Au XIXe s., le sultanat d'Oman contrôle l'île de Zanzibar et le littoral jusqu'aux années 1880, où Britanniques et Allemands se disputent la région.
1891. Les Allemands imposent leur protectorat sur le pays, appelé Afrique-Orientale allemande.
1920. Amputée de la région nord-ouest, l'ancienne colonie allemande, rebaptisée territoire du Tanganyika, est confiée par la S.D.N. à la Grande-Bretagne.
1961. Proclamation de l'indépendance du Tanganyika.
Le leader nationaliste Julius Nyerere en est le président.
1964. Zanzibar s'unit au Tanganyika pour former la Tanzanie. Le nouvel État s'oriente vers un socialisme africain.
1985. Nyerere abandonne le pouvoir. Ali Hassan Mwinyi, élu président de la République, lui succède. Il s'engage vers le libéralisme économique.
1992. Le multipartisme est instauré.
1995. Benjamin Mkapa est élu à la présidence de la République. Il est réélu en 2000.
2005. Jakaya Kikwete lui succède. Il est réélu en 2010.

taoïsme [taɔism] **n.m.** (du chin. *tao,* anc. transcription de *dao,* voie, principe régulateur de l'univers). Expression religieuse la plus proche des divers rites et croyances populaires qui constituent le fonds de la culture chinoise.

■ Le fondateur de la forme canonique du taoïsme est le « Vieux Maître », Laozi (Lao-Tseu), qui vécut au VIe s. av. J.-C. et qui, après une longue carrière d'archiviste à la cour des Zhou, se retira du monde et dicta son enseignement, le *Livre de la voie et de la vertu (Daodejing* [*Tao-tö king*]*).* Le dao (tao), la « voie », dont parle Laozi est le principe primordial et éternel de l'univers. Mais il ne peut être ni représenté ni conceptualisé. Maître d'un temps cyclique et des transformations infinies, il laisse se créer les êtres spontanément, par la coagulation éphémère des énergies, les « souffles ». Ainsi, transformations et oppositions multiples sont-elles l'œuvre du dao et la manifestation de son pouvoir. Quiconque sait s'incorporer à ce processus devient un avec le dao et se transforme avec lui. Le *Daodejing* a été complété par un vaste commentaire apologétique, le *Zhuangzi,* dont les parties les plus anciennes datent du IVe s. av. J.-C. et qui précise la « voie du Vieux Maître » au sujet de la vie de l'adepte et de la pratique liturgique du non-agir. Soumis à diverses persécutions, notamment sous la dynastie des Qing (1644-1914), le taoïsme a été interdit par la Révolution culturelle, puis toléré en vertu de la Constitution de 1982. Bien que la propagande officielle le désigne encore comme un ensemble de superstitions, son empreinte reste très vive au sein de la civilisation chinoise. ■

taoïste [taɔist] **adj.** et **n.** Relatif au taoïsme ; adepte du taoïsme.

taon [tɑ̃] **n.m.** (bas lat. *tabo, -onis,* class. *tabanus*). Grosse mouche dont la femelle pique l'homme et le bétail, et leur suce le sang. ▸ Long. 10 à 25 mm.

tapage [tapaʒ] **n.m.** (de *taper*). **1.** Bruit confus génér. accompagné de cris : *Voisins qui font du tapage* (syn. **tintamarre, vacarme**). **2.** Publicité énorme, grand bruit fait autour de qqch : *Faire du tapage autour d'une affaire.*

tapageur, euse [tapaʒœr, -øz] **adj. 1.** Qui fait du tapage : *Enfant tapageur* (syn. **bruyant**). **2.** Qui cherche à attirer l'attention ; outrancier : *Luxe tapageur* (syn. **criard**). **3.** Qui fait scandale : *Une liaison tapageuse.*

tapant, e [tapɑ̃, -ɑ̃t] **adj.** FAM. **À une, deux... heures tapantes** ou **tapant,** au moment où sonnent une, deux... heures.

tape [tap] **n.f.** (de *taper*). Coup donné avec la main : *Elle lui a donné une petite tape dans le dos* (syn. **claque**).

tape-à-l'œil [tapalœj] **adj. inv.** et **n.m. inv.** FAM. Se dit de ce qui est très voyant, destiné à éblouir : *Un mobilier tape-à-l'œil* (syn. **clinquant**). *Ce texte grandiloquent n'est que du tape-à-l'œil !*

tapecul ou **tape-cul** [tapky] **n.m.** (pl. *tape-culs*). **1.** FAM. Voiture inconfortable, mal suspendue. **2.** Brimade consistant à taper par terre le postérieur d'une personne que d'autres tiennent par les mains et par les pieds.

tapement [tapmɑ̃] **n.m.** Action de taper ; bruit fait en tapant.

taper [tape] **v.t.** (onomat., ou du moyen néerl. *tappe,* patte, ou du germ. **tappon*). **1.** Donner une tape à : *Taper un chien* (syn. **battre**). **2.** Donner des coups sur qqch : *Taper le sol avec ses pieds* (syn. **piétiner**). **3.** Écrire à la machine : *Taper un texte* (syn. **saisir**). **4.** *FAM.* Chercher à obtenir, à emprunter qqch, spécial. de l'argent, auprès de qqn : *Taper qqn de vingt euros.* ◆ **v.t. ind. [à, dans, sur, contre]. 1.** Donner des coups à ; frapper : *Taper sur un clou pour l'enfoncer. Taper à la porte* (syn. **cogner**). *Taper dans un ballon. Taper du pied sur le sol. Taper dans ses mains.* **2.** *FAM.* **Taper à côté,** se tromper, échouer. / *FAM.* **Taper dans le mille,** deviner juste, réussir. / *FAM.* **Taper dans l'œil de qqn,** plaire à qqn. / *FAM.* **Taper dans qqch,** puiser, prendre dans qqch : *Taper dans ses réserves.* / *FAM.* **Taper sur qqn,** dire du mal de qqn ; critiquer. ◆ **v.i. 1.** *AFR.* Aller à pied. **2.** *FAM.* **Le soleil tape (dur), ça tape,** le soleil est très chaud. ◆ **se taper v.pr. 1.** *FAM.* S'offrir qqch d'agréable : *Se taper un bon repas.* **2.** Faire malgré soi une corvée ; devoir supporter qqn : *C'est toujours moi qui me tape la vaisselle.* **3. S'en taper,** se moquer complètement de qqch.

tapette [tapɛt] **n.f. 1.** Petite tape : *Le premier de nous deux qui rira aura une tapette.* **2.** Petit objet servant à taper : *Tapette pour battre les tapis. Tapette à mouches.* **3.** Piège à souris, qui assomme l'animal par la détente d'un ressort (syn. **souricière**). **4.** *VULG.* Homosexuel. **5.** *FAM.* **Avoir une bonne, une sacrée tapette,** être très bavard.

tapeur, euse [tapœr, -øz] **n.** *FAM.* Personne qui emprunte souvent de l'argent.

Tàpies (Antoni), peintre espagnol (Barcelone 1923 - *id.* 2012). Son œuvre a oscillé d'une sorte d'ascèse (la nudité du mur) à la paraphrase ironique du réel (objets ou détritus piégés dans l'épaisseur de la matière, voire assemblés en trois dimensions), en passant par l'intensité vitale des graffitis et des lacérations. Fondation à Barcelone.

tapin [tapɛ̃] **n.m.** (de *taper*). *T. FAM.* **Faire le tapin,** se prostituer en racolant sur la voie publique.

en **tapinois** [tapinwa] **loc. adv.** (de l'anc. loc. *en tapin,* même racine que *se tapir*). *SOUT.* Sournoisement ; en cachette : *Agir en tapinois.*

tapioca [tapjɔka] **n.m.** (mot port., du tupi-guarani). Fécule tirée de la racine de manioc, dont on fait des potages, des bouillies, etc.

tapir [tapir] **n.m.** (mot tupi). **1.** Mammifère d'Asie du Sud-Est et d'Amérique tropicale au museau en courte trompe. ▸ Ordre des ongulés ; sous-ordre des périssodactyles ; long. 2 m env. ; jusqu'à 300 kg. **2.** *ARG. SCOL.* Jeune élève à qui un normalien donne des leçons particulières.

se **tapir** [tapir] **v.pr.** (frq. **tappjan,* fermer) [conj. **32**]. **1.** Se cacher en se blottissant : *Le fauve se tapit pour épier sa proie.* **2.** Se retirer ; s'enfermer : *Se tapir dans sa maison* (syn. **se cacher**).

tapis [tapi] **n.m.** (gr. byzantin *tapêtion,* dimin. de *tapês, tapêtos*). **1.** Ouvrage textile constituant un élément d'ameublement et de décoration, dont on recouvre le sol : *Tapis persan.* **2.** Pièce de tissu ou d'un autre matériau, posée sur le sol et amovible : *Tapis de bain.* **3.** Pièce d'étoffe ou d'un autre matériau dont on recouvre un meuble : *Tapis de table, de jeu.* **4.** Ce qui recouvre une surface : *Tapis de gazon.* **5. Aller, envoyer au tapis,** en boxe, être envoyé, envoyer au sol. / **Être, revenir sur le tapis,** être de nouveau le sujet de conversation. / *FAM.* **Marchand de tapis,** personne qui marchande mesquinement (péjor.). / **Tapis de sol,** toile qui isole l'intérieur d'une tente de l'humidité du sol. / **Tapis vert,** tapis qui recouvre une table de jeu ; table de jeu. **6. Tapis roulant,** dispositif à mouvement continu qui transporte des personnes, des marchandises.

tapis-brosse [tapibrɔs] **n.m.** (pl. *tapis-brosses*). Tapis à poils durs et serrés destiné à s'essuyer les pieds lorsqu'on vient de l'extérieur (syn. **paillasson**).

tapisser [tapise] **v.t.** (de *tapis,* tenture, étoffe). **1.** Recouvrir de tenture, de papier peint : *Tapisser un mur, une chambre.* **2.** Recouvrir presque totalement : *Allée tapissée de feuilles mortes* (syn. **couvrir, joncher**).

tapisserie [tapisri] **n.f.** (de *tapis*). **1.** Ouvrage textile décoratif, tendant un mur ou couvrant un meuble, tissé manuellement sur un métier de basse ou de haute lisse, dont le décor est produit par les fils teintés de trame ; ouvrage d'aspect similaire, mais fabriqué selon une technique quelconque. **2.** Ouvrage textile exécuté à l'aiguille sur un canevas et suivant le tracé d'un dessin. **3.** Papier peint, tissu tendu sur les murs. **4.** Art, métier du tapissier. **5. Faire tapisserie,** en parlant d'une femme, ne pas être invitée à danser dans un bal.

tapissier, ère [tapisje, -ɛr] **n. 1.** Personne qui vend ou pose les tapis et tissus d'ameublement. **2.** Personne qui exécute manuellement des tapisseries ou des tapis.

tapotement [tapɔtmɑ̃] **n.m.** Action de tapoter ; bruit fait en tapotant.

tapoter [tapɔte] **v.t. 1.** Donner de petites tapes légères. **2.** Frapper à petits coups répétés avec les doigts ou avec quelque objet.

tapuscrit [tapyskri] **n.m.** (de *taper* et [*man*]*uscrit*). Texte dactylographié ; spécial., document dactylographié remis au compositeur (par opp. à *manuscrit*).

taquet [takɛ] **n.m.** (de l'anc. normand [*es*] *taque,* du frq. **stakka,* poteau). **1.** Petit morceau de bois taillé servant à tenir provisoirement en place un objet qu'on veut fixer dans la maçonnerie. **2.** MAR. Pièce de bois ou de métal pour amarrer les cordages. **3.** TECHN. Pièce servant d'arrêt, de butée ou de verrou.

taquin, e [takɛ̃, -in] **adj.** et **n.** (anc. fr. *taquehain,* émeute, du moyen néerl. *takehan*). Qui aime à taquiner.

taquiner [takine] **v.t.** S'amuser, sans méchanceté, à faire enrager, à contrarier.

taquinerie [takinri] **n.f. 1.** Caractère d'une personne taquine. **2.** Action de taquiner ; agacerie.

tarabiscoté, e [tarabiskɔte] **adj.** (de *tarabiscot,* rainure, d'orig. obsc.). **1.** Chargé d'ornements excessifs ou compliqués : *Sculptures tarabiscotées.* **2.** Embrouillé ; compliqué : *Un style tarabiscoté* (syn. **maniéré**).

tarabuster [tarabyste] **v.t.** (prov. *tarabustar,* croisement de l'anc. prov. *tabustar,* faire du bruit avec *rabasta,* querelle). **1.** *FAM.* Traiter rudement : *Une mère qui tarabuste ses enfants* (syn. **malmener**). **2.** Préoccuper vivement : *Cette idée m'a tarabustée toute la journée* (syn. **poursuivre**).

tarama [tarama] **n.m.** (mot gr., du turc). Hors-d'œuvre constitué d'une pâte onctueuse à base d'œufs de poisson salés, pilés avec de l'huile d'olive, de la mie de pain et du citron.

Taranis, dieu du Ciel et de la Foudre chez les Celtes. Assimilé au Jupiter romain, il est représenté, sur le chaudron de Gundestrup (Danemark), barbu et tenant une grande roue, qui symbolise les roulements du tonnerre.

Tarantino (Quentin), cinéaste américain (Knoxville 1963). Révélé au Festival de Cannes par ses films noirs (*Reservoir Dogs,* 1992 ; *Pulp Fiction,* 1994), il conjugue avec habileté esthétisme et extrême violence (*Jackie Brown,* 1997 ; *Kill Bill,* I et II, 2003-2004).

tarasque [tarask] **n.f.** (prov. *tarasco,* de *Tarascon*). Monstre légendaire du folklore provençal dont sainte Marthe aurait délivré Tarascon.

taratata [taratata] **interj.** (onomat.). *FAM.* Indique le dédain ou l'incrédulité : *Taratata, elle n'a jamais dit ça !*

taraud [taro] **n.m.** (altér. de l'anc. fr. **tareau,* var. de *tarel,* de *tarere ;* v. *tarière*). Outil à main ou à machine servant à effectuer des filetages à l'intérieur des trous de faible diamètre destinés à recevoir des vis.

taraudage [tarodaʒ] **n.m. 1.** Action d'exécuter un filetage à l'aide d'un taraud. **2.** Trou taraudé.

tarauder [tarode] **v.t.** **1.** Exécuter le filetage d'un trou à l'aide d'un taraud (syn. **vriller**). **2.** SOUT. Tourmenter moralement : *Les soucis le taraudent* (syn. **ronger**).

taraudeuse [tarodøz] **n.f.** Machine-outil servant à tarauder.

Tarbes, ch.-l. du dép. des Hautes-Pyrénées, sur l'Adour, à 771 km au sud-ouest de Paris ; 43 539 hab. *(Tarbais).* Anc. ch.-l. de la Bigorre. Évêché. Constructions mécaniques et électriques. Cathédrale en partie romane. Musée.

tarbouch ou **tarbouche** [tarbuʃ] **n.m.** (mot turc). Bonnet rond tronconique orné d'un gland, qui faisait partie du costume traditionnel turc et égyptien.

tard [tar] **adv.** (lat. *tarde,* lentement, d'où « tardivement »). **1.** Relativement longtemps après le temps normal, habituel, attendu : *Tu viens un peu tard.* **2.** À une heure très avancée de la journée, de la nuit : *Se coucher tard* (contr. **tôt**). **3. Au plus tard,** dans l'hypothèse de temps la plus éloignée : *Nous rentrerons au plus tard dans deux heures.* ◆ **n.m. Sur le tard,** à une heure avancée de la soirée ; à un âge relativement avancé : *Se marier sur le tard.*

tarder [tarde] **v.i.** (lat. *tardare*). **1.** Être lent à faire qqch : *Dans cette affaire, l'avocat a trop tardé* (syn. **traîner**). **2. Sans tarder,** immédiatement. ◆ **v.t. ind. [à]. 1.** Être lent à faire qqch, à se produire : *Elle a trop tardé à donner son accord. La réponse tardait à venir.* **2. Ne pas tarder à,** être sur le point de faire qqch ; être sur le point de se produire : *Je ne vais pas tarder à partir.* ◆ **v. impers. Il me tarde de, le temps me tarde de,** je suis impatient de.

tardif, ive [tardif, -iv] **adj.** (bas lat. *tardivus*). **1.** Qui vient tard, trop tard : *Regrets tardifs.* **2.** Qui a lieu tard dans la journée : *Heure tardive.* **3.** Se dit des variétés de végétaux qui fleurissent ou mûrissent plus tard, se développent plus lentement que les autres végétaux de la même espèce : *Roses, fraises tardives* (contr. **hâtif, précoce**).

tardivement [tardivmɑ̃] **adv.** De façon tardive : *S'apercevoir tardivement de son erreur.*

tare [tar] **n.f.** (it. *tara,* de l'ar. *tarhatah,* déduction, décompte). **1.** Masse non marquée mise sur un plateau d'une balance pour équilibrer un objet pesant mis sur l'autre plateau, et dont la valeur est déduite dans le calcul de la masse de l'objet. **2.** Masse de l'emballage à vide d'une marchandise. **3.** Défectuosité physique ou psychique, génér. héréditaire, chez l'être humain ou l'animal (syn. **malformation**). **4.** Vice inhérent à un organisme, un système : *Les tares de la société moderne.*

taré, e [tare] **adj.** et **n.** (de *tare*). **1.** Atteint d'une tare physique ou psychique (syn. **débile, dégénéré**). **2.** FAM. Imbécile : *Quel taré ce type !*

Tarente, port d'Italie (Pouille), ch.-l. de prov., sur le *golfe de Tarente,* formé par la mer Ionienne ; 195 882 hab. Archevêché. Musée national (archéologie). Fondée v. 708 av. J.-C. par des colons venus de Sparte, ce fut une des villes les plus illustres de la Grèce d'Occident. Elle fut conquise par les Romains en 272 av. J.-C. Ralliée à Hannibal, elle fut reprise par Rome en 209.

tarentelle [tarɑ̃tɛl] **n.f.** (it. *tarantella,* de la v. de *Tarente*). Danse rapide ; air à danser de l'Italie méridionale.

tarentule [tarɑ̃tyl] **n.f.** (it. *tarantola,* de *Tarente,* où abondent les tarentules). Grosse araignée répandue dans l'Europe méridionale.

tarer [tare] **v.t.** (de *tare*). Peser l'emballage d'une marchandise, dont le poids est à déduire de la masse brute pour obtenir la masse nette.

targette [tarʒɛt] **n.f.** (de *targe,* bouclier, frq. **targa*). Petit verrou plat, commandé par un bouton pour fermer de l'intérieur une porte ou une fenêtre.

se **targuer** [targe] **v.pr. [de]** (anc. fr. *se targer,* anc. it. *si targar,* se couvrir d'une targe, de *targe,* bouclier). SOUT. Se vanter, se glorifier de : *Se targuer de ses relations, d'avoir battu un record* (syn. **s'enorgueillir, se prévaloir de**).

targui, e adj. et **n.** ⟶ **touareg.**

tarière [tarjɛr] **n.f.** (anc. fr. *tarere,* du lat. *taratrum,* d'orig. gaul., sous l'infl. de l'anc. v. *tarier,* forer). **1.** Grande vrille manuelle ou mécanique, pour faire des trous dans le bois. **2.** Organe allongé, situé à l'extrémité de l'abdomen des femelles de certains insectes et permettant le dépôt des œufs dans le sol, dans les végétaux, etc.

tarif [tarif] **n.m.** (it. *tariffa,* de l'ar. *ta'rīf,* notification). **1.** Tableau indiquant le coût des marchandises, le montant des droits de douane, etc. : *Afficher le tarif des consommations dans un café* (syn. **barème**). **2.** Montant du prix d'un service, d'un travail : *Être payé au tarif syndical.*

tarifaire [tarifɛr] **adj.** Relatif au tarif : *Réforme tarifaire.*

tarifer [tarife] **v.t.** Établir le tarif de : *Tarifer des marchandises.*

tarification [tarifikasjɔ̃] **n.f.** Action de tarifer ; fait d'être tarifé : *Nouvelle tarification des droits de douane.*

Tarim (le), fl. de Chine, dans le Xinjiang ; 2 179 km. Il descend du Karakorum et s'achève dans la dépression du Lob Nor.

tarin [tarɛ̃] **n.m.** (p.-ê. onomat. d'apr. le chant de l'oiseau). Oiseau passereau à plumage jaune verdâtre rayé de noir vivant l'hiver dans les bois de l'Europe occidentale. ▸ Famille des fringillidés ; long. 12 cm.

tarir [tarir] **v.t.** (frq. **tharrjan,* sécher) [conj. **32**]. Mettre à sec : *La sécheresse tarit les puits* (syn. **assécher**). ◆ **v.t. ind. [de]. Ne pas tarir (de qqch) sur,** ne pas cesser d'en parler : *Ne pas tarir d'éloges sur qqn. Il ne tarit pas sur ce sujet* (= il en parle sans cesse). ◆ **v.i.** ou **se tarir v.pr.** Être mis à sec ; cesser de couler : *Une source qui ne tarit jamais* (syn. **s'épuiser**). *Elle ne peut plus nourrir son bébé car son lait s'est tari.*

tarissable [tarisabl] **adj.** Qui peut se tarir.

tarissement [tarismɑ̃] **n.m.** Fait de tarir ; état de ce qui s'est tari : *Le tarissement d'un cours d'eau, des ressources pétrolières* (syn. **épuisement**).

Tarkovski (Andreï), cinéaste russe (Moscou 1932 - Paris 1986). Auteur original du cinéma soviétique, il tourne *l'Enfance d'Ivan* (1962), qui reçoit le lion d'or au Festival de Venise. Son film suivant, *Andreï Roublev* (1965-66), lui attire quelques difficultés avec la censure, mais le rend célèbre dans le monde entier. En 1972, il aborde la science-fiction avec *Solaris* et réalise ensuite *le Miroir, Stalker, Nostalghia.* Avec *le Sacrifice* (1985), ce poète mystique a laissé son testament spirituel.

tarlatane [tarlatan] **n.f.** (port. *tarlatana,* altér. de *tiritana,* du fr. *tiretaine,* sorte d'étoffe). Mousseline de coton très apprêtée, servant surtout à faire des patrons.

tarmac [tarmak] **n.m.** (de l'angl. *tar,* goudron, et *mac* [*adam*]). Partie d'un aérodrome réservée à la circulation et au stationnement des avions.

Tarn (le), riv. du sud de la France ; 375 km (bassin de plus de 12 000 km^2). Né au sud du mont Lozère, il traverse les Grands Causses en de pittoresques cañons, passe à Millau, Albi et Montauban et se jette dans la Garonne (r. dr.).

Tarn [81], dép. de la Région Languedoc-Roussillon-Midi-Pyrénées ; ch.-l. de dép. *Albi ;* ch.-l. d'arr. *Castres ;* 2 arr., 23 cant., 323 comm. ; 5 758 km^2 ; 391 048 hab. *(Tarnais).*

Tarn-et-Garonne [82], dép. de la Région Languedoc-Roussillon-Midi-Pyrénées ; ch.-l. de dép. *Montauban ;* ch.-l. d'arr. *Castelsarrasin ;* 2 arr., 15 cant., 195 comm. ; 3 718 km^2 ; 253 577 hab.

tarot n.m. et **tarots** [taro] **n.m. pl.** (it. *tarocco,* d'orig. obsc.). Ensemble de soixante-dix-huit cartes, plus longues et comportant plus de figures que les cartes ordinaires, servant au jeu et à la divination ; jeu qu'on joue avec ces cartes.

Tarpéienne *(roche),* extrémité sud-ouest du Capitole, d'où l'on précipita jusqu'au Ier s. apr. J.-C. certains condamnés à mort.

tarpon [tarpɔ̃] **n.m.** (mot angl., d'orig. obsc.). Grand poisson osseux des régions chaudes de l'Atlantique, objet d'une pêche sportive. ▸ Long. 2 m.

Tarquin l'Ancien, en lat. **Lucius Tarquinius Priscus,** cinquième roi de Rome, selon la tradition, semi-légendaire (616-579 av. J.-C.). Premier roi étrusque de Rome, il aurait mené de grands travaux (Grand Cirque, temple de Jupiter Capitolin).

Tarquin le Superbe, en lat. **Lucius Tarquinius Superbus,** septième et dernier roi de Rome, que la tradition présente comme un tyran (534 à 509 av. J.-C.). Après le viol de Lucrèce par son fils Sextus, les Romains révoltés chassèrent Tarquin, et la république fut instaurée.

Tarquinia, v. d'Italie (Latium, prov. de Viterbe), sur un éperon, dans la vallée de la Marta. Ce fut l'une des plus anciennes et des plus importantes cités étrusques. En dehors des ruines d'un grand temple et d'une enceinte du IVe s. av. J.-C., on a dégagé de vastes nécropoles, aux modes de sépulture variés et aux chambres souterraines ornées de fresques (tombes des Augures, des Lionnes, VIe s. ; des Léopards, du Chasseur, Ve s.). L'ensemble, échelonné du VIe au Ier s. av. J.-C., permet de suivre l'évolution de l'art pictural étrusque (VIe s.-IVe s. av. J.-C.).

tarse [tars] **n.m.** (gr. *tarsos*). **1.** Région postérieure du squelette du pied, formée, chez l'homme, de sept os, dits *os tarsiens*. **2.** Dernière partie de la patte des insectes, formée de deux à cinq petits articles. **3.** Lame fibreuse maintenant la paupière tendue.

tarsien, enne [tarsjɛ̃, -ɛn] **adj.** Du tarse : *Os tarsiens*.

tarsier [tarsje] **n.m.** (de *tarse*). Mammifère primate nocturne de Malaisie et des Philippines, à grands yeux. ▸ Famille des tarsiidés ; long. 15 cm sans la queue.

Tartaglia (Niccolo Fontana, dit), mathématicien italien (Brescia v. 1499 - Venise 1557). Il fut l'un des premiers algébristes à avoir résolu les équations du 3e degré et à en établir la théorie. Il appliqua également les mathématiques à l'art militaire et développa l'arithmétique commerciale.

1. tartan [tartɑ̃] **n.m.** (mot angl., d'orig. obsc., p.-ê. de l'anc. fr. *tartarin*, [drap] de Tartarie). **1.** Étoffe de laine, à larges carreaux de diverses couleurs, fabriquée en Écosse ; motif, couleurs caractéristiques de cette étoffe : *Chaque clan écossais a son propre tartan*. **2.** Vêtement, châle de cette étoffe.

2. Tartan [tartɑ̃] **n.m.** (nom déposé). Agglomérat de matières plastiques et de caoutchouc autrefois utilisé comme revêtement des pistes d'athlétisme.

tartane [tartan] **n.f.** (anc. prov. *tartana*, buse [oiseau de proie]). MAR. Petit bâtiment de la Méditerranée portant un grand mât avec voile sur antenne et un beaupré.

tartare [tartar] **adj.** (déformation de l'ar. *tatar*). **1.** *VX.* Relatif à certains peuples d'Asie centrale, en partic. aux Mongols qui se lancèrent à la conquête de l'Europe au XIIIe siècle. **2. Steak tartare,** viande hachée que l'on mange crue, mélangée avec un jaune d'œuf, des câpres et fortement assaisonnée (on dit aussi *un tartare*).

Tartare, région qui, dans la mythologie grecque, est, au-dessous des Enfers, la plus profonde du monde. C'est là que les premières générations divines jetaient leurs ennemis ou leurs propres enfants, comme fit Ouranos pour les siens. Plus tard, Zeus, qui y avait déjà précipité les Géants, en fit la prison pour les dieux rebelles. Peu à peu, le Tartare fut confondu avec les Enfers et on y situait le lieu où étaient suppliciés les grands criminels.

tarte [tart] **n.f.** (var. de *tourte*). **1.** Préparation faite d'une pâte amincie au rouleau et garnie de crème, de fruits, de légumes, etc., et cuite au four. **2.** *FAM.* Gifle : *Flanquer une tarte à qqn* (syn. **claque**). **3.** *FAM.* **C'est de la tarte, ce n'est pas de la tarte,** c'est facile, c'est difficile. / *FAM.* **Tarte à la crème,** idée toute faite, point de vue d'une grande banalité. ◆ **adj.** *FAM.* Se dit d'une personne sotte et ridicule, peu avantagée physiquement, d'une chose sans intérêt, sans valeur.

tartelette [tartəlɛt] **n.f.** Petite tarte.

tartempion [tartɑ̃pjɔ̃] **n.m.** (de *tarte* adj., et *2. pion*). *FAM.* Nom de fantaisie par lequel on désigne qqn dont on ne connaît pas ou dont on ne se rappelle pas le patronyme (parfois péjor.).

tartiflette [tartiflɛt] **n.f.** Plat savoyard à base de pommes de terre et de fromage *(reblochon)* fondu.

tartine [tartin] **n.f.** (de *tarte*). **1.** Tranche de pain recouverte d'une substance alimentaire. **2.** *FAM.* Long développement oral ou écrit : *Elle m'en a écrit toute une tartine*.

tartiner [tartine] **v.t. 1.** Étaler une substance alimentaire sur une tranche de pain. **2.** *FAM.* Faire de longs développements.

tartre [tartr] **n.m.** (lat. médiév. *tartarum*). **1.** Dépôt salin que laisse le vin sur les parois des tonneaux, des cuves. **2.** Sédiment jaunâtre qui se dépose autour des dents. **3.** Croûte calcaire, dure et insoluble, qui se dépose sur les parois des chaudières, des canalisations d'eau ou de vapeur, etc.

tartreux, euse [tartrø, -øz] **adj.** De la nature du tartre.

tartrique [tartrik] **adj.** (de *tartre*). CHIM. **Acide tartrique,** présent dans la lie du vin. ▸ Formule $CO_2H–CHOH–CHOH–CO_2H$.

tartufe ou **tartuffe** [tartyf] **n.m.** (du n. du personnage de Molière). **1.** *VX.* Faux dévot. **2.** Personne fourbe, hypocrite.

tartuferie ou **tartufferie** [tartyfri] **n.f.** Caractère, manière d'agir du tartufe ; hypocrisie.

tas [ta] **n.m.** (frq. **tass*). **1.** Accumulation, amoncellement de choses en hauteur : *Tas de sable. Des tas de papiers sur un bureau* (syn. **entassement, monceau**). **2.** ARCHIT. Ouvrage en cours d'exécution ; chantier. **3.** TECHN. Petite masse métallique, génér. parallélépipédique, servant d'enclume aux bijoutiers, aux orfèvres, etc. **4.** *FAM.* **Sur le tas,** sur le lieu même du travail : *Apprendre sur le tas*. / *FAM.* **Un tas, des tas de,** une grande quantité, beaucoup de : *Un tas de gens* (syn. **foule**).

Tasmanie, anc. **terre de Van Diemen,** île séparée du continent australien par le détroit de Bass et constituant le plus sud-oriental des États du Commonwealth d'Australie ; 68 000 km^2 ; 495 354 hab. *(Tasmaniens)*. CAP. *Hobart*. Peuplée de Mélanésiens, l'île fut abordée par A. Tasman en 1642. Occupée par les Britanniques au début du XIXe s., elle entra en 1901 dans le Commonwealth australien.

tasse [tas] **n.f.** (ar. *tāssa*). **1.** Petit récipient à anse dont on se sert pour boire ; son contenu : *Tasse à café. Boire une tasse de thé*. **2. Boire la tasse,** avaler involontairement de l'eau en se baignant. / *FAM.* **Ce n'est pas ma tasse de thé,** ce n'est pas à mon goût ; ça n'est pas mon genre.

Tasse (Torquato Tasso, en fr. **le),** poète italien (Sorrente 1544 - Rome 1595). Il est l'auteur de la pastorale *Aminta* et du poème épique *la Jérusalem délivrée* (1581), où se mêlent les épisodes héroïques et romanesques. Il mourut dans un état voisin de la folie.

tassé, e [tase] **adj.** *FAM.* **Bien tassé,** qui est servi avec peu d'eau, qui est fort : *Un café bien tassé ;* servi en remplissant bien le verre : *Un whisky bien tassé ;* qui est largement dépassé, en parlant d'un âge : *Elle a 50 ans bien tassés*.

tasseau [taso] **n.m.** (lat. pop. **tasselus*, croisement de *taxillus*, dé à jouer puis « morceau de bois » et de *tessella*, cube). **1.** Pièce de bois de petite section, servant à soutenir, à fixer, à caler une autre pièce. **2.** MENUIS. Liteau.

tassement [tasmɑ̃] **n.m. 1.** Action de tasser, de se tasser : *Tassement de vertèbres. Tassement d'une construction* (syn. **affaissement**). **2.** Baisse lente ; perte de vitesse : *Tassement des cours de la Bourse* (syn. **récession**).

tasser [tase] **v.t.** (de *tas*). **1.** Réduire de volume par pression : *Tasser du foin*. **2.** Resserrer dans un petit espace : *Tasser les bagages dans le coffre*. ◆ **se tasser v.pr. 1.** S'affaisser sur soi-même par son propre poids : *Le mur se tasse*. **2.** Se voûter : *Se tasser avec l'âge* (syn. **se ratatiner**). **3.** Diminuer de puissance, d'intensité, en parlant d'une progression, d'une crise : *Nous irons visiter ce pays quand les troubles se seront tassés* (syn. **se calmer**).

taste-vin [tastəvɛ̃] et **tâte-vin** [tatvɛ̃] **n.m. inv.** (de *tâter*). Petite tasse plate de métal dans laquelle on examine le vin qu'on va goûter.

tata [tata] **n.f.** Tante (surtout dans le langage enfantin).

A B C D E F G H I J K L M N O P Q R S T U V W X Y Z

tatami [tatami] **n.m.** (mot jap.). Tapis, à l'origine en paille de riz, servant en partic. à la pratique des arts martiaux.

Tatars, nom donné par les Russes à partir du XIIIe s. aux populations d'origine mongole ou turque qui les dominèrent du XIIIe aux XVe-XVIe s., puis qui furent refoulées sur la moyenne Volga et en Crimée. Depuis la révolution de 1917, on appelle officiellement *Tatars* des groupes ethniques de musulmans de langue turque : les Tatars de Kazan ou Tatars de la Volga et les Tatars de Crimée, ces derniers privés depuis 1945 de territoire national.

Tatarstan ou **Tatarie,** république autonome de la Russie, sur la Volga moyenne ; 68 000 km^2 ; 3 786 358 hab. CAP. *Kazan.* Pétrole.

tâter [tɑte] **v.t.** (lat. pop. **tastare,* contraction de **taxitare,* du class. *taxare,* toucher, d'apr. *gustare,* goûter). **1.** Toucher, explorer de la main : *Tâter une étoffe* (syn. **palper**). **2.** Sonder qqn pour connaître ses intentions. **3.** FAM. **Tâter le terrain,** s'informer par avance de l'état des choses, des esprits. ◆ **v.t. ind. [de, à].** FAM. Essayer ; faire l'épreuve de : *Tâter de tous les métiers* (syn. **goûter**). ◆ **se tâter v.pr.** FAM. S'interroger sur ses propres sentiments ; être indécis : *Tu te baignes ? – Je ne sais pas, je me tâte* (syn. **hésiter**).

tâte-vin n.m. inv. ⟶ **taste-vin.**

Tati (Jacques Tatischeff, dit **Jacques),** cinéaste français (Le Pecq 1908 - Paris 1982). Après avoir été l'interprète de courts-métrages, il s'imposa comme le meilleur réalisateur comique français. Ses gags, scrupuleusement élaborés, font preuve d'un étonnant sens de l'observation et soulignent les côtés saugrenus du monde contemporain (*Jour de fête,* 1949 ; *les Vacances de M. Hulot,* 1953 ; *Mon oncle,* 1958 ; *Playtime,* 1967 ; *Trafic,* 1971).

tatillon, onne [tatijɔ̃, -ɔn] **adj.** et **n.** (de *tâter*). FAM. Trop attaché aux petits détails (syn. **vétilleux**).

Tatline (Vladimir Ievgrafovitch), peintre, sculpteur et architecte russe (Moscou 1885 - *id.* 1953). Il est l'un des principaux maîtres du constructivisme, qu'il inaugura avec ses « contre-reliefs » en matériaux non orthodoxes de 1914 et 1915. De 1920 date sa célèbre maquette pour un *Monument à la IIIe Internationale.*

tâtonnant, e [tɑtɔnɑ̃, -ɑ̃t] **adj.** Qui tâtonne, hésite.

tâtonnement [tɑtɔnmɑ̃] **n.m. 1.** Fait de tâtonner : *Les tâtonnements d'un aveugle.* **2.** Mode de recherche empirique, par essais renouvelés ; ces essais : *Trouver la solution par tâtonnements.*

tâtonner [tɑtɔne] **v.i.** (de *tâter*). **1.** Avancer, chercher à trouver qqch, sans voir et en tâtant pour reconnaître l'environnement : *Tâtonner dans le noir.* **2.** Chercher en procédant par tâtonnements.

à tâtons [tɑtɔ̃] **loc. adv. 1.** En tâtonnant : *Avancer à tâtons.* **2.** Sans vraie méthode ; de manière empirique.

tatou [tatu] **n.m.** (tupi *tatu*). Mammifère d'Amérique tropicale, couvert de plaques cornées et pouvant se rouler en boule. ▸ Long., selon les espèces, de 12,5 cm (tatou de Burmestier) à 1,5 m queue comprise (tatou géant) ; ordre des xénarthres.

tatouage [tatwaʒ] **n.m.** Dessin pratiqué sur le corps à l'aide de piqûres qui introduisent des colorants indélébiles sous la peau.

tatouer [tatwe] **v.t.** (de l'angl. *to tattoo,* du tahitien *tatou*) [conj. **6**]. Imprimer un tatouage sur le corps.

tatoueur, euse [tatwœr, -øz] **n.** Personne dont le métier est de faire des tatouages.

Tatras ou **Tatry (les),** partie la plus élevée des Carpates, aux confins de la Pologne et de la Slovaquie ; 2 655 m. Parc national.

Tatum (Arthur, dit **Art),** pianiste de jazz américain (Toledo, Ohio, 1910 - Los Angeles 1956). Pratiquement aveugle depuis sa naissance, il débuta en 1932. Son jeu extrêmement virtuose, d'une invention harmonique inépuisable, annonce les pianistes be-bop.

tau [to] **n.m. inv.** (mot gr.). Dix-neuvième lettre de l'alphabet grec (Τ, τ) correspondant à notre *t.*

taudis [todi] **n.m.** (anc. fr. *se tauder,* se mettre à l'abri, du frq. **tëldan,* couvrir). Logement misérable et malpropre.

Tauern (les), massif des Alpes autrichiennes, où l'on distingue les *Hohe Tauern* (culminant au Grossglockner, à 3 796 m), à l'ouest, et les *Niedere Tauern,* à l'est.

taulard, e n., taule n.f., taulier, ère n. ⟶ **tôlard, tôle, tôlier.**

taupe [top] **n.f.** (lat. *talpa*). **1.** Mammifère presque aveugle, aux pattes antérieures larges et robustes avec lesquelles il creuse des galeries dans le sol, où il chasse insectes et vers. ▸ Long. 15 cm ; ordre des insectivores. **2.** Peau, fourrure de cet animal. **3.** Engin de génie civil servant à creuser des tunnels, travaillant de manière continue et à pleine section. **4.** FAM. Agent secret, espion placé dans un organisme. **5.** ARG. SCOL. Classe de mathématiques spéciales. **6. Myope comme une taupe,** très myope.

taupé, e [tope] **adj.** Se dit d'une variété de feutre (tissu) utilisant des poils de lièvre et de lapin, évoquant le pelage de la taupe.

taupinière [topinjɛr] **n.f.** Monticule de terre qu'une taupe élève en fouillant.

taure [tɔr] **n.f.** (lat. *taura,* fém. de *taurus,* taureau). RÉGION. Génisse.

taureau [tɔro] **n.m.** (lat. *taurus*). **1.** Mâle reproducteur de l'espèce bovine. ▸ Le taureau mugit. **2. De taureau,** très gros, très fort : *Un cou de taureau. Une force de taureau.* / **Prendre le taureau par les cornes,** affronter résolument une difficulté. ◆ **Taureau n. inv.** et **adj. inv.** Personne née sous le signe du Taureau : *Elles sont Taureau.*

Taureau (le), constellation zodiacale, dont l'étoile la plus brillante est *Aldébaran.* – Deuxième signe du zodiaque, que le Soleil traverse du 20 avril au 20 mai.

Tauride, anc. nom de la Crimée.*

taurillon [tɔrijɔ̃] **n.m.** Jeune taureau.

taurin, e [tɔrɛ̃, -in] **adj.** (lat. *taurinus,* de *taurus,* taureau). Relatif aux taureaux ou aux courses de taureaux.

tauromachie [tɔrɔmaʃi] **n.f.** (du gr. *tauros,* taureau, et *makhê,* combat). Art de combattre les taureaux dans l'arène.

tauromachique [tɔrɔmaʃik] **adj.** Relatif à la tauromachie.

Taurus, système montagneux de Turquie, dominant la Méditerranée ; 3 734 m à l'Aladağ.

Tautavel, comm. des Pyrénées-Orientales ; 882 hab. La « caune » (grotte) de l'Arago a livré, en 1971, le crâne d'un hominien, daté des alentours de 400 000 ans, qui pourrait être à l'origine de la lignée qui aboutit à l'homme de Neandertal. Musée.

tautologie [totɔlɔʒi] **n.f.** (bas lat. *tautologia,* mot gr., de *tautos,* le même, et *logos,* discours). **1.** Répétition d'une même idée en termes différents dans certaines formules. **2.** LOG. Proposition vraie quelle que soit la valeur de vérité de ses composants.

tautologique [totɔlɔʒik] **adj.** De la tautologie.

tautomère [totɔmɛr] **adj.** (de *tauto-,* et du gr. *meros,* portion). CHIM. **Substance tautomère,** qui existe sous plusieurs formes en équilibre.

taux [to] **n.m.** (de l'anc. fr. *tauxer,* var. de *taxer*). **1.** Prix fixé par une convention, par la loi ou l'usage : *Taux de change* (syn. **barème**). *Taux des loyers* (syn. **montant**). **2.** Grandeur exprimée en pourcentage : *Taux d'urée dans le sang* (syn. **proportion**). **3. Taux de base bancaire,** déterminant les conditions appliquées aux emprunteurs par les banques. / **Taux de compression,** dans les moteurs à combustion interne, rapport entre les volumes maximal et minimal de la chambre de combustion. / **Taux d'escompte,** taux auquel une banque accepte d'escompter les effets qui lui sont présentés. / **Taux d'intérêt,** pourcentage du capital d'une somme prêtée, qui en détermine le revenu annuel.

tauzin [tozɛ̃] **n.m.** (orig. obsc.). Chêne à feuilles cotonneuses, de l'ouest et du sud-ouest de la France.

taveler [tavle] **v.t.** (de l'anc. fr. *tavel,* carreau, de *tavelle,* ruban, du lat. *tabella,* tablette) [conj. **24**]. Marquer une surface de taches, de crevasses : *La moisissure tavelle les fruits.*

tavelure [tavlyr] **n.f. 1.** État d'un objet tavelé : *Mur couvert de tavelures dues à l'humidité.* **2.** Maladie des arbres fruitiers, dont les fruits se crevassent.

taverne [tavɛrn] **n.f.** (lat. *taberna*). **1.** ANC. Lieu où l'on servait à boire ; cabaret. **2.** Petit restaurant, café, dans certains pays d'Europe. **3.** Restaurant de style rustique.

tavernier, ère [tavɛrnje, -ɛr] **n.** (lat. *tabernarius*). ANC. Personne qui tenait une taverne.

taxation [taksasjɔ̃] **n.f.** (lat. *taxatio*). Action de taxer ; fait d'être taxé.

taxe [taks] **n.f.** (lat. médiév. *taxa*). **1.** Prélèvement fiscal, impôt perçu par l'État : *Taxe sur le tabac, sur le chiffre d'affaires.* **2. Prix hors taxes,** sans les taxes (abrév. H.T. par opp. à T.T.C. « toutes taxes comprises »). / **Taxes parafiscales,** perçues par des services administratifs, des établissements publics, etc. / **Taxe professionnelle,** impôt local dû par les commerçants, les industriels et les personnes exerçant certaines professions libérales. / **Taxe sur la valeur ajoutée → T.V.A.**

taxer [takse] **v.t.** (lat. *taxare,* évaluer). **1.** Soumettre à une taxe, un impôt : *Taxer les produits de luxe* (syn. **imposer**). **2.** Qualifier qqn de qqch : *Taxer qqn d'incompétence* (syn. **accuser**). **3.** DR. Évaluer les frais d'un procès.

taxi [taksi] **n.m.** (abrév. de *taximètre*). **1.** Automobile de location, munie d'un taximètre et conduite par un chauffeur professionnel, qu'on utilise génér. pour de courts trajets. **2.** FAM. Chauffeur de taxi.

taxidermie [taksidɛrmi] **n.f.** (de *taxi-* et du gr. *derma,* peau). Art de préparer, d'empailler et de monter les animaux vertébrés, en leur conservant l'apparence de la vie (syn. **empaillage**).

taxidermiste [taksidɛrmist] **n.** Personne qui pratique la taxidermie (syn. **empailleur, naturaliste**).

taximètre [taksimɛtr] **n.m.** (du gr. *taxis,* taxe). Compteur qui établit le prix d'une course en voiture, en fonction du temps et de la distance parcourue.

taxinomie [taksinɔmi] **n.f.** (de *taxi-* et *-nomie*). Science des lois de la classification ; classification d'éléments concernant un domaine, une science.

Taxiphone [taksifɔn] **n.m.** (nom déposé). VIEILLI. Téléphone public à pièces ou à jetons.

tayaut **interj. → taïaut.**

Taylor (Brook), mathématicien anglais (Edmonton 1685 - Londres 1731). Il est l'un des fondateurs du calcul des différences finies. Son nom est resté attaché à un développement d'une fonction en série, faisant intervenir les dérivées successives de celle-ci.

taylorisation [tɛlɔrizasjɔ̃] **n.f.** Application du taylorisme.

taylorisme [tɛlɔrism] **n.m.** (du n. de F. W. *Taylor,* ingénieur amér.). Système d'organisation du travail, de contrôle des temps d'exécution et de rémunération de l'ouvrier.

■ Mis en œuvre dès la fin du XIXe s., exposés dans deux ouvrages de 1903 et 1909, les principes de l'organisation scientifique du travail (O.S.T.) selon Taylor s'ordonnent autour de trois idées majeures : l'importance essentielle de la préparation du travail (et son corollaire, la distinction radicale entre conception et exécution) ; la recherche systématique des économies de gestes et de mouvements ; l'utilisation maximale de la machine. C'est une vision rigide de l'organisation du travail, avec ses excès et ses insuffisances (parcellisation des tâches, absentéisme, etc.), qui est maintenant largement dépassée, même si l'objectif premier du taylorisme – assurer la meilleure efficacité du travail et de l'outil – demeure. ■

Tazieff (Haroun), géologue français (Varsovie 1914 - Paris 1998). Spécialisé dans la volcanologie, il a réalisé de nombreux livres et documentaires sur ce sujet.

Tbilissi, anc. **Tiflis,** cap. de la Géorgie ; 1 120 690 hab. Centre administratif, culturel et industriel. Cathédrale de Sion et basilique d'Antchiskhati, remontant au VIe s.

Tchad, grand lac, peu profond et marécageux, aux confins du Nigeria, du Niger, du Cameroun et du Tchad. Sa superficie varie entre 13 000 et 26 000 km^2.

Tchad, État de l'Afrique centrale, à l'est du *lac Tchad ;* 1 284 000 km^2 ; 12 825 000 hab. *(Tchadiens).* CAP. *Ndjamena.* LANGUES : *français* et *arabe.* MONNAIE : *franc C.F.A.*

GÉOGRAPHIE

Une partie de la cuvette tchadienne occupe le centre-ouest du pays. Elle est entourée de massifs anciens à l'E. et au N., où le Tibesti culmine à 3 415 m. Dans le Sud s'étendent les plaines drainées par le Chari et le Logone. Le climat est chaud et les pluies passent de 1 200 mm au S. à 50 mm au N., tandis qu'à la forêt claire se substituent les savanes et les steppes de plus en plus clairsemées.

Les populations du Sud sont animistes ou christianisées, celles du Nord, islamisées. Près de la moitié de la population est installée à l'ouest du Chari, principale région de cultures, vivrières et commerciales (mil, manioc, sorgho, arachide, riz, coton [principale exportation], canne à sucre). La zone sahélienne est le domaine de l'élevage transhumant (bovin, ovin et caprin), qui permet des exportations. La pêche (lac Tchad surtout) est active. On extrait du sel (natron) près du lac Tchad, mais les autres ressources minières ne sont pas exploitées. Le secteur industriel très modeste (alimentation, traitement du coton) a été en grande partie désorganisé. La guerre, l'insuffisance des moyens de communication, la sécheresse des années 1970 et 1980 expliquent la stagnation économique du pays. Celui-ci, dont la France reste le premier partenaire pour les importations, demeure tributaire de l'aide internationale. Néanmoins l'exploitation du pétrole, dans le sud du pays (Doba), devrait apporter de notables ressources.

HISTOIRE

Pendant la préhistoire, la région est peuplée par des chasseurs et des éleveurs, qui ont laissé des gravures rupestres. Ils en sont chassés après 7000 av. J.-C. par l'assèchement du climat. Le royaume du Kanem, fondé au nord-est du lac Tchad à la fin du IXe s., est islamisé. Il tire sa richesse du commerce transsaharien. Après un premier apogée au XIIIe s., il renaît au XVIe s. avec pour centre le Bornou. À l'est du lac Tchad se consolide le royaume musulman du Baguirmi. L'implantation des Arabes progresse dans le pays.

Au XIXe s., le lac Tchad est le point de convergence des explorateurs européens. Les frontières du Tchad sont fixées par les puissances européennes entre 1884 et 1899. Les Français parviennent à soumettre Rabah (1900), qui a cherché à créer un vaste empire autour du lac Tchad.

1920. Le Tchad devient colonie française. Le Nord reste fidèle à l'islam tandis que le Sud est christianisé.

1940. Sous la direction de son gouverneur, Félix Éboué, le Tchad se rallie à la France libre.

1960. L'indépendance est proclamée.

1962. François Tombalbaye, qui représente les intérêts du Sud, devient président de la République.

1968. Le Nord islamisé fait sécession.

La France apporte son aide au gouvernement tchadien contre la rébellion soutenue par la Libye. Le pays connaît alors une forte instabilité politique, accentuée par les rivalités entre les chefs rebelles Hissène Habré et Goukouni Oueddei, qui reçoit l'aide de la Libye.

1982. Hissène Habré impose son autorité sur le pays.

1983. La France reporte son aide sur Hissène Habré.

1984. Les forces françaises se retirent en vertu d'un accord franco-libyen, que la Libye ne respecte pas.

1986. La France met en place un dispositif de protection militaire au nord du pays.

1987. Hissène Habré reconquiert le nord du Tchad.

1988. Le Tchad et la Libye rétablissent leurs relations diplomatiques.

1990. Hissène Habré est renversé par Idriss Déby.
1994. La bande d'Aozou, occupée par la Libye depuis 1973, est rendue au Tchad.
1996. I. Déby remporte l'élection présidentielle. Il est réélu en 2001, 2006 et 2011.
2010. Après sept ans de tensions, le Tchad et le Soudan normalisent leurs relations en cessant mutuellement de soutenir leurs mouvements rebelles.

tchadien, enne [tʃadjɛ̃, -ɛn] **adj.** et **n. 1.** Du Tchad. **2. Langues tchadiennes,** groupe de langues de la famille chamito-sémitique parlées au Nigeria, au Tchad, au Cameroun (on dit aussi *le tchadien*). ▸ La principale est le haoussa.

tchador [tʃadɔr] **n.m.** (mot persan). Voile couvrant la tête et l'ensemble du corps de certaines femmes musulmanes, en partic. en Iran.

Tchaïkovski (Piotr Ilitch), compositeur russe (Votkinsk 1840 - Saint-Pétersbourg 1893). Il produit ses premières œuvres dès sa nomination comme professeur d'harmonie au conservatoire de Moscou (1866). À partir de 1878, il se consacre à la composition de ses plus grandes œuvres, puis commence à se produire comme chef d'orchestre en 1886. Nourri d'art vocal italien et de romantisme allemand, Tchaïkovski se situe en marge du nationalisme russe incarné par le groupe des Cinq. Il a composé des pièces pour piano, quelques pages de musique de chambre, six symphonies (dont la *Pathétique,* 1893), des fantaisies-ouvertures (*Roméo et Juliette,* 1870), des ballets (*le Lac des cygnes,* 1876 ; *la Belle au bois dormant,* 1890 ; *Casse-Noisette,* 1892), trois concertos pour piano. Outre des mélodies, son œuvre vocale compte dix opéras, dont *Eugène Onéguine* (1879) et *la Dame de pique* (1890).

Tchang Kaï-chek → Jiang Jieshi.

tchao interj. → ciao.

tchat n.m. → chat.

tchatche [tʃatʃ] **n.f.** (de l'esp. *chacharear,* bavarder). *FAM.* Facilité de parole ; action de parler beaucoup ; bagout.

tchatcher [tʃatʃe] **v.i.** *FAM.* Parler beaucoup ; bavarder.

tchatter v.i. → chatter.

tchatteur, euse n. → chatteur.

Tchécoslovaquie, anc. État fédéral de l'Europe centrale, formé de la réunion de la Bohême et de la Moravie (qui constituent la République tchèque) et de la Slovaquie.

HISTOIRE

1918. La république de Tchécoslovaquie, réunissant les Tchèques et les Slovaques de l'ancienne Autriche-Hongrie, est créée.
1919-1920. L'Ukraine subcarpatique lui est rattachée ; les traités de Saint-Germain et de Trianon fixent les frontières de l'État tchécoslovaque.
Celui-ci est présidé de 1918 à 1935 par T. Masaryk puis de 1935 à 1938 par E. Beneš. La Constitution de 1920 établit un régime parlementaire, qui n'est pas modifié jusqu'en 1938, à la différence de ceux de tous les États voisins.
1938. Le pays doit accepter les décisions de la conférence de Munich et céder à l'Allemagne les Sudètes.
1939. L'Allemagne occupe la Bohême-Moravie et y instaure son protectorat ; la Slovaquie forme un État séparé.
1940. Beneš constitue à Londres un gouvernement en exil.
1945. Prague est libérée par l'armée soviétique. L'U.R.S.S. se fait céder l'Ukraine subcarpatique.
1947. L'U.R.S.S. oblige la Tchécoslovaquie à renoncer au plan Marshall.
Févr. 1948. Les communistes s'emparent du pouvoir (« coup de Prague »).
1948-1953. Le communiste Klement Gottwald préside à l'alignement sur l'U.R.S.S.
La fronde des intellectuels et le mécontentement slovaque se développent à partir de 1962-1963.
1968. Lors du « printemps de Prague », le parti, dirigé par Dubček, tente de s'orienter vers un « socialisme à visage humain ». L'intervention soviétique, en août, met un terme au cours novateur.
1969. La Tchécoslovaquie devient un État fédéral formé des républiques tchèque et slovaque. Husák remplace Dubček à la tête du parti. C'est le début de la « normalisation ».
1989. D'importantes manifestations (nov.) contre le régime entraînent la démission des principaux dirigeants (G. Husák), l'abolition du rôle dirigeant du parti et la formation d'un gouvernement d'entente nationale où les communistes sont minoritaires. Le dissident Václav Havel est élu à la présidence de la République. Le rideau de fer entre la Tchécoslovaquie et l'Autriche est démantelé.
1990. Les premières élections libres sont remportées par les mouvements démocratiques.
1991. Les troupes soviétiques achèvent leur retrait du pays.
1992. Václav Havel démissionne. Le processus de partition de la fédération est négocié par le gouvernement tchèque de V. Klaus et le gouvernement slovaque de V. Mečiar.
1er janv. 1993. La Tchécoslovaquie est divisée en deux États : la République tchèque et la Slovaquie.

Tchekhov (Anton Pavlovitch), écrivain russe (Taganrog 1860 - Badenweiler, Allemagne, 1904). D'abord auteur de contes et de nouvelles *(la Salle n° 6, la Maison à mezzanine),* il se tourna vers le théâtre, où il entreprit de peindre l'enlisement de la vie dans les conventions de la société provinciale ou dans les vocations illusoires (*la Mouette,* 1896 ; *Oncle Vania,* 1897 ; *les Trois Sœurs,* 1901 ; *la Cerisaie,* 1904). Le temps qui détruit les êtres, le temps qu'il faut tuer, le temps est le personnage principal de l'œuvre de Tchekhov. Son art, qui par son caractère suggestif tient de l'impressionnisme, sécrète une émotion, une angoisse qui font la modernité de ses nouvelles et de son théâtre.

Tcheliabinsk, v. de Russie, dans l'Oural ; 1 130 273 hab. Métallurgie.

tchèque [tʃɛk] **adj.** et **n.** De la République tchèque. ◆ **n.m.** Langue slave parlée dans la République tchèque où elle a statut de langue officielle.

tchèque *(République),* État de l'Europe centrale ; 79 000 km^2 ; 10 702 000 hab. CAP. *Prague.* LANGUE : *tchèque.* MONNAIE : *koruna (couronne tchèque).*

GÉOGRAPHIE

Le pays est constitué de la Bohême, quadrilatère de moyennes montagnes entourant la fertile plaine du Polabí, drainée par l'Elbe (Labe) et la Vltava, et de la Moravie, ouverte par la Morava et l'Oder supérieur. Ethniquement homogène et anciennement urbanisé, il associe cultures (céréales, betterave à sucre), activités extractives (charbon surtout) et industries de transformation (constructions mécaniques, chimie, verrerie, agroalimentaire). Celles-ci sont localisées en priorité dans les principales villes (Prague, Ostrava, Brno, Plzeň). Le tourisme se développe. Après s'être convertie à l'économie de marché, la République tchèque modernise ses structures et accroît ses échanges, en particulier avec ses partenaires européens.

HISTOIRE

Les Tchèques, après avoir créé des États, la Bohême et la Moravie, sont dominés par les Habsbourg d'Autriche. En 1918, ils forment avec les Slovaques la république de Tchécoslovaquie.
1969. La république tchèque est dotée d'un statut de république fédérée.
1992. La partition de la Tchécoslovaquie est engagée.
1993. La République tchèque accède à l'indépendance. V. Havel, déjà président de la Tchécoslovaquie (1989-1992), est élu à la tête du nouvel État. Il est réélu en 1998.
1999. La Rép. tchèque est intégrée dans l'O.T.A.N.
2003. Václav Klaus (auparavant Premier ministre de la république tchèque [fédérée] en 1992, puis de la Rép. tchèque [indépendante] de 1993 à 1997) accède à la présidence de la République. Il est réélu en 2008.
2004. La Rép. tchèque adhère à l'Union européenne.
2013. Miloš Zeman remporte le premier scrutin présidentiel au suffrage universel direct.

Tchérémisses → Maris.

Tcherenkov (Pavel Alekseïevitch), physicien soviétique (Tchigla, région de Voronej, 1904 - Moscou 1990). Il a découvert, en 1934, l'effet qui porte son nom, relatif à l'émission de lumière par des particules chargées se déplaçant dans un milieu à une vitesse supérieure à celle qu'aurait la lumière dans ce milieu. (Prix Nobel 1958.)

Tcherkesses ou **Circassiens,** peuple habitant la partie centrale et occidentale du Caucase du Nord. Ils sont islamisés depuis le XVIe s. (rite sunnite).

Tchernobyl, v. de l'Ukraine. L'explosion, le 26 avril 1986, d'un des réacteurs de la centrale nucléaire de cette ville provoqua un accident majeur, avec une pollution radioactive importante et étendue. Cette centrale a été fermée en décembre 2000.

tchernoziom [tʃɛrnɔzjɔm] **n.m.** (d'un mot russe « terre noire »). Sol extrêmement fertile des steppes froides et sèches de l'Est européen (Ukraine notamm.), que l'on retrouve dans certaines régions du Canada.

Tchernychevski (Nikolaï Gavrilovitch), écrivain russe (Saratov 1828 - *id.* 1889). Concevant la littérature comme moyen d'action sociale, il écrivit son roman *Que faire ?* (1863) qui devint la bible de la jeunesse révolutionnaire.

Tchétchènes, peuple musulman du Caucase du Nord. Déportés en 1943-1944, les Tchétchènes purent regagner après 1957 la République autonome des Tchétchènes-Ingouches (Russie). En 1991, ils proclament l'indépendance de la république de Tchétchénie (1 269 095 hab. ; CAP. *Groznyï*), contre laquelle l'armée russe intervient à partir de décembre 1994. En 1996, un accord de paix est conclu et les troupes russes se retirent mais, en 1999, elles engagent une nouvelle offensive, meurtrière (qui prend fin officiellement en 2009). Depuis 2006-2007, la région connaît une relative normalisation, émaillée toutefois de violences, sous la férule d'un pouvoir local prorusse.

tchin-tchin [tʃintʃin] et **tchin** [tʃin] **interj.** (du pidgin de Canton *tsing-tsing,* salut). *FAM.* Formule utilisée pour trinquer : *Tchin-tchin !* (= à votre santé).

Tchoudes *(lac des)* ou **lac Peïpous,** lac qui constitue une partie de la frontière entre l'Estonie et la Russie et se déverse par la Narva dans le golfe de Finlande ; 2 670 km^2.

Tchouktches, peuple de Russie, à l'est de la Sibérie.

Tchouvaches, peuple de Russie, de langue turque, établi dans la république de Tchouvachie sur la moyenne Volga.

Tchouvachie, république de Russie, à l'E. de Moscou ; 1 251 599 hab. ; CAP. *Tcheboksary.* La population est constituée d'env. deux tiers de Tchouvaches et de plus de 25 % de Russes.

te [tə] **pron. pers.** (lat. *te*) [*te* s'élide en *t'* devant un mot commençant par une voyelle ou un *h* muet]. Désigne la 2e pers. du sing., aux deux genres, dans les fonctions de : **1.** Compl. d'objet direct ou indirect, ou compl. d'attribution : *Il t'appelle. Cela te convient ? Je te le donne.* **2.** Reprise du sujet *tu* dans les formes verbales pronominales : *Comment t'appelles-tu ?*

té [te] **n.m.** (de la lettre *T*). **1.** Règle de dessinateur, composée de deux branches dont l'extrémité de la plus grande s'assemble au milieu de l'autre à angle droit. **2.** Ferrure en forme de T, employée pour consolider les assemblages de menuiserie dans les croisées.

tec [tɛk] **n.f. inv.** (acronyme). Tonne d'équivalent charbon.

technicien, enne [tɛknisjɛ̃, -ɛn] **n. 1.** Professionnel qualifié d'une technique : *Une technicienne en urbanisme* (syn. **spécialiste**). **2.** Personne qui connaît et pratique une technique : *Ce pianiste est un bon technicien.*

technicité [tɛknisite] **n.f.** Caractère de ce qui est technique.

technico-commercial, e, aux [tɛknikɔkɔmɛrsjal, -o] **adj.** et **n.** Se dit d'un agent d'un service de vente qui possède des connaissances techniques sur ce qu'il vend.

Technicolor [tɛknikɔlɔr] **n.m.** (nom déposé). Procédé de films en couleurs.

1. technique [tɛknik] **adj.** (gr. *tekhnikos*). **1.** Qui a trait à la pratique, au savoir-faire dans une activité, une discipline : *Ouvrage technique* (syn. **scientifique**). **2.** Relatif au fonctionnement d'une machine : *Incident technique* (syn. **mécanique**). **3.** Qui concerne les applications de la connaissance scientifique : *Les progrès techniques.* **4. Enseignement technique** → **enseignement.**

2. technique [tɛknik] **n.f.** (de *1. technique*). **1.** Ensemble des procédés et des méthodes d'un art, d'une activité, d'un métier, d'une industrie : *La technique de l'aquarelle* (syn. **art**). *Encourager le développement des techniques de pointe.* **2.** (Au sing.). Ensemble des applications de la science dans le domaine de la production : *L'évolution de la technique.*

techniquement [tɛknikmɑ̃] **adv.** D'un point de vue technique.

techno [tɛkno] **adj.** et **n.f.** Se dit d'un style de musique utilisant les nouvelles technologies pour créer des morceaux au tempo très rapide et répétitif : *La musique techno* ou *la techno.*

technocrate [tɛknɔkrat] **n.** Personne qui fait prévaloir les considérations techniques ou économiques sur les facteurs humains (souvent péjor.).

technocratie [tɛknɔkrasi] **n.f.** (de *techn[o]* et *-cratie*). Système de gouvernement dans lequel les responsables politiques sont supplantés par les techniciens et fonctionnaires dans la prise des décisions (souvent péjor.).

technocratique [tɛknɔkratik] **adj.** Relatif à la technocratie ; qui relève de la technocratie.

technologie [tɛknɔlɔʒi] **n.f.** (gr. *tekhnologia*). **1.** Étude des outils, des machines et des techniques utilisés dans l'industrie. **2.** Ensemble de savoirs et de pratiques, fondé sur des principes scientifiques, dans un domaine technique. **3.** Théorie générale des techniques.

technologique [tɛknɔlɔʒik] **adj.** Relatif à la technologie.

technopole [tɛknɔpol] **n.f.** (de *techno-* et du gr. *polis,* ville). Grand centre urbain regroupant des établissements d'enseignement et de recherche et des industries de pointe.

technopôle [tɛknɔpol] **n.m.** (de *techno-* et *pôle*). Site spécialement aménagé pour accueillir les entreprises de haute technologie ou pour en favoriser l'implantation.

teck ou **tek** [tɛk] **n.m.** (port. *teca,* de *têkku,* mot de la côte de Malabar). Arbre de l'Asie tropicale, fournissant un bois dur et imputrescible. ▸ Famille des verbénacées.

teckel [tekɛl] **n.m.** (mot all.). Basset musclé, à poil ras, dur, ou à poil long.

tectonique [tɛktɔnik] **n.f.** (all. *Tektonik,* du gr. *tektôn,* artisan). **1.** Partie de la géologie qui étudie les déformations des terrains, sous l'effet des forces internes, postérieurement à leur mise en place ; ensemble de ces déformations. **2. Tectonique des plaques,** théorie des mouvements de la lithosphère. ◆ **adj.** Relatif à la tectonique : *Les mouvements tectoniques de l'ère tertiaire.*

■ **Tectonique des plaques.** Ayant remarqué l'emboîtement quasi parfait de l'Afrique dans l'Amérique du Sud, avec de remarquables concordances des formations rocheuses et des fossiles de part et d'autre de l'Atlantique sud, Alfred Wegener fut le premier, à partir de 1910, à avancer l'idée d'une « dérive » des continents.

La mécanique terrestre. Les continents ne sont que la partie visible et émergée de l'enveloppe externe de la Terre, la *lithosphère* (composée de la *croûte,* partie solide, et d'une partie du manteau supérieur). Cette dernière, épaisse d'environ 100 km, est faite, comme un puzzle, d'une quinzaine de plaques rigides qui « flottent » sur la partie plastique du manteau, l'*asthénosphère.* Ces *plaques lithosphériques* se déplacent les unes par rapport aux autres, mouvements dus aux courants de convection qui régissent la mécanique interne du globe. La tectonique des plaques est l'étude de ce puzzle terrestre mobile. Dans les zones de *subduction,* les plaques lithosphériques océaniques, plus lourdes, ploient et s'enfoncent dans l'asthénosphère, où elles se résorbent. Ce phénomène, par les quantités d'énergie considérables qu'il met en jeu,

→

est accompagné d'un volcanisme intense et de nombreux séismes (c'est ce qui se passe par ex. au niveau de la ceinture de feu du Pacifique). Les plaques lithosphériques continentales, plus légères, ne sont que faiblement entraînées dans la subduction, ce qui conduit parfois à l'affrontement de masses continentales.

Vers une compréhension globale. La théorie de la tectonique des plaques a littéralement révolutionné les sciences de la Terre en apportant une explication globale des phénomènes superficiels et profonds. Elle permet de comprendre la distribution très particulière, dans des zones étroites et allongées, des séismes et des volcans, ainsi que des chaînes de montagnes, puisque c'est aux marges des plaques qu'est concentré l'essentiel de l'activité, l'intérieur des plaques étant plus rigide et se déplaçant solidairement. Elle représente aussi le moteur de la « dérive des continents », qui a changé la physionomie du globe terrestre au cours des temps géologiques. ■

tectrice [tɛktris] **adj.f.** et **n.f.** (du lat. *tectus,* couvert). ZOOL. Se dit de la plume de contour qui couvre les ailes des oiseaux.

Te Deum [tedeɔm] **n.m. inv.** (mots lat. « toi Dieu »). Hymne de louange et d'action de grâces de l'Église catholique, commençant par les mots *Te Deum laudamus ;* musique composée sur cette hymne : *Le Te Deum de Charpentier.*

tee [ti] **n.m.** (mot angl., d'orig. obsc.). Au golf, cheville fixée en terre et servant à surélever la balle.

teen-ager (pl. *teen-agers*) ou **teenager** [tinedʒœr] **n.** (mot angl., de *teen,* suffixe des nombres de *thirteen* à *nineteen,* treize à dix-neuf, et *age,* âge). *FAM., VIEILLI.* Adolescent.

tee-shirt et **T-shirt** [tiʃœrt] **n.m.** (mot angl., de *tee,* t, et *shirt,* chemise) [pl. *tee-shirts, T-shirts*]. Maillot en coton, à manches courtes, en forme de T.

Téflon [teflɔ̃] **n.m.** (nom déposé). Matière plastique fluorée, résistant à la chaleur et à la corrosion.

tégénaire [teʒenɛr] **n.f.** (lat. scientif. *tegeneria,* du lat. médiév. *tegetarius,* fabricant de couvertures). Araignée des maisons, qui tisse une toile irrégulière dans les angles des murs, derrière les meubles.

Tegucigalpa, cap. du Honduras ; 1 088 470 hab.

tégument [tegymɑ̃] **n.m.** (lat. *tegumentum,* de *tegere,* couvrir). **1.** Ensemble des tissus qui couvrent le corps des animaux. **2.** (Surtout au pl.). Peau de l'homme. **3.** BOT. Enveloppe de la graine.

tégumentaire [tegymɑ̃tɛr] **adj.** Relatif à un tégument.

Téhéran, cap. de l'Iran (depuis 1788) ; 8 353 000 hab. dans l'agglomération. Centre administratif, commercial et industriel. Palais et jardin du Golestan (XVIIIe-XIXe s.) ; musées. Conférence (nov. 1943) entre Staline, Roosevelt et Churchill.

Tehuantepec, isthme du Mexique, large de 210 km, entre le golfe du Mexique et le Pacifique, traditionnelle limite entre l'Amérique du Nord et l'Amérique centrale.

teigne [tɛɲ] **n.f.** (lat. *tinea*). **1.** Petit papillon, appelé aussi *mite,* dont les chenilles vivent sur des plantes cultivées (pomme de terre, betterave, lilas), sur des denrées (farine, grains) ou sur des vêtements, des fourrures, des tapis. **2.** PATHOL. Infestation du cuir chevelu et des poils par des champignons microscopiques. **3.** *FAM.* Personne méchante.

teigneux, euse [tɛɲø, -øz] **adj.** et **n. 1.** PATHOL. Atteint de la teigne. **2.** *FAM.* Hargneux et tenace.

Teilhard de Chardin (Pierre), jésuite, paléontologiste et théologien français (Sarcenat, Puy-de-Dôme, 1881 - New York 1955). Il a mené de nombreuses campagnes de fouilles en Asie, et à découvert le sinanthrope (un *Homo erectus*) en Chine en 1929. Parallèlement, il a cherché à adapter le catholicisme à la science contemporaine, en élaborant une conception de l'évolution selon laquelle l'homme atteindrait, au terme de son évolution, un stade de spiritualité parfaite. Son ouvrage de philosophie le plus connu est *le Phénomène humain* (1955).

teindre [tɛ̃dr] **v.t.** (lat. *tingere*) [conj. **81**]. Imprégner, imbiber d'une substance colorante ; colorer : *Teindre des étoffes.* ◆ **se teindre v.pr. Se teindre les cheveux,** leur donner une couleur artificielle.

1. teint [tɛ̃] **n.m.** (lat. *tinctus,* teinture, de *tingere,* teindre). **1.** Coloris du visage : *Teint bronzé* (syn. **carnation**). **2.** Couleur donnée à une étoffe par la teinture. **3. Bon teint,** se dit d'une personne dont les convictions sont bien établies, et de ces convictions elles-mêmes : *Républicain bon teint. Socialisme bon teint.* / **Bon teint, grand teint,** teinte garantie au lavage et à la lumière.

2. teint, e [tɛ̃, tɛ̃t] **adj.** (lat. *tinctus,* qui est teint, p. passé de *tingere*). Qui a reçu une teinture : *Une belle étoffe teinte.*

teintant, e [tɛ̃tɑ̃, -ɑ̃t] **adj.** Qui teinte : *Une crème teintante.*

teinte [tɛ̃t] **n.f.** (fém. de *2. teint*). **1.** Couleur nuancée obtenue par mélange (syn. **coloris, nuance**). **2.** Apparence légère ; petite dose : *Il y a dans sa réponse une légère teinte d'ironie* (syn. **soupçon**).

teinté, e [tɛ̃te] **adj.** Qui a reçu une légère coloration uniforme : *Des lunettes à verres teintés.*

teinter [tɛ̃te] **v.t.** (lat. médiév. *tinctare,* class. *tingere*). **1.** Donner une teinte artificielle à : *Teinter du bois blanc* (syn. **colorer**). **2.** Ajouter une teinte, un soupçon de : *Colère teintée d'un vague amusement.* ◆ **se teinter v.pr. 1.** Prendre telle coloration : *Le ciel se teintait de rouge.* **2.** Prendre tel caractère : *Sa voix se teinta d'une légère pointe d'ironie.*

teinture [tɛ̃tyr] **n.f.** (lat. *tinctura*). **1.** Procédé consistant à fixer un colorant sur un support à structure fibreuse (textile, bois, cuir, etc.) : *La teinture d'une étoffe.* **2.** Liquide contenant une matière colorante en dissolution, dont on imprègne les tissus, les cheveux, etc. (syn. **colorant**). **3.** PHARM. Alcool ou éther chargé des principes actifs d'une substance : *De la teinture d'iode.* **4.** Connaissance superficielle : *Avoir une teinture de philosophie* (syn. **vernis**).

teinturerie [tɛ̃tyrri] **n.f. 1.** Industrie de la teinture. **2.** Établissement ou boutique qui reçoit les vêtements, les tissus à nettoyer ou à teindre.

teinturier, ère [tɛ̃tyrje, -ɛr] **n. 1.** Personne qui tient une teinturerie. **2.** Industriel de la teinturerie.

tek n.m. → teck.

tel, telle [tɛl] **adj.** (lat. *talis*). **1.** Précédé de l'art. indéf., reprend une caractéristique sous-entendue ou préalablement évoquée : *Il faut beaucoup de patience pour mener une telle enquête. Avec de tels hommes, tout est possible* (syn. **pareil, semblable**). **2.** Suivi d'un nom, indique une comparaison : *Elle a filé tel l'éclair* (syn. **comme**). ***Rem.*** L'accord se fait en principe avec le 2e terme de la comparaison, mais on rencontre aussi des accords réalisés avec le 1er : *Il fuit la compagnie tel une bête sauvage.* **3.** En fonction d'attribut, reprend ce qui précède ou annonce ce qui suit (le plus souvent en tête de proposition) : *Telle est mon opinion. Tel fut le résultat de ses efforts.* **4.** Devant un nom sans déterminant, désigne une chose, une personne sans la définir précisément : *Telle page est griffonnée, telle autre tachée d'encre* (= une certaine). **5.** Marque l'intensité : *Rien ne justifiait une telle peur* (= une si grande peur). **6.** En corrélation avec *que,* indique la conséquence : *Ils font un vacarme tel qu'on ne s'entend plus.* **7. Tel que,** indique une comparaison : *Voir les hommes tels qu'ils sont* (syn. **comme**) ; introduit une énumération : *Des langues telles que l'anglais, l'allemand* (syn. **comme**). / **Tel quel,** sans changement : *Je vous rends votre texte tel quel.* / **Tel..., tel...,** exprime la similitude : *Tel père, tel fils.* ◆ **pron. indéf. 1.** Quelqu'un, quelque chose : *Tel est pris qui croyait prendre.* **2. Un tel, une telle,** remplace un nom propre d'une façon vague.

Tel-Aviv-Jaffa, principale ville d'Israël, sur la Méditerranée ; 402 600 hab. (3 319 487 dans l'agglomération). Centre administratif, culturel et industriel. Tel-Aviv, fondée en 1909, a été le centre du mouvement d'immigration juive en Palestine et a été la capitale de l'État d'Israël jusqu'en 1980.

télé [tele] **n.f.** (abrév. de *télévision*). *FAM.* Télévision.

télécabine [telekabin] et **télébenne** [telebɛn] **n.f.** Téléphérique à un seul câble aménagé pour le transport de personnes par petites cabines.

Télécarte [telekart] **n.f.** (nom déposé). Carte à mémoire utilisable dans les cabines téléphoniques publiques.

téléchargement [teleʃarʒəmɑ̃] **n.m.** INFORM. Transfert de programmes ou de données au moyen d'un réseau de télécommunication.

télécharger [teleʃarʒe] **v.t.** Faire un téléchargement.

télécommande [telekɔmɑ̃d] **n.f.** (de *télé-* et *commande*). Transmission de signaux permettant de réaliser à distance une manœuvre quelconque ; mécanisme assurant cette transmission.

télécommander [telekɔmɑ̃de] **v.t. 1.** Commander ou conduire à distance à l'aide d'une télécommande. **2.** *FIG.* Ordonner et diriger de loin, sans se manifester : *Cette intervention avait été télécommandée de l'étranger.*

télécommunication [telekɔmynikasjɔ̃] **n.f.** (de *télé-* et *communication*). Transfert d'informations (signaux, textes, images, sons, etc.) par fil, radioélectricité, système optique ou tout autre système électromagnétique. ◆ **télécommunications n.f. pl.** Ensemble des moyens de communication à distance (abrév. *télécoms*).

■ **Historique.** Les moyens techniques permettant aux hommes de communiquer à distance se sont développés, dès la Révolution française, avec l'invention du télégraphe optique en 1794 par l'ingénieur français Claude Chappe. Fondé sur un dispositif technique rudimentaire – trois planches articulées montées sur un sémaphore visible à plusieurs kilomètres –, le télégraphe Chappe a posé les bases de l'infrastructure des grands réseaux de télécommunications modernes. Le télégraphe électrique (conçu par l'Américain Samuel Morse en 1837) a donné la disponibilité 24 heures sur 24 et l'extension qui manquaient à ce réseau. Le système téléphonique, mis au point par Alexander Graham Bell aux États-Unis en 1876, a rendu possible la communication directe de la voix humaine à l'échelle d'un pays, puis d'un continent. Le XXe siècle a vu naître les grandes techniques de diffusion de masse : radiodiffusion au lendemain de la Première Guerre mondiale, télévision après 1945 – dont l'offre de programmes s'est élargie grâce à la diffusion par câble, par satellite et par Internet. Depuis les années 1990, le développement des technologies numériques de transmission et l'avènement d'Internet ont entraîné une nouvelle révolution des télécommunications.

La révolution numérique. En ce début de XXIe siècle, l'informatique a pénétré tous les modes de télécommunication, que ce soient la téléphonie, la télévision, la radio… Par ailleurs, l'informatique a développé de manière vertigineuse ses propres technologies de communication via les réseaux informatiques (courrier électronique, réseaux sociaux, etc.). Désormais, tous ces systèmes de télécommunication sont interconnectés et forment de gigantesques réseaux tentaculaires. Des terminaux très sophistiqués tels que les micro-ordinateurs, les tablettes numériques et autres Smartphones ont ainsi vu le jour aux côtés des traditionnels téléphones fixes, télécopieurs, postes radio, téléviseurs, etc. Ce maillage de réseaux implique également une certaine uniformisation des normes de diffusion des informations, ainsi que de profondes modifications technologiques – par exemple l'utilisation de modems à haut débit (ADSL ou *asymmetric digital subscriber line*) ou le transport de données par commutation de paquets.

Une société de l'information et de la communication. Outre les aspects purement technologiques, le développement de ces réseaux de télécommunications implique également d'énormes enjeux économiques et sociaux. En effet, ces réseaux font transiter des quantités d'informations phénoménales et de tous ordres : financier, politique, informationnel, commercial, etc. Ils favorisent ainsi la mondialisation des échanges et constituent à ce titre un marché clé de l'économie mondiale. En même temps, cela a pour conséquences de creuser les inégalités entre pays et entre citoyens fortement informatisés et interconnectés et ceux qui le sont moins. De même, si ces réseaux permettent d'abolir virtuellement les distances, ils modifient aussi fondamentalement notre relation au temps (certains parlent de dictature de l'instantanéité). Ainsi, les télécommunications, souvent désignées sous l'expression de « technologies de l'information et de la communication » (T.I.C.), contribuent à la mutation profonde de notre société. ■

téléconférence [telekɔ̃ferɑ̃s] **n.f.** Conférence dans laquelle plus de deux des interlocuteurs sont répartis dans deux lieux ou plus reliés entre eux par des moyens de télécommunication.

télécopie [telekɔpi] **n.f.** Procédé de télécommunication, associant la téléphonie et la numérisation d'image, qui permet de transmettre un document graphique en fac-similé (syn. **fax**).

télécopier [telekɔpje] **v.t.** [conj. **9**]. Envoyer un document par télécopie (syn. **faxer**).

télécopieur [telekɔpjœr] **n.m.** Appareil de télécopie (syn. **fax**).

télédétection [teledetɛksjɔ̃] **n.f.** (de *télé-* et *détection*). Technique d'étude de la surface terrestre par analyse d'images provenant d'avions ou de satellites.

télédiffuser [teledifyze] **v.t.** Diffuser par télévision.

télédiffusion [teledifyzjɔ̃] **n.f.** Diffusion par télévision.

télédistribution [teledistribysjɔ̃] **n.f.** Diffusion de programmes de télévision à des abonnés dont l'appareil est relié par câble à la tête de réseau (on dit aussi *télévision par câble*). [⟶ télécommunication.]

télé-enseignement ou **téléenseignement** [teleɑ̃sɛɲmɑ̃] **n.m.** (de *télé-*, et *enseignement*) [pl. *télé-enseignements*]. Enseignement à distance (par correspondance, radio, télévision, etc.).

Téléfax [telefaks] **n.m.** (nom déposé). Système de télécopie de la marque de ce nom.

téléfilm [telefilm] **n.m.** Film réalisé spécialement pour la télévision.

télégénique [teleʒenik] **adj.** (d'apr. *photogénique*). Qui passe bien, qui produit un effet agréable à la télévision.

télégramme [telegram] **n.m.** (de *télé-* et *-gramme*). Communication, message transmis par télégraphie.

télégraphe [telegraf] **n.m.** (de *télé-* et *-graphe*). Appareil ou organisme de télégraphie.

télégraphie [telegrafi] **n.f.** (de *télégraphe*). **1.** Système de télécommunication dans lequel les informations transmises sont destinées à être enregistrées à la réception sous forme de document graphique. **2. Télégraphie sans fil (T.S.F.),** anc. nom de la radio.

télégraphier [telegrafje] **v.t.** et **v.i.** [conj. **9**]. Transmettre au moyen du télégraphe.

télégraphique [telegrafik] **adj. 1.** Relatif au télégraphe ; envoyé par le télégraphe. **2. Style télégraphique,** se dit d'un texte réduit à l'essentiel, sans termes grammaticaux : *Ses notes ont été prises en style télégraphique.*

télégraphiste [telegrafist] **n.** et **adj. 1.** Technicien de la télégraphie. **2.** Porteur de dépêches télégraphiques.

téléguidage [telegidaʒ] **n.m.** Commande à distance des mouvements d'un engin doté d'autonomie cinétique.

téléguider [telegide] **v.t.** (de *télé-* et *guider*). **1.** Conduire ou piloter un engin à distance. **2.** *FIG.* Inspirer, conduire qqn, son action par une influence occulte, lointaine : *Téléguider une campagne de dénigrement, un acte de terrorisme.*

téléimprimeur [teleɛ̃primœr] **n.m.** *VIEILLI.* Appareil émetteur et récepteur de télégraphie, comportant un clavier alphanumérique pour l'émission et assurant à la réception l'impression de caractères.

téléinformatique [teleɛ̃fɔrmatik] **n.f.** Exploitation à distance de systèmes informatiques ; télématique. ◆ **adj.** Relatif à la téléinformatique ; télématique.

Telemann (Georg Philipp), compositeur allemand (Magdeburg 1681 - Hambourg 1767). Sa production abondante, vocale (cantates, oratorios, passions, opéras) et instrumentale (suites, sonates, concertos, ouvertures), témoigne d'un style où se rejoignent les esthétiques italienne, française et germanique.

Télémaque, héros, dans la mythologie grecque, du cycle troyen. Fils d'Ulysse et de Pénélope, il était encore enfant quand son père partit pour le siège de Troie et son éducation fut confiée à Mentor. Il aida son père à lutter contre les prétendants et à récupérer le trône d'Ithaque.

télémarketing [telemarketiŋ] **n.m.** Marketing téléphonique.

télématique [telematik] **n.f.** (de *télé-* et *[infor]matique*). Ensemble des services informatiques fournis à travers un réseau de télécommunication ; téléinformatique. (⟶ télécommunication.) ◆ **adj.** Relatif à la télématique ; téléinformatique.

télématiser [telematize] **v.t.** Doter de moyens télématiques.

télémessage [telemesaʒ] **n.m.** Minimessage.

télémesure [telem(ə)zyr] **n.f.** Transmission à distance d'un signal porteur d'informations résultant d'une mesure.

télémètre [telemɛtr] **n.m.** Appareil de télémétrie.

télémétrie [telemetri] **n.f.** (de *télé-* et *-métrie*). Mesure des distances par des procédés acoustiques, optiques, radioélectriques, ou par réflexion d'un faisceau laser.

téléobjectif [teleɔbʒɛktif] **n.m.** (de *télé-* et *objectif*). Objectif photographique de distance focale longue, ayant un tirage court qui le rend compact, utilisé pour la photo éloignée ou pour le portrait.

téléologie [teleɔlɔʒi] **n.f.** (du gr. *teleos,* achèvement, et *-logie*). Étude philosophique de la finalité du monde.

téléostéen [teleɔsteɛ̃] **n.m.** (du gr. *teleos,* achèvement, et *osteon,* os). **Téléostéens,** superordre de poissons osseux à bouche terminale, aux branchies recouvertes par des opercules, à écailles plates, à nageoire caudale à deux lobes égaux ou sans lobes, comme le sont presque tous les poissons actuels (carpe, brochet, truite, sardine, etc.).

télépaiement [telepɛmɑ̃] **n.m.** Paiement électronique.

télépathe [telepat] **adj.** et **n.** Qui pratique la télépathie.

télépathie [telepati] **n.f.** (du gr. *pathos,* émotion, repris à l'angl. *telepathy*). Transmission de pensées d'une personne à une autre sans communication par les voies sensorielles connues.

télépathique [telepatik] **adj.** Relatif à la télépathie.

téléphérique [teleferik] **n.m.** (de *téléphérage,* transport à distance par benne). Moyen de transport de personnes ou de marchandises, constitué par un ou plusieurs câbles porteurs sur lesquels se déplace le chariot supportant la cabine des voyageurs ou la benne de matériaux.

téléphone [telefɔn] **n.m.** (de *télé-* et *-phone*). **1.** Installation de téléphonie ; réseau téléphonique. **2.** Téléphonie. **3.** Appareil téléphonique. **4.** *FAM.* **Téléphone arabe,** transmission rapide d'une information de bouche à oreille. / **Téléphone intelligent,** téléphone mobile, souvent muni d'un écran tactile, intégrant les fonctions d'un petit ordinateur, notamm. Internet, les messageries, le GPS et de nombreuses autres applications (syn. **ordiphone**).

■ Le téléphone est devenu un outil incontournable de la société de communication et l'objet d'un enjeu industriel majeur. Le récepteur téléphonique devient nomade et multimédia. S'il transmet en priorité la voix, il permet aussi de véhiculer des informations visuelles (textes, photos, vidéos) qui s'affichent sur un écran intégré au combiné. L'adoption de la norme IP (*Internet Protocol*) engendre le déploiement d'applications associant le réseau téléphonique traditionnel à celui d'Internet. ■

téléphoner [telefɔne] **v.i.** et **v.t.** Communiquer, transmettre par le téléphone : *Elle téléphone une fois par semaine à sa fille. Téléphoner un renseignement.*

téléphonie [telefɔni] **n.f.** Système de télécommunication établi en vue de la transmission de la parole : *Téléphonie sans fil* (= radiotéléphonie).

téléphonique [telefɔnik] **adj.** Qui appartient, se rapporte au téléphone ; qui se fait par téléphone : *Réseau, appel téléphonique.*

téléphoniste [telefɔnist] **n. 1.** Personne chargée d'assurer des liaisons téléphoniques. **2.** Industriel fabriquant du matériel téléphonique.

télé-réalité [telerealite] **n.f.** (pl. *télé-réalités*). Émission de télévision où est filmée la vie quotidienne de personnes sélectionnées dans ce but. (On écrit aussi *téléréalité*).

télescopage [teleskɔpaʒ] **n.m.** Action de télescoper ; fait de se télescoper.

télescope [teleskɔp] **n.m.** (lat. scientif. *telescopium ;* v. les éléments *télé-* et *-scope*). Instrument d'observation astronomique dont l'objectif est un miroir concave.

télescoper [teleskɔpe] **v.t.** (de l'angl. *to telescope,* de *telescope,* lunette d'approche à tubes emboîtés). Heurter avec violence en défonçant : *Train qui en télescope un autre* (syn. **percuter, tamponner**). ◆ **se télescoper v.pr. 1.** Entrer en collision : *Une dizaine de voitures se sont télescopées.* **2.** S'interpénétrer : *Ces deux événements se sont télescopés dans ma mémoire.*

télescopique [teleskɔpik] **adj. 1.** Fait à l'aide du télescope. **2.** Se dit d'un objet dont les éléments s'emboîtent et coulissent les uns dans les autres : *Antenne télescopique.*

téléscripteur [teleskriptœr] **n.m.** (de *télé-* et du lat. *scriptor,* secrétaire, de *scribere,* écrire). Appareil permettant d'écrire à distance par un procédé quelconque.

télésiège [telesjɛʒ] **n.m.** Téléphérique à câble unique sans fin, le long duquel sont répartis des sièges accrochés par des suspentes.

téléski [teleski] **n.m.** (de *télé[phérique]* et *ski*). Appareil à câble permettant de tracter des skieurs glissant sur leurs propres skis, pour remonter une pente (on dit aussi *un remonte-pente*).

téléspectateur, trice [telespɛktatœr, -tris] **n.** Personne qui regarde la télévision.

télésurveillance [telesyrvɛjɑ̃s] **n.f.** (de *télé-* et *surveillance*). Surveillance à distance par un procédé de télécommunication.

Télétel [teletɛl] **n.m.** (nom déposé). Système français de vidéotex.

télétexte [teletɛkst] **n.m.** Procédé de télécommunication qui permet l'affichage de textes ou de graphismes sur l'écran d'un téléviseur à partir d'un signal de télévision ou d'une ligne téléphonique.

télétraitement [teletrɛtmɑ̃] **n.m.** Mode de traitement informatique dans lequel les données sont émises ou reçues par des terminaux éloignés de l'ordinateur.

télétravail [teletravaj] **n.m.** (pl. *télétravaux*). Forme de travail à distance dans laquelle le salarié utilise, depuis son domicile, des outils informatiques et de télécommunication pour communiquer avec son entreprise.

télétravailleur, euse [teletravajœr, -øz] **n.** Personne qui pratique le télétravail.

Télétype [teletip] **n.m.** (nom déposé). Téléimprimeur de la marque de ce nom.

téléviser [televize] **v.t.** Transmettre par télévision.

téléviseur [televizœr] **n.m.** Récepteur de télévision.

télévision [televizjɔ̃] **n.f.** (mot angl., du gr. *têle-,* au loin, et de *vision*). **1.** Transmission, par câble ou par ondes radioélectriques, d'images pouvant être reproduites sur un écran au fur et à mesure de leur réception, ou éventuellement enregistrées en vue d'une reproduction ultérieure. **2.** Ensemble des services assurant la transmission d'émissions, de reportages par télévision. **3.** *FAM.* Téléviseur. **4. Télévision numérique terrestre (T.N.T.),** télédiffusion de programmes sous forme numérique par la voie hertzienne (sans passer par le câble ou le satellite). / **Télévision par câble,** télédistribution.

■ Après l'invention de la triode par L. De Forest (1906), du tube cathodique avec dispositif de balayage du faisceau par K. L. Braun (1897-1905) et du tube analyseur d'images par V. K. Zworykin (1923), les premières démonstrations de télévision ont été effectuées par J. L. Baird en 1926, puis des émissions publiques ont été réalisées en Angleterre et en Allemagne en 1929, et en France en 1931.

Les principes. Dans la caméra de télévision, un objectif produit une image sur la cible photosensible d'un tube analyseur qui fournit un signal électrique représentant les caractéristiques lumineuses des différents points de l'image. On réalise ainsi l'analyse de l'image. En effet, l'œil perçoit simultanément tous les points constituant une image. Or, il n'est pas possible de transmettre instantanément tous ces points ; la transmission ne peut être que séquentielle. Mais, à cause de la persistance rétinienne, l'œil ne peut distinguer deux illuminations successives espacées de moins de 1/20 de seconde. On fait donc se succéder pendant une seconde un nombre suffisant d'images (25 en Europe, 30 aux États-Unis et au Japon). Par ailleurs, l'œil ne peut pas séparer deux points dont la distance angulaire est inférieure à une minute, ce qui permet de limiter le nombre d'informations à transmettre. L'analyse de l'image s'effectue en lignes horizontales, au nombre de 625 en Europe et de 525 aux États-Unis et au Japon. Le signal d'image est ensuite transmis au récepteur, après amplification et modulation, par voie radioélectrique, câble, satellite ou ADSL.

Les récepteurs cathodiques (qui utilisent un faisceau d'électrons focalisé sur l'écran), volumineux, sont aujourd'hui remplacés par des écrans plats (écran à cristaux liquides [LCD] à plasma, ou à LED). Toute la gamme de couleurs est reconstituée à partir de motifs verts, rouges et bleus.

De la télévision analogique à la télévision numérique et à la haute définition. Dans les systèmes classiques, on utilise un signal analogique, phénomène physique dont les variations correspondent à des informations perceptibles par l'œil ou par l'oreille après transformation de la grandeur électrique en lumière ou en son. Mais l'heure est à la télévision numérique. La numérisation consiste à traduire le signal sous la forme d'une succession de nombres. Les signaux vidéo et audio numérisés sont alors facilement mémorisables et, donc, aptes à subir des traitements nouveaux. Le signal numérique, très stable, très peu sensible au bruit lors de l'enregistrement magnétique, facilite le transcodage, offre de multiples possibilités de composition, dont les images de synthèse. La numérisation associée à la compression du signal audiovisuel participe directement au développement accéléré de la télévision numérique diffusée par voie hertzienne (*télévision numérique terrestre [T.N.T.],* apparue dans les foyers en France en 2005), par câble, via un réseau ADSL ou un satellite. Les algorithmes de compression permettent de multiplier le nombre de programmes diffusés simultanément sur une même fréquence. Les bouquets proposés par les différents opérateurs regroupent à la fois des chaînes généralistes et des chaînes thématiques (sports, actualités, cinéma, musique, etc.). La T.N.T. a été généralisée en 2011 ce qui a conduit à l'abandon des anciennes normes de diffusion (SECAM en France, NTSC et PAL).

L'évolution technologique de la télévision passe aussi par l'avènement de la télévision à haute définition (T.V.H.D.), fournissant des images d'une qualité comparable à celles d'un film 35 mm, c'est-à-dire des images de plus de 1 000 lignes, comportant chacune plus de 1 000 points distincts, et dont le rapport largeur/hauteur est de 16/9 au lieu de 4/3 avec les systèmes de télévision classiques. Aujourd'hui, des téléviseurs haut de gamme, bénéficiant d'un écran panoramique, associés à une chaîne haute-fidélité assurant une excellente restitution de tous les effets sonores, permettent de recréer un « cinéma à domicile » (souvent désigné par l'expression anglaise *home cinema*). D'autres innovations comme la télévision en 3D (le relief est restitué par des lunettes spéciales, souvent polarisantes) et la télévision connectée à Internet sont aujourd'hui disponibles. ■

télévisuel, elle [televizɥɛl] **adj.** Relatif à la télévision comme moyen d'expression.

télex [telɛks] **n.m.** (mot anglo-amér., de *tel[egraph] ex[change]*). *VIEILLI.* Service télégraphique, permettant à ses abonnés d'échanger des messages écrits au moyen de téléimprimeurs.

télexer [telɛkse] **v.t.** Transmettre par télex.

tell [tɛl] **n.m.** (ar. *tall,* colline). ARCHÉOL. Colline artificielle formée par les ruines superposées d'une ville ancienne, au Proche-Orient.

Tell (Guillaume) → Guillaume Tell.

tellement [tɛlmɑ̃] **adv.** (de *tel*). **1.** (Souvent en corrélation avec *que* consécutif). Marque une intensité : *Il est tellement gentil* (syn. **si**). *Il a tellement mangé qu'il s'est rendu malade.* **2. Pas tellement,** assez peu, modérément : *Je n'aime pas tellement cela.*

tellure [telyr] **n.m.** (lat. scientif. *tellurium,* du class. *tellus, -uris,* terre). Non-métal d'un blanc bleuâtre, lamelleux et fragile, fusible à 452 °C. ▸ Symb. Te ; densité 6,2.

tellurique [telyrik] et **tellurien, enne** [telyrjɛ̃, -ɛn] **adj.** (du lat. *tellus, -uris,* terre). **1.** Qui concerne la Terre : *Secousse tellurique.* **2. Planète tellurique,** planète dense, de taille moyenne et dotée d'un sol, dont la Terre est le prototype (Mercure, Vénus, Mars).

télomère [telɔmɛr] **n.m.** (du gr. *telos,* fin, but, et *merês,* partie). BIOL. Partie terminale d'un chromosome.

télougou ou **telugu** [telugu] **n.m.** Langue dravidienne parlée dans l'État d'Andhra Pradesh (Inde).

téméraire [temerɛr] **adj.** et **n.** (lat. *temerarius,* accidentel, de *temere,* par hasard). **1.** Qui est hardi au point d'accomplir des actions dangereuses : *Un garçon téméraire* (syn. **audacieux**). **2.** Inspiré par une audace extrême : *Un projet, une entreprise téméraires* (syn. **aventureux, hasardeux**). **3. Jugement téméraire,** appréciation portée à la légère et sans preuves suffisantes.

témérité [temerite] **n.f.** (lat. *temeritas,* propr. « hasard aveugle »). Hardiesse imprudente et présomptueuse.

témoignage [temwaɲaʒ] **n.m. 1.** Action de témoigner ; récit fait par une personne de ce qu'elle a vu ou entendu : *Recueillir des témoignages.* **2.** DR. Déclaration d'un témoin en justice (syn. **déposition**). **3.** Marque extérieure ; preuve de : *Témoignage d'amitié, de satisfaction* (syn. **indice, signe**). **4. Porter témoignage,** témoigner. / **Rendre témoignage à qqch,** le reconnaître : *Rendre témoignage au courage de qqn.* / **Rendre témoignage à qqn,** témoigner publiquement en sa faveur.

témoigner [temwaɲe] **v.t.** (de *témoin*). **1.** Faire paraître par ses paroles ou ses actions : *La joie qu'elle témoigne est révélatrice* (syn. **manifester**). **2.** Être le signe, la preuve de : *Gestes qui témoignent une vive surprise* (syn. **prouver, révéler**). ◆ **v.i.** Révéler, rapporter ce qu'on sait ; faire une déposition en justice : *Témoigner lors d'un procès. Témoigner contre qqn, en faveur de qqn.* ◆ **v.t. ind. [de]. Témoigner de qqch,** servir de preuve à qqch : *Son attitude témoigne d'une grande générosité* (syn. **attester, indiquer**).

témoin [temwɛ̃] **n.m.** (du lat. *testimonium,* témoignage). **1.** Personne qui a vu ou entendu qqch, et peut éventuellement le certifier, le rapporter : *Être le témoin d'un accident.* **2.** Personne appelée à témoigner sous serment en justice pour rapporter ce qu'elle a entendu, vu, ou ce qu'elle sait : *Témoin à charge, à décharge.* **3.** Personne qui assiste à l'accomplissement d'un acte officiel pour attester son exactitude : *Les deux témoins d'un mariage.* **4.** Personne chargée de régler les conditions d'un duel. **5.** SPORTS. Petit bâton que se passent les coureurs d'une même équipe dans une course de relais. **6.** CONSTR. Petite tablette, génér. en plâtre, que l'on place en travers d'une fissure pour en surveiller l'évolution. **7.** Œuvre ou artiste exprimant tel ou tel trait caractéristique de son époque : *Les cathédrales, témoins de l'art médiéval* (syn. **témoignage**). **8. Prendre qqn à témoin,** lui demander l'appui de son témoignage. **9. Témoin de Jéhovah,** membre d'un mouvement religieux d'origine adventiste fondé aux États-Unis en 1872. ◆ **adj.** Se dit de qqch qui sert de repère, de référence : *Appartements témoins.*

tempe [tɑ̃p] **n.f.** (lat. pop. **tempula,* du class. *tempora*). Partie latérale de la tête, comprise entre l'œil, le front, l'oreille et la joue.

Tempelhof, agglomération du sud de Berlin. Ancien aéroport.

tempera [tɑ̃pera] **n.f.** (mot it. « détrempe »). BX-A. Détrempe dont le liant est une émulsion, spécial. à base d'œuf : *Peindre à la tempera.* ***Rem.*** On peut aussi dire, à l'italienne : *peindre a tempera.*

tempérament [tɑ̃peramɑ̃] **n.m.** (lat. *temperamentum,* de *temperare,* disposer convenablement). **1.** Ensemble des dispositions physiques innées d'un individu et qui détermineraient son caractère : *Tempérament violent* (syn. **constitution, nature**). **2.** *FAM.* **Avoir du tempérament,** avoir une forte personnalité ; être porté aux plaisirs sexuels. **3. Vente à tempérament,** vente où l'acheteur effectue le règlement par versements échelonnés.

tempérance [tɑ̃perɑ̃s] **n.f.** (lat. *temperantia*). **1.** Une des quatre vertus morales, dites *vertus cardinales,* qui discipline les désirs et les passions humaines. **2.** Sobriété dans l'usage des aliments, des boissons alcoolisées.

tempérant, e [tɑ̃perɑ̃, -ɑ̃t] **adj.** et **n.** Qui fait preuve de tempérance ; sobre.

température [tɑ̃peratyr] **n.f.** (lat. *temperatura,* de *temperare,* disposer convenablement). **1.** Ensemble des conditions atmosphériques variables, traduites subjectivement en sensations relatives de chaud et de froid, et dont l'appréciation exacte est fournie par l'observation du thermomètre. **2.** Degré de chaleur d'un lieu, d'une substance, d'un corps : *La température d'un four.* **3.** Degré de chaleur interne du corps humain ou animal : *Prendre la température d'un malade.* **4. Avoir de la température,** avoir de la fièvre. / **Température absolue,** grandeur définie par des considérations théoriques de thermodynamique ou de mécanique statistique, pratiquement égale à la température centésimale majorée de 273,15 degrés.

■ La température est une grandeur *intensive* (identique pour des corps en équilibre thermique), qui peut être définie de deux façons différentes : à l'échelle atomique, elle est liée à l'énergie cinétique moyenne des constituants de la matière (les mouvements des atomes et des molécules) ; au niveau macroscopique, certaines propriétés des corps dépendent de la température (volume massique, résistivité électrique, etc.). Ce sont ces propriétés qui ont été choisies pour construire des échelles empiriques de température. **Les échelles de température.** La plus ancienne est l'échelle centésimale (1742), attribuant arbitrairement les valeurs 0 et 100 degrés à la glace fondante et à l'eau bouillante, sous la pression atmosphérique normale. La température ainsi définie dépendant du phénomène choisi (la dilatation d'un fluide) pour constituer le thermomètre étalon, on utilise de préférence l'échelle Celsius, définie à partir de l'échelle Kelvin par : t (° Celsius) = T (kelvin) - 273,15.

L'échelle Kelvin, qui est celle du système international, ne dépend d'aucun phénomène particulier et définit donc des *températures absolues.* Le zéro absolu (- 273,15 °C) a pu être approché à quelques millionièmes de degré près. Les phénomènes physiques qui se manifestent aux très basses températures connaissent d'importantes applications (→ supraconductivité). Dans le domaine des hautes températures, les torches à plasma permettent d'atteindre 50 000 K et les lasers de grande puissance utilisés pour les recherches sur la fusion nucléaire contrôlée donnent, pendant des temps très brefs, des températures dépassant 100 millions de degrés (→ Fahrenheit). ■

tempéré, e [tɑ̃pere] **adj.** (de *tempérer*). **1.** Ni trop chaud ni trop froid : *Climat tempéré.* **2.** MUS. **Gamme tempérée,** gamme dans laquelle tous les demi-tons sont d'égale valeur.

tempérer [tɑ̃pere] **v.t.** (lat. *temperare,* équilibrer) [conj. **18**]. Diminuer, atténuer l'excès de qqch : *Tempérer son enthousiasme* (syn. **modérer**).

tempête [tɑ̃pɛt] **n.f.** (lat. pop. **tempesta,* temps, bon ou mauvais, du class. *tempus,* temps). **1.** Violente perturbation atmosphérique, sur terre ou sur mer (syn. **ouragan, tornade**). **2.** Explosion subite et violente de qqch : *Une tempête d'injures* (syn. **déferlement**). **3.** Violente agitation dans un groupe, un pays : *Tempête politique.*

tempêter [tɑ̃pete] **v.i.** (de *tempête*) [conj. **4**]. Manifester bruyamment son mécontentement : *Dès qu'il est furieux, il se met à tempêter* (syn. **fulminer, rager**).

tempétueux, euse [tɑ̃petɥø, -øz] **adj.** (lat. *tempestuosus*). *LITT.* Agité par la tempête : *Mer tempétueuse.*

temple [tɑ̃pl] **n.m.** (lat. *templum*). **1.** Édifice consacré au culte d'une divinité : *Les temples grecs.* **2.** Édifice dans lequel les protestants célèbrent leur culte. **3. Le Temple,** édifice cultuel élevé à Jérusalem et consacré à Yahvé, dieu d'Israël. ▸ Le Temple construit par Salomon fut détruit en 587 av. J.-C., reconstruit au début du VIe s. av. J.-C. et démoli en 70 apr. J.-C.

Temple (le), anc. monastère fortifié des Templiers, à Paris, construit au XIIIe s., rasé en 1808. L'enclos jouissait du droit d'asile. Louis XVI et sa famille y furent emprisonnés pendant la Révolution. Pichegru, Moreau, Cadoudal y furent aussi enfermés.

templier [tɑ̃plije] **n.m.** Chevalier de l'ordre du Temple.

Templiers ou **Chevaliers du Temple,** ordre militaire et religieux fondé à Jérusalem en 1119. Voués à la protection des pèlerins en Terre sainte, ils participèrent aux batailles qu'y livrèrent les croisés. Ils acquirent d'importantes richesses et devinrent les banquiers de la papauté et de nombreux princes. Philippe le Bel, désirant s'emparer de leurs biens et détruire leur puissance, fit arrêter en 1307 cent trente-huit templiers. À la suite d'un long procès (1307-1314), il fit périr sur le bûcher un grand nombre d'entre eux, dont leur grand maître, Jacques de Molay. Dès 1312, le pape Clément V avait, à l'instigation du roi de France, supprimé l'ordre.

tempo [tɛmpo] ou [tɛ̃po] **n.m.** (mot it. « temps »). **1.** MUS. Notation des différents mouvements dans lesquels est écrit ou exécuté un morceau. **2.** MUS. Vitesse d'exécution d'une œuvre. **3.** *LITT.* Rythme de déroulement d'une action : *L'intrigue de ce film commence sur un tempo lent.* **4. A tempo,** indication musicale indiquant qu'il faut reprendre la vitesse d'exécution initiale du morceau de musique.

temporaire [tɑ̃pɔrɛr] **adj.** (lat. *temporarius*). **1.** Momentané, qui ne dure que peu de temps : *Lieu d'habitation temporaire* (syn. **provisoire**). **2.** Intérimaire : *Entreprise de travail temporaire.*

temporairement [tɑ̃pɔrɛrmɑ̃] **adv.** Pour un temps limité.

temporal, e, aux [tɑ̃pɔral, -o] **adj.** (bas lat. *temporalis*). **1.** Relatif aux tempes. **2.** ANAT. **Lobe temporal du cerveau,** partie moyenne et inférieure de chacun des deux hémisphères cérébraux, qui joue un rôle important dans l'intégration des sensations auditives et dans le langage. ◆ **temporal n.m.** Os du crâne situé dans la région de la tempe.

temporalité [tɑ̃pɔralite] **n.f.** Caractère de ce qui existe dans le temps.

temporel, elle [tɑ̃pɔrɛl] **adj.** (lat. ecclés. *temporalis,* du monde, de *tempus, -oris,* temps). **1.** Qui, étant situé dans le temps, a une durée (par opp. à *éternel*). **2.** Qui concerne les choses matérielles (par opp. à *spirituel*) : *Les biens temporels* (syn. **matériel, terrestre**). **3.** Qui se rapporte au temps, se situe dans le temps (par opp. à *spatial*) : *La représentation des événements dans leur ordre temporel.* **4.** GRAMM. Qui indique le temps : *Subordonnée temporelle.* **5. Pouvoir temporel,** pouvoir des papes en tant que souverains de leur territoire. ◆ **temporel n.m.** DR. CAN. Ensemble des biens appartenant à une église ou à une communauté religieuse.

temporisateur, trice [tɑ̃pɔrizatœr, -tris] **adj.** et **n.** Qui temporise : *Une politique temporisatrice.*

temporisation [tɑ̃pɔrizasjɔ̃] **n.f.** Fait de temporiser ; retard volontairement apporté à une décision, une action.

temporiser [tɑ̃pɔrize] **v.i.** (lat. médiév. *temporizare,* passer le temps). Différer, remettre à plus tard une décision, une action, génér. dans l'attente d'un moment plus favorable : *Il est quelquefois bon de temporiser* (syn. **attendre, atermoyer, surseoir**).

1. temps [tɑ̃] **n.m.** (lat. *tempus*). **1.** Notion fondamentale conçue comme un milieu infini dans lequel se succèdent les événements et considérée souvent comme une force agissant sur le monde, les êtres : *Le temps et l'espace. La fuite du temps.* **2.** PHYS. Ce milieu, conçu comme une dimension de l'Univers susceptible de repérages et de mesures : *Dans l'espace-temps de la relativité, le temps représente la quatrième dimension.* **3.** Durée considérée comme une quantité mesurable : *De combien de temps disposons-nous encore ?* (syn. **délai, marge**). **4.** Chacune des phases successives d'une action, d'une opération ou du cycle de fonctionnement d'un moteur : *La préparation de ce plat se fait en deux temps* (syn. **étape, stade**). *Moteur à deux, à quatre temps.* **5.** Moment, période occupant une place déterminée dans la suite des événements ou caractérisés par qqch : *Le temps de la monarchie. Le temps des crinolines* (syn. **époque**). **6.** Moment favorable à telle ou telle action : *Laisser passer le temps de faire qqch* (syn. **jour, date**). **7.** GRAMM. Catégorie grammaticale indiquant la localisation dans le temps, relative ou absolue, de l'action, de l'état exprimés par les formes verbales : *En français, les temps du mode indicatif sont le présent, l'imparfait, le futur, le passé simple, le passé composé, le plus-que-parfait, le futur antérieur et le passé antérieur.* **8.** MUS. Division de la mesure : *Mesure à 2, 3, 4 ou 5 temps.* **9.** CHORÉGR. Une des phases de la décomposition d'un pas. **10.** SPORTS. Durée chronométrée d'une course, d'un match, etc. : *Il a réalisé le meilleur temps.* **11. À temps,** au moment approprié, pas trop tard. / **Avoir fait son temps,** être dépassé, périmé : *Cette robe a fait son temps* (= elle est usée, démodée). / **Avoir le temps de,** disposer du délai nécessaire pour faire qqch : *Ce jour-là, il n'était pas pressé, il a eu le temps de bavarder avec moi.* / **Dans le temps,** autrefois : *Dans le temps, on cuisinait plus.* / **De temps en temps, de temps à autre,** par intervalles, quelquefois. / **De tout temps,** depuis toujours : *De tout temps, il y a eu des guerres.* / **En même temps,** dans le même instant, simultanément ; à la fois. / **Être de son temps,** penser, vivre, agir en conformité avec les idées couramment admises de son époque : *Avec ses idées étriquées, elle n'est vraiment plus de son temps.* / **Il est temps, bien temps, grand temps,** le moment est venu de faire telle chose, cela devient urgent. / **N'avoir qu'un temps,** être de courte durée : *L'engouement pour cette danse n'a eu qu'un temps.* / **Passer le temps à, son temps à,** l'employer : *Il passe son temps à rêver.* / **Perdre du temps, son temps,** le gaspiller, en partic. à ne rien faire : *Il perd du temps à vérifier des détails.* **12. Temps légal,** échelle de temps prescrite par la loi dans un pays ou dans une région et correspondant au temps civil d'un méridien donné (= heure légale). / **Temps universel,** temps du méridien de Greenwich, considéré comme une référence universelle (abrév. française *T.U.,* abrév. internationale *UT*). / INFORM. **Temps d'accès,** temps qui s'écoule entre le lancement d'une opération de recherche et l'obtention de la première information cherchée. / INFORM. **Temps partagé,** technique d'utilisation simultanée d'un ordinateur à partir de nombreux terminaux, une tranche de temps étant génér. accordée à chaque utilisateur. / INFORM. **Temps réel,** mode de traitement qui permet l'admission des données à un instant quelconque et l'élaboration immédiate des résultats. / TÉLÉCOMM. **Temps d'antenne,** durée déterminée d'émissions de radio ou de télévision diffusées dans le cadre de la programmation : *Respecter le même temps d'antenne pour chaque candidat aux élections.* / SOCIOL. **Temps choisi,** travail à horaire variable (temps partiel, horaires à la carte, etc.). / SOCIOL. **Temps partiel,** temps de travail inférieur à la durée légale hebdomadaire.

2. temps [tɑ̃] **n.m.** (de *1. temps*). **1.** État de l'atmosphère, en un lieu et un moment donnés : *Beau temps, mauvais temps.* **2. Gros temps,** tempête.

tenable [tənabl] **adj.** (de *tenir*). (Surtout en tournure nég. ou restrictive). Ce à quoi on peut résister : *Cette situation n'est plus tenable !* (syn. **supportable**).

tenace [tənas] **adj.** (lat. *tenax,* de *tenere,* tenir). **1.** Qui adhère fortement ; qui est difficile à enlever : *La poix est tenace* (syn. **adhérent**). *Les taches de goudron sont tenaces* (syn. **indélébile, ineffaçable**). **2.** TECHN. Qui résiste à la rupture : *Métal tenace* (syn. **résistant, solide**). **3.** Se dit de qqn attaché à ses idées, à ses décisions : *Personne tenace* (syn. **déterminé**). **4.** Difficile à extirper, à détruire : *Les préjugés sont tenaces* (syn. **indéracinable, inextirpable**). *Une haine tenace* (syn. **durable**).

ténacité [tenasite] **n.f.** (lat. *tenacitas*). Caractère tenace : *Faire preuve de ténacité* (syn. **opiniâtreté, persévérance**).

tenaille **n.f.** et **tenailles** [tənaj] **n.f. pl.** (lat. pop. **tenacula,* du class. *tenere,* tenir). **1.** Outil composé de deux pièces croisées, mobiles autour d'un axe et terminées par des mors qu'on peut rapprocher pour saisir ou serrer certains objets : *Arracher un clou avec une tenaille, des tenailles, une paire de tenailles.* **2. Prendre qqn, un groupe, en tenaille,** l'attaquer sur deux fronts, le prendre entre deux forces qui l'écrasent.

tenailler [tənaje] **v.t.** (de *tenaille*). **1.** Faire souffrir, torturer : *La faim le tenaillait* (syn. **tourmenter**). **2.** LITT. Tourmenter moralement : *Être tenaillé par le remords* (syn. **ronger**).

tenancier, ère [tənɑ̃sje, -ɛr] **n.** (de *tenir*). **1.** Personne qui dirige une maison de jeu, un hôtel, etc. **2.** FÉOD. Exploitant d'une tenure.

1. tenant, e [tənɑ̃, -ɑ̃t] **adj.** (de *tenir*). **Séance tenante,** sur-le-champ, immédiatement : *Régler une affaire séance tenante* (= sans délai).

2. tenant [tənɑ̃] **n.m.** (de *tenir*). **1.** Celui qui se fait le défenseur d'une opinion : *C'est un tenant du libéralisme* (syn. **partisan**). **2.** Chevalier qui, dans un tournoi, appelait en lice quiconque voulait se mesurer avec lui. **3. D'un seul tenant,** d'un seul morceau : *Une propriété de vingt hectares d'un seul tenant.* / **Le tenant du titre,** sportif, joueur ou équipe qui détient un titre. ◆ **tenants** **n.m. pl. Les tenants et les aboutissants d'une affaire,** son origine et ses conséquences, tout ce qui s'y rattache.

Tenasserim (le), partie méridionale de la Birmanie.

tendance [tɑ̃dɑ̃s] **n.f.** (de *2. tendre*). **1.** Disposition particulière qui incline qqn à avoir tel type de comportement ; penchant : *Sa tendance à exagérer est bien connue* (syn. **propension**). **2.** Orientation particulière de qqch, d'un mouvement politique, artistique, d'un phénomène économique, etc. : *Les grandes tendances de l'art contemporain* (syn. **orientation**). **3.** Fraction organisée d'un mouvement syndical ou politique : *Tendance réformiste du parti.* **4. Avoir tendance à,** être enclin à, être porté vers.

tendanciel, elle [tɑ̃dɑ̃sjɛl] **adj.** Qui indique une tendance : *Baisse tendancielle du taux de profit.*

tendancieusement [tɑ̃dɑ̃sjøzmɑ̃] **adv.** De façon tendancieuse.

tendancieux, euse [tɑ̃dɑ̃sjø, -øz] **adj.** (de *tendance*). Qui marque une intention secrète, un parti pris d'imposer une opinion (péjor.) : *Propos tendancieux* (syn. **spécieux**).

tender [tɑ̃dɛr] **n.m.** (mot angl. « serviteur », de *to tend,* servir). **1.** Véhicule placé immédiatement après une locomotive à vapeur, et contenant l'eau et le combustible nécessaires à la machine. **2.** Navire annexe d'une plateforme de forage en mer.

tendeur [tɑ̃dœr] **n.m.** (de *2. tendre*). **1.** Courroie élastique servant à maintenir qqch en place. **2.** Appareil servant à tendre une courroie, une corde, un fil métallique, un fil textile, etc.

tendineux, euse [tɑ̃dinø, -øz] **adj. 1.** De la nature des tendons. **2. Viande tendineuse,** qui contient des fibres dures, coriaces (aponévroses et tendons).

tendinite [tɑ̃dinit] **n.f.** MÉD. Inflammation d'un tendon.

tendon [tãdɔ̃] **n.m.** (de *2. tendre*). **1.** Partie amincie, constituée de fibres conjonctives, par laquelle un muscle s'insère sur un os. **2. Tendon d'Achille,** gros tendon du talon permettant l'extension de la jambe.

1. tendre [tãdr] **adj.** (lat. *tener, -eri*). **1.** Qui peut être facilement coupé, divisé, entamé, mâché : *Pierre tendre* (syn. **mou**). *Viande tendre.* **2.** Affectueux ; qui manifeste de l'amour, de l'amitié : *Une mère tendre* (syn. **caressant**). *De tendres paroles.* **3. Âge tendre, tendre enfance,** première jeunesse, petite enfance. / **Couleur tendre,** coloris clair et délicat. / **Ne pas être tendre pour qqn,** être sévère. ◆ **n.** Personne affectueuse, facile à émouvoir : *Malgré ses airs sévères, c'est un tendre* (syn. **sensible**). ◆ **n.m.** LITTÉR. **Carte du Tendre,** carte d'un pays allégorique, le pays du Tendre, où les divers chemins de l'amour avaient été imaginés par Mlle de Scudéry et les écrivains de son entourage.

2. tendre [tãdr] **v.t.** (lat. *tendere*) [conj. **73**]. **1.** Tirer et tenir dans un état d'allongement : *Tendre une corde* (syn. **raidir**). **2.** Avancer ; porter en avant : *Tendre la main* (syn. **donner**). **3.** Déployer et installer en étirant : *Tendre une tente* (syn. **dresser**). **4.** Couvrir d'une tapisserie, d'une étoffe : *Tendre une chambre de papier japonais* (syn. **tapisser**). **5. Tendre son esprit,** l'appliquer avec effort. / **Tendre un piège,** le disposer pour prendre du gibier ; chercher à tromper qqn. ◆ **v.t. ind.** **[à, vers]. 1.** Avoir pour but ; évoluer, se diriger vers : *À quoi tendent vos démarches ?* (syn. **viser à**). *Tendre à la perfection* (syn. **approcher**). **2.** MATH. Avoir pour limite.

tendrement [tãdrəmã] **adv.** Avec tendresse.

tendresse [tãdrɛs] **n.f.** Sentiment tendre, d'amitié, d'amour qui se manifeste par des paroles, des gestes doux et des attentions délicates : *Un enfant a besoin de tendresse* (syn. **affection**). ◆ **tendresses n.f. pl.** Témoignages d'affection.

tendreté [tãdrəte] **n.f.** Qualité d'une viande tendre.

tendron [tãdrɔ̃] **n.m.** (de *1. tendre*). **1.** BOUCH. Partie du bœuf et du veau comprenant les cartilages qui prolongent les côtes flottantes. **2.** *FAM.* Très jeune fille.

tendu, e [tãdy] **adj. 1.** Fortement appliqué : *Esprit tendu.* **2.** Rendu difficile par suite d'un état de tension : *Rapports tendus. Situation tendue.*

Tène (La), village de Suisse, sur la rive nord du lac de Neuchâtel, qui a donné son nom au deuxième âge du fer (450 av. J.-C. - début de notre ère). L'ensemble des découvertes (à partir de 1858) a fourni les éléments caractéristiques de cette civilisation celtique, un habitat rustique et une nécropole aux modes de sépulture divers : incinération ou inhumation en fosse avec mobilier plus ou moins riche, mais abondant et souvent accompagné d'importations italo-grecques dans les inhumations de chefs, dites « tombes à char », le défunt y reposant dans son char de combat à deux roues.

ténèbres [tenɛbr] **n.f. pl.** (lat. *tenebrae*). **1.** *LITT.* Obscurité profonde : *Marcher dans les ténèbres* (syn. **nuit, noir**). **2.** Domaine de ce qui est obscur, inconnu, difficile à comprendre : *Les ténèbres de la personnalité humaine* (syn. **mystère, opacité**). **3. L'ange, le prince, l'esprit des ténèbres,** le démon. / **L'empire des ténèbres,** l'enfer.

ténébreux, euse [tenebrø, -øz] **adj. 1.** *LITT.* Plongé dans les ténèbres : *Forêt ténébreuse* (syn. **obscur, sombre**). **2.** Obscur, malaisé à comprendre : *Une ténébreuse affaire* (syn. **mystérieux**). ◆ **adj.** et **n. Beau ténébreux,** bel homme, à l'expression sombre et romantique.

Ténéré (le), région du Sahara nigérien.

Tenerife ou **Ténériffe,** la plus grande des îles Canaries ; 1 919 km^2 ; 908 555 hab. Ch.-l. *Santa Cruz de Tenerife.* Vignobles. Orangers. Bananiers. Tourisme.

1. teneur [tənœr] **n.f.** (lat. juridique *tenor,* de *tenere,* tenir). **1.** Contenu exact d'un acte, d'un arrêt, d'un écrit quelconque : *La teneur d'un traité.* **2.** Ce qu'un mélange contient d'un corps particulier : *Teneur en alcool.* **3. Teneur d'un minerai,** proportion de substance utile contenue dans un minerai. / **Teneur isotopique,** pourcentage du nombre des atomes d'un isotope donné d'un élément par rapport au nombre total des atomes de cet élément contenus dans une matière.

2. teneur, euse [tənœr, -øz] **n.** (de *tenir*). **Teneur de livres,** personne qui tient la comptabilité.

ténia [tenja] **n.m.** (lat. *taenia,* ruban, du gr.). MÉD. Ver plat et segmenté, parasite de l'intestin grêle des mammifères, appartenant à la classe des cestodes (syn. **ver solitaire**). [On écrit aussi *tænia.*]

Teniers, famille de peintres flamands dont le plus célèbre est **David II,** dit **le Jeune** (Anvers 1610 - Bruxelles 1690). Fécond, raffiné, il excelle notamment dans la scène de genre populaire ou bourgeoise associée au paysage (*le Festin de l'enfant prodigue,* 1644, Louvre ; *Kermesse flamande,* 1652, Bruxelles ; *Joueurs de boules,* vers 1665, National Gallery de Londres).

tenir [tənir] **v.t.** (lat. pop. **tenire,* class. *tenere*) [conj. **40**]. **1.** Avoir qqch dans les mains : *Tenir un livre. Tenir des outils.* **2.** Maintenir près de soi ; maîtriser qqn, un animal : *Tenir un enfant dans ses bras. Tenir un chien en laisse, un cheval par la bride.* **3.** Avoir prise sur ; avoir qqn, qqch sous sa domination, sous son autorité : *Quand la colère le tient, il peut être dangereux. Tenir un territoire* (syn. **dominer**). *La police tient les coupables* (= elle les a attrapés). *Avec ce témoignage-là, tu le tiens* (= tu as barre sur lui). **4.** Détenir ; posséder : *Je tiens là les preuves de sa culpabilité. Tenir le pouvoir.* **5.** Exercer un emploi, une profession, certaines fonctions ; avoir la charge de : *Tenir un hôtel, un restaurant. Tenir la comptabilité. Tenir un second rôle dans une pièce. Tenir l'orgue à l'église. Tenir la rubrique des sports dans un hebdomadaire.* **6.** S'occuper, prendre soin de : *Bien tenir son jardin, sa maison.* **7.** Conserver pendant un certain temps : *Tenir une note* (= en prolonger le son). *Tenir un plat au chaud. Tenir une lettre en lieu sûr* (syn. **conserver**). **8.** Retenir : *L'amarre qui tenait le bateau s'est rompue.* **9.** Observer fidèlement : *Tenir ses promesses, ses engagements. Tenir sa parole* (= n'y pas faillir). *Tenir son rang.* **10.** Avoir une certaine capacité : *Cette carafe tient un litre* (syn. **contenir**). **11. Tenir conseil,** se réunir afin de délibérer. / **Tenir des propos, des discours,** parler, discourir. / **Tenir la mer,** montrer des qualités de navigabilité par gros temps, en parlant d'un navire. / **Tenir la route,** bien adhérer au sol, ne pas se déporter dans les virages ou à grande vitesse, en parlant d'un véhicule automobile ; au fig., fam., être cohérent, valable. / **Tenir pour,** regarder, considérer qqch comme (suivi d'un attribut) : *Il tient l'incident pour clos.* / **Tenir qqch de qqn,** l'avoir reçu ou obtenu de lui. ◆ **v.i. 1.** Être fixé solidement, difficile à déplacer : *N'accrochez rien à ce clou, il ne tient pas.* **2.** Se maintenir, rester dans une position donnée : *Tenir debout. Son chapeau ne tient pas sur sa tête.* **3.** Pouvoir être contenu dans un certain espace : *Le texte tient en une page* (syn. **occuper**). *On tient à huit à cette table.* **4.** Demeurer sans aucune altération ; ne pas céder : *Le ministère a tenu six mois* (syn. **durer**). *Tenir jusqu'à l'arrivée des renforts* (syn. **résister**). **5.** *FAM.* **En tenir pour,** être amoureux de. / **Tenir bon, ferme,** résister à une situation difficile, la supporter sans faiblir. / **Tiens !, Tenez !,** expression marquant l'étonnement ou l'ironie : *Tiens ! il travaille.* ◆ **v.t. ind. 1. [à].** Adhérer à ; être attaché à : *Tenir à ses amis. Tenir à sa réputation.* **2. [à].** Provenir de qqch, en être le résultat, l'avoir pour cause : *Son départ tient à plusieurs facteurs* (syn. **découler de, résulter de**). **3. [à].** Avoir la ferme volonté de faire qqch, que qqch soit fait : *Elle tient à revoir son frère* (syn. **souhaiter, vouloir**). **4. [de].** Avoir des points communs avec qqn, qqch : *Il tient de son oncle* (syn. **ressembler à**). *Un tel résultat tient du miracle* (syn. **procéder de, relever de**). **5. Être tenu de,** obligé de : *Vous êtes tenu de passer par la voie hiérarchique.* / **Il ne tient qu'à qqn de,** il dépend uniquement de lui de. / **Qu'à cela ne tienne,** cela n'a pas d'importance, que cela ne soit pas un empêchement. ◆ **se tenir v.pr. 1.** Être, se trouver à telle place ; avoir lieu à tel endroit, à tel moment : *Tenez-vous près de la porte* (syn. **rester**). *La réunion se tiendra à 8 heures.* **2.** Prendre et garder telle position, telle attitude du corps : *Se tenir droit.* **3.** Être lié, dépendre l'un de l'autre ; présenter une certaine cohérence : *La défense de l'accusé se tient.* **4. Se tenir**

à, saisir qqch avec la ou les mains, pour garder son équilibre : *Se tenir à la rampe* (syn. **s'accrocher, s'agripper**). **5. S'en tenir à qqch,** ne rien faire de plus, ne pas aller au-delà.

Tennessee (le), riv. de l'est des États-Unis, affl. de l'Ohio (r. g.) ; 1 600 km. Son bassin a été mis en valeur au temps du New Deal par la Tennessee Valley Authority (TVA) : équipement hydroélectrique, irrigation, lutte contre l'érosion, développement industriel, etc.

Tennessee, un des États unis d'Amérique (Centre-Sud-Est), drainé par le *Tennessee ;* 109 412 km^2 ; 6 495 978 hab. CAP. *Nashville.* V. princ. *Memphis.*

tennis [tenis] **n.m.** (de l'angl. *lawn-tennis,* de *lawn,* pelouse, et *tennis,* issu de l'anc. fr. *tenez,* exclamation du joueur lançant la balle au jeu de paume). **1.** Sport qui consiste, pour deux ou quatre joueurs munis de raquettes, à envoyer une balle par-dessus un filet dans les limites du court ; le court lui-même. **2. Tennis de table,** sport dont les principes s'inspirent de ceux du tennis (raquettes, balle, filet), mais où le court est remplacé par une table de dimensions standardisées (on dit aussi *ping-pong*). ◆ **n.m. pl.** Chaussures de sport, en toile et à semelles de caoutchouc.

■ Né sous sa forme actuelle à la fin du XIXe s. en Grande-Bretagne, le tennis se joue à deux (simple) ou à quatre (double). La marque est relativement compliquée : le premier point marqué vaut 15, le deuxième 30, le troisième 40 et le quatrième donne un jeu. Mais, lorsque, dans un jeu, les deux (ou quatre) joueurs atteignent la marque de 40, il est nécessaire que deux points soient marqués consécutivement pour que le jeu soit terminé. Il faut obtenir au moins six jeux pour gagner un set (ou manche) et deux ou trois sets (selon que la rencontre se dispute au meilleur des trois ou des cinq sets) pour remporter la partie. Lorsque deux adversaires (ou deux équipes) se trouvent dans un set à six jeux chacun se déroule, généralement, le jeu décisif, ou tie-break, conçu pour abréger des parties parfois interminables avec l'ancienne règle, imposant deux jeux d'écart pour gagner un set.
La coupe Davis, créée en 1900, se dispute par équipes nationales, sur quatre simples et un double. Parmi les grandes compétitions individuelles, les plus célèbres sont le tournoi de Wimbledon (Internationaux d'Angleterre), les Internationaux de France (Roland-Garros), des États-Unis (l'US Open à Flushing Meadow) et d'Australie, les Masters. ■

tennis-elbow [teniselbo] **n.m.** (mot angl., de *tennis* et *elbow,* coude) [pl. *tennis-elbows*]. Inflammation de l'épicondyle, fréquente chez les joueurs de tennis.

tennisman [tenisman] **n.m.** (faux anglic., sur le modèle de *sportsman*) [pl. *tennismans* ou *tennismen*]. Joueur de tennis.

tennistique [tenistik] **adj.** Relatif au tennis.

Tennyson (Alfred, *lord***),** poète britannique (Somersby 1809 - Aldworth 1892). Auteur des *Idylles du roi* (1859-1885), d'*Enoch Arden* (1864), il est le poète aristocratique et national de l'ère victorienne.

Tenochtitlán, cap. des Aztèques, fondée en 1325 (ou 1345), prise par les Espagnols de Cortés en 1521. Mexico est située à son emplacement.

tenon [tənɔ̃] **n.m.** (de *tenir*). Extrémité d'une pièce qu'on a façonnée pour la faire entrer dans un trou, la *mortaise,* pratiqué dans une pièce destinée à être assemblée à la première.

ténor [tenɔr] **n.m.** (it. *tenore,* lat. *tenor,* accent de la voix). **1.** MUS. Voix d'homme élevée ; chanteur qui possède ce genre de voix. **2.** *FAM.* Celui qui tient un rôle de vedette dans l'activité qu'il exerce : *Les ténors de la politique.*

tenseur [tɑ̃sœr] **adj.m.** et **n.m.** (de *2. tendre*). Se dit de chacun des muscles destinés à produire une tension.

tensioactif, ive [tɑ̃sjoaktif, -iv] **adj.** CHIM. Se dit d'une substance qui modifie la tension superficielle du liquide dans lequel elle est dissoute.

tensiomètre [tɑ̃sjɔmɛtr] **n.m. 1.** Appareil servant à mesurer la tension des fils, des câbles, la tension superficielle. **2.** MÉD. Appareil permettant la mesure de la pression artérielle (on dit aussi un *sphygmomanomètre*).

tension [tɑ̃sjɔ̃] **n.f.** (bas lat. *tensio,* de *tendere,* tendre). **1.** Traction exercée sur une substance souple ou élastique ; état qui en résulte : *Régler la tension d'une courroie.* **2.** TECHN. État des contraintes dans un corps sollicité et, plus partic., composante normale de celles-ci. **3.** État musculaire de préparation à une action, dans lequel un certain nombre de muscles spécifiques sont légèrement contractés. **4.** État de qqn qui est tendu, contracté, nerveux. **5.** Situation tendue entre deux groupes, deux personnes, deux États. **6.** ÉLECTR. Différence de potentiel : *Une ligne à haute tension.* **7.** MÉD. **Tension artérielle** ou **tension,** pression artérielle : *Faire vérifier sa tension.* **8.** *FAM.* **Avoir, faire de la tension,** être hypertendu. / **Tension d'esprit,** effort intense et soutenu de l'esprit.

tentaculaire [tɑ̃takylɛr] **adj. 1.** Relatif aux tentacules : *Appendice tentaculaire.* **2.** Qui tend à se développer dans tous les sens : *Ville tentaculaire.*

tentacule [tɑ̃takyl] **n.m.** (lat. scientif. *tentaculum,* du class. *tentare,* tâter, palper). Appendice souple et mobile de certains invertébrés (anémones de mer, mollusques céphalopodes), qui leur sert d'organe du toucher ou à saisir leurs proies.

tentant, e [tɑ̃tɑ̃, -ɑ̃t] **adj.** (de *tenter*). Qui fait naître un désir, une envie : *Une proposition tentante* (syn. **alléchant, attirant**).

tentateur, trice [tɑ̃tatœr, -tris] **adj.** et **n.** Qui tente, cherche à séduire : *Des propos tentateurs. Le Tentateur* (= le démon).

tentation [tɑ̃tasjɔ̃] **n.f.** (lat. ecclés. *temptatio*). **1.** Attrait vers qqch de défendu par une loi morale ou religieuse ; incitation au péché ou à la révolte contre les lois divines. **2.** Tout ce qui tente, attire, incite à qqch : *Résister à la tentation de fumer* (syn. **désir, envie**).

tentative [tɑ̃tativ] **n.f.** (lat. scolast. *tentativa,* épreuve universitaire). **1.** Action par laquelle on s'efforce d'obtenir un certain résultat ; essai : *Faire une dernière tentative* (syn. **effort, essai**). **2.** DR. Commencement d'exécution d'une infraction : *Une tentative de meurtre.*

tente [tɑ̃t] **n.f.** (lat. pop. **tendita,* du class. *tenta,* fém. de *tentus,* p. passé). **1.** Abri portatif démontable, en toile serrée, que l'on dresse en plein air. **2. Se retirer sous sa tente,** abandonner par dépit un parti, une cause (par allusion à la colère d'Achille contre Agamemnon dans *l'Iliade*). **3.** CHIR. **Tente à oxygène,** dispositif destiné à isoler le sujet de l'atmosphère pour le soumettre à l'action de l'oxygène pur.

tenter [tɑ̃te] **v.t.** (lat. *temptare,* essayer, circonvenir, confondu avec *tentare,* agiter). **1.** Entreprendre, avec l'intention de la mener à bien, une action dont l'issue est incertaine : *Tenter une expérience. Tenter de résister* (syn. **essayer**). **2.** Inciter qqn à faire le mal : *Le serpent tenta Ève.* **3.** Exciter le désir de qqn, son intérêt : *Il l'a tentée en lui faisant miroiter une bonne affaire* (syn. **allécher**). **4.** Plaire à : *Cette visite ne me tente guère* (syn. **attirer**). **5. Tenter le diable,** prendre le risque d'inciter qqn à commettre un acte répréhensible.

tenture [tɑ̃tyr] **n.f.** (réfection, d'apr. *tente,* de l'anc. fr. *tandeüre,* de *2. tendre*). **1.** Ensemble de pièces de tissu décorant un appartement (murs, fenêtres, etc.) : *Une tenture de velours.* **2.** Ensemble de tapisseries murales illustrant différents aspects d'un même thème, différents épisodes d'un cycle, et tissées par le même atelier. **3.** Étoffe noire dont on tend une maison, une église, pour une cérémonie funèbre.

tenu, e [təny] **adj.** (de *tenir*). **1.** Soigné ; maintenu dans un certain état : *Maison bien tenue.* **2.** BOURSE. Ferme dans les prix : *Valeurs tenues.* ◆ **tenu n.m.** Action d'un joueur qui tient trop longtemps le ballon dans certains sports d'équipe.

ténu, e [teny] **adj.** (lat. *tenuis*). Très fin ; très mince : *Le fil ténu d'un ver à soie. Une distinction très ténue* (syn. **subtil**).

tenue [təny] **n.f.** (de *tenir*). **1.** Action de tenir une assemblée ; fait de se réunir, de siéger : *Interdire la tenue d'une* *réunion* (syn. **session**). **2.** Action, manière de diriger, d'administrer une maison, une collectivité : *Tenue d'une maison de retraite.* **3.** Manière dont on se tient physiquement, dont qqn se présente, est habillé : *Cet élève a une mauvaise tenue quand il écrit* (syn. **posture**). **4.** Ensemble de vêtements propres à une profession, à une activité, à une circonstance : *Tenue de soirée* (syn. **habit, toilette**). **5.** Qualité de ce qui obéit à un souci de rigueur dans le domaine intellectuel, esthétique, moral : *Roman d'une haute tenue.* **6.** BOURSE. Fermeté dans la valeur des titres. **7.** MUS. Prolongation, d'une durée variable, de la valeur de notes ou d'accords semblables. **8. En petite tenue, en tenue légère,** peu vêtu. / **En tenue,** en uniforme. **9. Tenue de livres,** action de tenir la comptabilité d'une entreprise. / **Tenue de route,** aptitude d'un véhicule à se maintenir dans la ligne imposée par le conducteur et qui possède une stabilité de trajectoire dans toutes les conditions de circulation.

ténuité [tenɥite] **n.f.** *LITT.* État de ce qui est ténu.

tenure [tənyr] **n.f.** (de *tenir*). Au Moyen Âge, exploitation agricole concédée par un seigneur à un tenancier, en échange de redevances et de services.

Tenzin Gyatso, quatorzième dalaï-lama du Tibet (Taktser, prov. du Qinghai, 1935). Intronisé en 1940, il exerce son pouvoir à titre personnel à partir de 1950. Il s'exile en Inde en 1959. Jusque-là guide et chef souverain pour les Tibétains, il décide en 2011 de détacher la fonction politique de la mission du dalaï-lama, se consacrant désormais à son rôle spirituel. (Prix Nobel de la paix 1989.)

téorbe ou **théorbe** [teɔrb] **n.m.** (it. *tiorba*). Grand luth, en usage du XVIe au XVIIIe siècle.

Teotihuacán, localité du Mexique, au nord-est de Mexico, à l'emplacement d'une métropole religieuse préhispanique fondée au IVe s. av. notre ère et dont l'apogée se situe à l'époque classique (250 - 650 apr. J.-C.). La population de cette véritable ville a dépassé 200 000 hab. ; son urbanisme rigoureux et géométrique s'organise autour du cœur de la cité formé par un axe comprenant pyramide du Soleil, allée des Morts, pyramide de la Lune et résidences palatiales. Très étendue, l'influence de cette cité-État se retrouve aussi bien au nord, sur la côte du golfe du Mexique, qu'au Guatemala, en passant par Monte Albán.

tep [tɛp] **n.f. inv.** (acronyme). Tonne d'équivalent pétrole.

tequila [tekila] **n.f.** (n. d'une localité du Mexique où cette boisson est fabriquée). Eau-de-vie obtenue par distillation du fruit de l'agave, fabriquée au Mexique.

ter [tɛr] **adv.** (mot lat.). **1.** Désigne, après *bis,* dans une numérotation, le troisième élément d'une suite portant le même numéro. **2.** Indique qu'on doit dire, jouer, chanter un passage, un refrain, un vers trois fois.

tératogène [teratɔʒɛn] **adj.** (du gr. *teras, -atos,* monstre, et de *-gène*). MÉD. Qui produit des malformations chez l'embryon : *Médicament tératogène.*

tératologie [teratɔlɔʒi] **n.f.** (du gr. *teras, -atos,* monstre, et de *-logie*). Science qui traite des malformations congénitales.

Terborch ou **Ter Borch (Gerard),** peintre néerlandais (Zwolle 1617 - Deventer 1681). D'abord portraitiste, il a donné à partir des années 1650 des scènes d'intimité bourgeoise d'une poésie raffinée (*les Soins maternels,* La Haye).

Terbrugghen ou **Ter Brugghen (Hendrik),** peintre néerlandais (Deventer 1588 - Utrecht 1629). Installé à Utrecht après avoir travaillé en Italie, c'est un caravagesque adepte de la « manière claire » (*le Duo,* Louvre).

tercet [tɛrsɛ] **n.m.** (it. *terzetto,* de *terzo,* tiers). LITTÉR. Groupe de trois vers unis par le sens et par certaines combinaisons de rimes.

térébenthine [terebɑ̃tin] **n.f.** (du lat. *terebinthina* [*resina*], de *terebinthus,* térébinthe). **1.** Résine semi-liquide, tirée du térébinthe, du mélèze, du sapin, du pin maritime. **2. Essence de térébenthine,** essence fournie par la distillation des térébenthines, qu'on utilise pour dissoudre les corps gras, pour fabriquer les vernis, délayer les couleurs, etc. (on dit aussi *la térébenthine*).

térébinthe [terebɛ̃t] **n.m.** (lat. *terebinthus,* du gr.). Arbre des régions méditerranéennes, dont l'écorce fournit la térébenthine de Chio. ▸ Famille des anacardiacées ; genre *Pistacia* (pistachier).

térébrant, e [terebrɑ̃, -ɑ̃t] **adj.** (du lat. *terebrare,* percer avec une tarière, de *terebra,* tarière). **1.** Se dit d'un animal qui creuse des trous, notamm. d'un insecte muni d'une tarière. **2.** Se dit d'une douleur très vive, donnant l'impression d'un clou qui perfore l'endroit douloureux.

Terechkova (Valentina Vladimirovna), cosmonaute soviétique (Maslennikovo, près de Iaroslavl, 1937). Première femme cosmonaute, elle a effectué 48 révolutions autour de la Terre (16-19 juin 1963).

Térence, en lat. **Publius Terentius Afer,** poète comique latin (Carthage v. 190 - 159 av. J.-C.). Esclave affranchi, membre du cercle de Scipion Émilien, il composa six comédies *(l'Andrienne, l'Eunuque, l'Hécyre, l'Heautontimoroumenos, Phormion, les Adelphes)* imitées des auteurs grecs et basées sur l'analyse psychologique. Il devint un modèle pour les classiques français, notamment pour Molière.

Tergal [tɛrgal] **n.m.** (nom déposé). Fil ou fibre synthétique de polyester, de fabrication française.

Teresa (Agnes Gonxha Bajaxhiu, dite *Mère*), religieuse indienne d'origine albanaise (Uskūb, auj. Skopje, 1910 - Calcutta 1997). Son action en faveur des déshérités lui a valu le prix Nobel de la paix (1979). Elle a été béatifiée en 2003.

tergiversation [tɛrʒivɛrsasjɔ̃] **n.f.** (lat. *tergiversatio*). Action de tergiverser (surtout au pl.) : *Les tergiversations d'un ministre* (syn. **hésitation, dérobade**).

tergiverser [tɛrʒivɛrse] **v.i.** (lat. *tergiversari,* tourner le dos, de *tergum,* dos, et *versare,* tourner). Recourir à des détours, des faux-fuyants, pour éviter d'agir ou de conclure ; hésiter.

1. terme [tɛrm] **n.m.** (lat. *terminus,* borne). **1.** Lieu, point où se termine un déplacement dans l'espace ; moment où prend fin dans le temps une action, un état : *Le terme de notre voyage sera une île du Pacifique. Arriver au terme de sa vie* (syn. **bout, fin**). **2.** Limite fixée dans le temps ; délai limité : *Passé ce terme, vous devrez payer des intérêts* (syn. **échéance**). **3.** Date à laquelle doit être acquitté un loyer ; période à laquelle il correspond ; montant de ce loyer : *Payer à terme échu. Payer son terme.* **4.** BOURSE. Date fixée pour la livraison des titres et le paiement du prix ; ensemble des opérations de Bourse qui doivent se dénouer à chacune des dates fixées, pour les liquidations, par les règlements de la place : *Vente à terme.* **5. Accoucher à terme, avant terme,** accoucher à la date, avant la date présumée de la fin de la grossesse. / **À court, à long, à moyen terme,** dans la perspective d'une échéance rapprochée, éloignée, intermédiaire. / **À terme,** dans un délai plus ou moins long, mais à coup sûr : *Jusqu'à présent, il s'est laissé abuser, mais à terme il découvrira bien la vérité.* / **Conduire, mener à son terme,** achever. / **Mettre un terme à,** faire cesser. / **Toucher à son terme,** venir à expiration ; finir.

2. terme [tɛrm] **n.m.** (lat. scolast. *terminus,* définition). **1.** Mot considéré dans sa valeur de désignation, en partic. dans un vocabulaire spécialisé : *Connaître le sens d'un terme* (syn. **vocable**). *Terme technique.* **2.** Élément entrant en relation : *Analyser les termes d'une proposition.* **3.** LOG. Sujet ou prédicat dans une prémisse d'un syllogisme. **4.** MATH. Chacun des éléments d'une suite, d'une série, d'une somme, d'un polynôme, d'un couple. ◆ **termes n.m. pl. 1.** Ensemble des mots employés pour exprimer sa pensée ; manière de s'exprimer : *Parler en termes choisis.* **2.** Sens exact, littéral d'un texte écrit : *Les termes de la loi sont indiscutables.* **3. Aux termes de,** en se conformant strictement à. / **En d'autres termes,** autrement dit. / **Être en bons, en mauvais termes avec qqn,** entretenir de bons, de mauvais rapports avec lui.

3. terme [tɛrm] **n.m.** (de *Terme,* dieu romain protecteur des bornes). SCULPT. Statue sans bras ni jambes dont le corps se termine en gaine (on dit aussi un *hermès*).

terminaison [tɛrminezɔ̃] **n.f.** (de *terminer*). **1.** État d'une chose qui finit : *La terminaison de négociations difficiles* (syn. **conclusion**). **2.** GRAMM. Partie finale d'un mot ; spécial., désinence : *La terminaison en -ir du verbe « finir ».*

1. terminal, e, aux [tɛrminal, -o] **adj.** (bas lat. *terminalis*). **1.** Qui constitue l'extrémité, le dernier élément de qqch : *Bourgeon terminal* (contr. **premier**). **2.** MÉD. Qui précède de peu la mort : *Ce patient est en phase terminale* (syn. **final**). **3.** Qui marque la fin ; final : *Point terminal* (contr. **initial**). **4. Classe terminale,** en France, classe terminant l'enseignement secondaire, où l'on prépare le baccalauréat (on dit aussi *la terminale*).

2. terminal **n.m.** (mot angl. « terminus »). **1.** Gare, aérogare urbaine servant de point de départ et d'arrivée des passagers. **2.** Équipement portuaire servant au chargement ou au débarquement des vraquiers, des pétroliers et des minéraliers. **3.** INFORM. Appareil permettant l'accès à distance à un système informatique.

terminer [tɛrmine] **v.t.** (lat. *terminare,* de *terminus,* borne, limite). **1.** Mener à son terme : *Terminer ses études* (syn. **achever**). **2.** Passer la fin de : *Terminer la soirée avec des amis* (syn. **finir**). **3.** Faire qqch pour finir ; placer à la fin : *Terminer le repas par des fromages* (syn. **clore, clôturer**). **4. En terminer avec qqch,** l'achever : *J'en ai enfin terminé avec cette réparation.* ◆ **se terminer** **v.pr.** Arriver à sa fin ; finir de telle ou telle façon : *La route se termine ici* (syn. **s'arrêter**). *Leur aventure s'est bien terminée.*

terminologie [tɛrminɔlɔʒi] **n.f.** (de *terme* et de *-logie,* parole). **1.** Ensemble des termes particuliers à une science, à un art, à un domaine. **2.** Discipline qui a pour objet l'étude des dénominations des objets et des concepts et le fonctionnement, dans la langue, des unités terminologiques. ◆ **terminologue** **n.** Nom du spécialiste.

terminologique [tɛrminɔlɔʒik] **adj.** Relatif à la terminologie ou à une terminologie particulière.

terminus [tɛrminys] **n.m.** (mot angl., du lat. « fin »). Dernière station d'une ligne de transports en commun.

termite [tɛrmit] **n.m.** (bas lat. *termes, -itis,* ver rongeur). Insecte social xylophage, aux pièces buccales broyeuses, à deux paires d'ailes égales. ▸ Ordre des isoptères. La société des termites est composée d'une femelle reproductrice à énorme abdomen (reine), d'un mâle, de nombreux ouvriers, qui assurent la construction et apportent la nourriture, et de nombreux soldats, chargés de la défense.

termitière [tɛrmitjɛr] **n.f.** Construction en terre ou en carton de bois, que les termites fabriquent dans les pays tropicaux. ▸ Elle peut atteindre plusieurs mètres de haut et se poursuit dans le sol par de nombreuses galeries.

ternaire [tɛrnɛr] **adj.** (lat. *ternarius,* de *terni,* trois par trois). **1.** Composé de trois éléments : *Nombre ternaire. La structure ternaire d'un composé chimique.* **2.** CHIM. Se dit de substances organiques, comme les glucides et les lipides, constituées de carbone, d'hydrogène et d'oxygène. **3.** MUS. **Mesure ternaire,** mesure dont chaque temps, contrairement à ceux d'une mesure *binaire,* est divisible par trois (on dit aussi *mesure composée*) : *La mesure à 6/8, qui comporte deux temps dont chacun correspond à trois croches, est ternaire.*

terne [tɛrn] **adj.** (de *ternir*). **1.** Qui a peu ou pas d'éclat : *Couleur terne* (syn. **fade**). **2.** Qui manque de brillant, monotone, sans intérêt : *Style terne* (syn. **plat**).

ternir [tɛrnir] **v.t.** (orig. incert., p.-ê. du germ.) [conj. **32**]. **1.** Ôter la fraîcheur, l'éclat, la couleur de : *Le soleil a terni l'étoffe* (syn. **décolorer**). **2.** Rendre moins pur, moins honorable ; salir : *Ternir la réputation de qqn* (syn. **compromettre, souiller**).

terpène [tɛrpɛn] **n.m.** (all. *Terpene,* de *Terpentin,* térébenthine). Hydrocarbure d'origine végétale, de formule brute. ▸ Formule $(C_5H_8)_n$.

terpénique [tɛrpenik] **adj.** Se dit des terpènes et de leurs dérivés.

terrain [tɛrɛ̃] **n.m.** (lat. *terrenum,* de *terrenus,* formé de terre). **1.** Espace de terre considéré du point de vue de sa nature, de sa structure, de son relief : *Terrain argileux, fertile* (syn. **sol**). *Terrain accidenté.* **2.** Étendue de terre, considérée du point de vue de sa surface, de sa propriété et de son affectation : *Prix du terrain à bâtir. Acheter un terrain* (syn. **parcelle**). **3.** Espace, emplacement aménagé en vue de certaines activités : *Terrain de sport. Terrain d'aviation.* **4.** Lieu où se déroulent un duel, des opérations militaires : *Le terrain des opérations s'est déplacé au centre du pays.* **5.** Domaine de la réalité en tant qu'objet d'étude : *Enquête sur le terrain.* **6.** Situation, état des choses et des esprits, ensemble des conditions, des circonstances pouvant présider à un comportement, à une action : *Sonder le terrain avant d'agir. Trouver un terrain d'entente.* **7.** MÉD. Ensemble des facteurs génétiques, physiologiques, etc., qui favorisent l'apparition de certaines maladies : *Terrain allergique.* **8. Céder du terrain,** reculer ; faire des concessions. / **Connaître le terrain,** connaître les gens auxquels on a affaire. / **Homme de terrain,** dans un domaine particulier, personne en contact direct avec les gens, les situations concrètes. / **Se placer sur un bon, un mauvais terrain,** soutenir une bonne, une mauvaise cause ; être dans une situation avantageuse, désavantageuse. / **Tout-terrain,** v. à son ordre alphabétique.

terrasse [teras] **n.f.** (anc. prov. *terrassa,* du lat. *terra,* terre). **1.** Plateforme à l'air libre aménagée au rez-de-chaussée, à un étage ou sur le toit d'une habitation. **2.** Terre-plein horizontal sur un terrain en pente, génér. maintenu par un mur de soutènement : *Cultures en terrasses.* **3.** Partie du trottoir longeant un café, un restaurant, où sont disposées des tables pour les consommateurs. **4.** Socle plat de certaines pièces d'orfèvrerie ; partie supérieure de la base d'une statue. **5.** GÉOGR. Sur les versants d'une vallée, replat, souvent recouvert de dépôts fluviaux, qui correspond à un ancien fond de vallée.

terrassement [terasmɑ̃] **n.m.** (de *terrasse*). Action de creuser et de transporter des terres ; ensemble des travaux destinés à modifier la forme d'un terrain.

terrasser [terase] **v.t.** (de *terrasse*). **1.** Jeter à terre avec violence au cours d'une lutte : *Terrasser un adversaire* (syn. **renverser**). **2.** Vaincre complètement : *Terrasser l'ennemi* (syn. **anéantir, écraser**). **3.** Abattre physiquement ou moralement : *La fièvre l'a terrassé. Être terrassé par une attaque* (syn. **foudroyer**).

terrassier [terasje] **n.m.** (de *terrasse*). Ouvrier employé aux travaux de terrassement.

terre [tɛr] **n.f.** (lat. *terra*). **1.** (Avec une majuscule). Planète du Système solaire habitée par l'homme : *La Terre tourne autour du Soleil.* **2.** Surface de cette planète ; ensemble des hommes qui la peuplent : *Parcourir la terre* (syn. **globe, monde**). *Être connu de la terre entière* (syn. **univers**). **3.** Séjour des vivants (par opp. à l'*au-delà*) : *N'espérez pas le bonheur sur la terre* (syn. **ici-bas**). **4.** Surface solide où l'homme marche, se déplace, vit, construit, etc. : *Tomber la face contre terre. S'asseoir par terre* (= sur le sol). **5.** Partie solide et émergée du globe (par opp. aux étendues d'*eau,* à l'*air*) : *Être en vue de la terre. Armée de terre.* **6.** Étendue de terrain appartenant à qqn, à une commune, etc. ; (souvent au pl.), propriété, domaine rural souvent considérable : *Acheter une terre* (syn. **terrain**). *Remembrement des terres. Vivre sur ses terres* (syn. **domaine**). **7.** Étendue de pays considérée d'un point de vue géographique, national, régional, etc. ; pays : *Les terres arctiques. Mourir en terre étrangère* (syn. **sol**). **8.** Matière constituant la couche supérieure du globe où croissent les végétaux : *Terre argileuse.* **9.** Sol considéré comme l'élément de base de la vie et des activités rurales ; ces activités : *Terre à blé. Produits de la terre.* **10.** FAM. **Avoir les (deux) pieds sur terre,** avoir le sens des réalités. / **Être sur terre,** exister. / **Politique de la terre brûlée,** destruction systématique des récoltes et des biens par une armée qui se retire devant l'envahisseur. / **Quitter cette terre,** mourir. / **Revenir sur terre,** sortir d'une rêverie, revenir à la réalité. **11. Prise de terre,** conducteur électrique ou ensemble de conducteurs électriques enterrés servant à éta-

A B C D E F G H I J K L M N O P Q R S T U V W X Y Z

blir une liaison avec la terre (on dit aussi la terre). / **Sciences de la Terre,** sciences qui ont pour objet l'origine, la nature et l'évolution du globe terrestre (géochimie, géophysique, géologie, etc.). / **Terre cuite,** argile façonnée et mise au four ; objet obtenu de cette façon. / **Terre de Sienne (naturelle** ou **brûlée),** ocre brune utilisée en peinture. / **La Terre sainte,** les lieux où vécut le Christ. / **Terre végétale,** partie du sol mêlée d'humus et propre à la végétation. / **Terre vierge,** non encore cultivée. / CHIM. **Terres rares,** oxydes métalliques et métaux composant un groupe d'éléments chimiques appelés les *lanthanides*.

■ **La Terre, planète du Système solaire.** Troisième dans l'ordre croissant des distances au Soleil, la Terre s'intercale entre Vénus et Mars, à une distance moyenne du Soleil voisine de 150 millions de kilomètres. Le diamètre équatorial de la Terre est de 12 756 km env. et son diamètre polaire de 12 713 km (elle est légèrement aplatie aux pôles). Elle a un satellite naturel, la Lune. La Terre tourne sur elle-même, d'un mouvement quasi uniforme, autour d'un axe passant par son centre de gravité (axe des pôles), tout en décrivant autour du Soleil une orbite elliptique. Cette révolution de la planète détermine la durée de l'année, et sa rotation sur elle-même, celle du jour. Les méthodes de datation permettent d'évaluer son âge à 4,6 milliards d'années.
Structure et composition. La Terre est entourée d'une atmosphère, à base d'azote (78 %) et d'oxygène (21 %). Sa constitution interne n'est connue, sauf pour les 10 km premiers, qu'indirectement, notamment par la sismologie. Organisée en zones concentriques, la Terre présente, en son centre, un *noyau,* très dense, constitué essentiellement de fer et de nickel. Il comprend une partie interne solide (la *graine*) et une partie externe liquide. Très conductrice, celle-ci, par ses propriétés électriques et magnétiques, serait responsable du champ magnétique terrestre. Autour du noyau s'étend le *manteau,* animé de lents mouvements de convection des matériaux qui le constituent. Enfin, la région la plus externe du globe, la *lithosphère,* est constituée par la couche supérieure du manteau, au-dessus de l'*asthénosphère,* et par une partie solide, la *croûte terrestre,* de structure hétérogène, et dont la surface forme le relief. On distingue la croûte océanique, de 5 à 10 km d'épaisseur, de composition globalement basaltique, et la croûte continentale, épaisse de 30 km en moyenne (mais pouvant atteindre 70 km sous les chaînes de montagnes), de composition essentiellement granitique. La lithosphère n'est pas une enveloppe continue ; elle est « découpée » en plaques rigides épaisses de 100 km env., les *plaques lithosphériques,* qui se déplacent sur l'asthénosphère. Les mouvements de ces plaques sont à l'origine des grands phénomènes géologiques tels que séismes, formation de chaînes de montagnes, activité volcanique, etc., et s'expliquent grâce à la théorie de la *tectonique des plaques.* ■

terre à terre [tɛratɛr] **loc. adj. inv.** Qui est très proche des préoccupations de la vie courante : *Des esprits terre à terre* (syn. **matériel, prosaïque**).

terreau [tero] **n.m.** (de *terre*). **1.** Terre mélangée à des matières animales ou végétales décomposées, utilisée en horticulture. **2.** Milieu favorable : *Le terreau de la délinquance.*

Terre de Feu, en esp. **Tierra del Fuego,** anc. **archipel de Magellan,** groupe d'îles au sud de l'Amérique méridionale (Argentine et Chili), séparées du continent par le détroit de Magellan. On réserve parfois le nom de *Terre de Feu* à la principale île de l'archipel.

terre-neuvas [tɛrnœva] **n.m. inv.** ou **terre-neuvier** [tɛrnœvje] **n.m.** (pl. *terre-neuviers*). Bateau équipé pour la pêche sur les bancs de Terre-Neuve ; marin pêcheur sur ce bateau.

terre-neuve [tɛrnœv] **n.m. inv.** (de *Terre-Neuve,* n. de l'île d'où ce chien est originaire). Chien de sauvetage de forte taille, au poil long, de couleur noir de jais.

Terre-Neuve, en angl. **Newfoundland,** île du Canada oriental ; 112 299 km^2 ; 512 930 hab. *Terre-Neuviens ;* v. princ. *Saint John's (Saint-Jean).* Découverte en 1497 par Jean Cabot, l'île fut disputée dès le XVIe s. entre colons français et anglais. Elle fut cédée à la Grande-Bretagne par le traité d'Utrecht (1713), mais la France conserva le monopole de la pêche sur la côte nord jusqu'en 1904. Dominion à partir de 1917, auquel est rattachée la côte nord-est du Labrador en 1927, l'île est devenue la dixième province du Canada en 1949 (auj. prov. de Terre-Neuve–et–Labrador).

Terre-Neuve–et–Labrador en angl. **Newfoundland and Labrador,** prov. de l'est du Canada ; 406 000 km^2 ; 514 536 hab. CAP. *Saint John's (Saint-Jean).* Elle englobe *l'île de Terre-Neuve* et l'est de la *péninsule du Labrador.* La province, au climat rude, vit surtout de l'exploitation de la forêt et de la pêche (sur les *bancs de Terre-Neuve,* notamm.) ; le sous-sol recèle de grands gisements de fer, aux confins du Québec.

terre-neuvien, enne [tɛrnœvjɛ̃, -ɛn] **adj.** et **n.** (pl. *terre-neuviens, ennes*). De Terre-Neuve.

terre-plein [tɛrplɛ̃] **n.m.** (it. *terrapieno,* terrassement) [pl. *terre-pleins*]. **1.** Terrain rapporté soutenu par des murs. **2. Terre-plein central,** bande de terrain séparant les deux chaussées sur une voie à deux sens de circulation séparés.

terrer [tere] **v.t.** AGRIC. Mettre de la nouvelle terre au pied d'une plante ; couvrir de terre. ◆ **se terrer v.pr. 1.** Se loger, se cacher sous terre, en parlant d'un animal (syn. **gîter**). **2.** Éviter de se montrer en s'isolant : *Il s'est terré dans sa campagne* (syn. **se claquemurer**).

terrestre [terɛstr] **adj.** (lat. *terrestris*). **1.** Relatif à la Terre : *Le globe terrestre.* **2.** Qui vit sur la partie solide du globe (par opp. à *aérien, à marin*) : *Les animaux, les plantes terrestres.* **3.** Qui est, se déplace sur le sol (par opp. à *aérien, maritime*) : *Transport terrestre.* **4.** Qui concerne la vie matérielle : *Les joies terrestres.*

terreur [terœr] **n.f.** (lat. *terror, -oris*). **1.** Peur violente qui paralyse : *Cet attentat a semé la terreur* (syn. **effroi, épouvante**). **2.** Pratique systématique de violences, de répressions, en vue d'imposer un pouvoir : *Dictateur qui se maintient par la terreur.* **3.** Personne ou chose qui inspire une grande peur, que l'on redoute : *Cette enseignante est une vraie terreur pour ses élèves.*

Terreur (la), nom donné à deux périodes de la Révolution française. La *première Terreur* (10 août - 20 sept. 1792), provoquée par la menace de l'invasion prussienne, se manifesta par la mise en place d'une justice expéditive, par l'arrestation du roi et par les massacres de Septembre.

La *seconde Terreur* (5 sept. 1793 - 28 juill. 1794) suivit le renversement des Girondins par les Montagnards. Visant à assurer la défense de la France contre les ennemis de l'extérieur et de l'intérieur, elle se solde par l'incarcération de près de 500 000 suspects, dont 40 000 environ furent guillotinés. Elle s'accompagna d'une politique de déchristianisation, de mesures de contrôle économique et de la redistribution des biens des suspects aux indigents. La *Grande Terreur,* qui fut instituée le 10 juin 1794 et supprima les garanties judiciaires aux accusés, s'acheva avec la chute de Robespierre, le 9 Thermidor.

Terreur blanche (la), nom donné aux mouvements contre-révolutionnaires dirigés par les royalistes contre leurs adversaires. La *première Terreur blanche* (mai-juin 1795) consista en représailles sanglantes contre les anciens partisans de Robespierre. La *seconde Terreur blanche* eut lieu après Waterloo, durant l'été 1815. Exercée contre les bonapartistes et les républicains, elle fut l'œuvre des royalistes du midi de la France. Elle prit une forme légale après l'élection de la première Chambre des députés de la Restauration, dissoute en 1816.

terreux, euse [terø, -øz] **adj.** (bas lat. *terrosus*). **1.** Propre à la terre : *Goût terreux.* **2.** Mêlé, sali de terre : *Avoir les mains terreuses.* **3.** Qui a la couleur de la terre ; pâle, grisâtre : *Visage terreux* (syn. **blafard, livide**).

terri n.m. ⟶ **terril.**

terrible [teribl] **adj.** (lat. *terribilis,* de *terrere,* épouvanter). **1.** Qui cause, inspire de la terreur ; qui a des effets funestes, tragiques : *Une terrible catastrophe* (syn. **effroyable**). **2.** Très désagréable : *Il a un caractère terrible* (syn. **affreux**). **3.** Qui atteint une violence, une force considérable : *Un vent terrible* (syn.

violent). **4.** FAM. Indique un haut degré, une grande quantité : *J'ai un travail terrible à faire. Cette fille est terrible* (syn. **fantastique, formidable**). *Un film terrible* (syn. **remarquable**). **5. Enfant terrible,** enfant turbulent, insupportable, mal élevé ; au fig., personne qui, au sein d'un groupe, se fait remarquer par ses incartades : *Un enfant terrible de la politique.*

terriblement [teribləmɑ̃] **adv.** De façon terrible : *Il est terriblement ennuyeux* (syn. **extrêmement**).

terrien, enne [terjɛ̃, -ɛn] **adj.** et **n. 1.** Qui possède des terres : *Propriétaire terrien.* **2.** Qui habite la Terre (par opp. à *extraterrestre*). **3.** Qui habite la terre (par opp. à *aérien,* à *marin*). **4.** Qui concerne la campagne (par opp. à *citadin*) : *Des origines terriennes.*

terrier [terje] **n.m.** Abri creusé dans la terre par certains animaux comme le lapin, le renard, etc.

terrifiant, e [terifjɑ̃, -ɑ̃t] **adj.** Qui terrifie (syn. **effrayant, horrifiant**).

terrifier [terifje] **v.t.** Frapper de terreur : *Le film nous a terrifiés* (syn. **épouvanter, terroriser**).

terril [teril] ou **terri** [teri] **n.m.** (de *terre*). Entassement de déblais stériles au voisinage d'une mine.

terrine [terin] **n.f.** (fém. de l'anc. fr. *terrin,* pot, marmite de terre). **1.** Récipient de cuisine en terre vernissée, servant à cuire et à conserver les viandes. **2.** Apprêt de viande, de poisson, de légumes moulé et consommé froid.

territoire [teritwar] **n.m.** (lat. *territorium*). **1.** Étendue de terre dépendant d'un État, d'une ville, d'une juridiction, etc. : *Le territoire d'une commune* (syn. **district, circonscription**). **2.** ÉTHOL. Zone occupée par un animal, ou une famille d'animaux, défendue contre l'intrusion des congénères. **3.** MÉD. Ensemble des parties anatomiques desservies par un vaisseau, un nerf. **4. Territoire d'outre-mer (T.O.M.),** ancienne collectivité territoriale de la République française (créée en 1946 et supprimée en 2003). ▸ Les derniers territoires d'outre-mer furent la Nouvelle-Calédonie (jusqu'en 1999), les terres Australes et Antarctiques françaises, la Polynésie française et Wallis-et-Futuna (jusqu'en 2003).

territorial, e, aux [teritɔrjal, -o] **adj. 1.** Propre au territoire ; qui relève du territoire. **2. Eaux territoriales ⟶ eau.**

territorialité [teritɔrjalite] **n.f.** (de *territorial*). Caractère de ce qui fait proprement partie du territoire d'un État.

terroir [terwar] **n.m.** (lat. pop. **terratorium,* du class. *territorium*). **1.** Terre considérée sous l'angle de la production ou d'une production agricole caractéristique : *Terroir fertile.* **2.** Ensemble des terres d'une région, considérées du point de vue de leurs aptitudes agricoles. **3.** Province, campagne, considérées sous le rapport de certaines habitudes spécifiques : *Mots du terroir.* **4. Goût de terroir,** goût particulier à certains vins de petits crus, tenant à la nature du sol.

terroriser [terɔrize] **v.t. 1.** Frapper de terreur, d'épouvante : *Le fracas du tonnerre le terrorise* (syn. **épouvanter, terrifier**). **2.** Tenir sous un régime de terreur.

terrorisme [terɔrism] **n.m.** (de *terreur*). Ensemble d'actes de violence (attentats, prises d'otages, etc.) commis par une organisation dans un but politique.

■ **Problématique de la terreur.** La définition du terrorisme n'a pas cessé d'embarrasser la communauté internationale, certains États ou mouvements considérant que le recours au terrorisme relève d'un droit fondamental, la résistance à l'oppression. Il est fréquent de considérer que le terrorisme constitue l'arme du faible et de l'opprimé devant une force supérieure. Or, la terreur, inspirée délibérément à l'ennemi, constitue de façon générale l'un des ressorts essentiels de l'action militaire, qui n'est elle-même que l'instrument destiné à faire plier la volonté adverse : des chefs de guerre comme Gengis Khan, Tamerlan, eurent recours à la terreur sous forme d'actes d'une exemplaire cruauté. Faire assez peur, c'est faire plier. Mais faire trop peur, ce peut être radicaliser l'adversaire en provoquant le sursaut de l'indignation ou en canalisant l'énergie du désespoir. En somme, on peut considérer que la terreur permet d'économiser les forces en démultipliant les effets psychologiques pour une dépense d'énergie réduite.

Une action de guerre. Tous les groupes qui prétendent lutter contre une oppression revendiquent la légitimité d'une sorte d'action de guerre. C'est pourquoi il existe un malaise politique au regard du terrorisme. « La terreur est à l'ordre du jour », déclare en 1793 la Convention* nationale, qui entend ainsi « frapper de terreur les ennemis de la révolution ». Tout est dit dans ces formules. Et l'on sait qu'à la terreur républicaine a succédé la terreur blanche, qui, davantage, participait d'un esprit de représailles. Il existe, en effet, une sorte de terrorisme de représailles ou de vengeance qui consiste à frapper anonymement un adversaire plus puissant : on peut citer comme exemple l'attentat de Lockerbie contre le vol 103 de la Pan Am, perpétré par les services secrets libyens, à la suite du raid des États-Unis contre Tripoli en 1986 ; on peut aussi assimiler à cette forme de terrorisme les attentats-suicides qui se multiplient en Israël depuis l'occupation des territoires palestiniens.

Un moyen au service d'une fin. Au XXe siècle, nombre de chefs d'organisations terroristes, d'Eamon De Valera en Irlande à Yasser Arafat en Jordanie-Palestine, en passant par Menahem Begin ou Nelson Mandela en Afrique du Sud, sont parvenus, en raison des transformations du milieu conflictuel, à accéder à la légitimité qui fait les chefs d'État. Le mouvement palestinien islamiste Hamas est présenté comme une organisation terroriste par Israël et les États-Unis, mais il constitue aussi une organisation politique ayant des branches armées, portée légalement au pouvoir en 2006. On comprend, dans ces conditions, qu'il a toujours été, et qu'il restera très difficile pour la communauté internationale de s'accorder sur une définition commune du terrorisme. En effet, en raison de son acception péjorative, le terme lui-même devient un enjeu faisant l'objet de manipulations psychologiques et politiques. Très souvent, les groupes armés sont qualifiés de bandits ou de terroristes par l'autorité en place. Les résistants de la Seconde Guerre mondiale étaient traités de terroristes par les autorités d'occupation allemande. À l'opposé, nombreux sont ceux qui mettent en cause le « terrorisme d'État », en considérant les phénomènes de répression violente, les pressions psychologiques, les intimidations sur les personnes, etc., exercées par certaines dictatures ou régimes totalitaires (Hitler et le IIIe Reich, les purges staliniennes, les Khmers rouges au Cambodge, la dictature militaire en Argentine, etc.).

L'évolution du terrorisme. Phénomène rampant, le terrorisme se déplace dans l'espace, tandis que ses formes et son intensité évoluent dans le temps. À la fin du XIXe siècle, les anarchistes russes et espagnols cherchaient à décapiter le pouvoir en place ou à créer par la terreur un climat révolutionnaire. Au XXe siècle, la fin de la guerre froide, les rumeurs d'apocalypse de l'an 2000 et la fascination pour la modernité informatique ont créé une « ambiance » particulière qui suggère un terrorisme « nouvelle manière » avec ses pirates menant des attaques virtuelles. De plus, l'attentat perpétré en 1995 dans le métro de Tokyo par la secte japonaise Aum shinri-kyo, qui répandit un gaz toxique (le sarin), a conduit à redouter le recours par des terroristes à des armes de destruction massive (cf. bioterrorisme). On peut aussi craindre le terrorisme nucléaire, en raison des trafics de matières fissiles en provenance des pays de l'ex-U.R.S.S. À l'aube du XXIe siècle, les attentats du 11 septembre* 2001 au cœur des États-Unis, revendiqués par Oussama Ben Laden – le porteur du projet islamiste radical de l'organisation terroriste al-Qaida (cf. islamisme) –, marquent une étape. C'est en raison de l'ampleur inégalée des pertes humaines et matérielles que l'on qualifie aujourd'hui cette forme d'action d'« hyperterrorisme ». La recherche du massacre et des destructions massives distingue ce terrorisme de celui qui existait jusque-là. Les attentats à Bali en 2002, à Madrid en 2004, à Londres en 2005, à Batna (Algérie) en 2007 s'inscrivent dans cette nouvelle forme de terrorisme. ■

terroriste [terɔrist] **adj.** et **n. 1.** Qui relève du terrorisme ; qui participe à un acte de terrorisme. **2.** Sous la Révolution française, s'est dit, après la chute de Robespierre, des acteurs de la Terreur.

tertiaire [tɛrsjɛr] **adj.** (du lat. *tertius,* troisième, d'apr. *primaire*). **1.** CHIM. Se dit d'un composé dont la fonction (alcool par exemple) est à un atome lui-même lié à trois composés carbonés. **2. Ère tertiaire,** ère géologique précédant l'ère quaternaire et constituant la première partie du cénozoïque, d'une durée de 65 millions d'années et marquée par le plissement alpin et la diversification des mammifères (on dit aussi *le tertiaire*). **3. Secteur tertiaire,** secteur des activités économiques comprenant notamm. le commerce, les services (on dit aussi *le tertiaire*).

tertio [tɛrsjo] **adv.** (mot lat., de *tertius,* troisième). Troisièmement ; en troisième lieu.

tertre [tɛrtr] **n.m.** (lat. pop. **termitem,* de **termes,* tertre, du class. *termen, -inis,* borne). **1.** Élévation peu considérable de terre : *Élever une statue au sommet d'un tertre* (syn. **butte, hauteur, monticule**). **2. Tertre funéraire,** éminence de terre recouvrant une sépulture (syn. **tumulus**).

Tertullien, premier des écrivains chrétiens de langue latine (Carthage v. 155 - *id.* v. 222). Païen converti, il exerça en Afrique du Nord un véritable magistère doctrinal. Son œuvre est à la fois une critique du paganisme *(Aux nations)* et une défense du christianisme *(Apologétique),* visant plus précisément les gnostiques *(Contre Marcion).* Son ascétisme, qui tomba dans un rigorisme intransigeant (*Sur la toilette des femmes, De la pudeur,* etc.), le fit dévier vers l'hérésie montaniste, mais il s'en détacha par la suite. Il a inauguré avec Cyprien de Carthage la théologie latine et contribué à la formation du latin chrétien.

tes adj. poss. ⟶ ton.

tesla [tɛsla] **n.m.** (de N. *Tesla,* n. d'un physicien américain d'origine serbe). Unité de mesure d'induction magnétique, équivalant à l'induction magnétique uniforme qui, répartie normalement sur une surface de 1 m^2, produit à travers cette surface un flux d'induction magnétique total de 1 weber. ▸ Symb. T.

Tesla (Nikola), physicien et ingénieur électricien américain d'origine serbe (Smiljan 1856 - New York 1943). Il créa la technique des courants polyphasés, inventa le moteur asynchrone à champ tournant et, en haute fréquence, le couplage de deux circuits par induction mutuelle.

tessère [tesɛr] **n.f.** (lat. *tessera*). ANTIQ. ROM. Plaquette ou jeton d'ivoire, de métal, de terre cuite, etc., aux usages multiples dans l'Antiquité (entrée au spectacle, vote, marque de fabrique, etc.).

Tessin (le), en ital. **Ticino,** riv. de Suisse et d'Italie, qui traverse le lac Majeur, passe à Pavie et se jette dans le Pô (r. g.) ; 248 km. Hannibal battit P. Cornelius Scipio sur ses bords (218 av. J.-C.).

Tessin, cant. de Suisse, sur le versant méridional des Alpes ; 2 813 km^2 ; 333 753 hab. *(Tessinois).* Ch.-l. *Bellinzona.* Tourisme (lac Majeur). C'est en 1803 que le canton du Tessin fut formé par l'union des cantons de Bellinzona et de Lugano.

tessiture [tesityr] **n.f.** (it. *tessitura,* texture, trame, de *tessere,* tisser). **1.** MUS. Ensemble des sons qu'une voix peut produire sans difficulté : *Tessiture grave* (syn. **registre**). **2.** Ensemble des notes qui reviennent le plus souvent dans un morceau, constituant pour ainsi dire la texture, l'étendue moyenne dans laquelle il est écrit.

tesson [tesɔ̃] **n.m.** (de *têt*). Débris d'un objet en verre, en céramique : *Tessons de bouteilles.*

1. test [tɛst] **n.m.** (du lat. *testum,* vase d'argile). Enveloppe dure qui protège divers êtres vivants (plaques dermiques de l'oursin, coquille des mollusques, carapace des crustacés).

2. test [tɛst] **n.m.** (mot angl. « épreuve »). **1.** Épreuve permettant d'évaluer les aptitudes de qqn ou d'explorer sa personnalité : *Test de niveau.* **2.** Épreuve d'examen présentée sous forme d'un questionnaire à compléter. **3.** Épreuve en général qui permet de juger qqch ou qqn : *Ce sera un test de sa bonne volonté.* **4.** MÉD. Essai, épreuve pouvant mettre en œuvre des techniques médicales variées (réaction chimique ou biologique, prélèvement, etc.) et fournissant une indication déterminante pour le diagnostic ; matériel utilisé pour cet essai, cette épreuve : *Test de grossesse.*

testament [tɛstamɑ̃] **n.m.** (lat. *testamentum,* de *testari,* attester, témoigner). **1.** Acte juridique par lequel une personne déclare ses dernières volontés et dispose de ses biens pour le temps qui suivra sa mort. **2.** Message ultime qu'un écrivain, un homme politique, un savant, un artiste, dans une œuvre, tient à transmettre à la postérité. **3. Ancien Testament,** ensemble des livres de la Bible qui se rapportent à l'histoire de l'Alliance de Dieu avec le peuple juif. **/ Nouveau Testament,** recueil des écrits bibliques qui concernent la Nouvelle Alliance établie par Jésus-Christ.

testamentaire [tɛstamɑ̃tɛr] **adj.** (lat. *testamentarius*). **1.** Qui concerne un testament ; qui se fait par testament. **2. Exécuteur testamentaire ⟶ exécuteur.**

testateur, trice [tɛstatœr, -tris] **n.** (lat. *testator*). Personne qui fait ou qui a fait son testament.

1. tester [tɛste] **v.i.** (lat. *testari,* prendre à témoin, témoigner). Faire son testament.

2. tester [tɛste] **v.t.** (mot angl.). Soumettre à un test.

testeur, euse [tɛstœr, -øz] **n.** Personne qui fait passer un test, qui teste qqch.

testicule [tɛstikyl] **n.m.** (lat. *testiculus,* dimin. de *testis,* témoin). ANAT. Glande génitale mâle, élaborant les spermatozoïdes et sécrétant l'hormone mâle.

testimonial, e, aux [tɛstimɔnjal, -o] **adj.** (lat. *testimonialis,* de *testimonium,* témoignage). **1.** Qui résulte d'un témoignage : *Preuve testimoniale.* **2.** Qui sert de témoignage, d'attestation : *Lettres testimoniales.*

testostérone [tɛstɔsterɔn] **n.f.** (contraction de *test[icule],* de *stér[ol]* et de *[horm]one*). Hormone produite par les testicules, et agissant sur le développement des organes génitaux et des caractères sexuels secondaires mâles.

têt [tɛ] **n.m.** (lat. *testum,* de *testus,* couvercle d'argile). CHIM. Récipient en terre réfractaire, utilisé dans les laboratoires pour l'oxydation des métaux et la calcination des matières infusibles.

tétanie [tetani] **n.f.** (de *tétanos*). État pathologique caractérisé par des crises de contractions musculaires spasmodiques. ▸ Les crises de tétanie surviennent chez les sujets atteints de spasmophilie.

tétanique [tetanik] **adj.** et **n.** (gr. *tetanikos*). Relatif au tétanos ou à la tétanie ; qui en est atteint.

tétaniser [tetanize] **v.t.** (de *tétanos*). **1.** Provoquer des contractures tétaniques. **2.** FIG. Pétrifier sous l'effet de l'étonnement, de l'indignation, etc. : *La peur l'a tétanisé* (syn. **paralyser, stupéfier**).

tétanos [tetanos] **n.m.** (mot gr. « tension, rigidité », de *teinein,* tendre). Maladie infectieuse due à la toxine d'une bactérie, se caractérisant par des contractures douloureuses des muscles de la face d'abord, puis se généralisant à tout le corps, souvent mortelle. ▸ La bactérie du tétanos, très répandue dans la nature, entre dans le corps par une plaie souillée (terre, débris végétaux, épines, etc.) ; la toxine qu'elle produit est toxique pour le système nerveux. En France, la vaccination antitétanique est obligatoire chez les enfants ; les adultes doivent effectuer un rappel tous les dix ans pour rester protégés.

têtard [tɛtar] **n.m.** (de *tête*). **1.** Larve des amphibiens, aquatique, à tête fusionnée au tronc en une masse globuleuse, respirant par des branchies externes. **2.** ARBOR. Arbre taillé de manière à former une touffe au sommet du tronc.

tête [tɛt] **n.f.** (lat. *testa,* vase en terre, coquille, puis « tête » en bas lat., a éliminé l'anc. fr. *chef*). **1.** Extrémité supérieure du corps de l'homme et extrémité antérieure du corps de nombreux animaux contenant la bouche, le cerveau et les principaux organes sensoriels : *Avoir une grosse tête. Couper la tête.* **2.** Boîte crânienne de l'homme, en partic. le cerveau ; le crâne : *Avoir mal à la tête.* **3.** Partie supérieure du crâne où poussent les cheveux : *Sortir tête nue.* **4.** Visage dont les traits traduisent les sentiments, les tendances, l'état ; expression : *Avoir une bonne tête* (= inspirer la confiance). **5.** Ensemble des facultés mentales : *Avoir des rêves plein la tête. N'avoir rien dans la tête* (= être stupide). **6.** Jugement, perspicacité, présence d'esprit, sang-froid : *Garder la tête froide. Perdre la tête* (syn. **raison**). **7.** Comportement volontaire ; tempérament obstiné : *Une femme de tête. Avoir la tête dure* (= être buté). **8.** Personne ; individu : *Ça coûte tant par tête.* **9.** Animal appartenant à un troupeau : *Cinquante têtes de bétail.* **10.** Vie de qqn : *Réclamer la tête d'un condamné.* **11.** Partie supérieure de qqch : *Tête d'un clou.* **12.** Partie antérieure ou initiale de qqch, notamm. dans une chose orientée ou en mouvement ; commencement : *Tête du train* (syn. **devant**). *La tête du convoi. L'incident s'est produit en tête de ligne* (contr. **terminus**). *Mot placé en tête de phrase* (syn. **début**). **13.** Hauteur de la tête : *Elle a une tête de plus que lui.* **14.** Longueur de la tête : *Ce cheval a gagné d'une tête.* **15.** SPORTS. Au football, action de frapper une balle aérienne avec le front pour dévier sa trajectoire. **16.** PÉTR. Fraction la plus légère, ou la plus volatile, d'un mélange d'hydrocarbures. **17. À la tête de,** au premier rang de ; à la direction de ; à la première place, comme leader, directeur, etc. : *À la tête d'une entreprise.* / *FAM.* **Avoir ses têtes,** montrer du parti pris dans ses sympathies ou ses antipathies à l'égard des autres. / **De tête,** mentalement, sans avoir recours à l'écriture : *Calculer de tête.* / *FAM.* **En avoir par-dessus la tête,** être excédé par qqch, qqn. / *FAM.* **Être tombé sur la tête,** avoir perdu la raison, avoir l'esprit dérangé. / **Faire la tête,** bouder, être de mauvaise humeur. / **Monter à la tête,** étourdir, griser ; troubler la raison : *Ce parfum me monte à la tête.* / **Sa tête est mise à prix,** on le recherche activement, en parlant d'un criminel. / **Se mettre dans la tête, en tête de,** prendre la résolution de faire qqch ; se persuader, se convaincre que : *Il s'est mis en tête de faire le tour du monde* (= il l'a décidé). *Elle s'est mis en tête que je ne lui disais pas toute la vérité.* / **Se monter la tête,** se faire des illusions. / **Tenir tête,** résister : *Elle tient tête à son père* (= elle ne lui obéit pas). / **Tête baissée,** sans réfléchir, sans regarder le danger : *Il a foncé, tête baissée, au-devant des problèmes.* **18. Tête de lecture** ⟶ **lecture.** / **Tête de mort,** squelette d'une tête humaine ; emblème symbolisant un danger mortel. / **Tête de pont,** zone conquise par une armée en territoire ennemi (littoral ou rive d'un fleuve) et qui permettra de faire arriver le gros de la troupe ; au fig., implantation d'une entreprise à l'étranger, en vue d'un développement ultérieur de son activité. **19. Tête en l'air,** personne étourdie. / **Tête nucléaire,** ogive nucléaire. / *FAM.* **Têtes blondes,** enfants : *Ils ont peur que je choque leurs chères petites têtes blondes.* / **Voix de tête,** voix aiguë (= voix de fausset). / SPORTS. **Tête de série,** concurrent ou équipe que ses performances antérieures désignent pour rencontrer un adversaire présumé plus faible lors des premières rencontres d'une épreuve éliminatoire.

tête-à-queue [tɛtakø] **n.m. inv.** Demi-tour complet que fait un véhicule à la suite d'un dérapage.

tête-à-tête [tɛtatɛt] **n.m. inv. 1.** Situation ou entretien de deux personnes qui se trouvent seule à seule. **2.** Service à café, à petit déjeuner ou à thé pour deux personnes seulement.

tête-bêche [tɛtbɛʃ] **adv.** (altér. de *tête béchevet,* renforcement de *béchevet,* double tête, de *bis* et *chevet*). Se dit de la position de deux personnes ou de deux objets placés à côté l'un de l'autre en sens inverse : *Dormir tête-bêche.*

tête-de-loup [tɛtdəlu] **n.f.** (pl. *têtes-de-loup*). Balai à très long manche et à tête ronde, utilisé pour nettoyer les plafonds.

tête-de-nègre [tɛtdənɛgr] **n.m. inv.** et **adj. inv.** (par analogie de couleur). Couleur brun foncé.

tétée [tete] **n.f. 1.** Action de téter. **2.** Quantité de lait qu'un nouveau-né tète en une fois.

téter [tete] **v.t.** et **v.i.** (de *tette,* bout de la mamelle [chez les animaux]) [conj. **18**]. Sucer le lait de la mamelle de la femme ou de la femelle d'un animal.

Téthys, la plus jeune des Titanides, dans la mythologie grecque. Fille d'Ouranos et de Gaia, elle personnifiait la fécondité de la mer. De son union avec Océanos naquirent les fleuves et les Océanides.

têtière [tɛtjɛr] **n.f.** (de *tête*). Pièce du filet ou de la bride qui passe sur la nuque du cheval et supporte les montants.

tétine [tetin] **n.f.** (de *téter*). **1.** Mamelle d'un mammifère. **2.** Embouchure en caoutchouc, percée de trous, que l'on adapte sur un biberon pour faire téter un nourrisson.

téton [tetɔ̃] **n.m.** (de *téter*). **1.** *FAM.* Mamelle ; sein. **2.** MÉCAN. Petite pièce en saillie maintenant une autre pièce.

tétrachlorure [tetraklɔryr] **n.m.** (de *tétra-,* et de *chlorure*). **1.** Composé contenant quatre atomes de chlore. **2. Tétrachlorure de carbone,** liquide incolore, employé comme solvant ininflammable. ► Formule : CCl_4.

tétraèdre [tetraɛdr] **n.m.** (de *tétra-,* et de *-èdre*). **1.** MATH. Polyèdre à quatre faces ; pyramide à base triangulaire. **2. Tétraèdre régulier,** qui a pour faces 4 triangles équilatéraux égaux.

tétraédrique [tetraedrik] **adj.** Relatif au tétraèdre ; qui a la forme d'un tétraèdre.

tétralogie [tetralɔʒi] **n.f.** (gr. *tetralogia*). **1.** LITTÉR. GR. Ensemble de quatre pièces que les poètes tragiques présentaient aux concours dramatiques. **2.** Ensemble de quatre œuvres, littéraires ou musicales, liées par une même inspiration : *La « Tétralogie » de Richard Wagner.*

tétraplégie [tetrapleʒi] **n.f.** (de *tétra-,* et du gr. *plêgê,* coup). MÉD. Paralysie des quatre membres (syn. **quadriplégie**).

tétraplégique [tetrapleʒik] **adj.** et **n.** Atteint de tétraplégie (syn. **quadriplégique**).

tétrapode [tetrapɔd] **n.m.** et **adj.** (du gr. *tetrapous, -odos,* à quatre pieds). **Tétrapodes,** groupe d'animaux vertébrés dont le squelette comporte deux paires de membres, apparents ou atrophiés, témoignant dans l'évolution d'une adaptation primitive à la marche, tels les amphibiens, les reptiles, les oiseaux et les mammifères terrestres ou marins.

tétrarchie [tetrarʃi] **n.f.** (de *tetra-* et du gr. *arkhein,* commander). Territoire gouverné par un tétrarque.

tétrarque [tetrark] **n.m.** (gr. *tetrarkhês*). Souverain vassal, à l'époque gréco-romaine, dont le territoire était trop restreint pour mériter le titre de roi.

tétras [tetra] **n.m.** (bas lat. *tetrax,* du gr.). Syn. de *coq de bruyère.*

tétrasyllabe [tetrasillab] **adj.** et **n.m.** (lat. *tetrasyllabus,* du gr.). Se dit d'un vers de quatre syllabes.

têtu, e [tety] **adj.** et **n.** (de *tête*). Très attaché à ses idées ; insensible aux arguments : *Il est trop têtu pour changer d'avis* (syn. **entêté, obstiné**). *Être têtu comme une mule* (= très têtu).

teuf [tœf] **n.f.** (verlan irrégulier de fête). *FAM.* Fête : *Il est de toutes les teufs.*

teufeur, euse [tœfœr, -øz] **n.** *FAM.* Personne qui participe à une teuf ; fêtard.

Teutatès, dieu celte qui protégeait la tribu contre la guerre (c'est pourquoi il y avait beaucoup de Teutatès locaux) et dieu de la Guerre elle-même. À ce titre, on l'assimila souvent au Mars romain.

teuton, onne [tøtɔ̃, -ɔn] **adj.** et **n.** (lat. *Teutonus*). **1.** Relatif aux Teutons. **2.** *PÉJOR.* Allemand.

Teutonique *(ordre),* ordre hospitalier puis ordre militaire, fondé en Terre sainte (1198) et recrutant des membres dans l'aristocratie allemande. Ayant absorbé en 1237 les chevaliers Porte-Glaive, l'ordre propagea la culture germanique en Prusse et se constitua un vaste État. Sa puissance fut brisée par les Polonais à Tannenberg (1410). Après 1466, l'ordre ne conserva plus que la Prusse-Orientale, sous suzeraineté polonaise. Il fut sécularisé en 1525 par son grand maître, Albert de Brandebourg.

Teutons, peuple de Germanie, qui envahit la Gaule avec les Cimbres et fut vaincu par Marius près d'Aix-en-Provence (102 av. J.-C.).

Texas, le plus vaste (en dehors de l'Alaska) des États unis d'Amérique ; 690 000 km^2 ; 26 448 193 hab. *(Texans).* CAP. *Austin.* V. princ. *Houston, Dallas.* Grands gisements de pétrole et de gaz naturel. Possession espagnole puis mexicaine (1821), le Texas devint une république indépendante de fait en 1836. Il fut incorporé aux États-Unis en 1845.

texte [tɛkst] **n.m.** (lat. *textus,* tissu, de *texere,* tisser). **1.** Ensemble des termes, des phrases constituant un écrit, une œuvre : *Respecter scrupuleusement le texte d'un auteur.* **2.** Œuvre ou partie d'œuvre littéraire : *Choix de textes du XVIIe s.* (syn. **morceau, page**). **3.** Partie de la page composée de caractères imprimés : *Il y a trop de texte, il faut plus de dessins.* **4.** Sujet d'un devoir : *Le texte d'une dissertation* (syn. **énoncé**). *Cahier de textes.* **5.** Teneur exacte d'une loi ; la loi elle-même : *Le texte d'un acte.* **6. Dans le texte,** dans la langue d'origine : *Lire Goethe dans le texte.*

1. textile [tɛkstil] **adj.** (lat. *textilis,* de *texere,* tisser). **1.** Qui peut être divisé en fibres propres à faire un tissu, comme le chanvre, le lin, la laine, l'amiante, etc. : *Matières textiles.* **2.** Qui se rapporte à la fabrication des tissus : *Industrie textile.*

2. textile [tɛkstil] **n.m.** (de *1. textile*). **1.** Matière propre à être tissée après avoir été filée. **2.** Ensemble des industries textiles : *Travailler dans le textile.*

■ **Les fibres.** Constituants élémentaires de tout tissu, les fibres textiles se répartissent en deux grandes catégories : les *fibres naturelles* et les *fibres chimiques.* Les fibres naturelles peuvent elles-mêmes être d'origine *végétale,* comme le coton ou le lin, ou d'origine *animale,* comme la laine ou la soie. Quant aux fibres textiles chimiques, elles se divisent en deux familles : les *fibres artificielles* et les *fibres synthétiques.* Les premières proviennent d'une transformation chimique de substances naturelles, généralement de la cellulose, les secondes sont fabriquées à partir de polymères artificiels. Il existe enfin une catégorie de fibres constituées de matériaux dont l'origine est minérale, tels que l'amiante, le quartz, le verre. Le mélange des fibres naturelles et chimiques élargit la gamme des possibilités, variant l'aspect des étoffes et leur donnant de nouvelles propriétés, comme l'irrétrécissabilité, tout en conservant le confort des fibres naturelles.

La fabrication des étoffes. Elle n'a pas changé dans ses principes de base depuis les âges les plus anciens. La matière textile – fibres végétales, animales ou chimiques – est transformée par *filature* en fils simples ou *retors* (assemblage par torsion de deux ou plusieurs fils).

La soie est le seul fil continu à l'état naturel (il peut mesurer jusqu'à 1 000 m) ; tous les autres sont constitués de fibres courtes (jusqu'à 35 cm pour la laine, 4 cm pour le coton), dont la cohésion est assurée par une simple torsion communiquée lors du filage ; les fibres chimiques sont fabriquées directement sous la forme continue du *filé de fibre.* Elles sont parfois tronçonnées pour être mélangées, dans certains fils, à des fibres naturelles.

Les divers fils servent ensuite à confectionner des tissus par *tissage* ou *tricotage.* La première technique consiste à entrecroiser des fils de façon rectiligne, la seconde à les entrelacer par des boucles, ou mailles. Les non-tissés, comme le feutre, sont constitués par l'enchevêtrement des fibres. ■

1. texto [tɛksto] **adv.** (abrév.) *FAM.* Textuellement.

2. texto [tɛksto] **n.m.** Bref message écrit échangé entre téléphones portables ; minimessage, SMS.

textuel, elle [tɛkstɥɛl] **adj. 1.** Qui concerne le texte écrit : *Analyse textuelle.* **2.** Qui est exactement conforme au texte : *Traduction textuelle* (= mot à mot) [syn. **littéral**]. **3.** Qui est exactement conforme à ce qui a été dit : *Voici la réponse textuelle qui m'a été faite* (= mot pour mot).

textuellement [tɛxtɥɛlmɑ̃] **adv.** De façon textuelle (abrév. fam. *texto*) : *Répéter textuellement les propos de qqn.*

texture [tɛkstyr] **n.f.** (lat. *textura*). **1.** TEXT. Mode d'entrecroisement des fils de tissage ; état d'une étoffe ou d'un matériau qui est tissé (syn. **tissage**). **2.** Constitution générale d'un matériau solide : *Texture du bois* (syn. **structure**). **3.** GÉOL. Ensemble des caractères définissant l'agencement et les relations volumiques et spatiales des minéraux d'une roche. **4.** LITTÉR. Disposition des parties d'un ouvrage : *La texture d'un roman* (syn. **trame, structure**).

T.G.V. [teʒeve] **n.m.** (sigle). ⟶ Train* à grande vitesse.

Thackeray (William Makepeace), écrivain britannique (Calcutta 1811 - Londres 1863). Journaliste et caricaturiste, il est l'auteur d'essais et de romans qui font la satire des hypocrisies et des ridicules de la société britannique (*la Foire aux vanités,* 1847-1848).

thaï, e [taj] **adj.** (mot indigène). Relatif aux Thaïs : *Culture thaïe.* ◆ **thaï n.m. 1.** Famille de langues parlées en Asie du Sud-Est. **2.** La plus importante de ces langues, parlée en Thaïlande, où elle est langue officielle.

Thaïlande, anc. **Siam,** État de l'Asie du Sud-Est ; 514 000 km^2 ; 67 011 000 hab. *(Thaïlandais).* CAP. *Bangkok.* LANGUE : *thaï.* MONNAIE : *baht.*

GÉOGRAPHIE

Occupant l'ouest de la péninsule indochinoise, la Thaïlande a une superficie et une population comparables à celles de la France. Mais la répartition spatiale de cette population est très inégale. La partie vitale, peuplée par les Thaïs (80 % des Thaïlandais), est la plaine centrale, drainée par le Ménam (ou Chao Phraya). Sous un climat chaud, cette région, arrosée par la mousson d'été, est le domaine de la culture intensive : riz, base vivrière devant le manioc, la canne à sucre, le maïs, etc. Les régions périphériques, où vivent les minorités, sont souvent montagneuses, notamment au N. et à l'O., abondamment arrosées et forestières (exploitation du teck), peuplées surtout de Karen ; sur le plateau de Korat, à l'E., les Lao associent cultures (riz) et élevage bovin. Au S. de l'isthme de Kra, le climat devient presque équatorial, la forêt est trouée de plantations d'hévéas, cependant que le sous-sol fournit de l'étain et du tungstène.

La population demeure en majeure partie rurale (malgré la croissance démesurée de Bangkok). La pêche est aujourd'hui très active. L'industrie s'est développée (pétrochimie, textile, électronique) et a bénéficié d'investissements étrangers. Le tourisme procure également des revenus appréciables et la croissance récente a été notable.

HISTOIRE

Des royaumes thaïs à la monarchie Chakri. À la suite d'une longue infiltration parmi les Môn, peuple qui a adopté la culture bouddhique, et parmi les Khmers, qui ont conquis la région aux XIe-XIIe s., les Thaïs fondent les royaumes de Sukhothai et de Lan Na (cap. Chiangmai). Ils sont également connus sous le nom de Syam (Siamois).

V. 1350. Ils créent le royaume d'Ayuthia.

1592. Le pays qu'avaient occupé les Birmans est libéré. Aux XVIe-XVIIe s., le Siam entretient des relations avec l'Occident, notamment avec la France de Louis XIV.

1782. Rama Ier est couronné à Bangkok, la nouvelle capitale, et fonde la dynastie Chakri. De 1782 à 1851, Rama Ier, Rama II, Rama III dominent en partie le Cambodge, le Laos et la Malaisie. À la fin du XIXe s. et au début du XXe s. Le Siam parvient à préserver son indépendance mais il recule ses frontières en faveur de l'Indochine française et des possessions britanniques de Malaisie.

La Thaïlande contemporaine

1932. Un coup d'État amène l'instauration d'une monarchie constitutionnelle. Rama VII abdique en 1935.

1938. Le maréchal Pibul Songgram s'empare du pouvoir. Le pays prend le nom de Thaïlande.

1941-1944. Pibul Songgram s'allie au Japon.

1946. Bhumibol Adulyadej devient roi sous le nom de Rama IX (couronné en 1950).
1948-1957. Pibul Songgram est à nouveau Premier ministre. Le pouvoir demeure dominé par les militaires de 1957 à 1973 puis de 1976 à 1980. La guérilla communiste se développe à partir de 1962. Le pays sert de refuge aux réfugiés khmers après l'invasion du Cambodge par le Viêt Nam (1979), à laquelle est opposée la Thaïlande.
1980-1988. Le général Prem Tinsulanond, Premier ministre, parvient à maintenir un régime civil.
1991. Son successeur, Chatichai Choonhavan, est renversé par un coup d'État militaire.
1992. Après des manifestations violemment réprimées, des élections sont remportées par l'opposition démocratique et un gouvernement civil est constitué, dirigé jusqu'en 1995 par Chuan Leekpai. En 1995 et 1996, élections et gouvernements de coalition se succèdent.
1997. Chuan Leekpai redevient Premier ministre.
2001. Fondateur d'un nouveau parti (qui obtient une large victoire aux élections), l'homme d'affaires Thaksin Shinawatra est nommé Premier ministre.
2006. Thaksin Shinawatra est chassé du pouvoir par une junte militaire mais ses partisans remportent les élections en déc. 2007.
2008-2010. Une grave crise politique s'installe, donnant lieu à d'imposantes manifestations conduites successivement par les opposants à l'ancien Premier ministre (les « chemises jaunes ») et par ses partisans (les « chemises rouges »). Des affrontements avec l'armée font de nombreuses victimes en avril 2010.
2011. Yingluck Shinawatra, sœur de Thaksin, forme un gouvernement de large coalition autour de son parti, vainqueur aux élections.

Thaïlande *(golfe de)*, anc. **golfe du** ou **de Siam,** golfe de l'Asie du Sud-Est bordant notamment la Thaïlande.

Thaïs, groupe de peuples de l'Asie du Sud-Est : Chine du Sud, Viêt Nam, Laos, Thaïlande et Birmanie. Ils constituent la majorité du peuple qui habite la Thaïlande et la Birmanie du Nord (État des Chan).

thalamus [talamys] **n.m.** (du lat. scientif. *thalami* [*nervorum opticorum*], couches, lits [des nerfs optiques], du gr. *thalamos,* lit). ANAT. Partie de l'encéphale située à la base du cerveau, jouant un rôle essentiel dans la sensation. (On disait autref. *couches optiques.*)

thalassothérapie [talasɔterapi] **n.f.** (de *thalasso-* et *-thérapie*). Traitement par les bains d'eau de mer et par les climats maritimes : *Faire une thalassothérapie.*

thaler [talɛr] **n.m.** (mot all., de *Joachimsthal,* n. de la ville où fut frappée cette monnaie). Monnaie d'argent au poids de 29 g env., frappée d'abord en Bohême en 1525, unité monétaire des pays germaniques du XVIe au XIXe s.

Thalès, mathématicien et philosophe (dernier tiers du VIIe s. - moitié du VIe s. av. J.-C.), né à Milet. Il se rendit célèbre en prédisant une éclipse de Soleil en 585 av. J.-C. On lui attribue la première mesure exacte du temps par le *gnomon,* la construction de *parapegmes* (calendriers astronomiques ou nautiques enrichis d'indications météorologiques), certaines connaissances sur les rapports des angles avec les triangles auxquels ils appartiennent, ainsi que l'affirmation, sinon la démonstration, de l'égalité des angles opposés par le sommet. Cependant, le théorème auquel son nom est attaché, et qui est relatif à des droites parallèles coupées par deux droites sécantes, semble remonter aux géométries égyptienne et babylonienne.

thalle [tal] **n.m.** (gr. *thallos,* rameau, pousse). BOT. Appareil végétatif des végétaux inférieurs, où l'on ne peut distinguer ni racine, ni tige, ni feuilles : *Le thalle des champignons.*

thallophyte [talɔfit] **n.f.** (de *thalle* et de *-phyte*). Végétal pluricellulaire dont l'appareil végétatif est constitué par un thalle, comme c'est le cas chez les algues, les champignons, les lichens.

thanatologie [tanatɔlɔʒi] **n.f.** (du gr. *thanatos,* mort, et de *-logie*). Étude des signes, des conditions, des causes et de la nature de la mort.

thanatopraxie [tanatɔpraksi] **n.f.** (du gr. *thanatos,* mort, et *praxis,* action, manière d'agir). Ensemble des moyens techniques mis en œuvre pour l'embaumement des défunts.

Thanjavur ou **Tanjore,** v. de l'Inde (Tamil Nadu) ; 290 724 hab. dans l'agglomération. Monuments anciens, dont un grandiose sanctuaire shivaïte, élevé vers l'an 1000, l'un des plus beaux et des plus importants temples de l'Inde du Sud.

Thar *(désert de)*, région aride du Pakistan et de l'Inde, entre l'Indus et les monts Aravalli.

Thatcher (Margaret), femme politique britannique (Grantham 1925). Successeur de E. Heath à la tête du parti conservateur en 1975, elle remporte les élections de 1979 et devient Premier ministre. Elle mène une politique de rigueur fondée sur un libéralisme strict, combat avec succès la tentative d'invasion des Falkland par l'Argentine et s'oppose à un renforcement de l'intégration européenne. Réélue en 1983 et 1987, elle est désavouée par une partie des conservateurs, et démissionne en 1990 de la présidence du parti et du poste de Premier ministre.

thaumaturge [tomatyrʒ] **n.** (gr. *thaumatourgos,* de *thauma, -atos,* merveille, prodige, et *ergein,* faire). LITT. Personne qui fait ou prétend faire des miracles.

thaumaturgie [tomatyrʒi] **n.f.** Pouvoir du thaumaturge.

thé [te] **n.m.** (du malais *teh*). **1.** Feuilles de théier torréfiées après la cueillette *(thé vert)* ou après avoir subi une légère fermentation *(thé noir).* **2.** Infusion que l'on en fait : *Faire, boire du thé.* **3.** Collation où l'on sert du thé et des pâtisseries, l'après-midi : *Être invité à un thé.*

théâtral, e, aux [teatral, -o] **adj.** (lat. theatralis). **1.** Qui concerne le théâtre : *Une rubrique théâtrale* (syn. **dramatique**). **2.** Artificiel ; forcé : *Un air, un ton théâtral* (syn. **affecté ;** contr. **naturel**).

théâtralement [teatralmɑ̃] **adv.** LITT. De façon théâtrale, affectée : *Gesticuler théâtralement.*

théâtraliser [teatralize] **v.t.** Donner un caractère théâtral à : *Elle théâtralise tous ses gestes.*

théâtralité [teatralite] **n.f.** LITTÉR. Conformité d'une œuvre aux exigences scéniques du théâtre : *La théâtralité d'un opéra.*

théâtre [teatr] **n.m.** (lat. *theatrum,* du gr.). **1.** Édifice destiné à la représentation de pièces, de spectacles dramatiques ; le spectacle lui-même : *Le Théâtre-Français, à Paris. Aller au théâtre.* **2.** Art dramatique, considéré comme un genre artistique et littéraire : *Faire du théâtre.* **3.** La littérature dramatique ; ensemble des pièces d'un auteur, d'un pays ou d'une époque : *Le théâtre grec. Le théâtre de Corneille.* **4.** Attitude artificielle, outrée : *Tout ça, c'est du théâtre* (= des simagrées). **5.** Lieu où se passent certains faits, le plus souvent dramatiques : *Notre village a été le théâtre d'un crime atroce.* **6. Coup de théâtre,** événement inattendu qui modifie radicalement la situation, dans une pièce dramatique ou dans la vie ordinaire : *Son départ en pleine réunion a été un véritable coup de théâtre.* / MIL. **Théâtre d'opérations,** zone géographique nécessaire à l'accomplissement d'une mission stratégique donnée ; échelon correspondant dans l'organisation des forces. ▶ *Dossier page suivante.*

■ **L'Antiquité.** Le théâtre grec, situé dans un sanctuaire, est un bâtiment à caractère religieux. Les premiers théâtres de pierre, très simples, apparaissent au IVe s. av. J.-C. Les représentations ont lieu en plein air, les gradins étant adossés à une pente de colline creusée en hémicycle. La scène, circulaire, se trouve dans le bas. Derrière la scène se dresse un mur percé de portes, et représentant un décor fixe. Les théâtres grecs d'Épidaure et de Pergame jouissent de vues exceptionnelles sur des paysages immenses.
À Rome, Pompée construit en 55 av. J.-C. le premier théâtre permanent. Mais l'habitude veut que les réunions populaires aient lieu au champ de Mars, quartier de Rome dont

→

Le masque ou la plume ?

Le mot « théâtre » comprend la racine grecque *thea* qui désigne l'acte de regarder. Par extension, le théâtre renvoie à la représentation, à l'édifice où elle a lieu, puis en vient à désigner aussi un genre littéraire spécifique, aux côtés du roman ou de la poésie. Le théâtre est-il plutôt littérature ou plutôt spectacle ? Surtout texte ou surtout représentation ?

▶ **Un art de la représentation.** En tant que lieu, le théâtre permet la rencontre des acteurs, qui jouent sur une scène, et d'un public, placé dans la salle. Selon le metteur en scène britannique Peter Brook, il faut la présence simultanée de trois éléments pour donner naissance au jeu théâtral : un espace délimité, un acteur, un spectateur. « Je peux, écrit-il, prendre n'importe quel espace vide et l'appeler une scène. Quelqu'un traverse cet espace vide pendant que quelqu'un d'autre l'observe, et c'est suffisant pour que l'acte théâtral soit amorcé » (*l'Espace vide*, 1970). Grâce à l'espace scénique, une interaction se produit entre les spectateurs et les comédiens. La commedia dell'arte accorde une place bien plus importante au jeu des acteurs qu'au texte théâtral. En jouant d'après un canevas, les comédiens sont libres d'interpréter le texte comme ils l'entendent, par toutes sortes de pantomimes, d'improvisations gestuelles et corporelles. Le théâtre est ici fondé sur les effets visuels : les spectateurs reconnaissent le masque spécifique de chaque personnage (Arlequin, Polichinelle, etc.). Les éléments de farce chez Molière s'inspirent du répertoire de la commedia dell'arte : Toinette ou Sganarelle sont proches des *zani*, ces serviteurs bouffons de la comédie italienne. La comédie des *Fourberies de Scapin* (1671) perdrait la force de certains de ses ressorts comiques à la lecture seule. L'intérêt de Molière se porte d'ailleurs en premier lieu sur la représentation elle-même. En effet, sa pièce *le Tartuffe*, avant d'être présentée au roi sous une forme écrite en 1669, est d'abord jouée dans la salle du Palais-Royal. Et que dire de Shakespeare, qui semblait se désintéresser de la publication de ses pièces et n'accordait de l'importance qu'à leur création sur une scène ?

▶ **L'écriture dramatique.** Dans les cas où l'improvisation est délaissée, la représentation consiste le plus souvent en l'interprétation d'un texte par des comédiens et un metteur en scène. Le fait d'assister à la représentation d'une pièce de Molière ou de Marivaux marque une différence incontestable avec la lecture silencieuse. Devant le spectacle, le lecteur, s'il connaît bien la pièce, sera spécialement sensible à la fidélité par rapport au texte d'origine. En général, le metteur en scène s'efforce de ne pas trahir le dramaturge et de donner de l'œuvre une vision à la fois fidèle et nouvelle.

Le théâtre ne repose pas uniquement sur les fastes des décors ; il est aussi une écriture. Ce qu'on appelle la « poésie dramatique » désigne le théâtre du XVIIe s. Cette expression est significative : la poésie est transmise par la musicalité des alexandrins. Ceux-ci restent gravés dans les mémoires, comme le célèbre vers scandé de don Diègue : « Ô rage ! ô désespoir ! ô vieillesse ennemie ! » (*le Cid*, acte I, scène 4). D'abord soucieux de littérature, certains dramaturges écrivent des pièces sans penser à leur éventuelle représentation. Musset, par exemple, n'avait nullement l'intention de représenter ses pièces. Dédaignant les codes scéniques de son temps, il concevait son théâtre comme « un spectacle dans un fauteuil », expression qui sert d'ailleurs de titre à un recueil de ses pièces (1832).

Que penser des indications scéniques, appelées aussi *didascalies*, écrites par l'auteur ? Elles sont normalement destinées à donner une consigne précise en vue de la mise en scène. Pendant la représentation, le spectateur n'a pas connaissance de ces indications, jugées techniques. Pourtant, dans certains cas, les didascalies ont une valeur littéraire. Dans *Acte sans paroles* (1956), Samuel Beckett amplifie à l'extrême leur rôle : cette pièce n'est pas un dialogue, mais une longue didascalie qui décrit les gestes et postures du personnage.

Dans l'avertissement au lecteur de *l'Amour médecin*, Molière adresse son livre aux « personnes qui ont des yeux pour découvrir dans la lecture tout le jeu du théâtre ». Pour le lecteur comme pour l'interprète, il y a cependant une infinité de jeux possibles au-delà des recommandations de l'auteur et des commentaires des artistes et des historiens.

Voir aussi : acteur ; commedia dell'arte ; Corneille ; didascalie ; Molière.

les terrains sont sans relief, et non plus au flanc d'une colline. Le théâtre est donc construit avec des gradins soutenus par des murs décorés de colonnades ou de pilastres, en demi-cercle autour de l'*orchestra*. La scène est close dans le fond par un mur, souvent orné de niches et de colonnes : des toiles y sont accrochées et font de l'ombre sur les spectateurs ; le théâtre romain est un espace clos, au contraire du théâtre grec. Des théâtres ovales (amphithéâtres) servaient aux jeux du cirque. Le plus grand d'entre eux est celui de Rome, le Colisée, bâti à la fin du Ier s. apr. J.-C.

Moyen Âge et Renaissance. Au Moyen Âge, il n'existe pas de théâtre permanent. L'intérieur de l'église sert de cadre au drame liturgique, et les mystères (récits de la vie du Christ ou des saints) sont représentés sur le parvis. Les acteurs jouent les scènes les unes après les autres, en se déplaçant d'un point à l'autre de la place : il n'y a pas de scène unique. Au XVIe s., les architectes italiens, s'inspirant des théoriciens antiques (Vitruve) et des recherches sur la perspective, construisent à nouveau des théâtres fermés et créent le principe de la salle « à l'italienne ». Cette nouvelle conception du lieu de spectacle repose sur plusieurs étages (balcons et galeries au-dessus de l'orchestre) et sur une salle en forme de fer à cheval permettant au public de voir non seulement la scène mais aussi les autres spectateurs ; dans ce cadre, le public est lui-même, au second plan, un spectacle. Le plus bel exemple en est le théâtre « Olympique », dernière œuvre de Palladio à Vicence.

Du XVIIe au XXe siècle. Au XVIIe s., la construction de théâtres « à l'italienne » se multiplie en France. Les pièces de Corneille, de Racine et de Molière sont vues par des spectateurs debout dans l'orchestre, ou bien assis sur la scène elle-même. Petit à petit, l'usage d'installer des spectateurs sur la scène se perdra, ils seront assis au parterre (à partir du milieu du XVIIIe s.), au balcon, dans les baignoires ou dans les loges. Mais l'éclairage se fait à la bougie et les incendies sont fréquents. À Bordeaux, le théâtre construit par l'architecte Victor Louis entre 1773 et 1780 est un exemple particulièrement remarquable de ce type de salle.

Dans bien des théâtres du XVIIIe et du XIXe s., une grande partie des places, situées de côté ou en hauteur, ont très peu de visibilité. C'est encore le cas de quelques places du Théâtre des Champs-Élysées à Paris, construit par Auguste Perret en béton. L'utilisation de ce matériau est alors une grande nouveauté et permet de concevoir les balcons en porte à faux (sans le soutien de colonnes qui cachent la scène) : l'ère des salles de spectacle totalement ouvertes vers la scène commence.

Les recherches contemporaines. Le théâtre contemporain a placé au centre de ses recherches la question des rapports entre le public et le spectacle. L'exploration et la mise en question du rapport traditionnel frontal ont donné lieu à de nombreuses expériences scénographiques (multiplicité des scènes, placement des spectateurs sur la scène et de l'espace de jeu dans la salle, dispositif circulaire) et à la construction de salles à l'espace modulable. L'innovation a pu aussi porter sur la mobilité du spectateur, que celui-ci évolue mécaniquement autour de la scène, dans le « théâtre mobile » de Polieri, ou qu'il soit invité à suivre un itinéraire. Au XXIe siècle, on assiste aussi à un retour à d'anciennes formes spectaculaires, renouvelées par la technique, avec le développement du théâtre de rue. Les architectures les plus récentes qui, souvent, délaissent le gigantisme pour des dimensions modérées et conviviales, ont tourné le dos aux recherches expérimentales et tentent de concilier l'événement collectif et un rapport du public plus intime avec le spectacle, en opposition avec les salles de shows et de rencontres sportives. ■

thébaïde [tebaid] **n.f.** (de *Thébaïde,* partie de l'ancienne Égypte, où vécurent nombre d'ascètes chrétiens). *LITT.* Lieu isolé, propre à la méditation : *Cet endroit est une véritable thébaïde.*

Thébaïde, partie méridionale de l'Égypte ancienne, qui avait Thèbes pour capitale.

Thèbes, v. de l'Égypte ancienne. Des princes thébains réunifièrent l'Égypte et fondèrent la XIe dynastie, au XXIIe s. av. J.-C. De même, les princes thébains de la XVIIIe dynastie chassèrent les Hyksos (v. 1580). Au Nouvel Empire, Thèbes fut la capitale de l'Égypte et une grande métropole religieuse grâce au puissant clergé du dieu Amon. Elle fut détruite en 663 av. J.-C. lors de l'invasion assyrienne. Ville des vivants sur la rive orientale avec ses palais, ses bâtiments administratifs et ses temples, dont Louqsor et Karnak sont les imposants vestiges, elle était, sur la rive occidentale, une vaste nécropole (temples funéraires de Deir el-Bahari, hypogées de la Vallée des Rois, des Reines, des Nobles, etc.).

Thèbes, v. de Grèce, en Béotie. À dater du VIIe s. av. J.-C., la ville domina une confédération des villes de Béotie. Durant les guerres médiques, Thèbes s'allia aux Perses. Grâce à Épaminondas et à Pélopidas, elle eut un moment l'hégémonie sur les cités grecques (371-362 av. J.-C.). Alexandre la détruisit en 336 av. J.-C.

théier [teje] **n.m.** Arbrisseau originaire de la Chine méridionale et cultivé dans toute l'Asie du Sud-Est, en Afrique et en Amérique pour ses feuilles, qui donnent le thé. ▸ Dans la nature, il peut atteindre 10 à 20 m, mais, en culture, on ne le laisse pas dépasser 1 m à 1,50 m.

théière [tejɛr] **n.f.** Récipient pour l'infusion du thé.

théine [tein] **n.f.** Principal alcaloïde de la feuille de thé, identique à la caféine.

théisme [teism] **n.m.** (angl. *theism,* du gr. *theos,* dieu). Doctrine qui affirme l'existence personnelle et unique d'un Dieu, cause du monde.

théiste [teist] **adj.** et **n.** (angl. *theist*). Du théisme : *Système théiste.*

thématique [tematik] **adj.** (gr. *thematikos,* de *thema,* thème). Relatif à un thème ; qui s'organise autour de thèmes : *Encyclopédie thématique.* ◆ **n.f.** Ensemble des thèmes développés par un écrivain, une école, etc.

thème [tɛm] **n.m.** (lat. *thema,* du gr. « ce qui est posé »). **1.** Sujet, idée sur lesquels portent une réflexion, un discours, une œuvre, autour desquels s'organise une action : *Le thème d'un débat.* **2.** LING. Ensemble des éléments d'une proposition désignant l'être ou la chose dont on parle (ce qu'on en dit constituant le *prédicat*). **3.** MUS. Fragment mélodique ou rythmique sur lequel est construite une œuvre musicale. **4.** Exercice scolaire consistant à traduire un texte dans la langue qu'on étudie ; le texte ainsi traduit (par opp. à *version*) : *Thème latin.* **5.** LING. Partie du mot qui reste invariable et à laquelle s'ajoutent les désinences. **6. Fort en thème,** élève brillant ; au fig., élève à la culture livresque. / ASTROL. **Thème astral,** représentation symbolique de l'état du ciel *(aspect)* au moment de la naissance de qqn.

Thémistocle, général et homme d'État athénien (Athènes v. 528 - Magnésie du Méandre v. 462 av. J.-C.). Après avoir pris une part brillante à la victoire de Marathon (490 av. J.-C.), il fit d'Athènes la grande puissance navale du monde hellénique, aménageant Le Pirée et réorganisant la flotte. Par la victoire de Salamine (480), il délivra la Grèce du péril perse (guerres médiques). En butte à la malveillance de ses adversaires politiques et aux intrigues de Sparte, il fut banni, à l'instigation de Cimon (partisan d'un partage de l'hégémonie entre Sparte et Athènes), et se réfugia auprès d'Artaxerxès Ier.

Thenard (Louis Jacques, *baron***),** chimiste français (La Louptière 1777 - Paris 1857). Il découvrit un colorant de la porcelaine, le bleu de Thenard (1799) ; le bore, avec Gay-Lussac (1808) ; l'eau oxygénée (1818) ; il étudia les esters (1807) et établit une classification des métaux fondée sur leur résistance à l'action de l'eau et de l'oxygène. Successeur de Vauquelin au Collège de France (1802), il devint membre de l'Académie des sciences (1810), député (1827-1832) et pair de France (1832).

théocratie [teɔkrasi] **n.f.** (gr. *theocratia*). Régime politique dans lequel le pouvoir est considéré comme venant directement de Dieu, et exercé par ceux qui sont investis de l'autorité religieuse.

théocratique [teɔkratik] **adj.** Relatif à la théocratie.

Théocrite, poète grec (Syracuse ? v. 310 - v. 250 av. J.-C.). Créateur de la poésie bucolique *(Idylles)*, il exprime, au milieu d'une civilisation raffinée, la nostalgie de l'« état de nature ».

théodolite [teɔdɔlit] **n.m.** (lat. scientif. *theodelitus*). Instrument de géodésie et de topographie servant à mesurer des angles horizontaux et verticaux, en partic. les hauteurs et les azimuts.

Théodora (Constantinople début VIe s. - *id.* 548), impératrice byzantine (527-548). Femme de Justinien Ier, elle fut l'âme de son gouvernement. Elle sauva l'empire en décidant Justinien à briser une révolution populaire, la sédition Nika (532).

Théodora (m. en 867), impératrice régente de Byzance (842-856) pendant la minorité de son fils Michel III. Elle convoqua un concile qui rétablit définitivement le culte des images (843).

Théodoric le Grand (en Pannonie v. 454 - Ravenne 526), roi des Ostrogoths (493-526). Élevé à Constantinople, imprégné de culture gréco-romaine, il fit renaître un instant l'Empire romain d'Occident. L'empereur Zénon l'ayant envoyé arracher l'Italie à Odoacre (493), Théodoric se rendit maître de la péninsule et des côtes dalmates. Aidé par deux ministres de valeur, Cassiodore et Boèce, il tenta sans succès la fusion des Romains et des Goths. Il enleva la Provence aux Francs (508-509). Sous son règne, Ravenne fut une brillante capitale.

Théodose Ier, en lat. **Flavius Theodosius,** dit **le Grand** (Cauca, Espagne, v. 347 - Milan 395), empereur romain (379-395). Après le désastre d'Andrinople (378) qui voit la mort de l'empereur Valens, Gratien nomme Théodose à la tête de l'armée, puis le proclame Auguste (379) en lui remettant l'Orient. Établi à Constantinople (380), le nouvel empereur montre peu d'ardeur à lutter contre les Goths, qui ravagent les provinces au S. du Danube, et les installe comme fédérés en Mésie inférieure (382). De plus, l'empereur introduit un grand nombre de Barbares dans l'armée et leur confie la majorité des commandements. Laissant les Sassanides annexer la majeure partie de l'Arménie, il se contente de régner sur l'Arménie occidentale.
Partisan de la foi de Nicée (édit du 28 févr. 380) et ayant édicté des mesures contre les ariens et contre les manichéens, il convoque à Constantinople le 2e concile œcuménique, qui achève d'insérer la hiérarchie ecclésiastique dans les cadres civils (381). Luttant contre le paganisme, il interdit les sacrifices païens, les oracles et la fréquentation des temples. Les jeux Olympiques seront même supprimés en 394.
Malgré lui, Théodose est obligé d'intervenir en Occident. En mauvais rapports avec Gratien, il proclame Auguste son fils aîné Arcadius (383), puis reconnaît l'usurpateur Maxime, qui a provoqué la mort de Gratien. Maxime ayant chassé d'Italie Valentinien II, frère de Gratien (387), Théodose le combat et l'élimine (388). Ayant envoyé Valentinien II en Gaule, l'empereur se réserve le gouvernement de l'Italie et séjourne à Milan. Il est excommunié par saint Ambroise jusqu'à ce qu'il ait fait pénitence pour avoir fait massacrer les habitants de Thessalonique, à la suite d'une émeute (390). Après la mort de Valentinien II (392), Théodose donne la dignité d'Auguste à son deuxième fils Honorius (393). Il laisse à sa mort l'Empire partagé entre ses deux fils : l'Orient à son fils aîné Arcadius et l'Occident à son cadet Honorius.
Théodose eut un rôle décisif en matière religieuse. Sous son règne, le christianisme, associé à l'État impérial, triomphe définitivement du paganisme prohibé.

théogonie [teɔgɔni] **n.f.** (gr. *theogonia*, de *theos*, dieu, et *gonos*, génération). Dans les religions polythéistes, doctrine relatant la généalogie des dieux ; ensemble des divinités d'une mythologie donnée : *La théogonie grecque.*

théologal, e, aux [teɔlɔgal, -o] **adj.** (de *théologie*). **1.** CATH. Qui a Dieu pour objet. **2. Vertus théologales,** la foi, l'espérance et la charité (par opp. à *vertus cardinales*).

théologie [teɔlɔʒi] **n.f.** (lat. ecclés. *theologia*). **1.** Étude concernant la divinité et, plus génér., la religion : *La théologie musulmane.* **2.** RELIG. CHRÉT. Étude portant sur Dieu et les choses divines à la lumière de la Révélation. **3.** Doctrine religieuse d'un auteur ou d'une école : *La théologie de saint Augustin.*

théologien, enne [teɔlɔʒjɛ̃, -ɛn] **n.** Spécialiste de théologie.

théologique [teɔlɔʒik] **adj.** (lat. *theologicus*). Relatif à la théologie : *Études théologiques.*

Théophraste, philosophe grec (Eresos, Lesbos, v. 372 - Athènes 287 av. J.-C.). Il a composé des ouvrages importants sur les plantes ; mais il est surtout l'auteur de *Caractères,* recueil d'études morales et de portraits pittoresques, dont La Bruyère a emprunté la manière et le style.

théorbe n.m. ⟶ **téorbe.**

théorème [teɔrɛm] **n.m.** (du gr. *theôrêma*, objet d'étude). **1.** Proposition scientifique qui peut être démontrée : *Théorème de géométrie.* **2.** MATH., LOG. Expression d'un système formel, démontrable à l'intérieur de ce système.

théoricien, enne [teɔrisjɛ̃, -ɛn] **n. 1.** Personne qui étudie la théorie, les idées, les concepts d'un domaine scientifique (par opp. à *praticien*). **2.** Personne qui étudie, élabore et défend la théorie, les principes d'une doctrine : *Théoricien du libéralisme.*

1. théorie [teɔri] **n.f.** (lat. ecclés. *theoria*, mot gr. « observation »). **1.** Connaissance spéculative, idéale, indépendante des applications : *C'est de la théorie, il faut voir ce que cela donnera dans la pratique* (syn. **spéculation**). **2.** Ensemble de théorèmes et de lois systématiquement organisés, soumis à une vérification expérimentale, et qui vise à établir la vérité d'un système scientifique : *La théorie des ensembles.* **3. En théorie,** en spéculant, de manière abstraite (par opp. à *en pratique*) : *En théorie, cela pourrait arriver, mais en fait cela ne se produit jamais.*

2. théorie [teɔri] **n.f.** (gr. *theôria*, procession). **1.** ANTIQ. GR. Ambassade solennelle envoyée dans une ville. **2.** *LITT.* Long défilé de personnes, de véhicules : *Théorie de fidèles, de voitures* (syn. **cortège, file**).

théorique [teɔrik] **adj.** (lat. *theoricus*). **1.** Qui appartient à la théorie : *Recherche théorique* (syn. **spéculatif ;** contr. **appliqué**). *Connaissances théoriques* (contr. **expérimental, pratique**). **2.** Du domaine de la spéculation, sans rapport avec la réalité ou la pratique : *D'un point de vue théorique, il a raison* (syn. **abstrait, spéculatif**).

théoriquement [teɔrikmɑ̃] **adv.** De façon théorique : *Théoriquement, tout devrait bien se passer.*

théoriser [teɔrize] **v.t.** Formuler sous forme de théorie : *Théoriser les résultats d'une recherche.* ◆ **v.i.** Élaborer, énoncer des théories : *Il ne cesse de théoriser sur tout.*

théosophie [teɔzɔfi] **n.f.** (gr. *theosophia*, connaissance des choses divines). Doctrine fondée sur la théorie de la sagesse divine, selon laquelle celle-ci est omniprésente dans l'univers et dans l'homme. ◆ **théosophe n.** Partisan de la théosophie.

thérapeute [terapøt] **n.** (du gr. *therapeuein*, soigner). **1.** Médecin spécialiste de thérapeutique. **2.** *SOUT.* Médecin. **3.** Psychothérapeute.

thérapeutique [terapøtik] **adj.** (gr. *therapeutikos*, qui prend soin de). Relatif au traitement des maladies : *Indications thérapeutiques.* ◆ **n.f. 1.** MÉD. Partie de la médecine qui se rapporte à la manière de traiter les maladies : *L'emploi des antibiotiques a transformé la thérapeutique moderne.* **2.** Traitement médical : *À chaque maladie correspond une thérapeutique particulière.*

thérapie [terapi] **n.f.** (gr. *therapeia*, soin). **1.** Thérapeutique ; traitement médical. **2.** Psychothérapie. **3. Thérapie familiale,** psychothérapie dans laquelle est impliqué l'ensemble de la cellule familiale. / **Thérapie génique,** technique thérapeutique qui consiste à introduire dans l'organisme un gène préparé en laboratoire, en vue de traiter notamm. des maladies génétiques, des cancers, des infections.

Thérèse d'Ávila *(sainte)*, mystique espagnole (Ávila 1515 - Alba de Tormes, prov. de León, 1582). Entrée au carmel d'Ávila en 1535, elle entreprit, à partir de 1554, la réforme de son ordre avec l'aide de saint Jean de la Croix et ouvrit une quinzaine de monastères adhérant à cette nouvelle obédience. Ses écrits comptent parmi les chefs- d'œuvre de la langue castillane, comme parmi ceux de la mystique chrétienne. Le plus caractéristique est le *Livre des demeures* ou *Château intérieur* (1577-1588), qui synthétise sa doctrine de l'oraison comme moyen privilégié pour rencontrer le Christ. Canonisée en 1622, Thérèse d'Ávila a été proclamée docteur de l'Église en 1970.

Thérèse de l'Enfant-Jésus ***(sainte)*** [Thérèse **Martin**], religieuse française (Alençon 1873 - Lisieux 1897). Elle entra (1888) au carmel de Lisieux, où elle mourut à l'âge de 24 ans. Elle y mena une vie sans relief, à la recherche, pour aller vers Dieu, d'une « petite voie » d'abandon et d'amour. Son autobiographie, *Histoire d'une âme,* bien souvent exploitée dans le sens de la mièvrerie, témoigne, en fait, d'une réelle maturité. Très populaire, la « petite sainte de Lisieux » a été canonisée en 1925 et proclamée docteur de l'Église en 1997.

thermal, e, aux [tɛrmal, -o] **adj.** (de *thermes*). **1.** Se dit des eaux de source chaudes et de toute eau de source utilisée comme moyen de traitement, ainsi que des installations permettant leur emploi. **2. Station thermale,** localité dotée d'un ou de plusieurs établissements spécialisés dans le traitement d'affections diverses par l'utilisation d'eaux de source aux caractéristiques minéralogiques déterminées et constantes.

thermalisme [tɛrmalism] **n.m.** (de *thermal*). Ensemble de moyens médicaux, hospitaliers, sociaux, etc., mis en œuvre pour l'utilisation thérapeutique des eaux de source.

thermes [tɛrm] **n.m. pl.** (lat. *thermae,* du gr. *thermos,* chaud). **1.** Établissement où l'on prend des bains d'eaux médicinales. **2.** Bains publics dans l'Antiquité romaine : *Les thermes de Lutèce.*

thermidor [tɛrmidɔr] **n.m.** (du gr. *thermos,* chaud, et *dôron,* don). HIST. Onzième mois de l'année républicaine, du 19 ou 20 juillet au 17 ou 18 août.

thermidor an II ***(journées des 9 et 10)*** [27-28 juill. 1794], journées révolutionnaires qui entraînèrent la chute de Robespierre. Marquées par l'arrestation de Robespierre et de ses amis (Saint-Just), puis, après l'intervention manquée de la Commune de Paris, par leur exécution, ces journées consacrèrent la défaite des Montagnards à la Convention et mirent fin à la Terreur.

thermidorien, enne [tɛrmidɔrjɛ̃, -ɛn] **adj.** et **n.** HIST. Se dit des Conventionnels tels que Barras, Fouché, Tallien, qui renversèrent Robespierre le 9 thermidor an II. ◆ **adj.** Relatif aux journées révolutionnaires de thermidor.

thermie [tɛrmi] **n.f.** (du gr. *thermos,* chaud, d'apr. *calorie*). Unité de mesure de quantité de chaleur valant 10^6 calories. ▸ Symb. th. Cette unité n'est plus légale en France.

thermique [tɛrmik] **adj.** (du gr. *thermos,* chaud). **1.** Relatif à la chaleur. **2. Centrale thermique,** centrale dans laquelle l'énergie électrique est produite à partir d'énergie thermique de combustion. / **Papier thermique,** papier couché, utilisé notamm. pour la télécopie, et portant sur une face un réactif qui devient bleu ou noir sous l'effet de la chaleur (entre 90 et 110 °C). ◆ **n.f.** Partie de la physique qui traite de la production, de la transmission ainsi que de l'utilisation de la chaleur.

thermiquement [tɛrmikmɑ̃] **adv.** Par la chaleur.

thermistance [tɛrmistɑ̃s] **n.f.** (de *therm[o-]* et *[rés]istance*). Résistance électrique à cœfficient de température élevé et négatif pour les températures normalement rencontrées.

thermocautère [tɛrmɔkotɛr] **n.m.** MÉD. Cautère de platine, maintenu incandescent par un courant d'air carburé.

thermochimie [tɛrmɔʃimi] **n.f.** Partie de la chimie qui s'occupe des quantités de chaleur mises en jeu par les réactions chimiques.

thermochimique [tɛrmɔʃimik] **adj.** Relatif à la thermochimie.

thermodurcissable [tɛrmɔdyrsisabl] **adj.** Qui possède la propriété de durcir au-dessus d'une température donnée et de ne pouvoir reprendre sa forme primitive de manière réversible.

thermodynamique [tɛrmɔdinamik] **n.f.** Partie de la physique qui traite des relations entre les phénomènes mécaniques et calorifiques. ◆ **adj.** Relatif à la thermodynamique : *Transformation thermodynamique.*

thermoélectricité [tɛrmɔelɛktrisite] **n.f. 1.** Ensemble des phénomènes réversibles de transformation directe de l'énergie thermique en énergie électrique, et vice versa. **2.** Électricité produite par la combustion du charbon, du gaz ou du fioul lourd d'une part *(thermoélectricité classique),* ou de l'uranium ou du plutonium d'autre part *(thermoélectricité nucléaire).*

thermoélectrique [tɛrmɔelɛktrik] **adj.** Relatif à la thermoélectricité : *Courant thermoélectrique.*

thermoformage [tɛrmɔfɔrmaʒ] **n.m.** Mise en forme des matières plastiques sous l'action de la chaleur et d'une contrainte mécanique.

thermogène [tɛrmɔʒɛn] **adj.** Qui produit de la chaleur.

thermographie [tɛrmɔgrafi] **n.f.** Technique d'enregistrement graphique des températures de divers points d'un corps par détection du rayonnement infrarouge qu'il émet. ▸ Cette technique est utilisée notamm. en médecine pour le dépistage des tumeurs du sein et en télédétection.

thermomètre [tɛrmɔmɛtr] **n.m. 1.** Instrument destiné à mesurer la température : *Le thermomètre monte, descend.* **2. Thermomètre centésimal,** thermomètre qui comprend 100 divisions entre la division 0, qui correspond à la température de la glace fondante, et la division 100, qui correspond à la température de l'eau en ébullition : *Le thermomètre indique, marque 37 °C.* ▸ Chacune de ces divisions est appelée degré Celsius.

thermométrie [tɛrmɔmetri] **n.f.** PHYS. Mesure de la température.

thermométrique [tɛrmɔmetrik] **adj.** Relatif au thermomètre, à la thermométrie : *Échelle thermométrique.*

thermonucléaire [tɛrmɔnykleɛr] **adj. 1.** Se dit d'une réaction de fusion nucléaire entre éléments légers et de l'énergie qu'elle produit, rendue possible par l'emploi de températures très élevées. **2. Arme (bombe) thermonucléaire,** arme mettant en jeu, grâce à l'obtention de très hautes températures, la fusion de noyaux d'atomes légers avec un dégagement considérable d'énergie (= arme [bombe] hydrogène ou *bombe H*). ▸ La puissance des armes thermonucléaires s'exprime en mégatonnes.

thermoplastique [tɛrmɔplastik] **adj.** (de *thermo-* et *plastique*). Qui se ramollit sous l'action de la chaleur et se durcit en se refroidissant de manière réversible : *Les résines thermoplastiques.*

thermopompe [tɛrmɔpɔ̃p] **n.f.** Appareil prélevant de la chaleur à un milieu à basse température pour en fournir à un milieu à température plus élevée. (On dit aussi *pompe à chaleur.*)

Thermopyles ***(combat des)*** [480 av. J.-C.], bataille de la deuxième guerre médique où Léonidas et 300 Spartiates se firent massacrer sans parvenir à arrêter l'armée de Xerxès Ier au défilé des Thermopyles, sur la côte sud du golfe de Lamia (S. de la Thessalie).

thermorégulation [tɛrmɔregylasjɔ̃] **n.f. 1.** BIOL. Fonction de l'organisme assurant la constance de la température interne du corps. **2.** Réglage automatique de la température d'une ambiance, d'un milieu.

thermorésistant, e [tɛrmɔrezistɑ̃, -ɑ̃t] **adj.** Se dit d'une substance qui résiste à la chaleur.

Thermos [tɛrmos] **n.f.** (nom déposé). Bouteille isolante permettant à un liquide de conserver sa température pendant plusieurs heures.

thermosphère [tɛrmɔsfɛr] **n.f.** (de *thermo-* et *sphère*). Couche de l'atmosphère située au-dessus de la mésosphère, au sein de laquelle la température croît régulièrement avec l'altitude.

thermostat [tɛrmɔsta] **n.m.** (de *thermo-* et du gr. *statos*, stationnaire). Appareil servant à maintenir la température constante.

thermostatique [tɛrmɔstatik] **adj.** (de *thermostat*). Se dit d'un dispositif capable de maintenir la température constante.

thésaurisation [tezorizasjɔ̃] **n.f. 1.** Action de thésauriser, d'amasser des richesses. **2.** ÉCON. Mise en réserve d'un stock de monnaie conservé tel quel, sans faire l'objet d'un placement productif.

thésauriser [tezorize] **v.i.** et **v.t.** (bas lat. *thesaurizare*, du class. *thesaurus*, trésor). Mettre de l'argent de côté sans le dépenser ni le faire fructifier : *L'avare thésaurise* (syn. **économiser, épargner**). *Thésauriser des pièces en argent* (syn. **entasser, accumuler**).

thésauriseur, euse [tezorizœr, -øz] **adj.** et **n.** Personne qui thésaurise.

thésaurus ou **thesaurus** [tezorys] **n.m.** (lat. *thesaurus*, trésor, du gr.). **1.** *DIDACT.* Lexique de philologie, d'archéologie. **2.** Répertoire alphabétique de termes normalisés utilisés pour le classement documentaire. **3.** Répertoire raisonné du vocabulaire d'une langue.

thèse [tɛz] **n.f.** (lat. *thesis*, mot gr. « action de poser »). **1.** Proposition théorique, opinion, position sur qqch dont on s'attache à démontrer la véracité : *Soutenir, réfuter une thèse* (syn. **allégation**). *Quelle est la thèse de la police sur cette affaire ?* (syn. **théorie**). **2.** Ensemble de travaux présentés, sous forme d'ouvrage, en vue de l'obtention du grade de docteur ; exposé public de cet ouvrage : *Préparer une thèse de lettres.* **3.** PHILOS. Idée, proposition qui forme le premier terme d'une antinomie (dans les philosophies rationalistes de type kantien) ou d'une contradiction de type dialectique (dans les philosophies hégélienne et marxiste). **4. Pièce, roman, film à thèse**, qui illustrent une thèse politique, morale ou philosophique.

Thésée, personnage de la mythologie grecque célèbre pour avoir, en tuant le Minotaure, délivré Athènes du joug de Minos. Il parvint à sortir du Labyrinthe avec le secours d'Ariane, qu'il abandonna à Naxos. Il gagna alors Athènes, en devint le roi et y mit sur pied les premières institutions. On lui attribue aussi l'organisation de l'Attique, notamment le regroupement de plusieurs villages en une cité.

Thessalie, région de Grèce, au sud de l'Olympe, sur la mer Égée ; 753 888 hab. (Hab. *Thessaliens*.)

Thessalonique ou **Salonique,** en gr. **Thessaloníki,** port de Grèce (Macédoine), au fond du *golfe de Thessalonique*, formé par la mer Égée ; 315 196 hab. (872 355 hab. dans l'agglomération). Centre industriel. Belles églises byzantines dont celle de Ste-Sophie (VIIIe s.). De 1204 à 1224, Thessalonique fut la capitale d'un royaume latin. Sous la domination ottomane (1430-1913), elle s'appela *Salonique*. Elle servit de base d'opérations aux forces alliées d'Orient (1915-1918).

thêta [teta] **n.m. inv.** (mot gr.). Huitième lettre de l'alphabet grec (Θ, θ).

Thibaud, nom de plusieurs comtes de Champagne, dont **Thibaud IV le Chansonnier** (Troyes 1201 - Pampelune 1253), roi de Navarre de 1234 à 1253 sous le nom de Thibaud Ier. Il fut l'ennemi, puis l'allié de Blanche de Castille. Il est l'auteur de *Jeux partis* et de chansons qui comptent dans la poésie courtoise du XIIIe s.

thibaude [tibod] **n.f.** (de *Thibaud*, nom donné aux bergers). Tissu grossier servant à doubler les moquettes ou les tapis cloués au sol.

Thiérache, région occupant principalement l'extrémité nord-est du dép. de l'Aisne. Élevage bovin.

Thiers, ch.-l. d'arr. du Puy-de-Dôme, sur la Durolle (affl. de la Dore) ; 11 596 hab. *(Thiernois)*. Centre de coutellerie. Église St-Genès, en partie du XIe s. Maison des Couteliers (musée) et autres maisons anciennes.

Thiers (Adolphe), homme politique, journaliste et historien français (Marseille 1797 - Saint-Germain-en-Laye 1877). Avocat à Aix puis à Paris, il se fait connaître comme journaliste et historien (*Histoire de la Révolution*, 1823-1827). Fondateur du journal d'opposition *le National*, où il se fait l'apôtre d'une monarchie parlementaire, il joue un rôle décisif dans le déclenchement de la révolution de 1830 et contribue à l'accession au trône de Louis-Philippe d'Orléans.
Ministre de l'Intérieur (1832-1834), il réprime le complot légitimiste de la duchesse de Berry et les insurrections républicaines de Lyon et de Paris. Il est à la tête du gouvernement en 1836 et en 1840, mais, acceptant l'éventualité d'une guerre avec la Grande-Bretagne, il est désavoué par le roi et doit céder la place à Guizot. Il entreprend alors la rédaction de l'*Histoire du Consulat et de l'Empire* (1845-1862).
Député et chef des monarchistes sous la IIe République, il soutient la candidature à l'élection présidentielle de Louis Napoléon, qu'il pense pouvoir contrôler. Mais, hostile au rétablissement de l'empire, il est proscrit après le coup d'État du 2 décembre 1851. Rentré en France dès 1852, élu député de Paris en 1863, il stigmatise la politique impériale. Après la chute de Napoléon III, l'Assemblée nationale le désigne comme chef du pouvoir exécutif (févr. 1871). Confronté à l'insurrection de Paris, il choisit d'évacuer la ville. Il signe le traité de Francfort avec la Prusse puis assiège la capitale et réprime la Commune (mai 1871). Il fait ajourner le choix définitif du régime tout en devenant, à titre provisoire, président de la République (août 1871). Il se consacre au relèvement du pays, accélère la libération du territoire (achevée en 1873), fait voter des lois fiscales et réformer le service militaire. Mais, prenant parti pour la République, il s'aliène la majorité monarchiste de l'Assemblée et doit démissionner (mai 1873).
Comptant parmi ceux qui présidèrent à l'évolution politique et constitutionnelle de la France à partir de 1830, ce farouche partisan de la monarchie parlementaire fut un des fondateurs de la IIIe République, qu'il voulut résolument conservatrice.

Thionville, ch.-l. d'arr. de la Moselle, sur la Moselle ; 42 297 hab. *(Thionvillois)* [132 585 hab. dans l'agglomération]. Métallurgie. Anc. place forte. Musée d'Archéologie et d'Histoire dans la tour aux Puces, des XIe-XIIe s.

tholos [tɔlɔs] **n.f.** (mot gr. « voûte, coupole »). ARCHIT. Temple à naos circulaire, ayant généralement une toiture conique et un péristyle concentrique.

Thom (René), mathématicien et philosophe français (Montbéliard 1923 - Bures-sur-Yvette 2002). Créateur de la théorie des catastrophes, il a reçu la médaille Fields (1958) pour ses travaux de topologie différentielle. Il a mené une réflexion sur la validité de la physique d'Aristote.

Thomas *(saint)*, surnommé **Didyme,** un des douze Apôtres de Jésus (Ier s.). Une tradition veut qu'il ait évangélisé les Perses, les Mèdes, les Parthes et qu'il soit allé jusqu'en Inde, y fondant la communauté du Malabar, dont les fidèles s'appellent encore aujourd'hui « chrétiens de saint Thomas ». En raison de son attitude à l'annonce de la résurrection du Christ (Jean, XX, 24-29), on fait de Thomas le modèle de quiconque ne croit que ce qu'il voit.

Thomas d'Aquin *(saint)*, théologien italien (Roccasecca, Aquino, prov. de Frosinone, 1225 - abbaye de Fossanova, prov. de Latina, 1274). Dominicain, il vint étudier en 1245 à l'université de Paris, où il eut comme maître Albert le Grand, qui y développait la pensée d'Aristote et de ses commentateurs. Il suivit Albert à Cologne, puis revint à Paris, où il enseigna (1252-1259 et 1269-1272), y provoquant de vives controverses et une opposition de la part des théologiens de tradition augustinienne. Le souci de Thomas fut de défendre, à la lumière d'Aristote, une certaine autonomie de la raison et de la philosophie par rapport à la foi et à la théologie. En 1277, plusieurs de ses positions furent condamnées, mais sa doctrine allait ensuite représenter un des courants majeurs (et parfois le plus officiel) de la pensée chrétienne. Outre des commentaires d'Aristote ou de l'Écriture, il a composé la *Somme contre les Gentils* (1258-1264) et la *Somme théologique* (1266-1273).

Thomas Becket *(saint)*, évêque anglais (Londres 1118 - Canterbury 1170). Ami d'Henri II Plantagenêt, qui fit de lui le chancelier d'Angleterre (1155), puis l'archevêque de Canterbury (1162), il en vint, pour défendre les droits de l'Église, à rompre avec son protecteur, refusant que, comme celui-ci l'exigeait, la justice ecclésiastique fût subordonnée à la justice royale. De France, où il s'était exilé, il excommunia Henri II. Rentré en Angleterre, il fut assassiné dans sa cathédrale par quatre chevaliers du roi.

Thomas More ou **Morus (saint),** chancelier d'Angleterre (Londres 1478 - *id.* 1535). Il s'initia au mouvement humaniste et devint juriste. Il fréquenta John Colet et Érasme. Henri VIII le nomma chancelier du royaume (1529). Resté catholique dans le début de la Réforme, il désavoua Henri VIII lors de son divorce. Disgracié (1532), emprisonné (1535), il fut exécuté. Il a écrit *l'Utopie* (1516), ouvrage fondamental dans l'histoire des idées politiques. Dans la première partie, l'auteur attaque l'absolutisme de l'Angleterre et des autres pays européens, dans tous ses aspects : despotisme, servilité des gens de cour, vénalité des charges. La deuxième partie décrit un monde idéal.

Thomas a Kempis (Thomas Hemerken, dit), écrivain mystique allemand (Kempen, Rhénanie, 1379 ou 1380 - monastère de Sint Agnietenberg, près de Zwolle, 1471). Auteur d'une quarantaine d'écrits spirituels, il est le principal représentant de la *Devotio moderna,* mouvement caractérisé par un souci de réforme religieuse et par un retour aux sources évangéliques. On attribue généralement à Thomas la rédaction de l'*Imitation de Jésus-Christ.*

thomisme [tɔmism] **n.m.** Ensemble de doctrines théologiques et philosophiques de saint Thomas d'Aquin et de ses épigones. ◆ **thomiste adj.** et **n.** Relatif au thomisme ; qui en est partisan.

Thomson (Elihu), ingénieur américain d'origine britannique (Manchester 1853 - Swampscott, Massachusetts, 1937). Auteur de nombreuses inventions dans le domaine des applications industrielles de l'électricité (soudage électrique par résistance, moteurs à répulsion, alternateurs à haute fréquence, compteurs électriques, etc.), il fut l'un des fondateurs de la Thomson-Houston Company.

Thomson (*sir* Joseph John), physicien britannique (Cheetham Hill, près de Manchester, 1856 - Cambridge 1940). Il mesura la vitesse du rayonnement cathodique (1894), le quotient *e/m* de la charge par la masse de l'électron (1897), puis la valeur de cette charge (1898) et inventa le spectrographe de masse. (Prix Nobel 1906.) • Son fils *sir* **George Paget Thomson,** physicien (Cambridge 1892 - *id.* 1975), découvrit en 1927 la diffraction des électrons rapides dans les cristaux, qui fut à l'origine de l'analyse radiocristallographique et confirma le principe fondamental de la mécanique ondulatoire de L. de Broglie. (Prix Nobel 1937.)

Thomson (*sir* William), *lord* **Kelvin,** physicien britannique (Belfast 1824 - Netherhall, Strathclyde, 1907). Il a découvert, en 1852, le refroidissement provoqué par la détente des gaz *(effet Joule-Thomson).* Ses travaux de thermodynamique ont permis l'introduction de la température absolue, mesurée en degrés Kelvin. En électrostatique, il a imaginé le galvanomètre à aimant mobile (1851) et donné la théorie des circuits oscillants ; en géophysique, ses études sur les marées terrestres sont restées fondamentales. En 1876, il a inventé le premier dispositif d'intégration permettant d'arriver à une solution mécanique des équations différentielles.

thon [tɔ̃] **n.m.** (anc. prov. *ton,* du lat. *thunnus, thynnus,* du gr.). Grand poisson marin comestible, excellent nageur, effectuant des migrations en Méditerranée et dans l'Atlantique. ▸ Famille des scombridés ; long. de 1 à 3 m.

thonier [tɔnje] **n.m.** Bateau pour la pêche du thon.

Thonon-les-Bains, ch.-l. d'arr. de la Haute-Savoie, sur le lac Léman ; 35 912 hab. *(Thononais).* Station thermale (affections urinaires). Église des XVe-XVIIe s. avec crypte romane. Châteaux de Sonnaz (musée du Chablais) et de Ripaille.

Thor ou **Tor,** dieu de la mythologie scandinave qui préside aux activités guerrières. Fils d'Odin, il est la divinité du Tonnerre, des Éclairs et des Pluies bienfaisantes. Son emblème, le marteau, figure sur les pierres runiques.

Thora → Torah.

thoracique [tɔrasik] **adj.** (gr. *thôrakikos*). **1.** ANAT. Relatif à la poitrine : *Région thoracique.* **2. Canal thoracique,** principal tronc collecteur de la lymphe, longeant la colonne vertébrale.

thorax [tɔraks] **n.m.** (mot lat., du gr.). **1.** Partie du corps des vertébrés limitée par les vertèbres, les côtes, le sternum et le diaphragme et contenant les poumons, le cœur. **2.** ZOOL. Seconde partie du corps des insectes, formée de trois anneaux et sur laquelle sont fixées les pattes et les ailes.

Thoreau (Henry), écrivain américain (Concord, Massachusetts, 1817 - *id.* 1862). Disciple d'Emerson, influencé par les mystiques hindous et les idéalistes allemands, il créa une prose qui fait largement appel à la langue populaire (*Walden ou la Vie dans les bois,* 1854).

Thorez (Maurice), homme politique français (Noyelles-Godault 1900 - en mer Noire 1964). Mineur, membre du parti communiste en 1920, il devint secrétaire général du P.C.F. en 1930. Élu député en 1932, il fut un des artisans du Front populaire. Réfugié en U.R.S.S. (1939-1944) après avoir quitté son régiment, il fut condamné pour désertion (1939). Amnistié à son retour en France, il devint ministre d'État (1945-1946) puis vice-président du Conseil (1946-1947).

thorium [tɔrjɔm] **n.m.** (de *Thor,* n. d'un dieu scandinave). Métal radioactif blanc, cristallin, extrait d'un silicate *(la thorite),* fondant vers 1 700 °C. ▸ Symb. Th ; densité 12,1.

Thorvaldsen (Bertel), sculpteur danois (Copenhague 1770 - *id.* 1844). Fixé à Rome, il fut un maître du néoclassicisme (*Jason* [1803], *Ganymède et l'aigle* [1817], marbres, musée Thorvaldsen à Copenhague).

Thot, dieu de la mythologie égyptienne représenté comme un homme à tête d'ibis ou un cynocéphale. Honoré surtout à Hermopolis, il était un dieu lunaire, le démiurge créateur, le maître du savoir, l'inventeur de l'écriture, un juge chargé de peser les âmes et un magicien. Les Grecs l'assimilèrent à Hermès et, entre le IIe et le IIIe s. apr. J.-C., il devint Hermès Trismégiste (« trois fois grand »).

Thoutmosis ou **Thoutmès** (transcription grecque du nom égyptien *Djehoutimes* signif. « le dieu Thot l'a mis au monde »), nom de quatre pharaons de la XVIIIe dynastie, dont **Thoutmosis III** (1505/1484 - 1450 av. J.-C.). D'abord tenu à l'écart du pouvoir par sa tante Hatshepsout, régente du royaume, il conquit la Palestine et la Syrie jusqu'à l'Euphrate et soumit définitivement la Nubie.

Thrace, région du sud-est de l'Europe, occupant l'extrémité nord-est de la Grèce *(Thrace occidentale),* la Turquie d'Europe *(Thrace orientale)* et le sud de la Bulgarie. Le partage eut lieu en 1919 et en 1923.

thriller [srilœr] ou [trilœr] **n.m.** (mot angl., de *to thrill,* faire tressaillir). Film ou roman (policier ou d'épouvante) à suspense, qui procure des sensations fortes.

thrombose [trɔ̃boz] **n.f.** (gr. *thrombôsis,* coagulation, de *thrombos,* caillot). MÉD. Formation de caillots dans un vaisseau sanguin chez un être vivant.

Thucydide, historien grec (Athènes v. 460 - apr. 395 av. J.-C.), auteur de *l'Histoire de la guerre du Péloponnèse* (inachevée). Il relate les faits avec rigueur et cherche à en expliquer les causes. Le premier des historiens grecs, il donne aux faits économiques et sociaux leur importance véritable.

Thulé, nom donné par les Anciens à une île du nord de l'Europe (l'Islande ou l'une des Shetland ou des Féroé).

thune ou **tune** [tyn] **n.f.** (orig. obsc.). **1.** *ARG.* Autref., pièce d'argent de cinq francs. **2.** *FAM.* **De la thune,** de l'argent : *File-moi de la thune.* / *FAM.* **N'avoir pas une thune,** être démuni d'argent, être sans le sou.

Thurgovie, canton de Suisse ; 248 444 hab.

thuriféraire [tyriferɛr] **n.m.** (lat. *thurifer,* qui produit de l'encens, de *thus, thuris,* encens). **1.** LITT. Flatteur : *Les thuriféraires du pouvoir* (syn. **flagorneur, louangeur**). **2.** CATH. Clerc chargé de porter l'encensoir.

Thuringe, en all. **Thüringen,** Land d'Allemagne ; 16 251 km^2 ; 2 188 589 hab. CAP. *Erfurt*. Il s'étend sur le *Thüringerwald* (« forêt de Thuringe ») et sur le *bassin de Thuringe*. Incorporée à la Germanie à la fin de l'époque carolingienne, la Thuringe est dirigée par des landgraves à partir de 1130. Son histoire se confond longtemps avec celle de la Saxe. L'État de Thuringe est reconstitué en 1920. Son territoire fait partie de la R.D.A. de 1949 à 1990.

thuya [tyja] **n.m.** (lat. *thya,* du gr.). Conifère originaire d'Asie ou d'Amérique, souvent cultivé dans les parcs. ▸ Famille des cupressacées.

thym [tɛ̃] **n.m.** (lat. *thymum,* du gr.). Plante aromatique vivace et ligneuse de l'Eurasie tempérée, à très petites feuilles odoriférantes, utilisée comme aromate. ▸ Famille des labiées.

thymique [timik] **adj.** Qui concerne le thymus.

thymus [timys] **n.m.** (mot lat., du gr. *thumos,* excroissance charnue). **1.** Glande située devant la trachée, développée seulement chez l'enfant et les jeunes animaux, et qui joue un grand rôle dans la résistance aux infections. **2.** Cette glande est comestible chez le veau (nom usuel : *ris de veau*).

thyroïde [tirɔid] **adj.** (gr. *thuroeidês,* en forme de porte). ANAT. **Cartilage thyroïde,** le plus développé des cartilages du larynx, formant chez l'homme la saillie appelée *pomme d'Adam*. / **Glande thyroïde,** glande endocrine située devant la trachée, sécrétant plusieurs hormones et intervenant dans la croissance et le métabolisme général. (On dit aussi *la thyroïde*.)

thyroïdien, enne [tirɔidjɛ̃, -ɛn] **adj.** Relatif à la thyroïde : *Insuffisance thyroïdienne.*

thyrse [tirs] **n.m.** (du gr. *thursos,* bâton de Dionysos). **1.** MYTH. GR. Emblème de Dionysos, fait d'un bâton entouré de feuilles de lierre et surmonté d'une pomme de pin. **2.** BOT. Grappe de fleurs de forme pyramidale, comme celle du lilas ou du marronnier d'Inde.

Tiahuanaco, site de la rive bolivienne du lac Titicaca. Entre le Vᵉ s. av. J.-C. et le XIIᵉ s. apr. J.-C., il fut le centre d'une civilisation originale qui a laissé d'imposants vestiges dont les monolithes de la porte du Soleil.

Tian'anmen, grande place publique de Pékin, théâtre, au printemps 1989, de manifestations d'étudiants réclamant la libéralisation du régime, qui se soldèrent par l'intervention de l'armée (3-4 juin) et par une répression sanglante.

Tianjin ou **T'ien-tsin,** principal port de la Chine du Nord, à l'embouchure du Hai He ; 8 535 265 hab. dans l'agglomération. Centre commercial et industriel. Le traité qui y fut signé en 1858 ouvrit la Chine aux Européens. Celui du 9 juin 1885, conclu entre la France et la Chine, reconnut le protectorat français sur l'Annam et le Tonkin.

Tian Shan, chaîne montagneuse de Chine (Xinjiang) et du Kirghizistan ; 7 439 m au pic Pobedy.

tiare [tjar] **n.f.** (lat. *tiara,* d'un mot gr. d'orig. persane). **1.** HIST. Coiffure d'apparat symbole de la souveraineté dans l'ancien Orient. **2.** Coiffure d'apparat à trois couronnes du pape, utilisée autref. pour les cérémonies non liturgiques ; dignité papale.

Tibère, en lat. **Tiberius Julius Caesar** (Rome v. 42 av. J.-C. - Misène 37 apr. J.-C.), empereur romain (14-37 apr. J.-C.). Fils de Livie, il fut adopté par Auguste (4 apr. J.-C.), auquel il succéda. Il transforma alors la magistrature extraordinaire de son beau-père en institution permanente. Il exerça une rigoureuse administration financière. En politique extérieure, il ramena la frontière de l'Empire sur le Rhin (17). Mais, en 27, aigri et malade, Tibère se retira à Capri, laissant au préfet du prétoire, Séjan, la direction des affaires. Le règne de Tibère, après l'exécution de Séjan (31), qui convoitait le trône, a été présenté par les partisans du sénat comme une époque de terreur.

Tibériade, v. d'Israël, en Galilée, fondée v. 18 apr. J.-C., près du lac de Génésareth, dit *lac de Tibériade* ou mer de Galilée. C'est là que se déroula une grande partie de la prédication de Jésus. Après la ruine de Jérusalem en 70, la cité devint un centre de la vie nationale juive.

Tibesti, massif montagneux (3 415 m) du Sahara, dans le nord du Tchad.

Tibet, région autonome de l'ouest de la Chine, au nord de l'Himalaya ; 1 221 000 km^2 ; 3 002 165 hab. *(Tibétains)*. CAP. *Lhassa.*

GÉOGRAPHIE

Aux trois quarts situé à plus de 3 500 m d'altitude, entouré de hautes chaînes (Kunlun, Alpes du Sichuan, Pamir, Karakorum et surtout Himalaya), le Tibet a un climat souvent rude, adouci seulement dans les hautes vallées orientales (Salouen, Mékong et Yangzi Jiang) et dans le Sud (la haute vallée du Brahmapoutre, où, à proximité, Lhassa a une température moyenne proche de 0 °C en janv.). Dans les vallées se concentrent les hommes et les cultures, le haut Tibet étant le domaine de l'élevage transhumant (mouton, yack). Longtemps isolé, le Tibet est aujourd'hui relié par la route au Sichuan, au Qinghai et au Xinjiang. Depuis 1950, en effet, Pékin tente « d'intégrer » le Tibet à la Chine.

HISTOIRE

Le Tibet constitue un État unifié à partir du VIIᵉ s. Le roi Srong-btsan-Sgam-po lui donne une organisation centralisée et fonde Lhassa. Des sectes lamaïques y sont organisées après l'arrivée du bouddhiste indien Atisha à Lhassa (1042).
En 1207, le pays se soumet aux Mongols. Aux XVᵉ-XVIᵉ s., l'Église tibétaine est organisée sous l'autorité du dalaï-lama, et du panchen-lama, supérieur du monastère de Tashilhunpo et seconde autorité religieuse du Tibet. En 1642, le dalaï-lama recouvre le pouvoir temporel et instaure un régime théocratique. Mais, en 1751, les empereurs Qing établissent la domination de la Chine sur le pays. Les Tibétains chassent les Chinois en 1912 avec l'aide des Britanniques, mais le Tibet est occupé par la République populaire de Chine en 1950 et le dalaï-lama doit partir en exil en 1959. Le Tibet est doté du statut de région autonome en 1965. L'installation de nombreux colons chinois réduit les Tibétains à n'être plus qu'une minorité dans leur propre pays. La résistance tibétaine reste vive (jacquerie de 1970 ; émeutes répétées, particulièrement en 1987, 1989 et 2008).

tibétain, e [tibetɛ̃, -ɛn] **adj.** et **n.** Du Tibet. ◆ **tibétain n.m.** Langue parlée au Tibet, s'écrivant avec un alphabet d'origine indienne.

tibia [tibja] **n.m.** (mot lat., propr. « flûte »). **1.** ANAT. L'un des deux os longs de la jambe, situé à l'avant et du côté interne. ▸ Le tibia est plus gros que le péroné, situé en arrière. **2.** ZOOL. L'un des articles de la patte des insectes, avant le tarse.

tibial, e, aux [tibjal, -o] **adj.** ANAT. Relatif au tibia.

Tibre (le), en lat. **Tiberis,** en ital. **Tevere,** fl. d'Italie, tributaire de la mer Tyrrhénienne ; 396 km. Il passe à Rome.

tic [tik] **n.m.** (orig. onomat., de l'all. *ticken,* toucher légèrement, ou de l'it. *ticchio,* caprice). **1.** Contraction brusque et rapide de certains muscles, surtout de ceux du visage, involontaire et stéréotypée : *Un garçon bourré de tics.* **2.** Habitude inconsciente, manie dans le langage, les gestes : *Il a le tic de finir ses phrases par « n'est-ce pas ? ».*

ticket [tikɛ] **n.m.** (mot angl., de l'anc. fr. *estiquet,* forme anc. de *étiquette*). Billet donnant droit à l'admission dans un véhicule de transport public, dans un établissement, attestant un paiement, etc. : *Ticket de métro. Ticket de caisse.*

tic-tac [tiktak] **n.m. inv.** (onomat.). Bruit sec et régulier d'un mouvement d'horlogerie : *Le tic-tac d'une pendule.*

tie-break [tajbrɛk] **n.m.** (mots angl. « rupture d'égalité ») [pl. *tie-breaks*]. (Anglic. déconseillé). Au tennis, jeu supplémentaire servant à départager deux joueurs à égalité à six jeux partout à la fin d'un set. (Recomm. off. *jeu décisif.*)

tiédasse [tjedas] **adj.** (de *tiède*). D'une tiédeur désagréable : *Un potage tiédasse.*

tiède [tjɛd] **adj.** (du lat. *tepidus*). D'une chaleur très atténuée : *Un vent tiède* (syn. **doux**). *Le café est tiède* (= insuffisamment chaud). ◆ **adj.** et **n.** Qui manque d'ardeur, de zèle, de ferveur : *Un accueil un peu tiède* (syn. **indifférent**). *Des militants tièdes et peu actifs* (syn. **mou**). ◆ **adv. Boire tiède,** prendre des boissons tièdes.

tièdement [tjɛdmɑ̃] **adv.** Avec indifférence ; sans conviction : *Approuver tièdement une proposition.*

tiédeur [tjedœr] **n.f. 1.** Température tiède : *La tiédeur d'un soir d'été* (syn. **douceur**). **2.** Manque de ferveur, d'ardeur : *La tiédeur des sentiments.*

tiédir [tjedir] **v.i.** [conj. **32**]. Devenir tiède : *Mettre du lait à tiédir.* ◆ **v.t.** Rendre tiède : *Mur tiédi par le soleil.*

tiédissement [tjedismɑ̃] **n.m.** Fait de tiédir.

tien, tienne [tjɛ̃, tjɛn] **pron. poss.** (du lat. *tuus*, refait d'après *mien*). [Précédé de l'art. déf.]. **1.** Désigne ce qui appartient ou se rapporte à un possesseur de la 2e pers. du sing. : *J'ai mes soucis et tu as les tiens.* **2.** *FAM.* **À la tienne !**, à ta santé ! / **Les tiens,** tes parents, tes proches. ◆ **adj. poss.** *SOUT.* (*VX* ou *LITT.* en fonction d'épithète). Qui est à toi : *Ferais-tu tienne une telle affirmation ? Un tien compagnon.*

Tiepolo (Giovanni Battista ou **Giambattista),** peintre et graveur italien (Venise 1696 - Madrid 1770). Fresquiste virtuose, aimant le mouvement et le faste, doué d'un sens raffiné de la couleur claire, il fut le dernier des grands décorateurs baroques italiens (travaux à Udine, à Venise et en Vénétie, à la Résidence de Würzburg, au Palais royal de Madrid). Aquafortiste, il est l'auteur des suites des *Caprici* et des *Scherzi di fantasia*. • Son fils **Giovan Domenico** ou **Giandomenico** (Venise 1727 - *id.* 1804) fut son collaborateur et, comme peintre de chevalet, se montra un observateur sensible et ironique de la vie vénitienne.

1. tierce [tjɛrs] **n.f.** (de *2. tiers*). **1.** MUS. Intervalle de trois degrés dans l'échelle diatonique. **2.** JEUX. Série de trois cartes qui se suivent dans la même couleur.

2. tierce adj.f. ⟶ **2. tiers.**

tiercé [tjɛrse] **n.m.** (de *2. tiers*). TURF. Pari dans lequel il faut déterminer les trois premiers arrivants d'une course : *Jouer au tiercé. Tiercé dans l'ordre, dans le désordre.*

tiercelet [tjɛrsəlɛ] **n.m.** (dimin. de l'anc. fr. *terçuel*, du lat. pop. **tertiolus*, class. *tertius*, tiers). Mâle de plusieurs oiseaux de proie. ▸ Il est génér. d'un tiers plus petit que la femelle.

1. tiers [tjɛr] **n.m.** (de *2. tiers*). **1.** Chaque partie d'un tout divisé en trois parties égales : *Elle a fait les deux tiers du travail.* **2.** Troisième personne : *Un couple et un tiers. Être en tiers* (= en plus de deux personnes). **3.** Personne étrangère à un groupe : *Ne pas se disputer devant des tiers.* **4.** DR. Personne étrangère à une affaire, à un acte juridique, à un jugement, etc. : *L'assurance ne couvre pas les tiers.* **5. Assurance au tiers,** assurance tierce* collision. / *FAM.* **Se moquer du tiers comme du quart,** être indifférent à tout et à tous. / **Tiers payant,** système qui permet à l'assuré social de ne pas faire l'avance des honoraires médicaux et des frais pharmaceutiques, de prothèse ou d'hospitalisation et de ne payer, le cas échéant, que le ticket modérateur. / **Tiers provisionnel,** acompte versé en février et en mai par le contribuable, en France, et qui est en principe égal au tiers de l'imposition de l'année précédente. / LOG. **Principe du tiers exclu,** principe selon lequel, d'une proposition et de sa négation, l'une au moins est vraie.

2. tiers [tjɛr], **tierce** [tjɛrs] **adj.** (lat. *tertius*, troisième). **1.** Qui vient au troisième rang ; qui s'ajoute à deux autres : *Une tierce personne.* **2. Assurance tierce collision,** assurance qui engage la responsabilité de l'assuré dont le véhicule cause un dommage à un autre véhicule (= assurance au tiers). / **Fièvre tierce,** fièvre paludéenne se manifestant tous les deux jours. / CATH. **Tiers ordre,** association de religieux *(tiers ordres réguliers)* ou de laïcs *(tiers ordres séculiers)* qui sont affiliés à un ordre religieux (franciscains, dominicains, carmes, bénédictins...). / HIST. **Tiers état,** ensemble des personnes qui, sous l'Ancien Régime, n'appartenaient ni à la noblesse ni au clergé et formaient le troisième ordre du royaume.

■ Le tiers état ne possédait aucun privilège particulier. Il était formé des couches populaires et des notables, ces derniers assurant seuls la représentation au sein des états provinciaux et généraux. Le pouvoir royal s'appuya sur le tiers pour briser les résistances de la noblesse et du clergé aux XVIIe et XVIIIe s. Aux états généraux de 1789, les députés du tiers, souvent gens de loi, furent porteurs des idées nouvelles qui inspirèrent l'Assemblée constituante. ■

tiers-monde [tjɛrmɔ̃d] **n.m.** (pl. *tiers-mondes*). Ensemble des pays peu développés économiquement ou en développement.

■ Employé pour la première fois en 1952 par Alfred Sauvy, ce terme a une triple signification, géographique, économique et politique. Au cours des années 1960-1990, le décalage entre la richesse des pays industrialisés, les pays du Nord, et la fragilité économique, voire l'extrême pauvreté, des pays en développement, les pays du Sud, s'est accentué, rendant ainsi nécessaire une concertation. En 1964, les pays du tiers-monde ont formé le « groupe des 77 », à la recherche d'une troisième voie, indépendante de celle des pays développés de l'Europe de l'Ouest et de l'Amérique du Nord tout autant que de celle des pays communistes. L'utilisation du terme tiers-monde est maintenant abandonnée du fait des évolutions différentes des différents pays qui le constituaient. Les Nations unies regroupent désormais les pays les plus pauvres sous l'appellation pays les moins avancés (P.M.A.). ■

tiers-mondisme [tjɛrmɔ̃dism] **n.m.** (pl. *tiers-mondismes*). Tendance, opinion, doctrine des tiers-mondistes.

tiers-mondiste [tjɛrmɔ̃dist] **adj.** et **n.** (pl. *tiers-mondistes*). Relatif au tiers-monde ; qui est ou qui se proclame solidaire du tiers-monde : *Politique tiers-mondiste.*

tif [tif] **n.m.** (orig. incert., p.-ê. de l'anc. fr. *tifer*, germ. **tipfon*, orner, parer, coiffer). *FAM.* Cheveu.

T.I.G. [teiʒe] **n.m.** (sigle). ⟶ Travail* d'intérêt général.

tige [tiʒ] **n.f.** (du lat. *tibia*, flûte). **1.** Axe d'une plante, qui porte des feuilles et se termine par un bourgeon. ▸ Le chaume des graminées, le tronc des arbres sont des *tiges aériennes*, les rhizomes (iris), les tubercules (pomme de terre), des *tiges souterraines*. **2.** Objet ou partie d'objet mince, droit et allongé : *Une tige de métal* (syn. **barre, tringle**). *La tige d'un piston.* **3.** Tube cylindrique de faible diamètre, permettant l'entraînement du trépan au fond d'un puits en forage. **4.** Partie supérieure de la chaussure, qui habille le dessus du pied et la cheville, et éventuellement la jambe.

tignasse [tiɲas] **n.f.** (de *teigne*). *FAM.* Chevelure abondante et mal peignée.

tigre [tigr] **n.m.** (lat. *tigris*, mot gr. d'orig. iranienne). **1.** Grand félin carnivore des forêts d'Asie du Sud-Est et de la Sibérie orientale, de mœurs nocturnes, au pelage d'un beau jaune orangé, blanchâtre au ventre et marqué de zébrures noires. ▸ Long. jusqu'à 2,50 m sans la queue ; poids 200 kg et plus ; longévité 25 ans. Le tigre feule, rauque ou râle. Famille des félidés. **2.** *LITT.* Homme très cruel, sanguinaire. **3. Jaloux comme un tigre,** extrêmement jaloux.

Tigre (le), fl. de Turquie et d'Iraq, qui passe à Bagdad et forme, avec l'Euphrate, le Chatt al-Arab ; 1 950 km.

tigré, e [tigre] **adj.** Rayé de bandes foncées, comme le pelage du tigre : *Chat tigré.*

Tigré (le), région du nord de l'Éthiopie ; 4 314 456 hab.

tigresse [tigrɛs] **n.f. 1.** Tigre femelle. **2.** Femme agressive, d'une extrême jalousie.

tigron [tigrɔ̃] et **tiglon** [tiglɔ̃] **n.m.** (de *tigre* et *lion*). Hybride stérile du tigre et de la lionne, ou du lion et de la tigresse.

Tikal, centre cérémoniel maya du Guatemala (forêt du Petén). Hérissée de temples, c'est l'une des plus importantes métropoles mayas, peut-être la capitale politique de la période classique (250 à 950 apr. J.-C.).

tilbury [tilbyri] **n.m.** (de *Tilbury*, n. de l'inventeur). Cabriolet hippomobile léger et découvert, à deux places.

tilde [tild(e)] **n.m.** (mot esp., lat. *titulus*, titre). **1.** Accent qui se trouve sur la lettre *n* de l'alphabet espagnol (ñ), notant un son équivalant à *n* mouillé [ɲ] en français. **2.** PHON. Signe placé au-dessus d'un symbole phonétique pour indiquer la nasalisation (ex. : *an* est représenté en phonétique par un [a] surmonté d'un tilde [ã]).

tillac [tijak] **n.m.** (de l'anc. scand. *thilja*, planche). MAR. Pont supérieur d'un navire en bois.

tilleul [tijœl] **n.m.** (lat. pop. **tiliolus*, du class. *tilia*). **1.** Arbre des régions tempérées d'Europe, fournissant un bois blanc, facile à travailler, et dont les fleurs odorantes donnent une infusion sudorifique et calmante. ▸ Famille des tiliacées ; haut. 25 à 30 m. **2.** Infusion de fleurs de tilleul : *Boire du tilleul.*

Tilsit *(traités de)*, traités signés à Tilsit (en Prusse-Orientale) entre la France et la Russie le 7 juill. 1807 et entre la France et la Prusse le 9 juill. Mettant fin à la quatrième coalition, ils consacraient la défaite de la Prusse et créaient une alliance secrète de la France et de la Russie contre l'Angleterre.

tilt [tilt] **n.m.** (mot angl. « action de basculer »). **1.** Au billard électrique, déclic qui marque l'interruption d'une partie lorsqu'un joueur a manœuvré trop violemment l'appareil. **2.** *FAM.* **Faire tilt,** déclencher soudainement dans l'esprit les mécanismes de compréhension, de mémoire, d'inspiration : *Ce mot a fait tilt dans mon esprit.*

tilter [tilte] **v.i.** *FAM.* Comprendre brusquement : *Je viens de tilter.*

timbale [tɛ̃bal] **n.f.** (altér., d'apr. *cymbale*, de *tamballe*, de l'esp. *atabal*, d'apr. *tambour*). **1.** Gobelet en métal : *Une timbale en argent.* **2.** Instrument de musique à percussion formé d'un bassin demi-sphérique en cuivre, recouvert d'une peau tendue que l'on frappe avec des mailloches. ▸ On l'utilise généralement par paire. **3.** CUIS. Moule rond et haut ; préparation cuite dans ce moule : *Une timbale de macaronis.* **4.** *FAM.* **Décrocher la timbale,** remporter le prix, réussir.

timbalier, ère [tɛ̃balje, -ɛr] **n.** Instrumentiste qui joue des timbales.

timbrage [tɛ̃braʒ] **n.m.** Impression d'une marque sur un envoi postal : *Le timbrage d'une lettre.*

1. timbre [tɛ̃br] **n.m.** (gr. byzantin *tumbanon*, class. *tumpanon*, tambour, tambourin). **1.** MUS. Petite cloche métallique demi-sphérique frappée par un marteau : *Le timbre d'une pendule* (syn. **sonnerie**). *Le timbre d'une bicyclette* (syn. **sonnette**). **2.** Qualité particulière du son, indépendante de sa hauteur ou de son intensité mais spécifique de l'instrument, de la voix qui l'émet : *Voix au timbre chaud* (syn. **sonorité**).

2. timbre [tɛ̃br] **n.m.** (de *1. timbre*). **1.** Timbre-poste : *Acheter un carnet de timbres.* **2.** Vignette vendue au profit d'une œuvre ou attestant le paiement d'une cotisation : *Timbre à coller sur votre carte d'adhérent.* **3.** Instrument qui sert à imprimer une marque, un cachet sur un document : *Timbre de caoutchouc* (syn. **tampon**). **4.** Marque qui garantit l'authenticité d'un document : *Le timbre de la mairie doit figurer sur le document* (syn. **cachet**). **5.** DR. FISC. Marque imprimée ou vignette apposée sur certains actes, et qui représente le paiement de la taxe perçue au profit du Trésor. **6.** MÉD. Petit disque adhésif portant un produit actif destiné à diffuser dans l'organisme : *Timbre tuberculinique* (syn. [anglic. déconseillé] **patch**).

1. timbré, e [tɛ̃bre] **adj.** (de *timbre*, cerveau). *FAM.* Un peu fou : *Un garçon un peu timbré* (syn. **cinglé, toqué**).

2. timbré, e [tɛ̃bre] **adj.** (de *timbrer*). **Papier timbré,** papier marqué d'un timbre officiel et obligatoire pour la rédaction de certains actes (v. aussi *timbrer*).

timbre-amende [tɛ̃bramɑ̃d] **n.m.** (pl. *timbres-amendes*). DR. Timbre destiné au paiement d'une amende forfaitaire pour contravention à la réglementation de la circulation.

timbre-poste [tɛ̃brəpɔst] **n.m.** (pl. *timbres-poste*). Vignette adhésive, de valeur conventionnelle, émise par une administration postale et destinée à affranchir les envois confiés à la poste (syn. **timbre**).

timbrer [tɛ̃bre] **v.t.** Marquer, affranchir avec un timbre ou un cachet : *Joindre une enveloppe timbrée pour la réponse.*

Timgad, v. d'Algérie, à l'est de Batna ; 11 828 hab. Colonie romaine fondée en 100 apr. J.-C., sous Trajan, la cité fut ruinée par les Maures au VIe s. Imposants vestiges de l'époque trajane (belles mosaïques).

timide [timid] **adj.** et **n.** (lat. *timidus*, de *timere*, craindre). Qui manque de hardiesse, d'assurance.

timidement [timidmɑ̃] **adv.** Avec timidité.

timidité [timidite] **n.f.** (lat. *timiditas*). **1.** Manque d'assurance, de hardiesse dans les rapports avec autrui : *Surmonter sa timidité* (syn. **gaucherie** ; contr. **aplomb**). **2.** Manque d'audace dans une action : *La timidité d'une architecture* (contr. **hardiesse**).

timing [tajmiŋ] **n.m.** (mot angl., de *time*, temps). Chronologie détaillée d'un processus quelconque.

Timişoara, en hongr. **Temesvár,** v. de Roumanie (Banat) ; 304 467 hab. Centre industriel. Université. Musée du Banat dans le château, en partie du XIVe s.

timon [timɔ̃] **n.m.** (lat. pop. *timo, -onis*, du class. *temo*, perche, traverse). Longue pièce de bois de la partie avant d'une voiture, d'une machine agricole, de chaque côté de laquelle on attelle une bête de trait.

timonerie [timɔnri] **n.f.** **1.** Abri qui protège l'appareil à gouverner et l'homme de barre sur les bateaux de petit tonnage. ▸ Sur les grands navires, on dit *une passerelle.* **2.** Ensemble des éléments entrant dans la commande des freins ou dans la direction d'un véhicule.

timonier [timɔnje] **n.m.** **1.** À bord des navires de guerre, matelot chargé des signaux et du service de veille sur la passerelle ; dans la marine marchande, marin chargé de la barre. **2.** Chacun des chevaux attelés à un timon. **3. Le Grand Timonier,** surnom donné à Mao Zedong.

Timor, île de la Sonde, au nord de la *mer de Timor* ; 30 000 km^2 ; 2 728 000 hab. L'île est partagée au XVIIIe s. entre les Portugais et les Hollandais. L'Indonésie englobe la partie néerlandaise en 1950 et occupe la partie portugaise (Timor oriental) en 1975-1976. Le Timor oriental acquiert son indépendance en 2002.

timoré, e [timɔre] **adj.** et **n.** (bas lat. ecclés. *timoratus*, qui craint Dieu, de *timor*, crainte). Qui n'ose pas agir par crainte du risque ou des responsabilités : *Être très timoré* (syn. **craintif, pusillanime**).

Timor oriental, officiellement **Timor-Leste,** État d'Asie du Sud-Est ; 18 900 km^2 ; 1 133 000 hab. *(Est-Timorais).* CAP. *Dili.* LANGUES : *tetun* (ou *tetum*) et *portugais.* MONNAIE : *dollar des États-Unis.* Après l'occupation du Timor oriental (partie portugaise de Timor) par l'Indonésie, en 1975-1976, un mouvement de guérilla (FRETILIN, Front révolutionnaire pour l'indépendance du Timor oriental) se développe, qui s'oppose à cette annexion. En 1999, les Est-Timorais rejettent massivement un plan d'autonomie soumis à référendum par l'Indonésie ; cette manifestation de leur volonté d'indépendance est suivie d'une vague de terreur menée par des milices anti-indépendantistes soutenues par l'armée indonésienne. Une force multinationale intervient et le territoire est placé sous administration provisoire de l'O.N.U. En 2002, le Timor oriental accède à l'indépendance, avec pour présidents Xanana Gusmão (2002-2007, auj. Premier ministre), José Ramos-Horta (2007-2012) puis Taur Matan Ruak (depuis 2012).

Timur Lang → Tamerlan.

tin [tɛ̃] **n.m.** (orig. obsc.). MAR. Chacune des pièces de bois qui soutiennent la quille d'un navire en construction ou en radoub.

Tinbergen (Jan), économiste néerlandais (La Haye 1903 - *id.* 1994). Spécialiste de la statistique et de l'économétrie, il a reçu, en 1969, avec Ragnar Frisch, le prix Nobel des sciences économiques.

Tinbergen (Nikolaas), éthologiste britannique d'origine néerlandaise (La Haye 1907 - Oxford 1988). Il a effectué de nombreuses recherches sur les comportements instinctifs d'animaux dans leur milieu naturel.

tinctorial, e, aux [tɛ̃ktɔrjal, -o] **adj.** (lat. *tinctorius,* de *tinctus,* teint, de *tingere,* teindre). **1.** Qui sert à teindre : *Plante tinctoriale.* **2.** Relatif à la teinture : *Procédés tinctoriaux.*

tinette [tinɛt] **n.f.** (de *tine,* lat. *tina,* vase pour contenir le vin). Récipient servant de fosse d'aisances mobile.

Tinguely (Jean), sculpteur suisse (Fribourg 1925 - Berne 1991). L'un des « nouveaux réalistes », il est l'auteur de machines d'esprit dadaïste, dérisoires et inquiétantes. Avec Niki de Saint Phalle, il a notamment composé la *Fontaine Stravinski* près du Centre Georges-Pompidou, à Paris.

tintamarre [tɛ̃tamar] **n.m.** (de *tinter,* et d'un suffixe obsc.). Bruit assourdissant fait de sons discordants : *Faire du tintamarre* (syn. **tapage, vacarme**).

tintement [tɛ̃tmɑ̃] **n.m. 1.** Bruit que fait une cloche, une clochette qui tinte. **2.** Succession de sons légers et clairs : *Le tintement des verres qui s'entrechoquent.*

tinter [tɛ̃te] **v.t.** (bas lat. *tinnitare,* fréquentatif du class. *tinnire,* sonner). Faire sonner lentement une cloche, de manière que le battant frappe d'un seul côté. ◆ **v.i. 1.** Résonner lentement par coups espacés : *La cloche tinte.* **2.** Produire des sons aigus : *Les clefs tintent à sa ceinture* (syn. **cliqueter**).

tintin [tɛ̃tɛ̃] **interj.** (onomat.). **1.** *FAM.* S'emploie pour indiquer à qqn qu'il n'obtiendra pas ce qu'il attendait. **2. Faire tintin,** être privé de qqch.

tintinnabuler [tɛ̃tinabyle] **v.i.** (du lat. *tintinnabulum,* grelot, clochette). *LITT.* Produire une série de sons aigus et légers : *Les clochettes tintinnabulent.*

Tintoret (Iacopo Robusti, dit **il Tintoretto,** en fr. **le),** peintre italien (Venise 1518 - *id.* 1594). Son œuvre, abondante, fut entièrement réalisée à Venise, ponctuée notamment par le vaste cycle de la Scuola di San Rocco (en trois campagnes, entamées en 1564, 1576 et 1583) et par les décors pour le palais des Doges, que couronne l'immense *Paradis* de 1588. Admirateur de Michel-Ange, le Tintoret était doué d'une étonnante virtuosité, usant de raccourcis audacieux, faisant jouer dramatiquement l'ombre et la lumière, dans une palette grave, pour créer une vision impétueuse et poétique, proche du maniérisme et annonciatrice du baroque.

tintouin [tɛ̃twɛ̃] **n.m.** (orig. incert., p.-ê. de *tinter*). **1.** *FAM.* Embarras ; souci : *Cinq enfants à élever, quel tintouin !* (syn. **tracas**). **2.** Grand bruit : *Quel tintouin sur le boulevard !* (syn. **vacarme**).

tipi [tipi] **n.m.** (anglo-amér. *tepee,* d'un mot sioux). Habitation des Indiens des plaines d'Amérique du Nord.

Tippoo Sahib ou **Tipu Sahib,** sultan du Mysore (Devanhalli 1749 - Seringapatam 1799). Allié de la France, il chassa les Anglais du Mysore (1784) et mourut au combat.

tique [tik] **n.f.** (angl. *tick*). Acarien vivant sur la peau des animaux, parfois de l'homme, dont il puise le sang.

tiquer [tike] **v.i.** (de *tic*). *FAM.* Avoir l'attention arrêtée par un détail qui choque, déplaît, étonne : *Il a tiqué quand on lui a annoncé le prix. Tiquer sur un détail.*

tir [tir] **n.m. 1.** Action, manière de lancer, à l'aide d'une arme, un projectile sur un but appelé objectif : *Tir au pistolet. Tir à l'arc.* **2.** Ensemble de projectiles envoyés par une ou plusieurs armes : *Un tir intense, sporadique.* **3.** Local ou lieu spécialement aménagé pour l'exercice du tir : *Aller au tir.* **4.** SPORTS. Action de lancer une balle, une flèche (vers le but) ou une boule : *Tirs au but, au football.* **5. Ligne de tir,** prolongement de l'axe de la bouche à feu ou de la rampe de lancement. / **Rectifier le tir,** corriger une erreur d'appréciation d'une situation donnée en changeant sa manière d'agir.

tirade [tirad] **n.f.** (de *tirer*). **1.** Suite continue, ininterrompue de paroles, de phrases : *Une longue tirade d'injures* (syn. **cascade, chapelet**). **2.** Ce qu'un personnage dit d'un trait sans être interrompu, au théâtre : *La tirade des nez dans « Cyrano de Bergerac ».*

tirage [tiraʒ] **n.m. 1.** Action de tirer, de mouvoir dans tel ou tel sens : *Le tirage d'une voiture en panne.* **2.** Différence de pression entre l'entrée et la sortie du circuit des gaz, dans un appareil de chauffage, assurant une bonne combustion. **3.** Action de prélever au hasard un élément dans un ensemble : *Tirage d'une loterie. Tirage au sort.* **4.** BANQUE. Action d'émettre une traite, un chèque. **5.** IMPR. Passage des feuilles de papier sur les formes d'une presse pour les imprimer : *L'ouvrage est en cours de tirage* (syn. **impression**). **6.** Ensemble des exemplaires d'un ouvrage, d'un journal imprimés en une seule fois : *Tirage de cinq mille exemplaires.* **7.** PHOT. Opération permettant de réaliser une épreuve photographique ou une copie sur film ; l'épreuve photographique elle-même : *Développement et tirage d'une photo.* **8.** *FAM.* **Il y a du tirage,** il y a des difficultés, des résistances à vaincre : *Il y a du tirage entre eux* (= ils ne s'entendent pas très bien).

tiraillement [tirajmɑ̃] **n.m. 1.** Action de tirailler : *Corde soumise à des tiraillements répétés.* **2.** Sensation de contraction douloureuse de certaines parties intérieures du corps : *Tiraillements d'estomac* (syn. **crampe, spasme**). **3.** Désaccord ; tension ; opposition : *Tiraillements dans un parti* (syn. **conflit**).

tirailler [tiraje] **v.t.** (de *tirer*). **1.** Tirer fréquemment et par petits coups, dans diverses directions : *Tirailler qqn par la manche.* **2.** Solliciter de divers côtés d'une manière contradictoire : *Cet enfant est tiraillé entre son père et sa mère* (syn. **ballotter, déchirer**). ◆ **v.i.** Tirer peu à la fois et souvent, avec une arme à feu : *Troupe qui tiraille en se repliant.*

tirailleur [tirajœr] **n.m. 1.** Soldat détaché en avant comme éclaireur. **2.** Fantassin recruté parmi les autochtones des anciens territoires français d'outre-mer : *Tirailleurs sénégalais.* **3. Marcher en tirailleur,** progresser en ordre dispersé pour reconnaître un terrain.

Tirana, cap. de l'Albanie ; 421 286 hab. Musées, dont celui d'Archéologie et d'Ethnographie.

tirant [tirɑ̃] **n.m.** (de *tirer*). **1.** Cordon qui sert à fermer une bourse, un sac. **2.** MAR. **Tirant d'air,** hauteur totale des superstructures d'un navire utile à connaître pour le passage sous les ponts. / MAR. **Tirant d'eau,** distance verticale entre la flottaison d'un navire et le dessous de la quille : *Paquebot d'un fort tirant d'eau.*

1. tire [tir] **n.f.** (de *tirer*). **Vol à la tire,** vol qui consiste à tirer des poches ou des sacs les objets qu'on dérobe.

2. tire [tir] **n.f.** (de *tirer*). *QUÉBÉC.* Sirop d'érable ou mélasse épaissis ; friandise obtenue par évaporation de la sève d'érable : *Tire d'érable.*

3. tire [tir] **n.f.** (de *tirer,* aller). *FAM.* Automobile.

1. tiré, e [tire] **adj.** Se dit des traits du visage marqués par la fatigue ou la maladie : *Enfant aux traits tirés.*

2. tiré [tire] **n.m. 1.** Personne sur laquelle une lettre de change ou un chèque ont été tirés et à qui un ordre est donné de payer (par opp. à *tireur*). **2. Tiré à part,** reproduction séparée d'un article de revue : *Auteur qui demande dix tirés à part de son article.*

tire-au-flanc [tiroflɑ̃] **n.m. inv.** *FAM.* Personne qui s'arrange pour échapper aux corvées (syn. **paresseux**).

tire-botte [tirbɔt] **n.m.** (pl. *tire-bottes*). Planchette entre les bords de laquelle on coince une botte pour l'enlever.

tire-bouchon [tirbuʃɔ̃] **n.m.** (pl. *tire-bouchons*). **1.** Instrument formé d'une vis en métal pourvue d'un manche, pour retirer le bouchon d'une bouteille. **2. En tire-bouchon,** en forme de spirale : *Queue en tire-bouchon des cochons.*

A B C D E F G H I J K L M N O P Q R S T U V W X Y Z

tire-bouchonner [tirbuʃɔne] **v.t.** et **v.i.** Tortiller, rouler en tire-bouchon : *Tire-bouchonner une mèche de cheveux. Des chaussettes qui tire-bouchonnent.*

tire-clou [tirklu] **n.m.** (pl. *tire-clous*). Tige métallique, plate et dentée, qui sert à l'extraction des clous.

à **tire-d'aile** [tirdɛl] **loc. adv.** (de l'anc. fr. *voler à tire,* voler sans s'arrêter). En battant vigoureusement des ailes, en parlant d'un oiseau qui vole : *S'enfuir à tire-d'aile.*

tire-fesses [tirfɛs] **n.m. inv.** *FAM.* Téléski.

tire-fond [tirfɔ̃] **n.m. inv. 1.** Longue vis à tête en forme d'anneau, pour suspendre les lustres. **2.** Grosse vis à bois à tête carrée, utilisée pour fixer le rail sur la traverse, directement ou par l'intermédiaire d'un coussinet.

tire-lait [tirlɛ] **n.m. inv.** Appareil pour recueillir par aspiration le lait du sein de la mère.

à **tire-larigot** [tirlarigo] **loc. adv.** (de *tirer,* aspirer, et *larigot,* mot d'un anc. refrain de chanson). *FAM.* En grande quantité : *Elle achète des livres à tire-larigot.*

tire-ligne [tirliɲ] **n.m.** (pl. *tire-lignes*). Instrument de dessinateur servant à tracer des lignes d'épaisseur variable.

tirelire [tirlir] **n.f.** (onomat. désignant le chant des alouettes, p.-ê. à cause du bruit que font les pièces en tombant). Boîte, objet creux muni d'une fente par laquelle on glisse l'argent qu'on veut économiser.

tirer [tire] **v.t.** (orig. obsc.). **1.** Exercer une force, un effort sur qqch de manière à l'allonger, à augmenter sa surface : *Tirer une courroie* (syn. **distendre**). **2.** Ramener, attirer vers soi ; déplacer en entraînant derrière soi : *Tirer la porte. Voiture qui tire une caravane* (syn. **traîner**). **3.** MAR. Déplacer, en s'enfonçant, une certaine quantité d'eau : *Navire qui tire six mètres d'eau.* **4.** *FAM.* Passer un temps qui paraît long : *Plus que deux jours à tirer avant les vacances.* **5.** Lancer un projectile au moyen d'une arme ; faire partir le coup d'une arme à feu : *Tirer un coup de feu.* **6.** Retirer qqch, qqn de quelque part : *Tirer un mouchoir de sa poche. Tirer des blessés des décombres* (syn. **dégager**). **7.** Faire sortir qqn, qqch d'un état, d'une situation : *Tirer qqn du sommeil.* **8.** Obtenir ; recueillir : *Tirer de l'argent de qqn* (syn. **soutirer**). *Tirer avantage d'une situation* (syn. **retirer**). **9.** Déduire logiquement qqch de qqch : *Tirer la leçon d'une expérience.* **10.** Prendre au hasard dans un ensemble un billet, un numéro, etc. : *Tirer le numéro gagnant à une tombola. Tirer au sort.* **11.** Exécuter l'impression de : *Tirer un roman à cinq mille exemplaires* (syn. **imprimer**). **12.** Réaliser une épreuve photographique. **13. Tirer des sons d'un instrument,** les produire, les rendre à l'aide de cet instrument. / **Tirer un chèque,** l'émettre. ◆ **v.t. ind. [sur]. 1.** Exercer une traction : *Tirer sur une corde.* **2.** Aspirer : *Tirer sur sa pipe.* **3. Tirer sur, vers** (+ n. de couleur), se rapprocher de cette couleur, en parlant de la teinte de qqch : *Un gris qui tire sur le bleu.* ◆ **v.i. 1.** Avoir du tirage, en parlant d'un dispositif de chauffage : *Cheminée qui tire bien.* **2.** Faire usage d'une arme de trait ou d'une arme à feu : *Tirer à l'arc. La police a tiré.* **3.** Aux boules, lancer directement sa boule sur une autre pour la déplacer (par opp. à *pointer*). **4.** *FAM.* **Tirer au flanc,** se soustraire à une corvée, un travail. / SPORTS. **Tirer (au but),** effectuer un tir au football, au basket-ball, etc. ◆ **se tirer v.pr. 1.** *FAM.* S'en aller : *Il est temps que je me tire.* **2.** *FAM.* **Ça se tire,** c'est sur le point de prendre fin, en parlant d'une période. / **Se tirer de qqch, s'en tirer,** se sortir d'une situation délicate ou dangereuse : *Il est gravement blessé mais il s'en tirera* (= il en réchappera).

tiret [tirɛ] **n.m.** (de *tirer*). Petit trait horizontal (–) qui, dans un dialogue, indique le changement d'interlocuteur, ou qui sert de parenthèse dans un texte.

tirette [tirɛt] **n.f. 1.** Petite tablette à glissière pouvant sortir d'un meuble et y rentrer : *Poser les livres sur la tirette du bureau.* **2.** Dispositif de commande par traction d'un appareil mécanique ou électrique : *Tirette d'aération.*

tireur, euse [tirœr, -øz] **n. 1.** Personne qui tire avec une arme à feu : *Tireur d'élite.* **2.** SPORTS. Sportif qui expédie le ballon vers le but adverse ; aux boules, à la pétanque, celui qui tire ; en escrime, celui qui dispute un assaut. **3.** Personne qui, dans une lettre de change ou un chèque, donne ordre de payer une somme à qqn (par opp. à *tiré*). **4. Tireur de cartes,** personne qui prétend prédire l'avenir d'après certaines combinaisons de cartes à jouer (= cartomancien).

tiroir [tirwar] **n.m.** (de *tirer*). **1.** Compartiment sans couvercle emboîté dans un meuble, et qu'on peut tirer à volonté : *Ouvrir, fermer un tiroir.* **2. À tiroirs,** se dit d'une histoire donnant lieu à des épisodes multiples ayant chacun une certaine autonomie à l'intérieur d'une intrigue lâche : *Pièce, roman à tiroirs.* / *FAM.* **Fond de tiroir,** chose de peu de valeur qui n'a pas été utilisée ; (surtout au pl.) dernières ressources disponibles.

tiroir-caisse [tirwarkɛs] **n.m.** (pl. *tiroirs-caisses*). Tiroir contenant la caisse d'un commerçant.

Tirpitz (Alfred von), amiral allemand (Küstrin 1849 - Ebenhausen, Bavière, 1930). Ministre de la Marine à partir de 1898, il créa la flotte de haute mer allemande et dirigea la guerre sous-marine de 1914 jusqu'à sa démission en 1916.

Tirso de Molina (Fray Gabriel Téllez, dit), auteur dramatique espagnol (Madrid v. 1583 - Soria 1648). Il écrivit des contes édifiants (*Amuser et être utile,* 1635), des récits imitant les nouvelles italiennes (*les Jardins de Tolède,* 1621) et créa le théâtre de mœurs espagnol en composant plus de trois cents pièces, parmi lesquelles des comédies d'intrigue (*Don Gil aux chausses vertes,* 1615) et des drames historiques (*la Sagesse d'une femme,* 1635), romanesques (*le Trompeur de Séville,* v. 1625, où apparaît le personnage de Don Juan, qui lui conféra la célébrité et qui fut à l'origine des adaptations ultérieures de ce thème au théâtre) et religieux (*le Damné par manque de foi,* 1635).

Tiruchirapalli, anc. **Trichinopoly,** v. de l'Inde méridionale (Tamil Nadu) ; 1 021 717 hab. dans l'agglomération. Centre industriel et universitaire. Sanctuaires rupestres shivaïtes (VIIe s.). À Srirangam, immense temple vishnouite de Ranganatha Swami (X[e]-XVIe s.), aux nombreuses enceintes scandées de « gopura », qui est un célèbre lieu de pèlerinage.

Tirynthe, anc. v. du nord-est du Péloponnèse (Argolide), un des centres de la civilisation mycénienne, célèbre par ses puissantes fortifications en appareil cyclopéen, vestiges du complexe palatial du XIIIe s. av. J.-C.

tisane [tizan] **n.f.** (bas lat. *tisana,* class. *ptisana,* du gr. *ptisanê,* orge mondé). Boisson obtenue par macération, infusion ou décoction de plantes médicinales dans de l'eau (syn. **infusion**).

tisanière [tizanjɛr] **n.f.** Récipient servant à faire infuser une tisane.

tison [tizɔ̃] **n.m.** (du lat. *titio, -onis*). Morceau de bois brûlé en partie et encore en ignition : *Souffler sur les tisons.*

tisonner [tizɔne] **v.t.** Remuer, retourner les tisons d'un feu pour le ranimer.

tisonnier [tizɔnje] **n.m.** (de *tison*). Tige métallique, droite ou recourbée, pour attiser le feu (syn. **pique-feu**).

tissage [tisaʒ] **n.m. 1.** Action de tisser. **2.** Établissement industriel où l'on tisse. **3.** Manière de tisser : *Un tissage souple, serré.*

tisser [tise] **v.t.** (réfection de l'anc. fr. *tistre,* du lat. *texere*). **1.** Entrelacer, suivant une armure donnée, les fils de chaîne (en longueur) et les fils de trame (en largeur), pour faire un tissu : *Tisser de la laine, du coton.* **2.** Construire, disposer en réseau : *L'araignée tisse sa toile.*

tisserand, e [tisrɑ̃, -ɑ̃d] **n.** (de *tisser*). Personne qui fabrique des tissus à la main ou sur machine.

tisserin [tisrɛ̃] **n.m.** (de *tisser*). Oiseau passereau d'Afrique et des îles de l'ouest de l'océan Indien, ainsi nommé pour le nid suspendu élaboré qu'il tisse. ▸ Famille des plocéidés.

tisseur, euse [tisœr, -øz] **n.** Personne qui fait du tissage.

tissu [tisy] **n.m.** (p. passé de l'anc. fr. *tistre,* tisser). **1.** Matériau obtenu par l'assemblage de fils entrelacés : *Un tissu de coton* (syn. **étoffe**). **2.** Suite enchevêtrée de choses : *Tissu de mensonges.* **3.** Ensemble d'éléments constituant un tout homogène : *Tissu social.* **4.** HISTOL. Ensemble de cellules ayant même structure et même fonction : *Tissu osseux, nerveux.* **5. Tissu urbain,** disposition de l'habitat et des activités dans une ville ; répartition des villes sur un territoire donné.

tissu-éponge [tisyepɔ̃ʒ] **n.m.** (pl. *tissus-éponges*). Tissu bouclé sur ses deux faces et spongieux.

tissulaire [tisylɛr] **adj.** (de *tissu*, d'apr. *cellulaire*). HISTOL. Relatif à un tissu : *Immunité tissulaire.*

Tisza (la), riv. de l'Europe centrale, née en Ukraine subcarpatique et qui traverse la Hongrie avant de rejoindre le Danube (r. g.) en Serbie ; 966 km.

titan [titɑ̃] **n.m.** (de *Titan*). **1.** *LITT.* Personne d'une grande puissance. **2. De titan,** démesuré : *Travail de titan.*

Titan, chacune des divinités primitives de la religion grecque qui gouvernaient le monde avant l'apparition de Zeus et des dieux olympiens. Enfants d'Ouranos et de Gaia, ils étaient douze, six mâles et six femelles (les *Titanides*). Le plus jeune d'entre eux, Cronos, se révolta contre son père, puis, dans une lutte « titanesque », perdit le pouvoir au profit de Zeus et de ses frères.

titane [titan] **n.m.** (lat. scientif. *titanium*, de *Titan*, d'apr. *uranium*). Métal blanc, dur, fondant à 1 800 °C, qui, par ses propriétés, se rapproche du silicium et de l'étain. ▸ Symb. Ti ; densité 4,5.

titanesque [titanɛsk] **adj.** (de *titan*). *LITT.* Gigantesque : *Effort titanesque* (syn. **surhumain**).

Titanic, paquebot transatlantique britannique qui, lors de son premier voyage, coula dans la nuit du 14 au 15 avr. 1912, après avoir heurté un iceberg au sud de Terre-Neuve. Localisée en 1985 par 4 000 m de fond, son épave a été visitée à plusieurs reprises depuis 1986. La tragédie a inspiré les cinéastes, de J. Negulesco (*Titanic,* 1953, un des premiers films catastrophe) à James Cameron (*Titanic,* 1997).

Tite-Live, en lat. **Titus Livius,** historien latin (Padoue 59 av. J.-C. - Rome 17 apr. J.-C.). Familier de la cour d'Auguste, il se consacra dès 27 av. J.-C. à son *Histoire de Rome* (des origines jusqu'à 9 av. J.-C.), inachevée, en 142 livres, dont 35 à peine sont conservés. Dans ce chef-d'œuvre, l'auteur utilise, outre l'œuvre des historiens antérieurs, les anciennes annales de Rome et s'efforce de faire revivre dans un style vivant le passé romain.

titi [titi] **n.m.** (mot de formation enfantine). *FAM.* Gamin de Paris, effronté et gouailleur (syn. **gavroche**).

Titicaca *(lac),* grand lac des Andes (à 3 812 m d'alt.), entre la Bolivie et le Pérou ; 8 340 km².

Titien (Tiziano Vecellio, dit en fr.**),** peintre italien (Pieve di Cadore, Vénétie, 1488 ou 1489 - Venise 1576). Après une première période influencée par son maître Giorgione, il devient un artiste international, travaillant pour les papes, pour François Iᵉʳ et surtout pour Charles Quint et Philippe II. Sa manière évolue vers une libération de la touche, une atténuation des contours, la réalisation d'une ambiance tonale plus subtile. À la fin de sa vie, son art atteint un haut degré de lyrisme, allié à l'audace de ses innovations techniques. Son influence sera immense sur l'art européen. Parmi ses toiles, les nombreux portraits mis à part, citons : *l'Amour sacré et l'Amour profane,* d'une sérénité classique (v. 1515-1516, Rome), *l'Assomption* (1518, église des Frari, Venise), *Bacchanale* (1518-1519, Prado), *la Mise au tombeau* (1523-1525, Louvre), *la Vénus d'Urbino* (1538, Offices), *Danaé* (versions de Naples et du Prado), *la Nymphe et le berger* (v. 1570, Vienne), la *Pietà*, à l'ambiance crépusculaire striée d'étincelles de lumière (achevée par Palma le Jeune, Venise).

titillation [titijasjɔ̃] **n.f.** et **titillement** [titijmɑ̃] **n.m.** (lat. *titillatio*). Chatouillement léger, agréable.

titiller [titije] **v.t.** (lat. *titillare*). **1.** Chatouiller légèrement et agréablement : *Vin qui titille le palais.* **2.** Exciter agréablement ou énerver : *Flatteries qui titillent la vanité.*

titisme [titism] **n.m.** Forme de socialisme pratiquée dans la Yougoslavie dirigée par Tito. ◆ **titiste adj.** et **n.** Du titisme ; qui en est partisan.

Tito (Josip Broz, dit**),** homme d'État yougoslave (Kumrovec, Croatie, 1892 - Ljubljana 1980). Sous-officier croate de l'armée austro-hongroise, il est fait prisonnier par les Russes en 1915. Il s'échappe en 1917 et s'engage dans la guerre civile aux côtés des gardes rouges. De retour en Croatie, il adhère en 1920 au parti communiste yougoslave et en devient le secrétaire général en 1936. Durant la Seconde Guerre mondiale, il organise dès 1941 des détachements de partisans, qui vont former, à la fin de la guerre, une armée de libération populaire forte de près d'un million d'hommes. En 1943, il prend la direction du Comité antifasciste de libération nationale, véritable gouvernement provisoire établi à Jajce, en Bosnie, avec lequel il élabore un projet d'organisation fédérative de la Yougoslavie libérée. En cela aussi, il s'oppose au gouvernement en exil à Londres, représentant d'un régime où les Serbes jouent un rôle prépondérant. Il est alors nommé maréchal et reconnu comme chef de la résistance, tant par les Britanniques que par les Soviétiques.
Après la Libération, il fait proclamer la déchéance de la monarchie et la création de la République fédérative populaire de Yougoslavie (nov. 1945). Instaurant un régime communiste autoritaire, il met en œuvre la collectivisation des terres et lance un ambitieux projet d'industrialisation. Mais, n'acceptant pas le contrôle soviétique sur son parti ou sur les organes de sécurité, il entre en conflit avec Staline. Lui opposant une réaction ferme et ne cédant pas à ses pressions, il est mis au ban du monde socialiste (1948). Tito purge alors les organes du parti des éléments staliniens.
Ce n'est qu'à partir de 1950 qu'il se résout à se rapprocher des puissances occidentales et des États-Unis. Il s'éloigne alors du modèle centralisé soviétique et lance l'autogestion. Il prône le non-alignement et devient l'un des principaux leaders du mouvement des non-alignés. Président de la République élu en 1953, il est constamment réélu et nommé président à vie en 1974.
Chef charismatique, Tito a réussi à maintenir sous sa férule une Yougoslavie où les particularismes ne s'expriment pas. Cette paix ethnique est cependant fragile. Pour mettre un terme aux querelles nationales et assurer sa succession, Tito fait adopter en 1971-1974 un système de présidence collégiale au sein de laquelle les six républiques yougoslaves sont paritairement représentées. Ce système entre en vigueur à sa mort, en 1980.

Titograd → Podgorica.

titrage [titraʒ] **n.m. 1.** Action de donner un titre à un film, un article, un ouvrage. **2.** CHIM. Détermination du titre d'une solution, d'un alliage.

titre [titr] **n.m.** (lat. *titulus*, inscription, titre d'honneur). **1.** Mot, expression, phrase, etc., servant à désigner un écrit, une de ses parties, une œuvre littéraire ou artistique, une émission, etc. : *Le titre d'un roman, d'un film.* **2.** Dans la presse, texte en gros caractères qui coiffe un article et en annonce le sujet : *Je n'ai pas vraiment lu le journal, je n'ai fait que parcourir les titres.* **3.** Dénomination d'une dignité, d'une charge ou d'une fonction souvent élevée : *Le titre de comte, de maréchal. Le titre d'ambassadeur* (syn. **qualité**). **4.** Qualification exprimant une relation sociale : *Le titre de père.* **5.** SPORTS. Qualité de vainqueur, de champion dans une compétition sportive : *Mettre son titre en jeu.* **6.** DR. Écrit constatant un acte juridique ou établissant un droit : *Titre de propriété.* **7.** Subdivision employée dans les recueils de lois, les ouvrages juridiques : *Le titre des successions dans le Code civil.* **8.** Division du budget : *Titres budgétaires.* **9.** Valeur mobilière : *Acheter, vendre des titres.* **10.** Proportion de métal précieux contenu dans un alliage : *La loi fixe le titre des monnaies d'or et d'argent.* **11.** Qualité qui donne un droit moral, un motif légitime : *À quel titre intervenez-vous dans cette affaire ? Je t'informe à titre amical.* **12.** Raison qu'on peut invoquer : *Protester à juste titre* (= avec raison). **13. À titre de,** en guise de : *À titre d'exemple.* / **En titre,** en tant que titulaire de la fonction exercée : *Professeur en titre.* **14. Titre de transport,** toute pièce donnant droit à utiliser un moyen de transport régulier de voyageurs (= ticket, billet). / CHIM. **Titre d'une solution,** rapport de la masse du corps dissous à la masse totale de la solution.

titré, e [titre] **adj. 1.** Qui possède un titre nobiliaire ou honorifique : *Jeunes gens titrés.* **2.** CHIM. Se dit d'une solution dont le titre est connu : *Liqueur titrée.*

titrer [titre] **v.t. 1.** Mettre pour titre dans un journal : *Ce matin, le journal titre : « Le crime était presque parfait. »* **2.** CHIM. Opérer le titrage d'une solution, d'un alliage.

tituber [titybe] **v.i.** (lat. *titubare*). Chanceler sur ses jambes : *Un ivrogne qui titube* (syn. **vaciller**).

titulaire [titylɛr] **adj.** et **n.** (du lat. *titulus*, titre). **1.** Qui occupe un poste pour lequel il a été choisi ou nommé : *Professeur titulaire.* **2.** Qui possède juridiquement qqch : *Les titulaires du baccalauréat, du permis de conduire.*

titularisation [titylarizasjɔ̃] **n.f.** Action de titulariser ; fait d'être titularisé : *Demande de titularisation.*

titulariser [titylarize] **v.t.** Rendre titulaire d'un emploi, d'un poste, etc. : *Titulariser un fonctionnaire.*

Titus, en lat. **Titus Flavius Vespasianus** (Rome 39 apr. J.-C. - Aquae Cutiliae, Sabine, 81), empereur romain (79-81). Fils de Vespasien,il s'empara de Jérusalem (70). Son règne, très libéral, fut marqué par de grandes constructions (Colisée, arc de Titus) et par l'éruption du Vésuve (79), qui détruisit Pompéi, Herculanum et Stabies.

Tivoli, anc. **Tibur,** v. d'Italie (prov. de Rome) ; 52 496 hab. Un des principaux lieux de villégiature des Romains, où Mécène, Horace, Catulle eurent leurs villas, ainsi qu'Hadrien (villa Hadriana). Temples romains. Jardins de la villa d'Este.

Tlaloc, dieu de la Pluie et de la Végétation, dans la mythologie du Mexique préhispanique. Il est représenté avec les yeux cernés de serpents et la bouche pourvue de crocs. Connu chez les Mayas sous le nom de Chac, Tlaloc est une divinité très ancienne du panthéon mexicain et règne sur le monde de ceux qui sont morts noyés ou foudroyés.

1. T.N.T. [teɛnte] **n.m.** (sigle). Trinitrotoluène.

2. T.N.T. [teɛnte] **n.f.** (sigle). Télévision numérique terrestre.

toast [tost] **n.m.** (mot angl. « pain grillé », de l'anc. fr. *toster*, griller). **1.** Brève allocution invitant à boire à la santé de qqn, au succès d'une entreprise : *Porter un toast.* **2.** Tranche de pain grillée : *Des toasts beurrés* (syn. **rôtie**).

toasteur [tostœr] **n.m.** Grille-pain.

1. toboggan [tɔbɔgɑ̃] **n.m.** (mot can., de l'algonquien). **1.** Piste glissante à pente plus ou moins forte, utilisée comme jeu : *Enfants qui font du toboggan.* **2.** Glissière en bois, rectiligne ou hélicoïdale, pour les marchandises.

2. Toboggan [tɔbɔgɑ̃] **n.m.** (nom déposé). Viaduc routier, souvent provisoire, destiné à établir une circulation à deux niveaux, et génér. situé à un carrefour.

Tobrouk, port de Libye, en Cyrénaïque, qui fut un enjeu stratégique majeur pendant la guerre du désert entre les Britanniques et les forces de l'Axe (1941-1942). La ville fut libérée par Montgomery en nov. 1942.

toc [tɔk] **n.m.** (onomat.). FAM. Imitation de métaux ou d'objets précieux : *Son bracelet, c'est du toc* (syn. **pacotille**).

T.O.C. [tɔk] **n.m. inv.** (acronyme). ⟶ Trouble* obsessionnel compulsif.

tocade n.f., **tocante** n.f. ⟶ **toquade, toquante.**

1. tocard, e [tɔkar, -ard] **adj.** (orig. incert., p.-ê. de *toc*). FAM. Laid ; sans valeur : *Des tableaux tocards* (syn. **mauvais**).

2. tocard ou **toquard** [tɔkar] **n.m.** (normand *toquart*, têtu). **1.** FAM. Cheval de course médiocre. **2.** FAM. Personne sans capacités, sans valeur : *Ne compte pas sur lui, c'est un tocard* (syn. **incapable**).

toccata [tɔkata] **n.f.** (mot it., de *toccare*, toucher). Pièce de musique instrumentale, composée génér. pour instruments à clavier (piano, orgue, clavecin).

Tocqueville (Charles Alexis Clérel de), historien et homme politique français (Paris 1805 - Cannes 1859). Magistrat, il étudia aux États-Unis le système pénitentiaire et en revint avec un ouvrage politique capital, *De la démocratie en Amérique* (1835-1840), livre de référence des partisans du libéralisme politique. Après avoir été ministre des Affaires étrangères (1849), il publia en 1856 *l'Ancien Régime et la Révolution*, où il mit en valeur les éléments de continuité existant entre la Révolution et la monarchie française (centralisation administrative et désagrégation des corps constitués).

tocsin [tɔksɛ̃] **n.m.** (anc. prov. *tocasenh*). Bruit d'une cloche qu'on sonne à coups répétés pour donner l'alarme.

Toepffer (Rodolphe), dessinateur et écrivain suisse d'expression française (Genève 1799 - *id.* 1846). Il est l'auteur des *Voyages en zigzag*, des *Nouvelles genevoises* et d'albums de dessins comiques.

tofu [tɔfu] **n.m.** (mot jap.). Pâte de suc de soja, pochée ou grillée. ▸ Cuisine japonaise.

toge [tɔʒ] **n.f.** (lat. *toga*). **1.** Vêtement d'apparat des Romains, constitué d'une longue pièce de laine drapée, symbole de la citoyenneté. **2.** Robe de magistrat, d'avocat, de professeur.

Togliatti (Palmiro), homme politique italien (Gênes 1893 - Yalta 1964). Il contribua à la création du parti communiste italien (1921), dont il fut le secrétaire général de 1927 à sa mort. Exilé au temps du fascisme, il fut vice-président du Conseil en 1944-1945 et ministre de la Justice en 1945-1946.

Togo, État de l'Afrique occidentale, sur le golfe de Guinée ; 56 600 km^2 ; 6 817 000 hab. *(Togolais).* CAP. *Lomé.* LANGUE : *français.* MONNAIE : *franc C.F.A.*

GÉOGRAPHIE

Étiré sur 600 km du N. au S., large seulement d'une centaine de kilomètres, le Togo demeure un pays rural, employant plus des deux tiers des actifs dans l'agriculture, régionalement conditionnée par les nuances du climat toujours chaud, mais plus humide au S. (proche de l'équateur), avec une saison sèche bien marquée au N. Le manioc, le maïs et le mil sont les bases vivrières ; le café, le cacao, le coton, le palmiste, les cultures commerciales, les bases des exportations, loin toutefois derrière les phosphates, ressources exclusives du sous-sol. L'élevage et surtout la pêche demeurent modestes, et l'industrie est inexistante. Lomé, la seule ville importante, a ouvert une zone franche industrielle. La balance commerciale est traditionnellement et lourdement déficitaire. La dette extérieure, rapportée au P.I.B., reste très importante.

HISTOIRE

La région, dont le peuplement reste très mêlé, est découverte et exploitée par les Portugais et les Danois aux XVe-XVIe s. Au commerce des esclaves succède, au début du XIXe s., celui de l'huile de palme.

1884. L'Allemagne impose son protectorat sur la région, qui reçoit le nom de Togo.

1914. Britanniques et Français conquièrent le pays, qu'ils se partagent.

1922. La S.D.N. leur octroie un mandat sur le Togo.

1956. Le nord du Togo britannique est rattaché à la Côte-de-l'Or, qui devient l'État indépendant du Ghana.

1960. Le reste du pays obtient son indépendance, avec pour président Sylvanus Olympio (assassiné en 1963).

1967. Un coup d'État amène au pouvoir le lieutenant-colonel Étienne Gnassingbé Eyadema, qui gouverne en s'appuyant sur un parti unique.

1991. Le multipartisme est restauré.

1993. Le général Eyadema est confirmé à la tête du pays par une élection présidentielle (réélu en 1998 et 2003).

2005. Le président Eyadema meurt. Son fils, Faure Gnassingbé, après avoir tenté de s'imposer par un coup de force institutionnel soutenu par l'armée, lui succède finalement au terme d'une élection présidentielle (réélu en 2010).

tohu-bohu [tɔybɔy] **n.m. inv.** (loc. hébr. *tohou vabohou* désignant le chaos antérieur à la création du monde). Confusion ; désordre : *Dans le tohu-bohu du départ, nous avons oublié les passeports* (syn. **remue-ménage, tumulte**).

toi [twa] **pron. pers.** (lat. *te* en position accentuée). Désigne la 2e pers. du sing., aux deux genres, dans les fonctions de : **1.** Compl. prépositif : *J'ai une surprise pour toi.* **2.** Apposition au pron. sujet ou compl. dans des formules d'insistance : *Toi, tu mens. Toi, ça t'ennuie peut-être.*

toilage [twalaʒ] **n.m.** (de *toile*). Fond sur lequel se détache le dessin d'une dentelle.

toile [twal] **n.f.** (lat. *tela,* de *texere,* tisser). **1.** Tissu à armure croisée la plus simple : *Toile de coton.* **2.** Tissu sec et serré, valant par sa résistance, quels que soient son armure et son usage : *Toile cirée.* **3.** Toile tendue et préparée sur laquelle on peint ; tableau sur toile : *Préparer la toile. Une toile de Turner.* **4.** FAM. Film (au cinéma) : *Se payer une toile.* **5.** Voilure portée par un navire : *Augmenter la toile.* **6.** (Calque de l'anglo-amér. *web,* toile). **La Toile,** le Web. **7. Toile d'araignée,** ensemble des fils constitués par la soie que sécrètent les araignées, souvent disposés avec régularité, et qui constituent des pièges pour les petits insectes. / **Toile de fond,** toile sur laquelle sont représentés les derniers plans d'un décor de théâtre ; au fig., contexte, cadre dans lequel se situent des événements : *Film qui a pour toile de fond l'Indochine des années 1930.*

toilettage [twaletaʒ] **n.m.** Action de toiletter.

toilette [twalɛt] **n.f.** (de *toile*). **1.** Ensemble des soins de propreté du corps : *Faire sa toilette.* **2.** Meuble garni de divers objets destinés aux soins de propreté et de parure : *Une toilette à dessus de marbre.* **3.** Ensemble des vêtements et des accessoires utilisés par une femme pour s'habiller, pour se parer : *Changer de toilette* (syn. **mise, tenue**). **4. Faire la toilette de qqch,** le nettoyer : *Faire la toilette d'un monument.* ◆ **toilettes n.f. pl.** Cabinet d'aisances : *Aller aux toilettes.*

toiletter [twalete] **v.t. 1.** Apporter les soins nécessaires à l'entretien du pelage d'un animal (chien, chat). **2.** FAM. Modifier légèrement qqch : *Toiletter un texte de loi.*

toilier, ère [twalje, -ɛr] **adj.** Qui se rapporte à la toile, à sa fabrication : *Industrie toilière.*

toise [twaz] **n.f.** (lat. pop. **tensa,* étendue [de chemin], du class. *tendere,* tendre). **1.** Anc. mesure française de longueur, valant 1,949 m. **2.** Règle verticale graduée, le long de laquelle glisse un curseur, servant à mesurer la taille des personnes.

toiser [twaze] **v.t.** (de *toise*). Regarder avec dédain ou avec défi : *Elle m'a toisé quand je suis entré* (syn. **dévisager**).

toison [twazɔ̃] **n.f.** (bas lat. *tonsio,* de *tondere,* tondre). **1.** Laine d'un mouton ; pelage abondant d'autres animaux. **2.** Chevelure abondante.

Toison d'or, dans la mythologie grecque, toison merveilleuse d'un bélier divin pour la conquête de laquelle fut organisée l'expédition de Jason et des Argonautes. Ce bélier avait emporté dans les airs Phrixos et sa sœur Hellé que leur père, Athamas, roi de Béotie, voulait immoler. Hellé tomba dans la mer ; son frère, parvenu en Colchide auprès du roi Aiétès, remit à celui-ci la toison du bélier, après l'avoir offert en sacrifice à Zeus. Le roi la cloua à un chêne dans un bois sacré dédié à Arès. Elle y était gardée par un dragon, jusqu'à ce que Jason pût s'en emparer, avec la complicité de Médée, fille d'Aiétès.

Toison d'or *(ordre de la)*, ordre chevaleresque et nobiliaire fondé en 1429 par Philippe le Bon, duc de Bourgogne, et destiné à propager la foi catholique. Il est passé aux Habsbourg après le mariage de Marie de Bourgogne, fille de Charles le Téméraire, avec l'archiduc Maximilien d'Autriche (1477), puis à l'Espagne sous Charles Quint.

toit [twa] **n.m.** (lat. *tectum*). **1.** Couverture d'un bâtiment, présentant des versants et reposant sur une charpente : *Toit de tuiles, de chaume* (syn. **couverture, toiture**). **2.** Surface en tôle emboutie constituant la partie supérieure de la carrosserie d'un véhicule. **3.** Maison, habitation : *Être sans toit* (syn. **domicile, logis**). **4.** MIN. Terrain au-dessus de l'exploitation. **5. Crier sur les toits,** annoncer partout : *Crier une nouvelle sur les toits.* / **Le toit du monde,** l'Everest, l'Himalaya ou le Tibet. / **Toit ouvrant,** partie mobile de la paroi supérieure d'une voiture, réalisant une ouverture partielle.

toiture [twatyr] **n.f.** Ensemble des toits d'un édifice : *Refaire la toiture* (syn. **couverture**).

Tojo Hideki, général et homme politique japonais (Tokyo 1884 - *id.* 1948). Chef du gouvernement de 1941 à 1944, il décida l'attaque de Pearl Harbor (7 déc. 1941). Il fut exécuté comme criminel de guerre par les Américains.

Tokugawa, clan aristocratique japonais, issu de la dynastie des Minamoto, et qui constitua la troisième, la dernière et la plus importante des dynasties des shoguns (1603-1867). Ils établirent leur capitale à Edo (auj. Tokyo).

Tokyo, anc. **Edo** ou **Yedo,** cap. du Japon (Honshu), port au fond d'une baie du Pacifique ; 8 949 447 hab. (*Tokyotes* ou *Tokyoïtes*) [37 833 000 hab. dans l'agglomération]. Grand centre administratif, culturel, commercial et industriel. Musées, dont le riche Musée national. Beaux jardins paysagers. Centre olympique et autres édifices dus à Tange Kenzo. Dotée d'un château en 1457, la ville devint la capitale du Japon en 1868. Reconstruite après le séisme de 1923, elle fut bombardée par l'aviation américaine en 1945.

tôlard, e ou **taulard, e** [tolar, -ard] **n.** (de *2. tôle*). ARG. Détenu ; prisonnier.

Tolbiac, v. de l'anc. Gaule (auj. **Zülpich,** à l'ouest de Bonn). Les Francs du Rhin y remportèrent une victoire sur les Alamans en 496.

1. tôle [tol] **n.f.** (forme dialect. de *table*). Produit sidérurgique plat, laminé soit à chaud, soit à froid : *Plaque de tôle.*

2. tôle ou **taule** [tol] **n.f.** (de *1. tôle*). ARG. Prison : *Faire de la tôle.*

Tolède, en esp. **Toledo,** v. d'Espagne, cap. de Castille-La Manche et ch.-l. de prov., sur le Tage ; 83 872 hab. Centre touristique. Archevêché. La ville est d'un attrait exceptionnel avec ses vestiges mauresques, ses églises mudéjares, sa cathédrale gothique (œuvres d'art), etc. Musées, dont celui de l'hôpital de la S. Cruz, bel édifice du début du XVIe s. ; maison du Greco. – Capitale des Wisigoths (v. 554), siège de nombreux conciles, Tolède fut conquise par les Arabes en 711. Reprise par Alphonse VI de León et Castille en 1085, elle fut la capitale des rois castillans puis de l'Espagne jusqu'en 1561.

tolérable [tɔlerabl] **adj.** Qu'on peut tolérer : *Douleur à peine tolérable* (syn. **supportable**).

tolérance [tɔlerɑ̃s] **n.f.** (lat. *tolerantia*). **1.** Respect de la liberté d'autrui, de ses manières de penser, d'agir, de ses opinions politiques et religieuses : *Faire preuve de tolérance à l'égard de qqn* (syn. **libéralisme**). **2.** Liberté limitée accordée à qqn en certaines circonstances : *Tolérance orthographique.* **3.** MÉD. Propriété que possède l'organisme de supporter, sans manifester de signes d'intoxication, des doses d'une substance donnée : *La tolérance à un médicament.* **4.** MÉD. Absence de réaction immunitaire d'un organisme recevant une greffe. **5.** TECHN. Écart acceptable dans l'exécution d'une pièce usinée, d'un composant électronique, etc. **6. Maison de tolérance,** établissement de prostitution, autref. toléré par la loi.

tolérant, e [tɔlerɑ̃, -ɑ̃t] **adj.** Indulgent dans les relations sociales : *Une personne tolérante* (syn. **compréhensif**).

tolérer [tɔlere] **v.t.** (lat. *tolerare,* supporter) [conj. **18**]. **1.** Admettre à contrecœur la présence de qqn ; supporter qqch de désagréable : *Comment peux-tu tolérer cet individu ?* (syn. **supporter**). *Elle tolère son insolence* (syn. **excuser**). **2.** Laisser subsister ; ne pas empêcher : *Tolérer un abus* (syn. **permettre**). **3.** MÉD. Supporter qqch sans réaction pathologique : *Tolérer un médicament.*

tôlerie [tolri] **n.f.** (de *1. tôle*). Fabrication de la tôle ; atelier où l'on travaille la tôle ; objets faits en tôle.

1. tôlier [tolje] **n.m.** et **adj.m.** (de *1. tôle*). Ouvrier qui exécute tous travaux de tôlerie.

2. tôlier, ère ou **taulier, ère** [tolje, -ɛr] **n.** (de *2. tôle,* tout lieu où l'on dort, où l'on vit). **1.** FAM. Propriétaire ou gérant d'un hôtel, d'un restaurant. **2.** Patron d'une entreprise.

Tolkien (John Ronald Reuel), écrivain britannique (Bloemfontein, Afrique du Sud, 1892 - Bournemouth 1973). Après un récit pour enfants (*Bilbo le Hobbit,* 1937), il publia une œuvre culte de la fantasy, la trilogie épique *le Seigneur des anneaux* (*la Communauté de l'anneau,* 1954 ; *les Deux Tours,* id. ; *le Retour du roi,* 1955).

tollé [tɔle] **n.m.** (de l'anc. fr. *tolez,* impér. de *toldre,* ôter). Clameur d'indignation : *Cette proposition a soulevé un tollé général.*

Tolstoï (Lev [en fr. **Léon] Nikolaïevitch,** *comte***),** écrivain russe (Iasnaïa Poliana, gouvern. de Toula, 1828 - Astapovo, gouvern. de Riazan, 1910). Son œuvre, qui présente de la société et de l'âme russes une peinture d'une étonnante diversité, est au fond une tentative d'analyse personnelle et d'ascèse, à la lumière d'élans mystiques et de refus contestataires qui firent de lui l'idole de la jeunesse russe (*Guerre et Paix,* 1865-1869 ; *Anna Karenine,* 1875-1877 ; *la Sonate à Kreutzer,* 1890 ; *Résurrection,* 1899).

Toltèques, peuple indien qui s'installa vers le milieu du Xe s. au nord de l'actuelle Mexico et domina tout le Mexique central avec, jusqu'aux alentours de 1160, Tula pour capitale. Ses vestiges participent de conceptions architecturales neuves : temple vaste où est accueilli le guerrier, glorifié par une sculpture austère et rigide. Guerre et mort inspirent et hantent cet art, jusque dans son répertoire décoratif qui associe aigle et jaguar, symboles, comme plus tard chez les Aztèques, des ordres militaires.

toluène [tolɥɛn] **n.m.** (de *tolu,* baume produit par un arbre d'Amérique du Sud avec lequel on fabriquait cet hydrocarbure). Hydrocarbure aromatique liquide employé comme solvant et détachant, ainsi que dans la préparation de colorants, de médicaments et du T.N.T. ▸ Formule : C_7H_8.

tomahawk [tɔmaok] **n.m.** (mot algonquien). Hache de guerre des Indiens d'Amérique du Nord.

tomaison [tɔmɛzɔ̃] **n.f.** (de *tome*). IMPR. Indication du numéro du tome d'un ouvrage qui en compte plusieurs.

Tomar, v. du Portugal (Estrémadure) ; 40 677 hab. Ancien couvent du Christ : église avec rotonde des Templiers (fin du XIIe s.) et chœur de style gothique manuélin (début du XVIe s.) ; cloîtres, dont l'un, à deux étages, de style palladien (autour de 1560).

tomate [tɔmat] **n.f.** (esp. *tomata,* aztèque *tomatl*). **1.** Plante herbacée annuelle originaire des Andes et d'Amérique centrale, largement cultivée pour son fruit charnu. ▸ Famille des solanacées. **2.** Fruit de cette plante : *Une salade de tomates.*

tombac [tɔ̃bak] **n.m.** (siamois *tambac,* alliage d'or et de cuivre). Laiton contenant de 80 à 83 % de cuivre et de 17 à 20 % de zinc, cour. utilisé en bijouterie.

tombal, e, als ou **aux** [tɔ̃bal, -o] **adj.** Relatif à une tombe : *Pierre tombale.*

tombant, e [tɔ̃bɑ̃, -ɑ̃t] **adj. 1.** Qui pend : *Cheveux tombants.* **2. À la nuit tombante,** au crépuscule.

tombe [tɔ̃b] **n.f.** (lat. ecclés. *tumba,* gr. *tumbos,* tumulus). **1.** Endroit où un mort est enterré ; fosse recouverte d'une dalle de pierre, de marbre, etc. : *Aller se recueillir sur la tombe de qqn* (syn. **sépulture**). **2. Avoir un pied dans la tombe,** être près de mourir. ⁄ FAM. **Se retourner dans sa tombe,** en parlant d'un mort, être bouleversé par ce qui vient d'être dit ou fait : *Si elle t'entend, ta mère doit se retourner dans sa tombe.*

tombeau [tɔ̃bo] **n.m.** (de *tombe*). **1.** Monument élevé sur la tombe d'un mort : *Le tombeau des rois à Saint-Denis* syn. **mausolée**). **2.** LITT. Lieu ou circonstance où qqn, qqch a péri, disparu : *Cette émeute fut le tombeau de la dictature.* **3. À tombeau ouvert,** à toute allure, en risquant un accident : *Rouler à tombeau ouvert.* ⁄ **Tirer du tombeau,** tirer de l'oubli ; rendre à la vie : *Tirer du tombeau une œuvre dont personne ne parlait plus.*

tombée [tɔ̃be] **n.f. À la tombée de la nuit, à la tombée du jour,** au moment où la nuit arrive (= au crépuscule).

tomber [tɔ̃be] **v.i.** (anc. fr. *tumer,* danser, culbuter, frq. **tumon*). [Auxil. *être*] **1.** Perdre l'équilibre et faire une chute : *Tomber par terre* (syn. litt. **choir**). *Faire tomber une cloison* (= l'abattre). *Vieille maison prête à tomber* (syn. **s'écrouler, s'effondrer**). **2.** Être entraîné par son propre poids, d'un lieu haut vers un lieu bas : *Tomber d'une échelle* (syn. **dévaler**). *Il a laissé tomber sa montre.* **3.** Se détacher de l'organe qui les porte, en parlant de feuilles, de cheveux, etc. : *Toutes ses dents de lait sont tombées.* **4.** Descendre vers le sol, en parlant des précipitations atmosphériques : *Des grêlons énormes sont tombés hier.* **5.** Être attaché, fixé par une extrémité et pendre librement : *Sa chevelure tombe sur ses épaules.* **6.** Ne plus avoir la force de se tenir debout : *Tomber de fatigue, de sommeil.* **7.** Être tué, dans un combat, une guerre : *Tomber au champ d'honneur* (syn. **mourir, périr**). **8.** Perdre le pouvoir ; être renversé : *Le dictateur est enfin tombé.* **9.** Perdre de sa force, de son intensité : *Le vent est tombé* (syn. **faiblir**). *Son exaltation est tombée* (syn. **se calmer**). **10.** Être sur le point de finir : *La conversation tombe* (syn. **décliner**). **11.** Passer d'un état neutre ou valorisant à un état dévalorisant, affligeant, etc. : *Une œuvre qui tombe dans l'oubli* (syn. **sombrer**). **12.** Ne pas avoir de succès : *Cette pièce tombera rapidement.* **13.** Passer brusquement d'un état physique normal à un état déficient : *Tomber en syncope* (= s'évanouir). **14.** S'abaisser ou être très déprimé : *Il est tombé bien bas.* **15.** Arriver à l'improviste ; survenir à telle date : *Vous risquez de tomber au milieu du repas. Cette année, le 1er novembre tombe un lundi.* **16.** FAM. **Laisser tomber qqn, qqch,** ne plus s'en occuper, ne plus s'y intéresser. ⁄ **Le sort est tombé sur lui,** le sort l'a désigné. ⁄ **Tomber** (+ attribut), devenir subitement : *Tomber malade. Tomber amoureux.* ⁄ **Tomber bien, mal,** arriver à propos, mal à propos ; pour un vêtement, s'adapter harmonieusement, ou non, aux lignes du corps : *Robe qui tombe bien.* ⁄ **Tomber sous la main, les yeux,** venir par hasard à portée de qqn : *Cette photo m'est tombée sous les yeux.* ⁄ **Tomber sur qqn, qqch,** le rencontrer, le trouver à l'improviste : *Je suis tombée sur lui au théâtre. Il est enfin tombé sur le livre qu'il cherchait.* ⁄ **Tomber sur qqn,** l'attaquer soudainement ; le critiquer violemment. ◆ **v.t.** (Auxil. *avoir*). **1.** FAM. Jeter à terre et, au fig., vaincre : *Tomber un adversaire* (syn. **renverser**). **2. Tomber la veste,** la retirer. ⁄ **Tomber une femme,** faire sa conquête, avoir avec elle des relations sexuelles.

tombereau [tɔ̃bro] **n.m.** (de *tomber*). **1.** Caisse montée sur deux roues, servant à transporter des matériaux, et qu'on décharge en la faisant basculer ; son contenu : *Un tombereau de sable.* **2.** CH. DE F. Wagon à bords hauts, pour le transport des marchandises en vrac.

tombeur, euse [tɔ̃bœr, øz] **n.** (de *tomber*). **1.** FAM. Séducteur, séductrice. **2.** Sportif qui remporte une victoire sur un champion, un tenant du titre.

tombola [tɔ̃bɔla] **n.f.** (mot it. « culbute », puis « loto », de *tombolare,* tomber). Loterie où chaque gagnant reçoit un lot en nature.

Tombouctou, v. du Mali ; 29 732 hab. Centre commercial près du Niger. Mosquée du XIIIe s. Fondée probablement v. 1100, la ville devint aux XVe-XVIe s. un important centre religieux et intellectuel. Elle fut visitée par R. Caillié en 1828.

tome [tom] **n.m.** (lat. *tomus,* gr. *tomos,* de *temnein,* couper). Division d'un ouvrage, qui correspond le plus souvent à un volume complet.

tomme [tɔm] **n.f.** (anc. dauphinois *toma*). **Tomme de Savoie,** fromage brassé et pressé, à croûte moisie, qui est fabriqué en Savoie avec du lait de vache.

tommette ou **tomette** [tɔmɛt] **n.f.** (de l'anc. dauphinois *toma,* par analogie de forme). Petit carreau de terre cuite, de forme souvent hexagonale, pour le dallage des sols.

tomodensitomètre [tɔmɔdɑ̃sitɔmɛtr] **n.m.** (du gr. *tômê,* section, de *densité* et *-mètre*). MÉD. Scanner.

tomodensitométrie [tɔmɔdɑ̃sitɔmetri] **n.f.** MÉD. Procédé de radiographie utilisant le scanner.

tomographie [tɔmɔgrafi] **n.f.** (du gr. *tômê,* section, et *-graphie*). MÉD. Procédé de radiographie qui permet d'obtenir des vues d'un organe en coupe.

1. ton [tɔ̃], **ta** [ta], **tes** [te] **adj. poss.** (forme atone du lat. *tuum,* de *tuus*). Correspondent à un possesseur de la 2e pers. du sing., pour indiquer : **1.** Un rapport de possession : *Range ton crayon, tes stylos et ta trousse.* **2.** Un rapport d'ordre, de hiérarchie, de filiation : *Tes enfants. Ton ami.* **Rem.** On emploie *ton* au lieu de *ta* devant un nom ou un adj. fém. commençant par une voyelle ou un *h* muet : *Ton image.*

2. ton [tɔ̃] **n.m.** (lat. *tonus,* du gr.). **1.** Qualité sonore d'une voix liée à sa hauteur, à son timbre, à son intensité : *Dire un texte sur un ton monocorde* (syn. **intonation**). **2.** PHON. Niveau de hauteur ou variation mélodique propre à une syllabe, assumant dans certaines langues (chinois, vietnamien, etc.) une fonction distinctive analogue à celle du phonème. **3.** Manière de parler significative d'un état d'esprit, d'un sentiment ou adaptée à une situation : *Prendre un ton tendre* (syn. **inflexion**). **4.** Manière particulière de s'exprimer par écrit : *Le ton badin d'une lettre* (syn. **style**). **5.** Manière de s'exprimer, de se tenir, de se comporter propre à un milieu, à un groupe social : *Un ton provincial* (syn. **tonalité**). **6.** Couleur considérée du point de vue de son intensité lumineuse (valeur) : *Différents tons de bleu* (syn. **nuance**). **7.** MUS. Tonalité : *Dans quel ton ce morceau est-il composé ?* **8.** Rapport des hauteurs entre deux notes conjointes correspondant à l'intervalle de seconde majeure (intervalle de la quarte à la quinte) : *Il y a deux tons d'écart entre* do *et* mi **9. Donner le ton,** servir de modèle pour les manières, le langage, la façon de penser d'un groupe social. / **Être dans le ton,** se comporter, s'habiller comme il faut selon le milieu où l'on est.

tonal, e, als [tɔnal] **adj. 1.** Relatif à un ton, à une tonalité : *Système tonal.* **2.** Se dit d'une musique composée suivant les principes de la tonalité (par opp. à *modal*).

tonalité [tɔnalite] **n.f. 1.** MUS. Ensemble des relations entre les degrés hiérarchisés d'une échelle de sons ou d'une gamme, par rapport à la tonique : *La tonalité principale du morceau est en ré majeur* (syn. **ton**). **2.** Impression d'ensemble qui se dégage de qqch, considérée sur le plan subjectif, affectif : *Le film a une tonalité tragique.* **3.** Couleur dominante, ambiance colorée d'une œuvre, d'une peinture : *La tonalité vive d'un tableau* (syn. **coloris, couleur**). **4.** Zone de fréquence, qui peut être renforcée ou diminuée par des réglages appropriés, sur les appareils qui reçoivent un signal électrique représentant un signal sonore : *Régler la tonalité d'un transistor.* **5.** Signal audible transmis par un réseau téléphonique pour indiquer l'état des opérations en cours au moment d'un appel : *Décrochez pour obtenir la tonalité.*

■ Dans la musique occidentale, on parle habituellement de tonalité à propos du système tonal ne conservant plus que deux modes, le majeur et le mineur. Dans ce système hiérarchisé existent douze tonalités majeures et douze tonalités mineures, chacune des (deux fois) douze ayant comme tonique l'un des douze sons (l'une des douze notes) de l'échelle chromatique tempérée, les onze autres se définissant chaque fois par leur position hiérarchique (ou *fonction tonale*) correspondante (dominante, sous-dominante, sensible, etc.) ; par exemple, dans la tonalité de *la* mineur la tonique est le *la* et la sous-dominante le *ré*. La division en douze demi-tons égaux au XVIIIe s. permit non seulement d'écrire dans n'importe quelle tonalité, mais aussi et surtout, avec le classicisme viennois et la forme sonate, de moduler à partir de n'importe quelle note vers n'importe quelle autre ; par exemple, les notes peuvent être transposées dans une autre tonalité dans une même œuvre. ■

tondeur, euse [tɔ̃dœr, -øz] **n.** Personne qui tond un animal.

tondeuse [tɔ̃døz] **n.f. 1.** Appareil servant à la coupe mécanique du gazon. **2.** Appareil pour tondre les animaux. **3.** Instrument à main permettant de couper les cheveux à ras. **4.** Machine pour tondre les étoffes de laine et, parfois, les tissus de coton.

tondre [tɔ̃dr] **v.t.** (lat. pop. **tondere*) [conj. **75**]. **1.** Couper à ras la laine ou le poil d'un animal, les poils d'une étoffe : *Tondre un mouton, un caniche* (syn. **raser**). **2.** Couper les cheveux de qqn à ras avec une tondeuse. **3.** *FAM.* Dépouiller de son argent : *Se faire tondre au poker.* **4.** Couper l'herbe très près du sol : *Tondre le gazon.*

tondu, e [tɔ̃dy] **adj. 1.** Dont on a coupé le poil, les cheveux : *Crâne tondu.* **2.** Coupé à ras, en parlant de l'herbe. ◆ **n.** Personne qui a les cheveux coupés ras.

Tonga, anc. **îles des Amis,** État insulaire de Polynésie ; 700 km² ; 105 000 hab. CAP. *Nukualofa.* LANGUES : *anglais* et *tongan.* MONNAIE : *pa'anga.* L'archipel, d'origine volcanique ou corallienne, est localement surpeuplé. La population, polynésienne, protestante, s'accroît rapidement. Les productions agricoles (coprah, bananes, fruits exotiques), les revenus du tourisme et les envois de fonds des émigrés sont les principales ressources, auxquelles s'ajoute l'aide internationale. Découvertes en 1616, les îles Tonga, monarchie polynésienne, protectorat britannique en 1900, sont devenues, en 1970, indépendantes dans le cadre du Commonwealth et ont été admises à l'O.N.U. en 1999.

tonicardiaque [tɔnikardjak] **adj.** et **n.m.** (de *toni[que]* et *cardiaque*). Cardiotonique.

tonicité [tɔnisite] **n.f.** (de *2. tonique*). Propriété qu'ont les muscles vivants de posséder un tonus.

tonifiant, e [tɔnifjɑ̃, -ɑ̃t] **adj.** Qui tonifie : *Un air tonifiant* (syn. **vivifiant**). *Un discours tonifiant* (syn. **stimulant**).

tonifier [tɔnifje] **v.t.** (de *ton,* énergie) [conj. **9**]. Donner de la vigueur physique ou morale à : *Les bains de mer tonifient l'organisme* (syn. **fortifier**). *Tonifier l'esprit* (syn. **stimuler**).

1. tonique [tɔnik] **adj.** (de *2. ton*). **1.** Qui reçoit le ton ou l'accent : *Syllabe tonique.* **2. Accent tonique,** accent d'intensité qui tombe sur l'une des syllabes d'un mot.

2. tonique [tɔnik] **adj.** (de *tonus*). **1.** PHYSIOL. Relatif au tonus : *Contraction tonique.* **2.** Qui a du tonus, de l'énergie : *Enfant très tonique.* **3.** Qui a un effet stimulant sur le moral : *Une lecture tonique* (syn. **tonifiant**). ◆ **adj.** et **n.m. 1.** Se dit d'un remède qui fortifie ou stimule l'activité de l'organisme : *Prendre un tonique* (syn. **fortifiant**). **2.** Se dit d'une lotion légèrement astringente destinée à raffermir les muscles du visage.

3. tonique [tɔnik] **n.f.** MUS. Premier degré d'une gamme diatonique, à laquelle elle donne son nom : Sol *est la tonique des gammes de* sol *majeur et* sol *mineur.*

tonitruant, e [tɔnitryɑ̃, -ɑ̃t] **adj.** (bas lat. *tonitruans,* du class. *tonitrus,* tonnerre). Retentissant comme le tonnerre : *Une voix tonitruante* (syn. **tonnant**).

Tonkin, région du nord du Viêt Nam, correspondant au delta du Sông Hông (fleuve Rouge) et aux montagnes qui l'entourent. Le delta est très densément peuplé ; l'endiguement et l'irrigation y permettent la culture intensive du riz.

Tonlé Sap, lac du Cambodge, qui s'écoule vers le Mékong (dont il reçoit des eaux lors des crues). Sa superficie varie de 2 700 km² à 10 000 km². Pêche.

tonnage [tɔnaʒ] **n.m.** (mot angl., de l'anc. fr. « droit payé pour le vin en tonneaux »). **1.** Quantité de marchandises exprimée en tonnes. **2.** MAR. Jauge.

tonnant, e [tɔnɑ̃, -ɑ̃t] **adj. Voix tonnante,** voix tonitruante.

tonne [tɔn] **n.f.** (bas lat. *tunna*). **1.** Unité de mesure de masse valant 1 000 kilogrammes : *Évaluer une production en tonnes.* ▸ Symb. t. **2.** Tonneau de grandes dimensions. **3.** *FAM.* Énorme quantité : *Manger une tonne de cerises.* **4. Tonne d'équivalent charbon (tec), d'équivalent pétrole (tep),** grandeurs utilisées pour exprimer et comparer des énergies de sources différentes et égales à l'énergie moyenne dégagée par la combustion d'une tonne de charbon ou de pétrole. ▸ 1 tep = 1,5 tec. / **Tonne kilométrique,** unité de calcul du prix des transports par voie ferrée, équivalant au prix du transport d'une tonne de marchandises sur un kilomètre.

tonneau [tɔno] **n.m.** (de *tonne*). **1.** Récipient en bois formé de douves assemblées retenues par des cercles, et ayant deux fonds plats ; son contenu : *Mettre du vin en tonneau.* **2.** Accident d'une voiture qui fait un tour complet sur elle-même dans l'axe longitudinal : *La voiture a fait deux tonneaux.* **3.** AÉRON. Figure de voltige aérienne, au cours de laquelle l'avion tourne autour de son axe longitudinal. **4.** Unité internationale de volume employée autref. pour le jaugeage des navires, équivalant à 2,83 m³. **5.** *FAM.* **Du même tonneau,** de même valeur, de même acabit (péjor.). / **Tonneau des Danaïdes,** dépense sans fin, personne très dépensière ; travail dont on ne voit jamais la fin.

tonnelet [tɔnlɛ] **n.m.** Petit tonneau : *Un tonnelet d'huile* (syn. **baril**).

tonnelier [tɔnəlje] **n.m.** Ouvrier qui fabrique ou répare les tonneaux.

tonnelle [tɔnɛl] **n.f.** (de *tonne*). Petite construction de treillage, couverte de végétation et formant abri.

tonnellerie [tɔnɛlri] **n.f.** Métier, commerce, atelier du tonnelier ; ensemble des objets qu'il fabrique.

tonner [tɔne] **v. impers.** (lat. *tonare*). Faire du bruit, en parlant du tonnerre. ◆ **v.i. 1.** Produire un bruit semblable à celui du tonnerre : *Le canon tonne* (syn. **gronder**). **2.** Protester vivement contre qqn, qqch : *Tonner contre le désordre* (syn. **tempêter**).

tonnerre [tɔnɛr] **n.m.** (lat. *tonitrus*). **1.** Bruit sec ou roulement sourd accompagnant un éclair, dû à la brusque dilatation de l'air réchauffé au voisinage de l'éclair : *Le tonnerre gronde.* ▶ Le temps séparant la vision de l'éclair de l'audition du tonnerre indique la distance à laquelle s'est produite la décharge, le son se propageant à la vitesse de 340 m/s. **2.** Manifestation bruyante ; grand bruit : *Un tonnerre d'applaudissements, d'acclamations* (syn. **tempête**). **3. Coup de tonnerre,** bruit causé par la foudre ; événement imprévu et brutal. / FAM. **Du tonnerre,** formidable, extraordinaire : *Un film du tonnerre.* ◆ **interj. Tonnerre !, Tonnerre de Dieu !,** jurons exprimant la fureur, la menace.

tonsure [tɔ̃syr] **n.f.** (lat. *tonsura,* tonte). **1.** Espace rasé circulaire au sommet du crâne des clercs, avant Vatican II. **2.** Cérémonie liturgique, qui marquait l'entrée d'un laïque dans l'état clérical : *Recevoir la tonsure.* **3.** FAM. Calvitie circulaire au sommet de la tête.

tonsuré [tɔ̃syre] **adj.m.** et **n.m.** Qui a reçu la tonsure.

tonte [tɔ̃t] **n.f.** (de l'anc. p. passé de *tondre*). **1.** Action de tondre les moutons ; époque où on le fait. **2.** Laine qu'on retire en tondant : *Ramasser en tas la tonte des moutons.*

tontine [tɔ̃tin] **n.f.** (de L. *Tonti,* n. d'un banquier it.). Association d'épargnants, à l'expiration de laquelle l'avoir est distribué entre les survivants ou entre les ayants droit des membres décédés.

tonton [tɔ̃tɔ̃] **n.m.** Oncle (surtout dans le langage enfantin).

tonus [tɔnys] **n.m.** (mot lat., du gr. *tonos,* tension). **1.** PHYSIOL. Contraction partielle et permanente de certains muscles, qui règle les attitudes du corps dans les différentes positions (debout, assis, couché, etc.). **2.** Dynamisme ; énergie : *Manquer de tonus* (syn. **ressort**).

1. top [tɔp] **n.m.** (altér. de *stop*). **1.** Signal bref destiné à indiquer un instant précis à un auditeur : *Au quatrième top, il sera exactement dix heures.* **2.** TÉLÉV. Courte impulsion électrique servant à la synchronisation.

2. top [tɔp] **n.m.** (mot angl. « sommet »). FAM. Niveau le plus élevé : *Être au top de sa carrière.*

topaze [tɔpaz] **n.f.** (lat. *topazus,* gr. *Topazos,* n. d'une île de la mer Rouge). Silicate fluoré d'aluminium, cristallisé, qui est une pierre fine, jaune ou mordorée, transparente.

toper [tɔpe] **v.i.** (du rad. onomat. *topp-,* qui évoque qqch de brusque). **1.** Se taper mutuellement dans la main, en signe d'accord. **2. Tope !** ou **tope là !,** assentiment donné à une personne avec qui on conclut une affaire, un marché.

topinambour [tɔpinɑ̃bur] **n.m.** (de *Topinambous,* n. d'une peuplade du Brésil). Plante originaire d'Amérique du Nord, cultivée sur sols pauvres pour ses tubercules alimentaires. ▶ Famille des composées.

topique [tɔpik] **adj.** et **n.m.** (du gr. *topos,* lieu). Se dit d'un médicament qui agit à l'endroit où il est introduit ou appliqué.

top-modèle ou **top model** [tɔpmɔdɛl] **n.m.** (mot angl.) [pl. *top-modèles, top models*]. Mannequin de haute couture ayant acquis une grande notoriété.

top niveau [tɔpnivo] **n.m.** (de l'angl. *top,* sommet, et de *niveau*) [pl. *top niveaux*]. FAM. Niveau le plus élevé : *Sportif qui est au top niveau* (syn. **sommet**).

topo [tɔpo] **n.m.** (abrév. de *topographie*). FAM. Discours ; exposé : *Faire un topo.*

topographe [tɔpɔgraf] **n.** (gr. *topographos*). Spécialiste de topographie.

topographie [tɔpɔgrafi] **n.f.** (bas lat. *topographia,* mot gr.). **1.** Technique de représentation sur un plan des formes du terrain avec les détails naturels ou artificiels qu'il porte. **2.** Disposition, relief d'un lieu ; configuration.

topographique [tɔpɔgrafik] **adj.** Relatif à la topographie : *Relevé, carte topographiques.*

topologie [tɔpɔlɔʒi] **n.f.** (de *topo-* et *-logie*). Branche des mathématiques née de l'étude des propriétés géométriques se conservant par déformation continue puis généralisée pour englober les notions de limite et de voisinage.

topologique [tɔpɔlɔʒik] **adj.** Relatif à la topologie : *Structure topologique d'un sous-ensemble.*

toponyme [tɔpɔnim] **n.m.** LING. Nom de lieu.

toponymie [tɔpɔnimi] **n.f.** (de *topo-,* et du gr. *onuma,* nom). **1.** Étude linguistique de l'origine des noms de lieux. **2.** Ensemble de noms de lieux d'une région, d'une langue : *La toponymie de la Normandie a fasciné Proust.*

toponymique [tɔpɔnimik] **adj.** Relatif à la toponymie.

top secret [tɔpsəkrɛ] **adj. inv.** (mot angl., de *top,* sommet, et *secret*). Absolument confidentiel : *Informations top secret.*

toquade ou **tocade** [tɔkad] **n.f.** (de *se toquer*). FAM. Caprice ; manie : *C'est sa nouvelle toquade* (syn. **lubie**).

toquante ou **tocante** [tɔkɑ̃t] **n.f.** (orig. incert., p.-ê. de *toc* ou de *toquer,* heurter). FAM. Montre.

toquard **n.m.** ⟶ **2. tocard.**

toque [tɔk] **n.f.** (orig. obsc.). Coiffure sans bords, de forme cylindrique : *Toque de cuisinier, de magistrat.*

toqué, e [tɔke] **adj.** et **n.** (p. passé de *toquer,* heurter). FAM. Un peu fou : *Il est toqué.*

toquer [tɔke] **v.t. ind.** (rad. onomat. *tokk-,* évoquant un choc). FAM. Heurter ; frapper : *Toquer à la porte.*

se **toquer** [tɔke] **v.pr. [de]** (de *toqué*). FAM. Avoir un engouement très vif et soudain pour : *Elle s'est toquée de son voisin* (syn. **s'amouracher, s'enticher**).

Torah, Tora ou **Thora,** mot hébreu désignant la loi ou les lois prescrites par la Bible. Le judaïsme du IIe s. av. J.-C. donna plus spécialement le nom de Torah à la révélation mosaïque consignée dans le Pentateuque. Puis, à l'époque rabbinique, ce mot en vint à désigner l'ensemble des doctrines et prescriptions enseignées par le judaïsme. Et, comme celui-ci ne cessait d'interpréter et d'amplifier les documents écrits, on appela la masse de ces commentaires « Loi orale ». Ainsi le judaïsme serait-il devenu la religion d'une double Torah, écrite et orale.

torche [tɔrʃ] **n.f.** (lat. pop. **torca,* class. *torques,* torsade). **1.** Flambeau formé d'une corde tordue enduite de cire ou de résine, ou d'un bâton résineux enduit de cire. **2.** PÉTR. Installation de brûlage, à l'atmosphère, de sous-produits gazeux. **3. Parachute en torche,** parachute dont la voilure ne s'est pas déployée complètement et ne peut, de ce fait, ralentir la chute. / **Torche électrique,** lampe de poche cylindrique, de forte puissance.

torcher [tɔrʃe] **v.t.** (de *torche,* linge). **1.** Essuyer pour nettoyer : *Torcher un enfant.* **2.** FAM. Exécuter à la hâte et mal : *Torcher un travail* (syn. **bâcler**).

torchère [tɔrʃɛr] **n.f.** (de *torche*). **1.** Grand candélabre montant du sol et portant des flambeaux. **2.** PÉTR. Torche.

torchis [tɔrʃi] **n.m.** (de *torche,* de même sens). Matériau de construction composé de terre grasse et de paille hachée, utilisé comme remplissage : *Mur de torchis.*

torchon [tɔrʃɔ̃] **n.m.** (de *torche,* linge). **1.** Rectangle de toile qu'on utilise pour essuyer la vaisselle. **2.** FAM. Écrit, texte sans soin, mal présenté. **3.** FAM. Journal méprisable : *Tu lis ce torchon ?* **4.** FAM. **Coup de torchon,** bagarre ; épuration radicale. / **Le torchon brûle,** la discorde s'est introduite dans un couple, entre des amis.

tordant, e [tɔrdɑ̃, -ɑ̃t] **adj.** FAM. Drôle ; amusant.

tord-boyaux [tɔrbwajo] **n.m. inv.** (de *tordre* et *boyau*). FAM. Eau-de-vie très forte ou de mauvaise qualité.

Tordesillas *(traité de)* [7 juin 1494], traité signé à Tordesillas (Vieille-Castille) entre l'Espagne et le Portugal, fixant la ligne de démarcation séparant les possessions coloniales des deux pays à 370 lieues à l'ouest des îles du Cap-Vert.

tordre [tɔrdr] **v.t.** (lat. pop. **torcere,* class. *torquere*) [conj. **76**]. **1.** Déformer en pliant, en courbant, en tournant sur soi-même : *Tordre une barre de fer* (syn. **courber**). *Tordre du linge pour l'égoutter.* **2.** Tourner plus ou moins violemment un membre, une partie du corps : *Tordre le bras à son agresseur.* **3.** Donner à qqn la sensation d'une crispation au niveau d'un organe : *Des brûlures qui tordent l'estomac.* **4.** FAM. **Tordre le cou,** tuer. / **Tordre le cou à,** réduire à néant ; faire cesser : *Tordre le cou à une rumeur.* ◆ **se tordre v.pr. 1.** Imprimer à son corps des mouvements de contorsion sous l'effet de la douleur : *Un malade qui se tord sur son lit.* **2.** Faire un faux mouvement qui plie violemment une articulation : *Se tordre la cheville.* **3.** FAM. **Se tordre (de rire),** être en proie à un rire irrépressible.

tordu, e [tɔrdy] **adj.** et **n. 1.** FAM. Un peu fou : *Avoir l'esprit tordu. C'est un tordu.* **2. Coup tordu,** acte malveillant.

tore [tɔr] **n.m.** (lat. *torus,* renflement). **1.** ARCHIT. Grosse moulure pleine, de profil arrondi : *Tores à la base d'une colonne.* **2.** MATH. Surface de révolution engendrée par un cercle tournant autour d'une droite située dans son plan et ne passant pas par son centre ; solide limité par cette surface.

toréador [tɔreadɔr] **n.m.** (mot esp.). VIEILLI. Torero.

toréer [tɔree] **v.i.** (esp. *torear*) [conj. **15**]. Pratiquer la tauromachie ; exercer le métier de torero.

torero, ra [tɔrero, -ra] **n.** (mot esp., de *toro,* taureau). **1.** Personne qui combat les taureaux dans l'arène. **2.** (Abusif). Matador.

toril [tɔril] **n.m.** (de l'esp. *toro,* taureau). Local attenant à l'arène, où l'on tient les taureaux enfermés avant la course.

torique [tɔrik] **adj.** MATH. Qui a la forme d'un tore.

tornade [tɔrnad] **n.f.** (esp. *tornado,* de *tornar,* tourner). Coup de vent localisé, très violent et tourbillonnant : *La tornade a dévasté les bungalows* (syn. **ouragan, bourrasque**).

toron [tɔrɔ̃] **n.m.** (de *tore*). Assemblage de plusieurs gros fils tordus ensemble.

Toronto, v. du Canada, cap. de la prov. d'Ontario, sur le lac de ce nom, et principale agglomération du Canada ; 2 615 060 hab. (5 583 064 hab. dans l'agglomération). Archevêché. Universités. Centre financier, commercial et industriel. Musées.

torpédo [tɔrpedo] **n.f.** (angl. *torpedo,* du lat. « torpille »). AUTOM. VIEILLI. Automobile découverte, munie d'une capote en toile repliable et de rideaux de côté.

torpeur [tɔrpœr] **n.f.** (lat. *torpor,* de *torpere,* être engourdi). **1.** État de qqn chez qui l'activité psychique et physique, la sensibilité sont réduites : *La torpeur provoquée par la digestion, un narcotique* (syn. **engourdissement, léthargie**). **2.** Ralentissement général des activités : *La torpeur d'une ville un jour de grande chaleur* (syn. **somnolence**).

torpide [tɔrpid] **adj.** (lat. *torpidus,* engourdi). **1.** LITT. Qui provoque la torpeur : *Chaleur torpide* (syn. **accablant**). **2.** MÉD. Se dit d'une lésion ou d'une affection n'ayant aucune tendance spontanée soit à s'aggraver, soit à s'améliorer.

torpillage [tɔrpijaʒ] **n.m.** Action de torpiller ; fait d'être torpillé.

torpille [tɔrpij] **n.f.** (prov. *torpio,* du lat. *torpedo*). **1.** Poisson marin voisin de la raie, qui possède de chaque côté de la tête un organe pouvant produire des décharges électriques, appelé aussi *raie électrique.* **2.** Engin automoteur sous-marin chargé d'explosif, utilisé contre les objectifs maritimes par des navires, des sous-marins ou des avions. **3.** Bombe aérienne utilisée pendant la Première Guerre mondiale.

torpiller [tɔrpije] **v.t. 1.** Attaquer, détruire à l'aide de torpilles : *Torpiller un navire.* **2.** FIG. Faire échouer par des manœuvres secrètes : *Torpiller un projet* (syn. **couler, saper**).

torpilleur [tɔrpijœr] **n.m. 1.** Bâtiment de guerre rapide, de petit tonnage, dont l'arme principale était la torpille. **2.** Marin spécialisé dans le service des torpilles.

torque [tɔrk] **n.m.** (lat. *torques,* collier). ARCHÉOL. Collier celtique métallique et rigide.

Torquemada (Tomás de), inquisiteur espagnol (Valladolid 1420 - Ávila 1498). Prieur du couvent dominicain de Ségovie, il devint inquisiteur général pour toute la péninsule Ibérique (1483). Il fit preuve d'une particulière intolérance dans l'expulsion des Juifs et dans l'extermination par le bûcher de plusieurs milliers de personnes.

torréfacteur [tɔrefaktœr] **n.m. 1.** Appareil de torréfaction. **2.** Personne qui vend du café qu'elle torréfie.

torréfaction [tɔrefaksjɔ̃] **n.f.** Action de torréfier.

torréfier [tɔrefje] **v.t.** (lat. *torrefacere,* de *torrere,* dessécher, brûler) [conj. **9**]. Griller des grains, en partic. de café.

torrent [tɔrɑ̃] **n.m.** (lat. *torrens, -entis,* de *torrere,* dessécher, brûler). **1.** Cours d'eau de montagne, rapide et irrégulier, de faible longueur, plus ou moins à sec entre des crues violentes et brusques. **2.** Écoulement abondant : *Verser des torrents de larmes* (syn. **flot**). **3. Il pleut à torrents,** très fort (= il pleut à verse).

torrentiel, elle [tɔrɑ̃sjɛl] **adj. 1.** Qui appartient aux torrents : *Des eaux torrentielles.* **2.** Abondant et violent comme un torrent : *Pluie torrentielle* (syn. **diluvien**).

torrentueux, euse [tɔrɑ̃tɥø, -øz] **adj.** LITT. Qui a l'impétuosité d'un torrent.

Torres *(détroit de),* bras de mer entre l'Australie et la Nouvelle-Guinée, reliant le Pacifique à l'océan Indien.

Torricelli (Evangelista), physicien et mathématicien italien (Faenza 1608 - Florence 1647). Ses études sur le mouvement des corps pesants l'amenèrent à énoncer implicitement, en 1641, le principe de conservation de l'énergie. En 1643, il mit en évidence la pression atmosphérique, au moyen d'un tube à mercure, puis il énonça la loi qui porte son nom sur l'écoulement des liquides. En mathématiques, il calcula l'aire de la cycloïde (courbe décrite par un point fixe sur un cercle qui roule sans glisser sur une droite).

torride [tɔrid] **adj.** (lat. *torridus,* de *torrere,* brûler). Excessivement chaud : *Journée torride* (syn. **caniculaire**).

tors, e [tɔr, tɔrs] **adj.** (anc. p. passé de *tordre*). **1.** Qui a été soumis à une torsion : *Fils tors.* **2.** Courbé ; déformé : *Des jambes torses* (syn. **arqué**).

torsade [tɔrsad] **n.f.** (de *tors*). **1.** Frange tordue en spirale, dont on orne des tentures. **2.** Forme obtenue en tournant sur eux-mêmes, l'un autour de l'autre, deux ou plusieurs éléments : *Torsade de cheveux.* **3.** Motif ornemental imitant un câble tordu : *Pull à torsades.*

torsader [tɔrsade] **v.t.** Mettre en torsade : *Torsader des cheveux.*

torse [tɔrs] **n.m.** (it. *torso,* du lat. *tursus,* forme parlée de *thyrsus*). **1.** Partie du corps comprenant les épaules et la poitrine : *Être torse nu* (syn. **poitrine, buste**). **2.** SCULPT. Tronc d'un corps humain sans tête ni membres.

torsion [tɔrsjɔ̃] **n.f.** (bas lat. *tortio*). **1.** Action de tordre qqch ; déformation produite en tordant : *La torsion d'un cordage.* **2.** MÉCAN. Déformation subie par un corps sous l'action de deux couples opposés agissant dans des plans parallèles.

A B C D E F G H I J K L M N O P Q R S T U V W X Y Z

tort [tɔr] **n.m.** (lat. pop. **tortum,* de *tortus,* contraire au droit, de *torquere,* tordre). **1.** Action ou état contraire au droit, à la vérité, à la raison : *C'est un tort d'avoir agi ainsi* (syn. **faute**). *Reconnaître ses torts* (syn. **défaut, travers**). **2.** Préjudice matériel ou moral causé à qqn : *Demander réparation d'un tort* (syn. **dommage, mal**). *Faire du tort à qqn* (= le léser, lui nuire). **3. À tort,** injustement, faussement : *Être accusé à tort.* / **À tort et à travers,** sans discernement : *Parler à tort et à travers.* / **À tort ou à raison,** avec ou sans motif valable : *Il se plaint toujours, à tort ou à raison.* / **Avoir tort,** ne pas avoir pour soi le droit, la raison, la vérité : *Vous avez tort, ce travail est utile.* / **Avoir tort de** (+ inf.), ne pas agir conformément au droit, à la raison : *Il a tort de vous traiter ainsi.* / **Donner tort à qqn,** déclarer qu'il se trompe, qu'il a mal agi. / **Être en tort, dans son tort,** dans la situation de qqn qui a commis une infraction, une faute, une erreur : *C'est le chauffeur du camion qui est dans son tort.*

torticolis [tɔrtikɔli] **n.m.** (lat. *tortum collum,* qui a le cou de travers). Affection du cou caractérisée par une douleur, la limitation des mouvements et, par suite, une inclinaison vicieuse de la tête.

tortil [tɔrtil] **n.m.** (altér. de l'anc. fr. *tortis,* tordu). HÉRALD. Couronne de baron formée d'un cercle d'or autour duquel est passé en spirale un collier de perles.

tortilla [tɔrtija] **n.f.** (mot esp.). **1.** Dans la cuisine mexicaine, petite crêpe de farine de maïs salée. **2.** Dans la cuisine espagnole, omelette fourrée.

tortillard [tɔrtijar] **n.m.** *FAM.* Petit train lent, au trajet tortueux.

tortillement [tɔrtijmɑ̃] **n.m.** Action de tortiller ; fait de se tortiller : *Le tortillement d'un ver de terre.*

tortiller [tɔrtije] **v.t.** (de *tordre,* par le p. passé *tort*). Tordre plusieurs fois : *Tortiller son mouchoir, ses cheveux.* ◆ **v.i. 1.** Remuer en ondulant : *Tortiller des hanches* (syn. **balancer**). **2.** *FAM.* **Il n'y a pas à tortiller,** il n'y a pas à chercher des détours, à hésiter (syn. **tergiverser**). ◆ **se tortiller v.pr.** Se tourner sur soi-même de différentes façons : *Se tortiller comme un ver.*

tortillon [tɔrtijɔ̃] **n.m. 1.** Chose tortillée. **2.** Bourrelet de linge enroulé et posé sur la tête pour porter un fardeau.

tortionnaire [tɔrsjɔnɛr] **n.** (lat. médiév. *tortionarius,* du bas lat. *tortionare,* tourmenter). Personne qui torture pour arracher des aveux ou par sadisme : *Les tortionnaires nazis* (syn. **bourreau**).

tortue [tɔrty] **n.f.** (prov. *tortuga,* du lat. pop. **tartaruca [bestia],* de **tartarucus,* class. *tartareus,* du Tartare, infernal). **1.** Reptile au corps massif protégé par une carapace épaisse et rigide composée d'une dossière et d'un plastron (protégeant le ventre), dont la tête est munie d'un bec corné sans dents. ▸ Les tortues forment l'ordre des chéloniens. Les tortues terrestres sont herbivores, les tortues d'eau douce omnivores ou carnivores, et les tortues de mer, dont les membres sont transformés en nageoires, génér. omnivores. **2.** Abri que formaient les soldats romains en joignant leurs boucliers au-dessus de leurs têtes pour se protéger des projectiles. **3. À pas de tortue,** très lentement.

tortueusement [tɔrtɥøzmɑ̃] **adv.** D'une manière tortueuse.

tortueux, euse [tɔrtɥø, -øz] **adj.** (lat. *tortuosus,* de *tortus,* p. passé de *torquere,* tordre). **1.** Qui fait plusieurs tours et détours : *Rivière tortueuse* (syn. **sinueux**). **2.** Qui manque de loyauté, de franchise : *Esprit tortueux* (syn. **retors**).

torturant, e [tɔrtyrɑ̃, -ɑ̃t] **adj.** Qui torture, tourmente : *Remords torturant* (syn. **déchirant**).

torture [tɔrtyr] **n.f.** (bas lat. *tortura*). **1.** Supplice physique que l'on fait subir à qqn : *Des aveux arrachés sous la torture* (syn. **supplice**). **2.** Souffrance physique ou morale très vive : *Les tortures du remords* (syn. **tourment**).

torturer [tɔrtyre] **v.t. 1.** Soumettre à des tortures : *Torturer des opposants* (syn. **supplicier**). **2.** Faire souffrir moralement ou physiquement : *Torturer les animaux* (syn. **martyriser**). *Cette pensée me torture* (syn. **tourmenter**). **3.** Causer une vive douleur physique, en parlant de qqch : *La faim la torture* (syn. **tenailler**). ◆ **se torturer v.pr.** Se creuser l'esprit pour trouver une solution à qqch.

torve [tɔrv] **adj.** (lat. *torvus*). **Œil, regard torve,** oblique et menaçant.

tory [tɔri] **n.m.** (mot angl.) [pl. *torys* ou *tories*]. Membre du parti conservateur en Grande-Bretagne qui s'opposait au parti whig et qui apparut vers 1680. ▸ Après la réforme électorale de 1832, le terme « conservateur » se substitua à « tory », qui reste cependant en usage. ◆ **adj.** Relatif à ce parti.

toscan, e [tɔskɑ̃, -an] **adj.** et **n.** Relatif à la Toscane. ◆ **toscan n.m.** Dialecte italien parlé par les Toscans.

Toscane, région de l'Italie centrale (comprenant les provinces d'Arezzo, Florence, Grosseto, Livourne, Lucques, Massa e Carrara, Pise, Pistoia, Prato et Sienne) ; 23 000 km^2 ; 3 673 457 hab. *(Toscans).* CAP. *Florence.* Son territoire correspond à celui de l'antique Étrurie. Occupée par les Lombards puis par les Francs, elle est érigée en marquisat au IXe s. Contestant la validité du testament léguant en 1115 la Toscane à la papauté, les empereurs germaniques entament contre elle un long conflit, à la faveur duquel la Toscane se morcelle au profit de républiques urbaines (Florence, Sienne, Pise, Lucques). Les Médicis parviennent cependant à constituer au XVe s. un vaste État florentin, érigé en grand-duché en 1569. Attribuée à François de Lorraine, époux de Marie-Thérèse, la Toscane passe en 1737 dans la mouvance autrichienne. Occupée par les Français sous la Révolution, elle est réunie à la France en 1807 par Napoléon Ier, qui la confie à sa sœur Élisa. En 1814, la Toscane constitue de nouveau un grand-duché, lié à l'Autriche. Théâtre d'une révolution nationaliste et libérale (1848-1849) matée par les Autrichiens, elle se rattache au Piémont en 1860.

Toscanini (Arturo), chef d'orchestre italien (Parme 1867 - New York 1957). Directeur de la Scala de Milan (1898-1903 ; 1920-1929), du Metropolitan Opera de New York, puis de l'Orchestre symphonique de New York, il assura la création de beaucoup d'œuvres lyriques de son temps, notamment des opéras de Puccini (*la Fiancée de l'Ouest,* 1910 ; *Turandot,* 1926).

tôt [to] **adv.** (lat. pop **tostum,* chaudement, neutre adv. de *tostus,* brûlé, grillé, p. passé de *torrere*). **1.** Avant le moment normal, habituel, attendu : *Se coucher tôt* (= de bonne heure). *Tu as consulté un médecin, ce n'est pas trop tôt* (= tu t'es enfin décidé). **2. Au plus tôt,** le plus rapidement possible : *Partez au plus tôt ;* dans l'hypothèse de temps la moins éloignée : *J'arriverai au plus tôt à huit heures. Il y aura des élections au plus tôt dans deux ans.* / **Tôt ou tard,** à un moment qu'on ne peut fixer mais qui arrivera : *Tôt ou tard, il faudra vous décider.*

1. total, e, aux [tɔtal, -o] **adj.** (lat. médiév. *totalis,* class. *totus,* tout). **1.** À quoi il ne manque rien : *C'est un échec total* (syn. **complet**). *J'ai une totale confiance en lui* (syn. **absolu, entier**). **2.** Considéré dans son entier : *Le prix total* (= tout compris) [syn. **global**]. **3.** MATH. **Ordre total sur un ensemble,** relation d'ordre sur E telle qu'il est toujours possible de comparer deux éléments quelconques de E.

2. total [tɔtal] **n.m.** (de *1. total*). **1.** Somme de tous les éléments de qqch : *Un total de vingt participants.* **2.** Somme obtenue par l'addition : *Faire le total* (syn. **addition**). **3.** *FAM.* (En tête de phrase). Pour finir, en fin de compte : *Total, on n'a rien gagné* (syn. **résultat**). **4. Au total,** tout bien pesé, considéré : *Au total, c'est une bonne affaire* (= somme toute).

totale [tɔtal] **n.f. 1.** *FAM.* Hystérectomie. **2. La totale,** série de déboires, de contrariétés en cascade : *C'est la totale, c'est le summum, c'est le bouquet.*

totalement [tɔtalmɑ̃] **adv.** Entièrement ; tout à fait : *Il est totalement guéri* (syn. **complètement**).

totalisateur [tɔtalizatœr] et **totaliseur** [tɔtalizœr] **n.m.** Dispositif enregistreur d'une machine à calculer qui donne le total d'une série d'opérations.

totalisation [tɔtalizasjɔ̃] **n.f.** Action de totaliser.

totaliser [tɔtalize] **v.t. 1.** Faire le total de qqch : *Totaliser les recettes du jour* (syn. **additionner**). **2.** Atteindre le total de : *Totaliser cinquante points.*

totalitaire [tɔtalitɛr] **adj.** (de *totalité*). Se dit d'un régime politique, d'un État dans lequel tous les pouvoirs sont concentrés entre les mains d'un nombre restreint de dirigeants ou d'un parti unique, et qui exerce une mainmise sur la totalité des activités individuelles.

totalitarisme [tɔtalitarism] **n.m.** Système politique des régimes totalitaires.

totalité [tɔtalite] **n.f.** (de *1. total*). **1.** Réunion de tous les éléments de qqch : *Dépenser la totalité de son salaire* (syn. **intégralité**). **2. En totalité,** intégralement : *Le bâtiment a brûlé en totalité.*

totem [tɔtɛm] **n.m.** (mot angl., par l'algonquien *ototeman*). **1.** ANTHROP. Animal ou végétal considéré comme l'ancêtre mythique et le protecteur d'un groupe social ou d'un individu. **2.** Représentation particulière de cet animal, de ce végétal.

totémique [tɔtemik] **adj. 1.** Relatif au totem : *Un poteau totémique.* **2.** Relatif au totémisme : *Les codes totémiques.*

totémisme [tɔtemism] **n.m.** Organisation sociale fondée sur le totem.

totipotent, e [tɔtipɔtɑ̃, -ɑ̃t] **adj.** (lat. *totus,* tout, sur le modèle de *omnipotent*). EMBRYOL. Se dit d'une cellule embryonnaire apte à former les tissus les plus divers.

toton [tɔtɔ̃] **n.m.** (lat. *totum,* tout [mot marqué sur l'une des faces des anciens totons]). Petite toupie à facettes.

touage [twaʒ] **n.m.** Remorquage de bateaux à l'aide d'un toueur.

touareg [twarɛg] **adj. inv.** et **n. inv.** et **targui, e** [targi] **adj.** et **n. inv. en nombre** (du berbère). Se dit d'un peuple nomade du Sahara, de ce qui lui est propre : *Mœurs touaregs.* ***Rem.*** On réserve parfois la forme *touareg* pour le pl., la forme au singulier étant alors *targui.* On trouve parfois le fém. *touarègue.* ◆ **touareg n.m.** Langue berbère parlée par les Touareg.

Touareg, peuple nomade, de langue berbère, islamisé, qui habite le Mali, le Niger et le Sahara. Les Touareg se divisent en deux groupes, les Touareg sahariens (Sud algérien) et les Touareg sahéliens (régions septentrionales du Sahel malien et nigérien).

toubab [tubab] **n.m. 1.** En Afrique, Européen, Blanc. **2.** Africain ayant adopté le mode de vie européen.

toubib [tubib] **n.** (mot algérien *tbib,* sorcier, de l'ar. *tabib,* savant). *FAM.* Médecin.

Toubkal *(djebel),* sommet du Haut Atlas (Maroc), point culminant de l'Afrique du Nord ; 4 165 m.

toucan [tukɑ̃] **n.m.** (mot tupi du Brésil). Oiseau grimpeur de l'Amérique tropicale, à très gros et long bec creux, vivement coloré. ▸ Famille des ramphastidés.

1. touchant [tuʃɑ̃] **prép.** (de *toucher*). *LITT.* Au sujet de : *On ne connaît pas la vérité touchant le Masque de fer.*

2. touchant, e [tuʃɑ̃, -ɑ̃t] **adj.** Qui attendrit, émeut : *Un chagrin touchant* (syn. **émouvant**).

touche [tuʃ] **n.f.** (de *1. toucher*). **1.** Manière personnelle de peindre ; couleur appliquée à chaque coup de pinceau : *Ce peintre a une touche légère.* **2.** *LITT.* Manière personnelle d'un écrivain, d'un créateur, d'un artiste : *Reconnaître la touche d'un auteur* (syn. **patte, style, ton**). **3.** Élément qui contraste dans un ensemble et donne une valeur particulière : *Une touche de fantaisie dans une tenue stricte* (syn. **note**). **4.** *FAM.* Allure, genre de qqn : *Avoir une drôle de touche* (syn. **apparence**). **5.** En escrime, fait d'atteindre son adversaire suivant les règles ; point ainsi marqué. **6.** PÊCHE. Secousse exercée par le poisson dont la bouche entre en contact avec un appât : *Avoir une touche.* **7.** MUS. Levier basculant sous la pression des doigts et actionnant la mécanique d'un instrument à clavier. **8.** Partie du manche des instruments à cordes où l'instrumentiste pose les doigts. **9.** Organe d'une machine sur lequel on agit par pression ou par contact d'un seul doigt pour commander une action : *Les touches d'un clavier d'ordinateur.* **10.** SPORTS. Dans divers sports d'équipe, chacune des deux lignes qui délimitent la largeur du terrain (on dit aussi *une ligne de touche*) ; sortie du ballon au-delà de cette ligne et sa remise en jeu. **11.** *FAM.* **Avoir une touche, faire une touche,** plaire à qqn. / *FAM.* **Être (mis) sur la touche, rester sur la touche,** être tenu à l'écart d'une activité, d'une affaire. **12. Pierre de touche,** variété de jaspe noir qui sert à éprouver *(toucher)* l'or et l'argent ; au fig., ce qui sert à connaître la valeur de qqn ou de qqch.

touche-à-tout [tuʃatu] **n. inv.** *FAM.* Personne qui touche à tout, qui se disperse en toutes sortes d'activités.

1. toucher [tuʃe] **v.t.** (lat. pop. **toccare,* rad. onomat. *tokk-*). **1.** Mettre la main au contact de qqch, de qqn : *Toucher des fruits* (syn. **palper, tâter**). *Toucher qqn au bras pour attirer son attention* (syn. **effleurer**). **2.** Entrer, être en contact physique avec qqch, qqn : *Son visage touchait le mien* (syn. **frôler**). **3.** Être contigu à qqch : *Ma maison touche la sienne.* **4.** Atteindre, blesser par un coup porté ou un projectile : *Toucher son adversaire au bras.* **5.** Percevoir de l'argent : *Toucher son salaire* (syn. **encaisser**). *Toucher deux mille euros par mois.* **6.** Entrer en relation, communiquer avec qqn : *Où peut-on vous toucher ?* (syn. **joindre, contacter**). **7.** Émouvoir qqn ; faire impression sur qqn : *Votre geste m'a beaucoup touché* (syn. **bouleverser**). **8.** Concerner : *Le chômage touche de nombreux jeunes* (syn. **affecter**). **9. Toucher le point sensible,** atteindre chez qqn ce qui est le plus vulnérable. / **Toucher un mot de qqch à qqn,** lui en parler brièvement. ◆ **v.t. ind. [à]. 1.** Porter la main sur qqch, sur qqn : *Ne touchez pas au plat, il est brûlant. Ne touche pas à mon frère* (= ne lui fais pas de mal). **2.** Consommer une petite quantité d'un aliment, d'une boisson : *Il a à peine touché à son repas.* **3.** Être en contact avec qqch : *Leur propriété touche à la forêt* (syn. **avoisiner, jouxter**). **4.** Aborder un sujet : *Vous touchez là à un point crucial.* **5.** Concerner ; être relatif à : *Des secrets qui touchent à la défense nationale.* **6.** Apporter des modifications à qqch : *Ton dessin est parfait, n'y touche pas.* **7.** *FAM.* **N'avoir pas l'air d'y toucher,** dissimuler par un air innocent des intentions malveillantes ; cacher son jeu. / **Toucher au but, au port, à sa fin,** être près d'arriver, de se terminer. ◆ **se toucher v.pr.** Être en contact ou très près l'un de l'autre : *Leurs immeubles se touchent.*

2. toucher [tuʃe] **n.m.** (de *1. toucher*). **1.** Sens grâce auquel on perçoit toutes les sensations cutanées (présence des objets, pression, froid et chaleur) : *Un endroit sensible au toucher.* **2.** Impression produite par un corps que l'on touche : *Un toucher doux, rugueux* (syn. **contact**). **3.** MÉD. Examen d'une cavité naturelle par l'introduction d'un ou de plusieurs doigts revêtus d'un doigtier : *Toucher anal, vaginal.* **4.** MUS. Caractère du jeu d'un musicien ; manière de frapper le clavier.

■ L'organe du toucher est la peau. Les récepteurs sensoriels du toucher sont des organes microscopiques, les corpuscules, situés dans le derme (la couche médiane de la peau, sous l'épiderme). Ils transforment des phénomènes physiques (pression, température) en messages nerveux (potentiels d'action), qui se déplacent le long de fibres nerveuses jusqu'au système nerveux central.

Il existe plusieurs types de récepteurs, sensibles à cinq sensations différentes : contact, pression, chaleur, froid, douleur. Les récepteurs à la chaleur et au froid sont appelés *thermorécepteurs ;* ceux intervenant dans la douleur (brûlures, blessures, douleurs chroniques) sont les *nocicepteurs.* ■

Toucouleur, peuple de la vallée du Sénégal, islamisé depuis le XIe s. Ils parlent une langue peule.

touer [twe] **v.t.** (anc. scand. *toga,* tirer, frq. **togon*) [conj. **6**]. Remorquer un bâtiment de navigation à l'aide d'un toueur.

toueur [twœr] **n.m.** Remorqueur se déplaçant par traction sur une chaîne ou un câble qui repose sur le fond du chenal et s'enroule sur le tambour d'un treuil porté par le remorqueur.

touffe [tuf] **n.f.** (anc. alémanique *topf*). Ensemble de petits végétaux, de poils, etc., naturellement disposés très près les uns des autres : *Touffe d'herbe, de cheveux.*

touffu, e [tufy] **adj.** (de *touffe*). **1.** Épais, dense ; formé de nombreux éléments emmêlés : *Bois touffu. Barbe touffue* (syn. **fourni**). **2.** Qui est chargé à l'excès de détails : *Récit touffu* (syn. **embrouillé**).

touiller [tuje] **v.t.** (lat. *tudiculare*, broyer). FAM. Agiter ; remuer : *Touiller la salade* (syn. **mélanger, tourner**).

toujours [tuʒur] **adv.** (de *tous* et *jours*). **1.** Exprime la permanence dans la totalité du temps ou d'une période déterminée : *Ces abus ont toujours existé* (= de tout temps). *Elle a toujours voulu jouer la comédie* (contr. **ne... jamais**). **2.** Exprime la répétition : *Il est toujours prêt à rendre service* (= en toute occasion). *Il est toujours en retard* (syn. **régulièrement**). **3.** Exprime la persistance d'un état, d'une attitude : *Il l'aime toujours* (syn. **encore** ; contr. **ne... plus**). **4.** Marque une nuance logique de concession : *Tu peux toujours parler, personne ne te croit* (= quoi que tu dises...). **5. Depuis toujours,** depuis un temps très éloigné. ◢ **Pour toujours,** sans retour, d'une façon définitive : *Il est parti pour toujours.* ◢ **Toujours est-il que,** marque une opposition : *J'accepte vos excuses, toujours est-il que l'erreur est faite.*

Toukhatchevski (Mikhaïl Nikolaïevitch), maréchal soviétique (Aleksandrovskoïe, gouvern. de Smolensk, 1893 - Moscou 1937). Ancien officier tsariste, rallié à la révolution russe, il commanda le front ouest contre les Polonais (1920). Chef d'état-major général (1925-1928), adjoint au commissaire du peuple à la Défense (1931), fait maréchal en 1935, il fut l'un des créateurs de l'Armée rouge. Accusé de trahison en 1937, il fut la principale victime de l'épuration ordonnée par Staline et fusillé.

Toul, ch.-l. d'arr. de Meurthe-et-Moselle, sur la Moselle et le canal de la Marne au Rhin ; 16 642 hab. *(Toulois).* Ancienne cathédrale des XIIIe-XVIe s. Toul fut l'un des *Trois-Évêchés* lorrains (Metz, Toul, Verdun), indépendants du duc de Lorraine. En 1552, Henri II l'occupa grâce à François de Guise ; le traité de Westphalie (1648) en confirma la possession à la France.

Toulet (Paul-Jean), écrivain français (Pau 1867 - Guéthary 1920). Poète d'une fantaisie souvent amère, il s'attacha en particulier à la versification (*les Contrerimes,* éd. posthume, 1921). Influent dans les cercles littéraires, il fit aussi œuvre de romancier (*la Jeune Fille verte,* 1918-1919).

Toulon, ch.-l. du dép. du Var, à 840 km au sud-est de Paris, sur la Méditerranée *(rade de Toulon) ;* 167 168 hab. (561 155 hab dans l'agglomération) [*Toulonnais*]. Siège de région maritime. Base navale. Centre administratif et commercial. Musées. En 1793, les royalistes livrèrent le port aux Anglais, mais Bonaparte le leur reprit. Le 27 nov. 1942, la flotte française s'y saborda pour ne pas tomber entre les mains des Allemands.

Toulouse, anc. cap. du Languedoc, ch.-l. de la Région Languedoc-Roussillon-Midi-Pyrénées et du dép. de la Haute-Garonne, sur la Garonne, à 679 km au sud de Paris ; 461 190 hab. (906 457 hab. avec les banlieues) [*Toulousains*]. Archevêché. Cour d'appel. Académie et université. Écoles aéronautiques. Centre commercial et industriel (constructions aéronautiques, chimie, etc.). Académie des jeux Floraux. – Basilique romane St-Sernin, vaste église de pèlerinage consacrée en 1096 (sculptures, peintures murales) ; cathédrale gothique ; église des Jacobins, en brique, à deux vaisseaux (XIIIe-XIVe s.) ; hôtels de la Renaissance ; élégant Capitole, hôtel de ville et théâtre (XVIIIe s.) ; etc. Riches musées, dont celui des Augustins (sculpture languedocienne ; peinture) et le musée Saint-Raymond (archéologie gauloise et romaine). – Romaine à partir de 120-100 av. J.-C.,Toulouse fut la capitale du royaume wisigothique (Ve s.) puis du royaume franc d'Aquitaine et enfin du comté de Toulouse (IXe s.). Au XIIe s., les magistrats municipaux, les capitouls, assureront son émancipation vis-à-vis des comtes. Elle eut à souffrir lors de la croisade des albigeois (1208-1244). L'ordre des Dominicains et une université (1229) y furent fondés pour combattre l'hérésie. Le puissant comté de Toulouse, dont le fondateur fut Raimond Ier (852-864) et qui atteignit au XIIe s. les confins de la Provence, fut incorporé au domaine royal en 1271.

Toulouse-Lautrec (Henri de), peintre et lithographe français (Albi 1864 - château de Malromé, Gironde, 1901). Souffrant d'un handicap physique congénital, il choisit de vivre dans l'ambiance des plaisirs montmartrois. Il a peint, dans une manière et avec des audaces proches de celles de Degas, des scènes de cafés-concerts, de cabarets (*Au Moulin-Rouge,* 1892, Chicago), de maisons closes (*Au salon de la rue des Moulins,* 1894, Albi), ainsi que de nombreux portraits et figures diverses. C'est un dessinateur et un lithographe au trait synthétique et fulgurant, et l'un des pères de l'affiche moderne

Toumaï (du goran [une langue du Tchad] signif. « espoir de vie »), hominidé fossile ayant vécu en Afrique il y a 7 millions d'années. – Espèce *Sahelanthropus tchadensis.* Découvert en 2001 dans le nord du Tchad, Toumaï fait partie du rameau humain de l'arbre de l'évolution, dont il est le plus ancien fossile connu.

toundra [tundra] **n.f.** (mot russe, du lapon). GÉOGR. Formation végétale des régions de climat froid, qui comprend des graminées, des lichens et quelques arbres nains.

Toungouses ou **Toungouzes,** peuple de l'Asie orientale, disséminé à travers toute la Sibérie orientale, de l'Ienisseï au Pacifique (Russie et Chine du Nord-Est). Ils parlent une langue du groupe altaïque et ont été christianisés. Un noyau important, détaché, vit en Chine et en Mongolie.

Toungouska, nom de trois riv. de la Sibérie, affl. de l'Ienisseï (r. dr.) : la *Toungouska inférieure* (2 989 km), la *Toungouska moyenne* ou *pierreuse* (1 865 km), la *Toungouska supérieure* ou *Angara.*

toupet [tupɛ] **n.m.** (anc. fr. *top,* du frq. **top,* all. *Zopf,* tresse de cheveux). **1.** Touffe de cheveux sur le sommet du front (syn. **houppe**). **2.** FAM. Hardiesse irrespectueuse : *Il a eu le toupet de me dire ça* (syn. **effronterie**).

toupie [tupi] **n.f.** (anglo-normand *topet,* de l'angl. *top,* pointe, sommet). **1.** Jouet en forme de poire, qu'on fait tourner sur la pointe fixée à une de ses extrémités. **2.** Machine pour le travail du bois, avec laquelle on exécute les moulures et les entailles.

1. tour [tur] **n.f.** (lat. *turris*). **1.** Bâtiment ou corps de bâtiment nettement plus haut que large : *La tour d'un château.* **2.** Toute construction en hauteur : *La tour Eiffel. Les tours d'un grand ensemble.* **3.** Pièce du jeu d'échecs. **4. S'enfermer dans sa tour d'ivoire,** s'isoler et refuser de s'engager, de se compromettre. **5. Tour de contrôle,** bâtiment dominant l'aire d'un aérodrome, dans lequel est situé le service chargé du contrôle local de la circulation aérienne. ◢ **Tour de forage,** recomm. off. pour *derrick.*

2. tour [tur] **n.m.** (de *tourner*). **1.** Action de parcourir entièrement un lieu ; parcours ainsi accompli : *Faire le tour du lac, de la ville.* **2.** Trajet sur un circuit fermé qui ramène au point de départ : *Il est tombé en panne au cinquième tour.* **3.** Voyage ou déplacement rapide : *Faire le tour de l'Europe.* **4.** Promenade : *Faire un tour en ville.* **5.** Dimension de la ligne fermée qui constitue la limite extérieure de qqch, notamm. de certaines parties du corps : *Prendre le tour de taille d'une cliente.* **6.** Pourtour, bord de qqch, d'un lieu : *Le tour du lac est planté d'arbres* (syn. **circonférence**). **7.** Mouvement de rotation d'un corps autour de son axe, qui le ramène à sa position première : *Tour de roue.* **8.** Action de tourner un objet sur lui-même : *Donner deux tours de clé.* **9.** Exercice qui exige de la force, de l'adresse : *Tour de cartes, de prestidigitation.* **10.** Action habile, plaisante ou perfide destinée à mystifier qqn : *Jouer un bon tour à qqn* (= lui faire une farce). **11.** Manière dont qqch évolue : *Cette affaire prend un mauvais tour* (syn. **tournure**). **12.** Moment où qqn fait qqch, après ou avant d'autres : *Attendre, passer son tour.* **13.** Chaque phase d'une opération qui en comporte plusieurs : *Scrutin majoritaire à deux tours.* **14.** MÉTROL. Unité d'angle équivalant à 2 π radians. ▶ Symb. tr. **15. Cela vous jouera un tour, des tours,** cela vous fera du tort. ◢ **En un tour de main,** en un tournemain. ◢ **Faire le tour**

d'un lieu, d'un groupe, en parlant d'une nouvelle, d'un fait, être répandu, divulgué : *Sa nomination n'a pas tardé à faire le tour du service.* / **Faire le tour d'une question,** en examiner tous les points. / **Faire un tour d'horizon,** soumettre successivement à la discussion tous les aspects d'un sujet. / **Faire un tour de table,** donner la parole successivement à tous ceux qui sont assis autour d'une table pour connaître leur avis. / **Tour à tour,** l'un après l'autre : *Rire et pleurer tour à tour* (= alternativement). *Il a été tour à tour député, sénateur et ministre* (= successivement). / **Tour de chant,** interprétation sur scène, par un artiste, d'une suite de chansons. / **Tour de force,** action difficile, remarquablement réussie ; exploit. / **Tour de phrase,** construction propre à un écrivain, un orateur (on dit aussi *un tour*) : *C'est un tour qu'il affectionne* (syn. **expression**). / **Tour d'esprit,** manière propre à qqn de comprendre, d'exprimer les choses : *Tour d'esprit enjoué* (syn. **tournure, disposition**). **16. Tour de reins,** lumbago.

3. tour [tur] **n.m.** (lat. *tornus*, gr. *tornos*). **1.** Dispositif actionné au pied, comportant un plateau rotatif horizontal sur lequel le potier dispose la motte d'argile à tourner (on dit aussi *un tour de potier*). **2.** MÉCAN. Machine-outil utilisée pour usiner, par enlèvement de matière, une pièce génér. en rotation autour d'un axe. **3.** Appareil utilisé par les chirurgiens-dentistes, qui communique aux fraises un mouvement de rotation rapide.

Touraine, région du sud-ouest du Bassin parisien, de part et d'autre de la vallée de la Loire, ayant formé le dép. d'Indre-et-Loire. (Hab. *Tourangeaux*.) La Touraine fut annexée au domaine royal en 1259 (traité de Paris).

tourangeau, elle [turɑ̃ʒo, -ɛl] **adj.** et **n.** De la Touraine ou de Tours.

1. tourbe [turb] **n.f.** (frq. **turba*, terre combustible). Combustible médiocre qui se forme dans les tourbières par décomposition partielle des végétaux.

2. tourbe [turb] **n.f.** (lat. *turba*, foule). *LITT.* Foule confuse de gens méprisables (syn. **multitude**).

tourbeux, euse [turbø, -øz] **adj.** Qui contient de la tourbe : *Un marais tourbeux.*

tourbière [turbjɛr] **n.f.** Marécage acide où se forme la tourbe.

tourbillon [turbijɔ̃] **n.m.** (lat. pop. **turbiculus*, du lat. *turbo, -inis*). **1.** Vent très fort qui souffle en tournoyant. **2.** Masse d'air, de gaz qui se déplace en tournoyant : *Tourbillon de fumée, de poussière.* **3.** Masse d'eau qui tournoie rapidement en formant une sorte d'entonnoir (syn. **remous**). **4.** Mouvement rapide et circulaire : *Les tourbillons des valseurs.* **5.** *LITT.* Ce qui entraîne dans un mouvement rapide, irrésistible : *Le tourbillon de la vie.*

tourbillonnant, e [turbijɔnɑ̃, -ɑ̃t] **adj.** Qui tourbillonne.

tourbillonnement [turbijɔnmɑ̃] **n.m.** Mouvement en tourbillon : *Le tourbillonnement des feuilles mortes dans le vent* (syn. **tournoiement**).

tourbillonner [turbijɔne] **v.i. 1.** Former un tourbillon, des tourbillons : *Le fleuve tourbillonne.* **2.** Tournoyer rapidement : *Les feuilles d'automne tourbillonnent.*

Tourcoing, ch.-l. de c. du Nord ; 93 410 hab. *(Tourquennois).* Centre textile.

Tour de France, course cycliste annuelle par étapes (suivant à l'origine approximativement le contour de la France), créée en 1903. – Un Tour de France féminin (plus court) est disputé presque tous les ans depuis 1984.

Touré (Amadou Toumani), général et homme d'État malien (Mopti 1948). Instigateur du coup d'État militaire de 1991, il a présidé le Comité de transition avant de remettre le pouvoir aux civils en 1992. Il a été président de la République de 2002 à 2012.

Touré (Sékou), homme d'État guinéen (Faranah 1922 - Cleveland, Ohio, 1984). Président de la Confédération générale des travailleurs d'Afrique noire (1956), il refusa l'entrée de la Guinée dans la Communauté et la fit accéder à l'indépendance (1958). Il exerça un pouvoir dictatorial jusqu'à sa mort.

tourelle [turɛl] **n.f.** (de *1. tour*). **1.** Petite tour placée à l'angle d'un édifice ou contre la face extérieure d'un rempart. **2.** Abri orientable, génér. blindé, dans lequel sont disposées certaines armes d'un avion, d'un engin blindé, etc. **3.** CIN. Dispositif d'une caméra permettant de changer d'objectif par rotation d'un plateau unique.

Tourgueniev (Ivan Sergueïevitch), écrivain russe (Orel 1818 - Bougival 1883). Auteur de romans et de nouvelles (*Récits d'un chasseur,* 1852 ; *Pères et fils,* 1862 ; *les Eaux printanières,* 1872), de pièces de théâtre (*Un mois à la campagne,* 1879), il est l'écrivain russe le plus influencé par la pensée occidentale.

tourillon [turijɔ̃] **n.m.** (de *3. tour*). **1.** Organe mécanique de révolution, utilisé comme guide de mouvement circulaire. **2.** Cheville cylindrique servant à assembler des pièces de bois, des panneaux.

tourisme [turism] **n.m.** (angl. *tourism*, du fr. *tour*, excursion, voyage). **1.** Action de voyager, de visiter un site pour son plaisir : *Faire du tourisme en Bretagne.* **2.** Ensemble des activités, des techniques mises en œuvre pour les voyages et les séjours d'agrément : *Office de tourisme.* **3. Avion, voiture de tourisme,** à usage privé.

■ Apanage des classes privilégiées jusqu'au début du XXe s., le tourisme a subi depuis une évolution radicale dans les pays développés. Celle-ci est due à la fois à l'avènement des moyens de transports modernes (chemin de fer et avions) et à l'évolution sociale (réduction du temps de travail et élévation générale du niveau de vie). Cependant, même dans ces pays, le taux de départs en vacances varie selon les classes sociales.
Le tourisme est néanmoins devenu une pratique de masse. Il a suscité la création d'organismes spécialisés nationaux et internationaux, telle l'O.M.T. (Organisation mondiale du tourisme), qui dépend de l'O.N.U. Porté par les nouveaux modes de commercialisation, via Internet notamment, il est devenu un phénomène économique majeur, tant pour les pays de départ que pour les pays d'accueil, vu le nombre d'emplois qu'il génère, dans l'hôtellerie, la restauration et les transports en particulier. Il est caractérisé par le déplacement et le mode de transport, par la durée (au moins 24 heures dans sa définition économique en France) et par l'objectif qui le motive (agrément, santé, affaires, manifestation culturelle, sportive, religieuse, etc.).
À l'échelle mondiale, l'Europe occidentale occupe la première place pour les flux touristiques, la France, venant en tête des pays d'accueil, devant l'Espagne et l'Italie. Récemment, la Chine est devenue la troisième destination touristique mondiale et pourrait atteindre la première place vers 2020. L'Amérique du Nord constitue un autre grand carrefour mondial. À côté de ces flux majeurs, les principaux flux secondaires sont orientés vers les pays de la Méditerranée méridionale (Égypte, Tunisie, Maroc), l'Asie du Sud-Est, l'Europe centrale et orientale, l'Afrique noire et l'Amérique du Sud. ■

touriste [turist] **n.** (angl. *tourist*). **1.** Personne qui pratique le tourisme : *Un groupe de touristes visite le musée* (syn. **vacancier, estivant**). **2. Classe touriste,** classe à tarif réduit sur certains services de transports aériens.

touristique [turistik] **adj. 1.** Relatif au tourisme : *Guide touristique.* **2.** Qui attire les touristes, en parlant d'un lieu : *Monument, ville touristiques* (syn. **pittoresque**).

tourmaline [turmalin] **n.f.** (cinghalais *toromalli*). Pierre fine, de coloration variée, silicate complexe de sodium, de bore et d'aluminium.

tourment [turmɑ̃] **n.m.** (lat. *tormentum*, instrument de torture, de *torquere*, tordre). *LITT.* Vive douleur physique ou morale : *Les tourments de la jalousie* (syn. **affres**).

tourmente [turmɑ̃t] **n.f.** (lat. pop. **tormenta*, pl. neutre du class. *tormentum*, pris comme fém. sing.). **1.** *LITT.* Violente tempête : *Des alpinistes pris dans la tourmente* (syn. **bourrasque, tornade**). **2.** Troubles sociaux ou politiques : *La tourmente révolutionnaire* (syn. **agitation, tumulte**).

tourmenté, e [turmɑ̃te] **adj. 1.** Qui est en proie aux tourments, à l'angoisse : *Un homme tourmenté* (syn. **anxieux, angoissé**). **2.** Se dit d'une période marquée par des troubles, des événements graves : *L'époque tourmentée d'une guerre* (syn. **mouvementé**). **3.** Qui a des irrégularités nombreuses : *Sol tourmenté* (syn. **accidenté**). *Mer tourmentée* (= très agitée). **4.** LITTÉR., BX-A. Qui dénote une recherche excessive ; qui manque de simplicité : *Style tourmenté.*

tourmenter [turmɑ̃te] **v.t.** (de *tourment*). *LITT.* Faire endurer à qqn des tourments physiques ou moraux : *Ne tourmentez plus cette pauvre femme* (syn. **harceler, martyriser, persécuter**). *Le remords le tourmente* (syn. **ronger, tenailler**). ◆ **se tourmenter v.pr.** *LITT.* Se faire beaucoup de souci : *Elle se tourmente pour l'avenir de sa fille* (syn. **s'alarmer, s'inquiéter**).

tournage [turnaʒ] **n.m. 1.** Action d'usiner au tour. **2.** CIN. Action de tourner un film.

Tournai, en néerl. **Doornik,** v. de Belgique, ch.-l. d'arr. du Hainaut ; 69 667 hab. Centre industriel. Imposante cathédrale romane et gothique (trésor) et autres églises. Musées. Production de tapisseries aux XVe-XVIIIe s., de porcelaines aux XVIIIe et XIXe s. – Capitale des rois mérovingiens au Ve s., Tournai eut un évêché dès le VIe s. Elle connut une grande prospérité durant tout le XVe s. grâce à la tapisserie de haute lisse.

1. tournant, e [turnɑ̃, -ɑ̃t] **adj. 1.** Conçu pour tourner, pivoter : *Fauteuil tournant.* **2.** Qui prend à revers : *Mouvement tournant.* **3.** Dont la responsabilité est assurée à tour de rôle : *Présidence tournante d'un comité.* **4. Grève tournante,** grève qui paralyse successivement les divers secteurs d'une activité économique, les divers services d'une entreprise.

2. tournant [turnɑ̃] **n.m. 1.** Endroit où une voie tourne, prend une autre direction : *Route pleine de tournants* (syn. **virage**). **2.** Moment ou événement qui marque une orientation nouvelle, un changement important : *Être à un tournant de sa vie.* **3.** *FAM.* **Attendre, avoir, rattraper qqn au tournant,** prendre sur lui sa revanche dès que l'occasion se présente.

tourné, e [turne] **adj. 1.** Aigri ; altéré ; fermenté : *Lait, vin tourné.* **2.** (Précédé d'un adv.). Rédigé, dit d'une certaine façon : *Son compliment était bien tourné.* **3. Bien tourné,** se dit de qqn, d'un corps bien fait. / **Esprit mal tourné,** disposé à interpréter les choses d'une manière désagréable ou scabreuse.

tournebouler [turnəbule] **v.t.** (de l'anc. fr. *torneboele,* culbute, de *boele,* boyau, avec infl. de *boule*). *FAM.* Affoler, bouleverser qqn : *Toutes ces nouvelles m'ont tourneboulé* (syn. **perturber, retourner**).

tournebroche [turnəbrɔʃ] **n.m.** (de *tourner* et *broche*). Appareil servant à faire tourner une broche à rôtir.

tourne-disque [turnədisk] **n.m.** (pl. *tourne-disques*). *VIEILLI.* Appareil permettant la lecture d'un disque microsillon (syn. **électrophone**).

tournedos [turnədo] **n.m.** Tranche ronde de filet de bœuf, assez épaisse.

tournée [turne] **n.f.** (de *tourner*). **1.** Voyage, déplacement à caractère professionnel effectué par un fonctionnaire, un représentant, etc., selon un itinéraire déterminé : *La tournée du facteur. Tournée électorale.* **2.** Voyage d'un chanteur, d'une troupe d'artistes, d'une équipe sportive qui se produisent dans diverses localités : *Tournée d'été d'un groupe de rock.* **3.** *FAM.* Ensemble de consommations offertes et payées à un groupe par qqn : *C'est la tournée du patron.* **4. Faire la tournée des** (+ n.), visiter tour à tour des endroits de même nature : *Faire la tournée des musées.*

tournemain [turnəmɛ̃] **n.m.** (de *tourner* et *main*). *LITT.* **En un tournemain,** rapidement et avec aisance : *Il m'a convaincu en un tournemain* (= en un tour de main).

tourner [turne] **v.t.** (lat. *tornare,* façonner au tour). **1.** Changer d'orientation par un mouvement de rotation partielle : *Tourner son fauteuil vers la cheminée. Quand elle l'a vu, elle a tourné la tête* (syn. **détourner**). **2.** Retourner ; mettre à l'envers : *Tourner une page.* **3.** Imprimer à qqch un mouvement de rotation autour de son axe : *Tourner la clef dans la serrure.* **4.** Façonner une poterie sur un tour. **5.** TECHN. Usiner au tour : *Tourner des pièces mécaniques.* **6.** Remuer un aliment, un liquide par un mouvement circulaire pour les mélanger : *Tourner la salade, une sauce* (syn. **mélanger**). **7.** CIN. Procéder aux prises de vues d'un film ; interpréter un rôle dans un film : *Réalisateur, acteur qui tournent un film policier.* **8.** Éviter un obstacle par un mouvement qui permet de le prendre à revers : *Tourner les positions adverses* (syn. **contourner**). **9.** Éluder une difficulté, une loi : *Tourner un règlement.* **10.** Examiner une question, une idée sous tous les angles : *Tourner et retourner un problème.* **11.** Faire apparaître qqch, qqn sous un aspect qui en modifie la nature, le caractère : *Leur voyage a tourné au tragique. Tourner qqn en ridicule* (= le ridiculiser). **12.** Formuler un énoncé de telle façon : *Bien tourner ses phrases.* **13. Tourner la tête à qqn,** l'enivrer ou lui inspirer une passion violente. / *FAM.* **Tourner les sangs à qqn,** lui causer une vive émotion, une grande peine. ◆ **v.i. 1.** Se déplacer circulairement autour de qqch, de qqn pris pour centre : *La Terre tourne autour du Soleil. Les mouches tournent autour des bêtes* (syn. **tourbillonner**). **2.** Être animé d'un mouvement de rotation ou exécuter un mouvement en rond sur soi-même : *Disque qui tourne sur une platine. Le danseur tournait sur lui-même* (syn. **pirouetter, virevolter**). **3.** Changer de direction ; prendre une nouvelle orientation : *La route tourne. Tournez à gauche au prochain carrefour* (syn. **obliquer, virer**). *Le vent tourne.* **4.** Faire une tournée, des déplacements successifs : *Représentant qui tourne dans le Midi.* **5.** Se succéder à tour de rôle dans une fonction pour assurer un service : *Médecins qui tournent pour assurer la garde du dimanche* (syn. **alterner**). **6.** Marcher ; être en fonctionnement, en activité : *Ce moteur tourne régulièrement. L'usine tourne au ralenti* (syn. **fonctionner**). **7.** Évoluer vers tel état, de telle façon : *Le temps tourne à la pluie. Leur mariage a mal tourné* (= a eu une issue malheureuse). **8.** Cailler spontanément, en parlant du lait ; se décomposer, fermenter, en parlant d'un liquide, d'une sauce. **9.** Faire partie de la distribution d'un film : *Elle a tourné avec les plus grands réalisateurs* (syn. **jouer**). **10. La chance tourne,** la chance en favorise d'autres. / **La tête lui tourne,** il (elle) a le vertige. / **Tourner autour de qqch,** avoir telle chose pour centre : *Dans cette affaire, tout tourne autour de l'argent.* / **Tourner autour de qqn,** avoir des intentions à son égard, lui manifester de l'intérêt, chercher à le séduire. / *FAM.* **Tourner de l'œil,** s'évanouir. ◆ **se tourner v.pr. 1.** Changer de position pour se présenter face à qqn ou à qqch : *Se tourner vers la fenêtre.* **2.** S'orienter vers telle position : *Tous les regards se tournèrent vers le retardataire.* **3. Se tourner vers une profession, des études,** s'y engager.

tournesol [turnəsɔl] **n.m.** (it. *tornasole*). Nom usuel de l'*hélianthe* (syn. **soleil**).

tourneur, euse [turnœr, -øz] **n.** Ouvrier, ouvrière qui travaille sur un tour : *Tourneur sur bois, sur métaux.* ◆ **adj. Derviche tourneur,** derviche qui tourne sur lui-même en dansant.

tournevis [turnəvis] **n.m.** Outil en acier, dont l'une des extrémités est enfoncée dans un manche et dont l'autre est aplatie afin de pouvoir s'engager dans une tête de vis, et qui sert à visser ou à dévisser des vis : *Tournevis cruciforme.*

tournicoter [turnikɔte] **v.i.** (de *tourner,* d'apr. *tourniquet*). *FAM.* Tourner dans tous les sens autour de qqn.

Tournier (Michel), écrivain français (Paris 1924 - Choisel 2016). Le mythe, la gémellité, la pureté, le bouleversement de l'ordre des choses forment les thèmes principaux de ses romans (*Vendredi ou les Limbes du Pacifique,* 1967 ; *le Roi des Aulnes,* 1970 ; *les Météores,* 1975 ; *Gaspard, Melchior et Balthazar,* 1980 ; *la Goutte d'or,* 1986) et de ses nouvelles. Il écrivit aussi des récits pour enfants.

tourniquet [turnikɛ] **n.m.** (altér. d'apr. *tourner,* de *turniquet,* vêtement de dessus). **1.** Dispositif pivotant placé à l'entrée ou à la sortie d'un lieu public, et qui ne laisse passer qu'une personne à la fois. **2.** Dispositif d'arrosage pivotant en son centre. **3.** Lame métallique tournant autour d'un pivot scellé dans un mur, qui sert à maintenir ouvert un volet, une persienne. **4.** Petit présentoir rotatif à plusieurs faces, dans un magasin.

tournis [turni] **n.m.** (de *tourner*). **1.** Maladie des ruminants, notamm. des agneaux, se manifestant en partic. par le tournoiement. **2.** *FAM.* **Avoir, donner le tournis,** avoir, donner le vertige.

tournoi [turnwa] **n.m.** (de *tournoyer*). **1.** Compétition comprenant plusieurs séries de manches : *Tournoi de tennis.* **2.** Compétition amicale et sans attribution d'un titre : *Tournoi de bridge.* **3.** HIST. Fête où les chevaliers s'affrontaient à cheval, un contre un ou par groupes (XIIe-XVIe s.).

tournoiement [turnwamɑ̃] **n.m.** Action de tournoyer ; mouvement de ce qui tournoie : *Le tournoiement des feuilles* (syn. **tourbillonnement**).

tournois [turnwa] **adj. inv.** (lat. *turonensis,* de Tours). **1.** Se dit de la monnaie frappée à Tours du IXe au XIe s. **2.** Se dit d'une anc. monnaie de compte : *Livre tournois.*

tournoyer [turnwaje] **v.i.** (de *tourner*) [conj. **13**]. Tourner irrégulièrement plusieurs fois sur soi-même ou en spirale : *Oiseaux qui tournoient dans le ciel.*

tournure [turnyr] **n.f.** (lat. médiév. *tornatura,* du class. *tornare ;* v. *tourner*). **1.** Aspect que présente qqn, qqch : *Avoir une drôle de tournure* (syn. **air, allure**). *Tournure dramatique d'un récit* (syn. **aspect, côté**). **2.** Orientation que prend une situation : *L'affaire prend une bonne tournure* (syn. **évolution, tendance**). **3.** Manière dont les mots sont agencés dans une phrase : *Une tournure vieillie* (syn. **expression, tour**). **4. Tournure d'esprit,** manière propre à qqn d'envisager les choses, de les juger, d'y réagir. / **Prendre tournure,** laisser entrevoir l'état définitif de qqch : *Notre affaire avance, elle prend tournure.*

tour-opérateur [turɔperatœr] **n.m.** (angl. *tour operator*) [pl. *tour-opérateurs*]. Voyagiste.

Tours, anc. cap. de la Touraine, ch.-l. du dép. de l'Indre-et-Loire, sur la Loire, à 225 km au sud-ouest de Paris ; 138 323 hab. (349 427 hab. avec les banlieues) [*Tourangeaux*]. Archevêché. Université. Industries mécaniques, électroniques et chimiques. Édition. Base aérienne militaire. – La ville conserve des églises, de vieux hôtels et la cathédrale St-Gatien (XIIIe-XVIe s.). Riche musée des Beaux-Arts dans l'ancien palais épiscopal. Musées de la Société archéologique de Touraine, du Compagnonnage, des Vins de Touraine, etc. – Tours, évêché au IIIe s., devint un grand centre religieux grâce à ses évêques, saint Martin (371-397) et saint Grégoire de Tours (573-594). La ville fut (du 12 sept. au 9 déc. 1870) le siège de la délégation du gouvernement de la Défense nationale (Gambetta).

tourte [turt] **n.f.** (bas lat. *torta*). Tarte garnie de viande, de poissons, de légumes.

1. tourteau [turto] **n.m.** (de *tourte*). **1.** Résidu solide des grains et des fruits oléagineux princ. utilisé pour l'alimentation des bestiaux. **2.** Gros pain de forme ronde.

2. tourteau [turto] **n.m.** (de l'anc. fr. *tort, tourt,* tordu). Gros crabe à large carapace, et dont les pinces ont l'extrémité noire (on dit aussi *crabe dormeur* ou *un dormeur*).

tourtereau [turtəro] **n.m.** (de *tourterelle*). Jeune tourterelle encore au nid. ◆ **tourtereaux n.m. pl.** *FAM.* Jeunes gens qui s'aiment tendrement.

tourterelle [turtərɛl] **n.f.** (lat. pop. **turturella,* dimin. du class. *turtur*). Oiseau voisin du pigeon, mais plus petit, des régions boisées d'Eurasie et d'Afrique du Nord. ▸ Famille des columbidés. La tourterelle roucoule, gémit. Une variété, la tourterelle à collier, est élevée.

tourtière [turtjɛr] **n.f. 1.** Ustensile pour faire cuire des tourtes ou des tartes. **2.** *RÉGION., QUÉBEC.* Tourte à la viande.

Tourville (Anne de Cotentin, *comte* **de),** maréchal de France (Tourville, Manche, 1642 - Paris 1701). Vice-amiral, il vainquit la flotte anglo-hollandaise en 1690, fut chargé d'un débarquement en Angleterre mais essuya un échec près de la Hougue (1692).

tous pron. indéf. → **3. tout.**

Toussaint [tusɛ̃] **n.f.** (de *tous [les] saints*). RELIG. CHRÉT. Fête en l'honneur de tous les saints. ▸ Elle est célébrée le 1er novembre par les catholiques, le premier dimanche suivant la Pentecôte par les chrétiens orientaux.

Toussaint Louverture, homme politique et général haïtien (Saint-Domingue 1743 - fort de Joux, près de Pontarlier, 1803). Après avoir rallié le gouvernement français qui venait d'abolir l'esclavage (1794), il tenta d'établir une république noire. Maître de l'île en 1801, il capitula devant une expédition de reconquête envoyée par Napoléon Bonaparte (1802) et mourut interné en France.

tousser [tuse] **v.i.** (lat. *tussire*). Avoir un accès de toux ; se racler la gorge : *Le malade tousse beaucoup. Tousser pour avertir qqn.*

toussotement [tusɔtmɑ̃] **n.m.** Action de toussoter ; bruit produit en toussotant.

toussoter [tusɔte] **v.i.** Tousser souvent et faiblement.

1. tout [tu], **toute** [tut], **tous** [tu], **toutes** [tut] **adj. indéf.** (bas lat. *tottus,* forme expressive du class. *totus*). **1.** (Au sing.). Indique chacun des éléments d'un ensemble (sans autre déterminant) : *Toute vérité n'est pas bonne à dire* (syn. **n'importe quel**). *Tout homme a éprouvé un jour ce sentiment* (syn. **chaque**). **2.** (Au pl.). Indique l'ensemble des choses, des personnes : *Tous les côtés d'un carré sont égaux. Elles viendront toutes les deux.* **3.** (Au pl.). *LITT.* Sans autre déterminant, souligne une apposition récapitulative : *Il fait preuve de patience, de ténacité, de courtoisie, toutes qualités nécessaires à un diplomate.* **4.** Forme des loc. adj. : *Une émission tous publics. Un véhicule tout-terrain.* **5. De toute façon, en tout cas,** quoi qu'il en soit, quelle que soit la situation : *Je ne sais pas qui a dit cela, en tout cas ce n'est pas moi. Je suis sûre de toute façon qu'il viendra.*

2. tout [tu], **toute** [tut], **tous** [tu], **toutes** [tut] **adj. qualificatif** (même étym. que *1. tout*). **1.** (Au sing., devant un déterminant). Indique l'intégralité, la totalité de qqch : *Toute la nuit. Toute sa vie. Tout le monde.* **2.** (Au sing., devant *un, une*). Indique une intensité : *C'est toute une affaire. Il en a fait tout un plat.* **3.** (Au sing., sans autre déterminant). Indique un degré absolu : *En toute liberté. Un tableau de toute beauté. À toute vitesse.* **4.** (Au sing., sans autre déterminant). Indique la restriction : *Pour toute réponse* (syn. **seul**). **5.** (Au sing., ou au pl.). Indique la restriction : *C'est tout l'effet que ça te fait ? Voilà toutes les informations que j'ai pu recueillir* (= les seules informations). **6.** (Au sing., ou au pl.). Indique une intensité : *C'est tout le portrait de son père* (syn. **exact**). **7.** (En fonction adv.). Indique un degré absolu : *Elle était toute à ses pensées.*

3. tout [tu], **tous** [tus], **toutes** [tut] **pron. indéf.** (même étym. que *1. tout*). **1.** (Au sing.). Désigne l'ensemble des choses en général ou n'importe quelle chose : *Tout est prêt. Elle s'intéresse à tout. Tout peut arriver* (syn. **n'importe quoi**). **2.** (Au pl.). Désigne la totalité des personnes, des choses : *Tous sont venus. Une fois pour toutes, voici mes recommandations* (= je ne me répéterai pas). **3. En tout et pour tout,** uniquement : *Il avait en tout et pour tout cinq euros.*

4. tout [tu] **adv.** (même étym. que *1. tout*). **1.** Devant un adj., un p. passé ou un adv., marque l'intensité, le degré absolu : *Elle était tout étonnée. Ils sont tout petits.* ***Rem.*** Cet adverbe est variable en genre et en nombre devant un adjectif féminin commençant par une consonne ou un *h* aspiré : *Elles sont toutes surprises.* **2. Tout autre,** très différent : *C'est une tout autre affaire.* ***Rem.*** Ne pas confondre avec *tout,* adj. (ex. : *toute autre interprétation est erronée* [n'importe quelle autre...]). / *LITT.* **Tout... que** (+ ind. ou subj.), indique une concession, une opposition : *Tout subtil qu'il était, il commit une erreur* (syn. **si... que** [+ subj.]).

5. tout [tu] **n. m.** (même étym. que *1. tout*). **1.** La totalité : *Le tout et la partie.* **2.** L'essentiel : *Le tout est de réussir.* **3. Ce n'est pas le tout,** il y a, outre cela, autre chose à faire ou à dire : *Ce n'est pas le tout de se morfondre, il faut réparer les dégâts.* / **Du tout au tout,** complètement, entièrement : *Il a changé du tout au tout.* / **Le tout électrique,** se dit d'un système dans lequel tous les besoins énergétiques sont satisfaits grâce à l'énergie électrique. / **Pas du tout, plus du tout,** nullement : *Je ne suis* *pas du tout sûr qu'il vienne. Il n'y a plus du tout d'essence dans le réservoir.* / **Rien du tout,** absolument rien. / **Risquer, jouer le tout pour le tout,** hasarder de tout perdre pour tout gagner.

tout à fait [tutafɛ] **adv.** Complètement, entièrement ; exactement : *Je me sens tout à fait bien* (syn. **absolument**). *C'est tout à fait ça.*

tout-à-l'égout [tutalegu] **n.m. inv.** Système de canalisations envoyant directement dans les égouts les eaux usées des habitations.

Toutankhamon, pharaon de la XVIIIe dynastie (v. 1354-1346 av. J.-C.). Gendre d'Aménophis IV Akhenaton, il dut sous la pression du clergé rétablir le culte du dieu Amon. Mort à 18 ans, il est connu par la richesse du mobilier funéraire recueilli dans son tombeau, découvert inviolé, en 1922, dans la Vallée des Rois.

tout de go [tudgo] **adv.** (de [*avaler*] *tout de gob,* d'un trait, de *gober*). *FAM.* Sans préparation ; sans préliminaire : *Il a abordé le sujet tout de go* (= directement).

toutefois [tutfwa] **adv.** (de *toutes* et *fois*). [Marquant une articulation logique]. Exprime la concession, l'opposition, la restriction : *Son opinion semble arrêtée, il a toutefois promis d'y repenser* (syn. **néanmoins, cependant**).

toute-puissance [tutpɥisɑ̃s] **n.f. inv. 1.** Puissance sans bornes : *La toute-puissance des dictateurs.* **2.** THÉOL. Puissance infinie de Dieu (syn. **omnipotence**).

toutes pron. indéf. ⟶ 3. tout.

Tout-le-Monde [tulmɔ̃d] **n. sing.** Désigne une personne quelconque, comme les autres : *Il prend les transports en commun, comme M. Tout-le-Monde* (= l'homme de la rue).

toutou [tutu] **n.m.** (onomat.) [pl. *toutous*]. *FAM.* (Langage enfantin). Chien.

tout-petit [tup(ə)ti] **n.m.** (pl. *tout-petits*). Très jeune enfant : *Des livres en tissu pour les tout-petits* (syn. **bébé**).

tout-puissant, toute-puissante [tupɥisɑ̃, tutpɥisɑ̃t] **adj.** et **n.m.** (pl. *tout-puissants, toutes-puissantes*). **1.** Qui a un pouvoir sans bornes ou très grand : *Un roi tout-puissant* (syn. **omnipotent**). **2. Le Tout-Puissant,** Dieu.

tout-terrain [tutɛrɛ̃] **adj. inv.** et **n.m. inv.** Se dit d'un véhicule conçu pour circuler hors des routes et des autoroutes : *Des tout-terrain.*

à **tout-va** ou à **tout va** [tuva] **loc. adv.** De façon excessive ; sans retenue, sans limite : *Distribuer des contraventions à tout-va.*

tout-venant [tuvnɑ̃] **n.m. inv.** (de *venir*). **1.** TECHN. Matériau extrait d'une mine ou d'une carrière, avant tout traitement. **2.** Ensemble de choses, de personnes banales, courantes : *Ces articles n'ont pas été sélectionnés, c'est du tout-venant.*

toux [tu] **n.f.** (lat. *tussis*). Expiration brusque et sonore de l'air contenu dans les poumons, provoquée par l'irritation des voies respiratoires : *Toux grasse, sèche.*

township [tawnʃip] **n.m.** ou **n.f.** (mot angl. « municipalité »). Ghetto noir, bidonville des villes d'Afrique du Sud.

toxémie [tɔksemi] **n.f.** (du gr. *toxikon,* poison, et *haima, haimatos,* sang). Accumulation de toxines dans le sang.

toxicité [tɔksisite] **n.f.** Caractère toxique ; nocivité : *La toxicité de certaines colles.*

toxicologie [tɔksikɔlɔʒi] **n.f.** Science traitant des poisons, de leurs effets sur l'organisme et de leur identification. ◆ **toxicologue n.** Nom du spécialiste.

toxicomaniaque [tɔksikɔmanjak] **adj.** Qui relève de la toxicomanie.

toxicomanie [tɔksikɔmani] **n.f.** Habitude de consommer une ou plusieurs substances susceptibles d'engendrer un état de dépendance psychique ou physique. ◆ **toxicomane n.** et **adj.** Personne qui souffre de toxicomanie.

toxi-infection [tɔksiɛ̃fɛksjɔ̃] **n.f.** (pl. *toxi-infections*). État infectieux dû à une toxine sécrétée par un micro-organisme.

toxine [tɔksin] **n.f.** (all. *Toxin,* du rad. de *toxique*). Substance toxique élaborée par un organisme vivant (bactérie, champignon vénéneux, etc.).

toxique [tɔksik] **adj.** et **n.m.** (lat. *toxicum,* du gr. *toxikon,* de *toxon,* arc [à cause des poisons employés pour les flèches]). Se dit d'une substance nocive pour les organismes vivants : *Toxiques animaux, végétaux* (syn. **poison**).

toxoplasmose [tɔksɔplasmoz] **n.f.** Maladie provoquée par un parasite intracellulaire des animaux, dangereuse pour le fœtus d'une femme enceinte.

Toynbee (Arnold), historien britannique (Londres 1889 - York 1975). Il est l'auteur d'ouvrages sur les civilisations, dont il a établi une théorie cyclique (*Study of History,* 12 vol., 1934-1961).

toyotisme [tɔjɔtism] **n.m.** Système d'organisation du travail accordant une plus grande autonomie aux agents productifs (contrairement au fordisme et au taylorisme). ► Mis en place par la firme automobile japonaise Toyota, il a pour objectif les « cinq zéros » : zéro stock, zéro délai, zéro papier, zéro défaut, zéro panne.

traboule [trabul] **n.f.** (du lat. pop. **trabulare,* class. *transambulare,* aller à travers). *RÉGION.* À Lyon, passage étroit qui fait communiquer deux rues à travers un pâté de maisons.

1. trac [trak] **n.m.** (orig. incert., p.-ê. en rapport avec *traquer*). *FAM.* Peur, angoisse irraisonnée éprouvée au moment de paraître en public, de subir une épreuve : *Chanteur qui a le trac.*

2. trac [trak] **n.m.** *LITT.* ou *VIEILLI.* **Tout à trac,** soudainement ; sans réfléchir : *Il se mit tout à trac à proférer des injures.*

traçabilité [trasabilite] **n.f.** Possibilité de suivre un produit aux différents stades de sa production, de sa transformation et de sa commercialisation, notamment dans les filières de l'agroalimentaire.

traçage [trasaʒ] **n.m. 1.** Action de tracer. **2.** TECHN. Opération consistant à dessiner sur une pièce brute les axes, les contours permettant de l'usiner.

traçant, e [trasɑ̃, -ɑ̃t] **adj. 1.** Se dit d'un projectile (balle, obus) muni d'une composition combustible, et qui laisse un sillage derrière lui. **2. Table traçante ⟶ table.** / BOT. **Racine traçante,** qui s'étend horizontalement et très près du sol.

tracas [traka] **n.m.** (de *tracasser*). [Surtout au pl.]. Souci, inquiétude momentanés, dus surtout à des ennuis matériels : *Les tracas du ménage* (syn. **préoccupation**).

tracasser [trakase] **v.t.** (du rad. de *traquer*). Causer du tracas à qqn : *Sa santé le tracasse* (syn. **inquiéter**).

tracasserie [trakasri] **n.f.** Ennui causé à qqn pour des motifs futiles : *Tracasseries administratives* (syn. **chicane**).

tracassier, ère [trakasje, -ɛr] **adj.** Qui suscite des difficultés pour des riens : *Un chef tracassier* (syn. **chicaneur**).

trace [tras] **n.f.** (de *tracer*). **1.** Empreinte ou suite d'empreintes sur le sol marquant le passage d'un homme, d'un animal, d'un véhicule : *Traces de pas sur un carrelage* (syn. **traînée**). **2.** Marque laissée par un coup, une maladie, un phénomène sur qqn, qqch : *Avoir des traces de brûlure* (syn. **cicatrice**). *Cette aventure a laissé des traces profondes en lui* (syn. **impression, marque**). *On a trouvé des traces d'effraction sur la porte* (syn. **indice**). **3.** Quantité très faible d'une substance : *Déceler des traces d'albumine dans les urines.* **4.** MATH. Intersection d'une droite ou d'un plan avec un des plans de projection, en géométrie descriptive. **5. Être sur la trace de qqn, de qqch,** être près de le découvrir : *Être sur la trace d'un criminel* (= être sur la piste de). / **Suivre qqn, un animal à la trace,** se guider sur les traces qu'il a laissées.

tracé [trase] **n.m.** (de *tracer*). **1.** Représentation par des lignes : *Faire le tracé d'une nouvelle autoroute.* **2.** Ligne continue formant un contour : *Tracé d'une côte.*

tracer [trase] **v.t.** (lat. pop. **tractiare,* class. *trahere,* tirer, traîner) [conj. **16**]. **1.** Représenter par des lignes et des points : *Tracer une circonférence* (syn. **dessiner**). *Tracer une inscription sur un mur.* **2.** TECHN. Marquer par des lignes les coupes à faire sur un matériau. **3.** Marquer un emplacement par des lignes, des jalons : *Tracer une route.* **4.** Dépeindre ; décrire : *Tracer un tableau sinistre de la situation* (syn. **brosser**). **5.** Indiquer une voie, une direction : *Tracer le chemin à son fils* (= lui donner l'exemple). **6.** Suivre, par des technologies diverses, les déplacements de qqn ou de qqch : *Tracer un téléphone portable.* ◆ **v.i. 1.** BOT. S'étaler horizontalement, en parlant d'une plante, de ses racines, de sa tige. **2.** *FAM.* Aller très vite.

traceur [trasœr] **n.m. 1.** Substance radioactive dont le cheminement peut être suivi par des détecteurs, à des fins médicales ou scientifiques (syn. **marqueur**). **2. Traceur de courbes,** ⟶ table* traçante.

trachéal, e, aux [trakeal, -o] **adj.** ANAT. Relatif à la trachée.

trachée [traʃe] **n.f.** (de *trachée-artère*). **1.** ANAT. Chez l'homme et certains vertébrés, canal, maintenu béant par des anneaux de cartilage, qui fait communiquer le larynx avec les bronches et sert au passage de l'air (syn. **trachée-artère**). **2.** ZOOL. Chez les insectes et les arachnides, tube ramifié conduisant l'air des stigmates aux organes.

trachée-artère [traʃeartɛr] **n.f.** (gr. *artêria trakheia,* artère raboteuse) [pl. *trachées-artères*]. ANAT. *VX.* Trachée.

trachéen, enne [trakeɛ̃, -ɛn] **adj.** ZOOL. Relatif à la trachée des insectes, des arachnides.

trachéite [trakeit] **n.f.** MÉD. Inflammation de la trachée.

trachéotomie [trakeɔtɔmi] **n.f.** CHIR. Ouverture de la trachée au niveau du cou pour la mettre en communication avec l'extérieur au moyen d'une canule lorsqu'il y a risque d'asphyxie.

trachome [trakom] **n.m.** (gr. *trakhôma,* rudesse, aspérité). Conjonctivite contagieuse due à un germe du genre *chlamydia,* endémique dans certains pays chauds.

traclet [traklɛ] **n.m.** *HELV.* Petit train ; spécial., petit train de montagne.

tract [trakt] **n.m.** (mot angl., de *tractate,* traité). Feuille ou brochure distribuée à des fins de propagande.

tractation [traktasjɔ̃] **n.f.** (lat. *tractatio,* de *tractare,* traiter). [Surtout au pl.]. Négociation plus ou moins secrète, souvent laborieuse : *D'interminables tractations ont eu lieu entre les adversaires* (syn. **marchandage**).

tracter [trakte] **v.t.** (de *tract[eur]*). Tirer au moyen d'un véhicule ou d'un procédé mécanique : *La dépanneuse tracte le véhicule en panne.*

1. tracteur, trice [traktœr, -tris] **adj.** (du lat. *tractum,* de *trahere,* tirer). Qui tracte ; qui est capable de tracter : *La force tractrice d'un treuil.*

2. tracteur [traktœr] **n.m.** Véhicule motorisé destiné à tracter des remorques sans moteur ; spécial., engin automoteur tout-terrain, à roues ou à chenilles, entraînant les machines agricoles.

traction [traksjɔ̃] **n.f.** (bas lat. *tractio,* de *trahere,* tirer). **1.** Action de tirer quand la force motrice est placée en avant de la force résistante : *La traction d'un wagon.* **2.** Action de tirer en tendant, en allongeant un corps : *La résistance d'un matériau à la traction.* **3.** CH. DE F. Service chargé des locomotives et du personnel de conduite. **4.** Mouvement de gymnastique consistant à soulever avec les bras le corps suspendu à une barre, à des anneaux ou allongé sur le sol en poussant sur les bras : *Faire une série de vingt tractions au sol.* **5. Traction avant,** automobile dont les roues avant sont motrices.

trade-union [trɛdjunjɔn] ou [trɛdynjɔn] **n.f.** (mot angl., de *trade,* métier, et *union,* union) [pl. *trade-unions*]. Syndicat ouvrier, dans un pays anglo-saxon.

tradeur, euse [trɛdœr, -øz] **n.** ou **trader** [trɛdœr] **n.m.** (angl. *trader*). Dans une banque ou une société boursière, opérateur spécialisé dans l'achat et la vente de valeurs mobilières, devises et produits dérivés.

tradition [tradisjɔ̃] **n.f.** (lat. *traditio,* de *tradere,* remettre, transmettre). **1.** Transmission de doctrines religieuses ou morales, de coutumes par la parole ou par l'exemple sur une longue suite de générations ; ensemble de ces doctrines et récits. **2.** Manière d'agir ou de penser transmise de génération en génération : *Tradition familiale, régionale* (syn. **coutume, usage**). **3.** Habitude, usage propres à qqn, en telle circonstance : *Ce voyage à Noël est une tradition chez elle.* **4.** RELIG. **La Tradition,** l'ensemble des vérités de foi qui ne sont pas contenues directement dans la révélation écrite.

traditionalisme [tradisjɔnalism] **n.m.** Système de croyances fondé sur la tradition ; attachement aux traditions. ◆ **traditionaliste adj.** et **n.** Relatif au traditionalisme ; qui en est partisan.

traditionnel, elle [tradisjɔnɛl] **adj. 1.** Fondé sur la tradition, sur un long usage : *Le défilé traditionnel du 14 Juillet* (syn. **habituel, rituel**). **2.** Passé dans les habitudes, dans l'usage : *Les congés traditionnels de février.*

traditionnellement [tradisjɔnɛlmɑ̃] **adv.** Conformément à la tradition : *Fête qui se célèbre traditionnellement le jour de l'été.*

traducteur, trice [tradyktœr, -tris] **n.** Personne qui traduit ; auteur d'une traduction.

traduction [tradyksjɔ̃] **n.f.** (lat. *traductio*). **1.** Action de traduire : *Une traduction littérale, fidèle.* **2.** Ouvrage, texte traduit : *Une traduction d'un roman de Goethe.* **3.** Manière d'exprimer, de manifester qqch par une transposition : *Est-ce la traduction exacte de votre pensée ?* (syn. **expression**). **4. Traduction automatique, traduction assistée par ordinateur,** traduction de textes par des moyens informatiques.

traduire [tradɥir] **v.t.** (lat. *traducere,* faire passer) [conj. **98**]. **1.** Faire passer un texte, un discours d'une langue dans une autre : *Traduire un texte anglais en français. Traduire un auteur allemand.* **2.** Exprimer, reproduire de façon transposée : *La musique seule peut traduire ce sentiment* (syn. **exprimer**). *Sa voix traduit son inquiétude* (syn. **trahir**). **3.** DR. **Traduire qqn en justice,** le citer, l'appeler devant un tribunal. ◆ **se traduire v.pr.** Être exprimé : *Sa douleur se traduisit par des cris* (syn. **se manifester**).

traduisible [tradɥizibl] **adj.** Qui peut être traduit.

Trafalgar *(bataille de)* [21 oct. 1805], victoire navale décisive de Nelson sur une flotte franco-espagnole sous les ordres de Villeneuve, au large du cap de Trafalgar (nord-ouest du détroit de Gibraltar). Nelson y perdit la vie. L'anéantissement de sa force navale devait décider Napoléon à instaurer le Blocus continental.

Trafalgar Square, place du centre de Londres, où a été érigée une colonne en l'honneur de Nelson.

1. trafic [trafik] **n.m.** (it. *traffico,* d'orig. obsc.). **1.** Commerce illégal et clandestin : *Trafic d'armes.* **2.** *FAM.* Activité mystérieuse et compliquée : *Ils font tout un trafic dans leur coin.* **3. Trafic d'influence,** infraction pénale commise par celui qui se fait rémunérer pour obtenir ou faire obtenir un avantage de l'autorité publique.

2. trafic [trafik] **n.m.** (angl. *traffic*). Circulation et fréquence des trains, des voitures, des avions : *Trafic ferroviaire, routier.*

traficoter [trafikɔte] **v.i.** *FAM.* Se livrer à de petits trafics : *Traficoter avec un revendeur.* ◆ **v.t.** *FAM.* Combiner qqch, le faire en se cachant ; manigancer.

trafiquant, e [trafikɑ̃, -ɑ̃t] **n.** Personne qui trafique.

trafiquer [trafike] **v.i.** (it. *trafficare*). Effectuer des opérations commerciales illégales et clandestines : *Il a acquis sa fortune en trafiquant à l'étranger.* ◆ **v.t. 1.** *FAM.* Falsifier un produit, une marchandise : *Trafiquer du vin* (syn. **frelater**). **2.** *FAM.* Faire qqch de mystérieux : *Qu'est-ce qu'ils trafiquent dans leur chambre depuis une heure ?* (syn. **manigancer**). ◆ **v.t. ind. [de].** *LITT.* Tirer profit d'une chose qui est normalement sans valeur marchande : *Trafiquer de son influence, de son crédit.*

tragédie [traʒedi] **n.f.** (lat. *tragoedia,* du gr.). **1.** LITTÉR. Pièce de théâtre, dont le sujet est génér. emprunté à la légende ou à l'histoire, qui met en scène des personnages illustres et représente une action destinée à susciter la terreur ou la pitié par le spectacle des passions et des catastrophes qu'elles provoquent ; genre littéraire que constitue l'ensemble de ces pièces : *Les tragédies grecques.* **2.** Événement funeste : *Une émeute qui tourne à la tragédie* (syn. **catastrophe, drame**).

■ **La tragédie antique et ses adaptations.** La tragédie, qui est à l'origine même du théâtre, est née dans la Grèce antique, du culte de Dionysos. Au cours des fêtes consacrées au dieu du vin et de l'ivresse, des chœurs exécutaient un chant en son honneur (le *dithyrambe*), donnant la réplique à un chanteur, le *coryphée*. Les parties lyriques chantées par le chœur alternaient avec les divers épisodes de l'action (correspondant aux actes du théâtre moderne). La forme définitive de ce spectacle, d'origine populaire, semble avoir été fixée à partir du VIe s. av. J.-C., et complétée au Ve s. av. J.-C., par Eschyle, Sophocle et Euripide, qui augmentèrent notamment le nombre des acteurs.

D'abord austère et dépouillée, la tragédie se transforma en une sorte d'opéra, par l'amplification de la déclamation, de la mise en scène et de la musique, et connut, dès le IVe s. av. J.-C., une longue décadence. Imitée par les Romains (Ovide et surtout Sénèque), elle fut reprise à l'époque de la Renaissance par le théâtre européen.

En France, dès le milieu du XVIe s., écrivains et poètes tentent d'adapter la tradition antique au goût français, en supprimant les chœurs, en introduisant plus de psychologie chez les personnages et de vraisemblance dans l'action ; mais la notion du « tragique », souvent confondue avec l'aspect pathétique destiné à éveiller la pitié ou avec l'aspect dramatique qui repose essentiellement sur les péripéties de l'action et l'attente du dénouement, est alors comprise de façon confuse et ambiguë. Cependant, dans la seconde moitié du XVIe s. et au début du XVIIe s., en Angleterre, Shakespeare et d'autres auteurs de théâtre inventèrent parallèlement une forme de tragédie moins fondée sur les récits violents de l'Antiquité que sur la cruauté de l'époque dans laquelle ils vivaient.

La tragédie classique. Au début du XVIIe s., l'apparition de la tragi-comédie, au dénouement heureux, semble devoir éclipser la tragédie pure, fondée sur la lutte éternelle de l'homme contre un destin inéluctable.

Le triomphe des « règles », qui s'impose vers 1640, marque le renouveau de la tragédie proprement dite. Reprises du théâtre antique par les érudits et les critiques, elles sont fondées sur les trois unités (action, temps, lieu) et le respect de la bienséance et de la vraisemblance : la tragédie ne doit comporter qu'une seule intrigue, sans épisode secondaire ; l'action doit se dérouler en un jour et dans un seul et même lieu ; les héros en sont toujours des personnages illustres (princes, rois, reines, etc.), ce qui donne au genre sa majesté et sa dignité ; le langage de la tragédie, grave et solennel, bannit les mots familiers et conserve toujours la réserve et la pudeur la plus grande ; de même qu'est évitée la représentation réaliste des combats et des suicides. Ces limites rigoureuses ont permis à la tragédie d'atteindre un maximum d'intensité, par la simplicité de l'action et la profondeur de l'analyse psychologique, par l'élégance et l'harmonie de la forme. Cet idéal classique se trouve pleinement réalisé dans les œuvres de Racine. Mais, bien que fécondes, les règles ne suffisaient pas à elles seules à la réalisation de chefs-d'œuvre, comme l'ont prouvé les médiocres imitations du XVIIIe s., au cours duquel la tragédie connut un déclin rapide. Elles constituaient de plus un obstacle important à l'épanouissement du genre : cette contrainte fut ressentie par Corneille lui-même, qui pourtant donna à la tragédie française ses premiers chefs-d'œuvre, mais dont les pièces, plus riches en événements, supportaient moins bien ce cadre trop étroit. Ce danger fut un des arguments principaux des romantiques contre la tragédie classique à laquelle, au XIXe s., se substitua le drame qui évolue au gré d'épisodes foisonnants et d'éléments pathétiques, politiques et philosophiques.

La tragédie moderne. L'évolution d'un monde bouleversé par des guerres de plus en plus meurtrières, des génocides et le développement de l'arme atomique a fait naître de nouvelles formes de tragédies à partir de la seconde moitié du XXe s. : tragédies sociales, tragédies réinterprétant les modèles antiques, tragédies empreintes de la philosophie de l'absurde, tragédies d'anticipation imaginant des conflits d'une brutalité encore inconnue. ■

tragédien, enne [traʒedjɛ̃, -ɛn] **n.** Acteur, actrice spécialisés dans les rôles de tragédie.

tragi-comédie [traʒikɔmedi] **n.f.** (d'apr. le lat. *tragicomœdia*) [pl. *tragi-comédies*]. **1.** LITTÉR. Œuvre dramatique où le tragique se mêle au comique : *« Le Cid » de Corneille est une tragi-comédie.* **2.** FIG. Situation à la fois grave et comique : *La vie de ce couple est une tragi-comédie.*

tragi-comique [traʒikɔmik] **adj.** (pl. *tragi-comiques*). **1.** Qui tient de la tragi-comédie. **2.** À la fois tragique et comique : *Un incident tragi-comique.*

tragique [traʒik] **adj.** (lat. *tragicus*, du gr.). **1.** Relatif à la tragédie : *Répertoire, genre tragique.* **2.** Qui éveille la terreur ou la pitié par son caractère effrayant, funeste : *Situation tragique* (syn. **dramatique, angoissant**). *Un tragique accident* (syn. **effroyable, terrible**). ◆ **n.m. 1.** Auteur de tragédies : *Les tragiques grecs.* **2.** Caractère de ce qui est tragique, terrible : *Le tragique de la situation.* **3. Le tragique,** le genre tragique, la tragédie.

tragiquement [traʒikmɑ̃] **adv.** De façon tragique ; dans des circonstances tragiques : *Il est mort tragiquement.*

trahir [trair] **v.t.** (lat. *tradere*, livrer) [conj. **32**]. **1.** Abandonner qqn ; ne pas respecter un engagement pris : *Trahir un ami. Trahir une cause. Trahir sa patrie* (= passer à l'ennemi). **2.** Révéler, volontairement ou non, ce qui devait rester caché : *Trahir un secret* (syn. **divulguer**). *Son attitude trahissait son désarroi* (syn. **manifester, traduire**). **3.** Dénaturer ; altérer : *Trahir la pensée de qqn* (syn. **fausser**). **4.** Abandonner brusquement : *Ses forces l'ont trahi* (syn. **lâcher**). ◆ **se trahir v.pr.** Laisser voir ce qu'on voulait cacher de soi, de ses sentiments : *Elle s'est trahie par ce geste.*

trahison [traizɔ̃] **n.f.** (de *trahir*). **1.** Action de trahir ; manquement à un engagement : *Commettre une trahison* (syn. **traîtrise, tromperie**). **2.** Acte criminel contre la sécurité de l'État. **3.** DR. ANC. **Haute trahison,** grave manquement aux devoirs de sa charge commis par un président de la République, en France.

train [trɛ̃] **n.m.** (de *traîner*). **1.** Convoi ferroviaire constitué d'un ou de plusieurs véhicules remorqués par un engin moteur, et utilisé comme moyen de transport : *Train de voyageurs, de marchandises. Voyager par le train.* **2.** File de véhicules remorqués ou motorisés formant une unité de transport : *Train de péniches.* **3.** Ensemble organisé de choses identiques en mouvement ou assurant un mouvement : *Train d'atterrissage* (= dispositif d'atterrissage d'un avion). *Train de pneus.* **4.** Ensemble de dispositions législatives ou administratives sur un même objet : *Train de mesures fiscales* (syn. **série**). **5.** MIL. Arme des transports et de la circulation par route dans l'armée de terre, appelée autref. *train des équipages.* **6.** Manière de progresser, allure plus ou moins rapide d'une personne, d'un animal, d'un véhicule : *Train soutenu* (syn. **allure**). *Au train où vont les choses, ce travail ne sera pas terminé à temps.* **7.** FAM. Derrière ; fesses : *Botter le train à qqn.* **8. À fond de train,** à toute vitesse. / **Être en train, mettre en train,** être en forme ; commencer l'exécution de qqch : *Sportif qui n'a pas l'air en train. Mettre un travail en train.* / **Être en train de,** être occupé à ; être en voie de : *Être en train de travailler. Il est en train de réussir* (= en voie). / **Mener le train,** dans une course, être en tête du peloton. / **Mise en train,** début d'exécution : *La mise en train d'un nouveau travail.* / **Prendre le train en marche,** se joindre à une action déjà en cours. **9. Train à grande vitesse (T.G.V.),** train électrique pouvant atteindre en service commercial des vitesses de 270 à 300, puis 320 km/h. / **Train de bois,** assemblage de troncs d'arbres flottant sur un cours d'eau (syn. **radeau**). / **Train de devant, de derrière,** partie antérieure, partie postérieure du corps d'un quadrupède. / **Train de vie,** manière de vivre d'une personne par rapport aux revenus, aux ressources dont elle dispose. / AUTOM. **Train avant, arrière,** ensemble des éléments remplaçant l'essieu classique à l'avant, à l'arrière d'une voiture.

traînage [trenaʒ] **n.m. 1.** Action de traîner. **2.** Transport au moyen de traîneaux.

traînailler v.i. ⟶ **traînasser.**

traînant, e [trenɑ̃, -ɑ̃t] **adj. 1.** Qui traîne à terre : *Robe traînante.* **2.** Monotone : *Voix traînante* (syn. **lent**).

traînard, e [trenar, -ard] **n. 1.** *FAM.* Personne qui reste en arrière d'un groupe en marche : *Faire avancer les traînards.* **2.** Personne lente dans son travail ; lambin.

traînasser [trenase] et **traînailler** [trenaje] **v.i. 1.** *FAM.* Se promener, errer paresseusement : *Traînasser dans les rues* (syn. **flâner, traîner**). **2.** Être à la traîne dans son travail.

traîne [trɛn] **n.f.** (de *traîner*). **1.** Partie d'un vêtement long qui se prolonge par-derrière et traîne à terre : *Relever la traîne de la mariée.* **2.** *FAM.* **À la traîne,** en arrière d'un groupe de personnes, en retard : *Avancez ! Ne restez pas à la traîne.*

traîneau [treno] **n.m.** (de *traîner*). Véhicule muni de patins, et que l'on fait glisser sur la glace et la neige.

traînée [trene] **n.f.** (de *traîner*). **1.** Trace laissée sur une surface ou dans l'espace par un corps en mouvement, par une substance répandue : *Traînée de sang. La traînée lumineuse d'une comète* (syn. **trace**). **2.** MÉCAN. Force aérodynamique qui s'oppose à l'avancement d'un mobile dans l'air. **3.** PÊCHE. Ligne de fond. **4.** *FAM.* Femme de mauvaise vie.

traîner [trene] **v.t.** (lat. pop. **traginare*, du class. *tragere*, tirer). **1.** Faire avancer, faire rouler qqch en le tirant : *Cheval qui traîne une charrette.* **2.** Déplacer qqch, qqn en le tirant par-derrière et sans le soulever : *Traîner un meuble dans une pièce.* **3.** Emporter, emmener partout avec soi : *Traîner son parapluie. Il traîne avec lui toute sa famille.* **4.** Emmener qqn de force : *Traîner sa mère dans les musées.* **5.** Avoir à supporter une chose pénible qui dure : *Traîner une maladie, une mauvaise grippe.* **6. Traîner la jambe,** marcher avec difficulté. / **Traîner les pieds,** marcher sans soulever suffisamment les pieds. ◆ **v.i. 1.** Pendre à terre : *Sa robe traîne.* **2.** N'être pas à sa place : *Laisser traîner un dossier.* **3.** En parlant d'un sujet, être rebattu : *Une histoire qui traîne dans tous les livres.* **4.** Durer trop longtemps : *Procès qui traîne* (syn. **s'éterniser**). **5.** Flâner ; aller sans but : *Traîner dans les rues* (syn. **errer**). **6.** S'attarder inutilement : *Traîner en chemin* (syn. **musarder**). ◆ **se traîner v.pr. 1.** Se déplacer en rampant, avec lenteur ou avec difficulté : *Des enfants qui se traînent par terre.* **2.** Se passer, avancer lentement dans le temps : *Les jours se traînent.*

traîne-savates [trɛnsavat] **n. inv.** *FAM.* Personne qui passe son temps à traîner ; oisif, fainéant.

training [trɛniŋ] **n.m.** (mot angl. « entraînement », de *to train*, dresser, entraîner). **1.** Entraînement sportif. **2. Training autogène,** méthode de relaxation fondée sur la suggestion.

train-train [trɛ̃trɛ̃] **n.m. inv.** (altér. de *trantran*, d'orig. onomat.). *FAM.* Répétition monotone des actes de la vie quotidienne : *Reprendre le train-train habituel* (syn. **routine**).

traire [trɛr] **v.t.** (lat. pop. **tragere*, du class. *trahere*, tirer) [conj. **112**]. Tirer le lait des mamelles de la vache, de la chèvre etc. : *Machine à traire* (= trayeuse).

trait [trɛ] **n.m.** (lat. *tractus*, de *trahere*, tirer). **1.** Ligne tracée sur une surface quelconque : *Trait de crayon* (syn. **barre, ligne**). **2.** Marque distinctive : *C'est un trait de notre époque* (syn. **signe, caractéristique**). **3.** Indice, signe d'un caractère, d'un sentiment, etc. : *Trait de générosité.* **4.** *VX.* Projectile lancé à la main, avec un arc, une arme de jet : *Décocher un trait.* **5.** Quantité d'un liquide absorbée d'un coup : *Boire à longs traits* (syn. **gorgée**). **6.** LING. Propriété pertinente minimale qui permet de distinguer deux unités sur le plan phonologique, syntaxique et sémantique. **7.** IMPR. Cliché ne comportant que des noirs et des blancs purs, sans les demi-teintes qui caractérisent la similigravure. **8.** *LITT.* Propos blessant : *Un trait mordant, piquant* (syn. **pointe**). **9. À grands traits,** rapidement, sommairement : *Brosser un récit à grands traits.* / **Avoir trait à qqch,** s'y rapporter : *Relever ce qui a trait à l'événement* (= ce qui concerne). / **Tirer un trait sur qqch,** y renoncer définitivement : *Tirer un trait sur un projet, sur des vacances.* / **Trait d'esprit,** expression, remarque spirituelle. / **Trait pour trait,** avec une exactitude, une fidélité parfaite : *Son récit correspond trait pour trait à ceux des autres témoins.* / BX-A. **Dessin au trait,** qui n'indique que le contour des formes, sans ombres ni modelés. **10. Animal de trait,** animal attelé pour tirer des charges. ◆ **traits n.m. pl.** Lignes caractéristiques du visage humain : *Avoir les traits fins.*

traitable [trɛtabl] **adj. 1.** Que l'on peut traiter : *Informations traitables par ordinateur. Une maladie traitable.* **2.** *SOUT.* Accommodant ; conciliant.

traitant, e [trɛtɑ̃, -ɑ̃t] **adj. 1.** Qui traite, soigne : *Shampooing traitant.* **2. Médecin traitant,** en France, médecin, généraliste ou spécialiste, libéral ou hospitalier, choisi par un assuré social pour être son médecin habituel, celui qui l'orientera et le suivra tout au long de son parcours* de soins coordonné.

trait d'union [trɛdynjɔ̃] **n.m. 1.** Petit tiret que l'on met entre les éléments d'un mot composé *(avant-coureur)* ou entre le verbe et un pronom postposé *(dit-elle).* **2.** *FIG.* Personne ou chose qui sert de lien, d'intermédiaire : *Ces jeunes sont le trait d'union entre l'Administration et les élèves.*

1. traite [trɛt] **n.f.** (de *traire*). Action de traire : *Traite mécanique des vaches.*

2. traite [trɛt] **n.f.** (de *traire*, aux sens anc. de « tirer » et « transporter »). **1.** *LITT.* Distance qu'on parcourt sans s'arrêter : *Une longue traite* (syn. **trajet**). **2.** DR. Effet de commerce transmissible par lequel un créancier donne l'ordre à son débiteur de payer à une date déterminée la somme qu'il lui doit, à son ordre ou à celui d'un tiers (= lettre de change) : *Payer, accepter une traite.* **3.** HIST. Forme élémentaire de commerce colonial qui consistait à échanger des marchandises manufacturées de faible valeur contre des produits locaux. **4. D'une (seule) traite** ou **tout d'une traite,** sans s'arrêter en chemin ; sans interruption : *Réciter un long poème tout d'une traite.* / DR. **Traite des êtres humains,** forme de criminalité consistant à entraîner ou à détourner des femmes, des enfants pour les prostituer : *La traite des Blanches.* / HIST. **Traite des Noirs,** trafic des esclaves sur les côtes de l'Afrique, pratiqué par les Européens du XVIe au XIXe s. et condamné par le congrès de Vienne, en 1815.

traité [trete] **n.m. 1.** Ouvrage qui traite d'une matière particulière : *Traité de mathématiques* (syn. **manuel**). **2.** DR. INTERN. Convention écrite entre deux ou plusieurs États : *Ratifier un traité* (syn. **pacte**). *Signer un traité de paix.*

traitement [trɛtmɑ̃] **n.m. 1.** Manière d'agir envers qqn : *Infliger de mauvais traitements à un enfant* (= exercer des sévices sur lui). **2.** Action et manière de soigner une maladie ; ensemble de mesures thérapeutiques : *Prescrire un traitement* (syn. **médication, thérapeutique**). **3.** Action d'examiner et de régler une question, un problème : *Le traitement social du chômage.* **4.** IND. Ensemble des opérations qu'on fait subir à des substances, des matières premières, pour les transformer : *Traitement thermique d'un métal.* **5.** Rémunération d'un fonctionnaire ; émoluments. **6.** INFORM. **Traitement de l'information, des données,** ensemble des opérations relatives à la collecte, à l'enregistrement, à l'élaboration, à la modification et à l'édition de données. / INFORM. **Traitement de texte(s),** ensemble des techniques informatiques qui permettent la saisie, la mémorisation, la correction, l'actualisation, la mise en pages et la diffusion de textes.

traiter [trete] **v.t.** (lat. *tractare*). **1.** Agir de telle manière envers qqn : *Traiter qqn en frère.* **2.** Soigner, par une médication appropriée : *Traiter un malade, une maladie par les antibiotiques.* **3.** Appliquer, donner un qualificatif péjoratif à qqn : *Traiter son voisin de voleur.* **4.** Exposer qqch oralement ou par écrit : *Le candidat n'a pas traité le sujet* (syn. **étudier**). **5.** Régler les conditions d'un marché, d'une affaire : *Traiter une affaire au nom de son partenaire* (syn. **négocier**). **6.** (Absol.). Négocier, conclure un accord : *Traiter avec les concurrents. Il a refusé de traiter.* **7.** Soumettre une matière première, une substance, à diverses opérations susceptibles de la transformer : *Traiter un minerai.* **8.** *LITT.* Recevoir à sa table : *Traiter ses invités magnifiquement.* ◆ **v.t. ind. [de].** Prendre pour objet d'étude : *Ouvrage qui traite d'économie. La conférencière a traité d'une récente découverte scientifique* (syn. **parler de**).

traiteur [tretœr] **n.m.** (de *traiter*). Professionnel qui prépare des plats à emporter ou les livre à domicile.

traître, traîtresse [tretr, tretres] **adj.** et **n.** (lat. *traditor*). **1.** Qui trahit : *Être traître à sa patrie* (syn. **félon**). **2. En traître,** avec traîtrise, d'une manière perfide : *Il m'a attaqué en traître* (syn. **traîtreusement**). ◆ **adj. 1.** Qui est plus dangereux qu'il ne paraît : *Un vin traître* (= qui enivre facilement). **2. Pas un traître mot,** pas un seul mot : *Je n'ai pas compris un traître mot à son discours.*

traîtreusement [tretrøzmɑ̃] **adv.** Avec traîtrise.

traîtrise [tretriz] **n.f.** (de *traître*). **1.** Comportement de traître : *Avoir des preuves de la traîtrise de qqn* (syn. **fourberie, perfidie**). **2.** Acte perfide, déloyal : *Il ne lui a pas pardonné ses traîtrises* (syn. **trahison, tromperie**).

Trajan, en lat. **Marcus Ulpius Traianus** (Italica 53 - Sélinonte de Cilicie 117), empereur romain (98-117). Par la conquête de la Dacie (101-102 et 105-107), il assura la sécurité des frontières sur le Danube et, en Orient (114-116), il lutta contre les Parthes et étendit l'Empire jusqu'à l'Arabie Pétrée, l'Arménie et la Mésopotamie. Il se montra excellent administrateur et fut un grand bâtisseur (forum de Trajan, marché, basilique, etc.).

trajectoire [traʒɛktwar] **n.f.** (lat. scientif. *trajectoria,* du class. *trajectus,* traversée, trajet). Ligne décrite par un point matériel en mouvement, par un projectile : *Suivre la trajectoire d'une flèche* (syn. **cheminement**).

trajet [traʒɛ] **n.m.** (it. *tragetto,* du lat. *trajectus,* traversée). **1.** Fait de parcourir l'espace pour aller d'un point à un autre : *Le trajet jusqu'à Paris nous a pris deux heures* (syn. **parcours**). **2.** Chemin à parcourir entre deux points : *Vous avez deux trajets possibles pour y aller* (syn. **itinéraire**).

tralala [tralala] **n.m.** (onomat.). **1.** *FAM.* Luxe voyant, affecté : *Ne faites pas tant de tralalas* (syn. **façons**). **2. Et tout le tralala,** et tout ce qui s'ensuit, et tout le reste.

tram [tram] **n.m.** (abrév.). Tramway.

tramage [tramaʒ] **n.m.** TEXT. Action de tramer ; état de ce qui est tramé.

trame [tram] **n.f.** (lat. *trama,* chaîne d'un tissu). **1.** Ensemble des fils passant transversalement entre les fils de la chaîne tendus sur le métier à tisser. **2.** IMPR., PHOT. Écran constitué d'un support transparent quadrillé ou réticulé, et interposé entre l'original et la couche sensible, dans les procédés de photogravure. **3.** TÉLÉV. Ensemble des lignes horizontales explorées au cours du balayage vertical de l'image de télévision par des faisceaux d'électrons. **4.** Ce qui constitue le fond sur lequel se détachent les événements marquants : *La trame d'un récit* (syn. **canevas, ossature**).

tramé, e [trame] **adj.** Se dit de clichés typographiques obtenus à l'aide d'une trame : *Image tramée.*

tramer [trame] **v.t.** (lat. pop. **tramare*). **1.** TEXT. Tisser en entrelaçant la trame avec la chaîne. **2.** *LITT.* Machiner, préparer secrètement : *Tramer une conspiration* (syn. **ourdir**). ◆ **se tramer v.pr.** Être préparé en secret, en parlant d'un complot : *Un mauvais coup se trame ici.*

traminot [tramino] **n.m.** (d'apr. *cheminot*). Employé de tramway.

tramontane [tramɔ̃tan] **n.f.** (it. *tramontana [stella],* étoile qui est au-delà des monts, du lat. *transmontanus*). Vent du nord-ouest, soufflant dans le Languedoc et le Roussillon.

trampoline [trɑ̃pɔlin] **n.m.** (it. *trampolino,* tremplin, par l'angl.). Grande toile tendue sur des ressorts d'acier, sur laquelle on effectue des sauts ; sport ainsi pratiqué.

tramway [tramwɛ] **n.m.** (mot angl., de *tram,* rail plat, et *way,* voie) [pl. *tramways*]. Chemin de fer urbain, établi au moyen de rails posés, sans saillie, sur le profil de la rue ; voiture qui circule sur ces rails. (Abrév. *tram.*)

tranchant, e [trɑ̃ʃɑ̃, -ɑ̃t] **adj. 1.** Se dit d'un instrument qui coupe net : *Lame tranchante* (syn. **acéré**). **2.** Qui décide de façon péremptoire : *Les adolescents sont souvent tranchants dans leurs jugements* (syn. **catégorique**). *Ton tranchant* (syn. **cassant, incisif**). **3. Couleurs tranchantes,** contrastées, très vives. ◆ **tranchant n.m. 1.** Côté effilé d'un instrument coupant : *Le tranchant d'une paire de ciseaux* (syn. **fil**). **2. À double tranchant,** qui peut avoir deux effets opposés : *Cette accusation est à double tranchant.*

tranche [trɑ̃ʃ] **n.f.** (de *trancher*). **1.** Morceau d'une matière comestible, coupé assez mince avec un instrument tranchant : *Une tranche de pain, de jambon.* **2.** Bord mince d'un objet de faible épaisseur : *La tranche d'une pièce de monnaie* (syn. **pourtour**). **3.** REL. L'un des trois côtés rognés d'un livre relié ou broché (par opp. à *dos*) : *Livre à tranches dorées.* **4.** Morceau de boucherie formé par les muscles cruraux antérieurs, débité en grillades ou rôtis. **5.** Chacune des étapes successives d'une opération de longue durée : *Effectuer la première tranche des travaux* (syn. **partie, phase**). **6.** Chacune des parties successives d'une émission financière, d'une loterie : *Procéder au tirage de la première tranche.* **7.** Chacune des plages de temps, des groupes successifs dans un ensemble donné : *Tranche horaire d'une émission de radio. Classer les enfants par tranches d'âges* (syn. **classe**). **8.** DR. FISC. Chacune des strates du revenu des personnes physiques, soumises à des taux d'imposition différents : *Passer dans la tranche supérieure.* **9.** Ensemble de chiffres consécutifs dans l'écriture d'un nombre : *La tranche entière et la tranche décimale.* **10.** *FAM.* **S'en payer une tranche,** s'amuser beaucoup. / **Tranche de vie,** description réaliste de la vie quotidienne, à un moment donné.

tranché, e [trɑ̃ʃe] **adj. 1.** Bien marqué ; sans mélange : *Deux couleurs bien tranchées. Un jugement bien tranché* syn. **net, franc**). **2.** HÉRALD. Se dit d'un écu partagé par une ligne oblique allant de l'angle dextre du chef à l'angle senestre de la pointe.

tranchée [trɑ̃ʃe] **n.f.** (de *trancher*). **1.** Excavation longitudinale pratiquée à ciel ouvert dans le sol : *Creuser une tranchée pour placer des canalisations.* **2.** MIL. Fossé permettant, au combat, la circulation et le tir à couvert. **3. Guerre de tranchées,** guerre dans laquelle le front tenu par les deux adversaires est jalonné par une série de tranchées continues.

Tranchée des baïonnettes, tranchée française, près de Douaumont. Pendant la Première Guerre mondiale, après un violent bombardement (juin 1916), seules émergèrent les baïonnettes de ses défenseurs. Monument.

trancher [trɑ̃ʃe] **v.t.** (lat. pop. **trinicare,* couper en trois). **1.** Couper en séparant d'un seul coup : *Trancher la tête d'un poulet* (syn. **sectionner**). **2.** Résoudre en prenant une décision rapide : *Trancher un différend* (syn. **régler**). ◆ **v.i. 1.** Former un contraste : *Ces couleurs ne tranchent pas assez sur le fond* (syn. **contraster**). *Son calme tranchait avec l'agitation générale.* **2. Trancher dans le vif** ⟶ 2. **vif.**

tranchoir [trɑ̃ʃwar] **n.m. 1.** Couteau pour trancher. **2.** Planche à découper.

tranquille [trɑ̃kil] **adj.** (lat. *tranquillus*). **1.** Qui est sans agitation, paisible : *Un enfant tranquille* (syn. **calme, sage**). *Rue tranquille* (syn. **calme**). **2.** Qui ne manifeste pas d'inquiétude, de trouble : *Laisse ton frère tranquille* (= cesse de l'importuner, de le taquiner). *Avoir l'esprit, la conscience tranquilles* (syn. **serein** ; contr. **inquiet, troublé**).

tranquillement [trɑ̃kilmɑ̃] **adv.** De façon tranquille : *Jouer tranquillement* (syn. **calmement**).

tranquillisant, e [trɑ̃kilizɑ̃, -ɑ̃t] **adj.** Qui tranquillise : *Nouvelle tranquillisante* (syn. **rassurant**). ◆ **tranquillisant n.m.** Médicament psychotrope qui apaise l'angoisse, sans véritable action hypnotique (syn. **calmant**).

tranquilliser [trɑ̃kilize] **v.t.** Rendre à qqn sa tranquillité : *Cette conversation l'a tranquillisé* (syn. **rassurer, rasséréner**). ◆ **se tranquilliser v.pr.** Cesser d'être inquiet : *Tranquillisez-vous, le malade est hors de danger* (contr. **s'affoler, s'alarmer**).

tranquillité [trɑ̃kilite] **n.f.** (lat. *tranquillitas*). **1.** État de ce qui est tranquille, sans agitation : *Quelle tranquillité dans ce jardin !* (syn. **calme**). **2.** État de qqn qui est sans inquiétude : *Tranquillité d'esprit* (syn. **quiétude, sérénité**).

trans-, préfixe, du lat. *trans,* au-delà de, par-dessus, exprimant l'idée de changement *(transcoder),* de traversée, de passage au-delà *(transcontinental).*

transaction [trɑ̃zaksjɔ̃] **n.f.** (lat. *transactio*). **1.** Opération commerciale ou boursière : *Transaction immobilière, commerciale.* **2.** Accord conclu sur la base de concessions réciproques : *Les deux parties ont fait une transaction* (syn. **compromis**).

transactionnel, elle [trɑ̃zaksjɔnɛl] **adj. 1.** Qui a le caractère d'une transaction : *Règlement transactionnel.* **2.** PSYCHOL. **Analyse transactionnelle,** méthode de psychothérapie qui étudie les mécanismes des comportements et des interactions du sujet avec les autres.

transalpin, e [trɑ̃zalpɛ̃, -in] **adj. 1.** Qui est au-delà des Alpes (par opp. à *cisalpin*). **2. Gaule transalpine,** Gaule proprement dite, située, pour les Romains, au-delà des Alpes.

Transamazoniennes *(routes)*, nom donné aux routes ouvertes dans la partie amazonienne du Brésil depuis 1970, et particulièrement à celle qui relie Imperatriz à la frontière péruvienne.

transaminase [trɑ̃saminaz] **n.f.** (de *amine*). Enzyme qui catalyse le transfert du groupement amine d'un acide aminé sur un acide cétonique.

transat [trɑ̃zat] **n.m.** (abrév. de *transatlantique,* parce que ces sièges furent d'abord utilisés sur les paquebots). *FAM.* Chaise longue pliante recouverte de toile.

transatlantique [trɑ̃zatlɑ̃tik] **adj. 1.** Qui traverse l'océan Atlantique : *Lignes aériennes transatlantiques.* **2. Course transatlantique,** course de voiliers traversant l'océan Atlantique (on dit aussi, par abrév., *une transat*). ◆ **n.m.** Paquebot affecté à des traversées de l'océan Atlantique.

transbahuter [trɑ̃sbayte] **v.t.** (de *bahut*). *FAM.* Transporter qqch, qqn d'un lieu dans un autre : *Transbahuter des livres.*

transbordement [trɑ̃sbɔrdəmɑ̃] **n.m.** Action, fait de transborder.

transborder [trɑ̃sbɔrde] **v.t.** (de *bord*). Transférer des marchandises ou des voyageurs d'un bateau, d'un train, d'un véhicule dans un autre.

transbordeur [trɑ̃sbɔrdœr] **n.m.** et **adj.m. Navire transbordeur,** recomm. off. pour *car-ferry* et *ferry-boat.* / **Pont transbordeur,** pont à tablier très élevé auquel est suspendue une plateforme mobile, pour le franchissement d'un fleuve ou d'une baie.

Transcaucasie, région d'Asie, au sud du Caucase. Elle est composée des trois républiques de Géorgie, d'Arménie et d'Azerbaïdjan.

transcendance [trɑ̃sɑ̃dɑ̃s] **n.f. 1.** Supériorité marquée de qqn, de qqch : *La transcendance d'une pensée* (syn. **éminence, perfection**). **2.** PHILOS. Caractère de ce qui est transcendant (par opp. à *immanence*).

transcendant, e [trɑ̃sɑ̃dɑ̃, -ɑ̃t] **adj.** (lat. *transcendens,* p. présent de *transcendere,* passer au-delà, surpasser, de *ascendere,* monter). **1.** Qui excelle en son genre ; supérieur : *Esprit transcendant* (syn. **exceptionnel, remarquable**). **2.** PHILOS. Qui est au-delà du monde sensible, hors de portée de l'action ou de la connaissance (par opp. à *immanent*). **3.** MATH. **Nombre transcendant,** nombre réel qui n'est pas algébrique : *π est un nombre transcendant.*

transcendantal, e, aux [trɑ̃sɑ̃dɑ̃tal, -o] **adj.** (lat. scolast. *transcendentalis,* de *transcendens,* transcendant). PHILOS. Qui se rapporte aux conditions a priori de la connaissance, hors de toute détermination empirique.

transcender [trɑ̃sɑ̃de] **v.t.** (lat. *transcendere*). **1.** Dépasser le domaine de la connaissance rationnelle. **2.** *LITT.* Être supérieur à qqn, à qqch : *Il transcende les autres par son intelligence.*

transcodage [trɑ̃skɔdaʒ] **n.m. 1.** Traduction dans un code différent. **2.** Traduction en code interne des instructions écrites par le programmeur, dans un ordinateur.

transcoder [trɑ̃skɔde] **v.t.** Opérer un transcodage.

transcontinental, e, aux [trɑ̃skɔ̃tinɑ̃tal, -o] **adj.** Qui traverse un continent : *Chemin de fer transcontinental.*

transcription [trɑ̃skripsjɔ̃] **n.f.** (lat. juridique *transcriptio*). **1.** Action de transcrire ; état de ce qui est transcrit : *La transcription d'une phrase en alphabet phonétique.* **2.** BIOL. Transfert de l'information génétique de l'ADN à l'ARN des cellules, et par là même du noyau au cytoplasme.

transcrire [trɑ̃skrir] **v.t.** (lat. *transcribere,* d'apr. *écrire*) [conj. **99**]. **1.** Copier, reproduire exactement par l'écriture : *Transcrire un rapport dans un registre* (syn. **recopier**). **2.** Reproduire un mot, un texte grâce à un système d'écriture différent : *Transcrire des termes grecs en caractères latins.* **3.** MUS. Adapter une œuvre pour la confier à des voix ou des instruments auxquels elle n'avait pas été primitivement destinée.

transcutané, e [trɑ̃skytane] **adj.** Se dit d'une substance pouvant pénétrer la barrière cutanée.

transducteur [trɑ̃sdyktœr] **n.m.** (de *trans-* et [*con*]*ducteur*). Dispositif qui transforme une grandeur physique en une autre grandeur physique, fonction de la précédente.

transduction [trɑ̃sdyksjɔ̃] **n.f.** (d'apr. [*con*]*duction*). **1.** PHYS. Transformation d'une énergie en une énergie de nature différente. **2.** BIOL. Échange génétique d'une cellule à une autre, réalisé par l'intermédiaire d'un virus.

transe [trɑ̃s] **n.f.** (de *transir*). **1.** (Souvent au pl.). Inquiétude très vive : *Cette idée le met dans des transes épouvantables* (syn. **affres**). **2.** État d'exaltation de qqn qui est transporté hors de lui-même et du monde réel : *Entrer en transe. Être pris de transes au cours d'une cérémonie vaudoue.*

transept [trɑ̃sɛpt] **n.m.** (mot angl., du lat. *trans,* au-delà de, et *saeptum,* enclos). Vaisseau transversal qui sépare le chœur de la nef et forme les bras de la croix, dans une église en croix latine.

transfèrement [trɑ̃sfɛrmɑ̃] **n.m.** DR. Action de transférer un prévenu, un prisonnier.

transférer [trɑ̃sfere] **v.t.** (lat. *transferre,* porter au-delà) [conj. **18**]. **1.** Faire passer qqn, qqch d'un lieu dans un autre : *Transférer un prisonnier. Transférer un service administratif dans une autre ville.* **2.** Faire passer des capitaux d'un compte à un autre. **3.** DR. Transmettre qqch d'une personne à une autre en observant les formalités requises : *Transférer ses pouvoirs à son remplaçant.*

transfert [trɑ̃sfɛr] **n.m.** (mot lat. « il transfère » ; v. *transférer*). **1.** Action de transférer, de déplacer qqn ou qqch : *Transfert de prisonnier, de marchandises.* **2.** MÉCAN. Transport automatique des pièces en cours de fabrication ou de montage d'un poste de travail au suivant. **3.** INFORM. Déplacement d'une information entre deux emplacements physiques de mémorisation. **4.** DR. Acte par lequel une personne acquiert un droit d'une autre qui le lui transmet : *Opérer un transfert de propriété.* **5.** PSYCHOL. Phénomène par lequel un apprentissage en modifie un second en le rendant plus facile *(transfert positif)* ou en le troublant *(transfert négatif).* **6.** PSYCHAN. Substitution d'une personne à une autre, plus ancienne et plus fondamentale, comme objet des attachements amoureux ou affectifs du sujet. **7.** DR. INTERN. **Transfert de technologie,** opération consistant, pour les pays industrialisés, à exporter leur technique et leur savoir dans les pays en développement. / ÉCON. **Dépenses de transfert,** dépenses traduisant l'intervention de l'État, dans un but économique ou social (par le biais de subventions, de crédits, etc.).

transfiguration [trɑ̃sfigyrasjɔ̃] **n.f.** (lat. *transfiguratio*). **1.** Changement complet de l'expression du visage, de l'apparence de qqn : *Cette bonne nouvelle a provoqué en elle une véritable transfiguration* (syn. **transformation**). **2.** RELIG. CHRÉT. (Avec une majuscule). Apparition du Christ dans la gloire de sa divinité à trois de ses apôtres (Pierre, Jacques et Jean) sur le mont Thabor ; fête commémorant cet événement. **3.** BX-A. Représentation de cette scène.

transfigurer [trɑ̃sfigyre] **v.t.** (lat. *transfigurare*). **1.** Donner au visage un éclat inaccoutumé : *La joie l'avait transfiguré* (syn. **transformer**). **2.** *LITT.* Changer l'aspect, la nature de qqch, en lui donnant un caractère éclatant, magnifique : *La lumière de l'aube transfigurait le paysage.*

transfo [trɑ̃sfo] **n.m.** (abrév.). *FAM.* Transformateur.

transformable [trɑ̃sfɔrmabl] **adj.** Qui peut être transformé : *Un siège transformable.*

1. transformateur, trice [trɑ̃sfɔrmatœr, -tris] **adj.** Qui transforme : *Industrie transformatrice.*

2. transformateur [trɑ̃sfɔrmatœr] **n.m.** Appareil statique à induction électromagnétique, qui transforme un système de tensions et de courants alternatifs en un ou plusieurs autres systèmes de tensions et courants de même fréquence, mais génér. de valeurs différentes. (Abrév. fam. *transfo.*)

transformation [trɑ̃sfɔrmasjɔ̃] **n.f. 1.** Action de transformer : *Transformation des matières premières.* **2.** Passage d'une forme à une autre : *Transformation de la chrysalide en papillon* (syn. **métamorphose**). **3.** Modification, changement : *Faire des transformations dans une maison* (syn. **aménagement**). **4.** SPORTS. Au rugby, après un essai, envoi du ballon d'un coup de pied au-dessus de la barre transversale et entre les poteaux de but : *Réussir une transformation.* **5.** GÉOM. Application du plan ou de l'espace sur lui-même. **6.** LING. En grammaire générative, opération formelle permettant de rendre compte de la structure de la phrase (par ex. la transformation passive : *Pierre aime Marie → Marie est aimée de Pierre*). **7. Transformation thermodynamique,** modification que subit un système du fait de ses échanges d'énergie avec le milieu extérieur.

transformationnel, elle [trɑ̃sfɔrmasjɔnɛl] **adj.** LING. Qui concerne les transformations, qui repose sur elles.

transformé n.m. ou **transformée** [trɑ̃sfɔrme] **n.f.** MATH. Image d'une figure, d'une droite dans une transformation : *Transformée de Fourier.*

transformer [trɑ̃sfɔrme] **v.t.** (lat. *transformare*). **1.** Rendre qqch différent, modifier ses caractères généraux : *Transformer un appartement* (syn. **rénover**). *Transformer un terrain vague en jardin public* (syn. **convertir**). **2.** Modifier l'état physique, moral, psychologique de qqn : *Circé transforma les compagnons d'Ulysse en pourceaux* (syn. **changer, métamorphoser**). **3.** SPORTS. Au rugby, réussir la transformation d'un essai. **4.** GÉOM. Opérer une transformation. **5.** MATH. **Transformer une équation,** la changer en une autre équivalente, de forme différente. ◆ **se transformer v.pr. 1.** Changer de forme, d'aspect, de caractère : *Ce vieux quartier s'est bien transformé* (syn. **se modifier, se moderniser**). **2.** Changer de nature ; passer à un nouvel état : *Le sucre chauffé se transforme en caramel* (syn. **devenir**).

transformisme [trɑ̃sfɔrmism] **n.m.** Théorie explicative de la succession des faunes et des flores au cours des temps géologiques, fondée sur l'idée de transformation progressive des populations et des lignées, soit sous l'influence du milieu (Lamarck), soit par mutation suivie de sélection naturelle (Darwin, De Vries). [Dans ce dernier sens, on emploie aussi *évolutionnisme.*] ◆ **transformiste adj.** et **n.** Relatif au transformisme ; qui en est partisan.

transfuge [trɑ̃sfyʒ] **n.** (lat. *transfuga,* de *transfugere,* fuir, passer à l'ennemi). **1.** Soldat qui déserte et passe à l'ennemi. **2.** Personne qui abandonne un parti, une doctrine, un groupe pour se rallier à un autre.

transfuser [trɑ̃sfyze] **v.t.** (du lat. *transfusus,* de *transfundere,* transvaser). Opérer la transfusion du sang : *Transfuser du sang à un blessé. Transfuser un malade.*

transfusion [trɑ̃sfyzjɔ̃] **n.f.** (lat. *transfusio*). Injection, dans une veine d'un malade, de sang préalablement prélevé sur un ou plusieurs donneurs.

transgène [trɑ̃sʒɛn] **n.m.** Gène qui a été introduit dans un organisme transgénique.

transgenèse [trɑ̃sʒənɛz] et **transgénose** [trɑ̃sʒenoz] **n.f.** Modification du génome d'un être vivant par introduction d'un fragment d'ADN. ▸ La transgenèse est actuellement interdite chez l'homme.

transgénique [trɑ̃sʒenik] **adj.** BIOL. Se dit d'un être vivant dans le matériel génétique duquel on a introduit un fragment d'ADN d'une autre espèce : *Les OGM sont des organismes transgéniques.* ▸ Le premier animal transgénique est une souris géante (de la taille d'un rat) née en 1982 dans un laboratoire américain.

transgresser [trɑ̃sgrese] **v.t.** (du lat. *transgressus,* de *transgredi,* franchir). Ne pas obéir à qqch ; ne pas respecter qqch : *Transgresser la loi* (syn. **enfreindre**).

transgression [trɑ̃sgresjɔ̃] **n.f.** (lat. *transgressio*). **1.** Action de transgresser : *La transgression d'un ordre* (syn. **violation**). **2.** GÉOL. Avancée lente de la mer due à une remontée de son niveau lors d'une période interglaciaire, d'une érosion rapide du rivage ou d'un affaissement tectonique.

transhumance [trɑ̃zymɑ̃s] **n.f. 1.** Mouvement d'un troupeau qui, l'été, se déplace vers les montagnes et redescend à l'automne. **2.** Déplacement des ruches d'un lieu à l'autre pour suivre la floraison.

transhumer [trɑ̃zyme] **v.i.** et **v.t.** (esp. *trashumar,* du lat. *trans,* au-delà, et *humus,* terre). Effectuer la transhumance.

transi, e [trɑ̃zi] **adj. 1.** Pénétré, comme transpercé par une sensation de froid : *Rentrer transi d'une promenade* (syn. **glacé**). **2.** *LITT.* Paralysé par un sentiment violent : *Être transi d'horreur.* **3.** *FAM.* **Amoureux transi,** amoureux tremblant, timide.

transiger [trɑ̃ziʒe] **v.i.** (lat. juridique *transigere,* mener à bonne fin) [conj. **17**]. **1.** Conclure un arrangement par des concessions réciproques : *Transiger avec un adversaire* (syn. **composer avec**). **2.** Abandonner une partie de ses exigences relativement à qqch : *Ne pas transiger sur l'exactitude, avec la probité.*

transir [trɑ̃zir] **v.t.** (lat. *transire,* propr. « aller au-delà ») [conj. **32**]. *LITT.* Pénétrer et engourdir de froid : *Un vent glacial qui vous transit* (syn. **geler, glacer**).

transistor [trɑ̃zistɔr] **n.m.** (mot angl., de *trans[fer] [res]istor,* résistance de transfert). **1.** Dispositif à semi-conducteur, qui peut amplifier des courants électriques, engendrer des oscillations électriques et assumer les fonctions de modulation et de détection. **2.** Récepteur radiophonique portatif, équipé de transistors.

transistorisé, e [trɑ̃zistɔrize] **adj.** Équipé de transistors, en parlant d'un appareil.

transit [trɑ̃zit] **n.m.** (it. *transito,* du lat. *transitus,* passage). **1.** Régime de franchise des droits de douane pour les marchandises qui traversent le territoire national à destination d'un pays étranger sans s'y arrêter. **2.** Situation d'un voyageur qui, lors d'une escale aérienne, demeure dans l'enceinte de l'aéroport : *Voyageurs en transit à l'aéroport de San Francisco.* **3.** MÉD. **Transit intestinal,** déplacement du contenu du tube digestif depuis le pylore jusqu'au rectum, sous l'influence des contractions péristaltiques de l'intestin.

transitaire [trɑ̃zitɛr] **adj.** Relatif au transit : *Commerce transitaire.* ◆ **n.** Commissionnaire en marchandises qui s'occupe de leur importation ou de leur exportation.

transiter [trɑ̃zite] **v.t.** Faire passer en transit : *Transiter des marchandises.* ◆ **v.i.** Être en transit dans un lieu : *Voyageurs qui transitent par la Suisse.*

transitif, ive [trɑ̃zitif, -iv] **adj.** (lat. *verbum transitium,* de *transire,* passer au-delà). **1.** GRAMM. Se dit d'une construction présentant un complément d'objet direct, d'un verbe admettant cette construction : *« Aimer » est un verbe transitif direct, « obéir à » est un verbe transitif indirect.* **2.** MATH. **Relation transitive,** relation binaire dans un ensemble telle que la proposition « *a* est en relation avec *b* et *b* est en relation avec *c* » implique la proposition « *a* est en relation avec *c* », pour tout triplet (*a, b, c*) d'éléments de cet ensemble : *L'égalité est une relation transitive.*

transition [trɑ̃zisjɔ̃] **n.f.** (lat. *transitio,* de *transire,* passer au-delà). **1.** Passage d'un état de choses à un autre : *Une brusque transition du chaud au froid.* **2.** Degré, stade intermédiaire : *Passer sans transition du rire aux larmes.* **3.** Manière de passer d'un raisonnement à un autre, de lier les parties d'un discours : *Une habile transition* (syn. **enchaînement, liaison**). **4.** PHYS. Passage d'un atome, d'un noyau, d'une molécule, d'un niveau d'énergie à un autre. **5.** CHIM. **Éléments de transition,** éléments métalliques, au nombre de 56, caractérisés par un atome dont la couche interne d'électrons est incomplète. / **Transition démographique,** situation d'un pays qui passe d'un régime de natalité et de mortalité élevées et qui s'équilibrent à un régime de natalité et de mortalité faibles, équilibrées aussi.

transitivement [trɑ̃zitivmɑ̃] **adv.** GRAMM. Avec un complément d'objet direct : *Verbe qui se construit transitivement.*

transitivité [trɑ̃zitivite] **n.f. 1.** GRAMM. Caractère des verbes transitifs. **2.** MATH. Propriété d'une relation transitive : *La transitivité est une propriété des relations d'équivalence et des relations d'ordre.*

transitoire [trɑ̃zitwar] **adj. 1.** Qui dure peu de temps : *Situation transitoire* (syn. **temporaire, passager**). **2.** Qui sert de transition : *Solution transitoire* (syn. **provisoire**).

Transjordanie, anc. État du Proche-Orient. Émirat créé en 1921 et placé sous mandat britannique en 1922, il fut érigé en royaume en 1946. Il devint le royaume de Jordanie en 1949.

Transkei (le), anc. bantoustan d'Afrique du Sud.

translatif, ive [trɑ̃slatif, -iv] **adj.** DR. Qui opère un transfert.

translation [trɑ̃slasjɔ̃] **n.f.** (lat. *translatio,* de *transferre,* transporter). **1.** *LITT.* Action de transférer qqch d'un lieu dans un autre selon certaines règles : *La translation des reliques d'un saint* (syn. **transfert**). **2.** MATH. Transformation ponctuelle associant à tout point M un point M′ tel que le vecteur $\overline{MM'}$ soit constant.

translittération [trɑ̃sliterasjɔ̃] **n.f.** (du lat. *littera,* lettre, d'apr. *transcription*). LING. Transcription lettre pour lettre des mots d'une langue étrangère dans un alphabet préalablement choisi.

translucide [trɑ̃slysid] **adj.** (lat. *translucidus,* brillant à travers). Qui laisse passer la lumière, sans permettre toutefois de distinguer nettement les contours des objets : *Une porcelaine translucide* (syn. **diaphane**).

translucidité [trɑ̃slysidite] **n.f.** Caractère d'un corps translucide.

transmettre [trɑ̃smɛtr] **v.t.** (lat. *transmittere,* envoyer au-delà, d'apr. *mettre*) [conj. **84**]. **1.** Faire parvenir, communiquer ce qu'on a reçu : *Transmettre une maladie contagieuse* (syn. **propager**). **2.** Faire connaître ; diffuser : *Transmettre une information, un message* (syn. **communiquer**). **3.** Permettre le passage ; agir comme intermédiaire : *L'arbre moteur transmet le mouvement aux roues* (syn. **communiquer**). **4.** DR. Faire passer légalement un droit, un bien d'une personne à une autre par mutation : *Transmettre une propriété en héritage* (syn. **léguer**). ◆ **se transmettre v.pr.** Être transmis : *Les traditions se transmettent de génération en génération.*

transmigration [trɑ̃smigrasjɔ̃] **n.f.** Métempsycose et réincarnation : *Transmigration des âmes.*

transmigrer [trɑ̃smigre] **v.i.** (lat. *transmigrare*). Passer d'un corps dans un autre, en parlant d'une âme.

transmissibilité [trɑ̃smisibilite] **n.f.** Qualité, caractère de ce qui est transmissible.

transmissible [trɑ̃smisibl] **adj.** (du lat. *transmissus*). Qui peut être transmis : *Titres transmissibles aux descendants. Caractères biologiques transmissibles.*

transmission [trɑ̃smisjɔ̃] **n.f.** (lat. *transmissio*). **1.** Action de transmettre qqch à qqn, à qqch : *La transmission d'un droit* (syn. **cession**). *La transmission des vibrations en milieu liquide* (syn. **propagation**). **2.** Communication du mouvement d'un organe à un autre ; organe servant à transmettre le mouvement : *Courroie de transmission.* **3. Agent de transmission,** soldat porteur d'un ordre ou d'un renseignement. / **Transmission de pensée,** télépathie. / **Transmission des pouvoirs,** ⟶ passation* des pouvoirs. ◆ **transmissions n.f. pl.** Service chargé de la mise en œuvre des moyens de liaison (téléphone, radio, faisceaux hertziens, etc.) à l'intérieur des forces armées.

transmuer [trɑ̃smɥe] et **transmuter** [trɑ̃smyte] **v.t.** [conj. **7**] (lat. *transmutare,* de *mutare,* changer). Effectuer une transmutation.

transmutation [trɑ̃smytasjɔ̃] **n.f.** (lat. *transmutatio*). **1.** Changement des métaux vulgaires en métaux nobles par les procédés de l'alchimie. **2.** Transformation d'un noyau atomique en un autre.

transnational, transnationale, aux [trɑ̃snasjɔnal, -o] **1.** Qui concerne plusieurs nations ; multinational. **2. (Société) transnationale ⟶ multinational.**

Transnistrie, région de la république de Moldavie, sur la rive est du Dniestr. Peuplée majoritairement de russophones, elle a proclamé son « indépendance », sous la protection de la Russie. Des négociations sur le règlement du conflit transnistrien ont repris en 2005. Des observateurs américains et européens y ont participé pour la première fois à côté des représentants des parties en conflit – Moldavie et Transnistrie – et des médiateurs (Russie, Ukraine et O.S.C.E.).

Transoxiane, nom ancien de la région d'Asie centrale située au nord-est de l'Oxus (Amou-Daria), dont la ville principale fut Samarkand.

transparaître [trɑ̃sparɛtr] **v.i.** (de *paraître*) [conj. **91** ; auxil. *avoir*]. *SOUT.* Paraître, se montrer à travers qqch : *Laisser transparaître un sentiment* (syn. **se manifester**).

transparence [trɑ̃sparɑ̃s] **n.f. 1.** Propriété de ce qui est transparent : *La transparence du verre.* **2.** Qualité de ce qui peut être vu et connu de tous : *Réclamer la transparence du financement des partis politiques.*

transparent, e [trɑ̃sparɑ̃, -ɑ̃t] **adj.** (lat. médiév. *transparens,* du class. *trans,* à travers, et *parens,* apparaissant). **1.** Qui, se laissant aisément traverser par la lumière, permet de distinguer nettement les objets à travers son épaisseur : *Paroi de verre transparente* (contr. **opaque**). **2.** Dont le sens se laisse deviner, saisir aisément : *Une allusion transparente* (syn. **clair, évident**). **3.** Que l'on ne cherche pas à dissimuler à l'opinion : *Des affaires publiques transparentes.* ◆ **transparent n.m.** Document sur support transparent, destiné à la projection.

transpercer [trɑ̃spɛrse] **v.t.** (de *percer*) [conj. **16**]. **1.** Percer de part en part : *Une balle lui a transpercé l'intestin* (syn. **perforer**). **2.** Passer au travers : *La pluie ne peut transpercer un vêtement imperméable* (syn. **traverser**).

transpiration [trɑ̃spirasjɔ̃] **n.f. 1.** Élimination de la sueur par les pores de la peau : *Transpiration abondante due à la fièvre.* **2.** BOT. Émission de vapeur d'eau, réalisée surtout au niveau des feuilles et assurant le renouvellement de l'eau de la plante et son alimentation minérale.

transpirer [trɑ̃spire] **v.i.** (lat. médiév. *transpirare,* exhaler, du class. *spirare,* souffler). **1.** Éliminer de la sueur par les pores de la peau : *Transpirer à cause de la chaleur* (syn. **suer**). **2.** Être divulgué ; commencer à être connu : *Rien ne transpire de ce qu'ils préparent* (syn. **filtrer, fuir**).

transplant [trɑ̃splɑ̃] **n.m.** (de *transplanter*). MÉD. Organe qui doit être transplanté.

transplantation [trɑ̃splɑ̃tasjɔ̃] **n.f. 1.** Action de transplanter : *Transplantation d'arbustes.* **2.** MÉD. Greffe d'un organe : *Transplantation cardiaque, rénale.*

transplanter [trɑ̃splɑ̃te] **v.t.** (bas lat. *transplantare*). **1.** Planter en un autre endroit en enlevant de sa place : *Transplanter de jeunes arbres.* **2.** Faire passer d'un lieu à un autre : *Transplanter des populations* (syn. **déplacer**). **3.** MÉD. Greffer un organe dans un corps vivant : *Transplanter un rein.*

transport [trɑ̃spɔr] **n.m.** (de *transporter*). **1.** Action de transporter : *Le transport des grosses cargaisons se fait par bateau* (syn. **acheminement**). **2.** *LITT.* (Souvent au pl.). Émotion vive : *La foule accueillit la nouvelle avec des transports d'enthousiasme, de joie* (syn. **élan**). ◆ **transports n.m. pl.** Ensemble des divers modes d'acheminement des marchandises ou des personnes : *Transports en commun.*

transportable [trɑ̃spɔrtabl] **adj.** Qui peut être transporté : *Deux blessés qui ne sont pas transportables.*

transporter [trɑ̃spɔrte] **v.t.** (lat. *transportare,* de *portare,* porter). **1.** Porter d'un lieu dans un autre : *Transporter des marchandises* (syn. **acheminer, véhiculer**). **2.** Faire passer d'un milieu à un autre : *Transporter sur la scène un fait divers* (syn. **adapter, transposer**). **3.** LITT. Mettre hors de soi : *La fureur le transporte.* **4.** Conduire, porter qqn en imagination dans un autre lieu, une autre époque : *Ce film m'a transporté vingt ans en arrière* (syn. **reporter**). ◆ **se transporter v.pr. 1.** Se rendre en un lieu : *Le juge d'instruction s'est transporté sur les lieux du crime* (syn. **se déplacer, se rendre**). **2.** LITT. Se porter par l'imagination : *Transportez-vous à l'époque des croisades.*

transporteur, euse [trɑ̃spɔrtœr, -øz] **adj.** Qui transporte : *Benne transporteuse.* ◆ **transporteur n.m.** Personne qui s'engage à assurer le déplacement de qqn, de qqch en vertu d'un contrat de transport terrestre, maritime ou aérien : *Transporteur routier.*

transposable [trɑ̃spozabl] **adj.** Qui peut être transposé : *Histoire transposable dans un autre cadre* (syn. **adaptable**).

transposée [trɑ̃spoze] **adj.f.** et **n.f.** MATH. **Matrice transposée (d'une matrice A),** matrice obtenue en permutant les lignes et les colonnes de la matrice A.

transposer [trɑ̃spoze] **v.t.** (lat. *transponere,* d'apr. *poser*). **1.** Placer des choses en en intervertissant l'ordre : *Transposer les mots d'une phrase* (syn. **intervertir, permuter**). **2.** MUS. Écrire ou exécuter un morceau dans un ton différent de celui dans lequel il est composé. **3.** Placer qqch dans un autre décor, une autre époque : *Transposer une tragédie antique à notre époque* (syn. **adapter**).

transposition [trɑ̃spozisjɔ̃] **n.f. 1.** Action de transposer : *Transposition des compléments dans une phrase* (syn. **interversion, permutation**). **2.** Action de transformer qqch en effectuant des modifications qui ne touchent pas au fond : *Cette pièce est une transposition d'un drame classique* (syn. **adaptation**). **3.** MUS. Transport des notes d'un morceau ou d'un fragment musical d'une hauteur à une autre, sans changer les intervalles entre les notes ni la valeur des notes.

transsaharien, enne [trɑ̃ssaarjɛ̃, -ɛn] **adj.** Qui traverse le Sahara.

transsexualisme [trɑ̃ssɛksɥalism] **n.m.** Conviction qu'a un sujet d'appartenir à l'autre sexe, qui le conduit à tout mettre en œuvre pour que son anatomie et son mode de vie soient le plus possible conformes à sa conviction.

transsexuel, elle [trɑ̃ssɛksɥɛl] **adj.** et **n.** Qui présente un transsexualisme. ◆ **n.** MÉD. Personne qui a changé de sexe.

Transsibérien, grande voie ferrée de Russie reliant Moscou à Vladivostok (9 297 km). Il a été construit entre 1891 et 1916.

transsonique [trɑ̃ssɔnik] **adj. 1.** Se dit des vitesses voisines de celle du son dans l'air (de mach 0,8 à mach 1,2). **2.** Se dit des appareils et des installations servant à l'étude expérimentale de ces vitesses.

transsubstantiation [trɑ̃ssypstɑ̃sjasjɔ̃] **n.f.** (lat. *transsubstantiatio,* de *trans,* au-delà, et *substantia,* substance). CATH. Transformation de la substance du pain et du vin en celle du corps et du sang du Christ dans l'eucharistie (par opp. à la *consubstantiation*). ▸ La transsubstantiation est un dogme qui a été défini en 1551 au concile de Trente.

transsudation [trɑ̃ssydasjɔ̃] **n.f.** Fait de transsuder.

transsuder [trɑ̃ssyde] **v.i.** (du lat. *sudare,* suer). Passer à travers la paroi du récipient qui le contient, en parlant d'un liquide ; suinter.

transuranien [trɑ̃zyranjɛ̃] **adj.m.** (de *uranium*). Se dit des éléments chimiques de numéro atomique supérieur à celui de l'uranium (92). ▸ Les éléments transuraniens sont instables et n'existent pas sur la Terre à l'état naturel.

Transvaal, anc. prov. de l'Afrique du Sud, dans la région nord-est du pays. V. princ. *Johannesburg* et *Pretoria.* Hostiles au développement de la colonisation britannique en Afrique du Sud, les Boers émigrent vers le nord du pays en 1834-1839 (Grand Trek) et s'établissent principalement sur un territoire situé au-delà du Vaal (fleuve d'Afrique australe), qui prend le nom de *Transvaal.* En 1852, la Grande-Bretagne reconnaît l'indépendance du pays, organisé en république par M. Pretorius. Annexé par les Britanniques en 1877, le Transvaal reconquiert son indépendance en 1880-1881, sous la direction de Paul Kruger, élu président de la République en 1883. Des immigrants anglo-saxons (Uitlanders) y affluent, attirés par la découverte de mines d'or. À l'issue de la guerre des Boers (1899-1902), remportée par les Britanniques, le Transvaal devient une colonie de la Couronne et participe à la fondation de l'Union sud-africaine (1910). En 1994, la province a été scindée pour constituer les provinces de Transvaal-Nord (auj. Limpopo), Transvaal-Est (auj. Mpumalanga), Pretoria-Witwatersrand-Vereeniging (auj. Gauteng), ainsi qu'une partie de la province du Nord-Ouest.

transvasement [trɑ̃svazmɑ̃] **n.m.** Action de transvaser.

transvaser [trɑ̃svaze] **v.t.** (de *vase*). Verser un liquide d'un récipient dans un autre : *Transvaser du vin.*

transversal, e, aux [trɑ̃svɛrsal, -o] **adj.** (du lat. *transversus,* de *transvertere,* tourner à travers). **1.** Disposé en travers ; qui coupe en travers : *Route transversale.* **2.** Qui recoupe plusieurs disciplines ou secteurs : *L'éducation civique est une matière transversale.*

transversale [trɑ̃svɛrsal] **n.f. 1.** Itinéraire routier ou voie ferrée qui joignent directement deux villes, deux régions, sans passer par le centre du réseau. **2.** MATH. Droite coupant un polygone ou une courbe.

transversalement [trɑ̃svɛrsalmɑ̃] **adv.** Selon une direction transversale.

transverse [trɑ̃svɛrs] **adj.** (lat. *transversus,* en travers). ANAT. Placé dans une direction transversale par rapport à l'axe du corps : *Muscle transverse.*

Transylvanie, région de la Roumanie située à l'intérieur de l'arc formé par les Carpates. (Hab. *Transylvaniens*). V. princ. *Braşov, Cluj-Napoca.* Intégrée au royaume de Hongrie au XIe s., la Transylvanie devient en 1526 une principauté vassale des Ottomans. Annexée par les Habsbourg en 1691, elle est rattachée à la Hongrie en 1867, puis réunie à la Roumanie en 1918. Ce rattachement est entériné par le traité de Trianon (1920). Le nord de la région est rattaché à la Hongrie de 1940 à 1945. La communauté hongroise fut l'objet d'une politique d'assimilation, particulièrement offensive dans les années 1970 et 1980.

trapèze [trapɛz] **n.m.** (lat. scientif. *trapezium,* gr. *trapezion,* de *trapeza,* table à quatre pieds). **1.** Quadrilatère plan ayant deux côtés non consécutifs parallèles, appelés *bases.* ▸ L'aire du trapèze est égale au produit de la demi-somme des bases par leur distance, appelée *hauteur.* **2.** Appareil de gymnastique formé de deux cordes verticales, réunies à leur base par une barre cylindrique : *Faire du trapèze.* **3.** MAR. Système de sangles permettant à un équipier de voilier de porter son poids à l'extérieur dans la position de rappel. **4.** ANAT. Muscle du dos, qui rapproche l'omoplate de la colonne vertébrale ; premier os de la deuxième rangée du carpe.

trapéziste [trapezist] **n.** Acrobate qui fait du trapèze.

trapézoïdal, e, aux [trapezɔidal, -o] **adj.** En forme de trapèze : *Prisme dont les bases sont trapézoïdales.*

trappe [trap] **n.f.** (frq. **trappa*). **1.** Panneau qui ferme une ouverture pratiquée au niveau du sol ou d'un plancher, et qui se lève ou se baisse à volonté ; l'ouverture elle-même : *La trappe d'une cave, d'un grenier.* **2.** Piège formé d'une fosse creusée dans le sol et recouverte de branchages, qui fonctionne quand l'animal met le pied dessus.

Trappe *(Notre-Dame de la)*, abbaye cistercienne fondée en 1140 à Soligny, dans le Perche. En 1664, l'abbé Armand de Rancé en fit, par la réforme rigoureuse qu'il y introduisit, le berceau de l'ordre des Cisterciens réformés de la stricte observance, connus dès lors sous le nom de *trappistes.*

trappeur [trapœr] **n.m.** (anglo-amér. *trapper,* qui chasse à la trappe). Chasseur d'animaux à fourrure, en Amérique du Nord.

trappiste [trapist] **n.m., trappistine** [trapistin] **n.f.** Religieux, religieuse de l'ordre des Cisterciens réformés de la stricte observance, ou ordre de la Trappe.

trapu, e [trapy] **adj.** (anc. fr. *trape,* d'orig. obsc.). **1.** Qui est court et large et qui donne une impression de force : *Un petit homme trapu* (syn. **râblé**). **2.** *FAM.* Qui a de solides connaissances : *Être trapu en latin* (syn. fam. **calé**). **3.** *FAM.* Très difficile : *Un problème de maths trapu* (syn. **ardu**).

traque [trak] **n.f.** (de *traquer*). *FAM.* Action de traquer : *La traque du gibier* (syn. **battue**). *La traque d'un criminel* (syn. **poursuite**).

traquenard [traknar] **n.m.** (gascon *tracanart,* trot défectueux d'un cheval, et au fig. « trébuchet »). **1.** Piège pour prendre les animaux nuisibles : *Préparer un traquenard pour un tigre.* **2.** Piège tendu à qqn pour le faire échouer : *Tomber dans un traquenard* (syn. **guet-apens, souricière**).

traquer [trake] **v.t.** (de l'anc. fr. *trac,* piste des bêtes). **1.** Rabattre le gibier vers la ligne de tir. **2.** Poursuivre, serrer de près : *Traquer des voleurs. Journalistes qui traquent une vedette* (syn. **harceler**).

Trasimène *(lac),* lac d'Italie (Ombrie), à l'ouest de Pérouse. Victoire d'Hannibal (217 av. J.-C.) sur le consul romain Caius Flaminius.

trauma [troma] **n.m.** (mot gr. « blessure »). *DIDACT.* Traumatisme : *Traumas occasionnés par un accident de la route.*

traumatique [tromatik] **adj.** (du gr. *trauma,* blessure). **1.** Relatif à un traumatisme : *Lésions traumatiques.* **2. Choc traumatique,** syndrome général d'abattement consécutif à un traumatisme.

traumatisant, e [tromatizɑ̃, -ɑ̃t] **adj.** Qui provoque un choc moral : *Un spectacle traumatisant.*

traumatiser [tromatize] **v.t. 1.** Provoquer un traumatisme : *Son accident l'a traumatisé* (syn. **choquer**). **2.** Frapper qqn d'un choc émotionnel violent : *Mère traumatisée par la mort de son enfant.*

traumatisme [tromatism] **n.m.** (du gr. *trauma,* blessure). **1.** Ensemble des lésions locales intéressant les tissus et les organes, provoquées par un agent extérieur ; troubles généraux qui en résultent : *Un traumatisme crânien.* **2.** Violent choc émotionnel provoquant un ébranlement psychique durable : *Le traumatisme causé par un attentat.*

traumatologie [tromatɔlɔʒi] **n.f.** Partie de la chirurgie et de la médecine consacrée au traitement des traumatismes. ◆ **traumatologiste** et **traumatologue n.** Noms du spécialiste.

traumatologique [tromatɔlɔʒik] **adj.** Relatif à la traumatologie, aux traumatismes.

1. travail [travaj] **n.m.** (de *travailler*) [pl. *travaux*]. **1.** Activité de l'homme appliquée à la production, à la création, à l'entretien de qqch : *Travail manuel, intellectuel.* **2.** Activité déployée pour accomplir une tâche, parvenir à un résultat : *Cette réparation demandera deux jours de travail.* **3.** Toute occupation, toute activité considérée comme une charge : *Être surchargé de travail* (syn. **besogne**). **4.** Ouvrage réalisé ou qui est à faire : *Distribuer le travail aux ouvriers* (syn. **tâche**). *Un travail de longue haleine* (syn. **œuvre**). **5.** Manière dont un ouvrage est exécuté : *Le fin travail d'une miniature* (syn. **façon, facture**). **6.** Technique permettant de travailler une matière, d'utiliser un outil ou un instrument : *Apprendre le travail du bois.* **7.** Activité professionnelle, régulière et rémunérée : *Trouver un travail* (syn. **emploi, métier**). **8.** Exercice d'une activité professionnelle ; lieu où elle s'exerce : *Le travail en usine. Se rendre à son travail.* **9.** Activité laborieuse de l'homme considérée comme un facteur essentiel de la production et de l'activité économique : *Le capital et le travail.* **10.** Action progressive, continue, produite par un élément, un phénomène naturel : *Le travail de l'érosion. Le travail de la fermentation.* **11.** Effet, résultat produit par le fonctionnement, l'activité de qqch : *Le travail du cœur, des reins.* **12.** MÉCAN. Quantité d'énergie reçue par un système se déplaçant sous l'effet d'une force, égale au produit scalaire de la force par le vecteur déplacement. ▸ L'unité légale de travail est le joule. **13.** MÉD. Ensemble des phénomènes dynamiques et mécaniques qui conduisent à l'accouchement : *Le travail est commencé.* **14. Camp de travail,** lieu de détention où les condamnés sont astreints à des travaux forcés. ▸ Dans l'ex-U.R.S.S., les camps de travail furent administrés par le goulag à l'époque stalinienne. / **Droit du travail,** ensemble des règles juridiques applicables aux relations individuelles et collectives entre les travailleurs salariés et leurs employeurs. / **Inspection du travail,** corps de fonctionnaires qui a pour mission de veiller au respect et à l'application des dispositions législatives et réglementaires concernant le travail et l'emploi. / **Le monde du travail,** l'ensemble des travailleurs qui participent à la vie économique d'un pays ; la population active. / **Travail d'intérêt général (T.I.G.),** sanction pénale imposant un temps de travail non rémunéré au profit d'une collectivité locale ou d'une association agréée. ▸ Elle peut être prononcée pour des majeurs ou des mineurs de plus de seize ans. ◆ **travaux n.m. pl. 1.** Ensemble d'opérations, de tâches propres à un domaine déterminé : *Les travaux agricoles.* **2.** Ensemble des opérations de construction, d'aménagement ou de remise en état d'édifices, de voies, de terrains, etc. : *Des travaux d'assainissement dans les vieux quartiers d'une ville.* **3.** Ensemble des recherches entreprises dans un domaine de la connaissance : *Publier ses travaux.* **4.** Ensemble de discussions, de débats d'une assemblée ou d'un groupe de personnes organisé : *L'Assemblée nationale a repris ses travaux.* **5.** *FAM.* **Inspecteur des travaux finis,** personne qui arrive quand le travail est fini. / **Travaux forcés,** ancienne peine infamante, temporaire ou perpétuelle, qui était subie dans les bagnes de Guyane ou de Nouvelle-Calédonie jusqu'en 1938. / **Travaux publics,** œuvres de construction, de réparation, d'entretien d'utilité générale, faites pour le compte d'une personne morale administrative.

2. travail [travaj] **n.m.** (bas lat. *trepalium,* var. de *tripalium,* instrument de torture, propr. « machine faite de trois pieux ») [pl. *travails*]. Appareil servant à maintenir les grands animaux domestiques pendant qu'on les ferre ou qu'on les soigne.

travaillé, e [travaje] **adj.** Où l'on remarque le soin, le travail : *Style travaillé* (syn. **étudié, soigné**).

travailler [travaje] **v.i.** (lat. pop. **tripaliare,* torturer avec le *tripalium* ; v. 2. *travail*). **1.** Effectuer un travail ; soutenir un effort en vue d'obtenir un résultat : *Travailler sur un projet. Pour parvenir à ce niveau, il a beaucoup travaillé.* **2.** Exercer un métier, une activité professionnelle : *Travailler dans l'imprimerie.* **3.** Fonctionner activement : *Dans ce sport, tous les muscles travaillent.* **4.** Agir de manière à produire un effet, un résultat : *Travailler à perdre qqn.* **5.** Produire un revenu : *Faire travailler son argent* (syn. **rapporter**). **6.** Subir un effet qui entraîne certaines modifications : *Le vin nouveau travaille* (syn. **fermenter**). **7.** Se déformer : *Poutre qui travaille* (syn. **gauchir**). ◆ **v.t. 1.** Soumettre (qqch) à une action : *Travailler le bois, le fer.* **2.** Chercher à améliorer : *Travailler son style, son anglais* (syn. **perfectionner, soigner**). **3.** S'efforcer d'influencer qqn : *Travailler des délégués pour les convaincre.* **4.** Préoccuper vivement : *Ce problème me travaille depuis longtemps* (syn. **hanter, poursuivre**). **5. Travailler une pâte,** la pétrir, la rouler.

travailleur, euse [travajœr, -øz] **n.** et **adj. 1.** Personne salariée, spécial. dans l'industrie : *Les travailleuses du textile. Travailleur agricole.* **2.** Personne qui aime le travail : *Être très travailleur* (syn. **actif** ; contr. **paresseux**). **3. Travailleur social** ⟶ **social.** / **Travailleuse familiale,** aide familiale.

travailliste [travajist] **adj.** et **n.** (de *travail,* traduction de l'angl. *labour*). Relatif au parti travailliste, l'un des grands partis politiques britanniques, d'inspiration socialiste ; membre ou sympathisant de ce parti.

travée [trave] **n.f.** (anc. fr. *trev,* poutre, lat. *trabs, trabis*). **1.** Rangée de bancs : *Les travées d'un amphithéâtre.* **2.** Espace compris entre deux points d'appui principaux d'un ouvrage de construction : *La travée d'un pont.*

traveller's cheque [travlœrstʃɛk] **n.m.** (mot angl.) [pl. *traveller's cheques*]. Chèque de voyage.

travelling [travliŋ] **n.m.** (mot angl., propr. « fait de voyager »). CIN. Déplacement de la caméra sur un chariot roulant sur des rails ; dispositif permettant ce mouvement.

travers [travɛr] **n.m.** (du lat. *transversus*, oblique). **1.** Bizarrerie de l'esprit ou du caractère ; petit défaut : *Supporter les travers de qqn* (syn. **manie**). **2.** MAR. Côté, flanc d'un navire : *Le vent frappait le bateau par le travers.* **3. À travers qqch, au travers de (qqch),** en traversant qqch dans son étendue ou son épaisseur ; par l'intermédiaire de : *Marcher à travers la campagne. Au travers de cette comparaison, l'idée apparaît mieux.* / **De travers,** obliquement ; de manière fausse, inexacte : *Clou planté de travers. Raisonner de travers.* / **En travers (de qqch),** suivant la largeur ; dans une position transversale : *Scier une planche en travers* (syn. **transversalement**). / **Passer à travers qqch, au travers de qqch,** se frayer un passage entre des obstacles : *Poissons qui passent à travers les mailles d'un filet ;* éviter de subir qqch de fâcheux, de pénible : *Ils sont passés au travers de graves dangers.* / **Prendre qqch de travers,** s'en irriter ; s'en choquer. / **Regarder de travers,** regarder avec antipathie, hostilité. / **Se mettre en travers de qqch, de la route de qqn,** s'y opposer, y faire obstacle.

traverse [travɛrs] **n.f.** (lat. pop. **traversa*, du class. *traversus*, oblique). **1.** TECHN. Pièce perpendiculaire aux éléments principaux d'une construction, et destinée à maintenir l'écartement de ces éléments ; élément horizontal, croisillon d'une armature de fenêtre à vitraux. **2.** Pièce d'appui posée sur le ballast perpendiculairement aux rails d'une voie ferrée, qu'elle supporte et dont elle maintient l'écartement. **3.** *QUÉBÉC.* Lieu de passage d'un cours d'eau, d'un lac, desservi par un traversier. **4. Chemin de traverse,** chemin étroit, plus direct que la route ; en ville, passage étroit reliant deux rues (on dit aussi *une traverse*) : *Prenons la traverse, nous arriverons plus vite* (syn. **raccourci**).

traversée [travɛrse] **n.f.** (de *traverser*). **1.** Action de traverser un espace, un lieu de bout en bout : *Éviter la traversée de l'agglomération.* **2.** Action de traverser la mer, un cours d'eau : *La mer était agitée, la traversée a été pénible.* **3. Traversée du désert,** période de difficultés, de revers, d'éclipse de la renommée.

traverser [travɛrse] **v.t.** (lat. pop. **traversare*, class. *transversare*, de *transversus* ; v. *travers*). **1.** Passer d'un côté à l'autre : *Traverser un fleuve à la nage* (syn. **franchir**). **2.** Pénétrer de part en part : *La pluie a traversé mes vêtements* (syn. **transpercer**). **3.** Passer par ; vivre dans : *Traverser une crise de désespoir.* **4. Traverser l'esprit,** se présenter rapidement à la pensée.

traversier, ère [travɛrsje, -ɛr] **adj.** (lat. pop. **traversarius*, de *transversarius*, transversal). **1.** Qui constitue une traverse : *Rue traversière.* **2.** Se dit d'une barque qui fait le va-et-vient entre deux points éloignés. **3. Flûte traversière** ⟶ **flûte.** ◆ **traversier n.m.** *QUÉBÉC.* Bac, ferry-boat.

traversin [travɛrsɛ̃] **n.m.** (de l'anc. fr. *traversain*, qui est en travers). Coussin long et cylindrique qui occupe toute la largeur à la tête du lit.

travertin [travɛrtɛ̃] **n.m.** (it. *travertino*, du lat. *tiburnitus*, de *Tibur*, Tivoli). Roche calcaire présentant des cavités garnies de cristaux, employée en construction.

travesti [travɛsti] **n.m.** (du p. passé de *travestir*). **1.** Vêtement qui permet de se déguiser : *Un travesti de pirate* (syn. **déguisement**). **2.** Homosexuel travesti en femme. **3.** Rôle d'un personnage du sexe opposé à celui de l'interprète.

travestir [travɛstir] **v.t.** (it. *travestire*, de *vestire*, vêtir) [conj. **32**]. **1.** Déguiser avec les vêtements d'un autre sexe, d'une autre condition : *Travestir un homme en femme.* **2.** Transformer, rendre méconnaissable : *Travestir la pensée de qqn* (syn. **déformer, trahir**). ◆ **se travestir v.pr.** Revêtir un déguisement (syn. **se déguiser**).

travestissement [travɛstismɑ̃] **n.m.** Action ou manière de travestir qqn, qqch ; action ou manière de se travestir : *Un rôle à travestissement* (syn. **déguisement**).

trayeuse [trɛjøz] **n.f.** Machine à traire les vaches.

trayon [trɛjɔ̃] **n.m.** (de *traire*). Extrémité du pis d'une vache, d'une chèvre, etc.

Trébie (la), en it. **Trebbia,** riv. d'Italie, affl. du Pô (r. dr.) ; 115 km. Victoires d'Hannibal sur le consul romain Sempronius Longus (218 av. J.-C.) et, en 1799, de Souvorov sur Macdonald.

Trébizonde, port de Turquie, sur la mer Noire ; 214 949 hab. Monastères et églises (transformées en mosquées à l'époque ottomane) de style byzantin des XIIIe-XIVe s. – Capitale d'un empire grec (1204-1461) fondé par Alexis et David Comnène, et qui fut en lutte contre les Latins, l'empire de Nicée et les Turcs Seldjoukides ; la ville fut conquise par les Ottomans en 1461.

Treblinka, camp d'extermination allemand (1942-1945), situé à 80 km de Varsovie. Près de 750 000 Juifs y périrent.

Třeboň ***(le Maître de),*** peintre tchèque, actif à Prague v. 1380-1390. Il est la figure majeure de l'art gothique de son temps (« beau style ») en Europe centrale, principalement connu par trois volets conservés à Prague *(Christ au mont des Oliviers, Mise au tombeau, Résurrection)* d'un retable provenant de Třeboň (Bohême-Méridionale).

trébuchant, e [trebyʃɑ̃, -ɑ̃t] **adj. 1.** Qui hésite, est irrégulier : *Une démarche trébuchante* (syn. **chancelant**). **2. Espèces sonnantes et trébuchantes,** argent liquide.

trébucher [trebyʃe] **v.i.** (de l'anc. préf. *tré*[*s*]- « au-delà » [lat. *trans*], et de l'anc. fr. *buc*, tronc du corps, frq. **buk*, ventre). **1.** Perdre l'équilibre en butant sur un objet ou en posant mal son pied : *Trébucher sur une pierre* (syn. **buter**). **2.** Être arrêté par une difficulté : *Trébucher sur un mot* (syn. **achopper**). ◆ **v.t.** TECHN. Peser au trébuchet.

trébuchet [trebyʃɛ] **n.m.** (de *trébucher*). **1.** Piège pour les petits oiseaux. **2.** Petite balance de précision pour peser de très faibles quantités de matière.

tréfilage [trefilaʒ] **n.m.** MÉTALL. Opération destinée à diminuer le diamètre d'un fil métallique par traction à travers une filière.

tréfiler [trefile] **v.t.** (de l'anc. préf. *tré*[*s*]- « au-delà » [lat. *trans*], et de *fil*). MÉTALL. Opérer le tréfilage de.

tréfilerie [trefilri] **n.f.** Établissement industriel, atelier dans lequel s'effectue le tréfilage.

tréfileur, euse [trefilœr, -øz] **n.** Ouvrier, ouvrière qui tréfile ; industriel qui exploite une tréfilerie.

trèfle [trɛfl] **n.m.** (lat. pop. **trifolum*, du class. *trifolium*, gr. *triphullon*). **1.** Plante herbacée, à feuilles composées de trois folioles et à fleurs blanches, roses ou pourpres, dont plusieurs espèces cultivées constituent d'excellents fourrages, comme le trèfle incarnat, ou *farouch.* ▸ Sous-famille des papilionacées. **2.** Objet, motif ayant la forme de la feuille de cette plante : *Un trèfle en or.* **3.** JEUX. Une des quatre couleurs du jeu de cartes français, dont la marque est un trèfle noir stylisé : *Le dix de trèfle. Jouer un trèfle.* **4. Carrefour en trèfle,** croisement de routes à des niveaux différents, affectant la forme d'un trèfle à quatre feuilles.

tréfonds [trefɔ̃] **n.m.** (de l'anc. préf. *tré*[*s*]- « au-delà » [lat. *trans*], et de *fonds*). **1.** *LITT.* Ce qu'il y a de plus secret, de plus intime : *Ces mots retentirent jusqu'au tréfonds de son être.* **2.** DR. Ce qui est au-dessous du sol, d'un terrain.

treillage [trɛjaʒ] **n.m.** (de *treille*). Assemblage de lattes en treillis ; clôture à claire-voie : *Un treillage clôture le jardin.*

treille [trɛj] **n.f.** (lat. *trichila*, tonnelle). **1.** Ceps de vigne qui s'élèvent contre un mur, un treillage, un arbre : *Une treille de muscat.* **2.** Berceaux de treillage soutenant des plantes grimpantes, décorant des jardins : *Manger sous la treille de son jardin en été.* **3. Le jus de la treille,** le vin.

1. treillis [treji] **n.m.** (de l'anc. adj. *tresliz*, lat. pop. **trilicius*, class. *trilix*, à trois fils, avec infl. de *treillage*). Ouvrage de métal, de bois, etc., imitant les mailles d'un filet, et qui sert de clôture : *Un treillis fermait le garde-manger.*

2. treillis [treji] **n.m.** (de *1. treillis*). **1.** Toile écrue, autref. en chanvre, très grosse et très forte : *Pantalon de treillis.* **2.** Vêtement de travail ou d'exercice fait dans cette toile ; tenue de combat des militaires.

treillisser [trejise] **v.t.** Garnir de treillis.

treize [trɛz] **adj. num. card. inv.** (lat. *tredecim*). **1.** Douze plus un. **2.** (En fonction d'ordinal). De rang numéro treize ; treizième : *Louis XIII.* **3. Treize à la douzaine,** treize objets donnés pour douze payés. ◆ **n.m. inv.** Le nombre qui suit douze dans la série des entiers naturels ; le chiffre représentant ce nombre : *Treize et deux font quinze.*

treizième [trɛzjɛm] **adj. num. ord.** et **n.** De rang numéro treize : *Le treizième client de la journée. Habiter le, dans le treizième* (= le treizième arrondissement). ◆ **adj.** et **n.m.** Qui correspond à la division d'un tout en treize parties égales : *La treizième partie d'une somme. Se réserver le treizième des recettes.*

treizièmement [trɛzjɛmmɑ̃] **adv.** En treizième lieu.

Trek *(le Grand)* [1834-1839], mouvement d'émigration des Boers du Cap vers le Vaal et l'Orange provoqué par la poussée des Britanniques en Afrique du Sud.

trekkeur, euse [trɛkœr, -øz] **n.** (angl. *trekker*). Personne qui fait du trekking.

trekking [trɛkiŋ] et **trek** [trɛk] **n.m.** (mot angl., de *to trek,* cheminer). Randonnée pédestre en haute montagne.

tréma [trema] **n.m.** (gr. *trêma,* point). Signe constitué de deux points juxtaposés, que l'on met sur les voyelles *e, i, u* pour indiquer que la voyelle qui précède doit être prononcée séparément : *« Ciguë » et « naïf » s'écrivent avec un tréma.*

tremblant, e [trɑ̃blɑ̃, -ɑ̃t] **adj.** Qui tremble : *Voix tremblante* (syn. **chevrotant**).

Tremblay (Michel), écrivain québécois (Montréal 1942). Inaugurant avec *les Belles-Sœurs* (1968) un théâtre contestataire qui adopte le « joual », la langue des faubourgs de Montréal, il est revenu au français dans ses romans (*la Cité dans l'œuf,* 1985).

tremble [trɑ̃bl] **n.m.** (du lat. *tremulus,* de *tremere,* trembler). Peuplier de l'Europe occidentale, aux feuilles agitées par le moindre vent, dont le bois, blanc et tendre, est utilisé en menuiserie et peut fournir de la pâte à papier.

tremblé, e [trɑ̃ble] **adj. Écriture tremblée,** écriture tracée par une main tremblante. / **Sons tremblés,** sons qui varient rapidement d'intensité.

tremblement [trɑ̃bləmɑ̃] **n.m. 1.** Agitation de ce qui tremble : *Le tremblement de ses mains trahissait son émotion* (syn. **frémissement**). **2.** *FAM.* **Et tout le tremblement,** tout le reste. / **Tremblement de terre,** séisme.

trembler [trɑ̃ble] **v.i.** (lat. pop. **tremulare,* de *tremere,* trembler). **1.** Bouger, être agité de mouvements répétés de faible amplitude : *Les feuilles des arbres tremblent dans la brise* (syn. **osciller, vibrer**). **2.** Avoir le corps agité de petits mouvements musculaires vifs et involontaires : *Trembler de froid, de peur* (syn. **frissonner**). **3.** Être l'objet d'un séisme : *La terre a tremblé en Italie.* **4.** Éprouver une grande crainte, une vive émotion : *Il tremble d'apprendre la vérité* (syn. **appréhender, redouter**).

trembleur [trɑ̃blœr] **n.m.** Appareil à lame flexible qui interrompt et rétablit le passage d'un courant électrique à de très courts intervalles.

tremblotant, e [trɑ̃blɔtɑ̃, -ɑ̃t] **adj.** Qui tremblote : *La flamme tremblotante d'une bougie* (syn. **vacillant**).

tremblote [trɑ̃blɔt] **n.f.** *FAM.* **Avoir la tremblote,** trembler de froid ou de peur.

tremblotement [trɑ̃blɔtmɑ̃] **n.m.** *FAM.* Léger tremblement : *Le tremblotement des mains d'un vieillard.*

trembloter [trɑ̃blɔte] **v.i.** Trembler un peu : *La flamme de la bougie tremblote dans le courant d'air* (syn. **vaciller**).

trémie [tremi] **n.f.** (du lat. *trimodia,* vase contenant trois muids). **1.** Sorte de grand entonnoir en forme de pyramide renversée, où l'on déverse des substances devant subir un traitement : *Une trémie à blé.* **2.** Espace réservé dans un plancher pour l'âtre d'une cheminée ou pour une circulation verticale (gaine, cage d'escalier, etc.).

trémière [tremjɛr] **adj.f.** (altér. de *rose d'outre-mer*). **Rose trémière** ⟶ **rose.**

trémolo [tremɔlo] **n.m.** (it. *tremolo,* tremblement de la voix). **1.** Répétition très rapide d'un même son avec un instrument à cordes frottées : *Les trémolos d'un violon.* **2.** Tremblement de la voix indiquant une forte émotion : *Elle relata l'incident avec des trémolos dans la voix.*

trémoussement [tremusmɑ̃] **n.m.** Action de se trémousser : *Le trémoussement des danseurs sur la piste.*

se **trémousser** [tremuse] **v.pr.** (de l'anc. préf. *tré[s]-,* du lat. *trans,* au delà, et de *mousse*). Bouger son corps en tous sens : *Cet enfant n'arrête pas de se trémousser sur sa chaise* (syn. **gigoter, remuer**).

trempage [trɑ̃paʒ] **n.m.** Action de tremper qqch dans un liquide ; fait de tremper : *Le trempage des haricots avant cuisson. Trempage du linge sale.*

trempe [trɑ̃p] **n.f.** (de *tremper*). **1.** Traitement thermique qui permet d'obtenir à température ambiante, grâce à un refroidissement rapide, un produit métallurgique d'une grande dureté : *La trempe de l'acier.* **2.** Fermeté morale, intellectuelle : *Une personne de sa trempe ne se laisse pas facilement abattre.* **3.** *FAM.* Volée de coups ; vigoureuse correction.

trempé, e [trɑ̃pe] **adj. 1.** Abondamment mouillé : *Enlève ton manteau, il est trempé* (syn. **mouillé**). **2.** Se dit d'un métal, d'un alliage qui a subi l'opération de la trempe : *Acier trempé.* **3. Bien trempé,** se dit de qqn qui a de la trempe, de l'énergie.

tremper [trɑ̃pe] **v.t.** (lat. *temperare,* modérer, de *tempus, temporis,* temps, conjoncture). **1.** Plonger dans un liquide, imbiber de ce liquide : *Tremper sa plume dans l'encre.* **2.** Soumettre à la trempe (un métal, un alliage) : *Tremper du fer.* **3.** Donner de la force d'âme, du caractère à : *Des épreuves qui trempent ceux qui les subissent* (syn. **aguerrir**). ◆ **v.i. 1.** Demeurer quelque temps dans un liquide : *Mettre du linge à tremper.* **2.** Participer à une action condamnable : *Tremper dans un crime.*

trempette [trɑ̃pɛt] **n.f.** *FAM.* **Faire trempette,** prendre un bain très court, ou dans une eau peu profonde.

tremplin [trɑ̃plɛ̃] **n.m.** (it. *trampolino,* de *trampolo,* échasse, d'orig. germ.). **1.** Planche élastique sur laquelle un sauteur ou un plongeur prend son appel. **2.** Plan incliné couvert de neige sur lequel un skieur prend son élan pour un saut ; plan incliné flottant destiné au même usage pour le ski nautique. **3.** Ce dont on se sert pour arriver à un résultat : *Son élection à la mairie lui a servi de tremplin pour arriver au pouvoir.*

trench-coat [trɛnʃkot] et **trench** [trɛnʃ] **n.m.** (mot angl., propr. « manteau de tranchée ») [pl. *trench-coats, trenchs*]. Imperméable croisé, ceinturé, avec col à revers et rabats extérieurs de dos et de poitrine.

Trenet (Charles), auteur, compositeur et chanteur français (Narbonne 1913 - Créteil 2001). S'inspirant du courant surréaliste pour les textes et du jazz pour la musique, il donna une impulsion décisive à la chanson francophone moderne. Son interprétation expressive lui valut le surnom de « Fou chantant » *(Y a d'la joie, Douce France, la Mer).*

trentaine [trɑ̃tɛn] **n.f. 1.** Nombre de trente ou d'environ trente : *La traversée dure une trentaine de minutes.* **2.** Âge d'à peu près trente ans : *Avoir la trentaine.*

trente [trɑ̃t] **adj. num. card. inv.** (lat. pop. **trinta,* class. *triginta*). **1.** Trois fois dix : *Nous avons invité trente personnes.* **2.** (En fonction d'ordinal). De rang numéro trente ; trentième : *La page trente.* **3.** *FAM.* **Se mettre sur son trente et un,** revêtir ses plus beaux vêtements. ◆ **n.m. inv.** Le nombre qui suit vingt-neuf dans la série des entiers naturels : *Trente plus dix égale quarante.*

Trente, en it. **Trento,** v. d'Italie, cap. du *Trentin-Haut-Adige* et ch.-l. de prov., sur l'Adige ; 114 609 hab. Cathédrale romano-gothique des XIIIe-XVIe s. Château du Buonconsiglio (musée national du Trentin).

Trente *(concile de)* ⟶ Réforme catholique.

Trente Ans *(guerre de),* guerre qui ravagea l'Europe et surtout le Saint Empire de 1618 à 1648, et qui se prolongea entre la France et l'Espagne jusqu'en 1659. Elle eut pour causes essentielles l'antagonisme des protestants et des catholiques ainsi que les inquiétudes nées en Europe des ambitions de la maison d'Autriche.
1618. Le conflit éclate en Bohême à la suite de la rébellion des protestants contre l'autorité des Habsbourg (défenestration de Prague).
Le roi de Bohême, Ferdinand de Habsbourg, partisan d'une restauration catholique, est déposé au profit de l'Électeur palatin Frédéric V, calviniste. Mais les Tchèques sont battus à la Montagne Blanche (1620) par Ferdinand, devenu empereur, et par les troupes de la Ligue, dirigée par Tilly. La Bohême perd ses libertés et l'Électeur, ses terres et son titre.
1625-1629. Christian IV de Danemark reprend les hostilités contre Ferdinand, avec l'appui des princes protestants.
Il intervient au nom de la défense du protestantisme et pour enrayer l'avance des Habsbourg vers ses États, mais, battu par Wallenstein en 1629, il signe la paix de Lübeck. Ferdinand proclame l'édit de Restitution, qui vise à reprendre aux protestants les biens ecclésiastiques confisqués après 1555.
1630-1631. Richelieu incite la diète de Ratisbonne à refuser à Ferdinand l'hérédité du titre impérial, puis finance l'intervention du roi de Suède Gustave II Adolphe.
La victoire de ce dernier à Breitenfeld (1631) ouvre aux Suédois la route de l'Allemagne du Sud, mais sa mort (1632) et la paix de Prague (1634) renforcent les Habsbourg.
1635-1648. La France s'allie à la Suède, aux Pays-Bas et aux protestants allemands pour lutter contre les Habsbourg d'Espagne et d'Autriche.
Les victoires franco-suédoises (Rocroi [1643], Nördlingen [1645]) poussent l'Empire germanique à signer le traité de Westphalie. Le conflit se prolonge encore dix années entre la France et l'Espagne, qui devra accepter le traité des Pyrénées (1659), abandonnant notamment à la France le Roussillon. L'Allemagne sort ruinée et dévastée de ces trente années de guerre.
1648. Les traités de Westphalie sont conclus à Münster et à Osnabrück, entre le Saint Empire, la France et la Suède. Ils donnent aux princes allemands la liberté de religion, le droit d'alliance avec l'étranger (à la condition qu'elle ne soit pas dirigée contre l'empereur). La France y gagne l'Alsace et se voit confirmer la possession des Trois-Évêchés, la Suède gagne la Poméranie occidentale. Ces traités reconnaissent l'entière souveraineté des Provinces-Unies et l'indépendance de la Confédération suisse.

Trente Glorieuses (les), période historique comprise entre 1946 et 1975 pendant laquelle la France et la plupart des économies occidentales connurent une croissance exceptionnelle et régulière, et à l'issue de laquelle elles sont entrées dans l'ère de la société de consommation.

trentenaire [trɑ̃tnɛr] **adj.** Qui dure trente ans : *Concession trentenaire.* ◆ **adj.** et **n.** Qui a atteint trente ans.

trentième [trɑ̃tjɛm] **adj. num. ord.** et **n.** De rang numéro trente : *Le trentième étage d'un gratte-ciel. C'est la trentième de la liste.* ◆ **adj.** et **n.m.** Qui correspond à la division d'un tout en trente parties égales : *La trentième partie d'une somme. Le trentième des recettes.*

Trentin, en it. **Trentino,** région historique de l'Italie *(Vénétie Tridentine),* faisant auj. partie du *Trentin-Haut-Adige.* Annexée au Tyrol (1816), elle fut restituée à l'Italie par le traité de Saint-Germain-en-Laye (1919).

Trentin-Haut-Adige, en it. **Trentino-Alto Adige,** région autonome du nord-est de l'Italie ; 13 620 km^2 ; 1 031 577 hab. ; CAP. *Trente* ; 2 prov. (*Trente* et *Bolzano*). Il correspond au bassin supérieur de l'Adige entre l'Ortler, l'Adamello et les Dolomites.

trépan [trepɑ̃] **n.m.** (lat. médiév. *trepanum,* gr. *trupanon,* tarière). **1.** TECHN. Outil de forage utilisé pour percer les roches dures. **2.** CHIR. Instrument avec lequel on perce les os, en partic. la boîte crânienne.

trépanation [trepanasjɔ̃] **n.f.** Opération chirurgicale consistant à pratiquer une ouverture dans un os, en partic. dans la boîte crânienne, à l'aide du trépan.

trépaner [trepane] **v.t.** Pratiquer la trépanation sur.

trépas [trepa] **n.m.** (de *trépasser*). **1.** LITT. Mort, en parlant de l'homme (syn. **décès**). **2. Passer de vie à trépas,** mourir.

trépassé, e [trepase] **n.** LITT. Personne décédée : *La fête des Trépassés* (= le jour des Morts, le 2 nov.).

trépasser [trepase] **v.i.** (de l'anc. préf. *tré[s]-*, du lat. *trans,* au delà, et de *passer*). LITT. Mourir, en parlant d'une personne (syn. **décéder, s'éteindre**).

trépidant, e [trepidɑ̃, -ɑ̃t] **adj. 1.** Se dit d'un mouvement vif et saccadé : *Danse trépidante.* **2. Vie trépidante,** pleine d'agitation, d'occupations (syn. **tumultueux**).

trépidation [trepidasjɔ̃] **n.f.** (lat. *trepidatio*). **1.** Tremblement continu et saccadé : *Les trépidations d'un train.* **2.** Vive agitation ; forte animation : *La trépidation de la vie parisienne* (syn. **agitation, tumulte**).

trépider [trepide] **v.i.** (lat. *trepidare,* s'agiter). Être agité de petites secousses rapides : *Immeuble qui trépide au passage du métro* (syn. **vibrer**).

trépied [trepje] **n.m.** (bas lat. *tripes, -edis,* de l'adj. class. *tripes,* à trois pieds). Support à trois pieds : *Placer un trépied sur les braises de la cheminée pour y poser une marmite.*

trépignement [trepiɲmɑ̃] **n.m.** Action de trépigner.

trépigner [trepiɲe] **v.i.** (de l'anc. fr. *treper,* du germ. **trippôn,* sauter). Frapper vivement et nerveusement des pieds contre terre : *Trépigner de colère. Le public trépignait pour qu'elle chante une dernière chanson.*

tréponème [treponɛm] **n.m.** (du gr. *trepein,* tourner, et *nêma,* fil). BIOL. Bactérie en forme de spirale, telle que l'agent de la syphilis. ▸ Ordre des spirochétales.

très [trɛ] **adv.** (lat. *trans,* au-delà). Indique une intensité non relative (superlatif absolu) : *Il est très riche* (syn. **extrêmement**). *Être très en avance. Avoir très froid* (syn. **bien**).

trésor [trezɔr] **n.m.** (lat. *thesaurus,* gr. *thêsauros*). **1.** Amas d'or, d'argent, de choses précieuses mis en réserve : *Les trésors découverts par Ali Baba dans la caverne des voleurs* (syn. **richesse**). **2.** Lieu d'une église où l'on garde les reliques, les ornements et les objets précieux : *Le trésor de la cathédrale Saint-Marc à Venise.* **3.** Objet précieux, caché ou enfoui, découvert par hasard : *Ils ont trouvé un trésor en creusant les fondations de la maison.* ▸ Le trésor découvert sur le fonds d'autrui appartient par moitié à l'inventeur et par moitié au propriétaire du fonds. **4.** Tout ce qui est précieux, excellent : *Un enfant est un trésor pour sa mère. Ce manuscrit est un véritable trésor pour l'étude de cette période.* **5. Un trésor de,** une abondance précieuse de : *Avoir des trésors de patience en réserve.* **6. Le Trésor public,** l'État dans l'exercice de ses compétences financières ; la direction du ministère des Finances qui fait des avances au budget ou conserve la charge de certaines dépenses des services et qui a pour mission d'assurer l'exécution du budget.

trésorerie [trezɔrri] **n.f. 1.** Administration du Trésor public. **2.** Bureau, fonction d'un trésorier-payeur général. **3.** COMPTAB. Ensemble des actifs liquides d'une entreprise, d'une association. **4.** Argent dont qqn dispose : *Des difficultés de trésorerie* (= des ennuis financiers).

trésorier, ère [trezɔrje, -ɛr] **n.** (bas lat. *thesaurarius*). Personne qui détient, comptabilise et gère les fonds d'une collectivité, d'une entreprise : *Le trésorier d'un club.*

trésorier-payeur, trésorière-payeuse [trezɔrjepejœr, trezɔrjɛrpejøz] **n.** (pl. *trésoriers-payeurs, trésorières-payeuses*) **Trésorier-payeur général,** en France, chef des services comptables de l'État pour un département, une Région.

tressage [tresaʒ] **n.m.** Action de tresser ; manière de tresser : *Un tressage serré.*

tressaillement [tresajmɑ̃] **n.m.** Brusque secousse de tout le corps à la suite d'une émotion vive : *Un tressaillement de surprise* (syn. **haut-le-corps, sursaut**).

tressaillir [tresajir] **v.i.** (de l'anc. préf. *tré[s]*-, du lat. *trans,* au delà, et de *saillir,* sauter) [conj. **47**]. Avoir un brusque mouvement involontaire du corps sous le coup d'une émotion : *Elle tressaillit en entendant la porte grincer* (syn. **sursauter**).

tressautement [tresotmɑ̃] **n.m.** Fait de tressauter.

tressauter [tresote] **v.i.** (de l'anc. préf. *tré[s]*-, du lat. *trans,* au delà, et de *sauter*). **1.** LITT. Avoir le corps secoué d'un mouvement violent sous l'effet d'une vive émotion : *L'entrée brusque de son père fit tressauter l'enfant* (syn. **sursauter, tressaillir**). **2.** Être agité de secousses : *Ses coups de poing sur la table faisaient tressauter les verres* (syn. **trembler**).

tresse [trɛs] **n.f.** (probabl. lat. pop. **trichia,* gr. *thrikhia,* filasse pour cordage). **1.** Forme obtenue par entrelacement de brins, de fils, de rubans, etc. : *Faire une tresse avec du fil plastique.* **2.** Longue mèche de cheveux divisée en trois et entrelacée : *Ses deux tresses dans le dos* (syn. **natte**).

tresser [trese] **v.t. 1.** Arranger en tresse : *Tresser de l'osier.* **2.** Fabriquer en entrelaçant : *Tresser un panier.*

tréteau [treto] **n.m.** (lat. pop. **trastellum,* class. *transtillum,* de *transtum,* traverse). **1.** Support formé d'une barre horizontale portée à chaque extrémité par deux pieds obliques, et servant, par paire ou davantage, à soutenir une table, un plancher, une estrade, etc. : *Une table à tréteaux.* **2. Les tréteaux,** la scène d'un théâtre mobile : *Troupe qui installe ses tréteaux dans une bourgade.*

treuil [trœj] **n.m.** (lat. *torculum,* pressoir, de *torquere,* tordre). Appareil dont l'élément essentiel est un cylindre horizontal, mobile autour de son axe, sur lequel s'enroule une corde ou un câble, et qui sert à élever des fardeaux : *Utiliser un treuil pour déménager des meubles lourds.*

treuillage [trœjaʒ] **n.m.** Utilisation d'un treuil pour soulever des charges, pour lancer un planeur.

treuiller [trœje] **v.t.** Lever ou déplacer au moyen d'un treuil : *Treuiller des sacs de blé.*

trêve [trɛv] **n.f.** (frq. **treuwa,* pacte, traité). **1.** Cessation temporaire de tout acte d'hostilité : *Les belligérants ont conclu une trêve.* **2.** Suspension d'attaques quelconques : *Mettez une trêve à vos disputes.* **3.** Temps d'arrêt dans qqch de difficile, de pénible : *Ses affaires ne lui laissent aucune trêve* (syn. **répit**). **4. Sans trêve,** sans s'arrêter ; sans relâche : *Il discourt sans trêve* (= sans arrêt). / **Trêve de,** assez de, cessons cela : *Trêve de plaisanteries, il est temps d'agir.* / **Trêve des confiseurs,** période de calme social et politique correspondant aux fêtes de fin d'année.

Trèves, en all. **Trier,** v. d'Allemagne (Rhénanie-Palatinat), sur la Moselle ; 105 671 hab. Vestiges romains (*Porta nigra,* thermes, basilique), cathédrale (IVe-XIIe s. ; trésor), église Notre-Dame (XIIIe s.), etc. Musées abritant de riches collections d'archéologie romaine et médiévale. Fondée par Auguste (v. 15 av. J.-C.), la ville fut intégrée au Saint Empire au Xe s. et ses archevêques en devinrent princes-électeurs en 1257.

Trevithick (Richard), ingénieur britannique (Illogan, Cornwall, 1771 - Dartford, Kent, 1833). Il fut le pionnier de l'emploi de la haute pression dans les machines à vapeur. Il construisit et fit fonctionner, en 1803, la première locomotive digne de ce nom.

tri [tri] **n.m.** (de *trier*). **1.** Action de trier : *Le tri des lettres.* **2.** INFORM. Mise en ordre des informations en vue de leur traitement.

triacide [triasid] **n.m.** CHIM. Corps possédant trois fonctions acide.

triade [trijad] **n.f.** (bas lat. *trias, -adis,* du gr.). **1.** Groupe de trois personnes ou choses étroitement associées. **2.** Groupe de trois divinités associées dans un même culte. **3.** Organisation mafieuse chinoise.

triage [trijaʒ] **n.m. 1.** Action de trier, de répartir en choisissant : *Le triage des semences* (syn. **tri**). **2. Gare de triage,** gare dont le rôle est de recevoir les trains de marchandises de diverses provenances, d'en trier les wagons par destinations pour former de nouveaux trains et de les expédier.

trial [trijal] **n.m.** (mot angl.) [pl. *trials*]. Sport motocycliste sur tous terrains, faisant surtout appel à la maniabilité de la machine, aux qualités d'adresse du pilote.

trialcool [trialkɔl] **n.m.** CHIM. Composé renfermant trois fonctions alcool.

triangle [trijɑ̃gl] **n.m.** (lat. *triangulum,* de *tres,* trois, et *angulum,* angle). **1.** Polygone à trois côtés : *Un triangle équilatéral.* ▸ L'aire d'un triangle est égale au demi-produit de la longueur d'un côté par celle de la hauteur correspondante. **2.** MUS. Instrument à percussion formé d'une tige d'acier recourbée en triangle.

Triangle d'or, nom parfois donné à la région de l'Asie du Sud-Est aux confins de la Birmanie, de la Thaïlande et du Laos, grande productrice d'opium.

triangulaire [trijɑ̃gylɛr] **adj. 1.** En forme de triangle : *Une voile triangulaire.* **2.** Dont la base ou la section a la forme d'un triangle : *Pyramide, prisme triangulaires.* **3.** Qui se fait entre trois personnes, trois groupes : *Élection triangulaire.* **4.** ANAT. Se dit de divers muscles qui ont la forme d'un triangle : *Le muscle triangulaire du sternum.* **5.** HIST. **Commerce, trafic triangulaire,** aux XVIIe et XVIIIe s., forme particulière de la traite des Noirs, qui consistait à aller échanger sur les côtes africaines des produits européens (pacotille, notamm.) contre des esclaves, à transporter ceux-ci aux Antilles et à les y vendre, pour rapporter en Europe les produits antillais (sucre, cacao). ▸ En France, Bordeaux et Nantes ont tiré une partie de leur richesse du trafic triangulaire.

triangulation [trijɑ̃gylasjɔ̃] **n.f.** Partage d'une surface terrestre en un réseau de triangles, pour mesurer une ligne géodésique ou pour dresser la carte d'une région.

Trianon *(traité de)* → Guerre mondiale *(Première).*

trias [trijas] **n.m.** (mot gr. « groupe de trois »). Première période de l'ère secondaire, d'une durée approximative de 51 millions d'années, marquée en Europe occidentale par le dépôt de trois faciès caractéristiques (grès bigarrés, calcaires contenant des coquilles, marnes irisées), correspondant à trois phases sédimentaires.

triasique [trijazik] **adj.** Relatif au trias.

triathlon [trijatlɔ̃] **n.m.** (de *tri-,* d'apr. *[déca]thlon* et *[penta-]thlon*). Compétition sportive enchaînant trois épreuves (natation, course à pied, course cycliste sur route).

triatomique [triatɔmik] **adj.** Se dit des corps dont la molécule est formée de trois atomes.

tribal, e, aux ou **als** [tribal, -o] **adj.** Relatif à la tribu : *La vie tribale. Mœurs tribales.*

tribalisme [tribalism] **n.m.** Organisation de type tribal : *Le tribalisme demeure vivant dans certaines parties du globe.*

triboélectricité [tribɔelɛktrisite] **n.f.** (du gr. *tribein,* frotter). Électricité statique produite par frottement.

triboélectrique [tribɔelɛktrik] **adj.** Relatif à la triboélectricité : *Phénomènes triboélectriques.*

tribord [tribɔr] **n.m.** (néerl. *stierboord,* bord du gouvernail). MAR. Côté droit d'un navire, quand on regarde vers l'avant (par opp. à *bâbord*) : *Le feu de tribord est vert.*

triboulet [tribulɛ] **n.m.** (de l'anc. fr. *tribouler,* agiter, lat. *tribulare*). Tige de forme tronconique et calibrée qui sert au bijoutier pour mesurer le diamètre des bagues.

tribu [triby] **n.f.** (lat. *tribus*). **1.** Groupement de familles de même origine, vivant dans la même région ou se déplaçant ensemble, et ayant une même organisation politique, les mêmes croyances religieuses et, le plus souvent, une même langue : *Les tribus de la forêt amazonienne* (syn. **clan, ethnie, peuplade**). **2.** ANTIQ. À Rome, ensemble de dix curies ; en Grèce, groupe de plusieurs phratries. **3.** (Souvent iron.). Grande famille unie par des règles : *Il ne se déplace jamais sans sa tribu.* **4.** BIOL. Niveau de classification intermédiaire entre la famille et le genre. **5. Les douze tribus d'Israël,** issues, selon la tradition, des douze fils de Jacob.

tribulations [tribylasjɔ̃] **n.f. pl.** (lat. ecclés. *tribulatio*, de *tribulare*, écraser avec le *tribulum* [herse], puis « persécuter »). Suite d'aventures plus ou moins désagréables : *Un voyage plein de tribulations* (syn. **difficulté, mésaventure**).

tribun [tribœ̃] **n.m.** (lat. *tribunus*). **1.** ANTIQ. ROM. Magistrat romain chargé, à l'origine, de l'administration d'une tribu. **2.** Orateur populaire, à l'éloquence puissante et directe : *Jean Jaurès fut un grand tribun.* **3. Tribun de la plèbe,** magistrat romain chargé de défendre les intérêts de la plèbe.

tribunal [tribynal] **n.m.** (mot lat. « tribune ») [pl. *tribunaux*]. **1.** Juridiction formée d'un ou de plusieurs magistrats qui jugent ensemble : *Comparaître devant le tribunal.* **2.** Ensemble des magistrats qui composent une telle juridiction : *Le tribunal a demandé un complément d'information* (syn. **cour, parquet**). **3.** Lieu où siègent les magistrats : *Le tribunal était plein de curieux.* **4.** LITT. Ce que l'on considère comme jouant le rôle d'un juge : *Le tribunal de l'histoire.*

Tribunal révolutionnaire, tribunal criminel d'exception, qui fonctionna à Paris, du 10 mars 1793 au 31 mai 1795. Il fut un instrument de la Terreur ; après la chute de Robespierre, ses attributions furent réduites. Il y eut quelques tribunaux révolutionnaires en province.

tribunat [tribyna] **n.m.** ANTIQ. ROM. Charge de tribun ; exercice de cette charge.

tribune [tribyn] **n.f.** (lat. médiév. *tribuna*, du class. *tribunal*). **1.** Emplacement surélevé d'où un orateur s'adresse à une assemblée : *Le conférencier monta à la tribune* (syn. **estrade**). **2.** (Souvent au pl.). Espace muni de gradins, le plus souvent couvert, d'où l'on regarde une course de chevaux, une manifestation sportive, etc. : *Les tribunes sont pleines.* **3.** Galerie surélevée réservée à certaines personnes dans une grande salle, un édifice cultuel : *Le public s'entassait dans les tribunes de l'Assemblée nationale.* **4.** Émission, page de journal, etc., offerts par un média à qqn, à un groupe pour qu'il exprime publiquement ses idées : *Ce journal lui a offert une tribune.* **5. Tribune libre,** rubrique de journal, émission régulière de radio ou de télévision où des représentants de diverses tendances politiques sont invités à exposer leurs opinions sous leur propre responsabilité.

tribut [triby] **n.m.** (lat. *tributum*, impôt, de *tribuere*, répartir entre les tribus). **1.** Ce qu'un peuple, un État était obligé de fournir à un autre dont il était dépendant : *Payer un tribut au roi du pays voisin.* **2.** LITT. Dommage, sacrifice, perte subis du fait de qqch ou pour qqch : *Ces vies anéanties ont été un lourd tribut payé à la guerre.*

tributaire [tribytɛr] **adj.** (lat. *tributarius*). **1.** Dépendant de : *Être tributaire de l'étranger pour l'énergie.* **2.** GÉOGR. Se dit d'un cours d'eau qui se jette dans un autre, dans un lac ou dans la mer.

tricentenaire [trisɑ̃tnɛr] **adj.** Qui a atteint trois cents ans. ◆ **n.m.** Anniversaire d'un événement qui a eu lieu trois cents ans auparavant.

tricéphale [trisefal] **adj.** (du gr. *kephalê*, tête). Qui a trois têtes : *Monstre tricéphale.*

triceps [trisɛps] **n.m.** et **adj.** (mot lat. « qui a trois têtes »). Muscle dont une extrémité est fixée par trois tendons d'insertion : *Triceps brachial.*

tricératops [triseratɔps] **n.m.** (du gr. *keras, -atos*, corne, et *ôps*, vue). Reptile fossile du crétacé, dont la tête était pourvue de trois cornes et d'une collerette osseuse. ▸ Long. 8 m ; ordre des ornithischiens.

triche [triʃ] **n.f.** (de *tricher*). FAM. Fait de tricher : *Dès que tu perds, tu dis qu'il y a eu triche* (syn. **tricherie**).

tricher [triʃe] **v.i.** (lat. pop. **triccare*, bas lat. *tricare*, soulever des difficultés). **1.** Enfreindre les règles d'un jeu, d'un sport, pour gagner : *Tricher aux cartes.* **2.** Enfreindre certaines règles, certaines conventions explicites ou d'usage en affectant de les respecter : *Il a fallu tricher un peu pour que le dernier chapitre fasse cent pages aussi.* ◆ **v.t. ind. [sur]. 1.** Tromper, mentir sur qqch : *Tricher sur le poids, sur son âge.* **2.** Dissimuler un défaut par un artifice : *Tricher un peu sur les raccords.*

tricherie [triʃri] **n.f. 1.** Action de tricher : *Gagner par tricherie.* **2.** Tromperie, abus de confiance : *On nous avait dissimulé les difficultés du travail, c'est de la tricherie.*

tricheur, euse [triʃœr, -øz] **adj.** et **n.** Qui triche au jeu : *Un tricheur professionnel.*

trichine [trikin] **n.f.** (lat. scientif., *trichina*, du gr. *trikhinos*, de poils). Ver parasite, vivant à l'état adulte dans l'intestin de l'homme et du porc, et à l'état larvaire dans leurs muscles, responsable d'une maladie grave, la *trichinose.* ▸ Classe des nématodes ; long. de 2 à 4 mm.

trichloréthylène [triklɔretilɛn] **n.m.** (de *tri-*, *chlore* et *éthylène*). Liquide ininflammable employé comme solvant (abrév. fam. *trichlo*). ▸ Symb. $CHClCCl_2$.

tricholome [trikɔlɔm] **n.m.** (du gr. *thrix, thrikhos*, poil, cheveu, et *lôma*, frange). Champignon à lames, qui pousse dans les bois ou les prés. ▸ Le tricholome de la Saint-Georges est aussi appelé *mousseron.*

trichomonas [trikɔmɔnas] **n.m.** (du gr. *thrix, thrikhos*, cheveu, et *monas*, seul). Protozoaire flagellé, parasite vaginal et intestinal de l'espèce humaine et de divers animaux, agent de maladies sexuellement transmissibles.

trichrome [trikrom] **adj.** Se dit d'une image obtenue par trichromie.

trichromie [trikrɔmi] **n.f.** (du gr. *khrôma*, couleur). Ensemble des procédés de reproduction en couleurs, dans lesquels toutes les teintes sont obtenues à l'aide des trois couleurs primaires (le bleu, le jaune, le rouge).

triclinium [triklinjɔm] **n.m.** (mot lat., du gr. *klinê*, lit). **1.** ANTIQ. ROM. Lit à trois places sur lequel les Romains s'étendaient pour manger. **2.** Salle à manger, génér. à trois lits, de la maison romaine.

tricolore [trikɔlɔr] **adj. 1.** Qui a trois couleurs : *Un drapeau tricolore.* **2.** Se dit des trois couleurs bleu, blanc et rouge, emblème de la nation française, d'une fonction officielle : *Écharpe tricolore* (= l'insigne de certains élus : maire, conseiller général, etc.). ▸ L'origine du drapeau tricolore remonte à juill. 1789, où l'on réunit d'abord sur une cocarde le blanc, couleur du roi, avec le bleu et le rouge, couleurs de Paris, symbole de l'union de la royauté et du peuple. ◆ **adj.** et **n.** Qui porte les couleurs de la France : *Les tricolores ont gagné le match. Le onze tricolore* (= l'équipe de France de football).

tricorne [trikɔrn] **n.m.** Chapeau à bords repliés en trois cornes.

tricot [triko] **n.m.** (de *tricoter*). **1.** Étoffe à mailles tricotées : *Une robe en tricot.* **2.** Article vestimentaire fait avec cette étoffe : *Il porte un tricot rouge* (syn. **chandail, gilet**). **3.** Action de tricoter ; ouvrage ainsi réalisé : *Faire du tricot.*

tricotage [trikɔtaʒ] **n.m.** Action de tricoter ; travail de qqn qui tricote : *Commencer le tricotage d'une écharpe.*

tricoter [trikɔte] **v.t.** (frq. **strikan*, caresser, frotter). **1.** Former et entrelacer des mailles de fil textile avec des aiguilles spéciales pour en faire un tissu, un ouvrage de couture : *Tricoter des chaussettes, un pull-over.* **2.** Travailler un fil textile de cette façon : *Tricoter le coton.* ◆ **v.i. 1.** Réaliser des ouvrages au tricot : *Tricoter à la main, à la machine.* **2.** FAM. Remuer vivement les jambes pour courir, danser, pédaler, etc. **3. Machine à tricoter,** machine permettant d'exécuter un tricot.

tricoteur, euse [trikɔtœr, -øz] **n.** Personne qui tricote. ◆ **tricoteuses n.f. pl.** HIST. **Les tricoteuses,** femmes du peuple qui, pendant la Révolution, assistaient en tricotant aux séances des assemblées populaires.

trictrac [triktrak] **n.m.** (onomat.). Jeu qui se joue avec des dames et des dés sur un tableau à deux compartiments, ancêtre du jacquet.

tricycle [trisikl] **n.m. 1.** Vélo d'enfant à trois roues, dont deux à l'arrière. **2.** Petit véhicule à moteur à trois roues.

tridactyle [tridaktil] **adj.** (gr. *tridaktulos*). Se dit d'un membre de vertébré terminé par trois doigts.

trident [tridɑ̃] **n.m.** (du lat. *tridens, -entis,* à trois dents). **1.** Fourche à trois pointes servant à harponner les poissons : *Dans la mythologie romaine, le trident était l'attribut de Neptune.* **2.** Bêche ou fourche à trois dents.

tridimensionnel, elle [tridimɑ̃sjɔnɛl] **adj.** Qui comporte trois dimensions.

trièdre [triɛdr] **adj.** (de *tri-* et *-èdre*). MATH. Qui présente trois faces : *Prisme trièdre.* ◆ **n.m.** Figure géométrique formée de trois demi-droites non coplanaires *(arêtes)* de même origine *(sommet).* ▸ Chacun des trois angles définis par les arêtes est une face du trièdre.

triennal, e, aux [trijenal, -o] **adj.** (bas lat. *triennalis*). Qui dure trois ans ; qui revient tous les trois ans : *Plan d'équipement triennal. Festival triennal.*

trier [trije] **v.t.** (probabl. bas lat. *tritare,* broyer, du class. *terere*) [conj. **10**]. **1.** Choisir parmi plusieurs certains éléments, en les séparant du reste : *J'ai trié les meilleures photos pour les faire agrandir* (syn. **sélectionner**). **2.** Répartir des objets suivant certains critères : *Trier des lettres, des fiches* (syn. **classer**).

trière [triɛr] **n.f.** (gr. *triêrês*) et **trirème** [trirɛm] **n.f.** (lat. *triremis*). ANTIQ. GR. Navire de guerre à trois rangs de rameurs superposés.

Trieste, port d'Italie, cap. du Frioul-Vénétie Julienne et ch.-l. de prov., sur l'Adriatique, dans le *golfe de Trieste ;* 202 533 hab. Centre industriel (raffinage du pétrole notamment). Vestiges romains ; cathédrale des XIe et XIVe s. ; château des XVe-XVIIe s. Musées. Trieste, ville irrédentiste et principal débouché maritime de l'Autriche, fut cédée à l'Italie en 1919-1920. Elle fut prise par les Yougoslaves en 1945. Le traité de paix de 1947 créa le *Territoire libre de Trieste,* puis la ville revint à l'Italie en 1954.

trieur, euse [trijœr, -øz] **n.** Personne affectée à des opérations de tri, de triage.

trieuse [trijøz] **n.f.** Machine de bureau qui permettait de classer à grande vitesse des cartes perforées.

trifolié, e [trifɔlje] **adj.** BOT. Se dit d'une feuille composée de trois folioles : *La feuille du trèfle est trifoliée.*

triforium [trifɔrjɔm] **n.m.** (mot angl., latinisation de l'anc. fr. *trifoire,* ouvrage ciselé, du lat. *transforare,* percer à travers). ARCHIT. Dans une église, étroite galerie au-dessus des grandes arcades ou de la tribune, ouverte par une suite de baies sur la nef ou le chœur.

trifouiller [trifuje] **v.i.** (croisement de *fouiller* et *tripoter*). FAM. Fouiller sans méthode, en bouleversant, en abîmant : *Je vous interdis de trifouiller dans mes papiers.*

triglycéride [trigliserid] **n.m.** Lipide formé par l'estérification du glycérol par trois acides gras. ▸ Les triglycérides se trouvent dans le sang au taux de 0,50 à 1,80 g par litre à l'état normal.

triglyphe [triglif] **n.m.** (lat. *triglyphus,* du gr.). ARCHIT. Ornement de la frise dorique, composé de canaux creusés dans la pierre : *Les triglyphes alternent avec les métopes.*

trigone [trigon] **adj.** et **n.m.** (gr. *trigônos,* à trois angles). DIDACT. Qui présente trois angles.

trigonométrie [trigɔnɔmetri] **n.f.** (lat. scientif. *trigonometria*). MATH. Étude des propriétés des fonctions circulaires des angles et des arcs (sinus, cosinus, tangente). ▸ Elle permet de calculer les mesures des côtés d'un triangle ou de ses angles à partir de certaines d'entre elles, notamm. en astronomie.

trigonométrique [trigɔnɔmetrik] **adj. 1.** Relatif à la trigonométrie, aux fonctions circulaires : *Tables trigonométriques.* **2. Cercle trigonométrique,** cercle de centre O et de rayon 1 du plan doté d'un repère affine d'origine O, utilisé en trigonométrie. **/ Sens trigonométrique,** sens de rotation appelé aussi *sens direct,* et fixé conventionnellement comme étant le sens contraire de celui des aiguilles d'une montre, ou *sens indirect.*

trijumeau [triʒymo] **adj.m.** et **n.m.** ANAT. Se dit du nerf crânien de la cinquième paire, qui se divise en trois branches, qui sont le nerf ophtalmique et les nerfs maxillaires supérieur et inférieur.

trilatéral, e, aux [trilateral, -o] **adj.** Qui a trois côtés.

trilingue [trilɛ̃g] **adj.** et **n.** (lat. *trilinguis*). Qui parle trois langues : *Secrétaire trilingue.* ◆ **adj.** Écrit en trois langues : *Traité trilingue.*

trille [trij] **n.m.** (it. *trillo,* d'orig. onomat.). MUS. Battement rapide et plus ou moins prolongé d'une note avec la note conjointe supérieure : *Faire des trilles à la flûte.*

trillion [triljɔ̃] **n.m.** (de *tri-* et [*mi*]*llion*). Un million de billions, soit 10^{18}.

trilobé, e [trilɔbe] **adj.** DIDACT. À trois lobes ou en forme de trèfle : *Feuille trilobée.*

trilobite [trilɔbit] **n.m.** (lat. scientif. *trilobites,* du class. *lobus,* lobe). **Trilobites,** classe d'arthropodes marins fossiles de l'ère primaire, dont le corps était divisé en trois parties.

trilogie [trilɔʒi] **n.f.** (gr. *trilogia*). Série de trois œuvres dont les sujets sont liés : *« L'Orestie » d'Eschyle est une trilogie.*

trimaran [trimarɑ̃] **n.m.** (de *tri-* et [*cata*]*maran*). Voilier comportant trois coques parallèles.

trimardeur [trimardœr] **n.m.** (de *trimard,* route, probabl. du rad. de *trimer*). FAM. et VX. Vagabond, et partic. ouvrier allant de ville en ville pour chercher du travail.

trimbaler ou **trimballer** [trɛ̃bale] **v.t.** (altér. de *tribaler* et de *trinqueballer,* employés au XVIe s., du lat. *tribulare,* tourmenter). FAM. Traîner partout avec soi : *J'ai dû trimbaler ses valises toute la journée* (syn. **porter, transporter**). ◆ **se trimbaler v.pr.** FAM. Se déplacer ; aller et venir : *Elle se trimbale au volant de sa nouvelle voiture.*

trimer [trime] **v.i.** (orig. incert., p.-ê. var. de *tramer,* faire la navette, ou de l'anc. fr. *trumel,* jambe, mollet). FAM. Travailler dur ; se donner beaucoup de peine : *Trimer toute la journée* (syn. **peiner**).

trimestre [trimɛstr] **n.m.** (lat. *trimestris*). **1.** Espace de trois mois : *Être payé au trimestre.* **2.** Somme payée ou reçue à la fin de cette période : *Toucher son trimestre de pension.* **3.** Chacune des trois divisions de l'année scolaire française, de sept. à juill., équivalant approximativement à trois mois et séparée par des vacances : *Le premier trimestre va jusqu'aux vacances de Noël.*

trimestriel, elle [trimɛstrijɛl] **adj.** Qui revient, se produit tous les trois mois : *Une publication trimestrielle.*

trimestriellement [trimɛstrijɛlmɑ̃] **adv.** Par trimestre ; tous les trois mois : *Être payé trimestriellement.*

trimètre [trimɛtr] **n.m.** (lat. *trimetrus,* du gr.). **1.** MÉTR. Vers grec ou latin composé de trois mètres. **2.** Vers français marqué de trois accents principaux (ex. : *Comme un infâme ! comme un lâche ! comme un chien !* [Hugo]).

trimoteur [trimɔtœr] **adj.m.** et **n.m.** Se dit d'un avion qui possède trois moteurs.

tringle [trɛ̃gl] **n.f.** (altér. de *tingle,* moyen néerl. *tingel,* cale). Barre métallique servant à suspendre un rideau, une draperie, etc.

trinitaire [trinitɛr] **adj.** CATH. Relatif à la Trinité : *Dogme trinitaire.*

trinité [trinite] **n.f.** (lat. ecclés. *trinitas,* de *trinus,* triple). **1.** RELIG. CHRÉT. (Avec une majuscule). Désignation de Dieu en trois personnes (Père, Fils et Saint-Esprit), qui sont distinctes, égales et consubstantielles en une seule et indivisible nature ; fête commémorant ce mystère, le premier dimanche après la Pentecôte. **2.** *LITT.* Réunion de trois éléments formant un tout : *La finance, l'Administration et l'armée, cette puissante trinité.*

Trinité-et-Tobago, en angl. **Trinidad and Tobago,** État des Antilles, à proximité du Venezuela ; 5 128 km^2 ; 1 341 000 hab. *(Trinidadiens).* CAP. *Port of Spain.* LANGUE : *anglais.* MONNAIE : *dollar de Trinité-et-Tobago.*

GÉOGRAPHIE

L'État est composé de deux îles, la Trinité (4 827 km^2 et 96 % de la population totale) et Tobago. Sous un climat tropical humide, plus arrosé à l'est qu'à l'ouest, la Trinité a un relief plat en dehors d'une chaîne montagneuse au nord. La population est très variée, les Noirs et les Indiens constituant les groupes les plus nombreux.

La vie économique est dominée par l'extraction du pétrole et du gaz naturel, le raffinage (concernant aussi du pétrole importé) et la pétrochimie. Des industries (cimenterie, mécanique, électroménager, alimentation) et le tourisme complètent ces activités, tandis que l'agriculture (canne à sucre, cacao, café, agrumes) a reculé. Le Venezuela est le principal partenaire commercial du pays.

HISTOIRE

Découverte par Christophe Colomb en 1498, la Trinité fut disputée par les grandes puissances avant d'être cédée à la Grande-Bretagne en 1802. Depuis 1962, elle constitue avec Tobago un État indépendant, membre du Commonwealth.

trinitrotoluène [trinitrɔtɔlɥɛn] **n.m.** (de *tri-, nitré* et *toluène*). Solide cristallisé produit par traitement du toluène à l'acide nitrique, constituant un explosif particulièrement puissant, appelé *tolite* (abrév. *T.N.T.*).

trinôme [trinom] **n.m.** (d'apr. *binôme*). Polynôme formé de trois termes.

trinquer [trɛ̃ke] **v.i.** (all. *trinken,* boire). **1.** Choquer légèrement son verre contre celui de qqn avant de boire : *Trinquons à sa santé !* **2.** *FAM.* Subir un dommage, un désagrément : *Dans l'accident, c'est ma voiture qui a trinqué !*

trinquet [trɛ̃kɛ] **n.m.** (it. *trinchetto*). MAR. Mât de misaine, incliné un peu sur l'avant des bâtiments gréés en voiles latines.

trinquette [trɛ̃kɛt] **n.f.** (it. *trinchetto*). MAR. Voile d'avant triangulaire qui se grée en arrière du foc.

trio [trijo] **n.m.** (mot it., de *tre,* trois, d'apr. *duo*). **1.** MUS. Composition musicale pour trois instruments ou trois voix : *Trio pour piano, violon et violoncelle.* **2.** MUS. Ensemble vocal ou instrumental de trois exécutants. **3.** Groupe de trois personnes : *Ses associés et lui forment un drôle de trio.*

triode [trijɔd] **n.f.** (d'apr. *diode*). ÉLECTRON. Tube électronique à trois électrodes (anode, grille qui règle l'intensité du flux électronique, cathode).

triolet [trijɔlɛ] **n.m.** (emploi métaphorique de *triolet,* trèfle). **1.** Poème à forme fixe de huit vers, composé sur deux rimes et dont trois vers (le premier, le quatrième et le septième) sont identiques. **2.** MUS. Groupe de trois notes d'égale valeur, surmonté du chiffre 3, à exécuter dans le même temps que deux notes de même figure.

triomphal, e, aux [trijɔ̃fal, -o] **adj.** (lat. *triumphalis*). **1.** Qui constitue une réussite éclatante : *Succès triomphal.* **2.** Qui se fait avec éclat : *Accueil triomphal* (syn. **chaleureux, enthousiaste**). **3.** ANTIQ. ROM. Relatif au triomphe : *Le char triomphal des vainqueurs.*

triomphalement [trijɔ̃falmɑ̃] **adv. 1.** Avec les honneurs, les acclamations qui marquent un triomphe : *Être accueilli triomphalement.* **2.** Sur un air triomphant : *Annoncer triomphalement qu'on a gagné.*

triomphalisme [trijɔ̃falism] **n.m.** Attitude de confiance absolue ou excessive en sa propre réussite.

triomphaliste [trijɔ̃falist] **adj.** et **n.** Qui fait preuve de triomphalisme.

triomphant, e [trijɔ̃fɑ̃, -ɑ̃t] **adj. 1.** Qui triomphe : *L'équipe triomphante* (syn. **victorieux**). **2.** Qui marque la joie et la fierté : *Regard triomphant* (syn. **radieux, rayonnant**).

triomphateur, trice [trijɔ̃fatœr, -tris] **n.** et **adj.** (lat. *triomphator*). Personne qui triomphe, a triomphé : *L'armée triomphatrice* (syn. **victorieux**).

triomphe [trijɔ̃f] **n.m.** (lat. *triumphus*). **1.** Grand succès, victoire éclatante : *Remporter un triomphe sur ses adversaires.* **2.** ANTIQ. ROM. Honneurs exceptionnels attribués à un général victorieux. **3. Porter qqn en triomphe,** le porter en le hissant au-dessus des autres pour lui faire honneur.

triompher [trijɔ̃fe] **v.i.** (lat. *triumphare*). **1.** Remporter une victoire, un succès : *La liste qui a triomphé aux municipales* (syn. **gagner, vaincre**). **2.** Manifester sa joie, sa fierté d'avoir obtenu un succès : *Le vainqueur triomphait* (syn. **exulter, jubiler**). **3.** ANTIQ. Recevoir les honneurs du triomphe. ◆ **v.t. ind. [de].** Remporter un avantage, l'emporter sur : *Triompher d'un adversaire* (syn. **battre, défaire**). *Triompher de toutes les difficultés* (= en venir à bout).

trip [trip] **n.m.** (mot anglo-amér. « voyage »). Dans le langage des toxicomanes, état hallucinatoire dû à la prise d'une drogue.

triparti, e [triparti] et **tripartite** [tripartit] **adj.** (lat. *tripartitus*). **1.** Divisé en trois parties : *Feuille tripartie.* **2.** Constitué par l'association de trois partis : *Gouvernement triparti.* **3.** Réalisé entre trois partenaires : *Accord triparti.*

tripartite *(pacte)* [27 septembre 1940], pacte signé entre l'Allemagne, l'Italie et le Japon et qui prévoyait l'instauration d'un ordre nouveau en Europe et en Extrême-Orient. La Hongrie, la Roumanie et la Slovaquie y adhérèrent en nov. 1940, suivies par la Bulgarie en mars 1941.

tripartition [tripartisjɔ̃] **n.f.** (lat. *tripartitio*). Action de diviser une quantité en trois parties égales.

tripatouillage [tripatujaʒ] **n.m.** *FAM.* (Souvent au pl.). Action de tripatouiller : *Tripatouillages électoraux* (syn. **manipulation, manœuvre**).

tripatouiller [tripatuje] **v.t.** (de *tripoter* et *patouiller,* patauger). **1.** *FAM.* Tripoter avec insistance ou maladresse : *Cesse de tripatouiller cet appareil photo, tu vas le casser* (syn. **manipuler**). **2.** Modifier sans scrupule et dans une intention malhonnête, frauduleuse : *Tripatouiller une comptabilité* (syn. **falsifier, trafiquer**).

tripe [trip] **n.f.** (p.-ê. de l'ar. *therb,* pli de la panne). **1.** Boyau d'un animal de boucherie. **2.** *FAM.* (Souvent au pl.). Le plus profond, le plus intime de soi, dans le domaine du sentiment : *Chanter avec ses tripes.* ◆ **tripes n.f. pl.** Mets constitué par l'estomac et les entrailles d'animaux de boucherie, diversement accommodés.

triperie [tripri] **n.f. 1.** Lieu où l'on vend des tripes, des abats. **2.** Commerce du marchand de tripes et d'abats. **3.** Abats, tripes.

tripette [tripɛt] **n.f.** (de *tripe*). *FAM.* **Ça ne vaut pas tripette,** ça ne vaut rien.

triphasé, e [trifaze] **adj.** (de *tri-* et *phase*). ÉLECTR. Se dit d'un système de trois courants alternatifs monophasés décalés l'un par rapport à l'autre de 1/3 de période.

triphtongue [triftɔ̃g] **n.f.** (de *tri-* et *[di]phtongue*). Voyelle complexe dont le timbre se modifie deux fois au cours de son émission : *L'anglais « fire » contient une triphtongue.*

tripier, ère [tripje, -ɛr] **n.** Personne qui vend des tripes, des abats.

triple [tripl] **adj.** (lat. *triplus*). **1.** Qui comporte trois éléments identiques ou analogues : *Triple saut.* **2.** Qui vaut trois fois autant : *Son âge est triple du mien.* **3.** *FAM.* Indique un degré élevé : *Au triple galop. Triple idiot !* ◆ **n.m. 1.** Valeur, quantité triple : *Neuf est le triple de trois.* **2. En triple,** en trois exemplaires.

triplé [triple] **n.m.** Triple succès (notamm. dans le domaine sportif) : *Réussir le triplé.*

1. triplement [tripləmɑ̃] **adv.** De trois manières ; à un triple titre : *Être triplement satisfait.*

2. triplement [tripləmɑ̃] **n.m.** Action, fait de tripler ; augmentation jusqu'au triple : *Procéder au triplement des effectifs.*

tripler [triple] **v.t.** Multiplier par trois : *Tripler sa fortune.* ◆ **v.i.** Être multiplié par trois : *La population de la ville a triplé en dix ans.*

triplés, ées [triple] **n. pl.** Groupe de trois enfants nés d'une même grossesse.

triplet [triplɛ] **n.m.** MATH. Ensemble ordonné ayant trois éléments.

triplex [triplɛks] **n.m.** (mot lat. « triple »). Appartement sur trois niveaux.

Triplice → Alliance (Triple-).

tripode [tripɔd] **adj.** (gr. *tripous, -podos,* à trois pieds). MAR. **Mât tripode,** mâture métallique, en forme de trépied, de certains bâtiments modernes.

Tripoli, port du nord du Liban.

Tripoli, cap. de la Libye, sur la Méditerranée ; 1 126 950 hab.

Tripolitaine, anc. province du nord-ouest de la Libye. V. princ. *Tripoli,* sur la Méditerranée. Sous la domination de Carthage (Vᵉ s. av. J.-C.), puis de Rome (106 av. J.-C.), elle fut conquise par les Arabes (643). Ancienne régence turque de *Tripoli,* cédée par les Ottomans à l'Italie au traité d'Ouchy (1912), elle fut réunie à la Cyrénaïque pour constituer la *Libye italienne* (1934). Sous contrôle britannique à partir de 1943, elle fut intégrée au royaume de Libye, indépendant en 1951.

triporteur [tripɔrtœr] **n.m.** (de *tri[cycle]* et *porteur*). Cycle à trois roues, dont deux à l'avant, muni d'une caisse pour porter des marchandises.

tripot [tripo] **n.m.** (probabl. de l'anc. fr. *triper,* sauter). Maison de jeu (péjor.).

tripotage [tripɔtaʒ] **n.m. 1.** *FAM.* Action de tripoter, de toucher sans cesse. **2.** Opération plus ou moins louche ou malhonnête : *Des tripotages politiques* (syn. **manigance, manœuvre**).

tripotée [tripɔte] **n.f.** (de *tripoter*). **1.** *FAM.* Volée de coups (syn. **correction**). **2.** Grande quantité : *Une tripotée d'enfants.*

tripoter [tripɔte] **v.t.** (de *tripot,* au sens anc. « manège, intrigue »). **1.** *FAM.* Toucher sans cesse avec plus ou moins de soin, de précaution : *Tripoter sa bague, la radio* (syn. **manipuler**). **2.** Caresser qqn indiscrètement, avec insistance. ◆ **v.i.** *FAM.* Faire des opérations malhonnêtes : *Il a tripoté avec la Mafia.*

tripous ou **tripoux** [tripu] **n.m. pl.** (mot dial.). Plat auvergnat composé de tripes de mouton roulées en petits paquets et mijotés en sauce.

triptyque [triptik] **n.m.** (du gr. *triptukhos,* plié en trois). **1.** Œuvre peinte ou sculptée en trois panneaux, dont les deux extérieurs se replient sur celui du milieu. **2.** Œuvre littéraire, musicale, plastique composée de trois parties, de trois scènes.

trique [trik] **n.f.** (du moyen néerl. *striken,* frq. **strikan,* frotter). *FAM.* Gros bâton utilisé pour frapper (syn. **gourdin, matraque**).

trirème **n.f.** → **trière.**

trisaïeul, e [trizajœl] **n.** (de *tri-* et *aïeul,* d'apr. *bisaïeul*) [pl. *trisaïeuls, trisaïeules*]. Le père, la mère d'un des arrière-grands-parents.

trisannuel, elle [trizanɥɛl] **adj.** Qui a lieu tous les trois ans ; qui dure trois ans : *Fêtes trisannuelles.*

trisection [trisɛksjɔ̃] **n.f.** MATH. Division en trois parties égales.

trismus [trismys] et **trisme** [trism] **n.m.** (gr. *trismos,* de *trizein,* grincer). MÉD. Constriction des mâchoires due à la contracture des muscles masticateurs. ▸ C'est le premier signe du tétanos.

trisomie [trizɔmi] **n.f.** (de *tri-* et du gr. *sôma,* corps). **1.** GÉNÉT. Anomalie génétique caractérisée par la présence d'un chromosome en surnombre dans une paire. **2. Trisomie 21,** due à la présence de trois chromosomes n° 21 au lieu de deux, et caractérisée par un faciès aplati, des malformations et une déficience intellectuelle (syn. vieilli **mongolisme**).

trisomique [trizɔmik] **adj.** et **n.** Atteint de trisomie.

Tristan da Cunha, archipel britannique de l'Atlantique sud, découvert en 1506. (L'île principale porte aussi le nom de *Tristan da Cunha.*)

Tristan et Iseut, légende du Moyen Âge, connue par de nombreuses versions françaises et étrangères (XIIᵉ et XIIIᵉ s.), notamment celles de Béroul et de Thomas d'Angleterre, et qui inaugure en Europe le thème de la passion fatale et de la mort comme seul lieu de l'union des êtres.

triste [trist] **adj.** (lat. *tristis*). **1.** Qui éprouve du chagrin : *Il est triste à cause de la mort de son ami* (syn. **affligé, malheureux**). **2.** (Avant le nom). Qui, par sa médiocrité ou sa bassesse, suscite le mépris : *C'est un triste personnage.* **3.** Qui marque, évoque le chagrin : *Un air triste* (syn. **morne, morose**). **4.** Qui afflige, chagrine : *Une triste nouvelle* (syn. **affligeant, attristant**). **5.** Obscur ; sombre ; sans éclat : *Chambre, couleurs tristes* (syn. **terne**). **6.** Dont la mauvaise qualité a qqch d'affligeant ; qui inspire un jugement sévère : *Une triste période de notre histoire* (syn. **lamentable, navrant**). **7. Avoir triste mine, triste figure,** avoir mauvaise mine. / **Faire triste mine, triste figure,** avoir l'air mécontent.

tristement [tristəmɑ̃] **adv. 1.** En éprouvant de la tristesse : *Elle regardait tristement la voiture s'éloigner.* **2.** D'une manière déshonorante : *Personnage tristement célèbre* (= connu pour ses méfaits).

tristesse [tristɛs] **n.f.** État naturel ou accidentel de chagrin, de mélancolie ; caractère d'une chose triste : *Être enclin à la tristesse* (syn. **morosité**). *La tristesse d'une maison abandonnée.*

tristounet, ette [tristunɛ, -ɛt] **adj.** *FAM.* Un peu triste.

trisyllabe [trisilab] **adj.** et **n.m.** Se dit d'un mot, d'un vers de trois syllabes.

trisyllabique [trisilabik] **adj.** Qui compte trois syllabes : *Mot trisyllabique* (syn. **trisyllabe**).

trithérapie [triterapi] **n.f.** MÉD. Emploi simultané de trois médicaments ou de trois techniques thérapeutiques, partic. dans le traitement du sida.

tritium [tritjɔm] **n.m.** (du gr. *tritos,* troisième, d'apr. *deutérium*). Isotope radioactif de l'hydrogène.

triton [tritɔ̃] **n.m.** (de *Triton,* n. du dieu marin, fils de Neptune et d'Amphitrite). **1.** Amphibien urodèle à queue aplatie latéralement, vivant dans les mares et étangs. ▸ Long. de 6 à 15 cm ; famille des salamandridés. **2.** Mollusque gastropode marin, dont la coquille, ou conque, peut atteindre 30 cm de long.

trituration [trityrasjɔ̃] **n.f.** Action de triturer : *La trituration des aliments au cours de la mastication.*

triturer [trityre] **v.t.** (bas lat. *triturare,* broyer). **1.** Réduire qqch en parties très menues : *Les dents triturent les aliments* (syn. **broyer**). **2.** Manier en tordant dans tous les sens : *Triturer son mouchoir* (syn. **manipuler, tortiller**). ◆ **se triturer** **v.pr.** *FAM.* **Se triturer la cervelle, les méninges,** faire de gros efforts intellectuels pour trouver la solution à une difficulté.

triumvir [trijɔmvir] **n.m.** (mot lat., de *tres,* trois, et *vir,* homme). ANTIQ. ROM. Membre d'un collège de trois magistrats.

triumvirat [trijɔmvira] **n.m. 1.** ANTIQ. Fonction de triumvir ; durée de cette fonction. **2.** Association de trois hommes qui exercent un pouvoir, une influence : *Un triumvirat d'ambitieux a pris le contrôle de notre association* (syn. **triade, troïka**).

trivalent, e [trivalɑ̃, -ɑ̃t] **adj.** (de *tri-* et *valence,* d'apr. *équivalent*). **1.** LOG. Se dit d'une logique qui utilise trois valeurs de vérité. ▸ Outre le vrai et le faux, la troisième valeur de vérité peut être le probable, l'indéterminé, etc. **2.** CHIM. Qui possède la valence 3.

trivial, e, aux [trivjal, -o] **adj.** (lat. *trivialis*, de *trivium*, carrefour). **1.** D'une basse vulgarité ; d'un caractère grossier et malséant : *Expression triviale* (syn. **obscène, ordurier**). **2.** VIEILLI ou LITT. Qui est devenu commun, banal ; sans originalité : *Une formule triviale* (syn. **rebattu, usé**). **3.** MATH. Évident : *Solutions triviales.*

trivialement [trivjalmɑ̃] **adv.** De façon triviale : *Plaisanter trivialement* (syn. **grossièrement, vulgairement**).

trivialité [trivjalite] **n.f. 1.** Caractère de ce qui est bas, grossier, malséant : *Un livre d'une trivialité écœurante* (syn. **obscénité, vulgarité**). **2.** Caractère de ce qui est trop connu, sans intérêt ; expression banale : *Votre devoir comporte des longueurs et trop de trivialités* (= lieux communs) [syn. **banalité, platitude**].

Trnka (Jiří), cinéaste d'animation tchécoslovaque (Plzeň 1912 - Prague 1969). Fondateur, en 1936, à Prague, d'un théâtre entièrement consacré aux marionnettes, il devient en 1945 l'incontestable chef de file de la marionnette animée au cinéma (*le Rossignol de l'empereur de Chine*, 1948 ; *Vieilles Légendes tchèques*, 1952 ; *le Songe d'une nuit d'été*, 1959).

troc [trɔk] **n.m.** (de *troquer*). **1.** Échange direct d'un objet contre un autre : *Proposer un troc à qqn* (syn. **échange**). **2.** Système économique n'employant pas la monnaie : *Économie de troc* (= où on échange une marchandise contre une autre).

trocart [trɔkar] **n.m.** (altér. de *trois-quarts*). CHIR. Instrument en forme de poinçon monté sur un manche et contenu dans une canule servant à faire des ponctions.

trochée [trɔke] **n.m.** (lat. *trochaeus*, gr. *trokhaios*, de *trekhein*, courir, parce qu'il communique au vers une allure rapide). MÉTR. ANC. Pied d'une syllabe longue et d'une syllabe brève.

troène [trɔɛn] **n.m.** (du frq. **trugil*). Arbuste à fleurs blanches en grappe, odorantes, souvent cultivé dans les parcs et jardins pour former des haies. ▸ Famille des oléacées ; haut. de 2 à 3 m.

troglodyte [trɔglɔdit] **n.m.** (lat. *troglodyta*, gr. *trôglodutes*, qui entre dans les trous). **1.** Personne qui habite une grotte ou une demeure creusée dans la roche. **2.** Passereau insectivore de l'hémisphère Nord tempéré, nichant dans les trous des murs et des arbres, dans les buissons. ▸ Famille des troglodytidés ; long. 10 cm.

troglodytique [trɔglɔditik] **adj.** Relatif aux troglodytes : *Habitation troglodytique.*

trogne [trɔɲ] **n.f.** (gaul. **trugna*, nez). FAM. Visage rougeaud et épanoui de qqn qui a l'habitude de faire bonne chère, de boire.

trognon [trɔɲɔ̃] **n.m.** (de l'anc. v. *estrongner*, var. de *estronchier*, élaguer, du lat. *truncare* ; v. *tronquer*). **1.** Cœur d'un fruit ou d'un légume, dépouillé de la partie comestible : *Jeter un trognon de pomme.* **2.** FAM. **Jusqu'au trognon,** totalement ; jusqu'au bout : *On l'a eu jusqu'au trognon* (= on l'a complètement abusé). ◆ **adj. inv. en genre.** FAM. Petit et charmant : *Ce qu'elles sont trognons avec leurs nattes !* (syn. **joli, mignon**).

Troie ou **Ilion,** cité antique de l'Asie Mineure, située à l'emplacement de l'actuelle Hisarlyk, près des Dardanelles. Déjà florissante au IIIe millénaire, elle subit plusieurs dévastations provoquées par des guerres ou des catastrophes naturelles jusqu'à sa destruction à la fin du XIIIe ou au début du XIIe s. av. J.-C. Découverte au XIXe s. par Schliemann, Troie comprend neuf couches archéologiques superposées, depuis le simple village fortifié du IVe millénaire jusqu'à la bourgade de Troie IX, qui disparaît vers 400 apr. J.-C., en passant par Troie II, véritable ville ceinte de remparts (2300-2100).

Troie *(cheval de)*, gigantesque cheval de bois que les Grecs auraient abandonné devant Troie. Les Troyens introduisirent avec lui dans leur ville les guerriers grecs qui s'y étaient cachés. Ce stratagème permit aux Grecs de s'emparer de Troie.

Troie *(guerre de)*, guerre légendaire qui conserve le souvenir des expéditions des Achéens sur les côtes de l'Asie Mineure, au XIIIe s. av. J.-C. Elle a été racontée, sous une forme poétique, dans *l'Iliade* d'Homère.

troïka [trɔika] **n.f.** (mot russe). **1.** En Russie, groupe de trois chevaux attelés de front ; ensemble des trois chevaux et du véhicule (landau, traîneau, etc.). **2.** Groupe de trois dirigeants : *Une troïka était à la tête de ce pays* (syn. **triade, triumvirat**).

trois [trwa] **adj. num. card. inv.** (lat. *tres*). **1.** Deux plus un : *Les trois fenêtres du salon sont ouvertes.* **2.** (En fonction d'ordinal). De rang numéro trois ; troisième : *Henri III. Chapitre trois.* **3. Règle de trois ⟶ quatrième proportionnelle.** ◆ **n.m. inv. 1.** Le nombre qui suit deux dans la série des entiers naturels ; le chiffre représentant ce nombre : *Trois et trois font six. Le trois arabe.* **2.** JEUX. Face d'un dé marquée de trois points ; carte comportant trois figures, marquée par le numéro trois : *Il faut que je tire un trois. Le trois de trèfle.*

Trois-Évêchés (les), gouvernement de l'ancienne France, constitué, en territoire lorrain, par les trois villes de Verdun, Metz et Toul. Appartenant au Saint Empire germanique et indépendants du duc de Lorraine, ils furent conquis sur Charles Quint par Henri II en 1552 mais leur appartenance à la France ne fut reconnue qu'en 1648.

trois-huit [trwaɥit] **n.m. inv. Faire les trois-huit,** travailler par rotation pendant chacune des trois périodes de huit heures qui constituent une journée.

troisième [trwazjɛm] **adj. num. ord.** De rang numéro trois : *La troisième République. Habiter le, dans le troisième* (= le troisième arrondissement). ◆ **n.** Celui, ce qui occupe le troisième rang : *C'est la troisième de la classe. Notre immeuble est le troisième après le pont.* ◆ **n.f. 1.** En France, classe qui termine le premier cycle secondaire : *Redoubler sa troisième.* **2.** Troisième vitesse d'un véhicule : *Passer en troisième.*

troisièmement [trwazjɛmmɑ̃] **adv.** En troisième lieu.

trois-mâts [trwama] **n.m.** Navire à voiles à trois mâts.

trois-quarts [trwakar] **n.m. 1.** Petit violon d'enfant. **2.** Manteau court arrivant à mi-cuisse. **3.** Au rugby, joueur de la ligne d'attaque.

Trois-Rivières, v. du Canada (Québec), au confluent du Saint-Laurent et du Saint-Maurice ; 131 338 hab. Université. Papier journal.

troll [trɔl] **n.m.** (mot suéd.). Lutin du folklore scandinave, habitant les montagnes ou les forêts.

trolley [trɔlɛ] **n.m.** (mot angl., de *to troll*, rouler). **1.** ÉLECTR. Dispositif qui assure, par un contact roulant ou glissant, la liaison électrique entre un conducteur aérien et un récepteur mobile : *Certains réseaux de chemins de fer utilisent des trolleys.* **2.** (Abrév. fam.). Trolleybus.

trolleybus [trɔlɛbys] **n.m.** (de *trolley*, d'apr. [*omni*]*bus*, [*auto*]*bus*). Véhicule de transport en commun, à traction électrique, monté sur pneus, avec prise de courant par trolley et caténaires aériens. (Abrév. *trolley*.)

trombe [trɔ̃b] **n.f.** (it. *tromba*, trompe). **1.** Colonne d'eau ou de nuages, mue en tourbillon par un vent violent ; tornade. **2. En trombe,** de façon brusque ou brutale ; très rapidement : *Elle est partie en trombe* (= inopinément). *La voiture est passée en trombe devant la maison* (= à toute vitesse). / **Trombe d'eau,** pluie très violente et abondante (= cataracte, déluge).

trombidion [trɔ̃bidjɔ̃] **n.m.** (lat. scientif. *trombidium*). Petit acarien rouge, dont la larve, appelée *aoûtat*, pique l'homme et les vertébrés à sang chaud. ▸ Long. 1 mm.

trombine [trɔ̃bin] **n.f.** (it. *trombina*, petite trompe). FAM. Visage.

trombinoscope [trɔ̃binɔskɔp] **n.m.** FAM. Document contenant le portrait des membres d'une assemblée, d'un groupe : *Le trombinoscope du nouveau gouvernement.*

tromblon [trɔ̃blɔ̃] **n.m.** (altér. de l'it. *trombone* ; v. *trombone*). **1.** Fusil court à canon évasé, utilisé surtout au XVIIIe s. **2.** Cylindre creux qui s'adapte au bout du canon d'un fusil pour lancer des grenades ou des fusées.

trombone [trɔ̃bɔn] **n.m.** (mot it., augment. de *tromba*, trompette, frq. **trumba* ; v. *trompe*). **1.** Instrument à vent à embouchure, de la catégorie des cuivres, dont on obtient les sons en allongeant le corps grâce à la coulisse. **2.** Petite agrafe servant à réunir des papiers. **3.** Trombonistе. **4. Trombone à pistons,** trombone dans lequel des pistons remplacent le jeu de la coulisse.

trombonistе [trɔ̃bɔnist] **n.** Personne qui joue du trombone (on dit aussi *un trombone*).

trompe [trɔ̃p] **n.f.** (frq. **trumpa,* formation onomat.). **1.** *VX.* Instrument de musique à vent, en cuivre, à l'origine de la trompette et du cor de chasse. **2.** Toute partie buccale ou nasale allongée en tube, comme chez l'éléphant, les moustiques, les papillons, les punaises, etc. : *La trompe d'un tapir.* **3. Trompe de Fallope,** conduit pair faisant communiquer les ovaires avec l'utérus chez la femme et les mammifères femelles. / **Trompe d'Eustache,** canal de communication pour l'air extérieur, entre le pharynx et l'oreille moyenne.

trompe-l'œil [trɔ̃plœj] **n.m. inv. 1.** Peinture qui donne à distance l'illusion de la réalité (et notamm. du relief) : *Fresque en trompe-l'œil.* **2.** Apparence trompeuse : *Sa bonhomie n'est qu'un trompe-l'œil* (syn. **façade, faux-semblant**).

tromper [trɔ̃pe] **v.t.** (probabl. de *se tromper de qqn,* se jouer de qqn, emploi fig. de *tromper,* jouer de la trompe). **1.** Abuser de la confiance de qqn en usant de mensonge, de dissimulation : *Tromper l'acheteur sur la qualité du produit* (syn. **berner, flouer, mystifier**). **2.** Échapper à qqn, à sa vigilance, à son attention : *Tromper la surveillance de ses gardiens* (syn. **déjouer**). **3.** Ne pas répondre à un sentiment, à un espoir : *Tromper les espérances de sa famille* (syn. **décevoir**). **4.** Détourner un besoin, un état pénible par une diversion : *Tromper la faim* (syn. **apaiser**). *Feuilleter une revue pour tromper son ennui.* **5.** Être infidèle à qqn ; avoir une aventure amoureuse, sexuelle avec un(e) autre : *Tromper sa femme, son mari.* ◆ **se tromper v.pr. 1.** Commettre une erreur : *Se tromper dans ses calculs.* **2. Se tromper de,** prendre une chose, une personne pour une autre : *Se tromper de rue.*

tromperie [trɔ̃pri] **n.f.** Action faite pour tromper : *On nous avait dit qu'il y avait une garantie de deux ans, mais c'était une tromperie* (syn. **fraude, imposture, supercherie**).

trompeter [trɔ̃pete] **v.i.** [conj. **27**]. Pousser son cri, en parlant de l'aigle, du cygne. ◆ **v.t.** *LITT.* Faire connaître partout, répandre à grand bruit : *Trompeter une nouvelle* (syn. **claironner, clamer**). ***Rem.*** La prononciation [e] et non [ə], malgré l'absence d'accent sur le *e* du radical, est étendue à l'ensemble des formes à un seul *t* de la conjugaison (ex. : *trompetions* [trɔ̃petjɔ̃], etc.).

trompette [trɔ̃pɛt] **n.f. 1.** Instrument de musique à air et à embouchure constitué par un tube cylindrique replié sur lui-même, terminé par un pavillon et muni de pistons : *Trompette en « ré », en « si », d'harmonie.* **2. Nez en trompette,** nez retroussé. / **Queue en trompette,** queue relevée. ◆ **n.m.** Trompettiste.

trompette-de-la-mort [trɔ̃pɛtdəlamɔr] ou **trompette-des-morts** [trɔ̃pɛtdemɔr] **n.f.** (pl. *trompettes-de-la-mort, trompettes-des-morts*). Nom usuel de la *craterelle,* champignon comestible en forme d'entonnoir, noir violacé.

trompettiste [trɔ̃pɛtist] **n.** Musicien qui joue de la trompette (on dit aussi *un trompette*).

trompeur, euse [trɔ̃pœr, -øz] **adj.** et **n.** Qui trompe ; qui induit en erreur : *Discours trompeur* (syn. **fallacieux, mensonger**). *Un calme trompeur* (syn. **illusoire**).

trompeusement [trɔ̃pøzmɑ̃] **adv.** De façon trompeuse : *Une présentation trompeusement objective de la situation* (syn. **fallacieusement, mensongèrement**).

tronc [trɔ̃] **n.m.** (lat. *truncus*). **1.** Partie d'un arbre depuis la naissance des racines jusqu'à celle des branches : *Un tronc couvert de mousse.* **2.** Le corps humain ou animal considéré sans la tête ni les membres : *Le tronc malingre d'un adolescent* (syn. **buste, torse**). **3.** Boîte fermée servant à recevoir des offrandes et des aumônes : *Le tronc des pauvres dans une église.* **4.** ANAT. Partie principale d'un nerf, d'un vaisseau. **5. Tronc commun,** première année d'un cycle d'enseignement, où le programme est le même pour tous. / **Tronc de cône, tronc de pyramide,** solide compris entre la base du cône, de la pyramide et une section plane parallèle à la base. / **Tronc de prisme,** solide délimité par une surface prismatique et deux plans non parallèles coupant toutes les génératrices.

troncation [trɔ̃kasjɔ̃] **n.f.** (bas lat. *truncatio,* amputation). LING. Abrègement d'un mot par suppression d'une ou de plusieurs syllabes à l'initiale ou, plus souvent, à la finale : *« Pitaine » est la troncation de « capitaine » et « ciné », la troncation de « cinéma ».*

troncature [trɔ̃katyr] **n.f. 1.** Action de tronquer ; partie tronquée de qqch : *La troncature d'un mot.* **2. Troncature d'un nombre,** écriture d'un nombre qui ne retient qu'une partie de ses décimales.

tronche [trɔ̃ʃ] **n.f.** (de *tronc*). *FAM.* Tête, visage.

tronçon [trɔ̃sɔ̃] **n.m.** (du lat. pop. **trunceus,* de *truncus,* tronqué, coupé). **1.** Morceau coupé ou rompu d'un objet plus long que large : *Couper une anguille en tronçons.* **2.** Portion d'une ligne, d'une voie : *Il n'existe encore que quelques tronçons d'autoroute* (syn. **fraction, segment**).

tronconique [trɔ̃kɔnik] **adj.** (de *tronc* et *cône*). En forme de tronc de cône : *Un abat-jour tronconique.*

tronçonnage [trɔ̃sɔnaʒ] et **tronçonnement** [trɔ̃sɔnmɑ̃] **n.m.** Action de tronçonner ; son résultat : *Le tronçonnage des bûches.*

tronçonner [trɔ̃sɔne] **v.t.** Couper par tronçons : *Tronçonner un arbre.*

tronçonneuse [trɔ̃sɔnøz] **n.f.** Scie circulaire servant à tronçonner ; scie à chaîne coupante, utilisée pour couper ou élaguer les arbres.

Trondheim, port de la Norvège centrale ; 176 133 hab. Cathédrale des XIIe-XIVe s. Musées. – Fondée au Xe s., cap. de la Norvège jusqu'au XIVe s.

trône [tron] **n.m.** (lat. *thronus,* gr. *thronos,* siège). **1.** Siège de cérémonie des souverains et des dignitaires ecclésiastiques : *Trône royal, pontifical.* **2.** *LITT.* Pouvoir suprême : *Aspirer au trône.* **3.** *FAM.* Siège des W-C.

trôner [trone] **v.i.** (de *trône*). **1.** Occuper la place d'honneur avec une certaine solennité : *Le maître de maison trônait au bout de la table* (syn. **présider**). **2.** Être particulièrement mis en valeur, attirer les regards : *Statuette qui trône sur une cheminée.*

tronquer [trɔ̃ke] **v.t.** (lat. *truncare*). **1.** Retrancher une partie importante de : *Tronquer la déclaration de qqn* (syn. **amputer**). **2. Pyramide tronquée,** tronc de pyramide.

trop [tro] **adv.** (frq. **thorp,* entassement puis « troupeau »). **1.** Indique un excès, un degré élevé : *Trop manger. Elle vient trop rarement.* **2.** *LITT.* **C'en est trop,** marque l'impatience : *À présent c'en est trop, je ne veux plus te voir.* / **De trop,** excessif, superflu ; importun, déplacé : *Vous avez dit là une phrase de trop.* / *FAM.* **En trop,** en excès. / *LITT.* **Par trop,** réellement trop : *Elle est par trop bavarde.* / **Trop de,** un nombre, une quantité excessifs de : *Il a trop de retard.* / **Trop peu de,** un nombre, une quantité insuffisants de : *J'ai trop peu de temps pour finir* (= je n'en ai pas assez).

trope [trɔp] **n.m.** (lat. *tropus,* gr. *tropos,* tour, manière). RHÉT. Toute figure de style dans laquelle on emploie les mots avec un sens différent de leur sens habituel (métonymie, métaphore) : *Quand on dit « le sceptre » pour « la royauté », on emploie un trope.*

trophée [trɔfe] **n.m.** (bas lat. *trophaeum,* class. *tropaeum,* gr. *tropaion,* de *tropê,* fuite, déroute). **1.** Objet, marque qui témoignent d'une victoire au cours d'une épreuve, surtout sportive : *Les trophées d'un champion olympique.* **2.** Partie d'un animal tué à la chasse ou, parfois, à la pêche (corne, défense, tête entière naturalisée, rostre, etc.).

trophique [trɔfik] **adj.** (du gr. *trophê,* nourriture). BIOL. Qui est relatif à la nutrition d'un individu, d'un tissu vivant.

tropical, e, aux [trɔpikal, -o] **adj. 1.** Relatif aux régions avoisinant les tropiques : *Plante tropicale. L'Afrique tropicale.* **2. Régions tropicales** ou **intertropicales,** régions situées entre les tropiques. ▸ Ce sont des pays constamment chauds, où la différenciation saisonnière s'effectue en fonction des variations pluviométriques, opposant une période sèche (correspondant à notre hiver) et une période humide.

tropique [trɔpik] **n.m.** (bas lat. *tropicus*, gr. *tropikos*, de *tropos*, tour). **1.** Chacun des deux parallèles du globe terrestre, de latitude 23° 26′ N. et S., le long desquels le Soleil passe au zénith à chacun des solstices. ▸ Celui de l'hémisphère Nord est le *tropique du Cancer*, celui de l'hémisphère Sud, le *tropique du Capricorne* ; ils délimitent les régions du globe pour lesquelles le Soleil peut passer au zénith. **2. Les tropiques,** la zone intertropicale. ◆ **adj. Année tropique,** temps qui sépare deux passages du Soleil au point vernal.

tropisme [trɔpism] **n.m.** (du gr. *tropos*, tour). BIOL. Croissance orientée dans l'espace, chez les végétaux et les animaux fixés, sous l'influence d'une excitation extérieure (phototropisme, géotropisme, etc.).

troposphère [trɔpɔsfɛr] **n.f.** (du gr. *tropos*, tour, et de [*atmo*] *sphère*). Couche de l'atmosphère la plus voisine de la Terre, dont l'épaisseur augmente du pôle (6 km) à l'équateur (17 km).

trop-perçu [trɔpɛrsy] **n.m.** (pl. *trop-perçus*). Somme perçue en trop : *Rembourser le trop-perçu.*

trop-plein [trɔplɛ̃] **n.m.** (pl. *trop-pleins*). **1.** Ce qui excède la capacité d'un récipient : *Le trop-plein du réservoir s'écoule par ce tuyau.* **2.** Système de déversement du liquide d'un réservoir, pour l'empêcher de dépasser un certain niveau : *Si le trop-plein est bouché, la cuve déborde.* **3.** Ce qui est en excès, en surabondance : *Des activités pour que les enfants dépensent leur trop-plein d'énergie.*

troquer [trɔke] **v.t.** (lat. médiév. *trocare*, d'orig. obsc.). **1.** Donner un bien en échange, en paiement d'un ou de plusieurs autres : *Troquer des machines contre des produits alimentaires.* **2.** Abandonner une chose pour en prendre une autre : *Troquer sa tenue de travail contre une tenue de ville* (syn. **remplacer, échanger**).

troquet [trɔkɛ] **n.m.** (abrév. de *mastroquet*, marchand de vin, débit de boissons, mot d'orig. obsc.). *FAM.* Café, bar.

trot [tro] **n.m.** (de *trotter*). **1.** Allure du cheval et de certains quadrupèdes, intermédiaire entre le pas et le galop : *Prendre le trot.* **2.** *FAM.* **Au trot,** vivement : *Va me poster cette lettre, et au trot !* ⁄ **Course de trot,** dans laquelle les chevaux doivent donner leur plus grande vitesse sans galoper.

Trotski (Lev Davidovitch Bronstein, dit **Lev,** en fr. **Léon),** homme politique soviétique (Ianovka, Ukraine, 1879 - Coyoacán, Mexique, 1940). Membre du parti social-démocrate, il adhère en 1903 à la fraction menchevik, opposée à Lénine. Il préside le soviet de Saint-Pétersbourg pendant la révolution de 1905. Arrêté, il s'échappe et vit en exil à partir de 1907, principalement à Vienne. De retour en Russie (mai 1917), il rallie les bolcheviks et est l'un des organisateurs de la révolution d'Octobre. Commissaire du peuple à la Guerre (1918-1925), il crée l'Armée rouge et la dirige pendant la guerre civile (1918-1920). À partir de 1925, il dénonce le pouvoir grandissant de Staline et s'oppose à la « construction du socialisme dans un seul pays » au nom de la « révolution permanente ». Il est exclu du parti (1927) puis expulsé du territoire soviétique (1929). Il s'installe en France (1933-1935), en Norvège puis au Mexique (1936). Il fonde en 1938 la IVe Internationale, qui entend s'opposer aux partis communistes de la IIIe Internationale, mais il est assassiné en août 1940, à l'instigation de Staline.

trotskisme [trɔtskism] **n.m.** Doctrine des partisans de Trotski. ◆ **trotskiste adj.** et **n.** Relatif au trotskisme ; qui en est partisan.

trotte [trɔt] **n.f.** (de *trotter*). *FAM.* Distance assez longue à parcourir ou parcourue à pied : *De chez moi à chez toi, ça fait une trotte !* (= c'est loin).

trotte-menu [trɔtmәny] **adj. inv.** *LITT.* **La gent trotte-menu,** nom que La Fontaine donne aux souris.

trotter [trɔte] **v.i.** (frq. **trottôn*, courir). **1.** *FAM.* Marcher vite et beaucoup : *Nous avons trotté toute la journée dans les magasins.* **2.** ÉQUIT. Aller au trot : *Cheval dressé à trotter.* **3. Trotter dans la tête de qqn,** le préoccuper, l'obséder : *Ce qu'elle a dit me trotte dans la tête.*

trotteur, euse [trɔtœr, -øz] **adj.** et **n.m.** Se dit d'une race de chevaux de selle spécialisés dans la course au trot.

trotteuse [trɔtøz] **n.f.** (de *trotter*). Aiguille des secondes dans une montre, dans une pendule.

trottiner [trɔtine] **v.i.** (dimin. de *trotter*). Marcher vite et à petits pas : *Enfant qui trottine près de sa mère.*

trottinette [trɔtinɛt] **n.f.** (de *trottiner*). Jouet d'enfant, consistant en une planchette allongée montée sur deux roues placées l'une derrière l'autre, la roue avant étant orientable à l'aide d'un guidon (syn. **patinette**).

trottoir [trɔtwar] **n.m.** (de *trotter*). **1.** Partie latérale d'une rue, surélevée par rapport à la chaussée, réservée à la circulation des piétons. **2.** *FAM.* **Faire le trottoir,** racoler sur la voie publique, se livrer à la prostitution.

trou [tru] **n.m.** (lat. pop. **traucum*, d'orig. prélatine). **1.** Enfoncement, dépression dans une surface : *Tomber dans un trou* (syn. **cavité**). *La route est pleine de trous* (syn. **creux, crevasse**). **2.** *FAM.* Localité isolée des centres animés : *Il n'est jamais sorti de son trou* (= il n'a jamais voyagé). **3.** *FAM.* Prison : *Mettre qqn au trou.* **4.** Au golf, petite cavité située sur le green et dans laquelle le joueur doit envoyer sa balle ; parcours entre deux trous : *Terrain de golf de 18 trous.* **5.** Vide, perforation qui traverse qqch de part en part : *Le trou d'une aiguille* (syn. **chas**). *Avoir un trou dans son pantalon* (syn. **accroc**). **6.** Ouverture ou creux ; cavité anatomique : *Trou de l'oreille.* **7.** Élément qui manque dans un ensemble, une continuité : *Votre culture aurait-elle des trous ?* (syn. **lacune**). **8.** Somme en moins ou qui manque : *Il y a un trou de 5 000 euros dans la caisse.* **9.** PHYS. Emplacement laissé vacant dans un réseau cristallin par un électron se déplaçant à l'intérieur du réseau. **10. Avoir un trou dans son emploi du temps,** avoir un moment libre. ⁄ **Avoir un trou de mémoire,** avoir une brusque défaillance de la mémoire, portant sur un point relativement précis. ⁄ *FAM.* **Faire son trou,** se créer une situation sociale, réussir dans la vie. ⁄ **Trou d'homme,** ouverture fermée par un tampon étanche, ménagée dans le pont d'un navire, un réservoir, une chaudière, etc., pour permettre le passage d'un homme. ⁄ **Trou normand,** verre de calvados ou d'un autre alcool qu'on boit au milieu d'un repas copieux pour activer la digestion. ⁄ AÉRON. (Express. impropre). **Trou d'air,** courant atmosphérique descendant, entraînant la perte d'altitude subite d'un aéronef. ⁄ ASTRON. **Trou noir,** région de l'espace dotée d'un champ de gravitation si intense qu'aucun rayonnement n'en peut sortir. ▸ Les trous noirs représenteraient l'ultime stade d'évolution des étoiles massives et pourraient être à l'origine de la fantastique énergie rayonnée par les quasars.

troubadour [trubadur] **n.m.** (anc. prov. *trobador*, trouveur, forme méridionale de *trouvère*, de *trobar*, trouver, composer). Poète lyrique des XIIe et XIIIe s., qui composait ses œuvres dans une des langues d'oc. ◆ **adj.** Se dit d'une mode qui s'est manifestée dans les lettres et les arts en France, sous la Restauration, et qui se caractérise par une libre évocation du Moyen Âge et du style gothique : *Fragonard fut un peintre de style troubadour.*

Troubetskoï (Nikolaï Sergueïevitch), linguiste russe (Moscou 1890 - Vienne 1938). En relation avec R. Jakobson, il participe au cercle linguistique de Prague. Influencé par Saussure et par Baudouin de Courtenay, il définit rigoureusement la notion de *phonème* et établit la distinction entre la phonétique et la phonologie (*Principes de phonologie*, 1939).

troublant, e [trublɑ̃, -ɑ̃t] **adj. 1.** Qui cause du trouble ; qui rend perplexe : *Des faits troublants* (syn. **déroutant**). *Une question troublante* (syn. **déconcertant, embarrassant**). **2.** Qui suscite le désir : *Une femme troublante.*

1. trouble [trubl] **adj.** (du lat. pop. **turbulus*, croisement de *turbidus*, agité, et de *turbulentus*, troublé). **1.** Qui n'est pas limpide, transparent : *Eau trouble.* **2.** Qui n'est pas net : *Vue trouble.* **3.** Qui contient des éléments cachés ou inquiétants : *Une affaire trouble* (syn. **suspect, louche**). **4.** Qui n'est pas pur : *Joie trouble devant l'échec d'autrui* (syn. **équivoque**). ◆ **adv. Voir trouble,** d'une manière indistincte.

2. trouble [trubl] **n.m.** (de *troubler*). **1.** Agitation confuse, tumultueuse : *Son arrivée causa du trouble dans l'assistance* (syn. **effervescence**). **2.** Altération des rapports entre les personnes : *Semer le trouble dans une famille* (syn. **discorde, zizanie**). **3.** État d'agitation ou d'émotion dans lequel se trouve qqn : *Quand on l'accusa, il ne put cacher son trouble* (syn. **désarroi, embarras**). **4.** Anomalie de fonctionnement d'un organe, d'un système : *Troubles respiratoires, intestinaux* (syn. **dérèglement**). **5.** État de non-limpidité, de non-transparence : *Le trouble de l'eau d'un ruisseau.* **6.** DR. Action d'inquiéter un possesseur dans la jouissance d'un bien, par un acte matériel *(trouble de fait)* ou par la revendication juridique d'un droit *(trouble de droit)*. **7. Trouble obsessionnel compulsif (T.O.C.),** trouble névrotique caractérisé par des idées et des fantasmes récurrents, des impulsions et des actes répétitifs. ◆ **troubles n.m. pl.** Agitation sociale grave : *Réprimer les troubles* (syn. **révolte, désordre**).

trouble-fête [trubləfɛt] **n.** (pl. *trouble-fêtes* ou inv.). Personne qui vient troubler la joie d'une réunion (syn. **importun**).

troubler [truble] **v.t.** (du lat. pop. **turbulare,* de **turbulus ;* v. *1. trouble*). **1.** Altérer la limpidité, la transparence de : *Troubler l'eau en remuant la vase.* **2.** Altérer l'acuité d'une fonction : *Troubler la vue* (syn. **brouiller**). **3.** Inquiéter ; causer du désordre dans : *Cette histoire me trouble un peu* (syn. **embarrasser**). *Troubler l'ordre public* (syn. **perturber**). **4.** Faire perdre sa lucidité, son sang-froid à : *Professeur qui trouble un élève avec ses questions* (syn. **déconcerter**). *Ce spectacle l'a profondément troublée* (syn. **ébranler, remuer**). **5.** Interrompre le cours de : *Troubler un bal, une réunion.* ◆ **se troubler v.pr. 1.** Devenir trouble : *Sa vue se troubla.* **2.** Perdre son assurance, ses moyens : *L'orateur se troubla.*

trouée [true] **n.f.** (de *trouer*). **1.** Large ouverture qui offre un passage ou qui dégage la vue : *Une trouée dans une haie. Une trouée de ciel bleu dans les nuages.* **2.** MIL. Percée : *Les troupes ennemies essaient d'opérer une trouée vers l'est.*

trouer [true] **v.t.** (de *trou*). Faire un trou dans : *Trouer son pantalon* (syn. **déchirer**). *Le projectile a troué la tôle* (syn. **transpercer**).

troufion [trufjɔ̃] **n.m.** (altér. plaisante de *troupier*). FAM. Simple soldat.

trouillard, e [trujar, -ard] **adj.** et **n.** FAM. Peureux : *C'est un garçon trouillard* (syn. **poltron**).

trouille [truj] **n.f.** (orig. obsc.). FAM. Peur : *Avoir la trouille.*

trouillomètre [trujɔmɛtr] **n.m.** (de *trouille*). FAM. **Avoir le trouillomètre à zéro,** avoir très peur.

troupe [trup] **n.f.** (bas lat. *troppus,* du frq. **throp,* troupeau). **1.** Groupement de militaires ; ensemble de tous les militaires qui ne sont ni officiers ni sous-officiers : *Rejoindre le gros de la troupe.* **2.** Groupe de personnes se déplaçant ensemble : *Une troupe de touristes débarque du car* (syn. **bande**). **3.** Groupe de comédiens, d'artistes qui jouent ensemble : *Une troupe composée en grande partie d'amateurs.* **4.** Ensemble de plusieurs patrouilles de scouts. **5. Homme de troupe,** militaire du rang.

troupeau [trupo] **n.m.** (du frq. **throp*). **1.** Ensemble d'animaux ruminants d'une même espèce domestiquée ou sauvage, qui vivent ensemble : *Un troupeau de vaches, d'éléphants.* **2.** Ensemble d'animaux d'une espèce domestique dont la garde est confiée à une ou à plusieurs personnes : *Mener paître le troupeau. Un troupeau de 100 têtes.* **3.** Multitude, foule rassemblée sans ordre (péjor.) : *Un troupeau de touristes descendit du car.*

troupier [trupje] **n.m.** (de *troupe*). FAM., VIEILLI. Militaire ; soldat. ◆ **adj.m. Comique troupier,** chanteur en costume de militaire, dont le répertoire était fondé sur la vie de caserne ; genre comique, souvent semé de sous-entendus grivois, de ce répertoire.

trousse [trus] **n.f.** (de *trousser*). Étui à compartiments, dans lequel on range les instruments ou les outils dont on se sert fréquemment : *Trousse d'écolier. Trousse de médecin. Trousse de toilette.* ◆ **trousses n.f. pl. Aux trousses de qqn,** à sa poursuite : *Avoir la police à ses trousses.*

trousseau [truso] **n.m.** (de *trousse*). **1.** VX. ou QUÉBÉC. Linge, lingerie, vêtements qu'on donne à une fille qui se marie ou qui entre en religion. **2.** Ensemble des affaires qu'un enfant emporte en internat, en colonie de vacances, etc. **3. Trousseau de clefs,** ensemble de clefs réunies par un anneau.

trousser [truse] **v.t.** (var. de l'anc. fr. *torser,* mettre en paquet, du bas lat. **torsare,* class. *torquere,* tordre). **1.** Relever un vêtement pour l'empêcher de traîner : *Trousser sa jupe* (syn. **retrousser**). **2.** Expédier rapidement, avec aisance : *Trousser une affaire, un compliment.* **3.** FAM., VX. **Trousser une femme,** la posséder. / **Trousser une volaille,** la préparer en ficelant au corps les membres et le cou.

trouvable [truvabl] **adj.** Que l'on peut trouver : *Renseignement trouvable sur le Net.*

trouvaille [truvaj] **n.f.** (de *trouver*). Découverte heureuse : *Faire une excellente trouvaille.*

trouvé, e [truve] **adj. Bien trouvé,** qui est neuf, original, heureusement imaginé : *Voilà un mot bien trouvé.* / **Enfant trouvé,** enfant abandonné, né de parents inconnus. / **Objet trouvé,** objet qui a été perdu et rapporté à un service de dépôt. / **Tout trouvé,** qui s'offre naturellement à l'esprit : *Le moyen est tout trouvé.*

trouver [truve] **v.t.** (lat. pop. **tropare,* composer, inventer, du class. *tropus,* figure de rhétorique). **1.** Rencontrer, découvrir par hasard : *Trouver un trésor en démolissant un mur* (syn. **tomber sur**). *Trouver qqn sur son passage* (syn. **rencontrer**). *Trouver un chien perdu.* **2.** Découvrir l'être ou la chose que l'on cherchait : *Je vous trouve enfin. Trouver un emploi. Trouver un appartement* (syn. **dénicher**). **3.** Éprouver : *Trouver du plaisir à faire qqch.* **4.** Voir qqn, qqch dans tel état en arrivant quelque part : *Trouver qqn en train de pleurer.* **5.** Penser, juger que qqch, qqn a telle caractéristique : *Je trouve ce livre inintéressant. J'ai trouvé l'orateur très ennuyeux.* **6.** Penser ; croire : *Je trouve que tu exagères* (syn. **estimer**). **7.** Inventer, créer qqch : *Trouver une musique pour un film* (syn. **concevoir, imaginer**). **8. Aller trouver qqn,** se rendre auprès de lui pour lui parler. / **Trouver à redire,** découvrir ou inventer des raisons de critiquer, de blâmer : *Il trouve à redire à tout ce qu'on fait.* / **Trouver bon, mauvais,** approuver, désapprouver : *Trouvez-vous bon qu'elle sorte ?* / **Trouver le temps long,** s'ennuyer ; s'impatienter ; s'inquiéter. ◆ **se trouver v.pr. 1.** Exister, être disponible quelque part : *Un studio, cela se trouve.* **2.** Être à tel endroit : *L'Etna se trouve en Sicile.* **3.** Être en tel lieu, en tel état, en telle situation : *Se trouver fort embarrassé.* **4. Se trouver mal,** s'évanouir. ◆ **v. impers. 1. Il se trouve que,** il s'avère que, il se fait que : *Il se trouve que j'avais lu ce livre.* **2.** FAM. **Si ça se trouve,** il est bien possible que : *Si ça se trouve, il est déjà parti.*

trouvère [truvɛr] **n.m.** (de l'anc. fr. *troveor,* de *trover,* trouver, composer ; v. *trouver*). Poète lyrique de langue d'oïl aux XIIe et XIIIe s.

Troyat (Lev Tarassov, dit **Henri),** écrivain français (Moscou 1911 - Paris 2007). Il est l'auteur de biographies et de cycles romanesques qui évoquent l'histoire de la France et de la Russie *(Tant que la terre durera, les Semailles et les Moissons, les Eygletière).* [Acad. fr.]

Troyes, anc. cap. de la Champagne, ch.-l. du dép. de l'Aube, sur la Seine, à 158 km au sud-est de Paris ; 61 606 hab. *(Troyens)* [env.133 286 hab. dans l'agglomération]. Évêché. Centre de la bonneterie. Constructions mécaniques. – Du XIIe au XIVe s., la ville fut très prospère grâce aux foires de Champagne. Cathédrale (XIIIe-XVIe s.), église St-Urbain (XIIIe s.) et autres églises médiévales (sculptures et vitraux troyens, surtout du XVIe s.). Musées d'Archéologie et des Beaux-Arts dans l'anc. abbaye St-Loup ; musée d'Art moderne dans l'anc. évêché ; des hôtels du XVIe s. abritent le Musée historique et la maison de l'Outil et de la Pensée ouvrière (compagnonnage).

truand, e [tryɑ̃, -ɑ̃d] **n.** (gaul. **trugant,* mendiant, vagabond). VX. Vagabond, mendiant. ◆ **truand n.m.** Malfaiteur qui fait partie du milieu.

truander [tryɑ̃de] **v.i.** FAM. Tricher ; ne pas respecter les conventions établies, les règles : *Élève qui truande pendant un contrôle* (syn. **frauder**). ◆ **v.t.** FAM. Voler, escroquer qqn : *Se faire truander par un homme d'affaires véreux.*

trublion [tryblijɔ̃] **n.m.** (mot créé par A. France d'apr. *troubler,* et le lat. *trublium,* écuelle, gamelle, pour évoquer les partisans du prétendant au trône de France, Philippe d'Orléans, surnommé *Gamelle*). Individu qui sème le trouble, le désordre : *Le service d'ordre a dû évacuer quelques trublions* (syn. **agitateur**).

truc [tryk] **n.m.** (de l'anc. prov. *trucar,* cogner, battre, du lat. pop. **trudicare,* class. *trudere,* pousser). **1.** FAM. Savoir-faire ; procédé, astuce, recette : *Les trucs du métier* (syn. **ficelle**). *Il faut trouver un truc pour le faire venir.* **2.** Désigne qqch ou qqn dont on ne sait pas le nom ou dont le nom ne vient pas tout de suite à l'esprit : *Un truc pour ouvrir les boîtes* (syn. **machin**). *C'est Truc qui me l'a dit* (syn. **Untel**).

trucage n.m. ⟶ **truquage.**

truchement [tryʃmɑ̃] **n.m.** (ar. *tourdjoumân*). **Par le truchement de,** par l'intermédiaire de : *Obtenir un renseignement confidentiel par le truchement d'un ami* (= par l'entremise).

trucider [tryside] **v.t.** (lat. *trucidare,* massacrer). FAM. Faire périr de mort violente ; assassiner.

truck [trœk] **n.m.** (mot angl. « chariot »). Wagon en plateforme pour le transport des objets encombrants.

truculence [trykylɑ̃s] **n.f.** Caractère de ce qui est truculent : *La truculence d'un récit* (syn. **verdeur**).

truculent, e [trykylɑ̃, -ɑ̃t] **adj.** (lat. *truculentus,* farouche, cruel). Qui exprime les choses avec crudité et réalisme : *Un personnage truculent* (= haut en couleur) [syn. **pittoresque**]. *Un langage truculent* (syn. **cru, vert**).

Trudeau (Pierre Elliott), homme politique canadien (Montréal 1919 - *id.* 2000). Président du parti libéral et Premier ministre du Canada de 1968 à 1979 et de 1980 à 1984, il œuvra pour le renforcement de la souveraineté canadienne.

truelle [tryɛl] **n.f.** (bas lat. *truella,* class. *trulla*). **1.** Outil de maçon pour étendre le mortier sur les joints ou pour faire les enduits de plâtre, constitué génér. d'une lame d'acier large reliée à un manche par une partie coudée. **2.** Spatule de métal pour servir le poisson.

Truffaut (François), cinéaste français (Paris 1932 - Neuilly-sur-Seine 1984). Critique aux *Cahiers du cinéma* puis à *Arts,* il réalise son premier film *les Quatre Cents Coups* en 1959 et devient l'un des auteurs marquants de la « nouvelle vague » : justesse du ton, sensibilité, vérité des personnages, lyrisme des mouvements de caméra. Après *Tirez sur le pianiste* (1960), il adopte une facture plus classique, portant toute son attention sur les acteurs et les personnages. Après *Jules et Jim* (1962), *la Peau douce* (1964), *La mariée était en noir* (1968), il développe la saga d'Antoine Doinel (interprété par Jean-Pierre Léaud), qu'il avait amorcée dans son premier film : fausse autobiographie, fausse chronique réaliste, mais vrai portrait du malaise d'une génération. Ses films suivants confirment son talent personnel, intimiste et romanesque : *l'Enfant sauvage* (1970), *Domicile conjugal* (1970), *les Deux Anglaises et le continent* (1971), *la Nuit américaine* (1973), *l'Histoire d'Adèle H.* (1975), *le Dernier Métro* (1980), *la Femme d'à côté* (1981), *Vivement dimanche* (1983).

truffe [tryf] **n.f.** (anc. prov. *trufa,* bas lat. *tufera,* du class. *tuber,* excroissance). **1.** Champignon souterrain, comestible très recherché, dont les fructifications brun sombre mûrissent en hiver à la base des chênes. ▶ Classe des ascomycètes. **2.** Nez du chien et du chat. **3.** Friandise à base de chocolat saupoudrée de cacao.

truffer [tryfe] **v.t. 1.** Garnir de truffes : *Truffer une volaille.* **2.** FAM. Remplir ; bourrer : *Truffer un discours de citations* (syn. **farcir**).

truffier, ère [tryfje, -ɛr] **adj.** Relatif aux truffes : *Chêne truffier.* ◆ **truffière n.f.** Terrain où poussent des truffes.

truie [trɥi] **n.f.** (bas lat. *troia,* de [*porcus*] *troianus,* [porc] farci, par allusion plaisante au cheval de Troie rempli de soldats). Femelle reproductrice de l'espèce porcine.

truisme [trɥism] **n.m.** (angl. *truism,* de *true,* vrai). Vérité d'évidence, banale, sans portée (syn. **lapalissade**).

truite [trɥit] **n.f.** (bas lat. *tructa*). Poisson voisin du saumon, carnassier, à chair fine et estimée. ▶ Famille des salmonidés ; long. de 50 cm à 1 m selon les espèces.

Truman (Harry S.), homme d'État américain (Lamar, Missouri, 1884 - Kansas City 1972). Sénateur démocrate (1935), vice-président de F. D. Roosevelt, il fut président des États-Unis de 1945 à 1953. Il mit fin à la Seconde Guerre mondiale en utilisant la bombe atomique contre le Japon (1945). Afin de limiter l'expansion du communisme, il créa la CIA (1947), favorisa l'aide à l'Europe occidentale (plan Marshall, 1947), contribua à la fondation de l'O.T.A.N. (1949) et engagea les États-Unis dans la guerre de Corée (1950-1953).

trumeau [trymo] **n.m.** (frq. **thrum,* morceau). **1.** Pan de mur entre deux baies rapprochées. **2.** Panneau de glace ou de peinture occupant le dessus d'une cheminée, l'espace entre deux fenêtres, etc. **3.** ARCHIT. Pilier central divisant en deux le portail d'une église.

truquage ou **trucage** [trykaʒ] **n.m. 1.** THÉÂTRE. Mécanisme ou procédé pour mouvoir certains décors, exécuter des changements à vue et, génér., produire des effets insolites de mise en scène. **2.** CIN. Effet spécial : *Un film d'espionnage plein de truquages.* **3.** Emploi de moyens adroits et peu délicats ou illicites pour arriver à ses fins, en trompant : *Le truquage d'un vote* (syn. **falsification**).

truquer [tryke] **v.t.** (de *truc*). **1.** Modifier qqch habilement pour tricher à un jeu ou faire un tour d'illusionniste : *Truquer des dés* (syn. **piper**). **2.** Modifier de manière occulte et frauduleuse certains éléments d'une opération : *Truquer des élections* (syn. **falsifier**).

truqueur, euse [trykœr, -øz] **n.** Personne qui use de procédés indélicats pour tromper (syn. **tricheur**).

trust [trœst] **n.m.** (mot angl., de *to trust,* confier, avoir confiance). **1.** Groupement d'entreprises qui, quoique conservant leur autonomie juridique, sont contrôlées par une société mère. **2.** Entreprise très puissante exerçant son influence sur tout un secteur de l'économie.

truster [trœste] **v.t. 1.** Contrôler à la manière d'un trust : *Truster le marché des ordinateurs* (syn. **monopoliser**). **2.** FAM. S'approprier un certain nombre d'avantages : *Truster les meilleures places* (syn. **accaparer**).

trypanosomiase [tripanɔzɔmjaz] **n.f.** (du gr. *trupanê,* tarière). MÉD. Affection parasitaire due à un protozoaire flagellé (le *trypanosome*), génér. transmise aux vertébrés par des insectes et dont une des formes est communément appelée *maladie du sommeil.*

trypsine [tripsin] **n.f.** (du gr. *tripsis,* friction, d'apr. *pepsine*). BIOCHIM. Enzyme du suc pancréatique, qui participe à la digestion des protéines.

tsar [tsar] ou **tzar** [dzar] **n.m.** (mot russe, du lat. *Caesar*). Titre porté par les souverains de Russie (1547-1917) et de Bulgarie (919-1018 ; 1187-1393 ; 1908-1946). [On trouve aussi la graphie *czar.*]

tsarévitch [tsarevitʃ] ou **tzarévitch** [dzarevitʃ] **n.m.** Fils du tsar.

tsarine [tsarin] ou **tzarine** [dzarin] **n.f. 1.** Femme d'un tsar. **2.** Impératrice de Russie.

tsarisme [tsarism] **n.m.** Régime politique de la Russie et de l'Empire russe jusqu'en 1917.

tsariste [tsarist] **adj.** et **n.** Relatif au tsarisme ; qui en est partisan : *Le régime tsariste.*

tsé-tsé [tsetse] **n.f. inv.** (mot d'un dialecte bantou). **Mouche tsé-tsé,** mouche africaine dont certaines espèces propagent la maladie du sommeil.

Ts'eu-hi ⟶ Cixi.

T.S.F. [teɛsɛf] **n.f.** (sigle de *télégraphie* ou *téléphonie sans fil*). VIEILLI. Radiodiffusion, radio ; poste de radio.

T-shirt n.m. ⟶ **tee-shirt.**

tsigane [tsigan] ou **tzigane** [dzigan] **adj.** (all. *Zigeuner*, hongr. *czigany*). **1.** Qui appartient aux Tsiganes : *Mode de vie tsigane.* **2. Musique tsigane,** musique populaire de Bohême et de Hongrie, adaptée par les musiciens tsiganes. ◆ **n.m.** Langue indo-aryenne parlée par les Tsiganes.

Tsiganes ou **Tziganes,** ensemble de peuples originaires de l'Inde du Nord, parlant le tsigane, et comprenant essentiellement trois grands groupes : les *Roms,* vivant en Europe centrale et de l'Ouest, mais aussi au Canada, en Afrique du Sud et en Australie ; les *Manouches,* vivant en Italie et en France ; les *Kalé* ou *Gitans,* vivant en Espagne, au Portugal, en France, en Allemagne. Traditionnellement nomades, les Tsiganes pratiquent de préférence des activités professionnelles indépendantes : fabrication d'objets en bois ou en cuivre, animation musicale, etc. Mal connus, ils ont souvent suscité, du fait même de leur différence, méfiance, peur et rejet. Pendant la Seconde Guerre mondiale, ils ont été victimes de la politique d'extermination pratiquée par les nazis. Depuis lors, plusieurs États ont mis en œuvre des actions diverses pour faciliter leur intégration. Les Tsiganes restent cependant attachés à leur mode d'existence et à leur culture, ce qu'ils manifestent à travers des mouvements politiques ou religieux (notamment pentecôtistes).

Ts'ing ⟶ Qing.

Tsiolkovski (Konstantine Edouardovitch), savant russe (Ijevskoïe 1857 - Kalouga 1935), l'un des principaux précurseurs et théoriciens de l'astronautique. En 1903, il publia son ouvrage majeur, *Exploration des espaces cosmiques par des engins à réaction,* où se trouvent énoncées pour la première fois les lois du mouvement d'une fusée. On lui doit aussi l'idée du moteur-fusée à hydrogène et oxygène liquides, les concepts de fusée à étages, de station orbitale, de colonie spatiale, etc.

Tsitsihar ou **Qiqihar,** v. de la Chine du Nord-Est (Heilongjiang) ; 1 540 089 hab. Carrefour ferroviaire et grand centre industriel.

tsunami [tsynami] **n.m.** (mot jap.). **1.** Raz de marée provoqué par une instabilité brusque du plancher océanique, résultant d'un séisme, d'une éruption volcanique ou d'un glissement de terrain. **2.** FIG. Bouleversement profond dans la situation d'un groupe humain.

■ Le tsunami est un raz de marée d'origine *tellurique* (venant de la terre), ce qui le différencie des raz de marée dus à des tempêtes. Au-dessus de l'endroit où le plancher océanique est ébranlé, il se forme une colonne d'eau, qui se propage comme une onde à travers l'océan, à une vitesse de 700 à 800 km/h. En pleine mer, elle forme en surface des vagues de 1 m de haut env. Mais près des côtes, quand le fond marin remonte, la vitesse se réduit et les vagues grandissent : elles deviennent de véritables murs d'eau pouvant atteindre 30 m de haut (la hauteur d'un immeuble de douze étages), qui s'abattent sur le littoral et balayent tout sur leur passage. Le phénomène peut durer plusieurs heures, des vagues successives inondant la côte toutes les dix à vingt minutes, la plus importante étant généralement l'une des cinq premières. Souvent avant l'arrivée du tsunami, la mer se retire brusquement, laissant les poissons sur le sable. Un tsunami peut déferler sur des côtes situées à des milliers de kilomètres du phénomène qui l'a généré. ■

tu [ty] **pron. pers.** (lat. *tu*). **1.** Désigne la 2e pers. du sing., aux deux genres, dans la fonction de sujet : *Tu t'amuses. Dors-tu ?* **2.** FAM. **Être à tu et à toi avec qqn,** être avec lui dans les termes d'une grande familiarité.

Tuamotu, archipel de la Polynésie française, à l'est de Tahiti ; 880 km^2 ; 16 664 hab.

tuant, e [tɥɑ̃, -ɑ̃t] **adj.** FAM. Pénible ; fatigant : *Un travail tuant* (syn. **épuisant, harassant**). *Il est tuant avec ses plaisanteries stupides* (syn. **assommant, lassant**).

tub [tœb] **n.m.** (mot angl. « baquet, cuve »). VIEILLI. Large cuvette où l'on peut prendre un bain.

tuba [tyba] **n.m.** (mot it. ; du lat. « trompette »). **1.** Instrument de musique à vent, en métal et à pistons. **2.** Tube respiratoire permettant de nager en conservant la tête sous l'eau : *Exploration sous-marine avec un masque et un tuba.*

tubage [tybaʒ] **n.m. 1.** MÉD. Introduction d'un tube dans le larynx pour empêcher l'asphyxie (dans les cas de *croup*) ou par l'œsophage dans l'estomac pour faire des analyses biologiques et bactériologiques. **2.** MIN., PÉTR. Mise en place de tubes à l'intérieur d'un sondage, d'un puits de pétrole, pour en maintenir les parois.

tubard, e [tybar, -ard] **adj.** et **n.** FAM. Tuberculeux.

tube [tyb] **n.m.** (lat. *tubus*). **1.** Tuyau ou appareil cylindrique : *Tube de verre, de plomb.* **2.** Cylindre creux en verre, rempli d'un gaz sous basse pression, pour l'éclairage par fluorescence : *Tube au néon.* **3.** Bouche à feu d'un canon. **4.** Emballage allongé, malléable, pour contenir une substance pâteuse qu'on fait sortir par pression des doigts : *Tube de colle, de peinture, de dentifrice.* **5.** Conditionnement cylindrique, rigide, pour contenir des poudres ou des substances solides : *Tube de cachets d'aspirine.* **6.** ANAT. Canal ou conduit naturel : *Tube digestif.* **7.** FAM. Chanson, musique qui connaît un grand succès : *Le tube de l'été.* **8.** FAM. **À plein(s) tube(s),** au plus fort de sa puissance sonore ; à toute vitesse : *Mettre la radio à plein tube. Rouler à pleins tubes.* **9. Tube à essai,** tube en verre pour faire des expériences de chimie. / **Tube cathodique ⟶ cathodique.** / **Tube criblé,** vaisseau où circule la sève élaborée. / **Tube électronique,** composant électronique formé d'une ampoule contenant un vide suffisant *(tube à vide)* ou un gaz ionisé *(tube à gaz)* et deux ou plusieurs électrodes qui émettent, captent des faisceaux électroniques ou en modifient le mouvement.

tubeless [tyblɛs] **adj. inv.** (mot angl. « sans chambre à air »). **Pneu tubeless,** pneu dans lequel la chambre à air est remplacée par une couche synthétique étendue à l'intérieur de l'enveloppe.

tubercule [tybɛrkyl] **n.m.** (lat. *tuberculum,* petite saillie, de *tuber,* excroissance, tumeur). **1.** Renflement des axes végétaux, surtout souterrains (racine, rhizome), riche en substances de réserve : *La pomme de terre est un tubercule.* **2.** ANAT. Surface arrondie des molaires broyeuses. **3.** PATHOL. Petite lésion des tissus observée dans la tuberculose.

tuberculeux, euse [tybɛrkylø, -øz] **adj. 1.** BOT. Qui est de la nature du tubercule : *Racine tuberculeuse.* **2.** Relatif à la tuberculose : *Bacille tuberculeux.* ◆ **adj.** et **n.** Atteint de tuberculose : *Envoyer un tuberculeux dans un sanatorium.*

tuberculine [tybɛrkylin] **n.f.** Liquide préparé à partir de cultures de bacilles de Koch et destiné au diagnostic de la tuberculose.

tuberculinique [tybɛrkylinik] **adj.** Relatif à la tuberculine : *Réaction tuberculinique.*

tuberculose [tybɛrkyloz] **n.f.** (de *tubercule*). Maladie infectieuse et contagieuse, due à une bactérie, le bacille de Koch, et atteignant princip. les poumons.

tubéreux, euse [tyberø, -øz] **adj.** (lat. *tuberosus,* plein de bosses). BOT. Qui forme ou constitue un ou plusieurs tubercules : *Racine tubéreuse.* ◆ **tubéreuse n.f.** Plante originaire du Mexique, cultivée pour ses belles grappes de fleurs blanches à odeur suave et pénétrante. ▸ Famille des amaradyllacées.

tubulaire [tybylɛr] **adj.** (lat. *tubulus,* dimin. de *tubus,* tube). **1.** Qui a la forme d'un tube : *Canalisation tubulaire.* **2.** Constitué de tubes : *Échafaudage tubulaire.* **3.** Se dit d'une chaudière ou d'un échangeur de chaleur dans lesquels la circulation du fluide chaud ou de l'eau s'effectue dans des tubes qui offrent une grande surface aux échanges de chaleur.

tubulure [tybylyr] **n.f.** (lat. *tubulus,* petit tube). **1.** Ouverture, sur une enceinte ou un récipient, en forme de court cylindre sur laquelle on peut raccorder un conduit. **2.** Ensemble des tubes d'une installation ; chacun de ces tubes : *Tubulure d'une chaudière.*

Tudor, famille anglaise, originaire du pays de Galles, qui, de 1485 à 1603, donna cinq souverains à l'Angleterre : Henri VII (1485-1509), Henri VIII (1509-1547), Édouard VI (1547-1553), Marie (1553-1558) et Élisabeth Ire (1558-1603).

tué, e [tɥe] **n.** Personne tuée, décédée de mort violente : *Il y a eu trois tués dans l'accident* (syn. **victime**).

tue-mouches [tymuʃ] **adj. inv. Papier tue-mouches,** papier imprégné d'une substance vénéneuse et de colle, dont on se sert pour attraper les mouches.

tuer [tɥe] **v.t.** (lat. pop. **tutare,* éteindre, du class. *tutari,* protéger). **1.** Causer la mort de qqn de manière violente : *Il l'a tué d'un coup de revolver* (syn. **assassiner**). **2.** Faire mourir un animal volontairement, notamm. à la chasse : *Tuer un lièvre* (syn. **abattre**). **3.** Causer la destruction de : *La gelée tue les plantes* (syn. **détruire**). **4.** FAM. Épuiser physiquement ou moralement : *Ce travail trop dur le tue* (syn. **éreinter, exténuer**). *Cette situation intolérable me tue* (syn. **user**). **5.** Faire cesser, faire disparaître qqch : *L'égoïsme finit par tuer l'amour.* **6.** FAM. **Être à tuer,** être assommant, insupportable. / **Tuer le temps,** faire n'importe quoi pour éviter de s'ennuyer en attendant que le temps passe. ◆ **se tuer v.pr. 1.** Mourir accidentellement : *Il s'est tué en voiture, en mer.* **2.** Se donner la mort : *Elle s'est tuée en se tirant une balle dans la tête* (syn. **se suicider**). **3.** S'épuiser de fatigue : *Se tuer au travail* (syn. **s'user**). **4. Se tuer à** (+ inf.), s'évertuer à : *Je me tue à vous le répéter* (syn. **s'escrimer**).

tuerie [tyri] **n.f.** Massacre atroce et sans pitié : *Cet attentat a été une vraie tuerie* (syn. **boucherie, carnage**).

à **tue-tête** [tytɛt] **loc. adv.** De toute la puissance de la voix : *Crier à tue-tête* (= hurler).

tueur, euse [tɥœr, -øz] **n. 1.** Personne qui tue, qui commet un meurtre (syn. **assassin, criminel, meurtrier**). **2.** Homme de main chargé d'exécuter un crime pour le compte d'autrui : *Payer un tueur pour abattre qqn* (on dit aussi *tueur à gages*). **3.** Personne qui tue les animaux de boucherie.

tuf [tyf] **n.m.** (it. *tufo,* du lat. *tofus*). Roche poreuse légère, formée de cendres volcaniques cimentées *(cinérite)* ou de concrétions calcaires déposées dans les sources ou dans les lacs.

tuffeau ou **tufeau** [tyfo] **n.m.** (de *tuf*). Roche calcaire renfermant des grains de quartz et de mica, utilisée en construction malgré sa friabilité.

tuile [tɥil] **n.f.** (lat. *tegula,* de *tegere,* couvrir). **1.** Plaquette de terre cuite, de forme variable, pour couvrir les maisons, les bâtiments : *Toit en tuiles.* **2.** FAM. Événement imprévu et fâcheux : *Il m'arrive une tuile monumentale* (syn. **ennui, incident**). **3.** Petit-four sec aplati et moulé sur un rouleau à pâtisserie.

tuilerie [tɥilri] **n.f. 1.** Industrie de la fabrication des tuiles. **2.** Entreprise où se fait cette fabrication.

Tuileries *(palais des)*, anc. palais de Paris, à l'ouest du Louvre. Commencé en 1564 par Delorme pour Catherine de Médicis, l'édifice fut continué et modifié, notamment, sous Henri IV et au début du règne personnel de Louis XIV. Abandonnées cependant par ce dernier, comme le Louvre, au profit de Versailles, les Tuileries furent, sous la Révolution, le siège du pouvoir exécutif et, depuis l'Empire, la résidence des souverains. Incendié en 1871, le palais a été démoli en 1882. Les jardins, en partie dus à Le Nôtre, subsistent (statuaire) ; musée de l'Orangerie (*Nymphéas* de C. Monet et collection Jean Walter et Paul Guillaume) et Jeu de Paume (lieu dédié à la photographie et à l'image contemporaine).

tuilier, ère [tɥilje, -ɛr] **adj.** Relatif à la fabrication des tuiles : *Industrie tuilière.* ◆ **n.** Ouvrier travaillant dans une tuilerie ; dirigeant d'une tuilerie.

tulipe [tylip] **n.f.** (lat. scientif. *tulipa,* du turc *tülbend,* [plante] turban). **1.** Liliacée bulbeuse à grande et belle fleur solitaire en forme de vase, cultivée industriellement : *La culture des tulipes est très développée aux Pays-Bas.* **2.** Objet ou ornement en forme de tulipe ; spécial., abat-jour en pâte de verre qui a la forme d'une tulipe.

tulipier [tylipje] **n.m.** (de *tulipe,* par ressemblance avec la fleur). Arbre originaire d'Amérique, cultivé dans les parcs et jardins. ▶ Famille des magnoliacées ; haut. de 20 à 30 m.

tulle [tyl] **n.m.** (du n. de la ville de Corrèze où l'on fabriquait ce tissu). Tissu léger et très transparent à mailles rondes ou polygonales : *Un voile de tulle.*

Tulle, ch.-l. du dép. de la Corrèze, sur la Corrèze, à 463 km au sud de Paris ; 15 244 hab. *(Tullistes).* Évêché. Manufacture d'armes. Cathédrale des XIIe-XIVe s. ; musée dans le cloître attenant.

tuméfaction [tymefaksjɔ̃] **n.f.** (lat. scientif. *tumefactio,* du class. *tumefacere,* gonfler). MÉD. Augmentation de volume d'une partie du corps, quelle qu'en soit la nature : *La tuméfaction des chairs* (syn. **gonflement, boursouflure**).

tuméfié, e [tymefje] **adj.** Qui porte des tuméfactions : *Avoir le visage tuméfié après une bagarre.*

tuméfier [tymefje] **v.t.** (lat. *tumefacere*) [conj. **9**]. Causer le gonflement de : *Le choc a tuméfié sa paupière* (syn. **gonfler**).

tumescence [tymesɑ̃s] **n.f.** (de *tumescent*). **1.** PHYSIOL. Gonflement d'un organe. **2.** Turgescence des organes érectiles et, spécial., de la verge.

tumescent, e [tymesɑ̃, -ɑ̃t] **adj.** (lat. *tumescens, -entis,* de *tumescere,* gonfler). Se dit d'un organe en état de tumescence.

tumeur [tymœr] **n.f.** (lat. *tumor,* de *tumere,* être gonflé). PATHOL. Augmentation de volume d'une partie d'un tissu ou d'un organe, due à une prolifération cellulaire formant un nouveau tissu (néoplasie) : *Tumeur bénigne, maligne.*

tumoral, e, aux [tymɔral, -o] **adj.** Relatif à une tumeur : *Lésion tumorale.*

tumulte [tymylt] **n.m.** (lat. *tumultus,* de *tumere,* être gonflé). **1.** Grand désordre accompagné de bruit : *Le tumulte d'une fête foraine* (syn. **brouhaha, vacarme**). **2.** Grande agitation désordonnée : *Le tumulte des affaires* (syn. **effervescence, bouillonnement**).

tumultueux, euse [tymyltɥø, -øz] **adj.** (lat. *tumultuosus*). Plein de tumulte : *Une discussion tumultueuse* (syn. **orageux**). *Une jeunesse, une vie tumultueuse* (syn. **agité**).

tumulus [tymylys] **n.m.** (mot lat. « tertre, tombeau ») [pl. inv. ou *tumuli*]. ARCHÉOL. Grand amas artificiel de terre ou de pierres qu'on élevait au-dessus d'une sépulture.

tune n.f. ⟶ **thune.**

tuner [tynɛr] ou [tynœr] **n.m.** (mot angl., de *to tune,* accorder). Récepteur radio, génér. prévu pour les émissions à modulation de fréquence, ne comprenant ni amplificateur basse fréquence ni haut-parleur et constituant un élément d'une chaîne hi-fi. (Recomm. off. *syntoniseur.*)

tungstène [tœkstɛn] **n.m.** (suéd. *tungsten,* propr. « pierre lourde »). Métal de couleur gris-noir, utilisé pour fabriquer des filaments pour lampes à incandescence, des résistances chauffantes et, en alliage avec l'acier, des outils (syn. **wolfram**). ▶ Symb. W.

tunicier [tynisje] **n.m.** (du lat. *tunica,* tunique). **Tuniciers,** groupe d'animaux marins au corps en forme de sac enveloppé d'une tunique tels que les ascidies.

tunique [tynik] **n.f.** (lat. *tunica*). **1.** Vêtement droit plus ou moins long, porté sur une jupe ou un pantalon. **2.** ANTIQ. Vêtement de dessous, cousu, court ou mi-long, avec ou sans manches, génér. resserré à la taille. **3.** Longue vareuse d'uniforme. **4.** ANAT. Membrane fibreuse qui enveloppe certains organes. **5.** BOT. Enveloppe des bulbes et des oignons.

Tunis, cap. de la Tunisie, au fond du *golfe de Tunis,* formé par la Méditerranée ; 638 845 hab. *(Tunisois)* [1 056 247 hab. dans l'agglomération]. Centre administratif, commercial, culturel et industriel. Monuments anciens, dont la Grande Mosquée al-Zaytuna (du IXe au XVIIe s.). Musée du Bardo. – Tunis se développa à partir du faubourg de *Tynes,* après la conquête arabe de Carthage (v. 698) et devint la brillante métropole économique de l'Ifriqiya (Tunisie et Algérie orientale). Capitale de la dynastie musulmane des Hafsides (1229-1574), assiégée vainement par Saint Louis en 1270, elle demeura la capitale de la Tunisie sous les dominations ottomane, puis française et après l'indépendance (1956).

Tunisie, État de l'Afrique du Nord, sur la Méditerranée ; 164 000 km^2 ; 10 997 000 hab. *(Tunisiens).* CAP. *Tunis.* LANGUE : *arabe.* MONNAIE : *dinar tunisien.*

GÉOGRAPHIE

Le plus oriental des trois États du Maghreb, la Tunisie en est le pays le moins étendu et le moins peuplé. Au N., des massifs forestiers, orientés S.-O.-N.-E., prolongent de part et d'autre de la Medjerda les hauteurs du Tell et de l'Atlas. Au-delà de cet ensemble, les plaines et les plateaux, qui couvrent les trois quarts du pays, reçoivent de moins en moins de pluies vers le sud, saharien (oasis). La majorité de la population se concentre dans la zone côtière, entre Bizerte et Sfax. Très homogène, pratiquant l'islam sunnite, elle est urbaine à plus de 50 %, autant par tradition que du fait d'un fort exode rural. L'accroissement démographique reste élevé.

Le secteur agricole emploie environ 20 % des actifs, mais contribue seulement pour 10 % du P.I.B. L'agriculture juxtapose un secteur moderne, en partie irrigué (blé, betterave à sucre, fourrage, agrumes, primeurs, élevage bovin), et un secteur traditionnel (céréales, arbres fruitiers, élevage ovin et caprin). La Tunisie, parmi les premiers producteurs mondiaux de dattes et d'huile d'olive, ne satisfait pas ses besoins alimentaires et doit recourir aux importations. Le pétrole et les phosphates constituent les principales exportations. Les industries sont localisées pour plus de la moitié dans la région de Tunis avec en tête l'alimentation et les textiles suivis par la construction, la mécanique (assemblage automobile), les constructions électriques et le cuir.

Les envois de fonds des travailleurs émigrés et les revenus du tourisme complètent les ressources. Le déficit de la balance commerciale, un sous-emploi élevé, le déséquilibre entre le centre déshérité et les régions côtières traduisent les difficultés économiques. Les principaux partenaires commerciaux de la Tunisie sont la France, l'Italie et l'Allemagne.

HISTOIRE

La Tunisie antique

V. 814 av. J.-C. Les Phéniciens fondent Utique et Carthage.

146 av. J.-C. Carthage est détruite et la province romaine d'Afrique organisée.

L'Afrique romaine connaît une grande prospérité sous le règne des Sévères (193-235 apr. J.-C.) ; le christianisme est florissant aux IIIe-IVe s.

429-533. Les Vandales occupent le pays.

533. Les Byzantins rétablissent leur domination sur la région de Carthage.

La Tunisie musulmane

669-705. Les Arabes conquièrent le pays.

Ils fondent Kairouan, où résident les gouverneurs des Omeyyades de Damas puis des Abbassides de Bagdad. Ces derniers font de nouveau de l'Ifriqiya (Tunisie et est de l'Algérie actuels) une province prospère.

909. Les Fatimides (dynastie chiite) instaurent leur pouvoir.

969. Ils conquièrent l'Égypte et laissent l'Ifriqiya à leurs vassaux *zirides* (dynastie berbère).

Dans la seconde moitié du XIe s., les invasions des Banu Hilal ruinent le pays.

1160-1229. Règne des Almohades.

1229-1574. Règne des Hafsides. Tunis se développe grâce au commerce et aux établissements qu'y fondent diverses nations chrétiennes. Conquise par Charles Quint en 1535, elle est reprise en 1556-1558 par les corsaires turcs.

1574. La Tunisie est intégrée à l'Empire ottoman.

Elle constitue la régence de Tunis, gouvernée par un dey, puis, à partir du XVIIIe s., par un bey.

1869. L'endettement conduisant à la banqueroute, une commission financière anglo-franco-italienne est créée.

Le protectorat français

1881. Le traité du Bardo établit le protectorat français.

1920. Le Destour, parti nationaliste, est créé.

1934. Le Néo-Destour de Habib Bourguiba s'en sépare.

Nov. 1942-mai 1943. Le pays est occupé par les Allemands.

La Tunisie indépendante

1956. La Tunisie accède à l'indépendance. Bourguiba promulgue le code du statut personnel, moderniste et laïque.

1957. Il proclame la république et en devient le président, régulièrement réélu.

1963. La France évacue Bizerte.

Dans les années 1970, l'opposition syndicale et étudiante au régime de parti unique de Bourguiba, président à vie depuis 1975, se développe.

1983. Le multipartisme est instauré officiellement.

1987. H. Bourguiba est destitué par son Premier ministre, Zine el-Abidine Ben Ali. Ce dernier, après une phase de libéralisation, instaure un régime de plus en plus autoritaire et se perpétue au pouvoir par des élections truquées.

2011. Des manifestations populaires conduisent à la chute du président Ben Ali qui s'enfuit du pays. Les islamistes du parti Ennahda arrivent en tête des premières élections démocratiques et forment un gouvernement de coalition avec deux partis laïques.

2013. Les agissements des islamistes radicaux et l'assassinat d'un opposant laïc créent de fortes tensions dans le pays qui entraînent une grave crise politique.

tunnel [tynɛl] **n.m.** (mot angl. « galerie, tuyau », du fr. *tonnelle*). **1.** TR. PUBL. Galerie souterraine de grande section, donnant passage à une voie de communication : *Tunnel ferroviaire. Le tunnel sous la Manche.* **2.** Abri en matière plastique ayant la forme d'un demi-cylindre, utilisé dans l'horticulture intensive. **3. Voir le bout du tunnel,** entrevoir la fin d'une période difficile.

Tupi, groupe ethnolinguistique de l'Amazonie, comprenant les Tupinamba, les Tupi-Guarani, les Siriono, et les Guyayaki.

tupi-guarani [typigwarani] **n.m. inv.** Famille de langues indiennes d'Amérique du Sud réunissant la langue des Tupi (le *tupi*) et celle des Guarani (le *guarani*).

Tupolev ou **Toupolev (Andreï Nikolaïevitch),** constructeur aéronautique soviétique (Poustomazovo, région de Tver, 1888 - Moscou 1972). Plus de 120 types d'avions civils et militaires ont été conçus et réalisés sous sa direction, notamment le bombardier supersonique TU-22 Blinder et le TU-104, apparu en 1955, premier avion de transport civil à réaction.

Tura (Cosme), peintre italien (Ferrare v. 1430 - *id.* 1495). Acuité graphique et puissance du modelé concourent au caractère hallucinant de son art, influencé par Mantegna, Donatello, Van der Weyden, Piero della Francesca (*Pietà,* Venise ; volets d'orgue avec *Saint Georges* et l'*Annonciation,* Ferrare). Il fut le chef de file de l'école de Ferrare.

turban [tyrbɑ̃] **n.m.** (it. *turbante,* turc *tülbend*). **1.** Coiffure orientale portée par les hommes, faite d'une longue pièce d'étoffe enroulée autour de la tête. **2.** Coiffure de femme rappelant le turban oriental.

turbin [tyrbɛ̃] **n.m.** (de *turbiner*). FAM. Travail : *Aller au turbin. Se mettre au turbin.*

turbine [tyrbin] **n.f.** (lat. *turbo, -inis,* tourbillon, toupie). **1.** TECHN. Moteur composé d'une roue mobile sur laquelle est appliquée l'énergie d'un fluide moteur (eau, vapeur, gaz, etc.). **2.** Essoreuse industrielle, dont le fonctionnement est fondé sur l'action de la force centrifuge.

turbiner [tyrbine] **v.i.** (de *turbine*). FAM. Travailler dur.

turbo [tyrbo] **adj. inv.** (du lat. *turbo, -inis,* tourbillon, toupie). Se dit d'un moteur suralimenté par un turbocompresseur et d'un véhicule équipé d'un tel moteur. ◆ **n.m.** Turbocompresseur. ◆ **n.f.** Voiture munie d'un moteur turbo.

turboalternateur [tyrboalternatœr] **n.m.** ÉLECTR. Alternateur entraîné par une turbine à vapeur ou à gaz.

turbocompresseur [tyrbokɔ̃presœr] **n.m.** Turbomachine formée par l'accouplement sur le même axe d'une turbine et d'un compresseur.

turbomachine [tyrbomaʃin] **n.f.** Tout appareil générateur ou récepteur agissant dynamiquement sur un fluide à l'aide d'un rotor tournant autour d'un axe fixe.

turbopropulseur [tyrbopropylsœr] **n.m.** AÉRON. Propulseur composé d'une turbine à gaz entraînant une ou plusieurs hélices par l'intermédiaire d'un réducteur.

turboréacteur [tyrboreaktœr] **n.m.** AÉRON. Turbine à gaz fonctionnant par réaction directe dans l'atmosphère.

turbot [tyrbo] **n.m.** (anc. scand. **thornbutr,* de *thorn,* épine). Poisson plat répandu dans l'Atlantique et la Méditerranée, et très estimé pour sa chair. ▸ Long. jusqu'à 80 cm. Le petit est le *turbotin.*

turbotrain [tyrbotrɛ̃] **n.m.** CH. DE F. Train automoteur dont l'énergie est fournie par une ou plusieurs turbines à gaz.

turbulence [tyrbylɑ̃s] **n.f.** (lat. *turbulentia* ; v. *turbulent*). **1.** Caractère, défaut d'une personne turbulente ; agitation bruyante : *La turbulence de jeunes enfants* (syn. **pétulance**). *Être pris dans la turbulence d'une fête* (syn. **frénésie, effervescence**). **2.** SC. Agitation désordonnée d'un fluide : *Zone de turbulence atmosphérique.*

turbulent, e [tyrbylɑ̃, -ɑ̃t] **adj.** (lat. *turbulentus,* de *turba,* trouble, confusion). Qui parle et s'agite beaucoup : *Enfant turbulent* (syn. **remuant, chahuteur** ; contr. **calme**).

turc, turque [tyrk] **adj.** et **n.** (turco-persan *türk,* du persan *tourk,* propr. « qui a la peau blanche et l'œil noir »). **1.** De Turquie. **2. À la turque,** se dit de cabinets d'aisances sans siège. / **Café turc,** café très fort, préparé par décoction du marc. / **Fort comme un Turc,** très fort. / *FAM.* **Tête de Turc,** personne qui est sans cesse en butte aux critiques, aux railleries de qqn. **3.** HIST. **Grand Turc,** sultan ottoman. / HIST. **Jeunes-Turcs,** v. à son ordre alphabétique. / LING. **Langues turques,** groupe de langues de la famille altaïque parlées en Asie centrale, dans le Caucase et en Turquie. ◆ **turc n.m.** La principale des langues turques, parlée en Turquie où elle est la langue officielle.

Turcs, peuples parlant des langues turques. Sortis sans doute de l'Altaï, les Turcs vivent aujourd'hui dans la république de Turquie, dans les États d'Azerbaïdjan, du Turkménistan, d'Ouzbékistan et du Kirghizistan ainsi qu'en Chine (Xinjiang). Dans le passé, l'aire d'expansion des Turcs s'étendit à la fois vers l'est, en direction de la Chine, et vers l'ouest. Islamisés à partir du VIIIe s., esclaves et mercenaires des souverains musulmans, ils jouèrent un rôle de plus en plus important au sein du monde musulman, sous les Seldjoukides (XIe-XIIIe s.) puis sous les Ottomans, du début du XIVe s. à 1922.

Turenne (Henri de La Tour d'Auvergne, *vicomte* **de),** maréchal de France (Sedan 1611 - Sasbach 1675). Commandant de l'armée d'Allemagne pendant la guerre de Trente Ans, maréchal de France (1643), il hâta par ses victoires la conclusion des traités de Westphalie (1648). Pendant la Fronde, il fut d'abord entraîné dans le parti hostile à Mazarin, puis, battu à Rethel (1650), se rallia à la cour et vainquit Condé aux portes de Paris (1652). Sa victoire aux Dunes (1658) contribua à la signature de la paix des Pyrénées (1659), ce qui lui valut le titre de maréchal général des camps et armées du roi (1660). Commandant l'armée française pendant les guerres de Dévolution (1667) et de Hollande (1672), il envahit les Provinces-Unies et conquit l'Alsace après avoir écrasé les impériaux à Turckheim (1675), mais il fut tué la même année à Sasbach. Protestant, il avait été converti au catholicisme par Bossuet.

turf [tœrf] ou [tyrf] **n.m.** (mot angl. « motte de gazon, pelouse », du frq. **turba,* tourbe). **1.** *VX.* Terrain sur lequel ont lieu les courses de chevaux. **2.** Ensemble des activités qui se rattachent aux courses de chevaux.

turfiste [tœrfist] ou [tyrfist] **n.** (de *turf*). Personne qui aime les courses de chevaux, qui y assiste souvent et qui parie.

turgescence [tyrʒesɑ̃s] **n.f.** (lat. scientif. *turgescentia,* de *turgescere,* se gonfler). **1.** BOT. État normal de rigidité des tissus végétaux vivants, dû à la pression de leur contenu liquide. **2.** MÉD. Tumescence : *Turgescence des veines.*

turgescent, e [tyrʒesɑ̃, -ɑ̃t] **adj.** (lat. *turgescens, -entis,* de *turgescere,* se gonfler). En état de turgescence : *La crête du coq est fréquemment turgescente* (syn. **tumescent**).

Turgot (Anne Robert Jacques), *baron* **de Laulne,** homme d'État et économiste français (Paris 1727 - *id.* 1781). Intendant de la région de Limoges (1761), il transforma le Limousin. Imprégné des idées des physiocrates, il écrivit ses *Réflexions sur la formation et la distribution des richesses* (1766). Nommé par Louis XVI au poste de contrôleur général des Finances (1774), il supprima les douanes intérieures et chercha à établir la liberté du commerce et de l'industrie par la suppression des corporations ; mais il se heurta aux privilégiés, hostiles à l'impôt unique foncier qu'il avait créé. Il fut disgracié en 1776.

Turin, en it. **Torino,** v. d'Italie, cap. du Piémont et ch.-l. de prov., sur le Pô, anc. cap. des États de la maison de Savoie (1563), du royaume de Piémont-Sardaigne, puis de celui d'Italie (1861-1865) ; 872 832 hab. *(Turinois)* [1 620 111 hab. dans l'agglomération]. Archevêché. Université. Centre administratif, culturel, touristique et industriel (automobiles surtout). Cathédrale de la Renaissance ; sobre palais Ducal, puis Royal, du XVIIe s. ; monuments baroques par les architectes Guarino Guarini (chapelle du Saint-Suaire à la cathédrale, 1667) et Filippo Juvarra (façade du palazzo Madama, 1718). Riches musées (archéologie, beaux-arts, armes et armures ; exceptionnelles collections égyptiennes).

Turkana ***(lac),*** anc. **lac Rodolphe,** lac du nord du Kenya ; 8 500 km^2.

Turkestan, dénomination historique des territoires d'Asie centrale peuplés majoritairement de Turcs. Sa partie occidentale correspond aux régions appartenant au Kazakhstan, au Kirghizistan, à l'Ouzbékistan, au Tadjikistan et au Turkménistan (ancien Turkestan russe). Sa partie orientale correspond à l'actuel Xinjiang (ancien Turkestan chinois).

Turkmènes, peuple turc de langue turkmène, qui vit dans le Turkménistan, en Afghanistan et en Iran. Le « pays des Turkmènes », région située à l'est de la Caspienne, a été conquis entre 1863 et 1885 par les Russes, qui en firent la province de Transcaspienne. Celle-ci a servi de territoire pour les Soviétiques qui y constituèrent la République socialiste soviétique du Turkménistan de 1924 à 1991. Les Turkmènes sont musulmans sunnites.

Turkménistan, État d'Asie sur la Caspienne ; 488 000 km^2 ; 5 240 000 hab. *(Turkmènes).* CAP. *Achgabat.* LANGUE : *turkmène.* MONNAIE : *manat.*

GÉOGRAPHIE

Le désert ou semi-désert de la dépression aralo-caspienne couvre 90 % du territoire. La population (72 % de Turkmènes) se concentre dans le piémont du Kopet-Dag, dans les oasis du Tedjen, de la Mourgab et de l'Amou-Daria. Le canal du Karakoum (815 km) a permis l'extension de l'irrigation. Le coton occupe plus de la moitié des superficies cultivées, l'élevage ovin fournissant par ailleurs laine et peaux (astrakan). Le sous-sol fournit du pétrole et du gaz naturel.

HISTOIRE

Formé de territoires conquis par les Russes de 1863 à 1885, le Turkménistan devient en 1924 une république fédérée de l'U.R.S.S.

1991. Le Soviet suprême proclame l'indépendance du pays, qui adhère à la C.E.I. (simple membre « associé » à partir de 2005). Saparmourad Niazov, élu président en 1990, exerce un pouvoir de plus en plus autocratique.

2007. Après sa mort (décembre 2006), Gourbangouly Berdymoukhammedov est élu à la tête de l'État. Réélu en 2012, il gouverne avec le même autoritarisme que son prédécesseur.

Turks ***(îles),*** archipel, au nord d'Haïti, formant avec les îles Caicos, voisines, une colonie britannique (430 km^2 ; 31 458 hab.).

turlupiner [tyrlypine] **v.t.** (de *Turlupin,* surnom d'un auteur de farces). *FAM.* Tracasser ; tourmenter : *Cette idée me turlupine* (syn. **obséder**).

turne [tyrn] **n.f.** (alsacien *türn,* prison, all. *Turm,* tour). *FAM.* Chambre meublée.

Turner (William), peintre britannique (Londres 1775 - *id.* 1851). Essentiellement paysagiste, il tendit de plus en plus, surtout après ses voyages en Italie (1819 et 1828), à dissoudre les formes dans le frémissement de l'atmosphère et de la lumière, jusqu'aux limites du fantastique (*l'Incendie du Parlement,* 1835, versions de Philadelphie et de Cleveland ; *Pluie, vapeur, vitesse,* 1844, National Gallery de Londres). Il s'est inspiré, au début de sa carrière, de Claude Lorrain et, en retour, a influencé les impressionnistes. Une annexe de la Tate Britain (Londres) conserve son fonds d'atelier (dessins, aquarelles et huiles).

turpitude [tyrpityd] **n.f.** (lat. *turpitudo,* de *turpis,* honteux). *LITT.* Conduite ignominieuse d'une personne ; action, parole honteuse : *Commettre des turpitudes* (syn. **ignominie, infamie**).

turque adj. et **n.** ⟶ **turc.**

turquerie [tyrkəri] **n.f.** Œuvre artistique ou littéraire représentant des scènes turques, ou d'inspiration orientale.

Turquie, État de l'Asie occidentale (englobant l'extrémité sud-est de la péninsule balkanique) ; 780 000 km^2 ; 74 933 000 hab. *(Turcs).* CAP. *Ankara.* V. princ. *Istanbul.* LANGUE : *turc.* MONNAIE : *livre turque.*

GÉOGRAPHIE

Les conditions naturelles. Bordé au nord par les chaînes pontiques, difficilement franchissables, et au sud par les chaînes du Taurus et de l'Anti-Taurus (chaînes tauriques), le plateau anatolien occupe la majeure partie de la Turquie. D'une altitude moyenne de 1 132 m, accidenté, coupé de bassins parfois occupés par des lacs (lac de Van), le plateau est basculé de l'est, où il culmine au mont Ararat, vers l'ouest où il plonge dans la mer Égée.

L'été est très chaud dans tout le pays, mais le régime des pluies est varié. Les côtes de la mer Noire sont arrosées en toutes saisons, tandis que les bordures égéennes et méditerranéennes reçoivent leurs pluies, abondantes, en hiver. Vers l'est, les nuances continentales s'accentuent. Les pluies de printemps et d'été diminuent sur le plateau intérieur qui reçoit le plus souvent moins de 400 mm, en même temps que les hivers deviennent froids. La végétation arbustive méditerranéenne et les forêts des chaînes pontiques et tauriques s'opposent à l'aridité des hautes terres de l'Anatolie intérieure.

La population. Les nomades turcs venus d'Asie centrale ont submergé les populations sédentaires grecques, arméniennes et kurdes. Depuis le massacre des Arméniens en 1915, les Kurdes constituent la seule minorité importante (12 millions de personnes). La population, islamisée, vit surtout dans l'Ouest et est urbanisée pour les deux tiers. Son accroissement naturel demeure élevé.

L'économie. L'agriculture emploie 26 % des actifs, essentiellement dans de petites exploitations familiales. Les céréales (orge, blé) occupent environ la moitié des terres cultivées ; celles-ci se localisent surtout sur le plateau anatolien où elles sont juxtaposées à l'élevage des moutons et des chèvres. Les rivages de la mer de Marmara et de la mer Noire sont le domaine des arbres fruitiers, du tabac et de la betterave à sucre, auxquels s'ajoutent vers l'E. les théiers et les noisetiers. Sur la côte méditerranéenne se cultivent le coton, les agrumes, les bananiers, le raisin et le riz. Le pays est autosuffisant et exportateur. Mais la part des produits agricoles dans le total des exportations a baissé et se situe actuellement autour de 20 %.

Les ressources minières sont variées : houille et lignite, fer, cuivre, bauxite, chrome, manganèse, pétrole. La production d'électricité est assurée à 40 % par l'hydroélectricité, qui devrait progresser avec les barrages sur l'Euphrate. Le secteur industriel est tourné en partie vers l'exportation. Le textile et la confection viennent largement en tête, suivis par l'alimentation, la construction automobile, les travaux publics, la métallurgie, les constructions électriques, la chimie, le tabac et le cuir.

Le tourisme, les envois des travailleurs émigrés complètent les ressources de la Turquie, qui occupe une situation de carrefour entre l'Europe, le Moyen-Orient et l'Asie centrale. Le chômage, l'endettement extérieur, une forte inflation, des tensions sociales et politiques, le déséquilibre entre l'Ouest et l'Est fragilisent le pays, candidat à l'entrée dans l'Union européenne.

HISTOIRE

Après la défaite de l'Empire ottoman (1918), qui est occupé par les Alliés, Mustafa Kemal, dit *Atatürk,* entreprend de construire un État national turc à partir de l'Anatolie.

1920. La Grande Assemblée nationale d'Ankara l'élit président (avr.). Les Grecs, soutenus par la Grande-Bretagne, débarquent en Asie Mineure (juin). Le sultan Mehmed VI signe le traité de Sèvres (août).

1922. Les Grecs, battus, signent l'armistice de Mudanya. Mustafa Kemal abolit le sultanat.

1923. Le traité de Lausanne fixe les frontières de la Turquie. Arméniens et Kurdes sont abandonnés par les Alliés qui les soutenaient. La république est instaurée ; Mustafa Kemal en devient le président. Il entreprend la révolution nationale afin de faire de la Turquie un État laïque, moderne et occidentalisé.

1924. Le califat est aboli.

1938. À la mort de Mustafa Kemal, Ismet Inönü devient président de la République.

Restée neutre pendant la Seconde Guerre mondiale, la Turquie bénéficie du plan Marshall à partir de 1947.

1950. Adnan Menderes accède au pouvoir.

Il rompt avec le dirigisme étatique et tolère le retour aux traditions islamiques.

1952. La Turquie devient membre de l'O.T.A.N.

1960. Le général Gürsel prend le pouvoir. A. Menderes est condamné à mort et exécuté.

1961-1971. Des gouvernements de coalition sont formés par Inönü (1961-1965), puis par S. Demirel (1965-1971).

1970-1972. Des troubles graves éclatent ; l'ordre est restauré par l'armée.

1974. B. Ecevit, Premier ministre, fait débarquer les forces turques à Chypre.

Demirel et Ecevit alternent au pouvoir de 1975 à 1980. L'aggravation des troubles, causés par l'agitation des marxistes et des islamistes, ainsi que par les séparatistes kurdes, provoque un coup d'État militaire (1980).

1983. Les partis politiques sont à nouveau autorisés et un gouvernement civil est formé par Turgut Özal.

1991. Demirel est à nouveau Premier ministre.

1993. Après la mort de Turgut Özal, Demirel est élu président de la République.

1996-1997. Vainqueurs des élections (déc. 1995), les islamistes dirigent le gouvernement, mais, sous la pression des tenants de la laïcité, ils doivent se retirer.

1999. B. Ecevit redevient Premier ministre. Le chef de la rébellion kurde, Abdullah Öcalan, est arrêté.

2000. Ahmet Necdet Sezer est élu président.

2002. La victoire du parti musulman modéré aux élections amène Abdullah Gül à la tête du gouvernement.

2003. Recep Tayyip Erdoğan, du parti musulman modéré (AKP), devient Premier ministre.

2005. Des négociations s'engagent avec l'Union européenne sur l'éventuelle intégration, à terme, de la Turquie dans l'espace communautaire.

2007. Nouvelle victoire de l'AKP aux élections. A. Gül est élu président de la République à l'issue d'une campagne ayant opposé les islamistes aux défenseurs de la laïcité.

2009. La Turquie engage un processus de normalisation de ses relations avec l'Arménie.

2011. Troisième victoire consécutive de l'AKP.

turquoise [tyrkwaz] **n.f.** (de l'anc. fr. *turcois,* turc, parce que cette pierre, provenant de Perse, transitait par la Turquie). Phosphate d'aluminium et de cuivre naturel, donnant des pierres fines opaques, de couleur bleu ciel à bleu-vert. ◆ **adj. inv.** et **n.m.** D'une couleur de turquoise.

tussilage [tysilaʒ] **n.m.** (lat. *tussilago,* de *tussis,* toux). Plante composée dont une espèce, appelée aussi *pas-d'âne,* était autrefois utilisée contre la toux et l'asthme.

tutélaire [tytelɛr] **adj.** (bas lat. *tutelaris*). **1.** LITT. Qui tient sous sa protection : *Puissance tutélaire* (syn. **protecteur**). **2.** DR. Qui concerne la tutelle : *Gestion tutélaire.*

tutelle [tytɛl] **n.f.** (lat. *tutela,* de *tueri,* regarder, surveiller). **1.** Surveillance, dépendance gênante : *Une tutelle pesante* (syn. **contrainte**). **2.** DR. Ensemble des mesures légales destinées à protéger les biens des enfants mineurs et des incapables majeurs. **3.** LITT. Protection, sauvegarde exercée en faveur de qqn : *La tutelle des lois.* **4. Autorité de tutelle,** administration qui exerce un contrôle sur une collectivité publique. / **Tutelle administrative,** contrôle exercé par l'autorité administrative sur les collectivités publiques décentralisées. / DR. INTERN. **Territoire sous tutelle,** pays administré par un autre État, sous le contrôle de l'O.N.U.

1. tuteur, trice [tytœr, -tris] **n.** (lat. *tutor,* de *tueri,* protéger). Personne chargée de surveiller les intérêts d'un mineur non émancipé ou d'un incapable majeur placé sous le régime de la tutelle.

2. tuteur [tytœr] **n.m.** (de *1. tuteur*). Perche, armature qui soutient une jeune plante ; soutien, support.

tutoiement [tytwamɑ̃] **n.m.** Action, habitude de tutoyer (par opp. à *vouvoiement*).

tutoyer [tytwaje] **v.t.** (de *tu* et *toi*) [conj. **13**]. **1.** User de la deuxième pers. du sing. en parlant à qqn (par opp. à *vouvoyer*) : *Tutoyer un ami, un parent.* **2.** FIG. Se hisser au niveau de ; s'approcher de : *Tutoyer la gloire.* **3. Tutoyer l'obstacle,** en équitation, le frôler sans le faire tomber.

tutti quanti [tutikwɑ̃ti] **loc. adv.** (mots it. « tous tant qu'ils sont »). **Et tutti quanti,** et tous les gens, toutes les choses de même espèce, à la fin d'une énumération : *Il a emporté les disques, les livres, les revues et tutti quanti.*

tutu [tyty] **n.m.** (altér. enfantine de *cucu,* redoublement de *cul*). Costume de scène de la danseuse académique, composé de plusieurs jupettes de tulle superposées.

Tutu (Desmond), évêque sud-africain (Klerksdorp, Transvaal, 1931). Évêque de Johannesburg (1985-1986), chef de l'Église anglicane d'Afrique australe et archevêque du Cap (1986-1996), il lutta activement mais pacifiquement contre l'apartheid. (Prix Nobel de la paix 1984.)

Tuvalu *(îles),* anc. **îles Ellice,** État insulaire de Micronésie (24 km^2 ; 10 000 hab.), au nord des Fidji, indépendant depuis 1978. CAP. *Funafuti.* LANGUES : *anglais* et *tuvaluan.* MONNAIE : *dollar australien.* Les ressources limitées de cet archipel, très petit (9 atolls) et très pauvre (pêche, coprah, édition de timbres) l'ont poussé à rechercher l'aide internationale pour financer son développement.

tuyau [tɥijo] **n.m.** (frq. **thūta*). **1.** Élément à section constante d'un conduit, utilisé pour la circulation d'un fluide ou d'un produit pulvérulent : *Des tuyaux d'arrosage.* **2.** FAM. Renseignement confidentiel : *Avoir un bon tuyau pour le tiercé* (syn. **information**). **3.** ZOOL. Bout creux d'une plume d'oiseau. **4.** BOT. Tige creuse du blé et de certaines autres plantes. **5.** FAM. **Dire qqch dans le tuyau de l'oreille,** dire qqch à voix basse et en secret. **6.** ACOUST. **Tuyau sonore,** tube rendant un son lorsque la colonne d'air qu'il renferme entre en vibration.

tuyauter [tɥijote] **v.t.** FAM. Renseigner secrètement.

tuyauterie [tɥijotri] **n.f.** Ensemble de tuyaux d'une installation (syn. **canalisation**).

tuyère [tyjɛr] ou [tɥijɛr] **n.f.** (de *tuyau*). **1.** Élément de canalisation profilé, destiné à imposer à un fluide en écoulement une augmentation de vitesse. **2.** Conduit terminal d'une turbine à gaz, dans lequel se produit la détente fournissant l'énergie. **3.** Ouverture pratiquée à la partie inférieure d'un four métallurgique pour le passage de l'air soufflé ; buse qui passe par cette ouverture.

T.V.A. [tevea] **n.f.** (sigle de *taxe sur la valeur ajoutée*). En France et dans de nombreux pays européens, impôt général de consommation, payé par chaque intermédiaire et portant sur l'accroissement de valeur conféré à chaque stade de la production d'un bien ou d'un service.

Tver, anc. **Kalinine,** v. de Russie, sur la Volga ; 403 726 hab. Centrale nucléaire.

T.V.H.D. [teveaʃde] **n.f.** (sigle). Télévision à haute définition.

Twain (Samuel Langhorne Clemens, dit **Mark),** écrivain américain (Florida, Missouri, 1835 - Redding, Connecticut, 1910). Premier grand écrivain de l'ouest des États-Unis, il fut le maître des romanciers qui voulurent « découvrir » l'Amérique à travers ses paysages et son folklore (*les Aventures de Tom Sawyer,* 1876 ; *les Aventures de Huckleberry Finn,* 1884).

tweed [twid] **n.m.** (mot angl.). Tissu de laine cardée, d'armure toile ou sergé, génér. établi en deux couleurs et utilisé pour la confection de vêtements confortables.

Tweet [twit] **n.m.** (nom déposé ; mot angl. « gazouillis »). Court message (140 caractères maximum) posté sur le site de microblogage Twitter pour délivrer des informations en temps réel.

tweeter **v.i.** et **v.t.** → **twitter.**

Twickenham, agglomération de la banlieue sud-ouest de Londres. Stade de rugby.

twist [twist] **n.m.** (mot angl., de *to twist,* tordre). Danse d'origine américaine apparue en 1961, sur une musique très rythmée, caractérisée par une rotation des jambes et du bassin.

twister [twiste] **v.i.** Danser le twist.

twitter ou **tweeter** [twite] **v.i.** et **v.t.** Poster un Tweet sur le site de microblogage Twitter.

Twitter, service de microblogage créé aux États-Unis par la société du même nom en 2006, qui permet aux utilisateurs d'envoyer et de recevoir des messages brefs, appelés Tweets. Le réseau social ainsi constitué génère un flux dense d'informations en temps réel.

tympan [tɛ̃pɑ̃] **n.m.** (lat. *tympanum,* tambourin, du gr.). **1.** ANAT. Membrane qui sépare l'oreille moyenne du conduit auditif externe et qui transmet aux osselets les vibrations de l'air. **2.** Nom parfois donné à la cavité de l'os temporal où est logée l'oreille moyenne. **3.** ARCHIT. Surface comprise entre le linteau et l'arc d'un fronton ; paroi qui clôt l'arc des portails romans et gothiques.

type [tip] **n.m.** (lat. *typus,* du gr. *tupos,* empreinte). **1.** Modèle abstrait réunissant à un haut degré les traits essentiels de tous les êtres ou de tous les objets de même nature : *Harpagon est le type de l'avare* (syn. **archétype**). *Être conforme au type de la beauté grecque* (syn. **canon**). **2.** Ensemble de traits caractéristiques d'un groupe, d'une famille de choses : *Avoir le type allemand, slave. Les types d'architecture* (syn. **genre, catégorie**). **3.** (En appos.). Indique qu'il s'agit d'un modèle : *Un contrat type.* **4.** FAM. Individu quelconque : *Un grand type.* **5.** BIOL. Individu à partir duquel une espèce végétale ou animale a été décrite pour la première fois, et qui sert de référence. **6.** IMPR. Caractère d'imprimerie.

typé, e [tipe] **adj.** Qui présente à un haut degré les caractères du type dans lequel on le range.

typer [tipe] **v.t.** Donner les traits caractéristiques d'un type à : *Typer un personnage.*

typhique [tifik] **adj.** et **n.** Relatif à la fièvre typhoïde, au typhus ; qui en est atteint.

typhoïde [tifɔid] **adj.** et **n.f.** (du gr. *tuphos,* stupeur, et de *-oïde*). **Fièvre typhoïde,** maladie infectieuse, contagieuse et transmise par de l'eau ou des aliments contaminés, due à une bactérie (une salmonelle), provoquant des troubles digestifs avec fièvre et stupeur. (On dit aussi *la typhoïde.*)

typhon [tifɔ̃] **n.m.** (mot lat., du gr. *tuphôn,* tourbillon). En Extrême-Orient, cyclone tropical très violent.

typhus [tifys] **n.m.** (mot lat., du gr. *tuphos,* torpeur). **1.** Gastro-entérite attaquant certains animaux, dont le chien et le chat. **2.** Chez l'homme, maladie infectieuse due à une bactérie transmise par le pou ou la puce, caractérisée par une fièvre et des taches rouges sur la peau. ▶ Le typhus a disparu en France.

typique [tipik] **adj.** (bas lat. *typicus,* du gr.). **1.** Qui caractérise précisément ; qui est un modèle, un exemple : *Un cas typique de frustration* (syn. **caractéristique**). **2.** BIOL. Qui est propre à un seul groupe animal ou végétal ; qui s'identifie à un type, qui en présente les caractères spécifiques : *Caractère, organe typique. Tumeur typique.*

typiquement [tipikmɑ̃] **adv.** De façon typique : *Un comportement typiquement anglais* (syn. **spécifiquement**).

typographe [tipɔgraf] **n.** IMPR. Ouvrier qui compose, à l'aide de caractères mobiles, les textes destinés à l'impression typographique (abrév. *typo*).

typographie [tipɔgrafi] **n.f.** (gr. *typo-* et *-graphie*). **1.** IMPR. Procédé de composition et d'impression sur des caractères et des clichés en relief. **2.** Présentation graphique d'un texte imprimé : *Une belle typographie.* (Abrév. *typo* pour les deux acceptions.)

typographique [tipɔgrafik] **adj.** Relatif à la typographie : *Signes, corrections typographiques.*

typologie [tipɔlɔʒi] **n.f.** (gr. *typo-* et *-logie*). **1.** Étude des traits caractéristiques dans un ensemble de données, en vue d'y déterminer des types, des systèmes : *Typologie des discours politiques.* **2.** Étude des caractères morphologiques de l'homme, communs aux différentes populations. **3.** PSYCHOL. Étude systématique des traits de caractère en rapport avec certaines caractéristiques morphologiques de l'individu.

typologique [tipɔlɔʒik] **adj.** Relatif à une typologie : *Classification typologique des langues.*

Tyr, auj. **Sour,** au Liban. Port de la Phénicie antique, Tyr fonda (à partir du XIe s. av. J.-C.) sur les rives de la Méditerranée de nombreux comptoirs, dont Carthage (814, selon la tradition). Rivale de Sidon, elle fut sujette de l'Égypte du XVe au XIIIe s. av. J.-C. Elle lutta longuement contre les Empires assyrien et babylonien. Soumise par Alexandre (332 av. J.-C.), elle fut disputée par les Lagides et les Séleucides. Malgré la concurrence d'Alexandrie, elle demeura un centre culturel et commercial important jusqu'à l'invasion arabe (638 apr. J.-C.).

tyran [tirɑ̃] **n.m.** (lat. *tyrannus,* du gr. *turannos,* propr. « maître »). **1.** Souverain despotique, injuste, cruel : *Néron fut un tyran* (syn. **despote, dictateur**). **2.** Personne qui abuse de son autorité : *Leur père est un tyran.* **3.** ANTIQ. GR. Chef populaire exerçant un pouvoir personnel obtenu par un coup de force et sans fondement légal.

tyranneau [tirano] **n.m.** Petit tyran, sans grand pouvoir.

tyrannie [tirani] **n.f. 1.** Gouvernement autoritaire qui ne respecte pas les libertés individuelles et sur lequel les gouvernés n'ont aucun contrôle : *Lutter contre la tyrannie* (syn. **dictature, despotisme**). **2.** ANTIQ. GR. Gouvernement d'un tyran. **3.** *LITT.* Pouvoir de certaines choses sur les hommes : *La tyrannie de la mode* (syn. **carcan, joug**).

tyrannique [tiranik] **adj.** (lat. *tyrannicus*). Qui a le caractère de la tyrannie : *Pouvoir tyrannique* (syn. **despotique, arbitraire**). *Passion tyrannique.*

tyranniser [tiranize] **v.t.** Exercer une autorité excessive sur : *Tyranniser son personnel* (syn. **opprimer, persécuter**).

tyrannosaure [tiranozɔr] **n.m.** (lat. scientif. *tyrannosaurus,* du gr. *turannos,* maître, et *sauros,* lézard). Très grand dinosaure du crétacé, carnivore et bipède. ▶ Long. 15 m ; ordre des saurischiens.

Tyrol, prov. d'Autriche, s'étendant sur la haute vallée de l'Inn ; 12 649 km^2 ; 709 319 hab. ; CAP. *Innsbruck.* Le tourisme d'été et d'hiver constitue la principale activité.

Soumise aux Romains en 15 av. J.-C., la région est colonisée à partir du VIe s. par les Alamans et les Bavarois. Devenu partie intégrante du patrimoine héréditaire des Habsbourg en 1363, le Tyrol est cédé à la Bavière en 1805, puis rendu à l'Autriche en 1814. En 1919, le traité de Saint-Germain attribue à l'Italie, outre le Trentin, la province tyrolienne de Bolzano. Les revendications de la population allemande de cette province sont à l'origine de la question du Haut-Adige. Aussi des accords sont-ils signés en 1946 et 1969 entre l'Autriche et l'Italie, assurant une large autonomie à la région et l'égalité des droits des deux groupes ethniques.

tyrolienne [tirɔljɛn] **n.f. 1.** MUS. Air qui s'exécute en franchissant, à l'aide de certaines notes de poitrine et de tête qui se succèdent rapidement, d'assez grands intervalles mélodiques. **2.** Danse du Tyrol.

Tyrrhénienne *(mer),* partie de la Méditerranée comprise entre la péninsule italienne, la Corse, la Sardaigne et la Sicile.

tzar n.m., **tzarévitch** n.m., **tzarine** n.f. ⟶ **tsar, tsarévitch, tsarine.**

Tzara (Tristan), écrivain français d'origine roumaine (Moineşti 1896 - Paris 1963). L'un des fondateurs à Zurich, en 1916, du mouvement dada, il proclame sa volonté de détruire la société et le langage (*le Cœur à gaz,* 1921 ; *l'Antitête,* 1923 ; *l'Homme approximatif,* 1931). La suite de son œuvre témoigne de son souci de défendre l'homme contre les puissances d'asservissement (*la Fuite,* 1947 ; *le Fruit permis,* 1956 ; *la Rose et le Chien,* 1958).

tzigane adj. ⟶ **tsigane.**

U

u [y] **n.m. inv.** Vingt et unième lettre (voyelle) de l'alphabet.

ubac [ybak] **n.m.** (mot de l'anc. prov., lat. *opacus*, sombre). GÉOGR. Dans la montagne, versant à l'ombre (par opp. à *adret*) [syn. **envers**].

ubiquité [ybikɥite] **n.f.** (du lat. *ubique*, partout). Faculté d'être présent en plusieurs lieux à la fois.

ubuesque [ybɥɛsk] **adj.** Digne du personnage de tyran grotesque, le *père Ubu*, créé par A. Jarry.

Uccello (Paolo di Dono, dit **Paolo),** peintre italien (Florence ? 1397 - *id.* 1475). Son traitement de la figure et de la perspective revêt un caractère de jeu intellectuel aigu et complexe (fresques de la *Vie de Noé,* cloître Vert de S. Maria Novella, Florence ; trois panneaux de la *Bataille de San Romano,* Florence, Londres et Paris).

U.E., sigle de *Union européenne.*

U.E. [yø] **n.f.** (sigle). ⟶ Unité* d'enseignement.

Ueda Akinari, écrivain japonais (Osaka 1734 - Kyoto 1809). Il a donné un style nouveau aux légendes traditionnelles (*Contes de pluie et de lune,* 1776).

U.F.R. [yɛfɛr] **n.f.** (sigle). Unité de formation et de recherche.

U.H.T. [yaʃte] **n.f.** (sigle de *ultra-haute température*). **Lait U.H.T.,** lait stérilisé par upérisation.

UK, sigle de *United Kingdom.*

ukase n.m. ⟶ **oukase.**

Ukraine, État de l'Europe orientale, bordé au sud par la mer Noire et la mer d'Azov ; 604 000 km^2 ; 45 239 000 hab. *(Ukrainiens).* CAP. *Kiev.* LANGUE : *ukrainien.* MONNAIE : *hrivna.*

GÉOGRAPHIE

Plus vaste que la France (c'est le plus grand pays d'Europe, Russie exceptée) mais un peu moins peuplée, l'Ukraine dispose d'atouts indéniables. Sous un climat continental modéré, à tendance aride vers le sud, les sols noirs fertiles portent des cultures variées (maïs, blé, betterave à sucre, tournesol, lin, houblon, pomme de terre, fruits et légumes), générant une importante industrie agroalimentaire. L'élevage bovin et porcin est développé. Outre le charbon et le fer (base d'une sidérurgie active, notamment dans les deux pôles du Donbass et de l'axe du Dniepr, de Dnipropetrovsk à Kryvyï Rih), le sous-sol recèle aussi du manganèse, un peu de pétrole et, surtout, du gaz naturel. Le littoral de la mer Noire est le site de grands ports (Sébastopol, Odessa) et de stations balnéaires (Yalta). Peuplée de près de 75 % d'Ukrainiens de souche, l'Ukraine compte une forte minorité russe (est du pays, Crimée incluse). Mais le pays pâtit du desserrement des liens commerciaux avec les autres anciennes républiques soviétiques et de relations complexes avec la Russie.

HISTOIRE

IXe-XIIe s. L'État de Kiev, premier État russe, se développe.
1238-1240. La conquête mongole ruine la région de Kiev. À partir des XIIIe-XIVe s. se forme une nationalité ukrainienne qui se différencie des autres Slaves de l'Est (Russes et Biélorusses) dans des territoires qu'annexent la Lituanie et la Pologne, à l'exception de la Ruthénie subcarpatique (sous domination hongroise depuis le XIe s.). Des communautés cosaques s'organisent sur le Don et le Dniepr aux XVe-XVIe s.
1654. L'hetman (chef) des Cosaques, Bogdan Khmelnitski, se place sous la protection de la Moscovie.
1667. L'Ukraine est partagée entre la Pologne et la Russie.
1709. Pierre le Grand écrase à Poltava l'hetman Mazeppa, qui avait tenté de constituer une Ukraine réunifiée et indépendante. À la suite des partages de la Pologne (1793-1795), toute l'Ukraine se trouve sous la domination des Empires russe et autrichien. L'Ukraine devient au XIXe s. la région industrielle la plus riche de l'Empire russe. Les communautés juives, qui représentent 30 % de la population des villes et des bourgs, sont victimes de nombreux pogroms de 1881 à 1921.
Fin 1917 - début 1918. Une république soviétique est créée à Kharkov par les bolcheviks, et une république indépendante est proclamée à Kiev par les nationalistes.
1919-1920. Les armées russes blanches puis les Polonais interviennent en Ukraine.
1922. La République soviétique d'Ukraine adhère à l'Union soviétique.
1932-1933. Une famine fait des millions de victimes.
1939-1940. L'U.R.S.S. annexe les territoires polonais peuplés d'Ukrainiens et la Bucovine du Nord, qui sont réunis à l'Ukraine, ainsi qu'une partie de la Bessarabie.
1941-1944. Un régime d'occupation très rigoureux est imposé par les nazis.
1945. L'Ukraine s'agrandit de la Ruthénie subcarpatique.
1954. La Crimée lui est rattachée.
1991. L'Ukraine accède à l'indépendance et adhère à la C.E.I. Le communiste Leonid Kravtchouk est élu à la présidence de la République.
1994. Leonid Koutchma lui succède.
2004. « Révolution orange » : au terme d'un scrutin à rebondissements, Viktor Iouchtchenko (opposition démocratique) est élu président. Il est investi en janv. 2005.
Mais il est confronté à une succession de crises politiques, l'opposant tantôt à Viktor Ianoukovytch, son rival de 2004, tantôt à des personnalités de son propre camp, comme Ioulia Tymochenko. En outre, des tensions persistent avec la Russie (qui interrompt ses livraisons de gaz à l'Ukraine au tournant des années 2005-2006 et 2008-2009).
2010. Viktor Ianoukovytch est élu à la tête de l'État qui se rapproche de la Russie au détriment des relations avec l'U.E., alors que le régime politique se durcit.

Ukraine subcarpatique ou **Ruthénie subcarpatique,** région d'Ukraine. Annexée à la Hongrie au XIe s., elle fut rattachée à la Tchécoslovaquie de 1919 à 1938, puis cédée à l'U.R.S.S. et rattachée à l'Ukraine en 1945.

ukrainien, enne [ykrɛnjɛ̃, -ɛn] **adj.** et **n.** De l'Ukraine. ◆ **ukrainien n.m.** Langue slave parlée en Ukraine.

ukulélé [ukulele] **n.m.** (mot polynésien). Guitare hawaiienne.

Ulbricht (Walter), homme d'État allemand (Leipzig 1893 - Berlin 1973). L'un des fondateurs du parti communiste allemand (1919), premier secrétaire du parti de 1950 à 1971, il fut président du Conseil d'État de la République démocratique allemande de 1960 à sa mort.

ulcération [ylserasjɔ̃] **n.f.** Formation d'ulcère ; l'ulcère lui-même : *Ulcération de la peau.*

ulcère [ylsɛr] **n.m.** (lat. *ulcus, -eris*). **1.** MÉD. Perte de substance d'un revêtement épithélial, cutané ou d'une muqueuse, s'accompagnant de lésions plus ou moins profondes des tissus sous-jacents, qui en rendent la cicatrisation difficile : *Ulcère de la jambe, de l'estomac.* **2.** AGRIC. Plaie sur un arbre.

■ L'ulcère le plus répandu est l'ulcère gastro-duodénal, qui touche le duodénum (première partie de l'intestin grêle, à la sortie de l'intestin) ou l'estomac. Le symptôme principal est la douleur, calmée par l'arrivée d'aliments. Ses causes ont longtemps été mystérieuses, et l'on pensait que son apparition était favorisée par le stress. En fait, on sait auj. que la principale cause des ulcères gastro-duodénaux est l'infection par une bactérie, *Helicobacter pylori,* découverte en 1982. Après recherche de cette bactérie, le traitement se fonde sur des antibiotiques destinés à l'éliminer. ■

ulcéré, e [ylsere] **adj. 1.** MÉD. Qui est le siège d'un ulcère : *Muqueuse ulcérée.* **2.** FIG. Qui est vexé et éprouve du ressentiment : *Il est profondément ulcéré.*

ulcérer [ylsere] **v.t.** (lat. *ulcerare,* blesser) [conj. **18**]. **1.** MÉD. Produire un ulcère. **2.** Causer un profond et durable ressentiment : *Vos critiques l'ont ulcéré* (= l'ont vivement blessé).

ulcéreux, euse [ylserø, -øz] **adj.** De la nature de l'ulcère ; couvert d'ulcères : *Plaie ulcéreuse.* ◆ **adj.** et **n.** Atteint d'un ulcère.

uléma [ylema] et **ouléma** [ulema] **n.m.** (ar. *ulamā,* plur. de *ālim,* savant). Docteur de la loi musulmane, juriste et théologien.

U.L.M. [yɛlɛm] **n.m.** (sigle de *ultraléger motorisé*). Petit avion de conception simplifiée, monoplace ou biplace, pesant à vide moins de 150 kg et doté d'un moteur de quelques dizaines de chevaux.

Ulm, v. d'Allemagne (Bade-Wurtemberg), sur le Danube ; 116 761 hab. Centre industriel. Colossale église gothique commencée à la fin du XIVe s. (œuvres d'art). Musées. – L'armée autrichienne de Mack y capitula devant les Français de Napoléon (20 oct. 1805).

Ulster, région du nord de l'Irlande. Depuis 1921, la partie nord-est de l'Ulster (14 000 km^2 ; 1 980 070 hab.) constitue l'Irlande du Nord (CAP. *Belfast*), unie à la Grande-Bretagne. D'âpres conflits y ont opposé jusqu'en 2005 la majorité protestante aux catholiques.

Ulster, province de la république d'Irlande ; 8 011 km^2 ; 294 803 hab. Elle est formée de trois comtés, *Cavan, Donegal, Monaghan,* limitrophes de l'Irlande du Nord.

ultérieur, e [ylterjœr] **adj.** (lat. *ulterior*). Qui arrive après, qui succède à une autre chose (par opp. à *antérieur*) : *Nous nous verrons à une date ultérieure* (syn. **postérieur**).

ultérieurement [ylterjœrmɑ̃] **adv.** Plus tard : *Nous en reparlerons ultérieurement.*

ultimatum [yltimatɔm] **n.m.** (du lat. *ultimus,* le plus au-delà). **1.** Conditions définitives imposées à un État par un autre, et dont la non-acceptation entraîne la guerre : *L'ultimatum expire à minuit.* **2.** Proposition précise qui n'admet aucune contestation : *Se trouver placé devant un ultimatum* (= mise en demeure).

ultime [yltim] **adj.** (lat. *ultimus,* propr. « le plus éloigné »). Dernier, final : *Ultimes propositions.*

ultra [yltra] **n.** et **adj.** (mot lat. « au-delà »). **1.** Celui qui professe des opinions extrêmes. **2.** Ultraroyaliste.

ultra-, préfixe, du lat. *ultra,* au-delà, indiquant un degré excessif, extrême *(ultraroyaliste, ultraléger),* ou le dépassement d'un seuil *(ultraviolet, ultrason).*

ultracourt, e [yltrakur, -kurt] **adj.** PHYS. Se dit des ondes électromagnétiques dont la longueur est de l'ordre de quelques centimètres.

ultraléger, ère [yltraleʒe, -ɛr] **adj.** Extrêmement léger : *Cigarette ultralégère.*

ultramoderne [yltramɔdɛrn] **adj.** Très moderne : *Un mobilier ultramoderne.*

ultramontain, e [yltramɔ̃tɛ̃, -ɛn] **adj.** et **n. 1.** VX. Qui est au-delà des monts, au-delà des Alpes, par rapport à la France. **2.** Qui concerne l'ultramontanisme ; qui en est partisan (par opp. à *gallican*).

ultramontanisme [yltramɔ̃tanism] **n.m.** Ensemble des doctrines défendant le pouvoir absolu du pape (par opp. à *gallicanisme*).

ultraroyaliste [yltrarwajalist] **n.** et **adj.** Sous la Restauration, partisan intransigeant de l'Ancien Régime, adversaire de la Charte constitutionnelle de 1814 (abrév. *ultra*).

ultrasensible [yltrasɑ̃sibl] **adj.** Extrêmement sensible : *Pellicule ultrasensible.*

ultrason [yltrasɔ̃] **n.m.** PHYS. Vibration de même nature que le son, mais de fréquence trop élevée (de 20 kHz à plusieurs centaines de mégahertz) pour qu'une oreille humaine puisse la percevoir. ▸ Les ultrasons ont de nombreuses applications : sonar, écholocation, échographie médicale, métallurgie.

ultrasonore [yltrasɔnɔr] et **ultrasonique** [yltrasɔnik] **adj.** Relatif aux ultrasons.

ultraviolet, ette [yltravjɔlɛ, -ɛt] **adj.** et **n.m.** PHYS. Se dit des radiations invisibles à l'œil humain placées dans le spectre au-delà du violet, et dont la longueur d'onde est plus petite que celle du violet et plus grande que celle des rayons X mous (abrév. *UV*). ▸ Ces radiations sont utilisées en thérapeutique mais ne sont pas exemptes de dangers.

ululement, hululement [ylylmɑ̃] **n.m.** et **ululation** [ylylasjɔ̃] **n.f.** Cri des oiseaux rapaces nocturnes : *Le hululement du hibou.*

ululer ou **hululer** [ylyle] **v.i.** (lat. *ululare,* hurler). Émettre un ululement, en parlant des oiseaux rapaces nocturnes.

Ulysse, héros de la mythologie grecque, qui a eu un rôle important lors de la guerre de Troie et dont Homère a retracé les vicissitudes. Roi d'Ithaque, époux de Pénélope et père de Télémaque, il est présenté dans *l'Iliade* comme un diplomate et un guerrier lucide, un homme « aux mille ruses », ce dont témoigne son invention du cheval de bois qui permit l'assaut victorieux contre Troie. Son retour dans sa patrie, au prix d'une errance de dix années et de multiples épreuves, est le sujet de *l'Odyssée.* Quand il parvint enfin à Ithaque, déguisé en mendiant et n'étant pas reconnu tout de suite, il lui fallut massacrer les prétendants, qui convoitaient son épouse et sa succession.

Umar Ier ou **Omar Ier** (La Mecque v. 581 - Médine 644), deuxième calife des musulmans (634-644). Il conquit la Syrie, la Perse, l'Égypte et la Mésopotamie.

1. un, une [œ̃, yn] **adj. num. card. inv.** (lat. *unus*). **1.** Le premier des nombres entiers, pris comme base de tout calcul : *Un mètre de haut. Les travaux ont duré une semaine.* **2.** (En fonction d'ordinal). De rang numéro un ; premier : *Chapitre un* (= premier chapitre). *Page un* (ou *une*). **3. Pas un,** aucun, nul : *Pas un étudiant n'a protesté.* / **Un(e) à un(e), un(e) par un(e),** pas plus d'un à la fois ; une personne, une chose succédant à une autre : *Veuillez entrer un par un.* ◆ **adj.** LITT. Qui ne peut être divisé : *La vérité est une.* ◆ **un n.m. inv. 1.** Chiffre 1 (désigne aussi le numéro attribué à une chose : immeuble, chambre, etc.) : *Le un est sorti au Loto.* **2.** PHILOS. **L'Un,** l'être comme principe d'unité en tant qu'il existe en soi et par soi. / **C'est tout un, ce n'est qu'un,** c'est la même chose. / **Ne faire qu'un avec,** être tout à fait semblable ou parfaitement uni à : *Il ne fait qu'un avec son épouse.* ◆ **une n.f. inv. Ne faire ni une ni deux,** ne pas hésiter (aussi à son ordre alphabétique).

2. un, une [œ̃, yn] **art. indéf.** (lat. *unus*) [pl. *des*]. Déterminant indéfini d'un groupe nominal dont il indique le genre et le nombre : *Donne-moi un livre. Ils ont eu une petite fille. Des passants s'étaient attroupés.* ◆ **pron. indéf.** (pl. *uns, unes*). **1.** (Invariable). FAM. **C'est tout l'un ou tout l'autre,** on va d'un excès à l'excès opposé, il n'y a pas de milieu : *Avec elle, c'est tout l'un ou tout l'autre.* / FAM. **L'un dans l'autre,** en moyenne, ceci compensant cela : *Cela rapporte, l'un dans l'autre, 10 % par an.* **2.** (Variable). **(L')un de,** une personne, une chose parmi d'autres : *L'un des directeurs est actuellement absent.* / **L'un... l'autre,** exprime la diversité : *Ils habitent les uns à la ville, les autres à la campagne.* / **L'un l'autre, l'un à l'autre, l'un de l'autre,** exprime la réciprocité ou la succession : *Se souviennent-ils l'un de l'autre ? Elles se sont succédé les unes aux autres. Aimez-vous les uns les autres.* / **L'un et l'autre,** tous deux : *Ils sont l'un et l'autre fautifs.* / **L'un ou l'autre,** indique un choix entre deux choses, deux personnes : *C'est l'un ou l'autre.* / **Ni l'un ni l'autre,** aucun des deux : *Je n'ai connu ni l'une ni l'autre.*

Unamuno (Miguel de), écrivain espagnol (Bilbao 1864 - Salamanque 1936). Romancier (*De mon pays,* 1903), il est surtout un essayiste s'intéressant à tous les problèmes de son temps (*le Sentiment tragique de la vie,* 1913 ; *l'Agonie du christianisme,* 1924).

unanime [ynanim] **adj.** (lat. *unanimus,* qui a les mêmes sentiments). **1.** Se dit de personnes qui sont du même avis : *Ils ont été unanimes à protester. L'assistance a été unanime.* **2.** Qui exprime un avis commun à tous : *Vote unanime* (syn. **général**).

unanimement [ynanimmɑ̃] **adv.** À l'unanimité : *Elle a été unanimement approuvée.*

unanimité [ynanimite] **n.f.** (lat. *unanimitas*). Accord complet des opinions, des suffrages : *Texte voté à l'unanimité.*

Uncle Sam (en fr. **Oncle Sam**), personnification ironique des États-Unis, dont le nom est tiré des lettres *USAm* (United States of America).

underground [œndœrgrawnd] **adj. inv.** et **n.m. inv.** (mot anglo-amér. « souterrain »). Se dit d'un spectacle, d'une œuvre littéraire, d'une revue d'avant-garde réalisés en dehors des circuits commerciaux ordinaires : *Cinéma, presse underground.*

Undset (Sigrid), femme de lettres norvégienne (Kalundborg, Danemark, 1882 - Lillehammer 1949). Sur un fond historique, elle a pris pour thème de ses romans l'éternelle confrontation de l'homme et de la femme (*Kristin Lavransdatter,* 1920-1922). Ses convictions religieuses (elle se convertit au catholicisme) s'expriment notamment dans *le Buisson ardent* (1930). [Prix Nobel 1928.]

une [yn] **n.f.** (de *1. un*). **La une,** la première page d'un journal : *Catastrophe qui fait la une des journaux* (= qui est en première page).

Unesco, acronyme de *United Nations Educational Scientific and Cultural Organization* (Organisation des Nations unies pour l'éducation, la science et la culture). Institution spécialisée de l'O.N.U. créée en 1946 dans le but notamment de contribuer au maintien de la paix et de la sécurité internationales, en resserrant, par l'éducation, la science, la culture et la communication, la collaboration entre nations afin d'assurer le respect des droits de l'homme et des libertés fondamentales. Elle administre la Convention du patrimoine mondial (adoptée en 1972) et veille à la conservation des sites naturels et des monuments d'une valeur exceptionnelle inscrits sur la liste du patrimoine mondial (936 biens au total en 2011). Son siège est à Paris.

Ungaretti (Giuseppe), poète italien (Alexandrie, Égypte, 1888 - Milan 1970). Considéré comme le chef de file de l'hermétisme, il retrouve la tradition de Pétrarque et de Leopardi, et utilise souvent le vers de onze syllabes (*Sentiment du temps,* 1933 ; *Un cri et des paysages,* 1952-1954).

Ungava, baie de la côte du Québec (Canada). Elle donne parfois son nom à la région du *Nouveau-Québec,* partie nord de la province du Québec.

unguéal, e, aux [ɔ̃geal, -o] ou [ɔ̃gɥeal, -o] **adj.** (lat. *unguis,* ongle). De l'ongle.

uni, e [uni] **adj. 1.** Sans inégalités ; sans aspérités : *Chemin uni* (syn. **lisse, plat**). **2.** D'une seule couleur : *Linge uni* (syn. **unicolore**). **3.** LITT. Sans variété ; sans diversité : *Vie unie* (syn. **monotone, uniforme**). ◆ **uni n.m.** Étoffe, papier, peinture d'une seule couleur.

uniate [ynjat] **adj.** et **n.** (russe *ounyiat,* du lat. *unio,* union). Se dit des fractions des Églises orientales qui ont rétabli l'union avec l'Église catholique romaine ; chrétien appartenant à ces Églises.

Unicef, acronyme de *United Nations International Children's Emergency Fund* (Fonds des Nations unies pour l'enfance), organisme à but humanitaire de l'O.N.U. institué en 1946, pour promouvoir une aide à l'enfance dans les pays du tiers-monde. Son siège est à New York. (Prix Nobel de la paix 1965.)

unicellulaire [yniselylɛr] **adj.** BIOL. Qui est constitué durant tout ou presque tout son cycle reproductif par une seule cellule, en parlant d'un organisme vivant (bactérie, protozoaire, diatomée, etc.).

unicité [ynisite] **n.f.** Caractère de ce qui est unique : *L'unicité d'un cas.*

unicolore [ynikɔlɔr] **adj.** Qui est d'une seule couleur : *Drapeau unicolore* (syn. **uni** ; contr. **multicolore**).

unidirectionnel, elle [ynidirɛksjɔnɛl] **adj.** Qui a une seule direction ; qui s'exerce dans une seule direction.

unième [ynjɛm] **adj. num. ord.** (de *un*). Indique, après un numéral, le rang correspondant à un nombre composé dont le chiffre des unités est un : *Le trente et unième jour.*

unièmement [ynjɛmmɑ̃] **adv.** Après un numéral, correspond à *unième* dans une énumération ponctuée par des adverbes indiquant le rang : *Vingt et unièmement.*

unificateur, trice [ynifikatœr, -tris] **adj.** et **n.** Qui unifie : *Politique unificatrice.*

unification [ynifikasjɔ̃] **n.f.** Action d'unifier ; fait d'être unifié.

unifier [ynifje] **v.t.** (bas lat. *unificare,* de *unus,* un seul) [conj. **9**]. Amener ou ramener à l'unité : *Unifier un pays. Unifier les tarifs des transports urbains* (syn. **uniformiser, standardiser**). ◆ **s'unifier v.pr.** Être amené à l'unité ; se fondre en un tout : *Les deux partis se sont unifiés.*

1. uniforme [ynifɔrm] **adj.** (lat. *uniformis*). **1.** Qui a la même forme, le même aspect : *Des maisons uniformes* (syn. **identique, pareil**). **2.** Qui ne présente aucune variété : *Vie uniforme* (syn. **monotone**). *Couleur uniforme.* **3. Mouvement uniforme,** mouvement à vitesse constante.

2. uniforme [ynifɔrm] **n.m.** (abrév. de *habit uniforme,* de *1. uniforme*). **1.** Vêtement de coupe et de couleur réglementaires porté par divers corps de l'État et diverses catégories de personnel (pilotes de ligne, portiers, etc.). **2.** Habit militaire : *Quitter l'uniforme* (= rentrer dans la vie civile).

uniformément [ynifɔrmemɑ̃] **adv.** De façon uniforme : *Ciel uniformément gris.*

uniformisation [ynifɔrmizasjɔ̃] **n.f.** Action d'uniformiser ; fait d'être uniformisé : *L'uniformisation des programmes d'enseignement.*

uniformiser [ynifɔrmize] **v.t.** Rendre uniforme : *Uniformiser la production* (syn. **standardiser** ; contr. **diversifier**).

uniformité [ynifɔrmite] **n.f.** (bas lat. *uniformitas*). État de ce qui est uniforme : *Parfaite uniformité de points de vue* (syn. **identité**). *L'uniformité d'une architecture* (syn. **monotonie**).

Unigenitus *(bulle),* constitution promulguée le 8 sept. 1713 par le pape Clément XI et condamnant cent une propositions extraites d'un ouvrage de l'oratorien Quesnel, *Réflexions morales sur le Nouveau Testament,* qui reprenait les doctrines de Jansénius. Plusieurs prélats français, dont l'archevêque de Paris, refusèrent de recevoir la bulle sous cette forme, ce qui entraîna de longues polémiques entre les deux camps janséniste et jésuite.

unijambiste [ynizɑ̃bist] **adj.** et **n.** Qui a subi l'amputation d'une jambe.

unilatéral, e, aux [ynilateral, -o] **adj. 1.** Qui ne concerne qu'un seul côté (par opp. à *bilatéral*) : *Stationnement unilatéral.* **2.** Qui est pris par une seule des parties en présence : *Décision unilatérale.* **3.** Qui ne porte que sur un côté des choses : *Jugement unilatéral* (syn. **partial**).

unilatéralement [ynilateralmɑ̃] **adv.** De façon unilatérale : *Rompre unilatéralement un traité.*

unilingue [ynilɛ̃g] **adj.** Monolingue.

uniment [ynimɑ̃] **adv.** (de *uni*). **1.** De façon égale, uniforme : *Cheval qui galope uniment.* **2.** LITT. **Tout uniment,** simplement, sans façon : *Je lui ai demandé tout uniment si elle voulait venir dîner.*

uninominal, e, aux [yninɔminal, -o] **adj. 1.** Qui ne contient qu'un nom. **2. Scrutin uninominal,** scrutin dans lequel on ne peut indiquer qu'un seul nom.

union [ynjɔ̃] **n.f.** (bas lat. *unio*). **1.** Association ou combinaison de différentes choses, de personnes : *L'union de nos efforts* (syn. **conjugaison**). *L'union de la science et du progrès social* (syn. **alliance**). **2.** MATH. Symbole, noté ∪, de la réunion de deux ensembles. **3.** Mariage ; lien conjugal : *Une union réussie.* **4.** Conformité des sentiments, des pensées : *Vivre en parfaite union avec qqn* (syn. **entente, harmonie**). **5.** Association de personnes, de sociétés ou de collectivités en vue d'un résultat commun : *Union de consommateurs* (syn. **ligue, groupement**). **6.** (Avec une majuscule). Ensemble d'États qui se groupent sous un même gouvernement ou pour défendre des intérêts communs. **7. Union libre,** concubinage. / HIST. **Union sacrée,** rassemblement de tous les Français lors de la déclaration de guerre, le 4 août 1914 (l'expression est due à R. Poincaré).

union *(Acte d')* [1800], loi établissant l'union de la Grande-Bretagne et de l'Irlande, formant désormais le Royaume-Uni de Grande-Bretagne et d'Irlande.

Union africaine (U.A.), jusqu'en 2002 **Organisation de l'unité africaine** (O.U.A.), organisation intergouvernementale, créée en 1963, destinée à renforcer l'unité, la solidarité et la stabilité des États africains indépendants.

Union européenne (U.E.), union économique et politique entre plusieurs États européens (auj. au nombre de 27), instituée par le traité de Maastricht en 1992 et entrée en vigueur le 1er nov. 1993. Elle est le point d'aboutissement actuel du processus de construction européenne engagé peu après la Seconde Guerre mondiale.

Histoire. Depuis la guerre franco-prussienne de 1870-1871 et le traumatisme des deux guerres mondiales, certains en Europe ont cherché à favoriser la paix et la cohésion par un accord concret symbolique : le traité de Paris, qui crée la C.E.C.A. (1951). Celle-ci permet la production commune (entre six pays européens) du charbon et de l'acier, deux matières premières qui avaient été au cœur des industries de guerre. Le nombre d'États membres de l'U.E. a connu une forte croissance après la chute du mur de Berlin et la fin de la guerre froide. En 2012, le prix Nobel de la paix a été attribué à l'Union européenne, pour avoir « fait passer l'Europe d'un continent en guerre à un continent en paix ».

Quelques jalons de la construction européenne.

Avril 1951. La Belgique, la France, l'Italie, le Luxembourg, les Pays-Bas et la République fédérale d'Allemagne (R.F.A.) signent le traité de Paris instituant la Communauté européenne du charbon et de l'acier (C.E.C.A.). Le traité entre en vigueur en juillet 1952, pour une période de 50 ans.

Mars 1957. Signature des traités de Rome (entrée en vigueur en janv. 1958) instituant la Communauté économique européenne (C.E.E.) et Euratom (Communauté européenne de l'énergie atomique). C'est l'*Europe des Six.*

Janvier 1962. Entrée en vigueur de la politique agricole commune (P.A.C.).

Juillet 1968. Les droits de douane sont supprimés entre les Six, un tarif douanier commun est mis en place pour les produits en provenance de pays tiers.

Janvier 1973. Entrée du Danemark, de l'Irlande et du Royaume-Uni dans la Communauté (référendum négatif en Norvège en 1972). C'est l'*Europe des Neuf.*

Juin 1979. Première élection au suffrage universel direct du Parlement européen.

Janvier 1981. Entrée de la Grèce dans la Communauté. C'est l'*Europe des Dix.*

Juin 1985. Premiers accords de Schengen* (France, R.F.A., Belgique, Pays-Bas et Luxembourg) : suppression progressive des frontières communes de ces pays et libre circulation des personnes.

Janvier 1986. Entrée de l'Espagne et du Portugal dans la Communauté. C'est l'*Europe des Douze.*

Février 1992. Signature du traité de Maastricht (entrée en vigueur en nov. 1993) instaurant l'Union européenne, laquelle repose sur trois piliers : les Communautés européennes, la politique étrangère et de sécurité commune (P.E.S.C.) et la coopération en matière de justice et d'affaires intérieures.

Janvier 1995. Entrée de l'Autriche, de la Finlande et de la Suède dans l'Union européenne (référendum toujours négatif en Norvège). C'est l'*Europe des Quinze.*

Janvier 1999. Naissance de l'euro sous une forme scripturale (sans billets de banque ni pièces de monnaie) et prise en charge de la politique monétaire commune par la Banque centrale européenne (B.C.E.). Pour la France, un euro = 6,55957 francs français.

Décembre 2001. Conseil européen de Laeken : tentative d'élaboration d'un projet de Constitution européenne.

Janvier 2002. Mise en circulation des pièces et des billets en euros.

Juillet 2002. Retrait des pièces et des billets en monnaie nationale.

Mai 2004. Élargissement de l'Union européenne à 25 États membres, avec l'adhésion de Chypre, de l'Estonie, de la Hongrie, de la Lettonie, de la Lituanie, de Malte, de la Pologne, de la République tchèque, de la Slovaquie et de la Slovénie.

Mai-juin 2005. La France et les Pays-Bas rejettent par référendum le traité constitutionnel européen signé par tous les États membres en octobre 2004.

Janvier 2007. Nouvel élargissement, avec l'entrée de la Bulgarie et de la Roumanie, portant le nombre d'États à 27. La Slovénie adopte l'euro.

Décembre 2007. Signature du traité de Lisbonne (entrée en vigueur déc. 2009) modifiant les traités de Rome (1957) et de Maastricht (1992).

Janvier 2012. Le traité d'adhésion de la Croatie à l'U.E. est approuvé par référendum. D'autres pays sont candidats ; cependant, depuis 2010, l'ampleur de l'endettement de plusieurs États membres et la crise de la zone euro déstabilisent fortement la construction européenne.

États membres : Allemagne, Belgique, France, Italie, Luxembourg, Pays-Bas (1958), Royaume-Uni, Danemark, Irlande (1973), Grèce (1981), Espagne, Portugal (1986), Autriche, Finlande, Suède (1995), Estonie, Lettonie, Lituanie, Hongrie, Pologne, Slovaquie, Slovénie, Rép. tchèque, Chypre, Malte (2004), Bulgarie et Roumanie (2007), Croatie (prévue en 2013).

Institutions et organes principaux : le Parlement européen, le Conseil de l'Union européenne, le Conseil européen, la Commission européenne, la Cour de justice de l'Union européenne, la Cour des comptes européenne, le Comité économique et social européen, le Comité des régions, la Banque centrale européenne et la Banque européenne d'investissement.

Population : 504 millions d'habitants.

Monnaie : euro*, pour 17 États membres.

Langues : 23 langues officielles (l'allemand ; l'anglais ; le bulgare ; le danois ; l'espagnol ; l'estonien ; le finnois ; le français ; le gaélique irlandais ; le grec ; le hongrois ; l'italien ; le letton ; le lituanien ; le maltais ; le néerlandais ; le polonais ; le portugais ; le roumain ; le slovaque ; le slovène ; le suédois ; le tchèque).

Symboles. Drapeau : douze étoiles d'or (chiffre symbolique) sur fond bleu, formant un cercle en signe d'unité et d'harmonie entre les pays européens ; **hymne :** thème musical de l'*Hymne à la joie* de la 9e symphonie de Beethoven ; **fête :** 9 mai ; **devise :** « Unie dans la diversité ».

Union française, nom donné, de 1946 à 1958, à l'ensemble formé par la République française et les territoires et États associés d'outre-mer.

unioniste [ynjɔnist] **n.** et **adj.** Partisan du maintien de l'union dans un État confédéré (par opp. à *séparatiste*).

Union Jack, drapeau du Royaume-Uni de Grande-Bretagne et d'Irlande du Nord, unissant la croix de Saint-Georges anglaise (rouge sur fond blanc), la croix de Saint-André écossaise (blanche sur fond bleu) et la croix de Saint-Patrick irlandaise (rouge sur fond blanc).

Union pour la Méditerranée (U.P.M.), organisation intergouvernementale, créée en 2008 dans le prolongement d'une initiative, dite processus de Barcelone, lancée en 1995, et visant à établir une coopération renforcée autour de la Méditerranée.

unique [ynik] **adj.** (lat. *unicus*, de *unus*, un). **1.** Seul en son genre : *Fils unique.* **2.** Infiniment au-dessus des autres : *Un talent unique* (syn. **incomparable, exceptionnel**). **3.** FAM. Singulier ; extravagant : *Ah ! vous êtes unique* (syn. **stupéfiant**). **4.** Qui est le même pour plusieurs choses : *C'est l'unique solution à tous ces problèmes* (syn. **seul**).

uniquement [ynikmɑ̃] **adv.** Seulement : *Penser uniquement au travail* (syn. **exclusivement**).

unir [ynir] **v.t.** (lat. *unire*, de *unus*, un) [conj. **32**]. **1.** Joindre l'un à l'autre, de manière à former un tout ou pour établir une communication : *Unir à une grande courtoisie une fermeté inébranlable* (syn. **associer, allier**). *Unir les deux rives d'un fleuve par un pont* (syn. **relier, raccorder**). **2.** Établir un lien d'amitié, d'intérêt, de parenté entre : *Un même idéal les unit* (syn. **lier, rassembler**). *Unir deux familles par un mariage* (syn. **rapprocher**). ◆ **s'unir v.pr. 1.** S'associer, faire cause commune avec : *Producteurs qui s'unissent pour défendre leurs intérêts* (syn. **s'allier**). **2.** Se lier par les liens de l'amour, du mariage : *Les époux s'unissent pour le meilleur et pour le pire* (syn. **se marier**).

unisexe [ynisɛks] **adj.** Qui convient aussi bien aux hommes qu'aux femmes : *Coiffure, mode unisexe.*

unisexué, e [ynisɛksɥe] **adj.** Se dit, par opp. à *bisexué*, d'un animal, d'un végétal, en partic. d'une fleur, qui ne possède qu'un seul sexe.

unisson [ynisɔ̃] **n.m.** (lat. *unisonus*, qui a le même son). **1.** MUS. Ensemble de voix ou d'instruments chantant ou jouant des sons de même hauteur ou à l'octave. **2. À l'unisson,** d'une manière unanime : *L'assemblée a approuvé la proposition à l'unisson.*

unitaire [ynitɛr] **adj.** (de *unité*). **1.** De l'unité : *Prix unitaire d'un article.* **2.** Qui recherche ou manifeste l'unité sur le plan politique ou syndical : *Mener une politique unitaire.* **3.** MATH. **Vecteur unitaire,** vecteur dont la norme est égale à l'unité.

unité [ynite] **n.f.** (lat. *unitas*, de *unus*, un). **1.** Caractère de ce qui est un, unique (par opp. à *pluralité*) : *Unité divine dans le monothéisme* (syn. **unicité**). **2.** Caractère de ce qui forme un tout, dont les diverses parties constituent un ensemble indivisible : *L'unité du moi.* **3.** Harmonie d'ensemble d'une œuvre artistique ou littéraire : *Ce roman manque d'unité* (syn. **cohérence, cohésion**). **4.** Accord ; harmonie : *Il n'y a pas d'unité de points de vue entre eux* (syn. **communauté**). **5.** Grandeur finie prise comme terme de comparaison avec des grandeurs de même espèce : *Unité de longueur, de poids.* ▸ Les nombres qui résultent de ces comparaisons donnent les mesures de ces grandeurs. **6.** Élément arithmétique dont la répétition engendre les nombres entiers : *Collection d'unités* (= nombre). **7.** Quantité correspondant au nombre un : *Ces assiettes ne sont pas vendues à l'unité* (syn. **pièce**). **8.** MIL. Formation constituée de façon permanente dans les armées de terre et de l'air : *Unité blindée.* **9.** MIL. Bâtiment de la marine de guerre : *Une flotte de trente unités.* **10.** Structure organisée au sein d'un ensemble plus vaste : *Unité de production, de recherche.* **11.** Groupe d'appareils, dans une usine, capable de réaliser une opération industrielle indépendamment des autres installations de cette usine : *Une unité de raffinage.* **12.** INFORM. Partie d'un ordinateur effectuant une tâche donnée : *Unité centrale* (= qui exécute le programme). *Unité périphérique* (= écran, imprimante, etc.). **13. Grandeur unité,** étalon de grandeur. / **Système d'unités,** ensemble d'unités choisies de façon à simplifier certaines formules physiques reliant plusieurs grandeurs. / **Unité astronomique,** unité de longueur valant 149 597 870 km. ▸ Symb. ua. C'est l'une des constantes utilisées en astronomie, égale à très peu près au rayon moyen de l'orbite terrestre. / **Unité de formation et de recherche,** structure de base de l'enseignement universitaire en France (abrév. *U.F.R.*). / **Unité d'enseignement,** dans une université française, enseignement semestriel correspondant à une discipline et sanctionné par un contrôle des connaissances (abrév. *U.E.*). / ÉCON. **Unité de compte,** étalon de valeur servant à établir la valeur des dettes ou des créances, en les soustrayant aux fluctuations des monnaies nationales. / **Unité urbaine** ⟶ **urbain.** / LITTÉR. **Les trois unités,** dans le théâtre classique français, règle selon laquelle la pièce entière doit se développer en une seule action principale *(unité d'action)*, dans un lieu unique *(unité de lieu)* et dans l'espace d'une journée *(unité de temps).*

United States of America ou **USA,** nom amér. des États-Unis d'Amérique.

univalent, e [ynivalɑ̃, -ɑ̃t] **adj.** CHIM. Monovalent.

univalve [ynivalv] **adj.** BIOL. Dont la coquille est formée d'une seule pièce : *Mollusque univalve.*

univers [ynivɛr] **n.m.** (lat. *universus*, propr. « tourné de manière à former un tout »). **1.** Le monde entier, l'ensemble de ce qui existe. ***Rem.*** Dans le sens astronomique, prend une majuscule. **2.** Le monde habité ; l'ensemble des hommes : *Voyager dans tout l'univers* (syn. **globe, monde**). **3.** Milieu dans lequel on vit ; champ d'activité : *Sa famille est tout son univers. Se limiter à l'univers de ses études* (syn. **sphère**). **4.** Domaine psychologique de qqn : *L'univers de son imagination.*

■ **L'architecture de l'Univers, du Système solaire aux superamas de galaxies.** Le Soleil et l'ensemble des astres qui tournent autour de lui forment le Système solaire. Celui-ci comprend notamment huit planètes principales (dont la Terre), de quelques milliers à plusieurs dizaines de milliers de kilomètres de diamètre, des planètes naines (dont Pluton, classée jusqu'en 2006 comme neuvième planète principale) et des milliers de petites planètes, ou astéroïdes, de quelques centaines de mètres à 1 000 km environ de diamètre. Les grosses planètes sont elles-mêmes entourées de satellites, qui les accompagnent dans leur ronde autour du Soleil : la Lune est l'unique satellite naturel de la Terre, mais plus d'une cinquantaine de satellites ont été identifiés autour de chacune des deux planètes géantes Jupiter et Saturne.

Par une nuit bien sombre, on peut distinguer une longue traînée blanchâtre, au contour irrégulier, qui barre tout le ciel : la Voie lactée. Au télescope, on y découvre un fourmillement d'étoiles. Cette étrange structure est la trace, dans le ciel, de la Galaxie, immense disque d'étoiles, de gaz et de poussières interstellaires à la périphérie duquel se trouve le Système solaire. Agglomération de plus de 100 milliards d'étoiles entre lesquelles s'intercalent de vastes nébuleuses de gaz et de poussières, la Galaxie constitue un gigantesque système autonome dont la cohésion est assurée par la gravitation. Cet ensemble tourne sur lui-même : en 240 millions d'années, le Soleil en fait le tour, à une vitesse voisine de 250 km/s. Depuis sa formation, le Système solaire a dû ainsi effectuer une vingtaine de révolutions autour du centre galactique.

On extrapole aujourd'hui à partir d'observations faites sur de très petites régions du ciel l'existence de plus de 100 milliards de systèmes plus ou moins analogues à notre galaxie. Ces îles de matière constituent l'unité de peuplement de l'Univers à grande échelle. Elles apparaissent souvent groupées en amas, et même en amas d'amas, ou *superamas*. Notre galaxie, par exemple, est incluse dans une concentration d'une trentaine de galaxies, le Groupe local, lui-même situé à la périphérie d'un ensemble beaucoup plus vaste, le Superamas local, qui rassemble une cinquantaine de groupes de galaxies. Du Système solaire aux superamas de galaxies, on découvre ainsi que l'Univers offre une structure hiérarchisée en systèmes de plus en plus vastes et de moins en moins denses.

L'étude des galaxies et des amas de galaxies suggère que ces systèmes ont une masse beaucoup plus importante que ce que leur contenu visible ne laisse prévoir. La nature de cette matière cachée, appelée *matière noire* ou *matière sombre*, reste à l'heure actuelle une énigme.

L'expansion de l'Univers. À l'échelle globale, les galaxies s'écartent progressivement les unes des autres. Elles sont emportées dans un mouvement général de dilatation (ou d'expansion) de l'Univers. Depuis 1998, des observations suggèrent que l'expansion de l'Univers s'accélère depuis quelques milliards d'années. Le moteur de cette accélération serait un constituant invisible, l'énergie sombre, de nature encore inconnue. ■

universalisation [yniversalizasjɔ̃] **n.f.** Action d'universaliser ; fait de s'universaliser.

universaliser [yniversalize] **v.t.** Rendre universel, commun à tous les hommes. ◆ **s'universaliser v.pr.** Devenir universel : *Mode qui s'universalise* (syn. **se généraliser**).

universalisme [yniversalism] **n.m.** Conception selon laquelle les idées et les valeurs sont indépendantes du temps et du lieu.

universalité [yniversalite] **n.f.** (bas lat. *universalitas*). **1.** Caractère de ce qui est universel : *L'universalité d'une langue.* **2.** DR. Ensemble de biens, ou de droits et d'obligations, considéré comme formant un tout : *Inventorier l'universalité de ses biens.* **3.** LITT. Caractère d'un esprit universel : *L'universalité des philosophes du* XVIIIe *s.*

universaux [yniverso] **n.m. pl.** (pl. de l'anc. adj. *universal*, universel). **1.** PHILOS. Idées ou termes généraux permettant de classer les êtres et les idées, dans la terminologie scolastique. **2.** LING. Concepts ou éléments qui sont communs, hypothétiquement, à toutes les langues naturelles existantes.

universel, elle [yniversel] **adj.** (lat. *universalis*). **1.** Qui concerne l'Univers, le cosmos : *Gravitation universelle.* **2.** Qui s'étend sur toute la surface de la terre : *Domination universelle d'une superpuissance* (syn. **mondial, planétaire**). **3.** Qui embrasse la totalité des êtres et des choses : *Cette histoire a une portée universelle.* **4.** Qui s'applique à tous les cas : *Remède universel.* **5.** Qui a des connaissances en tout : *Un homme universel* (syn. **omniscient**). **6.** Se dit d'un instrument, d'un appareil à usages multiples : *Robot universel.* **7.** DR. **Légataire universel,** personne désignée dans un testament pour recueillir la totalité d'une succession. / LOG. **Quantificateur universel** → **quantificateur.** / MÉD. **Donneur, receveur universel** → **donneur, receveur.**

universellement [yniverselmɑ̃] **adv.** De façon universelle : *Talent universellement reconnu* (syn. **mondialement**).

universitaire [yniversiter] **adj.** De l'université ; de l'enseignement supérieur : *Titre universitaire.* ◆ **n. 1.** Enseignant dans une université : *Colloque réunissant des universitaires de plusieurs disciplines.* **2.** BELG. Personne pourvue d'un diplôme de fin d'études à l'université.

université [yniversite] **n.f.** (bas lat. *universitas*, communauté, corporation). **1.** Au Moyen Âge, institution ecclésiastique jouissant de privilèges royaux et pontificaux et chargée de l'enseignement. **2.** Ensemble d'établissements scolaires relevant de l'enseignement supérieur regroupés dans une circonscription administrative : *L'université Paris-IV. L'université Lille-III.* **3.** Ensemble des bâtiments d'une université : *Bibliothèque de l'université.* **4. Université d'été,** ensemble de réunions et de conférences qu'organisent certains partis politiques pendant les vacances d'été à l'intention de leurs militants, en partic. des plus jeunes d'entre eux.

univitellin, e [ynivitelɛ̃, -in] **adj.** BIOL. Monozygote.

univocité [ynivɔsite] **n.f.** DIDACT. Caractère de ce qui est univoque.

univoque [ynivɔk] **adj.** (bas lat. *univocus*, qui n'a qu'un son). **1.** Qui conserve le même sens dans des emplois différents (par opp. à *équivoque*) : *Signe, mot, proposition univoques.* **2.** MATH. Se dit d'une correspondance entre deux ensembles qui, d'un élément du premier, conduit à un élément, et à un seul, du second.

untel, unetelle [œ̃tel, yntel] **n.** (de *un* et *tel*). Désigne anonymement un individu : *C'est untel qui l'a dit. M. Untel, M*[me] *Unetelle* (= quelqu'un, quiconque). ***Rem.*** *S'écrit souvent avec une majuscule.*

Unterwald, en all. **Unterwalden** (« Sous les forêts »), cant. de Suisse, dans la région des collines, au sud du lac des Quatre-Cantons, l'un des trois premiers de la Confédération ; 767 km^2 ; 76 609 hab. Il est divisé en deux demi-cantons : *Obwald* et *Nidwald*.

Updike (John), écrivain américain (Shillington, Pennsylvanie, 1932 - Danvers, Massachusetts, 2009). Ses romans peignent les fantasmes et les mythes de la société américaine (*Cœur de lièvre*, 1960 ; *le Centaure*, 1963 ; *les Sorcières d'Eastwick*, 1984 ; *Solo d'amour*, 2005).

upérisation [yperizasjɔ̃] **n.f.** (de *Uper*, n. de l'inventeur suisse du procédé). Procédé de stérilisation du lait qui consiste à le porter pendant quelques secondes à une très haute température (140 °C).

Upolu, île des Samoa, 98 846 hab. ; site de la capitale Apia.

uppercut [yperkyt] **n.m.** (mot angl., de *upper*, supérieur, et *cut*, coup). En boxe, coup de poing porté bras fléchi et de bas en haut : *Uppercut du droit, du gauche.*

Uppsala, v. de Suède, sur un tributaire du lac Mälaren ; 207 362 hab. Université (1477). L'une des anc. capitales de la Scandinavie. Siège de l'archevêque primat du royaume ; cathédrale gothique de la fin du XIIIe s. Château érigé par Gustave Vasa (XVIe-XVIIIe s.).

upsilon [ypsilɔn] **n.m. inv.** (mot gr.). Vingtième lettre de l'alphabet grec (Υ, υ).

Ur → **Our.**

uræus [yreys] **n.m.** (lat. mod. *uraeus*, du gr.). Cobra femelle représenté dressé, motif ornemental évoquant l'œil brûlant et protecteur de Rê, dans l'Égypte ancienne.

uranium [yranjɔm] **n.m.** (de *urane*, oxyde d'uranium, all. *Uran*, du n. de la planète *Uranus*). Métal faiblement radioactif, mélange de trois isotopes, dont l'uranium 235, fissile, et l'uranium 238, fertile. ▸ Symb. U ; densité 18,7.

Uranus, planète du Système solaire, découverte par Herschel en 1781, située au-delà de Saturne (diamètre équatorial : 51 100 km [4 fois celui de la Terre]). Elle possède une épaisse atmosphère d'hydrogène, d'hélium et de méthane, et elle est entourée de fins anneaux de matière sombre. On lui connaît 27 satellites.

urbain, e [yrbɛ̃, -ɛn] **adj.** (lat. *urbanus*, de *urbs, urbis*, ville). **1.** De la ville (par opp. à *rural*) : *Les populations urbaines* (syn. **citadin**). *Transports urbains* (= assurés par la municipalité). **2.** SOUT. Qui fait preuve d'urbanité : *Homme extrêmement urbain* (syn. **courtois, poli**). **3.** GÉOGR. **Aire urbaine,** en France, ensemble de communes contiguës, formé par des unités urbaines et des communes rurales. ▸ Elle est constituée d'une unité urbaine principale de plus de 10 000 emplois et d'autres unités urbaines dont au moins 40 % des actifs travaillent dans l'unité urbaine principale ou les communes avoisinantes. / **Art urbain,** ensemble des pratiques artistiques éphémères (affichage, inscription, etc.) ayant pour cadre l'espace public (rues, façades, tunnels, transports en commun). [On dit aussi *street art*.] / GÉOGR. **Unité urbaine,** en France, commune ou ensemble de communes qui comporte sur son territoire une zone bâtie continue d'au moins 2 000 habitants. ◆ **n.** Personne habitant une ville ; citadin.

■ L'art urbain apparaît dans les années 1960 sous plusieurs formes. En France, certains artistes (Buren, Ernest Pignon-Ernest, Gérard Zlotykamien), refusant la marchandisation de l'œuvre d'art, décident d'exposer directement dans la rue, tandis que Mai 68 fait fleurir affiches et inscriptions particulièrement inventives. Parallèlement, l'art du graffiti contestataire émerge aux États-Unis (métro de New York) – calligraphie à la bombe aérosol qui constitue, à partir

→

des années 1970, la composante plastique de la culture hip-hop et qui inspire en retour les artistes (Jean-Michel Basquiat, Keith Haring).

Le graffiti américain se diffuse en France dans les années 1980 et devient plus figuratif. Il est le fait d'autodidactes empruntant à la culture populaire (Blek le rat, Miss.Tic, Speedy Graphito, Jef Aérosol) ou d'auteurs plus proches des milieux artistiques (Jérôme Mesnager, les Frères Ripoulin et les VLP [Vive la peinture]), adeptes de l'affiche et de la peinture murale, qui sauront attirer l'attention des galeries.

Après un recul des pratiques dans les années 1990, les années 2000 marquent l'entrée dans l'ère « post-grafitti » : à côté de l'affiche (Shepard Fairey) et du pochoir (Banksy), d'autres techniques apparaissent comme la mosaïque (Invader), l'adhésif (l'Atlas), ou les nouvelles technologies (Graffiti Research Lab). L'art urbain s'appuie de plus en plus sur la publicité, la signalétique et le mobilier urbain pour en détourner les messages et les fonctions (Roadsworth, Dan Witz, Zevs, Poster Boy, Thom Thom, Brad Downey), tandis qu'Internet permet une nouvelle diffusion des œuvres.

Contestataire, ludique, conceptuel ou poétique, l'art urbain est une forme libertaire de reconquête et de réenchantement d'un espace collectif perçu comme déshumanisant ou oppressant. Mais il n'est pas sans ambiguïté : entre signes de reconnaissance pour initiés et dispositifs visuels visant l'impact sur le plus large public, entre pratiques furtives en marge de la légalité et commandes officielles forcément consensuelles, entre vandalisme sauvage et communication bien orchestrée, entre culte de la gratuité et de l'anonymat et vedettariat lucratif, les frontières ne sont pas toujours étanches. ■

Urbain II *(bienheureux)* [Odon ou Eudes **de Lagery**] (Châtillon-sur-Marne v. 1042 - Rome 1099), pape de 1088 à 1099. Ancien moine de Cluny, il poursuivit l'œuvre réformatrice de ses prédécesseurs, notamment au concile de Melfi (1089), où il condamna la simonie et l'investiture laïque, et à celui de Clermont (1095), où, en outre, il lança la première croisade. • **Urbain VI** (Bartolomeo **Prignano**) [Naples v. 1318 - Rome 1389], pape de 1378 à 1389. Élu sous la pression du peuple romain, qui voulait un pontife italien, il se rendit, par son caractère difficile et son intransigeance, insupportable à son entourage, qui lui opposa un rival, Robert de Genève (Clément VII). Ainsi éclata le Grand Schisme d'Occident.

urbanisation [yrbanizasjɔ̃] **n.f. 1.** Action d'urbaniser ; son résultat : *L'urbanisation d'une zone agricole.* **2.** Concentration croissante de la population dans des agglomérations de type urbain : *L'urbanisation a pour corollaire le dépeuplement des campagnes.* ▶ *Dossier page suivante.*

■ Localement ancienne (le mouvement d'urbanisation a débuté au Moyen-Orient au VIIIe ou au VIIe millénaire avant notre ère, avec l'apparition des premiers sites urbains, en Palestine et en Anatolie), l'urbanisation, jusqu'au XVIIIe s., reste limitée à moins de 20 % de la population totale, et généralement de 1 à 5 ou 10 %. Ce sont la révolution agricole, la révolution des transports et la révolution industrielle qui provoquent son accélération. Dès la fin du XIXe s., la Grande-Bretagne compte 80 % de citadins, situation analogue à celle de nombreux pays développés.

Cette accélération s'est traduite aussi par la multiplication des très grandes villes qui s'étalent en agglomérations de plus en plus envahissantes. Les grandes métropoles se constituent parfois en mégalopoles, comme au Japon ou en Amérique du Nord (de Boston à Washington, de Pittsburgh à Chicago, de Détroit à Québec ou de San Diego à San Francisco). Des évolutions similaires se dessinent en Europe. Mais le trait récent le plus frappant est l'urbanisation des zones rurales suffisamment peuplées : la vieille opposition des villes et des campagnes s'efface. Dans le tiers-monde, l'urbanisation a rapidement progressé depuis 1950, mais souvent les bidonvilles et autres formes d'habitat spontané se multiplient à la périphérie des villes, surtout des plus grandes. En 2012, dans le monde, une personne sur deux vit en ville. ■

urbaniser [yrbanize] **v.t.** (de *urbain*). En parlant d'un site, l'aménager en vue de développer ou de créer une agglomération urbaine : *Région peu urbanisée.*

urbanisme [yrbanism] **n.m.** (de *urbain*). Science et technique de la construction et de l'aménagement des agglomérations, villes et villages.

■ L'Antiquité, grecque ou romaine, le Moyen Âge, la Renaissance et l'âge classique ont connu l'art des villes : composition plastique en accord avec les valeurs dominantes de la société, favorisant par exemple la vie collective ou « mettant en scène » le pouvoir et ses institutions – mais aussi réglementation de l'occupation des sols, des façades, de la sécurité, de la circulation. Pourtant, c'est avec l'industrialisation du XIXe s. – et ses corollaires : urbanisation et prolétarisation d'une part importante de la population – que s'est imposée la nécessité d'une planification reposant sur une transformation des infrastructures (travaux d'Haussmann, à Paris, au XIXe s.), une analyse des fonctions urbaines (habitation, travail, circulation, loisirs...) et enfin des prévisions. Parallèlement à la recherche de l'adaptation de la ville aux conditions présentes et à venir s'est développé un courant utopique qui prolonge des théories révolutionnaires (Fourier, Owen...) par des projets urbanistiques inséparables d'une conception nouvelle de la société et de la vie sociale. Car l'urbanisme, reflet de la société, en reproduit les contradictions.

L'urbanisme rationnel. D'une part, la gestion capitaliste de la ville a rencontré la résistance de théoriciens (notamm. dans les pays germaniques et anglo-saxons : Camillo Sitte, Ebenezer Howard...) attachés à une certaine idée de la cité « humaine » et à certains mythes de la nature (thème de la « cité-jardin »). D'autre part, sur la base de l'apologie du modernisme et d'une critique de l'irrationalité de l'urbanisme officiel, un courant a développé les principes d'un urbanisme scientifique. Celui-ci devient lui-même, au terme d'une longue lutte pour se faire admettre, officiel. Après les travaux précurseurs de l'architecte lyonnais Tony Garnier, Le Corbusier en est le principal promoteur en tant qu'animateur des « Congrès internationaux d'architecture moderne » – qui ont élaboré en 1933 la *Charte d'Athènes* – et auteur de projets comme le plan « pour une ville de 3 millions d'habitants » (1922) ou le « plan Voisin » pour Paris (1925). Cet urbanisme, dit à l'époque *progressiste* – parce qu'il a joué un rôle d'avant-garde avec ses thèses de la libération de l'homme par une technique dominée et mise à son service –, a produit le système autoritaire qui régit les ensembles contemporains et les « villes nouvelles » : il apparaît finalement comme une rationalisation de la décomposition de la ville (hiérarchisation des circulations, séparation des fonctions...), qui correspond à celle des rapports sociaux (« maladie de l'isolement »...).

Retour à la tradition. Cette rationalité pervertie, adoptée par les systèmes tant capitaliste que socialiste, a donné lieu aux analyses critiques de Lewis Mumford, Henri Lefebvre, Françoise Choay, entre autres. Elle fait place, à la fin du XXe s., à des efforts pour retrouver les racines de la ville traditionnelle, tout en tenant compte de l'avènement de l'ère post-urbaine. Si les opérations de grande envergure restent aujourd'hui d'actualité, le terme d'urbanisme fait de plus en plus place à celui d'*aménagement* pour désigner des interventions à l'échelle des parcelles et des îlots. Inspirée de la pratique anglo-saxone de l'*urban design*, la démarche est plus modeste et plus prudente à l'égard des théories unifiées de la ville, mais aussi plus attentive à chaque lieu et à chaque population. Les nouveaux éclairages apportés par les sciences sociales et l'écologie s'avèrent alors essentiels pour tenter une réconciliation des hommes et de leur cadre de vie. ■

1. urbaniste [yrbanist] **n.** Spécialiste de la conception, de l'établissement et de l'application des plans d'urbanisme et d'aménagement des territoires.

2. urbaniste [yrbanist] et **urbanistique** [yrbanistik] **adj.** Relatif à l'urbanisme : *Conceptions urbanistes.*

Développement économique et croissance urbaine

Depuis l'an 2000, la population urbaine mondiale a dépassé la population rurale. L'urbanisation, phénomène de concentration démographique dans les villes, est un processus qui se généralise. Quel lien existe-t-il à travers le monde entre urbanisation et développement ?

▶**Les frontières floues de l'agglomération.** La ville se définit couramment comme un espace de plus de deux mille habitants exerçant dans une très large proportion une activité non agricole. Vers 1950, moins du tiers de l'humanité vivait en ville. Aucune agglomération n'excédait 10 millions d'habitants, hormis New York. Aujourd'hui, plus d'une vingtaine d'agglomérations dépassent ce nombre. Néanmoins, les données sont contestables en raison de la délimitation difficile des agglomérations. En effet, les frontières réelles d'une agglomération ne correspondent pas toujours à ses limites administratives, d'autant plus que les agglomérations dévorent l'espace rural ou les terres en friche le long des grandes voies de communication. Dans de nombreux pays, en proliférant, de grandes agglomérations se sont en partie rejointes, formant des ensembles qui ne sont pas encore tout à fait urbanisés. Ainsi, le nombre d'habitants de Tokyo peut varier dans des proportions considérables (de 16 à 37 millions) selon le critère de délimitation retenu. Certains géographes vont même jusqu'à englober Tokyo dans une métropole géante de 100 millions d'habitants formée par toutes les grandes villes japonaises en expansion.

▶**Le modèle des pays riches.** Malgré certaines différences historiques et culturelles, l'urbanisation dans l'ensemble des pays développés présente des caractères communs : elle concerne plus de 75 % de la population, et ce processus a été déclenché au moment de la révolution industrielle. Le décollage économique a en effet exigé une main-d'œuvre nouvelle d'origine rurale. La croissance de la population urbaine s'est ensuite ralentie, l'accroissement naturel de la population ayant baissé. Aujourd'hui, néanmoins, de grandes agglomérations attractives conservent un rythme annuel de croissance supérieur à 1 %. Ces villes sont assimilées à des lieux privilégiés de l'ascension sociale, de la vie culturelle, de la liberté individuelle et de la modernité. Les pouvoirs politiques les aménagent en rénovant de vieux quartiers, en construisant de nouvelles infrastructures, en délimitant les zones constructibles et en encadrant de nouveaux projets. Mais, morcelé en différentes zones bien délimitées, l'espace urbain est parfois très contrasté et marqué par une forme de ségrégation sociale : d'un côté les centres d'affaires, les quartiers résidentiels bourgeois ou habités par les « classes moyennes », de l'autre des zones de pauvreté qui sont parfois de véritables ghettos sociaux et ethniques.

▶**La crise urbaine des pays pauvres.** Les différences sociales entre zones urbaines sont encore bien plus nettes dans les villes des pays pauvres où seuls quelques quartiers sont correctement aménagés. La majorité de la population urbaine mondiale vit dans des agglomérations de pays en développement où de nombreuses métropoles ont dépassé les 10 millions d'habitants et forment de véritables mégalopoles. La croissance urbaine annuelle y est supérieure à 3 %. Excepté le cas des villes chinoises, où l'État encadre en partie l'expansion urbaine de manière autoritaire, l'urbanisation s'y développe de façon anarchique. Les quartiers pauvres (souvent des bidonvilles) manquent des équipements élémentaires : eau potable, électricité, voirie en état, assainissement... Ces villes sont particulièrement confrontées à la pollution, à la violence et à la délinquance. Les « enfants des rues » y sont nombreux à vivre de la mendicité, du vol ou de la prostitution. Pourtant, pour beaucoup de ces populations, la ville demeure un bassin d'emplois attractif et l'espoir d'une vie meilleure.

L'urbanisation a été généralement le cas des sociétés en mouvement et des économies en mutation. Dans leurs expansions, les villes sont souvent le miroir des inégalités sociales et des problèmes que connaissent les sociétés. Leur développement génère un tissu urbain où se côtoient quartiers modernes et espaces de grande pauvreté et d'exclusion.

Voir aussi : agglomération ; banlieue ; démographie ; environnement ; ghetto ; mégalopole.

urbanité [yrbanite] **n.f.** (lat. *urbanitas*). *LITT.* Politesse raffinée : *Cet homme est d'une urbanité exquise* (syn. **civilité, courtoisie**).

urbi et orbi [yrbiɛtɔrbi] **loc. adv.** (mots lat. « à la ville [Rome] et à l'univers »). **1.** Se dit des bénédictions solennelles adressées par le souverain pontife à Rome et au monde entier. **2.** *SOUT.* **Clamer urbi et orbi,** clamer partout, à tout le monde.

Urbino, v. d'Italie, dans les Marches ; 15 534 hab. Archevêché. Palais ducal du XVe s., chef-d'œuvre de la Renaissance, qui abrite la Galerie nationale des Marches (peintures de Piero della Francesca, etc. ; « studiolo » du duc Federico da Montefeltro ; majoliques d'Urbino).

urdu n.m. → **ourdou.**

urée [yre] **n.f.** (de *urine*). **1.** Déchet des matières azotées de l'organisme, fabriqué à partir d'acides aminés et de sels ammoniacaux, et que le rein extrait du sang et concentre dans l'urine. ▸ Formule $H_2N{-}CO{-}NH_2$. Le sang humain contient environ 0,30 g d'urée par litre, l'urine 20 g/l, la sueur 1 g/l. **2.** AGRIC. Engrais azoté d'origine industrielle.

urémie [yremi] **n.f.** (de *urée* et *-émie*). **1.** MÉD. Augmentation pathologique du taux d'urée dans le sang. **2.** Ensemble des manifestations liées à une insuffisance rénale sévère.

uretère [yrtɛr] **n.m.** (gr. *ourêtêr*). Chacun des deux canaux qui conduisent l'urine du rein à la vessie.

urétral, e, aux [yretral, -o] **adj.** Relatif à l'urètre : *Rétrécissement urétral.*

urètre [yrɛtr] **n.m.** (lat. scientif. *urethra*, gr. *ourêthra*, de *oûron*, uriner). Canal allant de la vessie au méat urinaire, servant à l'écoulement de l'urine et, chez l'homme, au passage du sperme.

Urey (Harold Clayton), chimiste américain (Walkerton, Indiana, 1893 - La Jolla, Californie, 1981). Il a découvert en 1931 l'eau lourde et le deutérium, puis a étudié l'enrichissement de l'uranium en isotope 235 par diffusion gazeuse de son fluorure. (Prix Nobel 1934.)

Urfé (Honoré d'), écrivain français (Marseille 1567 - Villefranche-sur-Mer 1625). Il doit sa célébrité à un roman mêlé de prose et de vers, *l'Astrée* (1607-1628), qui retrace les amours contrariées puis triomphantes du berger Céladon et de la bergère Astrée. Une des sources majeures de la préciosité, ce roman exerça une grande influence sur le goût et la sentimentalité de la société cultivée de la première moitié du XVIIe s.

urgence [yrʒɑ̃s] **n.f. 1.** Caractère de ce qui est urgent : *L'urgence d'une décision.* **2.** Nécessité d'agir vite : *Prendre des mesures d'urgence.* **3.** Situation nécessitant une intervention médicale ou chirurgicale rapide ; cas urgent : *L'interne de garde a été appelé pour une urgence.* **4. D'urgence, de toute urgence,** immédiatement, sans délai : *Prévenez-la de toute urgence.* / **État d'urgence,** régime exceptionnel qui, en cas de troubles graves ou de calamité publique, renforce les pouvoirs de police des autorités civiles. / **Service des urgences,** service d'un hôpital où sont dirigés les blessés et les malades dont l'état nécessite un traitement immédiat (on dit aussi *les urgences*).

urgent, e [yrʒɑ̃, -ɑ̃t] **adj.** (lat. *urgens, -entis*, de *urgere*, presser). Qui ne peut être différé ; qui doit être fait, décidé, etc., sans délai : *Un besoin urgent* (syn. **impératif, pressant**). *Une affaire urgente* (syn. **pressé**).

urgentiste [yrʒɑ̃tist] **n.** et **adj.** Médecin spécialiste des urgences.

urger [yrʒe] **v. impers.** [conj. **17**]. *FAM.* **Ça urge,** c'est urgent, pressé.

Uri, canton suisse, drainé par la Reuss ; 1 077 km^2 ; 35 422 hab. Ch.-l. *Altdorf.* C'est l'un des trois cantons primitifs de la Confédération.

urinaire [yrinɛr] **adj. 1.** Relatif à l'urine, aux organes qui la produisent, l'éliminent : *Infection urinaire. Voies urinaires.* **2. Appareil urinaire,** les reins et les voies urinaires (uretères, vessie, urètre).

■ L'appareil urinaire sert à épurer le sang des déchets du métabolisme ou de substances toxiques (vitamines en excès, médicaments, etc) ; il participe également au maintien de la constance du milieu intérieur en régulant les quantités d'eau et de sels minéraux à éliminer. C'est la fabrication de l'urine par les reins qui assure ces deux fonctions. Les deux reins sont situés dans l'abdomen, de part et d'autre de la colonne vertébrale. Ils forment l'urine en filtrant le sang (en éliminant les substances toxiques ou inutiles et en conservant les autres). L'urine s'écoule par les uretères jusqu'à la vessie, qui stocke l'urine. Au cours de la miction, l'urine est évacuée vers l'extérieur par l'urètre. Le volume d'urine excrété est normalement compris entre 0,5 et 2 litres par 24 heures, mais il varie en fonction de l'âge, des quantités de liquides absorbées, de l'activité physique, etc.

Maladies de l'appareil urinaire. Les *lithiases* (présence de *calculs*) affectent les reins, les uretères (ils provoquent alors des *coliques néphrétiques*) ou la vessie. Le système urinaire peut être aussi le siège d'infections des reins ou de la vessie *(cystite)*, de tumeurs, bénignes ou malignes, ou de malformations. Chez l'homme, les maladies de la prostate provoquent souvent des troubles de l'appareil urinaire. ■

urinal [yrinal] **n.m.** [pl. *urinaux*]. Vase à col incliné, permettant de faire uriner les hommes alités.

urine [yrin] **n.f.** (du lat. pop. **aurina*, croisement du class. *urina*, urine, et *aurum*, or). Liquide extrait du sang par les reins et collecté dans la vessie avant son évacuation au-dehors par la miction.

uriner [yrine] **v.i.** Évacuer son urine. ◆ **v.t.** Évacuer dans son urine : *Uriner du sang.*

urinoir [yrinwar] **n.m.** Édicule ou installation sanitaire aménagés pour permettre aux hommes d'uriner.

urique [yrik] **adj.** (de *urée*). **Acide urique,** acide organique azoté, présent à faible dose dans le sang, à dose moins faible dans l'urine (0,5 g/l).

urne [yrn] **n.f.** (lat. *urna*, vase). **1.** Vase servant à conserver les cendres des morts. **2.** Vase d'inspiration antique à flancs arrondis. **3.** Boîte servant à recueillir les bulletins de vote : *Mettre son bulletin dans l'urne.* **4.** BOT. Sporange des mousses, recouvert d'un opercule et d'une coiffe. **5. Aller aux urnes,** voter.

urodèle [yrɔdɛl] **n.m.** (du gr. *oura*, queue, et *dêlos*, évident). **Urodèles,** ordre d'amphibiens conservant leur queue, parfois leurs branchies, à la métamorphose, tels que le triton, la salamandre.

uro-génital, e, aux [yroʒenital, -o] **adj.** Relatif aux appareils urinaire et reproductaire (on dit aussi *génito-urinaire*).

urographie [yrɔgrafi] **n.f.** Exploration radiographique des voies urinaires après injection intraveineuse d'une substance opaque aux rayons X.

urologie [yrɔlɔʒi] **n.f.** Étude des maladies des voies urinaires des deux sexes, et de l'appareil uro-génital mâle. ◆ **urologue** **n.** Nom du spécialiste.

U.R.S.S. (Union des républiques socialistes soviétiques), en russe **SSSR** *(Soïouz Sovietskikh Sotsialistitcheskikh Respoublik)*, ancien État d'Europe et d'Asie (1922-1991). Elle était constituée, après la Seconde Guerre mondiale, de quinze républiques : Arménie, Azerbaïdjan, Biélorussie, Estonie, Géorgie, Kazakhstan, Kirghizistan, Lituanie, Lettonie, Moldavie, Ouzbékistan, Russie, Tadjikistan, Turkménistan, Ukraine. CAP. *Moscou.*

HISTOIRE

Les débuts du régime soviétique

1917. Au lendemain de la révolution d'Octobre est formé le Conseil des commissaires du peuple, composé uniquement de bolcheviks et présidé par Lénine.
1918. La République socialiste fédérative soviétique de Russie est proclamée. L'Allemagne lui impose le traité de Brest-Litovsk. La guerre civile oppose l'Armée rouge et les armées blanches. Le « communisme de guerre » est instauré et les nationalisations généralisées.
1919. L'Internationale communiste est fondée à Moscou.
1920. La Russie soviétique reconnaît l'indépendance des États baltes. La dernière armée blanche évacue la Crimée.
1921. L'Armée rouge occupe l'Arménie et la Géorgie ; la paix est signée avec la Pologne. La nouvelle politique économique (N.E.P.) est adoptée.
1922. Staline devient secrétaire général du parti communiste. L'U.R.S.S. est créée.
1924. Lénine meurt.
1925-1927. Staline élimine de la direction du parti Zinoviev, Kamenev et Trotski.

La période stalinienne

1929. La N.E.P. est abandonnée. Le premier plan quinquennal donne la priorité à l'industrie lourde et la collectivisation massive des terres est entreprise.
1930. Les koulaks sont liquidés.
1934. L'U.R.S.S. est admise à la S.D.N.
1936. La Constitution précise l'organisation de l'U.R.S.S. en 11 républiques fédérées.
1936-1938. La police politique envoie dans les camps du goulag de nombreux déportés et fait disparaître la vieille garde du parti.
1939. Le pacte germano-soviétique est conclu.
1939-1940. L'U.R.S.S. annexe la Pologne orientale, les États baltes, la Carélie, la Bessarabie et la Bucovine du Nord.
1941. Elle est attaquée par l'Allemagne.
1943. Elle remporte la bataille de Stalingrad.
1944-1945. Les forces soviétiques progressent en Europe orientale et, conformément aux accords de Yalta (févr. 1945), occupent la partie orientale de l'Allemagne. L'U.R.S.S. a perdu vingt millions d'hommes pendant la guerre. Elle en sort cependant agrandie et elle contrôle des régimes calqués sur le sien, instaurés dans l'ensemble de l'Europe de l'Est de 1947 à 1949. La guerre froide se développe.
1950. Un traité d'amitié est signé avec la Chine populaire.
1953. Staline meurt.

Les limites de la déstalinisation et de la détente

1953. Khrouchtchev est élu premier secrétaire du parti.
1955. L'U.R.S.S. signe avec sept démocraties populaires le pacte de Varsovie.
1956. Le XXe Congrès dénonce certains aspects du stalinisme. L'armée soviétique écrase la tentative de libéralisation de la Hongrie.
1957. Le premier satellite artificiel (Spoutnik I) est lancé.
1962. L'installation à Cuba de missiles soviétiques provoque une grave crise avec les États-Unis.
1964. Khrouchtchev est destitué ; Brejnev le remplace à la tête du parti.
1968. L'U.R.S.S. intervient militairement en Tchécoslovaquie.
1969. La tension avec la Chine s'accroît.
1972-1979. L'U.R.S.S. signe les accords SALT I et SALT II qui tentent de limiter la course aux armements nucléaires.
1979. Les troupes soviétiques occupent l'Afghanistan.
1982. À la mort de Brejnev, Andropov devient secrétaire général du parti.
1984. Tchernenko lui succède.

La perestroïka. À partir de 1985, Gorbatchev assume la direction du parti et entreprend le renouvellement de ses cadres. Il met en œuvre la restructuration *(perestroïka),* promouvant des réformes en vue d'une plus grande efficacité économique et d'une démocratisation des institutions *(glasnost)* et relance la déstalinisation. Il renoue le dialogue avec les États-Unis, avec lesquels il signe (1987) un accord sur l'élimination des missiles de moyenne portée en Europe.
1989. L'U.R.S.S. achève le retrait de ses troupes d'Afghanistan. Les premières élections à candidatures multiples ont lieu. Les revendications nationales se développent notamment dans les pays Baltes et au Caucase. Les tensions entre les nationalités s'aggravent et s'exacerbent en Arménie et en Azerbaïdjan. Par ailleurs, l'U.R.S.S. ne s'oppose pas à l'évolution démocratique de l'Europe de l'Est.
1990. Le rôle dirigeant du parti est aboli et Gorbatchev est élu à la présidence de la Fédération. L'U.R.S.S. accepte l'unification de l'Allemagne.

La dissolution de l'Union soviétique. La désorganisation économique et les tensions entre le gouvernement central et les républiques fédérées menacent la survie de la Fédération.
1991. La tentative de coup d'État (août) contre Gorbatchev échoue grâce à la résistance de B. Eltsine, président du Soviet suprême de Russie et chef de l'opposition démocratique. Les pays Baltes accèdent à l'indépendance. L'U.R.S.S. est dissoute en déc. ; Gorbatchev démissionne. La Russie, l'Ukraine, la Biélorussie, la Moldavie, les républiques d'Asie centrale et celles du Caucase proclament, à leur tour, leur indépendance. Elles créent la Communauté d'États indépendants (C.E.I.).

urticaire [yrtikɛr] **n.f.** (du lat. *urtica,* ortie). Éruption cutanée passagère, ressemblant à des piqûres d'ortie, souvent due à une réaction allergique.

■ Les causes d'urticaire sont très nombreuses : agressions physiques (pression, froid, chaud, soleil, eau), allergies médicamenteuses (aspirine, pénicilline) ou alimentaires (fraises, crustacés), infections (hépatite virale), contact avec des substances toxiques (méduse, chenille), perturbations psychosomatiques.
Les signes et le traitement. L'urticaire se manifeste par des taches rouges ou rosées, légèrement en relief, accompagnées de démangeaisons. Elles peuvent se rassembler en plaques et durer de quelques heures à quelques jours. Des poussées se répétant pendant des semaines définissent l'*urticaire chronique.* Le traitement est basé sur la suppression de la cause, quand on la connaît, et sur les médicaments antihistaminiques (antiallergiques). ■

urticant, e [yrtikɑ̃, -ɑ̃t] **adj.** Se dit des animaux ou des végétaux dont le contact produit une réaction analogue à celle de la piqûre d'ortie.

urtication [yrtikasjɔ̃] **n.f.** MÉD. Réaction inflammatoire de la peau, accompagnée d'une sensation de brûlure.

urubu [yryby] **n.m.** (mot tupi). Petit vautour de l'Amérique tropicale, au plumage noir : *L'urubu dévore charognes et ordures.*

Uruguay, fl. de l'Amérique du Sud, séparant le Brésil et l'Uruguay de l'Argentine et formant, avec le Paraná, le Río de la Plata ; 1 580 km (bassin de 350 000 km^2).

Uruguay, État de l'Amérique du Sud, entre le Brésil, l'Atlantique et l'Argentine ; 177 500 km^2 ; 3 407 000 hab. *(Uruguayens).* CAP. *Montevideo.* LANGUE : *espagnol.* MONNAIE : *peso uruguayen.*

GÉOGRAPHIE

Plaines et collines constituent l'essentiel des paysages du pays, largement ouvert sur l'Atlantique. Le climat est tempéré et les pluies plus abondantes au nord (1 300 mm) qu'au sud (900 mm). La population, vieillie, est urbaine à 92 %. Montevideo, à elle seule, regroupe plus de 50 % des Urugayens et concentre la majorité des industries. Celles-ci dépendent largement du secteur agricole, fondamental dans l'économie et dominé par les grandes propriétés d'élevage bovin et ovin. Néanmoins se développent les cultures des agrumes et de la canne à sucre, la riziculture et le maraîchage. Le pays a mis en valeur son potentiel hydraulique, qui fournit les deux tiers de la production d'électricité. Le chômage et l'inflation persistent, tandis que les importations de pétrole et la dette extérieure pèsent sur l'équilibre économique. Les principaux partenaires commerciaux sont le Brésil et l'Argentine.

HISTOIRE

XVIe s. La côte est explorée par les Espagnols.
V. 1726. Ils fondent la forteresse de Montevideo.
La région se peuple de *gauchos,* qui pratiquent l'élevage.

1821. Après l'échec du soulèvement du gaucho Artigas, le pays est annexé par le Brésil.
1828. Il accède à l'indépendance.
1839-1851. Une guerre civile oppose les libéraux *(colorados)* aux conservateurs *(blancos),* soutenus par l'Argentine.
1865. Les libéraux s'imposent à la tête du pays avec l'aide du Brésil et de l'Argentine. Les institutions de l'Uruguay se démocratisent dans les premières décennies du XXe s.
1933-1942. Frappé par la crise économique, le pays connaît la dictature du président Terra.
Après un retour au pouvoir des libéraux, l'Uruguay est confronté dans les années 1960 à une dégradation de la situation économique et sociale qui favorise l'essor d'une guérilla urbaine, dirigée par les Tupamaros.
1976. Les militaires s'emparent du pouvoir.
1984. Le pouvoir civil est rétabli. Le libéral Julio Sanguinetti est élu à la présidence de la République (il entre en fonctions en 1985).
1990. Le conservateur Luis Lacalle lui succède.
1995. J. Sanguinetti revient à la tête de l'État.
2000. Le libéral Jorge Battle devient président.
2005. Rompant avec l'alternance historique des libéraux *(colorados)* et des conservateurs *(blancos),* l'Uruguay se dote pour la première fois d'un président de la République de gauche, le socialiste Tabaré Vásquez.
2010. José Mujica (un ancien chef des Tupamaros), à la tête de la coalition de gauche sortante, accède à la tête de l'État.

Urundi → Burundi.

us [ys] **n.m. pl.** (lat. *usus,* usage, de *uti,* se servir de). **Les us et coutumes,** les usages, les traditions d'un pays, d'un peuple, d'un milieu.

USA, sigle amér. de *United States of America* (États-Unis d'Amérique).

usage [yzaʒ] **n.m.** (de *us*). **1.** Action, fait de se servir de qqch : *L'usage des stupéfiants est prohibé* (syn. **utilisation, emploi**). *Perdre l'usage de la parole* (syn. **faculté**). **2.** Fonction, destination de qqch, emploi que l'on peut en faire : *Un couteau à plusieurs usages. Locaux à usage commercial.* **3.** Pratique habituellement observée dans un groupe, une société : *Aller contre l'usage établi* (syn. **coutume**). **4.** Ensemble des règles et des interdits qui caractérisent la langue utilisée par le plus grand nombre à un moment donné et dans un milieu social donné : *Usage populaire, littéraire.* **5. À l'usage,** par l'expérience que l'on a de l'emploi de qqch : *Cet appareil s'est révélé peu efficace à l'usage.* / **À l'usage de,** destiné à servir à : *Informations à l'usage des abonnés.* / **Faire de l'usage,** durer longtemps, être solide : *Ces chaussures vous feront de l'usage.* / **Faire usage de,** employer, utiliser : *Faire bon, mauvais usage de son argent.* / **Orthographe d'usage,** orthographe des mots eux-mêmes, indépendamment des règles d'accord et de la fonction. / **Valeur d'usage,** propriété, pour les biens et les services, de satisfaire les besoins (par opp. à *valeur d'échange*). / DR. **Droit d'usage,** droit qui permet à son titulaire de se servir d'une chose appartenant à autrui. / DR. **Usage de faux,** infraction constituée par l'utilisation, avec intention de nuire, d'une pièce fausse ou falsifiée.

usagé, e [yzaʒe] **adj.** (de *usage*). Qui a déjà servi et a perdu l'aspect du neuf : *Des chaussures usagées* (syn. **usé, vieux**).

usager, ère [yzaʒe, -ɛr] **n.** (de *usage*). **1.** Personne qui utilise un service public : *Les usagers du métro* (syn. **utilisateur**). **2.** Personne utilisant une langue : *Les usagers du français* (syn. **locuteur**). **3.** DR. Titulaire d'un droit d'usage.

usant, e [yzɑ̃, -ɑ̃t] **adj.** Qui use la santé, les forces : *Travail usant* (syn. **exténuant**). *Cet enfant est usant* (syn. **tuant**).

USB [yɛsbe] **n.m.** (sigle de l'angl. *universal serial bus,* bus de série universel). INFORM. Bus rapide qui permet de contacter de nombreux périphériques à un micro-ordinateur : *Une clé USB.*

usé, e [yze] **adj. 1.** Qui a subi une certaine détérioration due à l'usure, à un usage prolongé : *Vêtement usé* (syn. **usagé**). **2.** Affaibli par l'âge, les fatigues, les excès, etc. : *Un homme usé.* **3.** Qui est devenu banal, commun pour avoir été trop employé ou répété : *Plaisanterie usée* (syn. **éculé**). *Un sujet usé* (syn. **rebattu**). **4. Eaux usées → eau.**

user [yze] **v.t. ind. [de]** (lat. pop. **usare,* du class. *usus,* p. passé de *uti,* se servir de). LITT. Faire usage de qqch : *User de somnifères* (syn. **prendre**). *User d'un passe-partout pour ouvrir la porte* (syn. **utiliser**). *User de son charme* (syn. **se servir de, employer**). ◆ **v.t. 1.** Détériorer par l'usage : *User ses vêtements.* **2.** Dépenser une matière, un produit en l'utilisant : *Voiture qui use peu d'essence* (syn. **consommer**). **3.** Affaiblir ; épuiser : *User sa santé.* ◆ **s'user v.pr. 1.** Se détériorer par l'usage, par l'effet du temps : *Ces chaussures se sont usées très vite* (syn. **s'abîmer**). **2.** Perdre ses forces : *S'user au travail* (syn. **s'épuiser**).

Ushuaia, v. d'Argentine, ch.-l. de la prov. de la Terre de Feu ; 56 956 hab. Tourisme. C'est l'agglomération la plus méridionale du monde.

usinage [yzinaʒ] **n.m.** Action d'usiner.

usine [yzin] **n.f.** (mot des parlers du Nord, altér., d'apr. *cuisine,* d'un anc. picard *ouchine,* lat. *officina,* atelier). Établissement industriel où, à l'aide de machines, on transforme des matières premières ou semi-ouvrées en produits finis : *Usine de produits chimiques, de chaussures.*

usiner [yzine] **v.t. 1.** Soumettre une pièce brute ou dégrossie à l'action d'une machine-outil. **2.** Fabriquer dans une usine : *Usiner des emballages métalliques.*

usité, e [yzite] **adj.** (lat. *usitatus,* de *usus ;* v. *us*). Se dit d'une forme de la langue qui est en usage : *Mot très usité* (syn. **courant, usuel**).

usnée [ysne] **n.f.** (d'un mot ar. « mousse »). Lichen filamenteux gris poussant sur les vieux arbres.

ustensile [ystɑ̃sil] **n.m.** (lat. *utensilia,* objets usuels, de *uti,* utiliser). Objet servant aux usages de la vie courante, en partic. à la cuisine.

usuel, elle [yzɥɛl] **adj.** (bas lat. *usualis,* du class. *usus,* usage). **1.** Dont on se sert fréquemment : *Mots usuels* (syn. **usité, courant**). **2.** BIOL. **Nom usuel,** nom vernaculaire d'une espèce animale ou végétale (par opp. à *nom scientifique*). ◆ **usuel n.m.** Ouvrage d'un usage courant qui, dans les bibliothèques, est à la libre disposition du public pour consultation (dictionnaire, encyclopédie, guide bibliographique, etc.) : *Consulter un usuel.*

usuellement [yzɥɛlmɑ̃] **adv.** De façon usuelle : *Une abréviation usuellement employée* (syn. **couramment**).

usufruit [yzyfrɥi] **n.m.** (du lat. *usus fructus,* droit d'usage et jouissance d'un bien). DR. Droit d'utiliser et de jouir des fruits d'un bien dont la nue-propriété appartient à un autre : *Avoir l'usufruit d'une maison.*

usufruitier, ère [yzyfrɥitje, -ɛr] **adj.** Relatif à l'usufruit : *Jouissance usufruitière.* ◆ **n.** Personne qui a l'usufruit d'un bien.

usuraire [yzyrɛr] **adj.** (lat. *usurarius*). Entaché d'usure : *Taux, bénéfices usuraires.*

1. usure [yzyr] **n.f.** (lat. *usura,* intérêt de l'argent, de *usus,* usage). **1.** Intérêt perçu au-delà du taux licite. **2.** Délit commis par celui qui prête de l'argent à un taux d'intérêt excessif.

2. usure [yzyr] **n.f.** (de *user*). **1.** Détérioration que produit l'usage, le frottement, etc. : *L'usure des chaussures. L'usure des roches* (syn. **érosion**). **2.** Affaiblissement, amoindrissement des forces, de la santé : *Usure nerveuse.* **3.** FAM. **Avoir qqn à l'usure,** persévérer jusqu'à ce qu'il cède. / **Guerre d'usure,** conflit dans lequel on cherche à épuiser les forces de l'adversaire.

usurier, ère [yzyrje, -ɛr] **n.** (de *1. usure*). Personne qui prête à usure.

usurpateur, trice [yzyrpatœr, -tris] **n.** (bas lat. *usurpator*). Personne qui s'empare, par des moyens illégitimes, d'une souveraineté, d'un pouvoir, d'un bien, etc. ◆ **adj.** Qui usurpe : *Pouvoir usurpateur.*

usurpation [yzyrpasjɔ̃] **n.f.** (lat. juridique *usurpatio*). **1.** Action d'usurper ; fait d'être usurpé : *L'usurpation du trône.* **2.** DR. Fait d'exercer des fonctions, de porter des décorations, des titres honorifiques ou professionnels auxquels on n'a pas droit : *L'usurpation d'un titre nobiliaire.*

usurpatoire [yzyrpatwar] **adj.** Qui a le caractère d'une usurpation : *Mesures usurpatoires* (syn. **abusif, illégal**).

usurper [yzyrpe] **v.t.** (lat. *usurpare*, de *usus*, usage, et *rapere*, ravir). S'approprier indûment, par violence ou par ruse, un droit, un pouvoir, un bien qui appartient à autrui : *Usurper le titre d'ingénieur* (syn. **s'attribuer, s'arroger**).

ut [yt] **n.m. inv.** (de *Ut [queant laxis]*, premiers vers de l'hymne latin de saint Jean-Baptiste). **1.** MUS. Autre nom du *do*. **2. Clef d'ut,** clef indiquant l'emplacement de cette note sur la portée.

Utah, un des États unis d'Amérique, dans les montagnes Rocheuses ; 220 000 km^2 ; 2 900 872 hab. CAP. *Salt Lake City.* L'Utah est peuplé en majeure partie par les mormons, qui l'ont colonisé à partir de 1847.

Utamaro Kitagawa, graveur et peintre japonais (1753 - Edo 1806), l'un des grands maîtres de l'estampe japonaise, célèbre pour la sensualité et l'élégance de ses représentations féminines.

utérin, e [yterɛ̃, -in] **adj.** (bas lat. juridique *uterinus*). Relatif à l'utérus : *Douleurs utérines.* ◆ **adj.** et **n.** Se dit des frères et sœurs nés de la même mère, mais non du même père (par opp. à *consanguin*).

utérus [yterys] **n.m.** (lat. *uterus*). Organe de l'appareil génital de la femme et des mammifères femelles, compris entre les trompes de Fallope et le vagin, destiné à contenir l'œuf fécondé pendant son évolution et à l'expulser au terme de la grossesse (syn. vieilli **matrice**).

utile [ytil] **adj.** (lat. *utilis*, de *uti*, se servir de). **1.** Qui rend service ; qui est profitable : *Un appareil utile* (contr. **inutile**). *Se rendre utile. Il serait utile de consulter les horaires de train* (syn. **bon, nécessaire** ; contr. **superflu**). **2.** Utilisable : *Le tranchant est la partie utile d'une lame de couteau. Puissance utile d'un moteur.* **3. En temps utile,** en temps opportun : *Avertissez-moi en temps utile.* ◆ **adv. Voter utile,** voter pour un candidat susceptible de l'emporter même s'il n'est pas celui qui correspond le plus à ses idées.

utilement [ytilmɑ̃] **adv.** De façon utile, profitable : *Intervenir utilement en faveur de qqn* (syn. **efficacement**).

utilisable [ytilizabl] **adj.** Qui peut être utilisé : *Ces documents ne sont pas utilisables tels quels* (syn. **exploitable**).

utilisateur, trice [ytilizatœr, -tris] **n.** Personne, groupe qui font usage de qqch, qui utilisent un appareil, un service (pour un service on dit aussi un *usager*).

utilisation [ytilizasjɔ̃] **n.f.** Action, manière d'utiliser : *Lire la notice d'utilisation* (= le mode d'emploi).

utiliser [ytilize] **v.t.** (de *utile*). **1.** Recourir pour un usage précis à : *Utiliser un dictionnaire* (syn. **se servir de**). **2.** Tirer profit ou parti de : *Savoir utiliser les compétences* (syn. **exploiter**).

utilitaire [ytilitɛr] **adj. 1.** Qui a pour but, pour principe essentiel l'utilité : *Un objet purement utilitaire* (syn. **pratique**). **2.** Qui se propose un but intéressé : *Politique utilitaire* (syn. **pragmatique**). **3. Véhicule utilitaire,** voiture commerciale, camionnette ou camion destinés au transport des marchandises ou des personnes (on dit aussi *un utilitaire*). **4.** INFORM. **Programme utilitaire,** appartenant au système d'exploitation d'un ordinateur et permettant d'accroître les possibilités de base de la machine (on dit aussi *un utilitaire*).

utilitarisme [ytilitarism] **n.m.** (angl. *utilitarism*). Morale qui fait de l'utilité le principe et la norme de toute action. ◆ **utilitariste adj.** et **n.** Relatif à l'utilitarisme ; partisan de l'utilitarisme : *Théories utilitaristes.*

utilité [ytilite] **n.f.** (lat. *utilitas*). **1.** Caractère, qualité de qqch ou de qqn qui sert à qqch : *Les nouveaux ordinateurs ont été d'une grande utilité* (syn. **efficacité**). *Il peut partir, il ne m'est plus d'aucune utilité* (syn. **secours**). **2.** ÉCON. Aptitude, réelle ou supposée, d'un bien à satisfaire un besoin ou à créer les conditions favorables à cette satisfaction. **3. Utilité publique,** intérêt général au nom duquel l'Administration confère un avantage ou impose une sujétion : *Association reconnue d'utilité publique. Expropriation pour cause d'utilité publique.* ◆ **utilités n.f. pl. Jouer les utilités,** n'avoir qu'un rôle accessoire et subalterne, en partic. au théâtre.

Utique, anc. v. d'Afrique du Nord, au N.-O. de Carthage. Elle prit parti pour Rome lors de la 3e guerre punique et devint la capitale de la province romaine d'Afrique.

utopie [ytɔpi] **n.f.** (de *Utopia*, n. d'un pays imaginaire, mot créé par T. More, du gr. *ou*, non, et *topos*, lieu). **1.** PHILOS. Construction imaginaire et rigoureuse d'une société, qui constitue, par rapport à celui qui la réalise, un idéal total. ▶ Les grands auteurs d'utopies sont Platon, T. More, Saint-Simon, Fourier, Huxley, Orwell. **2.** Projet dont la réalisation est impossible : *Une société sans conflits est une utopie* (syn. **chimère, illusion, rêve**).

utopique [ytɔpik] **adj. 1.** Qui tient de l'utopie : *Projet utopique* (syn. **irréalisable, chimérique**). **2. Socialisme utopique,** doctrine socialiste de Saint-Simon, Fourier, etc., fondée sur un idéal sentimental et réformateur (par opp. à *socialisme scientifique*, dénomination que K. Marx et F. Engels donnèrent à leur propre doctrine).

utopiste [ytɔpist] **n.** Auteur d'un système utopique. ◆ **adj.** et **n.** Attaché à des vues utopiques : *C'est un utopiste qui ignore les contraintes de la réalité* (syn. **rêveur**).

Utrecht, v. des Pays-Bas, ch.-l. de la *prov. d'Utrecht* (1 210 869 hab.), au sud du Zuiderzee ; 321 916 hab. Université. Centre administratif, commercial (foire) et industriel. Cathédrale gothique. Musées (peintres d'Utrecht, comme Van Scorel, Terbrugghen, Gerrit Van Honthorst). Au début du XVIIIe s., la diffusion du jansénisme y provoqua un schisme et la formation de l'Église des vieux-catholiques (1723).

Utrecht *(traités d')* ⟶ Succession d'Espagne *(guerre de la).*

Utrecht *(Union d')* [23 janv. 1579], union des sept provinces protestantes des Pays-Bas contre l'Espagne, en réponse à l'Union d'Arras (6 janv. 1579), formée par les provinces catholiques.

Utrillo (Maurice), peintre français (Paris 1883 - Dax 1955). Fils du peintre et modèle Suzanne Valadon (1865-1938), il exécute à partir de 1903 de nombreuses vues de Montmartre et de la banlieue parisienne. Son style devient personnel, à la fois naïf et raffiné, avec son « époque blanche » (v. 1909-1915), que caractérise une âpre mélancolie dans l'interprétation des sites montmartrois. À partir de 1923, cloîtré par sa famille, qui redoute son comportement d'alcoolique, il se livre à une intense production, notamment d'après des cartes postales.

Uttar Pradesh, État le plus peuplé de l'Inde, situé dans la plaine du Gange ; 238 500 km^2 ; 199 581 477 hab. CAP. *Lucknow.* V. princ. *Kanpur, Bénarès, Agra* et *Allahabad.*

UV [yve] **n.m. pl.** (abrév. de *ultraviolets*). Rayons ultraviolets : *Traitement aux UV.*

uval, e, aux [yval, -o] **adj.** (du lat. *uva*, raisin). Relatif au raisin : *Cure uvale.*

uvée [yve] **n.f.** (lat. médiév. *uvea*, propr. « en forme de grappe », du class. *uva*, raisin). ANAT. Tunique moyenne de l'œil, constituée en avant par l'iris et en arrière par la choroïde.

uvulaire [yvylɛr] **adj.** (du lat. médiév. *uvula*, petite grappe). **1.** ANAT. Qui a rapport à la luette. **2.** PHON. **Consonne uvulaire,** consonne dont le lieu d'articulation se situe à l'extrémité postérieure du palais mou, au niveau de la luette : *Le* [r] *est une consonne uvulaire.* (On dit aussi *une uvulaire.*)

uvule [yvyl] **n.f.** (lat. *uvula*, petite grappe). ANAT. Nom scientif. de la luette.

Uxmal, site archéologique du Mexique (Yucatán), à 80 km au sud de Mérida. Les édifices de cet ancien centre cérémoniel maya florissant durant le classique final – palais du Gouverneur, quadrilatère des Nonnes, etc. – sont parmi les plus typiques de l'architecture maya (belle décoration de mosaïques de pierre).

V

v [ve] **n.m. inv. 1.** Vingt-deuxième lettre (consonne) de l'alphabet. **2. V,** chiffre romain valant cinq. / **V1, V2,** projectile autopropulsé, à long rayon d'action, utilisé par les Allemands en 1944 et 1945.

va [va] **interj.** (impér. du v. *aller*). **1.** Sert à exprimer l'affection, l'encouragement, la menace, le dédain, etc. : *Courage, va ! Nous y arriverons.* **2.** FAM. **Va donc !,** précède une injure : *Va donc ! eh ! pauvre type !* / FAM. **Va pour,** c'est d'accord pour : *Va pour le cinéma.*

vacance [vakɑ̃s] **n.f.** (de *vacant*). **1.** Situation d'une place, d'une charge, d'un poste momentanément dépourvus de titulaire : *La vacance d'un fauteuil d'académicien.* **2.** Temps pendant lequel un poste, une fonction est sans titulaire. **3. Vacance du pouvoir,** temps pendant lequel une autorité, publique ou privée, ne s'exerce plus. ◆ **vacances n.f. pl. 1.** Période légale d'arrêt de travail des salariés ; période de congé dans les écoles, les universités : *Prendre ses vacances en juillet* (syn. **congé**). **2. Vacances parlementaires, judiciaires,** suspension légale annuelle des séances, des audiences.

vacancier, ère [vakɑ̃sje, -ɛr] **n.** Personne qui est en vacances dans un lieu de villégiature : *L'arrivée des vacanciers* (syn. **estivant, touriste**). ◆ **adj.** Qui rappelle les vacances : *Atmosphère vacancière.*

vacant, e [vakɑ̃, -ɑ̃t] **adj.** (lat. *vacans,* p. présent de *vacare,* être vide). **1.** Non occupé : *Appartement vacant* (syn. **inoccupé**). *Places vacantes* (syn. **libre, disponible**). **2.** Se dit d'une charge, d'un poste momentanément sans titulaire : *Cet emploi est vacant.* **3. Succession vacante,** succession ouverte et non réclamée.

vacarme [vakarm] **n.m.** (moyen néerl. *wach arme !,* hélas !). Bruit assourdissant (syn. **tapage**).

vacataire [vakatɛr] **n.** et **adj.** (de *vacation*). Personne employée pour un temps déterminé à une fonction précise.

vacation [vakasjɔ̃] **n.f.** (lat. *vacatio,* de *vacare,* être vide). **1.** Temps consacré à l'examen d'une affaire ou à l'accomplissement d'une fonction déterminée par la personne qui en a été chargée : *Vacation d'un expert, d'un avocat.* **2.** Rémunération de ce temps.

vaccin [vaksɛ̃] **n.m.** (de *vaccine*). **1.** Substance d'origine microbienne, que l'on inocule à une personne ou à un animal pour l'immuniser contre une maladie : *Faire un vaccin à un enfant* (syn. **vaccination**). *Vaccin antivariolique.* (→ immunité.) **2.** Ce qui immunise contre un mal, un danger : *Y a-t-il un vaccin contre la passion ?*

vaccination [vaksinasjɔ̃] **n.f.** Action de vacciner : *La première vaccination a été réalisée en 1796 par Jenner contre la variole.*

■ Les vaccinations cherchent à conférer une immunité spécifique active rendant l'organisme réfractaire à la maladie que l'on veut prévenir.

Il existe trois grands types de vaccins : les vaccins dits *tués,* ou *inactivés,* constitués de virus ou de bactéries tués ou de leurs fractions ; les vaccins *vivants atténués* (viraux et B.C.G.), composés d'agents pathogènes dont la virulence a été très réduite, entraînant une infection bénigne de l'organisme, qui ainsi s'immunise ; les *anatoxines,* utilisées lorsque la toxine d'une bactérie est la cause principale des manifestations de la maladie infectieuse (par exemple tétanos, diphtérie).

Le calendrier des vaccinations tient compte des associations possibles de vaccins entre eux, de l'aptitude à réagir à la stimulation du vaccin (âge, immunodéficience), des risques infectieux et de la législation.

En France sont légalement obligatoires les vaccinations contre : la diphtérie, le tétanos, la poliomyélite (à faire dès les premiers mois). L'obligation de la vaccination contre la tuberculose (B.C.G.) a été suspendue en 2007. Mais plusieurs autres vaccinations sont recommandées : contre la coqueluche, la rubéole, les oreillons et la rougeole (R.O.R., vaccin particulièrement important pour les filles, la rubéole pouvant provoquer des anomalies graves chez le fœtus), l'hépatite B, mais aussi la grippe, la méningite, les infections à pneumocoques, les papillomavirus responsables du cancer du col de l'utérus, etc. Certains vaccins sont réalisés en une seule injection et sont efficaces toute la vie. Pour d'autres en revanche, il faut effectuer des *rappels* (par ex. pour les vaccins antitétanique et antipoliomyélitique), dont les intervalles diffèrent selon les vaccins. Les voyageurs doivent quant à eux effectuer certaines vaccinations spécifiques en fonction de leur destination (par ex. le vaccin contre la fièvre jaune pour certains pays tropicaux). Les vaccins et leurs dates d'injection doivent être mentionnés dans un carnet de vaccination. ■

vaccine [vaksin] **n.f.** (lat. scientif. [*variola*] *vaccina,* [variole] de la vache). Maladie de la vache *(cow-pox)* ou du cheval *(horse-pox),* qui peut se transmettre à l'homme et lui assure l'immunité antivariolique.

vacciner [vaksine] **v.t. 1.** Administrer un vaccin à : *Vacciner qqn contre le tétanos.* **2.** FAM. Mettre à l'abri d'un désagrément ; prémunir contre un mal quelconque : *Cette douloureuse expérience l'a vaccinée* (syn. **immuniser**).

1. vache [vaʃ] **n.f.** (lat. *vacca*). **1.** Femelle reproductrice de l'espèce bovine : *Traire les vaches. Vache laitière* ou *vache à lait* (= élevée pour le lait qu'elle produit). *Vache à viande* (= élevée pour la viande qu'on tire de sa descendance). *Maladie de la vache folle* (encéphalopathie spongiforme bovine). **2.** Cuir de bovin en général : *Un sac en vache.* **3.** Personne méchante, très sévère, sans pitié : *Quelle vache !* (On dit aussi *peau de vache.*) **4. Coup (de pied) en vache,** ruade de côté ; coup donné par traîtrise. / FAM. **La vache !,** expression de dépit ou d'admiration. / **Manger de la vache enragée,** mener une vie de misère, de privation. / **Montagne à vaches** → **montagne.** / **Vache à eau,** récipient en toile ou en plastique utilisé par les campeurs pour mettre de l'eau. / FAM. **Vache à lait,** personne que l'on exploite, considérée sous le seul point de vue de l'argent qu'elle donne ou prête. / **Vaches grasses, vaches maigres,** périodes de prospérité, de pénurie.

2. vache [vaʃ] **adj.** (de *1. vache*). **1.** FAM. Très strict ; méchant : *Tu es vache avec lui* (syn. **dur, sévère**). **2.** Dur ; pénible : *C'est vache, ce qui lui arrive* (syn. **fâcheux**).

vachement [vaʃmɑ̃] **adv.** (de *2. vache*). *FAM.* Beaucoup ; très : *Un bouquin vachement intéressant* (syn. **extrêmement**).

vacher, ère [vaʃe, -ɛr] **n.** (lat. pop. **vaccarius*). Personne qui garde, qui soigne les vaches, les bovins.

vacherie [vaʃri] **n.f. 1.** Ensemble des vaches d'une exploitation. **2.** *VIEILLI.* Étable à vaches. **3.** *FAM.* Méchanceté ; sévérité : *La vacherie des examinateurs.* **4.** *FAM.* Parole, action méchante : *Dire, faire des vacheries.*

vacherin [vaʃrɛ̃] **n.m.** (de *1. vache*). **1.** Fromage au lait de vache, à pâte molle et onctueuse, fabriqué en Suisse et dans le Jura français. **2.** Gâteau meringué garni de glace et de crème Chantilly.

vachette [vaʃɛt] **n.f. 1.** Petite vache ; jeune vache. **2.** Cuir léger provenant d'un jeune bovin : *Un sac en vachette.*

vacillant, e [vasijɑ̃, -ɑ̃t] **adj. 1.** Qui tremble ; qui n'est pas stable : *Démarche vacillante* (syn. **chancelant**). *Lumière vacillante* (syn. **tremblotant**). **2.** Qui est incertain : *Santé, mémoire vacillante* (syn. **défaillant**).

vacillement [vasijmɑ̃] **n.m.** et **vacillation** [vasijasjɔ̃] **n.f.** Fait de vaciller ; état, mouvement de ce qui vacille : *Le vacillement de la flamme d'une bougie. Vacillation dans les opinions* (syn. **fluctuation**).

vaciller [vasije] **v.i.** (lat. *vacillare*). **1.** Chanceler ; n'être pas bien ferme : *Vaciller sur ses jambes* (syn. **tituber**). **2.** Scintiller faiblement ; trembler : *Flamme qui vacille* (syn. **trembloter**). **3.** *LITT.* Être incertain ; manquer d'assurance : *Sa raison vacille* (syn. **s'affaiblir**).

vacuité [vakɥite] **n.f.** (lat. *vacuitas*, de *vacuus*, vide). **1.** *DIDACT.* État de ce qui est vide. **2.** *LITT.* Vide intellectuel ; absence de valeur : *La vacuité d'une œuvre littéraire, d'une existence.*

vacuolaire [vakɥɔlɛr] **adj.** Relatif aux vacuoles.

vacuole [vakɥɔl] **n.f.** (du lat. *vacuus*, vide). **1.** BIOL. Cavité du cytoplasme des cellules, renfermant diverses substances en solution dans l'eau. **2.** GÉOL. Cavité à l'intérieur d'une roche.

vade-mecum [vademekɔm] **n.m. inv.** (mots lat. « viens avec moi »). *SOUT.* Guide, manuel, répertoire que l'on garde avec soi pour le consulter.

vadrouille [vadruj] **n.f.** (de *vadrouiller*). **1.** *FAM.* Promenade sans but défini ; balade. **2.** Voyage, déplacement quelconque : *Être sans cesse en vadrouille.*

vadrouiller [vadruje] **v.i.** (de *vadrouille*, mot lyonnais, de *drouilles*, hardes). *FAM.* Se promener sans but précis : *Vadrouiller dans les rues* (syn. **traîner, baguenauder**).

Vaduz, cap. du Liechtenstein ; 5 225 hab. Tourisme.

V.A.E. [veaø] **n.f.** (sigle). ⟶ Validation* des acquis de l'expérience.

va-et-vient [vaevjɛ̃] **n.m. inv.** (de *aller* et *venir*). **1.** Mouvement alternatif d'un point à un autre : *Va-et-vient d'un balancier.* **2.** Mouvement confus de personnes, de véhicules qui entrent et sortent : *Il y a un va-et-vient incessant dans le hall de l'hôtel* (= des allées et venues incessantes) [syn. **passage**]. **3.** Charnière à ressort permettant l'ouverture d'une porte dans les deux sens. **4.** ÉLECTR. Montage qui permet d'allumer ou d'éteindre une lampe, de deux ou plusieurs endroits différents.

vagabond, e [vagabɔ̃, -ɔ̃d] **adj.** (bas lat. *vagabundus*, du class. *vagari*, errer). **1.** Qui erre çà et là : *Chien vagabond* (syn. **errant**). **2.** Qui va à l'aventure : *Imagination vagabonde* (syn. **débridé**). ◆ **n.** Personne qui n'a ni domicile ni profession.

vagabondage [vagabɔ̃daʒ] **n.m. 1.** Fait de vagabonder. **2.** État de celui qui n'a ni domicile ni moyens de subsistance licites : *Délit de vagabondage.* **3.** *LITT.* État de l'esprit entraîné d'un sujet à l'autre au gré de sa rêverie.

vagabonder [vagabɔ̃de] **v.i. 1.** Errer çà et là : *Vagabonder sur les routes de France* (syn. **déambuler, traîner**). **2.** Passer librement, sans fil conducteur, d'une idée à une autre : *Laisser son esprit vagabonder.*

vagin [vaʒɛ̃] **n.m.** (lat. *vagina*, gaine). Organe génital interne de la femme, qui a la forme d'un conduit et va de l'utérus à la vulve.

vaginal, e, aux [vaʒinal, -o] **adj.** Relatif au vagin : *Muqueuse vaginale.*

vaginite [vaʒinit] **n.f.** MÉD. Inflammation de la muqueuse du vagin.

vagir [vaʒir] **v.i.** (lat. *vagire*) [conj. **32**]. **1.** Pousser des cris, en parlant du nouveau-né : *Un bébé vagissait dans la chambre voisine* (syn. **crier, pleurer**). **2.** Émettre un vagissement, en parlant du lièvre ou du crocodile.

vagissement [vaʒismɑ̃] **n.m. 1.** Cri de l'enfant nouveau-né. **2.** Cri du lièvre et du crocodile.

1. vague [vag] **adj.** (lat. *vagus*, errant). **1.** Dont la localisation est imprécise ; mal déterminé : *Des douleurs vagues* (syn. **indéfinissable**). **2.** Dont la signification est difficile à saisir ; qui laisse place au doute : *Il a fait une réponse vague* (syn. **évasif, flou** ; contr. **précis**). *Vague promesse* (syn. **ambigu** ; contr. **explicite, formel**). **3.** Se dit d'un vêtement qui a une certaine ampleur : *Un manteau vague* (contr. **ajusté**). **4.** ANAT. **Nerf vague,** nerf pneumogastrique. ◆ **n.m. 1.** Ce qui est imprécis, mal défini : *Elle a préféré rester dans le vague* (syn. **flou, imprécision**). **2. Vague à l'âme,** sentiment de tristesse sans cause apparente : *Le vague à l'âme des poètes romantiques* (syn. **spleen**).

2. vague [vag] **adj.** (lat. *vacuus*, vide). **Terrain vague,** terrain situé dans une agglomération ou à proximité de celle-ci et qui n'a aucun usage précis, n'est ni cultivé ni entretenu.

3. vague [vag] **n.f.** (anc. scand. *vágr*, moyen bas all. *wâge*, all. *Woge*). **1.** Ondulation produite à la surface de l'eau par l'effet du vent, d'un courant, etc. ; mouvement ascendant et descendant de l'eau qui en résulte : *De grosses vagues se brisaient sur la jetée* (syn. **lame**). **2.** Phénomène subit qui apparaît en masse et se propage : *Vague de chaleur, de froid. Vague d'applaudissements* (syn. **salve**). **3.** Masse importante de personnes, de choses qui se déplacent ensemble : *Vague de touristes* (syn. **afflux, flot**). *Une première vague de départs a eu lieu samedi* (syn. **série**). **4. La nouvelle vague,** la nouvelle génération d'avant-garde ; spécial., groupe de jeunes cinéastes français qui imposèrent un nouveau style, plus libre et plus naturel, à la fin des années 1950 et au début des années 1960.

vaguelette [vaglɛt] **n.f.** Petite vague : *Quelques vaguelettes se formèrent à la surface du lac* (syn. **ondulation, ride**).

vaguement [vagmɑ̃] **adv. 1.** De façon imprécise : *Je distinguais vaguement la maison dans la brume* (syn. **indistinctement**). **2.** D'une manière faible : *Une pièce vaguement éclairée par une lucarne* (syn. **faiblement, peu**). **3.** Sans fournir les précisions escomptées : *Parler vaguement d'un projet* (syn. **évasivement**).

vaguemestre [vagmɛstr] **n.m.** (all. *Wagenmeister*, maître des équipages). **1.** HIST. Sous l'Ancien Régime, officier chargé de la conduite des convois militaires. **2.** Sous-officier chargé du service postal d'une unité. **3.** *AFR.* Garçon de bureau ; planton.

vaguer [vage] **v.i.** (lat. *vagari*, errer). *LITT.* Se porter sans cesse d'un objet sur un autre sans pouvoir se fixer : *Laisser vaguer son imagination* (syn. **errer, vagabonder**).

vahiné [vaine] **n.f.** (mot tahitien). Femme de Tahiti.

vaillamment [vajamɑ̃] **adv.** Avec vaillance : *Supporter vaillamment l'adversité* (syn. **bravement**).

vaillance [vajɑ̃s] **n.f.** (de *vaillant*). Qualité d'une personne brave ; énergie morale ; courage : *La vaillance d'un héros* (syn. **bravoure**).

vaillant, e [vajɑ̃, -ɑ̃t] **adj.** (anc. p. présent de *valoir*). **1.** Qui fait preuve de courage devant le danger : *De vaillants soldats* (syn. **brave, valeureux** ; contr. **couard**). *Une vaillante jeunesse* (syn. **courageux**). **2.** Qui manifeste de l'énergie au travail ; qui fait preuve de force d'âme : *Un jeune employé très vaillant* (syn. **actif, dynamique**). **3. N'avoir plus un sou vaillant,** n'avoir plus du tout d'argent.

Vaillant (Édouard), homme politique français (Vierzon 1840 - Saint-Mandé 1915). Responsable de l'Éducation publique durant la Commune (1871), proche de Blanqui, il dut se réfugier en Angleterre. Revenu en France en 1880, député socialiste de 1893 à sa mort, il fut un actif propagandiste.

vain, e [vɛ̃, vɛn] **adj.** (lat. *vanus,* vide). **1.** Qui est sans fondement, sans valeur, sans effet : *De vains espoirs* (syn. **chimérique, illusoire**). *Mes efforts sont restés vains* (syn. **inefficace, infructueux**). **2. En vain,** sans résultat : *Elle a tenté en vain de le dissuader de partir* (= vainement). / **Vaine pâture** ⟶ **pâture.**

vaincre [vɛ̃kr] **v.t.** (lat. *vincere*) [conj. **114**]. **1.** Remporter une victoire à la guerre, dans une compétition : *Vaincre l'armée adverse* (syn. **défaire, écraser**). *Je l'ai vaincu au ping-pong* (syn. **battre**). **2.** Venir à bout de ; triompher de : *Vaincre sa peur* (syn. **dominer, maîtriser**).

vaincu, e [vɛ̃ky] **n.** (du p. passé de *vaincre*). **1.** Personne qui a subi une défaite : *Les vaincus songent à la revanche* (syn. **perdant**). **2.** Personne qui se résigne, qui renonce à la lutte : *Avoir une attitude de vaincu* (syn. **défaitiste**).

vainement [vɛnmɑ̃] **adv.** En vain ; sans succès : *Je lui ai vainement téléphoné hier.*

vainqueur [vɛ̃kœr] **adj.m.** et **n.m.** (de *vaincre*). **1.** Qui a remporté la victoire dans un conflit, une compétition, etc. : *Le vainqueur du tournoi* (syn. **champion, gagnant**). *Sortir vainqueur d'une compétition* (syn. **victorieux**). **2.** Qui marque la victoire : *Air vainqueur* (syn. **triomphant**).

vair [vɛr] **n.m.** (lat. *varius,* varié, nuancé). **1.** *VX.* Fourrure du petit-gris. **2.** HÉRALD. L'une des fourrures de l'écu, faite de cloches d'azur et d'argent alternées, disposées en lignes horizontales.

1. vairon [verɔ̃] **adj.m.** (de *vair*). **Yeux vairons,** yeux d'une personne qui sont de couleurs différentes.

2. vairon [verɔ̃] **n.m.** (de *vair*). Petit poisson très commun dans les ruisseaux d'Eurasie. ▸ Famille des cyprinidés.

Vaison-la-Romaine, ch.-l. de c. de Vaucluse ; 6 274 hab. Ruines romaines importantes : théâtre, thermes, etc. Anc. cathédrale romane ; maisons médiévales.

vaisseau [veso] **n.m.** (bas lat. *vascellum,* class. *vasculum,* dimin. de *vas,* vase). **1.** *LITT.* Bateau d'assez grandes dimensions : *Dix vaisseaux attendaient au large* (syn. **bâtiment, navire**). **2.** ARCHIT. Espace intérieur, génér. allongé, occupant la plus grande partie de la hauteur d'un bâtiment ou, au moins, plusieurs étages : *La hauteur du vaisseau d'une cathédrale* (syn. **nef**). **3.** ANAT. Canal servant à la circulation du sang ou de la lymphe. ▸ On distingue quatre sortes de vaisseaux : les artères, les veines, les capillaires et les vaisseaux lymphatiques. **4.** BOT. Tube servant à la conduction de la sève brute. **5.** *LITT.* **Brûler ses vaisseaux,** se couper la retraite, accomplir un acte qui ne permet plus de reculer. / ASTRONAUT. **Vaisseau spatial,** astronef de grandes dimensions destiné aux vols humains dans l'espace.

vaisselier [vesəlje] **n.m.** Buffet dont la partie haute comporte des étagères sur lesquelles on dispose de la vaisselle.

vaisselle [vesɛl] **n.f.** (lat. pop. **vascella,* pl. neutre du bas lat. *vascellum,* pris pour un fém. sing.). **1.** Ensemble des pièces et accessoires pour le service de la table : *De la vaisselle de porcelaine.* **2.** Action de laver les plats et ustensiles qui ont servi au repas : *C'est à ton tour de faire la vaisselle.*

val [val] **n.m.** (lat. *vallis,* vallée) [pl. *vals* ou *vaux*]. **1.** Vallée très large : *Le Val de Loire.* **2. Par monts et par vaux,** de tous côtés, à travers tout le pays : *Il est toujours par monts et par vaux* (= en voyage). *Rechercher un évadé par monts et par vaux.*

valable [valabl] **adj.** (de *valoir*). **1.** Qui a les conditions requises pour produire son effet : *Ces pièces de monnaie ne sont plus valables* (syn. **bon**). **2.** Qui peut être accepté, admis : *Votre excuse n'est pas valable* (syn. **acceptable, admissible**). **3.** Qui a une certaine valeur, une certaine importance : *Un dirigeant valable* (syn. **capable, compétent**).

valablement [valabləmɑ̃] **adv.** De façon valable.

Valachie, anc. principauté danubienne qui a formé avec la Moldavie le royaume de Roumanie. La principauté de Valachie se constitue dans la première moitié du XIVe s. Soumise à un tribut par les Ottomans en 1396, elle passe sous la protection de la Russie en 1774. En 1859, Alexandre Cuza est élu prince de Moldavie et de Valachie et l'union des deux principautés est effective en 1862.

Valais, cant. suisse, dans la vallée du Rhône ; 5 225 km^2 ; 312 684 hab. *(Valaisans).* Ch.-l. *Sion.* Possession des évêques de Sion depuis 999, le Valais appartint à la République helvétique (1799), fut annexé à la France (1810) pour former le département du Simplon. Il entra dans la Confédération suisse en 1815.

Val de Loire ⟶ **Loire** (la).

Val-de-Marne [94], dép. de la Région Île-de-France ; ch.-l. de dép. *Créteil ;* ch.-l. d'arr. *L'Haÿ-les-Roses, Nogent-sur-Marne ;* 3 arr., 25 cant., 47 comm. ; 245 km^2 ; 1 354 911 hab.

Val-de-Reuil, ch.-l. de c. de l'Eure ; 13 793 hab. Ville nouvelle dans la vallée de la Seine, en amont de Rouen.

valdinguer [valdɛ̃ge] **v.i.** (croisement de *valser* et *dinguer,* être projeté avec violence). **1.** *FAM.* Tomber, s'étaler violemment : *J'ai valdingué jusqu'en bas de l'escalier* (syn. **dégringoler, rouler**). **2. Envoyer valdinguer qqn,** le faire tomber brutalement ; au fig., l'éconduire.

Val-d'Oise [95], dép. de la Région Île-de-France ; ch.-l. de dép. *Pontoise ;* ch.-l. d'arr. *Argenteuil, Sarcelles ;* 3 arr., 21 cant., 185 comm. ; 1 246 km^2 ; 1 203 920 hab.

valence [valɑ̃s] **n.f.** (francisation, d'apr. *équivalence,* de l'angl. *valency,* bas lat. *valentia,* du class. *valere,* valoir). CHIM. **Valence d'un élément,** nombre maximal d'atomes d'hydrogène avec lesquels peut se combiner un atome de cet élément ou auxquels il peut se substituer. ▸ Ce nombre est lié à celui des électrons de la couche extérieure de l'atome.

Valence, en esp. **Valencia,** port d'Espagne, à l'embouchure du Turia, sur la Méditerranée, cap. d'une communauté autonome ; 792 054 hab. Entourée d'une riche huerta (agrumes, primeurs, riz), la ville est un centre industriel diversifié. – Cathédrale (XIIIe-XVIIIe s.), *Lonja de la Seda* (ou halle de la soie, gothique de la fin du XVe s.), palais de *Dos Aguas* (portail baroque du XVIIIe s.) et autres monuments. Musées, dont celui des Beaux-Arts (peinture : école valencienne) et le musée national de la Céramique (production séculaire des centres de Paterna et de Manises, près de Valence) – Valence fut la capitale d'un royaume maure indépendant de 1021 à 1238.

Valence, ch.-l. du dép. de la Drôme, sur le Rhône, à 560 km au sud-est de Paris ; 64 127 hab. *(Valentinois)* [127 537 hab. dans l'agglomération]. Évêché. Constructions mécaniques et électriques. Cathédrale en partie romane. Musée.

Valence *(communauté autonome de)*, région administrative d'Espagne ; 23 646 km^2 ; 2 563 342 hab. ; 3 prov. *Alicante, Castellón de la Plana, Valence.*

Valenciennes, ch.-l. d'arr. du Nord, sur l'Escaut ; 43 997 hab. *(Valenciennois)* [334 653 hab. dans l'agglomération]. Métallurgie. Chimie. Riche musée des Beaux-Arts (écoles flamande et française, fonds Carpeaux).

Valentin (Valentin de Boulogne, dit**),** peintre français (Coulommiers 1590/1591 - Rome 1632). Installé à Rome, il a interprété la leçon du Caravage avec une noblesse grave (*Judith,* Toulouse ; *la Diseuse de bonne aventure,* deux *Concert,* etc., Louvre).

Valentino (Rodolfo Guglielmi, dit **Rudolph),** acteur américain d'origine italienne (Castellaneta 1895 - New York 1926). Incarnation du séducteur latin ou exotique, il fut l'une des premières grandes stars hollywoodiennes (*les Quatre Cavaliers de l'Apocalypse,* 1921 ; *le Cheikh,* 1921 ; *Arènes sanglantes,* 1922).

Valera (Eamon de) ⟶ **De Valera.**

valériane [valerjan] **n.f.** (lat. médiév. *valeriana,* de *Valeria,* province romaine d'où venait la plante). Plante des lieux humides à fleurs roses, blanches ou jaunâtres. ▸ La valériane officinale, utilisée comme antispasmodique et sédatif, est aussi appelée *herbe-aux-chats,* parce que son odeur attire ces animaux. Famille des valérianacées.

Valérien *(mont)*, butte de la banlieue ouest de Paris ; 161 m. Fort qui joua un grand rôle au cours du siège de Paris (1871), et où de nombreux Français furent fusillés par les Allemands lors de la Seconde Guerre mondiale. Un mémorial et une crypte des martyrs de la Résistance y sont édifiés.

Valéry (Paul), écrivain français (Sète 1871 - Paris 1945). Disciple de Mallarmé, il commence par publier des poèmes symbolistes, puis se tourne vers l'étude des mathématiques et de la philosophie : il cherche alors à établir l'unité créatrice de l'esprit se manifestant dans les arts comme dans les sciences (*Introduction à la méthode de Léonard de Vinci,* 1895). Dans *Monsieur Teste* (1896), il se crée un personnage guide, ennemi des apparences et des facilités intellectuelles. En 1917, il retrouve la poésie avec *la Jeune Parque* et poursuit dès lors ses réflexions sur la langue, la peinture, la musique et les sciences, qu'il expose dans des essais (*Variété,* 1924-1944), des dialogues (*Eupalinos ou l'Architecte,* 1923 ; *l'Âme et la Danse,* 1923), tout en recueillant ses poèmes de jeunesse dans *l'Album de vers anciens* (1920) et ses poèmes de maturité dans *Charmes* (1922), où figure *le Cimetière marin.* Il aborde également le théâtre *(Mon Faust)* tout en prenant position sur les problèmes de son temps (*Regards sur le monde actuel,* 1931). Après sa mort ont paru ses *Cahiers,* fruit des réflexions de toute une vie. (Acad. fr.)

valet [valɛ] **n.m.** (lat. pop. **vassellitus,* double dimin. du lat. mérovingien *vassus,* serviteur, du gaul.). **1.** Domestique masculin : *Valet de chambre.* **2.** Homme d'une complaisance servile et intéressée (péjor.) : *Les valets du pouvoir.* **3.** Carte à jouer qui porte la figure d'un valet. **4. Valet de nuit,** cintre monté sur pieds, où l'on dispose les différentes pièces d'un costume d'homme.

valetaille [valtaj] **n.f.** LITT. Ensemble des valets, des domestiques (péjor.) : *La valetaille s'affairait dans la cuisine* (syn. **domesticité, personnel**).

Valette (La), cap. de Malte, sur la côte est de l'île ; 5 784 hab. Ville fortifiée construite à partir de 1566. Port. Tourisme.

valétudinaire [valetydinɛr] **adj.** et **n.** (du lat. *valetudo, -dinis,* mauvaise santé). LITT. Qui a une santé chancelante : *Un vieillard valétudinaire* (syn. **maladif**).

valeur [valœr] **n.f.** (lat. *valor*). **1.** Somme d'argent en échange de laquelle un objet peut changer de propriétaire sans que ce dernier soit lésé : *La valeur de ce terrain a doublé* (syn. **prix**). **2.** Quantité approximative d'une matière, d'un produit : *Boire la valeur d'un verre de vin* (syn. **équivalent**). **3.** Aspect économique d'une chose lié à son utilité, au travail qu'elle demande, au rapport de l'offre et de la demande la concernant, etc. : *La valeur d'une monnaie étrangère* (syn. **cours**). *La valeur d'une action en Bourse* (syn. **cotation, cote**). **4.** MATH. L'une des déterminations possibles d'un élément variable. **5.** MUS. Durée d'une note : *Le point prolonge une note de la moitié de sa valeur.* **6.** Ce par quoi on est digne d'estime sur le plan moral, intellectuel, etc. : *Garçon de grande valeur* (syn. **mérite, qualité**). **7.** Importance, prix attachés à qqch : *Tableau qui a une valeur sentimentale.* **8.** Caractère de ce qui est valable, de ce qui produit l'effet voulu : *Sans votre signature, ce document n'a aucune valeur* (syn. **validité**). **9.** LING. Sens que prend un mot dans un contexte déterminé. **10.** Ce qui est posé comme vrai, beau, bien, selon des critères personnels ou sociaux, et sert de référence, de principe moral : *La valeur d'une civilisation* (= son rôle formateur, créateur). *Juger la valeur des actes de qqn* (= leur contenu moral). **11. Jugement de valeur,** qui énonce une appréciation (par opp. à *jugement de réalité,* qui constate les faits). / **Mettre en valeur,** donner de l'importance à, faire ressortir ; faire fructifier : *Ce maquillage met ses yeux bleus en valeur. Il a su mettre ses terres en valeur.* / **Valeur absolue d'un nombre réel** ***a*** ⟶ **absolu.** / **Valeur ajoutée,** valeur nouvelle créée par une entreprise, due à la différence entre la valeur des biens ou des services qu'elle vend (chiffre d'affaires) et celle de ses consommations intermédiaires (biens ou services consommés pour les produire). / **Valeur numérique d'une grandeur,** mesure de cette grandeur. ◆ **valeurs n.f. pl. 1.** Ensemble des règles de conduite, des lois jugées conformes à un idéal par une personne, une collectivité et auxquelles elle se réfère : *La crise économique a engendré une remise en cause des valeurs.* **2. Échelle des valeurs,** hiérarchie établie entre les principes moraux.

valeureusement [valørøzmɑ̃] **adv.** Avec courage (syn. **bravement, héroïquement**).

valeureux, euse [valørø, -øz] **adj.** (de *valeur*). LITT. Qui a de la vaillance, du courage (syn. **brave, héroïque**).

Val-Hall ou **Valhöll** ⟶ **Walhalla.**

validation [validasjɔ̃] **n.f. 1.** Action de valider. **2. Validation des acquis de l'expérience (V.A.E.),** procédure, prévue par le Code du travail, permettant à un salarié d'obtenir un diplôme, un titre ou un certificat attestant le savoir acquis au cours de sa vie professionnelle.

valide [valid] **adj.** (lat. *validus,* bien portant). **1.** En bonne santé : *Les personnes valides ont participé à l'évacuation des blessés* (syn. **sain**). **2.** DR. Qui n'est entaché d'aucune cause de nullité : *Mon billet n'est valide que jusqu'au 29* (syn. **bon, valable** ; contr. **périmé**).

valider [valide] **v.t.** Rendre ou déclarer valide : *Valider une élection* (syn. **entériner, ratifier**). *Valider la copie d'un document* (syn. **homologuer**).

validité [validite] **n.f.** Caractère, durée de ce qui est valide, valable : *Passeport en cours de validité.*

valise [valiz] **n.f.** (it. *valigia*). **1.** Bagage à main de forme rectangulaire : *Défaire sa valise* (= la vider des vêtements et objets qu'elle contient). **2. Faire ses valises,** les remplir d'affaires qu'on veut emporter en voyage ; au fig., se tenir prêt dans l'éventualité d'un départ forcé : *Le gouvernement fait ses valises à la veille des élections.* **3. Valise diplomatique,** privilège international dont bénéficie le transport du courrier par voie diplomatique ; le courrier lui-même. ▸ La valise diplomatique est inviolable et dispensée de tout contrôle douanier.

Valkyries ⟶ **Walkyries.**

Valladolid, v. d'Espagne, cap. de la communauté autonome de Castille-León ; 311 682 hab. Archevêché. Centre industriel. Église S. Pablo et collège S. Gregorio, aux façades-retables envahies d'un fantastique décor sculpté (fin du XVe s.). Cathédrale du style de la Contre-Réforme. Riche musée national de Sculpture (œuvres en bois polychrome et doré) et autres musées.

vallée [vale] **n.f.** (de *val*). Dépression allongée, plus ou moins évasée, façonnée par un cours d'eau ou un glacier.

Valle-Inclán (Ramón María del), écrivain espagnol (Villanueva de Arosa 1866 - Saint-Jacques-de-Compostelle 1936). Après des romans et des comédies de facture moderniste *(Sonates, le Marquis de Bradomín),* il évolua vers un art plus réaliste avec ses *Comédies barbares* (1907-1922) et ses *esperpentos,* qui mettent en scène des personnages affligés de difformités physiques et morales.

Vallès (Jules), écrivain et journaliste français (Le Puy 1832 - Paris 1885). Journaliste engagé *(l'Argent, la Rue),* il fit paraître *le Cri du peuple* et fut membre de la Commune : toutes ces expériences se retrouvent dans son cycle romanesque autobiographique de Jacques Vingtras (1879-1886), divisé en trois parties : *l'Enfant, le Bachelier, l'Insurgé.*

vallon [valɔ̃] **n.m.** (it. *vallone*). Petite vallée ; petite dépression entre deux coteaux.

vallonné, e [valɔne] **adj.** Qui présente l'aspect de vallons : *Région vallonnée* (contr. **plat**).

vallonnement [valɔnmɑ̃] **n.m.** État de ce qui est vallonné : *Le vallonnement de la Toscane.*

Vallotton (Félix), peintre et graveur français d'origine suisse (Lausanne 1865 - Paris 1925). Lié aux nabis, il est l'auteur de mordantes gravures sur bois et de toiles à la fois réalistes et audacieusement stylisées (*le Bain au soir d'été,* 1893, Zurich ; *la Source* et *Portrait de Thadée Natanson,* 1897, Petit Palais, Genève ; *le Dîner, effet de lampe,* 1899, musée d'Orsay).

Valls (Manuel), homme politique français (Barcelone 1962). Socialiste, maire d'Évry (2001-2012) et député de l'Essonne (2002-2012), puis ministre de l'Intérieur (2012-2014), il est Premier ministre depuis 2014.

Valmy *(bataille de)* [20 sept. 1792], victoire remportée par les Français, commandés par Dumouriez et Kellermann, sur les Prussiens commandés par le duc de Brunswick, près de Sainte-Menehould (Marne). Simple canonnade (pertes françaises : 300 hommes ; prussiennes : 184), Valmy marqua l'arrêt de l'invasion et rendit confiance à l'armée française.

valoir [valwar] **v.i.** (lat. *valere*) [conj. **60**]. **1.** (Suivi d'un compl. de qualité ou d'un adv.). Avoir tel prix : *Montre qui vaut cent euros* (syn. **coûter**). **2.** Avoir telle valeur, telle qualité, tel intérêt : *Cet argument ne vaut rien. Que vaut cet acteur ?* **3.** (Absol.). Être valable : *Ma remarque vaut pour tout le monde* (syn. **intéresser**). **4. À valoir,** se dit d'une somme d'argent dont on tiendra compte ultérieurement : *Verser un acompte à valoir sur l'achat d'une voiture.* / **Ça ne vous vaut rien,** c'est nuisible à votre santé. / **Faire valoir,** faire fructifier ; souligner les mérites de : *Faire valoir un capital, une exploitation agricole. Elle s'arrange toujours pour faire valoir son fils.* / **Faire valoir un droit,** l'exercer. / **Se faire valoir,** vanter ses mérites avec exagération. / **Vaille que vaille,** tant bien que mal. / **Valoir bien,** être digne de : *Cet effort vaut bien une récompense.* ◆ **v.t. 1.** Équivaloir à : *En musique, une blanche vaut deux noires* (syn. **égaler**). **2.** Justifier la peine qu'on se donne : *Ce restaurant vaut le détour* (syn. **mériter**). **3.** Être la cause de : *Cette erreur lui a valu des reproches* (syn. **attirer, causer**). ◆ **v. impers. Autant vaudrait,** il serait aussi ou plus avantageux de : *Autant vaudrait recommencer à zéro.* / **Il vaut mieux,** il est préférable, plus avantageux de : *Il vaut mieux se taire que de dire des sottises.* ◆ **se valoir v.pr.** Avoir la même valeur : *Ces deux solutions se valent.*

Valois, pays de l'anc. France, sur la rive gauche de l'Oise, incorporé au domaine royal en 1213.

Valois, branche des Capétiens, qui régna sur la France de 1328 à 1589, de l'avènement de Philippe VI, cousin du dernier des Capétiens directs, Charles IV le Bel, à la mort, sans postérité, d'Henri III. À Philippe VI (1328-1350) succédèrent Jean II *le Bon* (1350-1364), Charles V *le Sage* (1364-1380), Charles VI *le Bien-Aimé* (1380-1422), Charles VII (1422-1461), Louis XI (1461-1483), Charles VIII (1483-1498), Louis XII (1498-1515), François Ier (1515-1547), Henri II (1547-1559), François II (1559-1560), Charles IX (1560-1574) et Henri III (1574-1589).

valorisant, e [valɔrizɑ̃, -ɑ̃t] **adj.** Qui valorise : *Promotion valorisante.*

valorisation [valɔrizasjɔ̃] **n.f. 1.** Action de donner de la valeur, plus de valeur à qqn, à qqch : *La valorisation d'une région déshéritée* (= mise en valeur). **2.** IND. Utilisation des déchets comme matière première.

valoriser [valɔrize] **v.t.** (du lat. *valor*). **1.** Donner une plus grande valeur à : *La piscine valorise la propriété.* **2.** Augmenter la valeur, le mérite de : *Son succès l'a valorisé aux yeux de ses proches* (contr. **déprécier**). ◆ **se valoriser v.pr.** Augmenter sa propre valeur : *Il cherche à se valoriser.*

Valparaíso, principal port du Chili ; 263 499 hab. (873 752 hab. dans l'agglomération). Centre industriel.

valse [vals] **n.f.** (all. *Walzer*). **1.** Danse tournante à trois temps, dont le premier est accentué ; morceau musical composé sur ce rythme : *Une valse de Chopin.* **2.** *FAM.* Changement fréquent des membres d'un bureau, d'un service, etc. : *La valse des ministres.* **3.** *FAM.* Modification, remplacement continuels de choses : *La valse des étiquettes, des prix.*

valser [valse] **v.i. 1.** Danser la valse. **2.** *FAM.* Être projeté, lancé violemment : *Les assiettes valsaient dans la pièce. Sur le coup, il alla valser contre le mur.* **3.** *FAM.* Être soumis a des modifications, des déplacements, des remplacements continuels : *Les prix, les étiquettes valsent. Les ministres valsent.* **4.** *FAM.* **Envoyer qqn, qqch valser,** renvoyer sans égards qqn ; se débarrasser brutalement de qqch : *Il a envoyé valser sa nouvelle secrétaire. Il a eu envie de tout envoyer valser* (= envoyer promener, balader). / **Faire valser l'argent,** le dépenser sans compter (= jongler avec).

valseur, euse [valsœr, -øz] **n.** Personne qui valse.

valve [valv] **n.f.** (lat. *valva,* battant de porte). **1.** Appareil destiné à régler le mouvement d'un fluide dans une canalisation suivant les nécessités des organes d'utilisation : *Dévisser la valve pour regonfler un pneu de bicyclette.* **2.** ZOOL. Chacune des deux parties d'une coquille bivalve : *Les valves d'une coquille Saint-Jacques.* **3.** BOT. Chacune des parties d'un fruit sec qui s'ouvre pour laisser échapper les graines.

valvule [valvyl] **n.f.** (lat. *valvula,* dimin. de *valva ;* v. *valve*). **1.** ANAT. Repli membraneux fixé sur la paroi interne du cœur ou d'un vaisseau, qui dirige les liquides (sang, lymphe) en les empêchant de refluer. **2.** BOT. Petite valve.

vamp [vɑ̃p] **n.f.** (mot anglo-amér., abrév. de *vampire*). **1.** Actrice de cinéma qui interprétait des rôles de femme fatale : *Les vamps d'Hollywood.* **2.** *FAM.* Femme fatale.

vamper [vɑ̃pe] **v.t.** (de *vamp*). *FAM.* Essayer de séduire en faisant la vamp.

vampire [vɑ̃pir] **n.m.** (all. *Vampir,* d'orig. scand.). **1.** Mort qui, selon une superstition populaire, sortirait du tombeau pour sucer le sang des vivants : *Les Carpates auraient vu la naissance des vampires.* **2.** Personne qui s'enrichit du travail d'autrui : *Ce promoteur immobilier est un vampire.* **3.** Chauve-souris d'Amérique tropicale, qui mord des mammifères endormis pour se nourrir de leur sang. ▸ Envergure env. 20 cm.

vampirisme [vɑ̃pirism] **n.m. 1.** Croyance aux vampires ; comportement supposé de ceux-ci. **2.** Avidité de ceux qui s'enrichissent du travail d'autrui : *Le vampirisme d'un usurier.*

1. van [vɑ̃] **n.m.** (lat. *vannus*). Grand panier plat en osier, muni de deux anses, pour le vannage du grain.

2. van [vɑ̃] **n.m.** (abrév. de l'angl. *caravan*). Véhicule fermé pour le transport des chevaux de course.

Van, lac de la Turquie orientale, à 1 646 m d'alt. ; 3 700 km^2.

vanadium [vanadjɔm] **n.m.** (mot lat., de *Vanadis,* n. d'une divinité scand.). Métal blanc, fondant vers 1 750 °C. ▸ Symb. V ; densité 5,7.

Van Allen (James Alfred), physicien américain (Mount Pleasant, Iowa, 1914 - Iowa City 2006). Il a découvert en 1958, grâce aux mesures des premiers satellites artificiels américains, l'existence, autour de la Terre, de ceintures de rayonnement auxquelles on a donné son nom.

Van Artevelde (Jacob), bourgeois de Gand (Gand v. 1290 - *id.* 1345). Chef des Flamands révoltés contre le comte de Flandre, partisan de l'alliance avec le roi d'Angleterre Édouard III contre Philippe VI de Valois, il se heurta au particularisme des villes flamandes et périt dans une émeute.

Vancouver, port du Canada (Colombie-Britannique), sur le détroit de Géorgie et près de l'embouchure du Fraser, en face de l'*île de Vancouver ;* 603 502 hab. (2 313 328 hab. dans l'agglomération, la troisième du pays). Archevêché. Université. Débouché canadien sur le Pacifique, centre industriel (bois, construction navale, mécanique, alimentation) et touristique.

Vancouver *(île de),* île canadienne de la côte de la Colombie-Britannique ; 32 137 km^2. V. princ. *Victoria.*

vandale [vɑ̃dal] **n.m.** (de *Vandales,* n. d'un peuple). Personne qui commet des actes de vandalisme : *Des vandales ont dévasté les cabines téléphoniques* (syn. **casseur**).

Vandales, peuple germanique établi au sud de la Baltique au Iᵉʳ s. apr. J.-C. Au début du vᵉ s., avec d'autres peuples barbares, ils envahirent la Gaule (407), l'Espagne (409) puis, sous la conduite de Geiséric (428-477), l'Afrique romaine, où ils fondèrent un royaume qui s'étendit à la Sicile. Cet État, fondé sur la piraterie et le pillage, disparut en 533, lors de la conquête byzantine de l'Afrique.

vandaliser [vɑ̃dalize] **v.t.** (de *vandale*). *FAM.* Se livrer à des actes de vandalisme sur : *Ils ont vandalisé les installations du gymnase* (syn. **saccager**).

vandalisme [vɑ̃dalism] **n.m.** Attitude de celui qui détruit ou mutile gratuitement des œuvres d'art, des édifices publics, etc. : *Des actes de vandalisme* (syn. **déprédation**).

Vandekeybus (Wim), danseur et chorégraphe belge (Herenthout, prov. d'Anvers, 1963). Il libère sur scène une énergie instinctive, accordant une place privilégiée à la musique et à la vidéo (*What the Body Does not Remember,* 1987 ; *Inasmuch as Life is Borrowed,* 2000 ; *Blush,* 2002 ; *Spiegel,* 2006).

Vandenberg, base américaine de lancement d'engins spatiaux, en Californie du Sud, sur la côte du Pacifique.

Van den Berghe (Frits), peintre belge (Gand 1883 - *id.* 1939). Membre (1904-1914) de la seconde école de Laethem-Saint-Martin, influencé ensuite par l'expressionnisme allemand, il a donné à partir de 1925-1926 une version bien flamande du surréalisme, hallucinante et sarcastique.

Van der Goes (Hugo), peintre flamand (m. en 1482 au monastère d'Auderghem, en forêt de Soignes), maître à Gand en 1467. Monumental et pathétique, il a imprimé au réalisme flamand la marque de son esprit angoissé (« Triptyque Portinari » [*Adoration des bergers*], v. 1475, Offices ; *la Mort de la Vierge,* Bruges).

Van der Waals (Johannes Diderik), physicien néerlandais (Leyde 1837 - Amsterdam 1923). Il a donné une équation d'état des fluides, découvert la loi des états correspondants et étudié les forces d'attraction entre molécules. (Prix Nobel 1910.)

Van der Weyden (Rogier de La Pasture, ou **Rogier),** peintre des Pays-Bas du Sud (Tournai v. 1400 - Bruxelles 1464). Il devint peintre officiel de la ville de Bruxelles en 1435. Influencé par R. Campin et par Van Eyck, son art apporte une vision encore imprégnée de la linéarité gothique, souvent dramatique, mais fixée dans une construction rigoureuse, tout intellectuelle (*Descente de Croix,* v. 1435 ?, Prado ; *Saint Luc peignant la Vierge,* plusieurs versions ; retable du *Jugement dernier,* v. 1445-1450, hôtel-Dieu de Beaune ; « Triptyque Braque », Louvre ; portrait de *l'Homme à la flèche,* Bruxelles).

Van de Velde (Henry), architecte, décorateur et peintre belge (Anvers 1863 - Zurich 1957). Il fut un des principaux animateurs du mouvement moderniste en Europe, à la fois attaché à un Art nouveau retenu et au fonctionnalisme.

Van Dongen (Kees), peintre français d'origine néerlandaise (Delfshaven, près de Rotterdam, 1877 - Monte-Carlo 1968). L'un des fauves, grand coloriste, il exécuta des scènes de la vie contemporaine et des portraits d'une valeur synthétique percutante. Normalisant quelque peu ses audaces, il obtint un grand succès mondain.

Van Dyck ou **Van Dijck (Anton, Antoon** ou **Anthonie),** peintre flamand (Anvers 1599 - Londres 1641). Collaborateur de Rubens d'env. 1618 à 1621, il travailla ensuite à Gênes, puis de nouveau à Anvers (peintures religieuses, portraits) ; en 1632, il devint le peintre de Charles Ier et de la cour d'Angleterre. Le succès de ses portraits, pleins de virtuosité et de distinction, fut immense.

Vänern, le plus grand lac de Scandinavie (Suède), se déversant dans le Cattégat par le Göta älv ; 5 585 km^2.

Vanes, divinités constituant, à côté de celles des Ases, une des deux grandes familles du panthéon nord-germanique. Les Vanes sont représentatifs d'une culture agraire, président à la Fertilité et à la Prospérité. Moins nombreux que les Ases, les Vanes comprennent notamment Njörd et ses enfants, Freyr et Freyja.

Van Eyck (Jan), peintre flamand (? v. 1390 - Bruges 1441). Il passe du service de Jean de Bavière, futur comte de Hollande (miniatures des *Très Belles Heures de Notre-Dame,* Turin), à celui de Philippe le Bon (1425), est chargé de missions diplomatiques et se fixe à Bruges vers 1430. Sa renommée grandit avec l'inauguration en 1432, à Gand, du retable de *l'Agneau mystique* (qu'avait entrepris, semble-t-il, un Hubert Van Eyck, sans doute son frère aîné). Associant diverses techniques (dont l'huile en glacis légers) pour donner à la matière picturale un pouvoir de suggestion inédit, dégagé, au profit d'un réalisme attentif, du maniérisme ornemental du style gothique international, il est, avec le Maître de Flémalle, le fondateur de la grande école flamande, tant par ses tableaux religieux (*Vierge au chancelier Rolin,* Louvre) que par ses portraits, dont celui d'*Arnolfini et sa femme* (1434, Londres), premier exemple de scène intimiste bourgeoise dans la peinture occidentale.

Van Gogh (Vincent), peintre néerlandais (Groot-Zundert, Brabant, 1853 - Auvers-sur-Oise, Val-d'Oise, 1890). Sa vie, marquée d'inquiétude spirituelle, fut brève et tragique. Après des séjours dans le Borinage belge et à Nuenen (Brabant septentrional), il vécut à Paris (1886-1887) puis gagna la Provence. Interné un moment (1889) à l'asile psychiatrique de Saint-Rémy-de-Provence, il s'installa ensuite à Auvers-sur-Oise (1890), où il mit fin à ses jours. Il a cherché à obtenir le maximum d'intensité et de vibration chromatique dans ses natures mortes et ses bouquets *(Tournesols),* ses portraits, ses paysages (les *Pont de Langlois,* les *Champ de blé aux cyprès, la Nuit étoilée* [New York]), et fut ainsi le grand précurseur des fauves et des expressionnistes. Il est bien représenté au musée d'Orsay (*Campement de Bohémiens, la Chambre, l'Église d'Auvers, le Docteur Gachet,* deux autoportraits), mais mieux encore au musée national Van Gogh d'Amsterdam et au musée Kröller-Müller d'Otterlo.

Van Goyen (Jan), peintre néerlandais (Leyde 1596 - La Haye 1656). L'un des meilleurs paysagistes de son pays, il est renommé pour ses vues fluviales aux miroitements argentés ou dorés, avec de petits personnages dans des barques, en contre-jour (*Vue du Rhin vers la colline d'Elten,* La Haye).

Van Helmont (Jan Baptist), médecin et chimiste flamand (Bruxelles 1579 - Vilvoorde 1644). Il imagina le terme de « gaz » et découvrit le gaz carbonique. Il élucida le rôle du suc gastrique dans la digestion et inventa le premier thermomètre.

vanille [vanij] **n.f.** (esp. *vainilla,* petite gaine, du lat. *vagina,* gaine). **1.** Fruit du vanillier. **2.** Gousse ou extrait de ce fruit utilisés comme parfum en confiserie et en pâtisserie : *Crème, glace à la vanille.*

vanillé, e [vanije] **adj.** Parfumé à la vanille : *Sucre vanillé.*

vanillier [vanije] **n.m.** Orchidée des régions tropicales, qui produit la vanille. ▸ Le vanillier est une liane originaire du Mexique ; son fruit, ou *gousse,* atteint 0,25 m de long. Famille des orchidacées.

Vanini (Giulio Cesare), philosophe italien (Taurisano, Lecce, 1585 - Toulouse 1619). Prêtre, il proposa une philosophie naturaliste rendant compte de l'homme autant comme être physiologique que comme être pourvu d'une âme. Esprit caustique, il fut accusé d'athéisme et brûlé vif. Il a écrit *Amphithéâtre de l'éternelle providence* (1615) et *Discours sur les secrets de la nature* (1616).

vanité [vanite] **n.f.** (lat. *vanitas,* de *vanus,* vain). **1.** Satisfaction de soi-même ; défaut de celui qui étale ce sentiment : *Il est d'une vanité incroyable* (syn. **fatuité, prétention, suffisance**). **2.** LITT. Caractère de ce qui est sans utilité, sans valeur : *Être convaincu de la vanité des honneurs* (syn. **futilité, inanité**). **3.** Caractère inefficace de qqch : *La vanité d'une tentative* (syn. **inefficacité, inutilité**). **4.** BX-A. Composition (nature morte le plus souvent) évoquant la destinée mortelle de l'homme. **5. Tirer vanité de,** se glorifier, s'enorgueillir de.

vaniteusement [vanitøzmɑ̃] **adv.** Avec vanité : *Il montrait vaniteusement ses trophées sportifs.*

vaniteux, euse [vanitø, -øz] **adj.** et **n.** Qui fait preuve de vanité : *Une jeune fille vaniteuse* (syn. **prétentieux, suffisant**).

vanity-case [vanitikɛz] **n.m.** (mot angl., de *vanity,* chose futile, et *case,* mallette) [pl. *vanity-cases*]. Mallette de voyage rigide destinée à contenir divers produits et accessoires de toilette.

Van Leeuwenhoek (Antonie), naturaliste néerlandais (Delft 1632 - *id.* 1723). Améliorant les premiers microscopes en fabriquant des lentilles toujours plus fortes, il est le premier à découvrir le monde vivant microscopique. Il décrit de nombreux protistes (qu'il appelle *animalcules*), les spermatozoïdes, les globules du sang, et bien d'autres structures invisibles à l'œil nu, ce qui fait de lui le pionnier de la microbiologie.

Van Loo ou **Vanloo,** famille de peintres français d'origine néerlandaise, dont le principal est **Charles André,** dit **Carle** (Nice 1705 - Paris 1765). Formé en Italie, professeur à l'Académie royale de Paris en 1737, il représente le « grand style » au sein de l'esthétique rococo (tableaux religieux ou mythologiques, « turqueries », panneaux décoratifs). Il fut nommé premier peintre du roi en 1762.

vannage [vanaʒ] **n.m.** (de *vanner*). Séparation des grains battus de leur balle et de leurs impuretés : *Le vannage du blé.*

1. vanne [van] **n.f.** (bas lat. *venna,* treillage, d'orig. celt.). Panneau mobile permettant de régler la circulation et le débit d'un fluide : *Ouvrir les vannes d'une écluse.*

2. vanne [van] **n.f.** (de *vanner* au sens anc. « railler, tourmenter »). FAM. Remarque, plaisanterie désobligeante : *Arrête de lui lancer des vannes.*

vanné, e [vane] **adj.** FAM. Extrêmement fatigué : *Je suis vanné après cette marche au soleil* (syn. **exténué, fourbu**).

vanneau [vano] **n.m.** (de *1. van,* à cause du bruit des ailes). Oiseau échassier, commun en Europe et en Asie. ▶ Famille des charadriidés ; long. 30 cm.

vanner [vane] **v.t. 1.** Trier, nettoyer les grains en les secouant dans un van : *Vanner le blé.* **2.** FAM. Fatiguer excessivement : *L'ascension l'a vanné* (syn. **épuiser, exténuer**).

vannerie [vanri] **n.f. 1.** Art, industrie du vannier. **2.** Objets en osier, rotin, jonc, etc.

Vannes, ch.-l. du dép. du Morbihan, près de l'Atlantique, à 450 km à l'O.-S.-O. de Paris ; 55 189 hab. *(Vannetais).* Évêché. Tréfilerie. Remparts, cathédrale des XIIIe-XVIIIe s. (trésor), vieilles maisons. Musées, dont celui de la Cohue, ancienne halle (beaux-arts ; section « le Golfe et la Mer »).

vanneur, euse [vanœr, -øz] **n.** et **adj.** Personne qui vanne le grain.

vannier [vanje] **n.m.** (de *1. van*). Ouvrier qui confectionne divers objets (paniers, corbeilles, sièges, etc.) au moyen de tiges ou de fibres végétales entrelacées.

Vanoise ***(massif de la),*** massif des Alpes, entre les vallées de l'Arc et de l'Isère ; 3 852 m. Parc national (52 800 ha).

Van Rompuy (Herman), homme politique belge (Etterbeek 1947). Chrétien-démocrate flamand, président de la Chambre des représentants (2007-2008), il est Premier ministre en 2008-2009. Il devient le 1er déc. 2009 le premier président permanent du Conseil européen (prise de fonctions en 2010), reconduit en 2012. Il préside aussi depuis 2011 les sommets de la zone euro.

Van Ruisdael ou **Ruysdael** ⟶ **Ruisdael.**

Van Ruusbroec ou **Van Ruysbroeck (Jan),** dit **l'Admirable,** théologien et écrivain brabançon (Ruusbroec, près de Bruxelles, 1293 - Groenendaal, près de Bruxelles, 1381). Son enseignement et ses écrits, dont les plus célèbres sont les *Noces spirituelles,* le *Miroir du salut éternel,* les *Sept Degrés de l'amour spirituel* et qui comptent parmi les premiers chefs-d'œuvre de la langue néerlandaise, marquèrent profondément le courant mystique de la *Devotio moderna.*

Van Scorel (Jan), peintre néerlandais (Schoorl, près d'Alkmaar, 1495 - Utrecht 1562). Installé à Utrecht vers 1525, il fut, après avoir voyagé (séjours à Venise et surtout à Rome...), l'un des premiers à introduire l'influence italienne aux Pays-Bas. Réalisme nordique et expressionnisme n'en marquent pas moins son œuvre (retables, tel le *Polyptyque de Marchiennes* du musée de Douai ; portraits).

vantail [vɑ̃taj] **n.m.** (de *vent*) [pl. *vantaux*]. Panneau plein pivotant sur un de ses bords ; battant : *Les vantaux d'une porte cochère.*

vantard, e [vɑ̃tar, -ard] **adj.** et **n.** Qui a l'habitude de se vanter : *Son frère est très vantard* (syn. **fanfaron, hâbleur**). *Faire le vantard* (syn. **matamore**).

vantardise [vɑ̃tardiz] **n.f. 1.** Caractère d'une personne qui se vante : *Une insupportable vantardise* (syn. **forfanterie**). **2.** Acte, propos du vantard : *Encore une de ses vantardises* (syn. **fanfaronnade**).

vanter [vɑ̃te] **v.t.** (bas lat. *vanitare,* du class. *vanus,* vain, vide). Présenter de façon élogieuse : *Vanter les mérites de qqn* (syn. **célébrer, exalter**). *Vanter une méthode de travail* (syn. **préconiser, prôner**). ◆ **se vanter v.pr. 1.** S'attribuer des qualités, des mérites qu'on n'a pas : *Sans me vanter, je peux dire que j'y serais arrivé du premier coup.* **2. Se vanter de,** tirer vanité de ; se déclarer capable de : *Se vanter de sa force* (syn. **s'enorgueillir**). *Il se vante de réussir à le faire tout seul* (syn. **se targuer, se flatter**).

Van't Hoff (Jacobus Henricus), chimiste néerlandais (Rotterdam 1852 - Berlin 1911). Il est, avec A. Le Bel (1847-1930), le créateur de la stéréochimie. Il formula la théorie du carbone asymétrique et posa, en 1884, les fondements de la cinétique chimique. En 1886, il signala l'analogie entre les solutions et les gaz, et donna une théorie de la pression osmotique. (Prix Nobel 1901.)

Vanuatu, anc. **Nouvelles-Hébrides,** État de la Mélanésie, au nord-est de la Nouvelle-Calédonie, indépendant depuis 1980 ; 12 200 km^2 ; 253 000 hab. *(Vanuatuans).* CAP. *Port-Vila.* LANGUES : *bichlamar, anglais* et *français.* MONNAIE : *vatu.* De la soixantaine d'îles montagneuses et forestières qui composent l'archipel, Vaté, Espiritu Santo et Mallicolo regroupent la moitié de la population. Sous un climat chaud (26 °C en moyenne) et très humide (2 à 4 m de pluies), les plantations de cocotiers (exportations de coprah) et la pêche sont les seules ressources commerciales de ce jeune État qui bénéficie de l'aide de ses deux anciennes puissances de tutelle, la France et la Grande-Bretagne.

va-nu-pieds [vanypje] **n. inv.** FAM. Personne qui vit très misérablement (syn. **gueux, miséreux**).

Van Velde (Bram), peintre et lithographe néerlandais (Zoeterwoude, près de Leyde, 1895 - Grimaud, 1981). L'orientation de son œuvre, depuis 1945 surtout, a fait de lui un des représentants les plus originaux de l'abstraction lyrique européenne. • Son frère **Geer** (Lisse, près de Leyde, 1898 - Cachan 1977) fut également peintre, dans une veine abstraite moins subjective, géométrisante.

vapes [vap] **n.f. pl.** (de *1. vapeur*). FAM. **Tomber dans les vapes,** s'évanouir.

1. vapeur [vapœr] **n.f.** (lat. *vapor*). **1.** Gaz résultant de la vaporisation d'un liquide ou de la sublimation d'un solide : *Des vapeurs d'essence* (syn. **émanation**). **2.** Masse gazeuse qui se dégage de l'eau en ébullition : *Légumes cuits à la vapeur. Repassage à la vapeur.* **3.** Vapeur d'eau employée comme force motrice : *Train à vapeur. Marine à vapeur.* **4. À toute vapeur,** à toute vitesse. ◆ **vapeurs n.f. pl. 1.** Troubles et malaises divers : *Avoir des vapeurs* (= des bouffées de chaleur). **2.** LITT. Ce qui monte à la tête et étourdit : *Les vapeurs du vin.*

2. vapeur [vapœr] **n.m.** (de [*bateau à*] *vapeur*). MAR. ANC. Navire propulsé par une machine à vapeur.

vaporeux, euse [vapɔrø, -øz] **adj.** (lat. *vaporosus*). **1.** Qui est léger et transparent : *Tissu vaporeux.* **2.** Dont l'éclat est comme voilé par la brume : *Ciel vaporeux* (syn. **nébuleux**).

vaporisateur [vapɔrizatœr] **n.m. 1.** Récipient dans lequel on opère la transformation d'un liquide en vapeur. **2.** Instrument rechargeable employé pour projeter un liquide, un parfum, etc., sous forme de fines gouttelettes : *Un vaporisateur de parfum* (syn. **atomiseur**).

vaporisation [vapɔrizasjɔ̃] **n.f. 1.** Transformation d'un liquide ou d'un solide en gaz ou en vapeur (syn. **sublimation, volatilisation**). **2.** Opération consistant à diffuser un liquide sous la forme de fines gouttelettes : *Faire deux vaporisations dans le nez* (syn. **pulvérisation**).

vaporiser [vapɔrize] **v.t.** (du lat. *vapor,* vapeur). **1.** Faire passer un liquide ou un solide à l'état gazeux : *La chaleur vaporise l'eau* (syn. **volatiliser**). **2.** Disperser, projeter en gouttelettes fines : *Vaporiser un insecticide sur des rosiers* (syn. **pulvériser**). *Vaporiser de la laque sur ses cheveux.*

vaquer [vake] **v.i.** (lat. *vacare,* être vide). Cesser pour un temps ses fonctions : *Les tribunaux vaquent.* ◆ **v.t. ind. [à].** S'appliquer à ; s'occuper de : *Vaquer à ses occupations habituelles* (syn. **se livrer à**).

Var (le), fl. de la Provence orientale, qui s'écoule presque entièrement dans les Alpes-Maritimes et rejoint la Méditerranée ; 120 km.

Var [83], dép. de la Région Provence-Alpes-Côte d'Azur ; ch.-l. de dép. *Toulon ;* ch.-l. d'arr. *Brignoles, Draguignan ;* 3 arr., 23 cant., 153 comm. ; 5 973 km^2 ; 1 039 603 hab. *(Varois).*

varan [varɑ̃] **n.m.** (lat. scientif. *varanus,* de l'ar. *waran*). Grand lézard carnivore, habitant l'Afrique, l'Asie, l'Australie et des îles de la Sonde. ▸ Long. de 2 à 3 m. Le *varan* (ou *dragon*) *de Komodo* est le plus grand des lézards actuels.

varangue [varɑ̃g] **n.f.** (de l'anc. scand. *vrong,* couple, cloison). Sur un navire, pièce à deux branches formant la partie inférieure d'un couple.

varappe [varap] **n.f.** (de *Varappe,* n. d'un couloir rocheux près de Genève). Escalade de parois rocheuses : *Faire de la varappe en forêt de Fontainebleau.*

varappeur, euse [varapœr, -øz] **n.** Personne qui pratique la varappe.

Vardar (le), fl. de Macédoine et de Grèce qui se jette dans la mer Égée ; 420 km.

varech [varɛk] **n.m.** (anc. scand. *vágrek,* épave). Ensemble des algues laissées par le retrait de la marée ou récoltées à marée basse sur les rivages. ▸ Le varech, appelé *goémon* en Normandie et en Bretagne, sert à amender les terres sablonneuses, est utilisé comme litière et fournit de l'iode et de la soude.

Varègues, Vikings qui, pendant la seconde moitié du IXe s., pénétrèrent en Russie et pratiquèrent un commerce actif entre la Baltique, la mer Noire et la Caspienne.

Varennes ***(la fuite à)*** [20-25 juin 1791], épisode de la Révolution française au cours duquel le roi Louis XVI et sa famille furent arrêtés, à Varennes-en-Argonne (Meuse), alors qu'ils cherchaient à gagner l'étranger. Cet événement fit naître les premières convictions républicaines.

Varèse (Edgard), compositeur français naturalisé américain (Paris 1883 - New York 1965). Se considérant comme compositeur et acousticien, il a renouvelé le matériel sonore et bouleversé l'usage des instruments, auxquels il fut le premier à ajouter des bruits de machine (*Intégrales,* 1925 ; *Ionisation,* 1931). Il aborda ensuite l'électroacoustique (*Déserts,* 1952).

vareuse [varøz] **n.f.** (de *varer,* forme dialect. de *garer,* protéger). **1.** Veste assez ample. **2.** Blouse d'uniforme des quartiers-maîtres et matelots de la Marine nationale.

Vargas (Getúlio), homme d'État brésilien (São Borja, Rio Grande do Sul, 1883 - Rio de Janeiro 1954). Il s'empara du pouvoir en 1930 et devint président de la République en 1934. Il promulgua une Constitution autoritaire et réalisa d'importantes réformes sociales. Déposé en 1945, il fut réélu en 1950 et se suicida en 1954.

Vargas Llosa (Mario), écrivain péruvien naturalisé espagnol (Arequipa 1936). Ses romans forment une peinture ironique et satirique de la société péruvienne *(la Ville et les Chiens).* Candidat à l'élection présidentielle de 1990, il est battu.

variabilité [varjabilite] **n.f. 1.** Caractère d'une chose variable, d'une personne changeante : *La variabilité de certains hommes* (syn. **inconstance, versatilité**). *La variabilité du temps* (syn. **fluctuation**). **2.** Propriété que présentent certains mots de changer de terminaison selon leur emploi : *La variabilité d'un adjectif.*

variable [varjabl] **adj. 1.** Qui varie, peut varier : *Humeur variable* (syn. **changeant, instable**). *Temps variable* (syn. **capricieux, incertain**). **2.** Divers : *Les succès que nous remportons sont variables* (syn. **inégal ;** contr. **constant**). **3.** GRAMM. Se dit d'un mot dont la forme varie selon le genre, le nombre, la fonction. **4.** ASTRON. **Étoile variable,** étoile soumise à des variations sensibles d'éclat (on dit aussi *une variable*). ◆ **n.f. 1.** Élément qui peut prendre des valeurs différentes à l'intérieur d'un système, d'une relation ; facteur. **2.** MATH. Terme indéterminé dont l'ensemble des valeurs possibles est déterminé : *Variable réelle, complexe.*

variante [varjɑ̃t] **n.f.** (du p. présent de *varier*). **1.** Chose qui diffère légèrement d'une autre de la même espèce : *Le nouveau modèle n'est qu'une variante de l'ancien.* **2.** Texte ou fragment de texte qui diffère de celui qui est communément admis du fait de corrections volontaires de son auteur ou d'altérations dues à la copie ou à l'édition : *Comparer les variantes du « Cid »* (syn. **version**).

variateur [varjatœr] **n.m.** Dispositif permettant de faire varier une intensité électrique, utilisé notamm. avec certains appareils d'éclairage : *Une lampe à halogène avec variateur.*

variation [varjasjɔ̃] **n.f.** (lat. *variatio*). **1.** État de ce qui varie ; changement d'aspect de qqch : *Variations brusques de température* (syn. **changement, écart**). *Elle est sujette à des variations d'humeur* (syn. **fluctuation, saute**). *Cette doctrine a subi de nombreuses variations* (syn. **évolution, mutation, transformation**). **2.** BIOL. Modification d'un animal ou d'une plante par rapport au type habituel de son espèce. ▸ On distingue les *somations,* purement individuelles, acquises au cours de la vie, intransmissibles, et les *mutations,* transmissibles. **3.** CHORÉGR. Enchaînement figurant dans un grand pas de deux. **4.** MUS. Procédé de composition qui consiste à employer un même thème en le transformant, en l'ornant, tout en le laissant reconnaissable ; forme musicale qui use de ce procédé. **5.** MATH. **Calcul des variations,** détermination des maximums et des minimums d'une fonction définie dans un espace fonctionnel.

varice [varis] **n.f.** (lat. *varix, -icis*). PATHOL. Dilatation permanente d'une veine, particulièrement fréquente aux membres inférieurs.

varicelle [varisɛl] **n.f.** (de *variole*). Maladie infectieuse, contagieuse et épidémique, sans gravité, due au virus herpès, atteignant surtout les enfants et caractérisée par une éruption de vésicules, qui disparaissent en une dizaine de jours.

varié, e [varje] **adj.** (lat. *varius*). **1.** Qui présente de la diversité : *Travail varié* (contr. **routinier**). *Chanteur qui a un répertoire très varié* (syn. **étendu, vaste ;** contr. **limité**). *Paysage varié* (contr. **monotone**). **2.** (Au pl.). Se dit de choses très différentes entre elles : *Hors-d'œuvre variés. Il y eut des réactions variées dans l'auditoire* (syn. **divers**).

varier [varje] **v.t.** (lat. *variare,* de *varius,* varié) [conj. **9**]. Présenter de diverses manières ; faire changer de nature : *Varier le style, la décoration* (syn. **modifier, transformer**). *Varier l'alimentation* (syn. **diversifier**). ◆ **v.i. 1.** Présenter des différences, des aspects divers : *Les opinions varient sur ce point* (syn. **différer**). *Les prix varient* (syn. **fluctuer, osciller**). *Son humeur varie d'un jour à l'autre* (syn. **changer**). **2.** MATH. Changer de valeur : *Grandeur qui varie de zéro à l'infini.* **3. Varier en genre, en nombre, en personne,** s'accorder selon le genre, le nombre, la personne, en parlant d'un terme grammatical.

variété [varjete] **n.f.** (lat. *varietas*). **1.** Caractère de ce qui est varié : *La variété de la végétation, du paysage* (syn. **diversité**). *Il y a une grande variété d'opinions dans la population* (syn. **disparité**). **2.** Genre musical de large audience destiné spécial. au divertissement (chanson, musique de danse, etc.) : *Un disque de variété.* **3.** BIOL. Type, sorte, à l'intérieur d'un même ensemble ; unité plus petite que l'espèce, dont les individus présentent un trait commun qui les différencie des autres variétés de la même espèce : *Une variété d'huître, de rose.* ◆ **variétés n.f. pl.** Spectacle, émission présentant diverses attractions (chansons, danses, etc.) : *Il y a trop de variétés à la télévision.*

variole [varjɔl] **n.f.** (bas lat. *variola,* [maladie] tachetée, du class. *varius,* varié, tacheté). Maladie infectieuse, très contagieuse, due à un virus, caractérisée par une éruption de taches rouges devenant des vésicules, puis des pustules (on disait autref. *petite vérole*). ▸ La variole n'existe plus : elle a été déclarée éradiquée dans le monde entier par l'O.M.S. en 1978. C'était une maladie grave, mortelle dans 15 % des cas ; elle laissait des cicatrices indélébiles en cas de guérison.

varioleux, euse [varjɔlø, -øz] **adj.** Variolique. ◆ **adj.** et **n.** Qui est atteint de la variole.

variolique [varjɔlik] **adj.** Relatif à la variole ; varioleux.

variqueux, euse [varikø, -øz] **adj.** (lat. *varicosus*). Relatif aux varices ; accompagné de varices : *Ulcère variqueux.*

varlope [varlɔp] **n.f.** (néerl. *voorloper*). Grand rabot muni d'une poignée et qu'on manie à deux mains pour aplanir une pièce de bois.

Varna, port, station balnéaire et centre industriel de Bulgarie, sur la mer Noire ; 334 870 hab.

Varsovie, en polon. **Warszawa,** cap. de la Pologne, sur la Vistule ; 1 700 612 hab. *(Varsoviens).* Métropole politique, culturelle, commerciale et industrielle, la ville a été presque entièrement reconstruite après la Seconde Guerre mondiale. Musées. – Capitale de la Pologne en 1596, cédée à la Prusse en 1795, capitale du grand-duché de Varsovie (1807), du royaume de Pologne (1815), dont le souverain était l'empereur de Russie, Varsovie se révolta en 1830 et en 1863. Capitale de la République polonaise en 1918, elle fut occupée par les Allemands dès 1939. Elle subit d'énormes destructions et pertes humaines lors de l'anéantissement du ghetto de Varsovie (1943) et de l'écrasement de l'insurrection de 1944. La ville fut libérée par les forces polono-soviétiques en janv. 1945.

Varsovie *(pacte de),* alliance militaire qui regroupait autour de l'Union soviétique l'Albanie (jusqu'en 1968), l'Allemagne démocratique, la Bulgarie, la Hongrie, la Pologne, la Roumanie et la Tchécoslovaquie. Créé en 1955 pour faire pièce à l'entrée de l'Allemagne fédérale dans l'O.T.A.N., ce pacte fut dissous en 1991. Le commandement suprême des forces du pacte revenait à un général soviétique.

Vasarely (Victor Vasarhelyi, dit **Victor),** peintre français d'origine hongroise (Pécs 1906 - Paris 1997). Il a été l'un des maîtres de l'art cinétique « virtuel » *(op art),* tant par son *Manifeste jaune* (1955) que par ses œuvres plastiques.

Vasari (Giorgio), peintre, architecte et historien de l'art italien (Arezzo 1511 - Florence 1574). Figure importante du courant maniériste, il est l'auteur d'un précieux recueil de *Vies* d'artistes qui privilégie l'école florentine.

Vascons, ancien peuple d'Espagne qui occupait la Navarre et une partie des provinces voisines. Les noms de *Gascons* et de *Basques* dérivent de cette appellation.

vasculaire [vaskylɛr] **adj.** (du lat. *vasculum,* vaisseau). ANAT. Relatif aux vaisseaux, en partic. aux vaisseaux sanguins : *Troubles vasculaires.*

vascularisation [vaskylarizasjɔ̃] **n.f. 1.** Disposition des vaisseaux dans une région, un organe. **2.** Densité du réseau vasculaire : *Une forte vascularisation.*

vascularisé, e [vaskylarize] **adj.** (de *vasculaire*). Se dit d'un organe irrigué par des vaisseaux : *Le foie est richement vascularisé.*

1. vase [vaz] **n.f.** (moyen néerl. *wase*). Boue qui se dépose au fond des eaux : *Étang plein de vase* (syn. **limon**).

2. vase [vaz] **n.m.** (lat. *vas*). **1.** Récipient de matière, de grandeur et de forme variables : *Disposer des fleurs en bouquet dans un vase.* **2. En vase clos,** à l'abri de tout contact ; au fig., à l'abri de toute influence extérieure. / **Vase de nuit,** pot de chambre. ◆ **vases n.m. pl. Vases communicants,** récipients qui communiquent entre eux par des tubes ou des ouvertures, et qui servent à l'étude de l'équilibre des liquides. / CATH. **Vases sacrés,** ceux qui sont destinés à la célébration de la messe *(calice et patène)* ou à la conservation de l'eucharistie *(ciboire).*

vasectomie [vazɛktɔmi] **n.f.** (du lat. *vas,* canal, et de *-ectomie*). MÉD. Opération chirurgicale consistant à sectionner les canaux déférents (qui relient les testicules à l'urètre), pratiquée pour des raisons médicales ou comme moyen de stérilisation masculine. ▸ Cette technique de stérilisation est interdite dans de nombreux pays.

vaseline [vazlin] **n.f.** (mot anglo-amér., de l'all. *Wasser,* eau, et du gr. *elaion,* huile). Graisse minérale, translucide, extraite du résidu de la distillation des pétroles, utilisée en pharmacie et en parfumerie.

vaseux, euse [vazø, -øz] **adj. 1.** Qui contient de la vase : *Le fond vaseux d'une mare* (syn. **envasé**). **2.** FAM. Se dit de qqn qui se sent faible, sans énergie : *Je me sens vaseuse aujourd'hui* (syn. **engourdi, fatigué**). **3.** FAM. Qui manque de clarté, de précision : *Un exposé vaseux* (syn. **confus, obscur**). **4.** FAM. Très médiocre : *Il ne sort que des astuces vaseuses* (syn. **lamentable, pitoyable**).

vasistas [vazistas] **n.m.** (altér. de l'all. *was ist das ?,* qui signifie « qu'est-ce que c'est ? »). Petit vantail vitré s'ouvrant dans la partie supérieure d'une porte ou dans un mur.

vasoconstricteur, trice [vazɔkɔ̃striktœr, -tris] **adj.** et **n.m.** Qui diminue le calibre des vaisseaux sanguins : *Nerf vasoconstricteur. Un vasoconstricteur.*

vasoconstriction [vazɔkɔ̃striksjɔ̃] **n.f.** Diminution naturelle ou provoquée du calibre des vaisseaux sanguins.

vasodilatateur, trice [vazɔdilatatœr, -tris] **adj.** et **n.m.** Qui augmente le calibre des vaisseaux sanguins : *Une substance vasodilatatrice. Un vasodilatateur.*

vasodilatation [vazɔdilatasjɔ̃] **n.f.** Augmentation naturelle ou provoquée du calibre des vaisseaux sanguins.

vasomoteur, trice [vazɔmɔtœr, -tris] **adj.** MÉD. Se dit de ce qui a rapport aux variations du calibre des vaisseaux sanguins : *Nerfs vasomoteurs. Troubles vasomoteurs.*

vasouiller [vazuje] **v.i.** (de *vaseux*). **1.** FAM. S'empêtrer dans ses actes ou ses propos : *Vasouiller dans une longue explication* (syn. **s'embrouiller**). **2.** En parlant de choses, évoluer vers la confusion, la médiocrité : *Son affaire commence à vasouiller* (syn. **péricliter**).

vasque [vask] **n.f.** (it. *vasca,* du lat. *vasculum,* petit vase). **1.** Bassin large et peu profond où se déverse l'eau d'une fontaine. **2.** Coupe large et peu profonde servant à la décoration d'une table.

vassal, e, aux [vasal, -o] **n.** (lat. médiév. *vasculus,* du gaul. **vasso-* ; v. *valet*). Au temps de la féodalité, personne liée à un suzerain par l'obligation de foi et hommage et lui devant des services personnels. ◆ **adj.** et **n.** Qui est en situation de dépendance par rapport à un autre : *État vassal.*

vassaliser [vasalize] **v.t.** Asservir, réduire à la condition de vassal : *Groupe financier qui vassalise la production industrielle d'un pays* (syn. **inféoder**).

vassalité [vasalite] **n.f. 1.** Système social fondé sur l'existence de liens entre suzerains et vassaux, qui constitue la base de la féodalité. **2.** Condition de vassal.

vaste [vast] **adj.** (lat. *vastus*). **1.** D'une grande étendue ; qui s'étend au loin : *Une vaste plaine* (syn. **immense**). **2.** Qui présente de grandes dimensions, un grand volume : *De vastes placards* (syn. **large, spacieux**). **3.** De grande envergure : *De vastes projets* (syn. **ample**). *Une vaste érudition* (syn. **étendu**).

va-t-en-guerre [vatɑ̃gɛr] **adj. inv.** et **n. inv.** FAM. Belliciste (péjor.).

Vatican, résidence des papes, à Rome. Ensemble de palais de dates et de styles divers (notamm. de la Renaissance : XVe et XVIe s.). Importants musées (antiques, peintures). Bibliothèque conservant de précieux manuscrits. C'est au Vatican que se trouvent la chapelle Sixtine*, les « Chambres » et les « Loges » de Raphaël.

Vatican *(État de la Cité du),* État d'Europe, à Rome ; 0,44 km^2 ; 557 hab. LANGUE : *italien.* MONNAIE : *euro.* Il fut constitué à la suite des accords du Latran entre le Saint-Siège et Mussolini (11 févr. 1929) « pour assurer au Saint-Siège l'indépendance absolue et visible, avec une souveraineté indiscutable, garantie même dans le domaine international ». Ce petit État comprend essentiellement la place et la basilique Saint-Pierre*, les jardins et le palais qui s'étagent sur la colline. Le pape y exerce le pouvoir exécutif et législatif par l'intermédiaire d'une commission cardinalice présidée par le cardinal secrétaire d'État.

Vatican *(premier concile du),* concile œcuménique qui fut convoqué par Pie IX et se tint dans la basilique Saint-Pierre de Rome du 8 déc. 1869 au 18 juill. 1870. Il eut pour aboutissement la définition de l'infaillibilité pontificale. Cette décision, qui avait provoqué des déchirements au sein même de l'assemblée, entraîna le schisme, assez limité, des vieux-catholiques, mais surtout alimenta un long débat qui devait conduire le concile suivant à mettre l'accent sur l'idée de collégialité dans le gouvernement de l'Église.

Vatican *(deuxième concile du)*, concile œcuménique dont le pape Jean XXIII avait annoncé la convocation en 1959 et qui se tint dans la basilique Saint-Pierre en quatre sessions, de 1962 à 1965. Il se donna comme objectif le renouveau de l'Église au sein du monde moderne. Par l'importance des décisions pastorales qui y furent adoptées – en présence d'observateurs non catholiques –, il a profondément modifié la mentalité des catholiques, les incitant notamment à être plus ouverts aux autres chrétiens, aux adeptes d'autres religions et aux non-croyants. L'un des prolongements les plus importants de ce concile fut l'institution d'un synode épiscopal, sorte de structure permanente de réflexion et de gouvernement aux côtés du pape.

vaticane [vatikan] **adj.f. 1.** Relative au Vatican : *La presse vaticane.* **2. La bibliothèque Vaticane,** bibliothèque du Vatican, qui contient de nombreux incunables.

vaticinateur, trice [vatisinatœr, -tris] **n.** (du lat. *vaticinari,* prophétiser). Personne qui prétend prédire l'avenir sous l'effet d'une inspiration surnaturelle (péjor.) [syn. **devin**].

vaticination [vatisinasjɔ̃] **n.f. 1.** LITT. (PÉJOR.) Action de prophétiser : *Elle dit qu'elle a le don de vaticination* (syn. **divination, prédiction**). **2.** Prophétie rabâchée et pompeuse : *Les vaticinations d'un politicien démagogue* (syn. **élucubration**).

vaticiner [vatisine] **v.i.** (lat. *vaticinari,* de *vates,* devin). **1.** LITT. (PÉJOR.) Faire des révélations sur l'avenir avec emphase ou prétention. **2.** Tenir des discours pompeux et confus, comme dans un délire prophétique : *Vieux poète qui vaticine* (syn. **déraisonner**).

va-tout [vatu] **n.m. inv.** (de *va,* forme de *aller,* et *tout*). **1.** Mise sur un seul coup de tout l'argent qu'on a devant soi, aux jeux de cartes ou aux dés. **2. Jouer son va-tout,** risquer sa dernière chance.

Vauban (Sébastien Le Prestre de), maréchal de France (Saint-Léger-de-Fourcheret, auj. Saint-Léger-Vauban, Yonne, 1633 - Paris 1707). Commissaire général des fortifications (1678), il fortifia de nombreuses places des frontières françaises et dirigea plusieurs sièges (Lille, 1667 ; Namur, 1692). Constructeur de près de 300 places fortes, il porta la fortification munie de bastions à son plus haut degré d'efficacité. Ses critiques de la politique de Louis XIV lui firent perdre la faveur du roi, et son *Projet d'une dîme royale,* préconisant un impôt sur le revenu, fut saisi peu avant sa mort.

Vaucanson (Jacques de), mécanicien français (Grenoble 1709 - Paris 1782). Il établit d'abord sa réputation en construisant (1737-1738) trois automates célèbres dont le *Canard.* À partir de 1741, il fut chargé par le gouvernement de réorganiser l'industrie française de la soie, ce qui l'amena à créer de nombreuses machines ainsi qu'un outillage perfectionné destiné à les fabriquer. On lui doit notamment le premier métier à tisser entièrement automatique, le premier tour à chariot et une perceuse dont les divers dispositifs devinrent les organes essentiels de la machine-outil. Ces prototypes, groupés dans les ateliers modèles de l'hôtel de Mortagne, rue de Charonne à Paris, furent repris par les pouvoirs publics et constituèrent le premier fonds du musée du Conservatoire national des arts et métiers.

Vaucluse [84], dép. de la Région Provence-Alpes-Côte d'Azur ; ch.-l. de dép. *Avignon ;* ch.-l. d'arr. *Carpentras, Apt ;* 3 arr., 17 cant., 151 comm. ; 3 567 km^2 ; 558 623 hab. *(Vauclusiens).*

Vaud, un des cantons suisses de langue française ; 3 212 km^2 ; 713 281 hab. *(Vaudois).* Ch.-l. *Lausanne.* Il fut créé en 1803.

vaudeville [vodvil] **n.m.** (de l'anc. fr. *vau de vire,* chanson de circonstance). LITTÉR. Comédie légère, fondée sur l'intrigue et le quiproquo : *Un vaudeville de Labiche.*

vaudevillesque [vodvilɛsk] **adj.** Qui rappelle le comique du vaudeville : *Une situation vaudevillesque.*

1. vaudois, e [vodwa, -az] **adj.** et **n.** (de *Vaud,* n.pr.). Du canton de Vaud.

2. vaudois, e [vodwa, -az] **adj.** et **n.** (du n. de Pierre Valdo). Qui appartient à la secte hérétique fondée à Lyon par P. Valdo au XIIe s. ▶ Les membres de cette secte chrétienne furent excommuniés en 1184.

1. vaudou [vodu] **n.m.** (mot du Bénin). À Haïti, culte animiste greffé sur une croyance monothéiste et selon lequel il vaut mieux s'adresser aux dieux qu'à Dieu (trop lointain et trop respectable). ▶ C'est un syncrétisme de rites animistes africains et du rituel catholique.

2. vaudou, e [vodu] **adj.** Relatif au vaudou : *Les cérémonies vaudoues.*

Vaudreuil (Philippe de Rigaud, *marquis* de), administrateur français (en Gascogne 1643 - Québec 1725). Il fut gouverneur du Canada de 1703 à 1725. • Son fils **Pierre de Rigaud de Cavagnal,** *marquis* **de Vaudreuil** (Québec 1698 - Muides-sur-Loire 1778), fut le dernier gouverneur de la Nouvelle-France (1755-1760).

Vaugelas (Claude Favre, *seigneur* de), grammairien français (Meximieux, Ain, 1585 - Paris 1650), auteur des *Remarques sur la langue française* (1647), dans lesquelles il s'attache à régler et à unifier la langue en se référant au « bon usage », celui de la Cour.

Vaughan (Sarah), chanteuse de jazz américaine (Newark, New Jersey, 1924 - Los Angeles 1990). Douée d'une voix remarquable à la tessiture très étendue, elle a développé une grande technique, qui lui a permis une importante carrière internationale. Elle a participé au mouvement be-bop.

Vaughan Williams (Ralph), compositeur britannique (Down Ampney, Gloucestershire, 1872 - Londres 1958). Puisant son inspiration dans le folklore, il est à l'origine d'une école musicale authentiquement nationale (six opéras, neuf symphonies, soixante mélodies, trois ballets).

à **vau-l'eau** [volo] **loc. adv.** (de *vau,* var. de *val,* et *eau*). **1.** Au fil de l'eau : *Amarres rompues, la barque partit à vau-l'eau.* **2. Aller, s'en aller à vau-l'eau,** se détériorer peu à peu : *Son commerce s'en va à vau-l'eau* (syn. **péricliter**).

Vauquelin (Nicolas Louis), chimiste français (Saint-André-d'Hébertot, Calvados, 1763 - *id.* 1829). Il découvrit le chrome (1797), le lithium (1817) et étudia les sels de platine. Il est l'auteur de nombreux travaux de chimie organique et minérale ainsi que d'hydrologie.

1. vaurien, enne [vorjɛ̃, -ɛn] **n.** (de *vaut,* forme de *valoir,* et *rien*). **1.** Personne dénuée de scrupules et de principes moraux : *Tous les vauriens du quartier* (syn. **crapule, fripouille, gredin**). **2.** Enfant malicieux et indiscipliné : *Tu es une petite vaurienne* (syn. **coquin, fripon, polisson**).

2. Vaurien [vorjɛ̃] **n.m.** (nom déposé). Voilier monotype dériveur, gréé en sloop et destiné à la régate et à la promenade.

vautour [votur] **n.m.** (lat. *vultur*). **1.** Oiseau rapace diurne, à tête et cou nus, au bec puissant et aux ailes longues et larges, se nourrissant princip. de charognes. ▶ On sépare ces oiseaux en vautours de l'Ancien Monde (ordre des falconiformes), qui se rencontrent en Europe du Sud, en Afrique et en Asie, et vautours du Nouveau Monde (ordre des ciconiiformes), qui habitent le continent américain et comprennent les condors. **2.** Homme dur, avide et rusé (syn. **rapace**).

se **vautrer** [votre] **v.pr.** (du lat. pop. **volutare,* de **volutus,* du class. *volvere,* tourner, retourner). **1.** S'étendre, se rouler sur le sol, dans la boue, sur un siège, etc. : *Se vautrer dans un fauteuil.* **2.** Se laisser aller avec complaisance à de mauvais penchants : *Se vautrer dans le vice, dans la paresse* (syn. **s'adonner à, se complaire dans**).

Vauvenargues (Luc de Clapiers, *marquis* de), écrivain français (Aix-en-Provence 1715 - Paris 1747). Il est l'auteur d'une *Introduction à la connaissance de l'esprit humain* (1746), accompagnée de *Réflexions,* de plusieurs *Caractères* *et dialogues.* Ami de Voltaire, il réhabilite l'homme contre La Rochefoucauld, réprouve l'esprit de salon et la grandiloquence et enseigne « qu'il faut avoir de l'âme pour avoir du goût ».

vaux n.m. pl. ⟶ **val.**

à la **va-vite** [vavit] **loc. adv.** Avec une grande hâte : *Ce devoir a été rédigé à la va-vite* (syn. **hâtivement**).

veau [vo] **n.m.** (lat. *vitellus*). **1.** Petit de la vache, jusqu'à un an. **2.** Viande de cet animal : *Des côtelettes de veau.* **3.** Peau tannée de cet animal : *Reliure en veau.* **4.** *FAM.* Véhicule lent et sans reprises : *Sa voiture est un veau.* **5. Le veau d'or,** symbole de la richesse (par allusion à l'idole que les Hébreux adorèrent au pied du Sinaï). / **Tuer le veau gras,** faire de grandes réjouissances de table (par allusion à la parabole de l'Enfant prodigue).

Vecellio (Tiziano) ⟶ **Titien.**

vecteur [vɛktœr] **n.m.** (lat. *vector,* de *vehere,* transporter). **1.** MATH. Bipoint orienté sur lequel on distingue une origine et une extrémité. **2.** Tout véhicule aéronautique capable de transporter une arme nucléaire en vue de la lancer sur un objectif. **3.** MÉD. Animal, plante, etc., qui sert de support à la transmission de maladies épidémiques : *Le rat est le principal vecteur de la peste.* **4.** Ce qui véhicule qqch : *Journaux qui sont les grands vecteurs de l'information.*

vectoriel, elle [vɛktɔrjɛl] **adj.** MATH. Relatif aux vecteurs ; qui s'effectue sur des vecteurs : *Géométrie vectorielle.*

vécu, e [veky] **adj.** (p. passé de *1. vivre*). Qui s'est passé ou qui semble s'être passé réellement : *Une histoire vécue.* ◆ **vécu n.m.** Expérience réellement vécue ; faits, événements de la vie réelle : *Ce roman, c'est du vécu.*

Veda, mot sanskrit qui signifie « le savoir » et qui désigne un ensemble de quatre longs écrits sacrés, considérés comme les textes fondamentaux du brahmanisme et de l'hindouisme. Composés en sanskrit entre 1800 et 1200 av. J.-C., ces livres sont essentiellement des recueils de prières, d'hymnes, de formules rituelles se rapportant au sacrifice et à l'entretien du feu. Ils ont été prolongés par une littérature d'interprétation et de commentaires, comprenant notamment les *Upanishad,* qui est désignée du nom de vedanta (« fin des Veda »).

Vedel (Georges), juriste français (Auch 1910 - Paris 2002). Professeur de droit, membre du Conseil constitutionnel (1980-1989), il joua un grand rôle dans l'élaboration du droit administratif français et de la théorie du droit.

vedettariat [vədetarja] **n.m. 1.** Fait d'être une vedette, de le devenir : *Cette chanson lui a permis d'accéder au vedettariat.* **2.** Système fondé sur la promotion des vedettes : *Le vedettariat joue un rôle important dans la vie politique.*

vedette [vədɛt] **n.f.** (it. *vedetta,* lieu élevé où l'on place une sentinelle, altér., d'apr. *vedere,* voir, de *veletta,* petite voile). **1.** Artiste connu à qui on a l'habitude de donner de grands rôles au cinéma, au théâtre ; artiste qui a une grande notoriété au music-hall, dans les variétés, etc. : *Une vedette de la chanson* (syn. **étoile**). *Les vedettes d'Hollywood* (syn. **star**). **2.** Personne de premier plan : *La vedette du moment* (syn. **héros**). *Les vedettes de la politique* (syn. **célébrité**). **3.** MAR. Petite embarcation à moteur : *Une vedette de la douane.* **4. Avoir, tenir la vedette, être en vedette,** occuper une position prééminente dans l'actualité. / **Mettre en vedette,** mettre en évidence, en valeur : *Son exploit l'a mis en vedette pour une saison.* **5. Vedette lance-missiles, vedette de combat,** petit bâtiment de guerre très rapide et puissamment armé.

védique [vedik] **adj.** Relatif aux Veda. ◆ **n.m.** Langue des Veda, qui est une forme archaïque du sanskrit.

Vega Carpio (Félix Lope de), écrivain espagnol (Madrid 1562 - *id.* 1635). Il a écrit 1 800 pièces profanes, 400 drames religieux (ou *autos sacramentals*), de nombreux intermèdes, un roman pastoral, *l'Arcadie,* des poèmes mystiques *(le Romancero spirituel)* et burlesques. Son génie dramatique est nourri de toutes les traditions historiques, religieuses et populaires de l'Espagne : *l'Alcade de Zalamea* (1600), *Peribáñez et le Commandeur d'Ocaña* [ou *Pedro et le Commandeur*] (1614), *le Chien du jardinier* (1618), *Fuenteovejuna* (1618), *le Cavalier d'Olmedo* (1641).

1. végétal [veʒetal] **n.m.** (lat. médiév. *vegetalis,* du bas lat. *vegetare,* croître). Être vivant génér. chlorophyllien et fixé au sol, doué d'une sensibilité et d'une mobilité extrêmement faibles par rapport à un animal, et capable de se nourrir de sels minéraux et de gaz carbonique.

■ **Le règne végétal.** Les végétaux ont la propriété de synthétiser leur substance organique à partir de la matière minérale en utilisant l'énergie lumineuse du soleil *(photosynthèse).* Les champignons, qui ne pratiquent pas la photosynthèse et dont les parois cellulaires sont faites de chitine (protéine que l'on retrouve chez les insectes), sont classés dans un règne distinct du règne végétal.
Une évolution liée à une complexification de l'organisation est néanmoins observée à l'intérieur du règne végétal. Les végétaux plus primitifs, comme les algues, sont dépourvus de tiges, de feuilles et de racines *(thallophytes).* Avec les mousses apparaissent les tiges feuillées puis, avec les fougères, les racines et les vaisseaux conducteurs de sève. Les *thallophytes,* les *bryophytes* (mousses et hépatiques) et les *ptéridophytes* (fougères) forment le groupe des *cryptogames* (dont les organes reproducteurs sont cachés ou peu visibles). Les plantes à graines (*phanérogames* ou *spermatophytes*) réalisent le développement d'un mode de reproduction plus performant grâce à des spermatozoïdes inclus dans des grains de pollen, ne dépendant plus de l'élément liquide pour se mouvoir, et grâce à la graine contenant l'embryon. Les phanérogames comprennent les *gymnospermes* (plantes à graines nues, tels les conifères) et les *angiospermes* (plantes à fleurs).
La vie fixée des végétaux est compensée par une phase de dispersion nécessaire à la conquête de nouveaux milieux. Pour cela, les végétaux produisent des spores ou des graines dispersées par le vent, l'eau ou les animaux. ■

2. végétal, e, aux [veʒetal, -o] **adj.** (même étym. que *1. végétal*). **1.** Propre aux végétaux, aux plantes : *Le règne végétal.* **2.** Composé de plantes ; extrait de plantes : *Huile végétale.*

végétalien, enne [veʒetaljɛ̃, -ɛn] et **végétaliste** [veʒetalist] **adj.** et **n.** Relatif au végétalisme ; qui le pratique.

végétalisé, e [veʒetalize] **adj. Toiture, mur végétalisés,** recouverts de végétaux.

végétalisme [veʒetalism] **n.m.** Alimentation exclusive par les végétaux. (aussi *végétarisme.*)

végétarien, enne [veʒetarjɛ̃, -ɛn] **adj.** et **n.** (angl. *vegetarian*). Relatif au végétarisme ; qui le pratique.

végétarisme [veʒetarism] **n.m.** Système d'alimentation supprimant les viandes mais autorisant certains produits d'origine animale (lait, beurre, etc.), à la différence du *végétalisme,* qui exclut aussi ces derniers.

végétatif, ive [veʒetatif, -iv] **adj.** (lat. médiév. *vegetativus,* qui croît). **1.** Qui assure l'entretien de la vie et de la croissance des animaux et des plantes : *La circulation, la respiration, la digestion et l'excrétion sont les fonctions végétatives.* **2.** Qui se limite à l'entretien des fonctions vitales sans faire intervenir les facultés intellectuelles : *Vie végétative.* **3. Appareil végétatif,** racines, tige et feuilles des plantes supérieures, thalle des végétaux inférieurs, qui assurent la nutrition. / **Multiplication végétative,** mode de reproduction des plantes à partir d'un élément de l'appareil végétatif : *Le marcottage, le bouturage, le greffage sont des modes de multiplication végétative.* / ANAT. **Système nerveux végétatif** ⟶ **neurovégétatif.**

végétation [veʒetasjɔ̃] **n.f.** (lat. médiév. *vegetatio,* de *vegetare ;* v. *végéter*). Ensemble des végétaux d'un lieu ou d'une région : *La végétation des tropiques* (syn. **flore**). *Région où il y a peu de végétation* (syn. **verdure**). ◆ **végétations n.f. pl.** Excroissances qui apparaissent sur la muqueuse du rhinopharynx et obstruent les fosses nasales, spécial. chez les enfants (on dit aussi *végétations adénoïdes*) : *Être opéré des végétations.*

végéter [veʒete] **v.i.** (bas lat. *vegetare,* croître, du class. *vegetus,* vivant) [conj. **18**]. **1.** En parlant des plantes, mal pousser : *Plantes qui végètent par manque de lumière* (syn. **dépérir, s'étioler**). **2.** Vivre médiocrement ; se développer difficilement : *Végéter dans un emploi subalterne* (syn. **vivoter**). *Ses affaires végètent* (syn. **stagner**).

véhémence [veemɑ̃s] **n.f.** (lat. *vehementia*). Force impétueuse et passionnée avec laquelle se manifeste un sentiment (syn. **fougue, passion**).

véhément, e [veemɑ̃, -ɑ̃t] **adj.** (lat. *vehemens,* passionné). Qui manifeste de l'emportement, de la fougue : *Discours véhément* (syn. **enflammé, passionné**). *Une personne véhémente* (syn. **emporté, impétueux**).

véhiculaire [veikylɛr] **adj.** (de *véhicule*). **Langue véhiculaire,** langue de communication entre des communautés d'une même région ayant des langues maternelles différentes (par opp. à *langue vernaculaire*).

véhicule [veikyl] **n.m.** (lat. *vehiculum,* de *vehere,* porter). **1.** Moyen de transport terrestre ou aérien : *Voie réservée aux véhicules lents. Véhicule spatial.* **2.** Ce qui sert à transmettre qqch : *La langue, véhicule de la pensée* (syn. **support**). *Le sang est le véhicule de l'oxygène* (syn. **vecteur**).

véhiculer [veikyle] **v.t. 1.** Faire passer d'un endroit à un autre au moyen d'un véhicule : *Véhiculer des marchandises, du matériel* (syn. **acheminer, transporter**). **2.** Constituer un moyen de diffusion, de transmission : *Le langage permet de véhiculer les idées* (syn. **communiquer, transmettre**).

Véies, en lat. **Veii,** en it. **Veio,** cité étrusque qui connut son apogée aux VIIIe-VIe s. av. J.-C. Elle fut soumise définitivement par Rome après un long siège (début du IVe s. av. J.-C.). Importants vestiges ; statues en terre cuite (dont le célèbre *Apollon de Véies,* v. 510-490 av. J.-C.) et nécropole aux tombes ornées de peintures murales.

Veil (Simone), femme politique française (Nice 1927). Ancienne déportée, elle est d'abord magistrate. Ministre de la Santé (1974-1979), elle libéralise l'accès à la contraception et fait voter la loi sur l'interruption volontaire de grossesse (1975). Présidente du Parlement européen (1979-1982), elle est ensuite ministre des Affaires sociales, de la Santé et de la Ville (1993-1995), puis membre du Conseil constitutionnel (1998-2007).

Veilhan (Xavier), plasticien français (Lyon 1963). Ses sculptures monochromes aux formes simplifiées (*le Rhinocéros,* 1999 ; *Sophie,* 2009) et ses systèmes mécaniques (*le Coucou,* 2005), inspirés du futurisme et de l'art cinétique, comme ses environnements synthétiques (*la Forêt,* 1998) et ses scénographies explorent les possibilités de la représentation et les enjeux de toute exposition.

veille [vɛj] **n.f.** (lat. *vigilia*). **1.** État de qqn qui est éveillé ; fait de ne pas dormir aux heures génér. consacrées au sommeil : *De longues heures de veille consacrées à l'étude.* **2.** Action de monter la garde, en partic. de nuit : *Chaque tour de veille dure deux heures.* **3.** Journée qui précède celle dont on parle ou un événement particulier : *Il faut réserver les places la veille. Nous partirons la veille de Pâques.* **4.** État d'un matériel électrique ou électronique dont tout ou partie des fonctions est suspendu afin de réduire sa consommation (pour un ordinateur, on dit aussi *mode veille*) : *Ne laisse pas la télé en veille.* **5. À la veille de,** juste avant ; sur le point de : *Nous sommes à la veille de grands bouleversements.* / FAM. **Ce n'est pas demain la veille,** cela ne se produira pas de sitôt.

veillée [veje] **n.f.** (de *veille*). **1.** Temps qui s'écoule depuis le repas du soir jusqu'au coucher : *Passer la veillée en famille* (syn. **soirée**). **2.** Action de veiller un malade, un mort : *Veillée funèbre.* **3. Veillée d'armes,** soirée qui précède un jour important : *La veillée d'armes avant un examen.*

veiller [veje] **v.i.** (lat. *vigilare*). **1.** Rester éveillé pendant le temps destiné au sommeil : *J'ai veillé jusqu'à deux heures du matin.* **2.** Exercer une garde, une surveillance : *Ne craignez rien, la police veille* (syn. **surveiller**). ◆ **v.t. ind. [à, sur]. 1.** Exercer une surveillance vigilante : *Veiller sur des enfants* (syn. **garder, surveiller**). *Veiller sur le bon déroulement d'une procédure* (syn. **assurer**). **2.** Prendre soin de ; s'occuper de : *Veiller à l'approvisionnement des réfugiés. Veillez à arriver à l'heure* (= faites en sorte de). ◆ **v.t. Veiller un malade,** rester à son chevet pendant la nuit. / **Veiller un mort,** rester à son chevet jusqu'à la mise en bière.

veilleur [vejœr] **n.m. Veilleur de nuit,** garde de nuit d'un établissement public ou privé, d'un magasin, etc.

veilleuse [vejøz] **n.f.** (de *veilleur*). **1.** Petite lampe donnant une lumière qui ne gêne pas le sommeil : *La veilleuse d'une couchette de chemin de fer.* **2.** Petite flamme d'un appareil à gaz ou à mazout qu'on peut laisser brûler pour permettre l'allumage automatique de l'appareil : *La veilleuse d'un chauffe-eau.* **3. En veilleuse,** au ralenti ; en attente : *Le problème restera en veilleuse jusqu'à nouvel ordre.* ◆ **veilleuses n.f. pl.** Feux de position d'un véhicule automobile.

veinard, e [venar, -ard] **adj.** et **n.** (de *veine,* chance). FAM. Qui a de la chance : *Tu es vraiment veinarde !* (syn. **chanceux**).

veine [vɛn] **n.f.** (lat. *vena*). **1.** Vaisseau ramenant le sang des organes vers le cœur : *Le sang des veines aboutit aux oreillettes.* **2.** MIN. Filon d'un minéral qui peut être exploité : *Une veine de quartz.* **3.** Trace plus ou moins sinueuse visible sur une pièce de bois, un bloc de pierre ou de marbre (syn. **veinure**). **4.** BOT. Nervure saillante de certaines feuilles. **5.** Inspiration d'un artiste : *La veine poétique, satirique* (syn. **souffle**). *Sa veine est tarie* (syn. **verve**). **6.** FAM. Chance : *Avoir de la veine au jeu.* **7. Être en veine de,** être disposé à : *Elle était en veine de confidences.*

veiné, e [vene] **adj. 1.** Qui a des veines apparentes : *Main veinée. Marbre veiné de rouge.* **2.** Qui porte des dessins imitant les veines du bois ou des pierres : *Papier veiné.*

veiner [vene] **v.t.** Orner en imitant par des couleurs les veines du marbre ou du bois : *Veiner du contreplaqué* (syn. **jasper, marbrer**).

veineux, euse [venø, -øz] **adj. 1.** Relatif aux veines : *Système veineux.* **2. Sang veineux,** sang appauvri en oxygène et riche en gaz carbonique, qui circule dans les veines de la grande circulation et dans l'artère pulmonaire.

veinule [venyl] **n.f.** (lat. *venula*). Petite veine.

veinure [venyr] **n.f.** Ensemble de veines visibles dans la pierre, le marbre, le bois : *Les veinures d'une pièce de bois.*

vêlage [velaʒ] et **vêlement** [vɛlmɑ̃] **n.m.** Action de mettre bas, de vêler, en parlant des vaches.

vélaire [velɛr] **adj.** (du lat. *velum,* voile [du palais]). PHON. Se dit des voyelles ou des consonnes articulées près du voile du palais : *Le* [k] *est une consonne vélaire.* (On dit aussi *une vélaire.*)

Velay, région du Massif central, entre l'Allier supérieur et le Vivarais. (Hab. *Vellaves.*) Il est formé de massifs et de plateaux, parfois volcaniques *(monts du Velay),* encadrant le bassin du Puy, drainé par la Loire.

Velázquez (Diego de Silva), en fr. **Vélasquez,** peintre espagnol (Séville 1599 - Madrid 1660). Artiste préféré du roi Philippe IV (qui se l'attache, à Madrid, dès 1623), il est considéré comme un des plus grands coloristes de tous les temps. Parti du caravagisme de l'école sévillane, il a élaboré sa manière propre grâce à l'exemple, notamment, des Italiens (Titien) et de Rubens. La plupart de ses chefs-d'œuvre sont au musée du Prado : scènes de genre (*les Buveurs* ou *le Triomphe de Bacchus,* 1629) ; remarquables portraits (reines et infantes, nains de la Cour) ; œuvres profanes neuves par l'iconographie et la composition (*la Forge de Vulcain,* v. 1630 ; *la Reddition de Breda,* 1635) et qui, en dernier lieu, parviennent à une virtuosité unique dans le traitement de la lumière et de l'espace (*les Ménines* et *les Fileuses,* v. 1656-1657).

Velcro [vɛlkro] **n.m.** (nom déposé). COUT. Système de fermeture constitué par deux rubans s'accrochant l'un à l'autre par l'intermédiaire de leurs fibres textiles.

Vél'd'Hiv *(rafle du)* [16-17 juill. 1942], arrestation de Juifs étrangers (ou apatrides) opérée à Paris et dans sa banlieue, sur ordre des autorités allemandes, avec la collaboration de la police française. Cette opération entraîna la détention de 13 152 personnes, dont la plupart (4 115 enfants, 2 916 femmes et 1 129 hommes) furent entassées dans l'enceinte du Vél'd'Hiv (vélodrome d'Hiver, dans le XVe arrond.) avant leur déportation.

vêler [vele] **v.i.** (de l'anc. fr. *veel,* veau). Mettre bas, en parlant d'une vache.

Veliki Novgorod → Novgorod.

vélin [velɛ̃] **n.m.** (de l'anc. fr. *veel,* veau). **1.** Peau de veau ou de mouton préparée pour l'écriture, la peinture, etc., plus lisse et plus fine que le parchemin ordinaire : *Édition originale sur vélin.* **2. Papier vélin,** papier de luxe qui imite la blancheur et l'uni du vélin.

véliplanchiste [veliplɑ̃ʃist] **n.** (du lat. *velum,* voile, et de *planche*). Sportif qui fait de la planche à voile (syn. **planchiste**).

velléitaire [veleitɛr] **adj.** et **n.** Qui n'a que des intentions fugitives, non une volonté déterminée : *Un directeur velléitaire* (syn. **hésitant, instable, faible, versatile**).

velléité [veleite] **n.f.** (lat. scolast. *velleitas,* de *velle,* vouloir). Intention fugitive non suivie d'acte : *Il a eu des velléités de se mettre sérieusement au travail* (syn. **désir, intention**).

vélo [velo] **n.m.** (abrév. de *vélocipède*). **1.** Bicyclette. **2.** Sport, pratique de la bicyclette (syn. **cyclisme**). **3. Vélo tout-terrain,** V.T.T.

véloce [velɔs] **adj.** (lat. *velox*). LITT. Qui se déplace avec rapidité : *Un lévrier véloce* (syn. **rapide, vif**).

vélocipède [velɔsipɛd] **n.m.** (du lat. *velox,* rapide, et *pes, pedis,* pied). Cycle mû grâce à des pédales fixées sur le moyeu de la roue avant, ancêtre de la bicyclette.

vélocité [velɔsite] **n.f.** LITT. Grande vitesse : *Vélocité d'élocution. Faire des gammes pour acquérir de la vélocité* (syn. **rapidité**).

vélocross [velɔkrɔs] **n.m.** (de *vélo* et *cross*). Vélo tout-terrain analogue au bicross.

vélodrome [velɔdrom] **n.m.** (de *vélo* et *-drome*). Ensemble formé par une piste (couverte ou non) réservée à la compétition cycliste et les installations attenantes (tribunes, vestiaires, etc.).

vélomoteur [velɔmɔtœr] **n.m.** Motocyclette légère, d'une cylindrée comprise entre 50 et 125 cm^3.

véloroute [velɔrut] **n.f.** (de *vélo* et *route*). Itinéraire balisé proposé aux cyclistes, reliant plusieurs villes ou régions et privilégiant l'usage des pistes cyclables.

velours [vəlur] **n.m.** (altér. de l'anc. fr. *velos, velous,* du lat. *villosus,* velu). **1.** Étoffe rase d'un côté et couverte de l'autre de poils dressés, très serrés, maintenus par les fils du tissu : *Un pantalon en velours côtelé.* **2.** LITT. Ce qui est doux au toucher ; ce qui produit un effet de douceur : *Faire des yeux de velours. Ce vin est un velours.* **3. Faire patte de velours,** présenter sa patte en rentrant ses griffes, en parlant d'un chat ; au fig., cacher de mauvais desseins sous des dehors caressants. */ FAM.* **Jouer sur le velours,** faire qqch sans risque, sans difficulté.

1. velouté, e [vəlute] **adj.** (de *velours*). **1.** Qui est de la nature du velours : *Satin velouté.* **2.** Qui a l'aspect du velours : *Papier velouté.* **3.** Doux au toucher, au goût : *Peau veloutée* (syn. **satiné**). *Vin velouté* (syn. **moelleux**).

2. velouté [vəlute] **n.m.** (de *1. velouté*). **1.** Qualité de ce qui est agréable au toucher, au goût : *Le velouté d'un fruit, d'une crème* (syn. **douceur, onctuosité**). **2.** Potage onctueux, lié aux jaunes d'œufs : *Velouté d'asperges.*

velouteux, euse [vəlutø, -øz] **adj.** Qui a le toucher du velours : *Une pêche velouteuse* (syn. **duveteux, velouté**).

velu, e [vəly] **adj.** (bas lat. *villutus,* velu, class. *villosus,* de *villus,* poil). Couvert de poils : *Bras velus* (syn. **poilu**).

vélum ou **velum** [velɔm] **n.m.** (lat. *velum,* voile). Grand voile tendu ou froncé, simulant un plafond ou servant de toiture.

venaison [vənezɔ̃] **n.f.** (lat. *venatio, -onis,* chasse). Chair comestible de gros gibier (sanglier, cerf, etc.).

Venaissin *(Comtat)* → Comtat Venaissin.

vénal, e, aux [venal, -o] **adj.** (lat. *venalis,* de *venum,* vente). **1.** Qui s'acquiert à prix d'argent : *Sous l'Ancien Régime, les charges de notaire étaient vénales* (= il fallait les acheter pour les exercer). **2.** Relatif à une transaction commerciale : *Valeur vénale d'un produit.* **3.** Qui s'obtient à prix d'argent : *Amour vénal.* **4.** Prêt à se vendre pour de l'argent : *Un expert vénal* (syn. **corruptible**).

vénalité [venalite] **n.f. 1.** Caractère de ce qui peut s'obtenir à prix d'argent : *La vénalité des charges.* **2.** Caractère d'une personne vénale : *La vénalité d'un politicien.*

venant [vənɑ̃] **n.m.** (du p. présent de *venir*). **À tout venant,** au premier venu ; à toute occasion ; à tout le monde : *Il prête de l'argent à tout venant.*

Venceslas *(saint)* [v. 907 - Stará Boleslav 935], duc de Bohême (924-935). Assassiné par son frère Boleslav le Cruel, il est le saint patron de la Bohême.

vendable [vɑ̃dabl] **adj.** Qui peut être vendu.

vendange [vɑ̃dɑ̃ʒ] **n.f.** (lat. *vindemia,* de *vinum,* vin, et *demere,* récolter). **1.** Récolte du raisin destiné à produire du vin ; le raisin récolté : *Verser la vendange dans des cuves.* **2.** (Surtout au pl.). Temps de la récolte du raisin.

vendanger [vɑ̃dɑ̃ʒe] **v.t.** (lat. *vindemiare ;* v. *vendange*) [conj. **17**]. Récolter le raisin de : *Vendanger une vigne.* ◆ **v.i.** Faire la vendange : *Vendanger en septembre.*

vendangeur, euse [vɑ̃dɑ̃ʒœr, -øz] **n.** Personne qui fait la vendange.

Vendée [85], dép. de la Région Pays de la Loire, formé de l'anc. bas Poitou ; ch.-l. de dép. *La Roche-sur-Yon ;* ch.-l. d'arr. *Fontenay-le-Comte, Les Sables-d'Olonne ;* 3 arr., 17 cant., 282 comm. ; 6 720 km^2 ; 668 554 hab. *(Vendéens).*

Vendée *(guerre de)* [1793-1796], insurrection royaliste et contre-révolutionnaire qui bouleversa les départements de Vendée, de Loire-Inférieure (auj. Loire-Atlantique) et de Maine-et-Loire, et causa de très nombreuses victimes dont le nombre est difficile à établir. À son origine se situe la levée de 300 000 hommes décidée par la Convention le 23 févr. 1793. Cathelineau, Charette, Stofflet, Lescure, Bonchamps et La Rochejaquelein sont les principaux chefs de l'« armée catholique et royale », qui connaît d'abord quelques succès à Cholet (mars), à Fontenay (mai) et à Saumur (juin). Les généraux républicains échouent contre un adversaire qui se dilue dans le bocage. Mais les vendéens sont refoulés par Kléber sur la rive gauche de la Loire, après leur échec devant Granville et les défaites de Cholet (oct.), du Mans et de Savenay (déc.). Cruautés et massacres de part et d'autre (institution par la Convention, en août 1793, de la tactique de la terre brûlée ; noyades de Carrier à Nantes) firent de ce combat une guerre sans merci. Calmée un temps par les thermidoriens, l'insurrection reprit en 1794 dans les Mauges, puis partout lors du débarquement de Quiberon (1795). En 1796, Hoche réussit à pacifier le pays.

vendéen, enne [vɑ̃deɛ̃, -ɛn] **adj.** et **n.** De Vendée. ◆ **n.** HIST. Insurgé royaliste des provinces de l'Ouest, pendant la Révolution française.

vendémiaire [vɑ̃demjɛr] **n.m.** (du lat. *vindemia,* vendange). HIST. Premier mois de l'année républicaine, du 22, 23 ou 24 septembre au 21, 22 ou 23 octobre.

vendetta [vɑ̃deta] **n.f.** (mot it. « vengeance »). Dans certaines régions méditerranéennes (Corse, Sardaigne, Sicile), poursuite de la vengeance d'une offense ou d'un meurtre, qui se transmet à tous les parents de la victime.

vendeur, euse [vɑ̃dœr, -øz] **n. 1.** Personne dont la profession est de vendre dans un magasin, dans une entreprise : *Vendeuse dans un grand magasin.* **2.** DR. Personne qui fait un acte de vente : *Les acheteurs et les vendeurs discutaient.* ***Rem.*** En ce sens, le fém. est *venderesse.* ◆ **adj.** Qui fait vendre : *Un argument vendeur.*

Vendôme, ch.-l. d'arr. de Loir-et-Cher, sur le Loir ; 17 834 hab. *(Vendômois).* Église de la Trinité (XIe-XVIe s.), anc. abbatiale, avec clocher roman isolé et façade flamboyante. Porte du XIVe s. Musées.

Vendôme (César de Bourbon, *duc* **de),** fils légitimé d'Henri IV et de Gabrielle d'Estrées (Coucy-le-Château-Auffrique 1594 - Paris 1665). Il participa à plusieurs complots, puis, rentré en grâce, battit la flotte espagnole devant Barcelone (1655).

vendre [vɑ̃dr] **v.t.** (lat. *vendere*) [conj. **73**]. **1.** Céder moyennant un prix convenu : *Vendre sa maison.* **2.** Faire le commerce de : *Vendre du tissu.* **3.** Sacrifier à prix d'argent (ce qui ne doit pas être vénal) : *Vendre son silence* (syn. **monnayer**). **4.** *FAM.* Dénoncer pour de l'argent : *Vendre ses complices* (syn. **livrer**). **5. Vendre la peau de l'ours (avant de l'avoir tué),** disposer d'une chose avant de la posséder ; se flatter trop tôt du succès. ◆ **se vendre v.pr. 1.** Être l'objet d'un commerce : *Cet article se vend à l'unité, au poids.* **2.** Trouver un acquéreur : *Les appartements se vendent mal en ce moment. Auteur qui se vend bien* (= qui a du succès). **3.** Accepter de prêter son concours à qqch en échange d'avantages matériels : *Se vendre au parti au pouvoir.*

vendredi [vɑ̃drədi] **n.m.** (du lat. *Veneris dies,* jour de Vénus). **1.** Cinquième jour de la semaine. **2.** CATH. **Vendredi saint,** vendredi de la semaine sainte, jour anniversaire de la mort de Jésus-Christ.

vendu, e [vɑ̃dy] **adj.** et **n.** Qui s'est laissé acheter, corrompre (terme d'injure) : *Un témoin vendu.*

venelle [vənɛl] **n.f.** (dimin. de *veine*). *LITT.* ou *RÉGION.* Petite rue étroite : *Leur maison est au bout de la venelle* (syn. **ruelle**).

vénéneux, euse [venenø, -øz] **adj.** (bas lat. *venenosus,* du class. *venenum,* poison). Se dit d'un aliment qui renferme du poison et est dangereux pour l'organisme : *Champignons vénéneux* (contr. **comestible**).

vénérable [venerabl] **adj.** Digne de vénération : *Une personne vénérable* (syn. **respectable**). ◆ **n. 1.** CATH. Personne qui a mené une vie exemplaire et dont la cause de béatification est à l'étude. **2.** Président(e) d'une loge de francs-maçons.

vénération [venerasjɔ̃] **n.f.** (lat. *veneratio*). **1.** Respect et admiration que l'on a pour qqn : *Il a beaucoup de vénération pour son père* (syn. **considération, déférence**). **2.** Sentiment de piété, d'adoration, de respect pour les choses saintes : *Des reliques qui sont l'objet d'une grande vénération.*

vénérer [venere] **v.t.** (lat. *venerari*) [conj. **18**]. **1.** Éprouver un attachement profond pour : *Je la vénère comme ma mère* (syn. **respecter, révérer**). **2.** Rendre à Dieu, à un saint le culte qui leur est dû : *Vénérer saint François* (syn. **adorer**).

vénerie [venri] **n.f.** (du lat. *venari,* chasser). Art de chasser avec des chiens courants des animaux sauvages, tels que le chevreuil, le sanglier, le lièvre, le renard.

vénérien, enne [venerjɛ̃, -ɛn] **adj.** (du lat. *venerius,* de Vénus). *VIEILLI.* **Maladie vénérienne,** Maladie contractée au cours de rapports sexuels. ▸ On dit aujourd'hui infection sexuellement transmissible (I.S.T.), ou maladie sexuellement transmissible (M.S.T.).

Vénètes, nom porté, dans l'Antiquité, par des peuples divers. Au Ier millénaire av. J.-C., un groupe s'installa en Italie du Nord (actuelle Vénétie) et un autre en Gaule dans l'Armorique (région de Vannes).

Vénétie, en it. **Veneto,** région de l'Italie du Nord formée des prov. de Belluno, Padoue, Rovigo, Trévise, Venise, Vérone et Vicence ; 18 364 km^2 ; 4 866 324 hab. CAP. *Venise.* Anc. territoire de la république de Venise, elle comprenait en outre la *Vénétie Tridentine* (Trentin-Haut-Adige) et la *Vénétie Julienne.* Elle fut cédée à l'Autriche par le traité de Campoformio en 1797, intégrée au royaume d'Italie en 1805, rendue aux Habsbourg en 1815, réunie à l'Italie en 1866.

Vénétie Julienne, en it. **Venezia Giulia** ⟶ **Frioul-Vénétie Julienne.**

veneur [vənœr] **n.m.** (lat. *venator,* chasseur). **1.** Celui qui, à la chasse, dirige les chiens courants. **2. Grand veneur,** chef de l'équipage de chasse d'un souverain.

Venezuela, État de l'Amérique du Sud, sur la mer des Antilles ; 912 050 km^2 ; 30 405 000 hab. *(Vénézuéliens).* CAP. *Caracas.* LANGUE : *espagnol.* MONNAIE : *bolívar.*

GÉOGRAPHIE

Le milieu naturel. Les Andes forment deux cordillères qui culminent au pic Bolívar (5 007 m) et encadrent le golfe de Maracaibo. Le Centre est constitué par les Llanos, bassin sédimentaire drainé par les affluents de gauche de l'Orénoque, et bordé au nord par la chaîne Caraïbe, parallèle à la côte. L'Orénoque longe le rebord du massif guyanais, partie est du pays. Entre 1° et 12° de latitude nord, le pays a un climat tropical. Les pluies sont plus importantes au sud, domaine de la forêt amazonienne.

La population et l'économie. La population, dont la croissance est encore forte (plus de 2 % par an), est inégalement répartie. La région de Caracas regroupe près de 20 % d'une population urbanisée à 90 %. L'économie est dominée par l'extraction des hydrocarbures (pétrole et gaz naturel), provenant encore en partie de la région du lac de Maracaibo. Le fer, l'or et la bauxite sont les autres ressources du sous-sol. La métallurgie du fer et de l'aluminium est en essor, de même que la pétrochimie. Dans les autres domaines, l'industrialisation reste modeste. L'agriculture, longtemps négligée, est en expansion, mais ne couvre pas les besoins du pays ; le maïs et le riz sont les principales cultures vivrières, complétées par l'élevage (surtout bovin). La grande dépendance par rapport au pétrole et une gestion économique très peu structurée pèsent sur la lutte engagée contre la pauvreté (malnutrition, analphabétisme) et les inégalités ; le chômage demeure important. Les États-Unis restent le premier partenaire commercial.

HISTOIRE

1498. La contrée est découverte par C. Colomb.
Le pays est appelé *Venezuela* par les conquérants espagnols, qui développent la culture du caféier et du cacaoyer.
1811. Miranda proclame l'indépendance du pays.
Après l'échec de ce dernier, Simon Bolívar reprend la lutte contre les Espagnols et fonde la « Grande-Colombie » (Colombie, Venezuela puis Panama et Équateur) en 1819.
1821. Les Espagnols sont vaincus à Carabobo.
1830. Le Venezuela quitte la fédération de Grande- Colombie.
1858-1870. Le pays est confronté à une guerre civile.
1870-1887. A. Guzmán Blanco laïcise et modernise l'État.
1910-1935. Dictature de J. V. Gómez, qui bénéficie de l'essor de la production pétrolière.
Sous la présidence de López Contreras (1935-1941) s'amorce un processus de démocratisation.
1948-1958. L'armée impose le général M. Pérez Jiménez comme président.
1959-1964. R. Betancourt consolide les institutions démocratiques, restaurées malgré l'opposition des militaires conservateurs et d'une guérilla révolutionnaire.
1974-1979. Présidence de C. A. Pérez Rodríguez, qui nationalise l'industrie pétrolière (1975). Il est réélu en 1989.
1993. Il est destitué. Rafael Caldera (déjà chef de l'État de 1969 à 1974) est élu président de la République.
1999. Hugo Chávez lui succède et met en œuvre un programme de « révolution bolivarienne ». Régulièrement confronté à une forte opposition (manifestations, grèves, tentative de coup d'État en avril 2002, référendum sur son maintien au pouvoir en 2004), H. Chávez bénéficie cependant de l'envolée des prix du pétrole, qui permet d'importants programmes sociaux, ce qui contribue à sa très large réélection en 2006.
Au niveau régional, il s'emploie (avec Cuba, la Bolivie, l'Équateur et le Nicaragua) à fédérer un front latino-américain de gauche face aux États-Unis.
2012-2013. Il est réélu pour un nouveau mandat de six ans mais succombe à un cancer le 5 mars 2013, après avoir choisi comme dauphin son vice-président Nicolás Maduro.

vengeance [vɑ̃ʒɑ̃s] **n.f.** Action de se venger d'une injure, d'un dommage : *Tirer vengeance d'un affront* (syn. **réparation**). *C'est une vengeance méritée* (syn. **représailles**).

venger [vɑ̃ʒe] **v.t.** (lat. *vindicare,* revendiquer) [conj. **17**]. **1.** Constituer le dédommagement, la compensation d'un préjudice subi : *Cela me venge de tous les affronts que j'ai subis* (syn. **laver de**). **2.** Réparer le tort, le préjudice causé à : *Pour venger son père. Venger un ami de l'offense qui lui a été faite.* ◆ **se venger** v.pr. [de]. **1.** Obtenir pour soi réparation d'un acte jugé offensant : *Se venger d'une humiliation.* **2.** Agir de façon à punir l'auteur d'une offense reçue : *Se venger d'un collègue malveillant.*

vengeur, eresse [vɑ̃ʒœr, vɑ̃ʒrɛs] **adj.** et **n.** (lat. *vindicator*). Qui venge, est animé par l'esprit de vengeance : *Écrire une lettre vengeresse. S'ériger en vengeur des humiliés.*

véniel, elle [venjɛl] **adj.** (lat. *venialis*, de *venia*, pardon). **1.** Sans gravité : *Faute vénielle* (syn. **anodin, excusable**). **2. Péché véniel,** péché qui ne condamne pas à la damnation éternelle (par opp. à *péché mortel*) [syn. **léger, pardonnable**].

venimeux, euse [vənimø, -øz] **adj.** (de l'anc. fr. *venim*, venin). **1.** Se dit d'un animal qui a du venin et qui peut l'inoculer : *Serpent venimeux.* **2.** Qui contient du venin : *Une glande, une morsure venimeuse.* **3.** *FIG.* Plein de malveillance et de méchanceté : *Critique venimeuse* (syn. **fielleux, haineux**).

venin [vənɛ̃] **n.m.** (lat. pop. **venimen*, du class. *venenum*, poison). **1.** Liquide toxique sécrété par un organe chez certains animaux et qui est injecté par une piqûre ou une morsure à l'homme ou à d'autres animaux : *Le venin de la vipère, de l'abeille.* **2.** *FIG.* Attitude malveillante : *Répandre son venin contre qqn* (syn. **fiel**). *Paroles pleines de venin* (syn. **perfidie, haine**).

venir [vənir] **v.i.** (lat. *venire*) [conj. **40** ; auxil. *être*]. **1.** Se rendre jusqu'où se trouve celui qui parle ou à qui l'on parle ; se diriger vers : *Venez cet été à Paris. Sont-ils venus vous voir ?* (syn. **passer**). *Elle n'est pas venue à la réunion* (syn. **assister à**). **2.** S'étendre jusqu'à tel endroit ; s'élever jusqu'à tel niveau : *La mer vient jusqu'à cette dune* (syn. **monter**). **3.** Avoir tel lieu comme point de départ : *Il vient de Londres, de chez sa mère. Le train venant de Lyon entre en gare* (= en provenance de). **4.** Avoir pour origine, pour source : *Ce thé vient de Ceylan* (syn. **provenir**). *Ce mot vient du grec. Une bague qui lui vient de sa grand-mère.* **5.** Croître ; pousser ; se développer : *Les céréales viennent bien, mal dans cette terre. Des rougeurs lui sont venues sur la figure* (syn. **apparaître, survenir**). **6.** Avoir pour cause : *Ton échec vient d'un manque de travail* (syn. **découler, résulter**). **7.** Avoir lieu ; se produire : *Cet incident vient bien mal à propos* (syn. **survenir**). *Le moment est venu de partir* (syn. **arriver**). **8. À venir,** qui apparaîtra plus tard : *Les générations à venir* (= futures). ⁄ **En venir à** (+ n.), aborder un point dans un examen, une analyse, un discours : *Venons-en aux faits* (syn. **en arriver à**). ⁄ **En venir à** (+ inf.), tirer la conclusion d'expériences précédentes pour adopter tel comportement, tel point de vue : *J'en viens à penser qu'il me hait* (syn. **en arriver à**). ⁄ **En venir aux mains,** en arriver à se battre. ⁄ **Faire venir qqch,** le faire apporter, le commander : *Faire venir un repas de chez le traiteur.* ⁄ **Faire venir qqn,** l'appeler, le mander : *Faites venir le comptable.* ⁄ **Ne faire qu'aller et venir,** se déplacer sans cesse, être toujours en mouvement ; ne pas s'attarder, ne rester que peu de temps. ⁄ **Savoir où qqn veut en venir,** deviner son but, ses objectifs. ⁄ **Venir après,** succéder à : *Le rire vient après les larmes.* ⁄ **Venir de** (+ inf.), semi-auxiliaire servant à exprimer le passé proche : *Il vient de partir.* ⁄ **Voir venir,** attendre, ne pas se presser d'agir, laisser les choses se préciser. ⁄ *FAM.* **Y venir,** en arriver à admettre qqch, à se rallier à qqch ; se résigner à accepter qqch.

Venise, en it. **Venezia,** v. d'Italie (Vénétie), bâtie sur un groupe d'îlots, au milieu de la *lagune de Venise* (dépendance du *golfe de Venise*), cap. de la Vénétie et ch.-l. de prov. ; 263 996 hab. *(Vénitiens).* Centre administratif, culturel, touristique et industriel (artisanat d'art, métallurgie, chimie). – Venise, l'une des villes les plus captivantes du monde, conserve un tissu urbain ancien original (canaux, ruelles, places), avec de magnifiques monuments et ensembles architecturaux : la basilique St-Marc (reconstruite selon une conception byzantine à partir du XIe s. ; mosaïques, œuvres d'art) et la place du même nom, le campanile, le palais des Doges (XIVe-XVe s. ; riches décors peints), 90 églises (dont le *Redentore*, de Palladio, et la *Salute*, de Longhena), les palais du Grand Canal (notamment de l'époque allant du gothique au baroque), le pont du Rialto, etc. Elle possède de riches musées (dont l'Accademia) où brille l'école vénitienne de peinture (les Bellini et Carpaccio ; Giorgione, Titien, Véronèse, le Tintoret ; Canaletto et F. Guardi, Piazzetta, les Tiepolo, les Ricci). Prestigieux théâtre de la Fenice. Biennale d'art. Festival annuel de cinéma. Célèbre carnaval.
Les îlots de la lagune sont le refuge provisoire des populations côtières contre les envahisseurs barbares. Les invasions lombardes (VIe s.) en font un lieu de peuplement permanent, sous l'autorité des Byzantins. Au IXe s., le duc de Venise (qui prendra le nom de *doge*) se rend indépendant en fait de Byzance. Intermédiaire entre les États occidentaux, l'Empire byzantin, qui lui octroie en 1082 d'importants privilèges, et le monde musulman, Venise fonde sa richesse sur le commerce. La création du Grand Conseil, en 1143, consacre le caractère aristocratique de la république. En 1204, Venise détourne la quatrième croisade sur Constantinople et prend le contrôle de nombreuses îles (Crète), principales escales sur les routes du Levant. Maîtresse des côtes de l'Adriatique et des routes méditerranéennes, elle est, aux XIIIe-XIVe s., à l'apogée de sa puissance, en dépit de ses conflits avec ses rivales, Pise et Gênes, et sa monnaie, le ducat, devient la principale monnaie européenne. Conquérant l'arrière-pays, la « Terre ferme », elle constitue, au XVe s., un puissant État continental. Mais, affaiblie par la prise de Constantinople par les Turcs ainsi que par l'intervention des puissances étrangères à l'occasion des guerres d'Italie, Venise voit son commerce ruiné par le développement de nouvelles routes maritimes. Conquis par Bonaparte, le territoire de Venise est cédé aux Autrichiens sous le nom de *Vénétie*, puis intégré en 1815 dans le royaume lombard-vénitien, constitué au profit de l'Autriche. Théâtre de la révolution de 1848-1849, conduite par Daniele Manin et matée par les Autrichiens, Venise est rattachée au royaume d'Italie en 1866.

Vénissieux, commune du Rhône, banlieue de Lyon ; 61 791 hab. *(Vénissians).* Véhicules lourds.

vénitien, enne [venisjɛ̃, -ɛn] **adj.** et **n.** Relatif à Venise, à ses habitants. ◆ **adj. Blond vénitien,** nuance de blond tirant sur le roux. ⁄ **Store vénitien,** store à lamelles horizontales et orientales.

Venizélos (Elefthérios), homme politique grec (La Canée, Crète, 1864 - Paris 1936). Après avoir été le véritable émancipateur de la Crète, il devint Premier ministre (1910), accordant au pays une Constitution libérale et obtenant, à l'issue des guerres balkaniques (1912-1913), d'importants avantages territoriaux. Partisan de l'Entente, il dut démissionner (1915) mais forma à Thessalonique un gouvernement dissident (1916) et déclara la guerre aux Empires centraux (1917). Président du Conseil (1928-1932), il dut s'exiler à la suite d'un coup d'État organisé en Crète par ses partisans (1935).

vent [vɑ̃] **n.m.** (lat. *ventus*). **1.** Mouvement de l'air se déplaçant qui tend à atténuer les inégalités du champ de pression atmosphérique : *Le vent souffle depuis plusieurs jours. Vent du nord.* **2.** Souffle, mouvement de l'air produit par un moyen quelconque : *Faire du vent avec un éventail* (syn. **air**). **3.** Gaz intestinal : *Lâcher un vent* (syn. fam. **pet**). **4.** Tendance générale des influences qui se manifestent à un moment donné : *Un vent de lassitude soufflait chez les employés. Le vent est à l'optimisme.* **5. Avoir vent de qqch,** en entendre parler, en être plus ou moins informé. ⁄ **Bon vent !,** bonne chance ! ; bon débarras ! ⁄ **C'est du vent,** c'est une chose sans existence réelle, une promesse sans fondement : *Ce programme, c'est du vent !* ⁄ **Contre vents et marées** ⟶ **marée.** ⁄ **Dans le vent,** à la mode. ⁄ **En plein vent,** à découvert ; en plein air. ⁄ **Instrument à vent,** instrument de musique dont le son est produit par le souffle, à l'aide soit d'une anche, soit d'une embouchure. ⁄ **Prendre le vent,** voir la tournure que prennent les événements pour régler sa conduite. ⁄ *MAR.* **Au vent,** se dit de qqch qui se trouve par rapport à un navire du côté d'où souffle le vent. ⁄ *MAR.* **Sous le vent,** dans la direction opposée à celle d'où le vent souffle. ⁄ *MAR.* **Venir dans le vent,** amener l'avant d'un navire dans la direction du vent.

■ Les vents sont déterminés par les centres d'action (anticyclones et dépressions). Ils tendent à s'écouler des régions de hautes pressions vers les régions de basses pressions, avec une déviation liée à la force de Coriolis, vers la droite dans l'hémisphère Nord, vers la gauche dans l'hémisphère Sud. La vitesse, exprimée en m/s, km/h, nœuds ou degrés Beaufort, se mesure à l'aide de l'anémomètre. Elle est proportionnelle à la différence de pression et inversement proportionnelle au sinus de la latitude, c'est-à-dire que, toutes autres conditions égales, elle est plus forte aux basses latitudes. On comprend ainsi la violence extrême des vents dans les régions tropicales. En fait, la vitesse du vent varie pratiquement sans cesse du fait de sa turbulence. Les vents, dont la direction est déterminée à partir du lieu d'origine, sont souvent classés en *vents généraux* (comme les vents d'ouest des latitudes moyennes ou les alizés), *vents régionaux* (mistral ou tramontane) et *vents locaux* (brises de mer ou de terre). ■

Vent *(îles du)*, partie orientale des Antilles, directement exposée à l'alizé, formant un chapelet d'îles entre Porto Rico et la Trinité et englobant les Antilles françaises. Les Britanniques appellent « îles du Vent » *(Windward Islands)* les États membres du Commonwealth qui forment la partie sud de cet archipel et qui sont constitués par l'île de Grenade, Saint-Vincent-et-les-Grenadines, Sainte-Lucie, la Dominique.

vente [vɑ̃t] **n.f.** (lat. pop. **vendita*, du class. *venditus*, vendu). **1.** Action de céder qqch moyennant un prix convenu : *La vente d'une maison, d'un bijou* (syn. **cession**). **2.** Écoulement des marchandises : *Battre tous les records de vente. Avoir un pourcentage sur les ventes* (syn. **débit**). *Service d'une entreprise qui s'occupe de la vente. Vente en gros, au détail.* **3.** Réunion, occasionnelle ou non, où se rencontrent vendeurs et acheteurs : *Une vente aux enchères. Elle court les ventes à la recherche de bibelots rococo.* **4. En vente,** disponible dans le commerce : *Son nouveau disque sera en vente la semaine prochaine. Mettre un nouveau modèle de voiture en vente.* / **Point de vente,** endroit où se vend un produit : *Usine qui a de nombreux points de vente.* / **Vente par correspondance,** vente réalisée au moyen de l'envoi au client éventuel d'un catalogue et réglementée afin de respecter le consentement de l'acheteur (abrév. *V.P.C.*).

venté, e [vɑ̃te] **adj.** Où le vent n'est pas freiné ou atténué par des obstacles naturels : *Lande ventée* (syn. **venteux**).

venter [vɑ̃te] **v. impers.** Faire du vent : *Il vente très fort sur cette colline.*

venteux, euse [vɑ̃tø, -øz] **adj.** (lat. *ventosus*). Où il fait du vent ; venté : *Pays venteux.*

ventilateur [vɑ̃tilatœr] **n.m.** (angl. *ventilator,* mot lat. « vanneur »). **1.** Appareil servant à mettre l'air en mouvement lorsqu'il fait chaud ou à renouveler l'air dans un local clos. **2.** Mécanisme qui sert à refroidir le moteur d'une automobile : *Changer la courroie du ventilateur.*

1. ventilation [vɑ̃tilasjɔ̃] **n.f.** (lat. *ventilatio ;* v. *1. ventiler*). **1.** Action de ventiler, d'aérer : *Assurer une bonne ventilation des bureaux* (syn. **aération**). **2.** MÉD. **Ventilation assistée,** ensemble des techniques permettant de pallier l'incapacité, pour l'organisme, d'assurer une ventilation pulmonaire suffisante. / PHYSIOL. **Ventilation pulmonaire,** renouvellement de l'air dans les poumons, sous l'effet des mouvements respiratoires.

2. ventilation [vɑ̃tilasjɔ̃] **n.f.** (lat. *ventilatio ;* v. *2. ventiler*). Action de ventiler, de répartir : *Je vous charge de la ventilation des dossiers* (syn. **distribution, répartition**).

1. ventiler [vɑ̃tile] **v.t.** (lat. *ventilare,* aérer, de *ventus,* vent). **1.** Renouveler l'air de : *Ventiler un tunnel* (syn. **aérer**). **2.** MÉD. Pallier l'insuffisance de la ventilation pulmonaire d'un malade.

2. ventiler [vɑ̃tile] **v.t.** (lat. *ventilare,* au sens juridique « débattre »). **1.** Répartir certaines dépenses ou certains frais entre différents comptes : *Ventiler les frais généraux.* **2.** Répartir des choses ou des personnes par groupes, par ensembles : *Ventiler le personnel d'une entreprise.*

ventileuse [vɑ̃tiløz] **n.f.** (de *1. ventiler*). Abeille qui bat des ailes à l'entrée de la ruche pour abaisser la température intérieure.

ventôse [vɑ̃toz] **n.m.** (du lat. *ventosus,* venteux). HIST. Sixième mois de l'année républicaine, du 19, 20 ou 21 février au 20 ou 21 mars.

ventouse [vɑ̃tuz] **n.f.** (du lat. *ventosa [cucurbita]*, [courge] pleine de vent). **1.** *ANC.* Ampoule de verre appliquée sur la peau pour y produire un afflux de sang propre à faire cesser une inflammation ou une congestion : *Poser des ventouses.* **2.** Petite calotte de caoutchouc qui peut s'appliquer par la pression de l'air sur une surface plane : *Un crochet à ventouse pour suspendre un torchon.* **3.** ZOOL., BOT. Organe de fixation de la sangsue, de la pieuvre et de quelques plantes : *Le poulpe adhère aux rochers par ses ventouses.*

Ventoux *(mont)*, montagne des Préalpes du Sud, près de Carpentras (Vaucluse) ; 1 909 m.

ventral, e, aux [vɑ̃tral, -o] **adj.** (lat. *ventralis*). Relatif au ventre ; situé dans la région du ventre : *Nageoire ventrale. Parachute ventral* (par opp. à *dorsal*).

ventre [vɑ̃tr] **n.m.** (lat. *venter, -tris,* estomac). **1.** Grande cavité qui contient le tube digestif ; région du corps où est située cette cavité : *Se coucher sur le ventre* (syn. **abdomen**). **2.** Partie renflée d'un objet creux : *Le ventre d'une bouteille* (syn. **panse**). **3.** Partie centrale d'un navire. **4. À plat ventre,** complètement allongé sur le ventre. / *FAM.* **Avoir les yeux plus gros que le ventre,** prendre plus qu'on ne peut manger ; entreprendre plus qu'on ne peut mener à bien. / **Avoir, prendre du ventre,** avoir, prendre de l'embonpoint. / **Avoir quelque chose, n'avoir rien dans le ventre,** avoir, ne pas avoir de courage, une forte personnalité. / *FAM.* **Taper sur le ventre à qqn,** le traiter trop familièrement. / **Ventre à terre,** avec une extrême vitesse.

ventrée [vɑ̃tre] **n.f.** *FAM.* Nourriture dont on s'emplit l'estomac : *Une ventrée de soupe.*

ventriculaire [vɑ̃trikylɛr] **adj.** Relatif aux ventricules : *Parois ventriculaires.*

ventricule [vɑ̃trikyl] **n.m.** (lat. *ventriculus [cordis]*, petit ventre [du cœur]). **1.** Chacune des deux cavités du cœur dont les contractions envoient le sang dans les artères. **2.** Chacune des quatre cavités de l'encéphale, contenant du liquide céphalorachidien.

ventrière [vɑ̃trijɛr] **n.f.** Sangle que l'on passe sous le ventre d'un animal pour le soulever (dans un embarquement, un transbordement, etc.).

ventriloque [vɑ̃trilɔk] **n.** et **adj.** (lat. *ventriloquus,* de *venter, -tris,* ventre, et *loqui,* parler). Artiste de music-hall qui réussit à parler sans remuer les lèvres et en faisant en sorte que sa voix paraisse sortir de la bouche du pantin qui lui sert génér. de partenaire.

ventripotent, e [vɑ̃tripɔtɑ̃, -ɑ̃t] **adj.** (de *ventre,* d'apr. *omnipotent*). *FAM.* Qui a un gros ventre (syn. **bedonnant**).

ventru, e [vɑ̃try] **adj. 1.** Qui a un gros ventre : *Un petit homme ventru* (syn. **bedonnant**). **2.** Qui présente un renflement : *Une potiche ventrue* (syn. **pansu, renflé**).

venu, e [vəny] **adj.** (p. passé de *venir*). **Être bien, mal venu,** être bien, mal développé ; être bien, mal reçu. / **Être mal venu à, de,** être peu qualifié pour : *Tu es mal venu de le critiquer.* / **Le premier** (+ n.) **venu,** la première chose, la première personne qui se présente : *Il entra dans la première brasserie venue.* ◆ **n. Le dernier venu,** la personne arrivée la dernière. / **Le premier venu,** une personne quelconque ; n'importe qui. / **Nouveau venu,** personne récemment arrivée : *Saluer la nouvelle venue.*

venue [vəny] **n.f.** (du p. passé de *venir*). **1.** Action, fait de venir, d'arriver en un lieu : *Annoncer la venue d'un visiteur* (syn. **arrivée**). **2.** Fait d'apparaître, de se produire : *La venue du printemps est proche* (syn. **apparition**). **3.** Manière de pousser, en parlant d'un végétal ; manière dont une action, une œuvre a été conçue et élaborée : *Arbre d'une belle, d'une bonne venue. J'ai écrit dix pages d'une seule venue.*

vénus [venys] **n.f.** (de *[conque de] Vénus*). **1.** Représentation artistique de la déesse Vénus. **2.** Nom générique d'un mollusque bivalve marin dont une espèce est la praire.

Vénus, déesse italique des Jardins et du Charme (magique ou amoureux), qui devint à Rome, à la suite de son assimilation, vers le IIᵉ s. av. J.-C., à l'Aphrodite des Grecs, la déesse de l'Amour et de la Beauté. Ayant alors adopté le caractère érotique et les légendes de la divinité hellénique, elle eut à Rome de nombreux sanctuaires et fut associée au culte officiel par César, dont la *gens* prétendait descendre d'elle.

Vénus, planète du Système solaire, située entre Mercure et la Terre (diamètre : 12 102 km [0,95 fois celui de la Terre]). Visible tantôt dès le coucher du Soleil, tantôt avant son lever, elle est souvent appelée l'*étoile du Berger.* Elle est entourée d'une épaisse atmosphère de gaz carbonique. À sa surface règnent des températures de l'ordre de 470 °C ; elle recèle de nombreuses structures volcaniques.

vépéciste [vepesist] **n.** (de *V.P.C.*). Spécialiste de la vente par correspondance.

vêpres [vɛpr] **n.f. pl.** (du lat. *vespera,* soir). CATH. Heure de l'office qu'on célèbre le soir, au coucher du soleil.

Vêpres siciliennes (30 mars-fin avr. 1282), insurrection menée par les Siciliens contre Charles Ier d'Anjou. Déclenchées à Pâques, à l'heure des vêpres, elles aboutirent au massacre des Français et au remplacement des Angevins par la maison d'Aragon sur le trône de Sicile.

ver [vɛr] **n.m.** (lat. *vermis*). **1.** Animal pluricellulaire de forme allongée n'ayant aucune partie dure, complètement ou presque dépourvu de pattes. **2.** Parasite intestinal de l'homme et de certains animaux, agent des helminthiases : *Enfant qui a des vers.* **3.** Larve d'insecte qui a l'aspect d'un ver : *Des fruits pleins de vers.* **4.** *FAM.* **Tirer les vers du nez à qqn,** le faire parler en le questionnant habilement. **5. Ver à soie,** chenille du bombyx du mûrier. / **Ver blanc,** larve du hanneton. / **Ver de terre,** lombric. / **Ver luisant,** femelle du lampyre (syn. **luciole**). / **Ver solitaire,** ténia.

■ Les vers ne constituent pas un groupe au sens scientifique. Ils sont représentés par quatre embranchements principaux : annélides, ou *vers annelés,* plathelminthes, ou *vers plats,* némathelminthes, ou *vers ronds,* et némertes (ou némertiens), *vers rubanés.*

Les *annélides* ont un corps formé d'une succession de segments appelés *métamères,* chacun étant séparé intérieurement par des cloisons. On distingue les *polychètes* (nombreuses soies), les *oligochètes* (quelques soies) et les *achètes* (absence de soies). Hormis quelques achètes parasites, comme les sangsues, la plupart des annélides vivent libres. On trouve les polychètes en milieu marin et plus précisément littoral. Les oligochètes, avec le lombric, ou ver de terre, ont colonisé le milieu terrestre.

Les *plathelminthes* ont un corps aplati. On les classe selon leur mode de vie : état libre *(turbellariés)* ou parasite (*trématodes* et *cestodes*).

– Les turbellariés ont un corps recouvert de cils vibratiles, un tube digestif ramifié et dépourvu d'anus. Le représentant le mieux connu est la planaire.

– Les trématodes vivent soit fixés à la surface de leur hôte *(ectoparasites),* soit à l'intérieur de l'organisme *(endoparasites).* Dans le premier cas, ils ne possèdent qu'un seul hôte (amphibiens ou reptiles d'eau douce), sur lequel ils se fixent grâce à des ventouses ou à des crochets. Les endoparasites ont, par contre, plusieurs hôtes, l'adulte terminant son cycle à l'intérieur d'un vertébré (exemple de la douve du foie).

– Les cestodes ont un corps constitué de segments et vivent dans le tube digestif des vertébrés à l'état adulte, comme par exemple le ver solitaire.

Les *némathelminthes* ont un corps rond, cylindrique ou filiforme. Ils mènent une vie libre ou parasite. Les espèces libres se nourrissent souvent de végétaux. Les parasites, comme l'oxyure et l'ascaris, vivent dans l'intestin.

Les *némertes* sont des vers en forme de ruban, non annelés, possédant une courte trompe, le *proboscis,* qui leur sert à capturer leurs proies et au fond duquel se trouve un stylet venimeux. Ils vivent enfouis dans la vase des littoraux. ■

véracité [verasite] **n.f.** (du lat. *verax, veracis,* véridique). **1.** Qualité de ce qui est conforme à la vérité : *La véracité d'un témoignage* (syn. **authenticité, exactitude, vérité**). **2.** Effort pour rechercher la vérité ou ne pas s'en éloigner : *La véracité d'un historien* (= attachement à la vérité).

Veracruz, port et station balnéaire du Mexique, dans l'*État de Veracruz,* sur le golfe du Mexique ; 552 114 hab. (801 122 hab. dans l'agglomération). Centre industriel.

véranda [verɑ̃da] **n.f.** (angl. *veranda,* hindi *varanda,* mot port. « balustrade », de *vara,* perche, mot lat. « traverse, bâton »). **1.** Galerie légère protégeant du soleil, établie sur le pourtour de certaines maisons, en Inde, en Extrême-Orient, etc. **2.** Pièce ou espace entièrement vitrés attenant à une maison, à la manière d'un appentis. **3.** *AFR.* Toit en pente sur le côté ou la façade d'une maison.

verbal, e, aux [vɛrbal, -o] **adj.** (lat. *verbalis,* de *verbum ;* v. *verbe*). **1.** Qui est fait de vive voix (par opp. à *écrit*) : *Promesse verbale* (syn. **oral**). **2.** Qui a rapport aux mots, à la parole : *Délire verbal.* **3.** GRAMM. Propre au verbe : *Forme verbale.* **4. Locution verbale,** groupe de mots qui se comporte comme un verbe.

verbalement [vɛrbalmɑ̃] **adv.** De vive voix : *Il a donné son accord verbalement* (syn. **oralement**).

verbalisation [vɛrbalizasjɔ̃] **n.f.** Action de verbaliser.

verbaliser [vɛrbalize] **v.i.** Dresser un procès-verbal : *Verbaliser (contre) un chasseur sans permis, (contre) un automobiliste.* ◆ **v.t.** Formuler de vive voix ce qui était intériorisé : *Enfant qui a du mal à verbaliser son angoisse* (syn. **exprimer**).

verbalisme [vɛrbalism] **n.m.** Défaut d'une personne qui masque sous un flot de paroles un manque d'idées ; verbiage.

verbe [vɛrb] **n.m.** (lat. *verbum,* parole). **1.** GRAMM. Mot qui, dans une proposition, exprime l'action ou l'état du sujet, et porte les désinences de temps et de mode : *Apprendre à conjuguer les verbes.* **2.** *LITT.* Expression de la pensée par les mots : *La magie du verbe* (syn. **parole**). **3.** THÉOL. (Avec une majuscule). La deuxième personne de la Sainte-Trinité, incarnée en Jésus-Christ. **4. Avoir le verbe haut,** parler fort.

verbeusement [vɛrbøzmɑ̃] **adv.** De façon verbeuse (contr. **laconiquement**).

verbeux, euse [vɛrbø, -øz] **adj.** (lat. *verbosus,* de *verbum,* parole). Qui expose les choses en trop de paroles, de mots ; qui contient trop de mots : *Commentaire verbeux* (syn. **redondant**). *Orateur verbeux* (syn. **prolixe ;** contr. **laconique**).

verbiage [vɛrbjaʒ] **n.m.** (du moyen fr. *verbier,* gazouiller, du frq. **verbilôn,* tourbillonner, rattaché plus tard à *verbe*). Abondance de paroles inutiles : *Votre dissertation n'est que du verbiage* (syn. **remplissage**).

verbosité [vɛrbozite] **n.f.** Fait d'être verbeux : *La verbosité d'un avocat, d'une plaidoirie* (syn. **prolixité ;** contr. **concision**).

Verbruggen, famille de sculpteurs flamands, dont les plus connus, nés et morts à Anvers, sont **Pieter le Vieux** (1615 - 1686) et ses fils **Pieter le Jeune** (v. 1640 - 1691) et **Hendrik Frans** (1655 - 1724), tous représentants de l'art baroque appliqué au mobilier d'église (confessionnaux de Grimbergen, à la statuaire mouvementée, par Hendrik Frans).

Vercingétorix, chef gaulois (en pays arverne v. 72 av. J.-C. - Rome 46 av. J.-C.). Issu d'une noble famille arverne, il a pour ancêtre Bituit, qui avait fondé un véritable empire, et pour père Celtill, qui avait été condamné pour avoir aspiré à la royauté. Jeune chef, il entretient des relations d'amitié avec César. Mais en 52 av. J.-C. éclate la grande révolte de la Gaule et Vercingétorix parvient à persuader les Gaulois, malgré l'opposition de nombreux chefs, de réaliser leur union et de lui accorder une sorte de commandement unique. Après quelques insuccès, il adopte la tactique de la terre brûlée. César cherche alors à livrer bataille à Vercingétorix, qui s'esquive et s'enferme dans Gergovie. Après de pénibles assauts, le général romain doit lever le siège. Vercingétorix se fait confirmer dans son commandement par l'assemblée gauloise de Bibracte (mont Beuvray) puis, près de Dijon, se résigne à livrer bataille. Vaincu, il se replie sur Alésia, où César le bloque tout en faisant face à une importante armée de secours gauloise. Tout espoir de succès perdu, il se livre afin de sauver les siens. Prisonnier à Rome, il orne le triomphe de César six ans plus tard et est exécuté ensuite (46). Le XIXe siècle a fait de lui un héros national. Il reste un personnage historique peu connu : on ne sait que ce qu'en a dit son adversaire, César, qui a peut-être exagéré son importance pour rendre plus grande sa propre victoire.

Vercors (le), massif calcaire des Préalpes françaises du Nord, dans les dép. de la Drôme et de l'Isère ; 2 341 m. Parc naturel régional (env. 175 000 ha). [Hab. *Vertacomiriens.*] Durant l'été 1944, 3 500 maquisards français y résistèrent pendant deux mois aux assauts des Allemands, qui se livrèrent ensuite à de sanglantes représailles.

Vercors (Jean Bruller, dit**),** écrivain et dessinateur français (Paris 1902 - *id.* 1991). Célèbre pour *le Silence de la mer,* écrit dans la clandestinité (1942), il a poursuivi une méditation amère sur la condition humaine *(Zoo ou l'Assassin philanthrope).*

verdâtre [vɛrdɑtr] **adj.** D'une couleur qui tire sur le vert : *Des eaux verdâtres. Visage verdâtre* (syn. **terreux, olivâtre**).

verdeur [vɛrdœr] **n.f.** (de *verd,* forme anc. de *vert*). **1.** Défaut de maturité des fruits, du vin : *La verdeur de ces prunes les rend immangeables* (contr. **maturité**). **2.** Vigueur physique : *La verdeur d'un vieillard* (syn. **énergie, jeunesse**). **3.** Caractère osé ; crudité : *La verdeur de ses propos* (syn. **gaillardise, truculence**).

Verdi (Giuseppe), compositeur italien (Le Roncole 1813 - Milan 1901). Il connaît la gloire dès son premier opéra, *Oberto,* qui triomphe à la Scala de Milan en 1839. Le succès de Verdi ne se démentira plus.

Avec *Nabucco* (Milan, 1842) et *I Lombardi* (Milan, 1843), il se fait le chantre d'une Italie indépendante et frappe par son romantisme fougueux. Dès lors, il se fait connaître dans toute l'Europe en composant une série d'œuvres dramatiques, dont ses trois opéras les plus populaires : *Rigoletto,* d'après *Le roi s'amuse* de V. Hugo (1851), *le Trouvère* (1853) et *la Traviata,* d'après *la Dame aux camélias* d'Alexandre Dumas fils (1853). Puis se succèdent *les Vêpres siciliennes* (1855), *Un bal masqué* (1859), *Don Carlos* (1867), *Aïda* (1871), *Otello* (1887), *Falstaff* (1893). Dans un même temps, il donne à l'orchestre une importance plus grande que dans ses premières œuvres et porte son intérêt vers les voix graves, tandis que, évoluant entre le récitatif et *l'arioso,* sa ligne mélodique devient plus libre et plus continue. Verdi a également composé des œuvres religieuses (*Requiem,* 1874).

Dramaturge d'instinct, Verdi oppose au germanisme de Wagner la tradition italienne, qu'il reçoit de Bellini, Rossini et Donizetti. Son romantisme direct, son sens de la psychologie, la maîtrise dans le traitement du chœur qu'il manifeste dès *Nabucco* font de lui la figure incontestée de la musique italienne du XIXe s.

verdict [vɛrdikt] **n.m.** (mot angl., anglo-normand *verdit,* du lat. *vere dictum,* véritablement dit). **1.** Déclaration solennelle par laquelle la cour et le jury d'assises répondent aux questions qui sont posées à l'issue des débats et se prononcent sur la culpabilité de l'accusé : *Prononcer un verdict d'acquittement* (syn. **sentence**). **2.** Appréciation qui constitue un jugement sur un sujet quelconque : *Le verdict de l'opinion publique* (syn. **avis, opinion**).

verdir [vɛrdir] **v.t.** (de *verd,* forme anc. de *vert*) [conj. **32**]. Rendre vert : *La lumière verdit les feuilles.* ◆ **v.i. 1.** Devenir vert : *La campagne verdit au printemps. Le cuivre verdit rapidement.* **2.** Pâlir extrêmement sous l'effet d'une émotion : *Verdir de peur* (syn. **blêmir**).

verdissement [vɛrdismɑ̃] **n.m.** Fait de devenir vert.

verdoiement [vɛrdwamɑ̃] **n.m.** Fait de verdoyer : *Le verdoiement des prairies.*

Verdon (le), riv. de France, qui passe à Castellane et se jette dans la Durance (r. g.) ; 175 km. Gorges longées par une route touristique. Aménagements pour la production hydroélectrique et surtout l'irrigation. Parc naturel régional (180 000 ha, Alpes-de-Haute-Provence et Var).

verdoyant, e [vɛrdwajɑ̃, -ɑ̃t] **adj.** Qui verdoie : *Une campagne verdoyante.*

verdoyer [vɛrdwaje] **v.i.** (de *verd,* forme anc. de *vert*) [conj. **13**]. Devenir vert, en parlant de la végétation.

Verdun, ch.-l. d'arr. de la Meuse ; 19 551 hab. *(Verdunois).* Évêché. Anc. camp retranché. Cathédrale de tradition carolingienne, en partie des XIe et XIIe s., et autres monuments. Musées. En 1552, Henri II réunit à la Couronne les Trois-Évêchés, dont Verdun faisait partie.

Verdun *(bataille de)* [févr.-déc. 1916], bataille de la Première Guerre mondiale, où les Français résistèrent victorieusement aux plus violentes offensives allemandes menées en direction de Verdun sur les deux rives de la Meuse (Douaumont, Vaux, cote 304, Mort-Homme). Cette bataille, la plus sanglante de la guerre, provoqua de lourdes pertes chez les deux belligérants (tués et blessés : 362 000 Français, 336 000 Allemands).

Verdun *(traité de)* [843], traité signé à Verdun par les trois fils de Louis le Pieux, qui partagea l'Empire carolingien en trois ensembles territoriaux. Louis le Germanique reçut la partie orientale (future Allemagne), Charles le Chauve, la partie occidentale (futur royaume de France) et Lothaire, la zone intermédiaire s'étendant de la mer du Nord à l'Italie ainsi que le titre impérial et les capitales (Aix-la-Chapelle et Rome).

verdure [vɛrdyr] **n.f.** (de *verd,* forme anc. de *vert*). **1.** Couleur verte de la végétation : *La verdure des prés.* **2.** Herbe, feuillage verts, qui forment la végétation d'un lieu : *Maison cachée derrière un écran de verdure.* **3.** FAM. Légumes verts, en partic. salade, qu'on mange crus.

Vereeniging, v. de l'Afrique du Sud (Transvaal) ; 620 618 hab. (1 143 000 hab. dans l'agglomération). Le traité de Pretoria, mettant fin à la guerre des Boers, y fut négocié (1902).

véreux, euse [verø, -øz] **adj. 1.** Qui est gâté par des vers : *Poire véreuse.* **2.** Qui est malhonnête, louche : *Affaire véreuse* (syn. **douteux**). *Avocat véreux* (syn. **corrompu**).

verge [vɛrʒ] **n.f.** (lat. *virga*). **1.** (Souvent au pl.). Poignée de baguettes flexibles avec laquelle on infligeait autref. des punitions. **2.** Anc. unité de mesure agraire, équivalant à un quart d'arpent ou 0,1276 ha. **3.** Organe érectile de la copulation chez l'homme et les animaux supérieurs (syn. **pénis**). **4.** MAR. Tige d'une ancre, qui relie les pattes à l'organeau. **5. Donner des verges pour se faire battre,** fournir à autrui des arguments, des armes contre soi-même.

vergé, e [vɛrʒe] **adj.** (lat. *virgatus,* rayé). **Étoffe vergée,** étoffe renfermant des fils plus gros ou plus teintés que le reste. **/ Papier vergé,** papier dont le filigrane garde des raies, dues aux procédés de fabrication à la main.

vergence [vɛrʒɑ̃s] **n.f.** (de *[con]vergence, [di]vergence*). Inverse de la distance focale d'un système optique centré.

Vergennes (Charles Gravier, *comte* **de),** homme d'État et diplomate français (Dijon 1719 - Versailles 1787). Ambassadeur à Constantinople (1754-1768) puis à Stockholm, ministre des Affaires étrangères de Louis XVI (1774-1787), il fut l'un des artisans de l'indépendance des États-Unis (1783) et signa un traité de commerce avec l'Angleterre (1786).

verger [vɛrʒe] **n.m.** (du lat. *viridiarium,* de *viridis,* vert). Terrain planté d'arbres fruitiers.

vergeté, e [vɛrʒəte] **adj.** (de *verge*). Parsemé de raies : *Peau vergetée.*

vergeture [vɛrʒətyr] **n.f.** Fine raie cutanée, d'aspect cicatriciel, due à la distension ou à la rupture des fibres élastiques du derme pendant la grossesse ou après une perte de poids importante.

verglacé, e [vɛrglase] **adj.** Couvert de verglas : *Route verglacée.*

verglas [vɛrgla] **n.m.** (de *verre* et *glas,* autre forme de *glace*). Couche de glace mince sur le sol, due à la congélation de l'eau, du brouillard : *Déraper sur une plaque de verglas.*

Vergniaud (Pierre Victurnien), homme politique français (Limoges 1753 - Paris 1793). Député à la Législative et à la Convention, il fut un des chefs des Girondins. Il fut condamné par les Montagnards et guillotiné.

vergogne [vɛrgɔɲ] **n.f.** (lat. *verecundia,* discrétion). **Sans vergogne,** sans pudeur, sans scrupule : *Mentir sans vergogne* (= effrontément).

vergue [vɛrg] **n.f.** (forme dialect. de *verge*). MAR. Espar cylindrique, effilé à ses extrémités et placé en travers d'un mât pour soutenir et orienter la voile.

Verhaeren (Émile), poète belge d'expression française (Sint-Amands 1855 - Rouen 1916). Auteur de contes, de critiques littéraires, de pièces de théâtre, il évolua du naturalisme (*les Flamandes,* 1883) au mysticisme et connut une crise spirituelle (*les Flambeaux noirs,* 1891). Puis il célébra la poésie de la foule et des cités industrielles (*les Villes tentaculaires,* 1895 ; *les Rythmes souverains,* 1910) aussi bien que les paysages de son pays natal (*Toute la Flandre,* 1904-1911).

véridique [veridik] **adj.** (lat. *veredicus,* qui dit la vérité, de *verus,* vrai, et *dicere,* dire). **1.** *LITT.* Qui dit la vérité ; qui rapporte exactement les faits : *Historien véridique* (contr. **tendancieux**). **2.** Qui est conforme à la vérité : *Un témoignage véridique* (syn. **fidèle ;** contr. **mensonger**).

véridiquement [veridikmɑ̃] **adv.** De façon véridique ; avec le souci de dire la vérité : *Propos véridiquement rapportés.*

vérifiable [verifjabl] **adj.** Qui peut être vérifié : *Dans l'état actuel de la science, cette hypothèse n'est pas vérifiable.*

vérificateur, trice [verifikatœr, -tris] **adj.** Qui a pour objet de vérifier, de contrôler : *Mesures vérificatrices.* ◆ **n.** Personne chargée de vérifier, de contrôler : *Un vérificateur des poids et mesures* (syn. **contrôleur**). ◆ **vérificateur n.m. Vérificateur orthographique,** logiciel d'aide à la vérification et à la correction d'un texte établi sur traitement de texte (on dit aussi *correcteur orthographique*).

vérificatif, ive [verifikatif, -iv] **adj.** Qui sert de vérification : *Une relecture vérificative.*

vérification [verifikasjɔ̃] **n.f. 1.** Action de vérifier, de s'assurer de l'exactitude de qqch en le confrontant avec ce qui peut servir de preuve : *Une vérification de ce témoignage s'impose* (syn. **contrôle**). *Vérification des comptes d'une entreprise* (syn. **examen, expertise**). **2.** Action de contrôler qqch pour s'assurer de sa conformité, de sa légalité, etc. : *Vérification des travaux.* **3.** Expérience ou observation qui, dans les sciences, confirme une loi énoncée par induction : *Vérification d'une hypothèse* (syn. **confirmation**).

vérifier [verifje] **v.t.** (bas lat. *verificare,* de *verus,* vrai) [conj. **9**]. **1.** S'assurer que qqch est exact : *Vérifier un compte* (syn. **contrôler**). **2.** Faire voir la vérité, l'exactitude d'une chose : *L'événement a vérifié sa prédiction* (syn. **confirmer ;** contr. **infirmer**). **3.** S'assurer par un examen minutieux qu'un appareil ou un mécanisme est en bon état de marche : *Vérifier un moteur* (syn. **essayer, tester**).

vérin [verɛ̃] **n.m.** (lat. *veruina,* dimin. de *veru,* broche, pique). Appareil que l'on place sous des charges très lourdes pour les soulever sur une faible hauteur ou les soutenir : *Vérin hydraulique.*

vérisme [verism] **n.m.** (it. *verismo,* de *vero,* vrai). École littéraire et artistique italienne (fin du XIXe s.), axée sur la représentation de la réalité quotidienne et des problèmes sociaux. ◆ **vériste adj.** et **n.** Relatif au vérisme ; adepte du vérisme.

véritable [veritabl] **adj.** (de *vérité*). **1.** Qui est authentique, conforme à la réalité : *Son véritable nom est inconnu* (syn. **vrai**). **2.** Qui est réellement ce qu'on dit qu'il est ; qui n'est ni mélangé ni imité : *Cuir véritable.* **3.** Qui possède toutes les propriétés conformes à sa nature, à l'idée qu'on s'en fait : *C'est une véritable amie. Un amour véritable.*

véritablement [veritabləmɑ̃] **adv.** D'une manière effective, réelle : *Être véritablement affligé* (syn. **réellement**).

vérité [verite] **n.f.** (lat. *veritas,* de *verus,* vrai). **1.** Caractère de ce qui est vrai : *La vérité de ses paroles nous est rapidement apparue* (syn. **exactitude, justesse, véracité**). **2.** Idée, proposition que l'esprit reconnaît comme vraie ou qui s'accorde avec le sentiment que qqn a de la réalité : *Vérités mathématiques* (syn. **axiome**). *Les vérités scientifiques établies par la méthode expérimentale* (syn. **loi, principe**). **3.** Connaissance ou expression d'une connaissance conforme à la réalité, aux faits tels qu'ils se sont déroulés : *Jurer de dire la vérité.* **4.** Expression artistique fidèle de la nature : *Portrait d'une grande vérité* (syn. **authenticité, naturel**). **5.** Sincérité ; bonne foi : *Un accent de vérité* (syn. **franchise**). **6. À la vérité,** j'en conviens, il est vrai : *À la vérité, il n'inspire pas confiance.* / *FAM.* **Dire à qqn ses (quatre) vérités,** lui dire avec franchise ce qu'on pense de lui, ce qu'on lui reproche. / **En vérité,** certainement, assurément. / **Sérum de vérité,** substance qui aurait pour effet de faire avouer malgré lui un coupable.

verjus [vɛrʒy] **n.m.** (de *vert* et *jus*). Suc acide que l'on extrait du raisin cueilli vert : *Verser du verjus sur des aubergines grillées.*

Verkhoïansk, localité de la Russie (Sibérie orientale). Un des points les plus froids du globe, où l'on a relevé des températures proches de - 70 °C.

Verlaine (Paul), poète français (Metz 1844 - Paris 1896). Employé à l'hôtel de ville de Paris, il fréquente les salons, collabore au *Parnasse contemporain* mais fait profession d'athéisme et s'affirme républicain. L'amour malheureux pour sa cousine Élisa, morte en 1867, l'influence de Baudelaire et l'alcoolisme le plongent dans un désarroi moral que trahissent les *Poèmes saturniens* (1866), où il se montre adepte de « l'art pour l'art » et proteste contre l'effusion sentimentale des romantiques. Son second recueil, les *Fêtes galantes* (1869), où il s'évade vers un univers irréel, inspiré du peintre Watteau, marque par ses accents voluptueux et délicats la transition entre le Parnasse et le symbolisme. Son mariage en 1870 semble lui apporter la sérénité, qu'il célèbre dans *la Bonne Chanson* (1870). Mais au bonheur tranquille succèdent la tempête et le chaos, apportés par Rimbaud, qui, en s'installant chez le jeune ménage, le brisera. Compromis politiquement, Verlaine perd son poste de fonctionnaire et, en compagnie de Rimbaud, s'enfuit en Belgique (1872) puis à Londres. Ses *Romances sans paroles* (publiées en 1874), traduisant ses impressions de voyages dans un langage extrêmement musical, font apparaître l'influence de Rimbaud. De retour à Bruxelles, il tire deux coups de revolver sur Rimbaud, qui veut se séparer de lui. Emprisonné pour deux ans, apprenant le jugement de séparation obtenu par sa femme, il éprouve une douleur et un repentir sincère qui achèvent de le ramener à la foi catholique. Libéré, il mène une vie vagabonde, publie *Sagesse* (1881), recueil d'inspiration religieuse, puis *Jadis et Naguère* (1884), contenant « l'Art poétique », dans lequel il réclame une poésie plastique et musicale. Il fait connaître dans *les Poètes maudits* (1884) les maîtres de l'esthétique nouvelle (Tristan Corbière, Rimbaud, Mallarmé). Devenu, malgré lui, le chef de l'école « décadente », il ne vit plus que de travaux alimentaires en prose, errant de meublés en hôpitaux et donnant de petits recueils religieux, érotiques ou de circonstance (*Liturgies intimes,* 1892 ; *Parallèlement,* 1889 ; *Invectives,* 1896).

verlan [vɛrlɑ̃] **n.m.** (inversion de *[à] l'envers*). Argot codé dans lequel on inverse les syllabes des mots : *En verlan, « zarbi » signifie « bizarre » et « ripou » signifie « pourri ».*

Vermeer (Johannes), dit **Vermeer de Delft,** peintre néerlandais (Delft 1632 - *id.* 1675). Longtemps oublié, il est considéré comme l'un des plus grands peintres du XVIIe s. Son œuvre, peu abondante, comprend des scènes d'intérieur, quelques portraits et deux paysages urbains qui témoignent d'une des visions les plus intériorisées qui soient. Son goût pour l'essence silencieuse des choses est servi par la rigueur d'une technique aussi subtile dans les jeux de la lumière et de l'espace que dans le rendu des matières et les accords chromatiques (*Gentilhomme et dame buvant du vin,* Berlin-Dahlem ; *Vue de Delft, Jeune Fille au turban,* La Haye ; *la Dentellière,* Louvre ; *la Ruelle, la Laitière, Dame en bleu lisant une lettre,* Amsterdam ; *l'Atelier,* Vienne ; *Dame debout à l'épinette,* National Gallery de Londres).

1. vermeil, eille [vɛrmɛj] **adj.** (du lat. *vermiculus,* vermisseau et en bas lat. « cochenille »). D'un rouge vif un peu plus foncé que l'incarnat : *Des lèvres vermeilles.*

2. vermeil [vɛrmɛj] **n.m.** (de *1. vermeil*). Argent recouvert d'or : *Des couverts en vermeil.*

vermicelle [vɛrmisɛl] **n.m.** (it. *vermicelli,* vermisseaux, lat. pop. **vermicellus ;* v. *vermisseau*). Pâte à potage en forme de filament très fin.

vermicide [vɛrmisid] **adj.** et **n.m.** Se dit d'un remède propre à détruire les vers parasites.

vermiculaire [vɛrmikylɛr] **adj.** (du lat. *vermiculus,* vermisseau). **1.** Qui ressemble à un ver. **2. Appendice vermiculaire,** diverticule creux qui correspond à la partie terminale du cæcum.

vermifuge [vɛrmifyʒ] **adj.** et **n.m.** (du lat. *vermis,* ver, et *fugare,* chasser). Se dit d'un remède propre à faire évacuer les vers intestinaux.

vermillon [vɛrmijɔ̃] **n.m.** (de *1. vermeil*). Sulfure de mercure pulvérisé, ou cinabre, d'un beau rouge vif. ◆ **adj. inv.** et **n.m.** D'une couleur rouge vif tirant sur l'orangé, semblable à la couleur du cinabre : *Des jupes vermillon.*

vermine [vɛrmin] **n.f.** (lat. *vermina,* pl. de *vermen,* ver). **1.** Ensemble des parasites externes de l'homme et des vertébrés (ex. puces, poux, punaises). **2.** *LITT.* Individus vils, nuisibles, néfastes (péjor.) : *Toute cette vermine a collaboré avec les nazis* (syn. **canaille, crapule, racaille**).

vermisseau [vɛrmiso] **n.m.** (lat. pop. **vermicellus,* class. *vermiculus,* dimin. de *vermis,* ver). Petit ver ou larve vermiforme du sol.

vermoulu, e [vɛrmuly] **adj.** (de *ver* et *moulu*). **1.** Qui est miné par les larves d'insectes xylophages : *Planche vermoulue.* **2.** Vieux et proche de la ruine : *Des institutions vermoulues.*

vermoulure [vɛrmulyr] **n.f.** (de *vermoulu*). **1.** Trace que laissent les vers dans ce qu'ils ont rongé. **2.** Poudre de bois qui sort des trous faits par les larves d'insectes xylophages.

vermouth [vɛrmut] **n.m.** (all. *Wermut,* absinthe). Apéritif à base de vin, aromatisé avec des plantes amères et toniques.

vernaculaire [vɛrnakylɛr] **adj.** (du lat. *vernaculus,* indigène, de *verna,* esclave né dans la maison). **Langue vernaculaire,** langue parlée seulement à l'intérieur d'une communauté (par opp. à *langue véhiculaire*). / **Nom vernaculaire,** nom usuel d'une espèce animale ou végétale dans son pays d'origine.

vernal, e, aux [vɛrnal, -o] **adj.** (lat. *vernalis,* de *ver,* printemps). **Point vernal,** point d'intersection de l'écliptique et de l'équateur céleste, que le Soleil franchit à l'équinoxe de printemps.

Verne (Jules), écrivain français (Nantes 1828 - Amiens 1905). Esprit inventif, romancier fécond, il s'essaya d'abord au théâtre puis il publia dans *le Magasin d'éducation et de récréation* de Hetzel son roman *Cinq Semaines en ballon,* édité en volume en 1893, qui marquait à la fois la naissance de la science-fiction et la célébrité de l'auteur, dont la plupart des intuitions allaient se confirmer. J. Verne publia ensuite : *Voyage au centre de la Terre* (1864), *De la Terre à la Lune* (1865), *Vingt Mille Lieues sous les mers* (1870), *le Tour du monde en quatre-vingts jours* (1873), *l'Île mystérieuse* (1874), *Michel Strogoff* (1876).

Vernet (Joseph), peintre français (Avignon 1714 - Paris 1789). Il a exécuté, notamment en Italie, de nombreux paysages et surtout des marines, tantôt d'une harmonie classique, tantôt d'une veine préromantique. Le musée de la Marine (Paris) et le Louvre conservent ses quinze *Ports de France* (1753-1765), commande de Louis XV. • Son fils **Antoine Charles Horace,** dit **Carle Vernet** (Bordeaux 1758 - Paris 1836), fut peintre et lithographe (scènes de chasse, de courses, de la vie élégante ou populaire). • **Horace** (Paris 1789 - *id.* 1863), fils et petit-fils des précédents, fut peintre de batailles.

verni, e [vɛrni] **adj.** et **n.** *FAM.* Qui a de la chance : *Ils sont vernis, ils ont gagné le gros lot !* (syn. **chanceux, fortuné**).

vernir [vɛrnir] **v.t.** (de *vernis*) [conj. **32**]. Recouvrir de vernis : *Vernir un parquet, un meuble* (syn. **vitrifier**).

vernis [vɛrni] **n.m.** (lat. médiév. *veronice,* bas gr. *veronikê,* de *Berenikê,* v. de Cyrénaïque, par l'intermédiaire de l'it. *vernice*). **1.** Préparation non pigmentée, composée de liants, de solvants et, éventuellement, de diluants et d'adjuvants, susceptible de donner, par application en couches minces sur des objets convenablement préparés, des films adhérents et durs, translucides et brillants : *Vernis à bateaux.* **2.** Enduit mince, transparent, souvent fusible et contenant beaucoup de plomb, employé pour les articles en terre cuite ou la faïence commune. **3.** Apparence brillante mais superficielle : *Un vernis de culture* (syn. **semblant**). **4. Vernis à ongles,** solution, souvent colorée, utilisée pour décorer les ongles.

vernissage [vɛrnisaʒ] **n.m. 1.** Action de vernir, de vernisser : *Le vernissage d'un tableau, d'une faïence.* **2.** Réception qui marque l'ouverture d'une exposition d'art et où ne sont admis que les invités.

vernissé, e [vɛrnise] **adj. 1.** Verni : *Poterie vernissée.* **2.** Luisant comme une chose vernie : *Feuilles vernissées.*

vernisser [vɛrnise] **v.t.** (de *vernis*). Recouvrir (des poteries) d'une glaçure transparente ou opaque : *Vernisser de la porcelaine.*

vernisseur, euse [vɛrnisœr, -øz] **n.** Personne qui applique des vernis, notamm. dans les métiers du meuble.

vérole [verɔl] **n.f.** (lat. scientif. *variola,* de *varius,* varié). **1.** *FAM.* Syphilis. **2.** *VX.* **Petite vérole,** variole.

Vérone, v. d'Italie (Vénétie), ch.-l. de prov., sur l'Adige ; 254 607 hab. Centre commercial et touristique. Vastes arènes romaines, église romane S. Zeno, cathédrale, monuments gothiques et Renaissance des places *delle Erbe* et *dei Signori.* Musée d'art dans le *Castelvecchio,* palais du XIVe s. (peintures des écoles véronaise et vénitienne). – La ville, république indépendante aux XIIIe et XIVe s., fut longtemps sous la domination de Venise. Le 17 avr. 1797 eut lieu un massacre des Français appelé « Pâques véronaises ». Vérone fut rattachée au royaume d'Italie en 1866.

Véronèse (Paolo Caliari, dit **il Veronese,** en fr.**),** peintre italien (Vérone 1528 - Venise 1588), un des maîtres de l'école vénitienne. Ses tableaux, souvent ornés d'architectures somptueuses, brillent par leur mouvement, leur ampleur harmonieuse, la richesse de leur coloris clair. Les plus spectaculaires sont d'immenses toiles peintes pour des réfectoires de communautés, tels *les Noces de Cana* (1563) du Louvre, *le Repas chez Lévi* (1573) de l'Accademia de Venise, *le Repas chez Simon* (1576) du château de Versailles. Véronèse a exécuté un ensemble de fresques en trompe-l'œil pour la villa Barbaro à Maser (v. 1562) et a décoré de compositions allégoriques plusieurs plafonds du palais ducal de Venise.

1. véronique [verɔnik] **n.f.** (lat. scientif. *veronica,* du n. de sainte Véronique). Plante herbacée commune dans les bois et les prés, dont une variété, la véronique officinale, est aussi appelée *thé d'Europe.* ▸ Famille des scrofulariacées.

2. véronique [verɔnik] **n.f.** (p.-ê. même étym. que *1. véronique,* par comparaison avec le geste que fit la sainte pour essuyer la face du Christ). Passe au cours de laquelle le matador fait venir le taureau le long de son corps.

verrat [vera] **n.m.** (de l'anc. fr. *ver,* lat. *verres,* porc). Mâle reproducteur de l'espèce porcine.

verre [vɛr] **n.m.** (lat. *vitrum*). **1.** Substance solide, transparente et fragile, obtenue par la fusion d'un sable siliceux avec du carbonate de sodium ou de potassium : *Pâte de verre. Verre dépoli. Souffleur de verre.* **2.** Récipient en verre, en cristal, en plastique, pour boire : *Tu as oublié de me mettre un verre. Verre à pied.* **3.** Son contenu : *Boire un verre d'eau.* **4.** Consommation, boisson génér. alcoolisée : *Prendre un verre.* **5.** Lentille appliquée directement sur le globe oculaire pour corriger la vue : *Verres de contact.* **6.** Plaque, lame de verre : *Le verre d'une montre, d'un réveil.* **7. Maison de verre,** maison, entreprise où il n'y a rien de secret, où tout se sait. **8. Verre armé,** obtenu en incorporant dans la masse un treillis en fil de fer, emprisonné entre deux feuilles laminées simultanément. / **Verre blanc,** verre de qualité courante non teinté. / **Verre de lampe,** manchon de verre qui entoure la mèche des lampes à pétrole.

/ **Verre feuilleté,** verre de sécurité constitué de plusieurs feuilles de verre séparées par une feuille de plastique : *Pare-brise en verre feuilleté.* / **Verre trempé,** soumis à un refroidissement rapide pour accroître sa résistance aux variations brusques de température.

verrerie [verri] **n.f. 1.** Technique de la fabrication du verre et des objets en verre. **2.** Industrie du verre. **3.** Objets en verre : *Verrerie de table. Verrerie d'art.*

Verrès (Caius Licinius), homme politique romain (Rome v. 119 - 43 av. J.-C.). Propréteur en Sicile (73-71), il s'y rendit odieux par ses malversations ; à sa sortie de charge, il fut accusé de concussion par les Siciliens, et Cicéron se fit l'avocat de l'accusation *(Verrines).* Verrès s'exila avant même d'être condamné (70). Cette affaire demeure le symbole du pillage des provinces à la fin de la République.

verrier [verje] **n.m. 1.** Industriel de la verrerie. **2.** Artisan qui fait du verre, des ouvrages de verre et, en partic., des vitraux.

verrière [verjɛr] **n.f. 1.** Toit formé d'une charpente de fer vitrée ou de dalles de verre : *La verrière d'une gare.* **2.** Grande surface vitrée ménagée dans le mur d'un édifice : *La verrière du transept d'une église.*

Verrocchio (Andrea di Cione, dit il), sculpteur, peintre et orfèvre italien (Florence 1435 - Venise 1488). À partir de 1465, il dirigea à Florence un important atelier. Il est notamment l'auteur du *Christ et saint Thomas,* groupe en bronze à la façade de l'église Orsammichele ; sa statue équestre du condottiere B. Colleoni à Venise, fondue après sa mort, est célèbre. Léonard de Vinci fut son élève.

verroterie [verɔtri] **n.f.** (de *verrot,* dimin. de *verre,* p.-ê. avec infl. de *bimbeloterie*). Menus objets en verre travaillé, génér. colorié, constituant une bijouterie de faible valeur : *Des colliers de verroterie.*

verrou [veru] **n.m.** (lat. *veruculum,* dimin. de *veru,* broche, avec infl. de *ferrum,* fer). **1.** Serrure possédant un pêne que l'on fait coulisser pour l'engager dans une gâche : *Verrou de sûreté.* **2.** Pièce servant à fermer la chambre de la culasse d'une arme à feu. **3. Être, mettre sous les verrous,** en prison.

verrouillage [verujaʒ] **n.m. 1.** Action de verrouiller ; fait d'être verrouillé : *Vérifier le verrouillage des portes.* **2.** INFORM. Technique permettant d'empêcher la modification du contenu d'un fichier ou d'un enregistrement par des utilisateurs non habilités.

verrouillé, e [veruje] **adj. 1.** Fermé au verrou : *Portes et fenêtres verrouillées.* **2.** Où tout passage est interdit : *Quartier verrouillé.*

verrouiller [veruje] **v.t. 1.** Fermer avec un verrou : *Chaque soir, ils verrouillent toutes leurs portes* (syn. **barricader, cadenasser**). **2.** Bloquer l'accès de ; rendre inaccessible : *La police a verrouillé le quartier* (syn. **boucler, encercler**).

verrue [very] **n.f.** (lat. *verruca*). Tumeur bénigne de l'épiderme due à un virus : *Verrue plantaire.*

verruqueux, euse [verykø, -øz] **adj.** Relatif aux verrues ; qui a l'aspect d'une verrue.

1. vers [vɛr] **n.m.** (lat. *versus*). **1.** En poésie, unité métrique formée par un ou plusieurs mots, dont la composition est soumise à des règles phoniques et rythmiques, et dont la mesure est déterminée soit d'après la quantité des syllabes, comme en latin et en grec *(vers métriques),* soit d'après leur accentuation, comme en allemand ou en anglais *(vers rythmiques),* soit d'après leur nombre, comme en français *(vers syllabiques)* : *Écrire des vers.* **2. Vers blancs,** vers qui ne riment pas entre eux. / **Vers libres,** vers de mètres et de rimes réguliers, disposés librement (poésie classique) ; vers dégagés de toute règle préconçue de prosodie (poésie moderne).

2. vers [vɛr] **prép.** (lat. *versus,* de *vertere,* tourner). Indique : **1.** La direction : *Aller vers la fenêtre.* **2.** Le terme d'une évolution : *Marcher vers la liberté.* **3.** L'approximation temporelle : *Vers la fin de l'Empire. Vers midi.*

versaillais, e [vɛrsajɛ, -ɛz] **adj.** et **n.** De Versailles. ◆ **versaillais adj.m.** et **n.m.** HIST. Se dit des soldats appartenant à l'armée organisée par Thiers pour combattre la Commune, ainsi que des partisans du gouvernement de Versailles en 1871.

Versailles, ch.-l. du dép. des Yvelines, à 14 km au sud-ouest de Paris ; 87 530 hab. *(Versaillais).* Évêché. Cour d'appel. Académie. École nationale supérieure du paysage. Institut supérieur international du parfum, de la cosmétique et de l'aromatique alimentaire. – Le château royal, dû à la volonté de Louis XIV, construit par Le Vau, François D'Orbay, J. H.-Mansart, puis J. A. Gabriel, et décoré initialement sous la direction de Le Brun, fut l'un des foyers de l'art classique français. Ses jardins et ses plans d'eau, dessinés par Le Nôtre, furent enrichis de toute une statuaire élaborée sous la direction de Coyzevox et de Girardon. Le château comporte, outre ses multiples appartements des XVIIe et XVIIIe s. (avec des espaces d'apparat dont le plus spectaculaire est la galerie des Glaces), un musée de peintures et de sculptures relatives à l'histoire de France. Un centre de musique baroque y a été créé. Dans le parc se trouvent le Grand Trianon de Louis XIV, le Petit Trianon de Louis XV, le Hameau de Marie-Antoinette. Sur la place d'Armes donnent les Grandes et les Petites Écuries. Dans la ville, cathédrale St-Louis et église Notre-Dame, nombreux hôtels particuliers des XVIIe et XVIIIe s. – C'est à Versailles, devenue cité royale à partir de 1662, que fut signé, en 1783, le traité qui mettait fin à la guerre de l'Indépendance américaine. Dans le palais, transformé par Louis-Philippe en musée (1837), l'Empire allemand fut proclamé (18 janv. 1871) et l'Assemblée nationale puis le Parlement français siégèrent de 1871 à 1879.

Versailles *(traité de)* → Guerre mondiale *(Première).*

versant [vɛrsɑ̃] **n.m.** (de *verser*). **1.** Chacun des deux flancs d'une montagne ; chacune des deux pentes qui encadrent le fond d'une vallée : *Versant abrupt. Le versant espagnol des Pyrénées.* **2.** Aspect de qqch qui présente deux volets opposés ou simplement différents : *Les deux versants d'une même politique.*

versatile [vɛrsatil] **adj.** (lat. *versatilis,* de *versare,* tourner). Qui change facilement d'opinion : *Elle est versatile* (syn. **changeant, inconstant, lunatique**).

versatilité [vɛrsatilite] **n.f.** Caractère versatile : *La versatilité de certains politiciens* (syn. **inconstance, instabilité**).

à verse [vɛrs] **loc. adv.** (de *verser*). Abondamment, en parlant de la pluie : *Il pleut à verse.*

versé, e [vɛrse] **adj.** (lat. *versatus,* de *versari,* s'occuper de). Exercé, expérimenté dans une matière, une science : *Il est très versé dans l'histoire* (syn. **expert**).

Verseau [vɛrso] **n. inv.** et **adj. inv.** (de *verse-eau,* traduction du gr. *hudrokhoeus,* qui verse de l'eau). Personne née sous le signe du Verseau : *Elles sont Verseau.*

Verseau (le), constellation zodiacale. – Onzième signe du zodiaque, que le Soleil traverse du 20 janvier au 19 février.

versement [vɛrsəmɑ̃] **n.m. 1.** Action de verser de l'argent à qqn, à un organisme, sur son compte, etc. : *Le versement d'une rançon* (syn. **paiement, remise**). *Les versements sont effectués automatiquement à la fin du mois.* **2.** Somme versée : *Le total de vos versements se monte à deux cents euros.*

verser [vɛrse] **v.t.** (lat. *versare,* faire tourner, fréquentatif de *vertere,* tourner). **1.** Répandre, faire couler un liquide : *Verser un peu d'eau dans la bouche d'un blessé. Verser du métal en fusion dans un moule.* **2.** Faire passer d'un récipient dans un autre ; transvaser : *Verser du vin dans un verre.* **3.** Faire tomber, basculer (un véhicule ou ses occupants) : *Le chauffeur nous a versés dans le fossé* (syn. **renverser**). **4.** Remettre de l'argent à un organisme ou à une personne : *Verser une pension alimentaire à un ascendant* (syn. **payer**). *Verser des arrhes* (syn. **régler**). **5.** Déposer, joindre un document à qqch : *Verser une pièce au dossier* (syn. **adjoindre, ajouter**). **6.** Affecter qqn à une arme, à un corps : *Son fils a été versé dans l'infanterie* (syn. **incorporer**). **7. Verser des larmes,** pleurer. / LITT. **Verser son sang,** donner sa vie. ◆ **v.i. 1.** Tomber sur le côté : *La remorque a versé dans le fossé* (syn. **basculer, se renverser**). **2. Verser dans,** évoluer vers : *En vieillissant, il verse dans le mysticisme* (syn. **tomber**).

verset [vɛrsɛ] **n.m.** (de *1. vers*). **1.** Chacune des divisions numérotées d'un chapitre de la Bible, du Coran, d'un livre sacré : *Le premier verset d'un psaume.* **2.** CATH. Brève phrase récitée ou chantée, suivie d'une réponse du chœur *(répons)*, à l'office et à la messe.

verseur, euse [vɛrsœr, -øz] **adj.** Qui sert à verser : *Bec verseur. Casserole verseuse.*

versicolore [vɛrsikɔlɔr] **adj.** (lat. *versicolor*, de *versus*, changé, et *color*, couleur). Dont la couleur est changeante ou qui a plusieurs couleurs : *Coussins versicolores* (syn. **bariolé, bigarré, multicolore**).

versificateur, trice [vɛrsifikatœr, -tris] **n.** (lat. *versificator*). Personne, auteur qui pratique l'art des vers (syn. **poète**).

versification [vɛrsifikasjɔ̃] **n.f.** (lat. *versificatio*). Art de composer des vers : *Règles de la versification* (syn. **prosodie**).

versifier [vɛrsifje] **v.i.** (lat. *versificare*) [conj. **9**]. Faire des vers. ◆ **v.t.** Mettre en vers : *Versifier un conte.*

version [vɛrsjɔ̃] **n.f.** (lat. médiév. *versio*, du class. *vertere*, tourner). **1.** Chacun des états successifs d'un texte, d'une œuvre littéraire ou artistique : *Étudier les différentes versions d'une tragédie classique* (syn. **variante**). **2.** Manière de raconter, d'interpréter un fait : *La version des faits donnée par le chauffeur de taxi* (syn. **compte rendu, récit**). **3.** Exercice consistant à traduire un texte d'une langue étrangère dans la langue maternelle (par opp. à *thème*). **4.** CIN. **Film en version originale,** film présenté dans sa langue d'origine (abrév. *V.O.*), par opp. à *version doublée* (en France, *version française* ou *V.F.*).

verso [vɛrso] **n.m.** (lat. *[folio] verso*, [sur le feuillet] tourné). Revers d'un feuillet et qui en constitue la seconde page (par opp. à *recto*) : *Ne rien écrire au verso.*

versoir [vɛrswar] **n.m.** Partie de la charrue qui retourne la bande de terre que le soc détache.

verste [vɛrst] **n.f.** (russe *versta*). Mesure itinéraire usitée autref. en Russie et valant 1 067 m.

versus [vɛrsys] **prép.** (mot lat. « du côté de »). Par opposition à. *Rem.* S'emploie en ling., surtout sous la forme *vs*, pour les oppositions de type binaire (ex. : masculin *vs* féminin).

1. vert, e [vɛr, vɛrt] **adj.** (anc. fr. *verd*, du lat. *viridis*). **1.** Se dit de la couleur située entre le bleu et le jaune dans le spectre de la lumière blanche : *De l'encre verte.* **2.** Se dit de la couleur des plantes à chlorophylle ; se dit d'un végétal qui a encore de la sève, qui n'est pas encore sec : *Une herbe verte et drue. Légumes verts et légumes secs. Café vert* (= non torréfié). **3.** Qui n'est pas mûr : *Fruits verts. Vin vert* (= vin jeune qui n'est pas encore fait). **4.** Qui a trait à l'agriculture, au monde rural, agricole : *L'Europe verte.* **5.** Qui a trait au mouvement écologiste, qui en fait partie : *Candidats verts.* **6.** Qui est resté vigoureux malgré l'âge avancé : *Un homme encore vert* (syn. **gaillard, vif**). **7.** Se dit d'un langage énergique et dur : *Une verte réprimande* (syn. **acerbe, cinglant**). **8. Le billet vert,** le dollar. / **La langue verte,** l'argot. **9. Numéro vert,** en France, numéro téléphonique qui permet d'appeler gratuitement une entreprise. / **Révolution verte,** diffusion rapide des techniques et des moyens de production modernes dans les agricultures des pays en développement. ◆ **vertes n.f. pl.** FAM. **Des vertes et des pas mûres,** des choses osées, choquantes ; des choses pénibles, des avanies : *Il nous en a raconté des vertes et des pas mûres. Son fils lui en a fait voir des vertes et des pas mûres.*

2. vert [vɛr] **n.m.** (de *1. vert*). **1.** Couleur verte : *Teindre une étoffe en vert. Vert bouteille. Vert pomme.* **2.** Couleur des signaux de voie libre, dans la signalisation ferroviaire ou routière : *Attendre que le feu passe au vert.* **3.** FAM. **Se mettre au vert,** prendre des vacances ; aller se reposer à la campagne. ◆ **Vert, e n.** Militant écologiste.

vert-de-gris [vɛrdəgri] **n.m. inv.** (altér. de *vert-de-Grèce*). Couche verdâtre dont le cuivre se couvre au contact de l'air.

vert-de-grisé, e [vɛrdəgrize] **adj.** (pl. *vert-de-grisés, es*). Couvert de vert-de-gris.

vertébral, e, aux [vɛrtebral, -o] **adj.** Relatif aux vertèbres ; formé de vertèbres : *Douleurs vertébrales. La colonne vertébrale.*

vertèbre [vɛrtɛbr] **n.f.** (lat. *vertebra*, de *vertere*, tourner). Chacun des os courts constituant la colonne vertébrale. ▸ Il existe chez l'homme 24 vertèbres reliées entre elles par les disques intervétébraux : 7 cervicales, 12 dorsales, 5 lombaires.

vertébré, e [vɛrtebre] **adj.** Se dit des animaux qui ont des vertèbres (par opp. à *invertébré*). ◆ **vertébré n.m. Vertébrés,** embranchement d'animaux pourvus d'une colonne vertébrale. ▸ L'embranchement des vertébrés est divisé en cinq classes : les poissons, les amphibiens, les reptiles, les oiseaux, les mammifères.

vertement [vɛrtəmɑ̃] **adv.** (de *1. vert*). Avec vivacité, rudesse : *Réprimander vertement qqn* (syn. **rudement, vivement**).

vertical, e, aux [vɛrtikal, -o] **adj.** (bas lat. *verticalis*, du class. *vertex*, sommet). **1.** Qui suit la direction du fil à plomb : *Le mur n'est pas très vertical ici.* **2.** Qui est organisé selon un schéma hiérarchique : *Structures verticales d'un organisme.* ◆ **vertical n.m.** ASTRON. Grand cercle de la sphère céleste, dont le plan contient la verticale du point d'observation. ◆ **verticale n.f. 1.** Direction verticale : *L'hélicoptère décolle à la verticale.* **2.** Droite verticale : *Les corps tombent suivant la verticale.*

verticalement [vɛrtikalmɑ̃] **adv.** Selon la verticale.

verticalité [vɛrtikalite] **n.f.** État de ce qui est vertical : *Vérifier la verticalité d'un mur* (syn. **aplomb**).

vertige [vɛrtiʒ] **n.m.** (lat. *vertigo*, tournoiement, de *vertere*, tourner). **1.** Peur, malaise ressentis au-dessus du vide, se traduisant par des pertes d'équilibre : *Avoir le vertige en montagne.* **2.** Malaise donnant l'illusion que les objets tournent autour de soi : *Elle a souvent des vertiges* (syn. **éblouissement, étourdissement**). **3.** Trouble, égarement dû à qqch d'intense : *Le vertige de la gloire* (syn. **exaltation, griserie**).

vertigineusement [vɛrtiʒinøzmɑ̃] **adv.** D'une façon qui donne le vertige : *Les prix ont augmenté vertigineusement.*

vertigineux, euse [vɛrtiʒinø, -øz] **adj.** (lat. *vertiginosus*). **1.** Qui donne le vertige : *Grimper à une altitude vertigineuse* (syn. **élevé**). **2.** Très fort ; très rapide : *Hausse des prix vertigineuse. L'ascension vertigineuse d'une comédienne* (syn. **fulgurant**).

Vertov (Denis Arkadevitch Kaufman, dit Dziga), cinéaste soviétique (Białystok 1895 - Moscou 1954). Il fut opérateur d'actualités pendant la guerre civile (1918-1921). En 1924, il publia le manifeste du « ciné-œil » *(Kino-Glaz)* où il prône un cinéma qui saisit la « vie à l'improviste ». Dans cet esprit, il réalisa *Soviet en avant !* (1926), *l'Homme à la caméra* (1929), *la Symphonie du Donbass* (1930), *Trois Chants sur Lénine* (1934). Ses théories sur le montage ont influencé de très nombreux cinéastes (école documentariste anglaise, néoréalisme italien...).

vertu [vɛrty] **n.f.** (du lat. *virtus*, mérite, courage, de *vir*, homme). **1.** LITT. Disposition constante qui porte à faire le bien et à éviter le mal : *Personne de grande vertu* (syn. **moralité**). **2.** Qualité morale particulière : *Considérer la loyauté comme la plus grande des vertus.* **3.** LITT. Chasteté féminine : *Il craint pour la vertu de sa fille.* **4.** Qualité qui rend propre à produire certains effets : *Les vertus d'une plante* (syn. **effet, propriété**). **5. En vertu de,** en conséquence de, au nom de : *En vertu d'une loi.*

vertueusement [vɛrtɥøzmɑ̃] **adv.** De façon vertueuse : *Vivre vertueusement* (syn. **moralement, pudiquement**).

vertueux, euse [vɛrtɥø, -øz] **adj. 1.** Qui manifeste de la vertu, des qualités morales : *Conduite vertueuse* (syn. **sage** ; contr. **dissolu**). **2.** Chaste, pudique ou fidèle, en partic. pour une femme : *Jeune fille vertueuse* (syn. **honnête, pur**).

vertugadin [vɛrtygadɛ̃] **n.m.** (de l'esp. *verdugado*, de *verdugo*, baguette, et *verde*, vert, avec infl. de *vertu*). Bourrelet que les femmes portaient par-dessous leur jupe pour la faire bouffer ; robe rendue bouffante par un de ces bourrelets.

verve [vɛrv] **n.f.** (lat. pop. **verva*, class. *verba*, pl. de *verbum*, parole). Qualité de qqn qui parle avec enthousiasme et brio : *Son père est plein de verve* (syn. **éloquence, faconde**).

verveine [vɛrvɛn] **n.f.** (lat. pop. **vervena*, class. *verbena*). **1.** Plante dont on cultive des espèces ornementales originaires d'Amérique et une espèce médicinale. ▸ Famille des verbénacées. **2.** Infusion obtenue à partir de la variété médicinale de cette plante.

Verviers, v. de Belgique, ch.-l. d'arr. de la prov. de Liège, sur la Vesdre ; 55 733 hab. Monuments des XVIe-XIXe s. Musées.

Vésale (André), en néerl. **Andries Van Wesel,** anatomiste flamand (Bruxelles 1514 ou 1515 - île de Zante 1564), médecin de Charles Quint. Il est l'un des premiers à pratiquer la dissection du corps humain. Dans son traité d'anatomie, *la Fabrique du corps humain* (*De corporis humani fabrica*, 1543), il relève les erreurs de Galien (qui se fonde sur des dissections animales) et remet en question son enseignement, qui prévalait depuis quatorze siècles.

vesce [vɛs] **n.f.** (lat. *vicia*). Plante herbacée dont on cultive plusieurs espèces fourragères ; sa graine.

vésical, e, aux [vezikal, -o] **adj.** (bas lat. *vesicalis*). ANAT. Relatif à la vessie : *Diverticule vésical.*

vésicant, e [vezikɑ̃, -ɑ̃t] **adj.** (du lat. *vesica*, ampoule). MÉD. Qui fait naître des vésicules sur la peau.

vésicule [vezikyl] **n.f.** (lat. *vesicula*, petite ampoule, dimin. de *vesica*, vessie). **1.** ANAT. Organe creux ayant la forme d'un sac : *Vésicule biliaire.* **2.** BOT. Flotteur de certaines plantes aquatiques : *Les vésicules du fucus.* **3.** MÉD. Soulèvement de l'épiderme, de petite taille, rempli de sérosité : *Le zona provoque des vésicules.*

vesou [vəzu] **n.m.** (mot créole). Jus obtenu par broyage de la canne à sucre, dont on tire le sucre.

Vesoul, ch.-l. du dép. de la Haute-Saône, sur le Durgeon, à 362 km au sud-est de Paris ; 16 810 hab. *(Vésuliens).* Constructions mécaniques. Église du XVIIIe s. Musée (archéologie, peinture).

Vespa [vɛspa] **n.f.** (nom déposé). Scooter de la marque de ce nom.

Vespasien, en lat. **Titus Flavius Vespasianus** (près de Reate, auj. Rieti, 9 - Aquae Cutiliae, Sabine, 79), empereur romain (69-79). Son règne mit fin à la guerre civile qui avait suivi la mort de Néron. Issu de la bourgeoisie italienne, énergique et de mœurs simples, il entreprit la pacification de la Judée, mit de l'ordre dans l'administration, rétablit les finances, commença la construction du Colisée, ou « amphithéâtre flavien », et reconstruisit le Capitole. Il réprima le soulèvement gaulois, envoya Agricola en Bretagne (actuelle Angleterre) [77-84], et entreprit la conquête des champs Décumates. Il affaiblit l'opposition de l'aristocratie en favorisant l'entrée des provinciaux au sénat. Il instaura le système de la succession héréditaire en faveur de ses fils Titus et Domitien, qui formèrent avec lui la dynastie des Flaviens.

vespasienne [vɛspazjɛn] **n.f.** (de *Vespasien*, n. de l'empereur romain qui fit installer des urinoirs à Rome). Urinoir public à l'usage des hommes.

vespéral, e, aux [vɛsperal, -o] **adj.** (bas lat. *vesperalis*). *LITT.* Du soir : *Clarté vespérale.*

Vespucci (Amerigo), en fr. **Améric Vespuce,** navigateur italien (Florence 1454 - Séville 1512). Il fit plusieurs voyages vers le Nouveau Monde. Le géographe Waldseemüller lui attribua la découverte du Nouveau Continent, désigné d'après son prénom.

vesse [vɛs] **n.f.** (du lat. pop. *vissire*, péter). *FAM., VIEILLI.* Expulsion silencieuse de gaz intestinaux malodorants.

vesse-de-loup [vɛsdəlu] **n.f.** (pl. *vesses-de-loup*). Nom usuel d'un champignon appelé *lycoperdon.*

vessie [vesi] **n.f.** (lat. pop. **vessica*, class. *vesica*). **1.** Poche abdominale où s'accumule l'urine amenée par les uretères, et communiquant avec l'extérieur par le canal de l'urètre. **2.** *FAM.* **Prendre des vessies pour des lanternes,** se tromper grossièrement.

Vesta, déesse romaine du Foyer domestique. Son culte était régi par le grand pontife, assisté par les vestales, qu'il choisissait lui-même et qui vivaient dans une maison voisine du temple de la déesse au Forum. Vesta fut assimilée à l'Hestia des Grecs.

vestale [vɛstal] **n.f.** (lat. *vestalis*, de *Vesta*, déesse du Feu). ANTIQ. ROM. Prêtresse de Vesta, qui entretenait le feu sacré et était astreinte à la chasteté.

veste [vɛst] **n.f.** (mot lat. *vestis*, habit). **1.** Vêtement à manches, boutonné devant, qui couvre le buste jusqu'aux hanches : *Veste de laine.* **2.** *FAM.* Échec ; insuccès : *Se prendre une veste.* **3.** *FAM.* **Retourner sa veste,** changer de parti, d'opinion.

vestiaire [vɛstjɛr] **n.m.** (lat. *vestiarium*, armoire à vêtements). **1.** Lieu où on dépose les manteaux, chapeaux, parapluies, etc., dans certains établissements : *Le vestiaire d'un théâtre.* **2.** (Surtout au pl.). Local dépendant d'un stade, d'une salle de sports, d'une piscine, etc., où on peut se mettre en tenue et laisser ses vêtements : *Les joueurs sont encore dans les vestiaires.* **3.** Objets, vêtements déposés au vestiaire : *Présenter son ticket pour retirer son vestiaire.*

vestibule [vɛstibyl] **n.m.** (it. *vestibulo*, lat. *vestibulum*). **1.** Pièce ou couloir d'entrée d'une maison, d'un édifice, donnant accès aux autres pièces, à l'escalier : *Vestibule d'un hôtel* (syn. **hall**). *Vestibule d'un appartement* (syn. **antichambre, entrée**). **2.** ANAT. Cavité ; dépression : *Vestibule auriculaire.*

vestige [vɛstiʒ] **n.m.** (lat. *vestigium*, trace). Marque laissée par qqch qui a été détruit : *Les vestiges d'une antique civilisation* (syn. **reste, trace**). *Les vestiges d'une abbaye romane* (syn. **ruines**).

vestimentaire [vɛstimɑ̃tɛr] **adj.** (lat. *vestimentarius*). Relatif aux vêtements : *Élégance vestimentaire. Dépenses vestimentaires* (= pour acheter des vêtements).

veston [vɛstɔ̃] **n.m.** Veste croisée ou droite faisant partie du complet masculin.

Vésuve (le), en it. **Vesuvio,** volcan actif, de 1 281 m de hauteur, à 8 km au sud-est de Naples. L'éruption de l'an 79 apr. J.-C. ensevelit Herculanum, Pompéi et Stabies.

vêtement [vɛtmɑ̃] **n.m.** (lat. *vestimentum*). **1.** Tout ce qui sert à couvrir le corps humain pour le protéger, le parer : *Range tes vêtements* (syn. **habits**). **2.** Pièce de l'habillement : *Le veston est un vêtement d'homme. Un vêtement d'hiver.*

vétéran [veterɑ̃] **n.m.** (du lat. *veteranus*, de *vetus, -eris*, vieux). **1.** Soldat ayant accompli un long service : *Les vétérans de la Grande Guerre.* **2.** Personne qui a une longue pratique dans une profession, une activité, etc. : *Un vétéran du syndicalisme* (syn. **ancien**). **3.** Sportif ayant dépassé l'âge senior.

vétérinaire [veterinɛr] **adj.** (lat. *veterinarius*, de *veterina*, pl. neutre « bêtes de somme »). Relatif à la médecine des animaux : *Soins vétérinaires.* ◆ **n.** Personne diplômée d'une école nationale vétérinaire, qui exerce la médecine des animaux.

vététiste [vetetist] **n.** (de *V.T.T.*). Personne qui fait du V.T.T.

vétille [vetij] **n.f.** (de *vétiller*, s'occuper à des choses insignifiantes). Chose insignifiante, qui ne mérite pas qu'on s'y arrête : *Perdre son temps à des vétilles* (syn. **bagatelle, broutille, rien**).

vétilleux, euse [vetijø, -øz] **adj.** *LITT.* Qui s'attache avec minutie à des choses sans importance : *Un esprit vétilleux* (syn. **tatillon**).

vêtir [vetir] **v.t.** (lat. *vestire*) [conj. **44**]. *LITT.* Couvrir de vêtements ; mettre sur soi : *Vêtir un enfant* (syn. **habiller**). *Vêtir une robe* (syn. **enfiler, revêtir**). ◆ **se vêtir v.pr.** Passer des vêtements : *Se vêtir chaudement* (syn. **s'habiller**).

vétiver [vetivɛr] **n.m.** (du tamoul *vettiveru*). Plante cultivée en Inde et aux Antilles pour ses racines, dont on tire un parfum. ▸ Famille des graminées.

veto [veto] **n.m. inv.** (mot lat. « j'interdis »). **1.** ANTIQ. ROM. Formule employée par les tribuns du peuple pour s'opposer à un décret du sénat. **2.** Acte par lequel une autorité peut s'opposer à l'entrée en vigueur d'une loi : *En France, le président ne dispose pas du droit de veto.* **3.** Prérogative conférée aux États membres permanents du Conseil de sécurité des Nations unies, qui leur permet de s'opposer à toute question autre que de procédure : *La Chine a mis son veto à cette résolution.* **4.** Opposition ; refus formel : *Mettre son veto à une proposition.*

vêtu, e [vety] **adj.** Qui porte un vêtement : *Bien, mal vêtu* (syn. **habillé**).

vêture [vetyr] **n.f.** (de *vêtir*). RELIG. Cérémonie de la prise d'habit à l'entrée du noviciat, dans une congrégation religieuse.

vétuste [vetyst] **adj.** (lat. *vetustus,* de *vetus,* vieux). Vieux ; détérioré par le temps : *Maison vétuste* (syn. **délabré**).

vétusté [vetyste] **n.f.** (lat. *vetustas*). État de ce qui est vétuste : *La commission d'enquête a noté la vétusté du matériel* (syn. **délabrement, ancienneté**).

veuf, veuve [vœf, vœv] **adj.** et **n.** (lat. *vidua,* veuve, de *viduus,* propr. « privé de »). **1.** Dont le conjoint est décédé : *Il est veuf depuis un an. Épouser une veuve.* **2. Défendre la veuve et l'orphelin,** protéger les malheureux, les opprimés.

veule [vøl] **adj.** (lat. pop. **volus,* du class. *volare,* voler). LITT. Qui manque d'énergie, de volonté, de courage : *Un être veule* (syn. **faible, mou ;** contr. **décidé**).

veulerie [vølri] **n.f.** Manque d'énergie, de volonté, de courage (syn. **apathie ;** contr. **hardiesse**).

veuvage [vœvaʒ] **n.m.** (de *veuve,* fém. de *veuf*). **1.** État d'un veuf, d'une veuve : *Après plusieurs années de veuvage, elle s'est remariée.* **2. Assurance veuvage,** système du régime général de la Sécurité sociale qui verse une allocation aux veuves ou veufs d'un assuré social, temporairement et sous certaines conditions.

veuve [vœv] **n.f.** (du fém. de *veuf*). **1.** Oiseau passereau d'Afrique, à plumage en grande partie noir, recherché comme oiseau de cage et de volière. ▸ Famille des estrildidés. **2. Veuve noire,** nom donné à deux espèces d'araignées très venimeuses, l'une américaine, l'autre, appelée aussi *malmignatte,* vivant dans les régions méditerranéennes. ▸ Famille des théridiidés. **3.** ⟶ **veuf.**

vexant, e [vɛksɑ̃, -ɑ̃t] **adj.** Qui vexe : *Un refus vexant* (syn. **blessant, désobligeant**).

vexation [vɛksasjɔ̃] **n.f.** (lat. *vexatio*). Action, parole ou situation qui vexe (syn. **brimade, sarcasme**).

vexatoire [vɛksatwar] **adj.** Qui a le caractère d'une vexation ou est fait pour vexer : *Mesures vexatoires à l'égard des étrangers* (syn. **humiliant**).

vexer [vɛkse] **v.t.** (lat. *vexare,* tourmenter). Contrarier ; blesser qqn dans son amour-propre : *Vexer qqn par une critique acerbe* (syn. **froisser, offenser**). *Elle est vexée d'avoir échoué.* ◆ **se vexer v.pr.** Être contrarié, blessé : *Cet enfant se vexe pour un rien* (syn. **se fâcher, se froisser**).

Vexin, pays de l'anc. France, entre le pays de Bray, la Seine et l'Oise, divisé par l'Epte en un *Vexin normand* (Eure), à l'ouest, et un *Vexin français* (Val-d'Oise et Yvelines, parc naturel régional de 65 000 ha), débordant sur le sud-ouest de l'Oise, à l'est.

Vézelay, commune de l'Yonne ; 445 hab. *(Vézeliens).* Remarquable basilique romane de la Madeleine, anc. abbatiale, à chœur gothique. Chapiteaux historiés ; sculptures de baies intérieures du narthex, avec, au tympan principal, un Christ en gloire envoyant les apôtres évangéliser les peuples de la Terre (apr. 1120). Musée lapidaire.

V.F. [veɛf] **n.f.** (sigle). CIN. Version française.

via [vja] **prép.** (mot lat. « voie »). En passant par : *Aller de Paris à Ajaccio via Nice.*

viabiliser [vjabilize] **v.t.** Réaliser les travaux de viabilité sur un terrain à bâtir : *Viabiliser un lotissement.*

1. viabilité [vjabilite] **n.f.** (de *viable*). **1.** Aptitude à vivre d'un organisme : *La viabilité d'un fœtus n'est pas assurée avant le septième mois.* **2.** Caractère d'un projet, d'une entreprise viables.

2. viabilité [vjabilite] **n.f.** (du bas lat. *viabilis,* où l'on peut passer, du class. *via,* chemin). **1.** Bon état d'une route, permettant d'y circuler. **2.** Ensemble des travaux d'aménagement (voirie, trottoir, réseau d'eau potable, d'assainissement, etc.) à réaliser sur un terrain avant toute construction.

viable [vjabl] **adj.** (de *vie*). **1.** Qui peut vivre : *Nouveau-né viable.* **2.** Organisé pour aboutir, pour durer : *Entreprise viable.*

viaduc [vjadyk] **n.m.** (de l'angl. *viaduct,* du lat. *via,* voie, et *ducere,* conduire). Pont de grande longueur, génér. à plusieurs arches, permettant le franchissement d'une vallée par une route ou une voie ferrée : *Le viaduc de Garabit fut construit par Gustave Eiffel.*

viager, ère [vjaʒe, -ɛr] **adj.** (de l'anc. fr. *viage,* durée de la vie). **Rente viagère,** revenu qui dure toute la vie d'une personne et ne se prolonge pas au-delà. ◆ **viager n.m. 1.** Rente viagère : *Son viager lui permet tout juste de vivre.* **2. En viager,** en échange d'une rente viagère : *Vendre sa maison en viager.*

Viala (Joseph Agricol), jeune patriote français (Avignon 1780 - près d'Avignon 1793). Il fut tué par les royalistes, alors qu'il défendait le passage de la Durance.

Vialatte (Alexandre), écrivain français (Magnac-Laval 1901 - Paris 1971). Traducteur (Nietzsche, T. Mann, et surtout Kafka), romancier (*Battling le Ténébreux,* 1928 ; *les Fruits du Congo,* 1951), il fut aussi un chroniqueur de talent (notamm. pour *la Montagne*), s'imposant dans un style qui mêle humour satirique et lucidité mélancolique.

Vian (Boris), écrivain français (Ville-d'Avray 1920 - Paris 1959). Ingénieur, trompettiste de jazz et écrivain, signant parfois ses romans **Vernon Sullivan** (*J'irai cracher sur vos tombes,* 1946), il fut une des personnalités les plus originales de Saint-Germain-des-Prés, après la Seconde Guerre mondiale. La contestation, la parodie, l'invention verbale, l'amour fou furent les ingrédients de ses poèmes (*Cantilènes en gelée,* 1950), de son théâtre et de ses romans (*l'Écume des jours,* 1947 ; *l'Automne à Pékin,* 1947 ; *l'Arrache-Cœur,* 1953).

viande [vjɑ̃d] **n.f.** (lat. pop **vivanda,* du class. *vivenda,* ce qui sert à la vie). **1.** Aliment tiré des muscles des animaux, princ. des mammifères et des oiseaux : *Manger de la viande grillée, rôtie.* **2. Viande blanche,** viande de veau, de porc, de lapin, de volaille. / **Viande rouge,** viande de bœuf, de mouton, de cheval.

■ La viande est un aliment apportant des matières azotées de haute qualité, riches en acides aminés indispensables (lysine, notamment). Sa composition est peu variable : 75 % d'eau, 20 % de protéines, 2 à 3 % de lipides. Elle est composée de faisceaux de fibres musculaires accompagnés de graisse, responsable de la couleur et de la saveur, maintenus entre eux par du tissu conjonctif, auquel est due la dureté (ou la tendreté).

Abattage et découpe. La viande provient des animaux d'élevage : bovins, ovins, caprins, porcins, lapins, volailles, et, dans une très petite proportion, du gibier *(venaison).* Les animaux arrivés à l'âge et au poids appropriés sont abattus dans des abattoirs, véritables installations industrielles : étourdis, tués, saignés puis dépouillés et éviscérés, ils livrent en bout de chaîne des carcasses qui sont placées en chambre froide jusqu'à la commercialisation. Dans les abattoirs qui pratiquent des abattages rituels pour fournir de la viande *halal* (pour les pratiquants de l'islam) ou *casher* (pour les pratiquants du judaïsme), les animaux ne sont – sauf exception – pas étourdis avant d'être égorgés. Les carcasses de bœuf, de veau, de mouton, de porc sont ensuite découpées et fournissent des morceaux de caractéristiques différentes : morceaux à cuisson rapide (rôtis et grillades), provenant principalement de la partie postérieure, et morceaux à cuisson lente (bouillis ou braisés), surtout débités dans la partie avant. La découpe – également différente selon les traditions et les cultures –, autrefois effectuée exclusivement chez le boucher ou le charcutier, se pratique de plus en plus dans l'abattoir ou dans des ateliers annexés aux supermarchés.

Préparation et transformation. Avec la constitution de grands groupes industriels de l'agroalimentaire, de nouveaux produits carnés sont apparus sur le marché : morceaux de volaille prédécoupés, rôtis ou jambon de dinde, viande hachée... La préparation des viandes est devenue une importante activité industrielle combinée à la technique de la surgélation. Dans certains cas, on ajoute des protéines végétales à la viande hachée afin de diminuer la proportion de protéines animales, liées aux graisses.

⟶

Une partie importante des animaux abattus est transformée par l'industrie ou de manière artisanale. Le porc, animal traditionnellement transformé à la ferme, permet la fabrication d'une multitude de produits de la charcuterie industrielle (jambon, saucisson, boudin, etc.). Les viandes de volailles (confit, charcuterie) et les viandes bovines (« corned beef ») sont aussi traitées pour une conservation prolongée. Enfin, il faut rappeler l'importance des abats dans la charcuterie (pâtés) et le rôle gastronomique particulier des foies gras, obtenus grâce au gavage des oies et des canards. ■

Vianney (Jean-Marie) ⟶ **Jean-Marie Vianney** *(saint).*

viatique [vjatik] **n.m.** (lat. *viaticum,* de *via,* route). **1.** *VX.* Argent, provisions que l'on donne pour faire un voyage. **2.** *LITT.* Ce qui apporte une aide, un soutien : *Elle a ses diplômes comme seul viatique* (syn. **atout, bagage**). **3.** CATH. Sacrement de l'eucharistie administré à une personne en danger de mort.

Viatka, anc. **Kirov,** v. de Russie, sur la *Viatka* (affl. de la Kama) ; 473 668 hab. Métallurgie.

Viau (Théophile de), poète français (Clairac 1590 - Paris 1626). Huguenot mais libertin, il doit s'exiler à la suite de la publication de vers « impies ». Converti au catholicisme, il publie ses œuvres poétiques (3 vol., 1621-1626), qui contiennent sa tragédie *Pyrame et Thisbé,* jouée avec succès en 1621. Condamné et emprisonné pour l'audace de ses récits (le *Parnasse des poètes satyriques,* 1622), il est gracié. Théophile de Viau a exercé une grande influence tout au long du XVIIe s., rivalisant avec Malherbe.

vibrant, e [vibrɑ̃, -ɑ̃t] **adj. 1.** Qui vibre : *La membrane vibrante d'un haut-parleur.* **2.** Dont le ton ou le comportement marquent l'émotion : *Discours vibrant* (syn. **ardent, poignant**). **3.** PHON. **Consonne vibrante,** consonne que l'on articule en faisant vibrer la langue ou la luette : *Le* [r] *roulé est une consonne vibrante.* (On dit aussi *une vibrante.*)

vibraphone [vibrafɔn] **n.m.** Instrument de musique composé d'une série de lames d'acier que l'exécutant frappe à l'aide de baguettes.

vibraphoniste [vibrafɔnist] **n.** Musicien qui joue du vibraphone.

vibratile [vibratil] **adj.** (de *vibrer*). **Cils vibratiles,** filaments ou flagelles de certaines cellules vivantes, animés de mouvements constants et qui assurent le déplacement de certains protozoaires (paramécie), le courant d'eau nutritif des mollusques lamellibranches, l'expulsion de particules solides hors de la trachée-artère de l'homme, etc.

vibration [vibrasjɔ̃] **n.f.** (lat. *vibratio*). **1.** Mouvement d'oscillation rapide : *Les vibrations d'une corde de violon sous l'archet.* **2.** PHYS. Mouvement périodique d'un système matériel autour de sa position d'équilibre : *Vibrations sonores, lumineuses* (syn. **oscillation**). **3.** Saccade répétée à un rythme rapide : *Les vibrations des vitres au passage des camions* (syn. **trépidation**). **4.** Modulation d'un timbre sonore traduisant une émotion : *Vibration de la voix* (syn. **tremblement**).

vibrato [vibrato] **n.m.** (mot it.). Légère ondulation du son produite sur les instruments de musique (cordes ou vents) ou avec la voix.

vibratoire [vibratwar] **adj.** Relatif aux vibrations ; qui se compose de vibrations : *Mouvement vibratoire.*

vibrer [vibre] **v.i.** (lat. *vibrare,* propr. « agiter, secouer »). **1.** Être soumis à une série d'oscillations, à des vibrations : *Cordes vocales qui vibrent. Les vitres vibrent au passage du train* (syn. **trépider**). **2.** Être touché, ému : *Vibrer à l'écoute d'un discours.* **3.** Traduire une certaine intensité d'émotion : *Sa voix vibrait de colère* (syn. **frémir, trembler**).

vibreur [vibrœr] **n.m.** Dispositif électromécanique vibrant sous l'effet d'un courant, le plus souvent destiné à servir d'avertisseur acoustique.

vibrion [vibrijɔ̃] **n.m.** (de *vibrer*). Bactérie en forme de bâtonnet recourbé en virgule et muni à son extrémité de un ou de plusieurs cils qui lui confèrent sa mobilité.

vibrisse [vibris] **n.f.** (lat. *vibrissae*). **1.** Poil situé à l'intérieur des narines de l'homme. **2.** Poil tactile de certains mammifères : *Les vibrisses forment la « moustache » des carnivores, des pinnipèdes et des rongeurs.*

vibromasseur [vibrɔmasœr] **n.m.** Appareil de massage dans lequel des pièces en caoutchouc sont mises en vibration par un moteur électrique.

vicaire [vikɛr] **n.m.** (lat. *vicarius,* remplaçant). **1.** Prêtre qui exerce son ministère dans une paroisse sous la dépendance d'un curé. **2. Vicaire de Jésus-Christ,** le pape. / **Vicaire général,** prêtre assistant de l'évêque pour l'administration d'un diocèse.

vicariat [vikarja] **n.m.** Fonction d'un vicaire.

vice [vis] **n.m.** (lat. *vitium,* propr. « défaut, imperfection »). **1.** *LITT.* Disposition naturelle à faire le mal, à agir contre la morale : *Personne qui a tous les vices* (syn. **dépravation, perversion**). **2.** Penchant particulier pour qqch, défaut dont on ne peut se débarrasser (jeu, boisson, drogue, etc.) : *L'ivrognerie est un vice* (syn. **tare**). **3.** Imperfection, défaut dans l'état de qqn ou de qqch : *Vice de construction* (syn. **défectuosité, malfaçon**). **4.** DR. **Vice de forme,** défaut qui rend nul un acte juridique lorsqu'une des formalités légales a été omise.

vice- [vis] (lat. *vice,* à la place de), particule inv. qui, préfixée à un nom auquel elle est reliée par un trait d'union, indique des fonctions de suppléant, d'adjoint du titulaire ou bien une position de second dans une hiérarchie : *Vice-chancelier. Le vice-champion d'Europe.*

vice-amiral [visamiral] **n.m.** (pl. *vice-amiraux*). Officier général de la marine.

vice-consul, e [viskɔ̃syl] **n.** (pl. *vice-consuls, es*). Personne qui aide un consul ou qui en tient lieu dans un pays où il n'y a pas de consul.

vice-présidence [visprezidɑ̃s] **n.f.** (pl. *vice-présidences*). Fonction, dignité de vice-président.

vice-président, e [visprezidɑ̃, -ɑ̃t] **n.** (pl. *vice-présidents, es*). Personne chargée de seconder et, éventuellement, de remplacer le président ou la présidente.

vice-roi [visrwa] **n.m.** (pl. *vice-rois*). HIST. Gouverneur d'un royaume ou d'une grande province dépendant d'un État monarchique.

vicésimal, e, aux [visezimal, -o] **adj.** (lat. *vicesimus,* vingtième). Qui a pour base le nombre vingt.

vice versa [visvɛrsa] ou [visevɛrsa] **loc. adv.** (loc. lat.). Réciproquement ; inversement : *Il prend toujours la droite pour la gauche et vice versa.*

vichy [viʃi] **n.m.** (du n. de la ville de l'Allier). **1.** Étoffe de coton tissée avec des fils de deux couleurs formant des carreaux. **2.** Eau minérale de Vichy.

Vichy, ch.-l. d'arr. de l'Allier, sur l'Allier ; 25 793 hab. *(Vichyssois).* Station thermale (maladies du foie et des voies biliaires, de l'estomac et de l'intestin).

Vichy *(gouvernement de),* gouvernement de l'État français, installé à Vichy (1940-1944) et qui, sous l'autorité du maréchal Pétain, dirigea la France pendant l'occupation allemande. Président du Conseil à partir du 16 juin 1940, Pétain s'installe à Vichy après l'armistice et obtient les pleins pouvoirs par un vote de l'Assemblée nationale (à l'exception de 80 députés). Chef de l'« État français », qui succède ainsi à la IIIe République (juill. 1940), il instaure, sous la devise « Travail, Famille, Patrie » et l'emblème de la francisque, un régime nationaliste, corporatiste, antisémite et anticommuniste, qui entre dès 1940 dans la voie de la collaboration avec l'Allemagne. Cette politique ira en s'accentuant sous les gouvernements présidés par Pierre Laval (de juill. à déc. 1940 et d'avr. 1942 à août 1944) et par l'amiral Darlan (de févr. 1941 à avr. 1942). Après l'invasion de la zone libre (nov. 1942), les Allemands, qui ont imposé à Pétain le second ministère Laval, contrôlent totalement le régime, qui s'effondre lors de la défaite allemande. En août 1944, les Allemands contraignent Laval et Pétain à gagner Belfort, puis Sigmaringen (Bade-Wurtemberg). Dans le même temps, le Gouvernement provisoire de la République française, présidé par le général de Gaulle, succède à Paris au gouvernement de Vichy.

vichyste [viʃist] **adj.** et **n.** HIST. Relatif au gouvernement de Vichy ; partisan du gouvernement de Vichy. (Ce terme a remplacé celui de *vichyssois*.)

vicié, e [visje] **adj.** Qui est altéré dans sa composition : *Air vicié* (syn. **impur, pollué**).

vicier [visje] **v.t.** (lat. *vitiare*) [conj. **9**]. **1.** *LITT.* Corrompre ; gâter la pureté de : *Certaines industries vicient l'air* (syn. **polluer, souiller**). **2.** DR. Entacher d'un défaut qui rend nul : *L'absence de date vicie le contrat* (syn. **annuler**).

vicieusement [visjøzmɑ̃] **adv.** De façon vicieuse.

vicieux, euse [visjø, -øz] **adj.** et **n.** (lat. *vitiosus*, gâté, corrompu). **1.** Qui a des goûts dépravés, pervers (en partic. sur le plan sexuel) : *Il est vicieux* (syn. **dépravé, dévergondé**). **2.** *FAM.* Qui a des goûts bizarres, étranges : *Il faut vraiment être vicieux pour aimer cette musique* (syn. **extravagant, insensé**). ◆ **adj. 1.** Marqué par le vice (en partic. sur le plan sexuel) : *Un regard vicieux* (syn. **libidineux, lubrique**). **2.** Exécuté avec ruse, pour tromper : *Envoyer une balle vicieuse.* **3.** Qui comporte une défectuosité, une imperfection : *Contrat vicieux* (syn. **fautif, incorrect**).

vicinal, e, aux [visinal, -o] **adj.** (lat. *vicinalis*, de *vicinus*, voisin). Se dit d'un chemin qui relie des villages, des hameaux entre eux.

vicissitude [visisityd] **n.f.** (lat. *vicissitudo*). *LITT.* (Surtout au pl.). Événements heureux ou malheureux qui affectent la vie humaine : *Les vicissitudes de l'existence* (syn. **aléa**).

Vico (Giambattista), historien et philosophe italien (Naples 1668 - *id.* 1744). Ses *Principes de la philosophie de l'histoire* (1725) distinguent dans l'histoire cyclique de chaque peuple trois âges : l'âge divin, l'âge héroïque et l'âge humain.

vicomte [vikɔ̃t] **n.m.** (lat. médiév. *vicecomes, itis*). **1.** Autref., suppléant du comte, puis seigneur possédant la terre sur laquelle s'exerçait cette charge de suppléant. **2.** En France, noble dont le titre est situé entre ceux de baron et de comte, sous l'Ancien Régime.

vicomté [vikɔ̃te] **n.f. 1.** Titre de noblesse d'un vicomte, d'une vicomtesse. **2.** Terre possédée par un vicomte, une vicomtesse.

vicomtesse [vikɔ̃tɛs] **n.f.** Femme d'un vicomte ; femme possédant une vicomté.

victime [viktim] **n.f.** (lat. *victima*). **1.** Personne qui a péri dans une guerre, une catastrophe, un accident, etc. : *L'explosion n'a pas fait de victime.* **2.** Personne qui souffre de l'hostilité de qqn, de ses agissements : *Elle est très autoritaire et cherche toujours une victime* (syn. **proie, souffre-douleur**). *Il a été victime de sa naïveté.* **3.** Créature vivante offerte en sacrifice à une divinité : *Victime expiatoire.*

victimisation [viktimizasjɔ̃] **n.f.** Action de victimiser.

victimiser [viktimize] **v.t.** (angl. *to victimize*). Présenter, considérer, traiter comme une victime : *Reportage qui victimise les adhérents des sectes.*

victimologie [viktimɔlɔʒi] **n.f.** Branche de la criminologie qui s'intéresse aux victimes de crimes ou de délits.

victoire [viktwar] **n.f.** (lat. *victoria*). **1.** Issue favorable d'une bataille, d'une guerre : *Général qui mène ses troupes à la victoire* (syn. **succès, triomphe**). **2.** Succès remporté dans une lutte, une compétition : *La victoire ne peut plus échapper à notre équipe.* **3. Chanter, crier victoire,** annoncer triomphalement un succès, s'en glorifier. / **Victoire à la Pyrrhus,** si chèrement acquise que le bilan en paraît négatif.

Victor (Paul-Émile), explorateur français (Genève 1907 - Bora Bora 1995). À partir de 1934, il a dirigé de nombreuses expéditions au Groenland, en Laponie et en terre Adélie. En 1947, il a créé les Expéditions polaires françaises (devenues auj. l'*Institut polaire français Paul-Émile Victor* [I.P.E.V.]), qu'il a dirigées jusqu'en 1976.

Victor-Emmanuel II (Turin 1820 - Rome 1878), roi de Sardaigne (1849), puis roi d'Italie (1861). Fils de Charles-Albert, qui abdiqua en sa faveur, roi constitutionnel, il soutint la politique de son ministre Cavour visant à l'unification de l'Italie, dont il reçut la couronne en 1861. Il s'établit à Rome en 1870.

Victor-Emmanuel III (Naples 1869 - Alexandrie, Égypte, 1947), roi d'Italie (1900-1946), empereur d'Éthiopie (1936) et roi d'Albanie (1939). Fils d'Humbert Ier, il chargea Mussolini de former le gouvernement en 1922. Il favorisa ainsi le développement du fascisme, qui lui enleva tout rôle politique. En 1943, il fit arrêter Mussolini en accord avec le Grand Conseil fasciste mais ne put rallier les partis politiques. Il abdiqua en faveur de son fils Humbert (1946) avant de s'exiler.

Victoria, État du sud-est de l'Australie ; 228 000 km^2 ; 5 354 042 hab. CAP. *Melbourne.*

Victoria, grande île de l'archipel arctique canadien (Territoires du Nord-Ouest) ; 212 000 km^2.

Victoria, port du Canada, cap. de la Colombie-Britannique, dans l'île de Vancouver ; 80 017 hab. (344 615 hab. dans l'agglomération). Université.

Victoria *(lac)*, anc. **Victoria Nyanza,** grand lac de l'Afrique équatoriale, d'où sort le Nil ; 68 100 km^2.

Victoria Ire (Londres 1819 - Osborne, île de Wight, 1901), reine de Grande-Bretagne et d'Irlande (1837-1901) et impératrice des Indes (1876-1901). Petite-fille de George III, elle accède au trône après la mort de son oncle Guillaume IV, qui est sans héritier. Habilement conseillée par son oncle Léopold Ier de Belgique puis par Albert de Saxe-Cobourg-Gotha (qu'elle épouse en 1840), Victoria redonne rapidement dignité et prestige à une Couronne britannique fort discréditée. La conscience aiguë de sa fonction, son application, son austérité et la dignité de sa vie permettent notamment aux classes moyennes de reconnaître en elle leurs idéaux.
Victoria suit toutes les affaires du pays et se trouve plus d'une fois en conflit avec ses ministres, notamment lord Palmerston, en charge des affaires étrangères, auxquelles elle accorde un intérêt tout particulier. La mort du prince Albert, en 1861, la frappe d'autant plus que le prince héritier (le futur Édouard VII) développe une personnalité contraire à ses aspirations. La déférence de Disraeli, ministre conservateur, parvient cependant à ranimer les intérêts de la reine, dont il fait une impératrice des Indes (1876). Le sens impérial et le conservatisme politique et social qu'elle développe, tandis que le pays se démocratise, se heurtent au libéralisme de Gladstone. Mais les deux jubilés de la reine (1887 et 1897) manifestent l'attachement que lui portent les Britanniques.
Cette protestante puritaine et très sensible aux gloires nationales a restitué toute sa valeur à la Couronne. Sous son règne, la Grande-Bretagne connut l'apogée de sa puissance économique et politique.

victorien, enne [viktɔrjɛ̃, -ɛn] **adj.** Relatif à la reine Victoria de Grande-Bretagne, à son époque : *Style victorien.*

victorieusement [viktɔrjøzmɑ̃] **adv.** De façon victorieuse.

victorieux, euse [viktɔrjø, -øz] **adj.** (bas lat. *victoriosus*). **1.** Qui a remporté la victoire : *Armée victorieuse* (syn. **triomphateur, vainqueur**). *L'équipe victorieuse* (syn. **gagnant**). **2.** Qui manifeste l'orgueil du succès obtenu : *Avoir un air victorieux* (syn. **triomphant**).

victuailles [viktɥaj] **n.f. pl.** (bas lat. *victualia*, du class. *victualis*, de *victus*, vivres). Provisions alimentaires : *Garde-manger plein de victuailles* (syn. **aliment, vivres**).

vidage [vidaʒ] **n.m.** Action de vider (contr. **remplissage**).

vidange [vidɑ̃ʒ] **n.f.** (de *vider*). **1.** Action de vider pour nettoyer ou rendre de nouveau utilisable : *Faire faire la vidange du moteur de sa voiture.* **2.** Dispositif servant à vidanger, à l'écoulement d'un liquide : *Déboucher la vidange d'un lavabo.* ◆ **vidanges n.f. pl.** Matières retirées d'une fosse septique : *Traitement chimique des vidanges.*

vidanger [vidɑ̃ʒe] **v.t.** [conj. **17**]. Effectuer la vidange d'une fosse septique, d'un carter d'automobile, etc. : *Vidanger une citerne* (syn. **assécher**). *Vidanger l'huile d'un moteur.*

vidangeur [vidɑ̃ʒœr] **n.m.** Ouvrier assurant la vidange des fosses septiques.

1. vide [vid] **adj.** (de l'anc. fr. *vuide*, fém. de *vuit*, du lat. pop. **vocitus*, de **vocuus*, forme archaïque du class. *vacuus*). **1.** Qui ne contient rien : *Boîte vide.* **2.** Qui n'a pas ou a très peu d'occupants : *Jouer devant une salle vide* (syn. **désert**). *Notre appartement est vide tout l'été* (syn. **inhabité, inoccupé**). **3.** Qui manque d'intérêt : *Sa vie est vide* (syn. **inintéressant, insignifiant**). **4.** Où l'on ressent l'absence de qqn : *Sans les enfants, la maison est vide.* **5. Vide de,** privé, dépourvu de : *Remarque vide de sens.* / MATH. **Ensemble vide,** ensemble ne comportant aucun élément (noté ∅).

2. vide [vid] **n.m.** (de *1. vide*). **1.** Espace assez vaste qui ne contient rien : *Tomber dans le vide.* **2.** Solution de continuité ; espace où il manque qqch : *Il y a un vide dans cette collection* (syn. **manque**). **3.** Laps de temps inoccupé : *Il y a des vides dans mon emploi du temps* (syn. **creux, trou**). **4.** Sentiment pénible d'absence, de privation : *Son départ a laissé un vide.* **5.** Caractère de ce qui manque d'intérêt, de valeur : *Le vide de son existence* (syn. **futilité, vanité**). **6.** PHYS. État correspondant à l'absence totale de toute particule réelle ; espace où les particules matérielles sont fortement raréfiées (pression inférieure à celle de l'atmosphère) : *Faire le vide dans une ampoule. Emballage sous vide.* **7. À vide,** sans rien contenir ; sans effet ; sans objet : *Le bus part à vide. Raisonner à vide.* / **Faire le vide autour de soi, de qqn,** éloigner de soi, de qqn amis et relations, créer l'isolement. / **Vide juridique,** absence de dispositions légales concernant un sujet donné.

vidéaste [videast] **n.** Réalisateur de films en vidéo.

vide-greniers [vidgrənje] **n.m. inv.** Manifestation commerciale, génér. organisée par une municipalité, au cours de laquelle des particuliers vendent de vieux objets ; braderie.

vidéo [video] **adj. inv.** (lat. *video*, je vois). **1.** Se dit de l'ensemble des techniques concernant la formation, l'enregistrement, le traitement ou la transmission d'images ou de signaux de type télévision : *Signaux vidéo.* **2. Bande vidéo promotionnelle,** recomm. off. pour *clip.* / **Jeu vidéo,** jeu utilisant un écran de visualisation et une commande électronique. ◆ **n.f. 1.** Ensemble des techniques vidéo. **2.** Film, émission tournés en vidéo. **3. Vidéo à la demande,** service, généralement payant, permettant à l'utilisateur de choisir et de visionner sur un ordinateur ou un téléviseur des films ou des émissions de télévision. ▸ On utilise souvent le sigle anglais VOD.

vidéocassette [videokasɛt] **n.f.** Cassette contenant une bande magnétique qui permet l'enregistrement, la lecture et la reproduction à volonté d'un programme de télévision ou d'un film vidéo.

vidéo-clip [videoklip] **n.m.** (pl. *vidéo-clips*). Clip.

vidéodisque [videodisk] **n.m.** Disque sur lequel sont enregistrés des programmes audiovisuels restituables sur un écran : *La lecture d'un vidéodisque se fait à l'aide d'un laser de faible puissance.*

vidéographie [videografi] **n.f. 1.** Procédé de télécommunication qui permet la visualisation d'images alphanumériques et graphiques sur un écran de type télévision. **2.** Édition de programmes audiovisuels.

vide-ordures [vidɔrdyr] **n.m. inv.** Conduit vertical par lequel sont évacuées les ordures ménagères dans certains immeubles ; orifice de ce conduit, installé à chaque étage ou dans chaque appartement.

vidéosurveillance [videosyrvejɑ̃s] **n.f.** Procédé de surveillance à distance au moyen de caméras vidéo.

vidéotex [videɔtɛks] **n.m.** (de *vidéo* et *télex*). Vidéographie dans laquelle la transmission des demandes d'informations des usagers et des réponses fournies est assurée par un réseau de télécommunications, en partic. le réseau téléphonique. ◆ **adj.** Relatif au vidéotex : *Terminal vidéotex.*

vidéothèque [videɔtɛk] **n.f. 1.** Collection de vidéocassettes. **2.** Meuble ou lieu où on les entrepose.

vide-poche ou **vide-poches** [vidpɔʃ] **n.m.** (pl. *vide-poches*). **1.** Petite coupe ou corbeille dans laquelle on dépose les menus objets que l'on avait dans ses poches. **2.** Dans une automobile, petit compartiment, génér. ouvert, pour déposer divers objets.

vider [vide] **v.t.** (lat. pop. **vocitare*, de **vocitus* ; v. *1. vide*). **1.** Retirer tout le contenu de : *Vider un tiroir. N'oublie pas de vider la baignoire* (contr. **remplir**). **2.** Boire, manger tout le contenu de : *Il a vidé son verre. Vider le réfrigérateur.* **3.** Retirer les entrailles d'un animal pour le préparer à la cuisson : *Vider une carpe, un lapin.* **4.** Faire évacuer : *Les pompiers ont vidé l'immeuble.* **5.** Enlever qqch d'un contenant ; faire s'écouler complètement le contenu de qqch : *Vider l'eau d'un réservoir.* **6.** FAM. Chasser qqn d'un lieu, d'un groupe ; faire sortir de force : *Vider les perturbateurs d'une réunion* (syn. **congédier**). *Il s'est fait vider du lycée* (syn. **expulser, renvoyer**). **7.** FAM. Surmener physiquement ou intellectuellement : *Ce boulot m'a vidé !* (syn. **épuiser, harasser**). **8.** LITT. Terminer ; régler : *Vider un différend, une querelle* (syn. **liquider, trancher**). **9. Vider les lieux,** s'en aller, partir sous la contrainte.

videur [vidœr] **n.m.** Homme chargé d'expulser les personnes jugées indésirables dans un bal, un dancing, un cabaret, etc.

Vidor (King), cinéaste américain (Galveston 1894 - Pablo Robles 1982). Auteur de plusieurs films indissociables de la légende hollywoodienne, il s'est imposé comme cinéaste « social » avec *la Foule* (1928). Son œuvre abondante témoigne d'une grande sensibilité, d'un lyrisme et d'une vigueur épiques : *Hallelujah !* (1929), *Notre pain quotidien* (1934), *Duel au soleil* (1947).

viduité [vidɥite] **n.f.** (lat. *viduitas*, de *vidua*, veuve). **1.** VX. État de veuve ou de veuf. **2.** DR. **Délai de viduité,** période pendant laquelle une femme veuve ou divorcée ne pouvait contracter un nouveau mariage.

vie [vi] **n.f.** (lat. *vita*). **1.** Ensemble des phénomènes (nutrition, croissance, reproduction, etc.) communs aux êtres organisés et qui constituent leur mode d'activité propre, de la naissance à la mort : *Vie cellulaire. Vie animale, végétale. Les origines de la vie.* **2.** Fait de vivre ; existence humaine (par opp. à *mort*) : *Être en vie. Risquer sa vie* (syn. **existence**). **3.** Grande activité manifestée dans tous les comportements : *Déborder de vie* (syn. **dynamisme, énergie, vitalité**). **4.** Existence humaine considérée dans sa durée ; ensemble des événements qui se succèdent dans cette existence : *Une longue vie. Réussir sa vie.* **5.** Manière de vivre propre à qqn ou à un groupe : *Mener une vie simple.* **6.** Ensemble des activités de qqn dans un domaine spécifique : *Avoir une vie culturelle et sociale très remplie.* **7.** Ensemble des moyens matériels (aliments, argent, etc.) nécessaires pour assurer l'existence de qqn : *La vie est chère. Gagner bien, mal sa vie.* **8.** Condition humaine ; monde des humains : *Connaître, affronter la vie.* **9.** Ouvrage relatant l'histoire de qqn, les événements qui ont marqué son existence : *Écrire une vie de Van Gogh* (syn. **biographie**). **10.** Mouvement, dynamisme, vitalité qui caractérisent une œuvre, qui animent un lieu : *Style plein de vie* (syn. **allant, entrain**). *Rendre la vie à un quartier* (syn. **animation**). **11.** Ensemble des activités, de la production d'un pays, d'un groupe dans un domaine donné : *La vie politique en France.* **12.** Existence, dans le temps, des choses soumises à une évolution : *La vie des mots. La vie des étoiles.* **13.** Fait pour un appareil, un dispositif, un organisme, etc., de fonctionner : *Durée de vie d'un matériel.* **14. À la vie, à la mort,** pour toujours, jusqu'à la mort. / **À vie,** pour tout le temps qui reste à vivre. / **Ce n'est pas une vie,** c'est intenable, c'est une situation, une existence insupportable. / **De la vie, de ma vie,** jamais : *De ma vie, je n'ai vu une telle mauvaise foi.* / **Devoir la vie à,** avoir été sauvé par (qqn, qqch). / **Donner la vie,** mettre au monde. / FAM. **Faire la vie,** s'adonner, souvent avec excès, à tous les plaisirs ; être insupportable. / **Redonner, rendre la vie à qqn,** le ranimer ; le rassurer, lui rendre l'espoir. / **Refaire sa vie,** se remarier. / RELIG. **Vie éternelle,** bonheur éternel des élus après la mort.

vieil, vieille adj. ⟶ **vieux.**

vieillard [vjɛjar] **n.m.** (de *vieil*). Homme très âgé (syn. **vieux**). *Rem.* Le fém. *vieillarde* est litt. et péjor. ; on dit plutôt *vieille.* ◆ **vieillards n.m. pl.** VIEILLI. Ensemble des personnes âgées : *Évacuer les vieillards et les enfants.*

vieillerie [vjɛjri] **n.f.** (de *vieil*). **1.** Objet ancien, usé et démodé : *Grenier plein de vieilleries.* **2.** Idée rebattue ; œuvre démodée, qui n'a plus d'intérêt : *Cette vieillerie traîne dans les manuels scolaires depuis cinquante ans.*

vieillesse [vjɛjɛs] **n.f.** (de *vieil*). **1.** Dernière période de la vie normale, caractérisée par un ralentissement des fonctions ; fait d'être vieux : *Les maladies de la vieillesse* (syn. **sénescence**). *Mourir de vieillesse* (= du seul fait de son grand âge). **2.** LITT. Grand âge de qqch : *Vieillesse d'un vin. Vieillesse d'une machine* (syn. **vétusté**). **3.** Ensemble des personnes âgées : *Aide économique à la vieillesse.* **4. Assurance vieillesse,** branche de la Sécurité sociale qui assure le versement des prestations en espèces aux personnes retirées de la vie active du fait de leur âge ; cette prestation.

vieilli, e [vjeji] **adj. 1.** Qui porte les marques de la vieillesse ; qui a perdu sa force, sa jeunesse : *Il a trouvé son père très vieilli.* **2.** Qui a perdu son caractère d'actualité ; qui n'est plus en usage : *Une mode vieillie* (syn. **périmé, suranné**). **3.** LING. Qui tend à sortir de l'usage courant mais qui est encore compris de la plupart des locuteurs d'une langue (à la différence de *vieux*) : *Mot vieilli* (syn. **obsolète**).

vieillir [vjejir] **v.i.** (de *vieil*) [conj. **32**]. **1.** Avancer en âge : *Nous vieillissons tous.* **2.** Perdre sa force, sa vitalité, l'apparence de la jeunesse en prenant de l'âge : *Son visage a beaucoup vieilli* (syn. **se faner, se flétrir**). *En un an, il a beaucoup vieilli.* **3.** Perdre de son actualité, de sa modernité : *La mode vieillit vite.* **4.** Acquérir des qualités particulières par la conservation : *Laisser vieillir un vin. Fromage en train de vieillir* (syn. **s'affiner, mûrir**). ◆ **v.t. 1.** Faire paraître plus vieux : *Cette robe te vieillit.* **2.** Fatiguer, affaiblir comme le fait la vieillesse : *Les soucis l'ont vieilli.* ◆ **se vieillir v.pr.** Se faire paraître ou se dire plus vieux qu'on ne l'est réellement : *Actrice qui accepte de se vieillir pour un rôle. Enfant qui se vieillit pour entrer dans une salle de spectacle.*

vieillissant, e [vjejisɑ̃, -ɑ̃t] **adj.** Qui vieillit.

vieillissement [vjejismɑ̃] **n.m. 1.** Fait de devenir vieux ; ensemble des phénomènes qui marquent l'évolution d'un organisme vivant vers la mort : *Vieillissement des tissus, des facultés intellectuelles.* **2.** Fait pour un groupe de voir sa moyenne d'âge s'élever progressivement : *Vieillissement de la population.* **3.** Action de vieillir qqch : *Le vieillissement d'un vin.* **4.** Fait de se démoder, de ne plus correspondre à une époque : *Vieillissement d'une doctrine.*

vieillot, otte [vjejo, -ɔt] **adj.** (dimin. de *vieil*). Se dit de choses dépassées et qui, avec le recul, prennent parfois un caractère ridicule ; démodé : *Des idées vieillottes* (syn. **désuet, suranné**).

Vieira da Silva (Maria Elena), peintre français d'origine portugaise (Lisbonne 1908 - Paris 1992). Son graphisme aigu et ses perspectives disloquées engendrent un espace frémissant, souvent labyrinthique (*la Bibliothèque,* 1949).

vièle [vjɛl] **n.f.** (anc. fr. *viele,* var. de *viole*). Type d'instrument de musique aux cordes frottées par un archet ou par une roue, indépendamment de la forme et du nombre des cordes.

vielle [vjɛl] **n.f.** (anc. prov. *viola*). Vièle à clavier dont les cordes sont frottées par une roue mise en rotation par une manivelle. (On dit aussi *vielle à roue.*)

vielleur, euse [vjɛlœr, -øz] et **vielleux, euse** [vjɛlø, -øz] **n.** Personne qui joue de la vielle.

Vienne (la), affl. de la Loire (r. g.), né sur le plateau de Millevaches, qui passe à Limoges, Châtellerault et Chinon ; 350 km (bassin de plus de 20 000 km^2).

Vienne [86], dép. de la Région Aquitaine-Limousin-Poitou-Charentes ; ch.-l. de dép. *Poitiers ;* ch.-l. d'arr. *Châtellerault, Montmorillon ;* 3 arr., 19 cant., 281 comm. ; 6 990 km^2 ; 441 319 hab.

Vienne, ch.-l. d'arr. de l'Isère, sur le Rhône ; 29 889 hab. *(Viennois).* Vestiges romains (temple, théâtre...) et trois églises médiévales : St-Pierre, remontant au VIe s., auj. musée archéologique ; St-André-le-Bas, des IXe-XIVe s., avec cloître roman ; St-Maurice, romane et gothique.

Vienne, en all. **Wien,** cap. de l'Autriche, sur le Danube ; 1 714 227 hab. *(Viennois).* Université. Centre administratif, culturel et commercial. – Cathédrale reconstruite aux XIVe-XVIe s. Nombreux édifices baroques, dus notamment à J. B. Fischer von Erlach et à Hildebrandt. Œuvres de O. Wagner et de ses élèves. Nombreux musées, dont le richissime Kunsthistorisches Museum (écoles de peinture européennes, objets d'art) ; l'Albertina (dessins de Dürer, Rubens, Rembrandt, etc. ; estampes) ; le Leopold Museum (importante collection d'œuvres d'Egon Schiele) et le MUMOK (musée d'Art moderne de la Fondation Ludwig), dans le MuseumsQuartier, et, dans les deux palais du Belvédère, le musée du Baroque et la galerie d'Art autrichien des XIXe-XXe s. (œuvres de Klimt, Kokoschka, Egon Schiele et d'autres artistes de l'école de Vienne). – Forteresse romaine à la frontière de la Pannonie, la ville se développa au Moyen Âge. Résidence des empereurs du Saint Empire (la plupart du temps après 1438, définitivement à partir de 1611), elle fut assiégée par les Turcs (1529, 1683). De nombreux traités y furent signés, notamm. ceux de 1738 et de 1864, qui mirent fin à la guerre de la Succession de Pologne et à la guerre des Duchés. À son apogée, au XIXe s., elle fut la première ville germanique. De 1945 à 1955, elle fut divisée en quatre secteurs d'occupation alliés.

Vienne *(cercle de),* groupe d'intellectuels qui se donnèrent comme mission, entre les deux guerres mondiales, la constitution d'un savoir organisé à partir des découvertes de la science (Einstein) et formalisé selon les vues de Russell et de Wittgenstein. Il adopta le positivisme logique et prit des positions antimétaphysiques. Ses membres furent, entre autres, le mathématicien H. Hahn, les logiciens K. Gödel et R. Carnap, l'économiste O. Neurath. Le groupe se disloqua après l'Anschluss.

Vienne *(congrès de),* congrès prévu par le premier traité de Paris (mai 1814) et réuni à Vienne (Autriche) afin de réorganiser l'Europe après la chute de Napoléon. Les décisions y furent prises par les quatre grands vainqueurs et leurs représentants : Autriche (Metternich), Russie (Nesselrode), Grande-Bretagne (Castlereagh), Prusse (Hardenberg). Talleyrand y représentait la France de Louis XVIII. L'acte final, signé en juin 1815, s'inspirait des principes du droit monarchique et de l'équilibre européen, et ignorait le droit des nationalités. La Russie s'agrandissait de la Finlande, de la Bessarabie et de la majeure partie de la Pologne. La Prusse, dont le territoire polonais était réduit, recevait la Poméranie suédoise, le tiers de la Saxe, la Westphalie, une partie de la rive gauche du Rhin. L'Autriche renonçait aux Pays-Bas et aux duchés souabes, mais prenait ou reprenait le Tyrol, Salzbourg, la Galicie, la côte dalmate, le Royaume lombard-vénitien. Le royaume des Pays-Bas (Hollande, Belgique, Luxembourg) était créé et le royaume de Piémont-Sardaigne annexait Gênes. Au nord, le Danemark cédait la Norvège à la Suède. L'Allemagne et l'Italie restaient morcelées. La Confédération germanique, présidée par l'empereur d'Autriche, réunissait trente-huit États souverains. Sur les sept États italiens, un appartenait à l'Autriche, trois avaient des princes autrichiens. La Grande-Bretagne gagnait Malte et les îles Ioniennes, la Guyane et quelques Antilles, Le Cap, l'île Maurice, Ceylan. L'œuvre du congrès de Vienne, consacrée par des alliances européennes, allait assurer à l'Europe quarante ans de paix relative. Mais le mouvement des nationalités, malgré l'échec des révolutions de 1848-1849, devait entraîner sa ruine.

Vienne *(école de),* groupe formé par le compositeur A. Schönberg et deux disciples, A. Berg et A. Webern. Elle s'est libérée de l'emprise wagnérienne et a dépassé les fonctions harmoniques de la tonalité, parvenant à l'atonalité puis au dodécaphonisme sériel. Elle a exercé une influence primordiale, après 1945, sur la génération de Boulez et de Stockhausen.

Vienne (Haute-) [87], dép. de la Région Aquitaine-Limousin-Poitou-Charentes ; ch.-l. de dép. *Limoges ;* ch.-l. d'arr. *Bellac, Rochechouart ;* 3 arr., 21 cant., 201 comm. ; 5 520 km^2 ; 384 604 hab.

viennoiserie [vjɛnwazri] **n.f.** (de *viennois,* pain fait avec une pâte pouvant contenir du sucre, du lait, des graisses, des œufs). Ensemble des produits de boulangerie fabriqués avec une pâte fermentée enrichie de sucre, de lait, de matières grasses et d'œufs (pains au lait, brioches, croissants, etc.) ; pâtisserie ainsi fabriquée.

Vientiane, cap. du Laos, sur le Mékong ; 946 000 hab. dans l'agglomération.

1. vierge [vjɛrʒ] **adj.** (lat. *virgo, -inis*). **1.** Se dit d'une personne qui n'a jamais eu de relations sexuelles : *Rester vierge* (syn. **intact, pur**). **2.** Se dit d'un lieu où l'on n'a pas pénétré, de qqch qui est intact, qui n'a pas encore servi : *Territoire vierge* (syn. **inexploré**). *Page vierge* (syn. **blanc**). *Casier judiciaire vierge* (syn. **vide ;** contr. **chargé**). **3.** *LITT.* **Vierge de,** sans trace de ; qui n'a subi aucune atteinte : *Réputation vierge de toute tache.* **4. Huile vierge,** huile obtenue par pression à froid de graines ou de fruits oléagineux et directement consommable.

2. vierge [vjɛrʒ] **n.f.** (de *1. vierge*). **1.** Jeune fille vierge. **2. La Sainte Vierge, la Vierge** ou **la Vierge Marie,** la mère de Jésus. ◆ **Vierge n. inv.** et **adj. inv.** Personne née sous le signe de la Vierge : *Elles sont Vierge.*

Vierge (la), constellation zodiacale. – Sixième signe du zodiaque, que le Soleil quitte à l'équinoxe d'automne.

Vierges *(îles)*, en angl. **Virgin Islands,** archipel des Petites Antilles, partagé entre la Grande-Bretagne (*Tortola, Anegada, Virgin Gorda,* etc.) et les États-Unis (*Saint Thomas, Sainte-Croix* et *Saint John*) ; 128 866 hab.

Vierzon, ch.-l. d'arr. du Cher, sur le Cher ; 27 784 hab. *(Vierzonnais).* Centre ferroviaire et industriel (constructions mécaniques).

Viète (François), mathématicien français (Fontenay-le-Comte 1540 - Paris 1603). Avocat au parlement de Paris en 1571, il fut conseiller au parlement de Bretagne (1573), maître des requêtes (1580) et conseiller au parlement de Paris (1589). Son œuvre scientifique fut capitale pour la symbolisation de l'algèbre et son application à la géométrie : introduction de l'usage systématique des lettres pour représenter des quantités à la fois connues (consonnes) et inconnues (voyelles) dans les problèmes algébriques ; méthode d'approximation des racines des équations numériques ; relations entre coefficients et racines des équations ; solution géométrique de l'équation cubique.

Viêt Nam, État de l'Asie du Sud-Est ; 335 000 km^2 ; 91 680 000 hab. *(Vietnamiens).* CAP. *Hanoï.* LANGUE : *vietnamien.* MONNAIE : *dông.*

GÉOGRAPHIE

Le pays, où dominent montagnes et hauts plateaux, comprend, du nord au sud, trois régions : le Tonkin (Bac Bô), l'Annam (Trung Bô) et la Cochinchine (Nam Bô).

Le milieu naturel. Après la dépression qui longe la frontière chinoise, les reliefs, orientés N.-O./S.-E., culminent au Fan Si Pan (3 142 m). Massifs et plateaux, très arrosés, sont coupés de vallées, notamment celles du Sông Koi (fleuve Rouge) et du Sông Da (rivière Noire), qui se terminent en deltas très peuplés dans le golfe du Tonkin. Ensuite, la cordillère Annamitique, peu peuplée, orientée N.-O./S.-E., forme la frontière avec le Laos et tombe en versants raides sur la plaine côtière. De hauts plateaux, peu peuplés, lui succèdent jusqu'au delta du Mékong, qui occupe la partie sud du pays.

La population et l'économie. Les Vietnamiens originaires de la Chine méridionale représentent 84 % de la population, le reste se partageant en une soixantaine d'ethnies vivant surtout dans les montagnes. Celles-ci s'opposent fortement aux plaines, qui, sur moins de la moitié du territoire, regroupent plus des trois quarts de la population. L'accroissement naturel annuel dépasse 2 %.

L'agriculture occupe plus de 60 % de la population active. Elle est dominée par la riziculture, très intensive dans le delta du Sông Koi et de ses bras (moins intensive dans le delta du Mékong). Des plantations d'hévéas sont situées au nord et à l'est du delta du Mékong, tandis que les plaines littorales du Viêt Nam central, jalonnées de ports de pêche, associent le riz à la canne à sucre et que les hauts plateaux produisent du thé et du café. Le seul élevage notable est celui des porcs. Les ressources minières traditionnelles (charbon, phosphates) sont maintenant complétées par le pétrole. Le secteur industriel, peu développé (sidérurgie, engrais, ciment, textile), est localisé surtout au nord, où il a été reconstruit après la guerre. Le sous-emploi est important, les infrastructures sanitaires et scolaires déficientes et la production d'électricité insuffisante. Cependant, les petites entreprises se multiplient et le pays tente d'attirer les investisseurs étrangers et devrait bénéficier de l'amélioration des relations avec ses voisins (Chine et Thaïlande, notamment).

HISTOIRE

Les origines. Au néolithique, le brassage des Muong, des Viêt et d'éléments chinois dans le bassin du fleuve Rouge donne naissance au peuple vietnamien.

IIIᵉ-IIᵉ s. av. J.-C. Le pays est conquis par la Chine des Qin puis des Han.

IVᵉ apr. J.-C. Diffusion de l'hindouisme et du bouddhisme. Naissance de la culture du Champa.

V. 543-603. Indépendance du Viêt Nam sous la dynastie des Ly antérieurs.

VIIᵉ-Xᵉ s. La Chine des Tang établit son protectorat sur l'Annam.

968. Dinh Bô Linh établit l'empire sous le nom de Dai Cô Viêt.

1010-1225. La dynastie des Ly postérieurs affermit l'empire, où se poursuit l'essor du confucianisme et du bouddhisme.

1225-1413. La dynastie des Trân poursuit l'œuvre des Ly et tient tête aux Mongols.

1428-1789. Après une période de troubles, la dynastie des Lê consacre le triomphe du confucianisme et assure l'essor des arts.

Au XVIIᵉ s., deux clans seigneuriaux s'affrontent : les Nguyên (qui gouvernent le Sud et contrôlent le delta du Mékong) et les Trinh, au nord. Les jésuites diffusent le catholicisme et latinisent la langue vietnamienne.

1789. Le dernier empereur Lê est déposé par un soulèvement populaire dirigé par les trois frères Tây Son.

L'empire du Viêt Nam et la domination française. Nguyên Anh, survivant de la famille Nguyên, reconquiert la Cochinchine, la région de Huê et celle de Hanoï avec l'aide des Français.

1802. Devenu empereur sous le nom de Gia Long, il fonde la dynastie des Nguyên et l'empire du Viêt Nam.

1859-1867. La France conquiert la Cochinchine.

1884. Elle impose son protectorat à l'Annam et au Tonkin, dont les conquêtes sont reconnues par la Chine.

1887. Le pays est intégré avec le Cambodge et le Laos dans l'Union indochinoise.

1930. Hô Chi Minh crée le parti communiste indochinois.

1941. Le Front de l'indépendance du Viêt Nam (Viêt-minh) est fondé.

1945. Les Japonais mettent fin à l'autorité française. Une république indépendante est proclamée. La France reconnaît le nouvel État mais refuse d'y inclure la Cochinchine.

1946. Déclenchement de la guerre d'Indochine, opposant le Viêt-minh à la France.

1954. La perte de Diên Biên Phu conduit aux accords de Genève, qui partagent le pays en deux suivant le 17ᵉ parallèle.

Nord et Sud Viêt Nam. Dans le Sud est instaurée en 1955 la république du Viêt Nam (cap. Saigon), présidée par Ngô Dinh Diêm. Elle bénéficie de l'aide américaine. Dans le Nord, la République démocratique du Viêt Nam (cap. Hanoï), dirigée par Hô Chi Minh, bénéficie de l'aide soviétique et chinoise.

1963. Assassinat de Ngô Dinh Diêm.

1965. Les États-Unis interviennent directement dans la guerre du Viêt Nam aux côtés des Sud-Vietnamiens.

1969. À la mort d'Hô Chi Minh, Pham Van Dông devient Premier ministre.

1973-1975. En dépit des accords de Paris et du retrait américain, la guerre continue.

1975. Les troupes du Nord prennent Saigon.

Le Viêt Nam réunifié

1976. Le Viêt Nam devient une république socialiste, que tentent de fuir des milliers d'opposants *(boat people).*

1978. Le Viêt Nam signe un traité d'amitié avec l'U.R.S.S. et envahit le Cambodge, dont le régime des Khmers rouges était soutenu par la Chine.

1988. Do Muoi devient Premier ministre.

1989. Les troupes vietnamiennes se retirent du Cambodge.
1991. Un accord de paix est signé.
1994. Levée de l'embargo américain imposé depuis 1975.
1995. Après un premier rapprochement avec la Chine depuis l'accord de 1991, le Viêt Nam adhère à l'ASEAN.
2005. Le Premier ministre Phan Van Khai se rend en visite officielle aux États-Unis. Après le rétablissement des relations diplomatiques en 1997 et la visite à Hanoï du président Clinton en 2000, c'est la première visite d'un haut responsable vietnamien de ce rang depuis la fin de la guerre du Viêt Nam. Un partenariat stable et durable est instauré.
2007. L'accession du Viêt Nam à l'O.M.C. témoigne du succès de la politique d'ouverture économique du pays.
2011. Truong Tân Sang accède à la présidence de la République et le Premier ministre Nguyên Tân Dung (en fonctions depuis 2006) est confirmé à la tête du gouvernement.

Viêt Nam *(guerre du)*, conflit qui opposa de 1954 à 1975 le Viêt Nam du Nord au Viêt Nam du Sud. Les deux États du Viêt Nam, créés en 1954 de part et d'autre du 17e parallèle, font appel l'un au camp socialiste (le Nord), l'autre aux États-Unis. Après une période de guérilla marquée par l'infiltration progressive des forces nord-vietnamiennes au sud, le conflit se radicalise. L'intervention américaine se développe entre 1965 et 1968, année marquée par l'offensive communiste du Têt (1968), qui met l'armée américaine en difficulté. Le retentissement dans l'opinion américaine est grand, et des négociations préliminaires aboutissent à l'ouverture officielle d'une conférence de paix à Paris. Un accord de cessez-le-feu au Viêt Nam et au Laos est suivi par le retrait des forces américaines (1973). En 1975, tandis que les Khmers rouges l'emportent au Cambodge, les troupes du Viêt Nam du Nord entrent à Saigon (avr. 1975), préludant à l'unification, en 1976, des deux États vietnamiens.

vietnamien, enne [vjɛtnamjɛ̃, -ɛn] **adj.** et **n.** Du Viêt Nam. ◆ **vietnamien n.m.** Langue parlée principalement au Viêt Nam, qui s'écrit avec un alphabet latin (le *quôc-ngu*).

vieux [vjø] ou **vieil, vieille** [vjɛj] **adj.** et **n.** (du lat. *vetus*) [devant un nom masc. commençant par une voyelle ou un *h* muet, on utilise l'adj. *vieil* (et non *vieux*)]. **1.** Avancé en âge : *Un vieil homme* (syn. **âgé**). *Une pauvre vieille.* **2.** FAM. **Mon vieux, ma vieille,** termes d'amitié : *Tiens, mon vieux, prends un verre, ça te remontera.* / **Se faire vieux,** prendre de l'âge et n'être plus très agile (= vieillir). / FAM. **Un vieux de la vieille,** un vétéran, ancien dans le métier. ◆ **adj. 1.** Qui a les caractères de la vieillesse : *Se sentir vieux.* **2.** (Surtout au comparatif). Âgé ; plus âgé de : *Il est plus vieux que son frère, plus vieux de deux ans.* **3.** Qui a une certaine ancienneté ; qui date d'autrefois : *Une vieille maison* (syn. **ancestral**). *La vieille ville. Un vieux meuble* (syn. **antique**). *Une vieille habitude* (syn. **ancien**). *Une amitié vieille de dix ans* (= qui dure depuis dix ans). **4.** Qui est depuis longtemps dans tel état, tel métier, etc. : *Un vieil ami. Un vieux soldat. De vieux habitués.* **5.** Usé ; qui a beaucoup servi : *Une vieille pèlerine* (syn. **défraîchi, usagé**). ◆ **vieux n.m.** Ce qui est ancien : *Acheter un appartement dans du vieux* (= dans un immeuble construit depuis longtemps) [contr. **neuf**].

1. vif, vive [vif, viv] **adj.** (lat. *vivus*). **1.** Qui a de la vitalité, de la vigueur : *Un pas vif* (syn. **alerte, rapide**). *Un enfant très vif* (syn. **pétulant, remuant**). **2.** Vivant : *Brûler vif.* **3.** Qui réagit, conçoit promptement : *Intelligence vive* (syn. **aigu, pénétrant** ; contr. **lent**). **4.** Prononcé ; très net : *Vive surprise. Un penchant très vif pour la musique* (syn. **fort, marqué**). **5.** Prompt à s'emporter : *Tempérament un peu vif* (syn. **coléreux, irascible**). **6.** Exprimé avec violence ou mordant : *Vifs reproches* (syn. **acerbe, caustique**). **7.** Éclatant ; intense : *Couleur vive* (contr. **passé**). *La lumière est vive* (syn. **cru** ; contr. **doux, tamisé**). **8.** Qui saisit : *Froid vif* (syn. **piquant**). **9. Arête vive,** angle saillant et non émoussé d'une pierre, d'un matériau. / **De vive voix,** directement et oralement. / **Haie vive,** formée d'arbustes en pleine végétation.

2. vif [vif] **n.m.** (de *1. vif*). **1.** Chair vive : *Le chirurgien a taillé dans le vif.* **2.** Ce qu'il y a de plus important, de plus intéressant : *Entrer dans le vif d'une question* (syn. **cœur**). **3.** DR. Personne vivante : *Donation entre vifs.* **4.** Petit poisson vivant qui sert d'appât : *Pêcher au vif.* **5. À vif,** avec la chair à nu : *Une plaie à vif* ; au fig., poussé à un haut degré d'irritation, au paroxysme : *Avoir les nerfs, la sensibilité à vif.* / **Piquer au vif** ⟶ **piquer.** / **Sur le vif,** d'après nature, avec beaucoup de vie. / **Trancher dans le vif,** trancher jusque dans les parties essentielles, les inclinations les plus chères ; prendre des mesures énergiques.

vif-argent [vifarʒɑ̃] **n.m.** (du lat. *argentum vivum,* mercure) [pl. *vifs-argents*]. **1.** Anc. nom du mercure. **2.** FIG. Ce qui met de l'animation, donne de la vivacité : *Cette journaliste est du vif-argent pour notre station.*

Vigée-Lebrun (Élisabeth Vigée, Mme), peintre français (Paris 1755 - *id.* 1842). Elle a exécuté de nombreux portraits délicats et flatteurs, notamment ceux de la reine Marie-Antoinette.

vigie [viʒi] **n.f.** (port. *vigia,* de *vigiar,* veiller, lat. *vigilare,* veiller). **1.** MAR. Homme de veille placé en observation à bord d'un navire : *La vigie signale un bateau à bâbord.* **2.** Surveillance ainsi exercée : *Le matelot de vigie.*

vigilance [viʒilɑ̃s] **n.f.** (lat. *vigilantia*). Surveillance attentive et soutenue : *Redoubler de vigilance.*

vigilant, e [viʒilɑ̃, -ɑ̃t] **adj.** Plein de vigilance : *Un surveillant vigilant* (syn. **attentif**). *Être l'objet de soins vigilants* (syn. **assidu, empressé**).

1. vigile [viʒil] **n.f.** (lat. *vigilia,* veille, veillée). CATH. Jour qui précède et prépare une fête religieuse importante.

2. vigile [viʒil] **n.m.** (lat. *vigil,* veilleur). **1.** HIST. Dans la Rome antique, membre des cohortes chargées de combattre les incendies et de veiller, la nuit, à la sécurité de la ville. **2.** Personne chargée de la surveillance de locaux administratifs, industriels, universitaires, etc. : *Vigile qui fait sa ronde* (syn. **veilleur**).

vigne [viɲ] **n.f.** (lat. *vinea,* de *vinum,* vin). **1.** Arbrisseau grimpant, cultivé pour ses baies sucrées, ou raisin, dont le suc fermenté fournit le vin : *Pied de vigne. Cep de vigne.* ▸ Famille des vitacées. **2.** Terrain planté de vigne cultivée : *Les vignes du coteau* (syn. **vignoble**). **3.** LITT. **Être dans les vignes du Seigneur,** être ivre. / **Vigne vierge,** nom usuel de l'*ampélopsis.*

■ La tige ligneuse de la vigne, ou *cep,* porte des rameaux feuillés, ou *pampres,* qui se lignifient ensuite et deviennent des *sarments* ; les pampres s'accrochent par des *vrilles.* La vigne produit des raisins, qui servent essentiellement à l'obtention du vin mais qui peuvent aussi être consommés comme fruits frais (raisin de table) ou comme raisins secs. ■

vigneron, onne [viɲərɔ̃, -ɔn] **n.** Personne qui cultive la vigne, fait du vin. ◆ **adj.** Relatif à la vigne, au vigneron : *Une charrue vigneronne.*

vignette [viɲɛt] **n.f.** (dimin. de *vigne*). **1.** Petit motif ornemental, petite illustration d'un texte, d'un livre : *Livre dont la première page s'orne d'une vignette* (syn. **frontispice**). **2.** Timbre attaché à certaines spécialités pharmaceutiques, que l'assuré social doit coller sur sa feuille de maladie pour être remboursé. **3.** Case, dans une bande dessinée. **4.** Petite étiquette, portant l'estampille de l'État, servant à attester le paiement de certains droits, notamm. de la taxe sur les automobiles.

■ Instaurée en 1956, la vignette automobile a été supprimée pour les particuliers, à partir de 2001. ■

vignoble [viɲɔbl] **n.m.** (anc. prov. *vinhobre,* lat. pop. **vineoporus,* croisement du lat. *vinea,* vigne, et du gr. *ampelophoros,* qui porte des vignes). **1.** Territoire planté de vignes ; ces vignes elles-mêmes : *Pays de vignobles.* **2.** Ensemble des vignes d'une région, d'un pays : *Le vignoble bordelais.*

Vignole (Iacopo Barozzi, dit il Vignola, en fr.**),** architecte italien (Vignola, Modène, 1507 - Rome 1573). Formé à Bologne, travaillant surtout à Rome, il a réalisé une œuvre considérable, œuvre de transition entre Renaissance maniériste et baroque : villa Giulia (Rome), palais Farnèse de Caprarola, etc., et église du Gesù (Rome, commencée en 1568), œuvre type de la Contre-Réforme, à large nef unique, qui sera le modèle le plus suivi pendant deux siècles dans l'Occident catholique. Son traité intitulé *Règle des cinq ordres* (1562), interprétation simple et vigoureuse de Vitruve, n'aura pas moins de succès.

Vignon (Claude), peintre et graveur français (Tours 1593 - Paris 1670). Ayant fréquenté à Rome les caravagesques, connaissant la peinture vénitienne, audacieux et varié, il s'installa à Paris vers 1627 et enseigna à l'Académie royale à partir de 1651 (*Adoration des Mages* et *Décollation de saint Jean-Baptiste,* église St-Gervais, Paris).

Vigny (Alfred, *comte* **de),** écrivain français (Loches 1797 - Paris 1863). Sous-lieutenant en 1814, il quitte l'armée en 1827 avec le grade de capitaine. Il fréquente depuis 1820 les cénacles romantiques et publie ses premiers *Poèmes* (1822) ainsi que les *Poèmes antiques et modernes* (1826), recueil en trois parties qui compose une fresque épique des âges successifs de l'humanité. Le succès de son roman historique *Cinq-Mars* (1826) sur le favori de Louis XIII, où il fait le procès de la monarchie absolue, l'encourage dans la voie du récit en prose. Il écrit alors deux ouvrages à thèse : *Stello* (1832) et *Servitude et Grandeur militaires* (1835). En même temps, il est attiré par le théâtre, pour lequel il traduit en vers *Othello* (1829) et donne deux drames en prose, *la Maréchale d'Ancre* (1831) et surtout *Chatterton* (1835). Après 1837, la mort de sa mère, sa rupture avec l'actrice Marie Dorval et la maladie de sa femme le font s'éloigner de Paris et des milieux littéraires. Vigny publie encore quelques grands poèmes dans *la Revue des Deux Mondes* (« la Mort du loup », « la Maison du berger », « le Mont des Oliviers », « la Bouteille à la mer »), où il déplore la solitude à laquelle condamne le génie, l'indifférence de la nature et celle des hommes. Après sa mort ont paru les *Destinées* (1864), recueil rassemblant ses poèmes philosophiques, une suite de *Stello,* et le *Journal d'un poète.*

Vigo, port d'Espagne, en Galice, sur l'Atlantique ; 295 623 hab. Pêche. Construction automobile.

Vigo (Jean), cinéaste français (Paris 1905 - *id.* 1934). Il lui a suffi de trois films (*À propos de Nice,* 1930 ; *Zéro de conduite,* 1933 ; *l'Atalante,* 1934) pour affirmer une vision du monde profondément personnelle, toute de révolte, d'amour et de poésie. Il a influencé la « nouvelle vague ».

vigogne [vigɔɲ] **n.f.** (esp. *vicuña,* du quechua). **1.** Petit lama des Andes, au pelage laineux. **2.** Tissu léger et chaud fait avec la laine tirée du poil de cet animal.

vigoureusement [vigurøzmɑ̃] **adv.** Avec vigueur : *Un coup vigoureusement appliqué* (syn. **fort, fortement**). *Protester vigoureusement contre une décision* (syn. **énergiquement, vivement**).

vigoureux, euse [vigurø, -øz] **adj. 1.** Qui a, qui manifeste de la force physique ou morale : *Un enfant vigoureux* (syn. **robuste**). *Des bras vigoureux* (syn. **puissant**). **2.** Qui dénote de l'énergie, de la netteté, de la fermeté : *Des mesures vigoureuses. Tracé vigoureux* (contr. **hésitant**). *Esprit vigoureux* (syn. **hardi**).

vigueur [vigœr] **n.f.** (lat. *vigor,* de *vigere,* être plein de force). **1.** Force physique : *La vigueur de la jeunesse* (syn. **énergie, vitalité**). **2.** Énergie physique ou morale dans l'action, la pensée : *Exprimer ses idées avec vigueur* (syn. **force, véhémence**). **3.** Fermeté, netteté du dessin, du style : *Vigueur du coloris, de la touche* (contr. **légèreté**). *Vigueur de l'expression* (syn. **crudité ;** contr. **délicatesse**). **4. En vigueur,** en usage, en application : *Les lois en vigueur. L'entrée en vigueur du traité.*

V.I.H. [veiaʃ] **n.m.** (sigle de *virus d'immunodéficience humaine*). Virus du sida. ▸ On dit aussi HIV, qui est son appellation en anglais *(Human Immunodeficiency Virus).*

Vijayanagar, cap., auj. en ruine, d'un grand empire du même nom (1336-1565), située sur l'actuel village de **Hampi,** dans le Karnataka. L'empire se souleva pour la défense de l'hindouisme et atteignit son apogée au début du XVIe s. Remarquables exemples d'architecture du XVIe s. aux décors sculptés.

viking [vikiŋ] **adj.** Relatif aux Vikings : *Les drakkars vikings.*

Vikings, nom donné aux peuples germains, originaires de Scandinavie (Danois, Norvégiens, Suédois), connus en Occident sous le nom de *Normands* (« hommes du Nord ») et qui menèrent des expéditions en Europe à partir de la fin du VIIIe s. Poussés hors de chez eux par la surpopulation et par la recherche de débouchés commerciaux et de butins, ils progressèrent en deux étapes.
La *première période* s'étendit de la fin du VIIIe s. au début du Xe s. Les Norvégiens colonisèrent le nord de l'Écosse et l'Irlande, et atteignirent l'Islande v. 860. Sous le nom de *Varègues,* les Suédois occupèrent, vers le milieu du IXe s., la vallée supérieure du Dniepr et poussèrent même jusqu'à la mer Noire et la mer Caspienne, devenant ainsi les intermédiaires entre Byzance et l'Occident, entre chrétiens et musulmans. Les Danois s'installèrent dans le nord-est de l'Angleterre (IXe s.), où les rois anglo-saxons durent leur verser un tribut *(danegeld).* Dans l'Empire carolingien, ils multiplièrent leurs incursions après la mort de Charlemagne. Organisés en petites bandes, montés sur des flottilles de grandes barques, les *snekkja* (ou *drakkars*), ils menèrent des raids dévastateurs dans l'arrière-pays. Charles le Chauve dut acheter plus d'une fois leur retraite. En 885-886, ils assiégèrent Paris, défendue par le comte Eudes. En 911, au traité de Saint-Clair-sur-Epte, Charles III le Simple abandonna à leur chef, Rollon, le pays actuellement connu sous le nom de *Normandie ;* ils furent baptisés et reconnurent la suzeraineté du roi.
La *deuxième période* s'étendit de la fin du Xe s. à la fin du XIe s. Elle fut marquée par la découverte du Groenland (v. 985) et probablement du Labrador par les Norvégiens. Elle vit également culminer la poussée danoise en Angleterre avec la création de l'empire, éphémère, de Knud le Grand, avant la conquête de l'île par le duc de Normandie, Guillaume le Conquérant, en 1066. C'est également du duché de Normandie que partirent les expéditions normandes qui fondèrent, à partir du XIe s., des principautés en Italie du Sud et en Sicile.

vil, e [vil] **adj.** (lat. *vilis,* à bas prix). **1.** *LITT.* Qui inspire le plus profond mépris : *Un être vil* (syn. **abject, ignoble, méprisable**). *Se livrer à de vils marchandages* (syn. **infâme, sordide**). **2. À vil prix,** très bon marché.

1. vilain [vilɛ̃] **n.m.** (bas lat. *villanus,* habitant de la campagne, de *villa,* domaine rural). **1.** FÉOD. Paysan libre (par opp. à *serf*). **2.** Villageois (par opp. à *bourgeois*). **3.** Roturier (par opp. à *noble*).

2. vilain, e [vilɛ̃, -ɛn] **adj.** (de *1. vilain*). **1.** Qui est laid, désagréable à voir : *De vilaines dents* (syn. **affreux**). **2.** Qui est moralement laid, méprisable : *De vilaines pensées* (syn. **coupable, malsain**). *Un vilain mot* (syn. **grossier, indécent**). **3.** Qui laisse présager un danger, qqch de grave : *Une vilaine toux* (syn. **inquiétant**). **4.** Se dit d'un temps désagréable : *Quel vilain temps !* (syn. **mauvais**). ◆ **adj.** et **n.** Se dit d'un enfant désagréable et désobéissant : *Il a été vilain toute la matinée* (syn. **insupportable**). *Tu es une vilaine !* ◆ **vilain adv.** *FAM.* **Il fait vilain,** il fait mauvais temps. ◆ **vilain n.m.** *FAM.* **Du vilain,** des choses fâcheuses ; dispute, scandale : *Ne t'en mêle pas, ça va faire du vilain.*

Vilaine (la), fl. de la Bretagne orientale, qui passe à Vitré, Rennes, Redon et rejoint l'Atlantique ; 225 km.

vilainement [vilɛnmɑ̃] **adv.** (de *2. vilain*). Contrairement aux règles de la beauté, de la morale, etc. : *Il est vilainement bâti* (syn. **laidement**). *Parler vilainement* (syn. **grossièrement**).

Vilar (Jean), acteur et metteur en scène de théâtre français (Sète 1912 - *id.* 1971). Directeur du festival d'Avignon (à partir de 1947) et du Théâtre national populaire (1951-1963), il a donné une vie nouvelle aux œuvres classiques.

vilebrequin [vilbrəkɛ̃] **n.m.** (du moyen fr. *wimbelkin,* avec infl. de *virer, vibrer* et *libre*). **1.** Outil au moyen duquel on imprime un mouvement de rotation à une mèche de perçage ou à une clef de serrage. **2.** MÉCAN. Arbre d'un moteur à explosion qui transforme le mouvement alternatif des bielles en un mouvement circulaire.

vilement [vilmɑ̃] **adv.** *LITT.* De façon vile : *Attaquer vilement un concurrent* (syn. **bassement, lâchement**).

vilenie [vileni] ou [vilni] **n.f.** (de *1. vilain*). LITT. Action ou parole basse et vile : *Être capable de toutes les vilenies* (syn. **bassesse, infamie, scélératesse**).

vilipender [vilipɑ̃de] **v.t.** (bas lat. *vilipendere*, propr. « estimer comme vil »). LITT. Traiter avec beaucoup de mépris : *Vilipender ses adversaires politiques* (syn. **dénigrer**).

villa [vila] **n.f.** (mot it., du lat. « domaine rural »). **1.** Maison d'habitation ou de villégiature, génér. vaste et avec jardin : *Faire construire une villa au bord de la mer.* **2.** Voie privée bordée de maisons individuelles. **3.** ANTIQ. Domaine rural ou riche demeure de villégiature à Rome et en Gaule romaine.

Villa (Doroteo Arango, dit **Francisco Villa** et surnommé **Pancho),** révolutionnaire mexicain (San Juan del Río 1878 - Parral 1923). Paysan pauvre devenu voleur de bétail, il fut l'un des principaux chefs de la révolution mexicaine, déclenchée en 1911. Vaincu en 1915, il ne se rallia au président mexicain Obregón qu'en 1920. Il mourut assassiné.

village [vilaʒ] **n.m.** (lat. médiév. *villagium*, de *villa*, domaine rural). **1.** Groupement d'habitations permanentes dont la majorité des habitants est engagée dans le secteur agricole : *Un village de cinq cents habitants* (syn. **bourg, bourgade**). **2.** Ensemble des habitants d'une telle localité : *Tout le village est au courant* (syn. **population**).

villageois, e [vilaʒwa, -az] **n.** Habitant d'un village. ◆ **adj.** Relatif, propre au village, aux villageois : *Danses villageoises* (syn. **folklorique, paysan, campagnard**).

Villa-Lobos (Heitor), compositeur brésilien (Rio de Janeiro 1887 - *id.* 1959). Sa musique symphonique, sa musique de chambre et ses opéras entendent évoquer l'âme brésilienne (*Chôros*, 1920-1929 ; *Bachianas Brasileiras*, 1930-1945).

Villard (Paul Ulrich), physicien français (Lyon 1860 - Bayonne 1934). Il a découvert en 1900 le rayonnement des corps radioactifs.

Villard de Honnecourt, architecte français du début du XIIIe s. Son carnet de croquis (B.N.F., Paris) constitue une source précieuse de connaissances sur les conceptions artistiques et les techniques de son temps.

Villars (Claude Louis Hector, *duc* **de),** maréchal de France (Moulins 1653 - Turin 1734). Lieutenant général (1693), il s'illustra brillamment contre les Autrichiens lors de la guerre de la Succession d'Espagne, durant laquelle il fut nommé maréchal (1703). Il obtint dans les Cévennes la soumission de Cavalier, chef des camisards (1704). Après la défaite de Malplaquet, où il résista vaillamment (1709), il remporta la victoire de Denain (1712), qui facilita les négociations d'Utrecht et de Rastatt (1713-1714).

ville [vil] **n.f.** (bas lat. *villa*, domaine rural). **1.** Agglomération relativement importante et dont les habitants ont des activités professionnelles diversifiées, notamm. dans le domaine tertiaire : *Une ville fondée au Moyen Âge* (syn. **cité**). **2.** Habitants d'une ville : *Toute la ville en parle* (syn. **population**). **3.** Vie que l'on mène en ville : *Préférer la ville à la campagne.* **4. À la ville,** dans une ville (par opp. à *à la campagne*) ; dans la vie quotidienne, dans la vie privée (par opp. à *à l'écran, à la scène*) : *Ils vont à la ville pour essayer de trouver un emploi. Actrice qui, à la ville, est la femme d'un industriel.* / **En ville,** dans une ville ; dans la partie commerçante de l'agglomération ; hors de chez soi : *Vivre en ville. Aller en ville. Souper en ville.* / **Ville nouvelle,** ville créée à proximité d'une agglomération urbaine importante et où est prévu le développement simultané des fonctions économiques et de résidence. / **Ville ouverte,** ville qui n'est pas défendue en temps de guerre.

■ La ville est aujourd'hui le lieu de résidence de plus de la moitié de la population mondiale. (→ urbanisation.) Le nombre, la taille et la répartition par continent des villes et agglomérations constituent un phénomène démographique marquant. En 1950, seules 80 agglomérations dépassaient 1 million d'habitants ; aujourd'hui, elles sont environ 450. Plus d'une vingtaine regroupent chacune plus de 10 millions de personnes, et, parmi elles, la moitié sont situées en Asie (tendance liée notamm. au poids démographique de la Chine et de l'Inde). Les plus grands ensembles urbains du monde, formés de plusieurs villes proches réunies par des liens denses et multiples, sont appelés « mégalopoles » (celle du Tokaido, au Japon, tissée autour de Tokyo, Osaka et Nagoya, abrite près de 100 millions d'habitants). L'agglomération de Mexico (19 millions d'habitants) est emblématique des villes des pays en développement. Englobant des banlieues et des bidonvilles, elle regroupe près de 20 % de la population totale du pays (de même en Afrique : ainsi 40 % de la population du Gabon vit à Libreville). ■

Villefranche-de-Rouergue, ch.-l. d'arr. de l'Aveyron, sur l'Aveyron ; 12 587 hab. *(Villefranchois).* Agroalimentaire. Bastide du XIIIe s. Monuments religieux, dont l'anc. chartreuse du XVe s.

Villefranche-sur-Saône, anc. cap. du Beaujolais, ch.-l. d'arr. du Rhône ; 36 786 hab. *(Caladois).* Industries métallurgiques, textiles et chimiques. Église des XIIe-XVIe s., maisons anciennes.

villégiature [vileʒjatyr] **n.f.** (it. *villeggiatura*, de *villeggiare*, aller à la campagne). **1.** Séjour à la campagne, à la mer, etc., pour prendre du repos, des vacances : *Partir en villégiature à Deauville.* **2.** Lieu de vacances : *Chercher une villégiature pour le mois d'août.*

Villehardouin, famille française d'origine champenoise, dont une branche s'illustra en Orient à partir du XIIIe s. Son plus célèbre représentant fut **Geoffroi,** chroniqueur et maréchal de Champagne (1148 - en Thrace v. 1213). Il participa à la quatrième croisade, qui aboutit à la prise de Constantinople (1204), et devint le principal conseiller du roi de Thessalonique. Son *Histoire de la conquête de Constantinople* est une chronique de la croisade et des établissements latins.

Villejuif, ch.-l. de c. du Val-de-Marne ; 56 881 hab. *(Villejuifois).* Institut de cancérologie Gustave-Roussy.

Villèle (Jean-Baptiste Guillaume Joseph, *comte* **de),** homme d'État français (Toulouse 1773 - *id.* 1854). Chef des royalistes intransigeants (ultras) sous la Restauration, il fut nommé président du Conseil en 1822 et se rendit impopulaire en faisant voter des lois réactionnaires. Ayant dissous la Garde nationale, puis la Chambre (1827), il dut démissionner après la victoire électorale des libéraux (1828).

Villeneuve-d'Ascq, ch.-l. de c. du Nord, banlieue est de Lille ; 63 125 hab. Centre universitaire. Lille Métropole. – Musée d'Art moderne, brut, contemporain (dit LaM).

Villeneuve-lès-Avignon, ch.-l de cant. du Gard, sur le Rhône. 12 735 hab. *(Villeneuvois).* Résidence d'été de papes au XIVe s. Fort Saint-André (XIVe s.). Anc. chartreuse fondée en 1356. Le musée abrite notamm. *le Couronnement de la Vierge* (1453-1454) d'Enguerrand Quarton.

Villeneuve-sur-Lot, ch.-l. d'arr. de Lot-et-Garonne, sur le Lot ; 24 468 hab. *(Villeneuvois).* Agroalimentaire. Centrale hydroélectrique. Bastide du XIIIe s. Musée.

Villepin (Dominique Galouzeau de), homme politique français (Rabat 1953). Membre du R.P.R. (Rassemblement pour la République) puis de l'U.M.P. (Union pour un mouvement populaire), secrétaire général de la présidence de la République (1995-2002), ministre des Affaires étrangères (2002-2004), puis de l'Intérieur (2004-2005), il a été Premier ministre de 2005 à 2007.

Villermé (Louis), médecin français (Paris 1782 - *id.* 1863). Ses enquêtes, notamment son *Tableau de l'état physique et moral des ouvriers dans les fabriques de coton, de laine et de soie* (1840), ont été à l'origine de la loi de 1841 limitant le travail des enfants.

Villers-Cotterêts, ch.-l. de c. de l'Aisne ; 11 085 hab. *(Cotteréziens).* Château reconstruit pour François Ier. En 1539, le roi y signa une ordonnance qui imposait le français dans les actes officiels et de justice. De la forêt de Villers-Cotterêts déboucha la première contre-offensive victorieuse de Foch le 18 juill. 1918.

Villette ***(parc de la),*** établissement public créé en 1979, à Paris, dans le quartier du même nom (XIXe arr.). Sur le site de l'ancien marché national de la viande sont aménagés la *Cité des sciences et de l'industrie* (qui comprend notamment une salle de cinéma hémisphérique, la *Géode*), la *Cité de la musique* (incluant le Conservatoire national supérieur de musique et de danse de Paris et le musée de la Musique), ainsi que la *Grande Halle,* la salle de concert le *Zénith* et un parc de près de 35 ha.

Villeurbanne, commune du Rhône, banlieue est de Lyon ; 147 940 hab. *(Villeurbannais).* Centre industriel. Théâtre national populaire. Musée d'art contemporain.

Villiers de L'Isle-Adam (Auguste, *comte* **de),** écrivain français (Saint-Brieuc 1838 - Paris 1889). Auteur de vers romantiques, de romans *(Isis)* et de drames *(Axel),* il exprime dans ses contes son désir d'absolu et son dégoût de la vulgarité quotidienne (*Contes cruels,* 1883 ; *l'Ève future,* 1886 ; *Tribulat Bonhomet,* 1887 ; *Histoires insolites,* 1888).

Villon (François de Montcorbier, ou **des Loges,** dit **François),** poète français (Paris 1431 - apr. 1463). Licencié et maître ès arts en 1452, il doit se cacher par suite du meurtre d'un prêtre dans une rixe. Il obtient des lettres de rémission de Charles VII mais participe peu après au vol du collège de Navarre. En 1461, il est arrêté et jeté dans les prisons de l'évêque d'Orléans, mais l'avènement de Louis XI le délivre. Condamné par le prévôt de Paris à être pendu, il échappe à la sentence : il est alors banni de Paris pendant dix ans (1463). Ses deux chefs-d'œuvre sont le *Lais* (1456) et le *Testament* (1461), suite de poèmes écrits en huitains entrecoupée de ballades (*Ballade des dames du temps jadis ; l'Épitaphe Villon,* dite *Ballade des pendus*). Virtuose du vers, doué d'une vive imagination, Villon apparaît comme le premier en date des grands poètes lyriques français modernes.

Villon (Gaston Duchamp, dit **Jacques),** peintre, dessinateur et graveur français (Damville, Eure, 1875 - Puteaux 1963). Proche du cubisme dans les années 1911-1912, il s'est ensuite attaché à exprimer l'espace, les formes, parfois le mouvement, par un agencement de plans délicatement colorés (*Écuyère de haute école,* 1951, Lyon).

villosité [vilozite] **n.f.** (du lat. *villosus,* velu, de *villus,* poil). **1.** DIDACT. État d'une surface velue ; ensemble des poils qui la recouvrent. **2.** ANAT. Rugosité à l'intérieur de certaines cavités organiques : *Les villosités intestinales.*

Vilnius, cap. de la Lituanie ; 538 968 hab. Vieille ville au centre monumental. Elle fit partie de la Pologne de 1920 à 1939, puis de l'U.R.S.S. jusqu'en 1991.

vin [vɛ̃] **n.m.** (lat. *vinum*). **1.** Boisson fermentée préparée à partir de raisin frais : *Vin blanc. Vin rouge.* **2.** Jus d'origine végétale dont une partie ou la totalité du sucre est transformée par fermentation : *Vin de riz. Vin de palme.* **3. Entre deux vins,** un peu ivre. / **Vin cuit,** vin provenant d'un moût concentré à chaud. / **Vin de table,** vin de consommation courante. / **Vin d'honneur,** petite cérémonie offerte par les municipalités, les sociétés, etc., au cours de laquelle on boit du vin en l'honneur de qqn ou pour fêter qqch. / **Vin nouveau,** vin de l'année, commercialisé rapidement après la vinification (en déc. ou, pour les vins dits *de primeur,* à partir du troisième jeudi de nov.). **4.** MÉD. **Tache de vin,** angiome plan.

vinaigre [vinɛgr] **n.m.** (de *vin* et *aigre*). **1.** Produit résultant d'une fermentation du vin ou d'un autre liquide alcoolisé, utilisé en partic. comme condiment pour l'assaisonnement : *Vinaigre de cidre. Conserver des cornichons dans du vinaigre.* **2.** FAM. **Faire vinaigre,** se dépêcher. / FAM. **Tourner au vinaigre,** prendre une tournure fâcheuse.

vinaigrer [vinegre] **v.t.** Assaisonner avec du vinaigre : *Une salade trop vinaigrée.*

vinaigrette [vinegrɛt] **n.f.** Sauce froide préparée avec du vinaigre, de l'huile et des condiments, servant à accompagner les salades, les crudités : *Des artichauts à la vinaigrette.*

vinaigrier [vinegrije] **n.m. 1.** Celui qui fabrique ou qui vend du vinaigre. **2.** Récipient servant à la fabrication domestique du vinaigre. **3.** Burette à vinaigre.

vinasse [vinas] **n.f.** (prov. *vinassa,* marc). FAM. Vin médiocre et fade.

Vincennes, ch.-l. de c. du Val-de-Marne, à l'est de Paris, au nord du *bois de Vincennes ;* 50 315 hab. *(Vincennois).* Château fort quadrangulaire du XIVe s. (puissant donjon [musée] ; sainte-chapelle achevée au XVIe s. ; pavillons du XVIIe s.) qui fut résidence royale, abrita une manufacture de porcelaine et dans les fossés duquel le duc d'Enghien fut fusillé (1804). Le château abrite le Service historique de l'armée de terre (1946), de l'armée de l'air et de la marine (1974). Le *bois de Vincennes* (appartenant à la Ville de Paris) englobe notamment un parc zoologique, un parc floral, un hippodrome, l'Institut national du sport, de l'expertise et de la performance (I.N.S.E.P.).

Vincent de Paul ***(saint),*** prêtre français (Pouy, auj. Saint-Vincent-de-Paul, 1581 - Paris 1660). Il occupa des postes d'aumônier, de précepteur et de curé avant d'être nommé aumônier général des galères (1619). La misère matérielle et spirituelle du temps l'amena à fonder un institut missionnaire pour les campagnes, les Prêtres de la Mission (appelés aussi *lazaristes* parce qu'ils s'installèrent au prieuré parisien de Saint-Lazare), et à multiplier les fondations de charité : l'œuvre des Enfants trouvés, les Dames de Charité et surtout la congrégation des Filles de la Charité, qu'il créa en 1633 avec Louise de Marillac. Lié à François de Sales et à Bérulle, il est aussi l'un des principaux représentants du mouvement spirituel du XVIIe s.

Vinci (Léonard de) ⟶ Léonard de Vinci.

vindicatif, ive [vɛ̃dikatif, -iv] **adj.** et **n.** (du lat. *vindicare,* venger). Qui aime à se venger : *Caractère vindicatif* (syn. **rancunier**). ◆ **adj.** Qui est inspiré par le désir de vengeance : *Un ton vindicatif.*

vindicte [vɛ̃dikt] **n.f.** (lat. *vindicta,* vengeance, punition). **Vindicte publique,** poursuite et punition d'un crime au nom de la société : *Désigner qqn à la vindicte publique* (= le déclarer coupable et méritant un châtiment).

vineux, euse [vinø, -øz] **adj.** (lat. *vinosus*). **1.** Se dit d'un vin riche en alcool. **2.** Qui a le goût ou l'odeur du vin : *Une haleine vineuse* (syn. **aviné**). **3.** Qui rappelle la couleur du vin rouge : *Teint vineux* (syn. **rougeaud**).

vingt [vɛ̃] ([vɛ̃t] devant une voyelle ou un *h* muet, ou devant un autre nombre) **adj. num. card.** (bas lat. *vinti,* du class.). **1.** Deux fois dix : *Vingt euros.* **2.** (En fonction d'ordinal). De rang numéro vingt ; vingtième : *Page vingt* (= vingtième page). ◆ **n.m. inv.** Le nombre qui suit dix-neuf dans la série des entiers naturels : *Vingt plus dix égale trente.* **Rem.** *Vingt* prend un *s* quand il est précédé d'un adjectif de nombre qui le multiplie : *quatre-vingts, les Quinze-Vingts.*

vingtaine [vɛ̃tɛn] **n.f.** Groupe d'environ vingt unités : *Une vingtaine de blessés.*

vingtième [vɛ̃tjɛm] **adj. num. ord.** et **n.** De rang numéro vingt : *Les bureaux de la compagnie sont au vingtième étage. Le vingtième gagne un petit lot.* ◆ **adj.** et **n.m.** Qui correspond à la division d'un tout en vingt parties égales : *La vingtième partie d'une somme. Un vingtième des recettes.*

vingtièmement [vɛ̃tjɛmmɑ̃] **adv.** En vingtième lieu.

vinicole [vinikɔl] **adj.** Relatif à la production du vin.

vinification [vinifikasjɔ̃] **n.f.** Transformation du raisin ou du jus de raisin en vin ; ensemble des techniques mises en œuvre pour cette transformation.

vinifier [vinifje] **v.t.** [conj. **9**]. Soumettre à la vinification : *Vinifier des moûts.*

Vinson ***(mont),*** point culminant de l'Antarctique, dans la partie occidentale du continent ; 5 140 m.

vinyle [vinil] **n.m.** (de *vin,* d'apr. *éthyle*). **1.** Radical monovalent de formule $H_2C{=}CH-$. **2.** Nom donné improprement aux matières plastiques obtenues par polymérisation des monomères vinyliques.

vinylique [vinilik] **adj.** Se dit des composés renfermant le radical vinyle et des résines obtenues par leur condensation.

viol [vjɔl] **n.m. 1.** Acte de pénétration sexuelle commis sur autrui par violence, contrainte ou surprise, qui constitue un crime dans la législation française. **2.** Action de transgresser une loi, une règle, etc. : *Le viol du secret professionnel.* **3.** Action de pénétrer dans un lieu interdit : *Viol de sépulture* (syn. **profanation, violation**).

violacé, e [vjɔlase] **adj.** (lat. *violaceus,* de *viola,* violette). D'une couleur tirant sur le violet : *Des lèvres violacées de froid.*

se **violacer** [vjɔlase] **v.pr.** [conj. **16**]. Devenir violet ou violacé : *Son visage se violaçait sous l'effort.*

violateur, trice [vjɔlatœr, -tris] **n.** (lat. *violator*). **1.** Personne qui viole un lieu : *Violateur de tombe* (syn. **profanateur**). **2.** Personne qui viole les lois, ses engagements : *Violateur du règlement* (syn. **contrevenant**).

violation [vjɔlasjɔ̃] **n.f.** (lat. *violatio,* profanation). **1.** Action de transgresser une loi, un engagement : *Violation d'un serment* (syn. **manquement, trahison**). **2.** Action de pénétrer de force dans un lieu : *Violation de territoire. Violation de domicile.* **3.** Profanation d'un lieu sacré : *Violation de sépulture.*

viole [vjɔl] **n.f.** (anc. prov. *viola,* de *violar,* jouer de la vielle, d'orig. onomat.). **1.** Instrument de musique comportant de 4 à 7 cordes, utilisé en Europe du XVe au XVIIIe s. : *Viole d'amour* (= viole de six à sept cordes). **2. Viole de gambe,** viole de tessiture grave qui se tient entre les jambes.

violemment [vjɔlamɑ̃] **adv.** Avec violence : *Boxeur qui frappe violemment son adversaire* (syn. **brutalement, puissamment**).

violence [vjɔlɑ̃s] **n.f.** (lat. *violentia*). **1.** Force brutale : *Tempête d'une rare violence* (syn. **déchaînement, fureur**). *Scènes de violence dans un film* (syn. **brutalité**). **2.** Fait de contraindre qqn par la force ou l'intimidation : *Céder à la violence* (syn. **force**). **3.** Outrance dans les propos, le comportement : *Discours d'une rare violence* (syn. **véhémence**). **4. Faire violence à,** contraindre qqn par la force ; interpréter un texte d'une manière forcée, le dénaturer. / FAM. **Se faire une douce violence,** n'avoir pas à se forcer beaucoup pour faire qqch qu'en fait on aime particulièrement faire. ◆ **violences n.f. pl.** Actes violents : *Vol accompagné de violences* (syn. **brutalité**).

violent, e [vjɔlɑ̃, -ɑ̃t] **adj.** et **n.** (lat. *violentus*). Qui use avec brutalité de sa force physique ; qui est très emporté : *C'est un violent* (syn. **brutal**). ◆ **adj. 1.** Qui a une force brutale, une grande intensité : *Un orage violent* (syn. **effroyable, terrible**). *Une passion violente* (syn. **ardent, frénétique**). **2.** Qui exige de la force, de l'énergie : *Sport violent.* **3. Mort violente,** mort causée par un accident, un suicide, etc. (par opp. à *mort naturelle*).

violenter [vjɔlɑ̃te] **v.t.** (de *violent*). Commettre sur qqn un viol ou une tentative de viol : *Violenter une femme* (syn. **violer**).

violer [vjɔle] **v.t.** (lat. *violare,* faire violence). **1.** Commettre un viol sur qqn (syn. **violenter**). **2.** Agir en opposition à une loi, à une règle : *Violer le règlement* (syn. **enfreindre, transgresser**). **3.** Pénétrer dans un lieu, malgré une interdiction : *Violer un sanctuaire* (syn. **profaner**). *Violer un domicile* (= y entrer par effraction).

1. violet, ette [vjɔlɛ, -ɛt] **adj.** (de *violette*). De la couleur de la violette, mélange de bleu et de rouge.

2. violet [vjɔlɛ] **n.m.** (de *1. violet*). **1.** Couleur violette : *Le violet te va bien.* **2.** ZOOL. Ascidie violette des côtes de la Méditerranée.

violette [vjɔlɛt] **n.f.** (de l'anc. fr. *viole,* même sens, lat. *viola*). **1.** Plante des bois et des haies, à fleurs violettes ou blanches souvent très odorantes. ▸ Famille des violacées. **2.** Parfum de cette plante.

violeur, euse [vjɔlœr, -øz] **n.** (lat. *violator*). Personne qui a commis un viol sur qqn.

violine [vjɔlin] **adj.** et **n.m.** (de *violette*). D'une couleur violet pourpre.

violiste [vjɔlist] **n.** Musicien qui joue de la viole.

Viollet-le-Duc (Eugène), architecte et théoricien français (Paris 1814 - Lausanne 1879). Il restaura, avec un parti pris souvent contesté, un grand nombre de monuments du Moyen Âge, notamment l'abbatiale de Vézelay, Notre-Dame de Paris et d'autres cathédrales, la cité de Carcassonne, le château de Pierrefonds (Oise), reconstitué à partir de ruines. Il est l'auteur, entre autres ouvrages, du monumental *Dictionnaire raisonné de l'architecture française du XIe au XVIe siècle* (1854-1868) et des *Entretiens sur l'architecture* (1863 et 1872), qui ont défini les bases d'un nouveau rationalisme, incluant l'emploi du métal.

violon [vjɔlɔ̃] **n.m.** (dimin. de *viole*). **1.** Instrument de musique à quatre cordes accordées par quintes *(sol, ré, la, mi),* que l'on frotte avec un archet. **2.** Musicien qui joue du violon dans un orchestre : *Premier violon.* **3.** FAM. Prison d'un poste de police, d'un corps de garde : *Passer la nuit au violon.* **4. Accorder ses violons,** se mettre d'accord. **5. Violon d'Ingres,** talent qu'une personne cultive pour son plaisir en marge de son activité principale : *La broderie est son violon d'Ingres* (syn. **hobby**).

violoncelle [vjɔlɔ̃sɛl] **n.m.** (it. *violoncello,* dimin. de *violone,* contrebasse). Instrument de musique à quatre cordes accordées par quintes *(do, sol, ré, la),* que l'on frotte avec un archet : *Un violoncelle est plus gros et plus grave qu'un violon.*

violoncelliste [vjɔlɔ̃selist] **n.** Musicien qui joue du violoncelle.

violoneux [vjɔlɔnø] **n.m. 1.** Ménétrier de village. **2.** FAM. Violoniste médiocre.

violoniste [vjɔlɔnist] **n.** Musicien qui joue du violon.

viorne [vjɔrn] **n.f.** (du lat. *viburnum*). Arbuste à fleurs velues et blanches, aux baies rouges, dont les espèces principales sont l'obier et le laurier-tin. ▸ Famille des caprifoliacées.

V.I.P. [veipe] ou [viajpi] **n.** (sigle de l'angl. *very important person*). FAM. Personnalité de marque.

vipère [vipɛr] **n.f.** (lat. *vipera*). **1.** Serpent venimeux d'Europe, d'Afrique et d'Asie occidentale à tête triangulaire, ovovivipare. ▸ Famille des vipéridés. La morsure des vipères est dangereuse, parfois mortelle. **2.** FIG. Personne médisante ou malfaisante : *Cette vipère a réussi à nous brouiller.* **3. Langue de vipère,** personne qui se plaît à médire, à calomnier. / **Nid de vipères,** rencontre dans un même lieu, une même famille de personnes cruelles et méchantes.

vipéreau [vipero] **n.m.** Jeune vipère. (On dit aussi *vipereau, vipériau.*)

vipérin, e [viperɛ̃, -in] **adj.** (lat. *viperinus*). Relatif à la vipère ; qui ressemble à une vipère : *Couleuvre vipérine.*

vipérine [viperin] **n.f.** (lat. *viperina,* serpentaire). Plante velue des endroits incultes. ▸ Famille des borraginacées.

virage [viraʒ] **n.m. 1.** Changement de direction d'un véhicule, de qqn à skis, etc. : *Avion, navire qui exécute un virage.* **2.** Partie courbe d'une route, d'une piste : *Un virage relevé* (syn. **tournant**). **3.** Changement d'orientation, de conduite d'un parti, d'une pensée, d'une politique : *Opportuniste qui a opéré un virage complet* (syn. **retournement**). **4.** CHIM. Changement de couleur d'un réactif coloré. **5.** MÉD. Fait de devenir positif, pour un test diagnostique d'infection.

virago [virago] **n.f.** (mot lat. *virago,* femme robuste, de *vir,* homme). Femme d'allure masculine, autoritaire et criarde (syn. **dragon, harpie, mégère**).

viral, e, aux [viral, -o] **adj. 1.** Relatif aux virus. **2.** Provoqué par un virus : *Hépatite virale.* **3.** INFORM. Relatif à un virus informatique ; qui se répand à la manière d'un virus : *Publicité virale.*

virée [vire] **n.f.** FAM. Promenade ou voyage rapides, faits pour se distraire : *Faire une virée en voiture* (syn. **excursion, promenade, tour**).

virelai [virlɛ] **n.m.** (anc. fr. *vireli,* de *virer* sous l'infl. de *lai*). Poème médiéval sur deux rimes et comptant quatre strophes, dont la première est reprise intégralement ou partiellement après chacune des trois autres.

virement [virmɑ̃] **n.m. 1.** Opération consistant à créditer un compte bancaire ou postal par le débit d'un autre compte : *Faire un virement de son compte courant à son compte épargne* (syn. **transfert**). **2.** MAR. **Virement de bord,** action de changer d'amures.

virer [vire] **v.i.** (bas lat. **virare,* class. *vibrare,* faire tournoyer). **1.** Tourner sur soi ; changer complètement de direction : *Danseurs qui virent en valsant* (syn. **pivoter**). **2.** Prendre un virage, tourner (pour se diriger dans telle direction) : *Virer à gauche.* ◆ **v.t. ind. [à]. 1.** Changer de couleur, d'aspect, de caractère, de goût : *Violet qui vire au bleu. Vin qui vire à l'aigre.* **2.** Changer d'opinion, de comportement : *Gauchiste qui vire au conformisme.* ◆ **v.t. 1.** Transférer d'un compte à un autre ; faire un virement : *Nous avons viré deux mille euros sur votre compte* (syn. **verser**). **2.** FAM. Enlever qqch d'un lieu ; chasser, mettre à la porte : *Virer un meuble de son bureau. On l'a viré du parti* (syn. **expulser**). *Virer un employé* (syn. **congédier, licencier**). **3. Virer sa cuti,** avoir une cuti-réaction positive ; FAM. changer radicalement d'opinion, de comportement.

virevolte [virvɔlt] **n.f.** (de l'anc. fr. *virevoute,* de *virer,* et de l'anc. fr. *vouter,* tourner). **1.** Tour rapide que fait un être animé sur lui-même : *Les virevoltes d'un oiseau.* **2.** FIG. Changement complet de direction, d'opinion : *Homme politique qui a opéré une virevolte* (syn. **revirement, volte-face**).

virevolter [virvɔlte] **v.i.** (anc. fr. *virevouster,* tourner en rond). Faire une virevolte : *Danseurs qui virevoltent sur la piste* (syn. **tourner**).

Virgile, en lat. **Publius Vergilius Maro,** poète latin (Andes, auj. Pietole, près de Mantoue, v. 70 - Brindes 19 av. J.-C.). D'origine provinciale et modeste, membre du cercle cultivé d'Asinius Pollio, il composa *les Bucoliques* (42-39 av. J.-C.), courts dialogues de bergers. Ami d'Octave, il rencontra Mécène et Horace, et s'établit à Rome, où il publia *les Géorgiques* (39-29 av. J.-C.). Il entreprit ensuite, sans pouvoir la terminer, *l'Énéide,* épopée nationale qui raconte l'établissement de Troyens en Italie et annonce la fondation de Rome. Son influence fut immense sur les littératures latine et occidentale, et tout un cycle de légendes se forma autour de sa mémoire.

1. virginal, e, aux [virʒinal, -o] **adj.** (lat. *virginalis*). **1.** Qui appartient ou convient à une vierge : *Candeur virginale* (syn. **chaste, pur**). **2.** LITT. D'une pureté, d'une blancheur éclatante ; qui n'a jamais été souillé : *Neige virginale* (syn. **immaculé**).

2. virginal [virʒinal] **n.m.** (de *1. virginal*) [pl. *virginals*]. Épinette en usage en Angleterre aux XVIe et XVIIe s.

Virginie, un des États unis d'Amérique, sur l'Atlantique ; 8 260 405 hab. CAP. *Richmond.*

Virginie-Occidentale, un des États unis d'Amérique ; 1 854 304 hab. CAP. *Charleston.*

virginité [virʒinite] **n.f.** (lat. *virginitas,* de *virgo,* vierge). **1.** État d'une personne vierge : *Garder, perdre sa virginité.* **2. Refaire une virginité à qqn,** lui rendre l'innocence, la réputation, l'honneur qu'il avait perdus.

virgule [virgyl] **n.f.** (lat. *virgula*). **1.** Signe de ponctuation (,) servant à séparer les membres d'une phrase. **2.** Signe qui sépare la partie entière et la partie décimale d'un nombre. **3.** INFORM. **Virgule flottante,** mode de représentation d'un nombre à l'aide d'une virgule à position variable ; méthode de calcul utilisant cette représentation (par opp. à *virgule fixe,* mode de représentation où la virgule est suivie d'un nombre constant de décimales).

viril, e [viril] **adj.** (lat. *virilis,* de *vir,* homme). **1.** Propre à l'homme, au sexe masculin : *Traits virils* (syn. **mâle** ; contr. **féminin**). **2.** Qui témoigne de l'énergie, de la fermeté, de la résolution que la tradition prête au sexe masculin : *Action virile. Langage viril* (syn. **décidé, résolu**).

virilisation [virilizasjɔ̃] **n.f.** MÉD. Processus, pathologique ou artificiellement provoqué, se caractérisant par l'apparition de caractères sexuels secondaires masculins chez une femme.

viriliser [virilize] **v.t. 1.** Donner un caractère viril à. **2.** MÉD. Provoquer la virilisation.

virilité [virilite] **n.f.** (lat. *virilitas*). **1.** Ensemble des caractères physiques de l'homme adulte : *Visage d'une grande virilité* (syn. **masculinité**). **2.** Capacité d'engendrer ; vigueur sexuelle. **3.** LITT. Mâle énergie ; caractère viril : *Attitude dépourvue de virilité.*

virole [virɔl] **n.f.** (lat. *viriola,* bracelet, de *viria,* mot d'orig. gaul.). **1.** Bague de métal qu'on met au bout de certains objets (manche d'outil, de couteau) pour les empêcher de se fendre, de s'user, etc. : *La virole d'un couteau assujettit la lame au manche.* **2.** Bague de tôle entrant dans la construction des chaudières et des réservoirs métalliques.

virologie [virɔlɔʒi] **n.f.** Partie de la microbiologie qui étudie les virus. ◆ **virologiste** et **virologue n.** Noms du spécialiste.

virtualité [virtɥalite] **n.f.** Caractère de ce qui est virtuel ; chose virtuelle : *Toutes les virtualités de l'être peuvent-elles s'exprimer au cours d'une vie ?* (syn. **possibilité, potentialité**).

virtuel, elle [virtɥɛl] **adj.** (lat. scolast. *virtualis,* du class. *virtus,* force). **1.** Qui n'est pas effectif, réalisé, mais porte en soi la possibilité de se produire, de se manifester (par opp. à *actuel* dans un contexte philosophique) : *Vous avez la faculté virtuelle de réussir* (syn. **potentiel, théorique**). **2.** Qui concerne la simulation par ordinateur d'un environnement réel par des images de synthèse tridimensionnelles : *Réalité virtuelle. Monde virtuel.* **3.** PHYS. **Objet virtuel, image virtuelle,** dont les points se trouvent sur le prolongement des rayons lumineux, et qui n'a donc pas de réalité matérielle. / PHYS. **Particule virtuelle,** particule élémentaire de durée de vie trop courte pour être détectable.

virtuellement [virtɥɛlmɑ̃] **adv.** En théorie ; en principe : *Être virtuellement libre* (syn. **théoriquement**).

virtuose [virtɥoz] **n.** (it. *virtuoso,* du lat. *virtus,* force, courage). **1.** MUS. Instrumentiste capable de résoudre, avec aisance, les plus grandes difficultés techniques : *Liszt fut un grand virtuose.* **2.** Personne extrêmement habile dans un art, une technique, une activité : *Une virtuose du golf* (syn. **maître**).

virtuosité [virtɥozite] **n.f. 1.** Talent et habileté du virtuose en musique : *Un violoniste d'une grande virtuosité* (syn. **brio**). **2.** Grande habileté artistique ou technique : *Une trapéziste d'une virtuosité stupéfiante* (syn. **maestria**).

virulence [virylɑ̃s] **n.f.** (lat. *virulentia*). Caractère de ce qui est virulent : *Protester avec virulence* (syn. **âpreté, violence**).

virulent, e [virylɑ̃, -ɑ̃t] **adj.** (bas lat. *virulentus,* venimeux, du class. *virus,* poison). **1.** Doué d'un grand pouvoir de multiplication : *Microbes virulents* (syn. **prolifique**). **2.** Qui produit un effet nocif et violent : *Poison virulent.* **3.** D'un caractère agressif, violent et mordant : *Un discours virulent* (syn. **caustique**).

virus [virys] **n.m.** (mot lat. « poison »). **1.** BIOL. Microorganisme invisible au microscope optique, possédant un seul type d'acide nucléique ARN ou ADN et qui ne peut se reproduire qu'en parasitant une cellule : *Le virus de la poliomyélite.* **2.** Principe de contagion morale : *Le virus de la contestation gagne les universités.* **3.** INFORM. Instruction ou suite d'instructions parasites, introduites dans un programme et susceptibles d'entraîner diverses perturbations dans le fonctionnement de l'ordinateur.

■ De taille génér. inférieure à 1 micromètre, les virus, découverts en 1892, ont longtemps été tenus pour les plus petits agents pathogènes, jusqu'à ce que soient mis au jour les viroïdes (petits agents infectieux des plantes) et les prions. Les virus infectent tous les organismes vivants : plantes, champignons, animaux et même bactéries. On en connaît auj. environ 4 000 espèces. Ils ne sont pas tout à fait des êtres vivants, car ils sont incapables de se reproduire seuls, en dehors d'une cellule infectée.

Structure. Les virus (appelés aussi *virions* ou *particules virales* quand ils sont hors des cellules, à l'état libre) ont une structure simple : ils sont constitués de matériel génétique (sous forme d'ADN ou d'ARN) entouré par une coque de protéines (la *capside*). Parfois, le matériel génétique est mêlé à ces protéines ; on parle alors de *nucléocapside.* Chez les *virus enveloppés,* la capside est entourée par une enveloppe, qui correspond à un fragment de la membrane de la précédente cellule infectée, mais porte des protéines de surface propres au virus.

Types de virus. On peut classer les virus selon différents critères. En fonction de leur matériel génétique, on distingue les virus à ARN et les virus à ADN. Parmi ceux-ci, on différencie ceux qui ont une molécule d'ADN à double brin (adénovirus, bactériophages), et ceux dont l'ADN est à simple brin (virus de la varicelle). Parmi les virus à ARN, les rétrovirus (comme le virus du sida) possèdent une enzyme qui leur permet de transcrire leur ARN en ADN (transcriptase inverse). On peut aussi classer les virus selon leur forme : virus en hélice, virus icosaédriques, virus enveloppés, etc.

Le processus infectieux. Les virus sont des *parasites intracellulaires obligatoires.* Ils ont besoin de la machinerie cellulaire de leur hôte, qu'ils détournent à leur profit, pour vivre et se multiplier. L'infection virale comprend trois étapes. Dans un premier temps, le virus se fixe à la cellule hôte, puis pénètre à l'intérieur (ou injecte son ADN dans le cas des bactériophages). La fixation est possible grâce à la liaison de molécules de surface présentes chez les deux protagonistes, ce qui explique la spécificité entre le parasite et sa cellule hôte. Dans un second temps, le virus se multiplie à l'intérieur de la cellule parasitée, utilisant pour cela les molécules énergétiques et les enzymes de son hôte. Dans certains cas, le matériel génétique du virus s'insère dans celui de l'hôte et peut rester dans cet état de camouflage pendant une période variable (jusqu'à plusieurs années pour le virus du sida). La dernière phase du cycle de développement du virus est caractérisée par la libération des nouveaux virus produits. Au cours de celle-ci, les virus bourgeonnent à travers la membrane de la cellule ou bien s'accumulent dans la cellule jusqu'à ce qu'elle éclate *(lyse cellulaire).* ■

vis [vis] **n.f.** (du lat. *vitis,* vrille de la vigne). **1.** Tige cylindrique, génér. métallique, à tête le plus souvent aplatie, et dont la surface porte une saillie hélicoïdale destinée à s'enfoncer en tournant : *Serrer une vis. Vis à bois.* **2. Donner un tour de vis, serrer la vis,** adopter une attitude plus sévère. / **Escalier à vis,** escalier tournant autour d'un noyau ou d'un vide central selon une courbe hélicoïdale (= escalier en colimaçon). / **Vis sans fin,** vis dont le filet agit sur une roue dentée, lui imprimant un mouvement de rotation perpendiculaire au sien.

visa [viza] **n.m.** (mot lat., propr. « choses vues »). **1.** Sceau, signature ou paraphe apposés sur un document pour le valider ou pour attester le paiement d'un droit : *La préfecture doit apposer son visa sur ce document.* **2.** Cachet authentique, valant autorisation de séjour, apposé sur un passeport par les services diplomatiques (ambassade, consulat) des pays dans lesquels désire se rendre le demandeur : *Demander un visa pour les États-Unis.*

visage [vizaʒ] **n.m.** (de l'anc. fr. *vis,* visage, du lat. *visus,* aspect). **1.** Face humaine ; partie antérieure de la tête : *Un joli visage* (syn. **figure, minois**). **2.** Personne identifiée par sa figure : *Aimer voir de nouveaux visages* (syn. **tête**). **3.** Expression des traits de la face : *Un visage souriant* (syn. **air, mine**). **4.** *LITT.* Aspect d'une chose : *La ville offrait un visage de fête* (syn. **image, physionomie**). **5. Changer de visage,** changer de couleur (rougir, pâlir), d'expression. / **Faire bon, mauvais visage à qqn,** l'accueillir aimablement, hostilement.

visagiste [vizaʒist] **n.** Coiffeur, esthéticien dont la technique a pour but de mettre en valeur la spécificité d'un visage.

1. vis-à-vis [vizavi] **adv.** (de l'anc. fr. *vis,* visage, du lat. *visus,* aspect). *LITT.* Face à face ; en face : *Nous étions placés vis-à-vis.* ◆ **loc. prép. Vis-à-vis de,** en face de ; à l'égard de : *J'étais placé vis-à-vis du président. Elle est très réservée vis-à-vis de ses collègues.*

2. vis-à-vis [vizavi] **n.m.** (de *1. vis-à-vis*). **1.** Personne, chose qui se trouve en face d'une autre : *À table, j'avais pour vis-à-vis le trésorier.* **2.** Bâtiment, immeuble voisin que l'on voit d'une fenêtre : *Maison sans vis-à-vis.*

viscéral, e, aux [viseral, -o] **adj.** (lat. ecclés. *visceralis,* du class. *viscus,* entrailles). **1.** Relatif aux viscères ; qui les contient : *Cavité viscérale.* **2.** Qui vient des profondeurs de l'être : *Une haine viscérale.*

viscéralement [viseralmɑ̃] **adv.** De façon viscérale, profonde : *Être viscéralement opposé à la violence.*

viscère [visɛr] **n.m.** (lat. *viscera,* pl. de *viscus,* entrailles). Tout organe contenu dans les grandes cavités du corps : *Le cœur, le foie, l'estomac, l'utérus sont des viscères.*

Visconti, famille italienne, dont la branche la plus connue domina Milan de 1277 à 1447. Le membre le plus illustre fut **Jean-Galéas** (1351 - Melegnano 1402), qui obtint de l'empereur le titre de duc de Milan (1395) et de Lombardie (1397), et dont la fille **Valentine** (1366 - Blois 1408) eut pour petit-fils le futur roi de France Louis XII. Après l'extinction de la branche ducale (1447), Milan passa aux Sforza.

Visconti (Luchino), metteur en scène de théâtre et de cinéma italien (Milan 1906 - Rome 1976). Il débute au cinéma en France avec J. Renoir, dont il est l'assistant pour *les Bas-Fonds* (1937). De retour en Italie, il réalise en 1942 le film qui donnera le coup d'envoi au néoréalisme, *Ossessione.* Dans cette lignée, il réalisera *La terre tremble* (1950) et *Rocco et ses frères* (1960), films dressant un portrait sociologique de l'Italie des pauvres. Il aborde le théâtre dès 1945, renouvelant répertoire et rapport acteur/metteur en scène. Un contraste très net apparaît entre son approche cinématographique, influencée par le marxisme, et ses mises en scène parfois baroques et fantaisistes. Cette distinction s'inversera ensuite, faisant place à un théâtre de plus en plus dépouillé et à un cinéma mêlant faste et raffinement. Sa rencontre avec Maria Callas (1955) marque ses débuts de metteur en scène lyrique. Dans ses films, Visconti a posé un regard poétique sur la civilisation et sur les hommes : *le Guépard* (1963), *Sandra* (1965), *les Damnés* (1969), *Mort à Venise* (1971), *Ludwig ou le Crépuscule des dieux* (1re version 1973, version intégrale 1983), *Violence et Passion* (1974), *l'Innocent* (1976).

viscose [viskoz] **n.f.** (de *visqu[eux]* et *[cellul]ose*). Cellulose sodique employée pour la fabrication de fibres (rayonne, fibranne) et de pellicules transparentes (Cellophane).

viscosité [viskozite] **n.f.** (lat. *viscositas*). **1.** Caractère de ce qui est visqueux : *La viscosité d'un sol boueux.* **2.** Résistance d'un fluide à l'écoulement uniforme et sans turbulence : *Mesurer la viscosité d'un produit pétrolier.*

visée [vize] **n.f.** Action de diriger le regard, une arme, un appareil photo vers qqch, un objectif : *Ligne, point de visée. Lunette de visée.* ◆ **visées n.f. pl.** But assigné à une action ; ce que l'on cherche à atteindre : *Des visées politiques* (syn. **dessein, objectif**).

1. viser [vize] **v.i.** (lat. pop. **visare,* class. *visere,* de *videre,* voir). **1.** Diriger une arme, un objet vers l'objectif à atteindre : *Apprendre à viser juste.* **2. Viser haut,** avoir des projets ambitieux. ◆ **v.t. 1.** Pointer une arme en direction de : *Viser une cible.* **2.** Avoir un objectif en vue ; chercher à obtenir : *Viser la présidence, les honneurs* (syn. **briguer, convoiter**). **3.** Concerner qqn, qqch : *Vous n'êtes pas visés par cette décision* (syn. **intéresser, toucher**). ◆ **v.t. ind. [à].** Chercher à obtenir : *Viser au succès* (syn. **rechercher**).

2. viser [vize] **v.t.** (de *visa*). Marquer d'un visa : *Viser un document, un passeport.*

viseur [vizœr] **n.m. 1.** Dispositif optique servant à viser : *Le viseur d'une carabine.* **2.** PHOT., CIN. Dispositif d'un appareil de prise de vues permettant de cadrer et parfois de mettre au point l'image à enregistrer.

Vishnou ou **Vishnu,** l'une des grandes divinités de l'hindouisme. Il est, avec Brahma et Shiva, l'un des trois dieux de la *trimurti,* au sein de laquelle il a pour fonction d'assurer la conservation de l'univers. Il s'y manifeste, chaque fois que le bon ordre *(dharma)* en est perturbé, par des *avatara,* dont les principaux sont au nombre de dix. Son culte constitue, parallèlement au *shivaïsme* et au *shaktisme,* un des grands courants de l'hindouisme.

vishnouisme [viʃnuism] **n.m.** Ensemble des doctrines et des pratiques religieuses relatives à Vishnou, l'une des principales formes de l'hindouisme.

visibilité [vizibilite] **n.f.** (bas lat. *visibilitas*). **1.** Qualité de ce qui est visible, perceptible facilement : *Couleur qui augmente la visibilité d'un panneau.* **2.** Possibilité de voir à une certaine distance : *Visibilité réduite par un épais brouillard.*

visible [vizibl] **adj.** (lat. *visibilis,* de *videre,* voir). **1.** Qui peut être vu : *Une étoile visible à l'œil nu* (syn. **observable**). **2.** Qui peut être constaté : *Sa joie était visible* (syn. **évident, manifeste**). **3.** *FAM.* Disposé à recevoir des visites, en état de les recevoir : *Dites-leur que je ne suis pas visible.* ◆ **n.m.** Ensemble du monde, des choses, tels qu'ils se présentent à l'œil : *Le visible et l'invisible.*

visiblement [vizibləmɑ̃] **adv.** De façon visible : *Visiblement, elle était déçue* (syn. **manifestement**).

visière [vizjɛr] **n.f.** (de l'anc. fr. *vis,* visage). **1.** Pièce de casque qui se hausse et se baisse à volonté devant le visage. **2.** Partie d'une casquette, d'un képi qui abrite le front et les yeux.

vision [vizjɔ̃] **n.f.** (lat. *visio*). **1.** Perception par l'organe de la vue : *Troubles de la vision* (syn. **vue**). [⟶ œil.] **2.** Fait, action de voir, de regarder qqch : *La vision de ce film l'a choqué.* **3.** Manière de voir, de concevoir, de comprendre qqch : *J'ai une autre vision que vous de ce problème* (syn. **conception, point de vue**). **4.** Perception imaginaire : *Avoir des visions* (syn. **hallucination**). **5.** Apparition surnaturelle : *Les visions d'un mystique.*

visionnaire [vizjɔnɛr] **adj.** et **n. 1.** Qui a ou croit avoir des visions surnaturelles : *Les fantasmes des visionnaires* (syn. **mage, prophète**). **2.** Qui est capable d'anticipation, qui a l'intuition de l'avenir : *Jules Verne était un grand visionnaire.*

visionner [vizjɔne] **v.t. 1.** Examiner (un film, des diapositives) à la visionneuse. **2.** Regarder un film, une émission, etc., à titre professionnel avant leur passage en public ou leur mise en forme définitive : *Journalistes conviés à visionner un film.*

visionneuse [vizjɔnøz] **n.f.** (de *visionner*). Appareil assurant la vision, directe ou par projection, de diapositives ou de films de cinéma.

visiophone [vizjɔfɔn] **n.m.** (de *visio[n]* et *[télé]phone*). **1.** Terminal de communication, téléphonique permettant de voir l'image animée du correspondant. **2.** Visiophonie.

visiophonie [vizjɔfɔni] **n.f.** Service de communication par visiophones (syn. **visiophone**).

visitation [vizitasjɔ̃] **n.f. 1.** RELIG. CHRÉT. (Avec une majuscule). Visite de la Vierge Marie à sainte Élisabeth, mère de saint Jean-Baptiste ; fête commémorant cet événement. **2.** BX-A. Représentation de cette scène.

visite [vizit] **n.f.** (de *visiter*). **1.** Fait de se rendre auprès de qqn pour lui tenir compagnie, s'entretenir avec lui, etc. : *Je lui ferai une petite visite en passant.* **2.** *FAM.* Personne qui rend visite : *Avoir de la visite* (= un, des visiteurs). **3.** Dans certaines professions (médicales, paramédicales, sociales), action de se rendre auprès du patient, du client : *Médecin qui fait ses visites le matin.* **4.** Action de visiter un lieu, un édifice : *Visite guidée de Rome.* **5.** Action de visiter pour examiner, vérifier, expertiser, etc. : *Visite d'un appartement* (syn. **inspection**). **6. Droit de visite,** autorisation accordée par décision judiciaire de recevoir périodiquement un enfant dont on n'a pas la garde. ∕ **Rendre visite à qqn,** aller le voir chez lui. ∕ **Visite médicale,** examen médical assuré dans le cadre d'une institution (médecine du travail, médecine scolaire, etc.).

visiter [vizite] **v.t.** (lat. *visitare,* de *visere* ; v. *1. viser*). **1.** Parcourir un lieu pour en examiner les caractéristiques, les curiosités, etc. : *Visiter l'Italie en autocar. Visiter un musée.* **2.** Se rendre dans un lieu, une administration, un service, etc., pour l'inspecter : *Commission d'urbanisme qui visite un vieux quartier.* **3.** Examiner soigneusement le contenu de : *Les douaniers ont visité tous les bagages* (syn. **fouiller, inspecter**). **4.** *AFR.* Rendre visite à qqn.

visiteur, euse [vizitœr, -øz] **n.** et **adj. 1.** Personne qui rend visite à qqn : *Recevoir, éconduire un visiteur.* **2.** Touriste, personne qui visite un site, un château, etc. : *Musée qui a de nombreux visiteurs.* **3.** DR. **Visiteur de prison,** personne qui rencontre bénévolement des personnes incarcérées pour les soutenir, les préparer à leur reclassement social.

vison [vizɔ̃] **n.m.** (d'un mot de la Saintonge « belette », du lat. pop. **vissio,* puanteur). **1.** Mammifère carnassier proche du putois, élevé pour sa fourrure. ▸ On le trouve en Europe, en Asie, en Amérique. Famille des mustélidés. **2.** Fourrure de cet animal. **3.** Manteau ou veste de vison.

visqueux, euse [viskø, -øz] **adj.** (bas lat. *viscosus,* du class. *viscum,* glu de gui). **1.** De consistance pâteuse, ni liquide ni solide : *Gelée visqueuse* (syn. **sirupeux**). *La glaise est une terre visqueuse* (syn. **gluant**). **2.** Qui possède une viscosité élevée : *Les huiles pour moteur sont visqueuses* (syn. **gras**). **3.** Qui est recouvert d'un enduit gluant : *La peau visqueuse du crapaud* (syn. **poisseux**). **4.** Se dit de qqn qui suscite la répulsion par ses manières obséquieuses, sa complaisance servile : *Personnage visqueux* (syn. **doucereux, mielleux**).

vissage [visaʒ] **n.m. 1.** Action de visser : *Machine qui effectue le vissage des couvercles de bocaux.* **2.** MATH. Déplacement hélicoïdal.

visser [vise] **v.t. 1.** Fixer avec des vis : *Visser une plaque sur une porte.* **2.** Fermer en faisant tourner une vis : *Visser un robinet. Visser le bouchon d'une bouteille.* **3.** *FAM.* Soumettre qqn, un groupe à une discipline et à une surveillance très sévères : *Un internat où les élèves sont vissés.*

Vistule, principal fl. de Pologne, qui naît dans les Carpates, passe à Cracovie et Varsovie et rejoint la Baltique dans le golfe de Gdańsk ; 1 068 km (bassin de 194 000 km^2).

visualisation [vizɥalizasjɔ̃] **n.f. 1.** Mise en évidence, d'une façon matérielle, de l'action et des effets d'un phénomène : *Expérience qui permet de réaliser la visualisation des déplacements d'un électron.* **2.** INFORM. Présentation temporaire sur un écran, sous forme graphique ou alphanumérique, des résultats d'un traitement d'informations.

visualiser [vizɥalize] **v.t. 1.** Rendre visible : *Visualiser le déplacement d'un mobile au moyen d'une courbe.* **2.** INFORM. Présenter (des données, des résultats) sur un écran. **3.** Se représenter mentalement qqch, qqn.

visuel, elle [vizɥɛl] **adj.** (bas lat. *visualis,* du class. *videre,* voir). **1.** Qui a rapport à la vue : *Acuité visuelle. Organes visuels.* **2. Champ visuel** ⟶ **champ.** ∕ **Mémoire visuelle,** mémoire des images perçues par la vue. ∕ **Rayon visuel** ⟶ **rayon.** ◆ **visuel n.m.** L'image, l'aspect graphique par opp. au *texte,* à la partie rédactionnelle : *Soigner le visuel d'une publicité.*

visuellement [vizɥɛlmɑ̃] **adv.** De façon visuelle : *Constater visuellement des dégâts* (syn. **de visu**).

vital, e, aux [vital, -o] **adj.** (lat. *vitalis,* de *vita,* vie). **1.** Qui est relatif à la vie ; qui concerne la vie : *Fonctions vitales. Force vitale.* **2.** Essentiel à la vie : *Se nourrir est vital pour l'homme.* **3.** Indispensable à qqn, à son existence : *Région surpeuplée où l'espace vital commence à manquer. La lecture est vitale pour lui* (syn. **essentiel, primordial**). *Il est vital pour elle de réussir cet examen* (syn. **capital, crucial**). **4. Minimum vital,** revenu minimal nécessaire à la subsistance et à l'entretien d'une personne, d'une famille.

vitalité [vitalite] **n.f.** (lat. *vitalitas*). **1.** Intensité de la vie, de l'énergie de qqn, de qqch : *Enfant doué d'une grande vita-*

lité (syn. **entrain**). *Vitalité d'une entreprise* (syn. **dynamisme**). **2.** Aptitude à vivre, à durer longtemps : *La vitalité d'un régime politique.*

vitamine [vitamin] **n.f.** (mot angl., du lat. *vita,* vie, et de *amine*). Substance organique indispensable, bien qu'en faible quantité, à la croissance et au bon fonctionnement de l'organisme, qui ne peut en effectuer lui-même la synthèse. ▶ Des carences en vitamines provoquent des maladies telles que le scorbut, le béribéri, etc.

■ Avant que les vitamines ne soient découvertes, on connaissait déjà les effets de leur carence (avitaminose) sur l'organisme. Le scorbut dont étaient atteints les marins se manifestait par un déchaussement des dents et la formation de plaies. Avec la consommation quotidienne d'une orange ou d'un citron, la maladie disparaissait : ces aliments contiennent une substance indispensable à l'organisme, la vitamine C.

Les vitamines possèdent d'autres rôles, découverts de façon empirique aux siècles précédents, mais ce n'est qu'au XXe s. qu'on a su les isoler et comprendre véritablement leurs modes d'action.

Classement des vitamines. On classe actuellement les vitamines en deux catégories selon leur solubilité : les vitamines *hydrosolubles,* ou solubles dans l'eau (vitamines B, C, H), et les vitamines *liposolubles,* ou solubles dans les graisses (vitamines A, D, E, K).

La vitamine A stimule la croissance et permet la synthèse d'un pigment nécessaire à la vision. Une carence en vitamine A se traduit par une réduction de la vision nocturne ou par une lésion de la cornée. La vitamine A est abondante dans les fruits, les légumes et le beurre.

Les vitamines B sont diverses. La vitamine B1 est indispensable au métabolisme et sa carence entraîne le béribéri, maladie des systèmes nerveux et musculaire. Quant à la vitamine B3, elle stimule la respiration cellulaire et est abondante dans l'arachide et le café.

La vitamine C, ou acide ascorbique, intervient, elle aussi, dans la respiration cellulaire, ce qui explique son utilisation par les sportifs au moment de l'effort. Elle participe à la formation du collagène.

La vitamine D accroît l'absorption intestinale du calcium. Elle ne mérite pas vraiment le nom de *vitamine* puisqu'elle est synthétisée par la peau sous l'action des rayons ultraviolets. Sa carence entraîne, chez l'enfant, le rachitisme ou, chez l'adulte, l'*ostéomalacie,* malformation du squelette. On trouve le précurseur de cette vitamine dans le jaune d'œuf et le beurre. La vitamine E est un antioxydant, sa carence, rare, peut provoquer entre autres des anémies.

La vitamine K est un facteur de la coagulation sanguine, sa carence favorise les hémorragies. ■

vitaminé, e [vitamine] **adj.** Qui contient des vitamines naturellement ou après incorporation : *Biscuits vitaminés.*

vitaminique [vitaminik] **adj.** Relatif aux vitamines : *Carence vitaminique. Apport vitaminique.*

vite [vit] **adv.** (orig. obsc.). **1.** À vive allure : *Courir vite* (syn. **rapidement** ; contr. **lentement**). **2.** En peu de temps ; sous peu : *Elle a vite découvert la supercherie. Je reviens le plus vite possible* (syn. **tôt**). **3.** Sans délai ; tout de suite : *Lève-toi vite.* **4. Faire vite,** se hâter. ◆ **adj.** Qui se meut avec rapidité : *Les coureurs les plus vites du monde* (syn. **rapide**).

Vitebsk, v. de Biélorussie, sur la Dvina occidentale ; 347 928 hab. Centre industriel.

vitellin, e [vitelɛ̃, -in] **adj.** Relatif au vitellus.

vitellus [vitelys] **n.m.** (mot lat. « jaune d'œuf »). BIOL. Ensemble des substances de réserve contenues dans l'ovocyte des animaux, correspondant au jaune des œufs de reptiles et d'oiseaux.

vitesse [vitɛs] **n.f. 1.** Qualité d'une personne ou d'une chose qui se déplace, qui agit en peu de temps (syn. **rapidité, promptitude**). **2.** Rapport de la distance parcourue au temps mis à la parcourir : *Voiture qui atteint une vitesse de 160 km/h. Vitesse moyenne, maximale* (syn. **allure**). **3.** Chacune des combinaisons d'engrenages d'une boîte de vitesses d'un moteur à explosion ; régime : *Levier de changement de vitesses. Voiture à cinq vitesses.* **4. À deux vitesses,** où coexistent deux systèmes, deux procédés, deux types de fonctionnement, etc., dont la rapidité, l'efficacité ou la qualité sont inégales : *Courrier à deux vitesses. Couverture sociale à deux vitesses.* / **À toute vitesse,** très vite. / **Course de vitesse,** en athlétisme et en cyclisme, notamm., course disputée sur une courte distance. / **Prendre qqn de vitesse,** le devancer. / PHYS. **Vecteur vitesse,** vecteur qui, dans le mouvement d'un point mobile, définit à un instant donné la rapidité du déplacement et sa direction. / PHYS. **Vitesse angulaire,** rapport de l'angle balayé par un axe, une droite autour d'un point, au temps mis à le balayer. / PHYS. **Vitesse limite,** valeur vers laquelle tend la vitesse d'un corps qui se déplace dans un milieu résistant sous l'action d'une force constante.

Vitez (Antoine), metteur en scène de théâtre et acteur français (Paris 1930 - *id.* 1990). Directeur du théâtre des Quartiers d'Ivry (1972-1981), du Théâtre national de Chaillot (1981-1988), puis administrateur général de la Comédie-Française (1988-1990), il a contribué à renouveler la formation et le travail de l'acteur.

viticole [vitikɔl] **adj.** Relatif à la viticulture : *Région viticole.*

viticulture [vitikyltyr] **n.f.** (du lat. *vitis,* vigne). Culture de la vigne, génér. pour produire du vin. ◆ **viticulteur, trice n.** Nom du spécialiste.

Vitoria, v. d'Espagne, cap. du Pays basque et ch.-l. de la prov. d'Álava ; 240 753 hab. Centre industriel. Cathédrale du XIVe s. Victoire de Wellington sur les Français (21 juin 1813).

vitrage [vitraʒ] **n.m. 1.** Action de vitrer, de poser des vitres : *Le vitrage d'un immeuble neuf.* **2.** Baie vitrée ; châssis ou ensemble de châssis garnis de vitres : *Remplacer un vitrage.* **3.** Petit rideau transparent qui se fixe directement au vantail de la fenêtre.

vitrail [vitraj] **n.m.** (de *vitre*) [pl. *vitraux*]. Composition décorative translucide, formée de pièces de verre colorées maintenues par un réseau de plomb ou par un ciment : *Les vitraux d'une cathédrale.*

vitre [vitr] **n.f.** (lat. *vitrum,* verre). **1.** Chacune des plaques de verre dont on garnit les châssis d'une baie : *Nettoyer les vitres* (syn. **carreau**). **2.** Glace d'une voiture : *Baisser les vitres avant.*

vitré, e [vitre] **adj. 1.** Garni de vitres : *Baie vitrée.* **2. Corps vitré,** substance transparente et visqueuse qui remplit le globe de l'œil, en arrière du cristallin.

vitrer [vitre] **v.t.** Garnir de vitres ou de vitrages.

vitrerie [vitrəri] **n.f.** Fabrication, pose ou commerce des vitres.

vitreux, euse [vitrø, -øz] **adj.** (de *vitre,* verre). **1.** GÉOL. Qui contient du verre : *Roche vitreuse.* **2.** MINÉR. Se dit de la texture de certaines roches éruptives constituées par du verre : *Structure vitreuse.* **3.** Se dit de l'œil, du regard qui ne brille plus : *Le regard vitreux d'un mourant* (syn. **terne**).

vitrier [vitrije] **n.m.** Personne qui fabrique, vend ou pose les vitres.

vitrification [vitrifikasjɔ̃] **n.f. 1.** Transformation en verre : *La vitrification du sable.* **2.** Action de revêtir une surface d'un enduit protecteur et transparent : *La vitrification d'un parquet.*

vitrifier [vitrifje] **v.t.** (du lat. *vitrum,* verre) [conj. **9**]. **1.** Transformer en verre : *Vitrifier du sable.* **2.** Revêtir une surface d'une matière plastique protectrice et transparente : *Vitrifier un parquet.*

vitrine [vitrin] **n.f.** (du lat. pop. **vitrinus,* de verre). **1.** Partie de magasin séparée de la rue par un vitrage et où l'on expose des objets à vendre : *Mettre les nouveaux modèles en vitrine* (syn. **devanture, étalage**). **2.** Le vitrage lui-même : *Le souffle de l'explosion a brisé les vitrines du quartier.* **3.** Ensemble des objets mis en vitrine : *Décorateur qui refait une vitrine.* **4.** Armoire, table munie d'un châssis vitré, où l'on expose des objets de collection, des bibelots : *Une vitrine remplie de statuettes.* **5.** Ce qui représente favorablement un ensemble plus vaste : *Cette ville est la vitrine de la région.*

vitriol [vitrijɔl] **n.m.** (bas lat. *vitriolum,* de *vitrum,* verre). **1.** Anc. nom de l'acide sulfurique concentré. **2.** *LITT.* **Au vitriol,** d'un ton très caustique, très violent : *Un éditorial au vitriol.*

vitriolage [vitriɔlaʒ] **n.m.** Action de vitrioler.

vitrioler [vitrijɔle] **v.t. 1.** Soumettre à l'action de l'acide sulfurique. **2.** Lancer du vitriol au visage de qqn pour le défigurer.

vitrocéramique [vitrɔseramik] **n.f.** Matériau combinant les propriétés du verre et des produits céramiques, obtenu par cristallisation d'une masse vitreuse.

Vitruve, en lat. **Vitruvius,** ingénieur militaire et architecte romain du Ier s. av. J.-C., auteur du traité *De architectura,* dont les copies et les adaptations, à partir du XVe s., ont nourri l'évolution du classicisme européen.

Vitry-le-François, ch.-l. d'arr. de la Marne, sur la Marne ; 13 492 hab. *(Vitryats).* Église classique, surtout des XVIIe-XVIIIe s. En 1545, François Ier bâtit cette ville pour les habitants de Vitry-en-Perthois, appelée « Vitry-le-Brûlé », détruite par Charles Quint en 1544.

Vitry-sur-Seine, ch.-l. de c. du Val-de-Marne, sur la Seine ; 88 850 hab. *(Vitriots).* Église des XIIIe et XIVe s.

Vittel, ch.-l. de c. des Vosges ; 5 484 hab. *(Vittellois).* Station thermale (lithiases et affections urinaires). Eaux minérales. Église St-Rémy des XIIe-XVIe s.

vitupération [vityperasjɔ̃] **n.f.** (Surtout au pl.). Récrimination proférée avec violence à l'adresse de qqn ou de qqch : *Ne tenir aucun compte des vitupérations de ses adversaires* (syn. **blâme, critique**).

vitupérer [vitypere] **v.t.** ou **v.t. ind. [contre]** (lat. *vituperare,* de *vitium,* vice, défaut) [conj. **18**]. Proférer des injures, des récriminations contre ; blâmer avec force : *Vitupérer le gouvernement* (syn. **fustiger, stigmatiser**). *Vitupérer contre la hausse des prix* (syn. **pester, fulminer**). ***Rem.*** *Vitupérer contre* est critiqué par certains puristes.

vivable [vivabl] **adj. 1.** Où l'on peut vivre commodément : *Appartement petit mais vivable* (syn. **agréable, confortable**). **2.** Qui est facile à vivre ; qui a bon caractère : *Quand elle prépare un examen, elle n'est pas vivable.* **3.** Supportable, en parlant d'une situation : *Cette incertitude n'est plus vivable* (syn. **soutenable**).

1. vivace [vivas] **adj.** (lat. *vivax,* de *vivere,* vivre). **1.** Qui peut vivre longtemps : *Arbre vivace.* **2.** Qui dure ; dont il est difficile de se défaire : *Des préjugés vivaces* (syn. **enraciné, tenace**). **3. Plante vivace,** plante qui vit plusieurs années et qui fructifie plusieurs fois dans son existence.

2. vivace [vivatʃe] **adv.** (mot it., du lat. *vivax,* vivace). MUS. Dans un mouvement vif, rapide, animé : *Allegro vivace.*

vivacité [vivasite] **n.f.** (lat. *vivacitas,* de *vivax,* vivace). **1.** Qualité d'une personne qui a de la vie, de l'entrain : *Un enfant d'une grande vivacité* (syn. **allant, pétulance**). **2.** Promptitude : *Esprit d'une grande vivacité* (syn. **acuité**). *Vivacité de mouvements* (syn. **rapidité**). **3.** Disposition à se mettre en colère : *Sa vivacité finira par compromettre sa carrière* (syn. **emportement**). **4.** Qualité de ce qui est vif, intense : *La vivacité d'une couleur* (syn. **éclat, intensité**).

Vivaldi (Antonio), dit **Il Prete rosso** *(le Prêtre roux),* violoniste et compositeur italien (Venise 1678 - Vienne 1741). Ordonné prêtre, il n'exerça pas complètement son ministère et fut nommé la même année maître de violon à l'Ospedale della Pietà de Venise ; il écrivit de nombreuses œuvres à l'intention des orphelines recueillies dans cette institution. Célèbre virtuose, il a marqué de sa personnalité l'écriture du violon. Il fixa également la forme du concerto en trois parties. Il écrivit des opéras et de la musique religieuse, mais sa réputation lui vient surtout de la musique instrumentale (sonates, concertos pour un ou plusieurs solistes [*La Notte*]), dont certains regroupés en recueils (*L'Estro armonico ; Il Cimento dell'armonia,* v. 1725, qui comporte « les Quatre Saisons »).

vivandier, ère [vivɑ̃dje, -ɛr] **n.** (de l'anc. fr. *vivendier,* généreux, de *viandier,* de *viande*). HIST. Personne qui vendait aux soldats des vivres, des boissons (XVIIe-XIXe s.).

vivant, e [vivɑ̃, -ɑ̃t] **adj. 1.** Qui est en vie : *Son cœur bat, il est toujours vivant* (contr. **mort**). **2.** Qui est ou qui a été organisé pour vivre : *Les êtres vivants* (syn. **animé**). **3.** Animé d'une sorte de vie : *Témoignage, portrait vivant.* **4.** Qui est plein de vie, de dynamisme : *Un enfant très vivant.* **5.** Où il y a de l'animation, du mouvement : *Quartier vivant* (syn. **animé, fréquenté**). **6.** Qui existe, fait preuve de dynamisme, agit ou est en usage, en parlant de qqch : *Une entreprise bien vivante. L'influence encore vivante de qqn. Mot vivant.* **7. Langue vivante,** qui est actuellement parlée (par oppos. à *langue morte*). ◆ **vivant n.m. 1.** Personne qui vit : *Des vivants ont été dégagés des décombres.* **2.** Ce qui vit : *Les biologistes étudient le vivant.* **3. Bon vivant,** homme d'humeur gaie et facile, qui aime les plaisirs, partic. ceux de la table. / **Du vivant de qqn,** pendant sa vie : *Il n'aurait jamais accepté cela de son vivant.* ▶ *Dossier page suivante.*

vivarium [vivarjɔm] **n.m.** (mot lat.). Établissement aménagé en vue de la conservation de petits animaux vivant dans un milieu artificiel proche de leur habitat particulier : *Serpents présentés dans un vivarium.*

vivat [viva] **n.m.** (mot lat. « qu'il vive »). [Surtout au pl.]. Acclamation, ovation en l'honneur de qqn, de qqch : *Il s'avançait au milieu des vivats de la foule.*

1. vive [viv] **n.f.** (du lat. *vipera,* vipère). Poisson marin de l'Atlantique et de la Méditerranée, possédant derrière la tête des rayons acérés reliés à une glande à venin, chassant à l'affût enfoncé dans le sable des plages et des fonds. ▶ Long. de 15 à 50 cm ; se nourrissant de crustacés et de petits poissons, elle ne laisse dépasser du sable que ses yeux et ses rayons venimeux.

2. vive [viv] **interj.** (de *vivre*). Marque l'enthousiasme, le souhait, l'approbation : *Vive la France !* ***Rem.*** Devant un nom pluriel, l'accord peut se faire ou non : *vive les vacances !* ou *vivent les vacances !*

vivement [vivmɑ̃] **adv.** (de *1. vif*). **1.** Avec promptitude : *Il sortit vivement de la pièce* (syn. **prestement, rapidement**). **2.** D'une façon très forte ; beaucoup : *Vivement ému* (syn. **intensément, profondément**). ◆ **interj.** Marque un vif désir de voir un événement arriver, se produire au plus tôt : *Vivement le départ !*

viveur, euse [vivœr, -øz] **n.** et **adj.** Personne qui mène une vie dissipée et ne songe qu'aux plaisirs. ***Rem.*** Le fém. *viveuse* est rare.

vivier [vivje] **n.m.** (lat. *vivarium,* de *vivere,* vivre). **1.** Réservoir où sont gardés et élevés des poissons et des crustacés. **2.** Lieu où est formée en grand nombre une catégorie particulière de personnes : *École qui est un vivier d'ingénieurs* (syn. **pépinière**).

vivifiant, e [vivifjɑ̃, -ɑ̃t] **adj.** Qui vivifie : *Air vivifiant* (syn. **stimulant, tonique**).

vivifier [vivifje] **v.t.** (bas lat. *vivificare,* de *vivus,* vivant, et *facere,* faire) [conj. **9**]. Donner de la vie, de la santé, de la vigueur à : *Ce climat vivifie les convalescents* (syn. **fortifier, stimuler, tonifier**).

vivipare [vivipar] **adj.** et **n.** (du lat. *vivus,* vivant, et *parere,* mettre au monde). ZOOL. Se dit d'un animal dont les petits naissent sans enveloppe et déjà développés (par opp. à *ovipare*) : *Les mammifères sont vivipares.*

viviparité [viviparite] **n.f.** ZOOL. Mode de reproduction des animaux vivipares.

vivisection [viviseksjɔ̃] **n.f.** (du lat. *vivus,* vivant, et de *section*). Dissection anatomique ou expérimentation physiologique opérée sur un animal vivant.

vivoter [vivɔte] **v.i.** (dimin. de *vivre*). **1.** *FAM.* Vivre difficilement faute de moyens : *Sa retraite lui permet de vivoter* (syn. **subsister**). **2.** Fonctionner au ralenti : *Entreprise qui vivote* (syn. **somnoler, stagner**).

1. vivre [vivr] **v.i.** (lat. *vivere*) [conj. **90**]. **1.** Être vivant, en vie : *Vivre vieux. Le blessé vit encore* (syn. **respirer**). *La joie de vivre* (syn. **exister**). **2.** Passer sa vie d'une certaine façon : *Vivre seul, en communauté.* **3.** Habiter : *Vivre au Canada* (syn. **résider**).

Qu'est-ce que la vie ?

Qu'entend-on exactement par « vie » ? Qu'est-ce qui distingue le vivant du non-vivant ? Ces questions touchent des sujets existentiels profonds, des problèmes philosophiques complexes. La science, de son côté, tente d'y répondre avec ses propres outils.

▶**Quelques observations.** Les êtres vivants réalisent des activités spécifiques. Une première (le métabolisme) consiste à puiser dans leur environnement les substances indispensables à leur fonctionnement, et à y rejeter des déchets. Une autre est la reproduction, qui leur permet de se multiplier. Les êtres vivants réalisent aussi des mouvements, visibles ou non à l'œil nu, sont en contact avec le milieu extérieur (communication) et se maintiennent dans un état relativement constant malgré les changements du milieu où ils se trouvent.

▶**Pas si simple !** L'inertie est considérée comme le propre du non-vivant, et le mouvement perçu comme l'un des premiers « signes de vie » : la plupart des animaux se déplacent — ou, au moins, réalisent des mouvements leur permettant de se nourrir ; quant à l'immobilité des végétaux, elle n'est qu'apparente (mouvements de croissance, circulation de la sève). Pour autant, tout ce qui bouge n'est pas vif. Ainsi le feu, dont la flamme est dynamique et déformable, symbole de vie volé aux dieux selon les Anciens, n'est pourtant pas vivant. Inversement, les virus isolés, hors d'une cellule infectée, ne sont que de simples « objets » sans activité autonome. De ce point de vue, ils ne feraient pas partie du monde vivant. Pourtant, ils possèdent une information génétique et, quand ils parasitent une cellule, ils en prennent le contrôle et deviennent capables de se reproduire. Ainsi la vie correspond-elle à un ensemble de critères, dont aucun, à lui seul, n'est suffisant à la définir.

▶**La cellule, unité de la vie.** Tous les êtres vivants sont constitués d'au moins une cellule, siège de leur programme génétique. Chez les organismes multicellulaires (ou pluricellulaires), souvent composés de centaines, de milliers ou de millions de cellules, celles-ci sont groupées en tissus et en organes qui fonctionnent de façon coordonnée. Les organes sont eux-mêmes groupés en individus, les individus en populations, les populations en espèces, les espèces en communautés d'êtres vivants entretenant des relations variées (cohabitation, prédation, association...). Ainsi, si l'on cherche à définir l'élément le plus simple de la vie sur la Terre, son niveau d'organisation le plus élémentaire, la cellule apparaît comme l'unité de base du vivant.

▶**La vie est une histoire.** La vie est apparue sur la Terre il y a quelque 3,8 milliards d'années. Et, conjointement à elle, le mécanisme d'évolution a commencé. Un processus qui se situe tout d'abord au niveau des cellules : en effet, quoique la plupart du temps les divisions cellulaires donnent naissance à de nouvelles cellules dont les caractéristiques sont identiques à celles de la cellule mère, parfois des modifications se produisent dans leur matériel génétique (mutations), qui peuvent être transmises à la descendance (mais il faut pour cela qu'elles affectent les cellules reproductrices, ou gamètes). Ensuite, au niveau des individus, elles peuvent donner lieu à de nouvelles adaptations au milieu, et peuvent être à l'origine de nouvelles espèces. De fait, on constate que les êtres vivants actuels ne sont pas identiques à ceux du passé. En effet, les fossiles en témoignent, tels des parents dont le portrait ornerait un gigantesque arbre généalogique.

▶**De la vie à la mort.** Les organismes vivants ont une durée de vie limitée. Mis à part les unicellulaires, qui ont une taille constante et se divisent pour se multiplier — et, en quelque sorte, ne meurent jamais —, ils naissent, grandissent, vieillissent, puis meurent. La dernière étape de ce temps d'existence, la mort, est difficile à définir. Longtemps, chez l'homme, l'arrêt du cœur marquait la fin de la vie. Mais aujourd'hui la médecine parvient parfois à rétablir cette fonction. Une autre définition s'est alors imposée : celle de la mort cérébrale, ou encéphalique. Lorsqu'elle est attestée, elle autorise l'arrêt des soins ou le prélèvement d'organes en vue de greffes.

La vie se réduit-elle à des propriétés cellulaires ou, au contraire, est-elle un principe vital dissociable de l'organisme et irréductible aux lois de la physique et de la chimie ? Entre ces deux propositions, on trouve autant de définitions de la vie que de façons de se positionner par rapport à elle.

Voir aussi : biologie ; cellule ; exobiologie ; évolution ; reproduction ; virus.

4. Avoir, se procurer les moyens de se nourrir, de subsister : *Vivre de son travail. Avoir de quoi vivre.* **5.** Profiter, jouir de la vie : *Aimer vivre.* **6.** Avoir telles conditions d'existence, entretenir telles relations avec autrui : *On vit bien à la campagne. Apprendre à vivre avec les autres.* **7.** Exister en parlant de qqch : *Coutume qui continue de vivre. Son souvenir vit en elle* (syn. **demeurer, subsister**). *Entreprise qui vit grâce à l'aide de l'État.* **8.** Être animé : *Un quartier qui vit.* **9. Apprendre à vivre à qqn,** le mener rudement pour lui donner une leçon. / **Avoir vécu,** avoir eu une vie riche en expériences ; être dépassé, désuet : *Cette théorie a vécu.* / **Facile, difficile à vivre,** d'un caractère accommodant ou non. / **Ne pas vivre, ne plus vivre,** être dévoré par une inquiétude permanente. / **Se laisser vivre,** ne pas faire d'effort ; être insouciant, indolent. / **Vivre au jour le jour,** sans s'inquiéter de l'avenir. / **Vivre pour,** faire de qqn, qqch le but de sa vie : *Elle vit pour ses enfants.* ◆ **v.t. 1.** Mener telle vie ; traverser tels événements : *Vivre de bons moments* (syn. **connaître**). *Elle a mal vécu ce déménagement* (= supporter). **2. Vivre sa vie,** jouir de l'existence à sa guise.

2. vivre [vivr] **n.m.** (de *1. vivre*). **Le vivre et le couvert,** la nourriture et le logement. ◆ **vivres n.m. pl.** LITT. Aliments : *S'approvisionner en vivres.*

vivrier, ère [vivrije, -ɛr] **adj.** (de *2. vivre*). **Cultures vivrières,** cultures qui fournissent des produits alimentaires destinés princ. à la population locale. ▶ On les distingue des *cultures commerciales,* destinées à fournir des revenus.

Vix, comm. de la Côte-d'Or ; 117 hab. À proximité, le mont Lassois, point stratégique dominant la vallée de la Seine, a été le siège d'un oppidum du premier âge du fer. L'apogée de cette civilisation de Hallstatt a été confirmé par la découverte (1953) de la tombe à char d'une princesse du vᵉ s. av. J.-C., dont le riche mobilier funéraire (bijoux, vases grecs et surtout remarquable cratère de bronze) est conservé à Châtillon-sur-Seine.

Vizille, ch.-l. de c. de l'Isère, sur la Romanche ; 7 837 hab. *(Vizillois).* Papeterie. Chimie. Métallurgie. Château de Lesdiguières (auj. musée de la Révolution française), reconstruit de 1611 à 1620 et où se tinrent en juill. 1788 les états du Dauphiné : ceux-ci préludèrent à la convocation des états généraux de 1789.

vizir [vizir] **n.m.** (mot turc, empr. au persan). **1.** HIST. Ministre d'un souverain musulman. **2. Grand vizir,** Premier ministre dans l'Empire ottoman.

Vladikavkaz, anc. **Ordjonikidze,** v. de Russie, cap. de l'Ossétie du Nord-Alanie ; 311 635 hab.

Vladimir Iᵉʳ le Saint ou **le Grand** (v. 956 - 1015), grand-prince de Kiev (980-1015). Il reçut le baptême et imposa à son peuple le christianisme de rite byzantin (v. 988).

Vladivostok, port de Russie, en Extrême-Orient, sur la mer du Japon, au terminus du Transsibérien ; 592 069 hab. Centre industriel. La ville fut fondée en 1860.

Vlaminck (Maurice de), peintre français (Paris 1876 - Rueil-la-Gadelière, Eure-et-Loir, 1958). Surtout paysagiste, cet autodidacte au fort tempérament fut l'un des maîtres du fauvisme dans les années 1902-1908. Il renonça ensuite à l'extrême virulence de la couleur, privilégiant l'emportement du geste et la richesse de la matière.

vlan [vlɑ̃] **interj.** (onomat.). Exprime un coup, un bruit violent.

Vltava (la), en all. **Moldau,** riv. de Bohême, affl. du Labe (Elbe), passant à Prague ; 434 km. Hydroélectricité.

V.O. [veo] **n.f.** (sigle). CIN. Version originale.

vocable [vɔkabl] **n.m.** (lat. *vocabulum,* appellation). **1.** Mot, terme en tant qu'il a une signification particulière : *« Petit », « petite » et « petits » sont les trois formes du même vocable.* **2.** CATH. Nom du saint sous le patronage duquel une église est placée.

vocabulaire [vɔkabylɛr] **n.m.** (lat. médiév. *vocabularium*). **1.** Ensemble des mots d'une langue : *Le vocabulaire français.* **2.** Ensemble des termes propres à une science, une technique, un groupe, un auteur, etc. ; ensemble des mots que qqn utilise effectivement : *Le vocabulaire de la médecine, de l'aéronautique. Avoir un vocabulaire riche, pauvre* (syn. **langue**). **3.** Ouvrage comportant les termes spécifiques d'une discipline : *Un vocabulaire français-latin* (syn. **lexique, glossaire**).

vocal, e, aux [vɔkal, -o] **adj.** (lat. *vocalis,* de *vox, vocis,* voix). **1.** Relatif à la voix : *Techniques vocales. Les cordes vocales.* **2. Musique vocale,** destinée à être chantée (par opp. à *musique instrumentale*).

vocalique [vɔkalik] **adj.** PHON. Relatif aux voyelles : *Le système vocalique d'une langue.*

vocalisation [vɔkalizasjɔ̃] **n.f. 1.** Action de vocaliser. **2.** PHON. Transformation d'une consonne en voyelle : *La forme moderne des mots français « aube », « chevaux » est due à une vocalisation de la consonne « l » présente dans les formes anciennes « albe », « chevals ».*

vocalise [vɔkaliz] **n.f.** (de *vocaliser*). Formule mélodique, écrite ou non, chantée sur des voyelles, utilisée dans l'enseignement du chant : *Faire des vocalises.*

vocaliser [vɔkalize] **v.i.** (de *vocal*). Faire des vocalises ; chanter de la musique sans prononcer les paroles ni nommer les notes. ◆ **se vocaliser v.pr.** PHON. Se transformer en voyelle : *Consonne qui s'est vocalisée.*

vocalisme [vɔkalism] **n.m.** (du lat. *vocalis,* voyelle). PHON. Ensemble des voyelles d'une langue, de leurs caractéristiques (par opp. à *consonantisme*).

vocatif [vɔkatif] **n.m.** (lat. *vocativus* [*casus*], [cas] qui sert à appeler). GRAMM. Cas exprimant l'apostrophe, l'interpellation, dans les langues à déclinaison.

vocation [vɔkasjɔ̃] **n.f.** (lat. *vocatio,* action d'appeler). **1.** Destination naturelle de qqn, d'un groupe : *Quelle est la vocation de l'homme sur la terre ?* (syn. **mission, rôle**). **2.** Penchant ou aptitude spéciale pour un genre de vie, une activité : *Suivre sa vocation* (syn. **inclination**). *Vocation artistique.* **3.** Mouvement intérieur par lequel une personne se sent appelée au sacerdoce ou à la vie religieuse : *Avoir la vocation.* **4.** DR. **Avoir vocation à, pour,** être qualifié pour : *L'administration préfectorale a vocation à contrôler le budget des collectivités locales.*

vocifération [vɔsiferasjɔ̃] **n.f.** (lat. *vociferatio*). [Surtout au pl.]. Parole dite en criant et avec colère : *Pousser des vociférations* (syn. **clameur, hurlement**).

vociférer [vɔsifere] **v.i.** ou **v.t. ind. [contre]** (lat. *vociferari,* de *vox,* voix, et *ferre,* porter) [conj. **18**]. Parler en criant et avec colère : *Vociférer contre qqn* (syn. **pester**). ◆ **v.t.** Proférer en criant et avec colère : *Vociférer des injures* (syn. **hurler**).

VOD [veode] **n.f.** (abrév. de l'angl. *video on demand*). Vidéo à la demande.

vodka [vɔdka] **n.f.** (mot russe, de *voda,* eau). Eau-de-vie de grain (blé, seigle) très répandue en Russie, en Pologne.

vœu [vø] **n.m.** (lat. *votum*). **1.** Promesse faite à la divinité ; engagement religieux : *Les vœux du baptême. Vœux monastiques.* **2.** Souhait, désir ardent de voir se réaliser qqch : *Satisfaire au vœu de sa famille.* **3.** Formulation d'un souhait particulier ; le souhait lui-même : *Faire un vœu quand on voit une étoile filante. Présenter, envoyer ses vœux pour la nouvelle année.* **4.** Demande, requête d'une assemblée consultative (par opp. à *décision*) : *L'assemblée a émis des vœux.* **5. Faire vœu de** (+ n.), s'engager solennellement à qqch : *Faire vœu de chasteté, de pauvreté.*

vogue [vɔg] **n.f.** (it. *voga*). **1.** Célébrité, faveur dont bénéficie qqn, qqch : *La vogue des jupes courtes* (syn. **mode**). *Le scooter connaît une vogue extraordinaire* (syn. **succès**). **2. En vogue,** à la mode : *Chanteur très en vogue.*

voguer [vɔge] **v.i.** (anc. bas all. **wogon,* var. de *wagon,* se balancer). **1.** LITT. Être poussé sur l'eau par un moyen quelconque ; voyager sur l'eau : *Une barque voguait au fil de l'eau. Nous voguons vers l'Amérique* (syn. **naviguer**). **2. Vogue la galère !,** advienne que pourra !

voici [vwasi] **prép.** et **adv.** (de *vois* et *ci*). **1.** Désigne une chose, une personne présente : *Ne restez pas debout, voici une chaise. Avez-vous mon dossier ? – Le voici. Voici Pierre.* **2.** Annonce ce qu'on va dire : *Voici mes intentions.*

voie [vwa] **n.f.** (lat. *via*, chemin). **1.** Parcours suivi pour aller d'un point à un autre : *Se frayer une voie dans la brousse* (syn. **passage, chemin**). *Prendre une mauvaise voie* (syn. **itinéraire, trajet**). **2.** Toute installation permettant la circulation des personnes et des objets sur terre, sur l'eau et dans les airs : *Voie de communication. Voie navigable.* **3.** Subdivision longitudinale de la chaussée permettant la circulation d'une file de véhicules : *Route à trois voies.* **4.** Direction suivie pour atteindre un but ; ligne de conduite : *S'engager dans une voie difficile* (syn. **route, chemin**). *Trouver sa voie.* **5.** Moyen employé pour atteindre un but : *Agir, obtenir qqch par des voies détournées.* **6.** Ensemble des niveaux, des étapes d'une structure : *La voie hiérarchique.* **7.** ANAT. Canal, organe, etc., permettant la circulation d'un liquide, d'un gaz, d'un influx nerveux ; trajet suivi par ce liquide, ce gaz, etc. : *Voies digestives, respiratoires.* **8.** MÉD. Mode d'administration d'un médicament : *Traitement par voie buccale.* **9.** VÉN. Chemin parcouru par le gibier ; odeurs qui trahissent son passage : *Les chiens sont sur la voie* (syn. **piste**). **10.** DR. Procédure, action judiciaire : *Voie de recours.* **11. Être en bonne voie,** être en passe de réussir. / **Être en voie de,** sur le point de : *Plaie en voie de cicatrisation.* / **Mettre qqn sur la voie,** le diriger, lui donner des indications pour atteindre ce qu'il cherche. / **Par voie de conséquence,** en conséquence. **12. Voie d'eau,** déchirure par laquelle l'eau envahit un navire : *Aveugler une voie d'eau* (= la boucher rapidement). / **Voie de desserte,** permettant l'accès direct à un bâtiment. / **Voie publique,** route, chemin, rue appartenant au domaine public et ouverts à la circulation générale (par opp. à *voie privée*). / CH. DE F. **Voie (ferrée),** double ligne de rails parallèles fixés sur des traverses reposant sur le ballast ; écartement de ces rails : *Défense de traverser la voie.* / CHIM. **Voie humide,** opération employant des solvants liquides (par opp. à *voie sèche*). / DR. **Voie de fait,** acte produisant un dommage corporel ; acte de violence ; agissement de l'Administration portant atteinte aux droits individuels (liberté, propriété). / **La Voie sacrée,** à Rome, voie triomphale qui menait au Capitole à travers le Forum ; nom donné en 1916 à la route de Bar-le-Duc à Verdun par Souilly (75 km), la seule utilisable pour alimenter la défense de Verdun. ◆ **voies n.f. pl.** *LITT.* Desseins selon lesquels Dieu guide la conduite des hommes : *Les voies du Seigneur sont impénétrables.*

voïévode [vɔjevɔd] ou **voïvode** [vɔjvɔd] **n.m.** (du serbo-croate *voï*, armée, et *voda*, qui conduit). Dans les pays balkaniques et en Pologne, haut dignitaire civil ou militaire.

voïévodie [vɔjevɔdi] ou **voïvodie** [vɔjvɔdi] **n.f.** (de *voïévode*). Division administrative, en Pologne.

voilà [vwala] **prép.** et **adv.** (de *vois* et *là*). **1.** Désigne une chose, une personne présente : *Voilà l'argent que je te dois.* **2.** Reprend ce qu'on vient de dire : *Voilà ce que je lui ai déclaré.* **3.** (Parfois en corrélation avec *que*). Indique une durée écoulée : *Voilà huit jours qu'il est parti* (syn. **il y a**). **4. En veux-tu, en voilà,** en grande quantité : *Il y avait des célébrités en veux-tu, en voilà.* / **En voilà assez !,** cela suffit ! / **Me (te, etc.) voilà bien !,** je suis (tu es, etc.) en mauvaise posture !

voilage [vwalaʒ] **n.m.** (de *1. voile*). Grand rideau de fenêtre, en tissu léger : *Poser des voilages aux fenêtres.*

1. voile [vwal] **n.m.** (lat. *velum*). **1.** Étoffe qui sert à couvrir, à protéger, à cacher : *Statue couverte d'un voile.* **2.** Pièce d'étoffe servant à cacher le visage, à couvrir la tête des femmes, dans certaines circonstances : *Voile de mariée.* **3.** Tissu léger et fin : *Du voile de coton, de soie.* **4.** Élément qui cache ou fait paraître plus flou : *Voile de nuages. Agir sous le voile de l'anonymat.* **5.** Obscurcissement : *Voile accidentel d'un cliché.* **6.** BOT. Enveloppe du jeune champignon. **7.** CONSTR. Coque mince en béton armé. **8.** TECHN. Pellicule, due à la fermentation, qui se dépose sur le vin, les boissons alcooliques. **9. Mettre, jeter un voile sur,** cacher : *Jeter un voile sur une question délicate.* / **Prendre le voile,** entrer en religion, pour une femme. **10.** ANAT. **Voile du palais,** cloison musculaire et membraneuse qui sépare les fosses nasales de la bouche (on dit aussi *le palais mou*). / MÉD. **Voile au poumon,** diminution homogène de la transparence d'une partie du poumon, visible à la radioscopie.

2. voile [vwal] **n.f.** (lat. pop. **vela*, de *velum*). **1.** Assemblage de pièces de toile ou d'autres tissus, cousues ensemble pour former une surface capable de recevoir l'action du vent et de servir à la propulsion d'un navire : *Bateau à voiles* (= voilier). **2.** Le bateau lui-même : *Signaler une voile à l'horizon.* **3.** Pratique et sport du bateau à voile : *Faire de la voile.* **4.** *FAM.* **Avoir du vent dans les voiles,** être ivre. / **Faire voile,** naviguer : *Faire voile vers la Chine.* / **Mettre à la voile,** appareiller. / *FAM.* **Mettre les voiles,** s'en aller.

1. voilé, e [vwale] **adj. 1.** Recouvert d'un voile ; qui porte un voile : *Femme musulmane voilée.* **2.** Obscur ; dissimulé ; peu net : *Parler en termes voilés* (= à mots couverts). *Faire une allusion voilée à qqch* (syn. **discret** ; contr. **direct**). **3. Voix voilée,** voix dont le timbre n'est pas pur.

2. voilé, e [vwale] **adj.** Gauchi ; courbé ; déformé : *Planche, roue voilée.*

1. voiler [vwale] **v.t.** (de *1. voile*). **1.** Couvrir d'un voile : *Voiler les miroirs dans une maison mortuaire.* **2.** *LITT.* Cacher ; dissimuler : *Voiler son émotion. Larmes qui voilent le regard* (syn. **embrumer**). ◆ **se voiler v.pr. Se voiler la face,** se cacher le visage par honte ou pour ne rien voir.

2. voiler [vwale] **v.t.** (de *voiler*, garnir [un navire] de voiles, par analogie de forme). Faire perdre son caractère plan à une pièce, une roue ; les déformer : *L'humidité voile le bois* (syn. **gauchir**). ◆ **se voiler v.pr.** Se déformer ; ne plus être plan.

voilette [vwalɛt] **n.f.** (de *1. voile*). Petit voile transparent, posé en garniture au bord d'un chapeau et recouvrant en partie ou totalement le visage.

voilier [vwalje] **n.m.** (de *2. voile*). **1.** Bateau à voiles. **2.** Ouvrier qui fait ou répare des voiles de navire.

voilure [vwalyr] **n.f.** (de *2. voile*). **1.** Ensemble des voiles d'un bateau, d'un de ses mâts. **2.** Ensemble de la surface portante d'un avion, d'un parachute. **3.** MÉCAN. Courbure d'une planche, d'une feuille de métal qui se voile (syn. **gauchissement**).

voir [vwar] **v.t.** (lat. *videre*) [conj. **62**]. **1.** Percevoir par les yeux : *Ne rien voir dans l'obscurité* (syn. **distinguer, apercevoir**). *Voir qqch à l'œil nu.* **2.** Être témoin, spectateur de : *Il a vu toute la scène* (syn. **assister à**). *La génération qui a vu la guerre* (syn. **connaître, subir**). **3.** Regarder avec attention : *Voyez ce schéma* (syn. **observer, examiner**). **4.** Se trouver en présence de qqn : *Je l'ai vu hier par hasard* (syn. **croiser, tomber sur**). *Nous sommes fâchés avec lui et nous ne le voyons plus* (syn. **fréquenter**). *Aller voir un ami malade* (= lui rendre visite). *Aller voir son médecin, son avocat* (syn. **consulter**). **5.** Se rendre dans un lieu : *Voir du pays. Voir une exposition* (syn. **visiter**). **6.** Se représenter mentalement : *Je l'ai vu en rêve. Je vous vois bien professeur* (syn. **imaginer**). **7.** Percevoir par l'esprit ; constater ; considérer : *Tu vois que tu as tort* (syn. **s'apercevoir, se rendre compte**). **8.** Saisir par l'intelligence, concevoir : *Je ne vois pas ce que vous voulez dire* (syn. **comprendre**). **9.** Se faire une opinion de ; juger : *Je connais votre façon de voir* (= votre opinion). *Nous verrons* (= nous y réfléchirons). **10.** *T. FAM.* **Allez vous faire voir (ailleurs),** formule pour laquelle on renvoie brutalement un importun. / **Faire voir,** montrer : *Faire voir ses papiers d'identité. Faire voir à qqn comment on s'y prend.* / **Laisser voir,** permettre de regarder ; ne pas dissimuler : *Laisser voir sa désapprobation.* / **N'avoir rien à voir avec,** n'avoir aucun rapport avec : *Cet ouvrage n'a rien à voir avec un roman.* / **Ne pas pouvoir voir qqn, qqch,** ne pas supporter qqn, qqch. / **Pour voir,** pour essayer : *Elle a fait du yoga quelques semaines, pour voir.* / **Se faire voir,** se montrer en public : *Se faire voir dans les endroits les plus branchés de la capitale.* / **Voir d'un bon, d'un mauvais œil,** apprécier, ne pas apprécier : *Son intervention n'a pas été vue d'un bon œil.* / **Voir venir qqn,** deviner ses intentions : *Il voulait me gruger, mais je l'ai vu venir.* / **Voyons,** formule servant à exhorter, à rappeler à l'ordre : *Un peu de silence voyons !* ◆ **v.t. ind. [à].** Veiller à ; faire en sorte de : *Voyez à ce qu'elle ne manque de rien.* ◆ **se voir v.pr. 1.** S'apercevoir ; s'imaginer soi-même : *Se voir dans un miroir. Je ne me vois pas* *faire cela.* **2.** Se fréquenter : *Des amis qui se voient beaucoup.* **3.** Être apparent, visible : *Cela se voit immédiatement* (= cela saute aux yeux). **4.** Se produire ; survenir : *Cela se voit tous les jours* (syn. **arriver**). **5.** Être dans tel état, telle situation : *Il s'est vu abandonné de tous* (syn. **se trouver**). **6.** *LITT.* **Se voir** (+ inf.), semi-auxiliaire exprimant que le sujet subit une action (le p. passé *vu* restant invariable aux temps composés) : *Elle s'est vu préférer l'autre candidate* (= on lui a préféré l'autre candidate).

voire [vwar] **adv.** (lat. *vera,* de *verus,* vrai). Introduit un renforcement éventuel : *Un stage de quelques semaines, voire de quelques mois. Mazarin était habile, voire retors.*

voirie [vwari] **n.f.** (de *voyer,* officier de justice, avec infl. de *voie*). **1.** Ensemble du réseau des voies de communication terrestres, fluviales, maritimes et aériennes appartenant au domaine public : *L'entretien de la voirie.* **2.** Administration chargée de ce réseau : *Être employé à la voirie.* **3.** Autref., lieu où l'on déposait les ordures, les épaves, etc., trouvées dans la rue.

voisé, e [vwase] **adj.** (de *voix*). PHON. **Consonne voisée,** dont la réalisation est caractérisée par une vibration des cordes vocales (par opp. à *consonne sourde*) [syn. **sonore**].

voisin, e [vwazɛ̃, -in] **adj.** et **n.** (lat. pop. **vecinus,* class. *vicinus,* de *vicus,* village, quartier). Qui demeure auprès ; qui occupe la place la plus proche : *Mes voisins de palier. Élève qui copie sur son voisin.* ◆ **adj. 1.** Situé à faible distance : *La pièce voisine* (syn. **contigu**). *La chambre est voisine de la salle de bains* (syn. **attenant**). *Rues voisines* (syn. **avoisinant, adjacent**). **2.** Rapproché dans le temps : *Les années voisines de la guerre.* **3.** Qui présente une analogie, une ressemblance avec qqch : *Nos deux projets sont voisins* (syn. **analogue, semblable**).

voisinage [vwazinaʒ] **n.m. 1.** Proximité dans le temps ou l'espace : *Le voisinage de ces gens est insupportable. Le voisinage de l'hiver* (syn. **approche**). **2.** Lieux qui se trouvent à proximité : *Il demeure dans le voisinage* (syn. **alentours, environs**). **3.** Ensemble des voisins : *Inutile d'ameuter tout le voisinage* (= tout le quartier).

voisiner [vwazine] **v.t. ind. [avec].** Se trouver près de ; être à côté de : *Sur la table, des livres voisinaient avec des restes de repas.*

voiture [vwatyr] **n.f.** (lat. *vectura,* transport, de *vehere,* transporter). **1.** Véhicule de transport des personnes et des charges : *Voiture hippomobile. Voiture d'enfant* (= landau). **2.** Automobile : *Voiture de course. Voiture décapotable.* **3.** CH. DE F. Véhicule pour le transport des voyageurs (par opp. à *wagon,* réservé aux marchandises) : *Voiture de tête, de queue. Voiture de première, de seconde classe.*

Voiture (Vincent), écrivain français (Amiens 1597 - Paris 1648). Auteur de poésies, sonnets et madrigaux, il fut l'un des grands maîtres du jeu littéraire et mondain, l'un des modèles de la préciosité. Il faut aussi l'un des premiers membres de l'Académie française (1635).

voiture-balai [vwatyrbalɛ] **n.f.** (pl. *voitures-balais*). Voiture qui prend en charge les coureurs contraints à l'abandon, dans les courses cyclistes.

voiture-bar [vwatyrbar] **n.f.** (pl. *voitures-bars*). Voiture d'un train aménagée en bar.

voiture-lit ou **voiture-lits** [vwatyrli] **n.f.** (pl. *voitures-lits*). Wagon-lit.

voiturer [vwatyre] **v.t.** Transporter par voiture ; acheminer, véhiculer.

voiture-restaurant [vwatyrrɛstɔrɑ̃] **n.f.** (pl. *voitures-restaurants*). Wagon-restaurant.

voiturette [vwatyrɛt] **n.f.** Petite automobile de faible puissance.

voiturier [vwatyrje] **n.m.** Dans un hôtel, un restaurant, employé chargé de garer les voitures des clients.

voïvode n.m., **voïvodie** n.f. ⟶ **voïévode, voïévodie.**

voix [vwa] **n.f.** (lat. *vox, vocis,* voix, parole). **1.** Ensemble des sons émis par l'être humain ; organe de la parole, du chant : *Voix rauque. Voix qui mue. Voix de ténor, de soprano.* **2.** Personne qui parle ou chante : *Une des grandes voix de la radio. L'une des plus belles voix du monde donnera ce soir un récital.* **3.** Possibilité d'exprimer son opinion : *Avoir voix au chapitre.* **4.** Expression d'une opinion, spécial. par un vote : *Aucune voix ne s'est élevée pour protester. Perdre des voix aux élections* (syn. **suffrage**). **5.** Conseil, avertissement, appel venu de qqn ou du plus intime de soi-même : *Écouter la voix du cœur.* **6.** GRAMM. Catégorie grammaticale indiquant le type de relation qui existe entre le verbe, le sujet (ou l'agent) et l'objet : *Voix active, passive, pronominale du français.* **7.** MUS. Partie vocale ou instrumentale d'une composition polyphonique : *Fugue à trois voix.* **8. Donner de la voix,** aboyer, en parlant des chiens de chasse ; au fig., parler très fort : *Il a fallu que je donne de la voix pour me faire entendre.* / **Être, rester sans voix,** muet d'émotion, d'étonnement. / **Voix de tête** ou **de fausset** ⟶ **fausset.**

■ Les voix humaines se répartissent en deux catégories : les voix *d'homme,* qui sont les plus graves, et les *voix de femme,* dont le registre est plus élevé d'une octave. Parmi les voix d'homme, on distingue le *ténor* (registre supérieur) et la *basse* (registre inférieur) ; parmi les voix de femme, le *soprano* et le *contralto.* Soprano et ténor, contralto et basse forment le quatuor vocal. Les voix de *baryton, taille, basse-taille, haute-contre, ténor léger* et *mezzo-soprano* sont caractérisées par des registres mixtes. Chacune de ces catégories de voix comprend une tessiture de treize à quatorze notes. ■

Vojvodine, en serbe **Vojvodina,** région du nord de la Serbie, au nord du Danube ; 21 506 km^2 ; 1 916 889 hab. ; ch.-l. *Novi Sad.* Elle comprend une forte minorité hongroise.

1. vol [vɔl] **n.m.** (de *1. voler*). **1.** Déplacement actif des oiseaux, des insectes, etc., au moyen des ailes. **2.** Espace qu'un oiseau peut parcourir sans se reposer : *Le vol de la perdrix n'est pas long.* **3.** Groupe d'oiseaux qui volent ensemble : *Un vol d'oies sauvages, de cigognes* (syn. **volée**). **4.** Déplacement, dans l'air, d'un aéronef ou, dans l'espace, d'un engin spatial ; l'engin lui-même : *Il y a plus de sept heures de vol entre Paris et Montréal* (syn. **traversée**). *Prendre le prochain vol pour Amsterdam* (syn. **avion**). **5.** *LITT.* Déplacement d'un objet léger dans l'air : *Le vol des flèches.* **6. Au vol,** en l'air ; en allant vite : *Arrêter une balle au vol. Prendre l'autobus au vol.* / **De haut vol,** de grande envergure : *Un escroc de haut vol.* **7. Descendre en vol plané,** descendre moteur arrêté. / **Vol à voile,** qui utilise la puissance du vent et ses courants ascendants ; mode de déplacement d'un planeur utilisant les courants aériens : *Faire du vol à voile.* / **Vol bourdonnant,** à battements très rapides, permettant le maintien en un point fixe (insectes, colibri). / **Vol plané,** dans lequel les ailes glissent sur l'air. / SPORTS. **Vol libre,** pratiqué avec une aile libre.

2. vol [vɔl] **n.m.** (de *2. voler*). **1.** Action de voler, de dérober ce qui appartient à autrui. **2.** Produit du vol (syn. **butin**). **3.** Fait de prendre plus que ce qui est dû, de vendre à un prix excessif : *À ce prix-là, c'est du vol* (syn. **escroquerie**).

volage [vɔlaʒ] **adj.** (lat. *volaticus,* qui vole, qui a des ailes). Dont les sentiments changent souvent ; peu fidèle en amour : *Un mari, une femme volages* (syn. **inconstant**).

volaille [vɔlaj] **n.f.** (bas lat. *volatilia,* de *volatilis,* qui vole). **1.** Oiseau élevé en basse-cour : *Tuer une volaille pour la rôtir.* **2.** Ensemble des oiseaux d'une basse-cour : *Engraisser de la volaille.* **3.** Chair de tels oiseaux : *Manger de la volaille.*

volailler, ère [vɔlaje, -ɛr] et **volailleur, euse** [vɔlajœr, -øz] **n.** Marchand ou éleveur de volaille.

1. volant, e [vɔlɑ̃, -ɑ̃t] **adj.** (de *1. voler*). **1.** Qui peut voler, se déplacer en l'air : *Insecte volant.* **2.** Qui exerce sa fonction en divers endroits : *Secrétariat volant.* **3. Feuille volante,** qui n'est reliée à aucune autre : *Prendre des notes sur des feuilles volantes.* / **Pont volant,** qui se monte et se déplace à volonté.

2. volant [vɔlɑ̃] **n.m.** (de *1. volant*). **1.** Morceau de liège, de plastique, etc., garni de plumes et qu'on lance avec une raquette ; jeu auquel on se livre avec cet objet : *Faire une partie de volant.* **2.** Organe de manœuvre d'un mécanisme : *On ferme cette vanne en tournant un volant.* **3.** Organe circulaire servant à orienter les roues directrices d'une automobile ; conduite des automobiles : *Prendre, tenir le volant* (= conduire). *Un as du volant.* **4.** COUT. Bande de tissu froncée sur un côté et servant de garniture dans l'habillement et l'ameublement : *Jupon, rideau à volants.* **5. Volant de sécurité,** ce qui sert à régulariser un processus ; somme ou stock en réserve, assurant la bonne marche d'une opération industrielle ou commerciale. / **Volant magnétique,** qui sert à produire le courant d'allumage dans certains moteurs à explosion légers.

3. volant [vɔlɑ̃] **n.m.** *FAM.* Dans l'aviation, membre du personnel navigant (par opp. à *rampant*).

volapük [vɔlapyk] **n.m.** (de l'angl. *world,* univers, et *puk,* altér. de *[to] speak,* parler). Langue artificielle, créée en 1879 par l'Allemand Johann Martin Schleyer et qui fut supplantée par l'espéranto.

volatil, e [vɔlatil] **adj.** (lat. *volatilis,* qui vole, ailé). **1.** Qui s'évapore facilement : *Essence volatile.* **2.** INFORM. **Mémoire volatile,** mémoire dont le contenu s'efface lorsque l'alimentation électrique est coupée.

volatile [vɔlatil] **n.m.** (réfection d'après le lat. *volatilis,* qui vole, ailé, de l'anc. fr. *volatilie,* ensemble des oiseaux). Oiseau, en partic. oiseau de basse-cour.

volatilisation [vɔlatilizasjɔ̃] **n.f.** Action de volatiliser ; fait de se volatiliser : *La volatilisation du soufre* (syn. **vaporisation**).

volatiliser [vɔlatilize] **v.t. 1.** *DIDACT.* Rendre volatil ; transformer en vapeur : *Volatiliser du soufre.* **2.** Faire disparaître et, en partic., voler : *Volatiliser un portefeuille* (syn. **subtiliser**). ◆ **se volatiliser v.pr. 1.** Se transformer en vapeur : *L'éther se volatilise.* **2.** Disparaître d'un coup, sans qu'on s'en aperçoive : *Mes lunettes ne se sont tout de même pas volatilisées* (syn. **s'envoler**).

volatilité [vɔlatilite] **n.f.** Caractère de ce qui est volatil : *La volatilité du mercure.*

vol-au-vent [vɔlovɑ̃] **n.m. inv.** (de *1. voler,* à cause de la légèreté de la pâte). Croûte ronde en pâte feuilletée garnie de compositions diverses (viande, poissons, champignons, quenelles, etc.).

volcan [vɔlkɑ̃] **n.m.** (it. *volcano,* lat. *Vulcanus,* Vulcain, dieu du Feu). **1.** Relief résultant de l'émission en surface de produits à haute température issus de l'intérieur de la Terre, qui montent par une fissure de l'écorce *(cheminée)* et sortent par une ouverture génér. circulaire *(cratère)* : *Volcan éteint. Volcan en activité.* **2. Être sur un volcan,** être dans une situation dangereuse.

■ **L'origine des volcans.** L'intérieur du globe terrestre est essentiellement à l'état solide ; les volcans résultent d'une fusion partielle de matériaux profonds de l'écorce, dans des conditions particulières, fusion qui produit un *magma.* Les zones où celle-ci a lieu sont liées à la dynamique du globe et la distribution des volcans à la surface de la Terre est expliquée de façon cohérente par la *tectonique des plaques.*

L'activité volcanique. Les *éruptions magmatiques* peuvent revêtir deux formes : effusive (émission de laves par des fissures) ou explosive. Cela dépend de la température et de la composition chimique du magma, paramètres qui déterminent la viscosité et les conditions de dégazage. Les magmas les moins riches en silice, comme les magmas basaltiques, sont les plus fluides. Les gaz dissous qu'ils contiennent s'en échappent facilement et le magma s'épanche en coulées dont la vitesse peut atteindre 100 km/h. Lorsque le magma est plus visqueux et dégazé avant d'atteindre la surface, il peut y avoir formation de dômes d'aiguilles de lave ou de coulées très lentes. En 1902, la montagne Pelée en Martinique fut ainsi coiffée d'une aiguille d'environ 300 m de hauteur.

Il y a activité explosive lorsque la montée du magma très visqueux s'accompagne de la détente brutale des gaz. Durant ces explosions, le magma se morcelle et donne des pyroclastites (cendres, lapilli, scories, ponces, etc.) ou des écoulements pyroclastiques (émulsions gazeuses chargées de pyroclastites en suspension). Parmi ces activités explosives, on distingue les « nuées ardentes », nuages brûlants de vapeur d'eau et de cendres, qui dévalent les pentes du volcan, et les « ignimbrites », coulées pyroclastiques qui se déposent à très haute température, se soudent puis se solidifient. Les émissions sont souvent monstrueuses, ce qui provoque, après éruption, l'effondrement du toit de la chambre magmatique, produisant une dépression circulaire, la *caldeira.* Ces éruptions, extrêmement dangereuses, sont celles qui causèrent, dans le passé, le plus de morts et de dégâts, soit de façon directe (montagne Pelée), soit par les tsunamis qu'elles provoquèrent (Krakatoa, 1883).

Les *éruptions phréatiques* sont causées par la libération soudaine d'une grande quantité de vapeur d'eau à pression et température élevées (plusieurs centaines de degrés) provenant du chauffage des eaux phréatiques par le magma. Sous l'effet de la pression, la vapeur jaillit, entraînant et projetant en l'air des blocs et des poussières rocheuses arrachés aux parois. Ces éruptions mettent en œuvre des énergies considérables.

Les *éruptions phréatomagmatiques* résultent de la rencontre d'un magma et d'eaux superficielles qui se vaporisent à son contact. Cela provoque une élévation brutale de la pression, qui se libère sous forme d'explosion. Ces éruptions sont caractérisées par l'émission de nuages de vapeur d'eau, contenant des matériaux en suspension, et de nuées radiales et rasantes. ■

volcanique [vɔlkanik] **adj. 1.** Relatif aux volcans : *Éruption volcanique.* **2.** Qui est plein de fougue, de violence, d'ardeur : *Tempérament volcanique* (syn. **bouillant, impétueux**). **3.** GÉOL. **Roche volcanique,** roche éruptive qui se forme en surface par refroidissement brutal, au contact de l'air ou de l'eau, du magma qui s'échappe d'un volcan.

volcanisme [vɔlkanism] **n.m.** GÉOL. Ensemble des manifestations volcaniques.

volcanologie [vɔlkanɔlɔʒi] et, *VX,* **vulcanologie** [vylkanɔlɔʒi] **n.f.** Étude des volcans et des phénomènes volcaniques. ◆ **volcanologue** et *VX,* **vulcanologue n.** Noms du spécialiste.

volcanologique [vɔlkanɔlɔʒik] et *VX,* **vulcanologique** [vylkanɔlɔʒik] **adj.** Relatif à la volcanologie : *Études volcanologiques.*

Volcans d'Auvergne ***(parc naturel régional des),*** parc régional englobant les massifs des monts Dôme, des monts Dore et du Cantal ; env. 395 000 ha.

volée [vɔle] **n.f.** (de *1. voler*). **1.** Action de voler : *Prendre sa volée* (syn. **envol, essor**). **2.** *VIEILLI.* Distance qu'un oiseau parcourt sans se poser : *Une hirondelle traverse la Méditerranée d'une seule volée* (syn. **vol**). **3.** Groupe d'oiseaux qui volent ensemble : *Volée de moineaux.* **4.** Tir simultané de plusieurs projectiles : *Volée d'obus* (syn. **rafale, salve**). **5.** SPORTS. Frappe de la balle, du ballon avant qu'ils n'aient touché terre. **6.** Son d'une cloche mise en branle ; la mise en branle elle-même : *Sonner à toute volée.* **7.** Série de coups rapprochés et nombreux : *Recevoir, prendre une volée* (syn. **correction**). **8.** CONSTR. Partie d'un escalier comprise entre deux paliers successifs : *Volée de marches.* **9. À la volée,** au vol, en l'air : *Attraper une balle à la volée ;* au fig., au passage : *Saisir une allusion à la volée.* / **Arrêt de volée,** au rugby, réception du ballon provenant de l'adversaire par un joueur à l'intérieur de ses 22 m. / **De haute volée,** de grande envergure : *Un menteur de haute volée.* / **Volée de bois vert,** critiques violentes et acerbes.

1. voler [vɔle] **v.i.** (lat. *volare*). **1.** Se mouvoir, se maintenir dans l'air ou dans l'espace : *Rêver qu'on peut voler.* **2.** En parlant d'un objet, être projeté dans l'air à grande vitesse : *Balle qui vole à travers la pièce.* **3.** Piloter un avion ou s'y trouver comme passager : *Voler vers le sud.* **4.** Se déplacer très rapidement : *Voler au secours de qqn* (syn. **s'élancer, se précipiter**). **5. Voler en éclats,** être détruit, pulvérisé : *Vitre qui vole en éclats.*

2. voler [vɔle] **v.t.** (de *1. voler,* d'apr. le sens, en fauc., « voler en chassant »). **1.** S'approprier par un vol ; léser, dépouiller qqn par un vol : *Voler des livres dans un magasin* (syn. **dérober**). *Elle s'est fait voler pendant son voyage* (syn. **dévaliser,** litt. **détrous-**

ser). *Voler un client* (syn. **escroquer**). **2.** S'approprier indûment qqch ; prendre pour soi : *On lui a volé son idée.* **3.** Faire payer trop cher : *À ce prix-là tu t'es fait voler !* **4.** FAM. **Ne pas l'avoir volé,** l'avoir bien mérité : *Cette punition, tu ne l'a pas volée !* ◆ **v.i.** Commettre des vols : *Elle est kleptomane et ne peut s'empêcher de voler.*

volet [vɔlɛ] **n.m.** (de *1. voler*). **1.** Panneau de bois ou de tôle pour clore une baie de fenêtre ou de porte : *Fermer, ouvrir les volets* (syn. **contrevent, persienne**). **2.** Partie plane d'un objet pouvant se rabattre sur celle à laquelle elle tient ; spécial. feuillet d'un dépliant : *Volet d'un permis de conduire. Facture en trois volets.* **3.** Vantail d'un polyptyque. **4.** Partie d'un ensemble : *Le volet social d'un plan gouvernemental.* **5.** AÉRON. Partie d'une aile ou d'une gouverne pouvant être braquée par rotation pour en modifier les caractéristiques aérodynamiques : *Manœuvrer les volets de freinage.* **6. Trier sur le volet,** choisir, sélectionner avec soin : *Les invités ont été triés sur le volet.*

voleter [vɔlte] **v.i.** [conj. **27**]. Voler çà et là, légèrement ; être animé de petits mouvements : *Le moineau volette d'une branche à l'autre. Flammèches qui volettent dans la cheminée.*

voleur, euse [vɔlœr, -øz] **adj.** et **n.** (de *2. voler*). **1.** Qui a commis un vol ; qui vit du vol : *Prendre un voleur en flagrant délit. Un commerçant voleur* (syn. **malhonnête**). **2.** Qui s'approprie indûment qqch : *Un voleur d'idées.* **3. Comme un voleur,** en essayant de passer inaperçu : *Partir comme un voleur.*

Volga (la), fl. de Russie, le plus long d'Europe ; 3 690 km (bassin de 1 360 000 km^2). La Volga prend sa source au plateau du Valdaï, puis traverse Iaroslavl, Nijni Novgorod, Kazan, Samara, Saratov, Volgograd et Astrakhan et se jette dans la Caspienne par un large delta. Importante artère navigable (la moitié du trafic fluvial de la Russie) reliée à la mer Blanche et à la Baltique (canal Volga-Baltique), à la mer d'Azov et à la mer Noire (canal Volga-Don), la Volga est coupée d'importants aménagements hydroélectriques.

Volgograd, de 1925 à 1961 **Stalingrad,** v. de Russie, sur la Volga (r. dr.) ; 1 021 244 hab. Centre industriel. Aménagement hydroélectrique sur la Volga. (⟶ **Stalingrad.**)

volière [vɔljɛr] **n.f.** (de *1. voler*). Grande cage, endroit grillagé où l'on élève et nourrit des oiseaux.

volige [vɔliʒ] **n.f.** (de *1. voler*). Planche mince, latte sur laquelle on fixe les tuiles, les ardoises d'une toiture.

volitif, ive [vɔlitif, -iv] **adj.** (de *volition*). PHILOS. Relatif à la volition.

volition [vɔlisjɔ̃] **n.f.** (lat. *volo*, je veux). PHILOS. Acte par lequel la volonté se détermine à qqch.

volley-ball [vɔlɛbol] et **volley** [vɔlɛ] **n.m.** (mot angl., de *volley*, volée, et *ball*, ballon) [pl. *volley-balls, volleys*]. Sport opposant deux équipes de six joueurs qui s'affrontent en se renvoyant un ballon avec les mains au-dessus d'un filet.

■ Le but du jeu est de faire tomber le ballon dans le camp adverse et de l'empêcher de toucher le sol de son propre camp, chaque équipe disposant de trois touches – manchette, passe ou attaque – (en plus du contact du contre) pour retourner le ballon. Chaque échange de jeu est conclu par un point (marque continue). Lorsque l'équipe en réception gagne un échange, elle gagne le point et le droit de servir, et ses joueurs effectuent une rotation d'un sixième de tour dans le sens des aiguilles d'une montre. La partie se déroule en deux ou trois sets gagnants. Un set est gagné par l'équipe qui marque la première 25 points avec un écart minimal de deux points (en cas d'égalité à 24-24, le jeu se prolonge). Dans un match en 5 sets, en cas d'égalité 2 sets à 2, le set décisif (5e set) est joué en 15 points, toujours avec un écart minimal de deux points. ■

volleyer [vɔleje] **v.i.** et **v.t.** [conj. **12**]. Au tennis jouer à la volée.

volleyeur, euse [vɔlɛjœr, -øz] **n. 1.** Joueur, joueuse de volley-ball. **2.** Spécialiste de la volée, au tennis.

volontaire [vɔlɔ̃tɛr] **adj.** (lat. *voluntarius*). **1.** Qui se fait sans contrainte et de pure volonté : *Acte volontaire* (syn. **intentionnel**). **2.** Qui manifeste une volonté ferme : *Regard volontaire* (syn. **résolu**). **3.** Se dit d'un acte qui résulte d'un choix : *Omission volontaire* (syn. **délibéré**). ◆ **adj.** et **n. 1.** Qui fait preuve de volonté ferme : *Une fillette volontaire* (syn. **obstiné**). **2.** Qui accepte de son plein gré une mission, une tâche : *Des volontaires aidaient les pompiers à combattre l'incendie.* **3. Volontaire international,** jeune accomplissant, pour une durée de 6 à 24 mois, un service à l'étranger au profit de la politique économique, scientifique ou culturelle de la France.

volontairement [vɔlɔ̃tɛrmɑ̃] **adv. 1.** De sa propre volonté : *Il s'est dénoncé volontairement* (syn. **spontanément**). **2.** Avec intention ; exprès : *J'ai volontairement omis d'en parler* (syn. **délibérément**).

volontariat [vɔlɔ̃tarja] **n.m. 1.** Participation volontaire à une action, une mission. **2.** MIL. Service accompli par un engagé volontaire.

volontarisme [vɔlɔ̃tarism] **n.m. 1.** Attitude de qqn qui pense modifier le cours des événements par la seule volonté. **2.** PHILOS. Doctrine ou thèse qui accorde la primauté à la volonté sur l'intelligence et à l'action sur la pensée intellectuelle.

volontariste [vɔlɔ̃tarist] **adj.** et **n.** PHILOS. Relatif au volontarisme ; qui en est partisan. ◆ **adj.** Qui fait preuve de volontarisme : *Une politique volontariste.*

volonté [vɔlɔ̃te] **n.f.** (lat. *voluntas, -atis*). **1.** Faculté de se déterminer à certains actes et de les accomplir. **2.** Énergie, fermeté avec laquelle on exerce cette faculté : *Avoir de la volonté* (syn. **détermination**). **3.** Ce que veut qqn, un groupe : *Aller contre la volonté des électeurs* (syn. **désir, intention**). **4. À volonté,** autant qu'on veut ; comme on veut : *Vin à volonté.* / **Bonne, mauvaise volonté,** intention réelle de bien, de mal faire. ◆ **volontés n.f. pl. Dernières volontés,** intentions, désirs formels manifestés avant de mourir. / FAM. **Faire les quatre volontés de qqn,** céder à tous ses caprices.

volontiers [vɔlɔ̃tje] **adv.** (lat. *voluntarie*, de *voluntarius*, volontaire). **1.** De bon gré ; avec plaisir : *Vous viendrez avec nous ? – Volontiers.* **2.** LITT. Par une tendance naturelle ou par habitude : *Il est volontiers suffisant.*

Volsques, peuple de l'Italie ancienne, dans le sud-est du Latium. Ennemis acharnés de Rome, ils ne furent soumis qu'au cours du IVe s. av. J.-C.

volt [vɔlt] **n.m.** (du n. du physicien *Volta*). **1.** ÉLECTR. Unité de mesure de force électromotrice et de différence de potentiel, ou tension, équivalant à la différence de potentiel qui existe entre deux points d'un conducteur parcouru par un courant constant de 1 ampère lorsque la puissance dissipée entre ces points est égale à 1 watt. ▸ Symb. V. **2. Volt par mètre,** unité de mesure d'intensité de champ électrique équivalant à l'intensité d'un champ électrique exerçant une force de 1 newton sur un corps chargé d'une quantité d'électricité de 1 coulomb. ▸ Symb. V/m.

Volta (la), fl. du Ghana, formé par la réunion du Mouhoun (anc. *Volta Noire*), du Nakambe (anc. *Volta Blanche*) et du Nazinon (anc. *Volta Rouge*), issus du Burkina. Le barrage d'Akosombo a créé le *lac Volta* (plus de 8 000 km^2).

Volta (Alessandro, *comte***),** physicien italien (Côme 1745 - *id.* 1827). Ses recherches sur l'électricité le menèrent à imaginer divers appareils dont l'électroscope condensateur (1782), celles sur les gaz lui donnèrent l'idée de l'eudiomètre. Reprenant les expériences de Galvani, il découvrit la pile électrique en 1800. Bonaparte l'appela à Paris un an plus tard et le nomma comte et sénateur du royaume d'Italie.

voltage [vɔltaʒ] **n.m.** (de *volt*). Tension électrique (impropre dans la langue technique).

voltaïque [vɔltaik] **adj.** ÉLECTR. Se dit de la pile de Volta et de l'électricité développée par les piles.

voltaire [vɔltɛr] **n.m.** (de *Voltaire*, n. pr.). Fauteuil rembourré et à bois apparent, à dossier haut et légèrement incliné. (On dit aussi *un fauteuil Voltaire.*)

Voltaire **(François Marie Arouet,** dit**),** écrivain français (Paris 1694 - *id.* 1778). Il est, avec Rousseau, le plus célèbre des écrivains-philosophes du siècle des Lumières. Fils d'un notaire parisien, il fait de brillantes études chez les jésuites, au collège de Clermont. Des vers irrévérencieux contre le Régent le font jeter à la Bastille (1717-1718) ; il y commence la tragédie d'*Œdipe* (1817). Bientôt riche et célèbre, il connaît un nouvel emprisonnement et se voit contraint à l'exil en Angleterre (1726-1728). Il publie à Londres un poème épique, *la Henriade* (1728). À son retour, il écrit une *Histoire de Charles XII* (1731) et triomphe avec sa tragédie *Zaïre* (1732). En 1734, il publie les *Lettres philosophiques*, où il critique le despotisme français, opposé à la monarchie libérale anglaise. Hôte de la marquise du Châtelet à Cirey, il cherche à rajeunir la tragédie (*la Mort de César*, 1735 ; *Mérope*, 1743). En 1746, de nouveau bien en cour, il est nommé historiographe du roi. Cependant, peu satisfait de sa demi-faveur, il publie un conte philosophique d'inspiration orientale, *Zadig ou la Destinée* (1747), où il s'interroge sur la liberté humaine et fait l'apologie d'une monarchie éclairée. Invité par Frédéric II en Prusse, il s'établit à Berlin (1750-1753) où il compose *le Siècle de Louis XIV* (1751), ouvrage historique majeur, et le conte *Micromégas* (1752), récit d'un voyage cosmique porteur d'une leçon de relativisme. Devenu aussi indésirable à Berlin qu'à Paris, il s'établit près de Genève en 1755. Mais il choque les protestants avec son *Essai sur les mœurs* (1756) et se fait un ennemi de Rousseau (*Poème sur le désastre de Lisbonne*, 1756). Voltaire relance cette dispute avec un conte, *Candide ou l'Optimisme* (1759), et se réfugie à Ferney, où il reçoit l'élite européenne dont il est devenu la « conscience ». Il joue ses tragédies *(Tancrède)*, poursuit ses contes philosophiques dirigés contre les parvenus *(Jeannot et Colin)*, les abus politiques *(l'Ingénu)*, la corruption et l'inégalité des richesses *(l'Homme aux quarante écus)*, les mœurs *(la Princesse de Babylone)*, dénonce le fanatisme clérical et les insuffisances de la justice, obtient la réhabilitation du protestant Calas (1765), et prêche pour le triomphe de la raison (*Traité sur la tolérance*, 1763 ; *Dictionnaire philosophique*, 1764).
Si, dans une œuvre aussi diversifiée, Voltaire a préféré sa production épique et tragique, ce sont surtout ses contes qui se sont imposés par leur ironie et leurs tableaux satiriques. Le déisme de Voltaire, son hostilité envers l'Église et son esprit de tolérance ont eu une grande influence sur les idées du XIXe s. • **Candide ou l'Optimisme** (1759). Ce conte picaresque et polémique retrace le voyage du jeune Candide à travers l'Europe et le Nouveau Monde. Les guerres et les tragédies humaines (comme le tremblement de terre de Lisbonne), dont il est le spectateur et la victime, le poussent à remettre en cause le système philosophique de Leibniz caricaturé par le professeur Pangloss : adepte d'un optimisme aveugle, ce dernier ne cesse d'affirmer que « tout est pour le mieux dans le meilleur des mondes possibles ».

voltairien, enne [vɔltɛrjɛ̃, -ɛn] **adj.** Relatif à Voltaire, à son œuvre : *Le conte voltairien.*

voltamètre [vɔltamɛtr] **n.m.** (de *Volta* et *-mètre*). ÉLECTR. Tout appareil où se produit une électrolyse.

volte [vɔlt] **n.f.** (it. *volta*, tour, du lat. pop. **volvita*, class. *volvere*, tourner). ÉQUIT. Mouvement en rond que l'on fait faire à un cheval.

volte-face [vɔltəfas] **n.f. inv.** (it. *volta faccia*, tourne face ; v. *volte*). **1.** Action de se tourner du côté opposé à celui qu'on regardait : *Faire volte-face* (syn. **demi-tour**). **2.** Changement subit d'opinion, de manière d'agir : *Une volte-face imprévue* (syn. **revirement**).

voltige [vɔltiʒ] **n.f.** (de *voltiger*). **1.** Exercice de manège, acrobatie de cirque consistant à sauter de diverses manières sur un cheval arrêté ou au galop. **2.** Exercice d'acrobatie exécuté sur une corde ou au trapèze volant ; la corde elle-même. **3.** Ensemble des manœuvres inhabituelles dans le pilotage ordinaire d'un avion et qui font l'objet d'un apprentissage particulier : *Faire de la voltige* (= acrobatie aérienne). **4.** Raisonnements subtils, manœuvres ingénieuses, parfois malhonnêtes : *La plaidoirie de l'avocat fut un exercice de voltige.* (On dit aussi *haute voltige*.)

voltiger [vɔltiʒe] **v.i.** (it. *volteggiare*, faire de la voltige, intensif de *voltare*, tourner) [conj. **17**]. **1.** Voler çà et là : *Les feuilles qui voltigent en automne* (syn. **tournoyer**). **2.** Flotter au gré du vent : *Le vent fait voltiger les flocons de neige* (syn. **tourbillonner**).

voltigeur, euse [vɔltiʒœr, -øz] **n.** Acrobate qui fait des voltiges.

voltmètre [vɔltmɛtr] **n.m.** (de *volt* et *-mètre*). ÉLECTR. Appareil qui sert à mesurer une différence de potentiel en volts.

volubile [vɔlybil] **adj.** (lat. *volubilis*). **1.** Qui parle avec abondance et rapidité : *Une femme très volubile* (syn. **loquace**, **bavarde**). **2.** BOT. **Tiges volubiles,** qui s'enroulent en spirale autour des corps voisins (supports ou autres).

volubilis [vɔlybilis] **n.m.** (mot lat. « qui s'enroule »). Liseron d'une espèce ornementale à grandes fleurs colorées.

Volubilis, site archéologique du Maroc, au N. de Meknès, au pied du djebel Zerhoun, où a été dégagée une imposante ville romaine (forum, capitole, basilique, thermes, arc de Caracalla, temple, *mithraeum*, marché, etc.).

volubilité [vɔlybilite] **n.f.** (lat. *volubilitas*). Caractère d'une personne volubile (syn. **loquacité**).

volucompteur [vɔlykɔ̃tœr] **n.m.** Appareil de mesure installé sur un distributeur de fluide et qui sert à indiquer la quantité et le prix du produit distribué : *Le volucompteur d'une pompe à essence.*

volume [vɔlym] **n.m.** (lat. *volumen*, rouleau, de *volvere*, rouler). **1.** Espace à trois dimensions occupé par un corps ou limité par des surfaces ; mesure de cet espace : *Mesurer le volume d'un cube.* **2.** Masse, quantité de qqch : *Volume d'eau débité par un fleuve.* **3.** Force, intensité d'un son : *Augmenter le volume d'un appareil de radio* (syn. **intensité**). **4.** HIST. Chez les Anciens, manuscrit enroulé autour d'un bâton. **5.** Livre relié ou broché : *Une bibliothèque de 5 000 volumes.*

volumétrie [vɔlymetri] **n.f.** Mesure des volumes.

volumétrique [vɔlymetrik] **adj.** Relatif à la volumétrie.

volumineux, euse [vɔlyminø, -øz] **adj.** De grand volume.

volumique [vɔlymik] **adj.** Se dit du quotient d'une grandeur par le volume correspondant.

volupté [vɔlypte] **n.f.** (lat. *voluptas*). **1.** Plaisir des sens et, spécial., plaisir sexuel : *Elle se baignait avec volupté* (syn. **joie**, **délectation**). **2.** Plaisir, satisfaction intenses d'ordre moral ou intellectuel : *La volupté du devoir accompli.*

voluptueusement [vɔlyptɥøzmɑ̃] **adv.** Avec volupté.

voluptueux, euse [vɔlyptɥø, -øz] **adj.** et **n. 1.** Qui aime, recherche la volupté. **2.** Qui inspire ou exprime le plaisir : *Des lèvres voluptueuses* (syn. **sensuel**).

volute [vɔlyt] **n.f.** (it. *voluta*, du lat. *volvere*, enrouler). **1.** Ce qui est en forme de spirale : *Volute de fumée* (syn. **spirale**). **2.** ARCHIT. Enroulement en spirale formant les angles du chapiteau ionique.

volvaire [vɔlvɛr] **n.f.** (de *volve*). Champignon à lames et à volve, sans anneau, comestible mais pouvant être confondu avec certaines amanites.

volve [vɔlv] **n.f.** (lat. *volva*, var. de *vulva*, vulve). BOT. Membrane épaisse qui entoure complètement le chapeau et le pied de certains champignons à l'état jeune.

vomer [vɔmɛr] **n.m.** (mot lat. « soc de charrue »). ANAT. Os qui forme la partie postérieure de la cloison des fosses nasales.

vomi [vɔmi] **n.m.** Matières vomies : *Sentir le vomi* (syn. **vomissure**).

vomique [vɔmik] **adj.** (lat. médiév. *vomica* [*nux*], [noix] qui fait vomir). **Noix vomique,** graine provenant d'un arbre de l'Asie tropicale (le *vomiquier*) et contenant de la strychnine.

vomir [vɔmir] **v.t.** (lat. pop. **vomire*, class. *vomere*) [conj. **32**]. **1.** Rejeter par la bouche ce qui était dans l'estomac : *Vomir son déjeuner* (syn. **rendre**). **2.** *LITT.* Lancer violemment au-dehors :

Les canons vomissent le feu et la mort (syn. **cracher**). **3.** LITT. Proférer avec violence : *Vomir des injures.* **4. Être à vomir,** être répugnant.

vomissement [vɔmismɑ̃] **n.m.** Action de vomir ; matières vomies.

vomissure [vɔmisyr] **n.f.** Matières vomies (syn. **vomi**).

vomitif, ive [vɔmitif, -iv] **adj.** et **n.m.** Se dit d'un médicament qui fait vomir.

Vo Nguyên Giap, général vietnamien (An Xa 1911). Il commande les forces du Viêt-minh contre les Français (1947-1954). Ministre de la Défense du Viêt Nam du Nord à partir de 1954 (et de 1976 à 1980 du Viêt Nam réunifié), il dirige l'effort de guerre contre les Américains pendant la guerre du Viêt Nam (1964-1975). Membre du Comité central, il est vice-Premier ministre de 1976 à 1991.

vorace [vɔras] **adj.** (lat. *vorax, -acis,* de *vorare,* dévorer). **1.** Qui dévore ; qui mange avec avidité ; avide : *Un enfant vorace* (syn. **glouton, goulu**). **2.** Qui exige une grande quantité de nourriture : *Un appétit vorace* (syn. **insatiable**).

voracement [vɔrasmɑ̃] **adv.** De façon vorace : *Se jeter voracement sur la nourriture* (syn. **goulûment**).

voracité [vɔrasite] **n.f.** (lat. *voracitas*). **1.** Avidité à manger, à satisfaire un besoin : *La voracité des loups* (syn. **gloutonnerie**). **2.** Avidité à satisfaire un besoin, à gagner de l'argent : *La voracité d'un usurier* (syn. **cupidité**).

Vorochilovgrad → Lougansk.

Voronej, v. de Russie, près du Don ; 889 989 hab. Centre industriel.

vortex [vɔrtɛks] **n.m.** (mot lat.). PHYS. Tourbillon creux qui prend naissance, sous certaines conditions, dans un fluide en écoulement.

vos adj. poss. → votre.

Vosges, région de l'est de la France, formée par un massif, souvent boisé, dont le versant occidental, long et en pente douce, appartient à la Lorraine et le versant oriental, court et abrupt, à l'Alsace ; 1 424 m au *Grand Ballon.* (Hab. *Vosgiens.*) Les *hautes Vosges,* au sud, aux sommets (« ballons ») parfois arrondis et aux cols élevés (Bussang, Schlucht), s'opposent aux *basses Vosges,* au nord, plus aisément franchissables (col de Saverne). La population et les activités se concentrent dans les vallées (Meurthe, Moselle, Thur, Fecht, etc.), sites des principales villes (Saint-Dié-des-Vosges, Remiremont, Thann). L'élevage bovin (fromages) et les cultures (céréales, arbres fruitiers, vigne) sont surtout développés sur le versant alsacien. L'élevage transhumant sur les pâturages d'altitude, ou « hautes chaumes », a décliné comme le traditionnel textile. L'exploitation de la forêt, alimentant scieries et papeteries, constitue la principale ressource de la montagne, qui bénéficie, en outre, de l'essor du tourisme.

Vosges [88], dép. de la Région Alsace-Champagne-Ardenne-Lorraine ; ch.-l. de dép. *Épinal ;* ch.-l. d'arr. *Neufchâteau, Saint-Dié-des-Vosges ;* 3 arr., 17 cant., 514 comm. ; 5 874 km^2 ; 390 787 hab. *(Vosgiens).*

Vosges du Nord *(parc naturel régional des),* parc régional englobant l'extrémité nord du *massif des Vosges* (Bas-Rhin et Moselle), à la frontière de l'Allemagne ; env. 130 000 ha.

vosgien, enne [voʒjɛ̃, -ɛn] **adj.** et **n.** Des Vosges.

votant, e [vɔtɑ̃, -ɑ̃t] **n.** Électeur qui a voté.

votation [vɔtasjɔ̃] **n.f** *HELV., QUÉBÉC.* Consultation électorale ; vote.

vote [vɔt] **n.m.** (mot angl., du lat. *votum,* vœu). **1.** Acte par lequel les citoyens d'un pays ou les membres d'une assemblée expriment leur opinion lors d'une élection, d'une prise de décision : *Bureau de vote. Prendre part à un vote* (syn. **élection, scrutin**). *Vote par correspondance.* **2.** Opinion exprimée par chacune des personnes appelées à émettre un avis : *Compter les votes* (syn. **voix, suffrage**).

voter [vɔte] **v.i.** (angl. *to vote*). Donner sa voix dans une élection : *Voter est un devoir civique* ◆ **v.t.** Décider ou demander par un vote : *Voter une loi.*

votif, ive [vɔtif, -iv] **adj.** (lat. *votivus,* de *votum,* vœu). **1.** Fait ou offert en vertu d'un vœu : *Autel votif.* **2. Fête votive,** fête religieuse célébrée en l'honneur d'un patron.

votre [vɔtr], **vos** [vo] **adj. poss.** (lat. pop. *voster,* class. *vester*). Correspond à un possesseur de la 2e pers. du pl. (ou désigné par le *vous* de politesse) pour indiquer : **1.** Un rapport de possession : *Votre adresse. Vos intérêts.* **2.** Un rapport d'ordre social : *Votre employeur. Vos amis.*

vôtre [votr] **pron. poss.** (de *votre*). [Précédé de l'art. déf.]. Désigne ce qui appartient ou se rapporte à un possesseur de la 2e pers. du pl. (ou représenté par le *vous* de politesse) : *J'aimerais avoir un père comme le vôtre.* ◆ **adj. poss.** SOUT. (En fonction d'attribut). Qui est à vous : *Considérez ma maison comme vôtre.* ◆ **vôtres n.m. pl. Être des vôtres,** faire partie de votre groupe, partager votre activité. / **Les vôtres,** vos parents, vos proches ; vos alliés, vos partisans.

Votyaks ou **Votiaks,** peuple de Russie, habitant la république d'Oudmourtie, à l'ouest de l'Oural, et parlant une langue finno-ougrienne.

vouer [vwe] **v.t.** (du lat. *votum,* vœu, d'apr. les formes anc. de *vœu, vuer, voer*). **1.** RELIG. Consacrer, par un vœu, qqn, qqch à Dieu, à un saint ; mettre sous la protection de : *Vouer un enfant à la Vierge.* **2.** Promettre, engager d'une manière particulière : *L'amitié que je lui ai vouée.* **3.** Destiner : *Ce projet est voué à l'échec* (= est condamné). ◆ **se vouer v.pr. [à]. 1.** Se consacrer à : *Se vouer à la défense des droits de l'homme.* **2. Ne (plus) savoir à quel saint se vouer,** ne (plus) savoir à qui recourir.

Vouet (Simon), peintre français (Paris 1590 - *id.* 1649). Après une importante période romaine (1614-1627), il fit à Paris, grâce à son style aisé et décoratif (coloris vif, mouvement des compositions), une carrière officielle brillante. Parmi ses œuvres conservées : deux toiles de la *Vie de saint François* (v. 1624), église S. Lorenzo in Lucina, Rome ; *les Apôtres au tombeau de la Vierge* (1629), St-Nicolas-des-Champs, Paris ; allégories de *la Vertu,* de *la Charité,* de *la Richesse* (v. 1634), Louvre ; *Saturne vaincu* (1646), Bourges.

Vouillé, commune de la Vienne ; 3 732 hab. Clovis y vainquit et tua Alaric II, roi des Wisigoths (507).

vouivre [vwivr] **n.f.** (du lat. *vipera,* vipère). *RÉGION.* Serpent fabuleux apparaissant souvent dans les légendes et le folklore.

1. vouloir [vulwar] **v.t.** (lat. pop. **volere,* class. *velle*) [conj. **57**]. **1.** Appliquer sa volonté, son énergie à obtenir qqch : *Il veut le pouvoir* (syn. **désirer**). *Quand on veut on peut.* **2.** Demander avec autorité : *Je veux une réponse tout de suite* (syn. **exiger**). **3.** Avoir telle intention, tel projet : *Nous voudrions partir au ski* (syn. **aimer, désirer, souhaiter**). *Il veut se faire remarquer* (syn. **chercher à**). **4.** Attendre qqch de : *Que veut-il de moi ? Les agriculteurs veulent de la pluie* (syn. **espérer**). **5.** Demander comme prix : *Combien voulez-vous de votre voiture ?* **6.** Pouvoir ; se prêter à : *Ce bois ne veut pas brûler.* **7.** S'emploie dans des formules de politesse ; dans l'expression d'ordres, de demandes, etc. : *Voulez-vous vous taire ! Veuillez accepter mes excuses.* **8. Que veux-tu !, Que voulez-vous !,** exprime la résignation : *C'est comme ça, que veux-tu !* / **Sans le vouloir,** involontairement, par mégarde. / **Savoir ce que parler veut dire,** comprendre le sens caché de certaines paroles. / **Vouloir bien,** accepter qqch, y consentir : *Je veux bien vous aider.* / **Vouloir dire,** avoir l'intention de dire ; signifier, exprimer. / **Vouloir du bien, du mal à qqn,** avoir de bonnes, de mauvaises intentions à son égard. ◆ **v.t. ind. [de]. 1.** Accepter de prendre qqn en tant que tel : *Je ne voudrais pas de lui comme ami.* **2.** Accepter de recevoir qqch (surtout nég.) : *Il ne veut pas de tes excuses.* **3.** FAM. **En vouloir,** être ambitieux, avoir un tempérament de gagneur : *Il n'est pas très doué, mais c'est un bûcheur et il en veut.* / **En vouloir à qqch,** avoir des visées sur qqch, avoir l'intention de le détourner à son profit : *Il en veut à son héritage.* / **En vouloir à qqn,** lui garder de la rancune, lui reprocher qqch. ◆ **se vouloir v.pr. 1.** Se présenter comme : *Le* *ministre se voulait rassurant.* **2. S'en vouloir (de),** se reprocher qqch, regretter son propre comportement : *Je m'en veux de ne pas l'avoir prévenu à temps.*

2. vouloir [vulwar] **n.m.** (de *1. vouloir*). LITT. **Bon, mauvais vouloir,** intentions favorables, défavorables : *La réussite de notre projet dépend de son bon vouloir.*

voulu, e [vuly] **adj. 1.** Qui est fait volontairement : *Une méchanceté voulue* (syn. **intentionnel**). **2.** Exigé par les circonstances : *Au moment voulu* (syn. **opportun**).

vous [vu] **pron. pers.** (lat. *vos*). **1.** Désigne la 2e pers. du pl., aux deux genres, dans les fonctions de sujet, compl. d'objet direct ou indirect, compl. d'attribution et compl. prépositif : *Vous êtes mes amis. Et vous, cela vous plaît-il ? Il vous a vues. Vous l'a-t-elle donné ? Ces cadeaux sont pour vous.* **2.** Désigne la 2e pers. du sing., dans les formules de politesse : *Êtes-vous satisfait de votre travail ?*

voussoir [vuswar] **n.m.** (lat. pop. **volsorium,* du class. *volvere,* tourner). ARCHIT. Claveau.

voussure [vusyr] **n.f.** (lat. pop. **volsura*). **1.** Montée ou portion de montée d'une voûte. **2.** Petite voûte au-dessus de l'embrasure d'une baie.

voûtain [vutɛ̃] **n.m.** (de *voûte*). ARCHIT. Quartier ou portion de voûte que délimitent des arêtes ou des nervures occupant la place d'arêtes.

voûte [vut] **n.f.** (lat. pop. **volvita,* du class. *volvere,* tourner). **1.** ARCHIT., CONSTR. Ouvrage de maçonnerie cintré couvrant un espace entre des appuis et formé, en génér., d'un assemblage de claveaux qui s'appuient les uns sur les autres ; ouvrage de même forme en béton, en bois, etc. : *La voûte d'une cathédrale, d'un pont.* **2.** GÉOGR. Bombement correspondant au sommet d'un anticlinal, dans le relief jurassien. **3.** POÉT. **La voûte azurée, étoilée,** le ciel. **4.** ANAT. **Voûte du crâne,** partie supérieure de la boîte osseuse du crâne. / ANAT. **Voûte du palais,** cloison qui forme la paroi supérieure de la bouche et la paroi inférieure des cavités nasales. / ANAT. **Voûte plantaire,** portion cintrée, concave, de la plante du pied, qui ne repose pas sur le sol.

voûté, e [vute] **adj.** Courbé : *Avoir le dos voûté.*

voûter [vute] **v.t.** (de *voûte*). Couvrir d'une voûte : *Voûter un souterrain.* ◆ **se voûter v.pr.** Se courber : *Vieillard qui se voûte.*

vouvoiement [vuvwamɑ̃] **n.m.** Action de vouvoyer.

vouvoyer [vuvwaje] **v.t.** (de *vous*) [conj. **13**]. S'adresser à qqn en utilisant, par politesse, le pronom *vous* à la place du pronom *tu.*

vox populi [vɔkspɔpyli] **n.f. inv.** (mots lat. « voix du peuple »). LITT. L'opinion du plus grand nombre.

voyage [vwajaʒ] **n.m.** (lat. *viaticum,* provisions pour la route, de *via,* chemin, route). **1.** Action de voyager, de se rendre ou d'être transporté en un autre lieu ; trajet ainsi fait : *Voyage en bateau* (syn. **périple**). **2.** Action de se rendre dans un lieu lointain ou étranger ; séjour ou périple ainsi fait : *Aimer les voyages.* **3.** Déplacement, allées et venues en partic. pour transporter qqch : *Déménager en plusieurs voyages.* **4. Les gens du voyage,** les artistes du cirque ; les populations qui mènent une vie nomade, partic. les Tsiganes.

voyager [vwajaʒe] **v.i.** [conj. **17**]. **1.** Faire un ou des voyages ; partir ailleurs : *Voyager à l'étranger* (syn. **se déplacer**). **2.** Faire un parcours, un trajet de telle façon : *Voyager en seconde classe.* **3.** Être transporté, en parlant de choses, d'animaux : *Denrées qui voyagent par camions* (syn. **circuler**).

voyageur, euse [vwajaʒœr, -øz] **n. 1.** Personne qui voyage. **2. Voyageur de commerce,** employé d'une maison de commerce chargé de prospecter les clients et d'enregistrer les commandes.

voyagiste [vwajaʒist] **n.m.** Personne ou entreprise proposant des voyages à forfait, soit directement, soit par l'intermédiaire de revendeurs détaillants (syn. **tour-opérateur**).

voyance [vwajɑ̃s] **n.f.** (de *2. voyant*). Don de ceux qui prétendent lire dans le passé et prédire l'avenir.

1. voyant, e [vwajɑ̃, -ɑ̃t] **adj.** et **n.** (de *voir*). Qui jouit de la vue (par opp. à *non-voyant*). ◆ **adj.** Qui attire l'œil : *Couleur voyante.*

2. voyant, e [vwajɑ̃, -ɑ̃t] **n.** (de *voir*). Personne qui fait métier du don de voyance.

3. voyant [vwajɑ̃] **n.m.** (de *2. voyant*). Signal lumineux installé sur un panneau de contrôle ou un tableau de bord et permettant d'avertir un utilisateur de l'existence ou de la variation d'un phénomène : *Le voyant d'huile est allumé* (= le niveau d'huile est bas).

voyelle [vwajɛl] **n.f.** (lat. *vocalis,* de *vox,* voix). **1.** Son du langage dont l'articulation est caractérisée par le libre écoulement de l'air expiré à travers le conduit vocal. **2.** Lettre représentant ce son. ***Rem.*** L'alphabet français a six voyelles, qui sont : *a, e, i, o, u, y.*

voyeur, euse [vwajœr, -øz] **n.** (anc. fr. *veor, veeur,* guetteur, témoin ; v. *voir*). **1.** Personne qui aime à regarder, à observer, en se tenant à l'écart (souvent péjor.). **2.** PATHOL. Personne atteinte de voyeurisme.

voyeurisme [vwajœrism] **n.m.** PSYCHIATRIE. Déviation sexuelle dans laquelle le plaisir est obtenu par la vision dérobée de scènes érotiques.

voyou [vwaju] **n.m.** (de *voie,* avec suff. région. « celui qui court les rues »). **1.** Individu de mœurs crapuleuses faisant partie du milieu (syn. **crapule, truand**). **2.** Garçon qui traîne dans les rues, plus ou moins délinquant (syn. **vaurien**). **3.** Enfant terrible : *Petit voyou !* (syn. **garnement**).

V.P.C. [vepese] **n.f.** (sigle). Vente par correspondance.

vrac [vrak] **n.m.** (néerl. *wrac,* mal salé, mauvais). **1.** Marchandise, telle que le charbon, les minerais, etc., qui ne demande pas d'arrimage et qui n'est pas emballée. **2. En vrac,** pêle-mêle ou sans emballage ; en désordre : *Poser ses affaires en vrac sur le tapis.*

vrai, e [vrɛ] **adj.** (lat. pop. **veracus,* class. *verax, -acis*). **1.** Conforme à la vérité, à la réalité : *Rien n'est vrai dans ce qu'il dit* (syn. **exact, réel**). **2.** Qui est réellement ce qu'il paraît être : *Un vrai diamant* (syn. **véritable** ; contr. **faux**). **3.** Convenable, conforme à ce qu'il doit être : *Voilà sa vraie place* (syn. **approprié, bon**). ◆ **vrai n.m.** Ce qui est vrai ; la vérité : *Distinguer le vrai du faux.* ◆ **vrai adv.** Conformément à la vérité ; de façon franche, sincère : *Parler vrai. À dire vrai, à vrai dire, je ne sais pas* (= en fait).

vraiment [vrɛmɑ̃] **adv. 1.** D'une manière réelle, effective, et qui ne peut être mise en doute : *Je vous assure que ça m'est vraiment arrivé* (syn. **véritablement**). **2.** Marque un renchérissement : *Vraiment, il exagère* (syn. **franchement**). *Ce n'est vraiment pas malin.*

vraisemblable [vrɛsɑ̃blabl] **adj.** et **n.m.** (de *vrai* et *semblable,* d'apr. le lat. *verisimilis*). Qui a l'aspect de la vérité ; qu'on est en droit d'estimer vrai.

vraisemblablement [vrɛsɑ̃blabləmɑ̃] **adv.** Sans doute ; selon toute vraisemblance : *Il sera vraisemblablement absent* (syn. **probablement**).

vraisemblance [vrɛsɑ̃blɑ̃s] **n.f.** Caractère de ce qui est vraisemblable, qui a l'apparence de la vérité : *La vraisemblance d'une déclaration* (syn. **crédibilité**). *Selon toute vraisemblance* (syn. **probabilité**).

vraquier [vrakje] **n.m.** Navire transportant des produits en vrac.

Vries (Hugo de) ⟶ **De Vries.**

vrille [vrij] **n.f.** (lat. *viticula,* vrille de la vigne, de *vitis,* vigne, avec insertion du *r* d'apr. *virer*). **1.** Organe porté par certaines plantes (vigne, pois) et qui s'enroule autour des supports. **2.** AÉRON. Figure de voltige aérienne dans laquelle le nez de l'avion suit sensiblement une verticale, tandis que l'extrémité des ailes décrit une hélice en descente assez rapide. **3.** Outil à percer le bois, constitué par une tige métallique usinée à son extrémité en forme de vis à bois à pas variable et se terminant par une pointe aiguë. **4.** *FAM.* **Partir en vrille,** être entraîné dans une dérive incontrôlable : *Débat, adolescent qui part en vrille.*

vriller [vrije] **v.t.** Percer avec une vrille : *Vriller une planche.* ◆ **v.i. 1.** S'élever ou descendre en tournoyant : *Un avion qui vrille.* **2.** Être tordu plusieurs fois sur soi-même, en parlant d'objets filiformes : *Corde qui vrille.*

vrombir [vrɔ̃bir] **v.i.** (orig. onomat.) [conj. **32**]. Produire un ronflement vibrant, caractéristique de certains objets en rotation rapide : *Le moteur d'une voiture vrombissait dans la montée* (syn. **ronfler**). *Insectes qui vrombissent autour d'une lampe* (syn. **bourdonner**).

vrombissement [vrɔ̃bismɑ̃] **n.m.** Bruit de ce qui vrombit (syn. **bourdonnement, ronflement**).

V.R.P. [veɛrpe] **n.m.** (sigle de *voyageur représentant placier*). Intermédiaire du commerce qui prospecte la clientèle et reçoit les commandes pour le compte d'une ou plusieurs entreprises.

vs prép. ⟶ **versus.**

V.T.T. [vetete] **n.m.** (sigle de *vélo tout-terrain*). Vélo à roues épaisses et crantées, sans suspension ni garde-boue, utilisé sur des parcours accidentés.

1. vu, e [vy] **adj.** (p. passé de *voir*). **Bien, mal vu,** bien, mal considéré. / **C'est tout vu,** inutile d'examiner plus longtemps. ◆ **vu n. m. Au vu et au su de qqn,** sans se cacher de lui ; ouvertement.

2. vu [vy] **prép.** (du p. passé de *voir*). **1.** Introduit une explication : *Vu les circonstances, nous renonçons* (= étant donné). **2.** DR. Sert à exposer les références d'un texte légal ou réglementaire, d'un jugement : *Vu l'article 365 du Code pénal.* ◆ **vu que loc. conj.** Introduit une explication : *Il abandonnera vite vu qu'il n'a ni persévérance ni courage* (syn. **attendu que, étant donné que**).

vue [vy] **n.f.** (du p. passé de *voir*). **1.** Sens permettant de voir, de percevoir la lumière, les couleurs, la forme, le relief des objets : *Avoir une bonne, une mauvaise vue* (syn. **vision**). *Sa vue baisse.* (⟶ œil.) **2.** Fait de regarder : *Il ne supporte pas la vue du sang* (= de voir du sang). **3.** Ce qui se présente au regard du lieu où l'on est : *Cette maison a une belle vue* (syn. **panorama, point de vue**). **4.** Image, représentation d'un lieu, d'un édifice, d'un paysage : *Une vue caractéristique de Rome.* **5.** Manière de voir, d'interpréter, de concevoir qqch : *Avoir une vue optimiste de la situation* (syn. **conception**). *Procéder à un échange de vues* (syn. **point de vue**). **6. À première vue,** au premier regard, sans examen approfondi. / **Avoir des vues sur qqn, qqch,** les convoiter. / **Dessin à vue,** réalisé sans prendre de mesures et sans instruments. / **De vue,** seulement pour l'avoir vu : *Connaître qqn de vue.* / **En vue, bien en vue,** visible, manifeste ; à portée du regard. / **En vue de,** dans l'intention de. / **Être en vue,** avoir une position de premier plan. / **Payable à vue,** se dit d'un effet de commerce payable au moment de sa présentation. / **Seconde vue, double vue,** prétendue faculté de voir des choses qui existent ou se passent dans des lieux éloignés ; grande perspicacité. / **Vue de l'esprit,** conception théorique qui ne tient pas compte de la réalité, des faits.

Vulcain, dieu romain du Feu et du Travail des métaux, fils de Jupiter et de Junon, père de Cacus. Il était une très ancienne divinité italique, vénérée aussi par les Étrusques. Son culte a été adopté très tôt à Rome, où il fut par la suite identifié à l'Héphaïstos des Grecs.

vulcanisation [vylkanizasjɔ̃] **n.f.** Opération qui consiste à améliorer le caoutchouc en le traitant par le soufre.

vulcaniser [vylkanize] **v.t.** (angl. *to vulcanize*, du lat. *Vulcanus*, dieu du Feu). Faire subir au caoutchouc la vulcanisation.

vulcanologie n.f., **vulcanologique** adj., **vulcanologue** n. ⟶ **volcanologie, volcanologique, volcanologue.**

vulgaire [vylgɛr] **adj.** (lat. *vulgaris*, de *vulgus*, le commun des hommes). **1.** Qui est sans aucune élévation, qui est ordinaire, commun : *Des préoccupations vulgaires* (syn. **bas, prosaïque**). **2.** Qui est quelconque, moyen : *Ce n'est que de la vulgaire matière plastique* (syn. **courant, ordinaire**). *Je ne suis qu'un vulgaire lecteur* (syn. **simple**). **3.** Qui manque d'éducation, de délicatesse ; qui fait preuve de grossièreté : *Un homme vulgaire* (syn. **fruste**). **4.** Se dit d'un mot, d'une expression qui choquent par leur caractère ordurier ou obscène. **5.** Qui appartient à la langue courante (par opp. à *scientifique*) : *Nom vulgaire d'une plante, d'un animal.* **6. Latin vulgaire,** latin parlé dans l'ensemble des pays qui constituaient l'Empire romain et qui a donné naissance aux différentes langues romanes.

vulgairement [vylgɛrmɑ̃] **adv. 1.** Communément : *Une actinie se nomme vulgairement une « anémone de mer »* (syn. **couramment**). **2.** De façon grossière : *S'exprimer vulgairement* (syn. **trivialement**).

vulgarisateur, trice [vylgarizatœr, -tris] **n.** et **adj.** Personne qui fait de la vulgarisation.

vulgarisation [vylgarizasjɔ̃] **n.f.** Action de mettre des connaissances techniques et scientifiques à la portée des non-spécialistes, du plus grand nombre.

vulgariser [vylgarize] **v.t.** (du lat. *vulgaris* ; v. *vulgaire*). Rendre des notions spécialisées, des idées, accessibles au grand public ; faire connaître ; propager.

vulgarité [vylgarite] **n.f.** (bas lat. *vulgaritas*). Défaut de celui ou de ce qui est vulgaire, grossier : *La vulgarité des manières de qqn* (syn. **grossièreté**). ◆ **vulgarités n.f. pl.** Paroles grossières : *Dire des vulgarités* (syn. **obscénité, trivialité**).

Vulgate, traduction latine de la Bible adoptée officiellement par l'Église catholique. Elle est l'œuvre de saint Jérôme, qui y travailla entre 391 et 405. Elle fut déclarée « authentique », c'est-à-dire normative, par le concile de Trente en 1546. Une « néo-Vulgate », élaborée à l'initiative de Paul VI, a été promulguée par Jean-Paul II en 1979.

vulgum pecus [vylgɔmpekys] **n.m. inv.** (lat. *vulgus*, foule, et *pecus*, troupeau). *FAM.* La multitude ignorante ; le commun des mortels.

vulnérabilité [vylnerabilite] **n.f.** Caractère vulnérable : *La vulnérabilité d'une théorie* (syn. **fragilité**).

vulnérable [vylnerabl] **adj.** (lat. *vulnerabilis*, de *vulnus, -eris*, blessure). **1.** Susceptible d'être blessé, d'être attaqué : *Position vulnérable* (syn. **précaire**). **2.** Faible ; défectueux ; qui donne prise à une attaque : *Argumentation vulnérable* (syn. **fragile**).

vulnéraire [vylnerɛr] **n.f.** (lat. *vulnerarius*, de *vulnus, -eris*, blessure). Plante herbacée à fleurs jaunes, qui fut utilisée contre les blessures. ▸ Sous-famille des papilionacées.

vulvaire [vylvɛr] **adj.** Relatif à la vulve.

vulve [vylv] **n.f.** (lat. *vulva*). Ensemble des parties génitales externes, chez la femme et chez les femelles des animaux supérieurs.

vumètre [vymɛtr] **n.m.** (de l'angl. *volume unit*, unité de mesure). Appareil de mesure du signal électroacoustique d'un volume sonore.

W X

w [dublǝve] **n.m. inv.** Vingt-troisième lettre (consonne) de l'alphabet.

Wagner (Otto), architecte, urbaniste et théoricien autrichien (Penzing, près de Vienne, 1841 - Vienne 1918). D'abord éclectique, il devint dans les années 1890 le chef de file de l'école moderniste viennoise (église *Am Steinhof,* 1905).

Wagner (Richard), compositeur allemand (Leipzig 1813 - Venise 1883). Tout d'abord chef des chœurs à Würzburg (1833), puis directeur musical à Magdeburg, il voyage ensuite et compose *le Vaisseau fantôme* (1841). Il rencontre Berlioz, qui l'influencera, ainsi que Heine et surtout Liszt (dont il épousera la fille Cosima). En 1843, maître de chapelle de la cour de Dresde, il compose *Tannhäuser* (1845). Mais ses idées révolutionnaires l'obligent à fuir à Weimar, puis en Suisse. Il conçoit alors l'idée de *l'Anneau du Nibelung,* dont le texte est achevé en 1852 et dont la composition s'échelonnera de 1853 à 1874. En 1857, il écrit *Tristan et Isolde.* Amnistié en 1861, il regagne l'Allemagne, puis s'établit à Vienne et entreprend la composition des *Maîtres chanteurs de Nuremberg.* Sa rencontre inespérée avec Louis II de Bavière (1864) lui permet de faire représenter à Munich *Tristan et Isolde* (1865), *les Maîtres chanteurs* (1868), *l'Or du Rhin* (1869) et *la Walkyrie* (1870). En 1871, il décide de faire construire à Bayreuth le théâtre dont il rêve. En 1876, le cycle complet de *la Tétralogie* (*l'Or du Rhin, la Walkyrie, Siegfried* et *le Crépuscule des dieux*) y est créé pour l'inauguration de la salle. Sa dernière œuvre est *Parsifal* (1882). Héritier de la grande tradition germanique, de Bach et de Beethoven, mais aussi tributaire de Liszt et de Berlioz, le génie de Wagner s'épanouit dans le domaine du théâtre. Partant du modèle italien ou de Meyerbeer, il évolue vers une conception du drame qu'il veut art total, synthèse de la poésie, de la musique, de la danse et de la mise en scène.

wagnérien, enne [vagnerjɛ̃, -ɛn] **adj.** Relatif aux œuvres, au style de R. Wagner : *L'opéra wagnérien.* ◆ **n.** Partisan, admirateur de l'œuvre de Wagner.

wagon [vagɔ̃] **n.m.** (mot angl.). Véhicule ferroviaire remorqué, destiné au transport des marchandises et des animaux ; son contenu. ***Rem.*** Ce terme est souvent employé pour désigner les *voitures* destinées au transport des voyageurs.

wagon-citerne [vagɔ̃sitɛrn] **n.m.** (pl. *wagons-citernes*). Wagon destiné au transport des liquides.

wagon-lit ou **wagon-lits** [vagɔ̃li] **n.m.** (pl. *wagons-lits*). Voiture de chemin de fer aménagée pour permettre aux voyageurs de dormir dans une couchette. ▸ Le terme officiel est *voiture-lit(s).*

wagonnet [vagɔnɛ] **n.m.** Petit wagon génér. à benne basculante, utilisé sur les chemins de fer industriels ou miniers et sur les chantiers de travaux publics.

wagon-restaurant [vagɔ̃rɛstɔrɑ̃] **n.m.** (pl. *wagons-restaurants*). Voiture de chemin de fer aménagée pour le service des repas. ▸ Le terme officiel est *voiture-restaurant.*

Wagram *(bataille de)* [6 juill. 1809], victoire de Napoléon sur l'archiduc Charles, en Autriche, au N.-E. de Vienne. Après avoir reçu le renfort de l'armée d'Italie, les troupes françaises contraignirent l'archiduc Charles à battre en retraite et à se replier en Moravie. Le 11 juill., il se décida à demander l'armistice.

Wajda (Andrzej), cinéaste polonais (Suwałki 1926). Dominée par le thème national, son œuvre allie une grande lucidité critique à un art baroque et romantique : *Cendres et Diamant* (1958), *le Bois de bouleaux* (1970), *la Terre de la grande promesse* (1975), *l'Homme de marbre* (1976), *les Possédés* (1988), *Korczak* (1990), *Pan Tadeusz* (1999), *Katyń* (2007), *Tatarak* (2009).

Waldeck-Rousseau (Pierre), homme politique français (Nantes 1846 - Corbeil 1904). Ministre de l'Intérieur (1881-1882, 1883-1885), il fit voter la loi autorisant les syndicats (1884). Président du Conseil de 1899 à 1902, il fit gracier Dreyfus (1899) et fut le maître d'œuvre de la loi de 1901 sur les associations.

Waldheim (Kurt), diplomate et homme d'État autrichien (Sankt Andrä-Wördern 1918 - Vienne 2007). Secrétaire général de l'O.N.U. de 1972 à 1981, il est président de la République autrichienne de 1986 à 1992.

walé n.m. ⟶ **awalé.**

Wałesa (Lech), homme d'État polonais (Popowo 1943). Il est le principal leader des mouvements revendicatifs de 1980, qui ont abouti à la création du syndicat Solidarność (qu'il préside de 1981 à 1990). Arrêté en 1981, il est libéré en 1982. De 1990 à 1995, il est président de la République. (Prix Nobel de la paix 1983.)

Walhalla, Val-Hall ou **Valhöll,** demeure paradisiaque qui, dans la mythologie nord-germanique, est réservée aux guerriers morts en héros et dont le souverain est Odin (ou Wotan), le dieu des Combats. Ces guerriers y sont conduits puis servis, dans des festins sacrés, par les Walkyries et forment, en cet édifice d'une architecture fantastique, les cohortes destinées à lutter, le jour du Ragnarök, aux côtés des dieux contre les forces du désordre.

Walkman [wokman] **n.m.** (nom déposé). Anglic. déconseillé pour *baladeur,* lecteur de cassettes portatif.

Walkyries ou **Valkyries,** divinités guerrières féminines de la mythologie nord-germanique qui sont les messagères d'Odin (ou Wotan) et les figures du Destin. Connues d'abord comme de farouches esprits femelles, elles en sont venues à représenter des femmes ailées chargées de choisir, sur les ordres d'Odin, les guerriers dignes de mourir en héros sur le champ de bataille et de les conduire dans le Walhalla, dont elles sont les hôtesses et où elles les servent.

wallaby [walabi] **n.m.** (mot australien) [pl. *wallabys* ou *wallabies*]. Petit marsupial herbivore australien voisin du kangourou. ▸ Famille des macropodidés.

Wallenstein (Albrecht Wenzel Eusebius von) ou **Waldstein,** général d'origine tchèque (Hermanič 1583 - Eger, auj. Cheb, 1634). Catholique, il mit, en 1618, une armée à la disposition de l'empereur germanique et combattit avec succès pendant la guerre de Trente Ans. Mais les princes de la Ligue, réunie autour de l'empereur Ferdinand II, contraignirent ce dernier à le congédier (1630). Rappelé en

1631, vaincu à Lützen par les Suédois (1632), il entama des négociations secrètes avec les protestants. Révoqué par l'empereur, il fut assassiné.

Waller (**Thomas,** dit **Fats**), pianiste, chanteur et compositeur de jazz américain (New York 1904 - Kansas City 1943). Une des fortes personnalités du jazz, il établit le style de « piano stride », qui s'appuie sur le rôle rythmique de la main gauche. C'était aussi un amuseur jovial et truculent.

wallingant, e [walɛ̃gɑ̃, -ɑ̃t] **n.** et **adj.** (d'apr. [*flam*]*ingant*). BELG. Wallon partisan de l'autonomie de la Wallonie.

Wallis-et-Futuna, archipel français, au nord-est des Fidji, formant une collectivité d'outre-mer ; 255 km^2 ; 12 197 hab. Ch.-l. *Mata-Utu.* L'archipel est formé des îles Wallis (96 km^2), de Futuna et Alofi. Découvert en 1767 par l'Anglais Samuel Wallis, il devint un protectorat français en 1886, puis un territoire français d'outre-mer en 1959 et une collectivité d'outre-mer en 2003.

wallon, onne [walɔ̃, -ɔn] **adj.** et **n.** (lat. médiév. *wallo,* frq. **walha,* les Romains, les peuples romanisés). De Wallonie. ◆ **wallon n.m.** Dialecte de langue d'oïl, parlé surtout dans le sud de la Belgique.

Wallon (**Henri**), psychologue français (Paris 1879 - *id.* 1962). Il est l'auteur d'importants travaux sur le développement de l'enfant (*l'Évolution psychologique de l'enfant,* 1941) et, avec Langevin, d'un projet de réforme de l'enseignement.

Wallonie, partie sud et sud-est de la Belgique, où sont parlés le français et les dialectes romans, surtout le wallon.

Wall Street, rue de New York, dans le sud de Manhattan, où est située la Bourse. On appelle *krach de Wall Street* le mouvement de panique boursière qui fut à l'origine de la crise économique de 1929. Le « jeudi noir » (24 octobre 1929) et les jours suivants, la Bourse de New York connut un effondrement spectaculaire du cours des actions qui entraîna, aux États-Unis, une crise sans précédent. Celle-ci se répercuta, à des degrés variables, aux économies des pays occidentaux.

Walpole (**Robert**), 1er *comte* **d'Orford,** homme politique britannique (Houghton 1676 - Londres 1745). L'un des chefs du parti whig, chancelier de l'Échiquier (1715-1717 ; 1721-1742), il contrôla la vie politique du pays et jeta les bases du régime parlementaire britannique. Soucieux de préserver la paix en Europe, il fut contraint par le roi et l'opposition d'entrer en guerre contre la France (1740) et démissionna en 1742.

Walpurgis ou **Walburge** *(sainte),* religieuse anglaise (dans le Wessex v. 710 - Heidenheim, Allemagne, 779). Appelée en Allemagne par saint Boniface, elle devint abbesse du monastère bénédictin de Heidenheim. Son tombeau, dans l'église d'Eichstätt, où son corps fut transporté au IXe s., devint un centre de pèlerinage. Sa fête, qui était célébrée le 1er mai, fut associée au folklore païen du retour du printemps, créant ainsi la légende selon laquelle, durant la « nuit de Walpurgis », les sorcières et les démons se donnaient rendez-vous sur le Brocken, point culminant du massif du Harz.

Walras (**Léon Marie Esprit**), économiste français (Évreux 1834 - Clarens, Suisse, 1910). Partant des travaux de Cournot et de ceux de son père, Auguste Walras (1801-1866), il créa l'économie mathématique, contribua à introduire le calcul à la marge, et est considéré, avec son successeur Pareto, comme le chef de l'école de Lausanne (école qui met en place un modèle d'*équilibre général*).

Walser (**Robert**), écrivain suisse d'expression allemande (Bienne 1878 - Herisau 1956). Interné en 1929, il ne sera reconnu comme l'un des plus grands écrivains suisses qu'après sa mort (*l'Homme à tout faire,* 1908).

Walsh (**Raoul**), cinéaste américain (New York 1887 - Simi Valley, Californie, 1980). Machiniste puis acteur, il signe son premier film comme réalisateur en 1915 et s'impose plus particulièrement dans les westerns et les films de guerre et d'aventures : *le Voleur de Bagdad* (1924), *la Piste des géants* (1930), *Gentleman Jim* (1942), *Aventures en Birmanie* (1945), *L'enfer est à lui* (1949).

Waltari (**Mika**), écrivain finlandais (Helsinki 1908 - *id.* 1979). Il est l'auteur de romans historiques *(Sinouhé l'Égyptien)* et sociaux *(Un inconnu vint à la ferme).*

Walter (**Bruno Walter Schlesinger,** dit **Bruno**), chef d'orchestre allemand naturalisé américain (Berlin 1876 - Hollywood 1962). Il fit connaître Bruckner et Mahler.

Walvis Bay, port de Namibie, sur l'océan Atlantique ; 61 300 hab. Base de pêche. Zone franche.

Wang Wei, peintre, calligraphe et poète chinois (Taiyuan, Shanxi, 699 - 759). Créateur probable de la peinture monochrome à l'encre (lavis), son œuvre de poète paysagiste, connue par des copies, a été à l'origine de la peinture lettrée chinoise.

Wannsee ***(conférence de)*** [20 janvier 1942], conférence qui réunit à Wannsee (banlieue de Berlin) de hauts responsables du régime nazi (notamm. Heydrich et Eichmann) pour organiser la mise en application de la « solution finale » en Europe.

wap [wap] **n.m.** (acronyme de l'angl. *wireless application protocol,* protocole d'application sans fil). Norme de communication permettant de se connecter à Internet à partir d'un téléphone mobile.

wapiti [wapiti] **n.m.** (mot amér., de *wapitik,* mot d'une langue indienne « daim blanc »). Grand cerf de l'Amérique du Nord et d'Asie. ▸ Haut. au garrot 1,70 m.

Warhol (**Andy**), peintre et cinéaste américain d'origine tchèque (Pittsburgh 1928 - New York 1987). Comme plasticien, un des représentants du pop art, il a procédé par multiplication d'une même image à base photographique (boîte de soupe, portrait de Marilyn Monroe, cliché de la chaise électrique, etc.), avec permutations de coloris. Mettant ainsi en évidence la banalité de la société de consommation et de médiatisation, il a en outre affirmé que chacun pouvait en faire autant.

warning [warniŋ] **n.m.** (mot angl. « avertissement »). AUTOM. (Anglic.). Feux de détresse.

warrant [warɑ̃] **n.m.** (mot angl. « garant »). **1.** DR. Billet à ordre qui permet de constituer un gage sur les marchandises, qu'il représente. **2.** BOURSE. Droit de souscription attaché à un titre d'emprunt, donnant la possibilité de souscrire à un titre du même type ou d'un type différent, pendant une période donnée.

Washington, un des États unis d'Amérique, sur le Pacifique ; 176 500 km^2 ; 6 971 406 hab. CAP. *Olympia.*

Washington, cap. fédérale des États-Unis d'Amérique, dans le district fédéral de Columbia, sur le Potomac ; 658 893 hab. (4 896 000 hab. dans l'agglomération). Ville administrative, édifiée de 1800 à 1871, et résidence du président des États-Unis depuis 1800 (Maison-Blanche). Importants musées, dont la National Gallery of Art (peinture des écoles européennes et américaine), la Freer Gallery (arts surtout de la Chine et du Japon), le musée Hirshhorn (arts américain et européens depuis la fin du XIXe s., sculpture), le musée d'Art africain, le musée national d'Histoire, celui de l'Air et de l'Espace.

Washington (**George**), général et homme d'État américain (comté de Westmoreland 1732 - Mount Vernon 1799), premier président des États-Unis (1789-1797). Propriétaire d'un grand domaine en Virginie, il est durant la guerre de Sept Ans commandant en chef des troupes de Virginie, qu'il conduit à la victoire (1755-1758). D'opinion modérée, il s'élève cependant contre les abus de la puissance coloniale. Envoyé par la Virginie aux 1er et 2e Congrès de Philadelphie (1774 et 1775), il y prend position en faveur de l'indépendance.

Commandant en chef de l'armée américaine en 1775, il chasse les Anglais de Boston (1776) mais subit de nombreux revers et défend le principe de l'alliance avec la France, conclue en 1778. En 1781, avec Rochambeau, il obtient à Yorktown la capitulation de l'armée britannique, qui met fin à la guerre de l'Indépendance.

Retiré en 1783, il est de nouveau délégué par la Virginie à la Convention de Philadelphie (1787) et, élu président de l'Assemblée, il favorise le vote de la Constitution des États-Unis. Élu président de la Fédération (1789) et réélu en 1792, il soutient la politique de Hamilton, secrétaire au Trésor, partisan du renforcement du pouvoir fédéral. Il se heurte ainsi à l'opposition des républicains, menée par Jefferson. À l'extérieur, Washington refuse de participer aux guerres européennes et proclame la neutralité des États-Unis en 1793. En butte aux critiques, il refuse de briguer un troisième mandat en 1797. Héros de la guerre d'indépendance, premier président des États-Unis, il a adopté des positions que son pays conservera au XIXe s. et dans la première partie du XXe s.

wasp [wasp] **n. inv.** et **adj. inv.** (acronyme de l'anglo-amér. *white anglo-saxon protestant*). Aux États-Unis, citoyen blanc, d'origine anglo-saxonne et de religion protestante.

wassingue [wasɛ̃g] ou [vasɛ̃g] **n.f.** (mot flamand, d'orig. germ.). *RÉGION.* (Est et Nord). Toile à laver, serpillière.

Wassy, ch.-l. de c. de la Haute-Marne ; 3 039 hab. Église avec parties romanes. Le 1er mars 1562, le massacre d'une soixantaine de protestants de cette ville par les gens du duc de Guise déclencha les guerres de Religion.

water-closet n.m. ⟶ waters.

Watergate ***(scandale du)*** [1972-1974], affaire d'espionnage politique américain. Après une enquête du *Washington Post,* le président des États-Unis, R. Nixon, fut mis en cause dans l'espionnage du parti démocrate pendant la campagne électorale de 1972 (au siège du parti, dans l'immeuble du *Watergate*) et accusé d'avoir entravé l'action de la justice, ce qui entraîna sa démission.

Waterloo ***(bataille de)*** [18 juin 1815], victoire remportée par les Anglais de Wellington et les Prussiens de Blücher sur Napoléon à Waterloo, ville de Belgique au sud de Bruxelles (Brabant). La pluie diluvienne ayant empêché l'Empereur d'attaquer le 17, la bataille ne s'engagea que le lendemain. Napoléon ne put déloger les Anglais du plateau où ils s'étaient retranchés. Les troupes françaises, découragées par cet échec et par l'arrivée de Blücher alors qu'elles attendaient Grouchy, durent reculer, sous la protection de la Vieille Garde, formée en carrés. Ce désastre allait provoquer la chute de l'Empereur.

water-polo [watɛrpolo] **n.m.** (mot angl., de *water,* eau, et *polo*) [pl. *water-polos*]. Jeu de ballon qui se joue dans l'eau entre deux équipes de sept joueurs, et qui consiste à faire pénétrer un ballon dans les buts adverses.

waterproof [watɛrpruf] **adj. inv.** (mot angl. « à l'épreuve de l'eau »). **1.** Se dit d'un objet garanti étanche : *Des montres waterproof.* **2.** Se dit d'un produit qui résiste à l'eau : *Un lait solaire waterproof.*

waters [watɛr] **n.m. pl.** ou, *VIEILLI* **water-closet** [watɛrklɔzɛt] **n.m.** (mot angl., de *water,* eau, et *closet,* cabinet) [pl. *water-closets*]. Lieu où l'on peut satisfaire ses besoins naturels ; toilettes, lieux d'aisances (abrév. *W-C*).

waterzooi ou **waterzoï** [watɛrzɔj] **n.m.** (mot flamand « eau qui bout »). Plat de poissons et d'anguilles, ou de volaille, cuits dans un court-bouillon lié à l'œuf et à la crème fraîche. ▸ Cuisine flamande.

Watson (James Dewey), biologiste américain (Chicago 1928). Avec F. H. Crick et M. H. F. Wilkins, il découvre en 1953 la structure en double hélice de l'ADN. En 1962, le prix Nobel de physiologie et médecine a consacré leur œuvre.

Watson (John Broadus), psychologue américain (Greenville, Caroline du Sud, 1878 - New York 1958). Il est à l'origine de la psychologie du comportement, ou *béhaviorisme* (*Comportement,* 1914).

watt [wat] **n.m.** (de *Watt,* n.pr.). Unité de mesure de puissance, de flux énergétique et de flux thermique, équivalant à la puissance d'un système énergétique dans lequel est transférée uniformément une énergie de 1 joule pendant 1 seconde. ▸ Symb. W.

Watt (James), ingénieur britannique (Greenock, Écosse, 1736 - Heathfield, près de Birmingham, 1819). Il créa, à partir de la machine atmosphérique de Newcomen, la machine à vapeur utilisable industriellement, en imaginant : le *condenseur* (1769) ; le *tiroir* (1785), pour distribuer automatiquement la vapeur de chaque côté du piston (machine à double effet) ; le *volant ;* le *régulateur à boules* (1784), etc.

Watteau (Antoine), peintre français (Valenciennes 1684 - Nogent-sur-Marne 1721). Rompant avec l'académisme du XVIIe s., empruntant à Rubens et aux Vénitiens, il a développé, dans la sphère d'une société raffinée, son art des scènes de comédie (*l'Amour au théâtre français* [v. 1712 ?], Berlin) et surtout des « fêtes galantes », genre créé par lui et dont le *Pèlerinage à l'île de Cythère* (1717, Louvre, variante à Berlin) est le chef-d'œuvre. Watteau est un dessinateur et un coloriste de premier ordre ; sa touche est d'une nervosité originale, son inspiration d'une poésie nostalgique et pénétrante (*l'Indifférent* et *la Finette, Nymphe et satyre, Gilles* [ou *Pierrot*], Louvre ; *les Champs-Élysées, les Charmes de la vie,* Wallace Collection, Londres ; *les Plaisirs d'amour,* Dresde ; *l'Enseigne de Gersaint,* Berlin, œuvre de 1720 qui restitue l'ambiance de la boutique du marchand de tableaux ami de l'artiste).

wattheure [watœr] **n.m.** (pl. *wattheures*). Unité de mesure de travail, d'énergie et de quantité de chaleur, équivalant à l'énergie fournie en 1 heure par une puissance de 1 watt et valant 3 600 joules. ▸ Symb. Wh.

wattmètre [watmɛtr] **n.m.** ÉLECTR. Instrument de mesure de la puissance mise en jeu dans un circuit électrique.

Wayne (Marion Michael Morrison, dit John), acteur américain (Winterset, Iowa, 1907 - Los Angeles 1979). L'un des acteurs les plus populaires du western, il a tourné notamment sous la direction de J. Ford (*la Chevauchée fantastique,* 1939 ; *l'Homme tranquille,* 1952) et de H. Hawks (*la Rivière rouge,* 1948 ; *Rio Bravo,* 1959).

W-C [vese] ou *VIEILLI* [dubləvese] **n. m. sing.** ou **pl.** Water-closet : *Où sont les W-C ? Un W-C chimique.*

Web ou **web** [wɛb] **n.m.** (abrév. de l'angl. *World Wide Web* ou *WWW,* réseau mondial). **1.** Système permettant d'accéder aux ressources du réseau Internet. (On dit aussi *la Toile.*) **2. Web 2.0,** évolution du Web axée sur des fonctionnalités visuelles et interactives qui ouvrent Internet à l'intervention de communautés d'utilisateurs.

webcam [wɛbkam] **n.f.** (de *Web* et *cam[éra]*). Caméra numérique miniaturisée destinée à enregistrer et à diffuser, génér. en direct, des images animées sur un site Internet. (Recomm. off. *cybercaméra*).

weber [vebɛr] **n.m.** (de W. E. *Weber*). ÉLECTR. Unité de mesure de flux d'induction magnétique, équivalant au flux d'induction magnétique qui, traversant un circuit d'une seule spire, y produit une force électromotrice de 1 volt si on l'annule en 1 seconde par décroissance uniforme. ▸ Symb. Wb.

Weber (Carl Maria von), compositeur, pianiste et chef d'orchestre allemand (Eutin 1786 - Londres 1826). Tour à tour maître de musique à Stuttgart, à Darmstadt, à Prague, puis directeur de l'Opéra de Dresde, il mourut à Londres peu après la création, dans cette ville, de son opéra *Oberon* (1826). Créateur du grand opéra romantique allemand (*Der Freischütz,* 1821 ; *Euryanthe,* 1823), il a donné en outre des pages pour piano (*Invitation à la valse,* 1819) et des pièces pour clarinette.

Weber (Max), économiste, sociologue et philosophe allemand (Erfurt 1864 - Munich 1920). Professeur jusqu'en 1903, il publie en 1901 un article qui fera date : « l'Éthique protestante et l'esprit du capitalisme » ; mais son œuvre la plus importante est *Économie et Société,* publiée après sa mort (1922). Pour lui, le monde politique est une lutte sans merci entre deux modèles de fonctionnement : la *morale de la conviction,* forme d'idéalisme, et la *morale de la responsabilité,* où apparaît le lien avec l'action.

Weber (Wilhelm Eduard), physicien allemand (Wittenberg 1804 - Göttingen 1891). Il réalisa avec Gauss, en 1833, un télégraphe électrique, puis donna en 1846 la loi fondamentale concernant les forces exercées par les particules électrisées en mouvement. Avec R. Kohlrausch, il mesura le rapport des unités électrostatiques et électromagnétiques, rapport sensiblement égal à la vitesse de la lumière. De ce calcul devait naître la théorie électromagnétique de la lumière.

Webern (Anton von), compositeur autrichien (Vienne 1883 - Mittersill, près de Salzbourg, 1945). Élève de Schönberg, il fut l'un des pionniers du dodécaphonisme sériel. Il utilisa l'atonalité de façon originale, se forgeant un style personnel caractérisé par l'abandon du développement, la rigueur, la concision, l'absence de virtuosité. En témoignent notamment les œuvres très brèves de la période 1910-1914 : *Quatre Pièces pour violon et piano ; Bagatelles* pour quatuor à cordes. À partir de 1924, il tira du principe sériel les conséquences les plus radicales (*Symphonie*, op. 21 ; *Quatuor à cordes*, op. 28).

Wedekind (Frank), auteur dramatique allemand (Hanovre 1864 - Munich 1918). Il est l'un des meilleurs représentants du courant expressionniste (*l'Éveil du printemps*, 1891 ; *la Danse de mort*, 1906).

week-end [wikɛnd] **n.m.** (mot angl. « fin de semaine ») [pl. *week-ends*]. Congé de fin de semaine, génér. du samedi au lundi matin.

Wegener (Alfred), géophysicien et météorologue allemand (Berlin 1880 - au Groenland 1930). Il participa en qualité de météorologue aux expéditions polaires danoises au Groenland. En 1915, il expose sa théorie de la dérive des continents, qui sera confortée cinquante ans plus tard par la tectonique des plaques.

Wehrmacht (en all. *force de défense*), nom donné de 1935 à 1945 à l'ensemble des forces armées allemandes de terre, de mer et de l'air, à l'exclusion des formations armées du parti nazi (SS, etc.). De 1939 à 1945, près de 18 millions d'hommes passèrent dans ses rangs.

Weierstrass (Karl), mathématicien allemand (Ostenfelde, Westphalie, 1815 - Berlin 1897). Chef de file d'une brillante école d'analystes, il a donné des fondements solides et rigoureux aux notions de limite d'une suite de nombres, de variable continue, etc. À cette occasion, il réussit à construire une fonction continue qui n'est dérivable en aucun point. Pour pallier l'absence de fondement logique de l'arithmétique, il élabora une théorie des nombres réels. Il développa considérablement la théorie des fonctions analytiques.

Weil (Simone), philosophe française (Paris 1909 - Ashford, Kent, 1943). Sa vie et son œuvre (*la Pesanteur et la Grâce*, 1947) révèlent son mysticisme d'inspiration chrétienne et son ardente recherche de la justice sociale.

Weill (Kurt), compositeur américain d'origine allemande (Dessau 1900 - New York 1950). Élève de Busoni, il se tourna vers le « contemporain » *(Zeitnähe)* et la critique sociale, ce dont témoignèrent surtout ses œuvres écrites en collaboration avec B. Brecht (*l'Opéra de quat'sous* [1928], *Grandeur et décadence de la ville de Mahagonny, Berliner Requiem*).

Weimar, v. d'Allemagne (Thuringe) ; 62 764 hab. Centre universitaire, touristique et industriel. Monuments du XVIIIe s. La ville fut, sous le règne de Charles-Auguste (1775-1828), un foyer intellectuel autour de Goethe.

Weimar *(république de)*, régime de l'Allemagne après la Première Guerre mondiale (1919-1933). Après l'effondrement du régime impérial, les sociaux-démocrates proclament la première république allemande. Celle-ci ne prend forme qu'en 1919 après l'écrasement de la révolution spartakiste, d'inspiration communiste, et après la promulgation de la Constitution, élaborée à Weimar, première Constitution démocratique de l'Allemagne. L'Allemagne devient un État fédéral, le IIe Reich, composé de 17 États (Länder) autonomes. Soumise à d'importantes pressions extérieures (traité de Versailles, réparations dues à la France, question des frontières), la république de Weimar connaît de graves problèmes internes.
Les premières années de la présidence du social-démocrate Ebert (1919-1925) sont fortement troublées.
1923. Tentative de putsch de Hitler, à Munich.
1925. Élection du maréchal Hindenburg à la présidence de la République.
1925-1926. Le ministre des Affaires étrangères G. Stresemann obtient, après les accords de Locarno, l'évacuation des zones occupées et l'admission de l'Allemagne à la S.D.N.
Les nazis mettent à profit la crise économique et obtiennent d'importants succès électoraux (1932).
1933. Hindenburg appelle Hitler à la Chancellerie.

Weismann (August), biologiste allemand (Francfort-sur-le-Main 1834 - Fribourg-en-Brisgau 1914). Il a montré que, chez l'embryon, la lignée cellulaire germinale (ou *germen*) est très tôt indépendante de la lignée somatique, à l'origine de l'ensemble des tissus non reproducteurs *(soma)*.

Weizmann (Chaïm), homme politique israélien (Motyl, Biélorussie, 1874 - Rehovot 1952). Il fut le premier président de l'État d'Israël (1949-1952).

Welles (Orson), cinéaste et acteur américain (Kenosha, Wisconsin, 1915 - Los Angeles 1985). Il débute très jeune comme acteur puis comme metteur en scène de théâtre. En 1934, il vient à la radiodiffusion, où l'adaptation radiophonique de *la Guerre des mondes* de H. G. Wells le rend célèbre en provoquant la panique des auditeurs. Ayant obtenu, en 1939, un contrat sans équivalent dans l'histoire d'Hollywood, il tourne son premier chef-d'œuvre, *Citizen Kane* (1941). Dans ce film-enquête brossant le portrait du magnat de la presse Kane, il bouleverse la plupart des règles du cinéma et ouvre une ère nouvelle de la mise en scène cinématographique. Le succès critique du film est énorme, mais le succès commercial est médiocre. *La Splendeur des Amberson* (1942) obtient des résultats identiques. Poursuivant son œuvre, malgré la réticence des producteurs à s'accommoder d'une telle personnalité, il réalise en 1948 *la Dame de Shanghai* et filme *Macbeth*, portant à son sommet le genre du « théâtre cinématographique ». Dans ce sens, il réalisera *Othello* (1952) et *Falstaff* (1966). Après *Macbeth*, Welles s'établit en Europe et réalise *Monsieur Arkadin* (1955), *la Soif du mal* (1958), tourné exceptionnellement aux États-Unis, *le Procès* (1962), *Une histoire immortelle* (1968), *Vérités et mensonges* (1975). Il a, outre ses propres films, joué dans *Jane Eyre* (1944), *le Troisième Homme* (1949), *Austerlitz* (1960). Génie multiple et exubérant, Welles a su poser un regard critique et lucide sur la civilisation de la communication et du spectacle.

Wellington, cap. et port de la Nouvelle-Zélande, dans l'île du Nord, sur le détroit de Cook ; 190 956 hab. (380 000 hab. dans l'agglomération).

Wellington (Arthur Wellesley, *duc* de), général britannique (Dublin 1769 - Walmer Castle, Kent, 1852). Commandant les troupes anglaises au Portugal et en Espagne, il battit les Français à Vitoria (1813), puis envahit le sud de la France jusqu'à Toulouse (1814). Délégué au congrès de Vienne, il commanda les forces alliées aux Pays-Bas, remporta la victoire de Waterloo (1815), puis commanda les forces d'occupation en France (1815-1818). Il fut Premier ministre de 1828 à 1830. Il commanda en chef les troupes britanniques en 1827-1828 et de 1842 à 1852.

Wells (Herbert George), écrivain britannique (Bromley 1866 - Londres 1946). Il débuta comme vulgarisateur scientifique et journaliste. Le succès de son roman d'anticipation scientifique *la Machine à explorer le temps* (1895) l'encouragea à exploiter cette veine (*l'Île du docteur Moreau*, 1896 ; *l'Homme invisible*, 1897 ; *la Guerre des mondes*, 1898). Il s'attaqua ensuite aux conventions sociales et religieuses (*l'Histoire de M. Polly*, 1910). Son œuvre s'est achevée sur l'aspect suicidaire des « civilisations » (*l'Esprit au bout du rouleau*, 1945).

welter [wɛltɛr] **n.m.** (de l'angl. *welter* [*weight*]). En boxe, catégorie de poids immédiatement inférieure à celle des poids moyens ; boxeur appartenant à cette catégorie (on dit aussi *un mi-moyen*). ▸ La catégorie immédiatement supérieure s'appelle *le super-welter*.

Wembley, agglomération de la banlieue nord-ouest de Londres. Stade de football.

Wenders (Wim), cinéaste allemand (Düsseldorf 1945). Dès son premier film, *l'Angoisse du gardien de but au moment* *du penalty* (1971), il s'impose comme l'un des chefs de file du nouveau cinéma allemand : *Alice dans les villes* (1973), *Au fil du temps* (1976), *l'Ami américain* (1977), *Paris Texas* (1984), *les Ailes du désir* (1987), *Lisbonne Story* (1995) ou *Don't Come Knocking* (2005) marquent l'originalité d'un style qui refuse les principes narratifs habituels en tentant de créer une atmosphère « existentielle » à partir du plan lui-même et de son organisation à l'intérieur des différentes séquences. Il s'intéresse aussi aux univers musicaux (*Buena Vista Social Club,* 1998 ; *The Soul of a Man,* 2003).

Wengen, station d'été et de sports d'hiver (alt. 1 300-3 454 m) de Suisse, dans l'Oberland bernois, au pied de la Jungfrau. Célèbre descente du Lauberhorn.

Werner (Abraham Gottlob), minéralogiste allemand (Wehrau, Saxe, 1749 - Dresde 1817). Il a été l'un des créateurs de la minéralogie et le principal défenseur de la théorie du *neptunisme,* qui attribuait à toutes les roches une origine marine.

Wesley (John), réformateur anglais (Epworth, Lincolnshire, 1703 - Londres 1791). Prêtre de l'Église anglicane, il se détacha de celle-ci sous l'influence des Frères moraves et, avec son frère **Charles** (1707-1788), fonda en Angleterre le méthodisme, en réaction contre le formalisme et les compromissions politiques de la religion officielle. Les œuvres des frères Wesley (sermons et hymnes) sont les grands classiques de ce mouvement, qui se présente comme un retour aux sources de la Réforme.

Wessex, royaume saxon, fondé à la fin du Ve s. Au IXe s., Alfred le Grand et ses successeurs réalisèrent l'unité anglo-saxonne.

western [wɛstɛrn] **n.m.** (mot angl. « de l'Ouest »). Film dont l'action se situe dans l'Ouest américain à l'époque des pionniers et de la conquête des terres sur les Indiens ; ce genre cinématographique.

■ Ce genre spécifiquement américain est issu de la rencontre entre un art qui naissait et une histoire qui s'achevait à peine : la conquête de l'Ouest, la guerre de Sécession, les luttes contre les Indiens, les exploits des hors-la-loi, etc. Épopée d'une nation, dont le cinéma allait raconter les épisodes et célébrer les héros, fixant à jamais un modèle thématique, emblématique et héroïque : le cow-boy, son arme et son cheval, le shérif, les Indiens, la terre et le bétail, l'action et l'aventure.

Le premier grand western date de 1903 (*le Vol du grand rapide* de E. S. Porter). Son succès entraîne la prolifération de petits films courts dans lesquels s'illustrent déjà quelques metteurs en scène (T. H. Ince) et des vedettes spécialisées (W. S. Hart, Tom Mix). Dans les années 1920, le genre acquiert sa véritable dimension épique, la majesté des paysages s'harmonisant avec le sentiment d'un enjeu historique, avec J. Cruze *(la Caravane vers l'Ouest)* et J. Ford *(le Cheval de fer).* Dès lors, la majorité des cinéastes américains vont réaliser un western exaltant la conquête de l'Ouest ou la démystifiant par une lecture critique de l'histoire ou une réflexion morale, psychologique ou esthétique (*la Piste des géants* de R. Walsh, 1930 ; *Une aventure de Buffalo Bill* de Cecil B. De Mille, 1937 ; *la Chevauchée fantastique* de J. Ford, 1939 ; *Duel au soleil* de K. Vidor, 1947 ; *la Rivière rouge* de H. Hawks, 1948). À partir des années 1960, la production diminue, et des réalisateurs, tels S. Peckinpah, A. Penn, M. Hellman, S. Pollack ou R. Altman, remettent en cause la légende, avec parfois un langage d'une extraordinaire violence, tandis qu'en Italie et en Espagne apparaît le « western spaghetti », sous-genre dont Sergio Leone crée la renommée (*Il était une fois dans l'Ouest,* 1968). Après quelques années d'absence, le western réapparaît à partir des années 1980. Des films comme *Pale Rider* (1985) et *Impitoyable* (1992) de Clint Eastwood, *Danse avec les loups* (1990) de Kevin Costner ou *le Secret de Brokeback Mountain* (2005) d'Ang Lee, cherchent à rendre hommage à ce type de cinéma tout en affirmant un autre regard social ou ethnologique, lié à l'évolution des mœurs et des mentalités dans la société contemporaine. ■

Westminster, borough du centre de Londres, autour de *Westminster Abbey,* dont il subsiste l'église (surtout des XIIIe-XVe s.), qui renferme les tombeaux des rois et de nombreux grands hommes de la Grande-Bretagne. Le *palais de Westminster* a été construit à partir de 1840 sur plans de Charles Barry, en style néogothique, pour servir de siège au Parlement.

Weston (Edward), photographe américain (Highland Park, Illinois, 1886 - Carmel, Californie, 1958). Adepte du « pictorialisme » et du flou artistique, il découvre l'extrême précision de l'objectif rectilinéaire et oriente ses recherches vers le rendu de la matière et le réalisme (il est l'un des membres fondateurs du Groupe *f. 64*). Cette quête de la vérité alliée à une conception rigoureuse contribue à la puissance émotionnelle de son œuvre.

Westphalie, en all. **Westfalen,** région historique d'Allemagne. Érigée en duché en 1180, la région devient en 1807 le centre d'un royaume créé par Napoléon Ier et comprenant les territoires de la Hesse électorale, du Hanovre et du Brunswick. Confié à Jérôme Bonaparte, ce royaume disparaît en 1813. La région est intégrée à la province prussienne de Westphalie en 1815. Elle contribue à former le Land de Rhénanie-du-Nord-Westphalie (1946).

Westphalie *(traités de)* ⟶ Trente Ans *(guerre de).*

Weygand (Maxime), général français (Bruxelles 1867 - Paris 1965). Chef d'état-major de Foch de 1914 à 1923, il fut envoyé comme conseiller militaire à Varsovie, où il anima la résistance des Polonais à l'Armée rouge pendant la guerre polono-soviétique de 1920. Haut-commissaire en Syrie (1923), chef d'état-major de l'armée (1930), il reçut, au milieu de la débâcle, le commandement de tous les théâtres d'opérations (mai 1940) et dut se résoudre à recommander l'armistice. Délégué général du gouvernement de Vichy en Afrique du Nord (1940), il fut rappelé sur l'ordre de Hitler (1941), puis arrêté par la Gestapo et interné en Allemagne (1942-1945). Libéré par les Alliés (1945) et traduit en Haute Cour, il obtint, en 1948, un non-lieu sur tous les chefs d'accusation.

wharf [warf] **n.m.** (mot angl. « quai »). Appontement perpendiculaire à la rive permettant aux navires d'accoster des deux côtés.

Wheeler (*sir* Robert Eric Mortimer), archéologue britannique (Édimbourg 1890 - Leatherhead 1976). Il est devenu mondialement célèbre grâce à sa méthode de fouilles archéologiques, dont le principe essentiel est de généraliser l'information stratigraphique à l'ensemble d'un chantier et de la préserver pendant l'ensemble des travaux.

whig [wig] **n.m.** (mot angl.). HIST. Membre d'un parti apparu en Angleterre vers 1680, qui s'opposait au parti tory et qui prit le nom de parti libéral en 1832. ◆ **adj.** Relatif à ce parti.

whisky [wiski] **n.m.** (mot angl., de l'irlandais) [pl. *whiskys* ou *whiskies*]. Eau-de-vie de grain que l'on fabrique surtout en Écosse et aux États-Unis.

whist [wist] **n.m.** (mot angl.). Jeu de cartes d'origine britannique dont est issu le bridge, consistant à réaliser le contrat annoncé.

Whistler (James Abbott McNeill), peintre et graveur américain (Lowell, Massachusetts, 1834 - Londres 1903). Installé à Londres après quelques années parisiennes (1855-1859), admirateur de l'art japonais et de Manet, il a poussé jusqu'à un extrême raffinement l'étude des harmonies chromatiques (*Jeune Fille en blanc,* 1862, Washington ; *Nocturne en bleu et argent,* 1872, Tate Britain, Londres).

white-spirit [wajtspirit] **n.m.** (mot angl. « essence blanche ») [pl. *white-spirits*]. Solvant minéral intermédiaire entre l'essence et le kérosène, qui a remplacé l'essence de térébenthine comme diluant des peintures.

Whitman (Walt), poète américain (West Hills 1819 - Camden 1892). Il est l'auteur des *Feuilles d'herbe* (1855-1892), où il exalte, dans les termes les plus directs de la langue populaire, la sensualité et la liberté. Son lyrisme est représentatif de la sensibilité américaine.

Whorf (Benjamin Lee), linguiste américain (Winthrop, Massachusetts, 1897 - Wethersfield, Connecticut, 1941). Disciple de E. Sapir, il a émis l'hypothèse que le langage est en relation causale avec le système de représentation du monde.

Wieland (Christoph Martin), écrivain allemand (Oberholzheim 1733 - Weimar 1813). Il fonda *le Mercure allemand* et exerça par ses poèmes *(Oberon),* ses essais et ses récits *(Agathon, les Abdéritains)* une influence profonde sur Goethe et les écrivains allemands.

Wiene (Robert), cinéaste allemand d'origine tchèque (en Saxe 1881 - Paris 1938). Il est l'auteur du *Cabinet du docteur Caligari* (1919), film manifeste du courant expressionniste et de *Raskolnikov* (1923), *les Mains d'Orlac* (1925).

Wiener (Norbert), mathématicien américain (Columbia, Missouri, 1894 - Stockholm 1964). Il étudia d'abord les processus aléatoires, en particulier le mouvement brownien. Pendant la Seconde Guerre mondiale, il participa à l'élaboration de systèmes de défense antiaérienne et fut ainsi conduit à s'intéresser aux problèmes de communication et de commande. Élargissant ensuite ses réflexions à des domaines tels que la neurophysiologie, la régulation biochimique ou les ordinateurs, il fonda la cybernétique (1948). Il enseigna au Massachusetts Institute of Technology (MIT) de 1919 à 1960.

Wies, village d'Allemagne (Bavière), près de Füssen. Église de pèlerinage, un des chefs-d'œuvre du rococo bavarois, construite de 1745 à 1754 par l'architecte Dominikus Zimmermann, décorée de stucs et de peintures par son frère Johann Baptist.

Wiesbaden, v. d'Allemagne, cap. de la Hesse, anc. cap. du duché de Nassau ; 269 121 hab. Station thermale. Ville de congrès, centre administratif et industriel.

Wiesel (Élie), écrivain américain d'expression française (Sighet, Roumanie, 1928). Survivant des camps d'Auschwitz et de Buchenwald, il a fait de son œuvre un mémorial de l'Holocauste (*le Mendiant de Jérusalem,* 1968). [Prix Nobel de la paix 1986.]

Wiesenthal (Simon), publiciste autrichien (Buczacz, Autriche-Hongrie, auj. Boutchatch, Ukraine, 1908 - Vienne 2005). Prisonnier des camps de concentration de 1941 à 1945, il se consacra après sa libération à la défense des Juifs rescapés de la déportation et à la recherche des criminels nazis (*Justice n'est pas vengeance,* 1989).

Wi-Fi [wifi] **n.m. inv.** (abrév. de l'angl. *wireless fidelity*). Norme de communication permettant de se connecter à Internet sans fil dans un rayon de quelques mètres d'un émetteur ou d'une borne relais.

Wight *(île de),* île et comté anglais de la Manche ; 381 km^2 ; 138 265 hab. V. princ. *Newport*. Navigation de plaisance. Tourisme.

Wigman (Marie Wiegmann, dite **Mary),** danseuse, chorégraphe et pédagogue allemande (Hanovre 1886 - Berlin 1973). Élève et assistante de Laban, elle fonde son propre institut à Dresde en 1920. Obligée par les nazis d'interrompre ses activités, elle rouvre après guerre une école à Berlin-Ouest. Elle entraîne dans son sillage plusieurs générations d'adeptes de cette nouvelle « Ausdruckstanz », danse d'expression, qu'elle libère du support musical. Interprète et chorégraphe inspirée, elle traduit dans ses compositions les désirs et les angoisses qui l'animent.

wigwam [wigwam] **n.m.** (mot anglo-amér., de l'algonquin *wikiwam,* cabane). Hutte ou tente des Indiens de l'Amérique du Nord.

wiki [wiki] **n.m.** (de l'hawaiien *wiki,* rapide). Site Web collaboratif dont le contenu peut être modifié par les internautes autorisés.

Wikipedia, encyclopédie contributive sur Internet, gratuite, universelle et multilingue, créée en 2001.

wilaya [vilaja] **n.f.** (d'un mot ar. « commandement »). Division administrative de l'Algérie.

Wild (Heinrich), ingénieur et constructeur suisse d'appareils de précision (Bilten 1877 - Baden 1951). Il créa les instruments modernes de géodésie et de photogrammétrie (utilisant la photographie stéréoscopique pour les levés topographiques).

Wilde (Oscar Fingal O'Flahertie Wills), écrivain irlandais (Dublin 1854 - Paris 1900). Adepte de l'*esthétisme,* célèbre autant par son personnage que par son œuvre : contes (*le Crime de lord Arthur Saville,* 1891), théâtre (*l'Éventail de lady Windermere,* 1892 ; *De l'importance d'être constant,* 1895), roman (*le Portrait de Dorian Gray,* 1891), il fut emprisonné pour une affaire de mœurs (*Ballade de la geôle de Reading,* 1898) et se retira ensuite en France.

Wilder (Samuel, dit **Billy),** cinéaste américain d'origine autrichienne (Vienne 1906 - Beverly Hills 2002). Dans la lignée de Lubitsch, il a réussi plusieurs comédies légères (*Sept Ans de réflexion,* 1955 ; *Certains l'aiment chaud,* 1959 ; *Irma la Douce,* 1963) ainsi que des films noirs ou dramatiques (*Assurance sur la mort,* 1944 ; *Boulevard du Crépuscule,* 1950).

Wilhelmine (La Haye 1880 - château de Het Loo 1962), reine des Pays-Bas de 1890 à 1948. Fille de Guillaume III, elle régna d'abord sous la régence de sa mère, Emma (1890-1898). Elle dut se réfugier à Londres de 1940 à 1945. En 1948, elle abdiqua en faveur de sa fille, Juliana.

Wilkins (Maurice Hugh Frederick), biophysicien britannique (Pongaroa, Nouvelle-Zélande, 1916 - Londres 2004). Il a confirmé le modèle en double hélice de la structure de l'ADN découvert par F. H. Crick et J. D. Watson, par des expériences de diffraction des rayons X. (Prix Nobel 1962.)

Williams (les sœurs), joueuses de tennis américaines. • **Venus W.** (Lynwood, Californie, 1980). Vainqueur cinq fois à Wimbledon (2000, 2001, 2005, 2007, 2008) et deux fois à Flushing Meadow (2000, 2001), elle est aussi championne olympique (titrée en 2000). • **Serena W.** (Saginaw, Michigan, 1981). Elle a remporté cinq titres à Wimbledon (2002, 2003, 2009, 2010, 2012) et aux Internationaux d'Australie (2003, 2005, 2007, 2009, 2010), six à Flushing Meadow (1999, 2002, 2008, 2012, 2013, 2014) et deux à Roland-Garros (2002 et 2013). Elle est aussi championne olympique (titrée en 2012). Les sœurs Williams ont en outre gagné, associées en double, de nombreux tournois du Grand Chelem et trois titres olympiques (2000, 2008 et 2012).

Williams (Thomas Lanier, dit **Tennessee),** auteur dramatique américain (Columbus, Mississippi, 1911 - New York 1983). Il a décrit dans ses pièces de théâtre des marginaux, proies des frustrations et des excès de la société (*Un tramway nommé Désir,* 1947 ; *la Rose tatouée,* 1950 ; *la Chatte sur un toit brûlant,* 1955 ; *Soudain l'été dernier,* 1958 ; *la Nuit de l'iguane,* 1961).

Wilson (*sir* Harold), homme politique britannique (Huddersfield 1916 - Londres 1995). Leader du parti travailliste (1963), il fut Premier ministre de 1964 à 1970. De nouveau au pouvoir en 1974, il démissionna en 1976.

Wilson (Robert, dit **Bob),** metteur en scène américain (Waco, Texas, 1941). Il recherche dans son théâtre, où la parole est souvent détournée et le temps distendu *(le Regard du sourd, The Black Rider),* une nouvelle forme de « spectacle total ».

Wilson (Thomas Woodrow), homme d'État américain (Staunton, Virginie, 1856 - Washington 1924). Leader du parti démocrate, il fut élu, en 1912, président des États-Unis ; il appliqua alors un programme réformiste et hostile aux trusts. Réélu en 1916, il engagea son pays dans la guerre aux côtés des Alliés (1917). À l'issue du conflit, il imposa aux négociateurs des traités son programme en « quatorze points », fondé sur le droit des peuples et la sécurité collective. Mais il ne put obtenir ni la ratification par le Sénat du traité de Versailles ni l'adhésion des États-Unis à la Société des Nations, qu'il avait contribué à créer. (Prix Nobel de la paix 1919.)

Wimbledon, quartier de la banlieue sud-ouest de Londres. Site d'un championnat international de tennis, créé en 1877.

winchester [winʃɛstɛr] **n.m.** (mot anglo-amér., de F. *Winchester*, fabricant d'armes). Fusil américain à répétition, employé au cours de la guerre de Sécession et de la guerre de 1870.

Winckelmann (Johann Joachim), historien de l'art et archéologue allemand (Stendal, Brandebourg, 1717 - Trieste 1768). Après avoir écrit ses *Réflexions sur l'imitation des œuvres d'art grecques dans la peinture et la sculpture,* une des principales sources du courant néoclassique (1755), il partit pour Rome, où il devint préfet des antiquités (1763) et bibliothécaire du Vatican. Son *Histoire de l'art dans l'Antiquité* (1764) a posé, avant Hegel, les bases de l'histoire de l'art (développement historique de styles correspondant à des catégories esthétiques).

Windhoek, cap. de la Namibie ; 356 000 hab. dans l'agglomération.

Windsor, v. du Canada (Ontario), sur la rivière de Détroit ; 210 891 hab. Port et centre de l'industrie automobile canadienne.

Windsor ou **New Windsor,** v. de Grande-Bretagne (Berkshire) ; 30 568 hab. Château royal construit et remanié du XIIe au XIXe s. La maison royale britannique de Hanovre-Saxe-Cobourg-Gotha a pris en 1917 le nom de *maison de Windsor.*

Winnicott (Donald Woods), pédiatre et psychanalyste britannique (Plymouth 1896 - Londres 1971). Il a montré que le développement le plus précoce du nourrisson dépend notamment des liens corporels entre la mère et l'enfant, qui traduisent leurs états affectifs. La relation de l'enfant avec le monde extérieur passe ensuite par l'intermédiaire d'« objets transitionnels » (*Jeu et réalité,* 1971).

Winnipeg, v. du Canada, cap. du Manitoba ; 663 617 hab. (730 018 hab. dans l'agglomération). Nœud ferroviaire et centre industriel et commercial.

Winnipeg *(lac),* lac du Canada (Manitoba), s'écoulant vers la baie d'Hudson par le Nelson ; 24 500 km^2.

Winterthur, v. de Suisse (Zurich) ; 101 308 hab. (144 187 hab. dans l'agglomération). Centre industriel. Riches collections et musée de peinture.

Wisconsin, un des États unis d'Amérique (Centre-Nord-Est) ; 145 438 km^2 ; 5 742 713 hab. CAP. *Madison.*

wisigothique [vizigɔtik] et **wisigoth, e** [vizigo, -ɔt] **adj.** Relatif aux Wisigoths.

Wisigoths ou **Visigoths,** branche des Goths (« Goths sages » ou « Goths vaillants »), installée au IVe s. dans la région danubienne et convertie à l'arianisme. Vainqueurs de Valens à Andrinople en 378, ils prirent Rome en 410. Installés comme fédérés dans le sud-ouest de la Gaule (v. 418), ils conquirent une bonne partie de l'Espagne (412-476). Ils combattirent Attila aux champs Catalauniques (451), mais Clovis les chassa de Gaule après 507. Leur roi Reccared (586-601) se convertit au catholicisme. Quand les musulmans débarquèrent en Espagne, leur royaume s'effondra rapidement (711-714).

Wismar, port d'Allemagne (Mecklembourg-Poméranie-Occidentale), sur la Baltique ; 42 468 hab. Centre industriel. Église gothique St-Nicolas, en brique, des XIVe-XVe s. Point de jonction des forces britanniques et soviétiques le 3 mai 1945.

Witkiewicz (Stanisław Ignacy), dit **Witkacy,** peintre et écrivain polonais (Varsovie 1885 - Jeziory 1939). Son œuvre affirme « l'inadaptation absolue de l'homme à la fonction de l'existence » (*l'Inassouvissement,* 1930).

Witt (Johan, en fr. **Jean de),** homme d'État hollandais (Dordrecht 1625 - La Haye 1672). Pensionnaire de Hollande (1653-1672), il dirigea la politique extérieure des Provinces-Unies. Il conclut la paix avec Cromwell (1654) et fit voter l'Acte d'exclusion contre la maison d'Orange (1667). Après avoir mené une guerre contre les Anglais (1665-1667), il s'allia à l'Angleterre et à la Suède contre la France, mais l'invasion victorieuse de Louis XIV (1672) lui fut imputée par les orangistes, qui laissèrent la population de La Haye l'assassiner, ainsi que son frère Cornelis.

Wittelsbach, famille princière qui régna sur la Bavière de 1180 à 1918.

Wittenberg, v. d'Allemagne (Saxe-Anhalt), sur l'Elbe ; 47 390 hab. C'est sur les portes de l'église du château que Luther afficha, le 31 oct. 1517, ses 95 thèses, déclenchant ainsi le mouvement de la Réforme.

Wittgenstein (Ludwig), philosophe et logicien autrichien naturalisé britannique (Vienne 1889 - Cambridge 1951). Sa première théorie pose qu'il existe une relation biunivoque entre les mots et les choses et que les propositions qui enchaînent les mots constituent des « images » de la réalité (*Tractatus logico-philosophicus,* 1921, qui se clôt par la célèbre proposition : « Ce dont on ne peut parler, il faut le taire »). Cette théorie eut une certaine influence sur le cercle de Vienne, puis fut abandonnée par Wittgenstein lui-même au profit d'une conception plus restreinte et plus concrète, qualifiée de « jeu de langage », où il met en lumière l'aspect humain du langage, c'est-à-dire l'imprécision et la variabilité suivant les situations (*Investigations philosophiques,* écrites de 1936 à 1949 et publiées en 1953).

Witwatersrand (en abrégé **Rand**), région d'Afrique du Sud, autour de Johannesburg, partie de la prov. de Gauteng. Importantes mines d'or.

Wöhler (Friedrich), chimiste allemand (Eschersheim, près de Francfort-sur-le-Main, 1800 - Göttingen 1882). Il a isolé l'aluminium (1827), le bore, et réalisé en 1828 la première synthèse de chimie organique, celle de l'urée. Il a mis au point la préparation de l'acétylène par action de l'eau sur le carbure de calcium.

Wolf (Hugo), compositeur autrichien (Windischgraz, Slovénie, 1860 - Vienne 1903), le plus grand maître du lied après Schubert et Schumann. Il ne mit en musique que des textes de grande qualité (Goethe, Mörike, Eichendorff).

Wolfe (Thomas Clayton), écrivain américain (Asheville, Caroline du Nord, 1900 - Baltimore 1938). Il est l'auteur de romans lyriques et autobiographiques *(Ange, regarde de ce côté ; la Toile et le Roc).*

Wolff (Étienne), biologiste français (Auxerre 1904 - Paris 1996). Il est l'auteur d'importants travaux dans les domaines de la tératologie (étude des malformations) et de la cancérologie.

Wölfflin (Heinrich), historien de l'art et professeur suisse (Winterthur 1864 - Zurich 1945). Ses *Principes fondamentaux de l'histoire de l'art* (1915) renouvelèrent les bases de l'étude stylistique de l'œuvre.

wolfram [vɔlfram] **n.m.** (mot all.). Autre nom du tungstène.

wolof n.m. → ouolof.

Wolof → Ouolof.

Wolsey (Thomas), prélat et homme politique anglais (Ipswich v. 1475 - Leicester 1530). Archevêque d'York (1514), cardinal et lord-chancelier du roi Henri VIII (1515), il dirigea pendant près de quinze ans la politique anglaise et voulut faire de l'Angleterre un arbitre des conflits entre François Ier et Charles Quint. N'ayant pu obtenir du pape le divorce du roi, il fut disgracié en 1529.

Woolf (Virginia), romancière britannique (Londres 1882 - Lewes 1941). Influencée par Proust et Joyce, elle tenta de rendre sensible la vie mouvante de la conscience et de saisir les impressions fugitives et quotidiennes dans ses romans, où l'action et l'intrigue ne jouent presque aucun rôle (*la Traversée des apparences,* 1915 ; *Mrs. Dalloway,* 1925 ; *la Promenade au phare,* 1927 ; *les Vagues,* 1931). Elle fut également éditeur (K. Mansfield et T. S. Eliot), critique littéraire et auteur d'un *Journal.*

Wordsworth (William), poète britannique (Cockermouth 1770 - Rydal Mount 1850). Auteur, avec son ami Coleridge, des *Ballades lyriques* (1798), véritable manifeste du romantisme, il rejeta la phraséologie des poètes du XVIIIe s. au profit du pittoresque de la langue quotidienne *(l'Excursion, Peter Bell).*

Worms, v. d'Allemagne (Rhénanie-Palatinat), sur le Rhin ; 79 207 hab. Cathédrale romane à deux absides opposées (XIIe-XIIIe s.). Un concordat y fut conclu en 1122 entre Calixte II et l'empereur Henri V, mettant fin à la querelle des Investitures. En 1521, une diète s'y tint qui mit Luther au ban de l'Empire.

Wotan → Odin.

Wren (*sir* **Christopher),** architecte britannique (East Knoyle, Wiltshire, 1632 - Hampton Court 1723). Scientifique de formation, il aborde l'architecture en 1663 (théâtre à Oxford) et s'y consacre entièrement après l'incendie de Londres (1666), chargé qu'il est de reconstruire une cinquantaine d'églises ainsi que la cathédrale St Paul (1675-1710). « Surveyor general » des bâtiments royaux de 1669 à 1718, il réalise les hôpitaux de Chelsea (1682) et de Greenwich. Empruntant aussi bien à Palladio qu'au classicisme français et au baroque hollandais, il a élaboré un style personnel, fait de grandeur et de rigueur, dont se souviendront les maîtres néoclassiques.

Wright (Frank Lloyd), architecte américain (Richland Center, Wisconsin, 1867 - Taliesin West, près de Phoenix, Arizona, 1959). Aussi inventif dans ses grands édifices (siège de la compagnie Johnson Wax à Racine [1936-1939]) ; musée Guggenheim, New York, à rampe hélicoïdale autour d'un puits de lumière [1943-1959] que dans ses maisons particulières (« maisons de la prairie », du début du siècle ; « Maison sur la cascade » en Pennsylvanie, 1936), maître du courant *organique* dans l'architecture moderne, il a exercé une grande influence.

Wright (les frères), précurseurs américains de l'aviation. • **Wilbur W.** (Millville, Indiana, 1867 - Dayton, Ohio, 1912). En sept. 1904, il effectua le premier virage en vol, puis le premier vol en circuit fermé. • **Orville W.** (Dayton 1871 - *id.* 1948). Le 17 déc. 1903 à Kitty Hawk, à bord d'un avion à deux hélices, il réussit le premier vol propulsé et soutenu d'un appareil plus lourd que l'air.

Wrocław, en all. **Breslau,** v. de Pologne, en basse Silésie, ch.-l. de voïévodie, sur l'Odra ; 630 131 hab. Centre administratif, culturel et industriel. Cathédrale et hôtel de ville gothiques, et autres monuments. Musée de Silésie.

Wuhan, conurbation de la Chine centrale, cap. du Hubei ; 9 157 680 hab. dans l'agglomération. Carrefour ferroviaire et centre industriel.

Wulumuqi → Ouroumtsi.

Wundt (Wilhelm), philosophe et psychologue allemand (Neckarau, auj. dans Mannheim, 1832 - Grossbothen, près de Leipzig, 1920). Il est l'un des fondateurs de la psychologie expérimentale (*Éléments de psychologie physiologique,* 1873-1874). Il a également jeté les bases d'une psychologie sociale (*Völkerpsychologie,* 1900-1920).

Wuppertal, v. d'Allemagne (Rhénanie-du-Nord-Westphalie), dans la Ruhr, sur la *Wupper ;* 342 661 hab.

Wurtemberg, en all. **Württemberg,** anc. État de l'Allemagne du Sud-Ouest, qui s'étendait sur la bordure nord-est de la Forêt-Noire et sur la partie méridionale du bassin de Souabe-Franconie, auj. partie du Bade-Wurtemberg. Issu du duché de Souabe, le Wurtemberg est érigé en comté en 1135. Transformé en duché (1495), il est érigé en royaume en 1805 et adhère à la Confédération germanique en 1815. Il est intégré à l'Empire allemand en 1871.

Wurtz (Adolphe), chimiste français (près de Strasbourg 1817 - Paris 1884). Il a découvert les amines (1849), le glycol (1855), l'aldol (1872) et a établi la constitution de la glycérine. Il a imaginé une méthode de synthèse générale en chimie organique, grâce à l'emploi du sodium (1854). Il fut le promoteur de la théorie atomique en France.

Würzburg, v. d'Allemagne (Bavière), sur le Main ; 124 297 hab. Églises des XIIe-XIVe s. Magnifique Résidence des princes-évêques, construite à partir de 1719 par J. B. Neumann (fresques de Tiepolo). Musée.

WWF, sigle de *World Wide Fund for Nature,* en français **Fonds mondial pour la nature,** organisation internationale de protection de la nature. Fondé en 1961, le WWF s'est appelé jusqu'en 1986 *Word Wildlife Fund.* Il collecte des capitaux, finance et organise des projets de sauvegarde des espèces et de protection de l'environnement. Son siège est à Gland (Suisse).

Wycliffe ou **Wyclif (John),** théologien anglais précurseur de la Réforme (North Riding of Yorkshire v. 1330 - Lutterworth, Leicestershire, 1384). Chef d'un mouvement hostile au pape et au clergé, il passa par la suite à une attitude proche de celle des vaudois, voyant dans une Église pauvre la seule institution qui soit conforme à l'Évangile. Il rejeta la théorie de la transsubstantiation eucharistique et mit l'accent sur l'autorité exclusive de la Bible. Le concile de Constance (1415) le condamna, à titre posthume, comme hérétique.

Wyler (William), cinéaste américain d'origine suisse (Mulhouse 1902 - Los Angeles 1981). Spécialiste des drames psychologiques et des adaptations littéraires, il a réalisé *la Vipère* (1941), *les Plus Belles Années de notre vie* (1946), *Ben Hur* (1959), *l'Obsédé* (1965).

Wyoming, un des États unis d'Amérique ; 253 500 km^2 ; 582 658 hab. CAP. *Cheyenne.*

X

x [iks] **n.m. inv. 1.** Vingt-quatrième lettre (consonne) de l'alphabet. **2.** Sert à désigner une personne ou une chose qu'on ne veut ou ne peut désigner plus clairement : *Monsieur X. En un temps x.* **3.** MATH. Symbole littéral désignant souvent une inconnue : *Trouver la valeur de x.* **4.** Objet en forme d'X. **5.** Tabouret à pieds croisés. **6.** (Précédé de l'art. déf. et avec une majuscule). *ARG. SCOL.* École polytechnique ; élève de cette école : *Sortir major de l'X.* **7. Film classé X,** film pornographique. ⁄ **Rayons X,** radiations électromagnétiques de faible longueur d'onde (entre l'ultraviolet et les rayons γ), traversant plus ou moins facilement les corps matériels. (→ onde.) ⁄ **X,** chiffre romain valant dix. ⁄ BIOL. **X,** chromosome sexuel présent en un exemplaire chez l'homme et en deux exemplaires chez la femme.

Xaintrailles ou **Saintrailles (Jean Poton de),** maréchal de France (v. 1400 - Bordeaux 1461). Grand écuyer de Charles VII, compagnon de Jeanne d'Arc, il continua, en Normandie et en Guyenne, la lutte contre l'Angleterre.

Xenakis (Iannis), compositeur grec naturalisé français (Brăila, Roumanie, 1921 ou 1922 - Paris 2001). Il travailla avec Le Corbusier et établit des correspondances entre la musique et l'architecture. Créateur du CEMAMU (Centre d'études de mathématique et automatique musicales), pour appliquer les connaissances et les techniques scientifiques à la musique, il utilisa, dans ses compositions, un ordinateur (*Metastasis,* 1954 ; *Persépolis,* 1971 ; *Jonchaies,* 1977 ; *Akea,* 1986 ; *Waarg,* 1988).

xénon [ksenɔ̃] **n.m.** (gr. *xenon,* chose étrange, par l'angl.). Gaz inerte existant en quantité infime dans l'air. ▸ Symb. Xe.

Xénophane, philosophe grec (Colophon fin du VIe s. av. J.-C.), fondateur de l'*école d'Élée,* qui faisait de l'Être un éternel absolu.

xénophobie [ksenɔfɔbi] **n.f.** (du gr. *xenos,* étranger, et *-phobie*). Aversion pour les étrangers. (→ racisme.) ◆ **xénophobe adj.** et **n.** Qui manifeste ce sentiment.

Xénophon, écrivain, philosophe et homme politique grec (Erkhia, Attique, v. 430 - v. 355 av. J.-C.). Il fut un des disciples de Socrate. Il dirigea la retraite des Dix Mille (dont il fit le récit dans *l'Anabase*). Il est l'auteur de traités relatifs à Socrate *(les Mémorables),* de récits historiques *(les Helléniques),* d'ouvrages d'économie domestique et de politique *(l'Économique, la Constitution des Lacédémoniens),* d'un roman *(la Cyropédie).*

xérès [kserɛs] ou **jerez** [xerɛs] **n.m.** Vin blanc sec et alcoolisé produit dans la région de Jerez de la Frontera (province de Cadix).

xérophyte [kserɔfit] **n.f.** (de *xéro-* et *-phyte*). Plante adaptée à la sécheresse, soit par ses surfaces réduites, soit par ses formes charnues, ou bien par une vie princ. souterraine, ou enfin par une vie végétative très courte.

Xerxès Ier, roi perse achéménide (486-465 av. J.-C.), fils de Darios Ier. Il réprima avec brutalité les révoltes de l'Égypte et de Babylone, qu'il détruisit (482). Mais il ne put venir à bout des cités grecques au cours de la seconde guerre médique (480-479). Victime d'intrigues de palais, il mourut assassiné.

Xhosa ou **Xosa,** peuple de l'Afrique australe, parlant une langue bantoue (groupe khoisan) et rattaché au groupe des Ngoni.

xi [ksi] **n.m. inv.** ⟶ **ksi.**

Xi'an ou **Sian,** v. de Chine, cap. du Shaanxi ; 4 845 821 hab. dans l'agglomération. Centre industriel. Capitale de la Chine sous les Zhou et, sous le nom de Changan, sous les Han et les Tang, elle garde de cette époque sa configuration urbaine. Riche musée. Monuments anciens dont la Grande Pagode des oies sauvages (Dayanta), d'époque Tang. Aux env., nombreuses et riches nécropoles (tumulus impériaux dont celui de Qin Shi Huangdi avec son armée de guerriers en terre cuite).

Xinjiang ou **Sin-kiang** ***(région autonome ouïgoure du),*** région du nord-ouest de la Chine ; 1 646 800 km^2 ; 21 815 815 hab. CAP. *Ouroumtsi.* Région aride, vide en dehors des oasis (sur l'ancienne route de la soie). Élevage ovin. Extraction du pétrole.

XML [iksɛmɛl] **n.m.** (sigle de l'angl. *extensible markup language,* langage de balisage extensible). INFORM. Langage à base de balises normalisées, destiné à faciliter la définition, la validation et le partage de documents sur le Web.

xylographie [ksilɔgrafi] **n.f.** (de *xylo-* et *-graphie*). Impression, estampe obtenues à l'aide d'une planche de bois gravée par la méthode de la taille d'épargne (gravure en relief). [⟶ estampe.]

xylographique [ksilɔgrafik] **adj.** Relatif à ou obtenu par la xylographie : *Impression, procédé xylographiques.*

xylophage [ksilɔfaʒ] **adj.** et **n.** Se dit des insectes qui se nourrissent de bois.

xylophone [ksilɔfɔn] **n.m.** Instrument de musique à percussion composé de lames de bois d'inégale longueur, portées sur deux appuis, sur lesquelles on frappe avec deux baguettes de bois ou des mailloches.

Y Z

1. y [igrɛk] **n.m. inv. 1.** Vingt-cinquième lettre (voyelle ou consonne) de l'alphabet. ***Rem.*** À l'initiale, l'*y* suivi de voyelle a la valeur d'une consonne et ne provoque ni élision ni liaison, sauf dans quelques mots : *yeuse, yeux.* **2. Y,** chromosome sexuel présent seulement chez l'homme, qui en possède un par cellule.

2. y [i] **adv.** (lat. *ibi,* là). Indique le lieu où l'on se trouve, où l'on va : *J'y étais la première. Allez-y.* ◆ **pron. pers.** Remplace un pronom (représentant le plus souvent une chose) qui serait précédé de la prép. *à : Ne vous y fiez pas* (= ne vous fiez pas à cela).

yacht [jɔt] **n.m.** (néerl. *jacht*). MAR. Navire de plaisance, à voiles ou à moteur.

yacht-club [jɔtklœb] **n.m.** (pl. *yacht-clubs*). Association ayant pour objet la pratique des sports nautiques, et, partic., du yachting.

yachting [jɔtiŋ] **n.m.** (mot angl.). Pratique de la navigation de plaisance sous toutes ses formes.

yachtman [jɔtman] **n.m.** (mot angl.) [pl. *yachtmans* ou *yachtmen*]. Sportif pratiquant le yachting. ***Rem.*** On écrit aussi *yachtsman.*

yack ou **yak** [jak] **n.m.** (angl. *yak,* du tibétain *gyak*). Grand mammifère ruminant à long pelage des hauts plateaux du Tibet, utilisé comme bête de somme. ▸ Famille des bovidés. Haut. au garrot 2 m ; poids 750 kg.

Yahvé, nom qu'Israël a privilégié pour désigner son Dieu. Il est transcrit dans la Bible par les quatre consonnes, ou « tétragramme », YHWH. Ce nom étant jugé ineffable, les Juifs y joignirent, pour en permettre la prononciation, les voyelles – en fait, é, o, a – d'Adonaï (« Seigneur »), ce qui donna le vocable de Jéhovah. Yahvé signifierait « Je suis », en impliquant l'idée biblique selon laquelle le sens de ce nom sacré ne peut être livré.

yakitori [jakitɔri] **n.m.** (mot jap.). Brochette de viande, princip. de poulet. ▸ Cuisine japonaise.

Yalta ou **Ialta,** v. d'Ukraine, en Crimée, sur la mer Noire ; 81 654 hab. Station balnéaire.

Yalta *(conférence de)* [4-11 févr. 1945], conférence qui réunit Churchill, Roosevelt et Staline en vue de régler les problèmes posés par la proche défaite de l'Allemagne. Elle admit le principe d'une amputation de la Pologne orientale au bénéfice de l'U.R.S.S., qui s'engagea en outre à attaquer le Japon. Elle prévoyait également la formation de gouvernements démocratiques dans l'Europe libérée.

Yalu, fl. de l'Asie orientale, suivi par la frontière entre la Chine et la Corée du Nord ; 790 km.

Yamoussoukro, cap. de la Côte d'Ivoire (depuis 1983), au centre du pays ; 207 412 hab. Université. Basilique Notre-Dame-de-la-Paix (1990).

Yamuna, Jumna ou **Jamna,** riv. de l'Inde, qui passe à Delhi et Agra, affl. du Gange (r. dr.) ; 1 370 km.

Yanaon, auj. **Yanam,** un des anciens établissements français en Inde (avec Karikal, Pondichéry et Mahé), sur le delta de la Gadavari. Il fut rattaché à l'Inde en 1954.

yang [jɑ̃g] **n.m.** (mot chin.). Dans la pensée taoïste chinoise, l'un des deux états de la réalité, comme le versant éclairé de la montagne, le soleil, le mouvement, la chaleur (par opp. au *yin*).

Yangzi Jiang ou **Yang-tseu-kiang,** le plus long fleuve de Chine ; 5 980 km (bassin de 1 830 000 km^2). Issu du Tibet et coulant d'abord en gorges, mais partiellement régularisé sur son cours moyen (aménagements hydrauliques autour de Yichang : barrages de Gezhouba et des Trois-Gorges), il devient la principale voie navigable de Chine, passant à Wuhan et à Nankin. Il rejoint la mer de Chine orientale par un estuaire au sud duquel s'est développée Shanghai. C'est l'anc. *fleuve Bleu.*

Yankee [jɑ̃ki] **n.** (mot anglo-amér., p.-ê. du hollandais *janké,* dimin. de *Jean,* surnom des Hollandais et des Anglais de la Nouvelle-Angleterre). Sobriquet donné par les Anglais aux colons révoltés de la Nouvelle-Angleterre, puis par les sudistes aux nordistes, enfin aux habitants anglo-saxons des États-Unis.

Yaoundé, cap. du Cameroun, vers 700 m d'alt. ; 2 930 000 hab. dans l'agglomération.

yaourt [jaurt] et **yoghourt** [jɔgurt] **n.m.** (du turc). Lait caillé préparé à l'aide de ferments lactiques acidifiants.

yaourtière [jaurtjɛr] **n.f.** Récipient clos servant à la fabrication domestique des yaourts.

Yapurá ou **Japurá,** riv. de la Colombie et du Brésil, affl. de l'Amazone (r. g.) ; 2 800 km.

yard [jard] **n.m.** (mot angl.). Unité de mesure de longueur anglo-saxonne, valant 0,914 m.

Yaşar Kemal (Kemal Sadık Gökçeli, dit**),** écrivain turc (Osmaniye, près d'Adana, 1923 - Istanbul 2015). Ses poèmes et ses romans évoquent les paysans d'Anatolie *(Mémed le Mince ; Terre de fer, ciel de cuivre ; l'Herbe qui ne meurt pas).*

yatagan [jatagɑ̃] **n.m.** (turc *yâtâghân*). Sabre incurvé en deux sens opposés, qui était en usage chez les Turcs et les Arabes.

yawl [jɔl] **n.m.** (mot angl.). Voilier à deux mâts ayant l'artimon en arrière de la barre, à la différence du ketch.

yearling [jœrliŋ] **n.m.** (mot angl. « d'un an »). Pur-sang âgé d'un an.

Yeats (William Butler), écrivain irlandais (Sandymount 1865 - Roquebrune-Cap-Martin 1939). Cofondateur de l'Abbey Theatre, il fut l'auteur d'essais, de poèmes et de drames (*la Comtesse Kathleen,* 1892 ; *Deirdre,* 1907) inspirés de l'esprit national. (Prix Nobel 1923.)

Yellowknife, v. du Canada, ch.-l. des Territoires du Nord-Ouest, sur la rive nord du Grand lac des Esclaves ; 19 234 hab. À proximité, gisements aurifères.

Yellowstone (le), riv. des États-Unis, affl. du Missouri (r. dr.), qui traverse le *parc national de Yellowstone* (Wyoming), aux nombreux geysers ; 1 080 km (bassin de 181 300 km^2).

Yémen, État du sud de l'Arabie, sur la mer Rouge et le golfe d'Aden ; 485 000 km^2 ; 24 407 000 hab. *(Yéménites).* CAP. *Sanaa.* LANGUE : *arabe.* MONNAIE : *rial yéménite.*

GÉOGRAPHIE

Le Yémen occupe la partie sud de la péninsule arabique, sur une superficie presque égale à celle de la France. Les plaines côtières arides (Tihama), en bordure de la mer Rouge et du littoral du golfe d'Aden, sont dominées par le rebord du socle arabique, hautes terres bien arrosées à l'ouest, désertiques à l'est, coupées de vallées irriguées et d'oasis. En dehors de quelques ports (pêche) et d'Aden, longtemps site stratégique, les villes sont situées dans la « montagne » : Taizz et surtout Sanaa, la capitale, ville la plus peuplée aujourd'hui. L'agriculture occupe la majeure partie de la population active. Céréales, coton, café, fruits et légumes sont complétés par l'élevage (ovins et caprins). L'extraction pétrolière s'est développée récemment. Les difficultés économiques du pays se sont encore accrues, d'une part avec la guerre du Golfe (1990-1991), qui a provoqué la suspension de l'aide de l'Arabie saoudite ainsi que le retour des émigrés qui y travaillaient, et d'autre part avec la guerre civile de 1994.

HISTOIRE

Peuplé dès le IIIe millénaire, le Yémen est divisé en royaumes, dont celui de Saba. Pénétré par le judaïsme puis par le christianisme, ce royaume est à son apogée au IIIe s. av. J.-C. Mais, conquis en 525, il devient une vice-royauté éthiopienne et, v. 570, une satrapie perse.

VIIe s. L'islam s'y répand, sous la forme du chiisme. Les principautés musulmanes retrouvent leur autonomie à l'égard des califes, au IXe s., et prospèrent grâce au commerce.

1570-1635. Le Yémen est intégré à l'Empire ottoman qui, après 1635, n'a plus d'autorité réelle. Le déclin du pays permet aux Britanniques de s'emparer d'Aden (1839) et à l'Arabie saoudite d'annexer une principauté du Nord (1926). Le Yémen, sous le régime patriarcal et autoritaire des Zaydites, stagne.

Les deux républiques

Le Yémen du Nord (Sanaa).

1962. Un coup d'État instaure un régime républicain. Appuyé par l'Égypte, celui-ci lutte jusqu'en 1969 contre les royalistes soutenus par l'Arabie saoudite et la Grande-Bretagne. Un accord instable entre les combattants favorise l'arrivée au pouvoir, en 1972, des éléments les plus conservateurs. Cette évolution politique accroît la tension avec la République démocratique du Yémen.

1974. Une junte militaire s'empare du pouvoir.

1977-1978. Période de grande instabilité politique. Assassinat du chef de l'État.

1978. Le lieutenant-colonel Ali Abdallah Saleh est élu président.

1979. Un processus d'unification est relancé.

Le Yémen du Sud (Aden).

1963. Aden et la plupart des sultanats du protectorat britannique forment la Fédération de l'Arabie du Sud.

1967. Celle-ci accède à l'indépendance.

1970. Ali Rubayyi instaure une république démocratique et populaire d'inspiration marxiste-léniniste.

1978. Assassinat d'Ali Rubayyi.

1980. Ali Nasir Muhammad devient chef de l'État.

1986. Abu Bakr al-Attas le renverse et prend le pouvoir.

L'unification. À la suite des accords signés en 1988 et 1989 entre les deux Yémens, l'unification est proclamée en 1990. La nouvelle république est présidée par Ali Abdallah Saleh. Mais de graves dissensions conduisent à un conflit armé entre nordistes et sudistes en 1994 qui se solde par la victoire des premiers.

2001-2010. À la suite des attentats du 11 septembre* 2001, le Yémen se rallie à la lutte antiterroriste menée par les États-Unis. Tandis que la branche d'al-Qaida* dans la péninsule arabique (A.Q.P.A.) s'implante au Yémen, y trouvant un cadre favorable, le pouvoir central est également confronté à une rébellion tribale et religieuse dans le nord du pays, réprimée en 2004 mais endémique. Dans le sud, le développement économique inégal entraîne la renaissance d'un courant sécessionniste.

2011-2012. Dans le sillage des insurrections tunisienne et égyptienne, les étudiants déclenchent un mouvement de contestation auquel se rallient les partis d'opposition, plusieurs grandes tribus et une partie de l'armée. Après avoir tenté d'écraser la rébellion, le président Saleh accepte de quitter le pouvoir sous la pression des États-Unis et des pays du Golfe, dont l'Arabie saoudite. Le vice-président, Abd Rabbo Mansour Hadi, prend la tête d'un gouvernement de transition fragilisé surtout par le séparatisme et les attentats terroristes d'al-Qaida dans le sud du pays, notamment à Aden.

yen [jɛn] **n.m.** Unité monétaire principale du Japon.

yéti [jeti] **n.m.** (mot tibétain). Humanoïde légendaire de l'Himalaya, aussi appelé *abominable homme des neiges.*

Yeu *(île d'),* île de la côte française de l'Atlantique (Vendée), formant une commune et le canton de *L'Île-d'Yeu ;* 23 km^2 ; 4 562 hab. ; ch.-l. *Port-Joinville.*

yeuse [jøz] **n.f.** (prov. *euse,* du lat. *ilex*). Chêne vert.

yeux n.m. → **œil.**

yé-yé [jeje] **adj. inv.** et **n. inv.** (d'un refrain de chanson *yeah,* altér. de l'angl. *yes*). *FAM., VIEILLI.* Se dit d'un style de musique, de chansons, de danse venu des États-Unis, en vogue parmi les jeunes dans les années 1960, ainsi que des comportements qu'il a suscités : *Chanteur yé-yé. Mode yé-yé.*

yiddish [jidiʃ] **n.m. inv.** (mot angl., transcription de l'all. *jüdisch,* juif). Langue germanique parlée par les Juifs ashkénazes. ◆ **adj. inv.** Relatif au yiddish.

yin [jin] **n.m.** (mot chin.). Dans la pensée taoïste chinoise, l'un des deux états de la réalité, comme l'obscurité, la terre, la passivité (par opp. au *yang*).

ylang-ylang n.m. → **ilang-ilang.**

yod [jɔd] **n.m.** (mot hébr.). PHON. Semi-consonne constrictive sonore [j] (par ex. dans *maillot* [majo], *soleil* [sɔlɛj]).

yodler [jɔdle] **v.i.** (all. *jodeln*). Chanter à la manière des Tyroliens en vocalisant sans paroles, avec de fréquents changements de registre. (On écrit aussi *iodler* ou *jodler ;* on dit aussi *iouler.*)

yoga [jɔga] **n.m.** (mot sanskrit « jonction »). Discipline spirituelle et corporelle, issue d'un système philosophique brahmanique, et qui vise à libérer l'esprit des contraintes du corps par la maîtrise de son mouvement, de son rythme et du souffle.

yoghourt n.m. → **yaourt.**

yogi [jɔgi] **n.** (sanskrit *yogin*). Personne qui pratique le yoga.

Yokohama, port du Japon (Honshu), sur la baie de Tokyo ; 3 689 603 hab. Centre industriel (pétrochimie, sidérurgie, chantiers navals, automobile). Parc de Sankei.

yole [jɔl] **n.f.** (dan. *jolle,* néerl. *jol*). MAR. Embarcation légère et allongée, d'un faible tirant d'eau, propulsée à l'aviron.

Yom Kippour [jɔmkipur] et **Kippour** [kipur] **n.m. inv.** (mots hébr. « jour de l'expiation »). Fête juive de pénitence célébrée dix jours après le Nouvel An, dite aussi *Grand Pardon.*

Yonne, riv. du Bassin parisien, descendue du Morvan, qui passe à Auxerre et à Sens et rejoint la Seine (r. g.) à Montereau ; 293 km (bassin de près de 11 000 km^2).

Yonne [89], dép. de la Région Bourgogne-Franche-Comté ; ch.-l. de dép. *Auxerre ;* ch.-l. d'arr. *Avallon, Sens ;* 3 arr., 21 cant., 455 comm. ; 7 427 km^2 ; 352 750 hab. *(Icaunais).*

York, v. de Grande-Bretagne, sur l'Ouse ; 137 505 hab. Prestigieuse cathédrale gothique des XIIIe-XVe s. (vitraux) et autres monuments. Maisons anciennes. Musées. Capitale de la Bretagne romaine, puis du royaume angle de Northumbrie (VIe s.), évêché, puis archevêché dès le VIIe s., York fut un important établissement danois (IXe s.). Elle fut la deuxième ville du royaume durant tout le Moyen Âge.

York, dynastie anglaise appartenant à une branche de la famille des Plantagenêts, issue d' **Edmond de Langley** (King's Langley 1341 - *id.* 1402), fils d'Édouard III, duc d'York en 1385. Les York disputèrent le trône aux Lancastres lors de la *guerre des Deux-Roses,* fournirent trois rois à l'Angleterre (Édouard IV, Édouard V, Richard III) et furent supplantés par les Tudors en 1485.

Yorkshire, anc. comté du nord-est de l'Angleterre, sur la mer du Nord, auj. divisé en *North Yorkshire, South Yorkshire* et *West Yorkshire.* V. princ. *Leeds* et *Bradford.*

yorkshire-terrier [jɔrkʃœrterje] et **yorkshire** [jɔrkʃœr] **n.m.** (pl. *yorkshire-terriers* ou *yorkshires*). Petit chien de compagnie, d'origine anglaise.

yoruba [jɔryba] **n.m.** Langue nigéro-congolaise parlée par les Yoruba.

Yoruba ou **Yorouba,** peuple de l'Afrique occidentale (Nigeria principalement ; Togo et Bénin). Les Yoruba ont fondé des royaumes (Ife, Bénin) dès le XVe s.

Yougoslavie, en serbo-croate **Jugoslavija,** officiellement **République populaire** (puis **socialiste**) **fédérative de Yougoslavie.** Ancien État de l'Europe méridionale constitué, de 1945-1946 à 1992, de six républiques fédérées (Bosnie-Herzégovine, Croatie, Macédoine, Monténégro, Serbie, Slovénie). CAP. *Belgrade.*

HISTOIRE

Le royaume des Serbes, Croates et Slovènes est créé en 1918. Il réunit les Slaves du Sud, qui, avant la Première Guerre mondiale, étaient divisés entre la Serbie et l'Empire austro-hongrois (Croatie et Slovénie).

1919-1920. Les traités de Neuilly-sur-Seine, de Saint-Germain-en-Laye, de Trianon et de Rapallo fixent ses frontières.

1921-1934. Alexandre Ier établit un régime autoritaire et centralisé. Le royaume prend le nom de Yougoslavie en 1929. Les Croates s'opposent au centralisme serbe. Ils créent la société secrète Oustacha (1929) et recourent au terrorisme.

1934. Alexandre Ier est assassiné par un extrémiste croate. Son frère Paul assume la régence au nom de Pierre II.

1941. Paul, qui s'est rapproché davantage de l'Allemagne nazie, est renversé par une révolution à Belgrade. La Serbie est occupée par l'Allemagne. En Croatie est créé un État indépendant sous contrôle allemand et italien. La résistance est organisée, d'une part, par D. Mihailović, de tendance royaliste et nationaliste, d'autre part, par le communiste J. Broz (Tito). Pierre II se réfugie à Londres. Avec le Comité national de libération qu'il dirige, Tito libère Belgrade (1944) et Zagreb (1945).

1945. La république est proclamée et une Constitution fédérative élaborée. Tito dirige le gouvernement.

1948-1949. Staline exclut la Yougoslavie du monde socialiste.

1950. L'autogestion est instaurée.

1955. Khrouchtchev normalise les relations entre l'U.R.S.S. et la Yougoslavie.

1961. Une conférence des pays non-alignés se réunit à Belgrade.

1974. Une nouvelle Constitution renforce les droits des républiques.

1980. Mort de Tito. Les fonctions présidentielles sont désormais exercées collégialement. À partir de 1988, les tensions interethniques se développent (notamm. au Kosovo) et la situation économique, politique et sociale se détériore.

1990. La Ligue communiste yougoslave renonce au monopole politique du pouvoir. Les premières élections libres sont remportées par l'opposition démocratique en Croatie et en Slovénie.

1991. La Croatie et la Slovénie proclament leur indépendance. Des combats meurtriers opposent les Croates à l'armée fédérale et aux Serbes de Croatie. La Macédoine se déclare indépendante.

1992. La communauté internationale reconnaît l'indépendance de la Croatie, de la Slovénie et de la Bosnie-Herzégovine (où éclate une guerre meurtrière). La Serbie et le Monténégro créent la République fédérale de Yougoslavie (avr.).

Yougoslavie, en serbe **Jugoslavija,** officiellement **République fédérale de Yougoslavie,** puis (de 2003 à 2006) **Serbie-et-Monténégro,** en serbe **Srbija i Crna Gora.** Ancien État fédéral de l'Europe méridionale, dans la péninsule des Balkans, composé de 1992 à 2006 de deux républiques : Serbie et Monténégro.

HISTOIRE

La République fédérale de Yougoslavie

1992. Après l'éclatement de la République socialiste fédérative de Yougoslavie, la Serbie et le Monténégro instaurent (avril) la République fédérale de Yougoslavie. De nombreux Serbes vivant en Croatie et en Bosnie-Herzégovine revendiquent leur rattachement au nouvel État.

1992 - 1995. La fédération est sanctionnée pour son implication dans la guerre (Bosnie*-Herzégovine et Serbie*).

1996. Elle est reconnue, tardivement, par la communauté internationale.

1997. Slobodan Milošević est élu à la présidence de la République fédérale de Yougoslavie.

1999. En réponse à la répression serbe au Kosovo*, l'OTAN intervient militairement en Yougoslavie (frappes aériennes touchant, de mars à juin, la Serbie et, plus ponctuellement, le Monténégro).

2000. Tardant à reconnaître sa défaite à l'élection présidentielle (septembre) face à Vojislav Koštunica, principal leader de l'opposition démocratique, S. Milošević est chassé du pouvoir par un mouvement de contestation à fort soutien populaire (octobre). L'arrivée de V. Koštunica à la tête de l'État est suivie de la réintégration de la Yougoslavie au sein de la communauté internationale.

La fédération de Serbie-et-Monténégro

2003. Au terme d'un accord entre Belgrade et Podgorica, une nouvelle Charte constitutionnelle est adoptée, qui transforme la République fédérale de Yougoslavie en une fédération rénovée portant le nom de Serbie-et-Monténégro (février). Le Monténégrin Svetozar Marović est élu à la présidence.

2006. Au terme d'un référendum d'autodétermination (mai), le Monténégro proclame son indépendance (juin), immédiatement reconnue par la communauté internationale. La fédération cesse donc d'exister, Serbie et Monténégro devenant deux États distincts.

Young (Arthur), agronome britannique (Londres 1741 - *id.* 1820). Ses *Voyages en France* (1792) constituent une remarquable description de la vie des Français à la veille de la Révolution.

Young (Edward), poète anglais (Upham 1683 - Welwyn 1765). Il est l'auteur des *Plaintes ou Pensées nocturnes sur la vie, la mort et l'immortalité* (1742-1745), poème connu sous le nom de *Nuits* et qui inaugura le genre sombre et mélancolique développé par le romantisme.

Young (Lester), surnommé « President » ou « Prez », saxophoniste et clarinettiste de jazz américain (Woodville, Mississippi, 1909 - New York 1959). Il a développé un jeu très personnalisé, d'une grande relaxation, très libre rythmiquement et inventif harmoniquement, qui a annoncé à la fois le be-bop et le jazz cool.

youpi [jupi] **interj.** (orig. onomat.). Sert à marquer la joie, l'enthousiasme : *Youpi, nous avons gagné !*

Yourcenar (Marguerite de Crayencour, dite Marguerite), femme de lettres de nationalités française et américaine (Bruxelles 1903 - Mount Desert, Maine, États-Unis, 1987). Elle est l'auteure de poèmes, d'essais, de pièces de théâtre, de romans historiques *(Mémoires d'Hadrien, l'Œuvre au noir)* ou autobiographiques *(Souvenirs pieux, Archives du Nord).* Elle fut la première femme élue à l'Académie française (1980).

yourte [jurt] **n.f.** (russe *jorta*). Tente en feutre des nomades de l'Asie centrale.

youyou [juju] **n.m.** (orig. incert., p.-ê. d'un dialecte chin.). Petite embarcation courte et large, employée à divers services du bord d'un bateau plus important.

Yo-Yo [jojo] **n.m. inv.** (nom déposé). Jouet consistant en un disque évidé que l'on fait monter et descendre le long d'un fil enroulé sur son axe.

ypérite [iperit] **n.f.** (de *Ypres,* où elle fut employée en 1917). Liquide huileux utilisé comme gaz de combat, suffocant et qui provoque des vésicules.

Ypres, en néerl. **Ieper,** v. de Belgique, ch.-l. d'arr. de la Flandre-Occidentale ; 34 978 hab. *(Yprois).* Monuments gothiques (halle aux draps, cathédrale) reconstruits après 1918. Fondée au Xe s., Ypres fut l'un des grands centres drapiers du monde occidental du XIIe au XVe s. et participa aux révoltes du XIVe s. contre le pouvoir comtal. En saillant sur le front allié, la ville fut de 1914 à 1918 l'objet de violentes attaques des Allemands, qui y utilisèrent pour la première fois des gaz asphyxiants : vagues de chlore en avril 1915 et *ypérite* en juillet 1917.

Ys ou **Is,** cité légendaire bretonne, sur la baie de Douarnenez, qui aurait été engloutie par les flots au IVe s. ou au Ve s., lors des folies d'un banquet que la fille du roi offrait à un amant.

Yser, fl. côtier, né en France, qui entre en Belgique et rejoint la mer du Nord ; 78 km. – Sa vallée fut le théâtre d'une bataille acharnée au cours de laquelle les troupes belges et alliées arrêtèrent les Allemands en octobre et en novembre 1914.

ysopet ou **isopet** [izɔpɛ] **n.m.** (du n. d'*Ésope*). LITTÉR. Recueil de fables du Moyen Âge.

yuan [jyan] **n.m.** Unité monétaire principale de la Chine.

Yuan, dynastie mongole qui régna en Chine de 1279 à 1368. Fondée par Kubilay Khan, qui poursuivit la conquête de la Chine du Sud, cette dynastie mit fin à celle des Song. Elle s'aliéna la population chinoise en maintenant de fortes discriminations ethniques.

Yucatán (le), presqu'île du Mexique, entre le golfe du Mexique et la mer des Antilles. Il est constitué de bas plateaux calcaires, forestiers, peu peuplés, qui furent l'un des centres de la civilisation des Mayas.

yucca [juka] **n.m.** (esp. *yuca,* mot d'Haïti). Liliacée américaine, acclimatée dans les pays tempérés et ressemblant à l'aloès.

Yukawa Hideki, physicien japonais (Tokyo 1907 - Kyoto 1981). En 1935, pour expliquer la cohésion du noyau de l'atome, il émit l'hypothèse du méson, particule qui fut découverte l'année suivante dans les rayons cosmiques. (Prix Nobel 1949.)

Yukon (le), fl. de l'Amérique du Nord, tributaire de la mer de Béring ; 2 554 km. Il donne son nom à une division administrative de l'Alaska et à un territoire du Canada.

Yukon, territoire fédéré du Canada, 482 515 km^2 ; 33 897 hab. ; ch.-l. *Whitehorse.* Ressources minières : or, argent, plomb, zinc, cuivre.

Yunnan, prov. de Chine, près du Viêt Nam ; 436 200 km^2 ; 45 966 766 hab. CAP. *Kunming.*

yuppie [jupi] **n.** (mot anglo-amér., de *young,* jeune, *urban,* de la ville, *professional,* professionnel). Dans les pays anglo-saxons, jeune cadre dynamique et ambitieux.

Yvelines [78], dép. de la Région Île-de-France ch.-l. de dép. *Versailles ;* ch.-l. d'arr. *Mantes-la-Jolie, Rambouillet, Saint-Germain-en-Laye ;* 4 arr., 21 cant., 262 comm. ; 2 284 km^2 ; 1 440 274 hab.

Z

z [zɛd] **n.m. inv. 1.** Vingt-sixième lettre (consonne) de l'alphabet. **2.** MATH. $\mathbb{Z}$, ensemble des nombres entiers relatifs, c'est-à-dire des entiers positifs, négatifs et du zéro.

Z.A.C. [zak] **n.f.** (sigle de *zone d'aménagement concerté*). Zone à l'intérieur de laquelle une collectivité publique réalise ou fait réaliser une opération d'aménagement et d'équipement de terrains qui sont ensuite cédés à des utilisateurs privés ou publics.

Zacharie, prêtre du Temple de Jérusalem au temps d'Hérode Ier le Grand. La tradition chrétienne primitive (Luc, I) fait de lui l'époux d'Élisabeth et le père de Jean-Baptiste.

Zadkine (Ossip), sculpteur français d'origine russe (Vitebsk 1890 - Neuilly-sur-Seine 1967). Son œuvre d'inspiration cubiste fut aussi marquée par l'expressionnisme (*Monument à une ville détruite,* Rotterdam, 1948-1951).

Zagorsk → Serguiev Possad.

Zagreb, cap. de la Croatie, sur la Save ; 686 439 hab. Centre administratif, commercial (foire internationale), culturel et industriel. Cathédrale gothique et autres monuments. Musées.

Zagros (le), chaîne de montagnes du S.-O. de l'Iran dominant la Mésopotamie irakienne et le golfe Persique.

Zaïre *(république du),* nom porté de 1971 à 1997 par la République démocratique du Congo.

zakouski [zakuski] **n.m. pl.** (mot russe). Petits mets variés, chauds ou froids, servis en assortiment avant le repas. ▶ Spécialité russe.

Zama *(bataille de)* [202 av. J.-C.], bataille, en Numidie, au cours de laquelle Scipion l'Africain vainquit Hannibal ; cette victoire mit fin à la deuxième guerre punique.

Zambèze (le), fl. de l'Afrique australe qui se jette dans l'océan Indien après un cours semé de rapides et de chutes ; 2 660 km. Importants barrages (Kariba et Cabora Bassa).

Zambie, État de l'Afrique australe ; 746 000 km^2 ; 14 539 000 hab. *(Zambiens).* CAP. *Lusaka.* LANGUE : *anglais.* MONNAIE : *kwacha.*

GÉOGRAPHIE

Les collines et les plateaux de ce pays de hautes terres (1 200 à 1 500 m) se relèvent dans l'Est (monts Muchinga) et le Sud-Est (escarpement du Zambèze). L'Ouest (plaine du Barotseland) est recouvert de dépôts sableux. Le climat est tropical. Le Zambèze et ses affluents drainent la majeure partie du pays, seul le Nord-Nord-Est appartient au bassin du Zaïre. La végétation naturelle est la forêt claire, souvent dégradée en savane. La population comprend plus de 70 groupes ethniques. Très inégalement répartie, elle est urbanisée à 40 %.

Plus de 60 % des actifs vivent de l'agriculture. Les cultures vivrières (maïs, manioc, haricots) sont complétées notamment par le coton, la canne à sucre, le café. Mais les productions ne suffisent pas à couvrir les besoins alimentaires du pays, qui doit importer. L'essentiel des ressources du pays est fourni par les mines. Le cuivre vient en tête, associé au cobalt, à l'or et à l'argent. Il fournit 90 % des exportations en valeur, mais sa production a reculé. L'électricité est surtout d'origine hydraulique. Le secteur industriel est dominé par la métallurgie, complétée par le textile, la chimie et l'agroalimentaire. Les communications intérieures restent médiocres et les liaisons extérieures compliquées par l'enclavement du pays. Endettée, la Zambie fait appel à l'aide internationale.

HISTOIRE

Peuplée par des Bantous, la région est explorée par Livingstone entre 1853 et 1868.

1899. Le pays est entièrement occupé par les Britanniques, à l'initiative de Cecil Rhodes, placé à la tête de la British South Africa Chartered Company.

1911. Les territoires occupés par Cecil Rhodes sont divisés en Rhodésie du Nord (actuelle Zambie) et Rhodésie du Sud (actuel Zimbabwe). L'exploitation du cuivre connaît une forte expansion dans les années 1920.

1953-1963. La Rhodésie du Nord fait partie de la Fédération de Rhodésie et du Nyassaland.

1964. Sous le nom de « Zambie », la Rhodésie du Nord obtient l'indépendance, dans le cadre du Commonwealth.

Dirigée par le président Kenneth Kaunda, qui met en place un régime à parti unique, elle cherche à obtenir l'indépendance économique à l'égard du Zimbabwe, en se rapprochant de la Tanzanie.

1991. Après le rétablissement du multipartisme, Frederick Chiluba est élu président.

2002. Levy Mwanawasa lui succède à la tête de l'État.

2008. Réélu en 2006, il meurt en cours de mandat. Rupiah Banda accède à la tête de l'État.

2011. Michael Sata, candidat du principal parti d'opposition, est élu président de la République.

Zamenhof (Lejzer Ludwik), linguiste polonais (Białystok 1859 - Varsovie 1917). Il est le créateur de l'espéranto.

zani ou **zanni** [dzani] **n.m.** (vénitien *zani,* altér. de *Giovanni,* Jean). THÉÂTRE. Serviteur bouffon, dans la commedia dell'arte.

Zanzibar, île de l'océan Indien, près de la côte d'Afrique ; 1 658 km^2 ; 896 721 hab. Ch.-l. *Zanzibar* (133 000 hab.). Zanzibar et l'île de Pemba forment la Tanzanie insulaire.

Zao Wou-ki, peintre français d'origine chinoise (Pékin 1921 - Nyon 2013). D'un lyrisme intense, ses toiles tiennent du « paysagisme » abstrait et de la calligraphie, tandis que ses encres exaltent la tradition chinoise du lavis.

Zapata (Emiliano), révolutionnaire mexicain (Anenecuilco, Morelos, v. 1879 - hacienda de Chinameca, Morelos, 1919). Paysan métis, il participa à la révolution mexicaine de 1911 et voulut réaliser une réforme agraire, mais fut assassiné.

Zapatero (José Luis Rodriguez) → Rodriguez.

Zapotèques, peuple de la vallée d'Oaxaca (Mexique), fondateur d'une civilisation théocratique qui fut à son apogée à l'époque classique (300-900). Leur principal centre était Monte Albán, dont l'architecture grandiose (terrasses étagées, pyramides...) et de nombreux vestiges (inscriptions, mobilier funéraire) témoignent d'une religion complexe et d'un art raffiné.

zapper [zape] **v.i. 1.** Pratiquer le zapping. **2.** *FIG.* Passer sans cesse d'une chose à une autre ; papillonner. ◆ **v.t.** Éviter qqch ; s'en dispenser : *Zapper une réunion, un cours.*

zappette ou **zapette** [zapɛt] **n.f.** *FAM.* Télécommande d'un téléviseur.

zappeur, euse [zapœr, -øz] **n.** Personne qui zappe.

zapping [zapiŋ] **n.m.** (mot angl., de *zap,* onomat.). Pratique du téléspectateur qui change fréquemment de chaîne à l'aide d'un boîtier de télécommande.

Zarathushtra, Zarathoustra ou **Zoroastre,** réformateur du mazdéisme, l'ancienne religion de l'Iran, qui prit ainsi le nom de *zoroastrisme.* Prophète mystérieux ou « mage » selon l'acception orientale, Zarathushtra a vécu à une époque difficile à déterminer (de 660 à 583 av. J.-C. selon les meilleures traditions). En butte à l'opposition du clergé dépositaire de la révélation d'Ahura-Mazdâ, il eut à subir de grandes épreuves, mais la protection du roi Vishtaspa assura le succès de sa doctrine. D'après les chants et hymnes qui lui sont attribués, les *Gathas,* et qui ont été mis par écrit quinze siècles plus tard, son mazdéisme réformé – qui, plus tard, allait être infléchi dans le sens d'un dualisme – met en valeur la transcendance divine et prêche une morale d'action fondée sur la certitude du triomphe de la justice. Le zoroastrisme devint la religion dominante en Perse sous le règne des Achéménides (VIe s.-IVe s. av. J.-C.) et religion officielle sous les Sassanides (IIIe s.-VIIe s. apr. J.-C.). Il est encore pratiqué par la minorité des Parsis en Inde.

zazou [zazu] **n.** et **adj.** (orig. onomat.). Jeune qui, en France, au sortir de la Seconde Guerre mondiale, se distinguait par son amour du jazz et sa tenue excentrique. ***Rem.*** On trouve aussi le fém. *zazoue.*

zèbre [zɛbr] **n.m.** (port. *zebro*). **1.** Mammifère ongulé des savanes d'Afrique, voisin du cheval, à pelage blanchâtre rayé de noir ou de brun. ▸ Famille des équidés. **2.** *FAM.* Individu bizarre : *Quel drôle de zèbre !*

zébrer [zebre] **v.t.** (de *zèbre*) [conj. **18**]. Marquer de raies, de lignes sinueuses : *Les éclairs zèbrent le ciel.*

zébrure [zebryr] **n.f. 1.** (Surtout au pl.). Rayure du pelage d'un animal : *Les zébrures d'un tigre.* **2.** Raie, marque d'aspect comparable : *Le coup de fouet avait laissé une zébrure sur son dos* (syn. **sillon**).

zébu [zeby] **n.m.** (p.-ê. du tibétain *zeu, zeba,* bosse du chameau). Grand bovidé domestique, dit *bœuf à bosse,* propre à l'Asie et l'Afrique tropicales et à Madagascar, caractérisé par une bosse adipeuse sur le garrot.

Zeeman (Pieter), physicien néerlandais (Zonnemaire, Zélande, 1865 - Amsterdam 1943). Il a découvert en 1896 la modification du spectre de raies d'émission d'un corps soumis à un champ magnétique *(effet Zeeman)* et étudié la propagation de la lumière dans les milieux en mouvement. (Prix Nobel 1902.)

Zélande, en néerl. **Zeeland,** prov. des Pays-Bas, à l'embouchure de l'Escaut et de la Meuse ; 1 785 km^2 ; 381 077 hab. *(Zélandais)* ; ch.-l. *Middelburg.*

zélateur, trice [zelatœr, -tris] **n.** (lat. ecclés. *zelator, -trix*). *LITT.* Personne qui montre un zèle ardent, le plus souvent intempestif, pour une idée, pour qqn : *Les zélateurs d'un écrivain célèbre* (syn. **panégyriste, thuriféraire**).

zèle [zɛl] **n.m.** (bas lat. *zelus,* gr. *zêlos*). **1.** Ardeur au service d'une personne ou d'une chose, inspirée par la foi, le dévouement, etc. : *Encourager, tempérer le zèle d'un collaborateur* (syn. **application, empressement**). **2.** *FAM.* **Faire du zèle,** montrer un empressement excessif.

zélé, e [zele] **adj.** et **n.** Qui a, qui montre du zèle : *Une secrétaire zélée* (syn. **dévouée**). *Un zélé défenseur des libertés* (syn. **actif, infatigable**).

zélote [zelɔt] **n.m.** (du gr. *zelôtês,* jaloux). *PÉJOR.* Personne animée d'un zèle fanatique : *Les zélotes d'un candidat à la présidence.*

zen [zɛn] **n.m.** (mot jap., du chin. *chan,* du sanskrit *dhyāna,* méditation). Importante école bouddhiste, originaire de Chine, introduite au Japon au XIIe s., et où la méditation, conduisant à l'état d'illumination, a la place principale. ◆ **adj. inv. 1.** Relatif au zen : *Bouddhisme zen.* **2.** *FAM.* Calme, serein, décontracté : *Être, rester zen.*

zénith [zenit] **n.m.** (fausse lecture de l'ar. *samt,* chemin, dans l'express. *samt-ar-âs,* chemin au-dessus de la tête). **1.** Point de la sphère céleste situé à la verticale au-dessus d'un observateur (par opp. à *nadir*). **2.** Degré le plus élevé de l'évolution d'un personne : *Sa gloire est au zénith* (syn. **apogée, summum**).

zénithal, e, aux [zenital, -o] **adj.** ASTRON. Relatif au zénith : *Distance zénithale* (= distance angulaire d'un point au zénith).

Zénon (v. 426-491), empereur romain d'Orient (474-491). Son *Édit d'union* avec les monophysites (*Henotikon,* 482) provoqua avec Rome un schisme.

Zénon d'Élée, philosophe grec (Élée entre 490 et 485 - v. 430 av. J.-C.). Il a proposé des paradoxes (antinomies) tels qu'« Achille ne rattrape pas la tortue », « la flèche vole et est immobile », paradoxes qui posent la question de la divisibilité de l'espace et du mouvement.

Zénon de Kition, philosophe grec (Kition, Chypre, v. 335 - v. 264 av. J.-C.), fondateur du stoïcisme.

Z.E.P. [zɛp] **n.f.** (acronyme). Zone d'éducation prioritaire.

Zep (Philippe Chappuis, dit**),** dessinateur et scénariste suisse de bandes dessinées (Onex, près de Genève, 1967). Il a créé le personnage de Titeuf en 1992.

zéphyr [zefir] **n.m.** (lat. *zephyrus,* du gr.). *LITT.* Vent doux et agréable (syn. **brise**).

zeppelin [zɛplɛ̃] **n.m.** (du n. de l'inventeur). Ballon dirigeable rigide, fabriqué par les Allemands de 1900 à 1930.

Zeppelin (Ferdinand, *comte* **von),** officier puis industriel allemand (Constance 1838 - Berlin 1917). À partir de 1890, après diverses affectations militaires ou diplomatiques, il se consacra à la construction de dirigeables rigides, dont le premier fut essayé sur le lac de Constance à la fin de l'année 1900.

Zermatten (Maurice), écrivain suisse d'expression française (Saint-Martin, près de Sion, 1910 - Sion 2001). Il est l'un des romanciers les plus représentatifs de la littérature du Valais (*la Colère de Dieu,* 1940).

Zermelo (Ernst), mathématicien et logicien allemand (Berlin 1871 - Fribourg-en-Brisgau 1953). Il a démontré le théorème du bon ordre : « Tout ensemble peut être bien ordonné » et a donné, en 1908, une première axiomatisation de la théorie des ensembles.

zéro [zero] **n.m.** (it. *zero,* contraction de *zefiro,* empr. à l'ar. *sifr* ; a remplacé l'anc. fr. *cifre,* zéro puis « chiffre »). **1.** Le plus petit élément de l'ensemble des naturels et le seul à ne pas avoir de prédécesseur ; le chiffre, noté 0, qui représente ce nombre. **2.** Valeur, quantité, grandeur numérique nulle : *Cinq* *plus zéro égale cinq. Sa fortune est réduite à zéro* (syn. **néant**). **3.** *FAM.* Personne dont les capacités sont nulles : *C'est un zéro en mathématiques* (syn. **nullité**). **4.** *FAM.* **Avoir le moral à zéro,** être déprimé. / **Numéro zéro,** exemplaire d'un journal précédant le lancement du premier numéro. / **Partir de zéro,** commencer qqch avec ses seuls moyens, sans acquit ni fortune. / **Point zéro,** température de la glace fondante qui correspond à une température Celsius de 0 °C et à une température thermodynamique de 273,15 K. / **Réduire à zéro,** anéantir : *Espérances réduites à zéro.* / **Repartir de zéro,** recommencer après un échec complet ; reprendre à la base l'examen de qqch. / *FAM.* **Zéro !,** indique un rejet total : *Une plage du Midi au mois d'août ? Zéro pour moi !* / **Zéro absolu,** état inaccessible (mais dont on sait se rapprocher), qui correspond à une température de - 273,15 °C. ◆ **adj. num. 1.** Aucun : *Zéro faute. Zéro centime.* **2.** Nul en valeur : *À zéro heure* (= minuit).

zest [zɛst] **n.m.** (orig. onomat.). *VIEILLI.* **Être entre le zist et le zest,** n'être ni bon ni mauvais ; être incertain, hésiter.

zeste [zɛst] **n.m.** (altér., d'apr. l'anc. interj. *zest,* de *sec* ou *zec*). **1.** Écorce extérieure des agrumes ; petit morceau que l'on y découpe pour aromatiser une pâte, un entremets, un cocktail ou pour fabriquer certaines confiseries : *Un zeste de citron.* **2.** *FAM.* Très petite quantité (d'une chose abstraite) : *Un zeste d'insolence* (syn. **pointe, soupçon**).

zêta et **dzêta** [dzɛta] **n.m. inv.** Sixième lettre de l'alphabet grec (Z, ζ).

zeugme [zøgm] et **zeugma** [zøgma] **n.m.** (du gr. *zeugmâ,* lien). Figure de style consistant à rattacher à un même élément deux énoncés qui ne sont pas sur le même plan : *La phrase « vêtu de probité candide et de lin blanc »* [Hugo] *est un zeugme.*

Zeus, dieu suprême du panthéon grec. Fils de Cronos et de Rhéa, il se révolte contre son père et le détrône à son profit. Inaugurant ainsi, à la suite de celle des Ouraniens, la génération des Olympiens, Zeus devient le maître du Ciel et le souverain des dieux ; il fait régner sur la Terre l'ordre et la justice. Même si les mythes lui prêtent toutes les faiblesses humaines, notamment dans ses innombrables aventures avec les mortelles, il est vénéré comme la divinité éminente qui se penche avec bienveillance et équité sur la condition des hommes. Son attribut est le foudre. Il a pour épouses Métis, Thémis, Déméter, Mnémosyne, Aphrodite, Latone et enfin Héra. Ses sanctuaires les plus célèbres sont, en Grèce, Dodone et Olympie. Les Romains l'assimilèrent à Jupiter.

zézaiement [zezɛmɑ̃] **n.m.** Défaut de prononciation de qqn qui zézaie ; zozotement.

zézayer [zezɛje] **v.i.** (orig. onomat. de *z* redoublé) [conj. **11**]. Prononcer *z* [z] les articulations *j* [ʒ] et *g* [ʒ], et prononcer *s* [s] le *ch* [ʃ] ; zozoter.

Zheng He, navigateur chinois (Kunming 1371 - Nanning 1435). Ses sept voyages vers l'Asie du Sud et du Sud-Est et jusqu'aux côtes de l'Afrique orientale (entre 1405 et 1433) contribuèrent à l'expansion de la puissance maritime chinoise.

Zhengzhou, v. de Chine, cap. du Henan ; 3 796 482 hab. dans l'agglomération. Centre industriel. Cap. de la dynastie Shang, dont elle conserve une nécropole (mobilier funéraire au musée).

Zhou Enlai ou **Chou En-lai,** homme politique chinois (Huai'an, Jiangsu, 1898 - Pékin 1976). Il participa à la fondation du parti communiste chinois (1920-1921). Ministre des Affaires étrangères (1949-1958) et Premier ministre (1949-1976), il conserva un rôle prépondérant en politique extérieure et prépara le rapprochement sino-américain (1972).

Z.I. [zɛdi] **n.f.** (sigle). Zone industrielle.

zibeline [ziblin] **n.f.** (it. *zibellino,* d'orig. slave). **1.** Martre de Sibérie et du Japon à poil très fin. **2.** Fourrure brun foncé de cet animal (l'une des plus coûteuses).

Zidane (Zinédine), footballeur français (Marseille 1972). Milieu de terrain offensif, il a été le meneur de jeu de l'équipe de France, avec laquelle il est devenu champion du monde (1998) et champion d'Europe (2000).

zieuter [zjøte] **v.t.** (de *yeux,* avec préfixation du phonème de liaison). *FAM.* Regarder : *Zieute un peu sa nouvelle moto !* (syn. **admirer**).

zig ou **zigue** [zig] **n.m.** *FAM.* Type, individu : *C'est un bon zig !* (= un brave homme).

ziggourat [zigurat] **n.f.** (mot d'Assyrie). Édifice religieux de Mésopotamie, en forme de tour pyramidale.

zigoto [zigɔto] **n.m.** (de *zig*). **1.** *FAM.* Homme bizarre ou qui cherche à épater : *Qui c'est, ce zigoto là-bas ?* (syn. **individu, personnage**). **2. Faire le zigoto,** faire l'intéressant.

zigouiller [ziguje] **v.t.** (var. du région. *zigailler,* déchiqueter, du méridional *segalha,* couper avec une scie). *FAM.* Égorger ; tuer ; assassiner.

zigzag [zigzag] **n.m.** (mot all., d'orig. onomat.). **1.** Ligne brisée formant des angles alternativement saillants et rentrants : *Les zigzags d'une route de montagne* (syn. **lacet, sinuosité**). **2.** Déplacement d'un objet ou d'une personne qui change fréquemment de direction : *Voiture qui fait des zigzags sur le verglas.* **3.** Évolution sinueuse de qqn, de sa vie : *Une carrière politique pleine de zigzags* (syn. **retournement, volte-face**).

zigzaguer [zigzage] **v.i. 1.** Avancer en faisant des zigzags : *Un ivrogne zigzaguait sur le trottoir.* **2.** Former des zigzags : *Le ruisseau zigzague entre les roseaux* (syn. **serpenter**).

Zimbabwe, site d'une ancienne ville du sud de l'actuel Zimbabwe. Fondée vers le Vᵉ s. apr. J.-C., elle s'est développée à partir des XIᵉ-XIIᵉ s. Elle fut la capitale d'un État qui devient au XVᵉ s. l'empire du Monomotapa. Son apogée se situe du XIIIᵉ au XVᵉ s. Ruines imposantes.

Zimbabwe, État de l'Afrique australe ; 390 757 km^2 ; 14 150 000 hab. *(Zimbabwéens).* CAP. *Harare.* LANGUE : *anglais.* MONNAIE : *dollar du Zimbabwe.*

GÉOGRAPHIE

Le pays, enclavé, n'a pas d'unité géographique. Sa partie centrale, le haut Veld (plus de 1 400 m d'altitude), est parcourue par le Great Dyke, affleurement de roches basiques riches en minerais. Elle se raccorde aux hautes terres de l'Est qui culminent à 2 600 m. Le moyen Veld, au N.-O. et au S.-O. du pays, se situe entre 700 et 1 400 m d'altitude, tandis que les vallées du Zambèze et du Limpopo constituent le bas Veld.
La population comprend deux groupes principaux : les Shona (77 % de la population) et les Ndébélé (18 %). La population blanche, métis et asiatique, représente environ 3 % du total. L'accroissement naturel est de 3 % par an environ.
Héritage de la colonisation, le pays, demeuré en majeure partie rural, juxtapose cultures vivrières (maïs, mais aussi millet et arachide) et cultures commerciales (tabac, coton, canne à sucre, café et thé), auxquelles s'ajoute l'élevage.
Le sous-sol fournit de l'or, du chrome (dont la production a notablement baissé), du nickel, du platine et du charbon. L'industrie a connu un certain essor (métallurgie, chimie, agroalimentaire, textile). Mais l'indépendance, puis des réformes brutales ont provoqué le départ d'une grande partie de la minorité blanche et désorganisé l'économie, aujourd'hui ruinée et minée par une inflation galopante. De nombreux Zimbabwéens quittent le pays pour chercher du travail et échapper à la misère.

HISTOIRE

Aux premiers occupants, les Bochimans, viennent se mêler des populations bantoues, qui exploitent l'or et le cuivre.
XIVᵉ-XVᵉ s. Des constructions en pierre sont élevées sur de nombreux sites, notamment à Zimbabwe.
XVᵉ s. Fondation de l'empire du Monomotapa.
XVIᵉ s. Les Portugais étendent leur influence sur le Monomotapa, dont l'empire se morcelle.
Dans le dernier quart du XIXᵉ s., Cecil Rhodes occupe la région pour le compte de la Grande-Bretagne, à la tête de la British South Africa Chartered Company.
1911. Les territoires conquis sont divisés en Rhodésie du Nord (actuelle Zambie) et Rhodésie du Sud (actuel Zimbabwe).
1953-1963. Une fédération unit le Nyassaland et les deux Rhodésies.

1965. Chef de la minorité blanche, le Premier ministre Ian Smith proclame unilatéralement l'indépendance de la Rhodésie du Sud.
1970. Instauration de la république.
Le gouvernement, rejeté par la communauté internationale en raison de sa politique raciale et confronté à une guérilla grandissante, doit composer avec l'opposition noire modérée.
1979. Constitution d'un gouvernement multiracial.
1980. Des élections portent au pouvoir R. Mugabe, leader nationaliste noir. L'indépendance du Zimbabwe est reconnue. Le nouveau pouvoir met en place un régime socialiste.
1987. À la suite de l'établissement d'un régime présidentiel, R. Mugabe devient chef de l'État (réélu en 2002 et 2008).
2002. La réforme agraire engagée dans les années 1980 et radicalisée à partir de 2000 (expropriation des fermiers blancs par une législation contraignante et le recours à la violence) conduit à une grave crise économique.
2003. Le Zimbabwe quitte le Commonwealth (dont il avait été suspendu en 2002).
2008. Lors de l'élection présidentielle, R. Mugabe se déclare vainqueur d'un second tour sans adversaire, le candidat de l'opposition, Morgan Tsvangirai, ayant renoncé à le disputer en raison d'un contexte de graves violences.
2009. En application d'un accord de partage du pouvoir (conclu en sept. 2008), M. Tsvangirai devient Premier ministre. Mais il hérite d'un pays exsangue (menaces de famine, épidémie de choléra).
2012. Avec la médiation de la Communauté de développement d'Afrique australe, les partis politiques s'entendent pour élaborer une nouvelle Constitution devant ouvrir la voie à des élections démocratiques.

Zimmermann (Bernd Alois), compositeur allemand (Bliesheim, près de Cologne, 1918 - Königsdorf, auj. dans Cologne, 1970). Il est notamment l'auteur de l'opéra *les Soldats* (1965) et de *Requiem pour un jeune poète* (1969).

zinc [zɛ̃g] **n.m.** (all. *Zink*). **1.** Métal d'un blanc bleuâtre, peu altérable, susceptible d'un beau poli. ▸ Symb. Zn. **2.** *FAM.* Comptoir d'un bar, d'un café. **3.** *FAM.* Avion.

■ **Propriétés physico-chimiques.** Le zinc, solide blanc bleuâtre, cassant à froid, malléable et ductile entre 100 °C et 150 °C, est un métal réducteur. Assez électropositif, il est facilement attaqué par les acides, avec production d'hydrogène pour les acides non oxydants. À l'air humide, il se couvre d'une couche protectrice d'hydrocarbonate.
L'extraction. Deux groupes de minerais sont exploités : les minerais oxydés, type *calamine* (carbonate et silicate de zinc), et, surtout, les minerais sulfurés, type *blende* (sulfure de zinc ZnS mêlé de sulfure de plomb). Avant traitement métallurgique, on procède à un grillage pour amener les concentrés à l'état d'oxyde. L'extraction par voie humide (hydrométallurgie, procédé aujourd'hui prépondérant) se fait par électrolyse d'une solution de sulfate de zinc obtenue par dissolution, décantation et filtration ; elle donne un métal de grande pureté.
Les utilisations. Le zinc est employé sous forme de revêtement et matériau de couverture pour la protection contre la corrosion atmosphérique (galvanisation, métallisation, zingage, etc.) et sous forme massive pour la protection de l'acier. Il entre enfin dans la composition de nombreux alliages : Zamak, laiton, maillechort, etc.
L'oxyde ZnO est une poudre blanche, employée sous le nom de « blanc de zinc » (peintures, industrie du verre, etc.). Le sulfate de zinc $ZnSO_4$ est utilisé pour le traitement des eaux industrielles et dans l'industrie pharmaceutique. ■

zingage et **zincage** [zɛ̃gaʒ] **n.m. 1.** Action de couvrir de zinc, par différents procédés. **2.** Dépôt électrolytique de zinc sur une pièce métallique pour la protéger de la corrosion.

zinguer [zɛ̃ge] **v.t. 1.** Recouvrir de zinc : *Zinguer un toit.* **2.** Procéder au zingage de : *Zinguer du fer.*

zingueur [zɛ̃gœr] **n.m.** Ouvrier (et spécial. couvreur) qui travaille le zinc.

Zinnemann (Fred), cinéaste américain d'origine autrichienne (Vienne 1907 - Londres 1997). D'abord documentariste (*Benjy,* 1951), il réalisa ensuite des fictions hollywoodiennes centrées sur des conflits historiques ou moraux (*Le train sifflera trois fois,* 1952 ; *Tant qu'il y aura des hommes,* 1953 ; *Un homme pour l'éternité,* 1966).

zinnia [zinja] **n.m.** (de *Zinn,* n. d'un botaniste all.). Plante originaire du Mexique, cultivée pour ses fleurs ornementales et dont il existe de nombreuses variétés. ▸ Famille des composées.

Zinoviev (Grigori Ievseïevitch Radomyslski, dit**),** homme politique soviétique (Ielizavetgrad 1883 - ? 1936). Proche collaborateur de Lénine à partir de 1902-1903, membre du bureau politique du parti (1917-1926), il dirigea le Comité exécutif de l'Internationale communiste (1919-1926). Il rejoignit Trotski dans l'opposition à Staline (1925-1927). Jugé lors des procès de Moscou (1935-1936), il fut exécuté. Il a été réhabilité en 1988.

zinzin [zɛ̃zɛ̃] **adj.** (onomat.). *FAM.* Bizarre ; un peu fou ; dérangé : *Elle a l'air un peu zinzin.*

zircon [zirkɔ̃] **n.m.** (probabl. altér. de l'esp. *girgonça,* jacinthe [pierre précieuse]). Silicate de zirconium donnant des gemmes naturelles transparentes de toutes les couleurs ou incolores. ▸ Son indice de réfraction élevé l'approche du diamant par l'éclat, mais sa dureté assez faible l'en éloigne.

zirconium [zirkɔnjɔm] **n.m.** (de *zircon*). Métal blanc-gris qui se rapproche du titane et du silicium. ▸ Symb. Zr ; densité 6,51.

zist [zist] **n.m. Entre le zist et le zest** ⟶ **zest.**

zizanie [zizani] **n.f.** (gr. *zizania,* ivraie, d'orig. sémitique). Mésentente ; discorde : *Mettre, semer la zizanie dans un ménage* (syn. **brouille, désunion**).

zizi [zizi] **n.m.** (formation enfantine). *FAM.* Sexe, en particulier celui des garçons, dans le langage enfantin.

Žižka (Jan), patriote tchèque (Trocnov v. 1360 ou 1370 - près de Přibyslav 1424). Chef de l'insurrection tchèque qui éclata en 1419, après le martyre de Jan Hus, il devint aveugle, mais poursuivit la lutte contre l'empereur Sigismond.

zloty [zlɔti] **n.m.** (mot polon.). Unité monétaire principale de la Pologne.

zodiacal, e, aux [zɔdjakal, -o] **adj. 1.** Relatif au zodiaque : *Les signes zodiacaux.* **2. Lumière zodiacale,** lueur blanchâtre qu'on aperçoit après le coucher du Soleil, ou avant son lever, dans le plan de l'écliptique.

zodiaque [zɔdjak] **n.m.** (lat. *zodiacus,* gr. *zôdiakos,* de *zôon,* être vivant). Zone de la sphère céleste qui s'étend sur 8,5° de part et d'autre de l'écliptique et dans laquelle on voit se déplacer le Soleil, la Lune et les planètes du Système solaire. ▸ Les signes du zodiaque sont le Bélier, le Taureau, les Gémeaux, le Cancer, le Lion, la Vierge, la Balance, le Scorpion, le Sagittaire, le Capricorne, le Verseau et les Poissons.

Zohar, livre fondamental de la kabbale juive, dont Moïse de León a rédigé la plus grande partie entre 1270 et 1300. Son mysticisme aura une influence considérable.

Zola (Émile), écrivain français (Paris 1840 - *id.* 1902). Chef de l'école naturaliste, il voulut appliquer à la description des faits humains et sociaux la rigueur scientifique. En 1867, il donne avec *Thérèse Raquin* sa première « tranche de vie ». Influencé par les recherches de l'époque sur les lois de l'hérédité et la physiologie des passions, il entreprend, sur le modèle de *la Comédie humaine* de Balzac, le cycle des *Rougon-Macquart, histoire naturelle et sociale d'une famille sous le second Empire,* à la cadence d'un roman par an (il y en aura 20). Le septième volume (*l'Assommoir,* 1877), qui peint le Paris populaire, fait de Zola le romancier le plus lu et le plus discuté de la fin du siècle. Ses meilleurs romans insèrent un drame violent, animé par des personnages au relief accusé, dans un univers bien défini et dépeint avec précision, couleur et puissance : la mine et les mineurs (*Germinal,* 1885), la paysannerie (*la Terre,* 1887), les chemins de fer (*la Bête humaine,* 1890), la guerre (*la Débâcle,* 1892). Mais plusieurs s'attachent à l'étude de drames plus intimes (amours contrariées, douleur physique, angoisse devant la mort) [*la Faute* *de l'abbé Mouret,* 1875]. Autour de Zola se groupent les écrivains de l'école naturaliste, dont Maupassant et Huysmans (*les Soirées de Médan,* 1880). Il participe activement à l'affaire Dreyfus et publie, dans *l'Aurore,* « J'accuse » (1898), manifeste qui déclenche la campagne d'opinion en faveur du capitaine. Condamné à un an de prison, il doit s'exiler en Angleterre (1898-1899). Rentré en France, de plus en plus influencé par les théories socialistes de Fourier et de Guesde, il entame un nouveau cycle *(les Quatre Évangiles)* où il se veut le prophète des valeurs humanitaires.

zombie ou **zombi** [zɔ̃bi] **n.m.** (mot créole). **1.** Dans le vaudou, mort sorti du tombeau et qu'un sorcier met à son service. **2.** FAM. Personne qui a un air absent, qui est dépourvue de volonté.

zona [zɔna] **n.m.** (mot lat. « ceinture », du gr.). Maladie infectieuse due à un virus du groupe herpès, caractérisée par une éruption de vésicules ayant une disposition linéaire et unilatérale, accompagnée de sensations de brûlure, suivant un trajet nerveux.

zonage [zɔnaʒ] **n.m.** En urbanisme, répartition d'un territoire en zones affectées chacune à un genre déterminé d'occupation ou d'utilisation du sol : *Le zonage d'une ville.*

zonard, e [zɔnar, -ard] **n.** et **adj.** (de *zone*). FAM. Jeune, en partic. originaire des banlieues pauvres, vivant plus ou moins en marge de la société (syn. **marginal**).

zone [zon] **n.f.** (lat. *zona,* ceinture, gr. *zônê*). **1.** Étendue de terrain, espace d'une région, d'une ville, etc., définis par certaines caractéristiques : *Zone désertique. Zone résidentielle.* **2.** Territoire ou ensemble de territoires soumis à un statut, à un régime particulier : *Zone de libre-échange. Zone libre et zone occupée sous l'occupation allemande.* **3.** (Précédé de l'art. déf.). Espace, à la limite d'une ville, caractérisé par la misère de son habitat. **4.** Espace, région délimitée sur une surface, sur un corps : *Installer sa chaise longue dans la zone ensoleillée du jardin.* **5.** Domaine limité, à l'intérieur duquel s'exerce l'action de qqn ou d'une collectivité : *Faire de la recherche dans une zone précise* (syn. **domaine**). **6.** MATH. Portion de la surface d'une sphère limitée par deux plans parallèles qui la coupent. **7.** GÉOGR. Espace délimité approximativement par des parallèles et auquel correspond un grand type de climat : *Zone tropicale, tempérée, polaire.* **8. Zone à urbaniser par priorité** ⟶ **Z.U.P.** / **Zone bâtie continue,** zone où aucune habitation n'est éloignée de plus de 200 m de la plus proche. / **Zone contiguë,** bande maritime comprise entre la limite des eaux territoriales (12 milles nautiques) et une distance de 200 milles à partir des côtes, et qui est placée sous la souveraineté partielle de l'État côtier. / **Zone d'aménagement concerté** ⟶ **Z.A.C.** / **Zone de défense,** subdivision du territoire national à l'intérieur de laquelle s'exercent la préparation, la coordination et la conduite des efforts militaires de défense. / **Zone d'éducation prioritaire (Z.E.P.),** aire géographique circonscrite, caractérisée par les difficultés économiques et sociales des gens qui y habitent, où l'action éducative est renforcée pour lutter contre l'échec scolaire. / **Zone d'influence,** ensemble d'États ou de territoires réservés à l'influence politique exclusive d'un État. / ÉCON. **Zone euro,** ensemble des 17 pays de l'Union européenne (Allemagne, Autriche, Belgique, Chypre, Espagne, Estonie, Finlande, France, Grèce, Irlande, Italie, Luxembourg, Malte, Pays-Bas, Portugal, Slovaquie et Slovénie) qui ont l'euro comme unité monétaire principale. / **Zone industrielle,** zone spécialement localisée et équipée en vue d'accueillir des établissements industriels (abrév. *Z.I.*). / **Zone monétaire,** ensemble de pays dont les monnaies respectives sont rattachées à celle d'un pays centre qui exerce un rôle dominant (zone dollar) ou entre les monnaies desquels existent des liens particuliers (zone franc) ou bien encore ayant adopté une monnaie commune (zone euro). / **Zone urbaine sensible (Z.U.S.),** en France, territoire urbain caractérisé par un cumul de difficultés, touchant notamm. à l'habitat, à l'emploi et à la sécurité, et bénéficiant de dispositifs mis en place par les pouvoirs publics sous le nom de *politique de la ville.*

zoné, e [zɔne] **adj.** Qui présente des bandes concentriques : *Coquille zonée. Roche zonée.*

zoo [zoo] ou [zo] **n.m.** (abrév.). Jardin zoologique*.

zoologie [zɔɔlɔʒi] **n.f.** (lat. scientif. *zoologia,* du gr. *zôon,* tout être vivant). Branche des sciences naturelles qui étudie les animaux. ◆ **zoologiste n.** Nom du spécialiste.

zoologique [zɔɔlɔʒik] **adj. 1.** Relatif à la zoologie, aux animaux : *Familles zoologiques.* **2. Jardin zoologique,** lieu public où sont présentés aux visiteurs des animaux en captivité ou en semi-liberté et appartenant à des espèces exotiques ou rares.

zoom [zum] **n.m.** (mot angl., de *to zoom,* propr. « bourdonner, se déplacer en bourdonnant »). **1.** Objectif à focale variable. **2.** Effet obtenu avec cet objectif en faisant varier la focale pendant la prise de vue : *Faire un zoom sur le héros.*

zoomer [zume] **v.i.** Exécuter un zoom en filmant.

zoomorphe [zɔɔmɔrf] et **zoomorphique** [zɔɔmɔrfik] **adj.** (gr. *zôomorphos*). Qui revêt la forme d'un animal : *Chapiteau zoomorphe.*

zoomorphisme [zɔɔmɔrfism] **n.m.** Représentation des formes animales ; prédominance des formes animales dans les représentations plastiques, artistiques, etc.

zoophage [zɔɔfaʒ] **adj.** et **n.m.** (de *zoo-* et *-phage*). Se dit d'un animal (insecte, en partic.) qui se nourrit d'autres animaux, vivants ou morts.

zoophilie [zɔɔfili] **n.f.** Déviation sexuelle dans laquelle les animaux sont l'objet du désir. ◆ **zoophile adj.** et **n.** Relatif à la zoophilie ; qui en est atteint.

zooplancton [zɔɔplɑ̃ktɔ̃] **n.m.** (de *zoo-* et *plancton*). Plancton animal.

zootechnie [zɔɔtɛkni] **n.f.** Science qui étudie les conditions et les méthodes d'élevage et de reproduction des animaux domestiques.

zootechnique [zɔɔtɛknik] **adj.** Relatif à la zootechnie : *Méthodes zootechniques.*

zoreille [zɔrɛj] **n.** CRÉOL., FAM. Dans les Antilles, en Nouvelle-Calédonie et à La Réunion, habitant né en France métropolitaine.

Zoroastre ⟶ **Zarathushtra.**

zoroastrisme [zɔrɔastrism] **n.m.** Mazdéisme.

zostère [zɔstɛr] **n.f.** (du gr. *zôstêr,* ceinture). Herbe marine vivace, à feuilles linéaires, formant de vastes prairies sous-marines littorales. ▸ Sous-classe des monocotylédones ; famille des zostéracées.

zouave [zwav] **n.m.** (arabo-berbère *zwâva,* n. d'une tribu kabyle où furent recrutés les premiers zouaves). **1.** Soldat d'un corps d'infanterie français créé en Algérie en 1830 et dissous en 1962. **2.** FAM. **Faire le zouave,** faire le clown, le pitre.

Zoug, en all. **Zug,** v. de Suisse, ch.-l. du cant. de même nom, sur le *lac de Zoug* (38 km^2) ; 26 327 hab. (112 240 hab. dans l'agglomération). Centre commercial, touristique et industriel. Vieille ville historique.

Zoug (canton de), canton de Suisse ; 239 km^2 ; 113 105 hab. ; ch.-l. *Zoug.* Il est entré dans la Confédération suisse en 1352.

zoulou, e [zulu] **adj.** et **n.** Qui se rapporte aux Zoulous ; qui appartient à ce peuple.

Zoulous, peuple de l'Afrique australe, parlant une langue bantoue. Les Zoulous avaient une organisation sociale guerrière, élaborée depuis le XVIe s., et qui fut appliquée à une grande confédération gouvernée par Chaka (1816-1828). Ils se heurtèrent à la colonisation de l'Afrique du Sud par les Boers et les Britanniques. Ils sont représentés partiellement par le parti Inkatha de la liberté, de Mangosuthu Buthelezi, rival de l'ANC et implanté dans la province du Kwazulu-Natal.

zozo [zozo] **n.m.** (altér. enfantine d'*oiseau*). FAM. Garçon niais et maladroit.

zozotement [zɔzɔtmɑ̃] **n.m.** FAM. Zézaiement.

zozoter [zɔzɔte] **v.i.** (orig. onomat.). FAM. Zézayer.

Zuiderzee, anc. golfe des Pays-Bas fermé par une digue et constituant auj. un lac intérieur (lac d'*IJssel* ou *IJsselmeer*), sur lequel ont été reconquis de grands polders. Ce fut autrefois le *lac Flevo,* qu'un raz de marée réunit à la mer du Nord au XIIIe s.

Zumthor (Peter), architecte suisse (Bâle 1943). Il mêle rigueur architectonique et harmonie spatiale dans une œuvre qui, outre les célèbres thermes en quartzite de Vals (canton des Grisons, 1996), comprend plusieurs musées et édifices religieux (musée d'Art à Bregenz, 1997 ; chapelle St-Nicolas-de-Flue à Wachendorf, près de Cologne, 2007). [Prix Pritzker 2009.]

Zuñi, Indiens Pueblo vivant auj. dans les réserves des États-Unis (Nouveau-Mexique, Arizona).

Z.U.P. [zyp] **n.f.** (sigle de *zone à urbaniser par priorité*). Zone conçue pour y développer des constructions, pour être urbanisée tout en prévenant la spéculation par l'usage du droit de préemption. ▸ Instituées en 1958, les Z.U.P. ont été supprimées en 1975 et remplacées en partic. par les Z.A.C.

Zurbarán (Francisco de), peintre espagnol (Fuente de Cantos, Badajoz, 1598 - Madrid 1664). Surtout peintre religieux (ce qui n'exclut ni les natures mortes ni les portraits), il a notamment travaillé pour les couvents de Séville, a donné de grands ensembles pour la chartreuse de Jerez (musées de Cadix, de Grenoble, etc.) et pour le monastère de Guadalupe (Estrémadure). Ses qualités plastiques (statisme monumental, beauté du coloris), sa spiritualité alliée à une simplicité rustique l'ont fait particulièrement apprécier au XXe s.

Zurich, en all. **Zürich,** v. de Suisse, ch.-l. du cant. du même nom, sur la Limmat, qui sort à cet endroit du *lac de Zurich ;* 384 786 hab. (1 217 751 dans l'agglomération) [*Zurichois*]. Université. Zurich est la plus grande ville et le principal centre industriel de la Suisse, mais aussi sa grande place financière (banques et Bourse). Cathédrale romane des XIIe-XIIIe s. et autres monuments. Importants musées : Musée national suisse, des Beaux-Arts (arts européens du Moyen Âge à nos jours), Rietberg (archéologie et arts extra-européens), etc. – Ville impériale libre en 1218, Zurich adhéra à la Confédération en 1351 ; Zwingli en fit un des centres de la Réforme (1523). En 1830, la ville se dota d'une constitution libérale qui supprima l'antagonisme entre elle et le reste du canton. Victoire de Masséna sur les Autrichiens et les Russes en 1799. Un traité fut signé à la suite de la victoire des Franco-Sardes sur les Autrichiens (1859).

Zurich (canton de), canton de Suisse ; 1 729 km^2 ; 1 373 068 hab. ; ch.-l. *Zurich.*

Zurich *(lac de),* lac de Suisse, entre les cant. de Zurich, de Schwyz et de Saint-Gall ; 90 km^2.

Z.U.S. [zys] **n.f.** (acronyme). ⟶ Zone* urbaine sensible.

zut [zyt] **interj.** (onomat.). FAM. Exprime le dépit, le mépris, le refus : *Zut ! tu commences à m'agacer.*

Zweig (Stefan), écrivain autrichien (Vienne 1881 - Petrópolis, Brésil, 1942). Sensible à toutes les manifestations de la culture européenne, adaptateur de *Volpone* avec J. Romains, auteur dramatique (*la Maison au bord de la mer,* 1912 ; *la Brebis du pauvre,* 1930), il s'attacha dans ses romans et ses nouvelles à explorer les profondeurs de la conscience (*Amok,* 1922 ; *la Confusion des sentiments,* 1926 ; *la Pitié dangereuse,* 1938). Désespéré de voir l'Europe asservie à Hitler, il se suicida.

Zwingli (Ulrich), réformateur suisse (Wildhaus, cant. de Saint-Gall, 1484 - Kappel 1531). Curé de Glaris, il subit l'influence d'Érasme, puis, vers 1520, adhère au mouvement de la Réforme, qu'il introduit à Zurich, y développant ses positions en 67 thèses. Avec l'appui du Conseil de cette ville, il entreprend la réforme du culte et de l'institution ecclésiale, avec le souci de n'en rien conserver qui ne trouve sa justification dans l'Écriture. Il tente, parallèlement, de constituer un véritable État chrétien, selon des perspectives qui seront reprises à Genève par Calvin. Zwingli trouva la mort à la bataille de Kappel (canton de Zurich), qui avait été engagée par les troupes protestantes contre les cantons catholiques suisses.

zygomatique [zigɔmatik] **adj.** (de *zygoma,* os de la pommette, gr. *zugoma,* jonction). **1.** Relatif à la pommette. **2. Muscle zygomatique,** chacun des trois muscles de la pommette qui entrent en jeu lors du sourire (on dit aussi *un zygomatique*).

zygote [zigɔt] **n.m.** (du gr. *zugôtos,* joint, attelé). BIOL. Œuf fécondé diploïde non encore divisé, chez l'homme et les animaux.

zyklon [ziklɔ̃] **n.m.** Acide cyanhydrique, employé dans les chambres à gaz par les nazis.

zythum [zitɔm] et **zython** [zitɔ̃] **n.m.** (du gr. *zuthos,* bière). Nom donné par les archéologues du XIXe s. à la bière fabriquée dans l'Égypte pharaonique avec de l'orge fermentée.

Conjugaisons

Dans le *Dictionnaire du Collège*, chaque verbe est suivi d'un numéro [conj. **32**, par exemple], qui renvoie vers un des cent quinze modèles de conjugaison rassemblés dans les pages suivantes.

Conjugaisons 1 et 2

▶ **REMARQUE** Le conditionnel est considéré tantôt comme un mode, tantôt comme un temps de l'indicatif permettant d'exprimer le futur dans une phrase au passé, une condition, une éventualité ou la conséquence d'un fait supposé.

1 AVOIR

INFINITIF

Présent	Passé
avoir	avoir eu

PARTICIPE

Présent	Passé
ayant	eu, eue

IMPÉRATIF

Présent	Passé
aie	aie eu
ayons	ayons eu
ayez	ayez eu

CONDITIONNEL

	Présent	Passé
j'	aurais	aurais eu
tu	aurais	aurais eu
il/elle	aurait	aurait eu
nous	aurions	aurions eu
vous	auriez	auriez eu
ils/elles	auraient	auraient eu

INDICATIF

	Présent	Passé composé	Passé simple	Passé antérieur
j'	ai	ai eu	eus	eus eu
tu	as	as eu	eus	eus eu
il/elle	a	a eu	eut	eut eu
nous	avons	avons eu	eûmes	eûmes eu
vous	avez	avez eu	eûtes	eûtes eu
ils/elles	ont	ont eu	eurent	eurent eu

	Imparfait	Plus-que-parfait	Futur	Futur antérieur
j'	avais	avais eu	aurai	aurai eu
tu	avais	avais eu	auras	auras eu
il/elle	avait	avait eu	aura	aura eu
nous	avions	avions eu	aurons	aurons eu
vous	aviez	aviez eu	aurez	aurez eu
ils/elles	avaient	avaient eu	auront	auront eu

SUBJONCTIF

	Présent	Passé
que j'	aie	aie eu
que tu	aies	aies eu
qu'il/elle	ait	ait eu
que nous	ayons	ayons eu
que vous	ayez	ayez eu
qu'ils/elles	aient	aient eu

	Imparfait	Plus-que-parfait
que j'	eusse	eusse eu
que tu	eusses	eusses eu
qu'il/elle	eût	eût eu
que nous	eussions	eussions eu
que vous	eussiez	eussiez eu
qu'ils/elles	eussent	eussent eu

2 ÊTRE

INFINITIF

Présent	Passé
être	avoir été

PARTICIPE

Présent	Passé
étant	été

IMPÉRATIF

Présent	Passé
sois	aie été
soyons	ayons été
soyez	ayez été

CONDITIONNEL

	Présent	Passé
je/j'	serais	aurais été
tu	serais	aurais été
il/elle	serait	aurait été
nous	serions	aurions été
vous	seriez	auriez été
ils/elles	seraient	auraient été

INDICATIF

	Présent	Passé composé	Passé simple	Passé antérieur
je/j'	suis	ai été	fus	eus été
tu	es	as été	fus	eus été
il/elle	est	a été	fut	eut été
nous	sommes	avons été	fûmes	eûmes été
vous	êtes	avez été	fûtes	eûtes été
ils/elles	sont	ont été	furent	eurent été

	Imparfait	Plus-que-parfait	Futur	Futur antérieur
je/j'	étais	avais été	serai	aurai été
tu	étais	avais été	seras	auras été
il/elle	était	avait été	sera	aura été
nous	étions	avions été	serons	aurons été
vous	étiez	aviez été	serez	aurez été
ils/elles	étaient	avaient été	seront	auront été

SUBJONCTIF

	Présent	Passé
que je/j'	sois	aie été
que tu	sois	aies été
qu'il/elle	soit	ait été
que nous	soyons	ayons été
que vous	soyez	ayez été
qu'ils/elles	soient	aient été

	Imparfait	Plus-que-parfait
que je/j'	fusse	eusse été
que tu	fusses	eusses été
qu'il/elle	fût	eût été
que nous	fussions	eussions été
que vous	fussiez	eussiez été
qu'ils/elles	fussent	eussent été

3 CHANTER

INFINITIF

Présent	Passé
chanter	avoir chanté

PARTICIPE

Présent	Passé
chantant	chanté, e

IMPÉRATIF

Présent	Passé
chante	aie chanté
chantons	ayons chanté
chantez	ayez chanté

CONDITIONNEL

	Présent	Passé
je/j'	chanterais	aurais chanté
tu	chanterais	aurais chanté
il/elle	chanterait	aurait chanté
nous	chanterions	aurions chanté
vous	chanteriez	auriez chanté
ils/elles	chanteraient	auraient chanté

INDICATIF

	Présent	Passé composé	Passé simple	Passé antérieur
je/j'	chante	ai chanté	chantai	eus chanté
tu	chantes	as chanté	chantas	eus chanté
il/elle	chante	a chanté	chanta	eut chanté
nous	chantons	avons chanté	chantâmes	eûmes chanté
vous	chantez	avez chanté	chantâtes	eûtes chanté
ils/elles	chantent	ont chanté	chantèrent	eurent chanté

	Imparfait	Plus-que-parfait	Futur	Futur antérieur
je/j'	chantais	avais chanté	chanterai	aurai chanté
tu	chantais	avais chanté	chanteras	auras chanté
il/elle	chantait	avait chanté	chantera	aura chanté
nous	chantions	avions chanté	chanterons	aurons chanté
vous	chantiez	aviez chanté	chanterez	aurez chanté
ils/elles	chantaient	avaient chanté	chanteront	auront chanté

SUBJONCTIF

	Présent	Passé
que je/j'	chante	aie chanté
que tu	chantes	aies chanté
qu'il/elle	chante	ait chanté
que nous	chantions	ayons chanté
que vous	chantiez	ayez chanté
qu'ils/elles	chantent	aient chanté

	Imparfait	Plus-que-parfait
que je/j'	chantasse	eusse chanté
que tu	chantasses	eusses chanté
qu'il/elle	chantât	eût chanté
que nous	chantassions	eussions chanté
que vous	chantassiez	eussiez chanté
qu'ils/elles	chantassent	eussent chanté

4 BAISSER

INFINITIF

Présent	Passé
baisser	avoir baissé

PARTICIPE

Présent	Passé
baissant	baissé, e

IMPÉRATIF

Présent	Passé
baisse	aie baissé
baissons	ayons baissé
baissez	ayez baissé

CONDITIONNEL

	Présent	Passé
je/j'	baisserais	aurais baissé
tu	baisserais	aurais baissé
il/elle	baisserait	aurait baissé
nous	baisserions	aurions baissé
vous	baisseriez	auriez baissé
ils/elles	baisseraient	auraient baissé

INDICATIF

	Présent	Passé composé	Passé simple	Passé antérieur
je/j'	baisse	ai baissé	baissai	eus baissé
tu	baisses	as baissé	baissas	eus baissé
il/elle	baisse	a baissé	baissa	eut baissé
nous	baissons	avons baissé	baissâmes	eûmes baissé
vous	baissez	avez baissé	baissâtes	eûtes baissé
ils/elles	baissent	ont baissé	baissèrent	eurent baissé

	Imparfait	Plus-que-parfait	Futur	Futur antérieur
je/j'	baissais	avais baissé	baisserai	aurai baissé
tu	baissais	avais baissé	baisseras	auras baissé
il/elle	baissait	avait baissé	baissera	aura baissé
nous	baissions	avions baissé	baisserons	aurons baissé
vous	baissiez	aviez baissé	baisserez	aurez baissé
ils/elles	baissaient	avaient baissé	baisseront	auront baissé

SUBJONCTIF

	Présent	Passé
que je/j'	baisse	aie baissé
que tu	baisses	aies baissé
qu'il/elle	baisse	ait baissé
que nous	baissions	ayons baissé
que vous	baissiez	ayez baissé
qu'ils/elles	baissent	aient baissé

	Imparfait	Plus-que-parfait
que je/j'	baissasse	eusse baissé
que tu	baissasses	eusses baissé
qu'il/elle	baissât	eût baissé
que nous	baissassions	eussions baissé
que vous	baissassiez	eussiez baissé
qu'ils/elles	baissassent	eussent baissé

Conjugaisons 5 et 6

5 PLEURER

INFINITIF

Présent	Passé
pleurer	avoir pleuré

PARTICIPE

Présent	Passé
pleurant	pleuré, e

IMPÉRATIF

Présent	Passé
pleure	aie pleuré
pleurons	ayons pleuré
pleurez	ayez pleuré

CONDITIONNEL

	Présent	Passé
je/j'	pleurerais	aurais pleuré
tu	pleurerais	aurais pleuré
il/elle	pleurerait	aurait pleuré
nous	pleurerions	aurions pleuré
vous	pleureriez	auriez pleuré
ils/elles	pleureraient	auraient pleuré

INDICATIF

	Présent	Passé composé	Passé simple	Passé antérieur
je/j'	pleure	ai pleuré	pleurai	eus pleuré
tu	pleures	as pleuré	pleuras	eus pleuré
il/elle	pleure	a pleuré	pleura	eut pleuré
nous	pleurons	avons pleuré	pleurâmes	eûmes pleuré
vous	pleurez	avez pleuré	pleurâtes	eûtes pleuré
ils/elles	pleurent	ont pleuré	pleurèrent	eurent pleuré

	Imparfait	Plus-que-parfait	Futur	Futur antérieur
je/j'	pleurais	avais pleuré	pleurerai	aurai pleuré
tu	pleurais	avais pleuré	pleureras	auras pleuré
il/elle	pleurait	avait pleuré	pleurera	aura pleuré
nous	pleurions	avions pleuré	pleurerons	aurons pleuré
vous	pleuriez	aviez pleuré	pleurerez	aurez pleuré
ils/elles	pleuraient	avaient pleuré	pleureront	auront pleuré

SUBJONCTIF

	Présent	Passé
que je/j'	pleure	aie pleuré
que tu	pleures	aies pleuré
qu'il/elle	pleure	ait pleuré
que nous	pleurions	ayons pleuré
que vous	pleuriez	ayez pleuré
qu'ils/elles	pleurent	aient pleuré

	Imparfait	Plus-que-parfait
que je/j'	pleurasse	eusse pleuré
que tu	pleurasses	eusses pleuré
qu'il/elle	pleurât	eût pleuré
que nous	pleurassions	eussions pleuré
que vous	pleurassiez	eussiez pleuré
qu'ils/elles	pleurassent	eussent pleuré

6 JOUER

INFINITIF

Présent	Passé
jouer	avoir joué

PARTICIPE

Présent	Passé
jouant	joué, e

IMPÉRATIF

Présent	Passé
joue	aie joué
jouons	ayons joué
jouez	ayez joué

CONDITIONNEL

	Présent	Passé
je/j'	jouerais	aurais joué
tu	jouerais	aurais joué
il/elle	jouerait	aurait joué
nous	jouerions	aurions joué
vous	joueriez	auriez joué
ils/elles	joueraient	auraient joué

INDICATIF

	Présent	Passé composé	Passé simple	Passé antérieur
je/j'	joue	ai joué	jouai	eus joué
tu	joues	as joué	jouas	eus joué
il/elle	joue	a joué	joua	eut joué
nous	jouons	avons joué	jouâmes	eûmes joué
vous	jouez	avez joué	jouâtes	eûtes joué
ils/elles	jouent	ont joué	jouèrent	eurent joué

	Imparfait	Plus-que-parfait	Futur	Futur antérieur
je/j'	jouais	avais joué	jouerai	aurai joué
tu	jouais	avais joué	joueras	auras joué
il/elle	jouait	avait joué	jouera	aura joué
nous	jouions	avions joué	jouerons	aurons joué
vous	jouiez	aviez joué	jouerez	aurez joué
ils/elles	jouaient	avaient joué	joueront	auront joué

SUBJONCTIF

	Présent	Passé
que je/j'	joue	aie joué
que tu	joues	aies joué
qu'il/elle	joue	ait joué
que nous	jouions	ayons joué
que vous	jouiez	ayez joué
qu'ils/elles	jouent	aient joué

	Imparfait	Plus-que-parfait
que je/j'	jouasse	eusse joué
que tu	jouasses	eusses joué
qu'il/elle	jouât	eût joué
que nous	jouassions	eussions joué
que vous	jouassiez	eussiez joué
qu'ils/elles	jouassent	eussent joué

7 SALUER

INFINITIF

Présent	Passé
saluer	avoir salué

PARTICIPE

Présent	Passé
saluant	salué, e

IMPÉRATIF

Présent	Passé
salue	aie salué
saluons	ayons salué
saluez	ayez salué

CONDITIONNEL

	Présent	Passé
je/j'	saluerais	aurais salué
tu	saluerais	aurais salué
il/elle	saluerait	aurait salué
nous	saluerions	aurions salué
vous	salueriez	auriez salué
ils/elles	salueraient	auraient salué

INDICATIF

	Présent	Passé composé	Passé simple	Passé antérieur
je/j'	salue	ai salué	saluai	eus salué
tu	salues	as salué	saluas	eus salué
il/elle	salue	a salué	salua	eut salué
nous	saluons	avons salué	saluâmes	eûmes salué
vous	saluez	avez salué	saluâtes	eûtes salué
ils/elles	saluent	ont salué	saluèrent	eurent salué

	Imparfait	Plus-que-parfait	Futur	Futur antérieur
je/j'	saluais	avais salué	saluerai	aurai salué
tu	saluais	avais salué	salueras	auras salué
il/elle	saluait	avait salué	saluera	aura salué
nous	saluions	avions salué	saluerons	aurons salué
vous	saluiez	aviez salué	saluerez	aurez salué
ils/elles	saluaient	avaient salué	salueront	auront salué

SUBJONCTIF

	Présent	Passé
que je/j'	salue	aie salué
que tu	salues	aies salué
qu'il/elle	salue	ait salué
que nous	saluions	ayons salué
que vous	saluiez	ayez salué
qu'ils/elles	saluent	aient salué

	Imparfait	Plus-que-parfait
que je/j'	saluasse	eusse salué
que tu	saluasses	eusses salué
qu'il/elle	saluât	eût salué
que nous	saluassions	eussions salué
que vous	saluassiez	eussiez salué
qu'ils/elles	saluassent	eussent salué

8 ARGUER

INFINITIF

Présent	Passé
arguer	avoir argué

PARTICIPE

Présent	Passé
arguant	argué, e

IMPÉRATIF

Présent	Passé
argue	aie argué
arguons	ayons argué
arguez	ayez argué

CONDITIONNEL

	Présent	Passé
je/j'	arguerais	aurais argué
tu	arguerais	aurais argué
il/elle	arguerait	aurait argué
nous	arguerions	aurions argué
vous	argueriez	auriez argué
ils/elles	argueraient	auraient argué

INDICATIF

	Présent	Passé composé	Passé simple	Passé antérieur
je/j'	argue	ai argué	arguai	eus argué
tu	argues	as argué	arguas	eus argué
il/elle	argue	a argué	argua	eut argué
nous	arguons	avons argué	arguâmes	eûmes argué
vous	arguez	avez argué	arguâtes	eûtes argué
ils/elles	arguent	ont argué	arguèrent	eurent argué

	Imparfait	Plus-que-parfait	Futur	Futur antérieur
je/j'	arguais	avais argué	arguerai	aurai argué
tu	arguais	avais argué	argueras	auras argué
il/elle	arguait	avait argué	arguera	aura argué
nous	arguions	avions argué	arguerons	aurons argué
vous	arguiez	aviez argué	arguerez	aurez argué
ils/elles	arguaient	avaient argué	argueront	auront argué

SUBJONCTIF

	Présent	Passé
que je/j'	argue	aie argué
que tu	argues	aies argué
qu'il/elle	argue	ait argué
que nous	arguions	ayons argué
que vous	arguiez	ayez argué
qu'ils/elles	arguent	aient argué

	Imparfait	Plus-que-parfait
que je/j'	arguasse	eusse argué
que tu	arguasses	eusses argué
qu'il/elle	arguât	eût argué
que nous	arguassions	eussions argué
que vous	arguassiez	eussiez argué
qu'ils/elles	arguassent	eussent argué

▶ **REMARQUE** Le verbe *arguer* peut se prononcer [arge] ou [argɥe]. Certains mettent un tréma sur l'**e** ou l'**i** qui suivent l'**u** : *j'arguë, nous arguïons*. L'Académie et les rectifications de l'orthographe recommandent de mettre un tréma sur l'**u** : *j'argüe, argüer.*

Conjugaisons 9 et 10

9 ÉTUDIER

INFINITIF

Présent	Passé
étudier	avoir étudié

PARTICIPE

Présent	Passé
étudiant	étudié, e

IMPÉRATIF

Présent	Passé
étudie	aie étudié
étudions	ayons étudié
étudiez	ayez étudié

CONDITIONNEL

	Présent	Passé
j'	étudierais	aurais étudié
tu	étudierais	aurais étudié
il/elle	étudierait	aurait étudié
nous	étudierions	aurions étudié
vous	étudieriez	auriez étudié
ils/elles	étudieraient	auraient étudié

INDICATIF

	Présent	Passé composé	Passé simple	Passé antérieur
j'	étudie	ai étudié	étudiai	eus étudié
tu	étudies	as étudié	étudias	eus étudié
il/elle	étudie	a étudié	étudia	eut étudié
nous	étudions	avons étudié	étudiâmes	eûmes étudié
vous	étudiez	avez étudié	étudiâtes	eûtes étudié
ils/elles	étudient	ont étudié	étudièrent	eurent étudié

	Imparfait	Plus-que-parfait	Futur	Futur antérieur
j'	étudiais	avais étudié	étudierai	aurai étudié
tu	étudiais	avais étudié	étudieras	auras étudié
il/elle	étudiait	avait étudié	étudiera	aura étudié
nous	étudiions	avions étudié	étudierons	aurons étudié
vous	étudiiez	aviez étudié	étudierez	aurez étudié
ils/elles	étudiaient	avaient étudié	étudieront	auront étudié

SUBJONCTIF

	Présent	Passé
que j'	étudie	aie étudié
que tu	étudies	aies étudié
qu'il/elle	étudie	ait étudié
que nous	étudiions	ayons étudié
que vous	étudiiez	ayez étudié
qu'ils/elles	étudient	aient étudié

	Imparfait	Plus-que-parfait
que j'	étudiasse	eusse étudié
que tu	étudiasses	eusses étudié
qu'il/elle	étudiât	eût étudié
que nous	étudiassions	eussions étudié
que vous	étudiassiez	eussiez étudié
qu'ils/elles	étudiassent	eussent étudié

10 PRIER

INFINITIF

Présent	Passé
prier	avoir prié

PARTICIPE

Présent	Passé
priant	prié, e

IMPÉRATIF

Présent	Passé
prie	aie prié
prions	ayons prié
priez	ayez prié

CONDITIONNEL

	Présent	Passé
je/j'	prierais	aurais prié
tu	prierais	aurais prié
il/elle	prierait	aurait prié
nous	prierions	aurions prié
vous	prieriez	auriez prié
ils/elles	prieraient	auraient prié

INDICATIF

	Présent	Passé composé	Passé simple	Passé antérieur
je/j'	prie	ai prié	priai	eus prié
tu	pries	as prié	prias	eus prié
il/elle	prie	a prié	pria	eut prié
nous	prions	avons prié	priâmes	eûmes prié
vous	priez	avez prié	priâtes	eûtes prié
ils/elles	prient	ont prié	prièrent	eurent prié

	Imparfait	Plus-que-parfait	Futur	Futur antérieur
je/j'	priais	avais prié	prierai	aurai prié
tu	priais	avais prié	prieras	auras prié
il/elle	priait	avait prié	priera	aura prié
nous	priions	avions prié	prierons	aurons prié
vous	priiez	aviez prié	prierez	aurez prié
ils/elles	priaient	avaient prié	prieront	auront prié

SUBJONCTIF

	Présent	Passé
que je/j'	prie	aie prié
que tu	pries	aies prié
qu'il/elle	prie	ait prié
que nous	priions	ayons prié
que vous	priiez	ayez prié
qu'ils/elles	prient	aient prié

	Imparfait	Plus-que-parfait
que je/j'	priasse	eusse prié
que tu	priasses	eusses prié
qu'il/elle	priât	eût prié
que nous	priassions	eussions prié
que vous	priassiez	eussiez prié
qu'ils/elles	priassent	eussent prié

11 PAYER (1)

INFINITIF

Présent	Passé
payer	avoir payé

IMPÉRATIF

Présent	Passé
paie	aie payé
payons	ayons payé
payez	ayez payé

CONDITIONNEL

	Présent	Passé
je/j'	paierais	aurais payé
tu	paierais	aurais payé
il/elle	paierait	aurait payé
nous	paierions	aurions payé
vous	paieriez	auriez payé
ils/elles	paieraient	auraient payé

PARTICIPE

Présent	Passé
payant	payé, e

INDICATIF

	Présent	Passé composé	Passé simple	Passé antérieur
je/j'	paie	ai payé	payai	eus payé
tu	paies	as payé	payas	eus payé
il/elle	paie	a payé	paya	eut payé
nous	payons	avons payé	payâmes	eûmes payé
vous	payez	avez payé	payâtes	eûtes payé
ils/elles	paient	ont payé	payèrent	eurent payé

	Imparfait	Plus-que-parfait	Futur	Futur antérieur
je/j'	payais	avais payé	paierai	aurai payé
tu	payais	avais payé	paieras	auras payé
il/elle	payait	avait payé	paiera	aura payé
nous	payions	avions payé	paierons	aurons payé
vous	payiez	aviez payé	paierez	aurez payé
ils/elles	payaient	avaient payé	paieront	auront payé

SUBJONCTIF

	Présent	Passé
que je/j'	paie	aie payé
que tu	paies	aies payé
qu'il/elle	paie	ait payé
que nous	payions	ayons payé
que vous	payiez	ayez payé
qu'ils/elles	paient	aient payé

	Imparfait	Plus-que-parfait
que je/j'	payasse	eusse payé
que tu	payasses	eusses payé
qu'il/elle	payât	eût payé
que nous	payassions	eussions payé
que vous	payassiez	eussiez payé
qu'ils/elles	payassent	eussent payé

▸ **REMARQUE** Pour certains grammairiens, le verbe *rayer* garde le **y** dans toute sa conjugaison et ne se conjugue qu'à la façon de **payer (2)**.

11 PAYER (2)

INFINITIF

Présent	Passé
payer	avoir payé

IMPÉRATIF

Présent	Passé
paye	aie payé
payons	ayons payé
payez	ayez payé

CONDITIONNEL

	Présent	Passé
je/j'	payerais	aurais payé
tu	payerais	aurais payé
il/elle	payerait	aurait payé
nous	payerions	aurions payé
vous	payeriez	auriez payé
ils/elles	payeraient	auraient payé

PARTICIPE

Présent	Passé
payant	payé, e

INDICATIF

	Présent	Passé composé	Passé simple	Passé antérieur
je/j'	paye	ai payé	payai	eus payé
tu	payes	as payé	payas	eus payé
il/elle	paye	a payé	paya	eut payé
nous	payons	avons payé	payâmes	eûmes payé
vous	payez	avez payé	payâtes	eûtes payé
ils/elles	payent	ont payé	payèrent	eurent payé

	Imparfait	Plus-que-parfait	Futur	Futur antérieur
je/j'	payais	avais payé	payerai	aurai payé
tu	payais	avais payé	payeras	auras payé
il/elle	payait	avait payé	payera	aura payé
nous	payions	avions payé	payerons	aurons payé
vous	payiez	aviez payé	payerez	aurez payé
ils/elles	payaient	avaient payé	payeront	auront payé

SUBJONCTIF

	Présent	Passé
que je/j'	paye	aie payé
que tu	payes	aies payé
qu'il/elle	paye	ait payé
que nous	payions	ayons payé
que vous	payiez	ayez payé
qu'ils/elles	payent	aient payé

	Imparfait	Plus-que-parfait
que je/j'	payasse	eusse payé
que tu	payasses	eusses payé
qu'il/elle	payât	eût payé
que nous	payassions	eussions payé
que vous	payassiez	eussiez payé
qu'ils/elles	payassent	eussent payé

Conjugaisons 12 et 13

12 GRASSEYER

INFINITIF

Présent	Passé
grasseyer	avoir grasseyé

PARTICIPE

Présent	Passé
grasseyant	grasseyé, e

IMPÉRATIF

Présent	Passé
grasseye	aie grasseyé
grasseyons	ayons grasseyé
grasseyez	ayez grasseyé

CONDITIONNEL

	Présent	Passé
je/j'	grasseyerais	aurais grasseyé
tu	grasseyerais	aurais grasseyé
il/elle	grasseyerait	aurait grasseyé
nous	grasseyerions	aurions grasseyé
vous	grasseyeriez	auriez grasseyé
ils/elles	grasseyeraient	auraient grasseyé

INDICATIF

	Présent	Passé composé	Passé simple	Passé antérieur
je/j'	grasseye	ai grasseyé	grasseyai	eus grasseyé
tu	grasseyes	as grasseyé	grasseyas	eus grasseyé
il/elle	grasseye	a grasseyé	grasseya	eut grasseyé
nous	grasseyons	avons grasseyé	grasseyâmes	eûmes grasseyé
vous	grasseyez	avez grasseyé	grasseyâtes	eûtes grasseyé
ils/elles	grasseyent	ont grasseyé	grasseyèrent	eurent grasseyé

	Imparfait	Plus-que-parfait	Futur	Futur antérieur
je/j'	grasseyais	avais grasseyé	grasseyerai	aurai grasseyé
tu	grasseyais	avais grasseyé	grasseyeras	auras grasseyé
il/elle	grasseyait	avait grasseyé	grasseyera	aura grasseyé
nous	grasseyions	avions grasseyé	grasseyerons	aurons grasseyé
vous	grasseyiez	aviez grasseyé	grasseyerez	aurez grasseyé
ils/elles	grasseyaient	avaient grasseyé	grasseyeront	auront grasseyé

SUBJONCTIF

	Présent	Passé
que je/j'	grasseye	aie grasseyé
que tu	grasseyes	aies grasseyé
qu'il/elle	grasseye	ait grasseyé
que nous	grasseyions	ayons grasseyé
que vous	grasseyiez	ayez grasseyé
qu'ils/elles	grasseyent	aient grasseyé

	Imparfait	Plus-que-parfait
que je/j'	grasseyasse	eusse grasseyé
que tu	grasseyasses	eusses grasseyé
qu'il/elle	grasseyât	eût grasseyé
que nous	grasseyassions	eussions grasseyé
que vous	grasseyassiez	eussiez grasseyé
qu'ils/elles	grasseyassent	eussent grasseyé

13 EMPLOYER

INFINITIF

Présent	Passé
employer	avoir employé

PARTICIPE

Présent	Passé
employant	employé, e

IMPÉRATIF

Présent	Passé
emploie	aie employé
employons	ayons employé
employez	ayez employé

CONDITIONNEL

	Présent	Passé
j'	emploierais	aurais employé
tu	emploierais	aurais employé
il/elle	emploierait	aurait employé
nous	emploierions	aurions employé
vous	emploieriez	auriez employé
ils/elles	emploieraient	auraient employé

INDICATIF

	Présent	Passé composé	Passé simple	Passé antérieur
j'	emploie	ai employé	employai	eus employé
tu	emploies	as employé	employas	eus employé
il/elle	emploie	a employé	employa	eut employé
nous	employons	avons employé	employâmes	eûmes employé
vous	employez	avez employé	employâtes	eûtes employé
ils/elles	emploient	ont employé	employèrent	eurent employé

	Imparfait	Plus-que-parfait	Futur	Futur antérieur
j'	employais	avais employé	emploierai	aurai employé
tu	employais	avais employé	emploieras	auras employé
il/elle	employait	avait employé	emploiera	aura employé
nous	employions	avions employé	emploierons	aurons employé
vous	employiez	aviez employé	emploierez	aurez employé
ils/elles	employaient	avaient employé	emploieront	auront employé

SUBJONCTIF

	Présent	Passé
que j'	emploie	aie employé
que tu	emploies	aies employé
qu'il/elle	emploie	ait employé
que nous	employions	ayons employé
que vous	employiez	ayez employé
qu'ils/elles	emploient	aient employé

	Imparfait	Plus-que-parfait
que j'	employasse	eusse employé
que tu	employasses	eusses employé
qu'il/elle	employât	eût employé
que nous	employassions	eussions employé
que vous	employassiez	eussiez employé
qu'ils/elles	employassent	eussent employé

14 ESSUYER

INFINITIF

Présent	Passé
essuyer	avoir essuyé

IMPÉRATIF

Présent	Passé
essuie	aie essuyé
essuyons	ayons essuyé
essuyez	ayez essuyé

CONDITIONNEL

	Présent	Passé
j'	essuierais	aurais essuyé
tu	essuierais	aurais essuyé
il/elle	essuierait	aurait essuyé
nous	essuierions	aurions essuyé
vous	essuieriez	auriez essuyé
ils/elles	essuieraient	auraient essuyé

PARTICIPE

Présent	Passé
essuyant	essuyé, e

INDICATIF

	Présent	Passé composé	Passé simple	Passé antérieur
j'	essuie	ai essuyé	essuyai	eus essuyé
tu	essuies	as essuyé	essuyas	eus essuyé
il/elle	essuie	a essuyé	essuya	eut essuyé
nous	essuyons	avons essuyé	essuyâmes	eûmes essuyé
vous	essuyez	avez essuyé	essuyâtes	eûtes essuyé
ils/elles	essuient	ont essuyé	essuyèrent	eurent essuyé

	Imparfait	Plus-que-parfait	Futur	Futur antérieur
j'	essuyais	avais essuyé	essuierai	aurai essuyé
tu	essuyais	avais essuyé	essuieras	auras essuyé
il/elle	essuyait	avait essuyé	essuiera	aura essuyé
nous	essuyions	avions essuyé	essuierons	aurons essuyé
vous	essuyiez	aviez essuyé	essuierez	aurez essuyé
ils/elles	essuyaient	avaient essuyé	essuieront	auront essuyé

SUBJONCTIF

	Présent	Passé
que j'	essuie	aie essuyé
que tu	essuies	aies essuyé
qu'il/elle	essuie	ait essuyé
que nous	essuyions	ayons essuyé
que vous	essuyiez	ayez essuyé
qu'ils/elles	essuient	aient essuyé

	Imparfait	Plus-que-parfait
que j'	essuyasse	eusse essuyé
que tu	essuyasses	eusses essuyé
qu'il/elle	essuyât	eût essuyé
que nous	essuyassions	eussions essuyé
que vous	essuyassiez	eussiez essuyé
qu'ils/elles	essuyassent	eussent essuyé

15 CRÉER

INFINITIF

Présent	Passé
créer	avoir créé

IMPÉRATIF

Présent	Passé
crée	aie créé
créons	ayons créé
créez	ayez créé

CONDITIONNEL

	Présent	Passé
je/j'	créerais	aurais créé
tu	créerais	aurais créé
il/elle	créerait	aurait créé
nous	créerions	aurions créé
vous	créeriez	auriez créé
ils/elles	créeraient	auraient créé

PARTICIPE

Présent	Passé
créant	créé, e

INDICATIF

	Présent	Passé composé	Passé simple	Passé antérieur
je/j'	crée	ai créé	créai	eus créé
tu	crées	as créé	créas	eus créé
il/elle	crée	a créé	créa	eut créé
nous	créons	avons créé	créâmes	eûmes créé
vous	créez	avez créé	créâtes	eûtes créé
ils/elles	créent	ont créé	créèrent	eurent créé

	Imparfait	Plus-que-parfait	Futur	Futur antérieur
je/j'	créais	avais créé	créerai	aurai créé
tu	créais	avais créé	créeras	auras créé
il/elle	créait	avait créé	créera	aura créé
nous	créions	avions créé	créerons	aurons créé
vous	créiez	aviez créé	créerez	aurez créé
ils/elles	créaient	avaient créé	créeront	auront créé

SUBJONCTIF

	Présent	Passé
que je/j'	crée	aie créé
que tu	crées	aies créé
qu'il/elle	crée	ait créé
que nous	créions	ayons créé
que vous	créiez	ayez créé
qu'ils/elles	créent	aient créé

	Imparfait	Plus-que-parfait
que je/j'	créasse	eusse créé
que tu	créasses	eusses créé
qu'il/elle	créât	eût créé
que nous	créassions	eussions créé
que vous	créassiez	eussiez créé
qu'ils/elles	créassent	eussent créé

Conjugaisons 16 et 17

16 PLACER

INFINITIF

Présent	Passé
placer	avoir placé

PARTICIPE

Présent	Passé
plaçant	placé, e

IMPÉRATIF

Présent	Passé
place	aie placé
plaçons	ayons placé
placez	ayez placé

CONDITIONNEL

	Présent	Passé
je/j'	placerais	aurais placé
tu	placerais	aurais placé
il/elle	placerait	aurait placé
nous	placerions	aurions placé
vous	placeriez	auriez placé
ils/elles	placeraient	auraient placé

INDICATIF

	Présent	Passé composé	Passé simple	Passé antérieur
je/j'	place	ai placé	plaçai	eus placé
tu	places	as placé	plaças	eus placé
il/elle	place	a placé	plaça	eut placé
nous	plaçons	avons placé	plaçâmes	eûmes placé
vous	placez	avez placé	plaçâtes	eûtes placé
ils/elles	placent	ont placé	placèrent	eurent placé

	Imparfait	Plus-que-parfait	Futur	Futur antérieur
je/j'	plaçais	avais placé	placerai	aurai placé
tu	plaçais	avais placé	placeras	auras placé
il/elle	plaçait	avait placé	placera	aura placé
nous	placions	avions placé	placerons	aurons placé
vous	placiez	aviez placé	placerez	aurez placé
ils/elles	plaçaient	avaient placé	placeront	auront placé

SUBJONCTIF

	Présent	Passé
que je/j'	place	aie placé
que tu	places	aies placé
qu'il/elle	place	ait placé
que nous	placions	ayons placé
que vous	placiez	ayez placé
qu'ils/elles	placent	aient placé

	Imparfait	Plus-que-parfait
que je/j'	plaçasse	eusse placé
que tu	plaçasses	eusses placé
qu'il/elle	plaçât	eût placé
que nous	plaçassions	eussions placé
que vous	plaçassiez	eussiez placé
qu'ils/elles	plaçassent	eussent placé

17 MANGER

INFINITIF

Présent	Passé
manger	avoir mangé

PARTICIPE

Présent	Passé
mangeant	mangé, e

IMPÉRATIF

Présent	Passé
mange	aie mangé
mangeons	ayons mangé
mangez	ayez mangé

CONDITIONNEL

	Présent	Passé
je/j'	mangerais	aurais mangé
tu	mangerais	aurais mangé
il/elle	mangerait	aurait mangé
nous	mangerions	aurions mangé
vous	mangeriez	auriez mangé
ils/elles	mangeraient	auraient mangé

INDICATIF

	Présent	Passé composé	Passé simple	Passé antérieur
je/j'	mange	ai mangé	mangeai	eus mangé
tu	manges	as mangé	mangeas	eus mangé
il/elle	mange	a mangé	mangea	eut mangé
nous	mangeons	avons mangé	mangeâmes	eûmes mangé
vous	mangez	avez mangé	mangeâtes	eûtes mangé
ils/elles	mangent	ont mangé	mangèrent	eurent mangé

	Imparfait	Plus-que-parfait	Futur	Futur antérieur
je/j'	mangeais	avais mangé	mangerai	aurai mangé
tu	mangeais	avais mangé	mangeras	auras mangé
il/elle	mangeait	avait mangé	mangera	aura mangé
nous	mangions	avions mangé	mangerons	aurons mangé
vous	mangiez	aviez mangé	mangerez	aurez mangé
ils/elles	mangeaient	avaient mangé	mangeront	auront mangé

SUBJONCTIF

	Présent	Passé
que je/j'	mange	aie mangé
que tu	manges	aies mangé
qu'il/elle	mange	ait mangé
que nous	mangions	ayons mangé
que vous	mangiez	ayez mangé
qu'ils/elles	mangent	aient mangé

	Imparfait	Plus-que-parfait
que je/j'	mangeasse	eusse mangé
que tu	mangeasses	eusses mangé
qu'il/elle	mangeât	eût mangé
que nous	mangeassions	eussions mangé
que vous	mangeassiez	eussiez mangé
qu'ils/elles	mangeassent	eussent mangé

18 CÉDER

INFINITIF

Présent	Passé
céder	avoir cédé

PARTICIPE

Présent	Passé
cédant	cédé, e

IMPÉRATIF

Présent	Passé
cède	aie cédé
cédons	ayons cédé
cédez	ayez cédé

CONDITIONNEL

	Présent	Passé
je/j'	céderais	aurais cédé
tu	céderais	aurais cédé
il/elle	céderait	aurait cédé
nous	céderions	aurions cédé
vous	céderiez	auriez cédé
ils/elles	céderaient	auraient cédé

INDICATIF

	Présent	Passé composé	Passé simple	Passé antérieur
je/j'	cède	ai cédé	cédai	eus cédé
tu	cèdes	as cédé	cédas	eus cédé
il/elle	cède	a cédé	céda	eut cédé
nous	cédons	avons cédé	cédâmes	eûmes cédé
vous	cédez	avez cédé	cédâtes	eûtes cédé
ils/elles	cèdent	ont cédé	cédèrent	eurent cédé

	Imparfait	Plus-que-parfait	Futur	Futur antérieur
je/j'	cédais	avais cédé	céderai	aurai cédé
tu	cédais	avais cédé	céderas	auras cédé
il/elle	cédait	avait cédé	cédera	aura cédé
nous	cédions	avions cédé	céderons	aurons cédé
vous	cédiez	aviez cédé	céderez	aurez cédé
ils/elles	cédaient	avaient cédé	céderont	auront cédé

SUBJONCTIF

	Présent	Passé
que je/j'	cède	aie cédé
que tu	cèdes	aies cédé
qu'il/elle	cède	ait cédé
que nous	cédions	ayons cédé
que vous	cédiez	ayez cédé
qu'ils/elles	cèdent	aient cédé

	Imparfait	Plus-que-parfait
que je/j'	cédasse	eusse cédé
que tu	cédasses	eusses cédé
qu'il/elle	cédât	eût cédé
que nous	cédassions	eussions cédé
que vous	cédassiez	eussiez cédé
qu'ils/elles	cédassent	eussent cédé

▶ **REMARQUE** Dans la 9e édition de son dictionnaire (1992), l'Académie écrit au futur et au conditionnel : *je cèderai, je cèderais.*

19 SEMER

INFINITIF

Présent	Passé
semer	avoir semé

PARTICIPE

Présent	Passé
semant	semé, e

IMPÉRATIF

Présent	Passé
sème	aie semé
semons	ayons semé
semez	ayez semé

CONDITIONNEL

	Présent	Passé
je/j'	sèmerais	aurais semé
tu	sèmerais	aurais semé
il/elle	sèmerait	aurait semé
nous	sèmerions	aurions semé
vous	sèmeriez	auriez semé
ils/elles	sèmeraient	auraient semé

INDICATIF

	Présent	Passé composé	Passé simple	Passé antérieur
je/j'	sème	ai semé	semai	eus semé
tu	sèmes	as semé	semas	eus semé
il/elle	sème	a semé	sema	eut semé
nous	semons	avons semé	semâmes	eûmes semé
vous	semez	avez semé	semâtes	eûtes semé
ils/elles	sèment	ont semé	semèrent	eurent semé

	Imparfait	Plus-que-parfait	Futur	Futur antérieur
je/j'	semais	avais semé	sèmerai	aurai semé
tu	semais	avais semé	sèmeras	auras semé
il/elle	semait	avait semé	sèmera	aura semé
nous	semions	avions semé	sèmerons	aurons semé
vous	semiez	aviez semé	sèmerez	aurez semé
ils/elles	semaient	avaient semé	sèmeront	auront semé

SUBJONCTIF

	Présent	Passé
que je/j'	sème	aie semé
que tu	sèmes	aies semé
qu'il/elle	sème	ait semé
que nous	semions	ayons semé
que vous	semiez	ayez semé
qu'ils/elles	sèment	aient semé

	Imparfait	Plus-que-parfait
que je/j'	semasse	eusse semé
que tu	semasses	eusses semé
qu'il/elle	semât	eût semé
que nous	semassions	eussions semé
que vous	semassiez	eussiez semé
qu'ils/elles	semassent	eussent semé

Conjugaisons 20 et 21

20 RAPIÉCER

INFINITIF

Présent	Passé
rapiécer	avoir rapiécé

PARTICIPE

Présent	Passé
rapiéçant	rapiécé, e

IMPÉRATIF

Présent	Passé
rapièce	aie rapiécé
rapiéçons	ayons rapiécé
rapiécez	ayez rapiécé

CONDITIONNEL

	Présent	Passé
je/j'	rapiécerais	aurais rapiécé
tu	rapiécerais	aurais rapiécé
il/elle	rapiécerait	aurait rapiécé
nous	rapiécerions	aurions rapiécé
vous	rapiéceriez	auriez rapiécé
ils/elles	rapiéceraient	auraient rapiécé

INDICATIF

	Présent	Passé composé	Passé simple	Passé antérieur
je/j'	rapièce	ai rapiécé	rapiéçai	eus rapiécé
tu	rapièces	as rapiécé	rapiéças	eus rapiécé
il/elle	rapièce	a rapiécé	rapiéça	eut rapiécé
nous	rapiéçons	avons rapiécé	rapiéçâmes	eûmes rapiécé
vous	rapiécez	avez rapiécé	rapiéçâtes	eûtes rapiécé
ils/elles	rapiècent	ont rapiécé	rapiécèrent	eurent rapiécé

	Imparfait	Plus-que-parfait	Futur	Futur antérieur
je/j'	rapiéçais	avais rapiécé	rapiécerai	aurai rapiécé
tu	rapiéçais	avais rapiécé	rapiéceras	auras rapiécé
il/elle	rapiéçait	avait rapiécé	rapiécera	aura rapiécé
nous	rapiécions	avions rapiécé	rapiécerons	aurons rapiécé
vous	rapiéciez	aviez rapiécé	rapiécerez	aurez rapiécé
ils/elles	rapiéçaient	avaient rapiécé	rapiéceront	auront rapiécé

SUBJONCTIF

	Présent	Passé
que je/j'	rapièce	aie rapiécé
que tu	rapièces	aies rapiécé
qu'il/elle	rapièce	ait rapiécé
que nous	rapiécions	ayons rapiécé
que vous	rapiéciez	ayez rapiécé
qu'ils/elles	rapiècent	aient rapiécé

	Imparfait	Plus-que-parfait
que je/j'	rapiéçasse	eusse rapiécé
que tu	rapiéçasses	eusses rapiécé
qu'il/elle	rapiéçât	eût rapiécé
que nous	rapiéçassions	eussions rapiécé
que vous	rapiéçassiez	eussiez rapiécé
qu'ils/elles	rapiéçassent	eussent rapiécé

► **REMARQUE** Dans la 9e édition de son dictionnaire (1992), l'Académie écrit au futur et au conditionnel : *je rapiècerai, je rapiècerais.*

21 ACQUIESCER

INFINITIF

Présent	Passé
acquiescer	avoir acquiescé

PARTICIPE

Présent	Passé
acquiesçant	acquiescé

IMPÉRATIF

Présent	Passé
acquiesce	aie acquiescé
acquiesçons	ayons acquiescé
acquiescez	ayez acquiescé

CONDITIONNEL

	Présent	Passé
j'	acquiescerais	aurais acquiescé
tu	acquiescerais	aurais acquiescé
il/elle	acquiescerait	aurait acquiescé
nous	acquiescerions	aurions acquiescé
vous	acquiesceriez	auriez acquiescé
ils/elles	acquiesceraient	auraient acquiescé

INDICATIF

	Présent	Passé composé	Passé simple	Passé antérieur
j'	acquiesce	ai acquiescé	acquiesçai	eus acquiescé
tu	acquiesces	as acquiescé	acquiesças	eus acquiescé
il/elle	acquiesce	a acquiescé	acquiesça	eut acquiescé
nous	acquiesçons	avons acquiescé	acquiesçâmes	eûmes acquiescé
vous	acquiescez	avez acquiescé	acquiesçâtes	eûtes acquiescé
ils/elles	acquiescent	ont acquiescé	acquiescèrent	eurent acquiescé

	Imparfait	Plus-que-parfait	Futur	Futur antérieur
j'	acquiesçais	avais acquiescé	acquiescerai	aurai acquiescé
tu	acquiesçais	avais acquiescé	acquiesceras	auras acquiescé
il/elle	acquiesçait	avait acquiescé	acquiescera	aura acquiescé
nous	acquiescions	avions acquiescé	acquiescerons	aurons acquiescé
vous	acquiesciez	aviez acquiescé	acquiescerez	aurez acquiescé
ils/elles	acquiesçaient	avaient acquiescé	acquiesceront	auront acquiescé

SUBJONCTIF

	Présent	Passé
que j'	acquiesce	aie acquiescé
que tu	acquiesces	aies acquiescé
qu'il/elle	acquiesce	ait acquiescé
que nous	acquiescions	ayons acquiescé
que vous	acquiesciez	ayez acquiescé
qu'ils/elles	acquiescent	aient acquiescé

	Imparfait	Plus-que-parfait
que j'	acquiesçasse	eusse acquiescé
que tu	acquiesçasses	eusses acquiescé
qu'il/elle	acquiesçât	eût acquiescé
que nous	acquiesçassions	eussions acquiescé
que vous	acquiesçassiez	eussiez acquiescé
qu'ils/elles	acquiesçassent	eussent acquiescé

22 SIÉGER

INFINITIF

Présent	Passé
siéger	avoir siégé

PARTICIPE

Présent	Passé
siégeant	siégé

IMPÉRATIF

Présent	Passé
siège	aie siégé
siégeons	ayons siégé
siégez	ayez siégé

CONDITIONNEL

	Présent	Passé
je/j'	siégerais	aurais siégé
tu	siégerais	aurais siégé
il/elle	siégerait	aurait siégé
nous	siégerions	aurions siégé
vous	siégeriez	auriez siégé
ils/elles	siégeraient	auraient siégé

INDICATIF

	Présent	Passé composé	Passé simple	Passé antérieur
je/j'	siège	ai siégé	siégeai	eus siégé
tu	sièges	as siégé	siégeas	eus siégé
il/elle	siège	a siégé	siégea	eut siégé
nous	siégeons	avons siégé	siégeâmes	eûmes siégé
vous	siégez	avez siégé	siégeâtes	eûtes siégé
ils/elles	siègent	ont siégé	siégèrent	eurent siégé

	Imparfait	Plus-que-parfait	Futur	Futur antérieur
je/j'	siégeais	avais siégé	siégerai	aurai siégé
tu	siégeais	avais siégé	siégeras	auras siégé
il/elle	siégeait	avait siégé	siégera	aura siégé
nous	siégions	avions siégé	siégerons	aurons siégé
vous	siégiez	aviez siégé	siégerez	aurez siégé
ils/elles	siégeaient	avaient siégé	siégeront	auront siégé

SUBJONCTIF

	Présent	Passé
que je/j'	siège	aie siégé
que tu	sièges	aies siégé
qu'il/elle	siège	ait siégé
que nous	siégions	ayons siégé
que vous	siégiez	ayez siégé
qu'ils/elles	siègent	aient siégé

	Imparfait	Plus-que-parfait
que je/j'	siégeasse	eusse siégé
que tu	siégeasses	eusses siégé
qu'il/elle	siégeât	eût siégé
que nous	siégeassions	eussions siégé
que vous	siégeassiez	eussiez siégé
qu'ils/elles	siégeassent	eussent siégé

▶ **REMARQUE** Dans la 9e édition de son dictionnaire (1992), l'Académie écrit au futur et au conditionnel : *je siègerai, je siègerais*. Le verbe *assiéger* se conjugue comme **siéger**, mais son participe passé est variable.

23 DÉNEIGER

INFINITIF

Présent	Passé
déneiger	avoir déneigé

PARTICIPE

Présent	Passé
déneigeant	déneigé, e

IMPÉRATIF

Présent	Passé
déneige	aie déneigé
déneigeons	ayons déneigé
déneigez	ayez déneigé

CONDITIONNEL

	Présent	Passé
je/j'	déneigerais	aurais déneigé
tu	déneigerais	aurais déneigé
il/elle	déneigerait	aurait déneigé
nous	déneigerions	aurions déneigé
vous	déneigeriez	auriez déneigé
ils/elles	déneigeraient	auraient déneigé

INDICATIF

	Présent	Passé composé	Passé simple	Passé antérieur
je/j'	déneige	ai déneigé	déneigeai	eus déneigé
tu	déneiges	as déneigé	déneigeas	eus déneigé
il/elle	déneige	a déneigé	déneigea	eut déneigé
nous	déneigeons	avons déneigé	déneigeâmes	eûmes déneigé
vous	déneigez	avez déneigé	déneigeâtes	eûtes déneigé
ils/elles	déneigent	ont déneigé	déneigèrent	eurent déneigé

	Imparfait	Plus-que-parfait	Futur	Futur antérieur
je/j'	déneigeais	avais déneigé	déneigerai	aurai déneigé
tu	déneigeais	avais déneigé	déneigeras	auras déneigé
il/elle	déneigeait	avait déneigé	déneigera	aura déneigé
nous	déneigions	avions déneigé	déneigerons	aurons déneigé
vous	déneigiez	aviez déneigé	déneigerez	aurez déneigé
ils/elles	déneigeaient	avaient déneigé	déneigeront	auront déneigé

SUBJONCTIF

	Présent	Passé
que je/j'	déneige	aie déneigé
que tu	déneiges	aies déneigé
qu'il/elle	déneige	ait déneigé
que nous	déneigions	ayons déneigé
que vous	déneigiez	ayez déneigé
qu'ils/elles	déneigent	aient déneigé

	Imparfait	Plus-que-parfait
que je/j'	déneigeasse	eusse déneigé
que tu	déneigeasses	eusses déneigé
qu'il/elle	déneigeât	eût déneigé
que nous	déneigeassions	eussions déneigé
que vous	déneigeassiez	eussiez déneigé
qu'ils/elles	déneigeassent	eussent déneigé

Conjugaisons 24 et 25

24 APPELER

INFINITIF

Présent	Passé
appeler	avoir appelé

PARTICIPE

Présent	Passé
appelant	appelé, e

IMPÉRATIF

Présent	Passé
appelle	aie appelé
appelons	ayons appelé
appelez	ayez appelé

CONDITIONNEL

	Présent	Passé
j'	appellerais	aurais appelé
tu	appellerais	aurais appelé
il/elle	appellerait	aurait appelé
nous	appellerions	aurions appelé
vous	appelleriez	auriez appelé
ils/elles	appelleraient	auraient appelé

INDICATIF

	Présent	Passé composé	Passé simple	Passé antérieur
j'	appelle	ai appelé	appelai	eus appelé
tu	appelles	as appelé	appelas	eus appelé
il/elle	appelle	a appelé	appela	eut appelé
nous	appelons	avons appelé	appelâmes	eûmes appelé
vous	appelez	avez appelé	appelâtes	eûtes appelé
ils/elles	appellent	ont appelé	appelèrent	eurent appelé

	Imparfait	Plus-que-parfait	Futur	Futur antérieur
j'	appelais	avais appelé	appellerai	aurai appelé
tu	appelais	avais appelé	appelleras	auras appelé
il/elle	appelait	avait appelé	appellera	aura appelé
nous	appelions	avions appelé	appellerons	aurons appelé
vous	appeliez	aviez appelé	appellerez	aurez appelé
ils/elles	appelaient	avaient appelé	appelleront	auront appelé

SUBJONCTIF

	Présent	Passé
que j'	appelle	aie appelé
que tu	appelles	aies appelé
qu'il/elle	appelle	ait appelé
que nous	appelions	ayons appelé
que vous	appeliez	ayez appelé
qu'ils/elles	appellent	aient appelé

	Imparfait	Plus-que-parfait
que j'	appelasse	eusse appelé
que tu	appelasses	eusses appelé
qu'il/elle	appelât	eût appelé
que nous	appelassions	eussions appelé
que vous	appelassiez	eussiez appelé
qu'ils/elles	appelassent	eussent appelé

▶ **REMARQUE** Selon les rectifications de l'orthographe, les verbes de cette conjugaison (comme *chanceler*, *épeler*…) s'alignent sur la conjugaison **19 semer**, à l'exception de *appeler* et ses composés.

25 PELER

INFINITIF

Présent	Passé
peler	avoir pelé

PARTICIPE

Présent	Passé
pelant	pelé, e

IMPÉRATIF

Présent	Passé
pèle	aie pelé
pelons	ayons pelé
pelez	ayez pelé

CONDITIONNEL

	Présent	Passé
je/j'	pèlerais	aurais pelé
tu	pèlerais	aurais pelé
il/elle	pèlerait	aurait pelé
nous	pèlerions	aurions pelé
vous	pèleriez	auriez pelé
ils/elles	pèleraient	auraient pelé

INDICATIF

	Présent	Passé composé	Passé simple	Passé antérieur
je/j'	pèle	ai pelé	pelai	eus pelé
tu	pèles	as pelé	pelas	eus pelé
il/elle	pèle	a pelé	pela	eut pelé
nous	pelons	avons pelé	pelâmes	eûmes pelé
vous	pelez	avez pelé	pelâtes	eûtes pelé
ils/elles	pèlent	ont pelé	pelèrent	eurent pelé

	Imparfait	Plus-que-parfait	Futur	Futur antérieur
je/j'	pelais	avais pelé	pèlerai	aurai pelé
tu	pelais	avais pelé	pèleras	auras pelé
il/elle	pelait	avait pelé	pèlera	aura pelé
nous	pelions	avions pelé	pèlerons	aurons pelé
vous	peliez	aviez pelé	pèlerez	aurez pelé
ils/elles	pelaient	avaient pelé	pèleront	auront pelé

SUBJONCTIF

	Présent	Passé
que je/j'	pèle	aie pelé
que tu	pèles	aies pelé
qu'il/elle	pèle	ait pelé
que nous	pelions	ayons pelé
que vous	peliez	ayez pelé
qu'ils/elles	pèlent	aient pelé

	Imparfait	Plus-que-parfait
que je/j'	pelasse	eusse pelé
que tu	pelasses	eusses pelé
qu'il/elle	pelât	eût pelé
que nous	pelassions	eussions pelé
que vous	pelassiez	eussiez pelé
qu'ils/elles	pelassent	eussent pelé

26 INTERPELLER

INFINITIF

Présent	Passé
interpeller	avoir interpellé

PARTICIPE

Présent	Passé
interpellant	interpellé, e

IMPÉRATIF

Présent	Passé
interpelle	aie interpellé
interpellons	ayons interpellé
interpellez	ayez interpellé

CONDITIONNEL

	Présent	Passé
j'	interpellerais	aurais interpellé
tu	interpellerais	aurais interpellé
il/elle	interpellerait	aurait interpellé
nous	interpellerions	aurions interpellé
vous	interpelleriez	auriez interpellé
ils/elles	interpelleraient	auraient interpellé

INDICATIF

	Présent	Passé composé	Passé simple	Passé antérieur
j'	interpelle	ai interpellé	interpellai	eus interpellé
tu	interpelles	as interpellé	interpellas	eus interpellé
il/elle	interpelle	a interpellé	interpella	eut interpellé
nous	interpellons	avons interpellé	interpellâmes	eûmes interpellé
vous	interpellez	avez interpellé	interpellâtes	eûtes interpellé
ils/elles	interpellent	ont interpellé	interpellèrent	eurent interpellé

	Imparfait	Plus-que-parfait	Futur	Futur antérieur
j'	interpellais	avais interpellé	interpellerai	aurai interpellé
tu	interpellais	avais interpellé	interpelleras	auras interpellé
il/elle	interpellait	avait interpellé	interpellera	aura interpellé
nous	interpellions	avions interpellé	interpellerons	aurons interpellé
vous	interpelliez	aviez interpellé	interpellerez	aurez interpellé
ils/elles	interpellaient	avaient interpellé	interpelleront	auront interpellé

SUBJONCTIF

	Présent	Passé
que j'	interpelle	aie interpellé
que tu	interpelles	aies interpellé
qu'il/elle	interpelle	ait interpellé
que nous	interpellions	ayons interpellé
que vous	interpelliez	ayez interpellé
qu'ils/elles	interpellent	aient interpellé

	Imparfait	Plus-que-parfait
que j'	interpellasse	eusse interpellé
que tu	interpellasses	eusses interpellé
qu'il/elle	interpellât	eût interpellé
que nous	interpellassions	eussions interpellé
que vous	interpellassiez	eussiez interpellé
qu'ils/elles	interpellassent	eussent interpellé

27 JETER

INFINITIF

Présent	Passé
jeter	avoir jeté

PARTICIPE

Présent	Passé
jetant	jeté, e

IMPÉRATIF

Présent	Passé
jette	aie jeté
jetons	ayons jeté
jetez	ayez jeté

CONDITIONNEL

	Présent	Passé
je/j'	jetterais	aurais jeté
tu	jetterais	aurais jeté
il/elle	jetterait	aurait jeté
nous	jetterions	aurions jeté
vous	jetteriez	auriez jeté
ils/elles	jetteraient	auraient jeté

INDICATIF

	Présent	Passé composé	Passé simple	Passé antérieur
je/j'	jette	ai jeté	jetai	eus jeté
tu	jettes	as jeté	jetas	eus jeté
il/elle	jette	a jeté	jeta	eut jeté
nous	jetons	avons jeté	jetâmes	eûmes jeté
vous	jetez	avez jeté	jetâtes	eûtes jeté
ils/elles	jettent	ont jeté	jetèrent	eurent jeté

	Imparfait	Plus-que-parfait	Futur	Futur antérieur
je/j'	jetais	avais jeté	jetterai	aurai jeté
tu	jetais	avais jeté	jetteras	auras jeté
il/elle	jetait	avait jeté	jettera	aura jeté
nous	jetions	avions jeté	jetterons	aurons jeté
vous	jetiez	aviez jeté	jetterez	aurez jeté
ils/elles	jetaient	avaient jeté	jetteront	auront jeté

SUBJONCTIF

	Présent	Passé
que je/j'	jette	aie jeté
que tu	jettes	aies jeté
qu'il/elle	jette	ait jeté
que nous	jetions	ayons jeté
que vous	jetiez	ayez jeté
qu'ils/elles	jettent	aient jeté

	Imparfait	Plus-que-parfait
que je/j'	jetasse	eusse jeté
que tu	jetasses	eusses jeté
qu'il/elle	jetât	eût jeté
que nous	jetassions	eussions jeté
que vous	jetassiez	eussiez jeté
qu'ils/elles	jetassent	eussent jeté

▶ **REMARQUE** Selon les rectifications de l'orthographe, les verbes de cette conjugaison (comme *colleter*, *feuilleter*…) s'alignent sur la conjugaison **19 semer**, à l'exception de *jeter* et ses composés.

Conjugaisons 28 et 29

28 ACHETER

INFINITIF

Présent	Passé
acheter	avoir acheté

PARTICIPE

Présent	Passé
achetant	acheté, e

IMPÉRATIF

Présent	Passé
achète	aie acheté
achetons	ayons acheté
achetez	ayez acheté

CONDITIONNEL

	Présent	Passé
j'	achèterais	aurais acheté
tu	achèterais	aurais acheté
il/elle	achèterait	aurait acheté
nous	achèterions	aurions acheté
vous	achèteriez	auriez acheté
ils/elles	achèteraient	auraient acheté

INDICATIF

	Présent	Passé composé	Passé simple	Passé antérieur
j'	achète	ai acheté	achetai	eus acheté
tu	achètes	as acheté	achetas	eus acheté
il/elle	achète	a acheté	acheta	eut acheté
nous	achetons	avons acheté	achetâmes	eûmes acheté
vous	achetez	avez acheté	achetâtes	eûtes acheté
ils/elles	achètent	ont acheté	achetèrent	eurent acheté

	Imparfait	Plus-que-parfait	Futur	Futur antérieur
j'	achetais	avais acheté	achèterai	aurai acheté
tu	achetais	avais acheté	achèteras	auras acheté
il/elle	achetait	avait acheté	achètera	aura acheté
nous	achetions	avions acheté	achèterons	aurons acheté
vous	achetiez	aviez acheté	achèterez	aurez acheté
ils/elles	achetaient	avaient acheté	achèteront	auront acheté

SUBJONCTIF

	Présent	Passé
que j'	achète	aie acheté
que tu	achètes	aies acheté
qu'il/elle	achète	ait acheté
que nous	achetions	ayons acheté
que vous	achetiez	ayez acheté
qu'ils/elles	achètent	aient acheté

	Imparfait	Plus-que-parfait
que j'	achetasse	eusse acheté
que tu	achetasses	eusses acheté
qu'il/elle	achetât	eût acheté
que nous	achetassions	eussions acheté
que vous	achetassiez	eussiez acheté
qu'ils/elles	achetassent	eussent acheté

29 DÉPECER

INFINITIF

Présent	Passé
dépecer	avoir dépecé

PARTICIPE

Présent	Passé
dépeçant	dépecé, e

IMPÉRATIF

Présent	Passé
dépèce	aie dépecé
dépeçons	ayons dépecé
dépecez	ayez dépecé

CONDITIONNEL

	Présent	Passé
je/j'	dépècerais	aurais dépecé
tu	dépècerais	aurais dépecé
il/elle	dépècerait	aurait dépecé
nous	dépècerions	aurions dépecé
vous	dépèceriez	auriez dépecé
ils/elles	dépèceraient	auraient dépecé

INDICATIF

	Présent	Passé composé	Passé simple	Passé antérieur
je/j'	dépèce	ai dépecé	dépeçai	eus dépecé
tu	dépèces	as dépecé	dépeças	eus dépecé
il/elle	dépèce	a dépecé	dépeça	eut dépecé
nous	dépeçons	avons dépecé	dépeçâmes	eûmes dépecé
vous	dépecez	avez dépecé	dépeçâtes	eûtes dépecé
ils/elles	dépècent	ont dépecé	dépecèrent	eurent dépecé

	Imparfait	Plus-que-parfait	Futur	Futur antérieur
je/j'	dépeçais	avais dépecé	dépècerai	aurai dépecé
tu	dépeçais	avais dépecé	dépèceras	auras dépecé
il/elle	dépeçait	avait dépecé	dépècera	aura dépecé
nous	dépecions	avions dépecé	dépècerons	aurons dépecé
vous	dépeciez	aviez dépecé	dépècerez	aurez dépecé
ils/elles	dépeçaient	avaient dépecé	dépèceront	auront dépecé

SUBJONCTIF

	Présent	Passé
que je/j'	dépèce	aie dépecé
que tu	dépèces	aies dépecé
qu'il/elle	dépèce	ait dépecé
que nous	dépecions	ayons dépecé
que vous	dépeciez	ayez dépecé
qu'ils/elles	dépècent	aient dépecé

	Imparfait	Plus-que-parfait
que je/j'	dépeçasse	eusse dépecé
que tu	dépeçasses	eusses dépecé
qu'il/elle	dépeçât	eût dépecé
que nous	dépeçassions	eussions dépecé
que vous	dépeçassiez	eussiez dépecé
qu'ils/elles	dépeçassent	eussent dépecé

30 ENVOYER

INFINITIF

Présent	Passé
envoyer	avoir envoyé

PARTICIPE

Présent	Passé
envoyant	envoyé, e

IMPÉRATIF

Présent	Passé
envoie	aie envoyé
envoyons	ayons envoyé
envoyez	ayez envoyé

CONDITIONNEL

	Présent	Passé
j'	enverrais	aurais envoyé
tu	enverrais	aurais envoyé
il/elle	enverrait	aurait envoyé
nous	enverrions	aurions envoyé
vous	enverriez	auriez envoyé
ils/elles	enverraient	auraient envoyé

INDICATIF

	Présent	Passé composé	Passé simple	Passé antérieur
j'	envoie	ai envoyé	envoyai	eus envoyé
tu	envoies	as envoyé	envoyas	eus envoyé
il/elle	envoie	a envoyé	envoya	eut envoyé
nous	envoyons	avons envoyé	envoyâmes	eûmes envoyé
vous	envoyez	avez envoyé	envoyâtes	eûtes envoyé
ils/elles	envoient	ont envoyé	envoyèrent	eurent envoyé

	Imparfait	Plus-que-parfait	Futur	Futur antérieur
j'	envoyais	avais envoyé	enverrai	aurai envoyé
tu	envoyais	avais envoyé	enverras	auras envoyé
il/elle	envoyait	avait envoyé	enverra	aura envoyé
nous	envoyions	avions envoyé	enverrons	aurons envoyé
vous	envoyiez	aviez envoyé	enverrez	aurez envoyé
ils/elles	envoyaient	avaient envoyé	enverront	auront envoyé

SUBJONCTIF

	Présent	Passé
que j'	envoie	aie envoyé
que tu	envoies	aies envoyé
qu'il/elle	envoie	ait envoyé
que nous	envoyions	ayons envoyé
que vous	envoyiez	ayez envoyé
qu'ils/elles	envoient	aient envoyé

	Imparfait	Plus-que-parfait
que j'	envoyasse	eusse envoyé
que tu	envoyasses	eusses envoyé
qu'il/elle	envoyât	eût envoyé
que nous	envoyassions	eussions envoyé
que vous	envoyassiez	eussiez envoyé
qu'ils/elles	envoyassent	eussent envoyé

31 ALLER

INFINITIF

Présent	Passé
aller	être allé

PARTICIPE

Présent	Passé
allant	allé, e

IMPÉRATIF

Présent	Passé
va	sois allé(e)
allons	soyons allé(e)s
allez	soyez allé(e)s

CONDITIONNEL

	Présent	Passé
je/j'	irais	serais allé(e)
tu	irais	serais allé(e)
il/elle	irait	serait allé(e)
nous	irions	serions allé(e)s
vous	iriez	seriez allé(e)s
ils/elles	iraient	seraient allé(e)s

INDICATIF

	Présent	Passé composé	Passé simple	Passé antérieur
je/j'	vais	suis allé(e)	allai	fus allé(e)
tu	vas	es allé(e)	allas	fus allé(e)
il/elle	va	est allé(e)	alla	fut allé(e)
nous	allons	sommes allé(e)s	allâmes	fûmes allé(e)s
vous	allez	êtes allé(e)s	allâtes	fûtes allé(e)s
ils/elles	vont	sont allé(e)s	allèrent	furent allé(e)s

	Imparfait	Plus-que-parfait	Futur	Futur antérieur
je/j'	allais	étais allé(e)	irai	serai allé(e)
tu	allais	étais allé(e)	iras	seras allé(e)
il/elle	allait	était allé(e)	ira	sera allé(e)
nous	allions	étions allé(e)s	irons	serons allé(e)s
vous	alliez	étiez allé(e)s	irez	serez allé(e)s
ils/elles	allaient	étaient allé(e)s	iront	seront allé(e)s

SUBJONCTIF

	Présent	Passé
que je/j'	aille	sois allé(e)
que tu	ailles	sois allé(e)
qu'il/elle	aille	soit allé(e)
que nous	allions	soyons allé(e)s
que vous	alliez	soyez allé(e)s
qu'ils/elles	aillent	soient allé(e)s

	Imparfait	Plus-que-parfait
que je/j'	allasse	fusse allé(e)
que tu	allasses	fusses allé(e)
qu'il/elle	allât	fût allé(e)
que nous	allassions	fussions allé(e)s
que vous	allassiez	fussiez allé(e)s
qu'ils/elles	allassent	fussent allé(e)s

▶ **REMARQUE** À l'impératif, le verbe *aller* fait *vas* dans *vas-y* et *s'en aller* fait *va-t'en, allons-nous-en, allez-vous-en*.

32 FINIR

INFINITIF

Présent	Passé
finir	avoir fini

IMPÉRATIF

Présent	Passé
finis	aie fini
finissons	ayons fini
finissez	ayez fini

CONDITIONNEL

	Présent	Passé
je/j'	finirais	aurais fini
tu	finirais	aurais fini
il/elle	finirait	aurait fini
nous	finirions	aurions fini
vous	finiriez	auriez fini
ils/elles	finiraient	auraient fini

PARTICIPE

Présent	Passé
finissant	fini, e

INDICATIF

	Présent	Passé composé	Passé simple	Passé antérieur
je/j'	finis	ai fini	finis	eus fini
tu	finis	as fini	finis	eus fini
il/elle	finit	a fini	finit	eut fini
nous	finissons	avons fini	finîmes	eûmes fini
vous	finissez	avez fini	finîtes	eûtes fini
ils/elles	finissent	ont fini	finirent	eurent fini

	Imparfait	Plus-que-parfait	Futur	Futur antérieur
je/j'	finissais	avais fini	finirai	aurai fini
tu	finissais	avais fini	finiras	auras fini
il/elle	finissait	avait fini	finira	aura fini
nous	finissions	avions fini	finirons	aurons fini
vous	finissiez	aviez fini	finirez	aurez fini
ils/elles	finissaient	avaient fini	finiront	auront fini

SUBJONCTIF

	Présent	Passé
que je/j'	finisse	aie fini
que tu	finisses	aies fini
qu'il/elle	finisse	ait fini
que nous	finissions	ayons fini
que vous	finissiez	ayez fini
qu'ils/elles	finissent	aient fini

	Imparfait	Plus-que-parfait
que je/j'	finisse	eusse fini
que tu	finisses	eusses fini
qu'il/elle	finît	eût fini
que nous	finissions	eussions fini
que vous	finissiez	eussiez fini
qu'ils/elles	finissent	eussent fini

▶ **REMARQUE** Le verbe *bénir* a deux participes passés : *béni, bénie,* et *bénit, bénite.* (Voir dans le dictionnaire.) Les verbes *maudire* et *bruire* se conjuguent comme **finir**, mais le participe passé de *maudire* est *maudit, maudite*, et *bruire* est défectif.

33 HAÏR

INFINITIF

Présent	Passé
haïr	avoir haï

IMPÉRATIF

Présent	Passé
hais	aie haï
haïssons	ayons haï
haïssez	ayez haï

CONDITIONNEL

	Présent	Passé
je/j'	haïrais	aurais haï
tu	haïrais	aurais haï
il/elle	haïrait	aurait haï
nous	haïrions	aurions haï
vous	haïriez	auriez haï
ils/elles	haïraient	auraient haï

PARTICIPE

Présent	Passé
haïssant	haï, e

INDICATIF

	Présent	Passé composé	Passé simple	Passé antérieur
je/j'	hais	ai haï	haïs	eus haï
tu	hais	as haï	haïs	eus haï
il/elle	hait	a haï	haït	eut haï
nous	haïssons	avons haï	haïmes	eûmes haï
vous	haïssez	avez haï	haïtes	eûtes haï
ils/elles	haïssent	ont haï	haïrent	eurent haï

	Imparfait	Plus-que-parfait	Futur	Futur antérieur
je/j'	haïssais	avais haï	haïrai	aurai haï
tu	haïssais	avais haï	haïras	auras haï
il/elle	haïssait	avait haï	haïra	aura haï
nous	haïssions	avions haï	haïrons	aurons haï
vous	haïssiez	aviez haï	haïrez	aurez haï
ils/elles	haïssaient	avaient haï	haïront	auront haï

SUBJONCTIF

	Présent	Passé
que je/j'	haïsse	aie haï
que tu	haïsses	aies haï
qu'il/elle	haïsse	ait haï
que nous	haïssions	ayons haï
que vous	haïssiez	ayez haï
qu'ils/elles	haïssent	aient haï

	Imparfait	Plus-que-parfait
que je/j'	haïsse	eusse haï
que tu	haïsses	eusses haï
qu'il/elle	haït	eût haï
que nous	haïssions	eussions haï
que vous	haïssiez	eussiez haï
qu'ils/elles	haïssent	eussent haï

34 OUVRIR

INFINITIF

Présent	Passé
ouvrir	avoir ouvert

PARTICIPE

Présent	Passé
ouvrant	ouvert, e

IMPÉRATIF

Présent	Passé
ouvre	aie ouvert
ouvrons	ayons ouvert
ouvrez	ayez ouvert

CONDITIONNEL

	Présent	Passé
j'	ouvrirais	aurais ouvert
tu	ouvrirais	aurais ouvert
il/elle	ouvrirait	aurait ouvert
nous	ouvririons	aurions ouvert
vous	ouvririez	auriez ouvert
ils/elles	ouvriraient	auraient ouvert

INDICATIF

	Présent	Passé composé	Passé simple	Passé antérieur
j'	ouvre	ai ouvert	ouvris	eus ouvert
tu	ouvres	as ouvert	ouvris	eus ouvert
il/elle	ouvre	a ouvert	ouvrit	eut ouvert
nous	ouvrons	avons ouvert	ouvrîmes	eûmes ouvert
vous	ouvrez	avez ouvert	ouvrîtes	eûtes ouvert
ils/elles	ouvrent	ont ouvert	ouvrirent	eurent ouvert

	Imparfait	Plus-que-parfait	Futur	Futur antérieur
j'	ouvrais	avais ouvert	ouvrirai	aurai ouvert
tu	ouvrais	avais ouvert	ouvriras	auras ouvert
il/elle	ouvrait	avait ouvert	ouvrira	aura ouvert
nous	ouvrions	avions ouvert	ouvrirons	aurons ouvert
vous	ouvriez	aviez ouvert	ouvrirez	aurez ouvert
ils/elles	ouvraient	avaient ouvert	ouvriront	auront ouvert

SUBJONCTIF

	Présent	Passé
que j'	ouvre	aie ouvert
que tu	ouvres	aies ouvert
qu'il/elle	ouvre	ait ouvert
que nous	ouvrions	ayons ouvert
que vous	ouvriez	ayez ouvert
qu'ils/elles	ouvrent	aient ouvert

	Imparfait	Plus-que-parfait
que j'	ouvrisse	eusse ouvert
que tu	ouvrisses	eusses ouvert
qu'il/elle	ouvrît	eût ouvert
que nous	ouvrissions	eussions ouvert
que vous	ouvrissiez	eussiez ouvert
qu'ils/elles	ouvrissent	eussent ouvert

35 FUIR

INFINITIF

Présent	Passé
fuir	avoir fui

PARTICIPE

Présent	Passé
fuyant	fui, e

IMPÉRATIF

Présent	Passé
fuis	aie fui
fuyons	ayons fui
fuyez	ayez fui

CONDITIONNEL

	Présent	Passé
je/j'	fuirais	aurais fui
tu	fuirais	aurais fui
il/elle	fuirait	aurait fui
nous	fuirions	aurions fui
vous	fuiriez	auriez fui
ils/elles	fuiraient	auraient fui

INDICATIF

	Présent	Passé composé	Passé simple	Passé antérieur
je/j'	fuis	ai fui	fuis	eus fui
tu	fuis	as fui	fuis	eus fui
il/elle	fuit	a fui	fuit	eut fui
nous	fuyons	avons fui	fuîmes	eûmes fui
vous	fuyez	avez fui	fuîtes	eûtes fui
ils/elles	fuient	ont fui	fuirent	eurent fui

	Imparfait	Plus-que-parfait	Futur	Futur antérieur
je/j'	fuyais	avais fui	fuirai	aurai fui
tu	fuyais	avais fui	fuiras	auras fui
il/elle	fuyait	avait fui	fuira	aura fui
nous	fuyions	avions fui	fuirons	aurons fui
vous	fuyiez	aviez fui	fuirez	aurez fui
ils/elles	fuyaient	avaient fui	fuiront	auront fui

SUBJONCTIF

	Présent	Passé
que je/j'	fuie	aie fui
que tu	fuies	aies fui
qu'il/elle	fuie	ait fui
que nous	fuyions	ayons fui
que vous	fuyiez	ayez fui
qu'ils/elles	fuient	aient fui

	Imparfait	Plus-que-parfait
que je/j'	fuisse	eusse fui
que tu	fuisses	eusses fui
qu'il/elle	fuît	eût fui
que nous	fuissions	eussions fui
que vous	fuissiez	eussiez fui
qu'ils/elles	fuissent	eussent fui

36 DORMIR

INFINITIF

Présent	Passé
dormir	avoir dormi

PARTICIPE

Présent	Passé
dormant	dormi

IMPÉRATIF

Présent	Passé
dors	aie dormi
dormons	ayons dormi
dormez	ayez dormi

CONDITIONNEL

	Présent	Passé
je/j'	dormirais	aurais dormi
tu	dormirais	aurais dormi
il/elle	dormirait	aurait dormi
nous	dormirions	aurions dormi
vous	dormiriez	auriez dormi
ils/elles	dormiraient	auraient dormi

INDICATIF

	Présent	Passé composé	Passé simple	Passé antérieur
je/j'	dors	ai dormi	dormis	eus dormi
tu	dors	as dormi	dormis	eus dormi
il/elle	dort	a dormi	dormit	eut dormi
nous	dormons	avons dormi	dormîmes	eûmes dormi
vous	dormez	avez dormi	dormîtes	eûtes dormi
ils/elles	dorment	ont dormi	dormirent	eurent dormi

	Imparfait	Plus-que-parfait	Futur	Futur antérieur
je/j'	dormais	avais dormi	dormirai	aurai dormi
tu	dormais	avais dormi	dormiras	auras dormi
il/elle	dormait	avait dormi	dormira	aura dormi
nous	dormions	avions dormi	dormirons	aurons dormi
vous	dormiez	aviez dormi	dormirez	aurez dormi
ils/elles	dormaient	avaient dormi	dormiront	auront dormi

SUBJONCTIF

	Présent	Passé
que je/j'	dorme	aie dormi
que tu	dormes	aies dormi
qu'il/elle	dorme	ait dormi
que nous	dormions	ayons dormi
que vous	dormiez	ayez dormi
qu'ils/elles	dorment	aient dormi

	Imparfait	Plus-que-parfait
que je/j'	dormisse	eusse dormi
que tu	dormisses	eusses dormi
qu'il/elle	dormît	eût dormi
que nous	dormissions	eussions dormi
que vous	dormissiez	eussiez dormi
qu'ils/elles	dormissent	eussent dormi

▶ **REMARQUE** Le verbe *endormir* se conjugue comme **dormir,** mai son participe passé est variable.

37 MENTIR

INFINITIF

Présent	Passé
mentir	avoir menti

PARTICIPE

Présent	Passé
mentant	menti

IMPÉRATIF

Présent	Passé
mens	aie menti
mentons	ayons menti
mentez	ayez menti

CONDITIONNEL

	Présent	Passé
je/j'	mentirais	aurais menti
tu	mentirais	aurais menti
il/elle	mentirait	aurait menti
nous	mentirions	aurions menti
vous	mentiriez	auriez menti
ils/elles	mentiraient	auraient menti

INDICATIF

	Présent	Passé composé	Passé simple	Passé antérieur
je/j'	mens	ai menti	mentis	eus menti
tu	mens	as menti	mentis	eus menti
il/elle	ment	a menti	mentit	eut menti
nous	mentons	avons menti	mentîmes	eûmes menti
vous	mentez	avez menti	mentîtes	eûtes menti
ils/elles	mentent	ont menti	mentirent	eurent menti

	Imparfait	Plus-que-parfait	Futur	Futur antérieur
je/j'	mentais	avais menti	mentirai	aurai menti
tu	mentais	avais menti	mentiras	auras menti
il/elle	mentait	avait menti	mentira	aura menti
nous	mentions	avions menti	mentirons	aurons menti
vous	mentiez	aviez menti	mentirez	aurez menti
ils/elles	mentaient	avaient menti	mentiront	auront menti

SUBJONCTIF

	Présent	Passé
que je/j'	mente	aie menti
que tu	mentes	aies menti
qu'il/elle	mente	ait menti
que nous	mentions	ayons menti
que vous	mentiez	ayez menti
qu'ils/elles	mentent	aient menti

	Imparfait	Plus-que-parfait
que je/j'	mentisse	eusse menti
que tu	mentisses	eusses menti
qu'il/elle	mentît	eût menti
que nous	mentissions	eussions menti
que vous	mentissiez	eussiez menti
qu'ils/elles	mentissent	eussent menti

▶ **REMARQUE** Le verbe *démentir* se conjugue comme **mentir,** mais son participe passé est variable.

38 SERVIR

INFINITIF

Présent	Passé
servir	avoir servi

IMPÉRATIF

Présent	Passé
sers	aie servi
servons	ayons servi
servez	ayez servi

CONDITIONNEL

	Présent	Passé
je/j'	servirais	aurais servi
tu	servirais	aurais servi
il/elle	servirait	aurait servi
nous	servirions	aurions servi
vous	serviriez	auriez servi
ils/elles	serviraient	auraient servi

PARTICIPE

Présent	Passé
servant	servi, e

INDICATIF

	Présent	Passé composé	Passé simple	Passé antérieur
je/j'	sers	ai servi	servis	eus servi
tu	sers	as servi	servis	eus servi
il/elle	sert	a servi	servit	eut servi
nous	servons	avons servi	servîmes	eûmes servi
vous	servez	avez servi	servîtes	eûtes servi
ils/elles	servent	ont servi	servirent	eurent servi

	Imparfait	Plus-que-parfait	Futur	Futur antérieur
je/j'	servais	avais servi	servirai	aurai servi
tu	servais	avais servi	serviras	auras servi
il/elle	servait	avait servi	servira	aura servi
nous	servions	avions servi	servirons	aurons servi
vous	serviez	aviez servi	servirez	aurez servi
ils/elles	servaient	avaient servi	serviront	auront servi

SUBJONCTIF

	Présent	Passé
que je/j'	serve	aie servi
que tu	serves	aies servi
qu'il/elle	serve	ait servi
que nous	servions	ayons servi
que vous	serviez	ayez servi
qu'ils/elles	servent	aient servi

	Imparfait	Plus-que-parfait
que je/j'	servisse	eusse servi
que tu	servisses	eusses servi
qu'il/elle	servît	eût servi
que nous	servissions	eussions servi
que vous	servissiez	eussiez servi
qu'ils/elles	servissent	eussent servi

▶ **REMARQUE** Les verbes *desservir* et *resservir* se conjuguent comme **servir** ; mais le verbe *asservir* se conjugue comme **finir**.

39 ACQUÉRIR

INFINITIF

Présent	Passé
acquérir	avoir acquis

IMPÉRATIF

Présent	Passé
acquiers	aie acquis
acquérons	ayons acquis
acquérez	ayez acquis

CONDITIONNEL

	Présent	Passé
j'	acquerrais	aurais acquis
tu	acquerrais	aurais acquis
il/elle	acquerrait	aurait acquis
nous	acquerrions	aurions acquis
vous	acquerriez	auriez acquis
ils/elles	acquerraient	auraient acquis

PARTICIPE

Présent	Passé
acquérant	acquis, e

INDICATIF

	Présent	Passé composé	Passé simple	Passé antérieur
j'	acquiers	ai acquis	acquis	eus acquis
tu	acquiers	as acquis	acquis	eus acquis
il/elle	acquiert	a acquis	acquit	eut acquis
nous	acquérons	avons acquis	acquîmes	eûmes acquis
vous	acquérez	avez acquis	acquîtes	eûtes acquis
ils/elles	acquièrent	ont acquis	acquirent	eurent acquis

	Imparfait	Plus-que-parfait	Futur	Futur antérieur
j'	acquérais	avais acquis	acquerrai	aurai acquis
tu	acquérais	avais acquis	acquerras	auras acquis
il/elle	acquérait	avait acquis	acquerra	aura acquis
nous	acquérions	avions acquis	acquerrons	aurons acquis
vous	acquériez	aviez acquis	acquerrez	aurez acquis
ils/elles	acquéraient	avaient acquis	acquerront	auront acquis

SUBJONCTIF

	Présent	Passé
que j'	acquière	aie acquis
que tu	acquières	aies acquis
qu'il/elle	acquière	ait acquis
que nous	acquérions	ayons acquis
que vous	acquériez	ayez acquis
qu'ils/elles	acquièrent	aient acquis

	Imparfait	Plus-que-parfait
que j'	acquisse	eusse acquis
que tu	acquisses	eusses acquis
qu'il/elle	acquît	eût acquis
que nous	acquissions	eussions acquis
que vous	acquissiez	eussiez acquis
qu'ils/elles	acquissent	eussent acquis

Conjugaisons 40 et 41

40 VENIR

INFINITIF

Présent	Passé
venir	être venu

PARTICIPE

Présent	Passé
venant	venu, e

IMPÉRATIF

Présent	Passé
viens	sois venu(e)
venons	soyons venu(e)s
venez	soyez venu(e)s

CONDITIONNEL

	Présent	Passé
je	viendrais	serais venu(e)
tu	viendrais	serais venu(e)
il/elle	viendrait	serait venu(e)
nous	viendrions	serions venu(e)s
vous	viendriez	seriez venu(e)s
ils/elles	viendraient	seraient venu(e)s

INDICATIF

	Présent	Passé composé	Passé simple	Passé antérieur
je	viens	suis venu(e)	vins	fus venu(e)
tu	viens	es venu(e)	vins	fus venu(e)
il/elle	vient	est venu(e)	vint	fut venu(e)
nous	venons	sommes venu(e)s	vînmes	fûmes venu(e)s
vous	venez	êtes venu(e)s	vîntes	fûtes venu(e)s
ils/elles	viennent	sont venu(e)s	vinrent	furent venu(e)s

	Imparfait	Plus-que-parfait	Futur	Futur antérieur
je/j'	venais	étais venu(e)	viendrai	serai venu(e)
tu	venais	étais venu(e)	viendras	seras venu(e)
il/elle	venait	était venu(e)	viendra	sera venu(e)
nous	venions	étions venu(e)s	viendrons	serons venu(e)s
vous	veniez	étiez venu(e)s	viendrez	serez venu(e)s
ils/elles	venaient	étaient venu(e)s	viendront	seront venu(e)s

SUBJONCTIF

	Présent	Passé
que je	vienne	sois venu(e)
que tu	viennes	sois venu(e)
qu'il/elle	vienne	soit venu(e)
que nous	venions	soyons venu(e)s
que vous	veniez	soyez venu(e)s
qu'ils/elles	viennent	soient venu(e)s

	Imparfait	Plus-que-parfait
que je	vinsse	fusse venu(e)
que tu	vinsses	fusses venu(e)
qu'il/elle	vînt	fût venu(e)
que nous	vinssions	fussions venu(e)s
que vous	vinssiez	fussiez venu(e)s
qu'ils/elles	vinssent	fussent venu(e)s

41 CUEILLIR

INFINITIF

Présent	Passé
cueillir	avoir cueilli

PARTICIPE

Présent	Passé
cueillant	cueilli, e

IMPÉRATIF

Présent	Passé
cueille	aie cueilli
cueillons	ayons cueilli
cueillez	ayez cueilli

CONDITIONNEL

	Présent	Passé
je	cueillerais	aurais cueilli
tu	cueillerais	aurais cueilli
il/elle	cueillerait	aurait cueilli
nous	cueillerions	aurions cueilli
vous	cueilleriez	auriez cueilli
ils/elles	cueilleraient	auraient cueilli

INDICATIF

	Présent	Passé composé	Passé simple	Passé antérieur
je	cueille	ai cueilli	cueillis	eus cueilli
tu	cueilles	as cueilli	cueillis	eus cueilli
il/elle	cueille	a cueilli	cueillit	eut cueilli
nous	cueillons	avons cueilli	cueillîmes	eûmes cueilli
vous	cueillez	avez cueilli	cueillîtes	eûtes cueilli
ils/elles	cueillent	ont cueilli	cueillirent	eurent cueilli

	Imparfait	Plus-que-parfait	Futur	Futur antérieur
je/j'	cueillais	avais cueilli	cueillerai	aurai cueilli
tu	cueillais	avais cueilli	cueilleras	auras cueilli
il/elle	cueillait	avait cueilli	cueillera	aura cueilli
nous	cueillions	avions cueilli	cueillerons	aurons cueilli
vous	cueilliez	aviez cueilli	cueillerez	aurez cueilli
ils/elles	cueillaient	avaient cueilli	cueilleront	auront cueilli

SUBJONCTIF

	Présent	Passé
que je	cueille	aie cueilli
que tu	cueilles	aies cueilli
qu'il/elle	cueille	ait cueilli
que nous	cueillions	ayons cueilli
que vous	cueilliez	ayez cueilli
qu'ils/elles	cueillent	aient cueilli

	Imparfait	Plus-que-parfait
que je	cueillisse	eusse cueilli
que tu	cueillisses	eusses cueilli
qu'il/elle	cueillît	eût cueilli
que nous	cueillissions	eussions cueilli
que vous	cueillissiez	eussiez cueilli
qu'ils/elles	cueillissent	eussent cueilli

42 MOURIR

INFINITIF

Présent	Passé
mourir	être mort

PARTICIPE

Présent	Passé
mourant	mort, e

IMPÉRATIF

Présent	Passé
meurs	sois mort(e)
mourons	soyons mort(e)s
mourez	soyez mort(e)s

CONDITIONNEL

	Présent	Passé
je	mourrais	serais mort(e)
tu	mourrais	serais mort(e)
il/elle	mourrait	serait mort(e)
nous	mourrions	serions mort(e)s
vous	mourriez	seriez mort(e)s
ils/elles	mourraient	seraient mort(e)s

INDICATIF

	Présent	Passé composé	Passé simple	Passé antérieur
je	meurs	suis mort(e)	mourus	fus mort(e)
tu	meurs	es mort(e)	mourus	fus mort(e)
il/elle	meurt	est mort(e)	mourut	fut mort(e)
nous	mourons	sommes mort(e)s	mourûmes	fûmes mort(e)s
vous	mourez	êtes mort(e)s	mourûtes	fûtes mort(e)s
ils/elles	meurent	sont mort(e)s	moururent	furent mort(e)s

	Imparfait	Plus-que-parfait	Futur	Futur antérieur
je/j'	mourais	étais mort(e)	mourrai	serai mort(e)
tu	mourais	étais mort(e)	mourras	seras mort(e)
il/elle	mourait	était mort(e)	mourra	sera mort(e)
nous	mourions	étions mort(e)s	mourrons	serons mort(e)s
vous	mouriez	étiez mort(e)s	mourrez	serez mort(e)s
ils/elles	mouraient	étaient mort(e)s	mourront	seront mort(e)s

SUBJONCTIF

	Présent	Passé
que je	meure	sois mort(e)
que tu	meures	sois mort(e)
qu'il/elle	meure	soit mort(e)
que nous	mourions	soyons mort(e)s
que vous	mouriez	soyez mort(e)s
qu'ils/elles	meurent	soient mort(e)s

	Imparfait	Plus-que-parfait
que je	mourusse	fusse mort(e)
que tu	mourusses	fusses mort(e)
qu'il/elle	mourût	fût mort(e)
que nous	mourussions	fussions mort(e)s
que vous	mourussiez	fussiez mort(e)s
qu'ils/elles	mourussent	fussent mort(e)s

43 PARTIR

INFINITIF

Présent	Passé
partir	être parti

PARTICIPE

Présent	Passé
partant	parti, e

IMPÉRATIF

Présent	Passé
pars	sois parti(e)
partons	soyons parti(e)s
partez	soyez parti(e)s

CONDITIONNEL

	Présent	Passé
je	partirais	serais parti(e)
tu	partirais	serais parti(e)
il/elle	partirait	serait parti(e)
nous	partirions	serions parti(e)s
vous	partiriez	seriez parti(e)s
ils/elles	partiraient	seraient parti(e)s

INDICATIF

	Présent	Passé composé	Passé simple	Passé antérieur
je	pars	suis parti(e)	partis	fus parti(e)
tu	pars	es parti(e)	partis	fus parti(e)
il/elle	part	est parti(e)	partit	fut parti(e)
nous	partons	sommes parti(e)s	partîmes	fûmes parti(e)s
vous	partez	êtes parti(e)s	partîtes	fûtes parti(e)s
ils/elles	partent	sont parti(e)s	partirent	furent parti(e)s

	Imparfait	Plus-que-parfait	Futur	Futur antérieur
je/j'	partais	étais parti(e)	partirai	serai parti(e)
tu	partais	étais parti(e)	partiras	seras parti(e)
il/elle	partait	était parti(e)	partira	sera parti(e)
nous	partions	étions parti(e)s	partirons	serons parti(e)s
vous	partiez	étiez parti(e)s	partirez	serez parti(e)s
ils/elles	partaient	étaient parti(e)s	partiront	seront parti(e)s

SUBJONCTIF

	Présent	Passé
que je	parte	sois parti(e)
que tu	partes	sois parti(e)
qu'il/elle	parte	soit parti(e)
que nous	partions	soyons parti(e)s
que vous	partiez	soyez parti(e)s
qu'ils/elles	partent	soient parti(e)s

	Imparfait	Plus-que-parfait
que je	partisse	fusse parti(e)
que tu	partisses	fusses parti(e)
qu'il/elle	partît	fût parti(e)
que nous	partissions	fussions parti(e)s
que vous	partissiez	fussiez parti(e)s
qu'ils/elles	partissent	fussent parti(e)s

Conjugaisons 44 et 45

44 REVÊTIR

INFINITIF

Présent	Passé
revêtir	avoir revêtu

PARTICIPE

Présent	Passé
revêtant	revêtu, e

IMPÉRATIF

Présent	Passé
revêts	aie revêtu
revêtons	ayons revêtu
revêtez	ayez revêtu

CONDITIONNEL

	Présent	Passé
je/j'	revêtirais	aurais revêtu
tu	revêtirais	aurais revêtu
il/elle	revêtirait	aurait revêtu
nous	revêtirions	aurions revêtu
vous	revêtiriez	auriez revêtu
ils/elles	revêtiraient	auraient revêtu

INDICATIF

	Présent	Passé composé	Passé simple	Passé antérieur
je/j'	revêts	ai revêtu	revêtis	eus revêtu
tu	revêts	as revêtu	revêtis	eus revêtu
il/elle	revêt	a revêtu	revêtit	eut revêtu
nous	revêtons	avons revêtu	revêtîmes	eûmes revêtu
vous	revêtez	avez revêtu	revêtîtes	eûtes revêtu
ils/elles	revêtent	ont revêtu	revêtirent	eurent revêtu

	Imparfait	Plus-que-parfait	Futur	Futur antérieur
je/j'	revêtais	avais revêtu	revêtirai	aurai revêtu
tu	revêtais	avais revêtu	revêtiras	auras revêtu
il/elle	revêtait	avait revêtu	revêtira	aura revêtu
nous	revêtions	avions revêtu	revêtirons	aurons revêtu
vous	revêtiez	aviez revêtu	revêtirez	aurez revêtu
ils/elles	revêtaient	avaient revêtu	revêtiront	auront revêtu

SUBJONCTIF

	Présent	Passé
que je/j'	revête	aie revêtu
que tu	revêtes	aies revêtu
qu'il/elle	revête	ait revêtu
que nous	revêtions	ayons revêtu
que vous	revêtiez	ayez revêtu
qu'ils/elles	revêtent	aient revêtu

	Imparfait	Plus-que-parfait
que je/j'	revêtisse	eusse revêtu
que tu	revêtisses	eusses revêtu
qu'il/elle	revêtît	eût revêtu
que nous	revêtissions	eussions revêtu
que vous	revêtissiez	eussiez revêtu
qu'ils/elles	revêtissent	eussent revêtu

45 COURIR

INFINITIF

Présent	Passé
courir	avoir couru

PARTICIPE

Présent	Passé
courant	couru, e

IMPÉRATIF

Présent	Passé
cours	aie couru
courons	ayons couru
courez	ayez couru

CONDITIONNEL

	Présent	Passé
je/j'	courrais	aurais couru
tu	courrais	aurais couru
il/elle	courrait	aurait couru
nous	courrions	aurions couru
vous	courriez	auriez couru
ils/elles	courraient	auraient couru

INDICATIF

	Présent	Passé composé	Passé simple	Passé antérieur
je/j'	cours	ai couru	courus	eus couru
tu	cours	as couru	courus	eus couru
il/elle	court	a couru	courut	eut couru
nous	courons	avons couru	courûmes	eûmes couru
vous	courez	avez couru	courûtes	eûtes couru
ils/elles	courent	ont couru	coururent	eurent couru

	Imparfait	Plus-que-parfait	Futur	Futur antérieur
je/j'	courais	avais couru	courrai	aurai couru
tu	courais	avais couru	courras	auras couru
il/elle	courait	avait couru	courra	aura couru
nous	courions	avions couru	courrons	aurons couru
vous	couriez	aviez couru	courrez	aurez couru
ils/elles	couraient	avaient couru	courront	auront couru

SUBJONCTIF

	Présent	Passé
que je/j'	coure	aie couru
que tu	coures	aies couru
qu'il/elle	coure	ait couru
que nous	courions	ayons couru
que vous	couriez	ayez couru
qu'ils/elles	courent	aient couru

	Imparfait	Plus-que-parfait
que je/j'	courusse	eusse couru
que tu	courusses	eusses couru
qu'il/elle	courût	eût couru
que nous	courussions	eussions couru
que vous	courussiez	eussiez couru
qu'ils/elles	courussent	eussent couru

46 FAILLIR

INFINITIF

Présent	Passé
faillir	avoir failli

IMPÉRATIF

Présent	Passé
faillis	aie failli
faillissons	ayons failli
faillissez	ayez failli

CONDITIONNEL

	Présent	Passé
je/j'	faillirais	aurais failli
tu	faillirais	aurais failli
il/elle	faillirait	aurait failli
nous	faillirions	aurions failli
vous	failliriez	auriez failli
ils/elles	failliraient	auraient failli

PARTICIPE

Présent	Passé
faillissant	failli

INDICATIF

	Présent	Passé composé	Passé simple	Passé antérieur
je/j'	faillis	ai failli	faillis	eus failli
tu	faillis	as failli	faillis	eus failli
il/elle	faillit	a failli	faillit	eut failli
nous	faillissons	avons failli	faillîmes	eûmes failli
vous	faillissez	avez failli	faillîtes	eûtes failli
ils/elles	faillissent	ont failli	faillirent	eurent failli

	Imparfait	Plus-que-parfait	Futur	Futur antérieur
je/j'	faillissais	avais failli	faillirai	aurai failli
tu	faillissais	avais failli	failliras	auras failli
il/elle	faillissait	avait failli	faillira	aura failli
nous	faillissions	avions failli	faillirons	aurons failli
vous	faillissiez	aviez failli	faillirez	aurez failli
ils/elles	faillissaient	avaient failli	failliront	auront failli

SUBJONCTIF

	Présent	Passé
que je/j'	faillisse	aie failli
que tu	faillisses	aies failli
qu'il/elle	faillisse	ait failli
que nous	faillissions	ayons failli
que vous	faillissiez	ayez failli
qu'ils/elles	faillissent	aient failli

	Imparfait	Plus-que-parfait
que je/j'	faillisse	eusse failli
que tu	faillisses	eusses failli
qu'il/elle	faillît	eût failli
que nous	faillissions	eussions failli
que vous	faillissiez	eussiez failli
qu'ils/elles	faillissent	eussent failli

▸ **REMARQUE** Il existe une seconde conjugaison, rare, de *faillir* qui diffère de celle ci-dessus : participe présent *(faillant)*, impératif *(faux, faillons, faillez)*, indicatif présent *(faux, faux, faut, faillons, faillez, faillent)*, imparfait *(faillais, faillais, faillait, faillions, failliez, faillaient)*, futur *(faudrai, faudras, faudra, faudrons, faudrez, faudront)* et conditionnel présent *(faudrais, faudrais, faudrait, faudrions, faudriez, faudraient)*.

47 DÉFAILLIR

INFINITIF

Présent	Passé
défaillir	avoir défailli

IMPÉRATIF

Présent	Passé
défaille	aie défailli
défaillons	ayons défailli
défaillez	ayez défailli

CONDITIONNEL

	Présent	Passé
je/j'	défaillirais	aurais défailli
tu	défaillirais	aurais défailli
il/elle	défaillirait	aurait défailli
nous	défaillirions	aurions défailli
vous	défailliriez	auriez défailli
ils/elles	défailliraient	auraient défailli

PARTICIPE

Présent	Passé
défaillant	défailli

INDICATIF

	Présent	Passé composé	Passé simple	Passé antérieur
je/j'	défaille	ai défailli	défaillis	eus défailli
tu	défailles	as défailli	défaillis	eus défailli
il/elle	défaille	a défailli	défaillit	eut défailli
nous	défaillons	avons défailli	défaillîmes	eûmes défailli
vous	défaillez	avez défailli	défaillîtes	eûtes défailli
ils/elles	défaillent	ont défailli	défaillirent	eurent défailli

	Imparfait	Plus-que-parfait	Futur	Futur antérieur
je/j'	défaillais	avais défailli	défaillirai	aurai défailli
tu	défaillais	avais défailli	défailliras	auras défailli
il/elle	défaillait	avait défailli	défaillira	aura défailli
nous	défaillions	avions défailli	défaillirons	aurons défailli
vous	défailliez	aviez défailli	défaillirez	aurez défailli
ils/elles	défaillaient	avaient défailli	défailliront	auront défailli

SUBJONCTIF

	Présent	Passé
que je/j'	défaille	aie défailli
que tu	défailles	aies défailli
qu'il/elle	défaille	ait défailli
que nous	défaillions	ayons défailli
que vous	défailliez	ayez défailli
qu'ils/elles	défaillent	aient défailli

	Imparfait	Plus-que-parfait
que je/j'	défaillisse	eusse défailli
que tu	défaillisses	eusses défailli
qu'il/elle	défaillît	eût défailli
que nous	défaillissions	eussions défailli
que vous	défaillissiez	eussiez défailli
qu'ils/elles	défaillissent	eussent défailli

▸ **REMARQUE** On trouve aussi *je défaillerai, tu défailleras, etc.*, pour le futur, et *je défaillerais, tu défaillerais, etc.*, pour le conditionnel, de même pour *tressaillir* et *assaillir*.

Conjugaisons 48, 49 et 50

48 BOUILLIR

INFINITIF

Présent	Passé
bouillir	avoir bouilli

PARTICIPE

Présent	Passé
bouillant	bouilli, e

IMPÉRATIF

Présent	Passé
bous	aie bouilli
bouillons	ayons bouilli
bouillez	ayez bouilli

CONDITIONNEL

	Présent	Passé
je/j'	bouillirais	aurais bouilli
tu	bouillirais	aurais bouilli
il/elle	bouillirait	aurait bouilli
nous	bouillirions	aurions bouilli
vous	bouilliriez	auriez bouilli
ils/elles	bouilliraient	auraient bouilli

INDICATIF

	Présent	Passé composé	Passé simple	Passé antérieur
je/j'	bous	ai bouilli	bouillis	eus bouilli
tu	bous	as bouilli	bouillis	eus bouilli
il/elle	bout	a bouilli	bouillit	eut bouilli
nous	bouillons	avons bouilli	bouillîmes	eûmes bouilli
vous	bouillez	avez bouilli	bouillîtes	eûtes bouilli
ils/elles	bouillent	ont bouilli	bouillirent	eurent bouilli

	Imparfait	Plus-que-parfait	Futur	Futur antérieur
je/j'	bouillais	avais bouilli	bouillirai	aurai bouilli
tu	bouillais	avais bouilli	bouilliras	auras bouilli
il/elle	bouillait	avait bouilli	bouillira	aura bouilli
nous	bouillions	avions bouilli	bouillirons	aurons bouilli
vous	bouilliez	aviez bouilli	bouillirez	aurez bouilli
ils/elles	bouillaient	avaient bouilli	bouilliront	auront bouilli

SUBJONCTIF

	Présent	Passé
que je/j'	bouille	aie bouilli
que tu	bouilles	aies bouilli
qu'il/elle	bouille	ait bouilli
que nous	bouillions	ayons bouilli
que vous	bouilliez	ayez bouilli
qu'ils/elles	bouillent	aient bouilli

	Imparfait	Plus-que-parfait
que je/j'	bouillisse	eusse bouilli
que tu	bouillisses	eusses bouilli
qu'il/elle	bouillît	eût bouilli
que nous	bouillissions	eussions bouilli
que vous	bouillissiez	eussiez bouilli
qu'ils/elles	bouillissent	eussent bouilli

49 GÉSIR

INFINITIF

Présent
gésir

PARTICIPE

Présent
gisant

INDICATIF

	Présent	Imparfait
je	gis	gisais
tu	gis	gisais
il/elle	gît	gisait
nous	gisons	gisions
vous	gisez	gisiez
ils/elles	gisent	gisaient

50 SAILLIR

INFINITIF

Présent	Passé
saillir	avoir sailli

PARTICIPE

Présent	Passé
saillant	sailli, e

CONDITIONNEL

	Présent	Passé
il/elle	saillerait	aurait sailli
ils/elles	sailleraient	auraient sailli

INDICATIF

	Présent	Passé composé	Passé simple	Passé antérieur
il/elle	saille	a sailli	saillit	eut sailli
ils/elles	saillent	ont sailli	saillirent	eurent sailli

	Imparfait	Plus-que-parfait	Futur	Futur antérieur
il/elle	saillait	avait sailli	saillera	aura sailli
ils/elles	saillaient	avaient sailli	sailleront	auront sailli

SUBJONCTIF

	Présent	Passé
qu'il/elle	saille	ait sailli
qu'ils/elles	saillent	aient sailli

	Imparfait	Plus-que-parfait
qu'il/elle	saillît	eût sailli
qu'ils/elles	saillissent	eussent sailli

▶ **REMARQUE** Le verbe *saillir* a ici le sens de « faire saillie » ; dans le sens de « s'accoupler à », *saillir* se conjugue comme **finir,** et n'est guère usité qu'à l'infinitif, au participe présent et à la troisième personne du masculin singulier ou pluriel.

51 OUÏR

INFINITIF

Présent	Passé
ouïr	avoir ouï

PARTICIPE

Présent	Passé
oyant	ouï, e

IMPÉRATIF

Présent	Passé
ouïs	aie ouï
ouïssons	ayons ouï
ouïssez	ayez ouï

CONDITIONNEL

	Présent	Passé
j'	ouïrais	aurais ouï
tu	ouïrais	aurais ouï
il/elle	ouïrait	aurait ouï
nous	ouïrions	aurions ouï
vous	ouïriez	auriez ouï
ils/elles	ouïraient	auraient ouï

INDICATIF

	Présent	Passé composé	Passé simple	Passé antérieur
j'	ouïs	ai ouï	ouïs	eus ouï
tu	ouïs	as ouï	ouïs	eus ouï
il/elle	ouït	a ouï	ouït	eut ouï
nous	ouïssons	avons ouï	ouïmes	eûmes ouï
vous	ouïssez	avez ouï	ouïtes	eûtes ouï
ils/elles	ouïssent	ont ouï	ouïrent	eurent ouï

	Imparfait	Plus-que-parfait	Futur	Futur antérieur
j'	ouïssais	avais ouï	ouïrai	aurai ouï
tu	ouïssais	avais ouï	ouïras	auras ouï
il/elle	ouïssait	avait ouï	ouïra	aura ouï
nous	ouïssions	avions ouï	ouïrons	aurons ouï
vous	ouïssiez	aviez ouï	ouïrez	aurez ouï
ils/elles	ouïssaient	avaient ouï	ouïront	auront ouï

SUBJONCTIF

	Présent	Passé
que j'	ouïsse	aie ouï
que tu	ouïsses	aies ouï
qu'il/elle	ouïsse	ait ouï
que nous	ouïssions	ayons ouï
que vous	ouïssiez	ayez ouï
qu'ils/elles	ouïssent	aient ouï

	Imparfait	Plus-que-parfait
que j'	ouïsse	eusse ouï
que tu	ouïsses	eusses ouï
qu'il/elle	ouït	eût ouï
que nous	ouïssions	eussions ouï
que vous	ouïssiez	eussiez ouï
qu'ils/elles	ouïssent	eussent ouï

▸ **REMARQUE** Il existait une autre forme de conjugaison : indicatif présent *(ois, ois oit, oyons, oyez, oient)*, imparfait *(oyais, oyions)* et futur *(orrai, orrons)*, impératif présent *(ois, oyons, oyez)*, conditionnel présent *(orrais, orrions)* et subjonctif présent *(oie, oyions)*. (Voir *ouï-dire* à son ordre alphabétique et la remarque sous *ouïr*.)

52 RECEVOIR

INFINITIF

Présent	Passé
recevoir	avoir reçu

PARTICIPE

Présent	Passé
recevant	reçu, e

IMPÉRATIF

Présent	Passé
reçois	aie reçu
recevons	ayons reçu
recevez	ayez reçu

CONDITIONNEL

	Présent	Passé
je/j'	recevrais	aurais reçu
tu	recevrais	aurais reçu
il/elle	recevrait	aurait reçu
nous	recevrions	aurions reçu
vous	recevriez	auriez reçu
ils/elles	recevraient	auraient reçu

INDICATIF

	Présent	Passé composé	Passé simple	Passé antérieur
je/j'	reçois	ai reçu	reçus	eus reçu
tu	reçois	as reçu	reçus	eus reçu
il/elle	reçoit	a reçu	reçut	eut reçu
nous	recevons	avons reçu	reçûmes	eûmes reçu
vous	recevez	avez reçu	reçûtes	eûtes reçu
ils/elles	reçoivent	ont reçu	reçurent	eurent reçu

	Imparfait	Plus-que-parfait	Futur	Futur antérieur
je/j'	recevais	avais reçu	recevrai	aurai reçu
tu	recevais	avais reçu	recevras	auras reçu
il/elle	recevait	avait reçu	recevra	aura reçu
nous	recevions	avions reçu	recevrons	aurons reçu
vous	receviez	aviez reçu	recevrez	aurez reçu
ils/elles	recevaient	avaient reçu	recevront	auront reçu

SUBJONCTIF

	Présent	Passé
que je/j'	reçoive	aie reçu
que tu	reçoives	aies reçu
qu'il/elle	reçoive	ait reçu
que nous	recevions	ayons reçu
que vous	receviez	ayez reçu
qu'ils/elles	reçoivent	aient reçu

	Imparfait	Plus-que-parfait
que je/j'	reçusse	eusse reçu
que tu	reçusses	eusses reçu
qu'il/elle	reçût	eût reçu
que nous	reçussions	eussions reçu
que vous	reçussiez	eussiez reçu
qu'ils/elles	reçussent	eussent reçu

Conjugaisons 53 et 54

53 DEVOIR

INFINITIF

Présent	Passé
devoir	avoir dû

PARTICIPE

Présent	Passé
devant	dû, due, dus, dues

IMPÉRATIF

Présent	Passé
dois	aie dû
devons	ayons dû
devez	ayez dû

CONDITIONNEL

	Présent	Passé
je/j'	devrais	aurais dû
tu	devrais	aurais dû
il/elle	devrait	aurait dû
nous	devrions	aurions dû
vous	devriez	auriez dû
ils/elles	devraient	auraient dû

INDICATIF

	Présent	Passé composé	Passé simple	Passé antérieur
je/j'	dois	ai dû	dus	eus dû
tu	dois	as dû	dus	eus dû
il/elle	doit	a dû	dut	eut dû
nous	devons	avons dû	dûmes	eûmes dû
vous	devez	avez dû	dûtes	eûtes dû
ils/elles	doivent	ont dû	durent	eurent dû

	Imparfait	Plus-que-parfait	Futur	Futur antérieur
je/j'	devais	avais dû	devrai	aurai dû
tu	devais	avais dû	devras	auras dû
il/elle	devait	avait dû	devra	aura dû
nous	devions	avions dû	devrons	aurons dû
vous	deviez	aviez dû	devrez	aurez dû
ils/elles	devaient	avaient dû	devront	auront dû

SUBJONCTIF

	Présent	Passé
que je/j'	doive	aie dû
que tu	doives	aies dû
qu'il/elle	doive	ait dû
que nous	devions	ayons dû
que vous	deviez	ayez dû
qu'ils/elles	doivent	aient dû

	Imparfait	Plus-que-parfait
que je/j'	dusse	eusse dû
que tu	dusses	eusses dû
qu'il/elle	dût	eût dû
que nous	dussions	eussions dû
que vous	dussiez	eussiez dû
qu'ils/elles	dussent	eussent dû

54 MOUVOIR

INFINITIF

Présent	Passé
mouvoir	avoir mû

PARTICIPE

Présent	Passé
mouvant	mû, mue, mus, mues

IMPÉRATIF

Présent	Passé
meus	aie mû
mouvons	ayons mû
mouvez	ayez mû

CONDITIONNEL

	Présent	Passé
je/j'	mouvrais	aurais mû
tu	mouvrais	aurais mû
il/elle	mouvrait	aurait mû
nous	mouvrions	aurions mû
vous	mouvriez	auriez mû
ils/elles	mouvraient	auraient mû

INDICATIF

	Présent	Passé composé	Passé simple	Passé antérieur
je/j'	meus	ai mû	mus	eus mû
tu	meus	as mû	mus	eus mû
il/elle	meut	a mû	mut	eut mû
nous	mouvons	avons mû	mûmes	eûmes mû
vous	mouvez	avez mû	mûtes	eûtes mû
ils/elles	meuvent	ont mû	murent	eurent mû

	Imparfait	Plus-que-parfait	Futur	Futur antérieur
je/j'	mouvais	avais mû	mouvrai	aurai mû
tu	mouvais	avais mû	mouvras	auras mû
il/elle	mouvait	avait mû	mouvra	aura mû
nous	mouvions	avions mû	mouvrons	aurons mû
vous	mouviez	aviez mû	mouvrez	aurez mû
ils/elles	mouvaient	avaient mû	mouvront	auront mû

SUBJONCTIF

	Présent	Passé
que je/j'	meuve	aie mû
que tu	meuves	aies mû
qu'il/elle	meuve	ait mû
que nous	mouvions	ayons mû
que vous	mouviez	ayez mû
qu'ils/elles	meuvent	aient mû

	Imparfait	Plus-que-parfait
que je/j'	musse	eusse mû
que tu	musses	eusses mû
qu'il/elle	mût	eût mû
que nous	mussions	eussions mû
que vous	mussiez	eussiez mû
qu'ils/elles	mussent	eussent mû

► **REMARQUE** Selon les rectifications de l'orthographe, au participe passé *mouvoir* fait *mu*, sans accent circonflexe.

55 ÉMOUVOIR

INFINITIF

Présent	Passé
émouvoir	avoir ému

PARTICIPE

Présent	Passé
émouvant	ému, e

IMPÉRATIF

Présent	Passé
émeus	aie ému
émouvons	ayons ému
émouvez	ayez ému

CONDITIONNEL

	Présent	Passé
j'	émouvrais	aurais ému
tu	émouvrais	aurais ému
il/elle	émouvrait	aurait ému
nous	émouvrions	aurions ému
vous	émouvriez	auriez ému
ils/elles	émouvraient	auraient ému

INDICATIF

	Présent	Passé composé	Passé simple	Passé antérieur
j'	émeus	ai ému	émus	eus ému
tu	émeus	as ému	émus	eus ému
il/elle	émeut	a ému	émut	eut ému
nous	émouvons	avons ému	émûmes	eûmes ému
vous	émouvez	avez ému	émûtes	eûtes ému
ils/elles	émeuvent	ont ému	émurent	eurent ému

	Imparfait	Plus-que-parfait	Futur	Futur antérieur
j'	émouvais	avais ému	émouvrai	aurai ému
tu	émouvais	avais ému	émouvras	auras ému
il/elle	émouvait	avait ému	émouvra	aura ému
nous	émouvions	avions ému	émouvrons	aurons ému
vous	émouviez	aviez ému	émouvrez	aurez ému
ils/elles	émouvaient	avaient ému	émouvront	auront ému

SUBJONCTIF

	Présent	Passé
que j'	émeuve	aie ému
que tu	émeuves	aies ému
qu'il/elle	émeuve	ait ému
que nous	émouvions	ayons ému
que vous	émouviez	ayez ému
qu'ils/elles	émeuvent	aient ému

	Imparfait	Plus-que-parfait
que j'	émusse	eusse ému
que tu	émusses	eusses ému
qu'il/elle	émût	eût ému
que nous	émussions	eussions ému
que vous	émussiez	eussiez ému
qu'ils/elles	émussent	eussent ému

56 PROMOUVOIR

INFINITIF

Présent	Passé
promouvoir	avoir promu

PARTICIPE

Présent	Passé
promouvant	promu, e

IMPÉRATIF

Présent	Passé
promeus	aie promu
promouvons	ayons promu
promouvez	ayez promu

CONDITIONNEL

	Présent	Passé
je/j'	promouvrais	aurais promu
tu	promouvrais	aurais promu
il/elle	promouvrait	aurait promu
nous	promouvrions	aurions promu
vous	promouvriez	auriez promu
ils/elles	promouvraient	auraient promu

INDICATIF

	Présent	Passé composé	Passé simple	Passé antérieur
je/j'	promeus	ai promu	promus	eus promu
tu	promeus	as promu	promus	eus promu
il/elle	promeut	a promu	promut	eut promu
nous	promouvons	avons promu	promûmes	eûmes promu
vous	promouvez	avez promu	promûtes	eûtes promu
ils/elles	promeuvent	ont promu	promurent	eurent promu

	Imparfait	Plus-que-parfait	Futur	Futur antérieur
je/j'	promouvais	avais promu	promouvrai	aurai promu
tu	promouvais	avais promu	promouvras	auras promu
il/elle	promouvait	avait promu	promouvra	aura promu
nous	promouvions	avions promu	promouvrons	aurons promu
vous	promouviez	aviez promu	promouvrez	aurez promu
ils/elles	promouvaient	avaient promu	promouvront	auront promu

SUBJONCTIF

	Présent	Passé
que je/j'	promeuve	aie promu
que tu	promeuves	aies promu
qu'il/elle	promeuve	ait promu
que nous	promouvions	ayons promu
que vous	promouviez	ayez promu
qu'ils/elles	promeuvent	aient promu

	Imparfait	Plus-que-parfait
que je/j'	promusse	eusse promu
que tu	promusses	eusses promu
qu'il/elle	promût	eût promu
que nous	promussions	eussions promu
que vous	promussiez	eussiez promu
qu'ils/elles	promussent	eussent promu

▸ **REMARQUE** Les formes conjuguées du verbe *promouvoir* sont rares.

Conjugaisons 57 et 58

57 VOULOIR

INFINITIF

Présent	Passé
vouloir	avoir voulu

PARTICIPE

Présent	Passé
voulant	voulu, e

IMPÉRATIF

Présent	Passé
veuille	aie voulu
veuillons	ayons voulu
veuillez	ayez voulu

CONDITIONNEL

	Présent	Passé
je/j'	voudrais	aurais voulu
tu	voudrais	aurais voulu
il/elle	voudrait	aurait voulu
nous	voudrions	aurions voulu
vous	voudriez	auriez voulu
ils/elles	voudraient	auraient voulu

INDICATIF

	Présent	Passé composé	Passé simple	Passé antérieur
je/j'	veux	ai voulu	voulus	eus voulu
tu	veux	as voulu	voulus	eus voulu
il/elle	veut	a voulu	voulut	eut voulu
nous	voulons	avons voulu	voulûmes	eûmes voulu
vous	voulez	avez voulu	voulûtes	eûtes voulu
ils/elles	veulent	ont voulu	voulurent	eurent voulu

	Imparfait	Plus-que-parfait	Futur	Futur antérieur
je/j'	voulais	avais voulu	voudrai	aurai voulu
tu	voulais	avais voulu	voudras	auras voulu
il/elle	voulait	avait voulu	voudra	aura voulu
nous	voulions	avions voulu	voudrons	aurons voulu
vous	vouliez	aviez voulu	voudrez	aurez voulu
ils/elles	voulaient	avaient voulu	voudront	auront voulu

SUBJONCTIF

	Présent	Passé
que je/j'	veuille	aie voulu
que tu	veuilles	aies voulu
qu'il/elle	veuille	ait voulu
que nous	voulions	ayons voulu
que vous	vouliez	ayez voulu
qu'ils/elles	veuillent	aient voulu

	Imparfait	Plus-que-parfait
que je/j'	voulusse	eusse voulu
que tu	voulusses	eusses voulu
qu'il/elle	voulût	eût voulu
que nous	voulussions	eussions voulu
que vous	voulussiez	eussiez voulu
qu'ils/elles	voulussent	eussent voulu

▸ **REMARQUE** À l'impératif présent, on trouve aussi les formes *veux, voulons, voulez,* employées surtout dans les phrases négatives : *ne m'en veux pas, ne lui en voulons pas, ne lui en voulez pas.*

58 POUVOIR

INFINITIF

Présent	Passé
pouvoir	avoir pu

PARTICIPE

Présent	Passé
pouvant	pu

IMPÉRATIF

Présent	Passé
inusité	*inusité*
inusité	*inusité*
inusité	*inusité*

CONDITIONNEL

	Présent	Passé
je/j'	pourrais	aurais pu
tu	pourrais	aurais pu
il/elle	pourrait	aurait pu
nous	pourrions	aurions pu
vous	pourriez	auriez pu
ils/elles	pourraient	auraient pu

INDICATIF

	Présent	Passé composé	Passé simple	Passé antérieur
je/j'	peux/puis	ai pu	pus	eus pu
tu	peux	as pu	pus	eus pu
il/elle	peut	a pu	put	eut pu
nous	pouvons	avons pu	pûmes	eûmes pu
vous	pouvez	avez pu	pûtes	eûtes pu
ils/elles	peuvent	ont pu	purent	eurent pu

	Imparfait	Plus-que-parfait	Futur	Futur antérieur
je/j'	pouvais	avais pu	pourrai	aurai pu
tu	pouvais	avais pu	pourras	auras pu
il/elle	pouvait	avait pu	pourra	aura pu
nous	pouvions	avions pu	pourrons	aurons pu
vous	pouviez	aviez pu	pourrez	aurez pu
ils/elles	pouvaient	avaient pu	pourront	auront pu

SUBJONCTIF

	Présent	Passé
que je/j'	puisse	aie pu
que tu	puisses	aies pu
qu'il/elle	puisse	ait pu
que nous	puissions	ayons pu
que vous	puissiez	ayez pu
qu'ils/elles	puissent	aient pu

	Imparfait	Plus-que-parfait
que je/j'	pusse	eusse pu
que tu	pusses	eusses pu
qu'il/elle	pût	eût pu
que nous	pussions	eussions pu
que vous	pussiez	eussiez pu
qu'ils/elles	pussent	eussent pu

▸ **REMARQUE** À la forme interrogative de la première personne de l'indicatif présent, avec inversion du sujet, on a seulement *puis : puis-je entrer ?*

59 SAVOIR

INFINITIF

Présent	Passé
savoir	avoir su

PARTICIPE

Présent	Passé
sachant	su, e

IMPÉRATIF

Présent	Passé
sache	aie su
sachons	ayons su
sachez	ayez su

CONDITIONNEL

	Présent	Passé
je/j'	saurais	aurais su
tu	saurais	aurais su
il/elle	saurait	aurait su
nous	saurions	aurions su
vous	sauriez	auriez su
ils/elles	sauraient	auraient su

INDICATIF

	Présent	Passé composé	Passé simple	Passé antérieur
je/j'	sais	ai su	sus	eus su
tu	sais	as su	sus	eus su
il/elle	sait	a su	sut	eut su
nous	savons	avons su	sûmes	eûmes su
vous	savez	avez su	sûtes	eûtes su
ils/elles	savent	ont su	surent	eurent su

	Imparfait	Plus-que-parfait	Futur	Futur antérieur
je/j'	savais	avais su	saurai	aurai su
tu	savais	avais su	sauras	auras su
il/elle	savait	avait su	saura	aura su
nous	savions	avions su	saurons	aurons su
vous	saviez	aviez su	saurez	aurez su
ils/elles	savaient	avaient su	sauront	auront su

SUBJONCTIF

	Présent	Passé
que je/j'	sache	aie su
que tu	saches	aies su
qu'il/elle	sache	ait su
que nous	sachions	ayons su
que vous	sachiez	ayez su
qu'ils/elles	sachent	aient su

	Imparfait	Plus-que-parfait
que je/j'	susse	eusse su
que tu	susses	eusses su
qu'il/elle	sût	eût su
que nous	sussions	eussions su
que vous	sussiez	eussiez su
qu'ils/elles	sussent	eussent su

60 VALOIR

INFINITIF

Présent	Passé
valoir	avoir valu

PARTICIPE

Présent	Passé
valant	valu, e

IMPÉRATIF

Présent	Passé
vaux	aie valu
valons	ayons valu
valez	ayez valu

CONDITIONNEL

	Présent	Passé
je/j'	vaudrais	aurais valu
tu	vaudrais	aurais valu
il/elle	vaudrait	aurait valu
nous	vaudrions	aurions valu
vous	vaudriez	auriez valu
ils/elles	vaudraient	auraient valu

INDICATIF

	Présent	Passé composé	Passé simple	Passé antérieur
je/j'	vaux	ai valu	valus	eus valu
tu	vaux	as valu	valus	eus valu
il/elle	vaut	a valu	valut	eut valu
nous	valons	avons valu	valûmes	eûmes valu
vous	valez	avez valu	valûtes	eûtes valu
ils/elles	valent	ont valu	valurent	eurent valu

	Imparfait	Plus-que-parfait	Futur	Futur antérieur
je/j'	valais	avais valu	vaudrai	aurai valu
tu	valais	avais valu	vaudras	auras valu
il/elle	valait	avait valu	vaudra	aura valu
nous	valions	avions valu	vaudrons	aurons valu
vous	valiez	aviez valu	vaudrez	aurez valu
ils/elles	valaient	avaient valu	vaudront	auront valu

SUBJONCTIF

	Présent	Passé
que je/j'	vaille	aie valu
que tu	vailles	aies valu
qu'il/elle	vaille	ait valu
que nous	valions	ayons valu
que vous	valiez	ayez valu
qu'ils/elles	vaillent	aient valu

	Imparfait	Plus-que-parfait
que je/j'	valusse	eusse valu
que tu	valusses	eusses valu
qu'il/elle	valût	eût valu
que nous	valussions	eussions valu
que vous	valussiez	eussiez valu
qu'ils/elles	valussent	eussent valu

Conjugaisons 61 et 62

61 PRÉVALOIR

INFINITIF

Présent	Passé
prévaloir	avoir prévalu

PARTICIPE

Présent	Passé
prévalant	prévalu, e

IMPÉRATIF

Présent	Passé
prévaux	aie prévalu
prévalons	ayons prévalu
prévalez	ayez prévalu

CONDITIONNEL

	Présent	Passé
je/j'	prévaudrais	aurais prévalu
tu	prévaudrais	aurais prévalu
il/elle	prévaudrait	aurait prévalu
nous	prévaudrions	aurions prévalu
vous	prévaudriez	auriez prévalu
ils/elles	prévaudraient	auraient prévalu

INDICATIF

	Présent	Passé composé	Passé simple	Passé antérieur
je/j'	prévaux	ai prévalu	prévalus	eus prévalu
tu	prévaux	as prévalu	prévalus	eus prévalu
il/elle	prévaut	a prévalu	prévalut	eut prévalu
nous	prévalons	avons prévalu	prévalûmes	eûmes prévalu
vous	prévalez	avez prévalu	prévalûtes	eûtes prévalu
ils/elles	prévalent	ont prévalu	prévalurent	eurent prévalu

	Imparfait	Plus-que-parfait	Futur	Futur antérieur
je/j'	prévalais	avais prévalu	prévaudrai	aurai prévalu
tu	prévalais	avais prévalu	prévaudras	auras prévalu
il/elle	prévalait	avait prévalu	prévaudra	aura prévalu
nous	prévalions	avions prévalu	prévaudrons	aurons prévalu
vous	prévaliez	aviez prévalu	prévaudrez	aurez prévalu
ils/elles	prévalaient	avaient prévalu	prévaudront	auront prévalu

SUBJONCTIF

	Présent	Passé
que je/j'	prévale	aie prévalu
que tu	prévales	aies prévalu
qu'il/elle	prévale	ait prévalu
que nous	prévalions	ayons prévalu
que vous	prévaliez	ayez prévalu
qu'ils/elles	prévalent	aient prévalu

	Imparfait	Plus-que-parfait
que je/j'	prévalusse	eusse prévalu
que tu	prévalusses	eusses prévalu
qu'il/elle	prévalût	eût prévalu
que nous	prévalussions	eussions prévalu
que vous	prévalussiez	eussiez prévalu
qu'ils/elles	prévalussent	eussent prévalu

62 VOIR

INFINITIF

Présent	Passé
voir	avoir vu

PARTICIPE

Présent	Passé
voyant	vu, e

IMPÉRATIF

Présent	Passé
vois	aie vu
voyons	ayons vu
voyez	ayez vu

CONDITIONNEL

	Présent	Passé
je/j'	verrais	aurais vu
tu	verrais	aurais vu
il/elle	verrait	aurait vu
nous	verrions	aurions vu
vous	verriez	auriez vu
ils/elles	verraient	auraient vu

INDICATIF

	Présent	Passé composé	Passé simple	Passé antérieur
je/j'	vois	ai vu	vis	eus vu
tu	vois	as vu	vis	eus vu
il/elle	voit	a vu	vit	eut vu
nous	voyons	avons vu	vîmes	eûmes vu
vous	voyez	avez vu	vîtes	eûtes vu
ils/elles	voient	ont vu	virent	eurent vu

	Imparfait	Plus-que-parfait	Futur	Futur antérieur
je/j'	voyais	avais vu	verrai	aurai vu
tu	voyais	avais vu	verras	auras vu
il/elle	voyait	avait vu	verra	aura vu
nous	voyions	avions vu	verrons	aurons vu
vous	voyiez	aviez vu	verrez	aurez vu
ils/elles	voyaient	avaient vu	verront	auront vu

SUBJONCTIF

	Présent	Passé
que je/j'	voie	aie vu
que tu	voies	aies vu
qu'il/elle	voie	ait vu
que nous	voyions	ayons vu
que vous	voyiez	ayez vu
qu'ils/elles	voient	aient vu

	Imparfait	Plus-que-parfait
que je/j'	visse	eusse vu
que tu	visses	eusses vu
qu'il/elle	vît	eût vu
que nous	vissions	eussions vu
que vous	vissiez	eussiez vu
qu'ils/elles	vissent	eussent vu

63 PRÉVOIR

INFINITIF

Présent	Passé
prévoir	avoir prévu

PARTICIPE

Présent	Passé
prévoyant	prévu, e

IMPÉRATIF

Présent	Passé
prévois	aie prévu
prévoyons	ayons prévu
prévoyez	ayez prévu

CONDITIONNEL

	Présent	Passé
je/j'	prévoirais	aurais prévu
tu	prévoirais	aurais prévu
il/elle	prévoirait	aurait prévu
nous	prévoirions	aurions prévu
vous	prévoiriez	auriez prévu
ils/elles	prévoiraient	auraient prévu

INDICATIF

	Présent	Passé composé	Passé simple	Passé antérieur
je/j'	prévois	ai prévu	prévis	eus prévu
tu	prévois	as prévu	prévis	eus prévu
il/elle	prévoit	a prévu	prévit	eut prévu
nous	prévoyons	avons prévu	prévîmes	eûmes prévu
vous	prévoyez	avez prévu	prévîtes	eûtes prévu
ils/elles	prévoient	ont prévu	prévirent	eurent prévu

	Imparfait	Plus-que-parfait	Futur	Futur antérieur
je/j'	prévoyais	avais prévu	prévoirai	aurai prévu
tu	prévoyais	avais prévu	prévoiras	auras prévu
il/elle	prévoyait	avait prévu	prévoira	aura prévu
nous	prévoyions	avions prévu	prévoirons	aurons prévu
vous	prévoyiez	aviez prévu	prévoirez	aurez prévu
ils/elles	prévoyaient	avaient prévu	prévoiront	auront prévu

SUBJONCTIF

	Présent	Passé
que je/j'	prévoie	aie prévu
que tu	prévoies	aies prévu
qu'il/elle	prévoie	ait prévu
que nous	prévoyions	ayons prévu
que vous	prévoyiez	ayez prévu
qu'ils/elles	prévoient	aient prévu

	Imparfait	Plus-que-parfait
que je/j'	prévisse	eusse prévu
que tu	prévisses	eusses prévu
qu'il/elle	prévît	eût prévu
que nous	prévissions	eussions prévu
que vous	prévissiez	eussiez prévu
qu'ils/elles	prévissent	eussent prévu

64 POURVOIR

INFINITIF

Présent	Passé
pourvoir	avoir pourvu

PARTICIPE

Présent	Passé
pourvoyant	pourvu, e

IMPÉRATIF

Présent	Passé
pourvois	aie pourvu
pourvoyons	ayons pourvu
pourvoyez	ayez pourvu

CONDITIONNEL

	Présent	Passé
je/j'	pourvoirais	aurais pourvu
tu	pourvoirais	aurais pourvu
il/elle	pourvoirait	aurait pourvu
nous	pourvoirions	aurions pourvu
vous	pourvoiriez	auriez pourvu
ils/elles	pourvoiraient	auraient pourvu

INDICATIF

	Présent	Passé composé	Passé simple	Passé antérieur
je/j'	pourvois	ai pourvu	pourvus	eus pourvu
tu	pourvois	as pourvu	pourvus	eus pourvu
il/elle	pourvoit	a pourvu	pourvut	eut pourvu
nous	pourvoyons	avons pourvu	pourvûmes	eûmes pourvu
vous	pourvoyez	avez pourvu	pourvûtes	eûtes pourvu
ils/elles	pourvoient	ont pourvu	pourvurent	eurent pourvu

	Imparfait	Plus-que-parfait	Futur	Futur antérieur
je/j'	pourvoyais	avais pourvu	pourvoirai	aurai pourvu
tu	pourvoyais	avais pourvu	pourvoiras	auras pourvu
il/elle	pourvoyait	avait pourvu	pourvoira	aura pourvu
nous	pourvoyions	avions pourvu	pourvoirons	aurons pourvu
vous	pourvoyiez	aviez pourvu	pourvoirez	aurez pourvu
ils/elles	pourvoyaient	avaient pourvu	pourvoiront	auront pourvu

SUBJONCTIF

	Présent	Passé
que je/j'	pourvoie	aie pourvu
que tu	pourvoies	aies pourvu
qu'il/elle	pourvoie	ait pourvu
que nous	pourvoyions	ayons pourvu
que vous	pourvoyiez	ayez pourvu
qu'ils/elles	pourvoient	aient pourvu

	Imparfait	Plus-que-parfait
que je/j'	pourvusse	eusse pourvu
que tu	pourvusses	eusses pourvu
qu'il/elle	pourvût	eût pourvu
que nous	pourvussions	eussions pourvu
que vous	pourvussiez	eussiez pourvu
qu'ils/elles	pourvussent	eussent pourvu

Conjugaison 65

65 ASSEOIR (1)

INFINITIF

Présent	Passé
asseoir	avoir assis

PARTICIPE

Présent	Passé
asseyant	assis, e

IMPÉRATIF

Présent	Passé
assieds	aie assis
asseyons	ayons assis
asseyez	ayez assis

CONDITIONNEL

	Présent	Passé
j'	assiérais	aurais assis
tu	assiérais	aurais assis
il/elle	assiérait	aurait assis
nous	assiérions	aurions assis
vous	assiériez	auriez assis
ils/elles	assiéraient	auraient assis

INDICATIF

	Présent	Passé composé	Passé simple	Passé antérieur
j'	assieds	ai assis	assis	eus assis
tu	assieds	as assis	assis	eus assis
il/elle	assied	a assis	assit	eut assis
nous	asseyons	avons assis	assîmes	eûmes assis
vous	asseyez	avez assis	assîtes	eûtes assis
ils/elles	asseyent	ont assis	assirent	eurent assis

	Imparfait	Plus-que-parfait	Futur	Futur antérieur
j'	asseyais	avais assis	assiérai	aurai assis
tu	asseyais	avais assis	assiéras	auras assis
il/elle	asseyait	avait assis	assiéra	aura assis
nous	asseyions	avions assis	assiérons	aurons assis
vous	asseyiez	aviez assis	assiérez	aurez assis
ils/elles	asseyaient	avaient assis	assiéront	auront assis

SUBJONCTIF

	Présent	Passé
que j'	asseye	aie assis
que tu	asseyes	aies assis
qu'il/elle	asseye	ait assis
que nous	asseyions	ayons assis
que vous	asseyiez	ayez assis
qu'ils/elles	asseyent	aient assis

	Imparfait	Plus-que-parfait
que j'	assisse	eusse assis
que tu	assisses	eusses assis
qu'il/elle	assît	eût assis
que nous	assissions	eussions assis
que vous	assissiez	eussiez assis
qu'ils/elles	assissent	eussent assis

65 ASSEOIR (2)

INFINITIF

Présent	Passé
asseoir	avoir assis

PARTICIPE

Présent	Passé
assoyant	assis, e

IMPÉRATIF

Présent	Passé
assois	aie assis
assoyons	ayons assis
assoyez	ayez assis

CONDITIONNEL

	Présent	Passé
j'	assoirais	aurais assis
tu	assoirais	aurais assis
il/elle	assoirait	aurait assis
nous	assoirions	aurions assis
vous	assoiriez	auriez assis
ils/elles	assoiraient	auraient assis

INDICATIF

	Présent	Passé composé	Passé simple	Passé antérieur
j'	assois	ai assis	assis	eus assis
tu	assois	as assis	assis	eus assis
il/elle	assoit	a assis	assit	eut assis
nous	assoyons	avons assis	assîmes	eûmes assis
vous	assoyez	avez assis	assîtes	eûtes assis
ils/elles	assoient	ont assis	assirent	eurent assis

	Imparfait	Plus-que-parfait	Futur	Futur antérieur
j'	assoyais	avais assis	assoirai	aurai assis
tu	assoyais	avais assis	assoiras	auras assis
il/elle	assoyait	avait assis	assoira	aura assis
nous	assoyions	avions assis	assoirons	aurons assis
vous	assoyiez	aviez assis	assoirez	aurez assis
ils/elles	assoyaient	avaient assis	assoiront	auront assis

SUBJONCTIF

	Présent	Passé
que j'	assoie	aie assis
que tu	assoies	aies assis
qu'il/elle	assoie	ait assis
que nous	assoyions	ayons assis
que vous	assoyiez	ayez assis
qu'ils/elles	assoient	aient assis

	Imparfait	Plus-que-parfait
que j'	assisse	eusse assis
que tu	assisses	eusses assis
qu'il/elle	assît	eût assis
que nous	assissions	eussions assis
que vous	assissiez	eussiez assis
qu'ils/elles	assissent	eussent assis

▸ **REMARQUE** L'usage tend à écrire avec *-eoi-* les formes *-oi-* : *je m'asseois, il asseoira, que tu asseoies, elles asseoiraient.*

66 SURSEOIR

INFINITIF

Présent	Passé
surseoir	avoir sursis

PARTICIPE

Présent	Passé
sursoyant	sursis, e

IMPÉRATIF

Présent	Passé
sursois	aie sursis
sursoyons	ayons sursis
sursoyez	ayez sursis

CONDITIONNEL

	Présent	Passé
je/j'	surseoirais	aurais sursis
tu	surseoirais	aurais sursis
il/elle	surseoirait	aurait sursis
nous	surseoirions	aurions sursis
vous	surseoiriez	auriez sursis
ils/elles	surseoiraient	auraient sursis

INDICATIF

	Présent	Passé composé	Passé simple	Passé antérieur
je/j'	sursois	ai sursis	sursis	eus sursis
tu	sursois	as sursis	sursis	eus sursis
il/elle	sursoit	a sursis	sursit	eut sursis
nous	sursoyons	avons sursis	sursîmes	eûmes sursis
vous	sursoyez	avez sursis	sursîtes	eûtes sursis
ils/elles	sursoient	ont sursis	sursirent	eurent sursis

	Imparfait	Plus-que-parfait	Futur	Futur antérieur
je/j'	sursoyais	avais sursis	surseoirai	aurai sursis
tu	sursoyais	avais sursis	surseoiras	auras sursis
il/elle	sursoyait	avait sursis	surseoira	aura sursis
nous	sursoyions	avions sursis	surseoirons	aurons sursis
vous	sursoyiez	aviez sursis	surseoirez	aurez sursis
ils/elles	sursoyaient	avaient sursis	surseoiront	auront sursis

SUBJONCTIF

	Présent	Passé
que je/j'	sursoie	aie sursis
que tu	sursoies	aies sursis
qu'il/elle	sursoie	ait sursis
que nous	sursoyions	ayons sursis
que vous	sursoyiez	ayez sursis
qu'ils/elles	sursoient	aient sursis

	Imparfait	Plus-que-parfait
que je/j'	sursisse	eusse sursis
que tu	sursisses	eusses sursis
qu'il/elle	sursît	eût sursis
que nous	sursissions	eussions sursis
que vous	sursissiez	eussiez sursis
qu'ils/elles	sursissent	eussent sursis

67 SEOIR

INFINITIF

Présent
seoir

PARTICIPE

Présent
seyant

INDICATIF

	Présent	Imparfait	Futur
il/elle	sied	seyait	siéra
ils/elles	siéent	seyaient	siéront

CONDITIONNEL

	Présent
il/elle	siérait
ils/elles	siéraient

SUBJONCTIF

	Présent
il/elle	siée
ils/elles	siéent

▶ **REMARQUE** Le verbe *seoir* a ici le sens de « convenir ». Au sens de « siéger, être situé », il ne se rencontre plus qu'au participe présent *séant* et au participe passé *sis, sise*.

68 PLEUVOIR

INFINITIF

Présent	Passé
pleuvoir	avoir plu

PARTICIPE

Présent	Passé
pleuvant	plu

CONDITIONNEL

	Présent	Passé
il/elle	pleuvrait	aurait plu
ils/elles	pleuvraient	auraient plu

INDICATIF

	Présent	Passé composé	Passé simple	Passé antérieur
il/elle	pleut	a plu	plut	eut plu
ils/elles	pleuvent	ont plu	plurent	eussent plu

	Imparfait	Plus-que-parfait	Futur	Futur antérieur
il/elle	pleuvait	avait plu	pleuvra	aura plu
ils/elles	pleuvaient	avaient plu	pleuvront	auront plu

SUBJONCTIF

	Présent	Passé
qu'il/elle	pleuve	ait plu
qu'ils/elles	pleuvent	aient plu

	Imparfait	Plus-que-parfait
qu'il/elle	plût	eût plu
qu'ils/elles	plussent	eussent plu

▶ **REMARQUE** La troisième personne du pluriel ne s'emploie qu'au sens figuré : *les injures pleuvaient.*

Conjugaisons 69, 70 et 71

69 FALLOIR

INFINITIF

Présent	Passé
falloir	avoir fallu

PARTICIPE

Présent	Passé
inusité	fallu

CONDITIONNEL

	Présent	Passé
il	faudrait	aurait fallu

INDICATIF

	Présent	Passé composé	Passé simple	Passé antérieur
il	faut	a fallu	fallut	eut fallu

	Imparfait	Plus-que-parfait	Futur	Futur antérieur
il	fallait	avait fallu	faudra	aura fallu

SUBJONCTIF

	Présent	Passé
qu'il	faille	ait fallu

	Imparfait	Plus-que-parfait
qu'il	fallût	eût fallu

70 ÉCHOIR

INFINITIF

Présent	Passé
échoir	être échu

PARTICIPE

Présent	Passé
échéant	échu, e

IMPÉRATIF

Présent	Passé
inusité	sois échu(e)
	soyons échu(e)s

CONDITIONNEL

	Présent	Passé
il/elle	échoirait	serait échu(e)
ils/elles	échoiraient	seraient échu(e)s

INDICATIF

	Présent	Passé composé	Passé simple	Passé antérieur
il/elle	échoit	est échu(e)	échut	fut échu(e)
ils/elles	échoient	sont échu(e)s	échurent	furent échu(e)s

	Imparfait	Plus-que-parfait	Futur	Futur antérieur
il/elle	échoyait	était échu(e)	échoira	sera échu(e)
ils/elles	échoyaient	étaient échu(e)s	échoiront	seront échu(e)s

SUBJONCTIF

	Présent	Passé
qu'il/elle	échoie	soit échu(e)
qu'ils/elles	échoient	soient échu(e)s

	Imparfait	Plus-que-parfait
qu'il/elle	échût	fût échu(e)
qu'ils/elles	échussent	fussent échu(e)s

▸ **REMARQUE** *Échoir* se conjugue aussi avec l'auxiliaire avoir. *Échoir* présente une seconde forme : au présent de l'indicatif *(échet, échéent)*, au futur *(écherra, écherront)*, au conditionnel présent *(écherrait, écherraient)*.

71 DÉCHOIR

INFINITIF

Présent	Passé
déchoir	avoir déchu

PARTICIPE

Présent	Passé
inusité	déchu, e

IMPÉRATIF

Présent	Passé
inusité	aie déchu
inusité	ayons déchu
inusité	ayez déchu

CONDITIONNEL

	Présent	Passé
je/j'	déchoirais	aurais déchu
tu	déchoirais	aurais déchu
il/elle	déchoirait	aurait déchu
nous	déchoirions	aurions déchu
vous	déchoiriez	auriez déchu
ils/elles	déchoiraient	auraient déchu

INDICATIF

	Présent	Passé composé	Passé simple	Passé antérieur
je/j'	déchois	ai déchu	déchus	eus déchu
tu	déchois	as déchu	déchus	eus déchu
il/elle	déchoit	a déchu	déchut	eut déchu
nous	déchoyons	avons déchu	déchûmes	eûmes déchu
vous	déchoyez	avez déchu	déchûtes	eûtes déchu
ils/elles	déchoient	ont déchu	déchurent	eurent déchu

	Imparfait	Plus-que-parfait	Futur	Futur antérieur
je/j'	déchoyais	avais déchu	déchoirai	aurai déchu
tu	déchoyais	avais déchu	déchoiras	auras déchu
il/elle	déchoyait	avait déchu	déchoira	aura déchu
nous	déchoyions	avions déchu	déchoirons	aurons déchu
vous	déchoyiez	aviez déchu	déchoirez	aurez déchu
ils/elles	déchoyaient	avaient déchu	déchoiront	auront déchu

SUBJONCTIF

	Présent	Passé
que je/j'	déchoie	aie déchu
que tu	déchoies	aies déchu
qu'il/elle	déchoie	ait déchu
que nous	déchoyions	ayons déchu
que vous	déchoyiez	ayez déchu
qu'ils/elles	déchoient	aient déchu

	Imparfait	Plus-que-parfait
que je/j'	déchusse	eusse déchu
que tu	déchusses	eusses déchu
qu'il/elle	déchût	eût déchu
que nous	déchussions	eussions déchu
que vous	déchussiez	eussiez déchu
qu'ils/elles	déchussent	eussent déchu

▸ **REMARQUE** *Déchoir* se conjugue aussi avec l'auxiliaire *être* et dans ce cas, aux temps composés, le participe passé s'accorde avec le sujet. *Déchoir* présente une seconde forme : au futur (*décherrai, décherras,* etc.) et au conditionnel présent (*décherrais, décherrais,* etc).

72 CHOIR

INFINITIF

Présent	Passé
choir	avoir chu

PARTICIPE

Présent	Passé
inusité	chu, e

IMPÉRATIF

Présent	Passé
chois	aie chu
inusité	ayons chu
inusité	ayez chu

CONDITIONNEL

	Présent	Passé
je/j'	choirais	aurais chu
tu	choirais	aurais chu
il/elle	choirait	aurait chu
nous	choirions	aurions chu
vous	choiriez	auriez chu
ils/elles	choiraient	auraient chu

INDICATIF

	Présent	Passé composé	Passé simple	Passé antérieur
je/j'	chois	ai chu	chus	eus chu
tu	chois	as chu	chus	eus chu
il/elle	choit	a chu	chut	eut chu
nous	*inusité*	avons chu	chûmes	eûmes chu
vous	*inusité*	avez chu	chûtes	eûtes chu
ils/elles	choient	ont chu	churent	eurent chu

	Imparfait	Plus-que-parfait	Futur	Futur antérieur
je/j'	*inusité*	avais chu	choirai	aurai chu
tu	*inusité*	avais chu	choiras	auras chu
il/elle	*inusité*	avait chu	choira	aura chu
nous	*inusité*	avions chu	choirons	aurons chu
vous	*inusité*	aviez chu	choirez	aurez chu
ils/elles	*inusité*	avaient chu	choiront	auront chu

SUBJONCTIF

	Présent	Passé
que je/j'	*inusité*	aie chu
que tu	*inusité*	aies chu
qu'il/elle	*inusité*	ait chu
que nous	*inusité*	ayons chu
que vous	*inusité*	ayez chu
qu'ils/elles	*inusité*	aient chu

	Imparfait	Plus-que-parfait
que je/j'	*inusité*	eusse chu
que tu	*inusité*	eusses chu
qu'il/elle	chût	eût chu
que nous	*inusité*	eussions chu
que vous	*inusité*	eussiez chu
qu'ils/elles	*inusité*	eussent chu

▸ **REMARQUE** *Choir* se conjugue aussi avec l'auxiliaire être. Dans ce cas, aux temps composés, le participe passé s'accorde avec le sujet. *Choir* présente une seconde forme : au futur (*cherrai, cherras, cherra,* etc.) et au conditionnel présent (*cherrais, cherrais, cherrait,* etc.).

73 VENDRE

INFINITIF

Présent	Passé
vendre	avoir vendu

PARTICIPE

Présent	Passé
vendant	vendu, e

IMPÉRATIF

Présent	Passé
vends	aie vendu
vendons	ayons vendu
vendez	ayez vendu

CONDITIONNEL

	Présent	Passé
je/j'	vendrais	aurais vendu
tu	vendrais	aurais vendu
il/elle	vendrait	aurait vendu
nous	vendrions	aurions vendu
vous	vendriez	auriez vendu
ils/elles	vendraient	auraient vendu

INDICATIF

	Présent	Passé composé	Passé simple	Passé antérieur
je/j'	vends	ai vendu	vendis	eus vendu
tu	vends	as vendu	vendis	eus vendu
il/elle	vend	a vendu	vendit	eut vendu
nous	vendons	avons vendu	vendîmes	eûmes vendu
vous	vendez	avez vendu	vendîtes	eûtes vendu
ils/elles	vendent	ont vendu	vendirent	eurent vendu

	Imparfait	Plus-que-parfait	Futur	Futur antérieur
je/j'	vendais	avais vendu	vendrai	aurai vendu
tu	vendais	avais vendu	vendras	auras vendu
il/elle	vendait	avait vendu	vendra	aura vendu
nous	vendions	avions vendu	vendrons	aurons vendu
vous	vendiez	aviez vendu	vendrez	aurez vendu
ils/elles	vendaient	avaient vendu	vendront	auront vendu

SUBJONCTIF

	Présent	Passé
que j'	vende	aie vendu
que tu	vendes	aies vendu
qu'il/elle	vende	ait vendu
que nous	vendions	ayons vendu
que vous	vendiez	ayez vendu
qu'ils/elles	vendent	aient vendu

	Imparfait	Plus-que-parfait
que j'	vendisse	eusse vendu
que tu	vendisses	eusses vendu
qu'il/elle	vendît	eût vendu
que nous	vendissions	eussions vendu
que vous	vendissiez	eussiez vendu
qu'ils/elles	vendissent	eussent vendu

74 RÉPANDRE

INFINITIF

Présent	Passé
répandre	avoir répandu

PARTICIPE

Présent	Passé
répandant	répandu, e

IMPÉRATIF

Présent	Passé
répands	aie répandu
répandons	ayons répandu
répandez	ayez répandu

CONDITIONNEL

	Présent	Passé
je/j'	répandrais	aurais répandu
tu	répandrais	aurais répandu
il/elle	répandrait	aurait répandu
nous	répandrions	aurions répandu
vous	répandriez	auriez répandu
ils/elles	répandraient	auraient répandu

INDICATIF

	Présent	Passé composé	Passé simple	Passé antérieur
je/j'	répands	ai répandu	répandis	eus répandu
tu	répands	as répandu	répandis	eus répandu
il/elle	répand	a répandu	répandit	eut répandu
nous	répandons	avons répandu	répandîmes	eûmes répandu
vous	répandez	avez répandu	répandîtes	eûtes répandu
ils/elles	répandent	ont répandu	répandirent	eurent répandu

	Imparfait	Plus-que-parfait	Futur	Futur antérieur
je/j'	répandais	avais répandu	répandrai	aurai répandu
tu	répandais	avais répandu	répandras	auras répandu
il/elle	répandait	avait répandu	répandra	aura répandu
nous	répandions	avions répandu	répandrons	aurons répandu
vous	répandiez	aviez répandu	répandrez	aurez répandu
ils/elles	répandaient	avaient répandu	répandront	auront répandu

SUBJONCTIF

	Présent	Passé
que je/j'	répande	aie répandu
que tu	répandes	aies répandu
qu'il/elle	répande	ait répandu
que nous	répandions	ayons répandu
que vous	répandiez	ayez répandu
qu'ils/elles	répandent	aient répandu

	Imparfait	Plus-que-parfait
que je/j'	répandisse	eusse répandu
que tu	répandisses	eusses répandu
qu'il/elle	répandît	eût répandu
que nous	répandissions	eussions répandu
que vous	répandissiez	eussiez répandu
qu'ils/elles	répandissent	eussent répandu

75 RÉPONDRE

INFINITIF

Présent	Passé
répondre	avoir répondu

PARTICIPE

Présent	Passé
répondant	répondu, e

IMPÉRATIF

Présent	Passé
réponds	aie répondu
répondons	ayons répondu
répondez	ayez répondu

CONDITIONNEL

	Présent	Passé
je/j'	répondrais	aurais répondu
tu	répondrais	aurais répondu
il/elle	répondrait	aurait répondu
nous	répondrions	aurions répondu
vous	répondriez	auriez répondu
ils/elles	répondraient	auraient répondu

INDICATIF

	Présent	Passé composé	Passé simple	Passé antérieur
je/j'	réponds	ai répondu	répondis	eus répondu
tu	réponds	as répondu	répondis	eus répondu
il/elle	répond	a répondu	répondit	eut répondu
nous	répondons	avons répondu	répondîmes	eûmes répondu
vous	répondez	avez répondu	répondîtes	eûtes répondu
ils/elles	répondent	ont répondu	répondirent	eurent répondu

	Imparfait	Plus-que-parfait	Futur	Futur antérieur
je/j'	répondais	avais répondu	répondrai	aurai répondu
tu	répondais	avais répondu	répondras	auras répondu
il/elle	répondait	avait répondu	répondra	aura répondu
nous	répondions	avions répondu	répondrons	aurons répondu
vous	répondiez	aviez répondu	répondrez	aurez répondu
ils/elles	répondaient	avaient répondu	répondront	auront répondu

SUBJONCTIF

	Présent	Passé
que je/j'	réponde	aie répondu
que tu	répondes	aies répondu
qu'il/elle	réponde	ait répondu
que nous	répondions	ayons répondu
que vous	répondiez	ayez répondu
qu'ils/elles	répondent	aient répondu

	Imparfait	Plus-que-parfait
que je/j'	répondisse	eusse répondu
que tu	répondisses	eusses répondu
qu'il/elle	répondît	eût répondu
que nous	répondissions	eussions répondu
que vous	répondissiez	eussiez répondu
qu'ils/elles	répondissent	eussent répondu

76 MORDRE

INFINITIF

Présent	Passé
mordre	avoir mordu

PARTICIPE

Présent	Passé
mordant	mordu, e

IMPÉRATIF

Présent	Passé
mords	aie mordu
mordons	ayons mordu
mordez	ayez mordu

CONDITIONNEL

	Présent	Passé
je/j'	mordrais	aurais mordu
tu	mordrais	aurais mordu
il/elle	mordrait	aurait mordu
nous	mordrions	aurions mordu
vous	mordriez	auriez mordu
ils/elles	mordraient	auraient mordu

INDICATIF

	Présent	Passé composé	Passé simple	Passé antérieur
je/j'	mords	ai mordu	mordis	eus mordu
tu	mords	as mordu	mordis	eus mordu
il/elle	mord	a mordu	mordit	eut mordu
nous	mordons	avons mordu	mordîmes	eûmes mordu
vous	mordez	avez mordu	mordîtes	eûtes mordu
ils/elles	mordent	ont mordu	mordirent	eurent mordu

	Imparfait	Plus-que-parfait	Futur	Futur antérieur
je/j'	mordais	avais mordu	mordrai	aurai mordu
tu	mordais	avais mordu	mordras	auras mordu
il/elle	mordait	avait mordu	mordra	aura mordu
nous	mordions	avions mordu	mordrons	aurons mordu
vous	mordiez	aviez mordu	mordrez	aurez mordu
ils/elles	mordaient	avaient mordu	mordront	auront mordu

SUBJONCTIF

	Présent	Passé
que je/j'	morde	aie mordu
que tu	mordes	aies mordu
qu'il/elle	morde	ait mordu
que nous	mordions	ayons mordu
que vous	mordiez	ayez mordu
qu'ils/elles	mordent	aient mordu

	Imparfait	Plus-que-parfait
que je/j'	mordisse	eusse mordu
que tu	mordisses	eusses mordu
qu'il/elle	mordît	eût mordu
que nous	mordissions	eussions mordu
que vous	mordissiez	eussiez mordu
qu'ils/elles	mordissent	eussent mordu

77 PERDRE

INFINITIF

Présent	Passé
perdre	avoir perdu

PARTICIPE

Présent	Passé
perdant	perdu, e

IMPÉRATIF

Présent	Passé
perds	aie perdu
perdons	ayons perdu
perdez	ayez perdu

CONDITIONNEL

	Présent	Passé
je/j'	perdrais	aurais perdu
tu	perdrais	aurais perdu
il/elle	perdrait	aurait perdu
nous	perdrions	aurions perdu
vous	perdriez	auriez perdu
ils/elles	perdraient	auraient perdu

INDICATIF

	Présent	Passé composé	Passé simple	Passé antérieur
je/j'	perds	ai perdu	perdis	eus perdu
tu	perds	as perdu	perdis	eus perdu
il/elle	perd	a perdu	perdit	eut perdu
nous	perdons	avons perdu	perdîmes	eûmes perdu
vous	perdez	avez perdu	perdîtes	eûtes perdu
ils/elles	perdent	ont perdu	perdirent	eurent perdu

	Imparfait	Plus-que-parfait	Futur	Futur antérieur
je/j'	perdais	avais perdu	perdrai	aurai perdu
tu	perdais	avais perdu	perdras	auras perdu
il/elle	perdait	avait perdu	perdra	aura perdu
nous	perdions	avions perdu	perdrons	aurons perdu
vous	perdiez	aviez perdu	perdrez	aurez perdu
ils/elles	perdaient	avaient perdu	perdront	auront perdu

SUBJONCTIF

	Présent	Passé
que je/j'	perde	aie perdu
que tu	perdes	aies perdu
qu'il/elle	perde	ait perdu
que nous	perdions	ayons perdu
que vous	perdiez	ayez perdu
qu'ils/elles	perdent	aient perdu

	Imparfait	Plus-que-parfait
que je/j'	perdisse	eusse perdu
que tu	perdisses	eusses perdu
qu'il/elle	perdît	eût perdu
que nous	perdissions	eussions perdu
que vous	perdissiez	eussiez perdu
qu'ils/elles	perdissent	eussent perdu

78 ROMPRE

INFINITIF

Présent	Passé
rompre	avoir rompu

PARTICIPE

Présent	Passé
rompant	rompu, e

IMPÉRATIF

Présent	Passé
romps	aie rompu
rompons	ayons rompu
rompez	ayez rompu

CONDITIONNEL

	Présent	Passé
je/j'	romprais	aurais rompu
tu	romprais	aurais rompu
il/elle	romprait	aurait rompu
nous	romprions	aurions rompu
vous	rompriez	auriez rompu
ils/elles	rompraient	auraient rompu

INDICATIF

	Présent	Passé composé	Passé simple	Passé antérieur
je/j'	romps	ai rompu	rompis	eus rompu
tu	romps	as rompu	rompis	eus rompu
il/elle	rompt	a rompu	rompit	eut rompu
nous	rompons	avons rompu	rompîmes	eûmes rompu
vous	rompez	avez rompu	rompîtes	eûtes rompu
ils/elles	rompent	ont rompu	rompirent	eurent rompu

	Imparfait	Plus-que-parfait	Futur	Futur antérieur
je/j'	rompais	avais rompu	romprai	aurai rompu
tu	rompais	avais rompu	rompras	auras rompu
il/elle	rompait	avait rompu	rompra	aura rompu
nous	rompions	avions rompu	romprons	aurons rompu
vous	rompiez	aviez rompu	romprez	aurez rompu
ils/elles	rompaient	avaient rompu	rompront	auront rompu

SUBJONCTIF

	Présent	Passé
que je/j'	rompe	aie rompu
que tu	rompes	aies rompu
qu'il/elle	rompe	ait rompu
que nous	rompions	ayons rompu
que vous	rompiez	ayez rompu
qu'ils/elles	rompent	aient rompu

	Imparfait	Plus-que-parfait
que je/j'	rompisse	eusse rompu
que tu	rompisses	eusses rompu
qu'il/elle	rompît	eût rompu
que nous	rompissions	eussions rompu
que vous	rompissiez	eussiez rompu
qu'ils/elles	rompissent	eussent rompu

79 PRENDRE

INFINITIF

Présent	Passé
prendre	avoir pris

PARTICIPE

Présent	Passé
prenant	pris, e

IMPÉRATIF

Présent	Passé
prends	aie pris
prenons	ayons pris
prenez	ayez pris

CONDITIONNEL

	Présent	Passé
je/j'	prendrais	aurais pris
tu	prendrais	aurais pris
il/elle	prendrait	aurait pris
nous	prendrions	aurions pris
vous	prendriez	auriez pris
ils/elles	prendraient	auraient pris

INDICATIF

	Présent	Passé composé	Passé simple	Passé antérieur
je/j'	prends	ai pris	pris	eus pris
tu	prends	as pris	pris	eus pris
il/elle	prend	a pris	prit	eut pris
nous	prenons	avons pris	prîmes	eûmes pris
vous	prenez	avez pris	prîtes	eûtes pris
ils/elles	prennent	ont pris	prirent	eurent pris

	Imparfait	Plus-que-parfait	Futur	Futur antérieur
je/j'	prenais	avais pris	prendrai	aurai pris
tu	prenais	avais pris	prendras	auras pris
il/elle	prenait	avait pris	prendra	aura pris
nous	prenions	avions pris	prendrons	aurons pris
vous	preniez	aviez pris	prendrez	aurez pris
ils/elles	prenaient	avaient pris	prendront	auront pris

SUBJONCTIF

	Présent	Passé
que je/j'	prenne	aie pris
que tu	prennes	aies pris
qu'il/elle	prenne	ait pris
que nous	prenions	ayons pris
que vous	preniez	ayez pris
qu'ils/elles	prennent	aient pris

	Imparfait	Plus-que-parfait
que je/j'	prisse	eusse pris
que tu	prisses	eusses pris
qu'il/elle	prît	eût pris
que nous	prissions	eussions pris
que vous	prissiez	eussiez pris
qu'ils/elles	prissent	eussent pris

80 CRAINDRE

INFINITIF

Présent	Passé
craindre	avoir craint

PARTICIPE

Présent	Passé
craignant	craint, e

IMPÉRATIF

Présent	Passé
crains	aie craint
craignons	ayons craint
craignez	ayez craint

CONDITIONNEL

	Présent	Passé
je/j'	craindrais	aurais craint
tu	craindrais	aurais craint
il/elle	craindrait	aurait craint
nous	craindrions	aurions craint
vous	craindriez	auriez craint
ils/elles	craindraient	auraient craint

INDICATIF

	Présent	Passé composé	Passé simple	Passé antérieur
je/j'	crains	ai craint	craignis	eus craint
tu	crains	as craint	craignis	eus craint
il/elle	craint	a craint	craignit	eut craint
nous	craignons	avons craint	craignîmes	eûmes craint
vous	craignez	avez craint	craignîtes	eûtes craint
ils/elles	craignent	ont craint	craignirent	eurent craint

	Imparfait	Plus-que-parfait	Futur	Futur antérieur
je/j'	craignais	avais craint	craindrai	aurai craint
tu	craignais	avais craint	craindras	auras craint
il/elle	craignait	avait craint	craindra	aura craint
nous	craignions	avions craint	craindrons	aurons craint
vous	craigniez	aviez craint	craindrez	aurez craint
ils/elles	craignaient	avaient craint	craindront	auront craint

SUBJONCTIF

	Présent	Passé
que je/j'	craigne	aie craint
que tu	craignes	aies craint
qu'il/elle	craigne	ait craint
que nous	craignions	ayons craint
que vous	craigniez	ayez craint
qu'ils/elles	craignent	aient craint

	Imparfait	Plus-que-parfait
que je/j'	craignisse	eusse craint
que tu	craignisses	eusses craint
qu'il/elle	craignît	eût craint
que nous	craignissions	eussions craint
que vous	craignissiez	eussiez craint
qu'ils/elles	craignissent	eussent craint

81 PEINDRE

INFINITIF

Présent	Passé
peindre	avoir peint

PARTICIPE

Présent	Passé
peignant	peint, e

IMPÉRATIF

Présent	Passé
peins	aie peint
peignons	ayons peint
peignez	ayez peint

CONDITIONNEL

	Présent	Passé
je/j'	peindrais	aurais peint
tu	peindrais	aurais peint
il/elle	peindrait	aurait peint
nous	peindrions	aurions peint
vous	peindriez	auriez peint
ils/elles	peindraient	auraient peint

INDICATIF

	Présent	Passé composé	Passé simple	Passé antérieur
je/j'	peins	ai peint	peignis	eus peint
tu	peins	as peint	peignis	eus peint
il/elle	peint	a peint	peignit	eut peint
nous	peignons	avons peint	peignîmes	eûmes peint
vous	peignez	avez peint	peignîtes	eûtes peint
ils/elles	peignent	ont peint	peignirent	eurent peint

	Imparfait	Plus-que-parfait	Futur	Futur antérieur
je/j'	peignais	avais peint	peindrai	aurai peint
tu	peignais	avais peint	peindras	auras peint
il/elle	peignait	avait peint	peindra	aura peint
nous	peignions	avions peint	peindrons	aurons peint
vous	peigniez	aviez peint	peindrez	aurez peint
ils/elles	peignaient	avaient peint	peindront	auront peint

SUBJONCTIF

	Présent	Passé
que je/j'	peigne	aie peint
que tu	peignes	aies peint
qu'il/elle	peigne	ait peint
que nous	peignions	ayons peint
que vous	peigniez	ayez peint
qu'ils/elles	peignent	aient peint

	Imparfait	Plus-que-parfait
que je/j'	peignisse	eusse peint
que tu	peignisses	eusses peint
qu'il/elle	peignît	eût peint
que nous	peignissions	eussions peint
que vous	peignissiez	eussiez peint
qu'ils/elles	peignissent	eussent peint

Conjugaisons 82 et 83

82 JOINDRE

INFINITIF

Présent	Passé
joindre	avoir joint

PARTICIPE

Présent	Passé
joignant	joint, e

IMPÉRATIF

Présent	Passé
joins	aie joint
joignons	ayons joint
joignez	ayez joint

CONDITIONNEL

	Présent	Passé
je/j'	joindrais	aurais joint
tu	joindrais	aurais joint
il/elle	joindrait	aurait joint
nous	joindrions	aurions joint
vous	joindriez	auriez joint
ils/elles	joindraient	auraient joint

INDICATIF

	Présent	Passé composé	Passé simple	Passé antérieur
je/j'	joins	ai joint	joignis	eus joint
tu	joins	as joint	joignis	eus joint
il/elle	joint	a joint	joignit	eut joint
nous	joignons	avons joint	joignîmes	eûmes joint
vous	joignez	avez joint	joignîtes	eûtes joint
ils/elles	joignent	ont joint	joignirent	eurent joint

	Imparfait	Plus-que-parfait	Futur	Futur antérieur
je/j'	joignais	avais joint	joindrai	aurai joint
tu	joignais	avais joint	joindras	auras joint
il/elle	joignait	avait joint	joindra	aura joint
nous	joignions	avions joint	joindrons	aurons joint
vous	joigniez	aviez joint	joindrez	aurez joint
ils/elles	joignaient	avaient joint	joindront	auront joint

SUBJONCTIF

	Présent	Passé
que je/j'	joigne	aie joint
que tu	joignes	aies joint
qu'il/elle	joigne	ait joint
que nous	joignions	ayons joint
que vous	joigniez	ayez joint
qu'ils/elles	joignent	aient joint

	Imparfait	Plus-que-parfait
que je/j'	joignisse	eusse joint
que tu	joignisses	eusses joint
qu'il/elle	joignît	eût joint
que nous	joignissions	eussions joint
que vous	joignissiez	eussiez joint
qu'ils/elles	joignissent	eussent joint

83 BATTRE

INFINITIF

Présent	Passé
battre	avoir battu

PARTICIPE

Présent	Passé
battant	battu, e

IMPÉRATIF

Présent	Passé
bats	aie battu
battons	ayons battu
battez	ayez battu

CONDITIONNEL

	Présent	Passé
je/j'	battrais	aurais battu
tu	battrais	aurais battu
il/elle	battrait	aurait battu
nous	battrions	aurions battu
vous	battriez	auriez battu
ils/elles	battraient	auraient battu

INDICATIF

	Présent	Passé composé	Passé simple	Passé antérieur
je/j'	bats	ai battu	battis	eus battu
tu	bats	as battu	battis	eus battu
il/elle	bat	a battu	battit	eut battu
nous	battons	avons battu	battîmes	eûmes battu
vous	battez	avez battu	battîtes	eûtes battu
ils/elles	battent	ont battu	battirent	eurent battu

	Imparfait	Plus-que-parfait	Futur	Futur antérieur
je/j'	battais	avais battu	battrai	aurai battu
tu	battais	avais battu	battras	auras battu
il/elle	battait	avait battu	battra	aura battu
nous	battions	avions battu	battrons	aurons battu
vous	battiez	aviez battu	battrez	aurez battu
ils/elles	battaient	avaient battu	battront	auront battu

SUBJONCTIF

	Présent	Passé
que je/j'	batte	aie battu
que tu	battes	aies battu
qu'il/elle	batte	ait battu
que nous	battions	ayons battu
que vous	battiez	ayez battu
qu'ils/elles	battent	aient battu

	Imparfait	Plus-que-parfait
que je/j'	battisse	eusse battu
que tu	battisses	eusses battu
qu'il/elle	battît	eût battu
que nous	battissions	eussions battu
que vous	battissiez	eussiez battu
qu'ils/elles	battissent	eussent battu

84 METTRE

INFINITIF

Présent	Passé
mettre	avoir mis

PARTICIPE

Présent	Passé
mettant	mis, e

IMPÉRATIF

Présent	Passé
mets	aie mis
mettons	ayons mis
mettez	ayez mis

CONDITIONNEL

	Présent	Passé
je/j'	mettrais	aurais mis
tu	mettrais	aurais mis
il/elle	mettrait	aurait mis
nous	mettrions	aurions mis
vous	mettriez	auriez mis
ils/elles	mettraient	auraient mis

INDICATIF

	Présent	Passé composé	Passé simple	Passé antérieur
je/j'	mets	ai mis	mis	eus mis
tu	mets	as mis	mis	eus mis
il/elle	met	a mis	mit	eut mis
nous	mettons	avons mis	mîmes	eûmes mis
vous	mettez	avez mis	mîtes	eûtes mis
ils/elles	mettent	ont mis	mirent	eurent mis

	Imparfait	Plus-que-parfait	Futur	Futur antérieur
je/j'	mettais	avais mis	mettrai	aurai mis
tu	mettais	avais mis	mettras	auras mis
il/elle	mettait	avait mis	mettra	aura mis
nous	mettions	avions mis	mettrons	aurons mis
vous	mettiez	aviez mis	mettrez	aurez mis
ils/elles	mettaient	avaient mis	mettront	auront mis

SUBJONCTIF

	Présent	Passé
que je/j'	mette	aie mis
que tu	mettes	aies mis
qu'il/elle	mette	ait mis
que nous	mettions	ayons mis
que vous	mettiez	ayez mis
qu'ils/elles	mettent	aient mis

	Imparfait	Plus-que-parfait
que je/j'	misse	eusse mis
que tu	misses	eusses mis
qu'il/elle	mît	eût mis
que nous	missions	eussions mis
que vous	missiez	eussiez mis
qu'ils/elles	missent	eussent mis

85 MOUDRE

INFINITIF

Présent	Passé
moudre	avoir moulu

PARTICIPE

Présent	Passé
moulant	moulu, e

IMPÉRATIF

Présent	Passé
mouds	aie moulu
moulons	ayons moulu
moulez	ayez moulu

CONDITIONNEL

	Présent	Passé
je/j'	moudrais	aurais moulu
tu	moudrais	aurais moulu
il/elle	moudrait	aurait moulu
nous	moudrions	aurions moulu
vous	moudriez	auriez moulu
ils/elles	moudraient	auraient moulu

INDICATIF

	Présent	Passé composé	Passé simple	Passé antérieur
je/j'	mouds	ai moulu	moulus	eus moulu
tu	mouds	as moulu	moulus	eus moulu
il/elle	moud	a moulu	moulut	eut moulu
nous	moulons	avons moulu	moulûmes	eûmes moulu
vous	moulez	avez moulu	moulûtes	eûtes moulu
ils/elles	moulent	ont moulu	moulurent	eurent moulu

	Imparfait	Plus-que-parfait	Futur	Futur antérieur
je/j'	moulais	avais moulu	moudrai	aurai moulu
tu	moulais	avais moulu	moudras	auras moulu
il/elle	moulait	avait moulu	moudra	aura moulu
nous	moulions	avions moulu	moudrons	aurons moulu
vous	mouliez	aviez moulu	moudrez	aurez moulu
ils/elles	moulaient	avaient moulu	moudront	auront moulu

SUBJONCTIF

	Présent	Passé
que je/j'	moule	aie moulu
que tu	moules	aies moulu
qu'il/elle	moule	ait moulu
que nous	moulions	ayons moulu
que vous	mouliez	ayez moulu
qu'ils/elles	moulent	aient moulu

	Imparfait	Plus-que-parfait
que je/j'	moulusse	eusse moulu
que tu	moulusses	eusses moulu
qu'il/elle	moulût	eût moulu
que nous	moulussions	eussions moulu
que vous	moulussiez	eussiez moulu
qu'ils/elles	moulussent	eussent moulu

Conjugaisons 86 et 87

86 COUDRE

INFINITIF

Présent	Passé
coudre	avoir cousu

PARTICIPE

Présent	Passé
cousant	cousu, e

IMPÉRATIF

Présent	Passé
couds	aie cousu
cousons	ayons cousu
cousez	ayez cousu

CONDITIONNEL

	Présent	Passé
j'	coudrais	aurais cousu
tu	coudrais	aurais cousu
il/elle	coudrait	aurait cousu
nous	coudrions	aurions cousu
vous	coudriez	auriez cousu
ils/elles	coudraient	auraient cousu

INDICATIF

	Présent	Passé composé	Passé simple	Passé antérieur
j'	couds	ai cousu	cousis	eus cousu
tu	couds	as cousu	cousis	eus cousu
il/elle	coud	a cousu	cousit	eut cousu
nous	cousons	avons cousu	cousîmes	eûmes cousu
vous	cousez	avez cousu	cousîtes	eûtes cousu
ils/elles	cousent	ont cousu	cousirent	eurent cousu

	Imparfait	Plus-que-parfait	Futur	Futur antérieur
j'	cousais	avais cousu	coudrai	aurai cousu
tu	cousais	avais cousu	coudras	auras cousu
il/elle	cousait	avait cousu	coudra	aura cousu
nous	cousions	avions cousu	coudrons	aurons cousu
vous	cousiez	aviez cousu	coudrez	aurez cousu
ils/elles	cousaient	avaient cousu	coudront	auront cousu

SUBJONCTIF

	Présent	Passé
que j'	couse	aie cousu
que tu	couses	aies cousu
qu'il/elle	couse	ait cousu
que nous	cousions	ayons cousu
que vous	cousiez	ayez cousu
qu'ils/elles	cousent	aient cousu

	Imparfait	Plus-que-parfait
que j'	cousisse	eusse cousu
que tu	cousisses	eusses cousu
qu'il/elle	cousît	eût cousu
que nous	cousissions	eussions cousu
que vous	cousissiez	eussiez cousu
qu'ils/elles	cousissent	eussent cousu

87 ABSOUDRE

INFINITIF

Présent	Passé
absoudre	avoir absous

PARTICIPE

Présent	Passé
absolvant	absous, absoute

IMPÉRATIF

Présent	Passé
absous	aie absous
absolvons	ayons absous
absolvez	ayez absous

CONDITIONNEL

	Présent	Passé
je/j'	absoudrais	aurais absous
tu	absoudrais	aurais absous
il/elle	absoudrait	aurait absous
nous	absoudrions	aurions absous
vous	absoudriez	auriez absous
ils/elles	absoudraient	auraient absous

INDICATIF

	Présent	Passé composé	Passé simple	Passé antérieur
je/j'	absous	ai absous	absolus	eus absous
tu	absous	as absous	absolus	eus absous
il/elle	absout	a absous	absolut	eut absous
nous	absolvons	avons absous	absolûmes	eûmes absous
vous	absolvez	avez absous	absolûtes	eûtes absous
ils/elles	absolvent	ont absous	absolurent	eurent absous

	Imparfait	Plus-que-parfait	Futur	Futur antérieur
je/j'	absolvais	avais absous	absoudrai	aurai absous
tu	absolvais	avais absous	absoudras	auras absous
il/elle	absolvait	avait absous	absoudra	aura absous
nous	absolvions	avions absous	absoudrons	aurons absous
vous	absolviez	aviez absous	absoudrez	aurez absous
ils/elles	absolvaient	avaient absous	absoudront	auront absous

SUBJONCTIF

	Présent	Passé
que je/j'	absolve	aie absous
que tu	absolves	aies absous
qu'il/elle	absolve	ait absous
que nous	absolvions	ayons absous
que vous	absolviez	ayez absous
qu'ils/elles	absolvent	aient absous

	Imparfait	Plus-que-parfait
que je/j'	absolusse	eusse absous
que tu	absolusses	eusses absous
qu'il/elle	absolût	eût absous
que nous	absolussions	eussions absous
que vous	absolussiez	eussiez absous
qu'ils/elles	absolussent	eussent absous

▸ **REMARQUE** Le passé simple et l'imparfait du subjonctif, bien qu'admis, sont rares.

88 RÉSOUDRE

INFINITIF

Présent	Passé
résoudre	avoir résolu

PARTICIPE

Présent	Passé
résolvant	résolu, e

IMPÉRATIF

Présent	Passé
résous	aie résolu
résolvons	ayons résolu
résolvez	ayez résolu

CONDITIONNEL

	Présent	Passé
je/j'	résoudrais	aurais résolu
tu	résoudrais	aurais résolu
il/elle	résoudrait	aurait résolu
nous	résoudrions	aurions résolu
vous	résoudriez	auriez résolu
ils/elles	résoudraient	auraient résolu

INDICATIF

	Présent	Passé composé	Passé simple	Passé antérieur
je/j'	résous	ai résolu	résolus	eus résolu
tu	résous	as résolu	résolus	eus résolu
il/elle	résout	a résolu	résolut	eut résolu
nous	résolvons	avons résolu	résolûmes	eûmes résolu
vous	résolvez	avez résolu	résolûtes	eûtes résolu
ils/elles	résolvent	ont résolu	résolurent	eurent résolu

	Imparfait	Plus-que-parfait	Futur	Futur antérieur
je/j'	résolvais	avais résolu	résoudrai	aurai résolu
tu	résolvais	avais résolu	résoudras	auras résolu
il/elle	résolvait	avait résolu	résoudra	aura résolu
nous	résolvions	avions résolu	résoudrons	aurons résolu
vous	résolviez	aviez résolu	résoudrez	aurez résolu
ils/elles	résolvaient	avaient résolu	résoudront	auront résolu

SUBJONCTIF

	Présent	Passé
que je/j'	résolve	aie résolu
que tu	résolves	aies résolu
qu'il/elle	résolve	ait résolu
que nous	résolvions	ayons résolu
que vous	résolviez	ayez résolu
qu'ils/elles	résolvent	aient résolu

	Imparfait	Plus-que-parfait
que je/j'	résolusse	eusse résolu
que tu	résolusses	eusses résolu
qu'il/elle	résolût	eût résolu
que nous	résolussions	eussions résolu
que vous	résolussiez	eussiez résolu
qu'ils/elles	résolussent	eussent résolu

▸ **REMARQUE** Le verbe *résoudre* a un participe passé, rarement employé, *résous, résoute* signifiant « transformé » : *un brouillard résous en pluie.*

89 SUIVRE

INFINITIF

Présent	Passé
suivre	avoir suivi

PARTICIPE

Présent	Passé
suivant	suivi, e

IMPÉRATIF

Présent	Passé
suis	aie suivi
suivons	ayons suivi
suivez	ayez suivi

CONDITIONNEL

	Présent	Passé
je/j'	suivrais	aurais suivi
tu	suivrais	aurais suivi
il/elle	suivrait	aurait suivi
nous	suivrions	aurions suivi
vous	suivriez	auriez suivi
ils/elles	suivraient	auraient suivi

INDICATIF

	Présent	Passé composé	Passé simple	Passé antérieur
je/j'	suis	ai suivi	suivis	eus suivi
tu	suis	as suivi	suivis	eus suivi
il/elle	suit	a suivi	suivit	eut suivi
nous	suivons	avons suivi	suivîmes	eûmes suivi
vous	suivez	avez suivi	suivîtes	eûtes suivi
ils/elles	suivent	ont suivi	suivirent	eurent suivi

	Imparfait	Plus-que-parfait	Futur	Futur antérieur
je/j'	suivais	avais suivi	suivrai	aurai suivi
tu	suivais	avais suivi	suivras	auras suivi
il/elle	suivait	avait suivi	suivra	aura suivi
nous	suivions	avions suivi	suivrons	aurons suivi
vous	suiviez	aviez suivi	suivrez	aurez suivi
ils/elles	suivaient	avaient suivi	suivront	auront suivi

SUBJONCTIF

	Présent	Passé
que je/j'	suive	aie suivi
que tu	suives	aies suivi
qu'il/elle	suive	ait suivi
que nous	suivions	ayons suivi
que vous	suiviez	ayez suivi
qu'ils/elles	suivent	aient suivi

	Imparfait	Plus-que-parfait
que je/j'	suivisse	eusse suivi
que tu	suivisses	eusses suivi
qu'il/elle	suivît	eût suivi
que nous	suivissions	eussions suivi
que vous	suivissiez	eussiez suivi
qu'ils/elles	suivissent	eussent suivi

Conjugaisons 90 et 91

90 VIVRE

INFINITIF

Présent	Passé
vivre	avoir vécu

PARTICIPE

Présent	Passé
vivant	vécu, e

IMPÉRATIF

Présent	Passé
vis	aie vécu
vivons	ayons vécu
vivez	ayez vécu

CONDITIONNEL

	Présent	Passé
je/j'	vivrais	aurais vécu
tu	vivrais	aurais vécu
il/elle	vivrait	aurait vécu
nous	vivrions	aurions vécu
vous	vivriez	auriez vécu
ils/elles	vivraient	auraient vécu

INDICATIF

	Présent	Passé composé	Passé simple	Passé antérieur
je/j'	vis	ai vécu	vécus	eus vécu
tu	vis	as vécu	vécus	eus vécu
il/elle	vit	a vécu	vécut	eut vécu
nous	vivons	avons vécu	vécûmes	eûmes vécu
vous	vivez	avez vécu	vécûtes	eûtes vécu
ils/elles	vivent	ont vécu	vécurent	eurent vécu

	Imparfait	Plus-que-parfait	Futur	Futur antérieur
je/j'	vivais	avais vécu	vivrai	aurai vécu
tu	vivais	avais vécu	vivras	auras vécu
il/elle	vivait	avait vécu	vivra	aura vécu
nous	vivions	avions vécu	vivrons	aurons vécu
vous	viviez	aviez vécu	vivrez	aurez vécu
ils/elles	vivaient	avaient vécu	vivront	auront vécu

SUBJONCTIF

	Présent	Passé
que je/j'	vive	aie vécu
que tu	vives	aies vécu
qu'il/elle	vive	ait vécu
que nous	vivions	ayons vécu
que vous	viviez	ayez vécu
qu'ils/elles	vivent	aient vécu

	Imparfait	Plus-que-parfait
que je/j'	vécusse	eusse vécu
que tu	vécusses	eusses vécu
qu'il/elle	vécût	eût vécu
que nous	vécussions	eussions vécu
que vous	vécussiez	eussiez vécu
qu'ils/elles	vécussent	eussent vécu

▸ **REMARQUE** *Survivre* se conjugue comme *vivre*, mais son participe passé est toujours invariable.

91 CONNAÎTRE

INFINITIF

Présent	Passé
connaître	avoir connu

PARTICIPE

Présent	Passé
connaissant	connu, e

IMPÉRATIF

Présent	Passé
connais	aie connu
connaissons	ayons connu
connaissez	ayez connu

CONDITIONNEL

	Présent	Passé
je/j'	connaîtrais	aurais connu
tu	connaîtrais	aurais connu
il/elle	connaîtrait	aurait connu
nous	connaîtrions	aurions connu
vous	connaîtriez	auriez connu
ils/elles	connaîtraient	auraient connu

INDICATIF

	Présent	Passé composé	Passé simple	Passé antérieur
je/j'	connais	ai connu	connus	eus connu
tu	connais	as connu	connus	eus connu
il/elle	connaît	a connu	connut	eut connu
nous	connaissons	avons connu	connûmes	eûmes connu
vous	connaissez	avez connu	connûtes	eûtes connu
ils/elles	connaissent	ont connu	connurent	eurent connu

	Imparfait	Plus-que-parfait	Futur	Futur antérieur
je/j'	connaissais	avais connu	connaîtrai	aurai connu
tu	connaissais	avais connu	connaîtras	auras connu
il/elle	connaissait	avait connu	connaîtra	aura connu
nous	connaissions	avions connu	connaîtrons	aurons connu
vous	connaissiez	aviez connu	connaîtrez	aurez connu
ils/elles	connaissaient	avaient connu	connaîtront	auront connu

SUBJONCTIF

	Présent	Passé
que je/j'	connaisse	aie connu
que tu	connaisses	aies connu
qu'il/elle	connaisse	ait connu
que nous	connaissions	ayons connu
que vous	connaissiez	ayez connu
qu'ils/elles	connaissent	aient connu

	Imparfait	Plus-que-parfait
que je/j'	connusse	eusse connu
que tu	connusses	eusses connu
qu'il/elle	connût	eût connu
que nous	connussions	eussions connu
que vous	connussiez	eussiez connu
qu'ils/elles	connussent	eussent connu

▸ **REMARQUE** Selon les rectifications de l'orthographe, on écrit *connaitre*, sans accent circonflexe.

92 NAÎTRE

INFINITIF

Présent	Passé
naître	être né

IMPÉRATIF

Présent	Passé
nais	sois né(e)
naissons	soyons né(e)s
naissez	soyez né(e)s

CONDITIONNEL

	Présent	Passé
je	naîtrais	serais né(e)
tu	naîtrais	serais né(e)
il/elle	naîtrait	serait né(e)
nous	naîtrions	serions né(e)s
vous	naîtriez	seriez né(e)s
ils/elles	naîtraient	seraient né(e)s

PARTICIPE

Présent	Passé
naissant	né, e

INDICATIF

	Présent	Passé composé	Passé simple	Passé antérieur
je	nais	suis né(e)	naquis	fus né(e)
tu	nais	es né(e)	naquis	fus né(e)
il/elle	naît	est né(e)	naquit	fut né(e)
nous	naissons	sommes né(e)s	naquîmes	fûmes né(e)s
vous	naissez	êtes né(e)s	naquîtes	fûtes né(e)s
ils/elles	naissent	sont né(e)s	naquirent	furent né(e)s

	Imparfait	Plus-que-parfait	Futur	Futur antérieur
je/j'	naissais	étais né(e)	naîtrai	serai né(e)
tu	naissais	étais né(e)	naîtras	seras né(e)
il/elle	naissait	était né(e)	naîtra	sera né(e)
nous	naissions	étions né(e)s	naîtrons	serons né(e)s
vous	naissiez	étiez né(e)s	naîtrez	serez né(e)s
ils/elles	naissaient	étaient né(e)s	naîtront	seront né(e)s

SUBJONCTIF

	Présent	Passé
que je	naisse	sois né(e)
que tu	naisses	sois né(e)
qu'il/elle	naisse	soit né(e)
que nous	naissions	soyons né(e)s
que vous	naissiez	soyez né(e)s
qu'ils/elles	naissent	soient né(e)s

	Imparfait	Plus-que-parfait
que je	naquisse	fusse né(e)
que tu	naquisses	fusses né(e)
qu'il/elle	naquît	fût né(e)
que nous	naquissions	fussions né(e)s
que vous	naquissiez	fussiez né(e)s
qu'ils/elles	naquissent	fussent né(e)s

▶ **REMARQUE** Selon les rectifications de l'orthographe, on écrit *naitre*, sans accent circonflexe.

93 CROÎTRE

INFINITIF

Présent	Passé
croître	avoir crû

IMPÉRATIF

Présent	Passé
croîs	aie crû
croissons	ayons crû
croissez	ayez crû

CONDITIONNEL

	Présent	Passé
je/j'	croîtrais	aurais crû
tu	croîtrais	aurais crû
il/elle	croîtrait	aurait crû
nous	croîtrions	aurions crû
vous	croîtriez	auriez crû
ils/elles	croîtraient	auraient crû

PARTICIPE

Présent	Passé
croissant	crû, crue, crus, crues

INDICATIF

	Présent	Passé composé	Passé simple	Passé antérieur
je/j'	croîs	ai crû	crûs	eus crû
tu	croîs	as crû	crûs	eus crû
il/elle	croît	a crû	crût	eut crû
nous	croissons	avons crû	crûmes	eûmes crû
vous	croissez	avez crû	crûtes	eûtes crû
ils/elles	croissent	ont crû	crûrent	eurent crû

	Imparfait	Plus-que-parfait	Futur	Futur antérieur
je/j'	croissais	avais crû	croîtrai	aurai crû
tu	croissais	avais crû	croîtras	auras crû
il/elle	croissait	avait crû	croîtra	aura crû
nous	croissions	avions crû	croîtrons	aurons crû
vous	croissiez	aviez crû	croîtrez	aurez crû
ils/elles	croissaient	avaient crû	croîtront	auront crû

SUBJONCTIF

	Présent	Passé
que je/j'	croisse	aie crû
que tu	croisses	aies crû
qu'il/elle	croisse	ait crû
que nous	croissions	ayons crû
que vous	croissiez	ayez crû
qu'ils/elles	croissent	aient crû

	Imparfait	Plus-que-parfait
que je/j'	crûsse	eusse crû
que tu	crûsses	eusses crû
qu'il/elle	crût	eût crû
que nous	crûssions	eussions crû
que vous	crûssiez	eussiez crû
qu'ils/elles	crûssent	eussent crû

▶ **REMARQUE** Selon les rectifications de l'orthographe, on écrit *croitre*, sans accent circonflexe.

Conjugaisons 94 et 95

94 ACCROÎTRE

INFINITIF

Présent	Passé
accroître	avoir accru

PARTICIPE

Présent	Passé
accroissant	accru, e

IMPÉRATIF

Présent	Passé
accrois	aie accru
accroissons	ayons accru
accroissez	ayez accru

CONDITIONNEL

	Présent	Passé
j'	accroîtrais	aurais accru
tu	accroîtrais	aurais accru
il/elle	accroîtrait	aurait accru
nous	accroîtrions	aurions accru
vous	accroîtriez	auriez accru
ils/elles	accroîtraient	auraient accru

INDICATIF

	Présent	Passé composé	Passé simple	Passé antérieur
j'	accrois	ai accru	accrus	eus accru
tu	accrois	as accru	accrus	eus accru
il/elle	accroît	a accru	accrut	eut accru
nous	accroissons	avons accru	accrûmes	eûmes accru
vous	accroissez	avez accru	accrûtes	eûtes accru
ils/elles	accroissent	ont accru	accrurent	eurent accru

	Imparfait	Plus-que-parfait	Futur	Futur antérieur
j'	accroissais	avais accru	accroîtrai	aurai accru
tu	accroissais	avais accru	accroîtras	auras accru
il/elle	accroissait	avait accru	accroîtra	aura accru
nous	accroissions	avions accru	accroîtrons	aurons accru
vous	accroissiez	aviez accru	accroîtrez	aurez accru
ils/elles	accroissaient	avaient accru	accroîtront	auront accru

SUBJONCTIF

	Présent	Passé
que j'	accroisse	aie accru
que tu	accroisses	aies accru
qu'il/elle	accroisse	ait accru
que nous	accroissions	ayons accru
que vous	accroissiez	ayez accru
qu'ils/elles	accroissent	aient accru

	Imparfait	Plus-que-parfait
que j'	accrusse	eusse accru
que tu	accrusses	eusses accru
qu'il/elle	accrût	eût accru
que nous	accrussions	eussions accru
que vous	accrussiez	eussiez accru
qu'ils/elles	accrussent	eussent accru

▶ **REMARQUE** Selon les rectifications de l'orthographe, on écrit *accroitre*, sans accent circonflexe. Le verbe *recroître* se conjugue comme **accroître**, mais son participe passé est *recrû, recrue, recrus, recrues*.

95 RIRE

INFINITIF

Présent	Passé
rire	avoir ri

PARTICIPE

Présent	Passé
riant	ri

IMPÉRATIF

Présent	Passé
ris	aie ri
rions	ayons ri
riez	ayez ri

CONDITIONNEL

	Présent	Passé
je/j'	rirais	aurais ri
tu	rirais	aurais ri
il/elle	rirait	aurait ri
nous	ririons	aurions ri
vous	ririez	auriez ri
ils/elles	riraient	auraient ri

INDICATIF

	Présent	Passé composé	Passé simple	Passé antérieur
je/j'	ris	ai ri	ris	eus ri
tu	ris	as ri	ris	eus ri
il/elle	rit	a ri	rit	eut ri
nous	rions	avons ri	rîmes	eûmes ri
vous	riez	avez ri	rîtes	eûtes ri
ils/elles	rient	ont ri	rirent	eurent ri

	Imparfait	Plus-que-parfait	Futur	Futur antérieur
je/j'	riais	avais ri	rirai	aurai ri
tu	riais	avais ri	riras	auras ri
il/elle	riait	avait ri	rira	aura ri
nous	riions	avions ri	rirons	aurons ri
vous	riiez	aviez ri	rirez	aurez ri
ils/elles	riaient	avaient ri	riront	auront ri

SUBJONCTIF

	Présent	Passé
que je/j'	rie	aie ri
que tu	ries	aies ri
qu'il/elle	rie	ait ri
que nous	riions	ayons ri
que vous	riiez	ayez ri
qu'ils/elles	rient	aient ri

	Imparfait	Plus-que-parfait
que je/j'	risse	eusse ri
que tu	risses	eusses ri
qu'il/elle	rît	eût ri
que nous	rissions	eussions ri
que vous	rissiez	eussiez ri
qu'ils/elles	rissent	eussent ri

96 CONCLURE

INFINITIF

Présent	Passé
conclure	avoir conclu

PARTICIPE

Présent	Passé
concluant	conclu, e

IMPÉRATIF

Présent	Passé
conclus	aie conclu
concluons	ayons conclu
concluez	ayez conclu

CONDITIONNEL

	Présent	Passé
je/j'	conclurais	aurais conclu
tu	conclurais	aurais conclu
il/elle	conclurait	aurait conclu
nous	conclurions	aurions conclu
vous	concluriez	auriez conclu
ils/elles	concluraient	auraient conclu

INDICATIF

	Présent	Passé composé	Passé simple	Passé antérieur
je/j'	conclus	ai conclu	conclus	eus conclu
tu	conclus	as conclu	conclus	eus conclu
il/elle	conclut	a conclu	conclut	eut conclu
nous	concluons	avons conclu	conclûmes	eûmes conclu
vous	concluez	avez conclu	conclûtes	eûtes conclu
ils/elles	concluent	ont conclu	conclurent	eurent conclu

	Imparfait	Plus-que-parfait	Futur	Futur antérieur
je/j'	concluais	avais conclu	conclurai	aurai conclu
tu	concluais	avais conclu	concluras	auras conclu
il/elle	concluait	avait conclu	conclura	aura conclu
nous	concluions	avions conclu	conclurons	aurons conclu
vous	concluiez	aviez conclu	conclurez	aurez conclu
ils/elles	concluaient	avaient conclu	concluront	auront conclu

SUBJONCTIF

	Présent	Passé
que je/j'	conclue	aie conclu
que tu	conclues	aies conclu
qu'il/elle	conclue	ait conclu
que nous	concluions	ayons conclu
que vous	concluiez	ayez conclu
qu'ils/elles	concluent	aient conclu

	Imparfait	Plus-que-parfait
que je/j'	conclusse	eusse conclu
que tu	conclusses	eusses conclu
qu'il/elle	conclût	eût conclu
que nous	conclussions	eussions conclu
que vous	conclussiez	eussiez conclu
qu'ils/elles	conclussent	eussent conclu

▸ **REMARQUE** Les verbes *inclure, occlure* et *reclure* se conjuguent comme **conclure**, mais leurs participes passés sont *inclus, incluse ; occlus, occluse ; reclus, recluse.*

97 NUIRE

INFINITIF

Présent	Passé
nuire	avoir nui

PARTICIPE

Présent	Passé
nuisant	nui

IMPÉRATIF

Présent	Passé
nuis	aie nui
nuisons	ayons nui
nuisez	ayez nui

CONDITIONNEL

	Présent	Passé
je/j'	nuirais	aurais nui
tu	nuirais	aurais nui
il/elle	nuirait	aurait nui
nous	nuirions	aurions nui
vous	nuiriez	auriez nui
ils/elles	nuiraient	auraient nui

INDICATIF

	Présent	Passé composé	Passé simple	Passé antérieur
je/j'	nuis	ai nui	nuisis	eus nui
tu	nuis	as nui	nuisis	eus nui
il/elle	nuit	a nui	nuisit	eut nui
nous	nuisons	avons nui	nuisîmes	eûmes nui
vous	nuisez	avez nui	nuisîtes	eûtes nui
ils/elles	nuisent	ont nui	nuisirent	eurent nui

	Imparfait	Plus-que-parfait	Futur	Futur antérieur
je/j'	nuisais	avais nui	nuirai	aurai nui
tu	nuisais	avais nui	nuiras	auras nui
il/elle	nuisait	avait nui	nuira	aura nui
nous	nuisions	avions nui	nuirons	aurons nui
vous	nuisiez	aviez nui	nuirez	aurez nui
ils/elles	nuisaient	avaient nui	nuiront	auront nui

SUBJONCTIF

	Présent	Passé
que je/j'	nuise	aie nui
que tu	nuises	aies nui
qu'il/elle	nuise	ait nui
que nous	nuisions	ayons nui
que vous	nuisiez	ayez nui
qu'ils/elles	nuisent	aient nui

	Imparfait	Plus-que-parfait
que je/j'	nuisisse	eusse nui
que tu	nuisisses	eusses nui
qu'il/elle	nuisît	eût nui
que nous	nuisissions	eussions nui
que vous	nuisissiez	eussiez nui
qu'ils/elles	nuisissent	eussent nui

▸ **REMARQUE** Les verbes *luire* et *reluire* ont aussi une autre forme de passé simple : *je luis, je reluis*, etc.

98 CONDUIRE

INFINITIF

Présent	Passé
conduire	avoir conduit

PARTICIPE

Présent	Passé
conduisant	conduit, e

IMPÉRATIF

Présent	Passé
conduis	aie conduit
conduisons	ayons conduit
conduisez	ayez conduit

CONDITIONNEL

	Présent	Passé
je/j'	conduirais	aurais conduit
tu	conduirais	aurais conduit
il/elle	conduirait	aurait conduit
nous	conduirions	aurions conduit
vous	conduiriez	auriez conduit
ils/elles	conduiraient	auraient conduit

INDICATIF

	Présent	Passé composé	Passé simple	Passé antérieur
je/j'	conduis	ai conduit	conduisis	eus conduit
tu	conduis	as conduit	conduisis	eus conduit
il/elle	conduit	a conduit	conduisit	eut conduit
nous	conduisons	avons conduit	conduisîmes	eûmes conduit
vous	conduisez	avez conduit	conduisîtes	eûtes conduit
ils/elles	conduisent	ont conduit	conduisirent	eurent conduit

	Imparfait	Plus-que-parfait	Futur	Futur antérieur
je/j'	conduisais	avais conduit	conduirai	aurai conduit
tu	conduisais	avais conduit	conduiras	auras conduit
il/elle	conduisait	avait conduit	conduira	aura conduit
nous	conduisions	avions conduit	conduirons	aurons conduit
vous	conduisiez	aviez conduit	conduirez	aurez conduit
ils/elles	conduisaient	avaient conduit	conduiront	auront conduit

SUBJONCTIF

	Présent	Passé
que je/j'	conduise	aie conduit
que tu	conduises	aies conduit
qu'il/elle	conduise	ait conduit
que nous	conduisions	ayons conduit
que vous	conduisiez	ayez conduit
qu'ils/elles	conduisent	aient conduit

	Imparfait	Plus-que-parfait
que je/j'	conduisisse	eusse conduit
que tu	conduisisses	eusses conduit
qu'il/elle	conduisît	eût conduit
que nous	conduisissions	eussions conduit
que vous	conduisissiez	eussiez conduit
qu'ils/elles	conduisissent	eussent conduit

99 ÉCRIRE

INFINITIF

Présent	Passé
écrire	avoir écrit

PARTICIPE

Présent	Passé
écrivant	écrit, e

IMPÉRATIF

Présent	Passé
écris	aie écrit
écrivons	ayons écrit
écrivez	ayez écrit

CONDITIONNEL

	Présent	Passé
j'	écrirais	aurais écrit
tu	écrirais	aurais écrit
il/elle	écrirait	aurait écrit
nous	écririons	aurions écrit
vous	écririez	auriez écrit
ils/elles	écriraient	auraient écrit

INDICATIF

	Présent	Passé composé	Passé simple	Passé antérieur
j'	écris	ai écrit	écrivis	eus écrit
tu	écris	as écrit	écrivis	eus écrit
il/elle	écrit	a écrit	écrivit	eut écrit
nous	écrivons	avons écrit	écrivîmes	eûmes écrit
vous	écrivez	avez écrit	écrivîtes	eûtes écrit
ils/elles	écrivent	ont écrit	écrivirent	eurent écrit

	Imparfait	Plus-que-parfait	Futur	Futur antérieur
j'	écrivais	avais écrit	écrirai	aurai écrit
tu	écrivais	avais écrit	écriras	auras écrit
il/elle	écrivait	avait écrit	écrira	aura écrit
nous	écrivions	avions écrit	écrirons	aurons écrit
vous	écriviez	aviez écrit	écrirez	aurez écrit
ils/elles	écrivaient	avaient écrit	écriront	auront écrit

SUBJONCTIF

	Présent	Passé
que j'	écrive	aie écrit
que tu	écrives	aies écrit
qu'il/elle	écrive	ait écrit
que nous	écrivions	ayons écrit
que vous	écriviez	ayez écrit
qu'ils/elles	écrivent	aient écrit

	Imparfait	Plus-que-parfait
que j'	écrivisse	eusse écrit
que tu	écrivisses	eusses écrit
qu'il/elle	écrivît	eût écrit
que nous	écrivissions	eussions écrit
que vous	écrivissiez	eussiez écrit
qu'ils/elles	écrivissent	eussent écrit

100 SUFFIRE

INFINITIF

Présent	Passé
suffire	avoir suffi

IMPÉRATIF

Présent	Passé
suffis	aie suffi
suffisons	ayons suffi
suffisez	ayez suffi

CONDITIONNEL

	Présent	Passé
je/j'	suffirais	aurais suffi
tu	suffirais	aurais suffi
il/elle	suffirait	aurait suffi
nous	suffirions	aurions suffi
vous	suffiriez	auriez suffi
ils/elles	suffiraient	auraient suffi

PARTICIPE

Présent	Passé
suffisant	suffi

INDICATIF

	Présent	Passé composé	Passé simple	Passé antérieur
je/j'	suffis	ai suffi	suffis	eus suffi
tu	suffis	as suffi	suffis	eus suffi
il/elle	suffit	a suffi	suffit	eut suffi
nous	suffisons	avons suffi	suffîmes	eûmes suffi
vous	suffisez	avez suffi	suffîtes	eûtes suffi
ils/elles	suffisent	ont suffi	suffirent	eurent suffi

	Imparfait	Plus-que-parfait	Futur	Futur antérieur
je/j'	suffisais	avais suffi	suffirai	aurai suffi
tu	suffisais	avais suffi	suffiras	auras suffi
il/elle	suffisait	avait suffi	suffira	aura suffi
nous	suffisions	avions suffi	suffirons	aurons suffi
vous	suffisiez	aviez suffi	suffirez	aurez suffi
ils/elles	suffisaient	avaient suffi	suffiront	auront suffi

SUBJONCTIF

	Présent	Passé
que je/j'	suffise	aie suffi
que tu	suffises	aies suffi
qu'il/elle	suffise	ait suffi
que nous	suffisions	ayons suffi
que vous	suffisiez	ayez suffi
qu'ils/elles	suffisent	aient suffi

	Imparfait	Plus-que-parfait
que je/j'	suffisse	eusse suffi
que tu	suffisses	eusses suffi
qu'il/elle	suffît	eût suffi
que nous	suffissions	eussions suffi
que vous	suffissiez	eussiez suffi
qu'ils/elles	suffissent	eussent suffi

101 CONFIRE

INFINITIF

Présent	Passé
confire	avoir confit

IMPÉRATIF

Présent	Passé
confis	aie confit
confisons	ayons confit
confisez	ayez confit

CONDITIONNEL

	Présent	Passé
je/j'	confirais	aurais confit
tu	confirais	aurais confit
il/elle	confirait	aurait confit
nous	confirions	aurions confit
vous	confiriez	auriez confit
ils/elles	confiraient	auraient confit

PARTICIPE

Présent	Passé
confisant	confit, e

INDICATIF

	Présent	Passé composé	Passé simple	Passé antérieur
je/j'	confis	ai confit	confis	eus confit
tu	confis	as confit	confis	eus confit
il/elle	confit	a confit	confit	eut confit
nous	confisons	avons confit	confîmes	eûmes confit
vous	confisez	avez confit	confîtes	eûtes confit
ils/elles	confisent	ont confit	confirent	eurent confit

	Imparfait	Plus-que-parfait	Futur	Futur antérieur
je/j'	confisais	avais confit	confirai	aurai confit
tu	confisais	avais confit	confiras	auras confit
il/elle	confisait	avait confit	confira	aura confit
nous	confisions	avions confit	confirons	aurons confit
vous	confisiez	aviez confit	confirez	aurez confit
ils/elles	confisaient	avaient confit	confiront	auront confit

SUBJONCTIF

	Présent	Passé
que je/j'	confise	aie confit
que tu	confises	aies confit
qu'il/elle	confise	ait confit
que nous	confisions	ayons confit
que vous	confisiez	ayez confit
qu'ils/elles	confisent	aient confit

	Imparfait	Plus-que-parfait
que je/j'	confisse	eusse confit
que tu	confisses	eusses confit
qu'il/elle	confît	eût confit
que nous	confissions	eussions confit
que vous	confissiez	eussiez confit
qu'ils/elles	confissent	eussent confit

▸ **REMARQUE** Le verbe *circoncire* se conjugue comme **confire,** mais son participe passé est *circoncis, circoncise.*

Conjugaisons 102 et 103

102 DIRE

INFINITIF

Présent	Passé
dire	avoir dit

PARTICIPE

Présent	Passé
disant	dit, e

IMPÉRATIF

Présent	Passé
dis	aie dit
disons	ayons dit
dites	ayez dit

CONDITIONNEL

	Présent	Passé
je/j'	dirais	aurais dit
tu	dirais	aurais dit
il/elle	dirait	aurait dit
nous	dirions	aurions dit
vous	diriez	auriez dit
ils/elles	diraient	auraient dit

INDICATIF

	Présent	Passé composé	Passé simple	Passé antérieur
je/j'	dis	ai dit	dis	eus dit
tu	dis	as dit	dis	eus dit
il/elle	dit	a dit	dit	eut dit
nous	disons	avons dit	dîmes	eûmes dit
vous	dites	avez dit	dîtes	eûtes dit
ils/elles	disent	ont dit	dirent	eurent dit

	Imparfait	Plus-que-parfait	Futur	Futur antérieur
je/j'	disais	avais dit	dirai	aurai dit
tu	disais	avais dit	diras	auras dit
il/elle	disait	avait dit	dira	aura dit
nous	disions	avions dit	dirons	aurons dit
vous	disiez	aviez dit	direz	aurez dit
ils/elles	disaient	avaient dit	diront	auront dit

SUBJONCTIF

	Présent	Passé
que je/j'	dise	aie dit
que tu	dises	aies dit
qu'il/elle	dise	ait dit
que nous	disions	ayons dit
que vous	disiez	ayez dit
qu'ils/elles	disent	aient dit

	Imparfait	Plus-que-parfait
que je/j'	disse	eusse dit
que tu	disses	eusses dit
qu'il/elle	dît	eût dit
que nous	dissions	eussions dit
que vous	dissiez	eussiez dit
qu'ils/elles	dissent	eussent dit

103 CONTREDIRE

INFINITIF

Présent	Passé
contredire	avoir contredit

PARTICIPE

Présent	Passé
contredisant	contredit, e

IMPÉRATIF

Présent	Passé
contredis	aie contredit
contredisons	ayons contredit
contredisez	ayez contredit

CONDITIONNEL

	Présent	Passé
je/j'	contredirais	aurais contredit
tu	contredirais	aurais contredit
il/elle	contredirait	aurait contredit
nous	contredirions	aurions contredit
vous	contrediriez	auriez contredit
ils/elles	contrediraient	auraient contredit

INDICATIF

	Présent	Passé composé	Passé simple	Passé antérieur
je/j'	contredis	ai contredit	contredis	eus contredit
tu	contredis	as contredit	contredis	eus contredit
il/elle	contredit	a contredit	contredit	eut contredit
nous	contredisons	avons contredit	contredîmes	eûmes contredit
vous	contredisez	avez contredit	contredîtes	eûtes contredit
ils/elles	contredisent	ont contredit	contredirent	eurent contredit

	Imparfait	Plus-que-parfait	Futur	Futur antérieur
je/j'	contredisais	avais contredit	contredirai	aurai contredit
tu	contredisais	avais contredit	contrediras	auras contredit
il/elle	contredisait	avait contredit	contredira	aura contredit
nous	contredisions	avions contredit	contredirons	aurons contredit
vous	contredisiez	aviez contredit	contredirez	aurez contredit
ils/elles	contredisaient	avaient contredit	contrediront	auront contredit

SUBJONCTIF

	Présent	Passé
que je/j'	contredise	aie contredit
que tu	contredises	aies contredit
qu'il/elle	contredise	ait contredit
que nous	contredisions	ayons contredit
que vous	contredisiez	ayez contredit
qu'ils/elles	contredisent	aient contredit

	Imparfait	Plus-que-parfait
que je/j'	contredisse	eusse contredit
que tu	contredisses	eusses contredit
qu'il/elle	contredît	eût contredit
que nous	contredissions	eussions contredit
que vous	contredissiez	eussiez contredit
qu'ils/elles	contredissent	eussent contredit

104 MAUDIRE

INFINITIF

Présent	Passé
maudire	avoir maudit

IMPÉRATIF

Présent	Passé
maudis	aie maudit
maudissons	ayons maudit
maudissez	ayez maudit

CONDITIONNEL

	Présent	Passé
je/j'	maudirais	aurais maudit
tu	maudirais	aurais maudit
il/elle	maudirait	aurait maudit
nous	maudirions	aurions maudit
vous	maudiriez	auriez maudit
ils/elles	maudiraient	auraient maudit

PARTICIPE

Présent	Passé
maudissant	maudit, e

INDICATIF

	Présent	Passé composé	Passé simple	Passé antérieur
je/j'	maudis	ai maudit	maudis	eus maudit
tu	maudis	as maudit	maudis	eus maudit
il/elle	maudit	a maudit	maudit	eut maudit
nous	maudissons	avons maudit	maudîmes	eûmes maudit
vous	maudissez	avez maudit	maudîtes	eûtes maudit
ils/elles	maudissent	ont maudit	maudirent	eurent maudit

	Imparfait	Plus-que-parfait	Futur	Futur antérieur
je/j'	maudissais	avais maudit	maudirai	aurai maudit
tu	maudissais	avais maudit	maudiras	auras maudit
il/elle	maudissait	avait maudit	maudira	aura maudit
nous	maudissions	avions maudit	maudirons	aurons maudit
vous	maudissiez	aviez maudit	maudirez	aurez maudit
ils/elles	maudissaient	avaient maudit	maudiront	auront maudit

SUBJONCTIF

	Présent	Passé
que je/j'	maudisse	aie maudit
que tu	maudisses	aies maudit
qu'il/elle	maudisse	ait maudit
que nous	maudissions	ayons maudit
que vous	maudissiez	ayez maudit
qu'ils/elles	maudissent	aient maudit

	Imparfait	Plus-que-parfait
que je/j'	maudisse	eusse maudit
que tu	maudisses	eusses maudit
qu'il/elle	maudît	eût maudit
que nous	maudissions	eussions maudit
que vous	maudissiez	eussiez maudit
qu'ils/elles	maudissent	eussent maudit

105 BRUIRE

INFINITIF

Présent	Passé
bruire	avoir bruit

IMPÉRATIF

Présent	Passé
inusité	*inusité*
inusité	*inusité*
inusité	*inusité*

CONDITIONNEL

	Présent	Passé
je/j'	bruirais	aurais bruit
tu	bruirais	aurais bruit
il/elle	bruirait	aurait bruit
nous	bruirions	aurions bruit
vous	bruiriez	auriez bruit
ils/elles	bruiraient	auraient bruit

PARTICIPE

Présent	Passé
inusité	bruit

INDICATIF

	Présent	Passé composé	Passé simple	Passé antérieur
je/j'	bruis	ai bruit	*inusité*	*inusité*
tu	bruis	as bruit	*inusité*	*inusité*
il/elle	bruit	a bruit	*inusité*	*inusité*
nous	*inusité*	avons bruit	*inusité*	*inusité*
vous	*inusité*	avez bruit	*inusité*	*inusité*
ils/elles	*inusité*	ont bruit	*inusité*	*inusité*

	Imparfait	Plus-que-parfait	Futur	Futur antérieur
je/j'	bruyais	avais bruit	bruirai	aurai bruit
tu	bruyais	avais bruit	bruiras	auras bruit
il/elle	bruyait	avait bruit	bruira	aura bruit
nous	bruyions	avions bruit	bruirons	aurons bruit
vous	bruyiez	aviez bruit	bruirez	aurez bruit
ils/elles	bruyaient	avaient bruit	bruiront	auront bruit

SUBJONCTIF

	Présent	Passé
que j'	*inusité*	aie bruit
que tu	*inusité*	aies bruit
qu'il/elle	*inusité*	ait bruit
que nous	*inusité*	ayons bruit
que vous	*inusité*	ayez bruit
qu'ils/elles	*inusité*	aient bruit

	Imparfait	Plus-que-parfait
que je/j'	*inusité*	*inusité*
que tu	*inusité*	*inusité*
qu'il/elle	*inusité*	*inusité*
que nous	*inusité*	*inusité*
que vous	*inusité*	*inusité*
qu'ils/elles	*inusité*	*inusité*

▸ **REMARQUE** Le verbe *bruire* ne connaît que les formes de l'indicatif présent, imparfait, futur, et les formes du conditionnel ; *bruisser*, qui se conjugue comme **chanter,** tend de plus en plus à supplanter *bruire*, en particulier dans ses formes défectives.

CONJUGAISONS

Conjugaisons 106 et 107

106 LIRE

INFINITIF

Présent	Passé
lire	avoir lu

PARTICIPE

Présent	Passé
lisant	lu, e

IMPÉRATIF

Présent	Passé
lis	aie lu
lisons	ayons lu
lisez	ayez lu

CONDITIONNEL

	Présent	Passé
je/j'	lirais	aurais lu
tu	lirais	aurais lu
il/elle	lirait	aurait lu
nous	lirions	aurions lu
vous	liriez	auriez lu
ils/elles	liraient	auraient lu

INDICATIF

	Présent	Passé composé	Passé simple	Passé antérieur
je/j'	lis	ai lu	lus	eus lu
tu	lis	as lu	lus	eus lu
il/elle	lit	a lu	lut	eut lu
nous	lisons	avons lu	lûmes	eûmes lu
vous	lisez	avez lu	lûtes	eûtes lu
ils/elles	lisent	ont lu	lurent	eurent lu

	Imparfait	Plus-que-parfait	Futur	Futur antérieur
je/j'	lisais	avais lu	lirai	aurai lu
tu	lisais	avais lu	liras	auras lu
il/elle	lisait	avait lu	lira	aura lu
nous	lisions	avions lu	lirons	aurons lu
vous	lisiez	aviez lu	lirez	aurez lu
ils/elles	lisaient	avaient lu	liront	auront lu

SUBJONCTIF

	Présent	Passé
que je/j'	lise	aie lu
que tu	lises	aies lu
qu'il/elle	lise	ait lu
que nous	lisions	ayons lu
que vous	lisiez	ayez lu
qu'ils/elles	lisent	aient lu

	Imparfait	Plus-que-parfait
que je/j'	lusse	eusse lu
que tu	lusses	eusses lu
qu'il/elle	lût	eût lu
que nous	lussions	eussions lu
que vous	lussiez	eussiez lu
qu'ils/elles	lussent	eussent lu

107 CROIRE

INFINITIF

Présent	Passé
croire	avoir cru

PARTICIPE

Présent	Passé
croyant	cru, e

IMPÉRATIF

Présent	Passé
crois	aie cru
croyons	ayons cru
croyez	ayez cru

CONDITIONNEL

	Présent	Passé
je/j'	croirais	aurais cru
tu	croirais	aurais cru
il/elle	croirait	aurait cru
nous	croirions	aurions cru
vous	croiriez	auriez cru
ils/elles	croiraient	auraient cru

INDICATIF

	Présent	Passé composé	Passé simple	Passé antérieur
je/j'	crois	ai cru	crus	eus cru
tu	crois	as cru	crus	eus cru
il/elle	croit	a cru	crut	eut cru
nous	croyons	avons cru	crûmes	eûmes cru
vous	croyez	avez cru	crûtes	eûtes cru
ils/elles	croient	ont cru	crurent	eurent cru

	Imparfait	Plus-que-parfait	Futur	Futur antérieur
je/j'	croyais	avais cru	croirai	aurai cru
tu	croyais	avais cru	croiras	auras cru
il/elle	croyait	avait cru	croira	aura cru
nous	croyions	avions cru	croirons	aurons cru
vous	croyiez	aviez cru	croirez	aurez cru
ils/elles	croyaient	avaient cru	croiront	auront cru

SUBJONCTIF

	Présent	Passé
que je/j'	croie	aie cru
que tu	croies	aies cru
qu'il/elle	croie	ait cru
que nous	croyions	ayons cru
que vous	croyiez	ayez cru
qu'ils/elles	croient	aient cru

	Imparfait	Plus-que-parfait
que je/j'	crusse	eusse cru
que tu	crusses	eusses cru
qu'il/elle	crût	eût cru
que nous	crussions	eussions cru
que vous	crussiez	eussiez cru
qu'ils/elles	crussent	eussent cru

108 BOIRE

INFINITIF

Présent	Passé
boire	avoir bu

IMPÉRATIF

Présent	Passé
bois	aie bu
buvons	ayons bu
buvez	ayez bu

CONDITIONNEL

	Présent	Passé
je/j'	boirais	aurais bu
tu	boirais	aurais bu
il/elle	boirait	aurait bu
nous	boirions	aurions bu
vous	boiriez	auriez bu
ils/elles	boiraient	auraient bu

PARTICIPE

Présent	Passé
buvant	bu, e

INDICATIF

	Présent	Passé composé	Passé simple	Passé antérieur
je/j'	bois	ai bu	bus	eus bu
tu	bois	as bu	bus	eus bu
il/elle	boit	a bu	but	eut bu
nous	buvons	avons bu	bûmes	eûmes bu
vous	buvez	avez bu	bûtes	eûtes bu
ils/elles	boivent	ont bu	burent	eurent bu

	Imparfait	Plus-que-parfait	Futur	Futur antérieur
je/j'	buvais	avais bu	boirai	aurai bu
tu	buvais	avais bu	boiras	auras bu
il/elle	buvait	avait bu	boira	aura bu
nous	buvions	avions bu	boirons	aurons bu
vous	buviez	aviez bu	boirez	aurez bu
ils/elles	buvaient	avaient bu	boiront	auront bu

SUBJONCTIF

	Présent	Passé
que je/j'	boive	aie bu
que tu	boives	aies bu
qu'il/elle	boive	ait bu
que nous	buvions	ayons bu
que vous	buviez	ayez bu
qu'ils/elles	boivent	aient bu

	Imparfait	Plus-que-parfait
que je/j'	busse	eusse bu
que tu	busses	eusses bu
qu'il/elle	bût	eût bu
que nous	bussions	eussions bu
que vous	bussiez	eussiez bu
qu'ils/elles	bussent	eussent bu

109 FAIRE

INFINITIF

Présent	Passé
faire	avoir fait

IMPÉRATIF

Présent	Passé
fais	aie fait
faisons	ayons fait
faites	ayez fait

CONDITIONNEL

	Présent	Passé
je/j'	ferais	aurais fait
tu	ferais	aurais fait
il/elle	ferait	aurait fait
nous	ferions	aurions fait
vous	feriez	auriez fait
ils/elles	feraient	auraient fait

PARTICIPE

Présent	Passé
faisant	fait, e

INDICATIF

	Présent	Passé composé	Passé simple	Passé antérieur
je/j'	fais	ai fait	fis	eus fait
tu	fais	as fait	fis	eus fait
il/elle	fait	a fait	fit	eut fait
nous	faisons	avons fait	fîmes	eûmes fait
vous	faites	avez fait	fîtes	eûtes fait
ils/elles	font	ont fait	firent	eurent fait

	Imparfait	Plus-que-parfait	Futur	Futur antérieur
je/j'	faisais	avais fait	ferai	aurai fait
tu	faisais	avais fait	feras	auras fait
il/elle	faisait	avait fait	fera	aura fait
nous	faisions	avions fait	ferons	aurons fait
vous	faisiez	aviez fait	ferez	aurez fait
ils/elles	faisaient	avaient fait	feront	auront fait

SUBJONCTIF

	Présent	Passé
que je/j'	fasse	aie fait
que tu	fasses	aies fait
qu'il/elle	fasse	ait fait
que nous	fassions	ayons fait
que vous	fassiez	ayez fait
qu'ils/elles	fassent	aient fait

	Imparfait	Plus-que-parfait
que je/j'	fisse	eusse fait
que tu	fisses	eusses fait
qu'il/elle	fît	eût fait
que nous	fissions	eussions fait
que vous	fissiez	eussiez fait
qu'ils/elles	fissent	eussent fait

110 PLAIRE

INFINITIF

Présent	Passé
plaire	avoir plu

PARTICIPE

Présent	Passé
plaisant	plu

IMPÉRATIF

Présent	Passé
plais	aie plu
plaisons	ayons plu
plaisez	ayez plu

CONDITIONNEL

	Présent	Passé
je/j'	plairais	aurais plu
tu	plairais	aurais plu
il/elle	plairait	aurait plu
nous	plairions	aurions plu
vous	plairiez	auriez plu
ils/elles	plairaient	auraient plu

INDICATIF

	Présent	Passé composé	Passé simple	Passé antérieur
je/j'	plais	ai plu	plus	eus plu
tu	plais	as plu	plus	eus plu
il/elle	plaît	a plu	plut	eut plu
nous	plaisons	avons plu	plûmes	eûmes plu
vous	plaisez	avez plu	plûtes	eûtes plu
ils/elles	plaisent	ont plu	plurent	eurent plu

	Imparfait	Plus-que-parfait	Futur	Futur antérieur
je/j'	plaisais	avais plu	plairai	aurai plu
tu	plaisais	avais plu	plairas	auras plu
il/elle	plaisait	avait plu	plaira	aura plu
nous	plaisions	avions plu	plairons	aurons plu
vous	plaisiez	aviez plu	plairez	aurez plu
ils/elles	plaisaient	avaient plu	plairont	auront plu

SUBJONCTIF

	Présent	Passé
que je/j'	plaise	aie plu
que tu	plaises	aies plu
qu'il/elle	plaise	ait plu
que nous	plaisions	ayons plu
que vous	plaisiez	ayez plu
qu'ils/elles	plaisent	aient plu

	Imparfait	Plus-que-parfait
que je/j'	plusse	eusse plu
que tu	plusses	eusses plu
qu'il/elle	plût	eût plu
que nous	plussions	eussions plu
que vous	plussiez	eussiez plu
qu'ils/elles	plussent	eussent plu

▶ **REMARQUE** Selon les rectifications de l'orthographe, on écrit *il/elle plait*, sans accent circonflexe.

111 TAIRE

INFINITIF

Présent	Passé
taire	avoir tu

PARTICIPE

Présent	Passé
taisant	tu, e

IMPÉRATIF

Présent	Passé
tais	aie tu
taisons	ayons tu
taisez	ayez tu

CONDITIONNEL

	Présent	Passé
je/j'	tairais	aurais tu
tu	tairais	aurais tu
il/elle	tairait	aurait tu
nous	tairions	aurions tu
vous	tairiez	auriez tu
ils/elles	tairaient	auraient tu

INDICATIF

	Présent	Passé composé	Passé simple	Passé antérieur
je/j'	tais	ai tu	tus	eus tu
tu	tais	as tu	tus	eus tu
il/elle	tait	a tu	tut	eut tu
nous	taisons	avons tu	tûmes	eûmes tu
vous	taisez	avez tu	tûtes	eûtes tu
ils/elles	taisent	ont tu	turent	eurent tu

	Imparfait	Plus-que-parfait	Futur	Futur antérieur
je/j'	taisais	avais tu	tairai	aurai tu
tu	taisais	avais tu	tairas	auras tu
il/elle	taisait	avait tu	taira	aura tu
nous	taisions	avions tu	tairons	aurons tu
vous	taisiez	aviez tu	tairez	aurez tu
ils/elles	taisaient	avaient tu	tairont	auront tu

SUBJONCTIF

	Présent	Passé
que je/j'	taise	aie tu
que tu	taises	aies tu
qu'il/elle	taise	ait tu
que nous	taisions	ayons tu
que vous	taisiez	ayez tu
qu'ils/elles	taisent	aient tu

	Imparfait	Plus-que-parfait
que je/j'	tusse	eusse tu
que tu	tusses	eusses tu
qu'il/elle	tût	eût tu
que nous	tussions	eussions tu
que vous	tussiez	eussiez tu
qu'ils/elles	tussent	eussent tu

112 DISTRAIRE

INFINITIF

Présent	Passé
distraire	avoir distrait

PARTICIPE

Présent	Passé
distrayant	distrait, e

IMPÉRATIF

Présent	Passé
distrais	aie distrait
distrayons	ayons distrait
distrayez	ayez distrait

CONDITIONNEL

	Présent	Passé
je/j'	distrairais	aurais distrait
tu	distrairais	aurais distrait
il/elle	distrairait	aurait distrait
nous	distrairions	aurions distrait
vous	distrairiez	auriez distrait
ils/elles	distrairaient	auraient distrait

INDICATIF

	Présent	Passé composé	Passé simple	Passé antérieur
je/j'	distrais	ai distrait	*inusité*	eus distrait
tu	distrais	as distrait	*inusité*	eus distrait
il/elle	distrait	a distrait	*inusité*	eut distrait
nous	distrayons	avons distrait	*inusité*	eûmes distrait
vous	distrayez	avez distrait	*inusité*	eûtes distrait
ils/elles	distraient	ont distrait	*inusité*	eurent distrait

	Imparfait	Plus-que-parfait	Futur	Futur antérieur
je/j'	distrayais	avais distrait	distrairai	aurai distrait
tu	distrayais	avais distrait	distrairas	auras distrait
il/elle	distrayait	avait distrait	distraira	aura distrait
nous	distrayions	avions distrait	distrairons	aurons distrait
vous	distrayiez	aviez distrait	distrairez	aurez distrait
ils/elles	distrayaient	avaient distrait	distrairont	auront distrait

SUBJONCTIF

	Présent	Passé
que je/j'	distraie	aie distrait
que tu	distraies	aies distrait
qu'il/elle	distraie	ait distrait
que nous	distrayions	ayons distrait
que vous	distrayiez	ayez distrait
qu'ils/elles	distraient	aient distrait

	Imparfait	Plus-que-parfait
que j'	*inusité*	eusse distrait
que tu	*inusité*	eusses distrait
qu'il/elle	*inusité*	eût distrait
que nous	*inusité*	eussions distrait
que vous	*inusité*	eussiez distrait
qu'ils/elles	*inusité*	eussent distrait

113 CLORE

INFINITIF

Présent	Passé
clore	avoir clos

PARTICIPE

Présent	Passé
closant	clos, e

IMPÉRATIF

Présent	Passé
clos	aie clos
inusité	ayons clos
inusité	ayez clos

CONDITIONNEL

	Présent	Passé
je/j'	clorais	aurais clos
tu	clorais	aurais clos
il/elle	clorait	aurait clos
nous	clorions	aurions clos
vous	cloriez	auriez clos
ils/elles	cloraient	auraient clos

INDICATIF

	Présent	Passé composé	Passé simple	Passé antérieur
je/j'	clos	ai clos	*inusité*	eus clos
tu	clos	as clos	*inusité*	eus clos
il/elle	clôt	a clos	*inusité*	eut clos
nous	*inusité*	avons clos	*inusité*	eûmes clos
vous	*inusité*	avez clos	*inusité*	eûtes clos
ils/elles	closent	ont clos	*inusité*	eurent clos

	Imparfait	Plus-que-parfait	Futur	Futur antérieur
je/j'	*inusité*	avais clos	clorai	aurai clos
tu	*inusité*	avais clos	cloras	auras clos
il/elle	*inusité*	avait clos	clora	aura clos
nous	*inusité*	avions clos	clorons	aurons clos
vous	*inusité*	aviez clos	clorez	aurez clos
ils/elles	*inusité*	avaient clos	cloront	auront clos

SUBJONCTIF

	Présent	Passé
que je/j'	close	aie clos
que tu	closes	aies clos
qu'il/elle	close	ait clos
que nous	closions	ayons clos
que vous	closiez	ayez clos
qu'ils/elles	closent	aient clos

	Imparfait	Plus-que-parfait
que j'	*inusité*	eusse clos
que tu	*inusité*	eusses clos
qu'il/elle	*inusité*	eût clos
que nous	*inusité*	eussions clos
que vous	*inusité*	eussiez clos
qu'ils/elles	*inusité*	eussent clos

▶ **REMARQUE** Le verbe *enclore* possède les formes *nous enclosons, vous enclosez* et *enclosons, enclosez.* Selon les rectifications de l'orthographe, on écrit *il déclot* et *il enclot*, sans accent circonflexe.

Conjugaisons 114 et 115

114 VAINCRE

INFINITIF

Présent	Passé
vaincre	avoir vaincu

PARTICIPE

Présent	Passé
vainquant	vaincu, e

IMPÉRATIF

Présent	Passé
vaincs	aie vaincu
vainquons	ayons vaincu
vainquez	ayez vaincu

CONDITIONNEL

	Présent	Passé
je/j'	vaincrais	aurais vaincu
tu	vaincrais	aurais vaincu
il/elle	vaincrait	aurait vaincu
nous	vaincrions	aurions vaincu
vous	vaincriez	auriez vaincu
ils/elles	vaincraient	auraient vaincu

INDICATIF

	Présent	Passé composé	Passé simple	Passé antérieur
je/j'	vaincs	ai vaincu	vainquis	eus vaincu
tu	vaincs	as vaincu	vainquis	eus vaincu
il/elle	vainc	a vaincu	vainquit	eut vaincu
nous	vainquons	avons vaincu	vainquîmes	eûmes vaincu
vous	vainquez	avez vaincu	vainquîtes	eûtes vaincu
ils/elles	vainquent	ont vaincu	vainquirent	eurent vaincu

	Imparfait	Plus-que-parfait	Futur	Futur antérieur
je/j'	vainquais	avais vaincu	vaincrai	aurai vaincu
tu	vainquais	avais vaincu	vaincras	auras vaincu
il/elle	vainquait	avait vaincu	vaincra	aura vaincu
nous	vainquions	avions vaincu	vaincrons	aurons vaincu
vous	vainquiez	aviez vaincu	vaincrez	aurez vaincu
ils/elles	vainquaient	avaient vaincu	vaincront	auront vaincu

SUBJONCTIF

	Présent	Passé
que je/j'	vainque	aie vaincu
que tu	vainques	aies vaincu
qu'il/elle	vainque	ait vaincu
que nous	vainquions	ayons vaincu
que vous	vainquiez	ayez vaincu
qu'ils/elles	vainquent	aient vaincu

	Imparfait	Plus-que-parfait
que je/j'	vainquisse	eusse vaincu
que tu	vainquisses	eusses vaincu
qu'il/elle	vainquît	eût vaincu
que nous	vainquissions	eussions vaincu
que vous	vainquissiez	eussiez vaincu
qu'ils/elles	vainquissent	eussent vaincu

115 FRIRE

INFINITIF

Présent	Passé
frire	avoir frit

PARTICIPE

Présent	Passé
inusité	frit, e

IMPÉRATIF

Présent	Passé
fris	aie frit
inusité	ayons frit
inusité	ayez frit

CONDITIONNEL

	Présent	Passé
je/j'	frirais	aurais frit
tu	frirais	aurais frit
il/elle	frirait	aurait frit
nous	fririons	aurions frit
vous	fririez	auriez frit
ils/elles	friraient	auraient frit

INDICATIF

	Présent	Passé composé	Passé simple	Passé antérieur
je/j'	fris	ai frit	*inusité*	eus frit
tu	fris	as frit	*inusité*	eus frit
il/elle	frit	a frit	*inusité*	eut frit
nous	*inusité*	avons frit	*inusité*	eûmes frit
vous	*inusité*	avez frit	*inusité*	eûtes frit
ils/elles	*inusité*	ont frit	*inusité*	eurent frit

	Imparfait	Plus-que-parfait	Futur	Futur antérieur
je/j'	*inusité*	avais frit	frirai	aurai frit
tu	*inusité*	avais frit	friras	auras frit
il/elle	*inusité*	avait frit	frira	aura frit
nous	*inusité*	avions frit	frirons	aurons frit
vous	*inusité*	aviez frit	frirez	aurez frit
ils/elles	*inusité*	avaient frit	friront	auront frit

SUBJONCTIF

	Présent	Passé
que je/j'	*inusité*	aie frit
que tu	*inusité*	aies frit
qu'il/elle	*inusité*	ait frit
que nous	*inusité*	ayons frit
que vous	*inusité*	ayez frit
qu'ils/elles	*inusité*	aient frit

	Imparfait	Plus-que-parfait
que je/j'	*inusité*	eusse frit
que tu	*inusité*	eusses frit
qu'il/elle	*inusité*	eût frit
que nous	*inusité*	eussions frit
que vous	*inusité*	eussiez frit
qu'ils/elles	*inusité*	eussent frit

Prix Nobel

Créé en 1901, le prix Nobel est attribué chaque année aux auteurs de contributions remarquables dans différents domaines : physique, chimie, physiologie ou médecine, littérature, paix et sciences économiques (depuis 1969 pour ce dernier).

• PHYSIQUE

1901 W. C. Röntgen (All.)
1902 H. A. Lorentz (P-B)
P. Zeeman (P-B)
1903 H. Becquerel (Fr.)
P. Curie (Fr.)
M. Curie (Fr.)
1904 J. W. S. Rayleigh (G-B)
1905 P.E.A. Lenard (All.)
1906 J. J. Thomson (G-B)
1907 A. A. Michelson (É-U)
1908 G. Lippmann (Fr.)
1909 G. Marconi (Ital.)
K. F. Braun (All.)
1910 J. D. Van der Waals (P-B)
1911 W. Wien (All.)
1912 N. G. Dalén (Suède)
1913 H. Kamerlingh Onnes (P-B)
1914 M. von Laue (All.)
1915 W. Bragg (G-B)
L. Bragg (G-B)
1916 *Non attribué*
1917 C. G. Barkla (G-B)
1918 M. Planck (All.)
1919 J. Stark (All.)
1920 C. É. Guillaume (Suisse)
1921 A. Einstein (Suisse, All.)
1922 N. Bohr (Dan.)
1923 R. A. Millikan (É-U)
1924 M. Siegbahn (Suède)
1925 J. Franck (All.)
G. Hertz (All.)
1926 J. Perrin (Fr.)
1927 A. H. Compton (É-U)
C. T. R. Wilson (G-B)
1928 O. W. Richardson (G-B)
1929 L. de Broglie (Fr.)
1930 C. V. Raman (Inde)
1931 *Non attribué*
1932 W. Heisenberg (All.)
1933 E. Schrödinger (Autr.)
P. Dirac (G-B)
1934 *Non attribué*
1935 J. Chadwick (G-B)
1936 V. Hess (Autr.)
C. D. Anderson (É-U)
1937 C. J. Davisson (É-U)
G. P. Thomson (G-B)
1938 E. Fermi (Ital.)
1939 E. O. Lawrence (É-U)
1940 à 1942 *Non attribué*
1943 O. Stern (É-U)
1944 I. I. Rabi (É-U)
1945 W. Pauli (Autr.)
1946 P. W. Bridgman (É-U)
1947 E. V. Appleton (G-B)
1948 P. M. S. Blackett (G-B)
1949 Yukawa Hideki (Jap.)
1950 C. F. Powell (G-B)
1951 J. D. Cockcroft (G-B)
E. T. S. Walton (Irl.)
1952 F. Bloch (É-U)
E. M. Purcell (É-U)
1953 F. Zernike (P-B)
1954 M. Born (G-B)
W. Bothe (RFA)
1955 W. E. Lamb (É-U)
P. Kusch (É-U)
1956 W. B. Shockley (É-U)
J. Bardeen (É-U)
W. H. Brattain (É-U)
1957 Yang Chen Ning (Chine, É-U)
Lee Tsung-dao (Chine, É-U)
1958 P. A. Tcherenkov (URSS)
I. M. Frank (URSS)
I. I. Tamm (URSS)
1959 E. Segrè (É-U)
O. Chamberlain (É-U)
1960 D. A. Glaser (É-U)
1961 R. Hofstadter (É-U)
R. Mössbauer (RFA)
1962 L. D. Landau (URSS)
1963 E. P. Wigner (É-U)
M. Goeppert-Mayer (É-U)
H. D. Jensen (RFA)
1964 C. H. Townes (É-U)
N. G. Bassov (URSS)
A. M. Prokhorov (URSS)
1965 Tomonaga Shinichiro (Jap.)
J. Schwinger (É-U)
R. P. Feynman (É-U)
1966 A. Kastler (Fr.)
1967 H. A. Bethe (É-U)
1968 L. Alvarez (É-U)
1969 M. Gell-Mann (É-U)
1970 H. Alfvén (Suède)
L. Néel (Fr.)
1971 D. Gabor (G-B)
1972 J. Bardeen (É-U)
L. N. Cooper (É-U)
J. R. Schrieffer (É-U)
1973 Esaki Leo (Jap.)
I. Giaever (É-U)
B. D. Josephson (G-B)
1974 M. Ryle (G-B)
A. Hewish (G-B)
1975 J. Rainwater (É-U)
A. Bohr (Dan.)
B. R. Mottelson (Dan.)
1976 B. Richter (É-U)
S. C. C. Ting (É-U)
1977 P. W. Anderson (É-U)
N. F. Mott (G-B)
J. H. Van Vleck (É-U)
1978 P. L. Kapitsa (URSS)
A. A. Penzias (É-U)
R. W. Wilson (É-U)
1979 S. L. Glashow (É-U)
A. Salam (Pak.)
S. Weinberg (É-U)
1980 J. W. Cronin (É-U)
V. L. Fitch (É-U)
1981 N. Bloembergen (É-U)
A. L. Schawlow (É-U)
K. Siegbahn (Suède)
1982 K. G. Wilson (É-U)
1983 S. Chandrasekhar (É-U)
W. A. Fowler (É-U)
1984 C. Rubbia (Ital.)
S. Van der Meer (P-B)
1985 K. von Klitzing (RFA)
1986 G. Binnig (RFA)
H. Rohrer (Suisse)
E. Ruska (RFA)
1987 J. G. Bednorz (RFA)
K. A. Müller (Suisse)
1988 L. M. Lederman (É-U)
M. Schwartz (É-U)
J. Steinberger (É-U)
1989 H. G. Dehmelt (É-U)
W. Paul (RFA)
N. F. Ramsey (É-U)
1990 J. I. Friedman (É-U)
H. W. Kendall (É-U)
R. E. Taylor (Can.)
1991 P.-G. de Gennes (Fr.)
1992 G. Charpak (Fr.)
1993 R. A. Hulse (É-U)
J. H. Taylor (É-U)
1994 C. G. Shull (É-U)
B. N. Brockhouse (Can.)
1995 M. L. Perl (É-U)
F. Reines (É-U)
1996 D. Lee (É-U)
D. Osheroff (É-U)
R. Richardson (É-U)
1997 S. Chu (É-U)
C. Cohen-Tannoudji (Fr.)
W. D. Phillips (É-U)
1998 R. B. Laughlin (É-U)
H. L. Störmer (All.)
D. C. Tsui (É-U)
1999 G. 't Hooft (P-B)
M. J. G. Veltman (P-B)
2000 J. I. Alferov (Russie)
H. Kroemer (All.)
J. S. Kilby (É-U)
2001 E. A. Cornell (É-U)
W. Ketterle (All.)
C. E. Wieman (É-U)
2002 R. Davis Jr. (É-U)
Koshiba Masatoshi (Jap.)
R. Giacconi (É-U)
2003 A. A. Abrikosov (É-U, Russie)
V. L. Ginzburg (Russie)
A. J. Leggett (G-B, É-U)
2004 D. J. Gross (É-U)
H. D. Politzer (É-U)
F. Wilczek (É-U)
2005 R. J. Glauber (É-U)
J. L. Hall (É-U)
T. W. Hänsch (All.)
2006 J. C. Mather (É-U)
G. F. Smoot (É-U)
2007 A. Fert (Fr.)
P. Grünberg (All.)
2008 Y. Nambu (É-U)
Kobayashi Makoto (Jap.)
Maskawa Toshihide (Jap.)
2009 C. K. Kao (G-B, É-U)
W. S. Boyle (Can., É-U)
G. E. Smith (É-U)
2010 A. Geim (P-B)
K. Novoselov (Russie, G-B)
2011 S. Perlmutter (É-U)
B. P. Schmidt (É-U, Austr.)
A. G. Riess (É-U)
2012 S. Haroche (Fr.)
D. J. Wineland (É-U)
2013 F. Englert (Belg.)
P. Higgs (G.B.)
2014 Akasaki Isamu (Jap.)
Amano Hiroshi (Jap.)
Nakamura Shuji (É-U)
2015 Kajita Takaaki (Jap.)
A. B. McDonald (Can.)

• CHIMIE

1901 J. H. Van't Hoff (P-B)
1902 E. H. Fischer (All.)
1903 S. A. Arrhenius (Suède)
1904 W. Ramsay (G-B)
1905 A. von Baeyer (All.)
1906 H. Moissan (Fr.)
1907 E. Buchner (All.)
1908 E. Rutherford of Nelson (G-B)
1909 W. Ostwald (All.)
1910 O. Wallach (All.)
1911 M. Curie (Fr.)
1912 V. Grignard (Fr.)
P. Sabatier (Fr.)
1913 A. Werner (Suisse)
1914 T. W. Richards (É-U)
1915 R. M. Willstätter (All.)
1916 et 1917 *Non attribué*
1918 F. Haber (All.)
1919 *Non attribué*
1920 W. H. Nernst (All.)
1921 F. Soddy (G-B)
1922 F. W. Aston (G-B)
1923 F. Pregl (Autr.)
1924 *Non attribué*
1925 R. Zsigmondy (Autr.)
1926 T. Svedberg (Suède)
1927 H. Wieland (All.)
1928 A. Windaus (All.)
1929 A. Harden (G-B)
H. von Euler-Chelpin (All.)
1930 H. Fischer (All.)
1931 C. Bosch (All.)
F. Bergius (All.)
1932 I. Langmuir (É-U)
1933 *Non attribué*
1934 H. C. Urey (É-U)
1935 J. F. Joliot-Curie (Fr.)
I. Joliot-Curie (Fr.)
1936 P. J. W. Debye (P-B)
1937 N. Haworth (G-B)
P. Karrer (Suisse)
1938 R. Kuhn (All.)
1939 A. F. J. Butenandt (All.)
L. Ružička (Suisse)
1940 à 1942 *Non attribué*
1943 G. de Hevesy (Suède)
1944 O. Hahn (All.)
1945 A. I. Virtanen (Finl.)
1946 J. B. Sumner (É-U)
J. H. Northrop (É-U)
W. M. Stanley (É-U)

1947 R. Robinson (G-B)
1948 A. Tiselius (Suède)
1949 W. F. Giauque (É-U)
1950 O. Diels, K. Alder (RFA)
1951 E. M. McMillan (É-U)
G. T. Seaborg (É-U)
1952 A. J. P. Martin (G-B)
R. L. M. Synge (G-B)
1953 H. Staudinger (RFA)
1954 L. C. Pauling (É-U)
1955 V. Du Vigneaud (É-U)
1956 C. N. Hinshelwood (G-B)
N. N. Semenov (URSS)
1957 A. R. Todd (G-B)
1958 F. Sanger (G-B)
1959 J. Heyrovský (Tchéc.)
1960 W. F. Libby (É-U)
1961 M. Calvin (É-U)
1962 J. C. Kendrew (G-B)
M. F. Perutz (G-B)
1963 G. Natta (Ital.)
K. W. Ziegler (RFA)
1964 D. M. Hodgkin (G-B)
1965 R. B. Woodward (É-U)
1966 R. S. Mulliken (É-U)
1967 M. Eigen (RFA)
R. G. W. Norrish (G-B)
G. Porter (G-B)
1968 L. Onsager (É-U)
1969 D. H. R. Barton (G-B)
O. Hassel (Norv.)
1970 L. F. Leloir (Argent.)
1971 G. Herzberg (Can.)
1972 C. B. Anfinsen (É-U)
S. Moore (É-U)
W. Stein (É-U)
1973 E. O. Fischer (RFA)
G. Wilkinson (G-B)
1974 P. J. Flory (É-U)
1975 V. Prelog (Suisse)
J. W. Cornforth (Austr.)
1976 W. N. Lipscomb (É-U)
1977 I. Prigogine (Belg.)
1978 P. D. Mitchell (G-B)
1979 H. C. Brown (É-U)
G. Wittig (RFA)
1980 F. Sanger (G-B)
P. Berg (É-U)
W. Gilbert (É-U)
1981 R. Hoffmann (É-U)
Fukui Kenishi (Jap.)
1982 A. Klug (G-B)
1983 H. Taube (É-U)
1984 B. Merrifield (É-U)
1985 H. A. Hauptman (É-U)
J. Karle (É-U)
1986 D. R. Herschbach (É-U)
J. C. Polanyi (Can.)
Y. T. Lee (É-U)
1987 D. J. Cram (É-U)
J.-M. Lehn (Fr.)
C. J. Pedersen (É-U)
1988 J. Deisenhofer (RFA)
R. Huber (RFA)
H. Michel (RFA)
1989 S. Altman (Can., É-U)
T. R. Cech (É-U)
1990 E. J. Corey (É-U)
1991 R. R. Ernst (Suisse)
1992 R. A. Marcus (É-U)
1993 K. B. Mullis (É-U)
M. Smith (Can.)
1994 G. A. Olah (É-U)
1995 P. Crutzen (P-B)
M. J. Molina (É-U)
F. S. Rowland (É-U)
1996 R. Curl (É-U)
H. Kroto (G-B)
R. E. Smalley (É-U)
1997 P. D. Boyer (É-U)
J. C. Skou (Dan.)
J. E. Walker (G-B)
1998 W. Kohn (É-U)
J. A. Pople (G-B)
1999 A. H. Zewail (Égypte, É-U)
2000 A. J. Heeger (É-U)
A. G. MacDiarmid (É-U)
Shirakawa Hideki (Jap.)
2001 W. S. Knowles (É-U)
Noyori Ryoji (Jap.)
K. B. Sharpless (É-U)
2002 J. B. Fenn (É-U)
Tanaka Koichi (Jap.)
K. Wüthrich (Suisse)
2003 P. Agre (É-U)
R. MacKinnon (É-U)
2004 A. Ciechanover (Isr.)
A. Hershko (Isr.)
I. Rose (É-U)
2005 Y. Chauvin (Fr.)
R. H. Grubbs (É-U)
R. R. Schrock (É-U)
2006 R. D. Kornberg (É-U)
2007 G. Ertl (All.)
2008 Shimomura Osamu (Jap.)
M. Chalfie (É-U)
R. Y. Tsien (É-U)
2009 V. Ramakrishnan (É-U)
T.A. Steitz (É-U)
A. E. Yonath (Isr.)
2010 R. F. Heck (É-U)
Negishi Ei-ichi (Jap.)
Suzuki Akira (Jap.)
2011 D. Shechtman (Isr.)
2012 R. J. Lefkowitz (É-U)
B. K. Kobilka (É-U)
2013 M. Karplus (Autr., É-U)
M. Levitt (É-U, G-B)
A. Warshel (É-U, Isr.)
2014 E. Betzig (É-U)
S. W. Hell (All.)
W. E. Moerner (É-U)
2015 T. Lindahl (Suède)
P. L. Modrich (É-U)
A. Sancar (É-U, Turq.)

• PHYSIOLOGIE OU MÉDECINE

1901 E. von Behring (All.)
1902 R. Ross (G-B)
1903 N. R. Finsen (Dan.)
1904 I. P. Pavlov (Russie)
1905 R. Koch (All.)
1906 C. Golgi (Ital.)
S. Ramón y Cajal (Esp.)
1907 A. Laveran (Fr.)
1908 P. Ehrlich (All.)
I. I. Metchnikov (Russie)
1909 E. T. Kocher (Suisse)
1910 A. Kossel (All.)
1911 A. Gullstrand (Suède)
1912 A. Carrel (Fr.)
1913 C. Richet (Fr.)
1914 R. Bárány (Autr.)
1915 à 1918 *Non attribué*
1919 J. Bordet (Belg.)
1920 A. Krogh (Dan.)
1921 *Non attribué*
1922 A. V. Hill (G-B)
O. Meyerhof (All.)
1923 F. G. Banting (Can.)
J. Macleod (G-B)
1924 W. Einthoven (P-B)
1925 *Non attribué*
1926 J. Fibiger (Dan.)
1927 J. Wagner-Jauregg (Autr.)
1928 C. Nicolle (Fr.)
1929 C. Eijkman (P-B)
F. G. Hopkins (G-B)
1930 K. Landsteiner (Autr.)
1931 O. Warburg (All.)
1932 C. Sherrington (G-B)
E. D. Adrian (G-B)
1933 T. H. Morgan (É-U)
1934 G. Whipple (É-U)
W. Murphy (É-U)
G. Minot (É-U)
1935 H. Spemann (All.)
1936 H. Dale (G-B)
O. Loewi (All.)
1937 A. Szent-Györgyi (Hongr.)
1938 C. Heymans (Belg.)
1939 G. Domagk (All.)
1940 à 1942 *Non attribué*
1943 E. A. Doisy (É-U)
H. Dam (Dan.)
1944 J. Erlanger (É-U)
H. S. Gasser (É-U)
1945 A. Fleming (G-B)
E. B. Chain (G-B)
H. W. Florey (Austr., G-B)
1946 H. J. Muller (É-U)
1947 C. F. Cori (É-U)
G. T. Cori (É-U)
B. A. Houssay (Argent.)
1948 P. H. Müller (Suisse)
1949 A. C. Moniz (Port.)
W. R. Hess (Suisse)
1950 P. S. Hench (É-U)
E. C. Kendall (É-U)
T. Reichstein (Suisse)
1951 M. Theiler (Un. sud-afr.)
1952 S. A. Waksman (É-U)
1953 H. A. Krebs (G-B)
F. A. Lipmann (É-U)
1954 J. Enders (É-U)
T. Weller (É-U)
F. Robbins (É-U)
1955 H. Theorell (Suède)
1956 A. Cournand (É-U)
W. Forssmann (RFA)
D. W. Richards (É-U)
1957 D. Bovet (Ital.)
1958 G. Beadle (É-U)
E. Tatum (É-U)
J. Lederberg (É-U)
1959 S. Ochoa (É-U)
A. Kornberg (É-U)
1960 M. Burnet (Austr.)
P. Medawar (G-B)
1961 G. von Békésy (É-U)
1962 M. Wilkins (G-B)
F. Crick (G-B)
J. Watson (É-U)
1963 A. Hodgkin (G-B)
A. F. Huxley (G-B)
J. C. Eccles (Austr.)
1964 K. Bloch (É-U)
F. Lynen (RFA)
1965 F. Jacob (Fr.)
A. Lwoff (Fr.)
J. Monod (Fr.)
1966 P. Rous (É-U)
C. Huggins (É-U)
1967 R. Granit (Suède)
H. K. Hartline (É-U)
G. Wald (É-U)
1968 R. W. Holley (É-U)
H. G. Khorana (É-U)
M. Nirenberg (É-U)
1969 M. Delbrück (É-U)
A. D. Hershey (É-U)
S. Luria (É-U)
1970 J. Axelrod (É-U)
B. Katz (G-B)
U. von Euler (Suède)
1971 E. W. Sutherland (É-U)
1972 G. M. Edelman (É-U)
R. R. Porter (G-B)
1973 K. Lorenz (Autr.)
K. von Frisch (Autr.)
N. Tinbergen (G-B)
1974 A. Claude (Belg., É-U)
C. de Duve (Belg.)
G. Palade (É-U)
1975 H. Temin (É-U)
R. Dulbecco (É-U)
D. Baltimore (É-U)
1976 C. Gajdusek (É-U)
B. Blumberg (É-U)
1977 R. Guillemin (É-U)
A. Schally (É-U)
R. Yalow (É-U)
1978 W. Arber (Suisse)
D. Nathans (É-U)
H. Smith (É-U)
1979 A. M. Cormack (É-U)
G. Hounsfield (G-B)
1980 J. Dausset (Fr.)
G. D. Snell (É-U)
B. Benacerraf (É-U)
1981 D. H. Hubel (É-U)
R. W. Sperry (É-U)
T. N. Wiesel (Suède)
1982 S. K. Bergström (Suède)
B. I. Samuelsson (Suède)
J. R. Vane (G-B)
1983 B. McClintock (É-U)
1984 N. Jerne (Dan.)
G. J. F. Köhler (RFA)
C. Milstein (Argent., G-B)
1985 M. S. Brown (É-U)
J. L. Goldstein (É-U)
1986 S. Cohen (É-U)
R. Levi-Montalcini (Ital., É-U)
1987 Tonegawa Susumu (Jap.)
1988 J. Black (G-B)
G. Elion (É-U)
G. H. Hitchings (É-U)
1989 M. Bishop (É-U)
H. Varmus (É-U)
1990 J. E. Murray (É-U)
E. D. Thomas (É-U)
1991 E. Neher, B. Sakmann (All.)
1992 E. Fischer, E. Krebs (É-U)
1993 R. J. Roberts (G-B)
P. A. Scharp (É-U)
1994 A. G. Gilman (É-U)
M. Rodbell (É-U)

1995 E. B. Lewis (É-U)
C. Nüsslein-Volhard (All.)
E. F. Wieschaus (É-U)
1996 P. Doherty (Austr.)
R. Zinkernagel (Suisse)
1997 S. B. Prusiner (É-U)
1998 R. F. Furchgott (É-U)
F. Murad (É-U)
L. J. Ignarro (É-U)
1999 G. Blobel (É-U)
2000 A. Carlsson (Suède)
P. Greengard (É-U)
E. R. Kandel (É-U)
2001 L. H. Hartwell (É-U)
R. T. Hunt (G-B)
P. M. Nurse (G-B)
2002 S. Brenner (G-B)
H. R. Horvitz (É-U)
J. E. Sulston (G-B)
2003 P. C. Lauterbur (É-U)
P. Mansfield (G-B)
2004 R. Axel (É-U)
L. B. Buck (É-U)
2005 B. J. Marshall (Austr.)
J. R. Warren (Austr.)
2006 A. Z. Fire (É-U)
C. C. Mello (É-U)
2007 M. R. Capecchi (É-U)
M. J. Evans (G-B)
O. Smithies (É-U)
2008 H. zur Hausen (All.)
F. Barré-Sinoussi (Fr.)
L. Montagnier (Fr.)
2009 E. H. Blackburn (É-U)
C. W. Greider (É-U)
J. W. Szostak (É-U)
2010 R. G. Edwards (G-B)
2011 B. A. Beutler (É-U)
J. Hoffmann (Fr.)
R. M. Steinman (Can.)
2012 J. B. Gurdon (G-B)
Yamanaka Shinya (Jap.)
2013 J. E. Rothman (É-U)
R. W. Schekman (É-U)
T. C. Südhof (All.)
2014 J. O'Keefe (É-U, G-B)
M.-B. Moser (Norv.)
E. I. Moser (Norv.)
2015 W. C. Campbell (É-U, Irl.)
Omura Satoshi (Jap.)
Tu Youyou (Chine)

• LITTÉRATURE

1901 R. Sully Prudhomme (Fr.)
1902 T. Mommsen (All.)
1903 B. Bjørnson (Norv.)
1904 F. Mistral (Fr.)
J. Echegaray (Esp.)
1905 H. Sienkiewicz (Pol.)
1906 G. Carducci (Ital.)
1907 R. Kipling (G-B)
1908 R. C. Eucken (All.)
1909 S. Lagerlöf (Suède)
1910 P. von Heyse (All.)
1911 M. Maeterlinck (Belg.)
1912 G. Hauptmann (All.)
1913 R. Tagore (Inde)
1914 *Non attribué*
1915 R. Rolland (Fr.)
1916 V. von Heidenstam (Suède)
1917 K. Gjellerup (Dan.)
H. Pontoppidan (Dan.)
1918 *Non attribué*
1919 C. Spitteler (Suisse)
1920 K. Hamsun (Norv.)
1921 A. France (Fr.)
1922 J. Benavente (Esp.)
1923 W. B. Yeats (Irl.)
1924 W. S. Reymont (Pol.)
1925 G. B. Shaw (Irl.)
1926 G. Deledda (Ital.)
1927 H. Bergson (Fr.)
1928 S. Undset (Norv.)
1929 T. Mann (All.)
1930 S. Lewis (É-U)
1931 E. A. Karlfeldt (Suède)
1932 J. Galsworthy (G-B)
1933 I. A. Bounine (URSS)
1934 L. Pirandello (Ital.)
1935 *Non attribué*
1936 E. O'Neill (É-U)
1937 R. Martin du Gard (Fr.)
1938 P. Buck (É-U)
1939 F. E. Sillanpää (Finl.)
1940 à 1943 *Non attribué*
1944 J. V. Jensen (Dan.)
1945 G. Mistral (Chili)
1946 H. Hesse (Suisse)
1947 A. Gide (Fr.)
1948 T. S. Eliot (G-B)
1949 W. Faulkner (É-U)
1950 B. Russell (G-B)
1951 P. Lagerkvist (Suède)
1952 F. Mauriac (Fr.)
1953 W. L. Churchill (G-B)
1954 E. Hemingway (É-U)
1955 H. K. Laxness (Isl.)
1956 J. R. Jiménez (Esp.)
1957 A. Camus (Fr.)
1958 B. L. Pasternak (URSS)
1959 S. Quasimodo (Ital.)
1960 Saint-John Perse (Fr.)
1961 I. Andrić (Youg.)
1962 J. Steinbeck (É-U)
1963 G. Seféris (Grèce)
1964 J.-P. Sartre (Fr.) *[décline le prix]*
1965 M. A. Cholokhov (URSS)
1966 N. Sachs (Suède)
S. J. Agnon (Isr.)
1967 M. A. Asturias (Guat.)
1968 Kawabata Yasunari (Jap.)
1969 S. Beckett (Irl.)
1970 A. Soljenitsyne (URSS)
1971 P. Neruda (Chili)
1972 H. Böll (RFA)
1973 P. White (Austr.)
1974 E. Johnson (Suède)
H. Martinson (Suède)
1975 E. Montale (Ital.)
1976 S. Bellow (É-U)
1977 V. Aleixandre (Esp.)
1978 I. B. Singer (É-U)
1979 O. Elýtis (Grèce)
1980 C. Miłosz (É-U)
1981 E. Canetti (G-B)
1982 G. García Márquez (Colomb.)
1983 W. Golding (G-B)
1984 J. Seifert (Tchéc.)
1985 C. Simon (Fr.)
1986 W. Soyinka (Nigeria)
1987 J. Brodsky (É-U)
1988 N. Mahfuz (Égypte)
1989 C. J. Cela (Esp.)
1990 O. Paz (Mex.)
1991 N. Gordimer (Afr. du S.)
1992 D. Walcott (Sainte-Lucie)
1993 T. Morrison (É-U)
1994 Oe Kenzaburo (Jap.)
1995 S. Heaney (Irl.)
1996 W. Szymborska (Pol.)
1997 D. Fo (Ital.)
1998 J. Saramago (Port.)
1999 G. Grass (All.)
2000 Gao Xingjian (Fr.)
2001 V. S. Naipaul (G-B)
2002 I. Kertész (Hongr.)
2003 J. M. Coetzee (Afr. du S.)
2004 E. Jelinek (Autr.)
2005 H. Pinter (G-B)
2006 O. Pamuk (Turquie)
2007 D. Lessing (G-B)
2008 J.M.G. Le Clézio (Fr.)
2009 H. Müller (All.)
2010 M. Vargas Llosa (Pérou, Esp.)
2011 T. Tranströmer (Suède)
2012 Mo Yan (Chine)
2013 A. Munro (Can.)
2014 P. Modiano (Fr.)
2015 S. A. Aleksievitch (Biél.)

• PAIX

1901 H. Dunant (Suisse)
F. Passy (Fr.)
1902 É. Ducommun (Suisse)
C. A. Gobat (Suisse)
1903 W. R. Cremer (G-B)
1904 Institut de droit international de Gand
1905 B. von Suttner (Autr.)
1906 T. Roosevelt (É-U)
1907 E. T. Moneta (Ital.)
L. Renault (Fr.)
1908 K. P. Arnoldson (Suède)
F. Bajer (Dan.)
1909 A. Beernaert (Belg.)
P. d'Estournelles (Fr.)
1910 Bureau international permanent de la paix
1911 T. M. C. Asser (P-B)
A. H. Fried (Autr.)
1912 E. Root (É-U)
1913 H. La Fontaine (Belg.)
1914 à 1916 *Non attribué*
1917 Comité international de la Croix-Rouge
1918 *Non attribué*
1919 T. W. Wilson (É-U)
1920 L. Bourgeois (Fr.)
1921 H. Branting (Suède)
C. L. Lange (Norv.)
1922 F. Nansen (Norv.)
1923 et 1924 *Non attribué*
1925 A. Chamberlain (G-B)
C. G. Dawes (É-U)
1926 A. Briand (Fr.)
G. Stresemann (All.)
1927 F. Buisson (Fr.)
L. Quidde (All.)
1928 *Non attribué*
1929 F. B. Kellogg (É-U)
1930 N. Söderblom (Suède)
1931 J. Addams (É-U)
N. M. Butler (É-U)
1932 *Non attribué*
1933 N. Angell (G-B)
1934 A. Henderson (G-B)
1935 C. von Ossietzky (All.)
1936 C. Saavedra Lamas (Argent.)
1937 E. Cecil of Chelwood (G-B)
1938 Office international Nansen pour les réfugiés
1939 à 1943 *Non attribué*
1944 Comité international de la Croix-Rouge
1945 C. Hull (É-U)
1946 E. G. Balch (É-U)
J. R. Mott (É-U)
1947 The Friends Service Council (G-B)
The American Friends Service Committee (É-U)
1948 *Non attribué*
1949 J. Boyd Orr (G-B)
1950 R. Bunche (É-U)
1951 L. Jouhaux (Fr.)
1952 A. Schweitzer (Fr.)
1953 G. C. Marshall (É-U)
1954 Haut-Commissariat des Nations unies pour les réfugiés (HCR)
1955 et 1956 *Non attribué*
1957 L. B. Pearson (Can.)
1958 D. G. Pire (Belg.)
1959 P. J. Noel-Baker (G-B)
1960 A. J. Luthuli (Un. sud-afr.)
1961 D. Hammarskjöld (Suède)
1962 L. C. Pauling (É-U)
1963 Comité international de la Croix-Rouge
Ligue internationale des sociétés de la Croix-Rouge
1964 M. L. King (É-U)
1965 Unicef
1966 et 1967 *Non attribué*
1968 R. Cassin (Fr.)
1969 Organisation internationale du travail
1970 N. E. Borlaug (É-U)
1971 W. Brandt (RFA)
1972 *Non attribué*
1973 H. Kissinger (É-U)
Lê Duc Tho (Viêt Nam) *[décline le prix]*
1974 Sato Eisaku (Jap.)
S. MacBride (Irl.)
1975 A. Sakharov (URSS)
1976 M. Corrigan (Irl.)
B. Williams (Irl.)
1977 Amnesty International
1978 M. Begin (Isr.)
A. el-Sadate (Égypte)
1979 Mère Teresa (Inde)
1980 A. Pérez Esquivel (Argent.)
1981 Haut-Commissariat des Nations unies pour les réfugiés (HCR)
1982 A. Myrdal (Suède)
A. García Robles (Mex.)
1983 L. Wałęsa (Pol.)
1984 D. M. Tutu (Afr. du S.)
1985 Internationale des médecins pour la prévention de la guerre nucléaire
1986 E. Wiesel (É-U)
1987 O. Arias Sánchez (Costa Rica)

1988 Forces de l'ONU pour le maintien de la paix
1989 Tenzin Gyatso (Tibet)
1990 M. S. Gorbatchev (URSS)
1991 Aung San Suu Kyi (Birm.)
1992 R. Menchú Tum (Guat.)
1993 F. W. De Klerk (Afr. du S.)
N. R. Mandela (Afr. du S.)
1994 Y. Arafat
Y. Rabin (Isr.)
S. Peres (Isr.)
1995 J. Rotblat (G-B)
Organisation Pugwash
1996 C. F. X. Belo,
J. Ramos-Horta (Timor-Oriental)
1997 Campagne internationale pour l'interdiction des mines antipersonnel
J. Williams (É-U)
1998 J. Hume (Irl. du Nord)
D. Trimble (Irl. du Nord)
1999 Médecins sans frontières
2000 Kim Dae-jung (Corée du S.)
2001 ONU, K. Annan (Ghana)
2002 J. Carter (É-U)
2003 C. Ebadi (Iran)
2004 W. Maathai (Kenya)
2005 Agence internationale de l'énergie atomique (AIEA)
M. el-Baradei (Égypte)
2006 M. Yunus (Bangladesh)
Grameen Bank
2007 GIEC (Groupe d'experts intergouvernemental sur l'évolution du climat)
A. Gore (É-U)
2008 M. Ahtisaari (Finl.)
2009 B. H. Obama (É-U)
2010 Liu Xiaobo (Chine)
2011 E. Johnson Sirleaf (Liberia)
L. Gbowee (Liberia)
T. Karman (Yémen)
2012 Union européenne
2013 Organisation pour l'interdiction des armes chimiques (OIAC)
2014 Malala Yousafzai (Pak.)
Kailash Satyarthi (Inde)
2015 Quartet du dialogue national tunisien

• SCIENCES ÉCONOMIQUES

1969 J. Tinbergen (P-B)
R. Frisch (Norv.)
1970 P. A. Samuelson (É-U)
1971 S. Kuznets (É-U)
1972 J. R. Hicks (G-B)
K. J. Arrow (É-U)
1973 W. Leontief (É-U)
1974 F. A. von Hayek (G-B)
K. G. Myrdal (Suède)
1975 T. C. Koopmans (É-U)
L. V. Kantorovitch (URSS)
1976 M. Friedman (É-U)
1977 B. Ohlin (Suède)
J. E. Meade (G-B)
1978 H. A. Simon (É-U)
1979 W. A. Lewis (G-B)
T. W. Schultz (É-U)
1980 L. R. Klein (É-U)
1981 J. Tobin (É-U)
1982 G. J. Stigler (É-U)
1983 G. Debreu (É-U)
1984 J. R. N. Stone (G-B)
1985 F. Modigliani (É-U)
1986 J. M. Buchanan (É-U)
1987 R. M. Solow (É-U)
1988 M. Allais (Fr.)
1989 T. Haavelmo (Norv.)
1990 H. M. Markowitz (É-U)
M. H. Miller (É-U)
W. Sharpe (É-U)
1991 R. Coase (G-B)
1992 G. S. Becker (É-U)
1993 R. W. Fogel (É-U)
D. C. North (É-U)
1994 J. C. Harsanyi (É-U)
R. Selten (All.)
J. F. Nash (É-U)
1995 R. E. Lucas Jr. (É-U)
1996 J. Mirrlees (G-B)
W. Vickrey (Can.)
1997 R. C. Merton (É-U)
M. S. Scholes (É-U)
1998 A. Sen (Inde)
1999 R. A. Mundell (Can.)
2000 J. J. Heckman (É-U)
D. L. McFadden (É-U)
2001 G. A. Akerlof (É-U)
A. M. Spence (É-U)
J. E. Stiglitz (É-U)
2002 D. Kahneman (É-U, Isr.)
V. L. Smith (É-U)
2003 R. F. Engle (É-U)
C. W. J. Granger (G-B)
2004 F. E. Kydland (Norv.)
E. C. Prescott (É-U)
2005 R. J. Aumann (Isr., É-U)
T. C. Schelling (É-U)
2006 E.S. Phelps (É-U)
2007 L. Hurwicz (É-U)
E. S. Maskin (É-U)
R. B. Myerson (É-U)
2008 P. R. Krugman (É-U)
2009 E. Ostrom (É-U)
O. E. Williamson (É-U)
2010 P. A. Diamond (É-U)
D. T. Mortensen (É-U)
C. A. Pissarides (G-B, Chypre)
2011 T. J. Sargent (É-U)
C. A. Sims (É-U)
2012 A. E. Roth (É-U)
L. S. Shapley (É-U)
2013 E. Fama (É-U)
L. P. Hansen (É-U)
R. J. Shiller (É-U)
2014 J. Tirole (Fr.)
2015 A. S. Deaton (É-U, G-B)

Prix Goncourt

Créé en 1903, le prix Goncourt est attribué chaque année par l'Académie des Goncourt à un ouvrage d'imagination en prose, de langue française, paru dans l'année.

1903 John-Antoine Nau, *Force ennemie.*
1904 Léon Frapié, *la Maternelle.*
1905 Claude Farrère, *les Civilisés.*
1906 Jérôme et Jean Tharaud, *Dingley, l'illustre écrivain.*
1907 Émile Moselly, *Terres lorraines.*
1908 Francis de Miomandre, *Écrit sur de l'eau.*
1909 Marius et Ary Leblond, *En France.*
1910 Louis Pergaud, *De Goupil à Margot.*
1911 Alphonse de Châteaubriant, *Monsieur des Lourdines.*
1912 André Savignon, *les Filles de la pluie.*
1913 Marc Elder, *le Peuple de la mer.*
1914 Prix décerné en 1916.
1915 René Benjamin, *Gaspard.*
1916 Henri Barbusse, *le Feu.*
Adrien Bertrand, *l'Appel du sol* (prix 1914).
1917 Henri Malherbe, *la Flamme au poing.*
1918 Georges Duhamel, *Civilisation.*
1919 Marcel Proust, *À l'ombre des jeunes filles en fleurs.*
1920 Ernest Pérochon, *Nêne.*
1921 René Maran, *Batouala.*
1922 Henri Béraud, *le Vitriol de lune ; le Martyre de l'obèse.*
1923 Lucien Fabre, *Rabevel ou le Mal des ardents.*
1924 Thierry Sandre, *le Chèvrefeuille ; le Purgatoire ; le Chapitre XIII d'Athénée.*
1925 Maurice Genevoix, *Raboliot.*
1926 Henri Deberly, *le Supplice de Phèdre.*
1927 Maurice Bedel, *Jérôme 60° latitude nord.*
1928 Maurice Constantin-Weyer, *Un homme se penche sur son passé.*
1929 Marcel Arland, *l'Ordre.*
1930 Henri Fauconnier, *Malaisie.*
1931 Jean Fayard, *Mal d'amour.*
1932 Guy Mazeline, *les Loups.*
1933 André Malraux, *la Condition humaine.*
1934 Roger Vercel, *Capitaine Conan.*
1935 Joseph Peyré, *Sang et Lumières.*
1936 Maxence Van der Meersch, *l'Empreinte du dieu.*
1937 Charles Plisnier (1), *Faux Passeports.*
1938 Henri Troyat, *l'Araigne.*
1939 Philippe Hériat, *les Enfants gâtés.*
1940 Francis Ambrière (2), *les Grandes Vacances.*
1941 Henri Pourrat, *Vent de mars.*
1942 Marc Bernard, *Pareils à des enfants.*
1943 Marius Grout, *Passage de l'homme.*
1944 Elsa Triolet, *Le premier accroc coûte deux cents francs.*
1945 Jean-Louis Bory, *Mon village à l'heure allemande.*
1946 Jean-Jacques Gautier, *Histoire d'un fait divers.*
1947 Jean-Louis Curtis, *les Forêts de la nuit.*
1948 Maurice Druon, *les Grandes Familles.*
1949 Robert Merle, *Week-End à Zuydcoote.*
1950 Paul Colin, *les Jeux sauvages.*
1951 Julien Gracq (3), *le Rivage des Syrtes.*
1952 Béatrix Beck, *Léon Morin, prêtre.*
1953 Pierre Gascar, *le Temps des morts ; les Bêtes.*
1954 Simone de Beauvoir, *les Mandarins.*
1955 Roger Ikor, *les Eaux mêlées.*
1956 Romain Gary, *les Racines du ciel.*
1957 Roger Vailland, *la Loi.*
1958 Francis Walder (1), *Saint-Germain ou la Négociation.*
1959 André Schwarz-Bart, *le Dernier des justes.*
1960 Vintila Horia (3), *Dieu est né en exil.*
1961 Jean Cau, *la Pitié de Dieu.*
1962 Anna Langfus, *les Bagages de sable.*
1963 Armand Lanoux, *Quand la mer se retire.*
1964 Georges Conchon, *l'État sauvage.*
1965 Jacques Borel, *l'Adoration.*
1966 Edmonde Charles-Roux, *Oublier Palerme.*

1967 André Pieyre de Mandiargues, *la Marge.*
1968 Bernard Clavel, *les Fruits de l'hiver.*
1969 Félicien Marceau, *Creezy.*
1970 Michel Tournier, *le Roi des Aulnes.*
1971 Jacques Laurent, *les Bêtises.*
1972 Jean Carrière, *l'Épervier de Maheux.*
1973 Jacques Chessex (1), *l'Ogre.*
1974 Pascal Lainé, *la Dentellière.*
1975 Émile Ajar (4), *la Vie devant soi.*
1976 Patrick Grainville, *les Flamboyants.*
1977 Didier Decoin, *John l'Enfer.*
1978 Patrick Modiano, *Rue des boutiques obscures.*
1979 Antonine Maillet, *Pélagie la Charrette.*
1980 Yves Navarre, *le Jardin d'acclimatation.*
1981 Lucien Bodard, *Anne-Marie.*
1982 Dominique Fernandez, *Dans la main de l'Ange.*
1983 Frédérick Tristan, *les Égarés.*
1984 Marguerite Duras, *l'Amant.*
1985 Yann Queffélec, *les Noces barbares.*
1986 Michel Host, *Valet de nuit.*
1987 Tahar Ben Jelloun (1), *la Nuit sacrée.*
1988 Erik Orsenna, *l'Exposition coloniale.*
1989 Jean Vautrin, *Un grand pas vers le Bon Dieu.*
1990 Jean Rouaud, *les Champs d'honneur.*
1991 Pierre Combescot, *les Filles du Calvaire.*
1992 Patrick Chamoiseau, *Texaco.*
1993 Amin Maalouf (1), *le Rocher de Tanios.*
1994 Didier Van Cauwelaert, *Un aller simple.*
1995 Andreï Makine, *le Testament français.*
1996 Pascale Roze, *le Chasseur Zéro.*
1997 Patrick Rambaud, *la Bataille.*
1998 Paule Constant, *Confidence pour confidence.*
1999 Jean Echenoz, *Je m'en vais.*
2000 Jean-Jacques Schuhl, *Ingrid Caven.*
2001 Jean-Christophe Rufin, *Rouge Brésil.*
2002 Pascal Quignard, *les Ombres errantes.*
2003 Jacques-Pierre Amette, *la Maîtresse de Brecht.*
2004 Laurent Gaudé, *le Soleil des Scorta.*
2005 François Weyergans, *Trois Jours chez ma mère.*
2006 Jonathan Littell (1), *les Bienveillantes.*
2007 Gilles Leroy, *Alabama Song.*
2008 Atiq Rahimi, *Syngué sabour. Pierre de patience.*
2009 Marie NDiaye, *Trois Femmes puissantes.*
2010 Michel Houellebecq, *la Carte et le territoire.*
2011 Alexis Jenni, *l'Art français de la guerre.*
2012 Jérôme Ferrari, *le Sermon sur la chute de Rome.*
2013 Pierre Lemaitre, *Au revoir là-haut.*
2014 Lydie Salvayre, *Pas pleurer.*
2015 Mathias Énard, *Boussole.*

(1) écrivain étranger (2) prix réservé à un prisonnier ou à un déporté politique et décerné en juin 1946 (3) décline le prix (4) pseudonyme littéraire de Romain Gary

Festival de Cannes : Palme d'or

La Palme d'or (appelée de 1946 à 1954 et de 1964 à 1974 Grand Prix) récompense chaque année le meilleur film en compétition dans le cadre du Festival international du film de Cannes.

1949	*le Troisième Homme*	Carol Reed
1951	*Mademoiselle Julie*	Alf Sjöberg
	Miracle à Milan	Vittorio De Sica
1952	*Deux Sous d'espoir*	Renato Castellani
	Othello	Orson Welles
1953	*le Salaire de la peur*	Henri Georges Clouzot
1954	*la Porte de l'enfer*	Kinugasa Teinosuke
1955	*Marty*	Delbert Mann
1956	*le Monde du silence*	Jacques-Yves Cousteau
1957	*la Loi du Seigneur*	William Wyler
1958	*Quand passent les cigognes*	Mikhaïl Kalatozov
1959	*Orfeu negro*	Marcel Camus
1960	*La Dolce Vita*	Federico Fellini
1961	*Viridiana*	Luis Buñuel
	Une aussi longue absence	Henri Colpi
1962	*la Parole donnée*	Anselmo Duarte
1963	*le Guépard*	Luchino Visconti
1964	*les Parapluies de Cherbourg*	Jacques Demy
1965	*le Knack... et comment l'avoir*	Richard Lester
1966	*Un homme et une femme*	Claude Lelouch
	Ces messieurs dames	Pietro Germi
1967	*Blow Up*	Michelangelo Antonioni
1968	Non décerné	
1969	*If*	Lindsay Anderson
1970	*M.A.S.H.*	Robert Altman
1971	*le Messager*	Joseph Losey
1972	*l'Affaire Mattei*	Francesco Rosi
	La classe ouvrière va au paradis	Elio Petri
1973	*l'Épouvantail*	Jerry Schatzberg
	la Méprise	Alan Bridges
1974	*Conversation secrète*	Francis Ford Coppola
1975	*Chronique des années de braise*	Mohamed Lakhdar Hamina
1976	*Taxi Driver*	Martin Scorsese
1977	*Padre Padrone*	Paolo et Vittorio Taviani
1978	*l'Arbre aux sabots*	Ermanno Olmi
1979	*Apocalypse Now*	Francis Ford Coppola
	le Tambour	Volker Schlöndorff
1980	*Que le spectacle commence !*	Bob Fosse
	Kagemusha	Kurosawa Akira
1981	*l'Homme de fer*	Andrzej Wajda
1982	*Missing*	Costa-Gavras
	Yol	Yilmaz Güney
1983	*la Ballade de Narayama*	Imamura Shohei
1984	*Paris, Texas*	Wim Wenders
1985	*Papa est en voyage d'affaires*	Emir Kusturica
1986	*Mission*	Roland Joffé
1987	*Sous le soleil de Satan*	Maurice Pialat
1988	*Pelle le Conquérant*	Bille August
1989	*Sexe, mensonges et vidéo*	Steven Soderbergh
1990	*Sailor et Lula*	David Lynch
1991	*Barton Fink*	Joel et Ethan Coen
1992	*les Meilleures Intentions*	Bille August
1993	*la Leçon de piano*	Jane Campion
	Adieu ma concubine	Chen Kaige
1994	*Pulp Fiction*	Quentin Tarantino
1995	*Underground*	Emir Kusturica
1996	*Secrets et mensonges*	Mike Leigh
1997	*l'Anguille*	Imamura Shohei
	le Goût de la cerise	Abbas Kiarostami
1998	*l'Éternité et un jour*	Theo Angelopoulos
1999	*Rosetta*	Jean-Pierre et Luc Dardenne
2000	*Dancer in the Dark*	Lars von Trier
2001	*la Chambre du fils*	Nanni Moretti
2002	*le Pianiste*	Roman Polanski
2003	*Elephant*	Gus Van Sant
2004	*Fahrenheit 9/11*	Michael Moore
2005	*l'Enfant*	Jean-Pierre et Luc Dardenne
2006	*Le vent se lève*	Ken Loach
2007	*4 mois, 3 semaines, 2 jours*	Cristian Mungiu
2008	*Entre les murs*	Laurent Cantet
2009	*le Ruban blanc*	Michael Haneke
2010	*Oncle Boonmee (celui qui se souvient de ses vies antérieures)*	Apichatpong Weerasethakul
2011	*The Tree of Life*	Terrence Malick
2012	*Amour*	Michael Haneke
2013	*la Vie d'Adèle - Chapitres 1 et 2*	Abdellatif Kechiche
2014	*Winter Sleep*	Nuri Bilge Ceylan
2015	*Dheepan*	Jacques Audiard

CRÉDITS PHOTOGRAPHIQUES DU MÉMENTO ENCYCLOPÉDIQUE

Les droits de reproduction des illustrations sont réservés en notre comptabilité pour les auteurs ou ayants droit dont nous n'avons pas trouvé les coordonnées malgré nos recherches et dans les cas éventuels où les mentions n'auraient pas été spécifiées.

La numérotation des pages est celle du mémento encyclopédique.

Les crédits photographiques sont classés dans l'ordre d'apparition des photographies dans la page : de la première en haut à gauche à la dernière en bas à droite.

4. Ph. Coll. Archives Larbor, **5.** Ph. Jeanbor © Archives Larbor, **6.** *1.* Ph. Coll. Archives Larousse • *2.* Ph. Coll. Archives Larbor, **7.** Ph. Jeanbor © Archives Larbor, **8.** Ph. Coll. Archives Larbor, **9.** *1.* Ph. Coll. Archives Larbor • *2.* Ph.Coll Archives Larbor • *3.* Ph. © Archives Larbor • *4.* Ph. Coll. Archives Larbor • *5.* Ph.© Archives Nathan • *6.* Ph. Coll. Archives Larbor, **11.** *1.* Ph. Coll. Archives Larbor • *2.* Ph. O.Ploton © Archives Larousse • *3.* Ph. Hubert Josse © Archives Larbor, **13.** *1.* Ph. Coll. Archives Larbor • *2.* Ph. H. Josse © Archives Larbor • *3.* Ph. H. Josse © Archives Larbor • *4.* Ph. Studio J.J. Morlan © Archives Larbor • *5.* Ph. Coll. Archives Larbor, **14.** Ph. © Archives Larbor, **15.** *1.* Ph. H. Josse © Archives Larbor • *2.* Ph. H. Josse © Archives Larbor • *3.* Ph. J. Arland © Archives Larbor • *4.* Ph. H. Josse © Archives Larbor • *5.* Ph. Jeanbor © Archives Larbor • *6.* Ph. Coll. Archives Larbor, **17.** *1.* Ph. H. Josse © Archives Larbor • *2.* Ph. H. Josse © Archives Larbor • *3.* © Archives Larbor • *4.* Ph. Coll. Archives Larbor • *5.* Ph. Guiley-Lagache © Archives Larbor, **18.** Ph. Nadar Coll. Archives Larbor, **19.** *1.* Ph. J. Denave © Archives Larbor • *2.* Ph. Coll. Archives Larbor • *3.* Ph. H. Josse © Archives Larbor • *4.* Ph. J.L. Charmet © Archives Larbor • *5.* Ph. H. Josse © Archives Larbor • *6.* Ph. Nadar Coll. Archives Larbor • *7.* Ph. © Etienne Carjat - Archives larbor, **21.** *1.* Ph. Coll. Archives Larbor • *2.* Ph. L. Joubert © Archives Larbor DR • *3.* Ph. Coll Archives Larbor • *4.* Ph. ENS / Coll. Archives Larousse • *5.* Ph. Jeanbor © Archives Larbor, **23.** *1.* Ph. © Archives Nathan • *2.* Ph. Coll. Archives Larbor, **24.** *1.* Fotolia.com © KateD • *2.* Fotolia.com © gors4730, **28.** Ph. G. Tomsich © Archives Larbor, **30.** *1.* Ph. © Archives Larbor • *2.* Ph. Coll. Archives Larbor, **31.** *1.* Fotolia.com © Lagui • *2.* Ph. © Archives Larbor, **32.** *1.* Ph. © Archives Larbor • *2.* Ph. © Archives Larbor, **33.** Fotolia.com © KateD, **35.** Fotolia.com © AlexeyE30, **75.** *1.* Dessin Tom Sam You - Archives Larousse • *2.* Dessin Claudine Maerten - Archives Larousse, **77.** Fotolia.com © S. Velusceac, **81.** Ph. © Andrea Danti/Fotolia.com, **85.** Ph. Jeanbor © Archives Larbor., **92.** *1.* Ph. O. Ploton © Archives Larousse • *2.* Fotolia.com © Philip Carr • *3.* Ph. O. Ploton © Archives Larousse, **94.** Ph. © The Exploratorium, **99.** Fotolia.com © Eyematrix, **100.** Ph. H. Josse © Archives Larbor, **101.** Musée du Louvre, Paris. Ph. H. Josse © Archives Larbor, **102.** Ph. Milza © Archives Nathan, **103.** Ph. Hubert Josse © Archives Larbor, **105.** Dessin Archives Larousse, **109.** © Archives Larbor, **110.** *1.* Ph P. H. Delamotte © Archives Larbor • *2.* Ph. J.L. Charmet © Archives Larbor, **111.** Ph. Coll. Archives Larousse, **112.** Ph. Otto Vanek Coll. Archives Larousse, **113.** Ph. Coll. Archives Larbor - DR, **114.** ©Jean Clottes/Direction régionale des affaires culturelles de Rhône-Alpes, **116.** Ph. Coll. Archives Larbor, **117.** © S. Roche/Fotolia.com, **118.** Jeanbor © Archives Larbor, **119.** *1.* © Nicophotographer/Fotolia.com • *2.* ©Ludovic D Ludofoto/Fotolia.com, **120.** © Bodleian Library, Oxford/Archives Larousse, **121.** Ph. Coll. Archives Larbor, **122.** Ph. Coll. Archives Larbor, **123.** © M. Downey/PhotoDisc, **124.** © G. Dagli Orti, **125.** Jeanbor © Archives Larbor, **126.** S. Guiley-Lagache © Archives Larbor, **127.** Ph. Coll. Archives Larbor, **128.** *1.* Ph. Coll. Archives Larbor • *2.* © Archives Larbor, **130.** Moreau © Archives Larbor, **131.** Ph. Coll. Archives Larbor, **133.** *1.* Ph. Coll. Archives Larbor/DR • *2.* Archives Larousse, **135.** *1.* © Stone/Sygma/Corbis • *2.* © Kevin Dretsch/UPI/Eyedea Presse, **136.** Ph. O. Ploton © Archives Larousse, **137.** © Archives Larbor, **138.** *1.* Les Restaurants du cœur/Archives Larbor • *2.* © Unicef, **139.** Ph. © sablin /Fotolia.com, **140.** Ph. Coll. Archives Larbor, **141.** Ph. O.Ploton © Archives Larousse, **143.** *1.* Ph. © Herreneck/Fotolia.com • *2.* Ph. © Nicolas Dieppedalle /Fotolia.com, **144.** *1.* Ph. J.L. Charmet © Archives Larbor • *2.* Ph. © Photosani /Fotolia.com, **145.** *1.* Ph. © Andrea Danti /Fotolia.com • *2.* Ph. B. Sonneville © Archives Nathan, **146.** Ph. Jeanbor © Archives Larbor, **147.** *1.* Ph. C. Roux © Archives Larbor • *2.* Ph. © Barm/Fotolia.com, **148.** *1.* Ph. Pedicini © Archives Larbor • *2.* Ph. © Denis Babenko/Fotolia.com, **149.** *1.* Ph. © Archives Nathan • *2.* Ph. © T. Pozzo di Borgo/ Fotolia.com, **150.** *1.* Ph. Coll. Archives Larousse • *2.* Ph. © Archives Larousse, **151.** *1.* Ph. Coll. Archives Larbor • *2.* © Photo RMN - René-Gabriel Ojeda, **152.** *1.* Ph. Jeanbor © Archives Larbor • *2.* Ph. © Archives Nathan, **153.** *1.* Ph. © Archives Nathan • *2.* Ph. © Archives Larbor, **154.** *1.* Ph. Coll. Archives Larousse • *2.* Ph. Coll. Archives Larousse • *3.* Ph. © Archives Nathan, **1943.** *1.* © Archives Larbor • *2.* Ph. Coll. Archives Larbor, **155.** *1.* Ph. Coll. Archives Larbor • *2.* Ph. Coll. Archives Larousse, **156.** *1.* Ph. Coll. Archives Larbor • *2.* Ph. Coll. Archives Larousse, **157.** *1.* Ph. Hans Namuth © ADAGP, 2010 • *2.* Ph. © Galerie Beaubourg, Vence - Archives Larbor, **162.** © Archives Larbor, **163.** Ph. K. Broszat © Archives Larbor, **164.** *1.* Ph. Meyer © Archives Larbor • *2.* Ph. © Keystone, **170.** Ph. © Fotolia.com, **173.** *1.* Ph. franck MAZEAS © Fotolia.com • *2.* Ph. © ESA.

SOURCES DOCUMENTAIRES

Pour réaliser cet ouvrage, notre principale source documentaire a été le fonds encyclopédique Larousse.

Le *Français-Tout le programme du collège* (collection Aide-mémoire, Larousse) de Jeanine Borrel et Brigitte Melluso nous a notamment fourni une aide pour finaliser les tableaux chronologiques de littérature, ainsi que le *Latin-Tout le programme du collège* de Dominique Rabaud-Gouillart et Christian Gouillart dans la même collection. De même, les manuels en sciences de la vie et de la Terre du collège (Bordas) de Raymond Tavernier et Claude Lizeaux nous ont apporté des renseignements précieux dans le cadre de la réalisation de nos propres dessins. Les cartes de l'atlas et les planches de drapeaux et de signalisation routière sont extraites du *Petit Larousse illustré*.

Les *Contemporains, classiques de demain*, pour découvrir les grands textes d'aujourd'hui

Découvrez les plus grands textes et auteurs de la littérature contemporaine.

La collection *Anti-fautes*, pratique et utile au quotidien

Achevé d'imprimer en Italie chez LEGO. S.P.A. Lavis
Dépôt légal : mars 2016 – 317763/01
N° de projet : 11032522 – mars 2016

États et gouvernements de l'Organisation internationale de la francophonie (OIF)

États et gouvernements de l'Organisation internationale de la francophonie (OIF)